SANSKRIT-WÖRTERBUCH

O. Böhtlingk

30. Mai 1815 bis 1. April 1904
St. Petersburg — Leipzig.

SANSKRIT - WÖRTERBUCH

In Kürzerer Fassung

Bearbeitet Von

OTTO VON BÖHTLINGK

Sieben Bände

MOTILAL BANARSIDASS PUBLISHERS
PRIVATE LIMITED • DELHI

Reprint: Delhi, 1998, 2003, 2009
First Indian Edition: Delhi, 1991
First St. Petersburg Edition: 1883-86

ISBN: 978-81-208-0907-9

MOTILAL BANARSIDASS
41 U.A. Bungalow Road, Jawahar Nagar, Delhi 110 007
8 Mahalaxmi Chamber, 22 Bhulabhai Desai Road, Mumbai 400 026
236, 9th Main III Block, Jayanagar, Bangalore 560 011
203 Royapettah High Road, Mylapore, Chennai 600 004
Sanas Plaza, 1302 Baji Rao Road, Pune 411 002
8 Camac Street, Kolkata 700 017
Ashok Rajpath, Patna 800 004
Chowk, Varanasi 221 001

Seven Parts bound in one

Printed in India

BY JAINENDRA PRAKASH JAIN AT SHRI JAINENDRA PRESS,
A-45 NARAINA, PHASE-I, NEW DELHI 110 028
AND PUBLISHED BY NARENDRA PRAKASH JAIN FOR
MOTILAL BANARSIDASS PUBLISHERS PRIVATE LIMITED,
BUNGALOW ROAD, DELHI 110 007

CONTENTS

ZUM NEUDRUCK vii

ERSTER THEIL (DIE VOCALE)

VORWORT. xi
WÖRTERBUCH 1-299

ZWEITER THEIL (क - ण)

VORWORT. iii
WÖRTERBUCH 1-301

DRITTER THEIL (त - न)

VORWORT. iii
WÖRTERBUCH 1-265

VIERTER THEIL (प - भ)

VORWORT. iii
WÖRTERBUCH 1-302

FÜNFTER THEIL (म - ल)

VORWORT. iii
WÖRTERBUCH 1-264

SECHSTER THEIL (व - ष)

VORWORT. iii
WÖRTERBUCH 1-306

SIEBENTER THEIL (स - ह)

VORWORT. iii
WÖRTERBUCH 1-390

ZUM NEUDRUCK.

Bei der Vollendung des Neudruckes dieses Wörterbuches ist es uns ein Bedürfnis, allen Subskribenten unseren herzlichsten Dank auszusprechen für die Unterstützung, die sie uns durch ihr Interesse an der Herausgabe des Werkes gewährt haben. Dadurch, dass wir mit diesem Neudruck ein wichtiges Hilfsmittel für den Gelehrten neu zugänglich gemacht haben, glauben wir, der Wissenschaft unsererseits einen kleinen Dienst erwiesen zu haben.

Unser ursprünglicher Plan war, zu den sieben Bänden einen Supplement-Band erscheinen zu lassen, der die nachträglich bestimmten Worte enthalten sollte. In dieser Angelegenheit wandten wir uns auf den Rat des Herrn Geh.-Rat Professor Dr. Zachariä an Herrn Professor Dr. Richard Schmidt in Münster, der unserem Plan beistimmte und uns umgehend mitteilte, dass er bereits ein Manuskript fertig habe, jedoch in lateinischen Umschriftbuchstaben. Uns lag aber daran, auch den Nachtrag in Nâgarî-Buchstaben herauszugeben. Da wir trotz aller Schwierigkeiten darauf bedacht waren, den 8. Band einheitlich zu bringen und wir in unserem Vorhaben zumal durch den sprachwissenschaftlich interessierten Teil unserer Kundschaft bestärkt wurden, zerschlugen sich laut Karte vom 22. Februar 1924 die Verhandlungen, da Herr Professor Dr. Schmidt selbst schreibt: „Auf Ihre Karte vom 21. d. M. teile ich Ihnen mit, dass es mir unmöglich ist, mein Manuskript in Nâgarî-Buchstaben umzuschreiben. Ich betrachte daher unsere Verhandlungen als abgebrochen.“ Der ganze Briefwechsel wurde in der höflichsten Weise geführt, und wir erfuhren nach einigen Wochen, dass Herr Professor Dr. Schmidt einen Verleger für seine Arbeit gefunden hatte. Trotzdem wir mit der Transskription nicht einverstanden waren, fühlten wir uns unseren Subskribenten und Kunden gegenüber verpflichtet, sie bona fide in einer Voranzeige zur Subskription aufzufordern. Der Erfolg war ein guter. Um so peinlicher waren wir überrascht, als es sich herausstellte, dass der Autor uns mit Zustimmung des Verlegers im Vorworte in einer Weise angreift, die jeden Unvoreingenommenen „merkwürdig, höchst merkwürdig“ berühren muss. Soll dadurch vielleicht das Ansehen der Orient-Buchhandlung Heinr. Lafaire-Hannover in ein besseres Licht gerückt werden?

Herr Professor Dr. Schmidt schliesst mit folgenden Worten: „Schliesslich noch eine Bemerkung, die zu unterlassen gegen meine innerste Überzeugung wäre: ich habe mir eine neue Ausgabe des PW ganz anders vorgestellt.“ Dieses „vernichtende“ Urteil können wir um so weniger verstehen, als wir ein Schreiben am 24. Dezember 1923 erhielten, in dem Herr Professor Dr. Schmidt uns u. a. mitteilt: „mit bestem Dank bestätige ich den Empfang der beiden ersten Lieferungen des Lexikons, die ja ganz vorzüglich aussehen!“

MARKERT & PETTERS.

Leipzig, den 15. Mai 1925.

SANSKRIT-WÖRTERBUCH

IN KÜRZERER FASSUNG

BEARBEITET

VON

OTTO BÖHTLINGK.

ERSTER THEIL.

DIE VOCALE.

VORWORT.

Neben dem vor wenigen Jahren vollendeten sogenannten Petersburger Wörterbuch in sieben Bänden schien es angemessen, eine kürzere Bearbeitung herzustellen, welche dem Bedürfniss der Anfänger und solcher Benützer entspräche, für welche der dort gegebene Apparat zu reich ist. Dieses war zugleich eine Gelegenheit, für das Wörterbuch selbst die im Augenblick möglichen Ergänzungen und Verbesserungen zu geben. Als der Unterzeichnete diese Absicht seinen Freunden Roth, Kern, Stenzler und Weber kund that, wurde er von ihrer Seite nicht nur dazu ermuntert, sondern erhielt auch die Versicherung, sie wollten gern dem neuen Unternehmen auf jegliche Weise Vorschub leisten. Das gegebene Versprechen haben sie glänzend gelöst, indem sie mehr verbesserten und Neues hinzuthaten, als ich erwarten konnte und durfte. An Verbesserungen hat es Keiner von ihnen fehlen lassen, des Neuen spendeten aber Roth und Kern am meisten. Aber auch andere Gelehrte beeilten sich ihre grösseren oder kleineren Beiträge zu liefern. Mit Dankbarkeit gedenke ich der Herren C. Cappeller, B. Delbrück, R. Garbe, K. Geldner, J. Jolly, A. Leskien, J. Muir, R. Pischel, A. Schiefner, Leopold Schröder und W. O. E. Windisch; der grösste Dank gebührt aber immer den zuerst genannten vier Freunden.

Das neue Wörterbuch sollte also nicht das ältere verdrängen, sondern in einem mehr oder weniger abhängigen Verhältniss von diesem auftreten. Es sollte verbessern, wo Etwas zu verbessern war, und hinzufügen, wo Etwas fehlte, dagegen aber durch Weglassung aller dort gegebenen Citate und Stellen stets daran mahnen, dass das grössere Wörterbuch die Hauptquelle bleiben müsse. Jeder wird bald selbst gewahr werden, ob er mit dem kürzeren Werke sich begnügen könne, oder ob er auch nach dem ausführlicheren zu greifen habe; wer aber dieses besitzt, wird das andere nicht entbehren wollen, weil es, wie schon vorhin bemerkt wurde, berichtigt und ergänzt, weil es das an verschiedenen Orten Zerstreute zusammenfügt und endlich, weil es beim Gebrauch viel handlicher sein wird.

Accentuirt sind nur diejenigen Wörter, die in accentuirten Texten vorkommen. War der Accent eines in einem accentuirten Texte erscheinenden Wortes nicht zu bestimmen, weil dieses hier nur im Vocativ steht, dann wurde das Buch, in dem das Wort zuerst auftritt, stets genannt. Ein Wort, eine Bedeutung, eine Construction oder ein Genus, die bis jetzt nur von Grammatikern oder Lexicographen aufgeführt werden, sind mit * bezeichnet worden. Wenn aber der Grammatiker oder Lexicograph nicht einfach überliefert oder vielleicht nur ad hoc von ihm erfundene Wörter oder ganze Sätze uns vorführt, sondern als selbstständiger Autor ein Wort verwendet, so ist ein solches Wort als ein in der Literatur belegtes betrachtet worden. Das hier und da citirte Bhaṭṭikâvja hat als blosse Exemplification von Pâṇini's Grammatik keinen Anspruch auf den Namen eines selbstständigen Literaturwerkes. Ein früher angeführtes Citat wird man in der Regel nur dann wiederholt finden, wenn es zu einer anderen Bedeutung des Wortes gestellt oder verbessert worden ist. Hier und da ist ein Citat nur ein scheinbar neues, insofern nur eine bessere Ausgabe oder ein mehr zugängliches Buch an die Stelle gesetzt wurde; in der Regel geschieht dieses aber nur dann, wenn Misstrauen zur abermaligen Prüfung einer Stelle Veranlassung gab. Dass oft nachgeprüft worden ist, davon wird man sich bald überzeugen können; dass aber nicht alle Stellen noch einmal angesehen worden sind, brauche ich wohl kaum zu erwähnen. Bei Büchern, die vollständige Indices haben, sind die Zahlen nicht ohne Noth beigefügt worden, insbesondere in den späteren Bogen. Die mangelnden Belege für neu aufgenommene Composita findet man im grösseren Werke entweder unter dem ersten oder unter dem zweiten Worte. Wörter, in denen ब und व oder श, ष und स wechseln, werden nur in der älteren oder besser beglaubigten Schreibart aufgeführt.

Dass die Nachträge so stark geworden sind, erklärt sich zum grössten Theil daraus, dass dieser und jener mir seinen Beitrag zu spät zustellte, dass ein Buch nicht zu rechter Zeit mir zur Hand war, und endlich daraus, dass ein dem Setzer abgewonnener Vorsprung mich verleitete, bis dahin ganz unberücksichtigt gebliebene oder nicht vollständig ausgebeutete Werke für das Wörterbuch zu verwerthen.

Zum Schluss lasse ich das Verzeichniss der in diesem ersten Theile citirten Werke folgen. Zwei Zahlen ohne Angabe eines Buches verweisen auf die zweite Auflage meiner Chrestomathie. Der am Ende eines Titels in Klammern stehende Name bezeichnet den Gelehrten, der die Beiträge für dieses Wörterbuch aus dem angegebenen Buche ganz oder zum grössten Theile geliefert hat.

Âçv. Çr. = Âçvalâjana's Çrautasûtra in der Bibl. ind.
Âçv. Gṛhj. = Âçvalâjana's Gṛhjasûtra; Ausg. von Stenzler.
Âçv. Gṛhj. Pariç. = Pariçishṭa zu Âçv. Gṛhj. in der Bibl. ind.
Agni-P. = Agnipurâṇa in der Bibl. ind.
Ait. Âr. = Aitarejâraṇjaka in der Bibl. ind. In der Regel citirt nach Seite und Zeile (Kern und Roth).
Ait. Br. = Aitarejabrâhmaṇa, Ausg. von Haug.
Ait. Up. = Aitarejopanishad in der Bibl. ind.
AK. = Amarakoça, Ausg. von Loiseleur Deslongchamps.
Âkârâdarça, Benares 1921 (Stenzler).
Amṛt. Up. = Amṛtabindûpanishad in der Bibl. ind. (Geldner und Roth).
Ânandag. = Ânandagiri, Glossator zu Çaṁkarâkârja's Comm. zu Bṛh. Âr. Up. in der Bibl. ind. (Kern).
Anukram. zu Ṛv. = Anukramaṇikâ zu Ṛv. im Comm. Sâjaṇa's.
Âpast. = Âpastamba's Dharmasûtra, Ausg. von Bühler.
Âpast. Çr. = Âpastamba's Çrautasûtra, Hdschr. (Garbe und Roth).
Ârjabh. = Ârjabhaṭa, Ausg. von Kern (Kern).
Ârjav. = Ârjavidjâsudhâkara, Bombay 1868 (Kern).
Ârsh. Br. = Ârshejabrâhmaṇa, Ausg. von Burnell.
Âruṇ. Up. = Âruṇejopanishad in der Bibl. ind. (Geldner und Roth).
Âtmopan. = Âtmopanishad in der Bibl. ind. (Geldner und Roth).
AV. = Atharvaveda, Ausg. von Roth und Whitney (Roth).
AV. Ǵjot. = Ǵjotisha zum AV., Hdschr. (Roth).
AV. Paipp. = AV. der Paippalâda-Schule, Hdschr. (Roth).
AV. Pariç. = Pariçishṭa zum AV., Hdschr. (Roth).
AV. Prâjaçk. = Prâjaçkitta zum AV., Hdschr. (Roth).
Bâdar. = Bâdarâjaṇa's Brahmasûtra in der Bibl. ind.
B. A. J. = Bombay Asiatic Journal (Geldner).
Bâlar. = Bâlarâmâjaṇa, Benares 1869 (Kern).
Beitr. z. K. d. ig. Spr. = Beiträge zur Kunde der indogermanischen Sprachen.
Benf. Chr. = Benfey's Chrestomathie.
Bhag. = Bhagavadgîtâ, Ausg. von Schlegel.
Bhâg. P. = Bhâgavatapurâṇa. Die 9 ersten Skandha nach Burnouf's Ausgabe, wenn nicht ausdrücklich ed. Bomb. hinzugefügt wird; die letzten Skandha nach der ed. Bomb. In Klammern eingeschlossene Zahlen verweisen auf ed. Bomb.
Bhar. Nâṭjaç. = Bhâratîjanâṭjaçâstra am Schluss von Daçar. in der Bibl. ind.
Bhâshâp. = Bhâshâparikkheda in der Bibl. ind.
Bhaṭṭ. = Bhaṭṭikâvja, Calcutta 1828.
Bhâvapr. = Bhâvaprakâça, Calcutta 1875 und Hdschr. (Roth).
Bhavishjott. P. = Bhavishjottarapurâṇa nach Citaten in andern Werken.
Bhoǵa-Kar. = Bhoǵakaritra, Madras 1862 (Stenzler).
Bhoǵa-Pr. = Bhoǵaprabandha, Benares 1923 (Kern).
Bibl. ind. = Bibliotheca indica.
Bîǵag. = Bîǵagaṇita, Calcutta 1846 (Kern).
Brahmabindûp. = Brahmabindûpanishad in der Bibl. ind. (Geldner und Roth).
Brahma-P. = Brahmapurâṇa nach Citaten in verschiedenen Werken.
Brahmas. = Bâdar.
Brahmop. = Brahmopanishad in der Bibl. ind. (Geldner und Roth).
Bṛhadd. = Bṛhaddevatâ.
Bṛh. Âr. Up. = Bṛhadâraṇjakopanishad in der Bibl. ind.
Bühler, Rep. = Detailed Report of a Tour in search of Sanskrit Mss. made in Kásmir, Rajputana, and Central India. By G. Bühler. Bombay 1877.
Bühl. Guz. = Catalogue of S. Mss. from Guzerat etc. by G. Bühler. Bombay 1871—1873 (Roth).
Burn. Intr. = Burnouf, Introduction à l'histoire du Buddhisme indien.
Çabdak. = Çabdakandrikâ, nach Goldstücker.
Çâk. = Çâkuntala, Ausg. von Böhtlingk, wenn nicht ausdrücklich Pisch. (Pischel) oder Premak. (Premakandra) hinzugefügt wird.
Çaṁk. = Çaṁkarâkârja als Commentator verschiedener Upanishad.
Çâṇḍ. = The Aphorisms of Sâṇḍilya in der Bibl. ind.
Çâṅkh. Br. = Çâṅkhâjana's Brâhmaṇa (Weber).
Çâṅkh. Çr. = Çâṅkhâjana's Çrautasûtra (Weber).
Çâṅkh. Gṛhj. = Çâṅkhâjana's Gṛhjasûtra, herausg. von Oldenberg in Ind. St. 15.
Çânt. = Çântanava's Phiṭsûtra, Ausg. von Kielhorn.
Çârṅg. Paddh. = Çârṅgadhara's Paddhati, Hdschr. im Asiatischen Museum der Kais. Ak. d. Ww. in St. Petersburg.
Çârṅg. Saṁh. = Çârṅgadhara's Saṁhitâ, Bombay 1853 (Roth).
Çat. Br. = Çatapathabrâhmaṇa, nach Weber's Index.
Cat. C. Pr. = A Catalogue of S. Mss. existing in the Central Provinces. Ed. by F. Kielhorn. Nagpur 1874 (Roth).
Cat. NW. Pr. = A Catalogue of S. Mss. in private libraries of the North-Western Provinces. I. Benares 1874 (Roth).
Çatr. = Çatruṁǵajamâhâtmja, Ausg. von Weber.
Childers = Childers' Pali-Wörterbuch.
Chr. = Böhtlingk's Sanskrit-Chrestomathie, 2te Aufl.
Çiç. = Çiçupâlavadha, Calcutta 1815.
Çira-Up. = Çiraupanishad in der Bibl. ind. (Geldner und Roth).
Colebr. Alg. = Colebrooke, Algebra with Arithmetic and Mensuration u. s. w. London 1817.
Colebr. Misc. Ess. = Miscellaneous Essays by H. T. Colebrooke. London 1837.
Çrîp. = Çrîpati.
Çulbas. = Çulbasûtra in der Zeitschrift The Pandit IX. X und New Series I (Cappeller).
Çvetâçv. Up. = Çvetâçvataropanishad in der Bibl. ind.
Daçak. = Daçakumâra, Ausg. von Bühler (Cappeller).
Daçar. = Daçarûpa in der Bibl. ind.
Daiv. Br. = Daivatabrâhmaṇa, Calcutta 1875 und Ausg. von Burnell, Mangalore 1873 (Roth).
Devatâdhj. Brâhm. = Daiv. Br.
Dhammap. = Dhammapada, Ausg. von Fausböll.
Dhanv. = Dhanvantari's Wörterbuch, Hdschr. (Roth).
Dhâtup. = Dhâtupâṭha, Ausg. von Westergaard.
Dhjânab. Up. = Dhjânabindûpanishad in der Bibl. ind. (Geldner und Roth).
Dhûrtan. = Dhûrtanartaka, Hdschr. (Cappeller).
Dhûrtas. = Dhûrtasamâgama in Lassen's Anthologie.
Dh. V. = Dhanaṁǵajaviǵaja, Calcutta 1871 (Cappeller).
Divjâv. = Divjâvadâna, Hdschr. (Schiefner).
Ǵâbâlop. = Ǵâbâlopanishad in der Bibl. ind. (Geldner und Roth).
Ǵaim. = Ǵaimini's Mîmâṁsâdarçana in der Bibl. ind.
Ǵaim. Bhâr. = Ǵaimini's Bhârata, nach Citaten in Ind. St.
Gal. = Galanos' Wörterbuch, Abschrift von Weber; vgl. Monatsbericht der Kön. Pr. Akad. der Wissensch. 1876, S. 801. fgg. (Cappeller).
gaṇa im Gaṇapâṭha zu P.
Gaṇar. = Gaṇaratnamahodadhi, nach der im Druck befindlichen Ausg. von Eggeling. Nur ein paar Mal gelegentlich citirt.
Gaṇit. = Gaṇitâdhjâja in Bhâskara's Siddhântaçiromaṇi, Benares 1866 (Kern).
Gaṇit. Adhim. = Gaṇita, Adhimâsanirṇaja (Kern).
Gaṇit. Bhagaṇ. = Gaṇita, Bhagaṇâdhjâja (Kern).
Gaṇit. Grah. = Gaṇita, Grahânajanâdhjâja (Kern).
Gaṇit. Pratjabd. = Gaṇita, Pratjabdaçuddhi (Kern).
Gaṇit. Tripr. = Gaṇita, Tripraçnâdhikâra (Kern).
Garbhop. = Garbhopanishad in Bibl. ind. (Geldner und Roth).
Gauḍap. = Gauḍapâda, Commentator der Sâṁkhjakârikâ.
Gaut. = Gautama's Dharmaçâstra, Ausg. von Stenzler.
Gît. = Gîtagovinda, Ausg. von Lassen.
Gobh. = Gobhila's Gṛhjasûtra in der Bibl. ind. (Roth).
Golâdhj. = Bhâskara's Golâdhjâja (Kern).

Gold. = Goldstücker's Wörterbuch
Gop. Br. = Gopathabrâhmaṇa in der Bibl. ind. (Roth).
Govindân. = Govindânanda, Glossator zu Çaṁkarâkârja's Comm. zu Bâdar. (Kern).
H. = Hemakandra's Abhidhânakintâmaṇi, Ausg. von Böhtlingk und Rieu.
Halâj. = Halâjudha's Wörterbuch, Ausg. von Aufrecht.
H. an. = Hemakandra's Anekârthasaṁgraha.
Hâr. = Hârâvalî.
Harisv. = Harisvâmin.
Hariv. = Harivaṁça. Mit einer Zahl die ältere Calc. Ausg. gemeint, mit drei Zahlen die neuere lithographirte.
Harshak. = Harshakarita, Calcutta 1876 (Kern).
Hâsj. = Hâsjârṇava, Bombay 1757 und Hdschr. (Cappeller).
Haug, Acc. = Haug, Ueber das Wesen und den Werth des vedischen Accents. München 1874.
Hemâdri = Hemâdri's Katurvargakintâmaṇi in der Bibl. ind.
Hem. Jog. = Hemakandra's Jogaçâstra in Z. d. d. m. G. 28. Aus einem hdschr. Comm. hat Windisch manche Berichtigung und Erklärung mir bereitwilligst zukommen lassen.
Hem. Pr. Gr. ed. Bomb. = Hemakandra's Prâkrit-Grammatik, Bombay (Stenzler).
Hiḍ. = Hiḍimbavadha, Ausg. von Bopp.
Hit. = Hitopadeça, Ausg. von Schlegel und Lassen.
Hit. ed. Johns. = Hitopadeça, Ausg. von Johnson, London und Hertford 1847.
Jâgn. = Jâgnavalkja's Gesetzbuch, Ausg. von Stenzler.
J. A. O. S. = Journal of the American Oriental Society.
Ind. Antiq. = Indian Antiquary (Roth).
Ind. St. = Indische Studien von Weber.
Jogas. = Jogasûtra.
Jogat. Up. = Jogatattvopanishad in der Bibl. ind. (Geldner und Roth).
Jolly, Schuld. = Jolly, Ueber das indische Schuldrecht, in Münchener philos.-philol. Abh. 1877, S. 287. fgg.
J. R. A. S. = Journal of the Royal Asiatic Society (Kern).
Kâç. = Kâçikâ Vṛtti in der Zeitschrift The Pandit VII. fgg.
Kâd. = Kâdambarî, Calcutta Saṁvat 1919 (Kern).
Kakr. = Kakradatta, Commentator von Karaka und Suçruta, Hdschr. (Roth).
Kâlak. = Kâlakakra, Hdschr. (Schiefner).
Kâm. Nîtis. = Kâmandakîjanîtisâra in der Bibl. ind.
Kaṇ. = Kaṇâda's Vaiçeshikadarçana in der Bibl. ind.
Kâṇḍ. = Kâṇḍûpâkujâna in LA.
Kaṇḍak. = Kshemîçvara's Kaṇḍakauçika (Pischel).
Kap. = Kapila's Sâṁkhjapravakana. Einen vollständigen Index hat Windisch zur Verfügung gestellt.
Kâr. = Kârikâ.
Karaka = Karakasaṁhitâ, Calcutta 1929 und 1877 und Hdschrr. im Besitz von Roth (Kern und Roth).
Karmapr. = Karmapradîpa (Stenzler). Steht unter dem falschen Titel Kâtjâjanasmṛti im Dharmaçâstrasaṁgraha, Vol. I, S 603—644.
Kâṭh. = Kâṭhaka (Weber).
Kathâs. = Kathâsaritsâgara, Ausg. von Brockhaus.
Kâtj. Çr. = Kâtjâjana's Çrautasûtra, nach Weber's Index.
Kâtj. Dh. = Kâtjâjana's Dharmaçâstra (Stenzler).
Kâtj. Snânas. = Kâtjâjana's Snânasûtra (Stenzler).
Kauç. = Kauçika's Sûtra zum AV., Hdschrr. (Roth und Weber).
Kaurap. = Kaurapañkâçikâ, Ausg. von Bohlen.
Kaush. Âr. = Kaushîtakâraṇjaka (Weber).
Kaush. Up. = Kaushîtakibrâhmaṇopanishad in der Bibl. ind.
Kautukar. = Katukaratnâkara, Hdschr. (Cappeller).
Kâvjapr. = Kâvjaprakâça, Calcutta 1866. Nach Ullâsa und Sûtra citirt, wenn nicht S. (Seite) und Z. (Zeile) hinzugefügt werden.
Kenop. = Kenopanishad in der Bibl. ind.
Khandom. = Khandomangarî, herausg. von Brockhaus in Berichte über die Verhandlungen der Kön. Sächsischen Gesellschaft der Wissenschaften zu Leipzig. Phil.-hist. Kl. Bd. VI, 1854.
Khând. Up. = Khândogjopanishad in der Bibl. ind.
Kir. = Kirâtârgunîja, Calcutta 1814.
Kṛsuis. = Parâçara's Kṛshisaṁgraha, Calcutta 1862 (Roth).
Kshitîç. = Kshitîçavaṁçâvalîkarita, Ausg. von Pertsch.
Kshurikop. = Kshurikopanishad in der Bibl. ind.
Kull. = Kullûka, Commentator des Manu.
Kumâras. = Kumârasaṁbhava, Ausg. von Stenzler.
Kumârasv. = Kumârasvâmin, Commentator des Pratâpar. (Pischel).
Kusum. = Kusumâṅgali, Ausg. von Cowell.
Kuvalaj. = Kuvalajânanda, nach zwei lithogr. Ausgg.
LA. = Lassen's Anthologie 3te Ausg.
Laghuk. = Laghukaumudî, Ausg. von Ballantyne, Benares 1867 (Cappeller).
Lalit. = Lalitavistarapurâṇa in der Bibl. ind. (Kern).
Lâṭj. = Lâṭjâjana's Çrautasûtra in der Bibl. ind.
Lîlâv. = Bhâskara's Lîlâvatî, Calcutta 1846 (Kern).
L. K. = Laghuk.
Lot. de la b. l. = Burnouf, Lotus de la bonne loi.
M. = Mânavadharmaçâstra.
Madanav. = Madanapâla's Madanavinoda, Benares 1869 und Hdschr. (Roth).
Mâdh. Kâlan. = Mâdhava's Kâlanirṇaja (Weber).
Mahâbh. = Mahâbhâshja, lith. in Benares.
Mahâbh. (K.) = Kielhorn's Ausg. des Mahâbhâshja.
Mahâvîrak. = Mahâvîrakarita, Ausg. von Trithen.
Mahîdh. = Mahîdhara, Commentator der VS.
Maitrjup. = Maitrjupanishad in der Bibl. ind. Die Accente, die wegen ihrer Fehlerhaftigkeit oft weggelassen oder durch (!) als verdächtig bezeichnet wurden, hat Schröder einer Hdschr. entnommen.
Maitr. S. = Maitrâjaṇî Saṁhitâ, zur Herausgabe vorbereitet von L. Schröder. Da die accentuirten Hdschrr. nicht gleich zu Anfang zur Hand waren, konnten einige Accente erst in den Nachträgen angegeben werden (Schröder).
Mâlatîm. = Mâlatîmâdhava, nach zwei Ausgaben, Calcutta 1830 und Bombay 1876.
Mâlav. = Mâlavikâgnimitra, Ausg. von Tullberg.
Mâṇḍ. Çikshâ = Mâṇḍûkî Çikshâ (Weber).
Mân. Gṛhj. = Mânavagṛhjasûtra, nach einer Hdschr. in der Universitätsbibliothek zu Bombay (Schröder).
Mân. K. S. = Mânavakalpasûtra, nach Citaten bei Gold.
Mantrabr. = Mantrabrâhmaṇa, Calcutta 1872 (Roth).
Mârk. P. = Mârkaṇḍejapurâṇa in der Bibl. ind.
Mat. med. = The Materia medica of the Hindus compiled from Sanskr. medical works by Udoy Chand Dutt Civil Medicinal Officer. With a Glossary of Indian Plants by Ge. King Superint. R. Bot. Garden Calc. and the author. Calcutta 1877.
Mayr, Ind. Erb. = Das indische Erbrecht von Aurel Mayr, Wien 1873.
MBh. = Mahâbhârata, citirt nach Parvan, Adhjâja und Çloka der Bomb. Ausg. Die ältere Calcuttaer Ausg. mit zwei Zahlen wird nur dann angeführt, wenn sie eine abweichende Lesart bietet.
Med. = Medinîkoça.
Med. avj. = Avjajânekârthavarga am Ende des Medinîkoça.
Megh. = Meghadûta, Ausg. von Stenzler.
Mit. = Mitâksharâ. Bei zwei Zahlen ist der Vjavahârâdhjâja, Calcutta 1829, gemeint, bei zwei Zahlen mit folgendem *a* oder *b* nebst Angabe der Zeile — das vollständige Werk in 4to.
M. K. S. = Mân. K. S.
Mṛkkh. = Mṛkkhakaṭika, Ausg. von Stenzler. Comm. zu Mṛkkh. sind die Auszüge in den Anmerkungen zu meiner Uebersetzung dieses Schauspiels.
Mudrâr. = Mudrârâkshasa, nach zwei Ausgaben, Calcutta 1831 und 1926 (Cappeller).
Nâgân. = Nâgânanda, nach zwei Calcuttaer Ausgaben (Cappeller).
Naish. = Naishadhakarita.
Nâr. = Nârada's Dharmaçâstra (Jolly).
Nigh. Pr. = Nighaṇṭuprakâça (Roth).
Nîl. = A rational Refutation of the Hindu Phisosophical Systems, by Nehemiah Nílakaṇtha S'ástrí Gore. Translated etc. by Fitz-Edward Hall. Calcutta 1862.
Nîlak. mit einer Zahl = Nîl.
Nîlak. = Nîlakaṇṭha, Commentator des MBh.
Nîlar. Up. = Nîlarudropanishad in der Bibl. ind. (Geldner und Roth).
Nir. = Nirukta, Ausg. von Roth (Roth).
Njâjam. = Gaiminîjanjâjamâlâvistara, Ausg. von Goldstücker und Cowell (Kern).
Njâjas. = Gotama's Njâjadarçana in der Bibl. ind. Die Ausg. Calcutta 1828 wird durch Beifügung von (1828) bezeichnet. (Kern).
Nj. K. = Nyâyakosa or Dictionary of the technical Terms of the Nyâya Philosophy, by Bulmâchârya Jhalakîkar. Bombay 1875.

Nṛs. Up. = Nṛsiṁhatâpanîjopanishad, herausg. von Weber in Ind. St. 9 und in der Bibl. ind.

P. = Pâṇini.

Pańḱad. = Pańḱadaṇḍaḱḱhattraprabandha, herausg. von Weber.

Pańḱar. = Nârada's Pańḱarâtra in der Bibl. ind.

Pańḱat. ohne nähere Angabe = Pańḱatantra, vollständige Ausg. von Kosegarten. Mit Beifügung von ed. Bomb. — die Ausg. von Bühler und Kielhorn.

Parâç. = Parâçara's Dharmaçâstra (Stenzler).

Pâr. Gṛhj. = Pâraskara's Gṛhjasûtra, Ausg. von Stenzler.

Paribh. = Paribhâshâ in Paribhâshenduçekhara, Ausg. von Kielhorn.

Pat. zu P. = Patańǵali zu Pâṇini.

Piṇḍop. = Piṇḍopanishad in der Bibl. ind. (Geldner und Roth).

Pischel, de Gr. pr. = Pischel, de Grammaticis prâcriticis. Vratislaviae 1874.

Prab. = Prabodhaḱandrodaja, Ausg. von Brockhaus.

Praçnop. = Praçnopanishad in der Bibl. ind.

Prâjaçḱittat. = Prâjaçḱittatattva (Roth).

Prajogar. = Nârâjaṇabhaṭṭa's Prajogaratna (Stenzler).

Prasannar. = Ǵajadeva's Prasannarâghava (Kern).

Pratâpar. = Pratâparudrîja.

Prij. = Prijadarçikâ, Calcutta 18[illegible] (Cappeller).

Procc. A. S. B. = Proceedings of the Asiatic Society of Bengal.

Pushpas. = Pushpasûtra (Weber).

R. = Râmâjana. Das 1ste und 2te Kâṇḍa nach der Áusg. von Schlegel, das 3—6te nach der von Gorresio, das 7te nach der Bomb. Ausg., wenn nicht ausdrücklich eine andere Ausgabe genannt ist. Eine eingeklammerte Zahl bezieht sich auf ed. Bomb.

Râǵan. = Râǵanighaṇṭu, Hdschr. (Roth).

Râǵat. = Râǵataraṁgiṇî. Die 6 ersten Bücher nach der Ausg. von Troyer. Die Beiträge aus dem 7ten und 8ten Buche von Kern.

Ragh. = Raghuvaṁça, Ausg. von Stenzler, wenn nicht ed. Calc. hinzugefügt wird.

Ratnam. = Ratnamâlâ (Roth).

Roxb. = Flora indica or description of Indian plants. By the late William Roxburgh. Serampore 1832 (Roth).

Ṛtus. = Ṛtusaṁhâra, Ausg. von Bohlen.

ṚV. = Ṛgveda (Roth).

ṚV. Prât. = Prâtiçâkhja zum Ṛgveda.

Saddh. P. 4 = das 4te Kapitel des Saddharmapuṇḍarîka, lithographirt in Parabole de l'Enfant egaré. Par Ph. Éd. Foucaux. Paris 1854.

Sâh. D. = Sâhitjadarpaṇa in der Bibl. ind.

Sâj. = Sâjaṇa.

Sâmav. Br. = Sâmavidhânabrâhmaṇa, Ausg. von Burnell.

Saṁhitopan. = Saṁhitopanishad, Ausg. von Burnell.

Sâṁkhjak. = Sâṁkhjakârikâ, Ausg. von Wilson.

Saṁnj. Up. = Saṁnjâsopanishad in der Bibl. ind. (Geldner und Roth).

Saṁsk. K. = Anantadeva's Saṁskârakaustubha, obl. fol.

Sâras. = Sârasundarî, ein Commentar zu AK.

Sârâv. = Sârâvalî, citirt bei Utpala zu Varâh. Bṛh.

Sarvad. = Sarvadarçanasaṁgraha in der Bibl. ind. (Kern).

Sarvopan. = Sarvopanishatsâra in der Bibl. ind. (Geldner und Roth).

Sâv. = Sâvitrî, herausg. von Bopp.

Shaḍv. Br. = Shaḍviṁçabrâhmaṇa (Weber).

Siddh. Çir. = Siddhântaçiromaṇi (Kern).

Spr. = Indische Sprüche, herausg. von O. Böhtlingk. 2te Aufl. Von 7614 an in Mélanges asiatiques, T. VIII, S. 217. fgg. Ebendaselbst S. 203. fgg. stehen die durch «zu Spr.» bezeichneten Varianten.

S. S. S. = Saṁgîtasârasaṁgraha, Calcutta 1932 (Cappeller).

Subhâshitar. = Subhâshitaratnâkara, Bombay 1872.

Suçr. = Suçruta (Roth).

Suparṇ. und Suparṇâdhj. = Suparṇâdhjâja, herausg. von Elimar Grube in Ind. St. 14.

Sûrjad. = Sûrjadevajaǵvan (Kern).

Sûrjas. = Sûrjasiddhânta in der Bibl. ind.

SV. = Sâmaveda (Roth).

SV. Âr. = Âraṇjaka zum SV. (Roth).

Taitt. Âr. = Taittirîjâraṇjaka in der Bibl. ind.

Taitt. Up. = Taittirîjopanishad in der Bibl. ind.

Tâṇḍja-Br. = Tâṇḍjabrâhmana in der Bibl. ind. Im grossen Wörterbuch als Pańḱav. Br. citirt.

Tarkas. = Tarkasaṁgraha, Allahabad 1849 (Roth).

Tattvas. = Tattvasamâsa, Mirzapore 1850 (Roth).

TBr. = Taittirîja Brâhmaṇa (Roth).

Trik. = Trikâṇḍaçesha.

TS. = Taittirîjasaṁhitâ (Roth und Weber).

TS. Prât. = Prâtiçâkhja zur TS., Ausg. von Whitney.

Uǵǵval. = Uǵǵvaladatta, Commentator der Uṇâdisûtra.

Uṇâdis. = Uṇâdisûtra, herausg. von Aufrecht.

Uttarar. = Uttararâmaḱaritra, nach zwei Ausgaben, Calcutta 1831 und 1862.

Vâgbh. = Vâgbhaṭa's Âjurvedadarçana (Roth).

Vaǵras. = Vaǵrasûḱî, Ausg. von Weber.

Vaidjabh. = Vaidjabhâshja (Roth).

Vaitân. = Vaitânasûtra, Ausg. von Garbe.

Vâjû-P. = Vâjupurâṇa, nach Citaten in andern Werken.

Vâlakh. = Vâlakhilja, die zwischen ṚV. 8,48 und 49 eingeschobenen Lieder (Roth).

Vâmana = Vâmana's Kâvjâlaṁkâravṛtti, Ausg. von Cappeller.

Vaṁçabr. = Vaṁçabrâhmaṇa, Ausg. von Burnell (Roth).

Varâh. Bṛh. = Varâhamihira's Bṛhaǵǵâtaka (Kern).

Varâh. Bṛh. S. = Varâhamihira's Bṛhatsaṁhitâ (Kern).

Varâh. Jogaj. = Varâhamihira's Jogajâtrâ, herausg. von Kern in Ind. St. 10. 14 und 15.

Varâh. Lagh. = Varâhamihira's Laghuǵâtaka. Die zwei ersten Adhjâja herausgegeben von Weber in Ind. St. 2.

Vârtt. = Vârttika.

Vâs. = Vâsantikâ, Hdschr. (Cappeller).

Vâsav. = Vâsavadattâ in der Bibl. ind.

Veṇîs. = Veṇîsaṁhâra, Ausg. von Grill (Cappeller).

Verz. d. B. H. = Weber, Verzeichniss der Berliner Handschriften.

Verz. d. Oxf. H. = Aufrecht, Verzeichniss der Oxforder Handschriften.

Vet. = Vetâlapańḱaviṁçati in LA.

Viddh. = Viddhaçâlabhańǵikâkhjanâṭikâ in der Zeitschrift Pratnakamranandinî (Cappeller).

Vikr. = Vikramorvaçî, Ausg. von Bollensen.

Vikramâṅkaḱ. = Vikramâṅkadevaḱarita, Ausg. von Bühler.

Vishṇus. = Vishṇusûtra, zur Herausgabe vorbereitet von J. Jolly (Jolly).

VP. = Vishṇupurâṇa, ed. Bomb.

VP.[2] = 2te Auflage von Wilson's Uebersetzung des Vishṇupurâṇa, herausgegeben von Hall.

VS. = Vâǵasaneji saṁhitâ (Roth und Weber).

VS. Prât. = Prâtiçâkhja zu VS. in Ind. St. 4.

Weber, Ǵjot. = Weber, Ueber den Vedakalender, Namens Ǵjotisham.

Weber, Kṛshṇaǵ. = Weber, Ueber die Kṛshṇaǵanmâshṭamî. Berlin 1868.

Weber, Nax. = Weber, Die vedischen Nachrichten von den naxatra. Berlin 1860.

Wilson, Sel. W. = Select Works of H. H. Wilson.

Wise = Commentary on the Hindu System of Medicine, by T. A. Wise. Calcutta 1845.

Z. d. d. m. G. = Zeitschrift der deutschen morgenländischen Gesellschaft.

Jena, den 1sten Mai 1879.

O. Böhtlingk.

1. अ Pron. der 3ten Person. Davon अ॒स्मै॑, अ॒स्यै॑, अ॒स्मा॑त्, अ॒स्या॑स्, अ॒स्य॑, अ॒स्मि॑न्, अ॒स्या॑म्, आ॒भ्या॑म्, ए॒भि॑स्, आ॒भि॑स्, ए॒भ्य॑स्, आ॒भ्य॑स्, ए॒षा॑म्, आ॒सा॑म्, ए॒षु॑, आ॒सु॑. *Diesem, diesem hier* u. s. w. Unbetont Subst. *ihm, ihr* u. s. w. — Vgl. अयम्, अया, इदम्, इम, इयम्-एन, एना.

2. अ° vor Consonanten, अन्° vor Vocalen = ἀ, ἀν priv. अब्राह्मण *kein Brahman*, अनध्याय *kein Lesen*, अस्वेद *schweisslos*, अनङ्ग *körperlos*, अशुचि *unrein*, अनर्ह *unwürdig*, अकृत्वा *nicht gethan habend*, अनर्चितुम् (selten) *nicht ehren*, अस्पृहयन्ति (Bhâg. P. Çiç. 15,33) *sie begehren nicht.*

3. *अ Interj.

4. *अ m. 1) Vishṇu. — 2) fingirter Mannsname.

अनृणिन् Adj. *frei von Schulden.*

अं॒श m. 1) *Theil:* स्वांशतस् 139,1. — 2) *Antheil, Erbtheil.* — 3) *Einsatz bei Wetten* Ṛv. 5,86,5. Tâṇḍja-Br. 25,13,3. — 4) *Partei.* — 5) *Grad eines Kreises.* — 6) **Tag* Gal. — 7) N. pr. eines Âditja.

अंशक 1) m. *a) Theil* Ind. St. 10,165. — *b) Grad eines Kreises.* — 2) *n. *Tag.*

*अंशकरण n. *Theilung.*

अंशकल्पना f. *Bestimmung —, Zumessung eines Antheils, — Erbtheils* 195,18.

अंशप्रकल्पना f. dass. M. 8,211.

अंशप्रदान n. *Gewährung eines Erbtheils* 201,15.

अंशभागिन् Adj. *einen Antheil habend:* गोत्ररिक्थांश° 198,20.

अंशभाज् Adj. *Theil habend, — nehmend:* धर्मस्य Gaut. 11,11. मखांश° Chr. 98,13.

अंशभू॑ m. *Theilhaber, Parteigenosse* TS. 6,4,8,2.

अंशभूत adj. *einen Theil von* (Gen.) *bildend, — seiend* 106,22.

*अंशय्, अंशयति *theilen.*

अंशह्र Adj. *ein Erbtheil empfangend.*

अंशावतरण n. *die Herabkunft der Theile* (der Götter).

अंशिता f. *das Erbesein, — Erhalten eines Erbtheils.*

अंशी Adv. mit कर् *theilen.*

अं॒शु॑ m. 1) Soma-*Stengel* (Kâtj. Çr. 9,4,20) und *-Saft.* — 2) *Strahl* 93,5. 102,13. 170,27. — 3) N. pr. eines Mannes.

अंशुक n. 1) *Gewand, Ueberwurf, Tuch* 252,9. 326,2. Spr. 7813. — 2) *Band am Rührstab.*

अंशुकान्त m. *Zipfel eines Gewandes, — Tuches* 296,10 (am Ende eines adj. Comp. f. आ).

*अंशुधर m. *die Sonne.*

अंशुधान n. N. pr. eines Dorfes.

अंशुनदी f. N. pr. eines *Flusses.*

अंशुपट्ट n. *eine Art Zeug.*

*अंशुपति m. *die Sonne.*

*अंशुमत्फला f. *Musa sapientum.*

अंशुम॑त् 1) Adj. *a) reich an* Soma-*Pflanzen* oder *-Saft.* — *b) faserig.* — *c) strahlenreich.* — 2) m. *a) die Sonne* 250,18. — *b)* N. pr. α) verschiedener Männer 106,18. — β) eines Berges. — 3) f. °मती *a) Hedysarum gangeticum.* — *b)* N. pr. eines Flusses.

अंशुमालिन् m. *die Sonne.*

*अंशुल m. N. pr. = चाणक्य.

अंशुविमर्द m. *ray-obliteration* Sûrjas. 7,19.

*अंशुहस्त m. *die Sonne.*

अं॒स m. 1) *Schulter* 112,1. 129,11. — 2) *Ecke eines Vierecks* Çulbas. 1,34. 40. — 3) Du. *die beiden oberen Arme des Altars.*

अंसकूट m. 1) *Achsel* 135,31. — 2) * *Buckel am Buckelochsen.*

अं॒सत्र n. *Panzer.*

अं॒सत्रकोश Adj. *einen Panzer zum Fass habend.*

अंसध्री॑ f. *ein best. Geräth zum Kochen.*

अंसपृष्ठ n. *Achsel* 136,25.

अंसफलक॑ n. *Schulterblatt.*

*अंसभार m. *Schulterlast.* *°भारिक Adj. *auf der Schulter eine Last tragend.*

अंसमूल n. *Schulterhöhe* Râǵan.

अंसय्, °यति mit वि 1) *unschädlich machen, abwehren.* — 2) *enttäuschen.*

अंसल॑ Adj. *kräftig, stark.*

*अंसेभार m. und *°भारिक Adj. = अंसभा°.

(अंस्य) अंसत्र Adj. *an den Schultern befindlich.*

*अंह्, अंहते *gehen.* — Caus. अंहयति *schicken.* — Desid. अञ्जिहिषते *gehen wollen.*

अंहति॑ f. 1) *Bedrängniss, Noth.* — 2) * *Krankheit.* — 3) * *Gabe, Geschenk* (auch *अंहती).

अं॒हस् n. 1) *Bedrängniss, Noth* 1,10. 6,18. अंहस् am Versschluss = अंहसस् Ṛv. 6,3,1. — 2) *Sünde.*

अंहसस्पति॑ und अंहस्पति m. *Herr der Noth*, N. des Schaltmonats.

*अंह्रिति f. *Gabe, Geschenk.*

अंहीयंस् Adj. *enger.*

अंहु॑ 1) *Adj. *eng.* — 2) n. *Drangsal.*

अंहुभे॑द Adj. (f. ई) *engspaltig.*

अंहुर॑ Adj. *bedrängt.*

अंहूरण॑ 1) Adj. (f. आ) *eng.* — 2) n. *Drangsal.*

अंहोमु॑च् Adj. *aus der Noth befreiend.*

अंहोयु॑ Adj. *bedrängend.*

अंह्रि m. 1) *Fuss.* — 2) * *Wurzel.*

*अंह्रिप m. *Baum.*

*अंह्रिशिरस् n. = अंह्रिस्कन्ध Gal.

*अंह्रिस्कन्ध m. *der obere Theil des Fussblatts.*

1. अं॒क n. 1) (*Nichtfreude*) *Leid, Schmerz* TS. 5,3,3,1. — 2) * *Sünde.*

2. अक m. *das Suffix* aka 238,6. 239,3. 4.

*अकच m. Ketu, *der niedersteigende Knoten.*

अकटुक Adj. *unverdrossen.*

*अकटुफल m. *eine best. Pflanze* Gal.

अकठोर Adj. *nicht hart, zart* Viddh. 72,11.

अकडम und °चक्र n. *ein best. Diagramm.*

अकण्टक Adj. (f. आ) 1) *dornenlos.* — 2) *frei von Feinden.* — 3) *unbehindert, ungehemmt.*

अकण्ठ Adj. *keinen Hals habend* Spr. 2.

अकण्ठताल्वोष्ठ Adj. *nicht mit der Kehle, nicht mit dem Gaumen und nicht mit den Lippen hervorgebracht* Ind. St. 9,33.

अकत्थन n. *das Nichtprahlen.*

अकथम् Adv. *ohne vieles Reden, ohne Weiteres.*

अकथह and °चक्र n. *ein best. Diagramm.*

अकथित Adj. *unerwähnt, unbesprochen* 221,10.

अ॒क॑निष्ठ 1) Adj. pl. *von denen keiner der jüngste ist.* — 2) m. pl. *eine best. Klasse von Göttern* (bei den Buddhisten).

*अकनिष्ठग m. ein Buddha.

अकन्या f. keine Jungfrau mehr.

अकपीवत् m. N. pr. eines der sieben Ṛshi unter dem vierten Manu.

अकम्पन m. N. pr. 1) eines Fürsten. — 2) eines Râkshasa.

अकम्पित 1) Adj. nicht zitternd, fest 111,26. — 2) *m. N. pr. eines Gaṇâdhipa bei den Gaina.

अकर Adj. steuerfrei Gaut. 10,11.

1. अकरण n. das Nichtthun, Unterlassen 254,21. Gaut. 12,27. 18,32.

2. अकरण Adj. 1) nicht durch Kunst erzeugt, natürlich Spr. 4103. — 2) unthätig oder ohne Organe Ind. St. 9,163.

*अकरणि f. Nichtvollbringung (als Verwünschung).

*अकरणीय Adj. P. 6,2,160, Sch.

*अकरा f. Phyllanthus Embelica.

अकरुण Adj. nicht mitleidig, grausam, unbarmherzig. °म् Adv. R. 2,78,8. Nom. abstr. °त्व n. Spr. 3.

अकर्कर m. N. pr. eines Schlangendämons.

अकर्कश Adj. nicht hart, weich, zart.

अकर्ण Adj. (f. आ) 1) nicht langohrig TS. 6,1,6,7. Çat. Br. 3,3,1,16. — 2) taub 288,12. — 3) ohne Steuerruder. — 4) ohne eine ausspringende Unebenheit, — Zapfen. — 5) ohne Karṇa (den Sohn der Kuntî) Veṇîs. 97.

अकर्णक Adj. (f. °र्णिका) 1) ohrenlos. — 2) ohne Steuerruder.

*अकर्ण्य Adj. P. 6,2,156, Sch.

*अकर्तन m. Zwerg.

अकर्तर् Nom. ag. kein Thäter, — Handelnder 273,5. 19.

अकर्तव्य Adj. was nicht gethan werden darf; n. Unthat 87,30.

अकर्मक Adj. kein Object habend, intransitiv 225,21.

*अकर्मकृत् Adj. den Geboten einer Secte entgegen handelnd Gal.

अकर्मण्य Adj. 1) Nichts zu leisten im Stande seiend R. 2,64,33 (34). — 2) womit Nichts mehr zu machen ist, unrettbar verloren. — 3) einem Ritus nicht entsprechend Verz. d. Oxf. H. 60,a,7.8.

अकर्मधारय m. kein Karmadhâraja P. 6,2,130.

1. अकर्मन् n. Unthätigkeit.

2. अकर्मन् Adj. 1) Nichts thuend, faulenzend Spr. 4. — 2) kein gutes Werk übend, ruchlos.

अकर्मशील Adj. unthätig, faul.

अकल Adj. ohne Theile.

अकलङ्क 1) Adj. fleckenlos zu Spr. 2468. — 2) m. N. pr. eines Gaina.

अकल्कक Adj. ohne Falsch, ehrlich MBh. 3,82,11. 13,23,29. 53.

अकल्कता f. Ehrlichkeit.

*अकल्कन Adj. ohne Falsch, ehrlich H. 490.

*अकल्का f. Mondschein.

अकल्प Adj. (f. आ) 1) nicht geeignet zu (Acc.). — 2) nicht im Stande seiend, — vermögend; die Ergänzung im Loc., Inf. oder im Comp. vorangehend. Spr. 7614. Bhâg. P. 3,30,13. 14. 31,8. 4,3,21. 5,14,25. 7,12,23.

अकल्मष Adj. (f. आ) fleckenlos MBh. 3,221,20. Kând. 28.

अकल्माष m. N. pr. eines Sohnes des vierten Manu.

अकल्य Adj. (f. आ) nicht gesund, krank 213,14. 22. Gaut. 9,28.

अकल्याण Adj. (f. ई) unfreundlich, unwirsch AK. 1,1,5,18.

अकव Adj. nicht karg (subj. und obj.)

अकवच Adj. panzerlos.

अकवारि Adj. (f. ई) nicht geizig.

अकवि Adj. nicht weise.

अकस्मात् Adv. ohne wahrnehmbare Veranlassung, unerwartet, mir Nichts dir Nichts 111,22. 121,19. 125,17. 251,21. Gaut. 9,7. 51.

अकाण Adj. (f. आ) nicht einäugig TS. 6,1,6,7. Çat. Br. 3,3,1,16.

अकाण्ड Adj. ohne wahrnehmbare Veranlassung erscheinend, unerwartet. अकाण्डे ohne wahrnehmbare Veranlassung, unerwartet, plötzlich.

*अकाण्डतिक्त m. ein best. Baum Gal.

अकाम Adj. (f. आ) 1) keine Neigung —, keine Liebe zu Etwas oder zu Jmd habend, nicht gern Etwas thuend 29,23. Gaut. 15,19. — 2) mit Unlust verbunden, unfreiwillig. — 3) Bez. eines best. Saṁdhi.

अकामकर्शन Adj. die Wünsche nicht schmälernd.

अकामतस् Adv. unfreiwillig, unabsichtlich.

अकामता f. das Freisein von Neigung, — Liebe.

अकामहत Adj. nicht von Liebe getroffen, frei von Begierden Çat. Br. 14,7,1,35.

अकाय Adj. körperlos.

अकायस्थ m. kein Schreiber Spr. 3591.

अकार m. der Laut अ 20,20.

अकारक Adj. der Etwas nicht erreicht, zu Etwas nicht gelangt 233,11. Nom. abstr. °त्व n. ebend.

1. अकारण n. kein Grund. °णात्, °णेन und °णे (303,22. 317,2. 325,11) ohne Veranlassung, — Grund. अकारण° dass. 177,23.

2. अकारण Adj. grundlos Suçr. 1,310,4. °णम् Adv.

अकारणपूर्वक Adj. nicht schon in der Ursache enthalten Z. d. d. m. G. 29,246.

*अकारिन् Adj.

अकारुणिक Adj. mitleidlos Nâgân. 83,9.

अकार्पण्य n. das nicht klägliche Thun, — nicht Jammern Gaut. 8,23. MBh. 14,38,2.

अकार्य Adj. 1) was nicht gethan werden kann oder darf; n. Unthat, eine unerlaubte Handlung 41,25. 26. 46,10. 181,23. 315,32. °तम was vor Allem nicht gethan werden darf. — 2) der nicht zur Thätigkeit angetrieben werden kann. Davon °त्व n. Nom. abstr.

अकार्यकरण n. das Thun dessen, was man nicht thun sollte, Spr. 17.

अकार्यकारिन् Adj. der eine unerlaubte Handlung begangen hat.

अकाल m. Unzeit: °ले zur Unzeit, ausser der Zeit; °लतस् dass. 170,18. अकाल° dass. ebend.

अकालचर्या f. unzeitiges Handeln Spr. 21.

अकालजलद m. N. pr. eines Dichters.

अकालजलदोदय m. 1) das Aufsteigen von Wolken ausser der Zeit. — 2) *Nebel.

अकालभव Adj. vor der Zeit erfolgend.

अकालमृत्यु m. frühzeitiger Tod, N. pr. eines mythischen Wesens.

अकालवेला f. Unzeit, ungewöhnliche Zeit Spr. 5279.

अकालसह Adj. nicht lange sich zu halten vermögend.

अकालहीनम् Adv. ohne Zeitverlust, alsbald Mâlav. 71,10. Veṇîs. 100,12.

अकालिकम् Adv. dass. MBh. 4,27,7. 5,32,22. Auch 1,105,46 ist wohl so zu lesen st. अकालिकः.

अकासार m. N. pr. eines Lehrers.

अकिंचन Adj. Nichts besitzend, arm.

अकिंचनता f. und अकिंचनत्व n. Besitzlosigkeit, Armuth.

अकिंचित्कर Adj. Nichts zu Wege bringend, zu Nichts nutze Spr. 7785. Veṇîs. 44,16. Pañkat. 187,24.

अकितव m. Nicht-Spieler.

अकिल्बिष Adj. fehlerlos.

अकीर्तन n. das Nichterwähnen Veṇîs. 10,22.

अकीर्ति f. Unehre, Schande Spr. 7710 (Pl.). °कर Adj. Schande bringend Chr. 160,17.

अकीर्तित Adj. unerwähnt 225,12. 17.

अकुटिललेख Adj. geradlinig Çulbas. 2,33.

अकुण्ठ Adj. nicht stumpf, scharf (eig. und übertr.).

अकुतश्चिद्भय Adj. von keiner Seite her gefährdet.

अकुतस् Adv. in Verbindung mit अपि von kei-

ner Seite her.

अकृतोभय und अकुतश्चभय Adj. = अकुतश्चिद्भय.

अकुत्रा Adv. *dahin wohin es sich nicht gehört.*

अकुत्सित Adj. *tadellos* Spr. 5929.

(अकुध्र्यच्) अकुध्रिंअच् Adv. *ziellos.*

*अकुप्य n. *Gold und Silber* und auch = कुप्य.

अकुप्यत् Adj. *nicht aufwallend* AV. 20,130,8.

अकुमार m. *kein Knabe mehr.*

अकुर्वत् Adj. *nicht thuend, unterlassend* 170,23.

अकुल Adj. *von niedrigem Geschlecht* 161,22. Davon °ता f. Nom. abstr.

अकुली v. l. für अङ्कुली.

अकुलीन Adj. dass. Spr. 34.

अकुशल 1) Adj. (f. आ) *a) unerspriesslich, unheilvoll, schlimm:* कर्मन् Bhag. 18,10. गति Bhâg. P. 2,10,40. — *b) dem es schlimm ergeht, unglücklich.* — *c) ungeschickt, unerfahren* Ind. St. 1,45. 10,62. — 2) n. *a) Unheil, Uebel.* — *b) ein unheilvolles, — böses Wort.*

अकुसुमित Adj. *nicht blühend* Mâlav. 47.

अकुहक m. *kein Charlatan* Suçr. 1,30,3.

अकूट Adj. (f. आ) 1) *nicht ungehörnt* TS. 6,1,6,7. — 2) *nicht trügerisch* (Waffen) Jâǵn. 1,323. *nicht falsch* (Münze) 2,241.

अकूपार 1) Adj. *nirgend eine Grenze habend, unbegrenzt.* — 2) m. *a) Meer:* °वत् 170,2. — *b) Schildkröte.* — *c)* N. pr. einer Schildkröte. — *d) *ein* Âditja. — *e)* N. pr. eines Mannes. — 3) f. आ N. pr. einer Âṅgirasî. — कू = कु Pron. interr.

*अकूर्च m. *ein* Buddha.

अकृत 1) Adj. (f. आ) *a) ungethan, unvollbracht* 32,33. 38,15. 161,24. 163,8. — *b) unbearbeitet, unzubereitet.* — *c) unausgebildet, unvollkommen, unreif.* — *d) ungeschaffen, von Ewigkeit her bestehend.* — *e) unaufgefordert.* — 2) n. *eine bisher ungethane, — unerhörte That.*

अकृतत्व n. *das Nichtgemachtsein* Tattvas. 17.

*अकृतकारम् Adv. *auf eine Weise, wie es früher nicht gethan worden ist.*

अकृतज्ञ Adj. *undankbar* Spr. 36.

अकृतपूर्व Adj. *früher nicht gethan* 315,4. Spr. 7133.

अकृतप्रयत्न Adj. *der sich nicht angestrengt hat* Mahâbh. Einl. 17,*a*.

अकृतबुद्धि Adj. *von unreifem Verstande* 60,22. M. 7,30. Jâǵn. 1,354. Davon °त्व n. Nom. abstr.

अकृतव्रण m. N. pr. verschiedener Männer.

अकृतसंहित Adj. *noch nicht in die* Saṁhitâ *umgesetzt* Ṛv. Prât. 4,7.

अकृतात्मन् Adj. *von ungebildetem Geiste* 65,14. 67,21. 94,10. M. 6,73. 7,28.

अकृतान्न n. *unzubereitete Nahrung* Gaut. 16,48.

अकृतार्घ Adj. *dem der* Argha *nicht erwiesen wird* Pâr. Gṛhj. 1,3,31.

अकृतार्थ Adj. (f. आ) *unbefriedigt* 108,2. Çâk. 34.

अकृतास्त्र Adj. *der sich nicht in den Waffen geübt hat* MBh. 3,239,14.

अकृताह्निक Adj. *der die Tagesgebräuche unterlässt* MBh. 3,289,17.

अकृतनाभि Adj. *dessen Nabelschnur noch nicht abgeschnitten ist* Çat. Br. 11,8,3,6.

अकृत्तरुच् Adj. *von unverkürztem Glanze* Ṛv.

अकृत्य Adj. *nicht zu thun, zu unterlassen;* n. *ein zu unterlassendes Werk, Unrecht* Suçr. 1,86,4. Spr. 40. fg. 1879. fg. Sâh. D. 1,14. Pañkat. 128,12. °कारिन् MBh. 3,269,22.

अकृत्रिम Adj. (f. आ) *ungekünstelt, nicht durch Kunst erzeugt, natürlich* Spr. 6964. 7290.

अकृत्स्न Adj. (f. आ) *unvollständig* 32,2. 33,12.

अकृपण Adj. *nicht kläglich thuend* 158,1.

अकृश Adj. *nicht mager.*

अकृशाश्व m. N. pr. eines Sohnes des Saṁhatâçva.

अकृषीवल Adj. (f. आ) *den Acker nicht bebauend.*

अकृष्ट 1) Adj. *a) ungepflügt,* Subst. *ungepflügter Boden* Çat. Br. 7,2,2,5. — *b) wildwachsend* Spr. 47. — 2) m. Pl. Bez. bestimmter Ṛshi MBh. 12,166,25. अकृष्टा माषाः desgl. Hariv. 11533.

अकृष्टपच्य Adj. (f. आ) 1) *auf unbestelltem Boden wachsend, wildwachsend.* — 2) *ungepflügt Getraide wachsen lassend:* पृथिवी VP. 1,13,50.

अकृष्णकर्मन् Adj. *der keine schwarze That vollbracht hat, unschuldig.*

अकृष्णतेजस् m. *der Mond* Weber, Ǵjot. 35,2.

अकेतु Adj. *formlos, ununterschieden.*

अकेश Adj. (f. आ und ई) *haarlos.*

अकेशव Adj. *ohne* Keçava d. i. Kṛshṇa Veṇîs. 87.

अकैतव Adj. *nicht geheuchelt:* कोप Çâk. 69,2.

*अकोट m. *Areca Faufel* oder *Catechu.*

अकोप m. N. pr. eines Ministers des Daçaratha.

अकोविद Adj. (f. आ) *nicht kundig, unbekannt mit* (Gen.).

*अकौशल n. = आकौशल.

*अक्का f. *Mutter.*

अक्त 1) Partic. von अञ्ज् und अक्ष्. — 2) f. अक्तो *Nacht.*

अक्तु m. 1) *Licht, Glanz* 2,18. — 2) *Dunkel, Nacht.* अक्तुभिस् *bei Nacht* 9,25.

अक्न Partic. von अच्.

अक्नोपन Adj. *nicht nässend* Nir. 7,14.

1. अक्र Adj. *unthätig.*

2. अक्र m. *Banner* 2,26.

अक्रत 3. Pl. Med. von 1. कर्.

अक्रतु Adj. 1) *unmöchtig, kraftlos.* — 2) *unverständig.* — 3) *frei von Verlangen.*

1. अक्रम m. *gestörte Ordnung, Ungehörigkeit, Verkehrtheit* Spr. 1103. Bhâg. P. 4,16,7. अक्रमात् *gegen alle Ordnung, widernatürlich.*

2. अक्रम Adj. *nicht allmählich —, mit einem Male erfolgend.*

अक्रविहस्त Adj. *keine blutigen Hände habend.*

अक्रव्याद् (AV.) und °द Adj. *kein Fleisch essend.*

अक्रान्त Adj. *nicht verdoppelt* Ṛv. Prât. 6,14.

अक्रिया f. *das Nichtthun, nicht zu Wege Bringen von* (Gen.), *Unterlassung* 252,15. Gaut. 19,2.

अक्रीडत् Adj. *nicht spielend.*

अक्रूर 1) Adj. *nicht rauh, weich, zart.* — 2) m. *a)* N. pr. verschiedener Männer. — *b)* mystische Bez. des Anusvâra.

अक्रूरेश्वरतीर्थ n. N. pr. eines Tîrtha.

1. अक्रोध m. *das Nichtzürnen, sich nicht dem Zorn Hingeben* Gaut. 10,51.

2. अक्रोध Adj. *dem Zorn sich nicht hingebend* R. 4,26,12. Spr. 7427.

अक्रोधन 1) Adj. *dem Zorn sich nicht hingebend.* — 2) m. N. pr. eines Fürsten VP. 4,20,3.

अक्रोधमय Adj. *dessen Wesen nicht Zorn ist* Çat. Br. 14,7,2,6.

*अक्लिका f. *Indigopflanze.*

अक्लिन्नवर्त्मन् n. *eine best. Augenkrankheit.*

अक्लिष्ट Adj. 1) *nicht abgenutzt, frisch, integer* Çâk. 115. 147. — 2) *nicht zu Schanden werdend:* व्रत R. 1,34,1. वचन 38,6.

अक्लिष्टकर्मन् (R. 1,34,17) und °कारिन् (MBh. 3,41,42. 43,10. R. 1,77,19) Adj. *unermüdlich thätig.*

अक्लिष्टभाव m. *Lebhaftigkeit* R. 5,1,61.

अक्लीब Adj. *männlich.* Davon °ता f. *männliches Benehmen.*

अक्लेद्य Adj. *nicht feucht zu machen* Bhag. 2,24.

अक्लेश m. *keine Beschwerde* (Abl. *ohne Anstrengung*) Spr. 50. 7748.

अक्ष्, *अक्षति und *अक्ष्णोति, Partic. अष्ट. 1) *erreichen, erlangen:* आष्टाणां. — 2) *durchdringen, erfüllen.* — Mit निस् *entmannen, verschneiden.* — Mit सम् (अक्षसे) *durchdringen.*

1. अक्ष m. 1) *Würfel* 224,7. — 2) **Würfelspiel.* — 3) Bez. der Zahl fünf. — 4) *Terminalia Bellerica* (die *Pflanze* und die *Nuss*). — 5) **der Same von Elaeocarpus Ganitrus u. einer anderen Pflanze.* — 6) auch n. *ein best. Gewicht* = कर्ष.

2. अक्ष m. 1) *Wagenachse.* — 2) *das auf zwei Stützen ruhende Querstück, an welches eine Wage gehängt wird.* — 3) *Schlüsselbein.* — 4) *Schläfe-*

bein. — 5) *geographische Breite.* — 6) *ein best. Längenmaass,* = 104 Aṅgula Çulbas. 1,11. — 7) *Rad.* — 8) *Karren.*

3. अक्ष 1) m. n. *Sinnesorgan.* — 2) *am Ende eines adj. Comp.* (f. ई) = अक्षि a) *Auge* 163, 2. 174, 5. 175, 25. 184, 1. 186, 6. — b) *Masche.* — 3) m. *Seele* Ind. St. 14,382.

4. अक्ष m. N. pr. *verschiedener Männer.*

5. *अक्ष m. 1) *Schlange.* — 2) *Bein.* Garuḍa's. — 3) *Process.* — 4) *Kenntniss.* — 5) *ein Blindgeborener.*

6. *अक्ष n. 1) *Sochsalz.* — 2) *blauer Vitriol.*

अक्षक 1) m. *oder* n. *wohl Schlüsselbein.* — 2) *m. Dalbergia ougeinensis.* — 3) f. ई *eine best. Schlingpflanze.*

अक्षकाम Adj. (f. आ) *Würfel liebend.*

*अक्षकितव m. *Würfelspieler* Ind. St. 13, 472.

अक्षतपण und °क m. N. pr. *eines Würfelspielers.*

अक्षचरण m. *Bein. des Philosophen* Gautama.

*अक्षज m. 1) *Donnerkeil.* — 2) *Bein.* Vishṇu's.

अक्षणा m. n. *Ungelegenheit, Verdruss* Lalit. 344, 5. 456, 13. 458, 13.

1. अक्षण्वन्त् Adj. *mit Augen versehen.*

2. अक्षण्वन्त् Adj. *nicht verletzend, — beschädigend.*

अक्षत 1) Adj. a) *unverletzt, unbeschädigt* 149, 11. °योनि Adj. 199, 9. — b) *ungemahlen.* — 2) n. Sg. *und* m. Pl. *unenthülstes Korn.* — 3) m. Pl. N. pr. *eines Geschlechts.* — 4) f. आ a) *eine unverletzte Jungfrau* Jāgñ. 1, 67. — b) *eine best. Pflanze.*

अक्षत्र Adj. *ohne Kriegerkaste.*

*अक्षदर्शक und *अक्षदृश् m. *Richter.*

अक्षदकर्मन् n. *operation for latitude* J. A. O. S. 6, 310.

*अक्षदेविन् und *अक्षद्यू m. *Würfelspieler.*

अक्षद्यूत n. *Würfelspiel.*

अक्षद्रुघ् Adj. *von den Würfeln gehasst, im Spiel Unglück habend oder mit Würfeln schadend, ein betrügerischer Spieler.*

*अक्षधर m. *Trophis aspera*

अक्षधुर und °धुरा f. *Zapfen der Achse*

*अक्षधूर्त m. *Würfelspieler.*

*अक्षधूर्तिल m. *Bulle.*

अक्षन् n. 1) *Auge. In der klassischen Sprache nur* अक्ष्णा (230, 18), अक्ष्णे, अक्ष्णस् (Spr. 7620), अक्ष्णि *und* अक्षिणा (अक्षन् *in der älteren Sprache*), अक्ष्णोस् (Spr. 7696), अक्ष्णाम् (98, 11). Im RV. अक्षाणि *und* अक्षभिस्. — 2) *Sinnesorgan:* अक्षभिस् Bṛhg. P. 4, 29, 5.

अक्षपटल n. *Archiv.*

अक्षपद m. *Bein. des Philosophen* Gautama.

*अक्षपरि Adv. *mit Ausnahme eines Würfels.*

अक्षपराजय m. *Niederlage im Würfelspiel.*

*अक्षपाटक m. *Richter.*

अक्षपाद m. *Bein. des Philosophen* Gautama.

*अक्षपिएड m. = अक्षपीड.

अक्षपीड 1) m. *Chrysopogon aciculeris.* — 2) f. *आ eine best. Pflanze.*

अक्षप्रपातन n. *Wendung des Auges* Hariv. 9141.

अक्षभङ्ग m. *Achsenbruch* Ind. St. 5, 371.

अक्षभा f. *shadow of latitude* J. A. O. S. 6, 250.

अक्षभूमि f. *ein Platz zum Würfelspiel.*

अक्षभेद m. *Achsenbruch* Ind. St. 5, 353.

अक्षम Adj. (f. आ) 1) *einer Sache nicht gewachsen, nicht vermögend, unfähig; mit Loc., Inf. oder am Ende eines Comp.* 179, 32. — 2) *missgünstig.*

अक्षमा f. *Missgunst, Neid* 223, 12.

अक्षमाला f. 1) *ein Rosenkranz aus den Samenkörnern des Elaeocarpus Ganitrus.* — 2) *Bein. der* Arundhatī 189, 23. — 3) N. pr. *der Mutter* Vatsa's.

अक्षमालिका f. 1) = अक्षमाला 1) 119, 13. — 2) *Name einer Upanishad.*

अक्षमालिन् Adj. *mit einem Rosenkranz versehen.*

अक्षय 1) Adj. (f. आ) *unvergänglich* 88, 26. 96, 16. — 2) f. आ *der 7te Tag eines Mondmonats, der mit einem Sonn- oder Montag beginnt, oder der 4te Tag eines solchen, der mit einem Dienstag anhebt.*

अक्षयता f. *Unvergänglichkeit:* स्त्रीषु *unerschöpfliches geschlechtliches Vermögen* Suçr. 2, 139, 18.

अक्षयतृतीया f. *der dritte Tag in der lichten Hälfte des Monats* Vaiçākha.

अक्षयत्व n. *Unvergänglichkeit.*

अक्षयमति m. N. pr. *eines Buddhisten.*

अक्षयसेन m. N. pr. *eines Fürsten.* उत्सेन v. l.

अक्षयिणी f. *die Unvergängliche, viell. Bez. der* Durgā.

अक्षय्य Adj. *unvergänglich, unerschöpflich* Megh. IX. अक्षय्यम् *als Glückwunsch an einen* Vaiçya *so v.a. mögest du nie Mangel haben* MBh. 13, 23, 36.

अक्षय्यनवमी f. *der 9te Tag in der lichten Hälfte des* Āçvina.

अक्षर 1) Adj. *nicht zerrinnend, unvergänglich* 284, 32. — 2) n. a) (*ausnahmsweise auch* m.) *Wort; Silbe; die heilige Silbe* ओम्; *Laut; Vocal.* — b) *Schriftstück, Urkunde* Spr. 4235. — c) *Wasser.* — d) *die höchste Gottheit, der letzte Grund alles Seins.* — e) *Seele.* — f) * Luft, Atmosphäre.* — g) * Befreiung der Seele von ferneren Wiedergeburten.* — h) * Kasteiung.* — i) * Gesetz, Recht.* — k) * Opfer.* — l) * Achyranthes aspera.* — 3) m. a) * Schwert.* — b) * Bein.* Vishṇu's *und* Çiva's. — Vgl. अक्षरा.

अक्षरक n. *Vocal.*

*अक्षरकोश m. *Birkenrinde und andere Stoffe, auf denen man schreibt,* Gal.

*अक्षरचञ्चु, *°चण und *°चुञ्चु m. *Schreiber.*

अक्षरच्छन्दस् n. *ein nach der Zahl und nach der Quantität der Silben gemessenes Metrum.*

*अक्षरजननी f. *Schreibrohr.*

*अक्षरजीवक, *°जीविक u. *°जीविन् m. *Schreiber.*

*अक्षरतूलिका f. *Schreibrohr.*

*अक्षरन्यास m. *Schrift.*

1. अक्षरपङ्क्ति f. *ein best. Metrum.*

2. अक्षरपङ्क्ति Adj. *eine Fünfzahl von Silben enthaltend.*

अक्षरप्रकृति Adj. *von unvergänglicher Natur und Laute zur Voraussetzung habend* Ind. St. 14, 386.

अक्षरभाज् Adj. *Antheil an einer Silbe habend.*

अक्षरमाला (Spr. 7827) und °मालिका f. *ein (vom Schicksal Einem an die Stirn geschriebener) Buchstabenkranz.*

*अक्षरमुख m. *Anfänger, Schüler.*

*अक्षरमुष्टिका f. *Fingersprache.*

अक्षरयमक n. *Aufeinanderfolge von zwei gleichlautenden Silben* Comm. zu Vāmana 4, 1, 2.

अक्षरवर्जित Adj. *analphabet* Spr. 4778.

अक्षरविन्यास m. *Schrift.*

अक्षरव्यक्ति f. *deutliche Aussprache der Laute.*

अक्षरशस् Adv. *silbenweise.*

*अक्षरसंस्थान n. *Schrift.*

अक्षरसंहिता f. *die Saṃhitā in Bezug auf das Zusammenfliessen von Silben* TS. Prāt. 24, 2. 4.

अक्षरसमाम्नाय m. *Alphabet.*

अक्षरसंपद् f. *das Zutreffen der Silbenzahl.*

अक्षरा f. *Rede, Worte.*

अक्षराङ्ग n. *ein zum Vocal gehöriger Theil*

अक्षराज् m. *König der Würfel.*

*अक्षराधार m. = अक्षरकोश Gal.

अक्षर्य Adj. (f. आ) *der Silbenzahl entsprechend.*

*अक्षवती f. *Würfelspiel.*

*अक्षवाट m. *Kampfplatz für Ringer.*

*अक्षशौएड Adj. *den Würfeln ergeben.*

अक्षसूक्त n. *das Würfellied, Bez. der Hymne* RV. 10, 34.

अक्षसूत्र n. = अक्षमाला *Rosenkranz.*

अक्षहृत Adj. *im Würfelspiel abgenommen* Ind. St. 13, 472.

*अक्षाग्रकील und *°क m. *Achsennagel.*

अक्षातिवाप m. *wohl* = अक्षावाप MBh. 4, 70, 7.

अक्षानह् Adj. *an die Achse gebunden.*

अक्षान्ति f. *Missgunst, Neid.*

अक्षारलवण n. *Nicht-Gesalzenes.*

अक्षारलवणाशिन् Adj. *nichts Gesalzenes essend* 38, 10. अक्षारल° v. l.

अक्षावपन n. *Spielbrett* Çat. Br. 5,3,1,10.

अक्षावाप m. *ein best. Beamter, der das Würfelspiel leitet* oder *überwacht*, ebend.

अक्षि n. 1) *Auge*. Davon nur अक्षि (230,20), अक्षिणी, अक्षिभ्याम्, अक्षीणि (auch अक्षी in der älteren Sprache), अक्षिभिस्, अक्षिभ्यस्, अक्षिषु; auch am Anf. eines Comp. Vgl. अक्षन् und अक्षी. — 2) Bez. *der Zahl zwei*. — 3) *Sinnesorgan*. — 4) Name einer Upanishad.

*अक्षिक m. *ein best. Baum*.

*अक्षिकनीनिका f. *Augenstern* Gal.

अक्षिकूट n. *der Vorsprung über dem Auge, Rand der Augenhöhle* Jâǵn. 3,96. Suçr. 2,93,1. 273,9. 359,3. 376,12. *°क n. dass.

अक्षिगत Adj. 1) *vor Augen seiend*. — 2) *ein Dorn im Auge seiend*.

अक्षिगम्य Adj. *den Augen zugänglich, wahrnehmbar* Verz. d. Oxf. H. 259,b,8.

अक्षिगोचरय्, °यति *Jmd* (Acc.) *ansehen, des Anblickes würdigen*.

*अक्षिजाह n. = अक्ष्णो मूलम्.

अक्षित 1) Adj. a) *unverletzt*. — b) *unvergänglich*. — 2) n. a) *100000 Millionen*. — b) **Wasser*.

अक्षितावसु Adj. *unvergänglichen Reichthum besitzend*.

अक्षिति 1) f. *Unvergänglichkeit*. — 2) Adj. *unvergänglich*.

अक्षितोति Adj. *unvergängliche Hülfe gewährend*.

अक्षिनिमेष m. *Augenblick* Suçr. 1,19,2.

अक्षिपक्ष्मन् n. *Augenwimper*.

अक्षिपत् Adv. *klein wenig* 19,6

अक्षिपाक m. *Augenentzündung* Suçr. 1,361,7. 2,305,21. 312,7.

*अक्षिब m. n. = अक्षीब.

अक्षिभू Adj. *vor Augen seiend, augenscheinlich*.

*अक्षिभेषज n. *eine best. Pflanze*.

अक्षिभ्रुव n. *die Augen und die Brauen*.

अक्षियत् Adj. *keinen festen Wohnsitz habend, unstät*.

अक्षिरोग m. *Augenkrankheit* Comm. zu Kâtj. Çr. 20,3,14.

*अक्षिलोमन् n. *Augenwimper*.

*अक्षिविकूणित n. *Seitenblick*.

अक्षिसंतर्जन *eine best. mythische Waffe*.

अक्षी f. *Auge*. Davon अक्ष्यौ AV. Ait. Br. Çat. Br. Pâr. Gṛhj. 2,6,12. अक्षीभ्याम् RV. AV. अक्ष्यौस् VS. अक्ष्योस् (अक्षोस् gewiss fehlerhaft) AV. — Vgl. अक्षि.

अक्षीण 1) Adj. a) *nicht erschöpft, nicht zu Ende gehend*. — b) *nicht abnehmend* (vom Monde). — c) *nicht an Gewicht verlierend*. — 2) m. N. pr. eines Sohnes des Viçvâmitra.

*अक्षीब 1) Adj. *nicht berauscht, nüchtern*. — 2) n. *Hyperanthera (Guilandina) Moringa*. — 3) n. *Meersalz*.

अक्षीयमाण Adj. *nicht vergehend, unvergänglich* 3,7. *unerschöpflich*.

अक्षु m. *eine Art Netz*.

अक्षुण्ण Adj. 1) *unverletzt*: विधि 176,28. ब्रह्मचर्य R. 1,8,9. — 2) *nicht abgedroschen, neu* Mâlatîm. 51,7 (49,5). — 3) *ununterbrochen, dauernd* Venîs. 2.

अक्षुद्र Adj. (f. आ) 1) *nicht gering*, — *unbedeutend* Spr. 3593. — 2) *nicht gemein*, — *niedrig* MBh. 2,5,18.

अक्षुध् f. *Nicht-Hunger, das Sattsein*.

अक्षुध्य Adj. *keinen Hunger zulassend*.

1. अक्षेत्र n. *kein Feld, unbeackerter Boden*.

2. अक्षेत्र Adj. *ohne Felder, unbebaut*.

*अक्षेत्रज्ञ Adj. P. 7,3,30.

अक्षेत्रविद् Adj. *der Gegend unkundig*.

अक्षेत्रिन् Adj. *kein eigenes Feld habend* 191,11.15.

*अक्षैत्रज्ञ्य n. = अक्षेत्र° P. 7,3,30.

*अक्षोट, अक्षोड und *अक्षोडक m. *Wallnussbaum*.

*अक्षोभ m. *ein Pfosten zum Anbinden eines Elephanten*.

अक्षोभ्य 1) Adj. *unerschütterlich*. — 2) m. N. pr. eines Mannes.

अक्षौहिणी f. *ein vollständiges Heer* = 10 Anîkinî. °पति *Heerführer* Venîs. 14,19.

अक्ष्ण Adj. = अखण्ड Uǵǵval.

अक्ष्णया Adv. 1) *in die Quere; diagonal* Çulbas. 3,85. — 2) *in verkehrter, sündhafter Weise* Çat. Br. 14,4,3,26.

अक्ष्णयादेश m. *Zwischengegend* Çat. Br. 8,1,4,2.

अक्ष्णयाद्रुह् Adj. *ungeschickt kränkend*.

अक्ष्णयापच्छेदन n. *diagonale Theilung* Çulbas. 3,65.

अक्ष्णयारज्जु f. *Diagonale* Çulbas. 1,45. fgg.

अक्ष्णयावन् Adj. *in die Quere gehend*.

अक्ष्णयास्तोमीया Adj. f. Bez. *best.* Ishṭakâ TS. 5,3,3,1. Çat. Br. 8,4,4,3.

अक्ष्यामय m. *Augenkrankheit*.

अक्ष्यामयिन् Adj. *augenkrank*.

*अखट्ट m. *Buchanania latifolia*.

*अखट्टि m. *Grille, Laune*.

अखण्ड Adj. *ungetheilt, ganz, untheilbar*. तिथि *ein lunarer Tag, der ganz in einen bürgerlichen Tag fällt*. °द्वादशी *der 12te Tag in der lichten Hälfte des Monats* Mârgaçîrsha.

*अखण्डन m. *Zeit*.

अखण्डानन्दमुनि und अखण्डानुभूति N. pr. zweier Männer.

अखण्डित Adj. *unverletzt*. Mit einem Abl. *unzerbrechlicher als* 111,30. *unverletzt* in übertr. Bed. so v. a. *ununterbrochen, ungestört*: प्रेमन् Kumâras. 7,28. °उद्दामधैर्य Adj. Kathâs. 84,68. ब्रह्मचर्य Bhâg. P. 1,3,6. *unabgelenkt*: °धी Adj. 3,31,37.

*अखण्डितर्तु Adj. *die Jahreszeit nicht verletzend, d. i. sie einhaltend, ihr entsprechend*.

अखनत् Adj. *nicht grabend*.

अखर्व 1) Adj. *unverstümmelt*. — 2) *अखर्वा f. *eine best. Pflanze* Gal.

अखात 1) Adj. *nicht vergraben*. — 2) *n. a) *ein nicht gegrabener, ein natürlicher Teich*. — b) *Höhle* Gal.

अखादत् Adj. *nicht zerkauend* Pâr. Gṛhj. 2,10,15.

अखिद्र Adj. (f. आ) *nicht schlaff, nicht kränklich, frisch*.

अखिद्रयामन् Adj. *unermüdlichen Ganges*.

अखिल Adj. (f. आ) *ohne Lücke, ganz, sämmtlich, all*; n. *Alles* 253,11. अखिलेन *ganz, vollständig*.

*अखेटिक m. *Jagdhund*. — Vgl. आखेटिक.

अखेद m. *Nichtermüdung, das Frischbleiben* 123,23.

अखेदित्व n. *das nicht ermüdend Sein*.

अख्खल Interj. *der Freude und Ueberraschung*.

अख्खली mit कर् *diesen Freuderuf ausstossen*: °कृत्या Absol. 15,23.

1. *अग m. 1) *Schlange*. — 2) *die Sonne*. — 3) *Wasserkrug* (wegen अगस्ति).

2. अग 1) *Adj. *nicht gehend, sich nicht bewegend*. — 2) m. a) *Baum*. — b) *Berg*.

*अगच्छ m. *Baum*.

अगज 1) n. **Erdharz*. — 2) f. आ Bein. der Pârvatî (*die Berggeborene*) Subhâshitar. 3,1.

अगणित Adj. *für Nichts angeschlagen* VP. 4,4,44.

अगणेय Adj. *unzählbar, unberechenbar*.

अगण्य Adj. dass. Spr. 7688. 7745.

अगत 1) Adj. *noch nicht gegangen* TBr. 2,1,3,3. — 2) n. *das noch nie betretene Gebiet* (des Todes) AV.

अगति f. 1) *Unmöglichkeit irgendwohin zu gehen*, — *zu gelangen*. — 2) *das seinem Weibe Nichtbeiwohnen*. — 3) *das nicht zum Ziele Gelangen, das nicht zu Stande Kommen* (von Wünschen).

अगतिक Adj. (f. आ) 1) *keinen Ausweg habend, nicht wissend was zu thun*. — 2) *kein anderes Mittel neben sich habend*. गति so v. a. *das allerletzte Mittel*. — 3) *mit keiner Präposition oder mit keinem sich eng anschliessenden Adverb verbunden*.

अगतीक Adj. (f. आ) *nicht zu gehen, nicht zu wandeln*.

1. अगद m. *Nicht-Kranksein, Gesundheit*.

2. अगद 1) Adj. *frei von Krankheit, gesund.* — 2) m. *Arzenei,* insbes. *Gegengift.*

*अगदंकार m. *Arzt.*

*अगद्य्, °द्यति 1) *gesund sein* oder — *werden.* — 2) *heilen.*

अगन् 2te und 3te Sg. Imperf. von गम्.

अगन्तव्य Adj. *worauf man nicht treten kann* Ind. St. 9,164.

अगन्ध Adj. *geruchlos.*

अगम 1) Adj. a) *unbeweglich.* — b) *unzugänglich.* — 2) m. a) *Baum.* — b) **Berg.*

अगम्य Adj. 1) *unzugänglich.* — 2) *zu dem man nicht gehen soll* Spr. 58. — 3) f. आ *der man nicht beiwohnen darf.* — 4) *unverständlich* 181,32.

अगम्यागमन n. *das Beiwohnen einer Frau, der man nicht beiwohnen darf.* Davon °गमनीय Adj. *darauf bezüglich, darin bestehend.*

अगम्यागामिन् Adj. *einer Frau beiwohnend, der man nicht beiwohnen darf,* Gaut. 15,18.

*अगरी f. *Andropogon serratus.*

*अगरु m. n. = अगुरु 2) a).

अगरुसार m. = अगुरुसार Viddh. 86,5.

अगर्तमित् Adj. *nicht in eine Grube versenkt.*

अगर्भा Adj. f. *nicht trächtig.*

अगर्हित Adj. 1) *nicht getadelt, nicht geringschätzig behandelt.* — 2) *untadelhaft.*

अगव्यूति Adj. *ohne Weideland, unfruchtbar.*

अगस्ति m. 1) N. pr. eines alten Ṛshi. Die Sage lässt ihn aus dem in einen Wasserkrug gefallenen Samen von Mitra und Varuṇa entstehen und das Meer austrinken. Er steht in besonderer Beziehung zum Süden. Pl. *seine Nachkommen.* — 2) *der Stern Canopus.* — 3) *Agati grandiflorum Desv.* Suçr. 1,223,8.

*अगस्तिद्रु m. = अगस्ति 3).

*अगस्ती f. *das Weib des* Agastja.

*अगस्तीय Adj. von अगस्त्य.

अगस्त्य und अगस्तिम m. = अगस्ति.

अगस्त्यतीर्थ n. N. pr. eines Tîrtha.

अगस्त्याय्, °यते *dem* Agastja *gleichen.*

अगस्त्यार्घ m. *ein dem Canopus bei seinem heliakischen Aufgange dargebrachter* Argha.

अगस्त्येश्वरतीर्थ n. N. pr. eines Tîrtha Verz. d. Oxf. H. 66,*a*,26.

अगस्त्योदय m. (*Aufgang des Canopus*) *der 7te Tag in der dunklen Hälfte des Monats* Bhâdra.

*अगा ved. Adj. *nicht gehend.*

अगाग्र n. *Berggipfel* 87,2.

अगातर् Nom. ag. *schlechter Sänger* Tâṇḍja-Br. 13,10,8.

अगात्मजा f. Bez. der Pârvatî.

अगाध 1) Adj. (f. आ) *nicht seicht, tief* (eig. und übertr.) 128,2. °हृदय Adj. Spr. 7617. 7643. — 2) m. a) **Grube.* — b) *Bez. eines best. Feuers.*

1. अगाधजल n. *tiefes Wasser* Spr. 59.

2. *अगाधजल 1) Adj. *mit tiefem Wasser.* — 2) m. *ein tiefer See.*

अगार m. (selten) und n. *Behausung, Haus.*

अगारदाहिन् Adj. *der ein Haus in Brand steckt, Brandstifter* Gaut. 15,18.

अगारिन् Adj. *ein eigenes Hauswesen habend;* m. *Hausherr* so v. a. *Laie* bei den Ǵaina.

अगावह m. N. pr. verschiedener Männer.

*अगिर m. 1) *Feuer.* — 2) *die Sonne.* — 3) *ein* Rakshas.

अगिरौकस् Adj. *der sich durch kein Lied zum Verweilen bringen lässt.*

अगु 1) Adj. *der keine Kühe hat.* — 2) m. Bez. Râhu's (*strahlenlos*).

1. अगुण m. *schlechte Eigenschaft, Untugend* 184,17.

2. अगुण Adj. 1) *ohne Qualitäten.* — 2) *der Vorzüge ermangelnd, werthlos.*

अगुणज्ञ Adj. *Verdienste nicht schätzend* Mudrâr. 61,3.

अगुणत्व n. *Qualitätslosigkeit.*

अगुणवत् Adj. *qualitätslos* Kaṇ. 1,1,16.

अगुणिन् Adj. *ohne Vorzüge* Spr. 3544.

अगुणीभूत Adj. *nicht zu etwas Untergeordnetem geworden* 226,16.

अगुप्त Adj. *ungehütet* Mṛkkh. 113,6.

अगुरु 1) Adj. a) *nicht schwer, leicht.* — b) *prosodisch kurz.* — 2) m. n. a) *Amyris Agallocha, Aloeholz* (sehr wohlriechend). — b) **Dalbergia Sissoo.*

अगुरुप्रयुक्त Adj. *nicht vom Lehrer angewiesen* Gobh. 3,1,33.

*अगुरुशिंशपा f. *Dalbergia Sissoo.*

*अगुरुसार m. *ein best. Parfum.*

अगूढ Adj. *nicht versteckt* Kâvjapr. 2,13.

*अगूढगन्ध n. *Asa foetida.*

अगृभीत Adj. *unergreifbar, unbezwinglich.*

अगृभीतशोचिस् Adj. *von unfassbarem Glanze.*

अगृह्य Adj. *unfassbar* Çat. Br. 14,6,11,6.

अगृह्यमाणकारण Adj. *bei dem keine eigennützigen Motive wahrgenommen werden.*

अगोःप्रापणम् Adv. *so dass eine Kuh es nicht erreicht* Kâtj. Çr. 5,10,18.

अगोचर Adj. *nicht im Bereich von Etwas seiend, unzugänglich für* (Gen. oder im Comp. vorangehend). वाचाम् so v. a. *nicht zu schildern* Spr. 6408. दृष्ट्यगोचर *für's Auge unerreichbar* Pańkat. 106,13.

अगोचरता f. *das nicht im Bereich Liegen von* (Gen.) Spr. 4475.

अगोता f. *Mangel an Kühen.*

अगोत्र Adj. *ohne Geschlechtsnamen* Çat. Br. 14,6,8,8.

अगोपा Adj. *ohne Hirten, ungehütet.*

अगोरुध Adj. *die Kühe nicht von sich fern haltend d. i. sie zulassend.*

(अगोह्य) अगोहिय Adj. *nicht zu verhüllen.*

*अगौकस् m. 1) *Vogel.* — 2) *Löwe.* — 3) *das* शरभ *genannte Thier.*

अग्धाद् Adj. *Ungegessenes essend.*

*अग्नामरुत् m. Du. Agni *und* Marut.

अग्नायी f. 1) Agni's *Gattin.* — 2) **das zweite Weltalter, das* Tretâjuga.

अग्नाविष्णु m. Du. Agni *und* Vishṇu AV.

अग्नि m. 1) *Feuer.* — 2) *der Gott des Feuers.* — 3) *Feuersbrunst.* — 4) *das Brennen des Arztes.* — 5) *das Feuer im Magen, Verdauungskraft.* — 6) *Schichtung des Feueraltars* Ind. St. 13,217. — 7) *Feueraltar* Çulbas. 2,1. — 8) **Galle.* — 9) *Semecarpus Anacardium* Suçr. 2,119,18. **Plumbago zeylanica* und **Citrus acida.* — 10) *Bez. der Zahl drei.* — 11) mystische Bez. *des Lautes r.* — 12) Bez. *der Nominalstämme auf* इ *und* उ.

अग्निक m. 1) wohl *Semecarpus Anacardium,* n. *Acajounuss.* — 2) *eine best. Schlangenart.* — 3) **Coccinelle.*

*अग्निकण m. *Feuerfunken.*

अग्निकर्मन् n. 1) *Feuergeschäft* (*Schichtung des Feuers* u. s. w.) Çat. Br. 6,6,1,4. 7,3,1,4. 4,1,42. 9,2,3,6. 13,8,4,11. — 2) *das Brennen* (des Arztes). — 3) Agni's *Thätigkeit.*

अग्निकल्प Adj. *feuerartig* Çat. Br. 6,1,1,10.

*अग्निकश्यपीय Adj. *über* Agni *und* Kaçjapa *handelnd.*

*अग्निकारिका f. *Anlegung des heiligen Feuers.*

अग्निकार्य n. 1) dass. — 2) *die dabei hergesagten Gebete.*

*अग्निकाष्ठ n. *Aloeholz.*

*अग्निकुक्कुट m. *Feuerbrand.*

अग्निकुण्ड n. 1) *ein Becken mit glühenden Kohlen* R. 5,10,16. Spr. 62. — 2) *eine Höhlung in der Erde zur Aufbewahrung des heiligen Feuers.*

अग्निकुमार m. 1) *eine best. Mixtur.* — 2) N. pr. eines Mannes.

अग्निकेतु 1) Adj. *Feuer zum Wahrzeichen habend.* — 2) m. N. pr. eines Râkshasa.

*अग्निकोण m. *Südost* (unter Agni's Herrschaft).

अग्निकौतुक n. *eine durch Feuer hervorgebrachte*

absonderliche Erscheinung.

अग्निक्रिया f. Feueranlegung, Sorge um's Feuer.

अग्निक्षेत्र n. der für den Feueraltar bestimmte Platz Ind. St. 13,235.

अग्नि॑गर्भ 1) Adj. (f. आ) Feuer im Schoosse bergend. — 2) m. a) *der Stein Sûrjakânta. — b) *Krystall Gal. — c) *ein best. aus dem unterseeischen Feuer entstandener schaumartiger Stoff auf dem Meere. — d) N. pr. eines Mannes. — 3) *f. आ eine best. Pflanze.

अग्निगृह n. 1) der Ort, wo das heilige Feuer aufbewahrt wird. — 2) ein zum Dampfbad eingerichtetes Gemach.

अग्निग्रन्थ m. Titel einer Schrift.

अग्निचक्र n. Feuerbereich Ind. St. 14,137.

अग्निचय m. 1) das Schichten des Feueraltars Çulbas. 1,1. — 2) ein brennender Scheiterhaufen.

अग्निचयन n. das Schichten des Feueraltars Ind. St. 13,217.

अग्निचि॑त् Adj. der den Feueraltar schichtet.

अग्निचित्या॑ f. Schichtung des Feueraltars.

*अग्निचित्वत् Adj. reich an Agnikit's.

अग्निज 1) Adj. feuergeboren, von Vishnu. — 2) *m. = अग्निगर्भ 2) c).

*अग्निजन्मन् Adj. feuergeboren, m. Bein. Skanda's.

अग्निजा॑ Adj. feuergeboren.

*अग्निजार und *°जाल m. = अग्निगर्भ 2) c).

अग्निजिह्व॑ Adj. den Agni zur Zunge habend, durch's Feuer die Opfer verzehrend.

अग्निजिह्वा॑ f. 1) Feuerzunge, Feuerflamme. — 2) *Methonica superba.

अग्निजीविन् Adj. durch Feuer seinen Lebensunterhalt habend (wie z. B. ein Schmied) Ind. St. 10,319.

अग्निज्योतिस् Adj. flammend Kâtj. Çr. 4,14,13.

अग्निज्वलिततेजन Adj. mit einer im Feuer glühend gemachten Spitze versehen.

अग्निज्वाला f. 1) Feuerflamme. — 2) *Grislea tomentosa. — 3) *Commelina salicifolia (und andere Species) Roxb.

अग्नित॑प् Adj. sich am Feuer wärmend.

अग्नित॑पस् Adj. wie Feuer glühend.

अग्नितप्त॑ Adj. feuerglühend.

अग्नि॑ता f. das Feuersein.

अग्नितीर्थ n. N. pr. eines Tîrtha.

अग्नि॑तेजस् 1) Adj. mit Agni's Schärfe (zerstörender Kraft) versehen. — 2) N. pr. eines der 7 Ṛshi im 11ten Manvantara.

अग्नित्रय n. und अग्नित्रेता f. die drei heiligen Feuer.

अग्निद Adj. Feuer anlegend, Brandstifter.

अग्निदग्ध und अग्नि॑दग्ध Adj. durch Feuer gebrannt, — verbrannt. — 2) m. Pl. Bez. best. Manen.

अग्निदत्त 1) m. ein Mannsname. — 2) f. आ ein Frauenname.

*अग्निदमनी f. Solanum Jacquini.

अग्निदायक Adj. = अग्निद.

अग्निदाह m. 1) Brandwunde. — 2) brandähnliches Glühen (des Horizonts) Hariv. 8287.

अग्निदिश् f. Südost Ind. St. 14,320.

अग्निदीपन Adj. (f. ई) die Verdauung fördernd.

अग्निदीप्त 1) Adj. feuerglühend. — 2) *f. आ = अग्निज्वाला 3).

अग्निदीप्ति f. Thätigkeit der Verdauung.

अग्नि॑दूत Adj. Agni zum Boten habend, von A. überbracht.

अग्नि॑दैवत Adj. Agni zur Gottheit habend Çat. Br. 14,6,9,25.

*अग्निदेवा f. und अग्निदैवत (Varâh. Brh. S. 71,6) = अग्निनक्षत्र.

अग्नी॑ध् m. der mit dem Anzünden des heiligen Feuers beauftragte Priester.

*अग्निधमनी f. eine best. Pflanze Gal.

अग्निधा॑न n. Feuerbehälter.

अग्निधारा f. N. pr. eines Tîrtha.

अग्निनक्षत्र॑ n. Agni's Mondhaus, d. i. Kṛttikâ Çat. Br. 2,1,2,1.

अग्निनयन n. = अग्निप्रणयन.

अग्निनाम॑न् n. ein Name Agni's Çat. Br. 5,3,5,8.

अग्निनित्यधारिन् Adj. stets das Feuer unterhaltend Kâtj. Çr. 4,10,16.

अग्निनिधान n. das Einsetzen des Feuers Kâtj. Çr. 6,2,2. 16,1,4. 17,7,5.

*अग्निनिर्यास m. = अग्निगर्भ 2) c).

अग्नि॑नुन्न Adj. durch Feuer (einen Blitzstrahl) vertrieben.

अग्निपद Adj. dessen Tritte Feuer sind, Beiw. und als m. Name des Rosses.

अग्निपरिक्रिया f. Pflege des heiligen Feuers. Richtiger °परिष्क्रिया.

अग्निपरिच्छद m. das zu einem Feueropfer erforderliche Geräthe.

अग्निपरिष्क्रिया f. Pflege des heiligen Feuers.

अग्निपरीक्षा f. Feuerprobe (als Gottesurtheil).

अग्निपर्वत m. ein feuerspeiender Berg.

अग्निपात m. Sprung in's Feuer.

अग्निपानीयव्रत n. die Observanz, zuerst in's Feuer und dann in's Wasser sich zu stürzen, Comm. zu Hâla 188. 215.

अग्निपुच्छ n. der Schwanz des in Vogelgestalt geschichteten Feueraltars.

अग्निपुर 1) n. N. pr. einer Stadt. — 2) f. आ॑ Agni's Burg Çat. Br. 6,3,3,25.

अग्निपुराण n. Titel eines Purâṇa.

अग्निप्रणयन n. das Herbeibringen des Feuers auf den geschichteten Altar Ind. St. 13,279. °प्रणयनीय Adj. darauf bezüglich.

अग्निप्रदान n. das dem Feuer Uebergeben Pańkat. 188,1.

अग्निप्रभा f. ein best. giftiges Insect.

अग्निप्रवेश m. und °प्रवेशन n. das Besteigen des Scheiterhaufens, freiwilliger Tod im Feuer.

*अग्निप्रस्तर m. Feuerstein.

अग्निप्रायश्चित्त n. (Ind. St. 13,233) und °प्रायश्चित्ति॑ f. (Çat. Br. 6,6,4,11. 14) Sühnungsceremonie beim Schichten des Feuers.

अग्निबाहु m. 1) *Rauch. Vgl. अग्निवाह. — 2) N. pr. eines Sohnes des ersten Manu und des Prijavrata (VP. 2,1,7).

अग्निबिन्दु m. ein Mannsname.

अग्निबीज n. 1) *Gold. — 2) Bez. des Lautes r.

*अग्निभ n. Gold.

अग्निभू (aus Feuer entstanden, Agni's Sohn) 1) m. a) *ein N. Skanda's. — b) N. pr. verschiedener Männer. — 2) *n. °भु Wasser.

*अग्निभूति m. ein Mannsname.

अग्नि॑भ्राजस् Adj. von feurigem Glanze.

*अग्निमणि m. der Stein Sûrjakânta.

*अग्निमन् m. das Feuersein.

अग्निम॑त् Adj. 1) am Feuer befindlich. — 2) das heilige Feuer unterhaltend. — 3) mit guter Verdauung begabt.

अग्निमन्थ m. Premna spinosa.

अग्निमन्थन n. das Erzeugen von Feuer durch Reibhölzer. °मन्थनीय Adj. darauf bezüglich.

अग्निमय Adj. (f. ई) feurig.

अग्निमाठर m. N. pr. eines Lehrers VP. 3,4,18.

अग्निमान्द्य n. träge Verdauung.

अग्निमित्र m. N. pr. eines Fürsten.

अग्निमिन्ध॑ m. der mit dem Anzünden des Feuers beauftragte Priester.

अग्निमुख 1) m. a) *Gottheit. — b) *ein Brahman. — c) *Plumbago zeylanica. — d) *Semecarpus Anacardium. — e) N. pr. einer Wanze. — 2) *f. ई a) Semecarpus Anacardium. — b) Methonica superba.

अग्नि॑मूढ Adj. durch Feuer (einen Blitzstrahl) verwirrt.

अग्नियुत oder अग्नियूप m. N. pr. des Verfassers von ṚV. 10,116.

अग्नियोजन n. das Anschirren des Feueraltars (eine best. Ceremonie) Ind. St. 13,289.

*अग्निरक्षण n. Pflege des heiligen Feuers.

*अग्निरज m. *Coccinelle.*

अग्निरहस्य n. *das Geheimniss des Feuers*, N. des 10ten Kâṇḍa im Çat. Br.

अग्निराजन् Adj. Agni *zum Fürsten habend.*

अग्निराशि m. *ein brennender Scheiterhaufen* Ind. St. 14,16.

*अग्निरुहा f. *eine best. wohlriechende Pflanze.*

अग्निरूप Adj. *feuerfarbig.*

अग्निरेतस् Adj. *aus Agni's Samen entstanden.*

अग्निरोहिणी f. *eine best. Krankheit.*

अग्निलोक m. Agni's *Welt.*

*अग्निलोचन m. Bein. Çiva's Gal.

अग्निवत् Adv. *wie beim Schichten des Feuers* Kâtj. Çr. 22,1,45.

अग्निवत्त Adj. 1) *am Feuer befindlich.* — 2) *mit einem* (andern) *Feuer verbunden*, Beiw. Agni's TS. 2,2,4,6.

अग्निवर्चस् m. N. pr. eines Lehrers VP. 3,6,16.

अग्निवर्ण 1) Adj. (f. आ) *a) feuerfarbig.* — *b) glühend heiss.* — 2) m. N. pr. eines Mannes.

*अग्निवर्धक und *°वर्धन Adj. *die Verdauung befördernd.*

*अग्निवल्लभ m. *Shorea robusta* und *das Harz derselben.*

अग्निवादिन् m. *Verehrer des Feuers.*

अग्निवार्त्त Adj. = अग्निजीविन् Varâh. Bṛh. S. 17,13.

अग्निवासस् Adj. *mit feuerfarbenem Gewande.*

*अग्निवाह m. *Rauch.*

अग्निविधा f. *Weise des Feuers* Çat. Br. 13,8,1,17.

अग्निविमोचन n. *das Ausspannen des Feueraltars* (eine best. Ceremonie) Ind. St. 13,289.

अग्निविहरण n. *Feuervertheilung, das Wegnehmen der Feuerbrände vom* Gârhapatja *und Vertheilung derselben auf die Feuerplätze des* Sadas

*अग्निवीर्य n. *Gold.*

अग्निवेताल m. N. pr. eines Mannes Ind. St. 14,130.

अग्निवेला f. *die Zeit, da man die Feuer zu entzünden pflegt, Nachmittag.*

अग्निवेश m. N. pr. eines Arztes und anderer Manner.

अग्निवेश्मन् m. *der 14te Tag des* Karmamâsa Ind. St. 10,296.

अग्निवेश्य m. 1) N. pr. eines Mannes. — 2) *der 22te* Muhûrta Ind. St. 10,296.

अग्निशरण n. *der Ort, wo das heilige Feuer aufbewahrt wird.*

अग्निशर्मन् m. N. pr. eines Mannes.

अग्निशाल m. und °शाला f. = अग्निशरण.

अग्निशिख 1) Adj. *dessen Spitze wie Feuer brennt*, von Pfeilen. — 2) m. *a)* **Pfeil.* — *b)* **Lampe.* — *c)* **Carthamus tinctorius* und **Crocus sativus.* — *d)* ein Mannsname. — 3) *n. *a) Gold.* — *b) Safran* und *die Blüthe von Carthamus tinctorius.*

अग्निशिखा f. 1) *Feuerflamme.* — 2) **Gloriosa superba* und **Menispermum cordifolium.*

अग्निशुश्रूषा f. *aufmerksame Pflege des Feuers.*

*अग्निशेखर n. *Safran.*

अग्निशेष m. 1) *Feuerrest.* — 2) *Nachtrag zu dem die Anlegung des heiligen Feuers betreffenden Theile der* TS.

अग्निश्री Adj. *von der Pracht des Feuers.*

अग्निश्रोणि f. *Schenkel des Feueraltars* Kâtj. Çr. 17,2,11.

अग्निष्टुत् m. 1) *der erste Tag des* Agnishṭoma (Agni *verherrlichend*). — 2) N. pr. *eines Sohnes des* Manu Kâkshusha Hariv. 1,2,18 (अग्निष्टुभ् die ältere Ausg.). VP. 1,13,5.

अग्निष्टुभ् m. = अग्निष्टुत् 2).

अग्निष्टोम m. 1) *eine best. liturgische Handlung, die eine* Saṁsthâ *des* Gjotiḥshṭoma *bildet.* °सामन् Ind. St. 10,353. Vaitâna 25. — 2) **ein darauf bezüglicher* Mantra oder Kalpa.

अग्निष्टोमसद् Adj. *den* Agnishṭoma *begehend* Çat. B. 4,2,4,7. Dazu Nom. abstr. °सद्य n. 12.

अग्निष्टोमसाम und °सामन् n. *das* Sâman *des* Agnishṭoma Çat. Br. 13,5,1,1. 2. 4,10. 20.

अग्निष्टोमहोत्र (oder °हौत्र) n. Titel eines vedischen Buchs.

अग्निष्ठ 1) m. *a) der unter den 21* Jûpa *beim* Açvamedha *dem Feuer zunächst stehende mittlere (11te)* Jûpa. — 2) *Pfanne* oder *Feuerbecken.* — 3) f. आ *die unter den 8 Ecken des* Jûpa *dem Feuer zugewandte Ecke.*

अग्निष्ठिका f. *Feuerbecken.*

अग्निष्वात्त Adj. *vom Feuer verzehrt*, Bez. *der Manen* und später m. Pl. Bez. *bestimmter Manen.*

अग्निसंस्कार m. *das mit Feuer vollzogene Sacrament, Verbrennung eines Verstorbenen.*

अग्निसंकाश Adj. *wie Feuer glänzend.*

अग्निसज्ञा f. etwa *Stockung der Verdauung.*

अग्निसंदीपन Adj. *die Verdauungskraft erregend.*

*अग्निसंभव m. 1) *Chylus.* — 2) *wilder Safflor.* — 3) = अग्निगर्भ 2) c).

अग्निसरस् n. N. pr. eines Tîrtha.

अग्निसव m. *Weihe des Feuers* TS. 5,6,2,1. Çat. Br. 9,3,4,7. 9. 10,1,5,3.

*अग्निसहाय m. *wilde Taube.*

अग्निसाक्षिक Adj. Agni *zum Zeugen habend.*

अग्निसात् Adv. mit कर् *verbrennen* 121,22.

अग्निसाद m. *Nachlass der Verdauung* Suçr. 1,53,8.

*अग्निसार n. *ein aus Kupfervitriol und Curcuma bereitetes Kollyrium.*

*अग्निसिंह m. N. pr. des Vaters des 7ten schwarzen Vâsudeva bei den Gaina, °नन्दन N. des 7ten schwarzen Vâs.

*अग्निसुत m. Agni's *Sohn*, d. i. Skanda Gal.

अग्निस्तम्भ (Ind. St. 14,4) m. und अग्निस्तम्भन n. *Stillung des Feuers* (durch Zaubermittel).

*अग्निस्तोक m. *Funke* P. 2,1,65, Sch.

अग्निस्थल n. *Feuerplatz* Ind. St. 13,276.

अग्निस्मृति f. Titel eines Werkes.

अग्निस्वामिन् m. ein Mannsname 121,7.

अग्निहवन n. *Brandopfer* Gaut. 2,4.

अग्निहुत Adj. *im Feuer geopfert.*

अग्निहोतर् Adj. Agni *zum Opferer habend.*

1\. अग्निहोत्र n. 1) *Feueropfer, Brandopfer* und *das dabei Geopferte* (227,11. 12). — 2) *geheiligtes Feuer.*

2\. अग्निहोत्र 1) Adj. Agni *opfernd.* — 2) f. ई *eine zum Feueropfer bestimmte Kuh* Çat. Br. 11,3,1,1. 5. 2,1. 5,3,2. 5. अग्निहोत्रीवत्स m. 12,4,1,11.

अग्निहोत्रस्थाली f. *Feueropfertopf* Çat. Br. 12,4,1,11.

अग्निहोत्रहवणी f. *Feueropferlöffel.*

अग्निहोत्रहुत् Adj. *Feueropfer darbringend.*

अग्निहोत्रहोम m. *Feueropferspende* Kâtj. Çr. 4,2,17. 6,11. 5,6,35.

अग्निहोत्रायणिन् Adj. *der bloss das Feueropfer darbringt* Kâtj. Çr. 4,6,11.

अग्निहोत्रावृत् f. *das blosse Feueropfer ohne Sprüche* Kâtj. Çr. 26,6,20.

अग्निहोत्राहुति f. *Feueropferspende.*

अग्निहोत्रिन् Adj. *Feueropfer darbringend, das heilige Feuer unterhaltend.*

अग्निहोत्रेष्टि f. *Feueropferdarbringung* Kâtj. Çr. 4,15,29.

अग्निहोत्रोच्छिष्ट und °होत्रोच्छेषण (TS. 2,5,3,6) n. *Ueberrest vom Feueropfer.*

अग्निहोम m. *Feueropfer* Kâtj. Çr. 7,1,24.

अग्नीत्य m. Pl. N. pr. eines Volkes.

अग्नीध् m. *der mit dem Anzünden des heiligen Feuers beauftragte Priester.*

अग्नीध्र m. 1) N. pr. eines Sohnes des Prijavrata VP. 2,1,7. eines der 7 Ṛshi im 14ten Manvantara. — 2) Pl. v. l. für अग्नीत्य.

अग्नीन्द्र m. Du. Agni *und* Indra.

अग्नीन्धन n. *das Anzünden des heiligen Feuers* Gaut. 23,20.

अग्नीपर्जन्य m. Du. Agni *und* Parganja ṚV.

*अग्नीय Adj. *auf* Agni *bezüglich.*

*अग्नीवरुण m. Du. Agni *und* Varuṇa.

अग्नीश्वर m. *eine Statue des* Agni.

अग्नीषोम m. Du. Agni *und* Soma. अग्नीषोमापाम् Kâtj. Çr. 14,1,13. अग्नीषोमप्रणयन n. *das Hinüberbringen des Feuers und des* Soma Ind. St. 10,367.

अग्नीषोमभूत Adj. Agni *und* Soma *seiend* 102,1.

अग्नीषोमात्मक Adj. *die Natur* Agni's *und* Soma's *habend.*

अग्नीषोमीय Adj. *dem* Agni *und* Soma *geweiht u. s. w.* Davon अग्नीषोमीयत्व n. Nom. abstr.

अग्नीकरण n. *Brandopfer* Cit. im Comm. zu Kâtj. Çr. 4,1,7.

अग्न्यगार m. *Aufbewahrungsort des heiligen Feuers.*

अग्न्यन्त m. *Rand des Feueraltars* Çulbas. 2,24.

अग्न्यन्वाधान n. *das Hinzulegen von Brennholz* Kâtj. Çr. 2,1,2.

अग्न्यागार m. = अग्न्यगार.

अग्न्यात्मक Adj. (f. °त्मिका) Agni's *Natur habend.*

अग्न्याधान und अग्न्याधेय n. *das Anlegen des heiligen Feuers.* अग्न्याधेयरूप n. Çat. Br. 11,1,1,7. °शर्करा f. 13,8,4,11. °हविस् 10,1,5,1.

अग्न्याधेयिक Adj. (f. ई) wohl fehlerhaft für आ° Comm. zu Kâtj. Çr. 4,11,13.

*अग्न्यालय m. wohl = अग्न्यगार.

अग्न्याहित Adj. *der das heilige Feuer angelegt hat.*

अग्न्युक्थ n. Agni-*Spruch* Kâtj. Çr. 18,3,3.

*अग्न्युच्छिष्ट n. *Asche* Gal.

अग्न्युत्पात m. *eine feurige Erscheinung* Karaka 1,8.

अग्न्युत्सादिन् Adj. *der das heilige Feuer ausgehen lässt.*

अग्न्युपस्थान n. *Verehrung des Feuers.*

अग्न्येध m. *Feuerentzünder.*

*अग्मन् n. *Kampf, Schlacht.*

1. अग्र n. (ausnahmsweise m.) 1) *Spitze, äusserstes Ende, Gipfel* 93,10. — 2) *das Oberste, Oberfläche.* — 3) *Anfang, Anbruch.* — 4) *das Vorzüglichste, Beste.* — 5) **Menge; *ein best. Gewicht; *best. Almosen.* — 6) अग्रम् mit einem Gen. oder am Ende eines Comp. *vor, vor — hin:* नीतस्तैर्नृपस्याग्रम् 128,25. 24. (मम) चक्षुषो ऽग्रं प्राप्तः *vor Augen* R. 6,36,72. — 7) अग्रेण *a) vorn* Çat. Br. 3,3,2,5. — *b)* mit Acc. *vor* Çat. Br. 4,4,5,9. — 8) अग्रे *a) vorn, voran, vor sich* 290,7. Spr. 7618. भू *sich voranstellen* Chr. 323,25. Mit einem Gen. oder am Ende eines Comp. *vor, vor — hin, zu — hin* 151,16. In der Reihenfolge von Gesprochenem oder Geschriebenem ist अग्रे *unten, später.* — *b)* vor so v. a. *in Gegenwart von* (Gen. oder im Comp. vorangehend) 144,10. 165,3. 310,15. — *c) am Anfange, zuerst, zuvörderst* 19,18. 20. 27,26. 38,5. 47,18. — *d)* nach einem Abl. *α) von — an* (आ bis folgt) Çat. Br. 2,3,1,1. 3,1,3,19. 12,6,1,41. — *β) vor* (zeitlich) Ait. Up. 4,3. M. 3,114.

2. अग्र 1) *Adj. *der erste; der beste; überschüssig.* — 2) f. आ *measure of amplitude.*

अग्रकर m. *Finger* und zugleich *der erste Strahl* 132,27. Çiç. 9,34.

*अग्रकाय m. *Vorderkörper.*

अग्रग Adj. *vorangehend.* Am Ende eines Comp. *durch das Ende von — gehend.*

अग्रगण्य Adj. *würdig an der (die) Spitze von* (Gen.) *gerechnet (gestellt) zu werden.*

अग्रगामिन् Adj. *vorangehend.*

अग्रच्छद m. *Blattspitze* Viddh. 64,4.

अग्रज 1) Adj. *zuerst geboren.* — 2) m. *a) ein älterer Bruder.* — *b) ein Brahman.* — *c) *eine Krähenart* Dravjav. — 3) *f. आ *eine ältere Schwester.*

*अग्रजङ्घा f. *Schienbein.*

अग्रजन्मन् m. 1) **ein älterer Bruder.* — 2) *ein Brahman.* — 3) **ein Mann aus einer der drei oberen Kasten.*

अग्रजा Adj. *zuerst geboren.*

*अग्रजातक und *°जाति m. *ein Brahman.*

अग्रजिह्व n. *Zungenspitze.*

अग्रज्या f. *the sine of amplitude.*

अग्रणी 1) Adj. (Nom. °णीस्, n. °णि) *anführend, der erste, vorzüglichste* 126,18. — 2) m. Name eines Agni.

अग्रणीति f. *die erste Darbringung.*

अग्रतस् 1) Adv. *a) vorn, voran, vor sich, vor sich hin* 294,17. 308,31. 311,33. कर् *vor sich kommen lassen; voranstellen, vorangehen lassen* (eig. und übertr.). — *b) am Anfange, zuerst, zuvörderst.* — 2) Praep. mit Gen. *a) vor, vor — hin* 40,1. — *b) in Gegenwart —, im Beisein von* 98,4. 180,5. 214,10.

*अग्रतःसर Adj. (f. ई) *vorangehend.*

अग्रतीर्थ m. N. pr. eines Fürsten.

अग्रदानिन् Adj. *vorher für Andere bestimmte Gaben annehmend.*

अग्रदिधिषु m. = अग्रेदिधिषु.

अग्रद्वीप N. pr. einer *Insel.*

अग्रनख *Nagelspitze* Spr. 86.

अग्रनासिका f. *Nasenspitze; Schnabelspitze* Ind. St. 8,376 (adj. Comp. f. आ).

अग्रपयोधर m. *Brustwarze* (adj. Comp. f. आ).

*अग्रपर्णी f. *Carpopogon pruriens.*

अग्रपा Adj. *zuerst von Etwas trinkend.*

अग्रपाक m. *die Erstlinge einer Frucht* Kâtj. Çr. 4,6,1.

अग्रपाद m. *Fussspitze* Çiç. 18,51.

अग्रपूजा f. *die erste Ehre, Vorrang, Ehrengabe.*

अग्रपेय n. *Vorrang im Trinken, der erste Trunk.*

अग्रप्रदायिन् Adj. *zuerst reichend* MBh. 5,40,35.

अग्रप्रशीर्ण Adj. *am Gipfel zerbrochen* Çat. Br. 11,1,8,6.

*अग्रबीज Adj. *durch Ableger sich fortpflanzend.*

अग्रभण Adj. *ungreifbar, unfassbar.*

अग्रभाग m. *Obertheil, Spitze, Gipfel.*

अग्रभुज् Adj. *zuerst essend.*

अग्रभू Adj. *an der Spitze stehend.*

अग्रभूमि f. *oberstes Stockwerk* Megh. 68.

अग्रमहिषी f. *die erste, vornehmste Gemahlin eines Fürsten.*

अग्रमांस n. 1) **Herz.* — 2) *Leberanschwellung.*

अग्रयातर् Nom. ag. *vorangehend.*

*अग्रयान n. *das Hinaustreten vor das Heer in der Absicht den Feind herauszufordern.*

अग्रयायिन् Adj. *vorangehend; der beste unter —.*

अग्रयावन् Adj. *vorangehend.*

अग्रयोधिन् Adj. *vorkämpfend, Vorkämpfer.*

*अग्रलोहिता f. *eine dem Spinat verwandte Gemüsepflanze.*

अग्रवक्त्र n. *ein best. chirurgisches Instrument.*

अग्रवत् Adj. *zuoberst befindlich.*

अग्रवीर m. *Hauptheld.*

अग्रवेग m. *Hauptströmung* Karaka 1,8.

अग्रशस् Adv. *von Anfang an.*

अग्रसंध्या f. *Morgenröthe.*

अग्रसर Adj. *vorangehend.* Davon Nom. abstr. °ता f.

1. अग्रह Adj. vielleicht *das Beste zerstörend.*

2. *अग्रह m. *ein Brahman auf der 5ten Lebensstufe.*

अग्रहण Adj. *nicht ausdrücklich erwähnt, — genannt.*

अग्रहस्त m. 1) *Finger.* — 2) *Spitze des Elephantenrüssels.*

*अग्रहायण m. *der Anfang des Jahres, der Monat* Mârgaçîrsha. — Vgl. आ°.

अग्रहार m. *ein mit bestimmten Vorrechten an Brahmanen verliehenes Grundstück.*

अग्राक्षन् n. *Seitenblick.*

अग्राद्वन् Adj. *zuerst essend* RV.

अग्रानीक n. *Spitze des Heeres, Vordertreffen.*

अग्राम्यभोजिन् Adj. *keine im Dorfe bereitete Speise geniessend* Gaut. 3,28.

*अग्रायणीय n. Titel der 2ten der 14 älteren Schriften der Gaina.

अग्राशन Adj. *vor Jmd (Abl.) essend.*

अग्रासन n. *Ehrensitz* Ind. St. 13,406.

अग्राह्विन् Adj. *nicht fassend* (von Werkzeugen und Blutegeln).

अग्राह्य Adj. 1) *nicht zu packen, — fassen:* मूर्धन्नेषु MṚKKH. 122,23. *nicht fassbar* Spr. 75. — 2) *nicht wahrnehmbar* 36,21. *nicht begreifbar* Spr. 75. — 3) *nicht anzuerkennen* MBH. 13,163,9.

अग्राह्यक Adj. *unfassbar, unerkennbar* MBH. 12,81,1.

अग्राह्यत्व n. *Unwahrnehmbarkeit* Schol. zu GAIM. 1,3,22.

अग्राह्यनामक f. *einen unbegreiflichen Namen führend.* Davon Nom. abstr. °ता f. DHŪRTAS. 75,1.

अग्रि m. ein zur Erklärung von अग्नि erfundenes Wort ÇAT. BR. 2,2,4,2. 6,1,1,11.

अग्रिम 1) Adj. (f. आ) a) *voranstehend, der vordere.* In der Reihenfolge von Gesprochenem oder Geschriebenem so v. a. *folgend.* — b) *der erste.* — c) **der älteste.* — 2) *f. आ *die Frucht der Anona reticulata.*

अग्रिय 1) Adj. a) *an der Spitze stehend, der erste.* — b) *vorzüglich;* n. *das Beste.* — c) *erstgeboren.* — 2) °यम् Adv. *vorn an* ṚV. 4,34,3. — 3) *m. *ein älterer Bruder.*

*अग्रीय 1) Adj. *vorzüglich.* — 2) m. *ein älterer Bruder.*

अग्रु Adj. (f. अग्रू) *ledig, unverheirathet.* Pl. f. Bez. *der Finger.*

अग्रेग und °गा (TBR. 2,4,3,6) Adj. *voran gehend.*

अग्रेगू Adj. *sich vorwärts bewegend.*

अग्रेणी Adj. *vorangehend, Anführer.*

अग्रेतन Adj. *vorn befindlich, nächst folgend.*

अग्रेत्वरी Adj. f. *voran gehend.*

अग्रेदिधिषु 1) m. *ein Mann, der in erster Ehe mit einer Wittwe verheirathet ist,* GAUT. 15,16 (°षू). Angeblich *ein Vater, der eine jüngere Tochter vor einer älteren verheirathet.* — 2) f. °षु und °षू *eine vor der älteren Schwester verheirathete jüngere Schwester.*

अग्रेपा und °पू Adj. *voran —, zuerst trinkend.*

*अग्रेभू Adj. etwa *voran —, zuerst sich drehend.*

*अग्रेवण n. *Waldrand.*

अग्रेवध Adj. *treffend was vor Einem steht.*

अग्रेसर Adj. (f. ई) 1) *voran gehend:* मरणाग्रे° *im Tode.* — 2) **vorzüglich.*

*अग्रेसरिक Adj. *voran gehend*

अग्रेसरी Adv. mit कर् *an die Spitze stellen.*

अग्रोपहरणीय Adj. *bezüglich auf das, was zuerst anzuwenden ist* (bei einem Kranken).

अग्र्य 1) Adj. (f. आ) *an der Spitze stehend* so v. a. *vorzüglich, der vorzüglichste* 91,21. 98,17. 130,30. Mit einem Gen. oder am Ende eines Comp. *der vorzüglichste, beste, erste unter* — 66,7. 97,12. Mit einem Loc. *ausgezeichnet in Etwas.* — 2) *m. *ein älterer Bruder.* — 3) *f. आ *die drei Myrobalanen* VAIDJABH.

अग्र्यतपस् m. N. pr. eines Muni.

*अग्लास्नु Adj. *gesund* GAL.

अघ 1) Adj. a) *schlimm, gefährlich.* — b) *mit Sünden beladen, verunreinigt.* — 2) n. a) *Uebel, Gefahr, Schaden.* — b) *Sünde, Schuld* 104,27. Spr. 7678. — c) *Unreinheit* (in rituellem Sinne). — d) **Schmerz, Leid.* — 3) f. आ Pl. *das Sternbild* Maghā.

अघकृत् Adj. *Schaden zufügend.*

अघटितघटित Adj. *schlecht zusammengefügt* Spr. 79.

अघटिस्थान n. N. pr. einer Oertlichkeit.

अघदेव m. N. pr. eines Mannes.

*अघन Adj. *nicht dick, flüssig.*

अघमर्षण 1) Adj. *Sünden vergebend;* n. (sc. सूक्त) *ein best. Gebet* (wohl ṚV. 10,190) GAUT. 19,12. 24,10. 12. — 2) m. N. pr. des angeblichen Verfassers von ṚV. 10,190. Pl. *seine Nachkommen.*

अघमार Adj. *schlimmen Tod bringend.*

*अघय्, °यति *sündigen.*

अघरुद् Adj. *hässlich heulend.*

अघर्मधामन् m. *der Mond.*

अघल Adj. (f. आ) *schlimm.*

*अघवत् Adj. *schuldvoll.*

अघविघातकर्तर् Nom. ag. *Sünden —, Schuld tilgend* 104,27.

अघविनाशिन् Adj. dass. Spr. 7853.

अघविष Adj. (f. आ) *gefährliches Gift führend.*

अघवृद्धिमत् Adj. *mit einem Wachsen der Sünde verbunden* Verz. d. Oxf. H. 272,b, No. 644.

अघशंस Adj. *Böses wünschend, auf Unheil bedacht, böswillig.*

अघशंसहन् Adj. *Böswillige vernichtend.*

अघशंसिन् Adj. *eine Schuld bekennend* R. 2,64,19.

अघहार m. *ein schlimmer Räuber, Räuberhauptmann.*

अघात m. *Nichtverletzung.*

*अघातिन् und अघातुक (MAITR. S. 1,4,7. 6,4) Adj. *nicht schädigend, unschädlich.*

अघापह Adj. *Sünden tilgend;* n. N. pr. eines Liñga.

अघाय्, °यति *Schaden zufügen wollen.* — Mit अभि das.

अघायु Adj. *der Schaden zufügen will, boshaft.*

अघारिन् Adj. *nicht salbend* (die Haare).

1. अघाश्व Adj. *ein schlimmes Pferd habend.*

2. अघाश्व (अघ + श्व von श्वस्) m. wohl *eine best. Schlangenart.*

अघासुर m. N. pr. eines Asura.

अघाहन् n. *Unglückstag* ÇĀÑKH. 4,15,11.

अघृण Adj. *ohne Mitleid, hartherzig* 165,23.

अघोर 1) Adj. *nicht grausig.* — 2) m. *eine Form Çiva's.* — 3) f. आ *der 14te Tag in der dunklen Hälfte des Monats* Bhādra.

अघोरघण्ट m. *ein Verehrer der* Devī *in einer best. Form.*

अघोरघोररूप Adj. *von nicht grausiger und zugleich grausiger Gestalt,* von Çiva.

अघोरचक्षुस् Adj. *kein grausiges Auge —, keinen bösen Blick habend.*

अघोररुद्र m. *eine Form des Çiva* Verz. d. Oxf. H. 44,b,15.

अघोरशिवाचार्य m. N. pr. eines *Lehrers.*

1. अघोष m. *Tonlosigkeit* (bei der Aussprache der harten Consonanten u. der verschiedenen Hauche).

2. अघोष Adj. *tonlos* (von Lauten).

अघोषमहाप्राणप्रयत्नवत् Adj. *mit Tonlosigkeit und starkem Hauche articulirt.*

अघोषवत् und अघोषिन् Adj. = 2. अघोष.

*अघोस् Voc. von अघवत्.

अघ्नत् Adj. *nicht tödtend, — verletzend* GAUT. 12,45.

अघ्न्य und अघ्निय, अघ्न्य und अघ्निय m. *Stier;* f. आ *Kuh.*

अघ्राणत्व n. *Geruchlosigkeit* (act.) TATTVAS. 35.

अघ्रातर् Nom. ag. *nicht riechend* (trans.) MAITRJUP. 6,11.

अघ्रेय Adj. *woran man nicht riechen darf.*

*अङ्क्, अङ्कते (लक्षणे, गत्यां लक्ष्मणि).

अङ्क m. (adj. Comp. f. आ) 1) *Haken.* — 2) *Biegung zwischen Arm und Hüfte, Brust, Schooss* 90,11. 97,9. 126,11. 184,29. — 3) *Seite, Nähe* 25,4. — 4) *ein best. Theil des Wagens.* — 5) *Mahl, Zeichen, Mahlzeichen, Brandmahl* 119,22. 249,3. अङ्कंदा 118,5. — 6) *Zahlzeichen, Ziffer; Anzahl; Coefficient.* — 7) *die Zahlen eins und neun.* — 8) *Act* (im Schauspiel) 297,21. — 9) *eine besondere Art Schauspiel.* — *10) *Schmuck; Linie; Platz, Stelle; Vergehen; Körper.* — 11) Du. N. pr. *zweier mythischer Wesen* TS. 1,1,3; 2. TĀṆḌJA-BR. 1,7,5. PĀR. GṚHJ. 3,14,6.

अङ्ककरण n. *Brandmarkung* GAUT. 12,47.

अङ्ककार m. *ein von einer Partei zur Entscheidung einer Sache erwählter Kämpfer* BĀLAR. 214,3. 5. 216,13. Davon °त्व n. Nom. abstr. 214,9. °कारी Adv. mit कर् *zu einem solchen Kämpfer erwählen* 17.

अङ्कच्छेद m. *Abschluss eines Actes* BHAR. NĀṬJAÇ.

18,26. 28. 29.

अङ्कतन्त्र n. Titel eines Werkes.

अङ्कति m. 1) **Feuer.* — 2) **Wind.* — 3) **ein Brahman; *ein Brahman, der das heilige Feuer unterhält.* — 4) N. pr. eines Mannes. — Vgl. अङ्गति.

अङ्कधारणा f. *Geradehaltung der Brust* Âçv. Çr. 1,1,9.

अङ्कन 1) Adj. (f. आ) *Zeichen machend.* — 2) n. *Aufdrückung eines Mahls* (auch bildlich); *Brandmarkung.*

अङ्कपात m. *Conto* Spr. 3038.

*अङ्कपालि und *°का f. *Umarmung.*

अङ्कपाली f. 1) dass. Ind. St. 14,156,2. — 2) **Amme.* — 3) **Medicago esculenta.*

अङ्कबन्ध m. *Aufdrückung eines Mahls.*

अङ्कभाज् Adj. *in den Schooss kommend, zufallend.*

अङ्कभृत् Adj. *auf dem Schooss haltend.*

अङ्कमुख n. *Exposition im Schauspiel.*

अङ्कय्, °यति *kennzeichnen, ein Mahl einbrennen, brandmarken* Ind. St. 13,466, N. 1 (दक्षिणास्फिचि शूलम्). अङ्कित *gekennzeichnet, gebrandmarkt* Chr. 99,4. 11. 30. 115,14. 118,15. 174,26.

अङ्कलक्षण n. *Mahl, Brandmarke.*

अङ्कलोड्य m. *eine best. Pflanze.*

अँङ्कस् n. *Biegung, Krümmung.*

अङ्कस् *Seite, Weiche* (beim Rosse).

अङ्काङ्क n. *Wasser.*

अङ्कावतरण n. und अङ्कावतार m. *Uebergang zu einem andern Acte, Vorbereitung der Zuhörer am Schlusse eines Actes zum folgenden Acte.*

अङ्कास्य n. *diejenige Schlussscene eines Actes, welche, indem sie eine Unterbrechung herbeiführt, den Uebergang zum folgenden Acte vermittelt.*

अङ्किन् 1) Adj. *einen Haken habend.* — 2) *m. *eine Art Tamburin.* — 3) *f. °नी Collectivum.

*अङ्की f. = अङ्किन् 2).

*अङ्कुट und *अङ्कुटक m. *Schlüssel.*

अङ्कुप n. *Wasser.*

अङ्कुर (adj. Comp. f. आ) m. 1) *junger Schoss, Sprössling* 63,9. 183,4. *junges Gras.* — 2) *Warze;* vgl. मांसाङ्कुर. — 3) *eine best. Frauenkrankheit.* — 4) **Haar.* — 5) **Wasser.* — 6) **Blut.* — 7) **Beryll* Gal.

*अङ्कुरक m. *Vogelnest.*

अङ्कुरण n. *das Aufschiessen, Aufgehen, Sprossen* (auch übertr.).

अङ्कुरय् *aufschiessen.* अङ्कुरित *aufgeschossen, aufgegangen, gesprosst:* नयेनाङ्कुरितं शौर्यम् so v. a. *von Klugheit begleiteter Heldenmuth* Spr. 3390.

अङ्कुरवन्त् Adj. *mit jungen Trieben versehen.*

अङ्कुराय्, °यते *aufschiessen, sprossen* 186,2.

अङ्कुली f. *Katze* Tâṇḍja-Br. 7,9,11. अकुली v. l.

अङ्कुश 1) m. *n. a) *Haken,* insbes. *zum Antreiben eines Elephanten* 185,12. — b) in übertr. Bed. so v. a. *Sporn, Reizmittel,* oder auch *Mittel gegen Etwas.* — c) *eine best. Stellung der Hand.* — d) **Clitoris* Gal. — e) **Riegel* oder *Schlüssel* Gal. — 2) *f. आ oder ई N. pr. einer Göttin bei den Gaina.

अङ्कुशग्रह m. *Elephantentreiber.*

*अङ्कुशदुर्धर m. *ein auch mit dem Haken schwer zu leitender Elephant.*

अङ्कुशित Adj. *mit einem Haken angetrieben.*

अङ्कुशिन् Adj. *mit einem Haken versehen* so v. a. *an sich ziehend.*

अङ्कूयन्त् Partic. *Krümmungen —, Seitenwege suchend.*

*अङ्कूर = अङ्कुर 1).

अङ्कूरय्, °यति = अङ्कुरय्.

*अङ्कूष m. *Ichneumon.*

अङ्केशय Adj. *auf Jmdes Schoosse liegend, — sitzend.*

अङ्कोट, अङ्कोठ, अङ्कोल und *अङ्कोलक m. *Alangium hexapetalum.*

*अङ्कोलिका f. *Umarmung.*

अङ्कोल्ल m. = अङ्कोट u. s. w.

अङ्कोल्लतीर्थ n. N. pr. eines Tîrtha.

*अङ्कोल्लसार m. *ein best. Pflanzengift.*

1. *अङ्क्य m. *eine Art Tamburin.* Vgl. अङ्किन्.

2. अङ्क्य Adj. *zu zeichnen, zu brandmarken.*

अङ्ख्य्, °यति (Partic. अङ्खयन्त्) *umrühren, vermengen.* — Mit परि Med. *durcheinandermengen, zerstören* RV.

अङ्ग्, अङ्गति *gehen.* — Vgl. पल्यङ्ग्.

1. अङ्ग Part. 1) *gerade, nur,* ein nächst vorhergehendes oder nur durch हि oder ईम् getrenntes, in der Regel am Anfange eines Stollens (anders 11,21) stehendes Wort hervorhebend 6,11. 19,27. 20,5. — 2) aufrufend oder auffordernd 236,9. — 3) किमङ्ग *wievielmehr* Spr. 2706.

2. अङ्ग m. N. pr. 1) Pl. eines Volkes und Landes (auch Sg.) 220,7. — 2) verschiedener Männer.

3. अङ्ग (adj. Comp. f. ई) n. (m. verdächtig) 1) *Glied des Körpers, Körpertheil* 167,30. 172,3. 230,18. मुखाङ्गानि 251,27. acht Körpertheile 136,16. 137,30. sieben Kâth. 14,6. — 2) *männliches Glied.* — 3) *Körper* 47,24. 94,16. 95,8. 125,15. अङ्गं प्रदा *sich* (einem Manne) *hingeben* Ind. St. 14,155, Çl. 33. — 4) *Glied —, Theil eines Ganzen, Bestandtheil* 98,17. 206,27. — 5) *unwesentlicher, secundärer Theil* Daçak. 1,11. — 6) *Anhang, ergänzendes Werk,* insbes. die sechs zum Veda (शिक्षा, व्याकरण, छन्दस्, निरुक्त, कल्प und ज्योतिष) 72,20. Daher — 7) *die Zahl sechs.* — 8) Name *der heiligen Texte der Gaina.* — 9) *Hülfsmittel* 152,13. 285,23. — 10) in der Grammatik *Thema, Stamm* (aber nicht vor allen Suffixen) P. 1,4,13. 15. 17. — 11) **Geist.*

*4. अङ्ग Adj. 1) *mit Gliedern versehen.* — 2) *nahe, anstossend.*

अङ्गक n. = 3. अङ्ग 1) 3) (Spr. 7645. 7657).

अङ्गग्रह m. *Gliederschmerz* Suçr. 2,232,7.

अङ्गग्लानि f. *Erschlaffung des Körpers* Megh. 69. Spr. 1637.

*अङ्गचप m. *Perinaeum* Nigh. Pr.

अङ्गज 1) Adj. a) *im, am, aus dem Körper entstanden, daran haftend, körperlich.* — b) **schön, hübsch.* — 2) *m. a) *Sohn.* — b) *Kopfhaar.* — c) *Geschlechtsliebe, der Liebesgott.* — d) *Trunkenheit.* — e) *Krankheit.* — 3) *f. आ *Tochter.* — 4) *n. *Blut.*

अङ्गजनुस् m. *Sohn.*

अङ्गजात m. *Sohn;* Pl. *Kinder.*

अङ्गज्वर m. *Gliederschmerz.*

अङ्गण n. *Hof.*

अङ्गणदेव m. N. pr. eines Mannes B. A. J. 4,112.

अङ्गता f. Nom. abstr. zu 3. अङ्ग 1) Nâgân. 87,12.

*अङ्गति m. 1) *Feuer.* — 2) *ein Brahman; ein Brahman, der das heilige Feuer unterhält.* — 3) Bein. Vishṇu's. — Vgl. अङ्कति.

अङ्गत्व n. Nom. abstr. zu 3. अङ्ग 3), 5) und 6) (Ind. St. 13,453, N. 2).

अङ्गद 1) m. N. pr. verschiedener Männer und eines Affen. — 2) f. आ a) *N. pr. des Weibchens des Weltelephanten des Südens. — b) Name der 14ten Kalâ des Mondes. — 3) n. (adj. Comp. f. आ) *ein am Oberarm getragenes Geschmeide*

अङ्गदिन् Adj. *ein Geschmeide am Oberarm tragend* Ind. St. 13,383. Suçr. 2,170,18.

अङ्गदीय Adj. *dem* Aṅgada *gehörig.*

अङ्गदेव m. N. pr. eines Mannes.

अङ्गद्वीप m. N. pr. einer der kleineren *Weltinseln.*

अङ्गन 1) n. a) **Gang, Bewegung.* — b) *Hof.* — c) N. pr. einer Stadt. — 2) f. आ a) *Frau, Frauenzimmer.* — b) *Weibchen eines Thieres:* गजाङ्गना, हरिणाङ्गना, भृङ्गाङ्गना (297,18), पिकाङ्गना Spr. 7697. — c) *die Jungfrau im Thierkreise.* — d) *N. pr. des Weibchens des Weltelephanten des Nordens oder des Südens.

*अङ्गनाप्रिय m. *Jonesia Asoca.*

अङ्गबन्धन n. *das Einfangen:* विहंगानाम् Spr. 7814.

*अङ्गबालिन् m. *Büffel* Nigh. Pr.

*अङ्गभ m. *eine Reisart* Gal.

*अङ्गभङ्ग m. = अङ्गचय Nigh. Pr.

अङ्गभञ्जन n. *Seitenschmerzen.*

अङ्गभाग m. *Körpertheil* Ind. St. 14,390.

अङ्गभू m. *Sohn* Çiç. 1,1.

अङ्गभेद m. *Gliederreissen.*

अङ्गमन्त्र m. *ein unwesentlicher, secundärer Spruch* Ind. St. 13,101. — Vgl. मूलमन्त्र.

*अङ्गमर्द, *°मर्दक und *°मर्दिन् m. *der das Gliederreiben als Geschäft betreibt.*

अङ्गमुद्रा f. *eine best. Fingerstellung.*

अङ्गमेजयत्व n. *das Zittern des Körpers.*

अङ्गयष्टि f. *ein schlanker Körper.*

*अङ्गरक्त m. *eine best. Pflanze.*

अङ्गरक्षक m. *Leibwächter.*

*अङ्गरक्षणी f. *Panzer.*

अङ्गरक्षा f. *Leibwache.*

*अङ्गरक्षिणी = अङ्गरक्षणी.

अङ्गराग m. (adj. Comp. f. आ) *Puder, Salbe, Schminke* 127,22. n. R. ed. Bomb. 2,118,18.

*अङ्गराज् m. *König der* Añga, *Bez.* Karṇa's.

अङ्गरुह् n. 1) *Haar am Körper; Fell.* — 2) *Feder.*

अङ्गलोक m. N. pr. einer Oertlichkeit.

अङ्गलोड्य m. *Amomum Zingiber.*

*अङ्गवस्त्रोत्था f. *Kleiderlaus* Gal.

अङ्गविकार m. *Gebrechen des Körpers* 230,16.

*अङ्गविकृति f. *Ohnmacht.*

*अङ्गविक्षेप m. *Körperstellung.*

अङ्गविद्या f. *Chiromantie* M. 6,50.

*अङ्गवैकृत n. *Wink, Zeichen.*

अङ्गव्यथा f. *körperlicher Schmerz* Kṛshis. 6,8.

अङ्गशस् Adv. *in Theile* Çat. Br. 3,8,3,10. 37.

*अङ्गस् n. *Vogel.*

अङ्गसंस्कार m. und *°संस्क्रिया f. *Pflege des Körpers.* °संस्कारकर्म कर् *sich putzen, sich schmücken.*

अङ्गसंहिता f. *die* Saṁhitâ *in Bezug auf das Verhältniss zwischen Consonant und Vocal in einem Worte* TS. Prât. 24,2.

अङ्गस्पर्श m. *Körperberührung* (सह *mit*) 154,23.

अङ्गहार (Kathâs. 97,33) und *°हारि m. *Gesticulation.*

अङ्गहीन 1) Adj. *dem ein Glied fehlt.* — 2) *m. *der Liebesgott (körperlos).*

अङ्गहीनत्व n. Nom. abstr. von अङ्गहीन 1).

अङ्गहोम m. *ein den Körpertheilen geltendes Opfer* TBr. 3,8,17,4.

अङ्गाङ्गिभावसंकर m. in der Rhet. *fehlerhafte Vermengung von Haupt- und Nebenbegriffen* Kuval. 166,a (199,a).

*अङ्गाधिप m. *Oberherr der* Añga, *Bez.* Karṇa's.

अङ्गानुकूल Adj. (f. आ) *dem Körper angenehm* Megh. 31.

अङ्गार 1) m. und ausnahmsweise n. *Kohle* (sowohl glühend, als kalt) 179,21. °निकर m. *Kohlenhaufe* Spr. 7751. — 2) *m. *der Planet Mars.* — 3) *m. *ein best. Heilmittel.* — 4) m. N. pr. eines Mannes, Pl. eines Volkes MBh. 6,9,60.

अङ्गारक 1) m. *a) Kohle* 176,17. — *b) der Planet Mars.* — *c) das Männchen des Vogels* Kâlikâ. — *d)* **weisser* oder *gelber Amaranth* und *Eclipta prostrata.* — *e)* N. pr. eines Mannes, eines Rudra, eines Asura und *eines Piçâka (Gal.). — 2) *f. °रिका *a) Zuckerrohrstengel.* — *b) Knospe der Butea frondosa.* — 3) n. *ein best. gegen Fieber angewandtes öliges Präparat.*

अङ्गारककर्मान्त m. *Kohlenbrennerei.*

अङ्गारकचतुर्थी f. *ein best. vierter Tag* Verz. d. B. H. 134,2 v. u.

अङ्गारकतीर्थ n. N. pr. eines Tîrtha.

अङ्गारकदिन n. *der 14te Tag in der dunklen Hälfte des* Kaitra.

*अङ्गारकमणि m. *Koralle.*

*अङ्गारकर्कटी f. *eine Art Gebäck* Gal.

अङ्गारकर्मान्त m. = अङ्गारककर्मान्त MBh. 12, 146,11.

अङ्गारकारक und °कारिन् m. *Kohlenbrenner.*

*अङ्गारकित Adj. von अङ्गारक.

*अङ्गारकुष्ठक m. *ein best. Heilmittel.*

अङ्गारकेश्वरतीर्थ n. N. pr. eines Tîrtha.

अङ्गारगर्ता f. N. pr. eines Flusses.

*अङ्गारग्रन्थि m. *eine best. Pflanze* Gal.

अङ्गारजीविका f. *Kohlengewerbe*, d. i. *ein Gewerbe, bei dem man Kohlen braucht.*

*अङ्गारधानिका, *°धानी und *°धारिका (Nigh. Pr.) f. *Kohlenbecken.*

*अङ्गारपरिपाचित Adj. *auf Kohlenfeuer geröstet.*

अङ्गारपर्ण 1) m. Bein. Kitraratha's. — 2) *f. ई *Clerodendrum Siphonanthus R. Br.*

*अङ्गारपात्री f. *Kohlenbecken.*

*अङ्गारपुष्प m. *Terminalia Catappa.*

*अङ्गारपूरिका f. *Brodkuchen, Laib* Nigh. Pr.

*अङ्गारभतक m. *der Vogel* Kakora Gal.

*अङ्गारमञ्जरी und *°मञ्जी f. *Caesalpina Banducella.*

*अङ्गारमणि m. *Koralle* Gal.

*अङ्गारमण्टक m. *eine Art Gebäck* Gal.

अङ्गारवती f. N. pr. einer Tochter des Asura Añgâraka.

*अङ्गारवल्लरी und *अङ्गारवल्ली f. *eine* Karañga-*Species, rother Abrus precatorius* und *Clerodendrum Siphonanthus* Br. Nigh. Pr.

अङ्गारवार m. *dies Martis.*

*अङ्गारवृत्त m. *Terminalia Catappa* Nigh. Pr.

*अङ्गारशकटी f. *ein Kohlenbecken auf Rädern.*

*अङ्गारसत्न n. *Kohlenpfanne* Nigh. Pr.

*अङ्गारसार m. *Dalbergia Sissoo Roxb.* Nigh. Pr.

अङ्गारावक्षयण n. *Kohlenschaufel* oder *Kohlenzange* Çat. Br. 14,9,6,19.

*अङ्गारि f. *Kohlenbecken.*

*अङ्गारित 1) Adj. *verbrannt.* — 2) f. आ *a) Kohlenbecken.* — *b) Knospe.* — *c) Schlingpflanze.* — 3) n. *das Hervorbrechen der Knospen der Butea frondosa.*

अङ्गारिन् 1) Adj. *so eben von der Sonne verlassen.* — 2) *f. °रिणी *a) Kohlenbecken.* — *b) Schlingpflanze.*

*अङ्गारीय Adj. *zu Kohlen bestimmt.*

*अङ्गार्या f. *Kohlenhaufe.*

*अङ्गिका f. *Frauenjacke.*

अङ्गिन् Adj. 1) *mit Gliedern versehen;* m. *Besitzer von Gliedern* oder *Körpertheilen* 230,18. 252, 5. *ein mit Gliedern versehenes —, ein lebendes Wesen.* — 2) *mit allen Gliedern versehen.* — 3) *mit Hülfsmitteln versehen* 152,13. *von Hülfsmitteln begleitet* 286,15. — 4) *der wichtigste, Haupt-.*

अङ्गिर m. N. pr. eines Mannes.

अङ्गिर m. 1) = अङ्गिरस् 1) 3). — 2) *Rebhuhn* Nigh. Pr.

अङ्गिरस् m. 1) Bez. höherer Wesen, die als Vermittler zwischen Göttern und Menschen auftreten. Agni heisst der erste unter ihnen. — 2) Pl. Bez. des Atharvaveda. — 3) N. pr. eines Ṛshi. — 4) *der Stern ε im grossen Bären* 218,22. — 5) *der Planet Jupiter* Ind. St. 14,313. — 6) अङ्गिरसामयनम् *ein best.* Sattra Ind. St. 10,393.

अङ्गिरस m. = अङ्गिरस् 3).

अङ्गिरस्तम Adj. (f. आ) *der würdigste unter den* Añgiras.

अङ्गिरस्वत् Adv. *wie* Añgiras oder *die A.*

अङ्गिरस्वन्त् Adj. *von den* Añgiras *begleitet.*

अङ्गिरोवत् Adv. *wie* Añgiras Verz. d. B. H. 56,2.

अङ्गी (von 3. अङ्ग) Adv. mit कर् Act. mit Acc. 1) *sich aneignen, Gewalt bekommen über.* — 2) *sich mit Jmd* oder *Etwas einverstanden erklären, sich gefallen —, über sich ergehen lassen, einwilligen* 135,9. — 3) *versprechen, zusagen, sich zu Etwas verpflichten* 163,6. — 4) *einräumen, zugestehen, annehmen.* — 5) *berücksichtigen, beherzigen.* — Caus. mit doppeltem Acc. *bewirken, dass Jmd einwilligt.*

अङ्गीकरण n. *Einräumung, Zugeständniss, Annahme* 277,20. 279,30.

अङ्गीकार m. dass. 277,30. 281,28.

*अङ्गीकृति f. dass.

*अङ्गीय Adj. *auf die* Añga *bezüglich.*

अङ्गुरि und *°री f. *Finger, Zehe.*

*अङ्गुरीय und अङ्गुरीयक n. *Fingerring.*

अङ्गुल 1) m. n. *die Breite des Daumens als Längenmaass,* = 1/24 Hasta 103,8. 217,16. = 14 Aṇu Çulbas. 1,4,5. — 2) *m. *Finger, Daumen.* *n. *Finger des Elephantenrüssels* Gal. — 3) *m. N. pr. eines Ṛshi, = Kâṇakja, = Kâtjâjana (Gal.).

अङ्गुलक am Ende eines adj. Comp. = अङ्गुल 1).

अङ्गुलि und अङ्गुली f. 1) *Finger, Zehe.* — 2) *Finger am Elephantenrüssel.*

अङ्गुलिका f. *eine Ameisenart.*

*अङ्गुलिज m. *Fingernagel* Gal.

*अङ्गुलितोरण n. *die zum Packen in Form eines Thorbogens gestellten Finger* Gal. — Vgl. अर्धचन्द्र.

अङ्गुलित्र und °त्राण n. *eine Art Fingerhut der Bogenschützen zum Schutz vor dem Anstreifen der Bogensehne.*

अङ्गुलिपर्वन् n. *Fingergelenk.*

अङ्गुलिप्रणेजन n. *Waschwasser für die Finger.*

अङ्गुलिमुख n. *Fingerspitze* Çiç. 9,64.

अङ्गुलिमुद्रा und *°मुद्रिका f. *Siegelring.*

*अङ्गुलिमोटन n. *das Knacken mit den Fingern.*

अङ्गुलिविन्यास m. *Fingerstellung* Verz. d. Oxf. H. 217,a, N. 5.

*1. अङ्गुलिषङ्ग m. *Berührung mit den Fingern.*

*2. अङ्गुलिषङ्ग Adj. (f. आ) *mit den Fingern berührt.*

*अङ्गुलिसंदंश (so zu lesen Hâr. 203) m. *zangenartig zusammengelegte Finger.*

अङ्गुलिस्फोटन n. *das Knacken mit den Fingern.*

*अङ्गुलीक n. *Fingerring.*

*अङ्गुलीग्रन्थि m. *Fingergelenk* Nigh. Pr.

अङ्गुलीपर्वन् n. dass. Kâtj. Çr. 3,4,9.

*अङ्गुलीफला f. *eine Bohnenart* Nigh. Pr.

*अङ्गुलीभव m. *Fingernagel* Nigh. Pr.

अङ्गुलीमुद्रा f. *Fingerabdruck, Fingerspur* 114,28.

अङ्गुलीय 1) m. N. pr. eines Mannes. — 2) n. *Fingerring.*

अङ्गुलीयक n. 1) *Fingerring.* — 2) **Zehenring* Gal.

*अङ्गुलीसंभूत m. *Fingernagel.*

अङ्गुल्यग्र n. *Fingerspitze* Çat. Br. 8,1,3,9. Spr. 87.

अङ्गुल्यग्रनख m. *Fingernagelspitze* Spr. 86.

अङ्गुल्यन्तर n. *Zwischenraum zwischen den Fingern* Kâtj. Çr. 9,4,11.

अङ्गुष्ठ m. 1) *Daumen; grosse Zehe.* — 2) = अङ्गुल 1).

अङ्गुष्ठपर्वन् n. *Daumengelenk* 73,29.

अङ्गुष्ठमूल n. *Daumenwurzel, der unterste Theil des Daumens* M. 2,59.

अङ्गुष्ठाग्र n. *Spitze des Daumens* Schol. zu TS. Prât. 23,17.

अङ्गुष्ठिका f. *ein best. Strauch.*

अङ्गुष्ठ्य Adj. *am Daumen befindlich.*

अङ्गेष्ठा Adj. *in einem Gliede sitzend.*

*अङ्गोञ्छ m. und *अङ्गोञ्छन n. *Handtuch* Gal.

अङ्गोषिन् Adj. *tönend, rauschend* (?).

(अङ्ग्य) अङ्गिय Adj. *in den Gliedern befindlich.*

*अङ्घ्, अङ्घते (गत्याक्षेपे).

*अङ्घ und अङ्घस् n. *Sünde.*

अङ्घारि m. N. pr. eines himmlischen Soma-Wächters.

अङ्घ्रि m. 1) *Fuss* 104,7. 132,29. — 2) *Fuss eines Sessels.* — 3) *Stollen* (metrisch). — 4) *Wurzel.*

*अङ्घ्रिकारक m. *Carissa Carandas Lin.* Nigh. Pr.

*अङ्घ्रिकवच n. *Schuh* Nigh. Pr.

*अङ्घ्रिग्रन्थिक n. *Wurzel des langen Pfeffers* Nigh. Pr.

अङ्घ्रिप m. *Baum* Venîs. 45.

*अङ्घ्रिपर्णी *Hedysarum lagopodioides.*

*अङ्घ्रिपिच्छ m. *Taube* Gal.

*अङ्घ्रिवल्लिका f. = अङ्घ्रिपर्णी.

*अङ्घ्रिसंधि m. *Fussknöchel* Râgan.

*अङ्घ्र m. dass. Nigh. Pr.

अच्, अञ्च्, अचति, °ते, अञ्चति, °ते 1) *biegen.* अञ्चित *gebogen; kraus, lockig.* — 2) *gehen.* संकोचमञ्चति त्वयि (d. i. सरसि) *kommen in, theilhaft werden* Spr. 7734. — 3) *verfahren, zu Werke gehen* Comm. zu TBr. 2,1,4,3. — 4) *in Ehren halten.* अञ्चित *ausgezeichnet, ausserordentlich.* — 5) अञ्चितम् Adv. *behutsam, aufmerksam.* °ञ्चित häufig fehlerhaft für °चित (चि mit आ). — Caus. अञ्चयति *erregen, bewirken* Gît. 10,11. — Mit अनु *nachgehen, folgen.* — Mit अप *fortdrängen, vertreiben.* — Mit अव, Partic. अवाञ्चित *gesenkt.* — Mit आ *biegen, krümmen.* Absol. आच्य 37,28. Partic. आक्न. — Mit उद् 1) *aufheben, in die Höhe ziehen; ausschöpfen, leeren.* Partic. उदक्न. — 2) *erregen, bewirken* Prasannar. 136,1 v. u. — 3) *sich erheben* Bâlar. 203,8. *ertönen.* — Caus. 1) *in die Höhe ziehen; erheben* Bâlar. 208,4 v. u. — 2) *ertönen lassen.* — Mit व्युद् Caus. (°अञ्चयति) *erheben* Viddhaç. 76,13. — Mit समुद् *in die Höhe heben.* Partic. समुदक्न. — Caus. °अञ्चयति *erregen, bewirken.* — Mit उप *schöpfen.* — Mit नि 1) *niederbiegen.* Partic. न्यक्त und न्यक्न. — 2) *sich beugen, sich senken, herabhängen* Bâlar. 64,2 v. u. 204,4. 208,3 v. u. — Mit उपनि *hinbiegen* Çat. Br. 11,4,2,4. — Mit परि *herumbiegen, umwenden* 19,4. — Mit प्रति Pass. *sich anschliessen an* Ait. Âr. 1,4,1. Partic. प्रत्यञ्चित *geehrt.* — Mit वि *auseinanderbiegen; ausweiten, ausbreiten.* — Mit सम् *zusammenbiegen, zusammendrängen.* Partic. समक्न.

अचक्र Adj. (f. आ) 1) *räderlos.* — 2) *der Räder nicht bedürfend, von selbst sich bewegend.*

अचक्रिवंस् Adj. *an einer* Kṛtjâ *unschuldig.*

1. अचक्षुर्विषय m. *dem Auge sich entziehender Bereich* 93,20.

2. अचक्षुर्विषय Adj. *dem Gesichtskreis entzogen, mit dem Auge nicht zu bemeistern.*

अचक्षुष्क Adj. *augenlos* Çat. Br. 14,6,8,8.

*1. अचक्षुस् n. *ein böses —, unglückbringendes Auge.*

2. अचक्षुस् Adj. *augenlos* 273,5. 288,12. so v.a. *blind* Spr. 5760.

*अचण्डी f. *eine fromme (nicht böse) Kuh.*

*अचतुर Adj. *ohne Vier* und *ungeschickt.*

अचर und अचरत् Adj. *sich nicht von der Stelle bewegend, unbeweglich.*

अचरण n. *unrichtiges Benehmen* Çat. Br. 2,6,1,3.

अचरम Adj. *nicht der letzte, auf den stets ein Anderer folgt.*

अचर्मक Adj. *hautlos.*

अचल 1) Adj. (f. आ) *unbeweglich* (eig. und übertr.) 56,5. 93,12. 219,15. 286,33. Spr. 7857. — 2) m. a) *Berg* 219,16. 220,11. — b) **Nagel, Bolzen.* — c) N. pr. *des ersten der 9 weissen Bala bei den Gaina, eines Dichters und eines Lexicographen. — 3) f. आ a) *die Erde* 219,15. — b) *Bez. einer der 10 Stufen, die ein* Bodhisattva *zu ersteigen hat, bevor er* Buddha *wird.* — c) N. pr. *einer der Mütter im Gefolge* Skanda's *und* N. pr. *einer* Râkshasî.

*अचलकीला f. *die Erde.*

*अचलत्विष् m. *Cuculus indicus.*

अचलधृति f. *ein best. Metrum* Ind. St. 8,318. fg.

अचलन n. 1) *das sich nicht Bewegen, Verbleiben an einem und demselben Orte* Pańkat. 214,16. — 2) *das nicht Ablassen von* (Abl.) 137,16. Daçak. 2,12.

अचलन्त् Adj. *sich nicht fortbewegend von* (Abl.) Sarvad. 13,13.

अचलपुर n. N. pr. *einer Stadt.*

*अचलभ्रातर् m. N. pr. eines Gaṇâdhipa bei den Gaina.

अचलमति m. N. pr. eines Mâraputra Lalit. 394,16.

अचलस्वामिन् m. N. pr. eines Mannes B. A. J. 2,4,5.

अचलासप्तमी f. *der 7te Tag in der lichten Hälfte*

des Âçvina und Mâgha.

अचलेश m. *eine Form des Çiva.*

अचषाल Adj. *ohne* चषाल Lâṭj. 8,5,7.

अचाक्षुष Adj. *nicht wahrnehmbar* Kap. 1,60.

अचाण्डाल m. *kein* Kâṇḍâla Çat. Br. 14,7,1,22.

अचामर Adj. *ohne Fliegenwedel* Sâh. D. 340,10.

*अचार m. *kein Weg* Gal.

*अचारु Adj. P. 6,2,160.

अचाल्य Adj. *nicht von der Stelle zu rücken* MBh. 13,35,20.

अचिकित्वंस् Adj. *sich auf Etwas nicht verstehend.*

अचिकित्स्य Adj. *unheilbar, nicht wieder gut zu machen* Gaim. S. 628, Z. 8.

*अचिक्कण Adj. *nicht glatt, rauh.*

1. अचित् f. *Nicht-Geist, Materie* Sarvad. 46,3. 4.

2. अचित् Adj. *unverständig* 14,4.

अचित Adj. *ungeschichtet* Çat. Br. 7,2,1,15.

अचित्त Adj. 1) *ungesehen, unbemerkt.* — 2) *vernunftlos, unverständig, dumm* Ind. St. 13,480.

अचित्तपाजस् und अचित्तमनस् m. N. pr. zweier Ṛshi Kâṭh. 9,12. Maitr. S. 1,9,1. 5. — Vgl. अच्युतपाजस् und अच्युतमनस्.

अचित्ति f. 1) *Thorheit, Verblendung.* — 2) *ein Verblendeter.*

अचित्र n. *das Dunkel.*

अचिन्ता f. *das Nichtdenken an Etwas* 161,19.

अचिन्तित Adj. *unerwartet* 145,22.

अचिन्तेश्वर (?) m. N. pr. eines Mannes B. A. J. 10,54,16.

अचिन्त्य Adj. *mit den Gedanken nicht zu erreichen, wovon man sich keine Vorstellung machen kann* 300,31. Spr. 7620.

अचिर 1) Adj. *nicht lang, kurz* (von der Zeit). अचिरम् (am Anf. eines Comp. अचिर) Adv. *vor Kurzem; in Kurzem, bald; in kurzen Zwischenräumen, wiederholt* 187,19. अचिरेण und अचिरात् (65,16. 124,23. 139,6. 320,24) *nach kurzer Zeit in Kurzem, bald.* — 2) f. आ N. pr. einer Frau.

अचिरद्युति, °प्रभा, °भास्, *°रोचिस्, *अचिरांशु und *अचिराभा f. *Blitz* (*von kurzem Lichte*).

*अचिरोढा f. *junge Ehefrau* Gal.

अचिष्णु Adj. *beweglich.*

अचेतन Adj. (f. आ) *vernunftlos, unverständig, seines Verstandes nicht mächtig, bewusstlos.* Davon Nom. abstr. °ता f.

अचेतयितव्य Adj. *nicht denkbar* Ind. St. 9,165.

अचेतस् Adj. *unverständig* 67,3. *bewusstlos.*

अचेतान Adj. *bethört, verblendet.*

अचेष्ट Adj. *regungslos.* अचेष्टम् Adv. Spr. 91.

अचेष्टता f. *Regungslosigkeit.*

अचेष्टमान Adj. *sich nicht bewegend, Nichts thuend* Spr. 91, v. l.

अचैतन्य n. *das Fehlen der Intelligenz, — des Bewusstseins* MBh. 12,184,17.

अचोदक Adj. *keine Anweisung enthaltend* Gaim. 2,2,18.

अचोदन n. und °ना f. *keine Anweisung* Gaim. 4, 2,23. 1,2,27. 3,6,27. 5,3,16.

अचोदत् Adj. *nicht antreibend.*

अचोदस् Adj. *unangespornt.*

अचोदित Adj. *nicht angewiesen* Gaim. 3,2,2. 5, 2,17. Davon Nom. abstr. °त्व n. 3,8,35.

अचोद्यमान Adj. *unangetrieben* 162,3.

1. अच्छ (ausnahmsweise) und अच्छा Adv. *nahe dabei, coram* Ṛv. 8,33,13. In Verbindung mit Verben der Bewegung, des Redens und Hörens *zu, zu — hin, versus.* Als Präp. mit Acc. (Loc. nur einmal).

2. अच्छ 1) Adj. *a) klar, durchsichtig; blank, rein* (auch übertr.). — *b) lauter* (*ohne Zusatz*) Kâraka 1,13. — 2) *m. *a) Krystall.* — *b) eine best. Pflanze.*

3. *अच्छ m. = ऋक्ष *Bär.*

अच्छन्दस् n. *kein vedisches Lied* Lâṭj. 3,1,31.

अच्छन्दसम् Adv. *ohne das Wort* छन्दस्.

*अच्छभल्ल m. *Bär.*

अच्छम्बट्कार m. *das nicht Etwas Fehlenlassen* Çat. Br. 11,5,6,9. 13,4,1,12. Maitr. S. 1,5,5.

अच्छल n. *kein Betrug, Wahrheit* Mudrâr. 46,12. °वादिन् Adj. *wahr redend* Hariv. 11638.

अच्छाच्छ Adj. *vollkommen klar, — durchsichtig.*

अच्छादीक्षित m. N. pr. eines Mannes.

अच्छाय Adj. *schattenlos.*

अच्छावाक m. *der Einlader,* N. eines best. Priesters, eines der drei Gehülfen des Hotar, Ind. St. 10,144. अच्छावाकचमस Kâtj. Çr. 9,12,13. °विमद 14,16. 22,10,3. °वाद m. *der Ort wo der A. ruft* Vait. 18. °शस्त्र n. Titel eines Werkes. °सामन् n. Tâṇḍja-Br. 18,11,10.

अच्छावाकीय Adj. *auf den Akkhâvâka bezüglich, ihm gehörig.* — 2) n. *das Geschäft —, Amt des Akkhâvâka.*

अच्छिद्यमान Adj. *nicht splitternd, nicht brechend.*

अच्छिद्र 1) Adj. *a) unbeschädigt, unversehrt, fehlerlos.* — *b) ununterbrochen.* अच्छिद्रम् und अच्छिद्रेण *ohne Unterbrechung, von Anfang bis zu Ende.* — 2) n. N. eines Sâman.

अच्छिद्रकाण्ड n. N. eines Prapâṭhaka im TBr.

अच्छिद्रता f. *Vollständigkeit* Tâṇḍja-Br. 18,5,4. 21,7,5.

अच्छिद्रयामन् Adj. *von ununterbrochenem Gange.*

अच्छिद्रोक्थ Adj. *dessen Sprüche lückenlos sind* Ait. Br. 2,38.

अच्छिद्रोति Adj. *vollkommenen Schutz gewährend.*

अच्छिद्रोध्नी Adj. f. *ein unversehrtes Euter habend.*

अच्छिन्न Adj. 1) *nicht abgeschnitten* Pâr. Gṛhj. 1,16,3. — 2) *unversehrt.*

अच्छिन्नपत्त्र Adj. 1) *mit unversehrten Schwingen versehen.* — 2) *unversehrte Blätter habend.*

अच्छिन्नपर्ण Adj. *unversehrte Blätter habend.*

*अच्छुप्ता f. N. pr. einer Vidjâdevî.

अच्छुरिका f. *Schild oder Rad.*

अच्छेत Adj. *genaht.*

अच्छेदन n. *das Nichtabschneiden* Kâtj. Çr. 6,1,23.

*अच्छेदिक Adj. *nicht verdienend abgehauen u. s. w. zu werden.*

अच्छेद्य Adj. *nicht abzuhauen* Bhag. 2,24.

अच्छोक्ति f. *Anrede.*

अच्छोद 1) n. N. pr. eines Sees. — 2) f. आ N. pr. eines Flusses.

अच्युत und अच्युत (Çat. Br. von Agni und einer ihm geweihten Gabe) 1) Adj. *a) nicht umfallend, feststehend, unerschütterlich* (eig. und übertr.). — *b) beständig, unvergänglich.* — 2) m. *a)* Bein. Vishṇu's 104,24. 105,5. 269,14. — *b)* Bhauma, *ein best. Erdgenius.* — *c)* N. pr. eines Arztes und eines Dichters.

अच्युतकृष्णानन्दतीर्थ m. N. pr. eines Autors.

अच्युतक्षित् Adj. *auf unerschütterlichem Grunde ruhend.*

अच्युतचरित n. Titel eines Gedichts.

अच्युतच्युत् Adj. *Unerschütterliches erschütternd.*

*अच्युतज m. Pl. Bez. einer Klasse von Göttern bei den Gaina.

अच्युतजल्लकिन् m. N. pr. eines Autors.

अच्युतठक्कुर m. N. pr. eines Mannes.

*अच्युतदत्त und *अच्युतत्त m. N. pr. eines Mannes.

अच्युतपाजस् m. N. pr. eines Maharshi Taitt. Âr. 3,5,1. — Vgl. अचित्तपाजस्.

अच्युतभट्ट m. N. pr. eines Mannes B. A. J. 4,106,8.

अच्युतमनस् m. N. pr. eines Maharshi Taitt. Âr. 3,5,1. — Vgl. अचित्तमनस्.

अच्युतमूर्ति m. Bein. Vishṇu's.

अच्युतस्थल n. N. pr. eines Ortes.

*अच्युताग्रज m. Bein. Balarâma's und Indra's.

अच्युताश्रम m. N. pr. eines Mannes.

अज्, अजति und अजते (selten) 1) *treiben, antreiben; wegtreiben.* आजिम् *einen Wettlauf anstellen.* — 2) *schleudern.* — Mit अति *hinübertreiben* Lâṭj. 3,6,2. — Mit अप *wegtreiben* 1,12. — Mit अभि 1) *hintreiben.* — 2) *vereinigen, verbinden.* — Mit अव *herabtreiben.* — Mit आ 1) *herbeitreiben.* —

2) *fahrend herbeikommen.* — Mit अभ्या *herantreiben.* — Mit उद् 1) *heraustreiben* 3,17. — 2) *herausholen.* — Mit उप *herantreiben.* — Mit निस् *heraustreiben.* — Mit प्र *antreiben.* — Mit वि 1) *vertreiben.* — 2) *durchfurchen.* — Mit सम् 1) *zusammentreiben.* — 2) *feindlich zusammenbringen.* — 3) *zu Paaren treiben.*

1. अज॑ 1) m. *a) das Treiben, Zug.* — *b) Treiber.* एकपाद् *der einfüssige,* ein Genius des Sturmes. — *c) Ziegenbock* Spr. 7698. — *d) Widder im Thierkreise.* — *e)* **penis* Gal. — *f)* Pl. N. pr. α) eines Volkes. — β) einer Klasse von Ṛshi MBh. 1,211,5. — *g)* N. pr. verschiedener Männer. — 2) f. अजा॑ *a) Ziege* 31,19. 191,9. 239,13. 258,30 (gedeutet als *die Ungeborene, die Natur*). — *b) eine best. Pflanze, deren Knolle einem Ziegeneuter gleicht.*

2. अज॑ 1) Adj. *ungeboren, von Ewigkeit her da seiend* 284,32. Çat. Br. 14,7,2,23. — 2) m. *a) der Ungeborene, Ewige,* Bez. eines uranfänglichen, ungeschaffenen göttlichen Wesens. Später Bez. Brahman's, Vishṇu's, Çiva's und *Kâmadeva's. — *b)* (in Folge einer gezwungenen Erklärung) *eine Art Getreide.* — *c) die Zeit.* — *d)* **der Mond.* — 3) f. आ *die unerzeugte, ewige Natur.* Auch als Mâjâ gedeutet. — 4) n. आयवम् Name eines Sâman.

अजक m. N. pr. eines Asura und eines Fürsten (VP. 4,7,3).

अजकर्ण m. 1) *Ziegenohr.* — 3) *Pentaptera tomentosa.*

*अजकर्णक m. *Shorea robusta.*

*अजकव n. = अजकाव 3) Gal.

अजका f. 1) **eine junge Ziege.* — 2) **Ziegenwamme* Comm. zu Kâtj. Çr. 9,2,6. — 3) *eine best. Krankheit des Augensterns.*

अजकाजात n. = अजका 3).

अजकाव॑ 1) Adj. *mit einer wammenähnlichen Verzierung versehen.* — 2) m. oder n. *ein best. giftiges Thierchen,* etwa *Scorpion.* — 3) m. n. **Çiva's Bogen.*

अजकूला f. N. pr. einer Stadt.

*अजक्षीर n. *Ziegenmilch.*

अजगन्धा f. *Ocimum villosum* Râgan. 4,180. *Carum Carvi* Ratnam. 104.

*अजगन्धिका f. *Ocimum villosum.*

*अजगन्धिनी f. *Odina pinnata.*

अजगर॑ 1) m. *a) eine grosse Schlange, Boa.* — *b)* N. pr. eines Asura. — 2) f. ई *eine best. Pflanze.*

अजगल्लिका f. *eine best. Kinderkrankheit.*

अजगव 1) m. N. pr. eines Schlangenpriesters. — 2) n. *a)* **Çiva's Bogen.* — *b) das mittlere Drittel der Mondbahn.* — Vgl. आजगव.

*अजगाव n. *Çiva's Bogen.*

अजघन्य Adj. *nicht der letzte, — schlechteste, der vorzüglichste.*

अज॑घ्नुषी Adj. f. *die nicht getödtet hat.*

*अजजीवन (Gal.) und *अजजीविक m. *Ziegenhirt.*

*अजटा f. *Flacourtia cataphracta* Râgan. 5,92.

अजड 1) Adj. (f. आ) *nicht geistesschwach, bei Verstande* 134,6. °धी Adj. *verständig, klug* Bhâg. P. 7,5,46. — 2) *f. आ *Carpopogon pruriens* und *Flacourtia cataphracta.* — Vgl. अजटा und जडा.

*अजतुन्द n. P. 6,1,155, Sch.

1. अजत्व॑ n. = अजात्व.

2. अजत्व n. *das Ungeborensein* Ind. St. 9,153.

*अजथ्या f. *gelber Jasmin.*

*अजदण्डी f. *eine best. Pflanze* Râgan. 5,134.

*अजदेवता f. *das 25te Mondhaus,* Pûrvabhadrapadâ.

1. अजन 1) *Adj. *treibend.* — 2) m. Bez. Nârâjaṇa's. — 3) *n. *das Treiben.*

2. अजन॑ Adj. *menschenleer;* n. *Einöde* 29,27.28.

अजनजन्मन् m. Bez. Pragâpati's (*von Nârâjaṇa erzeugt*). °जन्मर्क्ष n. *das Mondhaus* Rohiṇî Bhâg. P. 10,3,1.

अजननि f. *das Nichtgeborensein* (bei Verwünschungen).

अजनयोनि m. Bez. Brahman's.

अजनाभ Bez. Bhâratavarsha's.

*अजनामक m. *eine best. mineralische Substanz.*

*अजनाशन m. *Wolf* Râgan. 19,9.

*अजनि *Bahn.*

*अजन्य n. *ein Unglück verheissendes Naturereigniss.*

1. अजप m. *Ziegenhirt.*

2. अजप 1) Adj. (f. आ) *a) keine Gebete kennend* Gaut. 6,13. 15,18. — *b) ohne Murmeln der* Vjâhṛti Ait. Âr. 5,1,4. — 2) *m. *ein Brahman, der ketzerische Werke liest.* — 3) *f. *ein best. Zauberspruch,* = हंसमन्त्र.

*अजपथ m. vielleicht = अजवीथी.

*अजपद् und *°पाद् Adj. *ziegenfüssig.*

अजपार्श्व m. N. pr. eines Sohnes des Çvetakarṇa.

अजपाल॑ m. 1) *Ziegenhirt.* — 2) N. pr. des Vaters von Daçaratha.

अज॑बभ्रु? AV.

अजबस्त m. N. pr. eines Mannes Verz. d. Oxf. H. 55,*b*,23. — Vgl. अजवस्ति.

*अजभक्ष m. und *°भक्षा f. (Gal.) *eine best. Pflanze mit langen Stacheln* Râgan. 8,37.

*अजभद्र m. *eine best. Pflanze* Gal.

अज॑मायु Adj. *wie ein Ziegenbock meckernd.*

*अजमार m. vielleicht N. pr. eines Mannes.

अजमीढ und °मीळ्ह m. N. pr. eines Mannes. Angeblich auch ein Bein. Judhishṭhira's. Pl. Name einer Völkerschaft.

अजमुखी f. N. pr. einer Râkshasî.

अजमोद m. und °मोदा f. *Carum Carvi (Kümmel). Apium involucratum (Eppich* Roxb. 2,97) und *Ligusticum Ajowan.*

*अजमोदिका f. *Ligusticum Ajowan.*

*अजम्भ m. *Frosch.*

1. अजय m. *Niederlage* in जयाजयौ.

2. अजय 1) m. *a)* Bein. Vishṇu's. — *b)* N. pr. eines Lexicographen, = °पाल. — *c)* *N. pr. eines Flusses in Râḍha. — 2) *f. आ *a) Hanf.* — *b)* N. pr. einer Freundin der Durgâ.

अजयगर्ह m. N. pr. eines Mannes.

अजयपाल m. N. pr. zweier Männer.

अजया॑न Adj. AV. 18,2,53 fehlerhaft für अज्ञोपा॑न.

अजय्य Adj. 1) *unbesiegbar.* — 2) **ungewinnbar.*

अज॑र 1) Adj. (f. आ) *nicht alternd, sich nicht abnutzend, ewig jung* 162,5. — 2) *f. आ *a) Aloe perfoliata* Râgan. 5,45. *Flacourtia cataphracta* 90. *Argyreia speciosa* 3,106. — *b)* Bein. des Flusses Sarasvatî Nigh. Pr.

अजरत्व n. *das Nichtaltern* Ind. St. 9,153.

अज॑रन्त् (f. °न्ती), अजरयु॑ und *अजरस् Adj. *nicht alternd.*

अजरामरत्व n. *ewige Jugend und Unsterblichkeit* Ind. St. 14,384.

अजर्य॑ 1) Adj. *nicht alternd, — vergehend.* — 2) n. *Freundschaft.*

अजर्षभ॑ m. *Ziegenbock.*

*अजलम्बन n. *Antimonium.*

अजलोम॑ *Ziegenhaar* Çat. Br. 6,5,1,4.

अजलोम॑न् 1) n. dass. Çat. Br. 6,4,4,22. 7,5,2,43 (könnte überall auch °लोम॑ n. sein). — 2) *m. *Carpopogon pruriens.*

अजलोमी f. = अजलोमन् 2).

अजव॑स् Adj. *nicht rasch.*

*अजवस्ति m. N. pr. eines Mannes. Pl. *seine Nachkommen.*

*अजवाह N. pr. einer Gegend.

अजवीथी f. *Ziegenbahn,* Bez. der Strecke der Mondbahn, welche die Mondhäuser Hasta, Kitrâ und Viçâkhâ (oder Mûla, Pûrvâshâḍhâ und Uttarâshâḍhâ) umfasst.

अजशृङ्गी f. *Odina pinnata* und = कर्कटशृङ्गी Bhâvapr. 2,67,17.

*अजश्री f. *Alaun* Nigh. Pr.

*अजस्तुन्द n. N. pr. einer Stadt.

अजस्र Adj. (f. आ) *nicht ermattend, ewig frisch* 20,13. अजस्रम् (44,21. Am Anfange eines Comp. अजस्र 98,14. 99,24) und अजस्रेण Adv. *ununterbrochen, beständig, wiederholentlich* (mit einer Negation *niemals*).

अजहत्स्वार्थ Adj. (f. आ) *seine ursprüngliche Bedeutung nicht aufgebend.* — Vgl. अजहल्लक्षणा.

अजहल्लक्षणा f. *eine Etwas mittelbar ausdrückende Bezeichnungsweise mit Nichtaufgabe der ursprünglichen Bedeutung des Wortes* 279,10. 14.

*अजहल्लिङ्ग Adj. *sein ursprüngliches Geschlecht nicht aufgebend.*

*अजाकृपाणीय Adj. *nach Art der Ziege und der Scheere geschehen.*

*अजाक्षी f. *Ficus oppositifolia* Râǵan. 11,136.

अजाक्षीर n. *Ziegenmilch* Çat. Br. 14,1,2,13.

*अजागर m. *Verbesina prostrata.*

अजागलस्तन m. *die (zu Nichts nutzende) Zitze* (d. i. Wamme) *am Halse der Ziege.*

अजाग्रत् Adj. *ohne Wachen, nicht wachend* Ind. St. 9,131.

अजाङ्गल n. *feuchte Gegend* Suçr. 2,135,11.

अजाजि und अजाजी f. *Kümmel.*

*अजाजीव m. *Ziegenhirt.*

अजात Adj. *nicht geboren, noch nicht geboren.*

*अजातककुद् Adj. *dem der Buckel noch nicht gewachsen ist.*

अजातपक्ष Adj. *dem die Flügel noch nicht gewachsen sind* 77,10.

अजातरोम Adj. *noch unbehaart* MBh. 3,112,3.

अजातलोम्नी Adj. f. dass. so v. a. *noch nicht mannbar.*

अजातव्यञ्जन Adj. *dem der Bart noch nicht gewachsen ist.*

अजातव्यञ्जनाकृति Adj. *bei dem sich noch keine Spur von Bart zeigt* MBh. 1,157,35.

अजातशत्रु 1) Adj. *keine Feinde habend; dem kein Gegner gewachsen ist.* — 2) m. Bein. Judhishṭhira's und N. pr. verschiedener Männer.

अजातशोक Adj. *kummerlos* Çat. Br. 12,3,1,9.

अजातसार Adj. (f. आ) *kraftlos* R. ed. Gorr. 1,39,17.

*अजातारि m. Bein. Judhishṭhira's.

अजातुष Adj. *nicht klebrig* Suçr. 1,101,13.

*अजातौल्वलि m. *Ziegen*-Taulvali als Neckname.

अजात्व n. Nom. abstr. von अजा *Ziege.*

*अजाद m. N. pr. des Hauptes eines Kriegerstammes.

*अजादनी f. *eine Art Nachtschatten.*

अजानत् Adj. *nicht kennend, Etwas nicht wissend, unbekannt mit* (Acc.) 120,21. Spr. 99. fg.

अजानि und *अजानिक Adj. *unbeweibt.*

अजानुसम Adj. *höher oder niedriger als das Knie.*

*अजानेय 1) Adj. *furchtlos.* — 2) m. *ein Pferd von edler Race.* — Vgl. आजानेय.

*अजान्त्री f. *Convolvulus argenteus.*

अजापयस् n. *Ziegenmilch.*

*अजापाल (Gal.) und *अजापालक m. *Ziegenhirt.*

अजामि Adj. 1) *nicht verschwistert, nicht verwandt.* — 2) *Geschwistern nicht geziemend.* — 3) *nicht gleichartig, — parallel.*

*अजामिकृत् *Brühe* Gal.

अजामिता f. und अजामित्व n. *Nichtgleichförmigkeit, Abwechselung.*

अजामिल m. N. pr. eines Mannes.

अजावि m. Pl. (31,20) und अजाविक n. Sg. (191, 23. 195,23. 24) *Ziegen und Schafe.*

1. *अजाश्व n. *Ziegen und Pferde.*

2. अजाश्व Adj. *Ziegen zu Rossen* (d. i. *zum Gespann*) *habend.*

अजासुत m. *Zicklein* Bhâvapr. 2,9,18.

*अजिका f. *junge Ziege.*

अजिगमिषत् Adj. *zu gehen nicht beabsichtigend* Sarvad. 19,4.

अजिज्ञासु Adj. *nicht wissbegierig* Tattvas. 37.

अजित 1) Adj. *unbesiegt.* — 2) m. *a) ein best. mächtiges Gegengift* (auch अजितं सर्पिः genannt). — *b) ein best. zu den Mäusen gezähltes giftiges Thier* (v. l. अजिर). — c) ein N. Vishṇu's. — *d)* Pl. N. einer Klasse von Göttern. — *e)* N. pr. einer der 7 Ṛshi im 14ten Manvantara und vieler anderer Personen. — 3) f. आ N. pr. eines Wesens im Gefolge der Devî.

अजितकेशकम्बल m. N. pr. eines Mannes.

*अजितबला f. N. pr. einer Göttin bei den Ǵaina.

अजितभृत्य Adj. *der seine Diener nicht im Zaum zu halten vermag.* Davon Nom. abstr. °ता f. Kâd. 120.

अजितविक्रम m. Bein. Ḱandragupta's des Zweiten.

अजितशान्तिस्तव m. Titel eines *Lobliedes.*

अजितात्मन् Adj. *der sich nicht beherrscht.*

अजितापीड m. N. pr. eines Fürsten.

अजितेन्द्रिय Adj. *der seine Sinne nicht beherrscht* 93,18.

अजिन 1) n. *Fell* 22,15. 37,4. 94,1. *ein Schlauch* oder *Beutel von Leder.* — 2) m. N. pr. eines Sohnes des Havirdhâna VP. 1,14,2.

*अजिनपत्त्रा, *°पत्त्रिका und *°पत्त्री f. *Fledermaus.*

*अजिनफला f. wohl *eine best. Pflanze.*

अजिनयोनि 1) m. f. *die Stätte der Felle,* d. i. *Alles was Felle liefert.* — 2) *m. *Antilope.*

अजिनवासिन् Adj. *in ein Fell gekleidet.*

अजिनसंध m. *Kürschner.*

अजिनावती f. N. pr. einer Vidjâdharî.

*अजिनिन् m. *Brahmanenschüler* Gal.

अजिर 1) Adj. (f. आ) *rasch, beweglich.* अजिरम् Adv. — 2) m. *a) eine Mausart* (v. l. अजित). — *b) eine best. Verfluchungsceremonie.* — c) N. pr. eines Schlangenpriesters. — 3) *f. आ ein N. der Durgâ. — 4) n. *a) Hof* (am Ende eines adj. Comp. f. आ). — *b) *Sinnesobject.* — c) *Frosch.* — d) *Wind.*

अजिरवती f. N. pr. eines Flusses.

अजिरशोचिस् Adj. *mit beweglichem Feuerschein.*

अजिराधिराज m. *der rasche Oberkönig.*

अजिराय्°यते *rasch sein, eilen* ṚV.

*अजिरीय Adj. von अजिर.

अजिह्म 1) Adj. (f. आ) *nicht krumm, gerade; redlich* (von Personen und Thätigkeiten). अजिह्मम् Adv. *gerade aus* Gaut. 23,16. — 1) *m. *a) Fisch.* — *b) Frosch.*

अजिह्मग 1) Adj. *geradaus gehend.* — 2) m. *Pfeil.*

अजिह्माग्र Adj. *mit einer geraden Spitze versehen.*

*अजिह्व m. *Frosch.*

अजिह्विका f. N. pr. einer Râkshasî MBh. 3, 280,45.

*अजीकव n. Çiva's *Bogen.*

अजीगर्त m. N. pr. eines Ṛshi.

अजीत Adj. *unversehrt; unverwelkt, frisch.*

अजीतपुनर्वण्य n. *Ungeschundenheit oder Wiedergewinnung* (*des Geraubten*).

अजीति f. *Unversehrtheit.*

अजीर्ण n. *Unverdaulichkeit, Indigestion.*

*अजीर्णतारा n. *eine Art Curcuma* Nigh. Pr.

अजीर्णभुक्त Adj. *der Gegessenes nicht verdaut hat* Bhâvapr. 1,91,15.

अजीर्णिन् Adj. *an Indigestion leidend.*

अजीर्ति f. *Unverdaulichkeit.*

*अजीला f. *das Weibchen einer Affenart* Gal.

अजीव Adj. *leblos* Bhâg. P. 3,29,28.

अजीवन Adj. *ohne Lebensmittel.*

अजीवनार्ह Adj. *nicht würdig zu leben* R. 2,38,7.

*अजीवनि f. *Nichtleben, Tod* (bei Verwünschungen).

अजीवत् Adj. *nicht lebend, — leben könnend, sich nicht ernähren könnend.*

अजीवित n. *Nichtleben, Tod* MBh. 1,158,33.

अजुगुप्स Adj. *keinen Widerwillen gegen Etwas habend, nicht wählerisch* Ind. St. 10,63.

अजुर und अजुर्य (auch अजुर्यम्) Adj. *nicht alternd, unvergänglich.* °र्यम् Adv. ṚV. 1,146,4. 5,69,1.

अजुष्ट Adj. *unangenehm, widerwärtig, unheimlich.*

अजुष्टि f. *Unzufriedenheit.*

अजुह्वत् Adj. *nicht opfernd* TBr. 1,4,7,1.

अजूर्यत् Adj. *nicht alternd.*

अजेय 1) Adj. *unbesieglich.* — 2) m. *a)* **Terminalia Arǵuna* Nigh. Pr. — *b)* N. pr. eines Fürsten. — 3) n. *ein best. Gegengift.*

अजैकप m. = अजैकपद् und अजैकपादर्क्ष.

अजैकपद् (Nom. °पाद्) und *°पाद m. = अज एकपाद् (s. 1. अज 1, *b*) als N. eines Rudra und Bein. Vishṇu's.

*अजैकपाद्दैवत्य (Gal.) und अजैकपादर्क्ष n. *das unter* Aǵaikapad *stehende Mondhaus* Pûrvabhadrapadâ.

*अजैडक n. *Ziegen und Schafe.*

*अजोडुम्बरफला f. *eine best. Pflanze* Gal.

अजोष Adj. *kein Genüge habend, unersättlich.*

(अजोष्य) अजोषिय Adj. *nicht beliebt, — willkommen.*

*अज्जुका f. *Hetäre* (im Drama) Daçar. 2,65.

*अज्झटा f. *Flacourtia cataphracta.* — Vgl. अज्ञटा.

*अज्झल m. *Kohle.*

अज्ञ 1) Adj. *a) unwissend, einfältig, dumm, unerfahren* 152,25. 159,12. 162,7. 258,15. 272,7. Spr. 7684. *keinen Verstand habend*, von Thieren und Unbelebtem. — *b)* angeblich *allwissend.* — 2) °म् Adv. *unvermerkt* Cit. im Comm. zu TBr. 3,580,3 v. u.

*अज्ञक Adj. (f. आ und अज्ञिका) *recht unwissend.*

अज्ञता f. *Unwissenheit, Dummheit* 187,5.

अज्ञात Adj. *unbekannt* 141,28. 281,4. Spr. 7622. *ungekannt als* Chr. 199,3. °भुक्त *was man ohne zu wissen gegessen hat.* अज्ञातम् Adj. *ohne Wissen von* (Gen.) 61,6. 73,10.

*अज्ञातक Adj. *recht unbekannt.*

अज्ञातकेत Adj. *unbekannte Absichten habend.*

अज्ञातयक्ष्म m. *verborgene Krankheit* (Ind. St. 9,400).

अज्ञाति m. *kein Blutsverwandter.*

1. अज्ञान n. 1) *das Nichtwissen; Unwissenheit, Unverstand* 211,32. 257,14. Spr. 110. 7853. अज्ञानात् und अज्ञानतस् *ohne Wissen* 43,9. 153,25. 28. — 2) Bez. *der Urmaterie als der letzten materiellen Ursache.* Je nachdem sie als ein Gesammt- oder als ein Einzelding betrachtet wird, steht ihr als ein von ihr bedingter Intellect der allwissende Gott oder der sogenannte Vernünftige (प्राज्ञ) gegenüber. 258,11. fgg.

2. अज्ञान Adj. *unklug, unerfahren* Spr. 112.

अज्ञानपूर्वम् Adv. *ohne Wissen* Gaut. 20,8.

अज्ञानबोधिनी f. Titel einer Schrift.

अज्ञानवत् Adj. *unwissend* Ind. St. 14,386.

अज्ञानाध्यापन n. *Unwissenheit und das Nichtunterrichten* Gaut. 21,12.

अज्ञानार्थ Adj. *nicht die Bedeutung «wissen» habend* 235,16.

अज्ञास् Adj. *keine Verwandte habend.*

अज्ञेय Adj. *nicht zu wissen, nicht erkennbar* 120, 11. Ind. St. 1,19.

अज्म m. und अज्मन् n. *Bahn, Zug.*

अज्यानि f. *Unversehrtheit.*

अज्येयता f. *Ununterdrückbarkeit* Çat. Br. 11,5, 7,1. Ind. St. 10,60. fgg.

अज्येष्ठ Adj. 1) *nicht der älteste* 201,20. Pl. *von denen keiner der älteste ist.* — 2) *nicht der beste* 195,32.

अज्येष्ठवृत्ति Adj. *sich nicht wie ein ältester Bruder betragend* 195,6.

अज्यैष्ठिनेय Adj. *nicht der älteste aus der ersten Ehe des Vaters* Gaut. 28,16.

अज्र m. *Ebene, Flur, Gefilde* 7,18.

(अज्र्य) अज्रिय Adj. *auf der Ebene befindlich.*

अज्विन् Adj. *sich treibend, sich bewegend* Âçv. Çr. 6,5,2.

1. अञ्च् s. अच्.

2. °अञ्च् Adj. (*gebogen*) *gerichtet nach, zu.*

*अञ्चति m. 1) *Wind.* — 2) *Feuer.*

*अञ्चन n. 1) *das Biegen.* — 2) *Fussfessel für ein Pferd* Gal. — R. 6,98,24 wohl fehlerhaft für अञ्चल; ed. Bomb. 115,33 दत्तानां चैव पी° st. नयनाञ्चनपी°.

अञ्चल m. *Saum —, Borte —, Zipfel eines Gewandes oder Tuches* Spr. 5502. 7813. — Vgl. नयनाञ्चल und लोचनाञ्चल.

*अञ्चितभ्रू f. *Weib* Râǵan. 18,5.

अञ्चु bei den Grammatikern Bez. von 2. °अञ्च् 231,26.

अञ्ज्, अनक्ति und अङ्क्ते 1) *salben, bestreichen, beschmieren;* Med. *sich salben, sich Salbe überstreichen* 13,16. 237,18. घृताक्त 192,1. रुधिराक्त 101, 22. — 2) *schmücken, ausrüsten;* Med. *sich schmükken.* — 3) *verherrlichen, ehren.* — 4) *an den Tag legen.* — Caus. *bestreichen.* — Mit अनु *bestreichen* 30,32. — Mit अन्तर् *in sich aufnehmen.* — Mit अभि 1) *salben, bestreichen;* Med. *sich salben, sich bestreichen* 237,18. तैललवणाभ्यक्त 218,4. — 2) *schmücken.* — Mit आ 1) *salben.* — 2) *glätten, ebnen.* — 3) *verherrlichen, ehren.* — Mit समा *gemeinsam salben* Kauç. 79. — Mit उद् (अनक्ति) *in die Höhe heben* ṚV. 4,6,3. Gehört der Bed. nach zu अच्. — Mit उप *einschmieren.* — Mit नि 1) *einsalben.* — 2) Med. *hineinschlüpfen in* (अन्तर्). न्यक्त *in einem Andern enthalten, inhärirend.* — Mit प्रति 1) *bestreichen.* — 2) *schmücken.* — Mit वि 1) Med. *durchsalben.* — 2) Med. *sich salben, — herausputzen; sich ein Ansehen verschaffen.* — 3) *offenbaren, an den Tag legen* Spr. 7820. व्यक्त (s. auch bes.) *offenbar, sinnlich wahrnehmbar, verständlich.* व्यक्तम् Adv. *offenbar, deutlich; sicher, gewiss* 38,23. 180,2. 319,26. 326,7. — Caus. *offenbaren, an den Tag legen, klar machen* 190,18. Ind. St. 9,20. — Mit अनुवि *deutlich —, klar werden* (!) Comm. zu AV. Prât. 4,107. — Mit अभिवि Pass. *an den Tag treten, erscheinen* 267,30. अभिव्यक्त *offenbar, deutlich hervortretend.* °म् Adv. *offenbar.* — Mit सम् 1) *besalben, schmücken* 37,20. 21. — 2) *zubereiten, ausrüsten, ausstatten.* — 3) *verherrlichen.* — 4) *zusammenfügen, vereinigen.* — 5) *belecken, verzehren;* Med. *sich nähren mit* (Instr.), *geniessen.*

अञ्जक m. N. pr. eines Sohnes des Vipraćitti VP. 1,21,11.

अञ्जन 1) n. *a) das Salben, Bestreichen, Beschmieren.* — *b) das Offenbaren, Klarmachen,* insbes. *der Bedeutung eines mehrdeutigen Wortes* Kâvjapr. 2, 19. — *c) Salbe.* — *d) schwarze Augensalbe* und *die dazu verwandten Stoffe,* wie z. B. *Antimonium* 53, 11. — *e)* **Dinte.* — *f)* **Nacht.* — *g)* **Feuer.* — *h)* *Bein. Çiva's Gal. — 2) m. *a)* **Hauseidechse.* — *b)* N. pr. α) eines Weltelephanten. — β) einer mythischen Schlange. — γ) eines Fürsten von Mithilâ VP. 4,5,12. — δ) eines Berges. — 3) f. आ *a)* **eine Eidechsenart.* — *b)* N. pr. einer Frau und einer Aeffin (der Mutter Hanumant's). — 4) f. ई *a)* **eine bossirte weibliche Figur;* vgl. अञ्जलिकारिका. — *b)* *N. *zweier Pflanzen* Râǵan. 4,189. 6,132. — *c)* N. pr. der Mutter Hanumant's Bhâvapr. 1, 101,4 v. l.

अञ्जनक 1) *Adj. *das Wort* अञ्जन *enthaltend.* — 2) f. ई *eine best. Pflanze.* — 3) f. *अञ्जनिका *a) eine Eidechsenart.* — *b) eine Mausart* (fehlerhaft für अञ्जलिका).

अञ्जनकेश 1) Adj. (f. ई) *eine Mähne so schwarz wie Augensalbe habend.* — 2) *f. ई *ein best. vegetabilischer Parfum.*

*अञ्जनकोशी (°केशी?) f. *eine best. Pflanze* Gal.

अञ्जनगिरि m. N. pr. eines *Berges* Spr. 3468. — Vgl. कृष्णाञ्जनगिरि.

अञ्जनचूर्ण n. *pulverisirtes Antimonium* 217,5.

*अञ्जनत्रय und *°त्रितय n. *die drei Arten Kollyrium* Râǵan. 22,12

अञ्जननामिका f. *Auswuchs am Augenlide.*

अञ्जनपर्वत m. N. pr. eines *Berges* Pańkat. 120,9.

अञ्जनपुर n. N. pr. einer *Stadt*.

*अञ्जनप्रभ m. *Moringa pterygosperma Gaertn.* RÂGAN. 7,28.

अञ्जनवृत्त m. *ein best. Baum*: °दारुमय *aus dem Holze dieses Baumes gemacht* PAÑKAT. 10,7.

*अञ्जनागिरि, अञ्जनाचल und अञ्जनाद्रि m. N. pr. eines *Berges*.

*अञ्जनाधिका f. *eine Eidechsenart*.

*अञ्जनान्वय m. *ein Elephant mit besonderen Kennzeichen* GAL.

अञ्जनाभ m. N. pr. eines Berges.

*अञ्जनावती f. N. pr. des Weibchens des Weltelephanten Supratîka oder Añgana.

*°अञ्जल = अञ्जलि.

अञ्जलिं m. *die beiden hohl und offen an einander gelegten Hände, zwei Handvoll* (auch als *best. Hohlmaass*) 37,9. °पान Adj. *aus den Händen trinkend*, मूषिकाञ्जलि *die an einander gelegten Vorderpfötchen einer Maus*, कुसुमाञ्जलि *zwei H. Blumen* 290,4. उदकाञ्जलि 107,23. अञ्जलिमात्रं n. ÇAT. BR. 4,5,10,7. Die Hände hohl an einander legen und dieselben zur Stirn führen ist ein Zeichen der Ehrerbietung und Unterwürfigkeit. 96,12. अञ्जलिं कर् Spr. 7690 (Med.). Chr. 70,31. 176,25. बन्ध् 314,13.

अञ्जलिक 1) m. *eine Art von Pfeilen*. — 2) *f. आ *eine junge Maus*.

अञ्जलिकर्मन् n. *das Aneinanderlegen der hohlen Hände* (als Zeichen der Ehrerbietung).

*अञ्जलिकारिका f. 1) *eine bossirte menschliche Figur*; vgl. अञ्जन 4) *a*). — 2) *Mimosa pudica*.

अञ्जलिपात m. = अञ्जलिकर्मन्.

*अञ्जलिशुक्ति f. *zweischalige Muschel* RÂGAN. 13,132.

अञ्जली Adv. mit कर् *die Hände hohl an einander legen*.

अंञ्जस् 1) n. *a*) *Salbe, Mischung*. — *b*) Name eines Sâman ÂRSH. BR. 2,1,1. — 2) Acc. Adv. *rasch, plötzlich, alsbald*. — 3) अंञ्जसा Instr. Adv. *a*) *stracks, gerades Weges, geradeaus*. — *b*) *alsbald, sogleich*. — *c*) *in Wahrheit, der Wahrheit gemäss*.

अञ्जस 1) *Adj. *gerade, ehrlich*. — 2) f. ई *die Rasche*, N. eines in den Lüften gedachten Stromes.

अञ्जसायन Adj. (f. ई) *geradeaus gehend, — führend*.

अञ्जसीन Adj. (f. आ) dass.

अञ्जस्पा Adj. *alsbald trinkend*.

अञ्जःसव m. *beschleunigte Soma-Kelterung* 24,32. ÇAT. BR. 12,3,3,6. fgg.

*अञ्जासा f. *eine kleine Traubenart*.

अञ्जि 1) Adj. *a*) *salbend* (ein Opfer). — *b*) *schlüpfrig* (vom penis). — 2) m. f. n. *Salbe, Farbe, Schmuck* 13,16.

अञ्जिक m. N. pr. eines Sohnes des Jadu.

अञ्जिग m. N. pr. eines Dânava.

अञ्जिमंत् Adj. *gesalbt, geschmückt*.

अञ्जिवं Adj. *schlüpfrig, glatt*.

*अञ्जिष्ठ und *अञ्जिष्णु m. *die Sonne*.

अञ्जिमक्थं Adj. *gefleckte Hüften habend*.

*अञ्जिहीषा f. *Verlangen zu gehen*.

अञ्जीर m. *Feigenbaum*.

अञ्जोयांन (Conj.) Adj. *stracks zum Ziele führend*.

अञ्जोविन्दूप n. N. eines Sâman.

अञ्ज्येतं Adj. *schwarzweiss gefleckt*.

अट्, अटति *einen Streifzug unternehmen, herumschweifen, umherlaufen, durchirren*. भिक्षाम् *betteln gehen*. — Intens. अटाट्यते *hinundher irren, durchirren*. — Mit परि *herumschweifen, umhergehen, lustwandeln, durchirren* 107,27. GAUT. 9,35.

*अटञ्ज m. n. = उटञ्ज GAL.

अटन n. *das Hinundhergehen, Herumschweifen*.

अटनि und °नी f. *das eingekerbte Ende des Bogens* 145,25. — Vgl. आर्त्नी.

अटमान m. N. pr. eines Fürsten.

अटरूष, °टूष und °टूषक m. *Adhatoda Vasica Nees.* oder *Gendarussa vulgaris Nees.*

*अटवि und अटवी f. *Wald* 107,11.27. 119,27.

अटविक m. *Förster*. Wohl fehlerhaft für आटविक.

अटवीबल n. *ein aus Waldbewohnern bestehendes Heer* Spr. 3610.

अटवीशिखर m. Pl. N. pr. eines Volkes MBH. 6,9,48.

*अटा, *अटाटा und *अटाट्या f. *das Herumschweifen, Umhergehen* (als Bettler).

*अटाय्, °यते *herumschweifen, umhergehen*.

*अट्ट्, अट्टते *überschreiten; tödten*. — Caus. *अट्टयति *geringschätzen*.

1. *अट्ट Adv. *laut*.

2. अट्ट 1) *Adj. *trocken*. — 2) m. *a*) *Wachtthurm*. — *b*) *Marktplatz*. — *c*) **Uebermaass*. — *d*) N. pr. eines Jaksha. — 3) *f. आ Vârtt. zu P. 3,1,17. — 4) n. **Speise*.

*अट्टक m. *Thurm*.

*अट्टट्ट Adv. *laut*.

अट्टट्टहास m. *lautes Lachen* MÂRK. P. 89,21. अट्टाट्ट° v. l.

*अट्टन n. *eine scheibenförmige Waffe*.

अट्टपतिभाग m. *Marktherrnantheil*, Bez. *einer best. Steuer* in Kaçmîra.

*अट्टस्थली f.

अट्टहसित n. *lautes Lachen*.

1. अट्टहास m. dass. 111,24.

2. अट्टहास 1) *Adj. *laut lachend*. — 2) m. *a*) Bein. Çiva's. — *b*) N. pr. eines Jaksha. — *c*) N. pr. eines Berges. — *d*) *= अट्टहासक GAL. — 3) f. आ Bein. der Durgâ.

*अट्टहासक m. *Jasminum hirsutum Lin.*

*अट्टहासिन् m. Bein. Çiva's.

अट्टहासेश्वरतीर्थ n. N. pr. eines Tîrtha.

अट्टहास्य n. *lautes Lachen*.

अट्टाट्टहास m. *lautes Lachen*. अट्टट्ट° v. l.

*अट्टाय्, °यते.

अट्टाल und °क 1) m. *Wachtthurm*. — 2) f. अट्टालिका *a*) **königlicher Palast*. — *b*) N. pr. einer Gegend.

अट्टालिकाकार m. *Maurer* (als Sohn eines Malers und einer unzüchtigen Çûdra-Frau).

*अट्टालिकाबन्धम् Adv.

अट्टिलिका f. N. pr. einer Stadt.

अट्टार m. N. pr. eines Mannes.

अट्या f. *das Umherschweifen, Sichherumtreiben*.

*अठ्, अठति und °ते *gehen*.

अठिद m. Pl. N. pr. eines Volkes MBH. 6,9,64.

*अड्, अडति *sich anstrengen*.

°अड *Stachel, Spitze*.

अडकवती f. N. pr. einer mythischen Stadt LALIT. 247,10.

*अडगञ्ज m. *eine best. Pflanze* GAL.

*अडिनी f. *Zehenschmuck* GAL.

*अड्ड्, अड्डति (अभियोगे, समन्ताद्योगे, समाधाने).

अड्डुचल m. *ein best. Theil des Pfluges*.

*अड्डुन n. *Schild*.

*अण्, अणति *tönen*. अण्यते *athmen*.

*अणक Adj. *klein, gering, verachtet*.

*अणकीय Adj. von अणक.

*अणव्य Adj. *mit Panicum miliaceum besäet*.

*अणि und *अणी m. f. 1) *Achsennagel*. — 2) *Ecke eines Hauses*. — 3) *Grenze*.

अणिकर्तर् m. *das Subject im Nicht-Causativum* 225,21.

अणिमंन् 1) m. *a*) *Dünne, Feinheit* ÇAT. BR. 14,7,1,20. — *b*) *Magerkeit*. — *c*) *die feinsten Bestandtheile von Etwas*. — *d*) *die Zauberkraft sich unendlich klein zu machen*. — 2) अंणिमन् n. *das kleinste Stück*.

अणिमत् Adj. *kleiner, kürzer* ÇULBAS. 1,55.72.87.

अणिष्ठ Adj. *der feinste, kleinste; sehr fein, sehr klein*.

अणीचिन् m. N. pr. eines Mannes.

अणीमाण्डव्य m. N. pr. eines Rshi.

अंणीयंस् Adj. *feiner, kleiner; sehr fein, sehr klein, sehr gering*.

अणीयस Adj. = अणीयंस्.

अणीयस्क Adj. *feiner, dünner, kleiner.*

अणीयस्त्व n. Nom. abstr. von अणीयंस्.

*अणीव gaṇa शुभ्रादि.

अणु 1) Adj. f. (अण्वी) *fein, dünn, schmal, sehr klein, von geringem Umfange* 64,22. 162,9. Çat. Br. 14,7,2,11. *sehr gering, unbeträchtlich; fein, subtil* in übertr. Bed. अणु Adv. *schwach.* अणुतर *sehr schwach.* — 2) m. *a*) *Panicum miliaceum.* — *b*) *Atom* Ind. St. 14,366. — *c*) *ein überaus kleiner Zeittheil,* = 2 Paramâṇu = 1/3 Trasareṇu Bhâg. P. 3,11,5. — *d*) *Spruch.* — *e*) * Bein. Çiva's. — *f*) N. pr. eines Sohnes des Jajâti; vgl. अनु. — 3) f. अण्वी *die Zarte, Feine,* Bez. des *Fingers.* — 4) n. *der vierte Theil einer Mora.*

अणुक 1) Adj. (f. आ) *a*) *überaus klein, — wenig.* — *b*) * *geschickt.* — 2) m. oder n. *Atom.*

अणुजङ्घ Adj. *kleinbeinig* Mantrabr. 2,5,6.

अणुता f. *Dünne, Verengerung.*

अणुतैल n. *eine Art Oel.*

अणुत्व n. *Kleinheit, Feinheit, atomistische Natur.*

*अणुभा f. *Blitz.*

अणुभाष्य n. Titel eines Werkes.

अणुमध्यबीज m. Titel einer Hymne.

अणुमात्रा f. *eine Viertel-Mora.*

अणुमात्रिक Adj. 1) *aus feinen Atomen bestehend.* — 2) *eine Viertel-Mora habend* Comm. zu TS. Prât. 19,4.

अणुमुख Adj. (f. ई) *kleinmäulig* 217,8.

अणुरक्त Adj. *fein und roth* Kshurikop. 8.

*अणुरेवती f. *Croton polyandrum.*

अणुवेदान्त m. Titel eines Werkes. °रसप्रकरण n. desgl.

अणुव्रत n. *eine kleine Pflicht* oder — *Gelübde* bei den Ǵaina.

अणुव्रतिन् (Conj.) m. *ein Mann, der diese Gelübde hält.*

*अणुव्रीहि m. *eine best. feinkörnige Reisart.*

अणुशस् Adv. *fein, in kleine Stückchen.*

अणूह m. N. pr. eines Sohnes des Vibhrâǵa.

अणूभाव m. *das Fein—, Dünn—, Schwachwerden.*

*अण्ठ्, अण्ठते *gehen.* °दृगण्ठित Suçr. 2,455,11 wohl fehlerhaft für °दृगन्वित.

अण्ड 1) *m. n. *a*) *Ei* 52,1. 2. 152,1. 268,17. — *b*) *Hode* 148,9. — *c*) * *Hodensack.* — *d*) * *männlicher Same.* — *e*) * *Moschus.* — 2) m. Bein. Çiva's.

अण्डक n. 1) *Ei.* — 2) * *Hode.*

अण्डकटाह m. *die Schale des Welteis* VP. 2,4,96.

*अण्डकोटरपुष्पी f. *Convolvulus argenteus.*

अण्डकोश m. 1) * *Hodensack.* — 2) *das Weltei, Weltall* Spr. 7761.

*अण्डकोशक m. *Hodensack.*

अण्डगत Adj. *im Ei steckend* 75,29.

अण्डज 1) Adj. *aus einem Ei geboren* 268,12. 17. — 2) m. *a*) *Vogel* (अण्डज्ञ Ind. St. 14,3,2 fehlerhaft für आण्डज). — *b*) * *Schlange.* — *c*) * *Eidechse.* — *d*) * *Fisch.* — *e*) *eine best. Constellation* (= विहग) Varâh. Bṛh. 12,3. 5. — 3) *f. आ *Moschus.*

अण्डजेश्वर m. *Gebieter der Vögel.* Bein. Garuḍa's.

अण्डधर m. Bein. Çiva's.

*अण्डर und davon *अण्डराय्, °यते.

*अण्डवर्धन n. und अण्डवृद्धि f. *Anschwellung der Hoden.*

*अण्डसमुद्भवा f. *eine Eidechsenart* Gal.

*अण्डालु m. *Fisch.*

अण्डिन् Adj. *hodensackähnlich* Bhâvapr. 6,173,24.

*अण्डिर m. *Mensch* Gal.

*अण्डीर 1) Adj. *a*) *uncastrirt.* — *b*) *kräftig.* — 2) m. Bein. Indra's Gal.

अण्यन्त Adj. *nicht mit dem Character des Causativs* इ *versehen* 225,23.

अण्व n. *feiner Zwischenraum in der* Soma-*Seihe.*

अण्वन्त m. *eine Frage mit einer feinen, spitzfindigen Lösung* Çat. Br. 14,6,10,1.

अण्वी s. u. अणु.

अत्, अतति, °ते *gehen, wandern, laufen* 10,19. — Mit *अभि *besuchen, einkehren.* — Mit *अव *hinabgehen.* — Mit सम् *sich hinbegeben zu.*

अतच्छेषत्व n. *das nicht Ergänzung Sein davon, Selbstständigkeit.*

अतट m. *ein jäher Abhang, Abgrund* Çâk. 137.

अतत्त्व n. *Unwirklichkeit.* °तस् *nicht in Wirklichkeit, nur scheinbar* 274,11.

अतत्त्वज्ञ Adj. *die Wahrheit nicht kennend* Spr. 124.

अतत्पर Adj. *nicht das bezweckend.* Davon Nom. abstr. °त्व n. Daçar. 4,36.

अतत्संस्कारार्थ Adj. *nicht zu dessen Förderung dienend.* Davon Nom. abstr. °त्व n. Ǵaim. 6,4,45.

अतथा Adj. *nicht «ja» sagend, verneinend.*

अतथोचित Adj. *nicht so gewohnt, nicht gewohnt an* (Gen.).

अतथ्य Adj. *unwahr* Spr. 125.

अतदर्थ Adj. *nicht dazu dienend* Ǵaim. 1,2,1.

अतद्गुण 1) Adj. *nicht von dessen Eigenschaften.* Davon Nom. abstr. °त्व Ǵaim. 6,7,16. — 2) m. *eine rhetorische Figur, in der an einem Dinge eine bei ihm erwartete Eigenschaft* oder *Zustand negirt wird,* Kâvjapr. 10,52.

अतद्धर्मन् Adj. *nicht von dessen Eigenthümlichkeit.* Davon Nom. abstr. °र्मत्व n. Kap. 1,52.

अतद्विकार m. *keine Modification davon* Ǵaim. 6,5,47.

*अतन und *अतनवत् Adj. *laufend, wandernd.*

अतनु 1) Adj. *nicht gering, — unbedeutend* Çâk. 105. Spr. 4472, v. l. 7623. — 2) m. *der Liebesgott, Geschlechtsliebe* Spr. 7623.

अतन्त्र n. *Nebensache, das worum es sich nicht handelt, das woraut es nicht ankommt.*

अतन्त्री Adj. f. *saitenlos.*

अतन्द्र Adj. (f. आ) *unermüdlich.*

अतन्द्रचन्द्रक n. Titel eines Schauspiels Hall in der Vorrede zu Daçar. 30.

अतन्द्रित (91,13. 207,25) und अतन्द्रिन् Adj. *unermüdlich, unverdrossen.*

अतन्निमित्तत्व n. *das nicht Ursache Sein davon* Ǵaim. 1,1,24.

अतप m. Pl. Name einer Klasse von Göttern bei den Buddhisten.

अतपस् und अतपस्क Adj. *keine Kasteiungen übend.*

अतप्ततनू Adj. *dessen Körper (Masse) undurchglüht (roh) ist.*

अतप्यमान Adj. *kein Leid empfindend.*

अतमआविष्ट Adj. *nicht von Finsterniss erfüllt* Maitrjup. 6,24.

अतमस् Adj. *ohne Finsterniss* Çat. Br. 14,6,8,8.

अतमस्क Adj. *ohne die Qualität* तमस् Ind. St. 9,165.

अतमेरु Adj. *nicht schlaff.*

अतर्क Adj. *von spitzfindigen Erwägungen sich fern haltend* MBh. 13,23,29.

अतर्कित Adj. *an den oder woran man nicht gedacht hat, unerwartet* 123,14.

अतर्क्य Adj. *undenkbar, unbegreiflich* Spr. 4463.

अतल n. Name einer Hölle 268,4.

*अतलस्पर्श, *°स्पृश् und *अतलस्पर्श (Gal.) Adj. *unergründlich.*

अतव्यस् Adj. *nicht stärker, schwächer.*

1. अतस् Adv. 1) als Abl. von 1. अ *dieser* sowohl in subst. als in adj. (würde hier unbetont sein) Bed. Mit एकैक 32,3. भूयस् 33,10. अधिक 182,22. उत्तर 24,20. पर 48,12. 328,7. 32. अतो ऽर्थात्, अतः स्थानात्. — 2) *von da, — hier* (örtlich und zeitlich); *darauf; von hier an, von nun an* 18,10. 27,10. 110,29. 24,20. 26,22. 35,20. 216,27. 247,24. अत ऊर्ध्वम् *nach dieser Zeit, darauf, alsdann, von da an, von nun an* 25,3. 37,2. 38,9. 199,32. अतः परम् Lass. 191,26. 213,12. 216,11. *noch immer* 291,8. 3) *in Folge dessen, daher, darum, also* 40,29. 79,8. 91,30. 95,24. 113,28. 153,13. 278,27. 279,30.

2. अतस् *das Suffix* अतस् (z. B. in दक्षिणतस्) 232,5.

अतस 1) *m. a) *Wind.* — b) *Geschoss.* — c) *Seele.* — d) *ein Gewand aus Bast.* — 2) f. ई *Linum usitatissimum* (auch *Crotolaria juncea*). — 3) n. *Gebüsch, Gestrüpp* ṚV.

(अतसाय्य) अतसायिग्र Adj. *zu erbetteln, zu erbitten.*

अतसि m. *Bettler.*

अतसुच् = 2. अतस् 232,6.

अतापकर Adj. *keine Hitze —, keine Qual verursachend* Spr. 7639.

अतापस m. *kein Asket* Çat. Br. 14,7,1,22.

अतार n. *einer der 8 Gegensätze der* Siddhi *im* Sâmkhja Tattvas. 37.

अति 1) Adv. a) *vorbei, vorüber.* — b) *über das gewöhnliche* oder *gehörige Maass: überaus, sehr, vorzüglich, in hohem Grade* (2,18); *allzu, allzusehr, allzuviel.* — 2) Praep. mit Acc. *über, über — weg, über — hinaus* (im Raume, in der Zeit, an Zahl, an Macht, an Intensität einer Thätigkeit u. s. w.) 1,16. 4,25. 5,14. Mit Gen. (selten) *über, oben an.* — Mit Abl. (?) *über.* — 3) Adj. *darüber hinausgehend* Çat. Br. 6,6,1,1.

*अतिकठिनतण्डुल m. *eine Reisart* Gal.

अतिकठोर Adj. *sehr rauh* (Wind) Pañkat. 93,1.

*अतिकणट und *°क m. *Tribulus lanuginosus* und *Alhagi Maurorum* Nigh. Pr.

*अतिकथ Adj. 1) *übertrieben, unglaublich.* — 2) *für den kein Gesetz mehr besteht.*

*अतिकथा f. *übertriebene, unwahre Erzählung.*

*अतिकन्द (Gal.) und *°क m. *ein best. Knollengewächs.*

अतिकर्शन n. *zu grosse Abmagerung* Suçr. 1,322, 1. °कर्षण gedr.

अतिकल्यम् Adj. *zu früh am Tage.*

अतिकल्याण Adj. (f. ई) *unschön.*

अतिकश Adj. *der Peitsche nicht mehr gehorchend.*

अतिकष्ट Adj. (f. आ) *überaus streng* (व्रत) Prab. 52,9. *schlimmer:* तनम् Spr. 7717.

*अतिकामुक m. *Hund* Râǵan. 19,12.

अतिकाय 1) Adj. a) *einen sehr grossen Körper habend, von starkem Körperbau* Suçr. 2,397,13. — b) *von grossem Umfange* überh. — 2) m. N. pr. eines Râkshasa.

*अतिकारक Adj. = अतिक्रान्तः कारकान्.

*अतिकारीषगन्ध्य Adj. Ind. St. 13,418.

अतिकिरिट (°किरीट Comm.) Adj. *zu kleine Zähne habend* TBr. 3,4,1,19.

*अतिकुत्सित Adj. *sehr verachtet.*

अतिकुपित Adj. *sehr erzürnt* 162,11.

अतिकुल्व und °कूल्व *allzu kahl.*

अतिकृच्छ्र m. *eine best. zwölftägige Kasteiung.*

अतिकृत Adj. 1) *zu weit getrieben, übertrieben.* — 2) *ausserordentlich, überaus gross.* °प्रमाण Adj. (= अतिकृश Comm.) MBh. 3,112,4.

अतिकृतार्थ Adj. *überaus geschickt, — gewandt* MBh. 3,86,15.

अतिकृति f. *Uebermaass* Venis. 138.

अतिकृश Adj. *allzu mager.*

अतिकृष्ण Adj. *allzu* oder *sehr dunkelfarbig.*

अतिकेसर m. *Trapa bispinosa.*

1. अतिकोप m. *heftiger Zorn* MBh. 3,286,14.

2. अतिकोप Adj. *dessen Zorn vergangen ist.*

अतिकोपसमन्वित Adj. *heftig zürnend, sehr ergrimmt* 108,3.

अतिक्रम m. 1) *das Hinüberschreiten.* — 2) *Ueberschreitung des Maasses.* — 3) *das Verstreichen, Vorübergehen* (der Zeit) 297,7. — 4) *das Sichvergehen, Versehen, Missgriff* 184,13. Gaut. 12,17. — 5) *Uebertretung, Verletzung* (eines Gelübdes), *das Sichnichtkümmern um Etwas* Ǵaim. 5,4,6. — 6) *Nichtbeachtung, Vernachlässigung* (einer Person). — 7) *fehlerhaft für अभिक्रम.

अतिक्रमण n. 1) *das Vorübergehen* Çat. Br. 11,4, 2,3. — 2) *das Ueberschreiten des Maasses, Zuvielthun.* — 3) *das Verstreichen* (der Zeit) 70,2. — 4) *das Ueberschreiten.* — 5) **das Zubringen der Zeit.*

°अतिक्रमिन् Adj. *übertretend, verletzend.*

अतिक्रान्तभावनीय Adj. Bez. *eines* Jogin *auf einer best. Stufe.*

अतिक्रान्तयोगिन् Adj. *mit dem* (factisch) *vorübergegangenen* (Monde) *in* (theoretische) *Conjunction tretend.*

अतिक्रुष्ट n. *heftiges, verzweifeltes Geschrei.*

अतिक्रूर Adj. *überaus furchtbar, — schrecklich* 53,17.

अतिक्लेश m. *grosse Beschwerde* Spr. 128.

*अतिखट्व Adj.

अतिखर Adj. *sehr rauh, — scharf* (von Tönen).

°अतिग Adj. 1) *hindurchgehend, hinübergehend über, überschreitend, überwältigend* 62,6. — 2) *überschreitend* so v. a. *zuwiderhandelnd.*

*अतिगण्ड Adj. 1) *dickbackig.* — 2) m. *eine best. Constellation.*

*अतिगन्ध 1) m. *Michelia Champaca, eine Jasminart* und *ein duftendes Gras* (भूतृण). — 2) n. *Schwefel.*

*अतिगन्धक m. *eine best. Pflanze* Gal.

*अतिगन्धालु m. *eine best. Pflanze.*

अतिगम्भीर Adj. *überaus tief, unergründlich* (dem Charakter nach).

अतिगर्व m. *grosser Hochmuth* Sâh. D. 139.

अतिगर्वित Adj. *überaus hochmüthig* Mârk. P. 88,24.

*अतिगव Adj. = गामतिक्रान्तः.

अतिगहन Adj. (f. आ) *überaus tief* Spr. 1047.

अतिगहनत्व n. *Dichtigkeit* Sâh. D. 12,5.

अतिगाढ Adj. *sehr bedeutend* (गुण) Sâh. D. 304, 13. °म् Adv. *zu sehr* MBh. 4,4,36.

*अतिगार्ग्य m. *ein vorzüglicher* Gârgja Pat. zu P. 6,2,191.

अतिगुण Adj. *ausserordentlich, ausgezeichnet.* °ता f. Nom. abstr. Spr. 4824.

अतिगुप्त Adj. *gut versteckt* Spr. 6089, v. l.

अतिगुरु Adj. *überaus gewichtig, gewichtiger als* (Abl.) Spr. 7857.

*अतिगुहा f. *Haemionites cordifolia Roxb.*

*अतिगो f. *eine vorzügliche Kuh.*

अतिग्रह m. 1) *der mächtigere Ergreifer*, Bez. der den acht Graha entsprechenden Objecte oder Functionen Çat. Br. 14,6,2,1. — 2) *das Ueberflügeln, Uebertreffen.*

अतिग्राह m. = अतिग्रह 1).

अतिग्राह्य m. (sc. ग्रह) *haustus insuper hauriendus*, Bez. dreier Füllungen des Bechers, welche beim Soma-Opfer geschöpft werden, Ind. St. 9, 235. Lâṭj. 3,6,11. Davon °त्व n. Nom. abstr. TS. 6,6,8,1 und °ग्राह्यवन्त् Adj.

अतिग्लान m. Pl. N. pr. eines Geschlechts. अभि° v. l.

अतिघन Adj. *überaus dicht:* °तर Pañkat. 148,5.

अतिघोर Adj. *überaus furchtbar* Kauç. 46. Venis. 63.

अतिघ्नी f. *die höchste Stufe* Çat. Br. 14,5,1,22.

(अतिघ्न्य) अतिघ्निय Adj. *am höchsten stehend* AV. 11,7,16.

अतिचण्ड 1) Adj. *sehr heftig* (Wind) Varâh. Bṛh. S. 32,24. — 2) f. आ N. pr. einer Nâjikâ der Devî.

अतिचतुर Adj. *überaus rasch* 136,2.

अतिचन्द्र m. N. pr. eines Daitja.

अतिचन्द्रार्कभास्वर Adj. *leuchtender als Mond und Sonne* Hariv. 8971.

*अतिचमू Adj.

अतिचरण Adj. (f. आ) = प्राक्करण.

*अतिचरा f. *Hibiscus mutabilis.*

अतिचापल्य n. *ausserordentliche Beweglichkeit.*

अतिचार m. 1) **das Ueberholen.* — 2) **vorzeitiger Eintritt eines Planeten in ein anderes Sternbild.* — 3) *Uebertretung.*

अतिचारिन् Adj. *sich vergehend* Gaut. 22,35.

अतिचारु Adj. *überaus lieblich* Hâsj. 33.

अतिचिरम् Adv. *sehr lange* Lâṭj. 10,16,11.

अतिच्छत्त्र 1) *m. *Pilz* und Name *zweier anderer Pflanzen.* — 2) f. आ *Anethum Sowa* oder *gemeiner Anis;* **Asteracantha longifolia Nees.*

अतिच्छत्त्रक 1) *m. Name *zweier Pflanzen.* — 2) f. आ *Anethum Sowa* oder *gemeiner Anis.*

अतिच्छन्द m. vielleicht *Rechthaberei.*

अ॑तिच्छन्दस् 1) Adj. *frei von Verlangen* Çat. Br. 14,7,1,22. — 2) f. *a) Bez. zweier Reihen von Versmaassen.* — *b) ein best. Backziegel bei der Schichtung des Feueraltars* Ind. St. 13,262. — 3) n. = 2) f. *a).*

अतिच्छान्दस m. *ausgezeichneter Metriker* Ind. St. 8,279.

अतिच्छेद m. *das Splitterrichten.*

अतिजगती f. *ein Versmaass von 4×13 Silben.*

अतिजन n. *jenseits menschlicher Wohnsitze gelegener Raum.*

*__अतिजर__ und *__जरस्__ Adj. *von hohem Alter.*

1. **अतिजव** m. *ausserordentliche Geschwindigkeit.*

2. **अतिजव** Adj. *sich sehr rasch bewegend.* Davon Nom. abstr. °ता f. *grosse Eile* Mudrâr. (a. A.) 45,4.

अतिजवनता f. *grosse Eile* Mudrâr. (n. A.) 76,2.

1. **अतिजागर** m. *zu langes Wachen* Amṛt. Up. 27.

2. *__अतिजागर__ m. *der schwarze Reiher.*

अतिजात Adj. *mit Vorzügen* (im Vergleich zu den Eltern) *geboren* Spr. 2378. fg.

अतिजी॑व Adj. *überaus lebenskräftig.*

अतिजीवन्मृतक Adj. *mehr todt als lebend* 106,8.

अतिज्वलत् Adj. *über dem Leuchtenden stehend* Ind. St. 9,155.

अतिडीन n. *schneller Flug* MBh. 8,1900. °डीनक n. dass. MBh. 8,41,27.

अतितपस्विन् 1) Adj. *überaus asketisch* 71,29. — 2) *f. °नी *eine best. Pflanze* Nigh. Pr.

अतितमाम् Adv. *in sehr hohem Grade* Schol.

अतितर° Adv. *überaus* Spr. 3801.

अतितरा॑म् 1) Adv. *a) stärker, heftiger, besser.* — *b) überaus, in hohem Grade* 97,32. 170,9. — *c) ganz und gar* 285,9. — *d) mehr.* कान्त *lieblicher als* (Abl.) Spr. 6044. — 2) Praep. mit Acc. *über* (dem Range nach).

अतितर्पित Adj. *zn stark mit* तर्पण *behandelt* Bhâvapr. 2,153,21.

अतितानव n. *grosse Schmächtigkeit, — Magerkeit* Spr. 85.

अतिताम्र Adj. *dunkelroth* Taitt. Âr. 191,6.

अतितारिन् Adj. *hinübersetzend, — führend* 22,14.

अतितार्य Adj. *zu überwältigen.*

अतितितीर्षु Adj. *über Etwas hinwegzukommen wünschend.*

अतितीर्थ n. N. pr. eines Tîrtha.

*__अतितीव्रा__ f. *eine Art Dûrvâ-Gras.*

अतितृप्ति f. *Uebersättigung.*

अतितृष्ण Adj. *von heftigem Durst gequält.*

अतितृष्णा f. *zu heftige Begierde* Spr. 129.

*__अतितेजनी__ f. *eine best. Pflanze* (त्रिपर्णी) Nigh. Pr.

अतितेजस् 1) Adj. *überaus glanzvoll; von gewaltiger Kraft, — Macht* Spr. 6902. 1435. — 2) f. *a) Blitz* Suçr. 1,39,10. — *b) die 14te Nacht im* Karmamâsa Ind. St. 10,296.

अतितेजस्विन् Adj. = अतितेजस् 1) 106,1. Spr. 130.

*__अतित्वद्__ und *__अतित्वम्__ Adj.

अतित्वरन्त् Adj. *sehr eilend* R. 4,15,18.

अ॑तिथि m. 1) *Gast.* — 2) am Ende eines Comp. *obliegend; gelangt —, gekommen zu.* कर्णपथातिथि *zu Ohren gelangt* Râga-Tar. 7,1264. Vikramâñkak. 6,9. — 3) N. pr. eines Fürsten.

अतिथिक्रिया f. *die einem Gaste zukommende Ehrenbezeigung, Bewirthung.*

अतिथिग्व॑ m. N. pr. verschiedener Männer.

अतिथिता f. *Gastverhältniss* Naish. 22,45.

अतिथित्व n. 1) *Gastverhältniss.* — 2) am Ende eines Comp. Nom. abstr. von अतिथि 2): श्रवणपथातिथित्वमेति so v. a. *gelangt zu Ohren von* (Gen.) 302,23.

अतिथिदेव Adj. *den Gast verehrend.*

अतिथिधर्म m. *die gerechten Ansprüche eines Gastes.*

अतिथिधर्मिन् Adj. *Ansprüche auf den Namen eines Gastes habend.*

अतिथि॑न् 1) Adj. *wandernd.* — 2) m. N. pr. eines Fürsten.

अ॑तिथिपति m. *Gastwirth, hospes.*

अतिथिपूजन n. und °पूजा f. *ehrenvolle Aufnahme eines Gastes.*

अतिथिमन्त् Adj. *das Wort* अतिथि *enthaltend.*

अतिथिव्रत Adj. *stets Gastfreundschaft übend* MBh. 13,31,12.

अतिथिसंविभाग m. *Gastfreundschaft.*

अतिथिसत्कार m. *Bewirthung eines Gastes.*

*__अतिथ्यर्चा__ f. dass. Gal.

अतिदग्ध Adj. *übermässig gebrannt* Suçr. 2,47,19.

अतिदत्त m. N. pr. zweier Männer.

अ॑तिदन्तुर Adj. *zu sehr hervorstehende Zähne habend* TBr. 3,4,1,19.

1. **अतिदर्प** m. *grosser Uebermuth, arge Frechheit* Spr. 135.

2. **अतिदर्प** m. N pr. einer Schlange.

अतिदर्शिन् Adj. *weit sehend.*

अतिदातर् Nom. ag. *gar zu freigebig* Spr. 174.

अतिदान n. 1) *zu grosse Freigebigkeit* Spr. 136. fg. — 2) *eine sehr grosse Gabe.*

अतिदान्त m. N. pr. eines Fürsten Hariv. 2,59, 58. अरिदान्त v. l.

अतिदारुण Adj. 1) *sehr hart* Suçr. 2,349,2. — 2) *sehr schrecklich* Ind. St. 8,439. °म् Adv. R. 2,64,51.

अतिदारुणता f. *ausserordentliche Heftigkeit* (der Hitze) Prij. 5,19.

अतिदाह॑ m. *heftiges Brennen* 185,26.

*__अयिदीप्ति__ f. *weiss blühende Vitex Negundo* Nigh. Pr.

*__अतिदीप्य__ und *°क (Gal.) m. *Plumbago rosea.*

अ॑तिदीर्घ Adj. *allzu lang.*

अतिदुःखान्वित Adj. *sehr betrübt* 69,18.

अतिदुःखित Adj. dass. Râga-Tar. 5,246.

अतिदुर्गामनु m. *ein best. Spruch.*

अलिदुर्बल Adj. *überaus schwach, — elend* Spr. 1478.

अतिदुर्मनायमान Adj. *sich stark grämend* Mâlatîm. 69,13.

*__अतिदुर्लभ__ Adj. *sehr schwer zu erlangen.*

अतिदुर्वह Adj. *überaus schwer zu ertragen.* Davon Nom. abstr. °त्व n. Veṇîs. 42,1.

अतिदुर्वृत्त Adj. (f. आ) *sich sehr schlecht betragend* 140,6. R. 2,37,21.

अतिदुःश्रव Adj. *überaus unangenehm zu hören* Veṇîs. 133.

अतिदुष्कर Adj. *überaus schwierig* 162,19. Spr. 4096, v. l. Veṇîs. 19,18.

*__अतिदुष्ट__ m. *Asteracantha longifolia* Nigh. Pr.

अतिदुस्तर Adj. *überaus schwer zu passiren* MBh. 3,283,24.

अतिदूर Adj. *sehr weit* Spr. 138. *zu weit entfernt* 3554. °त्व n. *weite Entfernung* 7849.

अतिदेव m. *ein mächtiger Gott.*

अतिदेविन् Adj. *leidenschaftlich Würfel spielend.*

अतिदेश m. *Uebertragung, Ausdehnung auf* 243, 6. 7. Njâjam. S. 7. 7,1,1. fgg.

अतिदेशक Adj. *übertragend, ausdehnend auf* Comm. zu Njâjam. 7,3,20.

अतिदेशन n. *das Uebertragen, Ausdehnen auf* Njâjam. 7,3,8.

अतिदेश्य Adj. *zu übertragen, auszudehnen auf* Njâjam. 7,2,1. Davon Nom. abstr. °त्व n. S. 7.

अतिदेष्टव्य Adj. dass. Comm. zu Njâjam. 7,1,10. 8,1,15.

अतिद्युम्न Adj. *sehr ausgezeichnet, — bedeutend* Ait. Âr. 315,12.

अतिद्वितीयम् Adv. *mehr als zweimal* Gaut. 18,8.

अतिधनलुब्ध Adj. *sehr habsüchtig* Ind. St. 8,376.

अतिधन्वन् m. N. pr. eines Mannes.

अतिधूसर Adj. *dunkelgrau* H. 1327.

अतिधृति f. *ein Versmaass von 76 Silben* und *später von 4 × 19 Silben.* Daher auch Bez. *der Zahl 19.*

*अतिधेनु Adj.

अतिधैर्य n. *übertriebener Ernst* MBh. 4,4,37.

अतिननामिन् Adj. *über dem* nanâmin *stehend* Ind. St. 9,155.

अतिनामन् m. N. pr. eines der 7 Ṛshi im 6ten Manvantara.

अतिनाष्ट्र Adj. *den Gefahren entronnen.*

अतिनिचृत् f. *ein best. Metrum.*

अतिनिद्र Adj. *überaus tief schlafend.*

*अतिनिद्रम् Adv. *über die Zeit des Schlafens hinaus.*

*अतिनिद्रा f. *Schlafsucht* Gal.

अतिनिद्रालु Adj. *sehr schlafsüchtig* MBh. 3, 286,20.

अतिनिर्दय Adj. *ohne alles Mitleid* Pañkat. 214,25.

अतिनिर्बन्ध m. *grösste Angelegentlichkeit.* °बन्धेन und °बन्धतस् *angelegentlichst, auf's Dringendste* 106,26. Kathâs. 26,161.

अतिनिर्मथन n. *heftiges Quirlen* MBh. 1,18,41.

अतिनिर्वसुत्व n. *grösste Armuth* Râǵa-Tar. 6,49.

अतिनिवृत् f. fehlerhaft für अतिनिचृत्.

अतिनिष्करुण Adj. *über die Maassen grausam* Çâk. 180.

अतिनिष्णात Adj. *sehr erfahren* Benf. Chr. 190,19.

अतिनीचैस् Adv. *in überaus geneigter Stellung, gar zu ehrerbietig* Spr. 3555.

अतिनीला f. N. pr. einer buddhistischen Göttin.

अतिनृसिंह Adj. *über* Nṛsiṁha *stehend* Ind. St. 9,155.

अतिनैरन्तर्य n. *Ununterbrochenheit im strengsten Sinne des Wortes* Comm. zu Ragh. 3,58.

*अतिनौ Adj. *aus dem Schiff gestiegen, ausgeladen*

अतिपक्व Adj. *überreif, überständig* Bhâvapr. 2, 42,21.

अतिपञ्चगुण Adj. *mehr als fünffach* Gaut. 12,36.

*अतिपतन n. *das Ueberschreiten.*

°अतिपत्ति f. *das Verstreichen.*

*अतिपत्त्र m. *ein best. Knollengewächs* Râǵan. 7,80.

*अतिपत्त्रक m. *Tectona grandis* Râǵan. 9,130.

अतिपद Adj. *mit einem überschüssigen Versfuss.*

अतिपद्म Adj. *mit grossen rothen Flecken versehen.* अभिपद्म v. l.

*अतिपन्थास् Nom. m. *ein guter Weg.*

अतिपर Adj. (f. आ) *auf* अंत *folgend* Ind. St. 8,467.

अतिपरिक्लिष्ट Adj. *sehr leidend* R. 4,24,17.

अतिपरिक्षत Adj. *stark verwundet* M. 7,93.

अतिपरिचय m. *zu nahe Bekanntschaft, zu grosse Vertrautheit* Spr. 139. fg. 7722.

अतिपरुष Adj. *überaus rauh, — stechend.*

अतिपरोक्ष Adj. *sehr dem Auge entzogen, überaus dunkel.*

अतिपात m. 1) *das Weiterhinausweichen* Ait. Br. 4,18. — 2) *das Verstreichen.* — 3) *Versäumniss, Vernachlässigung.* — 4) *Angriff auf;* s. गुणाति° und प्राणाति°.

अतिपातक n. *Todsünde* MBh. 13,63,16.

अतिपातिन् Adj. 1) *einen schnellen Verlauf habend, acut.* — 2) *überholend* 97,18. — 3) *versäumend, vernachlässigend* 213,15.

अतिपाद्य m. *das Zuweitgehen, Ueberschreiten.*

अतिपादनिचृत् f. *ein best. Metrum.* °निवृत् fehlerhaft.

अतिपार (Conj.) Adj. *zu breit.*

अतिपार्य Adj. *übersetzend, errettend.* Wohl zu lesen अतिं पार्यो नः.

*अतिपिच्छिल 1) m. *eine Batate.* — 2) f. आ *Aloe perfoliata* Nigh. Pr.

अतिपितृ Adj. *den Vater übertreffend.*

अतिपितामह Adj. *den Grossvater übertreffend.*

अतिपीडन n. *heftiges Drücken* Kathâs. 18,370.

अतिपीडित Adj. *von einem Unglück verheissenden Gegenstande stark bedeckt* Varâh. Bṛh. S. 53,81.

अतिपुण्य Adj. *vollkommen rein, — unschuldig* Spr. 7678.

अतिपुण्यवन्त् Adj. *sehr glücklich* Kathâs. 44,13.

अतिपूत Adj. *zu sehr gereinigt.*

अतिपूरुष m. *ein grosser Held.*

अतिपूर्व Adj. *lange vergangen* Spr. 7233, v. l.

अतिपेशल Adj. *überaus geschickt, — gewandt* Spr. 125, v. l.

अतिप्रकाश Adj. *allgemein bekannt.*

अतिप्रगे Adv. *allzu früh am Morgen.*

अतिप्रचण्ड Adj. *überaus ungestüm.*

अतिप्रणय m. *zu grosse Vertraulichkeit.*

अतिप्रणयन Adj. *einem Andern* (Abl.) *entnommen* Comm. zu Lâṭj. 2,2,22.

अतिप्रताप m. *grosse Hitze* Suçr. 2,372,3.

अतिप्रपीडित Adj. *zu stark gedrückt* Suçr. 2, 201,19.

अतिप्रबन्ध m. *Ununterbrochenheit* 99,9.

अतिप्रमाण Adj. (f. आ) *von aussergewöhnlicher Grösse* 42,11. R. ed. Gorr. 1,29,8. Kathâs. 11,44.

अतिप्रयुक्त Adj. *sehr häufig gebraucht* Vâmana 5,1,13.

अतिप्रवरण n. *das Berufen in zu grosser Anzahl, Uebertreibung des* Pravara.

अतिप्रवर्तिन् Adj. *zu sehr den Lüsten fröhnend* MBh. 1,140,70; vgl. 9,60,21.

अतिप्रवृद्ध Adj. 1) *sehr vorgerückt* (Alter) 49,13. — 2) *allzu übermüthig* 208,9.

अतिप्रश्न m. *eine die Grenzen überschreitende Frage.*

अतिप्रसक्त Adj. *zu sehr an Jmd* oder *Etwas hängend* Spr. 3556.

अतिप्रसक्ति f. und °प्रसङ्ग m. 1) *zu starkes Hängen an, — Fröhnen.* मृगयातिप्रसङ्गतस् *im grossen Jagdeifer* 112,14. — 2) *zu weite Anwendbarkeit, zu weite Ausdehnung* (einer Regel). — 3) (°प्रसङ्ग) *das Zuweitgehen, übertriebene Weitschweifigkeit* Veṇis. 4,2. Râǵa-Tar. 4,54. 307.

अतिप्रसङ्गिन् Adj. *zu sehr den Lüsten fröhnend* MBh. 9,60,21; vgl. 1,140,70.

अतिप्रसिद्ध Adj. *allgemein bekannt* AK. 3,4,28,220.

अतिप्रस्ताव m. *eine recht passende Gelegenheit.*

अतिप्रहार m. *starker Schlag, — Schuss* MBh. 8,51,38.

अतिप्रांशु Adj. *überaus hoch* Prab. 21,10.

अतिप्राकृत Adj. *ganz gewöhnlich, — gemein, — ungebildet* 270,30.

अतिप्राचीन Adj. *sehr alt* Ind. St. 2,231.

अतिप्राप्ति f. *zu weites Zutreffen* Comm. zu TS. Prât. 3,1.

अतिप्राणप्रिय Adj. *theurer als das Leben.*

अतिप्रैषित n. *die Zeit nach den* Praisha's.

अतिप्रौढयौवन Adj. (f. आ) *in der Blüthe der Jugend stehend* 146,2.

अतिप्लवन n. *das Hinübersetzen über* (Gen.) Mârk. P. 74,10.

अतिबल 1) Adj. *überaus stark, — mächtig* 166,11. — 2) m. N. pr. eines Fürsten, eines Wesens im Gefolge Skanda's und einer buddhistischen Gottheit. — 3) f. आ a) *Sida cordifolia* und *rhombifolia.* — b) *ein best. Zauberspruch.* — c) N. pr. einer Tochter Daksha's.

अतिबलिन् Adj. *überaus kräftig* Kathâs. 38,132.

अतिबहिर्मुख Adj. *sehr abgeneigt* Comm. zu Bhâg. P. 10,33,7.

अतिबहु Adj. *sehr viel* Varâh. Bṛh. S. 51,29. Kathâs. 30,93. Comm. zu Kâtj. Çr. 88,16.

अतिबहुप्रलाप Adj. *sehr geschwätzig* Bhâvapr. 1,85,16.

अतिबाल 1) Adj. (f. आ) *überaus jung.* — 2) *eine zweijährige Kuh* Prâjaçkittat.

अतिबाहु m. N. pr. eines Gandharva und eines der 7 Ṛshi im 14ten Manvantara.

*अतिबीज m. *Mimosa arabica* Nigh. Pr.

अतिबीभत्स Adj. *überaus ekelhaft, — widrig, — schlimm* R. 3,1,21. MÂLATÎM. 159,20. VEṆÎS. 68,6. MÂRK. P. 16,18.

अतिबृंहण Adj. *zu feist machend* BHÂVAPR. 1, 40,12.

*अतिबृहत्फल m. *Brodfruchtbaum* NIGH. PR.

अतिब्रह्मचर्य n. *übertriebene Enthaltsamkeit, — Keuschheit.*

*अतिब्राह्मण m. *ein vorzüglicher Brahman* Ind. St. 13,342.

अतिभद्र Adj. *über dem* bhadra *stehend* Ind. St. 9,155.

अतिभय n. *grosse Gefahr* AK. 2,8,2,68.

*अतिभवती f.

अतिभानु m. N. pr. eines Sohnes des Kṛshṇa.

1. अतिभार m. *schwere Last* 132,26. चिन्ता° *von Sorgen* 311,11. so v. a. *eine zu schwere Arbeit* Spr. 1926. 3307. 3557. R. 3,74,30. 6,23,22 (अतिभाव gedr.). नास्ति वचनस्यातिभारः so v. a. *eine ausdrückliche Bestimmung ist mächtiger als Alles.*

2. अतिभार 1) Adj. *sehr schwer* ÇAT. BR. 3,4,4,8, v. l. — 2) N. pr. eines Fürsten. °मार v. l.

*अतिभारग m. *Maulthier.*

अतिभाव fehlerhaft für अतिभार.

अतिभी f. *Blitz.*

अतिभीरु Adj. *gar zu furchtsam.*

1. अतिभीषण Adj. *gar fürchterlich* 107,12.29. MBH. 1,177,24. Spr. 5906.

2. अतिभीषण Adj. *über dem* bhîshaṇa *stehend* Ind. St. 9,155.

अतिभू Adj. *Alle überragend.*

अतिभूमि f. *Höhepunkt, hoher Grad.* °मिं गतो न शक्यते निवर्तयितुम् *zu weit gegangen* KÂD. 178.

अतिभूरि Adj. *ausserordentlich viel* 220,30.

अतिभैरव Adj. *überaus grausig* 34,12. VEṆÎS. 73,18.

अतिभोजन n. *zu vieles Essen.*

अतिभ्रू Adj. *starke Brauen habend* SUÇR. 2,314,20.

*अतिन Adj.

*अतिमङ्गल्य m. *Aegle Marmelos.*

*अतिमञ्जुला f. *Rosa glandulifera* NIGH. PR.

1. अतिमति f. *Uebermuth.*

2. अतिमति Adj. *überaus klug.*

अतिमध्यंदिन n. *gerade die Mittagsstunde.*

अतिमनोरम Adj. (f. आ) *sehr reizend* MÂRK. P. 97,19.

अतिमनोहर Adj. dass. R. 1,9,55.

अतिमर्त्य Adj. *übermenschlich.*

*अतिमर्याद Adj. *übermässig.*

अतिमलिन Adj. *sehr schmutzig, — gemein* 162,15.

अतिमहत् Adj. *über dem* mahant *stehend* Ind. St. 9,155.

अतिमहा° Adj. *überaus gross* SUÇR. 2,397,14.

अतिमांस Adj. *zu fleischig.*

अतिमात्र Adj. *übermässig; keine Grenzen kennend.* °मात्रम् (am Anf. eines Comp. °मात्र) Adv. *über die Maassen, überaus, sehr* 175,30. 217,9. 316,8. °शस् dass.

अतिमान m. *Hochmuth, Uebermuth* Spr. 145.

*अतिमानवत् m. *Taube* GAL.

अतिमानिन् Adj. 1) *hochmüthig.* — 2) *zartes Ehrgefühl besitzend* zu Spr. 3443.

अतिमानुष Adj. *übermenschlich* MBH. 1,154,1. 3,270,10. RÂGA-TAR. 7,329.

अतिमार m. N. pr. eines Fürsten. °भार v. l.

अतिमारुत m. *heftiger Wind.*

अतिमिर्मिर Adj. *stark blinzelnd* TBR. 3,4,1,19.

अतिमुक्त 1) Adj. *a)* **frei von aller Begierde.* — *b)* **zeugungsunfähig.* Vgl. मुच् mit अति. — 2) *m. *Gaertnera racemosa, Diospyros glutinosa* (NIGH. PR.) und *Dalbergia ougeinensis.*

अतिमुक्तक 1) m. = अतिमुक्त 2) und *Premna spinosa.* — 2) n. *die Blüthe einer dieser Pflanzen* HARIV. 2,89,29.

अतिमुक्तकमला f. ein Mädchenname LALIT. 331,18.

अतिमुक्ति f. *vollständige Befreiung*

अतिमुखर Adj. *überaus geschwätzig* 181,22.

अतिमुद् f. *übergrosse Freude* HÂSJ.

अतिमूढ Adj. *sehr thöricht* 261,32.

अतिमूत्रल Adj. *viel Urin erzeugend* BHÂVAPR. 2,65,6.

अतिमूर्ति f. *eine best. Ceremonie.*

अतिमूर्धम् Adv. *übermässig* AMṚT. UP. 21.

अतिमृत्यु Adj. *den Tod besiegend.*

अतिमृत्युमृत्यु Adj. *über dem* mṛtjumṛtju *stehend* Ind. St. 9,155.

अतिमृदुगमना f. N. pr. einer buddh. Göttin.

अतिमेमिष Adj. *die Augen aufreissend, stier blickend* TBR. 3,4,1,19.

अतिमैथुन n. *allzu häufiger Geschlechtsgenuss.*

अतिमोक्ष m. *vollständige Befreiung.*

अतिमोक्षिन् Adj. *sich losmachend, entrinnend.*

*अतिमोदा f. *Jasminum heterophyllum Roxb.*

अतियत्न m. *grosse Bemühung, — Anstrengung* Spr. 147.

अतियम m. N. pr. eines Wesens im Gefolge Skanda's.

अतियव m. *eine Gerstenart.*

अतियश Adj. (f. आ) *von grossem Ruhm* MBH. 3,60,4.

अतियशस् Adj. dass.

अतियाज Adj. *fleissig verehrend, fromm.*

अतियुक्तता f. *grosse Geschicklichkeit* SARVAD. 13,13.

*अतियुवन् m. *ein beginnender Jüngling.*

*अतियूयम् Adj.

अतियोग m. *Uebermaass, Ueberfülle.*

अतिरंहस् Adj. *von ausserordentlicher Geschwindigkeit.*

*अतिरक्त 1) n. *Zinnober* NIGH. PR. — 2) f. आ *eine der 7 Zungen des Feuers.*

अतिरक्तता f. *zu grosse Geneigtheit zu* (Loc.) Spr. 2238.

*अतिरक्ताङ्ग m. *ein best. Fisch* (चिलिचीम) GAL.

अतिरत्न n. *kostbarer Edelstein* Spr. 5910.

अतिरथ m. *grosser Kriegsheld.*

अतिरमणीय Adj. *sehr angenehm, — anmuthig, — schön* Spr. 148.

अतिरम्य Adj. dass. 104,23.

1. अतिरस m. *zu starker Grundton* (in einem Kunstwerke) DAÇAR. 3,29.

2. अतिरस 1) Adj. (f. आ) *sehr wohlschmeckend* ÇIÇ. 5,65. — 2) *f. आ *Sanseviera ceylanica Roxb.* und *eine andere Pflanze.*

*अतिराजकुमारि Adj. *eine Prinzessin übertreffend.*

*अतिराजन् m. *ein vorzüglicher König* und Adj. *einen König übertreffend.*

*अतिराजय्, °यते *sich vornehmer als ein König gebärden.*

अतिरात्र 1) Adj. *übernächtig* 16,1. — 2) m. *a) übernächtiger Opferdienst,* Bez. einer der Grundformen des Soma-Opfers Ind. St. 10,352. — *b)* Bez. *der überschüssigen Tage im Sonnenjahr im Vergleich zum Jahre von 360 Tagen* Ind. St. 10,309.

अतिरिक्तता f. *Uebermaass.*

अतिरुच् f. *Fessel beim Pferde.*

अतिरुचिरा f. *ein best. Metrum.*

अतिरुष् Adj. *überaus zornig, wüthend* Spr. 7045.

*अतिरुहा f. *eine best. Pflanze* (रोहिणी) NIGH. PR.

*अतिरूढ m. *eine Bohnenart* NIGH. PR.

1. अतिरूप n. *grosse Schönheit* Spr. 149.

2. अतिरूप Adj. (f. आ) *schön, hübsch* 121,8.

अतिरेक m. 1) *Ueberschuss, Ueberbleibsel.* — 2) *Uebermass, hoher Grad.* Davon Nom. abstr. °त्व n.

अतिरेखा f. *ein best. Metrum.*

*अतिरै Adj. (n. °रि).

*अतिरोग m. *Schwindsucht.*

अतिरोगिन् Adj. *schwindsüchtig.*

अतिरोदन Adj. *heulerisch* BHÂVAPR. 1,87,2.

अतिरोप्य Adj. *zu verpflanzen, verpflanzt werdend* SUÇR. 1,106,14.

*अतिरोमश *wilde Ziege* oder *eine Affenart.*

अतिरौद्रता f. *sehr ungestümes Wesen.*

*अतिल und *०क Adj. *keinen Sesam erzeugend* Mahâbh. 6,82,*a.*

*अतिलक्ष्मी Adj.

अतिलङ्घन n. *übertriebenes Fasten.*

०अतिलङ्घिन् Adj. *überschreitend, ein Versehen machend bei.*

अतिललाटंतप Adj. *stark die Stirn erhitzend* Viddh. 82,11.

अतिललित Adj. *überaus anmuthig, — lieblich* 188,1.

अतिलाघव n. *grosse Leichtigkeit, — Gewandtheit* Ind. St. 14,381.

अतिलिक्ता f. *ein best. Metrum.*

अतिलुब्ध Adj. *überaus gierig, — habsüchtig* 169, 26. Davon Nom. abstr. ०ता f. Spr. 328.

अतिलोभ m. *heftiges Verlangen, Habgier* Spr. 150.

अतिलोभता f. dass. Spr. 328, v. l.

अतिलोम Adj. (f. आ) *überaus haarig.*

अतिलोमश 1) Adj. (f. आ) *allzu behaart.* — 2) f. आ *eine best. Pflanze.*

अतिलोल Adj. *überaus schwankend* Çâk. 10.

अतिलोहित Adj. *dunkelroth* Kumâras. 3,29. Çâk. 119. f. ०लोहिनी Chr. 229,5.

अतिलौल्य n. *zu heftiges Verlangen, zu grosse Gier* 161,17.

अतिवक्तर् Nom. ag. 1) **geschwätzig.* — 2) *tadelnd, mit Worten beleidigend.*

अतिवक्र Adj. *in einem best. Stadium der rückläufigen Bewegung begriffen* (Planet). n. *eine solche Bewegung.*

*अतिवयम् Adj.

अतिवर्तन n. *das Entgehen, Freikommen von.*

अतिवर्तिन् Adj. 1) *überschreitend, übersetzend* (mit Acc.). — 2) *übertretend, verletzend.* — 3) *nicht beachtend.* — 4) *überschlagend, aussetzend.*

*अतिवर्तुल m. *eine Erbsenart.*

अतिवर्तव्य Adj. *zu übergehen, — vernachlässigen.*

अतिवर्ष m. n. (MBh. 2,33,5) und ०वर्षण n. *zu viel Regen.*

अतिवल्लभ Adj. (f. आ) *überaus lieb* Kathâs. 36, 113. Davon Nom. abstr. ०त्व n. Venis. 36.

अतिवात m. *heftiger Wind* Gobh. 3,3,28.

अतिवाद m. 1) *hartes Wort, liebloses Urtheil, Lästerung* Spr. 151. fgg. — 2) *Machtwort, ein die Sache entscheidender Ausspruch* MBh. 3,31,7. — 3) liturgischer Name des Verses AV. 20,135,4.

अतिवादिन् Adj. *im Disputiren den Sieg davontragend.* भवति तेनातिवादी (so lese ich) Mund. Up. 3,1,4.

अतिवाह्य n. *das Verbrachtwerden.* निशाति० Kathâs. 18,106.

अतिविकट 1) Adj. (f. आ) *ungeheuerlich, scheusslich* Sarvad. 178,11. — 2) m. **böser Elephant.*

अतिविद्धभेषज Adj. (f. ई) *Stichwunden heilend.*

अतिविधुर Adj. *in einem sehr kläglichen Zustande sich befindend* 187,27.

अतिविपुल Adj. *sehr gross, — umfangreich* Ind. St. 8,391.

अतिविलक्षण Adj. (f. आ) *ganz anders als sonst* Viddh. 62,4.

अतिविशुष्क Adj. *sehr trocken* Suçr. 2,349,2.

अतिविश्व m. N. pr. eines Muni.

अतिविषम Adj. *überaus gefährlich, — bösartig.* Mit Abl. *noch gefährlicher als* Spr. 6214.

अतिविषा f. *Birke* und *Aconitum ferox.*

अतिविषाद m. N. pr. eines Arztes.

अतिविष्णु Adj. *über* Vishnu *stehend* Ind. St. 9,155.

अतिविसारिन् Adj. *umfangreich.*

अतिविस्तर m. *grösstes Detail, übertriebene Weitschweifigkeit* 290,15. Vikr. 3,6. Varâh. Brh. S. 1,8. ०तम् *ganz ausführlich* Chr. 320,25.

अतिविस्तार m. *grosser Umfang.* ०विस्तीर्ण *zu umfangreich* Pankat. 245,24.

अतिविस्मयनीय Adj. *grosses Staunen erregend* Lalit. 295,13.

अतिवीत Adj. *über und über verhüllt* Ait. Âr. 468,20.

अतिवीर Adj. *über dem* Vîra *stehend* Ind. St. 9,155.

अतिवीर्यपराक्रम Adj. *von ausserordentlicher Tapferkeit und Macht* 105,28.

अतिवीर्या f. N. pr. einer buddhistischen Göttin.

अतिवृत्त Adj. *längst vergangen.*

अतिवृत्ति f. 1) *Ueberfluss, zu starker Erguss* (des Blutes). — 2) *Uebertretung, Nichtbeachtung.*

अतिवृद्ध Adj. *sich stark hervorthuend durch* (Instr.) R. 1,28,8.

अतिवृद्धि f. *starkes Wachsen, starke Zunahme.*

*अतिवृषल m. *ein vorzüglicher* Çûdra Ind. St. 13,342.

अतिवृष्टि f. *Uebermaass von Regen* 220,21.

अतिवेग m. *grosse Geschwindigkeit, — Hast* Râga-Tar. 3,406.

अतिवेगित Adj. *mit stark beschleunigter Bewegung* Sûrjas. 2,10.

अतिवेगिन् Adj. *sehr geschwind, reissend* Mârk. P. 74,10.

अतिवेदन Adj. (f. आ) *sehr schmerzhaft* Karaka 1,17.

अतिवेपथु Adj. *heftig zitternd* VP. 1,15,44.

अतिवेलम् Adv. *über die Maassen.*

अतिवोढर् Nom. ag. *der über Etwas* (Acc.) *hinüberführt.*

अतिव्यक्तम् Adv. *zu deutlich* TS. Prât. 17,8.

अतिव्यथन n. *das Verursachen von heftigen Schmerzen.*

*अतिव्यथा f. *heftiger Schmerz.*

अतिव्यय m. *Verschwendung* Spr. 154.

अतिव्याधिन् Adj. *durchbohrend, verwundend.*

अतिव्याप्ति f. *das Umfassen von zu Vielem.*

अतिव्रत Adj. *überaus —, zu fromm* Spr. 174.

अतिशंसना f. *das Weiteraufsagen* Ait. Âr. 1,4,1.

*अतिशकटि Adj.

*अतिशक्तिता f. *Besitz überaus grosser Kraft.*

अतिशक्र Adj. *über* Indra *hinausgehend, wie es nicht einmal bei* Indra *sich findet* MBh. 3,168,41. Am Anf. eines Comp. Adv. Ragh. 19,30.

अतिशक्करी f. *ein Metrum von 60 Silben;* später *ein Metrum von 4 × 15 Silben.*

अतिशङ्कित Adj. *sich sehr scheuend vor* (Abl.) Mrkkh. 116,12.

अतिशय 1) Adj. (f. आ) *hervorragend, besser, vorzüglicher als* (Abl.). — 2) m. *a) Ueberschuss, Ueberfluss, ein Mehr von Etwas* 249,24. वीर्याति० 99,18. 210,6. 211,28. 323,19. कस्यापि को ऽप्यतिशयो ऽस्ति so v. a. *Einer hat immer Etwas vor einem Andern voraus* Spr. 7803. अतिशयेन und अतिशय० *in höherem —, in hohem Grade, überaus* 177,21. 187,19. 304,28. — *b) Macht über* (Gen.) so v. a. *die Macht Etwas aus sich zu erzeugen* Comm. zu Brahmas. 2,1,18.

अतिशयन 1) Adj. (f. ई) *vorzüglich, ausgezeichnet.* — 2) *n. = अतिशय 2) *a).*

अतिशयवन्त् Adj. *die Macht besitzend, Etwas aus sich zu erzeugen.* Davon Nom. abstr. ०वत्त्व n. Comm. zu Brahmas. 2,1,18.

अतिशयिन् Adj. = अतिशयन.

अतिशयोक्ति f. *Uebertreibung, Hyperbel* Kâvjapr. 10,14.

अतिशयोपमा f. *ein übertriebenes Gleichniss* (term. techn.) 248,18.

अतिशर्वर n. *Tiefe —, Mitte der Nacht.*

अतिशस्त्र Adj. *Waffen übertreffend.*

अतिशाक्कर Adj. *im Metrum* Atiçakvarî.

अतिशायन 1) Adj. *übertreffend.* — 2) = अतिशय 2) *a).*

अतिशायिन् 1) Adj. *a) übertreffend; gesteigert.* — *b) steigernd.* — 2) f. ०नी *ein best. Metrum.*

अतिशिशिर Adj. *sehr kühl* Spr. 543.

अतिशीघ्र Adj. *überaus rasch, — schnell.*

अतिशीघ्रकारिन् Adj. *allzu rasch wirkend* Kâraka 1,12.

*अतिशीतम् Adv. *über die Kälte hinaus.*

अतिशीतल Adj. (f. आ) *sehr kalt* Suçr. 2,397,10.

अतिशुक्र Adj. *allzu hell.*

अतिशुक्रल Adj. *stark auf Samenerzeugung wirkend* Bhâvapr. 2,8,9.

अतिशुक्ल Adj. *überaus weiss* H. 1309.

अतिशुद्ध Adj. *vollkommen rein* (eig. und übertr.) 147,13. Spr. 155.

अतिशुष्क Adj. *ganz ausgetrocknet, — dürr* Hâsj.

*अतिशूक m. *Gerste* Nigh. Pr.

*अतिशूकज m. *eine Weizenart* Nigh. Pr.

अतिशून्य n. *gesteigerte Leere, Bez. eines best. geistigen Zustandes beim* Jogin.

अतिशूर m. *ein gar zu Heldenmüthiger* Spr. 174.

अतिशेष m. *Ueberbleibsel.* अतिशेषेण Khând. Up. 3,15 fehlerhaft für अवि°.

*अतिशोभन Adj. *überaus prächtig, — schön.*

अतिशौच n. *zu grosse Reinlichkeit* Spr. 156.

अतिश्रम m. *grosse Ermüdung* Spr. 1493.

*अतिश्री Adj.

अतिश्रेष्ठ Adj. *der allervorzüglichste.* Davon Nom. abstr. °त्व n. *Vorzug* (mit Abl.).

अतिश्लक्ष्ण Adj. *zu zart* TBr. 3,4,1,19.

*अतिश्व Adj. (f. ई) *einen Hund übertreffend; mehr als hündisch.*

अतिश्वन् (?).

अतिषङ्ग m. इन्द्रस्य N. verschiedener Sâman.

अतिष्कद् f. *Ueberspringung, Ueberschreitung* 17,14.

अतिष्कद्वरी Adj. f. *überspringend, überschreitend.*

अतिष्ठत् Adj. 1) *nicht stehen bleibend, rastlos sich bewegend.* — 2) *nicht Stand haltend, sich einer Sache* (Loc.) *entziehend* 213,26.

अतिष्ठा 1) Adj. *darüber stehend, hinüberragend.* — 2) f. *Vorstandschaft, Vortritt.* °काम Adj. Kâtj. Çr. 21,1,1.

अतिष्ठावन्, °ष्ठावत् Adj. *überragend, vorstehend.*

अतिसक्ति f. 1) *grosse Nähe von.* — 2) *innige Neigung zu.*

अतिसक्तिमत् Adj. *zu sehr hängend an* (Loc.) Spr. 4450. 6802.

अतिसखि m. *grosser Freund* Spr. 7683.

अतिसंक्रुद्ध Adj. *sehr erzürnt* 59,3. 7. R. 6,72,47.

अतिसंक्षेप m. *zu grosse Kürze.*

अतिसंचय m. *zu grosser Vorrath* 145,27. 28.

अतिसंधम् Adv. *gegen die festgesetzte Ordnung.*

अतिसंधान n. *das Betrügen* und अतिसंधित Adj. *betrogen.* Schlecht für अभि°.

अतिसंधेय Adj. *ganz beizulegen, — zu dämpfen.*

अतिसंनिधान n. *allzu grosse Nähe* 144,2.

अतिसमीपता f. dass.

अतिसंबाध Adj. *gedrängt voll* R. ed. Gorr. 2,4,16.

अतिसंभ्रम m. *heftige Aufregung* 325,6. Bhâg. P. 10,81,5.

अतिसर m. *Anlauf, Anstrengung.*

अतिसरस Adj. *sehr schmackhaft*, mit Abl. *schmackhafter* 187,17.

अतिसर्ग m. 1) *Verleihung, Gewährung, Bewilligung* 51,24. — 2) *Abtretung* Nir. 3,4.

अतिसर्जन n. 1) *Freigebigkeit.* — 2) **Mord.*

अतिसर्पण n. *heftige Bewegung.*

अतिसर्व Adj. 1) *mehr als vollständig.* — 2) *über Alles* oder *Alle erhaben.*

अतिसर्वतोमुख Adj. *über dem* sarvatomukha *stehend* Ind. St. 9,155.

अतिसहसा Instr. Adv. *in allzu grosser Uebereilung* 50,26.

अतिसांवत्सर Adj. (f. ई) *überjährig, über ein Jahr hinausgehend* Gaut. 3,35. 12,30.

अतिसाध्वस n. *grosse Bestürzung; allzu grosse Scheu vor* (Gen.) Spr. 4914.

*अतिसाम्या f. *der Saft der Rubia Manjith.*

अतिसायम् Adv. *zu spät am Abend.*

अतिसार m. *Durchfall* 220,14.

*अतिसारकिन् Adj. *mit Durchfall behaftet.*

*अतिसारघ्नी f. *Birke* Nigh. Pr.

अतिसारिन् Adj. *mit Durchfall behaftet.*

अतिसाहस n. *eine sehr verwegene, unbesonnene Handlung* 162,19. Mṛkkh. 64,24.

*अतिसिक्त Adj. *zu stark begossen*; n. impers. P. 1,4,95, Sch.

अतिसिद्धि f. *eine grosse Vollkommenheit.*

अतिसुकुमार Adj. *überaus zart* Bhâg. P. 5,5,31.

अतिसुख 1) Adj. *höchst angenehm* R. 2,63,19. — 2) n. *übergrosse Freude* Dhûrtan.

अतिसुन्दरा f. *ein best. Metrum.*

अतिसुरभि Adj. *überaus wohlriechend* Çiç. 6,67.

अतिसुलभ Adj. *sehr leicht zu haben* zu Spr. 553.

अतिसूक्ष्म Adj. (f. आ) *überaus fein* 247,4. 260,17.

अतिसृज्य Adj. *zu beurlauben* Çat. Br. 1,9,3,2.

अतिसृष्टि f. *eine höhere Schöpfung* 31,27.

अतिसेन m. N. pr. eines Mannes.

अतिसेवा f. *zu häufiger Gebrauch, Missbrauch.*

अतिसौपर्ण Adj. *über das — des* Garuḍa *gehend.*

*अतिसौम्या f. *eine best. Pflanze* Gal.

अतिसौरभ 1) Adj. *sehr wohlriechend* AK. 2,4,2,14. — 2) *n. *Mangofrucht* Nigh. Pr.

अतिसौहित्य n. *Uebersättigung.*

*अतिस्कन्धा f. *eine best. Pflanze* Nigh. Pr.

अतिस्तन Adj. *von der Brust entwöhnt.*

अतिस्तब्ध (Ausg. °स्वच्छ) Adj. *zu steif, — spröde* Bhâvapr. 2,88,13.

अतिस्तुत Adj. *sehr oder zu stark gelobt* Schol. zu P. 1,4,95. 6,2,144.

अतिस्तुति f. *überschwängliches Lob.*

*अतिस्त्रि Adj. *ein Weib übertreffend.*

*अतिस्थिर Adj. *überaus fest, — dauerhaft.*

अतिस्थूल Adj. *allzu dick, überaus dick, allzu plump.*

अतिस्नेह m. *zu grosse Anhänglichkeit* R. 6,21,34.

अतिस्पर्श m. *zu starke Berührung.*

अतिस्पष्टम् Adv. *zu deutlich* Comm. zu TS. Prât. 17,8.

*अतिस्फिर Adj. *sehr beweglich.*

*अतिस्रवा f. *Sanseviera Roxburghiana* Nigh. Pr.

अतिस्वप्न n. (!) *übermässiger Schlaf.* अतिस्वप्नातिजागरम् Ind. St. 9,34.

अतिस्वल्प Adj. *ganz klein, — unbedeutend* Pañkat. 118,23.

अतिस्वार und °स्वार्य m. *ein best.* Svara.

*अतिहसित n. *anhaltendes oder lautes Lachen.*

*अतिहस्तय्, °यति *die Hände ausstrecken* und *einen Elephanten überholen.*

*अतिहास m. *anhaltendes oder lautes Lachen.*

अतिह्रस्व Adj. *allzu kurz.*

अतिह्रेपण Adj. *sehr beschämend* Kâd. 159. 178.

अतीकाश m. 1) *Schein.* — 2) *Oeffnung, Zwischenraum.*

अतीक्ष्ण Adj. 1) *nicht scharf, stumpf* P. 6,2,161. — 2) *nicht scharf, — streng, milde.* Spr. 5143. R. 1,7,12.

अतीक्ष्णाग्र Adj. *stumpf auslaufend* Çat. Br. 5,2,4,7.

अतीत m. Pl. N. einer Çiva'itischen Secte.

अतीतत्व n. *das Vorübersein* Nj. K.

अतीत्वरी Adj. f. *übertretend, ausschlagend.*

अतीन्द्रिय 1) Adj. a) *übersinnlich* 98,8. — b) *Uebersinnliches schauend.* — 2) n. *Geist, Seele.*

अतीन्द्रियत्व n. *Uebersinnlichkeit* Kap. 5,41. Njâjas. 2,1,34.

अतीरेक m. *Ueberschuss* Çat. Br. 4,5,10,8.

अतीर्थ n. 1) *ungebräuchlicher Weg, etwas Ungebräuchliches* Anupadas. 1,8. अतीर्थेन *nicht auf die gebräuchliche Weise* Çat. Br. 11,4,2,14. Lâtj. 3,4,5. — 2) *unpassende Gelegenheit, Unzeit* Bhâg. P. 5,26,24. — 3) *ein Theil der Hand, der nicht* Tîrtha *heisst*, Gobh. 1,2,17. — 4) *eine unwürdige Person* MBh. 12,34,5.

अतीव 1) Adv. *über die Maassen, in hohem Grade,*

sehr. शान्तिं न च गच्छत्यतीव *erlöscht nicht ganz* MBh. 3,270,11. कारणं श्रुत्वा वैरस्यातीव so v. a. *den wahren Grund* R. 4,8,29. अतीव स ज्ञायते so v. a. *alsbald* MBh. 5,33,120. मन्ये *ich glaube fest* Çák. 137, v. l. (Pańkat. 43,2 falsche Lesart). — 2) Praep. a) mit Acc. *über, vor, im Vorzug vor.* — b) mit Abl. *im höheren Grade als* Spr. 4589.

अतीवाद m. = अतिवाद 3) Vaitân. 32.

अतीषङ्ग m. Name eines Sâman.

अतीसार m. *Durchfall.*

*अतीसारकिन् Adj. *mit Durchfall behaftet.*

अ॑तुर Adj. *nicht reich.*

अतुल 1) Adj. (f. आ) *unvergleichlich, sonder Gleichen* 52,27. 165,27. zu Spr. 3140. — 2) m. a) *Sesamum orientale.* — b) *das Jahr von 360 Tagen.* — 3) *f. आ Bein. der Gaurî Gal.

अतुल्य Adj. *sonder Gleichen* (Schmerz) Suçr. 2,470,18.

अतुल्यत्व n. *Ungleichheit* Gaim. 2,2,26. 3,2,35.

अतु॑ष Adj. *ohne Hülsen* Çat. Br. 2,5,2,14.

अतुष्ट Adj. *unzufrieden* Kâm. Nîtis. 13,48.

अतुष्टि f. *das Nichtbefriedigtsein* (neun Arten im Sâmkhja) Tattvas. 20. 36.

अतुष्टिदान n. *das Nichtbefriedigen der Wünsche eines Andern* Spr. 196, v. l.

अ॑तूतुजि Adj. *nicht rasch bei der Hand, säumig.*

1. अ॑तूर्त Adj. *unüberwältigt, unbesiegt.*

2. अ॑तूर्त 1) Adj. *unübertroffen, unübertrefflich.* — 2) n. *der unüberschrittene Raum, das Unendliche.*

अतूर्तदक्ष Adj. *dessen Kraft unübertroffen ist* ṚV.

अ॑तूर्तपन्थास् Adj. Nom. *dessen Pfad nicht überschritten wird, unnahbar.*

अतूलपूर्ण Adj. *nicht mit Baumwolle gefüllt* MBh. 11,23,19.

अतृण n. *etwas Anderes als Gras* Spr. 7848.

अतृणत् 3te Sg. Imperf. von तर्द्.

अ॑तृणाद Adj. *noch kein Gras fressend* Çat. Br. 14,4,3,5.

*अतृण्या f. *Mangel an Gras.*

अ॑तृदिल Adj. *nicht löcherig, — porös.*

अतृप Adj. *unzufrieden mit* (Instr.).

अ॑तृप्णुवत् Adj. *unersättlich.*

अतृप्त Adj. *ungesättigt, unbefriedigt* Kathâs. 9,46.

अतृप्तता f. *das Ungesättigt —, Unbefriedigtsein.*

अतृप्यत् Adj. *nicht satt werdend* Kathâs. 26,237.

अ॑तृषित Adj. *nicht gierig.*

अतृष्ण Adj. *begierdenlos* Venîs. 4.

अ॑तृष्णज् Adj. *nicht durstig.*

अतृष्य॑ Adj. *dem Durst unzugänglich.*

अ॑तृष्यत् Adj. *nicht gierig.*

*1. अतेजस् n. *Abwesenheit von Licht, Schatten.*

2. अतेज॑स् und अतेज॑स्क Adj. *lichtlos, glanzlos.*

अतेजोम॑य Adj. *nicht aus Licht bestehend* Çat. Br. 14,7,2,6.

अतोनिमित्तम् Adv. *aus dem Grunde, dadurch* MBh. 3,61,34.

अतोऽर्थम् Adv. *zu diesem Endzweck, deshalb* R. 3,8,15.

अ॑त्क m. 1) *Gewand, Hülle, Mantel.* — 2) *Blitz.* — 3) **Reisender.* — 4) **Körpertheil.* — 5) N. pr. eines Mannes.

अत्कील m. N. pr. eines Mannes.

अत्त॑र् Nom. ag. *Esser, Verzehrer.* f. अत्त्री TS. 6,4,10,4. 5.

अत्तव्य Adj. *zu essen, zu geniessen.*

*अत्ता f. 1) *Mutter.* — 2) *ältere Schwester.* — 3) *der Mutter ältere Schwester.*

अ॑त्ति 1) Adj. *essend, verzehrend.* — 2) **ältere Schwester* (im Drama).

*अत्तिका f. = अत्ति 2).

अ॑त्तिच्छन्दस् f. etym. Spielerei Çat. Br. 8,6,2,13.

अ॑त्तु Nom. act. अ॑त्तवे *zum Essen, Geniessen.* अत्तुम् Infin.

*अत्न m. *die Sonne.*

अ॑त्य und अ॑तिय Adj. *eilend, rennend;* m. *Renner; Ross;* f. आ *Stute.*

अ॑त्यंसल Adj. *allzu kräftig, — feist* TBr. 3,4,1,19.

अत्यंह॑ m. N. pr. eines Mannes.

अ॑त्यंहस् Adj. *über jede Noth hinweg.*

अत्यग्नि m. *allzu rasche Verdauung.*

अत्यग्निष्टोम m. *eine der sieben Grundformen des* Soma-*Opfers.*

अ॑त्यग्र Adj. *dessen Spitze übersteht.*

अत्यङ्कुश Adj. *über den Haken hinaus, nicht mehr sich damit lenken lassend.*

*अत्यङ्ग Adj. *der das Land der* Añga *passirt hat.*

*अत्यङ्गुल Adj. *mehr als eine Daumenbreite messend.*

अत्यच्छ Adj. *überaus durchsichtig, — rein* (auch übertr.) Spr. 165.

अत्यद्भुत 1) Adj. *überaus wunderbar* 63,12. MBh. 3,72,25. — 2) m. N. pr. des Indra im 9ten Manvantara VP. 3,2,21. — 3) n. *grosses Wunder* R. 3,15,9.

अत्यधन m. *zu vieles Reisen.*

अत्यनिलोग्रवेग Adj. *rascher als der Wind* MBh. 3,269,6.

अत्यन्त 1) Adj. a) *bis zu Ende während, fortwährend, ununterbrochen* 227,19. — b) *vollständig, vollkommen* 242,1. — c) *übermässig, sehr bedeutend.* — 2) अत्यन्तम् und अत्यन्त° Adv. a) *bis zu Ende, das ganze Leben hindurch, auf immer, fortwährend, beständig* 200,30. — b) *vollständig, durchaus.* — c) *in hohem Grade, überaus* 83,16. 86,3. 26. 162,21. 175,20. 324,31. 327,28. — 3) *अत्यन्ताय *für immer, stets.*

*अत्यन्तग Adj. *sehr viel gehend.*

अत्यन्तगत Adj. *für immer fortgegangen.*

*अत्यन्तगामिन् Adj. *sehr viel gehend.*

*अत्यन्तपद्मा f. = कमलिनी Nigh. Pr.

*अत्यन्तर Adj. *sehr befreundet* Bhar. zu AK.

अत्यन्तशंकरी f. Bein. der Dâkshâjaṇî.

*अत्यन्तशोणित n. *Röthel* Nigh. Pr.

अत्यन्तसुकुमार m. *Fennich, Panicum italicum.*

अत्यन्ताभाव m. *vollkommenes Nichtsein, — Negation.*

अत्यन्तिक n. *zu grosse Nähe.* सत्त्रोऽत्यन्तिके.

*अत्यन्तीन Adj. *viel gehend.*

अत्यपतर्पण n. *zu strenges Fasten* Suçr. 1,370,6.

अत्यमर्षण (MBh. 1,154,30) und °मर्षिन् (Bhâg. P. 3,1,37) Adj. *sehr ungehalten.*

अत्यम्बुपान n. *zu vieles Wassertrinken* Spr. 170.

अत्यम्ल 1) Adj. *überaus sauer.* — 2) *f. आ *wilder Citronenbaum.* — 3) *n. *Spondias mangifera.*

*अत्यम्लपर्णी f. *eine best. Schlingpflanze.*

*अत्यम्लरसा f. *eine best. Pflanze* Gal.

अत्यय m. 1) *Hinübergang.* — 2) *Vorübergang, das Verstreichen, zu Ende Gehen* 84,9. 16. — 3) *das in Gefahr —, in eine bedenkliche Lage Gerathen oder sich darin Befinden* 137,16. 123,16. *periculum in mora* Jâǵn. 2,12. — 4) *Leiden, Beschwerden.* — 5) *Vergehen, Versehen.* — 6) **Tod.* — 7) **Strafe.*

*अत्ययिन् Adj. P. 3,2,157, Sch.

अत्यराति m. N. pr. eines Mannes.

*अत्यर्क m. *die weisse Calotropis gigantea* Râǵan. 10,29.

अत्यर्थ 1) *Adj. *übermässig, heftig.* — 2) अत्यर्थम् und अत्यर्थ° Adv. *über die Maassen, in hohem Maasse, heftig, überaus* 54,16. 313,8.

अत्यर्थानुराग Adj. (f. आ) *sehr geliebt* AK. 3,4,76.

अत्यर्द m. etwa *Bedrängniss* im Namen eines Sâman Ârsh. Br. 1,448.

अत्यर्ध 1) Adj. *mehr als halb.* — 2) m. विश्वामित्रस्य Name eines Sâman.

अत्यल्प Adj. *sehr klein, — wenig* Spr. 171. *zu klein, — wenig.* °त्व n. *grosse Unbedeutendheit* Ind. St. 8,434.

अ॑त्यवि Adj. *über die Schafwolle rinnend.*

1. अत्यशन n. *Uebermaass im Essen.*

2. अत्यशन m. *der 12te Tag im* Karmamâsa Ind. St. 10,296.

अत्यश्नत् Adj. *zu viel essend* Bhag. 6,16.

अत्यष्टि f. *ein Metrum von 68 Silben;* später *ein Metrum von 4×17 Silben.* Daher Bez. *der Zahl siebzehn* Comm. zu Ârjabh. S. 50.

अत्यष्टिसामग्री f. Titel eines Werkes.

अत्यहम् Adj. *über dem Ich stehend* Ind. St. 9,155.

*अत्यह्न Adj. *über einen Tag während.*

*अत्याकार m. *Verachtung, Geringschätzung.*

अत्याकुल Adj. *sehr verworren* Mṛkkh. 130,8.

अत्यागिन् Adj. 1) *nicht verlassend, — im Stich lassend, — verstossend* Gaut. 21,1. — 2) *nicht verzichtend* Bhag. 18,12.

अत्यादर m. *grosse —, allzu grosse Rücksicht* 162, 23. °पर *recht vorsichtig* Spr. 172. अत्यादरेण *überaus dringend.*

अत्यादान n. 1) *ein Wegnehmen im Uebermaass.* — 2) *= अत्याधान 2) Gal.

अत्यादित्य Adj. *die Sonne übertreffend.*

अत्याधान n. 1) *das Darüberlegen, Auflegen.* — 2) **Vergehen.*

1. अत्यानन्द m. *übermässige Geilheit* Çat. Br. 6,2,2,6.

2. अत्यानन्द Adj. (f. आ) *überaus geil* Suçr. 2,397,6.

अत्याप्ति f. *volle Erreichung* AV. 11,7,22.

*अत्यामर्द m. *Kampf* Gal.

*अत्याय m. Nom. act. P. 3,1,141.

अत्यायत Adj. *hoch aufgeschossen* Mṛkkh. 34,5.

(अत्यायम्) अतिआयम् Absol. *mit Ueberschreitung.*

अत्यायुस् Adj. *sehr alt* Venis. 194.

अत्यारूढि f. *zu hohes Steigen.*

अत्यार्य Adj. *zu ehrenhaft* Spr. 174.

*अत्याल m. *ein best. Strauch.*

अत्याश m. *Uebermaass im Essen.*

अत्याशा f. *übertriebene Hoffnung, — Erwartung.*

अत्याश्चर्य Adj. *überaus wunderbar* 162,19.

अत्याश्रमिन् Adj. *über die vier* Âçrama *erhaben.*

अत्यासन्न Adj. *gar zu nahe* Spr. 176.

*अत्यासम् Absol. *mit Ueberspringung von.*

अत्यासारिन् Adj. *übermässig zuströmend.*

अत्याहार m. *Uebermaass im Essen* Ind. St. 9,34.

अत्याहित Adj. *widerwärtig, unerwünscht;* n. *Widerwärtigkeit, Unglück.*

अत्युक्त n. und अत्युक्ता f. *ein best. Metrum.*

अत्युक्ति f. 1) *vieles Reden.* — 2) *Uebertreibung* Spr. 177.

अत्युक्था f. = अत्युक्ता.

1. अत्युग्र 1) Adj. (f. आ) *überaus gewaltig, über die Maassen stark, — grausig* 143,23. Kathâs. 18,381. — 2) *n. *Asa foetida.*

2. अत्युग्र Adj. *über dem* ugra *stehend* Ind. St. 9,155.

*अत्युग्रगन्धा f. *Sanseviera guineensis* Nigh. Pr.

अत्युच्चगामिन् m. N. pr. eines Buddha.

*अत्युच्चैस् Adv. *überaus hoch, — laut.*

अत्युच्छ्रय m. *das Hochaufrichten* MBh. 1,63,20.

अत्युच्छ्रित Adj. *zu hoch gestiegen* Spr. 178.

अत्युत्कट Adj. *übermässig, sehr bedeutend* Spr. 2642, v. l.

अत्युत्साह m. *gesteigerte Kraft, — Energie.*

अत्युत्सेक (Conj.) m. *allzu grosser Hochmuth* Spr. 179.

अत्युदात्त Adj. *überaus hervorragend* 162,25.

अत्युन्नत Adj. *überaus hoch* Spr. 181. 183.

अत्युन्नति f. *hoher Standpunkt, hohe Stellung* 185, 2. Spr. 182 (Conj.).

*अत्युपध Adj. *auf die Probe gestellt, ehrlich befunden.*

अत्युर्वीश m. *Oberkönig* Varâh. Bṛh. 19,3.

अत्युल्बण Adj. *übermässig, sehr heftig, — stark.*

अत्युष्ण Adj. *sehr heiss.*

*अत्यूमशा Adv.

अत्यूर्ध्वाक्ष Adj. *mit hoch emporgerichteten Augen* Taitt. Âr. 191,7.

अत्यूर्मि Adj. *überwallend.*

अत्यूह 1) m. *Pfau* Kâraka 1,27. दात्यूह v. l. — 2) *f. आ *Nyctanthes arbor tristis.*

1. अत्र und अत्रा (metrisch im Veda) Adv. 1) als Loc. zu अ Subst. und Adj. *an —, in —, auf ihn, — diesen* 16,22. 231,33. 289,23. आरुह्य 111,21. लोलुपा बुद्धिः 107,21. *unter diesen* 69,32. 131,27. कृते 13,19. 39,26. 44,18. 65,27. 110,13. 111,28. अन्तरे so v. a. *inzwischen* 142,15. 145,20. 150,13. — 2) *hier, da, daselbst* 1,4. 3,12. 67,12. 77,33. 87,7. 111,7. *hierher* 150,17. 151,17. 19. 153,13. *da hinein* 67,7. 78,7. 110,1. — 3) *hierbei, in diesem Falle, in dieser Sache, in Bezug darauf* 34,26. 35,7. 48,23. 53,3. को ऽत्र हेतुः 180,24. — 4) *hier im Leben* 174,14. 180, 2. 182,16. — 5) *da, damals, dann* 7,5. 8,5. 15,21.

2. अत्र (अत्त्र etym.) m. *Fresser.*

3. अत्र (अत्त्र etym.) n. *Nahrungsstoff.*

4. अत्र Adj. *keinen Beschützer habend.* Etym. Spielerei.

अत्रत्य Adj. *hiesig, hier wohnend.*

अत्रदघ्न Adj. (f. आ) *bis dahin reichend.*

अत्रप Adj. (f. आ) *schamlos.*

अत्रभवत् Adj. (f. °भवती) *verehrungswürdig.* Im Drama ehrenvolle Bez. einer anwesenden dritten Person: *der Herr —, die Dame hier.*

अत्रस्थ Adj. *hier befindlich, — weilend* Pañkat. 136,6.

अत्रस्नु Adj. *nicht erbebend, — furchtsam.*

अत्रासित Adj. *nicht erschreckt* Venis. 96.

अत्रि (etym. अत्त्रि) 1) Adj. *Alles verzehrend.* — 2) m. *a)* N. pr. eines alten Ṛshi 11,22. Aus seinen Augen entspringt der Mond Spr. 7620. 7828. Pl. Atri's *Nachkommen.* — *b) der Stern* δ *im grossen Bären* 218,22. — 3) f. अत्री angeblich Atri's *Gattin* Anasûjâ MBh. 13,17,38.

अत्रिकाश्रम n. N. pr. eines Tîrtha.

अत्रिचतुरह m. *ein best. Opfer.*

1. अत्रिजात m. *der Mond* (Atri's *Sohn*).

2. अत्रिजात m. *ein Angehöriger einer der drei oberen Kasten* (*nicht dreimal geboren*).

*अत्रिदृग्ज m. *der Mond.*

अत्रिन् (etym. अत्त्रिन्) Adj. *gefrässig.*

*अत्रिनेत्रज, *°नेत्रप्रसूत und *°नेत्रभू m. *der Mond.*

*अत्रिभरद्वाजिका f. *eine eheliche Verbindung zwischen den Nachkommen* Atri's *und* Bharadvâǵa's.

अत्रिवत् Adv. *nach Art des oder der* Atri.

अत्रीश्वर n. N. pr. eines Tîrtha.

अत्र्यार्षेय Adj. *keine drei* Ṛshi-*Stammbäume habend* Ǵaim. 6,1,43.

अत्वक्क und अत्वच् Adj. *hautlos, rindelos.*

अत्वर Adj. *ohne Hast, bedächtig* Jâǵn. 1,239.

अत्वरत् (MBh. 12,138,90. 91) und *अत्वरमाण *nicht eilend.*

अत्वरा f. *Nichtübereilung, Bedächtigkeit* Spr. 186.

अत्सरुक Adj. *ohne Stiel.* चमस Kâtj. Çr. 24,4, 40. Tâṇḍja-Br. 25,4,4. Lâṭj. 10,12,13.

अथ (अथा metrisch im Veda) Adv. 1) *darauf, dann, alsdann, da.* Insbes. nach einem Relativum, einer Temporal- oder Conditional-Partikel (यद्, यदा, चेद्). *darauf* so v. a. *dafür, in Anbetracht dessen* 17,6. — 2) anreihend: *und, sodann, ferner.* शतशो ऽथ सहस्रशः 84,9. Statt des einfachen अथ auch अथापि. — 3) am Anfange eines Werkes, eines Abschnittes und bei den Lexicographen am Anfange eines neuen Artikels so v. a. *von hier an, jetzt.* Statt des einfachen अथ auch अथातः. — 4) *und dennoch* 29,6. — 5) *aber, jedoch, dagegen* 21,26. 31,25. 32,15. 32. 82,30. 179,4. 241,31. Bisweilen folgt noch तु, पुनर् oder च. — 6) *wenn aber* 79, 17. 218,2. — 7) = अथ वा *oder* 177,5. — 8) bedeutungslos zur Completirung des Verses 196,9. — 9) अथो (अथ-उ) = अथ 1) 2) 3) (bei den Lexicographen 4). — 10) अथो वा = अथ वा *oder auch.* — 11) अथ वा und अथ — वा *a) oder auch, oder* 66, 1. 67,9. 147,22. Spr. 7703. अथ वा — अथ वा *entweder — oder* MBh. 1,159,13. 14. न — अथ वा und

न — अथ वा न *weder — noch.* अथ वा können das zu ihnen gehörende Wort auch zwischen sich nehmen. Gleichbedeutend mit अथ वा ist वाथ (Spr. 5538), अथ वापि (Chr. 66,3), अथापि वा, अथापि — वा, वाप्यथ. — *b) jedoch* 143,10. 145,21. 152,5. 313,8. — *c) oder wenn* MBH. 3,72,17. अथ वा च dass. 12,128,27. — *d) sogar, selbst.* — 12) अथ किम् *wie denn anders? so ist es, allerdings.*

अथर्यी f. etwa *Spitze* (*eines Pfeils* oder *einer Lanze*).

*अथर्य्, अथर्यति (गतिकर्मन्).

अथर्य (VS.) und अथर्यु Adj. *Spitzen* (*Pfeile* u. s. w.) *zeigend, — werfend.*

अथर्व 1) Adj. st. अथर्य in derselben Formel. — 2) m. N. pr. = अथर्वन्.

अथर्वण 1) m. *a) der* Atharvaveda. — *b)* *Bein. Çiva's. — 2) Adj. *zum* Atharvan *in Beziehung stehend* Ind. St. 9,90. 120.

*अथर्वणि m. schlechte Form für आ°.

अथर्वन् m. 1) *Feuerpriester.* — 2) N. pr. des ersten Feuerpriesters; Pl. *sein Geschlecht.* — 3) Sg. und Pl. *die Zaubersprüche* Atharvan's, der Atharvaveda. Nach einer Aut. auch n. — 4) Bein. Çiva's und Vasishṭha's.

अथर्वभूत Adj. Atharvan *seiend,* Bez. best. Maharshi.

अथर्ववत् Adv. *wie der* oder *die* Atharvan.

अथर्वविद् Adj. *den* Atharvaveda *kennend* Ind. St. 10,138.

अथर्ववेद m. *die vierte der vedischen Liedersammlungen.*

अथर्ववेदिन् Adj. *den* Atharvaveda *kennend, — lehrend.*

अथर्वशिखा f. Name verschiedener Upanishad.

अथर्वशिरस् n. 1) desgl. — 2) Bez. *best. Backsteine* Comm. zu TBR. 1,5,8,1.

अथर्वशीर्ष Adj. *den* Atharvaveda *zum Haupt habend* MBH. 13,17,91.

अथर्वहृदय n. Name eines Pariçishṭa zum Atharvaveda.

अथर्वाङ्गिरस् 1) m. Pl. *a) die Geschlechter des* Atharvan *und* Añgiras. — *b) die ihnen zugeschriebenen Sprüche;* speciell *die des* Atharvaveda 34,15. — 2) m. Sg. Añgiras *in seinem Bezug zum* Atharvaveda MBH. 5,18,6.

अथर्वाङ्गिरस 1) Adj. (f. ई) *von* Atharvan *und* Añgiras *stammend.* — 2) m. *a)* Sg. und Pl. *die Lieder des* Atharvaveda. — *b)* = अथर्वाङ्गिरस् 2) MBH. 5,18,7.

अथर्वाण *die Lieder des* Atharvaveda. °विद् MBH. 12,342,100. °शिरस् Ind. St. 9,16.

अथर्वी f. Adj. etwa *von einer Spitze* (*einem Pfeil* u. s. w.) *getroffen.*

अथव्यु Adj. wohl fehlerhaft für अथर्यु.

अथो und अथो s. u. अथ.

1. अद्, अत्ति (अदस्व ausnahmsweise) *essen, verzehren* (auch uneig.), *geniessen* 30,13.108,2.245,1. NJÂJAM. 3,5,35. — Caus. आदयति und °ते *essen lassen* 223,31. *füttern, auffüttern.* — Mit अपि *abfressen.* — Caus. *mehr zu fressen geben.* — Mit अव *abspeisen.* — Mit आ *essen.* — Mit प्र *verzehren.* — Mit प्रति *dagegen —, zur Vergeltung —, zur Ausgleichung essen.* — Mit वि *zerfressen, benagen.* — Mit सम् *verzehren, aufzehren.*

2. °अद् und °अद Adj. *essend, verzehrend.*

अदक्ष Adj. (f. आ) *nicht rührig, träge, faul* MBH. 10,3,20.

1. अदक्षिण Adj. (f. आ) 1) *nicht recht, link.* — 2) *unerfahren, einfältig.* — 3) *unliebenswürdig, ungefällig* 319,30. R. ed. Bomb. 5,9,72.

2. अदक्षिण Adj. *kein Geschenk —, keinen Lohn gebend; von keinem G.* oder *L. begleitet.*

अदक्षिणत्व n. *das von keinem Geschenk* oder *keinem Lohn Begleitetsein.*

अदक्षिणीय Adj. *eines Geschenkes* oder *Lohnes unwürdig.*

अदक्षिण्य Adj. *zu einem Geschenk* oder *Lohn sich nicht eignend* TS. 1,5,1,2.

अदण्ड्य Adj. *der Strafe* (auch *Geldstrafe*) *nicht unterworfen; keine Strafe verdienend* 209,26. 212,1.

अदत्क Adj. *zahnlos.*

अदत्त Adj. (f. आ) 1) *nicht gegeben.* — 2) *nicht zur Ehe gegeben* (von einem Mädchen). — 3) *nicht definitiv gegeben* von einer Gabe, die noch zurückgenommen werden kann. — 4) *nicht gegeben habend.*

अदत्तदान n. *das Nichtspenden* Spr. 189.

अदत्तफल n. *der Lohn dafür, dass man nicht gespendet hat* 180,10.

अदत्तादान n. *das Nehmen dessen, was Einem nicht freiwillig gegeben wird,* GAUT. 2,17.

अदत्रया (etym. °त्रया) Adv. *ohne Lohn, umsonst.*

अददत् Adj. *nicht gebend* 200,30. *nicht wiedergebend* JÂGN. 2,36.

*अदद्र्यञ्च् Adj.

अदधि n. *Anderes als saure Milch* GAUT. 17,14.

अदन n. 1) *das Essen, Geniessen.* — 2) *Futter.*

1. अदत् Adj. *essend, geniessend.*

2. अदत् Adj. *zahnlos.*

1. *अदन्त m. 1) *Eber.* — 2) *Vogel* GAL.

2. अदन्त Adj. *auf kurzes* अ *auslautend* 223,8.

अदन्तक (TS.) und अदन्तक Adj. (f. आ) *zahnlos* ÇAT. BR. 11,4,1,5. 12.

अदन्तजात Adj. *dem die Zähne noch nicht gewachsen sind* ÂÇV. GRHJ. 4,4,24.

अदन्तत्व n. *Zahnlosigkeit* GAIM. 3,3,45.

अदन्ताघातिन् Adj. *nicht an den Zähnen anstossend* (शब्द) LÂTJ. 6,10,18.

*अदन्त्य 1) Adj. *nicht dental.* — 2) n. *Zahnlosigkeit.*

अदब्ध Adj. 1) *unversehrt, ungefährdet; unverletzlich.* — 2) *ungetäuscht.* — 3) *nicht täuschend, zuverlässig, treu.* — 4) *lauter, rein.*

अदब्धचक्षुस् Adj. *dessen Auge sich nicht täuscht* AV. 13,2,44.

अदब्धनीति Adj. *dessen Führung zuverlässig ist.*

अदब्धव्रतप्रमति Adj. *um die unverrückte Ordnung besorgt.*

अदब्धायु Adj. *der die Menschen nicht schädigt* VS. 2,20.

अदब्धासु Adj. *dessen Leben ungefährdet ist.*

अदभ Adj. *nicht schädigend, wohlwollend.*

अदभ्र Adj. *nicht wenig, viel.*

*अदमुयञ्च् Adj.

1. अदम्भ m. *Nichtverstellung, Aufrichtigkeit.*

2. अदम्भ Adj. *ehrlich.* °वृत्ति Adj. HARIV. 4137.

अदय Adj. *unbarmherzig.* °यम् Adv. so v. a. *heftig* (umarmen).

*अदरक m. N. pr. eines Mannes.

*अदर्श m. 1) *Neumonastag* (richtig दर्श). — 2) *Spiegel* (richtig आदर्श).

1. अदर्शन n. 1) *das Nichtsehen, Nichtwahrnehmen* 163,1. GAIM. 1,1,13. — 2) *das Nichtprüfen* 209,24. — 3) *das Nichtbesuchen, Sichfernhalten von Jmd.* — 4) *das Nichterscheinen, Nichtvorkommen, Nichtsichtbarsein, Unsichtbarkeit* 222,3. अदर्शनात् *ausserhalb des Gesichtskreises von* (Abl.). — 5) **Finsterniss* GAL. (m.!).

2. अदर्शन Adj. *unsichtbar.*

अदर्शनपथ m. *ein Bereich, wohin Jmdes* (Gen.) *Auge nicht reicht,* MBH. 3,42,31.

अदर्शनी Adv. mit भू *unsichtbar werden.*

*अदर्शनीय Adj. *unsichtbar.* °यम् PAÑKAT. 138,24 fehlerhaft für °यलम् oder °यताम्.

*अदल 1) m. *Barringtonia acutangula Gaertn.* — 2) f. आ *Aloe indica Royle.*

अदशन् *nicht zehn.*

अदशमास्य Adj. *noch nicht zehn Monate alt.*

अदशरात्र Adj. *ohne* Daçarâtra-*Feier* LÂTJ. 6,2,30.

अदस् 1) Nom. und Acc. Sg. n. *jenes; es* 128,24 Vgl. असौ, अमु und अमि. — 2) Acc. Adv. *dort* 29,19. *dorthin.*

अदस्त Adj. *nicht abnehmend, unerschöpflich.*

*अदस्य्, °स्यति Denom. von अदस्.

अदाक्षिणात्य m. Pl. *keine Südländer* so v. a. Gauda's Kâvjâd. 1,80.

अदातर् Nom. ag. 1) *nicht gebend; geizig, karg* 176,6. — 2) *keine Zahlung leistend, zur Z. nicht verpflichtet.* — 3) *ein Mädchen nicht verheirathend* 188,13.

1. अदान Partic. *gegessen —, gefressen werdend* 7,21.

2. अदान n. *das Nichtgeben, Vorenthalten* 212,21. Spr. 7140.

3. अदान Adj. *nicht spendend* und *keinen Brunstsaft entlassend* Spr. 6753.

अदान्त Adj. *ungezähmt, ungebändigt* Gaut. 2,28. MBh. 10,3,20. Bhâg. P. 7,5,30.

अदान्य Adj. *nicht schenkend.*

अदाभ्य und अदाभ्रि 1) Adj. *dem man Nichts anhaben kann, unverletzbar, unvertilgbar.* — 2) m. *ein best.* Graha (*Becherfüllung*) *beim* Soma-*Opfer.*

अदाभ्यत्व n. *Unantastbarkeit* Maitr. S. 4,7,7.

1. अदामन् Adj. *keine Gaben spendend.*

2. अदामन् Adj. *ungebunden.*

अदायाद Adj. (f. ई und später आ) *nicht erbend, nicht erbberechtigt* 198,6. Çat. Br. 11,5,3,11.

अदायिक Adj. *wozu keine Erben da sind.*

अदायिन् Adj. *nicht gebend.*

अदार Adj. *unbeweibt.*

अदारसृत् 1) Adj. *in keine Spalte gerathend.* — 2) n. Name eines Sâman. Davon Nom. abstr. °सृत्त्व n. Tâṇḍja-Br. 15,3,7.

अदारुण Adj. *nicht hart, — unbarmherzig, mild* 181,27.

अदाशु, अदाशुरि und अदाश्वंस् Adj. *den Göttern nicht huldigend.* Compar. vom letzten अदाशूष्टर.

अदास m. *kein Sclave, freier Mann.*

अदाहुक Adj. *nicht brennend, — sengend* Maitr. S. 1,8,9.

अदाह्य Adj. *unverbrennbar* Bhag. 2,24.

अदिक्क Adj. *keine Weltgegend für sich habend.*

1. अदिति f. *Mangel an Besitz, Dürftigkeit.*

2. अदिति 1) Adj. *schrankenlos, ungebunden, unendlich; unaufhörlich, unerschöpflich.* — 2) f. *a) Ungebundenheit, Unendlichkeit, Unvergänglichkeit.* — *b)* personificirt als Mutter der Âditja. Später Mutter aller Götter. — *c) Milchkuh.* — *d) Milch.* — *e) Weib.* — *f) Bez. des Todes* Çat. Br. 10,6,5,5. — *g)* **Erde.* — *h)* **Rede, Stimme.* — *i)* **Du. Himmel und Erde.*

*अदितिज m. *ein Gott.*

अदितित्व n. 1) *Unvergänglichkeit.* — 2) *das Wesen der* Aditi Çat. Br. 10,6,5,5.

*अदितिदैवत्य n. *das Mondhaus* Punarvasu Gal.

*अदितिनन्दन und *अदितिपुत्र (Gal.) m. *ein Gott.*

अदितिवन n. N. pr. *eines Waldes.*

अदितीश्वरतीर्थ n. N. pr. eines Tîrtha.

अदित्सत् und अदित्सु (195,22) Adj. *nicht geneigt zu geben.*

*अदिव्यगन्ध m. *Schwefel* Gal.

अदीक्षित Adj. *ungeweiht.*

अदीक्षितायन n. *eine best. Begehung* Ind. St. 2,299.

अदीन Adj. *nicht niedergedrückt, wohlgemuth.*

अदीनमनस् (MBh. 3,166,12), अदीनसत्त्व (Chr. 46,2. MBh. 3,165,7. R. 4,29,25) und अदीनात्मन् (MBh. 3,54,27. R. 1,1,16) Adj. *wohlgemuth.*

अदीयमान Adj. *nicht gegeben werdend;* f. आ *zur Ehe* 193,31.

अदीर्घ Adj. *nicht lang* 273,15.

अदीर्घसूत्र Adj. *nicht saumselig.* Davon Nom. abstr. °ता f.

अदुःख Adj. *frei von Leiden, heilbringend.*

अदुःखनवमी f. *der 9te Tag in der lichten Hälfte des* Bhâdrapada.

अदुग्ध Adj. *unausgemolken; unausgesogen.*

अदुच्छुन Adj. *kein Unheil mit sich führend.*

अदुरुक्त Adj. *nicht falsch —, nicht verletzend gesprochen* Tâṇḍja-Br. 17,1,9.

अदुर्ग Adj. *ohne Burg* Spr. 193.

अदुर्मख Adj. *unverdrossen.*

अदुर्मङ्गल Adj. (f. ई) *kein Unglück bringend.*

अदुष्कृत् Adj. *nicht übelthuend.*

अदुष्ट Adj. 1) *untadelhaft, wogegen sich Nichts sagen lässt, gut* 43,6. — 2) *unschuldig* R. 5,91,2.

अदुष्टत्व n. Nom. abstr. zu अदुष्ट 1) 215,30.

अदुष्प्राप Adj. (f. आ) *nicht schwer zu erreichen* 113,12.

अदुह्याना Adj. f. *keine Milch gebend* Kâtj. Çr. 25,1,18.

अदू Adj. *gabenlos* (?).

अदून Adj. *ungequält, unbeschädigt.*

अदूर 1) Adj. *nicht fern, nahe, benachbart.* — 2) n. *Nähe.* अदूरे, अदूरात् und अदूरतस् *in der Nähe, nahe bei* 114,5. 232,10.

अदूरकोप Adj. (f. आ) *zum Zorn geneigt* Kâd. 160.

अदूरगामिन् Adj. *nicht weit weg gehend* Lâtj. 6,8,8.

*अदूरत्रिंश Adj. Pl. *gegen 30* P. 2,2,25, Sch.

अदूरभव, °वर्तिन् (Ragh. 1,87) und °स्थ Adj. *in der Nähe befindlich; nahe bevorstehend.*

अदूषण n *das nicht zu Grunde Gehenlassen* Kâm. Nîtis. 14,17.

अदूषित Adj. 1) *untadelhaft, gut* 206,5. — 2) f. आ *nicht verunehrt, — geschändet* Hariv. 8544.

अदूषितकौमारा Adj. f. *deren Jungfräulichkeit nicht verletzt ist* Kathâs. 26,180.

*अदृकपथ m. = बुध Gal.

अदृपित und अदृप्त Adj. *nicht verblendet, besonnen, aufmerksam.*

अदृप्तक्रतु Adj. *aufmerkend. besonnen.*

अदृप्यत् Adj. *aufmerkend.*

*अदृश् Adj. *blind.*

अदृश्य 1) Adj. *a) unsichtbar* 88,6. 157,10. 30. *nicht zum Vorschein kommend, versteckt.* — *b) unansehnlich, hässlich* MBh. 3,173,66. — 2) *f. आ N. pr. einer Apsaras Gal.

अदृश्यकरण n. *das Unsichtbarmachen.*

अदृश्यत् 1) Adj. *unsichtbar* MBh. 1,210,19. — 2) f. °न्ती N. pr. der Gattin Çakti's MBh. 1,177,11.

अदृश्यमान Partic. *ungesehen* AV. 10,8,13.

अदृश्यरूप Adj. (f. आ) *unsichtbar* Sûrjas. 2,1.

अदृश्याञ्जन n. *eine unsichtbar machende Salbe* Spr. 6978.

अदृश्यीकरण n. *ein Mittel sich unsichtbar zu machen.*

अदृष्ट und अदृष्ट (Çat. Br.) 1) Adj. *a) bis dahin nicht gesehen, unbekannt.* — *b) dem Auge entrückt, unsichtbar* 163,3. 4. — *c) unvorhergesehen, unerwartet, unverhofft* 39,1. — *d) nicht gutgeheissen, — vorgeschrieben, unerlaubt.* — *e) erst später —, nach dem Tode sich zeigend.* — *f) übernatürlich.* — 2) m. *dem Auge sich entziehendes giftiges Gewürm.* — 3) n. *a)* **eine unvorhergesehene Gefahr.* — *b) Schicksal.* — *c) eine sittliche* oder *unsittliche Handlung als Ursache künftiger Wirkungen.*

अदृष्टकारित Adj. *durch eine unsichtbare höhere Macht bewirkt* 219,12. Suçr. 1,21,10. Kaṇ. 5,2,17.

अदृष्टदर्शन n. *Schauen von Nichtgesehenem* Sâmav. Br. 3,4,1.

अदृष्टनर und अदृष्टपुरुष Adj. *ohne Mittelsperson abgeschlossen* (संधि *Bündniss*).

अदृष्टपूर्व Adj. (f. आ) *früher nicht gesehen, — gekannt.*

अदृष्टरजस् Adj. *blank* (Spiegel) Sâmav. Br. 3,4,4.

अदृष्टरूप Adj. (f. आ) *von unbekanntem Aeussern* R. 2,55,29.

अदृष्टवत् Adv. *unerwartet, in Folge guter oder böser Handlungen* MBh. 12,204,5.

अदृष्टहन् Adj. *dem Auge sich entziehendes* (*giftiges Gewürm*) *tödtend.*

*अदृष्टि und *अदृष्टिका f. *ein Blick des Missfallens.*

अदृष्टिदान n. *das Sichnichtzeigen, das Nichtvorlassen* Spr. 196.

अदेय Adj. *nicht zu geben, was nicht gegeben zu werden braucht, was man nicht geben mag* 96,22. Spr. 7764.

अदेव 1) Adj. (f. ई) *den Göttern feindlich.* — 2) m. *Nichtgott* 207,32. *ein* Asura.

अदेवक Adj. (f. आ) *an keinen Gott gerichtet.*

अदेवता f. *keine Gottheit.*

अदेवत्र Adj. *den Göttern nicht zugewandt.*

अदेवयत् und अदेवयु Adj. *die Götter nicht liebend.*

अदेवर m. *ein Anderer als ein Schwager* Gaut. 18,7.

अदेवृघ्नी Adj. f. *den Schwager nicht tödtend.*

अदेश m. *unrechter Ort.*

अदेशकाल *unrechter Ort und unrechte Zeit.*

अदेश्य Adj. *nicht am Orte befindlich, der bei einer Sache gar nicht zugegen gewesen ist.*

*अदेह m. *der Liebesgott* Gal.

अदैन्य n. *gehobene Stimmung, guter Muth* MBh. 12,274,18.

अदैव Adj. *wobei die Götter nicht betheiligt sind.*

अदैवकृत Adj. *nicht vom Schicksal bewirkt* MBh. 3,63,40.

अदोमद und अदोमध Adj. *keine Beschwerden verursachend.*

अदोमय Adj. *aus Jenem gebildet, Jenes enthaltend.*

अदोमूल Adj. (f. आ) *darin wurzelnd* R. 1,53,25.

1. अदोष m. 1) *kein Uebel, — Missstand* Kâtj. Çr. 25, 3,25. — 2) *kein Vergehen, keine Sünde* Gaut. 23,29.

2. अदोष Adj. (f. आ) *schuldlos* 120,18. Ragh. 14,34.

अदोषगुणात्मता f. *das Freisein von Fehlern und Vorzügen* Sâh. D. 246,20.

अदोषता f. *Fehlerlosigkeit* Sâh. D. 603.

अदोह m. *das keine Milch Geben.*

अदौर्बल्य n. *kein Gefühl der Schwäche* Karaka 1,16.

अद्दू m. 1) etwa *Rohrstab, Stengel.* — 2) **aus Reismehl gebackener Opferkuchen.*

अद्धा Adv. *fürwahr.* अद्धातम Adj. *ganz deutlich, — offenbar* Ait. Âr. 47,16. अद्धातमाम् Adv. *ganz sicher.*

अद्धाति m. *der im Besitz der Wahrheit ist, Weiser.*

अद्धाबोधेय m. Pl. Name einer Schule.

अद्ध्यालोहकर्ण (vielleicht अध्या°) Adj. *ganz rothe Ohren habend.* अधिरूढकर्ण v. l.

अद्भिस् Instr. Pl. von अप् *Wasser.*

अद्भुत und einmal अद्भुत 1) Adj. (f. आ) *a) unsichtbar.* — *b) geheimnissvoll; wunderbar* 38,8. 51, 21. 65,6. — 2) m. *a) das Wunderbare* als poetischer Rasa. — *b) eine best. künstliche Schreibart.* — *c)* N. pr. des Indra im 11ten Manvantara. — 3) n. *Wunder, ein ausserordentliches Naturereigniss* 220, 32. Spr. 7861. °तम n. *ein sehr grosses Wunder.*

अद्भुतक्रतु Adj. *geheimnissvoll wirkend.*

अद्भुतगीता f. Titel eines Werkes Bühl. Guj. 4,36.

अद्भुततरंगिणी f. desgl. Cat. C. Pr. 222.

अद्भुतत्व n. *Wunderbarkeit.*

अद्भुतधर्म m. *die wunderbare Natur,* Bez. eines der 9 buddhistischen Aṅga Childers s. v.

अद्भुतपुण्य m. N. pr. eines Dichters.

अद्भुतब्राह्मण n. Titel eines Brâhmaṇa.

अद्भुतरामायण n. Titel zweier Werke.

अद्भुतविधि Adj. *wunderbar verfahrend* Kathâs. 18,267.

अद्भुतविवेक m. Titel eines Werkes Cat. NW. Pr. 174

अद्भुतशान्ति f. Titel eines Pariçishṭa zum Atharvaveda.

अद्भुतसागर m. Titel eines Werkes Bühl. Guj. 4,114.

अद्भुतसार m. 1) **das Harz der Mimosa Catechu.* — 2) Titel eines Werkes.

*अद्भुतस्वन m. Bein. Çiva's.

*अद्भुताध्यापक m. *ein Mann, der die über Wunder handelnden Bücher lehrt.*

अद्भुतार्थ Adj. (f. आ) *wunderbare Dinge enthaltend* Kâvjâd. 1,38.

अद्भुतावह Adj. (f. आ) *Staunen erregend* Râǵat. 7,552. 570.

अद्भुतैनस् Adj. *an dem kein Fehler wahrzunehmen ist.*

अद्भुतोत्तरकाण्ड n. Titel eines Nachtrags zum Râmâjaṇa.

अद्भुतोपम Adj. *einem Wunder gleichend* MBh. 3, 166,41.

अद्भुतोपमा f. *ein Gleichniss, bei dem ein Wunder, etwas Unmögliches, vorausgesetzt wird,* 248,22.

अद्म्यस् Dat. und Abl. Pl. von अप् *Wasser.*

अद्मन् n. *Speise, Mahl.*

*अद्मनि m. *Feuer.*

*अद्मर Adj. *gefrässig.*

अद्मसद् m. *Tischgenosse.*

अद्मसद्य n. *Tischgenossenschaft.*

अद्मसद्वन् m. *Tischgenosse.*

अद्य und selten अद्या, auch अद्या (ved.) Adv. *heute; jetzt.* अद्यैव *schon heute, alsbald* 48,16. 163, 7. अद्यापि *noch heute, noch jetzt* 128,28. Spr. 7705. 7726. *schon heute, — jetzt.* अद्यापि mit einer Negation im Satze *noch immer nicht* 43,12. 163,5. 250,5. *jetzt noch nicht; jetzt nicht mehr.* अद्य पूर्वम् und अद्य यावत् (142,2) *bis jetzt.* अद्य प्रभृति und अद्यारभ्य *von heute an, von jetzt an* 146,29. 155, 30. अद्येदानीम् = अद्य = इदानीम्.

अद्यतन 1) Adj. *a) heutig, jetzig; jetzt lebend.* — *b) am selben Tage erfolgend.* — 2) f. ई *Aorist.*

अद्यतनीय Adj. *heutig.*

अद्यतम् Adv. *von heute an* Dhûrtan.

अद्यत्व n. *Jetztzeit.*

अद्यदिन n. und अद्यदिवस m. *der heutige Tag.*

अद्यश्व Adj. *das Heute und Morgen enthaltend* Tâṇdja-Br. 9,4,18.

*अद्यश्वीन Adj. 1) *was heute oder morgen erfolgen kann.* — 2) f. आ *unmittelbar vor der Niederkunft sich befindend.*

अद्यसुत्या f. Soma-*Kelterung innerhalb eines und desselben Tages* Kâtj. Çr. 12,6,26. Âçv. Çr. 6,11,15. Lâtj. 1,4,15.

अद्याश्व n. *das Heute und Morgen.*

अद्याहृत Adj. *heute herbeigeholt.*

अद्यु Adj. *nicht brennend.*

अद्युत् Adj. *glanzlos.*

(अद्यूत्य) अद्यूत्यिम n. *unglückliches Spiel.*

अद्रव Adj. *nicht flüssig* Kâç. zu P. 4,1,54

अद्रवपायिन् Adj. *nichts Flüssiges trinkend* Suçr. 1,239,8.

1. अद्रव्य n. *ungeeigneter Gegenstand, untaugliches Subject* Mâlav. 14,23.

2. अद्रव्य Adj. *besitzlos.* Dazu Nom. abstr. °त्व n. Gaim. 6,1,10.

अद्रष्टृ Nom. ag. *nicht sehend* Maitrjup. 6,11.

अद्रि m. 1) *Fels, Berg* 7,13. 10,4. 99,19. *Gebirge.* — 2) *Schleuderstein.* — 3) *Stein zum Schlagen des* Soma. — 4) *Wolke.* — 5) Bez. *der Zahl sieben* (wegen *der sieben Hauptgebirge*). — 6) N. pr. eines Sohnes des Vishvagaçva MBh. 3,202,3. — 7) **Baum.* — 8) **die Sonne.*

*अद्रिकदली f. *eine Species der* Kadalî Gal.

*अद्रिकर्णी *Clitoria Ternatea Lin.*

अद्रिका f. 1) **Koriander* Nigh. Pr. — 2) N. pr. einer Apsaras.

*अद्रिकीला f. *die Erde.*

अद्रिकृतस्थली f. N. pr. einer Apsaras.

*अद्रिज 1) n. *Erdharz.* — 2) f. आ *a) eine Pfefferart* Râǵan. 6,18. — *b) die Göttin* Pârvatî.

*अद्रिजतु n. *Erdharz* Nigh. Pr.

अद्रिजा Adj. *felsgeboren.*

अद्रिजूत Adj. *durch die Presssteine beschleunigt.*

अद्रितनया f. 1) *die Göttin* Pârvatî. — 2) *ein best. Metrum.*

अद्रिदुग्ध Adj. *mit Steinen gemolken.* — *ausgepresst.*

*अद्रिद्विष् m. Bein. Indra's.

*अद्रिधन्वन् m. Bein. Çiva's Gal.

*अद्रिनन्दिनी f. die Göttin Pârvatî.

अद्रिबर्द्धस् Adj. *felsenfest* ṚV. TBr. 2,7,13,2.

अद्रिबुध्न Adj. *Felsen zum Boden habend, auf Felsen gegründet.*

अद्रिभिद् 1) Agj. *Felsen spaltend.* — 2) *m. Bein. Indra's.

*अद्रिभू f. *Salvinia cucullata.*

अद्रिभेदन n. 1) *das Entzweigehen eines* Soma-*Steines* Kâtj. Çr. 25,12,15. — 2) *das Spalten der Felsen* Spr. 7616.

अद्रिमातर् Adj. *den Felsen zur Mutter habend, felsentsprossen.*

*अद्रिमाष m. Pl. *eine Bohnenart* Nigh. Pr.

अद्रिमूर्धन् m. *Berggipfel* MBh. 12,321,44.

*अद्रिराज् und अद्रिराज (MBh. 3,42,24) m. *Fürst der Berge,* Bein. des Himâlaja.

अद्रिवत् Adj. (Voc. °वस्) *mit Schleudersteinen versehen* ṚV.

*अद्रिशय्य Adj. *auf dem Berge ruhend,* Beiw. Çiva's.

अद्रिषुत Adj. *mit Steinen gekeltert.*

अद्रिसंहत Adj. *mit Steinen zermalmt.*

अद्रिसानु Adj. *auf Bergesrücken weilend* ṚV.

*अद्रिसानुजा f. *eine best. Pflanze* Nigh. Pr.

*अद्रिसार m. *Eisen.*

अद्रिसारमय Adj. *eisern* MBh. 3,173,55.

*अद्रीश m. *Fürst der Berge,* Bein. des Himâlaja und Çiva's.

अद्रुत Adj. *nicht beschleunigt* TS. Prât. 23,20.

अद्रुह् Adj. (Nom. अध्रुग्) *nicht schädigend, wohlwollend.*

अद्रुह्वाण und अद्रुह्वन् Adj. dass. ṚV.

*अद्रेष्क m. *Melia sempervirens* Nigh. Pr.

अद्रोगधर् Nom. ag. *nicht übelwollend.*

अद्रोघ und अद्रोघ Adj. *arglos, wohlwollend.* अद्रोघम् Adv. *ohne Gefährde.*

अद्रोघवाच् Adj. *dessen Rede arglos ist.*

अद्रोघावित Adj. *Arglosigkeit liebend.*

1. अद्रोह m. *keine Feindseligkeit, Wohlwollen.* अद्रोहसमयं कर् *Friede geloben.*

2. अद्रोह Adj. *nicht feindselig* Spr. 3591.

अद्रोहिन् Adj. dass.

°अद्वन् Adj. *essend.*

अद्वय 1) Adj. *nicht zweierlei, zweitlos, einig* 238,7. 284,33. — 2) m. *a*) **ein* Buddha. — *b*) N. pr. = अद्वयानन्द. — 3) n. *Nichtdualismus, Monismus.*

अद्वयतारक Titel einer Upanishad.

अद्वयत्व n. *das nicht zweierlei Sein, Einheit* 288,16.

अद्वयत् Adj. *nicht doppelzüngig, aufrichtig, ergeben.*

*अद्वयवादिन् m. *ein* Buddha.

अद्वयस् Adj. = अद्वयत्.

अद्वयानन्द 1) Adj. *dessen Wonne die Einheit ist* 233,15. — 2) m. N. pr. eines Lehrers 253,15.

अद्वयामृतपति m. N. pr. eines Mannes B. A. J. 10,54.

अद्वयाविन् und अद्वयु Adj. = अद्वयत्.

अद्वार f. *was keine Thür —, kein Thor ist* Çat. Br. 11,1,1,3. MBh. 13,123,11.

अद्वार n. 1) dass. Çat. Br. 14,6,3,9. Kâtj. Çr. 8,4,26. 21,4,28. — 2) *nicht die rechte Ausgangsgegend* Ind. St. 14,321.

1. *अद्विज m. *ein Brahman, der durch das Ausgehenlassen des heiligen Feuers seiner Kaste verlustig gegangen ist.*

2. अद्विज Adj. *keine Brahmanen habend.*

अद्वितीय Adj. *zweitlos* 282,25. 286,8.

अद्वियोनि Adj. *nicht aus zwei* (Vocalen) *hervorgegangen, nicht diphthongisch* ṚV. Prât. 11,2.

अद्विरुक्तत्व n. *das nicht zweimal Gesagtsein* Gaim. 3,6,2.

अद्विर्वचन n. *keine Wiederholung* Gaim. 2,4,16.

(अद्विषेण्य), अद्विषेणाम्न und अद्वेष Adj. *nicht übelwollend, wohlwollend.*

अद्वेषरागिन् Adj. *frei von Ab- und Zuneigung.*

अद्वेषस् Adv. *ohne Abneigung, in friedlicher Gesinnung.*

अद्वेष्टृत्व n. *Wohlwollen* 289,3. 6.

1. अद्वैत n. *Nichtdualität, Einheit* 288,27. अद्वैतेन *mit Ausschluss eines Andern, einzig und allein.*

2. अद्वैत 1) Adj. *ohne Dualität, zweitlos, einig* 261,7. 284,25. — 2) m. N. pr. = अद्वैतानन्द.

अद्वैतकौस्तुभ m., °चन्द्रिका f., °चिन्तामणि m. und °ज्ञानसर्वस्व n. Titel von Schriften.

अद्वैतत्व n. Nom. abstr. zu 2. अद्वैत 1) Ind. St. 9,154.

अद्वैतदर्पण m., °दीपिका f., °ब्रह्मसिद्धि f., °मकरन्द m. und °रत्नरत्तण n. Titel von Schriften.

*अद्वैतवादिन् m. Bein. Çamkarâkârja's Gal.

अद्वैतविद्याविनोद m. und °सिद्धि f. Titel von Schriften.

अद्वैताचार्य m. N. pr. eines *Lehrers.*

1. अद्वैतानन्द m. 1) *die Wonne über den Monismus.* — 2) Titel einer Schrift.

2. अद्वैतानन्द m. N. pr. eines Lehrers.

अद्वैतामृत n. Titel einer Schrift.

अद्वैतोपनिषद् f. Titel einer Upanishad.

अद्वैधम् Adv. *gleichmässig* R. ed. Bomb. 2,118,3.

अध und अधा (älter als अथ, अथा) Adv. 1) *darauf, dann, alsdann, da.* Insbes. nach einem Relativum, einer Temporal- oder Conditional-Partikel. — 2) *und, sodann.* अध — अध *sowohl — als auch* 30,13. अध — अध वा *entweder — oder.* — 3) *aber, dagegen, jedoch.* — 4) *darum, deshalb.*

अधउपासन n. euphemistische Bez. des *Beischlafs* Çaṁk. zu Bṛh. Âr. Up. 6,4,2.

*अधःकर m. *der untere Theil der Hand* (vom Handgelenk bis zu den Wurzeln der Finger).

अधःकरण n. *das Unterordnen* Sâh. D. 296,10.

अधःकृष्णाजिनम् Adv. *unter das schwarze Fell.*

अधःक्रिया f. *Erniedrigung, Geringschätzung.*

अधःखनन n. *das Untergraben* Spr. 1516.

*अधःपट m. *Kampher* Gal.

अधःपात m. 1) *ein Fall nach unten* (auch uneig.) Spr. 2887. — 2) = अधःपातन Bhâvapr. 2,99,19.

अधःपातन n. *das Fällen* (in der Chemie).

अधःपिण्ड Adj. *mit den Knöpfchen nach unten* Kâtj. Çr. 17,4,2.

*अधःपुट n. *Nuss der Buchanania latifolia* Nigh. Pr.

*अधःपुष्पी 1) *Pimpinella Anisum.* — 2) *Elephantopus scaber.* — 3) *Phlomis esculenta* Râǵan. 4,88.

अधःप्रदेश m. *Schamtheile* Hariv. 8735.

अधःप्राक्शायिन् (richtig अधःप्राक्शा°) Adj. *auf dem Erdboden, nach Osten gewendet, schlafend.*

अधन Adj. *keinen eigenen Besitz habend, besitzlos; unbemittelt, arm* 147,22. zu Spr. 2939.

अधन्य Adj. (f. आ) 1) dass. Vielleicht aber fehlerhaft für अधान्य *keine Getraide habend.* — 2) *unglücklich* Prij. 23,1.

अधप्रिय Adj. *jetzt erfreut* ṚV.

अधम 1) Adj. (f. आ) *a*) *der unterste.* — *b*) *der niedrigste, am Tiefsten stehende, geringste* 104,31. 161,16. 163,11 (auch in der 1ten Bed.). 13. पन्नगाधम *der niedrigste unter* 46,9. कुरुकुलाधम 59,14. अधमः पदीष्ट *sinke auf die tiefste Stufe.* विश्वस्मात् *niedriger als Alles.* समोत्तमाधमाः *Gleiche, Stärkere, Schwächere.* — 2) m. *eine Art Nebenmann.* °प्रभव Adj. (पुत्र) Sârâvalî bei Utpala im Eingange zu Varâh. Bṛh. 23(21). — 3) f. आ *eine best. Heroine.*

अधमचेष्ट Adj. *von der niedrigsten Handlungsweise* 104,33.

*अधमद्विज m. *ein mit Idolen herumgehender Brahmane* Gal.

अधमधी Adj. *von ganz geringem Verstande* 165,16.

अधमयोनिज Adj. (f. आ) *von einer ganz niedrigen Mutter stammend* 189,23.

अधमर्ण und अधमर्णिक m. *Schuldner.*

*अधमशाख m. und *°शाखीय Adj.

*अधमाङ्ग n. *Fuss.*

अधमाधम Adj. unter Allen am Tiefsten stehend Spr. 2379.

*अधमार्ध m. der unterste Theil und *अधमार्ध्य Adj. zu unterst befindlich.

अधर 1) Adj. (f. आ) a) der untere. अधरं कर् sich unterwerfen, überwältigen 3,19. अधरः पद् unterworfen werden. — b) niedriger —, tiefer stehend. मद् als ich. — c) *in einer Disputation (Gal.) oder in einem Process unterliegend. — 2) m. a) Unterlippe; Sg. collect. die Lippen 167,29. 219,17. 231,21. 23. Spr. 7627. fg. Am Ende eines adj. Comp. f. आ. — b) *eine Reisart Gal. — c) *auch n. pudendum muliebre. — 3) *f. आ Nadir. — 4) *n. der untere Theil.

*अधरकण्टक 1) m. Alhagi Maurorum Nigh. Pr. — 2) f. °कण्टिका Asparagus racemosus Râǵan. 4,118.

अधरकण्ठ m. der untere Hals; der untere —, hintere Theil der Kehle.

*अधरतस् Adv. unten.

*अधरमधु n. Lippenhonig, Speichel.

अधरमूल Adj. mit nach unten gehenden Wurzeln Çat. Br. 1,3,3,10.

अधरय्, °यति übertreffen, beschämen Prasannar. 33,1.

अधरसपत्न Adj. der seine Nebenbuhler besiegt hat Maitr. S. 3,4,10.

*अधरस्तात् und *अधरस्मात् Adv. unten.

अधरहनु f. der untere Kinnbacken.

अधराचीन, (अधराच्य) अधराचित्र und अधराञ्च् (f. °राची) Adj. 1) nach unten gerichtet. — 2) nach Süden gerichtet, südlich. अधराक् Adv. von Süden her.

अधरात् und अधरात्तात् Adv. unten.

अधरारणि f. das untere Reibholz (bei der Erzeugung des Feuers) 31,1.

अधरी Adv. mit कर् sich unterwerfen, besiegen, übertreffen. Mit भू unterliegen.

*अधरीण Adj. unterliegend.

*अधरेण 1) Adv. unten. — 2) Praep. mit Acc. und Gen. unterhalb.

*अधरेद्युस् Adv. den Tag zuvor, vorgestern.

अधरोत्तर 1) Adj. a) unterliegend oder gewinnend. — b) vorangehend und nachfolgend, früher und später. — 2) n. a) eine niedrigere und höhere Stufe, Rangordnung. — b) ein Drunter und Drüber, ein Durcheinander. — c) Anrede und Entgegnung.

*अधरोरुक n. vielleicht ein bis zum Unterschenkel reichendes Gewand (vgl. अर्धोरुक) Ind. St. 13,471.

अधरोष्ठ und अधरौष्ठ n. 1) Unterlippe. — 2) Unter- und Oberlippe, die Lippen. Am Ende eines adj. Comp. f. ई.

अधर्म m. Ungesetzlichkeit, Unrecht; Schuld 182,11. 203,28. 221,16. अधर्मेण auf eine ungerechte —, ungesetzliche Weise 41,31. 163,15. Erscheint personificirt.

अधर्मज्ञ Adj. das Gesetz —, das Rechte nicht kennend M. 8,59.

अधर्मदण्डन n. ungerechte Bestrafung M. 8,127.

अधर्ममय Adj. nicht aus Recht bestehend.

अधर्मिष्ठ Adj. das Rechte nicht thuend; ungesetzlich.

अधर्मशरण Adj. nicht auf das Gesetz sich stützend Spr. 464.

अधर्म्य Adj. = अधर्मिष्ठ.

अधर्षण (MBh. 13,17,52) und °णीय Adj. dem man nicht zu nahe treten darf.

*अधवा f. Wittwe.

*अधश्चर m. Dieb.

अधश्चरणावपात m. das sich Jmden zu Füssen Werfen 184,15.

*अधश्चौर m. Dieb.

अधःशय Adj. (f. आ) auf der Erde liegend.

अधःशय्य Adj. auf dem Erdboden schlafend.

अधःशय्या f. das Schlafen auf dem Erdboden.

अधःशय्यासनिन् Adj. auf dem Erdboden schlafend und sitzend Gaut. 2,21. 14,37.

*अधःशल्य m. Achyranthes aspera Râǵan. 4,90.

अधःशायिता f. das Schlafen auf dem Erdboden Gaut. 19,15.

अधःशायिन् Adj. auf dem Erdboden schlafend 38,10.

अधःशिरस् 1) Adj. mit nach unten gerichtetem Kopfe. — 2) m. eine best. Hölle VP. 2,6,4.

अधःशीर्ष Adj. = अधःशिरस्.

अधस् 1) Adv. a) unten 19,11. 22. 80,12. 106,28. 173,28. auf dem Erdboden 35,32. 299,21. अधो ऽधो विद्यमानानाम् tiefer und tiefer gelegen 268,4. — b) hinunter, hinab 67,5. 152,23. 168,28. 170,27. 173,16. 180,12. 290,10. अधः कर् nach unten thun 163,9. auch so v. a. übertreffen Kâd. 202. — 2) Praep. a) unter, unterhalb. α) mit Acc. (gewöhnlich nur auf die Frage wohin) 56,10. verdoppelt 227,6. — β) mit Gen. (gewöhnlich auf die Frage wo) 56,19. 110,25. 111,7. — γ) mit Abl. (auf die Frage wo). — δ) am Ende eines Comp. (auf die Frage wo) 154,22. — b) vor (zeitlich) mit Abl. Cit. im Comm. zu Gobh. 1,4,29.

अधस्तन Adj. 1) der untere. — 2) vorangehend (in einem Buche).

अधस्तराम् Adv. sehr niedrig, nahe der Erde.

°अधस्तल n. die unter Etwas ausgebreitet Fläche, — Stelle.

अधस्तात् 1) Adv. a) unten; auf dem Erdboden 154,12. 169,13. — b) hinunter, hinab. — c) von unten her 35,22. — d) in Unterwürfigkeit 32,21. — e) vorher Jâǵn. 1,106. — 2) Praep. unter, unterhalb (auf die Frage wo und wohin). a) mit dem Gen. 160,2. — b) mit dem Abl. — c) am Ende eines Comp.

अधस्ताद्दिश् f. Nadir.

अधस्तान्निबाधम् Adv. mit den Knöpfchen nach unten Çat. Br. 7,4,1,10.

अधस्पद 1) Adj. (f. आ) unter den Füssen befindlich, unterwürfig. °पदं कर् unter die Füsse treten; überwinden. °पदम् Adv. unter den Füssen, — die Füsse. — 2) n. Ort unter den Füssen (des Unterworfenen).

अधःस्थ Adj. (f. आ) unten befindlich, — liegend Spr. 224. Bhâvapr. 2,100,23.

अधःस्थानासन n. das Niedrigerstehen oder -sitzen Gaut. 2,27.

अधा s. अध.

*अधामार्गव m. Achyranthes aspera.

अधारणक Adj. unerträglich.

अधार्मिक Adj. ungerecht, seine Pflichten nicht erfüllend.

अधार्य Adj. 1) nicht zu tragen, zu schwer zum Tragen. — 2) nicht zurückzuhalten, — aufzuhalten MBh. 13,35,20. — 3) dem man obzuliegen nicht vermag.

1. अधि 1) Adv. a) in der (die) Höhe. — b) in hohem Grade. — c) inwendig 19,20. — d) ausserdem, überdies 8,12. — 2) Praep. a) mit Acc. α) *über, oberhalb 227,5. — β) auf — hin, über — hin Spr. 4035. Auch verdoppelt. — γ) hin — zu, an — heran Gaut. 12,41. 13,27. — δ) in. — ε) *in Bezug auf. — b) mit Instr. über — hinweg. — c) mit Abl. α) über (örtlich und im Vergleich). — β) von — herab, von — her (örtlich und zeitlich), von — hinweg, aus — hervor 8,11. 14,12. 16,13. — γ) nach (zeitlich) Ait. Up. 4,3. — δ) um — willen. — ε) anstatt Ṛv. 1,140,11. — ζ) in Bezug auf. — d) mit Gen. nach (zeitlich). — e) mit Loc. α) über (der Zahl und dem Range nach). *über und zugleich unter (der Stellung nach) 228,10. 11. — β) auf, auf — hin, in, an 8,9. 14,17. 15,27. — γ) gegen, in Bezug auf 36,22. wider VS. 20,17. — f) am Ende eines Comp. über (der Zahl nach).

2. *अधि 1) m. = आधि Seelenleiden. — 2) f. = अवि eine Frau zur Zeit der Katamenien.

अधिक 1) Adj. (f. आ) *a) überschüssig, den Ueberschuss bildend, hinzukommend, mehr seiend.* — *b) das gewöhnliche Maass überschreitend, überfliessend, mit einem Ueberschuss versehen, mehr* oder *grösser als gewöhnlich, gesteigert, ausserordentlich* 40,4. 303,14. 310,17. Spr. 7818. Das den Ueberschuss oder Ueberfluss ausdrückende Wort steht im Instr. (Spr. 6681, v. l.) oder geht im Comp. voran Chr. 99,31. 193,19. 233,23. 235,4: एकमधिकं शतम् = एकाधिकं शतम् 101 MBh. 3,72,9. — *c) der höchste, beste* Spr. 6089. — *d) überwiegend, überlegen, höher stehend, mehr, grösser, stärker, heftiger, vorzüglicher, mehr geltend* 130,22. 250,7. गुणतम् *überlegen an*, सत्त्वाधिक desgl. Vet. in LA. 29,1. Das beim Vergleich Zurücktretende steht im Abl. (63,25. 168,23. 176,14. 182,22. 197,30. 228,7. Spr. 7687), Instr. oder Gen. oder geht im Comp. voran (51,27. 122,27. 171,30). शताधिका *über das Hundert hinausgehend* 75,2. In dieser Bed. auch अधिकतर Spr. 2316. — *e) darüber* (Abl.) *hinaus liegend, entfernter* (von der Zeit) Suçr. 2,293,5. द्व्यधिके ततः *zwei* (Jahre) *später* M. 2,65. — *f)* **dem Maasse nach niedriger stehend, kleiner als* (Abl.). — 2) अधिकम् und अधिक° Adv. *a) mehr als gewöhnlich, in hohem Grade, sehr* 165,6. 175,21. 319,3. — *b) mehr, in höherem Grade, stärker* 96,26. Das beim Vergleich Zurücktretende im Abl. oder im Comp. vorangehend 126,20. 113,26. अधिकतरम् dass. — 3) n. *a) Ueberschuss.* — *b)* in der Rhetorik *das Uebermaass —, Grössersein* u. s. w. *des Enthaltenden* (Beispiel Spr. 1764) *oder des Enthaltenen* Vâmana 4,2,11. Kâvjapr. 10, 42. Sâh. D. 723.

*अधिककण्टक m. *Alhagi Maurorum* Râǵan. 4,44.

अधिकक्रोध Adj. *überaus erzürnt* Ragh. 12,90.

अधिकगुण Adj. *vorzügliche Eigenschaften besitzend* Suçr. 1,187,17. Davon Nom. abstr. °ता Mṛkkh. 20,1.

अधिकत्व n. *das Zuviel.* Am Ende eines Comp. *des Ueberwiegen —, Vorherrschen von.*

अधिकदन्त m. *Ueberzahn* Suçr. 2,127,4.

अधिकमास m. *Schaltmonat.*

अधिकरण n. (am Ende eines adj. Comp. f. आ) 1) *Substrat, das worauf Etwas bezogen wird.* — 2) *Stoff, Substanz.* — 3) *Fach, Zweig, Branche* Spr. 6926. — 4) *ein einem speciellen Gegenstande gewidmeter Abschnitt, Artikel, Paragraph.* — 5) *Gericht, Gerichtshof.* — 6) in der Gramm. *das worauf, worin, woran, wo oder wann Etwas geschieht* oder *Statt findet, der Begriff des Locativs* 224,13. 233,3. 237,23. 238,17.

अधिकरणकौमुदी f., °चन्द्रिका f. und °चुलक m. Titel von Schriften.

अधिकरणन्यायमाला f. Titel einer Schrift.

अधिकरणमण्डप *Gerichtshalle* Kâd. 98.

अधिकरणमाला f. und °रत्नमाला f. Titel von Schriften.

अधिकरणलेखक m. *Gerichtsschreiber* Kâd. 98.

अधिकरणसिद्धान्त m. *eine Hauptwahrheit, aus der andere Wahrheiten sich von selbst ergeben,* Njâjas. 1,1,30. Karaka 3,8.

अधिकरणिक m. *Richter.* Vgl. आधि°.

*अधिकर्द्धि Adj. = समृद्ध.

अधिकर्मकर und °कर्मकृत् m. *Oberaufseher über die Arbeiter.*

अधिकर्मकृत m. *Oberaufseher, Verwalter, Schaffner.*

*अधिकर्मिक m. *Oberaufseher über einen Markt.*

अधिकल्पिन् Adj. etwa *Uebervortheiler* (im Spiele).

अधिकवयस् Adj. *in vorgerückten Jahren* Venis. 85.

*अधिकषाष्टिक Adj. *über sechzig werth* u. s. w.

अधिकष्ट n. *grosses Elend, grosser Jammer.*

*अधिकसाप्ततिक Adj. *über siebzig werth* u. s. w.

अधिकान्तर Adj. (f. आ) *eine überschüssige Silbe habend* Nir. 7,13.

अधिकाङ्ग 1) Adj. (f. ई) *ein überzähliges Glied habend.* — 2) m. n. **eine auf dem Panzer über die Brust getragene Schärpe.*

अधिकाधिक Adj. *stets wachsend, — zunehmend* 175,28.

अधिकार m. (am Ende eines adj. Comp. f. आ) 1) *Oberaufsicht, Verwaltung, Amt* 149,3. — 2) *Berechtigung, Anspruch, Befähigung zu* (Loc.). — 3) **Prärogative eines Fürsten.* — 4) *das Trachten nach* (Loc.). — 5) *das worauf Etwas bezogen wird;* am Ende eines adj. Comp. *bezüglich auf.* — 6) *ein der Besprechung eines bestimmten Gegenstandes gewidmeter Abschnitt in einem Lehrbuch, das Kapitel von* (geht im Comp. voran) 239,8. — 7) bei den Grammatikern *der an die Spitze eines neuen Abschnittes gesetzte Gegenstand, über den von da an gehandelt werden soll und der in allen folgenden Regeln bis zu einem neuen Abschnitte in derselben grammatischen Form, in der er am Anfange auftritt, zu ergänzen ist.* 221,6. 226,25.

अधिकारक Adj. *einen Gegenstand vorführend, einleitend* TS. Prât. 22,6.

अधिकारपुरुष m. *Beamter.*

अधिकारमाला f. und °संग्रह m. Titel von Schriften.

अधिकारस्थ Adj. *in einem Amte stehend.* पुरुष *Beamter* Spr. 7638.

अधिकारिता f. und अधिकारित्व n. *Oberaufsicht über* (Loc. oder im Comp. vorangehend).

अधिकारिन् 1) Adj. *a) ein Amt bekleidend; die Oberaufsicht über Etwas* (geht im Comp. voran) *habend* 109,25. — *b) Ansprüche auf Etwas* (geht im Comp. voran) *habend; zu Etwas geeignet, tauglich* 253,28. 254,3. 256,24. — 2) *m. *Mensch.*

अधिकार्थवचन n. *Uebertreibung.*

*अधिकार्म.

अधिकृत m. *Haupt, Aufseher, Verwalter, Chef, Beamter* (das Amt im Loc. oder im Comp. vorangehend).

°अधिकृतत्व n. *das über Etwas Gesetztsein, das Bestimmtsein zu.*

*अधिकृष्णम् Adv. *in Bezug auf Kṛshṇa.*

*अधिक्रम m. *Angriff.*

अधिक्षित् m. *Beherrscher.*

अधिक्षेप m. *Beschimpfung, Verspottung.*

अधिगन्तर् Nom. ag. *Finder* Gaut. 10,38.

अधिगन्तव्य Adj. 1) *zu erlangen, zu gewinnen* 191,32. — 2) *zu erreichen, zu ergründen* Spr. 1339. — 3) *zu studiren.*

अधिगम m. 1) *Auffindung, Erlangung, Antreffung, Habhaftwerdung* Gaut. 10,39. — 2) *Gewinn.* — 3) *Erfahrung, Erleidung.* — 4) *Gewinnung einer Ueberzeugung, Erkenntniss* Gaut. 11,23. — 5) *Studium, das Lernen, Lesen.*

अधिगमन n. 1) *das Erlangen, Antreffen, Habhaftwerden.* — 2) *Studium, das Lesen.*

अधिगम्य Adj. 1) *wohin man zu gelangen hat* Bhâg. P. 5,10,10. — 2) *zugänglich.* — 3) *erkennbar, fassbar.* — 4) *zu studiren.*

(अ॑धिगर्त्य) अ॑धिगर्तिअ Adj. *auf dem Wagensitze befindlich.*

अधिगव॑ Adj. *vom Rind —, von der Kuh kommend* AV. 9,6,39.

अधिगुण Adj. *mit hohen Eigenschaften begabt.*

अधिगोप्तर् Nom. ag. *Hüter.*

अधिचङ्क्रम॑ Adj. (f. आ) *über Etwas kriechend* AV. 11,9,16.

अधिचर Adj. *überschüssig.*

अधिचरण in स्वधि°.

*अधिज Adj.

अधिजनन n. *Geburt.*

अधिजानु Adv. *auf das Knie.*

अधिजिह्व m. *Ueberzunge, Geschwulst an der Zunge.*

अधिजिह्विका f. 1) dass. — 2) **Zäpfchen im Halse* Nigh. Pr.

अ॑धिज्य Adj. *mit aufgezogener Sehne* Çat. Br. 14,

6, 8, 2. अधिज्यधन्वन् Adj. *an dessen Bogen die Sehne aufgezogen ist* 9,1,1,6. Chr. 96,2. अधिज्यता f. Nom. abstr.

अधिज्योतिषम् Adv. *in Bezug auf das Leuchtende.*

अधित्यका f. *Bergebene, Bergplateau* Çiç. 4, 40.

अधिदण्डनेतर् m. *der oberste Richter,* Jama Bhâg. P. 3,16,10.

अधिदन्त m. *Ueberzahn.*

अधिदिन n. *überschüssiger Tag.* Pl. *die höhere Zahl der Lunartage im* Ahargaṇa *im Vergleich zu den Solartagen* Siddh. Çir.

अधिदीधितिभावार्थ m. Titel einer Schrift.

अधिदेव m. *ein höchster Gott.*

अधिदेवतम् Adv. *in Bezug auf die Götter.*

अधिदेवता f. *eine höchste Gottheit, Schutzgottheit.*

अधिदेवन n. *Spielbrett beim Würfelspiel.*

अधिदैव n. *die den Agens einer Thätigkeit leitende Gottheit* Gop. Br. 1,4,2.

अधिदैवत n. *Schutzgottheit* und = अधिदैव.

अधिदैवतम् Adv. *in Bezug auf die Gottheit, — das göttliche Princip.*

अधिदैवत्य n. *die oberste göttliche Stellung unter* (Abl.) Maitrjup. 4,4.

अधिनाथ m. 1) *Oberherr.* — 2) N. pr. eines Autors.

अधिनिर्णिज् Adj. *in ein Prachtgewand gehüllt.*

अधिप m. *Gebieter, Herr, Oberhaupt; Regent* in der Astrol.

अधिपति m. 1) dass. — 2) *Wirbel auf dem Kopfe.*

अधिपतिवती Adj. f. *den Herrn in sich enthaltend* Maitrjup. 6, 5.

अधिपत्नी f. *Oberherrin.*

अधिपथम् Adv. *über einen Pfad hinweg.*

अधिपा m. *Gebieter, Herrscher.*

अधिपांसुल Adj. *überaus staubig.*

अधिपाश m. *Knebel* Kauç. 49.

अधिपुरुष m. *der höchste Geist* Gaim. 6,2,16.

अधिपूतभृतम् Adv. *über dem den gereinigten* (Soma) *enthaltenden* (Kübel).

अधिपूरुष m. *der höchste Geist* VP. 1,12,59.

अधिपेषण Adj. *worauf Etwas zermalmt wird.*

अधिपौरुष n. *die höchste Manneskraft* MBh. 13, 16, 18.

अधिप्रजम् Adv. *in Bezug auf die Nachkommenschaft, — Familie.*

अधिप्रज्ञम् Adv. *in Bezug auf die Erkenntniss* Kaush. Up. 3, 8.

अधिप्रष्टियुग n. *das Joch am* Prashṭi-*Pferde.*

अधिप्लवन n. *das Hinüberspringen über* (im Comp. vorangehend).

अधिफाणित Adj. *mit verdicktem Zuckerrohrsaft übergossen* MBh. 13, 64, 26.

अधिबल n. 1) *das Ueberbieten* (Rede durch Rede). — 2) in der Dramatik *hinterlistiger Anschlag.*

अधिबाधितर् Nom. ag. *Belästiger, Quäler.*

अधिबुभूषु Adj. *der die Oberhand bekommen will.*

*अधिभू m. *Herrscher, Gebieter.*

अधिभूत n. *das Gebiet* oder *Object des Agens.*

अधिभूतम् Adv. *in Bezug auf die Wesen* Kaush. Up. 3, 8.

अधिभोजन n. *Zugabe.*

अधिमखम् Adv. *bei Gelegenheit eines Opfers.*

अधिमन्थ m. *eine best. Krankheit des Auges.*

अधिमन्थन 1) Adj. *womit gerieben wird.* — 2) n. *das* (harte) *Holzstück, welches auf dem* (weichen) *gerieben wird.*

अधिमांस und °क n. *von Speichelfluss begleitete schmerzhafte Anschwellung des Zahnfleisches in der Gegend des Weisheitszahnes.*

अधिमांसार्मन् n. *eine best. Krankheit des Weissen im Auge* Suçr. 2,310,9.

अधिमात्र Adj. *übermässig* Jogas. 2, 34. Davon Nom. abstr. °त्व n. 1,22.

अधिमात्रकारुणिक (अतिमात्र°?) m. N. pr. eines Mannes.

अधिमात्रम् Adv. *in Bezug auf die Lautmaasse.*

अधिमास und °क m. *Schaltmonat.*

अधिमासदिन n. = अधिदिन Comm. zu Siddh. Çir.

अधिमित्र n. in der Astrol. *gelegentlicher Freund* Varâh. Brh. 13,1. Davon Nom. abstr. °ता f. Utpala zu 22,3.

अधिमुक्ति f. *Neigung, starker Zug nach; Vertrauen* (buddh.).

अधिमुक्तिक 1) m. Bein. Mahâkâla's. — 2) am Ende eines adj. Comp. = अधिमुक्ति Lalit. 312,2.

*अधिमुक्तिका f. *Perlmutter* Nigh. Pr.

अधिमोक्ष m. buddh. = अधिमुक्ति.

1. अधियज्ञ m. *das höchste Opfer.*

2. अधियज्ञ Adj. *auf das Opfer bezüglich.* °यज्ञम् Adv. *in Bezug auf das Opfer.*

*अधियाग n. = अधिकाङ्ग 2).

अधियोग m. *eine best. Constellation* Varâh. Brh. 13,2.

अधियोध R. Gorr. fehlerhaft. युधि यो ed. Bomb. 6, 48, 24.

अधिरज्जु Adj. *einen Strick mit sich führend.*

अधिरथ 1) Adj. a) *auf dem Wagen stehend, zu Wagen seiend;* m. *Kämpfer zu Wagen, Wagenlenker.* — b) *durch einen Wagen vermehrt, nebst einem Wagen.* — 2) m. N. pr. verschiedener Männer. — 3) n. *Wagenlast.*

अधिरथीय n. कुत्सस्य Name eines Sâman.

अधिराज् und °राज (137,29. 139,6) m. *Oberherrscher, Oberhaupt.*

अधिराजता f. *Oberherrschaft über* (Gen.).

अधिराजन् m. *Oberherrscher, Oberhaupt.*

अधिराज्य n. 1) *Oberherrschaft.* — 2) N. pr. eines *Reiches.*

अधिराज्यकुशाद्य m. N. pr. eines Reiches MBh. 6, 9, 44.

अधिराष्ट्र n. N. pr. eines *Reiches.*

अधिरुक्म Adj. *Goldschmuck an sich tragend.*

अधिरूढकर्ण Adj. v. l. zu अध्यालोढकर्ण Maitr. S. 3,13,5.

अधिरोढव्य n. impers. *zu steigen auf* (Loc.).

अधिरोपण n. *das Aufsteigenlassen, Aufsetzen auf* (im Comp. vorangehend).

अधिरोहण 1) n. *das Steigen auf* (Loc. oder im Comp. vorangehend), *Besteigen* Çat. Br. 7,3,2,17. — 2) *f. ई *Leiter.*

*अधिरोहिणी f. *Leiter.*

अधिलोक m. *die höchste Welt.*

अधिलोकम् Adv. *in Bezug auf die Welten.*

अधिवक्तर् Nom. ag. *Fürsprecher* oder *Segner.*

अधिवङ्ग m. N. pr. eines Waldes.

*अधिवचन n. *Beiwort, Name, Benennung.*

अधिवत्सर n. *das Jupiterjahr von 361 Tagen.*

अधिवपन n. *das Aufstreuen.*

अधिवर्चस् n. *Abtritt* Gobh. 1,4,10. °वर्च n. v. l.

अधिवर्जन n. *das an's Feuer Rücken.*

अधिवसति f. *Wohnstätte, Wohnung.*

अधिवस्त्र Adj. *mit Gewändern bekleidet.*

अधिवाक m. *Fürsprache* oder *Segen.*

अधिवाद्यकुलाद्य m. N. pr. eines Reiches MBh. 6,352.

अधिवाद m. *Beleidigung mit Worten* Maitr. S. 3,2,2.

1. अधिवास m. 1) *Bewohner.* — 2) *Nachbar* 213, 6. 11. — 3) *Wohnung, Wohnort, Sitz* 216, 23 (am Ende eines adj. Comp. f. आ).

2. अधिवास m. *Ueberwurf, Decke.*

3. अधिवास m. *Parfüm* MBh. 3,43,17. Davon Nom. abstr. °ता Spr. 2562.

अधिवासन n. 1) *das Parfümiren* 246, 23. — 2) *Einweihen* (einer Götterstatue). °मण्डप *die Festhütte, in der dieses geschieht.*

अधिवासना f. *Willfahrung* (buddh.).

अधिवासभूमि f. *Wohnort.*

*अधिवासित n. *Wohnung* Gal.

*°अधिवासिन् Adj. *wohnend, wachsend in.*

अधिवाह m. *Aufseher über das Gespann.*

अधिवाहन m. N. pr. eines Mannes.

अधिविकर्तन n. *ferneres Zerschneiden.*

अधिविज्ञान n. *höchstes Wissen.*

अधिविद्यम् Adv. *in Bezug auf das Wissen.*

अधिवृक्षसूर्ये Loc. *zur Zeit, wo nur noch die Baumwipfel von der Sonne beschienen werden.* Am Anf. eines Comp. °सूर्य° Gaut. 5, 40.

अधिवेत्तव्या Adj. f. *durch eine zweite Frau hintanzusetzen* 193, 10. 14.

अधिवेदन n. *das Heirathen einer zweiten Frau bei Lebzeiten der ersten* Verz. d. Oxf. H. 85,*a*,27.

अधिवेदम् Adv. *in Bezug auf den* Veda.

***अधिवेदिका** und *°वेदिनी f. *eine zweite Frau bei Lebzeiten der ersten* Gal.

अधिवेद्या Adj. f. = अधिवेत्तव्या 193, 1.

अधिवेश्म Adv. *im Hause.*

अधिशय m. *Zuschuss* Lâṭj. 6,5,13.18.19.23.24.28.

अधिशिरस् Adv. *über den Kopf* Kauç. 27.

अधिश्रयण 1) n. *das auf's Feuer Setzen.* — 2) *f. ई *Ofen.*

अधिश्रयणीय Adj. *auf das* Adhiçrajaṇa *bezüglich.*

अधिश्रयितवै Dat. Inf. *auf's Feuer zu setzen.*

अधिश्री Adj. *auf der Höhe des Glücks stehend.*

अधिश्रोत्रम् Adv. *an den Ohren.*

अधिषवण 1) Adj. *zum Pressen* (des Soma) *dienend.* — 2) n. *a*) *Presse,* namentlich Du. *die beiden Theile derselben: der Deckel und der durchlöcherte Trog.* — *b*) *das Fell, auf welchem der ausgepresste* Soma-*Saft läuft.*

(अधिषवण्य) **अधिषवणिअ** m. Du. *die beiden Theile der* Soma-*Presse.*

अधिष्ठातर् Nom. ag. (f. °त्री) *Vorsteher, der über Jmd* oder *Etwas gesetzt ist.* Davon Nom. abstr. °तृत्व n.

अधिष्ठान n. 1) *Standort, Grundlage, Sitz, Platz* 106, 12. — 2) *Standplatz des Kriegers auf dem Wagen* Sâmav. Br. 3,6,4. — 3) *Residenz.* — 4) *Anwesenheit* Hâsj. — 5) *Herrschaft, hohe Stellung, Macht.* — 5) *Segen* (buddh.).

अधिष्ठानवत् Adj. *auf fester Grundlage ruhend.*

अधिष्ठायक Adj. *über Etwas stehend, beaufsichtigend.*

अधिष्ठेय Adj. *zu beherrschen; was beherrscht wird.*

अधिष्ण्य und °वत् (Vaitân. 18) Adj. *keinen* Dhishṇja *genannten Nebenaltar habend.*

अधिसीमकृष्ण m. N. pr. eines Fürsten VP. 4, 21,3.

अधिसेनापति m. *Oberheerführer.*

***अधिस्त्रि** Adv. = स्त्रियाम्.

अधिस्त्री f. *eine hochstehende Frau.*

अधिस्पर्शम् Adv. *in Bezug auf die Berührung.*

***अधिहरि** Adv. = हरौ.

अधिहस्ति Adv. *auf einem Elephanten.*

अधिहस्त्य n. *ein in der Hand gehaltenes Geschenk, mit dem man vor seinem Lehrer u. s. w. erscheint.*

अधीक् *die Wurzel* इ, इति *mit* अधि 235, 20.

अधीकार m. 1) *Oberaufsicht, Verwaltung* (mit Loc.). — 2) *Befähigung.*

अधीतवेद (!) Adj. *der den* Veda *durchstudirt hat* Çat. Br. 14,6,11,1.

अधीति f. 1) *Erinnerung.* — 2) *Studium.*

अधीतिन् Adj. 1) *belesen, bewandert in* 233,8. — 2) *mit dem Studium der heiligen Schriften beschäftigt.*

अधीन Adj. (f. आ) meist am Ende eines Comp. 1) *liegend auf* Spr. 6012. — 2) *Jmdn gehörig.* — 3) *untergeben, untergeordnet, abhängig von.*

अधीनत्व n. *Unterthanenschaft, Abhängigkeit.*

अधीमन्थ m. = अधिमन्थ.

1. **अधीर** 1) Adj. (f. आ) *a*) *nicht fest, beweglich.* — *b*) *unentschlossen, wankelmüthig, ängstlich, kleinmüthig.* Eine solche Heroine geschildert Spr. 7028. — 2) *f. आ *Blitz.*

2. **अधीर** Adj. (f. आ) *unverständig.*

अधीरता f. *Kleinmuth.*

अधीराक्ष Adj. *mit beweglichen Augen* 249, 31.

1. **अधीवास** m. *Wohnung, Wohnort, Sitz.*

2. **अधीवास** m. *Ueberwurf, Mantel.*

1. **अधीवासस्** n. dass. Vaitân. 36.

2. **अधीवासम्** Adv. *über dem Kleide.*

अधीश m. *Oberherr, Fürst, Gebieter.* Davon Nom. abstr. °ता f. 139, 19.

***अधीशितर्** Nom. ag. *Gebieter* so v. a. *Gatte, Geliebter.*

***अधीश्वर** m. 1) *Oberkönig.* — 2) *ein* Arhant bei den Gaina.

अधुना Adv. *jetzt.*

अधुनातन Adj. *jetzig.*

***अधुर** Adj. *unbelastet.*

अधूमक Adj. *rauchlos.*

अधृत Adj. *sich nicht ruhig verhaltend* TS. 5,3,2,1. Auch als Beiw. Vishṇu's.

अधृति f. 1) *Unruhe, Unbehaglichkeit.* — 2) *Wankelmuth.*

अधृष्ट Adj. 1) *unwiderstehlich, unbezwinglich* 11, 9. 18, 2. — 2) *nicht keck, bescheiden, schüchtern* Pańkat. III, 193.

अधृष्य 1) Adj. *a*) *an den man sich nicht wagt.* — *b*) **stolz.* — 2) f. आ N. pr. eines Flusses.

अधेनु f. *eine nicht milchende Kuh* Gaut. 9, 19. Uebertr. so v. a. *etwas Unfruchtbares.*

अधैर्य n. *Wankelmuth, Kleinmuth.*

अधोअक्ष Adj. *nicht bis zur Achse reichend.*

***अधोऽंशुक** n. *Untergewand.*

अधोक् 3. Sg. Imperf. vom दुह्.

अधोऽक्षज Adj. *unter einer Achse geboren;* m. Bein. Vishṇu's.

अधोऽक्षम् und °क्षेण Adv. *unter der Achse.*

अधोगत Adj. 1) *untergegangen* und *tief sich verneigend* Spr. 3076. — 2) *nach unten verschoben* (eine Art des Beinbruchs) Çârṅg. S. 1,7,58. Bhâvapr. 5,125.

1. **अधोगति** f. *Gang nach unten* (auch *zur Hölle*), *das Sinken.*

2. **अधोगति** Adj. *nach unten gehend; zur Hölle fahrend.*

अधोगमन n. *das Abwärtsgehen* Tattvas. 32.

***अधोघण्टा** f. *Achyranthes aspera.*

अधोजानु Adv. *unterhalb des Knies* Çat. Br. 13,8, 3,12. Kâtj. Çr. 21,4,18.

***अधोजिह्विका** f. *Zäpfchen im Halse.*

***अधोदारु** n. *Säulenstuhl von Holz.*

***अधोदिश्** f. *Nadir.*

1. **अधोदृष्टि** f. *Blick zur Erde.*

2. **अधोदृष्टि** Adj. *den Blick nach unten gerichtet.*

अधोदेश m. *der untere Theil des Leibes* Mahîdh. zu VS. 29, 58.

अधोनयन n. *das Herunterbringen.*

अधोनिलय m. *Hölle* Spr. 5177.

अधोनिवीत Adj. *mit heruntergestreifter Opferschnur* Âçv. Gṛhj. 4,2,9.

अधोपहास m. *ein Spiel in den unteren Regionen* so v. a. *Beischlaf.*

अधोबिन्दु Adj. *dessen Tropfen nach unten laufen* Jogat. Up. 9.

अधोभक्त m. *nach dem Essen genommene Arzenei.*

अधोभग्न Adj. = अधोगत 2) Bhâvapr. 5,125.

अधोभाग m. 1) *der untere Theil; Tiefe.* — 2) *der untere Theil des Leibes* 217,8.

***अधोभुवन** n. *Unterwelt.*

***अधोभूमि** f. *unten —, am Fusse eines Berges gelegenes Land.*

***अधोमर्मन्** n. *After.*

अधोमुख 1) Adj. (f. ई) *a*) *mit nach unten gerichtetem Gesicht* 65,17.27. — *b*) *nach unten gerichtet* 99,8. 317,7. zu Spr. 1519. — 2) m. *a*) *eine best. Hölle* VP. 2,6,17. — *b*) *Bein. Vishṇu's. — 3) *f. आ *eine best. Pflanze,* = गोजिह्वा. — 4) *f. ई *ein best. Vogel* Gal.

अधोराम Adj. *unten am Leibe dunkelfarbig.*

अधोलम्ब m. *Senkrechte* COLEBR. Alg. 68.

*अधोलोक m. *Unterwelt.*

*अधोवदन Adj. 1) *mit nach unten gerichtetem Gesicht.* — 2) *nach unten gerichtet.*

अधोवर्चस् Adj. *nach unten taumelnd, zu Boden sinkend.*

अधोवायु m. *Farz.*

अधोऽवेक्षिन् Adj. *zur Erde blickend* Spr. 989, v.l.

अधोऽश्वम् Adv. *unter das Pferd.*

अधौत Adj. *ungewaschen* PÂR. GRHJ. 2,6,20.

अध्यंस Adj. *auf der Schulter liegend.*

अध्यक्ष 1) Adj. (f. आ) a) *mit eigenen Augen sehend, Augenzeuge.* — b) *wahrnehmbar.* — 2) m. a) *Aufseher* 19,27. — b) **Mimusops Kauki.*

अध्यक्षरम् Adv. *in Bezug auf die Silben.*

अध्यग्नि Adv. *über dem Feuer* (bei der Trauung).

*अध्यञ्च् Adj. *nach oben gerichtet.*

अध्यणमात्रिक Adj. *um ein Viertel einer Mora länger* Comm. zu TS. PRÂT. 22,13.

अध्यण्डा f. *Carpopogon pruriens* und *Flacourtia cataphracta.*

अध्यधिक्षेप m. *frecher Tadel.*

अध्यधीन Adj. *vollkommen abhängig, Sclave.*

अध्यन्तेन Instr. Adv. *in die Nähe von, dicht zu — hin* 30,1.

अध्ययन n. *Studium, das Lesen* (insbes. der heiligen Schriften); *das Lernen von Jmd* (Abl.)

अध्ययनदानिक Adj. *in der Unterweisung im Studium bestehend* SUÇR. 1,8,6.

अध्ययनसंप्रदान n. *Unterweisung im Studium.* Davon °दानीय Adj. *darauf bezüglich* SUÇR. 1,8,2.

अध्ययनादान n. *Empfang von Unterricht von Jmd* (Abl.)

*अध्ययनीय Adj. *zu studiren, zu lesen.*

अध्यर्ध 1) Adj. (f. आ) *anderthalb.* — 2) f. आ *ein Backstein von best. Grösse* ÇULBAS. 3,58.121.127.

*अध्यर्धक Adj. *für anderthalb gekauft* u. s. w.

*अध्यर्धकंस 1) m. *anderthalb* Kaṁsa (*ein best. Maass*). — 2) Adj. *so viel enthaltend.*

*अध्यर्धकाकिणीक Adj. *anderthalb* Kâkiṇî *werth* u. s. w.

*अध्यर्धकार्षापण 1) m. *anderthalb* Kârshâpaṇa. — 2) Adj. *so viel werth* u. s. w.

*अध्यर्धकार्षापणिक Adj. = अध्यर्धकार्षापण 2).

*अध्यर्धखारीक Adj. *anderthalb* Khârî *enthaltend.*

*अध्यर्धपण्य Adj. *anderthalb* Paṇa *werth* u. s. w.

*अध्यर्धपाद्य Adj. *anderthalb Viertel werth* u. s. w.

*अध्यर्धप्रतिक Adj. *anderthalb* Kârshâpaṇa *werth* u. s. w.

*अध्यर्धमाष्य Adj. *anderthalb* Mâsha *wiegend.*

*अध्यर्धविंशतिकीन Adj. *dreissig werth* u. s. w.

*अध्यर्धशत 1) n. *hundertundfünfzig.* — 2) Adj. *so viel werth* u. s. w.

*अध्यर्धशतमान 1) m. *anderthalb* Çatamâna. — 2) Adj. *so viel werth* u. s. w.

*अध्यर्धशत्य Adj. *hundertundfünfzig werth* u. s. w.

*अध्यर्धशाण 1) m. *anderthalb* Çâṇa. — 2) Adj. *so viel wiegend.*

*अध्यर्धशाण्य Adj. = अध्यर्धशाण 2).

*अध्यर्धशातमान Adj. = अध्यर्धशतमान 2).

*अध्यर्धशूर्प 1) m. n. *anderthalb* Çûrpa. — 2) Adj. *so viel enthaltend.*

*अध्यर्धसहस्र 1) n. *tausendfünfhundert.* — 2) Adj. *so viel werth* u. s. w.

*अध्यर्धसाहस्र Adj. = अध्यर्धसहस्र 2).

*अध्यर्धसुवर्ण 1) m. n. *anderthalb* Karsha *Gold.* — 2) Adj. *so viel werth* u. s. w.

*अध्यर्धसौवर्णिक Adj. = अध्यर्धसुवर्ण 2).

अध्यर्धेड Adj. *anderthalb* Iḍâ *enthaltend.* n. Name eines Sâman TÂṆḌJA-BR. 10,11,1. सोमसामन् n. dass.

अध्यर्बुद n. *Uebergeschwulst, Uebergewächs.*

अध्यर्हणीय Adj. *hoher Ehren werth.*

अध्यवसान n. (adj. Comp. f. आ) *das Gewinnen einer festen Ansicht, das sich für Etwas Bestimmen.*

अध्यवसाय m. 1) dass. — 2) *Beschlussfassung, fester Vorsatz.* — 3) buddh. *blosse Meinung* SARVAD. 22,17.

अध्यवसायक m. = अध्यवसाय 2).

अध्यवसायित Adj. *fest beschlossen.*

अध्यवसायिन् Adj. *sich zu Etwas entschliessend* 105,29.

अध्यवसिति f. *Voraussetzung.*

अध्यवसेय Adj. buddh. *was man sich bloss vorstellt* SARVAD. 22,16.

अध्यवहनन Adj. *worauf gedroschen wird.*

अध्यशन n. *das Zusichnehmen von Speisen, bevor die vorangegangene Mahlzeit verdaut ist.*

*अध्यश्व Adj. *zu Pferde sitzend.*

अध्यस्थ n. *Oberfläche eines Knochens.*

अध्यस्थि n. *Ueberknochen.*

अध्याण्डा f. *eine best. Pflanze* (vgl. अध्यण्डा).

अध्यात्म 1) Adj. *der Person angehörig, persönlich eigen.* — 2) n. a) *die höchste Seele.* — b) *die Seele als Agens einer Thätigkeit.*

अध्यात्मकल्पतरु m. und °चिन्तामणि m. Titel von Schriften.

अध्यात्मम् Adv. 1) *in Bezug auf die Person, — das Selbst, — die Alseele.* — 2) *zu sich hin; an sich, am Leibe* GOP. BR. 2,5,2.

अध्यात्मप्रदीपिका f., °बोध m., °मीमांसा f., °रामायण n., °विद्योपदेशविधि m., °शास्त्र n. und °सुधातरंगिणी f. Titel von Schriften.

अध्यात्मिक Adj. *auf den höchsten Geist oder auf die Seele bezüglich.* Richtiger आध्या°.

अध्यात्मोत्तरकाण्ड n. *das letzte Buch des* Adhjâtmarâmâjaṇa.

अध्यापक m. *Lehrer.*

अध्यापन n. *das Unterrichten.*

अध्यापय, °यति Caus. von इ, इति mit अधि.

अध्यापयितर् Nom. ag. *Lehrer.*

अध्याप्य Adj. *zu unterrichten.*

अध्याय 1) *Adj. *studirend, lesend, belesen.* — 2) m. a) *Studium, das Lesen* (insbes. der heiligen Schriften. — b) *die für das Studium der heiligen Schriften angemessene Zeit.* — c) *grösserer Abschnitt in einem Werke, lectio.*

अध्यायशतपाठ m. Titel eines Werkes.

अध्यायिन् Adj. *studirend, lesend.*

अध्यारोप m. (257,31. 258,3) und अध्यारोपण f. *falsche Uebertragung.*

अध्यारोह m. *das Aufsteigen* (auch uneig.).

अध्यावाप m. *das Aufstreuen, Aufschütten.*

अध्यावाहनिक n. *das aus dem elterlichen Hause mitgebrachte Vermögen einer Frau* 200,13.

अध्याशय m. buddh. *Neigung, Gesinnung* LALIT. 10,18. 11,5. 15,2. 215,7.

अध्यास m. 1) *das Aufsetzen, Aufstellen.* — 2) *falsche Uebertragung.* — 3) *Anhang, Zusatz.*

अध्यासन n. *Sitz, Aufenthaltsort.*

अध्यासभाष्य n. Titel einer Schrift.

अध्यासित n. *das Sitzen auf* RAGH. 2,52.

अध्यासितव्य Adj. *zu übernehmen.*

अध्यासिन् Adj. *sitzend auf* Spr. 4829.

अध्यास्या f. *eine anzuhängende* Ṛk LÂṬJ. 3,6,29.

*अध्याहरण n. *das Erwägen, Betrachten.*

अध्याहर्तव्य Adj. *zu ergänzen* Comm. zu NJÂJAM. 2,1,38.

अध्याहार m. 1) *Aufbürdung, Zuschiebung.* — 2) *Ergänzung, Supplirung.* — 3) **Erwägung, Betrachtung.*

अध्याहार्य Adj. *zu ergänzen.*

अध्युष्ट Adj. *viertehalb.*

*अध्युष्ट्र m. *ein mit einem Kamel bespannter Wagen.*

अध्यूढ 1) Adj. **reich.* — 2) m. a) *ein Sohn, mit welchem die Mutter schon schwanger war, als sie heirathete.* — b) *Bein. *Çiva's.* — 3) f. आ *eine Frau, deren Mann nach ihr wieder geheirathet hat.* — Vgl. ऊह् mit अधि.

अध्यूढज m. = अध्यूढ 2) a).

अध्यूध्नी f. ein best. über dem Euter gelegener Körpertheil.

अध्येतृ Nom. ag. (f. °त्री) Student, Leser.

अध्येतव्य Adj. zu studiren, zu lesen. Davon Nom. abstr. °त्व n.

अध्येय Adj. dass.

अध्येषण 1) n. und °णा f. Bitte, Aufforderung. — 2) f. Ehrenerweisung Nj. K.

अध्योढ m. = अध्यूढ 2) a).

अध्रि Adj. unaufhaltsam AV. 5,20,10 (अद्रि gedr.).

अध्रिगु 1) Adj. unaufhaltsam vordringend. — 2) m. a) eine best. Thieropferformel, die das Wort अध्रिगु enthält. — b) N. pr. eines Mannes.

अध्रिज Adj. unaufhaltsam.

*अध्रियमाण gaṇa चार्वादि.

अध्रुव Adj. (f. आ) 1) nicht am Ort verharrend, beweglich Çat. Br. 8,2,1,2. Dazu Nom. abstr. °त्व n. Mahâbh. 1,281,b. — 2) nicht beständig, schnell vergehend Çat. Br. 10,2,6,19. Chr. 183,22. — 3) nicht bestimmt, ungewiss. — 4) ablösbar (von einem Theile des Körpers, dessen Verlust nicht den Tod herbeiführt.)

अध्रुष m. eine schmerzhafte harte und rothe Anschwellung in der Gegend des Gaumens.

अध्रौव्य n. das Nichtverharren am Orte Mahâbh. 1,282,a.

°अध्व und °अध्वक m. = अध्वन्.

*अध्वदमिन् m. Vogel Nigh. Pr.

अध्वग 1) Adj. (f. आ) auf dem Wege befindlich. परलोकाध्वग zur anderen Welt Spr. 2204. — 2) m. a) Reisender, Wanderer, Spaziergänger 133,18. 176,28. 234,7. Spr. 5713. — b) *Kamel. — c) *Maulthier. — d) *Vogel Nigh. Pr. — 3) *f. आ die Gaṅgâ.

अध्वगन्तृ Adj. einen Weg zurücklegend, wandernd.

*अध्वगभोग्य m. Spondias mangifera.

*अध्वगमन n. das Reisen.

*अध्वगा f. eine best. Pflanze.

अध्वन् m. 1) Weg. — 2) Reise, das Reisen, Wandern 34,21. 127,4. — 3) Wegemaass, Entfernung; Längenmaass, Länge 227,19. 231,23. — 4) Reise in's Jenseits: दुर्मरं पुरुषेणेह मन्ये ऽध्वन्यनागते so v. a. wenn man noch nicht sterben will MBh. 14,80,24. — 5) Schule (eines Veda). — 6) Zeit Lalit. 101,1. — 7) *Luft. — 8) *= संस्थान, अवस्कन्द (अवस्कन्ध, स्कन्ध).

अध्वनीन m. Reisender Râgat. 7,1011.

अध्वन्य 1) *Adj. zur Reise geeignet. — 2) m. Reisender, Wanderer 177,9.

अध्वप m. Wegemeister, ein mit der öffentlichen Sicherheit betrauter Beamter.

अध्वपति m. 1) Herr der Wege VS. — 2) = अध्वप.

अध्वर 1) Adj. nicht zu Fall bringend, — schädigend AV. 7,58,1. TS. 3,1,9,2. — 2) m. a) religiöse Feier, Opferfest; Soma-Opfer. — b) *Luft. — c) N. pr. α) *eines Vasu. — β) verschiedener Männer. — 3) f. आ a) eine dem Ingwer ähnliche Wurzel Bhâvapr. 1,170,21. — b) Bein. der Dâkshâjaṇî.

अध्वरकर्मन् n. jede zum Soma-Opfer gehörige Ceremonie Çat. Br. 7,3,1,4.

अध्वरकृत् Adj. Opfer verrichtend.

अध्वरग Adj. zum Opfer bestimmt. सोम MBh. 3,269,21.

अध्वरतन्त्र n. Titel einer Schrift.

अध्वरत्व n. das Wesen der Opferfeier Maitr. S. 3,6,10.

*अध्वरथ m. Reisewagen.

अध्वरदीक्षणीया f. zum Soma-Opfer gehörige Weihe.

अध्वरधिष्ण्य m. Nebenaltar beim Soma-Opfer Çat. Br. 9,4,3,5.

अध्वरपद्धति f. Titel eines Werkes.

अध्वरप्रायश्चित्ति f. die zum Soma-Opfer gehörige Sühnceremonie.

अध्वरमय Adj. Bez. der Mahânâmnî-Verse Ârsh. Br. 2,26.

अध्वरवत् Adj. das Wort अध्वर enthaltend.

अध्वरश्री Adj. das Opferfest verschönend.

अध्वरस् Adj. = अध्वर Çat. Br. 1,7,3,15.

अध्वरसमिष्टयजुस् n. ein zum Soma-Opfer gehöriger Schlussopferspruch (sammt Spende).

अध्वरहोत्र n. bei den Maga so v. a. अग्निहोत्र der Brahmanen.

अध्वरीय, °यति den Opferdienst besorgen.

अध्वरेष्ठा Adj. bei der Opferfeier ausharrend.

अध्वर्य, Partic. अध्वर्यत् den Opferdienst besorgend.

अध्वर्यु m. dienstthuender Priester 16,4. Bez. eines best. beim Cultus thätigen Priesters. In der ältesten Zeit tritt neben ihm noch der Hotar auf, später ausser diesem noch der Brahman und der Udgâtar (oder Âgnîdhra) 24,9. 36,7. Sein Ritual ist der Jagurveda, woher der Pl. des Wortes zur Bez. dieses Veda dient. Der Du. umfasst den Adhvarju und den Pratiprasthâtar. अध्वर्युविकार Kâtj. Çr. 5,5,26. °ब्राह्मण n. (Sâj. zu R̥V. 10,61) und °सूत्र n. Titel von Schriften.

*अध्वशल्य m. Achyranthes aspera.

अध्वस्मन् Adj. unbefleckt, unverdunkelt.

अध्वाधिप m. = अध्वप.

1. अध्वान m. = अध्वन् Weg, Reise.

2. अध्वान m. Lautlosigkeit, das Stummsein Mr̥kkh. 77,3.

*अध्वान्तशात्रव m. Bignonia indica.

अध्वेश m. = अध्वप.

1. अन्° s. 2. अ°.

2. अन्, अनति und अनिति 1) athmen 19,17. — 2) nach Luft schnappen, lechzen. — 3) *gehen. — Mit अप ausathmen, aushauchen. — Mit अभ्यप anathmen. — Mit अव einathmen. — Mit व्यव dazwischen athmen Maitr. S. 4,7,7. Tâṇḍja-Br. 7,1,9. — Mit उदा (उदानिति fehlerhaft für उदनिति). — Mit उद् 1) hinaufathmen. — 2) ausathmen. — Mit अभ्युद् anathmen, anhauchen. — Mit *परा und *परि. — Mit प्र 1) einathmen. — 2) athmen 32,2. — 3) leben. — 4) wehen. — Caus. athmen machen, beleben. प्राणित 1) am Leben erhalten. — 2) beseelt, von Verlangen erfüllt Etwas zu thun (Inf.). — Mit अनुप्र nachathmen, hinterher athmen. — Mit अभिप्र einathmen; beeinathmen. — Mit वि 1) athmen. — 2) den Athem durch den Körper durchathmen. — Mit अभिवि behauchen, durchathmen. — Mit सम् athmen, leben. — Mit अनुसम् darnach athmen Ait. Br. 4,30.

1. अन Pron. der 3ten Person dieser, dieser hier. Davon nur अनेन, अनया und अनयोस् (260,26. 281,27). — Vgl. अना.

2. अन m. Hauch, Athem.

3. *अन Adv. nicht.

अनंश Adj. keinen Erbtheil erhaltend 200,27.

*अनंशुमत्फला f. Musa sapientum.

*अनक 1) Adj. = अणक. — 2) m. = आनक Trommel Gal.

*अनकदुन्दुभ m. N. pr. des Vaters von Vasudeva.

*अनकस्मात् Adv. nicht plötzlich, — unerwartet.

अनकाममार Adj. nicht unerwünscht tödtend Ait. Âr. 250,14.

अनक्त Adj. ungesalbt Çat. Br. 2,6,2,6. 3,4,2,20.

अनक्ष् (Nom. अनक्) und अनक्ष Adj. augenlos, blind.

अनक्षर Adj. 1) lautlos, stumm Spr. 6434. °म् Adv. ohne Worte Kâd. 161. — 2) *was nicht gesagt werden dürfte.

अनक्षसङ्गम् (Maitr. S. 3,9,2) und अनक्षस्तम्भम् Adv. so dass die Wagenachse nicht gehemmt wird.

*अनक्षि n. böser Blick.

अनक्षिक Adj. augenlos.

*अनगाध Adj. nicht tief, flach Gal.

*अनगार m. ein Einsiedler, der sein Haus verlassen hat.

अनगारिका f. *das Leben eines religiösen Bettlers.*

अनग्न 1) Adj. (f. आ) *nicht nackt; — entblösst* (Speise) Jâgn. 1,106. Davon Nom. abstr. अनग्नता f. — 2) *f. आ *die Baumwollenstaude* Nigh. Pr.

अनग्नंभावुक Adj. *sich nicht* (schamlos) *entblössend.*

1. अनग्नि m. *Nicht-Feuer, etwas Anderes als Feuer.*

2. अनग्नि Adj. 1) *kein Feuer unterhaltend.* — 2) *wobei kein Feuer angewandt wird.* — 3) *wobei kein* अग्निचयन *Statt gefunden hat.* — 4) *unverheirathet, caelebs.* — 5) *an Verdauungslosigkeit leidend.*

अनग्निक Adj. *ohne Feuer, nicht mit Feuer in Berührung kommend* Gop. Br. 1,2,23. Çulbas. 2,7. Spr. 3471.

अनग्निचित् Adj. *der das Feuer nicht schichtet* Çat. Br. 13,8,4,11 Kâtj. Çr. 21,4,11.

अनग्निचित्य Adj. *wobei kein* अग्निचयन *Statt gefunden hat* Kâtj. Çr. 8,3,3.

अनग्निचित्या f. *das Nichtschichten des Feuers* Çat. Br. 6,6,2,1.13.

अनग्नित्रा Adj. *kein Feuer pflegend.*

अनग्निदग्ध 1) Adj. *nicht im Feuer —, nicht auf dem Scheiterhaufen verbrannt.* — 2) m. Pl. *eine best. Klasse verstorbener Väter.*

अनघ 1) Adj. (f. आ) *a) nicht schadhaft, makellos.* — *b) keinen Schaden nehmend, unbeschädigt* Ragh. 5,7. — *c)* **gefällig, hübsch.* — *d) frei von Schuld, unschuldig* 166,23. Häufig in der Anrede 46,18. 50,32. 51,21. *frei von Schuld in Bezug auf Jmd* (Gen.). — 2) m. *a)* **weisser Senf* Gal. — *b)* *Bein. Çiva's. — *c)* Bein. Skanda's — *d)* N. pr. eines Gandharva, eines Sâdhja, eines Sohnes des Vasishṭha (VP. 1,10,13) und des Surodha. — 3) f. आ *a)* Pl. *ein best. Mondhaus,* = अघा und मघा. — *b)* N. pr. einer Göttin.

अनघाष्टमी f. *ein best. achter Tag.*

अनङ्कुरित Adj. *nicht hervorgesprossen, — gewachsen.* Bart Spr. 7631.

अनङ्कुश Adj. *dem Leithaken nicht gehorchend, unbändig, auf Nichts hörend.*

1. अनङ्ग n. *kein unwesentlicher Theil* (einer Opferhandlung) Gaim. 4,4,19. Davon Nom. abstr. °त्व n. 6,3,30.

2. अनङ्ग 1) Adj. *gliedlos, körperlos* 32,16. — 2) m. *a) der Liebesgott* 130,11. 296,15. — *b) Geschlechtsliebe* Spr. 5776. — *c)* in der Astrol. *das 7te Haus* Varâh. Bṛh. 9,2. — 3) f. आ *a)* Name der Dâkshâjaṇî. — *b)* N. pr. eines Flusses. — 4) *n. *a) Luft, Luftraum.* — *b) der Geist.*

*अनङ्गक m. *der Geist.*

अनङ्गक्रीडा f. 1) *Minnespiel* 147,3. — 2) *ein best. Metrum* Ind. St. 8,321. fg.

अनङ्गत्रयोदशी f. *ein best. dreizehnter Tag.*

अनङ्गत्व n. *Glied —, Körperlosigkeit* 296,15.

अनङ्गद Adj. *Liebe spendend* und *ohne Armband* Vâs.

अनङ्गदनिष्कधृक् Adj. *kein Armband und keinen Brustschmuck tragend* R. ed. Bomb. 1,6,11.

अनङ्गद्वादशी f. *ein best. zwölfter Tag.*

अनङ्गपुर n. N. pr. einer *Stadt.*

अनङ्ग m. N. pr. eines Fürsten.

अनङ्गमञ्जरी f. N. pr. einer Tochter Anaṅgodaja's.

*अनङ्गमेजय Adj. *die Glieder —, den Körper nicht bewegend.*

अनङ्गरङ्ग m. Titel einer *erotischen* Schrift.

अनङ्गरति f. N. pr. einer Tochter Vîradeva's 130,12.

अनङ्गलेखा f. N. pr. einer Tochter Balâditja's.

अनङ्गविद्या f. *ars amandi* Benf. Chr. 180,6.

अनङ्गशेखर m. *ein best. Metrum.*

अनङ्गसुन्दरी f. ein Frauenname Ind. St. 14,104.

अनङ्गसेन 1) m. ein Mannsname. — 2) f. आ ein Frauenname.

अनङ्गहीन Adj. *dem kein Glied fehlt* Ind. St. 10,147.

अनङ्गापीड m. N. pr. eines Fürsten.

*अनङ्गासुहृद् m. Anaṅga's *Feind* d. i. Çiva.

अनङ्गीकार m. *Nichteinräumung* Sarvad. 2,11.

अनङ्गीकृत Adj. 1) *womit man sich nicht einverstanden erklärt hat* Kathâs. 7,58. — 2) *nicht beherzigt, — berücksichtigt* Kathâs. 18,326.

अनङ्गुरि Adj. *fingerlos.*

अनङ्गुलीयक Adj. *ohne Fingerring* Mṛkkh. 89,24.

अनङ्गुष्ठ Adj. *ohne Daumen* Gaut. 1,46.

अनङ्गोदय m. N. pr. eines Fürsten.

*अनच्छ Adj. *nicht klar, trübe.*

*अनज्ञका und *अनज्ञिका f.

*अनञ्जन n. *Luft.*

अनञ्जित Adj. *ungesalbt* Spr. 239.

अनट् Adj. *ohne Augment* (अट्) AV. Prât. 14,86 (अनड् gedr.).

अनडुच्छत n. *hundert Stiere.*

*अनडुज्जिह्वा f. *Elephantopus scaber.*

*अनडुत्क Adj.

अनडुत्पुच्छ n. *Stierschwanz.*

अनडुद् Adj. *einen Stier schenkend.*

अनडुद्वत् n. N. zweier Sâman.

अनडुह् 1) m. am Ende eines copul. Comp. *Stier.* — 2) f. ई *Kuh.*

*°अनडुहम् Adv.

*अनडुह्य, °ह्यति = अनड्वाहमिवाचरति.

अनड्वह् 1) m. (अनड्वान्, अनड्वन्, अनड्वाहम्, अनडुहा, अनडुद्भ्याम्) *Stier.* — 2) f. अनड्वाही *a)* **Kuh.* — *b)* N. pr. eines Flusses.

अनणु 1) Adj. *nicht fein.* Adv. *stark, laut* Sâh. D. 235,15. — 2) n. *grobes Korn* (Erbsen u. s. w.).

अनत Adj. *nicht in einen cerebralen Laut verwandelt* ṚV. Prât. 4,11.

अनतिकृच्छ्रेण Instr. Adv. *ohne grosse Beschwerde* Vikr. 45.

अनतिकृष्ण Adj. *nicht zu dunkel, — schwarz* Lâṭj. 1,1,7.

अनतिक्रम m. *das Nichtüberschreiten* Çat. Br. 3,3,4,5.

अनतिक्रमण n. dass. Mit. 150,9.

अनतिक्रमणीय Adj. 1) *unvermeidlich* Spr. 6625. — 2) *nicht zu übergehen, — ausser Acht zu lassen, — zu vernachlässigen, zu berücksichtigen* (von Personen und Sachen) 42,30. Mṛkkh. 49,16. 50,3. Çâk. 22,12. 29,20. 95,19. 99,21.

अनतिक्रामत् Adj. *nicht übertretend, — dawider handelnd* Gaut. 23,25.

अनतिक्रुद्ध Adj. *nicht gar zu sehr erzürnt auf* (Gen.) Çâk. 112,9.

अनतिक्षार m. *das Nichtüberfliessen* Tâṇḍja-Br. 13,7,9.

अनतिथि m. *Nicht-Gast* Gaut. 5,43.

अनतिदग्ध Adj. *nicht ganz ausgedörrt* Çat. Br. 1,4,1,14.

अनतिदाह m. *nicht zu heftiges Brennen* Çat. Br. 6,7,1,15. 16. 26.

अनतिदूरे Loc. *nicht in zu grosser Entfernung* Pañkat. 174,10.

अनतिदृश्य Adj. *undurchsichtig.*

अनतिद्रुत Adj. *unübertroffen.*

अनतिनेद m. *das Nichtüberschäumen* Maitr. S. 3,10,4.

अनतिपक्व Adj. *nicht sehr reif, — gesetzt* Benf. Chr. 193,13.

अनतिपात्य Adj. *nicht zu versäumen, — vernachlässigen* Çâk. 60,17.

अनतिपृथु Adj. *nicht zu umfänglich, — gross* Kâtj. Çr. 2,5,20.

अनतिप्रकाशक Adj *nicht in hohem Grade erleuchtend.* Davon Nom. abstr. °त्व n. 260,5.

अनतिप्रयुक्त Adj. *nicht sehr häufig gebraucht* Comm. zu Vâmana 5,1,13.

अनतिप्रश्न्य Adj (f. आ) *in Bezug worauf eine die Grenzen überschreitende Frage unangemessen ist.*

अनतिभोग m. *nicht zu starke Benutzung* Gaut. 12,39.

अनतिमानिन् Adj. *keine zu hohe Meinung von*

sich habend Çat. Br. 5,3,5,19.

अ॑नतिरात्र m. *kein* Atirâtra Çat. Br. 5,1,2,2. Lâṭj. 8,12,9.

अ॑नतिरिक्त Adj. *nicht überschüssig, — zu viel* Çat. Br. 3,9,2,15. 7,3,1,39. 13,8,1,15.

अनतिरिक्ताङ्ग Adj. *kein Glied zu viel habend* Lâṭj. 1,1,7.

अनतिलम्बिन् Adj. *nicht sehr weit herabhängend* Mâlav. 82.

अनतिवाद m. *das Nichtniederdisputiren* Tâṇḍja-Br. 11,3,6.

अनतिवादन (Kâṭh. 31,12), अनतिवादिन् (Tâṇḍja-Br. 11,3,7) und अ॑नतिवादुक (TS. 6,1,5,2) Adj. *nicht niederdisputirend* (mit Acc.)

अनतिविस्तीर्ण Adj. *nicht sehr umfangreich* Kâvjâd. 1,18.

अनतिवृत्ति f. *das Nichthinübergehen über* P. 2,1,6, Schol.

अनतिवेलम् Adv. *nicht in gar zu langer Zeit* Bhâg. P. 4,21,39.

अनतिव्याध्य Adj. *unverwundbar, stichfest.*

अनतिशंस m. *das Nichtüberpreisen* Gop. Br. 2,4,15.

अनतिशङ्का f. *keine allzu grosse Furcht* R. 2,23,6.

अनतिशङ्क्य Adj. *kein grosses Misstrauen erregend.* Davon Nom. abstr. °त्व n. Gaim. 4,1,3.

अनतिशयनीय Adj. *unübertrefflich* Kir. 5,52.

अनतिश्वेत Adj. *nicht allzu weiss* Lâṭj. 1,1,7.

अ॑नतिसृष्ट Adj. *keine Erlaubniss habend, nicht autorisirt* AV. 15,12,8. 11.

अनतीत Adj. *nicht verstrichen* 37,2.

अनत्यन्तगत Adj. *nicht ganz zutreffend, — genau* Nir. 12,40.

अनत्यन्तगति f. *das nicht zum Abschluss Kommen* P. 5,4,4.

1. अ॑नत्यय m. *das Nichthinübergehen* Çat. Br. 13,8,1,1.2.

2. अनत्यय Adj. *nicht abgehend* (Klystier) Bhâvapr. 2,125,6.

अनत्याश m. *kein Uebermaass beim Essen* Gaut. 5,37.

अनत्पुर्य Adj. *quo superior dici non potest.*

अ॑नदत् Adj. *nicht essend, — verzehrend.*

*अनदस् Nom. Sg. n. *nicht Jenes* P. 1,1,15, Vârtt., Sch.

अ॑नद्धा Adv. *ungewiss, unsicher, unbestimmt.*

अनद्धापुरुष m. *Scheinmann, kein wirklicher Mensch.* (Thor Gal.).

अनद्भुत Adj. *nicht wunderbar* oder n. *kein Wunder* Spr. 240.

अनद्यतन m. *der nichtheutige Tag, nicht derselbe Tag* 240,25. P. 3,3,15. 5,3,21. भूतान° *nicht derselbe Tag in der Vergangenheit*, भविष्यदन° *nicht derselbe Tag in der Zukunft* Chr. 243,33. Spitzfindig erklärt als *den heutigen —, denselben Tag nicht enthaltend* 240,27. 28. °वत् Adv. 243,30.

अनधःपतन n. *das Nichtherabstürzen* Comm. zu Tâṇḍja-Br. 17,4,2.

अ॑नधस् Adv. *nicht unten.*

अनधिकार m. *Nichtberechtigung* Verz. d. Oxf. H. 276,b,7.

अनधिकृत Adj. *nicht als zu behandelnder Gegenstand vorangesetzt.* Davon Nom. abstr. °त्व n. Comm. zu TS. Prât. 7,15.

अनधिगत Adj. *nicht erreicht* 163,17.

अनधिगमनीय Adj. *nicht erreichbar von* (Gen.) Pańkat. 203,10.

अनधिश्रयण n. *das nicht auf's Feuer Stellen* Kâtj. Çr. 4,15,25.

अनधिष्ठान n. 1) *das Nichtstehen auf* Kâtj. Çr. 15,8,29. — 2) *Abwesenheit* Spr. 466.

अनधिष्ठित Adj. *nicht besetzt, — eingenommen* Kap. 6,60.

*अनधीन (Trik. 3,3,317) und °क Adj. *unabhängig.*

अनधीयत् Adj. *nicht studirend* Ait. Âr. 469,9.

अनध्यक्ष Adj. *nicht wahrnehmbar* Bhâshâp. 48.

अनध्ययन n. *Unterlassung des Studiums* M. 3,63. Spr. 2991.

अनध्यवसाय m. *falsche Auffassung* Nj. K.

अनध्यात्मविद् Adj. *den höchsten Geist nicht kennend* M. 6,82.

अनध्याय m. *Unterlassung —, Einstellung des Studiums* M. 2,105. fg. 4,103.

अनध्यायिन् Adj. *nicht studirend* Spr. 6270.

अनध्यास Adj. (f. आ) *ohne Anhang, — Zusatz* Lâṭj. 6,3,18.

अनधन्य Adj. *unbewandert in* (Loc.) Spr. 242.

*अनन n. *das Athmen, Leben.*

अननुख्याति f. *das Nichterschauen* Maitr. S. 4,7,5.

अननुतिष्ठत् Adj. *nicht ausführend* Râǵat. 1,79.

अननुदर्शन n. *das Nichtanweisen, Nichtlehren* Comm. zu AV. Prât. 1,8.

अ॑ननुध्यायिन् Adj. 1) *Nichts vermissend* Ait. Br. 3,47. — 2) *nicht nachstellend* TBr. 2,1,4,3.

अननुनासिक Adj. *nicht nasal* Comm. zu AV. Prât. 1,8. °म् Adv. *nicht näselnd* Suçr. 1,13,5.

अ॑ननुप्रज्ञान n. *das Nichtauffinden* Çat. Br. 6,3,1,31.

अननुबन्धक Adj. *ohne grammatischen* Anubandha.

अननुभावक Adj. *unverständlich.* Davon Nom. abstr. °ता f. Bhâshâp. 83.

अननुभाषण n. *das Schweigen zu einem dreimal formell ausgesprochenen Argument des Gegners* Njâjas. 5,2,17.

अननुमेय Adj. *nicht zu erschliessen* Kull. zu M. 1,5.

अननुयाज Adj. *ohne Nachopfer.*

अननुयोग m. *das Nichtrügen* (eines vorgebrachten Arguments) Comm. zu Njâjas. 5,2,22.

अननुरागिन् Adj. *nicht zugeneigt* Sâh. D. 76,21.

अननुरूप Adj. *nicht angemessen* Çâk. 6.

अननुवषट्कृत n. *Nichtwiederholung des schliessenden Einladungsrufes zu einem Opfer* Âçv. Çr. 6,11,3.

अननुवृत्ति f. *Ungehorsam gegen* (Gen.) Kull. zu M. 9,62.

अ॑ननुव्रत Adj. (f. आ) *ungehorsam, nicht ergeben.*

अननुष्ठान n. *Vernachlässigung* Kap. 1,8. Hit. 4,13.

अननुसंधान n. *das aus dem Auge Lassen* Kâvjapr. S. 199, Z. 7.

अननुसरण n. *das Nichtnachgehen* (um Dienste zu leisten) Spr. 7722.

अननुकार m. *das Nichtgleichen* Kâvjapr. 10,52.

अ॑ननूक्त Adj. *nicht studirt* (beim Lehrer).

अननूक्ति Adj. *der den* Veda *nicht studirt hat.*

अननूचान Adj. *nicht gelehrt.*

अननूयाज॑ Adj. *ohne Nachopfer* TS. 6,1,5,3.

अनन्त॑ 1) Adj. (f. आ) *endlos, unendlich* 2,10. 34,24. 56,17. 165,28. — 2) m. *a)* Bein. Vishṇu's 104,29. 105,4. Rudra's oder Çiva's, *Baladeva's, *Agni's (Gal.), Çesha's (des Fürsten der Schlangen) 56,19. *Vâsuki's (eines andern Schlangenfürsten). — *b)* N. pr. α) eines der Viçvedevâs. — β) *des 14ten Arhant's der gegenwärtigen Avasarpiṇî. — γ) verschiedener Männer. — *c)* **Vitex Negundo.* — *d)* mystische Bez. *des Lautes* आ. — 3) f. आ *a)* **die Erde.* — *b)* Bein. der Pârvatî. — *c)* N. pr. α) *einer buddhistischen Göttin. — β) der Gattin Ǵanaméǵaja's. — *d)* **ein best. Fisch.* — *e) Hemidesmus indicus RBr.*, **Alhagi Maurorum Tournef.*, **Agrostis linearis L.*, **Terminalia citrina Roxb.*, **Emblica officinalis*, **Cocculus cordifolius DC.*, **Premna spinosa*, **Piper longum*, **Jussiaea repens* und *= विशल्या. — 4) *n. *a) Luft, Luftraum.* — *b) Talk.*

अनन्तःपादम् Adv. *nicht innerhalb eines Stollens* P. 3,2,66.

अनन्तक Adj. *unendlich.*

अनन्तकर Adj. *unendlich machend.*

अनन्तकाय (?) Hem. Jog. 3,6.46.

*अनन्तग Adj. *in's Unendliche fortgehend.*

अनन्तगण्य m. N. pr. eines buddh. Heiligen.

अनन्तचतुर्दशी f. der 14te Tag in der lichten Hälfte des Bhâdra.

अनन्तचारित्र m. N. pr. eines Bodhisattva.

*अनन्तजित् m. N. pr. des 14ten Arhant's der gegenwärtigen Avasarpiṇî.

अनन्त॑ता f. Unendlichkeit.

अनन्ततीर्थ 1) m. N. pr. eines Autors. — 2) n. N. pr. eines Tîrtha.

*अनन्ततीर्थकृत् m. = अनन्तजित्.

अनन्ततृतीया f. ein best. dritter Tag.

*अनन्तदृष्टि m. Bein. Çiva's.

अनन्तदेव m. N. pr. verschiedener Männer.

अनन्तनाथ m. N. pr. eines Lehrers (= शेष).

अनन्तनाथकथा f. Titel einer Ǵaina-Schrift.

अनन्तनारायण m. N. pr. eines Mannes.

अनन्तनेमि m. N. pr. eines Fürsten von Mâlava.

अनन्तपद n. Vishṇu's Pfad, der Luftraum Spr. 7632.

अनन्तपार Adj. womit man nie zu Ende kommt Spr. 243.

अनन्तपिङ्गल m. Pl. N. pr. eines Volkes.

अनन्तपुर n. N. pr. einer Stadt.

अनन्तपुरी m. N. pr. eines Lehrers.

अनन्तभट्ट m. N. pr. eines Gelehrten B. A. J. 4, 116. °दीपिका f. Titel einer Schrift.

अनन्तभट्टीय Adj. von Anantabhaṭṭa verfasst.

अनन्तमति m. N. pr. eines Bodhisattva.

*अनन्तमूली f. Alhagi Maurorum Nigh. Pr.

अनन्तर॑ 1) Adj. (f. आ) a) Nichts im Innern habend. — b) durch keinen Zwischenraum getrennt, unmittelbar angrenzend, — folgend, zunächst gelegen, der nächste 74,17. 199,31. 226,20. Ind. St. 10,411. Mit Abl. — c) ohne Verzug an Etwas (Loc.) gehend MBh. 3,280,7. — d) zu einer unmittelbar folgenden niederen Kaste gehörig. — 2) अनन्तरम् Adv. a) unmittelbar daneben. — b) unmittelbar darauf, alsdann 107,21. 142,26. unmittelbar nach; die Ergänzung im Abl. (96,4. 97,23. 29), Gen. oder im Comp. vorangehend.

अनन्तरज 1) Adj. a) der nächstälteste 83,7. — b) geboren aus der Verbindung eines Mannes aus einer höheren Kaste mit einer Frau aus einer unmittelbar darauf folgenden. — 2) f. आ jüngere Schwester Ragh. 7,29.

अनन्तरजात Adj. = अनन्तरज 1) b).

अनन्तरज्ञ Adj. keinen Unterschied kennend Spr. 1301.

*अनन्तरन्धका f. ein poröser Kuchen aus Reismehl Nigh. Pr.

अ॑नन्तराय m. keine Unterbrechung, — Hemmung Tâṇḍja-Br. 4,1,6.

अनन्तराम m. N. pr. eines Mannes.

अ॑नन्तरायम् Adv. in ununterbrochener Folge, nach einander.

अनन्तराशि m. eine unendliche Grösse.

अ॑नन्तरित Adj. 1) nicht getrennt, — geschieden Çat. Br. 7,5,1,28. 12,3,5,3. fgg. durch (Instr.) Vop. 3,18, Sch. — 2) nicht vermittelt durch (im Comp. vorangehend) Sâh. D. 10,10.

अ॑नन्तरिति f. Nichtausschliessung, Nichtübergehung TS. 5,2,5,6. Ait. Br. 1,22.

अनन्तरीय Adj. in Verbindung mit Sünde so v. a. Todsünde (buddh.).

अनन्तर्गर्भ Adj. keinen Schössling in sich habend Kâtj. Çr. 2,3,31. Âçv. Gṛhj. 1,3,3.

अनन्तर्भाव m. das Nichtenthaltensein Sarvad. 4,19.

अनन्तर्वासस् Adj. ohne Untergewand Bhâg. P. 9,8,6.

अ॑नन्तर्हित Adj. 1) durch Nichts getrennt, unmittelbar zusammenhängend, — folgend Ind. St. 10,418. — 2) unbedeckt Gobh. 2,6,3. bloss (Erde). — 3) nicht mit Anderm versetzt, rein.

अनन्तवत् 1) Adj. kein Ende habend, unendlich Khând. Up. — 2) m. Bez. des 2ten Fusses Brahman's ebend.

अनन्तवर्मन् m. N. pr. eines Fürsten.

अनन्तविक्रमिन् m. N. pr. eines Bodhisattva.

अनन्तवीर्य 1) m. N. pr. a) *des 23ten Arhant's der zukünftigen Utsarpiṇî. — b) eines Autors. — 2) f. आ N. pr. einer buddh. Göttin.

अनन्तव्रत n. ein dem Vishṇu geheiligter Festtag am 14ten Tage der lichten Hälfte des Bhâdra. °कथा f. Titel einer Schrift.

अनन्तशक्ति m. N. pr. eines Fürsten.

अनन्तशयन n. N. pr. einer Oertlichkeit.

*अनन्तशीर्षा f. N. pr. der Gattin Vâsuki's.

अनन्त॑शुष्म Adj. von unendlichem Ungestüm.

अनन्तानन्द m. N. pr. eines Lehrers. °गिरि m. und °रघुनाथयति m. desgl.

अनन्ते॑वासिन् m. kein Schüler.

अनन्तेश्वर N. pr. eines Heiligthums.

अनन्तोदात्त Adj. nicht auf der letzten Silbe betont TS. Prât. 16,5.

अनन्त्य 1) Adj. nicht der letzte Ind. St. 10,410. — 2) n. Unendlichkeit.

अनन्द m. Pl. N. pr. einer Welt.

अ॑नन्ध Adj. nicht blind 43,10.

अनन्ध॑ता (!) f. Nichtblindheit Ind. St. 14,1.

अ॑नन्न n. Nichtspeise, verbotene Speise.

1. अनन्य Adj. nicht verschieden von (Abl.) Ṛv. Prât. 6,10.

2. अनन्य Adj. (f. आ) nur auf einen Gegenstand (Loc.) gerichtet.

अनन्यकारित Adj. nicht durch ein anderes (Wort) hervorgerufen Ṛv. Prât. 10,7.

अनन्यकार्य Adj. dem es um nichts Anderes als um (Loc.) zu thun ist.

अनन्यग Adj. (f. आ) nicht ehebrüchig.

अनन्यगति Adj. an den Ort gebunden Bhâvapr. 1,34,6.

अनन्यगतिक Adj. keine andere Zuflucht habend. Davon Nom. abstr. °ता f. Comm. zu Mṛkkh. 71,9.

अनन्यचित्त Adj. (f. आ) und अनन्यचेतस् (104,17) Adj. dessen Gedanken auf keinen andern Gegenstand als (Loc.) gerichtet sind.

अनन्यज 1) Adj. nicht unehelich erzeugt Spr. 3593. — 2) *m. Bein. Kâma's.

अनन्यता f. Identität Sâh. D. 31,7.

अनन्यथा Adv. nicht anders Tarkas. 21.

अनन्यदेव Adj. keine andern Götter habend.

अनन्यपरायण Adj. keinem oder keiner Anderen zugethan Çâk. 67.

अनन्यपूर्व Adj. 1) m. früher mit keiner Anderen vermählt. — 2) f. आ früher mit keinem Andern vermählt.

अनन्यमनस् Adj. an keinen Andern oder an keine Andere denkend Nâgân. 36.

अनन्यमानस Adj. (f. आ) dass. MBh. 3,46,4.

अनन्ययोगम् Adv. nicht in Folge eines andern (Wortes) Ṛv. Prât. 11,13.

अनन्यराधस् Adj. nach nichts Anderem strebend Bhâg. P. 9,21,17.

अनन्यरुचि Adj. an nichts Anderm Gefallen findend Mâlav. 54.

*अनन्यविकृति Adj. = एकाग्र Gal.

अनन्यविषय Adj. auf nichts Anderes sich beziehend, nichts Anderm zukommend.

*अनन्यवृत्ति Adj. nur mit einem Gegenstande beschäftigt.

अनन्यसंतति Adj. ohne andere Nachkommenschaft Râǵat. 3,83.

अनन्यसम Adj. (f. आ) keinem Andern (keiner Anderen) gleichend, unübertroffen 126,19.

अनन्यसाधारण Adj. (f. ई) mit keinem Andern gemein, k. A. gehörig.

अनन्यसामान्य Adj. unübertroffen 130,6.

अनन्यादृश Adj. nicht nach der Art Anderer, aussergewöhnlich.

अनन्यानुभव m. N. pr. eines Lehrers.

अनन्यार्थ Adj. nicht eines Andern wegen daseiend Ind. St. 1,15.

अनन्याश्रित Adj. *nicht auf einen Andern übergegangen* Jâǵn. 2,51.

अनन्वाभाव m. *das Nichtnachkommen* Maitr. S. 3,8,5.

अनन्वय m. *eine Redefigur, in welcher ein Gegenstand, weil ihm nichts Anderes gleichkommt, mit sich selbst verglichen wird,* Kâvjapr. 10,5.

अनन्ववचार m. *das Nichtnachschleichen.*

अनन्ववज्ञय m. *das Nichtgewinnen nach* — Maitr. S. 3,9,5. 10,6.

अनन्ववायन n. *das Nichtnachschleichen.*

अनन्वागत Adj. *unbetroffen von* (Instr.).

अनन्वाभक्त Adj. *unbetheiligt bei* (Loc.) Çat. Br. 1,5,2,4.

अनन्वारब्ध Adj. *nicht von hinten angefasst habend* oder *seiend* Kâtj. Çr. 4,2,27.

अनन्वित Adj. *nicht richtig getroffen, — gemeint* Nir. 1,14.

अनन्वितार्थत्व n. *das Nichtgemeintsein der Bedeutung* P. 3,1,40, Sch.

*अनप Adj. *wasserlos.*

अनपकर्मन् n. *Nichtablieferung.*

अनपकारिन् Adj. *Niemanden Etwas zu Leide thuend, — gethan habend* 38,27.

अनपकृत n. *keine Beleidigung* MBh. 3,63,5.

अनपक्रम m. *Nichtweggang.*

अनपक्रामिन् Adj. *nicht fortgehend, bleibend, treu anhängend.*

अनपक्राम m. *das Stehenbleiben auf der Stelle.*

अनपक्रामुक Adj. (f. आ) *nicht entlaufend* Maitr. S. 4,2,4. Tâṇḍja-Br. 6,10,10.

अनपक्रिया f. *Nichtablieferung.*

अनपग Adj. (f. आ) *sich nicht fortbewegend, — trennend von* (Abl.); *nicht weichend von* (im Comp. vorangehend).

अनपचित Adj. *ungeehrt* Lâtj. 9,10,2.

अनपच्युत Adj. *sich nicht ablösend, fest haftend.*

अनपजय्यम् Adv. *so dass es nicht wieder erobert werden kann.*

अनपत्य 1) Adj. (f. आ) *kinderlos* 43,6. 200,5. 201,27. — 2) n. *Kinderlosigkeit.*

अनपत्यता f. *Kinderlosigkeit* Kâd. 70.

अनपत्यवत् Adj. *kinderlos.*

अनपत्रपणीय Adj. *vor dem man sich nicht scheut.*

अनपदेश m. *kein Grund* Kaṇ. 3,1,7. 15.

अनपदेश्य Adj. *nicht zu bezeichnen, von zweifelhaftem Geschlecht* Gaut. 17,17.

अनपद्यता f. wohl fehlerhaft für अनपत्यता.

अनपनय m. *Nichtwegnahme.*

अनपनिधाय Adv. *ohne Etwas wegzulegen, — wegzulassen.*

अनपनोद m. *Nichtzurückweisung.*

अनपप्रोषित n. *das Nichtverreistsein.*

अनपभ्रंश m. *Nichtfall, Nichtsturz* Tâṇḍja-Br. 17,4,2.

*अनपयति Adv. *früh am Morgen.*

अनपर Adj. *Keinen hinter sich habend.*

अनपराद्ध 1) Adj. *a) unfehlbar, fehlerlos* Çat. Br. 2,1,2,19. — *b) der Niemanden Etwas zu Leide gethan hat* MBh. 3,284,12. — 2) अनपराद्धम् Adv. *ohne Schaden für* (Gen.).

अनपराध 1) Adj. *schuldlos, unschuldig* Nir. 10,11. — 2) अनपराधम् Adv. *unfehlbar* Çat. Br. 1,3,5,10.

अनपराधत्व n. *Schuldlosigkeit* Nir. 11,24.

अनपराधिन् Adj. *Niemanden Etwas zu Leide thuend, — gethan habend* 46,7.

अनपरोध m. *Nichtverwehrung.*

*अनपलाषुक Adj. P. 6,2,160, Sch.

अनपवर्ग m. *Nichtabschluss* Mahâbh. in Z. d. d. m. G. 29,184.

अनपवाच्य Adj. *nicht wegzusprechen, — abzuwehren.*

अनपवाद Adj. *unbestreitbar* Karaka 1,12.

अनपवृक्त Adj. 1) *nicht abgeschlossen* Mahâbh. in Z. d. d. m. G. 29, 184. — 2) *nicht ausgebraucht* Kâtj. Çr. Comm. 1066,18.

अनपवृज्य Adj. *nicht zu Ende zu bringen.*

अनपव्ययत् Adj. *nicht ablassend.*

अनपाश्रित Adj. *unverhüllt* Lâtj. 2,6,2. Ait. Âr. 468,1 v. u.

अनपसर Adj. *von einer früheren Aussage nicht abgehend* (?).

अनपसरण n. *das auf seinem Platze Bleiben.*

अनपस्पृश् Adj. *sich nicht weigernd.*

अनपस्फुर्, अनपस्फुर (f. आ) und अनपस्फुरत् Adj. *sich nicht sträubend, nicht ausschlagend.*

अनपहतपाप्मन् Adj. *nicht übelfrei* Çat. Br. 2, 1,2,4. 7,4,2,1.

अनपाकरण n. = अनपाकर्मन् Gold. u. अपाकरण.

अनपाकर्मन् n. *Nichtablieferung.*

अनपानयितव्य Adj. *kein Object des* Apâna *bildend* Ind. St. 9,165.

1. अनपाय m. *das Jmdn* (Abl.) *Nichtentzogenwerden* Gaim. 3,5,46.

2. अनपाय 1) Adj. *ohne Hindernisse —, glücklich von Statten gehend.* — 2) m. *Bein.* Çiva's.

अनपायित्व n. Nom. abstr. von अनपायिन्.

अनपायिन् Adj. *sich nicht fortbewegend, am Platz verharrend, sich nicht trennend, beharrlich, beständig.*

अनपावृत् Adj. *unabgewandt, unablässig.*

अनपिनद्ध Adj. *ungebunden.*

अनपिहित Adj. *nicht verdeckt* Çat. Br. 7,4,2,37.

अनपेक्ष Adj. 1) *keine Rücksicht nehmend, auf Nichts achtend.* — 2) *unabhängig.*

अनपेक्षत्व n. *Unabhängigkeit.*

अनपेक्षम् Absol. *ohne sich umzusehen* Çat. Br. 12,9,2,8. 14,3,1,28. Kâtj. Çr. 5,10,23.

अनपेक्षमाण Adj. *sich nicht umsehend* Çat. Br. 13,6,2,20.

अनपेक्षा f. 1) *keine Rücksicht* 284,24. — 2) *Unabhängigkeit von* Comm. zu TS. Prât. 14,18.

अनपेक्षित Adj. *unberücksichtigt* M. 8,309. Mârk. P. 147,12.

अनपेक्षिन् Adj. *keine Rücksicht nehmend auf* (Gen.).

अनपेत Adj. 1) *nicht vergangen.* — 2) *sich nicht entfernt habend von* (Abl.) MBh. 11,23,32.

अनपोढ Adj. 1) *nicht weggeschoben* Ragh. ed. Calc. 16,6. — 2) *nicht aufgegeben, — fahren gelassen* Ragh. 12,31.

अनपोद्धार्य Adj. *wovon Nichts weggenommen werden darf.*

अनप्स Adj. *nicht wässerig.*

अनप्नस् Adj. *ohne Habe, inops.*

अनफा f. = ἀναφή.

अनभिगत Adj. *nicht aufgefasst, — begriffen* Çat. Br. 1,4,5,9. 4,6,7,19.

अनभिगमनीय Adj. *unzugänglich für* (Gen.).

अनभिघात m. *Nichthemmung.*

अनभिघारित Adj. *nicht besprengt* TBr. 2,1,2,3. Kâtj. Çr. 25,10,7.

अनभिचरणीय Adj. *nicht zu behexen* Kull. zu M. 11,197.

अनभिजात Adj. (f. आ) *unedel, gemein* Mudrâr. 35,11 (62,1).

अनभिजित Adj. *noch nicht gewonnen.*

अनभिज्ञ Adj. *unkundig, sich nicht verstehend auf* (Gen., Loc. oder im Comp. vorangehend) Spr. 246. Davon Nom. abstr. °त्व n. Kull. zu M. 2,125.

अनभिज्ञेय Adj. *nicht wiederzuerkennen* Kâd. 173.

अनभिताप Adj. *keinen Hass hegend gegen* (Loc.) Gaut. 13,2.

अनभिदाह m. *das Nichtanbrennen* Tâṇḍja-Br. 8,7,6.

अनभिद्रुह् Adj. *nicht befeindend.*

अनभिद्रोह m. *Nichtbeleidigung, Nichtkränkung* Spr. 3167.

अनभिधर्ष m. *das Nichtbewältigen* Tâṇḍja-Br. 14,2,6.

अनभिधान n. *das Nichtaussagen, Nichtaus-*

drücken 210,31. Sâh. D. 575.

अनभिधायक Adj. *nicht besagend, — ausdrückend.* Davon Nom. abstr. °त्व n.

अनभिध्या f. *das Nichtbegehren nach* (Loc.) Spr. 247.

अनभिध्येय Adj. *an den man nicht denken mag* MBh. 1,30,12.

अ॑नभिनिहित Adj. *sich nicht berührend mit* (Instr.).

अनभिनीत 1) Adj. *nicht von Gesten begleitet.* Davon °म् Adv. Suçr. 1,13,6. — 2) *unwahrscheinlich* Mahâbh. 3,95,*a*.

अनभिपरिहार m. *das Nichtumfahren.*

अनभिप्राप m. *das Nichthinanreichen* Kauç. 7.

अनभिप्रापण n. *das nicht zum Schluss Kommen* Ind. St. 8,120.

अ॑नभिप्रेषित Adj. *nicht anbefohlen.*

अनभिभवगन्ध Adj. (f. आ) *keine Spur von Geringachtung verrathend* Spr. 4253, v. l.

अनभिभाषिन् Adj. *nicht anredend* 58,21.

अनभिमत Adj. *unerwünscht* Hit. 9,8.

अनभिमानुक Adj. *nicht nachstellend* (mit Acc.).

*अनभिम्लात m. N. pr. eines Mannes. °म्लान v. l.

अ॑नभिम्लातवर्ण Adj. *von unverwischter —, frischer Farbe.*

*अनभिम्लान m. s. अनभिम्लात.

अनभिरूप Adj. 1) *nicht entsprechend.* — 2) *ununterrichtet, ungelehrt* Ind. St. 13,380.

*अनभिलाष m. *Mangel an Appetit* Râǵan. 20,18.

अनभिलुलित Adj. *unberührt* Çâk. 61.

अनभिवात Adj. (f. आ) *nicht krank* Lâṭj. 8,5,3.

अनभिवादक Adj. *nicht grüssend* Gop. Br. 1,3,19. Vaitân. 11.

अनभिवाद्य Adj. *nicht zu begrüssen.*

अनभिव्यक्त Adj. *matt leuchtend* Vikr. 40,2.

अनभिशङ्क्य Adj. *dem man nicht misstrauen kann.*

अ॑नभिशस्त, अ॑नभिशस्ति, अनभिशस्तेन्य॑ und *अनभिशस्त्य Adj. *unbescholten.*

अनभिषङ्ग m. *das Nichthängen an den Dingen* Suçr. 1,312,19.

अनभिषेचनी॑य Adj. *der Weihung nicht würdig.*

अनभिष्ठान n. *das Nichttreten auf* Comm. zu Kâtj. Çr. 15,8,30.

अनभिष्वङ्ग m. *das Nichthängen an* (Loc.).

अनभिसंहितम् Adv. *ohne Absicht* 107,5.

अनभिसंधान n. *keine Rücksicht auf einen Vortheil.*

अनभिसंधिपूर्वक° Adv. फल° *ohne Rücksicht auf irgend einen Vortheil* Comm. zu Mṛkkh. 1,17.

अनभिसंबन्ध m. *kein Zusammenhang* Ǵaim. 4,1,5. Kâç. zu P. 1,4,88.

अनभिस्नेह Adj. *kein Verlangen habend nach* (Loc.).

अ॑नभिहित Adj. 1) *nicht befestigt, — gebunden.* — 2) *nicht ausgedrückt, — bezeichnet* 226,24. fgg.

अनभीक्ष्ण° Adv. *selten.*

अनभीशु॑ Adj. *ohne Zügel.*

अ॑नभ्यक्त Adj. *ungeschmiert* TS. 7,1,1,3.

अनभ्यनुज्ञा f. *keine Erlaubniss.*

अनभ्यनुज्ञात Adj. *nicht die Erlaubniss habend von* (Instr.) M. 2,229.

अनभ्यसनशील Adj. *faul im Studiren* R. 5,19,22.

अ॑नभ्यागमिष्यत् Adj. *zu besuchen nicht beabsichtigend.*

अ॑नभ्यारूढ Adj. 1) *unerstiegen* AV. 11,5,23. — 2) *unerreicht* Çat. Br. 2,4,3,7. 12,2,3,10.

अ॑नभ्यारोह m. *das Nichthinaufsteigen.*

अनभ्यारोह्य॑ Adj. *nicht zu erklimmen.*

अनभ्यावर्तिन् Adj. *nicht wiederkehrend.*

अनभ्यावृत्ति f. *Nichtwiederkehr.* Instr. *nicht wiederum* Spr. 4697.

*अनभ्याशमित्य Adj. *in dessen Nähe man nicht gehen soll.*

1. अनभ्यास m. *Nichtbeschäftigung mit* (Gen.), *das Nichtobliegen* Spr. 248.

2. अनभ्यास Adj. *ohne Wiederholung* Lâṭj. 2,10,19.

अनभ्युत्क्रुष्ट Adj. *nicht durch lauten Zuruf ermuntert.*

अनभ्युत्थायिन् Adj. *sich nicht vor Jmd erhebend.*

अ॑नभ्युद्दृष्ट Adj. *bei dessen Opfer der Mond gar nicht sichtbar geworden ist.*

अनभ्युपगम m. *Nichteinräumung.*

अनभ्युपाय m. *kein geeignetes Mittel* Mahâbh. Einl. 10,*b*. 11,*a*.

अनभ्र Adj. (f. आ) *ohne Wolke* 316,10.

अनभ्रक m. Pl. N. pr. einer Klasse buddh. Götter.

अनभ्रि॑ Adj. *ohne Spatel hervorgebracht.*

*अनम m. *ein Brahman.*

अ॑नमस्यु Adj. *sich nicht beugend* RV. 10,48,6.

अनमामि Indecl. *vor dem man sich (ich mich) nicht verneigt (verneige)* Ind. St. 9,148.

*अनमितंपच Adj. *geizig.*

अनमित्र॑ 1) Adj. *frei von Feinden, unangefeindet.* — 2) m. N. pr. eines Mannes. — 3) n. *Feindlosigkeit.*

अनमित्रलाभ m. *das Nichtbekommen von Feinden* 166,28.

अनमीव॑ 1) Adj. (f. आ) *a) ohne Leiden, gesund, munter* 6,19. — 2) *kein Leid bringend* 12,18. 13,5. — 2) n. *Wohlsein.*

अनमुत्र Adj. *für den es kein «dort» giebt.*

अनम्बर m. *ein nackt einhergehender* Ǵaina-*Mönch.*

अनम्बूकृत Adj *nicht von Speien begleitet.*

अनम्भस् n. *kein Wasser* Kâvjapr. S. 297, Z. 2.

अनम्र Adj. *sich nicht beugend, widerspänstig* Spr. 249.

अनम्ल Adj. *nicht sauer.*

1. अनय m. *unkluges Benehmen.*

2. अनय m. 1) *Missgeschick, Unglück, Elend.* — 2) **Gang zur Linken* (der Figuren in einem best. Spiele).

अनयसिन्धु m. N. pr. eines fingirten Fürsten Hâsj.

अनरक und अनरकेश्वरतीर्थ n. N. pr. eines Tîrtha.

1. अनरण्य n. *Nichtoede.*

2. अनरण्य m. N. pr. verschiedener Männer.

अनरवत् Adj. *ohne Speichen.*

अनराल Adj. *gerade.*

अनरिप्रतिष्ठित Adj. *bei einem Feinde nicht vorkommend* Ind. St. 13,457.

अ॑नरुस् Adj. *nicht wund, heil.*

अनर्गल Adj. *ungehemmt frei* 98,3.

1. अनर्घ m. *falscher Preis* Jâǵn. 2,250.

2. अनर्घ Adj. = अनर्घ्य Kathâs. 24,148. 172.

अनर्घराघव n. Titel eines Schauspiels.

अनर्घेय Adj. = अनर्घ्य.

अनर्घ्य Adj. *unschätzbar an Werth* 110,4. 121,9. Spr. 7621. Davon Nom abstr. °त्व n. Spr. 6928.

अनर्घ्यराघव n. = अनर्घराघव.

अनर्चित Adj. 1) *ungeehrt* M. 3,100. 4,28.29. — 2) *nicht mit Ehrerbietung gereicht* Gaut. 17,21. M. 4,213.

1. अनर्थ m. 1) *Unnützes, Ungehöriges, Unsinn.* — 2) *Nachtheil, Schaden, Uebel* 94,3. 163,19. 164,26.

2. अनर्थ Adj. 1) *unnütz.* — 2) *unglücklich.* — 3) *Unheil bringend.* — 4) *bedeutungslos.*

अनर्थक Adj. 1) *unnütz* 214,17. *werthlos.* — 2) *unglücklich* Spr. 3577. — 3) *bedeutungslos.*

अनर्थज्ञ Adj. *den Sinn nicht kennend.*

अनर्थदण्ड und °क m. (?) Hem. Jog. 3,73. 113.

*अनर्थनाशिन् Adj. *Unheil zu Nichte machend,* von Çiva.

अनर्थपण्डित Adj. *auf Unheil sich verstehend* 182,16.

अनर्थबुद्धि Adj. 1) *auf Unheil sinnend* R. 1,2,32. — 2) *dem der Verstand Nichts nützt, einfältig.* Davon Nom abstr. °ता f. R. 5,85,5.

अनर्थलुप्त Adj. *von allem Unnützen befreit.* °म् Adv.

अनर्थान्तर n. *keine andere —, dieselbe Bedeutung* 214,30. 221,8.

अनर्थित n. *das Nichtbegehren, Nichtverlangen* Spr. 256.

अनर्थिन् Adj. *keine Bedeutung für Jmd* (Gen.) *habend* R. 2,41,16.

अनर्थ्य Adj. *zu Nichts gut, unnütz* 28,23.

अनर्धुक Adj. *keine* (speciellen) *Wünsche erfüllend* Gobh. 1,1,18.

अनर्पण n. *das Nichtweggeben.*

अनर्व Adj. (f. आ) *unangefochten, unwiderstehlich, schrankenlos.*

अनर्वण 1) Adj. dass. — 2) m. N. pr. eines Gottes.

अनर्वन् Adj. = अनर्व. Loc. अनर्वन् *in Sicherheit.*

अनर्विश् Adj. *dessen Wohnung der Wagen ist.*

अनर्शनि m. N. pr. eines Mannes.

अनर्शराति Adj. *der keine verletzende Gabe giebt.*

अनर्ह Adj. (f. आ) 1) *unwürdig; sich nicht eignend für* (im Comp. vorangehend) 119,18. — 2) *Etwas nicht verdienend* (in gutem Sinne); *der Nichts verschuldet hat.*

अनर्हता f. *das Nichtgeeignetsein, Nichtvermögen* 281,17.

अनर्हत् Adj. *unwürdig* MBh. 3,269,20.

अनल 1) m. *a) Feuer. — b) der Gott des Feuers* und als solcher einer der acht Vasu. — *c) das Verdauungsfeuer. — d) *Galle. — e) *Wind. — f) *Plumbago zeylanica* und **rosea, *Semecarpus Anacardium. — g)* mystische Bez. *des Lautes r. — h)* *Bein. Vasudeva's. — *i)* N. pr. eines Affen. — 2) f. आ N. pr. eines mythischen Wesens und einer Tochter Mâljavant's.

अनलंकरिष्णु Adj. P. 6,2,160, Sch.

अनलंकृत Adj. *nicht geschmückt* Sâh. D. 44,10.

अनलंकृति Adj. *ohne rhetorischen Schmuck* Kâvjapr. 1,4.

अनलदीपन Adj. *die Verdauung fördernd.*

*अनलप्रभा f. *Cardiospermum Halicacabum Lin.*

*अनलप्रिया f. *Agni's Gattin.*

अनलम् Adv. *nicht im Stande zu* (Inf.) Çiç. 7,10.

अनलवाट N. pr. einer Stadt.

*अनलविवर्धनी f. *Gurke* Nigh. Pr.

अनलस Adj. *nicht träge, fleissig* Gaut. 9,65.

अनलसाद m. *Schwäche der Verdauung.*

अनलाय्, °यते *wie Feuer sich benehmen.*

*अनलि m. *Agati grandiflora Desc.*

अनल्प Adj. *nicht wenig, viel* Kathâs. 18,293.

अनवकर Adj. *wohin man nichts wegschüttet* Tândja-Br. 1,6,5.

अनवकाश Adj. (f. आ) *keinen Platz findend, nicht zur Anwendung kommend* P. 1,4,1, Sch. Davon Nom. abstr. °त्व n.

अनवकाशित Adj. *zu den* Avakâça *genannten Sprüchen nicht zugelassen* Harisv. zu Çat. Br. 4, 5,8,5.

अनवक्लृप्त Adj *nicht entsprechend, — richtig* 35,23.

अनवक्लृप्ति m. *Unwahrscheinlichkeit.*

अनवगत 1) Adj. *nicht erlangt.* — 2) *unverstanden* Nir. 4,1.

अनवगम m. *Nichtverständniss* Sâh. D. 214,18.

अनवगाढ Adj. *nicht tief gehend.*

अनवग्रह्य Adj. *dem* Avagraha (Gramm.) *nicht unterliegend* Ind. St. 4,199.

अनवग्रह m. *kein* Avagraha (Gramm.).

अनवग्लायत् Adj. *nicht erschlaffend* AV. 4,4,7.

अनवच्छित्ति f. *Ununterbrochenheit.*

अनवच्छिन्न Adj. 1) *ununterschieden.* — 2) *nicht bestimmt, — definirt, — begrifflich begrenzt* Spr. 2789. Dazu Nom. abstr. °त्व n. Sarvad. 84,21.

अनवच्छेद m. *das Unbestimmtsein, Unbestimmtheit* Sâh. D. 17,13.

अनवतप्त m. N. pr. 1) eines Schlangenfürsten Lalit. 249,14. — 2) eines Sees (wohl = रावणह्रद).

अनवतप्तपरिपृच्छा f. Titel einer Schrift.

अनवतृण्ण Adj. *nicht durchlöchert* Çat. Br. 11, 1,6,33.

*अनवत्त्व n. *das mit Leben Begabtsein.*

अनवदानीय Adj. *nicht zur Theilung geeignet* TBr. 1,3,8,4.

अनवद्य (einmal अनवद्रिय) 1) Adj. (f. आ) *tadellos, makellos.* — 2) f. आ N. pr. einer Apsaras.

अनवद्यता f. und अनवद्यत्व n. *Untadelhaftigkeit.*

अनवद्यरूप Adj. (f. आ) *von tadellosem Aeussern.*

अनवद्याङ्ग Adj. (f. ई) *von tadellosem Körper* 70,28.

अनवद्राणा Adj. *nicht einschlummernd.*

(अनवधृष्य) अनवधर्षिय Adj. *dem man nicht trotzen kann.*

1. *अनवधान n. *Unachtsamkeit.*

2. *अनवधान Adj. *unachtsam.*

*अनवधानता f. *Unachtsamkeit.*

अनवधारण 1) Adj. *nicht fest bestimmend* Ind. St. 10,419,8. — 2) n. *keine feste Bestimmung* ebend. 23.

अनवधारणीय Adj. *nicht genau zu bestimmen.*

*अनवधि Adj. *unbegrenzt.*

अनवधृत Adj *nicht genau bestimmt.* °म् Adv. so v. a. *nach eigenem Gutdünken.*

अनवधृष्य Adj. *dem man nicht zu nahen wagt.*

अनवन n. *das Nichtbeschützen, Nichtbeherrschen* P. 1,3,66.

अनवनामितवैजयन्त m. N. pr. einer Welt (buddh.).

अनवनिक्तपाणि Adj. *der sich nicht die Hände gewaschen hat* Ind St. 10,17.

अनवपात m. *Nichtherabfall.*

अनवपृग्ण Adj. *ungetrennt.*

अनवबद्ध Adj. *nicht stockend* Suçr. 2,184,15.

अनवबोध m. *das Nichterkennen.*

अनवब्रव Adj. *wider den man Nichts sagen kann.*

अनवभास m. *das Nichterscheinen* 285,9.

अनवभ्रराधस् Adj. *bleibenden Lohn gebend.*

अनवम Adj. (f. आ) 1) *nicht der niedrigste, hoch* MBh. 3,268,11. — 2) am Ende eines Comp. *nicht schlechter als* Ragh. 9,14.

अनवमत Adj. *nicht geringgeschätzt* Káraka 1,11.

अनवमर्शम् Adv. *ohne zu berühren.*

अनवमृश्य Adj. *unberührbar, unantastbar.*

अनवमेहनीय Adj. *nicht zu bepissen* so v. a. *höher als bis zum penis reichend* (Wasser) Gobh. 3,3,15.

अनवर Adj. *nicht niedriger, — geringer, höher als* (Abl.).

अनवरत Adj. und °म् Adv. *ununterbrochen, beständig* 106,28. 284,14.

अनवरथ m. N. pr. eines Fürsten VP. 4,12,16.

*अनवरार्ध्य Adj. *der vorzüglichste.*

अनवरुद्ध Adj. *nicht erlangt auf seinen Theil, Jmdn* (Gen.) *nicht gegeben, — zukommend* Çat. Br. 1,6,4,10. 3,2,2,22. 4,6,9,20. 5,2,2,3.

अनवरोध्य Adj. *nicht zu Etwas anzuhalten, — zu zwingen* Gaut. 13,4.

अनवलम्बन n. *das Sichnichtklammern an, Fahrenlassen* 286,19.22.25.29.

अनवलेप Adj. *ungesalbt* und zugleich *frei von Hochmuth* Çiç. 9,51.

अनवलोक्य Adj. *nicht anzusehen.*

अनवलोप m. etwa *das Nichtzukurzkommen* Tândja-Br. 6,3,13. = अविनाश Comm.

अनवलोभन n. *das Nichtabgehen der Leibesfrucht,* Bez. einer best. Ceremonie während einer Schwangerschaft. Alter Fehler für अनवलोपन.

अनवस Adj. *keinen Halt machend, rastlos.*

अनवसर m. *nicht die rechte Gelegenheit, ungünstiger Augenblick, das nicht am Platz Sein* Spr. 4011. °प्रवेश Hit. 53,11.

अनवसर्ग m. *das Nichtloslassen* Gaim. 5,2,8.

अनवसित 1) Adj. = अनवस. Davon Nom. abstr. °त्व n. — 2) f. आ *ein best. Metrum* Ind. St. 8,376.

*अनवस्कर Adj. *nicht besudelt, rein.*

अनवस्थ 1) Adj. *unbeständig.* — 2) m. Bez. eines der 7 Ullâsa bei den Kaulika.

अनवस्था f. *das kein Ende Nehmen, regressus in infinitum* 216,12. Njâjas. 4,2,25. Comm. zu TS. Prât. 14,22.

1. अनवस्थान n. *Unbeständigkeit* Njâjas. 2,2,63.

2. *अनवस्थान 1) Adj. *unbeständig.* — 2) m. *Wind.*

अनवस्थायिन् Adj. *unbeständig, schwankend*

SUÇR. 1,335,21. NJÂJAS. 3,2,45. Davon Nom. abstr. °यित्व n. 2,2,54.

अनवस्थित Adj. *unbeständig, schwankend.* राज्ञसो भावः R. 5,51,10. Von einer Person so v. a. *rathlos* KATHÂS. 80,10 (zu lesen तत्रानवस्थितस्तिं°). Von einer Frau so v. a. *leichtsinnig, untreu.* Von einem Begriff so v. a. *relativ.* °विद्ध *unsicher geschlagen* (Ader) SUÇR. 1,362,5.

अनवस्थितचित्त Adj. *unbeständigen Sinnes* Spr. 238. fg.

अनवस्थितत्व n. 1) *Unstätigkeit, Unbeständigkeit* KÂÇ. zu P. 2,1,47. — 2) *Unbestimmtheit.*

अनवस्थिति f. 1) *kein Stillstand, keine Ruhe.* — 2) *Unstätigkeit.* — 3) = अनवस्था NJ. K.

अनवस्यन्त् Adj. *nicht ablassend, — aufgebend.*

अनवहरण n. *das Nichtwegwerfen.*

अनवहित °Adv. *unaufmerksam* VEṆIS. 153.

अनवह्वर Adj. *ränkelos, redlich.*

अनवानत् Adj. *keinen Athem holend* ÇAT. BR. 1,3,5,13. fgg. 4,6,1,5. 11,1,6,31. 13,8,3,4.

अनवानम् Adv. *ohne Athem zu holen, ohne Pause.*

अनवाप्त Adj. *nicht erlangt, — erreicht* 201,11. Spr. 4153.

अनवाप्ति f. *Nichterlangung.*

अनवाप्य Adj. *nicht zu erlangen, — erreichen* 163,21.

अनवार्य Adj. *nicht weichend, — aufhörend.*

अनविप्रयुक्त PRAÇNOP. 5,6 fehlerhaft für अनतिप्र°.

अनवीकृत Adj. *nicht erneuert, — in eine neue Form gekleidet, — anders gesagt* KÂVJAPR. 7,8.

°अनवेक्षक Adj. *keine Rücksicht nehmend auf.*

अनवेक्षण n. *das Nichtaufpassen, Sorglosigkeit* Spr. 2991. 6607.

अनवेक्षम् Adv. *ohne sich umzusehen.*

अनवेक्षमाण Adj. *sich nicht umsehend* ÂÇV. GṚHJ. 4,4,9.

अनवेक्षा f. *Rücksichtslosigkeit.*

अनवेक्षितम् Adv. *ohne darauf zu blicken* GOBH. 1,2,19.

अनशन n., अनशनता f. und *अनशना (GAL.) f. *das Nichtessen, Fasten.*

अनशनायु Adj. *keinen Hunger empfindend.* Davon Nom. abstr. अनशनायत्व n. Ind. St. 9,154.

अनशित Adj. *nicht gegessen* 35,25.26.

अनशितुम् Infin. *nicht zu essen* ḰHÂND. UP. 4,10,3.

अनश्नत् Adj. *nicht essend.* अनश्नत्सांगमनः Bez. *des in der* Sabhâ *befindlichen Feuers.*

अनश्नान Partic. (f. आ) dass. MBH. 5,191,22.

अनश्रु Adj. *thränenlos.*

1. अनश्व m. *Nicht-Pferd, etwas Anderes als ein Pferd.*

2. अनश्व Adj. *rosselos.*

अनश्वदा Adj. *keine Rosse gebend.*

अनश्वन् m. N. pr. eines Fürsten.

अनश्वर Adj. *unvergänglich* Spr. 2578.

अनष्टक Adj. *die* Ashṭakâ *vernachlässigend* ÂÇV. GṚHJ. 2,4,11.

अनष्टपशु Adj. *von dessen Heerde Nichts verloren geht.*

अनष्टवेदस् Adj. *von dessen Habe Nichts verloren geht.*

अनष्टापदी f. *kein achtfüssiges d. i. kein trächtiges Mutterthier* ÇAT. BR. 4,5,2,12.

अनस् n. 1) *Wagen, Lastwagen* 6,7.9. 8,7.8. — 2) **gekochter Reis.* — 3) **Mutter.* — 4) **Geburt.* — 5) **lebendes Wesen.*

*°अनस n. = अनस् 1).

अनसूय 1) Adj. *nicht murrend, — ungehalten,* insbes. *über das Glück Anderer.* — 2) m. N. pr. eines Mannes. — 3) f. आ N. pr. verschiedener Frauen.

अनसूयक Adj. (f. °सूयिका) = अनसूय MBH. 3,122,29.

अनसूयन्त् Partic. dass. MBH. 1,140,76.

अनसूया f. *das Nichtmurren, Nichtungehaltensein,* insbes. *über das Glück Anderer.*

अनसूयातीर्थ n. N. pr. eines Tîrtha.

अनसूयितर् Nom. ag. = अनसूय 1) MBH. 1,140,71.

अनसूयु Adj. = अनसूय.

अनसूरि m. *kein Unweiser, ein Weiser.*

अनस्त Adj. *nicht geschleudert* ÇAT. BR. 3,7,2,2.

अनस्तमित Adj. 1) *noch nicht untergegangen* (von der Sonne). — 2) *unaufhörlich.*

अनस्तमितके Loc. *vor Sonnenuntergang.*

अनस्थ, अनस्थक (MAITR. S. 3,7,5), अनस्थन्, अनस्थि, अनस्थिक (TS. 7,5,12,2) und अनस्थिक Adj. *knochenlos.* अनस्थि Subst. *ein knochenloses Thier.*

अनस्वन्त् 1) Adj. *mit einem Wagen verbunden, an einen Wagen gespannt.* — 2) f. अनस्वती *Wagenzug, Heereszug.*

अनहंवादिन् Adj. *nicht nur von sich redend, nicht eingebildet.*

अनहंकर्तव्य Adj. *kein Object des Ichbewusstseins bildend* Ind. St. 9,165.

अनहंकृत Adj. *uneigennützig.*

*अनहंकृति f. *Nichthochmuth, Bescheidenheit.*

अनहम् Nom. *Nicht-Ich* Ind. St. 9,148.

अनहर्जात Adj. *an einem unglücklichen Tage geboren.* Davon Nom. abstr. °ता f.

अनड्वह् Adj. s. अनडुह्.

अना Adv. *je, je und je;* mit einer Neg. *nie.*

अनाकम्प Adj. *unerschütterlich.*

अनाकर्णितकेन Instr. *mit einer Miene, als ob man Nichts gehört hätte,* PRASANNAR. 21. 38. 113.

अनाकाङ्क्ष Adj. *keiner Ergänzung bedürfend* NJ. K.

अनाकाल 1) *Unzeit.* — 2) *schlechte Zeit, Hungersnoth.* °भृत *in schlechter Zeit unterhalten.*

1. अनाकाश n. *kein freier Raum, erfüllter Raum* R. 3,29,7.

2. अनाकाश Adj. *ätherlos.*

अनाकुल 1) Adj. (f. आ) *unverworren, unverwirrt* (eig. und übertr.) 214,20. 118,25. *sicher vom Gange.* — 2) *f. ई *ein best. Knollengewächs* GAL.

अनाकृत Adj. 1) *ungetrieben, ungerufen.* — 2) *nicht gewartet, — gepflegt.*

अनाकृष्ट Adj *nicht angezogen, — fortgerissen* RAGH. 1,23.

अनाक्ताक्ष Adj. *an den Augen nicht gesalbt* AV. 20,128,6.

अनाक्रमणीय und °क्रम्य Adj. *nicht zu besteigen.*

*अनाक्रान्ता f. *Solanum Jacquini Willd.*

अनाक्षित् Adj. *nicht ruhend.*

अनाख्यात Adj. *nicht angezeigt, — angegeben.*

अनाख्येय Adj. *nicht mitzutheilen, — zu sagen.*

अनाग Adj. (f. आ) *schuldlos, sündlos.*

अनागच्छन्त् Adj. *nicht kommend* SARVAD. 13,7.

अनागत Adj. 1) *noch nicht angekommen, — angelangt* 142,26. MBH. 14,80,24. — 2) *bevorstehend, zukünftig* 105,26. 161,11. अनागतं कर् *für die Zukunft sorgen* Spr. 263. — 3) *noch nicht erreicht.* — 4) *nicht anzutreffen, — zu finden* R. 3,56,18 (50,9).

अनागतयोगिन् Adj. *mit dem* (factisch) *noch nicht erschienenen Monde in* (theoretische) *Conjunction tretend.*

अनागतवन्त् Adj. *die Zukunft betreffend* Spr. 266. fg.

अनागतविधातर् Nom. ag. 1) *Vorkehrungen für die Zukunft treffend.* — 2) N. pr. eines Fisches.

अनागतविधान n. *das Treffen von Vorkehrungen für die Zukunft* Spr. 270.

अनागतार्तवा Adj. f. *noch nicht die Katamenien habend.*

अनागम m. *das nicht Herbeikommen, — Erscheinen* GAIM. 1,1,13.

अनागमक Adj. *ohne* Âgama (gramm.).

अनागमिष्यन्त् Adj. *der nicht herbeikommen wird.*

1. अनागस् Adj. *schuldlos, sündlos* 71,1.10.

2. अनागस् Adj. *unschädlich* ṚV. 10,165,2.

अनागा f. N. pr. eines Flusses.

अनागामिन् m. *der nicht Wiederkehrende*, bei den Buddhisten Bez. der 3ten Stufe auf dem Wege zum Nirvâṇa.

*अनागामुक Adj. P. 6,2,160, Sch.

अनागास्त्वँ n. *Schuldlosigkeit, Sündlosigkeit* 11,5.

अ॑नागूर्तिन् Adj. *der die* Âgur *nicht verrichtet hat.*

अनागोहत्यॉ f. *Mord an einem Schuldlosen.*

अ॑नाग्नेय Adj. *dem* Agni *nicht zuständig.*

अनाघ्रात Adj. *woran man nicht gerochen hat* Spr. 271. °पूर्व Adj. *nie früher gerochen* Kâd. 162.

अनाचरण n. *das Nichtbewerkstelligen, Unterlassen* Kull. zu M. 6,92.

अनाचार m. 1) *kein Brauch* Lâṭj. 10,1,15. — 2) *ungewöhnliche Erscheinung.* — 3) *schlechtes Betragen, Unsitte* Ind. St. 10,98.

अनाचाररूप Adj. (f. आ) *von ungewöhnlichem Aussehen.*

अ॑नाजानत् Adj. *nicht inne werdend.*

अनाजिगमिषु Adj. *zu kommen nicht beabsichtigend* Mahâbh. 1,87,b.

अनाज्ञा f. *Nichterlaubniss* 200,24.

अनाज्ञात Adj. *unbekannt, unbemerkt.* अ॑नाज्ञातम् Adv. *auf unbekannte —, unerklärliche Weise.*

अनाज्ञाताज्ञातकृत Adj. *auf erklärliche oder unerklärliche Art vollbracht* Vaitân. 23.

अनाज्यलिप्त Adj. *nicht mit Opferschmalz gesalbt* Kâtj. Çr. 4,4,10.

अ॑नाढ्यतर Adj. *nicht sehr wohlhabend* Çat. Br. 9,5,1,16.

*अनाढ्यंभविष्णु Adj. P. 6,2,160, Sch.

*अनातङ्क Adj. *gesund* Râǵan. 20,46.

अ॑नातत Adj. *nicht angespannt.*

1. *अनातप m. *Schatten.*

2. अनातप Adj. *schattig* 172,20.

अनातपत्र Adj. *ohne Sonnenschirm* Sâh. D. 340,9.

अनातुर॑ Adj. 1) *unversehrt, gesund.* — 2) *unverdrossen.* — 3) *nicht von Liebe gequält* Spr. 272.

अनात्त Adj. *nicht genommen, — entzogen* Kâtj. Çr. 9,5,12.

अनात्मक Adj. *ohne Substanz, unreal* (buddh.).

अनात्मज्ञ Adj. (f. आ) *unverständig, einfältig.*

अनात्मत्व n. *das nicht Seele Sein* 272,27.31.

1. अनात्मन् m. 1) *was nicht Seele* (*Geist*) *ist* 273, 8. — 2) **nicht selbst, ein Anderer.*

2. अनात्म॑न् Adj. *ohne Geist, — Verstand.*

अनात्ममुख Adj. (f. ई) *nicht zu sich gekehrt* Mahîdh. zu VS. 12,62.

अनात्मवत् Adj. *seiner nicht mächtig, sich nicht zügelnd, — gehörig haltend* (von einem Kranken)

अनात्मश्लाघाकर Adj. *sich nicht selbst rühmend* Sâh. D. 32,21.

अनात्मसंपन्न Adj. *geistlos, dumm* Spr. 437.

अनात्मसात्कृत Adj. *nicht sich angeeignet* Comm. zu Mṛkkh. 113,6.

अनात्मीय Adj. *was Einem nicht angehört.*

अनात्म्य 1) Adj. *unpersönlich.* — 2) n. *Thorheit* Bhâg. P. 4,4,29.

अनात्रेयी f. *eine Frau, welche nicht eben das Reinigungsbad nach den Katamenien vollzogen hat,* Gaut. 22,17..

अनाथ 1) Adj. (f. आ) *schutzlos, hülflos.* °वत् Adv. 66,23. — 2) अनाथँ n. *Schutzlosigkeit, Hülflosigkeit.*

अनाथपिण्डद und °पिण्डिक m. Bein. Sudatta's.

अनाथपुरी m. N. pr. eines Autors.

अनाथशरण Adj. (f. आ) *an Niemanden einen Schutz habend* Kaurap. 21.

अनाद m. *Ton —, Klanglosigkeit.*

1. अनादर m. *Nichtachtung, Mangel an Rücksicht, Nichtbeachtung, Gleichgültigkeit gegen* (Loc.) 173, 15. 233,22. अनादरात् *ohne Weiteres, mir Nichts dir Nichts* Spr. 6012.

2. अनादर॑ Adj. *Nichts hoch anschlagend* Çat. Br. 10,6,3,2. Khând. Up. 3,14,2.

अनादरण n. *das Nichtbeachten, das sich gleichgültig Verhalten.*

अनादरवत् Adj. *Gleichgültigkeit verrathend.*

अनादराक्षेप m. in der Rhet. *eine Erklärung, dass man mit Etwas nicht einverstanden sei, die man dadurch an den Tag legt, dass man sich zur Sache gleichgültig stellt.*

अनादवत् Adj. *keinen Laut von sich gebend* Ind. St. 9,12.

अनादातर् Nom. ag. *Nichts nehmend, — empfangend.*

अनादातव्य Adj. *nicht zu greifen* Ind. St. 9,164.

अनादि Adj. *ohne Anfang* 104,26. Davon Nom. abstr. °ता f. Nîl. 35.

अनादिमत् Adj. dass. Çvetâçv. Up. 4,4, (°मांस्त्वं zu lesen).

*अनादिवार्त्ता f. *Ueberlieferung.*

अ॑नादिष्ट Adj. 1) *unaufgezeigt, unbestimmt.* — 2) *nicht angewiesen, — angegeben, — vorgeschrieben* Lâṭj. 1,1,5. — 3) *keinen Befehl habend* Spr. 274.

अनादृत Adj. 1) *nicht —, gering geachtet* (Jmd). — 2) *unbeachtet, unberücksichtigt* (Etwas). Dazu Nom. abstr. °त्व n. Sâh. D. 213,4.

अनादेय Adj. 1) *was man nicht nehmen darf* Spr. 275. fg. — 2) *nicht anzunehmen, unzulässig* 213, 4. 215,27.

1. अनादेश m. *das Fehlen einer Anweisung, — Vorschrift.*

2. अनादेश Adj. आनूपारम् N. eines Sâman.

अनादेशकर Adj. *eine Anweisung nicht ausführend* Bhâg. P. 8.20,14.

1. अनाद्य॑ Adj. 1) *was nicht gegessen werden darf.* — 2) *den man nicht aussaugen darf.*

2. अनाद्य Adj. *ohne Anfang* Brahmabindûp. 9.

अनाद्यनन्त Adj. *ohne Anfang und ohne Ende.*

अनाद्यन्त Adj. (f. आ) dass. Spr. 277. Ârjabh. 3,11.

अनाद्युदात्त Adj. *nicht auf der ersten Silbe betont* TS. Prât. 8,10.

अनाधि Adj. *sorgenlos* Ragh. 9,54.

अ॑नाधृष् Adj. *Niemanden Etwas anhabend.*

अ॑नाधृष्ट Adj. *an den oder woran sich Niemand heranwagt, unangreifbar, unantastbar* Çâṅkh. Br. 27,5. Ait. Âr. 386,11.12.

अ॑नाधृष्टि m. N. pr. verschiedener Fürsten.

अनाधृष्य॑ Adj. = अनाधृष्ट Çâṅkh. Br. 27,5. Chr. 54,12. प्रजापतेस्तनूः Ait. Br. 5,25. Âçv. Çr. 8,13,13.

अनाध्यान n. *kein wehmüthiges Zurückdenken.*

अ॑नानत 1) Adj. *ungebeugt.* — 2) m. N. pr. eines Ṛshi.

अनानन्दयितव्य Adj. *nicht das Object der Wollust bildend* Ind. St. 9,164.

अनानार्थ m. *kein neuer Satz* Ind. St. 4,155.

अनानुकृत्य॑ Adj. *unnachahmlich.*

अ॑नानुजा f. *keine jüngere Schwester* TS. 4,3,11,3.

अनानुद॑ Adj. *nicht nachgebend.*

अ॑नानुदिष्ट Adj. *unaufgefordert.*

अनानुपूर्व्य n. *gestörte Reihenfolge* ṚV. Prât. 2, 43. 11,8.

अ॑नानुभूति f. *nicht dienstbereit, ungehorsam.*

अनापद् f. *Nicht-Noth.* अनापदि *ohne Noth, in normalen Verhältnissen.*

अनापान m. N. pr. eines Fürsten.

अ॑नापि Adj. *ohne Freunde oder Verwandte.*

अ॑नापूयित Adj. *nicht stinkend* Çat. Br. 1,1,3,5.

अ॑नाप्त Adj. 1) *nicht hinanreichend* 36,21. — 2) *unerreicht, unerreichbar* Çâṅkh. Br. 27,5. Ait. Âr. 386,12. प्रजापतेस्तनूः Ait. Br. 5,25. Âçv. Çr. 8,13, 13. — 3) *ungeschickt.*

अनाप्ति f. *Zielverfehlung* 206,14.

अनाप्य und अनापि॑ Adj. *unerreichbar* Çâṅkh. Br. 27,5. प्रजापतेस्तनूः Ait. Br. 5,25. Âçv. Çr. 8,13,13.

अनाप्रीत Adj. *nicht mit den* Âprî-*Versen besprochen* Çat. Br. 6,2,1,37.

अनाप्लुताङ्ग Adj. *der sich nicht gebadet hat* MBh. ? 43,5.

अनाबयु m. *eine best. Pflanze* AV. 6,16,1.

अनाबाध Adj. *unbelästigt, ungehemmt* (Weg).

अनाभायन् Adj. *furchtlos* ṚV.

अनाभू Adj. *nicht dienstfertig, ungehorsam.* Rudra Maitr. S. 1,8,5.

अनाभ्युदयिक Adj. *Unheil bringend.*

अनामक 1) m. *Schaltmonat.* — 2) *n. *Hämorrhoiden.*

अनामत्व n. *Namenlosigkeit.*

अनामन् 1) Adj. *namenlos.* — 2) *m. *Ringfinger.*

अनामन् *eine best. Krankheit.*

अनामय 1) Adj. (f. आ) a) *nicht verderblich* AV. 9,8,13. — b) *gesund, in gutem Wohlbefinden, dem Nichts fehlt.* — c) *wo Wohlergehen herrscht.* — d) *Gesundheit schaffend* 166,27. — e) *verschont von* (Abl.) 79,20. — 2) m. Bein. Çiva's. — 3) n. *Gesundheit, Wohlergehen.*

अनामयत् Adj. *nicht wehe thuend, — schmerzend.* °यता Instr. *in vollkommenem Wohlbefinden.*

अनामयित्नु Adj. *nicht krank machend, heilend.*

*अनामा und अनामिका f. *Ringfinger.*

अनामिन् Adj. *sich nicht beugend, unbeugsam.*

अनामृण Adj. *unverletzlich.*

अनामृत Adj. *nicht vom Tode berührt* TS. 5,2,3, 1. 2. Mantrabr. 1,5,11.

अनाम्नात Adj. *nicht überliefert, — gelehrt.*

अनाम्नाय m. *Nichtüberlieferung* Spr. 278.

अनाम्य Adj. *sich nicht biegen lassend* Spr. 3578.

अनायक Adj. (f. आ) *führerlos.*

अनायत Adj. *nicht angebunden.*

1. अनायतन und अनायतन n. *nicht der entsprechende —, nicht der heimatliche Platz.*

2. अनायतन und अनायतनवत् Adj. *keinen entsprechenden —, keinen eigenen Platz habend.*

*अनायत्तवृत्तिता f. *Unabhängigkeit, Freiheit.*

1. अनायास m. 1) *Nichtanstrengung.* — 2) *Unermüdlichkeit* MBh. 5,34,72.

2. अनायास Adj. *keine Anstrengung —, keine Mühe verursachend* MBh. 12,242,13.

अनायुध Adj. *ohne Opfergeräthe.*

अनायुवान Partic. *nicht ansichziehend* (die Flügel) Çat. Br. 4,1,2,26.

अनायुषा f. N. pr. einer Tochter Daksha's.

अनायुष्य Adj. *dem Leben nicht zuträglich, das Leben verkürzend.*

अनायुस् f. = अनायुषा.

अनारत Adj. und °म् Adv. *unaufhörlich, beständig.*

अनारभ्य Adj. 1) *nicht zu beginnen* Spr. 280. Davon Nom. abstr. °त्व n. Kâtj. Çr. 20,8,27. — 2) *unmöglich* Comm. zu Gaim. S. 215,1 v. u.

अनारभ्यवाद m. *eine nicht ad hoc gegebene, sondern allgemeine Bestimmung* Gaim. 3,6,14. Davon Nom. abstr. °त्व n. 6,6,3.

अनारभ्यविधि m. und अनारभ्यविधान n. dass. Comm. zu Kâtj. Çr. 1,3,30. 16,1,1.

अनारभ्यविहित Adj. *nicht ad hoc vorgeschrieben* Comm. zu Çat. Br. 809,9.

अनारभ्यसमधीत (Comm. zu Kâtj. Çr. 19,6,2) und अनारभ्याधीत Adj. *ohne einen besondern rituellen Zweck recitirt.*

अनारम्बण Adj. *ohne Stütze* Ḱhând. Up. 2,9,5.

1. अनारम्भ m. 1) *das Nichtgehen an* (Gen.), *das Nichtbeginnen* Bhag. 3,4. Spr. 281. — 2) *das Nichtgründen eines eigenen Haushalts* Kap. 4,12.

2. अनारम्भ Adj. *Nichts unternehmend* MBh. 12, 246,24.

अनारम्भण Adj. *woran man sich nicht halten kann.*

अनारम्भिन् Adj. *Nichts unternehmend* Gaut. 3,25.

अनाराशंस Adj. *ohne die* नाराशंस *genannten* Soma-*Becher* Gop. Br. 2,4,15.

अनारूढ Adj. 1) *nicht enthalten in, — liegend in* (Loc.) Comm. zu Kap. 1,87. — 2) *sich nicht begeben habend, nicht gerathen in* (Acc.) Venîs. 106.

अनारोग्य Adj. *der Gesundheit nicht zuträglich.*

अनारोग्यकर Adj. dass. Ḱaraka 3,3.

अनार्जव n. 1) *unehrliches Benehmen* 189,11. — 2) **Krankheit.*

अनार्त Adj. *nicht krank, gesund.*

अनार्तव Adj. *der Jahreszeit nicht entsprechend.*

अनार्ति f. *Leidlosigkeit.*

अनार्य Adj. (f. आ) und Subst. *unehrenhaft, kein* Ârja, *sich nicht wie ein* Ârja *betragend, für einen* Ârja *sich nicht schickend, nicht arisch* 105,1. 179, 18. 204,18.

*अनार्यक n. *Aloeholz.*

अनार्यकर्मिन् Adj. *der Werke eines Nicht-*Ârja *vollbringt.*

*अनार्यज n. *Aloeholz.*

अनार्यजुष्ट Adj. *woran Ehrenhafte keinen Gefallen finden* Bhag. 2,2. R. 2,82,13.

अनार्यता f. *Unehrenhaftigkeit.*

अनार्यतिक्त m. *Gentiana Chiraita Wall.*

अनार्यवृत्त Adj. *von unehrenhaftem Betragen* Spr. 282.

अनार्ष Adj. *nicht von den* Ṛshi *herstammend, nicht der* Saṁhitâ *entsprechend; keinem* Ṛshi *zukommend, nicht an den Namen eines* Ṛshi *gefügt* (Suffix).

अनार्षेय Adj. *nicht von den* Ṛshi *stammend.*

अनार्ष्यविलोप m. *keine Nichtstörung der* Saṁhitâ d. i. *Störung der* Saṁhitâ ṚV. Prât. 11,28.

अनालपन n. *keine Unterhaltung mit* (Gen.) Çiç. 7,10.

अनालब्ध Adj. 1) *nicht angefasst, — berührt* MBh. 5,48,102. — 2) *nicht geschlachtet* Çat. Br. 13,1,3,1.

अनालमर्थ्य n. *das nicht die Bedeutung von* अलम् *Haben* Mahâbh. 3,95,a.

अनालम्ब 1) Adj. *ohne Stütze, — Halt.* — 2) *f. ई Çiva's *Laute.*

अनालम्बनम् Adv. *ohne Haltpunkt, phantomartig* Prab. 71,1.

अनालम्बुक (!) und अनालम्भुक Adj. (f. आ) *unberührbar.*

अनालस्य n. *Unverdrossenheit* Spr. 2183.

अनावयस् Adj. *keine Empfängniss zu Stande bringend* AV. 7,90,3.

अनावरण Adj. *unverhüllt* (buddh.).

अनावरणज्ञानविशुद्धगर्भ und अनावरणास्वरमण्डलमधुरनिर्घोषगर्भ m. N. pr. zweier Bodhisattva.

अनावरणिन् m. Pl. N. pr. einer buddh. Secte.

अनावर्तिन् Adj. *nicht wiederkehrend* Spr. 284.

अनावह Adj. *nicht hervorbringend, — bewirkend* Sâh. D. 249,20.

अनाविद्ध Adj. 1) *unverwundet; undurchbohrt* Spr. 271. *unversehrt.* — 2) *keine langen Composita enthaltend* Vâmana 1,3,25.

अनाविल Adj. 1) *nicht trübe, klar, durchsichtig.* — 2) *gesund,* von Personen (Spr. 2140) und Gegenden.

अनाविष्कृत Adj. *nicht an den Tag gelegt* Kumâras. 7,35.

अनावृत् Adj. *nicht wiederkehrend* 30,12.

अनावृत Adj. 1) *unverhüllt* Çat. Br. 14,5,5,18. — 2) *ungeschlossen* R. 2,88,19. Spr. 285. *uneingesäunt* Gaut. 12,21. *nicht gedeckt, — verschanzt* (leer) R. 2,88,20.

अनावृत्त Adj. *unbetreten.*

अनावृत्ति f. *Nichtwiederkehr* (zu einem neuen Leben).

अनावृष्टि f. *Mangel an Regen, Dürre.*

अनाव्याध Adj. (f. आ) *unerbrechbar, fest.*

1. अनाव्रस्क m. 1) *Nichtabfall* TS. 3,1,5,1. — 2) *Unversehrtheit.*

2. अनाव्रस्क Adj. *nicht abfalleud.*

अनाशक n. *das Nichtessen, Fasten; das zu Tode Hungern.*

अनाशकायन n. *das Fasten.*

अनाशस्त Adj. *auf den man nicht vertrauen kann.*

अनाशास्य Adj. *was man sich nicht wünscht.*

अनाशित Adj. *hungrig* R. 5,17,34. 24,31.

1. अनाशिन् Adj. *nicht essend.* Davon Nom. abstr.

°शित्व n. *das Nichtessen.*

2. अनाशिन् Adj. *nicht verloren gehend.*

अनाशिष्ठ Adj. *der langsamste* Ait. Br. 4,9.

अनाशिस् Adj. *nicht erwünscht* Râǵat. 7,1377.

अनाशीर्दा Adj. *die Erwartung nicht erfüllend.*

1. अनाशु Adj. *nicht schnell, langsam.*

2. अनाशु Adj. *keine raschen Rosse besitzend.*

अनाश्रम m. *keiner der* 4 *oder* 3 Âçrama Jâǵñ. 3,241.

अनाश्रमिन् Adj. *zu keinem* Âçrama *gehörend.* Davon Nom. abstr. °मित्व n.

1. अनाश्रय m. *Unabhängigkeit von* (Gen.) RV. Prât. 11,36.

2. अनाश्रय Adj. *keinen Halt gewährend.* Davon Nom. abstr. °ता f. Kull. zu M. 3,180.

अनाश्रव fehlerhaft für अनास्रव.

अनाश्रित Adj. *sich nicht an Jmd oder Etwas haltend, unabhängig, keine Rücksicht nehmend auf* Gaudap. zu Sâṁkhjak. 10. Bhag. 6,1. R. 3,10,6. Bhâg. P. 1,13,42. — पाषण्ड्यनाश्रिताः Jâǵñ. 3,6 wohl ein alter Fehler für पाषण्डमाश्रिताः.

अनाश्वंस् Adj. *nicht gespeist habend* 240,16. TS. 1,6,7,3. TBr. 1,1,4,2.

अनाष्ट्र Adj. *keiner Gefahr unterworfen* 36,12.

अनास् Adj. *ohne Mund* oder *Antlitz.*

अनासन n. *das Nichtsitzen* Kâtj. Çr. 25,4,7.

अनासन्न Adj. *nicht nahe bei* (Gen.) Lâtj. 5,10,20. Âpast. 1,6,21.

अनासाद्य Adj. *unerreichbar* 96,2.

अनासिक Adj. (f. आ) 1) *nasenlos.* — 2) *nicht nasal* Ind. St. 9,32.

अनास्तिक Adj. *ungläubig, gottlos* MBh. 1,74,96.

अनास्तिक्य n. *Unglauben, Gottlosigkeit* MBh. 1,212,17.

अनास्तीर्ण Adj. *unüberdeckt, bloss* Venis. 28,11.

अनास्था f. *Gleichgültigkeit gegen* (Loc.) Ragh. 2,57. Kumâras. 6,12. 63. Vâs. 2. Sarvad. 22,8.

अनास्थान Adj. *keinen Standpunkt gewährend.*

अनास्रव Adj. *frei von sündhaften Neigungen, — unreinen Leidenschaften* Lalit. 303,7.

अनास्राव Adj. *kein Gebrechen bewirkend.*

अनास्वादित Adj. *nicht geschmeckt* Spr. 274. °पूर्व Adj. *früher nicht geschmeckt* R. 1,9,36. Chr. 99,2.

अनाहत 1) Adj. *a) nicht angeschlagen, nicht geschlagen* (ein musik. Instr.). °हता दुन्दुभयो विनेदुः MBh. 5,182,24. 14,80,55. शङ्ख *nicht geblasen* Siddh. K. ज्या *nicht gespannt* MBh. 5,48,102. *nicht angeschlagen,* von einem Laute. — *b)* **beim Wascher nicht geschlagen, nicht gewaschen, neu* (von Zeugen). — *c)* **nicht multiplicirt.* — 2) n. *der 4te von den 6 mystischen Kreisen am Körper.*

अनाहनन n. *das Nichtaufschlagen.*

अनाहवनीय m. *kein* Âhavanîja-*Feuer* Çat. Br. 12,9,3,13.

1. अनाहार m. *das nicht zu sich Nehmen von Speise.*

2. अनाहार Adj. *keine Speise zu sich nehmend.* Davon Nom. abstr. °ता f. Lalit. 320,20. 321,1.

अनाहार्य Adj. *nicht herbeizuschaffen.*

अनाहिताग्नि Adj. *der kein heiliges Feuer angelegt hat, — unterhält.* Davon Nom. abstr. अनाहिताग्निता.

अनाहुति f. 1) *Unterlassung der Opferspenden.* — 2) *ungeeignete Opferspende.*

अनाहूत Adj. *ungerufen, unaufgefordert* MBh. 1,136,18. Spr. 287. fg.

अनाह्रियमाण Adj. *nicht herbeigeschafft werdend* Lâtj. 2,5,19.

अनाह्वान n. *das Nichtherbeirufen* Lâtj. 1,4,16. Spr. 289. *das Nichtcitiren vor Gericht* Chr. 213,6.

अनिकामम् Adv. *ungern.*

अनिकृन्तन n. *das Nichtabschneiden* Pâr. Gṛhj. 2,10,24.

अनिकेत 1) Adj. *wohnungslos.* Davon Nom. abstr. °ता f. Bhâg. P. 11,3,25. — 2) m. Bez. *eines best. Krankheitsdämonen* Hariv. 9360.

अनिक्षिप्तधुर (°धूर gedr.) m. N. pr. eines Bodhisattva.

*अनिक्षु m. *Saccharum spontaneum Lin.*

अनिखात Adj. *nicht eingegraben* Çat. Br. 3,6,1,14.

अनिगड Adj. *wo* (nur) *die Ketten fehlen* 134,6.

अनिगद Adj. *ohne* Nigada Kâtj. Çr. 6,10,25.

अनिगीर्ण Adj. *nicht verschluckt, — unterdrückt* Sâh. D. 17.

1. अनिग्रह m. 1) *Nichtzügelung* Spr. 248. — 2) *kein Versehen im Beweise* Njâjas. 5,2,22. 23.

2. अनिग्रह Adj. *ohne Handgriff* Suçr. 1,24,11.

अनिघ Adj. *unverletzt* Lalit. 458,5.

अनिङ्ग Adj. *unlösbar, untrennbar* AV. Prât. 4,12.

अनिङ्गन n. *das Nichtschütteln* Kâtj. Çr. 10,1,6.

अनिङ्गयत् Adj. *nicht lösend, — trennend* RV. Prât. 13,11.

अनिङ्ग्य Adj. = अनिङ्ग RV. Prât. 5,20. 9,13. Davon Nom. abstr. °त्व n. Comm. zu AV. Prât. 4,76.

अनिङ्ग्यमान Adj. *nicht berührt —, nicht geschüttelt werdend.*

अनिचय Adj. *keine Vorräthe habend* Gaut. 3,11.

अनिच्छत् Adj. *Etwas nicht wollend* MBh. 13,16,20. Chr. 121,14.

अनिच्छा f. *das Nichtwollen, Abneigung* 289,11. Instr. *ohne es zu wollen.*

अनिड्या f. *kein Opfer* Ǵaim. 4,4,2.

अनित n. *das Nichtabgehen, — Nichtabweichen von* (Abl.) Çâṅkh. Br. 1,4. 8,2. 18,10. 29,3.

अनितभा f. N. pr. eines Flusses.

अनितरेतरकारण Adj. (f. आ) *nicht gegenseitig verursacht* Kaṇ. 8,1,10.

अनित्थंविद्वंस् Adj. *so nicht wissend* Çat. Br. 7,2,1,9.

अनित्य 1) Adj. *a) nicht ewig dauernd, vergänglich* 163,23. 183,17. 255,23. — *b) nicht beständig, vorübergehend, zufällig* oder *gelegentlich zur Erscheinung kommend.* — *c) ungewöhnlich, extraordinär.* — *d) unbeständig, wankelmüthig.* — *e) dessen Ausgang sich nicht bestimmen lässt.* — 2) °म् Adv. *nicht beständig, nur dann und wann.*

अनित्यता f. *Vergänglichkeit, Unbeständigkeit* 225,28.

अनित्यत्व n. 1) dass. 255,27. 273,6. — 2) *Zufälligkeit, Ungewissheit.* — 3) *Unbeständigkeit, Wankelmuth.*

अनित्यसम m. *eine auf die Vergänglichkeit sich stützende Einwendung* Njâjas. 5,1,32. Sarvad. 114,12.

अनिदंविद् Adj. *dieses nicht kennend* Nir. 2,3. Ait. Âr. 469,14.

अनिद्र Adj. (f. आ) *schlaflos, wach.*

अनिद्रा f. *Schlaflosigkeit.*

अनिध्म Adj. *ohne Brennstoff, dessen nicht bedürfend.*

अनिन Adj. *unkräftig, feig.*

अनिन्द m. Pl. N. pr. eines Volkes.

अनिन्दत् Adj. *nicht tadelnd* Gaut. 9,59.

अनिन्दा f. *nicht tadelnde Worte* AV. 11,8,22. Spr. 295.

अनिन्दित Adj. *tadellos.*

अनिन्द्य und अनिन्दिय 1) Adj. dass. — 2) m. N. pr. einer Einsiedelei.

अनिन्द्र Adj. (f. आ) Indra *nicht verehrend, ihm feind.*

अनिन्द्रक Adj. *des* Indra *beraubt.*

1. अनिन्द्रिय n. *Geist.*

2. अनिन्द्रिय Adj. *keine Sinne habend* Ind. St. 9,165.

अनिपद्यमान Adj. *sich nicht zur Ruhe legend.*

अनिपान n. *das Nichttrinken, Durst* Bhâg. P. 5,26,8.

अनिपुण Adj. (f. आ) *ungeschickt, tactlos* Venis. 25,18.

अनिबद्ध Adj. 1) *unangebunden.* — 2) *nicht gebunden an, sich nicht kümmernd um* (Loc.). गुरुशास्त्रे MBh. 1,29,21. — 3) *nicht gebunden, — durch einen vorangehenden Act zu Etwas verpflichtet*

Gaut. 13,4. 8. M. 8,76. — 4) *unzusammenhängend, ungereimt.* °प्रलापिन् Jâǵn. 3,135. Mit वाचा wohl dass. MBh. 13,163,9. — 5) *einfach, einförmig* Vâmana 1,3,28. 30.

अनिबाधँ m. *Unbedrängtheit, Freiheit.*

अनिभृत Adj. 1) *nicht fest, beweglich, unruhig, unstät* Nir. 10,4. Megh. 67. Kir. 13,66. — 2) *unbescheiden* Bhar. Nâṭjaç. 34,119.

अनिभृतत्व n. *Beweglichkeit* Nir. 10,4.

अँनिभृष्ट Adj. *nicht erliegend, — erlahmend.*

अँनिभृष्टतविषि Adj. *von nicht erlahmender Kraft.*

अनिमानँ Adj. *unermesslich.*

1. अनिमित्त n. *kein Grund, keine Ursache* Ǵaim. 1, 1,4. अनिमित्ततस् (Bhar. Nâṭjaç. 34,106) und अनिमित्त° *ohne Grund, ohne Veranlassung.*

2. अनिमित्त 1) Adj. (f. आ) *a) das Ziel verfehlend* R. 6,91,26. — *b) wofür keine Vorzeichen sind, nicht im Voraus bestimmbar* 161,25. — *c) grundlos.* — *d) uneigennützig.* — 2) °म् Adv. *ohne Grund, ohne Veranlassung* Bhâg. P. 3,15,31.

अनिमित्तनिमित्त Adj. *uneigennützig.* धर्म Bhâg. P. 3,15,14.

अनिमिषँ 1) Adj. *a) die Augen nicht schliessend, wachsam* 4,30. Bhâg. P. 3,20,12. — *b) nicht blinzelnd, sich nicht schliessend* (von den Augen) R. 3, 60,10. Kathâs. 18,13 (zu lesen ऽनिमिषे). — 2) °षम् Adv. *rastlos.* — 3) m. *a) ein Gott.* — *b)* **Fisch.* — *c) die Fische im Thierkreise.* — *d)* N. pr. α) eines Kinderdämons Pâr. Gṛhj. 1,16,23. — β) eines Sohnes des Garuḍa.

अनिमिषदृश् m. *Fisch* Spr. 4376.

अँनिमिषत् Adj. *die Augen nicht schliessend, wachsam* 2,28.

अँनिमिषम् und अँनिमिषा Adv. *wachsam.*

*अनिमिषाचार्य m. Bein. Bṛhaspati's.

अनिमिषीय fehlerhaft für नैमिषीय.

1. अनिमेष m. *das Nichtblinzeln, Nichtsichschliessen* (der Augen) 98,11. °विलोकनीय Ind. St. 14,366.

2. अनिमेष 1) Adj. *nicht blinzelnd, sich nicht schliessend.* — 2) m. *a) ein Gott* Bhâg. P. 6,10,1. — *b)* **Fisch.*

अनिमेषता f. *das Nichtblinzeln, Sichnichtschliessen* Çiç. 9,11.

अँनिमेषम् Adv. *wachsam.*

अनियत Adj. 1) *ungebunden, unbeschränkt, nicht fest bestimmt* Varâh. Bṛh. S. 5,5. 11,15. — 2) *nicht hergebracht, ungewöhnlich, auffallend.* वेष MBh. 3, 260,12. — 3) *nicht unbetont, betont* ṚV. Prât. 11,26.

अनियतपुंस्का Adj. f. *keinen bestimmten Mann habend, sich mit verschiedenen Männern abgebend* Ind. St. 13,423.

अनियतवृत्ति Adj. *keinen bestimmten Lebensunterhalt habend* Pat. zu P. 5,2,21.

अनियतात्मन् Adj. *den Geist nicht in der Gewalt habend* Spr. 3052.

अनियम m. 1) *Nichtbeschränkung, das so aber auch anders sein Können* Gaut. 6,6. — 2) *das Sichgehenlassen* Spr. 7336.

अनियमोपमा f. *ein Gleichniss, bei dem es unentschieden bleibt, ob nicht noch etwas Anderes zur Vergleichung herbeigezogen werden könnte,* 248,14.

अनियम्य Adj. *nicht zu bändigen.*

अनियामक Adj. *nicht bestimmend.* Davon Nom. abstr. °त्व n. Sarvad. 16,14.

अनियुक्त Adj. *nicht beauftragt, nicht speciell angewiesen* 197,7. 210,25. 26. Jâǵn. 3,288. Hariv. 7338. R. Gorr. 2,62,2. 95,16. Kathâs. 60,112. *nicht betraut mit* (Loc.) Spr. 299.

अनियुज्यमान Adj. *was Jmden nicht aufgetragen wird* Kull. zu M. 9,259.

अनियोग m. 1) *Nichtverwendung* Lâṭj. 8,1,9. — 2) *unpassender Auftrag* MBh. 12,327,47. R. ed. Gorr. 2,68,17.

अनियोग्य R. 2,66,7 fehlerhaft für अनियोग.

अनियोज्य Adj. *nicht aufzutragen* (ein Geschäft).

अनिरँ Adj. *kraftlos, matt.*

अनिरवसित Adj. *nicht aus der Gemeinschaft verstossen* Ind. St. 13,358.

अँनिरशित Adj. *nicht aufgegessen* Çat. Br. 2,5,3,16.

अँनिरा f. *Entkräftung, Siechthum.*

अनिराकरण n. *das Nichtsondern* Sarvad. 10,1.

*अनिराकरिष्णु Adj. P. 6,2,160, Sch.

अँनिराहित Adj. *nicht abzubringen.*

अँनिरुक्त Adj. 1) *nicht ausgesprochen, — unmittelbar verständlich, — von selbst sich ergebend, was oder worin Etwas erst zu erschliessen ist* 38, 16. Ait. Br. 6,27. Tâṇḍja-Br. 17,1,8. VS. Prât. 4, 192. अनिरुक्तगान *eine best. Art den* Sâmaveda *zu singen.* °त्व n. Nom. abstr. Sâj. zu Çat. Br. 1,3,5,10.

अनिरुद्ध 1) *Adj. *a) ungehemmt, frei* Med. (चानर्गले zu lesen). — *b) beweglich.* — 2) m. *a)* N. pr. α) eines Sohnes des Kâmadeva. Bez. des ersten aus dem goldenen Weltei entstandenen Wesens, betrachtet als 4ter Vjûha Vishṇu's (Sarvad. 54, 2) und identificirt mit dem Ahaṁkâra Golâdhj. 2,1, Comm. — β) eines Bhikshu und eines Autors. — *b)* Bein. Çiva's. — 3) f. ई Titel eines Werkes des Aniruddha. — 4) *n. *Strick.*

अनिरुद्धचम्पू f. Titel eines Werkes.

*अनिरुद्धपथ n. *Luftraum.*

*अनिरुद्धभाविनी f. Aniruddha's *Gattin* Ushâ.

अनिरुप्त Adj. *nicht vertheilt* Ǵaim. 6,5,16.

अँनिर्घात m. *Nichtentreissung* TS. 3,1,8,3. TBr. 1,8,9,1.

अनिर्धात्य Adj. *nicht herauszuschaffen.*

अनिर्जित Adj. *nicht erobert* Mṛkkh. 113,6.

अनिर्णिक्त Adj. *nicht gereinigt* (eig. und übertr.) M. 11,189.

अनिर्दश Adj. (f. आ) *aus den zehn Tagen* (nach einer Geburt oder einem Sterbefall) *noch nicht heraus* Gaut. 17,22.

अनिर्दशाह Adj. (f. आ) dass.

अनिर्दिष्ट Adj. *nicht angegeben, — genannt, — näher bestimmt* 226,26. Çâṅkh. Çr. 8,15,14. M. 5,11.

अनिर्दिष्टकारिन् Adj. *der nicht thut, was ihm aufgetragen wird,* MBh. 12,247,17.

अनिर्देश m. *keine nähere Bezeichnung* Ǵaim. 3,5,34.

अनिर्देश्य Adj. *nicht anzugeben, — näher zu bestimmen* Gaut. 21,7. Vikr. 59. Bhâvapr. 2,32,3.

अनिर्बन्धरुष् Adj. *dessen Zorn nicht anhält* Ragh. 16,80.

अनिर्भिन्न Adj. *ununterbrochen* und *ununterschieden* Spr. 300.

*अनिर्माल्या f. *Trigonella corniculata Lin.*

अनिर्वचनीय Adj. *nicht in Worte zu fassen, — näher zu bestimmen* 258,11. Kap. 5,54.

अनिर्वर्णनीय Adj. *nicht zu betrachten* Çâk. 64,8.

अनिर्वाच्य Adj. = अनिर्वचनीय Spr. 300.

अनिर्वाण 1) Adj. *a) nicht erloschen, noch nicht zu Ende gegangen* (Tag). — *b) noch nicht beruhigt, noch wild* (Elephant). — 2) **m. Phlegma, Schleim* Nigh. Pr.

अनिर्वृत्त Adj. *nicht erfolgt, — zu Stande gekommen* 192,4.

अनिर्वेद m. *Nichtverzagung, Selbstvertrauen, moralischer Muth* Spr. 301. fgg.

अनिर्वेदित Adj. *nicht an den Tag gelegt* Mṛkkh. 50,9.

अनिर्वेश Adj. *der seine Sünden nicht gesühnt hat.*

अँनिर्हत Adj. *nicht verjagt von* (Abl.) Çat. Br. 9,1,1,23.

अनिर्ह्रादिन् Adj. *nicht schallend, — laut* 301,11.

अँनिल m. 1) *Wind* 104,5. 219,11. — 2) *der Gott des Windes* 76,24. 219,21. Wird zu den Marut und zu den Vasu gezählt. *Pl. *eine best. Klasse von Göttern* (49 an der Zahl). — 3) *der Wind im Körper* (einer der drei Rasa desselben). — 4) mystische Bez. *des Lautes* j. — 5) N. pr. *a)* eines Sohnes des Tamsu VP. 4,19,2. — *b)* *des 17ten Arhant's der vergangenen Utsarpiṇî. — *c)* eines Râkshasa.

*अनिलकुमार m. Pl. *eine best. Klasse von Göttern.*

*अनिलघ्नक m. *Terminalia Bellerica Roxb.* Râǵan. 11,238.

अनिलज m. Bein. Hanumant's.

*अनिलनिर्यास m. *Terminalia tomentosa* Nigh. Pr. Wohl fehlerhaft für नील°.

अनिलप्रकृति m. *der Planet Saturn.*

अनिलम्भ m. *eine best. Meditation* (buddh.).

अनिलय Adj. (f. आ) *nicht rastend, ruhelos.* प्रजापतेस्तनू: Ait. Br. 5,25. Âçv. Çr. 8,13,13.

अनिलयन n. *keine Zufluchtsstätte* Taitt. Up. 2,6.7.

*अनिलसख und अनिलसारथि (MBh. 1,15,1) m. *Feuer, der Gott des Feuers.*

अनिलात्मक Adj. *rheumatisch* Karaka 1,17.

*अनिलान्तक m. *Terminalia Catappa.*

अनिलायन n. *Luftweg.*

अनिलाहति f. *Windstoss* 294,26.

अनिवर्तक Adj. *nicht umkehrend, — fliehend.*

अनिवर्तन Adj. *keine Rückkehr gestattend* Bhâg. P. 6,5,21.

अनिवर्तनीय Adj. *nicht rückgängig zu machen, — zu hemmen.*

अनिवर्तित्व n. *Nichtumkehr, tapferer Widerstand.*

अनिवर्तिन् 1) Adj. *a) nicht umkehrend, — fliehend, tapfern Widerstand leistend. — b) nicht rückgängig zu machen, — zu hemmen* Hariv. 4836. अभिवर्तिन् (wohl besser) v. l. — 2) m. N. pr. eines Mannes Lalit. 392,6.

1. अनिवारण n. 1) *das Nichtabhalten, Nichtzurückhalten* 210,31. — 2) *Unvermeidlichkeit* Sarvad. 7,13.

2. अनिवारण Adj. = अनिवार्य Bhâg. P. 3,15,35.

अनिवारित Adj. *ungehemmt* Venîs. 140.

अनिवार्य Adj. *nicht abzuhalten, — abzuwehren, — zurückzuhalten, unhemmbar, unwiderstehlich.*

अनिविशमान Adj. (f. आ) *nicht rastend* 12,23.

अनिवीर्य (!) Adj. *nicht impotent.*

अनिवृत Adj. *nicht zurückgehalten.*

अनिवृत्त 1) Adj. *nicht umkehrend, — fliehend* MBh. 7,140,12. Bhâg. P. 6,10,33. — 2) °म् Adv. *ohne dahin zurückzukehren* Gaut. 3,15.

अनिवृत्तमांस Adj. *des Fleischgenusses sich nicht enthaltend* Uttarar. 72,5.

अनिवृत्ति f. 1) *Nichtumkehr, tapferer Widerstand* Gaut. 10,16. — 2) *das Nichtaufhören, Nichtunterbleiben* Gaut. 14,46. Kâtj. Çr. 22,2,14. 3,51. — 3) Bez. *der 9ten unter den 14 Stufen, die nach dem Glauben der* Ǵaina *zur Seligkeit führen.*

अनिवेदन n. *das Nichtkundthun* R. 5,15,38.

अनिवेशन Adj. (f. आ) *keine Einkehr gestattend.*

अनिशम् Adj. *ununterbrochen, beständig* Spr. 7634. अनिश° dass. 104,28.

अनिशित Adj. und अनिशितम् Adv. *rastlos.*

अनिशितसर्ग Adj. *rastlos sich ergiessend.*

1. अनिश्चय m. *Unentschiedenheit* Mudrâr. 34,13 (59,11).

2. अनिश्चय Adj. *unentschieden, unsicher* Tattvas. 37.

अनिश्चित Adj. *unentschlossen* Spr. 305.

अनिश्चित्य Adj. *unergründlich.*

अनि:शस्त Adj. *nicht abgewiesen.*

अनि:शेषित Adj. *nicht vollständig vernichtet* Venîs. 26.

अनिषङ्ग Adj *ohne Wehrgehäng, unbewehrt.*

अनिषव्य Adj. (f. आ) *Pfeilen nicht zugänglich* 18,1.

अनिषुचारिन् Adj. *nicht mit Pfeilen* (sondern mit Schlingen auf die Jagd) *gehend* Gaut. 17,17.

अनिषेद्ध Adj. (f. आ) *ungehemmt.*

अनिष्कषाय Adj. *nicht frei von Schmutz, — schlechter Leidenschaft.*

अनिष्कृत Adj. *ungeschmückt.*

अनिष्कृति Adj. *für den es keine Sühne giebt.*

1. अनिष्ट 1) Adj. *a) unerwünscht, unlieb, unangenehm; n. Unerwünschtes* u. s. w. 58,15. 139,25. 189,19 (mit Gen.). 217,15. 254,18. — *b) unheilvoll, schädlich; n. Unheil. — c) verboten, verrufen* 208,7. — 2) *f. आ *Sida alba Lin.*

2. अनिष्ट Adj. 1) *nicht geopfert.* — 2) *dem nicht geopfert worden ist.*

अनिष्टक Adj. *ohne Backsteine* Çat. Br. 9,5,1,57.

अनिष्टकर्मन् m. N. pr. eines Fürsten.

अनिष्टका f. *kein wirklicher Backstein* Çat. Br. 6,2,1,10. Çulbas. 2,39.

अनिष्टयज्ञ Adj. *dessen Opfer nicht* (mit Erfolg) *dargebracht ist* Gop. Br. 1,5,25.

अनिष्टिज्ञ Adj. *die Aussprüche einer Autorität nicht kennend* Mahâbh. 8,46,b.

अनिष्टिन् Adj. *der nicht geopfert hat.*

अनिष्टृत Adj. *nicht abgeschüttelt, unvertrieben.*

अनिष्ठुर Adj. *nicht rauh, — hart, — roh* 158,2. Laute, Worte Bhar. Nâtjaç. 18,125. Kâvjâd. 1,69.

अनिष्ण Adj. *uneingeweiht, ungebildet* R. 3,17,29.

अनिष्पत्त्रम् Adv. *so dass die Federn des Pfeils nicht herausstehen, so dass der Pfeil sammt den Federn eindringt.*

अनिष्पन्द MBh. 6,8,13 fehlerhaft für °ष्यन्द.

अनिष्पन्न Adj. *nicht gerathen, — reif geworden* 243,24. Nom. abstr. °त्व n. ebend.

अनिष्यन्द Adj. *schweisslos* MBh. 6,8,13.

*अनिस्तब्ध Adj. *ungehemmt.*

अनिस्यन्दिन् Adj. *keine Flüssigkeit träufelnd, — durchlassend.*

अनिह Adj. *für den es kein «hier» giebt* Âpast. 2,21,10.

अनिहत Adj. *nicht getödtet* Venîs. 106,11.

अनिहित Adj. 1) *nicht niedergesetzt —, hingestellt* Kâtj. Çr. 9,13,36. 11,1,15. — 2) *nicht consonantisch auslautend* (अनिहितम् st. अनिहिते zu lesen) VS. Prât. 5,29.

अनीक n. 1) *Angesicht* eig. und übertr. *acies, Vorderseite, Front* Çulbas. 3,57.167. = मध्य (Comm.) *Mitte* 2,72. — 2) *Glanzerscheinung* Agni's. — 3) *Schärfe* (eines Beils), *Spitze* (eines Pfeils). — 4) *Reihe, Zug.* — 5) *Heer* 98,32. — 6) **Schlacht.*

अनीकपति m. *Herrführer* LA. 89,4.

अनीकवत् Adj. *glanzvoll* (von Agni).

अनीकविदारण m. N. pr. eines Bruders des Ǵajadratha MBh. 3,265,12.

*अनीकस्थ m. 1) *Kämpfer.* — 2) *Leibwache.* — 3) *Abrichter von Elephanten.* — 4) *Kriegstrompete.* — 5) *Zeichen.*

अनीकाग्र n. *Spitze des Heeres* R. 6,3,16.

अनीकाधिपति m. *Heerführer* Ind. St. 10,313.

*अनीकिनी f. *Heer und der 10te Theil eines vollständigen Heeres* (अक्षौहिणी).

अनीच Adj. (f. आ) *nicht niederen Standes* Daçar. 2,59.

*अनीचदर्शिन् m. N. pr. eines Buddha.

अनीचानुवर्तिन् Adj. *nicht Gemeinem sich hin gebend* MBh. 3,73,14.

अनीजान Adj. *der nicht geopfert hat.*

अनीड, अनीळ Adj. *nestlos.*

अनीत Adj. *nicht hingebracht* Çat. Br. 4,5,10, 7. Kâtj. Çr. 25,11,7. 12,26.

अनीति f. *unkluges Benehmen, dummer Streich.*

अनीतिज्ञ Adj. *der es nicht versteht sich klug zu benehmen* 156,4.

अनीप्सित Adj. *unerwünscht, unlieb* 225,4.

अनीर्षु MBh. 12,230,13 fehlerhaft für °र्ष्यु.

अनीर्ष्य (Spr. 3592) und अनीर्ष्यु (MBh. 12,8441. Spr. 310) Adj. *nicht neidisch, — eifersüchtig.*

अनील m. N. pr. eines Schlangendämons.

1. अनीश 1) Adj. (f. आ) *nicht Herr, nicht im Stande* oder *kein Recht habend über Etwas* (Gen.) *zu verfügen.* — 2) f. आ *Ohnmacht, Gefühl der Nichtigkeit.*

2. *अनीश Adj. *keinen Herrn über sich habend,* Bein. Vishṇu's und Çiva's.

अनीशत्व n. Nom. abstr. zu 1. अनीश 1).

अनीशान Adj. *machtlos* Ait. Âr. 171,8.

1. अनीश्वर Adj. (f. आ) = 1. अनीश 1) Spr. 3561. Mit Inf. *nicht vermögend zu.*

2. अनीश्वर Adj. 1) *herrenlos, keinen Herrn über sich habend* Kumâras. 2,9. — 2) *dem höchsten Wesen nicht zukommend.*

अनीश्वरत्व n. Nom. abstr. zu 1. अनीश्वर 260,1.

अनीह m. N. pr. eines Fürsten.

अनीहा f. *Genügsamkeit, Zufriedenheit.*

अनीहित Adj. *nicht erstrebt, — gewünscht* 187,25.

1. अनु 1) Adv. a) *hinterher, nach Andern* R. 2,109, 8. — b) *später, darauf.* — c) *wiederum.* — 2) Praep. a) *entlang, über — hin, längs, an,* mit Acc. und *Gen. — b) *durch — hin,* mit Acc. — c) *zu — hin, nach — hin,* mit Acc. — d) *hinter, hinter — her,* mit Acc. und *Abl. — e) *zur Zeit von, um* (mit Uebergang in die distributive Bedeutung), mit Acc. — f) *unmittelbar nach, nach, auf* (zeitlich), mit Acc. Abl. und Gen. — g) *nach* (in der Reihenfolge), mit Acc. Lâṭj. 9,2,29. — h) *gemäss, nach Art, entsprechend,* mit Acc. — i) *für* (Gegensatz *gegen, wider*), mit Acc. — k) *in Betreff von, in Bezug auf,* mit Acc. — l) *in Folge, wegen,* mit Abl.

2. अनु m. 1) im ṚV. Bez. *nicht-arischer Leute.* — 2) N. pr. eines Fürsten.

अनुक 1) Adj. (f. आ) a) **hinter Etwas her, begierig.* — b) *abhängig.* — 2) *m. *Liebhaber* Gal.

अनुकच्छम् Adv. *am Ufer* Megh. 21.

अनुकथन n. 1) **spätere Erwähnung.* — 2) *Berichterstattung.*

*अनुकदली f. *eine Art Musa* Nigh. Pr.

अनुकनखलम् Adv. *über* Kanakhala Megh. 50.

*अनुकनीयंस् Adj. *der nächst jüngste.*

अनुकम्पक 1) Adj. am Ende eines Comp. *Mitgefühl habend mit.* — 2) m. N. pr. eines Fürsten.

अनुकम्पन n. *Mitleiden, Mitgefühl.*

अनुकम्पनीय Adj. *bemitleidenswerth.*

अनुकम्पा f. *Mitleid, Mitgefühl mit* (Gen. und Loc. oder im Comp. vorangehend) 40,19. 157,27.

अनुकम्पिन् Adj. *Mitgefühl habend mit* (Gen. oder im Comp. vorangehend).

अनुकम्पोक्ति f. *Beileidsbezeugung* Spr. 6233.

अनुकम्प्य Adj. 1) *bemitleidenswerth* Spr. 490. — 2) **rasch, ungestüm.*

अनुकर 1) Adj. *nachthuend.* — 2) m. *Handlanger, Gehülfe.*

अनुकरण n. *Nachahmung* 294,31. Spr. 6282. Kâvjapr. 7,11.

अनुकरणशब्द m. *Klangwort* Ind. St. 13,107.

अनुकर्तर् Nom. ag. *Nachahmer, Darsteller.*

अनुकर्मन् m. N. pr. eines der Viçve Devâs.

अनुकर्ष 1) m. a) *das hinter sich Herziehen.* In der Gramm. *Heranziehung* (aus dem Vorangehenden). — b) *Boden eines Wagens.* — c) *Vorrathsstück zu einem Wagen.* — 2) n.(!) *das in Schulden Stecken* (nach Nîlak.) MBh. 2,13,13.

अनुकर्षण 1) Adj. (f. ई) *an sich ziehend* Kâraka 1,13. — 2) n. a) = अनुकर्ष 1) a) in der gramm. Bed. 239,19.22. — b) fehlerhaft für अनुतर्षण.

*अनुकर्षन् m. = अनुकर्ष 1) b).

अनुकर्षिन् Adj. *nach sich ziehend* Spr. 5590, v. l.

अनुकलम् Adv. *auf je ein Sechzehntel* Çat. Br. 12,8,3,13.

1. अनुकल्प m. *eine secundäre Vorschrift, die an die Stelle der primären tritt, wenn diese nicht zum Vollzuge gelangen kann,* 211,5.

2. अनुकल्प 1) Adj. *allen Forderungen entsprechend* MBh. 5,46,15. — 2) °म् Adv. *nachträglich* Gobh. 1,5,20.

अनुकाङ्क्षिन् Adj. *nachstrebend* 94,11.

1. अनुकाम m. *Verlangen, Begehr.*

2. अनुकाम Adj. *dem Wunsche entsprechend.* °मम् Adv. *nach Wunsch.*

अनुकामकृत् Adj. *die Wünsche erfüllend.*

अनुकामिन् Adj. *begierig.*

*अनुकामीन Adj. *nach seiner Neigung verfahrend.* Davon *°ता f. N. abstr.

अनुकार 1) Adj. *gleichend* 313,18. — 2) *m. *Nachahmung.*

अनुकारक Adj. *gleichend* Dhûrtan. 17.

अनुकारिन् Adj. 1) *nachahmend, gleichend, ähnlich* 106,20. *darstellend.* — 2) *sich richtend nach* Spr. 3162. *einschlagend* (einen Weg) 2903.

1. अनुकार्य Adj. *darzustellen* Daçar. 4,36.

2. अनुकार्य n. *ein später zu vollbringendes Werk.*

अनुकालम् Adv. *immer zu seiner Zeit* Spr. 4639.

अनुकीर्तन n. *das Hersagen, Nennen* 215,7. *Weitererzählen.*

अनुकीर्त्य Adj. *auf —, herzuzählen.*

अनुकूल 1) Adj. (f. आ) a) *am Ufer wohnend, — gelegen.* — b) **abschüssig.* — c) *günstig* (Wind, Schicksal, Vorzeichen) Spr. 7635. fg. — d) *entsprechend, zusagend, geeignet, angenehm* 186,12. — e) *gut mit Jmd stehend* Spr. 6648. — f) *treu ergeben, nur Eine liebend.* — 2) Adv. अनुकूलम् a) *am Ufer* Spr. 6634. — b) *dem Zuge —, dem natürlichen Laufe entsprechend* AV. 5,14,13. — 3) f. आ a) **Croton polyandrum.* — b) *ein best. Metrum.* — 4) n. eine best. rhetorische Figur: *Darstellung von Unangenehmem, das zu Angenehmem führt.* Beispiel Spr. 1799.

*अनुकूलका f. *Croton polyandrum* Nigh. Pr.

अनुकूलज m. *ein am Ufer wachsender Baum.*

अनुकूलता f. 1) *Geneigtheit* (des Schicksals). दह्नस्य *zu brennen.* — 2) *das Gutstehen mit Jmd.*

अनुकूलत्व n. *Geneigtheit, Günstigkeit.*

अनुकूलन n. *Geneigtmachung, das Freundlichthun, Schmeicheln.*

अनुकूलय्, °यति 1) *Jmd* (Acc.) *geneigt, — freundlich sein, schmeicheln.* — 2) *weiter erhärten* Ânandag. in Bṛh. Âr. Up. S. 759.

अनुकूलवत् Adj. wohl fehlerhaft.

अनुकूलवेदनीय Adj. *als angenehm empfunden werdend.* Davon Nom. abstr. °त्व n.

*अनुकूलिनी f. = अनुकूलका Nigh. Pr.

अनुकृति f. 1) *Nachahmung, nachahmende Darstellung.* तदनुकृति Adv. *dem entsprechend* 21,13. — 2) *Willfahrung.*

अनुकृत्य Adj. *nachahmenswerth.*

अनुकृष्टत्व n. *das Herangezogensein, aus dem Vorangehenden Ergänztwerden* P. 8,4,55, Sch.

अनुकॢप्ति f. *Eigenthümlichkeit.*

अनुक्त Adj. *nicht ausgesprochen, nicht ausgedrückt, unbesprochen* Kâtj. Çr. 19,7,13. Njâjas. 5, 1,22. Chr. 226,26. 233,8. Davon Nom. abstr. °त्व n. Njâjas. 5,1,22.

अनुक्तसिद्धि f. *ein feines und verstecktes Compliment bei guter Gelegenheit.*

अनुक्थ Adj. 1) *liederlos, nicht spruchkundig.* — 2) *nicht von* Uktha *begleitet* Ait. Br. 6,13.

अनुक्रम m. 1) *Reihenfolge.* °क्रमेण (218,23) und °क्रमात् (101,4. 211,18) *der Reihe nach.* — 2) *Stammtafel.* — 3) *Verzeichniss, Inhaltsverzeichniss.*

अनुक्रमण 1) n. *das Aufzählen der Reihe nach.* — 2) f. ई *Inhaltsverzeichniss.*

अनुक्रमणिका f. *Inhaltsverzeichniss.*

अनुक्री adj. *nachträglich gekauft;* m. *ein best.* Ekâha.

अनुक्रोश 1) m. *Mitleid, Mitgefühl mit* (प्रति Loc. Gen. oder im Comp. vorang.) 45,18. — 2) n. इन्द्रस्य N. eines Sâman.

अनुक्रोशवत् Adj. *mitleidig.*

अनुक्रोशात्तेप m. in der Rhetorik *eine durch Bedauern an den Tag gelegte Erklärung, dass man mit Etwas nicht einverstanden sei.*

अनुक्रोशात्मता f. *Mitleidigkeit* 61,15.

अनुक्षणम् Adv. *in Einem fort* 149,20.

अनुक्षत्तर् m. *Diener des Thürstehers.*

अनुख्यातर् Nom. ag. *Verkündiger.*

अनुख्याति f. *Erschauung.*

अनुग 1) Adj. (f. आ) a) *nachgehend, nachfolgend* Tâṇḍja-Br. 2,8,2. 11,11,8. 15,6,3. *dem Manne im Tode* Chr. 155,16. — b) *sich richtend nach, entsprechend* 197,6. — 2) m. a) *Begleiter*, Sg. (Râǵat. 7,1742) und Pl. (Chr. 113,6) *Gefolge*. — b) **Geliebter, Gatte*.

अनुगङ्गम् Adv. *an der Gaṅgâ* Ind. St. 13,377.

*अनुगणितिन् Adj. *der durchgezählt hat* (mit Loc.).

अनुगण्डिका f. *Hügelkette* MBh. 6,7,28.

*अनुगत n. *der gemässigte Tact*.

अनुगति f. 1) *das Nachgehen, Folgen*. — 2) **Einwilligung*. — 3) *das Erlöschen*.

अनुगन्तर् Nom. ag. (f. °न्त्री) *nachgehend, nachfolgend* Comm. zu Tâṇḍja-Br. 15,6,3.

अनुगन्तव्य Adj. *dem man nachgehen —, nachwandeln soll, zu begleiten* 163,28.

अनुगम m. 1) *das Nachgehen, Folgen*. — 2) *das Sichhingeben*. — 3) *das Eindringen in Etwas, Erfassung*. — 4) *Folgerung*.

अनुगमन n. 1) *das Nachgehen, Folgen* (auch übertr.) Gaut. 7,2. 14,31. *dem Manne im Tode*. — 2) *das Erlöschen*.

अनुगम्य Adj. *dem man nachgehen —, folgen soll*.

अनुगर m. *die an den Recitirer ergehende Aufforderung* 223,32.

*अनुगव Adj. *so weit entfernt als Kühe gehen*.

*अनुगवीन m. *Kuhhirt*.

*अनुगादिन् Adj. *nachsprechend* P. 5,4,13.

अनुगान n. *Nachgesang*. Davon °शस् Adv.

अनुगामिन् Adj. 1) *nachgehend, folgend; folgsam*, mit Acc. — b) *sich hingebend, — ergebend*. — 2) m. *Begleiter, Diener*.

*अनुगामीन Adj. *schnell, feurig* (Ross) Gal.

अनुगामुक Adj. *nachgehend, folgend*.

अनुगिरम् Adv. *am Berge*.

अनुगीता f. *Nachgesang*, Titel eines Parvan im MBh.

अनुगीति f. *ein best. Metrum*.

*अनुगु Adv. *hinter den Kühen*.

अनुगुण 1) Adj. (f. आ) *von entsprechenden Eigenschaften, entsprechend, gleichartig* 256,17. 284. 14. Davon °त्व n. Nom. abstr. — 2) °म् Adv. *je nach den Verdiensten*.

अनुगुणित Adj. *angepasst, entsprechend* Bhâg. P. 3,28,31.

अनुगुणी Adv. Vikr. 49 schlechte Lesart für शतगुणी.

अनुगेय Adj. *nachzusingen* Gobh. 3,3,8.

अनुगोप्तर् Nom. ag. *Schützer, Helfer*.

अनुग्र und अनुग्र 1) Adj. *nicht gewaltig, schwach* Ind. St. 9,148. — 2) f. आ *eine best. Çakti*.

*अनुग्रधन्वन् m. Bein. Indra's Gal.

अनुग्रह 1) m. a) *Gunst-, Gnadenbezeugung, Genügethun, Willfahrung, Gefallen* 45,19. 107,22. 137,11. 181,9. 216,18. 290,19. Gaut. 3,24. 28,51. — b) *Förderung einer Sache, Beitragen zu Etwas* RV. Prât. 11,10. — c) *das Insichenthalten, Miteinschliessen* Ǵaim. 4,1,47. 6,7,20. — d) *das Ichbewusstsein*. — e) mystische Bez. von श्री. — f) *ein best. Schöpfungsact* VP. 1,5,22. °सर्ग m. dass. Tattvas. 45. — 2) f. आ *eine best. Çakti*.

अनुग्रहकृत् Adj. *Genüge thuend, genehm* Jâǵñ. 2,253.

अनुग्रहण n. = अनुग्रह 1) a).

अनुग्रामम् Adv. *in ein Dorf* Lâṭj. 9,2,24.

अनुग्राहक Adj. (f. °हिका) 1) *Genüge thuend, Hülfe leistend, zu Jmdes Partei stehend*. Dazu Nom. abstr. °ता f. Sarvad. 154,18. °त्व n. Brahmabindûp. 22. — 2) *Etwas begünstigend, — fördernd, zu Etwas beitragend* Njâjam. S. 1, Çl. 3. Çaṁk. zu Brh. Âr. Up. S. 758. Mit. 3,45,*a*,10.

अनुग्राह्य Adj. *dem man eine Gunst —, einen Gefallen erzeigen will* Gaut. 6,24. *begünstigt werdend, in Gunst stehend bei* (Gen.) R. 4,7,2. 6,106, 11. Kâd. 68,3 v. u. Davon °ता f. Nom. abstr.

अनुघटन n. *das Fortsetzen* (einer Erzählung) Kâd. II,2.

अनुघ्न (!) Adj. *hinterher schlagend* Taitt. Âr. 2,4,1.

अनुचर 1) Adj. (f. ई) *nachgehend, folgend* 141, 22. — 2) m. a) *Begleiter, Diener*. Pl. *Gefolge*. Am Ende eines adj. Comp. f. आ. — b) *Folgestrophe*. — 3) f. ई *Begleiterin, Dienerin*. °रीजातीय Adj. Kâtj. Çr. 20,2,11.

अनुचरण n. *das Wandern* Kauç. 43.

अनुचारक m. *Diener*, °रिका f. *Dienerin* Bhar. Nâṭjaç. 34,56.

अनुचित Adj. 1) *woran man nicht gewohnt ist* 121,4. — 2) *unpassend, ungebührlich* 115,2. 152, 3. 157,2. Spr. 7637. — 3) *nicht gewohnt an*.

अनुचितार्थ Adj. *eine ungewöhnliche* oder *unpassende Bedeutung habend* Kâvjapr. S. 133, Z. 8. Davon Nom. abstr. °ता f. und °त्व n. Sâh. D. 212, 9. 213,3.

अनुचिन्तन (284,14) n. und °चिन्ता f. *das Sichbeschäftigen der Gedanken mit Etwas, das Nachsinnen über*.

अनुच्च Adj. = अनुदात्त *unbetont* AV. Prât. S. 261 (II, 3).

अनुच्चलत् Adj. *sich nicht entfernend von* (Abl.) Çâk. 28.

अनुच्चार m. *das Nichtaussprechen, Nichthörbarmachung* Vop. 1,2, Sch.

अनुच्चारक Adj. *nicht aussprechend, — hörbar machend*.

अनुच्चारण n. 1) = अनुच्चार Comm. zu TS. Prât. 4,23. — 2) *das Stillschweigen zu Etwas* Njâjas. 5,2,17.

अनुच्छादं m. *ein best. Vorgang bei Anlage eines Gewebes*.

अनुच्छित्तिधर्मक (Çaṁk. zu Khând. Up. 3,12,9) und अनुच्छित्तिधर्मन् Adj. *nicht der Vernichtung unterliegend* Çat. Br. 14,7,3,15.

अनुच्छिद्यमानता f. *das nicht Unterbrochenwerden, — Gehemmtwerden* Sâh. D. 75,2.

अनुच्छिन्न Adj. *nicht unterbrochen, — gehemmt* Sâh. D. 76,9.

1. अनुच्छिष्ट n. *kein blosser Rest* Ragh. 12,15.

2. अनुच्छिष्ट Adj. *an dem kein Speiserest haftet, rein*.

अनुच्छेदात्मक Adj. (f. °त्मिका) = अनुच्छित्तिधर्मक Çaṁk. zu Khând. Up. 3,12,9.

अनुच्छ्वसत् Adj. *nicht athmend* R. 1,64,20. Spr. 7614.

अनुज 1) Adj. (f. आ) *nachgeboren, jünger* 83,2. 191,27. 195,19. — 2) m. *jüngerer Bruder* 91,22. — 3) f. आ a) *jüngere Schwester*. — b) **eine best. Pflanze*. — 4) *n. *ein best. Parfum*.

अनुजन्मन् m. *jüngerer Bruder*.

अनुजात 1) Adj. s. u. जन्. — 2) f. आ *jüngere Schwester*.

अनुजिघृक्षा f. 1) *das Verlangen Jmd zu willfahren*. — 2) *das Miteinschliessenwollen* Njâjam. 6,7,10.

अनुजिघ्र Adj. *anschnuppernd*.

अनुजीविन् 1) Adj. *von einem Andern lebend*. Subst. *Untergebener* 148,18. — 2) m. N. pr. einer Krähe.

अनुजीव्य Adj. *wonach man zu leben hat*.

अनुज्ञा f. 1) *Einwilligung, Erlaubniss*. Davon °त्व n. Nom. abstr. Ind. St. 9,134. — 2) *Einwilligung zum Fortgehen, Entlassung*.

अनुज्ञाक्षेप m. in der Rhetorik *eine Erklärung, dass man mit Etwas nicht einverstanden sei, die man dadurch an den Tag legt, dass man seine Einwilligung dazu giebt*. Beispiel Spr. 3237.

अनुज्ञातर् Nom. ag. *Einwilliger, Erlaubnissertheiler* Ind. St. 9,133. Davon °तृत्व n. Nom. abstr. 134.

अनुज्ञान n. 1) *Einwilligung, Erlaubniss* Gop. Br. 2,2,5. — 2) *Entlassung, Freilassung* Gaut. 12,52.

अनुज्येष्ठ Adj. *der nächst älteste*.

अनुज्येष्ठम् Adv. *dem Alter nach*.

अनुतटम् und अनुतट° *am Ufer* Megh. VIII.

अनुतप्ता f. N. pr. eines Flusses VP. 2,4,11.

अनुतमाम् Adv. *am Meisten.*

*अनुतर m. *Fährgeld.*

*अनुतर्ष m. 1) *Durst.* — 2) *Verlangen, Begierde.* — 3) *Trinkschale, insbes. für berauschende Getränke.*

*अनुतर्षण n. = अनुतर्ष 3).

अनुतर्षुल Adj. *Durst —, Verlangen bewirkend.*

अनुताप m. 1) *Reue* Spr. 7782. — 2) *Leid, Weh.*

अनुतापन Adj. *Leid —, Weh bewirkend.*

*अनुतिलम् Adv. gaṇa परिमुखादि.

अनुतिष्ठासु Adj. *im Begriff stehend Etwas* (Acc.) *auszuführen.*

*अनुतूलय्, °यति = तूलेनानुकुष्णाति Kâç. zu P. 3,1,25.

अनुतोद m. *Nachstoss* so v. a. *Wiederholung* (im Gesang) Tâṇḍja-Br. 8,9,13. गौतमस्य Name eines Sâman Ârsh. Br. 1,337.

अनुत्कर्ष m. *Nichtaufschub, Nichtverzögerung* Gaim. 6,5,38.

अनुत्त Adj. *nicht zu verrücken, unbezwinglich.*

1. अनुत्तम Adj. *nicht der letzte* (im Varga) d. i. *kein Nasal.*

2. अनुत्तम 1) Adj. (f. आ) (*nichts Höheres über sich habend*) *der höchste, vorzüglichste, stärkste, heftigste* 90,16. Beiw. Çiva's. — 2) *f. आ N. pr. einer Apsaras Gal.

अनुत्तमन्यु Adj. *dessen Grimm nicht zu verscheuchen ist.*

अनुत्तमाम्भसिका f. im Sâmkhja *Hingabe an Sinnengenuss ohne Rücksicht auf das für Andere daraus entstehende Weh.*

1. अनुत्तर 1) *Adj. a) *der untere.* — b) *südlich.* — c) *niedrig, schlecht.* — 2) n. *das Nichtantworten.*

2. अनुत्तर 1) Adj. a) *ohne Höheres, der vorzüglichste.* — b) *fest.* — c) *keine Antwort gebend.* — d) *wogegen man Nichts erwiedern kann.* — 2) *m. Pl. *eine best. Klasse von Göttern* bei den Gaina.

अनुत्तरयोगतन्त्र n. Titel eines Tantra (buddh.).

अनुत्तरोपपातिक Adj. in Verbindung mit दश Pl. Titel eines heiligen Buches der Gaina.

अनुत्तान Adj. *nicht flach* Suçr. 1,45,12.

अनुत्तुण्डित Adj. *nicht mit der Spitze hervorragend* Suçr. 1,100,15.

अनुत्थान n. *Mangel an Energie* Râgat. 5,252.

अनुत्पत्ति f. 1) *Nichtentstehung* Gauḍap. zu Sâmkhjak. 10. — 2) *das nicht ausdrücklich Erwähntsein* Gaim. 4,3,36.

अनुत्पत्तिक Adj. (f. ई) *noch nicht entstanden* (buddh.).

अनुत्पत्तिसम m. *eine auf das Nichtentstandensein sich stützende Einwendung* Njâjas. 5,1,12. Sarvad. 114,11.

अनुत्पन्न Adj. *nicht entstanden* Sarvad. 15,20.21.

अनुत्पाद m. 1) *Nichtentstehung* Sarvad. 21,9.12. — 2) *das nicht zum Vorschein Kommen* 177,5.

अनुत्पाद्यत्व n. *das Nichterzeugtwerden* Tattvas. 17.18. Gauḍap. zu Sâmkhjak. 10.

अनुत्सन्न Adj. *nicht verschwunden, — abhanden gekommen* Çat. Br. 7,3,1,42.

अनुत्साहता f. *Mangel an Thatkraft.*

अनुत्सिक्त Adj. *nicht aufgefüllt.*

अनुत्सुकता f. *Anspruchlosigkeit.*

अनुत्सृत Adj. *nicht aufgegangen* (Sonne).

अनुत्सृष्ट Adj. *kein zum Opfer bestimmtes Thier freilassend* Âçv. Gṛhj. 4,8,37.

अनुत्सेक m. *Nichtüberhebung, Bescheidenheit* 179,15.

अनुत्सेकिन् Adj. *sich nicht überhebend* Çâk. 93.

अनुदक 1) Adj. (f. आ) *wasserlos* Gaut. 20,4. *wozu kein Wasser gegossen ist, wobei k. W. angewandt wird* Verz. d. Oxf. H. 282,b,35. — 2) अनुदकम् Adv. *ohne Wasser zu berühren* und *ohne Wasser hinzugiessen.*

अनुदण्ड *Rückgrat.*

अनुदपान n. *kein Wassertrinken, Durst* Bhâg. P. ed. Bomb. 5,26,7.

अनुदय m. *das nicht zum Vorschein Kommen* 177,6.

*अनुदर Adj. (f. आ) *keinen starken Bauch habend.*

अनुदर्श m. *Vorstellung, Ermahnung.*

अनुदर्शन n. *das in Betracht Ziehen, Erwägung.*

अनुदर्शिन् Adj. *in Betracht ziehend, erwägend.*

अनुदात्त 1) Adj. a) *nicht erhaben, gewöhnlich, gemein* (Sprache). — b) *nicht erhoben, gesenkt* (Ton); m. *der gesenkte Ton.* — c) *mit dem gesenkten Tone gesprochen.* — 2) m. N. pr. eines Schlangendämons (buddh.).

अनुदात्ततर m. *der gesenkte Ton vor einem* Udâtta oder Svarita P. 2,1,40, Sch.

अनुदात्तत्व n. Nom. abstr. zu अनुदात्त 1) b).

अनुदानयितव्य Adj. *nicht das Object des* Udâna *bildend* Ind. St. 9,165.

1. अनुदार Adj. *unedel.*

2. अनुदार Adj. *in der Gewalt seines Weibes stehend.*

अनुदासीन Adj. *nicht gleichgültig gegen* (प्रति) M..âr. 35,20 (63,4).

1. अनुदित Adj. *nicht aufgegangen* (Sonne).

2. अनुदित Adj. 1) *nicht besprochen.* अनुदितप्राय Adj. *so zu sagen n. b.* Bhâg. P. 1,5,8. — 2) *nicht auszusprechen, nefandus* Chr. 30,6.

अनुदिनम् und अनुदिन° Adv. *Tag für Tag* 104, 24. 105,2. 315,4. Kâd. 120,16.

अनुदिवसम् Adv. dass.

अनुदीर्ण Adj. *sich nicht überhebend.* Davon Nom. abstr. °त्व n. MBh. 12,274,18.

*अनुदृष्टि f. ein Frauenname.

अनुदेय 1) n. *Geschenk* Ṛv. 6,20,11. — 2) f. अनुदेयी etwa *Mitgabe.*

अनुदेश m. 1) *eine nachfolgende, zu einer vorangehenden in Bezug stehende Aufzählung* 228,2. — 2) *Anweisung, Belehrung.*

अनुदेशिन् Adj. 1) *in einem* Anudeça *erscheinend* Vâmana 4,3,17. — 2) *am selben Orte wohnend* Âçv. Gṛhj. 1,23,20.

अनुदेश्य Adj. *womit man auf Jmd hinweist.*

अनुदेहम् Adv. *im Rücken, von hinten.*

अनुद्धृत्त Adj. *nicht aufhörend* Ait. Âr. 311,9 (अनू° gedr.).

अनुद्घाटन n. *das Nichteröffnen* Kuvalaj. 6,a (7,b).

अनुद्घात m. *kein Ruck, — Stoss* Çâk. 192. Ragh. 2,72 (vgl. ed. Calc.).

अनुद्धत Adj. *nicht hochfahrend* 180,26.

अनुद्धान n. *das Nichtverlassen* Tâṇḍja-Br. 5,5,3. 18,10,10.

अनुद्धृत 1) Adj. *nicht herausgenommen, vom* Âhavanîja-*Feuer, wenn es noch nicht aus dem* Gârhapatja *herausgenommen ist.* — 2) *nicht ausgelesen, — im Voraus für sich genommen* 195,18.

अनुद्धृताभ्यस्तमय m. *Untergang der Sonne, ehe der* Âhavanîja *aus dem* Gârhapatja *herausgenommen ist.*

अनुद्भट Adj. (f. आ) 1) *nicht leidenschaftlich, ruhigen Charakters* Bhâr. Nâṭjaç. 34,46.49. — 2) *voller Vertrauen, nicht argwöhnisch.*

*अनुद्य Adj. *nicht zu sagen* P. 3,1,101, Sch. (अनुद्य *fehlerhaft*).

अनुद्यम m. *keine Anstrengung* zu Spr. 3306.

अनुद्यमान Adj. *nicht gesprochen werdend* Çat. Br. 4,2,2,11.

अनुद्यूत n. *Fortsetzung des Würfelspiels.*

अनुद्योग m. *keine Bemühung, — Anstrengung* Spr. 3306.

अनुद्योगिन् Adj. *sich nicht anstrengend, träge* Spr. 7769.

अनुद्र Adj. *wasserlos.*

अनुद्रष्टव्य Adj. *zu erschauen.*

*अनुद्रुत n. *ein best. Tact,* = ½ Druta = ¼ Mâtrâ.

अनुद्वमत् Adj. *nicht ausspeiend* d. h. — *entwischen lassend* (Dampf) Karaka 1,14.

अनुद्वात Adj. *nicht verlöscht.*

अनुद्विग्न Adj. *nicht aufgeregt, — erschrocken.* °म् Adv. Mṛkkh. 142,22.

अनुद्वेग m. *keine Aufregung, Ruhe des Gemüths* MBh. 12,274,18. R. 3,14,20. Sâh. D. 38,14.

अनुद्वेगकर Adj. *nicht aufregend, — in Angst versetzend* 211,11.

अनुद्वेजक Adj. *nicht aufregend, keinen Anstoss erregend bei* (Gen.). Nom. abstr. °त्व n. Comm. zu Mṛkkh. 63,2.

अनुद्वेजयत् Adj. *nicht aufregend* Mṛkkh. 141,12.

1. अनुधावन n. *das Nachlaufen, Nachrennen.*

2. अनुधावन n. *das Abwaschen, Reinigen.*

अनुध्या f. *Sorge* AV. 7,114,2.

अनुध्यान n. 1) *das Gedenken, Denken an.* — 2) *religiöse Betrachtung* Gop. Br. 2,2,5.

अनुध्येय Adj. *dessen man gedenken muss.*

अनुनय 1) Adj. *freundlich* (Rede). — 2) m. a) *Zufriedenstellung, Versöhnung, Gewinnung für sich* 151,14. 171,14. — b) *freundliches Benehmen, Freundlichkeit.* — c) * *Begrüssung.*

अनुनयवत् Adj. = अनुनय Comm. zu R. ed. Bomb. 4,27,33.

अनुनाद m. 1) *Nachklang.* — 2) *Klang* Çiç. 7,18.

अनुनादिन् Adj. *nachtönend, widerhallend.*

अनुनायन Adj. *versöhnend.*

अनुनायिका f. *Heroine zweiten Ranges.*

*अनुनाश m. gaṇa संकाशादि.

अनुनासिक 1) Adj. a) *von einem nasalen Klange begleitet, nasal.* — b) *näselnd.* Davon °त्व n. Nom. abstr. — 2) n. *das Näseln.*

अनुनासिक्य Adj. = अनुनासिक 1) a).

अनुनिधानम् Adv. *nach der Lage* d. h. — *Reihe* Gobh. 1,4,7.

अनुनिर्वाप्य 1) Adj. *hinterdrein herauszunehmen, — zu vertheilen* TS. 2,5,2,1. — 2) f. आ *eine best. Ceremonie.*

अनुनिशम् Adv. *jede Nacht.*

अनुनिष्पादिन् Adj. *in zweiter Reihe Etwas zu Wege bringend* Njâjam. 4,1,18.

अनुनेय Adj. *zufrieden zu stellen, zu versöhnen.*

अनुन्मदित Adj. *nicht toll.*

अनुन्माद m. *das Nichttollsein* Maitr. S. 3,1,2.

अनुन्यास m. Titel einer gramm. Schrift.

अनुपकरण Adj. *mittellos* Káraka 1,11.29.

अनुपकारिन् Adj. *keinen Dienst erweisend* oder *zu erweisen vermögend* 140,30. Kathâs. 22,28.

अनुपक्रान्त Adj. 1) *nicht ärztlich behandelt* Káraka 1,18. — 2) *nicht begonnen* Gaim. 6,2,14.

अनुपक्षित Adj. *unvergänglich.*

अनुपगीतम् Adv. *so dass kein Anderer mitsingt.*

अनुपघात m. *kein Ungemach* Gaim. 3,4,29, v. l.

अनुपघातिन् Adj. *nicht beschädigend, — verletzend.*

अनुपघ्नत् Adj. *nicht beeinträchtigend* 201,9.

अनुपचारयुक्त Adj. *nicht aufgeputzt, — geschmückt* R. 5,13,69 (9,72).

अनुपजात Adj. *nicht entstanden, — zum Vorschein gekommen* Çaṁk. zu Khând. Up. 1,10,1.

अनुपजीवनीय Adj. 1) *ohne Lebensunterhalt.* — 2) *keinen Leb. gewährend.*

*अनुपठितिन् Adj. *der wiederholt hat.*

अनुपतप्त *nicht unwohl, gesund* Kâtj. Çr. 22,3,23.

अनुपति Adv. *hinter dem Gatten her.*

अनुपत्त्रिका f. etwa *Brief.*

अनुपत्यक Adj. *freistehend* (Haus) Káraka 1,15.

1. अनुपथ m. *ein nach Jmd betretener Weg.*

2. अनुपथ 1) Adj. a) *den Weg entlang gehend.* — b) *hinter Jmd hergehend* Bhâg. P. 10,87,22. — 2) m. *Diener.* — 3) अनुपथम् Adv. *am Wege.*

अनुपद्य Adj. *eintreffend.*

अनुपद 1) *Adj. *auf dem Fusse folgend.* — 2) °म् Adv. a) * *am Fusse.* — b) *bei jedem Schritt.* — c) *auf dem Fusse, unmittelbar hinter her, — hinter* (Gen.). — d) *unmittelbar nachher, — nach* (Gen.). — e) *wiederholentlich* 187,19. — 3) *m. N. pr. eines Mannes, Pl. *seine Nachkommen.* — 4) n. Titel eines zum SV. gehörenden Upâṅga. वसिष्ठस्य Name eines Sâman.

अनुपदवी f. *ein nach Jmd betretener Pfad.*

अनुपदसूत्र n. Titel eines zum SV. gehörenden Werkes.

अनुपदस्य und अनुपदस्वत् Adj. *unerschöpflich, unversiegbar.*

अनुपदह्यत् Adj. *nicht anbrennend* Gobh. 3,7,7.

अनुपदासुक Adj. *nicht ausgehend.*

अनुपदिन् 1) Adj. *auf dem Fusse folgend, suchend.* — 2) *m. *Nachsteller, Feind* Gal.

अनुपदिष्ट Adj. *nicht gelehrt* Sarvad. 4,22.

*अनुपदीना f. *Stiefel.*

अनुपदेशक Adj. *keine Anweisung enthaltend.* Davon Nom. abstr. °त्व n. Comm. zu Gaim. S.217, Z.7.

अनुपधान n. *das Nichthinzufügen* Comm. zu Lâtj. 7,9,9.

अनुपधि m. *Nichthinzufügung* Lâtj. 7,9,9.

अनुपन्यस्त Adj. *nicht auseinandergesetzt, — dargelegt* Jâǵñ. 2,19.

अनुपपत्ति f. *das Nichtzutreffen, Unstatthaftigkeit, Unmöglichkeit.*

अनुपपद्यमान Adj. *nicht zutreffend* Lâtj. 10,8,5.

अनुपपन्न Adj. *nicht zutreffend, — passend, unstatthaft* Lâtj. 6,2,5. Çâk. 111,1. Mâlav. 57,8. Davon °ता f. Nom. abstr. Comm. zu TS. Prât. 4,23.

अनुपपन्नार्थ Adj. (f. आ) 1) *dem Sinne nach nicht zutreffend* Nir. 1,15. — 2) *in Wirklichkeit nicht bestehend* Bhâg. P. 5,14,5.

अनुपपात m. *kein Unfall* Gaim. 3,4,29.

अनुपपादक m. *eine best. Klasse von* Buddha's.

अनुपबाध Adj. (f. आ) *unbedrängt* Çat. Br. 8,5,1,3.

अनुपभोग m. *Nichtgenuss* Kap. 6,40.

अनुपभोग्य Adj. *ungeniessbar* 85,20.

अनुपम 1) Adj. (f. आ) *unvergleichlich, unübertrefflich.* — 2) f. आ N. pr. a) *des Weibchens eines Weltelephanten. — b) eines Frauenzimmers. — c) einer Stadt.

अनुपममति m. N. pr. eines Mannes.

अनुपयत् Adj. *nicht beiwohnend* (einer Frau) 188,13.

अनुपयुक्त Adj. *nicht anwendbar, sich zu Etwas nicht eignend, untauglich* 156,24. Çâk. 97,3. Kathâs. 72,113. Ind. St. 1,16,10.

अनुपयुज्यमान Adj. *zu Nichts nütze* Uttarar. 73,16 (95,1).

अनुपयोगिन् Adj. *nicht zu Etwas dienend.* Davon Nom. abstr. °गित्व n.

अनुपरत Adj. *unermüdlich* Çat. Br. 1,3,1,6.

अनुपरिक्रमण n. *das der Reihe nach Umschreiten* Ait. Âr. 409,7.

अनुपरिक्रामम् Adv. *der Reihe nach umhergehend* Çat. Br. 11,8,3,6. Pâr. Gṛhj. 1,16,16.

अनुपरिधि Adv. *an den um das Altarfeuer gelegten grünen Hölzern.*

अनुपरिपाटिक्रम m. *regelmässige Reihenfolge* Varâh. Bṛh. S. 107,13.

अनुपरिश्रित् Adv. *an den kleinen Steinen, mit denen der Altar umlegt wird.*

अनुपरोध m. *Nichtbeeinträchtigung, Nichtschädigung* (einer Person oder Sache) Pâr. Gṛhj. 2,17,6.

अनुपलक्षण n. *kein Bezeichnen* Gaim. 3,2,30.

अनुपलक्षित Adj. 1) *nicht bloss angedeutet, ganz eigentlich* Bhâg. P. 5,17,1. — 2) *unbemerkt.*

अनुपलब्धि f. *Nichtwahrnehmung, Nichtwahrnehmbarkeit* Njâjas. 5,1,29. 30. Sarvad. 8,18. TS. Prât. 23,7. Kuvalaj. 196,b (164,a).

अनुपलब्धिसम m. *eine auf den Nichtwahrnehmbarkeit sich stützende Einwendung* Njâjas. 5,1,29. Sarvad. 114,12.

अनुपलभमान Adj. *nicht wahrnehmend* Kuvalaj. 196,b.

अनुपलभ्यमान Adj. *nicht wahrgenommen werdend* P. 6,3,80, Sch.

अनुपलम्भ m. *Nichtwahrnehmung* Kap. 1,156. Njâjas. 5,1,29. Sarvad. 7,20. °म्भात्मकत्व n. *Nicht-*

wahrnehmbarkeit Njâjas. 5,1,30.

अनुपलाभ m. Nichterhaschung.

अनुपलाल m. N. pr. eines den Kindern gefährlichen Dämons. पलालानुपलालौ AV. 8,6,2.

अनुपशान्त m. N. pr. eines Mannes Lalit. 393,2.

अनुपश्य Adj. erschauend.

अनुपसंहारिन् Adj. nicht Alles Andere ausschliessend Tarkas. 41.

अनुपसन्न Adj. nicht genaht (um Belehrung zu erhalten) Nir. 2,3.

अनुपसर्ग Adj. nicht mit einer Präposition verbunden 237,3.

अनुपसर्जन n. kein in einer Zusammensetzung oder in einer Ableitung seine ursprüngliche Selbstständigkeit einbüssendes Wort P. 4,1,14.

अनुपसृष्ट Adj. ohne Einschübe Ind. St. 13,146.

अनुपसेचन Adj. ohne Beguss, — Brühe.

अनुपसेवन n. das Sichenthalten (einer Speise u. s. w.) Karaka 1,11.

अनुपस्तीर्ण Adj. unbelegt, unbedeckt Âpast. 2,22,3. °शायिन् Adj. auf der blossen Erde schlafend MBh. 12,176,13.

अनुपस्थकृत Adj. nicht mit angezogenen Beinen sitzend Âpast. 1,6,14.

अनुपस्थान n. 1) das Sichnichthinstellen zu Lâtj. 2,7,3. — 2) das nicht zu Diensten oder zu Willen Sein R. 6,72,49.

अनुपस्थापन n. das nicht gegenwärtig —, nicht zur Hand Haben Hem. Jog. 3,114. 116.

अनुपस्थित Adj. unvollständig Çat. Br. 2,3,1,13.

अनुपस्थिति f. Unvollständigkeit ebend.

अनुपस्पृशत् Adj. nicht berührend Vaitân. 3.

अनुपहत Adj. mit keinem Uebel behaftet, gesund Karaka 3,5.

अनुपहतकर्णेन्द्रियता f. die Eigenschaft ein mit einem Uebel nicht behaftetes Gehörorgan zu besitzen Lot. de la b. l. 603.

अनुपहतकृष्ट Adj. ebend.

अनुपहतात्मक Adj. nicht niedergeschlagen, wohlgemuth Kathâs. 27,130.

अनुपहित Adj. unbedingt 261,5. 270,18.

अनुपहूत Adj. 1) nicht eingeladen. — 2) wozu nicht eingeladen worden ist.

अनुपहूयमान Adj. nicht eingeladen werdend Maitr. S. 2,2,13.

अनुपाकृत Adj. ungeweiht M. 5,7. Jâgn. 1,171.

अनुपाक्त Adj. nicht geschmiert TS. 2,6,3,3.

अनुपाख्य Adj. nicht unmittelbar wahrzunehmen P. 6,3,80.

अनुपाङ्ग m. das Nichtschmieren (eines Wagens) Karaka 3,3.

अनुपात m. 1) das Nachgehen, Folgen Spr. 3027 (Conj.). — 2) Proportion (mathem.).

अनुपातक n. eine einer Todsünde gleichkommende Sünde.

अनुपातिन् Adj. nachgehend, folgend.

अनुपात्त Adj. 1) nicht aufgefangen (Feuer) Nir. 7,23. — 2) nicht erwähnt, — ausdrücklich genannt Sâh. D. 217,

अनुपादान n. Nichterwähnung, Unterdrückung eines Wortes Kâvjapr. S. 173, Z. 15.

अनुपाधि m. keine Voraussetzung, — Bedingung. °रमणीय unbedingt reizend.

अनुपान n. das Trinken und der Trunk (zu einer Speise oder Arzenei) Suçr. 1,236,16. 2,134,19. Varâh. Brh. S. 76,4.

अनुपानत्क Adj. unbeschuht Kâtj. Çr. 15,8,30.

अनुपानमञ्जरी f. Titel einer Schrift.

अनुपानीय 1) Adj. (f. आ) zum Trunk gehörig, ihn begleitend. — 2) n. in der Nähe befindliches Wasser Çaṁk. zu Khând. Up. 1,10,3.

अनुपाय m. kein rechtes Mittel MBh. 2,17,5.

अनुपालक Adj. wahrend, hütend.

अनुपालन n. das Wahren, Beobachten.

अनुपालम्भ m. kein Vorwurf, — Tadel Nir. 1,14. Gaim. 1,2,45.

अनुपालिन् Adj. 1) = अनुपालक. — 2) Jmd die ihm gebührende Achtung erweisend. Dazu Nom. abstr. °लिता Lalit. 23,10.

अनुपाल्य Adj. zu wahren, — hüten.

अनुपावृत्त m. Pl. N. pr. eines Volkes MBh. 6,9,48.

*अनुपुरुष m. 1) ein Mann, von dem die Rede war. — 2) ein nachfolgender Mann.

*अनुपुष्प m. Saccharum Sara Roxb.

अनुपूर्व 1) Adj. (f. आ) a) je einem Vordern nachstehend. °दीक्षा Çat. Br. 12,1,1,10.11. — b) regelmässig, symmetrisch. — 2) अनुपूर्वम् und अनुपूर्व° Adv. a) nach einander. — b) vorwärts. — c) nach wie vor Spr. 6706.

अनुपूर्वज Adj. je das nächste Mal geboren Kâtj. Çr. 15,3,25.

अनुपूर्ववत्स Adj. (f. आ) ein Kalb nach dem andern werfend.

अनुपूर्वशस् Adv. der Ordnung nach, nach der Oder (Gen.).

अनुपूर्व्य und °पूर्विय (RV. Conj.) Adj. (f. आ) 1) sich an Mehreren hin bewegend. — 2) = अनुपूर्व 1) a).

अनुपृष्ठम् Adv. hinter dem Rücken Gobh. 2,2,2. 8,3.

अनुपृष्ठ्य Adj. (f. आ) der Länge nach genommen Kâtj. Çr. 16,8,7.

अनुपेत (Çat. Br. 11,4,1,9. 2,20) und अनुपेतपूर्व Adj. der sich noch nicht zum Lehrer in die Lehre begeben hat 38,15.

अनुपोढ Adj. nicht vorgeschoben (Riegel) Ragh. 16,6 fehlerhaft für अनपोढ.

अनुपोप्त Adj. worauf nicht aufgeschüttet ist TS. 6,5,2,2.

अनुप्रदातृ Nom. ag. Vermehrer.

अनुप्रदान n. Vermehrung, das Hinzukommende TS. Prât. 2,8. 23,2. Ind. St. 4,356. m. (!) AV. Prât. 1,12.

अनुप्रपत्तव्य n. impers. zu folgen, sich anzuschliessen.

*अनुप्रपातम् und *अनुप्रपादम् Absol. गेहं गेहमनु°, गेहमनु° अनु° und गेहानु° von Haus zu Haus gehend.

अनुप्रमाण Adj. dem Maasse u. s. w. entsprechend.

अनुप्रयोक्तव्य Adj. hinzuzufügen.

अनुप्रयोग m. 1) Hinzufügung. — 2) Nachahmung.

अनुप्ररोह m. nachfolgendes Aufschiessen Gaim. 6,5,36.

*अनुप्रवचन n. das Lernen des Veda bei einem Lehrer.

अनुप्रवचनीय Adj. zum अनुप्रवचन gehörig, — erforderlich 38,6.7. Gobh. 3,2,49. °होम das Opfer, welches der Lehrer vollzieht, wenn er einen Abschnitt der Veda-Recitation mit dem Schüler beendet hat.

अनुप्रवण Adj. (f. आ) entsprechend.

अनुप्रवेश m. 1) Eintritt, das Eindringen 97,2. Kâd. 168,12. — 2) Erforderniss, Motiv Çaṁk. zu Bâdar. S. 74, Z. 5.

*अनुप्रवेशन n. = अनुप्रवेश 1).

अनुप्रवेशनीय Adj. auf das Hereintreten bezüglich. विशिखानु° in's Krankenzimmer d. i. in die Praxis Suçr. 1,29,18.

*अनुप्रवेशम् Absol. गेहं गेहमनु°, गेहमनु° अनु° und गेहानु° Haus für Haus betretend.

अनुप्रवेशिन् Adj. eindringend Mantrabr. 2,5,1.

अनुप्रवेष्टव्य Adj. 1) zu betreten Suçr. 1,30,4. — 2) weiter zu verfolgen, — auszuführen Lalit. 168,11. 169,18.20.

अनुप्रशमन n. das Beruhigen, Beschwichtigen.

अनुप्रशान्ति Adj. vollkommene Beruhigung im Gefolge habend.

अनुप्रश्न m. Frage, Erkundigung nach (Gen.) Gaut. 5,41.

अनुप्रसक्ति f. Anschluss.

अनुप्रसर्पिन् Adj. nachschleichend Gaim. 3,5,52.

अनुप्रहरण n. das Werfen in's Feuer.

अनुप्रहारम् Adv. *mit einem Schlage* Ind. St. 3,371.

अनुप्रहृतभाजनं n. *was die Stelle des* Anupraharaṇa *vertritt* Çat. Br. 3,4,3,21.

अनुप्रहृत्य Adj. *in's Feuer zu werfen.*

अनुप्राणन n. *das Beleben, Verstärken.*

अनुप्रास m. *Alliteration* Vâmana 4,1,8. fgg. Kâvjapr. 9,2.

अनुप्रेषण n. *das Nachsenden.*

अनुप्रैषं m. *nachträgliche Aufforderung* Çat. Br. 12,8,2,20.

अनुप्लव m. *Begleiter, Gefährte.*

अनुबन्ध 1) m. a) *das Anbinden.* — b) *das Hängen an, Anhänglichkeit.* — c) *zusammenhängende Reihe, ununterbrochene Folge, Fortdauer, stete Wiederholung* 293,11. 306,20. 308,20. 325,16. Gaut. 12,51. Benf. Chr. 195,8. Ind. St. 10,415. — d) *Folge, die Folgen* 163,29. Spr. 318. fg. 4059. 4525. — e) *Grund, Motiv, Absicht* MBh. 3,298,28 (Sâv. 6,28). Spr. 2937. — f) *Anhängsel, Alles was zu Einem gehört, Weib und Kind* R. 2,7,28. 97,27. — g) *begleitende Krankheitsursache, — Affection.* — h) im Vedânta *Erforderniss* (deren vier) 253,24.28. — i) in der Gramm. *ein stummer Buchstab* oder *eine stumme Silbe, die an eine Wurzel, ein Thema, Suffix* u. s. w. *gefügt werden, um eine Eigenthümlichkeit derselben zu bezeichnen.* — k) **Anfang.* — l) **ein Bischen.* — m) *= प्रकृत्यादि. — n) *= मुख्यानुयायी शिशुः. — 2) *f. ई a) *Durst.* — b) *Schluchzen, singultus.*

अनुबन्धन n. = अनुबन्ध 1) c).

°अनुबन्धित्व n. *das Verbundensein mit.*

अनुबन्धिन् Adj. 1) *sich weithin erstreckend, — ausbreitend.* — 2) *während, lange —.* — 3) am Ende eines Comp. *zusammenhängend —, verbunden mit* 214,21. 254,24.

अनुबन्ध्य Adj. 1) *begleitend* Kâkr. zu Suçr. 1,83. — 2) wohl nur fehlerhaft für अनू°.

अनुबल n. *Nachtrab eines Heeres.*

अनुबिम्ब n. *Gegenbild.*

*अनुबोध m. *Wiedererregung eines verflüchtigten Geruchs.*

अनुबोध्य Adj. *zu erkennen.*

अनुब्राह्मण n. *ein* Brâhmaṇa-*ähnliches Werk.*

अनुब्राह्मणम् Adv. *laut dem* Brâhmaṇa.

अनुब्राह्मणिक (Comm. zu Lâṭj. 6,9,1) und °ब्राह्मणिन् Adj. *ein* Anubrâhmaṇa *studirend* Vaitân. 17.

अनुभ Adj. Du. *keiner von Beiden* MBh. 12,239,6.

अनुभय Adj. *keines von Beiden* Sarvad. 147,14.

अनुभयात्मन् Adj. *weder von dieser, noch von jener Art.* Davon Nom. abstr. °त्मता f. Sâh. D. 603.

अनुभर्तृ Nom. ag. *etwa eindringend.*

अनुभव m. 1) *Empfindung, Gefühl* 285,15. 270,31. 272,30. 273,7. Spr. 7627. Ind. St. 9,163. Sarvad. 16,9. — 2) *Geist* R. 4,42,9. Kâd. 196,16.

अनुभवपञ्चरत्नप्रकरण n., अनुभवप्रदीपिका f. und अनुभवादर्शार्या f. Titel von Schriften.

अनुभवानन्द m. N. pr. eines Lehrers.

अनुभाव (am Ende eines adj. Comp. f. आ) m. 1) *Genuss, Sinn für* Kathâs. 3,37. — 2) *Macht, Gewaltigkeit, Kraft* R. 4,63,20. 51,9. Ragh. 1,37. 2,75. Kathâs. 4,117. Bâlar. 258,12. — 3) in der Rhetorik *das einem Gemüthszustande entsprechende und denselben verrathende Symptom* Kâvjapr. 4,28. — 4) *= सतां मतिनिश्चयः und *= निश्चय.

अनुभावन n. *das Erregen der* Anubhâva *genannten Symptome.*

अनुभाविन् Adj. *Augen- oder Ohrenzeuge* Âpast. 1,10,6.

अनुभाव्य Adj. *zu empfinden, empfunden werdend* Sarvad. 16,9.

अनुभाषण s. अननुभाषण.

अनुभाषितृ Nom. ag. *zu Jmd sprechend, — sagend.*

*अनुभास m. *eine Krähenart* Nigh. Pr.

अनुभित्ति Adv. *der Matte entlang.*

°अनुभू Adj. *wahrnehmend.*

अनुभूताख्या f. *Erzählung des Wahrgenommenen, — Erlebten.*

अनुभूति f. *Gewinnung eines Begriffs, — einer Vorstellung von Etwas* Ind. St. 9,154. 162.

अनुभूतिप्रकाश m. Titel eines Werkes.

अनुभूतिस्वरूपाचार्य m. N. pr. eines Grammatikers.

अनुभोग m. *Genuss.*

अनुमत n. *Einwilligung.* °मते *mit E. von* (Gen.).

अनुमति f. 1) *Einwilligung, Zustimmung, Einverständniss.* Als Genie personificirt. — 2) *der Mond einen Tag vor dem Vollmond.* Personif. als Tochter des Aṅgiras und der Smṛti VP. 1,10,8.

*अनुमध्यम Adj. *auf den mittlern* (Bruder) *folgend.*

*अनुमनन n. *das Einwilligen, Zustimmen.*

अनुमन्तृ Adj. *einwilligend, zustimmend.*

अनुमन्तव्य Adj. *wozu die Zustimmung erforderlich ist.*

अनुमन्त्रण n. *das Hersagen eines Spruches an* (Gen. oder im Comp. vorangehend) Gaut. 27,5.8.

अनुमरण n. *das Nachsterben, im Tode Folgen;* insbes. *Selbstverbrennung der Wittwe* 105,26.29. 155,12.

अनुमरु m. Pl. N. pr. einer Gegend.

अनुमर्शम् Absol. *greifend, anfassend* Çat. Br. 4,5,2,1.

अनुमल्ल N. pr. einer Gegend.

अनुमा f. *Schluss, Folgerung.*

अनुमातव्य Adj. *zu schliessen, — folgern.*

अनुमाद्य und अनुमादित्र Adj. *dem man zujauchzen muss.*

1. अनुमानं m. *Einwilligung, Erlaubniss.*

2. अनुमान n. (fehlerhaft auch m.) 1) *das Schliessen, Folgern, Beweismittel einer Schlussfolgerung* Ǵaim. 1,3,2.3.15. Njâjas. 2,1,28. Dazu Nom. abstr. °त्व n. Comm. ebend. °अनुमानतस् *gemäss.* — 2) *eine best. rhetorische Figur* Kâvjapr. 10,31. Beispiel Spr. 3065.

अनुमानखण्डतर्क m., °चिन्तामणि m., °चिन्तामणिदीधिति f., °जागदीशीक्रोड m., °तत्त्वचिन्तामणि m. und °दीधिति f. Titel von Werken oder Abschnitten in denselben.

अनुमानन n. *das Bereden, zu gewinnen Suchen.*

अनुमानपरिच्छेद m., °प्रकाश m., °प्रामाण्यव्यवस्थापन n., °प्रामाण्यरहस्य n., °मणिदीधिति f., °मयूख m., °माथुरी f., °मूलटिप्पणी f. und °शिरोमणि m. Titel von Schriften.

*अनुमानोक्ति f. *Logik.*

अनुमापक Adj. *durch eine Schlussfolgerung beweisend für.* Davon Nom. abstr. °त्व n. Comm. zu Njâjam. 1,3,17.

अनुमार्ग m. *das Hinterhersein.* Instr. *hinter —* (Gen.) *her* Kathâs. 86,85 (°मार्गेणास्याः zu lesen). 104. Kâd. 170,6.

अनुमार्जन n. Titel best. zum Veda gehöriger Vorschriften.

अनुमालिनीतीरम् Adv. *am Ufer der* Mâlinî Çâk. 7,10.

*अनुमाषम् Adv. gaṇa परिमुखादि.

अनुमिति f. *Schluss.* Davon °त्व n. Nom. abstr.

अनुमितिदीधिति f., °परामर्शकार्यकारणविचार m., °परामर्शवाद m., °परामर्शविचार m., °मानसवाद m. und °लक्षणावतरण n. Titel von Werken.

अनुमित्सा f. *die Absicht, einen Schluss zu machen,* Kusum. S. 4, Z. 16.

अनुमृग्य Adj. *was man sucht, wonach man trachtet.*

अनुमृत् Adj. *im Tode folgend.*

अनुमेय Adj. *zu erschliessen.* Davon Nom. abstr. °ता f. Sarvad. 18,14. °त्व n. 47,5.

अनुमोदन n. *das Sichfreuen über.*

अनुम्लोक m. wohl Bez. eines verderblichen Agni AV.

अनुम्लोचन्ती und अनुम्लोचा f. N. pr. einer Apsaras.

अनुयजुस् Adv. dem Spruche gemäss.

*अनुयवम् Adv. gaṇa परिमुखादि.

अनुया Adj. nachfolgend.

*अनुयाग m. P. 7,3,62, Sch.

अनुयाज m. Nachopfer.

अनुयाजवन्त् Adj. von Nachopfern begleitet.

अनुयातर् Nom. ag. Begleiter.

अनुयातव्य Adj. dem man nachgehen muss.

अनुयात्र n. und °यात्रा f. Geleit, Gefolge 132,26.

अनुयात्रिक m. Pl. Gefolge. Vgl. आनु°.

अनुयान n. das Nachgehen, Folgen.

अनुयायिन् 1) Adj. nachgehend, folgend (eig. und übertr.); m. Begleiter, Pl. Gefolge. Davon °यायिता f. Nom. abstr. — 2) m. N. pr. eines Sohnes des Dhṛtarâshṭra.

*अनुयुक्तिन् Adj. gaṇa इष्टादि.

अनुयुगम् Adv. je nach dem Weltalter.

अनुयुञ्जक Adj. gern rügend.

अनुयू Adj. abhängig.

*अनुयूपम् Adv. gaṇa परिमुखादि.

अनुयोक्तर् Nom. ag. Befrager, Lehrer, insbes. ein bezahlter.

अनुयोक्तव्य Adj. zu befragen.

अनुयोग m. 1) Befragung, Erkundigung nach, das Ausfragen. — 2) Rüge Njâjas. 5,2,23. P. 8,2,94.

अनुयोगद्वारसूत्र n. Titel eines Ǵaina-Werkes Ind. St. 10,283.293.

*अनुयोजन n. Frage.

अनुयोज्य Adj. 1) zu Jmdes Befehlen stehend. — 2) zu befragen.

अनुरक्ति f. Zuneigung, Anhänglichkeit Spr. 6480, v. l.

अनुरज्जु Adv. nach der Schnur.

अनुरञ्जन n. das für sich Gewinnen, Sichverpflichten.

अनुरणन n. das Widerhallen.

अनुरथ m. N. pr. eines Fürsten VP. 4,12,16.

*अनुरथम् Adv. hinter dem Wagen P. 2,1,6, Sch.

अनुरथ्या f. Rand der Strasse, Fussweg.

अनुरस m. Beigeschmack.

*अनुरहसम् Adv. P. 5,4,81.

अनुराग (am Ende eines adj. Comp. f. आ) m. 1) Färbung. — 2) Röthe. — 3) Zuneigung 96,9. Wohlgefallen an. — 4) Zufriedenheit Spr. 5663.

अनुरागवन्त् 1) Adj. a) roth. — b) verliebt, ein Liebesverhältniss habend mit (सह) 156,18. — 2) f. °वती N. pr. eines Frauenzimmers.

अनुरागशृङ्गारवत्यौ Nom. Du. f. Anurâgavatî und Çṛṅgâravatî Kathâs. 123,336.

अनुरागिता f. Zuneiguug.

अनुरागिन् Adj. 1) zugeneigt (einer Person oder Sache), verliebt 123,12. — 2) lieblich Kathâs. 18,328.

अनुरात्रम् Adv. zu nächtlicher Weile.

अनुराध 1) *Adj. unter dem Mondhause Anurâdhâ geboren. — 2) m. a) Pl. ein best. Mondhaus. — b) N. pr. eines Mannes. — 3) f. आ a) ein best. Mondhaus. — b) N. pr. eines Frauenzimmers.

अनुराधपुर n. N. pr. einer Stadt.

अनुरुद्ध m. N. pr. eines Vetters des Çâkjamuni.

अनुरुध् Adj. anhänglich. Vgl. अनूरुध्.

*अनुरुहा f. eine Cyperus-Art Nigh. Pr.

अनुरूप 1) Adj. (f. आ) a) entsprechend, angemessen, gleichkommend 39,3. 58,5. 71,12. 72,13. °अनुरूपम्, °अनुरूपेण und °अनुरूपतस् entsprechend, gemäss. — b) fähig, einer Sache (Gen.) gewachsen. — 2) m. Antistrophe.

अनुरूपक Adj. entsprechend, angemessen.

*अनुरेचनी oder *अनुरेवती f. Croton tiglium Râǵan. 6,161.

अनुरोध m. (am Ende eines adj. Comp. f. आ) Willfahrung, Rücksicht (auf Personen und Sachen) 115,9. 129,13.

अनुरोधन n. 1) Rücksichtnahme, Bevorzugung Spr. 4326. — 2) Mittel Jmd zu gewinnen.

अनुरोधिता f. = अनुरोधन 1).

अनुरोधिन् Adj. Rücksicht nehmend, Etwas beobachtend.

अनुरोह m. Nachstieg, Nachwuchs Tâṇḍja-Br. 1,10,10.

*अनुरोहत् m. N. pr. eines Mannes.

अनुलम्ब Adj. (f. आ) abhängig, untergeordnet Tâṇḍja-Br. 18,9,16. 20,12,5.

*अनुलाप m. Wiederholung des Gesagten.

*अनुलासक m. Pfau Râǵan. 19,94.

अनुलेप m. 1) Salbung. — 2) Salbe R. 3,3,19 (अनुलेपश्च zu lesen).

अनुलेपन n. (am Ende eines adj. Comp. f. आ) 1) das Salben. — 2) Salbe.

*अनुलेपिका f. gaṇa महिष्यादि.

°अनुलेपिन् Adj. eingesalbt, gesalbt mit.

अनुलोम 1) Adj. (f. आ) a) dem Haarwuchs —, dem Strich —, einer natürlichen oder vorgezeichneten Richtung oder Ordnung folgend. f. zu einer niedrigeren Kaste gehörig als der Mann, mit dem sie sich verheirathet. — b) = अनुलोमज Gaut. 4,16. — c) gütlich. संभाषा Káraka 3,8. — 2) *m. N. pr. eines Mannes, Pl. seine Nachkommen. — 3) f. आ ein best. Zauberspruch. — 4) अनुलोमम् und अनुलोम° Adv. in der natürlichen Richtung oder Ordnung, von oben nach unten u. s. w. 218,5. — 5) अनुलोमेन freundlich Spr. 324.

अनुलोमकल्प m. Titel eines Werkes.

अनुलोमज Adj. aus der Verbindung eines Mannes höherer Kaste mit einer Frau niederer Kaste geboren.

अनुलोमता f. entsprechendes —, richtiges Verhältniss, Angemessenheit Káraka 1,16. Sarvad. 21,10.17.

अनुलोमन 1) Adj. in die rechte Richtung bringend, fördernd; insbes. Winde abführend. — 2) n. Förderung, Abführung.

अनुलोमय, °यति 1) in die richtige Lage bringen Suçr. 1,368,18. — 2) abführen (Winde).

अनुलोमिन् 1) Adj. am Ende eines Comp. fördernd, abführend. — 2) m. N. pr. eines Mannes, Pl. seine Nachkommen.

अनुल्बण Adj. (f. आ) das Maass einhaltend, nicht zu gross und nicht zu klein, nicht zu viel und nicht zu wenig, correct Vâmana 4,1,9. Davon °त्व n. Nom. abstr. Daçak. 2,33.

अनुल्लङ्घित Adj. nicht übertreten. शासन Kathâs. 56,162. VP. 4,24,5. Bhâg. P. 5,26,6. 12,1,9.

1. अनुवंश m. 1) Reihenfolge des Geschlechts, genealogische Zusammenstellung. — 2) Neben-, Seitengeschlecht.

2. अनुवंश 1) Adj. (f. आ) ebenbürtig. — 2) °म् Adv. dem Geschlecht nach.

अनुवंश्य Adj. (f. आ) auf die Genealogie bezüglich.

अनुवक्तव्य Adj. zu lehren, mitzutheilen.

अनुवक्र Adj. (f. आ) Bez. einer best. Bewegung eines Planeten. n. diese Bewegung. In °ग Adv.

अनुवचन n. 1) das Nachsprechen, Wiederholen, Hersagen Gaut. 1,53.55. — 2) Abschnitt, Lection.

*अनुवचनीय Adj. von अनुवचन.

अनुवत्सर m. das vierte Jahr im fünfjährigen Cyclus.

*अनुवनम् Adv. nach der Richtung des Waldes hin P. 2,1,15, Sch.

°अनुवन्दिन् Kathâs. 11,52 wohl fehlerhaft für °अनुवर्तिन्.

अनुवर्तन n. 1) Fortdauer. — 2) Nachgeltung eines Wortes in einem nachfolgenden Sûtra Comm. zu TS. Prât. 9,9. 10,14. 13,16. — 3) das Willfahren; Folgsamkeit Spr. 4813. — 4) das Sichfügen in, Sichschicken zu (Gen.) Káraka 1,13.

अनुवर्तनीय Adj. 1) dem man folgen muss, nach dem man sich zu richten hat. — 2) dem man sich hinzugeben hat, wozu man sich entschliessen muss.

अनुवर्ति Adj. begleitet von (Instr.) AV. Paipp. 1,15.

°अनुवर्तित्व n. das Willfahren.

अनुवर्तिन् Adj. 1) nachgehend, folgend (eig. und

übertr.). Mit Acc., gewöhnlich aber am Ende eines Comp. — 2) *folgsam, gehorsam.* — 3) *gleich, ähnlich.*

1. अनुवर्त्मन् n. *ein von einem Andern schon gewandelter Weg.*

2. अनुवर्त्मन् Adj. *nachfolgend, dienend.*

अनुवर्त्मम् Adv. *den Weg entlang* KÂTJ. ÇR. 15,6,31.

अनुवर्त्य Adj. 1) *dem man folgen muss, wonach man sich zu richten hat.* — 2) *aus dem Vorhergehenden zu ergänzen.*

1. अनुवश m. *Gehorsam.*

2. अनुवश Adj. *zu Jmdes Willen seiend.*

अनुवषट्कार m. und अनुवषट्कृत n. *Wiederholung des schliessenden Einladungsrufes zu einem Opfer.*

अनुवह् m. *eine der 7 Zungen des Feuers.*

अनुवाक m. 1) *das Nachsprechen; Wiederholung.* — 2) *Lection, Abschnitt* 227,27.

अनुवाकसंख्या f., अनुवाकानुक्रमणी f. und अनुवाकानुनयविवरण n. Titel von Schriften.

अनुवाक्य 1) Adj. *a) zu recitiren.* — *b) nachzusprechen* GOBH. 3,3,8. — 2) f. आ *der von dem* Hotar oder Maitrâvaruṇa *zu recitirende Vers, in welchem die Gottheit von der ihr bestimmten Gabe in Kenntniss gesetzt und dazu eingeladen wird,* Ind. St. 9,189.

अनुवाक्यावत् und अनुवाक्यावत् (ÂÇV. ÇR. 1,5,30) Adj. *von einer* Anuvâkjâ *begleitet.*

अनुवाच् f. = अनुवाक्या.

अनुवाचन n. *das Veranlassen von Seiten z. B. des* Adhvarju, *dass z. B. der* Hotar *seine Formel recitirt.*

*अनुवाचनीय Adj. von अनुवाचन.

अनुवात m. *vom Rücken her blasender Wind.* °म् Adv. *vor dem Winde.*

अनुवाद m. 1) *Wiederholung* 209,22. *abermalige Besprechung, das Zurückkommen auf einen schon besprochenen Gegenstand* (insbes. zur Erhärtung und Bestätigung einer Aussage) BHÂG. P. 5,10,15. Davon Nom. abstr. °ता f. und °त्व n. NJÂJAM. 2,2,5 und Comm. — 2) *Uebersetzung* Comm. zu MṚKKH. 163,20. — 3) * *Schmähung.*

अनुवादक Adj. *wiederholend* (zur Erhärtung oder Bestätigung) NJÂJAM. 2,2,6. Davon Nom. abstr. °त्व n. Comm. zu 3,34.

अनुवादिन् Adj. 1) *nachsprechend, wiederholend.* — 2) *übereinstimmend, gleichkommend* 205,28.

अनुवाद्य Adj. *zu wiederholen* KÂVJAPR. S. 183, Z. 8. Davon Nom. abstr. °त्व n. SÂH. D. 214,4.

अनुवास m. *öliges Klystier.*

अनुवासन 1) m. und n. *öliges Klystier, n. das Setzen eines öligen Klystiers* KARAKA 10,4. — 2) n. *ein best. mit Mineralien vorgenommener Process.* — 3) n. * *das Beräuchern.*

*अनुवासनीय Adj. von अनुवासन.

अनुवासरम् Adv. *Tag für Tag.*

°अनुवासिन् Adj. *sich aufhaltend.*

अनुवास्य Adj. *dem ein öliges Klystier zu setzen ist.*

अनुवित्ति f. *Auffindung.*

अनुविद्वंस् Adj. *gefunden habend* AV. 12,2,38.52.

अनुविध Adj. *sich nach Jmd richtend, an Jmd hängend.*

अनुविधातव्य Adj. *einer Anordnung gemäss zu thun.*

अनुविधान n. *das Sichrichten nach Etwas, Gemässheit* KAKR. zu KARAKA 1,13. Abl. am Ende eines Comp. *gemäss.*

अनुविधायिन् Adj. 1) *sich wonach richtend.* — 2) *gehorsam, folgsam.*

अनुविधेय Adj. 1) *wonach man sich zu richten hat* Spr. 4354. — 2) *in Uebereinstimmung mit* (Instr.) —, *gemäss vorzuschreiben.*

अनुविन्द m. N. pr. eines Fürsten MBH. 2,31,10.

अनुविश्व m. N. pr. eines Volkes VARÂH. BṚH. S. 14,31.

अनुविष्टम्भ m. *allmähliches Sichfestsetzen, — Platzgreifen.*

अनुवृत् Adj. *nachwandelnd* TÂṆḌJA-BR. 1,10,9.

अनुवृत्त 1) Adj. *rundlich, gewölbt.* — 2) n. *Gehorsam* Spr. 3093.

°अनुवृत्तत्व n. *das Begleitetsein von* NJ. K.

अनुवृत्ति f. 1) *Fortdauer* 142,2. 288,22. 23. — 2) in der Gramm. *Nachgeltung eines Wortes in einem nachfolgenden* Sûtra 240,15. — 3) *Wiederkehr, Wiederholung.* — 4) *Willfahrung.* — 5) *das Sichrichten nach Etwas, Berücksichtigung, das Entsprechen.* — 6) *das Nachgehen, hinter Etwas her Sein* SÂH. D. 54,21.

अनुवेदान्तसप्रकरण n. s. अणुवेदान्त°.

अनुवेदि Adv. *längs der Opferstätte.*

अनुवेद्यन्तम् Adv. *längs der Grenze der Opferstätte.*

अनुवेध m. *das Besetztsein mit so v. a. Enthalten von.*

अनुवेलम् Adv. *von Zeit zu Zeit, gelegentlich.*

अनुवेल्लित n. *eine Art von Verband*

अनुवेश m. *das Hereintreten.*

अनुवेश्य m. wohl nur fehlerhaft für आनु°.

अनुवैनेय Adj. LALIT. 277,7.

अनुव्यञ्जन n. *ein secundäres Merkmal* (buddh.) LALIT. 114,10.

अनुव्यम् Adv. mit अस् *unterliegen,* mit भू *hinterher folgen.*

अनुव्यवसाय m. *richtiger Begriff* NJ. K.

अनुव्याख्या f. Titel einer Schrift.

अनुव्याख्यान n. *eine best. Klasse von exegetischen Texten.*

अनुव्याहरण n. *wiederholtes Hersagen.*

अनुव्याहार m. *Verfluchung.*

अनुव्याहारिन् Adj. *verfluchend, schmähend.*

*अनुव्रजन n. *das Nachfolgen, Begleiten.*

अनुव्रजम् Adv. *in Schaaren.*

अनुव्रज्या f. *das Begleiten eines Fortgehenden* GAUT. 5,38. RÂGAT. 7,762.

अनुव्रत Adj. (f. आ) *nach Gebot handelnd, gehorsam, ergeben* (mit Acc. und Gen.). — n. fehlerhaft für अणुव्रत.

अनुशंस Adj. *Uebles nachredend* TAITT. ÂR. 2,4,1.

*अनुशतिक Adj. P. 7,3,20.

अनुशब्द m. *Nachruf, Nachhall* DHÛRTAN. 16.

अनुशय 1) m. *a) Reue.* — *b) Rückgängigmachung* (eines Kaufes oder Verkaufes) 212,22. — *c) unüberwindlicher Hass* MBH. 6,95,15. R. GORR. 1,2, 13. — *d) Eindruck im Geiste, Vorstellung* BHÂG. P. 10,87,22. — *e) der in der anderen Welt nicht verbrauchte Rest der Folgen der Werke, der die Seele wieder zur Erde führt.* Davon Adj. °वत् *mit einem solchen Rest behaftet* BÂDAR. 3,1,8. Eine ähnliche Bed. hat das Wort अनुशय bei den Buddhisten. — 2) f. ई *Geschwür auf der Oberfläche des Fusses.*

अनुशयाक्षेप m. in der Rhetorik *eine durch Reue an den Tag gelegte Erklärung, dass man mit Etwas nicht einverstanden sei.* Beispiel Spr. 621.

अनुशयाना f. *eine nach dem Verlust des Geliebten der Reue sich hingebende Heroine.*

अनुशयिन् Adj. 1) *treu anhängend.* — 2) *Reue empfindend* Spr. 5528, v. l. — 3) am Ende eines Comp. *mit der Vorstellung von — behaftet* JOGAS. 2,7.8.

*अनुशर m. *ein* Râkshasa.

अनुशस्त्र n. *ein die Stelle eines chirurgischen Instruments vertretender Gegenstand.*

*अनुशाय m. wohl fehlerhaft für अनुशय.

*अनुशायिन् Adj. *sich erstreckend.*

अनुशाल्व m. N. pr. eines Daitja.

अनुशासन n. *Unterweisung, Lehre.* Auch Bez. *einer Klasse von Texten.*

अनुशासनीय Adj. 1) *zu unterweisen.* — 2) *zu bestrafen* VEṆIS. 23,9.

अनुशासितर् Nom. ag. 1) *Lenker, Regierer.* — 2) *Unterweiser, Lehrer.*

अनुशासिन् Adj. *züchtigend, strafend.*

अनुशास्ति f. *Unterweisung.*

अनुशिक्षिन् Adj. *erlernend, sich übend in* R. 2, 64, 56.

अनुशिख m. N. pr. eines Schlangenpriesters Tâṇḍja-Br. 25,15,3.

*अनुशिवम् Adv. *nach Çiva.*

अनुशिशु Adj. (f. gleich) *von Jungen (Füllen u. s. w.) begleitet.*

अनुशीलन n. 1) *Uebung, Studium.* — 2) *das Nachthun, Nachleben.*

अनुशुश्रूषा f. *Gehorsam.*

अनुशोचन n. *das Wehklagen.*

अनुशोचिन् Adj. *wehklagend um.*

*अनुशोणम् Adv. *am Flusse Çoṇa.*

अनुशोभिन् Adj. *prächtig, schön.*

*अनुश्चोत (°श्च्योत) m. *das Beträufeln* Gal.

*अनुश्रव m. *Ueberlieferung.*

*अनुश्राद्ध n. *Manenopfer* Gal.

अनुश्लोक m. Name eines Sâman.

*अनुषक् Adv. neben आनुषक्.

अनुषङ्ग m. 1) *das Hängenbleiben —, Haften an* (Loc.). — 2) *das Hängen mit den Gedanken —, das Denken an* Spr. 2416, v. l. 2488. 2522, v. l. Kathâs. 22, 258. — 3) *unmittelbare Folge.* — 4) *Anhängsel, Refrain.* — 5) *der im* Dhâtupâṭha *dem consonantischen Auslaut einiger Wurzeln vorangehende Nasal.* — 6) *Herbeiziehung eines Wortes aus der Umgebung zur Ergänzung* Comm. zu VS. Prât. 4, 173. — 7) **Mitleid.*

अनुषङ्गिन् Adj. 1) *anhaftend.* — 2) *nothwendig folgend, — sich ergebend* Comm. zu Njâjas. 1,30. — 3) *im* Dhâtupâṭha *vor dem consonantischen Auslaut einen Nasal habend.*

अनुषञ्जनीय Adj. *aus der Umgebung als Ergänzung herbeizuziehen.*

*अनुषट् Adv. gaṇa चादि und स्वरादि.

*अनुषण्ड Bez. oder N. pr. einer Gegend.

अनुषत्यम् Adv. *der Wahrheit gemäss, aufrichtig.*

*अनुषूक्र m. *Nachtrieb der Reispflanze* Comm. zu TS. 2,3,4,2.

अनुष्टुक् Nom. in TS. st. अनुष्टुप्.

अनुष्टुति f. *Lob, Preis.*

अनुष्टुप्कर्मीण Adj. *mit einer* Anushṭhubh *geschehend* Çat. Br. 8,6,2,3.

अनुष्टुप्शिरस् Adj. *die* Anushṭubh *zum Kopf habend.*

अनुष्टुप्शीर्षन् Adj. dass. Ait. Âr. 2,6.

अनुष्टुप्संपद् f. *Herstellung einer* Anushṭubh.

अनुष्टुब्गर्भा f. *ein best. Metrum.*

अनुष्टुभ् 1) Adj. *nachjauchzend* ṚV. 10,124,9. — 2) f. *a) Lobgesang.* — *b) *Rede.* — *c) ein Metrum von 4×8 Silben.* — *d)* Bez. *der Zahl acht.*

अनुष्टोभन n. *das Nachträllern* Daiv. Br. 3.

अनुष्ठा Adj. Pl. *auf einander folgend.*

अनुष्ठातर् Nom. Ag. *Ausführer, Vollführer.*

अनुष्ठान 1) n. *das Obliegen, Verrichten, Ausführen* 244,2. 254,4. 282,20. 283,22. Gaut. 8,16. — 2) f. ई *Ausführung, Handlung.*

अनुष्ठानपद्धति f. Titel einer Schrift.

अनुष्ठानशरीर n. *der zwischen dem feinen und dem groben Körper angenommene Körper.*

अनुष्ठापन n. *das Obliegen-, Verrichtenlassen.*

अनुष्ठायज्ञयज्ञीय n. Name eines Sâman.

अनुष्ठायिन् Adj. *obliegend, verrichtend.*

अनुष्ठितत्व n. *das Ausgeführtsein* TBr. Comm. 1,126.

अनुष्ठु und अनुष्ठुया Adv. *sogleich.*

अनुष्ठेय Adj. *zu verrichten, auszuführen* 156,6. 158,27. Davon Nom. abstr. °त्व n. Comm. zu Njâjam. 6,1,3.

अनुष्ठ्या Adv. *unmittelbar (persönlich), sofort*

अनुष्ण 1) Adj. (f. आ) *a) nicht heiss, kalt* 42,26. 43,9. Dazu Nom. abstr. °त्व n. Tarkas. 48. — *b) *apathisch, träge.* — 2) *m. *Thor* Gal. — 3) f. आ N. pr. eines Flusses MBh. 6,9,24. — 4) *n. *die Blüthe der Nymphaea coerulea.*

अनुष्णगु m. *der Mond.*

*अनुष्णवल्लिका und *°वल्ली (Gal.) f. *Panicum dactylon* Râǵan. 8,108.

अनुष्णाशीत Adj. *weder warm noch kalt* Tarkas. 14.

अनुष्यन्द m. *Hinterrad.*

अनुष्वधम् Adv. *nach Wunsch, gern.*

अनुष्वापम् Absol. *fortschlafend.*

अनुसंयान n. *das Besuchen der Reihe nach.*

अनुसंवत्सर m. *Jahr.*

*अनुसंवरण n. gaṇa अनुशतिकादि.

अनुसंसर्पम् Adv. *nachschleichend.*

अनुसंहार m. *Zurückziehung, Aufhebung.*

अनुसंहितम् Adv. *nach der* Saṃhitâ.

अनुसक्थम् Adv. *den Schenkel entlang* Lâṭj. 8,8,31.

*अनुसंचरण n. v. l. für अनुसंवरण.

अनुसंतति f. *Fortsetzung* Maitr. S. 2,2,8.

अनुसंतान m. *Sprossling, Sohn* Gaut. 15,28.

अनुसंधान n. 1) *das Untersuchen, Richten der Aufmerksamkeit auf Etwas.* — 2) *die Anwendung, der 4te Theil im Syllogismus.*

*अनुसंधि m. *Vereinigung.*

अनुसंधेय Adj. *worauf man seine Aufmerksamkeit zu richten hat.*

अनुसमय m. *das der Reihe nach Vorsichgehen* Njâjam. 5,2,6. 7. Ǵaim. S. 557. fgg.

अनुसमापन n. *Vollendung, Schluss.*

*अनुसमुद्रम् Adv. *am Meere.*

अनुसमेतव्य Adj. *der Reihe nach abzumachen* Comm. zu Njâjam. 5,2,8. 10.

अनुसर Adj. (f. ई) *nachgehend, sich richtend nach.*

अनुसरण n. *das Nachgehen, Folgen, Verfolgen* 151,24. 156,30. 157,2. *das hinter Etwas her Sein* Sâh. D. 54,21. तदनुसरणक्रमेण *stets hinter ihm her.*

अनुसर्ग m. *secundäre Schöpfung.*

अनुसर्तव्य 1) Adj. *dem man nachgehen muss.* — 2) n. impers. *gemäss zu verfahren* Kâvjapr. S. 171, Z. 14.

अनुसर्प m. *schlangenartiges Geschöpf.*

अनुसर्पण n. *das Nachgehen, Suchen.*

अनुसवनम् Adv. 1) *bei jedem* Savana Gaut. 26, 10. — 2) *beständig, in Einem fort.*

अनुसहायीभाव m. *das zum Gehülfen Werden, Beitragen zu Etwas.*

°अनुसाधिन् Adj. *zu Stande bringend.*

*अनुसामम् Adv. P. 5,4,75.

*अनुसायम् Adv. *jeden Abend.*

अनुसार m. 1) *das Nachgehen, Folgen, Verfolgen.* — 2) *Gemässheit* 209,18 (Ǵâǵn. 2,1). 210,1. — 3) *gesetzliche Vorschrift.*

°अनुसारक 1) *nachgehend, trachtend nach.* — 2) *sich richtend nach.*

अनुसारिता f. (Sarvad. 21,17) und °रित्व n. *das sich Richten nach, Gemässsein* Comm. zu TS. Prât. 13,16.

अनुसारिन् Adj. 1) *nachgehend, folgend* 106,31. — 2) *nachgehend* so v. a. *trachtend nach, zu erreichen sich bestrebend* Spr. 1656. 5403. — 3) *anhängend, Anhänger* (einer Schule). — 4) *sich richtend nach, entsprechend, gemäss seiend.* — 5) *klebend, haftend an.*

*अनुसार्यक *ein best. wohlriechendes Moos* Nigh. Pr.

अनुसीतम् Adv. *der Furche nach.*

*अनुसीरम् Adv. *dem Pfluge nach.*

*अनुसु 1) N. pr. eines Mannes oder einer Frau. — 2) Titel eines Werkes.

अनुसूयक Adj. und अनुसूया f. fehlerhaft für अन°.

अनुसृति f. 1) *das Nachgehen, Verfolgen.* — 2) *N. pr. eines Frauenzimmers.

*अनुसृष्टि f. N. pr. eines Frauenzimmers.

अनुसेवा f. *Dienst, Aufwartung.*

°अनुसेविन् Adj. *obliegend.*

*अनुसैन्य n. *Hintertreffen.*

अनुसोमम् Adv. *wie beim Soma.*

*अनुस्कन्दम् Absol. गेहं गेहमनु°, गेहमनु° अनु° und गेहानु° *in jedes Haus springend.*

अनुस्तरण 1) m. *erst in zweiter Reihe zu schlach-*

tendes Opferthier Ind. St. 9,246. 10,348. — 2) अनुस्तरणी f. *eine bei einem Todtenopfer geschlachtete Kuh, mit deren Gliedern der Leichnam Glied für Glied belegt wird.*

अनुस्तरणिकी f. = अनुस्तरणी.

अनुस्तोत्र n. Titel einer Schrift.

अनुस्फुर Adj. *hinschnellend.*

अनुस्मरण n. *das Gedenken.*

अनुस्मृति f. 1) *das Gedenken* Lalit. 34,20. fgg. — 2) Titel einer Schrift.

°अनुस्यूतत्व n. *das sich Hindurchziehen durch* 266,6.

अनुस्वयामन् Adj. *nicht bei Tageslicht ausgehend.*

अनुस्रोतस् Adv. *mit der Strömung.*

अनुस्वान m. *Widerhall.*

अनुस्वार m. *das nasale Lautelement eines nasalirten Vocals.*

अनुस्वारवत् Adj. *mit einem* Anusvâra *versehen.*

अनुस्वारी Adv. mit भू *zu einem* Anusvâra *werden.*

अनुह्र m. N. pr. eines Mannes VP. 4,19,12.

अनुहरण n. *das Nachtragen* Kâtj. Çr. 5,8,23. 14,1,16.

अनुहरत् m. N. pr. eines Mannes.

अनुहव m. *Nachruf, Zurückruf.*

*अनुहार m. 1) *Nachahmung.* — 2) *Gleichheit.*

°अनुहारक Adj. *gleichend.*

*अनुहार्य m. = अन्वाहार्य.

*अनुहोड gaṇa अनुशतिकादि.

अनुहोम m. *Nachspende* Vaitân. 19. Kâtj. Çr. 23,2,20.

अनुह्राद m. N. pr. eines Bruders des Anuhrâda.

अनुह्राद und अनुह्लाद m. N. pr. eines Sohnes des Hiraṇjakaçipu.

अनूक 1) m. n. *Rückgrat*, insbes. *dessen oberer Theil.* — 2) m. *der den Rückgrat des Feueraltars bildende Streifen.* — 3) *aufsteigende Linie.* त्रिपुरुषानूकम् Adv. *drei Generationen hinauf.* — 4) n. **Geschlecht, Familie.* — 5) m. **ein vorangehendes Leben* Utpala zu Varâh. Bṛh. S. 68,103 und zu Bṛh. 25(23),13. — 6) n. *Temperament, Charakter* Varâh. Bṛh. S. 68,103. Bṛh. 25(23),13. — 7) f. आ N. pr. einer Apsaras.

अनूकाश m. 1) *Schein, Beleuchtung.* — 2) *das Sichtbarsein.* — 3) *Hinblick, Rücksicht.*

अनूकाशिन् Adj. *beschauend.*

अनूक्त n. und अनूक्ति f. (Njâjam. 2,3,34) 1) *Nacherwähnung, wiederholte Erwähnung.* — 2) *Veda-Studium.*

अनूक्य und अनूकिय 1) Adj. *im Rückgrat befindlich.* मज्जन् *Rückenmark* Çat. Br. — 2) n. *Rückgrat.*

अनूखर falsche Schreibart für अनूषर.

अनूचान Adj. 1) *gelehrt.* — 2) **bescheiden.*

अनूचानपुत्र m. *der Sohn eines Gelehrten* Çat. Br. 10,6,1,3.

अनूचानर्त्विज् Adj. *einen gelehrten Priester habend* Kâtj. Çr. 7,1,18.

अनूची s. u. अन्वञ्च्.

अनूचीन Adj. *auf einander folgend* Çulbas. 1,67. 3,85. °म् Adv. *der Länge nach* 259.

अनूचीनगर्भ Adj. *nach einander geboren.*

अनूचीनत्व n. *Aufeinanderfolge.*

अनूचीनाहम् Adv. *an aufeinanderfolgenden Tagen.*

1. अनूच्य Adj. *zu studiren.*

2. अनूच्य n. *Armlehne eines Sessels.*

अनूजावरी f. = अनु°.

अनूढा 1) Adj. f. *unverheirathet* 93,3. — 2) Subst. *Concubine.*

अनूति f. *Nicht-Hülfe.*

अनूदक n. *Mangel an Wasser, Dürre.*

अनूदय m. N. pr. eines Sohnes des Dhṛtarâshṭra.

अनूदर 1) Adj. *bauchlos.* — 2) v. l. für अनूदय.

अनूद्देश m. eine best. rhetorische Figur: *entsprechende Anweisung für jeden einzelnen Fall.*

*अनूद्य Adj. *nachzusprechen.*

अनूधस् Adj. *euterlos.*

अनून 1) Adj. (f. आ) *a) woran Nichts fehlt, vollständig, voll, ganz.* — *b) nicht schlechter* —, *nicht geringer als* (Abl.). — 2) Adv. am Anf. eines Comp. *überaus, sehr* Spr. 181. — 3) f. आ N. pr. einer Apsaras.

*अनूनक Adj. = अनून 1) *a).*

अनूनवर्चस् Adj. *vollständigen Glanz habend.*

अनूप 1) *Adj. *am Wasser gelegen, wasserreich.* — 2) m. (am Ende eines adj. Comp. f. आ) *a) wasserreiche Gegend, Sumpfland.* — *b) Wasserbecken.* — *c) Gestade, Ufer.* — *d)* N. pr. eines best. *Küstenlandes.* — *e)* *(statt आनूप) *Büffel.* — *f)* N. pr. eines Ṛshi. Auch = अनूपसिंह.

अनूपज 1) Adj. *in der Nähe von Wasser wachsend.* — 2) *n. *Ingwer.*

अनूपराम und अनूपविलास m. Titel von Werken.

अनूपसदम् Adv. *bei jeder* Upasad-*Feier.*

अनूपसिंह m. N. pr. eines Fürsten.

*अनूपालु m. *ein best. giftiges Knollengewächs* Gal.

*अनूपाद्य n. *frischer Ingwer* Gal.

(अनूप्य) अनूपिय Adj. *in Teichen* oder *Sümpfen befindlich.*

अनूबन्ध m. = अनु° *Fortdauer, Ununterbrochenheit* Ind. St. 10,418.

अनूबन्ध्य Adj. (f. आ) *nachträglich anzubindend,* d. i. *zu schlachten.* Auch Subst. m. f. mit Ergänzung von पशु oder वशा.

अनूयाज m. = अनुयाज *Nachopfer* TS. 6,1,3,3.4.

अनूराध 1) Adj. *Gelingen schaffend.* — 2) m. f. (आ) Pl. *ein best. Mondhaus,* = अनुराध.

अनूरु m. *Morgenröthe,* person. als *Wagenlenker der Sonne* Spr. 7671. Râgat. 8,50. als *Bruder d. S.* 3242.

अनूरुध Adj. *folgend, anhänglich.*

अनूरुसारथि m. *die Sonne.*

अनूर्ध्वभास् Adj. *dessen Licht nicht in die Höhe strebt.*

अनूर्मि Adj. *vorwärts drängend, — eilend.*

अनूला f. N. pr. eines Flusses.

अनूवृज Du. *ein best. Körpertheil.* Vgl. वृक्क.

अनूषर Adj. *nicht salzhaltig* Âçv. Gṛhj. 2,7,2.

अनूष्मन् Adj. *nicht aspirirt.*

अनूष्मवत् Adj. *keine Spirans enthaltend* TS. Prât. 4,15.

अनूह्य Adj. *unbegreiflich* Maitr. Up. 6,17.

*अनृक्क (so st. अनृचक zu lesen) Adj. *keine Lieder enthaltend.*

अनृतर Adj. *ohne Spitzen, dornenlos.*

अनृग्यजुस् Adj. *weder mit dem* Ṛg —, *noch mit dem* Jagurveda *vertraut* MBh. 12,60,44.

अनृच् Adj. 1) *keine Lieder enthaltend.* — 2) *nicht mit dem* Ṛgveda *vertraut.*

अनृच 1) Adj. = अनृच् 2). — 2) °म् Adv. *nicht an die* Ṛk. *sich haltend.*

*अनृचवत् Adj. *reich an Männern, die nicht mit dem* Ṛgveda *vertraut sind.* Compar. *अनृचीयंस्.

अनृजु 1) Adj. *a) nicht gerade, rückläufig* (Planet) Siddh. Çir. — *b) unredlich.* — 2) *n. *Tabernaemontana coronaria* Nigh. Pr.

अनृजुगामिन् Adj. *nicht gerade gehend* Karaka 1,14.

अनृण Adj. (f. आ) *schuldlos, sch. an, in Bezug auf* (Gen.) 42,6. Davon Nom. abstr. °ता f. und °त्व n.

अनृणाकर्तोस् Gen. Inf. (in Verbindung mit ईश्वर) *von der Schuld zu befreien* Ait. Br. 1,14.

अनृणिन् Adj. *schuldlos* Spr. 7741.

अनृणयता f. *Schuldlosigkeit.*

अनृत 1) Adj. (f. आ) *a) unrecht, unwahr.* — *b) der Unwahrheit ergeben, Lügner.* — 2) n. *a) Unwahrheit, Lüge, Betrug.* Personif. als Sohn Adharma's und der Hiṁsâ. — *b)* Bez. *eines best. mystischen Geschosses.* — *c)* **Ackerbau.*

अनृतदूत m. *ein lügnerischer Bote* Âpast. bei Sâj. zu Çat. Br. 5,3,1,11.

अनृतदेव Adj. *unwahre Götter habend* (Grassmann bleibt bei *falscher Spieler*).

अनृतद्विष् Adj. *Lüge hassend.*

अनृतपशु m. *Thierfigur* Kâth. 36,6.

अनृतपूर्वम् Adv. *unwahr* 41,1.

अनृतमय Adj. *unwahr, lügenhaft.*

अनृतवाच् und अनृतवादिन् Adj. *unwahr redend.*

अनृताभिशंसन n. *falsche Beschuldigung* Gaut. 21,10.

अनृताभिशस्त Adj. *fälschlich angeklagt* Verz. d. Oxf. H. 282,*b*,29.

अनृताभिसंध Adj. *unwahr redend* Khând. Up. 6,16,1.

अनृतिक und अनृतिन् Adj. *lügnerisch*, m. *Lügner.*

अनृती Adv. mit कर् *Jmd* (Acc.) *zum Lügner machen* R. ed. Gorr. 2,21,3.

अनृतु m. 1) *unrechte Jahreszeit.* — 2) *unrechte Zeit zum Beischlaf.*

अनृतुपा Adj. *ausser der Zeit trinkend.*

अनृतुभव Adj. (f. आ) *ausser der Jahreszeit erfolgend* Varâh. Brh. S. 46,38.

अनृतेष्टका f. *kein richtiger Backstein* Çat. Br. 6,2,1,38.

अनृत्तदर्शिन् Adj. *keinem Tanze zuschauend* Âpast. 1,3,11.

अनृत्विज् m. *kein Priester* Çat. Br. 2,1,4,4.

अनृध्यमान Adj. *nicht gedeihend* Çat. Br. 3,6,2,24.

अनृशंस Adj. (f. आ) *nicht boshaft, wohlwollend.* Davon Nom. abstr. °ता f. und °त्व n.

अनृषि m. *kein* Ṛshi Ind. St. 13,337.

अनृषिकृत Adj. *nicht von einem* Ṛshi *verfasst* Ind. St. 1,44.

अनेक Adj. *mehr als Einer, vielfach;* Pl. *mehrere, verschiedene, viele.*

अनेककर्मन् Adj. *verschiedene Thätigkeiten bezeichnend* Nir. 4,19.

अनेककाम Adj. *Mannichfaches wünschend.*

अनेककृत् Adj. *Mannichfaches thuend,* von Çiva.

*अनेकग m. *Vogel.*

अनेकत्र Adv. *an vielen Orten* Viddh. 26,11.

अनेकत्व n. *Vielheit* 239,19.20.

अनेकधा Adv. *in viele Theile, auf vielfache Weise.*

अनेकप m. *Elephant.*

अनेकपद Adj. *viele* (mehr als vier) *Worte enthaltend* VS. Prât. 1,157.

अनेकपितृक m. Pl. *Enkel mit verschiedenen Vätern* Jâgn. 2,120.

अनेकरूप Adj. (f. आ) *mannichfaltig* Spr. 6739.

*अनेकलोचन m. Bein. Çiva's.

*अनेकवर्ण m. *Feldmaus* Gal.

अनेकवर्णसमीकरण n. *eine Gleichung mit mehr als einer unbekannten Grösse.*

अनेकवर्षशतिक Adj. *viele hundert Jahre alt* R. ed. Gorr. 2,1,25. 3,73,26.

अनेकविकल्प Adj. *mannichfach.*

अनेकविजयिन् Adj. *der öfters gesiegt hat* Spr. 6740, v. l.

अनेकविध Adj. *mannichfach* 43,29. Davon Nom. abstr. °त्व n. 209,20.

अनेकशफ Adj. *kein Einhufer* Vârtt. zu P. 1,2,73.

अनेकशब्द Adj. *durch mehrere Wörter bezeichnet, synonym.*

अनेकशस् Adv. *vielfach, in grosser Anzahl oder Menge, von verschiedener Art, zu wiederholten Malen* 107,27. 140,6.

अनेकशास्त्रिपद्धति f. Titel eines Werkes.

अनेकसंस्थान Adj. *von mannichfachem Aussehen, mannichfach verkleidet* 204,20.

अनेकसहस्ररश्मि Adj. *Tausende von Strahlen habend* (Mond) R. 5,11,1.

अनेकाकिन् Adj. *nicht allein, begleitet von* (Instr.).

अनेकाक्षर Adj. *mehrsilbig* AV. Prât. 4,15.

अनेकान्त m. *kein absoluter Fall, der Fall, dass Etwas so und auch anders sein kann,* Suçr. 2,556, 7. 559,2 (अनेकार्थः gedr.). Sarvad. 41,20. 43,1. Davon Nom. abstr. °त्व n. 45,6.

अनेकान्तवाद m. *Skepticismus.* °प्रवेशक n. Titel eines Werkes.

*अनेकान्तवादिन् m. 1) *ein* Gaina. — 2) *ein* Arhant bei den Gaina.

अनेकार्थ Adj. *mehr als eine Bedeutung habend.* Davon Nom. abstr. °त्व n. Comm. zu TS. Prât. 1,1. 8,8. अनेकार्थकोश m. (auch bloss अनेकार्थ), °तिलक n., °ध्वनिमञ्जरी f., °संचय m. und °समुच्चय m. Titel von Wörterbüchern.

अनेकीभवन्त् Adj. *nicht zu Eins werdend, geschieden bleibend* RV. Prât. 13,15.

*अनेकीय Adj. von अनेक.

*अनेड Adj. *dumm.*

*अनेडमूक Adj. 1) *taubstumm.* — 2) *blind.* — 3) *böse.*

(अनेद्य) अनेदिय Adj. *untadelig.*

अनेन Adj. *ohne Hirsche.*

अनेनस् 1) Adj. *fehlerlos, schuldlos, sündlos.* — 2) m. N. pr. verschiedener Männer.

अनेनस्य n. *Schuldlosigkeit.*

*अनेमन् Adj. = प्रशस्य.

अनेवंविद् und अनेवंविद्वंस् Adj. *so oder* Solches *nicht wissend.*

अनेवम् Adv. *nicht so* Bâdar. 3,1,8.

अनेहस् 1) Adj. *a*) *unerreichbar, unvergleichlich.* — *b*) *unbedroht, sicher.* — 2) m. *Zeit* Bâlar. 84, 14. — 3) n. *Sicherheit, Schutz.*

अनैकान्तिक Adj. *so und auch anders sein könnend.* Davon Nom. abstr. °त्व n. Njâjas. 5,1,22.

अनैकान्त्य n. *Nicht-Absolutheit, das so und auch anders Seinkönnen* Sarvad. 30,6. Spr. 3955 (अनैकात्म्यात् die richtige Lesart).

अनैडक Adj. (f. ई) *nicht vom Thiere* Edaka *kommend.*

अनैन्द्र Adj. *nicht an* Indra *gerichtet* Gaim. 3,2,27.

अनैपुण n. *Ungeschicklichkeit, Unerfahrenheit.*

अनैमित्तिक Adj. *nicht gelegentlich, — der erste beste* Kauç. 67.

अनैश्वर्य n. *Nichtherrschaft.*

*अनो Adv. *nicht.*

अनोकह m. *Baum.*

अनोंकृत Adj. *nicht von* ओम् *begleitet.*

अनोजस् Adj. *kraftlos, schwach* Spr. 4739.

अनोरथ m. Pl. *Last- und Streitwagen.*

अनोवाह् Adj. *einen Wagen ziehend.*

अनोवाह्य Adj. *auf Wagen zu fahren.* °म् Adv. *fuderweise.*

अनौचित्य n. 1) *Unangemessenheit.* — 2) *Ungewöhnlichkeit* Comm. zu Mrkkh. 44,14.15.

अनौजस्य n. *Mangel an Energie.*

अनौद्धत्य n. *Nicht-Hoffart.*

अनौषध n. *kein Heilmittel* Spr. 7666.

अन्त m. (selten n.; am Ende eines adj. Comp. f. आ) 1) *Rand, Saum, Grenze, Endpunkt, Ende im Raume* 26,6. दिशो ऽप्यन्तात् *vom Ende der Welt sogar* 291,5. °अन्तम् Adv. *bis zu* (im Raume). — 2) *Ende eines Gewebes, Zettelende, Leiste, Saum.* — 3) *unmittelbare Nähe.* अन्ते *bei, neben* 30,22. 110, 25. *in Gegenwart von.* — 4) *Ende, Ausgang, Schluss* 96,31. 100,17. 103,11. 104,5. 119,29. 138,10. 106,22 (n.). 172,4. 283,4. 290,15. अन्ते *schliesslich* 139,8.20. ग्रहणान्तम् Adv. *bis zur Erlernung* 38,5. Am Ende eines adj. Comp. *schliessend mit* 38,14. 166,21. 185,29. 220,4. 262,20. M. 1,50. — 5) *Lebensende, Tod* 108,4. — 6) *Endsilbe, Endung, Auslaut* 229,16. 235,7. *das letzte Wort* 227,4. — 7) *Pause.* — 8) *Höhepunkt, das non plus ultra von* (Gen.) Kâd. 139,11. — 9) *Lösung, Entwirrung.* — 10) *Abrechnung* 33,18. — 11) *100,000 Millionen.* — 12) *Zustand.* — 13) *das Innere.* °अन्ते (auf die Frage *wo*) und °अन्तम् (auf die Frage *wohin*) *in.* — Nach den Lexicographen und Grammatikern noch *Theil* und *Entschluss* und als Adj. *nahe; lieblich* (Çiç. 4,40 so erklärt).

अन्तःकरण n. *das innere Organ* 263,27.29. 266,17. 287,33. 289,12. *Herz* Spr. 7642. °प्रबोध m. Titel einer Schrift.

*अन्तःकुटिल m. *Muschel.*

अन्तःकृमि m. *Wurmkrankheit.*

*अन्तःकोटरपुष्पी f. = अण्डकोटरपुष्पी.

अन्तःकोप m. *innerer Groll* Spr. 1876.

अन्तःकोश m. *das Innere einer Vorrathskammer* u. s. w.

अन्तःक्रतु Adv. *während eines Opfers* Gaim. 6,2,23.

अन्तःपञ्चमकारयजन n. *das im Innern Opfern der fünf* म (मद्य, मांस, मत्स्य, मुद्रा und मैथुन).

अन्तःपदम्, °पदे und अन्तःपद° *innerhalb eines Wortes.*

अन्तःपरिधि Adv. *innerhalb der* Paridhi *genannten Hölzer.*

अन्तःपरिमार्जन n. *innerlich gebrauchtes Heilmittel* Karaka 1,11.

अन्तःपर्शव्य n. *das an den Rippen befindliche Fleisch.*

अन्तःपवित्र *der innerhalb der Seihe sich befindende* Soma.

अन्तःपशु Adv. *zur Zeit, da das Vieh im Stall ist.*

अन्तःपात m. 1) *ein in der Mitte der Opferstätte eingeschlagener Pflock.* — 2) Bez. eines best. Saṁdhi: *Einschiebung eines Consonanten.*

°अन्तःपातित्व n. *das Enthaltensein in.*

अन्तःपात्य = अन्तःपात 1).

अन्तःपात्र n. *der innere Raum eines Gefässes* (vielleicht *der hohle Leib*) AV. 11,9,15.

अन्तःपादम् Adv. *innerhalb eines Stollens.*

अन्तःपार्श्व्य n. *das an den Seiten befindliche Fleisch.*

अन्तःपाल m. *Haremswächter.* अन्तपाल v. l.

अन्तःपुर n. 1) *königliche Burg.* — 2) *Harem, Gynaeceum, Frauengemach* 42,19. — 3) Sg. und Pl. *die Bewohnerinnen des Gynaeceums.* Sg. *Gattin* Râgat. 8,1. collect. *Frauenzimmer, das schöne Geschlecht* Varâh. Bṛh. S. S. 7, Z. 5. 6.

अन्तःपुरचर m. *Diener im Harem* R. 2,78,10. Spr. 336.

अन्तःपुरजन m. Sg. *die Frauen im Harem.*

अन्तःपुरवृद्धा f. *alte Dienerin im Harem* Kâd. 66,20.

*अन्तःपुराध्यक्ष m. *Aufseher des Harems.*

अन्तःपुरिका f. *eine Frau im Harem* Kâd. 69,24. 70,6. °जन m. *die Frauen i. H.* 100,13.

अन्तःपुरीय्, °यति *wie im Harem sich benehmen.*

अन्तःपूजा f. *innere d. i. stille Verehrung.*

अन्तःपेय n. *das Einschlürfen, Trinken.*

अन्तःप्रकृति f. Pl. *die constitutiven Elemente des eigenen Staates mit Ausnahme des Fürsten* Pankat. ed. orn. 38,16.

अन्तःप्रज्ञ Adj. *dessen Erkenntniss nach innen gerichtet ist.*

अन्तःप्रतिहारम् Adv. *innerhalb der* Pratihâra *genannten Silben* Lâṭj. 6,10,25.

अन्तःप्रवेश m. *das Hineinschlüpfen* Suçr. 2,22,16.

अन्तःप्रसवा Adj. f. *schwanger* Hariv. 1348.

अन्तःप्राणिन् m. *Wurm* VP. 3,11,16. अणुप्राणिन् v. l.

1. अन्तक m. *Saum, Rand.*

2. अन्तक 1) Adj. *das Ende bereitend, den Tod bringend.* — 2) m. a) *der Endemacher, Tod; der Todesgott* (Jama) 85,25. 150,8. Spr. 7644. — b) *ein best. Fieber.* — c) N. pr. zweier Männer.

3. °अन्तक Adj. 1) *auslautend auf* Trik. 3,5,21. H. 242. — 2) *enthaltend* Trik. 2,1,5.

अन्तकज्वर m. *ein best. Fieber* Verz. d. Oxf. H.

अन्तकद्रुह् f. *Unhold (Dämon) des Todes.*

अन्तकर Adj. *das Ende —, den Tod bereitend.* Gewöhnlich am Ende eines Comp. 84,5. f. आ R. 3,43,28 fehlerhaft.

अन्तकरण (पा 1) Adj. dass. 74,25. — 2) n. *Vernichtung* (Conj.).

*अन्तकारिन् Adj. = अन्तकर.

अन्तकाल m. 1) *Todesstunde* Spr. 7644. — 2) *Ende der Welt* Ind. St. 9,133.

अन्तकृत् 1) Adj. *das Ende bereitend.* जीवितान्त°. — 2) *Tod, der Todesgott.*

अन्तकृद्दश m. Pl. Titel eines Gaina-Werkes.

अन्तग Adj. 1) *bis zum Ende von — gehend.* — 2) am Ende eines Comp. *vollständig vertraut mit.*

अन्तगत Adj. 1) *zu Ende gegangen* Tâṇḍja-Br. 4, 9,17. Spr. 2506. — 2) *am Ende stehend, auslautend.*

अन्तगति Adj. *mit dem es zu Ende geht.*

अन्तगमन n. 1) *das zu Ende Kommen mit* (Gen.). — 2) * *das Sterben.*

अन्तगामिन् Adj. *zum Tode gehend.*

°अन्तचर Adj. *an den Grenzen von — lebend.*

अन्तचार m. Pl. N. pr. eines Werkes.

अन्ततस् Adv. 1) *vom Ende (von den Enden) aus.* — 2) *am Ende, — Umkreise; aus der Nähe von* (Gen.) Çat. Br. 12,4,3,3. — 3) *am Schluss von* (Gen.); *schliesslich* 32,22. 33,1. Spr. 7703. 7781. — 4) *in der letzten, schlechtesten Weise.* — 5) *wenigstens.* — 6) *innerhalb* Çulbas. 3,199. 207.

अन्तत्वाष्ट्र f. Name eines Sâman.

अन्तद्वीप N. pr. eines Landes. °द्वीपिन् m. *ein Bewohner dieses Landes.*

अन्तपात m. in Verbindung mit दृशोम् so v. a. *Seitenblick* Dhûrtan. 48. नयनान्त° dass. 29.

अन्तपाल m. 1) *Grenzwächter.* — 2) = अन्तःपाल R. ed. Bomb. 2,37,26.

अन्तबल N. pr. einer Oertlichkeit.

अन्तभाज् Adj. *am Ende stehend, auslautend.*

1. अन्तम Adj. 1) *der nächste.* — 2) *sehr nahe stehend* so v. a. *befreundet; überaus lieb.*

2. अन्तम Adj. 1) *der letzte.* In °चारिन् Adv. *zuletzt.*

अन्तमस्था f. *ein Metrum von 46 Silben.*

अन्तर् 1) Adv. *innen, innerhalb; zwischen durch; in's Innere, hinein* 166,11. 248,25. 304,27. 310, 13. — 2) Praep. a) mit Loc. *innerhalb, in, zwischen, unter, inmitten; in — hinein.* अन्तरा *inmitten.* — b) mit Acc. *zwischen.* — c) mit Gen. *in, innerhalb, zwischen, inmitten* 76,10. 137,20. 299,26. 304,23. Spr. 7646. 7732. *aus — heraus* Çiç. 3,77. — d) am Ende eines Comp. *in, innerhalb* 135,32. *in — hinein.*

अन्तर 1) Adj. (f. आ) a) *nahe, ganz nahe* RV. Çat. Br. 3,5,1,15. — b) *nahe stehend* so v. a. *befreundet, überaus lieb.* अन्तरतर *Jmd* (Gen.) *sehr n. st.* 32,7. TS. 6,2, 2,7. अन्तरतम *am Nächsten verwandt* (von Lauten). — c) (*dem Mittelpuncte nahe*) *im Innern befindlich, der innere* 217,17. 20. Çvetâçv. Up. 1,7. Von Kleidungsstücken so v. a. *Unter-.* Mit einem Abl. *mehr nach innen befindlich als* (von Kleidungsstücken *dem Körper näher liegend*) Çat. Br. 3,2, 1,11. 5,2,1,8. Kâtj. Çr. 7,3,26. 14,5,4. *innerhalb von — befindlich* Çat. Br. 14,6,7,7. fgg. — d) *ein anderer, verschieden von* (Abl.). — 2) n. (adj. Comp. f. आ) a) *das Innere:* अविद्यायामन्तरे *mitten in der Unwissenheit.* मुनिमन्तरमाविशत् *drang in den* Muni. अन्तरम् *hinein, in — hinein.* अन्तरात् *aus — heraus.* अन्तरे *in, hinein, in — hinein* 127, 6. °अन्तरेषु dass. 297,19. अन्तर° dass. 133,14. 181,14. — b) *Zwischenraum.* अन्तरमन्तरम् so v. a. *Platz gemacht!* अन्तरम् mit Gen. oder am Ende eines Comp. *zwischen* (auf die Frage *wohin*). अन्तरे *dazwischen* 290,4. *unterwegs.* Mit Gen. oder am Ende eines Comp. *zwischen, unter.* — c) *Entfernung, Abstand.* लतान्तरे 173,1. — d) *Loch, Oeffnung.* — e) *Eingang.* नाप्नोति छिद्रो ऽन्तरम् 132,4. शोकस्य नान्तरं दातुमर्हसि R. 4,6,13. LA. 52,15. — f) *Zwischenglied, was sich zwischen zwei Gegenständen befindet.* — g) *Zwischenzeit, Zeitraum* Pankat. 183,3. एतस्मिन्नन्तरे *inzwischen, mittlerweile* 39,16. 43,21. 45,2. तस्मिन्नन्तरे, अत्रान्तरे (142, 15. 145,20. 150,13) und तत्रान्तरे (106,24) dass. किं चित्क्षणान्तरम् *eine kleine Weile.* क्षणान्तरे *nach einer Weile* 114,22. कतिपयदिनान्तरे 106,1. निमिषान्तरात् *einen Augenblick darauf.* कालान्तरेण *nach Verlauf einiger Zeit* 41,27. कथान्तरे *während der Erzählung* 117,15. — h) *Periode.* — i) *Gelegenheit.* — k) *Gelegenheit zum Angriff, Blösse,*

Schwäche. — *l*) *Unterschied* 145,1. 171,2. 181,2. त्वया समुद्रेण च 152,2. PAÑKAT. 167,6. — *m*) *Unterschied zwischen zwei Grössen, Rest bei einer Subtraction.* — *n*) *Besonderheit, Species* 165,7. अस्मिन्नवस्थान्तरे *in dieser eigenthümlichen Lage* Spr. 4012. उरगत्वग्ब्रह्मसूत्रान्तर Adj. *eine Schlangenhaut als eine besondere Art von Brahmanenschnur tragend* ÇÂK. 170, v. l. — *o*) *Klausel.* — *p*) *Verschiedenheit.* देशान्तराणि *andere Gegenden* 121,26. 124,24. नरान्तर *ein anderer Mann* 150,12. 151, 6. 158,26. अन्यत्स्थानान्तरम् *ein anderer Ort.* सभान्तरेषु *in verschiedenen Sälen* KÂD. 70,18. — *q*) *Abwesenheit, Entfernung.* — *r*) *Bürgschaft.* — *s*) *Bezug, Rücksicht.* °अन्तरे *in Bezug auf* R. 2,90,16. *wegen* 16,15. MBH. 3,268,15. — *t*) **Seele.* — *u*) **Untergewand.*

अन्तरगत Adj. 1) *steckend in* (Gen. oder im Comp. vorangehend) 120,25. R. 5,31,9. 83,7. — 2) *entfernt* Spr. 5801. अल्पान्तरगत *nicht weit entfernt* R. 4,18,17.

1. अन्तरग्नि m. *das Feuer der Verdauung.*

2. अन्तरग्नि Adj. *im Feuer befindlich.*

1. अन्तरङ्ग n. 1) *ein innerer Körpertheil.* — 2) *Herz* 176,4.

2. अन्तरङ्ग Adj. 1) *das Innere —, das Wesen einer Sache betreffend, wesentlich, vor allem Andern in Betracht kommend.* Dazu Nom. abstr. °त्व n. — 2) *Jmd nahe stehend, mit Jmd vertraut, wohlbekannt.* — 3) in der Gramm. *das Thema betreffend, — berührend.* Comp. °तर und °तरक, Nom. abstr. °त्व n.

अन्तरचक्र n. *Alles was zu den* (32) *Zwischenräumen* (der Windrose) *gehört* VARÂH. BRH. S. 87, Unterschr.

°अन्तरचारिन् Adj. *steckend in* MBH. 1,153,25.

अन्तरज्ञ Adj. *zu unterscheiden verstehend, die Menschen gut kennend.* Davon Nom. abstr. °ता f. RÂGAT. 8,43.

अन्तरण n. *das Uebergangenwerden.*

अन्तरतस् 1) Adv. *im Innern, innerhalb* ÇULBAS. 3,199.208. fg. — 2) Praep. mit Gen. *innerhalb.* Am Ende eines Comp. *aus — hervor.*

अन्तरदिशा f. *Zwischengegend*

अन्तरन्त[:]स्थ Adj. *in der Mitte einen Halbvocal enthaltend* Ind. St. 13,457.

अन्तरपूरुष m. *Seele.*

अन्तरप्रभव Adj. *dazwischen* (*aus der Vermischung zweier Kasten*) *geboren.*

अन्तरप्रेक्षिन् Adj. *auf eine Blösse lauernd* MBH. 1,128,30. 7,117,5. R. 3,52,13. 5,9,46.

अन्तरभावना f. *composition by the difference* COLEBR. Alg. 171.

*अन्तरयण n. *Hinderniss.*

*अन्तरयन m. N. pr. einer Gegend.

अन्तरलग्रासु m. Pl. *equivalent respirations of the interval* J.A.O.S. 6,268.

अन्तरवचारिन् Adj. *sich einschleichend, eindringend.*

अन्तरवयव m. *der innere Theil.*

अन्तरस्थ 1) Adj. (f. आ) *im Innern von* (Gen. oder im Comp. vorangehend) *befindlich* 103,5. MBH. 3,165,2. *der innere* Spr. 3809. — 2) m. *Bürge.*

°अन्तरस्थित Adj. *stehend innerhalb von* 133,14.

अन्तरा 1) Adv. *a*) *mitten inne, darin, dazwischen; hinein.* Mit स्था *sich dazwischenstellen.* — *b*) *unterweges.* — *c*) *in der Nähe.* — *d*) *beinahe.* — *e*) *in der Zwischenzeit.* — *f*) *dann und wann.* अन्तरान्तरा dass. KÂD. 65,9. *hie und da* 136. अन्तरा — अन्तरा — अन्तरा *das eine Mal, d. andere M., d. dritte M.* 133,1. — 2) Praep. *a*) *zwischen*, mit Acc. und Loc. — *b*) *während*, mit Acc. SÂH. D. 425. — *c*) *ohne, mit Ausnahme von*, mit Acc. R. ed. Bomb. 2,11,18.

अन्तरांस m. *Brust.*

अन्तराकाश m. *Station in der Luft* Ind. St. 9, 252. 360.

अन्तरागमन n. *das dazwischen Durchgehen* KÂTJ. ÇR. 25,4,17. M. 4,126.

अन्तरागार n. *das Innere eines Hauses.*

अन्तराग्नि m. = 1. अन्तरग्नि GARBHOP. 2.

अन्तरात्मक Adj. (f. ई) *der innere* MAITRJUP. 6,1.

अन्तरात्मन् m. *Seele, Herz, das Selbst.*

अन्तरात्मेष्टकम् Adv. *zwischen dem Mittelkörper des* Agni *und den Backsteinen.*

अन्तरादिश् f. *Zwischengegend.*

अन्तराधान Adj. *aufgezäumt.*

अन्तराधि m. *Rumpf* SUÇR. 1,125,12.

अन्तरान्वेषिन् Adj. *auf eine günstige Gelegenheit wartend* ÇÂK. 101,11.

अन्तरापण m. (Ende eines adj. Comp. f. आ) *etwa Budenreihe auf dem Markte.*

*अन्तरापत्या Adj. f. *schwanger.*

अन्तराभक्त n. *eine Arzenei, die zwischen zwei Mahlzeiten genommen wird,* SUÇR. 2,555,4.

अन्तराभर Adj. *herbeischaffend, mittheilend.*

अन्तराभव m. *Zwischenexistenz* (zwischen Tod und Wiedergeburt) AK. 3,4,135.

अन्तराय m. 1) *Hinderniss.* — 2) *Zwischenzeit.*

अन्तराराम Adj. *am Innern seine Freude habend.*

अन्तराल 1) *Adj. (f. आ) *dazwischenliegend.* — 2) n. *a*) *Zwischenraum* ÇULBAS. 1,68. °ले *unterweges.* — *b*) *Zwischenzeit.* अङ्कान्तराल BHAR. NÂTJAÇ. 18,53. °ले *inzwischen* ÂPAST. 2,1,18. MṚKKH. 146,21, v.l. — *c*) *Vermittelung* ÇÂND. 37. — *d*) *Zwischenkaste.*

*अन्तरालक n. *Zwischenraum.*

अन्तरालभू f. *der zwischen* (Gen.) *gelegene Raum.*

अन्तरालव्रत n. *Zwischenobservanz* Ind. St. 10, 338.

अन्तराली Adv. mit कर् *Etwas als Vermittelung gebrauchen* Comm. zu ÇÂND. 37.

*अन्तरावेदी f. *Veranda.*

अन्तराशृङ्गम् Adv. *zwischen den Hörnern.*

अन्तरिक्ष 1) n. *a*) *Luftraum.* — *b*) Name eines Sâman. — 2) m. N. pr. verschiedener Männer VP. 3,3,14 (अन्त°). 4,22,3.

अन्तरिक्षक्षित् Adj. *im Luftraum wohnend* KHÂND. UP. 2,24,9.

अन्तरिक्षग 1) Adj. *im Luftraum sich bewegend* 52,19. — 2) m. *Vogel* MBH. 3,53,21.

अन्तरिक्षचर Adj. (f. ई) *durch den Luftraum wandelnd* MBH. 1,152,30.

*अन्तरिक्षज n. *Regen* GAL.

अन्तरिक्षप्रा Adj. *die Luft durchziehend.*

अन्तरिक्षप्रुत् Adj. *die Luft durchschwimmend.*

अन्तरिक्षलोक m. *die Luft* (als besondere) *Welt.*

अन्तरिक्षसंशित Adj. *durch die Luft angetrieben.*

अन्तरिक्षसद् Adj. *in der Luft sich aufhaltend.*

अन्तरिक्षसख्य n. *Aufenthalt in der Luft.*

अन्तरिक्षायतन Adj. *die Luft zum Sitz habend* ÇAT. BR. 4,5,2,13. 8,3,1,12.

(अन्तरिक्ष्य) अन्तरिक्षिय Adj. *in der Luft befindlich.*

अन्तरित 1) Adj. s. इ mit अन्तर्. — 2) f. आ *eine Art Räthsel* KÂVJÂD. 3,102.

अन्तरिति f. *das Ausschliessen* MAITR. S. 4,3,4.

अन्तरिन्द्रिय n. *inneres Organ* 269,15. 286,8.

अन्तरी Adv. mit कर् *zwischen sich nehmen.*

अन्तरीक्ष n. 1) *Luftraum.* — 2) **Talk.* — Richtiger अन्तरिक्ष.

अन्तरीक्षग und अन्तरीक्षचर schlechte Lesarten für अन्तरिक्ष°.

*अन्तरीक्षजल n. *das Wasser im Luftraum.*

अन्तरीक्षन् m. N. pr. = अन्तरिक्ष.

अन्तरीक्षावचर m. *dessen Gebiet die Luft ist* Lot. de la b. l. 354.

*अन्तरीप n. *Insel.*

*अन्तरीय n. *Untergewand.*

अन्तरुष्य m. *Station.*

*अन्तरुद्दा f. *das weisse* Dûrvâ-*Gras* RÂGAN. 8,112.

अन्तरेचर Adj. *im Innern* (des Hauses) *sich tummelnd.*

अन्तरेण 1) Adv. *dazwischen.* — 2) Praep. mit

Acc. *a) innerhalb.* — *b) zwischen.* Auch am Ende eines Comp. — *c) während.* — *d) ohne* 209,12. — *e) ausser, mit Ausnahme von* 39,10. — *f) in Bezug auf, wegen.* Auch mit Gen.

*अन्तर्गडु Adj. *untauglich, unnütz.* काव्यान्तर्गडुभूत Sâh. D. 646 ist काव्यान्तर् गडुभूत.

अन्तर्गतमनस् Adj. *in sich gekehrt.*

अन्तर्गर्भ und °र्भिन् Adj. in अनन्त°.

अन्तर्गलगत Adj. *im Halse steckend* Pańkat. 265,10.

अन्तर्गिरि m. N. pr. eines Landes.

अन्तर्गिर्य m. Pl. N. pr. eines Volkes.

अन्तर्गृह n. *inneres Gemach.*

*अन्तर्घण und *अन्तर्घन m. 1) *Platz vor dem Hause.* — 2) N. pr. eines Dorfes.

*अन्तर्घात m. P. 3,3,78, Sch.

अन्तर्ज Adj. *im Innern entstehend, — lebend.*

*अन्तर्जठर n. *Magen.*

अन्तर्जम्भ m. *das Innere des Rachens.*

अन्तर्जलचर (R. 4,40,31) und °र्जलनिवासिन् (219,9.) Adj. *im Wasser lebend.*

अन्तर्जलसुप्त Adj. *im Wasser schlafend* Kathâs. 18,310.

अन्तर्जलौघ m. *innere Wassermasse* Megh. 60.

अन्तर्जानु 1) Adj. *die Hände zwischen den Knieen haltend.* — 2) Adv. *zwischen den Knieen.*

अन्तर्ज्योतिस् Adj. *der sein Licht nach innen gekehrt hat.*

*अन्तर्दधन n. *Ferment.*

अन्तर्दशा f. *Zwischenperiode in Jmds Loose.*

अन्तर्दशाह m. *Zwischenraum von zehn Tagen.*

अन्तर्दाव m. *Mitte des Brandes.*

अन्तर्दाह m. *innere Gluth.*

अन्तर्दिवाकीर्त्य Adj. *einen* Kâṇḍâla *bergend* Pâr. Gṛhj. 2,11,4.

अन्तर्दुःख Adj. (f. आ) *im Innern betrübt* Kathâs. 18,256.

अन्तर्देश m. *Zwischengegend.*

अन्तर्देह 1) **Eingeweide.* — 2) m. *eine Art Fieber* Bhâvapr. 3,79,12.

*अन्तर्द्वार n. *innere Thür.*

अन्तर्द्वीपिन् m. v. l. für अन्तद्वीपिन्.

अन्तर्धन n. *innerer Schatz* Spr. 7371.

*अन्तर्धा f. *Verhüllung, Verbergung.*

अन्तर्धान 1) n. *a) das Bedecken.* — *b) das Verschwinden, Unsichtbarwerden.* °धानं गम् (107,13), इ, व्रज् (63,20) *verschwinden.* — *c)* etwa *ein versteckter, abgelegener Raum* MBh. 13,104,49. — 2) m. N. pr. eines Sohnes des Pṛthu.

अन्तर्धानकट n. *Deckelgefäss.*

अन्तर्धानचर Adj. *unsichtbar gehend* R. 6,19,48.

अन्तर्धि m. 1) **das Dazwischentreten.* — 2) *Verbergung, Verhüllung* 222,3. अन्तर्धिं गम् *verschwinden.* — 3) *Zwischenzeit.* — 4) = अन्तर्धान 2).

अन्तर्धिन् Adj. etwa *im Hause beschäftigt* Âpast. 1,3,41.

अन्तर्नख Adj. *soviel man zwischen den Nägeln (mit den Fingerspitzen) fassen kann.*

अन्तर्नगर n. *Burg, Palast des Königs.*

अन्तर्निधन n. *ein in der Mitte befindliches* Nidhana Tâṇḍja-Br. 7,6,13.

अन्तर्निहित Adj. *hineingelegt* Mâlav. 29.

अन्तर्न्यस्त Adj. dass. AK. 2,2,3.

1. अन्तर्बाष्प m. *verhaltene Thränen* 308,23.

2. अन्तर्बाष्प Adj. *die Thränen verhaltend.*

अन्तर्बाष्पशीतल Adj. *unter Dampf erkaltet* Bhâvapr. 3,16,13.

अन्तर्भवन° Adv. *im Hause, in's Haus* Megh.

अन्तर्भाव m. *das Enthaltensein in* (Loc.) 263,31.

अन्तर्भावित Adj. *in Etwas enthalten.*

अन्तर्भूतत्व n. *das Enthaltensein in* (Loc.) 230,24.

अन्तर्भूमिगत Adj. *unter die Erde gegangen, u. der E. befindlich* MBh. 1,210,8. 3,172,8.

अन्तर्भौम Adj. *unterirdisch.*

अन्तर्मदावस्थ Adj. *dessen Brunst noch im Innern ist, — noch nicht äusserlich hervorgetreten ist* Ragh. 2,7.

*अन्तर्मनस् Adj. *in sich gekehrt, betrübt.*

अन्तर्मलिनचेतस् Adj. *eine schwarze Seele habend* Pańkar. 1,2,38.

*अन्तर्महानाद m. *Muschel* Râǵan. 13,124.

अन्तर्मातृका f. (?) Verz. d. Oxf. H. 93,*a*,4 v. u.

अन्तर्मुख 1) Adj. *in den Mund gehend.* — 2) f. ई *ein best. Fehler der weiblichen Scham* Çârṅg. Saṁh. 1,7,102. — 3) n. *ein best. chirurgisches Instrument.*

अन्तर्मुखता f. Sarvad. 17,16 fehlerhaft; vgl. Pandit 9,216,*a*.

अन्तर्मुद्र m. *eine best. Andachtsform.*

अन्तर्मृत Adj. *im Mutterleibe gestorben.*

*अन्तर्य Adj. *innerlich.*

अन्तर्यजन n. *inneres Opfer.*

अन्तर्याग m. 1) dass. — 2) Titel eines Werkes.

*अन्तर्याणीय Adj. Vop. 26,4.

अन्तर्याम und अन्तर्यामग्रह m. *eine* Soma-*Füllung unter Einhaltung des Athems.* अन्तर्यामग्रहण n. Nom. act. अन्तर्यामपात्र n. *das dazu gebrauchte Gefäss.*

अन्तर्यामिन् m. *der innere Lenker* 259,1.

अन्तर्योग m. *innere Versenkung.*

अन्तर्लम्ब Adj. *spitzwinkelig.*

अन्तर्लापिका f. *ein Räthsel, das zugleich die Lösung enthält.* Beispiel Spr. 7803. fg.

अन्तर्लोम Adj. *mit den Haaren nach innen gekehrt.*

अन्तर्वंशिक m. *Aufseher im Harem.*

*अन्तर्वक्र m. *Muschel* Gal.

*अन्तर्वण Adj. *im Walde gelegen.*

अन्तर्वत् Adj. (f. अन्तर्वती und अन्तर्वत्नी) *schwanger* 105,24.

*अन्तर्वमि m. *Indigestion.*

अन्तर्वर्त m. *das Ausfüllen von Ritzen mit Gras* TS. 6,2,10,7.

अन्तर्वर्तिन् Adj. *drinnen befindlich, latent.*

अन्तर्वसु m. *ein best. dreitägiges* Soma-*Opfer.*

अन्तर्वस्त्र n. *Untergewand.*

अन्तर्वाणि Adj. *gelehrt* Spr. 7645.

अन्तर्वावत् Adv. *innen.*

अन्तर्वास m. *Station* Ind. St. 9,360.

अन्तर्वासस् n. *Untergewand.*

अन्तर्वासिक m. = अन्तर्वंशिक Pańkat. ed. Bomb. 3,58,1 v. u.

अन्तर्विकारागम Adj. *im Innern einen* Vikâra *oder* Âgama *zeigend* VS. Prât. 4,22.

*अन्तर्विगाहन n. *das Hineindringen.*

अन्तर्विद्वंस् Adj. *genau kennend, internoscens.*

अन्तर्विष Adj. (f. आ) *im Innern Gift enthaltend* Spr. 7643.

अन्तर्वेग Adj. *in Wirksamkeit befindlich* Bhâvapr. 3,49,8.

अन्तर्वेदि 1) m. Pl. *die Bewohner von* Antarvedî. — 2) f. ई (*°दि) *das Land zwischen der* Gaṅgâ *und der* Jamunâ. — 3) °वेदि Adv. *innerhalb der Opferstätte.*

*अन्तर्वेशिक (Gal.) und *अन्तर्वेश्मिक m. = अन्तर्वंशिक.

*अन्तर्हणन n. Nom. act. P. 8,4,24, Sch.

*अन्तर्हनन m. N. pr. eines Dorfes.

अन्तर्हस्तम् Adv. *in der Hand.*

अन्तर्हस्तीन Adj. *in der Hand befindlich.*

अन्तर्हास m. *verhaltenes Lachen.*

अन्तर्हित Partic. von धा, दधाति mit अन्तर्.

अन्तर्हितात्मन् Adj. *verborgenen Geistes* (Çiva).

अन्तर्हिति f. *Verborgenheit.*

अन्तर्हृदय Adj. *in sich gekehrt* Maitrjup. 6,30.

अन्तलीला f. Titel eines Werkes.

अन्तवत् Adv. *wie ein Auslaut.* Davon Nom. abstr. अन्तवत्त्व n. und अन्तवद्भाव m.

अन्तवत् Adj. 1) *endlich, vergänglich.* — 2) *ein Wort in der Bedeutung von* अन्त *enthaltend* Ait. Br. 5,1. Ind. St. 9,284.

अन्तवास m. Pl. N. pr. eines Volkes.

*अन्तवासिन् m. *Schüler.*

अन्तविपुला f. *ein best. Metrum.*

अन्तवेला f. *Todesstunde.*

*अन्तशय्या f. 1) *Lager auf der Erde.* — 2) *Todtenbahre.* — 3) *Friedhof.* — 4) *Tod.*

अन्तश्चर Adj. *im Körper sich bewegend.*

अन्तश्चाण्डाल Adj. *einen Kâṇḍâla bergend* Âpast. 1,9,15.

अन्तश्चैतन्य Adj. = अन्तःसंज्ञ Kull. zu M. 1,49.

अन्तःशर m. *inneres Rohr* TS. 5,2,6,2. 6,1,3,5.

अन्तःशरीरवृत्ति Adj. *im Körper weilend.* Davon Nom. abstr. °त्व n. Njâjas. 3,2,27.

अन्तःशरीरस्थ Adj. dass. MBh. 3,291,28.

1. अन्तःशल्य n. *ein Pfeil* (bildlich) *im Herzen* Spr. 7685.

2. अन्तःशल्य Adj. *einen Pfeil* (bildlich) *im Herzen tragend.*

अन्तःशव Adj. *eine Leiche enthaltend* Pâr. Gṛhj. 2,11,4. Gaut. 16,19. Âpast. 1,9,14. 16,20.

अन्तःशिला f. v. l. für अन्त्यशिला.

अन्तःशैलज m. *ein Bewohner von* Antargiri.

अन्तःश्रि Adv. von einer best. Aussprache.

अन्तःश्लेष m. (Maitr. S. 2,8,12) und °श्लेषण n. *das Gerüste, wodurch Etwas getragen wird.*

अन्तसत्क्रिया f. *die letzte Ehre* (die man einem Verstorbenen bezeigt) Râǵat. 7,1738.

1. अन्तस्ताप m. *innere Gluth* Mâlatîm. 50,4.

2. अन्तस्ताप Adj. *im Innern Gluth empfindend.*

अन्तस्तारम् Adv. *in den Augensternen* Viddh. 75,3.

अन्तस्तोय Adj. *Wasser bergend.*

अन्तस्त्य n. *Eingeweide.*

अन्तस्थ Adj. *am Ende stehend.* — Vgl. अन्तःस्थ.

*अन्तस्थीय (अन्तःस्थीय?) Adj. gaṇa गहादि.

अन्तस्पथ Adj. *auf dem Wege befindlich.*

अन्तस्वरित Adj. *den* Svarita *auf der Endsilbe habend.*

अन्तःसंज्ञ Adj. *das Bewusstsein verhaltend, kein B. äussernd,* von Pflanzen Gaut. 8,2. M. 1,49.

1. अन्तःसत्त्व n. *inneres Wesen* Spr. 867.

2. *अन्तःसत्त्व 1) Adj. (f. आ) *schwanger.* — 2) f. आ *Semecarpus Anacardium.*

अन्तःसदसम् Adv. innerhalb des Sadas.

अन्तःसलिल Adj. (f. आ) *mit verhülltem Wasser* 96,8.

अन्तःसलिलम् Adv. *im Wasser* Venis. 89,12. °सलिलस्थ Adj. *im Wasser stehend* Pańkat. 257,3.

अन्तःसानु Adv. *im Bergrücken* Kir. 5,36.

अन्तःसाम Adv. *innerhalb eines* Sâman Lâṭj. 7,8,5.

1. अन्तःसार n. *innerer Gehalt* (eig. und übertr.) Spr. 350. zu 867.

2. अन्तःसार Adj. 1) *im Innern Kraft* (oder *Wasser*) *besitzend.* — 2) *im Innern hart, — fest.*

अन्तःसुख Adj. *am Innern seine Freude habend.*

अन्तःस्तोभ Adj. Stobha *enthaltend* Ârsh. Br. 1 am Ende.

अन्तःस्तोमभागम् Adv. *innerhalb der* Stomabhâgâ *genannten Backsteine* Çat. Br. 8,6,1,4.

अन्तःस्थ 1) Adj. *im Innern befindlich* Çat. Br. 1,4,3,8. *dazwischen befindlich* Ind. St. 9,253. Bhag. 8,22. *stehend —, befindlich in* (Gen. oder im Comp. vorangehend) Chr. 112,1. Spr. 7828. — 2) f. आ *a) Zwischenzeit* Tâṇḍja-Br. 12,13,21. — *b) Halbvocal.* Gewöhnlich defectiv अन्तस्थ geschrieben.

अन्त[:]स्थाछन्दस् n. *eine best. Klasse von Metren.*

अन्त[:]स्थीभाव m. *Uebergang in einen Halbvocal.*

*अन्तःस्नेहफला f. *Solanum diffusum* Nigh. Pr. — Vgl. निःस्नेह°.

अन्तःस्पन्द्य Adj. *innerhalb der Schnur gelegen* Çulbas. 3,82.

अन्तःस्पर्श Adj. *im Innern Gefühlssinn habend* (Pflanzen) Bhâg. P 3,10,18.

अन्तःस्मित n. *verhaltenes Lachen* Kaurap. 14.

*अन्तःस्वेद m. *Elephant.*

*अन्तादि m. Du. *Anfang und Ende.*

अन्तावसायिन् m. 1) *ein* Kâṇḍâla Gaut. 20,1. f. °नी 20,1. 23,32. — 2) **Barbier.* — 3) *N. pr. eines Mannes.

1. अन्ति 1) Adv. *a) gegenüber, davor.* — *b) Angesichts, in Gegenwart, nahe.* — 2) Praep. mit Gen. oder am Ende eines Comp. *in der (die) Nähe von, zu.*

2. *अन्ति f. im Schauspiel *ältere Schwester.*

अन्तिक 1) *Adj. *nahe.* — 2) *f. आ *a)* im Drama *ältere Schwester.* — *b) eine best. Pflanze.* — *c) Ofen* Gal. — 3) n. *Nähe.* अन्तिकम् *in die Nähe, herbei; zu — hin, auf — zu, vor — hin;* mit Gen. und *Abl. oder am Ende eines Comp. (so auch bei den folgenden Casus). अन्तिकेन *nahe bei.* अन्तिकात् *aus der Nähe; in der (die) Nähe, dicht bei* 54,7. 78,25. von (z. B. kaufen) 199,5. अन्तिके *in der Nähe, dicht an; in Gegenwart von.* अन्तिक° *in der Nähe.*

*अन्तिकादागत Adj. *aus der Nähe gekommen* P. 6,3,2, Sch.

*अन्तिकाश्रय m. *Stütze.*

अन्तिकी Adv. mit भू *nahe kommen.*

अन्तिगृह m. *Nachbar.*

*अन्तितम Adj. *sehr nahe.*

अन्तितस् Adv. *aus der Nähe.*

अन्तिदेव Adj. *die Götter um sich habend.*

अन्तिनार m. N. pr. eines Fürsten.

अन्तिम Adj. 1) *der letzte.* — 2) am Ende eines Comp. *unmittelbar folgend auf.* — 3) **sehr nahe.*

अन्तिमित्र Adj. *Freunde um sich habend.*

अन्तिवाम Adj. (f. आ) *Werthes nahe bringend.*

अन्तिषद् angeblich ved. Adj.

अन्तिसुम्न Adj. *mit Huld nahe* AV. 7,112,1.

*अन्ती f. *Ofen.*

*अन्तेगुरु Adj. P. 6,3,11, Vârtt.

अन्तेऽवसायिन् m. *ein am Ende der Stadt oder des Dorfes Wohnender, ein Mann aus niedrigstem Stande.*

अन्तेवास m. *Nachbar, Gefährte.*

*अन्तेवासि Adv. gaṇa द्विदण्ड्यादि. Fehlt in Kâç.

अन्तेवासिन् 1) *Adj. *am Ende —, an der Grenze sich befindend* oder *lebend.* — 2) m. *a) Schüler.* Dazu Nom. abstr. °सित्व n. Dhûrtan. 11. — *b)* * = अन्तेऽवसायिन्.

अन्तोदात्त Adj. *oxytonirt.* Davon Nom. abstr. °त्व n.

अन्त्य 1) Adj. (f. आ) *a) am Ende befindlich, der letzte.* — *b)* am Ende eines Comp. *unmittelbar folgend auf.* — *c) der niedrigste, unterste, elendeste.* — 2) m. *a) ein Mann aus der niedrigsten Kaste.* — *b)* **Cyperus hexastachyus communis* Nees. — 3) f. आ *a) eine Frau aus der niedrigsten Kaste.* °गमन Râǵat. 5,399. — *b) day-measure, radius ± the sine of ascensional difference.* — 4) n. *a) die Zahl* 1000,000,000,000,000. — *b) die Fische im Thierkreise.*

*अन्त्यक m. = अन्त्य 2) *a).*

अन्त्यकर्मन् n. *letzte Handlung, Leichenverbrennung.*

अन्त्यज (f. आ), अन्त्यजन्मन् und अन्त्यजाति Adj. *in einer niedrigen Kaste geboren.* Auch Subst.

अन्त्यजातिता f. Nom. abstr. von अन्त्यजाति.

अन्त्यपत् Adj. *auf das Aeusserste fallend* (Donnerkeil) Maitr. S. 2,1,8.

अन्त्यपद n. *last root* Colebr. Alg. 363.

अन्त्यभ n. 1) *die Fische im Thierkreise.* — 2) **das Mondhaus* Revatî.

अन्त्यमूल n. = अन्त्यपद.

अन्त्ययोनि Adj. *von der niedrigsten Herkunft.*

*अन्त्यवर्ण m. *ein* Çûdra.

अन्त्यविपुला f. *ein best. Metrum* Ind. St. 8,297. fgg.

अन्त्यानुप्रास m. *Endalliteration.*

अन्त्यावसायिन् m. = अन्तेऽवसायिन्.

अन्त्याश्रमिन् Adj. *auf der letzten Lebensstufe stehend.* Fehlerhaft für अन्त्याश्रमिन्.

(अन्त्यूति) अन्तिऊति Adj. *mit Hülfe nahe.*

अन्त्येष्टि f. *Todtenopfer.* °पद्धति f., °प्रयोग m. und °विधि m. Titel von Werken.

अन्त्र 1) n. *Eingeweide.* — 2) *f. ई *Ipomoea pes caprae* Roth.

अल्लकूज m. *Kollern im Leibe.*

*अल्लगुण m. *Mastdarm.*

*अल्लंधमि *Indigestion.*

अल्लपाचक *eine best. Pflanze* (deren Harz giftig ist).

अल्लवर्धमन् n. und °वृद्धि f. *Leistenbruch.*

*अल्लवल्लिका f. *eine* Soma-*Pflanze* Râgan. 3,88.

अल्लविकूजन n. = अल्लकूज.

अल्लशिला f. N. pr. eines Flusses. v. l. चित्रशिला und अत्तःशिला.

*अल्लाद् m. *Eingeweidewurm* Nigh. Pr.

*अल्लिका f. *eine best. Pflanze* Gal.

*अन्द्, अन्दति *binden.*

अन्दु (Çiç. 20,51) und *अन्दू f., *अन्दुक und *अन्दूक m. *Kette,* insbes. *Fusskette* (auch als Frauenschmuck).

अन्दोलन n. *das Schwingen.*

*अन्दोलय्, °यति *schwingen.*

अन्द्रक m. N. pr. v. l. आर्द्रक.

अन्धं 1) Adj. (f. आ) *a) blind.* Am Ende eines Comp. *geblendet* (in übertr. Bed.), *berauscht durch* 176,16. परिमलान्ध Kâd. 33,2. 212,9. *getrübt durch* (vom Geiste) Chr. 127,23. — *b) blind so v. a. trübe, beschlagen* (von einem Spiegel) 86,10. — *c) blind so v. a. stockfinster* Spr. 7647. 7750. — 2) m. N. pr. *a)* eines Flusses. — *b)* Pl. eines Volkes MBh. 6,357. अन्ध्र ed. Bomb. — 3) m. n. **Finsterniss.* — 4) *n. *trübes Wasser* und *Wasser* überh.

अन्धक 1) Adj. *blind.* — 2) m. *a) Koriander* Bhâvapr. 1,169,9. * = अन्धपुष्पिका Dhanv. 4,88. — *b)* N. pr. α) eines von Çiva erschlagenen Asura. — β) verschiedener Männer. Pl. *ihr Geschlecht.* — 3) f. *a)* अन्धका *das Mondhaus* Invakâ. — *b)* *अन्धिका α) *Nacht.* — β) *ein best. Spiel.* — γ) *krankes Auge.* — δ) *Frauenzimmer.* — ε) = सर्षपी und सिद्धा.

अन्धकघातिन् und अन्धकरिपु (Spr. 7620) m. Bein. Çiva's.

*अन्धकवर्त m. N. pr. eines Gebirges. *°वर्तीय m. Pl. *die Bewohner desselben.*

अन्धकार 1) Adj. (f. आ) *finster, dunkel.* — 2) n. (Ende eines adj. Comp. f. आ) *Finsterniss* 104,27. Davon Nom. abstr. °ता f. Kâd. 39,21. 54,2.

अन्धकारक N. pr. 1) m. eines Sohnes des Djutimant, n. des von ihm beherrschten Varsha VP. 2,4,48. — 2) m. eines Berges VP. 2,4,50.

अन्धकारमय Adj. *finster.*

अन्धकारि m. Bein. Çiva's.

अन्धकारित Adj. *verfinstert, in Finsterniss gehüllt* Kâd. 32,14. 38,4. 56,2. 71,12. 91,10. 116,18.

*अन्धकासुहृद् m. Bein. Çiva's.

अन्धकूप m. *blinder —, verdeckter Brunnen* 128,2.

*अन्धंकरण Adj. (f. ई) *blind machend.*

अन्धतमस n. *dichte Finsterniss.*

*अन्धता f. *Blindheit.*

*अन्धतामस n. = अन्धतमस.

अन्धतामिस्र 1) m. *dichte Finsterniss* (des Geistes) Tattvas. 34. तामिस्रो ऽन्धसंज्ञितः st. dessen Mârk. P. 47,15. VP. 2,5,5. — 2) n. *eine best. Hölle.*

अन्धत्व n. *Blindheit.*

*अन्धपुष्पिका f. *eine best. Pflanze* Dhanv. 4,88.

अन्धपूतना f. N. pr. eines den Kindern verderblichen Dämons.

*अन्धमूषिका f. *Lepeocercis serrata Trin.*

*अन्धंभविष्णु und अन्धंभावुक Adj. *blind werdend.*

अन्धय्, °यति *blind machen.*

1. अँन्धस् n. *Finsterniss.*

2. अँन्धस् n. 1) *Kraut,* insbes. Soma-*Kraut* und *der daraus gepresste Saft.* — 2) *Rasenufer.* — 3) *Saft, Flüssigkeit.* — 4) *Speise* MBh. Bhâg. P. Spr. 7826, N.

*अन्धाक m. = अन्धपुष्पिका Dhanv. 4,88.

*अन्धातमस n. = अन्धतमस.

अन्धालजी f. *ein blinder (sich nicht öffnender) Abscess im Auge.*

अन्धाहि 1) m. *eine best. ungiftige Schlange.* — 2) m. f. **ein best. Fisch.*

अन्धी Adv. mit कर् *blind machen,* mit भू *blind werden* 40,29.

अन्धीगु m. N. pr. eines Ṛshi.

अन्धु m. *Brunnen* Râgat. 8,2417.

*अन्धुल m. *Acacia Sirissa Buch.*

अन्धूकभट्ट m. N. pr. eines Mannes.

अन्ध्र m. N. pr. 1) eines Volkes MBh. 6,9,49. — 2) einer Mischlingskaste. °जातीय VP. 4,24,12. Bhâg. P. 12,1,20.

अन्ध्रभृत्य m. Pl. N. pr. einer Dynastie VP. 4,24,13.

अँन्न 1) *Adj. *gegessen.* — 2) n. *a) Speise, Nahrung;* insbes. *Reis* (gekocht oder roh). न त्वान्नं मन्ये *so v. a. ich achte dich weniger als ein Reiskorn* 230,1. — *b)* **Wasser.* — *c)* **Wolke* Gal.

अँन्नकाम Adj. *nach Speise verlangend.*

अन्नकाल m. *der Zeitpunkt, wo der Appetit* (bei einem Kranken) *sich wieder einstellt,* Bhâvapr. 3, 37,16. 40,10.

*अन्नकोष्ठक m. *Kornkammer.*

अन्नगति m. *Speiseröhre.*

*अन्नगन्धि m. *eine Species von Durchfall.*

अन्नजा f. *eine Species des singultus* Çârṅg. Saṁh. 1,7,18.

अन्नजित् Adj. *Speise ersiegend* Çat. Br.

अँन्नजीवन Adj. *von Speise lebend.*

अन्नतम m. Maitrjup. 3,5 und °मम् Adv. Ait. Âr. 96,4 v. u. wohl fehlerhaft.

अँन्नतेजस् Adj. *dessen Lebenskraft Speise ist.*

अन्नद 1) Adj. *Speise gebend.* Auch von Çiva. — 2) f. आ *eine 16jährige nicht menstruirende Jungfrau, die bei der* Durgâ-*Feier diese Göttin vertritt.*

अन्नदाकल्प m. Titel einer Schrift.

अन्नदातर् Nom. ag. *Geber von Speise, Brodherr* Spr. 2328.

अन्नदान n. *das Geben von Speise.*

अन्नदोष m. *Versehen beim Genuss von Speisen, Genuss unerlaubter Speisen.*

अन्नपक्ति f. *Zubereitung von Speisen* M. 9,11.

अँन्नपति m. *Herr der Speise.* Bein. Savitar's, Agni's und Çiva's.

अन्नपतीया f. wohl Bez. *des Verses* VS. 11,83 Pâr. Gṛhj. 3,1,5.

अन्नपत्नी f. *Herrin der Speise.* प्रजापतेस्तनूः Ait. Br. 5,25. Âçv. Çr. 8,13,13.

अन्नपत्य n. *Herrschaft über Speise* Maitr. S. 1,6,1.2.

*अन्नपाकतोद und *°पाकशूल m. *Cholik* Gal.

अन्नपाश m. *Speiseband* (das Leib und Seele zusammenhält) Mantrabr. 1,38. Gobh. 2,3,21.

अन्नपूँ Adj. *Speise reinigend.*

अन्नपूर्ण 1) wohl *ein mit Speise gefülltes Gefäss.* — 2) Titel einer Upanishad. — 3) f. आ *a) eine Form der* Durgâ. — *b)* N. pr. eines Frauenzimmers.

अन्नपूर्णाकल्पलता f. und °पूर्णापटल m. n. Titel von Werken.

अन्नपूर्णाभैरवी und अन्नपूर्णेश्वरी f. *eine Form der* Durgâ.

अन्नपेय n. als Erkl. von वाजपेय.

अन्नप्रदँ Adj. *Speise verleihend* Çat. Br. 11,2,4,5.6.

अन्नप्रसवीय Adj. Umschreibung von वाजप्र° Çat. Br. 9,3,4,1.

अन्नप्राशन n. *erste Fütterung des Kindes mit Reis.* Auch Titel eines Pariçishta zum SV.

अन्नभट्ट m. N. pr. eines Autors Tarkas. 59. Auch अन्नंभट्ट geschrieben.

अन्नभागँ m. *Speiseantheil.*

अन्नभुज् Adj. *Speise geniessend,* von Çiva.

अन्नमय Adj. *aus Speise gebildet, daraus bestehend* 268,32. 269,7. Davon °त्व n. Nom. abstr.

अन्नमल n. 1) **Excremente.* — 2) *eine Ausscheidung des Reises* Kull. zu M. 11,93. **Arack.*

अन्नंभट्ट s. अन्नभट्ट.

अन्नयोनि *Arack.*

अन्नरक्षा f. *Schutz der Speisen* (vor Gift u. s. w.).

अन्नरस n. Sg. und m. Pl. *Speise und Trank.*

अन्नरसमय Adj. *aus Speise und Trank gebildet, daraus bestehend.*

अन्नवत् Adj. *mit Speise versehen.*

अन्नविकार m. 1) *Umwandelung von Speise.* Davon Nom. abstr. °त्व n. 269,7. — 2) **männlicher Same.*

अन्नविद् Adj. *Speise erwerbend.*

अन्नसंस्कर्तर् Nom. ag. *Speisebereiter, Koch* Âpast. 2,6,16.

अन्नसंस्कार m. *Zubereitung der Speisen* MBh. 3,67,3.

अन्नहोम m. *Speiseopfer (ein best. Opfer).*

अन्नाकाल m. fehlerhaft für अनाकाल.

अन्नाद Adj. (f. ई und आ) *Speise essend.* प्रजापतेस्तनूः Ait. Br. 5,25. Âçv. Çr. 8,13,13. Von अन्नादी f. Superl. अन्नादितमा Adj. f. *am meisten essend, als Bez. des Zeigefingers.*

अन्नादिन् Adj. dass.

अन्नाद्य n. 1) *das Zusichnehmen von Speisen; Nahrung.* °काम Adj. *nach Nahrung verlangend.* — 2) **das Blatt der Flacourtia cataphracta* Gal.

अन्नाभिरुचि f. *Appetit* Suçr. 2,136,9.

अन्नायु Adj. erfunden zur Erklärung von वायु.

अन्नावृध् Adj. *an Speise sich erlabend.*

अन्नाहार m. *der die Speisen aufträgt* Kauç. 92.

अन्नियत् Adj. *nach Speise verlangend.*

1. अन्य (ausnahmsweise अनिय) Adj. (f. आ, n. अन्यद्) 1) *ein anderer, der andere.* Wie पर im Gegens. zu आत्मन् und स्व. Wiederholt und auf dasselbe Subst. bezogen *immer wieder ein anderer.* Am Anfange eines Comp. in substantivischer Bed. auch im f. अन्या. अन्यच्च *und etwas Anderes* so v. a. *ferner.* अन्यः कश्चित् oder कश्चन (ausnahmsweise auch क allein) *irgend ein anderer.* अन्य (oder एक und क mit चिद्) — अन्य *der eine — der andere.* Bei einer mehr als zweifachen Theilung werden noch अपर und die Ordinalia zu Hülfe genommen. Das zweite अन्य fehlt 94,28. Oft müssig, indem der Gegensatz sich von selbst versteht. — 2) *ein anderer als, verschieden von,* mit Abl., Instr. (? 193,23), अन्यतस्, अन्यत्र, ऋते, विना, मुक्त्वा, °वर्जम् und °वर्जितम्. In dieser Bed. auch im Comp. nachstehend. — 3) *ein anderer* so v. a. *ein zweiter* (bei Vergleichen) 300,27. — 4) in Verbindungen wie अन्यस्मिन्नहनि so v. a. *ein* (als unbestimmter Artikel). — 5) *gewöhnlich, gemein* 183,27. — 6) अन्यत्करोषि *du machst etwas Anderes* so v. a. *einen Fehler* Ind. St. 13,404.

2. अन्य 1) Adj. (f. अनिया) *nie versiegend.* — 2) n. *Unerschöpflichkeit.*

अन्यरू Adj. *ein an*…

अन्यकर्तृक Adj. *einen andern Agens habend* 222,27.

अन्यकाम Adj. (f. आ) *einen Andern liebend.*

*अन्यकारुका f. *ein in Excrementen lebender Wurm.*

अन्यकृत Adj. *von Andern gethan.*

अन्यक्षेत्र n. *fremdes Gebiet.*

अन्यगत Adj. *auf einen Andern sich beziehend* 314,14 (im Prâkrit).

अन्यगामिन् Adj. *ehebrüchig.*

अन्यगोचरा f. N. pr. einer der Mütter im Gefolge Skanda's.

अन्यङ्गश्वेत Adj. *ganz weiss.*

अन्यचित्त Adj. (f. आ) *an einen Andern (eine Andere) denkend* 169,20.

अन्यचेतस् Adj. *zerstreut* 302,12.

अन्यच्छायायोनि Adj. *entlehnt.*

अन्यजन्मन् n. *das künftige Leben* Spr. 7855.

अन्यजात Adj. *von einem Andern gezeugt, — hervorgebracht.* m. *Bastard.*

अन्यतएनी Adj. f. *auf einer Seite bunt* VS. 24,8.

अन्यतःक्ष्णुत् Adj. *von einer Seite scharf.*

अन्यतःप्लक्षा f. N. pr. eines Lotusteiches.

अन्यतम Adj. (f. आ) 1) *einer von Mehreren, entweder der eine oder der andere;* mit Gen. (st. dessen auch अतस्) oder am Ende eines Comp. — 2) *ein anderer* so v. a. *ein zweiter* (bei Vergleichen).

अन्यतर Adj. (f. आ) *einer von Zweien* (Gen.). अन्यतर — अन्यतर *der eine — der andere.* अन्यतरस्याम् *auf die eine oder die andere Weise.*

अन्यतरतस् Adv. 1) *auf einer von zwei Seiten.* — 2) *auf die eine oder die andere Weise.*

अन्यतरतोदन्त Adj. (f. आ) *nur auf einer Seite Zähne habend.*

अन्यतरतोनमस्कार Adj. *nur auf einer Seite* नमस् *habend* Çat. Br. 9,1,1,20.

अन्यतरतोयुक्त Adj. *nur von einer Seite bespannt.*

अन्यतरत्र Adv. *auf den einen oder andern von Zweien.*

*अन्यतरेद्युस् Adv. *an dem einen oder an dem andern Tage.*

अन्यतःशितिबाहु Adj. *dessen Vorderfüsse nur von einer Seite weiss sind* VS. 24,2.

अन्यतःशितिरन्ध्र Adj. *dessen Ohrhöhle nur von einer Seite weiss ist* VS. 24,2.

अन्यतस् 1) Adv. a) = Abl. von अन्य oder अन्या Sg. und Pl. 171,17. 197,15. — b) = Loc. von अन्य oder अन्या Sg. und Pl. 166,15. — c) *auf der einen Seite, nach einer Seite hin.* अन्यतस् — अन्यतस् *auf der einen Seite — auf der anderen Seite.* — d) *anderswoher* 184,32. — e) *anderswo* Spr. 85. — f) *anderswohin* 77,11. 173,18. 297,24. — 2) Praep. mit Abl. *ausser* Âçv. Gṛhj. 4,5,7, v. l.

अन्यतस्त्यजायिन् Adj. *Gegner überwindend.*

अन्यता f. *Verschiedenheit.*

अन्यतोघातिन् Adj. *nach einer Seite hinschlagend.*

अन्यतोज्योतिस् Adj. *nur auf einer Seite Licht — und — einen Ǵjotis-Tag habend* Çat. Br. 12,2,2,1.

अन्यतोदन्त Adj. *nur auf einer Seite bezahnt.*

अन्यतोमुख Adj. *nur auf einer Seite ein Gesicht habend.*

अन्यतोऽरण्य n. *Land mit Wald nur auf einer Seite.*

अन्यतोवात m. *eine best. rheumatische Krankheit des ganzen Auges* Suçr. 2,314,20. Çârṅg. Saṁh. 1,7,97.

अन्यत्काम Adj. *nach etwas Anderm verlangend.*

*अन्यत्कारक P. 6,3,99.

अन्यत्र Adv. 1) ohne Casus. a) = Loc. von अन्य oder अन्या 134,1. — b) *anderswo.* Abwechselnd mit क्व चित् und अपरत्र. — c) *bei einer anderen Gelegenheit, in einem andern Falle, sonst.* — d) *anderswohin.* — 2) mit einem Abl. a) *anderswo —, anders —, in einem andern Falle als in; anders, als wenn* (Partic.); *mit Ausnahme von, ausser durch, — von, — vor, — in, — auf.* — 3) mit विना *anderswo als.* — 4) am Ende eines Comp. *zu einer anderen Zeit als.*

अन्यत्रमनस् Adj. *mit den Gedanken anderswo seiend.*

अन्यत्व n. *das Anderssein, Verschiedenheit.*

अन्यत्स्थानगत Adj. *an anderer Stelle befindlich* Lâṭj. 2,10,21.

अन्यथय्, °यति *ändern.*

अन्यथा Adv. 1) *anders.* अन्यथा — अन्यथा *anders — und wieder anders* 164,1. fgg. Mit भू *anders werden, eine Aenderung erfahren* 60,1. 73,23. Mit या dass. Mit कर् *anders handeln; ändern* 43,16. 61,9. *etwas Anderes mit Etwas thun* 251,24. *zuwiderhandeln, vereiteln.* अन्यथा कृत्वा *aus einem andern Grunde* Mahâbh. Mit अतस्, इतस् oder ततस् *auf eine davon verschiedene Weise.* — 2) *andernfalls, sonst* 42,10. 73,24. — 3) *in Folge einer anderen Veranlassung.* — 4) *anders als es sich in Wirklichkeit verhält, fälschlich* 153,21. Mit कर् *fälschlich verfahren, Etwas nicht so machen, wie es sein sollte,* 202,29. 210,27. 213,31. *falsch auffassen* 115,16. *als falsch erweisen.*

*अन्यथाकारम् Adv. *auf andere Weise.*

अन्यथाख्याति f. *die Behauptung, dass ein Ding*

nicht das sei, als was es erscheine, Kap. 5,55. Als Titel eines Werkes = °तत्त्व n.

अन्यथाज्ञातीयक Adj. *anders geartet.*

अन्यथात्व n. *Verschiedenheit.*

अन्यथादर्शन n. *falsche Prüfung* (eines Processes) 209,25.

अन्यथाप्रथा f. *das Anderswerden* 274,10.11.

अन्यथाभाव m. 1) *Veränderung.* — 2) *Verschiedenheit.*

अन्यथाभिधान n. *falsche Aussage* (vor Gericht) 210,31.

अन्यथाभूत Adj. *verändert.*

अन्यथावाद m. Titel einer Schrift.

अन्यथावादिन् Adj. 1) *für falsch erklärend.* — 2) *eine Klage in anderer Weise als ursprünglich vorbringend.* Davon Nom. abstr. °दित्व n. 214,14.

अन्यथावृत्ति Adj. *verändert* Megh. 3. Kathâs. 77,39.

अन्यथासिद्ध Adj. *falsch bewiesen.* Davon Nom. abstr. °त्व n.

अन्यथासिद्धि f. *falscher Beweis.* °विचार m. Titel eines Werkes.

अन्यथास्तोत्र n. *ironisches Lob.*

*अन्यदर्थ P. 6,3,100.

अन्यदा Adv. 1) *zu einer anderen Zeit, sonst* Spr. 368. — 2) *eines Tages, einst.*

*अन्यदाशा f., *अन्यदाशिस् f., *अन्यदास्था f. und *अन्यदास्थित Adj. P. 6,3,99.

अन्यदीय Adj. *einem Andern gehörig, — eigen.*

*अन्यदुत्सुक Adj. und *अन्यदूति f. P. 6,3,99.

*अन्यदुर्वचलेखनी f. *eine best. Fertigkeit* Gal.

अन्यदेवत, °देवत्य (Çat. Br. 12,7,2,16. Maitr. S. 2,4,2) und °दैवत Adj. *an eine andere Gottheit gerichtet, einer anderen G. geweiht.*

*अन्यद्राग m. P. 6,3,99.

अन्यधर्म Adj. *von anderer Eigenthümlichkeit.* Davon Nom. abstr. °त्व n. Kap. 1,53.153.

अन्यनाभि Adj. *von anderer Sippe* AV. 1,30,1.

अन्यपदार्थप्रधान Adj. *wobei die Bedeutung eines andern (nicht im Compositum befindlichen) Wortes die Hauptsache ist* (wie im Bahuvrîhi) Schol. zu P. 2,2,24.

अन्यपुष्ट m. *der indische Kuckuck.* f. आ *das Weibchen desselben*

अन्यपूर्वा Adj. f. *die mit einen Andern früher versprochen oder verheirathet war oder geschlechtlichen Umgang gepflogen hat* R. 5,13,68.

अन्यपूर्विका Adj. f. dass. Satja bei Utpala zu Varâh. Bṛh. 18,20.

अन्यबीजज Adj. *aus dem Samen eines Andern entsprossen* 199,19.

अन्यभाव m. *Veränderung.*

*अन्यभृत् m. *Krähe.*

अन्यभृत m. = अन्यपुष्ट Ind. St. 4,108. f. आ.

अन्यमनस् Adj. 1) *an Anderes oder Andere denkend.* — 2) *etwas Anderes meinend* Ait. Br. 2,6.

अन्यमनस्क Adj. (f. आ) = अन्यमनस् 1) Pañkad. 20.

अन्यमातृज m. *der Sohn von einer anderen Mutter.*

अन्यमानस Adj. (f. आ) = अन्यमनस् 1).

अन्ययुक्त Adj. *mit etwas Anderm verbunden.*

अन्ययोग m. *Verbindung mit etwas Anderm.*

अन्यराजन् Adj. *einem Andern unterworfen.*

अन्यराष्ट्रीय Adj. *aus einem andern Königreiche.*

1. अन्यरूप n. (adj. Comp. f. आ) *eine andere (fremde) Gestalt.*

2. अन्यरूप (f. आ) und अन्यरूपिन् Adj. *anders gestaltet, von veränderter Gestalt.*

*अन्यर्हि Adv. = अन्यदा.

अन्यलिङ्ग und °क Adj. *das Geschlecht eines andern Wortes annehmend, adjectivisch.*

अन्यलोक्य Adj. *für eine andere Welt bestimmt* 105,8.

*अन्यलोह n. *Messing* Nigh. Pr.

अन्यवत् Adv. (dem Geschlecht nach) *wie ein anderes* (Wort), d. i. *adjectivisch* Med. dh. 42.

अन्यवर्ण Adj. (f. आ) *andersfarbig.* Davon Nom. abstr. f. °ता MBh. 13,77,23.

अन्यवादिन् Adj. = अन्यथावादिन् 2) 214,15.

अन्यवाप m. *der indische Kuckuck.*

अन्यविषय Adj. (f. आ) *ein anderes Object habend, auf etwas Anderes gerichtet, — sich beziehend, Anderes betreffend.*

अन्यव्रत Adj. *Andern ergeben, ungetreu.*

*अन्यशाखक m. *ein zu einer anderen Schule übergegangener Brahman.*

अन्यस्त्रीग Adj. *der Frau eines Andern beiwohnend, Ehebrecher.*

अन्यादृक्ष, °दृश् und °दृश (f. ई) Adj. *anders aussehend, — geartet.*

अन्यापदेशशतक n. Titel einer Schrift.

अन्याय m. *ungebührliches —, unrechtmässiges Verfahren* 184,23. 210,29. °वर्तिन् und °वृत्त (Gaut. 28,40) Adj. *sich ungebührlich betragend.*

अन्यायसमास m. *unregelmässiges Compositum* VS. Prât. 5,39.

अन्याय्य Adj. *ungesetzlich* 212,17.

1. अन्यार्थ m. *eines Andern Sache* Gaim. 6,2,8.

2. अन्यार्थ 1) Adj. (f. आ) a) *einen andern Zweck habend* Gaim. 2,3,29. Dazu Nom. abstr. °त्व n. — b) *einen andern Sinn habend, zweideutig* Daçar. 3,18. — 2) n. *Gebrauch eines Wortes in nicht herkömmlicher Bedeutung.*

अन्यार्थवत् Adj. *von anderer Bedeutung.*

अन्यून Adj. (f. आ) *nicht zu wenig, hinreichend.* दशांतस् *nicht weniger als zehn.*

अन्यूनाङ्ग Adj. *kein Glied zu wenig habend* Lâṭj. 1,1,7.

अन्यूनातिरिक्त (Çat. Br. 11,2,3,9) und अन्यूनाधिक Adj. *nicht zu wenig und nicht zu viel.*

अन्येद्युष्क Adj. *andertägig.*

अन्येद्युस् Adv. 1) *am andern, folgenden Tage.* — 2) *eines Tages.*

अन्योकस् Adj. *nicht an seinem Sitze befindlich.*

अन्योक्ति f. 1) *variirender Ausspruch über einen und denselben Gegenstand.* — 2) *allegorischer Ausspruch.* — 3) Titel einer Schrift. °परिच्छेद m. Pl. desgl.

अन्योढा Adj. f. *mit einem Andern verheirathet.*

अन्योदर्य 1) Adj. *einem andern Mutterleibe entsprossen.* — 2) m. = अन्यमातृज.

अन्योऽन्य (Çat. Br.) 1) Subst. nur in den obliquen Casus des Sg. (Pl. R. 5,74,36. Çiç. 18,32) im Gebrauch, mit Unterscheidung des weiblichen Geschlechts am zweiten Gliede. *Einer den Andern* u.s.w. अन्योऽन्यम् und अन्योऽन्य° Adv. *gegenseitig, im Verhältniss zu einander.* — 2) n. *eine best. rhetorische Figur, bei der zwei Dinge als auf gleiche Weise auf einander einwirkend vorgestellt werden,* Kâvjapr. 10,34.35.

अन्योऽन्यता f. *Gegenseitigkeit.*

अन्योऽन्यधर्मिन् Adj. *Einer des Andern Eigenthümlichkeiten habend* MBh. 14,23,21.22.

अन्योऽन्यभाव m. *Wechsel des Einen mit dem Andern* Spr. 1111.

अन्योऽन्याभाव m. *gegenseitiges Nichtsein.*

अन्योऽन्याश्रय Adj. *Eines vom Andern abhängig.*

*अन्योऽन्योक्ति f. *Unterhaltung.*

अन्योऽन्योपमा f. *ein Gleichniss von der Formel: a gleicht b und b gleicht a.* 248,10.

*अन्योपभुक्तपतिका f. *die Frau eines ehebrecherischen Mannes* Gal.

अन्वक्ष 1) *Adj. *nachfolgend.* — 2) °म् Adv. *hinterher, unmittelbar darnach* Gaut. 14,9.

अन्वक्षरवक्त्र und अन्वक्षरसंधि m. *ein best.* Saṃdhi RV. Prât. 4,12 nebst Comm.

अन्वक्स्थानिन् und °स्थानीय Adj. *an Würde nachstehend* Âpast. 1,6,29.34.

अन्वग्भानु m. N. pr. eines Sohnes des Raudrâçva.

*अन्वग्भावम् Adv. *in freundlicher Weise.*

अन्वङ्गम् Adv. *für jeden Theil einer Handlung.*

अन्वञ्च् 1) Adj. (f. अनूची und अनूची) *a) hinterher folgend* (mit Acc.). — *b) der Länge nach genommen.* — 2) Adv. अन्वक् *a) hinterher* 132,3. *hinter* — (Acc.) *her.* — *b)* *mit भू *sich geneigt erweisen.*

अन्वध्यायम् Adv. *dem heiligen Text gemäss.*

अन्वन्तरापणम् Adv. etwa *längs den Budenreihen am Markte* R. ed. Bomb. 2,57,15. Der Comm. trennt अनु als selbständiges Wort.

अन्वय m. (adj. Comp. f. आ) 1) *Nachkommenschaft.* — 2) *Geschlecht, Familie* 113,13. 124,27. — 3) *Verbindung, Zusammenhang.* — 4) *grammatischer Zusammenhang der Wörter, grammatische Construction; logischer Zusammenhang.* — 5) *Anziehungsmittel* Kâm. Nîtis. 5,61.

अन्वयबोधिका und °बोधिनी f. Titel von Commentaren.

अन्वयवत् Adv. *in Gegenwart eines dabei Betheiligten (des Besitzers u. s. w.).*

अन्वयव्यतिरेकिन् Adj. *mit Etwas zusammenhängend und auch davon ausgeschlossen* Tarkas. 37.

अन्वयागत Adj. *ererbt* Spr. 7652. Pańkat. ed. Bomb. 3,70,4.

अन्वयार्थप्रकाशिका f. Titel eines Commentars.

अन्वयिन् Adj. 1) *zur selben Familie gehörig.* — 2) *mit Etwas zusammenhängend, sich aus Etwas ergebend.* Dazu Nom. abstr. °यिता f. Verz. d. Oxf. H. 229,*b*,20. °यित्व n. 34.

अन्वर्तितर् (metrisch für अनुव°) Nom. ag. *Bewerber.*

अन्वर्तिष्ये AV. 14,1,56 metrisch für अनुव°.

अन्वर्थ Adj. (f. आ) *der Sache entsprechend, von selbst verständlich* 132,18. 222,20.

अन्वर्थमुक्तावली f. Titel einer Schrift.

अन्ववचार m. in अनन्ववचार.

अन्ववलम्ब Adj. *entlang hängend* (mit Acc.) Gobh. 1,2,2. 3.

अन्ववसर्ग m. 1) *Abspannung, Erschlaffung.* — 2) *Gewährung.*

अन्ववसायिन् Adj. *sich anschliessend an, abhängig von* (Gen.) Çat. Br. 11,4,2,13.

अन्ववाय m. *Geschlecht, Familie* MBh. 1,209,2.

अन्ववायन n. in अनन्व°.

अन्ववेक्षण n. *das Sehen nach, Aufsicht über* (Gen).

अन्ववेक्षा f. *Rücksichtnahme.*

अन्ववेक्षिन् Adj. *sich umschauend, bedächtig* Spr. 538.

अन्वष्टका f. *der Tag nach der* Ashṭakâ. Auch °की (?).

अन्वष्टक्य n. *die an den* Anvashṭakâ *stattfindende Ceremonie.*

अन्वहम् Adv. *Tag für Tag.*

अन्वा (für अनुवा) f. *das Nachwehen* Tâṇḍja-Br. 1,9,8. Gop. Br. 2,2,13 (zu lesen प्रवास्यन्वामि).

अन्वाकर्षक Adj. *aus dem Vorangehenden heranziehend* Comm. zu TS. Prât. 1,34. 10,17.

अन्वाकृति f. *Nachbildung, bildliche Darstellung.*

अन्वाख्यान n. 1) *eine (dem Text) sich anschliessende Erklärung.* — 2) *genaue Angabe.*

अन्वाख्यापक Adj. *genau angebend.*

अन्वाचय m. *Anreihung einer Nebensache an eine Hauptsache.*

*अन्वाचे Adv. in Verbindung mit कर्.

अन्वादेश m. *Zurückverweisung.*

अन्वादेशक Adj. *zurückverweisend* TS. Prât. 22,5.

अन्वाधान n. *das Hinzulegen,* in अग्न्यन्वाधान.

अन्वाधि m. *ein Gegenstand, den man einer Person übergiebt, damit sie ihn einem Dritten einhändige,* Gaut. 12,42.

अन्वाधेय und °क n. *Besitz, zu dem eine Frau nach ihrer Verheirathung gelangt ist.*

अन्वाध्य m. Pl. *eine best. Klasse von Göttern.*

अन्वान्त्र्य Adj. *in den Eingeweiden befindlich.*

अन्वापदीन m. N. pr. eines Fürsten. अत्वापदीन v. l.

अन्वापात्य Adj. *was angereiht —, supplirt wird.*

अन्वारभ्य Adj. *von hinten anzufassen.*

अन्वारम्भ m. und अन्वारम्भण n. *das Anfassen von hinten.*

अन्वारम्भणीया f. *Eingangsceremonie.*

अन्वारोह m. Pl. Bez. *best.* Gapa *bei* Soma-*Libationen* TS. 3,2,1,1. Personif. Ind. St. 3,459,2. 3.

*अन्वारोहण n. *das Besteigen des Scheiterhaufens nach dem Gatten.* Davon *°णीय Adj.

अन्वालभन und °लम्भन (?) n. etwa *Griff, Handhabe.*

अन्वावर्तम् Adv. *in Bezug auf die Reihenfolge* Çat. Br. 8,4,1,1. 6,1,23.

1. अन्वासन n. 1) *das Sichsetzen nach einem Andern.* — 2) *das Bedienen, Aufwarten* Spr. 4546. Auch *f. आ Gal. — 3) **Werkstube eines Künstlers.* — 4) **Trauer.*

2. अन्वासन n. *öliges Klystier.* Vgl. अनुवासन.

अन्वासेचन n. *das Besprengen.*

अन्वास्थान n. (Comm.) und °स्थाय m. *Erreichung* Tâṇḍja-Br. 16,11,16.

अन्वाहरण n. und °हार m. *Fortsetzung.*

अन्वाहार्य 1) m. *Reisspeise, welche an den* Darça-Pûrṇamâsa-*Feiern dem* Ṛtvig *als Geschenk gereicht wird.* — 2) n. *das an jedem Neumondstage zu Ehren der Manen gefeierte Todtenmahl.* Auch °क.

अन्वाहार्यपचन m. *das südliche Altarfeuer.*

अन्वाहार्यवत् Adj. *mit dem* अन्वाहार्य *genannten Todtenmahl verbunden* Gobh. 1,1,5.

अन्विति f. 1) *Nachfolge.* — 2) **Verbindung.*

अन्वीक्षक Adj. (f. °क्षिका) *besorgt um.*

अन्वीक्षण n. *das Untersuchen, Nachforschen* Njâjas. Comm. S. 3, Z. 4 v. u.

अन्वीक्षा 1) *das Schauen.* — 2) *Untersuchung, logische Prüfung* Njâjas. Comm. S. 3, Z. 4 v. u.

अन्वीक्षितव्य Adj. *im Auge zu behalten, zu bedenken.*

अन्वीत Adj. = अन्वित *begleitet von* Bâlar. 172, 6 v. u. Kir. 12,55.

अन्वीपम् Adv. *den Strom entlang* Maitr. S. 4,4,1.

अन्वृचम् Adv. *in der Reihenfolge der Verse.*

अन्वृजु Adj. *in richtigem Lauf sich bewegend,* Beiw. Indra's Maitr. S. 2,2,10.

अन्वेतवै Dat. Inf. *um —* (Acc.) *entlang zu gehen* ṚV. 7,44,5.

अन्वेतव्य Adj. *worauf Etwas* (Instr.) *folgen muss* Comm. zu Njâjam. 6,1,1.

अन्वेष m. *das Suchen, Forschen nach.*

अन्वेषक Adj. *suchend, forschend nach.*

अन्वेषण n. (106,26. 172,7. 310,19) und °णा f. (Kap. 1,122) = अन्वेष.

अन्वेषणीय Adj. *zu suchen* so v. a. *bedenklich, fraglich.*

अन्वेषिन् Adj. und अन्वेष्टर् Nom. ag. *suchend.*

अन्वेष्टव्य Adj. *zu suchen, ausfindig zu machen* Megh. XII. *zu durchsuchen* Mârk. P. 22,2.

अन्वेष्य Adj. 1) dass. 40,26. — 2) = अन्वेषणीय.

1. अप् *thätig sein, arbeiten.* अपो यदेम वेनप् ṚV. 3,6,7.

2. अप् *Werk.* Gen. अपस् (abhängig von धुरि) ṚV. 1,151,4. Vgl. अपतुर्.

3. अप् f. Pl. (im Veda auch Sg.) 1) *Wasser, Gewässer.* — 2) *der Stern δ Virginis.* — 3) **Luft.*

1. अप Adv. 1) *ab, fort, weg* (Gegens. उप) in Verbindung mit Verben und Substantiven. *Praep. mit Abl. *von — weg, mit Ausschluss von.* — 2) *hinab* (= अव und im Gegens. zu उद्).

2. °अप = 3. अप्.

*अपकर m. N. pr. einer Gegend. Davon *°क Adj. *daselbst gebürtig.*

अपकर्तर् Nom. Ag. *Beleidiger.*

अपकर्मन् n. *Ablieferung,* in अनप°.

अपकर्ष m. 1) *Abzug, Abnahme* (z. B. der Bogensehne). — 2) *Abnahme* (Gegens. *Zunahme*), *Schmälerung, Verminderung, Verschlechterung.* — 3) *Auf-*

hebung, Ungültigmachung Mahâbh. 3,113,*a*. — 4) *das Vorgreifen, Anticipation* Njâjam. 5,1,23.27.31. Chr. 232,3.

अपकर्षक Adj. *schmälernd, vermindernd.*

अपकर्षण 1) Adj. dass. — 2) n. *a*) *das Fortschleppen, Entfernen, Wegschaffen, Entziehen* MBh. 12,137,5. — *b*) *das Herunterziehen* (Gegens. उत्कर्षण). — *c*) *das Erniedrigen* Spr. 6. — *d*) *das Aufheben, Ungültigmachen.* — *e*) *das Vorgreifen, Anticipiren* Njâjam. 5,1,28.

अपकर्षसम m. im Njâja *das Sophisma: a und b haben eine Eigenschaft gemein, folgt fehlt auch Beiden eine andere Eigenschaft.* Njâjam. 5,1,4. Sarvad. 114,10.

अपकर्षिन् Adj. *fortziehend* Spr. 2177.

अपकल्मष Adj. *frei von Sünde.*

अपकाम॑ 1) m. *Unlust, Verdruss, Tort* AV. 9,8,8. — 2) °मम् Adv. *wider den Willen.*

अपकार m. 1) *Schadenzufügung, Beleidigung, Beeinträchtigung* 161,4. — 2) *Verschmähung, Zurückweisung* Ind. St. 10,166,1. — Fehlerhaft für अपचार Spr. 2841, v. l.

*अपकारगिर् f. *ein beleidigendes Wort.*

अपकारता f. = अपकार 1) MBh. 3,73,13.

अपकारशब्द m. = अपकारगिर्.

अपकारिन् Adj. *Jmd zu nahe tretend, Schaden —, Leid zufügend.*

अपकीर्ति f. *Schande, Schmach* Pańkad. 15.

अपकीर्त्य Adj. (f. आ) *unehrenhaft* Râgat. 7,874.

*अपकुत्ति P. 6,2,187.

अपकुञ्ज m. N. pr. eines Schlangendämons. अपकर्तर v. l.

अपकृत n., °कृति f. und °कृत्य n. = अपकार 1).

*अपकृष्ट m. *Krähe.*

अपकोश Adj. *aus der Scheide gezogen* Bhoga-Kar. 5,1.

1. अपक्रम॑ m. 1) *Weggang.* — 2) **Flucht.* — 3) *Declination* (astron.) Siddh. Çir. Ârjabh.

2. अपक्रम Adj. *nicht in der gehörigen Reihenfolge stehend.* n. in der Rhetorik Bez. *eines best. Fehlers* Vâmana 2,2,22.

अपक्र॑मण n. *das Weggehen, Entkommen.*

अपक्रममण्डल n. *Ekliptik* Comm. zu Ârjabh. 4,1.

अपक्रमिन् Adj. *fortgehend*, in अ॑नप°.

अ॑पक्रान्तमेध Adj. *ohne Saft und Kraft* Çat. Br. 1,2,3,9.

अपक्रान्ति f. *Weggang* Maitr. S. 1,8,4.

अपक्राम m. *das Entlaufen*, in अनप°.

अपक्रा॑मुक Adj. (f. आ) *entlaufend, davongehend* TS. 5,7,9,2. Tâṇḍja-Br. 18,5,16.

अपक्रिया f. 1) *Ablieferung*, in अनप°. — 2) = अपकार 1) Spr. 7748. — 3) *eine verkehrte Weise zu verfahren* Spr. 2229.

*अपक्रोश m. *Schmähung.*

अपक्व Adj. (f. आ) 1) *ungebrannt* Spr. 394. — 2) *unverdaut.* — 3) *unreif* (auch von Geschwüren). — 4) *unreif* so v. a. *unausgebildet.* — 5) *nicht reif zu sterben, noch nicht dem Tode verfallen.*

अपक्वता f. *Unreife, Unfertigkeit.*

अपक्ष॑ Adj. 1) *unbeflügelt* AV. 11,5,21. Çulbas. 2,20. — 2) *ohne Anhang* MBh. 1,146,27.

अपक्षपुच्छ॑ Adj. *ohne Flügel und Schwanz* Çat. Br. 13,8,1,18. Çulbas. 2,21.

अपक्षय m. *Abnahme.*

अपक्षलोप (Vikr. ed. Pisch. 43) und अपक्षसाद (Vikr. ed. Boll. 44) m. *Nichtverlust der Flügel.*

अपक्षिगणसंपात Adj. *wo sich keine Vögel zeigen* R. 7,34,27.

*अपक्षित m. N. pr. eines Mannes.

अपक्षीयमाणपक्ष॑ m. *die zweite Hälfte des Monats, da der Mond abnimmt,* Çat. Br. 11,1,5,4. 14,9,1,19.

अपक्षेपण n. v. l. für अवक्षेपण, z. B. Tarkas. 55.

अपख्याति f. *Unehre, Schande* Bhoga-Pr. 66,14.

अ॑पग Adj. (f. आ) *sich abwendend von* (Abl.).

अपगम m. und अपगमन n. *Fortgang, Schwund, das Weichen, Scheiden, Verstreichen.*

अपगर m. *Tadler* (ein Amt bei einem Opfer) Lâṭj. 4,3,2.

अपगर्जित Adj. *donnerlos.*

अपगल्भ॑ Adj. *unkeck, verzagt, verlegen, beschämt.*

*अपगा f. = आपगा *Fluss.*

*अपगारम् Absol. *schmähend, tadelnd.*

अपगुण Adj. *ohne Vorzüge.* Davon Nom. abstr. °ता f. Sâh. D. 603. Die richtige Lesart ist aber अदोषताथ गुणता.

अपगोरण n. *das Bedrohen.*

*अपगोरम् Absol. = अपगारम्.

अपगो॑ह m. *Versteck.*

अपग्राम Adj. *aus der Gemeinde gestossen.*

1. *अपघन m. *Körpertheil.*

2. अपघन Adj. *wolkenlos* 106,28.

अपघाटिला f. *ein best. musikalisches Instrument.*

अपघा॑त m. *Abwehr, Verscheuchung* Çat. Br. 11,5,5,1.

अपघातक Adj. *abwehrend, verscheuchend.*

अपघृण Adj. *mitleidlos, grausam* Spr. 7782.

*अपच Adj. *nicht kochend, nicht kochen könnend.*

अपचय m. 1) *Abnahme, Verminderung* Gaut. 10,35. 27,12. — 2) in der Astrol. *das 1te, 2te, 4te, 5te, 7te, 8te, 9te und 12te Haus.*

अपचरित n. *Vergehen.*

अपचायिन् Adj. *schmälernd, beeinträchtigend; Jmd die gehörige Achtung versagend.* Oefters mit उपचायिन् verwechselt.

अपचार m. 1) *das Fehlen, Mangeln* 38,12. Comm. zu Njâjam. 6,3,5.12. — 2) *Hingang, Tod.* — 3) *Vergehen, Versehen* Gaut. 25,8. — 4) *das Misslingen, Missrathen.*

अपचारिन् Adj. 1) *abgehend —, abfallend von.* — 2) *ein Versehen begehend.* — 3) *untreu* (von einer Gattin).

*अपचिकीर्षा f. *die Absicht, Jmd zu nahe zu treten.*

अपचि॑त् f. *ein best. schädliches Insect.*

अ॑पचिति f. 1) *Vergeltung* (im Guten und im Bösen) 46,6.15. अपचितिकाम Adj. Tâṇḍja-Br. 19,8,1. Kâtj. Çr. 22,10,28. — 2) *Sühne.* — 3) * *Verlust.* — 4) **Ausgabe.* — 5) *ein best.* Kratu Tâṇḍja-Br. 19,8,1. Kâtj. Çr. 22,10,28. Âçv. Çr. 9,8,21 (Comm. m.). Vaitân. 40. — 6) N. pr. einer Tochter Marîki's.

अ॑पचितिमत् Adj. *geehrt.*

अपची f. *scrophulöse Knoten am Nacken* u. s. w.

अपच्छत्त्र Adj. *ohne Sonnenschirm.*

अपच्छि॑द् f. *Abschnitzel* Çat. Br. 5,3,1,9. Tâṇḍja-Br. 11,11,2. 13,6,2. 14,6,1. 18,6,23.

अपच्छेद m. 1) *das Abschneiden* Çulbas. 3,73.157. — 2) *Ablösung, Trennung* (von einer geschlossenen Reihe) Gaim. 6,5,56. Comm. zu Njâjam. 6,5,21.

अपच्छेदन n. 1) *Theilung* Çulbas. 1,11. 3,65. — 2) = अपच्छेद 2) Njâjam. 6,5,21.

अपच्यव॑ m. *das Hinwegstossen.*

*अपजग्ध m. N. pr. eines Mannes.

अपजय्य s. अनप°.

अपजिघांसु Adj. *abzuwehren beabsichtigend.*

अपजिहीर्षा f. *das Verlangen zu rauben.*

अपजिहीर्षु Adj. *zu rauben beabsichtigend.*

*अपज्ञान n. *das Abläugnen, Verheimlichen.*

अपज्य Adj. *ohne Bogensehne.*

अपज्वर Adj. *fieberlos* 62,3.13.

अपञ्चम m. *kein Nasal* VS. Prât. 4,160.

अपञ्चीकृत und °भूत n. Pl. *die noch nicht unter einander gemischten feinen Elemente* 263,13. 274,17.

अपटान्तेप m. schlechte Lesart für अपटीक्षेप.

*अपटान्तर Adj. *unmittelbar anstossend.*

*अपटी f. *Schirm um ein Zelt.* Vgl. पटी.

अपटीक्षेप m. *das Nichtwegschieben des Vorhanges.* °क्षेपेण प्रविश् so v. a. *unerwartet und ungestüm auf der Bühne erscheinen.*

अपटु 1) Adj. *a*) *nicht scharf, — stechend,* von Strahlen 219,26. — *b*) *untauglich, unfähig* Spr.

7002. — c) *krank. — 2) *m. Mutterblutfluss Gal.

अपटुत्व n. Unfähigkeit 287,32.

*अपठ Adj. nicht lesend, nicht lesen könnend.

अपण्डित Adj. ungelehrt, ungebildet, dumm 187, 6. Davon Nom. abstr. °ता f. Spr. 7163.

अपण्य Adj. was nicht verkauft werden darf; n. eine Waare, die nicht verkauft werden darf, Gaut. 7,8.

अपतनधर्मिन् Adj. was nicht abzufallen pflegt Suçr. 1,117,19. Davon Nom. abstr. °र्मित्व n. ebend.

अपतन्त्रक m. ein best. Starrkrampf.

अपतरम् Adv. weiter weg Maitr. S. 1,4,12.

अपतर्पण n. das Sichnichtsattessen, Beobachtung von Diät.

अपतानक m. Starrkrampf. °किन् Adj. damit behaftet.

1. अपति m. kein Gatte.

2. अपति (Gaut. 18,4) und अपतिका Adj. f. ohne Gatten, d. i. sowohl unverheirathet, als auch die den Gatten verloren hat.

अपतिघ्नी Adj. f. den Gatten nicht tödtend.

अपतित Adj. 1) nicht herabgefallen, — herabgesunken (Brüste) MBh. 3,281,18. — 2) nicht aus der Kaste gestossen Gaut. 21,1. M. 8,389. Mṛkkh. 131, 20. — 3) nicht zu spät kommend, — verscherzt Gaut. 1,12.

अपतितान्योऽन्यत्यागिन् Adj. Einer den Andern verlassend, ohne dass Einer aus der Kaste gestossen wäre, Jâgn. 2,237.

अपतिव्रता Adj. f. dem Gatten untreu 189,17.

अपतुषार Adj. frei von Nebel. Davon Nom. abstr. °ता f.

अपतूल Adj. (f. आ) ohne Wedel, — Rispe.

*अपत्त्रा f. Capparis aphylla Nigh. Pr.

अपत्नीक Adj. 1) keine Gattin habend Spr. 7625. — 2) wobei die Gattin fehlt.

अपत्य n. 1) Abkömmling, Nachkommenschaft, Kind (von Menschen und Thieren). — 2) ein patronymisches Suffix.

*अपत्यजीव und *°क m. Putranjiva Roxburghii Râgan. 9,145.

*अपत्यदा f. ein best. Strauch Râgan. 4,161.

अपत्यपथ m. Scheide (des Weibes).

अपत्यप्रत्यय m. Patronymicum.

अपत्यवत् Adj. mit Nachkommenschaft gesegnet.

*अपत्यवल्लिका f. Soma-Pflanze Râgan. 3,89.

*अपत्यशत्रु m. Krebs.

अपत्यसाच् Adj. von Nachkommenschaft begleitet.

*अपत्यसिद्धिकृत् m. = अपत्यजीव Nigh. Pr.

अपत्यान्त m. Patronymicum AK. 3,6,37.

अपत्रपण n. und °त्रपा f. Scham, Verlegenheit.

*अपत्रपिष्णु Adj. schamhaft, verschämt.

*अपत्राप्य Adj. P. 3,1,126.

*अपत्रिगर्तम् Adv. mit Ausnahme von Trigarta P. 6,2,33, Sch.

अपथ्, °पथि, °पन्थन्, °पन्था m. = 1. अपथ.

1. अपथ n. 1) Nichtweg, Wegelosigkeit. अपथेन nicht auf dem gewöhnlichen Wege. — 2) Abweg (eig. und übertr.); unrechter Ort Spr. 5001.

2.*अपथ Adj. (f. आ) wegelos, schlechte Wege habend.

*अपथकल्पना f. das Bauen von Luftschlössern Gal.

अपथ्य Adj. nicht förderlich, — zuträglich, — heilsam Gaut. 7,12. Spr. 396.

°अपथ्यकारिन् Adj. gegen Jmd Ränke schmiedend Mudrâr. 25,10. 27,14. 28,4. Davon Nom. abstr. °रित्व n. 27,16.

अपद् (f. अपद् und अपदी) und अपद Adj. fusslos.

1. अपद n. 1) kein Aufenthaltsort. — 2) unrechter Ort.

2. अपद Adj. fusslos Spr. 7655.

अपदक्षिणम् Adv. nach links hin.

अपदश Adj. ohne Verbrämung, — Fransen.

अपदमुक्त Adj. nicht an der richtigen Stelle abbrechend Kâvjapr. S. 181, N. 101. Statt dessen im Text 7,9 weniger gut अपदयुक्त.

*अपदरूढा und *°रोहिणी f. Vanda Roxburghii Nigh. Pr.

अपदस्थ Adj. nicht an, auf seinem Platze seiend MBh. 1,146,27. Kâvjapr. 7,6.

अपदान n. glorreiche That.

अपदान्त 1) *Adj. unmittelbar anstossend. — 2) °म् Adv. ohne Verzug, alsbald.

*अपदिशम् Adv. in einer Zwischengegend.

अपदुष्पद् f. sicherer Tritt Ṛv. 10,99,3.

अपदेश m. 1) Anweisung, nähere Bezeichnung Gaim. 3,4,2. — 2) Bezeichnung, Benennung. — 3) Vorwand 170,16. — 4) Schein R. 1,63,12. — 5) Verläugnung Karaka 1,29. — 6) Argument, Grund Kan. 9,2,4. das zweite Glied in einem Syllogismus Njâjas. 2,1,25. — 7) *Ziel. — 8) *Ort.

°अपदेशिन् Adj. den Schein —, das Aussehen von Etwas annehmend.

अपदेश्य Adj. anzugeben, anzuzeigen.

अपदोष Adj. fehlerlos. Davon Nom. abstr. °ता f.

अपद्म Adj. (f. आ) ohne Lotusblüthe Mṛkkh. 82,20.

अपद्रव्य n. schlechte Waare.

अपद्वार n. Seitenthür, Hinterthür Gal.

अपधा f. Versteck.

अपधुरम् Adv. weg von —, neben den Jocharmen.

अपधूम Adj. rauchlos. Davon Nom. abstr. °त्व n.

अपध्यान n. Missgunst, Bosheit.

अपध्वंस m. 1) Verborgenheit. — 2) Sturz, Entwürdigung. °ज m. ein Kind aus gemischter Ehe.

अपध्वंसिन् Adj. zu Nichte machend.

अपध्वान्त Adj. misstönend.

1. अपनय m. 1) Wegnahme. — 2) Vertreibung, Verscheuchung. — 3) Entziehung Gaim. 3,2,30. 31. 5,4,4. 8,33. 5,4,16. 6,5,2. 11. — 4) das Abbringen (von einer Meinung).

2. अपनय m. unkluges Benehmen 74,26.

अपनयन 1) Adj. wegnehmend, raubend Spr. 5609. — 2) n. a) das Wegschaffen, Fortbringen an einen andern Ort. — b) das Vertreiben, Verscheuchen, Entfernen. — c) das Escamotiren Njâjas. 5,2,5. — d) das Eliminiren Colebr. Alg. 207.

अपनयिन् Adj. sich unklug benehmend.

अपनाभि Adj. ohne Nabel.

अपनाम m. Biegung Çulbas. 3,114. 141. 156. 159.

*अपनामन् n. P. 6,2,187.

अपनिद्र Adj. aufgeblüht.

अपनिधि Adj. schatzlos, arm.

अपनिनीषु Adj. Etwas (Acc.) zu vertreiben beabsichtigend Kâd. 35,16.

अपनिर्वाण Adj. noch nicht zu Ende gegangen.

अपनीत 1) Adj. schlecht ausgeführt, verpfuscht MBh. 5,39,54. — 2) n. unkluges —, schlechtes Benehmen.

अपनीति f. Entziehung (mit Abl. der Person) Njâjam. 3,5,29.

°अपनुद् Adj. vertreibend, verscheuchend.

अपनेतर् Nom. ag. Verscheucher.

अपनेतव्य Adj. fortzuführen.

अपनेय Adj. zu verscheuchen, — entfernen Spr. 399.

अपनोद 1) *Adj. verscheuchend in शोकापनोद Mahâbh. 3,64,b. — 2) m. a) Forttreibung, Abweisung, Zurückweisung. — b) Verscheuchung, Entfernung Spr. 7765. so v. a. Sühnung.

अपनोदन 1) Adj. vertreibend, entfernend. — 2) n. das Vertreiben, Verscheuchen, Entfernen.

अपनोद्य Adj. fortzutreiben, zurückzuweisen.

अपन्थदायिन् Adj. nicht aus dem Wege gehend, den Weg für sich in Anspruch nehmend Gobh. 3,2,16.

अपन्थन् und अपन्था s. अपथ्.

अपन्नगृह Adj. dessen Haus nicht gefallen ist.

अपन्नद Adj. dem die Zähne noch nicht ausgefallen sind Gaut. 17,31.

अपन्नदत् Adj. (f. °दती) dass. TS. 2,1,2,7. TBr. 1,3,4,5.

अपन्याय्य Adj. ungeziemend. Davon Nom. abstr. °त्व n. Comm. zu Kâtj. Çr. 25,4,9.

अपपाठ m. 1) Verstoss beim Recitiren. — 2) fal-

scher Wortlaut, falsche Lesart.

अपपात्र (Âpast. 1,3,25) und °पात्रित Adj. *vom Gebrauch der Geschirre ausgeschlossen.*

अपपादत्र Adj. *ohne Fussbekleidung.*

अपपित्व n. *Trennung, Entfernung.*

अपपीडा f. *plötzlicher und lebensgefährlicher Krankheitsanfall* Râǵat. 8,2000.

*अपपूत n. P. 6,2,187.

अपप्रजाता Adj. f. *die eine Fehlgeburt gemacht hat.*

अपबर्हिस् Adj. *ohne* Barhis-*Abschnitt.*

अपभय Adj. (f. आ) *furchtlos.* प्रजापतेस्तनः Âçv. Çr. 8,13,13.

अपभरणी f. Pl. *das letzte Mondhaus.*

अपभर्तर् Nom. ag. *Hinwegnehmer.*

अपभर्तवै Dat. Inf. *hinwegzunehmen* RV. 10,14,2.

*अपभाषण Adj. *eine falsche d. i. fremde Sprache redend.*

अपभी Adj. *furchtlos.*

अपभूति f. *das Nichtgerathen.*

अपभ्रंश m. 1) *Herabfall, Sturz.* — 2) *falsche sprachliche Form.* — 3) *ein best. gering geachteter Dialect.* Dazu Nom. abstr. °ता f.

अपभ्रष्ट Adj. *verdorben* (Sprache), *provinciell.*

अपम 1) Adj. *der entfernteste, letzte.* — 2) m. *Declination eines Planeten.*

अपमङ्गल (Conj.) Adj. *Unheil bringend.*

अपमज्या f. *Sinus der Declination* Golâdh. 7,47.

अपमण्डल n. *Ekliptik.*

अपममण्डल n. dass. Golâdh. 6,9. 7,16.

अपमर्ण n. विष्णोरप° Name eines Sâman.

अपमर्द m. *feuchter Schmutz.*

अपमर्श m. (adj. Comp. f. आ) *Berührung.*

अपमल Adj. *rein* Spr. 4019, v. l.

अपमशिञ्जिनी f. = अपमज्या Gaṇit. Tripr. 46.

अपमान m. und weniger gut n. *Verachtung, Geringschätzung.*

अपमानिन् Adj. *geringachtend, verschmähend.*

अपमारिन् Adj. *wegsterbend, hinsiechend.*

1. अपमार्ग m. *Abwischung.*

2. अपमार्ग m. *Seitenweg.*

अपमार्जन 1) Adj. *abwischend, entfernend, zu Nichte machend.* — 2) n. a) *das Abwischen, Reinigen* Gaut. 2,2. — b) *Reinigungsmittel* Suçr. 2,357,7.

अपमित्य und *अपमित्यक n. *Schulden.*

*अपमुख P. 6,2,186.

अपमूर्धन् Adj. *kopflos.*

अपमृग Adj. *wildlos* 107,11.

अपमृत्यु m. *grosse Todesgefahr.*

अपमेघोदय Adj. *ohne Wolkenaufzug* Kumâras. 6,54.

अपयशस् n. *Unehre, Schande* 184,20. Veṇis. 11,2.

अपयस्य Adj. *ohne Milchknollen.*

अपयातव्य n. impers. *aufugiendum.*

अपयान n. 1) *Rückzug, Flucht.* — 2) *das Weichen, zu Schanden Werden.* — 3) *Declination* (astron.) Comm. zu Ârjabh. 1,6. 4,1.

अपयोधरसंसर्ग Adj. (f. आ) *wobei keine Berührung der Brüste stattfindet* Ragh. 12,65.

अपय्यदीक्षित m. v. l. für अप्पदी°.

1. अपर 1) Adj. (f. आ) a) *der hintere, weiter gelegen.* — b) *der spätere* M. 9,99. — c) *der folgende.* — d) *westlich.* ततस् *westlich davon* 218,21. — e) *nachstehend, geringer, niedriger.* — f) *ein anderer.* किमपरम् *was Anderes?* und auch so v. a. *was thut dieses zur Sache? gleichviel. Ein anderer als* (Abl.; ausnahmsweise Gen. Spr. 7036); *der andere, ein anderer, — zweiter* (bei Vergleichungen); im Gegens. zu स्व *ein fremder.* Gegenüber von एक, अन्य oder क mit चिद् *der eine — der andere. Entgegengesetzt.* Gegenüber von अशुचि so v. a. *rein* Spr. 6522, von मलीयंस् so v. a. *geringer* 5692. — g) *absonderlich, aussergewöhnlich* 176,1. — 2) m. *Hinterfuss des Elephanten* Çiç. 5,48. — 3) f. आ a) **Westen.* — b) **Hintertheil des Elephanten.* — c) *Nachgeburt* (v. l. अवरा). — d) **Uterus.* — 4) *n. *Hintertheil des Elephanten.*

2. अपर n. und अपरी f. *Zukunft.*

*अपरकान्यकुब्ज m. N. pr. eines Dorfes *im Westen von* Kânjak. Adj. *dort befindlich.*

अपरकार्य n. *ein später zu vollbringendes Geschäft* Spr. 5012.

अपरकाल Adj. *von späterer Zeit.* Davon Nom. abstr. °त्व n. Kâtj. Çr. 5,4,30. 9,13,10.

*अपरकाशकृत्स्न m. Pl. *die im Westen wohnenden Schüler des* Kâçakṛtsna.

अपरकाशि m. Pl. *die westlichen* Kâçi MBh. 6,9,42.

अपरकुन्ति m. Pl. *die westlichen* Kunti MBh. 6,9,43.

*अपरकृष्णमृत्तिका f. N. pr. eines Dorfes.

अपरगण्डिका m. Pl. N. pr. einer Hügelkette MBh. 6,6,35.

अपरगोदानीय m. N. pr. eines Dvîpa.

अपरचीन m. Pl. *die westlichen* Ḱîna.

अपरज Adj. *später geboren.*

अपरजन m. Sg. und Pl. *die westlichen Völker* Gop. Br. 2,6,16.

अपरजलधि m. *der westliche Ocean* Kâd. II,37,4.

अपरतस् Adv. 1) *an einem andern Orte.* — 2) *auf der Westseite* Çulbas. 3,71.

अपरताल N. pr. einer Gegend.

*अपरति f. = अवरति.

अपरत्र Adv. 1) *an einem andern Orte, anderswohin* Bhâvapr. 2,97. — 2) *im andern Falle.*

*अपरत्रैगर्तक Adj. Mahâbh. in Ind. St. 13,372.

अपरत्व und °क n. in der Phil. *das Nichtfernsein.*

अपरथा Adv. *anders.*

*अपरदक्षिणम् Adv. *südwestlich.*

अपरदिश् f. *Westen* Spr. 7639.

अपरनन्दा f. N. pr. eines Flusses.

अपरपक्ष m. *die zweite Hälfte eines Mondmonats.* Davon Adj. *अपरपक्षीय.

*अपरपञ्चाल m. Pl. *die westlichen* P.

*अपरपर Adj. Pl. = अपरे च परे च.

अपरपर्यट m. Pl. N. pr. eines Volkes.

अपरपर्वत m. Pl. v. l. für अपरपर्यट.

*अपरपाञ्चालक Adj. von अपरपञ्चाल.

अपरपुरुष m. *Nachkomme* Çat. Br. 10,3,5,11.

अपरबल्लव m. Pl. *die westlichen* Ballava MBh. 6,9,62.

अपरभाव m. *Folge.*

1. अपरम् Adv. 1) *in der Folge, künftighin* 29,1. *darauf, nachher* 40,8. ततो ऽपरम् 25,17. — 2) *ferner, überdies, noch.* अपरं च 140,23. — 3) *westlich von* (Abl.).

2. अपरम् Adv. *künftig.*

*अपरमागधक Adj. Mahâbh. in Ind. St. 13,384.

*अपरयायात n. Titel einer Erzählung.

अपरयोग Adj. *ohne andere Zuthat, unvermischt* Âpast. 1,17,20.

अपररात्र m. *die zweite Hälfte der Nacht.*

अपरवक्त्र n. *ein best. Metrum.*

अपरवत् Adj. *ohne ein Folgendes.*

*अपरविदेह m. Pl. *die westlichen* Videha.

अपरशुवृक्ण Adj. *nicht mit einem Beile abgehauen* TS. 5,1,10,1. Çat. Br. 6,6,3,5.

अपरशैल m. Pl. N. pr. einer buddh. Schule.

अपरश्वस् Adv. *übermorgen* Gobh. 4,2,1.

अपरसक्थ n. *Hinterschenkel.*

अपरसद् Adj. *hinten sitzend* Tâṇḍja-Br. 1,5,2.

*अपरसमम् Adv. gaṇa तिष्ठद्ग्वादि in der Kâç.

*अपरस्पर Adj. Pl. *ununterbrochen.*

अपरस्परसंभूत Adj. *nicht Eines aus dem Andern entstanden.*

*अपरहैमन Adj. *auf die zweite Hälfte des Winters bezüglich* u. s. w.

अपराग m. *Abneigung, feindliche Gesinnung.*

अपराग्नि m. Du. *das westliche und südliche Feuer.*

अपराङ्ग n. *Theil eines Andern.* Davon Nom. abstr. °त्व n. Ind. St. 4,276.

अपराङ्मुख Adj. *nicht den Rücken kehrend.*

अपराजयिन् Adj. *niemals verlierend* (im Spiele).

अ॑पराजित 1) Adj. (f. आ) *a) unbesiegt, unbesiegbar, unüberwindlich.* — *b)* दिश् *Nordosten.* — 2) m. *a) ein best. giftiges Insect.* — *b)* *Bein. Vishṇu's und Çiva's. — *c)* N. pr. α) eines Rudra. — β) eines Schlangendämons. — γ) eines Sohnes des Kṛshṇa. — δ) eines Wesens im Gefolge Padmapâṇi's. — ε) *Pl. einer Klasse von Göttern bei den Ǵaina. — ζ) eines mythischen Schwertes. — 3) f. आ *a)* **Clitoria Ternatea Lin., Marsilea quadrifolia Lin., Sesbania aegyptiaca Pers.* — *b) ein best. Metrum.* — *c) die 10te Nacht im* Karmamâsa Ind. St. 10,296. — *d) eine Form der* Durgâ. — *e) ein zehnjähriges nicht menstruirendes Mädchen, welches bei der* Durgâ-*Feier diese Göttin vertritt.* — *f)* N. pr. eines Wesens im Gefolge der Durgâ. — *g)* N. pr. der Burg Brahman's Ḱhând. Up. 8,5,3. — 4) n. = 3) *g)* Kaush. Up. 1,3. 5.

अ॑पराजिष्णु Adj. *niemals unterliegend.*

*अपराद्धपृषत्क Adj. *dessen Pfeil das Ziel verfehlt, ungeschickt im Bogenschiessen.*

अ॑पराद्धि f. *Versehen, Missgriff.*

*अपराद्धेषु Adj. = अपराद्धपृषत्क.

अपराध m. (adj. Comp. f. आ) *Vergehen, Versehen, Fehler, Schuld; Beleidigung.*

अपराधभञ्जनस्तोत्र n. Titel einer *Hymne.*

*अपराधय gaṇa ब्राह्मणादि.

अपराधिक Adj. = अपराधिन् und zugleich *ohne* Râdhikâ Spr. 7765.

अपराधिता f. Nom. abstr. von अपराधिन्.

अपराधिन् Adj. *eines Vergehens schuldig, der Jmdn beleidigt hat.*

अ॑पराधीन Adj. *von keinem Andern abhängig* Çat. Br. 11,5,7,1.

अपरान्त 1) Adj. *im äussersten Westen wohnend, — befindlich.* — 2) m. *a) das Land im äussersten Westen. Pl. die Bewohner desselben.* — *b) Ende, Schluss.* — *c) Tod.* — *d) Untertheil des Hinterfusses eines Elephanten* Çiç. 11,7. Kir. 7,37.

अपरान्तक 1) m. Pl. *die Bewohner des äussersten Westens.* f. अपरान्तिका. — 2) f. °न्तिका *ein best. Metrum.* — 3) n. *ein best. Gesang.*

अपरापरणी॑ Adj. *ohne Nachkommenschaft* AV 12,5,45.

अपरापरोत्पत्ति f. *Entstehung Eines nach dem Andern* Njâjas. 3,2,11. Comm. zu 15.

*अपरापह्वारणा f. gaṇa अन्नादि in der Kâç.

अ॑पराभाव m. *das Nichtunterliegen, Nichtverkommen.*

अ॑पराभूत Adj. *nicht unterlegen, — verkommen.*

अपरार्क m. N. pr. eines Commentators und eines Werkes.

अपरार्ध n. *die andere Hälfte* Çrut. 8.

अपराशा f. *Westen* Ind. St. 14,328.

अ॑परासिक्त Adj. *nicht verschüttet, — vorbei gegossen.*

अ॑पराहृत Adj. *unvertrieben* AV. 18,4,38.

अपराह्ण m. *Nachmittag.*

*अपराह्णक m. ein Mannsname.

*अपराह्णतन und *अपराह्णेतन Adj. *nachmittägig.*

अपरिक्रम Adj. *der nicht umhergehen kann* R. 2,63,40.

अपरिक्रामम् Absol. *ohne umherzugehen.*

अपरिक्लिष्ट 1) Adj. *nicht leidend, — schwächlich* (Kuh) Jâǵn. 1,208. — 2) °म् Adv. *nicht ungern, gern* MBh. 3,2,62.

अपरिक्लेश m. *Wohlergehen* Mudrâr. 24,14. 25,1.

अपरिक्षत Adj. *unverletzt* Çâk. 72.

अपरिगणित Adj. *nicht aufgezählt, — aufgeführt.* Davon Nom. abstr. °त्व n.

अपरिगण्य Adj. *nicht zu berechnen, — genau anzugeben.*

अपरिगत Adj. *unbekannt, unerforschlich* Kâd. 90,19.

1. अपरिग्रह m. 1) *das Nichtumfassen, Nichteinschliessen* Comm. zu TS. Prât. 16,29. — 2) *Besitzlosigkeit* 285,28.

2. अपरिग्रह Adj. 1) *besitzlos.* — 2) *unbeweibt* Kumâras. 1,54.

अपरिचारक Adj. *ohne Pfleger.*

अपरिचित Adj. *unbekannt, mit Jmd nicht vertraut* Kâd. 117,3. 119,1. Mallin. zu Kir. 3,2. 21.

अपरिच्छद Adj. *ohne Gefolge, — Reisezeug* 169,15.

अपरिच्छिन्न Adj. *unbegrenzt* 261,23. Spr. 300.

अपरिच्छेद m. *Mangel einer Entscheidung* Çâk. 106.

अपरिजात Adj. *unreif geboren, nicht lebensfähig zur Welt gekommen.*

अपरिज्ञातपूर्व Adj. *früher nicht gekannt* MBh. 13,23,20.

अपरिज्यानि f. *das nicht zu Schanden Werden.* इष्टापूर्तस्य *eine best. Spende.*

अपरितोष Adj. *unbefriedigt.*

अपरित्याग m. *das Nichtaufgeben, das Nichtfahrenlassen* 279,13.

अपरित्याज्य Adj. *nicht aufzugeben, — fahren zu lassen* Kathâs. 3,37.

1. अपरिनिष्ठान n. *das nicht ganz fest Fixirtsein* J. R. A. S. 1863.

2. अपरिनिष्ठान Adj. *ohne Endziel* Comm. zu Njâjas. 3,2,42.

अपरिपक्व Adj. *nicht ganz reif* (Frucht, Geschwür, Verstand).

अ॑परिपर Adj. *keinen Umweg machend* Maitr. S. 3,7,7. 4,8,5.

अपरिपादिन् Adj. *dem Nichts zustösst* (von einem Schiffe) Mantrabr. 2,5,14.

अपरिपूत Adj. *ungereinigt* (Korn) M. 8,330.

अपरिभव m. *das Nichtumgehen Jmds beim Essen,* N. einer best. Begehung Lâṭj. 3,2,1.

अ॑परिभिन्न Adj. *nicht zerbröckelt* Çat. Br. 5,3,2,7.

अपरिमाण n. *Unbegrenztheit* Ǵaim. 6,4,36.

अ॑परिमित Adj. *ungemessen, unbegrenzt, von unbestimmtem Maasse* u. s. w. Çulbas. 1,99.

अपरिमितधा Adv. *in unzählbaren (-bare) Theilen (Theile).*

अ॑परिमितविध Adj. *unbestimmt wie vielfach* Çat. Br. 10,2,2,17.

अ॑परिमितालिखित Adj. *unbestimmt mit wie viel Strichen versehen* Çat. Br. 8,7,2,17. Kâtj. Çr. 16,4,25.

अपरिमेय Adj. *unzählbar, unzählig* Mâlatîm. 49,5.

*अपरिम्लान m. *rother Kugelamaranth.*

*अपरियाणि f. *das Nichtumhergehenkönnen* (als Verwünschung).

अ॑परिलोप m. *Nichteinbusse* ṚV. Prât. 1,26 (16).

अ॑परिवर्गम् Adv. *ohne Ausnahme.*

अपरिवाद्य Adj. *nicht zu tadeln* Gaut. 8,13.

अ॑परिविष्ट Adj. *nicht umhüllt.*

अ॑परिवीत Adj. dass.

अ॑परिवृत Adj. *unumfangen, unumschlossen; uneingehegt* Gaut. 12,28.

अपरिशङ्कित Adj. *nicht geahnt* Spr. 194.

अपरिशुद्ध Adj. *ungereinigt, unrein* (eig. und übertr.) Suçr. 2,190,11.

अपरिशेष Adj. *ohne Rest, allumfassend.*

अपरिश्लथम् Adv. *recht stark, — fest* (umarmen) Uttarar. 108,18 (147,8).

अपरिसंवत्सर Adj. (f. आ) *kein volles Jahr bestehend* Âpast. 1,10,11.

अपरिसंख्यान n. *Unzählbarkeit, unendliche Verschiedenheit* Njâjas. 3,1,15.

अपरिसंख्येय Adj. *unzählbar, unendlich verschieden* Comm. zu Njâjas. S. 1, Z. 10. Davon Nom. abstr. °त्व n. ebend.

अपरिसमाप्तिक Adj. *endlos.*

*अपरिस्कन्दम् Absol. *ohne umherzuhüpfen* Bhaṭṭ. 9,75.

अपरिहृत Çâk. 69,12 fehlerhaft für अपरिह्वृत.

अपरिहार m. *Nichtvermeidung* 279,21.

अपरिहार्य Adj. *nicht zu vermeiden* Gaut. 8,13. Ḱaraka 1,11. Spr. 2383.

अपरिहित n. *ein noch nicht getragenes, reines*

Kleid Âpast. 1,16,30.

अपरिहृत Adj. *nicht vermieden* Çâk. 69,12 (Conj.).

अपरिह्वृत Adj. *unbeschädigt, ungefährdet.*

अपरीक्षित Adj. *unüberlegt, unbesonnen* (von Sachen und Personen). °कारक n. Titel des 5ten Buches im Pañkat. nach der ed. Bomb.; °करणीय und °करित n. (wohl °कारित्व) bei Kos.

अपरीत 1) Adj. *unbezwungen, unbezwinglich.* — 2) m. Pl. N. pr. eines Volkes.

अपरीवृत Adj. *unumschlossen* ṚV. 2,10,3.

अपरुष Adj. *frei von Zorn.*

अपरुष Adj. (f. आ) *nicht barsch, — roh.*

अपरूप n. *Missgestalt, Missgeburt.*

अपरेण Praep. *hinter; westlich von* (mit Acc.).

*अपरेतरा f. *Osten.*

अपरेद्युस् Adv. *am folgenden Tage.* संप्राप्ते *nachdem der folgende Tag gekommen war.*

*अपरेषुकामशम Adj. Ind. St. 13,393.

अपरोक्ष 1) Adj. *vor Augen liegend, wahrnehmbar.* — 2) °म् Adv. *im Angesicht von.* — 3) अपरोक्षात् *vor aller Augen, offenbar.* — 4) अपरोक्षे *in Jmds Beisein* 242,15.

अपरोक्षत्व n. *das vor Augen Stehen* 276,9.

अपरोक्षय्, °यति *sich von Etwas* (Acc.) *durch Augenschein überzeugen* 43,8.

अपरोक्षानुभव und अपरोक्षानुभूतिसुधार्णव m. Titel einer Schrift.

अपरोद्धर् Nom. ag. *Abhalter.*

अपरोध m. *Ausschluss, Verbot,* in अनप°.

अपरोधुक Adj. *abhaltend* Maitr. S. 2,2,1.

अपर्कपृष्ठ m. *ein best.* Ekâha Çâñkh. Çr. 10,8,33.

अपर्णा 1) Adj. *blattlos.* — 2) f. आ Bein. der Umâ.

1. अपर्तु m. *nicht die rechte Jahreszeit* Gaut. 16,10.24. Âpast. 1,11,27.31.39.

2. अपर्तु Adj. *unzeitig; nicht der Jahreszeit entsprechend.* Adv. *ausserhalb der Jahreszeit* Gaut. 3,21.

*अपर्य, अपर्यति Denom. von अपर.

अपर्यग्निकृत Adj. *den der Feuerbrand nicht umkreist hat* Çat. Br. 12,9,2,9.

अपर्यन्त Adj. 1) *unbegrenzt* 43,28. — 2) *mit Etwas nicht zu Ende* (*Stande*) *kommend* Lalit. 167,12.

अपर्यागत Adj. *kein Jahr alt* (Korn) Suçr. 1,199,17.

अपर्याप्त Adj. *nicht genügend, — ausreichend.*

अपर्याप्तवत् Adj. *nicht vermögend* (mit Inf.) Ragh. 16,28.

अपर्युषित Adj. 1) *ganz frisch, — neu* (eig. und übertr.) Venîs. 84,10. 89,17. — 2) *nicht alt geworden, alsbald getilgt* (Sünde) MBh. 1,170,21.

अपर्वक Adj. *ohne Gelenk.*

अपर्वतनदीवृक्ष Adj. *ohne Berge, Flüsse und Bäume* R. ed. Bomb. 4,43,19.

*अपर्वदण्ड m. *ein best. Rohr* Râgan. 8,78.

अपर्वन् n. 1) *eine Stelle, wo kein Gelenk ist,* 1,10. — 2) *kein natürlicher Haltepunkt in einer Erzählung* Kâm. Nîtis. 5,44. — 3) *ein Tag, der kein* Parvan *ist, ein gewöhnlicher Tag.* — 4) *die Zeit, da keine Sonnen- oder Mondfinsterniss Statt finden sollte,* MBh. Mâlav. Bhâg. P.

अपर्वभङ्गनिपुण Adj. Kâm. Nîtis. 11,40 vielleicht fehlerhaft für आपर्व°.

*अपल n. *Keil.*

अपलताभवन Adj. (f. आ) *ohne Lauben.*

अपलाप m. 1) *Läugnung, Verneinung.* — 2) **Zuneigung.* — 3) *Achselhöhle* Bhâvapr. 1.58.

अपलापिन् Adj. *verschweigend, verhehlend.*

अपलाल m. N. pr. eines Râkshasa.

अपलाश Adj. *unbelaubt.*

*अपलाषिका f. *Durst.*

*अपलाषिन् und *अपलाषुक Adj. *frei von Verlangen.*

अपलित Adj. *nicht ergraut.*

*अपलुपम् Acc. Inf. *abzureissen.*

अपल्पूलनकृत Adj. *ungebeizt.*

अपवक्तर् Nom. ag. *Abwehrer.*

अपवक्त्र und °क n. *ein best. Metrum.*

अपवत्स Adj. (f. आ) *kalblos.*

*अपवन n. *Park.*

अपवत् Adj. *wässerig.*

अपवमान m. *kein* Pavamâna *genanntes* Stotra. Loc. *ausser beim* P. St. Kâty. Çr. 11,1,27.

अपवरक m. n. *Schlafgemach.*

अपवर्ग m. 1) *Abschluss, Ende* 227,25. — 2) *die letzte Befreiung der Seele, endliche Erlösung* 83,28. — 3) *der Ort, wo die endliche Erlösung Statt findet,* Bhâg. P. 5,20,45. — 4) *plötzliches zu Nichte Werden.* — 5) *Gabe, Geschenk.* — 6) *Beschränkung* (einer Regel) Çulbas. 2,50.

अपवर्जन n. 1) *das Beschliessen, Beendigen.* — 2) *das Abtreten, Geben* (z. B. einer Tochter zur Ehe). — 3) **das Verlassen.* — 4) **die letzte Befreiung der Seele.*

अपवर्ण Adj. *fehlerhaft dem Laute nach.*

अपवर्त m. 1) *der zur Reduction angewandte Divisor, der grösste gemeinschaftliche Divisor zweier Grössen.* — 2) *Reduction durch Division ohne Rest* Bîǵag. 39. 40.

अपवर्तन n. 1) **Umkehr, Flucht.* — 2) *das Wegrücken, Entfernen.* — 3) *das Entziehen.* — 4) und 5) = अपवर्त 1) und 2) Colebr. Alg. 153.

अपवर्तिका f. *Schurz.*

अपवर्त्य Adj. *durch Division auf die geringsten Grössen zu reduciren* Bîǵag. 46.

अपवाचन n. in अनप°.

अपवाद m. 1) *Widerlegung* 257,31. — 2) *Aufhebung, Zurücknahme; Ausnahme* 227,15. 228,11. 29. 238,19. — 3) *Tadel, üble Nachrede.* — 4) *Befehl, Geheiss* Kir. 14,27.

अपवादक Adj. *aufhebend, annullirend* Comm. zu TS. Prât. 14,5.6. तदपवादकत्व n. Nom. abstr. ebend.

°अपवादिन् Adj. *tadelnd.*

अपवाद्य Adj. *was aufgehoben, — annullirt wird* Comm. zu TS. Prât. 14,5.

*अपवारण n. *das Verbergen, Verstecken.*

अपवारितम्, °तकेन und °वार्य (307,25) Adv. im Drama *im Geheimen, so dass es nur die zunächst betheiligte Person hört* oder *sieht.*

अपवास m. 1) *das Verlöschen.* — 2) **eine best. Pflanze,* = यवास.

अपवाह m. 1) *Abfluss.* अपवाहतस् *auf der Seite des Abflusses.* — 2) *Wegführung.* वसिष्ठस्य oder वसिष्ठाप° N. pr. einer Oertlichkeit. — 3) *Abnahme, Verminderung.* — 4) *ein best. Metrum.* — 5) Pl. N. pr. eines Volkes.

अपवाहक m. = अपवाह 3).

अपवाहन n. 1) *das Wegführen.* — 2) *Abnahme, Verminderung.*

अपवाह्य Adj. *wegzuführen.*

अपविक्षत Adj. *unverletzt.*

अपविघ्न Adj. *frei von Hindernissen* Ragh. 3,38. कच्चित्तातापविघ्नं ते *geht es ohne Hindernisse bei dir her?*

अपविद्ध Partic. von व्यध् mit अप.

*अपविषा f. *Kyllingia monocephala Lin.*

*अपवीणा P. 6,2,187.

अपवीरवत् Adj. *nicht mit einem Speere bewaffnet.*

अपवृक्तत्व n. *das Fertigsein, Nichts mehr zu thun Haben* Comm. zu Kâty. Çr. 493,24. 528,19.

अपवृज्य Adj. in अनप°.

1. अपवृत्त n. *Ekliptik* Golâdh. 8,69. 11,3.

2. अपवृत्त Adj. *von schlechtem Benehmen* 106,18.

अपवृत्ति f. *das Ablaufen, Abrutschen* Spr. 52.

अपवेध m. *fehlerhafte Durchbohrung.*

अपव्याख्या f. *falsche Erklärung.*

अपव्यापार Adj. *ohne Beschäftigung, — Amt.*

अपव्रत Adj. 1) *ungehorsam.* — 2) *das gewohnte Thun aufgebend.*

अपशङ्कम् Adv. *furchtlos.*

अपशब्द m. 1) *üble Nachrede* Spr. 2911. 7854. — 2) *verdorbene Wortform, ungrammatische Sprache* ebend.

अपशब्दखण्डन n. Titel eines Werkes.

अपशव्य Adj. *für das Vieh nicht dienlich.*

अपशशितिलक Adj. *ohne Mond als Stirnmahl.*

अपशस्त्र Adj. *waffenlos.*

अपशिरस्, अपशीर्ष und अपशीर्षन् Adj. *kopflos.*

1. अपशु m. *zum Opfer untaugliches Vieh* Njâjam. 1,4,43. Davon Nom. abstr. °त्व n. Comm. ebend.

2. अपशु Adj. *ohne Vieh,* — *Opferthier* Âçv. Gṛhj. 4,8,38.

अपशुघ्नी Adj. f. *kein Vieh tödtend.*

*अपशुच् m. *die Seele.*

अपशुष्क Adj. (f. आ) *abwendig* (Comm.).

अपशूद्र m. *kein Çûdra* Gaim. 6,1,33.

अपशूल Adj. *ohne Spiess.*

अपशोक 1) Adj. *kummerlos.* — 2) *m. *Jonesia Asoka Roxb.*

अपश्चाद्दघ्वन् und अपश्चाद्दध्वन् Adj. *nicht zurückbleibend,* — *zu kurz kommend* Maitr. S. 3,9,4.

1. अपश्चिम Adj. *nicht der letzte.*

2. अपश्चिम Adj. *der allerletzte, äusserste.* °म् Adv. *zum allerletzten Mal* Mṛkkh. 155,12.

अपश्य Adj. *nicht sehend.*

अपश्यना f. *das Nichtsehen* (buddh.).

अपश्यत् Adj. *nicht sehend* Mṛkkh. 111,3.

अपश्रय m. *Polster.*

अपश्री Adj. *der Schönheit beraubt.*

अपश्रुति Adj. *den Ohren unangenehm.*

*अपष्ठ m. n. *Spitze des Wiederhakens, mit dem ein Elephant geleitet wird.*

अपष्ठु 1) *Adj. *a) entgegengesetzt.* — *b) der linke.* — 2) Adv. *a) in verkehrter Weise, falsch* Çiç. 15,17 (अपष्ठु प° zu lesen). — *b)* **tadellos.* — *c)* **schön, reizend.* — 3) *m. *Zeit.*

*अपष्ठुर und *अपष्ठुल Adj. *entgegengesetzt.*

1. अपस् n. 1) *Werk, Handlung,* insbes. *das heilige Werk am Altar.* — 2) *bewegliche Habe.*

2. अपस् 1) Adj. *werkthätig, werkkundig.* — 2) f. Pl. *a) die Finger.* — *b) die drei Göttinen der heiligen Rede.*

3. अपस् Adj. *aquosus.*

अपसद m. *ein Ausgestossener, der Schlechteste unter.* विहंगाप° *ein niederträchtiger Vogel* Kâd. 218,21. — Pl. *Kinder aus gemischten Ehen, wenn der Vater einer niedrigeren Kaste als die Mutter angehört.*

*अपसमम् Adv. gaṇa तिष्ठद्ग्वादि. v. l. अपसमम्.

अपसर m. 1) wohl *das Abgehen von Etwas* (in अनप°). — 2) *Entfernung, Distanz* Golâdh. 13,26.

अपसरण n. *das Fortgehen, Rückzug* Spr. 408. °तम् Çat. Br.

*अपसर्जन n. 1) *das Verlassen.* — 2) *das Spenden.* — 3) *die letzte Befreiung der Seele.*

अपसर्प m. *Späher* Bâlar. 13,2.

अपसर्पण n. *das Fortgehen, Sichentfernen, Weichen.* Mit प्रति *das Zurückkehren nach.*

अपसर्पिणी f. = अवसर्पिणी.

अपसलवि und अपसलैस् Adv. 1) *nach links hin.* — 2) *mit der Stelle zwischen Daumen und Zeigefinger.*

अपसव्य Adj. 1) *nicht der linke, der rechte.* °म् mit कर् *Jmden* (Acc. und Loc.) *die rechte Seite zukehren und die heilige Schnur auf die rechte Schulter hängen.* — 2) in der Auguralkunde *von rechts nach links gerichtet, zur Linken stehend, nach links sich bewegend.* Dazu Adv. °म् und °सव्येन *zur Linken, von rechts nach links.* — 3) **entgegen gesetzt* (= 2).

अपसव्यवत् Adj. *wobei die heilige Schnur auf der rechten Schulter hängt.*

अपसार m. *Ausgang, Ausweg.*

अपसारण n. *das Entfernen, Fortlassen.*

अपसारिन् Adj. *abnehmend, sich vermindernd.*

अपसार्य Adj. *fortzuschicken, zu entfernen.*

*अपसार्वसेनि Adv. *mit Ausnahme von* Sârvaseni Kâç. zu P. 6,2,33.

अपसिद्धान्त m. *eine Behauptung* oder *ein Dogma im Widerspruch mit dem eigenen System* Njâjas. 5,2,1.24. Sarvad. 13,4.

अपसी s. 2. अपस्य.

*अपसीर P. 6,2,187.

अपसृति f. *Entfernung, Distanz* Golâdh. 13,27.

अपसृप्ति f. *Fortgang, Weggang aus* (Abl.).

*अपसौवीरम् Adv. *mit Ausnahme von* Sauvîra Kâç. zu P. 6,2,33.

अपस्कम्भ m. *Befestigung.*

अपस्कर m. 1) *Theil eines Wagens.* Auch n. — 2) *Excremente* LA. 4,6. — 3) **Schamtheile.*

अपस्खल m. *das Ausgleiten.*

अपस्तम्ब und °स्तम्भ m. *ein luftführendes Gefäss an der Seite der Brust* Bhâvapr. 1,58.

अपस्नान n. 1) *Wasser, in dem sich ein Anderer gebadet hat.* — 2) **Abwaschung nach einem Todesfall.*

अपस्पति m. N. pr. eines Sohnes des Uttânapâda.

अपस्पर्श Adj. (f. आ) *unempfindlich.*

1. अपस्पृश् Adj. *nicht hart berührend,* — *wehe thuend.*

2. अपस्पृश् Adj. *sich nicht berühren lassend,* in अनप°.

*अपस्फिग n. P. 6,2,187.

अपस्फुर, अपस्फुर (in अनप°) und अपस्फुरत् (in अनप°) Adj. *wegschnellend, ausschlagend.*

अपस्मय Adj. *ohne Hochmuth.*

अपस्मार m. (*Verlust des Bewusstseins*) *Besessensein; Fallsucht* Karaka 2,8. 8,8.

अपस्मारिन् Adj. *besessen; von Fallsucht behaftet.*

अपस्मृति Adj. 1) *keine Erinnerung von Etwas habend.* — 2) *an Etwas nicht denkend, zerstreut.* — 3) *kein klares Bewusstsein habend, ausser sich.*

अपस्य्, °स्यति *thätig sein.*

1. अपस्य 1) Adj. *geschäftig.* — 2) अपस्या f. *Geschäftigkeit, Thätigkeit.*

2. अपस्य 1) Adj. अपसिग्र (f. अपसी) *aquosus.* — 2) f. आ Bez. *bestimmter Backsteine.*

अपस्यु Adj. *geschäftig.*

अपस्वान m. *Orkan* Âpast. 1,11,30.

°अपह Adj. (f. आ) *abwehrend, vertreibend, zu Nichte machend* 72,18. 101,12. Spr. 7853.

अपहतपाप्मन् Adj. *vom Uebel befreit* Çat. Br. 2,1,3,4. 6,2,3,19.

अपहति f. *Abwehr, Vertreibung.*

अपहनन n. *das Abhalten,* in अनप°.

अपहन्तर् Nom. ag. (f. °हन्त्री) *Abwehrer, Vertreiber.*

अपहरण n. 1) *das Forttragen, Entwenden.* — 2) *das Weiterbefördern* (eines Flüchtlings) Mṛkkh. 111,9. — 3) *das Entfernen, Vertreiben, zu Nichte Machen.* श्रमाप° *der Müdigkeit* Kâd. II,36,18.

अपहरस् Adj. *nicht verderblich* Tâṇḍja-Br. 12,13,4.

अपहर्त m. = अपहर्तर् *Wegnehmer.*

अपहर्तर् Nom. ag. 1) *Hinwegführer.* — 2) *Wegnehmer, Entwender.* — 3) *Entferner, zu Nichte Macher.* — 4) N. pr. eines Schlangendämons.

अपहर्तव्य Adj. *hinwegzuführen* 152,2.

अपहर्ष Adj. *keine Freude verrathend* (Blick) Kâd. II,60,19.

*अपहल P. 6,2,187, Sch.

अपहस्त m. *Stoss mit der Hand* (*Rücken der Hand* Comm.).

अपहस्तय्, °यति *von der Hand schlagen, von sich stossen, zur Seite schieben, abschütteln, zurückweisen* Sarvad. 124,7. °हस्तित Partic. Kâd. 227,15. 262,20.

अपहानि f. *das Schwinden.*

अपहार m. 1) *das Fortreissen, Mitsichreissen.* — 2) *Fortnahme, Entwendung, Raub.* — 3) *Verscheuchung, Entfernung.* — 4) *Verheimlichung, Verläugnung* Çâk. 13,21.22. — 5) *Vorenthaltung.* — 6) *ein abgerissenes Stück.* — 7) *Verlust.*

अपहारक Adj. 1) *entwendend, stehlend, Dieb.* — 2) *verheimlichend, verläugnend.*

अपहारण n. *das Wegführenlassen* Spr. 7312, v. l.

अपक्षारवर्मन् m. N. pr. eines Mannes.

अपक्षारिन् Adj. 1) *mit sich fortreissend* (auch in übertr. Bed.). — 2) *wegnehmend, entwendend.* — 3) *entfernend, zu Nichte machend.* — 4) *verheimlichend, verläugnend.*

अपक्षास m. 1) *spöttisches Lachen.* — 2) **Lachen ohne Veranlassung.*

अपक्षास्य Adj. *zu verlachen, — verspotten.*

अपहिंकार Adj. *ohne Silbe* हिङ्.

अपहृति f. *das Fortnehmen, Entfernen* Spr. 7759.

अपह्नव m. 1) *Läugnung, das in Abrede Stellen* 242,1. — 2) *Verhüllung, Einkleidung.* — 3) *Genugthuung* Çat. Br. — 4) **Zuneigung.*

अपह्नुति f. *Läugnung* und auch *Verhüllung, Einkleidung* (als eine best. rhet. Figur) Vâmana 4,3,5.

अपह्नातर् Nom. ag. *Läugner, etwas in Abrede stellend.*

अपह्रास m. *Verminderung.*

अपह्रेपण n. *das Beschämen.*

अपांवत्स m. *ein best. Stern.*

अपाक् s. अपाञ्च्.

1. अपाक Adj. *von fern kommend, aus der Ferne sichtbar.*

2. अपाक m. *Unverdaulichkeit.*

3. अपाक Adj. *unreif* (Geschwüre u. s. w.).

अपाकचतस् Adj. *fernglänzend.*

अपाकज Adj. (*nicht gereift*) *ursprünglich, natürlich.*

अपाकरण n. 1) *das Wegtreiben.* — 2) *das Abliefern, Abtragen* (einer Schuld).

अपाकरिष्णु Adj. *übertreffend* (mit Acc.) Spr. 5896.

*अपाकर्तोम् Abl. Inf. mit पुरा *vor dem Wegtreiben.*

अपाकर्मन् n. *Ablieferung, Abtragung,* in अनपा°.

*अपाकशाक n. *Ingwer.*

अपाकां Adv. *fern.*

अपाकात् Adv. *aus der Ferne.*

अपाकिन् Adj. 1) *unverdaulich.* — 2) *unreif* (Geschwüre u. s. w.).

अपाकृति f. *Fernhaltung.*

अपाकेस्थ Adj. *fern stehend.*

अपाक्तात् Adv. *von hinten.*

*अपाक्त Adj. = अध्यक्त, प्रत्यक्त.

*अपागभ्र Adj. = अपाचीन Gal.

अपाङ्क्तेय und अपाङ्क्त्य (Gaut. 17,18. 21,11) Adj. *nicht würdig mit andern geachteten Personen an Etwas Theil zu nehmen.* Dazu Nom. abstr. अपाङ्क्तेयत्व n.

अपाङ्ग 1) **Adj. glied —, körperlos.* — 2) m. (adj. Comp. f. आ und ई) *a) der äussere Augenwinkel.* — *b) gefärbtes Mal auf einem Körpertheile.*

*अपाङ्गक m. *Achyranthes aspera.*

*अपाङ्गदर्शन n. und अपाङ्गदृष्टि f. (Spr. 3395) *Seitenblick.*

*अपाङ्गदेश m. = अपाङ्ग 2) *a).*

अपाङ्गनेत्र Adj. (f. आ) *zur Seite blickend.*

अपाङ्गप्रेक्षित n. und अपाङ्गमात्त m. *Seitenblick.*

अपाचक Adj. *nicht für sich selbst kochend* MBh. 12,12,10.

*अपाचीतरा f. *Norden.*

अपाचीन Adj. 1) *rückwärts —, westlich belegen.* — 2) **südlich.* — 3) **umgekehrt.*

अपाच्य, अपाचिय Adj. 1) *westlich.* — 2) *südlich.*

अपाञ्च् 1) Adj. (f. अपाची) *a) rückwärts —, westlich gelegen, — gewandt* AV. 3,3,6. — *b) *südlich.* — 2) Adv. अपाक् *im Westen.* — 3) *f. अपाची *Süden.*

*अपाञ्जस् P. 6,2,187.

*अपाटव n. *Unwohlsein.*

अपाणि Adj. *ohne Hände.*

अपाणिनीय Adj. *nicht* Pâṇini *eigen* Ind. St. 13,149.

अपाणिपाद Adj. *ohne Hände und Füsse* 273,15.

अपाण्डव Adj. *ohne* Pâṇḍava Veṇîs. 87.

अपातक n. *kein Verbrechen* 120,16. Gaut. 5,24.

अपात्त Partic. von दा, ददाति mit अपा.

*अपात्यय m. *das Abläugnen, Verheimlichen.*

1. अपात्र m. (selten) und n. *unwürdige Person* 172, 30. 184,14.

2. अपात्र Adj. *ohne Gefäss.* Davon Nom. abstr. °त्व n. Gaim. 4,1,34. °ता Comm. ebend.

अपात्रकृत्या f. *eine Handlung, die Jmdn zu einer unwürdigen Person macht.*

अपात्रवर्षण n. *das Spenden an Unwürdige* Spr. 413.

अपात्रवर्षिन् Adj. *Unwürdigen spendend* 158,2.

अपात्रीकरण Adj. *zu einer unwürdigen Person machend.*

अपाद् 1) Adj. *ohne Stollen, nicht metrisch* Kâvjâd. 1,23. — 2) *f. आ = वल्गुली Gal.

अपादक Adj. *fusslos.*

अपादातर् Nom. ag. *Wegnehmer.*

अपादादि m. *nicht der Anfang eines Stollens* VS. Prât. 2,17.

अपादान n. 1) *das bei einer Trennung am Platz Verbleibende* (der Begriff des Ablativs). — 2) *das wovon ein Stück abgeschnitten worden ist, das zurückgebliebene St.* Comm. zu Njâjam. 6,4,1. Dazu Nom. abstr. °त्व n. ebend.

अपाद्य Adj. (f. आ) Bez. *bestimmter* Ishṭi.

*अपाधन् P. 6,2,187.

अपान m. 1) *der eingezogene, von oben nach unten sich bewegende Hauch im Körper* 264,20.24.

अपानरूप n. Çat. Br. 11,2,3,27. — 2) *After* 44,27.28. — 3) Name eines Sâman Tâṇḍja-Br. 5,4,2. वसिष्ठस्य अ° desgl.

अपानदा Adj. *den Einhauch schenkend.*

*अपानपवन m. = अपान 1).

अपानपा Adj. *den Einhauch schützend.*

अपानभृत् Adj. Bez. best. *Ziegeln.*

अपानृत Adj. *frei von Lüge, wahr.*

अपानोद्गार m. *Farz* Spr. 2259.

अपान्तरतमस् m. N. pr. eines alten Weisen.

*अपांनप्तर् m. = अपां नपात्.

*अपांनप्त्रिय und °नप्तीय Adj. P. 4,2,27.28.

*अपांनाथ m. 1) *das Meer.* — 2) Bein. Varuṇa's.

अपांनिधि m. 1) *Bein. Çiva's. — 2) Name eines Sâman.

अपाप Adj. (f. आ) *nicht schlecht, unschuldig* 105,6. Mṛkkh. 154,1.2. 155,11.

अपापकाशिन् Adj. *nicht hässlich aussehend.*

अपापकृत् Adj. *nicht Böses thuend.*

अपापचेतस् Adj. *von guter Gesinnung, unschuldig* MBh. 3,63,17.

अपापपुरी f. N. pr. *einer Stadt.*

अपापवस्यस n. *keine verkehrte Ordnung, kein Wirrwarr.*

अपापविद्ध Adj. *nicht mit Fehlern behaftet.*

अपामंभविष्णु (अपामन्भ°?) Adj. *nicht krätzig werdend* Maitr. S. 3,6,8.

अपामार्ग m. *Achyranthes aspera.* अपामार्गतैल n. Mat. med., अपामार्गतण्डुल m. und अपामार्गहोम m.

अपामार्जन n. *das Abwischen, Wegkehren, Abwehren.* °स्तोत्र n. Titel einer *Hymne.*

अपामीव n. und अपामीवन् m. n. Name eines Sâman (auch आदित्यस्य, इन्द्रस्य).

अपांपति m. 1) *das Meer.* — 2) Varuṇa.

*अपांपित्त n. *Feuer.*

अपाय m. 1) *Weggang, das Sichentfernen.* — 2) *das Entzogenwerden von* (Abl.) Njâjam. 3,5,20. — 3) *Ausgang, Ende.* — 4) *Verfall.* — 5) *Vergehen* LA. 25,17. — 6) *Nachtheil, Schaden, Gefahr* Ṛv. Prât. 11,34.

अपायति f. (?) Kâṭh. 28,3.

अपायन n. *das Weggehen, Sichentfernen.*

अपायिन् Adj. *abgehend, mangelnd.*

1. अपार m. *diesseitiges Ufer.*

2. अपार Adj. (f. आ) 1) *unbegrenzt, unermesslich.* अपारे so v. a. *auf hohem Meere.* — 2) *auf hohem Meere befindlich.*

अपारपार Adj. *über das unermessliche Meer* (des Lebens) *hinüberführend* VP. 1,15,56.

अपारयत् Adj. *nicht vermögend, — könnend* Kâd.

259,24. II,42,14.

अपार्ण Adj. *entfernt von* (Abl.).

अपार्थ Adj. 1) *zwecklos, unnütz.* °म् Adv. *ohne eigennützige Motive* Gaudap. zu Sâmkhjak. 60. — 2) *sinnlos.*

अपार्थक 1) Adj. (f. अपार्थिका; अपार्थका fehlerhaft) = अपार्थ 1) und 2). n. *Unsinn* Njâjas. 5,2,10. °म् Adv. *in uneigennütziger Weise* Sâmkhjak. 60.

अपार्थिव Adj. *nicht irdisch* Ragh. 8,34.

अपार्धक्षेत्र Adj. *nur ein halbes Feld einnehmend* Ind. St. 9,442. 10,287.

अपार्ध्य m. Pl. N. pr. der Verfasser eines Mantra Ind. St. 3,458.

अपाल 1) Adj. (f. आ) *ohne Hüter, — Hirten* R. ed. Bomb. 2,14,54. Bhaṭṭ. 5,66. — 2) f. अपाला N. pr. einer Tochter Atri's.

*अपालङ्क m. *Cathartocarpus fistula.*

अपालम्ब m. *ein vom Wagen herabhängendes Holz zum Hemmen desselben.*

अपालयत् Adj. *nicht schützend* Spr. 6416.

अपावृत in अनपावृत.

अपावृति f. *Verschluss.*

अपावृत्त* n. *das Sichwälzen eines Pferdes.*

अपावृत्तक Adj. *flüchtig geworden.*

*अपावृत्ति f. = उद्वर्तन.

अपाव्य Adj. als Bez. bestimmter Götter und Mantra. Davon Nom. abstr. °त्व n. Kâṭh. 30,9.

*अपाश्या f. P. 6,2,156, Sch.

अपाश्रय m. 1) *Rücklehne* Daçak. 90,13. — 2) *Stütze, Halt.* — 3) etwa *Zelt* R. 5,11,19. — 4) * *Gitter, Geländer.*

अपाश्रयण n. *das Sichanlehnen* Gaut. 2,14.

अपाश्रयवत् Adj. *eine Stütze habend an* (Instr.).

°अपाश्रयिन् Adj. dass.

अपाषण्ड Adj. *nicht ketzerisch* Bhâg. 5,26,22 (अपाषाण्ड Burn., अपाखण्ड ed. Bomb.).

अपाष्टि f. in अपोऽपाष्टि = अपाष्ठ, अपाष्ठि.

अपाष्ठ m. (adj. Comp. f. आ) *Haken.*

अपाष्ठवत् Adj. *mit Haken versehen.*

अपाष्ठिहे und °हन् Adj. *mit den Krallen tödtend* Çat. Br. 12,7,1,6. 2,15.

*अपासङ्ग m. 1) von unbekannter Bed. Kâṭh. 25,2. — 2) *= उपासङ्ग *Köcher.*

अपासन n. 1) *das Wegwerfen, Weglegen.* — 2) * *Mord.*

अपि 1) Praep. mit Verben oder in Verbindung mit einem Loc. (im ṚV.) *dicht an, hinein in, in, bei.* — 2) Adv. a) *dazu, auch, ferner, desgleichen.* अपि च, चापि, अपि चैव, चैवापि und तथैवापि dass. अपि — अपि (oder च) *sowohl — als auch.* येऽपि — तेऽपि *auch diejenigen, welche.* न केवलम् — अपि *nicht nur — sondern auch* 96,28. 97,20. वापि und अपि वा *oder auch.* वापि — अथ वा — वापि *entweder — oder — oder auch.* यदि वा — यदि वापि — यदि वापि mit Potent. *sei es, dass — oder dass — oder auch dass.* न — नापि — न चैव (auch ohne Wiederholung der Negation) *weder — noch — noch auch.* — b) *auch* so v. a. *sogar, selbst, obgleich.* अपि च dass. यद्यपि, अपि हि यदि (27,20) und यदि चेत् *selbst wenn.* तथापि *dennoch.* In einem negativen Satze *nicht einmal.* अपि च — न चापि *sogar — nicht aber* so v. a. *lieber — als.* — c) *aber,* insbes. beim Wechsel des Subjects. — d) *nur.* — e) *wenigstens, doch, tamen.* — f) giebt einem Interrogativum die Bed. eines Indefinitum. — g) nach Zahlwörtern so v. a. *alle.* Eben so अपि च und अपि चैव. अन्ये ऽपि und परे ऽपि *die übrigen.* Pleonastisch nach उभ, उभय, सर्व und अशेषतस्. — h) am Anfange eines Satzes Fragepartikel. — i) am Anfange eines Satzes mit einem Potent. *ach wenn doch.* — k) अपि नाम am Anfange eines Satzes *ob wohl, vielleicht.* — l) न च — अपि तु *nicht — sondern* Spr. 5257. — m) * vor einem Imperat. bei einer freundlichen Aufforderung. — n) * सर्पिषो ऽपि स्यात् = सर्पिषो बिन्दुरपि स्यात्.

अपिकक्ष m. 1) *die Gegend der Achselgruben und Schulterblätter.* — 2) N. pr. eines Mannes; Pl. *seine Nachkommen.*

(अपिकक्ष्य) °कक्षिअ Adj. *in der Gegend der Achselgruben befindlich.*

अपिकर्ण m. *die Gegend des Ohres.*

अपिगुण Adj. *vorzüglich, vollkommen.*

*अपिगृह्य (ved.) und *ग्राह्य Adj.

*अपिच्छा f. *ein best. Vogel* Gal.

अपिज Adj. *nachgeboren, hinzugeboren.*

अपित्त Adj. *versiegt, vertrocknet.*

अपितर् m. *Nicht-Vater* Çat. Br. 14,7,1,22.

अपितृक Adj. *vaterlos* Âpast. 1,11,2.

अपितृदेवत्य Adj. *nicht an die Manen als Gottheit sich richtend* 35,26. Çat. Br. 11,1,3,3.

अपित्र्य Adj. *nicht väterlich* 201,4.

अपित्व n. *Betheiligung, Antheil* 28,13.

अपित्विन् Adj. *betheiligt, Antheil habend.*

अपिद्रष्टर् Nom. ag. *Zuschauer, Aufseher* Ind. St. 10,144.

अपिधान 1) n. a) *das Bedecken.* — b) *Bedeckung, Hülle, Decke.* — c) *Verschluss.* — d) *Schloss, Riegel.* — 2) अपिधानी f. etwa *Teppich.*

अपिधानवत् Adj. *verdeckt.*

अपिधि m. *dargereichte Gabe.*

अपिनद्धमुख Adj. *dessen Maul verbunden ist* AV. Paipp. 19,8.

अपिनेतर् Nom. ag. *Hingeleiter zu* (Gen.) Çat. Br. 12,4,4,1.

अपिपक्ष m. *Seitengegend.*

अपिपास Adj. *durstlos, kein Verlangen mehr empfindend.* Davon अपिपासत्व n. *Durstlosigkeit* Ind. St. 9,154.

अपिप्राण Adv. (f. ई) *jeden Athemzug begleitend.*

अपिभाग Adj. *Antheil habend.*

अपिमन्त्र Adj. *Rede stehend* Kâṭh. 13,1.

अपिवत् Adj. अपि *enthaltend.*

अपिवान्यवत्सा f. = अभिवान्यवत्सा.

अपिवाप m. Bez. *eines best.* Puroḍâça.

अपिव्रत Adj. *an einer religiösen Feier betheiligt, blutsverwandt.*

अपिशर्वर 1) Adj. *in die Nacht reichend, nächtlich.* — 2) n. *Nachtzeit.*

अपिशल m. N. pr. eines Mannes; Pl. *seine Nachkommen.*

अपिशसम् Abl. Inf. mit पुरा *ohne wegzuschneiden.*

अपिष्ट Adj. *ungemahlen* Çat. Br. 2,6,1,5.

अपिहित Partic. von धा, दधाति mit अपि.

अपिहिति f. *Verschluss* Maitr. S. 2,4,2. Tâṇḍja-Br. 18,5,4. 21,7,5.

अपी f. s. अप्य.

अपीच्य, अपीचिअ Adj. 1) *geheim, verborgen.* — 2) *sehr schön, reizend.*

अपीजू Adj. *antreibend.*

अपीडयत् Adj. 1) *nicht anstrengend, — ermüdend* Spr. 441. — 2) *nicht beeinträchtigend, nicht brechend* (व्रतम्, धर्मम्).

अपीडा f. *Nichtschädigung, Nichtbeeinträchtigung* MBh. 12,87,32.

अपीडित Adj. 1) *nicht gepresst, — gedrückt* Spr. 3590. — 2) *unverletzt, unversehrt* Gaut. 1,25.

अपीडितवर्णम् Adv. *ohne einen Laut zu quetschen* Suçr. 1,13,5.

1. अपीत Adj. *eingegangen in* (Acc.), *sich vereinigt habend mit* Çat. Br. 10,5,2,15. Khând. Up. 6,8,1.

2. अपीत Adj. 1) *nicht getrunken* Spr. 442. — 2) *noch nicht getrunken habend* MBh. 2,52,44.

अपीति f. *das Eingehen in Etwas, Verschwinden.*

अपीनस m. *verstopfte Nase, Schnupfen.*

अपीव्य Adj. v. l. für अपीच्य 2).

अपुंश्चलीय Adj. *kein Hurenkind* Spr. 3591

अपुंस् s. अपुमंस्. अपुंस्त्व n. *Unmannheit.*

अपुंस्का Adj. f. *gattenlos* Bhaṭṭ. 5,70.

*अपुच्छा f. *Dalbergia Sissoo Roxb.*

अपुण्यभाज् Adj. *unglückselig* Kâd. II,82,2.

अपुण्यवत् Adj. dass. Kâd. II,89,9. 123,13.

1. अपुत्र m. *Nichtsohn.*

2. अपुत्र (f. आ) und अपुत्रक (f. अपुत्रिका) *sohnlos.*

अपुत्रता f. *Sohnlosigkeit.*

अपुत्रिक Adj. *der keine Tochter hat, die er an Sohnes Statt annehmen könnte.*

अपुत्रिन् (108,6), अपुत्रिय und अपुत्र्य Adj. *sohnlos, kinderlos* Mantrabr. 1,4,2. Çâṅkh. Gṛhj. 1,18.

अपुनःपराजय m. *das nicht wieder Verlieren.*

अपुनर् Adv. 1) *ein für allemal.* — 2) mit भू *noch nicht wieder zusichkommen* Çat. Br. 12,7,1,10.

अपुनरपगम m. *das nicht wieder Fortgehen.*

अपुनरावर्तन n. *Nichtwiederkehr* (in's *Leben*) Saṁnj. Up. 3.

अपुनरावृत्ति f. *dass.* und *auch so v. a. Tod.*

अपुनरुक्त 1) Adj. *nie zu viel, wovon man nicht genug haben kann* Kâd. II,69,8. 127,1. 142,22. — 2) n. (Njâjas. 5,2,15) und °रुक्ति f. *keine unnütze Wiederholung.*

*अपुनर्गेय Adj. *nicht zum zweiten Mal zu singen* Ind. St. 13,485.

अपुनर्जन्मन् Adj. *nicht wiedergeboren werdend.*

अपुनर्दर्शन n. *das Nichtwiedersehen.*

अपुनर्दीयमान Adj. *nicht zurückgegeben werdend* AV. 12,5,44.

अपुनर्निवर्तम् Absol. *ohne Wiederkehr* Tâṇḍja-Br. 4,3,10.

अपुनर्भद्य Adj. *nicht wieder zu geniessen* TBr. 3,2,8,11.

अपुनर्भव m. 1) *Nichtwiederkehr* (z. B. von Krankheiten). — 2) *das Nichtwiedergeborenwerden, endliche Erlösung.*

अपुनर्भाव m. = अपुनर्भव 2).

अपुनर्भाविन् Adj. 1) *nicht wiederkehrend, der letzte* Venis. 115. — 2) *nicht wiedergeboren werdend.*

अपुनःसंभव Adj. (f. आ) *nicht wieder erstehend.*

अपुमंस् m. *Nichtmann, Eunuch* Bhar. Nâṭjaç. 34,53.

अपुरस्तात् Adv. *nicht von Osten* Kâtj. Çr. 21,4,10.

अपुरुषाभिवीत Adj. *nicht von Menschen angetrieben* Çat. Br. 4,5,8,11.

अपुरोगव Adj. *führerlos* Ait. Br. 6,35.

अपुरोडाश Adj. (f. आ) *ohne* Puroḍâça Kâtj. Çr. 25,3,23.

अपुरोऽनुवाक्यक Adj. *ohne* पुरोऽनुवाक्या.

अपुरोरुक्क Adj. *ohne* पुरोरुच्.

1. अपुरोहित m. *kein* Purohita Çat. Br. 6,6,3,12.

2. अपुरोहित Adj. *ohne* Purohita Ait. Br. 8,24.

अपुवाय, °यते *schlecht werden, verderben.*

अपुष्कल Adj. *nicht zutreffend* Venis. 70,22.

अपुष्ट Adj. 1) *nichtssagend, überflüssig* Kâvjapr. 7,7. Dazu Nom. abstr. °ता f. und °त्व n. — 2) **leise.*

अपुष्टार्थ n. in der Rhetorik *ein gesuchter und dabei nichtssagender Ausdruck.* Dazu Nom. abstr. °त्व n.

अपुष्प 1) Adj. (f. आ) *blüthenlos.* — 2) *m. *Ficus glomerata* Nigh. Pr.

*अपुष्पफलद m. *Artocarpus integrifolia* und *Ficus glomerata* (Nigh. Pr.).

*अपुस् n. v. l. für वपुस् Naigh. 3,7.

अपूजित Adj. *ungeehrt* Spr. 443.

अपूज्य Adj. *unehrenwerth* Spr. 446. fg.

अपूत Adj. 1) *ungereinigt.* — 2) *unrein* Gaut. 25,6.

अपूप m. 1) *Kuchen, feines Brot.* — 2) *Honigwaben.* — 3) * *Weizen.*

अपूपक m. und अपूपिका f. *Kuchen.*

अपूपनाभि Adj. *dessen Nabel* (*Mitte*) *durch einen Kuchen gebildet ist.*

*अपूपमय Adj. *aus Kuchen bestehend.*

अपूपवन्त् Adj. *von Kuchen begleitet.*

अपूपशाला f. *Bäckerei.*

अपूपापिहित Adj. *mit Kuchen bedeckt.*

अपूपीय, °यति *Kuchen wünschen* Kâtj. Çr. 12,2,12.

*अपूपीय und *अपूप्य Adj. *zu Kuchen dienend.*

*अपूप्य m. *Weizenmehl.*

अपूरण 1) Adj. *unersättlich* Spr. 124. — 2) *f. ई *Salmalia malabarica Sch. u. End.*

अपूरुष Adj. *unbelebt.*

अपूरुषघ्न Adj. *nicht Männer tödtend.*

अपूर्ण 1) Adj. *a*) *nicht voll.* एकेन *woran nur Eins fehlt* 91,2. — *b*) *nicht ganz, gebrochen* (Zahl). — 2) n. *Anakoluth.*

अपूर्ति f. *Nichterfüllung der Wünsche* MBh. 12,285,26.

अपूर्यमाण Adj. *nicht voll werdend* Kâtj. Çr. 24,1,4.

1. अपूर्व 1) Adj. (f. आ) *a*) *keinen Vorderen —, kein Vorderes habend.* — *b*) *keinen Vorgänger habend* P. 4,2,13. *noch nicht dagewesen, ganz neu* Gaim. 3,8,31. प्रजापतस्तेनू: Âçv. Çr. 8,13,13. *unvergleichlich.* — 2) m. (sc. यज्ञ) mit oder ohne प्रजापतेस् *ein best. Opfer* Tâṇḍja-Br. 17,10,4. Vaitân. 39. — 3) n. *die wunderthätige Wirkung einer religiösen Handlung* Njâjam. 2,1,1. fgg. Comm. zu Gaim. 2,1,1. fgg.

2. अपूर्व Adj. अ *zum vorangehenden Laut habend.*

अपूर्वकरण n. bei den Gaina Bez. *der achten zur Erlösung führenden Stufe.*

अपूर्वता f. 1) *das keinen Vorderen —, kein Vorderes Haben* Comm. zu Tâṇḍja-Br. 17,10,4. — 2) *Neuheit* 282,28.

अपूर्वत्व n. 1) *das keinen Vorderen —, kein Vorderes Haben.* — 2) *Neuheit* 283,18. Gaim. 6,5,5.

अपूर्वदर्शन Adj. *früher nie gesehen* Kâd. 215,9.

अपूर्वपति Adj. f. *die früher keinen Gatten gehabt hat, zum ersten Mal verheirathet* Ind. St. 13,469.

अपूर्वपद Adj. *ohne vorangehendes Wort, nicht am Ende eines Compositum stehend* P. 4,1,140.

अपूर्ववाद m. Titel eines Werkes.

अपूर्विन् Adj. *der Etwas früher nicht gethan hat* Spr. 450.

अपूर्वेण Adv. *nie zuvor*

(अपूर्व्य) अपूर्विश्र Adj. (f. आ) 1) *dem Nichts vorangeht, der erste.* — 2) *der vorzüglichste, unvergleichlich.*

अपृक्त Adj. *aus einem einzigen Vocal* oder *Laute bestehend.* °पूर्व Adj. VS. Prât. 4,184. °मध्य Adj. 181.

अपृणाक् 3. Sg. Imperf. von पर्च्.

अपृणन्त् Adj. *nicht spendend, geizig.*

अपृथक्त्व n. *das Nichtgesondertsein.*

अपृथक्त्विन् Adj. *der kein Gesondertsein annimmt* MBh. 12,320,176.

अपृथक्श्रुति Adj. *nicht einzeln hörbar* RV. Prât. 13,16.

अपृथग्दर्शन Adj. *keine Verschiedenheit sehend in* (Loc.) MBh. 12,239,8.

अपृथग्धर्मिन् Adj. *keine gesonderten Eigenschaften habend* Maitrjup. 6,22.

अपृथग्विवेक्य Adj. *nicht als gesondert zu unterscheiden* ebend.

अपृथात्मज Adj. *ohne* Arguna Venis. 97.

अपृश्नि Adj. *nicht scheckig* Kâtj. Çr. 14,2,12.

अपृष्ट Adj. *ungefragt* Gaut. 13,5. Spr. 3594.

अपृष्टे *wenn nicht gefragt worden ist* 289.

अपृष्ठशमन Adj. *ohne* पृष्ठशमनीय Kâtj. Çr. 24,6,14.

अपृष्ठशमनीय Adj. dass. Lâtj. 10,17,19.

अपेक्ष 1) m. N. pr. eines Sohnes des Çvaphalka. उपेक्ष v. l. — 2) f. आ *a*) *das Sichumsehen, Lauern auf Etwas.* — *b*) *Beachtung, Berücksichtigung, Betracht, Rücksicht* 238,8. 285,8. Instr. *in Betracht von so v. a. im Vergleich zu* 266,11.20. तदपेक्ष Adj. *darauf Rücksicht nehmend* Gaut. 8,7. — *c*) *Erwartung, das Verlangen, Erforderniss* 279,1.2. 280,4. निमित्तापेक्षत्व n. *das Erfordern einer Ursache* Comm. zu TS. Prât. 9,22.

अपेक्षण (Conj.) Adj. *hinschauend auf.*

अपेक्षणीय Adj. *zu berücksichtigen* Spr. 3093, v. l. Dazu Nom. abstr. °त्व n.

अपेक्षाबुद्धि f. *Relativitätsbegriff* Sarvad. 107, 11. fgg.

अपेक्षाव्याख्यान n. Titel eines Commentars.

अपेक्षितत्व n. *das Erwartetwerden, das Erfor-*

derlichsein 282,20. Kaṇ. 9,2,5.

अपेक्षिता f. *Erwartung.*

अपेक्षिन् Adj. 1) *berücksichtigend, beachtend.* — 2) *erwartend, abwartend.*

अपेक्ष्य Adj. *auf den man Rücksicht zu nehmen hat* Kathâs. 12,132 (अप्रेक्ष्य gedr.).

अपेतप्रजनन Adj. *nicht mehr zeugungsfähig* Kâtj. Çr. 22,4,7.

अपेतप्राण Adj. *verstorben* 107,6.

*अपेतराक्षसी f. *Ocimum sanctum.*

अपेन्द्र Adj. *wovon* Indra *ausgeschlossen ist.*

अपेय Adj. *nicht trinkbar* Spr. 2130. *zu trinken verboten* Gaut. 17,24.

अपेशल Adj. *ungeschickt, unpassend* Comm. zu Gaim. S.216, Z.10.

अपेशस् Adj. *gestaltlos.*

अपेषण n. *das Nichtmahlen* Kâtj. Çr. 8,2,18.

*अपेहिकटा (besser अपोहकटा Kâç.), *अपेहिद्वितीया, *°प्रघसा, *°वाणिजा und *°स्वागता f. gaṇa मयूरव्यंसकादि.

अपैशुन n. *keine Hinterbringerei* Bhag. 16,2.

अपोगण्ड Adj. 1) *nicht unerwachsen.* — 2) *jugendlich.* — 3) *sehr furchtsam.* — 4) *ein Glied zu viel oder zu wenig habend.* — 5) *runzelig.*

अपोढ Partic. von वह् mit अप.

अपोदक Adj. (f. आ) 1) *wasserlos, — dicht.* — 2) *nicht wässerig, — flüssig* AV. 5,13,2.6.

*अपोदिका f. = उपोदिका *Basella cordifolia Lam.*

अपोदित्य n. impers. *abzugehen von* (Abl.).

अपोद्धार्य in अनपोद्धार्य.

*अपोनप्तृ = अपां नपात् P. 4,2,27.

अपोनप्त्रिय und °नप्त्रीय Adj. *den* अपां नपात् *betreffend, ihm geweiht.*

अपोम्भन n. *Hemmung, Fessel.*

अपोह m. 1) *Vertreibung, Verdrängung, Entfernung* Sarvad. 13,18. Comm. zu Njâjas. 5,1,37. — 2) *Bestreitung, Absprechung, Negirung.*

*अपोहकटा und *अपोहकर्दमा f. gaṇa मयूरव्यंसकादि in der Kâç.

अपोहन 1) Adj. (Conj.) *vertreibend, verscheuchend.* — 2) n. a) *das Vertreiben, Entfernen* Bhag. 15,15. — b) *das Bestreiten, Absprechen, Negiren.*

अपोहनीय und अपोह्य Adj. *zu vertreiben, zu verscheuchen, zu entfernen.*

अपौरादर° *ohne Bemühung der Bürger* Kumâras. 6,41.

अपौरुषेय Adj. *nicht von Menschen kommend — herstammend.*

अपौल्कस n. *kein* Paulkasa Çat. Br. 14,7,1,22.

अप्कृत्स्न m. *eine best. Meditation* (buddh.).

अप्चर m. *Wasserthier.*

अप्त Adj. in अनप्त.

*अप्तस् n. *Werk, Handlung* Uṇâdis. 4,208.

अप्तु (अ + तु von पत्) 1) Adj. *federleicht, winzig* Maitr. S. 3,9,1. — 2) m. *Körper.*

अप्तुमत् Adj. *das Wort* अप्तु *enthaltend* Maitr. S. 3,9,1.

अप्तुर् Adj. *geschäftig, emsig.*

(अप्तूर्य) अप्तूर्यि n. *Geschäftigkeit, Emsigkeit.*

अप्तोर्याम und °र्यामन् (Tâṇḍja-Br. 20,3,5. Lâṭj. 9,5,12) m. *eine best. Art das* Soma-*Opfer zu feiern.* Davon Nom. abstr. °त्व n. Tâṇḍja-Br. 20,3,5.

(अप्त्य) अप्तिअ Adj *wässerig.*

अप्नराज् Adj. *über Besitz gebietend.*

अप्नवान m. 1) N. pr. eines Mannes. — 2) *Arm.*

अप्नस् 1) n. a) *Besitz, Habe, Reichthum.* — b) *Werk.* — c) **Nachkommenschaft.* — d) **Gestalt.* — 2) Adj. *thätig, emsig.*

अप्नस्वती Adj. f. *einträglich, ertragreich.*

अप्नःस्थ m. *Gutsherr.*

अप्पइदीक्षित m. = अप्पदीक्षित.

अप्पति m. 1) Varuṇa. — 2) *Meer* Gal.

अप्पदीक्षित (die richtige Form) und अप्पय्यदीक्षित m. N. pr. des Verfassers des Kuvalajânanda.

*अप्पित्त n. *Feuer.*

अप्पिदीक्षित m. = अप्पदीक्षित.

अप्पूर्वम् Adv. *nach vorangegangener Wasserdarbringung* Âçv. Gṛhj. 4,7,13.

अप्य und अपिअ Adj. (f. आ und अपी) *im Wasser befindlich, von ihm stammend, zu ihm gehörig.*

अप्यदीक्षित m. = अप्पदीक्षित.

अप्यय m. 1) *das Eingehen in Etwas, Verschwinden; das Vergehen, Ende,* im Gegens. zu प्रभव, भव oder उत्पत्ति. — 2) *Einmündung, Zusammenfluss* Tâṇḍja-Br. 25,10,15. — 3) *Zusammenstoss, Fuge, Verbindungsstelle* Çulbas. 3,52.87.129. — 4) N. pr. eines Mannes.

अप्ययदीक्षित und अप्यय्य m. = अप्पदीक्षित.

अप्यर्धम् Adv. *in der Nähe von* (Gen.).

अप्यायदीक्षित m. = अप्पदीक्षित.

अप्रकट Adj. (f. आ) *nicht zu Tage liegend.* °म् Adv. *unbemerkt.*

अप्रकटीकृत Adj. *nicht an den Tag gelegt* Spr. 460.

अप्रकम्प Adj. *nicht bebend, unbeweglich.* °म् Adv. *fest.*

अप्रकम्पिन् Adj. dass. Ait. Âr. 405,11.

अप्रकरण n. *kein Gegenstand der Rede* Gaim. 2,3,12. 3,4,20. 6,35.

अप्रकरणोत्पत्ति Adj. *ohne Gegenstand der Rede oder ausdrücklich erwähnt zu sein* Kâtj. Çr. 1,3,28; vgl. Gaim. 4,3,34.35 und उत्पत्तिवाक्य.

*अप्रकाण्ड m. *Strauch, Busch* Gal.

अप्रकाश 1) Adj. (f. आ) a) *nicht hell, dunkel.* — b) *versteckt, heimlich, von Andern nicht gesehen* Mṛkkh. 61,8, v. l. — 2) °म् Adv. *im Geheimen.* — 3) m. a) *Dunkel* 272,13. — b) **geheime Mittheilung.*

अप्रकाशक Adj. 1) *nicht erhellend* Tattvas. 26. — 2) **versteckt, geheim* Gal.

अप्रकाशन n. *das Nichtoffenbaren, Nichtverrathen* Spr. 496.

अप्रकाशत् Adj. *unsichtbar* 52,9.

अप्रकाश्य Adj. *nicht vor die Oeffentlichkeit zu bringen, — zu zeigen.*

अप्रकीर्णप्रसृत Adj. *nicht verworren und nicht weitschweifig.* Davon Nom. abstr. °त्व n. H. 68.

अप्रकीर्ति f. *Unberühmtheit* Nilak. zu MBh. 12,158,5.

अप्रकृत Adj. *wovon nicht die Rede ist, nicht hingehörig* Karaka 1,29. 3,8. Dazu Nom. abstr. °त्व n. Gaim. 2,2,10.15. Kâtj. Çr. 6,7,2, v. l.

अप्रकृति Adj. *nicht im normalen Zustande befindlich* Jolly, Schuld. 308.

अप्रकृतिक Adj. *ohne Stamm, — Thema, — Wurzel.*

*अप्रकृष्ट m. = अपकृष्ट *Krähe.*

अप्रकृतत्व n. *Nichthingehörigkeit, Unwesentlichkeit.*

अप्रकेत Adj. *nicht unterscheidbar, unerkennbar.*

अप्रक्षालित Adj. *ungespült* Gop. Br. 1,3,12. Vaitân. 7.

अप्रक्षित Adj. *unerschöpflich.*

अप्रख्यता f. *Unberühmtheit, Unansennlichkeit* MBh. 12,158,5.

अप्रगल्भ Adj. (f. आ) *feig, ängstlich, verzagt* 86,28. 181,30. Spr. 461. 7002. Çâk. 26,10. Venis. 31,15.

*अप्रगुण Adj. *verwirrt.*

अप्रगृह्य Adj. (RV. Prât. 1,16) und अप्रग्रह m. (TS. Prât. 15,6) *kein* प्रगृह्य *genannter Vocal.*

अप्रचङ्कश Adj. (f. आ) *ohne Sehkraft.*

अप्रचेतस् Adj. *unverständig.*

अप्रच्छिन्न Adj. *nicht gespalten* Âçv. Gṛhj. 1,3,3.

अप्रच्छेद्य Adj. *nicht zu spalten*

अप्रच्याव m. *das Nichtzusammenstürzen* Tâṇḍja-Br. 9,2,1.

अप्रच्यावुक Adj. (f. आ) *nicht hinfällig.*

अप्रच्युत Adj. 1) *unerschüttert.* — 2) *nicht abfallend von* (Abl.), — *untreu werdend.*

अप्रच्युति f. *das Nichthinfälligwerden.*

अप्रज Adj. (f. आ) 1) *kinderlos.* मैथुन so v. a. *unfruchtbar.* — 2) f. *nicht gebärend, das Kind im*

Mutterleibe zurückhaltend.

1. अप्रजज्ञि Adj. *nicht zeugungskräftig.*

2. अप्रजज्ञि Adj. *unkundig.*

अप्रजनन Adj. *nicht zeugend.* Davon Nom. abstr. °त्व n. Gaut. 3,3.

अप्रजनिष्णु Adj. *nicht zeugungsfähig* Maitr. S. 1,6,10.

अप्रजस् und अप्रजस् Adj. *kinderlos.*

अप्रजस्ता f. und अप्रजस्य n. *Kinderlosigkeit.*

अप्रजाता Adj. f. *niemals niedergekommen* MBh. 5,86,8.

अप्रजास्त्व n. *Kinderlosigkeit.*

अप्रज्ञ Adj. *nicht erkennend.*

अप्रज्ञात Adj. *ungekannt* M. 1,5.

अप्रज्ञात्र Adj. *sich verirrend, fehl gehend.*

अप्रणाश m. 1) *das Nichtverschwinden* Tāṇḍja-Br. 14,2,6. — 2) *das Nichtzugrundegehen.*

1. अप्रणीत Adj. *nicht zum Altar hingetragen* M. 9,317.

2. अप्रणीत n. *eine Begehung, bei der kein heiliges Wasser gebraucht wird,* Āçv. Çr. 1,1,5.

अप्रणोद्य Adj. *nicht abzuweisen* Gaut. 17,3.

अप्रतर्क्य Adj. *wovon man sich keine Vorstellung machen kann.* क्वाप्यप्रतर्क्यो ययौ so v. a. *er gieng, man wusste nicht wohin,* 120,25.

अप्रता Loc. Adv. *ohne Entgelt, umsonst.*

अप्रति Adj. *unwiderstehlich.*

1. अप्रतिकर m. *kein Entgelt.* Instr. *ohne E.*

2. *अप्रतिकर Adj. 1) *vertrauend.* — 2) *des Vertrauens würdig.*

अप्रतिकर्मन् Adj. *von unvergleichlichen Thaten.*

अप्रतिकार Adj. *wogegen sich Nichts thun lässt* Veṇis. 154.

अप्रतिकारिन् Adj. *keine Gegenmittel anwendend, sich nicht ärztlich behandeln lassend.*

अप्रतिकूल Adj. (f. आ) *sich Jmd* (Gen.) *nicht widersetzend* Ind. St. 5,301. *willig zu* (Loc.).

अप्रतिकृत Adj. *wogegen Nichts gethan worden ist* Veṇis. 119.

अप्रतिकृष्ट Adj. *unverknittert* Āpast. 1,30,13.

अप्रतिख्यात Adj. *nie gesehen.*

अप्रतिगृह्य Adj. *von dem man Nichts annehmen darf.*

अप्रतिग्रहण n. *das Nichtannehmen, Zurückweisen.*

अप्रतिग्राहक Adj. *Nichts annehmend.*

अप्रतिग्राह्य Adj. 1) *was nicht angenommen werden darf.* — 2) *von dem man Nichts annehmen darf* Sāmav. Br. 1,7,2.

अप्रतिघ Adj. *nicht zurückzuschlagen, unwiderstehlich, überall hindringend.*

अप्रतिघात m. *Unbehindertheit* Njājas. 3,1,46.

अप्रतिघातक Adj. *auf keinen Widerstand stossend.*

अप्रतिचक्र Adj. 1) *einen unvergleichlichen Discus besitzend.* — 2) *dem kein anderer Discus gewachsen ist.*

अप्रतिज्ञा f. *Nichteinwilligung in* (Loc.).

अप्रतिज्ञात Adj. *nicht genehmigt* Kātj. Çr. 4,11,1.

अप्रतिद्वंद्व und °द्वंद्विन् Adj. *ohne Nebenbuhler, unangefochten, unanfechtbar.* Dazu Nom. abstr. °द्वंद्वता f.

अप्रतिधुर Adj. *keinen würdigen Deichselgenossen habend.*

अप्रतिधृष्टशवस् Adj. *von unwiderstehlicher Kraft.*

अप्रतिधृष्य Adj. *nicht auszuhalten* Ait. Ār. 386,13. प्रजापतेस्तनूः Āçv. Çr. 8,13,13.

अप्रतिनोद n. *Nichtzurückweisung.*

अप्रतिपत्ति f. 1) *das Nichtkennenlernen.* शब्दानाम् Mahābh. Einl. 18,a. — 2) *das Nichtverstehen, Nichtbegreifen* Njājas. 1,1,60. 5,2,19. — 3) *Unentschlossenheit, Verblüfftheit, Rathlosigkeit* Daçar. 4,12. Sāh. D. 175. 33,21. Kād. 180,1.

अप्रतिपद् Adj. *verblüfft, rathlos.*

अप्रतिपद्यमान Adj. *sich nicht einverstanden erklärend mit* (Acc.) Çāk. 119.

अप्रतिपादक Adj. *nicht zukommen lassend, — spendend an* (Loc.).

अप्रतिपादन n. *das Nichtzukommenlassen, Vorenthalten* 184,14.

अप्रतिपालन n. *Mangel an Schutz.*

अप्रतिपूरुष Adj. *seines Gleichen nicht habend.*

अप्रतिप्रसव m. *kein Gegengeheiss* Gaim. 2,4,28.

अप्रतिबद्ध Adj. *nicht fern gehalten, zum Gefolge gehörend* Kād. II,102,20.

1. अप्रतिबन्ध m. *Abwesenheit eines Hindernisses.*

2. अप्रतिबन्ध Adj. *unbehindert, ungehemmt.*

1. अप्रतिबल Adj. *einer Sache nicht gewachsen.*

2. अप्रतिबल Adj. *dem Niemand gewachsen ist.*

अप्रतिबुद्ध Adj. *nicht erleuchtet, dumm* Spr. 7662.

अप्रतिबुद्धक Adj. dass. MBh. 12,308,4.

अप्रतिबोध° *um nicht wieder zu erwachen* Ragh. 8,57.

अप्रतिब्रुवत् Adj. *nicht widerredend.*

*अप्रतिभ Adj. *verblüfft.*

अप्रतिभा f. 1) *das Nichterscheinen, Ausbleiben* Gaut. 13,28. — 2) *das Nichtanstehen, Nichtpassen.* — 3) *Verblüfftheit* Njājas. 5,2,1.19.

अप्रतिम Adj. (f. आ) *unvergleichlich.*

अप्रतिमन्यूयमान Partic. *unfähig, den Zorn gegen Jmd geltend zu machen.*

अप्रतिमान und अप्रतिमेय Adj. *unvergleichlich.*

अप्रतिमुक्त Adj. *nicht beurlaubt* Kād. II,48,5.

अप्रतियत्नपूर्व Adj. (f. आ) *nicht künstlich erzeugt* Çiç. 3,54.

अप्रतियोगिन् Adj. *nicht correlativ; in keinem Gegensatz stehend zu* — Bhāshāp. 68. Davon Nom. abstr. °गित्व n. Tarkas. 45.

अप्रतियोधिन् Adj. *dem Niemand zu widerstehen vermag.*

अप्रतिरथ 1) Adj. *keinen ebenbürtigen Gegner habend.* — 2) m. N. pr. *a)* eines Ṛshi, eines Sohnes des Indra. — *b)* eines Sohnes des Rantināra VP. 4,19,2. — 3) n. *die von* Apratiratha *verfasste Hymne.* Dazu Nom. abstr. अप्रतिरथत्व n. Maitr. S. 3,3,7.

1. अप्रतिरूप Adj. (f. आ) 1) *unangemessen, unpassend.* — 2) *hässlich, widerlich.*

2. अप्रतिरूप Adj. (f. आ) *ohne Gegenbild, unvergleichlich.*

*अप्रतिरूपकथा f. = संगणिका.

अप्रतिरूप्य n. fehlerhaft für अप्रति°.

(अप्रतिवाच्य) °वाचिय Adj. *dem man nicht zu widersprechen vermag* Pār. Gṛhj. 3,13,4.

अप्रतिवातम् Adv. *nicht gegen den Wind* Āpast. 1,6,23.

अप्रतिवाद m. *Widerspruchslosigkeit* Ait. Ār. 459,5.

अप्रतिवादिन् Adj. *nicht widersprechend, fügsam.*

अप्रतिवार Adj. *unabwehrbar* Suçr. 1,307,8.20.

1. अप्रतिवारण n. *das Nichtabwehren, Nichtwiderstehenkönnen.*

2. अप्रतिवारण Adj. *nicht abzuwehren.*

अप्रतिवार्य Adj. *nicht abzuwehren, unaufhaltsam.*

(अप्रतिवाश्य) °वाशिय Adj. = अप्रतिवाच्य Pār. Gṛhj. 3,13,4, v. l.

अप्रतिवाश्यमान Adj. *nicht zubellend, — zublökend* u. s. w. Lāṭj. 9,8,17.19.

अप्रतिविधेय Adj. *gegen den oder wogegen nicht anzukämpfen ist* Kād. 70,22.

अप्रतिवीर्य Adj. *dem Niemand gewachsen ist.*

अप्रतिशंसत् Adj. *nicht entgegenrufend* Çat. Br. 11,5,5,9.

अप्रतिशर m. *das Nichtzerbrechen* (intrans.).

अप्रतिशस्त Adj. *nicht entgegengerufen* Çat. Br. 11,5,5,10.

अप्रतिशीन Adj. *nicht erkältet* Comm. zu Njājas. 5,2,10.

अप्रतिषिक्त Adj. *nicht begossen* Maitr. S. 1,8,3.

अप्रतिषिद्ध Adj. *nicht verboten* Suçr. 1,330,8.

अप्रतिषेक्य Adj. *nicht zu begiessen* Maitr. S. 1,8,3.

अप्रतिषेध m. *ungültige Einwendung* Njājas. 2.

1,53. 5,1,5. 8.

अप्रतिष्कुत Adj. unaufhaltsam.

*अप्रतिष्कृत Adj. dem man Nichts entgegensetzt Nir. 6,16.

अप्रतिष्टब्ध Adj. nicht gestützt auf (Instr.) Âpast. 1,6,16.

अप्रतिष्ठ 1) Adj. nicht fest stehend, keinen Bestand habend, beständigem Wechsel unterliegend, Gefahren aller Art ausgesetzt (von Personen und Sachen) M. 3,180. MBh. 1,227,11. 13,26,45. Bhag. 6,38. — 2) m. eine best. Hölle VP. 2,6,5.

अप्रतिष्ठान Adj. ohne festen Ort AV. 11,3,49.

अप्रतिष्ठायुक Adj. keinen Halt habend Maitr. S. 4,1,12.

अप्रतिष्ठित Adj. 1) = अप्रतिष्ठ. — 2) unbegrenzt Bhâg. P. 3,10,11.

अप्रतिसंहित Adj. nicht gegenseitig verknüpft Comm. zu Njâjas. 3,2,42.

अप्रतिसंख्यानिरोध m. unbewusste Vernichtung (buddh.) Bâdar. 2,2,22.

अप्रतिसङ्गिन् Adj. auf kein Hinderniss stossend, unwiderstehlich.

अप्रतिसंचर m. keine Rückbewegung.

अप्रतिसंधान n. 1) das nicht wieder in's Bewusstsein Rufen Comm. zu Njâjas. 3,1,14. — 2) das Nichtwiedergeborenwerden Comm. zu Njâjas. 4,1,64.

अप्रतिसंधि m. Nichtwiedergeburt Comm. zu Njâjas. 3,2,72.

अप्रतिसंधेय Adj. unwiderstehlich.

अप्रतिसमाधेय Adj. nicht gut zu machen Comm. zu Gaim. 6,1,42.

अप्रतिसंबद्ध Adj. in keinem Zusammenhang stehend Njâjas. 5,2,7. 10.

*अप्रतिस्खलित Adj. an Nichts hängen bleibend Nir. 6,16.

*अप्रतिस्तब्ध Adj. ungehemmt Bhaṭṭ. 9,89.

अप्रतिहत Adj. 1) ungehemmt, ununterbrochen, unbeschränkt, unverwehrt, unangefochten, unaufhaltsam, unwiderstehlich. Ungehemmt so v. a. nicht vermieden Çâk. 69,12, v. l. — 2) nicht abgelaufen, — verstrichen Pâr. Gṛhj. 2,1,2.

अप्रतिहतनेत्र m. N. pr. eines Devaputra Lalit. 346,11.

अप्रतिहातव्य Adj. nicht aufzugeben, — zu scheuen Comm. zu Njâjas. 1,1,2.

1. अप्रतिहार m. das Nichtzuhalten Tâṇḍja-Br. 24,1,12.

2. अप्रतिहार Adj. (f. आ) ohne die Pratihâra genannten Silben Lâṭj. 7,2,6. 3,13.

अप्रतिहार्य Adj. unwiderstehlich.

अप्रतीकार Adj. 1) sich nicht widersetzend. — 2) wogegen es keine Abhülfe giebt, unheilbar Kâd. 36,24. 173,21.

अप्रतीक्षम् Adv. ohne zurückzublicken.

अप्रतीघात m. = अप्रतिघात Comm. zu Njâjas. 3,1,46. 50.

अप्रतीत Adj. 1) unwiderstehlich. — 2) nicht allgemein verständlich Vâmana 2,1,8. Dazu Nom. abstr. °त्व n. Sâh. D. 213,6. — 3) nicht froh, traurig.

अप्रतीति f. das nicht allgemein verständlich Sein, das sich nicht von selbst Ergeben 279,1.

अप्रतीतिक Adj. = अप्रतीत 2).

अप्रतीत्त Adj. nicht zurückerstattet.

अप्रतीप 1) sich nicht widersetzend. अप्रतीपेन ohne Widerrede. — 2) m. N. pr. eines Fürsten.

अप्रतीभा f. das Nichtverfallen auf Etwas Âpast. 2,9,4.

अप्रतीवाप Adj. ohne Beimischung.

अप्रत्ता Adj. f. unverheirathet Gaut. 28,24. Nir. 3,5.

अप्रत्यक्ष Adj. nicht vor Augen liegend, — sichtbar Kaṇ. 4,2,2. Davon Nom. abstr. °त्व n. ebend.

अप्रत्यक्षित Adj. nicht mit eigenen Augen geschaut Kâd. II,111,15.

अप्रत्यभिघारण n. das Nichtwiederbegiessen Kâtj. Çr. 5,6,22.

अप्रत्यभिज्ञान n. Nichtwiedererkennung Njâjas. 3,2,5. 7.

1. अप्रत्यय m. 1) Misstrauen Verz. d. Oxf. H. 216,b,12. — 2) kein Suffix P. 1,1,69.

2. अप्रत्यय Adj. 1) Misstrauen setzend in (Loc.). — 2) Misstrauen erweckend Spr. 7700.

अप्रत्ययक Adj. (f. °यिका) ohne Suffix.

अप्रत्यवरोहिन् Adj. sich nicht vom Sitz erhebend.

अप्रत्यवाय m. keine Sünde Gaim. 6,3,10.

अप्रत्यवेक्षण n. das Sichnichtkümmern um —, Vernachlässigung.

अप्रत्याख्यायिन् Adj. nicht abweisend 38,5. 6.

अप्रत्याख्येय Adj. 1) nicht zurückzuweisen Cit. im Comm. zu Mṛkkh. 63,2. — 2) nicht zu läugnen Comm. zu Njâjas. 3,1,27. — 3) unheilbar. Davon Nom. abstr. °ता.

अप्रत्याम्नातव्य Adj. nicht zu verwerfen.

अप्रत्याम्नाय m. keine Gegenbestimmung Ṛv. Prât. 1,13 (25).

अप्रत्यालभमान Adj. sich nicht zur Wehr setzend Çat. Br. 1,6,3,33.

अप्रत्युच्चारण n. das Nichtergreifen des Wortes zur Erwiederung Njâjas. 5,2,17 (nach der richtigen Lesart).

अप्रत्युच्चारयत् Adj. nicht das Wort ergreifend zur Erwiederung Comm. zu Njâjas. 5,2,17.

अप्रत्युत्थायिक Adj. gegen den man sich nicht erhebt Gop. Br. 1,3,19. Vaitân. 11.

अप्रत्यृत Adj. keinen Widerstand findend an (Loc.) Nir. 4,27.

अप्रथित Adj. nicht ausgebreitet Nir. 1,14.

अप्रदक्षिणम् Adv. nach links Kâtj. Çr. 4,13,12, v. l. Jâǵn. 1,232.

अप्रदग्ध Adj. nicht verbrannt Çat. Br. 11,1,6,33.

अप्रदातर् Nom. Ag. 1) nicht gebend. — 2) eine Tochter nicht verheirathend Spr. 1699, v. l.

अप्रदान n. das Nichtgeben, Nichtgewähren Jâǵn. 3,79.

अप्रदानवत् Adj. nicht spendend, geizig.

अप्रदाह m. das Nichtverbrennen.

अप्रदीप Adj. (f. आ) ohne Leuchte Garga in Varâh. Bṛh. S. 2,9.

अप्रदुग्ध Adj. nicht ausgemolken.

अप्रदृपित Adj. nicht achtlos.

अप्रधान Adj. nicht obenan stehend, eine untergeordnete Stellung einnehmend Spr. 453. 464. P. 2,3,19 (könnte hier auch n. etwas Untergeordnetes sein).

अप्रधानकाल Adj. nicht zur eigentlichen Zeit gehörig Kâtj. Çr. 1,7,15.

अप्रधानकालीन Adj. dass. Davon Nom. abstr. °त्व n. Comm. zu Kâtj. Çr. 1,7,15.

अप्रधानता f. (Hit. 52,1) und अप्रधानत्व n. das Untergeordnetsein, untergeordnete Stellung.

अप्रधृष्य Adj. dem man Nichts anhaben kann.

अप्रनष्ट Adj. nicht verschwunden MBh. 12,293,13.

अप्रपदन n. schlechter Zufluchtsort.

अप्रपाद m. kein vorzeitiges Abgehen des Fötus.

अप्रपादुक Adj. nicht vorzeitig abgehend (Fötus) Maitr. S. 3,7,5.

अप्रबोध m. 1) das Nichterwachen. — 2) Unwissenheit.

अप्रबोधिता f. Nichterwachen, spätes Erwachen MBh. 12,248,15.

अप्रभव m. keine Quelle —, kein Veranlasser von (Loc.) Gaut. 28,51.

अप्रभविष्णु Adj. unvermögend, machtlos.

अप्रभात Adj. (f. आ) noch nicht hell geworden, — dem Tageslicht gewichen Kâd. II,67,8.

अप्रभाव Adj. = अप्रभविष्णु. Davon Nom. abstr. °त्व n. Spr. 4436.

अप्रभु Adj. dass. Mit Loc. eines Nom. act. Als m. nicht Herr von (Gen.). अप्रभुरस्यात्मनः सीदति मे हृदयम् Kâd. 39,20. Davon Nom. abstr. अप्रभुता f. (R. 2,23,38) und अप्रभुत्व n. MBh. 12,228,73.

अप्रभूती Instr. ohne Anwendung von Gewalt.

अप्रभ्रंश m. *das Nichtkommen um Etwas* (Abl.)

अप्रमत्त Adj. *nicht fahrlässig, aufmerksam, achtsam.* Davon Nom. abstr. °त्व n. Rágat. 6,362.

अप्रमय Adj. *unvergänglich.*

अप्रमा f. *falscher Begriff* Bhâshâp. 125. Tarkas. 53.

अप्रमाण n. *keine Autorität* MBh. 13,163,25. Çâk. 121. *etwas Nichtssagendes* Tarkas. 50.

अप्रमाणविद् Adj. *die Bedeutung einer Sache nicht kennend* Bhâg. P. 8,9,13.

अप्रमाणशुभ und अप्रमाणाभ m. Pl. *zwei Klassen von Göttern* (buddh.) Lalit. 171,4. 2.

अप्रमाणी Adv. mit कर् *Jmd* (Acc.) *nicht als Autorität behandeln* Kâd. 11,17. 221,15.

1. अप्रमाद m. *Aufmerksamkeit, Sorgsamkeit* MBh. 14,1,14.

2. अप्रमाद Adj. = अप्रमत्त. Davon Nom. abstr. °ता f.

अप्रमादम् Absol. 1) *aufmerksam, sorgfältig* AV. 12,1,7. 18. — 2) *unablässig, unverändert.*

अप्रमादिन् und अप्रमाद्यन्त् (Nir. 4,19) Adj. = अप्रमत्त.

अप्रमायुक Adj. *nicht plötzlichen Todes sterbend.*

अप्रमीय Adj. *was nicht zu Grunde gehen sollte.*

अप्रमुदिता f. im Sâṁkhja *eine best. Unvollkommenheit* (असिद्धि).

अप्रमूर Adj. *besonnen.*

अप्रमृष्य Adj. *unvertilgbar, unverwüstlich.*

अप्रमेय Adj. 1) *unmessbar, unergründlich.* — 2) *unbeweisbar* M. 1,3.

अप्रमेयात्मन् Adj. *von unergründlichem Wesen* (Çiva).

अप्रमोद m. *keine Freude, — Lust* M. 3,61.

अप्रमोदमाना f. im Sâṁkhja *eine best. Unvollkommenheit* (असिद्धि).

अप्रयच्छन्त् Adj. 1) *nicht abliefernd* Jágṅ. 2,256. — 2) *ein Mädchen nicht verheirathend* Gaut. 18,22.

अप्रयत Adj. *nicht innerlich und äusserlich zu einer ernsten Handlung vorbereitet, unrein* Âpast. 1,14,18.20. 16,21.22. auch von einer Speise 21.

1. अप्रयत्न *keine Anstrengnng.* अप्रयत्न° *ohne A.* 181,9.

2. अप्रयत्न Adj. *sich nicht bemühend um, gleichgültig gegen* (Loc.).

अप्रयाज Adj. *ohne Prajâga* TS. 6,1,5,4.

अप्रयाणक n. *Unterbrechung einer Reise.*

*अप्रयाणि f. *das Nichtaufbrechen* (als Drohung).

*अप्रयापणि f. *das Nichtaufbrechenlassen* (als Drohung).

अप्रयावन् Adj. wohl fehlerhaft für अप्रयावम्.

अप्रयावम् Absol. *achtsam.*

अप्रयास m. *keine Anstrengung.* Instr. *ohne A.*

अप्रयुक्त Adj. *unangewandt, ungebräuchlich* Z. d. d. m. G. 29,189. fg. Davon Nom. abstr. °ता f. und °त्व n. Sâh. D. 213,3.

अप्रयुच्छन्त् Partic. *nicht lässig, achtsam.*

अप्रयुत und अप्रयुत्वन् Adj. *nicht lässig, achtsam.*

अप्रयोग m. *Ungebräuchlichkeit* Mahâbh. Einl. 16,*a*.

1. अप्रयोजक Adj. *Etwas nicht veranlassend, — bewirkend* Gaim. 4,1,25. Davon Nom. abstr. °त्व n.

2. अप्रयोजक Adj. *unmotivirt, zwecklos.*

*अप्रलम्बम् Adv. *ohne Zögern.*

अप्रवक्तर् Nom. ag. *nicht unterrichtend, untauglich zum Unterricht* Ait. Âr. 370,18. Spr. 6608.

अप्रवर्ग्य Adj. *ohne* Pravargja Çat. Br. 14,2, 2,48. 3,2,30. Kâtj. Çr. 8,2,16.

अप्रवर्तिन् Adj. *unbeweglich* Çat. Br. Khând. Up.

अप्रवात n. *windstiller Ort* Karaka 1,13.

अप्रवाद MBh. 14,13 fehlerhaft für अप्रमाद.

अप्रवासगमन n. *das Verbleiben in der Heimath* Spr. 1943.

अप्रवासिन् Adj. *nicht in die Fremde ziehend* Spr. 3009.

अप्रवीण Adj. *ungeschickt, untüchtig* Mahâbh. Einl. 17,*a*. Comm. zu AV. Prât. 4,107.

अप्रवीता Adj. f. *ungeschwängert, unbelegt.*

अप्रवृत्ति f. 1) *Unwirksamkeit* Suçr. 1,23,14. — 2) *das nicht mehr am Platz Sein, kein ferneres Fortgelten* Kâtj. Çr. 4,3,22. 7,5,25.

*अप्रवृद्ध Adj. gaṇa प्रवृद्धादि.

अप्रवृद्धि f. *das Nichtwachsen* H. 63.

अप्रवेद Adj. (f. आ) *nicht aufspürend* (in feindlicher Absicht).

अप्रव्रज्य n. *das Nichtausziehen in die Fremde* MBh. 5,27,17.

1. अप्रशस्त Adj. 1) *nicht lobenswerth, tadelhaft.* — 2) *verrufen, Unglück verheissend.* — 3) *mangelhaft, schadhaft* Kathâs. 49,19. — 4) *unrein*, n. *Unrath.*

2. अप्रशस्त Adj. = अप्रशस्त 1).

अप्रशान्त Adj. *nicht zur Ruhe des Gemüths gelangt* MBh. 12,247,16.

अप्रशीर्णाग्र Adj. *dessen Spitze nicht abgebrochen ist* Kâtj. Çr. 2,3,31.

अप्रश्न m. *keine Frage* Njâjas. 4,2,11.

अप्रसक्त Adj. *aus etwas Vorangehendem nicht folgend* Comm. zu TS. Prât. 14,4.

अप्रसक्ति f. *das Nichthängen an* (Loc.).

अप्रसङ्ग m. *keine Anwendbarkeit auf Etwas.*

अप्रसन्न Adj. 1) **nicht klar, trübe* Gal. — 2) *nicht beruhigt* (Sinne) R. Gorr. 2,15,7.

अप्रसव m. *kein Keltern von* Soma Kâtj. Çr. 10,7,13.

अप्रसवधर्मिन् Adj. *nicht die Eigenschaft des Fortpflanzens besitzend* Tattvas. 17. 18.

अप्रसह्य Adj. *unerträglich, nicht auszuhalten, unwiderstehlich.*

अप्रसाद m. 1) *Getrübtheit* (der Sinne) Suçr. 2,47, 21. — 2) *Ungunst, unfreundliches Benehmen* Spr. 466.

अप्रसादित Adj. *nicht klar gemacht* Spr 442.

अप्रसाह्य Adj. *keiner Macht unterworfen, in Allem Herr seiner selbst.*

अप्रसिद्ध Adj. 1) *nicht zu Stande gekommen* Kumâras. 3,19. — 2) *unbekannt* Comm. zu TS. Prât. 13,14.15. *nicht allgemein bekannt.* — *verständlich* Kaṇ. 3,1,15. *unerhört* Chr. 215,16. 18.

1. अप्रसूत Adj. 1) *keine Erlaubniss habend* Çâṅkh. Çr. 14,7,2. — 2) *unerlaubt* Çat. Br. 4,1,4,3. 6.

2. अप्रसूत Adj. (f. आ) *nicht geboren habend, unfruchtbar* Spr. 2055. Bhâvapr. 2,9.

अप्रसृत Adj. 1) *nicht gäng und gäbe, ungewöhnlich.* — 2) *nicht weitschweifig;* s. अप्रकीर्णप्रसृत.

अप्रस्ताव्य Adj. *mit keinem* Prastâva *zu versehen.*

अप्रस्तुत Adj. 1) *nicht löblich, unpassend* R. 6,5,6. — 2) *nicht in Rede stehend, warum es sich nicht handelt, nicht dahin gehörig.*

अप्रस्तुतप्रशंसा (Vâmana 4,3,4) und अप्रस्तुतस्तुति f. in der Rhet. *mittelbare oder implicirende Redeweise.*

अप्रहत Adj. 1) **unbearbeitet, unbebaut.* — 2) *nicht abgedroschen, — plattgetreten* Kâd. II,98,11.

अप्रहन् Adj. *nicht beschädigend.*

अप्रहर्ष m. *Betrübniss, Leidwesen.*

अप्रहाण n. *das Nichtaufgeben, Nichtfahrenlassen* Comm. zu Njâjas. 1,1,22.

अप्रहावरी Adj. f. *nicht schwindend* Maitr. S. 4,4,1.

अप्रहित Adj. 1) *nicht angetrieben.* — 2) *nicht ausgesandt.*

अप्रहृत Adj. *womit kein Schlag ausgeführt wird* Çat. Br. 3,7,2,2.

अप्रहृष्ट Adj. *nicht erfreut, — froh.*

अप्राकरणिक Adj. *nicht zu dem in Rede stehenden Gegenstande gehörig.*

अप्राकृत Adj. (f. ई) *nicht ursprünglich, secundär* Gaim. 6,5,19.

अप्रागल्भ्य n. *Nichtüppigkeit* Comm. zu Gaim. 6, 3,39.

*अप्राग्र्य Adj. *untergeordnet.*

अप्राज्ञ Adj. *unverständig, dumm.* Davon Nom. abstr. °ता M. 4,167.

अप्राण Adj. *ohne Athem, unbelebt* 273,5.

अप्राणत् Partic. *nicht athmend, unbelebt* Kâtj.

2,7,16.

अप्राणयितव्य Adj. *nicht durch den* Prâṇa *zu erreichen* Nṛs. Up. in Ind. St. 9,165.

अप्राणिन् Adj. *unbelebt.*

अप्राणिभव Adj. *nicht von einem lebenden Wesen kommend, durch ein Instrument bewirkt* (Ton) S.S.S. 21.

अप्रातराश Adj. *kein Frühstück einnehmend.*

अप्रातिकूल्य n. *Nichtwidersetzung.*

अप्रातिरूप्य n. *Unvergleichlichkeit.*

अप्रातिलोम्य n. *kein feindseliges Entgegentreten.*

अप्रादेशिक Adj. *nicht nachzuweisen, — zu belegen.*

अप्राधान्य n. *das nicht die Hauptperson* (*Hauptsache*) *Sein* 209,24. 230,13.

अप्राप्त Adj. 1) *nicht angelangt bei* (Acc.) Çat. Br. 5,3,4,13. Ragh. 12,96. — 2) *noch nicht gekommen, — da seiend* Hit. 54,8. — 3) *nicht erlangt* Gauḍap. zu Sâṁkhjak. 62. *nicht erfahren* Kumâras. 7,50. — 4) *nicht zum Abschluss gekommen* Jâǵn. 2,243. — 5) *was aus keiner Regel folgt, — sich ergiebt* P. 8,2,33, Schol. — 6) *keine Geltung habend* Ǵaim. 1,2,9. — 7) *unerwachsen* 193,26.

अप्राप्तकाल 1) Adj. *dessen Zeit noch nicht gekommen ist* (von Personen und Sachen) Spr. 468. 3595. — 2) n. *Nichtbeobachtung der gehörigen Reihenfolge* (in einer Disputation) Njâjas. 5,2,1.11.

अप्राप्तवयस् Adj. *unerwachsen* MBh. 1,157,35.

अप्राप्तविकल्प m. *eine Wahl zwischen Zweien, ohne dass das Eine sich aus irgend einer Regel ergäbe.* Davon Nom. abstr. °त्व n. 226,14.

अप्राप्तावसर Adj. *ungelegen* (Wort) Hit. 54,11.

अप्राप्ति f. *das Nichtzutreffen* Kâtj. Çr. 9,13,25.

अप्राप्तिसम m. *ein Sophisma, bei dem der Zusammenhang zwischen dem Beweisgrunde und dem zu Beweisenden fehlt,* Njâjas. 5,1,7. Sarvad. 114,11.

अप्राप्नुवत् Adj. *nicht findend* MBh. 10,16,11.

अप्राप्य Adj. *nicht zu erreichen.* Superl. °तम.

अप्राप्यकारिन् Adj. *wirkend ohne in unmittelbarer Berührung mit dem wahrgenommenen Objecte zu stehen* Comm. zu Njâjas. 3,1,44.47. Davon Nom. abstr. °रित्व n. 45.

अप्राप्यग्रहण n. *Wahrnehmung ohne unmittelbare Berührung mit dem wahrgenommenen Objecte* Njâjas. 3,1,44.

अप्रामाणिक Adj. *auf keiner Autorität beruhend.*

अप्रामाण्य n. *das keine Autorität Sein* Kap. 1,1,8. Njâjas. 2,1,8. *das Mangeln eines Beweises* Chr. 267,21.

अप्रामिसत्य Adj. *ewig wahr* ṚV.

अप्रायत्य n. *nicht gehöriges Vorbereitetsein zu einer ernsten Handlung* Âpast. 1,11,25.

अप्रायश्चित्त n. *keine Sühnung* Kâtj. Çr. 7,5,10.

अप्रायश्चित्तिकृत् Adj. *eine Sühnung unterlassend* Çat. Br. 11,1,5,1.

अप्रायु Adj. *unablässig.*

अप्रायुस् Adj. *nicht lässig, eifrig.*

अप्रार्थक Adj. *sich nicht bewerbend* (um ein Mädchen).

अप्रार्थित Adj. *ungebeten* Spr. 7663.

अप्रावृत Adj. *unverhüllt* Çat. Br. 7,5,2,41.

अप्राशन n. *das Nichtessen, Nichtgeniessen* MBh. 12,180,33.

अप्राशितर् Nom. ag. *nicht essend, — geniessend* MBh. 12,34,24.

अप्राशित्रिय Adj. *ungeeignet für die* प्राशित्र *genannte Speise* TS. 2,6,8,5.

अप्रिय 1) Adj. *unlieb, widerwärtig;* n. *etwas Unangenehmes, Widerwärtigkeit, eine unangenehme Nachricht* u. s. w. 71,19. 140,23. 319,26. — 2) m. *a) Feind.* — *b)* N. pr. eines Jaksha. — 3) *f. आ *Silurus pungentissimus.*

अप्रियंवद Adj. (f. आ) *unfreundlich redend, grob* Jâǵn. 1,73.

अप्रियकर Adj. *unerfreulich* M. 7,204.

अप्रियभागिन् Adj. *reich an Widerwärtigkeiten* Spr. 3150.

अप्रियवादिन् Adj. = अप्रियंवद.

अप्रीति f. *Feindschaft* Mṛkkh. 131,14.

अप्रीतिकर Adj. *keine Freude bewirkend* M. 12,28.

अप्रेक्षणीय Adj. *nicht sehenswerth, hässlich anzuschauen* 47,28.

अप्रेक्षाकारिन् Adj. *ohne Ueberlegung handelnd.* Davon Nom. abstr. °रिता f. Daçak. 4,23.

अप्रेक्षापूर्वकारिन् Adj. dass. Râǵat. 4,610. Davon Nom. abstr. °रिता f. 58.

अप्रेद्य Adj. *unsichtbar.* — Kathâs. 12,132 fehlerhaft für अपेद्य.

अप्रेत Adj. *noch nicht fortgegangen* Çat. Br. 2,3,1,9.

*अप्रेतराक्षसी f. = *अपेतराक्षसी.

*अप्रेमन् Adj. *unfreundlich.*

अप्रोक्षित Adj. *unbesprengt, ungeweiht* Çat. Br. 4,2,1,13. Kâtj. Çr. 9,10,5.12. Âpast. 1,15,12.

*अप्रोट m. *Lerche* Nigh. Pr.

अप्रोदित Adj. *unausgesprochen* TS. 2,2,9,5.

अप्रोषित Adj. *nicht verreist, — abwesend* Kâtj. Çr. 3,4,29. Venîs. 18.

अप्रोषिवंस् Adj. *nimmer weichend, am Orte verweilend.*

अप्रौढ Adj. (f. आ) 1) *nicht stark genug um zu* (Inf.) Râǵat. 7,1462. — 2) *schüchtern* Spr. 1396.

अप्लव (f. आ) und अप्लववत् (MBh. 12,236,18) *ohne Schiff, wo es kein Schiff giebt.*

अप्लुत Adj. *nicht auseinandergezogen* (Vocal) AV. Prât. 1,97. 4,120.

अप्वा, अप्पा f. *eine best. Krankheit.* Auch personif.

अप्सर m. *Wasserthier* M. 7,72, v. l.

*अप्सरःपति m. Bein. Indra's.

अप्सरस् und अप्सरा f. Bez. weiblicher Wesen geisterhafter Art, die als Weiber der Gandharva erscheinen. In der epischen Poesie werden sie auf Bitten der Götter von Indra auf die Erde gesandt, um Büsser in ihren Kasteiungen zu stören.

अप्सरस्तीर्थ n. N. pr. eines mythischen *Teiches.*

अप्सरापति m. *Herr der* Apsaras.

*अप्सराय्, °यते *sich wie eine* Apsaras *benehmen.*

अप्सरेश्वरतीर्थ n. N. pr. eines Tîrtha.

अप्सव Adj. *Wasser spendend.*

अप्सव्य Adj. *im Wasser befindlich* u. s. w. Beiw. Varuṇa's Maitr. S. 2,3,3.

अप्सस् n. *Stirn, Gesicht überh.*

अप्सा Adj. (*Nass spendend*) *erquickend, stärkend.*

अप्सुक्षित् Adj. *in den Gewässern wohnend.*

अप्सुज und °जा Adj. *in den Wassern geboren.*

अप्सुजित् Adj. *in den Wassern siegend.*

अप्सुदीक्षा f. *Weihe im Wasser* Ind. St. 10,358.

*अप्सुमति P. 6,3,1, Vârtt. 6.

अप्सुमन्त् Adj. 1) *dem die Bezeichnung* अप्सु *zukommt, d. h. im Wasser erscheinend* Maitr. S. 2,1, 9. Çat. Br. 12,4,4,4. AV. Prâjaçk. 2,7. — 2) *das Wort* अप्सु *enthaltend.*

अप्सुयोग m. *die bindenden Kräfte im Wasser.*

अप्सुयोनि Adj. *aus den Gewässern stammend.*

अप्सुवाह् Adj. *im Wasser fahrend.*

अप्सुषद् Adj. *im Wasser wohnend.*

अप्सुषोम m. *ein mit Wasser gefüllter Becher.*

अप्सुसंशित Adj. *in den Wassern erregt.*

अप्सुहोम्य m. N. pr. eines Mannes.

अफल 1) Adj. (f. आ) *a) ohne Frucht.* — *b) fruchtlos, unfruchtbar, keinen Nutzen bringend, ohne Erfolg, vergeblich* 71,26. 75,8. Gaut. 9,46. Spr. 424. 479. Dazu Nom. abstr. °ता f. MBh. 3,79,14. — *c) entmannt, castrirt* 88,13.30. — 2) *m. *Tamarix indica.* — 3) *f. आ *Aloe indica Royle* und *Flacourtia cataphracta Roxb.*

अफलप्रेप्सु Adj. *keinen Lohn verlangend* Bhag. 18,23.

अफलयुक्त Adj. *mit keinem Lohn verbunden* Kâtj. Çr. 1,2,4.

अफलाकाङ्क्षिन् Adj. *keinen Lohn erwartend* Bhag. 17,11.

अफल्गु Adj. *kostbar* Çiç. 3,76.

अफालकृष्ट Adj. *nicht auf gepflügtem Acker wachsend* Jâgn. 3,46.

*अफुल्ल Adj. (f. आ) *unaufgeblüht* Gal.

1. अफेन Adj. (f. आ) *schaumlos* 42,26.

2. *अफेन n. *Opium.*

अबाण्ड Adj. (f. आ) *unverkrüppelt* Çat. Br. 3,3,1,16.

अबद्ध Adj. 1) *nicht gebunden, — angebunden* Kull. zu M. 8,342. — 2) *ungereimt, sinnlos.*

*अबद्धक Adj. = अबद्ध 2).

*अबद्धमुख Adj. *ein loses Maul habend.*

अबद्धमूल Adj. *nicht fest wurzelnd* Suçr. 1,88,10.

अबद्धवत् Adj. *fehlerhaft, ungrammatisch* Bhâg. P. 1,5,11.

अबधा f. *Segment der Basis eines Dreiecks* Lîlâv. 140.

अबधिर Adj. *nicht taub.*

*अबध्य Adj. = अबद्ध 2).

अबन्ध्र (अबन्ध्र) Adj. *bandlos, auseinanderfallend.*

अबन्धक 1) Adj. *wobei kein Pfand gegeben wird* Mit. bei Gold. — 2) *m. N. pr. eines Mannes. Pl. *seine Nachkommen.*

अबन्धन Adj. *nicht angebunden.*

अबन्धु Adj. *ohne Verwandte, — Genossen.*

अबन्धुकृत् Adj. *Mangel an Genossen verursachend.*

अबन्ध्य Adj. *der nicht gefesselt* oder *gefangen gesetzt werden darf* Gaut. 8,13.

अबन्ध्र s. अबन्ध्र.

*अबर्बर = शबल Gal.

अबर्ह Adj. *noch ohne Schwanzfedern* 77,8.

1. अबल n. *Schwäche, Unbedeutsamkeit* u. s. w., in बलाबल.

2. अबल 1) Adj. (f. आ) *kraftlos, schwach.* — 2) m. a) **Crataeva Roxburghii R. Br.* — b) N. pr. eines Fürsten. — 3) f. आ a) *Weib* 92,28. 108,4. — b) v. l. für अचला in der Bed. 3) b). — c) ein Frauenname.

अबलधन्वन् Adj. *dessen Bogen kraftlos ist.*

अबलवत् Adj. *schwach* Venîs. 18,2.

अबलाबल Adj. *ohne Kraft und Schwäche* (Çiva).

अबलास Adj. *nicht Schleim erzeugend.*

अबलीयंस् Adj. *schwächer.*

अबल्य und अबल्य n. *Schwäche, Krankheit.*

*अबष्कयणी f. = बष्कयणी Sâras. zu AK.

अबहिर्धा Adv. *nicht ausserhalb.*

अबहिष्कार्य Adj. *nicht auszuschliessen* Gaut. 8,13.

अबहुवादिन् Adj. *nicht geschwätzig* Gobh. 1,5,23.

अबहुश्रुत Adj. *nicht sehr gelehrt.*

1. अबाध m. *das Nichtvorhandensein eines Widerspruchs.*

2. अबाध Adj. *ungehemmt, ungeplagt, ungequält.*

अबाधक Adj. (f. आ) *ungehemmt.*

अबाधकर Adj. *keinen Schmerz —, keine Leiden verursachend* Suçr. 1,130,7.

अबाधकव्रत n. *eine best. Begehung.*

अबाधित Adj. 1) *ungehemmt.* — 2) *nicht verboten, erlaubt.* — 3) *wogegen sich Nichts einwenden lässt.*

अबान्धव Adj. *ohne Angehörige* M. 10,55. Suçr. 2,79,12.

अबान्धवकृत Adj. *nicht durch Angehörige bewirkt* Çâk. 92.

अबालसत्त्व Adj. *nicht den Charakter eines Knaben habend* Çâk. 101,21.

अबालिश Adj. *nicht kindisch, — dumm.*

अबालेन्दु m. *Vollmond.*

1. अबाह्य Adj. *nicht äusserlich, innerlich.*

2. अबाह्य Adj. *Nichts ausser sich habend.*

अबिन्धन Adj. *Wasser zum Brennstoff habend.* वह्नि *das unterseeische Feuer* Ragh. 13,4.

अबिभीवंस् (अबिभ्युस्) und अबिभ्यत् Adj. *furchtlos.*

1. अबीज n. *schlechter Same, schlechtes Korn* 206,15.

2. अबीज 1) a) Adj. *ohne Samen* Spr. 3597. — b) *zeugungsunfähig* 193,7. — 2) *f. आ *Rosine ohne Kerne* Nigh. Pr.

अबीजक Adj. *unbesäet* M. 10,71.

अबीभत्स Adj. (f. आ) *nicht widerlich, einen angenehmen Eindruck machend* MBh. 5,30,38.

अबुद्ध Adj. *dumm, thöricht.* Davon Nom. abstr. °त्व n.

1. अबुद्धि f. 1) *Unverstand, Thorheit* MBh. 12,204,4. — 2) *keine Absicht.* Instr. *ohne A.*

2. अबुद्धि Adj. *unverständig, thöricht.* Davon Nom. abstr. °ता f. MBh. 3,3023. Râgat. 1,79.

अबुद्धिपूर्व 1) Adj. a) *unbeabsichtigt* MBh. 3,77,13. — b) *mit Nichtintellect beginnend* Vâju-P. bei Gold. — 2) °म् Adv. *ohne Vorbedacht* Âpast. 2,26,18. MBh. 1,161,7.

अबुद्धिपूर्वक Adj. 1) *unbeabsichtigt* Vâju-P. bei Gold. — 2) *mit Nichtintellect beginnend* VP. 1,5,4.20.

अबुद्धिमत् Adj. *dumm, einfältig* 153,6.

अबुद्धिस्थ Adj. *dem Geiste nicht gegenwärtig* Kull. zu M. 3,266.

अबुध् und अबुध Adj. *unvernünftig, thöricht.*

अबुध्न Adj. *bodenlos.*

अबुध्य Adj. *nicht zu wecken.*

अबुध्यमान Adj. *nicht erwachend.*

अबुभुत्समान Adj. *nicht zu kennen wünschend* Comm. zu Njâjas. 4,2,39.

अबोद्धव्य (!) Adj. *nicht mit dem Verstande zu erreichen* Nrs. Up. in Ind. St. 9,165.

1. अबोध m. 1) *Unkenntniss* Njâjam. 1,3,22.27. — 2) *Mangel an Einsicht, Unverstand* Spr. 4488.

2. अबोध Adj. 1) *keine Einsicht habend, unverständig* Spr. 641. 3677. — 2) *unkenntlich* Bhâg. P. 8,7,11.

अबोधक Adj. *nicht belehrend, — begreiflich machend* Njâjam. 1,1,19. Davon Nom. abstr. °त्व n. Comm.

अबोधपूर्वम् Adv. *ohne es zu wissen* Spr. 5715.

अब्ज्, अब्जति *zu einer Lotusblume werden.*

अब्ज 1) Adj. *wassergeboren.* — 2) m. a) *Muschel.* — b) *der Mond* Golâdh. 10,3. — c) **Barringtonia acutangula Gaertn.* — d) Bein. Dhanvantari's. — e) N. pr. eines Sohnes des Viçâla. — 3) n. a) *Lotusblume* 297,17. Ragh. 4,61. — b) *die Zahl 1000,000,000.* — c) *diejenige Constellation, bei der die Planeten promiscue in den vier* Kendra *stehen.*

*अब्जकर्णिका f. *Samenkapsel der Lotusblume* Nigh. Pr.

अब्जज m. Bein. Brahman's.

अब्जनाभ m. Bein. Vishnu's.

अब्जपाणि m. N. pr. eines Buddha, = पद्मपाणि.

*अब्जबान्धव m. *die Sonne.*

*अब्जबीजकृत् m. *weisser Oleander* Nigh. Pr.

अब्जभव m. Bein. Brahman's.

*अब्जभोग m. *Lotuswurzel.*

*अब्जयोनि m. Bein. Brahman's.

*अब्जवाहन m. Bein. Çiva's.

*अब्जस् n. *Gestalt.*

अब्जसंभव m. Bein. Brahman's.

अब्जसरस् n. *Lotusteich* 133,19.

*अब्जहस्त m. *die Sonne.*

अब्जा Adj. *wassergeboren.*

अब्जाद m. *Gans, Schwan.*

अब्जासन n. *eine best. Art zu sitzen,* = पद्मासन.

अब्जित् Adj. *Wasser gewinnend.*

अब्जिनी f. *Lotuspflanze; Lotusteich.*

अब्जिनीपति m. *die Sonne.*

*अब्जिनीबन्धु m. dass. Gal.

अब्द m. 1) *Jahr.* Am Ende eines adj. Comp. f. आ. — 2) **Wolke* Bhatt. 2,30. — 3) *Cyperus hexastachyus Nees.* — 4) *N. pr. eines Berges.

°अब्दक Adj. *—jährig.*

अब्दतन्त्र n. Titel eines astronomischen Werkes.

अब्दप und अब्दपति m. *der planetarische Jahresregent* Ganit. Pratjabd. 1.13.

अब्दमुक्ता f. *eine Perlenart* Gal.

अब्दया Instr. Adv. *aus Lust zur Wasserspende.*

अब्दरहस्य n. Titel eines Werkes.

*अब्दवाहन m. Bein. Çiva's.

*अब्दसार m. *eine Art Kampher.*

अब्दाधिप m. = अब्दप Ganit. Pratjabd. 11.

अब्दिमत् Adj. *wolkenreich.*

अब्दैवत Adj. *die Wasser zur Gottheit habend.*

अब्धि m. 1) *Meer* Spr. 7671. — 2) **Teich, See.* — 3) Bez. *der Zahl vier.* — 4) Titel eines Werkes.

अब्धिकन्या f. Patron. der Lakshmî Spr. 3719.

*अब्धिकफ m. *os sepiae.*

*अब्धिज 1) m. *a) ein edles Pferd* Gal. — *b) os sepiae* Nigh. Pr. — *c)* Du. *die beiden* Açvin. — 2) f. आ *Branntwein.*

अब्धिजीविन् m. *Fischer.*

अब्धितनय m. Du. *die beiden* Açvin.

*अब्धिद्वीपा f. *die Erde.*

*अब्धिनगरी f. *die Stadt* Dvârakâ.

*अब्धिनवनीतक m. *der Mond.*

*अब्धिफल n. *ein best. Arzeneimittel* Râǵan. 6,219.

*अब्धिफेन m. *os sepiae.*

*अब्धिमण्डूकी f. *Perlenmuschel.*

*अब्धिवल्लभ m. *Koralle* Gal.

*अब्धिवस्त्रा f. *die Erde* Gal.

*अब्धिशयन m. Bein. Vishṇu's.

*अब्धिसद्मन् m. Bein. Varuṇa's Gal.

*अब्धिसार m. *Perle* Râǵan. 13,147.

*अब्धिसेतुकृत् m. Bein. Râma's Gal.

*अब्ध्यग्नि m. *das unterseeische Feuer.*

अब्बिन्दु m. *Wassertropfen.*

अब्भक्ष 1) Adj. *nur Wasser geniessend* Gaut. 26, 20. Jâǵn. 3,286. — 2) *m. *Schlange.*

अब्भक्षण n. *Genuss blossen Wassers* Bhâg. P. 9,4,40.

अब्रह्मचर्य Adj. *unkeusch.*

*अब्रह्मचर्यक n. *geschlechtliche Nichtenthaltsamkeit.*

अब्रह्मण्य 1) Adj. *Brahmanen nicht hold.* — 2) n. *Gewalt und Unrecht,* insbes. als Ausruf eines Brahmanen, dem Gewalt angethan wird.

अब्रह्मता f. *unheilige Gesinnung.*

अब्रह्मदत्त m. *kein* Brahmadatta Ind. St. 13,379.

1. अब्रह्मन् n. *nicht das* Brahman TBr. 3,12,8,2.

2. अब्रह्मन् m. *ein Anderer als ein Brahman* Çat. Br. 12,6,1,28.

3. अब्रह्मन् Adj. 1) *von keiner Andacht* u. s. w. *begleitet.* — 2) *ohne Brahmanen.*

*अब्रह्मबन्धूक Adj. *ohne* ब्रह्मबन्धू Kâç. zu P. 6, 2,173.

1. अब्राह्मण 1) m. *kein Brahman.* — 2) f. अब्राह्मणी *keine Brahmanin* Ind. St. 10,87.

2. अब्राह्मण und अब्राह्मणक Adj. *ohne Brahmanen.*

अब्राह्मण्य n. 1) *Verletzung des für Brahmanen gültigen Gesetzes* Âçv. Çr. 9,3,20. — 2) = *अब्रह्मण्य 2).

अब्रुवत् Adj. *nicht aussagend* Jâǵn. 2,76.

अब्लिङ्ग 1) n. Pl. Bez. *der Verse* RV. 10,9,1—8. — 2) f. आ Pl. dass. Gaut. 23,7.

अभक्त Adj. 1) *nicht zugetheilt.* — 2) *keinen Theil von Etwas bildend, nicht zu Etwas gehörig* Mahâbh. 6,57,*a.* Davon Nom. abstr. °त्व n. P. 7,2,43, Sch. — 3) *nicht zugethan,* — *ergeben* Spr. 4469. 6806. mit Loc. der Person Bhâg. P. 6,10,29.

अभक्तच्छन्द m. *Mangel an Appetit.*

अभक्षित Adj. *nicht verzehrt.*

अभक्ष्य Adj. *nicht zu essen,* — *geniessen* Âpast. 1,17,38.

अभग Adj. (f. आ) 1) *unglücklich.* — 2) *unschön* Gobh. 1,3,17.

अभग्नकाम Adj. (f. आ) *dessen Begehren nach* — (Loc.) *von* — (Instr.) *nicht gestört wird* Ragh. 5,7.

अभग्नमान Adj. *wobei die Ehre nicht leidet* Spr. 5023.

अभग्नयोग Adj. *dessen Meditation nicht gestört wird* MBh. 13,18,80.

अभङ्ग m. *ein best. Tact* S. S. S. 211.

अभङ्गश्लेष m. *eine Zweideutigkeit ohne verschiedene Zerlegung eines Wortes* Kâvjapr. S. 226, Z. 3.

अभङ्गुर Adj. (f. आ) 1) *eben* (Boden). — 2) *unvergänglich, dauerhaft.*

अभद्र Adj. *unheilvoll;* n. *Unheil* Gaut. 9,20. Âpast. bei Kull. zu M. 4,139; anders der gedr. Text 1,31,13.

1. अभय 1) Adj. (f. आ) *ohne Gefahr, sicher.* वाच् *Sicherheit versprechend* MBh. 4,67,6. — 2) m. *a)* Bein. Çiva's. — *b)* N. pr. eines Sohnes des Dharma und eines natürlichen Sohnes des Bimbisâra. — 3) f. आ *a) Terminalia Chebula.* — *b)* Bein. der Dâkshâjaṇî. — 4) n. *a) Sicherheit der Person* (adj. Comp. f. आ) 128,25. अभयतम n. *grösste Sicherheit.* — *b) ein auf die Sicherheit der Person gerichteter Opferspruch.* — *c)* **die Wurzel von Andropogon muricatus.*

2. अभय Adj. *keine Furcht kennend.*

अभयगिरिवासिन् m. Pl. Bez. einer Schule des Kâtjâjana.

अभयंकर und अभयंकृत् Adj. *Sicherheit schaffend.* इन्द्रस्याभयंकरम् Name eines Sâman.

*अभयजात m. N. pr. eines Mannes.

*अभयडिण्डिम m. *Kriegstrommel.*

अभयत्व n. *Gefahrlosigkeit* Ind. St. 9,154.

अभयद 1) Adj. *Sicherheit gewährend.* — 2) m. *a)* **ein* Arhant bei den Ǵaina. — *b)* N. pr. eines Fürsten VP. 4,19,1.

अभयदक्षिणा f. *Sicherheitsversprechen.*

अभयदत्त m. N. pr. eines Arztes Mudrâr. 45(76),17.

अभयदान n. *Gewährung von Sicherheit.* °सार Titel eines Werkes.

अभयदेव m. N. pr. eines Mannes Ind. St. 14,361.

अभयंदद m. Bein. Avalokiteçvara's.

अभयप्रद 1) Adj. *Sicherheit gewährend* 51,10. — 2) m. N. pr. eines Wesens im Gefolge Padmapâṇi's.

अभयप्रदान n. = अभयदान.

अभययाचना f. *das Bitten um Sicherheit der Person* Ragh. 11,78.

अभयवचन n. und अभयवाच् f. *Sicherheitsversprechen*

अभयसनि Adj. *Sicherheit schenkend.*

अभयाकरगुप्त und अभयानन्द m. N. pr. zweier Männer.

अभव m. *Vernichtung.*

अभवन्मतयोग und अभवन्मतसंबन्ध m. in der Rhet. *fehlerhafte Construction.*

अभव्य Adj. *wie Jmd nicht sein sollte.*

*अभव्यहंस m. *ein Schwan mit schwarzen Flügeln* Gal.

*अभस्त्रका und *अभस्त्रिका f.

अभाग Adj. *ohne Antheil,* — *Erbtheil.*

अभागधेय Adj. *dem Etwas nicht zu Theil werden soll* Spr. 3599.

अभागिन् Adj. *an Etwas nicht betheiligt, von Etwas ausgeschlossen* Ǵaim. 1,2,5. *zu Etwas* (Gen.) *nicht berechtigt* Comm. zu Mṛkkh. 22,25.

अभाग्य 1) Adj. (f. आ) *unglücklich* MBh. 3,281, 20. — 2) n. *Unglück.*

अभाजन n. *kein Gefäss für* (Gen.), so v. a. *nicht würdig* Kâd. 68,23. 75,9.

अभान n. *das Nichterscheinen* 285,17.

अभार्य Adj. *ohne Gattin.*

अभाव m. 1) *das Nichtdasein, Fehlen. Unterbleiben, Abwesenheit.* — 2) *das Nichtsein.* — 3) *Vernichtung, Tod.*

°अभाववत् Adj. *Etwas nicht habend, ermangelnd* Tarkas. 19. 40.

अभाववाद m. Titel eines Werkes.

अभाविन् Adj. 1) *nicht geschehen sollend* 159,1. — 2) *wie Jmd nicht sein sollte* Hariv. 11190.

अभाषमाण Adj. *Nichts sagend* MBh. 4,66,25.

अभाषितपुंस्क Adj. *kein entsprechendes Masculinum habend* P. 7,3,38.

अभास्वर Adj. *nicht glänzend.*

अभि 1) Adv. *a) herbei.* — *b) darüber hinaus.* — 2) Praep. *a)* mit Acc. α) *zu* — *her, zu* — *hin, nach* — *hin, gegen.* — β) *in* — *hinein* Çat. Br. 6,7,1,7. — γ) *um, für, zur Gewinnung von.* — δ) *über* —

hinaus. — ε) *um — willen.* — ζ) *gegen, in Bezug auf, auf, über.* — η) *in distributiver Bed., die aber schon im wiederholten Acc. liegt. — b) mit Abl. α) *mit Ausschluss von, ohne* ṚV. 1,139,8. 10,25,3. — β) *hervor — aus* Spr. 3873 (wohl fehlerhaft für अधि).

अभिक Adj. *begierig, lüstern.*

अभिकर m. *der Ausführende* Gop. Br. 1,5,24.

अभिकरण s. स्वप्नाभिकरण.

अभिकाङ्क्षा f. *Verlangen, Begehren nach* (Acc. oder im Comp. vorangehend).

अभिकाङ्क्षिन् Adj. *verlangend, begehrend nach* (Acc. oder im Comp. vorangehend).

1. अभिकाम m. *Liebe, Zuneigung; Verlangen nach, Wunsch.*

2. अभिकाम Adj. (f. आ) *in Liebe zugethan; hingezogen zu, verlangend nach* (Acc. oder im Comp. vorangehend).

अभिकाल m. N. pr. eines Dorfes.

अभिकृति f. *ein best. Metrum.*

अभिकृत्वरी f. *eine Art Hexe.*

अभिक्रतु Adj. *übermüthig.*

अभिक्रन्द m. *das Anschreien, Anbrüllen.* इन्द्रस्य Name eines Sâman.

अभिक्रम m. 1) *das Herantreten* Lalit. 231,1. — 2) *muthiger Angriff.* — 3) *Unternehmung.* — 4) *Bewältigung* Tândja-Br. 20,1,2. — 5) *das Hinaufsteigen.* — 6) *das erste Glied der* Krama-*Recitation.*

अभिक्रमण n. *das Hinzutreten* Gaut. 2,26. Gaim. S. 233, Z. 3. Njâjam. 3,1,20.

अभिक्रान्त n. = अभिक्रान्ति Tândja-Br. 20,1,2.

अभिक्रान्ति f. *Bewältigung* Tândja-Br. 20,1,2. Gaut. 25,5.

अभिक्रान्तिन् Adj. *der mit Etwas* (Loc.) *begonnen hat.* Superl. °क्रान्तितम Lâṭj. 8,6,1.

अभिक्रामम् Absol. *hinzutretend.*

अभिक्रोशक m. *Anschreier, Schelter.*

अभिक्षत्तर् Nom. ag. *Vorleger, Vorsetzer* (von Speisen), *Wirth.*

अभिक्षदा Adj. *ohne Bitte gebend.*

अभिक्षित Adj. *nicht angebettelt* Çat. Br. 11,3,2,7.

अभिख्या f. 1) *Anblick.* — 2) *Schein, Glanz, Schönheit.* — 3) *Klarheit, Deutlichkeit* Comm. zu TS. Prât. 23,7. — 4) *Berühmtheit.* — 5) *Name, Benennung.* — 6) *Einsicht, Verstand.* — 7) *Bericht, Erzählung.*

अभिख्यातर् Nom. ag. *Aufseher, Hüter.*

अभिगन्तर् Nom. ag. 1) *Nachsteller.* — 2) *Beischläfer.* — 3) *Begreifer, Versteher.*

अभिगन्तव्य Adj. *aufzusuchen* Spr. 6761. Varâh. Bṛh. S. 2,11.

अभिगम m. 1) *Herbeikunft.* — 2) *Besuch* Megh. 49. — 3) *Beschlafung.* — Wird mit अधिगम verwechselt.

अभिगमन n. 1) *das Herankommen, Herbeikommen, Annäherung, das Hingehen zu* Gaut. 18,15. — 2) *das Besuchen, Aufsuchen.* — 3) *das Beschlafen* Gaut. 12,2. — 4) *das Reinigen und Bestreichen* (*mit Kuhmist*) *des Weges zu einer Götterstatue.*

अभिगम्य Adj. 1) *adeundus, zu besuchen.* — 2) *zugänglich, einladend.*

अभिगर m. 1) *beifälliger Zuruf* (in der Liturgie). — 2) *eine best. beim Opfer fungirende Person, welche einen beistimmenden Zuruf zu sprechen hat,* Maitr. S. 1,9,1. Lâṭj. 4,3,4. 10,20,12.

अभिगर्जन n. *wildes Geschrei.*

अभिगर्जिन् (Conj.) Adj. *anbrüllend.*

अभिगामिन् Adj. *beschlafend.* Mit Acc. VP. 2,6,12.

अभिगुप्ति f. *Bewahrung, Behütung.* आत्माभि° MBh. 12,299,7.

अभिगूर्ति f. *Lobgesang.*

अभिगृध्र Adj. *heftig nach Etwas verlangend.*

अभिगोत्त Adj. *zurufend.*

अभिगोप्तर् Nom. ag. *Bewacher, Hüter.*

अभिग्रह m. 1) *das Anfassen.* — 2) *Angriff, Herausforderung.* — 3) *Raub.* — 4) *Ansehen, Autorität.*

*अभिग्रहण n. *das Rauben, Raub.*

अभिग्रहीतर् Nom. ag. *Ergreifer* Maitr. S. 1,3,12.

अभिग्लान m. Pl. N. pr. eines Geschlechts. अतिग्लान v. l.

अभिघात 1) m. a) *Schlag, Anprall.* — b) *unangenehme, schädliche Einwirkung* M. 12,77. Kathâs. 17,38. Sâṁkhjak. 1. — c) *krankhafte Veränderung* Suçr. 2,125,11. — d) *Entgegenwirkung, Niederdrückung.* आधिभौतिकस्य दुःखस्य रत्नादिना Gauḍap. zu Sâṁkhjak. 1. इच्छा° Comm. zu einem Jogas. bei Gold. — e) *eine best. Aussprache* VS. Prât. 1,31. — 2) n. *unerlaubte Consonantenverbindung.* — 3) Adj. (f. आ) *beschädigt.*

अभिघातक Adj. *entgegenwirkend, entfernend.*

अभिघातिन् 1) Adj. *treffend.* — 2) m. *Feind.*

अभिघार m. 1) *Besprengung.* — 2) *Bestreuung, Mischung* Gobh. 4,2,13. — 3) *geklärte Butter.*

अभिघारण n. *das Besprengen, Begiessen.*

अभिघ्राण n. = अभिजिघ्रण Comm. zu Gobh. 2,8,25.

अभिचक्षण 1) n. *Besprechung.* — 2) f. आ *Umblick, Ausblick.*

अभिचक्षे Dat. Inf. *um zu sehen* 2,9.

अभिचक्ष्य Adj. *conspicuus* ṚV. 8,4,7.

अभिचन्द्र m. *der 6te* Muhûrta Ind. St. 10,296

*अभिचर m. *Begleiter, Diener.*

अभिचरणीय Adj. 1) *zum Behexen geeignet* Lâṭj. 6,2,10. Tândja-Br. 8,1,1. — 2) *zu behexen,* in अनभि°

अभिचरित (Conj.) n. *Behexung* Kâṭh. 37,14.

अभिचरितवै Dat. Inf. *zu behexen* (praedicativ) TBr. 1,7,2,5.

अभिचरितोस् Gen. Inf. in Verbindung mit ईश्वर *zu behexen* Kâṭh. 37,14 (Conj.).

अभिचार m. *Behexung, Bezauberung.* °कल्प m. Titel eines Werkes.

अभिचारक und °चारिक Adj. *auf Behexung bezüglich.*

अभिचारिन् Adj. *behexend, bezaubernd.*

*अभिचार्य Partic. fut. pass. von चर् mit अभि.

अभिचेष्टा f. *Thätigkeit* Kap. 2,46.

अभिच्छायम् Adv. *in der Schattenlinie.*

अभिजन m. 1) *Abstammung, Herkunft* Lâṭj. 8,6,1. — 2) *edle Abstammung, Adel der Geburt* Spr. 2388. — 3) *Geschlecht, Familie.* — 4) *Familienhaupt.* — 5) *Geburtsort der Vorfahren; *Geburtsort überh.* — 6) *guter Ruf* Râgat. 7,317.

अभिजनन n. *das Geborenwerden* Spr. 5960, v. l.

अभिजनवन्त् Adj. *von edler Herkunft*

अभिजनितोस् Abl. Inf. (abhängig von निरवधीत् *hielt ab, verwehrte*) *zur Welt zu kommen als* (Acc.).

अभिजय m. *Besiegung.*

अभिजात 1) m. *der 11te Tag im* Karmamâsa Ind. St. 10,296. — 2) n. *edle Abstammung* Spr. 4395. 6101.

अभिजातता f. *Adel der Geburt* Spr. 4284.

अभिजाति f. *Herkunft, Geburt.*

अभिजिघ्रण n. *das Küssen auf* (Loc.) Gobh. 2,8,25.

अभिजित् 1) Adj. *siegreich.* — b) *unter dem Sternbild* Abhiǵit *geboren.* — 2) m. a) *ein best. eintägiges* Soma-*Opfer.* अभिजिद्विश्वजितौ Çat. Br. 12,2,2,21. — b) *das 20te (22te) Mondhaus* 220,9. — c) *die 8te Stunde des Tages, Mittagsstunde* AV. Ǵjot. 1,8. R. 6,112,70. — d) N. pr. des Sohnes oder des Vaters (VP. 4,14,4) des Punarvasu.

अभिजित m. 1) = अभिजित् 2) b) MBh. 13,64,27. — 2) = अभिजित् 2) c) MBh. 1,123,6. Hariv. 3248. 3317.

अभिजिति f. *Sieg, Erkämpfung.*

अभिज्ञ 1) Adj. (f. आ) *kundig, erfahren, vertraut mit* (Gen. oder im Comp. vorangehend). शापाभिज्ञां करोति माम् *lässt mich erfahren,* so v. a. *empfinden* Kâd. 160,17. Davon Nom. abstr. °ता f. und °त्व n. — 2) f. आ a) *das Gedenken, Sicherinnern.* — b) *höhere, übernatürliche Kenntniss und Macht* eines Buddha.

अभिज्ञान n. 1) *das Erkennen, Wiedererkennen Jmdes.* — 2) *Kenntniss.* — 3) *Erkennungszeichen, Erkennungsmahl.* — 4) *Zeichen, Beweis für* (प्रति oder Loc.). — 5) *Erinnerungen* R. 5,68,1.43. — 6) = अभिज्ञानशकुन्तल.

अभिज्ञानशकुन्तल n. Titel eines Schauspiels.

अभिज्ञापक Adj. *zur Erkenntniss bringend.*

अभिज्ञायम् in यथाभिज्ञायम्.

अभिज्ञु॑ Adv. 1) *knielings, kniend.* — 2) *bis an's Knie.*

अभिज्ञेतर Adj. *unbekannt mit Etwas.*

अभिज्ञेय in अनभिज्ञेय.

अभितरम् (Maitr. S. 1,4,12) und अभितरा॑म् Adv. *näher hinzu.*

अभितश्चर m. Pl. *Gefolge.*

अभि॑तस् Adv. Praep. 1) *herbei, hinzu* MBh. 3, 295,11. *zu — hin*, mit Acc. — 2) *nebenbei, daneben, nahebei, coram* Spr. 1269. *in der Nähe von* (Gen.); *im Angesicht von* (Acc.) so v. a. *gleichzeitig* Spr. 76. — 3) *auf —, zu beiden Seiten von* (Acc.) Spr. 5844. — 4) *vor und nach* (Acc.) Gaut. 16,40. — 5) *von allen Seiten, ringsum; um — herum*, mit Acc. — 6) *hinter*, mit Acc. R. 2,103,21. — 7) *durchaus, vollkommen.* तेषां कालो ऽभितः प्राप्त इष्टोपयातुम् so v. a. *es ist die höchste Zeit, dass* MBh. 3,266,7. त्तोणदोषमकं मन्ये चाभितस्त्वाम् 216,16. गुणवत्तः R. ed. Bomb. 1,7.18. — 8) * *schnell.*

अभितःसर Adj. *zu beiden Seiten laufend* Nilar. Up. 25.

अभिताप m. 1) *Hitze* 324,31. Çiç. 9,1. — 2) *Schmerz* (des Körpers oder der Seele).

अभितापन Adj. *Hitze* oder *Schmerz bereitend* Suçr. 2,362,12.

अभिताम्र Adj. (f. आ) *dunkelroth.*

अभितिग्मरश्मि Adv. *zur Sonne hin.*

अभितृण्वत्त् Adj. *Ableitungen von* तर्द् *mit* अभि *enthaltend* Ait. Br. 6,11. Gop. Br. 2,2,20.

अभितृत्ति f. *Eröffnung für sich, Gewinnung* Kâth. 23,4.

अभितोदेवयजनमात्रदेश Adj. *dessen Platz nach allen Seiten hin zu einer Opferstätte hinreicht* Kâtj. Çr. 7,1,14.

अभितोभाविन् Adj. *auf beiden Seiten befindlich* P. 6,2,182.

अभितोरात्रम् Adj. *gegen die Nacht hin.*

अभितो॑ऽस्थि Adj. *von Knochen umgeben.*

अभि॑त्ति f. *das Nichtbersten.*

अभित्रास m. *Einschüchterung* Âpast. 1,8,30.

अभित्रिपिष्टपम् Adv. *über den Himmel* (Herr).

अभित्सार m. *Beschleichung, Erwischung* Kâth. 27,9.

अभिदत्तिणम् Adv. *rechtshin* Lâtj. 5,12,20.

अभिदर्दि॑ m. *in Opferschmalz schwimmendes Mus* TS. 6,6,7,2.

अभिदर्शन n. *das Erblicken* oder *das sich dem Auge Darbieten* 205,13. 212,13.

अभिदिप्सु॑ Adj. *feindselig, arglistig.*

अभिदूति Adv. *an eine —, zu einer Botin* Çiç. 9,56.

अभिदेवन n. *Würfelbrett* MBh. 9,15,8.

अभिद्रु॑ह् Adj. *feindselig.*

अभिद्रोह॑ m. *Beleidigung, Kränkung.*

अभिधर्म m. *die Metaphysik der Buddhisten.* °कोश m., °धर्मप्रज्ञान n., °पिटक m. und °समुच्चय m. Titel verschiedener Werke.

*अभिधर्षण n. *das Besessensein.*

अभिधा॑ 1) Adj. *umgebend.* — 2) f. *a) Name, Benennung.* Am Ende eines adj. Comp. f. आ. — *b) die ursprüngliche Bedeutung eines Wortes* Sâh. D. 252. 267. — *c)* * *Laut* Çabdar. bei Gold.

अभिधातर् Nom. ag. *sagend, sprechend* Çiç. 13,62.

अभिधातव्य Adj. *zu sprechen, zu sagen* MBh. 13,23,36.

अभिधान 1) n. *a) Zusammenlegung, Verknüpfung.* °तरे Loc. (v. l. °तम्) *enger zusammen.* — *b) das zur Sprache Bringen, Aussagen, Kundthun* 209,15. — *c) einfache Aussage* (keine Vorschrift) Gaim. 2,1, 31. — *d) Nennung, Benennung* Bâdar. 1,1,24.25. Dazu Nom. abstr. °त्व n. Gaim. 2,1,13. — *e) Name.* Am Ende eines adj. Comp. f. आ 126,19. — *f) Wort* M. 2,33. — *g)* * *Rede.* — *h) Wörterbuch.* — 2) f. °धा॑नी *Halfter.*

अभिधानकोश m. *Wörterbuch.*

अभिधानचित्तामणि m., °चूडामणि m. und °तन्त्र n. Titel von *Wörterbüchern.*

अभिधानमाला f. *Wörterbuch* und Titel eines best. *Wörterbuchs.*

अभिधानरत्नमाला f. Titel eines *Wörterbuchs.*

अभिधायक Adj. *bezeichnend, besagend, ausdrückend.*

अभिधायम् in गोत्राभिधायम्.

अभिधायिन् Adj. 1) *aussagend, lehrend.* पृष्टाभि° *auf eine Frage Bescheid zu geben wissend.* — 2) *sagend, sprechend.* — 3) *bezeichnend, besagend.*

अभिधावक Adj. *herbeilaufend.*

अभिधावृत्तिमातृका f. Titel eines Werkes Ind. St. 14,179. 404.

अभिधित्सा f. *der Wunsch zu bezeichnen, — auszusagen* Kâvjapr. 10,20.

अभिधृष्णु॑ Adj. *bewältigend, beherrschend* (mit Acc.).

अभिधेय 1) Adj. *a) zu bezeichnen, — besagen, auszudrücken; was besagt —, ausgedrückt —, benannt wird.* — 2) n. *a) Sinn, Bedeutung* 215,19. — *b) das näher Bezeichnete, Gemeinte* so v. a. *Substantiv.* °वत् (dem Geschlecht nach) *wie das dazu gehörige Substantiv*, d. i. *movirt* Med. dh. 3.

अभिधेयत्व n. *Benennbarkeit.*

अभिध्या f. 1) *Begehren, Verlangen.* — 2) * *Begehren nach fremdem Gute.*

अभिध्यान n. 1) *das Richten der Gedanken auf* (Gen.). — 2) *Begehren, Verlangen nach* (Loc.) M. 12,5.

°अभिध्यायिन् Adj. *seine Gedanken richtend auf.*

अभिध्येय Adj. *worauf man seine Gedanken richten soll.*

अभिन॑न्द m. 1) *Wollustgefühl.* — 2) *Verlangen nach.* — 3) *der erste Monat* Ind. St. 10,298. — 4) *ein best. Tact* S. S. S. 235. — 5) N. pr. verschiedener Männer. Auch °पण्डित.

अभिनन्दन m. 1) *ein best. Tact* S. S. S. 211. — 2) N. pr. zweier Männer.

अभिनन्दनीय Adj. *zu beloben, anzuerkennen.*

°अभिनन्दितर् Nom. ag. *Erfreuer, Zufriedensteller* MBh. 12,231,1.

अभिनन्दिन् Adj. *seine Freude an Etwas habend, verlangend nach.*

अभिनन्द्य Adj. = अभिनन्दनीय.

अभिनभम् Adv. *zum Himmel* Ind. St. 14,385.

अभिनभ्य॑म् Adv. *in Wolkennähe.*

अभिनम्र Adj. (f. आ) *stark geneigt.*

अभिनय 1) m. *Pantomime; theatralische Darstellung.* — 2) v. l. für अधिबल und अभिबल. — Fehlerhaft für अभिनव (so ed. Bomb.) Pańkat. 127,22.

अभिनव 1) Adj. (f. आ) *ganz neu, — frisch.* — 2) m. N. pr. zweier Männer.

अभिनवकालिदास m. *der moderne* K. = माधवाचार्य.

अभिनवगुप्त m. N. pr. eines Autors.

अभिनवचन्द्रार्घविधि m. *die Darbringung des* Argha *an den Neumond*, Titel eines Abschnittes im Bhavishjott. P.

अभिनवचित्तामणि m. Titel eines Werkes.

अभिनवतामरस 1) n. *ein best. Metrum.* — 2) f. आ Titel eines Werkes.

अभिनवनृसिंहभारती m. N. pr. eines Lehrers.

अभिनवयौवन (Hit. ed. Johns. 1336) und अभिनववयस्क (Chr. 148,12) Adj. (f. आ) *in der ersten Jugend stehend.*

अभिनववृत्तरत्नाकर m. Titel eines Werkes.

अभिनवशाकटायन m. *der moderne* Çâk.

अभिनवमच्चिदानन्दभारती m. N. pr. eines Lehrers.

अभिनवी Adv. mit भू *sich erneuern* Comm. zu Bhatt. bei Gold.

अभिनह्न n. *Binde* (z. B. über die Augen).

अभिनासिकाविवरम् Adv. *zu den Nasenlöchern hin.*

अभिनिधन n. Name verschiedener Sâman.

अभिनिधान 1) n. *das Darüberlegen* Kâtj. Çr. 5,1,31. 25,3,13. — 2) n. und m. *Annäherung* (der Laute in der Aussprache).

अभिनिपात m. = अभिनिधान 2).

अभिनिम्लोचन n. *das Untergehen der Sonne darüber* Comm. zu Kâtj. Çr. 25,3,24. 25.

°अभिनियम m. *das Bestimmtsein je nach* Âpast. 2,16,7.

*अभिनिर्याण n. *Auszug gegen den Feind.*

अभिनिर्वृत्ति f. *das Zustandekommen, Gelingen.*

अभिनिलीयमानक Adj. *Angesichts eines Beobachters sich in sein Nest legend* (Vogel).

अभिनिवर्तम् Absol. *sich wieder zurückwendend zu* (Acc.) TS. 6,4,11,4. Kâth. 27,9.

अभिनिविष्टता f. *Hartnäckigkeit* Sâh. D. 184.

अभिनिवेश m. 1) *Hang —, Drang zu* (Loc. oder im Comp. vorangehend) 224,23. Kâd. 165,2. — 2) *das Festhalten an Etwas* Gaut. 28,52. *Bestehen auf* (Loc.), *Hartnäckigkeit* Kumâras. 5,7. Ragh. 14,43. Prab. 67,14. — 3) *Lebenslust, Lebensdrang.* — 4) *Betriebsamkeit* Varâh. Brh. S. S. 4, Z. 19.

अभिनिवेशन n. *Hang zu Etwas.* तत्त्वाभि° Adj. Karaka 3,8.

अभिनिवेशिन् Adj. 1) *einen Hang zu Etwas habend.* Davon Nom. abstr. °शित्व n. Kâd. 215,5. — 2) *hartnäckig auf Etwas bestehend.*

अभिनिष्कारिन् Adj. *der es auf Jmd abgesehen hat.*

अभिनिष्क्रमण n. *das Verlassen des Hauses um Mönch zu werden* (buddh.).

अभिनिष्टान m. *Endlaut*, insbes. *Endvocal* und Visarga.

अभिनिष्पत्ति f. *das Hervortreten, Erscheinen.*

अभिनिष्यन्द m. *das Träufeln.*

*अभिनिस्तान m. = अभिनिष्टान.

अभिनिहित Partic. von धा, दधाति mit अभिनि.

अभिनिह्नव m. Name eines Sâman.

अभिनील Adj. *sehr dunkelfarbig* Lalit. 120,15.18.

अभिनृम्ण Adj. (f. आ) *überaus heilbringend.*

अभिनेतृ Nom. ag. *Herbeiführer* Ṛv. 4,20,8. Çat. Br. 10,1,2,4.

अभिनेतव्य und °नेय Adj. *aufzuführen, darzustellen.*

अभिन्न Adj. 1) *nicht durchbohrt, — verwundet* Spr. 2605, v. l. — 2) *nicht durchdrungen* Çâk. 37. — 3) *unverletzt.* — 4) *nicht zerbrochen* Çat. Br. 6,6,4,8. — 5) *ganz* (von einer Zahl). — 6) *nicht unterbrochen, zusammenhängend* Ṛv. अभिन्नं AV — 7) *ungetheilt, einheitlich.* — 8) *nicht verschieden, identisch, derselbe; nicht verschieden von* (Abl. oder im Comp. vorangehend) 281,4.

अभिन्नगति Adj. *seinen Gang nicht ändernd* Çâk. 14.

अभिन्नतरक Adj. *gar nicht verschieden* Mahâbh. 2,307,*a*.

अभिन्नत्व n. *das Einssein, Uebereinstimmung* R. 5,82,7.

अभिन्नवेल Adj. *die Schranken nicht durchbrechend* Spr. 489.

अभिन्नस्थिति Adj. dass. Çâk. 107.

अभिन्यास m. *eine best. Form des Fiebers* Bhâvapr. 3,77. 96.

अभिपतन n. *das Herbeifliegen* Spr. 392.

अभिपत्ति f. *das Erfassen.*

अभिपद्म Adj. *mit rothen Flecken auf der Haut versehen.*

अभिपरिहार in अनभि°.

अभिपात m. *das Herbeieilen* Kâd. II, 137,13.

अभिपातिन् Adj. 1) *herbeieilend* Spr. 4525. — 2) *beispringend.*

अभिपाल m. *Hüter, Wächter.*

अभिपालन n. *das Hüten, Schützen.*

अभिपित्व n. 1) *Einkehr.* — 2) *Abend.*

अभिपुष्प Adj. *mit Blüthen bedeckt.*

अभिपूरण n. *das Füllen, Ausfüllen.*

अभिपूर्त n. *Erfülltes* AV. 9,5,13.

अभिपूर्व 1) Adj. *in der bestimmten Reihe folgend* Tândja-Br. 18,4,9. — 2) अभिपूर्वम् und अभिपूर्वेण (Tândja-Br. 17,2,2) Adv. *der Reihe nach.*

अभिप्रक्रम्य Adj. *zu beschreiten* Tândja-Br. 20,11,6.

अभिप्रचक्षे Dat. Inf. *um zu sehen* Ṛv. 1,113,6.

अभिप्रतारिन् m. N. pr. eines Mannes.

अभिप्रदक्षिणम् Adv. *rechtshin.* Mit कर् und Acc. *Jmd r. umwandeln.*

अभिप्रदर्शन n. *das Zeigen, Vorführen.*

अभिप्रधर्षण n. *das Anthun eines Leides.*

अभिप्रभङ्गिन् Adj. *zerbrechend.*

अभिप्रमुर Adj. *zermalmend.*

अभिप्रयायम् Absol. *hinzutretend.*

अभिप्रयायिन् Adj. *herbeikommend.*

अभिप्रव m. = अभिप्लव Kâth. 33,8.

अभिप्रवर्तन n. *das Austreten* (des Schweisses).

अभिप्रवेश m. *das Betreten* (eines Ortes).

अभिप्रश्निन् Adj. *fragelustig.*

अभिप्रसारण n. *das Ausstrecken der Beine gegen Jmd* (Gen.) *hin* Âpast. 1,6,4.

अभिप्रातर् Adv. *gegen Morgen.* Nach einem Comm. *am vierten Tage in der Frühe.*

अभिप्रापण n. in अर्थाभि°.

अभिप्राप्ति f. *Ankunft.*

अभिप्राय m. 1) *Ziel.* कर्त्रभिप्राय Adj. *dessen Ziel der Agens ist* P. 1,3,72. — 2) *Absicht, Wille* 302,6. 328,11. Spr. 490. 492. — 3) *Meinung, Ansicht.* — 4) *Sinn, Bedeutung, Inhalt.* — 5) *Auffassung —, Betrachtung als* 258,19.22. 259,20. — 6) *blosser Schein; Erscheinung, Phantom.* — 7) in der Dramatik *Darstellung einer Unmöglichkeit als solcher an einem Gleichniss.* — 8) = विवत्स्यभिप्राय RV. Prât. 14,11.

अभिप्री Adj. *erfreuend.*

अभिप्रीति f. *Befriedigung* Tândja-Br. 6,4,15.

अभिप्रेप्सु Adj. *verlangend nach* (Acc.).

अभिप्रेरण n. *das in Bewegung Setzen.*

अभिप्लव m. *eine best. sechstägige* Soma-*Feier.* पृष्ठ्याभिप्लवौ.

अभिबल n. = अधिबल 2).

अभिबाधितर् Nom. ag. *Belästiger, Quäler.*

अभिबुद्धि f. *eine Function des Intellects.*

अभिभर्तृ Adv. *am Gatten, in Gegenwart des G.*

अभिभव 1) Adj. *übermächtig.* — 2) m. (adj. Comp. f. आ) *a) Uebermacht* Bhag. 1,41. Pañkat. 224,15. — *b) das Ueberwältigtwerden, Unterdrücktwerden, Unterliegen durch* (Abl., Instr. oder im Comp. vorangehend) 325,15. Njâjas. 3,1,42. Ragh. 4,21.9,4. Kumâras. 5,43. Çâk. 40. Mâlav. 86. Sâmkhjak. 7. 12. Kathâs. 10,43. 19,93. — *c) Erniedrigung, Geringachtung* Spr. 4401.

अभिभवन n. 1) *das Ueberwältigen* Lalit. 6,6. — 2) *das Ueberwältigtwerden* M. 6,62.

अभिभा f. *Unglückszeichen.*

अभिभार Adj. *belastet, schwer.*

अभिभावक Adj. *überwältigend* Comm. zu Njâjas. 2,2,14.

°अभिभाविन् Adj. dass. Kâd. 192,4.

अभिभाषण n. *das Anreden, Reden.*

अभिभाषिन् Adj. *redend, sprechend.*

अभिभाष्य Adj. *anzureden.*

अभिभु und °भू 1) Adj. *übermächtig, überlegen* (mit Acc.). Compar. °भूतर. — 2) m. °भु *ein best. Monat.* — 3) m. °भू *a) ein best. Würfel.* — *b)* N. pr. eines Schlangenfürsten Pâr. Gṛhj. 2,14,16.

अभिभूति 1) f. *a) Ueberlegenheit, Uebermacht.* — *b)* * *Erniedrigung, Geringachtung.* — 2) Adj. *übermächtig, überlegen* Ṛv. 4,41,4.

(अभिभूत्यौजस्) °भूतिओजस् Adj. *von überlegener Kraft.*

अभिभूय n. *Ueberlegenheit.*

अभिभूवरी Adj. f. *überlegen.*

अभिमति f. *das in Beziehung Bringen der Objecte zum Ich.*

अभिमनस् Adj. *strebend —, verlangend nach.*

*अभिमनाय्, °यते *streben —, verlangen nach.* — *Desid. अभिमिमानयिषते.

अभिमन्तर् Nom. ag. 1) *Bedroher* Gop. Br. 1,3,20. — 2) *der die Objecte in Beziehung zu sich bringt* Ind. St. 9,162.

अभिमन्तव्य Adj. *zu halten —, anzusehen für* 146,18.

अभिमन्तोस् Gen. (von ईश्वर abhängig) Inf. *Jmd* (Acc.) *Etwas anzuhaben.*

अभिमन्त्रण n. 1) *das Anrufen, Anreden.* — 2) *das Besprechen, Einsegnen.*

अभिमन्थ m. = अधिमन्थ.

अभिमन्थन n. *das Drehholz bei der Feuerreibung* Kauç. 69.

अभिमन्यु m. N. pr. verschiedener Männer 228, 18. पारिक्षिदभिमन्युना: 57,11. 58,18. °पुर n. N. pr. einer *Stadt.* °स्वामिन् m. N. pr. eines Heiligthums.

*अभिमर m. 1) *Todtschlag.* — 2) *Kampf, Schlacht.* — 3) *Aufstand des Heeres.* — 4) *Fesselung.*

अभिमर्द m. 1) *Gewaltthat* MBh. 3,269,8. — 2) **Kampf, Schlacht.* — 3) **berauschendes Getränk.*

°अभिमर्दिन् Adj. *bedrückend, Gewalt anthuend.*

अभिमर्श m. (adj. Comp. f. आ) *Berührung, Antastung.*

अभिमर्शक Adj. *berührend, antastend.*

अभिमर्शन 1) Adj. dass. — 2) n. *das Berühren* Gaut. 1,38.

अभिमा f. *Maass* (in die Breite) Maitr. S. 1,4,11.

अभिमाति 1) f. *a) feindlicher Anschlag, Nachstellung.* — *b) Nachsteller, Angreifer.* — 2) Adj. *nachstellend, feindlich.*

अभिमातिजित् Adj. *Nachsteller besiegend.*

अभिमातिन् Adj. *nachstellend.*

अभिमातिषह् und °षाह् Adj. *Feinde überwindend.* Dazu Nom. abstr. (°षाह्य) °षाह्य n.

अभिमातिहन् Adj. *Gegner schlagend.*

अभिमाद्यत्क Adj. *ein wenig angeheitert.*

अभिमान m. 1) *feindliche Absicht, Nachstellung.* — 2) *Selbstgefühl, Hochmuth, Stolz.* — 3) *Selbstgefühl,* so v. a. *das in Beziehung Bringen der Objecte zum Ich.* — 4) *Voraussetzung bei sich; die falsche Meinung, dass man Etwas besitze.* — 5) *Voraussetzung,* insbes. *eine falsche.* — 6) *Zuneigung* Spr. 1060.

अभिमानवन्त् Adj. 1) *Selbstgefühl besitzend, stolz* Spr. 496. — 2) am Ende eines Comp. *bei sich voraussetzend, zu besitzen wähnend.*

*अभिमानित n. *geschlechtliche Vermischung.*

अभिमानिता f. *Selbstgefühl* Spr. 6063.

°अभिमानित्व n. *das Sichhalten für* 264,9. 268,28.

अभिमानिन् 1) Adj. *a) eingebildet, stolz, hochmüthig.* — *b)* am Ende eines Comp. *α) bei sich voraussetzend, zu besitzen wähnend.* — *β) sich haltend für, sich einbildend zu sein.* — *γ) geltend für, vorstellend.* — 2) m. *ein best.* Agni VP. 1,10,14. Bhâg. P. 4,1,59.

अभिमानुक Adj. *nachstellend* (mit Acc.).

*अभिमाय Adj. *verwirrt, confus.*

अभिमारुतम् Adv. *gegen den Wind* Spr. 6122.

अभिमिह्य Adj. *zu beharnen.*

अभिमुख 1) Adj. (f. ई; *in einigen Fällen auch आ) *a) mit zugewandtem Gesicht, zugewandt* (die Ergänzung im Acc., Dat., Gen. oder im Comp. vorangehend). — *b) Jmd* (Gen., Instr.) *geneigt, es mit Jmd haltend.* — *c) nahe bevorstehend* Vikr. 28. — *d)* am Ende eines Comp. *einem best. Zeitpunkt nahe* (यौवनाभि°, पाकाभि°); *im Begriff stehend zu* (Nom. act.); *bedacht auf* (मङ्गलाभि°). — 2) °म् und अभिमुख° Adv. *entgegen* 133,9. °कृत und °निकृत so v. a. *von vorn* R. 4,23,12. Spr. 499. इतो ऽभि° *hierherwärts.* Mit Acc., Gen. oder am Ende eines Comp. *nach der Richtung von, gegen* (feindlich), *gegenüber von, zu — hin, nach — hin* 133,4. 291, 26. — 3) °खे *gegenüber* (mit Gen. oder am Ende eines Comp.). — 4) *f. ई Bez. *einer der 10 Stufen, die ein* Bodhisattva *zu ersteigen hat, bevor er* Buddha *wird.*

अभिमुखी Adv. mit भू *sich Jmd zuwenden, sich als günstig erweisen* (Schicksal) 291,6.

अभिमुखीकरण n. *das Sichzuwenden zu Jmd* Pratâpar. 25,*b*,9.

अभिमैथिका f. Pl. *Schimpfreden.*

अभियष्टव्य Adj. *mit Opfern zu begehen* Gobh. 1,5,5.

अभियाचन n. *Bitte,* in सत्याभि°.

अभियातर् Nom. ag. *Angreifer.*

*अभियाति und *°यातिन् m. *Feind.* — Vgl. °माति, °मातिन्.

अभियान n. 1) *das Herankommen.* — 2) *feindlicher Angriff.*

अभियायिन् Adj. 1) *herankommend, — ziehend.* — 2) *sich hinbegebend zu* (Acc. oder im Comp. vorangehend) Spr. 7383. — 3) *losgehend auf, angreifend.*

अभियुग्वन् m. und अभियुज् f. *Angreifer.*

अभियोक्तर् Nom. Ag. 1) *Angreifer.* — 2) *Ankläger.*

अभियोक्तव्य Adj. *anzuklagen.*

अभियोग m. 1) *Anwendung, häufige A.* — 2) *Bemühung, Anstrengung, Fleiss; Richtung der Thätigkeit auf, das Sichhingeben, Bemühung um* (Loc. oder im Comp. vorangehend). — 3) *feindlicher Angriff.* — 4) *Anklage* 213,23.

अभियोगिन् Adj. *anklagend.*

अभियोजन n. *nachträgliches Anschirren.*

अभियोज्य Adj. *anzugreifen, angreifbar.*

अभिरक्षण n. und °रक्षा f. *das Schützen, Hüten.*

अभिरक्षितर् Nom. ag. *Beschützer, Hüter.*

अभिरति f. 1) *Freude an* (Loc. oder im Comp. vorangehend). — 2) N. pr. einer Welt (buddh.).

अभिराज् Adj. *ringsum herrschend.*

अभिराधन n. *das Zufriedenstellen Jmds* (Gen.).

1. अभिराम 1) Adj. (f. आ) *erfreulich, angenehm, Wohlgefallen bewirkend für oder durch* (im Comp. vorangehend). °अभिरामम् und °अभिराम° Adv. — 2) m. *a) Lust —, Freude an* (im Comp. vorangehend). — *b)* N. pr. eines Scholiasten des Çâkuntala.

2. अभिराम n. *eine auf* Râma *bezügliche Dichtung.*

अभिरामपण्डपति m. N. pr. eines Dichters.

अभिराममणि n. Titel eines Schauspiels.

अभिराष्ट्र Adj. *Reiche bewältigend.*

अभिरुचि f. *Gefallen an* (Loc. oder im Comp. vorangehend) Kâd. II, 140,23.

अभिरुचित m. N. pr. eines Vidjâdhara-Fürsten.

अभिरुचिर Adj. *prächtig.*

अभिरुत n. *Gesang* R. Gorr. 1,9,15 (17 Schl.). *Geschrei* 6,70,19.

अभिरूप 1) Adj. (f. आ) *a) entsprechend, angemessen.* — *b) hübsch, schön* 230,8. — *c) gebildet, gelehrt* Gaut. 10,44. — 2) *m. *a) der Mond.* — *b)* Bein. Vishṇu's, Çiva's und Kâma's.

अभिरूपक Adj. *unterrichtet* Ind. St. 13,348.

अभिरूपता f. *feine Bildung, Wohlerzogenheit* Kâd. 233,16.

अभिरूपवन्त् Adj. *hübsch, schön.*

अभिरोद्धर् Nom. ag. *Abwehrer* Maitr. S. 2,2,13.

अभिरोरुद Adj. *zu Thränen rührend.*

अभिलक्ष्य Adj. *erkennbar an* (im Comp. vorangehend) 292,18.

अभिलक्ष्यम् Adv. *nach dem Ziele hin* 93,22.

अभिलङ्घन n. 1) *das Hinüberspringen über* (Gen.). — 2) *das Uebertreten, Zuwiderhandeln.*

°अभिलङ्घिन् Adj. *übertretend, zuwiderhandelnd.*

अभिलप्य Adj. *auszudrücken,* in निरभि°.

अभिलषणीय (Spr. 1769) und °लष्य (Spr. 503) Adj. *zu dem oder wozu man sich hingezogen fühlt, begehrenswerth.*

अभिलषित n. *das Begehrte, Gewünschte, Wunsch.*

°चित्तामणि m. Titel eines Werkes.

अभिलाप m. 1) *Rede, Ausdruck.* — 2) *Ankündigung* Kâd. 202,22.

*अभिलाव m. *das Abschneiden, Mähen.*

अभिलाष m. (adj. Comp. f. आ) *Verlangen, Lust nach* (Loc. oder im Comp. vorangehend). In der Poetik *die erste Regung der Liebe.*

अभिलाषक Adj. *verlangend nach* (Acc.).

अभिलाषिन् Adj. *verlangend nach* (Loc. oder im Comp. vorangehend) 108,6.

अभिलाषुक Adj. (f. आ) *verlangend nach* (Acc. oder im Comp. vorangehend).

अभिलूता f. *ein best. spinnenartiges Insect.*

*अभिलोटक m. = लोटुल.

अभिवदन n. *Anrede.* — Auch fehlerhaft für °वादन.

अभिव॑त् Adj. *das Wort* अभि *enthaltend.*

अभिवन्दन n. *ehrfurchtsvolle Begrüssung.*

अभि॑वयस् Adj. *erlabend* Maitr. S. 3,12,4.

अभिवर्णन n. *Beschreibung, Schilderung.*

अभिवर्तिन् Adj. 1) *herankommend* Hariv. 2,31, 56. — 2) *entgegengehend.*

अभिवर्धन n. *das Verstärken, Vermehren* Kâd. II, 56,16.

अभिवर्ष m. *Regen.*

अभिवर्षण n. *das Beregnen, Regnen.* कामाभि° so v. a. *das Gewähren von Wünschen* Bhâg. P. 12,10,33.

अभिवर्षिन् Adj. *regnend.*

अभिवहन n. *das Herbeifahren.*

अभिवाञ्छा f. *Verlangen nach* (im Comp. vorangehend).

अभिवात Adj. (f. आ) *siech, krank* Lâṭj. 8,5,3.

अभिवात॑म् Adj. *gegen den Wind.*

अभिवाद m. 1) *Begrüssung* Gaut. 6,5. 6. — 2) = अति° *harte Worte.*

अभिवादक Adj. 1) *begrüssend, Begrüsser* Kull. zu M. 2,125. *salutaturus* (mit Acc.). — 2) **höflich.*

अभिवादन n. *Begrüssung* Lâṭj. 2,4,17. Gaut. 9,45.

अभिवादनीय Adj. 1) *der Begrüssung würdig.* — 2) *zur Begrüssung in Beziehung stehend, bei der B. gebraucht* (Namen).

अभिवादयितर् Nom. ag. *Begrüsser* Kull. zu M. 2,123.

अभिवादिन् Adj. 1) *erklärend, Erklärer.* — 2) *Etwas aussagend, besagend.*

अभिवाद्य 1) Adj. *zu begrüssen, begrüssungswürdig* Lâṭj. 2,6,17. n. impers. *zu grüssen,* mit Dat. der Person Âpast. 1,14,14. 15. 18. — 2) m. Bein. Çiva's.

अभिवान्यवत्सा und अभिवान्या f. *eine Kuh, die ein angewöhntes* (*fremdes*) *Kalb nährt.*

अभिवास m. (Njâjam. 5,1,31) und °वासन n. (Comm. zu TS. 1,142,12 und zu Njâjam. 5,1,31) *Bedeckung.*

1. अभिवासस् n. अङ्गिरसाम् Name eines Sâman.

2. अभिवा॑सस् Adv. *über dem Kleide.*

अभिवा॑स्य Adj. *zu bedecken.*

अभिवाह m. *das Heranfliessen.* °तम् TS. 6,6,5,4.

अभिवाह्य n. *das Hingeführtwerden.*

अभिविक्रम Adj. *von grossem Muth.*

अभिविधि m. *das Allumfassen, das «bis inclusive» Sein.*

अभिविपण्यु Adj. *etwa von allem Getriebe fern.*

अभिविमान Adj. *den Jedermann bei sich voraussetzt.*

अभिविवृद्धि f. *grösseres Gedeihen, Segen.*

अभिविशङ्किन् Adj. *sich fürchtend vor* (Abl.) Spr. 4013.

अभि॑वीर Adj. *von Helden umgeben.*

अभि॑वृत्ति f. *das Herankommen.*

अभिवृद्धि f. *Wachsthum, Zuwachs, Gedeihen.*

अभिवेग॑ m. *das Schwanken.*

अभिवेधिन् Adj. *durchschneidend* Comm. zu Ârjabh. 4,19.

अभिवोढर् Nom. ag. *Zuführer* Ḱaraka 1,12.

अभिव्यक्ति f. *Offenbarwerdung, Erscheinung* Njâjas. 3,1,42.

अभिव्यञ्जक Adj. 1) *offenbarend, zur Erscheinung bringend.* — 2) *symbolisch bezeichnend.*

अभिव्यादान n. *das Verschlingen, Verschlucken* (eines Vocals) Ṛv. Prât. 14,27.

अभिव्याधि॑न् Adj. *verwundend.*

अभिव्यापक und °व्यापिन् Adj. *allumfassend.*

अभिव्याप्ति f. *das Allumfassen.*

अभिव्याप्य Adj. *was mit umfasst wird, in Etwas enthalten ist.*

अभिव्याहरण n. (Durga zu Nir. 1,10) und °हार m. *das Reden, Aussprechen.* Letzteres auch *Ausspruch.*

*अभिव्याहारिन् Adj. *sprechend.* कोकिलाभि° *wie.*

अभिव्रङ्ग॑ m. *das Umdrehen, Wegschleudern.*

अभिशंसन n. 1) *Beleidigung durch Worte.* — 2) *Beschuldigung,* in अनृताभि° und मिथ्याभि°.

अभिशंसिन् Adj. *beschuldigend,* in मिथ्याभि°.

अभिशङ्का f. 1) *Misstrauen gegen* (Gen.). — 2) *Besorgniss.*

अभिशङ्किन् Adj. *misstrauend, nicht glaubend an.*

अभिशङ्क्य Adj. *dem man misstraut, woran man nicht glaubt.*

*अभिशपन n. *Verleumdung.*

अभिश॑स् f. *Verwünschung.*

अभिशस्तक Adj. 1) *verklagt, bescholten.* — 2) *aus Fluch entsprungen.*

अभि॑शस्ति f. 1) *Verwünschung, Fluch.* — 2) *das durch Fluch herbeigeführte Unheil, Unglück.* — 3) *Verwünscher, Flucher.* — 4) *Tadel.* — 5) *Beschuldigung,* in मिथ्याभि°. — 6) **schlechter Ruf, böser Leumund.* — 7) **das Bitten, Betteln.*

अभिशस्ति॑चातन Adj. *Fluch abwehrend.*

अभिशस्तिपा॑ und °पा॑वन् Adj. *vor Fluch schützend.*

अभिशस्ते॑न्य und °शस्त्य Adj. in अनभि°.

अभिशाप m. 1) *Fluch.* — 2) *schwere Beschuldigung.* — 3) **Verleumdung.*

अभिशिरस् Adj. *den Kopf richtend nach* (Acc.).

अभिशिराग्र Adj. (f. आ) *mit zum Kopf gerichteten Spitzen* Gobh. 2,9,14.

अभि॑शुन Adj. *im Vortheil befindlich* (Ringer).

अभिशोक॑ m. *Gluth.*

अभिशोच॑ Adj. *glühend, leuchtend.*

अभिशो॑चन n. *Qual.*

अभिशोचयिष्णु॑ Adj. *Hitze* oder *Qual verursachend.*

अभिश्नथ॑स् Abl. Inf. *vor dem Durchbohren* (sich fürchten) Ṛv. 10,138,5.

अभिश्राव m. *Erhörung.*

अभिश्रि॑ष् f. *Binde* Ṛv. 8,1,12.

1. अभिश्री॑ 1) Adj. *a) sich aneinander schliessend, — lehnend* Ṛv. 1,144,6. AV. 8,2,14. — *b) ordnend,* mit Acc. TBr. 2,4,7,11. — 2) m. *Anreiher, Ordner.* Auch f. Ṛv. 10,130,5.

2. अभिश्री॑ f. *Beimischung* Ṛv. 9,79,5. 86,27.

अभिश्व॑सस् Abl. Inf. *vor dem Herblasen* (sich fürchten) Ṛv. 10,92,8.

अभिश्वास m. *Anhauchung, Anfachung.*

अभिषङ्ग m. (adj. Comp. f. आ) 1) *Hang zu, Gefallen an* Bhâg. P. 10,90,11. — 2) *Verwünschung.* — 3) *das Besessensein;* vgl. भूताभि°. मनसः so v. a. *Trübung des Geistes.* — 4) *Niederlage, erlittene Demüthigung.* — 5) **Schwur.* — 6) **Verleumdung.* — 7) *Umarmung.*

अभिषङ्गिन् Adj. *eine Niederlage beibringend, demüthigend.*

अभिषे॑च् (stark °षाच्) Adj. 1) *folgend, begleitend.* — 2) *anhänglich, zugethan.*

अभिषव m. 1) *das Keltern* (des Soma). — 2) **Gährungsmittel.* — 3) **vorgeschriebene Abwaschung.* — 4) **Opfer.* — 5) **saurer Reisschleim* Halâj. 2,163; vgl. 2).

अभिषवण 1) n. *das Keltern* Nir. 4,16. — 2) f. °ष॑वणी Pl. *Kelter.*

*अभिषक m. = नियक Gal.

अभिषिषेणयिषु Adj. *im Begriff mit seinem Heere heranzurücken.*

अभिषुक m. *eine best. Pflanze mit ölhaltigem Samen.*

अभिषुत *n. *saurer Reisschleim.*

अभिषेकँ m. 1) *Besprengung, Weihung durch Besprengung mit Wasser* (namentlich zum Königthum). — 2) *Weihwasser.* — 3) *vorgeschriebene Abwaschung* 92,15. Kâd. 42,6.

अभिषेक्तर् Nom. ag. *Besprenger, Weiher.*

अभिषेक्तव्य Adj. *zu weihen.*

अभिषेक्य Adj. *zur Weihung bestimmt, der W. würdig.*

अभिषेचन n. 1) *das Besprengen, Uebergiessen.* — 2) *das Weihen* (insbes. zum Königthum).

अभिषेचनीय 1) Adj. *a) der Weihung würdig.* — *b) zur Weihung gehörig, — bestimmt.* — 2) m. *Weihungsfeier.* °वत् Adv. Kâtj. Çr. 18,6,15.

अभिषेच्य Adj. *zu weihen.*

अभिषेणँ Adj. *Geschosse richtend.*

अभिषेणन n. *Kriegszug gegen* (im Comp. vorangehend).

अभिषेणय्, °यति *Jmd* (Acc.) *mit Krieg überziehen* Spr. 441. Vení. 52.

अभिषोतर् Nom. ag. *der den Soma auspressende Priester.*

अभिष्टनँ m. *Getöse.*

अभिष्टव m. *Lob, Preis.*

1. अभिष्टि m. Adj. *überlegen, siegreich.*

2. अभिष्टि f. *Hülfe, Förderung.*

अभिष्टिकृत् Adj. *Hülfe schaffend.*

अभिष्टिद्युम्न Adj. *an Hülfe reich.*

अभिष्टिपा(सि) RV. 2,20,2 nach Grassmann für अभिष्टी पासि.

अभिष्टिमत् Adj. *hülfreich.*

अभिष्टिशवस् Adj. *kräftigen Beistand gewährend.*

अभिष्ठान n. *das Betreten,* in अनभि°.

अभिष्णात m. Pl. N. pr. eines Geschlechts.

अभिष्यत् oder °न्त m. N. pr. eines Sohnes des Kuru MBh. 1,94,50.

अभिष्यन्द m. 1) **das Träufeln.* — 2) *Triefäugigkeit, Augenentzündung.* — 3) *Ueberfülle, Ueberschuss.*

अभिष्यन्दिन् Adj. 1) *träufelnd, flüssig.* — 2) *auflösend, laxativ.* — 3) *zu Blutandrang reizend, congestiv* Mat. med. 6.

अभिष्वङ्ग m. *Zuneigung, das Hängen an* (Loc. und Instr.).

अभिष्वङ्गिन् Adj. *auf Etwas versessen* Maitrjup. 7,10.

अभिसंयोग m. *Verbindung, Relation* Gaim. 6,1,3.

अभिसंरम्भ m. *Wuth.*

अभिसंराधन n. *das Befriedigen, Zufriedenstellen.*

अभिसंवर्धन n. *Wachsthum.*

अभिसंश्रय m. 1) *Verbindung, Zusammenhang.* — 2) *Zuflucht.*

अभिसंसारम् Absol. *in Menge hinzueilend.*

अभिसंस्कार m. 1) *Bearbeitung, Zubereitung.* — 2) *Bildung, Formation.* — 3) *Conception, Gedanke, Idee* (buddh.).

अभिसंस्तव m. *höhere Berechtigung* Gaim. 4,1,24. 4,30.

अभिसंस्थम् Adv. *nach der Reihe, — Ordnung* Gop. Br. 2,3,1.

*अभिसंक्षेप m. *Einschrumpfung.*

अभिसंख्य Adj. *ersichtlich* Comm. zu Gaim. 6,7,40. Davon Nom. abstr. °त्व n. Gaim. 6,7,40.

अभिसंख्या f. *Zahl, Anzahl.*

अभिसंख्येय Adj. *zu zählen.*

अभिसंचारिन् Adj. *wandelbar.*

अभिसंज्ञित Adj. *benannt, geheissen.*

अभिसत्कर s. u. सत्.

अभिसत्वन् Adj. *von Mannen umgeben.*

अभिसंदेह n. Du. *penis et vulva.*

अभिसंदोह n. v. l. für अभिसंदेह.

°अभिसंधक Adj. *betrügend.* Nach den Erklärern *schmähend.*

अभिसंधा f. *Aussage, Rede,* in अनृताभि° und सत्याभि°.

अभिसंधान n. 1) *das Zusammenhalten, Verbundensein.* — 2) *Aussage, Rede,* in सत्याभि°. — 3) *bestimmte Absicht, Interesse an einer Sache.* — 4) *das Betrügen.*

अभिसंधि m. 1) *Absicht, Beabsichtigung.* — 2) *Anschlag, consilium* Daçak. 1,37. Sâh. D. 375. — 3) *Intention, Meinung* (eines Autors). — 4) **Meinung, das Dafürhalten* Bhaṭṭ. bei Gold. — 5) *Bedingung* Çâk. ed. Pisch. 64,3. Mâlav. 9,5.

*अभिसंधित Adj. in Verbindung mit पुत्री so v. a. *an Sohnes Statt angenommen* Gal.

°अभिसंधिन् Adj. 1) *aussagend, redend,* in सत्याभि°. — 2) *betrügend,* in सर्वाभि°.

अभिसंधिपूर्व Adj. *beabsichtigt* Gaut. 23,7.

अभिसंधिपूर्वकम् Adv. *in einer bestimmten Absicht* 107,5.

अभिसमय m. 1) *Verabredung, Uebereinkommen.* — 2) *klare Erkenntniss* (buddh.).

अभिसंपत्ति und °संपद् f. *das Werden zu Etwas, das Gleichwerden.*

अभिसंपराय m. *Loos im Jenseits* Lalit. 101,8.

*अभिसंपात m. *Zusammenstoss, Kampf.*

अभिसंप्लव m. *das Ineinanderfliessen* Comm. zu Njâjas. 1,1,3.

अभिसंबन्ध m. *Verbindung, Relation, das in Zusammenhang Stehen mit* (Instr.) Gaim. 6,2,8. 3,3. 6,10.11. *das zu Etwas Gehören.*

अभिसंबाध Adj. *gedrängt voll* R. 2,5,16.

अभिसंबोधन n. *Erlangung der* Bodhi (buddh.).

अभिसंभव m. *Erreichung* und °न n. *das Erreichen* Çaṁk. zu Bâdar. 4,3,5.6.

अभिसंमुखँ Adj. (f. आ) *mit dem Antlitz zu Jmd* (Acc.) *gerichtet, ehrerbietig.*

अभिसर m. (adj. Comp. f. आ) *Gefährte.*

अभिसरण n. *Besuch in Liebesangelegenheiten* Sarvad. 9,6. Kâd. 183,16.

अभिसर्ग m. *Schöpfung, Schöpfungsperiode.*

*अभिसर्जन n. 1) *das Spenden.* — 2) *Mord.* — Vgl. अतिस°.

अभिसर्तर् Nom. ag. *Angreifer.*

अभिसर्पण n. 1) *das Herankommen, Annäherung.* — 2) *das Aufsteigen* (des Saftes im Baume).

अभिसान्त्व m. *gute, — beschwichtigende Worte* R. 5,36,44.

अभिसायम् Adv. *gegen Abend.*

अभिसार 1) m. (adj. Comp. f. आ) *a) Angriff.* — *b) Angriffstruppen.* — *c) Besuch in Liebesangelegenheiten, Stelldichein.* — *d) Lohn für Meldung* (buddh.). — *e) *Gefährte.* — *f) *=* साधन. — *g)* Pl. N. pr. eines Volkes. — 2) f. ई N. pr. einer Stadt MBh. 2,25,19.

अभिसारस्थान n. *Ort zum Stelldichein* Sâh. D. 47,14.

अभिसारिका f. *ein Mädchen, das sich zum Stelldichein begiebt.*

अभिसारिन् 1) Adj. *sich wohin begebend;* f. *zum Geliebten sich b.* Vikr. 68,6. — 2) °f. रिणी *ein best. Metrum.*

*अभिसावकीय्, °यति Denom.

*अभिसुसूस् Adj.

अभिसेवन n. *Ausübung, Gebrauch.*

अभिस्कन्दम् Absol. *herbeispringend.*

अभिस्थिरम् Adv. *sehr nachdrücklich.*

अभिस्नेह m. *Hinneigung zu, Verlangen nach.*

अभिस्यन्द m. und °स्यन्दिन् Adj. s. °ष्यन्द und °ष्यन्दिन्.

*अभिस्यन्दिरमण n. *Vorstadt*

अभिस्रवत् Adj. *strömen lassend* MBh. 13,14,309.

अभिस्वयमातृण्णम् Adv. *auf den* Svajamâtṛṇṇâ *genannten Backstein.*

अभिस्वरँ f. *Zuruf.*

अभिस्वरे Loc. Praep. *hinter* (mit Gen.).

अभिस्वर्तर् Nom. ag. *Anrufer, Sänger.*

अभिहति f. 1) *Anprall* (eines Pfeils) Kâd. II,134,5. — 2) *Multiplication und das Product zweier mit einander multiplicirter Zahlen* Lîlâv. 147. Bîǵag. 123.

अभिह्रण n. *das Herbeibringen.*

अभिहर्तर् Nom. ag. *Entwender, Entführer.*

अभिहर्तव्य Adj. *herbeizubringen, was herbeigebracht wird.*

अभिहव m. *Ausgiessung des Opfers* Mân. K. S. bei Gold.

अभिहार m. 1) *Herbeibringung.* — 2) *Raub.* — 3) * *feindlicher Angriff.* — 4) * *Anstrengung.* — 5) *Untermengung* Kâraka 1,11.

अभिहास m. *Scherz, Kurzweil.*

अभिहिङ्कार s. u. हिङ्.

अभिहिङ्कार m. *der Laut* हिङ् *mit dem* Gapa (भूर्भुवः स्वरोम्).

अभिहित Partic. von धा, दधाति mit अभि.

अभिहितता f. *das Gesagtwordensein* Sarvad. 22,7.

अभिहितत्व n. *das Genanntwordensein* Çaṁk. zu Bâdar. 1,25.

अभिहूति f. *Herbeirufung.*

अभिहोतवे Dat. Inf. *zu opfern* Cit. bei Kumârila nach Gold.

अभिहोम m. = अभिहव Kumârila bei Gold.

अभिह्रुत und अभिह्रुति 1) Adj. *zu Fall bringend.* — 2) f. *Fall, Niederlage.*

अभिह्वार m. *ein Ort, an dem man in's Wanken kommt, — fällt.*

अभी Adj. *furchtlos.*

1. अभीक 1) n. *das Zusammentreffen.* — 2) अभीके Loc. *a) gleichzeitig, gerade da, zumal.* — *b) zu rechter Zeit, gelegen.* — 3) m. *Liebhaber* Viddh. 63,4.

2. अभीक Adj. *furchtlos.*

3. * अभीक 1) Adj. *grausam.* — 2) m. *a) Herr.* — *b) Dichter.*

अभीक्ष्णम् Adv. *a) jeden Augenblick, wiederholt, beständig.* — 2) *sofort, alsbald* Spr. 6128. — 3) *sehr, in hohem Grade.* अभीक्ष्ण° Râgat. 7,1052.

अभीक्ष्णशस् Adv. *beständig, ununterbrochen.*

अभीचार m. *Behexung* Âpast. 1,29,15.

अभीत Adj. (f. आ) *furchtlos.* °वत् Adv. Spr. 2550.

अभीति f. *Anlauf, Angriff* RV. 2,33,3.

अभीत्वरी Adj. f. *anlaufend, anstürmend.*

अभीपतस् Adv. *zutreffend, zu rechter Zeit.* Vgl. समीप.

अभीपद m. N. pr. eines Ṛshi. °पाद v. l.

°अभीप्सिन् Adj. *verlangend —, begehrend nach.*

अभीप्सु Adj. *dass.,* mit Acc.

अभीमान m. = अभिमान, in निरभी°.

अभीमानिन् m. = अभि° *ein best.* Agni.

अभीमोदमुद् Adj. *fröhlich zujubelnd.*

* अभीर fehlerhaft für आभीर.

अभीराजी f. *ein best. giftiges Insect.*

अभीरु 1) Adj. *a) furchtlos.* — *b) nicht furchtbar, harmlos.* — 2) m. *a)* euphem. *Bein.* Bhairava's. — *b)* N. pr. eines Fürsten. — 3) f. अभीरु (* °रू) *Asparagus racemosus.*

अभीरुण Adj. *Nichts zu befürchten habend, arglos.*

* अभीरुपत्त्री f. = अभीरु 3).

अभीलापलप् Adj. *klagewimmernd.*

अभीवर्ग m. *Bereich.*

अभीवर्त 1) Adj. *Sieg verleihend.* — 2) m. *a) siegreicher Angriff, Sieg.* — *b)* Name verschiedener Sâman, insbes. *das Lied* RV. 10,174. Lâṭj. 8,12, 12. 10,8,6 (°स्तोत्रीय).

अभीवृत् Adj. (nach Sâj.) *herankommend, in der Nähe befindlich.* Besser अभीवृत Partic.

अभीशाप m. *schwere Beschuldigung.*

अभीशु m. 1) *Zügel.* — 2) *Lichtstrahl* Çiç. 1,22. — 3) * *Finger;* * *Arm.* — 4) N. pr. eines Rshi.

अभीशुमत् Adj. *strahlend.*

* अभीषङ्ग = अभिषङ्ग *Verwünschung.*

अभीषह् 1) Adj. *übergewaltig.* — 2) f. *Gewalt.*

अभीषाह m. Pl. N. pr. eines Volkes MBh. 7,157, 29. 8,5,38.

अभीष्ट 1) n. *Wunsch* 130,7. — 2) * f. आ *Piper Betle Lin.* Çabdak. nach Gold.

अभीष्टता f. *Beliebtheit* Spr. 7712.

अभीष्टतृतीया *der dritte Tag in der lichten Hälfte des* Mârgaçîrsha.

अभीष्टदेवता f. *Herzensgottheit.* Ihrer gedenkt man, wenn es an's Sterben geht.

अभीष्मद्रोण Adj. *ohne* Bhîshma *und* Droṇa Venîs. 79.

अभुक्त Adj. *ungenossen* Spr. 507.

अभुक्तपूर्व Adj. *früher nicht genossen* MBh. 12, 180,32.

अभुक्तवत् Adj. *noch nicht gegessen habend, nüchtern* MBh. 2,52,44. Suçr. 1,330,7.

अभुज् Adj. *der Etwas nicht genossen hat.*

अभुजिष्या f. *ein unabhängiges Frauenzimmer.* Davon Nom. abstr. °त्व n.

अभुञ्जत् Adj. *nicht zu Theil werden lassend, karg.*

अभुञ्जान Adj. *keine Speise zu sich nehmend* Gaut. 23,21. R. 1,64.20.

अभुर m. v. l. für अङ्कुर Gobh. 2,10,29.

अभुव n. = अभ्व *Ungethüm* Maitr. S. 4,1,12.

अभूत Adj. *nicht gewesen* Kan. 9,1,9. *was sich nicht zugetragen hat* Kâm. Nîtis. 13,48. °त्व n. *Unmöglichkeit* Comm. zu Kâvjâd. 2,38.

अभूततद्भाव m. *das zu dem Werden, was Jmd oder Etwas früher nicht gewesen ist.*

अभूतदोष Adj. *schuldlos* Spr. 4851.

अभूतपूर्व Adj. *früher nicht dagewesen* R. 1,9,20. Venîs. 57. Kuvalaj. 197,*a* (164,*a*).

अभूतरजस् m. Pl. N. pr. einer Klasse von Göttern im 5ten Manvantara VP. 3,1,21.

अभूतलस्पर्श Adj. *den Erdboden nicht berührend.* Davon Nom. abstr. °ता f. Çâk. 169.

अभूतार्थ m. *etwas Unmögliches.*

अभूताहरण n. *das Bringen einer falschen Nachricht, das Irreleiten.*

अभूति f. 1) *das Nichtsein.* — 2) *Schwäche, Armseligkeit.* — 3) *Unheil, Unglück* MBh. 1,74,113. 2,81,24.

अभूतोपमा f. *ein Gleichniss, bei dem etwas Unmögliches vorausgesetzt wird,* 249,20.

अभूमि f. 1) *irgend Etwas mit Ausnahme des Erdbodens.* — 2) *ein ungeeigneter Boden, kein Bereich für* (Gen.) Kâd. 49,24. 250,7.

अभूमिज Adj. *auf ungeeignetem Boden gewachsen.*

अभूमिसाह्वय m. *Lippe.*

अभूयःसंनिवृत्ति f. *Nichtwiederkehr* Ragh. 10,28.

अभूयिष्ठ Adj. *nicht zahlreich* Spr. 2821.

अभूष Adj. *schmucklos* Bhaṭṭ. 3,37.

अभृत Adj. *keinen Lohn beziehend.*

अभृत्यात्मन् Adj. *sich nicht als Diener benehmend, ungehorsam gegen* (Loc.) Kâd. II,54,20.

अभेत्तर् Nom. ag. *kein Durchbrecher* (der Schranken) 97,11.

1. अभेद m. 1) *Ungetrenntheit, Ungetheiltheit* 163,2. Spr. 509. — 2) *kein Unterschied, Nichtverschiedenheit* 260,26. 31. 285,17.

2. अभेद Adj. *nicht verschieden, ein und derselbe* 104,3.

अभेदक Adj. *keinen Unterschied bewirkend* Mahâbh. 1,49,*a.b.*

अभेदिन् Adj. = 2. अभेद Sarvad. 18,1.

अभेद्य 1) Adj. *nicht spaltbar, undurchdringlich.* Dazu Nom. abstr. °त्व n. — 2) *n. *Diamant.* *m. Gal.

अभोग m. *Nichtgenuss* Spr. 3754. Megh. 109.

अभोगघ्न् Adj. *den Kargen schlagend.*

अभोग्य 1) Adj. *ungeniessbar* Megh. 109, v. l. von einem Frauenzimmer, *der man nicht beiwohnen kann* MBh. 13,93,132. — 2) n. *Atom, Urstoff.*

अभोजन n. (auch Pl.) *das Nichtessen, keine Nahrung zu sich Nehmen* Lâṭj. 8,8.40.

अभोज्य Adj. 1) *zu essen verboten* 107,20. Gaut. 17,8. 23,23. 24,3. — 2) *dessen Speise man nicht geniessen darf.*

अभोज्यान्न Adj. = अभोज्य 2) M. 4,221.

अभौजिष्य n. *Nichtsclaverei, Freiheit* Suparnadhj. 12,2.

अभौतिक Adj. *nicht aus den Elementen hervorgegangen, — materiell* Gaudap. zu Sâṁkhjak. 54.

Comm zu Njâjas. 3,1,30. 31. Davon Nom. abstr. °त्व n. ebend.

अभ्यग्नि 1) m. N. pr. eines Mannes. — 2) Adv. *in's Feuer.*

अभ्यग्र Adj. (f. आ) 1) *ununterbrochen* Âpast. 1,11,25. — 2) *schnell.* — 3) *frisch.* — 4) **nahe.*

***अभ्यङ्क** Adj. (f. आ) *vor Kurzem gekennzeichnet* (Vieh) Kâç. zu P. 2,1,14.

अभ्यङ्ग m. 1) *Salbung, Bestreichung mit fetten Stoffen* Spr. 7711. — 2) *Salbe.*

अभ्यञ्जक Adj. *salbend, einreibend.*

अभ्यञ्जन, अभ्यँञ्जन n. 1) *das Einreiben mit fettigen Stoffen.* Neben आञ्जन so v. a. *das Salben der Füsse.* — 2) *ölige Salbe, Oel.* — 3) **Rahm* Nigh. Pr. — 4) *Schmuck.*

अभ्यञ्जन्य Adj. *dem die Fussalbung zukommt.*

अभ्यञ्ज्य Adj. *zu salben, einzureiben.*

अभ्यधिक 1) Adj. (f. आ) a) *überschüssig, hinzukommend, mehr seiend.* — b) *das gewöhnliche Maass überschreitend, vorzüglich, ausserordentlich* 51,25. — c) *überlegen, vorangehend, mehr geltend, höher stehend, mehr, grösser, stärker, heftiger, vorzüglicher.* Ein Abl., Instr. oder ein in Comp. vorangehendes Wort bezeichnet entweder den Ueberschuss (शतमभ्यधिकं षष्टितः *hundertundsechzig* 221,2. कतिपयतृणैरभ्यधिकं मुष्टिम् Kumârila bei Gold.) oder das Uebertroffene (शरीराभ्य° *lieber als die eigene Person* 112,12). In Congruenz mit einem Adj. so v. a. das Adj. im Compar. Spr. 3277. — 2) °म् Adv. *in hohem Grade, ausserordentlich, sehr.*

°अभ्यध्ययन n. *das Studium an* (einem Orte) Gaut. 1,61.

अभ्यध्वम् Adv. *nach dem Wege hin, auf den W.* अभ्यध्वे Loc. *auf dem Wege.*

अभ्यनुज्ञा f. (adj. Comp. f. आ) 1) *Zustimmung, Gutheissung* (eines Arguments) Njâjas. 3,2,12. — 2) *Ermächtigung, Erlaubniss* Âçv. Gṛhj. 4,7,21. ṚV. Prât. 15,6. — 3) *Entlassung, Beurlaubung.*

अभ्यनुज्ञान n. 1) *das Zustimmen, Gutheissen* (eines Arguments) Comm. zu Njâjas. 1,1,40. 42. — 2) *Ermächtigung, Erlaubniss.*

अभ्यनुज्ञापन n. *das Veranlassen Etwas gutzuheissen* 244,6.

अभ्यनुज्ञेय Adj. *anzuerkennen, gutzuheissen* Comm. zu Njâjas. 3,2,14.

अभ्यन्तर 1) Adj. (f. आ) a) *der innere, innerlich, im Innern sich befindend, enthalten in* (Loc., Gen. oder im Comp. vorangehend). — b) *eingeweiht in, vertraut mit* (Loc.) Megh. 28. — c) *der nächste, ein Angehöriger* Spr. 2618. — d) *geheim.* — 2) n. a) *das Innere.* °म् *hinein, hinein in* (im Comp. vorangehend) 297,10. 317,25. नासाभ्यन्तरचारिन् *in der Nase.* — b) *Zeitraum.* °रे *zwischen durch* (zeitlich) Mṛkkh. 48,23. षण्मासाभ्यन्तरे *in einem Zeitraum von sechs Monaten.*

अभ्यन्तरतस् Adv. *im Innern, einwärts.*

अभ्यन्तरदोषकृत् Adj. *im Lande Aufruhr stiftend, Staatsverbrecher.*

अभ्यन्तरायाम m. *eine best. von Krämpfen begleitete Nervenkrankheit.*

अभ्यन्तरी Adv. mit कर् 1) *dazwischensetzen, einfügen.* — 2) *einweihen in* (Loc.). — 3) *zu seinem Nächsten machen* Spr. 2618.

अभ्यन्तरीकरण n. *das Einweihen in* (Loc.).

अभ्यन्तरीकरणीय Adj. *einzuweihen in* (Loc.) Kâd. 114,3.

***अभ्यमन** n. *Bedrängung, Plage.*

***अभ्यमनवत्** Adj. *bedrängend, plagend.*

अभ्यमित्रम् Adv. *gegen den Feind* Venîs. 154.

***अभ्यमित्रीण** (Bhaṭṭ. 5,47), ***अभ्यमित्रीय**, ***अभ्यमित्र्य** (Bhaṭṭ. 5,46) und ***अभ्यमिन्** Adj. *muthig den Feind angreifend.* °त्रीणता f. *eine günstige Gelegenheit den Feind anzugreifen* Râgat. 7,1318.

अभ्यय m. 1) *Herbeikunft, Eintritt* (der Finsterniss). — 2) *Untergang* (der Sonne).

अभ्ययोध्यम् Adv. *gegen* Ajodhjâ Bhaṭṭ. bei Gold.

अभ्यरि Adv. *gegen den Feind.*

अभ्यर्कबिम्बम् Adv. *gegen die Sonnenscheibe.*

अभ्यर्चन n. *Verehrung, Anbetung.*

अभ्यर्चनीय und **अभ्यर्च्य** (Varâh. Bṛh. S. 2,21) Adj. *hoch zu ehren.*

अभ्यर्ण 1) Adj. *nahe* (örtlich und zeitlich) 313,10. — 2) n. *Nähe, Nachbarschaft* 133,21.

अभ्यर्णता f. *Nähe* Kâd. 140,12.

अभ्यर्थन n. (Spr. 1985) und °ना f. *das Bitten, Betteln.*

अभ्यर्थनीय Adj. *mit einer Bitte anzugehen* Spr. 3379.

अभ्यर्थित n. *Bitte* Jâǵn. 2,88.

°अभ्यर्थिन् Adj. *bittend um.*

अभ्यर्थ्य Adj. = अभ्यर्थनीय Spr. 4334.

(**अभ्यर्धयज्वन्**) अभिऋध° Adj. *besondere Opferer habend, — Opfer empfangend.*

अभ्यर्धस् Adv. *abseits —, gesondert von* (Abl.) Maitr. S. 2,5,4. TS. 2,3,7,1.

अभ्यर्हणा n. *Ehrenbezeugung, Verehrung.*

अभ्यर्हणीय Adj. *ehrenwerth, ehrwürdig* Spr. 1960. Davon Nom. abstr. °ता f.

अभ्यर्हितत्व n. *das Mehrgelten als* (Abl.) Comm. zu Njâjam. 1,3,7.

***अभ्यवकर्षण** n. *das Herausziehen.*

अभ्यलंकार m. (adj. Comp. f. आ) *Schmuck.*

अभ्यल्प Adj. *recht klein.*

अभ्यवकाश m. *freier Raum, das Freie.*

अभ्यवदान्य (Çat. Br.) Adj. *Jmd* (Acc.) *um Etwas* (Gen.) *bringend.*

***अभ्यवस्कन्द** m. und *°न n. *Ueberfall.*

अभ्यवहरण n. 1) *das Hinabschaffen, Fortschaffen.* — 2) *das Zusichnehmen von Speise und Trank.*

अभ्यवहार m. = अभ्यवहरण 2) Gaut. 1,44.

अभ्यवहारिन् Adj. *essend*, in सतृणाभ्य°.

अभ्यवहार्य 1) Adj. *essbar, geniessbar.* — 2) n. *Speise.*

अभ्यवायन n. *das Hinabgehen.*

***अभ्यशन** n. *das Erreichen.*

अभ्यसन n. *das Obliegen, das Sichbeschäftigen mit Etwas* Spr. 2054.

अभ्यसनीय Adj. *dem man obzuliegen hat, dessen man sich zu befleissigen hat.*

अभ्यसितव्य Adj. dass. Comm. zu Njâjam. 2,4,1.

अभ्यसूयक Adj. *unwillig* Bhag. 16,18.

अभ्यसूया f. 1) *Unwille, Zorn* Megh. 39. — 2) *Neid, Missgunst.*

अभ्यस्तम् Adv. mit इ oder गा *über Jmd oder Etwas* (Acc.) *untergehen* (von der Sonne) Ait. Br. 1,3. Çat. Br. 3,2,2,27. 9,2,8. 12,4,4,6. अभ्यस्तमित Adj. *der bei Sonnenuntergang schläft* Gaut. 23,21.

अभ्यस्तमय m. s. अनुद्धृताभ्यस्तमय.

अभ्यस्य Adj. = अभ्यसनीय.

अभ्याकर्ष m. *das Ansichziehen.*

***अभ्याकाङ्क्षित** n. *falsche Anklage.*

अभ्याकारम् Absol. *unter Heranlockung* Ait. Br. 3,5.

अभ्याक्रामम् Absol. *unter wiederholtem Zurückkehren.*

अभ्याख्यान n. *falsche Anklage.*

अभ्यागत m. *Gast.*

अभ्यागम m. 1) *Annäherung* Kâd. II,33,6. — 2) *Besuch.* — 3) *das Theilhaftigwerden* Njâjas. 3,2,41. — 4) **Nähe.* — 5) **Schlag.* — 6) **Kampf.* — 7) **Feindschaft.*

अभ्यागमन n. *das Herankommen, Herankunft.*

अभ्यागामिन् Adj. *herankommend* Ind. St. 8,369.

अभ्यागारम् Adv. *zum Hause hin* Çâṅkh. Br. 17,8.

***अभ्यागारिक** Adj. *für sein Haus Sorge tragend.*

अभ्याघात m. 1) *Ueberfall.* — 2) *Anstoss, Unterbrechung* Comm. zu Tâṇḍja-Br. 14,9,30.

***अभ्याघातिन्** Adj. *zu überfallen pflegend.*

अभ्याघात्य Adj. *mit Anstoss* (d. h. Unterbrechung

und Wiederholung) *gesprochen werdend* Tâṇḍja-Br. 14,9,30.

अभ्याचार m. 1) *feindlicher Angriff.* — 2) *Unfall* Çâṅkh. Br. 9,4.

अभ्याज्ञाय m. *Anweisung, Befehl.*

अभ्यातति f. *Bestrickung* Comm. zu TS. III,261,10.

अभ्यातान m. Pl. Bez. *best. kriegerischer Sprüche.* Davon Nom. abstr. °त्व n. TS. 3,4,6,2.

अभ्यात्मम् Adv. *gegen sich, zu sich hin.* Compar. अभ्यात्मतरम् *näher zu sich hin* Âçv. Çr. 5,5,12.

अभ्यात्माग्र Adj. *mit zu sich hin gekehrten Spitzen* Âçv. Gṛhj. 1,17,8.

अभ्यादान n. *Beginn.*

अभ्याधान n. *das Hinzulegen.*

अभ्यानन Adj. *mit zugekehrtem Gesicht.*

अभ्यान्त Partic. praet. pass. von अम् mit अभि.

अभ्याप्ति f. *Erreichung, Erlangung* Ait. Âr. 1,4,2.

*अभ्यामर्द m. *Kampf, Schlacht.*

अभ्यायंसेन्य Adj. *der sich herbeiziehen lässt.*

अभ्यारम् Adv. *zur Hand, bereit.*

अभ्यारम्भ m. 1) *Anfang, Beginn.* — 2) *Wiederbeginn, -holung* Tâṇḍja-Br. 13,10,2. 14,4,2.

अभ्यारोह m. 1) *das Hinaufsteigen.* — 2) *Zunahme.* — 3) *das Beten bestimmter Gebete.*

अभ्यारोहणीय m. *eine best. Ceremonie* Âçv. Çr. 9,3,2. Lâṭj. 9,1,2. 7. 8. 3,13. Maç. 4,7.

अभ्यारोहक Adj. *besteigend* Maitr. S. 3,8,10.

अभ्यारोह्य Adj. *zu erklimmen,* in अनभ्या°.

अभ्यावर्तम् Absol. *unter Wiederholung, wiederholentlich.*

अभ्यावर्तिन् 1) Adj. *wiederkehrend.* — 2) m. N. pr. eines Mannes.

अभ्यावृत्ति f. *Wiederholung* Gaim. 5,2,3.

अभ्याश 1) Adj. *nahe, — bevorstehend.* — 2) °म् Adv. *in der Nähe, zur Hand* Tâṇḍja-Br. 9,5,2. Ait. Âr. 315,11. — 2) m. a) *Erlangung, Erreichung.* — b) *wahrscheinliches Ergebniss, — Folge.* — c) *Nähe* 54,18. Mit Gen. oder Abl. 232,29. 233,7.

*अभ्याशी Adv. mit भू *nahe kommen.*

अभ्यास m. 1) *Hinzufügung* Çulbas. 2,4. — 2) **Waffenübung.* — 3) *Wiederholung* 282,28. 283,12. — 4) *Reduplication* (gramm.). — 5) *Refrain.* — 6) *Multiplication.* — 7) *das Obliegen, Uebung, anhaltende Beschäftigung mit Etwas, wiederholte Anwendung, Gebrauch, Gewohnheit;* insbes. *wiederholtes Recitiren, Studium.*

अभ्यासङ्ग्य Adj. *mit einem Vorangehenden zu verketten* Tâṇḍja-Br. 21,13,9. 22,3,1. 6. 16,1. 18,1. Vaitân. 41.

अभ्यासवत् Adj. als Bez. *eines* Jogin *auf der ersten Stufe.*

अभ्यासाकूपार n. Name eines Sâman.

*अभ्यासादन n. *Ueberfall.*

अभ्यासादयितव्य Adj. *was man in die Nähe kommen lassen darf.*

अभ्यासारिणी Adj. f. = अभिसारिणी Kâṭh. 25,5.

अभ्यासिन् Adj. 1) am Ende eines Comp. *obliegend, nachgehend* Gaut. 21,1. — 2) = अभ्यासवत् Sarvad. 178,21.

अभ्याहनन n. *Anstoss, Unterbrechung* Comm. zu Tâṇḍja-Br. 14,9,30.

अभ्याहार m. 1) *Herbeischaffung.* — 2) **Raub.*

अभ्याहित Partic. praet. pass. von धा, दधाति mit अभ्या. *°पशु m. Bez. *eines best. Geschenkes.*

अभ्युक्षण n. *das Besprengen* Lâṭj. 4,4,16. 5,4,7.

अभ्युच्चय m. *Vermehrung, Zunahme.*

अभ्युच्छ्रयवत् Adj. *hoch, höher als* (Abl.).

अभ्युज्जयिनि Adv. *nach* Uggajinî *hin.*

अभ्युत्थान n. 1) *das sich vor Jmd vom Sitze Erheben* (eine Höflichkeit) Spr. 7665. — 2) *Erhebung, Aufbruch.* — 3) *das Emporkommen, Erreichen einer hohen Stellung, — eines hohen Grades, zur Geltung Gelangen.* अभ्युत्थानेन दैवस्य so v. a. *durch die Macht des Schicksals.*

अभ्युत्थायिन् Adj. in अनभ्यु°

अभ्युत्थिताश्व m. als N. pr. eines Fürsten fehlerhaft für ध्युषिताश्व.

अभ्युत्थेय Adj. *vor dem man sich zu erheben hat.*

अभ्युत्पतन n. *das an Jmd Hinaufspringen.*

अभ्युत्सेक m. fehlerhaft für अत्युत्सेक; vgl. Spr. 179.

अभ्युदय m. 1) *Aufgang der Sonne, während Etwas noch geschieht,* Kâtj. Çr. 25,3,20. Gaim. 6,5,1. — 2) *Beginn, Anfang, Eintritt, Anbruch* 85,9 (der Finsterniss). — 3) *glücklicher Erfolg, Glück, Heil* R. 4,26,8. 62,24. Pl. Chr. 291,16. — 4) *Festlichkeit;* insbes. *ein Manenopfer bei freudigen Anlässen* M. 3,254. — 5) *das Obenaufsein, gesteigertes Selbstgefühl.* — 6) *fortune, Vermögen, Reichthum.*

अभ्युदयन in मायाभ्युदयन.

अभ्युदयिन् Adj. *sich einstellend* Spr. 552.

अभ्युदाचारिन् Adj. *sich auflehnend gegen* (Acc.).

अभ्युदित 1) n. *das Aufgehen über (während) einer Handlung.* — 2) f. आ *eine best. Ceremonie, die in einem solchen Falle zu vollziehen ist.*

अभ्युदितशायिता f. *das bei Sonnenaufgang noch Schlafen.*

अभ्युदितेष्टि f. *eine Ceremonie, über die der Mond bereits aufgegangen ist.*

अभ्युद्ग Pat. zu P. 8,3,38.

अभ्युद्गतराज m. *ein best.* Kalpa (buddh.).

अभ्युद्गता f. in der Tonkunst *eine best.* Mûrkhanâ S. S. S. 31.

अभ्युद्गम m. und *°न n. = अभ्युत्थान 1).

अभ्युद्दृष्टा und अभ्युद्दृष्टेष्टि f. *eine Ceremonie, die erst nach dem Sichtbargewordensein des Mondes beginnt.*

अभ्युद्द्रवण n. *das Hinauslaufen.*

अभ्युन्नति f. fehlerhaft für अत्युन्नति; vgl. Spr. 182.

अभ्युपगन्तव्य 1) n. impers. *zu gehen an* (Dat.). — 2) Adj. a) *einzuräumen, zuzugeben.* — b) *anzuerkennen, anzunehmen* Çaṁk. zu Bâdar. 2,2,10. Comm. zu Njâjam. 2,1,2.

अभ्युपगम m. 1) **Annäherung.* — 2) *Einräumung, Eingeständniss* 308,12. — 3) *Annahme* Çaṁk. zu Bâdar. 2,2,10. — 4) *Zusage, Versprechen* 223,27.

अभ्युपगमवाद m. *ein Streit in versöhnlichem Geiste.*

अभ्युपगमसिद्धान्त m. *ein Dogma, das man argumenti causa zugiebt,* Njâjas. 1,1,31.

अभ्युपपत्तर् Nom. ag. *Beispringer, Helfer.*

अभ्युपपत्ति f. 1) *das Beispringen, zu Hülfe Kommen, Sichannehmen Jmds.* — 2) *Anerkennung* Comm. zu Njâjas. 3,2,78.

अभ्युपाय m. 1) *Mittel* Gaut. 11,23. °तस् *mit allen Mitteln, nach besten Kräften.* सूक्ष्मेणाभ्युपायेन oder अतीक्ष्णेना° *auf ganz zarte Weise.* — 2) **Einwilligung, Versprechen.*

अभ्युपायन n. *Geschenk.*

अभ्युपेतव्य Adj. *anzuerkenuen, anzunehmen* Comm. zu Njâjam. 2,1,18.

अभ्युपेतहान n. *das Aufgeben von etwas früher Angenommenem* Çaṁk. zu Bâdar. 2,2,7.

अभ्युपेत्याशुश्रूषा f. *Kündigung des Dienstverhältnisses nach eingegangener Verpflichtung.*

*अभ्युष n. *nur ein wenig geröstetes Korn u. s. w.* Davon *Adj. अभ्युषीय und अभ्युष्य.

अभ्युषस् Gen. Inf. (abhängig von ईश्वर) *zu verbrennen* Kâṭh. 26,1.

अभ्युष्टमिश्र Adj. *halb angebrannt* Çat. Br. 11,2,3,23.

अभ्यूढि f. *das Hinfahren zu.*

अभ्यूष m. = अभ्युष, °खादिका f. *ein best. Spiel.* *अभ्यूषीय und *अभ्यूष्य Adj. von अभ्यूष.

अभ्यूह m. 1) *Vermuthung* Mâlatîm. 7,8 (10,4). — 2) *Erschliessung; das Schliessen, Folgern.*

अभ्यूहितव्य (Nir. 1,3) und अभ्यूह्य Adj. *zu erschliessen.*

*अभ्येष m. und *Adj. अभ्येषीय, अभ्येष्य gaṇa अपूपादि.

*अभ्येषण n. und *अभ्येषणीय Adj. bei Sâj. zur Erklärung von अभिष्टि.

*अभ्योष m. und *Adj. अभ्योषीय, अभ्योष्य = अभ्युष u. s. w.

*अभ्र्, अभ्रति umherirren.

अभ्र 1) m. (selten) und n. *trübes Wetter; Gewölk, Gewitterwolke, Wolke.* — 2) n. *Luftraum* Çiç. 9,3. — 3) n. Bez. *der Null* Gaṇit. 1,21. Ârjabh. S. 58, Z. 4 v. u. — 4) n. *Staub* (?). — 5) n. *Talk* Mat. med. 76. — 6) n. **Gold*.

अभ्रंलिह् 1) Adj. *bis an die Wolken reichend.* — 2) m. *Wind.*

अभ्रक n. *Talk* Bhâvapr. 2,104.

अभ्रगङ्गा f. *die himmlische* Gaṅgâ Kâd. 157,18.

अभ्रंकष 1) Adj. *bis an die Wolken reichend* Kâd. 36,14. 97,11. — 2) *m. *Wind.*

अभ्रच्छाया f. *der* (schnell vorübergehende) *Schatten einer Wolke* Spr. 514. fgg.

अभ्रजा Adj. *durch Dünste veranlasst.*

अभ्रतरु m. *eine best. Lufterscheinung.*

*अभ्रनाग m. *Weltelephant.*

*अभ्रपथ m. *Luftraum, Atmosphäre.*

*अभ्रपिशाच und *°क m. Bez. Râhu's.

अभ्रपुष्प n. 1) *Wasser-* oder *Luftblume* (als Unding) Naish. bei Gold. — 2) **Calamus Rotang.*

अभ्रप्रुष् f. *das Sprühen einer Wolke.*

*अभ्रमतङ्ग m. Indra's *Elephant.*

*अभ्रमांसी f. *eine kleinere Species der Valeriana Jatamansi Jones* (im Gebirge Kedâra) Râǵan. 12,104.

*अभ्रमातङ्ग m. Indras *Elephant.*

अभ्रमु f. N. pr. des Weibchens von Indra's Elephanten Bâlar. 140,19.

*अभ्रमुप्रिय und *अभ्रमुवल्लभ m. Indra's *Elephant.*

अभ्रयन्ती Adj. f. *Gewitterwolken bildend;* als Subst. Name einer der 7 Kṛttikâ.

*अभ्ररोह n. *Beryll* Râǵan. 13,194. *अभ्रलोह m. n. Gal.

*अभ्रलिप्त Adj. (f. ई) *hier und da mit Wolken bezogen.*

अभ्रवर्ष Adj. *aus dem Gewölk regnend.*

*अभ्रवाटिक m. *Spondias mangifera.*

*अभ्रविलिप्त Adj. (f. ई) = अभ्रलिप्त Kâç. zu P. 4,1,51.

अभ्रवृत्त m. = अभ्रतरु.

अभ्रसनि Adj. *Wolken verschaffend.*

*अभ्रसार m. *Kampher* Nigh. Pr.

अभ्रात n. Name eines Sâman Ârsh. Br. 2,23,6. Sâmav. Br. 2,1,6.

अभ्रातर् Adj. f. *bruderlos.* अभ्रात्री in einem Citat in Nir.

अभ्रातृक Adj. (f. आ) dass. Gaut. 28,20.

अभ्रातृघ्नी Adj. f. *nicht den Bruder tödtend.*

अभ्रातृमती Adj. f. = अभ्रातर्.

अभ्रातृव्य 1) Adj. (f. आ) *ohne Nebenbuhler* ṚV. 8,21,13. प्रजापतेस्तनूः Ait. Br. 5,25. Âçv. Çr. 8,13,13. — 2) n. Name eines Sâman.

अभ्रानध्याय m. *Einstellung des Studiums wegen trüben Wetters* Gobh. 3,3,16.

*अभ्राय्, °यते *Wolken erregen.*

अभ्रावकाशिक und अभ्रावकाशिन् Adj. *sich dem Regen aussetzend.*

अभ्रि und *अभ्री f. *Hacke, Spate.* अभ्रिवत् *wie es bei der Hacke geschehen ist.*

अभ्रिखात Adj. *mit der Hacke ausgegraben* AV.

अभ्रित Adj. (f. आ) *mit Wolken bezogen.*

अभ्रिय und अभ्रिय 1) Adj. *aus der Wetterwolke kommend, zur W. gehörig.* — 2) m. n. *Gewitterwolke.*

अभ्रीय Adj. *auf Talk bezüglich.*

अभ्रूणहन् Adj. *kein Tödter einer Leibesfrucht.*

अभ्रूविलास Adj. *nicht mit den Brauen spielend* Spr. 517.

अभ्रेष m. *das Nichtfehlgehen, in Ordnung Sein* Vaitân. 33.

*अभ्रोत्थ n. Indra's *Donnerkeil.*

*अभ्र्य Adj. von अभ्र.

अभ्व, अभ्व (AV.) und अभ्व (Çat. Br.) 1) Adj. *ungeheuer, unheimlich.* — 2) n. *a) ungeheure Grösse, — Macht.* — *b) Unheimlichkeit, Grauen.* — *c) Ungethüm.* — *d)* **Wasser;* **Wolke.*

1. अम्, *अमति, *आमिति (गत्यादिषु, गतौ शब्दे संभक्तौ) und अमीति *festmachen, festsetzen.* — एमुषम् Acc. des Partic. perf. *schädlich, verderblich.* — Caus. आमयति *Schaden leiden, schadhaft —, krank sein.* — Mit अभि Act. und Med. *gegen Jmd* (Acc.) *andringen, plagen.* *अभ्यमित und *अभ्यान्त *krank.* — Mit परि *bedrängen, plagen* Kâṭh. 13,1. — Mit *वि Partic. ved. व्योमान. — Mit सम् Med. 1) *sich Jmd verbinden.* — 2) *sich verbünden.* — 3) *unter sich festsetzen.*

2. *अम् Adv. 1) *schnell.* — 2) *ein wenig.*

1. अम Pron. *dieser.* Von den Commentatoren als प्राण gedeutet.

2. अम 1) m. *a) Andrang, Wucht, Ungestüm.* — *b) Betäubung, Schrecken.* — *c)* * = आम *Krankheit.* — 2) *Adj. = आम *unreif.*

अमङ्गल 1) Adj. *unheilbringend.* — 2) *m. *Ricinus communis L.* — 3) n. *Unheil* Venis. 5,6. 8.

अमङ्गल्य 1) Adj. *unheilbringend* Pushpadanta im ÇKDr. — 2) n. *Unheil* Bhâg. P. 4,23,24. °वादिन् *U. verkündend* Nâgân. 67,8.

अमज्जक m. *marklos.*

*अमण्ड m. = आमण्ड, मण्ड *Ricinus communis L.*

1. अमत Adj. 1) *unempfunden, unvermuthet* Khând. Up. 6,1,3. — 3) *nicht gebilligt, — gutgeheissen.*

2. *अमत m. 1) *Krankheit.* — 2) *Tod.* — 3) *Zeit.* — 4) *Staub.*

अमतपरार्थ Adj. *eine zweite nicht zu billigende Bedeutung habend.* Dazu Nom. abstr. °ता f.

1. अमति f. 1) *Schein, Schimmer, Erscheinung;* = रूप Naigh. 3,7. — 2) **Zeit.* — 3) **der Mond.*

2. अमति f. 1) *Armuth, Dürftigkeit.* — 2) *dürftig, arm.*

3. अमति f. *das Nichtwissen.* Instr. *ohne es zu wissen, absichtslos* Gaut. 23,2. 33.

अमतीवन् Adj. *dürftig, arm.*

1. अमत्र Adj. *fest.*

2. अमत्र (ṚV. 3,36,4) und अमत्रक n. *Krug, Trinkschale; Gefäss* überh.

अमत्रिन् Adj. *mit einer Trinkschale versehen.*

अमत्सर Adj. *uneigennützig, nicht an seine Person denkend* 211,3. M. 3,231. Kathâs. 16,114.

अमद Adj. *freudlos* Bhaṭṭ. 7,58.

अमद्यप Adj. *keine berauschenden Getränke trinkend* Suçr. bei Gold.

अमधव्य Adj. *der Süssigkeit* (des Soma) *nicht würdig.*

अमधु n. *keine Süssigkeit* Çat. Br. 6,2,2,39.

अमध्यम Adj. Pl. *von denen keiner der mittlere ist.*

अमनःप्रयोग Adj. *gedankenlos* TS. Prât. 23,6.

1. अमनस् n. *kein geistiges Vermögen.*

2. अमनस् Adj. 1) *ohne geistiges Vermögen* Muṇḍ. Up. 2,2. — 2) *unverständig.*

अमनस्क 1) Adj. *a) ohne geistiges Vermögen* Sarvad. 33,7. fgg. — *b) unverständig.* — *c) nicht aufgelegt, — guter Dinge* Kâd. II, 66,23. — 2) n. = °योगविवरण.

अमनस्कयोगविवरण n. Titel einer Schrift.

अमनस्कालय m. = शून्याशून्य, परापर.

*अमनि f. Uṇâdis. 2,103. = गति Uǵǵval.

अमनी Adv. mit भू *sich von seinem* Manas *befreien.* Davon Nom. act. अमनीभाव m. Maitrjup. 6,34.

अमनुष्य m. 1) *kein Mensch, ein anderes Wesen als ein Mensch* Kâtj. Çr. 1,6,17. नामनुष्ये भवत्यग्निः *kein Feuer ohne Menschen.* — 2) *Unhold.*

अमनोज्ञ Adj. *unangenehm* Kâtj. Çr. 25,11,20.

अमन्तर् Nom. ag. *nicht denkend* Maitrjup. 6,11.

अमन्तव्य Adj. *dem* Manas *nicht zugänglich* Nṛs. Up. in Ind. St. 9,165.

अमन्तु Adj. *ohne Berather, rathlos, unberathen.*

1. अमन्त्र n. *kein Zauberspruch* Spr. 7666.

2. अमन्त्र Adj. (f. आ) 1) *von keinem* Veda-*Spruch begleitet.* — 2) *die* Veda-*Sprüche nicht kennend.*

1. अमन्त्रक n. *kein vedischer Spruch* Varâh. Brh.

S. 1,3.

2. अमन्त्रक Adj. (f. अमन्त्रिका) = 2. अमन्त्र 1).

अमन्त्रतन्त्र Adj. *ohne Zauberspruch und Beschwörungsformel* Spr. 6898.

1. अमन्त्रत्व n. *das kein* Veda-*Spruch Sein* Gaim. 2,1,34.

2. अमन्त्रत्व n. Nom. abstr. zu 2. अमन्त्र 1) Gaim. 3,2,27.

अमन्त्रवत् Adj. *von keinem* Veda-*Spruch begleitet* Âruṇ. Up. 2.

अमन्त्रविद् 1) Adj. *die* Veda-*Sprüche nicht kennend.* — 2) m. N. pr. eines Fürsten.

अ॑मन्द 1) Adj. *a) nicht träge, munter.* — *b) reichlich* Spr. 6757. Râgat. 1,24. n. *Vieles, Grosses* Spr. 2294. — *c) klug* LA. 88,5. — 2) Adv. अमन्दम् und अमन्द° *heftig, stark* Bhaṭṭ. 11,11. 2,31. Çrut. 22. — 2) *m. *Baum.*

अमन्दता f. *das Klugsein, Verständigsein* Spr. 4714.

अ॑मन्यमान Adj. *sich einer Sache nicht versehend.*

अ॑मन्युत Adj. (f. आ) *keinen Groll hegend.*

अमम 1) Adj. *a) ohne Selbstgefühl.* — *b) gleichgültig, unbekümmert um* (Loc.). — 2) m. *a) der 25te* Muhûrta Ind. St. 10,296. — *b)* *N. pr. eines Arhant's bei den Gaina.

अ॑मम्रि Adj. *unsterblich.*

अम॑र 1) Adj. (f. आ und ई) *unsterblich, unvergänglich.* °वत् Adv. 162,5. — 2) m. *a) ein Gott.* — *b)* Bez. *der Zahl* 33 Gaṇit. 2,2. — *c)* *Quecksilber.* — *d) Euphorbia Tirucalli L.* und **Tiaridium indicum Lehm.* — *e)* mystische Bez. *des Lautes* उ. — *f)* N. pr. α) eines Marut. — β) = अमरसिंह. — 3) f. आ *a)* *Nachgeburt.* — *b)* *Nabelschnur.* — *c)* *Hauspfosten.* — *d)* *Panicum dactylon, *Cocculus cordifolius DC., *Coloquinthen-Gurke, *Aloe perfoliata L.* und *indica Royle* u. s. w. Nach dem Rudrajâmala: Dûrvâ-*Gras, Vitex Negundo L., schwarzes Basilienkraut.* — *e)* *Indra's *Stadt.* — 4) *f. ई *Sanseviera Roxburghiana* Râǵan. 3,7.

अमरक m. N. pr. eines Fürsten.

अमरकण्टक n. N. pr. eines Gebirges.

अमरकोश m. Titel eines *Wörterbuches.*

अमरगर्भ m. *ein Götterkind* 47,5.

अमरगुरु m. Bṛhaspati, *der Planet Jupiter* Kâd. 6,23.

अमरचन्द्र m. N. pr. eines Autors.

*अमरज m. *ein der Acacia Catechu Willd. verwandter Baum.*

अमरंजय Adj. *die Götter besiegend.*

अमरतटिनी f. *die* Gaṅgâ Spr. 1525.

अमरतरु m. *ein best. Baum* Spr. 7667.

अमरता f. (Sâh. D. 213,2) und अमरत्व n. *das Gottsein, Zustand eines Gottes.*

अमरदत्त m. ein Mannsname.

*अमरदारु n. *Pinus Deodora Roxb.* Nigh. Pr.

*अमरदेव m. = अमरसिंह.

*अमरद्विज m. *Tempelhüter.*

अमरद्विष् m. *ein* Asura.

अमरप und अमरपति m. Bein. Indra's.

अमरपतिकुमार m. Bez. Gajanta's Kâd. 80,20.

अमरपर्वत m. N. pr. eines *Berges* MBh. 2,32,11.

अमरपुरी f. *die Residenz der Götter.*

*अमरपुष्प m. *Saccharum spontaneum L., Pandanus odoratissimus* und *Mangifera indica.*

*अमरपुष्पक 1) m. *Saccharum spontaneum L.* — 2) f. °ष्पिका *Anethum Sowa Roxb.*

अमरमङ्गल m. = अमरसिंह.

अमरमय Adj. *aus Göttern bestehend.*

अमरमाला f. Titel eines Wörterbuches.

अमरमृगीदृश् f. *eine* Apsaras.

अमरंमन्य Adj. *für einen Gott geltend* oder *sich f. e. G. haltend.*

*अमररत्न n. *Krystall.* Vgl. अमलरत्न.

अमरराज् und °राज m. Bein. Indra's.

अमरराजमन्त्रिन् m. Bṛhaspati, *der Planet Jupiter* Varâh. Bṛh. 3,14.

अमरराजशत्रु m. Bein. Râvaṇas.

अमररामायण n. Titel eines Werkes.

अमरलिङ्ग n. N. pr. einer Oertlichkeit.

अमरलोक Adj. *die Welt der Götter bewohnend.* Davon Nom. abstr. °ता f.

*अमरवल्लरी f. *Cassyta filiformis L.*

अमरविनोद m. Titel eines Werkes.

अमरशक्ति f. N. pr. eines Fürsten.

अमरसदस् n. *Götterversammlung* 219,14.

अमरसरित् f. *die* Gaṅgâ.

अमरसिंह m. N. pr. eines Lexicographen.

अमरागार n. *Tempel* Kâd. 83,21.

अमराङ्गना f. *eine* Apsaras.

अमराचार्य m. Bez. Bṛhaspati's Bhâg. P. 6,7,15.

अमराद्रि m. N. pr. eines *Berges,* = अमरपर्वत. Auch *Bein. des Sumeru.

अमराधिप m. Bein. 1) Indra's. — 2) Çiva's.

अमरापगा f. *die himmlische* Gaṅgâ Kâd. 147,18.

अमरारि m. 1) *ein Feind der Götter.* — 2) *ein* Asura.

अमरारिपूज्य m. Çukra, *der Planet Venus.*

अमरावति f. = अमरावती 1).

अमरावती f. 1) *die Götterstadt,* Indra's *Residenz.* — 2) N. pr. einer Stadt in Berar.

अमरी Adv. mit भू *unsterblich werden,* so v. a. *in den Himmel kommen, im Heldenkampfe fallen* Bâlar. 73,13.

अमरु, अमरू oder अमरूक m. N. pr. eines Erotikers. अमरुशतक n. heissen seine *hundert* Strophen. Z. d. d. m. G. 27,7.

अमरेड्य m. Bṛhaspati, *der Planet Jupiter* Varâh. Bṛh. 23,14. Ind. St. 14,317.

अमरेन्द्रमुनि m. N. pr. eines Mannes.

अमरेश m. Bein. 1) Çiva's. — 2) Indra's.

अमरेश्वर 1) m. Bein. *a)* Vishṇu's. — *b)* Indra's. — 2) n. N. pr. eines Liṅga.

अमरेश्वरतीर्थ n. N. pr. eines Tîrtha.

अ॑मर्त Adj. *unsterblich.*

अमर्त्य, अ॑मर्तिय 1) Adj. *a) unsterblich.* — *b) unvergänglich, göttlich.* — 2) *m. *ein Gott.*

अमर्त्यभाव m. *Unsterblichkeit* Ragh. 7,50.

*अमर्त्यभुवन n. *Götterwelt, Himmel.*

अ॑मर्धत् Adj. 1) *nicht lässig werdend.* — 2) *nicht ermüdend.*

1. अमर्मन् n. *keine gefährliche Stelle am Körper* Spr. 6018.

2. अम॑र्मन् Adj. *ohne gefährliche Stelle am Körper.*

अमर्मवेधिन् Adj. *nicht die gefährlichen Stellen am Körper treffend.* Davon °वेधिता f. Nom. abstr. in übertr. Bed. H. 69.

अमर्याद Adj. *keine Grenzen habend, alle Schranken überschreitend.*

1. अमर्ष m. 1) *das Nichtdulden, Nichtleiden.* तर्षामर्ष *unerträglicher Durst* Spr. 2924. — 2) *das Ungehaltensein, Unmuth, Aerger, Zorn* 152,21. 210,6. 223,11.

2. अमर्ष m. N. pr. eines Fürsten VP. 4,4,47.

अमर्षण 1) Adj. *a) der Nichts hingehen lässt, sich Etwas nicht gefallen lässt.* — *b) Etwas nicht erwarten könnend, mit Ungeduld verlangend nach.* रणामर्षण Voc. R. 4,22,5. — 2) m. N. pr. = 2. अमर्ष. — 3) n. *das Sichauflehnen gegen* (Gen.) MBh. 13,35,18.

अमर्षित Adj. = अमर्षण 1) *a)* 54,6. 106,5.

अमर्षित्व n. *das Nichtruhighinnehmen einer Beleidigung* Kâm. Nitis. 8,10. Veṇis. 30,9.

अमर्षिन् Adj. = अमर्षण 1) *a)* 60,23.

अमल 1) Adj. (f. आ) *fleckenlos, makellos, rein, hell, klar, lauter* (eig. und übertr.) 104,18. नभस् 250,21. कर्मन् 103,15. मति 105,4. Tattvas. 17.18. — 2) m. *a) Bergkrystall.* — *b)* *Bein. Nârâjana's Gal. — *c)* N. pr. eines Dichters. — 3) *f. आ *a)* = अमरा *Nabelschnur.* — *b) Emblica officinalis Gaertn.* und = सप्तला. — *c)* Bein. der Lakshmî. — 4) *n. *a) Talk.* — *b) Schwefelkies* Nigh. Pr.

*अमलगर्भ m. N. pr. eines Bodhisattva.

अमलभास्कर m. *klare Sonne* Káraka 1,13.

*अमलमणि m. 1) *Krystall* Rágan. 13,204. — 2) = कर्पूरमणि Nigh. Pr.

अमलय्, °यति *rein, — weiss machen.*

*अमलरत्न n. = अमररत्न *Krystall* Rágan. 13,204.

अमलश्रीगर्भ m. = अमलगर्भ.

अमलसंयुत Adj. *an dem kein Flecken haftet* MBh. 12,261,18.

*अमलाङ्कटा f. *Emblica officinalis Gaertn.*

*अमलातक und *अमलानक n. = अम्लान *Kugelamaranth.*

अमलानन्द m. N. pr. eines Mannes.

अमलिन Adj. *rein* Spr. 4019. °धी Adj. *lauteren Geistes* 4143.

अमली Adv. mit कर् *läutern* Varâh. Bṛh. S. S. 4, Z. 20.

अमलीमस Adj. *nicht unlauter* Rágat. 8,48.

अमलोदरी f. N. pr. einer Dichterin.

अमवत् 1) Adj. *a) ungestüm, mächtig vordringend. — b) gewaltig, kräftig, tüchtig.* — 2) अमवत् Adv. *ungestüm.*

अमविष्णु (मू = मीव्) Adj. *unbeweglich* RV. 10,94,11.

*अमस m. 1) *Krankheit.* — 2) *Thor.* — 3) *Zeit.*

अमसृण Adj. *hart, rauh* AK. 3,4,28,219.

अमस्तु Adj. *ohne Buttermilch.*

*अमहत्तर m. *ein* Çûdra Gal.

अमहत् Adj. *nicht gross* Comm. zu Njâjas. 2,1,34.

अमहात्मन् Adj. *nicht hohen Sinnes* Spr. 1092.

अमहाधन Adj. *nicht sehr reich* MBh. 12,119,14.

अमहीयमान Adj. (f. आ) *niedergeschlagen, betrübt* Tâṇḍja-Br. 7,5,1.

अमहीयु m. N. pr. eines Ṛshi.

1. अमा Adv. 1) *daheim, heimwärts; bei uns, euch u. s. w.* Mit कर् *zu sich nehmen, bei sich haben.* — 2) **zusammen.*

2. अमा f. = अमावास्या.

3. अमा f. *keine Autorität* Njâjam. 1,3,10

1. अमांस n. *kein Fleisch.*

2. *अमांस Adj. *mager, schwach.*

अमांसक Adj. *fleischlos.*

अमांसभक्ष (Kathâs. 7,37) und अमांसाशिन् (Çat. Br. 14,1,1,29. Kâtj. Çr. 22,7,19. Pâr. Gṛhj. 2,8,2) Adj. *kein Fleisch essend.*

अमाक्षिक Adj. *nicht von Bienen kommend.*

अमाङ्गलिक Adj. *infaustus.* Davon Nom. abstr. °त्व n. Bâlar. 41,17.

अमाजुर् Adj. f. *daheim alternd, ledig im Vaterhause bleibend.*

अमात् Abl. Adv. *aus der Nähe* oder *von Hause.*

अमातर् f. *keine Mutter* Çat. Br. 14,7,1,22.

*अमातापुत्र° Adj. *weder Mutter, noch Sohn habend,* d. i. *in seinem Eifer um das Allernächste unbekümmert.*

अमातृक Adj. *mutterlos* Âpast. 1,11,1.

अमात्य, अमातिय m. 1) *Hausgenosse, Eigener, Angehöriger.* — 2) *Gefährte des Fürsten, Minister.*

1. अमात्र Adj. 1) *maasslos, unermesslich.* — 2) *kein prosodisches Maass enthaltend.*

2. अमात्र Adj. *das Maass von* अ *habend.*

अमात्रालोप m. *kein Wegfall einer Mora* Lâṭj. 6,10,21.

अमात्व n. *das keine Autorität Sein* Njâjam. 1,3,6,30.

अमाधुर्य n. *Unlieblichkeit* S. S. S. 197.

1. अमान n. = 3. अमा Njâjam. 1,4,1.

2. अमान m. *keine Ehrenerweisung* LA. 11,10, v. l.

अमानता f. = अमात्व Njâjam. 1,3,13.

अमानन n. *Geringachtung* Spr. 196, v. l.

अमानव Sg. Collect. *Nichtmenschen, Himmelsbewohner* MBh. 3,3,56.

*अमानस्य n. = आमनस्य.

अमानित Adj. *nicht hoch angeschlagen* Spr. 4299.

अमानित्व n. *Bescheidenheit, Demuth* 289,3. Bhag. 13,7.

अमानिन् Adj. *bescheiden, demüthig* MBh. 13,141, 72. 14,19,3.

1. अमानुष 1) Adj. (f. ई) *a) nicht menschlich, übermenschlich, göttlich, himmlisch* 35,17. Kâd. 145,17. Dazu Nom. abstr. °ता f. 148,19. — *b) unmenschlich.* — 2) m. *kein Mensch* 24,14. 206,2. Spr. 48. — 3) f. ई *ein weibliches Thier* Gaut. 22,36.

2. अमानुष Adj. (f. आ) *menschenlos.*

अमानुषलोक m. *Himmelswelt* Kâd. 156,12.

*अमामसी und *अमामासी f. = अमावास्या *Neumondsnacht.*

अमाय Adj. 1) *ungeschickt, nicht schlau* Çat. Br. 13,5,4,12. Ind. St. 9,346. — 2) *nicht der* Mâjâ *entrückt* Ind. St. 9,165.

अमाया f. *keine Hinterlist.* Instr. *mit Offenheit, ehrlich* M. 2,51. Spr. 4188.

अमायिक Adj. *kein Blendwerk seiend.*

अमायिन् Adj. *kein Blendwerk anwendend, nicht hinterlistig verfahrend* MBh. 3,34,4.

अमार m. *Nichttödtung* Rágat. 5,64.119.

अमारक Adj. *nicht tödtend* Sâj. zu ṚV. 1,84,4.

अमार्ग m. *unrichtiger Weg* (eig. und übertragen) Kathâs. 105,18. Rágat. 5,379. Instr. *auf unredliche Weise* MBh. 2,59,6.

अमार्गप्रसृत् Adj. *auf einem Irrwege befindlich* Káraka 1,11.

अमार्जित Adj. *ungewaschen* MBh. 3,65,46.

अमार्तण्डीय Adj. *nicht von der Sonne kommend* Bâlar. 53,20.

*अमावसी f. = अमावास्या *Neumondsnacht.*

अमावसु m. N. pr. eines Fürsten.

अमावस्या f. = अमावास्या *Neumondsnacht* Kâṭh.

अमावासी f. = अमावास्या *Neumondsnacht.*

1. अमावास्य 1) n. *Nachbarschaft.* — 2) f. आ *a)* mit oder ohne रात्रि *Neumondsnacht, — tag.* — *b) Neumondsopfer* Z. d. d. m. G. 9, lvi, N. — *c)* Bein. der Akkhodâ.

2. अमावास्य 1) *Adj. (auch °क) *in einer Neumondsnacht geboren.* — 2) m. N. pr. eines Lehrers Vaṁçabr. 2.

*अमाष Adj. *keine Bohnen erzeugend* Mahâbh. 6, 82,*a*.

अमाहक 1) m. *eine best. Erscheinung an der Sonne.* — 2) n. *ein bei dieser Gelegenheit den* Maga *zu verabfolgendes Geschenk.*

अमाहकेश्वरतीर्थ n. N. pr. eines Tîrtha.

अमाहठ m. N. pr. eines Schlangendämons.

अमित 1) Adj. *a) ohne bestimmtes Maass, an kein Maass —, an keine Zahl gebunden.* — *b) unermesslich, unzählbar, ungeheuer.* — 2) अमितम् Adv. *unermesslich.* — 3) m. wohl = अमिताभ 2)

अमितक्रतु Adj. *von ungemessenem Muth.*

अमितगति m. N. pr. 1) eines Vidjâdhara. — 2) eines Autors.

अमितगुण Adj. *mit unzähligen Vorzügen* Spr. 7668.

अमिततेजस् Adj. *von unermesslichem Glanze* 76,26.

अमितत्व n. *Unermesslichkeit.*

अमितद्युति Adj. = अमिततेजस् Ind. St. 9,84.

अमितध्वज m. N. pr. eines Sohnes des Dharmadhvaga VP. 6,6,6.

अमितप्रभव m. N. pr. eines Scholiasten.

अमितबुद्धिमत् Adj. *von ungeheuerem Verstande* 72,25.

अमितरुचि m. N. pr. einer buddh. Gottheit.

अमितवीर्य Adj. *von ungemessenen Kräften* AV.

अमिताक्षर Adj. *von unbeschränkter Silbenzahl.*

अमितात्मन् Adj. *von unermesslichem Geiste* MBh. 3,166,8.

अमिताभ m. N. pr. 1) Pl. einer Klasse von Göttern im 8ten Manvantara VP. 3,2,15. — 2) eines Dhjânibuddha.

अमितायुस् m. = अमिताभ 2).

अमिताशन 1) Adj. *essend ohne Maass.* — 2) f. आ N. pr. einer der Mütter im Gefolge Skanda's.

अमिति f. *keine Autorität* Njâjam. 1,3,4.

अमितोदन m. = अनृतोदन.

अमितौजस् 1) Adj. *von unermesslicher Thatkraft, — Macht.* — 2) m. *a)* Name von Brahman's Ruhebett Kaush. Up. 1,5. — *b)* *N. pr. eines Mannes.

1. अमित्र 1) m. *Feind.* Das n. Spr. 522 verdächtig. °वत् Adv. *nach Feindes Art* Chr. 55,14. — 2) f. आ *Feindin* 82,9.

2. अमित्र Adj. *keinen Freund habend* Spr. 641.

*अमित्रक m. *Feind* Gal.

अमित्रकर्षण Adj. *Feinde peinigend* 170,25.

अमित्रखाद Adj. *Feinde verschlingend.*

*अमित्रघात 1) Adj. ved. *Feinde erschlagend* Mahâbh. 3,70,*a.* — 2) m. Bein. Bindusâra's.

अमित्रघातिन् und अमित्रघ्न Adj. *Feinde erschlagend.*

अमित्रजित् m. N. pr. eines Sohnes des Suvarṇa Vgl. मित्रजित्.

अमित्रतपन Adj. *Feinde plagend* Ait. Br. 8,23.

अमित्रता f. *das Feindsein.*

अमित्रदम्भन Adj. *Feinde beschädigend.*

अमित्रयन्त् und अमित्रयु Adj. *feindselig.*

अमित्रवर्मन् m. N. pr. eines Mannes.

अमित्रसह m. N. pr. v. l. für मित्रसह.

अमित्रसाह् Adj. *Feinde bewältigend.*

अमित्रसेना f. *Feindesheer.*

अमित्रहन् Adj. *Feinde schlagend.*

अमित्रहू Adj. *Feinde herbeirufend* Saṁhitopan. 7,1.

अमित्राय्, °यते *sich wie ein Feind benehmen* Spr. 2103. अमित्रायन्त् Partic.

अमित्रायुध् Adj. *Feinde bekämpfend.*

अमित्रिन् und अमित्रिय Adj. *feindlich.*

अमिथित Adj. *nicht geschmäht, ungereizt.*

अमिथ्या Adv. *nicht unwahr, der Wahrheit gemäss.*

अमिथ्यार्थधी Adj. *die Dinge richtig anschauend* Bhâg. P. 6,2,38.

*अमिन् Adj. *krank.*

अमिन Adj. *ungestüm, stürmisch.* Nach den Commentatoren *unermesslich, unvergleichlich, unverletzlich.*

अमिनत् Adj. 1) *nicht versehrend.* — 2) *nicht fehlend, — aus der Ordnung kommend.*

*अमिरी f. *Basella lucida* oder *rubra* Gal.

*अमिलातक und *°लानक 1) n. *die Blüthe von* Amlâna. — 2) *f. °लातका *Rosa moschata* Nigh. Pr.

अमिश्र Adj. *ungemischt; ohne Theilnahme Anderer.*

*अमिष n. = आमिष.

अमी Nom. m., अमीभिस्, अमीभ्यस्, अमीषाम् und अमीषु Pluralformen zu अदस् *jener.*

अमीतवर्ण Adj. *von unveränderter Farbe.*

अमीमांस्य Adj. *keiner Erwägung bedürfend, nicht zu beanstanden.*

अमीव 1) n. *Leid, Schmerz.* — 2) f. अमीवा *a) Plage, Drangsal.* — *b) Dränger, Plagegeist.* — *c) Krankheit* (auch persönlich gedacht).

अमीवचातन Adj. (f. ई) *Plage* oder *Krankheit verscheuchend.*

अमीवहन् Adj. *Leiden —, Plage tilgend.*

अमु Pronom. *jener,* in अमुम्, अमूम्, अमुना, अमुया, अमुष्मै, अमुष्यै, अमुष्मात्, अमुष्यास्, अमुष्य, अमुष्यास्, अमुष्मिन्, अमुष्याम्; अमू, अमूभ्याम्, अमुयोस्; अमूस् f., अमूनि, अमून्, अमूभ्यस् f., अमूषाम् f., अमूषु f. Auch *dieser* 136,10. Vgl. अदस्, अमी und असौ.

अमुक Pron. (f. आ) *der und der,* die Stelle eines Namens vertretend und unserem *N. N.* entsprechend.

अमुकीय Adj. *N. N. gehörig.* f. आ so v. a. *Gattin des N. N.* So ist wohl zu lesen st. अमुकीदा Ind. St. 5,370 und अमुकिदा bei Gold.

अमुकुटिन् Adj. *mit keinem Diadem geschmückt* R. 1,6,9.

अमुक्त Adj. 1) *nicht fahrengelassen, — aus der Hand gelassen, — fortgeschleudert.* — 2) *nicht freigelassen, gehalten von* (Instr.) Sâh. D. 214,10. मानसैर्दुःखैः MBh. 12,320,150. — 3) *nicht erlöst* (von der Wiedergeburt) Tattvas. 37.

अमुक्तहस्त Adj. (f. आ) *nicht verschwenderisch.*

अमुख (TS.) und अमुख (Çat. Br.) Adj. *mundlos* Spr. 7655.

अमुख्य Adj. *haud principalis* Comm. zu TS. Prât. 13,14.

अमुग्ध Adj. *nicht verwirrt, — verkehrt.*

अमुच् f. *keine Befreiung.*

अमुची f. *die Nichtloslassende* als Bez. eines best. dämonischen Wesens.

अमुञ्चत् Adj. *nicht fahren lassend, — aufgebend.* पदात्पदम् Kathâs. 18,345. मौनम् 69,79.

अमुतःप्रदान n. *Darbringung von dort her* TBr. 2,2,3,3. 11,5.

अमुतस् Adv. 1) = अमुष्मात् u. s. w. *von jenem.* — 2) *von dort, dort; von hier* 136,11. — 3) *von dort so v. a. vom Himmel her.* — 4) *darauf, alsdann.*

अमुत्र Adv. 1) = अमुष्मिन् Kathâs. 24,208 (hier so v. a. अस्मिन् *in diesem*). — 2) *dort.* — 3) *dort und dort* 240,21. — 4) *dort oben, im Jenseits.* — 5) *dorthin.* — 6) *in's Jenseits* 67,27. 164,10. — 7) *dort, da, im Vorhergehenden, im angegebenen Falle.*

अमुत्रभूय n. *der Eingang in's Jenseits.*

अमुत्रार्थम् Adv. *für's Jenseits* M. 7,95.

अमुथा Adv. *auf jene Weise, so.* Mit अस् so v. a. *verloren sein.*

अमुदा Adv. *alsdann* LA. 116,3 v. u. (lies भूत्वामुदो°).

अमुद्र Adj. *ohne Gleichen* Kathâs. 74,213. Bâlar. 47,8.

*अमुद्र्यञ्च् und *अमुमुयञ्च् Adj. *dorthin gerichtet.*

अमुया Adv. *hin, caput, fertig.* In Verbindung mit अस् und भू so v. a. *dahin —, verloren sein.* पापयामुया *heillos schlecht, — übel.*

अमुर्हि Adv. *zu der Zeit, dann, damals.*

अमुवत् Adv. *wie der und der.*

अमुष्टि m. f. *keine geballte Faust* Âçv. Çr. 1 7 6.

*अमुष्यकुल n. *das Geschlecht des und des.*

*अमुष्यपुत्र m. *der Sohn des und des.*

अमुह्यत् Adj. *das Bewusstsein nicht verlierend* Sâmav. Br. 3,7,1.

अमूढ 1) Adj. *nicht verwirrt, klaren Bewusstseins.* Davon Nom. abstr. °त्व n. MBh. 12,274,18. — 2) n. Pl. *die Urelemente.*

*अमूदृत्त, *अमूदृश् und *अमूदृश Adj. *jenem —, dem und dem ähnlich.*

अमूर Adj. (f. आ) *scharfsinnig.* Ṛv. 7,36,1 ist अमूराः zu verstehen.

अमूर्त Adj. 1) *unkörperlich.* — 2) *nicht als ein Ganzes erscheinend, in kleinere Theile zerfallend* Sûrjas. 1,10.

अमूर्तरजस्, °रजस, °रयस् (MBh. 3,95,18. VP. 4, 7,3), °रयस (MBh. 12,166,75) und अमूर्तिमत् (VP.[2] 4,15) m. N. pr. eines Fürsten.

अमूल 1) Adj. (f. आ) *a) unbewurzelt, ohne Halt.* — *b) auf keinem Grundtext beruhend* Mit. bei Gold. — 2) f. आ *a)* etwa *Zwiebelpflanze* AV. — *b)* **Methonica superba Lam.*

अमृक्त Adj. *unversehrt.*

अमृजित Adj. *nicht abgewaschen, — entfernt* Bhâg. P. 5,24,26.

अमृडय Adj. *unbarmherzig.*

*अमृणाल n. *die Wurzel von Andropogon muricatus.*

अमृत 1) Adj. (f. आ) *a) nicht gestorben* MBh. 1, 159,17. 13,1,23. — *b) unsterblich.* — *c) unvergänglich.* — *d)* **schön, lieblich.* — 2) m. *a) ein Gott.* — *b)* Bein. α) Çiva's. — β) *Dhanvantari's. — *c)* **Phaseolus trilobus Ait.* — *d)* **Yamswurzel.* — 3) f. आ *a) eine Göttin.* — *b) Cocculus cordifolius DC., Panicum dactylon* Spr. 6959. **Emblica officinalis Gaertn.*, **Terminalia citrina Roxb.*, **Piper longum L.*, **Ocimum sanctum*, *Koloquinthengurke*, **Halicacabum cardiospermum* u. s. w. — *c)* **ein berauschendes Getränk.* — *d) die erste* Kalâ *des*

Mondes. — e) Bein. der Dâkshâjaṇî. — f) N. pr. α) der Mutter des Parîkshit. — β) einer Schwester Amṛtodana's. — 4) n. a) *Gesammtheit der Unsterblichen.* — b) *Welt der Unsterblichkeit, das ewige Reich.* — c) *das Nichtwegsterben* ṚV. 1,139,2. 7,57,6. — d) *Unsterblichkeit.* — e) *die letzte Befreiung.* — f) *Unsterblichkeitstrank,* ἀμβροσία, *Nektar.* Häufig so v. a. *der Gipfel aller Genüsse.* — g) *Süssigkeit* R. 7,7,3. — h) *ein best. Heilmittel; Arzenei* überh. — i) *Ueberbleibsel eines Opfers;* vgl. Bhag. 4,31. — k) *unerbetteltes Almosen.* — l) *Wasser* Spr. 7806 (zugleich *Nektar*). — m) *Milch* Spr. 2986. **warme Milch.* — n) **geklärte Butter.* — o) **gekochter Reis.* — p) **Speise.* — q) **Birne* Madanav. 68,57. — r) **Gold.* — s) **Quecksilber.* — t) **Gift* überh. und **ein best. Gift.* — u) *Strahl.* — v) **Eigenthum.* — w) *ein best. Metrum.* — x) N. pr. eines Sitzes der Götter im Norden.

अमृतक n. *Unsterblichkeitstrank* K̂handom. 144.

*अमृतकन्द m. *Cocculus cordifolius* Nigh. Pr.

अमृतकर m. *der Mond* Kâd. II, 134,21.

अमृतकल्परस m. *eine best. Mixtur* Mat. med. 81.

अमृतकिरण m. *der Mond* Kâd. II, 87,1.

अमृतकुम्भ m. Titel eines Werkes.

अमृतकेशव m. N. pr. eines Heiligthums.

*अमृतक्षार m. *Salmiak* Nigh. Pr.

अमृतगति f. *ein best. Metrum.*

अमृतगर्भ m. *Kind der Unsterblichkeit.*

अमृतचन्द्रसूरि m. N. pr. eines Autors.

अमृतचिति f. *Unsterblichkeitsschichtung* (von Backsteinen beim Agnikajana).

*अमृतजटा f. *Valeriana Jatamansi* Jon.

*अमृतजा f. *Terminalia citrina* Nigh. Pr.

*अमृततरंगिणी f. *Mondschein.*

अमृततेजस् m. N. pr. eines Vidjâdhara-Fürsten.

अमृतत्व n. 1) *Unsterblichkeit.* — 2) *das Ambrosiasein* Spr. 908.

अमृतदीधिति (Kâd. 54,7) und *अमृतद्युति m. *der Mond.*

अमृतधायिन् Adj. *Ambrosia schlürfend* 102,17.

अमृतधारा f. *ein best. Metrum.*

अमृतनादोपनिषद् f. Titel einer Upanishad

अमृतप 1) Adj. *Nektar trinkend.* — 2) m. N. pr. eines Dânava.

1. अमृतपक्ष m. *unsterblicher Flügel.*

2. अमृतपक्ष Adj. als Erklärung von हिरण्यपक्ष.

अमृतपायिन् Adj. *Nektar schlürfend,* so v. a. *schöne Reden hörend* Spr. 531.

अमृतपुट m. *eine Tüte mit Ambrosia* und wohl auch *ein best. Metrum,* = श्रीपुट.

अमृतप्रभ 1) m. N. pr. eines Vidjâdhara. — 2) f. आ ein Frauenname.

अमृतप्राशन 1) Adj. *von Ambrosia sich nährend.* — 2) m. *ein Gott* R. 1,16,4. 6,4,7.

अमृतप्राशिन् 1) Adj. *von Ambrosia sich nährend* R. Gorr. 1,48,9. — 2) m. *ein Gott* ebend. 20,4.

अमृतफल 1) m. a) *Birnbaum* (n. *Birne*) Mat. med. 291. — b) **Trichosanthes dioeca Roxb.* (n. *die Frucht*). — 2) *f. आ *Weinstock* und *Emblica officinalis Gaertn.*

अमृतबन्धु m. 1) *Genosse der Unsterblichkeit.* — 2) **Ross* Nigh. Pr.

अमृतबिन्दूपनिषद् f. Titel einer Upanishad.

अमृतभल्लातकी f. *eine best. Mixtur* Mat. med. 142.

अमृतभवन n. N. pr. eines Klosters.

अमृतभाषण n. Pl. *nektarsüsse Reden* Spr. 3069.

*अमृतभुज् m. *ein Gott.*

अमृतभोजन Adj. 1) *von Ambrosia sich nährend* R. Gorr. 1,48,6. — 2) *von Ueberbleibseln sich nährend* M. 3,285.

अमृतमति (so zu lesen) f. = अमृतगति.

अमृतमय Adj. (f. ई) 1) *unsterblich.* — 2) *nektarartig* 171,28. 175,17. *aus Nektar bestehend.* °शरीर Adj. *vom Monde* Spr. 531. 1168.

अमृतयज्ञ m. *ein Unsterblichkeit verleihendes Opfer* Kâth. bei Gold.

अमृतयोग m. *ein best. astrol.* Joga.

अमृतयोनि m. *Schooss der Unsterblichen* Çat. Br. 12,9,1,11. 12.

अमृतरश्मि m. *der Mond* 126,22.

अमृतरस 1) m. *Nektar.* — 2) *f. आ *dunkle Weintraube.*

अमृतलता f. 1) *eine Nektar spendende Liane* Spr. 3608. — 2) **Cocculus cordifolius* Râǵan. 3,'

*अमृतलतिका f. = अमृतलता 1).

अमृतलोक m. *die Welt der Unsterblichen* Ait. Br. 3,46.

अमृतवटी f. *best. Pillen* Mat. med. 83.

अमृतवपुस् Adj. *einen unsterblichen Leib habend.*

अमृतवर्धन m. N. pr. eines Dichters.

*अमृतवर्षिणी f. *Zunge* Gal.

*अमृतवल्ली f. *Cocculus cordifolius.*

अमृतवाका f. *ein best. Vogel.*

अमृतशास्त्र n. Titel eines buddh. Werkes.

*अमृतसंगम m. *Galmei* Nigh. Pr.

अमृतसंभव 1) Adj. *aus Nektar hervorgegangen* MBh. 13,77,25. — 2) *f. आ = अमृतवल्ली.

*अमृतसहोदर m. *Pferd* Nigh. Pr.

*अमृतसारज m. und *°जा f. (Nigh. Pr.) *Candiszucker.*

*अमृतसू m. *der Mond.*

*अमृतसोदर m. *Pferd.*

*अमृतस्रवा f. *eine best. Pflanze* (im K̂itrakûṭa). Auch *°स्रवी Gal.

अमृतस्राव m. *fliessendes Wasser.*

अमृतहरीतकी f. *eine best. Mixtur* Mat. med. 162.

अमृतह्रद m. *Nektarteich* Çâk. 100,17.

अमृतांशु m. *der Mond* 116,17.

अमृताकर m. N. pr. eines Mannes.

अमृताक्षर n. *Unsterbliches und Unvergängliches.*

अमृतात्मन् Adj. *aus Nektar bestehend* Spr. 537.

अमृतानन्द m. N. pr. eines Mannes.

*अमृतान्धस् m. *ein Gott* AK. 1,1,1,3.

*अमृताफल n. = अमृतफल 1) b).

अमृताभिषिक्त Adj. *mit Nektar besprengt* Çat. Br. 9,4,4,8.

अमृताय्, °यते *1) *wie Unsterblichkeit erscheinen* Spr. 6507. — 2) *Nektar gleichen.* — 3) *zu Nektar werden* Kâd. 19,23.

अमृतायन Adj. *nektarähnlich.*

अमृताश (MBh. 12,299,7) und *अमृताशन m. *ein Gott.*

*अमृताश्म m. (?)

अमृताष्टक n. *eine Verbindung von acht Stoffen, unter denen* अमृता (*Cocculus cordifolius*) *vornan steht* Mat. med. 136. 192.

अमृताष्टमीतपस् n. Titel eines Werkes.

*अमृतासङ्ग n. und *°संगम m. (Nigh. Pr.) *blauer Vitriol.*

अमृतासु Adj. *eine unsterbliche Seele habend.*

अमृताहरण 1) *m. Bein. Garuḍa's. — 2) n. Titel eines Pariçishṭa zum Sâmaveda.

अमृताहुति f. *eine best. Opferspende* Ait. Br. 2,14.

*अमृताह्व n. *Birne.*

अमृतिका f. N. pr. eines göttlichen Weibes.

अमृतिन् Adj. *unsterblich.*

अमृती Adv. mit भू *unsterblich werden* Spr. 6823.

अमृतीकरण n. *das Verwandeln in Nektar.*

अमृतेश m. Bein. Çiva's.

अमृतेशय Adj. *im* Amṛta *ruhend* Hariv. S. 927, Z. 4 v. u.

अमृतेश्वर m. 1) Bein. Çiva's. °लिङ्ग n. — 2) *eine best. Arzenei* Bhâvapr. 4,73.

अमृतेष्टका f. Bez. *bestimmter Backsteine* (beim Agnikajana) Çat. Br. 9,1,2,43.

*अमृतोत्थ n. *Kupfervitriol* Gal.

*अमृतोत्पन्न 1) n. desgl. Râǵan. 13,107. — 2) f. आ *Fliege.*

अमृतोदधि m. *Nektarmeer* Comm. zu Çat. Br. 1133,3.

अमृतोदन m. N. pr. eines Sohnes des Siṃhahanu.

*अमृतोद्भव und *अमृतोपम (Nigh. Pr.) n. *Kupfer-*

vitriol.

*अमृतोपहिता f. *Smilax China Lin.* Nigh. Pr.

अमृत्पात्रप Adj. *nicht aus einem Thongefäss trinkend* Maitr. S. 2,5,9.

1. अमृत्यु m. *Nichttod.*

2. अमृत्यु 1) Adj. *unsterblich.* — 2) *m. *ein Gott* Gal.

अमृध Adj. (f. आ) 1) *unablässig, unermüdlich.* — 2) *unaufhörlich.*

अमृन्मय Adj. *nicht irden* Çulbas. 2,39. Mit Ergänzung von पात्र *Geschirr* Kâtj. Çr. 4,2,34. 7,4, 33. 8,2,1.

अमृन्मयप (Tândja-Br. 16,6,14) und अमृन्मयपायिन् Adj. *aus keinem irdenen Geschirr trinkend* Çat. Br. 14,1,1,30. Pâr. Gṛhj. 2,8,2.

अमृषा Adv. *in Wahrheit, fürwahr.*

अमृषोद्य n. *wahre Rede, Wahrheit* Bhaṭṭ. 6,57.

अमृष्ट Adj. *ungewaschen, unrein* R. ed. Bomb. 1, 6,10.

अमृष्टभुज् (R. 1,6,8) und अमृष्टभोजिन् (R. ed. Bomb. 1,6,11) Adj. *keine leckere Speise geniessend.*

अमृष्यमाण Adj. *nicht geduldig ertragend, — leidend* Çat. Br. 12,5,1,1-3. MBh. 2,58,19.

अमेक्षण Adj. *ohne Rührstab* M. K. S. bei Gold.

अमेघोपप्लव Adj. *nicht mit Wolken bezogen* Suçr. 1,113,18.

अमेदस्क Adj. *fettlos.*

*अमेधस् Adj. *dumm, einfältig.*

अमेध्य 1) Adj. *nicht opferfähig* oder — *würdig, unrein, unheilig, nefastus.* — 2) n. *Unreinigkeit, etwas Unreines;* insbes. *Excremente.*

अमेन Adj. *unbeweibt.*

अमेनि Adj. *nicht schleudernd, unfähig zu schleudern.*

अमेय Adj. *unermesslich, unergründlich.*

अमेष्ट Adj. *daheim geopfert.*

अमेह m. *Harnverhaltung.*

अमोक्य Adj. *unlöslich.*

अमोघ 1) Adj. (f. आ) *nicht irrend, — fehl gehend, — eitel, — vergeblich, einschlagend, das Ziel erreichend.* — 2) m. *a) das Nichtirren, Nichtfehlgehen* Çat. Br. — *b)* Bein. Çiva's und Skanda's. — *c)* *N. pr. eines Flusses. — 3) f. आ *a)* **Bignonia suaveolens Roxb.*, **Embelia Ribes* und **Terminalia citrina.* — *b)* mit oder ohne रात्रि *die nichtvergebliche*, d. i. *das Leben kürzende, Nacht.* — *c)* mystische Bez. *des Lautes* त. — *d)* *Bein. der Durgâ. — *e)* N. pr. α) einer der Mütter im Gefolge Skanda's. — β) der Gattin Çaṃtanu's. — γ) eines Speers.

अमोघकिरण m. Pl. Bez. *einer best. Form der Sonnenstrahlen* Varâh. Bṛh. S. 28,18.

अमोघक्रोधहर्ष Adj. *der nicht vergeblich zürnt und sich freut* R. 2,1,17. Spr. 538.

अमोघदण्ड Adj. *nicht vergeblich strafend*, von Çiva.

अमोघदर्श m. wohl = अमोघदर्शिन्.

अमोघदर्शन 1) Adj. (f. आ) *dessen (deren) Erscheinen nicht vergeblich ist*, d. i. *Glück bringt* 296,25 (im Prâkrit). Nâgân. 72,8. — 2) m. N. pr. eines Schlangendämons.

अमोघदर्शिन् m. N. pr. eines Bodhisattva.

अमोघनन्दिनी f. Titel einer Çikshâ Ind. St. 14, 160. अमोघान° Proc. A. S. B. 1875, S. 76.

अमोघपतन Adj. *nicht vergeblich fallend, das Ziel treffend* Râgat. 6,181.

अमोघपाश m. 1) *eine sicher festhaltende Fessel* (buddh.). — 2) N. pr. eines Lokeçvara bei den Buddhisten.

अमोघराघव Titel eines Schauspiels Hall in der Vorrede zu Daçar. 30.

अमोघराज m. N. pr. eines buddh. Bettlers Lalit. 1,19.

अमोघवचन Adj. *dessen Wort nicht vergeblich ist* 138,14.

अमोघवती f. N. pr. eines Flusses.

अमोघवर्ष m. N. pr. eines Fürsten. °वर्ष्य B. A. I. 1,217.

अमोघविक्रम Adj. *dessen Kraft nicht vergeblich ist*, von Çiva.

अमोघसिद्धि m. N. pr. eines Dhjânibuddha.

अमोघाक्षी f. Name der Dâkshâjaṇî.

अमोघाचार्य m. N. pr. eines Autors.

*अमोघातनय m. Bein. des Flusses Brahmaputra Gal.

अमोघानन्दिनी s. अमोघनन्दिनी.

अमोच्य Adj. *nicht frei zu lassen* 99,23.

अमोत Adj. *daheim gewebt.*

अमोह Adj. *nicht dem Irrthum ausgesetzt.* Davon Nom. abstr. °त्व n. Ind. St. 9,154.

अमौक्तिक Adj. *keine Perlen enthaltend* Spr. 539.

अमौत्रधौत Adj. *nicht mit Beize gewaschen* Kâtj. Çr. 7,2,18.

अमौन n. *das nicht Muni Sein* Çat. Br. 14,6,4,1.

अम्नस् Adv. *unversehens.*

*अम्ब्, अम्बति (गतौ); अम्बते (शब्दे).

*अम्ब Adj. = अम्ल. — Vgl. अम्बा.

अम्बक n. 1) *Auge* Bâlar. 259,11. 289,2. Beide Male von Çiva's *Auge;* vgl. त्र्यम्बक. — 2)* *Kupfer.* — Vgl. अम्बिका.

अम्बया f. *Mütterchen.*

अम्बर (Ende eines adj. Comp. f. आ) 1) n. *Umkreis, Umgebung, Nähe.* — 2) n. *Umwurf, Kleidung, Gewand.* — 3) m. (selten) und n. *Luftraum, Himmelszelt* 162,29 (zugleich *Gewand*). — 4) n. Bez. *der Null.* — 5) Bez. *des 10ten astrol. Hauses* Varâh. Bṛh. 22(20),2. Ind. St. 14,315. — 6) n. *Lippe* Prasannar. 39,10. — 7) n. * *Baumwolle.* — 8) n. * *Safran.* — 9) n. * *Talk.* — 10) n. * *Ambra.* — 11) m. Pl. N. pr. eines Volkes Varâh. Bṛh. S. 14,27. Sg. eines Landes Verz. d. Oxf. H. 39,a,33.

अम्बरखण्ड m. n. *Lappen* und zugleich *Wölkchen* Spr. 5544.

अम्बरचर 1) Adj. *in der Luft wandelnd.* — 2) m. *a) Vogel* (vgl. °मार्ग). — *b) ein* Vidjâdhara.

अम्बरचरमार्ग m. *Luftraum* Spr. 4379.

अम्बरचारिन् m. *Planet* Spr. 7780.

*अम्बरद m. *Baumwolle* Dhanv. 4,67.

अम्बरनगरी f. N. pr. einer Stadt.

अम्बरपथ m. *Luftpfad* Spr. 7734.

अम्बरप्रभा f. N. pr. einer Prinzessin.

अम्बरमणि m. *die Sonne* Bâlar. 78,13.

अम्बरमाला f. ein Frauenname Viddh. 36,2.

*अम्बरस्थली f. *die Erde.*

अम्बराधिकारिन् m. *Aufseher über die Kleider* (ein Hofamt) Râgat. 7,366.

*अम्बरिष n. *Bratpfanne.*

अम्बरीष 1) m. n. *Bratpfanne* TS. 5,1,9,4. — 2) m. N. pr. verschiedener Männer. — 3) m. * *Thierjunges.* — 4) m. * *die Sonne.* — 5) n. * *Luftraum* Uģģval. — 6) m. n. * *Kampf.* — 7) m. * *Reue.* — 8) m. * *Spondias mangifera.* — 9) m. * *eine best. Hölle.* — 10) m. Bein. *Vishṇu's, *Çiva's und Gaṇeça's.

अम्बरीषक m. *Bratpfanne.*

*अम्बरीषपुत्र m. Ambarîsha's *Sohn.*

अम्बरौकस् m. *ein Gott.*

*अम्बर्, °यति *zusammentragen.*

अम्बष्ठ 1) m. *a)* Pl. N. pr. eines Volkes. Sg. *ein Fürst dieses Volkes* MBh. 7,93,62. fgg. — *b) der Sohn eines Brahmanen von einer Frau aus der dritten Kaste* Gaut. 4,16. — 2) f. आ (Kull. zu M. 10,15) und ई f. zu 1) *b).* — 3) f. आ *gehörnter Sauerklee, Clypea hernandifolia W. u. A.* Suçr. 1,150,19. **Jasminum auriculatum Vahl.* und **Hibiscus cannabinus* (Râgan. 4,79).

*अम्बष्ठकी f. *Clypea hernandifolia Vahl.*

*अम्बष्ठिका f. dass. und *Clerodendrum Siphonanthus R. Br.*

अम्बा f. 1) *Mutter, Mütterchen.* Voc. ved. अम्बे und अम्ब, klassisch nur अम्ब. अम्ब oft zu einem blossen Ausruf (etwa *ach*) abgeschwächt; so z. B.

auch Âçv. Çr. 2,18,13. — 2) Name einer der 7 Kṛttikâ. — 3) *Hibiscus cannabinus* Râǵan. 4,79. — 4) Bein. der Durgâ. — 5) N. pr. der Tochter eines Fürsten von Kâçi MBh. 1,102,64.

अम्बाजन्मन् n. N. pr. eines Tîrtha.

*अम्बाडा, अम्बायवी (Kaush. Up. 1,2), *अम्बाला und अम्बाली (TS. 7,4,19,1.2. Ind. St. 5,51) f. *Mütterchen*. *अम्बाला auch *Hibiscus cannabinus* Râǵan. 4,79.

अम्बालभाणा m. Titel eines Schauspiels.

अम्बालिका f. 1) *Mütterchen* VS. 23,18. — 2) *Hibiscus cannabinus* Râǵan. 4,79. — 3) N. pr. der Tochter eines Fürsten von Kâçi.

अम्बि und अम्बी f. *Mutter, Mütterchen*. Superl. Voc. अम्बितमे.

अम्बिक m. N. pr. eines Mannes.

अम्बिका f. 1) *Mütterchen* VS. — 2) *die jüngste Schwester* Gal. — 3) *Herbst* Kâṭh. — 4) **Wrightia antidysenterica* und **Hibiscus cannabinus* (Râǵan. 4,79). — 5) Bein. der Pârvatî und der Lakshmî (Ind. St. 9,98). — 6) N. pr. *a)* einer Schwester Rudra's und eines best. Rudra. — *b)* einer der Mütter im Gefolge Skanda's. — *c)* *einer Göttin bei den Ǵaina. — *d)* der Tochter eines Fürsten von Kâçi und anderer Frauen. — *e)* einer Oertlichkeit.

अम्बिकाखण्ड m. oder n. Titel eines *Abschnittes* im Skandapurâṇa.

अम्बिकापति m. Bez. Rudra's oder Çiva's Taitt. Âr. 10,18. Kathâs. 66,161. Kâd. 163,6.

अम्बिकावन n. N. pr. eines *Waldes*.

*अम्बिकासुत m. Bez. Dhṛtarâshṭra's Gal.

अम्बिकेय m. Metron. 1) Dhṛtarâshṭra's. — 2) *Gaṇeça's. — 3) *Kârttikeja's. — Vgl. die richtige Form आम्बिकेय.

*अम्बिकेयक m. = अम्बिकेय 2).

अम्बिकेश्वरतीर्थ n. N. pr. eines Tîrtha.

अम्बु n. 1) *Wasser*. — 2) *eine Andropogon-Art* Varâh. Bṛh. S. 51,15. Bhâvapr. 4,123. — 3) *ein Metrum von 90 Silben*. — 4) = अम्बुयन्त्र *Wasseruhr* Ind. St. 10,204. — 5) Bez. *der Zahl vier* Varâh. Bṛh. 22(20),2.

*अम्बुक m. *Asclepias gigantea* und *Ricinus* Nigh. Pr.

*अम्बुकण m. *feiner Regen*.

*अम्बुकण्टक und *अम्बुकिरात m. *Alligator*.

*अम्बुकन्द m. *Trapa bispinosa* Nigh. Pr.

*अम्बुकीश m. *Delphinus gangeticus*.

अम्बुकुक्कुटी f. *Wasserhuhn*.

*अम्बुकूर्म m. *Delphinus gangeticus*.

*अम्बुकृता f. *Commelina salicifolia* Nigh. Pr.

*अम्बुकेसर m. *Citronenbaum*.

अम्बुग Adj. *im Wasser lebend*.

*अम्बुघन m. *Hagel*.

*अम्बुचत्वर n. *ein viereckiger Teich* H. an. 4,216.

*अम्बुचामर n. *Blyxa octandra Rich.*

अम्बुचारिन् 1) Adj. *im Wasser lebend*; m. *Wasserthier*. — 2) *f. °णी *Hibiscus mutabilis* Nigh. Pr.

अम्बुज 1) Adj. *im Wasser lebend*. — 2) m. *Muschel* R. 7,7,10. — 3) m. n. *eine sich am Tage öffnende Lotusblüthe*. — 4) m. **Barringtonia acutangula Gaertn.* und **Calamus Rotang* (Nigh. Pr.). — 5) n. *Indra's *Donnerkeil*.

*अम्बुजन्मन् n. = अम्बुज 3).

अम्बुजबान्धव m. *die Sonne* Spr. 2655.

अम्बुजभू m. Bein. Brahman's.

अम्बुजाक्ष Adj. (f. ई) *lotusäugig* Vâs. 27.

अम्बुजानना f. N. pr. einer Göttin.

*अम्बुतस्कर m. *die Sonne*.

*अम्बुताल m. = अम्बुचामर.

अम्बुद 1) m. *a) Wolke*. — *b) Cyperus hexastachyus communis Nees*. — 2) *n. *Talk*.

अम्बुदारण्य n. N. pr. eines *Waldes*.

अम्बुदेव, अम्बुदैव und *अम्बुदैवत्य (Gal.) n. *das Mondhaus* Pûrvâshâḍhâ.

अम्बुधर m. 1) *Wolke*. — 2) **Cyperus pertenuis* Nigh. Pr.

अम्बुधि m. 1) *Meer*. — 2) Bez. *der Zahl vier*.

*अम्बुधिस्रवा f. *Aloe perfoliata*.

अम्बुनिधि m. *Meer* Spr. 7744.

अम्बुनिवह m. *Wolke*.

अम्बुप m. 1) Bez. Varuṇa's. — 2) **Cassia alata* oder *Tora L.*

अम्बुपक्षिन् m. *Wasservogel*.

अम्बुपति m. 1) Bez. Varuṇa's. — 2) *Meer* Spr. 4517.

*अम्बुपत्त्रा f. = अम्बुद 1) *b)*.

*अम्बुप्रसाद m. und °प्रसादन n. *Strychnos potatorum L.*

अम्बुभक्ष्य Adj. *von Wasser sich nährend* Saṁnj. Up. 2,4.

*अम्बुभव m. *Lotusblüthe* Nigh. Pr.

*अम्बुभृत् m. 1) *Wolke*. — 2) = अम्बुद 1) *b)*.

अम्बुमत् 1) Adj. *wasserreich*. — 2) f. °मती N. pr. eines Flusses.

अम्बुमात्रज Adj. *nur im Wasser lebend*.

अम्बुमुच् m. *Wolke*.

अम्बुयन्त्र n. *Wasseruhr*.

अम्बुरय m. *Strömung* 95,2.

अम्बुराशि m. *Meer*.

अम्बुरुह 1) n. (Ende eines adj. Comp. f. आ) *eine am Tage sich öffnende Lotusblüthe* 170,28. — 2) *f. आ *Hibiscus mutabilis*.

अम्बुरुहिणी f. *Lotuspflanze*.

अम्बुलीलागेह n. *ein im Wasser stehendes Lusthäuschen*.

*अम्बुवल्लिका f. *Momordica Charantia* Râǵan. 7,179.

*अम्बुवल्ली f. *Commelina salicifolia* Nigh. Pr.

अम्बुवाची f. *die 4 Tage vom 10 ten bis zum 13 ten in der dunkelen Hälfte des Monats* Âshâḍha. °प्रद m. heisst *der 10te*, °त्याग m. *der 13te Tag*.

*अम्बुवासिनी und *अम्बुवासी f. *Bignonia suaveolens*.

अम्बुवाह m. 1) *Wolke*. — 2) *= अम्बुद 1) *b)*.

अम्बुवाहिनी f. 1) **ein Geschirr zum Wasserschöpfen*. — 2) N. pr. eines Flusses MBh. 6,9,27.

अम्बुवीच m. N. pr. eines Fürsten.

अम्बुवेग m. *Strömung* Bhag. 11,28.

अम्बुवेतस m. *eine Rohrart* Mat. med. 290.

*अम्बुशिरीषिका f. *eine best. Pflanze*.

अम्बुशीता f. N. pr. eines Flusses.

अम्बुसंप्लव m. *Wasserfluth*.

*अम्बुसर्पिणी f. *Blutegel*.

*अम्बुसेचनी f. = अम्बुवाहिनी 1).

*अम्बुस्पृहा f. *Durst* Gal.

अम्बूकृत 1) Adj. *a) von Speien begleitet*. — *b) mit fest geschlossenen Lippen ausgesprochen*. — 2) n. *a) ein best. Fehler der Aussprache*; insbes. *der Vocale*. — *b) von Speichelfluss begleitetes Brüllen*.

अम्बेक m. N. pr. eines Scholiasten.

अम्ब्यम् d. i. अम्बिअम्, Acc. von अम्बी.

*अम्ब्ल = अम्ल, आम्ल.

*अम्भ्, अम्भते (शब्दे).

अम्भःपति m. Bein. Varuṇa's Ind. St. 14,329.

अम्भण n. *der Bauch der* Vîṇâ Ait. Âr. 364,8.

अम्भःश्यामाका f. *Wasserhirse* Karaka 1,27.

अम्भस् 1) *Wasser*. — 2) *die Wasser oberhalb des Himmels* Ait. Up. 1,2. — 3) *Furchtbarkeit, Macht*. — 4) Pl. Bez. *der Götter, Menschen, Manen und Ungötter* TBr. VP. 1,5,28. — 5) *Du. *Himmel und Erde*. — 6) Bez. *der Zahl vier*. — 7) *ein Metrum von 82 Silben*. — 8) mystische Bez. *des Lautes* व.

अम्भसा Instr. *am Anfange eines Comp. P. 6,3,3.

*अम्भःसार n. *Perle*.

*अम्भःसू m. *Rauch*.

अम्भिणी f. N. pr. einer Lehrerin der Vâk. — Vgl. अम्भृणी.

अम्भृण 1) Adj. *furchtbar*. Nach Naigh. *gross*, nach Sâj. *fürchterlich schreiend*. — 2) m. *a) Kufe*. — *b)* N. pr. des Vaters der Ambhṛṇî. — 3) f. अम्भृणी Bez. der Vâk als Tochter Ambhṛṇa's.

अम्भोज 1) *m. a) *Lotusblüthe* und *Calamus Rotang* Nigh. Pr. — b) *der indische Kranich.* — 2) *f. आ *Süssholz* Nigh. Pr. — 3) *f. ई *eine best. Pflanze* Gal. — 4) n. (Ende eines adj. Comp. f. आ) *eine am Tage sich öffnende Lotusblüthe* 248,9. 30. °गर्भ 319,8. हृदम्भोज 119,12.

*अम्भोजखण्ड n. *Lotusgruppe.*

अम्भोजजन्मन् m. Bein. Brahman's.

अम्भोजन्मन् n. = अम्भोज 4). °जन्मजनि m. Bein. Brahman's Bhâg. P. 10,13,15.

अम्भोजयोनि m. Bein. Brahman's.

अम्भोजिनी f. *Lotuspflanze.* °वन n. Spr. 544.

अम्भोद m. 1) *Wolke.* — 2) **Cyperus hexastachyus communis* Nees.

अम्भोधर m. 1) *Wolke.* — 2) * = अम्भोद 2).

अम्भोधि m. *Meer* 167,16. Spr. 7672.

*अम्भोधिपल्लव (Râǵan. 13,161) und *अम्भोधिवल्लभ m. *Koralle.*

अम्भोनिधि m. *Meer* 163,6. 219,6.

*अम्भोबीज n. *Hagel* Gal.

अम्भोमुच् m. *Wolke* Kâd. II,70,11.

*अम्भोराशि m. *Meer.*

अम्भोरुह् n. = अम्भोज 4).

अम्भोरुह 1) m. a) **der indische Kranich.* — b) N. pr. eines der Söhne des Viçvâmitra. — 2) n. (Ende eines adj. Comp. f. आ) = अम्भोज 4) 248,3.

अम्भोरुहमय Adj. *voller Lotusblüthen* Spr. 7674.

अम्मय Adj. (f. ई) *aus Wasser bestehend, wässerig.*

अँम्यक् 3. Sg. Aor. von म्यक्.

*अम्र m. = आम्र.

*अम्रात m. = आम्रात.

अम्रातक m. = आम्रातक *Spondias mangifera* Varâh. Brh. S. 55,11.

अम्ल 1) Adj. *sauer.* — 2) m. *Sauerklee* und **Sauerampfer.* — 3) f. *ई *Sauerklee.* — 4) n. *Buttermilch* Suçr. 2,365,11.

*अम्लक 1) m. *Artocarpus Locutscha* Roxb. — 2) f. अम्लिका a) *saures Aufstossen.* — b) *Tamarindus indica, eine Art Sauerampfer* und *eine best. Schlingpflanze.*

अम्लकाञ्जिक n. *saurer Reisschleim* Káraka 1,27.

*अम्लकाण्ड n. *eine Grasart.*

*अम्लकासिका und *अम्लकुचिका f. *eine best. Pflanze* Gal.

*अम्लकेसर m. *Citronenbaum.*

*अम्लगोरस m. *Buttermilch* Nigh. Pr.

*अम्लचुक्रिका f. und *अम्लचूड m. *eine Art Sauerampfer.*

*अम्लजम्बीर m. *Citronenbaum.*

अम्लता f. *Säure.*

*अम्ललच् m. *Buchanania latifolia* Nigh. Pr.

अम्लद्रव m. *saurer Fruchtsaft* Bhâvapr. 3,97.

*अम्लनायक m. *Rumex vesicarius.*

*अम्लनिम्बूक m. *Citronenbaum.*

*अम्लनिशा f. *Curcuma Zerumbet* Roxb. und *Meriandra bengalensis* (Nigh. Pr.).

*अम्लपञ्चक (Nigh. Pr.) und *अम्लपञ्चफल n. *eine Verbindung von fünf best. sauren Vegetabilien.*

*अम्लपत्र 1) m. *eine best. Pflanze.* — 2) f. आ *eine Art Sauerampfer* und *eine best. Schlingpflanze.* — 3) f. ई *eine best. Pflanze* Gal.

*अम्लपत्रक 1) m. *Bauhinia tomentosa* Râǵan. 9, 39. — 2) f. °त्रिका *Oxalis* Nigh. Pr.

*अम्लपनस m. *Artocarpus Locutscha* Roxb.

*अम्लपादप m. *Garcinia purpurea* Nigh. Pr.

अम्लपित्त n. *status gastricus* Bhâvapr. 4,57.

*अम्लपूर n. = अम्लबीज.

अम्लफल 1) *m. *Mangifera indica.* — 2) n. *Tamarindenfrucht.*

*अम्लबीज n. *die Frucht der Spondias mangifera.*

*अम्लभेदन m. *Rumex vesicarius.*

*अम्लरुहा f. *eine Art Betel.*

अम्ललोणिका und अम्ललोणी f. *Oxalis corniculata* Lin. Mat. med. 124.

*अम्लवती f. *eine Art Sauerampfer.*

अम्लवर्ग m. *die Gruppe der sauren Stoffe* Suçr. 1,157,4.

*अम्लवल्ली f. *Pythonium bulbiferum* Schott.

*अम्लवाटिका f. *eine Art Betel.*

*अम्लवाटी f. *eine best. Pflanze* Gal.

*अम्लवास्तूक n. *Sauerampfer.*

*अम्लविषा f. *eine best. Pflanze*, = षड्गुन्था Gal.

*अम्लवृत्त n. = अम्लबीज.

अम्लवेतस 1) m. *Rumex vesicarius.* — 2) *n. *Fruchtessig* H. 417.

*अम्लशाक 1) m. *eine Art Sauerampfer.* — 2) n. a) = अम्लबीज. — b) *Fruchtessig.*

*अम्लसार 1) m. *Rumex vesicarius, Citronenbaum* und *Phoenix paludosa* Roxb. — 2) f. आ *Piper Betle* L. Gal. — 3) n. *saurer Reisschleim.*

*अम्लसारक m. *eine best. Pflanze* Gal.

*अम्लस्तम्भनिका f. *Tamarinde* Nigh. Pr.

*अम्लहरिद्रा f. *Curcuma Zerumbet* Roxb.

*अम्लाङ्कुश m. *Rumex vesicarius.*

*अम्लातक 1) m. *Kugelamaranth.* — 2) f. ई *eine best. Pflanze* Gal.

अम्लाध्युषित n. *eine durch Genuss saurer Speise erzeugte Augenentzündung* Wise 293. Suçr. 2,305, 8. 315,1.

अम्लान 1) Adj. a) *unverwelkt, nicht verwelkend* MBh. 13,42,14. Hariv. 7008. R. ed. Bomb. 5,10,31. Kathâs. 13,84. Pańkar. 1,11,37. Spr. 7675. — b) *ungeschwächt, frisch*, von Personen MBh. 4,4,44. °मनस् Adj. *frischen Muthes* 7,10,45.23,45. °दर्शन Adj. *ein scharfes Auge habend* Kathâs. 18,133. °मुखच्छाय Adj. 39,49. °माना Adj. Spr. 1106. °लक्ष्मी Adj. Bhâg. P. 2,2,10. — 2) *m. *Kugelamaranth.*

*अम्लानिनी f. *eine Gruppe von Kugelamaranthen.*

अम्लिकावटक m. *Tamarindenklösschen* Bhâvapr. 2,19.

अम्लीका f. 1) *saures Aufstossen.* — 2) **Tamarindus indica.*

*अम्लीय m. *Sauerampfer* Nigh. Pr.

*अम्लोटक m. *Bauhinia tomentosa.*

*अम्लोद्गार m. *saures Aufstossen.*

अय् s. इ.

अँय m. 1) am Ende eines Comp. *Gang.* — 2) *Lauf, Umlauf.* In Verbindung mit गवाम् Bez. *eines best. periodischen Opfers* MBh. 13,106,46. 151,50. — 3) *in einem best. Spiele mit Figuren *Gang zur Rechten.* — 4) *gutes Geschick, Glück.* — 5) *Würfel.* — 6) Bez. der Zahl vier.

अयःकणप m. *eine best. eiserne Waffe* MBh. 1, 227,25.

अयःकाय m. N. pr eines Daitja.

*अयःकिट्ट n. *Eisenrost* H. an. 3,230.

अयःपिण्ड m. n. *ein Klumpen Eisen, eine eiserne Kugel.*

*अयःप्रतिमा f. = सूर्मी Gal.

अयक्ष्मँ 1) Adj. (f. आ) a) *nicht krank, gesund.* — b) *heilsam.* — 2) n. *Gesundheit.*

अयक्ष्मंकँरण Adj. (f. ई) *gesund machend.*

अयक्ष्मँताति f. und अयक्ष्मत्वँ n. *Gesundheit.*

अयक्ष्यमाण Adj. *kein Opfer zu veranstalten beabsichtigend* Gaim. 5,4,8.9.

अँयजमान Adj. *kei. Opfer veranstaltend* VS. 12, 62. Âçv. Çr. 9,3,13. Lâṭj. 10,16,7.

अयजुष्क Adj. *ohne Opferspruch.* °म् Adv. TBr. 3,2,8,8.

अँयजुष्कृत Adj. *mit keinem Opferspruch geweiht.*

अयजुस् n. *kein Jagus.* Instr. *ohne Opferspruch* Maitr. S. 3,6,8.

1. अँयज्ञ m. 1) *kein wirkliches Opfer* TBr. 2,1,5,6. — 2) *das Nichtvorsichgehen eines Opfers* Lâṭj. 2, 8,30. Gaut. 5,43.

2. अयज्ञँ Adj. *nicht opfernd.* Auch अयजनँ zu lesen.

अँयज्ञसच् (stark °साच्) Adj. *keinen Opfern obliegend.*

अयज्ञियँ und einmal अँयज्ञिय Adj. 1) *nicht zum*

Opfer taugend (act. und pass.). — 2) *nicht verehrungswerth, unheilig.*

अयज्ञोपवीत Adj. *ohne Opferschnur* Ind. St. 9,149.

अयज्यु und अयज्वन् Adj. *nicht Götter verehrend, unfromm.*

अयत Adj. *ungezügelt* Çat. Br. 3,2,1,18. 13,3,2,5. 14,1,1,25. In übertr. Bed. Kaṇ. 6,2,7.

अयतन्त् Adj. *nicht Seite an Seite gehend.*

अयति m. 1) *kein Asket* Bhag. 6,37. — 2) N. pr. eines Sohnes des Nahusha.

अयत्न m. *keine Anstrengung.* अयत्नेन, अयत्नात् (Pañkat. 176,8), अयत्नतस् (Chr. 289,7. Kathâs. 18, 350) und अयत्न° (Chr. 170,11. 183,3) *ohne Mühe.*

अयत्नवालव्यजनी Adv. mit भू *ohne Bemühung zum Fliegenwedel werden* Ragh. 16,33.

अयथ n. 1) *Fuss.* — 2) Pl. *Gutes, Erspriessliches* Pâr. Gṛhj. 1,5,11.

अयथाकृत Adj. *nicht recht gemacht.*

अयथातथम् Adv. *nicht so wie es sein sollte.*

अयथादृष्ट Adj. *nicht so aussehend wie sonst.* Davon Nom. abstr. °त्व n. Kaṇ. 2,2,19.

अयथादेवतम् Adv. *nicht der Gottheit entsprechend.*

*अयथापुरम् Adv. *nicht wie ehemals.*

अयथापूर्व 1) Adj. *nicht so seiend wie ehemals.* — 2) °म् Adv. *nicht in richtiger Folge.*

अयथाभिप्रेत Adj. *unerwünscht, unangenehm* P. 3,4,59.

अयथामात्रम् Adv. *nicht nach der Quantität.*

अयथायथम् Adv. *nicht wie es sein sollte, unangemessen.*

अयथार्थ Adj. (f. आ) *unrichtig, unwahr* Tarkas. 53.

अयथार्थवादिन् m. ein Mannsname (*unwahr redend*) Hâsj.

अयथावत् Adv. *unrichtig, falsch* Bhag. 18,31.

अयथास्थित Adj. *in Unordnung gerathen* Kâd. II,68,4. 123,2.

अयथेष्ट Adj. *unbeliebt, nicht beabsichtigt* Mahâbh. 8,26,a.

अयथोक्तम् Adv. *gegen die Anweisung.*

अयथोचित Adj. *ungebührlich, unpassend* Spr. 6283.

अयन 1) Adj. *gehend, kommend* VS. 22,7. — 2) n. a) *Gang, Weg.* In der Astr. *das Vorrücken.* — b) *Lauf, Umlauf.* Mit einem Gen. oder am Ende eines Comp. Bez. *bestimmter ein Jahr und länger dauernder* Soma-*Opfer* Lâṭj. 10,13,2. Gaim. 2,3,5. — c) *der Lauf der Sonne nach Süden* oder *Norden, die Zeit von einem Solstitium zum andern, Halbjahr.* — d) *Solstitium.* — e) *Zufluchtsort, Ruhestätte* M. 1,10. — f) *Vorgang, Art und Weise.* — g) **Bestechung* Gal.

अयनकला f. Pl. *the correction, in minutes, for ecliptic deviation* J. A. O. S. 6,310.

अयनग्रह m. *the planet's longitude as corrected for ecliptic deviation* ebend.

अयनचलन n. *Verrückung der Solstitialpuncte* Golâdhj. 6,18.

अयनदृक्कर्मन् n. *operation for ecliptic deviation* J.A.O.S. 6,310.

अयनांश m. *degree of the* Ajana J.A.O.S. 6,249.

अयनान्त m. *Solstitium.*

अयन्त्र n. *kein lenkender Zügel.*

अयन्त्रण Adj. *ungebunden, frei.*

अयन्त्रित Adj. *ungezügelt, frei einhergehend* R. 2, 88,19. *seinen Lüsten freien Lauf gewährend.*

अयभ्या Adj. f. *non futuenda.*

अयम् Nom. Sg. m. *dieser.* अयं लोकः परश्चैव 60, 17. द्विपो ऽयम् *dies ist ein Elephant* R. 2,64,14. को ऽयमायाति *wer kommt da?* Chr. 144,1. सो ऽयं देवदत्तः *dies ist jener* Dev. 276,7. अयं स कालः संप्राप्तः प्रियो यस्ते *dies ist jene Jahreszeit, welche* 85,17. अयमस्मि *da bin ich* 39,26. अयमक्रमागत एव मकरन्दोद्यानम् 204,10. अयमस्मिन्कूपे पतितो ऽहम् 40,28.

अयमित Adj. *nicht in Ordnung gehalten;* von Nägeln so v. a. *unbeschnitten* Megh. 89. XII.

1. अयव m. *die dunkele Monatshälfte.*

2. अयव 1) *Adj. *keine Gerste erzeugend* Mahâbh. 6,82,a. — 2) m. *ein best. Eingeweidewurm.*

*अयवक Adj. = 2. अयव 1) Mahâbh. 6,82,a.

अयवन् m. = 1. अयव.

अयवत्त् Adj. *glücklich.*

अयवाह (oder आय°) m. Pl. N. pr. eines Volkes MBh. 6,9,45.

1. अयशस् n. *Unehre, Schande.*

2. अयशस् Adj. *kein Ansehen geniessend* Kâtj. Çr. 15,3,38.

अयशस्कर Adj. (f. ई) *Unehre machend* 59,6.

अयशस्य Adj. dass.

अयश्चूर्ण n. *Eisenfeilicht.*

अयःशङ्कु m. 1) *eiserner Nagel.* — 2) N. pr. eines Asura.

अयःशय Adj. (f. आ) *im Erz —, im Eisen ruhend.*

अयःशिप्र Adj. *eherne Backenstücke am Helm habend.*

अयःशिरस् m. N. pr. eines Asura.

अयःशीर्षन् Adj. *mit ehernem Haupte* RV. 8,90,3.

*अयःशूल n. *eiserner Wurfspiess,* übertr. so v. a. *gewaltsames Mittel.*

अयस् n. 1) *Erz, Metall, insbes. Eisen.* — 2) *eisernes Werkzeug, Schwert, Messer.* — 3) **Gold.*

°अयस n. = अयस् 1).

*अयस्कंस m. *eiserner Becher.*

*अयस्कर्णी f. und *अयस्काण्ड n.

अयस्कान्त m. *Magnet.*

*अयस्काम m. *Eisenschmied.*

अयस्कार m. *Grobschmied* Ind. St. 13,358, N. 3.

*अयस्कुम्भ m., *अयस्कुम्भी f. und *अयस्कुशा f.

अयस्कृति f. *Herstellung von Eisenpräparaten.*

अयस्ताप Adj. *Eisen glühend.*

अयस्तुण्ड Adj. *mit einer eisernen Spitze versehen.*

अयस्पात्र m. *ehernes oder eisernes Gefäss.*

अयस्मय 1) Adj. (f. ई) *ehern, eisern.* — 2) m. N. pr. eines Sohnes des Manu Svârokisha.

अयःस्थूण 1) Adj. *auf ehernen Säulen ruhend.* — 2) m. N. pr. eines Ṛshi. Pl. *seine Nachkommen.* °गृहपति Adj.

अया Instr. Adv. *auf diese Weise.*

अयाचक MBh. 12,342 fehlerhaft für अपाचक.

अयाचत्त् Adj. *nicht um Etwas bittend* MBh. 13, 60,10.

अयाचित 1) Adj. *nicht erbeten, — erbettelt* Taitt. Âr. 10,48. अयाचिताहृत *ungebeten dargereicht* Jâgn. 1,215. — 2) *m. N. pr. eines Ṛshi, = Upavarsha. — 3) *n. *das Aehrenlesen* Gal.

*अयाचितवल्ली f. *eine best. Pflanze* Gal.

*अयाचिन् Adj. *nicht bittend, — bettelnd.*

अयाच्यमाना Adj. f. *um die nicht geworben wird* MBh. 3,293,31.

अयाज्य Adj. 1) *für den nicht geopfert werden darf* 22,3. Lâṭj. 2,10,9. — 2) *was nicht geopfert werden darf.* Davon Nom. abstr. °त्व n. Gaim. bei Gold.

अयाट्कार m. *das Aussprechen von* अयाट् Çat. Br. 1,7,2,12.

अयातयाम 1) Adj. *nicht erschöpft, — vergeblich, — ohne Erfolg, wirksam.* — 2) n. Pl. Bez. *best.* Jagus 102,25.

अयातयामता f. und अयातयामत्व n. *ungeschwächte Kraft, Wirksamkeit.*

अयातयामन् Adj. (f. °म्नी) = अयातयाम 1).

अयातु m. *kein Dämon.*

अयात्रा f. *Unpassirbarkeit* (des Meeres) R. 4,27,16.

अयात्रिक m. ein Mannsname Hâsj.

*अयाथातथ्य n. = आयथातथ्य.

*अयाथापुर्य n. = आयथापुर्य.

*अयान n. *natürliche Beschaffenheit, Natur.*

*अयानय 1) m. *eine best. Stellung in einem best. Spiele mit Figuren.* — 2) n. *Glück oder Unglück, Schicksal.*

*अयानयीन Adj. von अयानय 1).

*अयान्वित m. Bein. Çaṁkarâkârja's Gal.

अयाम m. *Tagesstunde.* Loc. Pl. so v. a. *am hellen lichten Tage* VIDDH. 82,1.

अ॑यामन् n. *keine Kriegsfahrt* ṚV. 1,181,7. VÂLAKH. 4,5.

1. अयाव Adj. *nicht aus Gerste bereitet* KÂTJ. ÇR. 5,12,5.

2. अ॑याव und °न् m. *Monat* TS. 5,6,4,1.

अयावन n. *keine Mischung* ṚV. PRÂT. 11,12.

*अयावस् v. l. im gaṇa कृशाश्वादि in der KÂÇ.

अयाशय Adj. v. l. für अयःशय MAITR. S. 1,2,7.

अयाशु Adj. *unfähig zur Begattung.*

अ॑यास् 1) Adj. (auch dreisilbig) *unermüdlich, sich nicht abnutzend.* — 2) *indecl. *Feuer.*

अयासोमीय n. Name eines Sâman.

अ॑यास्य und अ॑यासिग्र 1) Adj. *unermüdlich.* — 2) m. N. pr. eines Ṛshi 24,9.

अयि 1) Interj. in Verbindung mit einem Voc. (304, 32. 313,32) oder diesen vertretend. — 2) Fragepartikel.

*अयुकच्छद m. *Alstonia scholaris R. Br.*

अयुक्त 1) Adj. *a) nicht angespannt, ledig.* — *b) unbespannt, unangeschirrt.* — *c) unverbunden.* — *d) nicht beigefügt, fehlend, zu ergänzen* H. an. 7,34. MED. avj. 48. — *e) nicht angestellt* R. 3,37,7. 10. 41,2. — *f) nicht hängend an* (Loc.) Spr. 1224, v. l. — *g) unandächtig, nicht gesammelt, nicht ganz bei einer Sache seiend* BHAG. 2,66. 18,28. R. 4,31,4. — *h) unverständig* BHÂG. P. 10,73,11. — *i) nicht am Platze seiend, unangemessen, ungehörig, unpassend* 117,2. 9. °बुद्धि Adj. *nicht die gehörige Einsicht habend zu* (Loc.) R. 3,37,23. — 2) n. *eine unangemessene Metapher* 252,4.

अयुक्तत्व n. *das Nichtamplatzesein* 278,19.

अयुक्तरूप Adj. *unangemessen, unpassend.*

अयुक्ति f. *Unangemessenheit, Unrichtigkeit* SARVAD. 18,4. °युक्त *unrichtig angewandt* BHÂVAPR. 2,59.

*अयुकपलाश m. = अयुकच्छद.

अयुकपादयमक n. *Paronomasie im ersten und dritten Stollen* Comm. zu BHAṬṬ. 10,10.

अयुग n. *kein Paar*, so v. a. *Eins* VARÂH. BṚH. S. 5,28.

अयुगपद् Adv. *nicht gleichzeitig* KAṆ. 5,1,16. NJÂJAS. 3,2,6.

अयुगपद्भाव m. *keine Gleichzeitigkeit* NJÂJAS. 3,2,34.

अयुगपद्भाविन् Adj. *nicht gleichzeitig bestehend* Comm. zu NJÂJAS. 1,1,41.

*अयुगिषु m. Bein. Kâma's.

अयुगू f. *ein Mädchen als einziges Kind einer Mutter* GOBH. 3,5,4.

अयुग्धातु Adj. *unpaare Bestandtheile habend* KÂTJ. ÇR. 1,3,14.

अयुग्म Adj. (f. आ) *unpaar.*

*अयुग्मच्छद m. = अयुकच्छद.

अयुग्मनेत्र m. Bein. Çiva's.

*अयुग्मपत्त्र und *अयुग्मपर्ण m. = अयुकच्छद NIGH. PR.

अयुग्मपादयमक n. = अयुकपादयमक Comm. zu BHAṬṬ. 10,10.

अयुग्मलोचन m. Bein. Çiva's KÂD. 146,21.

अयुग्मशर m. Bein. Kâma's.

अ॑युङ्ग Adj. *unpaar.*

*अयुङ्नेत्र m. = अयुग्मनेत्र.

अयुज् Adj. *unpaar.*

अयुज॑ Adj. 1) *ohne Genossen, ohne Gleichen.* — 2) *unpaar.*

अयुजिन् Adj. *unpaar* TÂṆḌJA-BR. 3,9,3.

1. अ॑युत 1) Adj. *ungehemmt.* — 2) m. N. pr. eines Sohnes des Râdhika.

2. अयु॑त 1) m. n. *Myriade.* °दक्षिण Adj. KÂTJ. ÇR. 22,11,6. — 2) am Anfange eines Comp. als Ausdruck eines grossen Lobes.

अयुतजित् m. wohl nur fehlerhaft für अयुताजित्.

अयुतनायिन् m. N. pr. eines Fürsten MBH. 1,95, 20. Davon Nom. abstr. °यित्व n. ebend.

अयुतशस् Adv. *myriadenweise* MBH. 3,43,8.

अयुतहोम m. *ein best. Opfer* Verz. d. Oxf. H. 35,a,19.

अयुताजित् m. N. pr. zweier Fürsten VP. 4,13,2.

अयुतायु m. desgl. VP. 4,20,3. 23,3.

अयुताश्व m. N. pr. eines Fürsten VP. 4,4,18.

अ॑युद्ध 1) Adj. *unbekämpft, unwiderstehlich.* — 2) n. *kein Kampf.*

अ॑युद्धसेन Adj. *dessen Geschoss unwiderstehlich ist.*

अ॑युद्ध्वी Absol. *ohne zu kämpfen.*

अयुध्य॑ Adj. *nicht zu bekämpfen.*

अयुध्यमान Adj. *nicht kämpfend* MBH. 7,29,22.

अयुपित Adj. *nicht verstört* MAITR. S. 1,1,2.

अयुवमारिन् Adj. *wo keine Jünglinge sterben* AIT. BR. 8,25.

अये Interj. 187,16. 290,20. 291,24. 26. 312,18.

अ॑योअग्र Adj. (f. आ) *eisenspitzig* ṚV. 10,99,6.

1. अयोग m. 1) *Trennung;* insbes. *das Nichtzusammenkommen von Geliebten* DAÇAR. 4,47. — 2) *ungenügende oder unrichtige Anwendung.* — 3) *schlechte Beschaffenheit* 218,8. — 4) *das Nichtamplatzesein* 251, 32. 252,4. — 5) *Unmöglichkeit* 271,21. MALLIN. zu KUMÂRAS. 3,14. — 6) *heftige *Anstrengung.* — 7) **eine schlechte Constellation.* — 8) Bez. *einer best. Constellation.*

2. अयोग 1) m. = अयोगू, आयोगव MBH. 12,296,9. — 2) n. Bez. *der letzten unter den 14 Stufen, die nach dem Glauben der* Gaina *zur Erlösung führen.*

अ॑योगक्षेम m. *keine Wohlfahrt, Ungemach.*

अयोगवाह m. Pl. Bez. *des* Anusvâra, Visarganîja, Upadhmânîja, Gihvâmûlîja *und der* Jama. Sie heissen *ohne Anschirrung Ziehende,* weil sie, ohne in's Alphabet eingereiht zu sein, als vollberechtigte Laute anerkannt werden.

अयोगवे M. 10,32 wohl fehlerhaft für अयोगुवि (von अयोगू.

अयोगिन् m. *kein Mönch.*

अयोगुड m. *eiserne Kugel.*

अयोगू॑ f. (wenn M. 10,32 °गुवि gelesen wird) und auch wohl m. (VS.) *eine best. Mischlingskaste.*

अयोग्य Adj. 1) *unbrauchbar, untauglich* KÂTJ. ÇR. 22,4,11. Spr. 735. 7666. *sich zu Etwas nicht eignend, nicht befugt* JÂGN. 2,235. *Jmd* (Loc.) *nicht gewachsen* VENIS. 120. — 2) *sinnlich nicht wahrzunehmen* KAP. 5,44.

अयोग्यत्व n. *das sich zu Etwas Nichteignen* KAP. 5,47.

*अयोग्र und *°क n. *Mörserkeule.*

अयोघन m. *eiserner Hammer.*

*अयोच्छिष्ट n. *Eisenfeilicht* NIGH. PR.

1. अयोजाल n. *eisernes Netz* R. ed. Bomb. 3,35,35.

2. अ॑योजाल Adj. *mit einem eisernen Netze versehen.*

अ॑योदंष्ट्र Adj. *mit eisernem Gebiss versehen.*

*अयोदती f. *die Eisenzähnige,* wohl N. pr. einer Unholdin KÂÇ. zu P. 5,4,143.

अयोदर्वि f. *ein eiserner Löffel* BHÂVAPR. 2,90.

1. अयोद्धर् Nom. ag. *nicht kämpfend* Spr. 3009, v. l.

2. अयोद्ध॑र् Adj. *unüberwindlich.*

अयोध्य॑ 1) Adj. (f. आ) *nicht zu bezwingen.* — 2) f. आ N. pr. einer Stadt. °काण्ड n. Titel des 2ten Buchs im Râmâjaṇa.

1. अ॑योनि m. f. 1) *etwas Anderes als die weibliche Scham* GAUT. 25,7. — 2) **Mörserkeule.*

2. अयोनि Adj. 1) *ohne Ursprung, — Anfang* KUMÂRAS. 2,9. — 2) *geringen Ursprungs* MBH. 13,27,20. — 3) *nicht entlehnt, originell.*

अयोनिक Adj. *ohne den Spruch* एष ते योनिः (VS. 23,2).

अयोनिज Adj. (f. आ) *keinem Mutterleibe entsprossen* MBH. 1,67,69. KAṆ. 4,2,5. 10. Feuer Spr. 277. Davon Nom. abstr. °त्व n. Comm. zu KAṆ. 4,2,5.

अयोनिजतीर्थ und °जेश्वरतीर्थ n. N. pr. eines Tîrtha.

(अ॑योपाष्टि). अ॑योअपाष्टि Adj. *eiserne Krallen habend.*

अयोबाहु m. N. pr. eines Sohnes des Dhṛtarâshṭra.

अयोमय Adj. (f. ई) *eisern.*

*अयोमल n. *Eisenrost* und *Eisenfeilicht* NIGH. PR.

अयोमुख 1) Adj. a) *mit einem eisernen Maul* oder *Schnabel versehen.* — b) *mit einer eisernen Spitze versehen.* — 2) m. a) *Pfeil.* — b) N. pr. α) eines Dânava. — β) eines Berges.

अयोरजस् n. *Eisenrost* und *Eisenfeilicht* Nigh. Pr. Kauç. 8.

अयोरस m. *Eisenrost, Abgeschabtes vom Eisen.*

अयोहत Adj. *aus Erz* oder *Eisen getrieben.*

अयोहनु Adj. *mit ehernen Kinnbacken versehen*

अयोहृदय Adj. *dessen Herz von Eisen ist* Ragh. 9,9.

अयौक्तिक Adj. *unpassend, ungereimt.*

अयौगपद्य n. *Nichtgleichzeitigkeit* Njâjas. 2,1,24.

*अयौधिक Adj. Kâç. zu P. 6,2,160.

अय्यणभट्ट m. N. pr. eines Scholiasten.

अर्, इयर्ति, ऋणोति, ऋणवति 1) *bewegen, aufregen, aufwirbeln, erregen, erheben* (die Stimme). — 2) *Jmd* (Dat.) *Etwas* (Acc.) *darbringen.* — 3) *Jmd* (Acc.) *ein Leid anthun* Çat. Br. 7,3,2,14. — 4) *sich in Bewegung setzen, sich erheben.* — 5) *rinnen, zerrinnen.* — 6) *stossen auf, treffen, gerathen in* oder *auf, erreichen, erlangen.* — 7) *Jmd* (Acc.) *zu Theil werden.* — Caus. अर्पयति 1) *schleudern, werfen.* — 2) *durchbohren.* — 3) *hineinstecken, hineinlegen, anstecken, befestigen, infigere* 44,18. — 4) *aufsetzen, auflegen, auftragen* 113,22. 176,2. 315,27. अर्पित *besetzt mit* (Instr.) MBh. 13,50,20. — 5) (Blicke, Gedanken) *richten auf* Spr. 7765. — 6) *darreichen, hingeben, übergeben* 296,31. Spr. 7623. — 7) *zurückgeben, wiedererstatten* 109,13. — 8) *aufgeben, fahren lassen* Sâh. D. 12,12. — *Intens. अरार्यते *umherirren: zu Jmd* (Acc.) *sich hinbegeben.* — Mit अनु 1) Med. *nach Jmd sich erheben.* — 2) **folgen.* — Mit अप *öffnen, aufschliessen.* — Mit अभि *hineilen zu* (Acc.). — Mit आ 1) *einfügen, einsetzen.* — 2) *herbeibringen, schaffen.* — 3) *besetzen, erfüllen mit* (Instr.) — 4) *Jmd* (Acc.) *Etwas anthun.* — 5) *herbeieilen.* — 6) *gerathen in* (Unglück). — Vgl. आर्त. — Mit उद् 1) *aufregen, auftreiben, erheben.* — 2) Act. Med. *sich erheben.* — Caus. *emporbringen, gedeihen machen.* — Mit उप 1) *hingehen zu* (Acc.). — 2) *Jmd* (Acc.) *zu Hülfe eilen.* — 3) *zu nahe treten, beleidigen.* — 4) *anstossen, ein Versehen machen.* — Mit नि 1) *niederlegen, niedersetzen.* — 2) *einfügen in* (Loc.), *verleihen.* — 3) *unterliegen* R̥V. 4,16,9. — Caus. *niederwerfen.* — Mit निस् 1) *hinfällig machen* R̥V. 1,119,7. — 2) *absondern* AV. 10,2,2. — 3) *verlustig gehen* (mit Abl. oder Gen.). — Caus. *auseinandergehen machen, auflösen.* — Mit प्र 1) *in Bewegung setzen, erregen.* — 2) *Jmd* (Dat.) *Etwas* (Acc.) *zuführen.* — 3) *sich in Bewegung setzen, vordringen.* — Caus. *in Bewegung setzen, anregen.* — Mit प्रति *einfügen.* — Caus. 1) *entgegenwerfen.* — 2) *befestigen, anfügen, auflegen* Çat. Br. 10,5,4,4. — 3) *übergeben.* — 4) *zurückgeben* 215,2. *von Neuem geben.* — Mit वि 1) *aufschliessen, erschliessen.* — 2) *sich öffnen.* — Mit सम् 1) *zusammenfügen, zu Stande bringen.* — 2) *zusammenraffen.* — 3) *zu Stande kommen.* — 4) *zusammenlaufen, — kommen, — hineilen zu* (Acc. oder Loc.), — *treffen mit* (Instr.), *sich zusammenfügen.* — Caus. 1) Act. Med. *schleudern, treffen.* — 2) *zusammenstossen lassen* Çat. Br. 13,3,2,7. — 3) *befestigen, hineinstecken, hineinlegen.* — 4) *auflegen, auftragen* 96,20. — 5) *übergeben.* — 6) *wiedergeben.* — 7) *absenden* Spr. 6989. — Partic. समर्पित *erfüllt von* Lalit. 97,9. — Mit अभिसम् *treffen, ergreifen.*

1. अर 1) m. und *n. *Radspeiche.* — 2) m. *speichenähnlicher Theil an einem radähnlichen Altar* Çulbas. 3,182. — 3) m. bei den Gaina *Speiche im Zeitenrade,* deren zwölf angenommen werden. — 4) m. *N. pr. eines Arhant und eines Kakravartin bei den Gaina.

2. अर m. Name eines Meeres in Brahman's Welt.

3. *अर Adj. *schnell, geschwind.*

अरक m. 1) = 1. अर 1). — 2) = 1. अर 2). — 3) **Blyxa octandra Rich.* und *Gardenia enneandra Koen.*

अरत्त्त् Adj. *nicht schützend* M. 8,304. 307.

अरत्तस् Adj. *nicht schädigend, harmlos, treu.*

अरत्तित Adj. *ungehütet* 188,16. 189,1. MBh. 12, 82,4. Spr. 567.

अरत्तितर् Nom. ag. *kein Schützer* 89,6. Spr. 568. 1699. 6609.

अरत्त्यमाण Adj. *ungeschützt* Spr. 569.

अरंगराट ? AV. 6,69,1.

*अरग्वध m. = आरग्वध.

अरघट्ट m. 1) *Schöpfrad.* — 2) *Brunnen* Râgat. 6,48.

*अरघट्टक m. = अरघट्ट 1).

अरंकृत् Adj. *zurecht machend, ein Opfer zurichtend.*

अरंकृति f. *Dienst.*

अरंगम Adj. *hülfreich, förderlich.*

अरंगर m. (?) AV. 20,135,13.

अरङ्गिसत्व m. Pl. *eine best. Götterordnung* (buddh.).

अरंघुष Adj. *laut tönend, vernehmlich.*

अरजस् 1) Adj. a) *staublos.* — b) *ohne Leidenschaft* MBh. 14,46,25. — 2) f. *ein noch nicht mannbares Mädchen.*

अरजस्क Adj. *ohne die Qualität* Ragas Ind. St. 9,165.

अरजा f. N. pr. einer Tochter des Uçanas.

*अरजाय्, °यते Denom. von अरजस्.

अरज्जु f. *kein Strick.*

अरज्जुबद्ध Adj. *nicht angebunden* Kâtj. Çr. 7,6,14.

*अरटु m. *Calosanthes indica Bl.*

अरट्व m. N. pr. eines Mannes.

*अरडु m. = अरटु. Davon Adj. *अरडुक.

1. अरण Adj. (f. ई) *fern, fremd.*

2. अरण n. 1) **das Hineingehen, Sichhineinfügen.* — 2) *Zuflucht.*

1. अरणि 1) *m. und f. (auch अरणी) *Reibholz.* — 2) m. *Premna spinosa.* Auch *f. ई Gal. — 3) *die Sonne.*

2. अरणि f. *Unbehagen.*

*अरणिका f. *Premna spinosa* Nigh. Pr.

अरणिमन्त् Adj. *in den Reibhölzern enthalten.*

*अरणीकेतु m. *Premna spinosa.*

अरण्य 1) n. a) *Ferne, Fremde.* — b) *Wildniss Wald.* °वत् Adv. 154,25. — 2) m. a) **ein best. Baum,* = कट्फल. — b) N. pr. eines Sâdhja, eines Sohnes des Manu Raivata und eines Lehrers.

अरण्यक n. *Wald.*

*अरण्यकणा f. *wilder Kümmel* Nigh. Pr.

*अरण्यकदली f. *wilde* Kadalî.

*अरण्यकर्पासी f. *wilde Baumwollenstaude* Gal.

*अरण्यकाक m. *Waldkrähe* Nigh. Pr.

अरण्यकाण्ड n. Titel des 3ten *Buches* im Râmâjaṇa.

*अरण्यकार्पासी f. *wilde Baumwollenstaude.*

*अरण्यकुलत्थिका f. *Glycine labialis L.*

*अरण्यकुसुम्भ m. *Carthamus tinctorius L.*

*अरण्यकेतु m. *eine best. Pflanze* Gal.

अरण्यगज m. *wilder Elephant.*

*अरण्यघोली f. *eine best. Gemüsepflanze.*

*अरण्यचटक m. *wilder Sperling.*

अरण्यचर Adj. *im Walde lebend, wild.*

*अरण्यज Adj. *im Walde lebend, — wachsend.*

*अरण्यजार्द्रका f. *wilder Ingwer.*

*अरण्यजीर m. *wilder Kümmel.*

*अरण्यजीव Adj. = अरण्यचर.

*अरण्यतुलसी f. *Ocimum adscendens* Nigh. Pr.

अरण्यद्वादशी f. *der zwölfte Tag in der lichten Hälfte des* Mârgaçîrsha.

अरण्यधर्म m. *wildes Wesen, Wildheit.*

*अरण्यधान्य n. *wilder Reis.*

अरण्यनृपति m. *König des Waldes,* Bein. des *Tigers.*

अरण्यपर्वन् n. Titel des 1ten *Abschnitts* im 3ten

Buch des MBh.

अरण्यभव Adj. *im Walde wachsend.*

अ॑रण्यभाग Adj. *einen Theil des Waldes bildend* Çat. Br. 13,2,4,3.

*अरण्यमक्षिका f. *Bremse.*

अरण्यमार्जार m. *wilde Katze.*

*अरण्यमुद्ग m. *eine Bohnenart.*

*अरण्यरजनी f. *Curcuma aromatica* Nigh. Pr.

अरण्यराज् m. *König des Waldes,* Bein. des *Löwen* und *Tigers.*

अरण्यराज्य n. *Herrschaft über den Wald* 155,29.

अरण्यरुदित n. *ein Weinen im Walde,* so v. a. *vergebliches Klagen* Spr. 283 (Pl.). 570.

*अरण्यवायस m. *Rabe.*

अरण्यवास m. *der Wald als Aufenthaltsort* 92,32.

अरण्यवासिन् 1) Adj. *im Walde lebend* MBh. 3,267,17. m. *Waldthier* Chr. 156,1. — 2) *f. °नी *eine best. Schlingpflanze.*

*अरण्यवास्तुक (Gal.) und *°वास्तूक m. *Melde.*

*अरण्यशालि m. *wilder Reis.*

*अरण्यशूरण m. *ein best. Knollengewächs.*

*अरण्यश्वन् m. 1) *Wolf.* — 2) *Schakal.*

अरण्यषष्ठिका f. *eine best. Begehung* Comm. zu Mṛkkh. 54,16.

अरण्यषष्ठी f. *der 6te Tag in der lichten Hälfte des* Ǵjeshṭha.

अरण्यहलदी f. *Curcuma aromatica* Bhâvapr. 1,177.

अरण्याधीति f. und अरण्याध्ययन n. *das Studium im Walde* Sâj. in der Einl. zu Taitt. Âr.

अरण्यानि॑ und अरण्यानी॑ f. 1) *Wildniss, grosser Wald.* — 2) *die Genie der Wildniss.*

अरण्यायन n. *das Sichzurückziehen in den Wald.*

*अरण्यीय Adj. von अरण्य.

अरण्येगेय Adj. *im Walde zu singen* Lâṭj. 7,5,13. Saṃhitopan. 27,6. 29,1.

*अरण्येतिलक m. Pl. *im Walde wachsende* Tilaka, so v. a. *was keinen Nutzen bringt.*

अरण्येऽनुवाक्य Adj. *im Walde herzusagen.*

अरण्येऽनूच्य m. *eine best. Spende.*

अरण्योकस् m. *Waldbewohner, Eremit.*

अरतत्रप m. *Hund.*

1. अरति॑ m. *Diener, Gehülfe, Verwalter, administer.*

2. अरति f. 1) *Gefühl des Unbehagens, Verstimmtheit.* — 2) * *Aufregung;* * *Ungeduld,* * *Sehnsucht.*

अरतिक Adj. *der* Rati (*Gattin des Liebesgottes*) *ermangelnd.*

अरतिज्ञ Adj. *Lust nicht kennend* Bhâg. P. 4,25,38.

अरत्नालोकसंहार्य Adj. *durch den Glanz von Edelsteinen nicht zu Nichte zu machen* Spr. 571.

1. अरत्नि॑ m. 1) *Ellbogen.* f. Bhâg. P. — 2) *Elle, die Entfernung vom Ellbogen bis zur Spitze des kleinen Fingers,* = 2 Prâdeça oder 24 Aṅgula Çulbas. 1,16. — 3) *Winkel, Ecke.*

2. अरत्नि॑ Adj. *ungenügsam, unzufrieden* RV. 8,69,8.

अरत्निक m. *Ellbogen.*

अ॑रत्निन् Adj. *keine Kostbarkeiten besitzend.*

1. अरत्निमात्र॑ n. *eine Entfernung von nur einer Elle* Çat. Br. 6,3,1,30.

2. अरत्निमात्र Adj. (f. ई॑) *eine Elle lang.* अरत्निमात्राङ्गी Adj. Kâtj. Çr. 7,9,27.

अरथ॑ Adj. *ohne Wagen.*

अ॑रथी m. *kein Wagenlenker.*

अ॑रध Adj. *nicht willig, — gehorsam.*

अरनेमि m. Brahmadatta, N. pr. eines Fürsten.

अरन्तुक n. N. pr. eines Tîrtha.

अरप॑ Adj. *unbeschädigt.*

अरपचन m. Name einer Dhâraṇî des Mañǵuçrî.

अरप॑स् Adj. 1) *unbeschädigt, heil.* — 2) *nicht beschädigend.*

अ॑रम् Adv. 1) *passend, gemäss, angemessen, entsprechend* (mit Dat.). — 2) *genug, hinreichend.* — Vgl. कर्, करोति und भू mit अरम्.

अ॑रमणस् Adj. *dem Willen folgend.*

1. अ॑रमति 1) f. *Ergebenheit, Genie der gehorsamen Frömmigkeit.* — 2) Adj. *geduldig* RV. 10,92,4.5.

2. अ॑रमति (RV. 2,38,4. 8,31,12) und अ॑रममाण Adj. *nicht rastend.*

अ॑रमिष् Adj. *herbeieilend.*

*अरर 1) n. *Hülle, Deckel.* — 2) m. f. (ई) und n. *Thürflügel.*

*अररक 1) m. *a)* N. pr. eines Mannes gaṇa गर्गादि. — *b)* Pl. *die Nachkommen der* Ararakâ Mahâbh. 6,48,*b*. — 2) f. आ ein Frauenname ebend. Ind. St. 13,389. fg.

अररि m. 1) *Thürflügel* Râǵat. 7,309. 1085. द्वारारि 1086. — 2) **eine best. Pflanze* Gal.

अररि॑न्द n. 1) *ein best. bei der* Soma-*Bereitung gebrauchtes Werkzeug.* — 2) * *Wasser.*

अ॑ररिवंस् (schwach अ॑ररुस्) Adj. *missgünstig, feindlich.*

अ॑ररु 1) Adj. *dass.* ein Asura Maitr. S. 4,1,10. TBr. 3,2,9,4. — 2) *m. *Geschoss.*

*अररे Interj.

*अरर्य, °यति (आराकर्मणि).

अरलु und °क m. *Colosanthes indica* Bl.

*अरवत् Adj. *mit Speichen versehen.*

अरविन्द 1) n. *die am Tage blühende wohlriechende Blüthe von Nelumbium speciosum* oder *Nymphaea Nelumbo.* Davon Nom. abstr. °ता f. 251,27. °त्व n. Tarkas. 43. — 2) * *Kupfer.*

*अरविन्ददलप्रभ m. *Kupfer* Nigh. Pr.

अरविन्दनाभ m. Bein. Vishṇu's.

अरविन्दिनी f. *Nelumbium speciosum* Râǵat. 7.1516. Kâd. II,88,22.

अरश॑न् Adj. *ohne Strang* oder *Zügel.*

अरश्मिक Adj. *ohne Zügel.*

अरस॑ Adj. (f. आ) 1) *geschmacklos, unschmeckbar* Ind. St. 9,164. — 2) *ohne Geschmackssinn.* — 3) *kraftlos, matt.*

अरसज्ञ Adj. *keinen Geschmack —, keinen Sinn für Etwas habend* MBh. 12,180,30.

अरसयितर् Nom. ag. *Nichtschmecker* Maitrjup. 6,11.

अरसाश m. *Nichtgenuss von Säften* Kauç. 141.

अरसाशिन् Adj. *keine Säfte geniessend* Kauç. 42.

अरसिक Adj. *keinen Geschmack für das Schöne besitzend* 167,26.

अरसीठक्कुर m. N. pr. eines Dichters Z. d. d. m. G. 27,8.

अरहस्यम् Adv. *in Gegenwart Anderer* MBh. 13,123,12.

*अरा f. = आरा *Ahle.*

अराक्षस Adj. *von* Râkshasa *befreit* MBh. 3,284,16.

अराग Adj. *ohne Leidenschaft, — Zuneigungen* Venis. 4.

अरागिन् Adj. 1) *nicht farbig* Suçr. 2,343,5. — 2) = अराग Spr. 3593.

अराजक 1) Adj. *königslos* Spr. 3616. fgg. — 2) n. *Anarchie* Spr. 561.

अराजता f. *Königslosigkeit.*

अ॑राजन् m. *Nichtkönig.*

अराजन्य॑ Adj. *ohne die Kriegerkaste* Çat. Br. 4,1,4,6.

अराजान्वयिन् Adj. *zu keinem königlichen Geschlecht gehörend* Râǵat. 3,488.

अराजि॑न् Adj. *glanzlos, dunkel.*

अराटकी॑ f. *eine best. Pflanze.*

अराड॑ Adj. *langhörnig.*

अराण॑ Partic. Aor. von अर्.

अराणि m. N. pr. eines Sohnes des Viçvâmitra MBh. 13,257. v. l. अरालि.

अ॑राति 1) f. *a) Missgunst, Feindseligkeit.* — *b) Ungemach, Unheil, Leid.* — *c) Feind, Gottloser.* — *d) Unhold, Unholdin.* — 2) m. *Feind* 105,28.

अरातिदू॑षण und °दू॑षि Adj. *Unheil zu Schanden machend.*

अरातिय॑, अरातिय॑ति = अरातीय्.

अरातिह॑न् Adj. *Unheil vernichtend.*

अरातीय, °यति *feindselig gesinnt sein* (mit Dat.).

अरातीयु und अरातीवन् Adj. *feindselig gesinnt.*

अराद्धि f. *Misslingen, Ungemach.*

अराधस् Adj. *nicht wohlthätig, — freigebig, eigennützig, geizig.*

1. अराय Adj. *geizig, karg.*

2. अराय m. und अरायी f. *eine best. Gattung von Dämonen.*

अरायक्षयण n. *ein Mittel Unholde zu vernichten.*

अरायचातन n. *ein Mittel Unholde zu verscheuchen.*

अराल 1) Adj. *gebogen, krumm, kraus* (von Haaren). — 2) m. *a) eine best. Stellung der Hand. — b) *Harz der Shorea robusta. — c) *ein brünstiger Elephant. — d)* N. pr. eines Lehrers. — 3) *f. आ und ई *a) ein unkeusches Weib. — b) ein bescheidenes Weib. — c)* ein Frauenname. — 4) n. *a) *der gekrümmte Anfang des Elephantenschwanzes* Gal. — *b) eine Art Tanz* S.S.S. 260.

अरालखटकामुख m. *eine best. Stellung der Hände* Verz. d. Oxf. H. 202,*a*,28.

अरालहस्त m. *eine best. Stellung der Hand* ebend. 86,*a*,28. 202,*a*,8.

अरालि m. N. pr. eines Sohnes des Viçvâmitra MBh. 13,4,58. अराणि v. l.

*अरालु n. ein von Nîlak. erfundenes Wort.

*अरालुक m. *Calamus Rotang* Nigh. Pr.

1. अरावन् Adj. *feindselig.*

2. अरावन् m. = अर्वन् *Ross* ṚV. 7,68,7.

अराष्ट्र n. *kein Reich, — Volk* Çat. Br. 9,4,1,5. 13,4,2,17.

1. अरि Adj. *treu, anhänglich;* m. *ein Getreuer.*

2. अरि (auch अरि AV.) 1) Adj. *feindlich, missgünstig* ṚV. 6,13,5. 10,42,1. — 2) m. *a) Feind. — b)* Feind in astrol. Sinne. °गृह und °भ n. *das Haus eines feindlichen Planeten. — c) das 6te astrol. Haus.* — 3) f. **eine Mimosa-Art* Râǵan. 8,30 (आरि Hdschr.).

3. अरि m. = अरिन् *Rad* Spr. 5349, v. l.

अरिकर्षण Adj. *Feinde hart mitnehmend.*

अरिक्त 1) Adj. *nicht leer* Kâtj. Çr. 5,6,31. — 2) **n. berauschendes Getränk* Gal.

अरिक्थभाज् (Mit. bei Gold.) und अरिक्थीय (M. 9,147) Adj. *keine Ansprüche auf ein Erbtheil habend.*

अरिगूर्त Adj. *von Treuen gepriesen.*

अरिजन n *Schaar der Feinde* 112,10.

अरिजित् m. N. pr. eines Sohnes des Kṛshṇa von der Bhadrâ.

अरितर् Nom. ag. *Ruderer.*

1. अरित्र 1) Adj. *treibend.* — 2) m. *Ruder* Çat. Br. 4,2,5,10.

2. अरित्र n. (Ende eines adj. Comp. f. आ) *Ruder* AV. 5,4,5.

*अरित्रगाध Adj. *rudertief* Kâç. zu P. 6,2,4.

अरित्रपरण Adj. (f. ई) *durch Ruder übersetzend.*

अरिदात्त m. N. pr. eines Fürsten. अतिदात्त v. l.

अरिधायस् Adj. *treulich nährend.*

अरिन् n. *Rad; Discus.*

अरिनन्दन Adj. *Feinde erfreuend, so v. a. der Feinde Schadenfreude erweckend* Hit. II,6.

अरिंदम 1) Adj. *Feinde im Zaum haltend.* — 2) m. *a)* Bein. Çiva's. — *b)* N. pr. zweier Männer.

अरिप्र Adj. *fleckenlos* (eig. und übertr.).

अरिफित Adj. *nicht in r übergehend* ṚV. Prât. 1,17(27). 2,9. 4,14. VS. Prât. 7,6.

*अरिमर्द m. *Cassia Sophora.*

अरिमर्दन 1) Adj. *Feinde zermalmend.* — 2) m. N. pr. *a)* eines Sohnes des Çvaphalka. — *b)* eines Eulenkönigs.

अरिमेजय m. N. pr. eines Schlangenpriesters (Tâṇḍja-Br. 25,15,3) und verschiedener Fürsten.

अरिमेद m. 1) **Vachellia farnesiana W. u. A.* — 2) Pl. N. pr. eines Volkes.

अरिमेदक m. *ein best. Insect.*

*अरिश्म m. wohl N. pr. eines Mannes. अरीम्र v. l.

अरिषण्य und अरिषण्यत् Adj. *nicht fehlend, sicher, zuverlässig.*

अरिष्ट 1) Adj. (f. आ) *a) unversehrt. — b) unverletzlich. — c) keiner Gefahr ausgesetzt, sicher. — d)* (euphem.) *Unglück bringend, — verheissend.* गृहोत्तम so v. a. *Unglücksgemach* R. 2,42,22. — 2) m. *a) Unheil, Unglück. — b) *Reiher. — c) *Krähe. — d) Sapindus detergens Roxb.* (oder *emarginatus*), *Seifenbaum; Azadirachta indica A. Juss.* und **Knoblauch. — e) Liqueur, weinartiges Getränk. — f)* N. pr. α) eines in Gestalt eines Stieres auftretenden Asura. — β) eines Mannes VP.² 3,240. दिष्ट v. l. — 3) f. आ *a) Binde, Verband. — b) *eine best. Pflanze. — c)* eine Form der Durgâ. — *d)* N. pr. einer Tochter Daksha's und Gattin Kaçjapa's. — 4) n. *a) Glück, Heil* MBh. 4,66,22. Jogat. Up. 15. — *b)* (euphem.) *Unheil, Unglück. — c) ungünstiges Symptom, Anzeichen des Todes. — d) *Gemach einer Wöchnerin. — e) *Buttermilch. — f) *Liqueur. — g)* Name eines Sâman.

अरिष्टक 1) m. *Seifenbaum.* — 2) f. अरिष्टका und अरिष्टिका *eine best. Pflanze.*

अरिष्टकर्मन् m. N. pr. eines Fürsten VP. 4,24,12.

अरिष्टगातु Adj. *einen sichern Wohnplatz habend.*

अरिष्टगु Adj. *dessen Heerden unversehrt sind.*

*अरिष्टगृह n. *Gemach einer Wöchnerin.*

अरिष्टग्राम Adj. *dessen Schaar unversehrt ist.*

अरिष्टताति 1) f. *Unversehrtheit, Sicherheit.* — 2) *Adj. *Glück bringend.*

अरिष्टनवनीत m. (!) Titel eines Werkes.

अरिष्टनेमि 1) Adj. *dessen Radfelge unversehrt bleibt.* — 2) m. N. pr. eines Gandharva und verschiedener anderer Personen.

अरिष्टनेमिन् m. N. pr. eines Bruders des Garuḍa, eines Muni und *eines Arhant bei den Ǵaina.

*अरिष्टपुर n. N. pr. einer *Stadt.*

*अरिष्टफल m. *Azadirachta indica A. Juss.* Gal.

अरिष्टभर्मन् Adj. *sichern Schutz gewährend* ṚV.

अरिष्टमथन m. Bein. Çiva's (eig. Vishṇu's).

अरिष्टरथ Adj. *dessen Wagen unversehrt ist.*

अरिष्टवर्ग m. *Reihe von Heilsprüchen* Sâmav. Br. 2,1,5.

अरिष्टवीर Adj. *dessen Mannen unversehrt sind.*

अरिष्टशय्या f. *Lager einer Wöchnerin* 96,19.

*अरिष्टसूदन und *अरिष्टहन् m. Bein. Vishṇu's.

*अरिष्टाश्रितपुर n. N. pr. einer *Stadt.*

अरिष्टासु Adj. *dessen Lebenskraft unversehrt ist.*

अरिष्टि f. *Unversehrtheit.*

अरिष्टुत Adj. *eifrig gepriesen.*

अरिष्यत् Adj. *keinen Schaden nehmend.*

अरिसिंह m. N. pr. eines Autors.

अरिसोम m. *eine best.* Soma-*Pflanze.*

अरिह m. N. pr. zweier Fürsten.

अरिहन् Adj. *Feinde vernichtend.*

अरीढ, अरीळ्ह Adj. *ungeleckt.*

अरीति und °क n. *ein best. Fehler des Ausdrucks: das Nichtstilgemässe.*

*अरीम्र m. wohl N. pr. eines Mannes Kâç. zu P. 4,2,80. अरिश्म v. l.

*अरीहण P. 4,2,80.

1. अरु = अरुस् in अरुंतुद.

2. *अरु m. 1) *die Sonne.* — 2) *roth blühender* Khadira.

अरुंषिका f. *Kopfgrind.*

अरुग्ण Adj. *ungebrochen.*

अरुच् Adj. *lichtlos.*

अरुचि f. 1) *Mangel an Appetit, Ekel.* — 2) *Widerwille, Abneigung gegen* (उपरि) Kâd. 165,3.

अरुचित Adj. *nicht zusagend, — schmeckend* Çat. Br. 14,1,2,33.

अरुज् Adj. *schmerzlos.*

अरुज 1) Adj. (f. आ) *a) schmerzlos* Suçr. 2,300, 14. 309,8. 20. — *b) nicht krank, gesund* 183,13. 217,30. — *c) wohl auf* R. 7,84,16. — 2) m. *a) *Cassia fistula.* — *b)* N. pr. eines Dânava.

अरुण 1) Adj. (f. आ, ved. auch ई) *a) röthlich, hellbraun, goldgelb.* तुषारारुण *in Folge von* 86,9. धूमारुण 83,18. सिन्दूरारागारुण 292,22. — *b)* *ver*-*wirrt*. — *c)* **stumm*. — 2) m. *a) Röthe, rothe Farbe*. — *b) Morgenröthe*, personif. als *Wagenlenker der Sonne* 52,20. — *c) die Sonne*. — *d)* Pl. Bez. *bestimmter* Ketu. — *e) ein best. kleines giftiges Thier*. — *f)* **Rottleria tinctoria*. — *g)* **eine Art Zucker*. — *h)* **eine Art Aussatz*. — *i)* N. pr. verschiedener menschlicher und übermenschlicher Personen. अरुणा Çat. Br. 14,9,4,33. — 3) f. आ *a) eine Birkenart, indischer Krapp, Ipomoea Turpethum R. Br., Abrus precatorius, Koloquinthengurke*, = मुण्डितिका und = श्यामा. — *b)* N. pr. eines Flusses. — 4) f. ई *a) eine röthliche Kuh*. — *b) Morgenröthe*. — 5) n. *a) Röthe*. — *b) Gold*. — *c) Rubin*.

*अरुणकमल n. *rothe Lotusblüthe*.

अरुणकर m. *die Sonne* Kâd. 28,8.

अरुणकिरण m. dass. Varâh. Bṛh. S. 5,55.

अरुणकेतुब्राह्मण n. *das* Brâhmaṇa *der* Aruṇâḥ Ketavaḥ (s. u. केतु) Ind. St. 3,394.

*अरुणचूड m. *Hahn* Nigh. Pr.

अरुणज्योतिस् m. Bein. Çiva's.

अरुणता f. *Röthe*.

अरुणदत्त m. N. pr. eines Autors.

अरुणदूर्वा f. *röthliches Fennichgras*.

*अरुणनेत्र m. *Taube* Nigh. Pr.

अरुणपुष्प n. *eine röthliche Blume* Çat. Br. 4,5, 10,2.3. *die Blüthe eines best. Grases* (Comm.) Kâtj. Çr. 25,12,18.

*अरुणपुष्पी f. *Pentapetes phoenicea* Nigh. Pr.

अरुणप्रिया f. N. pr. einer Apsaras.

अरुणप्सु Adj. *von röthlichem Aussehen*.

अरुणबभ्रु Adj. *rothgelb*.

अरुणय्, °यति *röthen* Kâd. 198,7. 254,5. अरुणित *geröthet* Çiç. 6,32.

अरुणयुज् Adj. *mit röthlichen Strahlen angethan*.

अरुणलोचन 1) Adj. *rothäugig* Mârk. P. 83,7 (*vor Zorn*). — 2) *m. *Taube*.

*अरुणशतपत्त्री f. *eine best. Pflanze* Gal.

*अरुणसारथि m. *die Sonne*.

अरुणस्मृति f. Titel eines Werkes.

अरुणाचलस्थल n. N. pr. einer Oertlichkeit.

*अरुणात्मज m. Bein. des Ǵaṭâju.

अरुणादित्य m. *eine der zwölf Formen der Sonne*.

अरुणानुज m. Bein. Garuḍa's Kâd. 34,12.

*अरुणाभ n. *eine Art Stahl*.

अरुणाम्नायविधि m. Titel eines Abschnittes im Kâṭhaka Ind. St. 3,392. 394. Vgl. अरुणीयविधि.

अरुणार्चिस् m. *die aufgehende Sonne*.

*अरुणावरज m. Bein. Garuḍa's.

अरुणाश्व Adj. *mit röthlichen Rossen fahrend*.

अरुणि m. N. pr. eines Muni. Vgl. आरुणि.

अरुणिमन् m. *Röthe* Bâlar. 21,5. Comm. zu Njâjam. 3,1,10.

अरुणी Adv. mit कर् *röthen* Kâd. 255,8.

अरुणीयविधि m. = अरुणाम्नायविधि Sâj. in der Einl. zu Taitt. Âr.

अरुणोद n. N. pr. eines Sees VP. 2,2,24.

अरुणोदयसप्तमी f. *der 7te Tag in der lichten Hälfte des* Mâgha.

*अरुणोपल m. *Rubin*.

अरुत्तहनु Adj. *dessen Kinnbacken nicht zerschlagen ist*.

अरुंतुद Adj. (f. आ) *auf eine Wunde schlagend, eine wunde Stelle* (eig. und übertr.) *berührend; qualvoll*.

अरुन्धती f. 1) *eine best. heilkräftige Schlingpflanze*. — 2) N. pr. der Gattin Vasishṭha's (83, 15; zugleich in der Bed. 3) und Dharma's. — 3) *der kaum sichtbare Stern Alkor im grossen Bären* 83,15. fgg. 218,24. Wer den nicht sieht, soll dem Tode verfallen sein. Später in dieser Verbindung als *Zunge* gefasst. — 4) *eine best. übernatürliche Kraft*.

*अरुन्धतीजानि und *अरुन्धतीनाथ m. Bein. Vasishṭha's.

अरुन्धतीवट N. pr. eines Tîrtha.

अरुन्धतीसहचर m. Bein. Vasishṭha's.

अरुन्मुख m. Pl. Bez. *bestimmter* Jati Kaush. Up. 3,1. Die richtigere Form ist अरुर्मघ.

अरुर्मघ m. Pl. Bez. *best. habsüchtiger Dämonen*.

अरुश n. Name eines Tantra.

अरुशर्हन् m. *Stöpsel* oder dgl. *am Ausguss eines Fasses*.

1. अरुष् Adj. *nicht erzürnt* Spr. 6898, v. l.

2.*अरुष्, अरुषति und अरुष्यति (गतिकर्मन्).

अरुष 1) Adj. (f. अरुषी) *roth, feuerfarben*. — 2) m. *a)* Pl. *die rothen Hengste* Agni's, *die Flammen*. — *b) die Sonne, der Tag*. — 3) f. अरुषी *a) Morgenröthe*. — *b) eine rothe Stute*. Als Gespann Agni's so v. a. *Flammen*. — 4) *n. = रूप.

अरुषस्तूप Adj. *einen rothen Haarbusch habend*.

*अरुष्क m. *Semecarpus Anacardium L.*

अरुष्कर 1) Adj. *wund machend*. — 2) m. *Semecarpus Anacardium L.*, n. *die Nuss dieses Baumes* Suçr. 1,214,2.

अरुष्कृत Adj. *verwundet* Çat. Br. 13,3,7,6.

अरुष्यन्त् Adj. *nicht zürnend* Spr. 577.

अरुस् 1) Adj. *wund*. — 2) n. *Wunde*. — 3) **die Sonne*. — 4) *indecl. *Gelenk*.

अरुःस्राण n. *ein best. Wundmittel*.

*अरू Adv. mit कर् *verwunden*.

अरूक्ष Adj. *weich*. Davon Nom. abstr. अरूक्षता f. *Weiche*.

अरूक्षित und अरूक्ष्ण Adj. *weich, geschmeidig*.

अरूप Adj. (f. आ) 1) *gestaltlos* Tâṇḍja-Br. 24,1,3. — 2) *missgestaltet*. — 3) *farblos*, so v. a. *dem Auge nicht zugänglich* Ind. St. 9,164.

अरूपक Adj. *gestaltlos, unkörperlich* MBh. 3, 189,35.

अरूपज्ञ Adj. *die Gestalt —, die Farbe nicht unterscheidend* Çat. Br. 14,7,2,2.

अरूपण n. *keine bildliche Bezeichnung* 232,5.

अरूपत्व n. 1) *das Missgestaltetsein*. — 2) *Blindheit*. — 3) *Nichtbesitz einer besonderen Eigenthümlichkeit* Gaim. 2,2,13.

अरूपवन्त् Adj. *unschön, hässlich*.

अरूपिन् Adj. *gestaltlos, unkörperlich* Kap. 4,1,12.

*अरूष m. 1) *die Sonne*. — 2) *eine Schlangenart*.

अरे tonlose Interj. *der Anrede* VS. Prât. 2,16.

अरेणु 1) Adj. *a) staublos*. — *b) nicht irdisch, himmlisch*. — 2) m. Pl. *die Götter*.

अरेतस् Adj. *keinen Samen empfangend*.

अरेतस्क Adj. *samenlos*.

अरेपस् Adj. *fleckenlos*.

अरेफजात Adj. *ohne irgend ein r* Ind. St. 9,32.

अरेफवन्त् Adj. *kein r enthaltend* ṚV. Prât. 4,16.

अरेफिन् Adj. *nicht in r übergehend* ṚV. Prât. 4,10.

अरेरे (wohl अरे ऽरे) Interj.

*अरेवत m. *eine best. Pflanze*, = रेवत Gal.

*अरोक Adj. *dunkel, schwärzlich*.

*अरोकदन्त् m. N. pr. eines Mannes.

*अरोकदन्त 1) Adj. *schwarzzähnig*. — 2) m. N. pr. eines Mannes.

1. अरोग m. *Gesundheit* Spr. 6449.

2. अरोग 1) Adj. (f. आ) *gesund*. — 2) f. आ Name der Dâkshâjaṇî in Vaidjanâtha.

अरोगण Adj. *von Krankheit helfend*.

अरोगता f. (Bhâvapr. 1,125), अरोगत्व n., अरोगिता f. und अरोग्यता f. *Gesundheit*.

अरोचक 1) Adj. *nicht glänzend*. — 2) m. (n. Gal.) *Mangel an Esslust, Ekel*.

अरोचकिन् Adj. 1) *an Appetitlosigkeit leidend* 229,7. — 2) *wählerisch, feinsinnig* Vâmana 1,2,1.

अरोचमान 1) Adj. *a) nicht glänzend*. — *b) nicht zusagend, — schmeckend* Spr. 5108. — 2) *m. (संज्ञायाम्) Kâç. zu P. 6,2,160.

अरोमश n. *das Vermeiden einer best. fehlerhaften Aussprache der Sibilanten* Mând. Çikshâ 5,4.

अरोह्पूर्व Adj. *wobei die Töne nicht aufsteigen* **Saṁhitopan.** 17,2.

अरोहिणीक Adj. *ohne* **Rohiṇī.**

अर्क m. 1) *Strahl.* — 2) *Blitzstrahl.* — 3) *die Sonne, der Sonnengott* (100,10). *Pl. als Gottheiten eine Unterabtheilung der **Ǵjotishka** (bei den **Ǵaina**). — 4) *Bez. der Zahl zwölf.* — 5) *Sonntag.* — 6) *Feuer.* — 7) *Krystall* R. 2,94,6. — 8) **Kupfer.* — 9) *das aufgerichtete Glied.* — 10) *Calotropis gigantea.* — 11) *eine best. Ceremonie.* — 12) *Lobgesang, Lied.* Auch vom *Rauschen* der Winde und dem *Gedonner* **Indra's.** अर्कैः, इन्द्रस्य u. s. w. अर्काः (auch अर्कम्) Namen von **Sâman.** — 13) *Preisender, Sänger.* दिवो अर्काः heissen die **Marut** RV. 5,57,5. — 14) *Bein. **Indra's.** — 15) **Gelehrter.* — 16) **älterer Bruder.* — 17) **Speise* (auch n.). — 18) N. pr. eines Arztes.

*अर्ककान्ता f. *Polanisia icosandra W. u. A.*

अर्ककाष्ठ n. *Holz von der Calotropis gigantea* **Kâtj. Çr.** 18,1,1.

अर्ककुण्डतीर्थ n. N. pr. eines **Tîrtha.**

अर्ककोशी f. *Knospe der Calotropis gigantea* **Çat. Br.** 10,3,4,3.5.

अर्कक्षीर n. *Milchsaft der Calotropis gigantea* **Suçr.** 2,282,8.

अर्कक्षेत्र n. N. pr. einer Oertlichkeit in Orissa.

अर्कग्रह m. *Sonnenfinsterniss* **Varâh. Bṛh. S.** 5,8.

अर्कग्रीव m. Name eines **Sâman.**

*अर्कचन्दन n. *rother Sandel* **Râǵan.** 12,21.

अर्कचिकित्सा f. **Arka's** *Heilkunde.*

अर्कज 1) Adj. *von der Sonne kommend, zu ihr in Beziehung stehend.* — 2) m. *a) der Planet Saturn.* — *b)* *Du. Bez. der **Açvin.**

अर्कतनय 1) m. *a) der Planet Saturn.* — *b)* Bez. ***Karṇa's.** Im **MBh.** (angeblich) auch des **Jama, Manu Vaivasvata** und **Manu Sâvarṇi.** — 2) f. आ Bez. der Flüsse **Jamunâ** und **Tapatî** im **MBh.** (angeblich).

अर्कत्व n. Nom. abstr. von अर्क in unbest. Bed.

*अर्कदल m. *Calotropis gigantea.*

अर्कधाना f. Pl. *Samenkörner der Calotropis gigantea* **Çat. Br.** 10,3,4,3.5.

अर्कनन्दन m. 1) *der Planet Saturn.* — 2) *Bein. **Karṇa's.**

अर्कनयन m. N. pr. eines **Asura.**

1. अर्कपत्त्र n. *Blatt der Calotropis gigantea* 40,22.

2. *अर्कपत्त्र 1) m. *Calotropis gigantea.* — 2) f. आ *Aristolochia indica.*

1. अर्कपर्ण n. *Blatt der Calotropis gigantea* **Çat. Br.** 9,1,1,4.9.42. 10,3,4,3.5. **Kâtj. Çr.** 18,1,1.

2. *अर्कपर्ण m. 1) *Calotropis gigantea.* — 2) N. pr. eines Schlangendämons.

*अर्कपर्याय (**Gal.**) und *अर्कपादप m. *Azadirachta indica Juss.*

अर्कपुत्र m. 1) *der Planet Saturn.* — 2) *Bein. **Jama's Gal.**

अर्कपुष्प n. 1) *Blüthe der Calotropis gigantea* **Çat. Br.** 10,3,4,3.5. — 2) Name eines **Sâman.**

अर्कपुष्पाद्य Name eines **Sâman.**

*अर्कपुष्पिका f. *Gynandropsis pentaphylla DC.*

अर्कपुष्पी f. 1) *Hibiscus hirtus* **Nigh. Pr. Suçr.** — 2) *eine best. stachelige Wasserpflanze* **Mad.** 27,270.

अर्कपुष्पोत्तर n. Name eines **Sâman.**

अर्कप्रकाश 1) Adj. (f. आ) *hell wie die Sonne.* — 2) n. Titel zweier Werke.

अर्कप्रभाजाल n. *Sonnenstrahlen* 84,10.

*अर्कप्रिया f. *Hibiscus rosa sinensis L.*

*अर्कबन्धु und *अर्कबान्धव m. Bein. **Çâkjamuni's.**

*अर्कभक्ता f. *Polanisia icosandra W. u. A.*

*अर्कमार्ग m. *Himmelsraum* **Gal.**

अर्कमूल n. *Wurzel der Calotropis gigantea* **Çat. Br.** 10,3,4,3.5.

*अर्कमूला f. *Aristolochia indica.*

*अर्कय्, अर्कयति (स्तवने, तपने).

अर्करिपु m. Bez. **Râhu's Kâd.** 2,12.

*अर्करेतोज m. Bein. **Revanta's.**

*अर्कलवण n. *Salpeter* **Nigh. Pr.**

अर्कलिन् m. *Sonnenstrahl* **Ait. Âr.** 342,10.

*अर्कलूष m. N. pr. eines Mannes.

अर्कवत् Adj. *den Blitzstrahl haltend.*

*अर्कवल्लभ m. *Pentapetes phoenicea L.*

अर्कविध Adj. **Arka**-*artig* **Çat. Br.** 10,6,2,10.

अर्कविवाहप्रयोग m. Titel eines Werkes.

*अर्कवेध m. *eine best. Pflanze.*

अर्कव्रत n. *die Weise der Sonne* 207,12.

अर्कशशिशत्रु m. Bez. **Râhu's.**

अर्कशिरस् n. Name eines **Sâman.**

अर्कशोक m. *Strahlengluth.*

अर्कसमुद्ग m. *Knospenspitze der Calotropis gigantea* **Çat. Br.** 10,3,4,3.5.

अर्कसाति f. *Liederfindung, dichterische Begeisterung.*

अर्कसावन Adj. *der wahren Sonnenzeit entsprechend* **Gaṇit.** 1,20.

*अर्कसुत 1) m. Bein. **Karṇa's Gal.** — 2) f. आ *a)* Bein. der **Jamunâ Gal.** — *b) Clitoria ternatea* **Nigh. Pr.**

अर्कसूनु m. 1) *der Planet Saturn* J.R.A.S. 1870, S. 434. — 2) *Bein. **Jama's.**

*अर्कसोदर m. **Indra's** *Elephant.*

*अर्कह्वा f. *Polanisia icosandra W. u. A.*

अर्काग्रा f. *the sun's measure of amplitude* **Sûrjas.** 3,23. **Ârjabh.** 4,30.

*अर्काश्मन् m. *der Stein* **Sûrjakânta** und *Krystall.*

अर्काश्वमेध * n. Sg. (**Kâç.** zu P. 2,6,4) und °धौ m. Du. *die Begehung* **Arka** *und das Rossopfer* AV. 11,7,7. **Çat. Br.** 9,4,2,18. 10,6,5,8. °धवत् Adj. *den A. u. d. R. erhaltend* TS. 2,2,7,5. °धिन् Adj. *den A. u. d. R. begehend* 5,7,5,3.

अर्काष्ठीला f. *Fruchtkorn der Calotropis gigantea* **Çat. Br.** 10,3,4,3.5.

*अर्काह्व m. 1) *der Stein* **Sûrjakânta.** — 2) *Pinus Webbiana* **Nigh. Pr.**

अर्किन् Adj. 1) *strahlenreich.* — 2) *gesangreich, lobsingend.*

*अर्कीय Adj. von अर्क.

*अर्कोपल m. *der Stein* **Sûrjakânta.**

अर्क्य n. Name eines **Çastra** und eines **Sâman** TS. 5,3,4,7. 7,5,9,1. **Tâṇḍja-Br.** 16,7,4. 11,11.

*अर्त्, अर्दणोति (हिंसायाम्).

अर्ग m. N. pr. eines **Ṛshi.**

अर्गट m. 1) **Barleria caerulea* **Nigh. Pr.** — 2) N. pr. eines Dichters.

अर्गड in सार्गड = अर्गल.

अर्गल 1) m. f. (आ) und n. Am Ende eines adj. Comp. f. आ. *a) Riegel* **Ragh.** 5,45. — *b) Hinderniss, Hemmschuh.* — *c)* **Welle.* — 2) m. oder n. *eine best. Hölle.*

अर्गलानिर्गम m. Titel eines astrol. Tractats.

अर्गलास्तुति f. und अर्गलास्तोत्र n. Bez. eines dem **Devîmâhâtmja** vorangehenden und dasselbe *verschliessenden Lobgesanges.*

*अर्गलिका f. Demin. von अर्गल 1) *a*).

अर्गलित Adj. *verriegelt, verschlossen* **Kâd.** II, 82,17.

*अर्गलीय und *अर्गल्य Adj. von अर्गल.

अर्घ्, अर्घति *einen Werth haben* Spr. 3969. *Etwas einbringen* **Pañkat.** 228,10.

अर्घ m. 1) *Preis, Werth.* अर्घापचयेन *billiger* **Gaut.** 10,35. — 2) *feierliche Aufnahme eines Gastes.* Häufig mit अर्घ्य verwechselt. — 3) *eine Anzahl von 20 Perlen, die zusammen ein* **Dharaṇa** *wiegen.*

*अर्घट n. *Asche.*

अर्घपात्र (richtiger अर्घ्य°) n. *eine Schüssel, in der einem Gaste das Wasser gereicht wird.*

*अर्घीश m. Bein. **Çiva's.**

अर्घेय in अनर्घेय.

अर्घेश्वर m. Bein. **Çiva's** B. A. J. 1,218.

अर्घ्य 1) Adj. *a) schätzbar,* in अनर्घ्य. — *b) eines*

ehrenvollen Empfanges würdig, ehrenvoll aufzunehmen (als Gast) Pâr. Gṛhj. 1,3,1. — c) zum Empfang eines Gastes dienend. — 2) n. a) das beim Empfang eines Gastes dargereichte Wasser Gaut. 5,32. Ragh. 11,69. — b) *eine Art Honig; vgl. मार्घ्य.

अर्घ्यपात्र n. s. अर्घपात्र.

*अर्घ्यार्ह m. Pterospermum suberifolium Râgan. 10,105.

1. अर्च्, अर्चति und *ऋचति 1) strahlen, glänzen. — 2) singen, lobsingen, besingen. — 3) Jmd (Dat.) Etwas (Acc.) anpreisen. — 4) Jmd ehren, seine Achtung erweisen; Etwas achten. Ausnahmsweise auch Med. अर्चित geehrt, dem Verehrung erwiesen worden ist, in hohem Ansehen stehend; mit Achtung gereicht. — 5) schmücken. अर्चित geschmückt R. 1,2,29. — Caus. अर्चयति 1) strahlen machen. — 2) Jmd ehren, seine Achtung erweisen. Auch Med. — Mit अनु Jmd (Acc.) zujauchzen. — Mit अभि Act. Med. 1) singen, besingen, preisen. — 2) ehren, verehren, seine Achtung erweisen. अभ्यर्चित wird mit अभ्यर्थित verwechselt. — Mit समभि ehren, verehren, begrüssen. — Mit प्र 1) vorleuchten. — 2) anheben zu singen. — 3) besingen. — 4) Jmd (Dat.) Etwas (Acc.) anpreisen. — 5) ehren. — *Caus. ehren. — Mit अभिप्र besingen. — Mit प्रति 1) entgegen strahlen. — 2) einen Gruss erwiedern. — Caus. einzeln begrüssen. — Mit सम् 1) feststellen. — 2) ehren, verehren. — 3) schmücken. — Caus. ehren.

2. अर्च् Adj. strahlend.

अर्चक Adj. verehrend, m. Verehrer.

अर्चत्र Adj. singend, donnernd.

(अर्चत्र्य) अर्चत्रिअ Adj. zu preisen.

अर्चद्धूम Adj. glänzenden Rauch habend.

अर्चन 1) *Adj. (f. ई) preisend, lobsingend. — 2) n. und f. आ Ehrenerweisung, Verehrung.

अर्चनमणि m. Ehrenschmuck Spr. 7105.

अर्चनानस् m. N. pr. eines Ṛshi.

अर्चनीय Adj. zu ehren, verehrungswürdig.

अर्चत् m. N. pr. eines Mannes.

अर्चा f. 1) Verehrung. — 2) ein zur Verehrung bestimmtes Bild, Götterstatue.

अर्चि m. 1) Strahl, Flamme. f. AV. 8,3,23. — 2) N. pr. eines der 12 Âditja.

अर्चितर् Nom. ag. Verehrer.

*अर्चितिन् Adj. der Jmd (Loc.) seine Verehrung bezeigt hat.

अर्चिन् 1) Adj. singend. — 2) m. N. pr. eines Mannes.

*अर्चिनेत्राधिपति m. N. pr. eines Jaksha.

अर्चिमत् und अर्चिवत् Adj. strahlenreich, flammend.

अर्चिष्मत् 1) Adj. dass. — 2) m. a) Feuer, Gott Agni. — b) Flamme. — 3) *f. ष्मती Bez. einer der 10 Stufen, die ein Bodhisattva zu ersteigen hat, bevor er Buddha wird.

अर्चिस् 1) n. (nur dieses in der ältesten Sprache) und f. (Çat. Br. 2,3,2,12. Chr. 44,28. 80,13). Strahl, Flamme. नखार्चिषम् Pl. 251,13. दत्तार्चिषम् Pl. 253,4. — 2) f. N. pr. der Gattin Kṛçâçva's Bhâg. P. 6,6,20.

अर्च्य Adj. zu verehren, verehrungswürdig.

अर्छ्, ऋच्छति. Nur in den Prasensformen vorhanden. 1) auf Jmd oder Etwas stossen, begegnen, gerathen in oder auf, erreichen, theilhaftig werden (meist zum Schaden). MBh. 4,32,23. नाशमृच्छति 3,2,38. — 2) feindlich entgegentreten, angreifen; beleidigen TBr. 2,1,2,9. Auch Med. — 3) treffen, zu Theil werden (von einem Uebel). — 4) *gehen, sich hinbewegen. — 5) *अतीन्द्रियप्रलयमूर्तिभावेषु. — Mit *अप, अपार्छति. — Mit अभि, अभ्यर्छति 1) zu Jmd (Acc.) kommen, heimsuchen (von einer Jahreszeit). — 2) gegen Etwas (Acc.) anstreben, zu bewältigen suchen. — Mit अव, अवार्छति zu Fall —, zu Schaden kommen. — Mit आ in Etwas (Schaden) gerathen, erlangen, theilhaftig werden. Ohne Acc. Schaden nehmen Çat. Br. 6,6,4,8. 12,6,1,2. — Mit उद् herfallen über AV. 5,14,11. — Mit *उप, उपार्छति. — Mit नि hinfallen, zu Grunde gehen. — Mit निस् dahinfahren. — Mit संनिस् verlustig gehen, mit Abl. Gop. Br. 2,2,2. — Mit *प्र, प्रार्छति. — Mit वि auseinandergehen. — Mit सम् Med. zusammenstossen Çat. Br. 13,3,3,7. Kauç. 77.

1. अर्ज् 1) अर्जति sich verschaffen Naish. Bhatt. — 2) *अर्जति (गतिस्थानार्जनोर्जनेषु, auch स्थैर्य st. स्थान und उपार्जन st. ऊर्जन). — Caus. अर्जयति und °ते 1) sich verschaffen, erwerben, erlangen. — 2) = *सतो गुणान्तराधाने. — Mit अति 1) hinüberschaffen, zulassen. — 2) wegschaffen, beseitigen. — Mit अत्यति hinzufügen zu. — Mit अभ्यति hinüberschaffen in, übertragen auf (Acc.). — Mit अनु loslassen. — Mit अपि hinwerfen. — Caus. dass. Gobh. 1,8,28. — Mit अव entlassen. — Mit अन्वव 1) entlassen nach einer best. Richtung. — 2) heimsuchen. — Mit समव zusammenlassen. — Mit समा Caus. समार्जित erworben, erlangt. — Mit उद् herausschaffen. — Mit उप hinzubringen, zulassen. — Caus. Act. Med. sich verschaffen, erwerben, erlangen. — Mit समुप Caus. verschaffen Bhâvapr. 3,30. — Mit प्र Caus. verschaffen.

2. अर्ज्, ऋज्जति, °ते s. ऋज्.

अर्जक 1) Adj. sich verschaffend, erwerbend. — 2) *m. Ocimum pilosum Râgan. 10,159.

अर्जन n. das Sichverschaffen, Erwerben, Erlangen, Einsammeln.

अर्जनीय Adj. sich zu verschaffen, zu erwerben, — erlangen.

*अर्जल m. ein schlechtes Pferd Gal.

अर्जुन 1) Adj. (f. ई) a) weiss, licht, silberfarben. — b) silbern. — 2) m. a) *Pfau. — b) Terminalia Arunja W. u. A. — c) *eine best. Hautkrankheit. — d) Bein. Indra's. — e) N. pr. eines Sohnes des Pâṇḍu und des Kṛtavîrja und auch verschiedener anderer Personen. Pl. Arguna's Nachkommen. — f) *der einzige Sohn einer Mutter. — 3) f. ई a) Du. und Pl. ein best. Mondhaus (= फल्गुनी). — b) Kuh. — c) eine Schlangenart. — d) *Kupplerin. — e) *Bein. der Ushâ, der Gemahlin Aniruddha's. — b) *Bein. des Flusses Karatojâ. — 4) n. a) Silber. — b) *Gold. — c) eine Krankheit des Weissen im Auge. — d) ein best. Gras (ein Surrogat für die Soma-Pflanze) Tâṇḍja-Br. 8,4,1. 9,5,7. AV. Prâjaçç. 6,4. — e) *= रूप Naigh.

अर्जुनक m. 1) N. pr. eines Jägers. — 2) *ein Verehrer Arguna's.

अर्जुनकाण्ड Adj. mit weisslichen Absätzen versehen (Pflanze).

अर्जुनगीता f. Titel eines Werkes.

अर्जुनताल m. ein best. Tact S.S.S. 226.

अर्जुनदेव m. N. pr. eines Fürsten Spr. 4894, v. l.

*अर्जुनध्वज m. Bein. Hanumant's.

*अर्जुनपाकी f. eine best. Pflanze und deren Frucht.

अर्जुनपाल m. N. pr. eines Fürsten.

अर्जुनपुर n. N. pr. einer Stadt.

अर्जुनमिश्र m. N. pr. eines Scholiasten.

*अर्जुनस Adj. mit Arguna bewachsen.

*अर्जुनसखि m. Bein. Kṛshṇa's Gal.

अर्जुनसिंह m. N. pr. eines Fürsten.

अर्जुनाभ्र n. ein best. medic. Präparat Mat. med. 78.

अर्जुनार्चनकल्पलता f. und °र्चपारिजात m. Titel zweier Werke.

*अर्जुनाव N. pr. v. l. अर्जुनाद.

*अर्जुनाह्व m. ein best. Baum.

अर्जुनीया f. N. pr.

अर्जुनेश्वरतीर्थ n. N. pr. eines Tîrtha.

*अर्जुनोपम m. Teakbaum.

*अर्ण्, अर्णोति und अर्णुते, ऋणोति und ऋणुते (गतौ).

अर्ण 1) m. n. Rinnsal, Strom. RV. 1,174,2 अर्णा nicht mit Padap. अर्णाः. — 2) m. a) Buchstab, Silbe. b) ein best. Metrum. — c) *Teakbaum. — d) N. pr. eines Mannes. — 3) *f. आ Fluss Gal.

अर्णव 1) Adj. a) wallend, wogend. — b) aufbrau-

send, unruhig. — 2) m. *a) Woge, Fluth.* — *b) wogende See, Meerfluth; Meer.* Auch n. — *c)* Bez. *der Zahl vier.* — *d) Luftmeer, Wolkenmeer.* Auch als *Dämon* aufgefasst. — *e)* Name *zweier Metra.* — *f)* Titel eines Werkes.

*अर्णवज m. *os sepiae.*

अर्णवनेमि f. *die Erde.*

अर्णवपति m. *Ocean* Bâlab. 291,18.

*अर्णवभव m. *Muschel* Gal.

*अर्णवमन्दिर m. Bein. Varuṇa's.

*अर्णवमल n. *os sepiae* Nigh. Pr.

अर्णवयान n. *Schiff* Ind. St. 14,319.

*अर्णववर्णन n. Titel eines Werkes.

अर्णवसरिदाश्रित m. (im Comp.) *Anwohner des Meeres und der Flüsse* 220,21.

*अर्णोद्भव m. = अग्निगर्भ 2) c).

अर्णस् n. 1) *Woge, Fluth, Strom.* — 2) *Meerfluth, See.* — 3) *Luftmeer.* — 4) **Fluss.* — 5) *Wasser.* Am Ende eines adj. Comp. अर्णस्क Bâlab. 290,19. — 6) Name *verschiedener Metra.*

अर्णसे Adj. *wogend, wallend.*

अर्णसाति f. *Gewinnung der Ströme.*

*अर्णस्वन्त् Adj. *fluthenreich.*

*अर्णोद m. 1) *Wolke.* — 2) *Cyperus rotundus.*

अर्णोदर m. N. pr. eines Lehrers. ऊर्णोदर v. l.

अर्णोनिधि m. *Meer* Bâlab. 58,12.

*अर्णोभव m. *Muschel.*

अर्णोवृत् Adj. *die Fluthen einschliessend.*

*अर्त् scheinbar in (ताम्) अन्वर्तिष्ये (verkürzt aus अनुवर्तिष्ये; vgl. अन्वर्तितरं) *ich werde (ihr* Acc.) *nachgehen* AV. 14,1,56 und in अभ्यर्तिष्ठम् (fehlerhaft für अभ्यर्थिष्ठम्) Tâṇḍja-Br. 7,8,2.

*अर्तगल Adj. = आर्तगल.

अर्तन 1) Adj. etwa *schmähend* (= दुःखिन् Schol.). — 2) *n. *Tadel.*

अर्ति f. 1) = आर्ति *Schmerz.* — 2) * = आर्त्नी *Bogenende.*

*आर्तिका f. *ältere Schwester* (im Drama).

अर्तुक Adj. *herausfordernd, streitlustig.*

अर्थ् s. अर्थय्.

अर्थ m. (in der späteren Sprache) und n. Am Ende eines adj. Comp. f. आ. 1) *Geschäft, Arbeit.* अर्थम् mit इ und गम् *an eine Arbeit gehen, eine Arbeit treiben.* Mit कर् *arbeiten für* (Gen.) 191,16. — 2) *Ziel, Zweck.* Am Ende eines adj. Comp. so v. a. *bezweckend, dienend zu.* °अर्थम् (Çat. Br. 14, 3,2,21) und °अर्थ° (Gaut. 20,1) *zum Behuf von, wegen, für, um.* अर्थेन mit Gen., अर्थाय und अर्थे mit Gen. oder am Ende eines Comp. dass. — 3) *Grund, Veranlassung.* — 4) *Vortheil, Nutzen, das Nützliche, utile.* *Mit Dat. oder Gen. der Person als Wunsch so v. a. *möge es ihm zum Vortheil gereichen.* — 5) *Lohn* Spr. 3587. — 6) *das Zuthunhaben mit, Bedürfen von* (Instr.). वरार्था *der es um einen Gatten zu thun ist* Bhâg. P. 3,8,5. — 7) *Gut, Besitz, Reichthum, Vermögen, Geld.* — 8) *das 2te astrologische Haus, das Haus des Reichthums* Ind. St. 14,314, Çl. 18. — 9) *Sache, Gegenstand, Ding, Object.* — 10) *Sinnesobject.* — Daher 11) Bez. *der Zahl fünf.* — 12) euphem. *penis.* — 13) *Sache, Angelegenheit.* अयम् so v. a. *dieses* 67,26. कमर्थम् *was?* 39,28. कं चिदर्थम् *Etwas* 11. भाव्यर्थ *etwas Zukünftiges* 82,18. अवश्यभाविन् *was nothwendig erfolgen muss* 165,30. प्रतिपन्न *etwas Versprochenes* 123,16 — 14) *gerichtliche Sache, Klage* 212,33. 213,26. 214,12. — 15) *Sinn, Bedeutung.* अर्थात् so v. a. *nämlich, scilicet.* — 16) **Art und Weise.* — 17) **das Aufhören, Unterbleiben.* — 18) **Preis* (fehlerhaft für अर्घ). — 19) personif. als Sohn des Dharma und der Buddhi Bhâg. P. 4,1,51.

अर्थक 1) m. *Bedeutung* AK. 3,3,32,*d.* — 2) am Ende eines adj. Comp. *die Bedeutung von — habend* AK. 2,8,2,62. 3,2,59. 3,32,*b.*

अर्थकर Adj. (f. ई) *nützlich* Spr. 600.

अर्थकर्मन् n. *eine Handlung ad hoc* Gaim. 4,2,21. Comm. zu Kâtj. Çr. 3,7,18. 8,4.14. Davon Nom. abstr. °र्मता Njâjam. 4,2,12. °र्मत्व n. 7.

1. अर्थकाम n. Sg. (R. 2,86,6. m. Du. ed. Bomb.), m. Du. (M. 4,176) und Pl. (M. 2,23) *utile et dulce.*

2. अर्थकाम Adj. 1) *Andern nützen wollend* Spr. 5648. 7148. — 2) *nach Reichthümern verlangend* Spr. 5408.

अर्थकारक m. N. pr. eines Sohnes des Djutimant.

°अर्थकारणात् Abl. *zum Behuf von, wegen* R. 1, 15,22. 3,4,19.

अर्थकाशिन् Adj. *nur scheinbar Gewinn bringend* Bhâg. P. 4,29,47.

अर्थकृच्छ्र n. *verwickelte Sache, schwieriger Fall.*

अर्थकृत् Adj. *Nutzen bringend.*

अर्थकृत 1) Adj. *a) einem best. Zweck angepasst* Gaim. 5,1,6. °त्व n. Nom. abstr. Comm. ebend. — *b) eigennützig.* — *c) durch die Bedeutung bewirkt, auf dieser beruhend.* — 2) °अर्थकृते Loc. *zum Behuf von, wegen* MBh. 3,296,25.

अर्थकृत्य n. und °त्या f. *Ausführung einer Angelegenheit, — eines Geschäftes.*

अर्थकोविद Adj. *sachkundig* R. ed. Bomb. 6,4,8.

अर्थकोश m. *Schatzkammer* Ind. St. 14,319.

अर्थक्रम m. *Zusammenhang der Worte dem Sinne nach* Ind. St. 13,485, N. 1.

अर्थक्रिया f. 1) *eine Handlung mit einem best. Zweck* Sarvad. 9,11. fgg. — 2) *Dienstfertigkeit, Behülflichkeit* Lalit. 183,9. 218,16.

*अर्थगत Adj. = गतार्थ.

अर्थगति f. *das Sichergeben des Sinnes.*

अर्थगुण m. *Vorzug in Betreff der Bedeutung* Vâmana 3,2,1. Kâvjapr. 8,8.

अर्थगृह n. *Schatzkammer.*

अर्थग्रहण n. 1) *das Wegnehmen von Geld* Spr. 7687. — 2) *das Meinen —, Gemeintsein der Bedeutung* 228,26. 231,15.28.

अर्थघ्न Adj. (f. ई) 1) *Schaden bringend* Verz. d. Oxf. H. 216,*b*,24. — 2) *verschwenderisch.*

*अर्थचम्पिका f. *Galläpfel auf Rhus succedanea* Nigh. Pr.

अर्थचित्त Adj. *auf Reichthümer bedacht* Spr. 7780.

अर्थचित्र n. *Wortspiel* Kâvjapr. 6,1.

अर्थचिन्तक Adj. *Kenner des Nützlichen.*

अर्थचिन्तन n. und °चिन्ता f. *Sorge um die Angelegenheiten* (insbes. des Staates).

अर्थजात n. Sg. und Pl. 1) *Geld* Mṛkkh. 33,3. — 2) *Sachen, Gegenstände.*

अर्थज्ञ Adj. 1) *die Sache —, das Wesen verstehend, sich auf Etwas —* R. ed. Bomb. 3,73,1. — 2) *den Sinn —, die Bedeutung verstehend* Spr. 4824. °ता f. Nom. abstr. ebend.

अर्थतत्त्व n. 1) *das wahre Sachverhältniss.* — 2) am Ende eines Comp. *der wahre Sinn.*

1. अर्थतन्त्र n. *die Lehre vom Nützlichen*

2. अर्थतन्त्र Adj. *sich vom Vortheil bestimmen lassend.*

अर्थतस् 1) *eines Zweckes wegen, für Etwas* Sâṁkhjak. 13. Mahâvîrak. 1,12. Spr. 3186. Am Ende eines Comp. *wegen* 5187. — 2) *des Vortheils wegen* Mudrâr. 7,1. — 3) *in der That, in Wahrheit.* — 4) *dem Sinne nach* 253,15.

अर्थतृष्णा f. *Geldgier* 104,33. Bhâg. P. 7,6,10.

°अर्थत्व n. *das Dienen zu* 211,33.

अर्थद Adj. 1) *Nutzen bringend.* — 2) *freigebig.*

अर्थदत्त m. N. pr. *reicher Kaufleute.*

*अर्थदर्शक m. *Richter* Gal.

अर्थदर्शन n. *das Beurtheilen einer Sache* Mâlav. 64.

अर्थदान n. *Geschenke* 72,13.

अर्थदूषण n. *Geldverschleuderung* und *ein Angriff auf fremdes Eigenthum.*

अर्थदृश् f. *ein Auge für das Wahre.*

अर्थदृष्टि f. *das Erblicken eines Gewinnes* Bhâg. P. 4,29,47.

अर्थदोष m. *Fehler in Betreff der Bedeutung* Kâvjapr. S. 173, Z. 1.

अर्थद्योतनिका f. Titel eines Werkes.

अर्थद्रव्यविरोध m. *Widerspruch zwischen Zweck*

und (*vorgeschriebenem*) *Stoff* GAIM. 6,3,39. KÂTJ. ÇR. 1,4,16.

अर्थना f. *Bitte.*

अर्थनाश m. *Verlust des Geldes* Spr. 583.

अर्थनिबन्धन Adj. *durch Gewinn bedingt* MBH. 1,131,8.

अर्थनिर्देश m. *das Bezeichnen —, Meinen des Sinnes* 229,3.

अर्थनिर्वृत्ति f. *Erfüllung des Zweckes* KÂTJ. ÇR. 1,5,2. R. 5,59,10.

अर्थनिश्चय m. 1) *Entscheidung einer Sache* R. 4, 31,32. — 2) *bestimmte Ansicht in einer Sache* AK. 3,4,22,12.

अर्थनीय Adj. *zu erlangen, — fordern von* (सकाशात्).

अर्थन्यून Adj. *arm* MBH. 3,82,15. 13,107,3.

अर्थपञ्चकनिरूपण n. Titel eines Werkes.

अर्थपति m. 1) *reicher Mann, grosser Herr* Spr. 383. 762. 2029. — 2) *König.* — 3) *Bein. Kubera's.* — 4) N. pr. des Grossvaters des Dichters Bâṇa KÂD. 3,14.

अर्थपद n. (nach dem Schol.) Bez. *der* Vârttika *zu* Pâṇini's Sûtra R. 7,36,45.

अर्थपरिग्रह Adj. *vom Gelde abhängig* MBH. 3,33,29.

अर्थपाल m. N. pr. eines Mannes.

अर्थपुनरुक्त n. *Wiederholung derselben Sache mit andern Worten* NJ. K.

अर्थपुष्टि f. *Erweiterung des Sinnes, grössere Bedeutsamkeit.*

अर्थपूर्वक Adj. *einen best. Zweck habend.* °त्व n. Nom. abstr.

अर्थप्रकाशक Adj. *den Sinn erläuternd.*

अर्थप्रकृति f. Bez. *der fünf Hauptmomente im Drama.*

अर्थप्रदीप m. *ein den Zweck einer Lampe erfüllender Gegenstand.*

अर्थप्रयोग m. *das Ausleihen von Geld auf Zinsen* Spr. 5246.

अर्थप्रसंख्या f. *Zweckerwägung* KÂTJ. ÇR. 1,10,3.

*अर्थप्रसादनी f. *Helicteres Isora* NIGH. PR.

अर्थप्राप्ति f. 1) *Erwerbung von Reichthümern* MBH. 1,157,24. — 2) *das Sichvonselbstverstehen.*

अर्थबन्ध m. *bedeutungsvolle Worte.*

अर्थभ्रंश m. 1) *Verlust des Vermögens* VARÂH. BṚH. S. 45,8. — 2) *das Misslingen einer Sache* Comm. zu R. ed. Bomb. 2,19,40.

अर्थमात्र 1) n. und f. आ *Besitz, Geld.* — 2) n. *nur die Sache selbst.*

अर्थय्, अर्थयते (seltener °ति, episch auch अर्थते) 1) *sich Etwas vornehmen, streben —, verlangen nach.* — 2) *Jmd* (Acc.) *um Etwas* (Acc.) *angehen, sich Etwas erbitten von* (Abl. 138,14), *bitten zu* (Inf.). — 3) *einen Sinn geben, erklären* Comm. zu MṚKKH. 85,23. — Mit अभि *Jmd* (Acc.) *um Etwas* (Acc., Dat., Loc. oder °अर्थम् 108,7) *angehen, Etwas* (Acc.) *von Jmd* (Acc.) *fordern.* Vgl. u. अर्त्. — Mit प्र 1) *begehren —, verlangen nach* (Acc.), *Jmd* (Acc.) *um Etwas* (Acc. oder Loc.) *angehen, sich Etwas erbitten von* (Abl.), *begehren zu* (Inf.), *Jmd bitten zu* (Inf.), *werben um* (ein Mädchen) 291,14. 324,17. — 2) *in Anspruch —, zu Hülfe nehmen.* — Mit अभिप्र *begehren.* — Mit संप्र *bitten, Jmd bitten zu* (Inf.). — Mit *प्रति *herausfordern.* — Mit सम् 1) *bereit machen.* — 2) *abschliessen, beendigen* AK. am Schluss. — 3) *Etwas mit Etwas* (Instr.) *in Verbindung setzen; grammatisch construiren.* — 4) *urtheilen, bei sich denken.* — 5) *inne werden, wahrnehmen, hinter Etwas kommen.* — 6) *auf Etwas sinnen, in Betracht ziehen.* — 7) *beurtheilen, halten für.* — 8) *für gut halten, beschliessen.* — 9) *aufrichten, aufmuntern.* — समर्थयत्ति mit समर्पयत्ति verwechselt.

अर्थयुक्त Adj. *bedeutsam* KUMÂRAS. 1,13.

अर्थयुक्ति f. *Gewinn, Vortheil* Spr. 589. 3678. 3679.

अर्थरुचि Adj. *geldgierig, habsüchtig* 180,31. MUDRÂR. 24,13 (44,6).

अर्थरूप n. *Ding, Etwas* MAHÂBH. (K.) Einl. 1,6.

अर्थलोप m. *Wegfall des Zweckes* GAIM. 3,1,9. KÂTJ. ÇR. 4,3,22.

अर्थलोलुपता f. *Geldsucht* Spr. 591.

अर्थवत् Adv. *dem Zwecke gemass.*

अर्थवत्ता f. und °वत्त्व n. (210,32) *Bedeutsamkeit.*

अर्थवत्सूत्रवाद m. Titel eines Njâja-Werkes.

अर्थवन्त् 1) Adj. *a) zweckdienlich, — mässig b) begütert, reich.* — *c) bedeutungsvoll, bedeutsam, einen verständlichen Sinn habend* 214,20. — 2) *m. *Mensch.*

अर्थवर्गीय Adj. Bez. *best. buddhistischer* Sûtra.

*अर्थवर्जन n. *Geldausgabe, Verschwendung* GAL.

अर्थवर्जित Adj. *bedeutungslos.*

अर्थवर्मन् m. N. pr. eines Mannes.

अर्थवाद m. 1) *Erklärung des Zweckes* NJÂJAS. 2, 1,63. Chr. 282,28. 283,31. GAIM. 1,2,43. 2,3,17. 3, 4,29. 4,4,16. 24. 6,7,25. Dazu Nom. abstr. °त्व n. NJÂJAM. 1,2,8. — 2) *Lob.*

अर्थवादिन् Adj. *Thatsachen berichtend* PAÑKAT. 161,19.

*अर्थविज्ञान n. *Erkenntniss der Dinge.*

अर्थविद् Adj. *den Sinn —, die Bedeutung kennend* 96,32.

अर्थविद्या f. *die Kenntniss des practischen Lebens* MBH. 7,7,1.

अर्थविनाश m. *Verlust der Habe.*

अर्थविनाशन Adj. *Schaden bringend* 83,12.

अर्थविनिश्चय m. Titel eines buddh. Sûtra.

अर्थविपत्ति f. *das Misslingen einer Sache* R. 2,19,40.

अर्थविपर्यय m. *Verarmung, Armuth* Spr. 1804. 2826.

अर्थविवर्जित Adj. *arm* Ind. St. 14,324.

अर्थवैकल्य n. *ungenaues Sachverhältniss* M. 8,95.

अर्थव्यक्ति f. *Deutlichkeit des Sinnes* VÂMANA 3, 1,21. 2,13. KÂVJAPR. S. 218, Z. 3. S. 220, Z. 2. KÂVJÂD. 1,41. 73.

अर्थव्ययनाश° *Ausgabe oder Verlust des Geldes* BHÂG. P. 5,26,36.

*अर्थव्ययसह Adj. *verschwenderisch.*

अर्थव्यवहार m. *Geldprocess* 215,1.

अर्थशालिन् Adj. *reich, ein Reicher.*

अर्थशास्त्र n. *ein das praktische Leben —, die Politik behandelndes Lehrbuch* 210,1. 14. Ind. St. 10,165.

अर्थशौच n. *Unbescholtenheit in Geldangelegenheiten* KÂM. NÎTIS. 5,16.

अर्थश्री f. *grosser Reichthum* KATHÂS. 54,163.

अर्थसंशय m. *eine Gefahr, das Vermögen zu verlieren,* MBH. 5,178,54.

अर्थसंग्रह m. 1) *das Sammeln von Reichthümern* RAGH. 17,60. — 2) **Schatzkammer* HALÂJ. 4,54. — 3) Titel eines Werkes der Pûrvamîmâṁsâ.

अर्थसंग्रहिन् Adj. *Reichthümer sammelnd.*

अर्थसंचय m. Sg. und Pl. *Vermögen, Besitz, Reichthum* MBH. 12,87,31. Spr. 1797.

अर्थसंदेह m. *ein zweifelhafter —, kritischer Fall* HIT. 10,11, v. l.

अर्थसंन्यासिन् Adj. *jeglichem Vortheil entsagend.*

अर्थसंपादन n. *das in Ordnung Bringen einer Sache* M. 7,168.

अर्थसंबन्ध m. *Besitz von Reichthümern* MUDRÂR. 24,13 (44,6).

अर्थसंबन्धिन् Adj. *bei einer Sache betheiligt.*

अर्थसाधक 1) Adj. (f. °धिका) *eine Sache fördernd, nützlich, erspriesslich.* — 2) m. *a)* **Putranjiva Roxburghii* NIGH. PR. — *b)* N. pr. eines Ministers des Daçaratha.

अर्थसाधन n. *das Zustandebringen von Etwas, ein zum Ziele führendes Mittel* RAGH. 1,19. KATHÂS. 15,59.

अर्थसार m. n. *bedeutender Reichthum* Spr. 4741.

अर्थसिद्ध 1) Adj. *selbstverständlich* 213,7. 25. — 2) m. *a) der 10te Tag des* Karmamâsa Ind. St. 10, 296. — *b)* Name Çâkjamuni's als Bodhisattva.

*अर्थसिद्धक m. *Vitex Negundo L.*

1. अर्थसिद्धि f. 1) *Erwerbung eines Vermögens* Spr. 592. Kâraka 3,8. — 2) *das Gelingen einer Sache* R. 2,50,5. Mṛkkh. 47,4. Ragh. 2,21. — 3) *das Klarwerden des Sinnes.* — 4) *eine best. magische Kraft.*

2. अर्थसिद्धि m. N. pr. eines Sohnes des Pushja (Pushpa).

अर्थहानि f. *Verlust des Vermögens.*

अर्थहारक (f. °रिका) und °हारिन् Adj. *Geld entwendend.*

अर्थाक्षिप्त Adj. *durch irgend einen Grund hervorgerufen* (buddh.) Çaṁk. zu Bâdar. 2,2,19.

अर्थागम n. *gutes Einkommen* Spr. 600. Pl. MBh. 3,2,42.

अर्थातुर Adj. *von Geld gequält, habsüchtig* Spr. 602.

अर्थात्मन् m. *das wahre Wesen* Spr. 533.

अर्थादि m. *das erste Wort in einem Satze* Ind. St. 10,413.

अर्थाधिकार m. *Geldverwaltung* Hit. 61,7.

अर्थानन्तर्य n. *eine durch den Sinn erforderte Wiederkehr eines oder mehrerer Wörter in der Folge* Ind. St. 4,275.

अर्थानभिप्रापण n. *das nicht zum Abschluss des Sinnes Gelangen* Ind. St. 8,120.

अर्थान्तर n. 1) *etwas Anderes.* Mit Abl. 231,29. Njâjas. 5,2,7. — 2) *eine andere Bedeutung.*

अर्थान्तरन्यास m. *Beibringung eines analogen Falles* Vâmana 4,3,21. Kâvjapr. 10,23.

अर्थान्तराक्षेप m. in der Rhetorik *eine Erklärung, dass man mit Etwas nicht einverstanden sei, die man dadurch zu erkennen giebt, dass man eine ähnliche Erscheinung bei einem andern Dinge beibringt.*

अर्थापत्ति f. 1) *Selbstverständlichkeit, Plausibilität.* — 2) *eine best. rhetorische Figur.* Beispiel Spr. 7386.

अर्थापत्तिसम Adj. *ein best. Sophisma, wobei man einem Dinge wegen einer Eigenschaft, die es mit einem andern Dinge gemein hat, auch andere Eigenschaften des letztern zuschreibt,* Njâjas. 5,1,21. Sarvad. 114,11.

*अर्थापय्, °यति Denom. von अर्थ.

अर्थाभाव m. *Zwecklosigkeit* Kâtj. Çr. 22,6,6.

अर्थाभिनिर्वृत्ति f. *das Gelingen einer Sache* MBh. 5,134,10.

अर्थाभिप्रापण n. *das zum Abschluss des Sinnes Gelangen* Ind. St. 8,120.

अर्थार्जन n. *Erwerb von Habseligkeiten* 140,1.

अर्थार्थ Adj. *für den eigentlichen Zweck bestimmt* Gobh. 1,4,20.

अर्थार्थतत्त्वज्ञ Adj. *sich gründlich auf Etwas verstehend* R. 3,76,1.

अर्थार्थम् Adv. *des Geldes wegen* Kathâs. 121,78.

अर्थार्थिता f. *das Begehren nach Reichthümern* Spr. 3565.

अर्थार्थिन् Adj. *eigennützig* Spr. 608. fgg. 1666.

अर्थालंकार m. in der Rhetorik *ein Schmuck der Rede in Betreff des Sinnes.*

अर्थावमर्द m. *Geldverschleuderung* Spr. 1681.

अर्थावृत्ति f. in der Rhetorik *Wiederkehr gleichbedeutender Worte.*

अर्थाशा f. *Verlangen nach Geld* Spr. 7580.

अर्थाहरण n. *das Zusammenbringen von Geld* und zugleich *das Herbeiholen von Bedeutungen* Spr. 7689.

अर्थिक 1) Adj. *der Etwas braucht* Spr. 3648. कन्यार्थिक *den es nach einer Jungfrau gelüstet* 4833. — 2) *m. *ein den Fürsten weckender Barde.*

*अर्थित n. *Wunsch* Vop. 5,26.

अर्थितव्य Adj. *petendus, aspirandus* MBh. 3,78,9.

अर्थिता f. 1) *Zustand eines Bittenden* Kâd. 159,6. 167,19. — 2) *Begehr, Verlangen nach* (Instr.); *Bitte, Gesuch* Spr. 3154.

अर्थित्व n. 1) *Zustand eines Bittenden.* — 2) *Bitte, Gesuch.*

अर्थिन् Adj. Subst. 1) *seinen Bedürfnissen oder Wünschen nachgehend, geschäftig, emsig.* — 2) *der Etwas braucht, — bedarf, Verlangen habend nach* (Instr. oder im Comp. vorangehend). — 3) *Jmd* (Gen.) *mit einer Bitte angehend, Bittsteller, Bettler* Kâraka 3,8. — 4) *werbend um* (ein Mädchen), *Bewerber* 130,28. — 5) *brünstig, geil* 87,11. — 6) *Betender, Flehender.* — 7) *Kläger* 211,20. 214,10. 12. Ragh. 17,39. — 8) **Diener.* — 9) **Gefährte.*

अर्थिभाव m. *Stand eines Bettlers* Ind. St. 14,317.

अर्थिसात् Adv. mit कर् *einem Bittenden Etwas* (Acc.) *gewähren.*

अर्थेत् Adj. *emsig, eilig.*

अर्थेप्सुता f. 1) *Verlangen nach Reichthümern* MBh. 1,157,24. — 2) *Begehr, Verlangen* Nilak. zu MBh. 1,34,13.

अर्थैकत्व n. *Einheit des Sinnes und der Sache* Gaim. 2,1,46. 3,1,12.

अर्थैक्य n. dass. Comm. zu Njâjam. 2,1,29.

अर्थोत्पाद m. in der Rhetorik *eine künstliche Construction der Wörter, in Folge deren ein anderer Sinn herauskommt.*

अर्थोपक्षेपक Adj. *die Sache andeutend, dem Verständniss zu Hülfe kommend.*

अर्थोपक्षेपण n. *das Andeuten einer Sache.*

अर्थोपम n. *ein selbstverständliches Gleichniss ohne Beifügung des tertium comparationis.*

अर्थौघ m. *Menge von Habseligkeiten* MBh. 3, 256,10.

अर्थ्य 1) Adj. *a) zweckmässig, angemessen, passend* Kathâs. 54,240. — *b) reich.* — *c) *petendus, aspirandus.* — *d) *klug, verständig.* — *e)* = धुव. — 2) *n. *Erdharz.*

अर्द्, अर्दति (RV.), अर्दति und *अर्णत्ति 1) *zerstieben.* — 2) *aufregen* Viddh. 82,14. — 3) *beunruhigen, bedrängen, quälen, hart mitnehmen.* अर्दित hierher oder zum Caus. — 4) *Jmd mit einer Bitte angehen.* — Caus. अर्दयति 1) *in Unruhe versetzen, aufregen, erschüttern.* — 2) *verzerren.* — 3) *beunruhigen, bedrängen, quälen, hart mitnehmen.* — 4) *schlagen, verwunden, tödten, vernichten.* — Mit *अति *stark bedrängen.* — Mit अभि *bedrängen, peinigen, quälen.* — Caus. dass. — Mit उद् *aufschlagen* (von einer Woge). — Mit नि, Partic. न्यर्ण *aufgelöst, hinschwindend.* — Mit निस् *ausströmen.* — Mit प्र Caus. 1) *fliessen machen.* — 2) **aufreiben.* — Mit प्रति Caus. Act. Med. *einen Andrang u. s. w. erwiedern* (mit Acc. der Person). — Mit वि 1) *wegfliessen.* — 2) **bedrängen, peinigen.* — Caus. *zerstieben machen, vernichten.* — Mit सम्, Partic. *समर्ण. — Caus. *verwunden.*

अर्दन 1) Adj. *a) *unruhig sich bewegend.* — *b) bedrängend, peinigend, hart mitnehmend.* — *c) zu Nichte machend.* — 2) *f. आ *Bitte.* — 3) n. *Aufregung, Unruhe.*

*अर्दनि m. 1) *Krankheit.* — 2) *Bitte* (°नी f. Gal.). — 3) *Feuer.*

अर्दित n. *Kinnbackenkrampf* oder *Hemiplegie.*

अर्दितिन् Adj. *mit dem eben genannten Leiden behaftet.*

*अर्दिदिषु Adj. *Etwas* (Acc.) *zu vermehren wünschend* Bhaṭṭ. 9,32.

अर्ध्, Präsensstamm ऋध, ऋध, ऋध्य, ऋणोध (ऋन्ध) und ऋध्नु. 1) *gedeihen, Gelingen finden.* — 2) *fördern, gelingen machen, zu Stande bringen.* Pass. *gedeihen, in Erfüllung gehen.* — Partic. ऋद्ध 1) *reich, wohlhabend, mit Allem wohl versehen* 233,10. — 2) *voll* (von einer Stimme) MBh. 3,64,59. — Caus. अर्धयति *befriedigen.* — Mit अधि (in einer Etym.) *sich ausbreiten.* — Mit अनु 1) *vollführen.* — 2) *herbeischaffen.* — Mit आ *befriedigen, erfüllen.* — Desid. ईर्त्सति *erlangen —, eintreiben wollen.* — Mit उप Desid. *beharrlich bleiben, ausdauern.* — Mit वि Pass. *verlustig gehen* (mit Instr.) — व्यृद्ध *verlustig gegangen* (mit Instr.); *vergeblich.* — Caus. *verlustig gehen lassen, bringen um* (Instr.). — Desid. *vereiteln wollen.* — Mit सम् *gedeihen, einen Aufschwung nehmen.* — Pass. 1) *in Erfüllung gehen, gelingen, zutheil-*

werden. — 2) theilhaft werden (mit Instr.) — समृ॑द्ध 1) erfüllt, gelungen, vollständig, vollkommen. — 2) theilhaft, versehen —, ausgerüstet mit (Instr., Abl. oder im Comp. vorangehend). — 3) reich, wohlhabend 135,8. — 4) reichlich, viel 290,14. — Caus. 1) erfüllen, gelingen machen. — 2) theilhaft machen, versehen mit (Instr.). — 3) Jmd (Dat.) Etwas (Acc.) verleihen. — Desid. vollenden wollen SV. Âr. 3,7.

1. अर्ध॑ 1) Adj. halb, hälftig, die Hälfte ausmachend. अर्धे मार्गे auf halbem Wege LA. 17,15. घट ein halbvoller Krug. अर्ध — अर्ध und नेम — अर्ध der Eine — der Andere, Pl. die Einen — die Andern. — 2) m. n. Hälfte. Am Ende eines adj. Comp. f. आ. — 3) n. Mitte Çâk. 9. — 4) Partei. अर्धं कर् Jmd (Acc.) auf gleiche Weise theilnehmen lassen an (Gen.).

2. अर्ध॑ m. 1) Seite, Theil. — 2) Ort, Platz, Gegend.

अर्धऋर्च॑ m. = अर्धर्च॑ VS. 19,25.

अर्धक 1) Adj. a) hälftig Bhâvapr. 3,17. — b) Adj. und n. eine best. fehlerhafte Aussprache der Vocale. — 2) *m. Wasserschlange Nigh. Pr. Eher अन्धक.

*अर्धकंसिक Adj. = आर्ध°.

अर्धकघाति॑न् Adj. von Rudra. Wohl fehlerhaft für अन्धक°; AV. Paipp. liest अघग°.

अर्धकथन n. das nicht zu Ende Erzählen Veṇîs. 39.

अर्धकथित Adj. halb erzählt ebend. v. l.

अर्धकपिश Adj. (f. आ) in's Braune fallend Spr. 6238.

अर्धकर्ण Adj. ? Ind. St. 3,470,2.

अर्धकलास m. eine best. Art die Trommel zu schlagen S. S. S. 194.

अर्धकाय Adj. mit einem halben Leibe Ind. St. 14,327.

*अर्धकाल m. Bein. Çiva's.

अर्धकील n. N. pr. eines Tîrtha.

*अर्धकुड्यक n. Beinhaus Gal.

*अर्धकूट m. Bein. Çiva's.

अर्धकृष्ट Adj. halb herausgezogen. तूणार्ध° aus dem Köcher Çâk. 131.

अर्धकेतु m. N. pr. eines Rudra.

अर्धकेश Adj. LA. 4,12 fehlerhaft für ऊर्ध्वकेश.

अर्धकैशिक Adj. (f. ई) halb haarbreit Suçr. 1,27,19.

अर्धकोटि f. fünf Millionen 155,13.

*अर्धकौडविक Adj. = आर्ध°.

अर्धक्षेत्र n. Bez. best. Mondhäuser Ind. St. 10,306.

*अर्धखार n. und °री f. eine halbe Khârî.

*अर्धगङ्गा f. Bein. des Flusses Kâverî.

अर्धगर्भ॑ m. Halbsprössling.

अर्धगुच्छ m. ein Perlenschmuck aus 16 (*24) Schnüren.

अर्धघन Adj. halb eingedickt Bhâvapr. 1,143.

*अर्धचक्रवर्तिन् und *°चक्रिन् m. Bez. der 9 schwarzen Vâsudeva bei den Gaina.

अर्धचतुर्थ Adj. Pl. viertehalb Suçr. 2,167,11.

अर्धचन्दनलिप्त Adj. halb mit Sandel bestrichen MBh. 13,14,295.

अर्धचन्द्र 1) m. a) Halbmond. — b) *das Auge im Pfauenschwanz. — c) *eine mit einem Fingernagel hervorgebrachte halbmondförmige Verletzung. — d) Pfeil mit halbmondförmiger Spitze. — e) die zum Packen halbmondförmig gebogene Hand. °चन्द्रं दा Jmd am Halse packen. — f) Bez. des Anusvâra. — g) eine best. Constellation. — 2) *f. आ Convolvulus Turpethum.

अर्धचन्द्रक 1) m. = अर्धचन्द्र 1) e). — 2) *f. °चन्द्रिका Gynandropsis pentaphylla Râgan. 3,125. Convolvulus Turpethum Nigh. Pr. — 3) n. halbmondförmige Pfeilspitze.

अर्धचन्द्रकुण्ड n. eine best. mystische Figur.

अर्धचन्द्रभागिन् Adj. am Halse gepackt Pańkat. 29,8.

अर्धचन्द्रमुख Adj. mit einer halbmondförmigen Spitze versehen Ragh. 12,96.

अर्धचन्द्रार्धभास्कर m. Mittagszeit in der Mitte eines Monats R. 3,55,33.

अर्धचारिणी f. eine best. Art die Trommel zu schlagen S. S. S. 194.

*अर्धचोलक m. kurzes Wamms.

अर्धजरतीय n. Inconsequenz in der Argumentation.

*अर्धजाह्नवी f. Bein. des Flusses Kâverî.

अर्धजीवका und अर्धज्या f. Sinus Comm. zu Ârjabh. S. 28. fgg.

अर्धज्वलित Adj. halb brennend Pańkat. 254,20. 21.

अर्धतिक्त 1) *Adj. halb bitter. — 2) m. Gentiana Chirata Bhâvapr. 1,173. Râgan. 9,15. Auch *°क Gal.

अर्धतूर m. ein best. musikalisches Instrument.

अर्धतृतीय Adj. Pl. (f. आ) dritthalb Âçv. Çr. 12, 5,19. Ait. Âr. 415,7 v. u. R. 2,92,10.

अर्धत्रयोदश Adj. Pl. (f. आ) 12½ Ait. Âr. 415,6 v. u. Bhâvapr. 2,115. Jâǵń. 2,165. 204 (°दशान् v. l. besser). v. l. °दशन्.

अर्धदग्ध Adj. halb verbrannt Pańkat. 254,25.

अर्धदण्ड m. halbe Strafe M. 8,243.

अर्धदिवस m. Mittagszeit.

अर्धदेव॑ m. Halbgott.

*अर्धद्रौणिक Adj. = आर्ध°.

अर्धधार m. einschneidiges chirurgisches Messer.

अर्धनारीनर m. halb Weib halb Mann.

अर्धनारीनटेश्वर (Verz. d. B. H. No. 1339), *°नारीश und °नारीश्वर m. eine Form Çiva's.

*अर्धनाव n. halbes Schiff.

अर्धनिगृहीत Adj. Bez. einer best. Art die Trommel zu schlagen S. S. S. 194.

अर्धपक्व Adj. halbreif Bhâvapr. 2,30.

अर्धपञ्चन् (Varâh. Bṛh. S. 73,4) und °पञ्चम (Pl. Gaut. 16,2. Âpast. 1,9,3. M. 4,95) Adj. fünftehalb.

*अर्धपञ्चमक Adj. Mahâbh. 1,91,b.

अर्धपञ्चाशत् f. fünfundzwanzig M. 8,268.

अर्धपण m. halber Paṇa M. 8,404.

अर्धपथ m. Hälfte des Weges.

अर्धपद n. Hälfte eines Stollens Lâṭj. 7,7,5.

अर्धपद्या f. ein Backstein von der Grösse eines halben Pada Kâtj. Çr. 17,1,15. 11,7.

अर्धपर्यङ्क m. eine best. Art zu sitzen Lalit. 177,2.

*अर्धपाञ्चालक Adj. Mahâbh. in Ind. St. 13,379.

अर्धपाद m. Fussspitze.

अर्धपादभाग m. Achtel Ind. St. 13,239.

*अर्धपादा f. Phyllanthus Niruri Nigh. Pr.

अर्धपादिक Adj. mit einem halben Fuss.

*अर्धपारावत m. 1) eine Taubenart. — 2) Rebhuhn.

अर्धपिष्ट Adj. halb gemahlen Kâtj. Çr. 5,1,11.

अर्धपीत Adj. halb getrunken Çâk. 173.

अर्धपुरुष m. halbe Manneslänge Kâtj. Çr. 16,8, 4.7.11.

अर्धपुरुषीय Adj. von halber Manneslänge Kâtj. Çr. 16,8,8.16.

*अर्धपुष्पा f. Sida rhomboidea Râgan. 4,110.

अर्धपूर्ण Adj. halb gefüllt Kâtj. Çr. 9,6,26.

*अर्धप्रस्थिक Adj. = आर्ध°.

अर्धप्रहरिका oder °हारिका f. (?) Verz. d. Oxf. 86,a,43.

अर्धबृगल॑ n. halbes Stück 31,15.

अर्धबृहती f. Bez. best. Backsteine Ind. St. 13,242.

अर्धभक्षित Adj. halb verzehrt 66,32.

अर्धभाग m. Hälfte.

अर्धभा॑ज् 1) Adj. die Hälfte von Etwas (Gen.) erhaltend, — enthaltend Tâṇḍja-Br. 2,15,3. — 2) m. Theilhaber, Genosse.

अर्धभास्कर m. Mittagszeit.

अर्धभूमि f. Hälfte des Landes, — Reiches.

अर्धभेद m. Hemiplegie Suçr. 2,377,8.

अर्धभोगिन् Adj. einen halben Antheil geniessend.

*अर्धभोजन n. halbe Mahlzeit Gal.

*अर्धमागधक Adj. Mahâbh. 1,174,b

अर्धमागधी f. Art des Mâgadhî-Dialects.

*अर्धमाणव und °क m. Perlenschmuck von 12 Schnüren.

1. अर्धमात्र 1) n. Hälfte, Mitte. — 2) f. आ halbe Mora.

2. अर्धमात्र 1) Adj. von einer halben Mora TS. Prât. 22,13. Davon Nom. abstr. °त्व n. Comm. zu 1,34. — 2) m. Bez. eines best. Lautes.

अर्धमात्रिक Adj. *von einer halben Mora.*

अर्धमात्रिका f. *halbe Mora.*

अर्धमार्ग m. *Hälfte des Weges* 114,1. RAGH. 7,42.

अर्धमास m. *halber Monat.* °मासभाज् Adj. ÇAT. BR. 10,4,2,1. °मासलोक m. Pl. 3,19. °माससत्त्र n. 4,4.

*अर्धमासतम Adj. *halbmonatlich.*

अर्धमासशस् Adv. *halbmonatlich.*

अर्धमासिक Adj. *einen halben Monat während.*

अर्धमुक्त Adj. *halb befreit aus* (Abl.) R. 5,28,17.

*अर्धमुष्टि und *°क (GAL.) m. *halb geschlossene Hand.*

अर्धय्, °यति *halbiren* LILÂV. 18,2.

अर्धयाम m. *halbe Wache* BHÂVAPR.

अर्धरथ m. *halber Kriegsheld* MBH. 5,168,7. 12.

अर्धराज्य n. *Hälfte der Herrschaft* LA. 28,19.

अर्धरात्र m. *Mitternacht.*

अर्धरात्रार्धदिवस m. *Aequinoctium* R. 3,55,33.

अर्धरूढ Adj. *halb hervorgewachsen* MEGH. 21.

अर्धरूप Adj. *hälftig.* Davon Nom. abstr. °ता f. SARVAD. 18,21.

अर्धरेचित m. *eine best. Stellung der Hände beim Tanze.*

अर्धर्च m. *n. *Halbvers.* अर्धर्चान्तर n. KÂTJ. ÇR. 6,8,17. °शस्य Adj. *in Halbversen zu recitiren* VAITÂN. 26.

अर्धर्चशस् Adj. *halbversweise.*

अर्धर्च्य Adj. (f. आ) *in Halbversen zu recitiren* AIT. ÂR. 429,1 v. u. 448,3 v. u.

*अर्धलक्ष्मीहरि m. *halb* Lakshmî *halb* Vishṇu.

अर्धलिखित Adj. *halb gemalt* ÇÂK. 86,17.

अर्धवारिक Adj. *hälftig Wasser* BHÂVAPR. 2,47.

*अर्धवाह m. gaṇa वेतनादि in der KÂÇ. °न n. v. l.

अर्धविचारिन् Adj. *die Hälfte von* (Gen.) *durchstreifend* VARÂH. BṚH. S. 11,31.

अर्धविधु m. *Halbmond* BÂLAR. 252,20.

अर्धविसर्ग m. *der* Visarga *vor* क, ख, प *und* फ.

*अर्धवीक्षण n. *Seitenblick.*

*अर्धवृद्ध Adj. (f. आ) *von mittlerem Alter* AK. 2,6,1,17.

अर्धवृद्धि f. *Hälfte der Zinsen* M. 8,150.

अर्धवैनाशिक m. Bez. *eines Anhängers des* Kaṇâda.

अर्धव्याम m. *halbe Klafter* KÂTJ. ÇR. 7,2,3. 16,7,29.

अर्धव्रत n. *halbe Portion Milch* ÇAT. BR. 3,6,3,4. 9,2,1,18. KÂTJ. ÇR. 8,3,17. 6,30.

अर्धशत n. *150* M. 8,267. 311 (*50* KULL.).

*अर्धशन n. = अर्धाशन.

*अर्धशफर m. *ein best. Fisch.*

अर्धशब्द Adj. *halbwegs redend* (von Thieren).

अर्धशस् Adv. *halbweise* KÂTJ. ÇR. 12,1,15.

*अर्धशृङ्ग Adj. *mit halb ausgewachsenen Hörnern* GAL.

अर्धशेष Adj. (f. आ) *zur Hälfte übriggeblieben* R. 5,14,51. 15,20.

अर्धश्याम Adj. *halb schwarz, — bewölkt* ÇÂK. 60.

अर्धश्रुत Adj. *halb gehört* VENÎS. 39.

अर्धश्लोक m. *Halb-*Çloka.

अर्धसंजात Adj. *halb hervorgewachsen* MBH. 3,76,52.

अर्धसप्तदश Adj. Pl. *16½* KÂTJ. ÇR. 8,3,10.

अर्धसप्तशत 1) Adj. (f. आ) Pl. *350* R. 2,34,13. — 2) n. Pl. dass. R. 2,39,36.

अर्धसम Adj. *zur Hälfte gleich.* Bez. *der Metra, in denen die Stollen 1 und 3 und 2 und 4 gleich sind.* °मुक्तावली f. Titel eines Werkes.

*अर्धसक्ह m. *Ohreule* NIGH. PR. Fehlerhaft für अन्ध°.

*अर्धसार n. = न्याय्य.

अर्धसिद्ध Adj. 1) *halb vollendet* Spr. 624. — 2) *halb gar* MÂRK. P. 51,33.

अर्धसीरिन् m. *Ackerbauer, der die Hälfte des Ertrages (Pfluges) für seine Arbeit erhält.*

अर्धसुप्तक Adj. (f. °प्तिका) *halb schlafend* WEBER, KṚSHṆAǴ. 273.

अर्धसोम m. *Hälfte des* Soma KÂTJ. ÇR. 9,1,5.

अर्धसौहित्य n. *das Halbsattsein.*

अर्धस्थान n. *die Stelle, an der halbirt werden soll.*

अर्धस्पृष्ट Adj. *halb berührt, mit halber Thätigkeit ausgesprochen.* Davon Nom. abstr. °ता f. Comm. zu VS. PRÂT. 1,72.

अर्धस्फोटित Adj. *halb gespalten.*

अर्धस्रगनुलेपिन् Adj. *halb bekränzt und gesalbt* MBH. 13,14,295.

अर्धस्विन्न Adj. *halb gedämpft* BHÂVAPR. 2,30.

अर्धहार m. *Perlenschmuck aus 64 (*40) Schnüren.*

अर्धह्रस्व Adj. *eine halbe Mora lang* P. 1,2,32.

अर्धाक्षि n. *Seitenblick* MṚKKH. 131,23.

अर्धाङ्गी Adv. mit कर् *zu einem halben Körper machen* Spr. 7763.

अर्धाङ्गुल m. n. *halbe Breite des Daumens* Ind. St. 8,218.

अर्धाचित Adj. *halb* (mit Juwelen) *besetzt* RAGH. 7,10 = KUMÂRAS. 7,61.

अर्धाणुमात्रा f. *Achtel einer Mora.*

अर्धाधीत Adj. *halb erlernt* Spr. 625.

अर्धानूक *Hälfte des den Rückgrat des Feueraltars bildenden Streifens* KÂTJ. ÇR. 17,6,10.

अर्धान्तरैकपदता f. *Verstellung eines einzelnen Wortes in einen andern Vers.*

अर्धाम्बु Adj. *halb mit Wasser versetzt* AK. 2,9,53. H. 409.

अर्धायाम m. *halbe Länge* KÂTJ. ÇR. 8,6,7.

अर्धार्ध Adj. *Viertel* Spr. 232, v. l.

अर्धार्धभाग m. dass.

अर्धार्धहानि f. *ein jedesmaliger Abzug einer Hälfte* JÂGN. 2,207.

अर्धार्धिका f. *jedesmalige Halbirung* Comm. zu KÂTJ. ÇR. 5,10,21. 15,3,45. 16,7,24.

*अर्धालिग m. *Wasserschlange* NIGH. PR. Fehlerhaft für अन्धा°.

अर्धावलीढ Adj. *halb beleckt* ÇÂK. 7.

अर्धावशेष Adj. *zur Hälfte übrig geblieben* R. 5,14,49.

अर्धाविष्ट Adj. *halb stockend* (Stimme) KATHÂS. 14,46.

*अर्धाशन n. *halbe Mahlzeit* GAL.

अर्धासन n. *Hälfte des Sitzes* (wird dem Gaste als Ehrenbezeugung angeboten).

अर्धास्तमय m. *halber Untergang* (der Scheibe der Sonne oder des Mondes).

अर्धिक Adj. *die Hälfte betragend.* तदर्धिक *davon.*

अर्धिन् Adj. 1) *hälftig.* — 2) *den halben Opferlohn gebend* LÂṬJ. 9,1,11. — 3) *d. h. O. empfangend* Comm. zu NJÂJAM. 3,7,26.

अर्धी Adv. mit कर् *halbiren.*

अर्धुक Adj. *gedeihend.*

अर्धेडा f. *halbe* Iḍâ, d. i. *die in gewisse* Sâman *eingeschobene Silbe* उप्, TÂṆḌJA-BR. 8,9,14. fgg. 13,12,11.

अर्धेन्दु m. = अर्धचन्द्र 1) *a)* (NAISH. 6,25), **c)*, **d)*, **e)*, *g)* (VARÂH. BṚH. 12,17) und *= अतिप्रौढस्त्रीयोन्यङ्गुलियोजन.

अर्धेन्दुमौलि m. *Bein.* Çiva's MEGH. 55. BÂLAR. 88,13.

अर्धेन्द्र Adj. *halb dem* Indra *gehörig* TS. 5,4,8,3. ÇAT. BR. 9,3,2,9.

अर्धेष्टका f. *halber Backstein* ÇULBAS. 3,47.50.52.

अर्धोक्त Adj. *halb gesagt, nicht zu Ende gesprochen, — aufgezählt* MBH. 8,45,35. Chr. 293,32. ÇÂK. 12,11. 15,3.

अर्धोदय m. *halber Aufgang* (der Sonne oder des Mondes).

अर्धोदित Adj. *halb aufgegangen* PAÑKAT. 256,22.

अर्धोद्गत Adj. *halb erhoben* HARIV. 6300.

अर्धोन Adj. (f. आ) *um eine halbe* (Mora) *geringer* RV. PRÂT. 1,7 (17).

अर्धोरुक 1) *Adj. *bis zur Mitte der Schenkel reichend.* — 2) n. *kurzer Ueberrock* RÂGAT. 7,924.

1. (अर्ध्य) अर्धिय Adj. *zu vollbringen, zu erreichen.*

2. अर्ध्य Adj. *die Hälfte von* (Gen.) *ausmachend* ÇULBAS. 3,44.

अर्पण 1) Adj. (f. ई) *a) verschaffend.* — *b) übergebend, übertragend* Spr. 3813. — 2, n. अर्पण *a) das Schleudern, Werfen.* — *b) das Einstossen, Durchbohren.* — *c) das Hineinstecken, Anheften.* — *d) das Aufsetzen.* — *e) das Darreichen, Darbringen* (auch einer Opfergabe), *Hingeben, Uebergeben.* — *f) das Zurückerstatten.*

अर्पणमीमांसा f. Titel eines Werkes.

अर्पणीय Adj. *hinzugeben, zu übergeben.*

अर्पय्, °यति Caus. von अर्.

*अर्पितास Adj. gaṇa राजदन्तादि.

*अर्पिस m *Herz.*

*अर्ब्, अर्बति (गतौ हिंसायां च).

अर्बुक m. Pl. N. pr. eines Volkes MBh. 2,31,14.

अर्बुद 1) m. अर्बुद *Schlange.* — 2) m. अर्बुद *ein best. dämonisches Schlangenwesen* mit dem Metron. Kâdraveja. — 3) n. *das Lied* RV. 10,94 Âçv. Çr. 5,12,9. — 4) m. n. *länglich runde Masse;* insbes. vom *Fötus im zweiten Monate.* — 5) m. n. *Geschwulst, Knoten, Polyp.* — 6) अर्बुद *m. n. *die Zahl 10,000,000.* — 7) m. N. pr. eines Berges. — 8) m. Pl. N. pr. eines Volkes.

अर्बुदशिखर m. N. pr. eines Berges 149,5.

*अर्बुदाकार m. *Cordia Myxa* Nigh. Pr.

अर्बुदाचलखण्ड m. n. Titel eines *Abschnittes* in einem best. Werke.

अर्बुदारण्य n. N. pr. eines *Waldes.*

अर्बुदि m. *ein best. dämonisches Schlangenwesen.*

अर्बुदिन् Adj. *mit Geschwulst u. s. w. behaftet.*

अर्बुदोदासर्पणी f. Name *eines best. Pfades bei einem Opfer* 21,14.

अर्बुध m. = अर्बुद 2).

अर्भ 1) Adj. (f. आ) *klein.* अर्भे AV. — 2) m. *Knabe.*

अर्भक 1) Adj. *a) klein.* — *b) schwach.* — *c) schwach an Zahl, wenig.* — *d)* **mager.* — *e)* **ähnlich.* — 2) m. *a) Knabe* 184,29. Spr. 7712. — *b) Thierjunges.* Dazu Nom. abstr. °ता f. Kâd. 29,22. — *c)* **Thor, Einfaltspinsel.*

अर्भग Adj. *jugendlich.*

अर्म m. *n. 1) Pl. *Trümmer, Ruinen.* — 2) * = अर्मन्.

अर्मक Adj. *trümmerhaft* oder n. *Trümmerstätte.*

अर्मकपाल m. n. (Taitt. Âr. 5,2,13) und °कपालिका f. *Scherbe aus einer Trümmerstätte.*

अर्मण m. n. *ein best. Hohlmaass,* = द्रोण Suçr. 2,420,21.

अर्मन् n. Bez. *verschiedener Krankheiten des Weissen im Auge.*

1. अर्य (einmal अरिय) Adj. 1) *gütig, hold.* — 2) *treu, ergeben, fromm* (auch von einem Gesange). — 3) **der beste.*

2. (अर्य) अरिय Adj. *hold.*

3. अर्य m. und अर्या f. *ein Mann —, eine Frau aus einer der drei oberen Kasten,* insbes. *der dritten.*

*अर्याी f. *Frau eines Mannes der dritten Kaste.*

अर्यक m. N. pr. eines Krankheitsdämons Hariv. 9562.

अर्यजारा f. *Geliebte eines Ariers.*

अर्यपत्नी f. *rechtmässige Gattin.*

*अर्यमदत्त m. ein Mannsname.

*अर्यमदेवा f. und *°दैवत n. (Gal.) = उत्तरफल्गुनी.

अर्यमन् m. 1) *Busenfreund, Gefährte, Kamerad.* — 2) *Brautwerber.* — 3) N. pr. eines Âditja. Steht an der Spitze der Manen. अर्यम्णः पन्थाः *die Milchstrasse.* अर्यम्णो ऽयनम् *eine best. Feier* Âçv. Çr. 12, 6,21. अर्यम्णामिति च त्र्यृचम् M. 11,254. — 4) **die Sonne.* — 5) **eine best. Pflanze.*

अर्यमभूति und अर्यमराध m. N. pr. zweier Lehrer.

अर्यमाख्य n. *das Mondhaus* Uttaraphalgunî Ind. St. 14,321.

*अर्यमिक, *अर्यमिय und *अर्यमिल m. Hypokoristika von अर्यमदत्त.

(अर्यम्य) अर्यमिय Adj. *innig befreundet.*

अर्यल m. N. pr. eines Mannes.

*अर्यश्वेत m. N. pr. eines Mannes. आर्य° v. l.

*अर्याणी f. 1) *Herrin.* — 2) *Frau eines Mannes der dritten Kaste.*

*अर्व्, अर्वति (हिंसायाम्).

अर्व und अर्वण in अनर्व und अनर्वण.

1. अर्वन् 1) Adj. *rennend, eilend, schnell.* — 2) m. *a) Ross und Mann.* — *b)* *N. pr. eines der Rosse des Mondes. — *c)* *Bein. Indra's. — *d)* **Spanne des Daumens und kleinen Fingers.*

2. *अर्वन् Adj. *niedrig, gemein.*

1. अर्वत् 1) Adj. *rennend, eilend.* — 2) m. *a) Renner, Rennpferd, Ross.* — *b) Rosselenker.* — *c) ein best. Theil der Opferhandlung.* — 3) f. अर्वती *a) Stute.* — *b)* **Kupplerin.*

2. *अर्वत् Adj. = 2. अर्वन्.

*अर्वनस् Adj. *mit einer Pferdenase.*

अर्वनानस् m. N. pr. eines Mannes Comm. zu Tâṇḍja-Br. 8,5,9. Fehlerhaft für अर्च°.

अर्वरीवत् m. N. pr. eines Sohnes des Pulaha. उर्वरीवत् v. l.

अर्वश und अर्वश Adj. *rennend, eilend.*

अर्वाकि Loc. *in der Nähe.*

अर्वाक्कालिकता f. *das der Zeit nach uns näher Liegen.*

अर्वाक्चत्वारिंश Adj. Pl. *unter 40* Çat. Br. 10,2,6,8.

अर्वाक्तन Adj. (f. आ) *nicht hinanreichend.*

अर्वाक्पञ्चाश Adj. Pl. *unter 50* Çat. Br. 10,2,6, 8. 11,5,5,6.

अर्वाक्शत Adj. Pl. *unter 100* Çat. Br. 10,2,6,8.

अर्वाक्षष्ट Adj. Pl. *unter 60* ebend.

अर्वाक्सामन् m. *ein best.* Soma-*Opfertag.*

अर्वाक्स्रोतस् m. Bez. *des herwärts* (*zur Erde*) *gezogenen Menschen* VP. 1,5,22.

अर्वागशीत Adj. Pl. *unter 80* Çat. Br. 10,2,6,8.

अर्वागगति f. MBh. 14,490 fehlerhaft für अवागगति.

अर्वागबिल Adj. *die Mündung herwärts habend.*

*अर्वागभाग Adj. *niedergebogen* (Ast) Gal

अर्वागवसु 1) Adj. *Güter entgegenbringend.* — 2) m. = अर्वावसु 1) *a)* Gop. Br. 2,1,1

अर्वाग्विंश Adj. Pl. *unter 20* Çat. Br. 10,2,6,8.

अर्वाचिन् Adj. *hergewandt* Kaush. Âr. 2,14.

अर्वाचीन und अर्वाचीन 1) Adj. (f. आ) *a) hergewandt, zugewandt* (meist in freundlichem Sinne). — *b) diesseits —, unterhalb von* (Abl.) *befindlich.* — *c) uns näher liegend* (zeitlich). — *d) verkehrt* Spr. 5360, v. l. Richtiger अवाचीन. — 2) अर्वाचीनम् Adv. Praep. *a) diesseits, von* (Abl.) *an* (im Raume oder in der Zeit). — *b) weniger als* (Abl.).

अर्वाञ्च् 1) Adj. (f. अर्वाची) *a) hergewandt, zugekehrt, entgegenkommend.* — *b)* **diesseitig,* vom Ufer. — *c) unterhalb befindlich, nach unten gerichtet.* — 2) अर्वाक् Adv. Praep. *a) herwärts.* — *b) diesseits, von — aus, von — an, vor* oder *nach* (je nachdem von etwas Bevorstehendem oder Vorangegangenem die Rede ist). Mit Abl. oder Instr. — *c) unterhalb.* — *d) in der Nähe von* (Loc.).

अर्वादेवी f. ein Frauenname.

अर्वावत् f. *Nähe.*

अर्वावसु m. 1) N. pr. *a)* eines Hotar oder Brahman der Götter. — *b)* eines Sohnes des Raibhja. — 2) Bez. *eines der 7 Strahlen der Sonne* VP.[2] 2, 297. सर्वावसु v. l.

*अर्श und अर्शस् n. *Hämorrhoiden,* Pl. *Hämorrhoidalknoten.*

अर्शस Adj. *an Hämorrhoiden leidend.*

अर्शसान Adj. *zu schaden suchend, boshaft.*

*अर्शिन् Adj. = अर्शस.

अर्शोघ्न 1) Adj. *Hämorrhoiden vertreibend.* — 2) *m. *a) Amorphophallus campanulatus* Blume. — *b) ein Theil Buttermilch mit drei Theilen Wasser.* — 3) *f. ई *Curculigo orchioides* L.

*अर्शोघ्नवल्कला f. *Xanthoxylon Rhetsa* Nigh. Pr.

*अर्शोयुज् Adj. = अर्शस.

अर्शोवर्त्मन् n. etwa *Gerstenkorn* (am Auge).

*अर्शोहित m. *Semecarpus Anacardium* L.

1. अर्ष्, अर्षति 1) *dahin schiessen.* — 2) *schnell fliessen, strömen.* — 3) *Etwas* (Acc.) *herbeiströ-*

men. — Mit अनु *Jmd* (Acc.) *nachströmen.* — Mit अभि 1) *hinströmen zu* (Acc.). — 2) *Etwas* (Acc.) *herbeiströmen.* — Mit परि 1) *rings strömen.* — 2) *Etwas* (Acc.) *umströmen.* — 3) *Etwas* (Acc.) *von allen Seiten herbeiströmen.* — Mit प्र 1) *hervorströmen.* — 2) *Etwas* (Acc.) *hervorströmen.* — Mit वि *Etwas* (Acc.) *durchströmen.* — Mit सम् 1) *zusammenkommen mit Jmd* (Instr.). — 2) *gemeinsam kommen zu* (Acc.).

2. अर्ष्, अर्षति 1) *stechen, stossen.* — 2) *vollstopfen, füllen* Mantrabr. 1,7,5. — 3) *गतौ. — Mit अधि, Partic. अध्यृष्ट *der auf einen Andern gestossen ist* Ait. Âr. 52,14. — Mit उद् *aufspiessen.* — Mit उप, उपर्षति und उपा° *anstechen, anspiessen, stacheln.* — Mit नि 1) *hineinstecken, — stopfen; verstecken.* — 2) *verstopfen, füllen.* — Mit परि *ringsum stopfen, umstecken, umfangen* (*zur Stütze*) Ait. Âr. 405, 11. पर्यारिषन् = पर्यार्षन् Tâṇḍja-Br. 4,5,11. — Mit *प्र, प्रार्षति. — Mit वि *spiessen, durchbohren.*

*अर्षण und *अर्षणिन् Adj. *fliessend, beweglich.*

अर्षणी f. *stechender Schmerz* AV. 9,8,13.16.21.

अर्ष्टर् Nom. ag. (= आर्तिं गच्छन् Comm.).

अर्ह्, अर्हति (ep. auch अर्हते) 1) *Ansprüche —, ein Recht auf Etwas* (Acc.) *haben.* Mit Infin. *dürfen.* — 2) *verpflichtet sein zu, unterliegen, verdienen* (ein Uebel), *verfallen in* (Acc.). Mit Inf. *müssen.* अर्थना भवद्भिः कर्तुमर्हति *muss von euch erfüllt werden.* — 3) *werth sein, aufwiegen.* न तच्छंसितुमर्हति *verdient nicht gepriesen zu werden* 164,24. — 4) *einer Sache* (Acc.) *fähig sein.* Mit Infin. *vermögen, können.* — Caus. अर्हयति *Jmd Ehre erweisen, mit Etwas* (Instr.) *beehren, — beschenken.* — Mit अति *besonders werth sein.* — Mit अभि, अभ्यर्हित Partic. Caus. *sehr hoch geehrt* Kâd. 234,22. *höher geehrt* II,72,5. *würdiger, höher in Ansehen stehend, grösseres Gewicht habend als* (Abl.) Çaṁk. zu Bâdar. 2,2,1. — Mit प्र Med. *sich auszeichnen.* — Mit सम् Caus. *Jmd Ehre erweisen.*

अर्ह 1) Adj. (f. आ) a) *verdienend, würdig, Ansprüche —, ein Recht habend auf;* die Erganzung im Acc., Infin. oder im Comp. vorangehend. *स्तोतुम् *gelobt zu werden.* — b) *verdienend* (ein Uebel), *unterworfen, unterliegend;* die Ergänzung im Acc. oder im Comp. vorangehend. — c) *dürfend,* mit Infin. नार्हो मत्पुरुषैर्नेतुम् *darf nicht fortgeführt werden* MBh. 3,297,16. — d) *passend, angemessen für* (Gen. oder im Comp. vorangehend). — e) *gestattet, erlaubt* Njâjam. 6,3,7. — 2) *m. Bein. Indra's. — 3) f. आ a) *Ehrenbezeugung.* — b) **Ficus heterophylla* Nigh. Pr. nach Râǵan. 5,55, wo jedoch मङ्गल्यार्हा als ein Wort zu fassen ist. — 4) n. Pl. *Ehrenbezeugung.*

अर्हच्चन्द्रसूरि m. N. pr. eines Autors.

अर्हण 1) Adj. *Ansprüche habend auf* (im Comp. vorangehend). — 2) f. आ a) *Ehrenbezeugung, Verehrung.* — b) अर्हणा Instr. *nach Verdienst, — Gebühr* Mantrabr. 2,8,1. — 3) n. a) *das Verdienen, Werthsein.* — b) *Ehrenbezeugung, Verehrung.* — c) *Ehrengeschenk.* — d) *kostbarer Edelstein* (Comm.).

अर्हणीय Adj. *einer Ehrenbezeugung würdig.* °तम MBh. 2,36,27.

*अर्हत m. *ein* Buddha Gal.

°अर्हत्व n. *Würdigkeit.*

अर्हत्त्व n. *Würde eines* Arhant.

अर्हन्त् 1) Adj. a) *verdienend, Ansprüche auf Etwas* (Acc.) *habend.* — b) *vermögend, dürfend.* — c) *würdig, ein Würdiger.* अर्हत्तम Superl. — d) **gepriesen.* — 2) m. a) *ein* Buddha. — b) Bez. *der höchsten Würde in der buddh. Hierarchie.* — c) *Obergott* bei den Gaina.

अर्हन्त 1) *Adj. *würdig.* — 2) m. a) **ein* Buddha. — b) **ein buddh. Mönch.* — c) Bez. Ǵina's. — d) *Bein. Çiva's.

अर्हरिष्वणि Adj. *ausgelassen, tobend.*

अर्हसे Dat. Infin. *um aufzuwiegen* (mit Acc.) RV. 10,77,1.

*अर्ह्य Adj. *würdig.* स्तोतुम् *gelobt zu werden.*

*अल्, अलति (भूषणपर्याप्तिवारणेषु).

*अल n. 1) *Stachel des Scorpions.* Vgl. अड in आड. — 2) = आल, हरिताल *Auripigment.*

अलक 1) m. n. *Haarlocke, lockiges Haar.* Am Ende eines adj. Comp. f. आ. — 2) m. *= अलर्क *toller Hund.* — 3) m. Pl. N. pr. a) eines Volkes. — b) der Bewohner von Alakâ (Kubera's Stadt). — 4) f. आ a) **ein junges Mädchen von 8 bis 10 Jahren.* — b) **Fett* Nigh. Pr. — c) N. pr. α) der Residenz Kubera's Spr. 7792 (zugleich *Locke*). — β) einer Stadt der Nishadha.

अलकनन्दा f. 1) *junges Mädchen.* — 2) N. pr. eines Quellstroms der Gaṅgâ VP. 2,2,32.34. 8, 114. fg. Davon Nom. abstr. °ता f. MBh. 1,170,22.

*अलकप्रभा f. N. pr. der Residenz Kubera's.

*अलकप्रिय m. *Terminalia alata.*

अलकम् Adv. *vergeblich, umsonst.*

*अलकाधिप und अलकाधिपति m. Bein. Kubera's.

*अलकाह्वय m. *eine best. Pflanze,* = कैडर्य Râǵan. 9,13.

अलकेश्वर m. Bein. Kubera's.

अलक्त m. *rother Lack,* namentlich *der in Wasser aufgelöste.* °रस m. dass. Bhâvapr. 1,76.

अलक्तक m. n. (dieses selten) dass. und *mit solchem Lack getränkte Baumwolle.*

1. अलक्षण n. *Unheil verheissendes Zeichen.*

2. अलक्षण Adj. (f. आ) 1) *ohne Merkmale.* — 2) *ohne glückliche Merkmale, Unheil bringend.*

अलक्षित Adj. 1) *ungezeichnet, ohne Merkmale.* — 2) *unbemerkt* 110,32. 126,12. 127,13. 157,30. Ragh. 2,27.

1. अलक्ष्मी f. 1) *böses Geschick* (auch personif.) AV. Paipp. 16,21,10. Spr. 7816. — 2) *Noth, Armuth.*

2. अलक्ष्मी Adj. *Unheil bringend.*

अलक्ष्मीक Adj. 1) dass. Subst. *ein Ort wo kein Segen ist.* — 2) *unglückselig* Spr. 576 (Superl.).

अलक्ष्य 1) Adj. a) *unsichtbar, unbemerkt* 83,19. — b) *unansehnlich.* — c) *was nicht mittelbar ausgedrückt wird.* Dazu Nom. abstr. °त्व n. Sâh. D. 30,21. — 2) m. *ein best. über Waffen gesprochener Spruch.*

अलक्ष्यजन्मता f. *das von unansehnlicher Geburt Sein* Kumâras. 5,72.

अलखान m. N. pr. eines Fürsten von Gurǵara.

अलगर्द 1) m. *eine Schlangenart* oder *ein best. Schlangendämon* Ind. St. 14,21. — 2) f. आ *eine Blutegelart.*

*अलगर्ध m. = अलगर्द 1).

अलग्नम् (अलंग्लम् der Text) Adv. *unzusammenhängend.*

अलघु Adj. 1) *schwerfällig* Mâlav. 65,15. अलस v. l. — 2) *langsam* Mṛkkh. 110,4. — 3) *prosodisch lang.*

अलंकरण n. 1) *das Zurüsten, Schmücken.* — 2) *Schmuck.* Am Ende eines adj. Comp. f. आ.

अलंकरणिन् Adj. *mit einem Schmuck versehen.*

अलंकरिष्णु 1) Adj. a) *putzsüchtig.* — b) *mit Acc. *schmückend, putzend* 238,27. — 2) m. a) **Schmuck* Gal. — b) Bein. Çiva's.

*अलंकर्तर् Nom. ag. *Schmücker.*

*अलंकर्मीण Adj. *einem Geschäft gewachsen.*

अलंकार m. 1) *das Schmücken.* — 2) *Schmuck* TBr. 2,3,10,2.4. Am Ende eines adj. Comp. f. आ. — 3) *Schmuck der Rede.*

अलंकारक m. *Schmuck.*

अलंकारकारिका f., °कौस्तुभ m., °क्रममाला f., °चन्द्रिका f., °चूडामणि m. (Kumârasv. zu Pratâpar.), °मञ्जरी, °माला und °मुक्तावली f. Titel *rhetorischer* Werke.

अलंकारवती f. Titel des 9ten Lambaka im Kathâs.

अलंकारविमर्शिनी und अलंकारवृत्ति f. Titel *rhetorischer* Werke.

अलंकारशास्त्र n. *Lehrbuch der Rhetorik.*

अलंकारशील m. N. pr. eines Fürsten der Vidjâdhara.

अलंकारशेखर m., °कारसर्वस्व n. und °सुधानिधि m. (Kumârasv. zu Pratâpar.) Titel *rhetorischer* Werke.

अलंकारसूर m. *eine best. Meditation* (buddh.).

अलंकारावतार m. Titel eines Werkes.

अलंकारोपाध्याय m. N. pr. eines Mannes.

अलंकार्य Adj. *zu schmücken, was geschmückt wird.* Davon Nom. abstr. °त्व n.

*अलंकाल m. = अलंकार *Schmuck.*

*अलंकुमारि Adj. Mahâbh. 1,199,*b.*

अलंकृति f. 1) *Schmuck.* — 2) *Schmuck der Rede.*

अलंक्रिया f. 1) *das Schmücken.* — 2) *Schmuck der Rede.*

अलंगामिन् Adj. *gehörig nachgehend, hütend.*

अलङ्घनीय Adj. *nicht zu ereilen* Çâk. 8.

अलङ्घित Adj. 1) *unbetreten, unangetastet* Mṛkkh. 66,10, v. l. — 2) *über den man sich nicht hinweggesetzt hat.*

अलङ्घितात्मन् Adj. *der sich nicht zu vergessen pflegt* Spr. 843.

अलङ्घ्य Adj. 1) *nicht zu passiren* (Fluss) Kathâs. 18,350. — 2) *unbetretbar, unantastbar* Mṛkkh. 66,10. — 3) *unübertretbar* (Befehl) Bhâg. P. 4,4,14.

अलज m. *ein best. Vogel.* अलजचित् und °चित (Çulbas. 3,153) Adj. *in der Form dieses Vogels geschichtet.*

अलजि und अलजी f. *eine best. Augenkrankheit.*

अलज्ज Adj. *schamlos* MBh. 3,94,9.

अलज्जा f. *Schamlosigkeit* MBh. 3,94,8.

*अलञ्जर m. = अलिञ्जर.

*अलंजीविक Adj. *zum Lebensunterhalt hinreichend.*

अलंतुष Adj. *genügend, hinreichend.*

*अलति f. *eine Art Gesang* Uggval.

अलत्तम Adj. *gar wohl vermögend* (mit Infin.).

*अलंधूम m. *dicker Rauch.*

अलपद्म und °क m. *eine best. Stellung der Hand.*

अलपत्त Adj. *nicht schwatzend, — irre redend.*

अलब्ध Adj. *nicht erlangt, — erreicht* 165,21. 203,32.

अलब्धनिद्र Adj. *nicht zum Schlafen kommend* Bhâg. P. 4,13,47.

अलब्धभूमिकत्व n. *das Nichterreichen irgend einer Stufe* (der Vertiefung) Jogas. 1,30.

अलब्धवत् Adj. *nicht erlangt habend* (mit Acc.) 71,4.

अलब्धोपवास Adj. Âpast. 1,24,17 *fehlerhafte* Lesart.

अलभ्य Adj. *nicht zu erlangen, — haben, dessen man nicht theilhaftig werden kann* oder *darf* MBh. 1,281,21. Kumâras. 5,43.

अलम् Adv. *zur Genüge, gehörig, wie es sich gebührt, in hohem Grade, assez* Spr. 7708. Bâlar. 172,19. अलं धैर्यम् *der Muth genügt, es kommt nur auf den Muth an.* — 1) mit Dat. *a) genügend —, hinreichend für;* Jmdn oder einer Sache *gewachsen.* तस्मै — यद् mit folgendem Condit. oder Optativ Çat. Br. — 2) mit Loc. eines Nom. act. *gewachsen.* — 3) mit Instr. *genug des, lass' ab von.* ममाप्यलं त्वया *auch ich will Nichts von dir wissen* 101,21. अलमेभिरनुमृतैः *stehe davon ab ihnen nachzugehen* 106,7. — 4) mit Gen. *hinreichende Menge* von Tândja-Br. 18,5,9. — 5) mit Infin. *a)* *genügend zu.* — *b) im Stande seiend, vermögend.* — *c) genug des, lass' ab von.* — 6) mit Absol. *genug des, lass' ab von.* — 7) *mit Fut. *im Stande Etwas zu thun.* — 8) mit भू *hinreichen, genügen.* — 9) mit कर् *a) zurecht machen.* — *b) bewirken, hervorbringen.* — *c) schmücken.* Med. auch *sich schmücken.* — *d) Gewalt anthun,* mit Gen. M. 8,16. — *e)* mit vorangehendem अभि, उप und सम् *schmücken.*

अलमर्थता f. und अलमर्थत्व n. *das Haben der Bedeutung von* अलम् Mahâbh. 3,95,*a.*

*अलमातर्दन Adj. *leicht zu durchbohren* Nir. 6,2.

अलम्पट Adj. *nicht lüstern, keusch.*

अलंपशु Adj. *Vieh zu halten im Stande.*

*अलंपुरुषीण Adj. *für einen Menschen hinreichend.*

अलंपूर्व Adj. *dem* अलम् *vorangeht* Mahâbh. 1,199,*b.*

अलंप्रजनन Adj. *zeugungsfähig.*

अलम्बम् Adv. *ohne Aufenthalt.*

अलंबल Adj. *jeder Kraft gewachsen* (von Çiva).

अलम्बुष 1) m. *a)* **die Hand mit ausgestreckten Fingern.* — *b)* **eine best. Pflanze.* — *c)* N. pr. eines Râkshasa. — 2) f. आ *a)* **Barriere.* — *b) eine der Mimosa pudica ähnliche Pflanze* Bhâvapr. 1, 220. 4,176. **Sphaeranthus hirtus* Ratnam. 39. — *c) eine best. Ader.* — *d)* N. pr. einer Apsaras.

*अलंबुस Adj. *reich an Spreu* Ind. St. 13,483, N. 2.

*अलंभूष्णु Adj. *vermögend, gewachsen.*

अलम्म m. N. pr. eines Ṛshi.

अलंमद Adj. *gehörig berauscht* Dhûrtan. 9.

अलंमनस् Adj. *befriedigt.*

1. अलय m. *das Nichtzugrundegehen, Bestand* R. 3,71,10. v. l. अनय ed. Bomb. 3,66,12.

2. अलय Adj. *rastlos.*

अलर्क m. 1) *toller Hund.* — 2) *ein best. fabelhaftes achtbeiniges Thier.* — 3) *Calotropis gigantea alba.* — 4) N. pr. eines Fürsten.

अलर्ति 3. Sg. und अलर्षि 2. Sg. Intens. von अर्.

अलर्षिराति Adj. *ungeduldig in Betreff des Gebens.* अनर्शराति v. l.

अललाभवत् Adj. *munter rauschend.*

*अलवण Adj. *nicht salzig* P. 5,1,121.

अलवम् *barbarische Aussprache für* अरयम् (von अरि). अलयम् Mahâbh. 1,6,*a.*

*अलवाल und *°क m. = आलवाल.

अलष्टिका f. *eine best. Methode die Trommel zu schlagen* S. S. S. 193.

अलस 1) Adj. (f. आ) *a) trage, müde, matt, stumpf, ohne Energie.* Am Anfange eines Comp. als Adv. — *b)* **nicht blühend* Gal. — 2) m. *a) Geschwüre —, Schrunden zwischen den Zehen.* *n. Gal. — *b)* = अलसक Bhâvapr. 4,25. — *c) ein best. kleines giftiges Thier.* — *d)* **eine best. Pflanze.* — 3) *f. आ *Vitis pedata* Wall.

अलसक m. *Trommelsucht* oder *eine andere Form von Flatulenz.*

अलसगमन Adj. (f. आ) *trägen Ganges* Megh. 79. Spr. 7618.

अलसाला f. AV. 6,16,4.

अलसी Adv. mit भू *müde werden* Bhâvapr. 4,25.

अलसेतण Adj. (f. आ) *matten Auges* Râgat. 5,408.

अलाञ्छन Adj. *fleckenlos* Bâlar. 142,10.

अलाण्डु m. *eine Art Gewürm* AV. 2,31,2.

अलात n. *Feuerbrand.*

अलातशान्ति f. Titel des 4ten Prakaraṇa von Gauḍapâda's Commentar zur Mâṇḍukjopanishad.

अलाताती f. N. pr. einer der Mütter im Gefolge Skanda's.

अलातृण Adj. *karg, geizig.*

अलाबु f. (auch °बू) *Flaschengurke;* m. n. *die Frucht* und *ein daraus verfertigtes Gefäss* (auch zum Schröpfen gebraucht).

अलाबुक n. *Flaschengurke (die Frucht).* *अलाबुका f. *die Pflanze* Nigh. Pr.

अलाबुकेश्वर n. N. pr. eines Tîrtha.

अलाबुगन्धि Adj. *nach Gurken riechend* AV. Paipp. 17,3,1.

*अलाबुनी f. = अलाबुका Nigh. Pr.

अलाबुपात्र n. *als Gefäss verwandte Flaschengurke.*

अलाबुमय Adj. *aus einer Flaschengurke gemacht.*

अलाबुवीणा f. *eine Laute in Gestalt einer Flaschengurke.*

*अलाबुसुहृद् m. *Sauerampfer* Nigh. Pr.

*अलाबूकट n. *Blüthenstaub der Flaschengurke.*

अलाभ m. 1) *Nichterlangung.* — 2) *Ermangelung.* — 3) *Verlust.*

अलाभकाल m. *nicht die geeignete Zeit zur Erlangung von Etwas* Spr. 3653.

अलायुध m. N. pr. eines Râkshasa MBh. 7,176.1.

(अलाँय्य) अलाँयिग्र m. wohl Bein. Indra's.

*अलार् 1) m. *eine Aloeart* Gal. — 2) n. *Thür.*

अलास m. *Zungengeschwulst.*

अलास्य Adj. *nicht tanzend.*

1. अलि m. 1) *Biene* 220,19. 248,25. Spr. 7691. — 2) **Scorpion.* — 3) *der Scorpion im Thierkreise* (könnte auch अलिन् sein). — 3) **Krähe.* — 4) **der indische Kuckuck.* — 5) **Branntwein.*

2. *अलि m. Apabhramça-Form für अरि *Feind.*

अलिंश m. *ein best. dämonisches Wesen.*

अलिक m. = अलीक *Stirn* Bâlar. 63,6. °फलक n. *Stirnplatte* 175,15. °लेखा f. Kâd. 67,16.

अलिकातीर्थ n. N. pr. eines Tîrtha.

अलिकुल n. *Bienenschwarm* 220,12.

*अलिकुलप्रिया f. *Rosa glandulifera* Nigh. Pr.

*अलिकुलसंकुल 1) m. *Trapa bispinosa.* — 2) f. आ *Rosa glandulifera* Nigh. Pr.

अलिक्लव m. *ein best. Aasvogel.*

*अलिगन्ध m. *Michelia Champaka* Lin. Gal.

*अलिगर्द und *अलिगर्ध m. = अलगर्द.

*अलिगु m. N. pr. eines Mannes.

1. अलिङ्ग n. *kein entscheidendes Merkmal* Comm. zu Njâjas. 2,2,29.

2. अलिङ्ग Adj. 1) *ohne Kennzeichen* Muṇḍ. Up. 3, 2,4. — 2) *geschlechtslos* (gramm.). — 3) *ohne feinen Körper.* Dazu Nom. abstr. °त्व n. Bhâg. P. 1, 15,31.

अलिङ्गग्रहण n. *keine specielle Angabe* Kâtj. Çr. 15,2,11.

*अलिजिह्वा und *°जिह्विका f. *Zapfen im Halse.*

अलिञ्जर m. *grosser Wassertopf* MBh. 3,187,11.

*अलिदूर्वा f. *eine best. Pflanze.*

अलिन् 1) m. a) *Biene.* — b) **Scorpion.* — c) *der Scorpion im Thierkreise.* — 2) f. °नी a) *Bienenweibchen* Çiç. 6,72. °नाथ m. *Bienenmännchen* Prasannar. 107,14. — b) *Bienenschwarm* Spr. 5896.

अलिन m. Pl. N. pr. eines Volkes.

अलिन्द m. 1) *Terrasse vor der Hausthür.* — 2) Pl. N. pr. eines Volkes.

*अलिन्दक m. = अलिन्द 1).

*अलिपक m. 1) *Biene.* — 2) *der indische Kuckuck.* — 3) *Hund.*

*अलिपत्त्रिका f. *Boerhavia procumbens.*

*अलिपत्त्री f. *eine best. Pflanze* Gal.

*अलिपर्णी f. *Tragia involucrata* Lin.

अलिपि Adj. *unbefleckt* und zugleich *ungeschrieben* Ind. St. 14,386.

*अलिप्रिय 1) n. *rothe Lotusblüthe.* — 2) f. आ *Bignonia suaveolens.*

*अलिमक m. 1) *Biene.* — 2) *Frosch.* — 3) *der indische Kuckuck.* — 4) *Bassia latifolia.* — 5) *Staubfäden einer Lotusblüthe.*

अलिमद्दलिन् Adj. *mit Blüthenblättern versehen, auf denen Bienen sitzen,* Spr. 2340.

अलिमत् Adj. *mit Bienen versehen* Spr. 2340.

अलिमाला f. *Bienenschwarm* Mâlatîm. 1,7.

*अलिमोदा f. *Premna spinosa.*

*अलिमोहिनी f. *eine best. Pflanze,* = केविका Râǵan. 10,118.

*अलिम्पक m. = अलिमक 2) 3) 4) 5).

*अलिम्बक m. = अलिमक 1) 2) 3) 5).

*अलिवल्लभा f. *Bignonia suaveolens* Nigh. Pr.

*अलिसमाकुल m. *Chrysanthemum indicum* Nigh. Pr.

अलीक 1) Adj. a) *widerwärtig, unangenehm* AV. n. *etwas Unangenehmes.* — b) *unwahr, falsch, nicht in Wirklichkeit Etwas seiend;* n. *Unwahrheit, Falschheit* 186,11. 324,18. — c) **wenig.* — 2) n. a) *Stirn* Spr. 1670. 2606 (an beiden Stellen zugleich *Falschheit*). — b) **Kopf* Gal. — c) **Himmel.*

अलीकनिमीलन n. *erheucheltes Schliessen* (der Augen) Spr. 7110.

अलीकपण्डित Adj. *afterweise* Spr. 7285.

अलीकमत्स्य m. *Betelblatt mit Bohnenmehl in Oel geschmort* Bhâvapr. 2,20.

अलीकमन्त्रिन् m. *falscher —, kein redlicher Minister* Kathâs. 68,110.124.

अलीकयु m. N. pr. eines Mannes.

अलीकवादिन् Adj. *lügend* Nâgân. 72,9.

अलीकसुप्त (127,3) und °क (Kathâs. 68,9.77,57) n. *erheuchelter Schlaf.*

*अलीकाय, °यते *getäuscht werden.*

*अलीकिन् und *अलीक्य Adj. von अलीक.

*अलीगर्द m. = अलगर्द.

*अलीष्ट m. *Clerodendrum phlomoides* Râǵan. 10,43.

*अलु f. = आलु *kleiner Wasserkrug.*

अलुप्त Adj. *nicht zu Nichte geworden, — verloren, — dahin.*

अलुप्तसत्त्वकोश Adj. *einen vollen Schatz an Muth besitzend* Spr. 646.

अलुब्ध Adj. *nicht habsüchtig* Gaut. 28,48.

अलुभ्यत् Adj. *nicht in Unordnung gerathend.*

अलून Adj. *nicht rauh, weich, sanft.*

अलूनातत्व n. *keine rauhe Nachbarschaft* TBr. 1,1,6,6.

अलून Adj. *nicht abgepflückt* Spr. 271.

अलेपक Adj. *unbefleckt, rein* 284,33.

1. अलोक m. 1) *Nichtwelt, Untergang der Welt.* — 2) *Nicht-Leute.* — 3) **die übersinnliche Welt.*

2. अलोक Adj. *nicht Raum habend, keine Stelle findend.*

अलोकसामान्य Adj. *nicht den gewöhnlichen Menschen eigen* Mâlatîm. 6,8.

अलोक्य Adj. (f. आ) 1) *ungewöhnlich, unstatthaft.* — 2) *um die andere Welt bringend, zur Hölle führend* Spr. 3645.

अलोक्यता f. *Verlust der anderen Welt.*

अलोचन Adj. (f. आ) *ohne Fensteröffnung* Káraka 1,14.

अलोप m. 1) *kein Schwund* Lâtj. 6,10,15. TS. Prât. 11,2. — 2) *Schwund von* अ VS. Prât. 4,40.

अलोपाङ्ग Adj. *dem kein Glied fehlt.*

1. अलोभ m. 1) *Nichtverwirrung, richtiger Gang.* — 2) *Nichthabsucht, Genügsamkeit.*

2. अलोभ Adj. *nicht habsüchtig* zu Spr. 716.

अलोमक, अलौमक (f. °मका und °मिका) und अलोमन् Adj. *unbehaart* Gaut. 17,28.

अलोल 1) Adj. *nicht unbeständig* oder — *gierig* Spr. 716. — 2) f. आ *ein best. Metrum* Ind. St. 8,390.

अलोलत्व n. *Beständigkeit* Bhag. 16,2.

अलोलुप 1) Adj. *frei von aller Begierde* Âpast. — 2) m. N. pr. eines Sohnes des Dhṛtarâshṭra.

अलोलुपत्व und अलोलुप्त्व n. *das Freisein von aller Begierde.*

अलोलुप्यमान Adj. *nicht gierig* Gaut. 2,41.

*अलोह m. N. pr. eines Mannes.

अलोहित (TS.) und अलौहित (Çat. Br. 14) 1) Adj. *blutlos.* — 2) *n. *rothe* (!) *Lotusblüthe.*

अलौकिक Adj. (f. ई) *nicht im gewöhnlichen Leben vorkommend, ungewöhnlich, ungebräuchlich.* Davon Nom. abstr. °त्व n. Sâh. D. 44.

अल्गं m. Du. *die Leisten, Weichen.*

अल्प Adj. (f. आ) *klein, gering, schwach, wenig;* n. *Kleines, Weniges.* अल्पम् Adv. *ein wenig, in geringem Grade.* अल्पेन *für ein Weniges, billig; leicht, schnell* Spr. 514. *अल्पात् *leicht, schnell.* अल्पेन und अल्पात् werden in dieser Bedeutung mit einem Partic. praet. pass. componirt 232,19. Compar. अल्पीयंस् (*weniger* Kâtj. Çr. 2,7,13. *ganz gering* Spr. 649. n. *etwas ganz Unbedeutendes*) und अल्पतर, Superl. *अल्पिष्ठ.

अल्पक 1) Adj. (f. अल्पिका) dass. m. *elender Wicht* Spr. 3919. n. *Weniges.* अल्पकम् Adv. *ein wenig.* अल्पकात् *bald darauf.* — 2) m. **Hedysarum Alhagi* und **Premna herbacea* (Nigh. Pr.). — 3) f. *अल्पिका

f. *eine Bohnenart* Nigh. Pr.

अल्पकण्ठ Adj. *eine schwache Stimme habend.*

अल्पकालत्व n. *Kürze der Zeit* 215,21.

*अल्पकेशी f. *eine best. Pflanze.*

अल्पक्रीत Adj. *billig gekauft* Prab. 61,2.

*अल्पगन्ध n. *rothe Lotusblüthe.*

अल्पचेतस् Adj. *von geringer Einsicht* R. 5,85,15.

अल्पज्ञ Adj. *Weniges wissend.* Davon Nom. abstr. °त्व n. 260,1. 275,6.

*अल्पतनु Adj. *klein von Wuchs* AK. 2,6,1,48.

अल्पतेजस् Adj. *des Feuers ermangelnd, schwächlich* 101,15.

अल्पता f. und अल्पत्व n. (215,22) *Geringheit, Geringfügigkeit; Kürze* (eines Tages) Spr. 5567.

अल्पदक्षिण Adj. *mit geringem Opferlohn* M. 11, 39. 40.

अल्पदर्शन Adj. *kurzsichtig* (übertr.) MBh. 1,151, 38.

अल्पदुःख Adj. *wenig Leid erfahrend.* Davon Nom. abstr. °ता f. MBh. 3,173,8.

अल्पदेह Adj. *klein an Leib* Bhâvapr. 2,12.

अल्पद्वारा Adj. f. *eine enge Scheide habend* Suçr. 1,290,14.

अल्पधन Adj. *wenig begütert, arm* M. 3,66. 11,40.

अल्पधी Adj. *von geringer Einsicht* 142,3.

अल्पनिष्पत्ति Adj. *selten vorkommend* (Worte) Nir. 2,2.

*अल्पपत्रिका f. *Desmochaeta atropurpurea* Râǵan. 4,94.

*अल्पपत्त्री f. *eine Art Basilienkraut, Curculigo orchioides* und *Anethum Sowa* Nigh. Pr.

*अल्पपद्म n. *rothe Lotusblüthe.*

अ॑ल्पपशु Adj. *wenig Vieh besitzend.*

अल्पपायिन् Adj. *wenig, — schlecht saugend* (Blutegel) 217,28.

अल्पपुण्य Adj. (f. आ) *der wenig Gutes gethan hat, der Manches auf seinem Gewissen hat* MBh. 3,67,17. R. 6,95,20.

*अल्पपुष्पिका f. *gelber Oleander* Nigh. Pr.

*अल्पप्रमाणक m. *eine Gurkenart.*

अल्पप्रयोग Adj. *von seltenem Gebrauch* Nir. 1,14.

1. अल्पप्राण m. *schwacher Hauch* (gramm.).

2. अल्पप्राण Adj. 1) *kurzathmig, so v. a. nicht ausdauernd.* — 2) *mit schwachem Hauche ausgesprochen* Kâvjâd. 1,43.

अल्पबलप्राण Adj. *schwach und kurzathmig* (Pferd) MBh. 3,71,15.

अल्पबहुत्व n. *Geringheit und (oder) Vielheit.*

अल्पबाध Adj. 1) *geringen Schaden bringend.* — 2) *wenige Leiden habend.*

अल्पबुद्धि Adj. *geringen Verstandes* M. 12,74.

अल्पभाग्य Adj. (f. आ) *unglücklich* (Person) 66,11. R. 2,53,24. Davon Nom. abstr. °त्व n. R. 6,74,11.

अल्पभुजान्तर Adj. (f. आ) *schmalbrüstig* Vikr. 112.

अल्पमति Adj. *von geringer Einsicht* Suçr. 1,35,6.

*अल्पमारिष m. *Amaranthus polygamus* L.

अल्पमूर्ति Adj. *von geringer Masse* (Stern). Davon Nom. abstr. °त्व n. Sûrjas. 2,10.

अल्पमूल Adj. *schmal an der Basis* Bhâvapr. 5,98.

अल्पमेधस् Adj. *von geringer Einsicht.*

*अल्पम्पच Adj. *wenig kochend.*

अल्पय्, °यति *verringern* Bâlar. 136,1. *um sein Ansehen bringen* Spr. 549.

अल्परुज् und °रुज Adj. *nicht schmerzhaft* Bhâvapr. 5,93. 99.

अल्पवयस् und *°वयस्क (Gal.) Adj. *jung* (von Pferden) H. 1233.

*अल्पवर्तिका f. *eine Wachtelart,* = वर्तीर Madanav. 125,44.

अल्पविद् Adj. *Weniges wissend* Ḱhând. Up. 7,5,2.

अल्पविद्य Adj. *wenige Kenntnisse besitzend* M. 11,36.

अल्पविषय Adj. (f. आ) *von geringem Umkreis* (Verstand) Ragh. 1,2.

अल्पव्याहारिन् Adj. *wenig redend* Lâtj. 9,8,7.

अल्पशःपङ्क्ति f. *ein best. Metrum.*

अल्पशक्ति Adj. *von geringer Kraft, schwach* Hit. 15,9.

अ॑ल्पशयु m. *ein best. lästiges Insect.*

अल्पशरीर Adj. *klein von Körper* R. 5,35,31.

अल्पश॑स् Adv. 1) *in geringem Maasse, wenig.* — 2) *selten.*

अल्पशेष Adj. *woran wenig fehlt, beinahe vollendet, — zu Ende* R. 5,37,29. Kâd. 41,21. 52,8.

अल्पसत्त्व Adj. *wenig Muth habend, feig* Bhâr. Nâtj. 34,57. Kathâs. 18,131. 25,98.

अल्पसंनिचय Adj. *geringe Vorräthe habend, arm* R. 1,6,7.

अल्पसंभार Adj. *wenig Zubehör habend, unbemittelt.* Superl. Gobh. 4,1,18.

अल्पसर्वतोभद्रमण्डल n. *ein best. mystischer Kreis.*

अल्पसार Adj. 1) *schwach.* — 2) *werthlos, unbedeutend* Spr. 7692.

अल्पसुखित Adj. *wenig Freude habend* R. 5,86,7.

अल्पस्पर्श Adj. (f. आ) *unempfindlich* v. l. zu Suçr. 2,397,20. 398,10.

अल्पस्व Adj. *wenig besitzend* Gop. Br. 1,3,17. Vaitân. 14.

अल्पस्वर Adj. 1) *mit schwacher Stimme, kleinlaut* Kathâs. 62,75. — 2) *wenige Vocale habend.* Compar. Ind. St. 10,420.

अल्पाङ्ग Adj. *einen kleinen Körper habend.* Davon Nom. abstr. °त्व 301,11.

अ॑ल्पाज्य Adj. *mit wenig Opferschmalz* Çat. Br. 11,4,2,18.

अ॑ल्पाञ्जि Adj. *fein gefleckt.*

अल्पात्यय Adj. *geringe Leiden verursachend* Suçr. 1,353,14. 2,189,17.

अल्पान्तरगत Adj. *ganz in der Nähe befindlich* R. 4,18,17.

अल्पाम्बुतीर्थ n. N. pr. eines Tîrtha.

अल्पायुस् 1) Adj. *ein kurzes Leben habend.* — 2) *m. *Ziege.*

अल्पाल्प Adj. *ganz wenig.*

अल्पाल्पभास् Adj. *von ganz geringem Glanze* Megh. 78.

अल्पावशिष्ट Adj. *wenig übriggeblieben.* Davon Nom. abstr. °त्व n. 65,26.

अल्पावशेष Adj. dass. R. 3,32,2.

*अल्पास्थि n. *Frucht der Grewia asiatica* Râǵan. 11,112.

अल्पाहार Adj. *wenig Nahrung zu sich nehmend.* Davon Nom. abstr. °ता f. Lalit. 320,9.

अल्पी Adv. mit भू *sich verringern.*

अल्पीयःखा Adj. f. *eine sehr enge Scheide habend* Suçr. 1,296,20.

अल्पेच्छु Adj. *genügsam* Spr. 630.

अल्पेतर Adj. *gross, bedeutend.* °त्व n. *Grösse* Ragh. 5,22.

अल्पेशाख्य Adj. *von niedriger Herkunft* (buddh.).

अल्लम und °प्रभुदेव m. N. pr. eines Mannes.

*अल्ला f. *Mutter.*

अल्लाउ und °नाथ m. N. pr. eines Mannes.

अल्लापदीन m. N. pr. = العابدين.

अल्लाल und °सूरि m. N. pr. eines Mannes.

अल्लालदेश m. N. pr. eines *Landes* Bhoǵa-Pr. 73, 17. 23. 74,4. 11.

अल्लोपनिषद् f. Titel einer Upanishad.

अव्, अ॑वति 1) *in Gang bringen, antreiben.* — 2) *darbringen* (ein Loblied). — 3) *Jmd fördern, begünstigen, wohl wollen.* — 4) *laben, erquicken, sättigen.* — 5) *Jmd* (Acc.) *zu Etwas* (Dat. Loc.) *verhelfen.* — 6) *beschützen, behüten.* — 7) *beherrschen. regieren.* — 8) *Etwas gern haben, — annehmen.* — Caus. *verzehren.* — Mit अनु *erfrischen, aufmuntern.* — Mit अभि *erquicken.* — Mit उद् 1) *in Gang bringen, antreiben.* — 2) *fördern, unterstützen.* — 3) *gnädig annehmen.* — 4) *lauern.* — Mit उप 1) *liebkosen.* — 2) *erfrischen.* — 3) *zustimmen, ein-*

stimmen. — Mit प्र 1) *in Gang bringen, antreiben.* — 2) *fördern, unterstützen.* — 3) *laben, erquicken.* — 4) *gern annehmen.* — Mit संप्र *behülflich sein.* — Mit सम् 1) *zusammentreiben, feindlich an einander bringen.* — 2) *laben, erquicken.*

1. अ॑व in Verbindung mit Verben und in Comp. mit Nominibus *ab, herab.* Mit Abl. *von — herab* AV.

2. अ॑व m. *Gunst, Huld.*

अ॑वऋति f. = अवर्ति.

1. अवंश m. *niedriges Geschlecht* Spr. 653.

2. अवंशे॑ n. *das Balkenlose, d. i. der Luftraum.*

अवंश्य Adj. *nicht zur Familie gehörig.* Davon Nom. abstr. °त्व n. Mahâbh. 4,56,1.

*अवकट P. 5,2,30.

*अवकटिका f. *Verstellung.*

अवकर m. *Kehricht* Gaut. 20,4. 23,13. Spr. 5220. °कूट *Kehrichthaufen* Kâd. II,129,21. °स्थान n. *der Ort wohin man den Kehricht bringt.*

अवकारितव्य Adj. *zu streuen* Comm. zu Gaim. 5,1,4.

अवकर्णाय्, °यति *Etwas in den Wind schlagen* Kâd. II,115,4.

अवकर्त m. *Abschnitt.* वस्त्राव° MBh. 3,62,22.

अवकर्तन n. *das Abschneiden* MBh. 3,62,16.

°अवकर्तिन् Adj. *ab-, beschneidend.*

°अवकर्त्तर् Nom. ag. *Ab-, Beschneider.*

अवकल्कन n. *das Mischen, Zusammenrühren.*

अवकल्प m. *das Machen zu, Erklären für* (geht im Comp. voran) Viddh. 7,11.

*अवकल्पितिन् Adj. = अवकल्पितं येन सः.

अ॑वका f. *Blyxa octandra Rich.*

अवकादे॑ Adj. *die Blyxa fressend.*

अवकाशे॑ m. (Adj. Comp. f. आ) 1) *freier Platz, Raum, Stelle.* — 2) *Zwischenraum.* अवकाशेन *dazwischen* Tâṇḍja-Br. 18,9,6. — 3) *Zwischenzeit.* — 4) *Platz für, Gelegenheit zu* (Gen.). °काशं कर् oder दा *Platz machen, Raum —, Gelegenheit geben, Einlass gewähren* (mit Dat. und Gen.). °काशं लभ् oder आप् (mit und ohne Präp.) *Platz —, Gelegenheit finden, sich Eingang zu verschaffen wissen.* °काशं रुध् *hemmen, hindern.* — 5) *freie Zeit, Musse* Spr. 6240. — 6) Bez. *gewisser Sprüche, bei deren Recitation auf gewisse Gegenstände geblickt wird.*

*अवकाशक m. *Platz, Stelle* Gal.

अवकाशद् Adj. *beherbergend* 203,8. 21. Jâgn. 2,276.

अवकाशवत् Adj. *geräumig.*

अवकाश्य Adj. *zu den Sprüchen* अवकाश *zuzulassen.*

अवकिन् Adj. *mit* Avakâ *bewachsen.*

अवकिरण n. *Kehricht* Karaka 3,3.

अवकीर्णिन् Adj. *der sein Gelübde der Keuschheit gebrochen hat.*

अवकीलक m. *Pflock, Nagel.*

अवकुञ्चन n. *Krümmung, Zusammenziehung.*

*अवकुटार P. 5,2,30.

*अवकुटारिका f. *Verstellung.*

अवकुण्ठन n. vielleicht fehlerhaft für अवगुण्ठन.

अवकेशे॑ Adj. *mit herabhängenden Haaren.*

*अवकेशिन् Adj. *unfruchtbar.*

*अवकोकिल Adj. = अवक्रुष्टः कोकिलया Mahâbh. 2,355,*b*.

अ॑वकोल्ब Adj. (f. आ) *von* Avakâ *umhüllt.*

अवक्तर् Nom. ag. *nicht redend* Maitrjup. 6,11.

अवक्तव्य Adj. *unsagbar* Ind. St. 9,164. Sarvad. 41,8. 9.

अवक्त्र Adj. (f. आ) *ohne Mündung.*

अवक्र Adj. *nicht krumm, — schief.*

अवक्रन्दिन् Adj. *herabstürmend.*

अवक्रन्दे॑ m. *das Brüllen, Wiehern.*

अवक्रमण n. *descensio in uterum, Empfängniss* Lalit. 39,18.

अवक्रय m. 1) *Vermiethung, Verpachtung.* — 2) *Pachtgeld.*

अवक्रयकुटी f. *Marktbude.*

अवक्रान्ति f. *das Hinabsteigen,* in गर्भाव°.

अवक्रामिन् Adj. *entfliehend.*

*अवक्लिन्नपक्व Adj. *vor Reife triefend.*

अवक्लेद m. *das Triefen.*

°अवक्षपण n. in अङ्गाराव°.

अ॑वक्षाम Adj. *abgemagert, mager.*

अवक्षायम् Absol. *verscheuchend* Âpast. im Comm. zu Kâtj. Çr. 666,6.

अवक्षालन n. *das Abwaschen durch Eintauchung.*

अवक्षेप m. *Verspottung, Verhöhnung.*

अवक्षेपण 1) m. *a) das Hinabwerfen, Niederdrängen* Kan. 1,1,7. Tarkas. 3. — *b) das Verspotten, Verhöhnen.* — 2) *f. ई *Zügel.*

अवखण्डन n. *das Zertheilen, Zersplittern, Zerstückeln* Kâd. 206,7.

अवखादे॑ m. *Aufzehrung.*

अवगण Adj. *allein stehend* MBh. 3,82,15. अवगुण v. l.

*अवगणन n. *Geringachtung.*

*अवगण्ड m. = युवगण्ड *Blüthe auf dem Gesicht.*

अवगति f. *das Kommen auf Etwas, das Erkennen, Errathen.*

*अवगथ Adj. *der sich früh Morgens gebadet hat.*

अवगध m. *Kraut* Ait. Âr. 136,5 v. u.

अवगन्तर् Nom. ag. *der da erkennt* Çaṁk. zu Bâdar. 2,2,28.

अवगन्तव्य Adj. *zu beurtheilen, aufzufassen; zu erkennen, — erschliessen aus* (Abl.) Comm. zu Ârjabh. 2,2.

अवगम m. und °न n. *Verständniss, Erkenntniss, das Kennenlernen, Erfahren.*

अवगमयितर् Nom. ag. *der zu Etwas verhilft.*

अवगमिन् Adj. *erkennend.*

अवगम्य Adj. *erkennbar.* Davon Nom. abstr. °त्व n. Çaṁk. zu Bâdar. 2,2,28.

*अवगल्भ्, °ल्भते und *अवगल्भाय्, °यते Kâç. zu P. 3,1,11.

अवगाण m. Pl. *die Afghanen* Varâh.

*अवगाद m. v. l. für अवगाह *Eimer.*

अवगाह m. 1) *Eintauchung, Waschung, Baden.* — 2) **Eimer.*

अवगाहन n. *das Eintauchen, Baden* Âpast. 2,2,9.

*अवगाहितव्य n. impers. *einzutauchen* Kâç. zu P. 3,4,14.

°अवगाहिन् Adj. *sich einlassend auf, sich zu schaffen machend mit* Tarkas. 52.

*अवगाहे ved. Dat. Inf. *einzutauchen* Kâç. zu P. 3,4,14.

अवगुण Adj. *der Vorzüge ermangelnd.* अवगण v. l.

अवगुण्ठन n. 1) *das Verhüllen.* कृतावगुण्ठन Adj. *verhüllt* 312,27. *eingehüllt in* (Instr.). कृतशिरोव° Adj. Kâd. 183,10. — 2) *Hülle, Schleier* 314,9. — 3) *eine best. mystische Fingerverbindung.* — 4) **das Kehren.*

अवगुण्ठनवत् Adj. *verhüllt, verschleiert* Mâlav. 73,13.

*अवगुण्ठिका f. *Hülle, Schleier.*

अवगूरण n. *das Tosen* Uttarar. 57,11.

*अवगूलिका f. *Hure* Gal.

अवगूहन n. 1) *das Verstecken.* — 2) *das Umfangen, Umfassen.*

अवगृह्य Adj. *trennbar* (Compositum).

अवगोरण n. *das Bedrohen* Gaut. 21,20. Comm. zu Gaim. 324,9 und zu Njâjam. 3,4,19.

*अवगोर्य Adj. *zu bedrohen.*

अवग्रह m. 1) *Hemmniss, Hinderniss.* — 2) *Regenmangel, Dürre.* — 3) *die im* Padapâṭha *übliche Abtheilung der* Pada, *Aufhebung des* Saṁdhi Comm. zu Njâjas. 2,2,55. — 4) *die Pause zwischen in solcher Weise abgetheilten* Pada. — 5) *die Silbe oder der Laut, nach denen diese Abtheilung erfolgt.* — 6) *ein auf diese Weise abgetheiltes* Pada, *insbes. das vorangehende.* — 7) **natürlicher Zustand.* — 8) **Fluch* (eher ein best. Fluch). — 9) **Elephantenstirn.* — 10) **Elephantenheerde.*

*अवग्रहण 1) n. *a) das Hemmen, Hindern.* — *b) Geringachtung.* — 2) f. ई = गृहावग्रहणी *Thürschwelle* Gal.

अवग्रहशकम् Indecl. Titel eines Pariçishṭa zum SV.

अवग्रहान्तर n. = अवग्रह 4) ṚV. Prât. 1,6(16).

अवग्राह m. 1) *Hemmniss, Hinderniss* (als Fluch). — 2) *Dürre* Râǵat. 8,1237. — 3) **Elephantenstirn*. — 4) **Eimer*.

अवग्राहम् Absol. *mit Abtheilung der Worte* Ait. Br. 2,19.

अवघटरिका f. *ein best. musik. Instrument*.

*अवघट्ट m. *Grube*. Vgl. अवघात.

अवघट्टन n. *das Berühren, Betasten, Anstossen an*.

अवघट्टित n. *das Anstossen* Hariv. 4720.

अवघर्षण n. *das Abreiben*.

अवघात m. 1) *Schlag*. — 2) *das Entfernen der Hülsen durch Stampfen in einem Mörser* Ǵaim. 483,8. — 3) *= अवघट्ट *Grube*. — 4) **grosse Todesgefahr*.

अवघातिन् Adj. *durch Stampfen* (Hülsen) *entfernend*.

अवघूर्ण Adj. *sich hinundher bewegend, schwankend*.

अवघोष m. *Verkündigung*.

अवघ्राण n. *das Beriechen, Riechen*.

अवघ्रायम् Absol. *beriechend* Kâtj. Çr. 5,9,13.

अवघ्रेय Adj. *zu beriechen*.

अवच Adj. *der niedere*, in उच्चावच.

*अवचतणम् Adv. gaṇa गोत्रादि.

अवचक्षे Dat. Inf. *zu erblicken von* (Instr.) ṚV. 4,58,5.

अवचतुक N. pr. einer Gegend.

1. अवचन 1) Adj. *Etwas nicht ausdrückend* Ǵaim. 1,1,24. — 2) n. *das Fehlen einer bestimmten Angabe*.

2. अवचन Adj. (f. आ) *sprachlos, nicht sprechend*.

अवचनकर Adj. *Jmds Rath nicht befolgend* Spr. 1865.

अवचनीय Adj. *nicht zu sagen*.

अवचन्द्रमसं n. *das Verschwinden des Mondes*.

अवचय m. *das Abpflücken, Lesen*.

°अवचर m. *Tummelplatz, Gebiet* (buddh.).

अवचरन्तिका Adj. f. *herabtrippelnd*.

अवचायिका f. *Lese*.

अवचायिन् Adj. *abpflückend, lesend*.

अवचारण n. *das Anwenden* (medic.)

अवचुड m. *herabhängender Büschel*.

अवचूरि und °का f. *Glosse, Erklärung*.

अवचूर्णन n. *das Bestreuen*.

अवचूर्णय्, °यति *bestreuen*. °चूर्णित *bestreut*.

अवचूल m. = अवचुड Kâd. 126,7. 128,3.

*अवचूलक n. *Fliegenwedel*.

अवच्छद m. *Decke*.

अवच्छिन्नत्व n. *das Bestimmtsein* Nj. K.

*अवच्छुरित und *°क n. *lautes Auflachen*.

अवच्छेद m. 1) *Abschnitt* (eines Kleides). — 2) *Abschnitt* (einer Recitation u. s. w.) Âçv. Çr. 1,2,25. — 3) *Trennung, Absonderung*. — 4) *genaue Bestimmung*.

अवच्छेदक Adj. *genau bestimmend*. Davon Nom. abstr. °त्व n.

अवच्छेद्य Adj. *was getrennt —, gesondert wird*.

अवजय m. *Ersiegung, Besiegung*.

अवज्ञा f. *Verachtung, Geringachtung* (das Obj. im Loc. oder Gen.). अवज्ञया *geringschätzig*, so v. a. *ganz gleichgültig*.

अवज्ञान n. dass.

अवज्ञानगस्तोत्र n. Titel eines Stotra.

अवज्ञेय Adj. *zu verachten, gering zu achten*.

अवद्योतन n. *das Beleuchten*.

अवज्वलन n. *das Anzünden*.

अवट m. 1) *Grube*. °होम Kâtj. Çr. 8,8,13. — 2) *Grube am Körper*. — 3) *Zahnhöhle*. — 4) **Nacken* Gal. — 5) **Taschenspieler*. — 6) N. pr. eines Mannes.

*अवटकच्छप m. *eine Schildkröte in einer Grube*, bildlich von *einem Manne, der die Welt nicht kennt*.

अवटनिरोधन m. *eine best. Hölle*.

*अवटि m. = अवट *Grube*.

*अवटीट 1) Adj. (f. आ) *herabhängend* (von einer Nase), *mit einer herabhängenden Nase*. — 2) n. *eine herabhängende Nase*.

अवटु m. oder f. 1) *Nacken*. — 2) **Grube* und **Brunnen*. Auch n. — 3) **ein best. Baum*.

अवटोदा f. N. pr. eines Flusses.

अवट्य Adj. *in einer Grube befindlich*.

*अवडङ्ग m. *Markt*.

*अवण n. = तिलपर्णी Gal.

अवत m. *Brunnen*.

अवतंस 1) m. n. *Kranz, reifenförmiger Schmuck*. Am Ende eines adj. Comp. f. आ. — 2) m. N. pr. eines Berges Ind. St. 10,281.

अवतंसक m. n. 1) = अवतंस 1). Am Ende eines adj. Comp. f. आ. — 2) Titel einer buddh. Schrift.

*अवतंसन n. *Diadem* Gal.

अवतंसी Adv. mit कर् *als Kranz verwenden* Kâd. 162,3.

अवतक्षण n. *Zerschnittenes, Häckerling*.

अवततधन्वन् Adj. *mit abgespanntem Bogen*.

*अवतप्तेनकुलस्थित n. *das Stehen eines Ichneumons auf erhitztem Boden*, bildlich von der *Beweglichkeit und Unbeständigkeit eines Menschen*.

अवतमस n. *abnehmende Finsterniss*.

अवतरण n. 1) *das Hinabsteigen, — schiessen, — fahren* 294,13. — 2) *das Zustandekommen, Gelingen* Biǵag. 117 (127).

अवतरणमङ्गल n. *feierliche Bewillkommnung* Kâd. 105,9.

अवतरणिका f. *Vorrede, Einleitung*.

अवतरम् Adv. *weiter weg*.

अवतरितव्य n. impers. *descendendum*.

अवतर्द m. *Durchbohrung, Spaltung* Kaush. Âr. 1,5.

अवतर्पण n. *Linderungsmittel*.

अवतान m. 1) *Decke von Schlingpflanzen*. — 2) *Abspannung des Bogens* als Bez. der *Verse* VS. 16, 54-63 Çat. Br. 9,1,1,21. 27. — 3) *N. pr. eines Mannes Kâç. zu P. 2,4,67.

अवतापिन् Adj. *von oben her von der Sonne erwärmt*.

अवतार m. 1) *das Herabsteigen, Herabkunft*. Insbes. *das Herabkommen überirdischer Wesen auf die Erde in veränderter Gestalt, so wie die Erscheinung selbst*. — 2) *Erscheinung, Offenbarwerdung, das zu Tage Treten*. — 3) *Gelegenheit zu* (Gen.) Çaṁk. zu Bâdar. 4,2,21. — 4) buddh. *Blösse*, °रं लभ् *Jmd beikommen können*. — 5) **heiliger Badeplatz*, Tîrtha. — 6) Titel eines buddh. Werkes.

अवतारक Adj. *auftretend, betretend*, in रङ्गाव°.

अवतारण n. 1) *das Absteigen —, Herabkommenlassen*. — 2) *das Ablegen* Kâd. 130,17. — 3) *das Herabsteigen, — fahren*. — 4) **das Verehren*. — 5) **das Besessensein*. — 5) **Saum eines Kleides*.

अवतारप्रादुर्भाव m. Titel eines Werkes.

अवतारमन्त्र m. *ein Zauberspruch, mittels dessen man sich aus der Luft herablässt*, Kathâs. 20,180.

अवतारवादावली f. Titel eines Werkes.

अवतारसौख्य n. Titel eines Abschnitts im Ṭoḍarânanda.

अवतारिन् Adj. 1) *auftretend, betretend*, in रङ्गाव°. — 2) *erscheinend*. आलोकपथाव° Mâlatîm. 76, 13 (68,17). *auf der Erde erscheinend als*.

अवतितीर्षु Adj. *herabsteigen wollend*.

*अवतूलय्, °यति = तूलैरवकुष्णाति.

अवतोका Adj. f. *die eine Fehlgeburt gemacht hat*.

अवत्क n. *ein best. Heilmittel*. AV. Paipp. 19,8,2 fälschlich अवतक.

अवत्त Partic. von दा, यति mit अव.

अवत्तरम् Adv. *lieber* TS. 4,6,1,2; vgl. jedoch VS. 17,6.

°अवत्तिन् Adj. (in so und so viele Theile) *zertheilend*.

अवत्सार m. N. pr. eines Mannes.

*अवत्सीय Adj. *Kälbern nicht zuträglich*.

अवदंश m. 1) *Reizmittel, Gewürz, Zukost*. — 2) **Meerrettig* Nigh. Pr.

अवदत्त Adj. *nicht redend* ṚV. 10,117,7.

*अवदत्त m. *Kind* Nigh. Pr.

अवदरण n. *das Aufbrechen, Bersten.*

*अवदाघ m. gaṇa न्यङ्क्वादि.

अवदात Adj. 1) *rein* (eig. und übertr.). — 2) *weiss.* — 3) *klar, deutlich, verständlich.* — 4) **reizend, angenehm.*

*अवदातकर m. *der Mond* Gal.

अवदातता f. *die Weisse* Spr. 7708.

अवदातव्य n. impers. *abzuschneiden* Comm. zu Njâjam. 3,4,35. 6,4,1 und zu Gaim. 1,4,30.

1. अवदान n. 1) *das Abschneiden, Zerstücken, Zerschneiden.* — 2) *Abschnitt, Stück.* °होम Kâtj. Çr. 1,1,16.

2. अवदान n. *Heldenthat.* °शतक n. Titel einer buddh. Legendensammlung.

3. *अवदान m. = अवदाह.

अवदानक n. = 1. अवदान 1) Njâjam. 5,2,6.

अवदानीय Adj. *was einen Abschnitt* oder *Theil bilden soll.*

*अवदान्य Adj. gaṇa चार्वादि.

*अवदाय m. Vop. 26,37, v. l.

अवदार m. *Durchbruch.* °रम् इ *durchbrechen.*

*अवदारक Adj. *grabend.*

अवदारण 1) Adj. *bersten machend, zertrümmernd.* — 2) n. a) *das Zerspalten, Zertrümmern.* — b) *das Aufbrechen, Bersten.* — c) **Spaten.*

*अवदालक m. *eine Art Wels* Gal.

अवदावद Adj. *unbestritten.*

*अवदाह, *°दाहेष्ट und *°दाहेष्टकापथ m. *die Wurzel von Andropogon muricatus.*

अवदेय Adj. *abzutheilen* Comm. zu Njâjam. 1,4,55.

अवदोल m. *das Schaukeln.*

*अवदोह m. *Milch.*

अवद्य 1) Adj. a) *tadelnswerth, schlecht.* — b) **unangenehm.* — 2) n. a) *Tadelnswerthes, Mangel, Unvollkommenheit, Fehler.* — b) *Tadel, Schmähung.* — c) *Schande, Schmach.*

अवद्यगोहन Adj. *Fehler —, Mängel verdeckend* RV.

अवद्यभी f. *Scheu vor Tadel, Ehrgefühl.*

अवद्यवत् Adj. *schmählich, beklagenswerth.*

°अवद्योतक Adj. *verdeutlichend* Comm. zu Njâjas. 5,2,7.

अवद्योतन n. *das Verdeutlichen* Comm. zu Njâjas. 2,1,15.

°अवद्योतिन् Adj. *beleuchtend, verdeutlichend.*

*अवद्रङ्ग m. *Markt.*

1. अवध m. 1) *kein Schlagen* Gaut. 2,42. — 2) *keine Tödtung.*

2. अवध Adj. *unzerstörbar.*

अवधय्य Adj. in अनव°.

अवधातव्य n. impers. *aufzupassen, aufzumerken.*

अवधान n. *das Aufpassen, Aufmerksamkeit, Andacht.*

*अवधानिन् Adj. *aufpassend, aufmerkend.*

अवधारक Adj. 1) *begreifend, verstehend* Bhar. Nâṭjaç. 34,98. — 2) *beschränkend* TS. Prât. 22,6.

अवधारण 1) n. a) *Bestätigung, Bejahung.* — b) *genaues Bestimmen, das Beschränken auf etwas Bestimmtes mit Ausschliessung alles Andern.* — 2) *f. आ *Grenze* Gal.

अवधारणीय Adj. 1) *für ausgemacht anzusehen.* — 2) *zu beschränken auf* (Instr.) Çaṁk. zu Bâdar. 2,2,1. — Vgl. अनव°.

*अवधारितिन् Adj. = अवधारितमनेन.

अवधार्य Adj. 1) *womit man sich vertraut zu machen hat* Spr. 2122 — 2) *zu begreifen, — verstehen,* in दुरवधार्य.

अवधि m. 1) **Aufmerksamkeit.* — 2) *Grenze, Grenzpunkt* Çat. Br. 8,7,2,12. *das Non plus ultra* Prasannar. 57,17. Bâlar. 253,13. Kâd. 139,12. II, 42,14. *Frist, Termin* Bhâvapr. 3,17. Megh. 84. °अवधि Acc. und अवधेस् (nach einem Gen. oder am Ende eines Comp.) Abl. Adv. *bis.* मासत्रयावधि Adv. *drei Monate lang.* — 3) *Umgegend* P. 4,2,124. — 4) **Höhle.* — 5) **Zeit.*

अवधिज्ञानिन् m. Pl. Bez. eines best. Gefolges des Vira.

अवधित्व n. *das Grenzpunktsein* Comm. zu Taitt. Pr. 4,23.

अवधिमत् Adj. *begrenzt, dessen Grenze bestimmt wird.*

अवधीरण n. und °णा f. *Zurückweisung, Verschmähung.*

अवधीरय्, °यति 1) *zurückweisen, verschmähen, nicht beachten.* — 2) *übertreffen* Spr. 7756. — Mit सम् *nicht beachten* Kâd. 203,16.

°अवधीरिन् Adj. *übertreffend.*

अवधूत 1) m. N. pr. eines Philosophen Ind. St. 14,404. — 2) n. *das Vonsichstossen* MBh. 4,13,27.

अवधूतगीता, अवधूतानुभूति und अवधूतोपनिषद् f. Titel von Werken.

अवधूनन n. 1) *das Schütteln.* — 2) *das Beben* (der Erde) Karaka 1,12.

अवधूलन n. *das Bestreuen* Bhâvapr. 3,89.

अवधूलित Adj. *bestreut.*

अवधृत n. Pl. im Sâmkhja *die Sinnesorgane* Tattvas. 15.

अवधृति f. = अवधारण 1) b).

अवध्य्य Adj. in अनव°.

अवध्य Adj. *unverletzbar.*

अवध्यता f., अवध्यत्व n. und अवध्यभाव (153, 22) m. *Unverletzbarkeit.*

अवध्यान n. *Geringachtung.*

अवध्यायिन् Adj. 1) am Ende eines Comp. *gering achtend.* — 2) *gering geachtet* Saṁhitopan. 23,2.

अवध्याश्व m. N. pr. fehlerhaft für वध्र्यश्व.

अवध्येय Adj. *gering zu achten* Bhâg. P. 4,13,23.

अवध्र Adj. *unzerstörbar.*

अवध्वंस m. 1) **Bestreuung.* — 2) *Staub, Mehl.* — 3) **in Stich Lassung.* — 4) **Verachtung.*

अवन 1) n. a) *Begünstigung, Gunst.* — b) **Labung, Erquickung.* — c) *Beschützung, Behütung.* — d) **Freude, Wohlgefallen.* — e) **Wunsch.* — f) **Eile.* — 2) *f. ई *Ficus heterophylla* Râgan. 3,56.

अवनक्षत्र n. *das Verschwinden der Gestirne.*

अवनति f. 1) *Niedergang, Untergang* (eines Gestirns). — 2) *Erniedrigung.* — 3) *Parallaxe in Breite.*

अवनद्ध* n. *Trommel.*

अवनम्र Adj. (f. आ) *gebeugt, geneigt.*

*अवनय m. = अवनाय.

अवनयन n. 1) **das Niedersetzen* Gal. — 2) *das Hinabgiessen.*

*अवनाट Adj. (f. आ) und n. = अवटीट.

अवनामिन् Adj. *sich beugend, — neigend.*

*अवनाय m. *Niedersetzung.*

अवनि 1) *Lauf* oder *Bahn eines Flusses, Strombett.* — 2) *Strom, Fluss.* — 3) *die Erde, Erdboden, Platz auf dem Erdboden, Platz überh.* — 4) *Pl. *die Finger.*

अवनिज m. *der Planet Mars.*

अवनिप, °पति, °पाल und °पालक m. *Fürst, König.*

अवनिरुह् m. *Baum.*

अवनिसुत m. *der Planet Mars.*

अवनिःसरण n. *das Sichfernhalten von* (Abl.) Lalit. 216,21.

अवनी f. *die Erde.* — Vgl. u. अवन.

अवनीधर und °ध्र m. *Berg.*

अवनीपति und °पाल m. *Fürst, König.*

अवनेय Adj. *abzugiessen.*

अवनीश und °नीश्वर (Varâh. Bṛh. S. 5,27) m. *Fürst, König.*

अवनेग m. *Abwaschung,* in प्रातरवनेग.

अवनेग्य Adj. *zum Abwaschen dienend* Çat. Br. 1,8,1,1.

अवनेज m. *Abwaschung.*

अवनेजन 1) Adj. (f. ई) *abwaschend, zum Abwaschen dienend.* — 2) n. a) *das Abwaschen, Abspülen.* — b) *Waschwasser.*

अवनेग्य in पादावनेग्य.

अवनेय Adj. *abzuführen.*

अवन्त् m. N. pr. eines Mannes.

अवन्त m. N. pr. eines Sohnes des Dhṛshṭa Hariv. 1,36,25. आवन्त v. l.

अवन्तक m. Pl. N. pr. 1) eines Volkes Varâh. Bṛh. S. 14,12. — 2) einer buddh. Schule.

अवन्ति m. 1) Pl. N. pr. eines Volkes. — 2) *N. pr. eines Flusses.

अवन्तिका f. 1) *die Stadt* Avanti. °खण्ड m. n. Titel eines *Abschnittes* in einem best. Werke. — 2) *die Sprache der* Avanti.

अवन्तिदेव und अवन्तिन् m. N. pr. eines Fürsten.

अवन्तिनगरी f. *die Stadt* Uggajinî Kâd. II,102,11.

अवन्तिपुर 1) n. a) *die Stadt* Uggajinî. — b) N. pr. eines von Avantivarman errichteten Heiligthums. — 3) f. ई *die Stadt* Uggajinî.

*अवन्तिब्रह्म m. *ein Brahman bei den* Avanti Kâç. zu P. 5,4,104.

अवन्तिभूपाल m. Bein. des *Fürsten* Bhoga.

अवन्तिमातृ und °मातृका f. Pl. *die göttlichen Mütter der* Avanti Kâd. II,102,12. 106,7.

अवन्तिवती f. ein Frauenname.

अवन्तिवर्धन m. ein Mannsname.

अवन्तिवर्मन् m. N. pr. eines Fürsten und eines Dichters.

अवन्तिसुन्दरी f. ein Frauenname.

अवन्तिसेन m. ein Mannsname Kâd. II,103,14.

*अवन्तिसोम m. *saurer Reisschleim.*

अवन्तिस्वामिन् m. N. pr. eines von Avantivarman errichteten Heiligthums.

अवन्ती f. 1) Uggajinî, die Hauptstadt der Avanti. — 2) **eine Fürstin der* Avanti. — 3) N. pr. eines Flusses.

अवन्तीनगर n. = अवन्तिनगरी Kâd. 259,8.

अवन्तीश्वर m. N. pr. eines von Avantivarman errichteten Heiligthums.

अवन्तीसरस् n. N. pr. eines Tîrtha.

*अवन्त्यक m. Pl. AV. Par. 56 wohl fehlerhaft für आव°.

*अवन्त्यश्मक n. Sg. und m. Pl. *die* Avanti und Açmaka. आवन्त्य° v. l.

अवन्ध्य 1) Adj. *nicht unfruchtbar,* — *fruchtlos,* — *vergeblich* 97,16. — 2) m. (oder n.) und f. आ N. pr. einer Oertlichkeit. — 3) f. आ **Momordica mixta* Râgan. 7,183.

अवन्ध्यरूप Adj. *dessen Schönheit nicht vergeblich ist.* Davon Nom. abstr. °ता Kumâras. 5,2.

अवपतन n. *das Herabfallen.*

अवपाक Adj. *ohne Netzhaut (omentum)* Kâtj. Çr. 21,2,5.

अवपाटिका f. *Zerreissung der Vorhaut.*

अवपात m. 1) *Herabfall, Niederfall.* — 2) *Herabflug.* — 3) *das Sichbegeben auf* Spr. 5563. — 4) *Fanggrube.*

अवपातन n. 1) *das Niederfällen, Niederwerfen, Umwerfen.* — 2) in der Dramatik *eine Scene, in der eine Person erschrocken die Bühne betritt und am Schluss in froher Stimmung die Flucht ergreift.*

अवपात्रित Adj. *von der Gemeinschaft der Geschirre ausgeschlossen.*

अवपाद m. *das Fallen.*

अवपान n. 1) *das Trinken, Trunk.* — 2) *Tränke.*

अवपाशित Adj. *über den eine Schlinge gezogen worden ist.*

अवपीड m. 1) *Druck.* — 2) *ein best. Niese-* oder *Kopfreinigungsmittel.*

अवपीडक m. = अवपीड 2).

अवपीडन 1) n. a) *Druck; das Zudrücken* (des Auges) Comm. zu Njâjas. 3,1,11. — b) *Niesemittel.* — 2) f. आ *Verletzung.*

अवपोथिका f. *Steine u. s. w., die man von den Mauern einer Stadt auf den Feind herabwirft.*

अवप्रच्छन n. *Ende eines Gewebeaufzuges.*

अवबधा f. *Segment der Basis eines Dreiecks.*

अवबन्ध und °क m. *Lähmung,* in वर्त्माव°.

अवबाहुक m. *Krampf im Arm.*

अवबोद्धव्य Adj. *zu beherzigen.*

अवबोध m. 1) *das Wachen, Wachsein.* — 2) *Wahrnehmung, Erkenntniss* 219,21. 289,6.

अवबोधक Adj. *erweckend.*

अवबोधन n. *das Unterweisen, Lehren.*

अवबोधनीय Adj. *zu erkennen an* (Instr.) Kâd. II,53,24.

अवब्रव in अनवब्रव.

अवभङ्ग m. 1) *das Zerbrechen, Entzweigehen.* — 2) *das Einfallen* (der Nase).

अवभञ्जन n. *das Zerbrechen, Abreissen.*

अवभर्जन Adj. *röstend,* so v. a. *zu Nichte machend.*

अवभाषण n. *das Reden.*

अवभास m. 1) *Glanz, Schein, Aussehen.* — 2) *das Erscheinen, Zutagetreten* 285,10. — 3) *Bereich.* अवणाव° *des Hörens* (buddh.).

अवभासक Adj. *erhellend, zur Erscheinung bringend* 289,12. Davon Nom. abstr. °त्व n. 259,6. 260,1.

अवभासकर m. N. pr. eines Devaputra Lalit. 346,10.

अवभासन n. 1) *das Scheinen* Bhâvapr. 1,69. — 2) *Erscheinen, Zutagetreten.* — 3) *das Erhellen, Erleuchten* 281,16. 17.

*अवभासनशिखिन् m. N. pr. eines Schlangendämons (buddh.).

अवभासप्रभ m. Pl. *eine best. Klasse von Göttern* (buddh.).

अवभासप्राप्त m. N. pr. einer Welt (buddh.).

अवभासिन् Adj. 1) *glänzend, schimmernd* 219,26. — 2) *erhellend, zu Tage treten lassend.* Davon Nom. abstr. °सिता f. Njâjam. 1,1,17.

अवभास्य Adj. *zu erleuchten, erleuchtet werdend* Çaṁk. zu Bâdar. 2,2,28.

अवभृति f. N. pr. eines Flusses.

अवभृथ (°भृथ AV.) m. 1) *Reinigungsbad für die Opfernden und die gebrauchten Gefässe.* °थेष्टि f. Lâṭj. 2,12,9. Kâtj. Çr. 19,5,12. 7,12. °स्नपन n. °सामन् n. Name eines Sâman Lâṭj. 2,12,1.7. °न्यङ्ग m. 5,1,8.10. 10,12,1. °न्यङ्गस्थान 5,4,6. — 2) *Ende.* जीविताव° *Lebensende* Gobh. 1,3,13.

अवभेदक und °भेदिन् Adj. *zerspaltend.*

अवभ्र in अनवभ्र.

*अवभ्रट Adj. (f. आ) und n. = अवटीट.

अवम 1) Adj. (f. आ) a) *der unterste* (örtlich und im Range). अवमतम *der allerniedrigste* Maitr. S. 4,7,6. — b) *der nächste* (zeitlich und dem Verhältnisse nach). — c) *der letzte, jüngste.* — d) nach einem Zahlwort *um — weniger.* — 2) m. Pl. Bez. *best. Manen* Tâṇḍja-Br. 1,5,9. Lâṭj. 2,5,14. — 3) n. *ein bei der Zeitausgleichung auszuscheidender Tag* Comm. zu Golâdhj. 4,12. gew. Pl. *der Unterschied zwischen einem Mond- und einem* Sâvana-*Monat; insbes. der zu 24 Stunden angewachsene Unterschied, welcher bei der Ausgleichung abgezogen wird.* °दिवस m. Comm. zu Ârjabh. 3,6 und °रात्र m. Ind. St. 10,309 dass.

*अवमताङ्कुश m. *ein hartnäckiger Elephant, der des Hakens spottet.*

*अवमति m. *Herr, Gebieter.*

अवमन्तृ Nom. ag. *Verächter, verachtend,* mit Acc. Bâlar. 110,6.

अवमन्तव्य Adj. *gering zu achten, zu verachten.*

अवमन्थ und °क m. *eine Beulenkrankheit.*

अवमन्यक Adj. *gering achtend, verachtend, verschmähend* 101,17.

अवमर्द m. 1) *Aufreibung, hartes Mitnehmen.* — 2) *eine best. Art von Eklipse.* — 3) N. pr. einer Eule.

अवमर्दन 1) Adj. *aufreibend, hart mitnehmend.* — 2) n. a) *das Reiben.* — b) *das Aufreiben, hartes Mitnehmen.*

अवमर्दिन् Adj. *aufreibend, hart mitnehmend.*

अवमर्श m. (adj. Comp. f. आ) 1) *Berührung.* — 2) *das Bedenken, Erwägung.*

अवमर्शन 1) n. = अवमर्श 2). — 2) *f. आ *Verwünschung* Gal. (अवमर्षणा).

अवमर्शम् Absol. *unter Berührung* Çat. Br. 1,2,5,24.26.

अवमान m. (adj. Comp. f. आ) *Geringachtung; Schimpf, Schande.*

अवमानन n. und °ना f. *Geringachtung, Verachtung; Beschimpfung* Bâlar. 57,5.

अवमानिन् Adj. *gering achtend, verachtend, verschmähend.* Davon Nom. abstr. °निता LA. 30,3.

अवमान्य Adj. *gering zu achten, zu verachten.*

अवमार्जन n. 1) *das Abwischen, Wegkehren.* — 2) *das Abgeriebene, Abgestreifte.*

अवमुक्तशैव s. अविमुक्त°.

अवमूत्रण n. *das Bepissen* Kâraka 1,18.

*अवमूर्धशय Adj. *mit herabhängendem Kopfe ruhend.*

अवमृश्य Adj. in अनवमृश्य.

अवमेहन n. *das Bepissen.*

अवमोचन n. *Station, Aufenthaltsort.*

अवमोटन (f. ई) und °टिन् Adj. *verdrehend* Bhâvapr. 4,157.

अवयजन n. 1) *Sühnung, Reinigung.* — 2) *Sühnungsmittel* Tâṇḍja-Br. 1,6,10.

अवयव m. (adj. Comp. f. आ) *Glied, Theil.*

अवयवधर्म m. *die Anwendung von pars pro toto* 230,19.

अवयवयोग Adj. (f. आ) *in der Beziehung von «ein Theil davon» stehend.*

अवयवरूपक n. *ein Gleichniss, in dem aus den verglichenen Theilen zu bestimmen ist, womit das Ganze verglichen wird,* 251,24.

अवयवशस् Adv. *gliedweise, Theil für Theil* Çaṁk. zu Bâdar. 2,2,15.

अवयविन् Adj. *aus Gliedern* oder *Theilen bestehend;* Subst. *ein Ganzes.*

अवयविरूपक n. *ein Gleichniss, in dem aus dem verglichenen Ganzen zu bestimmen ist, womit die einzelnen Theilen verglichen werden,* 251,28.

अवयवी Adv. mit भू *zu einem Bestandtheile werden* Comm. zu Mṛkkh. 3,16. fgg.

*अवयस = आवयस fehlerhaft für अयवस und आयवस.

अवयाज् (nur Nom. °यास्, viersilbig zu sprechen) f. *Opferantheil.*

*अवयात n. N. pr. eines Tîrtha gaṇa धूमादि in der Kâç.

अवयातर् Nom. ag. *Abwender, Besänftiger.*

अवयातहेळस् Adj. *dessen Groll besänftigt ist.*

अवयान 1) *das Heruntergehen.* — 2) *Rückzug* Lalit. 178,16. — 3) *Besänftigung.*

अवयास m. N. pr. eines Plagegeistes in Jama's Welt.

अवयुन Adj. *unkenntlich, dunkel.*

अवर 1) Adj. (f. आ) *a) der untere.* Compar. अवरतर. — *b) niedrig, gering, wenig geachtet.* — *c) näher.* — *d) der hintere, nachstehend, nachfolgend, später, jünger.* — *e) vorangehend* (mit Abl.). — *f) westlich.* — 2) f. आ *a) Nachgeburt.* — *b) *Hintertheil eines Elephanten.* — *c)* *Bein. der Durgâ. — 3) n. *a)* am Ende eines adj. Comp. (f. आ) *das Mindeste, das niedrigste Maass, der niedrigste Betrag.* त्र्यवरम् Adv. *wenigstens dreimal.* — *b) *Hintertheil eines Elephanten.*

अवरङ्गसाह m. N. pr. *Aurungzeb.*

अवरज 1) Adj. (f. आ) *a) niedrig geboren.* — *b) nachgeboren, jünger.* — 2) m. *a) ein Çûdra.* — *b) jüngerer Bruder* (mit Abl.). — 3) f. आ *jüngere Schwester.*

*अवरतस् Adv. *unterhalb* u. s. w.

*अवरति f. *das Nachlassen, Aufhören.*

अवरपर 1) Adj. (f. आ) *vorangehend und nachfolgend* Ait. Âr. 327,5.4 v. u. — 2) °रम् Adv. *nach—, auf einander.*

अवरपुरुष m. *Nachkomme* Khand. Up. 4,11,2.

अवरवयस् Adj. *jünger an Jahren* Âpast.

1. अवरवर्ण m. *niedrige —, verachtete Kaste.* °ज = 2. अवरवर्ण.

2. *अवरवर्ण und *°क *ein Çûdra.*

*अवरव्रत m. *die Sonne.*

अवरशैल m. 1) *der westliche Berg.* °संघाराम m. Name eines darauf belegenen *Klosters.* — 2) Pl. Name einer buddh. Schule.

*अवरस्तात् Adv. = अवरतस्.

अवरस्पर Adj. *der hintere voran, verkehrt.*

*अवरहस n. P. 5,4,81.

अवरार्ध 1) m. *a) Untertheil.* °तस् Adv. *von unten her.* — *b)* am Ende eines adj. Comp. *das Mindeste, Minimum.* — 2) °म् Adv. *mindestens.*

अवरार्ध्य 1) Adj. *a) auf der unteren (näheren) Seite befindlich.* — *b) von unten anfangend.* — *c) die mindeste Zahl seiend* Lâṭj. 9,11,4. — 2) am Ende eines adj. Comp. *das Mindeste, Minimum.*

अवरावपतन n. *das Abgehen der Nachgeburt* Pâr. Gṛhj. 1,16,2.

अवरावर Adj. *der allerniedrigste* R. 5,53,24. 69,21.

*अवरिका f. = अवारिका.

*अवरीण Adj. *getadelt.*

अवरीयंस् m. N. pr. eines Sohnes des Manu Sâvarṇa.

अवरुण्य Adj. *nicht* Varuṇa *gehörig, nicht ihm verfallen* Çat. Br. 3,2,4,18. 6,4,3,8. 5,2,13.

अवरुद्धि f. *Erlangung, Erreichung.*

अवरुद्धिका f. *eine Frau im Harem* Râgat. 7,726.

अवरूप Adj. (f. आ) *ungestalt, ausgeartet.*

अवरेण Instr. Praep. *unter,* mit Acc.

अवरोकिन् Adj. (weiss) *durchscheinend,* d. i. *weiss gefleckt.*

अवरोक्त Adj. *zuletzt genannt* Kâtj. Çr. 1,10,5.

अवरोचक m. *Mangel an Appetit.*

1. अवरोध m. 1) *Bewegung nach unten, Senkung.* — 2) *Senker, Wurzeltrieb.*

2. अवरोध m. 1) *Hemmung, Unterdrückung, Beseitigung.* — 2) *Störung, Beeinträchtigung.* — 3) *Einsperrung* Âpast. 1,9,25. *Gefangensetzung* Chr. 214,5. — 4) *Einschliessung, Belagerung.* — 5) *Gewinnung, Erlangung* Njâjam. 1,2,6. — 6) **Verbergung.* — 7) *Harem,* Pl. *die Frauen eines Harems.* — 8) **Palast eines Fürsten.*

3. अवरोध Suçr. 1,89,4. 90,3 fehlerhaft für अवबोध.

अवरोधक Adj. *im Begriff einzuschliessen, zu belagern* (mit Acc.).

अवरोधगृह n. Sg. und Pl. *Harem.*

1. अवरोधन n. *absteigende Bewegung, das Absteigen.*

2. अवरोधन n. 1) *Einschliessung, Belagerung.* — 2) *das Einsperren* Âpast. 2,28,4. — 3) *verschlossener Ort, innerstes Heiligthum.* — 4) n. *Harem,* Pl. *die Weiber eines Harems* Spr. 2418.

अवरोधशिखण्डिन् m. *Hauspfau* Kâd. 93,22.

*अवरोधिक m. *Aufseher in einem Harem.*

°अवरोधिन् Adj. *einschliesend, verdeckend* Kâd. II,88,24.

अवरोपण n. *das Pflanzen.*

अवरोह m. 1) **das Herabsteigen.* — 2) *absteigendes Verhältniss, Herabstimmung; Uebergang von einem höhern Tone zu einem tiefern* Comm. zu Mṛkkh. 44,14.15. — 3) **das Aufsteigen.* — 4) *Luftwurzel* (des indischen Feigenbaums). — 5) **Himmel.*

*अवरोहक 1) m. in अश्वाव°. — 2) f. °हिका *Physalis flexuosa L.*

अवरोहण 1) Adj. (f. ई) *herabsteigend.* — 2) n. *a) das Herabsteigen, Sichherablassen von.* — *b) absteigendes Verhältniss, Herabstimmung; Uebergang von einem höhern Tone zu einem tiefern* Comm. zu Mṛkkh. 44,14.15. — *c) Absteigeort.*

*अवरोहि m. *Ficus infectoria Willd.* Gal.

अवरोहवत् Adj. *mit Luftwurzeln versehen.*

*अवरोहशाखिन् m. *Ficus infectoria* Râgan. 11,125.

*अवरोहितीय Adj. von अवरोहित.

अवरोहिन् 1) *niedersteigend* Varâh. Bṛh. 8,6. *ab-*

steigend (von Tönen) S. S. S. 34. — 2) *m. *indischer Feigenbaum.*

अवर्चस् Adj. *energielos, schwächlich.*

अवर्जनीय Adj. *unvermeidlich.* Davon Nom. abstr. °ता f. und °त्व n. (Gaim. 6,4,17. Comm. zu Njâjas. 2,1,22).

अवर्जुषी Adj. f. *nicht vorenthaltend.*

1. अवर्ण m. *Vorwurf, Tadel.* °भाज् Adj. Râǵat. 8,614.

2. अवर्ण m. *der Laut* अ *oder* आ.

3. अवर्ण Adj. 1) *keine Erscheinungsform habend.* — 2) *farblos.*

अवर्णसंयोग m. *kein Zusammenhang mit einer Kaste* Âpast.

अवर्ण्य Adj. 1) *nicht zu beschreiben* Âtmopan. 3. — 2) *nicht auszusagen, — zu prädiciren* Comm. zu Njâjas. 5,1,4.

अवर्ण्यसम m. *ein best. Sophisma, das auf der Verwechselung des zu beweisenden mit dem beweisenden Beispiele beruht,* Njâjas. 5,1,4. Sarvad. 114,10.

अवर्तमान Adj. *im Augenblick nicht vorsichgehend, nicht gegenwärtig.*

अवर्ति f. *Herabgekommenheit, Mangel, Noth.* Davon Nom. abstr. °त्व n. Z. d. d. m. G. 29,183.

अवर्त्र Adj. *ungedämmt, ungehemmt.*

*अवर्धमान (संज्ञायाम्) gaṇa चार्वादि.

अवर्मन् Adj. *ohne Rüstung.*

*अवर्य्, °यति Denom. von अवर.

अवर्ष und °षा (Spr. 729) n. *Mangel an Regen, Dürre.* अवर्षा f. MBh. 13,94,33, das nach dem Comm. gleichbedeutend sein soll, ist verdächtig; vgl. ebend. 93,30.

अवर्षशतिक Adj. *noch nicht hundert Jahre alt.*

अवर्षुक Adj. *nicht regnend.*

अवर्ष्य Adj. *bei regenlosem Wetter thätig.*

*अवलक्ष Adj. *weiss.*

अवलगित n. *ein Hors d'oeuvre im Prolog.*

अवलग्न m. n. *Taille.*

*अवलत्तिका f. (?) Uǵǵval.

अवलम्ब 1) Adj. (f. आ) *herabhängend.* — 2) m. *a) das Hängen an* Megh. 69. — *b) Halt, Stütze* Spr. 6641, v. l. 7740. — *c) *senkrechte Linie.*

अवलम्बक 1) m. *Senkrechte* Ârjabh. 4,23. Comm. zu 2,13. Bîǵag. 113. — 2) n. *ein best. Metrum.*

अवलम्बन 1) Adj. (f. ई) *sich an Etwas hängend* Bhâvapr. 1,35.36. — *haltend, — lehnend.* — 2) n. *a) das Herabhängen.* — *b) das Hängen —, Sichanhalten —, Sichheften an, Sichstützen auf* (eig. und übertr.). — *c) Halt, Stütze.* — *d) das Verweilen, Bleiben.*

अवलम्बितव्य Adj. *woran man sich zu halten hat* 159,9.

अवलम्बिन् Adj. 1) *herabhängend, sich neigend.* — 2) *sich haltend an, — stützend —, — lehnend auf* (eig. und übertr.), *beruhend auf, abhängig von* Çaṁk. zu Bâdar. 3,3,52. — 3) *sich befindend an.*

*अवलिन्द m. = उपरिकुटी.

अवलिप्तता f. und °लिप्तत्व n. *Hochmuth.*

अवलिप्स m. Bez. *eines best. Amulets* AV. Paipp. 1,14,4.

*अवलीढा f. *Geringachtung.*

अवलीला f. *Scherz, Spiel.* Instr. so v. a. *mit der grössten Leichtigkeit.*

अवलुञ्चन n. 1) *das Ausreissen.* — 2) *das Zerreissen, Aufgehen* (einer Naht).

अवलुण्ठन n. *das Berauben.*

अवलुम्पन n. *Ansprung, Ansatz* MBh. 1,140,45.

अवलेख 1) m. *Abschabsel.* — 2) f. आ *das Zeichnen, Malen.*

अवलेखन 1) n. *das Bürsten, Kämmen* Sâmavidh. Br. Gaut. 9,32. Âpast. — 2) f. ई *Bürste, Kamm.*

अवलेप m. 1) *Klebrigkeit* Trik. Suçr. 1,155,1. — 2) **Salbe, Teig* H. an. Med. — 3) **Schmückung.* — 4) *Hochmuth.*

अवलेपन n. 1) *Salbe* Ṛtus. 5,5. — 2) *hochmüthiges Benehmen.*

अवलेह m. 1) *das Ablecken.* — 2) *Extract* (Mat. med. 10), *Latwerge, Paste mit Zucker u. s. w.*

अवलेहक 1) *Adj. *beleckend.* — 2) f. °हिका = अवलेह 2).

अवलेहन n. 1) *das Belecken* Spr. 5748. — 2) *Paste u. s. w.* Bhâvapr. 2,20.

अवलेहिन् Adj. *leckend, Leckermaul.*

अवलोक m. 1) *Betrachtung, Beschauung, Musterung.* — 2) *Blick.* — 3) *Gesichtskreis.* °केषु नारीणाम् *im Angesicht von Frauen.* °मार्ग m. dass. — 4) Titel eines Werkes, = दशरूपावलोक Hall in der Einl. zu Daçar. 3. 4.

अवलोकक Adj. *spectaturus* (mit Acc.).

अवलोकन 1) n. *a) das Sehen, Erblicken, Gewahrwerden.* — *b) das Betrachten, Beschauen, Mustern.* — *c) Blick.* — *d) Ansehen, Aussehen.* — 2) f. आ *aspectus* (planetarum) Varâh. Bṛh. S. 5,62.

अवलोकनीय Adj. *betrachtenswerth* Lalit. 59,11.

अवलोकयितर् Nom. ag. *Betrachter, Beschauer* 261,22.24.

अवलोकयितव्य Adj. *zu beobachten* Varâh. Bṛh. S. S. 7, Z. 13.

अवलोकित 1) m. *a) ein best. Tact* S. S. S. 235. — *b)* = अवलोकितेश्वर. — 2) f. आ ein Frauenname. — 3) n. *das Hinschauen.*

अवलोकितक n. *das Hinsehen.* Instr. *hinsehend* Bâlar. 148,4. 227,9.

अवलोकितव्रत m. N. pr. eines Mannes (buddh.).

अवलोकितेश्वर m. N. pr. eines Bodhisattva Kâd. 234,21 (आर्याव° zu lesen).

अवलोकिन् Adj. *schauend, blickend auf.*

अवलोक्य Adj. *anzusehen.*

अवलोगित n. *eine Art* Prastâvanâ Çâk. ed. Premak. 3, Note. Vgl. अवलगित.

अवलोप m. *Unterbrechung, Störung.*

*अवलोप्य Adj. *abzureissen.*

अवलोभन in अनवलोभन.

*अवलोम Adj. P. 5,4,75.

*अवल्क m. *Gymnema sylvestre* Nigh. Pr.

अवल्गुज m. *Vernonia anthelminthica Willd.*

अवल्गुली f. *ein best. giftiges Insect.*

अववद in दुरववद.

अववदन n. *übles Nachreden.*

अववदितर् Nom. ag. *der das letzte Wort hat, der Entscheidende.*

अववर्तिन् Adj. *wiederkehrend.*

अववर्षण n. *das Beregnen.*

अववाद m. 1) **üble Nachrede.* — 2) **Befehl.* — 3) **Vertrauen.* — 4) *Unterweisung* Lalit. 307,7.

अवव्रश्च m. *abgetrenntes Stück.*

अवश Adj. (f. आ) 1) *keinem fremden Willen unterthan, unabhängig, frei, sich frei gehen lassend.* — 2) *keinen eigenen Willen habend, wider Willen gehorchend, invitus* 125,1. 135,9.

अवशग Adj. *nicht in Jmds* (Gen.) *Gewalt stehend* 184,2.

अवशंगम n. *ein best.* Saṁdhi.

अवशस् f. *unrechtes Verlangen.*

अवशा f. *Nichtkuh, schlechte Kuh.*

अवशातन n. *das Welken, Einschrumpfen.*

अवशित्व n. *das sich nicht in der Gewalt Haben* MBh. 14,36,15.

अवशिन् Adj. *seines Willens nicht mächtig, invitus* Spr. 5800. *unselbständig* Âpast.

अवशिरस् Adj. *mit dem Kopf nach unten.*

अवशिष्टक n. *Ueberbleibsel, Rest.*

अवशीर्षक Adj. = अवशिरस्.

अवशेष n. *Ueberbleibsel, Rest.* भस्माव° Adj. *von dem nur Asche übrig geblieben ist* Spr. 7626. पीताव° Adj. *bis auf einen kleinen Rest ausgetrunken* Spr. 3123. कृत्ताव° Adj. Chr. 299,21. Davon Nom. abstr. अवशेषता f.

°अवशेषम् Absol. *bis* (excl.) *auf* Benf. Chr. 188,14.

अवशेष्य Adj. *übrig zu lassen, zu bewahren.*

अवश्यकर्मन् n. *nothwendige Verrichtung* Ait. Âr. 410,8.

अवश्यभाविन् Adj. *was nothwendig erfolgen muss* Spr. 670.

अवश्यम् und अवश्य° (insbes. vor einem Partic. fut. pass.) *nothwendig, jedenfalls, durchaus.*

अवश्यंभाव m. *Nothwendigkeit* Comm. zu Kâtj. Çr. 38,2 v. u. Vielleicht richtiger अवश्यभाव.

अवश्यंभाविन् Adj. vielleicht unrichtig für अवश्यभा°. Davon Nom. abstr. °वित्व n. Bhâvapr. 2,167 und °विता f. Comm. zu Mṛkkh. 163,25.

*अवश्यविषय m. *Gattin* Gal.

*अवश्या f. *Reif, pruina.*

अवश्याय m. 1) dass. 132,25. Kâd. 28,16. — 2) **Hochmuth.*

*अवश्यायपट m. *eine Art Zeug.*

*अवश्यायबिन्दु m. *Reiftropfen, so v. a. Unding.*

अवश्रयण n. *das vom Feuer Nehmen.*

अवश्व॑से (so wohl zu lesen) Dat. Inf. *um wegzublasen* AV. 4,37,3.

अवषट्कार (Kâtj. Çr. 5,10,7) und अ॑वषट्कृत (Çat. Br. 4,6,3,6) Adj. *ohne Ruf* वषट्.

अवष्टभ्य Adj. *aufzuhalten, festzuhalten.*

अवष्टम्भ m. 1) *das Sichaufstützen, Sichanlehnen an.* — 2) *das Greifen zu Etwas, Anwendung* Pañkat. 21,20.24. Sâh. D. 333,19. — 3) *Entschlossenheit, Muth.* — 4) **Anfang.* — 5) **Uebung im Bogenschiessen* Gal. — 6) **Pfosten.* — 7) **Gold.*

अवष्टम्भन n. = अवष्टम्भ 2).

अवष्टम्भमय Adj. *von Entschlossenheit —, von Muth zeugend* Ragh. 3,53.

*अवष्वाण m. *geräuschvolles Essen.*

1. अ॑वस् n. 1) *Förderung, Gunst, Beistand.* — 2) *Labung, Erquickung.* — 3) *Lust, Behagen.* — 4) *Lust, Verlangen, Wunsch.*

2. अव॑स् (vor म einmal अवर्) 1) Adv. *herab.* — 2) Praep. *a) herab von,* mit Abl. und Instr. — *b) unter,* mit Instr.

अवसं॑ n. *Nahrung, Zehrung, Wegzehrung.* पद्व॑त् so v. a. *das Vieh.*

*अवसक्थि f. (Gal.) und °का (Gaut. 2,14) f. *ein Tuch, welches beim Sitzen über die Lenden geschlagen wird.* °कां कृ *ein Tuch über die Lenden schlagen.*

*अवसंचत्य Adj. *zu meiden* Mahâbh. 2,405,a.

अवसज्जन n. *die über die Schulter hängende Brahmanenschnur.*

*अवसथ m. 1) *Wohnung.* — 2) *Dorf.* — Vgl. आवसथ.

अवसन्नता f. *Verlegenheit, Rathlosigkeit.*

अ॑वसभ Adj. (f. आ) *von einer Versammlung ausgeschlossen.*

अवसर m. 1) **Regen.* — 2) *Gelegenheit, Veranlassung, günstiger Augenblick* 176,7. — 3) *das am Platze Sein, das irgendwobei Zuthunhaben.* — 4) *Jmds Reihe.* — 5) = मन्त्रभेद. — 6) **Jahr.* — 7) N. pr. eines Mannes B. A. J. 1,217.

अवसर्ग m. 1) *das Loslassen,* in अनवसर्ग. — 2) **Willensfreiheit.*

अवस॑र्जन n. *Lösung.*

*अवसर्प m. *Späher.*

अवस॑र्पण n. 1) *das Herabsteigen; der Ort, von dem Jmd herabgestiegen ist.* — 2) *das auf die Strasse Gehen.*

अवसर्पिन् 1) Adj. *eine Abnahme bewirkend* VP. 2,4,13. — 2) f. °णी *eine herabsteigende Zeitperiode* Ârjabh. 3,7.

अवसलवि Adv. = अपसलवि.

अवसवि Adv. *nach links hin.*

*अवसव्य Adj. *nicht der linke, der rechte.*

अ॑वसा 1) *Rast, Einkehr,* in अनवस. — 2) *Lösung, Befreiung.*

अवसात॑र् Nom. ag. *Löser, Befreier.*

अवसाद m. 1) *das Sichsenken* Suçr. 1,109,8. — 2) *das Sinken, Abnahme.* — 3) *Abnahme der Kräfte, Mattigkeit.* — 4) *Niederlage* Mâlav. 12,14. — 5) **das Sinken des Muths, Rathlosigkeit.*

अवसादक Adj. *zum Sinken bringend, vereitelnd.*

अवसादन n. 1) *das Entmuthigen.* — 2) *Gedrücktheit* Karaka 3,1. — 3) *künstliche Erzeugung von Schorf.*

*अवसादिनी f. *eine best. Pflanze* Gal.

1. अवसा॑न n. (adj. Comp. f. आ) 1) *Ort der Einkehr, Ruheort.* — 2) *das zu Ende Gehen, Schluss, Ende.* — 3) *Lebensende, Tod.* — 4) **Grenze.* — 5) *Ende eines Wortes; der letzte Bestandtheil eines Compositums; Ende eines Satzes, Pause.* — 6) *Ende einer Verszeile und die dadurch gebildete Verszeile selbst.* — 7) *N. pr. einer Oertlichkeit.

2. अ॑वसान Adj. *unbekleidet.*

°अवसानक Adj. (f. °निका) *sein Ende erreichend —, absterbend mit.*

अवसानद॑र्श Adj. 1) *auf seinen Bestimmungsort oder Aufenthalt blickend.* — 2) *das Ende von* (Gen.) *schauend* Tândja-Br. 11,5,19.

अवसानभूमि f. *Höhepunkt, das Non plus ultra* Kâd. 139,14.

°अवसानिक Adj. *den Schluss von Etwas bildend.*

अवसान्य Adj. *zur Verszeile gehörig.*

*अवसाम P. 5,4,75.

अवसाय m. 1) *das Haltmachen, Sichniederlassen,* in यत्रकामावसाय. — 2) **Beschluss, Ende.* — 3) **Rest.* — 4) **Beschluss, Entscheidung.*

°अवसायिन् Adj. *Halt machend, sich niederlassend.*

अवसित n. *Wohnplatz.*

अवसितत्व n. *das Abgemachtsein* Çaṁk. zu Bṛh. Âr. Up. S. 182.

अवसिति f. *Schluss, Ende* Ind. St. 8,322.

अवसेक m. 1) *Begiessung, Guss.* — 2) *Einspritzung* (eines Klystiers) Suçr. 2,201,10. — 3) *Blutentziehung* (durch Blutegel) Suçr. 1,41,21 (Chr. 217,29).

*अवसेकिम m. *eine Art Gebäck.* *°सेकित Gal.

अवसेचन n. 1) *das Begiessen.* — 2) *das Baden.* — 3) *Wasser zum Begiessen.* — 4) *das Aufstreuen.* — 5) *das Blutentziehen.*

अवसेय Adj. 1) *zu erschliessen, — errathen* Comm. zu Kâvjâd. 2,72. — 2) *zu erlernen* Comm. zu Ârjabh. S. 2, Z. 11 fgg.

अवस्कन्द m. *Ueberfall, Angriff.* स्कन्दावस्कन्ददायिन् Adj. Bâlar. 109,16.

अवस्कन्दन n. 1) *das Herabsteigen.* — 2) **das Baden.* — 3) *Beschuldigung.*

अवस्कन्दिन् Adj. 1) *bespringend* Çat. Br. — 2) *angreifend.*

*अवस्कन्दीय Adj. v. l. im gaṇa गहादि in der Kâç.

अवस्कर m. 1) **Excremente.* — 2) **Schamtheile* — 3) *Ort, wohin die Unreinigkeiten getragen werden; Abtritt.* — 4) * = अपस्कर *Wagentheil* Gal.

*अवस्कारक m. etwa *Spulwurm.*

अवस्करमन्दिर n. *Abtritt.*

अवस्कव॑ m. *ein best. Wurm.*

अवस्तरण n. 1) *das Bestreuen.* — 2) *Bettdecke* Âpast.

अव॑स्तात् 1) Adv. *a) unten.* — *b) diesseits, vorher.* — 2) Praep. mit Gen. *a) unter.* — *b) westlich von* Çulbas. 3,90.

अव॑स्तात्प्रपदन Adj. *wohin man von unten her gelangt.*

अवस्तार m. *Streu.*

अवस्तु n. 1) *werthlose Sache.* — 2) *Unding, das Unreale* 258,3.9. 274,5. Dazu Nom. abstr. °त्व n.

अवस्त्र Adj. *unbekleidet.* Davon Nom. abstr. °ता f. MBh. 3,62,16.

अवस्थ॑ 1) m. *penis.* — 2) f. आ॑ *a) das Erscheinen vor Gericht.* — *b) Bestand.* — *c) Lage, Lebenslage, Zustand, Verhältniss.* — *d) Grad, Stufe, Altersstufe.* — *e)* in der Dramatik *ein einzelner Erfolg, der alle übrigen nach sich zieht.* — *f) vulva.*

अवस्थातव्य n. impers. *zu verbleiben, sich aufzuhalten* Kâd. II,31,6.

अवस्थान n. 1) *das Auftreten* R. 5,5,18. — 2) *Stellung, Lage* Pañkat. 9,14. — 3) *das Weilen, Verweilen, Verharren* 284,25. 285,9. Sâh. D. 75,2. —

4) *das Standhalten, Bestand.*

अवस्थापन n. *das Ausstellen* (von Waaren).

अवस्थायिन् Adj. 1) *einen Platz einnehmend, sich aufhaltend in* Kâd. II,49,8. *aufgestellt.* — 2) *in einem best. Zustande verharrend* Çaṁk. zu Bâdar. 2,2,19. Dazu Nom. abstr. °यित्व n. ebend.

अवस्थावन् Adj. *Stand haltend* TS. 5,5,10,2. 4.

अवस्थासंग्रह m. Titel eines Werkes.

अवस्थिति f. 1) *Aufenthalt.* — 2) *das Verbleiben, Verharren.*

अवस्थितिचापल n. *Unbeständigkeit* Spr. 5563.

अवस्पर्तर् Nom. ag. *Erretter* Ṛv.

अवस्फूर्जथु m. *das Rollen des Donners* Kaṇ. 5,2,9, v. l.

अवस्फोटन n. *das Knacken mit den Fingern* Gaut. 2,15. 9,51.

अवस्यन्त् Partic. *Beistand suchend.*

*अवस्यन्दन n. und davon Adj. *°नीय gaṇa गहादि.

अवस्यन्दित n. in der Dramatik *das Umdeuten der eigenen Worte.*

*अवस्यन्दी f. und davon Adj. *°य gaṇa गहादि, Kâç. zu P. 4,2,138.

अवस्यु 1) Adj. *Beistand* oder *Gunst suchend.* Auch °स्यू. — 2) m. N. pr. eines Ṛshi.

अवस्रंसस् Abl. Inf. *vor Herabfall, ne decidat* Ṛv. 2,17,5.

अवस्वत्त् Adj. *strebend, begierig.*

*अवह m. *kein Weg* Gal.

अवहनन n. 1) *das Dreschen, Aushülsen* 229,1. — 2) *Lunge.*

अवहर्तर् Nom. ag. *der niederschlägt, abwehrt, vertreibt.*

अवहरण n. *das Wegwerfen.*

अवहसन n. *das Verlachen, Verspotten.*

*अवहस्त m. *Rücken der Hand.*

अवहार m. 1) *Zurückziehung der Truppen, Einstellung des Kampfes.* — 2) *Aufschiebung, Hinausschiebung.* — 3) * *Einladung.* — 4) * *Dieb.* — 5) * *ein best. grosses Wasserthier.* — 6) * = धर्मान्तर. — 7) * = अपनेतव्यद्रव्य oder उपनेतव्य°.

*अवहारक m. = अवहार 5).

अवहारिक n. *Beute.*

अवहार्य Adj. 1) *der anzuhalten ist, Etwas* (Acc.) *zu erstatten, — bezahlen.* — 2) *was man erstatten lassen muss.*

*अवहालिका f. *Hecke, Zaun.*

अवहास m. 1) *Scherz, Spass.* — 2) *Verspottung, Spott.*

अवहास्य Adj. *zu verspotten, dem Spotte ausgesetzt, lächerlich.* Davon Nom. abstr. °ता f.

अवहित Partic. von धा, दधाति mit अव.

अवहितपाणि Adj. *Etwas in der Hand haltend* Âpast.

अवहित्थ 1) m. *eine best. Stellung der Hände.* — 2) n. und f. आ *das Verbergen einer inneren Aufregung.*

अवहित्थक m. = अवहित्थ 1).

अवहेल *n. und f. °ला *Geringschätzung.* °हेलया so v. a. *mit der grössten Leichtigkeit, ohne alle Anstrengung.* बिसकाण्ड° *mit einer Leichtigkeit, als wenn es ein Lotusstengel wäre.*

अवहेलन* n. *Geringschätzung.* f. ना dass. Spr. 7043 (Conj.).

अवह्वर in अनवह्वर.

अवांश m. *penis* Sâmav. Br. 2,6,11.

अवाक् von अवाच् und अवाञ्च्.

अवाका f. *die untere Eihaut* (?) TS. 4,6,1,1.

अवाकिन् Adj. *nicht redend.*

1. अवाक्क Adj. *sprachlos.*

2. अवाक्क Adj. (f. आ) *abwärts gerichtet.*

*अवाक्पुष्पी f. *Anethum Sowa* Roxb.

अवाक्फण Adj. *mit der Haube nach unten* (Schlange) LA. 83,9.

अवाक्फल Adj. *schlimme Folgen habend* MBh. 2,63,6.

अवाक्यशेष m. *kein weggebliebenes Wort* Gaim. 1,3,13.

अवाक्शाख Adj. *mit nach unten gerichteten Zweigen.*

अवाक्शिरस् Adj. 1) *mit dem Kopf nach unten.* — 2) *mit dem obern Ende nach unten.*

अवाक्शीर्ष Adj. *mit dem Kopf nach unten.*

अवाक्शृङ्ग Adj. *mit einem Horn nach unten* (Mond).

*अवाक्श्रुति Adj. *taubstumm.*

अवाक्सर्ग m. *Schöpfung der abwärts strebenden Wesen.*

अवाक्स्रोतस् Adj. *abwärts strebend* MBh. 14,36,25.

अवाग्गति Adj. *Gang zur Hölle.*

अवाग्गमनवत् Adj. *sich abwärts bewegend* 264,24.

अवाग्ज Adj. *nicht aus der Stimme* (dem Laut) *entspringend* Dhjânab. Up. 18.

*अवाग्भाग m. *der untere Theil, Boden.*

*अवाग्र Adj. *krumm.*

अवाग्वदन Adj. *mit dem Gesicht nach unten.*

अवाङग्र Adj. *mit der Spitze nach unten* Âpast. Ungrammatisch für अवागग्र.

अवाङ्नाभि Adv. *unterhalb des Nabels.*

अवाङ्निरय Adj. *Hölle unter der Erde.*

अवाङ्मनस Adj. *dem Worte und dem Geiste sich entziehend* Bhâg. P. 5,1,21.

अवाङ्मनसगोचर Adj. dass. 253,10.

अवाङ्मनोगोचर Adj. dass. Davon Nom. abstr. °त्व n. Ind. St. 9,134.

अवाङ्मुख 1) Adj. (f. ई) a) *mit dem Gesicht nach unten.* — b) *abwärts gekehrt* Ind. St. 14,383. — 2) m. *ein best. über Waffen gesprochener Zauberspruch.*

अवाच् Adj. *sprachlos, stumm.*

अवाचक Adj. *Etwas nicht ausdrückend, — besagend* Kâvjapr. 7,2. Ind. St. 8,313. Davon Nom. abstr. °त्व n.

अवाचनीय Adj. *nicht zu lesen* Bâlar. 156,6.

अवाचाल Adj. *nicht geschwätzig, — grosssprecherisch* Spr. 3591.

अवाचीन 1) Adj. (f. आ) *abwärts gerichtet, unterhalb von* (Abl.) *befindlich.* Mit अर्वाचीन verwechselt Spr. 5360. — 2) m. N. pr. eines Fürsten.

अवाचीनशीर्षन् Adj. (f. °र्ष्णी) *mit dem Kopf nach unten.*

अवाच्य Adj. 1) *nicht anzureden.* — 2) *nicht zu sagen, — auszusprechen* 126,10. — 3) *nicht unmittelbar ausgedrückt.*

अवाच्यता f. *Schmähung.*

अवाच्यत्व n. *das nicht unmittelbar Ausgedrücktsein.*

अवाच्यदेश m. *vulva.*

अवाजिन् m. *schlechtes Ross.*

अवाञ्च् 1) Adj. (Nom. m. अवाङ्, f. अवाची) a) *abwärts gerichtet, der untere, unterhalb von* (Abl.) *gelegen.* दिश् *Richtung nach dem Boden hin.* — b) nach einem Zahlwort *um — abnehmend.* — 2) *f. अवाची *Süden.* — 3) अवाक् Adv. *nach unten, in die Tiefe.*

अवाञ्चम् Adv. *abwärts* Çulbas. 3,85.

1. अवात Adj. (f. आ) *nicht eingetrocknet, frisch, vollsaftig* MBh. 2,17,28, v. l. für अवान.

2. अवात Adj. (f. आ) *unangefochten, sicher.*

3. अवात 1) Adj. *windstill* Ṛv. 1,38,7. — 2) n. *Windstille.*

अवातल Adj. *nicht blähend.*

अवान Adj. 1) *nicht eingetrocknet, frisch, vollsaftig* MBh. 2,17,28. — 2) *nass* Kâd. II,72,17. — 3) * *trocken.*

अवान्तर Adj. 1) *dazwischen liegend* TS. 7,5,3,1. Çat. Br. — 2) *je ein anderer, — verschiedener* 255,11. 270,8.9. Sarvad. 18,8.

अवान्तरदिश् f. *Zwischengegend* Çulbas. 3,307. °दिक्स्रक्ति Adj. Kâtj. Çr. 5,8,21.

अवान्तरदिशा f. dass. Maitr. S. 3,14,7.

अवान्तरदीक्ष (Çat. Br. 3,4,3,2) und *°दीक्षिन्

(Mahâbh. 5,20,a) Adj. *der eine dazwischen geschobene Weihe vollzieht.*

अवान्तरदेश m. *ein Ort, der in der Richtung einer Zwischengegend liegt.*

अवान्तरभेद m. *Unterabtheilung* Kap. 2,38. 3,41.

अवान्तराम् Adv. *dazwischen* Çat. Br. 12,8,3,31.

अवान्तरेडा f. *eine dazwischen geschobene* इडा Âçv. Çr. 1,7,3. 8. Ind. St. 9,225. fg.

अवाप in दुरवाप.

*अवापितधान्य Adj. *nicht gesäetes (d. i. verpflanztes) Korn.*

अवाप्तव्य Adj. *zu erlangen.*

अवाप्ति f. 1) *Erlangung, Erreichung.* — 2) *Quotient* Bîgag. 148.

अवाप्य Adj. *zu erlangen.*

अवाम Adj. *nicht der linke, der rechte* Hem. Pr. Gr. ed. Bomb. 38,b,7.

अवामरथ्य m. *kein* Vâmarathja Kâtj. Çr. 10, 2,21.

अवाय m. 1) *das Hinabsteigen.* उदकावाय *in's Wasser* Kâtj. Çr. 8,5,5. — 2) *das Weichen,* in अनवाय.

अवायु Adj. *ohne Wind* Çat. Br. 14,6,8,8.

अवार m. n. *das diesseitige Ufer, Diesseits* AV. Paipp. 2,4,4. अवारतम् Adv. *nach diesseits.*

अवारणीय Adj. 1) *unaufhaltsam, unwiderstehlich.* — 2) *von unheilbaren Krankheiten handelnd.*

*अवारपार m. *Meer.* Davon Adj. *°पारीण.

*अवारिका f. *Coriandrum sativum L.*

*अवारीण Adj. von अवार.

अवारुण Adj. *nicht* Varuna *gehörig* Kâtj. Çr. 4,5,3.

1. अवार्य Adj. *diesseitig.*

2. अवार्य Adj. 1) *nicht zurückzuhalten, — aufzuhalten.* — 2) *unheilbar.* Davon Nom. abstr. °ता f. (अवार्यक्रतु) अवार्यवीर्य° Adj. *von unwiderstehlicher Kraft.*

अवालेय m. *kein* Vâleja Kâtj. Çr. 10,2,21.

अवावट m. *ein Sohn, den ein Mann mit einer Frau aus seiner Kaste zeugt, die vorher mit einem andern Manne gelebt hat.*

*अवावन् Adj. (f. °वरी).

अवाशृङ्ग Adj. *dessen Hörner nach unten gebogen sind.*

*अवासस् Adj. *unbekleidet.*

*अवासिन् Adj. gaṇa याज्ञ्यादि.

अवास्तु Adj. *heimathlos.*

अवाहन Adj. *ohne Gespann, nicht fahrend.*

अवि 1) Adj. *zugethan, günstig.* — 2) m. a) *Schaf.* — b) Soma-*Seihe.* — c) * *Beschützer.* — d) * *die Sonne.* — e) * *Wind.* — f) * *Berg.* — g) * *Wall.* — h) * *Decke von Mäusefellen.* — 3) f. a) *Schafmutter.* — b) * *ein Frauenzimmer zur Zeit der Katamenien.*

अविक 1) *m. *Schaf.* — 2) f. आ *Schafmutter* 191,9. — 3) *n. *Diamant.*

*अविकट m. *Schafheerde.*

*अविकटोरण m. *eine für den Beschäler einer Schafheerde erhobene Abgabe.*

अविकत्थन *nicht ruhmredig* Spr. 4350.

अविकथयन्त् Adj. *keine unnützen Reden führend* Âpast.

अविकर्ष m. *keine Auseinanderziehung* RV. Prât. 17,30.31.

अविकल Adj. *woran Nichts fehlt, nicht mangelhaft, vollständig* Spr. 1624. *correct* Çiç. 11,10.

अविकल्प Adj. 1) *ununterschieden* Ind. St. 9,133 u. s. w. Bhâg. P. 3,9,3. — 2) *sich nicht lange besinnend.* °म् Adv. *ohne sich lange zu besinnen, ohne Bedenken* Kâd. II, 61,1.

1. अविकार m. *keine Veränderung, — Umänderung, — Entstellung* Gaut. 27,10. Gaim. 1,1,16.

2. अविकार Adj. *keiner Veränderung unterliegend.*

*अविकारसदृश Adj. gaṇa चार्वादि.

अविकारिन् Adj. *keiner Veränderung unterworfen.* Davon Nom. abstr. °रित्व n. Ind. St. 9,159.

अविकृत Adj. 1) *unverändert* TS. Prât. 5,39. — 2) *nicht zubereitet, — zugerichtet, unverarbeitet, in natürlichem Zustande befindlich* Gaut. 1,18. Âpast. — 3) *unentwickelt* Çat. Br. 3,1,3,3. — 4) *nicht verunstaltet, — von ungewöhnlicher Gestalt* Gaut. 17,36.

अविकृताङ्ग Adj. *mit unentwickelten Gliedern* Çat. Br. 4,5,2,6.

अविकृति f. *Unveränderlichkeit* Ind. St. 9,15.

अविकृष्ट Adj. *nicht auseinander gezogen* RV. Prât. 3,18.

अविक्रम m. *das Nichtunterbleiben der Umwandlung des* Visarga *in einen* Ûshman RV. Prât. 11,22.

अविक्रिय Adj. 1) *keiner Veränderung —, keinem Wandel unterworfen.* — 2) *keine Miene verziehend.* — 3) *ganz gleich.*

अविक्रियत्व n. *Unveränderlichkeit* Kull. zu M. 6,92 (अविक्र° gedr.).

अविक्रिया f. *kein Wandel.* °त्मक Adj. *keinem W. unterworfen* 285,1.

अविक्रीत Adj. *der nicht verkauft hat.*

अविक्रेय Adj. *nicht verkäuflich* 89,25.

अविक्लव Adj. (f. आ) *unbefangen, unverwirrt, sicher* (Person, Geist, Rede, Gang) MBh. 1,54,4.

अविक्षत Adj. *unverletzt* MBh. 12,97,24.

अविक्षित् m. N. pr. *eines Fürsten.*

अविक्षित Adj. *unvermindert.*

अविक्षिप 1) *Adj. P., Sch. — 2) m. N. pr. *eines Sohnes des* Çvaphalka Hariv. 1917.

अविक्षीण Adj. *unvermindert.*

अविक्षुब्ध Adj. *nicht aus der Ordnung gebracht.*

अविख्यातदोष Adj. *der kein offenkundiges Verbrechen begangen hat* Gaut. 24,1.

अविख्यापयन्त् Adj. *nicht ausposaunend, — zur Schau tragend* Çaṅk. zu Bâdar. 3,4,50.

*अविगन्धिका f. *Ocimum villosum* Râgan. 4,180.

अविगान Adj. (f. आ) *einstimmig* Râgat. 7,133.

अविगीत Adj. *sich gegenseitig nicht widersprechend* Çaṅk. zu Bâdar. 1,4,14.

अविगुण Adj. *nicht krank, normal* Bhâvapr. 4,153.

*अविघ्न m. *Carissa Carandas L.* Vgl. अविघ्ना.

अविग्रह m. *Unselbständigkeit eines Wortes, das Erscheinen desselben in einem Compositum* RV. Prât. 4,12.

अविघात m. *Nichtverhinderung* Njâjas. 3,1,47.

अविघ्न 1) Adj. *ohne Hinderniss, — Störung.* — 2) *f. आ *Carissa Carandas* Râgan. 11,214. — 3) n. *Abwesenheit jedes Hindernisses, Ungestörtheit.* अविघ्नेन *ohne Hinderniss, ungestört.*

अविघ्नकरणव्रत n. *eine best. Begehung.*

अविघ्नविनायकचतुर्थी f. *ein best. vierter Tag.*

अविघ्नव्रत n. = अविघ्नकरणव्रत.

अविघ्नित Adj. *ungestört* 90,27.

अविचक्षण Adj. *nicht scharfsichtig, einfältig, dumm.*

अविचर्त्य Adj. *unlöslich.*

अविचल Adj. 1) *sich nicht von der Stelle bewegend, nicht wankend, beharrlich, beständig.* — 2) *nicht abschweifend* (von den Sinnen).

अविचलित Adj. *unverwandt* (°मनस् Adj.) Mâlatîm. 74,6. *nicht abweichend von* (Abl.) Comm. zu TS. Prât. 5,2.

अविचाचल, अविचाचलत् und अविचाचलि Adj. *nicht schwankend, fest stehend.*

1. अविचार m. *Mangel an Ueberlegung.*

2. अविचार Adj. *nicht überlegend.* °म् Adv. *ohne sich lange zu bedenken.*

अविचारज्ञ Adj. *keine Ueberlegung kennend* 120,18.

अविचारण 1) n. *kein Ueberlegen, — Bedenken.* — 2) f. आ *Nichtrevision* Hâsj.

अविचारणीय Adj. *keiner Erwägung bedürfend.*

अविचारयन्त् Adj. *Etwas nicht erwägend, ohne sich zu bedenken* 205,6. 26. Spr. 677.

अविचारित 1) Adj. a) *nicht überlegt.* — b) *keinem Bedenken unterliegend.* — 2) °म् Adv. *ohne Bedenken.*

अविचार्य Adj. *keiner Erwägung bedürfend* 118,14.

अविचालिन् Adj. 1) *nicht weichend von* (Abl.). — 2) *unwandelbar.*

अविचाल्य Adj. *nicht von der Stelle zu rücken.*

अविचिकित्सत् Adj. *nicht in Ungewissheit über Etwas seiend* Çat. Br. 4,3,4,20.

अविचिकित्सा f. *kein obwaltender Zweifel* Âpast.

अविचिन्तन n. *das Nichtdenken an Etwas* MBh. 3,2,23.

अविचिन्तितर् Nom. ag. *an Etwas* (Gen.) *nicht denkend.*

अविचिन्त्य Adj. 1) *wovon man sich keine Vorstellung machen kann* MBh. 3,189,31. — 2) *nicht ausfindig zu machen, nicht vorhanden* R. ed. Gorr. 2,96,22.

अविचृत्य Adj. *unlöslich.*

अविचेतन Adj. *unverständlich.*

अविचेतस् Adj. *thöricht.*

अविच्छन्दत् (f. °दती) Adj. *nicht von einander trennend* Âçv. Gṛhj. 1,7,13. mit Ergänzung von अङ्गुलिम् Ind. St. 5,384.

अविच्छिन्न Adj. *ununterbrochen.*

अविच्छेद m. *Ununterbrochenheit, ungestörte Fortdauer.* °दात् *ohne Unterbrechung* Kâd. II,118,14. °देन dass. Comm. zu Njâjas. 2,2,36.

अविजाता Adj. f. *nicht geboren habend.*

अविजानत् Adj. *nicht verstehend, — wissend, — kennend, unwissend* Kenop. 11. M. 3,97. Jâǵn. 2,258.

अविजितिन् Adj. *nicht siegreich.*

अविजेय Adj. *unbesieglich.*

अविज्ञ Adj. *keine Einsicht habend.* °ता f. *Dummheit* Spr. 4874.

अविज्ञात 1) Adj. *unerkannt, unbekannt; zweifelhaft* Âpast. — 2) m. N. pr. eines Sohnes des Anala Hariv. 1,3,43.

अविज्ञातगति 1) Adj. *dessen Gang unbekannt ist* Bhâg. P. 1,13,24. — 2) m. N. pr. eines Sohnes des Anila Hariv. 156.

अविज्ञातगद् Adj. *unverständlich redend.*

अविज्ञातर् Nom. ag. *nicht erkennend* Khând. Up. 7,9,1. *unwissend.* Auch als Beiw. Vishṇu's.

अविज्ञातार्थ n. *Nichtverständniss der Worte des Gegners* (ein निग्रहस्थान) Njâjas. 5,2,1. 9.

1. अविज्ञान n. *das Nichtwissen.* °नात् *ohne es zu wissen.*

2. अविज्ञान Adj. 1) *keine Kenntniss von Etwas habend.* — 2) *unerkennbar.* Davon Nom. abstr. °त्व n. Ind. St. 9,162.

अविज्ञानवत् Adj. *nicht mit Erkenntniss ausgestattet.*

अविज्ञेय Adj. *nicht erkennbar* Ǵaim. 1,2,38.

अविडीन n. *das Entgegenfliegen der Vög*

अवितत्करण n. bei den ekstatischen Pâçupata *das Verrichten allgemein für unziemlich geltender, ihnen aber anders erscheinender Handlungen.*

अवितथ 1) Adj. *nicht unwahr, wahr.* °म् Adv. *der Wahrheit gemäss.* °थेन dass. Saṁhitopan. 32,1; vgl. Spr. 4992. — 2) n. *ein best. Metrum*

अवितथाभिसंधि Adj. *dessen Anschläge gelingen* Bhâg. P. 8,7,8.

अवितथी Adv. mit कर् *wahr machen, erfüllen.*

अवितद्भाषण n. bei den ekstatischen Pâçupata *das Führen von allgemein für Unsinn geltenden, ihnen aber anders erscheinenden Reden.*

अवितर् Nom. ag. *Gönner, Förderer, Schirmer.* f. अवित्री.

अवितर्क m. N. pr. eines Mannes (buddh.).

अवितवे Dat. Inf. *um zu laben, — erquicken* ṚV. 7,33,1. Çat. Br. 6,4,4,9.

अवितारिन् Adj. *nicht vorübergehend, dauernd.*

अवित्ति f. 1) *das Nichtfinden.* — 2) *Armuth.*

*अवित्यज m. n. *Quecksilber.*

अविथुर Adj. *nicht wankend* Âçv. Çr. 3,1,17.

*अविथ्य Adj. *Schafen zuträglich.* f. आ vielleicht *eine best. Pflanze.*

अविदग्ध Adj. 1) *nicht verbrannt.* — 2) *nicht im Magen zerkocht, unverdaut.* — 3) *nicht reif.* शोथ Bhâvapr. 5,117. — 4) *nicht sauer geworden.* — 5) *nicht klug, — gewandt* Spr. 3786.

अविदस्य Adj. *unerschöpflich.*

अविदान्त m. N. pr. eines Sohnes des Çatadhanvan.

अविदासिन् Adj. *nicht versiegend.*

अविदित Adj. *ungekannt, nicht erkannt* Çat. Br. 10,6,1,4. fgg. Kenop. 3. अविदितम् Adv. *ohne dass man es weiss* Mṛkkh. 108,1.

अविदीधयु Adj. *nicht zaudernd.*

*अविदुग्ध n. *Schafmilch.*

अविदुष्टर Adj. *unwissender, ganz unwissend* ṚV. 10,2,4.

अविदूर 1) Adj. *nicht sehr weit entfernt, nahe.* — 2) n. *Nähe.* °रम् *in die Nähe von, zu — hin.* °रे (MBh. 3,280,1), °रं, °रात् und °रतस् *in der Nähe.*

*अविदूस n. *Schafmilch.*

अविदोष Adj. *ohne Schuld, — Fehl* Lâṭj. 6,5,30.

अविदोह m. *kein verkehrtes Melken* Maitr. S. 2,4,2.

अविद्ध Adj. 1) *undurchbohrt, undurchstochen.* — 2) *unbeschädigt, unabgenutzt, in voller Kraft* Bhâg. P. 3,9,3. 8,3,4. — 3) *natürlich* Bhar. Nâṭjaç. 34,118.

*अविद्धकर्णा und *°कर्णी f. *best. Pflanzen.*

अविद्य Adj. *ungebildet* Spr. 684. 7833. *ohne Wissen* 685.

अविद्यमान Adj. *nicht daseiend, — vorhanden* Kâtj. Çr. 2,3,18. 3,8,26. Lâṭj. 1,7,21. 10,17,11. Davon Nom. abstr. °ता f. Comm. zu Njâjas. 2,2,12.

अविद्या f. 1) *Unwissenheit.* Auch als Çakti. — 2) buddh. *Unwissenheit* und zugleich *Nichtsein.*

अविद्यामय Adj. *in Unwissenheit bestehend.*

अविद्रिय Adj. *nicht berstend, unzerstörbar.*

अविद्वंस् Adj. *unwissend, Etwas nicht wissend* Âpaṣt.

अविद्विषाण Adj. *nicht in Feindschaft lebend* Kâtj. Çr. 25,14,26. Lâṭj. 1,11,14.

अविद्विषे Dat. Inf. *auf dass keine Feindschaft bestehe.*

अविद्वेष m. *keine Feindschaft.*

अविधवा f. *Nichtwittwe.*

*अविधा Interj.

अविधान n. *das Nichtvorgeschriebensein* Kâtj. Çr. 1,7,8. 9,5. 9,11,16. 19,4,4. °तस् *nicht der Verordnung gemäss.*

अविधायक Adj. *nicht vorschreibend.* Davon Nom. abstr. °त्व n. Ǵaim. 1,4,2.

अविधायिन् Adj. *unfolgsam* Bhâvapr. 1,132.

अविधि m. *keine Vorschrift.* °ना *nicht der Vorschrift gemäss* Apast.

अविधुर Adj. *nicht allein stehend.*

अविधृति Adj. *ohne die* Vidhṛti *genannten Halme* Kâtj. Çr. 5,8,31.

अविधेय Adj. *unfolgsam* Bhâvapr. 1,132.

*अविन m. *ein best. Opferpriester.*

अविनय m. *ungebührliches —, unanständiges Benehmen.*

अविनयवत् Adj. *ungesittet* Spr. 691.

अविनाभाव m. und °भावित्व n. *Unzertrennlichkeit, Zusammengehörigkeit.*

अविनाभाविन् Adj. *unzertrennlich verbunden* Comm. zu Njâjas. 2,2,1.

अविनाभाव्य Adj. *unzertrennbar.*

अविनामित Adj. *nicht mit dem ersten* Svara *beginnend und mit dem zweiten endend* Saṁhitopan. 17,3.

*अविनायिन् Adj. gaṇa ग्राह्यादि.

अविनाश m. *Nichtverderbniss, — verwesung* Kâd. II,100,18. 110,17.

अविनाशित्व n. *Unvergänglichkeit.*

अविनाशिन् Adj. 1) *unvergänglich.* — 2) *der Verderbniss —, der Verwesung nicht ausgesetzt* Kâd. II,88,3.

अविनाश्य Adj. *nicht zu Grunde zu richten.*

अविनिपात n. *das Nichtfehlgehen.*

अविनिपातिन् Adj. *nicht fehlgehend.*

अविनियुक्त Adj. *nicht bestimmt zu* (Loc.) Mahidh. zu VS. 33,55. Davon Nom. abstr. °त्व n.

अविनिर्णय m. *Unentschlossenheit in Bezug auf* (Gen.) MBh. 14,36,12.

अविनिर्भाग m. *Unzertrennlichkeit.* °गेन *unzertrennlich* Comm. zu Njâjas. 1,1,21.

अविनिवर्तिन् Adj. *nicht umkehrend, — fliehend* Spr. 3906.

अविनीत 1) Adj. *ungezogen, schlecht gezogen, von schlechter Aufführung, ungesittet* (von Menschen und Hausthieren). * f. आ *ungesittete Frau.* — 2) m. N. pr. eines Mannes Ind. Antiq. 5,134.

अविनोद m. *Langeweile* Vikr. 45.

अविन्ध्य 1) m. N. pr. eines Ministers des Râvaṇa. — 2) f. आ N. pr. eines Flusses.

अविपक्व Adj. *unverdaut* Bhâvapr. 3,12.

अविपक्वकरण Adj. *mit unreifen Werkzeugen* Jâǵn. 3,141.

अविपक्वकषाय Adj. *dessen Schlacken noch nicht ausgeglüht sind, an dem noch Sünde haftet* Bhâg. P. 1,6,22. 11,18,41.

अविपक्वबुद्धि Adj. *unreifen Geistes* Bhâg. P. 1, 18,42.

अविपक्वभाव Adj. *bei dem Etwas noch nicht zur Reife gelangt ist* Çând. 79.

*अविपट n. = अवीनां विस्तारः.

अविपरिह्वृत Adj. *unvertauscht,* so v. a. *identisch* Ait. Âr. 303,5.

अविपरीत Adj. *nicht verkehrt, richtig* Comm. zu Njâjas. 5,1,6.

अविपर्यय्, °यति *nicht fehlschlagen.*

अविपर्यय m. 1) *keine Umstellung.* — 2) *kein Irrthum.* °यात् *ohne Irrthum, ganz gewiss.*

अ॑विपर्यासम् Absol. *so dass keine Vertauschung stattfindet* Çat. Br. 3,7,1,22.

अविपश्चित् Adj. *unverständig, unerfahren.*

1. अविपाक m. *mangelhafte Verdauung.*

2. अविपाक Adj. *an mangelhafter Verdauung leidend.* Davon Nom. abstr. °ता f.

अविपा॑ल m. *Schafhirt* Çat. Br. 4,1,5,4.

अविप्र॑ Adj. *nicht begeistert.*

अविप्रकृष्ट Adj. *nicht weit von einander entfernt, nahe stehend* P. 2,4,5. 5,4,20.

अविप्रक्रमण n. *das Sichnichtentfernen* Âpast.

अविप्रगीत Adj. *worüber Einstimmigkeit herrscht* Comm. zu Ǵaim. 2,3,3.

अविप्रणाश m. *das nicht spurlos Vorübergehen.*

अविप्रतिपत्ति f. *keine Meinungsverschiedenheit.*

अविप्रतिपन्न Adj. *nicht abgewichen von* (Abl.) Âpast. 1,1,12.

अविप्रतिषिद्ध Adj. 1) *nicht im Widerspruch stehend* Kâtj. Çr. 4,3,19. Âpast. — 2) *keinen Widerspruch hervorrufend* Çaṅk. zu Bâdar. 2,2,2.

अविप्रतिषेध m. *kein Widerspruch* Ǵaim. 5,4,15.

अविप्रयुक्त Adj. *nicht abgelöst, — abgetrennt* Gaut. 3,20.

अविप्रलब्ध Adj. *ehrlich gemeint* Bhâg. P. 5,10,10.

अविप्रलम्भक Adj. *nicht täuschend, — betrügend.*

अविप्रवास m. *keine Abwesenheit vom Orte.*

*अविप्रिय 1) m. *Panicum frumentaceum.* — 2) f. आ *eine best. Pflanze.*

अविप्लव Adj. (f. आ) 1) *ununterbrochen* Jogas. 2, 26. — 2) f. *nicht unsittlich, keusch* MBh. 1,54,4, v. l.

अविप्लुत Adj. 1) *nicht in Unordnung gerathen, unerschüttert, unverletzt* (Gelübde, Wandel). — 2) *nicht vom richtigen Wege abgekommen, seinem Gelübde treu.*

अविबुध Adj. *unverständig.*

अविभक्त Adj. 1) *ungetheilt* Lâṭj. 1,9,12. *nicht vertheilt.* Dazu Nom. abstr. °त्व n. Ǵaim. 4,1,2. — 2) *keine Theilung vorgenommen habend, in Gütergemeinschaft lebend.* Auch so v. a. *ein nächster Verwandter, gesetzlicher Erbe.* — 3) *ununterschieden.* Dazu Nom. abstr. °त्व n. Ǵaim. 6,6,8.

अविभक्तिन् Adj. = अविभक्त 2) Kauç. 69.

अविभवत् Adj. *nicht vorhanden* Kâtj. Çr. 12,1,12.

अविभाग m. 1) *keine Theilung* Gaut. 28,46. — 2) *keine Trennung, — Sonderung, — Unterscheidung, untheilbare Einheit* Bâdar. 4,2,16. Z. d. d. m. G. 29, 184. Sarvad. 16,20 (°भागे zu lesen).

अविभागिन् Adj. *nicht getrennt, — gesondert.*

अविभाज्य Adj. *nicht zu theilen* Lâṭj. 7,7,10. 31.

अविभावित Adj. *nicht deutlich vernommen* Bâlar. 107,23.

अविभाव्यमान Adj. *unbemerkt bleibend* Kâd. II, 4,12.

अविभु Adj. *nicht allgegenwärtig* und zugleich *nicht unumschränkt* Comm. zu Njâjas. 5,1,4.

*अविभुज् m. *Wolf* Râǵan. 19,9.

अविभू Adj. *nicht allgegenwärtig* MBh. 3,189,35. v. l. अभिभू besser.

*अविभूति f. *Geringachtung* Gal.

अविभूषणपरिच्छद Adj. (f. आ) *ohne Schmuck und Hausgeräthe* M. 9,78.

अविभेदन Adj. *nicht durchbohrend,* so v. a. *nicht verfinsternd.*

अ॑विभ्रंशिन् Adj. *nicht zerbröckelnd.*

1. अविभ्रम m. *Besonnenheit, kaltes Blut* MBh. 4, 58,63.

2. अविभ्रम Adj. *nicht erheuchelt, — erkünstelt.*

*अविमत्त m. Pl. N. pr. eines Geschlechts.

अविमनस् Adj. *nicht zerstreut* Âpast.

अ॑विमत् Adj. *Schafe besitzend.*

*अविमरीस n. *Schafmilch* Vârtt. zu P. 4,2,36.

अविमर्श Adj. *ohne Ueberlegung, einfältig.*

अविमान m. *Verehrung.*

अ॑विमुक्त 1) Adj. *nicht gelöst, — abgespannt* Çat. Br. 1,9,2,32. 3,4,1,4. — 2) m. N. pr. eines Tîrtha bei Vârâṇasî. अविमुक्तेश m. *eine Form* Çiva's. अविमुक्तेशमाहात्म्य n. Titel eines Werkes.

*अविमुक्तक 1) m. = मधुमाधवीपुष्प Nigh. Pr. — 2) f. आ *Diospyros glutinosa* Nigh. Pr. — 3) n. ein Name von Kâçî Gal.

अविमुक्तचक्र Adj. (f. आ) *dessen Bereich nicht verlassen worden ist, stets bewohnt* Pâr. Gṛhj. 1, 15,8; vgl. Âçv. Gṛhj. 1,14,7.

अविमुक्तशैव m. *ein* Çaiva-*Mönch best. Ranges* Kâd. 255,15 (अवमुक्त° gedr.).

अविमुक्तापीड m. N. pr. eines Fürsten.

अविमूढ m. Pl. Bez. *best.* Ṛshi MBh. 1,28,5.

अविमृश्यकारिन् Adj. *ohne Ueberlegung handelnd.* Davon Nom. abstr. °रिता f. Bâlar. 23,24.

अविमृष्ट Adj. 1) (*nicht rein*) *trübe* (Gesicht) Bhâg. P. 4,26,25. — 2) *unklar, undeutlich* Sâh. D. 574.

अविमोक्य॑ Adj. *unlöslich.*

अविमोचन n. *das Nichtbefreien, Nichtzuhülfekommen* Gaut. 21,19.

अवियुक्त Adj. *ungetrennt* Veṇîs. 131. *von* (Instr.) Vikr. 78,19.

अवियोग m. *Nichttrennung, das Nichtverlustiggehen* (mit Instr.).

अवियोगतृतीया f. *ein best. dritter Tag.*

अवियोगव्रत n. *eine best. Begehung.*

अवियोगिन् Adj. *keiner Trennung unterworfen* MBh. 12,242,13.

अ॑विरण m. *das Vergehen aller Lust.*

अविरत Adj. 1) *nicht ablassend von* (Abl.). — 2) *ununterbrochen.* °म् Adv.

अविरति f. *das Hängen an den Sinnesobjecten.*

अविरमत् Adj. *nicht ablassend von* (Abl.) Kathâs. 45,96.

अविरल Adj. (f. आ) 1) *dicht.* °म् Adv. — 2) *dicht anschliessend.* °म् Adv. *fest* (binden, umarmen). — 3) *ununterbrochen, häufig* 300,26. — 4) *stark, heftig* Kâd. 247,20.

अविरविकन्याय m. = अव्यविक°.

अविरहित Adj. *nicht verlassen, stets begleitet von* Kâd. 47,1.

अँविराधयत् Adj. *nicht uneins werdend.*

अविराम m. *das Nichtaufhören* Z. d. d. m. G. 29,183.

अविरुद्ध Adj. *nicht im Widerspruch stehend mit* (Instr. oder im Comp. vorangehend) 210,1. 214,22. 276,33. 280,10. 288,1. Gaut. 11,20. Kâtj. Çr. 5,11, 25. Davon Nom. abstr. °ता f.

अविरूक्ष Adj. (f. आ) *nicht rauh, — hart* (Rede).

अविरोद्धर् Nom. ag. *nicht kämpfend* Spr. 3009.

अविरोध m. *kein Wiederspruch, — Conflict mit, — Nachtheil für* (geht im Comp. voran) 169,22. 210,3. °प्रकाश m. Titel eines Werkes. °प्रकाशविवेक m. Titel eines Commentars dazu.

अविरोधिन् Adj. 1) *nicht störend, wohlthuend* Spr 471, v. l. — 2) *nicht im Widerspruch stehend, — beeinträchtigend* (die Ergänzung im Gen. oder im Comp. vorangehend) 214,23. Gaut. 3,10.

अविलग्नम् Adv. *ohne hängen zu bleiben.*

अविलङ्घ्य Adj. *unüberwindbar.*

1. अविलम्ब m. *kein Zögern.* °म्बेन *ohne Verzug* Spr. 7695.

2. अविलम्ब Adj. *nicht zögernd.* °म् Adj. *ohne Verzug* Spr. 7636.

1. अविलम्बन n. *das Nichtzögern, rasches Vorsichgehen* MBh. 1,132,17.

2.*अविलम्बन Adj. *nicht zögernd, rasch zu Werke gehend.*

अविलम्बित Adj. 1) dass. °म् Adv. *ohne Verzug* 320,18. — 2) *nicht langsam ausgesprochen* Lâtj. 6,10,18. TS. Prât. 23,20.

*अविला f. *Schafmutter.*

*अविलालित Adj. *frei* Gal.

*अविलिख Adj. P. 6,2,157. 158, Sch.

अविलुप्त Adj. *nicht geschwunden, unversehrt.*

अविलुप्य Adj. *unzerstörbar, unverwüstlich* Spr. 7178.

अविलोप m. *keine Störung, — Unterbrechung, — Beeinträchtigung.*

अविलोमन् n. *Schafwolle* Mahâbh. 1,283,b.

अविवक्षत् Adj. *zu sprechen nicht beabsichtigend* Sarvad. 19,4.

अविवक्षा f. *das für unwesentlich Erachten* Mahâbh. 1,282,a.

अविवक्षित Adj. *nicht ausdrücklich gemeint, unwesentlich, worauf es weiter nicht ankommt.* Davon Nom. abstr. °त्व n. Mahâbh. 1,282,a.

अविवदिष्णु Adj. *zu keinem Streit Anlass gebend.*

अविवर्ण Adj. *nicht verfärbt, von natürlicher Farbe* Suçr. 1,45,8.

अविवश Adj. *nicht willenlos, — in der Gewalt von Etwas stehend.*

अविवाक्य Adj. *wobei kein Streit obwaltet,* Bez. *des 10ten Tages einer best.* Soma-*Feier.*

अविवाद Adj. *unbestritten, worüber Alle einig sind* Comm. zu Njâjas. 1,1,18. 24.

अँविवादिन् Adj. *nicht im Streite liegend mit* (अभि).

अविवाह्य Adj. *keine Ehe eingehend* (Vieh) 22,17.

अविवाहप्रयोजक Adj. *keine Ehe veranlassend* Sâmsk. K. 180,b. 181,a.

अविवाह्किन् Adj. *mit dem man sich nicht durch Heirath verbindet.*

अविवाह्य Adj. 1) f. *die man nicht heirathen darf.* — 2) *mit dem man sich nicht verschwägern darf.*

अविविक्त Adj. *ungesondert, ungeschieden* 261,14.

अविविदिषा f. *Mangel an Wissbegierde.*

अविविदिषु Adj. *nicht wissbegierig.*

*अविवृत्त m. *Gymnema sylvestre* Nigh. Pr.

अँविवृत Adj. *nicht aufgedeckt, ungekannt, verborgen* Çat. Br. 14,6,8,8. Bhâg. P. 5,12,15. *seine Blössen nicht zeigend* Spr. 1401.

1. अविवेक m. 1) *Nichtsonderung, Nichtunterscheidung* Kap. 1,55. 57. 3,68. 6,12. — 2) *Mangel an Urtheilskraft* Kathâs. 3,37.

2. अविवेक Adj. *ohne Urtheilskraft.* Davon Nom. abstr. °ता f.

अविवेकिन् Adj. 1) *ungetrennt, aneinander stossend* Spr. 7696. — 2) *nicht gesondert, ununterschieden* Sâmkhjak. 11. 14. Dazu Nom. abstr. °कित्व n. Wilson, Sâmkhjak. S. 58. — 3) *nicht richtig urtheilend, keine richtige Einsicht habend* Spr. 693. 7696. — 4) *keine urtheilsfähigen Menschen habend* Kathâs. 24,225.

अविवेचक Adj. *nicht richtig unterscheidend, keine Urtheilskraft besitzend.*

अँविवेनत् Adj. *sich nicht verschmähend abwendend* RV. 4,24,6.

अँविवेनम् Adv. *nicht abgeneigt, wohlgeneigt.*

अविशङ्क Adj. *sich nicht bedenkend, nicht zögernd.*

अविशङ्का f. *keine Scheu, kein Bedenken.* Instr. *ohne Zögern.*

अविशङ्कितम् Adv. *ohne Zögern* Suçr. 1,13,5.

अविशङ्किन् Adj. MBh. 8,3505 fehlerhaft für अभिशङ्किन्.

अविशद Adj. 1) *undeutlich* 294,25. — 2) *steif, starr* Kâd. II,37,13.

अविशस्तर् Nom. ag. *schlechter Zerleger, unkundiger Schlächter.*

अविशाख Adj. (f. आ) *unverästet, ungegabelt* Kâtj. Çr. 6,5,7.

अविशिष्ट Adj. 1) *nicht unterschieden, gleich* MBh. 1,170,47. °ता f. und °त्व n. *das Nichtverschiedensein von* (im Comp. vorangehend) Sarvad. 30,11. 7. — 2) *niedriger stehend* Comm. zu TS. Prât. 21,1.

अविशुद्ध Adj. 1) *unrein* (auch in übertr. Bed.) Bhâg. P. 6,16,41. — 2) *nicht genau untersucht* Kâm. Nîtis. 15,16.

अविशुद्धि f. *Unreinheit.*

1. अविशेष m. *keine genauere Angabe, Ununterschiedenheit, keine Verschiedenheit.* °षात् (so stets Kâtj. Çr. Gaim. 4,3,27. Gaut. 25,6. Çulbas. 3,182. 218), °षतस् und °षेण (Âpast. Chr. 210,12. 238,9) *ohne genauere Angabe, — Unterschied.* °षेण *unter allen Umständen* Khând. Up. 8,15 (अतिशेषेण Text). Çamk. zu Bâdar. 4,1,18. 2,18. °षात् *gleicherweise, gleichfalls* Comm. zu Njâjas. 2,1,18. अविशेषोपदेशात् = अविशेषेण उ° Kâtj. Çr. 2,6,20 u. s. w. अविशेषश्रुतेः 7,5,23. अविशेषचोदना Lâtj. 9,7,3.

2. अविशेष 1) Adj. *ununterschieden.* — 2) n. Pl. *Atome, Urstoffe.*

अविशेषज्ञ Adj. *keine Urtheilskraft besitzend.* Davon Nom. abstr. °ता f.

अविशेषवत् Adj. *keinen Unterschied machend zwischen* (Loc.).

अविशेषसम m. *ein best. Sophisma, wobei man einwendet, dass Alles ununterschieden wäre, wenn aus der Uebereinstimmung zweier Gegenstände in Bezug auf eine Eigenschaft Gleichartigkeit gefolgert würde,* Njâjas. 5,1,22. Sarvad. 114,11 (fälschlich वि°).

अविशेषित Adj. *nicht genauer angegeben, — specificirt* Pat. zu P. 1,1,52. Çamk. zu Khând. Up. S. 133.

अविश्रम Adj. *nicht aufhörend, — nachlassend.*

अविश्रम्भ m. *kein Vertrauen, Misstrauen.* Davon Nom. abstr. °ता f. Kâd. 215,10.

अविश्रम्भिन् Adj. *misstrauend.*

अविश्रान्त Adj. *nicht aufhörend, — nachlassend* Çâk. 89,10.

अविश्राम Adj. 1) *nicht ausruhend.* °म् Adv. *ohne auszuruhen.* — 2) *nicht aufhörend, — nachlassend.*

अविश्व n. *nicht das All* Bhâg. P. 3,9,3.

अँविश्वमिन्व Adj. (f. आ) *nicht allbefassend.*

अँविश्वविन्न Adj. (f. आ) *nicht überall enthalten.*

अविश्वसनीय Adj. *kein Vertrauen verdienend.* Davon Nom. abstr. °ता f.

अविश्वसत् Adj. *nicht trauend, misstrauisch* Spr. 7697.

1. अविश्वास m. *Misstrauen.*

2. अविश्वास 1) Adj. *misstrauisch.* °म् Adv. Spr. 695. — 2) *f. आ *eine Kuh, die nicht regelmässig kalbt.*

अविश्वासिन् Adj. *misstrauisch* Megh. 109.

1. अविष n. *kein Gift* Spr. 696.

2. अविष 1) Adj. (f. आ) *ungiftig.* — 2) *m. *Meer.* — 3) *f. आ *Curcuma Zedoaria.* — 4) *f. ई *Fluss.*

अविषक्त Adj. 1) *nicht an Etwas hängend* Spr. 5108. — 2) *nicht hängen bleibend,* so v. a. *unaufhaltsam* Kir. 13,24.

अविषम Adj. (f. आ) 1) *nicht ungleich, gleich.* — 2) *nicht unwirsch, freundlich.* °म् Adv. (blicken).

1. अविषय m. 1) *kein Bereich.* रवेरविषये so v. a. *dahin wohin die Sonne nicht dringt, wo sie nicht scheint* Spr. 4439. 5507. — 2) *nicht Jmds Sache* oder *Fach, etwas Unausführbares* oder *Unerlaubtes* MBh. 13,38,6. Çâk. 55,20. Kathâs. 17,138. — 3) *kein geeignetes Object für* (Gen.) Mâlatîm. 17,2. Venîs. 21,20.

2. अविषय Adj. *kein Object habend* Ind. St. 9,165.

अविषयमनस् Adj. *dessen Geist nicht auf die Sinnenwelt gerichtet ist* Mâlav. 1.

अविषयीकरण n. *das Etwas* (Gen.) *nicht zum Objecte Machen* 283,18. 19.

अविषह्य Adj. 1) *nicht tragbar.* — 2) *unerträglich* 315,7. — 3) *unbezwingbar, unwiderstehlich.* — 4) *unausführbar.* — 5) *unzugänglich.* चक्षुषाम् so v. a. *unsichtbar.* — 6) *unbestimmbar.*

अविषाण Adj. *ungehörnt.*

अविषाद m. und °दित्व n. *Unverzagtheit, guter Muth.*

अविषादिन् Adj. *unverzagt.*

अविष्टम्भ m. (Comm. zu Njâjas. 3,1,47) und °न n. (Maitrjup. 2,2) *Nichthemmung.*

अविष्ठ Adj. Superl. *sehr gern annehmend.*

अविष्यन्त् Partic. 1) *gern helfend.* — 2) *begierig* (mit Acc. Loc. oder Infin.).

अविष्या f. *Begierde, Trieb, Hitze.*

अविष्यु Adj. *gierig, Rache suchend.*

अविसंवाद m. *kein Widerspruch.*

अविसंवादक Adj. *seinem Worte treu bleibend.*

अविसंवादन n. und °वादिता f. *das Worthalten.*

अविसंवादिन् Adj. *übereinstimmend, entsprechend, zutreffend.*

अविसदृश Adj. *entsprechend.*

अविसर्गिन् Adj. *nicht intermittirend* Bhâvapr. 3,109.

अविसर्जयितव्य Adj. *kein Object der Entleerung bildend* Ind. St. 9,164.

अविसर्पिन् m. *eine best. Hölle* Taitt. Âr. 1,19.

अविसृष्ट Adj. *nicht beseitigt, — fortgelassen* Lâṭj. 1,12,10. Saṃhitopan. 17,4.

*अविसोढ n. *Schafsmilch.*

अविस्तर Adj. *von geringem Umfange.*

अविस्तीर्ण Adj. dass. Kâd. 265,20.

अविस्थल n. N. pr. einer Stadt.

अविस्पन्दित Adj. *nicht zuckend.*

अविस्पष्ट Adj. (f. आ) *nicht klar, — deutlich* 323,22. °म् Adv.

अविस्मित Adj. *nicht stolz* Bhâg. P. 6,9,21.

अविस्यन्दित Adj. Kumâras. 3,47 fehlerhaft für °स्पन्दित.

अविस्र Adj. *keinen Fleischgeruch* u. s. w. *habend.*

अविस्रंस m. *das Nichtauseinanderfallen, das Zusammenhalten* (intrans.) Tâṇḍja-Br. 13,4,13.

अविस्राव्य Adj. 1) *nicht abfliessen zu lassen.* — 2) *ohne Blutentziehung zu behandeln* Suçr. 1,45,9. — 3) *was zergeht, — aufgelöst wird.* Dazu Nom. abstr. °ता f.

अविस्वर Adj. *nicht misstönend.* °म् Adv.

अविहत Adj. 1) *unaufgehalten, ungehemmt.* — 2) *an dem Nichts auszusetzen ist.*

अविहर्यतक्रतु Adj. *dessen Wille sich nicht abwenden lässt* R̥V.

अविहस्त Adj. *nicht ungeschickt, erfahren in* (Loc.).

अविहिंसक Adj. *Niemanden ein Leid zufügend.*

अविहिंसन n. und °सा f. *das Nichtzufügen eines Leides.*

अविहिंस्र Adj. *kein Leid zufügend, keinen Schaden bringend.*

अविहित Adj. *nicht vorgeschrieben, verboten* Âpast.

अविहितसिद्ध Adj. *unerkünstelt* Uttarar. 113,16 (154,3).

अविह्रुत Adj. *ungebeugt, unbeschädigt.*

अविह्वरत् Adj. *nicht gleitend, — fallend.*

अविह्वल Adj. (f. आ) *ungebeugt, wohlgemuth* 111,6.

*अवी f. (Nom. °स्) *ein Frauenzimmer zur Zeit der Katamenien.*

अवीक्षित् und °क्षित m. N. pr. = अविक्षित्.

अवीङ्गित Adj. *unbewegt* TBr. 1,1,8,6.

अवीचि 1) *Adj. *wellenlos.* — 2) m. *eine best. Hölle.* Auch *अवीची f. Gal.

अवीचिमत् Adj. *wellenlos.* नरक = अवीचि 2) Bhâg. P. 5,26,28.

अवीत Adj. *unangetastet, unberührt.*

1. अवीर Adj. (f. आ) 1) *unmännlich, schwächlich.* — 2) *kinderlos.* — 3) f. *gattenlos.* Adj. und Subst. *kinder- und gattenlos, eine solche Frau; Wittwe* Bhâg. P. 6,19,25. — 4) *heldenlos* Bâlar. 116,13.

2. अवीर Adj. *männerleer;* n. *eine solche Gegend* 29,27. 28.

अवीरजुष्ट Adj. *Männern nicht zusagend* Mṛkkh. 147,14, v. l.

अवीरता f. *Kinderlosigkeit.*

अवीरपुरुष m. *Schwächling* Kathâs. 18,337.

अवीरहन् Adj. (f. °घ्नी) *Männern nicht verderblich.*

अवीर्य Adj. (f. आ) *schwach, machtlos.*

अवृक 1) Adj. *nicht schädigend; ungefährdet, harmlos.* — 2) n. *Sicherheit.*

अवृक्ष (R. ed. Bomb. 4,43,28) und °क Adj. *baumlos.*

अवृजिन Adj. *nicht ränkevoll.*

अवृणक् 2te und 3te Sg. Imperf. von वर्ज्.

1. अवृत Adj. *unbeschränkt, ungehemmt.*

2. अवृत Adj. *unerwählt, uneingeladen* Gaut. 9,54.

1. अवृत्त Adj. 1) *nicht erfolgt, — stattgefunden* Kathâs. 33,214. — 2) *nicht verstorben, noch am Leben seiend* R. 6,8,10.

2. अवृत्त Adj. *von schlechtem Betragen* R. ed. Bomb. 1,6,12.

1. अवृत्ति f. *kein Lebensunterhalt, Nahrungssorgen* Gaut. 12,48. 21,15. Âpast. Spr. 701. fg.

2. अवृत्ति Adj. *nicht vorkommend.* Davon Nom. abstr. °त्व n.

अवृत्तिक Adj. 1) *keinen Lebensunterhalt habend.* — 2) *k. L. gewährend.*

अवृद्ध Adj. 1) *nicht alt an Jahren* Spr. 3592. — 2) *nicht gesteigert* (gramm.) Ind. St. 1,47.

अवृद्धिक Adj. *frei von Zinsen* Jâgn. 2,63.

अवृध Adj. *nicht freudig erregend, — labend.*

अवृन्तक Adj. *stiellos.*

अवृषण Adj. *hodenlos* 88,23.

अवृषणी Adv. mit कर् *hodenlos machen* R. ed. Gorr. 1,50,6.

*अवृषल m. *kein Çûdra* Mahâbh. 6,61,b.

*अवृषलक Adj. *ohne Çûdra.*

*अवृषलीक Adj. *ohne Çûdra-Frauen* Kâç. zu P. 6,2,173.

अवृष्टि f. *Mangel an Regen, Dürre* 220,28.

अवृष्य Adj. *nicht auf die Potenz wirkend.*

अवृह m. Pl. Bez. best. *Götter* (buddh.) Lalit. 171,6.

अवेकाचार्य m. N. pr. eines *Lehrers.*

°अवेक्षक Adj. *die Aufsicht über Etwas habend.*

अवेक्षण n. 1) *das Hinsehen, Hinblicken auf* Gaut. 9,32. 15,24. — 2) *das Richten der Aufmerksamkeit auf Etwas, Vorsorge.* — 3) *aspectus planetarum.*

अवेक्षणीय Adj. *auf den Rücksicht zu nehmen ist.*

अवेक्षा f. *Vorsorge, Sorgfalt, Rücksicht auf* (Loc.) 82,3.

अवेक्षितव्य Adj. *aufmerksam zu beobachten.*

अवेक्षिन् Adj. 1) *hinsehend, hinblickend.* — 2) *seine Aufmerksamkeit auf Etwas* (Acc.) *richtend.*

अवेक्ष्य Adj. *auf den oder worauf man zu achten hat.*

*अवेगगमन Adj. *langsam gehend* (Pferd) Gal.

अवेणि *ein Ding für sich* Lot. de la b. l. 648.

अवेद m. Pl. *Nicht*-Veda Çat. Br. 14,7,1,22.

1. अवेदन n. *das Nichtkennen* M. 5,60.

2. अवेदन Adj. *schmerzlos* Suçr. 1,88,12.

अवेदविद् (Gop. Br. 1,3,15) und °विद्वंस् (MBh. 12, 247,17) Adj. *den* Veda *nicht kennend.*

अवेदविहित Adj. *nicht im* Veda *vorgeschrieben* M. 5,43.

1. अवेदि f. *Unkenntniss* Bṛh. Âr. Up. 4,4,14.

2. अवेदि Adj. *ohne Opferbank* Kâtj. Çr. 15,10,10.

अवेदिन् Adj. *keine Erkenntniss besitzend.*

अवेदोक्त Adj. *im* Veda *nicht gelehrt* MBh. 13,93,2.

1. अवेद्य 1) Adj. *nicht zu erkennen.* — 2) f. आ im Sâṁkhja *die Nichtanerkennung des* Ahaṁkâra.

2. अवेद्य Adj. (f. आ) *nicht zu ehelichen* (Weib).

3.* अवेद्य m. *Kalb.*

अवेद्यवेदकाकार Adj. (f. आ) *nicht in der Form von zu Erkennendem oder Erkennendem auftretend* Sarvad. 17,5.

अवेध्य Adj. *nicht zu durchbohren.*

अवेनन्त् Adj. *nach Nichts verlangend.*

*अवेल 1) m. *Verheimlichung, Läugnung.* — 2) f. आ *gekauter Betel.*

अवेलम् Adv. *zur Unzeit.*

अवेला f. *Unzeit* Lâṭj. 4,11,6.

अवेशसदृश Adj. *der Prostitution nicht entsprechend* Mṛkkh. 123,18.

अवेष्टि f. *Befriedigung oder Sühnung durch Opfer* Gaim. 2,3,3. Njâjam. 2,3,4.

अवैकार्य n. *keine Umgestaltung.*

अवैक्लव्य n. *Unverzagtheit, guter Muth.*

अवैगुण्य n. *keine mangelhafte Beschaffenheit* Gaim. 6,3,22.

अवैदग्ध्य n. *Mangel an Scharfsinn, Dummheit* Spr. 3656.

अवैद्य Adj. *ungelehrt* Gaut. 5,34. 28,30.31. Davon Nom. abstr. °त्व n. Gaim. 6,1,37.

अवैध Adj. *nicht ausdrücklich vorgeschrieben.*

अवैधर्म्य n. *keine Ungleichartigkeit.*

अवैधव्य n. *kein Wittwenstand.*

अवैयाकरण m. *kein Grammatiker* Nir. 2,3.

अवैरहत्य n. *kein Männermord.*

अवैराग्य n. *Empfänglichkeit für die Aussenwelt* Tattvas. 7.

अवैरिजुष्ट Adj. *wozu sich auch ein Feind nicht entschliesst* Mṛkkh. 147,14.

अवैश्य m. *kein* Vaiçja Kâtj. Çr. 14,1,1.

अवैषम्य n. *keine Noth, Wohlfahrt.*

अवोक्षण n. 1) *das Begiessen.* — 2) *das Sichbegiessen, Sichbespritzen* Gaut. 2,2. Cit. im Comm. zu Gobh. 1,1 (S. 36).

अवोचत्, °चम्, °चम् Aor. von वच्.

अवोढर् Nom. ag. *Nichtgatte.*

*अवोद Adj. *triefend, nass* Trik. 3,1,8.

अवोदेव Adj. *die Götter herablockend.*

अवोष m. wohl N. pr. eines Ameisenkönigs.

*अवोषेय und *अवोष्य Adj. von अवोष.

अवोस् wohl = अयोस् vom Pron. इ.

अव्य Adj. *vom Schaf herrührend* (Soma-*Seihe*); Subst. *eine solche* Soma-*Seihe.*

अव्यक्त 1) Adj. *a) nicht zur Erscheinung gebracht, sinnlich nicht wahrnehmbar; undeutlich.* °म् Adv. *undeutlich.* — *b) unbenannt.* — *c) undeutlich redend.* — 2) m. *a) die Allseele.* — *b)* * Bez. Vishṇu's, Çiva's und Kâma's. — *c)* *Thor, Narr.* — *d)* Titel einer Upanishad. — 3) *f. आ *Sanseviera guineensis* Nigh. Pr. — 4) n. *das nicht zur Erscheinung Gekommene, der Urstoff* oder *Urgeist.*

अव्यक्तगणित und °बीज n. *Algebra* Bîǵag. 2.

अव्यक्तरूप Adj. *undeutlich, unentschieden.* गर्भ *eine Leibesfrucht von unbestimmtem Geschlecht* 71,9.

अव्यक्तलक्षण Adj. *mit unerkennbaren Merkmalen,* Beiw. Çiva's.

अव्यक्ताव्यक्त Adj. *nicht sinnlich wahrnehmbar und zugleich s. w.,* Beiw. Çiva's.

अव्यक्तानुकरण n. *schallnachahmendes Wort.*

अव्यग्र Adj. (f. आ) 1) *unverwandt* Âpast. *auf ein ganz bestimmtes Ziel gerichtet, entschieden* (Rede, Vorhaben). — 2) *ruhig und besonnen zu Werke gehend.* °म् Adv. *in aller Ruhe.* — 3) *unbeschäftigt, Nichts zu thun habend.* — 4) *ungefährdet, sicher.*

1. अव्यङ्ग Adj. *vollgliederig.* Davon Nom. abstr. °ता f.

2. अव्यङ्ग 1) m. oder n. *Gürtel* (bei den Maga). — 2) *f. आ = अव्यण्डा.

अव्यङ्गाङ्ग Adj. (f. ई) *vollgliederig.*

अव्यचस् Adj. *nicht geräumig.*

अव्यञ्जन Adj. (f. आ) 1) *bartlos, ohne Pubes* Spr. 765. — 2) *ohne Consonanten* Ind. St. 9,32.

*अव्यण्ड 1) m. *Asteracantha longifolia* Nigh. Pr. — 2) f. आ *Flacourtia cataphracta* und *Carpogon pruriens* Nigh. Pr.

अव्यतिक्रम m. *Nichtübertretung, Erfüllung* (eines Vertrags), *das Nichtentgegenhandeln* Âpast.

अव्यतिचार m. *Nichtumwechselung.*

अव्यतिमोह m. *keine irrthümliche Verwechselung.*

अव्यतिरेक m. 1) *Nichtausgeschlossenheit, Ausnahmslosigkeit, das Nichthinaustreten aus dem Kreise von* Gaim. 1,1,5. Njâjas. 3,1,52. Comm. zu 55. 60. — 2) *Ununterschiedenheit* Comm. zu Njâjas. 4,1,38.

अव्यतिरेकिन् Adj. *unfehlbar.* Davon Nom. abstr. °कित्व n. Kusum. 28,11.

अव्यतिषक्त Adj. *nicht untereinandergemischt* Çat. Br. 12,7,3,15. 16.

अव्यती Partic. f. *den Beischlaf nicht wollend.*

अव्यथ 1) Adj. *a) ohne zu schwanken, unverzagt* Spr. 6146. — *b) schmerzlos.* Dazu Nom. abstr. °त्व n. Bhâvapr. 3,49. — 2) *m. *Schlange.* — 3) *f. आ *a) Terminalia citrina Roxb.* — *b) Hibiscus mutabilis L.*

अव्यथमान Partic. *nicht wankend* TS. 5,3,2,1.

अव्यथा f. *Schwankungslosigkeit.*

अव्यथि 1) Adj. *a) nicht schwankend, sicher schreitend, unverzagt.* — *b) sicher* (Hülfe). — 2) *m. *Ross* Gal. — 3) f. *sicherer Gang, Unverzagtheit.*

*अव्यथिन् Adj. P. 3,2,157.

*अव्यथिष 1) m. *a) die Sonne.* — *b) Meer.* — 2) f. ई *a) die Erde.* — *b) Nacht.*

*अव्यथिष्यै ved. *um nicht zu schwanken* u. s. w.

अव्यथ्य Adj. *unerschütterlich.*

(अव्यनत्) अविअनत् Adj. *nicht athmend.*

अव्यपदेश m. *keine Bezeichnung, kein Gemeintsein* Âpast. 2,8,13.

अव्यपदेशरूपिन् Adj. *für dessen Erscheinungsform es keine Bezeichnung giebt* Bhâg. P. 5,18,31.

अव्यपदेश्य Adj. 1) *nicht zu bezeichnen.* — 2) *wogegen man Nichts vorzuschützen vermag* Njâjas. 1,1,4.

अव्यपाय m. *das Nichtaufhören, Fortdauer.*

अव्यपाश्रयजीविन् Adj. *sich im Leben auf Niemand verlassend* MBh. 13,60,11.

अव्यपेक्षण n. *das Nichtberücksichtigen.*

अव्यपेत Adj. *nicht getrennt, unmittelbar auf einander folgend* Kâvjâd. 3,1.

अव्यपोह्य Adj. *nicht zu läugnen.*

1. अव्यभिचार n. 1) *das Nichtfehlgehen, Unumgänglichkeit, absolute Nothwendigkeit.* °रात् und °रेण *unumgänglich, nothwendig.* — 2) *eheliche Treue.* — 3) *Nichtübertretung, Nichtverletzung.*

2. अव्यभिचार Adj. *unwandelbar, beständig.*

अव्यभिचारवत् Adj. *unumgänglich, nothwendig erfolgend.*

अव्यभिचारिन् Adj. 1) *nicht fehlgehend* Njâjas. 1, 1,4. *sich als wahr bewährend.* — 2) *treu anhängend.* — 3) *unwandelbar, beständig.*

1. अव्यभीचार m. *eheliche Treue* 194,19 (Conj.).

2. अव्यभीचार Adj. *sich Nichts zu Schulden kommen lassend.*

1. अव्यय und अव्यय (selten) Adj. *vom Schaf herrührend, in Schafen bestehend.*

2. अव्यय m. *das Nichtverausgaben* 165,31.

3. अव्यय 1) Adj. (f. आ) *a) unveränderlich, unver-*

gänglich. Dazu Nom. abstr. °त्व n. — b) Nichts ausgebend, Knicker Spr. 7689. — 2) m. a) der höchste Gott: *Vishṇu, Çiva. — b) *Pl. eine best. Klasse von Göttern, = तुषित Gal. — c) N. pr. eines Sohnes des Manu Raivata und eines Schlangendämons. — 3) n. (*m.) Indeclinabile Spr. 7689. Dazu Nom. abstr. °त्व n. Mahâbh. 3,69,b.

4. अव्यय m. häufig fehlerhaft für अप्यय.

अव्ययमान Adj. sich nicht ergehend, unbeweglich Maitrjup. 2,2.

अव्ययवत् Adj. ein Indeclinabile seiend.

अव्ययात्मन् Adj. von unvergänglichem Wesen 104,26. 105,7.

अव्ययीभाव m. adverbiales Compositum. °समास m. dass.

*अव्ययर्ण Adj. unangefochten Bhaṭṭ. 9,19.

अव्यर्धुक Adj. nicht verlustig gehend (mit Instr.).

अव्यलीक Adj. 1) ohne Leiden, wohl auf MBh. 5,23,14. — 2) ohne Falsch, ehrlich, wahr. °म् Adv.

अव्यवच्छिन्न Adj. ununterbrochen Çat. Br. 1,3,5, 13.16. 7,2,4. 7,4,2,20.

अव्यवच्छेद m. Ununterbrochenheit.

1. अव्यवधान n. 1) das Nichtdazwischentreten von Etwas, Nichtunterbrochenwerden durch Etwas 244, 2. Çaṁk. zu Bṛh. Âr. Up. S. 94. Comm. zu Njâjas. 2,1,30. — 2) Nichtsonderung, Nichtscheidung.

2. अव्यवधान Adj. 1) unbedeckt, nackt, bloss (Boden) Kâd. 170,11. — 2) ununterbrochen.

अव्यवलम्बिन् Adj. nicht gestützt, — fest stehend.

अव्यवसायवत्, °सायिन् und °सित (R. 4,26,13) Adj. unentschlossen, Nichts unternehmend.

अव्यवस्त Adj. nicht gebunden, — gewunden.

अव्यवस्थिति f. das keinen festen Wohnsitz Haben MBh. 12,274,18. Es kann übrigens auch व्यव° gemeint sein.

अव्यवस्रंस m. das Nichtauseinanderfallen.

अव्यवहार m. 1) ungebührliches Verfahren Hâsj. — 2) Nichtgebrauch eines Ausdrucks Kap. 1,120.

अव्यवहार्य Adj. womit man sich nicht befassen kann Mâṇḍ. Up. 7.

अव्यवहित Adj. 1) nicht getrennt, unmittelbar anstossend, — folgend. — 2) durch nichts Anderes unterbrochen, ganz auf Jmd oder Etwas gerichtet (भक्ति) Bhâg. P. 3,29,12. — 3) durch अ getrennt VS. Prât. 3,64.

अव्यवह्रत Adj. = अव्यवहार्य Bhâg. P. 5,1,21.

अव्यवाय m. 1) das Nichtdazwischentreten Lâṭj. 1,2,15. — 2) das Ungetrenntsein, ununterbrochener Zusammenhang Ǵaim. 5,1,31. 3,17. Njâjam. 5,3,11.

अव्यविकन्याय m. die Weise von अवि und अविक, so v. a. Wandelbarkeit der Wortformen je nach Umständen.

अव्यवेत Adj. 1) nicht getrennt durch (Instr.) ṚV. Prât. 5,25. — 2) durch अ getrennt VS. Prât. 3,64.

अव्यसन und °निन् Adj. keine tadelnswerthen Passionen habend.

अव्यस्त Adj. nicht auseinandergerissen Lâṭj. 6, 10,18.

अव्याकृत Adj. ungesondert, ungetheilt MBh. 12, 242,13. Vgl. Mahîdh. zu VS. 40,9 und Comm. zu Çat. Br. 14,7,2,13.19. 8,6,1.

अव्याक्षेप m. Nichtzerstreutheit, Geistesgegenwart.

1. अव्याज m. kein Betrug, — Täuschung. Am Anfange eines Comp. ohne Betrug, — angewandte Künste.

2. अव्याज Adj. nicht simulirt, natürlich, wirklich Mâlatîm. 77,15 (69,15). Bâlar. 16,20.

*अव्याड m. Bein. Jama's Gal.

अव्याधित Adj. nicht krank, gesund Ind. St. 13,196.

अव्याध्य Adj. nicht zu schlagen (Ader) Suçr. 1,362,5.

अव्यानयितव्य Adj. nicht mit dem Vjâna zu fassen Nṛs. Up. in Ind. St. 9,165.

अव्यापत्ति f. die Nichtverwandlung des Visarga in den Ûshman.

अव्यापद् f. kein Fehler Bhâvapr. 3,27.

अव्यापन्न Adj. nicht gestorben Megh. 10. 98.

अव्यापाद m. das Freisein vom Verlangen Andern zu schaden Lalit. 36,5.

अव्यापार m. 1) *Musse. — 2) eine Einem nicht zukommende Beschäftigung.

अव्यापिन् Adj. nicht allumfassend.

अव्याप्त Adj. nicht erfüllt von, — versetzt mit (Instr.) Spr. 966.

अव्याप्ति f. das Nichtallumfassen.

अव्याप्यवृत्ति Adj. nicht stets sich vorfindend, an bestimmte Bedingungen geknüpft, nur relativ Geltung habend Z. d. d. m. G. 29,246. Dazu Nom. abstr. °त्व n. Comm. zu Njâjas. 2,2,18.

अव्यायत Adj. nicht getrennt ṚV. Prât. 14,19.

अव्यायाम m. keine körperliche Anstrengung, — Uebung.

अव्यावहारिक Adj. (f. ई) womit man sich nicht befassen kann Bhâg. P. 10,85,14.

अव्यावृत्त Adj. 1) ungeschieden, ununterschieden Comm. zu Njâjas. 3,2,42. — 2) gleichzeitig TS. 6, 4,8,3. TBr. 1,1,8,1.

अव्यावृत्ति f. das Sichnichtabwenden, nicht den Rücken Kehren Lâṭj. 1,2,15.

अव्याहत Adj. 1) ungehemmt, ungehindert. — 2) nicht im Widerspruch stehend. Dazu Nom. abstr. °त्व n. H. 66

*अव्याहारिन् Adj. nicht sprechend.

अव्याहृत n. das Nichtsprechen, Schweigen Spr. 708.

अव्युच्छित्ति f. Nichtunterbrechung.

अव्युच्छिन्न Adj. ununterbrochen.

अव्युच्छेत्तर् Nom. ag. nicht unterbrechend, — störend.

अव्युत्थान n. das Nichtnachgeben, das Bestehen auf Etwas.

अव्युत्पन्न Adj. 1) nicht erfolgt Vent͡s. 10,14. — 2) nicht entstanden, so v. a. grammatisch nicht zu zerlegen, keine Etymologie habend. — 3) ungebildet, roh. °मति Adj. Spr. 6783.

अव्युष्ट Adj. noch nicht leuchtend.

अव्युष्टि f. die Zeit vor Tagesanbruch TS. 1,5,7,5.

अव्यूढ Adj. nicht auseinandergerückt Çat. Br. 5,1,2,13. 5,4,33.

अव्यूह m. 1) Untheilbarkeit Njâjas. 4,2,22. — 2) keine Auflösung von Halbvocalen oder zusammengeflossenen Vocalen.

अव्यृद्ध Adj. ungeschmälert Çat. Br. 12,3,5,12.

अव्यृद्धि f. das Nichtmisslingen.

अव्येष्यत् Adj. nicht verschwindend, sich nicht verlierend.

अव्रण Adj. unverletzt (eig. und übertr.).

1. अव्रत n. das Nichtbeobachten der religiösen Vorschriften.

2. अव्रत 1) Adj. (f. आ) a) gesetzlos, ungehorsam, ruchlos. — b) die religiösen Obliegenheiten nicht erfüllend Gobh. 1,9,19. MBh. 12,228,72. Spr. 3285. — 2) *m. ein Daitja Gal.

अव्रतवत्, अव्रतिक und अव्रतिन् Adj. = 2. अव्रत 1) b).

अव्रत्य Adj. den religiösen Vorschriften nicht entsprechend Âçv. Çr. 12,8,19. Gobh. 1,6,7. Ait. Âr. 469,2.

*अव्रात्रिन् Adj. gaṇa ग्राह्यादि.

अव्रात्य m. kein Vrâtja.

*अव्रीड m. N. pr. eines Mannes.

1. अश्, अश्नोति und अश्नुते 1) gelangen zu (Acc.), erreichen; einholen. ककुभः so v. a. nach allen Weltgegenden hin sich zerstreuen. — 2) erlangen. — 3) treffen, über Jmd kommen. — 4) bewältigen. — 5) darbringen, darreichen. — 6) geniessen Spr. 3067. — 7) *durchdringen, erfüllen. — 8) *anhäufen. — Mit अनु 1) gleichkommen. — 2) erlangen. — Mit अभि 1) gelangen zu, erreichen. — 2) erlangen. — 3) bewältigen. — Mit आ erreichen. — प्रा-

यमाशिष्ये und — आशितुम् fehlerhaft für — आसिष्ये und आसितुम्. — Mit उद् 1) *gelangen zu, erreichen* Çat. Br. 4,2,1,26. — 2) *gleichkommen.* — 3) *beherrschen.* — Mit उप *erlangen, theilhaftig werden* (auch eines Uebels). — प्रायमुपाशिष्ये fehlerhaft für — उपासिष्ये. — Mit समुप *theilhaftig werden* Spr. 6426. — Mit परि 1) *gelangen zu, erreichen.* — 2) *erlangen.* — Mit प्र 1) *gelangen zu, erreichen.* — 2) *erlangen.* — 3) *zu Theil werden.* — Mit प्रति, Partic. प्रत्यष्ट etwa *Jmdm* (Loc.) *zu Theil geworden* Kauç. 106. — Mit वि 1) *gelangen zu, erreichen.* — 2) *erlangen, theilhaftig werden.* — 3) *zu Theil werden.* — 4) *Jmdes habhaft werden.* — 5) *durchdringen, erfüllen.* — Mit अनुवि *erreichen.* — Mit सम् 1) *gelangen zu.* — 2) *erlangen, theilhaftig werden.* — 3) *zu Theil werden, treffen.* — 4) *erfüllen, erhören* ṚV. 8,40,3. — Mit अनुसम् *erlangen.* — Mit उपसम् dass.

2. अश्, अश्नाति 1) *essen, verzehren, zu sich nehmen* (Speise und Trank), mit Acc. und Gen. (in der älteren Sprache). — 2) *kosten, geniessen* in übertr. Bed. — Caus. आशयति *essen lassen, speisen,* mit doppeltem Acc. 225,30. आशित 1) *gespeist, gefüttert, gesättigt, satt.* — 2) *zum Essen dargereicht.* — Desid. अशिशिषति *essen wollen.* — Mit अति *vor einem Andern* (Acc.) *essen.* — Mit उप 1) *essen, verzehren.* — 2) *kosten, geniessen* in übertr. Bed. — Mit समुप *kosten, geniessen.* — Mit निस् in अनिरशित. — Mit परि *früher als ein Anderer* (Acc.) *essen, Jmd beim Genuss von Etwas* (Instr.) *übergehen.* — Mit प्र *essen, verzehren, zu sich nehmen.* — Caus. *essen lassen, zu essen geben, speisen;* mit doppeltem Acc. — Mit अभिप्र *etwas Anderes nach Etwas* (Acc.) *essen* (um den früheren Geschmack zu verlieren) Khând. Up. 6,13,2. — Mit वि *aufessen.* Mit — सम् 1) *essen, verzehren.* — 2) *kosten, geniessen* in übertr. Bed.

*अशक m. *Boerhavia diffusa* Nigh. Pr.

अशकुन n. (adj. Comp. f. आ) *böses Omen.*

*अशकुम्भी f. *Pistia Stratiotes L.*

अशक्त Adj. *nicht könnend, unvermögend* 94,27. Die Ergänzung ein Infin. (94,28), ein Nom. act. im Loc. (81,25.30) oder Dat. (28).

अशक्ति f. *Unvermögen, Schwäche.*

अशक्नुवत् Adj. *nicht könnend, unvermögend,* mit Infin. Mṛkkh. 158,1.

*अशक्नुवान Adj. dass. Bhatt. 3,6.

अशक्य Adj. 1) *unmöglich, unthunlich.* वचस् *unausführbar.* वेदशास्त्र *unverfassbar.* अशक्यो ऽपाक्रष्टुम् *unentfernbar* Ragh. 12,17. स्थातुं नियोक्तुर्पदशक्यमग्रे *weil es unmöglich ist zu verbleiben* 2,56. Dazu Nom. abstr. °ता f. und °त्व n. mit einem Infin. — 2) *unüberwindlich.*

अशग m. N. pr. eines Autors.

अशङ्क Adj. *furchtlos, ohne Scheu* Spr. 4295. °म् Adv.

अशङ्कनीय Adj. *nicht zu vermuthen, — zu befürchten, — anzunehmen.*

अशङ्का f. *keine Furcht, — Scheu.* Instr. *ohne Scheu.*

अशङ्कित 1) Adj. *a) unbesorgt, kein Misstrauen habend.* — *b) nicht beanstandet, — verdächtig.* — 2) °म् Adv. *a) ohne Scheu, — Bedenken* Kâd. 170, 15. — *b) wider alles Erwarten, plötzlich.*

अशङ्क्य Adj. 1) *kein Misstrauen erregend.* — 2) *nicht zu erwarten, — anzunehmen.*

अशठ Adj. (f. आ) *nicht falsch, — hinterlistig, ehrlich.*

अशठक्रोध Adj. *ohne Falschheit und Zorn* MBh. 12,293,12.

अशत n. *kein volles Hundert* Çat. Br. 4,3,4,3.

अशतदक्षिण Adj. *wobei der Lohn weniger als Hundert beträgt* ebend.

अशत्रु 1) Adj. *a) ohne ebenbürtigen Gegner.* — *b) unvermögend sich zu vertheidigen* ṚV. 5,2,12. — 2) *m. *der Mond.* — 3) n. *Feindlosigkeit.*

अशन् m. 1) *Stein, Fels.* — 2) *Schleuderstein.* — 3) *Himmelsgewölbe* ṚV. 1,164,1. 173,2. 10,27,13.

1. *अशन Adj. *erreichend, hinüberreichend.*

2. अशन n. 1) *das Essen, Speisen.* — 2) *Essen, Speise.* Am Ende eines adj. Comp. f. आ.

अशनकृत् Adj. *Speise bereitend.*

अशनक्रिया f. *das Zusichnehmen von Speisen.* °क्रियां कर् Pankat. 236,22.

अशनपति m. *Speiseherr* Çat. Br.

*अशनवत् Adj. *speisereich.*

अशना f. = अशनाया Çat. Br. 11,7,2,3. Khând. Up. 6,8,3.

अशनानशन n. *das Essen und Fasten* 35,20.

1. अशनाय्, °यति *nach Speise verlangen, hungrig sein* Çat. Br. *°यित *hungrig.*

2. अशनाय् *den Donnerkeil vorstellen.* °यितव्य n. impers. Du. V. 22,5.

अशनाया und अशनाया f. *Hunger.* अशनायापिपासे *Hunger und Durst* Çat. Br. 14,6,4,1.

अशनायावत् (271,21) und अशनायुक Adj. *hungrig.*

अशनि 1) f., später auch m. *Donnerkeil, Blitzstrahl.* Auch अशनी f. अशन्यहत Adj. Çat. Br. 11,2, 7,25. — 2) f. *Pfeilspitze.* — 3) f. als Naturerscheinung *eine Species der* Ulkâ. — 4) m. ein Name Rudra's. — 5) *m. Pl. N. pr. eines Kriegerstammes.

*अशनिक Adj. = अशनौ कुशलः.

अशनिग्रावन् m. *Diamant* Spr. 6850.

अशनिन् Adj. *mit einem Donnerkeil versehen.*

अशनिप्रभ m. N. pr. eines Râkshasa.

अशनिमत् Adj. *blitzschleudernd.*

अशनिहत Adj. *vom Blitz getroffen.* दुःखाशनि° Kathâs. 19,27.

*अशनीय्, °यति *nach Speise verlangen.*

अशपत् Adj. *nicht fluchend, — verwünschend.*

अशब्द Adj. 1) *lautlos* Çat. Br. 14,6,8,8. Âpast. TS. Prât. 23,6. — 2) *im* Veda *nicht gelehrt, unvedisch* Gaim. 6,3,29. Dazu Nom. abstr. °त्व n. 5,2,18.

अशम् Indecl. *Unheil.*

अशमरथंभावुक Adj. *in einen nie ruhenden Wagen sich wandelnd* TBr. 1,3,5,4.

अशम्य Adj. = अयुत Cit. im Comm. zu TS. II, 694 und zu Njâjam. 4,1,28. असव्य v. l.

1. अशरण n. *Schutzlosigkeit.*

2. अशरण Adj. (f. आ) *schutzlos* Âpast.

अशरणी Adv. mit कर् *schutzlos machen* Spr. 5807.

अशरण्य Adj. 1) *keinen Schutz gewährend.* — 2) *keines Schutzes bedürfend.*

अशरव्य Adj. (f. आ) *Pfeilen nicht zugänglich.*

अशरीर (!) 1) Adj. (f. आ) *körperlos* Çat. Br. 14,7,2, 10. Âpast. *ohne festen Körper* Ait. Br. 2,14. *körperlos von einer Stimme,* so v. a. *aus keinem sichtbaren Wesen heraustönend.* — 2) m. *der Liebesgott.* — 3) n. in der Rhetorik *das Fehlen des Verbums in einem Satze.*

अशरीरिन् Adj. = अशरीर 1).

1. अशर्मन् n. *Leid, Unglück* Kir. 12,26.

2. अशर्मन् Adj. *freudlos* Âpast.

*अशल्क = भीरु Gal.

अशल्यविद्ध Adj. *nicht gesprungen, — beschädigt* Hariv. 7773.

अशवाग्नि m. *kein Leichenfeuer.*

अशस् Adj. *verwünschend, hassend.*

अशस्त Adj. *infaustus.*

अशस्तवार Adj. *unaussprechliche Schätze besitzend.*

अशस्ति f. 1) *Verwünschung, Hass.* — 2) *Verwünscher, Hasser.*

अशस्तिहन् Adj. *Verwünscher tödtend.*

1. अशस्त्र Adj. (f. आ) *keinen Anruf habend.*

2. अशस्त्र Adj. *schwertlos, unbewaffnet* MBh. 12,95,5. Bhag. 1,46. Mṛkkh. 102,4.

अशस्त्रकृत्य Adj. *nicht mit dem Messer zu behandeln* Suçr. 1,362,5.

अशस्त्रपाणि Adj. *kein Schwert in der Hand habend* Venis. 74. 92.

अशस्त्रपूत Adj. *nicht durch das Schwert oder Messer geläutert, — geheiligt* Mâlatîm. 77,15 (69, 15). Veṇîs. 31,16.

अशस्त्रबद्ध (wohl so zu lesen) Adj. *mit keinem Schwert bewaffnet* Kâm. Nîtis. 7,57.

*अशाखा f. *eine best. Grasart.*

अशान्त Adj. 1) *unbändig, heftig, wild.* — 2) *der heiligen Ordnung nicht unterworfen, ungeweiht, unheilig.*

*अशान्तगन्धाख्या f. *Curcuma* Nigh. Pr.

अशान्तता f. *Mangel an Gemüthsruhe, Leidenschaftlichkeit.*

अशान्ति f. *das Nichtnachlassen, Nichtaufhören* Suçr. 2,47,21.

अशान्तिकर Adj. *Unheil bringend.*

अशाब्द Adj. *auf keinem vedischen Texte beruhend* Gaim. 5,1,5.

अशाब्दिक Adj. *nicht mit den Worten vertraut, kein Grammatiker u. s. w.*

अशाम्य Adj. *nicht zu beschwichtigen, unversöhnlich* Hariv. 1,48,7.

अशाय्, अशायते *gelangen zu* (Acc.) ṚV. 10,92,1. — Mit वि Act. *bewältigen* ṚV. 6,33,2.

अशाश्वत Adj. (f. ई) *nicht beständig, — ewig.*

अशासत् Adj. *nicht bestrafend* 204,5.

अशास्त्र Adj. (f. आ) *auf keiner Vorschrift beruhend* Gaim. 6,2,18.

अशास्त्रचक्षुस् Adj. *nicht mit dem Auge der Lehrbücher schauend* Spr. 719.

(अशास्य) अशासित्र Adj. *untadelig.*

अशि Bez. der Wurzel 2. अश्. अश्यर्थ Adj. *die Bedeutung «essen» habend* 224,29.

अशिक्न m. Pl. N. pr. eines Volkes. अशिकेश Varâh. Bṛh. S. 11,56, v. l.

अशिक्षित Adj. 1) *nicht erlernt.* — 2) *nicht unterwiesen, — gelehrt* (auch von Thieren). Die Ergänzung im Loc. (120,19) oder im Infin.

अशिख Adj. 1) *ohne Haarbusch* Ind. St. 9,149. — 2) *mit Ausnahme des Haarbusches* Kâtj. Çr. 2,1,9.

अशित n. 1) Adj. *gegessen* 35,25. 26. 264,30, — 2) **der Ort wo Jmd gegessen hat* 238,20.

*अशितंगवीन Adj. = आशितं°.

अशितृ Nom. ag. *Esser.*

अशितव्य Adj. *zu essen.*

अशितावत् Adj. *gegessen habend* AV. 9,6,38.

अशित्र n. *Nahrung.*

अशिथिल Adj. (f. आ) *nicht locker, — schlaff, fest.*

अशिथिलंभाव m. *das Festwerden.*

*अशिन् Adj. *weitreichend, dauernd.*

अशिपद Adj. (f. आ) *die* Çipada *genannte Krankheit verscheuchend.*

अशिमिद Adj. (f. आ) *nicht verderblich wie die* Çimidâ.

अशिमिविद्विष् Adj. als Beiw. der sieben Parǵanja vielleicht *Werke nicht anfeindend.*

*अशिर 1) m. a) *Feuer.* — b) *die Sonne.* — c) N. pr. eines Râkshasa. — 2) f. आ N. pr. der Frau des Açira. — 3) n. *Diamant.*

अशिरस् und °स्क Adj. *ohne Kopf.*

अशिल्पिन् m. *kein Künstler, — Handwerker* Gaut. 17,7.

अशिव 1) Adj. (f. आ) *unheilvoll, schlimm* 82,21. — 2) m. N. pr. eines Krankheitsdämons Hariv. 2,109,76. — 3) n. *Unheil.* °शंसिन् 74,20.

अशिशिर Adj. (f. आ) *heiss.* °ता f. *Hitze* Megh. 81.

अशिशिरकर m. *die Sonne* Kâd. 16,18.

अशिशिरकिरण m. dass. Kâd. 14,12. 28,3. 91,7. 130,14.

अशिशिषु Adj. *essen wollend, hungrig.*

1. अशिशु m. *kein Kind* MBh. 3,189,42.

2. अशिशु Adj. (f. ebenso und अशिश्वी) *kinderlos, ohne Junge*

अशिश्नत् 3. Sg. Aor. von श्नथ्.

*अशिश्विका Adj. f. *kinderlos, ohne Junge.*

1. अशिष्ट Adj. *ungebildet, ungesittet* Âpast.

2. अशिष्ट Adj. *nicht übrig.*

अशिष्ठ Adj. *am meisten essend.*

अशिष्य Adj. 1) *nicht zu lehren* (eine Sache). — 2) *nicht zu unterweisen.*

1. अशीत Adj. *der 80ste.*

2. अशीत Adj. *nicht kalt* Tarkas. 14.

अशीततनु Adj. *einen heissen Körper habend* TS. 1,1,13,3. TBr. 1,2,1,25.

अशीतम Adj. *am meisten essend* VS. 2,20.

अशीतरुचि m. *die Sonne* Viddh. 40,4.

अशीतल Adj. (f. आ) *nicht kühl, warm.*

अशीति f. *achtzig.* अशीतीष्टक Adj. Çat. Br. 10,4,2,9. अशीतिशतेष्टक Adj. 6. अशीत्युत्तर Adj. Maitr. S. 3,2,5.

अशीतिक Adj. 1) *das Maass von 80 habend.* — 2) *achtzigjährig.* अशीतिकावर Adj. *mindestens achtzigjährig* Gaut. 6,10.

अशीतितम Adj. *der 80ste.*

अशीतिभाग m. *der 80ste Theil.*

अशीर्ततनु Adj. *einen unzerstörbaren Körper habend* Kâṭh. 1,12.

अशीर्य Adj. *unzerstörbar.*

अशीर्षक, अशीर्षन्, *अशीर्षिक und *अशीर्षिन् (Kâç. zu P. 5,2,116) Adj. *kopflos.*

1. अशील n. *schlechte Gewohnheiten, Unsittlichkeit.*

2. अशील Adj. (f. आ) *schlechten Gewohnheiten fröhnend, unsittlich.*

अशीलिन् Adj. dass.

अशुकादष्ट Adj. *nicht von Papageien angefressen* MBh. 2,17,28.

*अशुकाङ्क n. = तमालपत्र Gal.

अशुक्ल Adj. (f. आ) *nicht weiss, — weisslich.*

अशुक्लवत् Adj. *nicht das Wort* शुक्ल *enthaltend* Çat. Br. 6,2,2,14.

अशुचि Adj. *unrein* (auch in rituellem Sinne), *unlauter.* Davon Nom. abstr. °त्व n. zu Spr. 328.

अशुचिकर Adj. *verunreinigend* Âpast.

अशुचिभाव m. *Unreinheit* 43,8.

अशुचिलिप्त Adj. *verunreinigt* Âpast.

अशुच्यायतन Adj. *auf unreiner Feuerstätte befindlich* Kâtj. Çr. 25,4,34.

अशुद्ध Adj. 1) *unrein.* — 2) *fehlerhaft.*

अशुद्धि f. *Unreinheit.*

अशुन AV. 14,2,16 fehlerhaft; vgl. ṚV. 3,33,13.

अशुभ 1) Adj. a) *hässlich.* — b) *nicht angenehm, — zusagend, unerfreulich.* — c) *Unheil verheissend, infaustus* LA. 13,12. — d) *schlecht* (in ethischem Sinne). °मति Adj. 105,1. — e) *unrein* (Beschäftigung). — 2) m. N. pr. eines Lexicographen. — 3) n. a) *Weh, Unheil, Unglück.* — b) *Böses, böses Werk, Sünde.*

अशुभदर्शन Adj. *hässlich.*

अशुभोदय m. *der Aufgang eines ungünstigen Planeten.*

अशुश्रूषा f. *Ungehorsam.*

अशुश्रूषु Adj. 1) *nicht lernbegierig* Gop. Br. 2,3,18. — 2) *ungehorsam gegen* (Gen.) MBh. 12,228,73.

अशुष Adj. *verzehrend, gefrässig.*

अशुष्क Adj. (f. आ) *nicht ausgetrocknet, — trocken, — dürr.*

अशुष्काग्र Adj. (f. आ) *keine trockene Spitze habend* Kâtj. Çr. 4,2,4. 6,1,8.

*अशूकमुण्ड m. *eine Art Gerste* Gal.

अशूद्र m. *kein* Çûdra.

अशूद्रोच्छिष्टिन् Adj. *nicht in Berührung mit* Çûdra *und Ueberbleibseln kommend* Çat. Br. 14,1,1,31.

अशून Adj. *nicht geschwollen.*

अशून्य 1) Adj. (f. आ) a) *nicht leer, — unbesetzt.* अशून्यां गुहां कर् *eine Höhle nicht verlassen.* — b) *nicht eitel, — vergeblich.* — c) *nicht unausgeführt.* नियोगमशून्यं कर् *einen Auftrag ausführen und ein Amt erfüllen* (Kâd. II,5,18). — 2) n. *Nichtleere, das Besetztsein mit Menschen.*

अशून्यता f. *das Vollwerden.*

अशून्यशयन n. der Tag, an welchem Viçvakarman sich dem Schlaf hingiebt, und die an diesem Tage stattfindende Begehung.

अशून्योपस्था Adj. f. deren Schooss nicht leer bleibt, so v. a. verheirathet Mantrabr. 1,1,10. Pâr. Gṛhj. 1,5,11.

*अशूला f. Vitex alata Roxb.

अशृङ्ग Adj. (f. ई) ohne Hörner Tâṇḍja-Br. 21,1, 7. Râǵat. 5,460.

अशृण्वत् Adj. nicht hörend, — hören mögend TS. 7,5,12,1. Spr. 721.

अशृत Adj. ungekocht.

अशृथित Adj. nicht locker werdend.

अशेव Adj. (f. आ) unlieb, verhasst.

1. अशेष m. kein Rest. अशेषेण und अशेषतम् vollständig, ganz.

2. अशेष Adj. (f. आ) ohne Rest, ganz, vollständig, gesammt, all. °म् Adv.

अशेषकुलवल्लरी f. Titel eines Werkes.

अशेषगुरु Adj. aus lauter langen Silben bestehend Ind. St. 8,467.

अशेषता f. und °त्व n. (Ǵaim. 3,5,5. 6,7,8) Vollständigkeit, Totalität.

अशेषय्, °यति vollständig zu Ende bringen. अशेषित vollständig vernichtet Veṇîs. 130.

अशेषस् Adj. ohne Nachkommenschaft.

अशेषसाम्राज्य Adj. über Alles herrschend (Çiva).

अशैत m. ein Arhant (bei den Buddhisten).

अशैल Adj. ohne Felsen, — Berge R. 4,44,35.

अशोक 1) Adj. (f. आ) a) ohne Gluth. — b) keinen Kummer bereitend Lalit. 178,11. Dazu Nom. abstr. °त्व n. Ind. St. 9,154. — c) keinen Kummer empfindend. — 2) m. a) Jonesia Asoka Roxb. — b) N. pr. verschiedener Männer. — 3) *f. आ a) Helleborus niger L. — b) ein Frauenname und N. pr. einer Göttin bei den Ǵaina. — 4) n. a) Açoka-Blüthe. — b) *Quecksilber.

अशोककर 1) m. N. pr. eines Vidjâdhara. — 2) f. ई ein Frauenname.

अशोकचन्द्र m. N. pr. eines Mannes.

अशोकतीर्थ n. N. pr. eines Tîrtha.

अशोकत्रिरात्र m. eine best. Feier.

अशोकदत्त m. ein Mannsname.

अशोकद्वादशी f. ein best. zwölfter Tag.

अशोकपूर्णिमा f. eine best. Vollmondsnacht.

अशोकभाण्ड und °क n. ein Kleinod, das man seiner erwählten Braut verehrt, Lalit. 161,11.14. 17. 162,5. fgg.

अशोकमञ्जरी f. 1) ein best. Metrum. — 2) Titel eines astron. Werkes.

अशोकमाला f. ein Frauenname.

अशोकरोहिणी f. Helleborus niger L.

अशोकवनिका f. Açoka-Wäldchen.

*अशोकवर्तिका f. ein best. Gericht Gal.

अशोकवर्धन m. N. pr. eines Fürsten VP. 4,24,8.

अशोकवेग m. ein Mannsname.

अशोकव्रत n. eine best. Begehung.

अशोकषष्ठी f. der sechste Tag in der lichten Hälfte des Kaitra.

अशोकान्तर Adj. nicht mit Kummer untermischt Çat. Br. 14,7,1,22.

अशोकारि m. Nauclea Kadamba Roxb.

अशोकाष्टमी f. der achte Tag in der lichten Hälfte des Kaitra.

अशोकेश्वरतीर्थ n. N. pr. eines Tîrtha.

अशोकोत्तंसिका f. ein best. Spiel.

*अशोच Adj. = अनहंकृति.

अशोचनीय Adj. nicht zu beklagen Kâd. II,115,18.

अशोच्य Adj. dass. Spr. 722. fgg.

अशोणा Adj. AV. 19,60,1 wohl fehlerhaft für अशीर्णा.

अशोभन 1) Adj. a) unschön Utpala zu Varâh. Bṛh. 3,8. — b) den Erwartungen und Wünschen nicht entsprechend, nicht gut, schlecht. — c) infaustus. — 2) n. Leid, Weh, Böses.

*अशोभमान (संज्ञायाम्) gaṇa चार्वादि.

अशोष्य Adj. nicht trocknend, — versiegend.

अशौच n. Unreinlichkeit Spr. 328. Unreinheit (in rituellem Sinne). °निर्णय m. Titel eines Werkes.

अशौटीर Adj. = अशौण्डीर.

अशौटीर्य n. = अशौण्डीर्य MBh. 12,97,25.

अशौण्डीर Adj. kein Selbstgefühl verrathend, unmännlich.

अशौण्डीर्य n. Mangel an Selbstgefühl.

अशौभ्रेय m. kein Çaubhreja Kâtj. Çr. 10,2,21.

अश्न m. 1) Stein. — 2) N. pr. eines Dämonen.

अश्नयौ SV. wohl fehlerhaft.

*अश्नीतपिबता f. eine Aufforderung noch mehr zu essen und zu trinken.

*अश्नीतपिबतीय्, °यति zum fernern Essen und Trinken auffordern wollen.

अश्नुष्टि Adj. den Essenden brennend.

°अश्म = 2. अश्मन् Stein.

अश्मक 1) m. a) N. pr. eines Sohnes des Vasishṭha und der Madajantî 108,8. — b) Pl. N. pr. eines Kriegerstammes MBh. 6,9,44. — 2) f. ई N. pr. verschiedener Frauen.

अश्मकदली f. eine *Species der Kadalî.

अश्मकसुमन्तु m. N. pr. eines Ṛshi MBh. 12,47,5.

अश्मकुट्ट und °क Adj. mit einem Stein zermalmend (Körner).

*अश्मकेतु m. eine best. Pflanze.

अश्मगन्धा f. eine best. Pflanze.

अश्मगर्भ und *°ज n. Smaragd.

अश्मघनस्वेद m. künstliche Schweisserzeugung durch Liegen über einer erhitzten Steinplatte.

*अश्मघ्न m. Coleus scutellaroides Râǵan. 5,37.

अश्मचक्र Adj. mit einer Scheibe von Stein versehen.

अश्मचित Adj. mit Steinen besäet Tâṇḍja-Br. 14, 3,13. अश्माचित Comm.

अश्मचूर्ण m. n. fein zerriebener Stein Kâtj. Çr. 16,3,19.

*अश्मज n. 1) Erdharz. — 2) Eisen.

*अश्मजतुक n. Erdharz.

*अश्मजित् m. = अश्मघ्न Nigh. Pr.

अश्मता f. das Steinsein, Härte eines Steines.

*अश्मदारण m. Brechstange.

अश्मदिद्यु Adj. Steine oder Donnerkeile zu Geschossen habend.

1. अश्मन् m. Esser.

2. अश्मन् m. 1) Fels, Gestein, Stein. Einmal अश्मन् Çat. Br. — 2) Werkzeug aus Stein. — 3) Donnerkeil. — 4) Himmel. — 5) N. pr. eines Brahmanen.

अश्मनगर m. N. pr. der von den Kâlakeja bewohnten Felsenstadt.

अश्मन्त 1) *Adj. a) unheilvoll. — b) schrankenlos. — 2) m. a) *Bauhinia tomentosa Râǵan. 9,40. — b) N. pr. eines Marutvant. — 3) *n. a) Ofen. — b) Feld. — c) Tod.

अश्मन्तक 1) m. Bauhinia tomentosa (Râǵan. 9, 39) und Oxalis corniculata (Bhâvapr. 2,67). — 2) m. n. a) Ofen. — b) *Lampenschirm.

अश्मन्मय Adj. (f. ई) steinern, aus Fels gemacht.

अश्मन्वत् Adj. steinig.

अश्मपरान्त N. pr. einer Oertlichkeit.

अश्मपुरी f. Felsenburg Çat. Br. 3,1,3,11.

*अश्मपुष्प n. Benzoe-Harz.

अश्मपृष्ठ N. pr. eines heiligen Steines in Gajâ.

*अश्मभार m. eine Last Steine gaṇa वंशादि.

*अश्मभाल n. eine Art Mörser.

अश्मभिद्, *°भेद und °भेदक m. Coleus scutellarioides Benth.

अश्ममय Adj. (f. ई) von Stein, steinern.

अश्ममूर्धन् Adj. einen Kopf von Stein habend 27,20.

*अश्मयोनि m. Smaragd.

*अश्मरथ m. N. pr. eines Mannes.

अश्मरी und °रि (metrisch) f. Blasenstein.

अश्मरीघ्न m. *Crataeva Roxburghii R. Br. und Capparis trifoliata (Mat. med. 115).

*अश्मरीहर m. eine best. Kornart.

अश्मल m. Pl. N. pr. eines Volkes. Die richtige Lesart ist अश्मक.

*अश्मलाक्षा f. *Erdharz* Râǵan. 13,70.

*अश्मलोह m. *Eisen* Gal.

अश्मवत् Adj. *steinig.*

अश्मवर्मन् n. *steinerner Wall* oder *Schild.*

अश्मवर्ष n. *Steinregen* MBh. 3,167,33. 12,281,18. 19.

अश्मवृष्टि f. dass. R. 3,38,8.

अश्मव्रज Adj. *in Fels eingesperrt.*

अश्मश्रु Adj. *unbärtig* Gop. Br. 1,3,9.

अश्मश्रुमुख Adj. *keinen Bart im Gesicht habend* Ind. St. 8,314.

अश्मसार 1) m. n. *Eisen.* — 2) m. **Sapphir.*

अश्मसारमय Adj. *eisern.*

अश्मसारिन् m. N. pr. eines Mannes.

अश्महन्मन् n. *Schlag des Donnerkeils.*

अश्मातक m. = अश्मन्त 2) *a).*

अश्मापिधान Adj. *mit einem Steine zugedeckt* Tâṇḍja-Br. 19,7,1.

*अश्मार्म n. *Trümmerhaufen von Steinen.*

(अश्मास्य) अश्मास्य Adj. *dessen Mündung ein Fels ist, aus einem Felsen fliessend.*

*अश्मीय Adj. von 2. अश्मन्.

*अश्मीर m. n. = अश्मरी.

*अश्मोत्थ n. *Erdharz.*

अश्येताक्ष Adj. (f. ई) *keine röthlich weissen Augen habend* Kâtj. Çr. 7,6,14.

अश्र am Ende eines adj. Comp. = अश्रि.

अश्रद्दधान Adj. *kein Vertrauen zu Etwas habend, ungläubig* Çat. Br. 12,4,1,10. MBh. 12,35,47. Bhag. 4,40. mit Gen. 9,3.

अश्रद्द Adj. dass.

अश्रद्धा f. 1) *Mangel an Vertrauen, Unglaube.* — 2) **Appetitlosigkeit* Gal.

अश्रद्धित Adj. *kein Vertrauen habend, ungläubig* Bhâg. P. 8,20,14.

अश्रद्धेय Adj. *unglaublich* Kâd. II,100,19. 109,4. *unglaubwürdig* Veṇîs. 81,2. Davon Nom. abstr. °त्व n.

1. अश्रम m. *Nichtermüdung.*

2. अश्रम und अश्रम Adj. *unermüdlich.*

1. अश्रमण Adj. dass.

2. अश्रमण m. *kein Bettelmönch.*

अश्रमिष्ठ Adj. *nimmer ermüdend.*

अश्रवण n. 1) *das Nichterwähntsein in einem heiligen Texte* Lâṭj. 10,11,5. — 2) *das Fehlen, — Mangeln eines Wortes, Suffixes* u. s. w. 279,1.

अश्रवणीय Adj. *nicht hörbar.*

अश्रात Adj. *ungekocht.*

अश्राद्ध n. *eine nicht für ein Todtenmahl bestimmte Speise* Âpast. 1,10,28.

*अश्राद्धभोजिन् Adj. *an keinem Todtenmahl theilnehmend.*

अश्राद्धिन् Adj. *kein Todtenmahl veranstaltend.*

अश्राद्धेय Adj. *zu einem Todtenmahl sich nicht eignend.*

अश्रान्त Adj. *unermüdlich.* °म् Adv. Spr. 2065. 3274.

अश्राव्य Adj. *unhörbar, was man nicht hören darf.*

अश्रि f. *scharfe Kante, Ecke, Schneide.* Auch अश्री Shaḍv. Br. 4,4. Am Ende eines adj. Comp. अश्रि und अश्रिक (118, 9).

अश्रित Adj. *nicht haftend an* (Loc.).

अश्रिमत् Adj. *kantig.*

अश्री f. *Missgeschick, die Göttin des Unglücks.*

अश्रीक Adj. *aller Pracht* oder *Wohlfahrt baar* MBh. 3,173,64.

अश्रीमत् (R. ed. Bomb. 1,6,16) und अश्रीर (f. आ) Adj. *nicht schön, hässlich.*

अश्रु n. (ausnahmsweise auch m.) *Thräne.* Mit कर् (Spr. 3664), मुच् (Chr. 59,11. 82,27), वर्तय् und आवर्तय् *Thränen vergiessn.*

अश्रुकण्ठ Adj. *mit Thränen im Halse* R. 2,74,28.

अश्रुकर्मन् n. *das Thränenvergiessen* Spr. 3664.

अश्रुत 1) Adj. *a) ungehört* 283,32. — *b) vom Lehrer nicht gehört, nicht gelehrt* Ǵaim. 4,4,34. — c) *keine Gelehrsamkeit besitzend, ungelehrt* Spr. 727. 1520. — 2) m. N. pr. eines Sohnes des Kṛshṇa und desgl. des Djutimant (VP.² 1,152). — 3) f. आ N. pr. der Gattin des Añgiras.

अश्रुतवत् Adv. *wie nicht gehört.*

अश्रुतव्रण m. N. pr. eines Sohnes des Djutimant VP.² 1,152.

1. अश्रुति f. 1) *Vergessenheit.* — 2) *kein vedischer Text.*

2. अश्रुति Adj. *unvernehmlich.* Davon Nom. abstr. °त्व n.

अश्रुतिधर Adj. *nicht in's Gehör fallend.*

अश्रुधारा f. *Thränenstrom* Pañkad. 32.

अश्रुनिपात m. = अश्रुपात 1).

अश्रुपात m. 1) *Thränenfall, herabstürzende Thränen* MBh. 14,56,13. — 2) *ein best. Theil des Pferdekopfes.*

अश्रुपातक m. = अश्रुपात 1) Saṁnj. Up. S. 36, Çl. 4.

अश्रुप्रमार्जन n. 1) *das Abwischen der Thränen, so v. a. Weinen* Spr. 117. — 2) *das Trösten.*

अश्रुप्रवाह m. *Thränenstrom.*

अश्रुप्लावित n. *Thränenfluth* Kâd. II,81,23.

अश्रुमुख 1) Adj. (f. ई) *mit Thränen im Gesicht.* — 2) m. Bez. *des Vaters, Grossvaters und Urgrossvaters* Brahma-P. in Prajogar. — 3) n. Bez. *einer der fünf Weisen, auf welche der Planet Mars seinen Rücklauf beginnt,* Varâh. Bṛh. S. 6,2.

अश्रुलोचन und अश्रुविलोचन Adj. *mit Thränen im Auge.*

अश्रेयंस् 1) Adj. *schlechter, niedriger stehend.* — 2) n. *Unheil, Unglück.*

अश्रेयस्क Adj. *unheilvoll.*

अश्रेष्मन् Adj. *ohne Band.*

अश्रोतर् Nom. ag. *nicht hörend* Khând. Up. 7,9,1. Maitrjup. 6,11.

अश्रोत्र Adj. *ohne Ohren* Çat. Br. 14,6,8,8.

अश्रोत्रिय Adj. *mit der heiligen Schrift nicht vertraut.*

अश्रौतयाजक Adj. *der nicht die Çrauta-Handlungen verrichtet* Ind. St. 10,100.

अश्लाघा f. *Bescheidenheit, Zurückhaltung.*

अश्लाघ्य Adj. *nicht rühmenswerth, schimpflich* Mṛkkh. 132,15.

अश्लीक Adj. *unheilvoll.*

अश्लील Adj. (f. आ) *unschön, hässlich, nicht fein, unanständig* (Worte) Vâmana 2,1,15. Dazu Nom. abstr. °ता f. und °त्व n.

*अश्लीलदृढरूप Adj. (f. आ) *von hässlicher, aber kräftiger Gestalt* P. 6,2,42.

अश्लीलनामन् Adj. *einen hässlichen Namen habend* Weber, Nax. 1,309.

अश्लीलपरिवाद m. *üble Nachrede.*

*अश्लीलरूप Adj. (f. आ) *hässlich* Gal.

अश्लेष m. *das Nichthaften* Bâdar. 4,1,13.

अश्लेषा f. Sg. und Pl. = आश्लेषा.

*अश्लेषाभव und *°षाभू m. *der niedersteigende Knoten.*

अश्लोण Adj. (f. आ) *nicht lahm.*

*अश्व्, अश्वति *sich wie ein Pferd gebaren.*

अश्व und अश्व 1) m. *a) Ross, Pferd,* insbes. *Hengst.* Auch collect. °वत् Adv. *wie ein Ross.* अश्वशत n. Çat. Br. 13,4,2,5. अश्वप्रोक्षण n. Kâtj. Çr. 20,6,7. °संज्ञपन n. 10. Am Ende eines adj. Comp. f. आ. — *b)* Bez. *der Zahl sieben.* — *c) Springer im Schachspiel* Pañkad. 14. — *d) der Schütze im Thierkreise* Varâh. Bṛh. 17,9. — *e)* *Bez. *eines best. Liebhabers.* — *f)* N. pr. α) eines Lehrers mit dem Patron. Sâmudri Çat. Br. 13,2,2,14. — β) eines Sohnes des Kitraka. — γ) eines Dânava. — 2) f. अश्वा *Stute.*

अश्वक 1) m. *a) Rösslein, Hengstlein* (spöttisch). — *b)* **Sperling* Nigh. Pr. — *c)* Pl. N. pr. eines Volkes. अश्मक v. l. — 2) *f. अश्विका *eine kleine Stute.*

*अश्वकन्धरिका f. *Cactus Opuntia* Râǵan. 5,114.

*अश्वकन्दिका f. *Physalis flexuosa L.*

1. अश्वकर्ण m. *Pferdeohr.*

2. अश्वकर्ण 1) Adj. *pferdeohrig* als Bez. *einer best. Art von Knochenbruch.* — 2) m. *a) Vatica robusta W. u. A.* — *b)* N. pr. eines Berges. — 3) *f. ई *eine best. Pflanze* Gal.

अश्वकर्णक 1) Adj. = 2. अश्वकर्ण 1). — 2) m. = 2. अश्वकर्ण 2) *a)*.

अश्वकशा f. *Pferdepeitsche* Nir. 9,19.

*अश्वकिनी f. *das Mondhaus* अश्विनी.

अश्वकुटी f. *Pferdestall.*

अश्वकेश m. Pl. N. pr. eines Volkes Mârk. P. 58,37.

अश्वक्रन्द m. *ein best. mythisches Wesen* (Jaksha Nilak. zu MBh.) Ind. St. 14,21.

अश्वक्रान्ता f. *eine best.* Mûrkhanâ S. S. S. 31.

*अश्वखरज m. *Maulthier* Râǵan. 19,40.

अश्वखुर 1) m. *a) Pferdehuf.* °वत् Adv. 217,33. — *b) *ein best. Parfum.* — 2) *f. ई *Clitoria Ternatea L.*

अश्वगति f. *Pferdegang* als Bez. *eines best. Metrums.*

अश्वगन्धा f. *Physalis flexuosa L.*

अश्वगुप्त m. N. pr. eines Lehrers (buddh.).

अश्वग्रीव m. N. pr. 1) eines Asura. — 2) eines Sohnes des Ḱitraka.

अश्वग्राम m. N. pr. eines Ortes.

अश्वघास m. 1) *Pferdefutter.* — 2) N. pr. eines Mannes Râǵat. 8,631.

अश्वघोष m. N. pr. eines Mannes (buddh.).

*अश्वघ्न m. *Nerium odorum* Râǵan. 10,11.

अश्वचक्र m. N. pr. eines Mannes.

अश्वचर्या f. *das Hergehen hinter einem* (zum Opfer bestimmten) *Rosse* R. 1,40,6.

अश्वचलनशाला f. *Reithaus.*

अश्वचिकित्सा f. *Veterinärkunde,* Titel eines Werkes des Ǵajadatta.

अश्वजघन Adj. *von hinten ein Pferd seiend.*

अश्वजित् 1) Adj. *Rosse erbeutend.* — 2) m. N. pr. eines Mannes (buddh.). v. l. für विश्वजित् VP.[2] 4,140.

*अश्वजीवन n. *Wicke* Nigh. Pr.

अश्वतर 1) m. *a) Maulthier.* — *b) *ein besserer Hengst.* — *c) *männliches Kalb.* — *d)* N. pr. α) *eines Gandharva. — β) eines Schlangendämons. — 2) *f. आ *eine bessere Stute.* — 3) f. ई *Maulthierweibchen.* Eine Leibesfrucht soll ihm den Tod bringen.

*अश्वतराश्व m. N. pr. eines Mannes.

अश्वतरीरथ m. *ein mit Maulthierweibchen bespannter Wagen.*

अश्वतीर्थ n. N. pr. eines Tîrtha.

अश्वत्थ 1) m. *a) Ficus religiosa L.* Aus dem Holze dieses Baumes wird das männliche Reibholz genommen. — *b) *Thespesia populneoides Wall.* — *c) ein best. Mondhaus,* = श्रोणा. — *d)* Bein. *der Sonne* MBh. 3,3,21. — *e)* Pl. N. pr. eines Volkes. — 2) *f. अश्वत्था *Vollmondstag im Monat* Âçvina. — 3) f. अश्वत्थी *der kleine Pippala-Baum* Râǵan. 11,123. — 4) *Adj. *zum Mondhaus* Açvattha *in Beziehung stehend.*

*अश्वत्थक 1) Adj. *zur Fruchtzeit des* Açvattha *abzutragen* (Schuld). — 2) f. °त्थिका = अश्वत्थी Râǵan. 11,124.

*अश्वत्थकुण m. *Fruchtzeit des* Açvattha.

*अश्वत्थभेद m. *Ficus benjamina.*

अश्वत्थल m. *ein best. Baum.*

*अश्वत्थसंनिभा f. = अश्वत्थी Râǵan. 11,123.

*अश्वत्थाम Adj. *die Kraft eines Rosses habend* Mahâbh. 4,38,*a*.

अश्वत्थामन् 1) m. N. pr. *a)* eines Sohnes des Droṇa. — *b)* eines der sieben Ṛshi unter Manu Sâvarṇi. — 2) *Adj. von अश्वत्थामन् m.

*अश्वत्थिक (f. ई), *अश्वत्थिल und *अश्वत्थीय Adj. von अश्वत्थ.

अश्वत्रिरात्र m. *eine best. Begehung* Lâṭj. 2,12,6.

अश्वत्व n. Nom. abstr. von अश्व *Ross* Çat. Br. 13,3,1,1. Çaṁk. zu Taitt. Up. S. 66.

अश्वथ m. N. pr. eines Mannes.

अश्वद Adj. *Rosse schenkend.*

*अश्वदंष्ट्रा f. = श्वदंष्ट्रा *Tribulus lanuginosus L.*

अश्वदा und °दावन् (RV.) Adj. *Rosse schenkend.*

अश्वदूत m. *Bote zu Pferde* Lalit.

अश्वद्वादश Adj. Pl. (f. आ) *eilf Kühe und als zwölftes ein Ross* Kâtj. Çr. 22,5,16. Lâṭj. 8,7,6.

अश्वनदी f. N. pr. eines *Flusses.*

अश्वनाय m. *Rosshirt.*

*अश्वनाशक m. *Nerium odorum* Râǵan. 10,11.

*अश्वनासिका f. *Nüster des Pferdes* Gal.

अश्वनिबन्धिक m. *Reitknecht.*

अश्वनिर्णिज् Adj. *mit Rossen geschmuckt.*

*अश्वन्त Adj. und m. wohl fehlerhaft für अश्मन्त.

अश्वप m. *Rosshirt.*

अश्वपति m. 1) *Rossegebieter.* — 2) N. pr. eines Asura und verschiedener Männer.

अश्वपतिन् m. N. pr. = अश्वपति.

अश्वपद n. *Fussstapfe eines Pferdes* Kâtj. Çr. 16,2,21.

अश्वपर्ण 1) Adj. *durch Rosse beflügelt.* — 2) f. अश्वपर्णी N. pr. eines Flusses.

(अश्वपस्त्य), °पस्तिअ Adj. *Rosse im Stall habend.*

अश्वपाद 1) *Adj. *pferdefüssig* (in übertr. Bed.). — 2) m. N. pr. eines Siddha.

अश्वपाल 1) m. *a) Rosshirt, Reitknecht* 299,23. — *b) Hüter des Opferrosses.* — 2) *f. ई *wohl Rosshirtin.*

*अश्वपुच्छक 1) m. *eine best. Pflanze.* — 2) f. °च्छिका = अश्वपुच्छा Nigh. Pr.

*अश्वपुच्छा f. *Glycine debilis Ait.* Râǵan. 3,18.

*अश्वपुत्री f. *Boswellia thurifera* Nigh. Pr.

1. अश्वपृष्ठ n. *Pferderücken.* Spr. 728. °पृष्ठे संमतः so v. a. *ein guter Reiter* R. 1,19,19.

2. अश्वपृष्ठ Adj. *auf Rosses Rücken getragen.*

*अश्वपेय m. N. pr. eines Mannes Kâç. zu P. 4,3,106. °पेज v. l.

अश्वपेशस् Adj. *mit Rossen geschmückt.*

अश्वप्रणीत Adj. *durch ein Pferd hingebracht* Çat. Br. 7,3,2,4.

*अश्वप्रपतन n. und davon *°पतनीय Adj.

अश्वप्लुत n. *Sprung eines Pferdes* Spr. 729.

अश्वबन्ध und °क (R. 2,91,58) m. *Reitknecht.*

1. अश्वबन्धन n. *das Anbinden der Pferde.*

2. अश्वबन्धन Adj. (f. ई) *zum Anbinden der Pferde dienend.*

अश्वबला f. *Trigonella foenum graecum.*

अश्वबाहु m. N. pr. eines Sohnes des Ḱitraka.

अश्वबुध्न Adj. (f. आ) *von Rossen getragen.*

अश्वबुध्य Adj. *auf Rossen beruhend.*

*अश्वब्रह्मचर्यक n. *Keuschheit des Hengstes,* so v. a. *verdienstlose K., K. aus Mangel an Gelegenheit* Gal.

*अश्वभक्तका f. *eine best. Pflanze* Gal.

*अश्वभार m. *Pferdelast* gaṇa वंशादि.

अश्वमन्दुरा f. *Pferdestall* Kâd. II,100,14.

*अश्वमहिषिका f. *Feindschaft zwischen Pferd und Büffel.*

*अश्वमातृ f. Bein. der Lakshmî Gal.

अश्वमार und °क m. *Nerium odorum Ait.*

अश्वमित्र m. N. pr. eines Mannes.

अश्वमिष्टि Adj. 1) *Rosse wünschend.* — 2) *R. verschaffend.*

अश्वमुख 1) Adj. (f. ई) *pferdeköpfig.* — 2) m. *a) ein best. mythisches Wesen* Ind. St. 14,21. *ein* Kiṁnara Kâd. II,22,11. — *b)* Pl. N. pr. eines Volkes. अश्मुख v. l. — 3) f. ई *Weib eines* Kiṁnara Kumâras. 1,11.

1. अश्वमेध m. *Rossopfer.* °अश्वमेधवत् Adv. *wie beim R.* Kâtj. Çr. 21,1,14. °त्व n. Nom. abstr. Çat. Br. 10,6,5,7. °याजिन् Adj. अश्वमेधकाण्ड n. Titel des 13ten *Buches* im Çat. Br. अश्वमेधत्रिरात्र m.

2. अश्वमेध m. N. pr. eines Mannes.

अश्वमेधक oder °मेधज m. N. pr. eines Fürsten Bhâg. P. 9,22,38 (39).

अश्वमेधदत्त m. N. pr. eines Fürsten VP. 4,21,3.

अश्वमेधवन्त् Adj. *ein Rossopfer erhaltend* Maitr. S. 2,2,9.

अश्वमेधिक 1) Adj. *vom Rossopfer handelnd.* — 2) *m. *ein zum R. sich eignendes Ross.*

अश्वमेधिन् Adj. *ein Rossopfer darbringend* Tândja-Br. 21,4,3.

*अश्वमेधीय m. = अश्वमेधिक 2).

अश्वमेधेश्वर m. N. pr. eines Fürsten.

अश्वमेध्य R. 1,12,37 fehlerhaft für अश्वमेध.

*अश्वमोहक m. *Nerium odorum* Nigh. Pr.

*अश्वय्, °यते = अश्वतरमाचष्टे.

अश्वयज्ञ m. *Opfer für das Gedeihen der Rosse* Gobh. 3,6,13.

अश्वया f. *Wunsch nach Rossen.*

अश्वयु Adj. *Rosse begehrend.*

अश्वयुक्त Adj. *auf das Ross Bezug habend* Kâtj. Çr. 20,4,1.

अश्वयुक्सेन m. N. pr. eines Mannes.

अश्वयुज् 1) Adj. *a) Rosse anschirrend.* — *b) mit Rossen bespannt.* — *c) *unter dem Sternbilde* Âçvajug *geboren.* — 2) *der Monat* Âçvina. — 3) f. Sg. und Du. *ein best. Mondhaus.*

अश्वयुज m. 1) *der Monat* Âçvina. — 2) **eine Reisart* Gal.

अश्वयूप m. *der Pfosten, an den das Opferross gebunden wird.*

अश्वयोग Adj. *Rosse schirrend,* so v. a. *zum Schirren der R. veranlassend.*

*अश्वरक्ष m. *Stallknecht.*

1. अश्वरथ m. *ein mit Rossen bespannter Wagen.*

अश्वरथदान n. Titel eines Pariçishṭa zum AV.

2. अश्वरथ 1) Adj. *auf einem mit Rossen bespannten Wagen sitzend.* — 2) f. आ N. pr. eines Flusses.

अश्वराज m. *Rossefürst,* Bez. des Rosses 1) Ukkaihçravas. — 2) des Çâkjamuni Lalit. 256,4. 287,11. 292,2.

अश्वराधस् Adj. *Rosse zurüstend.*

अश्वरिपु m. *Büffel* Bhâvapr. 5,105.

*अश्वरोधक m. *Nerium odorum* Ait.

अश्वल m. 1) N. pr. eines Mannes. — 2) * = अनीकस्थ.

अश्वललित n. *ein best. Metrum.*

*अश्वलाला f. *eine Art Schlange.*

*अश्ववक्त्र m. *ein* Kimnara.

*अश्ववडव n. Sg. oder m. Du. *Hengst und Stute.* m. Pl. *Hengste und Stuten* Kâç. zu P. 2,4,27.

अश्ववदन m. Pl. N. pr. eines fabelhaften Volkes.

अश्ववन्त् 1) Adj. *rossereich.* — 2) m. N. pr. = अविक्षित्. — 3) f. अश्ववती N. pr. *a)* eines Flusses MBh. 13,166,25. — *b)* einer Apsaras VP.[2] 2,82. — 4) n. *Besitz von Rossen.*

*अश्ववह m. *Reiter zu Pferde.*

1. *अश्ववार m. = अश्ववाल 1).

2. अश्ववार m. 1) *Reiter zu Pferde.* — 2) * *Stallknecht.*

*अश्ववारक m. *Stallknecht.*

*अश्ववारण m. *Bos Gavaeus.*

अश्ववाल m. 1) *Haar aus dem Rossschweif.* — 2) *Saccharum spontaneum L.*

अश्ववाह m. *Reiter zu Pferde.*

*अश्वविक्रयिन् m. *Pferdehändler.*

1. *अश्वविद् Adj. *sich auf Pferde verstehend.* m. Bein. Nala's.

2. अश्वविद् Adj. *Rosse verschaffend.*

अश्ववृष m. *Hengst.*

अश्वव्रत n. Name eines Sâman.

अश्वशक n. *Pferdeapfel.*

अश्वशकृत् 1) n. dass. — 2) f. N. pr. eines Flusses.

अश्वशङ्कु m. N. pr. eines Dânava.

*अश्वशत्रु m. *Büffel.*

अश्वशफ m. *Pferdehuf* Çat. Br. 13,3,4,4. °शफमात्र Adj. 1,2,2,10.

*अश्वशाखोट m. *eine best. Pflanze.*

अश्वशाला f. *Pferdestall.*

अश्वशास्त्र n. *Hippologie* und Titel eines Werkes des Nakula. *°विद् m. Bein. Nakula's Gal.

1. अश्वशिरस् n. *Pferdekopf.*

2. अश्वशिरस् 1) Adj. *pferdeköpfig.* — 2) m. N. pr *a)* eines Dânava. — *b)* eines Fürsten.

अश्वशिश्न n. *equi penis* Kâtj. Çr. 20,6,16.

अश्वश्चन्द्र Adj. *mit Rossen glänzend.*

*अश्वषा, अश्वसनि und अश्वसा Adj. *Rosse gewinnend, — herbeischaffend.*

अश्वसाद und °सादिन् m. *Reiter zu Pferde.*

अश्वसार m. Titel eines Werkes.

अश्वसारथ्य n. *Dressur der Pferde und Wagenlenkerei.*

अश्वसूक्त 1) *m. N. pr. eines Mannes Comm. zu Tândja-Br. 19,4,10. — 2) n. Name eines Sâman Sâmav. Br. 2,1,7. Comm. zu Lâtj. 3,4,16.

अश्वसूक्तिन् m. N. pr. eines Veda-Dichters.

अश्वसूत m. *Rosselenker* MBh. 4,12,4. 5.

अश्वसूत्र n. *ein* Sûtra *über die Rossekunst.*

अश्वसूनृत Adj. (f. आ) *an Rossen sich freuend* RV.

*अश्वसृगालिका f. *Feindschaft zwischen Pferd und Schakal.*

अश्वसेन m. N. pr. 1) eines Schlangendämons. — 2) eines Sohnes des Kṛshṇa. — 3) *des Vaters des 23ten Arhant der gegenwärtigen Avasarpiṇî.

*अश्वसेननृपनन्दन m. Patron. Sanatkumâra's.

अश्वस्तन Adj. *ohne morgen, für den folgenden Tag Nichts habend* MBh. 12,31,3.

अश्वस्तनविद् Adj. *das «morgen» nicht kennend.*

अश्वस्तनविधातृ Nom. ag. *der sich um das «morgen» nicht kümmert.*

अश्वस्तनविधान n. *das Sichnichtkümmern um das «morgen».*

अश्वस्तनिक Adj. = अश्वस्तन.

अश्वस्तोमीय n. *Bez. der Hymne* ṚV. 1,162 Çat. Br. 13,3,6,1. fgg.

1. अश्वस्थान n. *Pferdestall* Jâgn. 1,278.

2. *अश्वस्थान Adj. *im Pferdestall geboren.*

*अश्वस्य्, °स्यति *nach dem Hengste verlangen.*

अश्वस्रवण n. *das Abfliessen des Wassers von einem nass gewordenen Pferde* Kâtj. Çr. 20,2,5.

अश्वहनु m. N. pr. eines Mannes.

अश्वहन्तृ m. *Nerium odorum* Ait.

अश्वहय Adj. *Rosse antreibend.*

अश्वहविस् n. *eine best. Opferhandlung* Maitr. S. 2,3,3.

अश्वहारक m. *Pferdedieb* M. 11,51.

अश्वहृदया f. Bein. der Apsaras Rambhâ Kâd. 90,11.

*अश्वाक्ष m. *eine Art Senf.*

अश्वाजनी f. *Pferdepeitsche.*

अश्वाध्यक्ष m. *Aufseher über die Pferde.*

अश्वानीक n. *Reiterheer* Mâlav. 71,2.

अश्वानुसरण n. *das Hergehen hinter dem Opferrosse* MBh. 14,73 in der Unterschr.

अश्वानुसार m. dass. MBh. ed. Calc.

*अश्वान्तक m. *Nerium odorum* Râgan. 10,11.

अश्वापद् f. *ein dem (Opfer-) Rosse zustossender Unfall* Kâtj. Çr. 20,3,12.

अश्वाभिधानी f. *Pferdehalfter* Çat. Br. °धानीकृत Adj.

अश्वामघ Adj. *an Rossen reich.*

अश्वाय्, Partic. °यन्त् *nach Rossen verlangend.*

अश्वायुर्वेद m. *Veterinärkunde.* Wird dem Bhoga zugeschrieben B.A.J. 10,130.

अश्वायुस् m. N. pr. eines Fürsten.

*अश्वारि m. *Büffel.*

अश्वारूढ Adj. *reitend* 133,22.

अश्वारोह 1) m. *Reiter zu Pferde.* — 2) *f. आ *Physalis flexuosa L.*

*अश्वालु m. *eine best. Pflanze.*

अश्वावतान m. N. pr. eines Mannes.

अश्वावन्त् 1) Adj. *rossereich.* — 2) f. अश्वावती N. pr. eines Flusses. — 3) n. *Besitz an Rossen.*

*अश्वावरज m. *Maulthier* Gal. Vgl. अश्वखरज.

*अश्वावरोहक m. und *°रोहिका f. *Physalis flexuosa L.*

*अश्विक Adj. (f. ई) von अश्व.

अश्विन् 1) Adj. *a) mit Rossen versehen, aus R. bestehend.* — *b) zu Rosse sitzend.* — 2) m. *a) Rossebändiger, Rosselenker.* — *b)* Du. Bez. zweier Lichtgötter, die zuerst am Morgenhimmel erscheinen. Sie sind die Aerzte der Götter. अश्विनोः संयोजनम्, साम und व्रतम् Namen von Sâman. अश्विनोस्तीर्थम्. — *c)* Du. *das Mondhaus* Açvinî, *dessen Gottheit die* Açvin *sind.* — *d) Bez. der Zahl zwei.* — *e)* Du. = अश्विसुतौ d. i. Nakula *und* Sahadeva. — 3) f. अश्विनी *a)* N. pr. der Gattin oder (später) der Mutter der beiden Açvin. — *b)* Sg. und Pl. *das erste Mondhaus.* Metrisch auch अश्विनि. — *c)* *Nardostachys Jatamansi* Nigh. Pr. — 4) n. *Reichthum an Rossen.*

अश्विनकृत Adj. *von den* Açvin *ausgeführt.*

*अश्विनिनी f. = अश्विनी *b)* Gal.

अश्विनीकुमार m. *Sohn der* Açvinî (zeugt den Arzt).

*अश्विनीपुत्र m. Du. *die* Açvin.

*अश्विनीभेषज n. *Gymnema sylvestre* Nigh. Pr.

*अश्विनीसुत m. Du. *die* Açvin.

*अश्विमत् Adv. *das Wort* अश्विन् *enthaltend.*

अश्विय n. Pl. *Rossschaaren.*

*अश्वीय्, °यति *sich Rosse wünschen.*

अश्वीय 1) *Adj. *dem Pferde zuträglich.* — 2) n. *Reiterschaar* Prij. 9,18. Kâd. 91,15. fgg.

अश्वेषित Adj. *von Rossen getrieben.*

अश्वैकविंश Adj. Pl. (f. आ) *zwanzig* (Kühe) *und als einundzwanzigstes ein Ross* Kâtj. Çr. 22,2,18.

1. अश्व्य und अश्विय 1) Adj. *zum Rosse gehörig.* — *b) aus Rossen bestehend.* — 2) n. *Besitz an Rossen, Rossheerde.*

2. (अश्व्य) अश्विय m. Patron. von अश्व.

*अष्, अषति und °ते (गतिदीप्त्यादानेषु).

*अषड्ग्व Adj. = अतिकुत्सित Gal.

*अषडक्षीण Adj. *nicht unter sechs Augen verhandelt, geheim.*

अषडङ्गविद् Adj. *mit den sechs* Vedâṅga *nicht vertraut* R. ed. Bomb. 1,6,15.

अषतर Adj. Compar. *annehmbarer.*

अषाढ oder अषाळ्ह 1) Adj. *a) unüberwindlich.* — *b) *unter dem Mondhause* Ashâḍhâ *geboren.* — 2) m. *a) *der Monat* Âshâḍha. — *b) *ein bei besondern Gelübden getragener Stab aus* Palâça-*Holz.* — *c)* N. pr. eines Mannes. — *d) *das Gebirge* Malaja. — 3) f. *a)* अषाढा *ein best. Backstein.* अषाढवेला Kâtj. Çr. 17,11,9. 12,10; vgl. Çat. Br. 8, 5,4,1. — *b)* अषाढा Sg. und Pl. Name *zweier Mondhäuser* (पूर्वा und उत्तरा). — *c)* अषाढा N. pr. einer Tochter des Uçanas.

*अषाढक m. *der Monat* Âshâḍha.

अषाढिन् Adj. *einen Stab aus* Palâça-*Holz tragend* Kâd. 22,17.

अषोडशिक Adj. *nicht mit dem sechzehntheiligen* Stotra *verbunden.*

अष्ट 1) Partic. von अश (in 1. अष्टकर्ण) und 1. अश्. — 2) am Ende eines adj. Comp. = अष्टन्. — 3) m. v. l. für अष्टक 2) VP.[2] 4,27.

अष्टक 1) Adj. (f. आ) *a) achttheilig.* f. अष्टिका Çulbas. 1,49. — *b) *der die acht Bücher* Pâṇini's *studirt hat.* — 2) m. N. pr. eines Sohnes des Viçvâmitra. — 3) f. आ *a) der achte Tag nach dem Vollmonde, insbes. in den Monaten* Hemanta *und* Çiçira; *auch das an diesen Tagen dargebrachte Manenopfer.* — *b)* Bein. des Flusses Akkhodâ. — 4) n. *Oktade.*

अष्टकट्वरतैल n. *eine best. Mixtur zum Einreiben* Mat. med. 244.

*अष्टकपाल Adj. = अष्टाक°.

1. अष्टकर्ण Adj. **am Ohr durch einen Einschnitt gekennzeichnet.* f. ई *eine solche Kuh.*

2.*अष्टकर्ण m. Bein. Brahman's (*achtohrig*).

अष्टकवर्ग m. *die aus den 7 Planeten und dem* Lagna *bestehende Gruppe.* °बिन्दुफल n. Titel eines astrol. Werkes.

*अष्टकाङ्ग n. *achttheiliges Würfelbrett.*

*अष्टकिक Adj. von अष्टका.

अष्टकृत्वस् Adv. *achtmal.*

*अष्टकोण m. *Achteck.*

*अष्टक्य Adj. von अष्टका.

अष्टखण्ड m. Titel einer Schrift.

*अष्टगव n. Sg. *acht Kühe.*

1. अष्टगुण m. im Comp. *acht Eigenschaften.*

2. अष्टगुण Adj. *achtfach.*

अष्टगृहीत Adj. = अष्टागृहीत Kâtj. Çr. 8,2,26. 16,2,7.

अष्टचत्वारिंश Adj. *der 48ste.*

अष्टचत्वारिंशत् f. *achtundvierzig.*

अष्टतय n. *Oktade.*

अष्टताल m. *ein best. Tact* Git. S. 41. f. ई S.S.S. 227.

अष्टत्रिंश Adj. *der 38ste* MBh. ed. Bomb.

अष्टत्रिंशत् f. *achtunddreissig* MBh.

*अष्टत्व n. Nom. abstr. von अष्टन्.

अष्टदंष्ट्र m. N. pr. eines Dânava.

अष्टदल 1) Adj. *acht Blüthenblätter habend.* — 2) n. *achtblätterige Lotusblüthe.*

अष्टधा Adv. *achtfach, in acht Theile* (Theilen).

अष्टधाविहित Adj.

अष्टन् *acht.* Nom. Acc. अष्टौ, अष्टा und अष्ट; अष्टाभिस्, अष्टानाम्, अष्टासु.

अष्टनवत Adj. *der 98ste.*

अष्टनवति f. *achtundneunzig.*

अष्टनवतितम Adj. *der 98ste.*

अष्टनिधन n. प्रजापतेरष्ट° Name eines Sâman.

अष्टपञ्चाश Adj. *der 58ste.*

अष्टपञ्चाशत् f. *achtundfünfzig.*

अष्टपञ्चाशत्तम Adj. *der 58ste.*

अष्टपत् (!) Adj. n. zu अष्टपत्नी f. Taitt. Âr. 1,13.

अष्टपत्त्र 1) Adj. *achtblätterig* Ind. St. 9,109. — 2) n. *achtblätterige Lotusblüthe.*

अष्टपत्नी Adj. f. *acht Gatten habend* Taitt. Âr. 1,13.

अष्टपद् 1) *m. (Nom. °पात्) *a) Spinne.* — *b) ein fabelhaftes achtfüssiges Thier.* — 2) f. °पदी *eine Strophe mit acht Cäsuren* Verz. d. Oxf. H. 129,*b*,1.

अष्टपद Adj. (f. आ) *achtstollig.* Davon Nom. abstr. °ता f.

अष्टपदिका f. *Vallaris dichotomus* Wall.

अष्टपाद 1) Adj. *achtfüssig.* — 2) *m. *a) eine Art Spinne.* — *b) das fabelhafte Thier* Çarabha Râgan. 19,4.

अष्टपादिका f. = अष्टपदिका.

अष्टपुत्र Adj. (f. आ) *acht Söhne habend* AV. 8,9,21. Taitt. Âr. 1,13.

अष्टपुरुष Adj. *aus acht Personen bestehend* Taitt. Âr. 1,8. 13,1. 18,1.

अष्टपुष्पिका f. *ein aus achterlei Blumen bestehender Kranz* Kâd. 253,20.

अष्टभाग m. *Achtel.*

अष्टम 1) Adj. *a)* oxyt. (f. ई) *der achte.* — *b) den achten Theil von* (Gen.) *betragend* Gaut. 10,24. Çulbas. 3,123. — 2) m. *Achtel.* — 3) f. ई *a) der achte Tag in einem Halbmonat.* — *b) *eine best. Pflanze* — 4) n. = अष्टमभक्त Spr. 739.

अष्टमक 1) Adj. *der achte.* — 2) f. °मिका *ein best. Gewicht,* = शुक्ति.

अष्टमकालिक Adj. *nur jede achte Mahlzeit geniessend.*

1. अष्टमङ्गल n. Sg. *acht glückbringende Dinge.*

2.*अष्टमङ्गल m. *ein Pferd, bei dem Schweif, Brust, Hufe, Mähne und Gesicht weiss sind.*

अष्टमदेश m. *Zwischengegend.*

अष्टमभक्त n. *die achte Mahlzeit* (so dass sieben übersprungen werden).

अष्टमान n. *ein best. Hohlmaass,* = कुडव.

अष्टमीव्रतविधान n. Titel eines Werkes.

अष्टमूर्ति m. Bein. Çiva's.

अष्टमूली f. *eine Gruppe von acht Wurzeln ver-*

schiedener Pflanzen.

अष्टयोनि Adj. (f. ई) *acht Geburtsstätten habend* AV. 8,9,21. Taitt. Âr. 1,13.

अष्टरत्न n. *acht Juwelen* als Titel einer Spruchsammlung.

अष्टरस m. *ein best. Präparat aus verschiedenen Metallen* Mat. med. 61.

अष्टरूप Adj. (f. आ) *achtgestaltig* Ind. St. 9,12.

अष्टर्च m. *eine Strophe* oder *Lied von acht Versen.*

*अष्टलोहक n. *eine Gruppe von acht Metallen.*

1. *अष्टवर्ग m. *eine Gruppe von Achten,* insbes. **von acht Arzeneien.* = अष्टकवर्ग Ind. St. 14,323.

2. अष्टवर्ग Adj. *in Reihen von acht bestehend* Kâtj. Çr. 9,4,19.

अष्टवर्गजातक n. Titel eines Werkes.

अष्टवर्ष Adj. (f. आ) *achtjährig* M. 9,94.

अष्टविकल्प Adj. *achtartig* Sâṁkhjak. 53.

अष्टविकृतिविवरण n. Titel eines gramm. Werkes des Madhusûdana.

अष्टविध Adj. *achtfach, achtfältig* 140,11. °शस्त्रकर्मण्य Adj. *über die achtfache Anwendung des Messers* u. s. w. *handelnd* Suçr. 1,91,20.

अष्टवृष Adj. *acht Stiere habend* AV. 5,16,8.

अष्टवे Dat. Inf. *zu erreichen* ṚV. 4,30,19.

अष्टशत n. 1) *hundertundacht.* — 2) *achthundert* Jâgñ. 1,302.

अष्टशतक n. = अष्टशत 1) MBh. 3,3,28.

अष्टशतसाहस्र Adj. *aus 800,000 bestehend* MBh. 4,10,9.

अष्टशलाक Adj. *acht Rippen habend* (Sonnenschirm) MBh. 12,235,21.

*अष्टश्रवण und *°श्रवस् m. Bein. Brahman's (*achtohrig*).

अष्टषष्ट Adj. *der 68ste.*

अष्टषष्टि f. *achtundsechzig.*

अष्टषष्टितम Adj. *der achtundsechzigste.*

अष्टसप्तति f. *achtundsiebzig.*

अष्टसप्ततितम Adj. *der 78ste.*

अष्टसाहस्रक Adj. (f. °स्रिका) *aus achttausend bestehend* Burn. Intr. 51.

अष्टस्तना Adj. f. *achtzitzig.*

*अष्टहायनी f. *achtjährige Kuh* Gal.

अष्टाकपाल Adj. *auf acht Schalen vertheilt.*

अष्टाक्षर 1) Adj. (f. आ) *achtsilbig* Çat. Br. 5,2,1,5. — 2) m. N. pr. eines Mannes.

अष्टाक्षरव्याख्या f. Titel eines mystischen Tractats.

*अष्टागव Adj. *mit acht Kühen bespannt.*

अष्टागृहीत Adj. *achtmal geschöpft* Çat. Br. 6,3,1,1.3.

1. अष्टाङ्ग am Anf. eines Comp. *acht Bestandtheile* eines Heeres MBh. 2,5,63. Vgl. अष्टाङ्गक.

2. अष्टाङ्ग Adj. (f. आ) *achtgliederig, achttheilig* MBh. 15,5,8.

अष्टाङ्गक Adj. (f. °ङ्गिका) dass. रथा नागा हया योधाः पत्तयः कर्मकारकाः। चाराः दैशिकमुख्याश्च ध्वजिन्यष्टाङ्गिका मता ॥ Nilak. zu MBh. 2,5,63.

अष्टाङ्गदण्डवत् Adv. *mit acht Körpertheilen wie ein Stock* (zu Boden fallen als Zeichen höchster Verehrung).

अष्टाङ्गपात m. in साष्टाङ्गपातम्.

अष्टाङ्गहृदय n. Titel eines med. Werkes des Vâgbhaṭa und eines philos. Tractats.

अष्टाङ्गावलेह m. *eine best. Latwerge* Bhâvapr. 3,61.

अष्टाचक्र Adj. (f. आ) *achträderig.*

अष्टाचत्वारिंश Adj. 1) *der 48ste.* — 2) *aus 48 bestehend.* m. *ein aus 48 Versen best.* Stoma Ind. St. 9,266.

*अष्टाचत्वारिंशक Adj. *ein 48jähriges Gelübde begehend.*

अष्टाचत्वारिंशत् f. *achtundvierzig.* अष्टाचत्वारिंशदक्षर Adj. (f. आ) *aus 48 Silben bestehend* Çat. Br. 6,2,2,32. fg. अष्टाचत्वारिंशदिष्टक Adj. 10,4,2,13.

*अष्टाचत्वारिंशिन् Adj. = अष्टाचत्वारिंशक.

अष्टातय n. Pl. *achterlei Dinge.*

अष्टात्रिंश Adj. 1) *der 38ste.* — 2) *um 38 vermehrt.* °शं शतम् *hundertachtunddreissig* Çat. Br. 10,4,2,18.

अष्टात्रिंशत् f. *achtunddreissig.* °शद्रात्र Adj. Kâtj. Çr. 24,2,35.

अष्टादंष्ट्र m. N. pr. eines Mannes Âçv. Çr. 12,11,1. Wohl fehlerhaft für अष्ट्रा°.

अष्टादश Adj. 1) *der achtzehnte.* — 2) *mit einem achtzehntheiligen* Stoma *verbunden* Tâṇḍja-Br. 16,13,3.

अष्टादशधा Adv. *achtzehnfach* 212,18.

अष्टादशन् (Nom. °दश) Adj. *achtzehn.* अष्टादशदीन Adj. Kâtj. Çr. 24,3,36. अष्टादशारत्नि Adj. 8,6,4.

अष्टादशाक्षर Adj. *achtzehnsilbig.*

*अष्टादशभुजा f. Bein. der Durgâ.

अष्टादशम Adj. *der achtzehnte.*

*अष्टादशविवादानुशासन n. = धर्मशास्त्र Gal.; vgl. M. 8,3. fgg.

1. अष्टादशशत n. und °शती f. *achtzehnhundert* Ind. St. 9,468. fg.

2. अष्टादशशत Adj. *aus 1800 bestehend* Ind. St. 9,469.

अष्टादशशत्य Adj. (f. आ) *aus 118 bestehend* Kâtj. Çr. 17,7,25.

अष्टादशसाहस्र Adj. (f. ई) *aus achtzehn Tausend* (Çloka) *bestehend*

अष्टादशाङ्गक्वाथ m. *ein best. aus 18 Ingredienzen bestehendes Decoct.*

अष्टादशात्मक Adj. *achtzehnartig* R. 1,13,30.

अष्टाध्यायी f. *ein aus acht* Adhjâja *bestehendes Buch.*

अष्टानवति f. *achtundneunzig* Çat. Br. 10,2,3,11.

अष्टानुवाक n. Sg. *acht* Anuvâka's Kâtj. Çr. 18,5,1.

अष्टापक्ष Adj. (f. आ) *mit 8 Seitenpfosten versehen.*

अष्टापञ्चाशत् f. *achtundfünfzig.*

अष्टापद 1) Adj. (Nom. °पात्, f. °पदी) *a) achtfüssig.* — *b) achttheilig.* — 2) *m. *a) Spinne* Gal. — *b) das fabelhafte Thier* Çarabha Gal. — 3) f. °पदी *a) trächtiges Mutterthier.* — *b) achttheilige Strophe.* — *c) *eine Jasminart.*

अष्टापद 1) m. *a) *Spinne.* — *b) *Raupe, Wurm.* — *c) *das fabelhafte Thier* Çarabha. — *d) *eine Jasminart.* — *e) *Keil.* — *f)* *Bein. des Berges Kailâsa. — 2) m. n. *a) ein getäfeltes Brett mit acht mal acht Feldern zum Würfelspiel.* °व्यापार m. *Würfelspiel* Kâd. 99,6. — *b) Gold.* — 3) f. आ *eine achtzeilige Strophe.*

*अष्टापर्णा Adj. wohl *achtblätterig.*

अष्टापाद्य Adj. *achtfach* Gaut. 12,15.

अष्टायोग m. *Achtgespann.*

अष्टार Adj. *mit acht Speichen* Ind. St. 9,109.

*अष्टारचक्रवत् m. Bein. des Mañguçrî.

अष्टारत्नि Adj. *acht Ellen lang* Çat. Br. 3,6,4,20.

अष्टारथ m. N. pr. eines Sohnes des Bhîmaratha.

अष्टार्धार्ध n. *die Hälfte der Hälfte von acht,* d. i. *zwei* Pratâpar. 61,*a*.

अष्टावक्र 1) m. N. pr. eines Mannes. °गीता, °संहिता und °सूक्तिदीपिका f. Titel von Schriften. — 2) n. N. pr. eines Tîrtha.

अष्टावक्रीय Adj. Ashṭâvakra *betreffend.*

अष्टावन्धुर Adj. *mit acht Wagensitzen.*

अष्टाविंश Adj. 1) *der 28ste.* — 2) *aus 28 bestehend.* m. *ein aus 28 Versen best.* Stoma Ind. St. 9,276.

अष्टाविंशति f. *achtundzwanzig.* अष्टाविंशतिरात्र n. Kâtj. Çr. 24,2,22. अष्टाविंशतिशत n. *hundertundachtundzwanzig.* °शतमान Adj. Tâṇḍja-Br. 18,3,2.

अष्टाविंशतिधा Adv. *28fach.*

अष्टाविंशद्विध Adj. *achtundzwanzigfach.*

अष्टाशत n. *hundertundacht.*

अष्टाशफ Adj. *achtklauig.*

अष्टाशीति f. *achtundachtzig.* °शतानि *hundertundachtundachtzig.* °सहस्राणि *180 Tausend* Ind. St. 13,483.

अष्टाशीतितम Adj. *der 88ste.*

अष्टाश्रकुण्ड n. *eine best. achteckige mystische Figur.*

अष्टाश्रि Adj. *achteckig* Çat. Br. 3,6,1,27. 7,1,28. 5,2,1,5. अष्टास्रि MBh. 3,134,15.

अष्टाषष्टि f. *achtundsechzig.*

1. अष्टाष्टक n. *acht Oktaden, vierundsechzig.*

2. अष्टाष्टक Adj. *aus 64 bestehend.*

अष्टासप्तति f. *achtundsiebzig.*

अष्टाह्न m. *achttägiges* Soma-*Opfer.*

अष्टाह्निकमहोत्सव m. und अष्टाह्निकव्याख्यान n. Titel von Werken.

1. अष्टि f. *Erreichung.*

2. अष्टि f. 1) *ein 64silbiges Metrum.* Später *ein Metrum von 4 X 16 Silben.* — 2) *Bez. der Zahl sechzehn.*

3. अष्टि f. *Samenkorn.*

अष्टिन् Adj. *achttheilig, achtsilbig.*

अष्टेड Adj. *acht* इडा *enthaltend.* पदस्तोभ m. Name eines Sâman Tâṇḍja-Br. 13,5,21.

अष्टोत्तर Adj. *plus acht* 212,28.

अष्ट्रा f. *Stachel zum Antreiben des Viehes* (das Zeichen des Ackerbauers).

अष्ट्रादंष्ट्र m. N. pr. des Verfassers von R̥V. 10,111.

अष्ट्राविन् Adj. *dem Stachel gehorchend.*

*अष्ठि f. = 3. अष्टि.

अष्ठीला f. 1) *Kugel* 73,12.26. — 2) *runder Stein, Kiesel.* — 3) *Ambos* Bhâvapr. 6,16,11. — 4) *Obstkern.* — 5) *kugelige steinharte Anschwellung im Unterleibe.*

अष्ठीलिका f. *eine Art von Eitergeschwüren.*

अष्ठीव n. = अष्ठीवत् in ऊर्वष्ठीव.

अष्ठीवन्त् m. (*n.) *Kniescheibe, Knie.*

1. अस्, अस्ति. Med. 2. Sg. से zu belegen in der älteren Sprache nur im umschriebenen Futurum von medialen Verben 30,22. TS. 2,6,2,3 (1te Sg.?). Nur in den Formen vom Präsensstamme und im Perfectum आस. 1) *sein, da —, vorhanden sein, existiren; Statt finden, geschehen, sich ereignen.* अयमस्मि *da bin ich* 39,26. Mit न a) *nicht da sein.* सो ऽपि नास्ति यथा तथा *und auch dieser ist so gut wie nicht da* 66,17. नास्ति *es ist Nichts da, ich habe Nichts.* Damit wird ein Bittender abgewiesen Spr. 7615. — b) *verloren —, hin —, nicht mehr zu retten sein.* — 2) *weilen, sich aufhalten, sich irgendwo oder irgendwobei* (Loc.) *befinden.* — 3) mit Gen. oder Dat. *esse alicui, Jmd gehören, da sein —, geben für.* अस्ति मे *ich besitze Etwas, ich bin reich.* तवास्मि *ich gehöre dir, ich bin dein Gefangener.* कस्यासि *wem gehörst du?* so v. a. *wessen Gattin —, wessen Tochter bist du?* MBh. 3,64,118. Mit Loc. *sich bei Jmd befinden, angetroffen werden, Jmd eigen sein* 102,23. — 4) *bereit —, gegenwärtig —, Jmd* (Dat.) *zur Hand sein.* — 5) *hinreichen, genug sein für* (Gen.) 74,27. *einer Sache* (Dat.) *gewachsen sein, vermögen* 34,23. — 6) *Jmd* (Dat.) *zu Etwas* (Dat.) *gereichen, — behülflich sein.* — 7) *sein* (copula). का तवास्मि *was bin ich dir?* 180,6. Bildet mit Participien verschiedene Arten von Aussageformen. Mit Adverbien *sein, sich verhalten.* तथैव *wie zuvor* 57,18. एवमस्तु *so sei es,* so v. a. *einverstanden.* स्यादेवमपि mit Potent. *es könnte auch sein, dass.* — 8) आस mit dem Acc. eines Nom. act. auf आ bildet umschriebene Perfecta Ait. Br. 7,17. — 9) *werden.* Mit Gen. *Jmd zu Theil werden, zufallen* 59,26. आसीच्च मे मनसि so v. a. *und es tauchte in mir der Gedanke auf* Kâd. 35,4. 160, 1. 198,19. — 10) अस्ति *so ist es* (vollständig अस्त्येतत्). Am Anfange eines Satzes mit einem andern Verbum finitum (ist es wieder अस्ति, so fällt es weg) *es ist (war) der Fall —, es kommt vor, dass; zuweilen* Mṛkkh. 49,17. Mahâbh. 1,67,*b*. 185,*a*. 294,*a*. अस्त्यत्र कं चिद्रां पश्यसि (fragend) 211,*a*. *Fragend in Verbindung mit einem Fut. *kommt es wirklich vor, dass?* अस्मि mit einer 1. Sg. *ich bin in dem Falle, dass ich* Kathâs. 25,187. Cit. bei Mallin. zu Kir. 3,6. असि mit einer 2. Sg. *du bist in dem Falle, dass* Vâmana 5,2,82. — 11) अस्तु *es geschehe,* so v. a. *gut, einverstanden.* यदस्तु *es geschehe, was da wolle.* यदस्तु मे *was mir auch geschehen möge.* अस्तु und सन्तु mit einem folgenden Nom. *um nicht davon zu reden* Spr. 6790. — Mit अति *übertreffen* (mit Acc.). — Mit *व्यति Med. *mehr sein, überwiegen.* — Mit अनु 1) *dabei sein* (mit Acc.). — 2) *bereit sein, sich darbieten.* — 3) *gelangen zu* (Acc.), *erreichen.* — Mit *व्यत्यनु Med. — Mit अप *sich fern halten.* — Mit अपि 1) *sein, sich befinden bei* oder *in.* — 2) *zu Theil werden, zufallen.* — 3) impers. mit Gen. der Person *theilhaben an* (Loc.). — Mit अभि 1) **zufallen, auf Jmds* (Gen.) *Theil kommen.* — 2) *darüber sein, übertreffen, beherrschen, bewältigen; Jmd* (Gen. oder Dat.) *mehr gelten als* (Abl.) R̥V. 5,33,3. — Mit उप *sein —, sich befinden in* (Acc.). — उपास्ति st. उपास्ते von आस्. — Mit नि *dabei sein, Theil haben an* (Gen.). — Mit परि 1) *überholen.* — 2) *über* (einen Zeitpunkt) *hinaus gehen,* (e. Z.) *nicht einhalten* R̥V. 7,103,7. — Mit प्र *voran sein, in ausgezeichnetem Maasse sein, vorwiegen, hervorragen.* — Mit प्रति *Jmd gleichkommen, mit Jmd wetteifern.* — Mit *वि. — Mit सम् 1) *Jmd* (Acc.) *gleich sein.* — 2) *vereinigt sein mit* (सह). — 3) *sein, geben, existiren* Sarvad. 9,15. — समस्तु MBh. 13,1323 fehlerhaft für ममास्ति.

2. अस्, अस्यति 1) *schleudern, werfen, schiessen auf* (Loc., Dat. oder Gen.); *schleudern mit* (Instr.). — 2) *vertreiben, verscheuchen.* — 3) *von sich werfen, ablegen, fahren lassen.* Nur im Partic. अस्त am Anfange eines adj. Comp. 104,14.21. — 4) अस्त **beendigt.* — Mit अति 1) *niederschiessen.* Vielleicht fehlerhaft für अभि. — 2) *अत्यस्त *über Etwas* (Acc. oder im Comp. vorangehend) *hinweg gebracht, Etwas hinter sich habend.* — Mit व्यति, Partic. व्यत्यस्त *umgestellt, in eine umgekehrte Lage gebracht.* — Mit अधि 1) *darüber werfen.* — 2) *fälschlich übertragen* Çaṁk. zu Bâdar. 4,1,5. 6. *missverstehen.* — Caus. Partic. अध्यासित *mit Etwas* (Nom. abstr. im Instr.) *gemeint, unter — verstanden.* — Mit अनु, Partic. अन्वस्त *durchschossen, durchflochten.* — Mit अप 1) *wegschleudern, wegstossen, wegwerfen, abwerfen, ablegen* (Kleid, Schmuck); *niederlegen auf* 297, 1. — 2) *verlassen* (einen Ort) 124,21. *Jmd im Stich lassen* 75,23. *Etwas aufgeben, fahrenlassen* 299,25. *bei Seite lassen.* अपास्य mit Acc. *mit Hintansetzung, trotz* Bâlar. 39,14. 102, 13. समरम् so v. a. *ausser im Kampf* Spr. 5238. — 3) *entziehen, an sich ziehen* 93,5. — 4) *subtrahiren* Bîǵag. 34. — 5) *zurückweisen, widerlegen.* — Mit उदप *ganz aufgeben, — unterlassen.* — Mit अपि *einfügen.* — Mit अभि auch असति und °ते. 1) *hinwerfen, zuwerfen.* — 2) *schleudern* (Pfeile) MBh. 1,138,41. — 3) *hinzufügen* Çulbas. 2,9. — 4) *obliegen, betreiben, besorgen, verrichten, studiren.* — 5) *wiederholen, verdoppeln.* अभ्यस्त *verdoppelt, reduplicirt* Spr. 7615. — 6) *multipliciren.* — Caus. *Jmd obliegen lassen, beibringen, lehren.* — Mit समभि *obliegen, betreiben, üben.* — Mit अव *hinwerfen* R̥V. 1,140, 10. — Mit अन्वव *Etwas bringen auf* (Dat.). — Mit अभ्यव *auf Etwas hinwerfen.* — Mit आ Med. 1) *hingiessen, fliessen lassen.* — 2) *an sich —, in die Hand nehmen* Çat. Br. 1,5,2,1. — Mit उद् 1) *hinaufwerfen, in die Höhe heben.* — 2) *hinauswerfen.* — 3) *sich erheben von* (Acc.) Çâk. 34,1. — Mit अनूद् *nach Jmd hinaufwerfen.* — Mit पर्युद् *beseitigen, ausschliessen.* — Mit व्युद् 1) *umherstreuen.* — 2) *aus sich entlassen* Gaut. 9,12. — 3) *fahren lassen, aufgeben.* — Mit अभिव्युद् *vollständig fahren lassen, — aufgeben.* — Mit उद्व्युद् dass. — Mit उप *unter Etwas werfen, zu Etwas hinwerfen.* — Mit व्युप *dazwischen hinwerfen.* — Mit नि auch असति. 1) *niederwerfen, — setzen, — legen, ablegen* 93,27. प्ररोहान् *Steckreiser pflanzen* Bâlar. 147,13. — 2) *legen —, setzen —, absetzen —, einsetzen —, aussetzen in, auf* (Loc.), *stecken an, in* 113,17. 218,6. *schütten —, giessen auf, in* 169,11. मनसि चि-

न्तातिभारम् so v. a. *sich viele Gedanken machen* 311,11. शिरस्याज्ञाम् *auf's Haupt legen*, so v. a. *mit Ehrerbietung entgegennehmen* Spr. 1876. पथि *auf die Strasse werfen*, so v. a. *ablegen, aufgeben.* — 3) *schleudern* (einen Fluch) *auf* (Loc.). — 4) *auftragen* (Salbe, Zeichen) *auf* (Loc.). — 5) *heften* (den Blick) *auf* (Loc.) Spr. 7758. — 6) *Jmd* (Loc.) *Etwas* oder *Jmd übergeben, übertragen, anvertrauen* 292,4. 326,33. — 7) *aufgeben, fahren lassen* (प्राणान्, जीवितम्, देहम्). — 8) *vorbringen, zur Sprache bringen.* — 9) न्यस्त a) *hingestreckt, ausgestreckt.* क्रयाय *zum Verkauf ausgestellt.* — b) von einem Vocale α) *niedrig betont.* Compar. ṚV. Prât. 3,17. — β) *kurz* Çrut. 27. — Caus. *niederlegen —, niedersetzen heissen.* — Mit अभिनि *niederdrücken.* — Mit उपनि 1) *hinlegen, hinsetzen* R. 4,4,17. — 2) *Jmd* (Acc.) *Jmd* (Dat.) *anmelden* MBh. 3,158,28. — 3) *vorbringen, zur Sprache bringen* 250,3. — Mit समुपनि *vorbringen, zur Sprache bringen.* — Mit परिनि, Partic. °न्यस्त *ausgestreckt, hingestreckt.* — Mit प्रतिनि *für Jmd besonders hinlegen.* v. l. प्रवि. — Mit विनि auch असति. 1) *auseinanderlegen, ausbreiten, hinlegen, hinstellen.* — 2) *legen —, setzen auf* (Loc.) 304,32. 310,4. 320,8. *stecken in* 175,31. — 3) *auftragen* (Salbe, Zeichen) *auf* (Loc.) 115,17. — 4) *Etwas durch Etwas bezeichnen* Megh. 84. — 5) *richten, heften* (den Geist, den Blick) *auf* (Loc.). — 6) *Jmd* (Loc.) *Etwas* oder *Jmd übergeben, anvertrauen.* — Mit संनि auch असति. 1) *zusammen niederlegen, zusammenlegen.* — 2) *niederlegen, ablegen.* — 3) *legen —, setzen auf* (Loc.) 43,21. *Jmd* (Loc. oder Gen.) *in Verwahrung geben, anvertrauen.* — 4) *Etwas aufgeben, fahren lassen, sich von Etwas lossagen.* — 5) *allem irdischen Treiben entsagen und sich ganz dem beschaulichen Leben widmen.* — 6) संन्यस्त *hingestreckt, ausgestreckt, ausgebreitet, hingelagert.* — Mit उपसंनि in उपसंन्यास. — Mit निर् 1) *ausreissen.* — 2) *hinauswerfen, verbannen aus* (Abl.) 128,31. *verstossen, entfernen, verjagen, verscheuchen.* — 3) *abwehren.* — 4) *zurückweisen, abweisen* (einen Bewerber). — 5) *zu Nichte machen, vertilgen.* — 6) **abschiessen.* — 7) *हस्तौ Act. Med. *ausstrecken.* — 8) **von sich abstreifen*, Act. Med. — 9) *zurückweisen, widerlegen.* — 10) निरस्त *ausgestossen.* a) von der Aussprache der Laute श, ष, स und ह. — b) von einer best. fehlerhaften Aussprache der Vocale. — Caus. *ausreissen.* Partic. निरसयत् (!) zu Spr. 1171. — Mit अभिनिस् *hinwerfen nach.* — Mit परा 1) *wegwerfen, bei Seite werfen.* — 2) *hinwerfen.* — 3) *verstossen, aussetzen* (ein Kind). — 4) *verlassen* (einen Ort). — 5) *zurückweisen, widerlegen.* — Mit परि 1) *hinundher werfen, — bewegen, umhergehen lassen* (die Augen). — 2) *umwerfen, niederwerfen.* पर्यस्त *umgeworfen, umgestürzt, niedergefallen auf* (Loc.). — 3) Med. *ringsherum anlegen, umlegen* 21,16. — 4) *umringen, umgeben, umstricken.* — 5) *sich umdrehen.* पर्यस्य Absol. Spr. 1622. — 6) *sich ausbreiten.* पर्यस्त *ausgebreitet um* (im Comp. vorangehend). — 7) *aufreihen.* पर्यस्त *aufgereiht auf* (im Comp. vorangehend). — 8) पर्यस्त *verkehrt* Spr. 5560. — Mit विपरि 1) *umkehren, umwerfen* Gaut. 20,3.4. *umwechseln, vertauschen.* विपर्यस्त *umgekehrt, verstellt, verkehrt* 236,14. — 2) *eine verkehrte Ansicht haben* Spr. 2596. — 3) विपर्यस्त *herumstehend* 128,14. — Caus. *bewirken, dass Etwas* (Acc.) *sich verkehrt* Bâlar. 271,4. — Mit संपरि s. संपर्यासन. — Mit प्र 1) *fortschleudern, hinschleudern, hinwerfen, werfen in* (Loc.) 34,23. 162,1. अंशम् *einen Einsatz machen, wetten.* — 2) *umwerfen.* — Mit अनुप्र *nachwerfen.* — Mit अभिप्र *hinwerfen auf* (Acc.). — Mit प्रतिप्र *daraufwerfen.* — Mit प्रति 1) *zuwerfen, hinwerfen.* — 2) *umschlagen, einbiegen.* — 3) *abwerfen, ablegen, fahren lassen.* — Mit वि 1) *auseinanderwerfen, zersprengen, zertrennen, zerstreuen, sondern.* व्यस्त *zerstückt, auseinandergerissen, getrennt, zerlegt, zertheilt, gesondert, vermannichfacht* 251,16. 259,28. 263,24. 293,11. 304,24. 321,6. व्यस्ते काले *hin und wieder, bisweilen* MBh. 3,305,6. — 2) व्यस्त **verwirrt.* — Mit प्रवि *hinlegen, hinstellen auf* (Loc.) R. ed. Bomb. 2,40,15. — Mit सम् *verbinden, aneinanderreihen, zusammenlegen, — fügen, — thun* Çulbas. 1,50. 2,12.76. Pass. *zusammengesetzt werden* (gramm.) *mit* (Instr.). समस्त a) *verbunden, vereinigt, eine Einheit bildend* 259,28. *componirt* (gramm.) 251,16. — b) *ganz, alles, alle insgesammt* 104,8. 169,4. 215,25. 292,4. 297,1. — Mit अनुसम् *noch hinzulegen, vollends beifügen.* — Mit उपसम् 1) *darauflegen.* — 2) *hinzufügen* Çulbas. 1,68. — 3) उपसमस्त *mit einem andern Worte componirt.*

3. °अस् Adj. *werfend, treffend*, in हृत्स्वस्.

4. *अस्, असति, °ते (गतिदीप्त्यादानेषु).

असंयत Adj. 1) *nichtzusammengehalten.* — 2) *ungezügelt, ungehemmt.* — 3) *unaufmerksam hergesagt* Saṁhitopan. 8,7.

असंयत्त Adj. *nicht eingehend, — zusagend.*

असंयम m. *Nichtzügelung.*

असंयाज्य Adj. *mit dem man nicht an einem Opfer Theil nehmen darf.*

असंयुक्त Adj. *unverbunden, nicht zusammenhängend* Gaim. 3,3,11.

असंयुत 1) Adj. *unverbunden, nicht zusammengefügt.* — 2) *m. Bein. Vishṇu's.

1. असंयोग m. 1) *das Unverbundensein, Nichtzusammenhängen* Gaim. 3,3,16. 5,1,27. 6,3,9. — 2) *keine Doppelconsonanz* P. 1,2,5.

2. असंयोग Adj. *mit dem man keinen Verkehr haben darf* Âpast.

असंरम्भ m. *keine innere Aufregung, kein Aufwallen* MBh. 14,38,2. = निर्भयत्व Nilak.

असंरोध m. *Nichtbeeinträchtigung, Nichtschädigung Jmdes* MBh. 14,46,24.

असंरोह m. *das Nichtzusammenwachsen, Nichtzusammenlaufen* (von Wegen).

असंलक्ष्य Adj. *nicht wahrnehmbar.*

असंवत्सरभृत Adj. *kein Jahr hindurch getragen.*

असंवत्सरभृतिन् Adj. *kein Jahr hindurch getragen habend.*

असंवत्सरवासिन् Adj. *noch kein Jahr* (beim Lehrer) *weilend* Ait. Âr. 370,18.

असंवर्तमान Adj. *sich nicht zusammenthuend* (in coitu).

असंवार्य Adj. *nicht zurückzuhalten, — abzuwehren.*

असंवाह्य Adj. *nicht an den Tag zu legen, nicht zu äussern.*

असंविज्ञात Adj. *nicht einverstanden* Gaut. 4,13.

असंवित्ति f. *das Nichterkennen* v. l. in Bhâvapr. für असंप्राप्ति Suçr. 1,331,13.

असंविद् Adj. *bewusstlos.*

असंविदान Adj. *nicht einig —, uneins seiend* Çat. Br. 10,6,1,2. Khând. Up. 8,7,2.

असंविभागिन् Adj. *nicht mit Andern theilend.* Nom. abstr. °गित्व n.

असंविवादिता f. fehlerhaft für अविसंवादिता.

असंवृत 1) Adj. *unverdeckt, unverhüllt* Çat. Br. 14,5,5,18. 6,8,8. *unbedeckt, bloss* (Erde). °गुद Adj. *dessen After nicht mehr schliesst* Bhâvapr. 3,148. — 2) n. *eine best. Hölle.*

असंवृत्ति f. *Nichtvollendung* Âpast. 1,14,5.

असंवेशन n. *kein geschlechtliches Beiwohnen* Âpast.

असंव्यवहार्य Adj. *mit dem man nicht verkehren darf.* Nom. abstr. °त्व n.

असंव्याथ m. *das nicht aus der Lage Kommen.*

*असंव्याहारिन् Adj. gaṇa ग्राह्यादि.

असंल्लय m. *das Nichtzusammensinken.*

असंशब्द्य Adj. *nicht erwähnenswerth.*

1. असंशय m. *kein Zweifel*, Nom. absolut so v. a. °येन *ohne Zweifel, ganz sicher.*

2. असंशय Adj. *keinen Zweifel habend.* °म् Adv. *ohne*

Zweifel.

असंश्रवणे und °श्रवे Loc. *in einer Entfernung, aus der Jmd* (Gen.) *Etwas nicht vernehmen kann.*

असंश्रावम् Absol. *unhörbar für* (Gen.).

असंश्राव्य Adj. *nicht hörbar für* (Gen.).

असंश्लिष्ट 1) Adj. *a) nicht fest anliegend, — unmittelbar sich berührend* TÂṆḌJA-BR. 13,4,6. — *b) nicht gemischt, von einer Qualität, durchaus gut* (eine Handlung) MBH. 12,360,12. — 2) m. Bein. Çiva's.

असंश्लेष m. 1) *das Nichthaften* BÂDAR. 4,1,14. — 2) *keine Berührung, kein Contact.*

असंसक्त Adj. *unzusammenhängend* BHÂVAPR. 3,12.

असंसर्ग m. *Nichtberührung, kein Verkehr mit* (Gen.) Spr. 248.

असंसव m. *kein gleichzeitiges* Soma-*Opfer zweier benachbarter Gegner* KÂTJ. ÇR. 25,14,23.

असंसारिन् Adj. *dem Kreislauf des Lebens nicht unterliegend* 261,24.

असंसूक्तगिलँ Adj. *Ungekautes schlingend.*

असंसृष्ट Adj. 1) *in keiner näheren Berührung mit Jmd stehend, fremd, unbekannt* MBH. 12,103,48. — 2) *nicht vermischt mit* (Instr.) KÂTJ. ÇR. 3,3,29. ÂÇV. ÇR. 2,3,18. — 3) *frei von* (Instr.) 106,21. — 4) *an ungehöriger Stelle unterbrochen* (Recitation) SAṂHITOPAN. 8,7.

असंसृष्टि f. *Nichtvermengung* MAITR. S. 1,4,13.

असंस्कार m. *Mangel einer Verzierung, — Pflege, natürliche Beschaffenheit* ÇÂK. 182. KÂD. II, 88,20.

असंस्कृत Adj. 1) *nicht zugerüstet.* — 2) *nicht geweiht* (Vieh, Jüngling mit der heiligen Schnur, Mädchen bei der Hochzeit). — 3) *ungeschmückt, unverziert; ungebildet, roh* (Sprache) Spr. 4434.

असंस्कृतालकिन् Adj. *mit ungeschmückten Locken* KÂD. 67,16.

असंस्तव Adj. = असंस्तुत.

असंस्तुत Adj. *unbekannt, fremd* KIR. 3,21. KÂD. II, 77,5. Verz. d. Oxf. H. 217,*a*,34.

असंस्थान Adj. *verunstaltet* R. 3,73,18.

असंस्थित Adj. 1) *nicht stille stehend, unstät, ruhelos* ÇÂK. 33, v. l. — 2) *nicht an einem Platz vereinigt, zerstreut* (Truppen) Spr. 2821. KÂM. NÎTIS. 18,52. — 3) *unvollendet* AV. 6,50,2.

असंस्पर्श m. *das Nichtinberührungkommen mit Etwas* MBH. 12,180,33.

असंस्पृशत् Adj. *nicht berührend* ÂPAST. In astr. Sinne VARÂH. BṚH. S. 24,29.

असंस्यन्दमान Adj. *nicht zusammenlaufend* KÂTJ. ÇR. 2,5,26.

असंस्वादम् Absol. *ohne zu schmecken* GOBH. 3,8,16.

असंहत 1) Adj. *a) nicht zusammengeballt, — dick.* Blut SUÇR. 1,45,8. faeces BHÂVAPR. 2,113. Wind KARAKA 1,12. — *b) unverbunden* BHÂG. P. 2,5,32. — *c) allein stehend* MBH. 13,107,4. — *d) uneinig* Spr. 1424. — 2) m. *eine best. Art der Truppenaufstellung* KÂM. NÎTIS. 18,41.

असंहनन n. *das Unverbundensein, Freisein von* (Instr.).

असंहार्य Adj. *nicht abzubringen, — zu verleiten, unbestechlich.*

असंहित Adj. *unverbunden* ṚV. PRÂT. 1,14 (24). VS. PRÂT. 1,156. TAITT. PRÂT. 21,5.

असकल Adj. (f. आ) *nicht ganz, — vollständig.*

असकृत् Adv. *nicht einmal, oftmals.* संवत्सरस्य *öfter als einmal im Jahr* PÂR. GṚHJ. 1,3,31.

असकृत्समाधि m. *eine best. Meditation* (buddh.).

असकृद्गव m. *Zahn* VARÂH. BṚH. S. 77,34.

असकौँ Nom. Sg. m. f. mit vorangehendem यकः oder यका *der (die) da, welcher (welche)* VS. 23,22. 23.

असक्त 1) Adj. *a) nicht hängen bleibend an, keinen Widerstand findend an* (Loc.) MBH. 3,39,52. *auf keinen Widerstand stossend, Alles durchbohrend* (Pfeile) 14,75,15. — *b) an Nichts gebunden, frei* SÂṂKHJAK. 40. — *c) an den Dingen nicht hängend, mit dem Herzen unbetheiligt* RAGH. 1,21. BHÂG. P. 1,6,28. 3,3,19. — 2) °म् Adv. *a) ohne auf Widerstand zu stossen.* रथो याति HARIV. 2,113,19. बाक्रमसिना चिच्छेद R. 3,75,6. — *b) ohne sich einer Sache hinzugeben, mit Bewahrung seiner Unabhängigkeit von Etwas* KÂM. NÎTIS. 7,57.

असक्ति f. *das Nichthängen an den Dingen.*

*असक्थ und *असक्थि Adj. *keine Schenkel habend.*

असँक्र Adj. *nicht versiegend.*

*असखि m. *ein schlechter Freund.*

असगोत्र Adj. (f. आ) *nicht gesippt mit* (Gen.) GOBH. 3,4,4.

असंकर m. 1) *keine Vermischung der Kasten* GAUT. 8,3. — 2) *keine Verwirrung* NJÂJAS. 1,1,3.

असंकलितरूप Adj. *einförmig* Comm. zu VÂMANA 1,3,30.

असंकल्प n. (!) *das Nichtwollen, Nichtbegehren.*

असंकल्पयत् Adj. *Nichts begehrend* KAUÇ. 42.

असंकल्पित Adj. *nicht beabsichtigt, — gewollt* R. 2,22,24.

असंकसुक Adj. *nicht unschlüssig, festen Sinnes.*

असंकीर्ण Adj. *nicht verunreinigt, rein* SUÇR. 1, 45,12.

*असंकुल m. *breiter Weg.*

असंकेतित Adj. *mit dem (der) man keine Verabredung getroffen hat.* °त्व n. *das Nichtfestgesetztsein durch Uebereinkunft.*

असंक्रान्तिमास m. *ein Monat, in dem die Sonne in kein neues Sternbild tritt,* GAṆIT. ADHIM. 6.

असंक्रुद्ध Adj. *nicht erzürnt* R. 2,98,1.

असंक्लिष्ट Adj. *nicht mitgenommen, — abgenutzt* R. ed. Bomb. 2,118,19.

असंक्लेश m. *Nichtbeeinträchtigung, Nichtschädigung.*

असंक्षिप्त Adj. *nicht zusammengedrängt, ausführlich* KÂVJÂD. 1,18.

असंखादत् Adj. *nicht zerkauend* LÂṬJ. 4,11,13.

असंख्य 1) Adj. (f. आ) *ohne Zahl, unzählbar.* — 2) n. *eine best. hohe Zahl* (buddh.).

असँख्यात Adj. *ungezählt, zahllos.*

असंख्येयँ 1) Adj. *unzählbar, unzählig.* — 2) n. *a) unzählbare Menge.* — *b) eine best. hohe Zahl* (buddh.).

1. असङ्ग m. 1) *das Nichthängenbleiben, Nichtanstreifen.* — 2) *das Nichthängen an den Dingen.* Abl. so v. a. *nach Laune, — Belieben* BÂLAR. 62,15.

2. असँङ्ग und असङ्गँ 1) Adj. *a) nicht hängen bleibend, keinen Widerstand findend an* (Loc.), *sich frei bewegend.* — *b) ungebunden, frei* Ind. St. 9,146. 164. fg. Dazu Nom. abstr. °त्व n. 159. — *c) an den Dingen nicht hängend.* Dazu Nom. abstr. °ता R. ed. GORR. 1,67,15. — 2) m. N. pr. zweier Männer.

असंगत Adj. P. 5,1,121. 1) *unverbunden* BHÂG. P. ed. Bomb. 2,5,32. — 2) *nicht zusammenpassend, unpassend* Spr. 1066.

1. असंगति f. *eine rhetorische Figur, bei der zwei zu einander nicht stimmende Erscheinungen als Ursache und Wirkung dargestellt werden,* KÂVJAPR. 10,38.

2. असंगति Adj. *mit Niemanden verkehrend* MBH. 12,363,4.

असंगम m. *kein Verlangen nach* (Loc.), *das Nichthängen an den Dingen*

असंगर Adj. *nicht kämpfend.*

असङ्गवत् R. 3,37,23 fehlerhaft für सङ्गवत्.

असङ्गिन् Adj. 1) *nicht an den Dingen hängend.* Nom. abstr. °ङ्गित्व n. MBH. 12,274,18. — 2) *frei von allen Gelüsten* (योग).

असङ्गिसत्त्व m. Pl. *best. göttliche Wesen* (buddh.).

असंघट्ट m. *kein Zusammenstoss, keine Collision.* °सुखम् Adv. RAGH. 14,86.

असचद्विष् Adj. *Ergebene nicht anfeindend* ṚV.

असच्छाखा f. *Scheinglied* (?).

असच्छास्त्र n. *schlechte —, falsche Lehre.*

असँजात Adj. *nicht blutsverwandt.*

असजाति Adj. *nicht von derselben Kaste* 193,22.

असजात्यँ Adj. (f. आ) *ohne Blutsverwandtschaft.*

असज्जन m. 1) *Bösewicht* Spr. 7699. — 2) *ein übelwollender —, missgünstiger Mensch* Kâd. 2,4.

असज्जमान Adj. *nicht anstehend, — zögernd* Spr. 5625.

असज्जातिमिश्र m. ein Mannsname.

असंचय (MBh. 13,31,11), °वत् (Taitt. Âr. 1,32,2) und असंचयिक (M. 6,43, v. l.) Adj. *keine Vorräthe habend.*

असंचर m. *kein Durchgang, ein Platz, den Niemand betritt.*

असंचरत् Adj. *sich nicht ergehend* Çat. Br. 14, 4,3,29.32.

असंचार m. *das nicht von der Stelle Geschobenwerden.*

असंचार्य Adj. *unzugänglich für* (Instr.).

असंचित Adj. *nicht vollständig geschichtet.*

असंछन्न Adj. *nicht verdeckt, — umhüllt* Çat. Br. 8,7,4,19.21.

असंज्ञ Adj. 1) *bewusstlos* Bhâvapr. 4,42. — 2) *kein klares Bewusstsein habend.* Nom. abstr. °त्व n. MBh. 14,36,15.

असंज्ञप्त Adj. *nicht getödtet* (Opferthier) Çat. Br. 13,6,2,12.

असंज्ञा f. 1) *Uneinigkeit, Zwietracht.* — 2) *kein Appellativum und kein Nomen proprium* P. 4,3,149.

असंज्ञिसत्त्व m. Pl. v. l. für असङ्गिसत्त्व.

असंज्वर Adj. *keine innere Gluth —, keinen Kummer empfindend.*

*असतीव्र (Gal.), *असतीपुत्र (Gal.) und *असतीसुत m. *der Sohn einer unzüchtigen Frau.*

असतीपोषण n. bei den Gaina *das Füttern von allerhand unnützen Geschöpfen.*

असत्कर Adj. *nicht im Stande Etwas zu bewirken.* Davon Nom. abstr. °त्व n.

असत्कल्पना f. *falsche Voraussetzung* Çâk. 66,3.

असत्कार m. *schlechte Behandlung, Beleidigung* MBh. 1,166,28.

असत्कार्य n. *eine unerlaubte Beschäftigung.*

असत्कृत 1) Adj. *schlecht behandelt* MBh. 3,70, 12.74,29. — 2) n. *angethanes Unrecht, Beleidigung* MBh. 3,76,31.

*असत्ता f. *das Nichtsein.*

असत्त्रोत्थान Adj. *ohne Auseinandergehen vom* Sattra Kâty. Çr. 23,5,31.

1. असत्त्व n. 1) *das Nichtdasein, Abwesenheit* Njâjam. 9,1,11. — 2) *das Nichtsein* Ind. St. 9,159.

2. असत्त्व Adj. *muth-, energielos.*

1. *असत्पथ m. *schlechter Weg.*

2. असत्पथ Adj. *nicht auf dem richtigen Wege seiend.*

असत्पुत्र Adj. *keinen Sohn habend* 197,29.

असत्प्रमुदित n. im Sâmkhja *eine best. Unvollkommenheit.*

असत्प्रलाप m. *leeres Geschwätz* Spr. 749.

असत्प्रवृत्ति f. *schlechte Handlungsweise* 105,1.

असत्य 1) Adj. *unwahr, trügerisch.* — 2) n. *Unwahrheit, Lüge* 180,12. Spr. 7700.

असत्यता f. *Unwahrheit.*

असत्यशील Adj. (f. आ) *der Lüge ergeben* Spr. 751.

असत्यसंध Adj. *auf dessen Wort man sich nicht verlassen kann.*

असत्सङ्ग m. ein Mannsname.

*असदध्येतर् m. *ein Brahman, der ketzerische Werke studirt.*

असदाग्रह Adj. = असद्ग्रह 1).

असदूग्रह Hariv. 15479 fehlerhaft für असद्ग्राह m.

असदृश Adj. *ungleich, unähnlich, unebenbürtig* Mârk. P. 51,20. *ungebührlich* MBh. 3,279,17. Mârk. P. 125,16. Nom. abstr. °त्व n.

असदृशोपम n. *ein unähnliches Gleichniss.*

असद्ग्रह 1) Adj. *auf etwas Schlechtem bestehend, einer thörichten Grille nachgehend.* — 2) m. *ein schlechter Gedanke, auf dem man besteht, eine thörichte Grille* 105,27. *böse Neigung* Kâd. 119,19.

असद्ग्राहिन् Adj. fehlerhaft für असद्ग्राहिन्.

असद्ग्राह Adj. und m. = असद्ग्रह.

असद्ग्राहिन् Adj. = असद्ग्रह 1).

असद्धर्म m. *schlechter Brauch* Spr. 753.

असद्बुद्धि Adj. *thöricht.*

असद्भाव m. 1) *das Nichtdasein, Fehlen, Abwesenheit* 285,18. — 2) *Unwirklichkeit, Unwahrheit* Comm. zu Njâjas. S. 1, Z. 2 v. u.

असद्यस् Adv. *nicht an demselben Tage, — sogleich.*

असद्वाच् Adj. *unwahr redend, Lügner.*

असद्वाद m. *Irrlehre.*

असद्वृत्त Adj. *nicht schön rund* und zugleich *nicht von gutem Betragen* Spr. 7701.

असद्वृत्ति Adj. *auf unrechtem Wege sich befindend* zu Spr. 7200. Bhâg. P. 3,5,44.

असन् n. *Blut.* Zu belegen nur अस्ना, अस्नस् und अस्नाम् (Maitr. S. 3,9,6). Vgl. असृज्.

1. असन 1) n. *das Schleudern, Schiessen, Schuss.* — 2) f. असना *Geschoss, Pfeil.*

2. असन m. *Terminalia tomentosa W. u. A.*

*असनपर्णी f. *eine best. Pflanze.*

असनाम Adj. (f. आ) *nicht gleichnamig* 68,26.

*असनि und *असनिक gaṇa ऋश्यादि.

1. असत् 1) Adj. (f. असती) a) *nicht daseiend, — vorhanden, fehlend, nicht seiend* Taitt. Up. 2,6. — b) *wie Jmd oder Etwas nicht sein sollte:* α) *unwahr.* — β) *schlecht; untreu, unzüchtig* (von einem Weibe) zu Spr. 3319. असती auch Subst. — 2) *m. Bein. Indra's. — 3) n. a) *Nichtseiendes, Nichtsein.* — b) *Unwahrheit, Lüge.* — c) *Böses.*

2. असत् m. in der Personification असन्पांसवः nach der Etym. des Çat. Br. *werfend, ausstreuend.*

असंतत Adj. *unterbrochen.*

असंताप Adj. (f. आ) 1) *keinen Schmerz —, keinen Kummer empfindend* Kull. zu M. 4,185. — 2) *keinen Schmerz —, keinen Kummer verursachend.*

असंतुष्ट Adj. *unzufrieden, ungenügsam* Spr. 755.

असंतोष m. *Unzufriedenheit, Ungenügsamkeit* Spr. 757.

असंतोषवत् Adj. *unzufrieden.*

असंत्याग m. *das Nichtaufgeben, das Sichnichtlossagen von* (Gen.) Spr. 758.

असंत्यागिन् Adj. *nicht aufgebend.*

असंत्याज्य Adj. 1) *nicht im Stich zu lassen.* — 2) *nicht zu vermeiden.* — 3) *nicht zu versäumen.*

असंदधत् Adj. *nicht verbindend, keinen* Saṁdhi *eintreten lassend* ṚV. Prât. 11,22.

असंदधान Adj. *nicht Frieden schliessend, sich nicht vertragend* Spr. 759.

असंदर्शन n. 1) *das Nichtsehen von Menschen, kein Verkehr mit M.* MBh. 12,180,33. — 2) Loc. *ausserhalb des Gesichtskreises von* (Abl.) Âçv. Gṛhj. 4,8,12.

असंदिग्ध Adj. 1) *nicht undeutlich, klar* MBh. 12, 230,6. — 2) *keinem Zweifel unterliegend* Mahâbh. 6,85,b. °म् Adv. *ohne Zweifel.*

असंदित (M. 8,342 nach der richtigen Lesart) und असंदिन Adj. *ungebunden, unbeschränkt.*

असंदृश्य Adj. *unsichtbar für* (Gen.) Uttarar. 45, 2 (59,1).

असंदेह m. *kein Zweifel, keine Ungewissheit* Mahâbh. (K.) 1,14.22. Abl. *ohne Zw.*

असंधित Adj. *nicht durch* Saṁdhi (gramm.) *entstanden.*

असंधित M. 8,342 schlechte Lesart für असंदित.

असंधेय Adj. 1) *mit dem man keinen Frieden (kein Bündniss) schliessen kann oder darf.* Davon Nom. abstr. °ता f. Venis. 11,3. 4. — 2) *nicht wieder in Ordnung zu bringen, — gut zu machen.*

असंन्न Adj. *rastlos.*

असंनद्ध Adj. 1) *nicht angelegt* (Panzer) MBh. 12, 95,7. — 2) *dessen man noch nicht theilhaftig geworden ist* Spr. 4083. — 3) **sich für gelehrt haltend.* — 4) **stolz.*

असंनिकृष्ट Adj. *nicht in unmittelbarer Nähe befindlich* Nilak. 172.

असंनिधान n. 1) *Abwesenheit* Kâvjâd. 1,5. Utpala zu Varâh. Bṛh. 5,1. — 2) *das Nichtdasein, Nichtvor-*

handensein Spr. 1317.

असंनिधि m. 1) Abwesenheit Gaut. 2,40. Utpala zu Varâh. Bṛh. 5,1. — 2) das Nichtdasein Ǵaim. 2,4,17.

असंनिपात m. das Nichtzusammenfallen, Nichtzusammentreffen Kâtj. Çr. 1,7,15.

असंनियम m. keine absolute Bestimmtheit Ǵaim. 1,3,12.

असंनिवृत्ति f. Nichtwiederkehr.

असन्मति f. 1) kein Sinn für (Loc.). — 2) eine falsche Ansicht.

असन्मन्त्र m. unwahre Rede.

1. असपत्न m. kein Nebenbuhler.

2. असपत्न 1) Adj. (f. आ) ohne Nebenbuhler, unangefochten. — 2) f. आ ein best. Backstein. — 3) n. unangefochtener Zustand, Frieden.

असपिण्ड Adj. so nahe verwandt, dass er nicht am Piṇḍa für die Manen theilnehmen sollte, Gaut. 14,20. 44.

असप्तविध Adj. nicht siebenfach Çulbas. 2,21.

असप्तशफ Adj. (f. आ) nicht siebenklauig TS. 6, 1,6,7. Çat. Br. 3,3,1,16.

असबन्धु Adj. nicht verwandt.

असभ Adj. ohne Gesellschaft, — Gefolge.

असभ्य Adj. 1) nicht in gute Gesellschaft passend, ungebildet, unanständig. — 2) unwürdig Richter zu sein Nâr. 1,60.

1. असम 1) Adj. a) ungleich, unebenbürtig Gaut. 17, 20. Spr. 761. fg. — b) unpaar. — 2) m. ein best. Tact S.S.S. 233.

2. असम Adj. (f. आ) ohne Gleichen, unvergleichlich, einzig.

असमक्षम् Adv. hinter dem Rücken.

असमग्र Adj. unvollständig 52,12. nicht voll (Mond) 252,28. °म् und असमग्र° Adv. nicht vollständig, — ganz Mâlav. 31.

असमञ्ज und °स् (106,16) m. N. pr. eines Sohnes des Sagara.

असमञ्जस Adj. und °म् Adv. nicht richtig, — wie Jmd oder Etwas sein sollte, unpassend, ungehörig.

असमत्व n. ungleiches —, unfreundliches Benehmen.

असमद् f. Eintracht.

असमन Adj. (f. आ) 1) nicht zusammenbleibend, auseinanderstrebend. — 2) uneben.

असमबाण m. der Liebesgott.

असमय m. 1) keine übernommene Verpflichtung Âpast. — 2) Unzeit Ind. St. 18,2. Venîs. 166.

असमर m. kein feindlicher Zusammenstoss.

असमरथ Adj. einen unvergleichlichen Wagen habend.

असमरम् Adv. ohne Anstoss.

असमर्ति f. das Nichtschadennehmen.

असमर्थ Adj. (f. आ) 1) unfähig. Die Ergänzung im Infin. (155,26), Dat. (81,27), Loc. oder im Comp. vorangehend (281,16). Dazu Nom. abstr. °त्व n. — 2) nicht die beabsichtigte Bedeutung habend Kâvjapr. 7,2.

असमवह्नितम् Adj. nicht zusammentreffend Çat. Br. 9,4,3,15.

असमवायिन् Adj. nicht inhärent. Dazu Nom. abstr. °यित्व n.

असमवेत Adj. 1) nicht unzertrennlich verbunden Comm. zu Njâjam. 9,1,17. — 2) Pl. nicht alle vereint Gaut. 13,5.

असमष्टकाव्य Adj. von unerreichter Weisheit.

असमसम Adj. ohne Gleichen, unvergleichlich Lalit. 114,9.

असमसायक m. der Liebesgott.

असमस्त Adj. nicht zusammengesetzt (gramm.) 251,15.

असमाति 1) Adj. einzig in seiner Art. — 2) m. N. pr. eines Fürsten Ind. St. 10,33. — AV. 6,79,1 wohl fehlerhaft für असमर्ति.

(असमात्योजस्) असमातिओजस् Adj. von unvergleichlicher Kraft.

असमान 1) Adj. (f. आ) ungleich Gaut. 4,27. Spr. 7702. — 2) n. eine nicht entsprechende Lage Mṛkkh. 109,5.

असमानकारण Adj. nicht dieselbe Ursache habend.

असमानग्राम Adj. nicht aus demselben Dorfe Gaut. 5,40.

असमानजातीय Adj. ungleichartig Comm. zu Njâjas. 1,1,23.

असमानयन n. das Nichteingiessen.

असमानयितव्य Adj. kein Object des Samâna bildend Ind. St. 9,165.

असमापत्ति f. das Sichnichtfügen, Bestehen auf seinem Kopfe Âpast.

असमाप्त Adj. nicht vollendet Spr. 760. 6576. °कलुष Adj. dessen Schmutz noch n. v. ist, so v. a. noch ferner sündigend (von einer best. Stufe der Seele bei den Çaiva) Sarvad. 86,8.

असमाप्ति f. Nichvollendung Kâtj. Çr. 1,4,4.

असमायिन् Adj. nicht für Viele gleichzeitig zu erreichen.

असमालम्भन n. das Nichtberühren Gobh. 2,7,23.

असमावृत्तक und °वृत्तिक Adj. der seine Lehrzeit noch nicht vollendet hat und noch nicht heimgekehrt ist.

असमास m. kein Compositum ṚV. Prât. 15,9.

असमासाङ्गयोग m. eine andere Verbindung als die von Theilen eines Compositum ṚV. Prât. 1,23 (33).

असमाहित Adj. nicht gesammelt, — aufmerksam Kaṇ. 9,1,13.

असमिद्ध Adj. nicht entzündet Mârk. P. 15,38.

असमिश्र Adj. sich nicht mischend, — verbindend.

असमीक्षितकारिन् Adj. ohne Ueberlegung handelnd. Davon Nom. abstr. °रिता f. Ind. St. 14,379.

असमीक्ष्यकारिन् Adj. dass. Hit. 43,22. Davon Nom. abstr. °रिता f. Nâgân. 66,23.

असमीरित Adj. nicht erregt (Wind) Spr. 3179.

असमुद्यम m. keine Bemühung, — Anstrengung (mit Loc.) 184,27.

असमुन्नद्ध Adj. bescheiden Spr. 588.

असमृद्ध Adj. nicht zum Ziele gelangt, dem oder woran noch Etwas fehlt.

असमृद्धि f. das Misslingen, Verunglücken, Misserfolg MBh. 5,134,11.

असमेत Adj. nicht gekommen, so v. a. fehlend Ragh. 9,70.

*असमेषु m. der Liebesgott.

असमौजस् m. N. pr. eines Mannes.

असंपन्न Adj. unvollkommen, mangelhaft Çâñkh. Br. 8,4. 5. Bhâg. P. 1,4,30.

असंपरायाभिमुख Adj. nicht an den Tod denkend Bhâg. P. 4,25,38.

असंपाठ्य Adj. mit dem man nicht zusammen studiren darf.

1. असंपात m. kein Raum zum Durchgehen, Gedrängtheit R. ed. Bomb. 5,21,26.

2. असंपात Adj. (f. आ) nicht zur Hand seiend.

असंपादयत् Adj. nicht zu Stande bringend Spr. 764.

असंपूर्ण Adj. nicht vollständig, mangelhaft Saṁhitopan. 8,6. woran Etwas (Instr.) fehlt 38,3.

असंपृक्त Adj. nicht in Berührung kommend Çat. Br. 3,7,4,11. Kâtj. Çr. 6,4,3.

असंप्रति Adv. dem Augenblick —, den Verhältnissen nicht entsprechend.

असंप्रत्त Adj. nicht übergeben TS. 2,6,9,2.

असंप्रत्यय m. 1) Misstrauen. — 2) keine richtige Vorstellung, das Ungewisssein über Etwas Mahâbh. 4,40,a. Vârtt. zu P. 1,1,71.

असंप्रदत्त Adj. nicht freiwillig gegeben (ein Mädchen zur Ehe) Hariv. 11006 (S. 709).

असंप्रदान n. das Nichtherausgeben, das Zurückhalten einer Gabe.

असंप्रमाद m. keine Sorglosigkeit.

असंप्रमोष m. das Nichtvergessen.

असंप्राप्त Adj. 1) nicht angelangt, — zum Ziele gelangt MBh. 14,75,14. — 2) noch nicht erschienen, — da seiend Spr. 765. — 3) nicht erreicht, — an-

gelangt bei Mahâbh. 2,381,*a*. — 4) *nicht erlangt* (Wunsch) 53,33.

असंप्रीति f. *Unlust.*

असंबद्ध Adj. 1) *unverbunden, einzeln* R. 3,31,20. — 2) *in keiner näheren Beziehung stehend, fern stehend, Nichts mit Jmd oder Etwas zu schaffen habend.* — 3) *unzusammenhängend, ungereimt.* °प्रलापिन् Adj. Venîs. 49,19. °प्रलापित n. Kâm. Nîtis. 14,59, v. l. *unsinnig* (Handlung) Kâd. II, 43,15. — 4) *Ungereimtes sprechend* Mṛkkh. 146,6.

1. असंबन्ध m. *kein Zusammenhang, keine nähere Beziehung* Gaim. 5,1,32.

2. असंबन्ध Adj. (f. आ) *in keiner näheren Beziehung stehend* M. 2,129. Kâm. Nîtis. 14,59. Vielleicht nur fehlerhaft für असंबद्ध.

असंबाध 1) Adj. (f. आ) *a) unbeengt, geräumig, weit, gross.* — *b) unbehindert* 247,22. — *c) leer, wenig besucht* Kâd. II, 36,5. — 2) f. °धा *ein best. Metrum.* — 3) n. *Unbeengtheit, offener Raum.*

असंबोध m. *Nichterkenntniss, Nichtverständniss.*

असंबोध्य Adj. (f. आ) *wobei es keinen Angeredeten giebt* Comm. zu Mṛkkh. 32,17. 18.

1. असंभव m. 1) *das Vergehen, Vernichtung.* — 2) *das Unterbleiben.* — 3) *das Nichtdasein, Fehlen, Mangeln* Gaut. 28,50. Chr. 211,13. — 4) *Unmöglichkeit, Unstatthaftigkeit, Ungereimtheit* 210,21. 215,21. 280,3.

2. असंभव Adj. 1) *nicht wieder entstehend, — geboren werdend.* — 2) *nicht vorkommend, — vorhanden, unmöglich, ungereimt* Ind. St. 1,41,19. Spr. 766. fg. — 3) *ohne groben (materiellen) Körper* Bhâg. P. 1,15,31.

असंभव्यम् Adv. *um nicht wieder aufzukommen.*

असंभावना f. 1) *das Nichtfürmöglichhalten* Kâd. II, 7,20. — 2) *Geringachtung, Mangel an Respect* Bâlar. 21,15. 78,1. 80,10.

असंभावनीय Adj. *nicht vorauszusetzen, undenkbar.*

असंभावयत् Adj. *nicht für möglich haltend* Kâd. 248,7.

असंभावित Adj. 1) = असंभावनीय Kâd. 110,12. Davon Nom. abstr. °त्व n. Comm. zu Kâvjâd. 2,39. — 2) *unwürdig, mit* Gen. Kâd. 75,11.

असंभावितोपमा f. *ein Gleichniss, bei dem Unmögliches vorausgesetzt wird,* 249,22.

असंभाव्य 1) Adj. *nicht vorauszusetzen, undenkbar* MBh. 13,5,10. Spr. 768. Kâd. 197,1. — 2) °म् Adv. *auf nicht wieder gut zu machende Weise.*

असंभाषण n. *das Nichtzureden* Kâd. 264,18.

असंभाषा f. *keine Unterredung mit* (Instr.) Pâr. Gṛhj. 2,8,3.

असंभाष्य Adj. *mit dem man sich nicht unterreden darf.*

असंभिन्न Adj. 1) *undurchbrochen* (Schranken) Spr. 6563. MBh. 15,12,2. — 2) *nicht verbunden, getrennt, abgesondert.*

असंभूति f. *das Vergehen, Vernichtung.*

असंभेद m. *das Nichtineinanderfliessen, Getrenntsein.*

असंभेद्य Adj. *nicht in Verbindung zu setzen.*

असंभोग m. 1) *Nichtgenuss.* — 2) *kein Liebesgenuss.*

असंभोज्य Adj. *mit dem man nicht zusammen speisen darf.*

असंभ्रम Adj. *keine Aufregung verrathend, ruhig und besonnen.* °म् Adv.

असंभ्रान्त Adj. dass. °म् Adv. Mṛkkh. 142,22.

असंमत 1) Adj. *a) nicht geschätzt, — in Ehren stehend.* — *b) nicht bevollmächtigt, — die Erlaubniss zu Etwas habend.* — 2) n. *Nichteinwilligung.*

असंमतादायिन् Adj. *ohne Einwilligung* (des Besitzers) *Etwas nehmend.*

असंमति f. *Unehre* P. 3,1,128.

असंमान m. dass.

असंमित Adj. *ungemessen, maasslos.*

असंमुख Adj. (f. ई) *mit abgewandtem Gesicht.*

असंमुग्ध Adj. *nicht verirrt.*

असंमूढ Adj. *nicht verwirrt, das volle Bewusstsein habend.*

असंमृष्ट Adj. *ungescheuert, ungereinigt* Spr. 442.

असंमोष m. buddh. wohl = असंप्रमोष.

असंमोह m. *klares Bewusstsein, Besonnenheit.*

असम्यक् Adv. *nicht auf die richtige Weise, falsch.*

असम्यक्कारिन् Adj. *falsch verfahrend* 204,15.

असम्यक्कृतकारिन् Adj. *seine Sache schlecht machend* Spr. 3667.

असम्यक्प्रयोग m. *unrichtige Anwendung* Karaka 1,15.

असम्यग्दर्शिन् Adj. *keine richtige Einsicht habend.*

असम्यग्वचन n. *falscher Ausspruch* Tattvas. 37.

असरण n. *das Nichtgehen* Kâtj. Çr. 18,6,25.

*असरु m. *Blumea lacera DC.*

असर्पभूत Adj. *keine Schlange seiend* 258,3.

असर्व Adj. *nicht vollständig.*

असर्वक्रतु m. *kein beliebiges Opfer.*

असर्वग Adj. *nicht überall befindlich, — allgegenwärtig.*

असर्वभक्त Adj. *was nicht ganz aufgegessen wird.*

असर्वविभक्ति Adj. *nicht alle Casus habend* P. 1,1,38.

असर्ववीर Adj. *seine Leute nicht voll beisammen habend.*

असर्वशस् Adv. *nicht allgemein, — stets, — überall.*

असर्वहोम m. *das Nichtopfern bis zum letzten Rest.*

असवर्ण Adj. (f. आ) 1) *zu einer anderen Kaste als* (Gen.) *gehörig* Çâk. 11,10. — 2) *nicht homogen* (Laut).

असव्य Adj. 1) **der rechte.* — 2) *der linke.* — 3) = असून्‌ Cit. im Comm. zu Gaim. 4,1,36. अशम्य v. l.

असश्चन्त्, असश्चत् (f. °श्चती) und असश्चिवंस् (f. °श्चुषी) Adj. *nicht stockend, — versagend, — versiegend.* Pl. f. असश्चतम् *nie versiegende Ströme.*

असस्त् Adj. *nicht schlummernd.*

असस्थान Adj. *nicht an derselben Stelle des Mundes hervorgebracht.*

असस्य Adj. (f. आ) *nicht mit Korn bestanden* Hariv. 2,15,11.

असह 1) Adj. (f. आ) *a) nicht im Stande Etwas* (Acc.) *zu tragen.* — *b) nicht im Stande Etwas* (im Comp. vorangehend) *zu ertragen.* Dazu Nom. abstr. °त्व n. Sarvad. 9,21. *das Nichtzulassen* Sâh. D. 258,1. — *c) nicht vermögend, — im Stande seiend* (mit Infin. oder am Ende eines Comp.) Kathâs. 26,237. — *d) die Geduld verlierend, ungeduldig.* — *e) nicht bei der Hand seiend.* Dazu Nom. abstr. °त्व n. Bhâvapr. 1,146. — 2) *n. *Mitte der Brust.*

असहज Adj. *nicht angeboren, künstlich erzeugt* S. S. S. 254.

असहन 1) Adj. (f. आ) *a) nicht im Stande Etwas* (im Comp. vorangehend) *zu ertragen.* °ता f. *Schwäche* Kâd. II, 74,11. — *b) missgünstig, eifersüchtig* 315,6. Spr. 1512. — 2) *m. *Feind.* — 3) n. *das Nichtertragen, Sichnichtgefallenlassen.*

असहन्त् Adj. (f. °न्ती) *nicht vermögend zu* (Inf.) R. ed. Gorr. 1,39,16.

असहभाव m. *das sich gegenseitig Ausschliessen* Comm. zu Njâjas. 1,1,23.

असहस्रद Adj. *weniger als Tausend* (Kühe) *gebend* R. 1,6,15.

असहाय 1) Adj. *ohne Genossen* 169,15. *alleinstehend, isolirt.* Dazu Nom. abstr. °ता f. — 2) *m. *ein best. Schauspieler* Gal.

असहायवत् Adj. *ohne Genossen.*

असहित Adj. in der Astr. *nicht in Conjunction stehend.*

असहिष्णु Adj. 1) *Etwas* (Acc., Loc. oder im Comp. vorangehend) *nicht ertragen könnend.* Dazu Nom. abstr. °ता f. und °त्व n. — 2) *Nichts ertragen könnend, sich Nichts gefallen lassend, unverträglich, missgünstig.* Dazu Nom. abstr. °ता f.

असह्य Adj. (f. आ) 1) *nicht zu ertragen, — auszuhalten, dem man nicht zu widerstehen vermag.*

— 2) *nicht zu vollbringen, unmöglich.* द्रष्टुम् *nicht sichtbar* Ind. St. 9,10.

असक्यानविधि (!) m. Titel einer Schrift.

असंवत्सर (Varâh. Bṛh. S. 2,9), °क und °रिक Adj. *keinen Astrologen habend.*

असांशयिक Adj. *nicht zweifelhaft, sicher.*

असांहित Adj. *nicht durch* Saṁdhi *bewirkt.*

असाकाङ्क्ष Adj. *nicht in Correlation stehend.* Dazu Nom. abstr. °ता f. Sâh. D. 319,2.

असाक्षिक Adj. *ohne Zeugen.* °हत *geschlagen.*

असाक्षित्व n. *das nicht Zeuge Sein.*

असात्म्य Adj. *nicht zuträglich.*

असादि Adj. 1) *nicht reitend.* — 2) *nicht erschlaffend,* — *müde werdend.*

असादन n. *das Nichthinsetzen,* — *stellen* Kâtj. Çr. 12,6,21.

असादृश्य n. *Unähnlichkeit.*

असाधक Adj. *Etwas nicht zu Ende* —, *nicht zum Ziele führend, nicht abschliessend,* — *befriedigend, ungenügend* Gaim. 6,1,2. VP. 1,5,7.11.14.

1. असाधन n. *kein Mittel,* — *Requisit* Kap. 4,8.

2. असाधन Adj. 1) *ohne Mittel, ganz auf seine Person angewiesen* MBh. 3,82,15 (vgl. 13,107,4). 5,46, 16. Spr. 772. — 2) *unausführbar, unmöglich.*

असाधारण Adj. (f. ई) *besonder, speciell; einzig in seiner Art, ganz ungewöhnlich.*

असाधारणोपमा f. *ein Gleichniss, bei dem ein Gegenstand als mit keinem andern, als nur mit sich selbst, vergleichbar erscheint,* 249,18.

असाधारण्य n. *Ungleichheit* Kap. 5,112.

असाधु Adj. a) *nicht gut, schlecht, böse* (von Personen und Handlungen), *schlecht gegen Jmd* (Loc.) 233,10. — b) *falsch.* — 2) m. *kein Biedermann, schlechter Mensch.* — 3) n. a) *Böses, ein böses Wort* 82,32. साधसाधुनी *Gutes und Böses.* — b) *Unfreundlichkeit, Ungunst.* — 4) Adv. *schlecht, pfui* als Ausruf.

असाधुजन m. *kein Biedermann, schlechter Mensch.*

असाधुत्व n. *Schlechtigkeit, Unehrenhaftigkeit.*

असाधुदर्शिन् Adj. *keine richtige Einsicht habend.*

असाधुवाद m. *Bezeugung des Missfallens.*

असाधुवृत्त Adj. *schlechtgesittet.*

असाध्य Adj. *mit dem* oder *womit man nicht fertig wird:* 1) *nicht in seine Gewalt zu bringen, mit dem man nicht zurechtkommen kann, nicht zu bemeistern* Spr. 774. fg. — 2) *nicht wieder gut zu machen, unheilbar* 217,10. 218,7. — 3) *nicht zu Stande zu bringen* 181,28. — 4) *nicht zu ermitteln,* — *constatiren,* — *beweisen* 215,17.20.21.

असाध्यता f. Nom. abstr. zu असाध्य 1) 2).

असाध्यत्व n. Nom. abstr. zu असाध्य 2).

असानाथ्य n. *kein Beistand, keine Hülfe.*

*असांतापिक Adj. *nicht zu erhitzen vermögend.*

असांनाय्य Adj. *ohne die Spende* Sâṁnâjja Kâtj. 25,5,8. °वत् Adj. dass. Comm. ebend.

असांनिध्य n. *das Nichtdabeisein, Abwesenheit* Gop. Br. 2,2,5 (असान्निध्य gedr.). Chr. 242,1.

असामञ्जस्य n. 1) *Unrichtigkeit.* — 2) *Ungebühr, Ungebührlichkeit* Bâdar. 2,2,37.

1. असामन् n. *Mangel* Khând. Up. 2,1,1. असाम नो बत *ach! es geht uns schlecht* 3.

2. असामन् Adj. 1) *ohne Gesang,* — Sâman Çat. Br. 1,4,1,1. — 2) *nicht mit dem* Sâmaveda *vertraut* MBh. 12,60,44.

3. असामन् n. *unfreundliche Weise* Khând. Up. 2,1,2.

असामन्य Adj. *unfreundlich, unwirsch* (*parteiisch* Sâj.).

असामयिक Adj. *nicht rechtzeitig.*

1. असामर्थ्य n. *Unvermögen, Unfähigkeit.*

2. असामर्थ्य Adj. *unvermögend, im Absterben begriffen* (Baum) MBh. 13,5,19.

असामान्य Adj. *von nicht gewöhnlicher Art, absonderlich.*

असामि Adj. und Adv. *nicht halb, ganz, vollständig.*

असामिधेनीक Adj. *ohne* Sâmidhenî-*Verse.*

असामिशवस् Adj. *vollkräftig.*

असांप्रत Adj. 1) *ungebührlich, unpassend.* °म् Adv. — 2) *nicht der Gegenwart angehörig.*

असांप्रतिक Adj. *sich ungebührlich benehmend.* Davon Nom. abstr. °ता f. Bâlar. 153,17.

असांप्रदायिक Adj. *nicht auf der Ueberlieferung beruhend.*

असाम्य n. *Ungleichheit.* — Adj. Hariv. 2711 fehlerhaft fur अशाम्य.

असार 1) m. n. in सारासार *Tauglichkeit oder Untauglichkeit.* — 2) Adj. a) *untauglich, werthlos, nichtig.* — b) **leer* Gal. — 3) m. **Ricinus communis.* — 4) *f. °रा *Musa paradisiaca* Nigh. Pr. — 5) n. **Aloeholz.*

असारता f. *Untauglichkeit.*

असाररूपता f. *Untauglichheit, Nichtigkeit* und zugleich *Leerheit* Spr. 6233.

असारस्वत Adj. *nicht an der* Sarasvatî *vor sich gehend* Kâtj. Çr. 13,4,5.

असार्थक Adj. *von keinem Nutzen.*

असार्वत्रिक Adj. *nicht allenthalben gültig,* — *allgemein.*

असालतिखान m. N. pr. *eines Fürsten.*

असालतिप्रकाश m. Titel eines Wörterbuchs.

असाहचर्य n. *das Nichtzusammensein, Ungleichzeitigkeit* Comm. zu Njâjas. 3,1,56.

असाहस n. *keine Uebereilung,* — *Verwegenheit* Spr. 3669.

असाहसिक Adj. *nicht verwegen,* — *tollkühn,* — *unbesonnen zu Werke gehend.*

1. असि m. *Schlachtmesser, Schwert* 136,20. 139,17.

2. असि und असी f. N. pr. eines Flusses bei Benares.

3. असि 2. Sg. Praes. von 1. अस्.

असिंहासन Adj. *ohne Thron* Mṛkkh. 33,2.

असिक 1) m. N. pr. eines Volkes oder Landes. — 2) *n. *die Vertiefung zwischen Unterlippe und Kinn.*

*असिक्निका f. Demin. von असिक्नी *Dienerin im Harem.*

असिक्नी s. 2. असित 4).

*असिगण्ड m. *kleines Kopfkissen.*

1. असित Adj. *ungebunden* Spr. 781.

2. असित 1) Adj. (f. असिता und असिक्नी) *dunkelfarbig, schwarz* 84,8. 184,1. Spr. 781. Dazu Nom. abstr. °त्व n. Varâh. Bṛh. S. 5,2. — 2) m. a) *der Planet Saturn.* — b) *ein best. zu den Mäusen gerechnetes giftiges Thier.* — c) N. pr. α) eines Herrschers des *Dunkels* und Zauberers, sowie auch verschiedener Männer. — β) eines Berges. — 3) f. असिता a) **Dienerin im Harem.* — b) **die Indigopflanze.* — c) N. pr. einer Apsaras. — 4) f. असिक्नी a) *Dunkel, Nacht.* — b) **Dienerin im Harem.* — c) N. pr. α) einer Gattin Daksha's. — β) eines Flusses im Pendschab, Akesines. Auch असिक्नी.

3. असित m. 1) *schwarze Schlange* und N. pr. eines Schlangendämons. — 2) *ein best. gegen Schlangen wirkender Spruch* MBh. 1,58,23.

असितग्रीव 1) Adj. *dunkelnackig.* — 2) m. *Pfau.*

असितज्ञु Adj. (f. ऊ) *mit dunkeln Knien.*

*असितद्रुम m. *Xanthochymus pictorius* Nigh. Pr.

असितपक्ष m. *die dunkle Hälfte eines Monats* Spr. 2863, v. l.

असितपीतक Adj. (f. °तिका) *dunkelgelb* 217,7.

असितमुष्कक m. *Schrebera Swietenioides* Suçr. 1,32,7.

असितमृग m. N. pr. eines Ṛshi. Pl. *seine Nachkommen.*

असितवर्ण Adj. *dunkelfarbig* TS. 3,1,11,4.

*असितवल्ली f. *Panicum Dactylon* Nigh. Pr.

*असितसार und *°क m. *Diospyros glutinosa* Nigh. Pr.

असिताङ्ग Adj. *einen dunkeln Körper habend.* m. und °भैरव m. *eine Form Çiva's.*

*असिताञ्जनी f. *dunkelfarbige Baumwollenstaude* Râǵan. 4,189.

*असिताश्मशेखर m. N. pr. eines Buddha.

*असितार्चिस् m. *Feuer.*

*असितालु m. *ein best. Knollengewächs.*

असिताश्मन् m. *Sapphir.*

असितोत्पल n. *eine blaue Lotusblüthe* Spr. 1365.

असितोद n. N. pr. eines mythischen Sees.

असिद m. *Sichel.*

*असिदंष्ट्र und *°क m. Bez. des Makara.

असिद्ध Adj. 1) *unvollkommen* Ind. St. 9,163. Dazu Nom. abstr. °त्व n. 162. — 2) *ungültig.* — 3) *keine Zaubermacht besitzend.*

असिद्धान्त m. *kein feststehender Satz* Suçr. 1, 149,14.

असिद्धार्थ Adj. *der seinen Zweck nicht erreicht hat.*

असिद्धि f. 1) *Verfehlung des Ziels* Gaut. 21,5. — 2) *das sich nicht als richtig Herausstellen, Unbewiesensein* Kap. 1,34. 37. 92. 111. 5,127. Njâjas. 4,2,33. Vâmana 5,2,37. — 3) im Sâmkhja *Unvollkommenheit.*

असिद्धिद Adj. *keinen Erfolg verleihend.*

असिद्धिनिरूपणव्याख्या f. Titel eines Werkes.

असिद्वितीय Adj. *nur von einem Schwerte begleitet* Ind. St. 13,356.

असिधारा f. *Schwertklinge* Spr. 782. °व्रत n. so v. a. *ein über die Maassen schwieriges Vorhaben.* *°व्रतिन् Adj. *der etwas ü. d. M. Schwieriges vorhat* Gal. — असिधार Kathâs. 17,91 fehlerhaft für असि°.

असिधारक Adj. in Verbindung mit व्रत = असिधाराव्रत Einschiebung nach Varâh. Bṛh. S. 76,12.

*असिधाव und *°क m. *Schwertfeger.*

असिधेनु und °का f. *Messer.*

असिन्व (f. आ) und असिन्वत् Adj. *unersättlich.*

1. असिपत्त्र n. *Schwertklinge.* °व्रत n. so v. a. असिधाराव्रत Gaim. Bhâr. 1,45. 53. 13,145. 29,48. 37,34.

2. असिपत्त्र m. 1) *Scirpus Kysoor Roxb.* — 2) **Zuckerrohr.* — 3) **eine best. Hölle.*

*असिपत्त्रक m. *Zuckerrohr.*

असिपत्त्रवन n. *eine best. Hölle.*

असिपथ m. *Bahn des Schlachtmessers.*

असिपाणि Adj. *ein Schwert in der Hand haltend* MBh. 12,101,5.

*असिपुच्छक m. *Delphinus gangeticus.*

*असिपुत्रिका und *°पुत्री f. *Messer.*

असिबद्ध Adj. *mit einem Messer umgürtet* Çâṅkh. Çr. 14,22,20.

*असिभरिता f. *eine Art Tonleiter* Gal.

असिमत् Adj. *mit Messern oder Dolchen versehen.*

असिमुसल n. Bez. *einer der 5 Weisen, auf welche der Planet Mars seinen Rücklauf beginnt.*

*असिमेद m. *Vachellia farnesiana W. u. A.*

असिर m. *Geschoss.*

असिलता f. *Schwertklinge* Prab. 3,9.

असिलोमन् m. N. pr. eines Dânava.

*असिशिम्बी f. *Schwertschote, ein Dolichos* Râǵan. 7,178.

असिष्ठ Adj. *am besten schiessend.*

*असिहत्य n. *Schwertkampf.*

*असिहेति Adj. *mit einem Schwerte bewaffnet.*

असीमकृष्ण m. N. pr. eines Fürsten Bhâg. P. 9,22,38.

असीमन् Adj. *unbegrenzt* Bâlar. 7,14.

असु 1) m. *a) Lebenshauch, Leben.* Pl. (nur dieses in der späteren Sprache) *Lebensgeister.* — *b) Geisterleben.* — *c)* 1/360 Muhûrta Gaṇit. 1,17. — *d)* * = प्रज्ञा. — 2) * n. *a) Trauer.* — *b) der Geist.*

असुकर Adj. *nicht leicht auszuführen.*

*असुकस् Nom. Sg. m. *jener.* Vgl. असुक.

*असुत्तणा n. v. l. für असूर्त्तणा.

असुख 1) Adj. (f. आ) *a) unangenehm, schmerzlich.* — *b) unglücklich.* — *c) nicht leicht zu* (Inf.) Kir. 5,49. — 2) n. *Herzeleid, Pein, Kummer* Spr. 7703.

असुखदुःख Adj. *weder Freude noch Leid kennend* Ind. St. 9,163.

असुखसंचार Adj. (f. आ) *wo man sich nicht behaglich ergeht, nicht einladend.*

असुखावह Adj. (f. आ) *kein Wohlbehagen bringend.*

असुखिन् Adj. *sich nicht behaglich fühlend, traurig, unglücklich.*

असुखोदय und असुखोदर्क Adj. *keine Freuden —, kein Glück verheissend.*

1. असुगन्ध m. *übler Geruch.*

2. असुगन्ध Adj. *nicht wohlriechend, — parfümirt.*

असुगम Adj. *nicht leicht gangbar.*

असुत Adj. *nicht ausgepresst, — gekeltert.*

असुतार im Sâmkhja 1) n. *das Sichverhören* Tattvas. 37. — 2) f. आ *das Jagen nach Sinnesobjecten* Tattvas. 36.

असुतृप् Adj. *unersättlich.*

असुतृप Adj. *das Leben geniessend, ganz den Lebensgenüssen ergeben.*

असुत्याग m. *das Aufgeben des Geistes.*

*असुधारण n. *das Leben.*

असुनियम m. *Hemmung des Athems* Ind. St. 9,140.

असुनीत n. *Geisterreich* oder m. *Geisterherr* (Jama).

असुनीति f. *Geisterleben, Geisterreich.* Auch personificirt als Gottheit.

असुनेत्रा f. im Sâmkhja *das Jagen nach Reichthümern, als wären diese unvergänglich.*

असुन्दर Adj. *nicht gut, — richtig.*

असुन्व (f. आ) und असुन्वत् Adj. *keinen Soma auspressend, unfromm.*

असुपारा f. im Sâmkhja *das Hüten und Pflegen der Sinnesobjecte* Tattvas. 36.

असुप्त Adj. *nicht schlafend* Çat. Br. 14,7,1,12.

असुप्राप्य Adj. *nicht leicht zu erlangen.*

असुब्रह्मन् m. *kein guter Brahman.*

*असुभगंभविष्णु Adj. etwa *nicht beliebt werdend.*

असुभिक्ष n. *Theuerung, schlechte Zeiten* Varâh. Bṛh. S. 5,71.

असुभृत् m. *lebendes Wesen, Mensch.*

असुमति m. N. pr. eines Fürsten VP.[2] 4,129.

असुमत् Adj. *mit Leben begabt,* m. *belebtes Wesen.*

असुमरीचिका f. im Sâmkhja *das Hängen an sinnlichen Genüssen.*

असुम्न Adj. *widerwärtig.*

असुंभर Adj. (f. आ) *nur das Leben erhaltend, nur für d. L. sorgend.*

असुर 1) Adj. *geistig, unkörperlich, göttlich.* — 2) m. *a) Geist, der höchste Geist* (insbes. von Varuṇa). — *b) böser Geist, Gespenst, Dämon, Widersacher der Götter.* — *c)* Bez. Râhu's. — *d)* **die Sonne.* — *e)* **Wolke.* — *f)* Pl. N. pr. α) *eines Kriegerstammes. — β) einer Schule. — 3) * f. असुरा *a) Nacht.* — *b) Zodiakalzeichen.* — 4) f. असुरी *a) ein weiblicher Unhold.* — *b)* **Sinapis ramosa Roxb.*

असुरकाण्ड m. oder n. Titel eines *Abschnittes* in einem best. Werke.

*असुरकुमार m. Pl. *eine best. Klasse von Göttern* bei den Ǵaina.

असुरक्षयण und असुरक्षिति Adj. *Dämonen vernichtend.*

असुरगुरु m. Çukra, *der Planet Venus* Kâd. II, 110,4.

असुरतमस n. *das Dunkel der Dämonen* Çat. Br. 4,3,4,21.

असुरत्व n. 1) *Geistigkeit, göttliche Würde.* — 2) *das ein* Asura (*Widersacher der Götter*) *Sein* Maitr. S. 4,2,1.

*असुरद्विष् m. Bein. Vishṇu's.

असुरब्रह्म m. *Priester der Dämonen* Çat. Br. 1,1, 4,14.

असुरभि Adj. *übelriechend* Tattvas. 13. Tarkas. 14.

असुरमाया f. *dämonisches Blendwerk* Tâṇḍja-Br. 13,12,5.

असुररक्षस n. 1) Sg. *ein dämonisches Wesen, das sowohl ein* Asura *als auch ein* Rakshas *ist.* — 2. Pl. Asura *und* Rakshas.

असुरराज् m. *Fürst der* Asura MBh. 1,160,4.

*असुररिपु m. Bein. Vishṇu's.

असुरलोक m. *die Welt der Dämonen* Kâṭh. 14,9)

असुरसंहिता f. *die* Saṁhitâ *der* Asura Sâṅ-

HITOPAN. 7,4.

*असुरसा f. *Basilicum pilosum Benth.*

असुरसूदन m. Bein. Vishṇu's.

असुरहन् Adj. (f. असुरघ्नी) *Dämonen vernichtend.*

*असुराचार्य m. *der Planet Venus.*

असुराधिप m. *Fürst der* Asura.

असुरारि m. *Feind der* Asura, Bein. Vishṇu's Kâd. 44,20.

*असुराह्व n. *Messing.*

असुरेज्य m. *der Planet Venus.*

असुरेन्द्र m. *Fürst der* Asura VP. 5,36,2.

*असुर्तण n. v. l. für असूर्तण.

असुर्य und असुरिय 1) Adj. *a) geistig, himmlisch, göttlich. — b) geisterhaft, dämonisch, asurisch.* — 2) n. *a) Geistigkeit, göttliche Lebensfülle, Göttlichkeit. — b) Geister —, Götterwelt.*

असुलभ Adj. (f. आ) *nicht leicht zu haben, selten.* Davon Nom. abstr. °त्व n.

असुवर्ग्य Adj. = अस्वर्ग्य TS. 5,2,10,7.

असुविलास m. *ein best. Metrum.*

असुव्यय m. *Hingabe des Lebens* Prab. 64,12.

असुषिरत्व n. *das Nichthohlsein* Maitr. S. 3,10,2.

असुषुप्त Adj. *nicht in tiefen Schlaf versunken* Ind. St. 9,131.

असुष्वि Adj. *keinen* Soma *auspressend, unfromm.*

असुसमाप्त Adj. *unvollkommen.*

असुसु m. *Pfeil* Kir. 15,5.

असुस्थ und असुस्थित Adj. *unwohl.*

असुस्थिरादर Adj. *beständig um sein Leben besorgt* Râǵat. 1,360.

असुहित *nicht satt, hungrig.*

1. असुहृद् m. 1) *kein Freund.* — 2) *Feind.*

2. असुहृद् Adj. *keinen Freund habend.*

असू Adj. f. *nicht gebärend, unfruchtbar.*

*असूतण n. v. l. für असूर्तण.

असूचीसंचार Adj. *so dicht, dass keine Nadel durchgeht,* Spr. 785. Râǵat. 8,1378.

*असूत Adj. in °जरती *nicht geboren habend, unfruchtbar.*

असूति f. *Nichtentstehung, das Sichnichteinstellen* Kir. 2,56.

असूतिका Adj. f. = असूत.

असूत्रित Adj. *nicht in die Form eines* Sûtra *gebracht* Comm. zu TS. Prât. 24,6, v. l.

असूय्, °यति und °यते *murren, ungehalten —, unzufrieden sein* (mit Dat. oder Acc.) Kâd. 121,22. — Caus. असूययति 1) *Jmd reizen* MBh. 3,66,17. — 2) *seinen Unwillen gegen Jmd* (Acc.) oder *Etwas* (Acc.) *an den Tag legen, grollen.* Auch mit Gen der Sache MBh. 14,20,5.

असूय 1) Adj. *murrend, grollend, ungehalten über.* — 2) f. आ *das Murren, Ungehaltensein, Unlust, Unwille,* insbes. *über die Verdienste oder das Wohlergehen Anderer, Missgunst* Âpast.

असूयक Adj., असूयितर् Nom. ag. und असूयु (in अनसूयु) Adj. *murrend, ungehalten,* insbes. *über die Verdienste oder das Wohlergehen Anderer.*

असूर्ते Loc. *Nachts.*

*असूर्तपद n. *Geringachtung.*

असूर्त Adj. *unbetreten, unbekannt.*

असूर्तरजस m. N. pr. v. l. für अमूर्तरजस्. Vgl. ṚV. 10,82,4.

1. (असूर्य) असूरिय Adj. *unbetretbar, unbekannt.*

2. असूर्य Adj. *sonnenlos.* °म् Adv. *Nachts* Shaḍv. Br. 4,1.

असूर्यग Adj. *nicht zur Sonne hin sich bewegend* Ragh. 3,13.

असूर्यपश्य 1) Adj. *die Sonne nie sehend* Viddh. 82,12. Ind. St. 13,470. — 2) f. आ *Gemahlin eines Fürsten.*

असूसु Adj. *nicht gebärend, unfruchtbar.*

*असृक्कर m. *Chylus.*

असृक्त्व n. Nom. abstr. von असृज् 1) *a)* Maitr. S. 4,2,9.

*असृक्प m. *ein* Rakshas.

असृक्पयोपग Adj. *in's Blut übergehend* Ind. St. 14,317.

असृक्पात m. *Blutspur.*

असृक्पावन् Adj. *Blut saugend.*

असृग्ग्रह m. *der Planet Mars.*

असृग्दर m. *Bluterguss, Blutung.*

*असृग्धरा f. 1) *Haut.* — 2) *Chylus* Gal.

असृग्धारा f. 1) *Blutstrom.* — 2) **Haut.*

*असृग्बिन्दुच्छदा f. *eine best. Pflanze* Gal.

असृग्भाजन Adj. *Blut als Antheil erhaltend* Çâṅkh. Br. 10,4.

असृङ्मय Adj. (f. ई) *aus Blut gebildet* Çiç. 18,71.

असृङ्मुख Adj. *mit blutigem Gesicht.*

असृज् 1) n. *a) Blut.* Acc. असृजम् (st. असृक्) Hariv. 9296. असृद् vor ह TS. 7,4,9,1. — *b)* **Saffran.* — 2) m. *a) der Planet Mars* Gaṇit. 2,2. — *b)* **ein best. astrol.* Joga.

असृणि Adj. *ungezügelt, unbändig.*

*असृपाट m. und *°टी f. *Blutspur.*

*असेचन und °क Adj. *entzückend.*

असेचनीय Adj. *geeignet Entzücken zu erregen* Lalit. 59,12.

(असेन्य) असेनिय Adj. *nicht treffend, — verwundend.*

असेवित Adj. *nicht besucht* Spr. 788.

असेव्य Adj. 1) *nicht zu besuchen, — betreten für* (Gen.). — 2) *dem man nicht dienen soll.*

असोढ Adj. *was man nicht zu überwinden vermag* 221,22.

1. असोम m. 1) *kein* Soma-*Saft* Kâtj. Çr. 22,6,3. — 2) *kein* Soma-*Opfer* Kâtj. Çr. 6,5,23.

2. असोम Adj. *ohne* Soma-*Saft* Spr. 5988.

असोमप, असोमपीथ und असोमपीथिन् Adj. *keinen* Soma *trinkend, zum* Soma-*Trank nicht zugelassen.*

असोमयाजिन् Adj. *der kein* Soma-*Opfer dargebracht hat* Çat. Br. 1,6,4,10. 11.

असौ Nom. Sg. m. f. *jener, jene.* Vergl. अदस्, अमी, अमु.

असौनामन् Adj. *den und den Namen führend.*

असौभाग्य n. *Unbeliebtheit* Spr. 2290.

असौम्य Adj. 1) *nicht ansprechend, unangenehm.* — 2) *Unglück verheissend.*

असौयज्ञ m. *ein best.* Praisha.

असौरभ Adj. *übelriechend, stinkend.*

असौवर्ण Adj. *nicht von Gold* Spr. 539.

असौहित्य n. *Nichtsättigung* Sâmav. Br. 1,3,8.

असौहृद n. *Feindschaft.*

अस्कन्द m. *Nichtverspritzung, Nichtverschüttung.*

अस्कन्दत्व n. dass. Maitr. S. 1,8,3.

अस्कन्दयत् Adj. 1) *nicht verschüttend, — vergiessend* Âpast. — 2) *nicht versäumend, — unterlassend.*

अस्कन्दित Adj. *nicht versäumt, — unterlassen.*

अस्कन्दिन् Adj. *nicht gerinnend.*

अस्कन्न Adj. 1) *unverspritzt, unverschüttet.* Dazu Nom. abstr. अस्कन्नत्व n. Maitr. S. 3,9,7. — 2) *nicht mit Samen bespritzt, — belegt.*

अस्कम्भन n. *keine Stütze.*

अस्कृधोयु Adj. *nicht knapp, reichlich.*

अस्खलित 1) Adj. *a) nicht strauchelnd, sicher* (Gang). — *b) nicht stecken bleibend, ununterbrochen sich fortbewegend* 106,12. — *c) ununterbrochen, ungehemmt, ungestört.* — 2) n. *a) das Nichtstraucheln.* — *b) das Nichtsteckenbleiben* Uttarar. 16,6 (22,8).

अस्त 1) n. *Heimat, Heimatstätte.* अस्तम् Adv. *heim, heimwärts. Heimwärts gehen* bedeutet *a) untergehen* (von Gestirnen, insbes. der Sonne). — *b) zur Ruhe eingehen, aufhören, vergehen, sterben.* — 2) m. *Untergang.* — 3) N. pr. eines mythischen Berges im Westen, hinter dem Sonne und Mond beim *Untergang* verschwinden sollen, 297,1. — 4) m. *das siebente astrologische Haus* Varâh. Bṛh. 25,4. 8. Ind. St. 14,312, Çl. 2.

अस्तंयत्त् und अस्तंयात्त् Adj. *untergehend.*

अस्तक 1) n. *Heimat, Haus.* — 2) *m. *Eingang in die ewige Ruhe.*

अस्तक्षितिभृत् m. = अस्त 3) 311,13.

अस्तगमन n. *Untergang* (der Sonne) MBh. 1, 155,17.

अस्तगामिन् Adj. *untergehend* Hâsj. 44.

अस्तगिरि m. = अस्त 3).

अस्तंगच्छत् n. *westlicher Horizont* Sûrjas. 13,13.

अस्तंगत Adj. 1) *untergegangen* (Gestirne). — 2) *zur Ruhe gelangt, aufgehört, hingegangen, gestorben.*

अस्तंगमन n. *Untergang* (der Sonne).

अस्तंगमित Adj. *vernichtet.*

अस्ततातिं f. *Heimatsstätte.*

अस्तनिमग्न Adj. *untergegangen.*

अस्तन्ध Adj. 1) *beweglich, rührig.* — 2) *anspruchlos* Spr. 790. fg.

अस्तब्धता f. und अस्तब्धत्व n. *Anspruchlosigkeit.*

अस्तभवन n. *das 7te astrologische Haus.*

*अस्तमती f. *Desmodium gangeticum DC.*

अस्तमन n. *Untergang* (der Sonne), *heliakischer*—.

अस्तमयं m. 1) dass. — 2) *Untergang* in übertr. Bed., *Hingang, Schwund.*

अस्तमयन n. *Untergang* (der Sonne).

अस्तमस्तक m. n. *der Gipfel des Berges* Asta 311,17.

अस्तमित Adj. 1) *untergegangen, heliakisch* — Varâh. Bṛh. S. 6,6. 7,19. °ते (sc. सूर्ये) *nach Sonnenuntergang* Chr. 38,7. — 2) *zur Ruhe gelangt, aufgehört, hingegangen, gestorben* Venîs. 106,10. 105,2.

अस्तमितोदिता f. (sc. पौर्णमासी) *der Tag, an welchem der Mond nach Sonnenuntergang voll aufgeht,* Gobh. 1,5,10.

अस्तमीके Loc. *daheim.*

अस्तमूर्धन् m. = अस्तमस्तक.

अस्तमेष्यत् Adj. *im Begriff unterzugehen.*

1. *अस्तम्भ m. *eine best. Kunst* Gal.

2. अस्तम्भ Adj. *anspruchlos* Râgat. 8,83.

अस्तम्भनीय Adj. *nicht zu hemmen.*

अस्तर् Nom. ag. *Schleuderer, Schütze.*

*अस्तरण n. gaṇa व्युष्टादि. आस्तरण Kâç.

अस्तराशि m. *das 7te astrol. Haus.*

*अस्तर्लण n. v. l. für अमूर्लण.

अस्तर्य Adj. *nicht niederzustrecken.*

अस्तलग्न n. *westlicher Horizont* Comm. zu Sûrjas. 13,13.

अस्तवे Dat. Inf. *um zu schleudern* VS. 16,3.

अस्तशिखर m. n. *der Gipfel des Berges* Asta.

अस्तशैल m. = अस्त 3).

अस्तसमय m. *Augenblick des Untergangs* (eig. und übertr.) Çiç. 9,5.

1. अस्ता Adv. v. l. zu अस्तम्.

2. अस्ता f. *Wurfgeschoss, Pfeil.*

अस्तांश m. Pl. *Zahl der Grade beim heliakischen Untergange eines Planeten* Sûrjas. 9,6.

*अस्ताग m. N. pr. eines Arhant's bei den Gaina.

*अस्ताघ Adj. *überaus tief.*

अस्ताचल (40,24) und अस्ताद्रि m. = अस्त 3).

*अस्तार Adj. = अस्ताघ Gal.

अस्ति f. N. pr. einer Tochter Garâsaṁdha's.

अस्तिकाय m. *Kategorie* Sarvad. 35,4. °त्व n. Nom. abstr. 36,6.

*अस्तिक्षीरा Adj. f. *Milch habend.*

अस्तिता f. und अस्तित्व n. *wirkliches Dasein, Existenz* Çaṁk. zu Bâdar. 2,2,23. Sarvad. 42,11.

अस्तिति Tâṇḍja-Br. 22,17,3 fehlerhaft für अस्तृति.

अस्तिप्रवाद m. Titel eines Gaina-Werkes.

*अस्तिबल Adj. gaṇa पक्षादि in der Kâç.

*अस्तिमत् Adj. *wohlhabend.*

*अस्तुंकार m. *ein abgedrungenes Ja.*

अस्तुत Adj. 1) *ungepriesen* Ait. Br. 3,42. — 2) *unbeliebt.* — 3) *nicht vorgetragen, — gesungen.*

अस्तुति Adj. *Niemand lobend* MBh. 12,246,24.

अस्तुत्य Adj. *nicht zu preisen, — lobenswerth* Spr. 298.

अस्तुविद् Adj. *wissend, dass Etwas gethan werden muss,* Râgat. 7,1542 (अस्त्रविद् gedr.).

अस्तृत Adj. *unüberwunden, unüberwindlich, unverwüstlich.*

अस्तृतयज्वन् Adj. *unermüdlich* oder *unübertrefflich opfernd.*

अस्तृति (so Hdschr.) f. *Unüberwindlichkeit* Tâṇḍja-Br. 22,17,3.

अस्तेन m. *kein Dieb, — Räuber.*

अस्तेनमानिन् Adj. *sich für keinen Dieb haltend.*

अस्तेय n. *das Nichtstehlen* 285,28.

अस्तोक Adj. *nicht gering, — unbedeutend.*

अस्तोतर् Nom. ag. = अस्तुति.

अस्तोत्रस्थान n. *keine Veranlassung zu einem* Stotra Lâṭj. 10,3,5.

अस्तोपगत Adj. *untergegangen.*

अस्तोभ Adj. 1) *ohne Träller u. s. w.* Lâṭj. 6,11, 7. 7,2,2. — 2) *kurz und bündig.*

*अस्त्य n. *Haus.*

*अस्त्यान n. *Geringschätzung.*

अस्त्रं n. (selten m.) 1) *Wurfwaffe, Geschoss, Pfeil; auch Bogen.* — 2) *ein best. Spruch aus einem für heilig gehaltenen Buche, den man vor dem Beginn des Lesens dieses Buches hersagt.* — 3) *ein best. beim Anzünden des Feuers gesprochener Spruch.* — 4) *Bez. der mystischen Silbe* फट्.

*अस्त्रकण्टक m. *Pfeil.*

*अस्त्रखदिर m. *rother* Khadira Râgan. 8,27.

अस्त्रग्राम m. *eine Menge verschiedener Geschosse* Venîs. 114.

*अस्त्रजित् n. *eine best. Pflanze.*

अस्त्रबन्ध m. *ununterbrochene Reihe von Pfeilen* R. 5,44,13. 15.

अस्त्रभृत् m. *Schütze* R. 5,43,2.

अस्त्रमन्त्र m. 1) *ein über Pfeile gesprochener Spruch.* — 2) *ein best. Spruch bei den* Maga.

*अस्त्रमार्ज m. *Schwertfeger.*

अस्त्रविद् Adj. *auf Geschosse sich verstehend, guter Schütze.*

अस्त्रवृष्टि f. *Pfeilregen* 99,9.

अस्त्रवेद m. *Bogenkunde* Dh. V. 15,3.

*अस्त्रसायक m. *eiserner Pfeil.*

अस्त्रागार n. *Waffenkammer.*

अस्त्राय्, *°यते *zu einer Waffe wenden.* °यित Partic. Bâlar. 239,10.

अस्त्रिन् m. *Schütze* Çiç. 18,71.

अस्त्री f. 1) *kein Weib.* — 2) *kein Femininum, so v. a. Masculinum und Neutrum* 244,27. 245,5. 26.

अस्त्रीजित Adj. *nicht in der Gewalt eines Weibes stehend.*

अस्त्रीसंभोगिन् Adj. *keinem Weibe beiwohnend* Kull. zu M. 6,26.

अस्त्रैण Adj. *ohne Weiber.*

अस्त्रोपसंहारमन्त्र m. *ein Zauberspruch, mit dem man abgeschossene Pfeile wieder an sich zieht,* Verz. d. B. H. No. 909.

अस्त्र्युपायिन् Adj. *keinem Weibe beiwohnend* Kâtj. Çr. 22,7,18.

°अस्थ n. = अस्थि *Knochen.*

अस्थन् und अस्थि n. 1) *Knochen.* — 2) *Kern — Stein einer Frucht.*

अस्थन्वत् Adj. *mit Knochen versehen.* Subst. *ein solches Thier* Gaut. 22,20. 22.

अस्था Adv. *etwa sogleich.*

*अस्थाग und *अस्ताघ Adj. *überaus tief.*

1. अस्थान n. 1) *keine Dauer* Gaim. 1,1,7. — 2) *ungeeigneter Ort für* (Gen.) Kâd. 50,4. Loc. अस्थाने und अस्थान° *am unrechten Orte, zur unrechten Zeit, mit Unrecht.*

2. *अस्थान Adj. *überaus tief.*

अस्थानयुक्त Adj. *am unrechten Orte angebracht.* Davon Nom. abstr. °ता f.

अस्थानसमास m. *ein ungeeignetes Compositum.*

अस्थानस्थपद Adj. *wo ein Wort nicht an seiner Stelle steht* Kâvjapr. S. 165, Z. 10.

अस्थानस्थसमास Adj. *wo ein Compositum nicht am Platz ist* Kâvjapr. S. 166, Z. 4.

अस्थानिन् Adj. *nicht am Platz —, — an der Reihe seiend, — hingehörig.*

*अस्थाय (!) Adj. *überaus tief.*

अस्थायिन् Adj. *unbeständig, nicht von Dauer.* Davon Nom. abstr. °यित्व n.

*अस्थार Adj. = *überaus tief.*

अ॑स्थि s. अस्थन्.

अस्थिक n. *Knochen* Spr. 7322. Am Ende eines adj. Comp. f. आ.

अस्थिकुण्ड n. *eine mit Knochen angefüllte Grube in der Hölle.*

*अस्थिकृत् n. *Fett.*

अस्थिकेतु m. *ein best. Komet* (?).

अस्थिचक्कलित n. *eine best. Art Knochenbruch.*

अस्थिज॑ 1) Adj. *in den Knochen entstanden.* — 2) m. a) *Donnerkeil;* vgl. MBh. 1,33,20. — b) **Mark.*

अस्थित Adj. *nicht verweilend, momentan* RV. Prât. 13,3.

अस्थिति f. *schlechte Institution, Unordnung* Kâd. II, 55,3.

*अस्थितुण्ड m. *Vogel.*

*अस्थितेजस् n. *Mark.*

अस्थिदन्तमय Adj. *aus Knochen* oder *Elfenbein gemacht.*

*अस्थिधन्वन् m. Bein. Çiva's.

*अस्थिपञ्जर m. *Gerippe.*

अस्थिबन्धन n. *Sehne* R. 5,42,20.

*अस्थिभत m. *Hund.*

अस्थिभङ्ग m. 1) *Knochenbruch.* — 2) **Vitis quadrangularis* Wall.

*अस्थिभुज् m. *Hund.*

अ॑स्थिभूयंस् Adj. *vorzugsweise aus Knochen bestehend, dürr.*

अस्थिमत् Adj. *mit Knochen versehen.*

अस्थिमय Adj. (f. ई) *aus Knochen bestehend, voller Knochen.*

अस्थिमाला f. Titel eines Werkes.

अस्थियज्ञ m. *Knochenopfer* (eine best. Ceremonie beim Todtenritual).

*अस्थियुज् m. *Vitis quadrangularis* Madanav. 31,315.

अ॑स्थिर Adj. 1) *nicht fest, unstät, beweglich* MBh. 14,23,23. — 2) *von keinem Bestand.* — 3) *nicht standhaft, wankelmüthig, unzuverlässig.* — 4) *zweifelhaft, nicht glaubwürdig.*

अस्थिरत्व n. 1) *Unbeständigkeit, Vergänglichkeit* MBh. 3,79,12. — 2) *Wankelmüthigkeit, Unzuverlässigkeit.*

अस्थिरी Adv. mit भू *abnehmen, geringer werden.*

अस्थिवर्षण n. *Knochenregen* Ind. St. 1,40,4 v. u.

*अस्थिविग्रह m. N. pr. eines Dieners des Çiva.

*अस्थिशृङ्खला f. *Vitis quadrangularis.*

अस्थिशेष Adj. *von dem nur die Knochen übrig geblieben sind.* Davon Nom. abstr. °ता f. Kathâs. 72,136.

*अस्थिशैथिल्य n. *Runzeln* Gal.

अस्थिसंयोग m. *Gelenk* Karaka 1,11.

*अस्थिसंहार m. und *°री f. *Vitis quadrangularis.*

अस्थिसंहारक m. 1) dass. Madanav. 31,315. — 2) **ein best. Aasvogel, der calcuttische Adjutant.*

अस्थिसंचय m. *Beinhaufen, Knochenstätte* Comm. zu Kâtj. Çr. 25,8,2.

*अस्थिसंधानकार m. *Lauch* Nigh. Pr.

अस्थिसंधि m. *Gelenk* Karaka 1,11.

अस्थिसंभव 1) Adj. *aus Knochen gebildet* MBh. 1,33,20. — 2) *m. *Mark.*

1. *अस्थिसार m. *Mark.*

2. अस्थिसार Adj. *bei dem die Knochen vorwalten, knochig* Varâh. Lagh. 2,13.

अस्थिस्थूण Adj. *Knochen zum Gerüste habend* M. 6,76.

*अस्थिस्नेह und *°मज्जक m. *Mark.*

अस्थिस्रं॑स् Adj. *die Knochen auseinanderfallen machend.*

अस्थूरि॑ Adj. *nicht einspännig, — einseitig* Kâth. 22,9.

अ॑स्थूल Adj. (f. आ) *nicht grob, — dick, — gross, — massiv, schmächtig.*

अ॑स्थेयंस् Adj. 1) *nicht sehr hart. — fest.* — 2) *nicht standhaltend.*

अस्थैर्य n. 1) *Unbeständigkeit, Wechsel.* — 2) *Unbestand, Vergänglichkeit.*

अस्नात Adj. *nicht gebadet.*

अस्नातॄ॑ Adj. *nicht badelustig, das Wasser scheuend, kein Schwimmer.*

अस्नाव॑क Adj. *sehnenlos.*

अस्निग्ध Adj. *nicht weich, rauh.*

*अस्निग्धदारुक m. *eine best. Fichtenart* Râgan. 12,29.

अस्नेह॑ Adj. *ohne Fett* Çat. Br. 14,6,8,8.

अस्नेहन und अस्नेहवत् Adj. *keine Zuneigung empfindend.*

अस्नेह्य Adj. *nicht mit Fett zu behandeln* Suçr. 2,558,6 (अस्नेद्य gedr.).

अस्पन्द Adj. 1) *nicht zuckend, unbeweglich.* अस्पन्दासु Adj. so v. a. *mit unterdrücktem Athem* Bhâg. P. 12,6,9. — 2) *unwandelbar.*

अस्पन्दन und अ॑स्पन्दमान Adj. *nicht zuckend.*

अस्पन्दयत् Adj. *nicht zucken lassend, — bewegend.*

अस्पर्धितमनस् Adj. *nicht neidisch* MBh. 14,46,14.

1. अस्पर्श m. *das Unberührtbleiben, Nichtbehaftetsein mit* (Instr.) MBh. 3,116,17.

2. अस्पर्श॑ Adj. 1) *keinen Gefühlssinn habend* Çat. Br. 14,6,8,8. — 2) *nicht fühlbar* Âpast. Ind. St. 9,164. Dazu Nom. abstr. °त्व n. Njâjas. 2,2,23.

अस्पर्शन n. *das nicht in Berührung Kommen mit Etwas* Comm. zu TS. Prât. 4,23. 14,4.

अस्पर्शपर Adj. *worauf keine Muta folgt* VS. Prât.

अस्पष्ट Adj. *nicht deutlich wahrzunehmen, — ersichtlich, unklar.* °कीर्ति Adj. *unberühmt* Bhâg. P. 4,23,34.

अस्पष्टोपाधि Adj. *dessen Bedingendes unklar ist.* Davon Nom. abstr. °ता 260,5.

अ॑स्पृत Adj. *nicht entrissen.*

अस्पृशत् Adj. *nicht berührend.* वित्तानि Spr. 1892.

अस्पृश्य 1) Adj. a) *nicht zu berühren.* Dazu Nom. abstr. °त्व n. — b) *nicht fühlbar.* Dazu Nom. abstr. °त्व n. — 2) n. *Unberührbarkeit* Bhâg. P.

अस्पृष्ट Adj. 1) *nicht berührt, womit man nicht in Berührung gekommen ist, wohin man nicht gelangt ist* Spr. 517. Bhâg. P. 4,29,47. 6,3,15. — 2) *nicht behaftet mit* (Instr.) Cit. im Comm. zu Vâmana 1,2,11. — 3) *unberührt* heisst das hervorbringende Organ (करण) der Vocale, des Anusvâra und des Ûshman. Dazu Nom. abstr. °ता.

अस्पृष्टपुरुषान्तर Adj. *keinem Andern zukommend* Kumâras. 6,75.

अस्पृह Adj. *frei von allem Begehren.*

अस्पृहा f. *kein Begehren* Gaut. 8,23.

अस्प्रष्टॄ Nom. ag. *nicht fühlend* Maitrjup. 6,11.

अस्फुट Adj. (f. आ) 1) *undeutlich, unklar* Kâvjapr. 5,1. °म् Adv. °त्व n. Nom. abstr. — 2) *ungenau, incorrect, approximativ* Sûrjas. 5,7. Nom. abstr. °ता f.

अस्फुटालंकार m. *undeutlicher Redeschmuck.* Davon Nom. abstr. °त्व n. Sâh. D. 4,21.

अस्फुटित Adj. *nicht gesprungen, — rissig.*

अस्फूर्ति f. *das nicht zu Tage Treten, — Offenbarwerden.*

*अस्फोटक m. *Calotropis gigantea* Gal.

1. अस्म॑ Pron. der 1ten Person Pl. Davon अस्मा॑न्, अस्मा॑भिस्, अस्म॑भ्यम्, अस्म॑त् (auch am Anf. eines Comp.), अस्मत्तस् (59,30. Mudrâr. 8,13 oder 25,5). अस्मे॑ Dat. Loc. ved., अस्मा॑कम्, अस्मा॑सु.

2. अस्म Pron. der 3ten Person Sg. Davon अस्मै॑ und अ॑स्मै, अस्मा॑त्, अस्मि॑न्. Als Substantiv unbetont.

अस्म॑त्प्रेषित Adj. *zu uns getrieben* Çat. Br. 6,3,2,3.

अस्मत्रा॑ Adv. *bei —, unter —, zu uns.*

अस्मत्रा॑ञ्च् Adj. *uns zugewandt.*

अस्मत्सखि Adj. (Nom. °खा) *uns zu Gefährten habend.*

अस्मत्सग्रसनव्यात्तव्यालतुण्डाय्, °यते *den in der Absicht uns zu verschlingen geöffneten Rachen eines Tigers darstellen.*

अस्मदीय Adj. *unser* 290,27. 321,9.

अस्मद्दात Adj. *von uns gegeben.*

अस्मद्रुह् Adj. *uns nachstellend, — feindlich.*

(अस्मद्र्यञ्च्) अस्मद्रियञ्च् Adj. *uns zugewandt.* Adv. °द्र्यक् und °द्रियक्.

अस्मद्वत् Adv. *gleich uns.*

अस्मद्विध Adj. *einer von unseres Gleichen* 58,2. 59,21.

*अस्मय्, °यति Denom. von 1. अस्म.

अस्मयु Adj. *uns zustrebend, — liebend.*

अस्मरण n. *das Sichnichterinnern, Nichtgedenken Jmdes* (Gen.).

अस्मरत् Adj. *sich auf Etwas nicht besinnend* Lâṭj. 9,2,7.

अस्मर्तव्य Adj. *dessen man nicht zu gedenken braucht.*

अस्माक Adj. *unser, der unserige.*

अस्मिता f. *Egoismus.*

*अस्मिमान m. *Selbstbewusstsein.*

अस्मृत Adj. 1) *vergessen.* — 2) *nicht erwähnt.*

अस्मृतध्रु Adj. *das Verlangen nicht täuschend* ṚV. 10,61,4.

1. अस्मृति f. 1) *Nichterinnerung, das Vergessen* MBh. 3,116,17. 12,180,32. — 2) *Gedächtnissschwäche* MBh. 14,36,13.

2. अस्मृति Adv. *unachtsam.*

अस्मेर Adj. (f. आ) 1) *nicht schmollend, zutraulich.* — 2) *nicht lächelnd, — heiter, betrübt* Bâlar. 40,21.

अस्मोक्ति f. *Auftrag für uns.*

अस्यग्र n. *Messerspitze* Çâṅkh. in Ind. St. 5,331.

अस्यवामीय n. *das Lied* ṚV. 1,164.

*अस्यासि Adv. *Schwert gegen Schwert* Vop. 6,33.

अस्याकृति Adj. *schwertförmig* Kâtj. Çr. 1,3,39.

*अस्युद्यत Adj. *mit erhobenem Schwerte.*

1. अस्र 1) Adj. *schleudernd.* — 2) n. *a) Thräne.* — *b) *Blut.*

2. *अस्र m. *Kopfhaar.*

*अस्रकण्ठ m. *Pfeil.* Vgl. अस्त्रकण्टक.

*अस्रखदिर m. *eine rothblühende Mimosa.*

अस्रग्विन् Adj. *unbekränzt.*

*अस्रघ्न m. *Xanthoxylon Rhetsa* Nigh. Pr.

*अस्रज (Râǵan. 17,1) und *°जन्मन् (Gal.) n. *Fleisch.*

*अस्रप 1) m. *ein* Rakshas. — 2) f. आ *a) Blutegel.* — *b) eine* Ḍâkinî.

*अस्रपत्रक m. *Abelmoschus esculentus W. und A.*

*अस्रफला f. *Weihrauchbaum.*

*अस्रबिन्दुच्छदा f. *ein best. Knollengewächs.*

*अस्रमातर् (Gal.) und *°मातृका f. *Chylus.*

*अस्ररेणु m. *Mennig* Nigh. Pr.

*अस्ररोधिनी f. *Mimosa pudica L.*

अस्रव fehlerhaft für आस्रव.

अस्रवत् Adj. *nicht leck.*

अस्राम Adj. (f. आ) 1) *nicht lahm.* — 2) *nicht welk.*

*अस्राय्, °यते *weinen* gaṇa सुखादि.

अस्रायमाणक Adj. *weinend* MBh. 3,297,87.

*अस्रार्जक m. *eine Art Basilienkraut.*

अस्राव m. *das Nichtausfliessen* Bhâvapr. 1,22.

अस्रिध् und अस्रिधान Adj. *nicht fehlgehend, — irrend.*

*अस्रिन् Adj. *weinend* gaṇa सुखादि.

अस्रीवयस् n. (Çat. Br. 8,3,3,5) und अस्रीवि m. oder f. von unbekannter Bedeutung.

अस्रुत Adj. 1) *unversieglich* Çat. Br. 14,9,4,26. Pâr. Gṛhj. 1,16,18. Andere Texte st. dessen अस्तृत. — 2) *nicht eingeweicht* Bhâvapr. 2,15.

अस्रेधत् Adj. *nicht fehlgehend, — irrend.*

अस्रेमन् Adj. *fehlerlos, vollkommen.*

अस्व Adj. *besitzlos* MBh. 12,246,22. Davon Nom. abstr. °त्व n. Kathâs. 121,35.

*अस्वक Adj. (f. अस्वका und अस्विका) Adj. dass.

अस्वग Adj. *nicht zum eigenem Heerde gehend, ohne Heimat.*

अस्वगता f. *Heimatlosigkeit.*

*अस्वच्छन्द Adj. *keinen eigenen Willen habend, abhängig.*

अस्वजाति Adj. *von einer anderen Kaste.*

अस्वतःप्रामाण्य n. *das nicht von sich aus Autoritätsein* Comm. zu Ǵaim. 1,3,13.

अस्वतन्त्र Adj. (f. आ) *nicht selbstständig, unfrei, abhängig* Gaut. 18,1. Bhâg. P. 1,6,7. *nicht Meister seiner selbst.* Dazu Nom. abstr. °ता f. Kâd. 160,12.

अस्वदित Adj. *nicht schmackhaft gemacht* Çat. Br. 1,4,1,15.

अस्वदृश् Adj. *nicht die Seele schauend.*

अस्वन Adj. *keinen hellen Klang habend.*

अस्वन्त Adj. *nicht gut auslaufend, Unglück bringend.*

अस्वपत् Adj. *nicht schlafend* Ind. St. 14,22.

1. अस्वप्न m. n. *Schlaflosigkeit.*

2. अस्वप्न 1) Adj. *a) nicht schlafend, wachsam.* — *b) nicht träumend.* — 2) *m. *ein Gott.*

अस्वप्नज् Adj. *nicht schläfrig, schlummerlos.*

अस्वयंकृत Adj. *nicht mit eigener Person betrieben* Gaut. 10,5.

अस्वर Adj. 1) *nicht laut, halblaut, undeutlich.* Dazu अस्वरम् Adv. — 2) *vocallos* Ind. St. 9,24. — 3) *tonlos, accentlos.* — 4) **eine unangenehme Stimme habend.*

अस्वरक Adj. = अस्वर 3).

अस्वरादि Adj. *nicht vocalisch anlautend* Ind. St. 10,420.

अस्वरित Adj. *nicht mit dem* Svarita-*Accent versehen.* Davon Nom. abstr. °त्व n. 228,3.

अस्वर्गयोग्य Adj. *sich nicht für den Himmel eignend, des Himmels unwürdig* 107,2.

अस्वर्ग्य Adj. *nicht zum Himmel führend* Gaut. 21,20.

अस्वल्प Adj. (f. आ) *gross, geräumig* Viddh. 9,14.

अस्ववेश Adj. *kein eigenes Haus habend, heimatlos.*

अस्वश्लाघान्यनिन्द Adj. *kein Selbstlob und keinen Tadel Anderer enthaltend.* Davon Nom. abstr. °ता f. H. 68.

अस्वस्थ Adj. (f. आ) 1) *unwohl, krank, sich unbehaglich fühlend.* Dazu Nom. abstr. °ता f. 309,25 (im Prâkrit). — 2) *nicht natürlich, — in seinen Fugen.*

अस्वस्थशरीर Adj. *unwohl* Kâd. 238,4.

अस्वातन्त्र्य n. *Unselbstständigkeit, Abhängigkeit.*

अस्वाधीन Adj. (f. आ) 1) *nicht frei, abhängig.* — 2) *worüber man nicht selbst verfügen kann.*

*अस्वाध्याय Adj. *den* Veda *nicht studirend.*

अस्वामिक Adj. *herrenlos* Gaut. 10,36.

अस्वामिन् m. *Nichtherr, Nichtbesitzer* M. 8,4.

अस्वास्थ्य n. *das Unwohlsein, krankhafter Zustand.*

अस्वाहाकृत Adj. *nicht durch* स्वाहा *den Göttern geweiht* Çat. Br. 4,5,2,17. 6,6,3,17.

अस्विन्न 1) Adj. *nicht durchgesotten.* — 2) n. *keine Anwendung von Schweissmitteln* Suçr. 1,45,14.

अस्वेदन Adj. *nicht schwitzend.*

अस्वेद्य Adj. *nicht mit Schweissmitteln zu behandeln* Karaka 1,14.

1. अह् nur im Perf. आह u. s. w. 1) *sagen, sprechen,* mit Dat. oder Acc. der Person und Acc. der Sache. — 2) *von Jmd* oder *Etwas* (Acc.) *sagen.* — 3) *aussagen, ausdrücken, bedeuten, bezeichnen.* — 4) *Jmd* (Gen.) *Etwas* (Acc.) *beilegen.* — 5) *Jmd* oder *Etwas* (Acc.) *irgendwie* (Acc.) *nennen, Jmd* oder *Etwas* (Acc.) *für Jmd* oder *Etwas* (Acc.) *halten, ansehen, erklären.* Der prädicative Acc. wird bisweilen durch इति hervorgehoben. — 6) *anerkennen, annehmen, aufstellen, statuiren.* — 7) *Jmd* (Gen.) *Etwas* (Acc.) *zusprechen, Etwas für Jmdes Eigenthum erklären.* — Mit अधि *für Jmd* (Dat.) *sprechen.* — Mit अनु 1) *hersagen, vorsprechen*

37,29. — 2) *nachsprechen, nacherzählen.* — Mit अभि 1) *sprechen zu* (Acc.), *antworten.* — 2) *Jmd* (Dat.) *Etwas* (Acc.) *mittheilen.* — Mit निस् *aussprechen, aussagen, ausdrücken.* — Mit परा *gegen Jmd* (Acc.) *sprechen, Jmd Unrecht geben.* — Mit परि *umher,* d. h. *der Reihe nach* oder *zusammen sagen.* — Mit प्र 1) *aussagen, ansagen, ankündigen, verkündigen, sprechen, sagen.* Mit Dat. oder Acc. der Person und Acc. der Sache. — 2) *angeben, überliefern.* — 3) *Jmd* oder *Etwas* (Acc.) *irgendwie* (Acc.) *benennen, Jmd* oder *Etwas für Etwas halten, ansehen.* Der prädicative Acc. kann durch इति hervorgehoben werden. — Mit प्रति 1) *Jmd* (Acc.) *gegenüber Etwas* (Acc.) *aussprechen, zu Jmd sagen.* — 2) *erwiedern, antworten* (mit Acc. der Person). — Mit वि *eine abweichende Ansicht kund geben, streiten, disputiren.*

2. *अह्, अह्नोति (व्याप्तौ).

1. अह Part. 1) *gewiss, sicher, ja, wohl, gerade.* — 2) *nämlich.* — 3) *zwar, freilich, wenigstens.* — 4) oft einfach durch stärkere Betonung des vorangehenden Wortes wiederzugeben.

2. अह n. *Tag.* Davon अहा (= अहानि 8,1) und अहानाम्. Häufig am Ende eines Comp. und zwar meistens m.

अहंयाति m. N. pr. eines Sohnes des Saṁjâti MBh. 1,95,14.15. VP. 4,19,1.

अहंयु Adj. *stolz, hochmüthig.*

अहंरहित Adj. *frei von der Meinung, dass man das Ich sei,* Bhâg. P. 10,38,11.

अहंवाद m. = अहंश्रेयस Comm. zu Kaush. Up. 2,14.

अहंवादिन् Adj. in अनहं°.

अहंश्रेयस् und °श्रेयस (Kaush. Up. 2,14) n. und *अहंश्रेष्ठिका (Gal.) f. *ein für sich in Anspruch genommener Vorrang.*

अहंमन Adj. *für sich haben wollend* RV.

*अहःपति m. = अहर्पति.

*अहकम् Demin. von अहम् *ich* Pat. zu P. 1,1,29.

अहंकरण n. *das Meinen, dass man das Ich sei.*

अहंकर्तव्य Adj. *das Object des* Ahamkâra *seiend.*

अहंकार m. 1) *Ichbewusstsein.* — 2) *Selbstsucht* Spr. 810. — 3) *Selbstbewusstsein, Dünkel, Hochmuth.* — 4) N. pr. eines Mannes.

*अहंकारवत् Adj. *von sich eingenommen, dunkelhaft.*

अहंकारिन् Adj. dass. Daçak. 2,5.

अहंकार्य Adj. 1) *das Object des* Ahamkâra *seiend* 269,13. — 2) n. *persönliche Angelegenheit* MBh. 3,148,6.

अहंकृत Adj. 1) *ein Bewusstsein von seinem Ich habend.* — 2) *egoistisch* VP. 1,5,10. — 3) *stolz, hochmüthig.*

अहंकृति f. 1) *die Meinung, dass man das Ich sei.* — 2) *hohe Meinung von sich, Dünkel.*

अहंक्रिया f. in निरहं°.

अहंचन्द्रसूरि m. N. pr. eines Autors Sarvad. 27,20.

अहत 1) Adj. *a) nicht geschlagen, unverletzt.* — *b) nicht geschlagen* (Trommel). — *c) beim Waschen nicht geschlagen, ungewaschen, neu* (Kleid) 37,4. — *d) nicht zu Grunde gerichtet, — dahin.* — 2) n. *ein ungewaschenes —, neues Kleid.*

अहतता f. *Unversehrtheit* Gop. Br. 2,3,9.

अहतवासस् Adj. *ein neues Kleid anhabend* Çat. Br. 14,9,4,12. Kâtj. Çr. 5,1,22. 21,4,24.

अहति f. *Unversehrtheit.*

अहन् und अहस् (अहर्) n. 1) *Tag.* Du. im RV. *Tag und Nacht.* अहश्च कृष्णमहरर्जुनं च so v. a. *Nacht und Tag* RV. 6,9,1. अहरहः *Tag für Tag.* — 2) *Tagewerk, Tagesabschnitt* (in einer Opferfeier). — 3) *der Tag* personif. als einer der 8 Vasu. — 4) N. pr. *a)* eines Âṅgirasa. — *b)* eines Tîrtha.

अहनी RV. 1,123,4 mit falscher Betonung st. अह्ना Instr.

अहन्तर् Nom. ag. *kein Vernichter.*

अहन्ता f. *das Gefühl des Ich.*

अहत्ति f. = अहति.

अहत्य Adj. *untreffbar, unverwundbar* TS. 4,5, 2,1.

1. अहत्व Adj. dass. Kâth.

2. अहत्व n. *das Ichsein* Ind. St. 9,155.

अहंधी f. *die Meinung, dass man Ich sei.*

अहंनामन् Adj. *Ich heissend* 31,8.

(अहन्य) अहनिअ Adj. *diurnus, täglich.*

अहन्यमान Adj. *nicht geschlagen —, nicht getroffen werdend* Âpast. Bhâg. P. 3,17,25.

अहभून m. N. pr. eines Ṛshi TS. 4,3,3,2.

अहम् 1) Nom. Sg. *ich.* सोऽहम् so v. a. *ich, wie ich hier vor dir u. s. w. stehe,* 30,10. 33,20. — 2) *das Ich* Pindop. 3. — 3) *die Meinung, dass man Ich sei.* Gen. अहमम्, Loc. अहमि. Mit कर् *sich für Ich halten.*

अहम m. *eine best. Personification.*

*अहमग्रिका f. = अहंश्रेयस्.

अहमद m. N. pr. = احمد.

अहमहमिका f., अहमुत्तर n. und अहमुत्तरत्वं (Conj.) n. = अहंश्रेयस्.

*अहंपुरुषिका f. *Selbstüberhebung* Gal. Vgl. अहो°.

अहंपूर्व Adj. *begierig, der Erste zu sein.*

अहंपूर्विका und अहंप्रथमिका f. = अहंश्रेयस्.

अहंबुद्धि f. 1) *die Meinung, dass man Ich sei.* — 2) *Selbstbewusstsein, Hochmuth.*

अहंभद्र n. = अहंश्रेयस्.

अहंभाव m. und अहंमति f. *die Meinung, dass man Ich sei.*

अहंममता f. *das Gefühl des Ich und des Mein.*

अहंममाभिमान m. *die falsche Voraussetzung, dass es ein Ich und ein Mein gebe,* Comm. zu Çat. Br. 14,9,2,7 (ungedr.).

1. अहंमान m. 1) *die Meinung, dass man Ich sei.* — 2) *Selbstsucht* VP. 6,7,7. 24.

2. अहंमान Adj. *meinend, dass man Ich sei,* VP. 1,5,10.

अहंमानिन् Adj. in सर्वाहं° *Alles für Ich haltend* Ind. St. 9,162.

*अहंमुनि m. *ein* Ġina Gal.

अहर् s. अहन्.

अहर m. N. pr. 1) eines Asura. — 2) eines Sohnes des Manu. अहूर v. l.

अहरहःकर्मन् n. *tägliche Beschäftigung* Çat. Br. 9,4,4,17.

अहरागम m. *Tagesanbruch* Bhag. 8,18.19.

अहरिक Adj. (f. आ) *nicht das Wort* हरि *enthaltend* Lâtj. 3,1,18.

अहरित Adj. *nicht gelb.*

अहरीत n. Name eines Sâman.

अहर्गण m. 1) *eine Reihe von Tagen,* insbes. *Opfertagen* Gaim. 6,5,56. 7,14. — 2) *die Anzahl von solaren Tagen, welche zu einer bestimmten Zeit von einem best. Zeitpuncte an verflossen sind.* — 3) *Monat.*

अहर्जरम् Adv. *bei schwindenden Tagen, im Laufe der Tage* Mantrabr. 2,6,4. Taitt. Up. 1,4,3.

अहर्जात Adj. *am Tage geboren, nicht dämonisch.*

अहर्दिवं 1) Adj. (f. आ) *tagtäglich.* — 2) अहर्दिवम् Adv. *Tag für Tag.*

अहर्दिवि Loc. *Tag für Tag.*

अहर्दृश् Adj. *den Tag sehend, lebend.*

अहर्निश 1) n. νυχθήμερον. — 2) °म् Adv. *Tag und Nacht, beständig.*

*अहर्निशिव्यापक m. *Händler* Nigh. Pr.

अहर्पति m. 1) *Herr des Tages.* — 2) *die Sonne.* — 3) Bein. Çiva's.

*अहर्बान्धव m. *die Sonne.*

अहर्भाज् Adj. *am Tage Theil habend* (von einem Backstein).

*अहर्मणि m. *die Sonne.*

*अहर्मुख n. *Tagesanbruch.*

अहर्लोका Adj. f. Bez. *bestimmter Backsteine.*

अहर्विद् Adj. *der Tage kundig.*

अहर्व्यत्यासम् Adv. *mit Umstellung der Tage* Kâtj. Çr. 16,6,5.

अहर्व्यास m. *Tagdiameter, das Doppelte des Tag-Sinus.*

अहर्षण n. *kein Reiz zum coitus* Karaka 8,13.

अहर्षमय Adj. *nicht aus Freude bestehend.*

*अहल und *अहलि Adj. *pfluglos.*

अहल्या f. N. pr. 1) der Gattin Gautama's oder Çaradvant's. — 2) *einer Apsaras. — 3) *eines Sees.

अहल्यागार und अहल्यापति m. Bein. Indra's Bâlar. 261,12. 124,23.

अहल्याह्रद m. N. pr. eines *Sees.*

अहल्येश्वरतीर्थ n. N. pr. eines Tîrtha.

अहल्लिक m. etwa *Schwätzer* Çat. Br.

अहविर्याजिन् Adj. *nicht mit* Havis *opfernd* Âpast.

अहविष्य m. oder n. *nicht zur Opfergabe geeigneter Reis* u. s. w. Âpast. 2,15,17. 18,3.

अहविस् Adj. *nicht opfernd.*

अहव्यवह् Adj. (Nom. °वाट्) *kein Opfer bringend.*

अहश्शस् Adv. *tagweise.*

1. अहःशेष m. *Rest des Tages* M. 11,204.

2. अहःशेष Adj. *den Rest des Tagewerkes vollbringend* Saṁhitopan. 44,4.

अहस् s. अहन्.

अहस्कर m. *die Sonne* Râgat. 7,1219. Bâlar. 79,18.

अहस्त Adj. (f. आ) *handlos.*

अहस्ताभरण Adj. *ohne Handschmuck.*

अहःसंधिमन्त् Adj. *wobei ein Zusammentreffen zweier Tage stattfindet.*

अहःसहस्र n. *tausend Tage* Çat. Br. 10,4,4,4.

अहःसामन् n. *ein am Tage zu singendes* Sâman Çat. Br. 11,5,5,6.

अहह und *अहहा Interj. *der freudigen* oder *traurigen Ueberraschung.*

अहारयन्त् Adj. *nicht verlierend* (im Spiele) Kathâs. 121,73.

*अहारिन् Adj. gaṇa ग्राह्यादि.

अहार्य 1) Adj. *a) was nicht fortgenommen werden darf* oder *kann, unnehmbar, nicht stehlbar.* Dazu Nom. abstr. °त्व n. Spr. 6928. — *b) unabänderlich, unerschütterlich.* — *c) unbestechlich.* — 2) m. *a) *Berg.* — *b)* N. pr. eines Fürsten VP.² 4,137.

अहालय m. *kein* Hâleja Kâtj. Çr. 10,2,21.

अहावस् Interj. in einem Sâman.

अहि m. 1) *Schlange, Natter.* — 2) *die Schlange am Himmel, der Dämon* Vṛtra. — 3) **Wolke.* — 4) **Wasser.* — 5) **die Sonne.* — 6) *Bein. Râhu's. — 7) **Reisender.* — 8) **Nabel.* — 9) **Blei.* — 10) Bez. der Zahl *acht* Gaṇit. 2,10. — 11) N. pr. verschiedener Ṛshi.

अहिंसक und अहिंसन्त् Adj. *Niemand verletzend.*

अहिंसा f. 1) *das Niemand Etwas zu Leide Thun.* Personif. als Gattin Dharma's. — 2) *Unverletztheit.*

अहिंसान Adj. *nicht verletzend.*

अहिंस्य Adj. *dem man kein Leid zufügen darf.*

अहिंस्यमान Adj. *nicht verletzt werdend.*

अहिंस्र 1) Adj. *nicht verletzend, harmlos* Gaut. 9,73. *ungefährlich.* — 2) f. आ *Capparis sepiaria* Mat. med. *Cactus Opuntia* Bhâvapr. 1,144. Nigh. Pr. und **Momordica cochinchinensis Spreng.* — 3) n. *kein verletzendes —, mildes Wesen.*

*अहिका f. *Salmalia malabarica Sch. u. Endl.*

*अहिकान्त m. *Wind.*

*अहिकुटिन् m. *Feldlerche* Nigh. Pr.

*अहिकोश m. *eine abgestreifte Schlangenhaut.*

अहिक्षत्र N. pr. eines Landes MBh. 3,254,9.

अहिक्षेत्र n. v. l. für अहिच्छत्त्र.

*अहिगन्धा f. *die Ichneumonpflanze* Nigh. Pr.

अहिगोप Adj. (f. आ) *von der Schlange bewacht.*

अहिघ्न n. *Tödtung der Schlange.* — अहिघ्नी s. u. अहिहन्.

अहिङ्कार und अहिङ्कृत Adj. *nicht vom Ausruf* हिङ् *begleitet* Lâṭj. 2,10,23. 1,12,8.

अहिचक्र n. *ein best. Diagramm.*

*अहिचुम्बक m. N. pr. eines Mannes. Davon Patron. *°चुम्बकायनि Ind. St. 13,414.

अहिच्छत्त्र 1) m. *a) *ein best. vegetabilisches Gift* und **Odina pennata L.* — *b)* N. pr. eines Landes. *Pl. *seine Bewohner.* — 2) f. आ *a) *Zucker.* — *b) *eine best. Pflanze* Gal. — *c)* N. pr. der Hauptstadt von Ahikkhattra.

अहिच्छत्त्रक n. *eine Art Staubpilz.*

अहिजम्भन n. *ein Schlangen vernichtendes Mittel* Mantrabr. 2,1,4.

*अहिजाल्हक m. *Eidechse* Nigh. Pr.

*अहिजिह्विका f. *Asparagus racemosus* Nigh. Pr.

अहिट्ठान m. N. pr. eines Kâjastha-Geschlechts.

अहिण्डुका f. *ein best. kleines giftiges Thier.*

अहित 1) Adj. *a) ungeeignet, untauglich.* — *b) nicht erspriesslich, — frommend, nachtheilig, schädlich* M. 3,20. Chr. 171,18. *Böses im Schilde führend, feindselig* 136,28. — 2) m. *Feind.* — 3) f. अहिता N. pr. eines Flusses MBh. 6,9,21. — 4) n. *Schaden, Nachtheil, Böses* Âpast. Chr. 164,30. 172,27.

अहितकारिन् Adj. *Schaden bringend, nachtheilig, schädlich.* Davon Nom. abstr. °रित्व n.

अहितनामन् Adj. *noch unbenannt.*

*अहितुण्ड (Gal.) und *°तुण्डिक m. = आहि°.

*अहिदन्त Adj. *schlangenzähnig.*

अहिदेव und अहिदैवत n. *das Mondhaus* Açleshâ.

*अहिद्विष् m. 1) *Ichneumon.* — 2) *Pfau.* — 3) Bein. *a)* Garuḍa's. — *b)* Indra's.

*अहिनकुलिका f. *die Feindschaft zwischen Schlange und Ichneumon* Mahâbh. 4,74,*a*.

*अहिनस् Adj. *schlangennasig.*

अहिनामन् Adj. *was Schlange heisst.*

*अहिनामभृत् m. Bein. Baladeva's.

अहिनिर्ल्वयनी f. *eine abgestreifte Schlangenhaut.*

अहिपताक m. *eine best. ungiftige Schlange.*

*अहिपुत्रक m. *ein Boot von best. Form.*

*अहिपुष्प m. *Mesua Roxburghii* Nigh. Pr.

अहिपूतन m. und °ना f. *Geschwüre am After* (bei Kindern).

*अहिफल 1) n. *Schlangengurke* (die Frucht) Nigh. Pr. — 2) f. आ *a) Schlangengurke* (die Pflanze) ebend. — *b)* = ऐरावती (*eine best. Pflanze*) ebend.

*अहिफेन m. *Opium.*

अहिबलचक्र n. Titel eines Werkes.

*अहिबीज n. *Mohnsamen* Nigh. Pr.

*अहिब्रध्न m. fehlerhaft für अहिर्बुध्न्य.

*अहिभय n. *Furcht eines Fürsten vor seinen Unterthanen.*

*अहिभयदा f. *Flacourtia cataphracta Roxb.*

अहिभानु Adj. *glänzend wie eine Schlange* RV.

*अहिभुज् m. 1) *Pfau.* — 2) *die Ichneumonpflanze.* — 3) Bein. Garuḍa's.

*अहिभृत् m. Bein. Çiva's.

अहिम Adj. (f. आ) *ohne Kälte, nicht kalt, warm.*

अहिमकिरण m. *die Sonne.*

अहिमत्विष् m. dass. Prasannar. 130,15.

*अहिमन्त् Adj. *schlangenreich.* Vgl. आहिमत.

अहिमन्यु Adj. *grimmig wie eine Schlange.*

अहिमरश्मि m. *die Sonne.*

*अहिमर्दनी f. *die Ichneumonpflanze.*

अहिमांशु m. *die Sonne* Spr. 7804.

अहिमाय Adj. *reich an Blendwerken wie eine Schlange.*

*अहिमार und *°क (Gal.) m. = अहिमेदक Râgan. 8,41.

*अहिमुक्ता f. *eine Perlenart* Gal.

*अहिमेद und *°क m. = अरिमेद Râgan. 8,41.

अहिरण्य Adj. *ohne Gold* Âpast. 1,11,34.

अहिरण्यवन्त् Adj. *kein Gold besitzend* AV. 20,128,6.

*अहिरिपु m. *Pfau.*

*अहिर्बुध्न m. fehlerhaft für °बुध्न्य.

अहिर्बुध्न्यम् (zwei selbstständige Worte) Nom. m. 1) *der Drache der Tiefe, d. i. des Dunstmeeres.* — 2) N. pr. eines Rudra MBh. 1,123,68. Hariv. 1,3,52. 2,12,41. 69,24. Pl. (अहिर्बुध्न्यास्) Bez. der Rudra's

MBh. 5,114,4. — 3) अहिर्बुध्न्य n. *a) ein best.* Veda-*Vers* (RV. 1,186,5 oder 6,50,14) Çāñkh. Br. 16,7. — *b)* fehlerhaft für अहि°.

*अहिर्बुध्न्यदेवता f. Pl. und *°दैवत्य n. (Gal.) *das Mondhaus* Uttarabhadrapadā.

अहिर्व्रध्न und °ब्रध्य fehlerhaft für °बुध्न्य.

*अहिलता f. 1) *die Ichneumonpflanze.* — 2) *Betel.*

*अहिलोचन m. N. pr. eines Dieners des Çiva.

*अहिलोलिका f. *Flacourtia cataphracta* Nigh. Pr.

अहिल्या f. schlechte Schreibart für अहल्या.

*अहिवल्ली f. *die Betelpflanze* Nigh. Pr.

*अहिविषापहा f. *die Ichneumonpflanze* Nigh. Pr.

अहिशुष्मसत्वन् Adj. *dessen Mannen wie Schlangen zischen.*

अहिहत्य n. *Erschlagung der Schlange* (des *Dämons* Ahi).

अहिहन् Adj. (f. °घ्नी) *Schlangen —, den Dämon* Ahi *tödtend.*

अहिह्रद m. *Schlangensee,* N. pr. eines mythischen Sees Ind. St. 14,109.

अही m. 1) *Schlange.* — 2) *ein best. schlangenartiger Dämon.* — 3) *Du. अही *Himmel und Erde.*

1. अहीन Adj. *über mehrere Tage sich erstreckend,* m. *eine mehrtägige Feier.* Bei Kull. auch n.

2. अहीन 1) Adj. *a) ungeschmälert, vollständig, voll, üppig, reichlich.* — *b) nicht ermangelnd, sich einer Sache* (Instr.) *nicht entziehend, obliegend.* — 2) m. N. pr. eines Fürsten VP. 4,9,8.

अहीनकर्मन् Adj. *keinen niedrigen Beschäftigungen obliegend* oder *die* (vorgeschriebenen) *Handlungen nicht unterlassend* Gaut. 18,29.

अहीनगु m. N. pr. eines Fürsten.

अहीनर m. desgl. VP. 4,21,4.

अहीन्द्र m. Bein. Patañgali's.

*अहीर m. = अभीर *Kuhhirt.*

*अहीरणि m. *eine zweiköpfige Schlange.*

*अहीवती f. (संज्ञायाम्) gaṇa शरादि.

अहीशुव m. N. pr. eines von Indra bekämpften Dämons.

अहु Adj. = अंहु in परोऽहु.

अहुत 1) Adj. *a) nicht geopfert, — dargebracht, noch nicht geopfert.* — *b) dem nicht geopfert worden ist.* — *c) worin* (Feuer) *nicht geopfert worden ist* Āpast. 2,7,15. — *d) nicht eropfert, — durch Opfer erlangt.* — 2) m. *ein leise hergesagtes Gebet* M. 3, 73. 74.

अहुताद् Adj. *nicht vom Geopferten geniessend, dem nicht gebührt vom Opfer zu essen,* oder *Nichtgeopfertes essend* TS. 5,4,5,2.

अहुताभ्युदिते Loc. *wenn die Sonne aufgegangen ist, bevor geopfert worden ist,* Kātj. Çr. 25,4,10.

अहुताश m. *kein Feuer.*

अहुर m. *das Feuer im Magen* Gobh. 2,10,29. Mantrabr. 1,6,21.

अहूत Adj. *ungerufen, unaufgefordert.*

अहृणान Adj. *nicht grollend, freundlich.*

अहृणीयमान Adj. dass. °म् Adv. *ohne zu grollen,* so v. a. *gern* TBr. 3,1,2,5.

अहृत Adj. *nicht hingerissen von* (Instr.) Ragh. 8,68.

अहृदय Adj. *ohne Herz* Çat. Br. 14,6,10,17.

अहृदयज्ञ Adj. *dem Herzen nicht zusagend.*

अहृद्य Adj. *nicht mundend.*

अहे Interj. Vgl. TS. 3,2,4,4.

अहेळत्, अहेळमान und अहेळयत् Adj. *nicht unwillig, geneigt.*

अहेतु m. 1) *keine Ursache, — Veranlassung* MBh. 12,285,27. — 2) *kein gültiger Grund, ein untaugliches Argument* Njājas. 5,1,30. Comm. zu 1,1,37. — 3) *eine best. rhetorische Figur.*

अहेतुक Adj. *unbegründet.*

अहेतुत्व n. *das keine Ursache —, — Hauptursache Sein.*

अहेतुरुज् Adj. *ohne Anlass schmerzend* Bhāvapr. 5,93.

अहेतुसम m. *ein best. Sophisma, wobei man die Tauglichkeit eines Argumentes zu bestreiten sucht wegen dessen Unzulänglichkeit für die drei Zeiten,* Njājas. 5,1,18. Sarvad. 114,11.

अहेध्म m. पैद्रस्य Name eines Sāman Ārsh. Br.

*अहेरु m. *Asparagus racemosus Willd.*

अहेला f. *kein Spass, voller Ernst* Spr. 5135.

अहैतुक 1) Adj. (f. ई) *a) keine Ursache habend, unbegründet.* — *b) uneigennützig.* — 2) °म् Adv. *ohne Anwendung eines andern Mittels, durch seine eigene Kraft.*

अहो Interj. *des freudigen* oder *traurigen Staunens, des Entzückens* oder *der Trauer, der Freude* oder *des Unwillens, des Lobes* oder *Tadels.* अहो नु (Spr. 7717), अहो धिक्, धिगहो, अहो बत. Weder das ओ noch ein folgender Vocal erleiden irgend eine euphonische Veränderung.

अहोतर Nom. ag. *kein Opferer, zum Opfern ungeschickt.*

*अहोपुरुषिका f. = आहो°.

अहोबल N. pr. 1) m. eines Scholiasten. — 2) einer Oertlichkeit.

अहोबलशास्त्रिन् m. N. pr. eines Autors.

अहोम m. *keine Spende* Çat. Br. 12,4,2,9.

अहोमसंयुक्त Adj. *mit keiner Spende verbunden* Kātj. Çr. 1,3,36.

*अहोरत्न n. *das Juwel des Tages, die Sonne* Kāç. zu P. 8,2,68.

*अहोरथंतर n. Vārtt. zu P. 8,2,68.

अहोरात्र m. n. νυχθήμερον.

अहोरात्रवृत्त n. *Tagkreis* Golādhj. 6,27.

*अहोरूप n. Vārtt. zu P. 8,2,68.

अहोवीर्य m. N. pr. eines Mannes.

अह्न m. am Ende einiger Compp. = अहन् *Tag.* Dat. अह्नाय 1) **ehemals.* — 2) *alsbald, sogleich.*

(अह्नवाय्यै) अह्नवाय्य Adj. *nicht zu läugnen, — beseitigen.*

*अह्नि f. N. pr. einer Frau Comm. zu Taitt. Ār. 2,12.

अह्निज Adj. *am Tage entstehend. — erscheinend.*

अह्न्य n. *Tagereise* (der Sonne).

अह्रार्षु m. wohl *ein best. Vogel.*

अह्रप Adj. 1) *keck, kühn.* — 2) *üppig, reichlich.*

अह्रयाण Adj. *üppig, keck, kühn.*

अह्रस्व Adj. *nicht kurz* Çat. Br. 14,6,8,8.

अह्रि Adj. = अह्रप.

1. अह्री f. *Schamlosigkeit* MBh. 3,94,8.

2. अह्री Adj. *schamlos, zudringlich.*

*अह्रीक m. *ein Buddhist.*

अह्रुत Adj. 1) *nicht schwankend, — strauchelnd, geradeaus gehend.* — 2) *ungekrümmt, gerade.*

अह्रुतप्सु Adj. *geraden —, aufrechten Aussehens.*

अह्वला f. 1) *das Nichtschwanken, Nichtstraucheln, Festigkeit.* — 2) **Semecarpus Anacardium L.*

1. आ 1) Adv. *a) heran, herbei.* — *b) dazu, ferner, auch.* — *c)* das vorangehende Wort steigernd und hervorhebend: *gerade, recht, zumal.* Oft nur durch stärkere Betonung des vorangehenden Wortes wiederzugeben. — 2) Praep. *a)* mit vorangehendem Acc. *zu — hin, bis an, — zu.* — *b)* mit folgendem Acc. *mit Ausschluss von.* — *c)* mit vorangehendem Abl. α) *von — her, — aus, — weg, — an.* — β) *aus, von, unter* (zur Hervorhebung eines Einzelnen unter Mehreren). — *c)* mit folgendem Abl. α) *bis zu* (einem best. Orte, Zeitpunkte oder Eintritt eines Falles). — β) *von — an.* — *d)* mit vorangehendem Loc. *an, auf, in, bei, zu.* — 3) am Anf. eines Comp. *a)* eines adj. *bis zu — sich erstreckend.* — *b)* eines adv. *bis zu.* — *c)* vor einem Adj. oder Subst. *etwas, ein wenig, kaum; gering.*

2. आ Interj., insbes. als Ausruf eines sich auf Etwas Besinnenden.

3.*आ 1) m. *a)* Bein. Çiva's. — *b) Grossvater.* — *c) Rede.* — 2) f. Bein. der Lakshmî.

*आंश m. Patron. von अंश.

*आंश्य Adj. von अंश.

आंहस्पत्य Adj. *unter Aṁhaspati stehend.*

आकण्ठम् und आकण्ठ° Adv. *bis zum Halse* zu Spr. 1753. Ind. St. 14,157. Pañkad. 48. Kathās. 30, 97. Spr. 7773.

आकत्थन Adj. *ein wenig prahlend.*

*आकत्य n. Nom. abstr. von अकत.

आकनिष्ठम् Adj. *bis zum kleinen Finger* AK. 2, 6,2,32.

आकपिल Adj. *bräunlich* Kād. 11,6.

आकम्प m. *das Erzittern, zitternde Bewegung.*

आकम्पन 1) m. N. pr. eines Daitja. — 2) n. *das Erzittern.*

आकम्पित n. *das Erzittern.*

आकरं 1) m. a) *Ausstreuer, freigebiger Verleiher.* — b) *Anhäufung, Ansammlung, Menge.* — c) *Mine, Fundgrube, Fundort* (auch in übertr. Bed.). — d) *Herkunft* Spr. 845. — e) N. pr. eines Landes. — f) Titel eines Werkes. — 2) *Adj. *der beste.*

आकरज 1) Adj. *mineralisch* Tarkas. 8. — 2) *n. *Edelstein* Rāgan. 13,147.

*आकरण n. und *°णा f. fehlerhafte Lesart für आका°.

आकरतीर्थ n. N. pr. eines Tīrtha.

*आकराकर m. *Berg, Gebirge* Gal.

आकारक Adj. *in einer Mine beschäftigt*, m. *Bergmann* Kāç. zu P. 4,4,69.

आकरिन् Adj. *aus Minen herstammend.*

आकर्णन n. *das Hören, Vernehmen* 118,1. Ind. St. 14,388.

आकर्णनीय Adj. *zu hören* Prasannar. 2,13.

आकर्णम् und आकर्ण° Adv. *bis zum Ohr* R. 3,69,16.

आकर्णमूलम् Adv. *bis zur Ohrwurzel* R. 4,9,106.

आकर्णय्, °यति *das Ohr hinhalten, hinhorchen, Etwas hören, vernehmen.* — Mit उप *hören, vernehmen.* — Mit सम् dass.

आकर्ष m. 1) *Ansichziehung, Heranziehung* (auch als Zauberkunst). — 2) *das Schleppen.* — 3) **das Spannen* (eines Bogens). — 4) **Krampf.* — 5) *Würfelspiel* MBh. 2,63,6. — 6) **Würfel.* — 7) **Spielbrett.* — 8) *ein best. anziehender* oder *klebriger Körper* Kātj. Çr. 13,3,21. MBh. 5,40,9. — 9) **Sinnesorgan.* — 10) **Boot* Gal. — 11) Pl. N. pr. eines Volkes MBh. 2,34,11. Sg. (wohl N. pr. *ihres Fürsten*) ed. Calc.

आकर्षक 1) *Adj. = आकर्षे कुशलः. — 2) m. *Magnet* VP. 5,7,30. — 3) °र्षिका f. N. pr. einer Stadt.

*आकर्षकारिका f. *Pech* Nigh. Pr.

आकर्षक्रीडा f. *ein best. Spiel.*

आकर्षण 1) Adj. (f. ई) *heranziehend* Pañkad. 37. — 2) *f. ई *ein Haken zum Ansichziehen eines Astes.* 3) n. a) *das Ansichziehen, Anziehung, Herbeiziehen* (auch als Zauberkunst). — b) *das Ziehen an* (geht im Comp. voran). — c) *das Spannen* (eines Bogens).

*आकर्षस्थ m. = आकर्षः स्येव.

*आकर्षिक Adj. (f. ई) = आकर्षेण चरति.

आकर्षिन् 1) Adj. in मलाक°. — 2) *f. °णी = आकर्षणी.

*आकलन n. = बन्धन (विबन्ध), परिसंख्या (°ख्यान) und आकाङ्क्षा.

आकलनीय n. impers. *aufzufassen* Comm. zu Mṛkkh. 63,2.

*आकली f. *Sperlingsweibchen* Nigh. Pr.

1. आकल्प m. 1) *Nom. act. = कल्पन. — 2) *Schmuck, Putz, Zierat.*

2. आकल्प° Adv. = आकल्पम्. °स्थायिन् *bis zum Ende der Welt dauernd* Kād. II, 46,19.

3. आकल्प n. fehlerhaft für आकल्य.

*आकल्पक m. = उत्कण्ठा (उत्कलिका), चित्तकर्माणि, मुद्, मोह, तमस् und ग्रन्थि.

आकल्पम् und आकल्पान्तम् (329,8) Adv. *bis zum Ende der Welt.*

आकल्य n. 1) **Unwohlsein, Krankheit.* — 2) *Liebesqual* Kād. II, 36,22 (आकल्प gedr.).

*आकल्ल m. *Anemis pyrethrum* Nigh. Pr.

*आकशापेय m. Patron. von अकशाप gaṇa शुभ्रादि in der Kāç.

*आकषक und *आकषिक Adj. v. l. für आकर्षक und आकर्षिक.

आकस्मिक Adj. (f. ई) *unvorhergesehen, plötzlich, zufällig.* Davon Nom. abstr. °त्व n.

आकाङ्क्ष 1) Adj. *eine Ergänzung erfordernd.* — 2) f. आ a) *Verlangen, Wunsch.* — b) *das Erfordern einer Ergänzung.*

आकाङ्क्षण n. *das Erfordern, Nichtumhinkönnen* Comm. zu Njājam. 10,1,12.

आकाङ्क्षावाद m. Titel eines Njâja-Tractats.

°आकाङ्क्षिन् Adj. *verlangend, wünschend, erwartend* Kād. II, 49,15.

आकाङ्क्ष्य 1) *Adj. *was man erwartet, das Complement von Etwas bildend*, in दृशा°. — 2) n. *das Erfordern einer Ergänzung.*

*आकाय m. *Scheiterhaufen.*

(आकाय्य) आकायिय Adj. *begehrenswerth.*

1. आकार m. (adj. Comp. f. आ) *Form, Gestalt, äussere Erscheinung, Aussehen.* आकारमुद्वह् *eine wichtige Miene machen, sich in Positur setzen.* Mit einem Verbum in der Bed. «*verbergen, verstecken*» so v. a. *sich verstellen.*

2. आकार m. *der Laut* आ 238,6.

*आकारकरभ m. = आकल्ल Nigh. Pr.

आकारण n. *das Herbeirufen.* Auch *f. आ.

आकारणीय Adj. *herbeizurufen.*

आकारवत् Adj. 1) *gestaltet, leibhaftig.* — 2) *wohlgeformt.*

*आकारिक Adj. fehlerhaft für आकरिक.

°आकारित Adj. *die Form von — habend, in d. F. von — gekleidet* 280,30. 281,10.

आकाले m. Loc. *gerade um die Zeit von* (Gen.).

आकालम् Adv. *bis zu derselben Zeit am folgenden Tage* Āpast. Gobh. 3,3,17. Sāmav. Br. 2,4,8.

1. आकालिक 1) Adj. (f. आ und ई) a) **nur einen Moment während.* — b) *bis zu derselben Zeit am folgenden Tage während* Gaut. 16,22.47. M. 4,103. 105. 118. — c) *in ferner Zukunft liegend* (?) Ǵaim. 1,2,14. — 2) *f. ई *Blitz.*

2. आकालिक Adj. (f. ई) *nicht zur rechten, gewöhnlichen Zeit eintreffend* LA. 52,21.

आकाशं m. (in der älteren Sprache) und n. (adj. Comp. f. आ) 1) *freier Raum* 260,30.31. — 2) *Luftraum.* — 3) *die unbewegte Luft als das feinste Element* 262,13.32. 263,4. 267,30. — 4) Die Worte, die eine Person auf der Bühne an eine abwesende richtet, und die Antwort, die sie darauf zu vernehmen vorgiebt, werden durch die scenische Bemerkung आकाशे bezeichnet. Bei den Poetikern heisst auch *diese Unterredung* schlechtweg आकाश n. — 5) n. **Talk* Rāgan. 13,116.

*आकाशकक्षा f. *Horizont.*

आकाशखण्डन n. Titel eines Tractats.

आकाशग 1) Adj. (f. आ) *im Luftraum sich bewegend, — befindend.* — 2) m. *Vogel.*

आकाशगङ्गा f. *die noch im Luftraum fliessende Gañgâ.*

आकाशगत Adj. *aus dem Luftraume kommend* (Stimme) Kathās. 18,180.

आकाशगति f. und °गमन n. *Gang —, Fortbewegung im Luftraum.*

आकाशगर्भि (°गर्भ?) m. N. pr. eines Bodhisattva.

आकाशगामिन् Adj. *im Luftraum sich fortbewegend.* Davon Nom. abstr. °मित्व n.

आकाशचक्र n. *Luftbereich* Ind. St. 14,137.

*आकाशचमस m. *der Mond.*

आकाशचारिन् 1) Adj. = आकाशग. — 2) m. *Vogel* 78,10.

*आकाशजननिन् m. *Schiessscharte.*

*आकाशदीप m. *eine Laterne, die zu Ehren der Lakshmî oder Kṛshṇa's an besondern Tagen in freier Luft an einen Dachbalken gehängt wird.*

आकाशदेश m. *freier Platz* MBh. 3,66,10.

*आकाशपटल n. *Talk* Nigh. Pr.

आकाशपथ m. *Luftweg* Kathâs. 25,214.

आकाशपथिक m. *der Wanderer im Luftraum*, Beiw. der Sonne.

आकाशपोलि m. N. pr. eines Dichters.

आकाशप्रतिष्ठित m. N. pr. eines Buddha.

आकाशभाषित n. *die fingirte Unterhaltung einer Person auf der Bühne mit einer abwesenden* Comm. zu Mṛkkh. 32,17.18.

आकाशमय Adj. *aus Luft* (als Element) *bestehend.*

*आकाशमांसी f. *Narde.*

आकाशमुखिन् m. Pl. *eine best.* Çiva'*itische Secte.*

आकाशमुष्टिहननाय्, °यते *widersinnig sein wie das Schlagen der Luft mit den Fäusten.*

*आकाशमूली f. *Pistia Stratiotes.*

आकाशयान n. *Gang —, Fortbewegung im Luftraum.*

आकाशयोगिनी f. N. pr. einer Göttin.

आकाशरक्षिन् m. *Wärter auf einer Warte.*

आकाशवत् Adj. 1) *geräumig.* — 2) *ausgespreizt* Âçv. Çr. 5,5,9.

आकाशवर्त्मन् n. *Luftweg.*

*आकाशवल्ली f. *Cassyta filiformis L.*

आकाशवाणी 1) *f. *eine Stimme aus dem Luftraum, — vom Himmel.* — 2) m. N. pr. eines Autors.

आकाशवाद und °वादार्थ m. Titel eines Werkes.

आकाशव्यभिचारिन् m. N. pr. eines Mannes Ind. St. 14,126. 135.

आकाशशयन n. (adj. Comp. f. आ) *das Schlafen unter freiem Himmel* 86,7.

*आकाशसलिल n. *Regen.*

*आकाशस्फटिक m. *eine Krystallart.*

आकाशात्मन् Adj. *luftartig* Çat. Br. 10,6,3,2.

आकाशानन्त्यायतन n. N. pr. einer buddh. Welt.

आकाशास्तिकाय m. *die Kategorie des Raumes* (bei den Gaina) Çaṅk. zu Bâdar. 2,2,33.

आकाशीय Adj. *der Luft* (als Element) *eigen.*

आकाशेश 1) Adj. *nur über die Luft verfügend, ganz hülflos* M. 4,184. — 2) *m. Bein. Indra's.

*आकाशोदक n. *Regen* Nigh. Pr.

आकाशोपन्यास m. Titel eines Werkes.

*आकाश्य Adj. *in der Luft befindlich.*

आकिंचन्य n. *Mangel an jeglichem Besitz.*

*आकिदन्ति m. N. pr. eines Fürsten. *°दन्तीय m. Pl. N. pr. des von ihm beherrschten Stammes. Kâç. liest °दन्ती f.

आकीटपतंगपिपीलकम् Adj. *bis auf das Gewürm, Alles was fliegt und die Ameisen* Khând. Up. 7,2,1.8,1.

आकीम् Praep. *von* — (Abl.) *her.*

आकीर्ण Partic. von कर्, किरति mit आ.

आकुञ्चन n. *das Biegen, Beugen, Zusammenziehen.*

आकुटिल Adj. *etwas gekrümmt* Çâk. 184. *etwas kraus* Kâd. 32,20.

आकुड्मलीकृत Adj. *halb geöffnet* Prasannar. 53,21.

आकुमारम् Adv. *bis zu den Knaben* MBh. 3,35,28.

आकुर्वती f. N. pr. eines Felsens.

आकुल 1) Adj. (f. आ) *a) in Verwirrung* oder *Unordnung gerathen, verworren, aus seinem natürlichen Zustande gebracht, verwirrt* (auch in übertr. Bed.). — *b) dicht besetzt, erfüllt —, voll von, überhäuft mit* (Instr. oder im Comp. vorangehend) 213, 14. 15. — 2) n. *a) ein mit Menschen erfüllter Ort.* — *b) Verwirrung.*

आकुलक Adj. = आकुल 1) *a*).

आकुलकृत् m. *Anthemis pyrethrum* Bhâvapr. 3, 97,8. Vgl. आकल्ल.

आकुलता f. und °त्व n. 1) *Verwirrung, Verwirrtheit.* — 2) *Fülle, Menge.*

आकुलय्, °यति *in Verwirrung* oder *Unordnung bringen.* Partic. आकुलित 1) *in Verwirrung* oder *Unordnung gebracht, verwirrt.* — 2) *getrübt* (Wasser).

आकुलागमतन्त्र n. Titel eines Werkes.

आकुलि m. N. pr. eines Asura-Priesters. Vgl. Tâṇḍja-Br. 13,12,5.

आकुली Adv. 1) mit कर् *a) verwirren.* — *b) erfüllen mit* (Instr.) Kâd. 63,16. धूमाकुलीकृत Chr. 219,25. — 2) mit भू *verwirrt werden.*

आकुलीकरण n. *das Verwirren.*

आकुलीभाव m. *das Verwirrtwerden.*

आकूत n. *Absicht, Vorhaben, Wunsch.*

आकूति f. 1) dass. MBh. 5,158,2. Auch personif. — 2) Name eines Kalpa.

आकूतिप्र Adj. *das Vorhaben erfüllend.*

आकूपार n. Name verschiedener Sâman Lâṭj. 7,2,1.

*आकूवार m. = अकूपार *Meer.*

आकृति 1) f. *a) Bestandtheil.* — *b) Form, Gestalt, äussere Erscheinung, Aussehen.* — *c) schöne Gestalt.* — *d) Art, Unterart, Species.* — *e) ein Metrum von 88* (4 X 22) *Silben.* — *f)* Bez. der Zahl 22 Gaṇit. 2,7. — 2) m. N. pr. eines Mannes MBh. 2, 4,31. 31,61.

आकृतिगण m. *eine zu einer grammatischen Regel gehörige Sammlung von Worten, von denen nur ein Theil als Species aufgeführt wird.* Davon Nom. abstr. °ता f. Kâç. zu P. 4,1,96.

*आकृतिच्छत्त्रा f. *Achyranthes aspera.*

आकृतिमत् Adj. *gestaltet, leibhaftig.*

आकृतियोग m. *eine best. Klasse von Constellationen.*

आकृती f. = आकृति 1) *b*).

आकृष्ट m. Pl. als Bez. best. Ṛshi fehlerhaft für अकृष्ट.

आकृष्टि f. 1) *Anziehung, Ansichziehung* (einer Bogensehne), *Herbeiziehung* (auch als Zauberkunst). — 2) *der zur Herbeiziehung eines Abwesenden dienende Zauberspruch.*

आकृष्ण Adj. *schwärzlich* AV. Pariç. 52,10.

आकृष्णपूर्व Adj. *mit* आ कृष्णेन (ṚV. 1,35,2) *beginnend* Ind. St. 14,327.

आकृष्णीया f. (sc. ऋच्) *der Vers* ṚV. 1,35,2: Âçv. Gṛhj. Pariç. 1,7.

आके Loc. Adv. 1) *in der Nähe.* — 2) **in der Ferne.*

आकेकर Adj. *ein wenig schielend* Kâd. 90,22.

आकेनिप Adj. 1) *in der Nähe* — (?). — 2) *= मेधाविन्.

आकोकेर m. = αἰγόκερως.

आकोप m. *ein Anflug von Zorn.*

आकौशल n. *Unerfahrenheit, Unbeholfenheit* Spr. 4194.

आक्ताक्ष Adj. *dessen Augen gesalbt sind* AV. 20. 128,7.

आक्ताक्ष्य m. N. pr. eines Mannes.

आक्त Partic. von अच् mit आ.

आक्रन्द m. 1) *Geschrei, Kampfgeschrei, Wehgeschrei.* — 2) *Freund, Beschützer.* — 3) *der natürliche Freund eines im Kriege begriffenen Fürsten* (*der Nachbar seines Nachbarn*). Auch von Planeten beim Planetenkampfe. — 4) **Schlacht, Kampf.*

आक्रन्दन n. *das Wehklagen.*

आक्रन्दनीय Adj. *zu Hülfe zu rufen.*

*आक्रन्दिक Adj. (f. ई) *auf einen Hülferuf herbeieilend.*

°आक्रन्दिन् Adj. *in klagendem Tone anrufend.*

आक्रम m. *Anschritt, Aufstieg, Angriff.*

आक्रमण 1) Adj. *heranschreitend, beschreitend.* — 2) n. *a) das Beschreiten, Auftreten, Aufsteigen; Aufstieg* TS. 6,6,4,2. — *b) das Angreifen, Angriff* (auf eine Person oder ein Land). — *c) das Sichverbreiten, Sichausbreiten nach* (Loc.) Kathâs. 18,46.

आक्रमणीय und आक्रम्य in अनाक्र°.

आक्रय m. und °यी f. *Handel, Kram.*

आक्रष्टव्य Adj. *hinzuschleppen.*

आक्रान्ति f. 1) *Betretung, Besteigung.* — 2) *das Aufsteigen, Emporkommen.*

आक्रीड 1) m. n. *Spielplatz, Lusthain, Garten.* — 2) m. N. pr. eines Sohnes des Kurûtthâma.

आक्रीडपर्वत m. *ein zum Spielen dienender Berg.*

आक्रीडभूमि f. *Spielplatz.*

*आक्रीडिन् Adj. P. 3,2,142.

आक्रोश m. 1) Anfahrung, Schmähung, Beschimpfung Gaut. Âpast. — 2) N. pr. eines Fürsten.

आक्रोशक Adj. schmähend, schimpfend Spr. 1520.

*आक्रोशन n. das Anfahren, Schmähen.

आक्रोशिन् Adj. und आक्रोष्टर् Nom. ag. = आक्रोशक.

*आक्ली Adv. in Verbindung mit अस्, कर् und भू.

*आक्लोद m. Nom. act.

1.*आक्ष n. ein aus der Rinde der Terminalia Bellerica bereitetes berauschendes Getränk Gal.

2. आक्ष Adj. von der geographischen Breite Comm. zu Sûrjas. 4,24.25.

आक्षकी f. = आक्षिकी.

*आक्षद्यूतिक Adj. durch Würfelspiel entstanden.

आक्षपटलिक m. Archivar, in महाक्ष°.

*आक्षपाटिक m. = अक्षपाटक Richter.

*आक्षपाद m. ein Anhänger des Philosophen Gautama.

*आक्षभारिक Adj. von अक्षभार.

आक्षरसमाम्नायिक Adj. zum Alphabet gehörig; Laut, Buchstab.

आक्षाणं Partic. perf. von अक्ष्.

आक्षार n. Name eines Sâman.

*आक्षारणा f. eine auf ein geschlechtliches Vergehen bezügliche Schmähung.

आक्षाराक्त Adj. पैधाक्षयम् Name eines Sâman.

आक्षि 1te Sg. Aor. med. von 1. अश् Taitt. Âr. 2,3,1.

आक्षिक 1) Adj. a) auf Würfelspiel beruhend u. s. w. — b) aus den Früchten der Terminalia Bellerica bereitet. — c) *= अक्षान्हरति, वहति oder आवहति. — 2) *m. Morinda tinctoria. — 3) f. ई ein aus den Früchten der Terminalia Bellerica bereitetes berauschendes Getränk. आक्षकी v. l.

आक्षित् Adj. wohnend.

आक्षिप्तत्व n. das Angedeutetsein Comm. zu Âçv. Çr. 1,1,1.

आक्षिप्तिका f. ein Gesang, der von einer der Bühne sich erst nähernden Person gesungen wird.

*आक्षीब m. = अक्षीब 2).

आक्षील n. Name eines Sâman.

आक्षुस् 3te Pl. Aor. von 1. अश्.

आक्षेप m. 1) das Aufwerfen, Aufreissen (der Erde durch den Pflug) Spr. 7725. — 2) Ansichziehung, Zuckung Kâd. 14,17. — 3) das Auflegen, Auftragen (einer Salbe). — 4) das Abwerfen, Ablegen, Entfernen. — 5) Schwenkung (der Hände) Pañkad. 19. bei der Aussprache des Svarita ṚV. Prât. 3,1; vgl. AV. Prât. 1,16. — 6) das Hinreissen, Fortreissen, Entzücken (Gen. oder im Comp. vorangehend) Spr. 5560. Kâd. II, 118,20. 121,9. — 7) Hinweisung auf (im Comp. vorangehend) 216,4. Andeutung (auch als Bez. eines best. Gleichnisses) Vâmana 4,3,27. Kâvjapr. 10,21. Vgl. आक्षेपोपमा. — 8) Schmähung, Beleidigung Spr. 3379. 7725. — 9) Einwurf, Einwendung, eine Erklärung, dass man mit Etwas nicht einverstanden sei, Suçr. 2,559,5. Insbes. Berichtigung der eigenen Rede. — 10) Herausforderung (zum Streit). — 11) N. pr. eines Mannes VP.[2] 4,96.

आक्षेपक 1) Adj. a) vor Augen habend, es zu thun habend mit Comm. zu Jogas. 2,51. — b) hinweisend auf, andeutend Njâjam. 6,3,5. — c) *schmähend, beleidigend. — 2) m. Convulsion.

आक्षेपण 1) Adj. (f. ई) hinreissend, entzückend Mâlatîm. 160,14. — 2) n. a) das Stossen, Anstossen. — b) das Einwerfen, Einwenden Karaka 3,8.

आक्षेपरूपक n. = आक्षेपोपमा 252,30.

आक्षेपवलन n. das Hinundhergehen (der Arme) 304,24.

आक्षेपसूत्र n. ein Faden zum Aufreihen von Perlen.

°आक्षेपिन् Adj. 1) vor Augen habend, es zu thun habend mit Jogas. 2,51. — 2) hindeutend, anspielend auf.

आक्षेपोपमा f. ein Gleichniss, bei dem das womit Etwas verglichen wird, nur angedeutet wird, Sâh. D. 276,15.

आक्षेप्तर् Nom. ag. der Etwas zurückweist.

आक्षेप्य Adj. 1) wogegen man einen Einwurf zu erheben hat. — 2) herauszufordern.

*आक्षैत्रज्ञ्य n. Nom. abstr. von अक्षेत्रज्ञ.

*आक्षोट und *आक्षोड m. = अक्षो°.

*आक्षोदन n. v. l. für आच्छोदन.

आक्ष्यन्त् Adj. in Verbindung mit अहन् Bez. best. Schlusstage in der Feier des Ajana der Âditja und Añgiras. आक्ष्यन्त् v. l.

आख m. Fanggrube (Comm.); vielleicht Ziel oder Schussweite.

आखण m. Zielscheibe.

*आखण्डयितर् Nom. ag. Zerbrecher, Zerstörer.

आखण्डल Adj. 1) dass. als Beiw. Indra's ṚV. Später m. Bein. Indra's und ausnahmsweise auch Çiva's. — 2) (f. आ) dem Indra gehörig (z. B. Osten).

आखण्डलचाप m. n. Regenbogen Kâd. 88,4.

आखण्डलधनुस् n. dass. Prasannar. 130,22.

आखण्डलाशा f. Osten Prasannar. 150,4.

आखण्डलीय Adj. Indra gehörig Prasannar. 56,11.

*आखपिड m. wohl ein best. Handwerker. *°शाला f.

*आखन m. P. 3,3,125.

*आखनिक m. 1) Dieb. — 2) Schwein. — 3) Maus.

*आखनिकबक m. ein Reiher einer Maus gegenüber, so v. a. Bedrücker der Schwachen.

आखर m. Höhle, Bau eines Thieres.

आखरेष्ठ Adj. im Bau sich aufhaltend.

*आखा Adj. oder f. P. 3,2,101, Vârtt.

आखाटीश्वरतीर्थ n. N. pr. eines Tîrtha.

*आखात n. = अखात 2) a).

*आखान m. = आखन.

आखु m. (*f. ebenso P. 4,1,44, Sch.) 1) Maulwurf. — 2) Maus 180,14. — 3) *Schwein. — 4) *Dieb. — 5) *Lipeocercis serrata Trin.

आखुकरीष n. Maulwurfshaufen.

*आखुकर्णपर्णिका f. = आखुकर्णी Nigh. Pr.

*आखुकर्णी f. Salvinia cucullata Roxb.

आखुकिरि m. Maulwurfshaufen Maitr. S. 1,6,3.

*आखुग m. Bein. Gaṇeça's.

*आखुनखी f. eine best. Pflanze Gal.

*आखुपर्णिका und *°पर्णी f. = आखुकर्णी und आखुफला (Nigh. Pr.).

*आखुपाषाण m. Magnet.

*आखुफला f. eine mit Croton Tiglium zusammengestellte Pflanze Nigh. Pr.

*आखुभुज् m. Katze.

*आखुरथ m. Bein. Gaṇeça's.

आखुवग्रान m. N. pr. eines Dorfes Râgat. 4,677.

*आखुविषहा und *°विषापहा (Nigh. Pr.) f. Lipeocercis serrata Trin. und eine best. Cucurbitacee.

*आखुश्रुति f. = आखुकर्णी Nigh. Pr.

आखूत्कर m. Maulwurfshaufen.

*आखूत्थ m. आखूनामुत्थानम्.

आखेट m. Jagd 134,18.

आखेटक m. 1) dass. — 2) Jäger Spr. 861. fg.

आखेटकाटवी und आखेटभूमि f. Wildpark.

*आखेटशीर्षक n. = आखोट°.

*आखेटिक m. 1) Jagdhund. — 2) Jäger.

*आखोट m. = अक्षोट Wallnussbaum.

आखोटकतीर्थ n. N. pr. eines Tîrtha.

*आखोटशीर्षक n. eine Art Estrich (कुट्टिम).

*आख्यस् m. = प्रजापति.

आख्या f. 1) Benennung, Name. Instr. mit Namen 123,28. 130,29. 138,21. Am Ende eines adj. Comp. (f. आ) — heissend. — 2) Zeitdauer M. 2,134. MBh. 3,188,27. — 3) Aussehen.

आख्यात n. Verbum finitum.

आख्यातदीधिति f. Titel eines Werkes.

आख्यातर् Nom. ag. der Etwas mittheilt, berichtet, erzählt Gaut. 10,45.

आख्यातवाद m. Titel eines Werkes. °टिप्पणी f., °टीका f., °विवेचन n. und °व्याख्यासुधा f. Titel von Commentaren dazu.

आख्यातविवेक m. dass.

आख्यातवृत्तिटीका f. Titel eines gramm. *Commentars.*

आख्यातव्य Adj. *mitzutheilen, zu erzählen.*

आख्याति f. 1) *Mittheilung, Erzählung, Verbreitung einer Nachricht.* — 2) *Benennung, Name.*

आख्यातिक Adj. (f. ई) *verbal* Comm. zu Gaim. 2,1,4 und Njâjas. 2,2,60.

आख्यान n. 1) *das Mittheilen, Erzählen, Berichten* 160,17. 249,16. Kap. 1,107. In der Dramatik *das Mittheilen eines vorangegangenen Ereignisses.* — 2) *Erzählung, Legende.*

आख्यानक 1) n. *eine kleine Erzählung* Kâd. 12,24. — 2) f. ई *ein best. Metrum.*

आख्यानय्, °यति *mittheilen, berichten.*

आख्यापक (!) Adj. *verkündend.*

आख्यापन n. *Aufforderung zum Erzählen.*

आख्यायिका f. *eine kleine Erzählung.* Auch आख्यायिक (des Metrums wegen) MBh. 2,11,36.

आख्यायिन् Adj. *erzählend, berichtend.*

आख्येय Adj. *mitzutheilen, zu erzählen, — berichten, einzugestehen.*

आग = आगस् in अनाग.

आगण्ड° Adv. *bis zu den Wangen* Çâk. 145. Megh. 88.

आगत 1) m. *Ankömmling, Gast* Çat. Br. 3,4,1,3. — 2) n. *Eingetroffenes, Erfolgtes* Çat. Br. 2,3,1,24.27.

आगतत्व n. 1) *das Gekommensein* Comm. zu Mṛkkh. 72,1. — 2) *das Herkommen, Herstammen.*

*आगतनन्दिन् (°नर्दिन् Kâç.), *आगतप्रहारिन्, *°मत्स्य (°मत्स्या Kâç.), *°योधिन्, *°रोहिन् und *°वञ्चिन् Adj. gaṇa युक्तारोह्यादि.

आगतागम Adj. *der sich die Kenntniss von Etwas* (Gen.) *erworben hat* MBh. 3,28,1.

आगति f. 1) *Ankunft, Wiederkunft.* — 2) *das Herkommen, Herstammen.* — 3) *Entstehung.* — 4) *das Hinzukommen, Sichhinzugesellen.*

आगन्तर् Nom. ag. als Fut. *wird kommen* Çat. Br. 1,8,1,4.

आगन्तव्य n. impers. *veniendum* 110,26. 153,13.

आगन्तु Adj. 1) *herankommend, herbeikommend;* m. *Ankömmling, Fremdling, Gast* Ragh. 5,62. — 2) *hinzukommend, sich anhängend, angehängt.* — 3) *zufällig.*

आगन्तुक Adj. 1) 2) 3) = आगन्तु 1) (als m.), 2) und 3). — 4) *verlaufen, verirrt* (Vieh); *eingeschlichen, nicht hingehörig* (Lesart).

आगन्तुज Adj. *zufällig entstanden.*

आगन्तोस् Gen. Inf. mit Ergänzung von इश्वर: *er könnte wiederkommen* Çat. Br. 12,5,2,1.

आगम 1) Adj. (f. आ) *hinzukommend, hinzutretend* AV. 19,35,3. — 2) m. (adj. Comp. f. आ) a) *Ankunft.* — b) *Herkunft.* — c) *Eintreffen, Eintritt* (eines Zeitpunktes, Zustandes). — d) *Lauf* (eines Wassers), *Ausfluss.* — e) *Erwerb, Besitz.* — f) *das Lernen, Erlernen.* — g) *erlangte Kenntniss, Wissen, Kunde.* — h) *überlieferter Wortlaut, überlieferte Lehre, Ueberlieferung; Gesetzsammlung.* — i) *Hinzutritt, Zusatz.* — k) *Augment* (gramm.). — l) *eine best. rhetorische Figur.* — 3) n. *ein* Tantra.

आगमकल्पद्रुम m. Titel eines Werkes.

आगमकृसर m. Kṛsara *zum Willkommen* Kauç. 34.

आगमन n. (adj. Comp. f. आ) 1) *das Ankommen, Ankunft; das Wiederkommen.* — 2) *das Eintreffen.* — 3) *Entstehung.* — 4) *Bestätigung* Sâh. D. 397.

आगमवत् Adj. 1) *sich fleischlich vermischend.* — 2) *mit einem Augment* (gramm.) *versehen.*

आगमशष्कुली f. Çashkulî *genanntes Backwerk zum Willkommen* Kauç. 23.

आगमशास्त्र n. *ergänzende Lehre,* Titel *eines Supplementes zur* Mâṇḍûkjopanishad *von* Gauḍapâda, Weber, Lit.[2] 178.

आगमश्रुति f. *Ueberlieferung.*

आगमसार m. oder n. und °सारोद्धार m. Titel eines Werkes.

आगमापायिन् Adj. *kommend und gehend.*

आगमिक Adj. *durch Ueberlieferung erlangt* Comm. zu Njâjas. 2,1,19.

आगमिन् Adj. *ein Augment* (gramm.) *erhaltend.*

आगमिष्ठ Adj. *gern kommend zu* (Acc.) TBr. 3,1,1,6.

आगर wohl = आगार.

आगरिन् m. *eine best. Mischlingskaste.*

*आगवीन Adj. *der so lange arbeitet, bis ihm die dafür versprochene Kuh übergeben wird.*

आगस् n. 1) *Aergerniss, Anstoss, zugefügtes Leid.* — 2) *Vergehen, Sünde.*

आगस्कारिन् Adj. *der sich gegen Jmd* (Gen.) *vergeht oder vergangen hat, Uebelthäter* MBh. 1,113,27.

आगस्कृत् Adj. dass. MBh. 1,113,25.

आगस्कृत Adj. dass. MBh. 3,207,1.

आगस्ती s. आगस्त्य.

*आगस्तीय 1) Adj. = अगस्तये हितम्. — 2) m. Pl. *die Nachkommen des* Agasti.

आगस्त्य 1) Adj. a) (f. आगस्ती) *den* Ṛshi Agasti *betreffend, ihm geweiht* u. s. w. — b) *von der Pflanze* Agati grandiflora *herrührend.* — 2) m. a) Patron. von अगस्ति. Pl. MBh. 3,26,8. *f. आगस्ती. — b) * Agati grandiflora.

आगा f. *Intonation, Sangweise, Melodie.*

आगातर् Nom. ag. *Ersinger.*

*आगाध Adj. = अगाध.

आगान n. *das Ersingen, Erlangen durch Singen.*

*आगालु m. = आगन्तु.

आगामिक Adj. (f. आ) *auf die Zukunft bezüglich.*

आगामिन् Adj. 1) *kommend, hinzukommend.* — 2) *künftig, bevorstehend* 110,24. — 3) *wandelbar, beweglich* (in der Auguralkunde).

आगामुक Adj. *kommend, zu kommen pflegend nach* (Acc.) Maitr. S. 3,1,5. 2,2. Chr. 238,28.

आगार n. *Gemach, Wohnung.*

आगारगोधिका f. *Hauseidechse.*

आगारधूम m. *eine best. Pflanze.*

आगावप m. Patron. auch im Pl.

आगावीय n. *das mit den Worten* आ गावः (ṚV. 6,28) *beginnende Lied.*

आगुर् f. *zustimmender Ausruf,* Bez. *best. Formeln in priesterlichen Responsorien.*

आगुरण n. *das Aussprechen der* Âgur.

आगुरव Adj. (f. ई) *vom Aloeholz herrührend.*

आगूर्ण und आगूर्त (Comm.) n. = आगुरण.

आगूर्तिन् Adj. *der die* Âgur *vollbringt* Çat. Br. 11,2,4,10.

आगेय Adj. (*zart, leise*) *anzustimmen* Tâṇḍja-Br. 13,10,8.

आगोपाल Adj. *bis zu den Kuhhirten herabgehend* MBh. 2,13,18.

आगोमुच् Adj. *von Schuld befreiend* Maitr. S. 3,5,11.

आग्नापौष्ण Adj. *dem* Agni *und* Pûshan *gehörig.*

आग्नावैष्णव Adj. *dem* Agni *und* Vishṇu *gehörig.*

आग्निक 1) Adj. (f. ई) *zur Schichtung des Feuers —, zum Feueropfer gehörig* Âpast. Çr. 15,33. 16,8. — 2) m. N. pr. eines Geistes Pañkad.

*आग्निदत्तेय Adj. von अग्निदत्त.

*आग्निपद Adj. = अग्निपदे दीयते कार्यं वा.

आग्निपालीवती f. (sc. ऋच्) *der Vers* ṚV. 1,22,9 Çâṅkh. Br. 28,3.

आग्निपावमानी f. (sc. ऋच्) *der Vers* ṚV. 9,66,19 Tâṇḍja-Br. 16,5,9. 19.

आग्निमारुत 1) Adj. *dem* Agni *und den* Marut *gehörig.* — 2) *m. Patron. Agastja's. — 3) n. *Litanei an* A. *und die* M.

*आग्निमारुति m. Patron. Agastja's Trik. 1,1,89.

*आग्निवारुण Adj. (f. ई) *dem* Agni *und* Varuṇa *gehörig.*

आग्निवेशि m. Patron. von अग्निवेश.

आग्निवेशी s. आग्निवेश्य.

आग्निवेश्य 1) Adj. (f. °वेशी) *dem* Agniveça *gehörig.* — 2) m. Patron. von अग्निवेश.

आग्निवेश्यायन und °वेश्यायन 1) Adj. von Agniveçja stammend. — 2) m. Patron. eines Grammatikers TS. Prât. 14,32.

आग्निशर्मायण und *आग्निशर्मि m. Patron. von अग्निशर्मन्.

*आग्निशर्मीय Adj. von आग्निशर्मि.

आग्निष्टोमिक Adj. 1) zum Agnishṭoma gehörig. — 2) *mit dem A. vertraut.

आग्निष्टोम्य n. Nom. abstr. von अग्निष्टोम 1) Lâṭj. 8,1,16.

आग्नीध्र 1) Adj. vom Feueranzünder herrührend, ihm gehörig. — 2) m. a) Feueranzünder (ein best. Priester). — b) Feuer (!) Bhâg. P. 5,1,25. — c) N. pr. eines Sohnes des Manu Svâjambhuva und des Prijavrata. — 3) *f. आग्नीध्रा die Sorge um das heilige Feuer. — 4) n. a) der Platz des Feueranzünders, der Feueraltar sammt Umfassung. आग्नीध्रगत Çat. Br. 12,6,1,16. आग्नीध्रवेलौ 9,2,3,15. — b) das Geschäft des Feueranzünders.

आग्नीध्रक m. N. pr. eines der 7 Rshi im 12ten Manvantara Bhâg. P. 8,13,29.

आग्नीध्रीय 1) Adj. im Âgnîdhra 4) a) befindlich. — 2) m. a) das im Â. befindliche Feuer. — b) der Feuerheerd im Â.

आग्नीध्य Adj. (f. आ) dem Âgnîdhra 2) a) gehörig.

आग्नेन्द्र Adj. (f. ई) dem Agni und Indra geweiht.

आग्नेय 1) Adj. (f. ई) a) dem Feuer oder Feuergotte gehörig, — geweiht, zu ihm in Beziehung stehend 106,3. 220,5. 27. — b) *der Agnâjî gehörig, — geweiht. — c) südöstlich. — 2) m. a) Patron. α) Skanda's. — β) *Agastja's. — b) Pl. N. pr. eines Volkes. आग्नेय v. l. — 3) f. आग्नेयी a) eine Tochter Agni's und Gattin Ûru's Hariv. 73. VP. 1,13,6. — b) *Agni's Gattin. — c) Südost. — d) *der erste Tag einer Monatshälfte Gal. — 4) n. a) *Blut. — b) geklärte Butter. — c) *Gold. — d) *die Stelle der Hand an der Wurzel des Mittel und Ringfingers Gal. — e) das Mondhaus Kṛttikâ. — f) Name eines Sâman. — g) *N. pr. einer Gegend.

आग्नेयपावमानी f. = आग्निपावमानी Maitr. S. 1,5,6.

आग्नेयपुराण n. = अग्निपुराण.

आग्नेयास्त्र n. ein best. Spruch.

आग्नेयैन्द्र Adj. Agni und Indra gehörig Daiv. Br. 1.

आग्नेय्यैन्द्री f. (sc. ऋच्) ein an Agni und Indra gerichteter Vers Tâṇḍja-Br. 15,6,1. 3.

आग्न्याधेयिक Adj. (f. ई) zum Anlegen des heiligen Feuers gehörig.

आग्रथन n. das Schürzen, Umbinden (eines Gürtels) Ragh. 19,41.

आग्रन्थम् Absol. in पुनरा°.

*आग्रभोजनिक Adj. dem man zuerst das Essen reicht.

आग्रयण 1) m. a) Erstling, eine Soma-Libation beim Agnishṭoma. — b) eine Form des Agni. — 2) f. आग्रयणी Erstlingsopfer. — 3) n. Erstlingsopfer von Früchten am Ende der Regenzeit 85,21. Gaut. 8,19.

आग्रयणक n. = आग्रयण 3) Cit. im Comm. zu Kâtj. Çr. 347,4. Am Ende eines adj. Comp. Chr. 85,22.

आग्रयणपात्र n. der zur Darbringung der Âgrajana-Libation bestimmte Becher.

आग्रयणाग्र Adj. mit der Âgrajana-Libation beginnend Çat. Br. 4,5,9,2. 13.

आग्रयणेष्टि f. Ernteopfer.

आग्रह m. das Sichklammern an Etwas, Bestehen —, Versessensein auf, Hartnäckigkeit, Grille. Abl. und Instr. mit Beharrlichkeit, — Hartnäckigkeit, auf Etwas bestehend. Nach den Lexicographen 1) = ग्रह oder ग्रहण. — 2) = आक्रम oder आक्रमण. — 3) = आसङ्ग, सक्ति (शक्ति fehlerhaft) oder आसक्ति (आशक्ति fehlerhaft). — 4) = अनुग्रह oder स्नेह.

आग्रहायण 1) *m. = अग्रहायण. — 2) f. ई a) der Vollmondstag im Monat Mârgaçîrsha 231, 24. *Am Ende eines adv. Comp. °णि oder °णम्. — b) ein best. Pâkajagña Gaut. 8,18. — c) *das Sternbild Mṛgaçiras.

*आग्रहायणक Adj. am Vollmondstage im Monat Mârgaçîrsha zu bezahlen.

*आग्रहायणिक Adj. zum Vollmondstage im Monat Mârgaçîrsha in Beziehung stehend. an diesem Tage zu bezahlen.

*आग्रहारिक Adj. von अग्रहार.

1. आग्रायण m. Patron. verschiedener Männer.

2. आग्रायण n. im Kâṭh. = आग्रयण n.

आग्रावसत्रीय (?) Adj. Ind. St. 3,259.

आग्रेय m. Pl. N. pr. eines Volkes MBh. 3,254, 20. आग्नेय v. l.

आग्ला f. (?) Gop. Br. 1,2,21.

*आघट्टक m. Desmochaeta atropurpurea DC.

आघतन (!) n. = आघातन Schlachthaus.

आघमर्षण n. Patron. von अघमर्षण.

*आघर्षण 1) n. das Reiben. — 2) f. ई Reiber, Bürste.

आघाट m. 1) Cymbel, Klapper. — 2) Grenze. — 3) *Achyranthes aspera. — 4) = आघात am Ende einiger Comp.

आघाटि m. oder f. = आघाट 1).

आघात m. 1) am Ende eines Comp. Schläger. — 2) Anschlag, Schlag mit oder auf (im Comp. vorangehend). — 3) Tödtung. — 4) Verhaltung (von Harn u. s. w.). — 5) *Trübsal, Leiden. — 6) Richtplatz, Schlachthaus.

आघातकाल m. kritische —, gefährliche Zeit Karaka 2,7.

आघातन und आघातस्थान n. Schlachthaus, Schlachtstätte.

आघार m. 1) Sprengung von Fett in das Opferfeuer. — 2) *geklärte Butter. — 3) *= आघाट Grenze Gal.

आघूर्ण Adj. wankend, schwankend.

आघृणि Adj. glühend, gluthstrahlend.

आघृणीवसु Adj. gluthreich RV.

आघोष m. 1) Anruf Nir. 5,11. — 2) das Posaunen, Prahlen.

आघोषण f. öffentliches Ausrufen, — Bekanntmachen.

आघ्राण 1) n. a) das Riechen (trans.) Gaut. 23,6. — b) *das Sattsein. — 2) *Adj. satt.

आघ्रात n. eine der zehn Weisen, auf welche eine Eklipse (angeblich) erfolgt.

आघ्रेय Adj. zu riechen.

आङ् gramm. Bez. von 1. आ.

*आङ्कुशायन Adj. von अङ्कुश.

आकृति m. N. pr. eines Mannes. आकृति v. l.

1. आङ्ग m. ein Fürst der Añga, f. ई eine Prinzessin der A.

2. आङ्ग 1) das Thema (gramm.) betreffend. — 2) *n. ein zarter Körper.

*आङ्गक Adj. die Añga betreffend u. s. w.

आङ्गदी f. die Residenz Añgada's.

आङ्गरिष्ठ m. N. pr. eines Mannes.

*आङ्गविद्य Adj. mit der Chiromantie vertraut.

*आङ्गार n. Kohlenhaufen.

आङ्गारक m. Patron. von अङ्गारक.

आङ्गारिक m. Kohlenbrenner, Köhler Spr. 4843.

आङ्गि m. Patron. des Havirdhâna.

आङ्गिक 1) Adj. mit dem Körper —, mit den Gliedern bewerkstelligt. — 2) *m. Trommelschläger.

आङ्गिरस 1) Adj. (f. ई) von oder von den Añgiras stammend, ihnen gehörig, sie betreffend. — 2) m. a) Patron. verschiedener Männer, insbes. Bṛhaspati's. f. ई. — b) der Planet Jupiter.

आङ्गिरसेष्वरतीर्थ n. N. pr. eines Tîrtha.

आङ्गीरस Adj. (f. ई) und Patron. = आङ्गिरस.

आङ्गुलिक Adj. (f. ई) von अङ्गुलि Finger.

आङ्गूष m. n. lauter Preis, Loblied.

(आङ्गूष्य) आङ्गूषिंग्य Adj. *laut preisend, schallend.*

आङ्गेय m. *ein Fürst der Aṅga*, f. ई *eine Prinzessin der A.*

*आङ्ग्य Adj. von 2. oder 3. अङ्ग.

आच् Bez. *des Suffixes* आ *in Adverbien wie* दक्षिणा u. s. w. 231,26.

आच m. N. pr. eines Mannes.

आचर्क्रि Adj. *Etwas* (Acc.) *in Etwas* (Acc.) *verwandelnd.*

*आचलुस् Adj. Uǵǵval.

आचञ्चल Adj. *sich langsam hinundher bewegend, flatternd* Prasannar. 95,3.

आचतुरम् Adj. *bis zum vierten Gliede* Maitr. S. 1,7,3.

*आचतुर्य n. Nom. abstr. von अचतुर.

आचन्द्रतारकम् Adv. *bis auf Mond und Sterne.*

आचपराच Adj. (f. आ) *hin- und zurückgehend* Tâṇḍja-Br. 2,2,3.

आचमन n. 1) *das Einschlürfen von Wasser, Ausspülen des Mundes* Âpast. — 2) *Wasser zum Einschlürfen oder zum Ausspülen des Mundes.* Auch f. ई.

*आचमनक n. = आचामनक.

आचमनीय 1) m. *ein Gefäss zum Ausspülen des Mundes.* — 2) n. *Wasser zum Ausspülen des Mundes.*

*आचमनीयक n. = आचमनीय 2).

आचय m. *Ansammlung, Fülle.*

*आचयक Adj. = आचये कुशलः.

आचर in दुराचर.

आचरण n. 1) *Herfahrt, Ankunft.* — 2) *das Thun, Verrichten, Bewerkstelligen* Kâd. 263,13. — 3) *Wandel, Benehmen.* — 4) *Wagen, Karren.* Nach dem Comm. m.

आचरणीय Adj. *zu thun* Spr. 6922.

आचरित n. 1) *das Herbeikommen, Herbeikunft* Pâr. Gṛhj. 2,11,6. — 2) *Herkommen, Brauch.* Dazu Nom. abstr. °त्व n. Pâr. Gṛhj. 11,17,18. — 3) *Betragen, Benehmen.* — 4) *der herkömmliche Weg* (zur Eintreibung einer Schuld). Dieser besteht darin, dass man die Frau, den Sohn und das Vieh des Schuldners fortnimmt und sein Haus belagert. Vgl. Jolly, Schuld. 316.

आचरितव्य 1) Adj. *zu thun.* — 2) n. impers. *nach hergebrachter Sitte zu verfahren.*

*आचर्य Adj. 1) *adeundus.* — 2) *zu thun.*

आचात्ति f. *das Einschlürfen* Bâlar. 143,5.

आचात्तोदक Adj. *der Wasser eingeschlürft hat* Gobh. 1,1,2.

आचाम m. 1) *das Einschlürfen von Wasser, Ausspülung des Mundes.* — 2) *das Wasser —, der Schaum von gekochtem Reise* u. s. w. Kâtj. Çr. 19,1,20.

*आचामक Adj. P. 7,3,34, Sch.

*आचामनक m. *Spucknapf.*

*आचाम्य n. = आचमन 1).

आचार 1) m. (am Ende eines adj. Comp. f. आ) *a) Wandel, Benehmen, Betragen.* — *b) guter Wandel, gutes Betragen.* — *c) Herkommen, Brauch, hergebrachte Sitte, Observanz.* Am Anf. eines Comp. vor einem Subst. *wie der Gebrauch es verlangt, herkömmlich.* — *d) bestimmte Verhaltungsweise, Diät.* — *e) Richtschnur* MBh. 3,3,36. = अन्तर्यामिन् Nilak. — *f)* bei den Buddh. *die Erklärung, dass man mit dem vom Lehrer Gesagten einverstanden sei.* — 2) *f. ई *Hingtscha repens* Roxb.

आचारचक्रिन् m. Pl. *eine best.* Vishṇu'*itische Secte.*

आचारचन्द्रिका f., °चिन्तामणि m., °तन्त्र n. (buddh.), °दीप m., °दीपिका f. und °प्रदीप m. Titel von Werken.

आचारभेद m. *Verletzung der hergebrachten Sitte* P. 8,1,60, Sch.

आचारमय Adj. *voller Observanz, ganz in Etiquette aufgehend* Kâd. 100,22.

आचारमयूख m., °माधव, °माधवीय und °रत्न n. Titel von Werken.

आचारवत् Adj. *von gutem Betragen, tugendhaft.*

आचारविवेक m. Titel eines Werkes.

*आचारवेदी f. Bein. Ârjâvarta's.

आचारव्यपेत Adj. *vom Herkommen abweichend* Jâǵn. 2,5.

आचारसंग्रह m. Titel eines Werkes.

आचाराङ्ग n. Titel eines heiligen Buches der Ǵaina.

*आचारातिक्रम m. = क्रिया Halâj.

आचारादर्श m. Titel eines Werkes.

आचारापेत Adj. = आचारव्यपेत 211,29.

आचारार्क m. Titel eines Werkes.

आचारिक n. *bestimmte Verhaltungsweise, Diät.*

आचारोल्लास m. Titel des 1ten Theils des Paraçurâmaprakâça.

आचार्य 1) m. *a) Lehrer, insbes. ein Brahman, der seinen Schüler mit der heiligen Schnur umgürtet und ihn in die heiligen Schriften einführt.* आचार्यजायाँ Çat. Br. 11,3,3,7. आचार्यान्तेवासिनौ 10,1,4. 10. आचार्यकुल n., °दार m., °पुत्र m. Âpast. °शुश्रूषा Saṁhitopan. 36,5. — *b)* Bein. Droṇa's, *des Lehrers der* Pâṇḍava. — 2) *f. आचार्या *Lehrerin.*

आचार्यक n. *Lehreramt, Lehrmeisterschaft* Mâlatîm. 49,3. Bâlar. 42,17. 111,23.

आचार्यकल्प m. *die Vorschriften der Lehrer* AV. Prâjaçć. 6,8.

आचार्यकारिका f. Bez. *einer best.* Kârikâ.

आचार्यकोश m. Titel eines *Wörterbuchs.*

आचार्यचरितचिन्तामणि m. Titel eines Werkes.

आचार्यचूडामणि m. Titel eines Werkes.

आचार्यता f. und °र्यत्व n. *Lehreramt, Lehrerberuf.*

आचार्यदेशीय Adj. *an einen Meister anstreifend, dem M. nahe kommend,* Bez. Patańǵali's bei Kaij.; vgl. Ind. St. 13,316. fg.

*आचार्यभोगीन Adj. *zum Wohl des Lehrers gereichend.* भोगशब्दः शरीरवाची Kâç.

आचार्यमतरहस्य n. Titel eines Werkes.

आचार्यवचस् n. *das Wort des Lehrers* Çat. Br. 11,3,3,6.

आचार्यवत् Adj. *einen Lehrer habend* 283,23.

आचार्यसव m. *ein best.* Ekâha.

आचार्याधीन Adj. *vom Lehrer abhängig.* Davon Nom. abstr. °त्व n. Gaut. 3,5.

*आचार्यानी f. *die Frau eines Lehrers.*

आचिख्यासा f. *die Absicht, Etwas auszudrücken.*

आचिख्यासु Adj. *auszudrücken beabsichtigend* 249,7.

आचिख्यासोपमा f. *ein Gleichniss, bei dem man es im Ungewissen lässt, ob man bei der Vergleichung zweier Dinge ihre guten oder ihre schlechten Eigenschaften meint,* 249,8.

आचित् f. *das Merken auf* (Gen.).

आचित n. *Wagenlast* (ein Gewicht von 20 Tulâ).

*आचितिक (f. ई) und *आचितीन (f. आ) Adj. *eine Wagenlast bildend.*

आचिदोह (आचिदोह Ind.) n. Name eines Sâman Ârsh. Br.

आचूषण n. *das Saugen, Aussaugen;* auch vom *Saugen der Schröpfköpfe* u. s. w.

आचेश्वर m. N. pr. eines von Âka erbauten Heiligthums.

आचोपच Adj. *schwankend.*

आच्छद् f. *Hülle.*

आच्छद्विधान n. *Schutzvorrichtung, Bedeckungsmittel.*

आच्छाद m. *Gewand, Kleidung.*

आच्छादक Adj. *verhüllend, verbergend.* Davon Nom. abstr. °त्व n. 259,12.

आच्छादन n. 1) *das Verdecken, Verhüllen, Verbergen* Gaut. 3,18. — 2) *Bekleidung, Kleidung* Âpast. — 3) *Betttuch.* — 4) **First; Söller.*

*आच्छादनफल m. *die Baumwollenstaude* Nigh. Pr.

आच्छादनवस्त्र n. *Untergewand* Pańkat. 226,17.

°आच्छादिन् Adj. *verdeckend, verhüllend.*

आच्छुक m. = आतिक *Morinda tinctoria.*

आच्छुरित *n. 1) *eine mit den Nägeln bewirkte Musik.* — 2) *Hohngelächter.*

*आच्छुरितक n. 1) *eine best. Verletzung durch Fingernägel.* — 2) *Hohngelächter.*

आच्छेत्तर् Nom. ag. *Abschneider.*

*आच्छोट m. (Gal.) und *आच्छोदन n. *Jagd.*

आच्यादोह n. v. l. für आज्यदोह Ârsh. Br. Tândja-Br. 21,2,5. °त्व n. Nom. abstr. ebend.

*आच्युतन्ति m. Pl. und *°न्तीय m. v. l. für आच्युदन्ति.

*आच्युतिक Adj. (f. ई) von अच्युत N. pr.

*आच्युदन्ति m. Pl. N. pr. eines Kriegerstammes. Davon *°दन्तीय m. *ein Fürst desselben.*

आज 1) Adj. *von der Ziege herrührend, caprinus.* — 2) m. a) **Geier.* — b) Patron. Auch im Pl. — 3) f. आजा ein zur Erklärung von अजा *Ziege* erfundenes und diesem gleich gesetztes Wort Çat. Br. 3,3,3,9. — 4) n. a) *das unter Aga Ekapad stehende Mondhaus* Pûrvabhâdrapadâ 220,1. — b) **ein mit einem Ziegenfell geschlossener Korb* Comm. zu R. ed. Bomb. 2,55,18.

*आजक n. *Ziegenheerde.*

*आजकरीण Adj. P. 4,2,78, Sch.

*आजकार m. Çiva's *Stier.*

*आजक्रन्दक Adj. von अजक्रन्द Kâç. zu P. 4,2,125.

*आजक्रन्दि m. Patron.

आजगर Adj. (f. ई) *einer Boa gehörig, ihr eigen, sie betreffend, wie sie verfahrend.*

आजगव n. Çiva's *Bogen.*

आजगाव oder अज° m. N. pr. eines Schlangendämons Tândja-Br. 25,15,3.

*आजधेनवि m. Patron.

आजनन n. *Geburt, Ursprung.*

आजनि f. *Treibstock.*

आजन्म Adv. *von der Geburt an* Ragh. 1,5. Kathâs. 2,29. Spr. 7725. °वैखानस Bâlar. 32,20. °सात्म्य n. *Zuträglichkeit durch's ganze Leben* Vâgbh. 1,10,7.

*आजन्मसुरभिपत्त्र m. *eine Art Ocimum.*

*आजपथिक Adj. von अजपथ.

आजपाद n. *das Mondhaus* Pûrvabhâdrapadâ Ind. St. 14,320.

*आजबन्धवि m. Patron. von अजबन्धु Kâç. zu P. 4,1,96.

आजमायव n. Name eines Sâman Ârsh. Br.

*आजमार्य m. Patron. von अजमार.

आजमीढ oder °मीळ्ह m. Patron. von अजमीढ.

*आजमीढक Adj. von अजमीढ.

*आजमीढि m. Patron. von अजमीढ Mahâbh. 4,60,b.

*आजयन n. Nom. act. zur Erklärung von आजि.

आजरसम् Adv. und °साय Dat. *bis zum hohen Alter.*

आजर्जरित Adj. *etwas zerschlagen, — zerfetzt* Kâd. II, 74,22.

*आजवन n. Nom. act. zur Erklärung von आजि.

*आजवस्तेय m. Patron. von अजवस्ति.

*आजवाह und *°क Adj. von अजवाह.

आजस्रिक Adj. *beständig —, täglich geschehend.*

आजातशत्रव m. Patron. von अजातशत्रु.

आजाति f. *Geburt.*

*आजाद्य m. *zum Stamm der Agâda gehörig.*

आजान 1) n. a) *Geburt, Abkunft.* — b) *Geburtsort.* — 2) *m. *Götterwelt* Çaṁk. zu Taitt. Up. 2,8. — 3) f. आ *Ort der Empfängniss* Ait. Âr. 103,1.

आजानज Adj. *schön von Geburt Etwas seiend.*

आजानदेव m. *ein Gott von Geburt.*

आजानि f. 1) *Geburt, Abkunft.* — 2) *edle Abkunft.*

*आजानिक्य n. *Unbeweibtheit.*

आजानुबाहु Adj. *dessen Arme bis an die Kniee reichen* R. 1,1,12.

आजानुलम्बिन् Adj. *bis an die Kniee reichend* Kâd. 33,8.

आजानुसम Adj. *kniehoch* Suçr. 2,215,19.

आजानेय 1) Adj. (f. ई) *von edler Abkunft.* Am Ende eines Comp. (buddh.) *von der und der Abkunft, — Art.* — 2) m. *ein edles Pferd* MBh. 3,270,10.

आजानेय्य Adj. dass.

*आजायन m. Patron. von अज.

आजाविक Adj. *aus Ziegen- und Schaffellen* oder *-Haaren gemacht.*

आजि m. f. 1) *Wettlauf, Wettkampf, Kampf* überh. Acc. mit अज्, इ, धाव् und सर् *einen Wettlauf anstellen.* आजौ *im Kampfe,* आजिमध्ये *mitten im Kampfe* MBh. 5,182,12. — 2) *Rennbahn.* — 3) *= क्षण. — 4) *= आक्षेप.

आजिकृत् Adj. *einen Wettkampf anstellend.*

आजिग n. Name eines Sâman Tândja-Br. 15, 9,6. Lâtj. 1,6,46.

आजिगमिषु Adj. in अनाजि°.

आजिघृक्षु Adj. *anzupacken beabsichtigend* Kâd. 70,6.

आजिजित्या f. *Sieg im Wettlauf* Tândja-Br. 14, 3,11. 15,9,6.

आजिज्ञासेन्या f. Pl. *ein best. kurzer Abschnitt der* Kuntâpa-*Lieder.*

आजितुर् Adj. *in Kämpfen siegend.*

*आजिनीय Adj. von अजिन.

आजिपति m. *Herr des Kampfes* Vâlakh. 5,14.

आजिपथ m. *Kampfweg, so v. a. der Weg, auf dem Räuber sich zurückziehen,* Âpast. 1,24,21.

आजिमुख n. *Vordertreffen* 321,8.

*आजिरि von अजिर.

*आजिरेय m. Patron. von अजिर.

आजिशिरस् n. *Vordertreffen* MBh. 3,289,15.

आजिसृत् Adj. *einen Wettlauf anstellend.*

आजिहीन m. N. pr. eines Mannes, Pl. *seine Nachkommen.*

आजिहीर्षु Adj. *Etwas* (Acc.) *herbeizubringen beabsichtigend.*

आजिह्मित Adj. *etwas seitwärts gezogen.* °लोचनम् Adv. Kâd. 73,21.

*आजीकूल N. pr. einer Gegend. Davon *°क Adj.

आज्जी° v. l.

आजीगर्त n. Name eines Sâman.

आजीगर्ति m. Patron. von अजीगर्त.

आजीव m. 1) *Lebensunterhalt.* — 2) **ein buddh.* oder Gaina-*Bettler.*

आजीवक 1) m. = आजीव 2). — 2) *°विका f. *Lebensunterhalt* Gal.

आजीवन n. *Lebensunterhalt.*

आजीवनिक Adj. *einen Lebensunterhalt suchend* Kâd. II, 103,16.

आजीवम् Adv. *lebenslang.*

आजीविक m. = आजीविन् Varâh. Brh. 15,1.

आजीवितान्तम् Adv. *lebenslang* 179,11.

आजीविन् m. *eine best. Art Bettler.*

आजीव्य 1) Adj. *zum Lebensunterhalt geeignet, einen L. gewährend.* — 2) n. *Lebensmittel* MBh. 3, 92,11 (= भृत्यादय: Nîlak.).

*आजुर् f. = विष्टि.

आजेय m. Patron. des Nandivardhana.

आज्ञप्ति f. *Anordnung, Befehl.*

आज्ञा f. 1) dass. — 2) *Autorität, unbeschränkte Gewalt* Bâlar. 17,19. 23,16. — 3) Bez. *des 10ten astrol. Hauses* Varâh. Brh. 9,1.

आज्ञाकर 1) m. *Diener.* Davon Nom. abstr. °त्व n. — 2) f. ई *Dienerin.*

आज्ञाख्य n. *ein best. mystischer Kreis am Körper.*

आज्ञाचक्र n. = आज्ञाख्य.

आज्ञातकौण्डिन्य m. N. pr. eines Schülers des Çâkjamuni.

आज्ञातर् Nom. ag. *Bestimmer, Anordner.*

आज्ञादान n. *das Ertheilen eines Befehls* Râgat. 5,3.

आज्ञान n. *das Erkennen, Verstehen.*

आज्ञानकौण्डिन्य m. v. l. für आज्ञात°

आज्ञापक Adj. (f. °पिका) *anweisend.*

*आज्ञापत्त्र n. *ein geschriebener Befehl.*

आज्ञापरिग्रह m. *das Empfangen eines Befehls* Râgat. 5,3.

आज्ञापालन n. *das Befolgen der Befehle* VP. 1,13,24.

आज्ञाप्य Adj. *zu Jmds* (Gen.) *Befehlen bereit.*

आज्ञाभङ्ग m. *Verletzung —, Nichtausführung eines Befehls* Spr. 878. °कर Adj. *einen Befehl nicht ausführend* 877. °कारिन् Adj. dass. Chr. 101,19.

आज्ञायिन् Adj. *erkennend*, in मनसाज्ञायिन्.

आज्ञासंपादिन् Adj. *Befehle ausführend, gehorsam.*

1. आ॑ज्य und आ॑जिग्र n. 1) *Opferschmalz; am Feuer zerlassene und gereinigte Butter, welche in die Flamme gegossen oder zum Schmälzen und Salben verwendet wird.* — 2) *Oel, Milch und andere Stoffe, wenn sie statt des eigentlichen Opferschmalzes verwendet werden.* — 3) *ein best.* Çastra *bei der Frühspende und zwar je eines für den* Hotar *und seine drei Gehülfen.* — 4) *das in diesem* Çastra *enthaltene* Sûkta. — 5) *ein mit diesem* Çastra *verbundenes* Stotra.

2. *आज्य m. Patron. von अज.

आज्यग्रह m. *ein Becher Opferschmalz.*

आज्यदोह n. Name verschiedener Sâman Ârsh. Br. Comm. zu Tâṇḍja-Br. 21,2,5. °त्व n. Nom. abstr. ebend.

आज्यधानी f. *Opferschmalzbehälter.*

आज्यन्त m. *Ziel eines Wettlaufs.*

आज्यपा॑ 1) Adj. *Opferschmalz trinkend.* — 2) m. Pl. Bez. *bestimmter Manen.*

1. आ॑ज्यभाग m. *Theil (Portion) des Opferschmalzes.* Gewöhnlich Du. von *den zwei Theilen für* Agni *und* Soma Lâṭj. 5,2,4.

2. आ॑ज्यभाग Adj. (f. आ) *das Opferschmalz als Antheil habend.*

*आज्यभुज् m. Bein. Agni's.

आ॑ज्यलिप्त Adj. *mit Opferschmalz bestrichen* Çat. Br. 1,3,1,24. 9,3,2,14.

आज्यलेप m. *Salbe von Opferschmalz.*

*आज्यवारि m. *das Meer mit Opferschmalz statt Wasser.*

आज्यविलापनी f. *Schmalzpfanne* Çat. Br. 3,5,3,13. 5,2,1,1.

आज्यस्थाली f. *Schmalztopf* Cit. im Comm. zu Gobh. 1,7,24.

आ॑ज्यहविस् Adj. *Schmalzspende habend* Çat. Br. 3,4,4,6. Ait. Br. 1,25.

आज्यहोम m. *Schmalzopfer* Gaut. 23,20. 27,5.

आज्यादोह n. = आज्यदोह Ârsh. Br.

आज्याहुति॑ f. *Schmalzspende* Gaut. 25,3. 26,14.

आञ्छ्, आञ्छति *ziehen, zerren.*

आञ्छन n. *das Ziehen, Zerren* Bâlar. 205,6.

1. आ॑ञ्जन 1) n. a) *Salbe,* insbes. *Augensalbe.* — b) *Fett* überh. — 2) f. आञ्जनी *eine Schachtel mit Augensalbe.*

2. आञ्जन Adj. *die Farbe von Augensalbe habend.*

आ॑ञ्जनगन्धि Adj. (f. ebenso) *nach Salbe riechend* 20,9.

आञ्जनगिरि m. N. pr. eines *Berges* Kâth. 23,1. Vgl. अञ्जन°.

आञ्जनाभ्यञ्जन 1) n. Du. *Augen- und Fusssalbe.* — 2) f. आ Pl. *ein best. 49 tägiges* Sattra.

आञ्जनाभ्यञ्जनीय n. Sg. und °या f. Pl. (Âçv. Çr. 11,6,5) = आञ्जनाभ्यञ्जना.

*आञ्जनिक्य n. Nom. abstr. von अञ्जनिक.

आञ्जनीका॑री f. *Salberin* oder *Salbenbereiterin.*

आञ्जनेय m. 1) *Metron. Hanumant's. — 2) N. pr. eines Autors.

आञ्जन्य॑ Adj. *für welchen Augensalbe gehört.*

*आञ्जलिक्य n. Nom. abstr. von अञ्जलिक.

आञ्जस Adj. (f. ई) *unmittelbar, direct* Çaṁk. zu Bâdar. 4,3,8.

आञ्जस्य n. Abl. und Instr. *unmittelbar, ohne Weiteres.*

आञ्जिक m. N. pr. eines Dânava.

आञ्जिग m. Patron. des Svapas oder N. pr. eines Dânava Ârsh. Br.

*आञ्जिनेय m. *eine Eidechsenart.*

*आञ्जीकूल N. pr. einer Gegend. Davon Adj. *°क Kâç. zu P. 4,2,127. आञ्जी° v. l.

आट् onomatop. vom Quaken der Frösche.

आट 1) am Ende einiger Compp. Nom. ag. oder act. von अट्. Auch आटक (f. °टिका). — 2) m. N. pr. eines Schlangendämons Tâṇḍja-Br. 25,15,3.

*आटरु, *आटरूष und *°क m. = अटरूष *eine best. Pflanze* Gal.

आटविक 1) Adj. *zu einem Walde in Beziehung stehend.* सैन्य n. *ein aus Waldbewohnern bestehendes Heer* Spr. 3712. — 2) m. a) *Waldbewohner* Mâlav. 69,1. — b) *Förster.*

आटविन् m. N. pr. eines Lehrers.

आटवी f. N. pr. einer Stadt.

आटव्य m. N. pr. v. l. für आटविन्.

आटि f. *Turdus Ginginianus* Pâr. Gṛhj. 1,19,11. *°शाला f. gaṇa छात्र्यादि.

आटिकी f. N. pr. einer Frau. Nach Çaṁk. Adj. f. *noch nicht mannbar* (zu lesen अनुपजातपयोधरादिस्त्रीव्यञ्जना). Nach einer anderen Erklärung f. von आटिक *sich umhertreibend* Ind. St. 1,255.

आटिक्य (?) Adj. *auf der Wanderung begriffen.*

*आटीकन n. *das Springen der Kälber.*

*आटीकर m. *Stier.*

आटीमुख n. *ein best. beim Aderlassen gebrauchtes Instrument.*

*आटीमेद m. *ein best. Vogel* Gal.

आटोप m. 1) *Aufbauschung, Anschwellung.* — 2) *Fülle, Menge, Uebermaass.* — 3) *Aufgeblasenheit des Leibes, Flatulenz.* — 4) *Stolz.*

*आट्टस्थलीक Adj. von अट्टस्थली.

आट्णा॑र 1) m. Patron. von अट्णा॑र. — 2) *Adj. *wanderlustig.*

आठक m. = आढक 1).

आडम्पर R. 5,13,51 fehlerhaft für आडम्बर (so ed. Bomb.).

आडम्ब॑र m. 1) *eine Art Trommel* R. ed. Bomb. 5,10,45. — 2) *Lärm, Getöse* Spr. 3785. — 3) *lärmvolles Benehmen, das Posaunen, vieles Reden, Wortschwall.* — 4) **Trompetenstoss.* — 5) *Elephantengebrüll* Kâd. 128,16. — 6) Am Ende eines Comp. *Riesenmässigkeit, das Non plus ultra —, die Krone von* Uttarar. 36,12. Kathâs. 26,89. Bâlar. 271,6. 307,21. Prasannar. 23,7. 145,22. — 7) **Freude.* — 8) **die Augenwimpern.* — 9) N. pr. eines Wesens im Gefolge Skanda's.

आडम्बरवत् Adj. *viel Lärm machend* Spr. 3771.

आडम्बराघात॑ m. *Trommelschläger.*

*आडारक m. N. pr. eines Mannes. अएडारक v. l.

आडि f. 1) *ein best. Wasservogel,* = आति. — 2) **ein best. Fisch.*

आडिबक und आडी° Adj. *zwischen den Vögeln* Âḍi und Baka (d. i. *zwischen* Vasishṭha *und* Viçvâmitra) *vor sich gegangen* (Kampf).

आडीविन् m. N. pr. einer Krähe Kathâs. 62,8.

*आडु in *आड्याडु Adj. *Reiche beneidend.*

*आडू *Floss, Boot.*

आढक 1) m. n. (adj. Comp. f. ई) *ein best. Hohlmaass,* = 4 Prastha. — 2) f. ई a) *Cajanus indicus Spreng.* — b) **alaunhaltiger Thon* und *Alaun* Nigh. Pr.

*आढकजम्बुक P. 4,2,120, Sch.

*आढकिक (f. ई) und *आढकीन (f. आ) Adj. *einen* Âḍhaka *enthaltend* u. s. w.

*आढकीफल m. *Rohr* Gal.

*आढीलक n. = आटीलक.

आढ्य॑ (aus आर्ध्य) 1) Adj. (f. आ) a) *wohlhabend, begütert, reich;* Subst. *ein Reicher.* — b) mit Instr. oder am Ende eines Comp. *reich an, strotzend von, reichlich versehen —, vermischt —, getränkt mit.* — c) *vermehrt um* (Instr.) Golâdhj. 7,22. — 2) *f. आ *die Erde* Gal. Vgl. आढ्या.

*आढ्यक n. *das Reichsein.*

*आढ्यकुलीन Adj. *aus einem reichen Geschlecht.*

*आढ्यंकरण Adj. (f. ई) *reich machend.*

आढ्यता f. *das Reichsein.*

*आढ्यपदि Adv. gaṇa द्विपद्यादि.

*आढ्यपूर्व Adj. *ehemals reich gewesen* Pat. zu Vârtt. 1 zu P. 1,1,29.

*आढ्यंभविष्णु und *°भावुक Adj. *reich werdend.*

आढ्यरोग m. *Rheumatismus, Gicht.*

आध्रोगिन् Adj. *rheumatisch, gichtisch* KARAKA 1,14. SUÇR. 2,207,4.

आध्रवात m. *rheumatische Lähmung der Lenden.*

आणक Adj. = अणक *fein, klein, winzig* Spr. 119.

आणव 1) Adj. *a) fein.* — *b) * mit Panicum miliaceum bestanden* GAL. — 2) *n. *Feinheit, Dünnheit.*

*आणवय्, °यति Denom.

*आणवीन Adj. = आणव 1) *b).*

आणि m. und *f. 1) *der in der Nabe laufende Zapfen einer Achse.* — 2) **Achsennagel, Lünse.* — 3) *der unmittelbar über dem Knie liegende Theil des Beines.* — 4) **Hausecke.* — 5) **Grenze.* — 6) **Kampf.*

*आणीवेय m. Patron. von अणीव.

आण्ड 1) n. *Ei.* — 2) m. Du. *die Hoden.* — 3) f. ई *Hode.*

आण्डकपाल n. *Eierschale.*

आण्डकोश m. *Ei.*

आण्डज 1) Adj. *aus einem Ei geboren.* — 2) m. *Vogel* Ind. St. 14,2.

*आण्डवन्त् Adj. *mit Eiern* oder *Hoden versehen.*

आण्डाद् m. *Eierfresser* (ein Dämon).

*आण्डायन Adj. von अण्ड.

आण्डीक Adj. *Eier —, eiartige Früchte tragend.*

*आण्डीर Adj. = अण्डीर.

*आण्डीवत oder *°वत् gaṇa कर्णादि. Davon *°वतायनि.

आत् Adv. 1) *darauf, dann, da;* insbes. im Nachsatz nach यद्, यदा, यदि. — 2) *dann, ferner, auch, und.* — 3) nach einem Fragewort *dann, doch.*

आत s. आता.

आतक m. N.pr. eines Schlangendämons. Vgl. आट.

आतङ्क m. (adj. Comp. f. आ) 1) *körperliches Leiden.* — 2) **Fieber.* — 3) *Leiden der Seele, Unruhe, Angst, Furcht* 299,23. 310,18. — 4) **der Laut einer Trommel.*

*आतङ्कक m. *Fieber* GAL.

आतङ्कदर्पण m. Titel eines Werkes.

आतङ्कप्रतिमा f. *bildliche Darstellung einer Krankheit.*

आतङ्क in पूतातङ्क.

आतञ्चन n. *Lab.* Nach den Lexicographen = प्रतिवाप (प्रती°), आप्यायन (प्रापण) und जवन (पवन).

आतत Partic. von तन् mit आ.

आततायिन् Adj. 1) *einen gespannten Bogen habend.* — 2) *mit bewaffneter Hand Jmdes Leben* oder *Gut bedrohend, nach Jmdes Leben* oder *Gut trachtend.*

आततावन् Adj. = आततायिन् 1) TS. 4,5,3,1.

आततीकरण n. *das Spannen* (*einer Bogensehne*).

आतनि Adj. *durchdringend.*

आतप् s. आतपस्.

आतप 1) Adj. *Weh verursachend.* — 2) m. (adj. Comp. f. आ) *Gluth, Hitze* 185,11.23. *Sonnenhitze, — schein.*

आतपति Loc. Partic. *im Sonnenschein.*

आतपत्र n. (adj. Comp. f. आ) *Sonnenschirm.*

*आतपत्रक n. dass.

*आतपत्रपत्त्रा f. *eine best. Pflanze* GAL.

आतपत्राय् *einen Sonnenschirm darstellen.* °यित Partic. *e. S. darstellend.*

आतपन Adj. *erhitzend* (Çiva).

आतपवन्त् Adj. 1) *von der Sonne beschienen.* — 2) m. *der 24te* Muhûrta Ind. St. 10,296.

आतपवर्ष्य Adj. (f. आ) *von einem Sonnenregen herrührend* KÂTJ. ÇR. 15,4,35.

आतपवारण n. *Sonnenschirm.*

आतपस् Abl. Inf. (abhängig von वर् *wehren*) *zu brennen, — versengen* ṚV. 5,73,5. 8,62,8.

आतपात्यय m. *Schwund der Tageshitze, abendliche Kühle* RAGH. 1,52.

आतपापाय m. *Ablauf der heissen Jahreszeit, Beginn der Regenzeit* R. 2,93,9. 6,15,24. 79,56.

आतपाय्, °यते *zur Sonnenhitze werden* KÂD. 248,14.

*आतपीय Adj. von आतप.

आतपोदक n. *ein in der Sonnenhitze als Wasser erscheinende Luftspiegelung.*

आतपोवनम् Adv. *bis zum Busserwald* KATHÂS. 10,208.

आतप्य Adj. *im Sonnenschein befindlich.*

आतमाम् superl. Steigerung der Präposition आ (vor ख्या).

आतर m. 1) *das Setzen über einen Fluss* RÂGAT. 8,1508. — 2) *Fährgeld.*

आतर्द m. *durchbohrte Stelle, Loch.*

आतर्दन n. in *अलमातर्दन.

*आतर्पण n. 1) = प्रीणन. — 2) = आलिम्पन, मण्डोदक, मङ्गलालेपन.

*आतव m. N. pr. eines Mannes. Davon *°वायन m. Patron.

आता f. (Instr. Pl. आताभिस् und आतैस्) *Umfassung, Rahmen einer Thür;* bildlich auch *Rahmen des Himmelsraumes.*

आतान m. *ausgespannte Schnur, Strick* u. s. w. VS.

आतायिन् 1) Adj. *von Eifer beseelt* LALIT. 296,3. — 2) m. *a)* * = आततायिन्. — *b)* N. pr. eines Daitja.

*आतायिन् m. *Falco Cheela* (चिल्ल).

आताम्र Adj. (f. आ) *röthlich* 248,3. 294,29. LA. 90,4. Compar. °तर. Nom. abstr. °ता f. Chr. 314,19.

*आतार m. 1) = संसारतीरं प्राप्यापि पुनरावर्तनम् Ind. St. 2,41. — 2) = आतर 2).

आतार्य Adj. *zum Übersetzen behülflich.*

*आताली Adv. in Verbindung mit अस्, कर् oder भू.

आति und आती f. *ein best. Wasservogel.* **Turdus ginginianus* H.

आतिच्छन्दस n. *der 6te Tag in der 6tägigen* Pṛshṭhja-*Feier.*

(आतिधिग्व) °गुग्व m. Patron. von अतिधिग्व.

आतिथेय 1) Adj. (f. ई) *hospitalis.* — 2) *m. Patron. von अतिथि. — 3) f. ई (BÂLAR. 18,21. 19,1) und n. *Bewirthung, gastliche Aufnahme, Gastfreundschaft.*

आतिथ्य 1) Adj. *für einen Gast bestimmt, gastlich.* — 2) *m. *Gast.* — 3) f. आ = 4) *b)* LÂTJ. 1,3,1. 6,22. 5,6,4. — 4) n. (adj. Comp. f. आ) *a) Gastverhältniss, gastliche Aufnahme, Gastfreundschaft.* बृहद्रातिथ्यम् Name eines Sâman. युद्धातिथ्यं कर् oder दा *mit einem Kampfe bewirthen,* so v. a. *eine Herausforderung zum Kampfe annehmen.* श्रवणयोरातिथ्यं या so v. a. *zu Ohren gelangen* PRASANNAR. 6,1. — *b)* im Ritus *der Empfang des* Soma, *wenn er zum Opferplatz gebracht wird.*

आतिथ्यरूप Adj. *das* आतिथ्य 4) *b) darstellend.*

आतिथ्यवन्त् Adj. *von Gastfreundschaft redend, das Wort «Gast» enthaltend* AIT. BR. 1,17.

आतिथ्येष्टि f. = आतिथ्य 4) *b)* MAHIDH. zu VS. 19,14.

आतिदेशिक Adj. von अतिदेश.

आतिरश्चीन Adj. (f. आ) *ein wenig zur Seite gewandt* BENF. Chr. 198,23.

आतिरात्र्य n. Nom. abstr. zu अतिरात्र 2) *a)* LÂTJ. 8,1,16.

आतिरेक्य n. *das Zuvielsein, Ueberschuss.*

आतिवाहिक Adj. in Verbindung mit शरीर *der feine Körper, der die Seele in eine fernere Geburt hinüberführt,* KAP. 5,103. BÂDAR. 4,3,4. Davon Nom. abstr. °त्व n. Comm. ebend.

आतिविज्ञान्य Adj. *über das Erkennen hinausgehend.*

आतिशायनिक und °शायिक Adj. *Steigerung ausdrückend; ein solches Suffix.*

*आतिश्वायन Adj. von अतिश्वन्.

आतिष्ठ n. *das Obenanstehen.*

*आतिस्वायन Adj. von अतिस्वन् gaṇa पक्षादि in der KÂÇ. zu P. 4,2,80.

आतीषादीय n. Name eines Sâman LÂTJ. 7,8,13. TÂNDJA-BR. 12,11,15. 16.

*आतु m. *Floss.* Vgl. आडू.

आतुच् f. *das Dunkelwerden.*

आतुञ्जि Adj. *auf Etwas losstürzend.*

आतुञ्जे Dat. Inf. *herbeizuschaffen.*

आतुर Adj. (f. आ) 1) *leidend, krank.* Am Ende eines Comp. *gequält —, gepeinigt von* 58,22. 122, 29. — 2) mit Inf. *heftig verlangend* MBH. 3,63,36.

आतुरसंन्यासविधि m. Titel eines Werkes.

आतुरान्तक m. fingirtes N. pr. eines Arztes (*Kranke tödtend*) HÂSJ.

आतृण्ण Partic. von तर्द् mit आ.

आतृतीयम् Adv. *bis zum dritten* LÂTJ. 9,8,17. 19.

आतृदस् Abl. Inf. mit पुरा *ohne zu spalten* (mit attrahirtem Abl.) ṚV. 8,1,12.

*आतृप्य m. *Anona reticulata;* n. *die Frucht.*

आत्तोदिन् Adj. *stossend, stechend.*

आतोद्य n. *ein geschlagenes musik. Instrument.*

आत्कील m. Patron. von अत्कील.

आत्त Partic. von दा, ददाति mit आ.

आत्तकर्षण n. = अतिस्वर SAṂHITOPAN. 17,6.

आत्तकान्ति Adj. *des Glanzes beraubt* PRAB. 13,10.

आत्तगन्ध Adj. *dem Gewalt angethan worden ist* RAGH. 13,7.

आत्तगर्व Adj. *gedemüthigt.*

आत्ततेजस् Adj. *der Kraft beraubt.* Speisen ÂPAST.

आत्तमनस् (LALIT. 182,8) und °मनस्क Adj. *hingerissenen Herzens.*

आत्तलक्ष्मि Adj. *der Herrlichkeit beraubt* MBH. 3,269,5.

आत्तवचस् Adj. *der Sprache beraubt.*

आत्तविद्य Adj. *der sein Wissen von — (Abl.) erlangt hat* VOP. 5,20.

आत्तविभव Adj. *zu Reichthum gelangt* KATHÂS. 10,180.

आत्तवीर्य Adj. *der Kraft beraubt.* Speisen GAUT. 9,58.

आत्तसार Adj. (f. आ) 1) *der Macht beraubt* BHÂG. P. 6,10,29. — 2) *der Schätze beraubt* RAGH. 5,26. — 3) *gehaltlos* (Rede) BHÂG. P. 3,15,23.

आत्तसोमपीथ Adj. *um den* Soma-*Trunk gekommen* ÇAT. BR. 13,5,4,19.

आत्थ 2. Sg. Perf. von अह्.

आत्म am Ende einiger Compp. = आत्मन्.

आत्मक Adj. (f. आत्मिका) 1) *zum Wesen —, zur Natur eines Dinges gehörig* MBH. 15,34,7. — 2) am Ende eines Comp. *das Wesen —, die Natur —, die Eigenthümlichkeit von Etwas habend, bestehend in, aus.* Dazu Nom. abstr. °त्व n. 264,3. 265,20.

आत्मकाम Adj. (f. आ) 1) *Eigenliebe besitzend.* — 2) *die Weltseele liebend.*

*आत्मकामेय m. Pl. N. pr. eines Stammes. Davon Adj. *°क *von ihnen bewohnt.*

आत्मकीय Adj. *dem eigenen Selbst gehörig.*

आत्मकृत Adj. 1) *gegen sich selbst begangen.* — 2) *selbstbegangen, — verschuldet.*

आत्मक्रीड Adj. *mit der Allseele spielend* Ind. St. 9,149.

आत्मगत 1) Adj. *auf —, in ihm selbst befindlich* MBH. 11,19,20. Chr. 172,13. — 2) °म् Adv. *für sich* (als scenische Bemerkung) 295,17. 304,16.

आत्मगति f. 1) *der eigene Weg.* °तिं गम् *seiner Wege gehen* R. 1,76,24. — 2) *Eigenmacht.* Instr. *von selbst, ohne Zuthun eines Andern.* — 3) *das Leben des Geistes.*

*आत्मगन्धक m. *Myrrhe* NIGH. PR.

*आत्मगन्धिकहरिद्रा f. *Curcuma Amada* NIGH. PR.

आत्मगुण n. *Seelentugend* GAUT. 8,22. 24. 25.

आत्मगुप्ता f. *Mucuna pruritus Hook.*

आत्मगुप्ति f. *Versteck eines Thieres.*

आत्मघातक und °घातिन् (KÂD. 195,22) Adj. *sich selbst tödtend, Selbstmörder.*

*आत्मघोष m. 1) *Krähe.* — 2) *Hahn.*

*आत्मचतुर्थ Adj. *selbviert* MAHÂBH. 6,87,*a*.

*आत्मचिन्तन n. *das Nachdenken* GAL.

आत्मच्छन्दतीर्थ n. N. pr. eines Tîrtha.

आत्मज 1) Adj. *selbsterzeugt* MBH. 12,329,28. — 2) m. (adj. Comp. f. आ) *a) Sohn;* auch *Nachkomme.* Du. auch *ein Sohn und eine Tochter.* — *b)* astrol. *das fünfte Haus* Ind. St. 14,313. — 3) f. आ *a) Tochter.* — *b)* * *Vernunft.*

आत्मजता f. Nom. abstr. von आत्मज *Sohn* KÂD. II, 110,9.

1. आत्मजन्मन् n. *Geburt* (*Wiedergeburt*) *seiner selbst,* d. i. *Geburt eines Sohnes.*

2. आत्मजन्मन् m. *Sohn.*

आत्मज्ञ Adj. 1) *sich selbst kennend* MBH. 12,329, 19. — 2) *die Allseele kennend* 288,29.

आत्मज्ञान n. 1) *Selbsterkenntniss.* — 2) *Kenntniss der Allseele* 283,22.

आत्मज्ञानोपदेशप्रकरण n. und °देशविधि m. Titel von Werken.

आत्मज्ञानोपनिषद् f. Titel einer Upanishad. °षद्दीपिका T. eines Commentars dazu.

1. आत्मज्योतिस् n. *das Licht der Allseele* MBH. 12, 174,51.

2. आत्मज्योतिस् Adj. *durch sich selbst Licht empfangend* ÇAT. BR. 14,7,1,6. MBH. 12,26,16.

आत्मतत्त्व n. 1) *das eigene Wesen, die eigene Natur* Spr. 888. — 2) *das wahre Wesen der Allseele.* °प्रदीप m., °प्रबोध m., °विवेक m., °विवेककल्पलता f. und °विवेकदीधिति f. Titel von Werken.

1. आत्मतन्त्र n. *die Grundlage des Selbst* MBH. 13,93,4.

2. आत्मतन्त्र Adj. *von sich selbst abhängig, unabhängig, frei.*

आत्मता f. *Wesenheit* BHÂG. P. 10,14,24. fg. अनुक्रोशात्मता *Mitleidigkeit* Nom. abstr. von अनुक्रोशात्मन् Chr. 61,15.

आत्मतृप्त Adj. *sich selbst genügend* BHAG. 3,17.

आत्मत्याग m. 1) *Selbstvergessenheit* SUÇR. 1,192,6. — 2) *Selbstmord.*

आत्मत्यागिन् Adj. 1) * *selbstvergessen.* — 2) *sich selbst tödtend, Selbstmörder.*

आत्मत्राण n. *ein Mittel, sich zu retten,* R. 5,47, 27. BHÂG. P. 1,7,19.

आत्मत्व n. *Wesenheit.*

आत्मत्वजातिविचार m. Titel eines Werkes.

आत्मदक्षिण Adj. *wobei die eigene Person als Opferlohn gegeben wird* TÂNDJA-BR. 4,9,19.

आत्मदर्श m. *Spiegel.*

°आत्मदर्शन n. *das Sichselbsterblicken in.*

आत्मदा Adj. *Athem —, Leben gebend.*

आत्मदान n. *Selbstaufopferung.*

आत्मदूषि Adj. *die Seele verderbend.*

आत्मद्वेष m. *Hass gegen sich selbs.* Spr. 889.

आत्मन् m. 1) *Hauch.* — 2) *Seele* (als Princip von Leben und Empfindung). — 3) *das Selbst, die eigene Person.* Häufig in der Function eines Pron. reflex. आत्मना — अकरोत् *ipse fecit* KÂD. 27,21. II, 112,18. संस्तम्भयात्मानमात्मना *ipsum ipse* R. GORR. 2,53,38. आत्मन् Loc. mit धा oder कर् *in sich aufnehmen, sich aneignen.* — 4) *Wesen, Natur, Eigenthümlichkeit.* — 5) *der Leib im Gegensatz zu den Gliedern, Rumpf.* — 6) *Leib, Körper.* — 7) *Verstand, Intelligenz.* — 8) *die Allseele, Weltseele.* — 9) abgekürzt für आत्मोपनिषद्. — 10) * *Anstrengung.* — 11) * = धृति. — 12) * *die Sonne.* — 13) * *Feuer.* — 14) * *Sohn.* — Im Epos wird der Anlaut nach ए und ओ nicht selten elidirt.

आत्मनातृतीय Adj. *selbdritt* 125,4. ÇÂK. 6,17.

*आत्मनादशम Adj. *selbzehnt* MAHÂBH. 6,87,*a*.

आत्मनाद्वितीय Adj. *selbander* Spr. 6604.

आत्मनापञ्चम Adj. *selbfünft* R. 4,5,9. 5,89,47.

आत्मनासप्तम Adj. *selbsiebent* MBH. 17,1,25.

आत्मनिका f. ein Frauenname.

आत्मनित्य Adj. *an's Herz gewachsen* MBH. 1, 155,39. = स्ववश NILAK.

आत्मनिन्दा f. *Selbsttadel* Spr. 896.

आत्मनिष्क्रयण Adj. *sich loskaufend* ÇAT. BR.

आत्मनीन 1) Adj. (f. आ) *der eigenen Person entsprechend, — frommend.* — 2) * m. *a) Sohn.* — *b) ein lebendes Wesen.* — *c) Bruder der Frau.* —

d) der Spassmacher im Drama.

आत्मनीय Adj. (f. आ) = आत्मीय Lalit. 377,17.

आत्मनेपद n. *die Verbalsuffixe des Mediums.*

आत्मनेपदिन् Adj. *die Medial-Endungen habend.*

आत्मनेभाष 1) Adj. = आत्मनेपदिन् Mahâbh. 6, 87,*a.* — 2) f. आ = आत्मनेपद.

आत्मन्य Adj. (f. आ) *zur eigenen Person in Beziehung stehend* Tâṇḍja-Br. 16,1,9.

आत्मन्वॅत् und आत्मन्विँन् Adj. *beseelt, belebt.*

आत्मप Adj. *Hüter —, Wächter der eigenen Person.*

आत्मपत्त m. *die eigene Partei* 156,15.

*आत्मपञ्चम Adj. *selbfünft* Kâç. zu P. 6,3,5.

आत्मपराजितॅ m. *der sich selbst verspielt hat.*

आत्मपात m. *Herabsturz der Seele, so v. a. Wiedergeburt* Bhâg. P. 2,1,39.

आत्मपुराण n. Titel einer Schrift, °दीपिका f. desgl.

आत्मपूजा f. *Eigenlob* Spr. 896. 5794.

आत्मप्रकाश 1) Adj. *durch sich selbst hell* Ind. St. 9,149. — 2) m. Titel eines Commentars zum VP.

आत्मप्रतिकृति f. *das eigene Abbild.*

आत्मप्रत्ययिक Adj. *was man selbst lernen muss* MBh. 12,247,13.

आत्मप्रत्यर्थिनामवत्त् Adj. *mit dem eigenen und mit dem Namen des Verklagten versehen* 214,26.

आत्मप्रबोध m. Titel einer Upanishad.

आत्मप्रयत्न m. *das Sichangelegenseinlassen der eigenen Person, Selbstzucht* VP. 6,7,31.

आत्मप्रयोजन Adj. *eigennützig* Âpast. 1,3,35.

आत्मप्रवाद 1) m. *Bekenner der Allseele, Metaphysiker* Nir. 13,9. — 2) *n. Titel eines Gaina-Werkes.

आत्मप्रशंसक Adj. *sich selbst lobend, Prahler* MBh. 12,141,82.

आत्मप्रशंसा f. *Eigenlob* Âpast. 1,7,24. Spr. 902.

आत्मप्रशंसिन् Adj. = आत्मप्रशंसक.

1. आत्मबोध m. 1) *Kenntniss der Allseele.* — 2) Titel eines Werkes. °प्रकरणविधि m. Titel eines Commentars dazu. °बोधोपनिषद् f. Titel einer Upanishad.

2. आत्मबोध Adj. *die Allseele kennend* Spr. 6445.

1. आत्मभव m. *das Erscheinen seiner selbst* MBh. 3,57,36.

2. आत्मभव 1) Adj. *von der eigenen Person herrührend, selbstverschuldet* R. 2,64,69. — 2) m. *der Liebesgott.*

आत्मभाव m. 1) *das Dasein der Seele* Çvetâçv. Up. 1,2. — 2) *das eigene Sein, Persönlichkeit* Spr. 2306. Bei den Buddhisten dass. und *Körper.*

आत्मभू m. *der durch sich selbst Entstandene,* Bez. 1) Brahman's. — 2) Vishṇu's. — 3) Çiva's. — 4) *des Liebesgottes.*

आत्मभूत Adj. *des andern Selbst seiend, ganz ergeben.*

आत्मभूय n. *Eigenthümlichkeit, Natur.*

आत्ममध्य n. *Mittelkörper, Rumpf* Ind. St. 13,254.

आत्ममय Adj. (f. ई) *aus dem eigenen Selbst hervorgegangen.*

आत्ममिथुन Adj. *mit der Allseele sich paarend* Ind. St. 9,149.

आत्ममूर्ति Adj. *dessen Leib die Seele ist.*

*आत्ममूली f. *Alhagi Maurorum Tournef.*

आत्मंभरि Adj. *nur auf seinen Unterhalt bedacht, nur an seine Person denkend, selbstsüchtig* Kâṇḍak. 100,2. Davon Nom. abstr. °त्व n.

आत्मयाजिन् Adj. 1) *für sich selbst opfernd.* — 2) *sich selbst zum Opfer bringend* (uneig.).

आत्मयूप Adj. *dessen Opferpfosten die eigene Person ist* Âpast. 2,26,2.

आत्मयोग m. *Vereinigung mit der Allseele.*

आत्मयोनि m. Bez. 1) Brahman's. — 2) *Çiva's. — 3) *des Liebesgottes.*

आत्मरत्तक Adj. *Leibtrabant* Ind. St. 10,313.

आत्मरत्तण n. *das Schonen der eigenen Person* Spr. 904.

*आत्मरत्ता f. *Trichosanthes bracteata.*

आत्मरति Adj. *an der Allseele sich erfreuend* Ind. St. 9,149.

आत्मरामयोगेन्द्र m. N. pr. eines Mannes.

आत्मरुह् Adj. *auf ihm selbst wachsend.*

आत्मलाभ m. 1) *eigener Gewinn, — Vortheil* 178, 10. — 2) *das in's Leben Treten* Comm. zu Njâjas. 1,1,47. 4,2,12. 5,1,37. *Geburt* Kâd. II,1,10. — 3) *Gewinn der Allseele* Âpast.

आत्मलाभीय Adj. *auf den Gewinn der Allseele bezüglich* Âpast. 1,22,3.

आत्मलिङ्गपूजापद्धति f. Titel eines Werkes.

आत्मवञ्चक Adj. *sich selbst betrügend, — um den Lohn bringend.*

आत्मवत् Adv. = आत्मानमिव *wie sich selbst* 140,26.

आत्मवत्ता f. *Selbstbeherrschung.*

आत्मवध m. und °वध्या f. *Selbstmord.*

आत्मवत्त् Adj. 1) *beseelt* Ind. St. 9,159. — 2) *Selbstbeherrschung übend* Âpast. Gaut. 9,62. — 3) *wohlgesinnt.* — 4) *die Person betreffend.* °ता n. so v. a. *Menschenkenntniss* Ragh. ed. Calc. 8,85.

आत्मवर्ग m. *die eigene Partei* Spr. 906.

आत्मवश Adj. *was von Einem selbst abhängt.*

आत्मवाद m. Titel eines Werkes.

आत्मविक्रय m. *Verkauf seiner selbst, — seiner Freiheit.*

आत्मविॅद् Adj. *die Allseele kennend.*

आत्मविद्यॉ f. *Kenntniss der Allseele.*

आत्मविधित्सा f. *Selbstsucht* Spr. 145.

आत्मविलास und आत्मविवेक m. Titel von Werken.

*आत्मवीर m. 1) *ein mächtiger Mann.* — 2) *ein lebendes Wesen.* — 3) *Sohn.* — 4) *Bruder der Frau.* — 5) *der Spassmacher im Schauspiel.*

आत्मवृत्ति f. *der Zustand, in dem man sich befindet.*

आत्मशंसा f. *Selbstlob* Spr. 5794, v. l.

आत्मशक्ति f. *eigene Kraft.* Instr. *nach Kräften* Spr. 1255.

*आत्मशल्या f. *Asparagus racemosus Willd.*

आत्मश्लाघ (Venis. 50,4) und °श्लाघिन् Adj. *sich selbst lobend, Prahler.*

आत्मषट्काष्य n. und °षट्कोपनिषद् f. Titel von Werken.

आत्मसंयुक्त Adj. *im Körper befindlich* Âpast. 1, 10,23.

आत्मसंयोग m. *die Beziehung zur eigenen Person, persönliches Interesse an Etwas* Âpast. 1,8,6.

आत्मसंस्थ Adj. (f. आ) *an der Person haftend* Mâlav. 15.

आत्मसॅद् Adj. *in mir wohnend.*

आत्मसॅनि Adj. *Lebenshauch spendend.*

आत्मसंतान m. *Sohn.*

आत्मसंदेह m. *Lebensgefahr* 139,24.

आत्मसम Adj. *dem eigenen Selbst gleich* Ind. St. 14,366. Davon Nom. abstr. °ता f. °तां नी *Jmd* (Acc.) *sich selbst gleich machen* Chr. 329,1.

आत्मसमर्पण n. *das Sichhingeben* (einer Gottheit).

आत्मसंपन्न in अना°.

आत्मसंभव 1) m. *a) Sohn.* — *b) der Liebesgott* Kâd. II,136,16. — 2) f. आ *Tochter.*

आत्मसंभावना f. *Eigendünkel* Kâd. 224,13.

आत्मसॅमित Adj. 1) *der Person entsprechend* Çat. Br. 6,6,2,12. 7,2,2,17. 5,1,14. 9,2,2,2. 10,4,1,3 — 2) *der Allseele gleichend* Khând. Up. 6,10,1.

आत्मसाक्षिन् Adj. *der eigene Begleiter* Suparn. 25,2.

आत्मसात् Adv. mit कर् 1) *auf sich legen.* — 2) *sich zu eigen machen, an sich ziehen, für sich gewinnen.* — 4) *zur Allseele machen* Ind. St. 9,159.

आत्मसुख m. N. pr. eines Mannes.

आत्मस्तव m. 1) *Selbstlob* R. 3,35,22. — 2) Pl. Bez. *der den Geist preisenden Hymnen* Bhadd. 2,18.

आत्मस्थ Adj. *in der Seele befindlich* Çira-Up. 5.

आत्मस्पॅरण Adj. *die Person rettend.*

आत्मकृत्या f. *Selbstmord.*

आत्मकृन् 1) Adj. *a) die Seele tödtend, nicht an die Wohlfahrt der Seele denkend.* — *b) sich selbst tödtend, Selbstmörder.* — 2) *m. *Aufseher eines Heiligthums.*

आत्मात्मीय Adj. *der eigenen Person gehörig.*

आत्माधिक Adj. (f. आ) *lieber als das eigene Ich* Kathâs. 15,23.

आत्माधीन 1) Adj. *von der eigenen Person abhängig, worüber man selbst verfügen kann* Âpast. 1,15,22. Spr 908. — 2) *m. *a)* = प्राणाधार. — *b) Sohn.* — 3) *Bruder der Frau.* — 4) *der Spassmacher im Schauspiel.*

आत्मानन्द Adj. *an der Allseele seine Wonne habend* Ind. St. 9,149.

आत्मानन्दव्याख्या f. Titel eines Werkes.

आत्मानपेत्त Adj. *auf sich keine Rücksicht nehmend, uneigennützig* 137,14.

आत्मानात्मविचार m., आत्मानात्मविवेक m. und आत्मानुशासन n. Titel von Werken.

आत्मापह्नार m. *Verstellung.* °रं कर् *sich verstellen* Çâk. 13,21.

आत्मापहारक (M. 4,255) und °हारिन् (Spr. 5619) Adj. *sich um sich selbst bringend, sich verläugnend, — verstellend.*

आत्माभिमानिता f. *hohe Meinung von sich* MBh. 3,313,94.

आत्मामिष m. *ein mit dem Opfer des eigenen Heeres erkauftes Bündniss* oder *Friede* Spr. 7329.

आत्मायास m. *Selbstquälerei* Nâgân. 68,9.

आत्माराम 1) Adj. *am eigenen Selbst* oder *an der Allseele sich erfreuend.* — 2) m. N. pr. eines Autors.

आत्मार्थम् (121,13) und °र्थे (74,30) Adv. *für sich.* °र्थेषु *im eigenen Interesse* Âpast.

आत्मावबोध m. Titel eines Werkes.

आत्मावास्य Adj. *von der Allseele erfüllt* Bhâg. P. 8,1,10. Vgl. Îçop. 1.

*आत्माशिन् m. *Fisch.*

आत्माश्रयोपनिषद् f. Titel einer Upanishad.

आत्मी Adv. mit कर् *sich aneignen, in Besitz nehmen* Kâd. 131,11.

आत्मीभाव m. *das Aufgehen in der Allseele* Spr. 1450.

आत्मीय Adj. (f. आ) *dem Selbst gehörig, eigen.*

आत्मेच्छा f. *das Verlangen nach der Allseele* Spr. 6275.

आत्मेयँ m. Pl. und आत्मेयत्व n. Nom. abstr. = आत्म्य und °त्व n. Maitr. S. 4,1,9.

आत्मेश्वर m. *Herr seiner selbst.*

आत्मोत्कर्ष m. 1) *das Mehrgelten der eigenen Person* Spr. 924. — 2) *Selbstüberhebung* Spr. 6736.

आत्मोद्भव 1) m. *Sohn.* — 2) *f. आ *Glycine debilis Roxb.*

आत्मोपजीविन् Adj. *zum Lebensunterhalt nur seiner eigenen Person bedürfend* Gaut. 10,32.

आत्मोपदेश und °विधि m. Titel eines Werkes.

आत्मोपनिषद् f. Titel einer Upanishad.

आत्मौपम्य n. *Gleichheit mit sich selbst.* Instr. *in dem man sich zum Maasstab macht, — Jmd nach sich beurtheilt* 140,22. 24. Spr. 926.

आत्म्यँ m. Pl. *eine best. Götterordnung.* Davon Nom. abstr. आत्म्यत्वँ n. TBr. 3,2,8,11. Vgl. अना° und एतदा°.

आत्यन्तिक Adj. (f. ई) 1) *bis an's Ende dauernd, für immer gültig, unabänderlich* 107,23. 224,11. — 2) *vollständig, absolut.* Dazu Nom. abstr. °त्व n.

आत्ययिक Adj. *wobei Gefahr im Verzug ist, dringend* Gaut. 13,30.

आत्र n. Name verschiedener Sâman.

1\. आत्रेयँ 1) m. *a)* Patron. von Atri. N. pr. eines Arztes Bhâvapr. 3,7. Pl. MBh. 3,26,8. als Volksstamm 6,9,68. — *b) ein best. Priester.* — *c)* Bein. Çiva's. — *d)* *Chylus.* — 2) f. ईँ *a) ein weiblicher Nachkomme des* Atri Gaut. 22,12 (oder zu *b*). — *b) eine Frau, die eben das Reinigungsbad nach den Katamenien vollzogen hat,* Âpast. Nach den Lexicographen *ein Frauenzimmer während der Katamenien.* — *c)* *Chylus Gal. — *d)* N. pr. eines Flusses. — 3) n. Name zweier Sâman.

2\. आत्रेय Adj. (f. ई) *von* Âtreja *herrührend.*

*आत्रेयायण m. Patron. von 1. आत्रेय.

*आत्रेयिका f. *ein Frauenzimmer während der Katamenien.*

आत्रेयीपुत्रँ m. N. pr. eines Lehrers.

*आत्रेयीय Adj. von 1. आत्रेय.

आथर्वणँ 1) Adj. (f. ई) *von* Atharvan oder *den* Ath. *herrührend, ihnen gehörig* u. s. w. वेद Âpast. 2,29,12. — 2) m. *a) ein Abkömmling* Atharvan's oder *der* Ath. — *b) ein mit dem AV. vertrauter Brahman, Beschwörer* Spr. 4216. — *c) der* Atharvaveda, = आथर्वणवेद m. Auch *ein zum AV. gehöriges Werk.* — 3) n. *a)* Name verschiedener Sâman. — *b)* *das Gemach, in dem der Opferpriester dem Veranstalter eines Opfers das Gelingen desselben meldet.*

आथर्वणरहस्य n. Titel eines Werkes.

आथर्वणशिरस् n. Titel einer Upanishad.

आथर्वणिक 1) Adj. (f. ई) = आथर्वण. — 2) m. *ein Kenner oder Anhänger des AV.*

आथर्वणीयरुद्रोपनिषद् f. Titel einer Upanishad.

आथर्विक Adj. *zum AV. in Beziehung stehend.*

आथायिनी f. *eine best.* Mûrkhanâ Haug, Acc. 59.

°आद Adj. *nehmend, empfangend.*

आदंश m. *Biss, Bisswunde.*

आदघ्नँ Adj. *bis an den Mund reichend.*

आँदत् 3. Sg. Imperf. von दा, ददाति mit आ.

आददिँ Adj. mit Acc. 1) *verschaffend.* — 2) *erlangend, empfangend.* — 3) *eintreibend (eine Schuld).*

आदँभे Dat. Inf. *Etwas* (Acc.) *zu verkümmern* RV. 8,21,16.

आँदम् 1te Sg. Imperf. von दा, ददाति mit आ.

आदमखान m. N. pr. eines *Chans.*

आदर m. *die einer Person oder Sache* (Loc., °अर्थम् oder im Comp. vorangehend) *gewidmete Rücksicht, — Beachtung, Bemühung um, das Augenmerk Haben auf, Lust zu* Daçak. 19,5. आदरं कर् mit Infin. *sich bemühen* Kâd. 171,18. Instr. und Abl. *mit der gehörigen Rücksicht, sorgfältig, alles Ernstes, von ganzer Seele, sollicite.*

आदरण n. *das Beachten.*

आदरणीय Adj. *zu berücksichtigen, — beachten.* Nom. abstr. °ता f. und °त्व n. (Comm. zu Njâjam. 1,3,20).

आदरवत् Adj. *bemüht, eifrig besorgt um* (Loc.) Kâd. 71,9.

आदर्तव्य Adj. = आदरणीय Comm. zu Gaim. 1,3,1.

आदर्दिरँ Adj. *zermalmend.*

आदर्शँ m. 1) *Wahrnehmung mit dem Auge.* — 2) *Spiegel.* °बिम्ब m. n. *ein runder Spiegel.* — 3) am Ende von Büchertiteln so v. a. *Beleuchtung.* Auch आदर्श allein als Titel eines Werkes. — 4) *Spiegelbild, Abbild* (in übertr. Bed.) Kâd. 5,4. — 5) *Abschrift.* — 6) N. pr. *a)* eines Sohnes des 11ten Manu. — *b)* eines Berges. — *c)* einer Landschaft.

आदर्शक 1) m. *Spiegel.* — 2) Adj. von आदर्श 6) *c*).

आदर्शमण्डल m. *eine Schlangenart.*

आदर्शमय Adj. *ganz und gar Spiegel seiend* Kâd. 94,10.

आँदस् 2te Sg. Imperf. von दा, ददाति mit आ.

आदहन n. *Verbrennungsplatz.*

आदातर् Nom. ag. *Empfänger.*

आदातव्य Adj. 1) *was ergriffen —, angefasst wird* Praçnop. 4,8. — 2) *zu nehmen.*

1\. आदान n. 1) *das Ergreifen, Anfassen* 269,14. — 2) *das Ansichziehen, Fürsichnehmen* Kap. 4,13. *Empfangen, Wegnahme, Entziehung.* पाञ्चभौतिक *das Ansichziehen der fünf Elemente.* रुधिरादान *Blutentziehung* Spr. 7687. — 3) in der Dramatik *kurze Angabe der Haupthandlung.* — 4) *Krankheitsursache* Râgan. 20,67.

2\. आदान n. 1) *das Zerstückeln, Zermalmen, Klein-*

machen Gaim. 4,2,6. — 2) *Theil.* भादान Weber, Gjot. 56. 38. 74.

3. आदान n. 1) *das Binden, Gebundensein.* — 2) * *Pferdeschmuck.*

आदानवत् Adj. *empfangend, gewinnend.*

आदानसमिति f. bei den Gaina *die Lebensregel des* (vorsichtigen) *Anfassens* (so dass dabei keinem lebenden Wesen ein Leid geschieht).

*आदानी f. *eine grosse Cucurbitacee* Rágan. 7,171.

आदापन n. *Aufforderung zum Ergreifen* Âçv. Çr. 3,4,2.

आदाम 1te Pl. Imperf. von दा, ददाति mit आ.

*आदायचर Adj. (f. ई) P. 3,2,17.

आदायिन् Adj. 1) *Gaben zu empfangen geneigt.* Am Ende eines Comp. *Etwas für sich nehmend.* — 2) fehlerhaft st. आधायिन्.

आदार m. 1) *Rücksicht.* — 2) *eine best. den* Soma *vertretende Pflanze.*

आदारसृत् fehlerhaft für अदार°

आदारिन् Adj. *aufbrechend.*

आदारिबिम्बी f. *eine best. Pflanze.*

1. आदि m. 1) *Anfang, Beginn.* आदौ *am Anfange, zuerst.* आदि (metrisch) कर् *Jmd* (Acc.) *vorangehen lassen.* — 2) *Erstling.* — 3) *Anlaut.* — 4) am Ende eines adj. Comp. (häufig mit angefügtem क, f. का) *mit dem beginnend, der und die folgenden.* गर्भिणी द्विमासादिः *eine Frau, die zwei Monate oder länger schwanger ist.* पञ्चादिका दशपरास्त्वाङ्काः *mindestens fünf und höchstens zehn Acte.*

2. आदि Adj. *mit* आ *beginnend.*

*आदिकर m. Bein. Brahman's.

आदिकर्तर् Nom. ag. *Urschöpfer.*

*आदिकर्णी f. *eine best. Pflanze.*

आदिकर्मन् n. *eine beginnende Handlung.*

*आदिकवि m. Bein. 1) Brahman's. — 2) Vâlmîki's.

आदिकाण्ड n. Titel des *1ten Buchs* im Râmâjaṇa.

आदिकारण n. 1) *Urgrund.* — 2) *Analysis, Algebra.*

आदिकाल m. *Urzeit.*

आदिकालीन Adj. *der Urzeit angehörig* Comm. zu Kâvjâd. 1,5.

आदिकाव्य n. *das erste Poem*, Bez. des Râmâjaṇa.

आदिकृत् m. *Schöpfer* VP. 6,4,4.

आदिकेशव m. Bein. Vishṇu's.

आदिगदाधर m. N. pr. eines in Gajâ verehrten Gottes.

आदिग्रन्थ m. Titel des heiligen *Buches* der Sikhs.

आदितम् Adv. *von Anfang an, am Anfang, im Beginn, zuerst.* Mit कर् *voranstellen.* Am Ende eines Comp. *von — an.*

आदिताल m. *ein best. Tact* S. S. S. 207.

आदितेय m. 1) *Sohn der* Aditi. — 2) **ein Gott.*

1. आदित्य, आदितिय 1) Adj. *der* Aditi *gehörig, geweiht* u. s. w.; *von ihr stammend.* — 2) m. a) *Sohn der* Aditi. Pl. *eine besondere Götterklasse,* deren Zahl mit Beziehung auf die Monate später auf zwölf angegeben wird. — b) Pl. *die obersten Götter überh.* — c) *der Sonnengott, die Sonne.* — d) *Du. = 4) a). — e) * *Calotropis gigantea.* — f) N. pr. eines Mannes. — 3) f. आदित्या *die Sonne* VS. 4,21. — 4) n. a) *das unter* Aditi *stehende Mondhaus* Punarvasu. — b) Name eines Sâman.

2. आदित्य Adj. 1) *den* Âditja *gehörig, ihnen zugerechnet, von ihnen stammend.* — 2) *in Beziehung zum Sonnengott stehend.*

*आदित्यकान्ता f. *Polanisia icosandra* Nigh. Pr.

आदित्यकेतु m. N. pr. eines Sohnes des Dhṛtarâshṭra.

आदित्यगति f. *Bewegung der Sonne* Mahâbh. in Ind. St. 13,484.

*आदित्यगर्भ m. N. pr. eines Bodhisattva.

आदित्यग्रह m. *ein best. Becher* Soma *bei der Abendspende* Çat. Br. 4,3,5,16. 23.

आदित्यजूत Adj. *von den* Âditja *gefördert* ṚV. 8,46,5.

आदित्यतीर्थ n. N. pr. eines Tîrtha.

*आदित्यतेजस् m. oder f. 1) *Polanisia icosandra* Nigh. Pr. — 2) *Herpestes Monniera* ebend.

आदित्यत्व n. Nom. abstr. von आदित्य *Sonne* Maitrjup. 6,35.

आदित्यदास m. N. pr. eines Mannes.

आदित्यदेव m. desgl.

आदित्यदेवत Adj. *dessen Gottheit die Sonne ist* Çat. Br. 14,6,9,21.

आदित्यनक्तविधिव्रत n. *eine best. Begehung.*

आदित्यनामन् n. *ein Name der Sonne* Çat. Br. 5,3,5,9.

*आदित्यपत्त्र m. *Calotropis gigantea.*

*आदित्यपर्णिका f. (Nigh. Pr.), °पर्णिन् m. und °र्णिनी f. *Polanisia icosandra.*

आदित्यपाक Adj. *in der Sonne gekocht.* तैल *ein best. Medicament* Mat. med. 27. गुग्गुलु 136.

आदित्यपात्र n. *der Becher, mit dem der* Âditjagraha *geschöpft wird,* Çat. Br. 4,3,5,6. 9. 5,5,8,12.

आदित्यपुराण n. Titel eines Upapurâṇa. Davon Adj. °णीय.

*आदित्यपुष्पिका f. *Calotropis gigantea.*

आदित्यप्रतापसिद्धान्त m. Titel eines Werkes.

आदित्यप्रभ m. N. pr. eines Fürsten.

आदित्यबन्धु m. Bein. Gautama's und Çâkjamuni's.

*आदित्यभक्ता f. *Polanisia icosandra.*

आदित्यमण्डल n. *Sonnenscheibe* 261,22. °मण्डलविधि m. *eine best. Ceremonie.*

आदित्ययशस् m. N. pr. eines Mannes B.A.J. 9,362.

आदित्यलोक m. Pl. *die Welten der Sonne* Çat. Br. 14,6,6,1.

आदित्यवत् Adv. *wie die Sonne* 44,2.

आदित्यवनि Adj. *die* Âditja *gewinnend.*

आदित्यवन्त् Adj. *von den* Âditja *umgeben.*

आदित्यवर्ण 1) Adj. *sonnenfarbig.* — 2) m. N. pr. eines Mannes.

आदित्यवर्मन् m. N. pr. eines Fürsten.

*आदित्यवल्लभा f. *Polanisia icosandra* Nigh. Pr.

आदित्यवार m. *Sonntag* Ganit. S. 7, Z. 19. °व्रत n. *eine best. Begehung.*

आदित्यव्रत n. 1) *eine best. Begehung* Gobh. 3, 1,28. 30. — 2) Name eines Sâman.

*आदित्यव्रतिक Adj. *das* Âditjavrata *begehend.*

आदित्यशयन n. *der Schlaf der Sonne.* °व्रत n. *eine best. Begehung.*

आदित्यसंवत्सर m. *Sonnenjahr.*

आदित्यसूक्त n. *eine best. Hymne.*

आदित्यसूनु m. *Sohn der Sonne.*

आदित्यसेन m. N. pr. eines Fürsten Kathâs. 18,69.

आदित्यस्थाली f. *der Kessel, aus dem der* Âditjagraha *geschöpft wird,* Çat. Br. 4,2,2,16. 3,5,9.

आदित्यस्वामिन् m. N. pr. eines Mannes B.A.J. 2,11.

आदित्यहृदय n. Name eines Stotra. °स्तोत्रमन्त्र m.

भादित्याचार्य m. N. pr. eines Autors.

आदित्यानुवर्तिन् Adj. *der Sonne folgend* Suçr. 2,172,2.

आदित्येश्वरतीर्थ n. N. pr. eines Tîrtha.

आदित्येष्टि f. *ein best. Opfer* Çat. Br. 11,5,2,4.

आदित्व n. Nom. abstr. von 1. आदि 1).

आदित्सु Adj. *zu nehmen —, zu erlangen verlangend* (mit Acc.), *habsüchtig* Kâd. II, 54,21.

आदिदीपक n. *eine best. rhetorische Figur.* Beispiel Bhaṭṭ. 10,22.

आदिदेव m. *Urgott,* Bein. 1) Brahman's. — 2) Vishṇu's. — 3) Çiva's. — 4) des Sonnengottes. — 5) Gaṇeça's. — 6) Dhanvantari's.

आदिदैत्य m. Bein. Hiraṇjakaçipu's.

1. आदिन् Adj. *essend, fressend* Âpast. *verspeisend.*

2. °आदिन् Adj. ganz ausnahmsweise = 1. आदि am Ende eines adj. Comp.

आदिनव *Unglück* (im Würfelspiel) AV. 7,109,4.

आदिनवदर्श Adj. *auf des Mitspielers Unglück es absehend.*

आदिनाथ m. 1) Bein. Âdibuddha's und eines Gina. — 2) N. pr. eines Autors.

आदिनान्तम् Adv. *bis zum Ende des Tages* Kathâs. 18,122.

आदिपर्वत m. *Hauptberg,* — *gebirge* Kâd. 131,23.

आदिपर्वन् n. Titel des *1ten Buches* im MBh.

आदिपितामह m. Bein. Brahman's.

आदिपुराण n. = ब्रह्मपुराण und Titel eines Werkes über die Gaina-Religion.

आदिपुरुष m. 1) *Urahn.* — 2) *Urgeist.*

आदिपूरुष m. *Urgeist,* Bein. Vishnu's.

आदिप्लुत Adj. *dessen erster Vocal* pluta *ist* Vaitân.

आदिबल n. *Zeugung.*

आदिबुद्ध 1) Adj. *im Anfange erkannt.* — 2) m. Bez. *der obersten Gottheit bei den nördl. Buddhisten.*

आदिभव Adj. *zuerst entstanden.*

आदिभवानी f. *die* Çakti *des* Paramapurusha.

आदिभूत Adj. *der erste unter* (Gen.) *seiend* 102,16. VP. 4,1,6.

आदिम 1) Adj. (f. आ) *der erste.* Davon Nom. abstr. °त्व n. Nrs. Up. in Ind. St. 9,133. — 2) *f. आ *die Erde* Râgan. 2,2.

आदिमध्यान्तलुप्त Adj. *eines Anlauts, Inlauts oder Auslauts verlustig gegangen* Ind. St. 4,310.

आदिमन्त् Adj. *einen Anfang habend* Çaṁk. zu Bâdar. 4,4,17. Davon Nom. abstr. °मत्त्व n. Njâjas. 2,2,14.

आदिमूल n. (adj. Comp. f. आ) *Urgrund.*

आदियामल n. Titel eines Tantra.

आदियोगाचार्य m. Bein. Çiva's.

आदिरसश्लोक m. Pl. Titel eines dem Kâlidâsa zugeschriebenen Gedichtes.

आदिराज m. 1) *ein Fürst der Urzeit.* — 2) Bein. Manu's und *Prthu's. — 3) N. pr. eines Sohnes des Avikshit.

आदिरूप n. *Anzeichen —, Symptom einer Krankheit.*

आदिलीला f. Titel eines Werkes.

आदिलुप्त Adj. *des Anlauts verlustig gegangen* Nir. 10,34.

आदिवंश m. *Urgeschlecht.*

आदिवक्तर् m. *Urverkünder, Gründer einer Lehre* Sûrjad. in der Vorrede zu Ârjabh. 5.

आदिवत् Adv. *wie ein Anlaut.* Davon Nom. abstr. °वत्त्व n.

आदिवराह m. *Ureber,* Bein. Vishnu's Kâd. 24,5.

आदिवातुलतन्त्र n. Titel eines Werkes.

आदिवाराह Adj. *auf den Ureber bezüglich.*

आदिवाराहतीर्थ n. N. pr. eines Tîrtha.

आदिविपुला f. *ein best. Metrum* Ind. St. 8,297. fgg.

*आदिवृत m. *Bauhinia tomentosa* Nigh. Pr.

आदिँश् f. 1) *Anschlag, Absicht.* — 2) Pl. Bez. *bestimmter Puncte in der Windrose.*

आदिशरीर n. *Urkörper* MBh. 3,183,76.

आदिशाब्दिक (so zu lesen) m. *ein Grammatiker der ältesten Zeit* Vop. in Ind. St. 13,398.

आदिँशे Dat. Inf. *zu zielen auf* (Acc.), *auf's Korn zu nehmen* RV. 9,21,5. 6. *in bestimmter Absicht* 6, 48,14. präd. *zu treffen* 56,1.

आदिष्ट 1) m. *ein bestimmter Friede* oder *Bündniss.* — 2) n. *a) Anweisung, Geheiss, Verhaltungsbefehl* Kull. zu M. 5,88. — *b)* * *Ueberbleibsel einer Mahlzeit.*

आदिष्टदक्षिणा f. *ein best. Lohn, — Geschenk* Çat. Br. 6,2,2,40.

आदिष्टिन् Adj. *der die Verhaltungsbefehle* (von seinem Lehrer) *erhalten hat, Noviz.*

आदिसर्ग m. *eine primitive Schöpfung.*

आदिसूर m. N. pr. eines Fürsten.

आदिसृष्टि f. *der blosse Gedanke an eine That.*

आदिस्वरित Adj. *den* Svarita *auf der ersten Silbe habend.*

*आदीध्यक Adj. und *आदीध्यन n. Nom. act.

आदीनव m. 1) *Leiden, Noth, Elend* Lalit. 254,2. — 2) *Fehler.* — 3) * = दुरन्त.

आदीपक m. *Brandstifter.*

आदीपन n. 1) *das Anzünden.* — 2) = आतर्पण, आलिम्पन, मण्डोदक.

आदीर्घ Adj. *länglich* Spr. 935.

आदीश्वर m. N. pr. eines Fürsten.

आदुरि Adj. *achtsam* RV.

आदृत्य Adj. *auf den oder worauf man Rücksicht zu nehmen hat, zu beachten* Ait. Âr. 47,9 v. u.

आदृष्टिगोचरम् Adv. *so weit das Auge reicht.*

आदृष्टिप्रसरम् Adv. dass. Spr. 937.

आदेय Adj. 1) *zu nehmen, sich anzueignen;* so v. a. *abzupflücken* Spr. 2153. — 2) *zu nehmen,* so v. a. *anzuwenden.* — 3) *zu entfernen, — entsetzen.* — 4) *zuzuwenden, zu schenken* Spr. 6706 (vielleicht आधेय zu lesen).

1. आदेव Adj. (f. ई) = अदेव *den Göttern feindlich.*

2. आदेँव Adj. (f. ई) *den Göttern zugethan.*

आदेवन n. *Spielplatz.*

आदेँश m. (adj. Comp. f. आ) 1) *Bericht, Mittheilung, Aussage, Ausspruch.* — 2) *Lehre.* — 3) *Wahrsagung* 291,14. — 4) *Anweisung, Vorschrift, Geheiss.* — 5) (in der Gramm.) *Substitut* 240,2.

आदेशक m. *Wegweiser* Kâd. II, 33,6. Im Comm. zu TS. Prât. 1,23 fehlerhaft für अन्वादेशक.

आदेशन n. *das Angeben, Angabe, Mittheilung.*

आदेशिन् Adj. 1) am Ende eines Comp. *anweisend, gebietend.* — 2) *das wofür Etwas substituirt wird* Vârtt. 7. 8 zu P. 1,1,56.

आदेश्य Adj. *anzugeben, mitzutheilen.*

आदेष्टर् Nom. ag. 1) *Lehrer.* — 2) * *Veranstalter eines Opfers* H. 817.

आद्ध्वम् (defectiv आधम्) 2te Pl. Imperf. von आस्.

1. आद्यँ, आदिँअ 1) Adj. (f. आ) *essbar, geniessbar;* n. *Nahrung.* — 2) n. * *Korn.*

2. आद्य 1) Adj. (f. आ) *a) am Anfange befindlich, der erste.* Am Ende eines adj. Comp. (f. आ) *den und den zum Ersten habend,* so v. a. *der und die übrigen.* — *b)* am Ende eines Comp. *unmittelbar vorangehend.* — *c) früher, älter* Bigag. 162. 166. — *d) voranstehend, einzig in seiner Art, unvergleichlich.* — 2) m. Pl. *eine Klasse von Göttern unter* Manu Kâkshusha Hariv. 1,7,31 (v. l. आप्य). VP. 3,1,27. — 3) f. आ *a) eine best. Form der* Durgâ. — *b)* *die Erde* Râgan. 2,2.

*आद्यकवि m. Bein. Vâlmiki's. Vgl. Ragh. 15,41.

आद्यकालक Adj. (f. °लिका) *nur auf das Heute gerichtet.*

आद्यगङ्गा f. N. pr. eines Flusses.

आद्यन्त n. Sg. und m. Pl. (283,4. Lâtj. 2,2,6) *Anfang und Ende.* आद्यन्त° *am Anfange und am Ende* Lâtj. 3,9,8. 7,5,22. Am Ende eines adj. Comp. *beginnend und schliessend mit* M. 3,205.

आद्यन्तयमक n. *gleichlautende Silben am Anfange und am Schluss eines* Çloka, z. B. Bhatt. 10,21.

आद्यन्तवन्त् Adj. *Anfang und Ende habend.*

*आद्यबीज n. *Urgrund.*

*आद्यमाषक m. *ein best. Gewicht,* = 5 Guñgâ.

आद्यर्त्विज् m. *Oberpriester* Ind. St. 10,143.

आद्यर्धसम Adj. (f. आ) *in den beiden ersten Stollen gleich* Ind. St. 8,302.

*आद्यवसान n. Du. *Anfang und Ende* gana दधिपयआदि.

आद्याद्य Adj. *der je vorangehende* M. 1,20.

आद्युदात्त Adj. *den Acut auf der ersten Silbe habend.* Davon Nom. abstr. °त्व n.

आद्यून Adj. *gefrässig* Spr. 2140. Râgat. 8,893.

*आद्योत m. *Licht.*

आद्रव (?) m. N. pr. eines Mannes.

आद्रिसार Adj. *eisern.*

आद्वादशम् Adv. *bis auf zwölf.*

आधमन n. *das Verpfänden.*

आधमर्ण्य n. *das Schuldnersein* 239,3.

°आधर in दुराधर.

*आधर्मिक Adj. *Unrecht thuend.*

आधर्ष n. *das Unterliegen —, Verlieren im Process.*

°आधर्ष in दुराधर्ष.

आधवँ m. 1) *Aufrüttler, Erreger.* — 2) *gerüttelte*

Masse.

*आधवन n. *das Schütteln, Rütteln.*

आधवनीय m. *ein Gefäss, in welchem der* Soma *geschüttelt und gereinigt wird.*

आधातर् Nom. ag. 1) *der das heilige Feuer angelegt hat* Njâjam. 6,6,9. — 2) *Geber, Verleiher, Zutheiler* Spr. 4029.

आधातव्य Adj. *beizulegen, zuzutheilen* Comm. zu Njâjam. 10,2,13.

आधान n. 1) *das Anlegen, Zulegen, Darauflegen.* — 2) = अग्न्याधान *das Anlegen des heiligen Feuers* Çat. Br. 2,1,4,29. — 3) = गर्भाधान *Befruchtung, eine der Befruchtung vorangehende Ceremonie.* — 4) *das Mondhaus der Befruchtung* AV. Gjot. 10,1. 11,2. — 5) *das Hinzufügen.* — 6) *das Bewirken, Hervorbringen* MBh. 13,96,3. Megh. 3. Ragh. 1,24. Mahâvirak. 92,16. Sâh. D. 10,13. Chr. 235,26. — 7) *Verpfändung.* — 8) *Behälter.* — 9) *Zaum, Gebiss.* — 10) verwechselt mit आधार Kathâs. 67,25.

आधानकारिका (vgl. आधारका°) f., आधानपद्धति f. und आधानविधि m. Titel von Werken.

*आधानिक n. *eine der Befruchtung vorangehende Ceremonie.*

°आधायक Adj. *verleihend, bewirkend, verursachend.* Dazu Nom. abstr. °त्व n.

°आधायिन् Adj. dass. Râgat. 8,305. Dazu Nom. abstr. °यिता f. Oefters fälschlich °आदायिन् geschrieben.

आधार m. 1) *Stütze, Halt, Unterlage, Grundlage* (eig. und übertr.). — 2) *Behälter, Behältniss.* — 3) **Wasserbehälter, Teich.* — 4) **eine Vertiefung um die Wurzel eines Baumes, in die das für den Baum bestimmte Wasser gegossen wird.* — 5) *Deich, Damm.* — 6) *Boden —, Gebiet einer Wirksamkeit* oder *Thätigkeit* P. 1,4,45. Am Ende eines adj. Comp. so v. a. *sich beziehend auf, betreffend.* — 7) *Subject, Träger einer Eigenschaft.* — 8) N. pr. *a)* eines Teiches. — *b)* eines Autors.

आधारक am Ende eines adj. Comp. *Unterlage.*

आधारकारिका f. Titel einer Kârikâ. Vgl. आधानका°.

आधारचक्र n. *ein best. mystischer Kreis am After.*

आधारण n. *das Tragen, Halten.*

आधारता f. Nom. abstr. von आधार 3) Kumâras. 6,67.

आधारत्व n. Nom. abstr. von आधार 1) Kap. 2,42.

आधाररूपा f. *ein Halsschmuck von best. Form* MBh. 3,112,3.

आधाराधेयभाव m. *das Verhältniss zwischen Behälter und dem darin Enthaltenen* Spr. 4760.

*आधार्मिक Adj. = अधार्मिक.

आधार्य Adj. *in Etwas enthalten.*

आधाव m. Pl. *das Geschüttelte, durch Schütteln Gereinigte.*

1. आधि m. 1) *Behälter.* — 2) *Grundlage* (bildlich) Njâjam. 1,1,21. — 3) *Pfand.* Dazu Nom. abstr. °ता f. — 4) *Miethgeld* Âpast. 1,18,20. — 5) **nähere Bestimmung, Epitheton u. s. w.*

2. आधि m. 1) *Gedanken, Sorge, Seelenleiden.* Gewöhnlich Pl. — 2) **das Nachdenken über die Pflichten.* — 3) **Erwartung, Hoffnung.* — 4) **Unglück.* — 5) **ein um die Familie besorgter Mann.*

आधिकरणिक m. *Richter.*

आधिकारिक 1) Adj. *die Hauptsache —, die Hauptperson betreffend.* — 2) *der oberste Herrscher, der höchste Geist* Bâdar. 4,4,18.

आधिक्य n. *Ueberschuss, Ueberfluss, Uebermaass, grosses Maass, hoher Grad, das Vorwalten, Uebergewicht, Ueberlegenheit, höhere Bedeutung.*

*आधिज्ञ Adj. 1) *mit Seelenleiden vertraut.* — 2) *krumm.*

आधिदैवत und °दैविक Adj. *zu den Göttern in Beziehung stehend, von ihnen kommend.*

आधिपत्य n. *Oberherrlichkeit,* mit Loc. 156,2.

आधिभोग m. *Niessbrauch eines Pfandes* Gaut.

आधिभौतिक Adj. 1) *in Bezug zu den Wesen stehend, von der Aussenwelt kommend.* — 2) *in Beziehung zu den Elementen stehend, aus ihnen gebildet.*

*आधिमन्यु m. Pl. *Fieberhitze.*

आधिरथि m. Patron. von अधिरथ.

आधिरथीय n. Name verschiedener Sâman Ârsh. Br.

आधिराज्य n. *Oberkönigthum* Bâlar. 268,6.

आधिवेदनिक n. *ein Geschenk, das ein Mann bei seiner Wiederverheirathung der hintangesetzten Frau macht.*

1. आधी f. *Sehnsucht, Sorge.*

2. आधी Adv. mit कर् *verpfänden* Mit. zu Jâgn. 2,61.

आधीकरण n. *das Verpfänden.*

आधीत n *Gegenstand des Sinnens, das Beabsichtigte, Gehoffte* Maitr. S. 1,4,14. 9,1.

आधीतयजुस् n. *ein Opferspruch, den man im Sinne hat.*

आधीति f. *das Sinnen, Beabsichtigung* Maitr. S. 1,3,36. 4,14.

आधीन Adj. = अधीन *abhängig von* (Loc.).

आधीपर्ण Adj. (f. आ) *mit Sehnsucht beflügelt.*

आधुनिक Adj. *jetzig.*

आधूपन und आधूमन n. *das in Rauch* (oder *Nebel*) *Hüllen.*

आधूम्र Adj. *rauchfarbig* Varâh. Brh. S. 5,55.

आधृषस् Abl. Inf. mit पा *vor Angriff schützen.*

आधृषीय Adj. *bis zur Wurzel* धृष् *gehend.*

आधृषे Dat. Inf. *anzugreifen.*

आधृष्टि f. und आधृष्य Adj. in अनाधृ°.

*आधेनव n. *Mangel an Milchkühen.*

आधेय 1) Adj. *a) anzulegen* 238,30. — *b) niederzulegen, zu deponiren.* — *c) zuzutheilen, zukommen zu lassen, zu gewähren.* — *d) enthalten —, gelegen in* 227,15. 278,10. Bâlar. 41,23. 95,3. *haftend an.* — *e) fälschlich zugeschrieben werdend* Bâlar. 44,12. — 2) n. *a) das Anlegen, Aufsetzen.* — *b) Prädicat, Aussage.*

आधोरण m. *Elephantentreiber.*

आध्मान 1) n. *a) das Sichaufblähen.* — *b)* Bez. *verschiedener Krankheiten mit Blähungszuständen.* — 2) *f. ई *eine best. wohlriechende Rinde* Râgan. 12,163.

आध्मापन n. *das Daraufblasen.*

आध्यक्ष्य n. *Aufsicht.*

*आध्याश्वि m. von अध्यश्व. Davon Adj. *°श्वीय.

*आध्या f. = आध्यान.

आध्यात्मिक Adj. (f. ई und आ) 1) *zum Selbst —, zum Subject in Beziehung stehend, subjectiv.* — 2) *zur Allseele in Beziehung stehend.*

आध्यान n. *wehmüthiges Zurückdenken.*

*आध्यापक m. = अध्यापक *Lehrer.*

आध्यायिक Adj. *dem Studium obliegend.*

आध्र Adj. *dürftig, ärmlich, gering.*

आध्वनिक Adj. *auf der Reise sich befindend.*

आध्वम् defectiv für आह्वम्.

आध्वर m. N. pr. eines Mannes.

*आध्वरायण m. Patron. von अध्वर.

आध्वरिक Adj. *zum* Soma-*Opfer gehörig.*

आध्वर्यव 1) Adj. *zum* Adhvarju (d. i. Jagurveda) *in Beziehung stehend.* — 2) n. *der Dienst beim Opfer,* insbes. *die Function des* Adhvarju.

आन m. 1) *Gesicht.* — 2) **Hauch.*

आनंश 3te Sg. Perf. von 1. अश्.

आनक m. 1) *eine Art Trommel.* — 2) **Donnerwolke.*

आनकदुन्दुभि m. Bein. Vasudeva's.

*आनकस्थलक Adj. von आनकस्थली.

*आनकस्थली f. N. pr. einer Gegend.

*आनकि von आनक.

आनट् 2te und 3te Sg. Aor. von 1. अश्.

आनडुह 1) Adj. *vom Stier stammend, taurinus* Âpast. — 2) n. N. pr. eines Tîrtha. आनडुह v. l.

*आनडुहक n. (संज्ञायाम्).

*आनडुह्य m. Patron. von अनड्वह्.

*आनडुह्यायन m. Patron. von आनडुह्य.

*आनडुह्यायनि von आनडुह्य.

आनत Partic. von नम् mit आ.

*आनतद्य m. Pl. *eine best. Gruppe göttlicher Wesen* (bei den Ǵaina).

आनति f. 1) *Verneigung.* — 2) *Unterwerfung, das zu Willen Werden* Gaut. Njâjam. 10,2,9. Comm. zu Kâtj. Çr. 8,1,6 und zu Tâṇḍja-Br. 18,1,24.

आनद्ध *n. *ein mit Fell bezogenes musik. Instrument.*

आनद्धत्व n. *Verstopfung* Bhâvapr. 3,130.

आनद्धवस्ति Adj. *dessen Blase verstopft ist.* Davon Nom. abstr. °ता f.

आनन n. (adj. Comp. f. आ) *Mund, Gesicht* (von Menschen und Thieren).

आननान्त m. *Mundwinkel.*

आननान्तम् Adv. *bis zum Munde hinaus* nach Spr. 7791.

आनन्तर्य n. *unmittelbares Darauf, — Nachher.*

आनन्तर्यतृतीया f. *ein best. dritter Tag.*

आनन्त्य 1) n. *Endlosigkeit, Ewigkeit.* — 2) Adj. *a) unendlich, ewig.* — *b) endlosen Lohn verleihend* Ârsh. Br. S. 71.

आनन्द 1) m. *Lust, Wonne; Wollust.* Häufig Pl. bisweilen auch n. Am Ende eines adj. Comp. f. आ. — 2) m. in der Dramatik *Eintritt des Erwünschten.* — 3) m. *eine Art Flöte* S. S. S. 196. — 4) n. *eine Art Haus* Gal. — 5) m. n. *das 48te Jahr im Jupiter-Cyclus* Varâh. Bṛh. S. 8,45. — 6) m. *der 16te* Muhûrta Ind. St. 10,296. — 7) m. Bein. Çiva's. — 8) N. pr. *a)* eines der 5 Lokeçvara bei den Buddhisten. — *b)* *des 6ten der 9 weissen Bala bei den Ǵaina. — *c)* verschiedener Männer. — *d)* einer Oertlichkeit. — 9) *f. आ *eine best. Pflanze.* — 10) *f. ई desgl.

आनन्दक 1) Adj. *erfreuend, erheiternd* Kâd. 155, 18. — 2) n. N. pr. eines Sees.

आनन्दकन्द m. 1) *die Wurzelknolle der Wonne.* — 2) N. pr. eines Autors. — 3) Titel eines medic. Werkes. — 4) N. pr. einer Oertlichkeit.

आनन्दकलिका f. Titel eines Werkes.

आनन्दकाननमाहात्म्य n. Titel eines Abschnitts im Vâjupurâṇa.

आनन्दकोश m. Titel eines Schauspiels Hall in der Einl. zu Daçar. 30.

आनन्दगिरि m. N. pr. eines Glossators des Çaṁkarâkârja und Verfassers des Çaṁkaradigvigaja.

आनन्दघन Adj. *aus reiner Wonne bestehend* Nṛs. Up. in Ind. St. 9,132.

आनन्दचतुर्दशी f. *ein best. 14ter Tag.*

आनन्दचिद्धन Adj. *nur aus Wonne und Geist bestehend* Nṛs. Up. in Ind. St. 9,163.

आनन्दचिद्रूप Adj. *als Wonne und Geist erscheinend.* Nom. abstr. °त्व n. Kap. 5,63.

आनन्दचैल m. N. pr. eines Lehrers.

आनन्दज 1) m. desgl. — 2) *n. *männlicher Same* Gal.

आनन्दजल n. *Freudenthränen.*

आनन्दज्ञान und °गिरि m. = आनन्दगिरि.

आनन्दता f. Nom. abstr. von आनन्द 1) Çat. Br. 14,6,10,5.

आनन्दताण्डवपुर n. N. pr. einer *Stadt.*

आनन्दतीर्थ m. N. pr. eines Gelehrten.

आनन्दथु m. *Lust, Wonne* Dhûrtan. 49.

आनन्ददीपिका f. Titel eines Werkes.

आनन्ददेव m. N. pr. eines Dichters.

आनन्दन 1) Adj. *erfreuend* Spr. 7785. — 2) *n. *freundliche Begrüssung.*

आनन्दनाथ m. N. pr. eines Mannes.

आनन्दनिधि m. Titel eines Commentars.

*आनन्दपट m. *das Gewand einer Neuvermählten.*

आनन्दपुर n. N. pr. einer *Stadt.*

आनन्दपूर्ण m. N. pr. eines Gelehrten.

*आनन्दप्रभव m. *männlicher Same.*

आनन्दबाष्प m. *Freudenthränen* Spr. 7730.

आनन्दबोधपरमहंस, °बोधयति, °बोधेन्द्र und °बोधेन्द्रसरस्वती m. N. pr. eines Gelehrten.

आनन्दभुज् Adj. *Wonne geniessend* Mâṇḍ. Up. 5.

आनन्दभैरव m. 1) *eine Form* Çiva's. — 2) N. pr. eines Lehrers der Haṭhavidjâ.

आनन्दभैरवरस m. *eine best. Mixtur.*

आनन्दभोग m. *Genuss von Wonne* Nṛs. Up. in Ind. St. 9,125.

आनन्दमय Adj. (f. ई) Adj. *aus Wonne bestehend, wonnevoll* 259,12. 272,6. Davon Nom. abstr. °त्व n.

आनन्दमाला f. Titel eines Werkes.

आनन्दयितर् Nom. ag. (f. °त्री) *Erheiterer, Erfreuer.*

आनन्दयितव्य Adj. *als Wollust empfunden werdend.*

आनन्दयोग m. *ein best. astrol.* Joga.

आनन्दराय m. N. pr. eines Mannes.

आनन्दरूप Adj. *als Wonne erscheinend* Nṛs. Up. in Ind. St. 9,137.

आनन्दलहरि und °री f. Titel eines Gedichtes. °रीतरी f. Titel eines Commentars dazu. °रीस्तोत्र n. Titel eines Gedichtes.

आनन्दवन 1) m. N. pr. eines Scholiasten. — 2) *n. Bein. der Stadt Kâçi Gal.

आनन्दवर्धन 1) Adj. *Wonne fördernd.* — 2) m. N. pr. eines Dichters und eines Rhetorikers (Kumârasv. zu Pratâpar. 56,7).

आनन्दवल्ली f. Titel des 2ten Theils der Taitt. Up.

आनन्दविमल m. N. pr. eines Mannes B. A. J. 1,97.

आनन्दवेद m. N. pr. eines Mannes.

आनन्दश्रावकसंधि m. Titel eines Werkes.

आनन्दाचल m. N. pr. = आनन्दगिरि.

आनन्दात्मन् 1) Adj. *dessen Wesen Wonne ist* Çat. Br. 10,3,5,13. — 2) m. N. pr. eines Lehrers.

आनन्दामृत n. *Wonnenektar* Nṛs. Up. S. 158. °रूप Adj. 156.

आनन्दाश्रम m. N. pr. eines Gelehrten.

आनन्दाश्रु n. *Freudenthränen* Daçak. 23,24.

*आनन्दि m. *Lust, Wonne.*

आनन्दित m. N. pr. eines Thürstehers Lalit. 378,11.

आनन्दिन् 1) Adj. *a) wonnig, lusterfüllt, glückselig.* — *b) erfreuend* Spr. 7645. — 2) m. N. pr. eines Mannes.

आनन्देश्वरतीर्थ n. N. pr. eines Tîrtha.

आनन्दोत्सव m. *Freudenfest* 252,10.

आनपत्य Adj. *von Kinderlosigkeit herrührend.*

आनभिम्लात m. Patron. von अनभिम्लात.

*आनभिम्लान m. Patron. von अनभिम्लान.

आनम in दुरानम und स्वानम.

*आनम्य Adj. = आनाम्य.

आनम्र Adj. *gebogen, geneigt.*

*आनय m. *Einführung beim Lehrer.*

आनयन n. 1) *das Herbeibringen, — führen, — schaffen* 106,32. 129,16. इह *hierher* 291,16. — 2) *das Schaffen, Bewirken.* — 3) *das Berechnen.*

आनयितव्य Adj. 1) *herbeizubringen, — führen.* — 2) *zu berechnen* Utpala zu Varâh. Bṛh. 7,1.

*आनयुग n. Trik. 3,5,5.

आनर्त 1) m. *a)* **Bühne.* — *b)* **Kampf.* — *c)* Pl. N. pr. eines Volkes in Guzerat. — *d) ein Fürst der* Ânarta und auch N. pr. eines angeblichen Stammherrn. — 2) n. *das Reich der* Ânarta.

*आनर्तक Adj. von आनर्त 1) c).

आनर्तन n. *das Tanzen, Tanz.*

आनर्तीय Adj. *vom Volksstamm der* Anarta.

आनर्थक्य n. *Zwecklosigkeit* Ǵaim. 1,2,1. Kap. 4,15.

आनर्दम् Absol. *unter Gebrüll* MBh. 5,141,47.

आनर्दित n. *Gebrüll* R. 2,42,20.

आनल n. *das unter* Anala *stehende Mondhaus* Kṛttikâ.

आनलवि m. N. pr. eines Lehrers.

आनव 1) Adj. *a) den Menschen zugethan.* — *b) menschlich.* — 2) m. *ein fremder Mann.*

आनशे, आनशुस्, आनशे, आनश्म und आनश्याम् Perfect-Formen von 1. अश्.

आनस Adj. *zum Lastwagen gehörig.*

1. आनाक° Adv. *bis zum Himmel* Ragh. 1,5.

2. आनाक m. N. pr. eines fürstlichen Geschlechts.

आनाथ्य n. *Schutzlosigkeit.*

आनाभि Adv. *bis zur Nabe.*

आनामन n. *das Geneigtmachen, Gewinnen.*

*__आनाम्य__ Adj. *zu beugen.*

आनाय m. *Netz, Fischernetz.*

आनायाय्, °यते *ein Netz darstellen.*

आनायिन् m. *Fischer.*

*__आनाय्य__ m. *das aus dem* Gârhapatja *genommene südliche Altarfeuer.*

आनाश 3te Sg. Perf. von 1. अश्.

आनाह m. 1) *Verstopfung des Leibes.* — 2) *Länge.*

आनाहिक Adj. *bei Verstopfung des Leibes anwendbar.*

*__आनिचेय__ m. Patron. *f. ई.

आनिङ्ग्य n. *Regungslosigkeit* Lalit. 439,15. 440,16.

आनिधन Adj. त्वाष्ट्रीसामन् n. Name eines Sâman.

*__आनिधेय__ m. Patron. *f. ई.

आनिन्द्ययोनि Adv. *bis zur verachteten Geburtsstätte* Çând. 78.

आनिरुक्तत्व n. N. abstr. von अनिरुक्त Comm. zu Lâṭj. 8,9,1.

*__आनिरुद्ध__ m. Patron. von अनिरुद्ध.

आनिर्हत Adj. *von unvernichtbarer Art.*

आनिल n. und *°ली f. *das unter* Anila *stehende Mondhaus* Svâti.

*__आनिलि__ m. Patron. Hanumant's.

आनीकवत Adj. (f. ई) *zu* Agni anîkavant *in Beziehung stehend* Comm. zu Kâtj. Çr. 4,3,4.

आनीति f. *Herbeiführung.*

आनील 1) Adj. *schwärzlich* Vikr. 146. Sâh. D. 294, 14. — 2) *m. *Rappe* Gal. — 3) *n. *Zinn* Nigh. Pr.

*__आनुकल्पिक__ Adj. = अनुकल्पमधीते वेद वा.

*__आनुकूलिक__ Adj. = अनुकूलं वर्तते.

आनुकूल्य n. 1) *Geneigtheit, Gunst.* — 2) *Annehmlichkeit.* °तस् *wie es Einem zusagt.* — 3) *freundschaftliches Verhältniss, Einverständniss.*

*__आनुखड्ग__ Adj. von अनुखड्गम् gaṇa परिमुखादि in der Kâç.

*__आनुगङ्ग__ Adj. von अनुगङ्गम्.

*__आनुगतिक__ Adj. von अनुगत.

*__आनुगादिक__ Adj. = अनुगादिन्.

*__आनुगुणिक__ Adj. = अनुगुणमधीते वेद वा.

आनुगुण्य Adj. *Gleichartigkeit.*

*__आनुग्रामिक__ Adj. von अनुग्रामम्.

*__आनुचारक__ Adj. von अनुचारक.

आनुजावर Adj. 1) *nachgeboren* Maitr. S. 2,5,6. — 2) *gemein, ganz niedrig.*

आनुतुह m. N. pr. eines Tîrtha Hariv. 2,39,62. Richtiger v. l. आनडुह.

*__आनुतिल्य__ Adj. von अनुतिलम्.

*__आनुदृष्टिनेय__ und __आनुदृष्टेय__ m. Metron. von अनुदृष्टि.

आनुदेशिक Adj. (f. ई) zu अनुदेश 1) Vârtt. 6 zu P. 1,1,56. Saṁhitopan. 27,1.

*__आनुनाश्य__ von अनुनाश.

आनुनासिक्य n. *Nasalität.*

*__आनुपथ्य__ Adj. von अनुपथम्.

*__आनुपदिक__ 1) Adj. *auf dem Fusse folgend.* — 2) *das* Anupada *studirend.*

*__आनुपद्य__ Adj. von अनुपदम्.

आनुपूर्व n. (Gaut.), °पूर्वी f. und °पूर्व्य n. (Âpast.) *Reihenfolge von vorn (oben) nach hinten (unten).* Instr. °पूर्वेण, °पूर्व्या, °पूर्व्येण und Abl. °पूर्व्यात् *der Reihe nach.*

आनुमत Adj. *der* Anumati *gehörig, an sie gerichtet.*

*__आनुमति__ m. Patron. gaṇa तौल्वल्यादि in der Kâç.

आनुमानिक Adj. 1) *auf einem Schluss beruhend* Âpast. Nom. abstr. °त्व n. — 2) *Schlüsse machend.*

*__आनुमाष्य__ und *__आनुयव्य__ Adjj. von अनुमाषम् und अनुयवम्.

आनुयात्रिक m. *ein Mann aus dem Gefolge, Diener.*

*__आनुयूप्य__ Adj. von अनुयूपम्.

*__आनुरक्ति__ f. = अनुरक्ति.

आनुरूप्य n. *Angemessenheit.*

*__आनुरोहति__ m. Patron. von अनुरोहत्.

आनुरोहिणी Adj. f. als Beiw. des Mondhauses Rohiṇî.

*__आनुलेपिक__ Adj. von अनुलेपिका.

*__आनुलोमिक__ Adj. = अनुलोमं वर्तते.

आनुलोम्य 1) Adj. = अनुलोमज. — 2) n. a) *gerade oder natürliche Ordnung.* — b) *das in gehöriger Ordnung Sein, das gut von Statten Gehen.* — c) *das Bringen in die richtige Lage.*

*__आनुवंश्य__ Adj. von अनुवंशम्.

आनुवासनिक Adj. *zu einem öligen Klystier geeignet.*

*__आनुविधित्सा__ (!) f. *Undankbarkeit.*

आनुवेश्य m. *ein Nachbar zur Seite.*

*__आनुशतिक__ Adj. von अनुशतिक.

आनुशासनिक Adj. *auf Unterweisung bezüglich, davon handelnd.*

आनुश्रव, °श्रविक und °श्राविक Adj. *auf Ueberlieferung beruhend.*

आनुषक् Adj. *in stetiger Folge, nach der Reihe.*

आनुषङ्गिक Adj. (f. ई) 1) *sich anschliessend, hinterherfolgend, sich anreihend.* Dazu Nom. abstr. °त्व n. — 2) *bleibend, constant* Râǵat. 7,1447. — 3) *nothwendig auf Etwas* (Gen.) *folgend, — sich ergebend.* — 4) *zufällig, unwesentlich.*

*__आनुषण्ड__ und *°क Adj. von अनुषण्ड.

आनुषूक् Adj. *nachgetrieben.*

आनुष्टुभ Adj. (f. आ und ई Vaitân.) *aus* Anushṭubh *bestehend, der A. gleichartig, z. B. aus vier Theilen zusammengesetzt.*

आनुष्टुभौष्णिह Adj. *aus* Anushṭubh *und* Ushṇih *bestehend* RV. Prât. 18,11.

*__आनुसाप्य__, *__आनुसीत्य__ und *__आनुसीर्य__ Adjj. von अनुसापम्, अनुसीतम् und अनुसीरम्.

*__आनुसुक__ Adj. = अनुसुमधीते वेद वा.

आनुसूक Adj. = आनुषूक Kauç. 16.

*__आनुसृतिनेय__ und *__आनुसृष्टिनेय__ Metronn. von अनुसृति und अनुसृष्टि.

*__आनुसेय__ m. Patron. oder Metron. von अनुसू.

*__आनुह्रारति__ m. Patron. von अनुह्रारत्.

आनूकम् Adv. = अन्वक् *im Anschluss daran* RV. 5,33,9.

आनूप 1) Adj. *feucht, wässerig, sumpfig.* — 2) m. a) *Wasserthier, Sumpfthier.* — b) Patron. von Anûpa. — 3) n. Name eines Sâman Lâṭj. 4,6,1.

*__आनूपक__ Adj. *in Sümpfen lebend.*

आनृण्य n. und °ता f. *Schuldlosigkeit, Sch. in Bezug auf* (Gen. oder im Comp. vorangehend). आनृण्यं वि-धा *vergelten, bezahlen* Prasannar. 132,12.

*__आनृत__ Adj. *der Lüge ergeben.* Davon *°क Adj. *von Lügnern bewohnt.*

आनृशंस n. *Wohlwollen* Gaut. 5,45.

*__आनृशंसि__ m. und *°शंसीय Adj. gaṇa गहादि.

आनृशंस्य 1) Adj. (f. आ) *wohlwollend.* — 2) n. *Wohlwollen* Âpast.

आनेतर् Nom. ag. (f. °त्री) *Herbeibringer, -führer.*

आनेतवै Dat. Inf. *herbeizubringen, -führen* Çat. Br. 2,1,4,16.

आनेतव्य Adj. *anzuführen* Comm. zu Njâjam. 9,2,9.

आनेय Adj. *herbeizubringen, -führen* Kathâs. 18,265.

*__आनैपुण__ n. = अनैपुण.

*__आनैश्वर्य__ n. = अनैश्वर्य.

आनोभद्र und °द्रीय n. *die mit* आ नो भद्राः *beginnende Hymne* (RV. 1,89).

आन्त Partic. von 1. अम्.

आन्तःपुरिक 1) Adj. *zum Harem gehörig* Prasannar. 16,15. — 2) n. *das Treiben im Harem.*

अन्तःपुरिक n. = आन्तःपुरिक 2).

आन्तम् Adv. *bis zum Ende* (Gaut. 3,5), *vollständig, von Kopf bis zu Fuss.*

आन्तर 1) Adj. *im Innern befindlich, der innere.* — 2) m. a) *ein im Innern des Palastes Angestellter.* — b) *ein Vertrauter* Ind. St. 14,126. 153.

आन्तरतम्य n. *nächste Verwandtschaft* (von Lauten).

*आन्तराकृति m. Patron. gaṇa तैल्वल्व्यादि in der Kâç.

आन्तरिक्ष und weniger gut आन्तरीक्ष Adj. (f. ई) *zur Luft gehörig, aus der Luft stammend, in der Luft vor sich gehend, atmosphärisch* Comm. zu Lâṭj. 4,8,7.

*आन्तरीप Adj. von अन्तरीप Kâç.

*आन्तर्गेहिक Adj. *im Innern des Hauses befindlich.*

आन्तर्य 1) Adj. bei den Gaina *was auf das Streben nach Erlösung hemmend einwirkt* Govindân. zu Bâdar. S. 582, Z. 11. — 2) n. *nahe Verwandtschaft* (von Lauten).

आन्तर्वेदिक Adj. *innerhalb der Opferstätte befindlich.*

*आन्तर्वेश्मिक Adj. *im Innern des Hauses befindlich.*

*आन्तिका f. = अन्तिका *ältere Schwester.*

आन्त्य m. *Endiger*, personif. als Bhauvana.

आन्त्यायन m. Patron. von आन्त्य.

आन्त्र n. Sg. und Pl. *Eingeweide.*

आन्त्रतन्ति f. und आन्त्रपाश m. *Darmsaite.*

आन्त्रानुचारिन् Adj. *in den Eingeweiden sich aufhaltend* Mantrabr. 2,7,2.

*आन्त्रिक Adj. *in den Eingeweiden befindlich.*

आन्द्र m. *eine best. verachtete Menschenklasse.*

आन्दीड und आन्दीर m. N. pr. eines Fürsten VP.² 4,117. Vgl. आण्डीर.

आन्दोल in मरुदान्दोल.

आन्दोलक m. *Schaukel, Schwinge.*

आन्दोलन n. *das Schwingen.*

आन्दोलय्, °यति *schwingen* Bâlar. 38,20. आन्दोलित Spr. 555.

*आन्धसिक m. *Koch.*

आन्धीगव n. Name verschiedener Sâman Lâṭj. 4,5,27. Tâṇḍja-Br. 12,11,21. Njâjam. 9,2,10.

आन्ध्य n. *Blindheit* 257,32.

आन्ध्र m. Pl. N. pr. eines Volkes. f. ई *eine Frau dieses Volkes.*

आन्ध्रभृत्य m. Pl. N. pr. eines Geschlechts B.A.J. 5,33.

*आन्न Adj. = अन्नं लब्धा.

आन्यतरेय m. N. pr. eines Grammatikers.

आन्यभाव्य n. *das ein Anderes Sein.*

*आन्वयिक Adj. *von edler Familie.*

आन्वाहिक Adj. (f. ई) *täglich.*

आन्वीक्षिकी f. *Logik* Gaut. 11,3.

*आन्वीपिक Adj. von अन्वीपम्.

आप्, आप्नोति, seltener Med. 1) *erreichen, einholen, stossen auf, antreffen.* — 2) *erlangen, bekommen, in Besitz nehmen, theilhaftig werden, erleiden.* — 3) *über Jmd kommen, zu Theil werden.* — 4) Pass. *voll werden.* — Partic. आप्त 1) *erreicht, ereilt, getroffen.* — 2) *erlangt, empfangen, bekommen.* — 3) *erfüllt, durchdrungen* Çat. Br. 1,1,1,14. — 4) *angelangt bei* (Acc.) Naish. 22,42. — 5) *sich erstreckend über* (अभि). °तम *am Weitesten reichend* Nrs. Up. in Ind. St. 9,146. — 6) *dividirt.* — 7) *vollständig, reichlich.* — 8) *zuverlässig;* m. *Gewährsmann.* — 9) *nahe stehend, befreundet.* — Caus. आपयति 1) *erreichen —, gelangen lassen, bringen zu.* — 2) *erlangen lassen.* — 3) *Jmd* (Acc.) *Etwas abgeben, zu fühlen geben.* — Desid. ईप्सति und °ते *zu erreichen suchen, zu erlangen streben* Tâṇḍja-Br. 20,3,2. — Partic. ईप्सित 1) *wen oder was man zu haben wünscht, begehrt erwünscht, genehm, lieb.* Superl. °तम *zunächst stehend* 224,31. — 2) *von einer Autorität festgesetzt, anerkannt.* — Desid. vom Caus. आपिपयिषति *zu erreichen streben.* — Mit अनु *erreichen* Ait. Br. 3,27. — Mit अभि *bis zu Etwas reichen, erreichen.* — Caus. *bis an's Ziel bringen.* — Desid. *zu erlangen streben, nach Etwas verlangen, wünschen.* — Mit अव 1) *erreichen, gelangen zu, stossen auf, antreffen.* अवाप्त auch mit act. Bed. — 2) *erlangen, bekommen, in Besitz nehmen, theilhaftig werden, erleiden.* — 3) *durch Division erhalten.* — Mit प्रत्यव *wiedererlangen.* — Mit समव 1) *stossen auf, antreffen.* — 2) *erlangen, bekommen, theilhaftig werden, erleiden.* — Mit आ *erreichen, über Jmd* (Acc.) *kommen* ṚV. 10,32,8. — Mit उद् *hinaufreichen, erreichen.* — Mit उप *gelangen zu, erlangen* Ait. Âr. 370,11.13. — Desid. *Jmd zu gewinnen suchen* Maitr. S. 2,1,11. Gobh. 1,9,5. — Mit समुप Desid. in समुपेप्सु. — Mit परि 1) *erreichen, gewinnen.* — 2) *ein Ende machen, genug sein lassen.* — Partic. पर्याप्त *zum Abschluss gebracht, das volle Maass habend, reichlich, geräumig, hinreichend für* (Dat. oder Gen. 182,4), *genügend; einer Sache* (Dat., Loc. eines Nom. act. oder Infin.) oder *einer Person* (Gen.) *gewachsen.* °म् Adv. so v. a. *Alles in Allem* Spr. 4813, v. l. — Caus. *vollbringen.* — Desid. 1) *verlangen, fordern, wünschen.* — 2) *zu erhalten wünschen, in Acht nehmen, schützen.* — 3) *beizukommen suchen, lauern auf, nachstellen.* — Mit संपरि *zusammenfassen, zusammennehmen.* — Mit प्र 1) *gelangen an, in, zu, stossen auf, antreffen, erwischen* 120,26. 123,15. *reichen bis* (आ). अप्राप्य mit Acc. so v. a. *diesseits.* दिशः so v. a. *nach allen Richtungen hin fliehen.* प्राप्य कृष्णचतुर्दशीम् *nach Erreichung dieses Tages*, so v. a. *nachdem dieser Tag gekommen war* 110,29. — 2) *Jmd treffen* (von einem Ungemach). — 3) *erlangen, bekommen, gewinnen, theilhaftig werden, sich zuziehen, erleiden.* Mit Infin. *bekommen zu.* — 4) *zum Gatten* oder *zur Gattin bekommen.* — 5) in der Gramm. *übergehen in.* — 6) *sich finden, vorhanden sein.* — 7) *in Folge einer Regel Geltung erhalten, sich aus einer Regel ergeben* 235,4. 240,21. In derselben Bed. auch Pass. — Partic. प्राप्त 1) *erreicht* 159,6. *getroffen, angetroffen, erwischt.* — 2) *erlangt, gewonnen, sich zugezogen, auf sich geladen.* — 3) *erreicht —, getroffen habend* (auch von einem Ungemach als Subj.), *angelangt bei;* die Ergänzung im Acc. oder im Comp. vorangehend. सहस्रम् *ein Tausend voll geworden.* — 4) *erlangt —, sich zugezogen —, auf sich geladen —, erlitten habend;* die Ergänzung im Acc. oder im Comp. vorangehend. के चित्प्रकारम् so v. a. *eine best. Art zu sein habend* 230,22. — 5) *gekommen, eingetroffen, angelangt, da seiend* 92,14. 119,9. 120,29. 125,22. 291,9. प्राप्तेषु कालेषु so v. a. *zu gewissen Zeiten* Spr. 7651. *gelangt zu* (Acc.) Chr. 226,29. — 6) in der Med. *indicirt.* — 7) in der Gramm. *in Folge einer Regel Geltung habend, sich aus einer Regel ergebend* 223,17. 227,10. — Caus. 1) *Jmd* oder *Etwas* (Acc.) *irgendwohin* (Acc. oder Ortsadv.) *gelangen lassen, treiben, Jmd* (Dat.) *Etwas* (Acc.) *zuführen* 107,1. *bringen, befördern.* — 2) *Jmd* (Acc.) *Etwas* (Acc.) *erlangen lassen.* — 3) *Etwas zu Jmd gelangen lassen*, so v. a. *überbringen, melden, anmelden, verkünden* M. 8,43. MBh. 14,9,24. Ragh. 14,60. — 4) *erlangen, theilhaftig werden.* — Desid. *zu erreichen suchen, verlangen nach.* — Mit अनुप्र 1) *gelangen zu, erreichen, stossen auf, finden.* — 2) *nachgehen, nachahmen.* — Partic. अनुप्राप्त 1) *angelangt bei, gekommen zu* (Acc.). — 2) *gerathen in* (Acc.) MBh. 5,190,11. — 3) *widerfahren* R. 5,35,14. — 4) *gekommen* (auch von bestimmten Zeiten und Umständen), *eingetroffen.* — 5) *hinauslaufend auf, einbegriffen —, enthalten in* (Acc.) Nir. 1,16. — Mit समनुप्र *erreichen, anlangen bei.* — Partic. समनुप्राप्त 1) *angelangt bei* (Acc.). — 2) *erlangt habend*, mit Acc. — 3) *angekommen, angelangt.* — Mit अभिप्र *reichen bis zu, erreichen.* — Desid. in अभिप्रेप्सु. — Mit उपप्र, Partic. °प्राप्त *genaht, herangetreten.* — Mit परिप्र in परिप्राप्ति und परिप्रेप्सु. — Caus. *mit Etwas zu Stande kommen* Lalit. 167,1 fgg. — Mit संपरिप्र Desid. in संपरिप्रेप्सु. — Mit संप्र 1) *erreichen, gelangen zu, antreffen* 122,16. 123,19. कृच्छ्रकालम् *in die Zeit der Noth hereinkommen* 79,26. — 2) *erlangen, theilhaftig werden* 139,19. *sich zuziehen, erleiden.* — 3) *zur Gattin bekommen*

135,21. — Partic. संप्राप्त 1) *angetroffen.* — 2) *erlangt* 296,16. *sich zugezogen, auf sich geladen.* — 3) *erreicht habend, angelangt bei, gekommen zu, gerathen auf* (Acc.) 67,23. 228,28. *sich erstreckend auf* (im Comp. vorangehend). — 4) *erlangt habend, gerathen in* (ein Ungemach). — 5) *angelangt, gekommen* (insbes. von Zeitpunkten); *herstammend von* (Abl.) 197,4. — Caus. *erreichen machen.* — Mit अनुसप्र *erreichen, anlangen bei, in, antreffen.* — Partic. अनुसंप्राप्त 1) *angelangt bei* (Acc.). — 2) *Jmd* (Acc.) *widerfahren.* — 3) *gekommen, erschienen, da seiend.* — Mit अभिसंप्र 1) *erreichen, gelangen zu.* — 2) *erlangen, bekommen, theilhaftig werden.* — Partic. अभिसंप्राप्त 1) *angelangt bei* (Acc.). — 2) *gekommen.* — Mit उपसंप्र *gelangen zu.* — Partic. उपसंप्राप्त 1) *sich zugezogen habend, gerathen in* (Acc.). — 2) *herangekommen.* — Mit प्रति Desid. *werben um* (ein Mädchen). — Mit वि 1) *hindurchreichen, durchdringen, erfüllen, ausfüllen.* — 2) *reichen bis* (आ). — Partic. व्याप्त 1) *durchdrungen, erfüllt, angefüllt.* सूर्यतेजसा मुखम् so v. a. *ganz beschienen von* 154,5 — 2) *eingenommen, in Besitz genommen.* — 3) *behaftet mit* (Instr.) Tarkas. 41 (अनित्यत्वेन zu lesen). — 4) *in etwas Anderm eingeschlossen, — enthalten* Bhâshâp. 67. — 5) *wohlhabend* Ait. Br. 4,4. — Caus. Partic. व्यापित *durchdrungen, erfüllt* Spr. 1402. — Mit अभिवि Absol. °व्याप्य *bis — (Acc.) inclusive.* — Mit सम् 1) *erlangen, theilhaftig werden.* समाप्तवत् 91,25. — 2) *vollenden.* — 3) *heranreichen.* — Partic. समाप्त *vollendet, beendigt, zum Abschluss gelangt.* — समाप्तः MBh. 14, 2561 fehlerhaft für ममाप्तः. — Caus. 1) *Jmd Etwas erreichen —, erlangen lassen.* — 2) *zu Ende führen, vollbringen.* — 3) *Jmd abthun, den Garaus machen.* — Desid. *zu vollenden streben.* — Partic. समीप्सित *begehrt, erwünscht.* — Desid. vom Caus. *zu vollbringen suchen.* — Mit अनुसम् Caus. *dazu vollenden, nachher zu Stande bringen.* — Mit परिसम् Pass. 1) *enthalten sein in* (Loc.). — 2) *sich erstrecken auf, gehören zu* (Loc. oder प्रति). — 3) *das Endziel erreichen.* — Partic. परिसमाप्त 1) *vollständig beendigt* MBh. 1,223,60. — 2) *vollendet,* so v. a. *auf dem Höhepunkt stehend* Çâk. 105. — Caus. *vollenden* Gâbâlop. S. 444.

1. आप in दुराप und मनआप.

2. आप 1) m. *a)* N. pr. eines der 8 Vasu Varâh. Bṛh. S. 53,48. 49. 51. VP. 1,15,111. fg. — *b) der Stern δ Virginis.* — 2) *f. ई *das Mondhaus* Pûrvâshâḍhâ H. 113.

*आपक, f. ई gaṇa गौरादि.

*आपकर Adj. = अपकरे जातः.

आपक्व Adj. 1) *halbgar.* — 2) *halbreif* Ṛtus. 3,1.

*आपतिति m. Patron. *°तित्या f. Gaṇar. 1,36.

आपगा f. 1) *Fluss.* — 2) N. pr. eines Flusses.

आपगेय m. Metron. Bhîshma's.

*आपच्चिक, f. ई gaṇa गौरादि.

आपण m. (adj. Comp. f. आ) 1) *Markt* 115,4. 118, 22. — 2) *Waare.*

आपणदेवता f. *eine auf einem Markte stehende Götterstatue.*

आपणवीथिक *Budenreihe auf einem Markte* R. 7,70,11. Am Ende eines adj. Comp. f. आ R. Gorr. 2,41,21.

आपणवेदिका f. *Marktbank, -tisch.*

*आपणिक 1) Adj. *zum Markte in Beziehung stehend.* — 2) m. *a) Handelsmann.* — *b) Pachtgeld für einen Markt.*

आपणीय Adj. *vom Markte kommend* Âpast.

आपतन n. *unerwartetes zum Vorschein Kommen.*

आँपति m. *etwa Gebieter hier* Maitr. S. 1,2,7. 3,7,10.

*आपतिक Uṇâdis. 2,45. 1) Adj. *vom Schicksal abhängig.* — 2) m. *Falke* Uǵǵval.

आपत्कल्प m. *das Verfahren in Zeiten der Noth* Gaut. 7,1. 9,67. M. 11,28.

आपत्काल m. *Zeit der Noth* M. 2,241. Spr. 952.

*आपत्कालिक Adj. (f. आ und ई) von आपत्काल.

आपत्ति f. 1) *Eintritt eines Falles* (im Comp. vorangehend) Kap. 1,22. 50. 113. 5,8. 6,19. — 2) *Uebergang —, das Gerathen —, Umwandlung in.* — 3) *Unfall, Ungemach, Noth.* — 4) **Fehler, Versehen.*

आँपत्तोस् Gen. Inf. (abhängig von ईश्वरः) *zu gerathen in* Çat. Br. 9,5,2,1.

आपत्प्राप्त Adj. *in's Unglück —, in Noth gerathen.*

आपत्य Adj. *patronymisch.*

आँपथि Adj. *auf dem Wege befindlich.*

आपथीं f. *ein auf dem Wege liegender Stein u. s. w.*

आपद् f. Sg. und Pl. *Unfall, Ungemach, Noth.* Instr. Sg. *aus Versehen* Âçv. Çr. 12,8,23.

*आपदा f. dass.

आपदुद्धरण n. *das Ziehen aus der Noth* Spr. 6780. 6835.

आपदुद्धारकल्प m. Titel eines Werkes.

आपदेव 1) m. N. pr. eines Autors. — 2) f. ई *ein von ihm verfasstes Werk.*

आपद्गत Adj. *in's Unglück —, in Noth gerathen* Spr. 963. 7733.

आपद्धर्म m. 1) *die im Falle der Noth geltenden Vorschriften.* — 2) Pl. *unglückliche Verhältnisse.*

आपद्विनीत Adj. *durch Ungemach bescheiden geworden* Bâlar. 193,17.

आपन 1) Adj. *bringend, herbeiführend.* — 2) *n. *Pfeffer.*

*आपनिक Uṇâdis. 2,45. m. 1) *Sapphir.* — 2) *ein* Kirâta Uǵǵval.

आपनेय Adj. *zu erreichen, — erlangen.*

*आपन्नजीविक Adj. *einen Lebensunterhalt habend* P. 1,2,44, Sch.

आपन्नसत्त्वा Adj. f. *schwanger.*

आपप्रश्न m. Titel eines astrol. Tractats.

आपभट्ट m. N. pr. = आपदेव.

*आपमित्यक Adj. *durch Tausch erhalten.*

आपयाँ f. N. pr. eines Flusses.

आपयितर् Nom. ag. *Verschaffer.*

आपरपक्षीय Adj. *zur zweiten Hälfte eines Monats in Beziehung stehend.*

*आपराधय्य n. Nom. abstr. von अपराधय.

आपराह्णिक Adj. *nachmittägig.*

आपर्तुक Adj. *nicht der Jahreszeit entsprechend.*

आपर्वभङ्गनिपुण Adj. *geschickt sogar ein Rohr im Gelenk zu brechen,* so v. a. *das Schwerste zu vollbringen vermögend* Kâm. Nîtis. 11,40 (wo आऽनिपुणे — दैवे zu vermuthen ist).

आँपर्वभाग° Adv. *bis zum Gelenk* Çâk. 80.

आपल n. Name eines Sâman.

आपव m. Bein. Vasishṭha's.

आपवत्स m. N. pr. eines Genius.

आपवर्गिक und °वर्ग्य Adj. *zur Erlösung führend.*

1. आँपस् n. *ein frommes Werk* ṚV. 1,178,1. 4,38,4.

2. *आपस् n. *Wasser.*

3. आँपस् Nom. und bisweilen auch Acc. Pl. von 3. अप् *Wasser.*

1. आपस्तम्ब m. N. pr. eines Lehrers.

2. आपस्तम्ब 1) Adj. (f. ई) *von* Âpastamba *stammend.* — 2) m. Pl. *die Schüler des* Âp. Verz. d. Oxf. H. 271,*a*,4.

आपस्तम्बि m. Patron. von आपस्तम्ब.

आपस्तम्बीय Adj. und m. Pl. = 2. आपस्तम्ब.

*आपस्तम्भिनी f. *eine best. Pflanze.*

आपाक m. *Ofen.*

आपाकस्थँ Adj. *im Ofen steckend.*

आपाङ्ग्य n. *das Behandeln der Augenwinkel mit Salbe.*

आपाटल Adj. (f. आ) *röthlich* Kâd. 32,23. 53,9.

आपाटलिपुत्रम् Adv. *bis* Pâṭaliputra Kâç. zu P. 2,1,13.

आपाण्डु Adj. *gelblich weiss, weisslich, bleich* Varâh. Bṛh. S. 3,23. Chr. 86,22. Nom. abstr. °ता f.

आपाण्डुर Adj. dass. Spr. 2497.

आपाण्डुरी Adv. mit भू *bleich werden* Kumâras. 3,33.

आपात m. 1) *Heransturz, Andrang.* लोचनापात

ein zudringlicher Blick Spr. 5974. — 2) *Sturz in* (im Comp. vorangehend). — 3) *unerwartetes Erscheinen, Eintritt, Eintreffen* Spr. 3772. 6419. आपाततस् und आपात° *sofort, im Nu, beim ersten Blick.* आपातमात्रे und आपातमात्र° *nur im ersten Augenblick.* — 4) **das zum Sturz Bringen.*

आपातालिका f. *ein best. Metrum* Ind. St. 8,307. fgg.

आपातिक Adj. *sich zunächst darbietend* Comm. zu Kâvjâd. 3,123.

°आपातिन् Adj. *eintretend, sich ereignend.*

*आपात्य Partic. fut. pass. von पत् mit आ.

आपाद् m. *Lohn, Belohnung.*

आपादक Adj. *herbeiführend, bewirkend* Comm. zu TS. Prât. 5,35.

आपादकण्ठम् Adv. *von den Füssen bis zum Halse* Ind. St. 14,375.

आपादन n. *das Bringen —, Versetzen in.*

1. आपान॑ Partic. 1) *das Ziel erreichend* R̥V. 2,34,7. — 2) *erlangend, theilhaftig werdend* R̥V. 9,110,5.

2. आपान n. *das Zechen, Gelage.* °गोष्ठी f. *Gelage,* °भूमि f. *Zechplatz,* °शाला f. *Zechstube.*

आपानक n. *Trinkgelage* Kâd. 35,8. 9.

आ॑पानमन्यु Adj. *dessen Trunk Muth erzeugt.*

आपायिन् Adj. *trinklustig.*

*आपारि m. gaṇa छात्र्यादि in der Kâç. zu P. 6,2,86.

आपाल n. Name eines Sâman.

*आपालि m. *Laus.*

आपि॑ 1) m. *Verbündeter, Befreundeter, Bekannter.* — 2) Adj. am E. e. C. *reichend, hindringend.*

आपिङ्ग Adj. *rothbräunlich* Bhaṭṭ. 2,30.

आपिञ्जर 1) Adj. (f. आ) *röthlich, gelbröthlich* Kâd. 11,15. II, 98,4. — 2) *n. *Gold.*

आपिञ्जरी Adv. mit कर् *röthlich färben.*

1. आपित्व॑ n. *Bundesgenossenschaft, Freundschaft.*

2. आपित्व॑ n. vielleicht *Abendzeit* R̥V. 8,4,3.

आपिशङ्ग Adj. *goldfarbig* Kâd. 40,6.

आपिशर्व॑र॑ Adj. *nächtlich* TS. 7,3,13,1.

आपिशल 1) Adj. (f. ई) *von Âpiçali herrührend.* शिक्षा Ind. St. 14,160. — 2) *m. *ein Schüler Âpiçali's.* *f. आ. — 3) *n. *ein von Âpiçali verfasstes Werk.*

आपिशलि m. Patron. eines alten Grammatikers.

*आपिशल्या f. zu आपिशलि.

आपीड m. 1) *das Zusammendrücken, Kneifen.* — 2) *ein auf dem Scheitel getragener Kranz.* — 3) *ein best. Metrum.*

आपीडन n. *das Drücken, Druck.*

°आपीडित Adj. *mit einen Kranz von — geschmückt.*

आपीत 1) Adj. *gelblich* R. 2,76,4. — 2) *m. *Ficus benjamina* Nigh. Pr. — 3) *n. *a) Staubfaden der Lotusblüthe* Nigh. Pr. — *b) Schwefelkies.*

आपीतय्, °यति *mit einem gelben Anstrich versehen* Kâd. II, 136,4.

आपीन n. *Euter.*

आपीनवत्त् Adj. *eine Form von* प्या *mit* आ *enthaltend.*

*आपूपिक 1) Adj. von अपूप. — 2) n. *ein Haufen Kuchen.*

आपू॑प्य 1) m. **Mehl.* — 2) *Backwerk.*

आपूर m. *Fluth, Ueberfluss, Uebermaass* Çiç. 7,74.

आपूरण 1) Adj. *füllend, voll machend* Spr. 1928. — 2) m. N. pr. *a)* eines Schlangendämons MBh. 1, 35,6. — *b)* eines Jaksha VP. — 3) n. *a) das Füllen, Vollmachen* 179,32. — *b) das Spannen eines Bogens bis zur vollständigen Rundung* Prasannar. 81,12. — *c) Wassermenge* Uttarar. (1862) 75,1.

आपूरयत् m. v. l. für आपूरण 2) *b)* VP.[2] 2,289.

आपूर्त n. = पूर्त *ein frommes Werk* Kâd. II, 46,19.

आपूर्यमाणपक्ष॑ m. *die zunehmende Hälfte eines Mondmonats* Khând. Up. 5,10,1. Âçv. Gṛhj. 1,4,1. 14,2.

*आपष n. *Zinn.*

आपृ॑क् Adv. *in Berührung mit, auf* (Gen.)

आपृ॑चस् Gen. Inf. *um zu füllen, — sättigen* R̥V. 8,40,9.

आपृ॑चे Dat. Inf. dass. R̥V. 5,50,2.

*आपृच्छा f. *Anrede, Unterhaltung.*

(आपृ॑च्छ्य) आपृ॑च्छिअ Adj. 1) *zu begrüssen, — verehren.* — 2) *lobenswerth.*

आपेक्षिक Adj. *relativ.* Nom. abstr. °त्व n. Njâjas. 4,1,39.

आपे॑य m. Pl. *eine best. Götterordnung* Maitr. S. 4,1,9. आपेयत्व॑ n. Nom. abstr. ebend. Vgl. आप्त्य 2).

आपे॑षम् Absol. *mit Berührung* Çat. Br. 14,5,1,15.

आपोक्लिम n. = ἀπόκλιμα.

आपोदेवत (Âçv. Çr. 5,10,17) und °देवत्य (Çâñkh. Br. 16,7) Adj. *das Wasser zur Gottheit habend.*

आपोमय Adj. *aus Wasser bestehend.*

आपोमात्रा f. *der feine Urstoff des Wassers.*

आपोमूर्ति m. N. pr. 1) eines Sohnes des Manu Svârokisha Hariv. 419. — 2) eines der 7 R̥shi im 10ten Manvantara.

आपोरेवती f. *der Vers* R̥V. 10,30,12 Çâñkh. Br. 11,8.

आपोऽशान n. *das vor und nach dem Essen unter den Worten* अपोऽशान *zu vollziehende Mundausspülen.*

आपोहिष्ठीय 1) Adj. (f. आ) von आपो हि ष्ठ (R̥V. 10,9,1). — 2) n. Name eines Sâman.

आप्त 1) Adj. s. u. आप्. — 2) m. *a)* **ein* Arhant *bei den* Gaina. — *b)* N. pr. eines Schlangendämons MBh. 1,35,8. — 3) *f. आ *Haarflechte.* — 4) n. *a) Quotient* Lîlâv. 124. — *b)* **equation of a degree.*

आप्तकारिन् Adj. *zuverlässig,* von Personen.

आप्तदक्षिण Adj. *von reichlichen Geschenken begleitet* (Opfer) M. 7,79. 3,79,5. R. 1,53,24. 2,30,35.

आप्तनिश्चयालंकार m. Titel eines Werkes.

आप्तभाव m. *Zuverlässigkeit* Spr. 3131.

आप्तवचन n. *ein zuverlässiger Ausspruch* Sâñkhjak. 4. 5. Ragh. 11,42.

आप्तवज्रसूचि f. Titel einer Upanishad.

आप्तवर्ग m. *Nahestehende, Wohlbekannte* Mâlav. 67,11.

आप्तवाक्य n. = आप्तवचन Colebr. Misc. Ess. 1,303.

1. आप्तवाच् f. dass.

2. आप्तवाच् Adj. *dessen Wort zuverlässig ist* Ragh. 13,60.

आप्तव्य Adj. *zu erreichen.*

आप्तश्रुति f. *eine zuverlässige Ueberlieferung* Sâñkhjak. 5.

आप्तागम m. dass. Sâñkhjak. 6. Kâraka 1,11.

आप्ताधीन Adj. *von zuverlässigen Personen abhängig.*

आ॑प्ति f. 1) *Erreichung, das Treffen.* — 2) *Erlangung, Gewinnung* 321,5. — 3) Bez. *von zwölf Opfersprüchen, die mit* आपये (VS. 9,20) *beginnen.* — 4) *Quotient* Bîǵag. 56. Lîlâv. 103. — 5) **Zusammenhang, Verbindung.*

आप्तिकर Adj. *eintretend* Lalit. 259,6.

*आप्तोक्ति f. = आप्तवचन H. 242.

आप्तोपदेश Adj. *eine zuverlässige Unterweisung* Kap. 1,101. Sâh. D. 10,9.

आप्तोर्याम und °र्यामन् m. = अप्तोर्याम.

आप्त्य॑, आप्तिअ॑ m. 1) Bein. *a)* Trita's. — *b)* Indra's. — 2) Pl. Bez. *einer best. Götterordnung.*

आप्नवान m. Patron. von अप्नवान.

आ॑प्नान Partic. in Verbindung mit तीर्थ *der gewöhnliche Zugang zur Opferstätte zwischen der Grube und den beiden Aufwürfen* R̥V. 10,114,7.

1. आ॑प्य 1) Adj. *a) zum Wasser gehörig, wässerig, flüssig.* — *b) im Wasser wohnend.* — 2) m. *a)* (sc. राशि) Bez. *der Zodiakalbilder Krebs, Fische und der zweiten Hälfte des Steinbocks* Varâh. Bṛh. 5,9. — *b)* N. pr. α) eines Vasu. — β) Pl. *einer best. Götterordnung* (sonst आप्त्य). Unter Manu Kâkshusha Hariv. 437 (v. l. आद्य). Bhâg. P. — 3) n. *das die Gewässer zur Gottheit habende Mondhaus* Pûrvâshâḍhâ.

2. आ॑प्य Adj. *zu erreichen, — erlangen.*

3. (आ॑प्य) आ॑पिअ n. *Bundesgenossenschaft, Freundschaft.*

4. *आप्य n. *Costus speciosus* oder *arabicus.*

आप्यानवत्त् Adj. = आपीनवत्त्.

आप्याय m. *Zunahme, das Vollwerden.*

आप्यायन 1) Adj. *Fülle —, Beleibtheit verleihend.* — 2) m. N. pr. eines Sohnes des Jaǵńabâhu und des von ihm beherrschten Varsha Bhâg. P. 5,20,9. — 3) f. आ *Sättigung* Pańkat. ed. Bomb. I, 76,5. — 4) f. ई *eine Arterie im Nabelstrang.* — 5) n. *a) das Vollmachen, Fettmachen.* — *b) das Sättigen, Befriedigen.* — *c) das Gedeihenmachen.* तप° MBh. 3,83,32. — *d) das Schwellenmachen,* Bez. *einer best. am* Soma *vorgenommenen Handlung.* — *e) eine best. an einem Zauberspruche vorgenommene Ceremonie.* — *f) Mittel zum Fett —* oder *Starkwerden.* — *g) Mittel zum Gedeihen.*

आप्यायनवत् Adj. *Gedeihen verleihend* Maitrj-Up. 6,5.

°आप्यायिन् Adj. *Gedeihen —, Wohlergehen verleihend.*

आप्याय्य Adj. *zu sättigen, — befriedigen.*

1. आप्र Adj. *thätig, eifrig.*

2. आप्र Adj. von आप्री.

*आप्रच्छन n. *das Lebewohlsagen*

आप्रदिवम् Adv. *für immer.*

*आप्रपदम् Adv. *bis zur Fussspitze.*

आप्रपदीन Adj. *bis zur Fussspitze reichend* Kâd. 146,23.

आप्रवर्तन n. *allgemeiner Ausbruch* (des Schweisses) Bhâvapr. 3,64.

आप्रावृषम् Adv. *bis zur Regenzeit.*

आप्री f. Pl. Bez. *gewisser Anrufungen im* RV.

आप्रीतपा Adj. *die ihm Versöhnten, Wohlgefälligen schützend.*

*आप्रीतिमाणु m. N. pr. einer Oertlichkeit. Davon Adj. *°मायवक.

आप्लव m. *Bad.*

आप्लवन n. *das Eintauchen. Bad.*

*आप्लवव्रतिन् Adj. *der das Bad genommen hat, das die Lehrzeit abschliesst.*

*आप्लाव m. *Bad.*

आप्लाव्य Adj. *als Bad dienend, die Stelle eines Bades vertretend.*

आप्लुत n. *das Baden* MBh. 13,116,40.

*आप्लुतव्रतिन् Adj. = आप्लवव्रतिन्.

*आप्लुति f. *Bad* Gal.

*आप्वा f. = कण्ठस्थान.

आप्सरस 1) Adj. (f. ई) *von einer* Apsaras *stammend.* — 2) n. Name eines Sâman Ârsh. Br.

आप्सव m. Bein. eines Manu.

आफलक m. *Pallisade.*

आफलोदयकर्मन् Adj. *einem Werke obliegend, bis der Lohn eingetreten ist,* Ragh. 1,5.

आफल्य n. *Fruchtlosigkeit* Njâjas. 4,1,19.

*आफीन (Nigh. Pr.) und *आफूक n. (Madanav. 33, 341) *Opium.*

आबद्ध 1) n. (*m.) *Schmuck.* — 2) *m. *Zuneigung.*

आबंध m. *das Umbinden.*

आबन्ध m. 1) *Band.* — 2) **ein Riemen zum Anbinden eines Ochsen an's Joch* oder *an den Pflug.* — 3) **Schmuck.* — 4) **Zuneigung;* vgl. प्रेमाबन्ध.

आबन्धन n. *das Anbinden, Umbinden.*

आबयु m. *eine best. Pflanze* AV. 6,16,1.

आबर्ह 1) Adj. *ausreissend,* in मुष्काबर्ह. — 2) *m. *das Ausreissen.*

*आबर्हण n. *das Ausreissen.*

आबर्हम् Absol. *unter Ansichreissen* Kâth. 25,6.

*आबर्हिन् Adj. *zum Ausreissen geeignet.*

आबल्य n. *Kraftlosigkeit, Schwäche* Kaush. Up. 3,3 (so zu lesen).

आबाध 1) m. *Andrang.* — 2) m. und f. (आ) *Pein, Qual, Leiden.* — 3) f. आ *Segment einer Basis.*

आबालम् Adv. *bis auf die Knaben herab.*

आबाल्यम् und आबाल्य° (Kathâs. 21,122) Adv. *vom Knabenalter an.*

आबिलम् Adv. (*zur Höhle hin*) *erschrocken.*

आबुत्त m. *Mann der Schwester* (im Drama).

*आबुध्य n. Nom. abstr. von अबुध Kâç. zu P. 5,1,121.

आब्दम् Adv. *ein Jahr hindurch.*

आब्दिक Adj. *jährlich,* nach Zahlwörtern *—jährig.*

आब्रह्म Adv. *bis* Brahman *inclusive.*

आब्रह्मस्तम्बपर्यन्त Adj. *mit* Brahman *beginnend und mit einem Grasbüschel endigend* Pańkar. 2,1,21.

आभग m. *Theilnehmer an* (Loc.).

आभङ्गिन् Adj. *ein wenig gebogen* Kâd. 136,20.

*आभण्डन n. als Bedeutung von भल्.

*आभयजात Adj. von आभयजात्य.

*आभयजात्य m. Patron. von अभयजात.

आभविन् Adj. in अनाभविन्.

आभर n. इन्द्रस्य Name verschiedener Sâman.

आभरण n. (adj. Comp. f. आ) 1) *Schmuck, Schmucksache.* — 2) Titel verschiedener Werke.

आभरद्वसव n. Name eines Sâman.

आभरद्वसु 1) Adj. *Güter herbeibringend.* — 2) m. N. pr. eines Mannes.

°आभरित Adj. wohl = भरित *voll von.*

आभा f. 1) *Glanz, Licht.* Am Ende eines adj. Comp. (f. आ) *Licht, Farbe, Aussehen.* Als Adj. *ähnlich* gefasst 250,30. — 2) *Acacia arabica* Bhâvapr. 4, 153. 177. — 3) **eine Art Asparagus* und *— *Zizyphus* Nigh. Pr.

आभाणक m. *Spruch, Sprichwort.*

*आभाति f. = आभा 1).

आभाष m. (adj. Comp. f. आ) 1) *Rede, Sprache.* — 2) *Spruch, Sprichwort* Spr. 1409.

आभाषण n. *Unterredung.*

आभाष्य Adj. 1) *einer Unterredung würdig.* — 2) angeblich = अभाष्य *wovon man nicht reden darf* MBh. 13,25,67, v. l.

आभास m. (adj. Comp. f. आ) 1) *Glanz, Licht* 282, 11. *Farbe, Aussehen.* — 2) *blosser Schein, Trugbild* 272,30. 273,10.

आभासन n. *das Klarmachen, Verdeutlichen.*

°आभासिन् Adj. *leuchtend wie.*

आभासुर und आभास्वर m. Pl. *eine best. Götterordnung.*

आभिकामिक Adj. *erwünscht, gern gesehen.*

आभिचरणिक Adj. *zum Behexen dienend.*

आभिचार m. = अभिचार *Behexung.*

आभिचारिक 1) Adj. *auf Behexung bezüglich* Vaitân. — 2) n. *Zauber.*

आभिजन Adj. *patronymisch.*

आभिजाती (308,19) f. und °जात्य n. (316,32) *Adel.*

आभिजित 1) *Adj. *unter dem Sternbilde* Abhiǵit *geboren.* — 2) m. (*f. ई) Patron. von अभिजित्. *Pl. P. 5,3,118, Schol.

*आभिजित्य m. Patron. von अभिजित्.

आभिधानिक m. *Lexicograph.*

आभिप्रतारिण m. Patron. von अभिप्रतारिन्.

आभिप्रायिक Adj. *nach Belieben geschehend, beliebig.*

आभिप्लविक Adj. *zum* Abhiplava *gehörig* Âçv. Çr. 7,5,18. Lâṭj. 3,6,18. Vaitân.

आभिमुख्य n. 1) *das Zugewandtsein* (die Ergänzung im Gen., Acc. oder im Comp. vorangehend) 235,4. 290,6. Spr. 5708. 6195. Instr. als Umschreibung von अभि Utpala zu Varâh. Bṛh. 27(25),29. — 2) *das im Begriff Stehen —, Willens Sein zu* (im Comp. vorangehend).

*आभिरूपक n. = आभिरूप्य.

आभिरूप्य n. 1) *Angemessenheit* Lâṭj. 1,6,16. — 2) *Schönheit.*

आभिशस्य n. *Verleumdung* Âpast.

*आभिषिक्त Adj. von अभिषिक्त.

आभिषेक (Varâh. Jogaj. 9,4) und °षेचनिक Adj. (f. ई) *auf die Königsweihe bezüglich, dazu dienend.*

आभिहारिक Adj. *was aufgetragen —, einem vornehmen Herrn vorgesetzt wird.*

आभीक n. Name eines Sâman.

*आभीक्ष्ण 1) Adj. *wiederholt.* — 2) = आभीक्ष्ण्य.

आभीक्ष्ण्य n. *häufige Wiederholung.*

आभीर 1) m. *a)* Pl. N. pr. eines Volkes. — *b) Kuhhirt.* Im System *der Sohn eines Brahmanen* von einer Ambashṭha-Frau. — 2) Adj. (f. ई) zum Volk der Âbhîra gehörig, ihnen eigen. — 3) f. ई a) *zur Kaste der Âbhîra gehörig und auch die Frau eines solchen Âbhîra. — b) ein best. Metrum. — c) die Sprache der Âbhîra. — d) eine best. Râgiṇî S.S.S. 37.

आभीरक 1) m. Pl. = आभीर 1) a). — 2) f. °रिका eine best. Râgiṇî S.S.S. 110.

*आभीरपल्लि, *°पल्लिका und *°पल्ली f. eine Ansiedelung von Kuhhirten.

आभीरिक Adj. (f. ई) = आभीर 2).

आभील 1) Adj. schrecklich. — 2) *n. Schmerz, Pein.

आभीवर्तस्तोत्रीय Lâṭj. 3,6,18 fehlerhaft für अभी°.

आभीशव, °शवाद्य und °शवोत्तर n. Namen von Sâman.

आभु Adj. 1) leer. — 2) leerhändig, karg.

आभुग्न Adj. ein wenig gebogen Ragh. 1,83.

आभू 1) Adj. gegenwärtig, zur Hand seiend, hülfreich, dienstfertig. — 2) m. Gehülfe.

आभूक्त Adj. inhaltslos, kraftlos.

आभूतसंप्लवम् Adv. bis zum Untergang der Geschöpfe, — Welt.

आभूति 1) f. Vermögen, Macht. — 2) m. N. pr. eines Lehrers. — Ait. Br. 7,13 wohl fehlerhaft; vgl. Chr. 22,22. 351,18. fgg.

आभूमिपाल Adj. mit Einschluss des Fürsten Hariv. 1,37,25.

आभूषेण्य Adj. dem man sich fügen muss.

*आभेरी (आभीरी?) f. eine best. musikalische Weise.

1. आभोग m. 1) Biegung, Krümmung MBh. 3,109, 11. — 2) Rundung, Wölbung. — 3) Umfänglichkeit, Ausgedehntheit MBh. 3,178,25. 15,38,21. 16,4,14. R. 2,65,3. Çâk. 8,1. Kathâs. 18,72. Bâlar. 27,23. eines Lautes, so v. a. Kräftigkeit Kâd. II,74,5. — 4) Mannichfaltigkeit Spr. 1443. 7254. — 5) Schlange. — 6) das Finale einer Composition S.S.S. 120. — 7) *Anstrengung. — 8) *Varuṇa's Sonnenschirm.

2.*आभोग m. Genuss.

आभोगय m. und आभोगि f. Zehrung.

आभोगिन् Adj. gekrümmt.

*आभोजिन् Adj. verzehrend, in भुजगा°.

आभ्यन्तर und °रिक (Dhûrtan. 31) Adj. im Innern befindlich, innerlich, der innere.

आभ्यवकाशिक Adj. in freier Luft lebend (buddh.).

आभ्याशिक Adj. nahe bei einander stehend MBh. 1,207,34. आभ्यासिक gedruckt und durch waffengeübt erklärt.

आभ्युदयिक 1) Adj. heilbringend Uttarar. 38,19 (52,12). — 2) n. ein best. Manenopfer Gaut. 11,17.

आभ्राज n. Name eines Sâman.

*आभ्रिक Adj. mit der Hacke arbeitend.

*आभ्र्य m. Patron. von अभ्र.

आम् Interj. 1) eines sich auf Etwas Besinnenden. — 2) des Einverständnisses, ja Bâlar. 284,20. 288,11. 296,18.

1. आम 1) Adj. (f. आ) a) roh, ungekocht. Als Beiw. der Kuh im Gegensatz zur Milch, die als gar, gekocht bezeichnet wird; als Beiw. der Wolken im Gegensatz zum Wasser, das sie entlassen. — b) ungebrannt (von Gefässen). — c) unreif (von Früchten, Geschwüren u. dgl.). — d) *unverdaut (von krankhafter Ausleerung). — e) zart, fein (Haut). — 2) m. N. pr. a) eines Sohnes des Kṛshṇa VP.² 5,79. — b) eines Sohnes des Ghṛtapṛshṭha und des von ihm beherrschten Varsha Bhâg. P. 5,20, 21. — 3) m. oder n. Verdauungslosigkeit, cruditas; insbes. eine acute Form von Dysenterie. — 4) n. der Zustand des Rohseins.

2.*आम m. Krankheit.

आमक 1) Adj. roh, ungekocht. — 2) *m. Kürbis Nigh. Pr.

*आमगन्धि, *°गन्धिक und *°गन्धिन् (Gal.) Adj. muffig riechend.

आमगर्भ m. unreife Leibesfrucht Bhâvapr. 5,21. Vgl. Sâmav. Br. 3,6,13.

*आमघ्नी f. Flaschengurke Gal.

आमज्जनान्तम् Adv. bis zum Untertauchen inclusive Kathâs. 10,69.

आमज्वर m. Dysenterie Spr. 2229.

आमञ्जु Adj. reizend, lieblich Uttarar. 34,12 (46,1).

*आमण्ड m. (f. आ Gal.) und *°क n. (Nigh. Pr.) = मण्ड Ricinus communis.

आमण्डली Adv. mit कर् beinahe zu einem Kreise gestalten Kâd. 56,8.

आमता f. Unfertigkeit (eines Medicaments).

आमध्याह्नम् Adv. bis zur Mittagsstunde Spr. 7736.

1. आमन n. freundliche Gesinnung, Zuneigung Maitr. S. 2,3,2.

2.*आमन n. Krankheit.

आमनस् Adj. freundlich gesinnt, geneigt Maitr. S. 2,3,2.

*आमनस्य n. Leid, Pein, Qual.

आमनहोम m. eine von den Versen TS. 2,3,9,1. 2 begleitete Spende Njâjam. 4,4,6.

आमन्त्रण n. 1) Anrede, Anruf. — 2) Einladung. — 3) das Bereden, Befragen, Berathen. — 4) *das Lebewohlsagen. — 5) Mahlstatt.

आमन्त्रणीय Adj. zu befragen, des Raths kundig.

*आमन्त्रयितर् Nom. ag. Einlader (mit Acc.).

आमन्त्रयितव्य Adj. dem man Lebewohl sagen muss Venis. 8,23.

आमन्त्रित n. Anrede, Vocativ.

आमन्त्र्य Adj. angeredet werdend, im Vocativ stehend.

आमन्द्र Adj. ein wenig dumpf, — tief (Laut) Megh. 34.

*आमपत्त्रिका f. eine Spinatart Nigh. Pr.

आमपाचिन् Adj. Verdauung befördernd Bhâvapr. 1,174.

आमपात्र n. ein ungebranntes Gefäss.

आमय 1) m. a) Krankheit. — b) *schlechte Verdauung. — 2) n. Costus speciosus Bhâvapr. 3,97.

आमयाविन् Adj. 1) krank. — 2) an schlechter Verdauung leidend. Dazu Nom. abstr. °वित्व n.

आमयाव्य n. Krankheit Sâmav. Br. 2,2,3.

आमयित्नु Adj. in अनामयित्नु.

°आमयिन् in श्रद्या° und पथ्या°.

आमर Adj. der Götter. °अब्दर् Çârṅg. in Golâdhj. 304.

आमरणम् Adv. bis zum Tode Spr. 5525.

आमरणान्त (Spr. 976) und °णान्तिक Adj. bis zum Tode während, lebenslänglich.

आमरातसी f. ein best. Heilmittel gegen Dysenterie Mat. med. 112.

आमरीतृर् Nom. ag. Verderber.

आमर्द m. 1) Druck. — 2) das Zausen, hartes Zusetzen. — 3) N. pr. einer Stadt.

आमर्दक m. Bein. Kâlabhairava's.

°आमर्दिन् Adj. zerzausend, hart zusetzend.

आमर्यादास्थ Adj. beinahe an der Grenze stehend Ind. St. 10,416.

आमर्श m. Berührung, Anklang.

*आमल = आमलक Comm. in R. ed. Bomb. 1,70,3.

आमलक 1) m. und f. (ई) Myrobalanenbaum. n. die Frucht. आमलकीफल n. dass. Kâd. 19,21. 146, 15. — 2) m. *Gendarussa vulgaris Nees.

आमलकीपत्त्र n. Pinus Webbiana Nigh. Pr.

आमलीश्वरतीर्थ n. N. pr. eines Tîrtha.

आमवात m. eine mit Blähungen verbundene Verdauungslosigkeit.

आमविधि m. eine best. Begehung.

आमशूल n. Cholik in Folge von Indigestion Bhâvapr. 5,5. 8.

आमश्राद्ध n. ein best. Çrâddha.

आमहीयव 1) m. N. pr. eines Ṛshi. — 2) n. Name verschiedener Sâman.

आमहीया f. Bez. des Verses ṚV. 8,48,3.

आमाजीर्ण n. eine Form von Indigestion Bhâvapr. 4,23. Wise 328.

आमातिसार m. eine acute Form der Dysenterie. °रिन् Adj. daran leidend.

*आमात्य m. = अमात्य.

आमाँद् Adj. *Rohes (Fleisch, Cadaver) essend.*

आमाद्य n. *Genuss von Rohem.*

*आमानस्य n. = आमनस्य.

आमावास्यँ 1) Adj. *a) zum Neumond oder dessen Feier gehörig.* — *b) *an einem Neumond geboren.* — 2) n. *Neumondsopfer.* °स्यँविध Adj.

आमाशय m. *Magen.*

आमिँत्तवत् Adj. *mit Quark versehen* TBr. 2,7,16,1.

आमिँता f. *Milchklumpen, Quark.* आमिक्षेष्टि f. Vaitân.

*आमितीय und *°द्य Adj. *zu Quark tauglich, — geeignet.*

*आमितौकि m. Patron. von अमितौजस्.

आमित्रँ Adj. (f. ई) *vom Feinde herrührend.*

*आमित्रायण, *°त्रायणि und *°त्रि m. Patronn. von अमित्र.

*आमित्रीय Adj. von आमित्रि.

*आमिधी gaṇa मध्वादि in der Kâç. zu P. 4,2,86. Davon Adj. *°वत् ebend.

आमिलायन m. Patron. Auch Pl.

आमिश्र Adj. *vermischt, vermengt.* Davon Nom. abstr. °त्व n.

आमिश्रीभूत Adj. dass. Davon Nom. abstr. °त्व n.

आँमिश्ल Adj. *sich vermengend.* Superl. °तम.

आमिष 1) n. *a) Fleisch.* — *b) Leckerbissen, Lockspeise, erwünschte Beute.* Dazu Nom. abstr. °ता f. und °त्व n. — *c) Geschenk, Honorar, Trinkgeld* — 2) *f. ई *eine best. Pflanze.* Davon Adj. *°वत्.

*आमिषप्रिय m. *Reiher.*

आमिषाशिन् Adj. *Fleisch essend* 144,9. Hâsj. 17.

आँमिस् m. *rohes Fleisch, Cadaver, Fleisch* überh.

*आमीक्षा f. = आमिक्षा.

*आमील *ein best. wollener Stoff* (buddh.).

आमीलन n. *das Schliessen der Augen* Spr. 4649. Kâd. II,20,6.

आमीवत्कँ Adj. *andringend, drängend.*

आमुकुलित Adj. *halb geöffnet* (Blüthe) Kâd. 96,8.

आमुख n. 1) **Beginn.* — 2) *Vorspiel, Einleitung.*

आमुखी Adv. mit कर् *offenbaren* Lalit. 218,17.19. Mit भू *offenbar werden* 250,5.10.14.20.

*आमुप m. *Bambusa spinosa Hamilt. Roxb.*

आमुँर् und आमुँरि m. *Verderber, Zerstörer.*

आमुष्मिक Adj. (f. ई) *dortig, im Jenseits erfolgend, auf's Jenseits gerichtet.* Nom. abstr. °त्व n. Comm. zu Njâjam. 4,3,16.

*आमुष्यकुलक n. und *°कुलिका f. Nom. abstr. von अमुष्यकुल.

*आमुष्यकुलीन Adj.

*आमुष्यपुत्रक n. und *°पुत्रिका f. Nom. abstr. von अमुष्यपुत्र.

आमुष्यायणँ m. *der Sohn oder Abkömmling des und des.*

आमूर्तरयस m. Patron. von अमूर्तरयस्.

आमूलम् und आमूल° (Vâmana 5,2,18) Adv. *von Anfang an.*

आमृण in अनामृण.

आमेखलम् Adv. *bis zur Thalwand eines Berges* Kumâras. 1,6.

(आमेन्यँ) आमेनिअँ Adj. *mit einem Geschoss zu erreichen.*

आमेष्टका f. *ein ungebrannter Ziegel* Mṛkkh. 47,9.

आमोक्षण und आमोचन n. *das Anheften, Anbinden.*

आमोटन n. *das Knicken, Brechen* Bhogapr. 60,9 = Spr. 7500.

आमाँद 1) Adj. (f. आ) *erfreuend, erheiternd.* — 2) m. (adj. Comp. f. आ) *a) Freude, Heiterkeit.* — *b) Wohlgeruch* Spr. 1010. — *c) *Asparagus racemosus* Nigh. Pr.

*आमोदजननी f. *Betelpfeffer* Nigh. Pr.

आमोदायन m. Patron.

आमोदिन् 1) Adj. *am Ende eines Comp. den Wohlgeruch von — habend.* — 2) *m. *a) wohlriechendes Spülwasser.* — *b) Acacia Catechu Willd.* Gal. — 2) *f. °नी *Moschus* Gal.

आमोषँ m. *Beraubung.*

*आमोषिन् Adj. *beraubend.*

आमोह्निका f. *ein best. Wohlgeruch.*

आम्नातव्य Adj. *zu erwähnen, aufzuführen.*

*आम्ना.तन् Adj. *der Etwas* (Loc.) *erwähnt hat* 233,9.

आम्नान n. *Erwähnung, Ueberlieferung in einem heiligen Texte.*

आम्नाय m. *Ueberlieferung, heiliger Text, Legende.*

आम्नायरहस्य n. Titel eines Werkes.

*आम्नायिन् m. *ein* Vaishṇava Gal.

आम्बँ m. *eine best. Körnerfrucht.*

*आम्बरीषपुत्रक Adj. *von* Ambarîshaputra's *bewohnt.*

*आम्बष्ठ m. *ein Mann aus dem Volke der* Ambashṭha.

आम्बष्ठ्य m. *ein Fürst der* Ambashṭha. *f. आ.

आम्बिकेय m. 1) Metron. von अम्बिका. — 2) N. pr. eines Gebirges in Çâkadvîpa VP. 2,4,63.

आम्मस Adj. *aus Wasser bestehend, W. seiend* MBh. 3,187,45.

*आम्भसिक Adj. *im Wasser lebend.*

*आम्भि Patron. von अम्भस्.

आम्भृणी f. *eine Tochter des* Ambhṛṇa.

आम्रँ m. *Mangobaum; n. die Frucht.* Als best. *Gewicht* = पल.

आम्रकूट m. N. pr. eines Berges.

*आम्रगन्धक, *°गन्धकृत् (Gal.), *°गन्धधृक् (Râgan. 4,21) und *गन्धधृत् (Nigh. Pr.) m. *eine best. Pflanze.*

आम्रगन्धिहरिद्रा f. *Curcuma reclinata* Mat. med. 291. Bhâvapr. 2,27.

*आम्रगुप्त m. N. pr. eines Mannes. Davon Patron. *°गुप्तायनि und *°गुप्ति m.

*आम्रतैल n. *Oel aus Mango* Madanav. 95,48.

*आम्रनिशा f. *Curcuma reclinata* Nigh. Pr.

आम्रपञ्चम m. *ein best.* Râga S.S.S. 36. 82.

आम्रपाल 1) m. N. pr. eines Fürsten. — 2) f. ई *ein Frauenname.*

आम्रफलप्रपानक n. *ein best. erfrischender Trank* Bhâvapr. 2,27.

*आम्रमय Adj. *vom Mango kommend, daraus gemacht.*

आम्रवण n. *ein Wald von Mangobäumen.*

*आम्रवाट (Nigh. Pr.) und आम्रात m. *Spondias mangifera.*

आम्रातक 1) m. *a) dass.* — *b) *verdickter Mangosaft.* — *c)* N. pr. eines Berges. — 2) *f. ई *eine best. Schlingpflanze* Râgan. 3,134.

आम्रातकेश्वर n. Name eines Liñga.

आम्रावती f. N. pr. einer Stadt.

*आम्रावर्त m. *verdickter Mangosaft.*

आम्रास्थि n. *Mangokern* Bhâvapr. 3,136.

*आम्रिन् Adj. *mit Mangobäumen besetzt* Kâç. zu P. 5,2,131.

*आम्रिमन् m. Nom. abstr. von आम्र.

आम्रेड m. *Wiederholung* (einer Handlung) Bâlar. 189,16.

आम्रेडित n. *Wiederholung, das zweite Wort einer Wiederholung.*

*आम्ल्य n. Nom. abstr. von आम्ल.

*आम्ल m. f. (आ) und n. *Tamarindus indica* und = श्रीवल्ली.

*आम्लवल्ली f. *eine best. Pflanze* Gal.

*आम्लवेतस m. = अम्लवेतस.

*आम्लिका und *आम्लीका f. = अम्लिका.

आयँ m. 1) *Hinzutritt.* — 2) *Einkünfte, Einkommen.* — 3) *das 11te astrol. Haus.* — 4) *Mittel* (vgl. उपाय). — 5) = अय *Würfel.* — 6) Bez. *der Zahl vier.* — 7) Bez. *best. liturgischer Einschiebsel.* — 8) **Haremswächter* (?).

*आयक Adj.

आयजिँ, °जिँन् und °यँु Adj. *herbeiopfernd, verschaffend.* Dazu Compar. आँयजीयस् und Superl. आँयजिष्ठ.

आयत 1) Adj. s. यम् mit आ. — 2) Adv. आँयतम् *flugs, ohne Weiteres* Çat. Br. 14,7,1,15. आँयतया dass. 1,7,3,3. — 3) f. आ *eine Art von Intervall* S.S.S. 23.

आयतचतुरस्र m. *ein längliches Viereck* Bâudh. Çulbas. 124. Colebr. Alg. 271.

*आयतच्छदा f. *Musa paradisiaca L.*

आयतन n. 1) *Standort, Stätte.* हास्यायतन *Gegenstand des Gelächters.* Dazu Nom. abstr. आयतनत्व n. Kap. 5,121. Chr. 268,32. 269,8. — 2) *Feuerstätte.* — 3) *heilige Stätte, Tempel* 55,3. 157,17. — 4) *Scheune* Jâgñ. 2,154. — 5) *Sitz einer Krankheit.* — 6) *Strecke* (Landes). — 7) bei den Buddhisten Bez. *der fünf Sinne und des* Manas *und der von diesen wahrgenommenen Qualitäten.* Jene sind *die inneren, diese die äusseren* Âjatana.

आयतनवत् 1) Adj. *eine Stätte habend.* — 2) m. Bez. *des vierten Fusses* Brahman's.

*आयतस्तू Adj.

आयताक्ष Adj. (f. ई) *langäugig* 163,2.

आयति f. 1) *das Sichausbreiten, Sicherstrecken* Praçnop. 3,12. *bis zu* (Loc.) RV. 1,139,9. — 2) *Länge* Kâd. 62,4. — 3) *Folge, Zukunft* MBh. 12,274,9. Spr. 4224. Pl. 7815. Metrisch auch आयती. — 4) *Erwartung, Hoffnung* Kathâs. 24,119. Kâd. 62,4 (zugleich *Länge*). — 5) **Ansehen, Würde.* — 6) N. pr. einer Tochter Meru's VP. 1,10,3.

*आयतीगवम् Adv. *zur Zeit, wann die Kühe heimkehren.*

*आयतीसमम् Adv.

आयत्तता f. und आयत्तत्व n. (Sâh. D. 45,15) *Abhängigkeit von* (Loc. oder im Comp. vorangehend).

आयत्तमूल Adj. *was Wurzel geschlagen hat* Tândja-Br. 20,16,1.

आयत्ति f. 1) *Abhängigkeit* Praçnop. in Ind. St. 1,449. — 2) **Anhänglichkeit.* — 3) **Länge.* — 4) **Zukunft.* — 5) **Würde, Ansehen.* — 6) **Macht, Kraft.* — 7) **Grenze.* — 8) **Schlaf.* — 9) **Tag.*

आयथातथ्य n. *Unrichtigkeit, unrichtige Anwendung* Spr. 2134.

*आयथापुर्य n. *das Anderssein wie ehemals.*

आयदर्शिन् Adj. *Einkommen zu Gesicht bekommend,* — *beziehend* Mṛkkh. 33,4.

आयद्वसु Adj. *bei dem die Güter sich einstellen.*

आयद्वार n. *Einnahmestelle.*

1. आयन n. *das Kommen.*

2. आयन Adj. *zum Solstitium in Beziehung stehend.*

आयन्तृ Nom. ag. *Befestiger.*

आयमन n. *das Spannen* (eines Bogens).

आयम्य Adj. *zu spannen.*

*आयल्लक 1) m. *eine wollene Decke* Gal. — 2) n. *Ungeduld, Sehnsucht.*

आयव n. Name eines Sâman. आयवनायवम् desgl.

आयवन् m. = आयवन् Maitr. S. 3,4,4.

आयवन n. *Rührlöffel oder ein ähnliches Geräthe.*

आयवस n. = आयवन् Maitr. S. 3,4,4.

आयवस 1) *Futtermangel.* Fälschlich आयवस Mahâbh. 5,78,a und आवयस Vârtt. 7 zu P. 5,4,36. — 2) m. N. pr. eines Mannes.

आयवाह् s. अयवाह्.

*आयःशूलिक Adj. *gewaltsam zu Werke gehend, Jmd das Messer an die Kehle setzend.*

आयस 1) Adj. (f. आयसी und आयसी) *a) ehern, metallen, eisern.* — *b) eisenfarbig.* — 2) *f. ई *ein eisernes Netz* (als Rüstung). — 3) n. *a) Eisen und ein aus Eisen verfertigter Gegenstand.* — *b) Blasinstrument.*

आयसमय Adj. *ehern, eisern* Kâd. 32,16.

*आयसीय Adj. von अयस्.

*आयस्कार m. *der obere Theil des Vorderbeins beim Elephanten.*

*आयस्कारि m. Patron. von अयस्कार.

आयस्थान n. *Einnahmestelle.*

आयःस्थूण m. Patron. von अयःस्थूण.

आयाग m. 1) *Opferlohn.* — 2) v. l. für आयोगव 2) VP. 5,20,14.

आयाजिभट्ट m. N. pr. = अय्याजीभट्ट.

आयात n. *Uebermaass.*

आयाति 1) f. *Herbeikunft.* — 2) m. N. pr. eines Sohnes des Nahusha.

आयान n. 1) *das Herankommen.* — 2) * = अयान.

आयापन n. *das Herbeiholen, Einladen.*

आयाम m. (adj. Comp. f. आ) 1) *Spannung, Dehnung.* — 2) *Hemmung.* — 3) *Länge* (räumlich und zeitlich). — 4) *eine Senkrechte* Ârjabh. 2,8. — Bisweilen verwechselt mit आयास.

आयामवत् Adj. *lang* (räumlich und zeitlich).

आयामिन् Adj. 1) *hemmend,* in प्राणायामिन्. — 2) *lang* (räumlich und zeitlich) Kâd. 28,3. 46,12. 55,16.

*आयावसीय Adj. von अयावस् v. l. im gaṇa कृशाश्वादि in der Kâç. zu P. 4,2,80.

आयास m. 1) *Anstrengung.* — 2) *Ermüdung, Abspannung.*

आयासक (Spr. 1450, v. l.), आयासकर (f. आ) und आयासद Adj. *ermüdend.*

आयासन n. *das Ermüden.*

आयासिन् Adj. *sich anstrengend,* — *Mühe gebend.*

आयास्य n. Name verschiedener Sâman.

आयिन् Adj. *herbeieilend.*

1. आयु 1) Adj. *beweglich, lebendig.* — 2) m. *a) lebendes Wesen, Mensch;* häufig als Collect. — *b) Sohn, Nachkomme;* auch als Collect. — *c) Bez. des Feuers.* — *d)* N. pr. α) verschiedener Männer. — β) eines Froschkönigs (kann auch आयुस् sein).

2. आयु 1) m. *ein Genius des Lebens* RV. 10,17,4. — 2) n. *Leben, Lebenszeit.*

आयुक्त und °क m. *Beamter* Spr. 994.

*आयुक्तिन् Adj.

आयुत n. *halbgeschmolzene Butter.*

आयुध n. (adj. Comp. f. आ) 1) *Waffe.* — 2) *Geräthe.* — 3) Pl. **Wasser.* — 4) *Gold zu Schmucksachen.*

आयुधजीविन् Adj. *von den Waffen lebend;* m. *Krieger.*

*आयुधधर्मिणी f. *Sesbania aegyptiaca Pers.*

आयुधपाल m. *Aufseher über die Waffen.*

आयुधभृत् Adj. *Waffen tragend;* m. *Krieger* 219,29.

आयुधशाला f. *Arsenal* Kâd. 97,16.

आयुधसहाय Adj. *bewaffnet* Venis. 8,20.

आयुधसाह्वय *eine best. Pflanze* Suçr. 2,104,10.

आयुधागार n. *Waffenkammer, Arsenal* Venis. 8, 20. fgg.

आयुधागारनर und आयुधागारिक m. *Aufseher über die Waffenkammer.*

*आयुधि m. Patron. gaṇa तौल्वल्यादि in der Kâç. zu P. 2,4,61.

आयुधिक, आयुधिन् und आयुधीय (214,4) Adj. *bewaffnet;* m. *Krieger.* आयुधीयपुत्र m. *der Sohn eines Kriegerdienste thuenden Brahmanen* Âpast.

*आयुध्य n. Nom. abstr. v. l. आबुद्ध्य.

आयुपत्नी Adj. f. *über die Lebenden herrschend* Tândja-Br. 1,5,17.

आयुर्ज्ञान n. Titel eines Werkes.

आयुर्दद् Adj. *langes Leben verleihend.*

आयुर्दा 1) Adj. dass. — 2) f. N. pr. *a)* der Schutzgottheit der Âpnavâna. — *b)* eines Flusses in Çâkadvîpa Bhâg. P. 5,20,27.

आयुर्दाय m. *Prognostication der durch den Planetenstand bedingten Lebensdauer.*

आयुर्दावन् Adj. *langes Leben verleihend.*

*आयुर्द्रव्य n. *Arzenei.*

आयुर्महोदधि m. Titel eines Werkes.

आयुर्युध् Adj. *um's Leben kämpfend.*

*आयुर्योग m. *Arzenei.*

आयुर्वेद m. *Heilkunde.* °रसायन n., °सर्वस्व n. und °सौख्य n. Titel von Werken.

आयुर्वेदमय Adj. *die Heilkunde in sich enthaltend.*

*आयुर्वेदिक und *°वेदिन् m. *Arzt.*

आयुर्हृत Adj. *gesundheitsschädlich* Bhâvapr. 2,105.

आयुवती f. Pl. *eine best. Klasse von* Apsaras VP.[2] 2,82. Vgl. VS. 18,39.

1. आयुःशेष m. *Lebensrest* 157,27.

2. आयुःशेष Adj. *dessen Lebenszeit noch nicht abgelaufen ist.* Nom. abstr. °ता f. Pañkat. 9,4. 127,3.

°आयुष n. = आयुस् *Lebenszeit.*

आयुषक् Adv. *unter menschlicher Mitwirkung.*

*आयुषय्, °यति *Jmd langes Leben wünschen.*

आयुष्क n. *das Hängen an der körperlichen Existenz.*

आयुष्कर Adj. *langes Leben bewirkend* Kâd. II, 124,17. Nom. abstr. °त्व n. Sâh. D. 11,11.

आयुष्काम Adj. *langes Leben wünschend* Âpast. 1,1,20.

आयुष्कामीय Adj. *in Beziehung stehend zu Jmd, der langes Leben wünscht.*

आयुष्कारण n. *die Ursache eines langen Lebens* Sâh. D. 11,9.

आयुष्कृत् Adj. *langes Leben schaffend.*

आयुष्पत्नी f. *Lebensherrin* AV.

आयुष्पा Adj. *das Leben erhaltend.*

आयुष्प्रतरण Adj. *das Leben verlängernd.*

आयुष्मत्पुरुषक Adj. *Männern langes Leben verleihend* Mahâbh. (K.) 7,2.

आयुष्मन्त् 1) Adj. *a) lebenskräftig, gesund, dem ein langes Leben bevorsteht, — gewünscht wird. — b) dauernd. — c) alt an Jahren. — d) lebenslänglich* Spr. 4463. — 2) m. *a) der Hauptstern im dritten Mondhause. — b)* N. pr. eines Sohnes α) des Uttânapâda. — β) des Saṁhrâda VP. 1,21,1.

आयुष्य, आयुषिय 1) Adj. (f. आ) *langes Leben verleihend.* — 2) n. *a) Lebenskraft, Lebensfülle, langes Leben. — b) *Arzenei* Gal. — *c) eine langes Leben verleihende Handlung* Gaut. — *d) eine best. Begehung nach der Geburt eines Kindes* Pâr. Gṛhj. 1,16,3.

आयुष्यवत् Adj. *lange lebend.*

आयुःष्टोम m. *Lebensfeier* (eine best. Begehung).

आयुस् 1) n. *a) Leben, Lebenskraft, Lebensdauer, Menschenalter, langes Leben. — b) lebendige Kraft. — c) Welt* RV. 2,38,5. 7,90,6. — *d) Lebenselement* 217,3 (in einer Etymologie). — *e) eine best. Begehung.* Auch m. — *f)* अग्नेः und नवस्तोभम् Namen von Sâman. — *g) das achte astrol. Haus* Ind. St. 14,312. — *h) *Speise.* — 2) m. N. pr. eines Sohnes des Purûravas und der Urvaçî. Vgl. 1. आयु 2) *d)* β).

आयुस्तेजस् m. N. pr. eines Buddha.

आये Dat. Inf. *herbeizukommen* RV. 2,18,3.

आयोग m. 1) *Gespann.* — 2) **das bei Etwas Angestelltsein, Beschäftigung.* — 3) *Schmuck, Zierat* R. 2,3,18 (माल्ययोग्याः ed. Bomb.). Hariv. 4501. 4503. 4507. *Berühmtheit* Comm. — 4) *Schwarm.* भ्रमरायोग *Bienenschwarm* R. 5,17,5. — 5) **Darbringung von Wohlgerüchen und Kränzen.* — 6) **Ufer.* — 7) v. l. für आयोगव 2) VP. 5,20,14.

आयोगव 1) m. *eine best. Mischlingskaste, angeblich der Sohn eines* Çûdra *von einer* Vaiçjâ Gaut. Im Çat. Br. heisst Marutta Âvikshita आयोगवो राजा. — 2) n. N. pr. eines Bogens VP. 5,29,14.

1. आयोजन n. 1) *das Herbeischaffen.* — 2) Bez. *gewisser Sprüche* u. s. w. Kauç. 23.

2. आयोजन° Adv. *auf eine Entfernung von einem* Jogana MBh. 1,185,21.

आयोद m. Patron. des Ṛshi Dhaumja 39,16.

आयोध n. 1) *Kampf, Schlacht.* — 2) *Kampfplatz.* — 3) **Mord, Todtschlag.*

आयोधेय und आयोध्य m. Pl. Name einer Schule.

आयोध्यक Adj. *von —, aus* Ajodhjâ; m. *ein Bewohner von A.*

आयोभव्य m. = मायोभव्य.

आर्, आर्यति *preisen.* Partic. आरित.

1. आर 1) m. n. *Erz.* — 2) n. **Eisen* Râǵan. 13,45. — 3) m. *Höhlung* — 4) n. *Stachel.* Vgl. आरा. — 5) n. *Spitze, Ecke.* — 6) m. **ein best. Baum.* — 7) m. N. pr. eines Sees in Brahman's Welt Kaush. Up. 1,3. 4.

2. आर m. 1) = Ἄρης, *der Planet Mars.* — 2) **der Planet Saturn.*

3. आर MBh. 1,1498 fehlerhaft für अर *Speiche.*

आरकात् Adv. *fern von* (Abl.).

आरकूट und *क (Gal.) m. n. *eine Art Messing* Râǵan. 13,28.

आरक्त Adj. 1) *röthlich.* — 2) **n. rother Sandel* Nigh. Pr.

*आरक्तपुष्पी f. *Pentapetes phoenicea* Nigh. Pr.

आरक्ती Adv. mit भू *röthlich werden* Comm. zu Naish. 22,49.

आरक्ष 1) m. und °क्षा f. (Spr. 2196) *Schutz, Wache.* Am Ende eines adj. Comp. f. आ. — 2) m. **eine best. Stelle auf der Stirn eines Elephanten.*

आरक्षक m. *Wächter.*

आरक्षण m. *Hüter,* °णी f. *Hüterin.*

आरक्षिक m. *Wächter.* °नायक m. *Polizeimeister.*

आरक्षिन् m. *Hüter,* °क्षिणी f. *Hüterin.*

आरक्ष्य Adj. *zu hüten,* in दुरारक्ष्य.

आरग्वध m. *Cathartocarpus (Cassia) fistula;* n. *die Frucht.* Davon Adj. °धीय *darüber handelnd* Karaka 1,3.

*आरग्वायनबन्धकी f. gaṇa राजदन्तादि.

आरङ्गर m. *Biene.*

आरटि *Gebrüll.*

आरट्ट m. 1) Pl. N. pr. eines Volkes. — 2) N. pr. des angeblichen Stammvaters desselben.

आरट्टक Adj. *zu den* Âraṭṭa *gehörig.*

आरट्टज Adj. *von den* Âraṭṭa *stammend, bei ihnen vorkommend.*

*आरडव Adj. von अरडु.

आरण n. *Abgrund, Tiefe.*

*आरणाज m. Pl. *eine best. Götterordnung* (bei den Ǵaina).

आरणाच्छला f. Titel eines Abschnittes in der Sâmavedakkhalâ.

*आरणि m. *Strudel.*

आरणिका f. ein Frauenname Prij.

आरणेय 1) Adj. *aus Reibhölzern erzeugt* Comm. zu Gobh. 1,1,17.18. — 2) m. Metron. Çuka's. — 3) n. *ein Behälter für die Reibhölzer* MBh. 3,314,27.

आरण्य 1) Adj. (f. ई) *in der Wildniss befindlich, — wohnend, — wachsend, auf dieselbe bezüglich, wild.* — 2) m. *ein wildes Thier.*

आरण्यक 1) Adj. dass. und *von Waldthieren herrührend.* — 2) m. *Waldbewohner, Einsiedler.* — 3) n. *der im Walde zu studirende Theil eines* Brâhmaṇa.

आरण्यककाण्ड n. Titel des 14ten *Buchs* im Çat. Br. und des 3ten im R.

आरण्यकगान n. Titel eines Theiles des Sâmaveda.

*आरण्यकाण्ड n. Titel des 3ten *Buchs* im R. und Adhjâtmar.

आरण्यकुक्कुट m. *wilder Hahn* Bhâvapr. 2,8.

आरण्यगान n. = आरण्यकगान.

आरण्यपर्वन् n. = अरण्यपर्वन्.

*आरण्यमुद्गा f. *Phaseolus trilobus* Ait.

*आरण्यराशि m. Bez. *des Löwen, Widders, Stiers und der vorderen Hälfte des Steinbocks im Thierkreise.*

आरण्योपल m. *geformter und getrockneter Kuhdung* Bhâvapr. 3,88.

आरति f. *das Aufhören, Nachlassen.*

आरदेश m. N. pr. *einer Oertlichkeit.*

आरद्ध m. N. pr. eines Mannes. Davon Patron. *आरद्धायनि.

आरद्वत् m. N. pr. eines Fürsten VP. 4,17,1.

आरनाल m. n. und *°क n. *saurer Reisschleim.*

आरब 1) m. *Arabien.* — 2) f. ई *die arabische Sprache.*

आरब्ध m. N. pr. eines Fürsten (= आरद्वत्).

आरब्धव्य Adj. *zu unternehmen, — beginnen.*

आरब्धि f. *Unternehmung* Spr. 2772.

आरभट 1) *m. *ein beherzter Mann.* — 2) f. ई *a) Heldenstück* Râǵat. 8,2019. — *b) Darstellung übernatürlicher und schauervoller Ereignisse auf dem Theater.*

आरभम् Acc. Inf. 1) *zu packen* RV. 5,34,5. — 2) *Fuss zu fassen* RV. 9,73,3. — 3) *zu erreichen* RV. 10,62,9.

आरभे Dat. Inf. *zu erfassen, festzuhalten* RV. 1,

24,5. 34,2. 182,7. 9,73,1.

आरभ्य Adj. = आरब्धव्य in अनारभ्य.

आरमण n. 1) *Ergötzen, Lust* TS. Çat. Br. — 2) *Liebesgenuss* Gaut.

*आरमुखी f. = आरी (?) Gal. Vgl. आरामुख.

आरम्बन n. *Stütze*, in अनारम्बन.

आरम्भ m. 1) *das sich an Etwas Machen, das Gehen an Etwas, Unternehmung, das Beginnen.* — 2) *Anfang, Beginn* 167,21. 286,30. — 3) *der erste Grad in den Mysterien der* Çâkta *und in den Zuständen des* Joga. — 4) in der Dramatik *die beginnende Handlung, die die Besorgniss um das Erreichen des Zieles erweckt.*

आरम्भक Adj. 1) *in's Leben rufend, bewirkend* Kap. 2,51. 5,113. Dazu Nom. abstr. °त्व n. Çaṁk. zu Bâdar. 2,2,11. — 2) *voller Erwartung.* — 3) am Ende eines adj. Comp. = आरम्भ 1).

आरम्भण n. 1) *das sich an Etwas Machen, das Gehen an Etwas* Comm. zu TS. Prât. 5,1. 14,3. — 2) *Haltpunct, Handhabe.* आरम्भणतस् Adv. *an der Handhabe* Ait. Br. 2,35. — 3) *woran man sich klammert* (in übertr. Bed.) Âpast. 2,27,7. m. 5,19. वाचारम्भणम् so v. a. *eine blosse Redensart* Khând. Up. (Chr. 284,5).

आरम्भणवत् Adj. *anfassbar.*

आरम्भणीय Adj. (f. आ) 1) *zu unternehmen* Comm. zu Njâjam. 1,1,1. 9,1,1. — 2) *womit zu beginnen ist, den Anfang bildend.* Mit इष्टि oder f. mit Ergänzung davon Vaitân. Njâjam. 10,1,6.

आरम्भता f. Nom. abstr. zu आरम्भ 2).

आरम्भरुचि Adj. *unternehmungslustig.* Davon Nom. abstr. °ता f. M. 12,32.

आरम्भसिद्धि f. Titel eines Werkes.

आरम्भिक Adj. *einen Anfang nehmend, beginnend.*

आरम्भिन् Adj. *Vieles unternehmend.*

*आररक Adj. von आररक्व.

*आररक्व m. Patron. von अररक.

आरव m. 1) *Geschrei, Geheul, Gekrächz, Laut, Ton.* — 2) Pl. N. pr. eines Volkes Varâh. Bṛh. S. 14,17.

आरवडिण्डिम m. *eine Art Trommel.*

आरस m. *Geschrei* u. s. w., in सारस.

*आरस्य n. Nom. abstr. von अरस.

आरा f. 1) *Ahle, Pfriem.* — 2) *ein best. Wasservogel.*

*आराकर m. = लोहदण्ड Gal.

आराग m. v. l. für आरोग.

1. आराग्र n. *die Spitze einer Ahle.*

2. आराग्र Adj. (f. आ) *wie eine Ahle spitz zulaufend.*

*आराज्ञक Adj. von आराज्ञी.

*आराज्ञी f. gaṇa धूमादि.

आराड m. N. pr. eines Lehrers des Çâkjamuni Lalit. 295,8. fgg.

आराढि, आराळ्हि m. Patron. des Sauǵâta.

आरात् 1) Abl. Adv. a) *aus der Ferne, von fern; fern, fernhin; fern von* (Abl.) Âpast. — b) *in der Nähe; nahe bei* (Abl.) Gaut. 9,39. — c) *sogleich, alsbald.* — 2) *m. N. pr. eines Dorfes der Bâhîka.

आराति m. = अराति *Feind* Maitr. S. 1,5,1.

*आरातीय Adj. von आरात् 1)

*आरात्क Adj. (f. आ und ई) von आरात् 2).

आरात्तात् Adv. *aus der Ferne, von fern.*

आरात्रिक n. *eine best. Ceremonie.*

*आरात्रिविवासम् Adv. *bis Tagesanbruch* Mahâbh. 3,27,b.

आरादुपकारक Adj. *indirect beitragend, — wirkend* Madhus. in Ind. St. 1,15. Comm. zu Njâjam. 9,1,8. Nom. abstr. °ता f. zu 9,2,26. °त्व n. Çaṁk. zu Bâdar. 4,1,16.

आरादुपकारिन् Adj. dass. Comm. zu Njâjam. 9,1,8.

आराध m. *Huldigung.*

आराधन 1) Adj. *für sich gewinnend, günstig stimmend.* — 2) n. a) *das Gerathen, Gedeihen* Comm. zu Njâjas. 4,1,19. — b) *das Vollbringen.* — c) *das Kochen.* — d) *das Erlangen.* — e) *das für sich Gewinnen, günstig Stimmen, Huldigen* 290,2. Auch *f. आ.

आराधनप्रकार m. Titel eines Werkes.

आराधनीय Adj. *für sich zu gewinnen, günstig zu stimmen, dem man zu huldigen hat* Kâd. 217,10.

*आराधय Adj. wohl = आराधयितर्.

आराधयितर् Nom. ag. *für sich zu gewinnen suchend, huldigend.*

आराधयिष्णु Adj. dass., mit Acc.

*आराधय्य n. Nom. abstr. von आराधय.

आराधिन् m. = आराविन् 2) VP.² 4,153.

आराध्य 1) Adj. a) *was man zu vollbringen hat* Spr. 1768. fg. — b) = आराधनीय. — c) *was Jmd* (Instr.) *gern hat* Spr. 7640 (zugleich in Bed. b). — 2) m. Pl. Name einer Secte.

आराम m. (adj. Comp. f. आ) 1) *Ergötzen, Lust.* — 2) *Garten, Baumgarten.* — 3) *ein best. Metrum.*

*आरामवल्लिका f. *eine best. Pflanze* Nigh. Pr.

*आरामशीतला f. *eine best. Pflanze mit wohlriechenden Blättern* Râǵan. 10,177. Madanav. 30,306. Dhanv. 4,68.

आरामादिप्रतिष्ठापद्धति f. Titel eines Werkes.

आरामिक m. *Gärtner* Râǵat. 7,39.

आरामुख n. *eine Pfeilspitze in Form einer Ahle.*

*आराल gaṇa तारकादि.

आरालिक m. *eine Art Koch.*

*आरालित Adj. von आराल.

आराव m. *Geschrei, Geheul, Gesumme, Laut, Ton* 74,10. 111,6. 149,21.

आरावली f. N. pr. einer Gebirgskette.

°आराविन् 1) Adj. *klingend —, schallend mit* Mâlav. 52. — 2) m. N. pr. eines Sohnes des Ǵajasena VP. 4,20,3.

*आरिका f. *Schilfhalm* Gal.

*आरित्रिक Adj. (f. आ und ई) von अरित्र.

*आरिंदमिक Adj. (f. आ und ई) von अरिंदम.

आरिप्सु Adj. *zu unternehmen beabsichtigend* Njâjam. S. 3, Z. 17.

आरिराधयिषु Adj. *bestrebt Jmd zu gewinnen, — huldigen.*

*आरिश्मीय Adj. von अरिश्म. v. l. आरीश्वीय.

*आरिष्टीय Adj. von अरिष्ट.

*आरी f. = आरमुखी (?) Gal. — Vgl. auch आर्य.

*आरीश्वीय Adj. von अरीश्व Kâç. zu P. 4,2,80.

*आरीहणक n. von अरीहण. Davon Adj. *°कीय.

*आरु 1) m. a) *Eber.* — b) *Krebs.* — c) *eine best. Pflanze.* — 2) f. *Wasserkrug.*

आरुक 1) Adj. *Jmd* (Acc.) *verletzend.* — 2) n. *die Frucht einer best. Pflanze.*

आरुज् Adj. *zerbrechend*, in शफारुज्.

आरुजत् 1) Adj. *zerbrechend* (die Ergänzung im Acc. oder im Comp. vorangehend). — 2) m. N. pr. eines Râkshasa.

आरुजत्नु Adj. *zerbrechend.*

आरुजे Dat. Inf. *zu erbrechen* ṚV. 4,31,2.

आरुण 1) Adj. (f. ई) *von* Aruṇa *stammend* u. s. w. — 2) f. आरुणी *ein röthliches Zugthier* ṚV. 1,64,7. Bei anderer Betonung erhielte man अरुणी.

आरुणक Adj. (f. °णिका) *von* Âruṇi *kommend, zu ihm in Beziehung stehend.*

आरुणकेतुक Adj. *zu den* अरुणाः केतवः *in Beziehung stehend.*

*आरुणपराजिन् m. Name eines alten Kalpa.

आरुणि m. Patron. (auch Pl.) von अरुण. Bez. Ǵaṭâju's Bâlar. 175,3. °योग m. und °श्रुति f. °होतर् adj. Comp. Tâṇḍja-Br. 23,1,5.

*आरुणिन् m. Pl. Name einer Schule.

आरुणीय Adj. = आरुणक.

आरुणेय 1) Adj. = आरुणीय. — 2) m. Patron. von Âruṇi.

आरुणेयपद n. Name eines Âraṇjaka.

आरुण्य n. *Röthe* Comm. zu Njâjam. 3,1,11.

आरुण्यक Adj. *zu den* Aruṇa *in Beziehung stehend.*

आरुद्ध m. v. l. für आरद्ध, आरदत्.

आरुपित Adj. ṚV. 4,5,7.

आरुरुक्षु Adj. mit Acc. 1) *zu besteigen —, zu erklettern beabsichtigend*, mit Acc. Kâd. 36,11. 90,17.

— 2) *an Etwas zu gehen beabsichtigend.*

आरुषी 1) (Part. perf. von अरु) Adj. f. *treffend, zu Nichte machend* RV. 10,155,2. — 2) f. N. pr. einer Tochter Manu's und Gattin Kjavana's MBh. 1,66,46.

*आरुषीय Adj. von अरुस्.

आरुष्कर n. *die Frucht von Semecarpus Anacardium L.*

आरुह् 1) Adj. *besteigend*, in गर्तारुह्. — 2) f. *Auswuchs, Schössling.*

°आरुह् Adj. *springend auf, besteigend.*

आरुहम् Acc. Inf. (abhängig von शक्) *besteigen* RV. 10,44,6.

*आरू Adj. *lohfarben.*

आरूढवत् n. आङ्गिरस Name eines Sâman.

आरूढि f. *das Aufsteigen*, in अत्यारूढि.

आरे Loc. Adv. 1) *fern, fern von* (Abl.). — 2) *ausserhalb, ohne* (mit Gen. oder Abl.). — 3) *in *der Nähe.*

आरेअघ Adj. (f. आ) *ohne Uebel.*

आरेअवद्य Adj. *ohne Tadel.*

*आरेक m. *Zweifel.*

आरेवत m. = आरग्वध; n. *die Frucht.*

आरेशत्रु Adj. *Feinden entrückt.*

आरेहण n. *das Lecken, Küssen.*

आरेहण्य m. N. pr. eines Lehrers Ind. St. 4,373.

आरोक m. 1) *ein feiner Zwischenraum, durch den das Licht durchdringt; Masche eines Geflechts* oder *Gewebes.* — 2) *Zwischenraum zwischen den Zähnen u. s. w.* Mantrabr. 1,3,1.

आरोग m. *eine best. Sonne* Comm. zu Ait. Âr. 395,5.

आरोग्य 1) n. *Gesundheit* Gaut. Âpast. 1,14,29. °व्रत und °प्रतिपद्व्रत n. *eine best. Begehung.* — 2) f. आ ein Name der Dâkshâjaṇî.

आरोग्यचिन्तामणि m. Titel eines Werkes.

आरोग्यता f. *Gesundheit.*

आरोग्यपञ्चक n. *ein best. Mittel gegen Fieber* Bhâvapr. 3,28.

आरोग्यमाला f. Titel eines Werkes.

*आरोग्यशाला f. *Krankenhaus.*

आरोग्याम्बु n. *Gesundheitswasser, d. i. Wasser auf ein Viertel eingekocht* Bhâvapr. 3,15.

आरोचक m. Pl. N. pr. eines Volkes MBh. 6,51,7.

*आरोचन Adj. *glänzend.*

आरोढर् Nom. ag. *Besteiger.*

आरोढव्य Adj. *zu ersteigen, — besteigen.*

आरोध m. *Belagerung* Spr. 1284.

आरोधन n. *verschlossener Ort, das Innerste.*

आरोप m. 1) *das Aufsetzen, Auflegen.* — 2) *Uebertragung, Unterschiebung an die Stelle von, Identification mit* (Loc.) 258,3. 270,24.

°आरोपक Adj. *pflanzend.*

आरोपण n. 1) *das Besteigenlassen.* — 2) *das Aufstellen, Aufrichten.* — 3) *das Auflegen, Auftragen.* — 4) *das Legen auf den Scheiterhaufen, das Verbrennen eines Gestorbenen* R. 5,15,46. — 5) *das Beziehen eines Bogens mit der Sehne.* — 6) *das Uebertragen, Unterschieben an die Stelle von, Identificiren.*

आरोपणीय Adj. 1) *auf Etwas* (Loc.) *steigen zu lassen.* — 2) *zu pflanzen* (bildlich) Prasannar. 7,2. — 3) *mit einer Sehne zu beziehen* (Bogen) Prasannar. 21,16. — 4) *einzuschieben, einzuschalten* Comm. zu TS. Prât. 14,9. °त्व n. Nom. abstr. ebend.

आरोप्य Adj. 1) *aufzulegen, was auf —, angelegt wird.* — 2) *zu pflanzen, — verpflanzen* Varâh. Brh. S. 55,5. — 3) *mit einer Sehne zu beziehen* (Bogen). — 4) *was übertragen —, untergeschoben —, identificirt wird.*

आरोह m. 1) *Reiter, ein auf —* (im Comp. vorangehend) *sitzender Mann.* — 2) *eine Pflanze, die auf einer anderen wächst* Maitr. S. 1,6,12. — 3) *der sich erhoben hat zu* (im Comp. vorangehend). — 4) *Haufe, Berg.* — 5) *die schwellenden Hüften eines Weibes.* — 6) *Schooss.* — 7) *Besteigung.* — 8) *das Aufsteigen* (der Töne) Comm. zu Mrkkh. 44,14.15. — 9) *aufsteigendes Verhältniss, Zunahme.* — 10) *das Hochhinauswollen.* — 11) *Erhebung, Höhe.* — 12) *Verdeckung —, Verfinsterung eines Planeten durch einen andern.* — 13) *eine der 10 Weisen, auf welche eine Eklipse erfolgt.* — 14) **Länge.* — 15) **ein best. Maass.* — 16) **das Herabsteigen.*

आरोहक m. 1) *Reiter.* — 2) *Backe.* — 3) **Baum.*

आरोहण 1) Adj. (f. ई) *aufsteigend.* — 2) n. *a) das Hinaufsteigen, Besteigen.* — *b)* **das Wachsen* (von Pflanzen). — *c) Gefährt, Wagen.* — *d) eine erhöhte Bühne zum Tanz.* — *e) Treppe, Leiter.* — *f)* = आरोह 13).

आरोहणवाह Adj. *einen Wagen ziehend.*

*आरोहणीय Adj. = आरोहणं प्रयोजनमस्य.

*आरोहवत् Adj. von आरोह.

आरोहिन् Adj. 1) *aufsteigend.* दशा Varâh. Brh. 8,6. von Tönen S. S. S. 34. — 2) *am Ende eines Comp. erreichen machend, hinaufführend* Spr. 6240.

आर्क 1) Adj. *a) solar.* — *b) von der Calotropis gigantea kommend.* — 2) *n. *ein baumwollenes Kleid* Gal.

आर्कम् Adv. *mit Einschluss der Sonne.*

*आर्कलूष m. Patron. von अर्कलूष. Davon Patron. *°रि f. *°षायणि Adj. von अर्कलूष.

*आर्कायण m. Patron., *°णि Adj. von अर्क.

आर्कि m. *der Sohn der Sonne, der Planet Saturn* Varâh. Brh. 15,3.

आर्क्ष 1) Adj. (f. ई) *siderisch* Ganit. 1,17. — 2) m. Patron. von ऋक्ष.

*आर्क्षोद Adj. *aus dem Gebirge* Rkshoda *stammend.*

आर्क्ष्य m. Patron. von ऋक्ष.

आर्क्ष्यत् Adj. Çat. Br. 12,2,3,1. 3 = आत्स्यत्.

*आर्क्ष्यायणी f. zu आर्क्ष्य.

*आर्गयन Adj. von ऋगयन.

*आर्गल m. f. = अर्गल.

*आर्ग्वध m. = आरग्वध.

आर्ग्वैदिक Adj. *zum* Rgveda *gehörig* Comm. zu Kâtj. Çr. 25,1,5.12. °यार्ग्वैदिकत्व n. 2,1,12.

*आर्घा f. *eine Art Biene.*

आर्घ्य Adj. *von der* आर्घा *genannten Biene kommend.*

*1. आर्च Adj. von अर्चा.

2. आर्च Adj. (f. ई) von ऋच्.

आर्चत्क m. Patron. von ऋचत्क.

*आर्चन m. *eine best. Pflanze* Gal.

आर्चनानस m. Patron. von अर्चनानस् Tâṇḍja-Br. 8,5,9 (आर्व° gedr.).

आर्चाभिन् m. Pl. *die Schüler des* Rkâbha Kâç. zu P. 4,3,104. °भिकालविधि Anupada 3,12.

*आर्चायन m. Metron. von ऋच्.

आर्चिक Adj. *auf einer* Rk *beruhend, mit ihr zusammenhängend* Lâtj. 10,9,7. Saṁhitopan. 30,5.

आर्चीकपर्वत m. N. pr. eines *Berges.*

आर्चीकि m. Patron. Ǵamadagni's Bâlar. 43, 9. 98,3.

*आर्जट m. *Barleria caerulea* Madanav. 57,19.

आर्जव 1) Adj. *redlich, aufrichtig.* — 2) m. N. pr. eines Lehrers. — 3) n. *a) gerade Richtung.* — *b) gerades —, redliches Benehmen* Âpast.

आर्जवक Adj. in Verbindung mit सर्ग als Bez. *des 8ten und 9ten Schöpfungsactes.*

आर्जविन् Adj. *gerade —, redlich sich benehmend* Spr. 3019.

*आर्जि Çânt. 3,8

आर्जीक m. *ein best.* Soma-*Gefäss.*

आर्जीकीय 1) m. dass. — 2) f. आ N. pr. eines Flusses.

आर्जुन n. = अर्जुन 4) *d)* Kâth. 34,3.

*आर्जुनाद m. N. pr. und davon Adj. *°क gaṇa धूमादि in der Kâç.

आर्जुनायन m. 1) Patron. von अर्जुन. Pl. Ind. St. 1,50. — 2) Pl. N. pr. eines Volkes.

*आर्जुनायनक Adj. *von den* Ârgunâjana *bewohnt.*

*आर्जुनावक Adj. v. l. für आर्जुनादक.

आर्जुनि 1) *Adj. von अर्जुन. — 2) m. Patron. von अर्जुन.

आर्जुनेय m. Patron. von आर्जुनि.

ग्रार्त Partic. *hineingerathen* (in eine unglückliche Lage), *niedergeschlagen, krank, versehrt, gestört, bedrängt, leidend.* Häufig in Comp. mit dem, was das Leid verursacht. परमार्तवत् Adv. *sehr niedergeschlagen* 95,7.

ग्रार्तगल m. *Barleria caerulea Roxb.*

ग्रार्तता f. *Niedergeschlagenheit.*

ग्रार्तन Adj. (f. ग्रा) etwa *unbebaut, wüst.*

ग्रार्तनाद m. *Schmerzensschrei, Klageruf* HÂSJ. 37.

ग्रार्तपर्णि m. Patron. von ऋतपर्ण. v. l. ग्रार्तु°.

ग्रार्तपात्र n. *ein krankes Gefäss* TS. 6,4,10,6.

ग्रार्तबोध m. Patron. von ऋतबोध.

ग्रार्तभाग m. Patron. von ऋतभाग. ग्रार्तभागीपुत्र m. N. pr. eines Lehrers.

ग्रार्तरौद्र n. *rauhes —, grausames Benehmen gegen Unglückliche.*

ग्रार्तव 1) Adj. (f. ई) *a) der Jahreszeit entsprechend. — b) zu den Katamenien in Beziehung stehend.* — 2) m. Pl. *Jahresabschnitte, mehrere Jahreszeiten zusammengenommen.* — 3) *f. ई *Stute.* — 4) n. *a) monatliche Reinigung. — b) die zehn auf die monatliche Reinigung folgenden Tage. — c) die Flüssigkeit, die ein Thierweibchen zur Zeit der Brunst entlässt. — d) * Blüthe.*

ग्रार्तशब्द m. = ग्रार्तनाद.

1. ग्रार्तस्वर m. dass. R. ed. Bomb. 2,59,15.

2. ग्रार्तस्वर Adj. *wehklagend.*

1. ग्रार्ति f. *übler Zufall, Unheil, Leid des Körpers* oder *der Seele, Weh.*

2. *ग्रार्त्नि f. = ग्रार्त्नी.

ग्रार्तिज Adj. *durch Weh erzeugt* GOP. BR. 2,1,15.

ग्रार्तिमत् 1) Adj. *leidend.* — 2) m. *ein best.* Mantra MBH. 1,58,25.

ग्रार्तुपर्णि m. Patron. von ऋतुपर्ण.

ग्रार्तोम् Gen. Inf. (abhängig von ईश्वर:) *hineinzugerathen in* TS. 5,2,8,2. ÇAT. BR. 10,1,2,13.

ग्रार्त्नी f. *Bogenende, an welches die Sehne befestigt wird.*

ग्रार्त्विज्ञीन Adj. *zum Priesteramt tauglich.*

ग्रार्त्विज्य n. *des Priesters Amt und Pflicht.*

*ग्रार्तवेयी Adj. f. *die Katamenien habend.*

ग्रार्त्व्य m. Patron. des Dvimûrdhan.

ग्रार्थ Adj. (f. ई) 1) *auf Vortheil beruhend* (Verbindungen). — 2) *die Sache —, den Sinn betreffend, sachlich.* Ein *sachliches* Gleichniss hat die Form: *a* gleicht *b* in Bezug auf Etwas. Dazu Nom. abstr. °त्व n.

ग्रार्थपत्य n. *Besitz einer Sache.*

ग्रार्थिक Adj. *sich aus Etwas ergebend, implicite enthalten* (Gegensatz *ausdrücklich genannt*) NJÂJAM. 8,4,3. Comm. zu TS. PRÂT. 1,59.

*ग्रार्दि, f. *ग्रार्दी gaṇa गौरादि.

ग्रार्द्द n. *Fülle* BÂLAR. 130,18.

ग्रार्द्र 1) Adj. (f. ग्रा) *a) feucht, nass. — b) saftig, vollsaftig, frisch. — c) frisch, neu.* °च्छिन्न *vor Kurzem. — d) sanft, weich, gefühlvoll, warm* 252,3. Am Ende eines Comp. *überfliessend von.* — 2) m. *a) frischer Ingwer. — b)* N. pr. eines Enkels des Pṛthu. — 3) f. ग्रा Sg. und Pl. *das vierte (sechste) Mondhaus.* — 4) n. *Feuchtigkeit, feuchte Masse.*

ग्रार्द्रक 1) Adj. (f. ग्रार्द्रिका) *a) feucht, nass. — b) *unter dem Sternbild Ârdrâ geboren.* — 2) m. N. pr. eines Fürsten VP. 4,24,10. — 3) n. *frischer Ingwer.* Auch *m. und *f. ग्रा.

ग्रार्द्रकवट m. *Ingwerpastille* BHÂVAPR. 2,21.

*ग्रार्द्रज n. *trockener Ingwer* RÂǴAN. 6,26.

ग्रार्द्रदानु Adj. *frische Tropfen habend.*

ग्रार्द्रपटी f. *eine best. Zauberceremonie.*

*ग्रार्द्रपत्त्रक m. *Bambusrohr* NIGH. PR.

*ग्रार्द्रपदी Adj. f. *feuchtfüssig.*

ग्रार्द्रपवि Adj. *eine feuchte Radfelge habend.*

ग्रार्द्रपवित्र Adj. *dessen Seihe feucht ist.*

ग्रार्द्रभाव m. 1) *Feuchtigkeit* KUMÂRAS. 7,14. — 2) *Weichherzigkeit* RAGH. 2,11.

ग्रार्द्रमञ्जरी f. *eine frische Blüthenrispe* Comm. zu GOBH. 2,7,5.

*ग्रार्द्रमाषा f. *Glycine debilis Roxb.* RÂǴAN. 3,18.

ग्रार्द्रमूल Adj. (f. ग्रा) *feuchte Wurzeln habend* ÇAT. BR. 1,3,3,4.

ग्रार्द्रय्, °यति 1) *befeuchten, benetzen* Spr. 5802. — 2) *weich stimmen* BÂLAR. 26,1. KÂD. II, 91,20.

ग्रार्द्रवस्त्र Adj. *ein nasses Kleid tragend.* Davon Nom. abstr. °ता f. GAUT. 19,15.

*ग्रार्द्रशाक n. *frischer Ingwer.*

ग्रार्द्रहस्त Adj. *feuchthändig.*

ग्रार्द्रानन्दकरीतृतीया f. *ein best. dritter Tag.*

°ग्रार्द्रार्द्र Adj. *überfliessend von* Spr. 640.

*ग्रार्द्रालुब्धक m. *der niedersteigende Knoten* HALÂJ. 1,49.

ग्रार्द्री Adv. mit कर् 1) *befeuchten, erfrischen* KÂD. 205,5. 213,17. — 2) *weich stimmen* KÂD. 194,23. — Mit प्रति *wieder befeuchten, — erfrischen* KÂD. 240,15.

ग्रार्द्रैधाग्नि m. *mit grünem Holz genährtes Feuer* 34,14.

ग्रार्द्र्य n. *Feuchtigkeit* GOP. BR. 1,1,1.

*ग्रार्धकंसिक, *ग्रार्धकौडविक, *ग्रार्धक्रोशिक und *ग्रार्धद्रोणिक Adjj. von ग्रर्ध + कंस, कुडव, क्रोश und द्रोण.

ग्रार्धधातुक Adj. (f. ग्रा) *an die unerweiterte Verbalwurzel tretend* (Suffix).

ग्रार्धधातुकीय Adj. vom substantivirten ग्रार्धधातुक.

ग्रार्धनारीश्वर n. *die Geschichte Çiva's als Mann und Weib* BÂLAR. 29,14.

*ग्रार्धपुर gaṇa संकलादि. ग्रर्ध ॥ पुर KÂÇ.

*ग्रार्धप्रस्थिक Adj. von ग्रर्ध + प्रस्थ.

ग्रार्धमात्रक Adj. Ind. St. 4,115 vielleicht fehlerhaft für ग्रर्धमात्रिक.

*ग्रार्धमासिक Adj. *halbmonatlich.*

ग्रार्धरात्रिक 1) Adj. *zu Mitternacht stattfindend, mitternächtlich.* — 2) m. Pl. Name einer astronomischen Schule.

*ग्रार्धवाह्निक Adj. von ग्रर्ध + वाह्न.

*ग्रार्धवाहिक Adj. von ग्रर्ध + वाह gaṇa वेतनादि in der KÂÇ.

ग्रार्धिक Adj. = ग्रर्धसीरिन्.

ग्रार्धुक Adj. *gedeihlich.*

ग्रार्पयितर् Nom. ag. *der Jmd Etwas anthut.*

ग्रार्बुदि m. Patron. von ग्रर्बुद.

ग्रार्भव 1) Adj. (f. ई) *den Ṛbhu geweiht.* पवमान (auch mit Ergänzung desselben) LÂṬJ. 2,10,4. 6,3, 25. 4,8. 8,8,5. — 2) m. Patron. des Sûnu, angeblichen Verfassers von ṚV. 10,176.

ग्रार्य, ग्रारिग्र 1) m. *a) ein zu den Treuen Gehöriger, ein Mann des eigenen Stammes, ein Arier*; später *ein Mann der drei oberen Kasten* und überh. *ein Mann, der Anspruch auf Achtung hat.* Nicht selten, insbes. im Voc. lässt sich das Wort einfach durch *Herr* oder *Freund* wiedergeben. — *b) *ein Vaiçja.* — c) Bez. α) *des Grossvaters* MBH. 1,178,8. — β) *des Urgrossvaters* MBH. 12,343,19. — γ) *des älteren Bruders* BÂLAR. 55,8. 206,6. — *d) *Haremswächter.* — *e) *ein Buddha.* — f) bei den Buddhisten *ein Mann, der über die vier Grundwahrheiten nachgedacht hat und sein Betragen darnach richtet.* — g) N. pr. eines Sohnes des Manu Sauvarṇa und auch ein sonst vorkommender Mannsname. — 2) Adj. (f. ग्रा und ग्रारी) *arisch;* später *eines Ariers würdig, ehrenhaft, ehrenwerth, edel.* — 3) f. ग्रा *a)* f. zu 1) *a).* — *b)* Bez. *der Frau des älteren Bruders* BÂLAR. 206,8. 207,14. — *c)* Bein. *der* Pârvatî. — *d) ein best. Metrum.* — *e) eine Strophe in diesem Metrum.* — *f)* Titel verschiedener in diesem Metrum verfasster Werke.

ग्रार्यक 1) m. *a) ein ehrenwerther Mann. — b) Grossvater.* — c) Bez. *der Brahmanen in* Plakshadvîpa VP. 2,4,19. — d) N. pr. α) Pl. eines Volkes in Südindien. — β) eines Fürsten aus dem Hirtenstande. — γ) eines Schlangendämons. — 2) f. *a)* ग्रार्यका und ग्रार्यिका *eine ehrenwerthe Frau.* — *b)* ग्रार्यका N. pr. eines Flusses in Kraunkadvîpa BHÂG. P. 5,20,22. — *c)* ग्रार्यिका * *das Mondhaus*

Kṛttikâ. — 3) *n. *eine best. Ceremonie zu Ehren der Manen.*

*आर्यकुमार m. P. 6,2,58.

आर्यकुल्या f. N. pr. eines Flusses VP.² 2,130.154.

आर्यकृत Adj. (f. ई) *von einem Manne einer der drei oberen Kasten verfertigt* Maitr. S. 1,8,3.

*आर्यगण m. = आर्यसंघ 1).

आर्यगृह्य Adj. *zu den Ehrenwerthen sich haltend.*

आर्यचेतस् Adj. *von edler Gesinnung* Spr. 4194.

आर्यजन m. *Arier, ehrenhafte Leute* Gaut. Vaitân.

आर्यजुष्ट Adj. *Ehrenhaften zusagend* Spr. 1024.

आर्यता f. *Ehrenhaftigkeit.*

आर्यतुल्य Titel eines astron. Tractats.

आर्यत्व n. *Ehrenhaftigkeit.*

आर्यदुहितर् f. *Tochter eines Edlen* als Anrede einer *Freundin.*

आर्यदेव m. N. pr. eines Schülers des Nâgârguna.

आर्यदेश m. *eine von Ariern bewohnte Gegend* Spr. 1025.

आर्यदेश्य m. *aus einer von Ariern bewohnten Gegend stammend.*

आर्यनिवास m. *Wohnort der Arier* Mahâbh. in Ind. St. 13,358.

आर्यपक्षग्रहसिद्धि f. Titel eines Werkes.

आर्यपथ m. *der Pfad der Ehrenhaften.*

आर्यपुत्र m. *Sohn eines Ehrenhaften*, Bez. 1) *des Sohnes eines Angeredeten.* — 2) *des Gatten von Seiten der Frau.* — 3) *des Fürsten von Seiten eines Untergebenen.*

आर्यप्रवृत्त Adj. *ehrenhaft verfahrend* R. Gorr. 2,126,6.

आर्यप्राय Adj. *zum grössten Theil von Ariern bewohnt.*

आर्यबल m. N. pr. eines Bodhisattva.

*आर्यब्राह्मण m. P. 6,2,58.

आर्यभट m. N. pr. zweier Astronomen.

आर्यभटीय n. *das von* Ârjabhaṭa *verfasste Werk.*

आर्यभट्ट m. und °भट्टीय n. fehlerhaft für °भट und °भटीय.

आर्यभद्रचर्य n. Titel eines buddh. Sûtra.

आर्यभाव m. *Ehrenhaftigkeit.*

आर्यमण Adj. *zu* Arjaman *in Beziehung stehend.* °णी दुहिता Bez. der Jamunâ Bâlar. 305,15.

आर्यमार्ग m. = आर्यपथ.

आर्यमिश्र Adj. *dem die Prädicate «ehrenhaft u. s. w.» zukommen.*

आर्यम्ण n. *das unter* Arjaman *stehende Mondhaus* Uttaraphalgunî.

*आर्ययुवन् m. *arischer Jüngling.*

आर्यराज m. N. pr. eines *Fürsten.*

आर्यरूप Adj. *wie ein Ehrenhafter aussehend* M. 10,57.

आर्यलिङ्गिन् Adj. *die Abzeichen eines Ehrenhaften tragend.*

आर्यव n. *Ehrenhaftigkeit* (daneben आर्जव) Âpast.

आर्यवक MBh. 12,11565 fehlerhaft für आर्जवक.

आर्यवर्मन् m. N. pr. eines Fürsten Kathâs. 18,319.

आर्यवाच् Adj. *eine arische Sprache redend* M. 10,45.

आर्यविदग्धमिश्र Adj. *dem die Prädicate «ehrenhaft, gelehrt u. s. w.» zukommen.*

1. आर्यवृत्त n. *ehrenhaftes Betragen.*

2. आर्यवृत्त Adj. *von ehrenhaftem Betragen* Gaut. 9,69.

आर्यवेष Adj. *wie ein Ehrenhafter gekleidet.*

आर्यव्रत Adj. *sich wie ein Arier benehmend* MBh. 1,202,9.

आर्यशटीय m. N. pr. eines Lehrers.

*आर्यशिस् Adj. Mahâbh. 6(4),18,b.

आर्यशील Adj. *von ehrenhaftem Charakter* Spr. 3451.

*आर्यश्वेत m. N. pr. eines Mannes und Patron. davon.

आर्यसंघ m. 1) *die Gesammtheit der buddh. Geistlichkeit.* — 2) N. pr. eines Philosophen.

आर्यसत्य n. *eine ehrwürdige Wahrheit* (buddh.).

आर्यसमय m. *die Satzung ehrenhafter Männer* Âpast.

आर्यसिंह m. N. pr. eines buddh. Patriarchen.

आर्यसिद्धान्त m. Titel des astron. Siddhânta des jüngeren Ârjabhaṭa.

आर्यसुत m. = आर्यपुत्र 2).

आर्यस्त्री f. *ein Weib der oberen Kasten* Gaut. Âpast.

*आर्यस्थान n. = आर्यावर्त Gal.

आर्यस्वामिन् m. N. pr. eines Mannes B. A. J. 3,206.

*आर्यहलम् Adv. etwa so v. a. *Mordio.*

आर्यागम m. *das Beschlafen einer Frau aus den oberen Kasten* Jâǵn. 2,294.

आर्यागीति f. *eine Abart des* Ârjâ-*Metrums.*

आर्याचण्डीतीर्थ n. N. pr. eines Tîrtha.

आर्याणक N. pr. eines Landes.

आर्याधिष्ठित Adj. *unter der Aufsicht von Männern der höheren Kasten stehend* Âpast. 2,3,4.

आर्यावर्त m. Bez. *des von den Ariern bewohnten Landes* (zwischen Himâlaja und Vindhja). Pl. *die Bewohner dieses Landes.*

आर्याविलास m. Titel eines Werkes.

आर्याष्टशत n. *der aus 108* Ârjâ-*Strophen bestehende* Siddhânta *des älteren* Ârjabhaṭa.

आर्याष्टाङ्गमार्ग m. bei den Buddh. Bez. *der letzten von den 37 Stufen, die zur* Bodhi *führen.*

आर्यासङ्ग m. = आर्यसंघ 2).

आर्वनानस m. Tâṇḍja-Br. 8,5,9 fehlerhaft für आर्चनानस.

आर्श Adj. *dem Antilopenbock gehörig.*

आर्ष 1) Adj. (f. ई) *von den* Ṛshi *herrührend, sie betreffend, archaistisch.* प्रत्यय *ein an den Namen eines* Ṛshi *gefügtes Suffix.* विवाह = 2) Gaut. 4,8. — 2) m. *die von den* Ṛshi *eingesetzte Heirathsweise.* — 3) f. ई = संहितापाठ. — 4) n. *a) die Hymnen der* Ṛshi. — *b) heilige Abstammung.* — *c) der* Ṛshi-*Ursprung, Autorschaft eines heiligen Liedes.*

आर्षधर n. Name eines Sâman.

आर्षभ 1) Adj. *vom Stier herrührend, taurinus.* — 2) m. Patron. von Ṛshabha. — 3) f. ई Bez. *der Mondhäuser* Maghâ, Pûrvaphalgunî *und* Uttaraph. Comm. zu Bhâg. P. 5,21,7. — 4) n. *a)* Name eines Sâman Lâṭj. 1,6,43. — *b) ein best. Metrum.*

*आर्षभि m. Patron. von Ṛshabha.

*आर्षभ्य Adj. *als ausgewachsener Stier zu gebrauchen; castrirbar.*

*आर्षिक m. *ein Fürst der* Ṛshika.

*आर्षिक्य n. Nom. abstr. von आर्षिक.

आर्षिषेण (!) m. N. pr. eines Fürsten VP.² 4,31.

आर्षेय 1) Adj. *von den* Ṛshi *stammend, aus altheiligem Geschlecht.* — 2) n. *a) heilige Abstammung.* — *b)* mit अग्नेः und देवानां वार्षाणाम् Namen von Sâman.

आर्षेयवत् Adj. *mit heiliger Abkunft verbunden.*

आर्ष्टिषेण m. Patron. von Ṛshṭisheṇa. Pl. Comm. zu Kâṭj. Çr. 1,9,3.

आर्ष्यशृङ्गि m. Patron. von Ṛshjaçṛṅga.

आर्हत 1) Adj. (f. ई) *zur Lehre* Ǵina*'s in Beziehung stehend.* — 2) m. *ein* Ǵaina. — 3) n. *die* Ǵaina-*Lehre.*

*आर्हती f. und *आर्हन्त्य n. Nom. abstr. von अर्हन्त्.

*आर्हायण m. Patron. von अर्ह.

आर्हीय Adj. von आ अर्हात् (P. 5,1,19).

आल 1) *Adj. *nicht klein, — gering.* — 2) m. N. pr. eines Affen. — 3) n. *a) Laich oder Ausspritzung eines giftigen Thieres.* — *b) Auripigment.*

आलक n. = आल 3) *a)* AV. Paipp. 9,2,5.

आलक्षण in स्वालक्षण.

*आलज्जि und *°ज्जी f. gaṇa गौरादि.

आलक्ष्य Adj. 1) *wahrzunehmen, sichtbar, bemerkbar.* — 2) *anzuschauen, aussehend.* — 3) *kaum sichtbar* 249,32.

*आलज्जि und *°ज्जी f. gaṇa गौरादि.

आलपन n. 1) *das Plaudern, Unterhaltung* Kâd. II,74,11. — 2) *das Anschlagen —, Probiren eines Tons.*

आलपितव्य Adj. *anzureden* Kâd. II,84,6.

आलप्ति f. = आलपन 2).

आलब्धव्य Adj. *zu schlachten.*

*आलब्धि und *°ब्धी f. gaṇa गौरादि.

आलभ in दुरालभ.

आलभन n. 1) *das Anfassen, Berühren* Varâh. Brh. 26(24),5. — 2) *das Schlachten* (eines Opferthiers).

°आलभनीय Adj. in मङ्गलालभनीय.

आलभ्य Adj. *schlachtbar, opferbar.*

आलमन्दारस्तोत्र n. Titel eines Gedichts.

आलमर्थ्य n. = अलमर्थता.

आलम्ब 1) Adj. *herabhängend* 86,18. — 2) m. *a) das woran Etwas hängt, woran man sich festhält, Stütze* (eig. und übertr.). — *b)* **senkrechte Linie.* — *c)* N. pr. eines Muni. — 3) f. आ *eine best. Pflanze mit giftigen Blättern.*

आलम्बन n. 1) *das Sichstützen auf —, das Sichanhalten an Etwas* 115,29. — 2) *das Stützen, Befestigen.* — 3) *Stütze, Halt* 105,18. Dazu Nom. abstr. °ता Comm. zu Jogas. 3,2 in Verz. d. Oxf. H. 229,*a*. — 4) *Fundament, Grundlage* (in übertr. Bed.). — 5) im Joga *eine Art Meditation* Bâdar. 4,3,15. VP. 6,7,42. Comm. zu Jogas. 3,6 in Verz. d. Oxf. H. 229,*a*. — 6) in der Poetik *der eigentliche Grund einer Gefühlserregung.* — 7) buddh. *die von den fünf Sinnesorganen und dem Manas wahrgenommenen Objecte.*

आलम्बनपरीक्षा f. Titel eines Werkes.

आलम्बनवत् Adj. *der* Âlambana *genannten Meditation hingegeben* VP. 6,7,42.

आलम्बनी Adv. mit कर् *zur Stütze machen* Comm. zu Jogas. 3,2 in Verz. d. Oxf. H. 229,*a*.

आलम्बर m. = आडम्बर *eine Art Trommel.*

आलम्बायन m. und °नी f. Patron. von आलम्ब.

आलम्बायनीपुत्र m. N. pr. eines Lehrers.

आलम्बायनीय Adj. von आलम्बायन.

आलम्बि m. N. pr. eines Schülers des Vaiçampâjana. f. ई. आलम्बीपुत्र m. N. pr. eines Lehrers.

1. आलम्बिन् Adj. 1) *herabhängend, an Etwas hängend* Spr. 5695. *sich auf Etwas stützend.* — 2) *herabhängend bis an* Spr. 5695. — 3) *gehüllt in.* — 4) *abhängig —, getrieben von.* — 5) *stützend* Spr. 1928.

2.*आलम्बिन् m. Pl. *die Schule des* Âlambi.

आलम्बुक Adj. in अनालम्बुक.

आलम्भ m. 1) *Anfassung, Berührung* Âpast. — 2) *das Abreissen, Ausreissen.* — 3) *Schlachtung* (eines Opferthiers).

आलम्भन n. 1) *das Anfassen, Berühren* Gaut. 2, 16. — 2) *das Schlachten.*

आलम्भनीय in मङ्गलालम्भनीय.

°आलम्भिन् Adj. *berührend.*

आलम्भुक Adj. in अनालम्भुक.

आलम्भ्य Adj. *zu schlachten.*

आलय m. n. (selten) 1) *Wohnung, Behausung, Sitz* (auch in übertr. Bed.). °यं कर् *seine Wohnung aufschlagen.* — 2) *Seele* (buddh.).

आलयविज्ञान n. *eine Erkenntniss, die man aus sich selbst gewinnt* (buddh.).

आलर्क Adj. *von einem tollen Hunde herrührend.*

आलव m. *Stoppel.*

*आलवण्य n. Nom. abstr. von अलवण.

आलवाल n. 1) *eine Vertiefung um die Wurzel eines Baumes, in die das für den Baum bestimmte Wasser gegossen wird,* Mâlatîm. 13,16 (16,11). Spr. 7800. — 2) in der Med. *ein aus Teig gebildetes Recepteculum, um Flüssigkeiten auf einem Körpertheile festzuhalten,* Bhâvapr. 3,137.

*आलस 1) Adj. = अलस. — 2) m. Patron. von अलस.

*आलसायन m. Patron. von आलस.

आलस्य 1) n. *Trägheit, Schlaffheit, Mangel an Energie.* — 2) *Adj. = अलस.

आलाक्त Adj. *mit Gift bestrichen.*

आलाव्य Adj. von unbekannter Bed.

*आलात n. = अलात.

आलान 1) n. *a) der Pfosten, an den ein Elephant gebunden wird,* 115,25. Spr. 7732. Davon Nom. abstr. °ता f. — *b) der Strick, mit dem ein Elephant angebunden wird.* — 2) *m. N. pr. eines Dieners des Çiva.

आलानय्, °यति *einen Elephanten anbinden.* °नित Partic. Bâlar. 4,7.

आलानिक Adj. *als* आलान 1) *a) dienend.*

आलाप 1) m. (adj. Comp. f. आ) *a) Rede, Gespräch, Unterhaltung* 310,16. — *b) Gesang* (der Vögel), *Ton* (eines musik. Instr.). — *c)* in der Mathematik *Fragestellung.* — 2) f. आ *eine best.* Mûrkhanâ S.S.S. 31.

आलापन in मङ्गलालापन.

आलापवत् Adj. *Jmd anredend* Spr. 1043.

आलापिकवंश m. *eine Art Flöte* S.S.S. 195.

आलापिन् 1) Adj. *redend, sprechend,* in प्रियालापिन्. — 2) f. °नी *ein best. Intervall* S.S.S. 23.

*आलाबु f. = अलाबु *Flaschengurke.*

*आलावर्त m. *Fächer aus Zeug.*

*आलास्य m. *Krokodil.*

1.*आलि Adj. 1) *unnütz, zwecklos.* — 2) *von lauterer Gesinnung.*

2. आलि m. 1) **Scorpion.* — 2) *der Scorpion im Thierkreise.* — 3) **Biene.*

3. आलि und °ली (Kumâras. 7,68) f. *Freundin.*

4. आलि f. 1) *Streifen, Strich, Linie, Zug.* Auch °ली. षट्पदाली *Bienenschwarm* Ragh. 6,69. Am Ende eines adj. Comp. आलिक Hâsj. 15. — 2) **Genealogie.* — 3) **Damm.* — 4) **kleiner Graben.*

आलिक्रम m. *eine best. Composition* S.S.S. 163.

आलिखत् m. N. pr. eines den Kindern gefährlichen Dämons Pâr. Grhj. 1,16,23.

*आलिगव्य m. Patron. von अलिगु. *f. °गव्यायनी

आलिगी f. *eine best. Schlange.*

आलिङ्ग्, °ङ्गति und °ङ्गते, und आलिङ्गय्, °यति 1) *die Glieder auschmiegen, umfangen, umarmen.* — 2) *sich ausbreiten über.* — Mit प्रति *eine Umarmung erwiedern.* — Mit सम् *umfangen, umarmen.*

*आलिङ्ग m. 1) *Umarmung,* fehlerhaft für आलिङ्गन. — 2) *eine Art Trommel,* = आलिङ्ग्य.

आलिङ्गन n. *Umarmung.*

*आलिङ्गि, f. *°ङ्गी gaṇa गौरादि in der Kâç.

*आलिङ्गिन् und *आलिङ्ग्य m. *eine Art Trommel.*

*आलिङ्ग्यायन gaṇa वरणादि.

आलिजन m. *Freundin* Prasannar. 39,11.

*आलिञ्जर m. = अलिञ्जर.

*आलिन् m. *Scorpion.*

*आलिन्द und *°क m. = अलिन्द.

*आलिम्पन n. = आदीपन 2).

आलीढ 1) m. N. pr. eines Mannes. — 2) n. *eine best. Stellung beim Schiessen.*

*आलीढ्य m. Patron. von आलीढ.

*आलीनक n. *Zinn.* Vgl. आनील.

*आलु 1) m. *a) Eule.* — *b) eine Art Ebenholz.* — 2) f. आलु und आलू *ein kleines Wassergefäss.* — 3) n. *a) Floss, Nachen.* — *b) Wurzelknolle* und *eine best. Wurzelknolle.*

आलुक 1) m. *a)* *m. *eine Art Ebenholz.* — *b)* Bein. des Schlangendämons Çesha. — 2) f. ई *eine best. Wurzel.* — 3) n. *a)* **eine best. Frucht,* = आरुक Dhanv. 5,21. — *b) die essbare Wurzel von Amorphophallus campanulatus Bl.* — *c)* **die Rinde von Feronia elephantum.*

आलुञ्चन n. *das Zerrupfen.*

आलेखन 1) m. N. pr. eines Lehrers Âçv. Çr. 6, 10,29. — 2) *f. ई *Pinsel.* — 3) n. *a) das Kratzen. Scharren.* — *b) das Anritzen, mit einem Riss Bezeichnen* Comm. zu Lâtj. 10,15,17.

आलेख्य n. 1) *Malerei.* — 2) *Gemälde, Bild.*

आलेख्यपुरुष m. *eine menschliche Truggestalt* Kathâs. 121,208.212.

आलेख्यशेष Adj. *nur noch als Bild vorhanden,* so v. a. *verstorben.*

आलेख्यसमर्पित Adj. *gemalt* 96,20.

आलेप m. und °न n. 1) *Einschmierung, Bestreichung, Salbung.* — 2) *Schmiermittel, Salbe.*

आलोक m. (adj. Comp. f. आ) 1) *das Sehen, Hinsehen, Erblicken, Hinblick, Anblick.* — 2) *Licht, heller Schein.* — 3) *ein Schimmer —, eine Spur von* (Gen.) — 4) *Lobpreis.* — 5) *Abschnitt, Kapitel* in

Werken, die im Titel ein Wort wie *Leuchte* oder *Licht* enthalten. — 6) Titel eines Werkes.

आलोककर Adj. *Licht verbreitend über* (Gen.).

आलोकगादाधरी f. Titel eines Commentars zum Werke Âloka.

आलोकन 1) Adj. *anblickend, anschauend*. Dazu Nom. abstr. °ता f. Spr. 7210. — 2) n. *das Ansehen, Anblicken, Anblick* 176,26. 300,32.

आलोकनीय Adj. 1) *anzusehen, wovor das Auge nicht zurückschrickt*. Dazu Nom. abstr. °ता. — 2) *genau anzusehen, zu untersuchen*.

आलोकपथ m. *Gesichtskreis* Ragh. 15,78. Mâlatîm. 76,13 (68,17)

आलोकमथुरानाथी f. Titel eines Commentars zum Werke Âloka.

आलोकमार्ग m. *Gesichtskreis* Ragh. 7,6.

आलोकवत्त् Adj. *Licht besitzend, leuchtend*.

आलोकाकाश m. *ein ausserweltlicher Raum* Sarvad. 40,22. Govindân. zu Bâdar. 2,2,33 (S. 582).

°आलोकिन् Adv. *anschauend, betrachtend* Spr. 5739.

आलोचक Adj. *das Sehen vermittelnd*.

आलोचन 1) n. a) *das Sehen*. — b) *das Wahrnehmen* (der Sinnesorgane). — 2) n. und f. आ *Betrachtung, Erwägung*.

आलोचनीय Adj. *in Betracht zu ziehen* 253,24.

आलोच्य Adj. dass.

आलोडन n. *das Mischen*.

*आलोप m. *Bissen*.

आलोल Adj. (f. आ) *sich langsam hin und her bewegend* Spr. 1035.

आलोलचतुर्थी f. *ein best. Spiel: Schaukelvergnügen am 4ten Tage der lichten Hälfte im Monat* Çrâvaṇa.

*आलोष्टी Adv. gaṇa उर्यादि.

आलोह्वत्त् Adj. *in's Röthliche spielend*.

आलोह्वायन m. Patron. von अलोह्. Verz. d. B. H. 58,9 ist vielleicht आलोह्वायनाः st. आलोह्वा लोभायना: zu lesen.

आलोहित Adj. *röthlich* 251,25. 252,25.

आलोहिती Adv. mit कर् *röthlich färben* Kâd. 32,23.

आवँ Pron. der 1ten P. Du. Nom. आवँम् und आवाम्, Acc. आवाँम्, Instr. Dat. Abl. आवँभ्याम्, Abl. auch आवँत्, Gen. Loc. आवँयोस्.

आवटिक m. Pl. Name einer Schule.

*आवट्य 1) m. und f. आ Patron. von अवट. — 2) n. Nom. abstr. von अवट.

*आवट्यायनी f. Patron. = आवट्या.

आवँत् f. *Nähe*.

आवत्सरान्तम् Adv. *bis zum Ende des Jahres* Kathâs. 23,20.

आवदानिक Adj. *was in Stücken geopfert wird* Vaitân.

*आवनतीय Adj. von अवनत gaṇa कृशाश्वादि.

आवनेय m. *Sohn der Erde, der Planet Mars*.

आवत्त् Adj. *mit* आ *versehen*.

आवन्त 1) m. a) *ein Fürst der* Avanti. — b) N. pr. eines Sohnes des Dhṛshṭa. v. l. अवन्त. — 2) f. ई *die Sprache der* Avanti.

आवन्तक 1) Adj. *zu den* Avanti *in Beziehung stehend, zu ihnen gehörig*. — 2) m. Pl. *die Bewohner von* Avanti.

आवन्तिक 1) Adj. (f. आ) = आवन्तक. — 2) m. Pl. Name einer buddh. Schule. — 3) f. आ ein Frauenname.

आवन्त्य 1) Adj. (f. आ) = आवन्तक. — 2) m. *ein zu den* Avanti *gehöriger Mann, ein Fürst der* Av.

आवन्त्यक m. = आवन्त्य 2) AV. Par. in Ind. St. 10,212 (अव° gedr.).

*आवन्त्यश्मक n. Kâç. zu P. 2,2,31. m. Pl. zu 6,2,37. v. l. अव°.

*आवन्दन n. *Begrüssung* Gal.

आवँपन 1) n. a) *das Hinstreuen, Hinwerfen, Auflegen* Gaut. 1,32. — b) *das Einstreuen, Einschieben*. — c) *das Insichaufnehmen, Fassen* MBh. 1, 88,13. — d) *Gefäss, Behälter* (auch in übertr. Bed.) Maitr. S. 3,12,19. Bhâg. P. 10,80,45. 87,20. — e) **hänfenes Gewand* Gal. — 2) f. आवँपनी *Gefäss, Behälter*.

*आवपनिष्किरा f. *beständiges Hinein- und Hinausschütten*.

आवपत्तकँ Adj. (f. °त्तिकाँ) *hinstreuend*.

आवभृत्य m. Pl. N. pr. einer Dynastie.

आवभृथ Adj. von अवभृथ.

1. आवयँ n. *Empfängniss*.

2. *आँवय m. oder °या f. Pl. *Wasser*.

3. *आवय N. pr. einer Oertlichkeit; davon Adj. *°क. v. l. अवयात, आवयातक.

आवयस fehlerhaft für आयवस.

आँवयाज् m. (Nom. °यास्) *der durch Opfer Etwas abwehrt*.

*आवयातक Adj. von अवयात gaṇa धूमादि in der Kâç.

*आवयासीय Adj. von अवयास gaṇa कृशाश्वादि in der Kâç.

आँवर् 2. und 3. Sg. Aor. von वर्, वृणोति.

आवरक Adj. *bedeckend, verhüllend, verfinsternd*. Davon Nom. abstr. °त्व n.

आवरण 1) Adj. dass. — 2) n. (adj. Comp. f. आ) a) *das Verdecken, Verhüllen* (eig. und übertr.) 261,20. 22. — b) *das Verschliessen, Hemmen, Unterbrechen*. — c) *Hülle, Decke* (auch in übertr. Bed.), *Gewand*. — d) *Schirm, Schutz*. — e) *Schild*. — f) *Riegel, Schloss*.

आवरणिन् m. Pl. Name einer buddh. Secte.

आवरणीय Adj. bei den Ǵaina *Alles was unter den Begriff* आवरण 2) c) *fällt*.

*आवरसमक Adj. *im nachfolgenden Jahre abzutragen*.

*आवरिका f. = आवारि.

आवरीतर् Nom. ag. *Hemmer* Sâj. zu RV. 1,52,3.

आवरीवर् 3. Sg. und आवरीवुर् 3. Pl. Imperf. vom Intens. von वर्त् mit आ.

आवर्जक Adj. *geneigt machend, für sich gewinnend*.

आवर्जन n. 1) *das Geneigtmachen, für sich Gewinnen*. — 2) *das Ducken* Lalit. 314,5. 315,1.

आवर्जनी Adv. mit कर् *Jmd* (Gen.) *ducken* Lalit. 308,9.

आवर्जित n. *eine best. Stellung*, — *Figur des Mondes*.

आवर्तँ 1) m. (adj. Comp. f. आ) a) *Drehung*. — b) *Wendung, Windung*. — c) *Wirbel, Strudel*. — d) *Haarwirbel*. — e) Du. *die beiden Vertiefungen im Stirnbein über den Augenbrauen*. — f) *Tummelplatz*. — g) *ein best. Komet*. — h) Bez. *best. mythischer Wolken*. — i) **ein best. Edelstein*. — k) **Brunnenrad* Gal. — l) **das Hinundhergehen der Gedanken, Sorgen*. — 2) f. आ N. pr. eines Flusses. — 3) n. **Schwefelkies* Râǵan. 13,85.

आवर्तक 1) m. a) *ein best. giftiges Insect*. — b) Bez. *best. mythischer Wolken*. — 2) *f. ई *die Sennapflanze* Râǵan. 3,123.

आवर्तँन 1) Adj. *umwendend, sich herwendend*. — 2) m. N. pr. eines Upadvîpa in Ǵambudvîpa Bhâg. P. 5,19,30. — 3) f. ई a) *=तैलसाव° *Schmelztiegel*. — b) *eine best. Zauberkunst*. — 4) n. a) *das Umwenden, Rückkehr*. — b) **das Buttern*. — c) **das Schmelzen von Metallen*. — d) *das Sichdienstbarmachen* Sâmav. Br. 2,5,1. — e) *Mittagszeit*. — f) *Jahr*.

आवर्तनीय Adj. *zu wiederholen* Comm. zu Njâjam. 1,4,7. 9,1,14. Nom. abstr. °त्व n. zu 9,2,7.

*आवर्तपूलिका f. *Weizenkuchen mit süsser Füllung* Nigh. Pr.

*आवर्तमणि m. *ein best. Edelstein* Râǵan. 13,216.

1. आवर्तिन् Adj. *mit einem Haarwirbel versehen*.

2. आवर्तिन् 1) n. Bez. *bestimmter* Stotra Lâṭj. 2, 5,18. 27. 6,1,15. — 2) *f. °नी *Odina pinnata*.

आवर्ष in निरावर्ष.

आवलि und °ली f. *Streifen, Reihe, Zug*.

आवलिका f. 1) = आवलि Ind. St. 10,285. — 2) *Koriander RÂGAN. 6,36.

*आवल्लीकन्द m. ein best. Knollengewächs RÂGAN. 7,97.

आवल्गिन् Adj. hüpfend, springend.

आवल्गुज Adj. von der Vernonia anthelminthica stammend.

आवशीर m. Pl. N. pr. eines Volkes.

आवश्यक 1) Adj. (f. ई) nothwendig, unumgänglich. Dazu Nom. abstr. °ता f. — 2) n. a) Unumgänglichkeit. — b) Befriedigung der Nothdurft.

आवश्यकबृहद्वृत्ति n. Titel eines Gaina-Werkes WILSON, Sel. W. 1,286 (अव° gedr.).

आवसति f. 1) Nachtlager, Herberge. — 2) Nacht MBH. 3,165,14.

आवसथ m. 1) Nachtlager, Herberge, Wohnort. — 2) *= वक्रकवितान Cit. bei UGGVAL. zu UNÂDIS. 3,114.

*आवसथिक Adj. (f. ई) in einem Hause übernachtend.

आवसथ्य 1) Adj. im Hause befindlich. — 2) m. (sc. अग्नि) das im Hause gepflegte Feuer VAITÂN. — 3) m. n. *= आवसथ 1).

आवसथ्याधान n. 1) das Anlegen des häuslichen Feuers PÂR. GRHJ. 1,2,1. — 2) Titel eines Pariçishta des SV.

*आवसानिक Adj. von अवसान N. pr.

आवसायिन् Adj. nach Zehrung ausgehend.

*आवसित Adj. = अवसित aufgehäuft.

आवस्थिक Adj. 1) den Verhältnissen entsprechend. — 2) aus Zeitpunkten bestehend.

आवह 1) Adj. (f. आ) herbeiführend, bewirkend. Die Ergänzung im Comp. vorangehend, im BHÂG. P. einmal im Acc. — 2) m. a) einer der sieben Winde. — b) eine der sieben Zungen des Feuers.

आवहन n. das Herbeibringen.

आवाप m. 1) das Ausstreuen, Säen 214,3. — 2) das Hinzustreuen, Beimischen. — 3) Einstreuung, Einschiebung, Einschaltung, Zusatz 216,8. ÇULBAS. 1,54. 3,201. — 4) *das Aufstellen von Geräthen oder Ausstellen von Waaren. — 5) Hauptspende GOBH. 1,8,16. — 6) Behälter, Gefäss. व्यसनावाप so v. a. Jammerthal. — 7) Handschutz gegen das Anprallen der Bogensehne MBH. 14,77,21. — 8) m. n. *ein best. Handschmuck. — 9) Einmischung in des Feindes Angelegenheiten, Diplomatie. — 10) *ein best. Trank. — 11) *= आलवाल 1). — 12) *unebener Boden.

*आवापक m. = आवाप 8).

*आवापन n. Weberstuhl.

आवापस्थान n. die Ṛk eines Tṛka, welche bei Bildung eines Stoma mehr als dreimal wiederholt wird.

आवापिक Adj. einen Zusatz bildend, eingeschoben.

*आवाय m. MAHÂBH. 3,93,a.

आवार m. Hut, Schutz.

*आवारि f. Marktbude.

*आवाल m. n. = आलवाल 1).

आवास m. (adj. Comp. f. आ) Wohnstätte, Standort.

*आवासित Adj. = अवसित aufgehäuft.

°आवासिन् Adj. wohnend. निरन्तरावा° wimmelnd DAÇAK. 29,1.

आवास्य Adj. in आत्मावास्य und ईशावास्य.

आवाह m. 1) Einladung. — 2) *Heirath. — 3) N. pr. eines Sohnes des Çvaphalka.

आवाहन 1) n. Einladung VP. 3,15,18. — 2) f. ई eine best. Stellung der Hände.

आवाह्य Adj. einzuladen NJÂJAM. 10,1,4.

आवि und आवी f. Weh, Schmerz. Pl. Geburtswehen. Am Ende eines adj. Comp. f. ई.

आविक 1) Adj. a) vom Schaf herrührend GAUT. 17,24. — b) wollen. — 2) n. a) Schaffell ÂPAST. — b) wollenes Gewand, — Decke. Auch *m.

आविकसौत्रिक Adj. aus wollenen Fäden bereitet.

*आविक्य n. Nom. abstr. von अविक.

आविक्षित m. Patron. von अविक्षित्.

*आविघ्न Adj. = अविघ्न.

आविज्ञ m. N. pr. eines Asura (?).

आविज्ञान्य Adj. ununterscheidbar.

आविद् f. 1) Vorwissen, das Bekanntsein. — 2) Bez. der mit आविस् und आवित्त beginnenden Formeln in VS. 10,9.

आविदूर्य n. Nähe.

आविदे Dat. Inf. zu erlangen ṚV. 10,113,3.

आविद्ध n. das Schwingen (beim Fechten).

आविद्धवक्त्र m. eine best. Stellung der Hände beim Tanz.

आविद्वंस् Adj. kundig.

*आविध m. eine Art Bohrer.

आविर्ऋजीक Adj. offen schimmernd.

आविर्भाव m. und °भूति f. das Offenbarwerden.

आविर्मुख 1) *Adj. (f. ई) dessen Oeffnung vor Augen liegt. — 2) f. (sc. द्वार्) Bez. des rechten Auges.

आविर्मूल Adj. dessen Wurzeln bloss liegen AIT. ÂR. 236,6.

आविर्होत्र m. N. pr. eines Mannes.

आविल Adj. (f. आ) 1) trübe. — 2) am Ende eines Comp. a) befleckt —, besudelt mit. — b) erfüllt von, bedeckt —, besäet —, vermischt mit.

*आविलकन्द m. eine best. Wurzelknolle. Richtig आवलीकन्द.

आविलय्, °यति trüben, beflecken.

आविशम् Acc. Inf. um hineinzugehen ṚV. 10,215,6.

आविष्करण n. und °ष्कार m. das Offenbaren, an den Tag Legen.

आविष्टत्व n. das Behaftetsein mit.

आविष्टलिङ्ग Adj. (f. आ) gramm. von festem Geschlecht, das G. nicht ändernd.

(आविष्ट्य) आविष्टिम्र Adj. offenkundig, offenbar.

आविष्पद् Adj. dessen Füsse zu sehen sind ÂÇV. ÇR. 6,10,6.

*आविष्पीत Adj. P. 8,3,41, Sch.

आविस् Adv. offenbar, sichtbar, vor Augen. Mit अस् und भू offenbar werden, — sein, erscheinen, vor Augen treten. Mit कर् und भू Caus. (KÂD. 265, 15) offenbar machen, aufdecken, sehen lassen, zeigen. Compar. आविस्तराम्.

आवी s. आवि und आव्य.

आवीत Partic. von व्या mit आ.

आवीतिन् in प्राचीनावीतिन् und प्राचीनआ°.

आवीरचूर्ण n. ein best. rothes Pulver.

आवीसूत्र n. wollener Faden ÂPAST. 1,2,36.

*आवुक m. Vater (im Drama).

आवृत् f. 1) das Sichherwenden, Einkehr. — 2) Wendung des Ganges, — Weges, Lauf, Gang, Richtung. — 3) Wendung einer Handlung, Vorgang, Folge von Verrichtungen; im Ritual eine Verrichtung ohne Sprüche ṚV. 9,74,2. 10,130,7. — 4) Hergang, hergebrachte Weise, Weise. — 5) Abtheilung.

आवृत m. eine best. Mischlingskaste.

आवृति f. Bedeckung, Verhüllung.

आवृते Dat. Inf. einzukehren ṚV. 3,42,3.

आवृत्त n. das Richten von Gebeten an einen Gott.

आवृत्ति f. 1) Einkehr. — 2) Umkehr, Wiederkehr. — 3) Sonnenwende. — 4) Wiederholung KAP. 4,3. Auch als best. rhetorische Figur. — 5) Wiederkehr in diese Welt, Wiedergeburt KAP. 1,82. 3,52. 4,22. 6,56. — 6) Lauf, Richtung. — 7) Vorgang, Hergang.

आवृत्तिदीपक n. die rhetorische Figur der Wiederholung.

आवृत्तवत् Adj. hergeneigt, zugewandt.

आवृद्धबालकम् Adv. vom Knaben bis zum Greise LA. 92,9.

आवृष्टि f. anhaltender Regen.

आवेग 1) m. Aufregung, Aufgeregtheit. — 2) *f. ई Argyreia speciosa oder argentea RÂGAN. 3,105.

आवेणिक Adj. (f. ई) mit nichts Anderem in Berührung stehend, ganz in sich abgeschlossen, unabhängig (buddh.) LALIT. 183,18.

°आवेदक Adj. mittheilend, aussagend.

आवेदन n. 1) *Ankündigung, Anmeldung.* — 2) *gerichtliche Anzeige* 214,13. 30.

आवेदनीय Adj. *anzukündigen, — zeigen* Kâd. II, 61,22. *zu melden, — hinterbringen.*

°आवेदिन् Adj. *verkündend.*

आवेद्य Adj. = आवेदनीय.

आवेध m. *das Schütteln, Schwingen.*

आवेध्य Adj. *eingehängt werdend.*

*आवेव्यक Adj. und *आवेव्यन n.

आवेश m. (adj. Comp. f. आ) 1) *das Hereintreten in* Spr. 7231. — 2) *das Miteingeschlossensein* Kâtj. Çr. 22,3,51. — 3) *das Ergriffensein, Benommensein* (von einer heftigen Gemüthserscheinung). — 4) *Wuth, Zorn* Bâlar. 146,18. Kâd. II,58,8. — 5) *das Besessensein.* — 6) *das Hängen an.* — 7) **Stolz, Hochmuth.*

आवेशन n. 1) **das Hineindringen.* — 2) *das Besessensein.* — 3) **Zorn.* — 4) *Werkstatt.*

°आवेशवत् Adj. *besessen von.* मदनावे° *verliebt* Daçak. 30,16.

*आवेशिक 1) Adj. *eigenthümlich.* — 2) m. *Gast.* — 3) n. *gastfreundliche Aufnahme.*

*आवेषण n. *Hof um die Sonne* oder *den Mond.*

आवेष्ट m. *das Würgen.*

आवेष्टक m. 1) *Schlinge.* — 2) **Umzäunung, Wall.*

आवेष्टन n. *Hülle, Binde.*

आवोढवै Dat. Inf. *herbeizuführen* Çat. Br. 1,4,2,17.

1. आव्य Adj. (f. आवी) 1) *zum Schafgeschlecht gehörig.* — 2) *wollen.*

2. (आव्य) आविध्य Absol. von अव्.

आव्यक्त Adj. *vollkommen deutlich.*

आव्यक्तिक Adj. *immateriell* Comm. zu Njâjas. 3,1,29.

आव्यथा f. *ein Anflug von Rührung.* °थां कर् *ein wenig gerührt werden* 30,21 (Conj. für आव्यपां).

आव्यम् Acc. von आव्यं und आवी *Weh, Schmerz.*

आव्यपा f. s. आव्यथा.

आव्यात्त Adj. *ein wenig geöffnet.*

आव्याध m. *eine angerissene —, angebrochene Stelle.*

आव्याधिन् 1) Adj. *mit einem Geschosse treffend.* — 2) f. Pl. (sc. सेना:) *Räuberschaar* Maitr. S. 2,9,4.

आव्युषम् Adj. *bis zum Morgenlicht.*

आव्रश्चन m. *Strunk, Stumpf eines Baumes* Njâjam. 10,1,11.

आव्रस्क in अनाव्रस्क.

आव्रस्कत Adj. *abgebrochen, zerbröckelt* Kauç. 16.

*आव्रीडक Adj. *von schamlosen Menschen bewohnt.*

1. आश m. *Erlangung,* in दुराश.

2. आश m. *Speise.*

आशंसन n. *das Anwünschen, Wünschen.*

आशंसा f. 1) *Wunsch, Erwartung, Hoffnung* 243, 3. 20. — 2) *Ahnung.*

आशंसितर् Nom. ag. 1) **der Etwas wünscht, — erwartet.* — 2) *Verkünder,* mit Acc.

°आशंसिन् Adj. *verkündend, versprechend* Âçv. Gṛhj. 1,23,12.

आशंसु Adj. *wünschend, erwartend, hoffend;* mit Acc.

आशक in अनाशक.

आशङ्का 1) n. am Ende eines Comp. nach einem Nom. act. a) **Zweifel —, Ungewissheit in Bezug auf.* — b) *Gefahr.* — 2) f. आ a) *Besorgniss, Befürchtung vor* (Abl.). अत्र 177,12. — b) *Misstrauen.*

आशङ्कनीय Adj. *zu befürchten, — besorgen* 267,21.

आशङ्कितव्य Adj. dass. Çaṁk. zu Bâdar. 3,5,52.

आशङ्किन् Adj. 1) *befürchtend* 299,28. — 2) *vermuthend* 111,23. — 3) *haltend für* Kâd. 50,15. — 4) *Besorgniss —, Furcht erweckend* Spr. 4517.

1.*आशन m. = अशनि und *ein Fürst der* Açani.

2.*आशन m. = अशन, असन *Terminalia tomentosa.*

आशय m. (adj. Comp. f. आ) 1) *Lagerstatt, Sitz —, Ort des.* — 2) *Ort, Stelle* überh. — 3) in der Med. *Sitz* oder *Behälter eines der den Körper constituirenden Grundstoffe.* Ungenau auch st. आमाशय und पक्वाशय. — 4) *Sitz der Gefühle und Gedanken, Herz, Gemüth.* — 5) *Gedanken, Absicht.* — 6) *Gesinnungs —, Denkweise.* — 7) im Joga *die Anlage, mit der ein Mensch zur Welt kommt, und die eine Folge der Werke in einer vorangehenden Existenz ist.* — 8) **Artocarpus integrifolia L.* — 9) *= विभव, किंपचान und मलिन.

आशयाग्नि m. *das Feuer der Verdauung.*

*आशयाश m. = आश्रयाश *Feuer.*

*आशर m. 1) *Feuer.* — 2) *ein* Râkshasa.

आशरीक m. *Reissen* (im Körper).

आशरीरम् Adv. *mit Einschluss des Körpers.*

*आशव n. *Geschwindigkeit.*

आशस् f. *Wunsch, Erwartung, Hoffnung.*

आशसन n. *das Aushauen* (eines geschlachteten Thieres).

आशस्त्रबन्ध Adj. Kâm. Nîtis. 7,57 fehlerhaft für अश°.

आशस्य Gobh. 1,4,29 fehlerhaft für आसस्य.

1. आशा f. 1) *Raum, Gegend.* — 2) *Himmelsgegend.*

2. आशा f. 1) *Wunsch, Erwartung, Hoffnung.* Die Ergänzung im Gen., Loc. (Spr. 7664) oder im Comp. vorangehend. Instr. *in Erwartung von Etwas, hoffend auf* 182,26. 248,23. Spr. 7619. आशां कृत्वा (so ist wohl zu lesen 94,24) dass. — 2) personif. als Gattin eines Vasu und als Schwiegertochter des Manas.

आशाकृत Adj. R. 2,63,18. Wohl आशां कृत्वा zu lesen

आशागज m. *ein eine best. Weltgegend tragender mythischer Elephant.*

आशाचक्रवाल n. *der ganze Horizont* Kâd. 28,2.

आशादशमी f. *der 10te Tag in der lichten Hälfte des* Âshâḍha.

आशादामन् m. N. pr. eines Fürsten.

आशादित्य m. = आशार्क N. pr. eines Scholiasten.

आशानन्तस्तव m. Titel eines Werkes.

आशापरा f. N. pr. einer Göttin.

आशापाल m. *Hüter einer Weltgegend* Maitr. S. 3,9,4.

आशापालीय n. Bez. *des Spruches* देवा आशापाला: *u. s. w.* (VS. 22,19) Vaitân. 36,20.

आशापिशाचिका und °ची f. *die Hoffnung als böser Dämon.*

आशापुर n. und °पुरी f. N. pr. einer *Stadt.*

*आशापुरसंभव m. *Balsambaum* Râgan. 12,113.

आशाबन्ध m. 1) *Band der Hoffnung.* — 2) *Spinngewebe.*

आशारिषिन् Adj. *ein Obdach suchend.*

आशार्क m. = आशादित्य.

आशावत् Adj. *voller Hoffnung, hoffend —, vertrauend auf* (Loc. oder Dat.).

आशावरी f. *eine best.* Râgiṇî S.S.S. 55.

आशावह m. 1) Bez. *der Sonne* MBh. 1,1,42. — 2) N. pr. eines Vrshṇi.

आशावासस् n. *die Weltgegenden als Gewand.* °सो वस् *sich in ein solches Gewand kleiden,* so v. a. *nackt einhergehen* 166,3.

आशाविजय m. *Welteroberung* Kâd. 125,7.

आशाविद् Adj. *mit den Weltgegenden vertraut.*

आशासंशित Adj. *durch die Himmelsgegenden geschärft* AV. 10,5,29.

आशासन n. *das Bitten, Flehen* Comm. zu Njâjam. 10,2,25.

आशासनीय Adj. *zu erbitten* Comm. zu Njâjas. 9,3,16.

आशास्य 1) Adj. *zu wünschen, erwünscht* Mâlav. 95. — 2) n. *Wunsch, Segenswunsch.*

आशि *das Essen.*

आशिता f. *Lernbegier.*

आशिखम् Adv. *mit Einschluss des Haars auf dem Scheitel* Hariv. 15266.

आशिञ्जित n. *Geklingel* Viddh. 9,14.

आशित 1) Adj. s. 2. अश् Caus. — 2) n. *Speise* RV. 10,37,11. 117,7.

*आशितंगवीन Adj. von Kühen abgeweidet.

*आशितंभव 1) Adj. sättigend. — 2) m. n. das Sattsein.

आशितिमन् m. das Sattsein.

°आशिन् Adj. essend, geniessend.

आशिन॑ Adj. betagt.

*आशिमन् m. Geschwindigkeit.

आशि॑र् f. die dem Soma-Saft zugesetzte Milch.

1. आशिर dass. °दुघ् Adj. Milch zum Soma-Saft milchend Âçv. Çr. 12,8,34.

2. *आशिर 1) Adj. gefrässig. — 2) m. a) Feuer. — b) ein Râkshasa.

आशिर:पादम् Adv. von Fuss bis zu Kopf Kathâs. 4,53.

आशिर्वाद (!) m. = आशीर्वाद Nir. 7,1.

आ॑शिष्ठ Adj. Superl. von आशु 1).

1. आशि॑स् 1) Bitte, Bittgebet, Wunsch; ein zum Wohl eines Andern ausgesprochener Wunsch, Segenswunsch. — 2) der Charakter und die Personalendungen des Precativs. — 3) ein best Heilmittel.

2. आशिस् (Ind. St. 14, 397) und *आशी f. Schlangenzahn.

आशीतिक Adj. fehlerhaft für अशीतिक.

आ॑शीयस् Adj. Compar. von आशु 1).

आशीरुक्ति f. Segenswunsch Prasannar. 82,10.

आशीर्गेय n. Gesang mit Segenswünschen.

आशीर्ग्रहण n. das Empfangen eines Segenswunsches Dhûrtan. 61.

आशीर्दा॑ und °दा॑या॑ f. Erfüllung der Erwartung.

आशीर्वचन n. Segenswunsch. °नाक्षेप m. in der Rhet. eine durch einen Segenswunsch ausgedrückte Erklärung, dass man mit Etwas nicht einverstanden sei. Beispiel Spr. 2057.

आशीर्वाचक Adj. einen Wunsch ausdrückend Kull. zu M. 2,23.

आशी॑र्वत् Adj. mit Milch gemischt.

आशीर्वाद m. Segenswunsch. °मन्त्र m. dass.

आशीर्वादाभिधानवत् Adj. ein einen Wunsch ausdrückendes Wort enthaltend M. 2,23.

*आशीर्विष m. = आशीविष.

आशीवि॑ष m. 1) Giftschlange. — 2) eine best. zu den Haubenschlangen gerechnete Giftschlange.

आशु॑ 1) Adj. geschwind, rasch, schnell. — 2) Adv. schnell, eiligst, auf der Stelle, alsbald, sogleich. — 2) m. a) Ross. — b) schnell reifender Reis. — 3) n. Name eines Sâman.

*आशुकर्मन् Adj. rasch zu Werke gehend.

आशुकारिन् 1) Adj. schnell wirkend Kâd. II, 41,1. — 2) m. eine Species von Fieber Bhâvapr. 3,71.

आशुक्रिया f. schnelles Verfahren.

आशुम्लान Adj. alsbald verwelkt Çâk. 66.

आशुग॑ 1) Adj. (f. आ) schnell gehend, — sich dahinbewegend 84,15. 217,14. — 2) m. a) Pfeil. — b) *Wind. — c) *die Sonne. — d) *N. pr. eines der fünf ersten Anhänger Çâkjamuni's.

आशुगति Adj. sich schnell bewegend Comm. zu Njâjas. 3,2,30. Nom. abstr. °त्व n. im Text.

आशुगामिन् 1) Adj. dass. — 2) m. die Sonne.

आशुंग॑ m. wohl ein best. Vogel.

आशुतोष Adj. leicht zu befriedigen.

आशुत्व n. 1) Geschwindigkeit. — 2) die Benennung आशु Tândja-Br. 14,9,10.

*आशुद्ध n. Unreinheit Gal.

*आशुपत्नी f. Weihrauchbaum.

आशुप॑त्वन् Adj. schnell fliegend.

आशुप्रतिकारिन् Adj. schnell einschreitend (Arzt) Karaka 1,17.

आशुबोध 1) *Adj. leicht verständlich. — 2) m. Titel einer Grammatik.

आशुभाविन् Adj. schnell von Statten gehend. Davon Nom. abstr. °विता f.

आशुम॑त् und आशुया॑ Adv. schnell, rasch.

आशु॑रथ Adj. einen raschen Wagen habend.

आशुरथीय n. कुत्सस्य आ° Name eines Sâman.

आशुविक्रम Adj. schnellen Schrittes R. 3,30,44.

आशुविमर्दित Adj. alsbald zerdrückt Çâk. 66, v. l.

आशुवृत्ति Adj. schnell vor sich gehend. Nom. abstr. °त्व n. Comm. zu Njâjas. 3,2,62.

*आशुव्रीहि m. schnell reifender Reis.

आशुशुक्ष॑णि 1) Adj. hervorblinkend. — 2) m. Feuer Bâlar. 38,10. Kâd. 49,11.

आशुशुष्क Adj. schnell eintrocknend. Davon Nom. abstr. °त्व n. Kâm. Nîtis. 7,18.

आशुश्रवस् m. N. pr. eines mythischen Rosses.

आशु॑षेण Adj. rasches Geschoss habend Maitr. S. 2,9,6.

आशुसंधेय Adj. leicht zusammenzufügen und zugleich — zu versöhnen Spr. 4971.

आशुहे॑मन् Adj. 1) rasch hineilend. — 2) die Rosse antreibend.

आशुहे॑षस् Adj. schnell verwundend.

*आशोकुटिन् m. Berg.

*आशोकेय 1) Adj. von अशोक. — 2) m. Metron. von आशोका. f. ई.

आशौच n. Unreinheit (in rit. Sinne) Gaut. °निर्णय m. Titel eines Werkes.

आशौचिन् Adj. unrein.

*आश्चर्य्, °र्यति wunderbar sein.

आश्चर्य॑ 1) Adj. seltsam, wunderbar. — 2) n. a) seltene Erscheinung, Wunder. Mit यद्, *यच्च, *यत्र, *यदि und blossem Fut. Superl. °तम n. eine gar s. E. — b) Verwunderung, Staunen, Erstaunen. °र्यं दा Jmd (Loc.) in Staunen versetzen.

आश्चर्यभूत Adj. eine seltene Erscheinung seiend, wunderbar.

आश्चर्यमय Adj. wunaerbar.

आश्चर्यरत्नमाला f. Titel eines Werkes.

आश्चर्यरूप Adj. seltsam, wunderbar Nrs. Up. in Ind. St. 9,165.

आश्चोतन und आश्च्योतन n. das Beträufeln, Anspritzen.

आ॑श्च्योतयितवै॑ Dat. Inf. hinzuträufeln.

*आश्म Adj. steinern.

*आश्मकि m. Patron. von अश्मक.

*आश्मन 1) Adj. steinern. — 2) m. Bein. Aruṇa's.

*आश्मन्य Adj. von अश्मन्.

*आश्मभारिक Adj. eine Last Steine fahrend u. s. w.

आश्मरथ 1) Adj. zu Âçmarathja in Beziehung stehend. — 2) *f. ई Patron. von Açmaratha.

आश्मरथ्य m. Patron. von Açmaratha.

आश्मरिक Adj. am Blasenstein leidend.

*आश्मायन m. Patron. von अश्मन्.

*आश्मिक Adj. von अश्मन्; auch so v. a. आश्मभारिक.

*आश्मेय m. Patron. von अश्मन्.

आश्रपण n. das Ankochen.

आश्रम (adj. Comp. f. आ) 1) m. n. Einsiedelei. — 2) m. eine zu feierlichen Gelegenheiten errichtete Hütte. — 3) m. ein Stadium im religiösen Leben, insbes. eines Brahmanen, deren 4 (Schüler, Haushälter, Einsiedler und Bettler) oder 3 (ohne Schüler) angenommen werden. — 4) m. N. pr. oder Bein. eines Schülers des Pṛthvîdhara.

आश्रमपद n. = आश्रम 1) 3).

आश्रमपर्वन् n. Titel des ersten Abschnittes im 15ten Buche des MBh.

आश्रममण्डल n. Gruppe von Einsiedeleien.

आश्रमवासिक Adj. auf den Aufenthalt in einer Einsiedelei bezüglich.

आश्रमवासिन् und आश्रमसद् m. Bewohner einer Einsiedelei, Einsiedler.

आश्रमस्थान n. Einsiedelei.

आश्रमालय m. Bewohner einer Einsiedelei, Einsiedler.

आश्रमिन् Adj. in irgend einem Stadium des religiösen Lebens sich befindend Gaut. 28,49.

आश्रमोपनिषद् f. Titel einer Upanishad.

आश्रय m. (adj. Comp. f. आ) 1) das Sichanlehnen —, Sichanheften an Spr. 7699. — 2) nächste Umgebung. — 3) Anschluss —, Hingabe an, das sich einer Sache Ergeben Spr. 2991. das Greifen zu Chr. 252,5. — 4) das Berufen auf, Abhängigkeit von. Am Ende eines adj. Comp. *beruhend auf, abhängig von.* — 5) *Bezug auf.* Am Ende eines adj. Comp. *sich beziehend auf* 117,7. MBh. 3,45,9. — 6) *Lehne, Stütze, Halt, Unterlage.* — 7) *Halt, Zuflucht, Hort, Schirm.* — 8) *Sitz, Wohnsitz, Standort, Behälter.* — 9) *Subject; Substrat* 279,13. — 10) Pl. *zusammenhängende Menge, Kette von.* कयाश्रयाः MBh. 3,298,7. — 11) Pl. *die fünf Sinnesorgane und das* Manas (buddh.). — 12) *= व्यपदेश.

आश्रयज्ञयोग m. *eine best. Klasse von Constellationen ohne Mond.*

आश्रयण 1) Adj. (f. ई) *a) seine Zuflucht zu Etwas nehmend.* — *b) in Bezug stehend zu, betreffend.* — 2) n. *a) das Sichhinbegeben zu.* — *b) das Sichanschliessen an, Greifen zu* Comm. zu TS. Prât. 9,1.

आश्रयणीय Adj. 1) *zu dem man seine Zuflucht nehmen kann, von dem man Hülfe erwarten kann.* Dazu Nom. abstr. °त्व n. — 2) *wozu man sich zu halten hat, zu bekennen* (eine Lehre).

आश्रयता f. Nom. abstr. zu आश्रय 6) Comm. zu Njâjam. 9,2,8.

आश्रयत्व n. Nom. abstr. zu आश्रय 1) und 6) (Comm. zu Njâjam. 9,2,8).

आश्रयभूत Adj. *von dem oder wovon Jmd oder Etwas abhängt, die Grundlage bildend* 144,30. 224,14. 274,14. Comm. zu Njâjam. 9,2,8.

आश्रययोग m. = आश्रयज्ञयोग.

आश्रयलिङ्ग Adj. *dessen Geschlecht von dem Worte abhängt, an das es sich anlehnt;* m. *Adjectiv.*

आश्रयवत् Adj. *einen Halt —, einen Rückhalt habend* Comm. zu Njâjas. 3,2,18.

आश्रयस्थान n. *das Organ des nächst folgenden Lautes, an den sich ein anderer anlehnt,* Çikshâ in Ind. St. 4,354. 361.

आश्रयाश् 1) *Adj. *die nächste Umgebung verzehrend.* — 2) m. *Feuer* Spr. 2881.

आश्रयासिद्ध Adj. *logisch unzulässig wegen des Substrats* Tarkas. 43.

आश्रयितव्य Adj. *woran man sich zu halten hat* (in übertr. Bed.) Comm. zu Njâjas. 2,1,29. Çaṁk. zu Bâdar. 3,4,47.

आश्रयिन् Adj. 1) *sich an Etwas anlehnend, anhaftend an, sich anschliessend* Gaim. 4,1,18. — 2) *sitzend auf, wohnend in* 299,27. *einen Platz einnehmend.*

1. आश्रव 1) Adj. (f. आ) *gehorsam, fügsam.* — 2) *m. *Einwilligung, Versprechen.*

2. आश्रव und आश्राव m. fehlerhaft für आस्रव und आस्राव.

आश्रावण n. *Zuruf.* Bez. best. *Worte, die bei best. heiligen Handlungen einem Dienstthuenden zugerufen werden.*

आश्राव्य m. N. pr. eines Muni.

आश्राव्यप्रैष m. *der auf das* Âçrâvaṇa *folgende* Praisha Kâtj. Çr. 1,9,14.

*आश्रि f. = अश्रि.

आश्रित 1) m. *Untergebener, Diener* 148,21. — 2) Pl. (wohl n.) buddh. *die durch die fünf Sinne und das* Manas *bewirkten Wahrnehmungen.*

आश्रितत्व n. *Abhängigkeit.*

आश्रुत n. = आश्रावण.

आश्रुति f. *Bereich des Gehörs.*

आश्रुत्कर्ण Adj. *dessen Ohren lauschen* Ṛv.

आश्रेष 1) m. *Umschlinger* als N. pr. eines Plagegeistes. — 2) f. आ Pl. *das 7te Mondhaus* TBr. 3,1,1,6.

आश्लेष 1) m. (adj. Comp. f. आ) *a) unmittelbare Berührung.* — *b) Umschlingung, Umarmung.* — *c) was hängen —, kleben bleibt* Njâjam. 10,1,5. — 2) f. आ Sg. und Pl. *das 7te Mondhaus.*

आश्लेषण n. *das Hängen, —Klebenbleiben* Comm. zu Njâjam. 10,1,4.5.

आश्व 1) Adj. *a) dem Pferde gehörig, vom Pf. kommend.* — *b) *von Pferden gezogen.* — 2) n. *a) *Pferdetrupp.* — *b)* *Nom. abstr. von अश्व. — *c)* Name verschiedener Sâman.

आश्वघ्न m. N. pr. eines Mannes.

आश्वतर m. Patron. von अश्वतर.

आश्वतराश्वि m. Patron. von अश्वतराश्व.

आश्वत्थ 1) Adj. (f. ई) *a) vom heiligen Feigenbaum, aus solchem Holze verfertigt.* — *b) *zum Mondhaus* Açvattha *in Beziehung stehend.* — 2) *n. *die Frucht der Ficus religiosa.*

*आश्वत्थि und *°क Adj. und Subst. von अश्वत्थ.

*आश्वत्थिकीय Adj. von आश्वत्थिक.

*आश्वत्थीय Adj. von आश्वत्थि.

*आश्वपत Adj. von अश्वपति.

(आश्वपस्) आशुअपस् Adj. *rasch handelnd.*

*आश्वपालिक m. Metron. von अश्वपाली.

*आश्वपेयिन् m. Pl. *die Schüler des* Açvapeja Kâç. zu P. 4,3,106.

आश्वबल Adj. *von der Pflanze* Açvabalâ *kommend.*

*आश्वभारिक Adj. *eine Pferdelast fahrend* u. s. w.

आश्वमेध m. Patron. von Açvamedha.

आश्वमेधिक Adj. *zum Rossopfer gehörig, dazu Beziehung habend* Âpast.

आश्वयुज् m. *der Monat* Âçvina.

आश्वयुज 1) Adj. *a) *unter dem Sternbild* Açvajuǵ *geboren.* — *b) zum Monat* Âçvajuǵa *in Beziehung stehend.* — 2) m. *der Monat* Âçvina. — 3) f. ई *a) Vollmondstag im Monat* Âçvina. °कर्मन् n. *ein auf diesen Tag fallender* Pâkajaǵna. — *b)* = °कर्मन् Gaut. 8,18.

*आश्वयुजक Adj. *am Vollmondstage im Monat* Âçvina *gesäet.*

आश्वयुज्य m. *der Monat* Âçvina.

*आश्वलक्षणिक (so zu lesen) Adj. *sich auf die Kennzeichen der Pferde verstehend* Mahâbh. 4,67,a.

1. आश्वलायन m. Patron. von Açvala, N. pr. eines Lehrers. °गृह्यकारिका f. und °ब्राह्मण n. Titel von Werken. °शाखा f. *die Schule des A.* °शाखिन् Adj. *zu dieser Schule gehörig.*

2. आश्वलायन 1) Adj. (f. ई) *zu* Âçvalâjana *in Beziehung stehend.* — 2) m. Pl. N. pr. einer Schule.

आश्ववार (Maitr. S. 3,7,9) und आश्ववाल Adj. *aus dem Rohr* Açvavâra (-vâla) *verfertigt.*

(आश्वश्व) आशुअश्व Adj. *rasche Rosse habend.*

(आश्वश्व्य) आशुअश्व्य n. *Besitz rascher Rosse.*

आश्वसूक्त n. Name eines Sâman.

आश्वसूक्ति m. Patron. von Açvasûktin (-sûkta Comm.).

*आश्वायन m. Patron. von Açva.

*आश्वावतान m. Patron. von Açvâvatâna.

आश्वास m. (adj. Comp. f. आ) 1) *das Aufathmen, Erholung.* — 2) *Trost.* °सं कर् *Trost —, Muth zusprechen.* — 3) *Verlass auf* (Gen. oder Loc.). — 4) *Abschnitt in einer Erzählung.*

आश्वासन 1) n. *a) das Erfrischen, Beleben.* — *b) das Aufheitern, Trösten.* — 2) f. आ *Erquickung, Erheiterung* Bâlar. 275,7. *Tröstung, Trost* Veṇîs. 15,20. °दायिन् Adj. Prasannar. 155,2.

आश्वासनीय Adj. *zu erheitern, — trösten* Uttarar. 38,22 (52,14).

आश्वासिन् Adj. *aufathmend, sich erheiternd.*

आश्वास्य Adj. *worüber man Beruhigung haben muss* Megh. 98.

आश्वि m. Patron. von Açva.

आश्विक 1) *Adj. = आश्वभारिक. — 2) m. *Reiter zu Pferde.*

1. आश्विन 1) Adj. (f. ई) *Reitern gleichend.* — 2) n. *Tagereise für einen Reiter.*

2. आश्विन 1) Adj. *den* Açvin *gehörig, — geweiht.* — 2) m. *a) ein best. Regenmonat, in dem der Vollmond im Mondhaus* Açvinî *steht.* — *b)* *Du. *die beiden* Açvin Gal. — 3) f. ई Bez. *best. Backsteine.* — 4) n. *das Mondhaus* Açvinî.

*आश्विनचिह्नित n. *Herbstaequinoctium.*

आश्विनपात्र n. *die den* Açvin *geltende Schale* Çat. Br. 4,1,5,19.

आश्विनाग्र Adj. *mit dem den* Açvin *gehörigen*

Becher Soma *beginnend* Kâṭh. 30,3.

आश्विनेय m. 1) Patron. Nakula's und Sahadeva's. — 2) *Metron. der beiden Açvin.

आश्वीन 1) *Adj. *von einem Pferde in einem Tage zurückzulegen* (Weg). — 2) n. *Tagereise eines Pferdes* Tâṇḍja-Br. 25,10,16.

*आश्वेय m. Patron. von अश्व.

आष् onomatop. vom *Laute des Niesens.*

1. आषाढ 1) m. *a) ein best. Monat.* — *b) ein Stab aus* Palâça-*Holz* (bei besonderen Begehungen getragen). — *c)* N. pr. eines Fürsten. — *d)* *Bein. des Malaja-Gebirges. — 2) f. Pl. आ fehlerhaft für अषाढा. — 3) f. ई *Vollmondstag im Monat* Âshâḍha Vaitân. Spr. 7741.

2. आषाढ 1) Adj. *zum Monat* Âshâḍha *in Beziehung stehend.* — 2) m. *ein best. Festtag* Âpast. 1,11,20.

आषाढक 1) m. N. pr. eines Elephantenführers Kathâs. 13,8.14.16.25. — 2) f. °ढिका N. pr. einer Râkshasî.

आषाढपुर n. N. pr. eines mythischen Berges.

*आषाढपूर्वज m. *der Monat* Ǵjaishṭha.

*आषाढभव m. *der Planet Mars.*

आषाढभूति m. N. pr. eines Gauners.

आषाढाद्रिपुर n. = आषाढपुर.

*आषाढाभू m. *der Planet Mars.*

आ॑षाढि m. Patron. von Ashâḍha.

*आषाढीय Adj. *unter dem Mondhaus* Ashâḍhâ *geboren.*

आष्कारणिधन n. Name eines Sâman.

आ॑ष्ट 3. Sg. Aor. von 1. अश्.

*आष्टक n. N. pr. einer Oertlichkeit. Davon Adj. *आष्टकीय.

आष्टक्य n. = अष्टक 3) *a)* Âpast. 1,10,2 (अष्टाक्य gedr.).

*आष्टम m. *Achtel.*

*आष्टमातुर Adj. *acht Mütter habend.*

आष्टमिक Adj. *im achten* (Buche) *gelehrt* —, *besprochen.*

आष्टादंष्ट्र fehlerhaft für आष्ट्रा°. °ष्ट्राद्य und °ष्ट्रोत्तर n.

*आष्टि m. Patron. von अष्टन्.

आष्ट्र 1) *n. *Luftraum.* — 2) f. आ = अष्ट्रा Kâṭh. 37,1. — 3) f. ई॒ *Küche, Feuerplatz.*

आ॑ष्ट्रादंष्ट्र n. Name eines Sâman Maitr. S. 1,11,9.

*आष्ठा f. *Weltgegend.*

1. आस् Interj. *der Freude* und *des Unwillens.*

2. आस्, आ॑स्ते, ep. auch आसते und आस्ति. 1) *sitzen, sich setzen,* — *auf* (Loc.; Acc. nur scheinbar. Vikr. 27,16 zu interpungiren: एतदासनम् । आस्यताम् । Eben so R. ed. Bomb. 1,72,15). — 2) *seinen Sitz haben, wohnen, weilen, seinen Wohnsitz aufschlagen, sich niederlassen, ein Lager beziehen,* — *in* (Loc. und *Acc.). Auch von Zuständen, die in diesem Falle persönlich gedacht werden. — 3) *auf dem Throne sitzen, Audienz ertheilen.* — 4) *ruhen, liegen* (von Thieren und leblosen Körpern). — 5) *sitzen,* so v. a. *festsitzen, nicht herunterfallen* Spr. 7253. — 6) *stillsitzen, verweilen, verbleiben, verharren.* सन्मार्गे *auf dem rechten Pfade* 146,5. — 7) *sitzen bleiben,* so v. a. *das Nachsehen haben* 233, 11.13. — 8) *in einer heiligen Handlung begriffen sein, einer Ceremonie obliegen,* mit Acc. Ueberhaupt *obliegen,* mit Loc. — 9) *längere Zeit in einer best. Lage sich befinden, sich verhalten,* — *wie.* Die nähere Bestimmung ein Partic., Adj. oder Subst. im Nom. (oder im Instr. bei impersonaler Redeweise), ein Absol. oder Adv. सुखम् oder सुखेन *sich wohl befinden.* दुःखम् *betrübt dastehen* 327,15. — 10) *gereichen zu* (Dat.) Spr. 4859. — 11) *esse alicujus* (Gen.) 39,6. — 12) Imperat. *weg damit, genug* —, *schweigen wir davon, nedum* Spr. 7744. Kâd. 228,10.11. 250,6. II,61,9. Vikramâṅkaḱ. 3, 30 (wo समस्तमास्ताम् zu lesen ist). तथा यथा — *so dass nicht mehr die Rede sein kann* (*konnte*) *von.* — Caus. आसयति *sitzen heissen.* — Desid. *आसिसिषते. — Mit अधि 1) *sitzen* —, *sich setzen* —, (von Thieren) *liegen* —, *sich legen auf* (Acc.). अधस्तच्छिंशपायाः (so ist wohl zu lesen) *unterhalb* R. 5,57,6. — 2) *seinen Aufenthaltsort haben* oder *nehmen, bewohnen, seinen Sitz haben* oder *aufschlagen* (auch von einem Herrscher), *beziehen* (eine Wohnung); mit Acc. Auch mit यत्र *wo.* — 3) *treten auf* oder *in, betreten, antreten* (Weg, Stellung, Beruf, Amt). पादुके *in die Schuhe fahren.* प्रमाणपथम् oder प्रमाणपद्धतिम् so v. a. *sich beweisen lassen.* — 4) *über* —, *höher als Jmd* (Acc.) *sitzen.* — 5) *ruhen auf.* Partic. अध्यासित *a) ruhend auf.* विवादाध्या° *einem Streite unterliegend,* so v. a. *fraglich.* — *b) worauf Etwas* (Instr.) *ruht,* — *steht* Kâd. 40,15. — 6) *einem Manne* (Acc.) *fleischlich beiwohnen.* — 7) *über Etwas gestellt sein, herrschen.* — *Caus. *einen Sitz einnehmen lassen.* — *Desid. *zu besteigen im Begriff sein.* — Mit समधि *einen Platz* (Acc.) *einnehmen; bewohnen.* — *Desid. *einen Platz einnehmen wollen.* — Mit अनु 1) *dabei sitzen, umsitzen* (mit Acc.). Med. mit passiver Bed. — 2) *sich setzen, sobald sich ein Anderer gesetzt hat* (mit Acc.). — 3) *einer religiösen Ceremonie* (Acc.) *obliegen.* — Mit अन्तर् *sich setzen in* (Acc.) Ṛv. 9, 78,3. — Mit उद् 1) *unbetheiligt sein, keine Theilname zeigen, sich gleichgültig* oder *passiv verhalten,* — 2) *Etwas* (Acc.) *bei Seite lassen, übergehen.* — Mit उप 1) *daneben sitzen, sich daneben setzen, neben Jmd* (Acc.) *sitzen* oder *sich setzen, umlagern* (als Zeichen der Unterordnung, Dienstbereitheit oder Hülfsbedürftigkeit). Med. auch mit pass. Bedeutung. — 2) *belagern.* — 3) *sitzen* 42,16. — 4) *zum Aufenthaltsort haben* oder *erwählen.* — 5) *beiwohnen, Theil nehmen an* (Acc.). — 6) *sich nähern,* — *hinbegeben* —, *gelangen zu* (Acc.). — 7) *obliegen, sich zu thun machen mit, pflegen, ausführen, ausüben;* mit Acc. अर्थान् *dem Gelde fröhnen* Spr. 7688. — 8) *sich unterziehen, erleiden, theilhaftig werden.* — 9) *ausharren, in einer Thätigkeit* oder *einer Lage verharren.* Die nähere Bestimmung ein Partic. oder ein Absol. — 10) *erwartend dabeisitzen, erwarten, zuwarten* 28,4. *das Zuwarten* —, *Nachsehen haben.* — 11) *ehrend* oder *dienend nahen, verehren, huldigen* 179,26. — 12) *achten auf Jmd* oder *Etwas, seine Aufmerksamkeit richten auf, hegen, pflegen.* — 13) *anwenden, gebrauchen.* — 14) *dafür halten,* — *erkennen.* — 15) eine Zeit (Acc.) *zubringen* R. 1,36,1 (35,1 ed. Bomb.). — Mit पर्युप 1) *umsitzen, umgeben, umlagern* (auch in feindlicher Absicht). Med. auch mit pass. Bedeutung. — 2) *sitzen auf* (Acc.). — 3) *umwohnen.* — 4) *beiwohnen, Theil nehmen an* (Acc.). — 5) *Jmd dienend nahen, Ehre erzeigen, verehren, huldigen.* — 6) *Etwas* (Acc.) *ruhig ansehen* Spr. 3530. — Mit समुप 1) *dasitzen* 86,27. R. 2,105,1. — 2) *obliegen, ausüben, verrichten.* — 3) *Jmd Ehre erzeigen, verehren, huldigen.* — Mit परि 1) *herumsitzen, sich um Jmd* (Acc.) *sammeln.* — 2) *sich bemühen um* (Acc.) Ṛv. 10,40, 7. — 3) *sitzen* —, *unthätig bleiben.* — Mit प्रति *sich setzen gegen* (Acc.). — Mit सम् 1) *zusammensitzen, versammelt sein* —, *sich versammeln um* (Acc.). — 2) *sitzen.* — 3) *seinen Sitz* —, *seinen Aufenthalt haben in* (Loc.) 89,14. — 4) *zur Berathung zusammentreten, Rath halten.* — 5) *obliegen,* mit Acc. — 6) *dasitzen* —, *sich benehmen wie* (इव) Spr. 5558. — 7) *dasitzen,* so v. a. *verblüfft sein, sich nicht zu helfen wissen* R. 7,106,7. — 8) *achten auf, anerkennen;* mit Acc. Spr. 1337. — 9) *es aufnehmen mit, gewachsen sein, widerstehen;* mit Acc. — Mit प्रतिसम् *es aufnehmen mit, gewachsen sein, widerstehen;* mit Acc.

3. आ॑स् wohl n. *Mund, Angesicht;* nur im Abl. und Instr. आ॑सः आ॑सा mit einer 1sten Person so v. a. *von mir aus.* आसा *vor's Angesicht hin, vor Aller Augen.*

4. आस् ved. 3te Sg. von 1. अस् 19,18.

1. आँस m. *Asche, Staub.*

2.*आस m. n. *Bogen.*

3. आस॑ 1) m. *a) Sitz. — b) Nähe;* s. आसा॑त्. — 2) n. *Gesäss.*

आसंसारम् Adv. 1) *vom Anbeginn der Welt an.* — 2) *bis zum Weltende, für immer.*

आसक्ति॑ 1) f. *a) Nachstellung, Verfolgung.* — 2) *das Hängen —, Hingabe an* (Loc. oder im Comp. vorangehend). — 2) Adv. *ununterbrochen, durchgängig, durchaus.*

आसक्तव्य Adj. *anzuhängen, anzufügen.*

आसङ्ग॑ 1) m. (adj. Comp. f. आ) *a) das Anhaken, Hängenbleiben. — b) Nachstellung, Verfolgung. — c) das Hängen —, Hingabe an. — d)* N. pr. eines Mannes ṚV. eines Sohnes des Çvaphalka Bhâg. P. 9,24,15. — *e)* असङ्गे: Name eines Sâman Ârsh. Br. — 2) *n. *eine Lehmart.* — 3) *Adj. und °म् *Adv. *ununterbrochen.*

*आसंगत्य n. Nom. abstr. von असंगत.

आसंगवम् Adv. *bis zum* Saṃgava TBr. 2,1,1,3.

आसङ्गिन् 1) Adj. *hängend an* (im Comp. vorangehend) Kâd. 161,11. — 2) *°नी f. *Wirbelwind.*

आसङ्गिम m. *eine Art Verband.*

आसज्ञ Adj. in चक्रमासज्ञ.

आसञ्जन n. 1) *das Anhängen, Anhaken; das Hängenbleiben.* — 2) *Henkel, Haken.*

आसञ्जनवत् Adj. *mit einem Henkel* oder dgl. *versehen.*

आसंहित Adj. *mit dem man vorher eine Verabredung getroffen hat* Kâm. Nîtis. 6,11.

आसताम् Râgat. 5,3 fehlerhaft für आमाताम्.

आसत्ति f. 1) *Anschluss, unmittelbare Verbindung.* — 2) *das in die Enge Kommen, Verlegenheit, Rathlosigkeit.* — 3) **Erlangung.*

आसत्तिविचार m. Titel eines Werkes.

आसद in दुरासद.

आसदन n. *Sitz.*

आस॑दम् Acc. und आस॑दे Dat. Inf. *sich zu setzen auf* (Acc.) ṚV.

आस॑न् n. *Mund, Rachen.*

1. आ॑सन (AV.) und आसन॑ (Çat. Br. 14) 1) n. (adj. Comp. f. आ) *a) das Sitzen, Sichsetzen. — b) Art und Weise zu sitzen, Stellung beim Sitzen* (von grosser Bedeutung bei religiösen Vertiefungen). — *c) das Sichaufhalten, Verweilen an einem Orte* AV. 20,127,8. — *d) das Haltmachen* (im Feldzuge), *Beziehen eines Lagers. — e) Sitz* Çat. Br. 14,9,1, 7. — *f) Thron eines Fürsten* und *die damit verbundene hohe Stellung. — g) der Theil des Pferderückens, auf dem der Reiter sitzt.* — 2) *f. आ *Aufenthalt.* — 3) f. ई *a) *Aufenthalt. — b) Sitz. — c) *Bude, Laden.*

2. *आसन m. = 2. असन.

आसनबन्ध m. *das Sichsetzen* Ragh. 2,6.

आसनवत् Adj. *einen Sitz habend, sitzend* Ragh. ed. Calc. 2,6.

आसनविधि m. *das Reichen eines Sitzes* Spr. 7665.

आसनस्थ Adj. *sitzend* 292,1. 319,1. M. 2,119. 202.

आसनी Adv. mit कर् *zum Sitze machen* Kâd. 162,20. fg.

आँसत्त् Adj. = अँसत्त् ṚV. 4,5,14. 5,12,4. 7,104,8.

आसंतति Adv. *bis auf die Nachkommenschaft*

आसन्द 1) *m. Bein. Vishṇu's. — 2) f. ई॑ *ein aus Holz* oder *Flechtwerk gemachter Stuhl* oder *Sessel* VP. 3,11,79

आसन्दिका f. *ein kleiner Sessel* Kâd. 247,6.

आसन्दीवत् m. N. pr. einer *Oertlichkeit.*

आसन्दीसद् Adj. *auf einem Sessel sitzend.*

आसन्न n. *Nähe.* °चर Adj. *in der Nähe von* (im Comp. vorangehend) *sich bewegend* Kumâras. 3,56. °वर्तिन् Adj. *in der Nähe, neben Jmd befindlich* Chr. 109,24.

आसन्नतरता f. *grössere Nähe* Spr. 1065.

*आसन्ननिवासिन् Adj. *in der Nähe wohnend, Nachbar* Gal.

आसन्नप्रसवा Adj. f. *dem Gebären (Eierlegen) nahe* Bhâvapr. 1,77. Chr. 151,29.

आस॑न्निषु Adj. *Pfeile im Munde führend.*

आसन्य॑ Adj. *im Munde befindlich, mündlich.*

आसन्वत् Adj. *gegenwärtig.*

आसपिण्डक्रियाकर्म Adv. *vor der Veranstaltung des Todtenmahls, an dem die* Sapiṇḍa *theilnehmen*, M. 3,247.

आसप्तम Adj. *bis zum siebenten sich erstreckend* Muṇḍ. Up. 1,2,3. Jâǵñ. 1,205. R. 4,34,16.

आसमञ्ज m. Patron. von असमञ्ज.

आसमुद्र° Adv. *bis zum Meere* Ragh. 1,5.

आसमुद्रान्तम् Adv. dass. R. 4,37,3 (°न्ते gedr.). समुद्रान्ते R. ed. Bomb.

आसंबाध Adj. *beengt, vollgedrängt.*

आसया॑ Instr. Adv. *vor Jmdes Angesicht.*

1. आसव m. 1) **Destillation.* — 2) *abgezogenes —, destillirtes Getränk, Liqueur,* insbes. *Rum* 294,28. Uebertragen auf *das Nass der Lippen.*

2. आसव॑ m. *Belebung, Anregung.*

*आसवद्रु m. *Borassus flabelliformis L.*

आसवितृ॑ Nom. ag. *Anreger.*

आसस्य m. *ein best.* Bali Gobh. 1,4,29 (आशस्य gedr.).

आसह in दुरासह.

आसा॑त् Abl. Adv. *aus der Nähe, in d. N.*

आसा॑द m. *Fussbank eines Sessels* Tâṇḍja-Br. 16,3,7.

आसादन n. 1) *das Niedersetzen, Niederlegen.* — 2) *das Stossen auf, Habhaftwerden* MBh. 2,21,12. Chr. 291,14.

आसादयितव्य Adj. *dem man sich nähern darf, angreifbar.*

आसाद्य Adj. *erreichbar, zu erlangen,* in अनासाद्य.

आसायम् Adv. *bis zum Abend* Spr. 7743.

आसार m. (adj. Comp. f. आ) 1) *Platzregen. heftiger Erguss* überh. Mâlav. 56. — 2) **Umschliessung des Feindes.* — 3) *ein durch mehrere zwischenliegende Länder getrennter Fürst, der im Fall eines Krieges ein natürlicher Bundesgenosse ist.* — 4) *ein best. Metrum.*

आसारण m. N. pr. eines Jaksha.

आसारशर्करा f. Pl. *Hagelschlag.*

आसाव m. *Bereiter eines* Soma-*Tranks* ṚV.

*आसाव्य Partic. fut. pass. von सु, सुनोति mit आ.

*आसिक Adj. *mit einem Schwerte kämpfend.*

*आसिका f. 1) *die Reihe zu sitzen* 237,30. — 2) *Art und Weise zu sitzen.* — 3) *das Sitzen* (als Angabe einer Wurzelbedeutung).

आसि॑च् f. *Schale, Schüssel.*

आसित 1) Adj. *a) sitzend* Kathâs. 121,99. — *b) *gesessen habend. — c)* n. impers. *gesessen worden. — d) dem man obgelegen hat, was getrieben worden ist* R. 1,3,4. — 2) n. *a) das Sitzen, Sichsetzen. — b) der Ort, an dem man gesessen* oder *sich aufgehalten hat.* — c) Name verschiedener Sâman.

आसिताद्य n. und आसितोत्तर n. desgl.

आसितकी s. आसीतकी.

आसितव्य n. impers. *zu sitzen.*

आसिधार Adj. *mit der Schneide eines Schwertes in Verbindung stehend.*

आसिन् Adj. *werfend, schleudernd,* in पूर्वासिन्.

*आसिनासि und *आसिबन्धकि m. Patron.

आसिसादयिषु Adj. *Jmd* (Acc.) *anzugreifen beabsichtigend.*

आसिहत्य von असिहत्य gaṇa अनुशतिकादि in der Kâç.

आसीतकी f. *eine best. Pflanze* Lalit. 319,8. आसितकी 321,3.

आँसीन Partic. praes. von 2. आस्.

आसीननगरप्राकारप्रशस्ति f. Titel eines Werkes.

*आसीनप्रचलायित n. *das Nicken beim Schlaf in sitzender Stellung.*

आसीमान्तम् Adv. *bis zur Grenze* Kathâs. 56,306.

आसीवन n. *das Annähen* Kâṭh. 23,2.

[illegible] n. Name eines Sâman Ârsh. Br.

आसुत् gaṇa गव्हादि.

आसुत n. Mischtrank (aus Früchten, Wurzeln u. s. w.) Bhâvapr. 2,57.

1. आसुति f. Gebräu.

2. आसुति f. Erregung Belebung.

*आसुतिमत् Adj. von 1. आसुति.

*आसुतीय Adj. von आसुत्.

*आसुतीवल m. 1) Opferpriester. — 2) Bereiter oder Verkäufer von gebrauten Getränken.

1. आसुर 1) Adj. (f. ई) a) geistig, göttlich. — b) asurisch, dämonisch. — 2) m. a) ein Asura. — b) *ein Fürst der Asura. — c) Pl. die Sterne der südlichen Hemisphäre. — 3) f. ई a) weiblicher Dämon. — b) Chirurgie. — c) (sc. दारु) Harnröhre. — d) *Sinapis ramosa Roxb. — 4) *n. a) Blut. — b) Sochalsalz.

2. आसुर Adj. von Âsuri stammend Ind. St. 3,259.

आसुरायण 1) m. a) Patron. von Âsuri, N. pr. eines Lehrers MBh. 13,4,56. — b) Pl. Name einer Schule. — 2) *f. ई Patron. von Âsura und f. zu Âsuri.

आसुरायणि m. MBh. 13,255 wohl nur fehlerhaft für आसुरायण.

आसुरायणीय Adj. von Âsurâjaṇa.

*आसुराह्वति m. Patron. gaṇa तौल्वल्यादि in der Kâç.

आसुरि m. Patron. von Asura, N. pr. eines Lehrers.

आसुरिवासिन् m. Bein. des Prâçnîputra.

आसुरीकल्प m. Titel eines Tantra.

*आसुरीय Adj. von Âsuri stammend.

आसृक्व° Adv. bis zu den Mundwinkeln Kathâs. 18,89.

आसृष्टि Adv. von der Erschaffung der Welt an.

आसेक m. das Begiessen, Bewässern (eines Feldes).

आसेक्य m. eine Art Schwächling.

आसेचन n. 1) das Aufgiessen, Eingiessen. — 2) Behälter für Flüssigkeiten.

*आसेचनक Adj. = असेचनक.

आसेद्धर् Nom. ag. der Einen in Haft setzt 213,31.

आसेध m. Haft, Gefangensetzung 213,25. 29. 30. 33. 214,5.

आसेवन n. 1) das Sichaufhalten in Spr. 2575. — 2) anhaltende Beschäftigung mit Etwas.

आसेवा f. = आसेवन 2) 233,32.

*आसेवितिन् Adj. = आसेवितमनेन.

आसेविन् Adj. 1) besuchend, sich aufhaltend in. — 2) betreibend, obliegend, einer Sache sich hingebend.

आसेव्य Adj. zu besuchen Spr. 1769.

आस्कन्द m. 1) das Hinaufspringen, Sichschwingen auf. — 2) Angriff. — 3) eine best. Recitationsweise. — 4) Bez. des vierten Würfels.

आस्कन्दक oder स्कन्दक Sâh. D. 561 fehlerhaft für स्कन्धक.

आस्कन्दन n. 1) Angriff. — 2) *das Anfahren, Schmähen. — 3) *= संशोषण.

*आस्कन्दित und *°क n. Carrière eines Pferdes.

आस्कन्दिन् 1) Adj. a) springend auf. — b) angreifend. — c) spendend. — 2) *m. Räuber Gal.

आस्क्र Adj. (f. आ) zusammenhaltend, vereinigt.

आस्तर m. 1) Streu, Lager, Teppich Spr. 6052. — 2) N. pr. eines Mannes

1. आस्तरण 1) n. = आस्तर 1). Am Ende eines adj. Comp. f. आ. — 2) *f. ई gaṇa गौरादि.

2. *आस्तरण Adj. = आस्तरणे दीयते oder कार्यम् gaṇa व्युष्टादि in der Kâç.

आस्तरणिक und °णीय n. = आस्तर 1).

*आस्तायन Adj. von अस्ति gaṇa पक्षादि.

आस्तार m. 1) Hinstreuung. — 2) ein zum Würfelspiel hergerichteter Platz.

आस्तारक m. Rost oder Dreifuss (auf welchem eine Pfanne über das Feuer gesetzt wird).

आस्तारपङ्क्ति f. ein best. Metrum.

आस्ताव m. Ort der Recitation eines best. Stotra.

आस्तिक Adj. 1) gläubig, gottesfürchtig. — 2) von Glauben zeugend (Rede).

आस्तिक्य n. Gläubigkeit, Gottesfurcht.

आस्तिबलायन Adj. von अस्तिबल gaṇa पक्षादि in der Kâç.

1. आस्तीक m. N. pr. eines alten Weisen.

2. आस्तीक Adj. Âstîka betreffend.

*आस्तीकार्थद m. Bein. Gaṇameçaja's (अस्ति° die Autt.).

*आस्तेय Adj. von अस्ति.

आस्त्रबुध्न m. N. pr. eines Mannes.

आस्थत् 3te Sg. und आस्थताम् (Bhaṭṭ. 15,91) 3te Du. Aor. von अस्, अस्यति.

आस्था f. (adj. Comp. f. आ) 1) Verlangen nach, Interesse für, Sorge um, Lust an, Drang zu (Loc. oder im Comp. vorangehend) Bâlar. 47,2. Spr. 4444. Instr. so v. a. mit Leib und Seele, nur darauf bedacht 2304. Kathâs. 81,113. 87,24. — 2) *Einwilligung, Versprechen. — 3) *Stütze. — 4) *Versammlung. — 5) *Aufenthalt. — 6) *Zustand.

आस्थातर् Nom. ag. darauf (auf dem Wagen) stehend.

आस्थान 1) n. a) Standort. — b) eine von Fürsten veranstaltete Versammlung und der dazu dienende Ort, Audienzsaal. — 2) f. ई Versammlungsort. Audienzsaal 297,2.

*आस्थानगृह n. Versammlungszimmer.

आस्थानमण्डप m. oder … Audienzsaal Hariv. 14438. Kâd. 8,3. 14,15. 15,4. 74,4.

आस्थानीय m. etwa Kümmerling Râgat. 7,1518.

आस्थापन n. 1) das Stillen (des Blutes). — 2) ein stärkendes und beruhigendes, gewöhnlich öliges Klystier.

*आस्थापित n. (Kâç.) संज्ञायाम् gaṇa आचितादि.

आस्थायिका f. Audienz.

आस्थेय Adj. 1) anzuwenden, zu erwählen, — ergreifen. — 2) anzusehen als, zu halten für (Nom.). — 3) n. impers. anzunehmen Sarvad. 63,13.

आस्नान n. Waschwasser, Bad.

आस्नुपयस् v. l. für आस्र°.

आस्नेय Adj. (f. ई) im Blut befindlich.

आस्पद n. (adj. Comp. f. आ) 1) Standort, Sitz, Stätte, Aufenthaltsort, Stelle —, Ort für (eig. und übertr.); Gegenstand des. Dazu Nom abstr. °ता f. und °त्व n. (Prij. 20,4). — 2) das 10te astrologische Haus. — 3) *Geschäft. — 4) *Macht.

आस्पदी Adv. mit भू zur Stätte von —, zum Gegenstand des (Gen.) werden 211,31.

आस्पन्दन n. das Zittern.

आस्पात्र n. Mund —, Trinkgefäss.

आस्फानक n. eine best. Meditation Lalit. 314. fg. 324. fg.

आस्फार m. (Sâj. zu RV. 10,34,1. 8. 9) und आस्फारकस्थान n. Würfelbrett.

*आस्फाल m. das Aneinanderprallen der Ohren eines Elephanten.

आस्फालन n. das Anprallen, Anschlagen, Anstossen, Zusammenstoss.

आस्फुजित् m. Ἀφροδίτη, der Planet Venus.

आस्फोट 1) m. a) das Schütteln, insbes. der Arme. — b) *eine best. Pflanze. — 2) *f. आ = 1) a).

*आस्फोटक m. eine best. Pflanze.

आस्फोटन 1) n. a) das Schütteln, rasche Hinundherbewegung. गात्रास्फो° das Recken der Glieder. — b) *das Aufblühen. — c) *das Versiegeln. — 2) *f. ई Bohrer.

आस्फोटित n. das Schütteln, insbes. der Arme.

आस्फोत 1) m. a) Calotropis gigantea. — b) *Bauhinia variegata. — c) *= भूपलाश. — 2) f. आ a) Jasminum Sambac Ait. — b) *Clitoria Ternatea. — c) *Echites frutescens und dichotoma.

*आस्फोतक m. = आस्फोत 1) a).

आस्माक Adj. (f. ई) unser, der unserige.

*आस्माकीन Adj. dass.

आस्य, आसिय n. 1) Mund, Maul, Rachen. Am Ende eines adj. Comp. f. आ. — 2) Gesicht. — 3) der Theil des Mundes, der bei der Hervorbringung eines

Lautes in Betracht kommt. — 4) *Mündung, Oeffnung* (z. B. einer Wunde).

आस्यदघ्न Adj. *bis zum Munde reichend* Kâṭh. 23,4.

*आस्यन्दनवत् Adj. *herbeiströmend.*

*आस्यंधय Adj. (f. ई) *am Munde saugend, den M. küssend.*

*आस्यपत्त्र n. *Lotusblüthe.*

*आस्यपुष्प m. *eine Achyranthes* Nigh. Pr.

*आस्यफल m. *weiss blühender Stechapfel* Nigh. Pr.

आस्यमोदक n. *eine best. mythische Waffe.*

*आस्यलाङ्गल m. *Wildschwein.*

*आस्यलोमन् n. *Bart.*

आस्यस्रवण n. *Wässern des Mundes* (bei Uebelkeit) Karaka 1,17.

*आस्यहात्य Adj. *die Worte* अस्यहत्य (?) *enthaltend.* — Vgl. आसिहात्य.

आस्या f. 1) *das Sitzen.* — 2) * *Aufenthalt.* — 3) * *Zustand.*

*आस्यासव m. *Speichel.*

आस्यासुख Adj. *unangenehm schmeckend* Karaka 1,17.

आस्योपलेप m. *eine best. Schleimkrankheit.*

*आस्रप m. *das 19te Mondhaus.*

आस्रव m. 1) * *Reisschleim.* — 2) bei den Gaina *der Einfluss der Aussenwelt auf den Menschen.*

*आस्रायण m. Patron. von अस्र.

आस्राव m. 1) *das Fliessen, Ausfluss, Eiterung* Spr. 3667. — 2) *im Munde zusammengelaufenes Wasser* Gaut. — 3) *Körperschaden, Gebrechen.* — 4) Pl. *die auf den Menschen einwirkenden Sinnesobjecte* Âpast. 2,5,19.

आस्रावभेषज n. *Heilmittel gegen Schäden.*

आस्राविन् Adj. 1) *Brunstsaft entlassend, brünstig* (Elephant). — 2) am Ende eines adj. Comp. *Etwas fliessen lassend, — von sich gebend.*

आस्रुपयस् Adj. *mit reichlich fliessender Milch.*

आस्व 2. Imper. von 2. आस् 33,22.

आस्वाद m. 1) *das Kosten, Genuss* (auch in übertragener Bed.). — 2) *der an Etwas haftende Geschmack* (auch in übertr. Bed.).

आस्वादक Adj. *kostend, geniessend* (auch in übertr. Bed.).

आस्वादन n. = आस्वाद 1) 286,29.

आस्वादवत् Adj. *wohlschmeckend.*

आस्वाद्य Adj. 1) *zu kosten, — schmecken* (auch in übertr. Bed.). — 2) *wohlschmeckend, schmackhaft* (auch in übertr. Bed.). Dazu Nom. abstr. °त्व n.

आस्से 1te (MBh. 3,189,41) und 2te Sg. Praes. von 2. आस्.

*आह Interj. *des Vorwurfs, Befehls* und *der starken Vermuthung.*

आहक m. *eine best. Nasenkrankheit.*

आहंकारिक Adj. *zum* Ahaṁkâra *in Beziehung stehend.* Davon Nom. abstr. °त्व n. Kap. 2,20. 5,84.

आहत 1) Adj. *angeschlagen*, so v. a. *durch ein Instrument bewirkt* (Ton) S. S. S. 5,1. 21,2.3. S. auch हन् mit आ. — 2) *m. *Trommel.* — 3) *n. *ein altes* oder *neues Kleid.*

*आहतलक्षण Adj. *in gutem Rufe stehend.*

आहतविसर्ग Adj. *wo der* Visarga *in* ओ *übergeht.* Davon Nom. abstr. °ता f. Sâh. D. 575.

आहति f. 1) *Schlag, Stoss.* — 2) *Product einer Multiplication* Comm. zu Ârjabh. 2,17. Bîǵag. 70.

आहत्यवाद m. *ausdrückliche Erklärung* Çaṁk. zu Bâdar. 4,3,15.

आहनन n. 1) *das Anschlagen, Aufschlagen.* — 2) *das Schlachten eines Thiers.* — 3) *Trommelschlägel* AV. 20,133,1.

*आहननवत् Adj. zur Erklärung von आहनस्.

आहनन्य Adj. *beim Anschlagen* (der Trommel u. s. w.) *sich äussernd.*

आहनस् Adj. 1) *schwellend, strotzend.* — 2) *geil.*

आहनस्य 1) n. *a) Geilheit.* — *b) Zoten.* °वादिन् Adj. *sehr schamlose Reden führend.* — 2) f. आ Pl. Bez. *eines best. Abschnittes der* Kuntâpa-*Lieder.*

आहर 1) Adj. am Ende eines Comp. *herbeitragend, bringend.* — 2) m. *a) Darbringung* (eines Opfers) Kâd. 5,4. — *b)* *die eingeathmete Luft.*

*आहरकरटा und *आहरचेला f. gaṇa मयूरव्यंसकादि.

आहरण 1) *Adj. *entwendend.* in अमृताहरण 1). — 2) f. ई *District* Ind. Antiq. 7,54. — 3) n. *a) das Ergreifen* Sâṁkhjak. 32. — *b) das Herbeiholen, Bringen.* — *c) das Ausziehen, Entfernen.* — *d) das Darbringen* (eines Opfers). — *e)* * *Kampf* Gal.

आहरणी Adv. mit कर् *darbringen, verleihen.*

*आहरनिवपा, *आहरनिष्किरा, *आहरवनिता, *आहरवसना, *आहरवितना und *आहरसेना f. gaṇa मयूरव्यंसकादि.

आहर्तर् Nom. ag. 1) *Herbeiholer, Bringer, Verschaffer.* — 2) *Nehmer, Entzieher* 214,28. — 3) *Veranlasser, Urheber*, mit Acc. — 4) *Darbringer* (eines Opfers). — 5) *Zusichnehmer, Geniesser*, mit Acc. Lalit. 320,13.

आहर्तवै Dat. Inf. *herbeizuholen* Çat. Br. 13,8,2,10.

आहलक् Interj.

1. *आहव m. *Opfer.*

2. आहव m. *Herausforderung, Kampf, Streit.* देहि ममाहवम् *kämpfe mit mir.*

आहवन n. *Opferspende.*

आहवनीय Adj. in Verbindung mit अग्नि) oder m. (mit Ergänzung von अग्नि) *Opferfeuer*, insbes. *das östliche der drei Feuer in der* Vedi. आहवनीयागार.

आहवनीयक dass.

आहवभूमि f. *Kampfplatz.*

आहस्पत्य Adj. *dem Herrn des Tages* (*der Sonne*) *gehörig* Mantrabr. 1,5,14. Gobh. 2,8,14.

आहार 1) Adj. (f. ई) am Ende eines Comp. *a) herbeiholend, verschaffend.* — *b) herbeizuholen beabsichtigend, allaturus.* — 2) m. *a) das Herbeiholen.* — *b) das Beiziehen, Anwenden.* — *c) das Zusichnehmen von Nahrung; Nahrung, Speise.* °रं कर् *Nahrung zu sich nehmen.* Am Ende eines adj. Comp. f. आ.

आहारक 1) *Adj. *allaturus*, mit Acc. — 2) am Ende eines adj. Comp. *Nahrung, Speise.*

आहारनिर्गमस्थान n. und आहारनिःसरणमार्ग m. euphem. für *After* Spr. 5051.

आहारभूमि f. *Speiseplatz.*

आहारय्, °यति *seine Mahlzeit einnehmen* Spr. 1078.

आहारयोजन n. *Speisebereitung* MBh. 12,59,66.

आहारवृत्ति f. *Lebensunterhalt* Pańkat. 77,12.

*आहारसंभव m. *Chylus.*

आहारिक Adj. Bez. eines der fünf Körper der Seele bei den Gaina.

आहारिन् Adj. *sammelnd, lesend*, in शिलाहारिन्.

आहार्य 1) Adj. *a) herbeizuholen, herbeizuschaffen.* — *b) auszuziehen, zu entfernen, wobei ausgezogen wird* Suçr. 1,14,19. 28,9. 29,7. — *c) anzuwenden* Ind. St. 8,80. — *d) wandelbar, äusserlich.* — 2) m. *eine Art Verband.* — 3) n. *a) Zurüstung, Aufwartung.* — *b) Nahrung.*

1. आहाव m. 1) *Eimer, Trog.* — 2) * *Tränke an einem Brunnen.*

2. आहाव m. 1) *Anruf, eine best. liturgische Formel.* — 2) * *Kampf.*

3. आहाव Pańkat. I, 458 fehlerhaft für आहार; vgl. Spr. 5051.

*आहिंसि m. Patron. Davon Adj. *°सीय.

*आहिक m. 1) *der niedersteigende Knoten.* — 2) Bein. Pâṇini's.

*आहिकम् Indecl.

आहिच्छत्र Adj. (f. ई) *aus* अहिच्छत्र oder °त्त्रा *stammend* Mahâbh. 4,35,a.

आहिच्छत्त्रिक m. *ein Bewohner von* अहिच्छत्त्र oder °त्त्रा.

*आहिच्छत्त्रीय Adj. von अहिच्छत्त्र.

आह्निपडक und आह्निपिडक m. *eine best. Misch-*

lingskaste: der Sohn eines Nishâda von einer Vaidehî. Im Prâkrit Mṛkkh. 37,9 so v. a. Reisender.

आहित Partic. von धा, दधाति mit आ.

*आहितलक्षण Adj. = आकृतलक्षण.

आहितसमित्क Adj. der Brennholz zugelegt hat Kauç. 56.

आहिताग्नि Adj. der das heilige Feuer angelegt hat, es unterhält.

आहिति f. Anlegung (des Feuers), Angelegtes.

आहितुण्डिक m. Schlangenbändiger.

*आहित्थ n. = अवहित्थ 2).

*आहिमत Adj. von अहिमत्.

आहिर्बुध्न und °बुध्न्य n. das unter Ahirbudhna stehende Mondhaus Uttarabhadrapadâ.

आहीनिक Adj. (f. ई) zu einer mehrtägigen Feier gehörig Âçv. Çr. 11,2,11 (Hdschrr.).

आहुक 1) m. N. pr. a) eines Sohnes oder Grosssohnes des Abhiǵit. — b) Pl. eines Volkes. आकूतीनाम् v. l. für आहुकीनाम्. — 2) f. ई N. pr. der Schwester Âhuka's.

आहुत n. *das den Menschen darzubringende Opfer, Gastfreundschaft.

आहुति 1) f. Opferspende. In der älteren Sprache wohl auch Anrufung (s. आहूति). — 2) m. N. pr. eines Marutvant und eines Sohnes des Babhru Hariv. 1,36,22. MBh. 3,12,30. VP.² 4,67.

आहुतिकृत Adj. als Opferspende dargebracht Çat. Br. 6,6,4,2.

आहुतिभाज् Adj. einer Opferspende theilhaftig Maitr. S. 1,6,2.7.

आहुतिमय Adj. aus Opferspenden gebildet.

आहुतिवत् Adj. mit Opferspenden versehen.

आहुती Adv. mit कर् als Opferspende darbringen 325,24. Bâlar. 280,9. Mit भू zur O. werden 244,12.

आहुतीवृध् Adj. an Opferspenden sich erfreuend.

आहुतीष्टका f. Pl. Bez. best. Backsteine TS. 3, 4,10,1.

*आहुल्य n. Tabernaemontana coronaria Willd.

आहुवध्यै Dat. Inf. herbeizurufen Ṛv. 6,60,13.

आहू f. Anruf.

आहूतप्रपलायिन् Adj. der, wenn er vor Gericht citirt wird, sich aus dem Staube macht, 214,16.

आहूतव्य Adj. herbeizurufen Kathâs. 110,141. Wohl nur fehlerhaft für आह्वातव्य.

आहूतसंप्लवम् Adv. fehlerhaft für आभूतसंप्लवम्.

आहूताध्यायिन् Adj. mit dem Studium wartend, bis man gerufen wird, Âpast. 1,5,27. Gaut. 2,29.

आहूति f. Anrufung.

(आहूर्य) आहूरिग्र Adj. vor dem man sich zu beugen hat.

आहृतयज्ञक्रतु Adj. das bereite Opfer zu vollziehen entschlossen.

आहृति f. das Heranziehen.

आहेय 1) Adj. einer Schlange gehörig AV. Paipp. — 2) m. Schlangenkind.

आहैनिक Âçv. Çr. 11,2,11 fehlerhaft für आहीनिक.

आहो Indecl. oder (in der Frage). Mit folgendem स्विद् oder etwa.

आहोपुरुषिका f. grosses Selbstvertrauen.

आह्न m. oder n. eine Folge von Tagen.

आह्निक 1) Adj. a) was am Tage geschieht, — erfolgt. — b) was täglich geschieht, — erfolgt, täglich. — 2) n. a) eine täglich zu bestimmter Zeit zu vollbringende religiöse Handlung. — b) was an einem Tage vollbracht werden kann, Abschnitt, Kapitel. — c) *Speise. — d) Titel verschiedener Werke.

आह्निकचन्द्रिका f., आह्निकतत्त्व n., आह्निकदीपक m., आह्निकप्रदीप m., आह्निकप्रयोग m., आह्निकमञ्जरी f., आह्निकसार m. und आह्निकाचारतत्त्व n. Titel von Werken.

आह्नीनैबुक m. oder n. ein best. Fest bei den Dâkhinâtja Comm. zu Ǵaim. 1,3,15 und zu Njâjam. 1,3,26.

आह्नेय m. Metron. des Çauka.

आह्रुतभेषज Adj. (f. ई) das aus der Lage Gekommene heilend.

आह्लाद m. 1) Erquickung, Erfrischung. °कर (313,20. Kâd. II,69,6) und °कारिन् (Spr. 343) erquickend.

आह्लादक Adj. erquickend, erfrischend.

आह्लादन n. das Erquicken, Erfrischen. °कर erquickend.

आह्लादनीय Adj. geeignet zu erquicken, — erfrischen Kâd. 139,12.

आह्लादिन् Adj. erquickend, erfrischend 290,11.

आह्व 1) *Adj. etwa anrufend, herbeirufend. — 2) f. आ (adj. Comp. f. आ) Benennung, Name.

आह्वय m. 1) Wette, insbes. bei Thierkämpfen 212, 25. — 2) Benennung, Name. Am Ende eines adj. Comp. f. आ.

आह्वयन n. Benennung, Name.

आह्वयितवै Dat. Inf. herbeizurufen Çat. Br. 2, 5,3,18.

आह्वयितव्य Adj. aufzufordern, einzuladen.

आह्वरक m. Pl. = आह्वारक.

*आह्वरकन्थ n. N. pr. einer Stadt bei den Uçînara.

*आह्वरय्, °यति = आह्वरकं करोति oder आचष्टे.

आह्वान n. 1) das Anrufen, Herbeirufen, Einladung. — 2) das Citiren vor Gericht 213,6.12.20. — 3) Aufforderung zum Kampf. — 4) das Herbeirufen einer Gottheit. — 5) das Citiren eines Geistes. — 6) eine best. liturgische Formel. — 7) *Benennung, Name.

आह्वानय्, °यति Jmd (Acc.) vor Gericht citiren 213,16.22.

*आह्वाय m. Herbeirufung.

आह्वायक 1) m. Bote, Gerichtsbote MBh. 12,76,6. — 2) °यिका Botin.

आह्वाययितव्य Adj. vor Gericht zu citiren.

आह्वारक m. Pl. N. pr. einer Schule TS. Prât. 23,14.

आह्वृति 1) Adj. hinterlistig Hariv. 6737. — 2) m. N. pr. eines Fürsten. आहुति v. l.

1. *इ Interj.

2. इ pronom. Stamm der 3ten Person.

3. इ, एति (इमि! Taitt. Âr. 1,12,2) und °इते, अयति und °ते, इयति; Pass. ईयते. 1) gehen, wandern, fahren, fliessen, sich fortbewegen, — verbreiten (vom Schall); kommen. इत gekommen in (Acc.) Ait. Br. 2,31 (गृहानितं zu lesen). Mit पुनर् wiederkommen. — 2) hingehen zu, sich begeben in, nach, zu (Acc.). Mit पुनर् zurückkehren zu. — 3) weggehen, entfliehen, weichen, verstreichen. — 4) ausgehen —, herkommen von (Abl.). — 5) wiederkommen. — 6) gut von Statten gehen, gelingen. — 7) gelangen zu, erlangen, erreichen, gerathen in. Pass. ईयते Bhâg. P. 3,32,36. Partic. इत gelangt zu (Acc.). — 8) Jmd (Acc.) zu Theil werden 236,2. — 9) bittend kommen, erbitten. — 10) gehen an, sich einlassen in, unternehmen. — 11) in einer Handlung begriffen sein, in einem Zustande oder Verhältnisse sich befinden. Die Ergänzung ein Partic. Praes. — 12) beschäftigt sein mit (Instr.). — 13) erscheinen —, sich darstellen als, sein. — 14) Partic. इत = *स्मृत. — Caus. *आययति zu gehen veranlassen. — Intens. ईयते (auch in pass. Bed.), इयते, ईमहे, Partic. इयान (auch in pass. Bed.). 1) wandeln, laufen, eilen, rasch dahin fahren. — 2) eilen zu (Acc., Dat. oder Loc.). — 3) erscheinen —, sich darstellen als (Nom.). — 4) angehen —, anflehen um; mit doppeltem Acc.; erflehen. Pass. angegangen —, angefleht werden um (Acc. oder Gen.); erfleht werden. — Mit अच्छ hinzugehen, sich nähern; mit Acc. — Mit अति 1) vorübergehen, verstreichen, hingehen. Partic. अतीत vergangen, verflossen, verstrichen, geschwunden. — 2) überflüssig —, überzählig sein. — 3) hingehen —, wegschreiten über (Acc.), überschreiten, hinter sich lassen. अतीत mit act. Bed. — 4) eine best. Zeit (Acc.) verstreichen lassen, versäumen. अतीत mit act. Bed. — 5) für

Jmd (Acc.) *verstreichen* (von der Zeit). — 6) *betreten.* — 7) *hinausgehen über, weiterreichen, überholen, überragen* (mit Acc.). अतीत mit act. Bed. — 8) *siegreich überschreiten, überwinden.* अतीत mit act. Bed. — 9) *vorbeischreiten an, vorbeikommen, vermeiden, nicht beachten.* — 10) *sich ablösen von* (Abl.). बलादतीत: so v. a. *kraftlos.* — 11) अतीत *verstorben.* Mit वयसा dass. — 12) अतीत *säumig, lässig;* mit Loc. — Intens. अतीयते *im Widerspruch stehen mit* (Acc.) MBH. 2,41,40. — Mit अन्वति *in Jmds Gefolge hinüberschreiten.* — Mit अपाति *entgehen,* mit Acc. GOP. BR. 1,1,15. — Mit अभ्यति 1) *vorübergehen, verstreichen.* अभ्यतीत *verstrichen.* — 2) *überschreiten,* mit Acc. — 3) *durchdringen zu.* — 4) *verstreichen lassen, versäumen.* — 5) अभ्यतीत *gestorben.* — Mit उपाति *überschüssig hinzukommen.* — Mit अन्तरुपाति *eintreten, indem man eine Schwelle* oder *Grenze überschreitet.* — Mit प्राति *vorübergehen an* (Acc.) ṚV. 5,1,9. — Mit व्यति 1) *vorübergehen, verstreichen.* व्यतीत *vergangen, verstrichen.* °काल Adj. *ungelegen* (z. B. kommen) RAGH. 5,14. — 2) *einen unregelmässigen Gang annehmen.* — 3) *vorübergehen—, —kommen an, überschreiten* 304,4. — 4) *hinüberkommen über* (einen best. Zeitraum). — 5) *überwinden, besiegen.* — 6) *nicht beachten, versäumen.* व्यतीत mit act. und pass. Bed. — 7) *abgehen—, abweichen von* (Abl.). — 8) व्यतीत *gestorben.* — 9) व्यतीत *säumig, lässig;* mit Loc. R. ed. Bomb. 4,31,8. — Mit समति 1) *vergehen, verstreichen.* समतीत *vergangen, verstrichen.* — 2) *vorübergehen bei, —kommen an, durchschreiten.* — 3) *überwinden, besiegen* BHAG. 14,26. — Mit अधि 1) Act. *a) bemerken, wahrnehmen, erkennen.* — *b) den Sinn richten auf* TÂṆḌJA-BR. 8,2,10. *gedenken an, sich erinnern, sich kümmern um;* mit Gen. oder Acc. — *c) behüten vor* (पुरा) ṚV. 1,71,10. — *d) kennen, verstehen, auswendig wissen.* — *e) auswendig hersagen, verkünden.* — *f) studiren, lernen.* गुरोर्मुखात्. — 2) Med. *a) auswendig lernen, studiren, lernen von* (Abl.). — *b) auswendig hersagen, verkünden.* — 3) अधीत *a) gelernt, erlernt von* (Abl.). — *b) der Studien gemacht hat, unterrichtet.* — Caus. अध्यापयति und °ते (selten) *studiren lassen, unterrichten;* mit dopp. Acc. — *Desid. अधीषिषति. — *Desid. vom Caus. अध्यापिपयिषति. — Mit उपाधि in उपाध्याय. — Mit प्राधि, Partic. प्राधीत *im Veda-Studium vorgeschritten* GAUT. — Mit प्रत्यधि Med. *einzeln durchstudiren* MBH. 1,104,12. — Mit समधि Med. *durchstudiren, erlernen.* समधीत *erlernt.* — Mit अनु 1) *nachgehen, folgen, verfolgen, nachkommen.* — 2) *suchend nachgehen, aufsuchen.* — 3) *hingehen zu, besuchen, Theil nehmen an.* — 4) *sich richten nach, folgen, gehorchen* 26,16. — 5) *Jmd* (Acc.) *anheimfallen* (als Erbe). — 6) *gleichkommen, gleichen;* mit Acc. 248,13. 251,8. — 7) *hineingehen in* (Loc.). — 8) *kennen.* — Partic. अन्वित 1) *nachgehend, verfolgend;* mit Acc. — 2) *begleitet, umgeben, verbunden, erfüllt, versehen, ausgestattet, begabt, heimgesucht;* Ergänzung im Instr. oder im Comp. vorangehend. दशयोजनान्वित *vermehrt um, plus* 221,1. — 3) *nachgeahmt, wiedergegeben.* — 4) *in einem logischen Zusammenhange stehend.* — 5) *entsprechend, passend.* — Intens. *suchend nachgehen, aufsuchen* ṚV. 5,34,1. — Mit समनु, Partic. समन्वित 1) = अन्वित 2). — 2) *entsprechend, angemessen, passend.* — Mit अन्तर् 1) *dazwischentreten.* — 2) *dazwischentretend Jmd* (Acc.) *beschirmen* BÂLAR. 235,6. — 3) *beseitigen.* अन्तरायान् *Hindernisse* KÂD. 182,4. — 4) *ausschliessen von* (Abl. und bisweilen Gen.) 29,14. *Jmd übergehen.* अन्तर्हित *ausgeschlossen von.* — 5) अन्तरित *a) dazwischenstehend* Spr. 5523. — *b) entfernt* 143,20. — *c) getrennt, geschieden.* कतिपयदिवसान्तरितम् Adv. so v. a. *nach Verlauf von einigen Tagen* KÂD. II, 60,24. — *d) sich in einer best. Lage oder Zustande* (im Comp. vorangehend) *befindend.* — *e) verhüllt, verdeckt;* die Ergänzung im Instr. oder im Comp. vorangehend 241,27. MBH. 13,143,40. — *f) unterdrückt —, gehemmt durch* Spr. 7327. — Intens. *hinundhergehen zwischen* (Acc.). — Mit अप *weggehen, sich entfernen, entfliehen, weichen, verschwinden.* — अपेत 1) *entflohen, gewichen, geschwunden.* — 2) *abgefallen —, abgewichen von, im Widerspruch stehend mit* (Abl. oder im Comp. vorangehend). — 3) *gekommen um, frei von.* — Mit व्यप 1) *auseinandergehen, sich trennen.* — 2) *weichen, schwinden, aufhören.* — व्यपेत 1) *getrennt* Spr. 3163. — 2) *gewichen, geschwunden.* — 3) *abweichend von* (im Comp. vorangehend). — Mit अपि 1) *eintreten —, eingehen —, sich ergiessen —, sich auflösen in* (Acc.). अपीत mit act. Bed. — 2) *hingehen zu.* — 3) *hingehen in die andere Welt, sterben.* — 4) *theilhaftig werden.* — 5) *vergehen.* — Mit अभि 1) *herankommen, sich nähern, — einstellen.* सकाशम् oder समीपम् *sich nähern.* अस्तम् *zum Untergang sich neigen.* — 2) *zugehen —, losgehen auf* (Acc.). — 3) *entlang gehen, nachgehen.* °पदवीम् so v. a. *gleichen.* — 4) *hereintreten, eingehen in.* — 5) *erreichen, treffen, gelangen zu.* — 6) *erlangen, theilhaftig werden.* — 7) *Jmd* (Acc.) *zu Theil werden.* — 8) mit einem Partic. Praes. *sich daran machen zu.* — 9) *hervorgehen, entstehen aus* (Abl.) Spr. 2969. Wohl besser अत्येति. — 10) *erkennen.* — Intens. *anflehen um,* mit dopp. Acc. — Mit उदभि *über Jmd* (Acc.) *aufgehen* (von der Sonne) ṚV. 8,82,1. — Mit समभि 1) *herankommen, kommen zu* (Acc.). — 2) *zu Theil werden.* — 3) *nachgehen, folgen.* — Mit अव 1) *herabgehen.* — 2) *sich herabstürzen auf* (Acc.). — 3) *hingehen zu.* — 4) *weggehen, sich entfernen.* — 5) *der Meinung sein, dafürhalten.* — 6) *schauen auf, betrachten.* — 7) *einsehen, begreifen, verstehen, gewahr —, inne werden.* Mit Acc. des Objects und Prädicats *erfahren —, erkennen —, wissen, dass — ist.* Das Prädicat auch im Nom. mit इति. — 8) *verstehen zu* (Infin.). — अवेत 1) *vergangen, abgelaufen.* — 2) *gelangt zu oder zur Einsicht gelangt von* (Acc.) P. 5,1,134 nach der KÂÇ. — Intens. *abbitten, versöhnen.* — Mit अन्वव *nachgehen, zugehen auf* (Acc.). — 2) *theilhaftig werden, erhalten.* — 3) *sich einlassen in, — abgeben mit.* अन्ववेत *betrieben, dem man obliegt.* — Mit अभ्यव 1) *hinabgehen —, hinabsteigen in.* — 2) *ein Einsehen haben, sich herablassen* ÇAT. BR. 4,2,1,6. — 3) *wahrnehmen.* — Mit समभ्यव 1) *ganz hineindringen in* (Acc.) ÇAT. BR. 3,8,5,8. — 2) *ein Uebereinkommen schliessen mit* (Instr.). — Mit आव *sich herabstürzen —, herabschiessen auf* (Acc.) ṚV. 5,41,13. — Mit उपाव 1) *hinabgehen, hinabsteigen in* (Acc.). Mit निर्तराम् *ganz niedersinken.* — 2) *einstimmen, einfallen.* — 3) *zustimmen, sich willig zeigen.* — Mit पर्यव 1) *umlenken, einlenken auf* (Acc.). — 3) *umlaufen* (von der Zeit), *verstreichen.* — Mit प्रत्यव 1) *wieder herabkommen zu* (Acc.) TÂṆḌJA-BR. 15,7,6. — 2) *sich vergehen, sündigen* ÇAṂK. zu BÂDAR. 4,1,5. — Mit अभिप्रत्यव *herabsteigen zu.* — Mit व्यव *treten zwischen* (Acc.), *trennen* ṚV. PRÂT. 17,14. °व्यवेत *getrennt —, geschieden durch* Vârtt. zu P. 6,4,93 (MAHÂBH. 6,4, 32,b). — Mit अनुव्यव *einem Andern folgend dazwischentreten.* — Mit समव 1) *zusammenkommen, — fliessen, sich vereinigen in* (Acc.) ÇAṂK. zu BÂDAR. 2,2, 10.11. — 2) *erachten, halten.* तृणमिव 104,16. — समवेत 1) *vereint, zusammengenommen, alle.* — 2) *enthalten in, inhärirend.* — 3) *gelangt zu* (Acc.). — Mit आ 1) *herbeikommen, kommen, hingehen zu* (Acc., ausnahmsweise Dat.) 119,4. 128,11. 271,13. Mit पुनर् *wiederkommen, — hingehen zu* 25,9. 40,15. 116,26. — 2) *wiederkommen* 78,3. — 3) *gelangen zu, erlangen, gerathen in* (eine Lage, einen Zustand). मध्यम् *zu stehen kommen zwischen* (Gen.). — 4) *Jmd* (Acc.) *zu Theil werden.* आयपत्ति KHÂND. UP. 5,14,1 wohl fehlerhaft für आयत्ति. — Intens. 1) *herbeieilen.* — 2) *anflehen um* (mit dopp. Acc.), *erflehen.* — Mit अच्छा *hinzugehen.* — Mit अत्या *herüberkommen.* — Mit अन्वा 1) *in Jmds* (Acc.) *Gefolge kommen.* — 2) *Etwas nachthun, sich richten nach* (Acc.) Kâtj. Çr. 11,1,8. — Mit अभ्या 1) *herbeikommen, kommen zu* oder *in, herantreten an* (Acc.) 22,1. 48,18. 62,30. *kommen von* (Abl.). Mit भूयस् *wieder zurückkommen* 115,10. — 2) *sich hingeben* (z. B. dem Schlafe). — Mit समभ्या *herbeikommen, kommen zu* (Acc.). — Mit अवा scheinbar in अवैहि (fehlerhaft für अवेहि). — Mit उदा 1) *hinaufgehen, aufgehen* (von einem Gestirn), *emporsteigen, hinaufsteigen auf* oder *zu* (Acc.). — 2) *herauskommen, — steigen, hinausgehen.* — 3) *hervorgehen, entstehen.* — Mit अनूदा *nach Jmd hinaufsteigen.* — Mit अभ्युदा *heraustretend Jmd* (Acc.) *entgegengehen.* — Mit उपोदा *hinaufgehen in* (Acc.). — Mit उपा 1) *herbeikommen, kommen —, treten zu, sich nähern.* शरणम् *sich in Jmds* (Acc.) *Schutz begeben.* गान्धर्वेण विवाहेन *sich nach Art der* Gandharva *mit einem Manne* (Acc.) *vermischen.* — 2) *Jmd angehen um,* mit dopp. Acc. ṚV. 8,20,22. — 3) *gelangen zu, theilhaftig werden* Spr. 1450. — Mit अभ्युपा *zu Jmd hingehen.* शरणम् *sich in Jmds* (Acc.) *Schutz begeben.* — Mit न्या *gerathen in* (Acc.). — Mit निरा *hervorkommen, erscheinen, abgehen* AV. 10,4,21. 22. — Mit परा scheinbar in परैहि (fehlerhaft für परेहि). — Mit पर्या 1) *umherwandern* 23,15. — 2) *umwandeln,* mit Acc. — 3) *wiederkehren.* — Mit अनुपर्या *der Länge nach umwandeln, durchwandern.* — Mit अभिपर्या *für Jmd* (Acc.) *verstreichen.* — Mit प्रत्या *wiederkommen, zurückkommen, — kehren nach* (Acc.) 39,3. — Mit प्रा und विप्रा scheinbar in प्रैहि und विप्रैहि (fehlerhaft für प्रेहि und विप्रेहि). — Mit समा 1) *zusammenkommen, zusammen herbeikommen, sich sammeln bei* oder *in* (Acc. oder Loc.), *zusammenkommen mit* (समम् oder blosser Instr.). — 2) *sich ehelich verbinden mit* (Instr.). — 3) *herbeikommen, hinkommen —, hingehen zu* (Acc.). — 4) *betreten.* — 5) *es mit Jmd* (Acc.) *aufnehmen.* — 6) *herbeiführen, bewerkstelligen.* — समेत 1) *zusammengekommen, versammelt, verbunden, vereinigt.* — 2) *vereinigt —, verbunden —, versehen mit* (Instr. oder im Comp. vorangehend). °म् Adv. — 3) *aneinandergerathen mit* (Instr.). — 4) *gelangt zu, getreten in* (ein Verhältniss, eine Lage); mit Acc. Varâh. Bṛh. S. 24,29. — Mit अभिसमा 1) *zusammen herbeikommen, vereinigt hinkommen zu* (Acc.), *aufsuchen.* अभिसमेत *versammelt.* — 2) *zusammentreffen, aneinanderstossen* Sâmav. Br. 3,3,5. — 3) *sich wenden zu* (Acc.) AV. 6,102,1. — Mit उपसमा *zusammenkommen, zusammentreffen an* oder *mit* (Acc.). — Mit परिसमा *umkehrend sich hinbegeben zu* (Acc.). — Mit उद् 1) *hinaufgehen, — steigen, — zu* (Acc.). — 2) *aufgehen* (von Gestirnen) Spr. 7830. in der Astron. *heliakisch aufgehen.* उदित *aufgegangen.* — 3) *aufziehen* (von Wolken). — 4) *sich erheben, aufbrechen, ausziehen* AV. 3,4,1. *zum Kampfe gegen* (Acc.). — 5) *in die Höhe kommen, sich über Andere erheben* Spr. 399. so v. a. *stolz thun* 6865. उदित *sich brüstend* MBh. 3,254,27. — 6) *einen Aufschwung nehmen, sich steigern.* उदित *gehoben, gesteigert; üppig geworden.* — 7) *aufsteigen, wachsen, an Zahl zunehmen.* — 8) *hinaus —, herausgehen aus* (Abl.). — 9) *hervorgehen, entstehen, zu Tage treten, zum Vorschein kommen* 280,30. 294,24. *ertönen* Bâlar. 188,12. उदित *entstanden, zum Vorschein gekommen* Spr. 4498. *offen zu Tage liegend* ṚV. 8,92,11. — 10) *entkommen, sich losmachen von* (Abl.). — Mit अनूद् 1) *hinaufgehen —, hinaufsteigen nach* (Acc.) Çat. Br. 7,5,2,30. — 2) *aufgehen nach.* — 3) *heraustretend Jmd* (Acc.) *entgegengehen* Ait. Br. 2,19. — Mit अपोद् 1) *ausweichen, auf die Seite gehen, abgehen von* (Abl.). — 2) *sich entfernen von* (Abl.) Çat. Br. 2,6,1,15. — 3) *sich entziehen,* mit Abl. 22,2. — Mit अभ्युद् 1) *aufgehen über* (Acc.), von der Sonne. अभ्युदित mit pass. Bed. *bei Sonnenaufgang noch schlafend* Cit. im Comm. zu TS. I, 144. — 2) *aufgehen,* von Gestirnen. In der Astron. *heliakisch aufgehen.* अभ्युदित *aufgegangen.* — 3) *sich zum Kampf erheben gegen* (Acc.). अभ्युदित mit act. Bed. — 4) *in die Höhe kommen.* अभ्युदित *im Glück sich befindend.* — 5) *entstehen, erscheinen, zu Tage treten.* — 6) *bei Etwas* (Acc.) *den Schluss machen* Tândja-Br. 10,5,5. 7,4. — Mit उपोद् *zugehen auf* (Acc.). — Mit प्रोद् 1) *aufgehen,* von Gestirnen. — 2) *hervortreten, erscheinen, sich zeigen* Sâh. D. 18,21. Spr. 4034. — Mit प्रत्युद् 1) *hinaufsteigen zu* (Acc.). — 2) *sich erheben und Jmd* (Acc.) *entgegen gehen.* — Mit समुद् 1) *aufgehen,* von Gestirnen. — 2) *aufstehen, sich zum Kampf erheben.* एककार्यसमुद्यतौ MBh. 2,20,24. — समुदित 1) *aufgezogen,* von Wolken. — 2) *hoch.* — 3) *zusammengekommen, vereinigt, gesammt* 290,25. Benf. Chr. 190,11. — 4) *versehen mit* (Instr. oder im Comp. vorangehend). — 5) *gehörig versehen, woran Nichts fehlt, allen Forderungen entsprechend* R. 2,14,40. *glücklich ausgestattet* MBh. 4,20,13. — Mit उप 1) *herbeikommen, hinzugehen, herankommen an, hintreten —, gelangen zu, sich hinbegeben zu* oder *nach, sich nähern, antreffen, stossen auf* 29,2. *sich von* (Abl.) *zu* (Acc.) *hinwenden* 35,12. 13. अस्तम् *heliakisch untergehen.* अपः *sich in's Wasser begeben, baden.* — 2) *sich fleischlich nähern* (vom Manne und Weibe). — 3) *in die Lehre treten bei* (Acc.). — 4) *sich wenden an, angehen* Spr. 3154. — 5) *erlangen, theilhaftig werden* 25,27. 26,17. *sich begeben —, gerathen in* (eine Lage, einen Zustand). मम पुत्रताम् 25,21. 24. धृतिम् 292,7. दर्शनम् *sich Jmd* (Gen.) *zeigen* 42,23. राक्षसभावम् 107,27. समीपत्वम्, अतिदूरत्वम् Spr. 7849. — 6) *antreten, begehen, unternehmen, sich widmen, — hingeben.* निद्राम् *dem Schlafe,* प्रायम् *dem Hungertode.* — 7) *eintreten, sich einstellen, erscheinen.* — 8) *zu Theil werden, zufallen, widerfahren, treffen* Spr. 5343. — 9) *einstimmen, einfallen.* — 10) *sich zu einer Meinung bekennen, annehmen* Comm. zu Njâjam. 2,1,18. — 11) *begreifen, fassen.* — 12) *Etwas* (Acc.) *halten für* (Acc.), *ansehen.* — उपेत 1) *herbeigekommen.* — 2) *sich begeben habend nach* वनोपेत *der sich in den Wald zurückgezogen hat* 219,3. राशिम् so v. a. *sich befindend —, stehend in.* — 3) *bei einem Lehrer in die Lehre getreten* Pâr. Gṛhj. 3,10,10. Jâǵn. 3,2. — 4) *gekommen um Schutz zu finden, um Schutz flehend* Spr. 1843. — 5) *sich an einem Ort* (Loc.) *befindend.* — 6) *gelangt zu, erreicht habend.* पीनत्वम् 311,26. — 7) *angetreten —, sich hingegeben habend.* निद्राम् *schlafend.* मौनव्रतोपेत 58,24. — 8) *Jmd* (Gen.) *zu Theil geworden* Prab. 75,12. — 9) *begleitet von, versehen mit* (Instr. oder im Comp. vorangehend). — Intens. (einen Gott) *angehen —, anflehen mit* (Instr.) ṚV. 10,24,2. — Mit अध्युप R. 2,43,15 fehlerhaft für अभ्युप. — Mit अभ्युप 1) *herbeikommen* 291,29. *treten —, sich hinbegeben —, gelangen zu, sich hineinbegeben in.* अपः so v. a. *baden.* — 2) *Jmd* (Acc.) *entgegengehen.* — 3) *sich gesellen zu* (Acc.) Spr. 3483, v. l. — 4) *gelangen zu, theilhaftig werden, gerathen in* (eine Lage, einen Zustand). रुचाम् *Jmd* (Dat.) *gefallen* MBh. 3,5,13. — 5) *sich zu einer Meinung bekennen, annehmen* ṚV. Prât. 11,24. Comm. zu Njâjam. 2,1,18. Çaṁk. zu Bâdar. 2,2,25. — 6) *erwählen* Spr. 7734. — *zu* (Acc.) 3734. Chr. 44,24. — 7) *zugeben, beistimmen, beipflichten.* — अभ्युपेत 1) *gekommen zu* oder *in* (Acc.). गृहम् so v. a. *stehend —, sich befindend in.* — 2) *wozu sich Etwas gesellt hat, verbunden mit* (Instr.). — 3) *zugegeben, dem man beistimmt* Benf. Chr. 183,12. *versprochen* Megh. 38. — Mit समभ्युप in समभ्युपेत. — Mit समोप, Partic. °समोपेत *versehen mit.* — Mit प्रत्युप *sich wieder hinwenden zu, wieder beginnen.* — Mit व्युप *sich vertheilen in* oder *über.* — Mit समुप 1) *zusammenkommen, sich versammeln.* — 2) *feindlich zusammenstossen.* — 3) *herbeikommen, hintreten —, sich begeben zu.* — 4) *sich fleischlich nähern* (einem Weibe) 75,26. — 5) *Jmd angehen, sich wenden an* zu Spr. 3154. — 6) *aufgehen in* RV. Prât. 18,32. — 7) *erlangen, theilhaftig werden, gerathen in.* — 8) *eintreten, sich einstellen, erscheinen* MBh. 2,63,5. — 9) *Jmd zu Theil werden, kommen über, treffen* Spr. 7797. — समुपेत 1) *zusammengekommen, versammelt.* — 2) *gekommen.* — 3) *verbunden —, versehen mit* (Instr.) 51,21. — Mit *उस्, उरयते und उलयते. — Mit नि 1) *hineingehen, eindringen in.* — 2) *gerathen in, theilhaftig werden.* — Mit अभिनि *inire* (feminam). — Mit उपनि *sich irgendwohin begeben.* — Mit निस् *herausgehen, hervorkommen, — dringen* (von Belebtem und Unbelebtem). Auch *निलयते. — Mit परा 1) *weggehen, — laufen.* — 2) *hingehen* 21,24. — *zu* (Acc.). — 3) *hingehen in die andere Welt, abscheiden, sterben.* परेयिवंस् (Bhâg. P.) und परेत *abgeschieden.* — 4) *gelangen zu, erlangen, theilhaftig werden.* — Mit अनुपरा *entlang gehen, nachgehen.* — Mit अपपरा *davon gehen.* — Mit अभिपरा *weggehen zu.* — Mit उपपरा *hingehen zu.* — Mit प्रतिपरा *wieder zurückkehren zu.* — Mit विपरा *wieder weggehen, zurückkehren zu.* — Mit संपरा, Partic. संपरेत 1) *dem Tode verfallen* Ait. Âr. 352, 3 v. u. — 2) *abgeschieden, verstorben.* — Mit परि 1) *umhergehen, im Kreise sich bewegen, umherwandern; umschreiten, umwandern, umfliessen.* — 2) *umfassen, einfassen, umspannen, umgeben.* — 3) *rennen in.* — 4) *gelangen zu, erreichen.* — 5) *erlangen, theilhaftig werden.* — 6) mit oder ohne मनसा *mit dem Geiste durchwandern, erwägen.* — परीत 1) *im Kreise herumstehend.* — 2) *abgelaufen.* — 3) *umspannt —, umgeben —, erfüllt —, in Besitz genommen —, ergriffen von* (Instr. oder im Comp. vorangehend) 24,2. — 4) = विपरीत *verkehrt* in übertr. Bed. MBh. 14,17,13. — 5) fehlerhaft für परीत्त. — Intens. *sich umwälzen, — bewegen um, umkreisen.* — Mit अनुपरि 1) *im Kreise sich bewegen nach, umkreisen.* — 2) *entlang wandern,* mit Acc. R. 6, 3,29. — Mit अभिपरि, Partic. अभिपरीत *erfüllt —, ergriffen von* (Instr. oder im Comp. vorangehend). — Mit प्रतिपरि *in umgekehrter Richtung herumgehen.* — Mit विपरि 1) *sich umwenden, umkehren, heimkehren.* — 2) *fehlschlagen.* — विपरीत 1) *umgekehrt, verkehrt, in entgegengesetzter Richtung gehend, versetzt.* — 2) *im umgekehrten Falle sich befindend, das Gegentheil von Etwas seiend* oder *thuend.* — 3) *auseinandergehend, verschieden.* — 4) *verkehrt* in übertragener Bed. — 5) *widerwärtig, ungünstig.* — Mit प्रतिविपरि *sich wieder umwenden.* — Mit संपरि 1) *umgehen, umschreiten.* — 2) *umspannen, in sich fassen.* — 3) *erwägen* Kathop. 2,2. — Mit पला (= परा), पलायति (selten) und पलायते *fliehen.* — Mit प्रपला *davonfliehen, profugere.* — Mit विपला *auseinander fliehen.* Imperf. व्यपलायत. — Mit *संपला *insgesammt fliehen.* — Mit पलि (= परि), पल्ययते *umhergehen.* — Mit उपपलि *sich zurückwenden.* — Mit विपलि *sich umwenden, umkehren, heimkehren.* — Mit प्र 1) *fortgehen, weitergehen, aufbrechen, sich auf den Weg machen* 29,14. 80,20. 81,6. अस्माल्लोकात् oder इतस् *aus dieser Welt scheiden; fortschreiten —, vordringen —, hingehen zu.* — 2) *hervortreten, vorschreiten.* — 3) *in Gang kommen, von Statten gehen.* — 4) *aus dieser Welt fortgehen, abscheiden, sterben.* प्रेत्य *nach dem Tode, jenseits* 34,25. प्रेत *verstorben.* — 5) *gelangen zu, theilhaftig werden.* — Mit अनुप्र 1) *Jmd nachgehen, folgen.* — 2) *aufsuchen.* — 3) *im Tode folgen.* — Mit अपप्र *sich entfernen von* (Abl.). — Mit अभिप्र 1) *herbeikommen, sich nähern, hingehen —, sich hinbegeben zu.* — 2) *Jmd* (Acc.) *zu Theil werden.* — 3) *mit den Gedanken gehen zu, im Auge haben, meinen, denken an* P. 1,4,32. Comm. zu Njâjam. 2,1,10. — 4) *hinter Etwas kommen, erfahren.* — 5) *einwilligen in* (Acc.). — अभिप्रेत 1) *beabsichtigt, gemeint.* बोधयितुम् *dem man Etwas zu wissen thun will* 222,33. °म् Adv. Pańkat. 265,21 fehlerhaft für यथाभिप्रेतम्, wie ed. Bomb. liest. — 2) *angenommen, anerkannt, gebilligt.* — 3) *am Herzen liegend, erwünscht, genehm, lieb.* — Mit उपप्र 1) *hinzugehen, losgehen auf, hingehen zu.* — 2) *unternehmen, beginnen, sich anschicken zu* (Acc. oder Dat.). — Mit परिप्र *ringsum durchlaufen.* — Mit विप्र 1) *auseinandergehen, sich zerstreuen.* विप्रेताः Partic. — 2) *fortgehen.* — Mit संप्र *zusammenströmen.* — संप्रेत्य MBh. 13,2980 fehlerhaft für स प्रेत्य. — Mit प्रति 1) *hinzugehen —, hingehen zu, entgegen gehen* (auch feindlich). — 2) *herbeikommen.* — 3) *heimkehren.* — 4) *Jmd angehen, sich wenden an.* — 5) *Jmd* (Dat.) *zu Theil werden, zufallen.* — 6) *Etwas annehmen, entgegennehmen* 24,27. — 7) *annehmen, anerkennen, als gemeint ansehen, als gültig erkennen, glauben an.* Ausnahmsweise auch प्रतीयते in dieser Bed. — 8) *sich überzeugen von, Gewissheit erlangen über, mit Bestimmtheit wissen* (Object und Prädicat im Acc.). — 9) *Jmd* (Gen.) *glauben, trauen.* — 10) Pass. प्रतीयते *erkannt —, ersehen werden, sich ergeben* 248,1. 6. प्रतीयमान *bekannt als* (Nom.); *sich erst herausstellend, nicht direct ausgesprochen* 230,13. — प्रतीत 1) *der eine feste Ueberzeugung gewonnen hat, fest entschlossen, auf Etwas bestehend* MBh. 3,266,9. 14,9,23. — 2) *Glauben schenkend, vertrauend auf* (im Comp. vorangehend) Hit. 12,2. — 3) (*einverstanden*) *zufriedengestellt, froh, heiter* 26,11. 81,9. — 4) *anerkannt, bekannt, — für* (Instr.). — Caus. प्रत्याययति 1) *annehmen —, erkennen lassen, führen auf, herausstellen als, beweisen.* — 2) *Jmd von der Wahrheit einer Sache überzeugen.* — *Desid. प्रतीषिषति *zu erkennen streben.* — Mit आप्रति *Jmd* (Acc.) *entgegengehen* RV. 6,42,2. — Mit संप्रति 1) *wiederkehren;* nur im Partic. संप्रतीत. — 2) *zu einer festen Ueberzeugung gelangen, auf's Reine kommen.* संप्रतीत *fest überzeugt* MBh. 3,186,26. *fest entschlossen* 268,13. — 3) *Jmd* (Gen.) *trauen.* — 4) Pass. *gemeint sein.* — 5) संप्रतीत *allgemein angenommen.* — Caus. *bewirken, dass man Etwas unter Etwas versteht.* — Mit प्ल (= प्र), प्लायते *fortgehen, hingehen* Maitr. S. 3,9,1. 4,6,8. — Mit उपप्ल, °प्लायते *losgehen auf* Maitr. S. 1,10,14. 16. — Mit वि 1) *auseinander gehen, nach verschiedenen Richtungen gehen, sich zerstreuen, — vertheilen.* — 2) *zerstieben, verschwinden, vergehen, weichen, verloren —, zu Grunde gehen.* वीत am Anf. eines adj. Comp. *verschwunden, vergangen, gewichen.* — 3) *durchgehen, durchschneiden im Gange.* — Intens. *durchgehen, durchlaufen.* — Mit अनुवि 1) *im Anschluss an Jmd sich trennen.* — 2) *sich ausbreiten.* — Mit अभिवि *von verschiedenen Seiten hingehen zu.* — Mit परिवि in परिव्यय. — Mit सम् 1) *zusammengehen, — kommen, — treffen, sich vereinigen an* oder *bei* (Acc.), — *mit* (Instr., in der älteren Sprache auch Dat.). समित *vereinigt* 15,7. *versammelt; verbunden mit* (Instr. oder im Comp. vorangehend). — 2) *feindlich zusammentreffen.* — 3) *sich fleischlich vereinigen mit* (Acc. oder सार्धम्, सह). — 4) *kommen, hingehen, hingehen —, gelangen zu, aufsuchen.* — 5) *führen zu* (von einem Wege). — 6) *übereinkommen —, übereinstimmen mit* (Instr.). — 7) impers. *unter Jmd* (Gen.) *über Etwas* (Loc.) *zur Entscheidung kommen.* — Intens. 1) *besuchen.* — 2) *erscheinen, sich darstellen.* — Vgl. समीप. — Mit अतिसम् *hinaufgelangen zu* (Acc.). — Mit अनुसम् 1) *zusammen —, der Reihe nach aufsuchen, — besuchen.* — 2) *zu Jmd* (Acc.) *treten um ihm zu dienen.* — 3) *sich zusammen richten nach* (Acc.). — 4) *übergehen in, werden zu* (Acc.). — 5) *der Reihe nach abma-*

chen Njâjam. 5,2,8. — Mit अभिसम् 1) *zusammenkommen, zusammen hingehen zu.* — 2) *einen Einfall machen in* (Acc.). — 3) *Jmd* (Acc.) *treffen, zu Theil werden.* — Mit उपसम् *zusammen herbeikommen zu* (Acc.).

4.*इ m. 1) *der Liebesgott* Spr. 7674. — 2) Patron. von अ

इकार m. *der Laut* इ Lâtj. 7,4,3. 8,16.19.

*इक्कट m. *eine Rohrart.* Davon Adj. *°टिक und *°टिन्.

इक्कवाल astrol. = إقبال.

इक्षु m. 1) *Zuckerrohr.* इक्षुनेत्र n. Pańkad. 21. — 2) *Zuckerrohrstengel.* — 3) *Augenwimper.* — 4) N. pr. verschiedener Fürsten VP.

इक्षुक 1) m. *Zuckerrohr.* — 2) f. आ N. pr. eines Flusses VP.² 2,155.

1. इक्षुकाण्ड n. *Zuckerrohrstengel* zu Spr. 2219. Comm. zu TBr. I,222,1 v. u.

2.*इक्षुकाण्ड m. *Saccharum* 1) *Munja Roxb.* — 2) *spontaneum L.*

*इक्षुकीय Adj. *reich an Zuckerrohr.*

*इक्षुगन्ध 1) m. *a) Saccharum spontaneum L.* — *b) eine Varietät von Asteracantha longifolia Nees.* — *c) Tribulus terrestris* Râǵan. 4,42. — 2) f. आ *a) Saccharum spontaneum L.* — *b) Asteracantha longifolia Nees.* — *c) Capparis spinosa L.* — *d) Batatas paniculata Chois.* — *e) Tribulus terrestris* Mat. med. 125.

*इक्षुगन्धिका f. *Batatas paniculata Chois.*

*इक्षुतुल्या f. *Saccharum spontaneum L.*

इक्षुदण्ड m. n. *Zuckerrohrstengel* Spr. 1085. 2684.

*इक्षुदर्भा f. *eine Schilfart* Râǵan. 8,127.

इक्षुदा f. N. pr. eines Flusses. इक्षुला v. l.

*इक्षुनेत्र n. *Wurzel des Zuckerrohrs* Râǵan. 14,88.

*इक्षुपत्त्र 1) m. *Penicillaria spicata Willd.* — 2) f. ई *Acorus Calamus* Nigh. Pr.

*इक्षुपर्णी f. *Acorus Calamus* Nigh. Pr.

*इक्षुपाक m. *Melasse.*

*इक्षुप्र m. *Saccharum Sara.*

*इक्षुबालिका f. *Saccharum spontaneum L.*

*इक्षुभक्तिका f. *das Kauen von Zuckerrohr.*

*इक्षुभक्षित Adj. (f. आ und ई) *Zuckerrohr kauend.*

इक्षुभञ्जम् Absol. *auf die Weise, wie man Zuckerrohr knickt,* Prasannar. 72,22.

इक्षुभञ्जिका f. *ein best. Spiel.*

इक्षुमती f. N. pr. eines Flusses.

इक्षुमालवी f. N. pr. eines Flusses MBh. 6,324.

इक्षुमालिनी f. v. l. für इक्षुमालवी.

*इक्षुमेह m. *Zuckerharnruhr.* Davon °मेहिन् Adj. *damit behaftet.*

*इक्षुयोनि m. *Saccharum officinarum L.*

*इक्षुर m. 1) *Capparis spinosa L.* — 2) *Asteracantha longifolia Nees.* — 3) *Saccharum spontaneum L.*

इक्षुरक m. *Capparis spinosa L.* und *Saccharum spontaneum L.*

*इक्षुरतण्डुला f. *Uraria lagopodioides* Nigh. Pr.

1. इक्षुरस m. *Zuckerrohrsaft.*

2. इक्षुरस m. *Saccharum spontaneum L.*

*इक्षुरसक्काथ m. *Melasse.*

इक्षुरसोद m. *Syrupmeer* VP. 2,4,20. °क m. 24.

*इक्षुलता f. *Batatas paniculata* Nigh. Pr.

इक्षुला f. N. pr. eines Flusses MBh. 6,9,18.

*इक्षुलोचन n. = इक्षुनेत्र Gal.

*इक्षुवण n. *Zuckerröhricht.*

इक्षुवती f. N. pr. eines Flusses.

*इक्षुवल्लरी und *°वल्ली f. *Batatas paniculata.*

*इक्षुवाटिका und *°वाटी f. *Saccharum officinarum.*

*इक्षुवारि m. *Syrupmeer.*

*इक्षुवार्धि m. *eine Art Zuckerrohr* Gal.

इक्षुविकार m. *Zuckerwerk, Gezuckertes.*

*इक्षुवेष्टन m. *eine Art Zuckerrohr.*

इक्षुशलाका f. *Zuckerrohrstäbchen* Maitr. S. 1,10,17.

*इक्षुशाकट und *°शाकिन n. *ein mit Zuckerrohr bestandenes Feld.*

*इक्षुसमुद्र m. *Syrupmeer.*

*इक्षुसार m. *Melasse.*

इक्ष्वाकु 1) m. *a)* N. pr. eines alten Fürsten. — *b) ein Abkömmling* Ikshvâku's. — *c)* Pl. N. pr. eines Volkes. — *d) ein Fürst der* Ikshvâku. — 2) f. *eine saure Gurkenart.*

*इक्ष्वारि m., *इक्ष्वालिक m. und *°का f. *Saccharum spontaneum L.*

*इख्, एखति (गत्यर्थ).

इङ्क् = इङ्ग्. Mit वि Caus. *hinundherbewegen* TBr. 1,1,8,6. Tândja-Br. 14,6,10.

इङ्कार m. und इङ्कृत n. = हिङ्कार, हिङ्कृत.

*इङ्ख्, इङ्खति (गत्यर्थ).

इङ्ग्, इङ्गति und °ते *sich regen, — bewegen.* — Caus. 1) *in Bewegung setzen, rühren, schütteln.* — 2) (ein zusammengesetztes Wort) *durch eine Pause trennen.* — Mit उद् Caus. *hinundherbewegen, schwingen* TS. Prât. 17,8. — Mit वि Caus. Partic. वीङ्गित *bewegt.* — Mit सम् Caus. *in eine zitternde Bewegung versetzen.*

इङ्ग 1) Adj. *a) beweglich.* — *b) *wunderbar.* — 2) *m. *a) Gebärde.* — *b) Kenntniss.* — 3) f. आ *eine best. Zählmethode* (buddh.).

इङ्गन 1) n. *a) das Hinundherbewegen, Schütteln.* — *b) das Trennen eines zusammengesetzten Wortes durch eine Pause.* — 2) f. आ *Bezeichnung für* (Gen.).

*इङ्गल m. *das Lebensprincip, Seele* Râǵan. 18. Wohl fehlerhaft für इङ्गन.

इङ्गिड m. *eine best. Pflanze.*

इङ्गित n. 1) *Gebärde, Miene.* — 2) *Absicht.*

इङ्गिताध्यासित n. *Mienenbewegung, — spiel* MBh. 3,233,21.

इङ्गुद m. und f. (ई) *Terminalia Catappa.* n. *die Nuss derselben.* Nach Andern *Balanites indica* Mat. med. 300.

*इङ्गुल m. und f. (*ई) dass.

इङ्ग्य Adj. *trennbar durch eine Pause* (ein zusammengesetztes Wort).

*इचिकिल m. *Sumpf.*

*इच्छक m. *Citrus medica L.*

इच्छा f. 1) *Wunsch, Verlangen, Neigung.* Instr. *nach Wunsch, — eigener Neigung, — Belieben, — Laune.* इच्छा° dass. — 2) *Desiderativum* (gramm.). — 3) in der Math. *die gestellte Frage.* °फल n. *die Lösung derselben.* °राशि m. *die Zahl derselben* Comm. zu Ârjabh. 2,26.

इच्छाभरण m. N. pr. eines Mannes.

*इच्छामरण m. Bein. Bhîshma's Gal.

इच्छाराम und °स्वामिन् m. N. pr. eines Autors.

इच्छारूप n. *die erste Manifestation der göttlichen Macht* bei den Çâkta.

*इच्छावत् Adj. *viele Wünsche habend.*

*इच्छावसु m. Bein. Kubera's.

इच्छाशक्तिमत् Adj. *die Kraft des Wünschens besitzend* 265,26.

इच्छु Adj. *wünschend, verlangend nach.* Die Ergänzung im Acc. (Kathâs. 18,129), Infin. oder im Comp. vorangehend.

इछ् s. 3. इष्.

इज् in स्रविज्.

*इज्जल m. *Barringtonia acutangula Gaertn.*

इज्य 1) Adj. *zu verehren, das Object der Verehrung seiend.* — 2) m. *a) Lehrer.* — *b)* Bein. Brhaspati's, des *Lehrers* der Götter. Als *Planet Jupiter* Golâdhj. 6,2. — *c) Gottheit.* — 3) f. आ *a) Opfer.* *°शील Adj. *fleissig opfernd.* — *b) *Gabe.* — *c) *Zusammenkunft.* — *d) *Kupplerin.* — *e) *Kuh.*

*इज्याक m. *Seekrabbe.*

*इञ्ज्, समिञ्जयति Brh. Âr. Up. 6,4,23 prâkritisch für समिङ्गयति.

इञ्जना f. *Bewegung* Lalit. 325,5. कायेञ्जना 472,3.

इट्, Partic. इटित etwa *eilend, irrend.*

इट m. 1) *Schilf.* — 2) *Geflecht aus Schilf, Matte.* — 3) N. pr. eines Rshi.

इटन् m. N. pr. eines Kâvja.

*इटसूर्न n. *Schilfgeflecht, Matte.*

*इड्वर m. ein frei umherwandelnder Bulle.

इठिमिका m. Titel eines Abschnitts in der Kâṭhaka-Recension des Jagurveda.

1. इड् f. 1) Labetrank, Labung, eine den Göttern dargebrachte Spende und das dabei gesprochene Gebet. इडस्पति: heissen Pûshan, Bṛhaspati und Vishṇu (Bhâg. P. 6,3,27). — 2) Pl. Bez. des 5ten oder 4ten Prajâga.

2. इड्, इळयति RV. ed. M. 1,191,6 fehlerh. für इलयति.

इड m. 1) in einer Formel als Beiw. Agni's. — 2) N. pr. eines Fürsten, eines Sohnes des Kardama oder des Manu (VP.² 3,234. fg.). Auch इल.

इडप्रजस् f. Pl. = इडाप्रजस् Maitr. S. 1,5,3.

*इडविड् f. = इडविडा 2).

इडविड 1) m. N. pr. eines Sohnes des Daçaratha VP.² 3,311. Auch इडविल. — 2) f. आ a) eine Art Ziege. — b) N. pr. einer Tochter Tṛṇabindu's und der Mutter Kubera's VP. Bhâg. P.

इडविल s. इडविड.

इडा, इळा, इला 1) Labetrank, Labung. — 2) Spende, Libation; insbes. eine feierliche Spende aus viererlei Milchstoffen, oder die durch fünfmaliges Schöpfen aus allen Havis gewonnen wird. इडानां संतार: Name eines Sâman. — 3) Erguss des Lobes und der Andacht, personif. als Göttin der heiligen Rede und Handlung. — 4) Rede überh. — 5) die Erde MBh. 3,114,28 (= यज्ञ Comm.). 236,10. — 6) Kuh. — 7) eine best. Arterie auf der linken Seite des Körpers. — 8) *der Himmel. — 9) Bein. der Durgâ. — 10) N. pr. a) einer Tochter Manu's oder auch Mitra-Varuṇa's. — b) einer Tochter Daksha's und Gattin Kaçjapa's. इरा v. l. — c) einer Gattin Vasudeva's Bhâg. P. 9,24,44. — d) = इड, इल 2) als Weib.

इडाचमस m. der Becher für die Spende इडा Kauç. 81.

*इडाचिका f. Wespe.

*इडाजात m. eine Art Agallochum Râǵan. 12,113.

इडादध (इळादध) m. ein best. Ishṭjajana.

इडान्त Adj. mit der इडा schliessend Çat. Br.

इडापात्र n. (Comm. zu Lâṭj. 8,8,19) und °पात्री f. das Gefäss für die Spende इडा.

इडाप्रजस् f. Pl. die Nachkommenschaft der Iḍâ Kâṭh. in Ind. St. 3,463. Vgl. इडप्रजस्.

इडाप्राशित्र n. Sg. die Iḍâ und das Prâçitra Çat. Br. 2,6,1,33.

इडावत् 1) Adj. a) labend, erquickend. — b) gelabt, erquickt. — c) das Wort इडा enthaltend. — 2) m. ein best. Tact S.S.S. 133.

*इडिका f. die Erde.

*इडिक्क m. wilde Ziege.

इडिविड m. v. l. für इडविड VP.² 3,311.

इडिविडा f. v. l. für इडविडा b).

*इडीय Adj. von इडा.

*इड्वर m. = इड्वर.

इण्ठत् m. Tâṇḍja-Br. 14,9,16 fehlerhaft für इटत्.

*इण्डरी und *इण्डली f. eine Art Gebäck Madanav. 117,83.

इण्ड्व n. Du. zwei runde aus Muńga-Schilf geflochtene Plättchen, die beim Ausheben der Feuerpfannen zum Schutz der Hände dienen.

*इण्वेरिका (इण्डरिका?) f. eine Art Gebäck.

इत् Adj. in अर्थेत्.

इत n. Gang, Weg.

इतऊति Adj. 1) von hier aus weiter fördernd. — 2) über diese Zeit hinausdauernd.

1. इतःप्रदान n. Darbringung von hier (d. i. der Erde) aus TS. 3,2,9,7.

2. इतःप्रदान Adj. (f. आ) von hier aus Spenden erhaltend Çat. Br. 3,8,2,22.

इतर 1) Adj. (f. आ, Nom. Acc. n. इतरम् und इतरद् Çat. Br., इतरद् in der späteren Sprache) a) ein anderer, der andere. In न पत्नी कुत एवेतरे मृगा: und ähnlichen Verbindungen hebt इतर den schon durch मृग ausgesprochenen Gegensatz nur noch stärker hervor. इतर — इतर der eine — der andere. पदेतरार्धान् die eine und andere Hälfte des Wortes. — b) ein anderer als, verschieden von (Abl.). द्विजेतर ein anderer Mann als ein Brahman. स्वस्वेतर 267,16. — c) unter Zweien der andere, d. i. entgegengesetzt. विजयापेतराय वा zum Siege oder zur Niederlage, जङ्गमानीतराणि च Bewegliches und Unbewegliches, सुखेतरेषु bei Freud und bei Leid, बहुलेतरपत्तयो: in der dunkelen und hellen Monatshälfte, दक्षिणेतर der linke. — d) gewöhnlich, alltäglich, gemein Spr. 1093. Kâd. II,123,24. यथायमितरो जन: wie dieser gewöhnliche Mensch, so v. a. wie Unsereins MBh. 3,30,38. — 2) f. आ angeblich N. pr. der Mutter des Aitareja. — 3) इतरद् Adv. dagegen Spr. 2639 (Conj.).

इतरजन m. 1) ein gewöhnliches Menschenkind Spr. 7715. — 2) Pl. andere, nicht zu nennende Wesen, so v. a. Dämonen Maitr. S. 3,14,17. Gop. Br. 1,3,12.

इतरजातीय Adj. von gemeiner Art Burnouf, Intr. 504, N. 3.

इतरतस् Adv. 1) anderswohin. इतश्चेतरतश्च hierhin und dorthin. — 2) anders als (Abl.).

इतरत्र Adv. 1) in der Bed. des Loc. Sg., Du. oder Pl. von इतर 1) a) Çulbas. 1,54. fg. — 2) anderswo. — 3) im entgegengesetzten Falle, sonst.

इतरथा Adv. 1) anders, auf andere Weise. — 2) im entgegengesetzten Falle, sonst 225,1. 232,1. 29. 237,33. 239,19.

इतरपाणि m. die linke Hand.

*इतरय्, °यति abspenstig machen, auf seine Seite ziehen.

इतराङ्ग n. ein Hülfsmittel zu etwas Anderm.

इतरेतर Subst. nur in den obliquen Casus des Sg. im Gebrauch. Einer den Andern u. s. w. °रम्, *°राम् (wenn das Subject f. oder n. ist) und इतरेतर° Adv. gegenseitig, im Verhältniss zu einander. Am Anf. eines Comp. auch dieser und jener. °तस् Adv. hierhin und dorthin Spr. 3561, v. l.

इतरेतरप्रत्यय Adj. gegenseitig bedingt. Nom. abstr. °त्व n. Bâdar. 2,2,19.

इतरेतराश्रय Adj. sich gegenseitig stützend. m. ein best. logischer Fehler.

इतरेतरोपकृतिमत् Adj. gegenseitig behülflich Çiç. 9,33.

*इतरेद्युस् Adv. am andern Tage.

इतस् Adv. 1) in der Bed. des Abl. Sg., Du. und Pl. (89,20) von 1. अ. Auf den Sprechenden bezogen so v. a. von mir. इतो जनात् dass. — 2) in der Bed. des Loc. von 1. अ. Auf den Sprechenden bezogen so v. a. auf —, gegen mich (geschleudert). — 3) von hier; aus dieser Welt 59,5. 63,20. von hier an (in einem Buche). इत ऊर्ध्वम् dass. 221,7. 226, 25. इतश्चेतश्च von hier und von dort. — 4) hier; hienieden. इतस् — इतस् hier — dort. इतस्तत: hier und dort 37,1. 142,26. 145,8. 9. — 5) hierher. इतस्तत:, इतश्चेतरतश्च und अत इत: hierhin und dorthin, hin und her. — 6) von jetzt an 110,25. इतोऽपरम्, इत: परम् und इत: प्रभृति von nun an, künftighin. इत: पूर्वम् früher. — 7) daher, dadurch, in Folge dessen 83,5.

इतासु Adj. dessen Lebensgeister entflohen sind.

1. इति Adv. so, auf Ausgesprochenes oder Gedachtes hinweisend und am Ende oder Anfange stehend. In gebundener Rede bleibt es nicht selten dem Hörer oder Leser überlassen, das Wort richtig zu verbinden. इति तथा करोति als scenische Bemerkung so v. a. er thut wie gesagt. Statt des einfachen इति findet man auch इतीति in Versen. इति fasst auch einzeln aufgezählte Dinge am Schluss zusammen. In diesem Falle kann च ganz fehlen (28,10. Çat. Br. 11,5,7,9. Gaut. 8,18. fgg. 9,44. Âpast. 2,11,7), oder nach jedem Gliede erscheinen (Gaut. 8,13), oder nur nach dem letzten (Chr. 51,11), oder auch hier und da (M. 5,51). In den Brâhmaṇa häufig als lautlicher Begleiter einer Gebärde. Beliebte Verbindungen: इतीव (95,

13. 170,28), इत्युत am Ende eines Verses (49,29. 55,15), इत्येवँ (Çat. Br. 2,6,1,5), इत्येवम् (77,20), mit einem nachfolgenden pleonastischen demonstrat. Pronomen (इतीयं वैदिकी श्रुतिः, इत्येषा सृष्टिरादितः), इति ह (242,6), इति ह स्म (31,15. 53,9), इति स्म ह (81,13), इति कृत्वा *so sagend* (56,13), *aus diesem Grunde, in Betracht dessen, dass*, किमिति = किम् *warum, weshalb*, aber auch = इति किम् (173,12).

2. इति f. 1) *das Gehen, Sichbewegen*; oxyt. VS., parox. TS. — 2) *das einer Sache* (Acc.) *Nachgehen* RV. 1,113,6 (oxyt.).

3. इति m. N. pr. eines Sohnes des Babhru VP.[2] 4,67. v. l. धृति.

*इतिक m. N. pr. eines Mannes.

*इतिकथ Adj. und *°था f. fehlerhaft für अति°.

इतिकरण m. *das Wort* इति RV. Prât.

इतिकर्तव्य n. und °ता f. *das «was zu thun», das zu Vollbringende, Obliegenheit.*

इतिकार m. = इतिकरण RV. Prât.

इतिकार्य n. (209,15), °कार्यता f., °कृत्य n. (M. 2, 237) und °कृत्यता f. = इतिकर्तव्य.

इतिथ Adj. (f. ई) *der und der.*

इतिनामन् Adj. *so heissend* Hariv. 1813.

इतिपर Adj. *worauf* इति *folgt* TS. Prât. °त्व n. Nom. abstr. Comm.

*इतिपाणिनि Adv. so v. a. Pâṇini *über Alles* P. 2,1,6, Sch.

इतिमात्रम् Adv. fehlerhaft für अतिमात्रम्.

इतिवत् Adv. *gerade so, auf eben diese Weise* 211,19.

इतिवृत्त n. *Begebenheit, Ereigniss, Geschichte* Vâmana 1,3,11. तुल्येतिवृत्त Adj. Davon Nom. abstr. °ता f. Comm. zu Daçar. 1,14.

*इतिश m. N. pr. eines Mannes.

*इतिहरि Adv. so v. a. Hari *über Alles* Vop. 6,61.

इतिहास m. *Sage, Legende.* इतिहासपुराणे n. Sg. *Legende und* Purâṇa. Das m. Khând. Up. 7,1,4 ohne Zweifel fehlerhaft.

इतिहाससमुच्चय m. Titel eines Werkes.

इतीक m. Pl. N. pr. eines Volkes, v. l. für ईतिक.

इत्कट m. = इक्कट Kâraka 1,4. Davon Adj. *°टिक gaṇa कुमुदादि 1. in der Kâç.

*इत्किला f. *ein best. Parfum.*

इत्थ n. = ἰχθύς, *die Fische im Thierkreise.*

इत्थंविध Adj. *so geartet, so beschaffen* Spr. 5778.

*इत्थंकारम् Adv. = इत्थम्.

इत्थन m. N. pr. v. l. für इल्वल VP.[2] 2,71.

*इत्थम् Adv. *so, auf diese Weise.*

इत्थंभाव m. *das der Art Sein.*

इत्थंभूत Adj. *so seiend, in diesem Zustande sich befindend, so beschaffen* Mâlav. 66,22.

इत्थशाल m. *der 3te astrol.* Joga, = اتصال.

इत्था Adv. ursprünglich *so*, häufig aber durch ein den Begriff hervorhebendes oder verstärkendes Wort wiederzugeben, wie etwa *recht, eigentlich, wahrhaft, gar, gerade.* Geht gewöhnlich dem hervorgehobenen Worte voran.

इत्थात् Adv. = इत्थम्.

इत्थाधी Adj. *recht andächtig, innig verlangend.*

इत्य 1) *Adj. *adeundus* u. s. w. — 2) f. आ a) *Gang.* — b) **Sänfte, Palankin.*

इत्यक m. N. pr. eines Oberkämmerers und eines Vidjâdhara.

इत्यन्त Adj. *so endend* P. 1,2,1, Sch.

इत्यर्थ und °क (Comm. zu Mṛkkh. 165,25) Adj. *die ebengenannte Bedeutung habend.*

इत्यर्थम् Adv. *zu diesem Endzweck.*

इत्यहे Loc. *an dem und dem Tage* Çat. Br. 3,3, 4,17. 19. 9,5,1,8.

इत्यादि Adj. *so beginnend* 255,5. 258,15. n. *und so weiter* 262,1. °क dass. Comm. zu Njâjam. 9,4,4.

इत्यालिखित Adj. *so geritzt* Çat. Br. 10,2,1,8. 10.

इत्युक्त n. *Bericht, Erzählung* (buddh.).

इत्युन्मृश्य Adj. (f. आ) *so zu berühren* Çat. Br. 1,4,1,22.

इत्येतन्नामक Adj. *die eben genannten Namen habend* 268,3.

इत्येवमादि Adj. = इत्यादि 102,20. 106,4. 250,19.

इत्वन् Adj. *gehend*, in अग्रेत्वन् und प्रातरित्वन्

इत्वर 1) Adj. (*f. ई) a) *gehend, sich bewegend.* — b) **auf Reisen befindlich.* — c) **grausam.* — d) **arm.* — e) *niedrig, verachtet.* Voc. f. इत्वरे (!) etwa *du Elende!* Pańkad. 12. — 2) *m. = इड्वर. — 3) f. ई *eine untreue Frau* Râgat. 8,2672.

इद् Indecl. hebt das vorangehende Wort hervor: *eben, gerade, selbst, sogar, nur.* Oft nur durch stärkere Betonnung wiederzugeben.

*इदंयु Adj. *dieses begehrend.*

इदंरूप Adj. *diese Gestalt habend.*

इदंविद् Adj. *dieses wissend* Ait. Âr. 469,14.

*इदंकाया f. *Hedysarum Alhagi*

इदंवसु Adj. *an diesem und jenem reich.*

इदंतन Adj. *jetzig, jetzt lebend.*

इदंता f. *das Diessein, haecceitas.*

*इदंतृतीय Adj. *dieses zum dritten Male thuend* P. 6,2,162, Sch.

इदन्द्र m. zur Erklärung von इन्द्र erfunden.

*इदंद्वितीय Adj. *dieses zum zweiten Male thuend* P. 6,2,162, Sch.

इदम् Nom. Acc. Sg. n. 1) *dieses, es.* इदमस्मदीयं गृहम् *dies ist unser Haus* 290,27. *Dieses* sagen, *diese* Worte, so v. a. *Folgendes s., folgende W.*; dagegen auf etwas Vorangehendes hinweisend 231,12. 237,3. इदं विश्वम्, विश्वमिदम् (76,13), इदं सर्वम्, सकलमिदम् (105,3) und इदम् allein *dieses Alles, Alles um uns her.* तदिदम् *eben dieses* 51,15. 171,15. 177,2. *da ist es* 101,21. किमिदं कुरुषे *was thust du da?* 55,8. किमिदं ते चिकीर्षितम् 73,16. 127,32. यदिदं किं च (31,20. 33,15. 16) und यत्किं चेदम् (31,25) so v. a. *jeglich.* — 2) Adv. a) *hier.* इदम् — इदम् *hier — dort.* — b) *hierher.* — c) *jetzt.* — d) *hiermit, da* (in feierlicher Rede). — e) *gerade, recht, eben.* — f) *so, in dieser Weise* R. 2,53,31. Çâk. 66,16, v. l.

*इदंपर Adj. *dieses bezweckend.* Vgl. ऐदंपर्य.

*इदंप्रकारम् Adv. *auf diese Weise.*

1. *इदंप्रथम Adj. *hierdurch der erste* P. 6,2,162, Sch.

2. *इदंप्रथम Adj. 1) *dieses zum ersten Male thuend.* — 2) *diesen zum Ersten (Vorzüglichsten) habend.* Auch °क P. 6,2,162, Sch.

*इदंप्रधान Adj. = 2. इदंप्रथम 2) P. 6,2,162, Sch.

इदंमधु m. *ein best. Lied.*

इदम्मय Adj. *aus diesem bestehend.*

इदा Adv. *jetzt, in diesem Augenblick.* In Verbindung mit dem Gen. Sg. oder Pl. von अहन् *heut am Tage, heutigen Tages.* इदा श्वः *gestern erst, schon g.*

इदादिक Adj. *mit* इदा *beginnend.* वत्सर so v. a. इदावत्सर.

इदानि n. *ein Nu, als best. Zeitmaass* $^1/_{15}$ Etarhi.

इदानीतन Adj. *jetzig, jetzt lebend.* Davon Nom. abstr. °त्व n.

इदानीम् Adv. *jetzt, in diesem Augenblick, gerade.* Mit Gen. Sg. oder Pl. von अहन् wie इदा. Auch mit अद्य verbunden.

*इदाम्, °मति Denom. von इदम्.

इदावत्सर m. e... *der Jahre* (meist *das 3te*) *in einem 5jährigen Cyclus* Maitr. S. 4,9,18. Davon Adj. °रीण (f. आ TBr. 1,4,10,2) und °रीय.

इदासंवत्सर m. dass.

इडुवत्सर m. = इद्वत्सर.

इद्ध *n. 1) *Sonnenschein.* — 2) *Wunder.*

इद्धतेजस् m. N. pr. eines Mannes B. A. J. 4,111.

इद्धदीधिति m. *Feuer* Spr. 4736.

*इद्धा Adv. gaṇa चादि und स्वरादि.

इद्धाग्नि Adj. *dessen Feuer brennt.*

इद्भात् Indecl. Lâṭj. 5,11,11. इद्भात् Comm.

इद्वत्सर m. *das 4te, 5te* und auch *3te Jahr in einem 5jährigen Cyclus.*

1. इध्, इन्ध्, इन्द्धे *entzünden, entflammen.* इन्धान 1)

entzündend. — 2) entzündet. — इधान angezündet, flammend. — Pass. इध्यते entzündet werden, flammen. इद्ध 1) entzündet, flammend (eig. und übertr.) 290,9. — 2) *rein, lauter. — Mit अनु entflammen. — Mit अभि mit Flammen umgeben, in Flammen setzen. — Mit आ 1) anzünden, entflammen. — 2) entflammt sein, flammen. — Mit परि ringsum entzünden MAITR. S. 4,2,2. — Mit प्र, प्रेद्ध entflammt. — Mit संप्र, संप्रेद्ध dass. — Mit प्रति in प्रतीन्धक. — Mit सम् 1) entzünden. Auch Act. ausnahmsweise = Pass. entflammt werden, flammen. समिद्ध entzündet, entflammt. °तम Superl. — 2) entzünden, so v. a. verstärken, steigern. — 3) sich entflammen, flammen. समिधान flammend. — Mit अभिसम् entzünden TÂṆḌJA-BR. 12,2,2. — Mit उपसम् dass. TBR. 2,1,2,8. — प्रतिसम् wieder entzünden.

2. इध् Adj. entzündend, in अग्नीध्.

इध्म 1) m. *n. Brennholz, insbes. das zum heiligen Feuer verwendete. — 2) m. N. pr. eines Âṅgirasa GOP. BR. 2,1,2.

इध्मचिति f. Holzstoss ÂÇV. GṚHJ. 4,2,14.

इध्मजिह्व m. 1) Feuer BHÂG. P. 5,1,25. — 2) N. pr. eines Sohnes des Prijavrata ebend.

*इध्मप्रव्रश्चन m. Messer oder Axt zum Hauen von Brennholz.

इध्मभृति Adj. mit Herbeischaffung des Brennholzes beschäftigt.

इध्मवत् Adj. mit Brennholz versehen TBR. 2,1,3,8.

इध्मवाह m. N. pr. eines Mannes.

इध्मसंनहन n. Strang aus Gräsern zum Binden des Brennholzes.

*इध्माबर्हिषी Nom. Du. n. Brennholz und Streu.

इन् s. इन्व्.

इन 1) Adj. a) tüchtig, stark, kräftig. — b) reichlich. — 2) m. a) ein grosser Herr, Gebieter, Fürst. — b) die Sonne Spr. 7804. — c) N. pr. eines Âditja. — d) *der Planet Venus GAL. — e) *das Mondhaus Hasta.

इनन्, इनक्षति zu erreichen suchen, zustreben; mit Acc. — Mit उद् aufstreben zu (Acc.), erstreben ṚV. 10,45,7. — Mit सम् erstreben.

*इनानी f. eine best. Pflanze RÂGAN. 5,39.

इनोदय m. Sonnenaufgang GAṆIT. 1,20.

इन्थिहा f. = إنثها.

*इन्द्, इन्दति (परमैश्वर्ये).

*इन्दम्बर n. = इन्दीवर 1).

इन्दिन्दिरा f. eine Art Biene PRASANNAR. 37,7.

इन्दिरा f. Bein. der Lakshmî.

*इन्दिरामन्दिर m. Bein. Vishṇu's.

*इन्दिरालय und *इन्दिवर n. = इन्दीवर 1).

इन्दीवर 1) m. n. eine blaue Lotusblüthe 167,29. °दल n. ein Blüthenblatt des blaublühenden Lotus. — 2) m. Biene. — 3) *f. a) आ Koloquinthengurke. — b) ई Asparagus racemosus Willd.

इन्दीवरप्रभा f. N. pr. einer Tochter Kaṇva's.

इन्दीवराक्ष m. N. pr. eines Mannes.

इन्दीवरिका f. ein Frauenname PRIJ. 13,3.

*इन्दीवरिणी f. blauer Lotus (die ganze Pflanze), eine Grup. blauer Lotuse.

*इन्दीवार n. = इन्दीवर 1).

इन्दु m. 1) Tropfen, Soma-Tropfen. — 2) der Tropfen am Himmel, der Mond. — 3) Bez. der Zahl Eins. — 4) Kampher BHÂVAPR. 3,95. 4,110. — 5) Funke TS. 5,7,6,1. — 6) Auge des Würfels AV. 7,109,6. — 7) Bez. des Anusvâra. — 8) Bez. Vâstoshpati's ṚV. 7,54,2. — 9) *Münze GAL.

*इन्दुक 1) m. Bauhinia tomentosa RÂGAN. 9,39. — 2) n. die Knolle der Colocasia NIGH. PR.

*इन्दुकमल n. die Blüthe der weissen Nymphaea NIGH. PR.

इन्दुकर m. N. pr. eines Mannes.

इन्दुकलश m. desgl.

इन्दुकला f. 1) Mondsichel. — 2) *Cocculus cordifolius DC. — 3) *Sarcostemma viminale R. Br. — 4) *Ligusticum Ajowan Roxb.

इन्दुकलावतंस m. Bein. Çiva's DAÇAK. 15,16.

*इन्दुकलिका f. Pandanus odoratissimus.

इन्दुकान्त 1) m. der Mondstein (चन्द्रकान्त) KÂD. 9,4. — 2) *f. आ Nacht.

इन्दुकिरीट m. Bein. Çiva's PRASANNAR. 59,4.

इन्दुकेसरिन् m. N. pr. eines Fürsten.

इन्दुखण्ड f. eine Art Galläpfel Mat. med. 140 (vgl. 303). RÂGAN. 6,158.

*इन्दुचन्दन n. weisser Sandel NIGH. PR.

इन्दुज 1) m. der Planet Mercur. — 2) *f. आ Patron. des Flusses Revâ.

*इन्दुजनक m. das Meer.

इन्दुदिन n. ein lunarer Tag. Pl. die Zahl der lunaren Tage im Ahargaṇa GAṆIT. BHAGAṆ. 12.

इन्दुनन्दन m. der Planet Mercur J.R.A.S. 1870, S. 475.

इन्दुपुत्र m. der Planet Mercur.

*इन्दुपुष्पिका f. Methonica superba. इन्द्र° v. l.

इन्दुप्रभ m. N. pr. eines Mannes.

इन्दुप्रमति (°मदि) fehlerhaft für इन्द्रप्रमति.

*इन्दुफल m. Spondias mangifera NIGH. PR.

इन्दुबिम्ब n. (adj. Comp. f. आ) Mondscheibe Spr. 7721. 7813.

इन्दुभवा f. N. pr. eines Flusses.

*इन्दुभृत् m. Bein. Çiva's.

इन्दुमणि m. der Mondstein (चन्द्रकान्त).

इन्दुमन्त् 1) Adj. Beiw. Agni's; vgl. VS. 26,13. — 2) °मती f. a) *Vollmondstag. — b) N. pr. α) verschiedener Frauen. — β) eines Flusses. — c) Titel eines Commentars.

इन्दुमित्र m. N. pr. eines Grammatikers.

इन्दुमुख Adj. (f. ई) mondantlitzig HÂSJ. 1.

इन्दुमौलि m. Bein. Çiva's BÂLAR. 76,15.

इन्दुयशस् f. N. pr. einer Prinzessin.

*इन्दुरत्न n. Perle.

इन्दुराज् m. fehlerhaft für उडुराज्.

इन्दुराज m. ein Mannsname.

*इन्दुराजी f. Vernonia anthelminthica NIGH. PR.

इन्दुलेखा f. 1) *dass. RÂGAN. 4,63. — 2) N. pr. einer Fürstin.

*इन्दुलोहक n. Silber RÂGAN. 13,14.

इन्दुवदन 1) Adj. (f. आ) mondantlitzig MÂLAV. 17. — 2) f. आ ein best. Metrum Ind. St. 8,389.

*इन्दुवल्ली f. Sarcostemma viminale R. Br.

इन्दुवार m. astrol. = إدبار.

इन्दुव्रत n. eine best. Kasteiung, = चान्द्रायण MBH. 13,26,39.

*इन्दुशकला f. = इन्दुराजी NIGH. PR.

*इन्दुशफरी f. Bauhinia tomentosa RÂGAN. 9,39.

इन्दुशेखर m. 1) Bein. Çiva's. — 2) N. pr. eines Kiṁnara.

इन्दुसुत m. der Planet Mercur SÂRÂV. bei UTPALA zu VARÂH. BṚH. 4,14.

इन्दुसूनु m. dass. J.R.A.S. 1870, S. 477.

*इन्दूर m. Ratze, Maus.

इन्द्र (im ṚV. auch dreisilbig) 1) m. a) N. pr. des nationalen Gottes der arisch-indischen Stämme, der mit seinem Donnerkeil im Gewitter die dämonischen Gewalten bekämpft. Er ist das Haupt der Götterwelt und Hüter des Ostens. इन्द्रतम Indra in höchster Potenz. — b) am Ende eines Comp. der Erste in seiner Art, Fürst, Oberster (von Belebtem und Unbelebtem). — c) das auf dem Stern des rechten Auges sich spiegelnde Bildchen. — d) Bez. der Zahl vierzehn (14 Manvantara und 14 Indra). — e) der Stern γ Pegasi. — f) ein best. astrol. Joga. — g) *Seele. — h) *Nacht. — i) *ein best. vegetabilisches Gift. Auch *f. — k) N. pr. α) eines Âditja. — β) eines Grammatikers. — γ) eines Arztes. — δ) *eines Upadvîpa. — 2) *f. आ a) Indra's Gattin. — b) Koloquinthengurke NIGH. PR. — 3) f. ई N. pr. eines Wesens im Gefolge der Devî.

इन्द्रऋषभ Adj. Indra zum Befruchter habend.

*इन्द्रक n. Audienzsaal.

इन्द्रकर्मन् Adj. Indra's Thaten verrichtend.

इन्द्रकवि m. N. pr. eines *Dichters.*

इन्द्रकार्मुक n. *Regenbogen.*

इन्द्रकील m. 1) *Thür—, Thorriegel, vorgeschobene Stange* AV. Pariç. 58,4,1. Suçr. 2,144,3. — 2) N. pr. eines Berges.

इन्द्रकुक्षि m. Du. Bez. *der beiden* Soma-*Opfer* Viçvagit *und* Abhigit Tâṇḍja-Br. 25,11,1. 4. 12,1. 6.

*इन्द्रकुञ्जर m. Indra's *Elephant.*

इन्द्रकूट m. N. pr. eines Berges.

इन्द्रकृष्ट Adj. *von* Indra *gepflügt, wild wachsend.*

इन्द्रकेतु m. 1) Indra's *Fahne.* — 2) N. pr. eines Mannes Lalit. 202,4.

*इन्द्रकोश und °क m. *ein flaches Dach, Plattform.*

इन्द्रकोश m. N. pr. einer Oertlichkeit.

इन्द्रगिरि m. N. pr. eines *Berges.*

इन्द्रगुप्त 1) Adj. *von* Indra *behütet.* — 2) m. N. pr. eines Brahmanen.

इन्द्रगुरु m. Indra's *Lehrer,* Bein. Kaçjapa's.

इन्द्रगृह n. *ein dem* Indra *geweihtes Haus,* d. i. Indra's *Versteck* Tâṇḍja-Br. 15,11,9.

1. इन्द्रगोप oder °पा Adj. Indra *zum Hüter habend.*

2. इन्द्रगोप und °गोपक m. *Coccinelle.*

इन्द्रघोष m. *eine best. Gottheit.* Pl. Maitr. S. 1,2,8.

*इन्द्रचन्दन n. = हरिचन्दन Râgan. 12,25.

इन्द्रचाप m. n. *Regenbogen.*

*इन्द्रचिर्भिटा f. *Koloquinthengurke* Râgan. 3,57.

इन्द्रच्छन्द m. *ein aus 1008 Schnüren bestehender Perlenschmuck* Pańkad. 30.

*इन्द्रज m. Patron. des Affen Vâlin Gal.

इन्द्रजटाकलापिन् Adj. Ind. St. 2,28.

*इन्द्रजतु n. *Erdpech* Nigh. Pr.

*इन्द्रजनन n. Indra's *Geburt.* Davon Adj. *°नीय *darüber handelnd.*

इन्द्रजा Adj. *von* Indra *stammend.*

इन्द्रजानु m. N. pr. eines Affen.

इन्द्रजाल n. 1) Indra's *Netz.* — 2) *eine best. mythische Waffe* Arguna's. — 3) *Blendwerk, Zauber* 288,2. 322,17. 326,21. °ज्ञ m. *Zauberer, Gaukler.* °विद्या f. *Zauberkunde.* — 4) Titel eines Werkes über *Zauberei.*

इन्द्रजालपुरुष m. *eine menschliche Truggestalt* Daçak. 38,13.

*इन्द्रजालि m. N. pr. eines Mannes gaṇa कुर्वादि in der Kâç. इन्द्रलाजी v. l.

इन्द्रजालिक m. *Zauberer, Gaukler.*

इन्द्रजालिन् m. 1) dass. — 2) N. pr. eines Bodhisattva Lalit. 364,14.

इन्द्रजित् m. Indra's *Besieger,* N. pr. 1) eines Sohnes des Râvaṇa Ragh. 13,73. — 2) eines Dânava. — 3) des Vaters von Râvaṇa und Fürsten von Kâçmîra. — 4) eines Prinzen im 17ten Jahrh., des Patrons von Keçavadâsa.

*इन्द्रजिद्विजयिन् m. Besieger Indragit's, Bein. Lakshmaṇa's.

इन्द्रजूत Adj. *von* Indra *gefördert, —verschafft.*

इन्द्रज्येष्ठ Adj. Indra *an der Spitze habend, von ihm angeführt.*

इन्द्रतनू f. Bez. *best. Backsteine.*

इन्द्रतरु m. *Terminalia Arjuna* Nigh. Pr.

इन्द्रता f. Indra's *Macht und Würde.*

इन्द्रतापन m. N. pr. eines Dânava.

इन्द्रतुरीय n. *eine best. liturgische Handlung.*

*इन्द्रतूल n. *in der Luft umherfliegende Baumwollenflocken.*

इन्द्रतेजस् n. Indra's *Donnerkeil.*

इन्द्रतोया f. N. pr. eines Flusses MBh. 13,25,11.

इन्द्रत्व n. 1) Indra's *Macht und Würde.* — 2) *Oberherrschaft.*

इन्द्रत्वोत Adj. *von dir, o* Indra, *begünstigt.*

इन्द्रदत्त m. N. pr. eines Brahmanen.

इन्द्रदत्तस्मृति f. Titel eines Werkes.

इन्द्रदमन m. N. pr. eines Asura (buddh.).

इन्द्रदारु n. *Pinus Deodora* Bhâvapr. 1,185.

इन्द्रदिन्नसूरि m. N. pr. eines der Daçapûrvin bei den Gaina.

इन्द्रदेवी f. N. pr. der Gattin Meghavâhana's. °भवन n. Name eines von ihr erbauten Vihâra.

*इन्द्रद्युति *Sandel* Nigh. Pr.

इन्द्रद्युम्न N. pr. 1) m. verschiedener Männer. — 2) n. eines Sees. Auch °सरस् n.

*इन्द्रद्रु m. 1) *Terminalia Arjuna W. u. A.* — 2) *Wrightia antidysenterica R. Br.* — 3) *Pinus Deodora Roxb.* Nigh. Pr.

*इन्द्रद्रुम m. = इन्द्रद्रु 1).

इन्द्रद्विष्ट Adj. Indra *verhasst, — unangenehm.*

इन्द्रद्वीप m. N. pr. eines der 9 Dvîpa VP. 2,3,6.

इन्द्रधनुस् n. *Regenbogen.*

इन्द्रध्रुव m. N. pr. eines Mannes (buddh.).

इन्द्रध्वज m. 1) Indra's *Banner.* — 2) N. pr. *a)* eines Buddha. — *b)* *eines Schlangendämons.

इन्द्रनक्षत्र n. Indra's *Mondhaus,* d. i. Phalgunî.

इन्द्रनील und *°क m. *Sapphir oder Smaragd.*

इन्द्रनीलमय Adj. *aus Smaragden bestehend.*

इन्द्रपत्नी f. Indra's *Gattin.*

इन्द्रपद s. Ind. St. 15.

इन्द्रपर्णी f. *eine best. Pflanze.*

इन्द्रपातम Adj. *von* Indra *am liebsten getrunken.*

इन्द्रपान Adj. *dem* Indra *zum Trunke dienend.*

इन्द्रपाल m. N. pr. eines Fürsten.

इन्द्रपालित m. 1) N. pr. eines Fürsten. — 2) ein Vaiçja-Name.

इन्द्रपीत Adj. *von* Indra *getrunken.*

इन्द्रपुत्रा f. Indra's *Mutter* AV.

इन्द्रपुष्प m. (Bhâvapr. 1,142), *°पुष्पा, *°पुष्पिका (इन्दु° v. l. Râgan. 4,130) und °पुष्पी f. *Methonica superba Lam.*

इन्द्रप्रमति m. N. pr. eines Ṛshi VP. 3,4,19.

इन्द्रप्रमद m. N. pr. eines Mannes.

इन्द्रप्रसूत Adj. *von* Indra *angeregt.*

इन्द्रप्रस्थ n. N. pr. der Residenz der Jâdava.

*इन्द्रप्रहरण n. Indra's *Donnerkeil.*

*इन्द्रफल n. = इन्द्रयव.

इन्द्रबाहु m. Du. Indra's *zwei Arme.* Nach einem Comm. *Sonne und Mond.*

इन्द्रबीज n. = इन्द्रयव.

इन्द्रब्राह्मण m. N. pr. eines Mannes (buddh.).

*इन्द्रभगिनी f. Indra's *Schwester,* Bein. der Pârvatî.

इन्द्रभाजन n. Indra's *Stellvertreter* Çat. Br. 3, 4,2,15.

इन्द्रभू m. N. pr. eines Lehrers.

*इन्द्रभूति m. N. pr. eines Gaṇâdhipa bei den Gaina.

*इन्द्रभेषज n. *getrockneter Ingwer.*

इन्द्रमद m. *eine best. Krankheit der Blutegel* 218, 7. *der Fische* Gal.

इन्द्रमन्त्रिन् m. Bṛhaspati, *der Planet Jupiter* Utpala zu Varâh. Bṛh. 2,3.

इन्द्रमन्दिर m. Indra's *Behausung,* Svarga Daçak. 44,13.

1. इन्द्रमह (इन्द्र + मह) m. *ein Fest zu Ehren* Indra's.

2. इन्द्रमह (इन्द्रमहम् AV. 3,15,1) n. *eine best. Weihe.*

*इन्द्रमहकर्मन् und *°महकामुक m. *Hund.*

इन्द्रमहोत्सव m. *ein grosses Fest zu Ehren* Indra's.

इन्द्रमातर् f. Indra's *Mutter* Ind. St. 1,114. Auch Pl.

इन्द्रमादन (sechssilbig) Adj. Indra *ergötzend.*

इन्द्रमार्ग m. N. pr. eines Tîrtha.

इन्द्रमार्गा f. N. pr. eines Flusses.

इन्द्रमेदिन् Adj. Indra *zum Genossen habend.*

इन्द्रय्, °यते *nach* Indra *verlangen* ṚV.

इन्द्रयज्ञ m. *eine Feier zu Ehren* Indra's Pâr. Gṛhj. 2,15,1.

इन्द्रयव m. *der haferähnliche Same der Wrightia antidysenterica.*

इन्द्रयष्टि m. N. pr. eines Schlangendämons (buddh.).

इन्द्रयाग m. = इन्द्रयज्ञ.

इन्द्रयु Adj. *nach* Indra *verlangend.*

इन्द्रयोग m. Indra's *verbindende Kraft.*

इन्द्रराज m. N. pr. eines Fürsten B. A. J. 1,217. 2,375. Ind. Antiq. 5,149.

इन्द्रराजन् Adj. Indra *zum Fürsten habend* TBr. 1,5,6,4.

इन्द्रराशि m. Indra's *Haufe* (von Fruchtkörnern) AV. Paipp. 12,1,2.

*इन्द्रलाजी f. ein Frauenname. इन्द्रालि v. l.

इन्द्रलुप्त m. n. und *°क n. *krankhaftes Ausfallen der Haare.*

इन्द्रलोक m. Indra's *Welt.* इन्द्रलोकाभिगमन (ed. Bomb.) oder इन्द्रलोकागमन n Titel eines Abschnittes im MBh.

इन्द्रवंश m. Indra's *Geschlecht.*

इन्द्रवंशा f. *ein best. Metrum.*

इन्द्रवज्र n. 1) Indra's *Donnerkeil.* — 2) Name eines Sâman.

इन्द्रवज्रा f. *ein best. Metrum.*

इन्द्रवन n. N. pr. einer Oertlichkeit.

इन्द्रवत् Adj. *von* Indra *begleitet, in seiner Gemeinschaft befindlich.*

*इन्द्रवर्मन् m. ein Kriegername.

*इन्द्रवल्लरी und °वल्ली f. *Koloquinthengurke.*

इन्द्रवस्ति m. *Wade.*

इन्द्रवह् (stark °वाह्) Adj. Indra *fahrend.*

इन्द्रवापीतीर्थ n. N. pr. eines Tîrtha.

इन्द्रवाततम (siebensilbig) Adj. *von* Indra *sehr begehrt.*

इन्द्रवायु m. Du. Indra *und* Vâju.

इन्द्रवारुणी 1) n. *Koloquinthengurke* (die Frucht) Spr. 5943. — 2) f. ई *Koloquinthengurke* (die Pflanze).

*इन्द्रवारुणिका f. *Koloquinthengurke.*

इन्द्रवाह m. N. pr. = पुरंजय Bhâg. P. 9,6,12.

इन्द्रवाहन n. Indra's *Vehikel* Vâmana 5,2,92.

इन्द्रवृक्ष m. = इन्द्रद्रु Nigh. Pr. Davon *°क्षीय Adj.

इन्द्रवृद्धा f. *eine best. Art von Abscess.*

*इन्द्रवृद्धिक m. *eine best. Pferdeart.*

इन्द्रवैडूर्य n. *ein best. Edelstein.* °वैदूर्य geschr.

*इन्द्रवैरिन् m. Indra's *Feind, ein* Daitja Gal.

इन्द्रव्रत n. Indra's *Verfahren.*

1. इन्द्रशत्रु m. 1) Indra's *Ueberwinder.* — 2) Indra's *Feind,* Bez. Prahlâda's.

2. इन्द्रशत्रु Adj. Indra *zum Ueberwinder habend.*

*इन्द्रशर्मन् m. N. pr. eines Mannes.

इन्द्रशलभ m. N. pr. eines Mannes.

*इन्द्रशिर N. pr. einer Oertlichkeit.

इन्द्रशैल m. N. pr. eines *Berges.*

इन्द्रश्रेष्ठ Adj. = इन्द्रज्येष्ठ.

इन्द्रसख Adj. Indra *zum Gefährten habend* Suparn. 19,5.

इन्द्रसखि Adj. (Nom. °खा) dass.

इन्द्रसंजय n. Name eines Sâman. इन्द्रस्य सं° Ârsh. Br.

इन्द्रसंधा f. *Vertrag mit* Indra.

इन्द्रसव m. *ein best. Form des* Soma-*Opfers* Kâth. 37,8.

इन्द्रसामन् n. Name eines Sâman.

इन्द्रसारथि Adj. Indra *zum Wagengenossen habend.*

इन्द्रसावर्णि m. Name Indra's im 14ten Manvantara Bhâg. P. 8,13,34.

इन्द्रसाह्व m. = इन्द्रयव Karaka 6,15.

इन्द्रसिंह m. N. pr. eines Dichters.

*इन्द्रसुत m. 1) Patron. Arǵuna's, Ǵajanta's und des Affen Vâlin. — 2) *Terminalia Arjuna W. u. A.*

इन्द्रसुपर्णा m. Du. Indra *und* Suparṇa Suparn.

*इन्द्रसुरस m. *Vitex Negundo.*

इन्द्रसुरा f. *eine bittere Koloquinthe* Nigh. Pr.

*इन्द्रसुरिस m. = इन्द्रसुरस.

इन्द्रसेन m. N. pr. 1) verschiedener Männer. — 2) *eines Schlangendämons. — 3) eines Berges Bhâg. P. 5,20,4.

इन्द्रसेना f. 1) Indra's *Wurfgeschoss.* — 2) N. pr. *a*) einer Göttin. — *b*) verschiedener Frauen.

इन्द्रस्तुत् und °स्तोम m. Name eines Ekâha.

इन्द्रस्थान n. *die Stelle, an der* Indra's *Banner steht,* Varâh. Jogaj. 7,15.

इन्द्रस्वत् Adj. *dem* Indra *ähnlich.*

इन्द्रहव m. *Anrufung* Indra's.

*इन्द्रहस्त m. *eine best. Arzenei* (buddh.).

*इन्द्रहू m. N. pr. eines Mannes.

इन्द्रहूति f. *Anrufung* Indra's Ṛv. 6,38,1.

इन्द्राकुत्स m. Du. Indra *und* Kutsa Ṛv. 5,31,9.

इन्द्राक्ष m. *eine best. Heilpflanze,* = ऋषभक Bhâvapr. 1,170. Madanav. 8,48.

इन्द्राग्नि (auch viersilbig) m. Du. Indra *und* Agni. इन्द्राग्न्योरयनम् Tâṇdja-Br. 25,11,1.4. °ग्न्योः कुलायः 19,15,1. स्तोमः 17,1.

*इन्द्राग्निदेवता f. *das Mondhaus* Viçâkhâ.

इन्द्राग्निदैव Adj. Indra *und* Agni *zur Gottheit habend.* युग n. *das 10te Lustrum im 60jährigen Jupitercyclus.*

इन्द्राग्निदैवत und *°दैवत्य (Gal.) n. *das Mondhaus* Viçâkhâ.

*इन्द्राग्निधूम m. *Schnee.*

*इन्द्राङ्क m. *eine Art Krabbe* Gal.

*इन्द्राणिका f. = इन्द्रसुरस.

इन्द्राणी f. 1) Indra's *Gattin.* — 2) *das auf dem Stern des linken Auges sich spiegelnde Bildchen* Çat. Br. 10,5,2,9. — 3) **quidam coeundi modus.* — 4) **Vitex Negundo* Râǵan. 4,155. — 5) **Kardamomen.* — 6) **eine bittere Koloquinthe* Nigh. Pr.

इन्द्राणीकर्मन् n. *eine best. Ceremonie* Ind. St. 5,293.

इन्द्राणीतन्त्र n. Titel eines Tantra.

इन्द्राणीशाक n. *eine best. Gemüsepflanze* Karaka 6,20.

इन्द्राणीसामन् n. Name eines Sâman Ârsh. Br.

इन्द्रादित्य m. N. pr. eines Mannes B. A. J. 3,206.

*इन्द्रादृश gaṇa तालवादि.

इन्द्रानुज m. Indra's *jüngerer Bruder,* Bein. Vishṇu's oder Kṛshṇa's.

इन्द्रापर्वत m. Du. Indra *und* Parvata Ṛv.

इन्द्रापूषन् und इन्द्रापूषन् m. Du. Indra *und* Pûshan.

इन्द्राबृहस्पति m. Du. Indra *und* Bṛhaspati.

इन्द्राब्रह्मणस्पति m. Du. Indra *und* Brahmaṇaspati Ṛv.

इन्द्राभ m. 1) *ein best. zu den Hühnerarten gezählter Vogel.* — 2) N. pr. eines Sohnes des Dhṛtarâshṭra MBh. 1,94,59.

इन्द्रामरुत् m. Pl. Indra *und die* Marut Ṛv.

इन्द्रायतन Adj. *auf* Indra *beruhend* Çat. Br. 12, 8,2,24. 3,25.

1. इन्द्रायुध n. 1) *Regenbogen.* — 2) **Diamant* Râǵan. 13,176.

2. इन्द्रायुध 1) m. *ein Pferd mit schwarzen Flecken an den Augen.* — 2) f. आ *eine Blutegelart.*

इन्द्रायुधमय Adj. *ganz aus Regenbogen bestehend* Kâd. 94,8.

*इन्द्रायुधशिखिन् m. N. pr. eines Schlangendämons (buddh.).

*इन्द्रारि m. Indra's *Feind, ein* Asura.

*इन्द्रालिश gaṇa तालवादि.

इन्द्रावत् Adj. = इन्द्रवत्.

इन्द्रावरज m. = इन्द्रानुज VP.[2] 4,318.

इन्द्रावरुण m. Du. Indra *und* Varuṇa.

*इन्द्रावसान gaṇa उत्सादि.

इन्द्राविष्णु m. Du. Indra *und* Vishṇu.

*इन्द्राशन m. 1) *Hanf.* — 2) *Abrus precatorius.*

इन्द्रासन n. 1) Indra's *Thron.* — 2) *ein Fuss von fünf Moren.*

इन्द्रासोम m. Du. Indra *und* Soma.

इन्द्रासोमीय Adj. Indra *und* Soma *geweiht.*

इन्द्राह्व m. = इन्द्रयव Suçr. 2,224,4.

इन्द्रिय 1) Adj. *dem* Indra *gehörig, — angemessen, — ähnlich, — lieb.* — 2) m. *ein Genosse* Indra's. — 3) n. *a*) *ein ausserordentliches Vermögen wie das* Indra's, *potentia, Uebergewalt.* — *b*) Sg. und Pl. *Aeusserung des Vermögens, Kraftthat, gewaltige Erscheinung.* — *c*) Sg. und Pl. *körperliches Vermögen, Sinnesvermögen, sinnliche Kraft.* Häufig in

Verbindung mit वीर्य. — *d) Sinn, Organ* (sowohl *ein aufnehmendes*, बुद्धीन्द्रिय, als auch *ein verrichtendes*, कर्मेन्द्रिय). Nicht selten wird auch मनस् hinzugezählt. — *e)* Bez. *der Zahl fünf.* — *f) männlicher Same* MBh. 12,228,45. — *g)* *= धन. — *h)* *= प्रमाण Kull. zu M. 9,18. — *i)* इन्द्रस्येन्द्रियम् Name eines Sâman.

इन्द्रियँकाम Adj. *nach Vermögen —, nach Kraft verlangend* Âpast.

इन्द्रियकृत Adj. *mit den Sinnesorganen gethan, — verübt* Ind. St. 9,26.

इन्द्रियग्राम m. *die Gesammtheit der Sinne* 287,33.

इन्द्रियघात m. *Schwäche der Sinnesorgane* Sâmkhjak. 7.

इन्द्रियत्व n. *das ein Sinnesorgan Sein* Kap. 5,69.

इन्द्रियनिग्रह m. *Zügelung der Sinne.*

इन्द्रियप्रसङ्ग m. *das den Sinnen Fröhnen.*

इन्द्रियबोधन und °बोधिन् Adj. *die Sinne weckend, — schärfend.*

इन्द्रियमोचन n. *freiwilliger Nichtgebrauch der Sinne* Gobh. 3,1,26.

इन्द्रियवत् Adj. 1) *vermögend, kräftig.* इन्द्रियँवत्तम Superl. — 2) *Sinnesorgane habend.*

इन्द्रियविषय m. *ein Object der Sinne* Cit. im Comm. zu TS. Prât. 21,15.

इन्द्रियवृत्ति f. *Sinnesthätigkeit* Kap. 2,32.

इन्द्रियशक्ति f. *Kraft der Sinne* 183,14. Kap. 5,113.

इन्द्रियसंयमँ m. *Zügelung der Sinne.*

*इन्द्रियस्वाप m. *Weltende.*

इन्द्रियहन् m. Bez. *eines* Agni *im Wasser* Mantrabr. 1,7,1.

*इन्द्रियायतन n. *der Sitz der Sinne, Körper.*

इन्द्रियात्मन् Adj. *eines Wesens mit den Sinnen* VP. 5,18,50.

इन्द्रियार्थ m. Sg. (selten) und Pl. *ein Object der Sinne, Alles was die Sinne anregt.* °वाद m. Titel eines Werkes.

इन्द्रियाँवत् und इन्द्रियाविन् Adj. *vermögend, kräftig.*

इन्द्रियासङ्ग m. *das den Sinnen Nichtfröhnen,* Pl. M. 6,75.

इन्द्रियैष्या f. *eine einjährige Kuh mit röthlichbraunen Augen* Tândja-Br. 21,1,5. 6.

*इन्द्रीय् Denom. von इन्द्र. Davon Desid. *इन्दिद्रीयिषति.

*इन्द्रेड्य m. Bein. Bṛhaspati's.

इन्द्रेपात Adj. (f. ग्रा) in Verbindung mit इषीका *ein von selbst gekrümmtes Rohr* Tândja-Br. 15,5,20. Lâṭj. 4,1,7.

इन्द्रेश्वर und °तीर्थ n. N. pr. eines Tîrtha.

इन्द्रेश्वरलिङ्ग n. Name eines Liñga.

इन्द्रेषित Adj. *von* Indra *ausgesandt, — angetrieben.*

इन्द्रोतँ m. N. pr. eines Mannes.

इन्द्रोत्सव m. *ein Fest zu Ehren* Indra's.

इन्ध् s. इध्.

इँन्ध 1) Adj. *entflammend.* — 2) *m. N. pr. eines Mannes.

इन्धन n. 1) *das Anzünden, Entflammen,* in ग्रग्नीन्धन. — 2) *Brennstoff, Brennholz.*

इन्धनवत् Adj. *mit Brennholz versehen.*

इन्धनी Adv. mit कर् *zum Brennstoff machen* Kâd. 156,16.

इँन्धन्वन् Adj. *flammend.*

इन्धूक m. N. pr. eines Mannes.

इन्व्, इनु्, इँन्वति, इनोँति (इनीमसि v. l. für मिनीमसि) 1) *in Schwung —, in Bewegung setzen.* — 2) *von sich geben, ausgehen lassen.* — 3) *senden, zutheilen.* — 4) *fördern, begünstigen.* — 5) *eindringen, vordringen.* — 6) *fortdrängen, verscheuchen.* — 7) *= गतिकर्मन् und व्याप्तिकर्मन्. — Mit ग्रव *herabsenden* ṚV. 7,64,2. — Mit ग्रा *herbeisenden.* — Mit उप, उपेनित *eingezwängt, eingefügt.* — Mit प्र *emportreiben.* — Mit प्रति *Nachdruck geben.* — Mit वि 1) *wegdrängen, verscheuchen.* — 2) Jmd (Dat.) *Etwas* (Acc.) *zukommen lassen.* — Mit सम् 1) *zusenden, zutheilen.* — 2) *zusammenfügen, wieder herstellen* ṚV. 1,119,7.

इन्व Adj. in विश्वमिन्व.

इन्वक 1) n. Name eines Sâman. — 2) f. ग्रा Pl. *das Mondhaus* Mṛgaçîrsha.

इन्वगा f. = इन्वका Maitr. S. 2,13,20.

इँभ 1) m. oder n. *Gesinde, Dienerschaft, Hausgenossenschaft, Familie.* ṚV. 9,57,3 इँभे zu vermuthen. — 2) m. *a) Elephant* Ragh. 4,47. 59. °कुम्भ m. Ind. St. 14,373. Am Ende eines adj. Comp. f. ग्रा. — *b)* Bez. *der Zahl acht* Ganit. 2,5. — *c)* **Mesua Roxburghii* Nigh. Pr. — 3) *f. ई *Elephantenweibchen.*

*इभकणा f. *Scindapsus officinalis Sch.*

इभकेसर m. *Mesua Roxburghii Wight.*

*इभगन्धा f. *eine best. giftige Frucht.*

*इभदन्ता f. *Tiaridium indicum.*

*इभनिमीलिका f. *das Thun, als wenn man Etwas nicht sähe.*

इभप und *इभपालक m. *Elephantenwächter.*

*इभमाचल m. *Löwe.*

*इभमूलक m. *ein best. Gras* Nigh. Pr.

*इभाख्य m. = इभकेसर.

*इभारि m. *Löwe.*

*इभावत् m. N. pr. eines Mannes.

इँभ्य 1) Adj. *a) zum Gesinde gehörig, ein Höriger.* — *b) reich, ein reicher Mann* Spr. 7649. Pañkad. — 2) *f. इभ्या *a) Elephantenweibchen.* — *b) Boswellia serrata Stackh.*

*इभ्यका und *इभ्यिका Adj. Demin. f.

इँभ्यतिल्विल Adj. *reich an Hörigen.*

इम Pron. *dieser, — hier.* Davon इमँम्, इमाँम्, इमँस्य; इमाँ oder इमाँ, इमे (f. n.); इमे, इमाँस् (Nom. Acc.), इमान्, इमाँ und इमाँनि. In der klass. Spr. nur Acc. Sg. und Nom. Acc. Sg. Du. und Pl. इमे स्मः *da sind wir.* याः — इमास्ताः R. 5,13,31. इमैस् (!) MBh. 1,129, 23. Karaka 607,5.

*इमक Demin. von इम in allen Casus mit Ausnahme des Nom. Sg.

इमँथा Adv. *auf diese Art.*

इम्मादिभारत्याचार्य und इम्मादिसच्चिदानन्दभारत्याचार्य m. N. pr. zweier *Lehrer.*

इयन्, इँयत्तति, Partic. auch Med. 1) *Etwas* (Acc.) *erflehen, ersehnen, Jmd* (Acc.) *um Etwas* (Acc.) *bitten, nach Jmd* (Gen. Acc.) oder *nach Etwas* (Acc.) *sich sehnen, verlangen.* — 2) *= गतिकर्मन्. — Mit ग्रभि *hinstreben —, verlangen nach* (Acc.). — Mit प्र dass.

इयत्तुँ Adj. *verlangend.*

इयच्चिरम् Adv. *so lange* Kathâs. 6,144. *bislang, bisher, bis jetzt* 13,137. 25,255. Chr. 136,24.

इयत्तकँ Adj. (f. °त्तिका) *so klein, — winzig.*

इयत्ता f. *Quantität, Anzahl, Maass, Entfernung.* धवलिम्नः so v. a. *Inbegriff, Summe* Kâd. 145,23.

इयँध्यै Dat. Inf. *zu kommen* ṚV. 6,20,8.

इँयत् Adj. *tantus, so gross, — viel, nur so gross, — viel, so klein, — unbedeutend* 136,4. 166,16. 248, 18. Spr. 7751. 7856.

इयँम् Nom. Sg. f. *diese, — hier.* संध्या प्रवर्तते चेयम् da (hinweisend) 70,8. येयम् 28,19. 244,3. सेयम् 248,10. 250,8. इयं सा 248,12. Ohne Beisatz so v. a. *diese Erde.*

इयर्ति s. ग्रर्.

इयसा f. *das Einschrumpfen.*

इयसितँ 1) Adj. *eingeschrumpft* — 2) n. = इयसा.

इयस्य्, °स्यते *einschrumpfen* Çat. Br.

इयेष 3. Sg. Perf. von 3. इष्.

*इर्, इरति *sich bewegen.*

इरज्य्, °ज्यँति, °ज्यँते 1) *anordnen, befehlen.* — 2) *lenken, leiten.* — 3) *verfügen —, gebieten über* (Gen.). — 4) इरज्यँन्त् durch दीप्यमान *flammend* erklärt Çat. Br. 7,3,1,32. — 5) *= परिचरणकर्मन्. — 6) *ईर्ष्यायाम्. — Mit प्र *zurichten.*

इरज्युँ Adj. *mit Zurüsten beschäftigt.*

*इरण n. *salzhaltiges Land.*

इरध्, °धते, *इरध्यति *zu gewinnen suchen.*

(इरध्यै) इरधिरे Dat. Inf. *zu gewinnen.*

इरंमद्‌ Adj. = इरंमद 1) Maitr. S. 1,5,3.

इरंमद 1) Adj. *im Trank schwelgend*, Beiw. Agni's. — 2) m. *Wetterleuchten* Kâd. 78,11.

इरस्य, °स्यति *missgönnen, Jmd* (Dat.) *neiden.* — Mit अभि *Jmd übelwollen.*

इरस्या f. *Uebelwollen.*

इरा f. 1) *Trunk, Labetrunk.* — 2) *Erquickung, Genuss, Wohlbehagen.* Auch इरा. — 3) **Speise.* — 4) **Wasser.* — 5) *ein berauschendes Getränk* Bhâvapr. 4,37. — 6) **die Erde.* — 7) **Rede, die Göttin der Rede.* — 8) N. pr. einer Apsaras und einer Tochter Daksha's und Gattin Kaçjapa's VP. 1,15,25.

इराक्षीर Adj. (f. आ) *deren Milch Sättigung* (*Befriedigung*) *ist.*

*इराचर n. *Hagel.*

*इराज m. Bein. Kâma's ÇKDr. nach Halâj., wo aber 1,34 इरजः, d. i. इ und अज gelesen wird.

इरांद n. Name eines Sâman Ârsh. Br.

इरामय Adj. *aus Saft bestehend* Ait. Âr. 160,2 v. u.

इरामा f. N. pr. eines Flusses MBh. 3,188,104.

इरामुख n. N. pr. der Stadt der Asura unter dem Meru.

*इराम्बर (!) n. = इराचर.

इरावत m. N. pr. eines Schlangendämons.

इरावन्त् 1) Adj. *a) mit Labetrunk —, mit Labung versehen.* — *b) Labung gewährend, erquickend* Kauç. 20. — 2) m. *a)* **Meer.* — *b)* N. pr. α) eines Sohnes des Arguna VP. 4,20,11. — β) v. l. für ऐरावत VP.[2] 2,293. — 3) f. इरावती *a)* **eine Art Basilicum* oder dgl. Râgan. 5,39. — *b)* N. pr. α) der Gattin eines Rudra Bhâg. P. 3,12,13. — β) der Tochter des Schlangendämons Suçravas. — γ) eines Flusses.

*इरिका f. *eine best. Pflanze.* *°वन n.

इरिण n. 1) *Rinnsal.* — 2) *Bach, Quelle.* — 3) *Rinne, Vertiefung, Grube im Boden.* — 4) *Würfelbrett.* — 5) *kahles,* insbes. *salzhaltiges Land.*

इरिण्य Adj. *zu ödem Lande gehörig.*

इरिन् m. *Zwingherr.*

इरिमेद m. = अरिमेद Çârng. Samh. 2,9,34. Madanav. 59,34.

इरिम्बिठि m. N. pr. eines Rshi.

इरिविल्ला, °वेल्लिका (Bhâvapr. 6,35) und °वेल्ली (Çârng. Samh. 1,7,65) f. *ein best. Ausschlag am Kopf.*

इरेश m. 1) **Fürst.* — 2) Bein. Brahman's, *Vishṇu's und *Varuṇa's.

*इर्कुट und davon Adj. *इर्कुटिन् gaṇa प्रेक्षादि in der Kâç.

*इर्गल und davon Adj. *इर्गलीय, *इर्गल्य gaṇa अपूपादि.

*इर्य्, इर्यति, °ते = इरस्य्.

इर्य Adj. *rührig, kräftig, energisch.*

*इर्वारु m. f. *Cucumis utilissimus Roxb.*

*इर्वारुशुक्तिका f. *Cucumis momordica Roxb.*

*इर्वालु = इर्वारु.

इल् 1) इलति *a) kommen* VP.[2] 3,234. — *b)* *स्वप्नक्षेपणयोः. — 2) इलयति *stillstehen, sich nicht rühren, zur Ruhe kommen.* इळयति fehlerhaft. — Caus. *एलयति (प्रेरणे). — Mit अव (इलयति) *zur Ruhe kommen.*

इल und इला s. इड und इडा.

इलय Adj. in अनिलय.

इलव m. *Pflüger, Bauer.*

इलविल m. und f. आ (VP. 4,1,19,*b*) v. l. für इडविड, °डा.

इलसंवर्तम् Absol. *in Erde eingehüllt* Çâñkh. Çr. 17,5,6.

इलादध = इडादध.

इलादुर्ग n. N. pr. einer Oertlichkeit.

इलांद n. Name eines Sâman Maitr. S. 4,2,1. 7. Lâṭj. 7,7,12. 8,12. 10,9,6.

इलावृत N. pr. 1) m. eines Sohnes des Agnîdhra VP. 2,1,17. 20. — 2) n. eines Varsha VP. 2,2,14. 22.

इलास्पद n. N. pr. eines Tîrtha MBh. 3,83,77.

*इलिका f. *die Erde.*

इलिना f. N. pr. einer Tochter Jama's VP.[2] 4,131.

इलिनी f. N. pr. einer Tochter Medhâtithi's. ईलिनी v. l.

इलिविल m. N. pr. eines Sohnes des Daçaratha VP. 4,4,38. Vgl. इडविड.

*इली f. v. l. für ईली.

इलीबिश m. N. pr. eines Dämons.

*इलीश m. = इल्लिश.

इलुवर्द m. von unbekannter Bed. TBr. 3,8,20,5.

*इलूष m. N. pr. eines Mannes. Vgl. ऐलूष.

इल्य m. *ein best. mythischer Baum.*

इल्लक m. ein Mannsname.

*इल्लल m. *ein best. Vogel.*

*इल्लिश, इल्लिस (Bhâvapr. 2,12) und *इल्लीस m. *Clupea alosa.*

*इल्वका f. Pl. fehlerhaft für इन्वका.

इल्वल 1) m. *a)* **ein best. Fisch.* — *b)* N. pr. eines Daitja, eines Bruders des Vâtâpi. — 2) *f. आ Pl. *die fünf Sterne im Haupt des Orion.* Vgl. इन्वका.

*इल्वलारि m. Bein. Agastja's Gal.

इव Adv. Ausnahmsweise am Anfange eines Stollens 118,12. 1) *gleichwie, wie.* गुणानामिव रत्नानाम् *sowohl der Tugenden als auch der Juwelen* 123,26. — 2) *gleichsam, gewissermaassen, so zu sagen.* Nach einem Infin. so v. a. *als wenn es sich darum handelte zu* — 118,22. — 3) *beinahe, fast, ungefähr, etwa.* — 4) *ein wenig, etwas.* — 5) nach einem Interrogativum so v. a. *wohl.* — 6) oft wie एव durch *eben, gerade, nur,* oder bloss durch stärkere Betonung des vorangehenden Wortes wiederzugeben. उष्णमिव भस्म *möglichst heisse Asche* AV. Prâjaçk. 1,3.

इवर्ण m. *der Laut* इ oder ई VS. Prât. TS. Prât.

इवीलक m. N. pr. eines Sohnes des Lambodara. दिवीलक v. l.

1. इष्, इषति, एषति (mit अनु), इष्यति und इष्णाति (*आभीक्ष्ण्ये). Auch Med. 1) *in rasche Bewegung setzen, schnellen, schleudern.* — 2) *aussenden.* — 3) *aus sich entlassen, aussprechen, verkünden.* — 4) *Jmd antreiben, bewegen, erregen, anregen, aufmuntern, beleben, fördern.* — 5) *schleudernd treffen.* — 6) *vordringen, zustreben, hinstreben zu* (Dat. Loc.). — 7) एषते *suchen* Bhâg. P. 3,13,44. 9, 4,52. — Mit प्राधि in प्राध्येषण. — Mit अनु, अन्विषति (MBh. 3,271,38), अन्वेषति, °ते und अन्विष्यति, °ते *hinterhergehen, nachgehen, suchen, sich umsehen nach* 39,3. 130,24. MBh. 1,125,24. Çâk. 32,13. *durchsuchen.* — Mit समनु (इष्यति) *aufsuchen* Bâlar. 107,22. — Mit अपि Med. *nachstreben, nachzukommen suchen:* mit Loc. — Mit परि (एषति) *herumsuchen nach* MBh. 13,83,19. Med. Saddh. P. 4,34,*b*. — Caus. dass. Saddh. P. 4,18,*b*. 31,*b*. — Mit प्र Act. Med. 1) *forttreiben, antreiben; aussenden.* — 2) *auffordern* (einen andern Priester) *zu* (einer Recitation oder Handlung, im Acc.). प्रेष्य mit Acc. oder Gen. *fordere auf zur Recitation* oder *Darbringung von;* bisweilen auch so v. a. *bringe dar.* Mit Dat. *fordere auf zur Darbringung* oder *Recitation für.* — Caus. प्रेषयति, °ते 1) *schleudern, werfen.* — 2) *schicken, senden, entsenden in* (Acc.), *zu* (Dat.), *gegen* (प्रति). — 3) *fortschicken, entlassen.* — 4) *Jmd* (Gen.) *eine Botschaft senden.* — प्रेषित auch fehlerhaft für प्रोषित. — Mit अनुप्र Caus. *nachsenden, hinsenden, aussenden.* — Mit अभिप्र 1) *auffordern.* — 2) *anbefehlen,* s. अनभिप्रेषित. — Mit उपप्र 1) *antreiben.* — 2) *auffordern* (in liturg. Sinne). — Mit निप्र in पृश्निनिप्रेषित. — Mit परिप्र Caus. *aussenden.* — Mit संप्र *auffordern* (in liturg. Sinne). — Caus. 1) *senden, schicken, fortschicken, entlassen.* — 2) *Jmd* (Gen.) *eine Botschaft senden.* — 3) *richten* (die Gedanken) *auf* (Loc.) Lalit. 216,16. — Mit सम् in समिष्.

2. इष् Adj. *eilend,* in अरमिष्.

3. इष्, इच्छति, °ते (in der älteren Sprache und im Epos) 1) *suchen, aufsuchen.* — 2) mit मनसा *haben*

wollen, herbeiwünschen, erwünschen. — 3) म॑नः Jmds Herz zu gewinnen suchen. — 4) zu gewinnen —, sich zu verschaffen suchen, erwünschen, wünschen, haben wollen, verlangen, belieben. a) mit Acc. — b) mit zwei Acc. wünschen, dass sei 41,21. 43,3. 71,26. Âpast. 2,23,4. 5. — c) mit Acc. und Abl. (90,23) oder Loc. Etwas von Jmd oder Etwas zu erhalten suchen, erwarten, sich Etwas von Jmd erbitten. Meistens Med. — d) mit Infin. Willens —, im Begriff sein, im Sinne haben zu. Mit न sich weigern zu 212,17. — e) mit Acc. und Inf. α) in act. Bed. यदि मां च जीवितुमिच्छसि (v. l. चेज्जीवन्तम्) wenn du wünschest, dass ich am Leben bleibe. — β) mit pass. Bed. यत्सर्वेणेच्छति ज्ञातुम् (man könnte ज्ञातम् vermuthen) wovon er wünscht, dass es Jedermann wisse. — f) mit Potent. oder Imperat. wünschen, dass. Zu belegen nur Potent. mit इति, wobei die Person, von der man Etwas wünscht, im Acc. steht. — g) ohne Ergänzung wollen, geneigt —, einverstanden sein. Mit न nicht einverstanden sein, sich weigern 42,13. — 5) nach Belieben wählen M. 8,384. — 6) anerkennen, annehmen, statuiren 238,9. mit zwei Acc. dafür halten, dass Etwas sei. — Pass. इष्यते (इष्यति MBh. 3,59 fehlerhaft) 1) gewünscht —, gern gesehen werden. ज्ञापयितुमिष्यमाण: von dem man Etwas zu wissen thun will 222,33. — 2) verlangt —, gefordert werden, vorgeschrieben sein. — 3) gebilligt —, anerkannt —, angenommen werden, für Etwas angesehen werden, gelten. भर्तुरेव तदिष्यते das wird als dem Gatten angehörend angesehen. — Partic. इष्ट s. besonders. — Caus. 1) एषयति sondiren Suçr. 2,7,15. — 2) इच्छयामि R. 7,59,1,25 = इच्छामि ich bin Willens. — Mit अधि, Partic. अधीष्ट um Unterweisung freundlich angegangen (Lehrer). — Mit अनु suchen, forschen nach, aufsuchen, durchsuchen; zu erlangen suchen, streben —, verlangen nach. — Caus. अन्वेषयति 1) suchen. — 2) warten auf (einen Zeitpunkt). — Mit पर्यनु umhersuchen. — Mit समनु durchsuchen. — Mit अन्तर् herbeiwünschen, begehren ṚV. 8,61,3. — Mit अभि 1) aufsuchen, erstreben. — 2) wünschen, wollen, beabsichtigen; mit Infin. — Partic. अभीष्ट erstrebt, erwünscht, genehm, lieb; m. Liebling, Geliebter. °वर्षिन् erwünschten Regen sendend Spr. 4345. °तम Adj. überaus lieb. — Mit परि herumsuchen nach (Acc.) Khând. Up. 1,11,2 (पर्येषिषम् zu lesen). — Mit प्रति 1) suchen ṚV. 10,129,4. — 2) entgegennehmen, empfangen von (Gen.) 68,32. — 3) auffangen in (Loc.) Bâlar. 206,12. Prasannar. 118,23. — 4) annehmen (Worte, einen Befehl), so v. a. achten auf. — Mit वि suchen.

4. इष् 1) Adj. suchend u. s. w. in गविष्, नमस्विष्, पश्विष्. — 2) *f. Wunsch, in *इट्चर.

5. इ॑ष् f. Sg. und Pl. 1) Trank, Labung, Erquickung. — 2) Trankopfer, Spende. — 3) die erquickenden Gewässer des Himmels. — 4) Kraft, Frische; Wohlsein, Gedeihen, Wohlstand. In Verbindung mit ऊर्ज् so v. a. Saft und Kraft.

1. इष 1) Adj. suchend, in गविष.

2. इष॑ 1) Adj. a) wohlgenährt, fett ṚV. 10,106,5. — b) saftig, fruchtbar ṚV. 1,165,15. 169,8. — 2) m. a) ein best. Herbstmonat (Âçvina). — b) N. pr. eines Ṛshi Bhâg. P. 4,13,12.

इषणय्, °यते bewegen, anregen ṚV.

इष॑णि (für इष्य॑णि) optat. Inf. möge entlassen, — ausspritzen.

इषण्य्, इषण्यति zur Eile antreiben, herbeitreiben, anregen. Partic. इषण्य॑त्. — Mit सम् zusammentreiben.

इषण्य॑ f. Anregung, Antrieb.

इष॑ध्यै Dat. Inf. anzutreiben, zu erregen ṚV. 7,43,1.

इषंधर m. Pl. Bez. der Çûdra in Plakshadvîpa Bhâg. P. 5,20,11.

इषंभर m. der Hüter des Monats Âçvina.

इषय्, इष॑यति, °ते 1) frisch —, rege —, rührig —, kräftig sein. इषय॑ते Dat. Partic. — 2) erfrischen, stärken, beleben.

इषय॑ध्यै Dat. Inf. um zu erfrischen, — laben.

इषयु॑ Adj. frisch, kräftig.

इषव्य॑ Adj. pfeilkundig. Vgl. अनिषव्य.

इषस्तु॑त् oder इषःस्तु॑त् f. Lob des Gedeihens, — Wohlstandes.

इषि॑ 1) f. Erquickung, Labung. Dat. als Infin. ṚV. 6,52,15. — 2) इष॑यस् Nom. Pl. v. l. im SV. zu इष॑स् im ṚV.

*इषिका f. = इषीका 1) Pinsel. — 2) Augapfel des Elephanten.

इषितत्व॑ता Instr. mit Begeisterung.

*इषितसेन m. N. pr. eines Mannes Nir. 2,11.

इषि॑ध् f. Spende, Gabe.

इषिर॑ 1) Adj. a) erquickend, erfrischend. — b) frisch, blühend. — c) kräftig, muthig, rüstig, rasch, munter. °म् Adv. — 2) *m. Bein. Agni's.

इषीक oder ऐषीक m. Pl. N. pr. eines Volkes.

इषीकतूल n. Schilfrispe.

इषी॑का f. 1) Rohr, Binse, Schilfhalm. Häufig besprochen und als Zaubermittel, insbes. als Pfeil, gebraucht. इषीकातूल n. Schilfrispe. इषीकास्त्र n. ein Schilfhalm als Wurfgeschoss. इषीकाटवी Röhricht. — 2) *Saccharum spontaneum. — 3) *Pinsel. — 4) Augapfel der Elephanten.

इ॑षु m. f. 1) Pfeil. — 2) इ॑षुस्त्रिका॑ण्डा und °काण्डा ein best. Sternbild. — 3) Sinus versus. — 4) eine best. Soma-Feier. — 5) Bez. der Zahl fünf. — 6) eine best. Constellation.

इषुक 1) *Adj. pfeilartig. — 2) am Ende eines adj. Comp. (f. आ) Pfeil. — 3) f. इषु॑का a) Pfeil. — b) f. N. pr. einer Apsaras VP.[2] 2,81.

*इषुकामशमी f. N. pr. einer Oertlichkeit, in अपरेषु° (Kâç. zu P. 2,1,50) und पूर्वेषु°.

इषुकार॑ m. Pfeilmacher Kap. 4,14.

1. इषुकृ॑त् m. dass.

2. इषुकृ॑त् (für इष्कृ॑त्) Adj. zurüstend ṚV. 1,184,3.

इषुक्षेप m. Pfeilschussweite Lalit. 341,16.

इषुधि॑ m. *f. Köcher.

इषुधिम॑त् Adj. mit einem Köcher versehen.

इषुध्य्, °ध्य॑ति 1) flehen um (Dat.), Jmd (Acc.) anflehen. — 2) *शरधारणे.

इषुध्या॑ f. das Flehen.

इषुध्यु॑ Adj. flehend.

इषुप m. N. pr. eines Asura. इषुपद्व v. l.

इषुपथ m. Pfeilschussweite.

इषुपद्व m. (stark °पाद्व) N. pr. eines Asura MBh. 1,67,20. इषुप v. l.

इषुपर्षि॑न् Adj. nach Sâj. Pfeile schleudernd Çat. Br. 13,4,2,5.

*इषुपुङ्खा und *°ङ्खिका f. die Indigopflanze Râǵan. 4,73.

इ॑षुबल Adj. durch Pfeile stark.

इषुभृ॑त् Adj. Pfeile tragend, Bogenschütze.

इ॑षुमत् und इषुम॑त् (einmal) Adj. mit Pfeilen versehen.

1. इषुमात्र 1) n. die Länge eines Pfeils Âpast. 1,15,19. — 2) °त्र॑म् so weit ein Pfeilschuss reicht.

2. इषुमात्र॑ Adj. (f. ई) die Länge eines Pfeils (etwa drei Fuss) habend.

*इषुमार्ग m. Luftraum Gal.

इषुवध॑ m. Tod durch einen Pfeil Çat. Br. 5,4,2,2.

इषुमाह्व m. eine best. Pflanze.

इषुहत Adj. durch einen Pfeil getödtet Tâṇḍja-Br. 22,14,3.

इषूय्, इषूयति streben, strebsam sein. इषूय॑ते Dat. Partic.

*इषेत्वक Adj. die Worte इषे॑ त्वा (VS. 1,1) enthaltend.

इषोवृधीय n. Name eines Sâman Lâṭj. 3,4,16.

इष्कर्तृ॑ Nom. ag. Zurüster, Anordner.

इष्कृताहाव Adj. dessen Eimer bereit ist.

इष्कृ॑ति f. Heilung ṚV. 10,97,9.

1. इष्ट॑ 1) Adj. a) gesucht. — b) erwünscht, gewünscht, gern gesehen, beliebt, genehm, lieb. °तर und °तम lieber als (Instr.) °तम mit einem passivisch auf-

zufassenden Inf. 224,32. — c) *günstig, faustus.* Tag 49,14. — d) *für gut erachtet, angenommen, Geltung habend, erachtet für* (Nom.) 252,23. °तम *für den besten erachtet.* — 2) *m. *Ricinus communis.* — 3) *f. ग्रा *Mimosa Suma Roxb.* Râǵan. 8,33. — 4) n. *Wunsch, Verlangen* 96,2. 116,6.

2. इष्ट 1) Adj. *geopfert.* — 2) m. *Opfer* Mârk. P. 13,15. (vielleicht इष्टञ्च पूर्तञ्च zu lesen). — 3) n. a) *das Opfern, Opfer* 329,7 (Pl.). — b) * = संस्कार. — c) * = योग.

इष्टकाचित Adj. *mit Backsteinen belegt.*

इष्टकर्मन् n. *eine mathem. Operation mit einer beliebig angenommenen Zahl* Lîlâv. 14. fg. Colebr. Alg. 23.

इष्टका f. *Ziegel,* insbes. *gebrannter Backstein.*

इष्टकागृह n. *ein Haus aus Backsteinen* Spr. 1850, v. l.

इष्टकाचिति f. *Backsteinschichtung* Çat. Br. 10, 1,3,8.

इष्टकापथ (Bhâvapr. 1,193), *°थक und *°थिक (Râǵan. 12,52) n. *die Wurzel von Andropogon muricatus.*

इष्टकापशु m. *ein Thieropfer bei Gelegenheit der Backsteinbereitung* Mahîdh. zu VS. 27,29.

इष्टकापूरण n. Titel eines Werkes Ind. St. 13,263.

इष्टकामडुह् f. (Nom. °धुक्) *die alle Wünsche melkende (gewährende) Wunderkuh.*

इष्टकामात्रा f. *das Maass der Backsteine* Çat. Br. 8,7,2,17.

इष्टकालय n. *ein Haus aus Backsteinen* Spr. 1850.

*इष्टकाव und *°वत् Adj. von इष्टका.

इष्टकासंपद् f. *Vollzahl —, Harmonie der Backsteine* Çat. Br. 10,4,1,8.

इष्टकृत् Adj. *das Opfer zu Stande bringend* Cit. im Comm. zu Kâtj. Çr. 5,9,10.

इष्टकैकशतविध Adj. *den 101 Backsteinen entsprechend* Çat. Br. 10,2,6,11.

इष्टगन्ध 1) Adj. *wohlriechend* Suçr. 2,480,5. — 2) *n. *Sand.*

*इष्टगन्धि Adj. *wohlriechend* Gal.

इष्टजन m. *geliebte Person, Geliebter, Geliebte.*

इष्टदर्पण m. Titel eines Werkes.

इष्टदेवता f. *die besonders verehrte Gottheit einer Person* oder *Secte, Schutzgottheit.*

इष्टनि Adj. *rauschend.*

इष्टयजुस् Adj. *der einen Opferspruch gesprochen hat.*

इष्टयामन् Adj. *dessen Gang dem Wunsche entspricht.*

इष्टरश्मि Adj. *dessen Zügel (Zeug überh.) dem Wunsche entsprechen.*

इष्टर्ग (für निष्टर्ग) n. *Vor-* oder *Nebenkämpfer zur Deckung des Hauptkriegers.*

इष्टव्रत Adj. *dem Wunsche gehorchend.*

इष्टसंपादिन् Adj. *Gewunschtes verschaffend.*

इष्टस्विष्टकृत् Adj. *dem ein* Svishṭakṛt *dargebracht ist* Çat. Br. 4,3,3,7.

इष्टाकृत MBh. 3,10513 fehlerhaft für इष्टीकृत.

इष्टापूर्त n. Sg. und Du. *Erstrebtes (auch Eropfertes) und Lohn,* d. h. *erworbener Schatz (Verdienst) frommer Werke;* also *Anspruch an den himmlischen Lohn.* Später aufgefasst als *Opfer und fromme Werke.*

इष्टापूर्ति f. *Opfer und fromme Werke* Brahmop. 243.

इष्टापूर्तिन् Adj. *das Verdienst der Opfer und frommen Werke habend* TS. 1,7,3,3.

1. इष्टार्थ m. *etwas Erwünschtes, — Angenehmes* AK. 3,1,9.

2. इष्टार्थ Adj. *der das gewünschte Ziel erreicht hat* MBh. 13,164,10. R. 2,25,38.

इष्टावत् Adj. *das Gewünschte besitzend.*

इष्टाश्व (viersilbig) Adj. *dessen Rosse dem Wunsche entsprechen.*

इष्टाहोत्रीय n. Name eines Sâman Lâṭj. 1,6,8.

इष्टाहोत्र्य n. dass. Maitr. S. 4,9,11.

1. इष्टि f. 1) *Beschleunigung, Antrieb, Anregung.* — 2) *Aufforderung, Geheiss.* — 3) *Stärkung, Förderung.* — 4) *Förderer, Helfer.*

2. इष्टि f. 1) *das Suchen, Aufsuchen, Nachgehen.* Häufig nach Art eines Infin. construirt. — 2) *Wunsch, Bitte, Verlangen.* — 3) *Ausspruch einer Autorität.*

3. इष्टि f. *Opfer,* insbes. *die Darbringung eines einfachen, aus Butter, Früchten und dgl. bestehenden Opfers* im Unterschied vom *feierlichen Thier-* oder Soma-*Opfer.*

इष्टिका f. fehlerhaft für इष्टका.

*इष्टिकापथ m. = इष्टकापथ.

इष्टिकापुर n. N. pr. einer *Stadt.*

इष्टित्व n. Nom. abstr. von 3. इष्टि Ait. Br. 1,2. Gaim. 6,8,7.

इष्टिन् Adj. *der geopfert hat.*

*इष्टिपच und *इष्टिमुष् m. *ein* Asura.

इष्टियाजुक Adj. *ein* Ishṭi *genanntes Opfer darzubringen pflegend* Çat. Br. 14,4,3,3.

इष्टिरूप n. *die Eigenthümlichkeit des* Ishṭi-*Opfers* Çat. Br. 1,6,2,12.

इष्टिश्राद्ध n. *ein best. Todtenmahl* VP.[2] 3,189. fg.

इष्टिहौत्र n. *Verrichtung des* Hotar *bei der* Ishṭi Comm. zu TBr. 3,5,1.

इष्टीकृत n. *eine best. grosse* Soma-*Feier* MBh. 3,129,1. 260,4.

*इष्टु f. *Wunsch, Verlangen.*

इष्ट्ययन n. *eine ein Jahr lang dauernde Opferfeier.*

इष्ट्वा Absol. von यज्.

इष्ट्वुच् *das Suffix* इष्टु 238,27.

*इष्म m. 1) *Frühling.* — 2) *Liebe, Liebesgott.*

इष्मिन् Adj. *treibend, eilig, stürmisch.*

*इष्य m. = इष्म 1).

इषग्र n. *Pfeilspitze.*

*इषग्रीय Adj. von इषग्र.

*इषनीक n. *Pfeilspitze.* Davon *°कीय Adj.

इष्वसन n. *Bogen.*

इष्वस्त्र n. *Pfeile und andere Geschosse.*

इष्वायुध n. *Pfeil und Waffen.*

इष्वास m. 1) *Pfeilschütze.* — 2) *Bogen* 228,1.

1. इस् Präp. = निस्.

2. *इस् Interj. कोपे, संतापे, दुःखभावनायाम्.

इह Adv. 1) *hier, hierher.* — 2) *hienieden.* In gebundener Rede oft als blosses Flickwort verwandt. — 3) in einem Buche a) *hier in diesem Lehrbuch* oder *System.* — b) *im Folgenden* 225,27. 228,15. 230,2. 231,16. 232,1. 234,25. — 4) vor einem Subst. im Loc. so v. a. अस्मिन्, अस्याम्. Auch substantivisch so v. a. *in —, an ihm u. s. w.;* statt Loc. Du. 181,2. — 5) *jetzt, nun, im Augenblick* 51,4. 61,20. 81,14. — 6) इहेह *hier und da; von da und dort; jetzt und jetzt,* d. i. *wiederholt.*

इहकार m. *das Wort* इह Lâṭj. 7,8,5.

इहक्रतु Adj. *dessen Wille hierher geht.*

इहचित्त Adj. *dessen Gedanken hierher gehen.*

इहत्य Adj. *hiesig.* *°क (f. °त्यिका) dass.

*इहत्र Adv. *hienieden.*

*इहद्वितीया und *इहपञ्चमी f. gaṇa मयूरव्यंसकादि.

इहभोजन Adj. *dessen Habe hierher kommt.*

इहलोक m. *die Welt hienieden* 264,9. Spr. 6771. °स्थ MBh. 14,35,18. 47,8.

इहवत् n. Name verschiedener Sâman Lâṭj. 7,8,9.

इहशिल्प n. *ein Kunstwerk von Menschenhand.*

इहस्थ Adj. (f. ग्रा) *hier seiend, — befindlich, — bleibend* 303,16. 322,15. 325,6. Bâlar. 156,3. 280,6.

इहस्थान Adj. *dessen Standort hier auf Erden ist.*

इहात्मतिका (sic) Kathâs. 108,117 in zwei selbstständige Worte (इह und ग्रात्मनिका) zu zerlegen.

इहामुत्रफलभोगविराग m. *Gleichgültigkeit gegen die Genüsse des Lohns in dieser und in jener Welt* 255,18. 28.

इहार्थ Adj. *für diese Welt nützlich* MBh. 12,259,2.

इहेहमातर् Adj. Du. *von deren Müttern die eine hier, die andere dort ist.*

---

1. *ई Interj. क्रोधे, दुःखभावने, प्रत्यत्ते, संनिधौ, विषादे, ग्रनुकम्पायाम्.

2. ई in ईमहे s. 3. इ.

3. *ई (Nom. ई oder ईस्) f. Bein. der Lakshmî.

4. ई = ईम्.

ईकार m. der Laut ई AV. Prât. 1,74.

ईक्ष्, ईक्षते (Act. selten) 1) *sehen, blicken, hinblicken, anblicken, erblicken*; mit Acc. oder Loc. — 2) *mit dem geistigen Auge schauen, bei sich denken, auf einen Gedanken kommen, eine Betrachtung anstellen* (insbes. von höhern Wesen). — 3) *Etwas* (Acc.) *mit dem geistigen Auge schauen, — wahrnehmen.* — 4) *achten —, Rücksicht nehmen auf* (Acc.) 112,28. — 5) *Etwas* (Acc.) *erwarten.* — 6) **Jmd* (Dat.) *wahrsagen* P. 1,4,39; vgl. Kâç. — Caus. ईक्षयति *hinsehen lassen nach* (Acc.). — Mit अधि (?) *erwarten, befürchten, besorgen* Spr. 6897, v. l. — Mit अनु und समनु 1) *in einer Richtung hinsehen, Jmd nachsehen.* — 2) *im Auge behalten.* — Mit अप 1) *wegsehen, sich umsehen.* — 2) *es auf Jmd* (Acc.) *abgesehen haben, lauern auf.* — 3) *achten —, Rücksicht nehmen auf* 163,29. — 4) *warten auf, erwarten* Spr. 7829. *harren auf* 436 (Conj.). — 5) *befürchten, besorgen* Spr. 6897. — 6) *erheischen, erfordern, voraussetzen* 282, 2. *bedingt sein durch* (Acc.) Kâraka 3,3. — 7) mit न *nicht ansehen können, — leiden.* — Mit व्यप 1) *gehörig Acht geben* R. 2,86,22. — 2) *achten —, Rücksicht nehmen auf.* — Mit अभि *hinblicken auf* (Acc.). — Mit अव 1) *hinsehen nach, ansehen, betrachten.* — 2) *erblicken, wahrnehmen, bemerken* 104,16. *in Erfahrung bringen* Kathâs. 18,194. — 3) *sein Augenmerk richten auf, berücksichtigen, erwägen, in Betracht ziehen.* — 4) *erwarten, hoffen auf.* — Caus. *Jmd* (Acc.) *veranlassen hinzusehen.* — Mit अन्वव 1) *hinsehen auf* MBh. 14,50,23. सर्वतम् *nach allen Seiten ausschauen.* — 2) *in Augenschein nehmen, untersuchen.* — 3) *schauen, wahrnehmen, bemerken* — 4) *eine Betrachtung anstellen, bei sich denken.* — 5) *in Betracht ziehen, erwägen, berücksichtigen* 77,27. 78,11. — Mit अभ्यव *anblicken.* — Mit उपाव *hinblicken, hinunterblicken.* — Mit न्यव *erwägen* MBh. 12,137,64. — Mit निरव *in Betracht ziehen, berücksichtigen.* — Mit पर्यव 1) *von allen Seiten anschauen* MBh. 14,21,9. — 2) *hinabschauen auf* Kaush. Up. 1,4. — Mit प्रत्यव 1) *anschauen.* — 2) *besichtigen, in Augenschein nehmen, nachsehen wie es sich mit Jmd oder Etwas verhält, prüfen.* — 3) *in Betracht ziehen, erwägen, berücksichtigen.* — Mit समव 1) *ansehen, betrachten, um sich sehen, zu Gesicht bekommen.* — 2) *mit dem geistigen Auge betrachten, nachdenken.* — 3) *in Betracht ziehen, erwägen, berücksichtigen, sich kümmern um* Spr. 620. — 4) *Etwas anerkennen, für nöthig erachten.* — Caus. *sehen lassen.* — Mit आ *ansehen* MBh. 2,71,10. — Mit उद् 1) *hinaufblicken zu.* — 2) *ansehen, erblicken, schauen, sehen.* — 3) (eine Zeitlang) *zusehen, warten.* — 4) *erwarten.* — Caus. 1) *hinaufsehen lassen.* — 2) *zusehen, warten.* — Mit अभ्युद् *hinsehen nach, auf.* — Mit प्रत्युद् *anschauen, erblicken.* — Mit समुद् 1) *aufschauen, hinaufschauen* R. 3,73,2. — 2) *hinschauen nach* Spr. 1316. *ansehen* Chr. 37,15. *erblicken.* — 3) *wahrnehmen, bemerken.* — 4) *an Jmd denken, auf Jmd Rücksicht nehmen* MBh. 5,173,7. — Mit उप 1) *zusehen.* — 2) *hinblicken auf.* — 3) *erschauen.* — 4) *zusehen, zuwarten.* — 5) *übersehen, nicht beachten, vernachlässigen.* — 6) *nachsehen, Etwas geschehen lassen, leiden* Spr. 162. — 7) *es nicht genau mit Etwas* (Acc.) *nehmen, nicht bestehen auf* Spr. 7644. — 8) *harren auf* (fehlerhaft für अप) Spr. 436. — Mit अभ्युप *nachsehen, Etwas geschehen lassen* MBh. 16,6,13. — Mit समुप *nicht beachten, vernachlässigen.* — Mit निस् *hinsehen, schauen nach, umhersehen, ansehen, betrachten, gewahren.* Auch vom *aspectus planetarum.* — Mit संनिस् 1) *erblicken.* — 2) *einsehen, erkennen.* — Mit परा *hinblicken* (*neben sich*). — Mit परि 1) *um sich hinsehen, genau hinsehen nach, prüfen, untersuchen.* — 2) *erkennen, finden dass* Spr. 4834, v. l. — Caus. *prüfen —, untersuchen lassen.* — Mit उपपरि *erkennen, finden dass* Lalit. 216,14. — Mit प्र 1) *hinsehen, zusehen, ansehen, erblicken, gewahren.* — 2) *ruhig ansehen, zugeben dass* MBh. 3,12,66. — Mit अनुप्र *nachschauen* MBh. 3,268,23. — Mit अभिप्र *ansehen, hinsehen, erblicken.* — Mit समभिप्र dass. — Mit आप्र Hip. 3,21 fehserhaft für संप्र. — Mit उत्प्र 1) *zu Jmd hinaufschauen um seinen Worten zu lauschen.* — 2) *ausschauen, hinschauen* Kâd. 135,18. — 3) *erwarten* Bâlar. 38,7. — 4) *mit Sehnsucht zurückdenken an* Spr. 2071. — 5) *uneigentlich —, bildlich gebrauchen, — benennen* 248,23. *übertragen auf* (Loc.). — 6) *Etwas* (Acc.) *irrthümlich für Etwas* (Acc.) *ansehen* Kâd. 264,19. *fälschlich voraussetzen, sich einbilden* Venîs. 36. — 7) *Jmd* (Loc.) *Etwas zuschreiben, imputare* Çañk. zu Bâdar. 2,2,10. — Mit उपप्र *übersehen, nicht beachten* MBh. 1,74,35. — Mit विप्र 1) *hierher und dorthin schauen.* — 2) *betrachten* (?). — Mit संप्र 1) *ansehen, betrachten, erblicken, gewahr werden.* — 2) *in Betracht ziehen, erwägen.* — Mit अभिसंप्र *ansehen, gewahr werden.* — Mit प्रति 1) *zusehen.* — 2) *hinblicken auf.* — 3) *erblicken.* — 4) *erwarten, abwarten, warten auf.* प्रतीक्ष्य so v. a. *ganz allmählich* Mṛkkh. 48,19. — 5) *Geduld mit Jmd* (Acc.) *haben* M. 9,77. — Mit संप्रति *warten, warten auf.* संप्रतीक्ष्य so v. a. *lange.* — Mit वि 1) *sehen, schauen, hinsehen, ansehen, erblicken.* Auch vom *aspectus planetarum.* हृदि *im Herzen schauen,* so v. a. *nachdenken.* Pass. *aussehen.* — 2) *sich über Etwas Gewissheit verschaffen, erfahren* 128,29. 315,5. *erkennen, unterscheiden.* — 3) *für angemessen erkennen.* — 4) *durchsehen,* so v. a. *lesen, studiren.* — 4) *ansehen als, sich gegen Jmd benehmen.* पितृवत् *wie gegen einen Vater.* — Mit अनुवि 1) *sich umschauen, hinsehen auf, nach, erblicken.* अन्ववीक्षेताम् = अनुव्यैक्षेताम् MBh. 4,38,5. — 2) *prüfen, untersuchen.* — Mit समनुवि *erblicken* Spr. 7813. — Mit अभिवि 1) *ansehen, erblicken, gewahren* 103,31. — 2) *sein Augenmerk auf Etwas richten, prüfen, untersuchen.* — 3) *auf Jmd schauen, sich gegen Jmd benehmen.* पितृत्वेन *wie ein Vater* MBh. 15,11,24. — Mit समभिवि *gewahr werden.* — Mit उद्वि 1) *hinaufschauen.* — 2) *schauen auf, nach, hinblicken auf* 297,4. — 3) *gewahr werden* R. 5, 8,8. *sich einer Sache bewusst werden* Spr. 892. — Mit समुद्वि *ansehen, erblicken.* — Mit उपवि 1) *hinschauen nach.* — 2) *für angemessen erkennen* Bhâvapr. 4,131. — Mit प्रतिवि *hinsehen auf, gewahr werden.* — Mit संवि *gewahr werden* Spr. 1381. — Mit अभिसंवि *anstarren* Kâd. 74,20. — Mit सम् 1) *hinsehen, hinblicken, anschauen, erblicken, sehen.* — 2) *gewahr —, inne werden, sich überzeugen von, Gewissheit erlangen.* — 3) *ausfindig machen, erdenken.* — 4) *sein Augenmerk richten auf, denken an, es abgesehen haben auf.* — 5) *in Betracht ziehen, untersuchen, prüfen, überlegen.* — 6) *Jmd* (Acc.) *bestimmen zu* (Acc.) R. 2,45,9. — समैक्षत MBh. 14,2201 fehlerhaft für समीक्षत. — Caus. Act. Med. 1) *Jmd* (Acc.) *Etwas* oder *Jmd* (Acc. oder Instr.) *sehen lassen.* — 2) *sich sehen lassen.* — Mit अनुसम् *im Auge haben.* — Mit अभिसम् 1) *erblicken.* — 2) *einsehen, gewahr —, inne werden* Suçr. 1,3,3. 60,14. 2,47,9. RV. Prât. 17,15. — 3) *in Betracht ziehen, bedenken.* °मीक्ष्य *mit Rücksicht auf* Kâraka 3,8. 4,8. 6,1. Suçr. 1,30,21. — Mit प्रसम् 1) *sehen, ansehen, erblicken, gewahren.* — 2) *lauern auf.* — 3) *in Betracht ziehen, erwägen.* — 4) *erklären für* (Acc.) MBh. 3,180,30. 36. — Mit प्रतिसम् *ausharren.*

ईक्ष 1) Adj. (f. ई) *sehend, blickend,* in तिर्यगीक्ष. वध्वीक्षाः प्रति *zu den* (Weibern), *welche kommen, um die junge Frau zu sehen* Kauç. 77. — 2) m.

f. oder n. *Masche*, in तुईक्ष (v. l. तुद्गात) Adj. *feinmaschig*. — 3) f. आ a) *Blick, Anblick*. — b) *Betrachtung, Erwägung*. — 4) ईक्ष n. ein zur Erklärung von अन्तरिक्ष erfundenes Wort.

ईक्षक m. *Zuschauer* Gobh. 2,2,14.

ईक्षण n. 1) *das Sehen, Hinsehen, Erblicken, Gewahrwerden* Lâṭj. 5,5,2. Chr. 135,15. 299,28. यावदीक्षणम् so v. a. *einen Augenblick*. — 2) *das Nachsehen, Sichkümmern um, Besorgen*. — 3) *Auge*. Am Ende eines adj. Comp. f. आ.

ईक्षणपथ m. *Gesichtskreis* 311,26.

ईक्षणश्रवस् m. *Schlange* MBh. 1,37,29.

ईक्षणिक (* f. आ) und ईक्षणीक m. *Wahrsager*.

ईक्षणीय Adj. *zu sehen, zu Gesicht kommend* Spr. 6073.

ईक्षि in वधीक्षीन् Kauç. 77 fehlerhaft für वधोक्षी:: s. u. ईक्ष 1).

ईक्षित n. *Blick* Çâk. 44. Prab. 108,14.

ईक्षितर् Nom. ag. *der da sieht*, — *schaut*. ब्रह्मेक्षितृ जगत: *das* Brahman *schaut die Welt* Çaṁk. zu Bâdar. S. 1055, Z. 4.

°ईक्षिन् (Conj.) Adj. *ein Auge habend* für Spr. 2904.

ईक्षे 1. Sg. Med. von ईक्ष् und 2. Sg. Med. von ईश्.

(ईक्षेण्य) ईक्षेणिअ Adj. *sehenswerth*.

*ईख्, ईखति v. l. für ईङ्ख्.

ईङ्ख्, ईङ्खति, *ईङ्खते (गतिकर्मन्). — Caus. ईङ्खयति *schwankend bewegen, schaukeln*. — Mit समा, सम्वेङ्खस्व Ait. Br. 8,9 fehlerhaft für सम्वित्स्व. — Mit परि, परीङ्खयाते AV. v. l. für पर्यङ्ख° des R̥V. — Mit प्र *erzittern*. Med. Ait. Âr. 409,12. — Caus. *schaukeln*. Med. *sich schaukeln*.

ईङ्खन n. *das Schaukeln*.

°ईङ्ख्य Adj. *in Bewegung setzend*.

ईङ्गयति Çat. Br. 14,9,4,22 fehlerhaft für इङ्गयति.

ईज्, *ईजति, *ईजति (गतिकुत्सनयो:). ईजते. — Mit अप Med. *wegtreiben*. — Mit सम् Med. *zusammentreiben*.

ईजाने Partic. Perf. von यज्.

ईजिक m. Pl. N. pr. eines Volkes MBh. 6,9,52.

ईजितुम् MBh. 2,33,6 = यष्टुम्. ईजिरे 3. Pl. Perf. Med. und ईजे 1te und 3te Sg. Perf. Med. von यज्.

1. ईड्, ईट्टे 1) *Jmd* (Acc.) *anflehen* —, *bitten um* (Acc., Gen. oder Dat.). — 2) *Jmd* (Dat.) *Etwas* (Acc.) *darbringen* R̥V. 5,12,6. — 3) *preisen, loben*. — 4) **in Bewegung setzen, erzeugen* (ईट्टे = ईर्ते). — Caus. ईडयति 1) *preisen, loben*. — 2) *ertönen lassen*. Vgl. ईर्. — Mit प्र, उपप्र, प्रति, सम् und प्रसम् *preisen, loben*.

2. ईड् und *ईडा f. *Preis, Lob*.

ईडितर् Nom. ag. *Lobpreiser* AV. ईळितृ R̥V.

ईडेन्य, ईळेनिअ Adj. 1) *anzuflehen um* (Dat.). — 2) *zu preisen*.

ईड्य und ईडिअ Adj. *zu preisen, preisenswerth*.

*ईणमत् Adj. von 2. ईण्.

1. ईति f. 1) *Noth, Plage, Landplage* Mâlav. 95. ईतिनाम् st. ईतोनाम्. — 2) * = प्रवास. — 3) * = डिम्ब.

2. ईति Adv. = इति *so*.

ईदृक्ता f. *Qualität*.

ईदृक्ष (f. आ), ईदृग्विध, ईदृश् (Nom. ईदृङ् und ईदृक्), ईदृश (f. ई) und ईदृशक Adj. *von diesem Aussehen, derartig, so beschaffen, ein solcher*. (वेदि) ईदृगार *wenn ich in solche Lage gerathen bin*.

ईद्धात्, ईधात् oder इ° Adv. Lâṭj. 5,11,11.

ईधिय Adj. = वीध्य *zum heitern Himmel gehörig*.

ईध्य VS. Prât. aus वीध्य herausgenommen.

ईनिधन Adj. ई *zum Schlusssatz habend* (ein Sâman).

*ईन्त्, ईन्तति (बन्धने).

ईप्स्, ईप्सति Desid. von आप्.

ईप्सा f. *Verlangen, Begehren, Wunsch*.

ईप्सित n. dass. 81,11. R. 1,55,18. Ragh. 1,79. 3,1. 5. Kathâs. 18,315. 22,170.

ईप्सिततमत्व n. *das Zunächststehen, das nächstes-Object-Sein einer Handlung* Comm. zu Njâjam. 9,2,28.

ईप्सु Adj. *zu erlangen strebend, verlangend* —, *begehrend nach*. Die Ergänzung im Acc., Infin. oder im Comp. vorangehend.

ईप्सुयज्ञ m. *ein best.* Soma-*Opfer*.

ईम् nachgesetzte Verstärkungspartikel. Nach Relativen so v. a. *cunque*. के ईम् so v. a. *wer wohl* R̥V. 10,40,14. *welche wohl* 7,56,1. किं चनेम् *gar nichts* 2,16,2. Häufig ganz bedeutungslos zur Vermeidung des Hiatus eingeschoben.

ईयचक्षस् Adj. *weithin schauend* R̥V.

ईयिवंस् (schwach ईयुष्) Partic. Perf. von 3. इ.

ईर्, ईर्ते (hier und da auch Act.) 1) *in Bewegung setzen, fördern*. — 2) *sich in Bewegung setzen, sich erheben, hervorgehen, erstehen, erschallen*. — 3) *sich auf und davon machen*. — Caus. ईरयति, °ते 1) *in Bewegung setzen, schleudern, anregen, hervorgehen* —, *erstehen lassen, in's Leben rufen*. — 2) *erschallen lassen*, ohne Object *ausrufen, verkünden* 105,6. Pass. *genannt werden*. — 3) *erheben, in die Höhe heben*. — 4) *sich erheben*. — Mit अभि Caus. *herbeischaffen*. — Mit व्यव Caus. *zertheilen*. — Mit आ Simpl. und Caus. Act. Med. 1) *herbeischaffen, verschaffen, hinschaffen*. — 2) *sich verschaffen, theilhaftig werden* R̥V. 1,6,4. — 3) *erheben* (einen Gesang u. s. w.). — Mit न्या 1) *Jmd* (Acc.) *einsetzen als* (Acc.). — 2) *richten* (das Verlangen) *auf* (Loc.). — Mit समा *zusammenfügen, schaffen* R̥V. 10,40,10. — Mit उद् 1) *herausholen* R̥V. 1,118,6. — 2) *Jmd ehren* R̥V. 4,2,7. — 3) *sich erheben, aufstehen, aufbrechen*. — 4) *in Bewegung kommen, aufsteigen, erstehen*. — Partic. उदीर्ण *erregt, zum Ausbruch gekommen, gesteigert, gehoben* (in übertr. Bed.), *von Selbstgefühl erfüllt*. — Caus. 1) *herausholen* R̥V. 1,112,5. 118,6. 10,39,9. — 2) *erheben, emporrichten; aufwirbeln* (Staub). — 3) *schleudern, werfen* (Geschosse, Würfel). — 4) *emportreiben, ansetzen* (Blüthe). — 5) *aus sich hervortreten lassen, an den Tag legen* Kumâras. 2,6. — 6) *anstimmen, ertönen lassen* R̥V. 1,168,8. 8,90,16. 9,72,1. *aussprechen, enunciare*. Ohne Object *sprechen* LA. 28,1. Pass. *angegeben* —, *genannt werden* Chr. 274,10. *gelten für* (Nom.) 104,4. — 7) *verschaffen, bewirken, hervorbringen* R̥V. 1,48,2. 10,39,2. TS. 2,4,10,2. Suçr. 1,128,1. — 8) *erregen, steigern, verstärken, vermehren* Suçr. 1,152,15. 2,312,17. Kumâras. 4,41. उदीरितधी Adj. *von aufgewecktem Verstande*. — 9) *Jmd erheben, verherrlichen* R̥V. 5,42,3. MBh. 3,134,21. — 10) *Jmd beleben, aufregen, höher stimmen* R̥V. 1,113,8. 117,24. 8,68,6. R. 2,7,9. — 11) *Jmd drängen, anstacheln* R. 5,49,19. — 12) *sich erheben aus* (Abl.) R̥V. 5,55,5. *aufbrechen* 8,7,3. — Mit अभ्युद् Caus. 1) *ertönen lassen*. इति तयाभ्युदीरिते *nachdem sie so geredet hatte*. — 2) *erregen, steigern, verstärken*. — Mit प्रत्युद् Caus. *dagegen ertönen lassen, erwiedern*. — Mit समुद्, Partic. समुदीर्ण *erregt, in Aufregung gerathen*. — Caus. 1) *hinausdrängen* MBh. 5,179,29. — 2) *aufwirbeln* (Staub). — 3) *schleudern, werfen*. — 4) *aussprechen, enunciare* 69,16. 144,11. — समुदीर्यति Çat. Br. wohl fehlerhaft für समुदीरयति. — Mit नि Caus. *herabschleudern auf* (Loc.). — Mit प्र *sich in Bewegung setzen, hervorkommen, zum Vorschein kommen, erstehen, erschallen*. — Caus. 1) *vorwärts treiben*, — *drängen, Jmd treiben, drängen* 122,23. 148,7. 212,30. — 2) *entsenden, richten* (die Augen). — 3) *anstimmen, ertönen lassen, aussprechen* 181,5. — 4) *erregen, in Aufregung versetzen* Megh. 69, v. l. — 5) *vertreiben, verbringen* (die Zeit). — Mit अभिप्र Caus. *vorwärts treiben*. — Mit संप्र *sich zusammen erheben*. — Caus. *vorwärts drängen, stossen*. — Mit प्रति Caus. *aufhetzen*. — Mit वि *zerspalten*. — Caus. *zerspalten, zertheilen, theilen* Çat. Br. 3,3,4,13. — Mit सम् 1) *zusammenfügen, schaffen* R̥V. 3,55,20. 4,56,3. — 2) *bewirken, befördern* R̥V. 3,31,15. — Caus. 1) *zusammenfügen, schaffen, entstehen lassen*. — 2) *antreiben* R̥V. 10,

39,10. — 3) *wiederbeleben.* — 4) *ausstatten mit* (Instr.). — Mit अभिसम् Caus. *in Bewegung versetzen.*

ईर m. *Wind.* °ज m. Patron. Hanumant's.

ईरण 1) *Adj. *bewegend, treibend.* — 2) m. *Wind.* — 3) n. a) *das Drängen, Drücken* (bei Ausleerungen) Bhâvapr. 5,93. — b) *das Verkünden.*

ईरपाद m. *Schlange* Ait. Âr. 136,5 v. u.

ईरयध्यै Dat. Inf. *in Bewegung zu setzen, lebendig zu machen* ṚV. 4,2,1.

ईरामा f. N. pr. eines Flusses. इरामा v. l.

ईरिण n. *salzhaltiges, unfruchtbares Land* MBh. 3,179,54. Vgl. इरिण.

ईरिन् m. Pl. N. pr. eines Stammes.

ईरुगपदण्डनाथ m. N. pr. eines Lexicographen.

*ईर्त्स्य्, ईर्त्स्यति = ईर्ष्य्.

ईर्त्स्, ईर्त्सति Desid. von अर्ध्.

*ईर्त्सु Adj. *Etwas* (Acc.) *zu vermehren wünschend* Bhaṭṭ. 9,32.

ईर्म m. 1) *Bug, Arm, Vorderschenkel eines Thiers.* ईर्मतस् Tâṇḍja-Br. 21,1,7. — 2) m. n. *Wunde* Spr. 7615.

ईर्मन् = ईर्म 1) in दक्षिणेर्मन्.

ईर्मा (Padap. ईर्म) Adv. *auf der Stelle, hier, hierher.*

ईर्मान्त Adj. Pl. etwa *deren Büge dicht bei einander stehen.*

ईर्य 1) Adj. *anzuregen, — treiben.* Dazu Nom. abstr. ईर्यता f. Ait. Âr. 114,3. — 2) f. आ bei den Buddhisten und Gaina *vorsichtiges Gehen, so dass man keinem lebenden Wesen dabei ein Leid zufügt.* °पथ m.

*ईर्वारु m. f. = इर्वारु.

ईर्षा, ईर्षालु, ईर्षित, ईर्षितव्य und ईर्षु fehlerhaft für ईर्ष्या u. s. w.

ईर्ष्य्, ईर्ष्यति *neidisch —, eifersüchtig sein.* Der Nebenbuhler im *Dativ, die Gattin im Gen. (Âpast.) oder *Acc.

ईर्ष्यक m. *eine Art Schwächling.*

ईर्ष्या f. *Neid, Eifersucht.*

ईर्ष्याभिरति m. *eine Art Schwächling* Karaka 4,2.

ईर्ष्याय् Denom. *Eifersucht an den Tag legen.* °यित n. Nom. act. Bâlar. 121,17.

ईर्ष्यारति m. = ईर्ष्याभिरति Karaka 4,2.

ईर्ष्यालु und ईर्ष्यावन्त् Adj. *neidisch, eifersüchtig.*

ईर्ष्याषण्ढ m. *eine Art Schwächling* Nâr. 12,13.15.

ईर्ष्यित n. *Eifersucht* Spr. 7336.

ईर्ष्यिन् Adj. *neidisch* Spr. 1149, v. l.

ईर्ष्यु Adj. *neidisch, eifersüchtig.*

*ईलि, *ईलिका und *ईली f. *eine Art Schwert.*

ईलिन 1) m. N. pr. eines Sohnes des Taṁsu MBh. 1,95,27. 28. — 2) f. ई N. pr. einer Tochter Medhâtithi's Hariv. 1,32,6. इलिनी v. l.

ईवत् Adj. *so gross, — trefflich. tantus.*

1. ईश्, ईष्टे und ईशे 1) *zu eigen haben, besitzen;* mit Gen. (selten Acc.). — 2) *zu eigen sein, Jmd* (Gen.) *gehören, gebühren.* — 3) *verfügen können über, Ansprüche* oder *ein Recht haben auf* (Gen.). — 4) *können, vermögen zu* (Inf. auf तोस् oder तुम्, oder Nom. act. im Loc.), *Etwas* (Acc.) *vermögen.* Ohne Ergänzung auch so v. a. *männliches Vermögen haben.* — 5) *gebieten —, herrschen —, Gewalt haben über* (Gen. oder Acc.). — 6) (*als Gebieter*) *Erlaubniss ertheilen.* — Mit परि *vermögen zu* (Inf.).

2. ईश् m. 1) *Gebieter, Herr.* — 2) Bein. Çiva's.

ईश 1) Adj. Subst. (f. आ) a) *Eigenthümer.* — b) *verfügen könnend über* (Gen.), *Ansprüche* oder *ein Recht habend auf* (Gen.). — c) *vermögend —, im Stande seiend zu* (Infin.). — 2) m. a) *Herr, Gebieter von, der Oberste unter* (Gen. oder im Comp. vorangehend. — b) **Gemahl.* — c) Bein. α) Vishṇu's VP. 5,20,91. — β) Çiva's. — γ) Kubera's. — d) *eine Form Çiva's.* — e) *ein* Rudra. — f) Bez. *der Zahl eilf.* — g) bei einigen Çaiva *eine best.* Çakti. — h) N. pr. eines Sâdhja VP.² 2,22. — 3) f. ईशा a) *Vermögen, Gewalt, Herrschaft.* — b) *eine best.* Çakti.

ईशखान m. N. pr. eines *Chans.*

ईशगीता f. Pl. Titel eines Abschnittes im Kûrmapurâṇa.

ईशव n. LA. 3,13 fehlerhaft für ईशित्व.

ईशन n. *das Gebieten, Herrschen.* — ईशनी fehlerhaft für ईशिनी.

*ईशय्, °यति = ईशमात्मानमाचष्टे oder करोति.

ईशसंस्थ Adj. *als Herr erscheinend* Çvetâçv. Up. 6,17.

*ईशसखि m. Bein. Kubera's.

ईशसरस् n. N. pr. eines *Sees.*

ईशहृदय n. Titel eines Werkes.

ईशाखान m. N. pr. eines *Chans.*

ईशाध्याय m. = ईशोपनिषद्.

ईशान und ईशान 1) Adj. a) *zu eigen habend, besitzend.* — b) *vermögend.* — c) *herrschend, Herrscher.* — 2) m. a) Bein. α) Çiva-Rudra's. — β) *der Sonne,* als einer der acht Formen Çiva's. — γ) Vishṇu's. — b) Bez. *des 11ten* Muhûrta Ind. St. 10,296. — c) N. pr. α) eines Rudra VP. 1,8,6. — β) eines Sâdhja. — γ) eines Mannes. — δ) eines Berges in Çâkadvîpa Bhâg. P. 5,20,26. — 3) f. ईशाना a) Bein. der Durgâ. — b) *eine best.* Çakti. — 4) m. f. (ई) **Mimosa Suma Roxb.* — 5) *n. *Licht, Glanz.*

ईशानकल्प m. Name eines Kalpa VP.² 1,LVIII. LXVII.

ईशानकृत् Adj. *handelnd wie Einer der es vermag, seinen Besitz* oder *seine Macht gebrauchend.*

ईशानचन्द्र m. N. pr. eines Arztes.

*ईशानज m. Pl. *eine best. Götterordnung* bei den Gaina.

ईशानदेवी f. ein Frauenname.

ईशानबलि m. *ein best. Opfer* VP.² 3,114.

ईशानाधिप Adj. (f. आ) Çiva *zum Herrn habend.*

दिश् *Nordost.*

ईशान्य n. Name eines Liṅga.

ईशावास्य n. = ईशोपनिषद्.

ईशितर् Nom. ag. *Herr, Gebieter.* Nom. abstr. °तृत्व n. Comm. zu Njâjam. 6,7,2.

ईशितव्य Adj. *das Object eines Herrn* oder *Herrschers seiend, beherrscht werdend.* Davon Nom. abstr. °त्व n.

ईशितव्याय्, °यति *thun, als wenn man beherrscht würde.*

ईशिता f. *Allmacht* (eine der acht Siddhi).

ईशित्व n. dass. MBh. 14,38,12.

ईशिन् 1) Adj. *gebietend —, herrschend über.* — 2) f. °नी *Herrschermacht.*

ईशोपनिषद् f. Titel einer Upanishad.

ईश्वर 1) Adj. (f. आ) *vermögend, im Stande zu thun, — zu werden, in dem Falle seiend zu.* Die Ergänzung ein Infin. auf अम्, तोस्, तवै oder तुम्, ein Nom. act. im Loc., oder ein Potent. mit oder ohne यद्. Beim Infin. auf तोस् steht häufig der Nom. m. Sg. ohne Rücksicht auf Genus und Numerus des Subst. — 2) m. (adj. Comp. f. आ) a) *Besitzer, Eigenthümer von* (Gen., Loc. oder im Comp. vorangehend) 126,18. — b) *Gebieter, Fürst, König.* — c) *ein vornehmer —, reicher Herr* 166,4. — d) *Gemahl.* — e) *die oberste Gottheit.* — f) Bein. α) Brahman's 55,33. — β) Çiva's 130,3. — γ) Indra's. δ) **des Liebesgottes.* — g) **die Seele.* — h) N. pr. α) eines Rudra. — β) eines Sohnes Brahman's VP.² 2,126. — γ) eines Fürsten MBh. 1,67,65. — i) Bez. *der Zahl eilf.* — k) *das 11te Jahr im 60jährigen Jupiter-Cyclus.* — 3) f. ईश्वरा und *ईश्वरी Bein. der Durgâ. — 4) f. ईश्वरी a) *Gebieterin, Fürstin.* — b) *eine best. übernatürliche Kraft.* — c) *Bez. *verschiedener Pflanzen* Nigh. Pr.

ईश्वरकृष्ण m. N. pr. eines Autors.

ईश्वरगीता f. Pl. 1) = भगवद्गीता. — 2) Titel eines Abschnittes im Kûrmapurâṇa.

ईश्वरग्रास Adj. *Gott* (die 3te Stufe des Âtman) *verschlingend* (d. i. *aufhebend*), Beiw. der 4ten Stufe des Âtman Nṛs. Up. in Ind. St. 9,126.

ईश्वरचन्द्रराय m. N. pr. eines Mannes.

ईश्वरता f. *Herrschaft, Oberherrschaft.*

ईश्वरतीर्थाचार्य m. N. pr. eines *Lehrers.*

ईश्वरत्व n. *Herrschaft, Oberherrschaft.*

ईश्वरदत्त m. N. pr. eines Fürsten.

ईश्वरप्रणिधान n. *Ergebung in den Willen Gottes* 283,30.

ईश्वरप्रत्यभिज्ञा f. Titel eines Werkes.

*ईश्वरमल्लिका f. *Mimusops Elengi* NIGH. PR.

ईश्वरमीननाथसंवाद m. Titel eines Werkes.

ईश्वरवर्मन् m. N. pr. eines Mannes.

ईश्वरवाद m. Titel eines Werkes.

*ईश्वरसद्मन् n. *Tempel.*

ईश्वरसूरि m. N. pr. eines Gelehrten.

ईश्वरसेन m. N. pr. eines Fürsten VP.² 4,208.

ईश्वरानन्द m. N. pr. eines Scholiasten.

ईश्वरी Adv. mit कर् *Jmd zu einem reichen Herrn machen.*

ईश्वरीतन्त्र n. und ईश्वरे (Loc.) नित्यसुखावस्थापनम् Titel von Werken.

1. ईष्, ईषति (meist mit Präpp.), °ते 1) *wegrücken, sich entziehen, weichen von* (Abl.). — 2) *abweichen von* (Abl.). — 3) *Jmd* (Acc.) *verlassen* RV. 10,89,3. — 4) *feindlich anrücken,* im Partic. ईषत्. — 5) Act. *उञ्छे. — 6) Med. *हिंसायाम् und *दर्शने. — Mit अति *vorüberlaufen,* mit Acc. MAITR. S. 1,10,14. — Mit अप Act. *sich entfernen von* (Abl.). — Mit आ Act. (selten) und Med. 1) *anrücken, sich drängen an, zu.* — 2) *Etwas* (Acc.) *erstreben, begehren, hinstreben nach* (Loc.), *sich anschicken zu* (Infin. auf अम्). — 3) *bittend angehen, anflehen.* — Mit उपा Med. *angehen, anflehen.* — Mit प्रत्या Med. *sich fügen an, in* RV. 5,86,3. — Mit उद् Act. *emporsteigen* MAITR. S. 1,10,12. उदीषित *emporgestiegen, erhoben.* — Mit समुद् Act. *emporsteigen, auf die Oberfläche kommen.* — Mit उप Med. *losgehen auf.* — Mit प्रति, Partic. प्रतीषित *entgegengestreckt.* — Mit वि Act. *auseinandergehen, sich dehnen.* — Mit सम् *sich strecken.* समीषित *gestreckt.*

2. ईष् die als Nidhana verwandte Silbe ईष् ÂRSH. BR.

ईष m. 1) *der Monat* Âçvina. — 2) N. pr. eines Sohnes des 3ten Manu. — Fehlerhaft für इष.

*ईषण 1) Adj. *eilend.* — 2) f. आ *Bestreben* und *Bitte* GAL.

*ईषणिन् Adj. *eilend.*

ईषच्छ्वास Adj. *mit geringem Hauch hervorgebracht.*

ईषत् Adv. *annähernd, obenhin, leichthin, ein wenig, etwas.*

ईषत्कर Adj. 1) *leicht zu vollbringen.* — 2) **ein wenig.*

ईषत्कार्य Adj. (f. आ) *leicht zu* (Loc. eines Nom. act.).

*ईषत्पान Adj. *leicht zu trinken.*

*ईषत्प्रमय Adj. etwa *leicht vergänglich.*

*ईषत्प्रलम्भ Adj. *leicht zu betrügen.*

ईषत्स्पृष्ट Adj. *leicht berührt.* Nom. abstr. °ता f.

ईषथुस् 2. Du. Perf. von 3. इष्.

ईषदसमाप्त Adj. *nicht ganz vollständig.* °प्तः पटुः so v. a. *nicht vollkommen geschickt, nahe daran geschickt zu heissen* P. 5,3,67, Sch.

ईषदसमाप्ति f. *das Fehlen von Wenigem, Nahekommen, Anstreifen* (in übertr. Bed.) P. 5,3,67.

*ईषदाढ्यंकर Adj. *leicht reich zu machen.*

*ईषदाढ्यंभव n. impers. *leicht reich zu werden.*

*ईषदुपदान Adj. *leicht zu Grunde gehend* KÂÇ. zu P. 6,1,50.

ईषद्धास Adj. (f. आ) *lächelnd.*

1. ईषद्धास्य n. *das Lächeln.*

2. ईषद्धास्य Adj. (f. आ) *lächelnd.*

*ईषद्द्राक्षा f. *eine Traubenart ohne Kerne* NIGH. PR.

*ईषद्विलय Adj. *leicht vergänglich.*

*ईषद्वीर्य m. *Mandelbaum* NIGH. PR.

ईषन्नाद Adj. *schwach tönend.*

*ईषन्निमय Adj. *leicht auszumessen.*

*ईषन्मर्ष und *°णा Adj. *leicht zu ertragen.*

*ईषल्लभ Adj. *leicht zu erlangen, — haben.*

ईषा f. 1) *Deichsel.* Du. *die doppelte, gabelförmige D.* ईषायुगानि. — 2) *Brett an einer Bettstelle.* — 3) *ein best. Längenmaass,* = 88 Aṅgula ÇULBAS. 1,10.

ईषादण्ड m. *Deichsel* VP. 2,8,2.

ईषादन्त Adj. *deichsellange Stosszähne habend.*

*ईषिका f. 1) *Saccharum spontaneum.* — 2) *Pinsel, Probirstäbchen.* — 3) *Augapfel eines Elephanten.* — Vgl. इषीका.

*ईषिर m. *Feuer.* Vgl. इषिर.

ईषिरे ÂPAST. = ईषुस्. ईषिरर्षयः metrisch richtig und in der älteren Sprache unanfechtbar.

ईषीका f. *Rohr, Schilf* MAITR. S. 3,6,3. Vgl. इषीका.

ईषुस् 3. Pl. Perf. von 3. इष्.

*ईष्म m. = इष्म.

*ईष्व m. *Lehrer.*

ईसराफ (arab.) m. in der Astrol. Bez. *des 4ten* Joga.

ईह्, ईहति (selten), ईहते *streben —, verlangen nach, sich Etwas* (Acc.) *angelegen sein lassen, im Sinne haben, gedenken zu* (Infin.). धनमीहतास् *sich des Geldes wegen abmühen* Spr. 3058. समारम्भान् *Etwas unternehmen.* ईहित *worauf man sein Streben gerichtet hat* 290,3. — *Caus. *Jmd antreiben.* — Mit प्रति in प्रतीह. — Mit सम् = Simpl. समीहित *unternommen.*

ईहा 1) m. *das Bestreben.* — 2) f. आ a) *das Streben, Anstrengung, Thätigkeit, Arbeit.* — b) *das Treiben, Thun.* — c) *Verlangen, Begehren, Wunsch.*

ईहामृग m. 1) *Wolf.* — 2) *eine Art Schauspiel.*

*ईहावृक m. *Wolf.*

ईहित n. 1) *Anstrengung, Bemühung.* — 2) *das Treiben, Thun.* — 3) *Vorhaben* Spr. 5889. — 4) *Verlangen, Begehren, Wunsch.*

1. उ Interj. Nach den Lexicographen रोषोक्तौ, आमन्त्रणे (संबोधने), अनुकम्पायाम्, नियोगे, पदपूरणे und पादपूरणे.

2. उ (ऊ) Indecl. 1) *und, auch, und auch.* — 2) *doch, dagegen, anderseits, dafür.* — 3) *nun, schon, so eben, sogleich, alsbald.* — 4) besonders beliebt nach einem Pron. demonstr., relat. oder interrog., nach einigen Partikeln und am Ende eines Stollens nach einem Infin. auf तवै (तवा उ). Meistens nur durch eine stärkere Betonung wiederzugeben. — 5) उ — उ, उ — उत *einestheils — anderntheils, sowohl — als auch.* — 6) in der klass. Sprache nur nach अथ (s. u. अथ), न (s. नो) und किम्. किमु प्रतिकूले विधातरि न संभाव्यते *was wohl nicht?* so v. a. *Alles.* आभाषस्ते किमु न विदितः *ist dir etwa nicht bekannt?* किमु — स्यात् *ob wohl?* सुहृत्सार्थः किमु त्यज्यते *warum doch, — wohl?* Spr. 4288. किमु सर्वमास्ताम् so v. a. *doch lieber sage ich Nichts* 4801. श्रोत्रतां किमु नेत्रताम् *oder* 3216, v. l. 7105. किमु — उत *utrum — an.* Häufig bedeutet किमु so v. a. *wie viel eher, — mehr* (schon im ÇAT. BR.). Auch *dagegen, jedoch* BÂLAR. 42,1. 106,4. 276,18.

3. उ, उणोति und *अवते *rufen, schreien.* — उवे s. bes. — Mit आ Partic. ओत *angerufen, aufgefordert.* — Mit वि *zurufen, antreiben.*

4.*उ m. Bein. 1) Brahman's. — 2) Çiva's.

उवेक m. Maṇḍanamiçra's volksthümlicher Name.

*उक Indecl.

*उकण, f. *ई gaṇa गौरादि in der KÂÇ. उणक v. l.

*उकनाह m. *ein hell- oder dunkelbraunes Pferd.*

उकार m. *der Laut* उ.

उक्त 1) m. N. pr. eines zu den Viçve Devâs gezählten Wesens HARIV. 2,12,31. उक्थ v. l. — 2) n. *Wort, Ausdruck für.* — 3) n. f. (आ) *ein best. Metrum.* — Vgl. वच्.

उक्तपुंस्क Adj. *wozu es ein nur durch den Begriff des Geschlechts sich unterscheidendes Masculinum giebt.*

उक्तपूर्व Adj. *ehemals —, sonst gesprochen* 60,5. 72,6. 73,24.

उक्तप्रत्युक्त n. *Rede und Gegenrede, Unterhaltung.* Auch *eine Art Wechselgesang.*

उक्तवत् Partic. Perf. von वच्.

उक्तवाक्य Adj. *gesprochen habend* 89,29.

उक्तानुशासन Adj. (f. आ) *dem eine Unterweisung zu Theil geworden ist* Çat. Br. 14,7,2,25.

उक्ति f. 1) *Ausspruch, Verkündigung, ausdrückliche Erwähnung, Rede, Wort, Ausdruck für.* उक्तिं कर् *seine Stimme erheben* 174,4. — 2) *kluger —, witziger Ausspruch.*

उक्तोपनिषत्क Adj. *dem die* Upanishad *gelehrt worden sind* Çat. Br. 14,6,11,1.

उक्त्वा Absol. von वच्.

उक्थ 1) m. a) *eine Form* Agni's MBh. 3,219,25. — b) N. pr. α) eines zu den Viçve Devâs gezählten Wesens. उक्त v. l. — β) eines Fürsten VP. 4,4,47. — 2) n. a) *Spruch, Preis, Lob.* — b) im Ritual *der Satz* oder *die Strophenreihe, welche die Recitation des* Hotar *und seiner Gehülfen bilden* (später शस्त्र genannt). महदुक्थम् oder बृहदुक्थम् = बृहतीसहस्रात्मकं शस्त्रम् Comm. zu Çat. Br. 10,1,1,1. — 3) n. f. (आ) *ein best. Metrum.*

उक्थवाच् f. *ein best. Theil eines* Çastra Âçv. Çr. 5,14,26. 15,23.

उक्थदोह m. *ein best. Schlusstheil eines* Çastra Ait. Âr. 454,18.

उक्थपत्त्र Adj. *Sprüche zu Flügeln habend* VS. 17,55. उक्थपात्रम् Mahâbh. 6,1,10,a.

उक्थपात्र n. *Schalen, welche während der Recitation der* Uktha *aufgesetzt werden.*

उक्थभृत् Adj. *Sprüche darbringend.*

उक्थमुख n. *Beginn der* Uktha *genannten Recitation* Ait. Br. 2,35.37. Çâñkh. Br. 7,9. 29,3? Ait. Âr. 52,6. Davon °मुखीय Adj. Çâñkh. Br. 22,8.25, 5. 6. 29,4. Çr. 12,3,5. Vaitân.

उक्थवत् Adj. *mit einem Spruch verbunden.*

उक्थवर्धन Adj. *an Lobpreis sich stärkend, — ergötzend.*

उक्थवाहस् Adj. 1) *Sprüche darbringend.* — 2) *dem Sprüche dargebracht werden.*

उक्थविद् Adj. *der Sprüche kundig* Çat. Br. 14,8,14,1.

उक्थविध Adj. *spruchartig* Çat. Br. 10,6,2,10.

उक्थवीर्य n. *ein best. Theil des* आज्यं शस्त्रम् Ind. St. 10,354. Ait. Âr. 416,4. 454,18.

उक्थशंसिन् Adj. 1) *lobpreisend.* — 2) *die* Uktha *sprechend.*

उक्थशस् (stark °शास्) und °शस Adj. *den Spruch sprechend, lobpreisend.*

उक्थशास्त्र m. Titel eines Werkes.

उक्थशुष्म Adj. 1) *in Sprüchen dahin rauschend.* — 2) *dem rauschendes Lob dargebracht wird.*

उक्थसंपद् f. *eine best. Schlussrecitation eines* Çastra Ait. Âr. 454,17.

उक्थामद n. Pl. *Preis und Jubel* Maitr. S. 1,9,2.8.

उक्थायु Adj. *nach Lob verlangend* TS. 1,4,12,1. Maitr. S. 1,3,14.

उक्थार्क (viersilbig) n. Pl. *Spruch und Lied.*

उक्थावी Adj. *Sprüche liebend.*

उक्थाशस्त्र n. Pl. Uktha *und* Çastra.

उक्थिन् Adj. 1) *Sprüche sprechend, preisend, lobend.* — 2) *von Preis begleitet,* liturg. von Uktha (rit.) b.

उक्थ्य, उक्थिय 1) Adj. a) *des Preisens würdig, preisenswerth.* — b) *Preis enthaltend, preisend.* — c) *von* Uktha (rit.) *begleitet.* — 2) m. a) *eine best. Libation bei der Früh- und Mittagsspende.* — b) *eine der Grundformen der* Soma-*Feier.* Nom. abstr. °ता f. Lâṭj. 8,1,16.

उक्थ्यपात्र n. *der zur Darbringung der Libation* Ukthja *bestimmte Becher* Çat. Br. 4,5,5,8.12.

उक्थ्यस्थाली f. *der zur Bereitung der Libation* Ukthja *dienende Topf* Çat. Br. 4,2,2,16.

1. उक्ष्, उक्षति, °ते 1) *träufeln lassen, sprengen.* — 2) *beträufeln —, besprengen mit* (Instr.). उक्षित *besprengt, benetzt.* — 3) Med. *träufeln.* — 4) Med. *sprühen* (Funken). — 5) *harnen.* — 6) उक्षित *reichlich versehen mit* (im Comp. vorangehend). — Mit अनु Act. Med. *beträufeln, besprengen, besprühen.* — Mit अभि, अव und आ Act. *beträufeln, besprengen.* — Mit उद् Act. *hinauf —, hinaussprengen.* — Mit उप Act. *hinzusprengen.* — Mit निस् Act. *wegsprengen, wegspritzen.* — Mit परि *ringsum besprengen.* — Mit अनुपरि dass. Gobh. 1,3,11. 8,26. Gaut. 25,4. — Mit अभिपरि *einen Guss machen um* Gobh. 1,3,5. — Mit प्र Act. 1) *vor sich hinsprengen.* — 2) *besprengen, weihen.* — 3) *durch Besprengung zum Opfertode weihen, schlachten.* — Caus. *vor sich hinsprengen.* — Mit संप्र 1) *besprengen.* — 2) Med. *sich besprengen.* — Mit वि 1) Act. *vergiessen.* — 2) Med. *überträufeln.* — Mit अभिवि *hinsprengen nach* (Acc.). — Mit सम् 1) *ausgiessen.* — 2) *besprengen, begiessen.* — 3) समुक्षित *übergossen —,* so v. a. *reichlich versehen mit* (Instr. oder im Comp. vorangehend),

2. उक्ष् Adj. in बृहदुक्ष्.

3. उक्ष्, उक्षति, उक्षमाण *heranwachsen, erstarken.* उक्षित *erwachsen, herangewachsen, erstarkt.* — Caus. उक्षयते *stärken.* — Mit सम्, Partic. समुक्षित *zugleich gestärkt, — ermuthigt.* — Vgl. वक्ष्.

4. उक्ष् Adj. in साकमुक्ष्.

उक्ष 1) *Adj. *gross.* — 2) m. = उक्षन् in जातोक्ष u.s.w.

उक्षण n. *das Besprengen, Weihen.*

उक्षण्य्, °ण्यति etwa *nach Stieren* (*Rinderheerden*) *begierig sein.*

(उक्षण्यायन) उक्षणोऽयन m. Patron.

उक्षण्यु Adj. etwa *nach Stieren* (*Rinderheerden*) *begierig.*

*उक्षतर m. *ein kleiner* (angeblich auch *grosser*) *Stier.*

उक्षन् 1) m. a) *Stier, Bulle.* Häufig bildlich gebraucht. — b) *der Stier im Thierkreise.* — c) **ein best. Heilmittel.* — 2) *Adj. = महत्.

उक्षवश m. *Stierkalb.*

उक्षवेहत् m. *ein zeugungsunfähiger Stier* Çat. Br. 12,4,1,6.

उक्षसेन m. N. pr. eines Fürsten.

उक्षान्न Adj. *Stiere verzehrend.*

उक्ष्णोरन्ध्र m. N. pr. eines Ṛshi Tâṇḍja-Br. 13,9,19.

*उख्, ओखति (गतौ).

उख 1) m. a) *Kochtopf, Pfanne.* — b) *ein best. Theil des Oberschenkels.* — c) N. pr. eines Lehrers. — 2) f. उखा a) *Kochtopf, Pfanne.* — b) = 1) b) Karaka 4,7.

उखाच्छिद् Adj. *brüchig wie ein Topf, morsch.*

उखड N. pr. einer Oertlichkeit.

*उखर्वल und *उखल m. *ein Andropogon* Râǵan. 8,126.

उखासंभरण n. *Herstellung des Kochtopfes.* Titel des 6ten Buchs im Çat. Br. Davon Adj. °भरणीय Çâñkh. Br. 19,1. Çr. 9,22,7. Âçv. Çr. 4,1,21. Vaitân.

*उखास्रस् (Nom. °स्रत्) Adj. *aus dem Topfe fallend.*

उख्य 1) Adj. a) *in der Feuerschüssel befindlich.* — b) **auf einer Pfanne gebraten.* — 2) m. N. pr. eines Grammatikers. — 3) *f. उख्या gaṇa कच्यादि.

उगण Adj. (f. आ) in Verbindung mit सेना oder Subst. ohne सेना *breitgeschaart.*

उग्र 1) Adj. (f. आ) *gewaltig, heftig, über die Maassen stark, — gross, — streng, grausig.* Bez. best. Mondhäuser. — 2) m. a) *ein Gewaltiger, Grosser, Vornehmer; ein gewaltthätiger, leidenschaftlicher Mensch.* — b) Bein. Çiva's oder Rudra's. — c) N. pr. eines Rudra VP. 1,8,7. Bhâg. P. 6,6,17. — d) *der Sohn eines Kriegers* (Vaiçja Comm. zu Âpast.) *von einer* Çûdrâ Âpast. 1,7,20. 21. Gaut. 4,16. — e) **Hyperanthera Moringa.* — f) N. pr. eines Dânava und verschiedener anderer Personen. — g) Pl. Name einer Çiva'itischen Secte. — 3) f. उग्रा a) Bez. *verschiedener Pflanzen* (*Artemisia sternutatoria Roxb., Coriandrum sativum,* = अक्षता und वचा). — b) *die Tochter eines Kriegers von einer* Çûdrâ. — c) *eine best.* Çruti S.S.S. 23. — 4) f. उग्री Pl. Bez. *best. dämonischer Wesen* AV. 4,24,2. — 5) *n. *die Wurzel von Aconitum ferox Wall.*

उग्रक m. N. pr. eines Schlangendämons MBh. 1,35,7.

उग्रकर्णिक Adj. *einen gewaltig grossen Ohrschmuck tragend.* Kirâta R. 4,40,29.

**उग्रकाण्ड* m. *Momordica Charantia Lin.*

उग्रकाली f. *eine Form der* Durgâ.

***उग्रगन्ध** 1) m. *Knoblauch* (Râgan. 7,49), *Ocimum pilosum* (Râgan. 10,159). *Michelia Champaca* und *Myrica sapida* (Râgan. 9,19). — 2) f. आ *Carum Carvi, Apium involucratum, Artemisia sternutatoria, Ligusticum Ajowan* und = वचा. — 3) n. *Asa foetida.*

***उग्रगन्धिका** f. *Apium involucratum* Râgan. 6,111.

उग्रगाध m. *eine Stelle* (in einem Flusse u. s. w.), *wo man schwer Fuss fassen kann,* Tândja-Br. 14, 8,4. 15,2,6.

उग्रचण्डा f. N. pr. einer Nâjikâ der Devî.

उग्रचारिन् 1) Adj. *sich heftig —, sich rasch bewegend* (Mond). — 2) *f. °रिणी Bein. der Durgâ.

उग्रजाति f. *ein Grauen erregender Stand* Varâh. Brh. S. 15,29.

उग्रजित् f. N. pr. einer Apsaras.

उग्रतपस् m. N. pr. eines Muni.

उग्रता f. *heftiges —, ungestümes Wesen.*

उग्रतारा f. N. pr. einer Göttin.

उग्रतेजस् 1) Adj. *von gewaltiger Energie.* — 2) m. N. pr. *a)* eines Schlangendämons MBh. 16,4,16. — *b)* eines Buddha Lalit. 5,18. eines Devaputra 43,18. eines Sohnes des Mâra 360,2.

उग्रत्व n. *Gewaltthätigkeit, grosse Strenge* 51,14.

उग्रदण्ड Adj. *strenge strafend.*

***उग्रदन्त** (H. 457) und *°दन्त (Gal.) Adj. *gewaltige Zähne habend.*

उग्रदर्शन Adj. (f. आ) *grausig anzusehen* MBh. 1,210,24.

***उग्रदुहितर्** f. *Tochter eines Grossen.*

उग्रदेव m. N. pr. eines Mannes.

उग्रधन्वन् Adj. *einen gewaltigen Bogen führend.*

***उग्रनासिक** Adj *eine gewaltige Nase habend* H. 452.

1. **उग्रपुत्र** m. *Sohn eines Grossen.*

2. **उग्रपुत्र** Adj. (f. आ) *gewaltige Söhne habend* RV.

उग्रप्रदर्शन Adj. (f. आ) *grausig anzusehen* MBh. 3,42,4.

उग्रबाहु Adj. *gewaltige Arme habend.*

उग्रभट m. N. pr. eines Fürsten.

***उग्रभा** f. *Vitis quadrangularis* Nigh. Pr.

उग्रभैरव m. N. pr. eines Kâpâlika.

उग्रंपश्य 1) Adj. *schrecklich blickend,* als Beiw. der Würfel. — 2) f. आ N. pr. einer Apsaras.

उग्ररेतस् m. *eine Form* Rudra's Bhâg. P. 3,12,12.

उग्रवीर Adj. *gewaltige Männer habend.*

***उग्रवीर्य** n *Asa foetida* Râgan. 6,74.

उग्रव्यय m. N. pr. eines Dânava Hariv. 2282.

उग्रशक्ति m. N. pr. eines Fürsten.

***उग्रशेखरा** f. Bein. der Gaṅgâ.

उग्रश्रवस् m. N. pr. eines Sohnes des Lomaharshaṇa.

उग्रसेन 1) m. N. pr. *a)* verschiedener Fürsten. — *b)* eines Gandharva VP.[2] 2,285. — 2) f. उग्रसेनी (°सेना falsch) N. pr. der Gattin Akrûra's VP.[2] 4,96.

***उग्रसेनज** und *°सेनसुत (Gal.) m. Bein. Kaṁsa's.

उग्रसेनानी m. Bein. Krshṇa's MBh. 12,43,9.

उग्रसेवित Adj. *von gewaltthätigen Wesen bewohnt* R. 3,20,38.

उग्राचार्य m. N. pr. eines *Lehrers.*

उग्रादेव m. N. pr. eines Mannes.

उग्रायुध 1) Adj. *gewaltige Waffen führend.* — 2) m. N. pr. eines Fürsten.

उग्रेश m. 1) *der gewaltige Herr,* Bein. Çiva's MBh. 3,106,12. — 2) N. pr. eines von einem Ugra erbauten Heiligthums.

***उङ्कुण** m. = उत्कुण.

***उङ्ख्**, उङ्खति (गतौ).

उच्, उच्यति *Gefallen finden an, gern thun, gewohnt sein.* — Partic. उचित 1) *Gefallen findend —, gewohnt an* (Gen., Loc. oder im Comp. vorangehend). — 2) *müssend, verpflichtet zu* (Infin.) Spr. 7685. — 3) *woran man Gefallen findet, — gewohnt ist, bekannt* Çiç. 10,81. — 4) *angemessen, entsprechend, passend.* गणयितुम् *aufgeführt zu werden verdienend.* उचितेन *auf eine entsprechende Weise* Spr. 2708. — Mit अभि *einen Zug haben zu, gern aufsuchen.* — Mit नि 1) *Gefallen finden an* (Acc. oder Loc.). — 2) *gern verweilen in, bei* (Loc.). — Mit सम् *Behagen finden an* (Instr.), *gern zusammensein mit.* — समुचित 1) *gewohnt an* (im Comp. vorangehend). — 2) *angemessen, passend zu* (Gen. oder im Comp. vorangehend) 133,29. 179,30.

उचथ n. *Spruch, Preis, Loblied.*

उचथ्य, उचथिय 1) Adj. *preiswürdig.* — 2) m. N. pr. eines Âṅgirasa.

उचितज्ञ Adj. *wissend was sich schickt.* Davon Nom. abstr. °ता f. Spr. 2748.

उचितत्व n. *Angemessenheit, Schicklichkeit* MBh. 1,204,6.

उच्च 1) Adj. *a) in der Höhe befindlich, hoch.* — *b) tief* (Sumpf). — *c) hoch,* so v. a. *vornehm.* — *d) laut.* — *e) hoch* (Ton), *hoch betont.* — *f) gesteigert, heftig* (Leidenschaft). — 2) m. *a) Höhe.* — *b) Höhestand eines Planeten.* — *c)* **Pinus longifolia* Râgan. 12,38. **Kokospalme* Nigh. Pr.

उच्चकैस् Adv. *laut.*

***उच्चक्षुस्** Adj. *mit nach oben gerichteten Augen.*

***उच्चक्षू** Adv. mit अस् und भू *die Augen nach oben gerichtet haben,* mit कर् *d. A. n. o. richten.*

उच्चगिर् Adj. *eine laute Stimme habend für* (im Comp. vorangehend), *laut ausposaunend* Spr. 6967.

उच्चटा f. 1) **Wandel, Benehmen.* — 2) **Stolz.* — 3) *eine Art Cyperus,* **eine Art Knoblauch,* **Abrus precatorius* und *Flacourtia cataphracta.*

उच्चण्ड Adj. 1) *überaus heftig, — stark, gewaltig, fürchterlich* Bâlar. 104,9. 145,7. Prasannar. 94,21. — 2) **rasch.* — 3) **ungebunden, ungezügelt* (in übertr. Bed.) Gal.

***उच्चतरु** m. *Kokospalme* Râgan. 11,47.

उच्चता f. *Ueberlegenheit* MBh. 3,133,15.

***उच्चताल** m. *Tanz bei Gelagen.*

उच्चत्व n. *Höhestand eines Planeten* Ind. St. 10,312.

***उच्चदेव** m. Bein. Vishṇu's oder Krshṇa's.

***उच्चद्रु** m. *Pinus longifolia* Râgan. 12,38.

उच्चध्वज m. Name Çâkjamuni's als Lehrers der Götter.

***उच्चनासिक** Adj. *hochnasig* Gal.

उच्चनीच 1) Adj. *eine hohe oder niedrige Stellung einnehmend* MBh. 14,16,21. — 2) n. *a) der Höhe- und Tiefestand eines Planeten.* — *b) Tonwechsel.*

उच्चनीचवृत्त n. *Epicyclus* Ârjabh. 3,19.

***उच्चन्द्र** m. *der zweite Theil der Nacht.*

***उच्चभाल** Adj. (f. आ) *eine hohe Stirn habend* Gal.

उच्चय m. (adj. Comp. f. आ) 1) *das Auflesen von der Erde.* — 2) *das Zulegen, Zuzählen.* — 3) *Ansammlung, Haufen, Fülle, Menge* 184,30. — 4) **der Knoten, mit dem das Untergewand aufgebunden wird.* — 5) **Kathete.*

उच्चयमान m. N. pr. eines Mannes. Pl. *seine Nachkommen.*

उच्चरित n. *Excremente* Bhâg. P. 5,5,32.

उच्चल m. 1) **der Geist.* — 2) N. pr. eines Fürsten Râgat. 8,14. fgg.

***उच्चललाट** (f. आ) und *°क (f. °टिका) *eine hohe Stirn habend.*

उच्चशस् Adv. *aufwärts* Gop. Br. 1,3,9.

उच्चा Adv. *oben* (insbes. *im Himmel*), *von oben, nach oben.*

उच्चाचक्र Adj. *das Rad oben habend.*

उच्चाट m. *das aus dem Wege Räumen eines Gegners und die darauf gerichtete Zauberhandlung.*

उच्चाटन 1) Adj. (f. ई) *einen Gegner aus dem Wege räumend.* — 2) m. Name eines der 5 Pfeile des

Liebesgottes. — 3) n. *a) das Umwerfen.* — *b)* = उच्चाट.

उच्चाट्टालधज्ञवत् Adj. *Fahnen auf den hohen Wachtthürmen habend* R. 1,5,17.

उच्चाप्राप्तापत्य n. Name eines Sâman.

उच्चाबुध्न Adj. *den Boden oben habend.*

*उच्चामन्यु m. N. pr. eines Mannes. Vgl. ग्रैच्चामन्यव.

उच्चार् 1) Adj. *aufgehend.* ग्रमुमेवादित्यमुच्चारं कुरुते *lässt die Sonne da aufgehen* TS. 2,3,12,2. — 2) m. *a) Ausleerung, Excremente* 229,3. मूत्रोच्चारे n. Du. Gaut. 9,37. — *b) das Aussprechen, Hörbarmachung.*

उच्चारक Adj. *aussprechend, hörbar machend.*

उच्चारण n. *das Aussprechen, Hörbarmachen.*

उच्चारयितर् Nom. ag. *der Etwas* (Acc.) *ausspricht* Comm. zu Njâjam. 3,8,21.

उच्चारित 1) Adj. *der eine Ausleerung gehabt hat* Gaut. Suçr. 2,463,15. — 2) n. *das Geschäft der Ausleerung* Suçr. 2,148,19.

*उच्चारिन् Adj. *Töne ausstossend.* गर्दभो° *wie ein Esel.*

उच्चार्य Adj. *auszusprechen, ausgesprochen werdend.* Nom. abstr. °ता f. und °त्व n.

उच्चावच Adj. *hoch und niedrig, gross und klein, mannichfaltig, verschieden, bunt.*

*उच्चिङ्ग m. 1) *ein zorniger Mensch.* — 2) *eine Art Seekrabbe.*

उच्चिटिङ्ग m. *ein best. kleines giftiges Wasserthier.*

उच्ची Adv. mit कर् *in die Höhe heben.*

*उच्चूड und *उच्चूल m. *ein in die Höhe stehender Büschel.*

उच्चेय Adj. *zu pflücken, — lesen* Kâd. II,86,11.

उच्चैःकर Adj. *den Hochton bewirkend* TS. Prât.

*उच्चैःकारम् Adv. *mit lauter Stimme* P. 3,4,59, Sch.

उच्चैःकुल n. *hohes Geschlecht* Çâk. 92.

उच्चैःपद n. *hoher Standort* Kumâras. 5,64.

उच्चैःपौर्णमासी f. *der Tag, an welchem der Vollmond am Himmel steht, ehe die Sonne untergegangen ist,* Gobh. 1,5,10.

उच्चैरुच्चैःश्रवस् m. *der erhabene* Ukkaiḥçravas Kumâras. 2,47.

उच्चैर्गोत्र n. *hohes Geschlecht, hohe Geburt.*

*उच्चैर्घुष्ट n. *lautes Verkünden.*

उच्चैर्घोष Adj. *laut tönend, — schreiend, — wiehernd, — brüllend, — rasselnd.*

उच्चैर्द्विष् Adj. *mächtige Feinde habend* Kumâras. 3,14.

उच्चैर्धामन् Adj. *hoch —, stark strahlend* Spr. 3971.

उच्चैर्भाषण und °भाष्य n. *lautes Reden.*

उच्चैर्भुज Adj. *die Arme emporhaltend* Megh. 36.

उच्चैर्मन्यु m. N. pr. eines Mannes. Pl. *seine Nachkommen.*

*उच्चैर्मुख Adj. *mit emporgerichtetem Gesicht.*

उच्चैःशिरस् Adj. *den Kopf hoch tragend, hochstehend, vornehm.*

उच्चैःश्रवस् 1) *Adj. etwa *laut wiehernd.* — 2) m. *a)* * *Ross.* — *b)* N. pr. des bei der Quirlung des Oceans hervorgekommenen Prototyps und Königs der Rosse. Nach den Lexicographen Indra's *Ross.*

उच्चैःश्रवस m. N. pr. 1) * = उच्चैःश्रवस् 2, *b)*. — 2) eines Rosses des Sonnengottes.

उच्चैस् Instr. Pl. Adv. 1) *hoch, oben, nach oben, von oben.* — 2) *laut.* Als scenische Bemerkung 290,27. Mit *कर् *laut sprechen.* — 3) *hoch* (vom Tone). — 4) *in gesteigertem Maasse, in hohem Grade* 104,13. *stark, kräftig, gründlich, ganz genau* (wissen).

उच्चैस्तट n. *Abhang* Ind. St. 14,372.

*उच्चैस्तमाम् Adv. *überaus hoch* u. s. w.

उच्चैस्तर 1) Adj. *a) höher, recht hoch.* Nom. abstr. °त्व n. — *b)* * *sehr laut.* — 2) °राम् Adv. *a) höher* Âpast. उच्चैरुच्चैस्तराम् *höher und höher* Spr. 1160. — *b) höher betont.*

उच्चैस्त्व n. Nom. abstr. von उच्चैस् *laut* Comm. zu Gaim. S. 278, Z. 2.

1. उच्चैःस्थान n. *hoher Standort* Spr. 1162.

2. उच्चैःस्थान Adj. *von hohem Range* M. 7,121.

उच्छादन n. *das Einreiben des Körpers mit Oel* u. s. w.

उच्छास्त्रवर्तिन् Adj. *ausserhalb der Gesetzbücher wandelnd, die G. übertretend.*

उच्छिंघन n. = उच्छिङ्घन.

उच्छिख 1) Adj. *a) mit emporstehendem Kamme* (Pfau) Uttarar. 50,12 (65,8). — *b) mit der Flamme nach oben, hell lodernd.* — 2) m. N. pr. eines Schlangendämons.

उच्छिखण्ड Adj. *mit emporgerichtetem Schwanze* (Pfau).

उच्छिङ्घन n. *das Aufziehen in die Nase.*

उच्छित्ति f. *Zerstörung, Ausrottung, Vernichtung, das Zugrundegehen.*

उच्छिन्न m. (sc. संधि) *ein durch Abtretung fruchtbarer Ländereien erkaufter Friede* Spr. 4600.

उच्छिरस् 1) Adj. *mit erhobenem Haupte, das Haupt hoch tragend.* — 2) m. N. pr. eines Berges.

1. उच्छिलीध्र n. *ein aufgeschossener Pilz* Megh. 11.

2. उच्छिलीध्र Adj. (f. ग्रा) *mit aufgeschossenen Pilzen* Megh. 11, v. l.

उच्छिष्ट 1) Adj. *a) übrig gelassen, als unbrauchbar liegen gelassen, übrig geblieben.* — *b) an dem noch ein Speiserest haftet, der nach vollbrachter Mahlzeit sich noch nicht den Mund gespült, die Zähne gereinigt und die Hände gewaschen hat, unrein* überh. (in rituellem Sinne) Gaut. 1,28. 41. Chr. 42,22. — 2) n. *Ueberbleibsel, Rest,* insbes. *Opferrest, Speiserest.*

उच्छिष्टक Adj. = उच्छिष्ट 1) *b)* MBh. 13.131,5.

उच्छिष्टगणपति und °गणेश m. *eine Form* Gaṇeça's. °पतिपञ्चाङ्ग n. Titel eines Tantra.

उच्छिष्टचाण्डालिनी f. N. pr. einer Göttin.

उच्छिष्टता f. Nom. abstr. zu उच्छिष्ट 1) *b)* und 2).

°तां नी *zu einem Ueberbleibsel machen,* so v. a. *bis auf einen kleinen Rest verzehren.*

उच्छिष्टभाज् Adj. *die Speisereste erhaltend* Gobh. 4,3,28.

1. उच्छिष्टभोजन n. *das Geniessen der Speisereste.*

2. *उच्छिष्टभोजन m. *ein Brahman, der von den Ueberbleibseln der Opfer lebt, welche den ihm anvertrauten Götzenbildern dargebracht werden.*

*उच्छिष्टमोदन n. *Wachs.*

उच्छिष्टाशन n. *das Geniessen von Speiseresten* Gaut. 2,32.

उच्छिष्टित Adj. *verunreinigt* Pariç. 11,6.

*उच्छिष्य ved. Partic. fut. pass. von शिष् mit उद्.

उच्छीर्षक 1) Adj. *der den Kopf aufgerichtet hat.* — 2) n. *Kopfkissen.*

उच्छुष्क Adj. *ausgetrocknet, vertrocknet, ausgemergelt* Râgat. 7,1574.

उच्छुष्म 1) Adj. etwa *aufzischend* AV. Pariç. 36. — 2) m. N. pr. einer Tantra-Gottheit (buddh.).

उच्छुष्मकल्प m. Titel eines Abschnittes in AV. Pariç. Verz. d. B. H. 91.

उच्छुष्मभैरव Titel eines Werkes.

उच्छुष्मरुद्र m. Pl. 1) *eine best. Dämonenschaar* AV. Pariç. 36. — 2) N. pr. einer Çivaitischen Secte.

उच्छून Partic. von श्वा (श्वि), श्वयति.

उच्छृङ्खल Adj. *entfesselt, zügellos, keine Schranken kennend.*

उच्छेत्तर् Nom. ag. *Zerstörer, Vernichter.*

उच्छेत्तवै Dat. Inf. *abzuhauen* Çat. Br. 1,2,5,10.

उच्छेद m. 1) *das Abhauen.* — 2) *abgebrochenes Stück.* — 3) *Zerstörung, Ausrottung, Vernichtung.* — 4) *Unterbrechung.*

उच्छेदन n. *das Zerstören, Vernichten, Zugrunderichten.*

उच्छेदनीय Adj. *abzuschneiden.*

°उच्छेदिन् Adj. *zerstörend, vernichtend.*

उच्छेद्य Adj. *zu zerstören, — vernichten, auszurotten.*

उच्छेष 1) Adj. *übriggeblieben.* — 2) m. *Ueberbleibsel.*

उच्छेषण n *Ueberbleibsel, Rest.*

उच्छेषणी Adv. mit कर् *übriglassen, zurücklassen* Daçak. 40,8.

उच्छेचन Adj. *brennend.*

उच्छोथ m. *Anschwellung, Aufgedunsenheit* Mâlatîm. 70,16.

उच्छोषण 1) Adj. *austrocknend, ausdörrend.* — 2) n. *a) das Austrocknen, Trockenwerden.* — *b) das Austrocknen, Trockenlegen.*

उच्छोषुक Adj. *austrocknend, dürre werdend* Gop. Br. 1,4,2.

उच्छ्रय m. (adj. Comp. f. आ) 1) *das in die Höhe Steigen, Sichemporheben, Erhebung.* — 2) *Höhe.* — 3) *Wachsthum, Zunahme, Steigerung.* — 4) *Kathete.*

उच्छ्रयण n. *das Erheben, Aufrichten.*

उच्छ्राय 1) m. (adj. Comp. f. आ *a) das in die Höhe Steigen, Aufsteigen, Sichemporheben.* — *b) Höhe.* — *c) Wachsthum, Zunahme, Steigerung.* — 2) f. ई *eine aufgerichtete Planke.*

उच्छ्रित Partic. von श्रि mit उद्. *m. *Pinus longifolia* Râġan. 12,38.

उच्छ्रिति f. 1) *das in die Höhe Steigen, Emporkommen.* — 2) *Wachsthum, Zunahme, Steigerung.* — 3) *Kathete.*

उच्छ्लख m. Du. *ein best. Theil des menschlichen Leibes.*

उच्छ्वङ्क m. *das Aufklaffen, Sichaufthun.*

उच्छ्वयन n. *das Aufschwellen* Çaṁk. zu Bâdar. 4,2,13.

उच्छ्वसत् m. *ein athmendes Wesen.*

उच्छ्वसित n. 1) *das Ausstossen des Athems.* — 2) *Athem, Lebenshauch.* — 3) *das Ausströmen feuchter Dünste.* — 4) *das Aufgehen, Sichlösen.*

उच्छ्वास m. (adj. Comp. f. आ) 1) *das Ausstossen des Athems.* — 2) *Athem, Hauch.* — 3) *das Verhauchen, Sterben.* — 4) *Seufzer.* — 5) *Gischt.* — 6) *das Aufschwellen, Sichheben.* — 7) *Abschnitt, Kapitel.*

उच्छ्वासिन् Adj. 1) *aushauchend.* — 2) *athmend.* — 3) *seufzend.* — 4) *aufschwellend, sich erhebend* Kumâras. 7,82 (उच्छ्वासिकाला° zu verbinden).

1. उक्ष् s. वस्.

2. *उक्ष्, उच्छति (विवासे, निवासे, विपाशे, बन्धसमापने, वर्जने, अतिक्रमे). — *Desid. उचिच्छिषति.

उज्जयन 1) m. N. pr. eines Mannes. — 2) f. ई = उज्जयिनी.

उज्जयन्त m. N. pr. eines Berges in Surâshtra.

उज्जयिनी f. N. pr. der Hauptstadt der Avanti.

*उज्जकिनोड m. (Kâç. zu P. 2,1,72) und उज्जहिस्तम्ब m. gaṇa मयूरव्यंसकादि.

उज्जागर Adj. *aufgeregt, aufgebracht* Kâd. 130,20. 133,19.

उज्जानक m. N. pr. eines Tîrtha.

उज्जालुक m. N. pr. einer Oertlichkeit.

*उज्जासन n. *das Morden, Tödten.*

*उज्जिघ्र Adj. Vop. 26,34.

उज्जिति f. 1) *Sieg.* — 2) Pl. Bez. der Verse VS. 9,31. fgg.

उज्जिहान 1) Adj. Partic. von हा, जिहीते mit उद्. — 2) m. *a)* *N. pr. eines Mannes gaṇa पैलादि. — *b)* Pl. N. pr. eines Volkes Varâh. Bṛh. S. 14,2. — 3) f. आ N. pr. einer Stadt.

उज्जीवितमदालस m. Titel eines Schauspiels Daçar. Einl. 30.

उज्जीविन् m. N. pr. einer Krähe.

उज्जूटडिम्ब n. N. pr. einer Oertlichkeit. उज्कट° v. l.

उज्जूटित Adj. *der sich die Haarflechte aufgebunden hat.*

उज्जृम्भ Adj. 1) *gähnend.* — 2) **aufgeblüht.*

उज्जृम्भण 1) n. *a) das Gähnen, Schnappen.* — *b) das Hervorbrechen* Bâlar. 99,3. — 2) f. आ = 1) *b)* Bâlar. 249,17.

*उज्जृम्भित n. *Anstrengung, Bemühung.*

उज्जेन्द्र m. N. pr. eines Mannes.

उज्जेष Adj. *siegend.*

उज्जेषवत् Adj. *das Wort* उज्जेष *enthaltend.*

उज्जेषिन् m. N. pr. eines der 7 Marut.

उज्ज्य Adj. *mit abgespannter Sehne.* °धन्वन्.

उज्ज्वल 1) Adj. (f. आ) *glänzend, strahlend, prächtig, schmuck* Bhar. Nâṭyaç. 34,103. — 2) m. *a)* **Geschlechtsliebe.* — *b)* N. pr. eines Autors. — 3) f. आ *ein best. Metrum.* — 4) *n. *Gold.*

उज्ज्वलदत्त m. N. pr. eines Scholiasten.

उज्ज्वलन scheinbar R. 2,40,14. अथो ज्वलन° ed. Bomb.

उज्ज्वलनरसिंह N. pr. eines Tîrtha.

उज्ज्वलनीलमणि m. Titel eines Werkes.

उज्ज्वलभाष्य n. und उज्ज्वलरसकण f. Titel von Werken.

उज्ज्वलितत्व n. *das in Gluth Versetztsein* Kap. 1,99.

उज्ज्वालन n. *das in Gluth Versetzen* Karaka 1,12.

उज्झ्, उज्झति 1) *fahren lassen, aus der Hand —, von sich geben, aufgeben, verlassen.* उज्झित *fahren gelassen, verlassen —, frei von* (Instr. oder im Comp vorangehend). — 2) *hinablassen in* (Loc.). — 3) *Jmd aussetzen.* — 4) *vermeiden, entgehen.* — Mit प्र 1) *fahren lassen, aufgeben, verlassen.* प्रोज्झ्य *bei Seite lassend, mit Ausnahme von.* °प्रोज्झित *frei von.* — 2) *abziehen, subtrahiren.* — 3) mit उञ्छ् verwechselt Spr. 5539. 6977. — Mit सम् *fahren lassen, aufgeben, verlassen.* °समुज्झित *frei von.*

°उज्झ Adj. *fahren lassend, aufgebend.*

*उज्झक m. 1) *Wolke.* — 2) *Mönch.*

उज्कटडिम्ब n. N. pr. einer Oertlichkeit. उज्जूट° v. l.

उज्झन n. 1) *das Wegschaffen.* — 2) *das Aufgeben, Meiden.*

उज्झिति f. *das Verlassen dieser Welt* Tâṇḍja-Br. 18,6,10.

उज्ञ्य fehlerhafte Schreibart für उज्ज्य.

उञ्चदेश m. N. pr. eines Landes.

उञ्छ्, उञ्छति *nachlesen, liegen gebliebene Aehren auflesen.* तृणानि Çâṅkh. Gṛhj. 2,17. — Mit प्र *wegwischen.*

उञ्छ m. und उञ्छन n. *Nachlese, das Aufsammeln von liegen gebliebenen Aehren.*

उञ्छवर्तिन् Adj. *von Nachlese lebend.*

उञ्छवृत्ति 1) Adj. dass. — 2) m. Bein. Mudgala's.

उञ्छशिल n. = उञ्छ.

*उट m. *Laub, Gras.*

उटज m. n. (adj. Comp. f. आ) *Hütte aus Laub.*

उटजाङ्गन n. Nâgân. 55,12.

उटृङ्कन (उटृङ्कण gedr.) n. *das Stempeln.*

*उठ्, ओठति (उपघाते).

*उड् (संहतौ).

उडङ्ग m. *eine best. Körnerfrucht.*

उडिय und उडियान m. N. pr. eines Mannes.

उडु 1) f. n. *Stern.* — 2) n. *a) Mondhaus.* — *b)* **Wasser.*

उडुगणाधिप m. *der Mond.* °र्त n. *das Mondhaus* Mṛgaçiras.

उडुगोल m. *die Sphäre der Gestirne* Golâdhj. 11,4.

उडुदायप्रदीप m. Titel eines astrol. Werkes.

उडुनाथ m. *der Mond.*

उडुप 1) m. n. (adj. Comp. f. आ) *Nachen.* — 2) m. *der Nachen am Himmel, der Mond.* — 3) n. *eine Art Tanz* S. S. S. 257.

उडुपति m. 1) *der Mond* 290,13. — 2) *eine Soma-Art* Suçr. 2,164,19.

*उडुपथ m. *Luftraum.*

*उडुपप्रिया f. *bei Nacht blühender Lotus* Nigh. Pr.

उडुम्बर schlechte Schreibart für उडुम्बर.

उडुराज् und °राज m. *der Mond.*

*उडुलोम m. Pl. *die Nachkommen des* Uduloman.

*उडुलोमन् m. N. pr. eines Mannes.

*उडूप = उडुप.

उडुमर Adj. = उड्डामर. Bâlar. 124,3.

उडुमरित Adj. *in Aufruhr gebracht, aufgeregt* Bâlar. 267,12. 270,4.

उड्डयन n. *das Auffliegen, Flug.*

उड्डामर Adj. *aussergewöhnlich, absonderlich, heftig, stark.* Laut Bâlar. 22,6.

उड्डामरतन्त्र n. Titel eines Tantra.

उड्डामरिन् Adj. *einen entsetzlichen Lärm machend* Bâlar. 50,4.

उड्डामरेश्वरतन्त्र n. = उड्डामरतन्त्र.

उड्डियाण N. pr. einer Oertlichkeit.

उड्डियान *eine best. Fingerstellung.*

उड्डीन n. *Aufflug, Flug.*

उड्डीपकवि m. N. pr. eines *Dichters.*

उड्डीयन n. *das Auffliegen.*

उड्डीयान = उड्डियान.

*उड्डीविन् m. N. pr. einer Krähe. Vgl. उड्डीविन्.

*उड्डीश m. 1) Bein. Çiva's. — 2) Titel eines Werkes.

उड्र m. Pl. N. pr. eines Volkes.

*उणाक, f. ई gaṇa गौरादि. उकणा v. l.

उणादि m. Pl. *eine best. Klasse von Suffixen.* Die °सूत्राणि behandeln dieselben. °वृत्ति f. *ein Commentar zu diesen* Sûtra Aufrecht, Uǵǵval. S. 1, Çl. 4.

उण्डुक m. 1) *Säckchen, Netz.* — 2) *Magen* Bhâvapr. 4,168.

उण्डेरकस्रज् f. *eine Art Gebäck.*

*उत् Indecl. = 2. उत.

1. उत Partic. von वा, वयति.

2. उत Indecl. 1) *und, auch.* उतो *und auch,* उत स्म *und zumal,* उत — उत, उतो — उत, उत — उतो, उतो — उतो *sowohl — als auch,* उत वा *oder auch,* वा — उत वा, उताहो वापि — वा, उत — वा (kann auch fehlen) *entweder — oder.* — 2) Fragewort. उत — आहो (*oder*). Sehr häufig in einer doppelten oder mehrfachen Frage an zweiter und folgender Stelle, d. i. *oder.* Kann auch durch वा, आहो, स्विद् und आहो स्विद् verstärkt werden und mit वा, अथ वा, आहो स्विद् wechseln. Selten wird an zweiter oder folgender Stelle किम् vor उत wiederholt 129,9. — 3) किमुत *wie viel mehr, — eher, — weniger* (in einem negativen Satze). — 4) im Epos häufig blosses Flickwort, insbes. am Ende eines Verses 52,4. 61,9. 163,20. — 5) *उताधीयीत soll so v. a. बाढमध्येष्यते sein.

उतङ्क fehlerhaft für उत्तङ्क.

उतथ in Verz. d. Oxf. H. vielleicht fehlerhaft für उतथ्य.

उतथ्य m. N. pr. eines Âṅgirasa. उचथ्य die altere Form.

उतथ्यतनय m. Patron. Gautama's.

*उतथ्यानुज und *उतथ्यानुजन्मन् m. Bein. Bṛhaspati's, *der Planet Jupiter*

उताहो s. u. 2. उत 2).

उतूल m. 1) *Knecht* Pâr. Gṛhj. 3,7,1.2. — 2) Pl. N. pr. eines Volkes MBh. 6,361. उलूत v. l.

उत्क 1) Adj. (f. आ) *sich sehnend nach, heftig verlangend.* Die Ergänzung im Infin. oder im Comp. vorangehend. — 2) wohl n. *Sehnsucht, heftiges Verlangen.*

उत्कच Adj. 1) *haarlos.* — 2) *aufgeblüht.*

उत्कचय्, °यति *das Haar aufstecken, — aufputzen.*

उत्कच्छा f. *ein best. Metrum.*

उत्कञ्चुक Adj. *des Mieders beraubt* Spr. 2302.

उत्कट 1) Adj. (f. आ) *a) das gewöhnliche Maass überschreitend, überaus gross, — stark, — heftig.* करभोत्कटमूर्धज Adj. *dessen Haare die Dicke eines Elephantenrüssels haben* MBh. 3,280,46 (= उष्ट्रसदृशकेश Nilak.). उत्कट° Adv. *in hohem Grade, heftig.* — *b) reichlich versehen mit, strotzend von* (im Comp. vorangehend). — *c) trunken, toll, rasend.* — 2) m. *a) *die zur Brunstzeit aus den Schläfen des Elephanten träufelnde Flüssigkeit.* — *b) Saccharum Sara* oder *eine verwandte Grasart.* — *c)* N. pr. eines Dichters. — 3) f. आ *a) *Laurus Cassia* und **eine Art Pfeffer* (Râǵan. 6,17). — *b)* N. pr. einer Stadt. — 4) n. *a) *die Rinde von Laurus Cassia.* — *b) eine Art Tanz* S. S. S. 258.

उत्कटिका f. und °सन n. *das Sitzen auf dem Erdboden mit ausgestreckten Beinen* (*im rechten Winkel*). Vgl. उत्कुटक.

उत्कटुक s. उत्कुटक.

उत्कणिका f. fehlerhaft für उत्कलिका.

उत्कण्टकित Adj. *mit aufgerichteten Dornen, — Härchen* Kâd. 253,8. II,70,17. 79,10. 121,23.

उत्कण्टकिन् Adj. dass. Kâd. II,134,7.

उत्कण्ठ्, °ण्ठते 1) *den Hals in die Höhe richten.* उत्कण्ठित *d. H. in d. H. richtend* Spr. 1753. — 2) *sich sehnen nach* (Dat.) Prasannar. 15,9. mit Infin. Prij. 13,14. उत्कण्ठित *sich sehnend nach* (प्रति oder Dat. Prasannar. 23,5); *verliebt.* — Caus. उत्कण्ठयति 1) *machen, dass Jmd* (Acc.) *den Hals in die Höhe richtet.* — 2) *in Jmd* (Acc.) *Sehnsucht erwecken.* — Mit प्र Caus. *in Jmd* (Acc.) *Sehnsucht erregen.* — Mit सम् *sich sehnen, wehmüthig zurückdenken.*

1. उत्कण्ठ Adj. 1) *den Hals in die Höhe richtend.* — 2) *mit offener Kehle.* नद् so v. a. *aus vollem Halse schreien.* — 3) *sehnsüchtig.* °म् Adv. Spr. 1753.

2. उत्कण्ठ 1) m. *a) *Sehnsucht.* — *b) quidam coeundi modus.* — 2) f. आ *Sehnsucht, wehmüthige Gedanken um einen geliebten Gegenstand, Verlangen nach* 163,3.

उत्कण्ठक Adj. *Sehnsucht erregend.*

उत्कण्ठमाहात्म्य n. Titel eines Werkes.

उत्कण्ठाय्, °यते *den Hals in die Höhe heben,* so v. a. *wieder Muth fassen.* °यित n. impers. Prasannar. 135,11.

उत्कण्ठेश्वरमाहात्म्य n. Titel eines Werkes.

उत्कता f. 1) *Sehnsucht, Verlangen nach.* — 2) **Pothos officinalis Roxb.*

*उत्कन्दक m. *eine best. Krankheit.*

उत्कंधर Adj. *mit erhobenem Halse* Râǵat. 8,3324.

उत्कम्प 1) Adj. *erzitternd, zitternd.* — 2) m. (adj. Comp. f. आ) *das Erzittern, Zittern* 290,3.

उत्कम्पन n. *das Erzittern.*

उत्कम्पिन् Adj. 1) *erzitternd* Spr. 4366. Kâd. 247,13. II, 84,22. *wallend* (Busen) Chr. 316,30. — 2) am Ende eines Comp. *erzittern machend.*

उत्कर m. (adj. Comp. f. आ) 1) *Auswurf, Schutt, — haufen.* — 2) *Haufen, Menge.* — 3) *das Zappeln mit Händen und Füssen* Bhâvapr. 1,138.

उत्करपिण्डका f. *Kehrichthaufen* Comm. zu Gobh. 1,4,11.

उत्करिका f. *ein best. süsses Gericht* Kull. zu M. 5,7 (तत्करिका gedr.).

*उत्करीय Adj. von उत्कर.

*उत्कर्कर m. *ein best. musikalisches Instrument.*

उत्कर्ण Adj. *die Ohren emporrichtend.*

उत्कर्णताल Adj. *mit den Ohren zu klatschen beginnend* (Elephant) Kathâs. 12,19.

उत्कर्तन n. *das Ausschneiden.*

उत्कर्तम् Asbol. *ausschneidend* Çat. Br. 13,7,1,9.

उत्कर्तर् Nom. ag. *Förderer.* Nom. abstr. °र्तृत्व n. Nṛs. Up. in Ind. St. 9,154.

उत्कर्ष 1) Adj. *prahlerisch.* — 2) m. *a) Aufschwung, Zunahme, Zuwachs; Erhebung zu etwas Besserem; das Hervorragen, Vorwiegen, Vorrang, Uebergewicht, Uebermaass.* — *b) das Ausnehmen, bei Seite Lassen.* — *c) Selbstüberhebung.* — *d) Aufschub* Njâjam. 5,1,23.33.35. Comm. zu 4,10.

उत्कर्षक Adj. *steigernd, hebend.*

उत्कर्षण 1) n. *a) das Hinaufziehen.* — *b) das Ausziehen* (eines Kleides). — 2) f. ई *eine best.* Çakti.

*उत्कर्षम् Absol. *auseinanderziehend.*

उत्कर्षसम m. im Njâja *das Sophisma: a und b haben eine Eigenschaft mit einander gemein, folglich auch eine andere.* Njâjas. 5,1,4. Sarvad. 114,10.

*उत्कर्षित Adj. von उत्कर्ष.

उत्कर्षिन् 1) Adj. *den Vorrang habend, vorzüglicher, besser* 249,14. — 2) f. °षिणी *eine best.* Çakti.

उत्कल m. 1) Pl. N. pr. eines Volkes. Sg. Name des Landes. — 2) N. pr. eines Sohnes des Dhruva und des Sudjumna. — 3) **Lastträger.* Vgl. उत्कूल. — 4) **Vogelsteller.*

उत्कलखण्ड m. n. Titel eines *Abschnitts* im Skandapurâṇa.

उत्कलाप Adj. *mit emporgehobenem Schwanze, ein Rad schlagend* (Pfau).

उत्कलापन n. *das Heimführen der Frau* (Acc.) *aus dem väterlichen Hause.*

उत्कलापय्, °यति 1) *sich bei Jmd* (Acc.) *verabschieden* Pańkad. 33. 34. — 2) *seine Frau aus dem väterlichen Hause heimführen.*

उत्कलिका f. (adj. Comp. f. ग्रा) 1) *Sehnsucht, heftiges Verlangen nach einem geliebten Gegenstande* 300,25. Mâlatim. 50,13. — 2) **Zärtlichkeiten. Tändeleien eines Verliebten.* — 3) *Knospe* 300, 25. — 4) *Welle* Mâlatim. 30,13.

उत्कलिकाप्राय Adj. *von zusammengesetzten Wörtern strotzend* (Prosa) Vâmana 1,3,26.

उत्कषण n. *das Aufreissen.*

*उत्काका f. *eine Kuh, die jedes Jahr kalbt.*

*उत्काकुद् Adj. *einen hohen Gaumen habend.*

उत्कान्ति f. *überaus heller Schein* (des Mondes).

*उत्काय्, °यते = उत्सुकाय्.

*उत्कार m. *das Schwingen* (des Korns).

उत्कारिका f. *warmer Brei.*

उत्कारिकोपनाह m. *Breiumschlag* Karaka 6,19.

उत्काश n. (!) *Hinausgang* Çâñkh. Br. 2,5.

*उत्कास m. N. pr. eines Mannes. Pl. *seine Nachkommen.*

उत्कासन n. *das Aushusten, Sichräuspern.*

°उत्किर Adj. *aufwerfend, aufwirbelnd.*

1. उत्किरण m. *heller Strahl.*

2. उत्किरण n. *Verbindung, Vereinigung.*

उत्कीर्तन n. *das Berichten, Bericht.*

उत्कील m. v. l. für घत्कील.

उत्कीलक m. N. pr. eines Berges.

उत्कीलित Adj. *durch Herausziehen des Pflockes geöffnet* Kâd. II,15,3.

*उत्कुञ्चिका und *उत्कुञ्चिता f. *Nigella indica Roxb.*

*उत्कुट Adj. = उत्तान.

उत्कुटक Adj. *hockend, kauernd.* उत्कुटकासन n. *das Hocken, Kauern.* °प्रधान (vgl. Dhammap. 141) Burn. Intr. 324. उत्कटुक und उत्कुटुक v. l.

उत्कुटुक s. उत्कुटक.

*उत्कुण m. = मत्कुण *Wanze.*

°उत्कुतुक Adj. *sich belustigend an* Prasannar. 100,4.

उत्कुमुद Adj. *mit emporgetretenen Lotusblüthen.*

उत्कुल Adj. (f. ग्रा) *vom Geschlecht ausgeartet, seiner Familie Unehre machend.*

उत्कूज m. *Gesang* (des Kokila).

*उत्कूट m. *Sonnenschirm.*

उत्कूर्दन n. *das Aufspringen.*

उत्कूल Adj. *über das Ufer gehend* (Wasser) Kâd. II,70,17.

उत्कूलगामिन् Adj. dass. Kâd. 71,24.

उत्कूलनिकूल Adj. Pl. *bergan und bergab gehend* VS. 30,14. Lalit. 340,12.

उत्कूलम् Adv. *bergan.*

उत्कूलित Adj. *an's Ufer geworfen.*

उत्कृति f. 1) *ein Metrum von* 104 (4×26) und *von* 80 (4×20) *Silben.* — 2) Bez. der Zahl 26 Çulpati in Ganit. S. 31.

उत्कृष्टत्व n. *Vorzüglichkeit* Ind. St. 9,154.

उत्कृष्टवेदन n. *das Heirathen eines Mannes aus einer höheren Kaste.*

उत्कृष्टोपाधि Adj. *dessen Bedingendes hoch steht.* Nom. abstr. °ता f. 258,32.

उत्कोच m. 1) *das Abwinden, Ablösen.* — 2) *Bestechung.*

उत्कोचक 1) Adj. *der sich bestechen lässt.* — 2) n. N. pr. eines Tîrtha.

*उत्कोट m. Nom. act.

उत्कोटि Adj. *spitz zulaufend* Kâd. 149,24.

उत्कोठ m. *eine Art Ausschlag* Bhâvapr. 6,40.

उत्कोरकय्, °यति *mit hervorbrechenden Knospen versehen* Kâd. II,136,3.

उत्क्रम m. 1) *das Emporsteigen.* — 2) *das Hinausgehen.* — 3) *das Eingehen in* (Loc.) Comm. zu Çând. 92. — 4) *umgekehrte Ordnung.* — 5) **Unordnung, Verwirrung.*

उत्क्रमजीवा (Comm. zu Ârjabh. S. 29) und °ज्या f. *sinus versus.*

उत्क्रमण n. 1) *das Hinaufschreiten.* — 2) *das Hinaustreten, Hinausgang* 264,28. — 3) *Betrag des sinus versus* Ârjabh. 4,36.

उत्क्रमणीय Adj. *aufzugeben* (Absicht).

उत्क्रष्टव्य Adj. *zu verschieben, aufzuschieben* Njâjam. 5,1,29. Comm. zu 36.

उत्क्राथिनी f. N. pr. einer der Mütter im Gefolge Skanda's.

उत्क्रान्तमेध Adj. *aus dem Saft und Kraft hinausgegangen ist* Çat. Br. 7,5,2,37.

उत्क्रान्तश्रेयस् Adj. *von dem das Glück gewichen ist* Vaitân.

उत्क्रान्ति 1) a) *das Hinaufschreiten.* — b) *Aufgang.* — c) *das Hinausschreiten, Hinausgang* Çañk. zu Bâdar. 4,2,1. — d) *das Scheiden aus dieser Welt.*

*उत्क्रान्त्यवस्थ Adj. *moribundus* Gal. — 2) m.

इन्द्राविष्ण्वोः उ° Name eines Ekâha.

उत्क्रो m. Name eines Ekâha.

उत्क्रोद m. etwa *exsultatio.*

उत्क्रोदिन् Adj. etwa *exsultans* Maitr. S. 2,3,9.

उत्क्रोश m. *Meeradler.*

*उत्क्रोशीय Adj. von उत्क्रोश.

उत्क्लेद m. *das Nasswerden, Sichregen der Flüssigkeiten, Uebelkeit.* v. l. उत्क्लेश.

उत्क्लेदिन् Adj. *nässend, auflösend* Karaka 1, 27,*a. b.*

उत्क्लेश m. *Aufregung, das Heraustreten einer der drei Flüssigkeiten des Leibes aus ihrem normalen Stande, Uebelkeit* Bhâvapr. 4,37,7. v. l. उत्क्लेद.

उत्क्लेशक m. *ein best. giftiges Insect.*

उत्क्लेशन und °उत्क्लेशिन् Adj. *aufregend.*

उत्क्वाथ m. *Absud* Karaka 6,3,*d.*

उत्क्षिप्त m. (!) *die Frucht der Datura Metel* oder *fastuosa.*

उत्क्षिप्ति f. *das Heben* Pri. 11,11.

*उत्क्षिप्तिका f. *ein best. Ohrschmuck.*

उत्क्षेप 1) m. *a) das in die Höhe Werfen, Heben, Emporrichten.* — *b) das Ausbreiten* (der Flügel). — *c)* Du. *die Stellen über den Schläfen.* — *d)* *N. pr. eines Mannes. — 2) *f. ग्रा N. pr. einer Frau Kâç. zu P. 4,1,112. v. l. für उत्क्षिप.

उत्क्षेपक m. *Kleiderdieb.*

उत्क्षेपण n. 1) *das in die Höhe Werfen, Heben, Erheben.* Dazu Nom. abstr. °त्व n. — 2) *das Auswerfen.* — 3) **Dreschflegel.* — 4) **Fächer.* — 5) *16 Paṇa.

उत्क्षेपलिपि m. *eine best. Schrift* (buddh.).

उत्खलिन् m. N. pr. eines Devaputra (buddh.).

उत्खली f. N. pr. einer buddh. Göttin.

उत्खा f. ein zur Erklärung von उखा erfundenes Wort Çat. Br. 6,7,1,23.

उत्खात n. 1) *das Untergraben, Unterwühlen* Spr. 860. — 2) *Ausrottung* Mudrâr. 6,12 (19,5). — 3) *unebener Boden.*

उत्खातिन् Adj. *uneben* (Boden).

उत्खीली f. N. pr. einer buddh. Göttin.

उत्त Partic. von उद्, उनत्ति.

उत्तंस m. (adj. Comp. f. ग्रा) *ein auf dem Scheitel getragener Kranz.* Uebertr. so v. a. *Zierde* Bâlar. 14,20.

उत्तंसक m. dass. Am Ende eines adj. Comp. in ग्रशोकोत्तंसिका.

उत्तंसय्, °यति *mit einem Kranze schmücken* Venis. 21. — Partic. उत्तंसित *als Kranz verwendet, — getragen* Spr. 2303. *gleichsam mit einem Kranze geschmückt* Prasannar. 31,17. Mit उत्तभित verwechselt.

*उत्तंसिक m. N. pr. eines Schlangendämons.

उत्तङ्क m. N. pr. eines Ṛshi 41,20. MBh. 3,201, 11. fgg. 14,53,7. fgg. Hariv. 1,11,27. °मेघाः *best. nach ihm benannte Wolken* MBh. 14,55,37.

उत्तट Adj. *aus den Ufern getreten.*

उत्तथ्य m. N. pr. eines Sohnes des Devadatta. Vgl. उतथ्य.

उत्तपन m. *ein best. Feuer.*

उत्तप्त *n. *gedörrtes Fleisch.*

उत्तब्ध und उत्तभित Partic. von स्तभ् mit उद्.

उत्तम 1) Adj. (f. आ) *a) der höchste, oberste. — b) die höchste Stelle einnehmend, der vorzüglichste, trefflichste, beste, summus.* Am Ende eines Comp. *der trefflichste unter. — c) höher stehend, vorzüglicher als* (Abl.). — *d) der höchste* (vom Tone). — *e) der äusserste, letzte* (im Raume, in der Reihenfolge, in der Zeit). — 2) m. *a) die erste Person* 241, 27. 29. — *b) der letzte Laut in einem* Varga, *ein Nasal.* — c) N. pr. α) eines Bruders des Dhruva, eines Vjâsa, eines Manu und eines Ṛshi unter dem 6ten Manu (VP. 3,1,28). — β) Pl. eines Volkes MBh. 6,9,41. — γ) eines Berges Ind. St. 10, 281. — 3) f. आ *a) eine Art Pustel. — b) Oxystelma esculentum R. Br. — c) die drei Myrobalanen* Bhâvapr. 3,98. — *d) die erste Nacht im* Karmamâsa Ind.St.10,296. — 4) n. = उत्तमाङ्ग *Kopf,* in मृगोत्तम.

उत्तमजन m.Pl. *ausgezeichnete Menschen* Spr. 4342.

उत्तमतेजस् Adj. *überaus glanzvoll* 49,12.

उत्तमदक्षिण Adj. in Verbindung mit कर *die Fingerspitzen der rechten Hand* R. 2,52,12.

उत्तमदर्शन Adj. *prachtvoll anzuschauen* MBh. 3, 234,3.

उत्तमपुरुष m. 1) *die erste Person.* — 2) *der höchste Geist* Gaut.

उत्तमपूरुष m. *der höchste Geist.*

*उत्तमफलिनी f. *Oxystelma esculentum R. Br.*

उत्तमबल Adj. *sehr stark* Karaka 1,13.

उत्तमम्, उत्तम° Adv. 1) *im höchsten Grade* R. 2, 30,2. — 2) *zuletzt* Çat. Br. 3,2,1,21.

*उत्तममणि m. *der Edelstein* Gomeda Gal.

*उत्तमरथ्य Adj. von उत्तम-रथ.

उत्तमर्ण m. 1) *Gläubiger* Spr. 7644. — 2) Pl. N. Pr. eines Volkes Mârk. P. 57,53.

उत्तमर्णिक m. *Gläubiger.*

उत्तमवयस n. *der letzte Abschnitt des Lebens* Çat. Br. 12,9,1,8.

उत्तमवर्ण Adj. *die schönste Farbe habend, überaus schön gefärbt* 155,28.

उत्तमवेष Adj. *in prachtvoller Tracht* (Çiva).

*उत्तमशाख m. und davon Adj. *°खीय gaṇa गहादि.

उत्तमश्रुत Adj. *die grösste Gelehrsamkeit besitzend* R. 2,65,2.

1. उत्तमश्लोक m. *der höchste Ruhm.*

2. उत्तमश्लोक Adj. *hochberühmt.*

उत्तमश्लोकतीर्थ m. N. pr. eines Lehrers.

उत्तममुख m. N. pr. eines Mannes.

1. उत्तमाङ्ग n. 1) *Kopf.* — 2) = मुख *Antlitz* Sch. zu Çâṅkh. Çr. 7,15,2.

2. उत्तमाङ्ग m. *eine Art Papagei* Gal.

(उत्तमाय्य) उत्तमायिय Adj. *was zu oberst zu setzen ist.*

*उत्तमारणी f. *Asparagus racemosus Willd.*

उत्तमार्ध m. *der letzte Theil* Lâṭj. 7,12,6. 10.

*उत्तमीय Adj. von उत्तम gaṇa गहादि.

उत्तमोत्तम Adj. *der allervorzüglichste.*

उत्तमोत्तमक n. *eine Art Gesang.*

उत्तमोत्तरीय m. N. pr. eines alten Grammatikers.

उत्तमौजस् m. N. pr. eines Mannes.

उत्तमौदार्य Adj. *überaus edelmüthig* R. 4,44,104.

*उत्तम्भ m. Nom. act. von स्तम्भ् mit उद्.

उत्तम्भन n. *Stützbalken.*

*उत्तम्भितव्य Partic. fut. pass. von स्तम्भ् mit उद्.

1. उत्तर 1) Adj. (f. आ) mit Abl. 231,32.33. *a) der obere, höhere. — b) nördlich, vom Norden kommend* (Wind), *nach Norden gerichtet. — c) der linke. — d) folgend, der hintere, spätere, künftig, der letzte.* गुरूत्तर *auf eine Länge folgend.* दशोत्तर so v. a. *der eilfte* MBh. 3,308,1. काव्य so v. a. *das letzte Buch des Poems* R. 1,3,38. — *e) superior, überlegen, siegreich, mächtiger. — f) im Process gewinnend. — g) besser, trefflicher* R. 2,103,20. — 2) m. *a) Beantwortung einer Klage. — b) gleichmässige Differenz der Glieder einer Prozession* Lîlâv. 103. — c) N. pr. α) *eines Schlangendämons. — β) verschiedener Männer, insbes. eines Sohnes des Virâṭa. — γ) Pl. einer Schule. — δ) eines Berges. — 3) आ *a) Norden. — b) ein in seinem Namen mit dem Worte* उत्तर *verbundenes Mondhaus. — c) Du. der 2te und 3te Vers eines* Tṛka Njâjam. 9,2,6. — *d) Pl. der zweite Theil der* Sâmasaṁhitâ. — *e)* N. pr. α) einer Tochter Virâṭa's. — β) einer Magd Lalit. 335,2. fgg. — 4) n. (adj. Comp. f. आ) *a) am Ende eines adj. Comp. Oberfläche, Decke. — b) Norden. — c) das hintere Ende, der folgende Theil, der letzte Theil einer Zusammensetzung.* स्मोत्तर Adj. *gefolgt von* स्म 244,8. भवदुत्तरम् Adv. *so dass* भवत् *folgt. — d) Folge, ein späteres Stadium.* वर्षोत्तरेषु *in späteren Jahren* Suçr. 2,297,1. दुःखोत्तर Adj. *Leiden im Gefolge habend* Çâk. 61, 18. — *e) Antwort* 136,1. Spr. 7826. — *f) Beantwortung einer Klage. — g) Widerrede, Behauptung des Gegentheils* Karaka 3,8. — *h)* in der Mîmâṁsâ Bez. des 4ten Gliedes eines Adhikaraṇa, *die Antwort,* d. i. *der bewiesene Schluss. — i) Oberhand, Ueberlegenheit.* उत्तरं कर् *den Sieg davontragen. — k) am Ende eines adj. Comp. Haupttheil, der grösste, überwiegende Theil, das Hervorragende.* कम्पोत्तर *heftig zitternd.* वृष्ट्युत्तरा निशा *sehr regnerisch* Râǵat. 7,1675. जयोत्तर *voll des Sieges, des Sieges gewiss* MBh. 3,284,41. अस्रोत्तरम् Adv. *ganz in Thränen. — l) Ueberschuss, ein Plus.* शतमष्टोत्तरम् *hundertundacht* 212,28 Nur am Ende eines adj. Comp.; könnte also auch als m. gefasst werden. — *m) das im Stande Sein, Vermögen zu* (Nom. act. im Loc.) R. 5,70,18. — *n) ein in seinem Namen mit dem Worte* उत्तर *verbundenes Mondhaus. — o) ein best. Gesang. — p) eine best. rhetorische Figur. —* q) Bez. *des letzten Buchs im* Râmâjaṇa.

2. उत्तर in दुस्तर.

उत्तरक Adj. *aufgegangen* (beim Kochen).

उत्तरकल्प m. Titel eines Werkes.

उत्तरकाण्ड n. Titel *des letzten Buchs im* Râmâjaṇa und Adhjâtmarâmâjaṇa.

उत्तरकामाख्यतन्त्र n. Titel eines Werkes.

उत्तरकाय m. *Oberkörper* Ragh. 9,60.

1. उत्तरकाल m. *Folgezeit.* °म् Adv. *später, nach;* die Ergänzung im Abl. oder im Comp. vorangehend. °तस् *nach,* mit Gen.

2. उत्तरकाल Adj. (f. आ) *bevorstehend, zukünftig* MBh. 3,181,23. 9,62,23.

उत्तरकुरु m. Pl. *die nördlichen* Kuru.

उत्तरकोसल 1) m. Pl. *die nördlichen* Kosala. — 2) *f. आ Bez. *der Stadt* Ajodhjâ.

उत्तरक्रिया f. *die letzte —, Todtenceremonie.*

उत्तरखण्ड m. n. Bez. *des Schlussbuches* in verschiedenen Werken.

उत्तरग Adj. (f. आ) *nach Norden fliessend* R. ed. Bomb. 2,71,14.

उत्तरगार्ग्य m. Gârgja *der jüngere.*

उत्तरगीता f. Titel eines Abschnittes im 6ten Buche des MBh.

उत्तरग्रन्थ m. Titel eines buddh. Werkes. Auch verwechselt mit उत्तराग्रन्थ.

उत्तरघृत Adj. *mit* Ghṛta *begossen, geschmälzt* Gobh. 2,7,9.

उत्तरंग्, °गते *wellenartig hervorbrechen* Kâd. II, 87,16. — Vgl. तरंग्.

1. उत्तरंग m. *eine hochgehende Woge.*

2. उत्तरंग 1) Adj. *mit hochgehenden Wogen.* — 2) *n. *Sturz einer Thür.*

उत्तरंगय्, °यति *in eine wogenartige Bewegung versetzen, hinundher bewegen* (die Augen) Prasannar. 39,7.

उत्तरच्छद m. *Decke, Ueberwurf.*

उत्तरज Adj. *in der letzten (zuletzt genannten Ehe) geboren.*

*उत्तरज्या f. *the versed sine of an arc.*

उत्तरज्योतिष n. N. pr. eines Landes.

उत्तरण 1) Adj. *überschreitend.* — 2) n. *a) das Uebersetzen —, Hinüberkommen über* (im Comp. vorangehend). — *b) das Herauskommen aus* (Abl.) *auf* (Acc.).

उत्तरतश्रायतन Adj. (f. श्रा) *zur Linken seinen Platz habend.*

उत्तरतउपचार Adj. *woran man von links herantritt.*

उत्तरतन्त्र n. Bez. der *Schlussstücke* in verschiedenen Werken.

उत्तरतर Adj. *weiter entfernt als* (Abl.).

उत्तरतस् Adv. 1) *nach Norden* R. 4,33,20. *nördlich von* (Gen.) Chr. 37,8. *von —, im Norden, in nördlicher Richtung.* उत्तरतः पश्चात् *nordwestlich.* — 2) *links.* — *von* (Gen.). — 3) *nachher* AV. Prâjaçk. 1,1.

उत्तरतापनीय n. Titel des *zweiten* Theils der Nṛsiṁhatâpanîjopanishad.

उत्तरत्र Adv. 1) *in der Folge, weiter unten* (in einem Buche). — 2) *im andern Falle.*

उत्तरत्वं AV. 3,8,3. Zu vermuthen ग्रहमुत्तरत्वं.

उत्तरदन्त m. *ein Zahn in der oberen Kinnlade* Comm. zu TS. Prât. 2,43.

उत्तरदायक Adj. *antwortend, widersprechend* 131,1.

उत्तरद्रि m. etwa *oberer Stein einer Mühle* oder *Presse* AV. 6,49,2.

उत्तरद्वारिक Adj. *einem kriegerischen Auszuge nach Norden günstig* Ind. St. 14,356.

उत्तरधर्म m. N. pr. eines buddh. Lehrers.

*उत्तरधुरीण Adj. *links von der Deichsel angespannt.*

उत्तरनाभि f. *die Vertiefung am nördlichen Feuerheerd* Çat. Br. 14,3,1,16. Comm. zu Çulbas. 1,8.

उत्तरनारायण m. *der zweite Theil des* Purusha-*Liedes* (ṚV. 10,90) Çat. Br. 13,6,2,20. Vgl. Comm. zu Taitt. Âr. 3,13,1.

उत्तरपक्ष m. 1) *der nördliche* oder *linke Flügel* (*Seite*). — 2) *die Antwort desjenigen, der eine Thesis aufstellt, auf die vom Gegner gemachte Einwendung.* °पक्षावली f. Titel eines Werkes.

उत्तरपट m. *Obergewand* MBh. 1,137,1.

उत्तरपथ m. *Nordland.*

उत्तरपथिक (श्रौत्तर°?) Adj. *das Nordland bewohnend.*

उत्तरपद n. *das hintere Glied einer Zusammensetzung.*

उत्तरपदार्थप्रधान Adj. (ein Compositum) *in dem die Bedeutung des hintern Gliedes vorwaltet* P. 2,1,22, Sch.

*उत्तपदिक Adj. = उत्तरपदमधीते वेद वा.

उत्तरपर्वत m. N. pr. eines *Berges im Norden.*

*उत्तरपश्चार्ध m. *der nordwestliche Theil.*

उत्तरपश्चिम m. und *f. (श्रा) *Nordwesten.*

उत्तरपाद m. *der zweite Theil des viertheiligen Processes, die Beantwortung einer Klage.*

उत्तरपुरस्तात् Adv. *nordöstlich von* (Gen.).

उत्तरपुराण n. Titel eines Gaina-Werkes.

उत्तरपूर्व 1) Adj. (f. श्रा) *a) nordöstlich.* — *b)* **Nord für Osten haltend.* — 2) *f. श्रा *Nordost.*

*उत्तरप्रच्छद m. = उत्तरच्छद.

उत्तरप्रोष्ठपदा f. *ein best. Mondhaus.*

उत्तरफल्गुनी und °फाल्गुनी f. desgl.

उत्तरबर्हिस् n. *die nördliche Opferstreu.*

उत्तरभक्तिक Adj. *nach dem Essen angewendet.*

*उत्तरभद्रपदा f. = °भाद्रपदा Gal.

उत्तरभाग m. *der andere Theil* Ind. St. 1,20,2.6.

उत्तरभाद्रपदा f. *ein best. Mondhaus.*

उत्तरम् Adv. 1) *weiter hinaus, vorwärts.* — 2) *hinterher, darauf* 34,27. Spr. 5333. इतः *im Folgenden* (im Buche).

उत्तरमति m. N. pr. eines Mannes (buddh.).

उत्तरमद्र m. Pl. *die nördlichen* Madra.

उत्तरमन्द्रा f. *eine laute aber langsame Sangweise.*

उत्तरमन्द्राख्या f. *eine best.* Mûrkhanâ S.S.S. 31.

उत्तरमानस n. N. pr. eines Tîrtha.

उत्तरमार्ग m. (adj. Comp. f. श्रा) *der Weg nach Norden* Ind. St. 1,20. 393. Çaṁk. zu Khând. Up. 4,17,9.

उत्तरमीमांसा f. *der andere Theil der* Mîmâṁsâ, *die Untersuchung des* Brahman.

उत्तरमूल Adj. (f. श्रा) *die Wurzeln oben habend* Çat. Br. 1,2,4,16.

उत्तरय्, °यति *antworten,* insbes. *eine Klage beantworten.*

उत्तरयुग n. 13 Aṅgula Çulbas. 1,8.

उत्तररामचरित und °चरित्र n. Titel eines Schauspiels.

उत्तररूप n. *der zweite von zwei zusammenstossenden Vocalen* oder *Consonanten.*

उत्तरल Adj. *aufzuckend, erzitternd* Bâlar. 84,10. Kâd. 246,10. II,10,8.

उत्तरलक्षण Adj. (f. श्रा) *links gezeichnet.*

उत्तरलाय्, °यते *aufzucken, erzittern* Kâd. II,50,13.

उत्तरलित Adj. *in Aufregung versetzt* Bâlar. 292,8.

उत्तरली Adv. mit कर् *in eine hüpfende Bewegung versetzen.* Davon Nom. act. °करण n.

उत्तरलोमन् Adj. *mit den Haaren nach oben* Âçv. Gṛhj. 4,2,15.

उत्तरवयस n. *das spätere Lebensalter.*

उत्तरवल्ली f. Titel der *zweiten* Abtheilung der Kaṭhopanishad.

उत्तरवस्ति m. *eine zu Einspritzungen in die Harnröhre dienende Blase* und *das Klystier selbst.*

उत्तरवस्त्र n. *Obergewand.*

उत्तरवादिन् Adj. 1) *antwortend, mit einer Antwort nicht verlegen.* — 2) in der Gerichtssprache *die späteren Ansprüche machend.*

उत्तरवासस् n. *Obergewand.*

उत्तरवीथि f. *die nördliche Bahn am Himmel.*

उत्तरवेदि und °दी f. *der nördliche Aufwurf,* — *Feuerheerd.* Nom. abstr. °वेदित्व n. Maitr. S. 3,8,3.

उत्तरशान्ति f. *Schlussweihe* Çâṅkh. Gṛhj. 6,2.

उत्तरशैल m. Pl. Name einer buddh. Schule.

उत्तरस् in रेवोत्तरस्.

*उत्तरसक्थ n. *Oberschenkel.*

उत्तरसाधक m. *Gehülfe.* Nom. abstr. °त्व n. Ind. St. 15,276.

उत्तरसेन m. N. pr. eines buddh. Lehrers.

उत्तरहनु f. *die obere Kinnlade.*

उत्तरा Adv. *nach Norden,* *nördlich von* (Gen. Abl.).

उत्तरांस m. *die linke Schulter.*

उत्तरागार n. *Giebelzimmer.*

उत्तराग्रन्थ m. *der zweite Theil der* Sâmasaṁhitâ Njâjam. 9,2,6.

उत्तराङ्ग n. *der letzte Theil einer Consonantengruppe.*

*उत्तराचमन n. *eine best. Ceremonie* Gal.

उत्तरात् Adv. 1) *von Norden her.* — 2) *von links her.*

*उत्तरातनय m. Metron. Parikshit's Gal.

उत्तरात्तात् Adv. *von Norden her.*

उत्तरात्व n. Nom. abstr. zu उत्तर 3) *c)* Comm. zu Njâjam. 9,2,6.

उत्तरात्सद् Adj. = उत्तरासद् Maitr. S. 2,6,3.

*उत्तराद्रि m. *der* Himâlaja.

उत्तराद्यात m. *Nordwind* Maitr. S. 2,7,20.

उत्तराधर 1) Adj. (f. श्रा) *darüber und darunter seiend.* — 2) n. *die Ober- und Unterlippe, die Lippen.*

उत्तराधरविवर n. *Mund* Daçak. 73,11.

*उत्तराधिकारिन् Adj. *in zweiter Reihe auf Etwas Ansprüche habend.*

उत्तराध्ययनगीता f. und °नसूत्र n. (Pischel, de Gr. pr. 20) Titel von Gaina-Werken.

उत्तरापथ m. *Nordland.*

उत्तरापर Adj. (f. श्रा) *nordwestlich* Pâr. Gṛhj. 2,9,10. °राभिमुख Adj. *nach Nordwesten gewandt* Âçv. Gṛhj. 3,7,4.

उत्तराभास m. *Scheinantwort, eine ungenügende,*

unklare Antwort auf eine gerichtliche Klage.

उत्तराभिमुख Adj. nach Norden gewandt Ind. St. 9,30.

उत्तरा॑म् Adv. weiter hinaus.

उत्तरामुख Adj. nach Norden gewandt.

उत्तराम्नाय m. Titel eines heiligen Buches der Çâkta.

उत्तरायण n. der Gang der Sonne nach Norden, das Halbjahr, in dem die Sonne sich von Süden nach Norden bewegt; Sommersolstitium.

उत्तरायणचक्र n. ein best. mystisches Diagramm.

उत्तरायता f. eine best. Mûrkhanâ S. S. S. 31.

उत्तरारणि॑ f. das obere Reibholz bei der Feuererzeugung 30,33.

उत्तरार्क m. eine der 12 Formen der Sonne.

उत्तरार्चिक n. = उत्तराग्रन्थ.

उत्तरार्थ Adj. (f. आ) des Folgenden wegen geschehend Lâṭj. 1,4,9. Chr. 236,29. 240,6.

उत्तरार्ध॑ m. 1) Oberkörper. — 2) der nördliche Theil. — 3) die letztere Hälfte.

उत्तरार्धपूर्वार्ध m. der vordere Theil der nördlichen Seite Çat. Br. 1,6,3,39.

उत्तरार्ध्य॑ Adj. auf der nördlichen Seite befindlich.

उत्तरा॑वत् Adj. 1) oben befindlich. — 2) überlegen, siegreich.

उत्तराशा f. Norden Hemâdri 1,127,23. *°धिपति und *°पति Bein. Kubera's.

उत्तराश्मन् 1) Adj. mit hochanstehenden Felsen Râǵat. 4,157. — 2) *m. N. pr. einer Gegend. Davon *Adj. °श्मक.

उत्तराश्रमिन् Adj. in's nächstfolgende Lebensstadium eintretend Ind. St. 15,117.

उत्तराश्रित Adj. in nördlicher Richtung befindlich Bhâvapr. 1,140.

*उत्तराषाढा f. ein best. Mondhaus.

उत्तरासङ्ग m. Obergewand, Ueberwurf.

उत्तरास॑द् Adj. nördlich oder links sitzend.

*उत्तराह्न m. der folgende Tag.

उत्तरा॑हि Adv. nördlich Çat. Br. 2,1,2,4. Daçak. 85,6. *— von (Abl.).

उत्तरिका f. N. pr. eines Flusses.

उत्तरिन् Adj. gesteigert. Wiederholt immer stärker und stärker (Stimme) Vaitân.

उत्तरीय n. (adj. Comp. f. आ) Obergewand, Ueberwurf Pâr. Gṛh. 1,4,13. Bettdecke Karaka 8,3. Nom. abstr. °ता f. Gobh. 1,2,21.

उत्तरीयक n. (adj. Comp. f. आ) dass. VP. 3,9,20.

उ॑त्तरेण Instr. Adv. mit Gen., Abl., Acc. oder am Ende eines Comp. 1) nördlich. — 2) links.

*उत्तरेतरा f. Süden.

उत्तरेद्युस् Adv. am folgenden Tage TS. 5,2,1,7.

उत्तरेला f. = अवात्तरेडा Ind. St. 9,226.

उत्तरेश्वरतीर्थ n. N. pr. eines Tîrtha.

उत्तरेश्वराश्रम n. Name eines Liṅga.

उत्तरोत्तर 1) Adj. (f. आ) je folgend, stets höher steigend Kap. 3,52. stets zunehmend, überbietend. °म् Adv. immer höher und höher, — mehr und mehr, in stetiger Folge Gaut. — 2) n. Erwiederung auf Erwiederung, das Hinundherreden.

उत्तरोत्तरपदृचक्षला f. Titel eines Abschnittes der Sâmavedakkhalâ.

उत्तरोत्तरिन् Adj. stets sich steigernd, — zunehmend. Dazu Nom. abstr. °रिता f.

उत्तरोत्तरोक्त Adj. je später ausgesprochen 272,31.

उत्तरोष्ठ und °रौष्ठ m. 1) Oberlippe. — 2) der oberste Theil einer Säule.

उत्तर्जन n. heftiges Drohen.

उत्ता॑न 1) Adj. (f. आ) a) in horizontaler Lage ausgestreckt, — ausgebreitet. Von Menschen: mit dem Gesicht nach oben, von Händen und Füssen: mit der inneren Fläche nach oben, von Gefässen, Muscheln und vom Schnabel: mit der Oeffnung nach oben. — b) flach, auf der Oberfläche sich befindend Karaka 6,27. oberflächlich (eig. und übertragen). — c) ausgebreitet, weit offen Kâd. 161,12. so v. a. fertig daliegend Spr. 1189. — 2) m. N. pr. eines Âṅgirasa.

उत्तानक 1) *m. eine Cyperus-Art. — 2) f. °निका N. pr. eines Flusses.

उत्तानकूर्मक n. eine best. Art zu sitzen.

उत्तानचरण m. = उत्तानपाद 1). *°रणात्मज m. Patron. Dhruva's Gal.

उत्तानपत्त्रक m. rother Ricinus Bhâvapr. 1,201. Râǵan. 8,58.

उत्ता॑नपद् f. (deren Beine ausgebreitet sind) Name einer kosmogonischen Potenz.

उत्ता॑नपर्ण Adj. ausgebreitete Blätter habend.

*उत्तानपर्णक m. eine best. Pflanze Gal.

उत्तानपाद m. 1) N. pr. eines Sohnes des Vîra oder Manu Svâjambhuva und Vaters des Dhruva. *°ज m. Patron. Dhruva's. — 2) der Stern β im kleinen Bären

उत्तानबर्हिस् m. N. pr. eines Sohnes des Çarjâti Bhâg. P. 9,3,27.

उत्तानरेचित und उत्तानवञ्चित (v. l.) m. eine best. Stellung der Hände.

*उत्तानशय 1) Adj. auf dem Rücken liegend. — 2) m. ein kleines Kind.

उत्तानशायिन् Adj. auf dem Rücken liegend Ind. St. 15,399.

उत्तानशीवरी Adj. f. ausgestreckt daliegend. °आप: stehende Gewässer.

उत्तानहय m. N. pr. eines Sohnes des Çatâǵit VP.[2] 4,53.

उत्ता॑नहस्त Adj. die Hände ausbreitend, — ausstreckend (zum Gebet) Vaitân.

उत्तानार्थ Adj. flach —, oberflächlich dem Inhalt nach.

उत्तानी Adv. mit भू sich ausbreiten Kâd. II,37,21. mit कर् weit aufsperren (den Mund) Chr. 314,33.

उत्ताप m. grosse Hitze, Gluth (eig. und übertr.) Bâlar. 188,8. Spr. 4245.

*उत्तापिन् Adj. brennend.

1. उत्तार m. 1) das Hinübersetzen über (im Comp. vorangehend). — 2) Rettung Spr. 4888. — 3) das Brechen, Vomiren.

2. उत्तार Adj. 1) mit herausgetretenem Augenstern. — 2) *ausgezeichnet.

उत्तारक Adj. rettend, Beiw. Çiva's.

उत्तारण 1) Adj. rettend (Çiva). — 2) n. a) das Hinüberschaffen über (im Comp. vorangehend). — b) das Hinausschaffen Weber, Kṛshṇaǵ. 288. — c) das Herausschaffen —, Befreien aus (Abl.).

उत्तारयितर् Nom. ag. trajecturus, mit Acc. Daçak. 79,11.

*उत्तारिन् Adj. beweglich, unbeständig.

उत्तार्य Adj. auszubrechen, von sich zu geben.

उत्ताल 1) Adj. a) heftig, ungestüm Viddh. 40,7. 42,3. — b) üppig (Locken) Bâlar. 62,21. — c) grausig, Grauen erregend Paṅkad. 16. — d) *ausgezeichnet, vorzüglich. — 2) *m. Affe. — 3) n. eine best. hohe Zahl (buddh.).

उत्तालीभवन n. ungestümes Verfahren.

उत्तितीर्षु Adj. 1) herauszusteigen —, herauszukommen beabsichtigend aus (Abl.) Ind. St. 9,148. — 2) überzusetzen beabsichtigend Anukr. zu ṚV. 3,33 bei Sâj. über (Acc.).

उत्तिष्ठासा f. die Absicht vor Vollendung einer heiligen Handlung aufzubrechen, — eine h. H. abzubrechen.

उत्तीर्णविकृति Adj. jeder Veränderung entronnen. Nom. abstr. °त्व n. Nṛs. Up. in Bibl. ind. 203. °कृतत्व n. Ind. St. 9,154 fehlerhaft.

उत्तुङ्ग Adj. emporragend, hoch 168,13. Spr. 7758. fg.

*उत्तुण्डिका f. Milletia piscidia Nigh. Pr.

उत्तुण्डित Adj. mit der Spitze hervorragend.

उत्तुद॑ m. Aufstachler.

*उत्तुष m. (enthülstes) geröstetes Korn.

उत्तेजन n. das Anfeuern, Aufreizen.

उत्तेजित *n. der Gang eines Pferdes mit mittlerer Geschwindigkeit.

*उत्तेरित n. *Carriere eines Pferdes.*

उत्तोरण Adj. (f. आ) *mit aufgerichteten Bogen geschmückt.*

*उत्तोरणपताक Adj. (f. आ) *mit aufgerichteten Bogen und Fahnen geschmückt.*

*उत्तोलन n. *das in die Höhe Heben.*

*उत्त्रास m. *Schreck.*

उत्त्रासक Adj. *schreckend.*

उत्थ 1) Adj. (f. आ) fast nur am Ende eines Comp. *a) aufstehend, sich erhebend.* Nom. abstr. °त्व n. Comm. zu Çat. Br. 887,10. — *b) hervorgehend, entstehend, entspringend* 304,27. — 2) *m. in आखूत्थ.

उत्थातर् Nom. ag. 1) *Aufsteher.* — 2) etwa *Beendiger, Beschliesser.*

उत्थातव्य n. impers. 1) *aufzustehen* Kâd. 77,2. — 2) *aufzubrechen.* — 3) *thätig zu sein* Spr. 1194.

उत्थान 1) m. *Urheber.* — 2) n. *a) das Aufstehen* Çâṅkh. Gṛhj. 1,24,25 (einer Wöchnerin). Gaut. (vom Mahl). *Sichaufrichten.* — *b) Aufgang* (der Gestirne). — *c) das Auferstehen eines Verstorbenen.* — *d) das Herauskommen, Emportauchen* Kap. 3,54. *das Aufschiessen* (von Pflanzen) Gaim. 6,5,36. — *e) Aufstand, Aufruhr* Râǵat. 8,868. — *f) Bemühung, Anstrengung, Thätigkeit, Arbeit* Âpast. 2,28,1. — *g) Entstehung, Ursprung,* insbes. *einer Krankheit.* — *h) das Aufbrechen, Aufhören mit, Einstellung, Schluss.* — *i)* euphem. für *Ausleerung.* — *k) ein best. mit Mineralien vorgenommener Process.* — Nach den Lexicographen noch अङ्गन (प्राङ्गण), चैत्य, तन्त्र, पुस्तक, युध् (रण), वास्तव, सैन्य und कर्ष.

उत्थानयुक्त Adj. *bemüht,* mit Loc. eines Nom. act.

उत्थानवन्त् Adj. *thätig, fleissig.*

उत्थानवीर m. *ein Mann der That* 168,17. 18.

उत्थानशील und °शीलिन् Adj. *thätig, fleissig.*

उत्थानीय Adj. *den Schluss bildend* Tâṇḍja-Br. 23,19,11. Comm. zu Lâṭj. 9,3,8.

उत्थानैकादशी f. *der 11te Tag in der lichten Hälfte des* Kârttika.

उत्थापक m. 1) *Wecker, Kammerdiener* Káraka 1,15. — 2) *eine best. Stilart.*

उत्थापन 1) n. *a) das Aufstehenmachen.* — *b) das Erwecken* 69,29. — *c) das Hervorgehenlassen, Hervortreiben.* — *d) das in's Werk Setzen.* — *e) das aufhören Machen, Beendigen.* — *f)* in der Mathem. *das Finden der gesuchten Quantität, Antwort auf eine Frage* oder *Substitution eines Werthes* Bîǵag. 143. — 2) f. ई *ein beschliessender Vers.*

*उत्थापनीय Adj. = उत्थापनं प्रयोजनमस्य.

उत्थापयितर् Nom. ag. *Aufrichter.* Nom. abstr. °तृत्व n. Ind. St. 9,154.

उत्थाप्य Adj. 1) *wegzuschicken.* — 2) in der Math. *durch Substitution eines Werthes zu finden* Bîǵag. 45.

*उत्थायम् Absol. *aufstehend.* शय्यायाः *vom Lager* P. 3,4,52, Sch.

उत्थायिन् Adj. 1) *aufstehend* (vom Schlaf). — 2) *erscheinend.* — 3) *sich anstrengend, thätig* Spr. 1202. °यित n. Nom. abstr. 2977.

उत्थित n. *das Aufstehen* AV. 3,15,4.

उत्थितता f. *das bei der Hand Sein, Dienstbereitheit.*

*उत्थिताङ्गुलि m. *die Hand mit ausgestreckten Fingern.*

*उत्थेय m. *Fächer aus einem Pfauenschweif* Gal.

उत्पत्त m. N. pr. eines Sohnes des Çvaphalka Hariv. 1,34,13. Vgl. अपेत्त und उपेत्त.

उत्पक्ष्मन् und °क्ष्मल Adj. *mit erhobenen Wimpern.*

*उत्पचनिपचा und *उत्पचविपचा f.

*उत्पचिष्णु Adj. P. 3,2,136.

उत्पट m. *der aus einer Baumwunde hervordringende Saft.*

*उत्पत m. gaṇa उत्सङ्गादि in der Kâç. *Vogel.*

उत्पतन 1) Adj. (f. ई) *auffliegend.* विद्या *ein Zauberspruch, mittels dessen man sich in die Lüfte erhebt.* — 2) n. *a) das Aufspringen, in die Höhe Springen.* — *b)* **das Entstehen.*

उत्पताक Adj. *mit aufgezogenen Fahnen.*

उत्पताका f. *eine aufgezogene Fahne.*

उत्पताकाध्वज Adj. *mit aufgezogenen Fahnen und Bannern.*

*उत्पतितर् Nom. ag. *der da auffliegt, in die Höhe springt.*

उत्पतितव्य n. impers. *sursum subvolandum.*

उत्पतिष्णु Adj. 1) *auffliegend.* — 2) *im Begriff stehend aufzuspringen* Spr. 5179.

उत्पत्तव्य n. impers. *zum Vorschein zu kommen, zu erscheinen, aufzutreten.* अनेन °व्यम् *er wird wiedergeboren werden* Kâd. II,90,20.

उत्पत्ति f. 1) *das zum Vorschein Kommen, Entstehung, Geburt, Ursprung, origo, Fundgrube* Kâd. 5,5. — 2) *Wiedergeburt.* — 3) *Ertrag, Ergiebigkeit* (eines Landes). — 4) *das Vorkommen,* insbes. *einer vedischen Stelle, ausdrückliches Erwähntsein in einer vedischen Stelle* Gaim. 1,1,24. 2,1,3. 2,21. 3,6,6. 7,26. 4,2,14. 19. 3,2. 37. 6,1,42.

उत्पत्तिकेतन n. *Geburtsort, — stätte.*

उत्पत्तिधामन् n. dass. 112,20.

उत्पत्तिमन्त् Adj. *entstanden, geboren.*

उत्पत्तिवाक्य n. *ein vedischer* und folglich *maassgebender Satz* Njâjam. 4,3,21. Comm. zu 1,4,32. 2,2,7 und zu Gaim. 2,2,22.

उत्पत्तिशिष्ट Adj. so v. a. *im* Veda *gelehrt* Nilak. zu MBh. 12,201,12.

उत्पत्त्यपूर्व n. *die wunderthätige Wirkung einer einzelnen Handlung aus einem Aggregat von Handlungen* Comm. zu Njâjam. 2,1,9.

*उत्पत्यपाकला f. wohl fehlerhaft für *उत्पत्यव्याकुला f., wie die Kâç. liest.

उत्पत्सु *eine best. Zeitperiode.*

1. उत्पथ m. *Abweg* (eig. und übertr.) 228,28.

2. उत्पथ Adj. *vom rechten Wege gewichen* Bhâg. P. 1,17,16 (उत्पथानिह् zu verbinden).

उत्पथचारिकत्व n. Ind. St. 9,154 fehlerhaft für °वारिकत्व.

उत्पथवारिक (°वारक?) Adj. *von Abwegen zurückhaltend.* Nom. abstr. °त्व n. Nrs. Up. 203,5.

*उत्पन्नबल Adj. *mächtig* Gal.

उत्पन्नबुद्धि Adj. *verständig, klug* 106,3.

उत्पन्नापवर्गिन् Adj. *entstehend und sogleich wieder vergehend* Comm. zu Njâjas. 3,2,44. fgg. Nom. abstr. °र्गित्व n. ebend.

1. उत्पल 1) n. *a) Lotusblüthe,* insbes. *eine blaue* 251,29. 252,3. 313,18. erscheint später als कमल 97,30. Auch *m. Am Ende eines adj. Comp. f. आ. — *b) Samenkorn einer Nymphaea.* — *c) Costus speciosus* Bhâvapr. 1,175. Varâh. Bṛh. S. 77,10. — *d)* **Blume* überh. — *e) eine best. Hölle* (buddh.). — 2) m. N. pr. *a)* eines Schlangendämons. — *b)* verschiedener Männer. — 3) f. आ N. pr. eines Flusses Hariv. 9511. — 4) *f. ई *ein best. Gebäck.*

2. *उत्पल Adj. *fleischlos.*

उत्पलक m. N. pr. 1) *eines Schlangendämons. — 2) eines Mannes, = उत्पल.

*उत्पलगन्धिक n. *eine Art Sandelholz.*

*उत्पलगोपा f. = उत्पलसारिवा Nigh. Pr.

*उत्पलपत्त्र n. 1) *Lotusblüthenblatt.* — 2) *eine durch den Fingernagel eines Frauenzimmers hervorgebrachte Wunde.* — 3) *Schminkfleck, Schönfleckchen.* — 4) = उत्पलपत्त्रक.

उत्पलपत्त्रक n. *ein best. chirurgisches Instrument.*

उत्पलपरिमल m. Titel eines Commentars zur Varâhasaṃhitâ Kumârasv. zu Pratâpar. 154,5.

उत्पलपुर n. Name einer von Utpala erbauten Stadt.

उत्पलभेद्यक m. *eine Art von Verband.*

*उत्पलमालभारिन् Adj. *einen Lotuskranz tragend* P. 6,3,65, Schol.

उत्पलमाला f. Titel von Utpala's Wörterbuche.

उत्पलराज m. N. pr. eines Dichters.

उत्पलवन n. *Lotusgruppe* 112,24.

उत्पलवर्णा f. N. pr. eines Frauenzimmers (buddh.).

उत्पलशाक n. *eine best. Pflanze.*

उत्पलश्रीगर्भ m. N. pr. eines Bodhisattva.

उत्पलसारिवा f. *Ichnocarpus frutescens Roxb.*

उत्पलस्वामिन् m. Name eines von Utpala erbauten Heiligthums.

उत्पलाक्ष 1) Adj. (f. ई) *lotusäugig* Dhûrtan. 18. — 2) m. N. pr. eines Fürsten. — 3) f. ई N. der Dâkshâjaṇî in Sahasrâksha.

उत्पलाचार्य m. N. pr. eines Autors.

उत्पलापीड m. N. pr. eines Fürsten.

उत्पलावती f. N. pr. eines Flusses MBh. 6,342. = ताम्रपर्णी Gal.

उत्पलावन n. N. pr. einer Oertlichkeit der Pâñkâla MBh. 3,87,15. 13,25,34.

उत्पलावर्तक N. pr. einer Oertlichkeit.

उत्पलिन् 1) Adj. *mit Lotusblüthen versehen.* — 2) f. °नी *a) eine Nymphaea, eine Gruppe von N.* — *b) ein best. Metrum.* — *c)* N. pr. eines Flusses MBh. 1,215,6. — *d)* Titel eines Wörterbuchs.

उत्पवन n. 1) *das Reinigen* Comm. zu Njâjam. 9, 2,22. 4,14. — 2) *Werkzeug zum Reinigen.* — 3) **das Sprengen von geschmolzener Butter u.s.w. in's Feuer.*

उत्पवितर् Nom. ag. *Reiniger.*

*उत्पश्य Adj. *hinaufschauend.*

उत्पांसय्, °यति s. उत्पुंसय्.

उत्पाट m. *eine best. Krankheit des äusseren Ohres.*

उत्पाटक 1) m. dass. — 2) f. उत्पाटिका *die äussere Rinde eines Baumes.*

उत्पाटन 1) Adj. *verjagend, verscheuchend,* in *कसनोत्पाटन. — 2) n. *a) das Ausreissen, gewaltsames Herausziehen.* — *b) das Bersten, Reissen* AV. Pariç. 71,7. — *c) das Verjagen, Fortjagen.* — *d) das Entthronen.*

उत्पाटयोग m. *ein best. astrol.* Joga.

°उत्पाटिन् Adj. *ausreissend, herausziehend.*

उत्पात m. 1) *Aufflug* Karaka 1,30. — 2) *Sprung, Satz.* — 3) *das Steigen* (in übertr. Bed.) Spr. 3053. — 4) *plötzliche Erscheinung, etwas ganz Unerwartetes* Karaka 1,30. Instr. so v. a. *plötzlich* MBh. 3, 181,25. — 5) *eine aussergewöhnliche, Unglück verheissende Erscheinung, portentum* Gaut. Gop. Br. 2,2,5. Ausnahmsweise auch n. — 6) fehlerhaft für उत्पाट Suçr. 2,149,10.17.

उत्पातक 1) m. *ein best. Thier.* — 2) n. N. pr. eines Tîrtha.

उत्पाद m. *das Hervorkommen, Entstehung, Geburt.*

1. उत्पादक 1) Adj. *hervorbringend, bewirkend, herbeischaffend; productiv* (Dichter). — 2) m. *Erzeuger.*

2. उत्पादक 1) *m. *das fabelhafte Thier* Çarabha. — 2) f. °दिका *a) *ein best. Insect.* — *b) Enhydra Hingtscha DC., Basella cordifolia Lam.* Hariv. 2, 79,59.

उत्पादकत्व n. *das Hervorbringersein* Ind. St. 9,154.

उत्पादन 1) Adj. (f. ई) *erzeugend, hervorbringend, bewirkend.* — 2) n. *das Erzeugen, Gebären, Hervorbringen, Bewirken, Herbeischaffen.*

*उत्पादपूर्व n. Titel eines Ǵaina-Werkes.

उत्पादयितर् Nom. ag. *Erzeuger.*

उत्पादयितव्य Adj. *hervorzubringen, herbeizuschaffen* Comm. zu Ǵaim. 2,1,12.

*उत्पादशयन m. *eine Hühnerart.*

उत्पादिन् Adj. 1) *was entsteht —, geboren wird.* — 2) am Ende eines Comp. *hervorbringend, bewirkend.*

उत्पाद्य Adj. *hervorzubringen, herbeizuschaffen* Njâjam. 2,1,12. *was hervorgebracht —, bereitet —, herbeigeschafft wird* Sarvad. 18,13. *was vom Dichter geschaffen —, — erdacht wird.*

उत्पाद्योत्पादकता f. *das Verhältniss von Erzeugtem und Erzeugendem.*

उत्पारण n. *das Hinübersetzen über, Retten.*

उत्पारपारम् Adv. *bis auf den tiefsten Grund des Meeres.*

*उत्पाली f. *Gesundheit.*

*उत्पाव m. *Reinigung.*

उत्पिञ्ज *Aufruhr.* Wohl m.

*उत्पिञ्जल 1) Adj. *wobei eine grosse Verwirrung herrscht, wo es drunter und drüber geht.* — 2) m. = रणे लोलता Gal.

*उत्पिण्ड *Zuspeise* (buddh.).

उत्पित्सु Adj. 1) *sich erheben wollend, heraufstrebend* Çiç. 3,77 — 2) *im Entstehen begriffen* (Krankheit).

*उत्पिब Adj. *austrinkend.*

उत्पीड m. 1) *das Drücken, Druck* Kâd. 91,17. II, 125,15. — 2) *ein hervorbrechender Strom.* बाष्पोत्पीड Kâd. II,63,6. — 3) *Wunde* MBh. 3,21,8.

उत्पीडन n. 1) *das Drücken.* — 2) *das Entwurzeln.*

उत्पुंसय्, °यति *wegwischen.* Wohl fehlerhaft für उत्पांसय्.

*उत्पुच्छ Adj. 1) = उत्क्रान्तः पुच्छात्. — 2) = उद्स्तं पुच्छमस्य. — 3) = पुच्छमुदस्यति Kâç. zu P. 6,2,196.

*उत्पुच्छय्, °यति und °यते *den Schwanz in die Höhe heben.*

*उत्पुट gaṇa उत्सङ्गादि und संकलादि.

उत्पुटक m. *eine best. Krankheit des äusseren Ohrs.*

*उत्पुत gaṇa उत्सङ्गादि. उत्पत v. l.

1. उत्पुलक n. *Haarsträuben.*

2. उत्पुलक (f. आ) und उत्पुलकित Adj. *mit Haarsträuben versehen.*

उत्पोषध (?) m. N. pr. eines alten Königs (buddh.).

उत्प्रबन्ध Adj. *ununterbrochen* Mâlatîm. 35,11.

*उत्प्रभ Adj. *Licht ausstrahlend, leuchtend.*

उत्प्रवाल Adj. *mit aufspriessendem Laube* Spr. 1218.

उत्प्रविष्टत्व n. *das tief Hineingedrungensein* Ind. St. 9,154. v. l. उत्प्रवेष्टृत्व.

उत्प्रवेष्टर् Nom. ag. *der tief hineindringt.* Nom. abstr. °ष्टृत्व n. Nrs. Up. 203,5.

उत्प्रास m. und °न n. *Spott, Hohn.*

उत्प्रुष् f. *Aufsprützendes*

उत्प्रेक्षक Adj. *betrachtend.*

उत्प्रेक्षण n. 1) *das Voraussehen, Ahnen.* — 2) *bildliche Bezeichnung.*

उत्प्रेक्षणीय Adj. *bildlich gesagt werdend.*

उत्प्रेक्षा f. 1) *Nichtbeachtung, Gleichgültigkeit.* — 2) *Gleichniss, bildliche Redeweise* Vâmana 4,3,9. Kâvjapr. 10,6.

उत्प्रेक्षावयव m. in der Rhetorik *eine best. Form der* Upamâ.

उत्प्रेक्षावल्लभ m. N. pr. eines Dichters.

उत्प्रेक्षितोपमा f. *eine Art Gleichniss* 248,20.

उत्प्रेक्ष्य Adj. = उत्प्रेक्षणीय.

उत्प्लवन n. 1) *das Springen.* — 2) *das Ueberfliessen, Abfliessen.*

*उत्प्लवा f. *Nachen.*

उत्फण Adj. *mit angeschwollener Haube* (Schlange) Ind. St. 14,374.

उत्फल in प्रोत्फल.

उत्फाल m. *Sprung, Bewegung in Sprüngen, Galopp.*

उत्फुलिङ्ग (उत्स्फु°) Adj. *Funken sprühend* Ind. St. 14,373.

उत्फुल्ल 1) Adj. *a) aufgeblüht.* — *b) weit geöffnet.* — *c) gedunsen, geschwollen, aufgeblasen* Kathâs. 20,109. Spr. 1219. Ind. St. 14,158,5. °फण Adj. Bâlar. 109,19. — *d) *Jmd frech ansehend, unverfroren* Mahâbh. 8,39,b. — 2) **n. quidam coeundi modus.*

उत्स m. *Quelle, Brunnen* (auch in übertr. Bed.).

उत्सक्थ Adj. *die Schenkel öffnend.*

उत्सङ्ग 1) m. (adj. Comp. f. आ) *a) Schooss.* — *b) horizontale Fläche.* — *c) Vertiefung* Suçr. 1,15, 18. 18,6. 63,1. 2,80,12. — *d) eine best. Stellung der Hände.* — 2) n. *eine best. grosse Zahl* Lalit. 168,16.

उत्सङ्गक m. = उत्सङ्ग 1) *d).*

उत्सङ्गवत् Adj. *vertieft* Suçr. 2,7,1

*उत्सङ्गवल Adj. = उत्सङ्गो ऽस्यास्ति.

उत्सङ्गिन् 1) Adj. *vertieft, tiefsitzend* Káraka 6,13. — 2) f. °नी *Ausschlag am untern Augenlide.*

उत्सञ्जन n. *das Aufheben, Emporrichten.*

उत्सत्ति f. *Schwund.*

उत्सधि m. *Behälter —, Umfassung einer Quelle.*

उत्संधि Adj. *nicht in dem Falle gewesen* Bâlar. 129,11.

उत्सन्नयज्ञ m. *eine ausgesetzte, unterbrochene Opferfeier.*

उत्सर 1) *ein best. Metrum.* — 2) m. **der Monat* Vaiçâkha Gal.

*उत्सरण n. *das Hinaufsteigen, —kriechen.*

उत्सर्ग m. 1) *das Aussichentlassen, Vonsichgeben, Ausstossen.* — 2) *das Ablegen, Wegwerfen* (verdorbener Gegenstände) Gaut. 1,34. — 3) *Loslassung, Freilassung, Befreiung.* — 4) *das Fahrenlassen, Aufgeben, Aufhebung, Einstellung, Beendigung, Schluss* Çâñkh. Gṛhj. 4,5. — 5) *das Wiederherausgeben* Gaut. 22,31. — 6) *das Spenden* MBh. 3,293, 41. *Spende* 14,85,38. — 7) *das Veranlassen* Gaim. 3,7,19. — 8) *stercus.* Personificirt als Sohn Mitra's von der Revati. — 9) *allgemeine Regel* (Gegensatz *Ausnahme*). — 10) mit und ohne छन्दसाम् *eine best. Ceremonie bei Gelegenheit der Einstellung des* Veda-*Studiums.* — 11) Bez. der Sprüche VS. 13,47—51.

उत्सर्गनिर्णय m., उत्सर्गपद्धति f. und उत्सर्गमयूख m. Titel von Werken.

उत्सर्गसमिति f. bei den Gaina *behutsames Benehmen bei der Entleerung, so dass dabei keinem lebenden Wesen ein Leid widerfährt.*

उत्सर्गिन् Adj. *weglassend.*

उत्सर्जन 1) Adj. (f. ई) *ausstossend,* so heisst eine der drei Falten des Afters Bhâvapr. 1,28,2. — 2) n. *a) das Entlassen, Loslassen.* — *b) das Aufheben, Einstellung* Lâṭj. 4,8,8. छन्दसाम् *eine best. Ceremonie.* — *c) *das Spenden.*

उत्सर्जनप्रयोग und उत्सर्जनोपाकर्मप्रयोग m. Titel zweier Werke.

उत्सर्जम् Absol. *freilassend* Çat. Br. 5,2,3,7.

उत्सर्प n. Name eines Sâman.

उत्सर्पण n. 1) *das Aufgehen der Sonne.* — 2) *das Hinausgehen.* — 3) *das Vortreten.*

उत्सर्पिन् 1) Adj. *a) in die Höhe springend* Ragh. 16,62. — *b) hervorbrechend, zu Tage kommend* Kâd. 11,15. — *c) hinaufstrebend* Çâk. 101,5. — *d) eine Zunahme bewirkend* VP. 2,4,13. — 2) f. °णी *eine aufsteigende Zeitperiode* Ârjabh. 3,9.

*उत्सर्या f. *eine erwachsene, belegbare Kuh.*

उत्सव m. 1) *Unternehmung, Beginn.* — 2) *Festtag, Fest, Jubel* (auch in übertr. Bed.). Compar. °तर n. *ein grösseres Fest als* (Abl.) Karaka 6,12. Am Ende eines adj. Comp. f. आ. — 3) *Aufbruch* (einer Blume) Spr. 6418. — 4) *ein best. Tact* S. S. S. 213. — Nach den Lexicographen ausserdem = उत्सेक, अमर्ष (कोप), इच्छाप्रसव (°प्रसर).

उत्सवप्रतान und उत्सवविधि m. Titel zweier Werke.

उत्सवसंकेत m. Pl. N. pr. eines Volkes.

उत्सवाय्, °यते *ein Fest bilden für.* °लोचनोत्सवायमान Daçak. 88,8. 9.

उत्सह in दुरुत्सह.

उत्साद m. 1) *das zu Ende Gehen* MBh. 1,110,2. — 2) *Störenfried* VS. 30,10. — 3) *ein best. Theil des Opferthiers.*

उत्सादक Adj. *zu Grunde richtend, vernichtend.*

उत्सादन n. 1) *das Wegsetzen* Ind. St. 13,278. — 2) *das Aussetzen, Abbrechen, Einstellen.* उत्सादनार्थम् Adv. Çat. Br. 14,3,2,21. — 3) *das Vernichten, Zugrunderichten.* — 4) *das Ausreiben, Abreiben, Einreiben* Çâñkh. Gṛhj. 4,7. — 5) *das Höhermachen einer Wunde* u. s. w., *ein Mittel dazu* Karaka 6,13.

उत्सादनीय n. *ein Mittel zum Höhermachen von Wunden* u. s. w.

उत्सादिन् Adj. *einstellend, ausgehen lassend,* in अग्न्यु°.

*उत्सारक m. *Thürsteher.*

उत्सारण n. und °णा f. (Mudrâr. 27,11) *das Wegtreiben des Volkes auf der Strasse.*

उत्सारणीय (Spr. 1676) und उत्सार्य Adj. *hinauszuweisen, fortzujagen, wegzutreiben.*

उत्साह m. (adj. Comp. f. आ) 1) *Vermögen, Kraft.* — 2) *fester Wille, — Entschluss.* — 3) *Lust zu, Freude an* (im Comp. vorangehend) R. 3,33,4. Çâk. 23,12. — 4) **Faden.*

*उत्साहक 1) Adj. am Ende eines Comp. — 2) f. °हिका = वर्धापन Gal.

*उत्साहन n. = गन्धन.

उत्साहयोग m. *Kraftanwendung, Uebung der Kräfte* 206,29.

उत्साहवत् Adj. *Willenskraft an den Tag legend.*

*उत्साहवर्धन Adj. *die Willenskraft steigernd.*

*उत्साहवीर Adj. = उत्साहो ऽस्यास्ति.

उत्साहशक्ति f. *Willenskraft* Spr. 1222.

उत्साहशौर्यधनसाहसवत् Adj. *mit Willenskraft, Heldenmuth, Reichthum und Verwegenheit ausgestattet* Varâh. Bṛh. 13,7.

उत्साहिन् Adj. 1) *standhaft* (ein Kranker) Rágan. 20,32. — 2) *mächtig* Spr. 5248. — Vgl. अनुत्साहिन्.

उत्सिक्त *m. = राजमल्ल.

उत्सिसृक्षु Adj. *aufzugeben beabsichtigend.*

उत्सुक 1) Adj. (f. आ) *a) unruhig, aufgeregt, besorgt.* — *b) mit Ungeduld Etwas erwartend, gespannt.* — *c) mit Wehmuth an einen geliebten Gegenstand denkend, sehnsüchtig.* — *d) verlangend nach* (Loc., प्रति oder im Comp. vorangehend) 124, 32. 290,29. — *e) *für Etwas Sorge tragend, bedacht auf* (Loc. oder Instr.) 234,18. — 2) n. in निरुत्सुक und सोत्सुक *a) Sorge.* — *b) Sehnsucht.* — *c) Verlangen.*

उत्सुकता f. 1) *Unruhe, Hast, Eifer.* — 2) *Sehnsucht, Verlangen.*

उत्सुकय्, °यति *wehmüthig stimmen.*

*उत्सुकाय्, °यते *ein Verlangen bekommen.*

*उत्सुकी Adv. mit भू dass. Comm. II zu Bhaṭṭ. 5,74.

*उत्सूर m. *Abend.*

उत्सूर्य° Adv. *nach Sonnenaufgang.* °शायिन् — *noch schlafend.* Vgl. ओत्सूर्यम्.

उत्सृष्टाग्नि Adj. *der das heilige Feuer hat ausgehen lassen* Gaut.

उत्सृष्टि f. *das Hinauslassen.*

उत्सृष्टिकाङ्क m. *eine Art einactiger Schauspiele.*

उत्सेक m. 1) *das Ueberfluthen, Uebermaass.* — 2) *Ueberhebung, Hochmuth, hochfahrendes Wesen.*

उत्सेकिन् in अनुत्सेकिन्.

°उत्सेच्य Adj. *über und über voll zu machen geeignet* Viddh. 12,5.

उत्सेद MBh. 1,4364 fehlerhaft für उत्साद.

उत्सेध m. (adj. Comp. f. आ) 1) *Erhebung* Karaka 1,18 (der Haut). *Anhöhe.* — 2) *Höhe, Dicke.* Auch *n. — 3) *das Hervorragen über Andere, Ueberlegenheit.* — 4) **Körper.* — 5) Name verschiedener Sâman.

उत्सेधपरीणद्ध Adj. als Beiw. der Saṁhitâ des Agni Saṁhitopan. 10,6.

उत्सेधविस्तारतस् Adv. *nach Höhe und Breite.*

उत्स्तन Adj. (f. ई) *hohe Brüste habend.*

उत्स्थल n. N. pr. einer Insel.

उत्स्नान n. *das Auftauchen aus dem Wasser* Devatâdhj. Brâhm. 3.

उत्स्नेहन n. *das Ausgleiten, Gerathen auf einen falschen Weg* Karaka 3,1.

उत्स्मय Adj. 1) *aufgeblüht, blühend.* — 2) *weit geöffnet* (Blick).

उत्स्मित n. *das Lächeln.*

(उत्स्य) उत्स्यि Adj. *aus Quellen —, aus Brunnen stammend.*

उत्स्रष्टव्य Adj. 1) *auszuscheiden per anum.* — 2) *zu entlassen* Kâd. II,86,20.

उत्स्वन m. *ein lauter Ton.*

उत्स्वप्नाय्, °यते *im Schlafe sprechen.* °यित n.

das Sprechen im Schlafe.

1. उद् in Verbindung mit Verben und in Comp. mit Nominibus 1) *hinauf, auf.* — 2) *hinaus, aus.* — Zu उद् mit einem nachfolgenden Acc. ist ein Zeitwort zu ergänzen.

2. उद्, उन्द्, उनत्ति und उन्दति (auch Med.) 1) *quellen.* — 2) *benetzen, baden.* — Partic. 1) उन्न a) *benetzt, nass.* — b) **mitleidig.* — 2) *उत्त *benetzt, nass.* — Mit अनु und अभि *benetzen.* — Mit अव, in अवोद. — Mit उप *benetzen.* Partic. उपोत्त. — Mit नि *eintauchen.* Partic. न्युत्त *eingetaucht, benetzt.* — Mit वि 1) *hervorquellen.* — 2) *beträufeln, benetzen.* Partic. व्युत्त. — Mit सम् *benetzen.* Partic. समुन्न *benetzt, nass gemacht* Spr. 6863.

उद am Anfange eines Comp. und am Ende eines adj. Comp. (f. आ) *Wasser.*

उदंशु Adj. *hell strahlend.*

उदक् s. उदच्.

उदक 1) n. (adj. Comp. f. आ) a) *Wasser.* उदकं दा, प्र-दा oder कर् (उदकं कृत्वा oder *उदककृत्य) *einem Verstorbenen* (Gen. oder Dat.) *die Wasserspende darbringen.* उदकं कर् auch *die vorgeschriebenen Abwaschungen vollbringen.* उदकमुप-स्पर्श् *die vorgeschriebenen Berührungen einzelner Theile des Körpers mit Wasser vollbringen.* — b) = उदककर्मन् Gaut. 20,2.16. — c) *ein best. Metrum.* — 2) *m. N. pr. eines Mannes. उदङ्क die richtige Lesart.

उदककर्मन् n. *die einem Verstorbenen dargebrachte Wasserspende.*

उदककार्य n. 1) dass. — 2) *Abwaschung des Körpers* 43,22.

*उदककुम्भ m. = उदकुम्भ.

उदकक्रिया f. = उदककर्मन् Gaut.

उदकक्रीडन n. *Belustigung im Wasser.*

उदकक्ष्वेडिका f. *ein best. Spiel, bei dem man sich mit wohlriechendem Wasser besprützt.*

*उदकगाह Adj. *sich in's Wasser tauchend.*

*उदकगिरि m. *ein wasserreicher Berg.*

उदकघात m. *eine der 64* Kalâ.

*उदकचन्द्र *eine best. Zauberkunst* (buddh.).

उदकतर्पण n. *Wasserlibation* Gaut. 26,11. Sâmav. Br. 1,2,5.

उदकदान n. 1) *die einem Verstorbenen dargebrachte Wasserspende* Gaut. 5,5. 14,34. — 2) *ein best. Fest.*

उदकदानिक Adj. *auf die Wasserspende bezüglich.*

उदकदायिन् Adj. *die Wasserspende darbringend.*

*उदकधर m. *Wolke.*

उदकधारा f. *Wasserguss.*

उदकपरीक्षा f. *Wasserprobe* (als Gottesurtheil).

*उदकपर्वत m. *ein wasserreicher Berg.*

उदकपूर्व Adj. (f. आ) 1) *mit einer Wasserausgiessung beginnend* Âpast. 2,9,8. — 2) *vorher gebadet.*

*उदकबिन्दु m. *Wassertropfen.*

*उदकभार m. *Wasserträger.*

*उदकभूम m. *feuchter Boden.* v. l. उदग्भूम.

उदकमञ्जरी f. Titel eines medic. Werkes.

उदकमञ्जरीरस m. *eine best. Mixtur gegen Fieber* Bhâvapr. 3,32. Mat. med. 284.

उदकमण्डलु m. *ein Krug mit Wasser.*

उदकमत n. *die Lehre der Verehrer des Wassers.*

*उदकमन्थ m. = उदमन्थ.

उदकमय Adj. *ganz aus Wasser bestehend* Kâd. 244,16.

उदकमेह m. *eine Art Harnruhr.* °मेहिन् Adj. *daran leidend.*

*उदकल Adj. *wasserhaltig.*

*उदकवज्र m. = उदकस्य वज्रः Kâç.

उदकवत् Adj. *mit Wasser versehen.*

उदकवाद्य n. *eine der 64* Kalâ.

*उदकवीवध m. = उदकस्य वीवधः.

उदकशान्तिप्रयोग m. Titel eines Werkes.

उदकशील Adj. *Verstorbenen regelmässig die Wasserspende darbringend* MBh. 12,123,22.

*उदकशुद्ध m. N. pr. eines Mannes.

*उदकसक्तु m. *Grütze mit Wasser.*

उदकसाधु Adj. *aus dem Wasser —, über das W. helfend* Gobh. 3,2,28.

उदकसेन m. VP. 4,19,13 fehlerhaft für उदक्सेन.

*उदकस्पर्श Adj. *Wasser berührend.*

उदकस्पर्शन n. *Berührung mit Wasser, Abwaschung* Âpast.

*उदकहार Adj. *Wasser holend, Wasserträger.*

उदकाञ्जलि m. *eine Handvoll Wasser* 107,23.

उदकात्मन् (!) Adj. *Wasser zum Wesen habend.*

उदकान्त 1) m. *Wassergrenze* Pâr. Gṛhj. 3,10,10. सरस्वत्याः पश्चिम उदकान्ते (nach dem Comm.) *da wo die S. verschwindet.* ओदकान्तात् *bis zu einem Wasser.* — 2) °म् Adv. *zum Wasser, bis z. W.* MBh. 3,187,11.

उदकार्गल n. v. l. für उदगार्गल.

उदकार्णव m. *Behälter der Gewässer* Spr. 184.

उदकार्थ 1) m. *Wasserhandlung* Pâr. Gṛhj. 2,8,6. — 2) °म् Adv. *um eine Abwaschung zu vollbringen* 43,21.

उदकाहार Adj. *der Wasser zu holen hat* Comm. zu VS. Prât. 3,57.

*उदकिल Adj. *wasserhaltig.*

*उदकीय्, °यति Denom. von उदक.

उदकीर्ण und °कीर्य m. *Galedupa piscidia* Roxb. Bhâvapr. 1,206. °कीर्या f. *wohl eine* Karaṅga-*Art* Karaka 1,1. 3,8.

उदकुम्भ m. *ein Krug mit Wasser* 38,12.

उदकेचर m. *Wasserbewohner.*

*उदकेविशीर्ण Adj. *im Wasser zu Grunde gegangen, so v. a. zwecklos z. G. g.*

उदकेशय Adj. *im Wasser liegend, — hausend.*

उदकोदरिन् Adj. *wassersüchtig.*

उदकोपस्पर्शन n. *Berührung von Wasser, Abwaschung* Gaut. 14,30. 19,15. 24,4. 26,10. Âpast.

उदकोपस्पर्शिन् Adj. *Wasser berührend, sich abwaschend* Gaut. 22,6.

उदकोष्ठ m. *Wassergefäss* Karaka 1,15.

*उदकौदन m. *in Wasser gekochter Reisbrei.*

उदक्तस् und उदक्तात् Adv. *von oben —, von Norden her.*

उदक्पथ m. *Nordland.*

उदक्पाद Adj. (f. ई) *dessen Füsse nach Norden gewandt sind* Kauç. 44.

उदक्प्रवण Adj. *nach Norden geneigt.*

उदक्य Adj. 1) *im Wasser befindlich.* — 2) f. आ *menstruirend.* °गमन n. *Beischlaf mit einer m. Frau* Gaut. 23,34.

उदक्संस्थ Adj. *im Norden endigend* Âçv. Gṛhj. 1,3,1.

उदक्सेन m. N. pr. eines Fürsten.

उदगग्र Adj. *mit den Spitzen nach Norden* Kâtj. Çr. 4,13,15. Lâtj. 2,6,6.7.

*उदगद्रि m. *der* Himâlaja.

उदगपवर्गम् Adv. *mit Abschluss im Norden* Âpast. 2,3,20.

उदगयन 1) n. *der Gang der Sonne nach Norden, das Halbjahr vom Winter- zum Sommersolstitium* Kauç. 67 — 2) Adj. *auf dem Wege liegend, den die Sonne auf ihrem Gange nach Norden geht.*

उदगायत Adj. *nach Norden gerichtet* Âçv. Gṛhj. 1,3,1.

उदगार्गल n. = दगार्गल.

उदगावृत्ति f. *die Wendung* (der Sonne) *nach Norden* Ragh. 8,33.

*उदगाह Adj. = उदकगाह.

उदग्गति f. = उदगयन 1).

उदग्दक्षिण Adj. (f. आ) *nördlich und südlich* AK. 1,1,3,13.

उदग्दश Adj. *dessen Saum nach oben oder nach Norden gewandt ist.*

उदग्द्वार Adj. *nach Norden den Eingang habend* Çâṅkh. Gṛhj. 6,2. °म् Adv. *nördlich vom Eingange* MBh. 3,219,21.

*उदग्भव Adj. *nördlich.*

*उदग्भूम m. *fruchtbares Land* Kâç. zu P. 5,4,75.

उदग्र Adj. 1) *in die Höhe gehoben, hoch, lang, gross.* — 2) *hoch, erhaben* (in übertr. Bed.), *überlegen, mächtig, erhöht—, gesteigert durch* (im Comp. vorangehend). उदग्र° *überaus.* — 3) *hochfahrend* (Rede) Prasannar. 77,21. — 4) *vorgerückt* (Alter). — 5) *laut tönend.* — 6) *aufgeregt, hingerissen durch* (im Comp. vorangehend).

उदग्रप्लुत Adj. *hohe Sprünge machend.* Nom.abstr. °त्व n. Çâk. 7.

उदग्राभ m. *der das Wasser umfasst, — einschliesst.*

उदघोष m. *das Rauschen des Wassers.*

उदङ्क m. 1) **Schöpfgefäss.* — 2) N. pr. eines Mannes. *Pl. *seine Nachkommen.*

उदङ्ग m. N. pr. eines Dämons Kauç. 56.

उदङ्गुलीक Adj. *mit emporgehobenen Fingern* Viddh. 28,13.

उदङ्मुख Adj. 1) *nach oben gerichtet* Bâlar. 90,7. — 2) *mit nach Norden gewandtem Gesicht.*

*उदङ्मृत्तिक m. = उदग्भूम.

उदचमस m. *eine Schale mit Wasser.*

1.*उदज m. *das Hinaustreiben* (des Viehes).

2. उदज n. *Lotusblüthe.*

उदजलक m. N. pr. eines Wagners.

*उदजिन n. gaṇa निरुदकादि.

*उदज्ञ m. N. pr. eines Mannes. उदन्य v. l.

उदञ्च् 1) Adj. (f. उदीची) a) *aufwärts gerichtet, nach oben gehend.* — b) *nach Norden gerichtet, nördlich.* — c) **später, nachfolgend.* — 2) Adv. उदक् a) *nördlich, gegen Norden.* — b) **später.* — 3) *m. N. pr. eines Mannes gaṇa बाह्वादि.

उदञ्चन 1) m. *Schöpfgefäss, — eimer.* — 2) *n. *Deckel.*

उदञ्जलि Adj. *die beiden hohl an einander gelegten Hände in die Höhe haltend.*

*उदण्डपाल m. 1) *ein best. Fisch.* — 2) *eine best. Schlange.*

उदतन्तु m. *Wasserfaden, so v. a. ein zusammenhängender feiner Guss* AV. Prâjaçk. 1,3.

उदतौलिक m. *ein best. Gewicht,* = भार Hemâdri 1,117,15.17.

उदधान 1) Adj. *Wasser enthaltend.* — 2) n. *Wasserbehälter* Âpast. Gobh. 1,4,9.

उदधारा f. *Wasserguss.*

उदधि 1) Adj. *Wasser enthaltend.* — 2) m. a) *Wasserbehälter,* von der Wolke, von Seen und Flüssen. Später *das Meer.* — b) N. pr. eines Sohnes des Vasudeva VP.[2] 4,110.

*उदधिकुमार m. Pl. *eine best. Götterordnung* bei den Ǵaina.

*उदधिक्र m. *Seefahrer.*

उदधिजलमय Adj. *aus Meerwasser gebildet* Kâd. II,17,21.

*उदधिमल m. *os sepiae.*

उदधिमेखला f. *die Erde.*

उदधिराज m. *der Fürst der Wasserbehälter, das Meer, der Meergott* R. 2,52,80.

*उदधिवस्त्रा f. *die Erde* Râǵan. 2,1.

उदधिष्णा m. N. pr. eines der 7 Weisen im 11ten Manvantara. उरुधिष्ण्य v. l.

*उदधिसंभव n. *Seesalz* Nigh. Pr.

उदधिसुता f. Bein. 1) der Lakshmî. °नायक m. Bein. Vishṇu's Prasannar. 59,6. — 2) *der Stadt Dvârakâ.

उदधीय्, °यति *Etwas* (Acc.) *für ein Meer halten.*

उदन् n. *Wasserwoge, Wasser.*

उदनिमत् Adj. *wogen —, wasserreich.*

उदनेमि Adj. *meerumfelgt* Comm. zu Njâjas. 4,1,57.

1. उदन्त m. 1) *Ende der Arbeit, Erntezeit.* — 2) *Nachricht, Neuigkeit.* — 3) **das Opfern für Andere als Lebensunterhalt.*

2. उदन्त 1) Adj. a) *überlaufend* (beim Kochen). — b) **gut, brav* (साधु). — 2) °म् Adv. *bis zu Ende.*

*उदन्तक 1) m. *Nachricht.* — 2) f. °न्तिका *Befriedigung.*

उदन्त्य Adj. *jenseits der Grenze wohnend.*

उदन्य्, °न्यति 1) *herabströmen auf* (Loc.). °न्यत् Partic. — 2) **dürsten.*

उदन्य, उदनिय 1) Adj. (f. आ) *wogend, wässerig.* — 2) *m. N. pr. eines Mannes gaṇa तिकादि in der Kâç. — 3) f. आ *Verlangen nach Wasser* Râǵat. 1,167. *Durst.*

उदन्यज Adj. *wassergeboren.*

उदन्यु Adj. 1) *nach Wasser verlangend.* — 2) *Wasser ausströmend.*

उदन्वत् 1) Adj. *wogend, wasserreich.* — 2) m. a) *Meer* 109,1. Spr. 7863. — b) *N. pr. eines Ṛshi.

*उदप Adj. *aus dem Wasser schaffend.*

उदपात्र 1) n. a) *Wasserbecher, ein Gefäss mit Wasser* Âpast. — b) *Wasserspende.* — 2) f. °त्री = 1) a).

उदपान 1) m. n. *Brunnen.* — 2) m. *N. pr. eines Dorfes. v. l. उदयान.

*उदपानमण्डूक m. *ein Frosch im Brunnen, so v. a. ein unerfahrener Mensch.*

उदपीति f. *ein Ort, an dem man Wasser zu trinken bekommt,* Kâd. II,49,7.

[illegible] Adj. *im Wasser sich reinigend, durch W. rein.*

उदपेषम् Absol. *im Wasser zerreibend* Pâr. Gṛhj. 1,13,1. 14,3.

उदप्रुत् Adj. *im Wasser schwimmend, plätschernd.*

उदप्लव m. *Wasserfluth.*

उदप्लुत Adj. *im Wasser schwimmend.*

उदबिन्दु m. *Wassertropfen* Kumâras. 5,24.

*उदबुद्ध m. N. pr. eines Mannes. S. औदबुद्धि.

*उदभार m. = उदकभार.

*उदभृज्ज und *उदमज्ज m. N. pr. zweier Männer.

उदमन्थ m. *ein best. Rührtrank* Çâṅkh. Gṛhj. 3,2.

उदमय 1) Adj. *aus Wasser bestehend.* — 2) m. N. pr. eines Mannes.

उदमेघ m. 1) *Wasserschauer.* — 2) *N. pr. eines Mannes Kâç.

*उदमेय m. N. pr. eines Mannes. Vgl. औदमेयि.

उदमेह्निन् Adj. = उदकमेह्निन् Karaka 2,4.

उदम्भस् Adj. *reichlich mit Wasser versehen.*

उदय m. (adj. Comp. f. आ) 1) *das Emporsteigen, Sichheben, Anschwellen.* — 2) *Aufgang* (von Gestirnen), *heliakischer Aufgang, Aufzug* (von Wolken). — 3) N. pr. eines fabelhaften Berges, hinter dem Sonne und Mond *aufgehen* sollen. — 4) *Hinausgang* R. 2,48,29. — 5) *das Hervorbrechen, Hervortreten, Sichtbarwerden, zur Erscheinung Kommen, Entstehung, Entfaltung.* — 6) *Ausgang, Erfolg, Folge.* — 7) *ein nachfolgendes Wort, ein nachfolgender Laut.* — 8) *das Emporkommen, Aufschwung, glückliche Lage, — Verhältnisse.* — 9) *Vortheil, Gewinn.* — 10) *Erwerb, Einkommen, Besitz.* — 11) *Zinsen.* — 12) *das erste astrol. Haus* Ind. St. 14,313. 315. 319. — 13) = उदयज्या. — 14) N. pr. verschiedener Männer.

उदयकर m. N. pr. eines Autors. Vgl. उदयाकर.

उदयगिरि m. = उदय 3) VP. 2,4,62.

उदयगुप्त m. N. pr. eines Mannes.

उदयंकर m. = उदयकर.

उदयजित् m. N. pr. eines Mannes.

उदयज्या f. *orient sine.*

उदयतट m. *der Abhang des Berges* Udaja 297,8.

उदयतुङ्ग m. N. pr. eines Fürsten.

उदयधवल m. desgl.

उदयन 1) n. (adj. Comp. f. आ) a) *Aufgang* (eines Gestirns). — b) *Ausgang.* — c) *Ausgang, Ende* Tâṇḍja-Br. 2,15,3. 13,12,1. — d) *Erlösungsmittel* Karaka 4,5. — 2) m. N. pr. verschiedener Männer.

उदयनचरित n. Titel eines Schauspiels.

उदयनाचार्य m. N. pr. eines Philosophen.

उदयनीय 1) Adj. (f. आ) *zum Ausgang gehörig, schliessend.* — 2) m. f. oder n. je nachdem अतिरात्र, इष्टि oder कर्मन् zu ergänzen sind.

उदयनोपाधि m. Titel eines Werkes.

उदयपर्वत m. = उदय 3).

उदयपुर n. N. pr. einer *Stadt.*

उदयप्राण m. Pl. *die Zeit des Aufganges eines Sternbildes, in dem ein Planet steht, nach* Prâṇa *berechnet*

उदयराज m. N. pr. eines Mannes.

उदयराय m. desgl. Kshitîç. 52,17.

उदयराशि m. = उदयर्त्त 2).

उदयर्त्त n. 1) dasjenige Mondhaus, in welchem der heliakische Aufgang stattfindet. — 2) dasjenige astrologische Haus, in welchem ein am Horizont erscheinender Planet steht.

उदयवन्त् 1) Adj. aufgegangen (Gestirn). — 2) f. °वती N. pr. einer Tochter Udajatuñga's.

उदयशैल m. = उदय 3).

उदयसिंह m. N. pr. eines Fürsten.

उदयाकर m. N. pr. eines Mannes. Vgl. उदयकर.

उदयाचल m. = उदय 3).

उदयादित्य m. N. pr. verschiedener Männer.

उदयाद्रि m. = उदय 3).

*उदयान m. v. l. für उदपान 2) Kâç.

उदयान्त Adj. (f. आ) mit dem Aufgang der Sonne endend Spr. 818.

उदयान्तरकर्मन् n. eine Correction, die vorgenommen wird, um den wahren Stand der Planeten für Lañkâ zu berechnen, wenn man denselben zuvor durch den mittleren Ahargaṇa bestimmt hat.

उदयावृत्ति f. die Wendung nach dem Aufgange (der Sonne) hin Ragh. ed. Calc. 8,34.

उदयाश्व m. N. pr. eines Sohnes des Darbhaka.

उदयासु m. Pl. = उदयप्राण.

उदयिन् und उदयिभद्र m. = उदयाश्व.

उदयोन्मुख Adj. (f. ई) gute Tage erwartend Pañkad. 43.

उदयोर्वीभृत् m. = उदय 3) 314,2.

उदर n. (adj. Comp. f. आ und ई) 1) Bauch; Mutterleib 73,9. 11. 105,28. m. Karaka 1,20. — 2) Wasserbauch und überh. Anschwellung des Leibes (Bez. einer best. Krankheitsklasse). — 3) der dicke Theil eines Dinges (z. B. des Daumens, eines Korns). — 4) Höhlung, das Innere eines Dinges. — 5) Kampf Naish. 7,81.

*उदरग्रन्थि m. krankhafte Anschwellung im Unterleibe.

उदरण n. das Sicherheben, Aufsteigen Maitr. S. 1,9,7.

*उदरत्राण n. Panzer.

*उदरथि m. 1) die Sonne. — 2) Meer.

उदरदार m. eine best. Unterleibskrankheit.

उदरपात्र n. der Bauch als Gefäss Âruṇ. Up. 5.

*उदरपिशाच m. der keinerlei Speise für seinen Bauch verschmäht.

*उदरपूरम् Absol. bis der Bauch gefüllt ist.

उदरंभर und *°भरि Adj. der nur seinen Bauch nährt.

उदररन्ध्र n. ein best. Theil am Bauche des Pferdes Kâd. 87,23.

उदररोग m. Unterleibskrankheit.

*उदरवत्त् Adj. dickbäuchig.

उदरवेष्ट m. Zusammenschnürung des Bauches Karaka 1,20.

उदरव्याधि m. Unterleibskrankheit Râǵat. 6,90.

*उदरशय Abl. auf dem Bauche liegend, -schlafend.

उदरशाण्डिल्य m. N. pr. eines Ṛshi Vañçabr. 2.

उदरसर्पिन् Adj. auf dem Bauche kriechend.

उदरस्थ m. das Feuer im Magen Maitrjup. 6,17.

उदराल m. N. pr. eines Krankheitsdämons. उदाराल v. l.

उदराग्नि m. Verdauungskraft.

उदराद m. eine Art von Eingeweidewürmern Karaka 1,9. 3,7.

उदराध्मान n. Aufgeblasenheit des Unterleibes.

उदरामय m. Unterleibskrankheit. * = अतीसार Nigh. Pr.

उदरामयिन् Adj. eine Unterleibskrankheit habend.

*उदरावर्त m. Nabel.

*उदरावेष्ट m. Bandwurm.

*उदरिक Adj. dickbäuchig.

उदरिन् Adj. 1) an Leibesanschwellung leidend. — 2) f. °णी schwanger.

*उदरिल Adj. dickbäuchig.

उदरेमुख Adj. am Bauch den Mund habend.

उदर्क m. (adj. Comp. f. आ) 1) das Ertönen ṚV. 1,113,18. — 2) Folge, Zukunft, zukünftige Lage. — 3) glückliche Zukunft. — 4) Ausgang, Ende. — 5) Refrain. — 6) Thurm, Warte. — 7) *Vanguiera spinosa Roxb.

उदर्चिस् 1) Adj. glänzend, strahlend. — 2) m. Feuer Spr. 6122.

उदर्द m. Rothlauf, Rose Bhâvapr. 6,40.

उदर्य 1) Adj. zum Bauch gehörig, im B. befindlich Karaka 1,4/20. 3,3. — 2) n. Inhalt des Leibes oder was den Leib bildet.

उदर्ष m. Ueberlauf, Ueberschwang TBr. 3,7,10,1.

उदल m. N. pr. eines Mannes.

उदलाकाश्यप m. N. pr. einer Gottheit des Ackerbaues.

*उदलावणिक Adj. mit Salzwasser bereitet.

उदवग्रह Adj. dessen Udâtta auf dem ersten Bestandtheil des aufgelösten Wortes ruht.

उदवज्र m. Wasserdonnerkeil Çiç. 8,39.

उदवसातर् Nom. ag. der beim Abschluss der Feier die Opferstätte verlässt Comm. zu Njâjam. 10,2,18.

उदवसान n. das Verlassen der Opferstätte nach Abschluss der Feier Comm. zu Njâjam. 10,2,16. Bhâg. P. 4,7,56.

उदवसानीय 1) Adj. (f. आ) den Schluss eines Opfers bildend Maitr. S. 4,8,6. — 2) f. आ Schlussfeier.

उदवसित n. Wohnung, Haus Mṛkkh. 67,10, v. l.

*उदवाप m. N. pr. eines Mannes. v. l. richtig उदवाह.

उदवास m. Aufenthalt im Wasser.

उदवासिन् Adj. im Wasser sich aufhaltend Kâd. 24,23.

उदवाह 1) Adj. Wasser bringend. — 2) *m. N. pr. eines Mannes; vgl. औदवाहि.

*उदवाहन Adj. Wasser bringend Kâç.

*उदवीवध m. = उदकवीवध.

उदव्रज m. 1) Behausung der Gewässer. Nach Sâj. N. pr. einer Oertlichkeit. — 2) *N. pr. eines Mannes.

उदशराव m. eine Schüssel mit Wasser.

*उदशुद्ध m. N. pr. eines Mannes.

उदशाचा f. N. pr. einer Hexe Ind. St. 14,127.

उदश्रय्, °यति 1) Thränen vergiessen Suparṇ. 30, 7. — 2) weinen machen Spr. 1251.

उदश्रयण n. das Weinenmachen.

उदश्रु Adj. weinend.

उदश्वित् n. halb Wasser und halb Buttermilch.

*उदश्वित्वन्त् Adj. reich an Udaçvit.

*उदसक्तु m. = उदकसक्तु.

उदसन n. das in die Höhe Werfen, Aufrichten.

उदस्तात् Adv. oberhalb, mit Gen.

उदस्तोक m. Wassertropfen.

*उदस्थान n. N. pr. einer Oertlichkeit.

उदस्थाली f. ein Kessel mit Wasser Çat. Br. 12, 4,5. 8.

उदहरण m. Gefäss zum Wasserschöpfen.

उदहार 1) Adj. (f. ई) a) Wasser holend, Wasserträger Ind. St. 13,485. — b) Wasser zu holen beabsichtigend. — 2) *m. Wolke.

उदहृत् Adj. Wasser holend Kauç. 60.

उदाचम् Absol. aufhebend Çat. Br. 3,3,2,14. fgg.

उदाचार m. Spazierplatz Âpast.

उदाज m. kriegerischer Auszug Maitr. S. 1,10,16.

उदात्त 1) Adj. a) erhoben, hoch. — b) aufgegangen, zum Vorschein gekommen Prab. 97,1. — c) hochstehend, berühmt (Geschlecht) 327,10. — d) hochbetont. °तर ṚV. Prât. 3,2. °तम Saṃhitopan. 27,3.5. — e) grossmüthig, hochherzig. — f) hochfahrend, trotzig. — 2) m. a) Acut. — b) *Gabe. — c) *Geschäft. — d) *eine best. Redefigur. — e) *ein best. musikalisches Instrument. — 3) n. prunkhafte Rede Kâvjapr. 10,29.

उदात्तता f. Prunkhaftigkeit der Rede.

उदात्तत्व n. das Hochbetontsein.

उदात्तमय Adj. *wie der Acut klingend.*

उदात्तय्, °यति *Jmd* (Acc.) *erheben, zu einem angesehenen Manne machen* Bâlar. 258,23

उदात्तराघव n Titel eines Schauspiels.

उदात्तवन्त् Adj. *mit dem Acut versehen.*

उदात्तश्रुति Adj. *wie der Acut klingend.* Nom. abstr. °ता f.

उदात्तत्त Adj. *dem ein Acut vorangeht und folgt.*

उदान m. 1) *der sich von unten nach oben bewegende Wind im Körper* 264,20. 28. — b) *Nabel. — c) *Augenwimpern. — d) *eine Art Schlange. — e) bei den Buddhisten α) *Herzensergiessung*; s. उदानय्. — β) *eine Klasse von Schriften, in denen* Buddha *ohne besondere Veranlassung spricht.*

उदानय्, °यति in Verbindung mit उदानम् *sein Herz vor Freude ausschütten* Lalit. 34,6. 118,8. 182,11.

उदापि m. N. pr. eines Sohnes 1) des Sahadeva Hariv. 1,32,99. — 2) des Vasudeva VP. 4,15,15.

उदायिन् v. l.

उदापेतिन् m.N.pr.eines Sohnes des Viçvâmitra.

(उदाप्यम्) उदापिश्रम् Adv. *gegen den Strom.*

उदामन्त्रण n. *lautes Anrufen, — Anreden.*

उदाय in न्युदाय.

उदायिन् m. N. pr. eines Sohnes 1) des Vasudeva VP.[2] 4,110. — 2) des Kûnika VP.[2] 5,391.

उदायुध Adj. *mit erhobenen Waffen.*

1. उदार 1) Adj. (f. श्रा und *ई) a) *erregend, bewirkend.* — b) *erhaben, edel, ausgezeichnet, vorzüglich, prächtig.* रथोदार *der trefflichste der Wagen.* — c) *laut.* °म् Adv. — d) als Bez. eines best. Kleça *beständig thätig, unablässig wirkend.* — 2) m. a) *aufsteigender Nebel, Dunst.* — b) Pl. *Nebelgeister, Dunstgestalten.* — 3) *f. श्रा N.pr. einer Apsaras Gal.

2. उदार m. Pl. Çiva's *Gattin* Spr. 7764.

उदारक m. ehrender Bein. eines Mannes.

उदारकीर्ति Adj. *hochberühmt*, von Çiva.

उदारचरित 1) Adj. *von edlem Benehmen, edel handelnd* 142,6.168,23.—2) m.N.pr. eines Fürsten.

उदारता f. 1) *Edelmuth.* — 2) *edle Ausdrucksweise* Vâmana 3,1,20. 2,12.

उदारत्व n. 1) *edle Ausdrucksweise.* — 2) Nom. abstr. zu 1. उदार 1) *d).*

उदारथि 1) Adj. *dampfend.* — 2) *m. Bein. Vishnu's.

उदारदर्शन Adj. (f. श्रा) *von edlem Aussehen.*

उदारधिषण m. N. pr. eines Astronomen.

उदारधी 1) Adj. *von ausgezeichnetem Verstande.* — 2) m. N. pr. des Vaters von Ripu VP.[2] 1,178.

उदारभाव m. *Edelmuth* Spr. 7733.

उदारमति Adj. *von ausgezeichnetem Verstande.*

उदारवसु m. = उदावसु VP. 4,5,12.

उदारविक्रम Adj. *von vorzüglicher Tapferkeit* Spr. 1843.

उदारवृत्तार्थपद Adj. *dem Metrum, dem Sinne und den Worten nach vorzüglich* R. 1,2,45.

उदारशोभ Adj. (f. श्रा) *überaus prachtvoll.*

उदारसत्त्व Adj. *von edlem Charakter.*

उदारसत्त्वाभिजन Adj. *von edlem Charakter und edler Abkunft.*

उदाराल m. N. pr. eines Krankheitsdämons MBh. 9,45,63. उदाराल v. l.

उदारार्थ Adj. *inhaltsvoll* (Rede).

उदावर्त 1) m. Bez. *einer Klasse von Krankheiten, wobei die natürlichen Ausscheidungen zurückgehalten werden* TS. 6,4,1,1. — 2) f. श्रा *schmerzhafte Menstruation mit schaumigem Blute.*

उदावर्तक Adj. *zurückhaltend* Bhâvapr. 4,170.

उदावर्तन n. *das Zurückhalten* Karaka 6,30.

उदावर्तिन् Adj. *an Verhaltung leidend.*

उदावसु m. N. pr. eines Sohnes des Ganaka.

उदाशय m. *Wasserbehälter, Teich.*

उदास m. *das Auswerfen, Ausstossung* Tândja-Br. 11,5,19. गर्भस्य *Fehlgeburt.*

उदासर्पणी f. in श्रर्बुदोदा°.

*उदासारिन् Adj. Mahâbh. 3,68,a.

उदासिन् m. 1) N. pr. v. l. für उदयाश्व VP.[2] 4, 182. — 2) Pl. *eine best. asketische Schule.*

उदासीन 1) Adj. *unbetheiligt, sich gleichgültig verhaltend in Bezug auf* (Loc.). — 2) m. a) *ein Gleichgültiger, so v. a. weder Freund noch Feind.* Auch in astrol. Sinne. — b) *Asket.*

उदासीनता f. *das bei einer Sache Unbetheiligtsein.*

उदास्त Adj. = उदासीन.

उदास्थित m. 1) *ein Mönch, der sein Gelübde gebrochen hat* (als Späher verwandt) Kull. zu M. 7, 154. — 2) **Thürsteher.* — 3) **Aufseher.*

उदास्यपुच्छ Adj. *mit erhobenem Gesichte und Schweife.*

उदाहरण n. 1) *das Sprechen, Reden.* — 2) *das Aussprechen, Hersagen* Gaut. — 3) *Beispiel* 241,16. उदाहरणावली f. *Reihe von Beispielen* H. 5. — 4) *das dritte Glied eines fünftheiligen Syllogismus* Njâjas. 1,32. 36. — 5) *steigernde Rede, Uebertreibung im Ausdruck.*

उदाहरणचन्द्रिका f. Titel eines Werkes.

उदाहरणवस्तु n. Pl. *Alles was gesprochen wird.*

उदाहरणानुगम m. Titel eines Werkes.

उदाहरणीय n. impers. = उदाहार्य Comm. zu Njâjam. 2,1,20.

उदाहारिन् Adj. *ausrufend, anrufend,* mit Acc.

1.*उदाहार m. 1) *Beispiel.* — 2) *Einleitung einer Rede.*

2. उदाहार 1) Adj. *Wasser zu holen die Absicht habend* 93,25. — 2) m. *das Herbeiholen von Wasser.*

उदाहार्य n. impers. *als Beispiel zu geben* 231,15.

उदाहित Adj. *erhöht.* Compar. °तर Çat. Br. 7,5,1,38.

उदाहृति f. 1) *Beispiel.* — 2) *steigernde Rede, Uebertreibung im Ausdruck.*

उदिक्षण (!) m. *ein best. Tact* S.S.S. 210.

उदित Partic. 1) von इ mit उद्. — 2) von वद्. — 3) nachlässige Schreibart für उद्दित.

उदितडम्बार (!) m. N. pr. eines Mannes.

उदितहोमिन् Adj. *nach Sonnenaufgang das Feueropfer darbringend.*

उदितानुवादिन् Adj. *Andern nachsprechend.*

उदिति f. 1) *Aufgang* (der Sonne). — 2) *Weggang, Untergang* (der Sonne). — 3) *Ende, Schwund* RV. 6,15,11. AV. 10,2,10.

उदितोदित Adj. *in dem das Gesprochene aufgegangen ist, gelehrt.*

उदित्वर Adj. *hervorragend, aussergewöhnlich* Ind. St. 14,158,6.

उदीक्षा f. 1) *das Aufblicken, Hinblicken.* — 2) *das Warten* Çaṁk. zu Bâdar. 4,2,20.

उदीची s. उदञ्च्.

उदीचीन Adj. *nördlich gewandt.* °प्रवण *nach Norden sich neigend.* °दश Adj. Çat. Br. 1,7,1,13. 4,3,5,21. °वंश Adj. (f. श्रा) 3,1,1,7. 6,1,23. उदीचीनाग्र Adj. (f. श्रा) 1,2,1,16 (falsch betont). 3,5,1,20. 6,1,14. 7,1,7.

(उदीच्य) उदीचिश्र und उदीच्य 1) Adj. *im Norden befindlich, — wohnend.* m. Pl. *die Bewohner des Nordlandes.* Am Anf. eines Comp. *Nordland* MBh. 3,237,3. — 2) m. Pl. *eine best. Schule.* — 3) n. *ein Parfum, Pavonia odorata* Bhâvapr. 1,190. 2,118.

*उदीच्यकाष्ठ *Smilax China* Nigh. Pr.

उदीच्यवृत्ति f. 1) *die Sitte der Bewohner des Nordlandes* Âpast. 2,17,17. — 2) *ein best. Metrum.*

उदीप m. *Hochwasser, Ueberschwemmung* Râgat. 7,1636. 8,2887.

उदीरण n. 1) *das Schleudern.* — 2) *das Ausstossen* Karaka 1,15. — 3) *das Erregen* Karaka 7,2. — 3) *das Aussprechen, Kundthun.*

उदीर्ण Partic. von ईर् mit उद्.

उदीर्णता f. *gesteigerter Zustand* Suçr. 1,355,9.

उदीर्णवराहतीर्थ n. N. pr. eines Tîrtha.

उडुम्बर 1) m. *Ficus glomerata. Auch die Frucht* 23,32. — b) *eine Art Aussatz* Karaka 6,7. °कुष्ठ dass. 2,5. — c) *Schwelle.* — d) **Eunuch.* — e) **penis.* — f) N.pr. α) *eines Mannes gaṇa नडादि. — β) Pl. eines Volksstammes. — 2) f. ई in काकाह्वानोडुम्बरी *Ficus oppositifolia* Suçr. 2,67,12. — 3) n. *a*) *ein* Udumbara-*Wald.* — *b*) *die Frucht des* Udumbara उडुम्बर Çat. Br. 14. — *c*) *Kupfer.* — *d*) *ein best. Gewicht*, = कर्ष.

*उडुम्बरकृमि m. *eine Raupe auf einem* Udumbara (als Gleichniss).

*उडुम्बरच्छदा (Nigh. Pr.), *उडुम्बरदला und उडुम्बरपर्णी (Karaka 7,12) f. *Croton polyandra Roxb.*

*उडुम्बरमशक m. *eine Mücke auf einem* Udumbaka (als Gleichniss).

उडुम्बरावती f. N. pr. eines Flusses Hariv. 9511.

उडुम्बरिका f. in काकोडु°.

उडुम्बल Adj. *kupferfarben.*

उडुम्भर m. ein zur Erklärung von उडुम्बर erfundenes Wort.

उडुष्टमुख Adj. *mit einer glühendrothen Schnauze* Çat. Br. 7,3,2,14.

उडुवृह TBr. 3,8,4,3 fehlerhaft für उदूवृह.

उदूखल = उलूखल n. 1) *Mörser.* — 2) **Bdellion.*

*उदूठ Adj. 1) = ऊढ. — 2) *dick, fett.*

उदूवृह m. 1) *Bündel von Ruthen, Besen.* — 2) *ein am höchsten gesprochener Acut* Saṁhitopan. 27,6.

उदृच् f. *Ausgang, Ende.* Loc. *zuletzt, schliesslich.*

*उदेजय Adj. *zittern machend.*

उदेतव्य n. impers. *aufzugehen* Kâd. 245,22.

उदेतोस् Abl. Infin. mit पुरा *vor Aufgang* (der Sonne) 238,30. mit आ *bis zum A.* Taṇḍja-Br. 9,1,38.

उदेपुर n. N. pr. einer *Stadt.*

उदोजस् Adj. *übergewaltig.*

उदोदन m. *in Wasser gekochter Reisbrei.*

*उद्गतशृङ्ग Adj. *bei dem die Hörner schon hervorgekommen sind.*

उद्गता f. *ein best. Metrum* Ind. St. 8,352. fgg.

उद्गति f. *das Hervorkommen.*

उद्गद्गदिका f. *das Schluchzen* Kâd. II, 99,15.

उद्गन्तर् (!) Nom. ag. *Hinausführer* Maitrjup. 6,31.

उद्गन्धि Adj. *wohlriechend.*

उद्गम m. (adj. Comp. f. आ) 1) *Aufgang* (von Gestirnen). — 2) *das Emporsteigen, Erhebung.* — 3) *das Hervortreten, — brechen, zum Vorschein Kommen* 300,26. 304,15. 326,1. — 4) *Hinaustritt, Entweichung.* — 5) *Schoss, Schössling.* — 6) *Horoskop* Ind. St. 14,312.

उद्गमन n. 1) *Aufgang* (von Gestirnen). — 2) *das Hervortreten, — brechen, zum Vorschein Kommen.*

उद्गमनीय n. *ein reines Gewand.*

उद्गर्भ Adj. *schwanger* Vâmana 41,13.

उद्गल Adj. *den Hals (Kopf) aufrichtend.*

उद्गातर् m. *derjenige Hauptpriester, der das* Sâman *singt.* °तृवेद m. Comm. zu Kâtj. Çr. 22,1,1.

उद्गातृदमन n. Name verschiedener Sâman Ârsh. Br.

उद्गाथा f. *ein best. Metrum.*

उद्गार m. 1) *das Ausspeien, Auswerfen, Vonsichgeben, Ausstossen, Ausströmen* Spr. 7682. — 2) *Auswurf, Speichel* Gaut. — 3) *eine heranstürzende Wassermasse, Fluth.* — 4) *Gebrüll, Getöse, lauter Ausruf.* व्यक्तोद्गारम् Adv. Spr. 2473.

*उद्गारकर्णिा m. *Koralle* Râǵan. 13,161.

उद्गारचूडक m. *ein best. zu den* Pratuda *gezählter Vogel.*

उद्गारशोधन m. *schwarzer Kümmel* Bhâvapr. 1,166. *°नी Nigh. Pr.

उद्गारिन् 1) Adj. am Ende eines Comp. *ausspeiend, auswerfend, von sich gebend, ausstossend, ausströmend.* सामो° *ertönen lassend* Bâlar. 53,17. — 2) m. *das 57ste Jahr im 60jährigen Jupitercyclus.*

उद्गारिम Adj. *ausströmend* Ind. St. 15,292.

उद्गाह्मान *m. N. pr. eines Mannes gaṇa पैलादि.

उद्गिरण n. *das Ausspeien, Erbrechen* 265,3.

उद्गिरय्, °यति *ausstossen* (Laute).

उद्गीत n. *Gesang.*

उद्गीति f. *ein best. Metrum.*

उद्गीथ 1) m. und n. (ausnahmsweise) *das Singen des* Sâman, *das Geschäft des* Udgâtar; insbes. *der Gesang des eigentlichen* Sâman (ohne die Zuthaten) und *ein best. Theil eines* Sâman Mâdh. Kâlan. 82,*b*. — 2) m. N. pr. α) eines Sohnes des Bhuva (VP. 2,1,38) oder Bhûman. — β) eines Commentators Sâj. zu Ṛv. 10,46,5.

उद्गेय n. impers. *zu singen* Tâṇḍja-Br. 6,7,23. 7,7,13.

*उद्गैहो f. *eine Ameisenart* Gal. Vgl. उद्देहिका.

उद्ग्रथन n. *das Schürzen, Umbinden* (eines Gürtels) Ragh. ed. Calc. 19,41.

उद्ग्रन्थ m. 1) **Kapitel, Abschnitt.* — 2) N. pr. eines Mannes (buddh.).

उद्ग्रन्थि Adj. *frei von hemmenden Knoten* (bildlich).

उद्ग्रभण n. *das in die Höhe Nehmen.*

उद्ग्रहण n. 1) *das Herausnehmen.* — 2) **das Eintreiben* (einer Schuld).

उद्ग्रहणिका f. *Einwand.*

उद्ग्राभ m. *das Erheben, Emporheben, Erhöhen.*

उद्ग्रासक Adj. *verschlingend.* Nom. abstr. °त्व n. Nṛs. Up. 203.

उद्ग्राह m. 1) *Aufnahme.* — 2) **Einwurf.* — 3) *ein best. grammatischer* Saṁdhi. — 4) *der erste Theil einer Composition, Introduction, Vorspiel* S. S. S. 120.

*उद्ग्राहणिका f. *Einwurf.*

उद्ग्राहपदवृत्ति f. *ein best. grammatischer* Saṁdhi.

उद्ग्राहवत्त् n. desgl.

*उद्ग्राहिणी f. *Einwand.*

उद्ग्रीव Adj. 1) *den Hals in die Höhe richtend.* °म् Adv. Spr. 7812. — 2) *mit dem Halse nach oben gekehrt* (Gefäss) Kâd. 40,15.

उद्ग्रीविन् Adj. = उद्ग्रीव 1) Spr. 3780.

*उद्घ m. 1) *Ausbund —, Muster von.* — 2) *die hohle Hand.* — 3) *Feuer.* — 4) *der Wind im Körper.*

*उद्घट्टक m. *ein best. Tact.*

उद्घट्टन n. 1) *das Aufschlagen, Schlag* Megh. 61. — 2) *Ausbruch.* दर्पो° Kathâs. 18,88. अविनयो° Bâlar. 191,3. Ohne nähere Bez. *Ausbruch einer Leidenschaft* 25,20.

*उद्घन m. *Werkbank eines Zimmermanns.*

उद्घर्ष m. = उद्घर्षण 2) Karaka 1,23. 6,7.

उद्घर्षण n. 1) *das Schrammen* Suçr. 2,149,13. — 2) *Reibung, Friction* (als Heilmittel). — 3) *Prügel.*

*उद्घस m. *Fleisch.*

उद्घाट m. 1) *das Oeffnen, Offenlegen, Zeigen* (der Zähne). — 2) **Wachhaus.*

उद्घाटक 1) m. *Schlüssel.* — 2) *n. *Schöpfeimer.*

उद्घाटन 1) Adj. *öffnend, wegschiebend* (einen Riegel) Spr. 599. — 2) n. *a*) *das Oeffnen, Aufschliessen* Sâj. zu Ṛv. 1,13,6. — *b*) *das Blosslegen, Entblössen.* — *c*) *das Erschliessen, Offenbarmachen, Offenbaren* Mârk. P. 16,11. — *d*) **Schöpfeimer.*

उद्घाटनीय Adj. *zu öffnen.*

उद्घाटितज्ञ Adj. (f. आ) *klug, verständig.*

*उद्घाटिताङ्ग Adj. 1) *nackt.* — 2) *klug, verständig.*

उद्घाटिन् Adj. *öffnend, aufschliessend* Prasannar. 43,7.

उद्घात m. 1) *Stoss, Schlag.* — 2) **das Straucheln der Füsse.* — 3) *Erhöhung, Höcker.* — 4) *Beginn.* — 5) *das zur Sprache Kommen* Kathâs. 17,3. — 6) **Kapitel, Abschnitt.* — 7) *eine best. Art zu athmen als Kasteiung.* — 8) **Hammer.* — 9) **Waffe.*

उद्घातक n. *Wechselrede in kurzen, nur andeutenden Worten.*

*उद्घातन n. *Schöpfeimer.*

उद्घातिन् Adj. *höckerig, uneben.*

उद्घात्य n. = उद्घातक.

उद्घात्यक 1) m. *diejenige Stelle in einem Prolog, in der ein Schauspieler Worte, die für ihn unverständlich sind, auf seine Weise auffasst, indem er selbst Etwas dazu ergänzt.* — 2) n. = उद्घातक.

उद्घूर्ण Adj. *in's Schwanken gerathen* Kâd. 225,12.

उद्घोण Adj. *mit emporgehobener Nase, — Schnauze* Kâd. 29,19.

उद्घोष m. *lautes Verkünden.* °डिण्डिम m. *eine*

Trommel, mit der man das Volk zusammenruft, um Etwas bekannt zu machen.

उद्घोषक m. 1) *Ausrufer.* — 2) N. pr. eines Bharaṭaka.

उद्घोषण 1) n. a) *öffentliche Bekanntmachung.* पटहो° *mit Hülfe einer Trommel.* — b) *das Ausposaunen, Ausplaudern.* — 2) f. आ = 1) b).

*उद्दंश und °क (Gal.) m. *Wanze.*

उद्दण्ड 1) Adj. a) *mit erhobenem Stabe* Spr. 3719. — b) *mit emporstehendem Stile* Ragh. 16,46. Kathâs. 25,248. — c) *emporgehoben, —stehend* Spr. 1790. Prab. 81,13. — d) *emporragend, aussergewöhnlich.* °कर्मन् Adj. Daçak. 25,18. — 2) m. *ein best. Tact* S. S. S. 236.

*उद्दण्डपाल m. = उद्दण्डपाल.

उद्दण्डित Adj. 1) *emporgerichtet, — gehoben.* — 2) *hoch aufgesteckt, so v. a. für Jedermann sichtbar gemacht.*

*उद्दन्तुर Adj. 1) *hervorstehende Zähne habend.* — 2) *hoch.* — 3) *Schauder erregend.*

*उद्दम m. *Bändigung.*

*उद्दर्शन m. N. pr. eines Schlangendämons (buddh.).

उद्दल m. N. pr. eines Schülers des Jâǵńavalkja.

उद्दलन 1) Adj. *ausreissend* Kâd. 130,1. — 2) n. *das Spalten* Ind. St. 14,389.

उद्दान 1) n. a) *das Aufbinden, Aufreihen.* — b) *das Bändigen.* — c) **Taille.* — d) **Ofen.* — e) **das unterseeische Feuer.* — f) **Eintritt der Sonne in ein Zodiakalzeichen.* — g) **Inhalt.* — h) **Abgaben, Gebühren* Gal. — 2) m. N. pr. eines Mannes.

*उद्दानक m. *Acacia Sirissa* Râǵan. 9,59.

उद्दाम 1) Adj. (f. आ) a) *entfesselt, ungebunden, zügellos, schrankenlos, masslos.* — b) *voll —, ganz erfüllt von* (im Comp. vorangehend). रणोद्दाम *kampfbegierig* Spr. 6045. — 2) °म् und उद्दाम° Adv. *ungezügelt, ausgelassen, ohne alle Grenzen, wild* Kâd. II,91,8. — 3) m. a) *ein best. Metrum.* — b) Bein. α) **Jama's.* — β) **Varuna's* Gal.

उद्दामय्, °यति *in einen üppigen Zustand versetzen* Kâd. II,136,5.

उद्दाल m. 1) *Paspalum frumentaceum* Rottl. — 2) **Cordia Myxa* oder *latifolia.*

उद्दालक 1) m. a) = उद्दाल 1). — b) = *उद्दाल 2). — c) N. pr. eines Lehrers. — 2) *n. *eine Art Honig.* Wohl fehlerhaft für औद्दालक.

*उद्दालकपुष्पभञ्जिका f. *ein best. Spiel bei den* Prâkas.

उद्दालकव्रत n. *ein best. Gelübde* Comm. zu Âçv. Gṛhj. (Bibl. ind.) 1,19,6.

उद्दालकायन m. Patron. von उद्दालक. Vgl. औद्दा°.

उद्दालन n. *Mittel zur Wegschaffung* Karaka 6,7.

उद्दालिन् m. N. pr. = उद्दल.

*उद्दास m. gaṇa बलादि.

*उद्दासिन् Adj. gaṇa बलादि und प्रग्र्यादि.

उद्दिधीर्षा f. *das Verlangen zu entfernen* Comm. zu Njâjas. (1829) 5,49. Fehlerhaft für उज्जिहीर्षा.

उद्दिधीर्षु Adj. *zu retten wünschend.* Fehlerhaft für उज्जिहीर्षु.

उद्दिश् f. *Aufgegend.*

उद्दिष्ट n. *ein best. Tact* S. S. S. 216.

उद्दीपक 1) Adj. *anfachend, erregend.* Nom. abstr. °ता f. und °त्व n. — 2) m. *ein best. Vogel.* — 3) f. °पिका *eine Ameisenart* AV. Pariç. 67,1.

उद्दीपन 1) Adj. a) *anfachend, erregend.* — b) *stark wirkend.* Nom. abstr. °ता f. *Schärfe* (eines Giftes) Daçak. 12,10. — 2) n. a) *das Anfachen, Erregen.* — b) *das Anfeuern, Aufwiegeln.* — c) *Anregungsmittel.*

उद्दीप्ति f. *das Entflammen, Erregtwerden.*

*उद्दीप्र n. *Bdellion.*

*उद्दीश m. = उड्डीश Bein. Çiva's.

उद्दृष्ट n. *das Sichtbarwerden des Mondes.*

उद्देश m. (adj. Comp. f. आ) 1) *Hinweisung.* कस्य चोद्देशः *so v. a. für wen ist es bestimmt?* °उद्देशेन (Pańkad. 36) und °उद्देशात् (Kap. 2,7) *für, in Bezug auf, in Betreff —, zum Behuf —, in Folge von.* — 2) *Angabe.* कृतोद्देश Adj. *dem man Etwas angegeben hat.* — 3) *kurze Angabe, blosses Nennen, blosse Angabe des Namens* MBh. 3,45,15.230,59. उद्देशतस् *in aller Kürze, in ganz geringem Maasse.* — 4) *Platz, Gegend.*

उद्देशक 1) *Adj. *auf Etwas hinweisend, E. angebend.* — 2) m. *Aufgabe* (in der Math.) Comm. zu Ârjabh. 2,8.

*उद्देशकवृत्त m. *ein bedeutungsvoller, zu einem best. Zweck gepflanzter Baum.*

उद्देशन n. *das Hinausstrecken, Hinaushalten.*

उद्देशविधेयविचार m. Titel eines Werkes.

*उद्देशवृत्त m. = उद्देशकवृत्त.

उद्देशिन् Adj. *worauf zunächst hingewiesen wird, was zu angegeben wird.*

उद्देश्य Adj. 1) *worauf* oder *auf wen man hindeutet, — es abgesehen hat* Ind. St. 10,334. Comm. zu Gobh. 180,3. Nom. abstr. °त्व n. 4. — 2) *was zuerst angegeben oder gesagt wird* Kâvjapr. S. 168, Z. 10. — 3) *für Jmd bestimmt* Âpast. — 4) *nur dem Namen nach anzugeben* Comm. zu Njâjam. 2,1,1.

उद्देश्यक am Ende eines adj. Comp. so v. a. *hinweisend auf.*

*उद्देश्यपादप m. = उद्देशकवृत्त.

उद्देश्यविधेयबोधस्थलीयविचार m. Titel eines Werkes.

उद्देहिक 1) m. Pl. N. pr. eines Volkes. — 2) *f. आ *Termite.*

उद्द्योत 1) Adj. *aufleuchtend, strahlend.* — 2) m. a) *das Aufleuchten, Hellwerden, Erglänzen* (eig. und übertr.). — b) *aufstrahlendes Licht, Glanz.* — c) *Kapitel, Abschnitt* Verz. d. B. H. No. 648.

उद्द्योतक Adj. *anfeuernd, aufregend.*

उद्द्योतकर Adj. (f. ई) *erleuchtend, erhellend* (eig. und übertr.).

उद्द्योतकराचार्य m. N. pr. eines *Lehrers.*

उद्द्योतकारिन् Adj. = उद्द्योतकर.

उद्द्योतनसूरि m. N. pr. eines Ǵaina-Lehrers.

उद्द्योतमयूख m. Titel eines Werkes Verz. d. B. H. No. 1043.

उद्द्योतिन् Adj. *hinauf leuchtend.*

उद्द्रष्टृ Nom. ag. *Erschauer.* °ष्टृत्व n. Nṛs. Up. in Ind. St. 9,154.

उद्द्राव m. 1) Adj. *davonlaufend.* — 2) m. a) **Flucht.* — b) *Bez. bestimmter Formeln.*

उद्धत 1) Adj. s. हन् mit उद्. — 2) m. a) **ein königlicher Ringer.* — b) N. pr. eines Esels Pańkat. 247,25.

उद्धतत्व n. *Hochmuth* Maitrjup. 3,5.

*उद्धतमनस्क Adj. *hochmüthig.* Nom. abstr. °त्व n. *Hochmuth.*

उद्धति f. *Stoss, Schlag.*

उद्धनन n. *das Aufschütten* Comm. zu Njâjam. 10,1,1.

उद्धन्तवै Dat. Inf. *aufzuschütten* Çat. Br. 13,8,1,20.

*उद्धम Adj. Vop. 26,34.

*उद्धमचूडा und *उद्धमविधमा f. gaṇa मयूरव्यंसकादि.

*उद्धय Adj. Vop. 26,34.

उद्धर MBh. 3,11188 fehlerhaft für उद्धुर.

*उद्धरचूडा f. gaṇa मयूरव्यंसकादि.

उद्धरण 1) n. a) *das Aufheben* MBh. 3,147,22. Çârṅg. Paddh. 47,b,1 (68,b,3). — b) *das Herausziehen, Ausreissen.* — c) *Mittel zum Ausreissen.* — d) *das Ausziehen* (eines Kleides). — e) *das Fortnehmen, Entfernen.* — f) *das Ausscheiden eines Theiles.* — g) *das Vorsetzen, Anbieten* Comm. zu Kâtj. Çr. 4,1,10. — h) *das Befreien, Erretten.* — i) *das Herausnehmen des Feuers,* d. h. *das Entzünden der andern Feuer durch aus dem* Gârhapatja-*Feuer entnommene Brände.* — k) *Näschereien, die man nach Hause bringt,* MBh. 13, 60,14 (सोद्धरणा ग° zu vermuthen). — l) **ausgebrochene Speise.* — 2) m. N. pr. eines Mannes.

उद्धरणीय Adj. *auszuscheiden* Comm. zu Njâjam. 9,4,10.

*उद्धरावसृता f. gaṇa मयूरव्यंसकादि.

उद्धर्तर् Nom. ag. 1) *Ausrotter, Vernichter.* — 2) *Erretter, Befreier.*

उद्धर्तव्य Adj. 1) *herauszuziehen* Kathâs. 18,299. — 2) *auszuscheiden* Comm. zu Njâjam. 9,4,9.

उद्धर्म m. *Irrlehre.*

1. उद्धर्ष m. 1) *das mit Lust und Muth an Etwas Gehen.* — 2) * *Fest.*

2. उद्धर्ष Adj. *erfreut, froh.*

उद्धर्षण 1) Adj. *ermuthigend.* — 2) f. ई *ein best. Metrum.* — 3) n. a) *Ermuthigung.* — b) * *Haarsträubung.*

उद्धर्षिन् 1) Adj. *dessen Haar sich sträubt.* — 2) f. °र्षिणी *ein best. Metrum,* = उद्धर्षणी.

उद्धव m. 1) * *Opferfeuer.* — 2) * *Freude.* — 3) * *Fest.* — 4) N. pr. eines Jâdava.

उद्धवदूत und उद्धवसंदेश m. Titel zweier Gedichte.

उद्धस्त Adj. *die Hände ausstreckend* Suçr. 2,533,10. v. l. उद्धस्त्र und प्रस्तब्ध.

1. उद्धान n. *das Verlassen,* in अनुद्धान.

2. *उद्धान 1) Adj. a) *ausgebrochen, ausgespien.* — b) *einen Hängebauch habend.* — 2) n. a) *das Brechen, Ausspeien.* — b) *Ofen.*

*उद्धान्त 1) Adj. *ausgebrochen, ausgespien.* — 2) m. *ein Elephant, der nicht mehr brünstig ist.*

उद्धार 1) m. a) *das Herauf —, Herausziehen.* — b) *das Ausreissen* Gaut. 12,2. — c) *Entfernung, Tilgung* (einer Schuld). — d) *Wegnahme, Abzug* M. 10,85. *Auslassung* (in einem Schriftstück) Chr. 216,8. — e) *Widerlegung* Karaka 8,12. Comm. zu Njâjas. 5,1,42. — f) *Auswahl, ein für Jmd ausgeschiedener, ausgewählter Theil* Agni-P. 115,15. *Auszug* (aus einer Schrift). — g) *Rettung, Befreiung.* — h) = उद्धरण 1) i). — i) *Anleihe, Schuld* Kâtj. Du. — 2) *f. आ *Cocculus cordifolius DC.* — 3) *n. *Ofen.*

उद्धारकविधि m. *Bezahlung, Bestreitung* (einer Ausgabe) Pańkat. ed. Bomb II,38,18.

उद्धारकोश m. Titel eines Werkes.

उद्धारण n. 1) *das Herausziehen.* — 2) *das Bezahlen, Bestreiten* (einer Ausgabe) Pańkat. 138,14.

उद्धार्य Adj. 1) *wegzuschaffen, zu entfernen* Âpast. eine Krankheit Karaka 1,25. — 2) *zu retten.*

उद्धि m. 1) *Sitz eines Wagens.* — 2) *Untersatz an der Ukhâ.*

उद्धित Partic. von धा, दधाति mit उद्.

उद्धुर Adj. 1) *aus Rand und Band gekommen, vor Uebermuth vergehend.* — 2) in Comp. mit einem Nom. act. oder mit einem Infin. *bestrebt zu.* — 3) *alles Maass überschreitend, ganz aussergewöhnlich.* — 4) * *hoch.*

*उद्धुषण n. *Haarsträubung.*

उद्धूत n. 1) *das Stampfen.* पादोद्धूत *mit den Füssen* MBh. 4,13,29 = Hariv. 4719. — 2) *das Wühlen.* वराहोद्धूत *eines Ebers* MBh. 4,13,28 = Hariv. 4718.

उद्धूनन n. 1) *das Rütteln, das in heftige Bewegung Versetzen* Venis. 90,14. — 2) *eine Art Pulver.*

उद्धूपन n. *das Ausräuchern.*

उद्धूलन n. *das Bestreuen* Bâlar. 185,19.

उद्धूलय्, °यति *bestreuen* Kâd. II,34,11.

*उद्धूष m. *eine Art Mehl* Gal.

उद्धूषित Adj. *schaudernd* Pańkat. 190,21. प्रोद्धूषित ed. Bomb.

उद्धृत Partic. von हर् mit उद्.

उद्धृति f. 1) *das Herausziehen* Spr. 2682. Çiç. 14,14. — 2) *das Herausnehmen* (des Feuers) Njâjam. 9,4,11. — 3) *Auszug* (aus einer Schrift). — 4) *Rettung.*

*उद्धमान n. *Ofen.*

उद्ध्य m. 1) *Fluss.* — 2) *N. pr. eines Flusses.

उद्ध्वंस m. 1) *Vernichtung* Karaka 2,2. 8. — 2) *Ueberzogenheit, das Bedecktsein.* कण्ठस्य oder कण्ठोद्ध्वंस (Karaka 6,1) so v. a. *Heiserkeit.* — 3) *Epidemie.*

उद्ध्वंसन n. = उद्ध्वंस 2) 3).

1. उद्बन्ध m. *das Sicherhängen.*

2. उद्बन्ध Adj. *des Bandes beraubt.*

उद्बन्धन 1) Adj. (f. ई) *zum Hängen dienend.* — 2) n. a) *das Hängen* (eines Verbrechers). — 3) *das Sicherhängen* Gaut.

उद्बन्धुक Adj. *der sich erhängt.*

उद्बल Adj. in उपोद्बलय्.

उद्बाष्प Adj. *Thränen vergiessend.* Nom. abstr. °त्व n. Vikr. 29.

उद्बाहु, °क und *°लक (!) Adj. *die Arme erhebend.*

उद्बिल Adj. *der die Höhle verlassen hat.*

उद्बुध्य्, °ध्यति *aufkeimen* Maitrjup. 7,11.

उद्बृंहण Adj. *verstärkend, vermehrend, fördernd.*

उद्बोध m. 1) *das Erwachen, so v. a. Hervorbrechen* (des Bartes, einer Gemüthsstimmung, Leidenschaft). — 2) *das Räuchern.*

उद्बोधक Adj. *erweckend, zum Ausbruch bringend.*

उद्बोधन n. *das Erwachen* Verz. d. Oxf. H. 16,a,17 (उद्बोधने zu lesen).

उद्भङ्ग m. *das Brechen, Aufgeben* (einer Gewohnheit) Spr. 6349.

उद्भट 1) Adj. (f. आ) *hervorragend, ausgezeichnet, in seiner Art ungewöhnlich* Bhar. Nâtjaç. 34,119. Viddh. 98,7. Adv. *heftig, leidenschaftlich* (geküsst). °त्व n. Nom. abstr. *gravitas* (eines Widerspruchs). — 2) m. a) * *Schildkröte.* — b) * *Schwingkorb.* — c) * *Sonne* (missverständlich). — d) N. pr. eines Autors.

उद्भव m. 1) *Entstehung, Geburt, Ursprung, Erscheinung, das zum Vorschein Kommen* Kap. 1,11. 2,36. 3,22. 5,31. — 2) *Geburtsstätte* Çvetâçv. Up. 3,4. Chr. 249,5. — 3) am Ende eines adj. Comp. (f. आ) *entstehend aus, herstammend von* 44,2. Nom. abstr. °त्व n. — 4) * *Steppensalz* Gal. — 5) N. pr. eines Sohnes des Nahusha VP.[2] 4,46.

उद्भवक्षेत्र n. *Ursprungsstätte* Daçak. 79,14.

उद्भस m. Pl. N. pr. eines Volkes MBh. 6,50,53.

*उद्भार m. N. pr. eines Mannes; vgl. औद्भारि.

उद्भाव m. gaṇa बलादि in der Kâç. zu P. 5,2,136. *das Aufsteigen* (von Tönen) Pushpas. 9,4,22.

उद्भावन n. 1) *das in die Höhe Bringen.* — 2) *Versäumniss* MBh. 1,129,41. 141,22.

उद्भावयितर् Nom. ag. *in die Höhe bringend.*

*उद्भाविन् Adj. von उद्भाव gaṇa बलादि in der Kâç. zu P. 5,2,136.

*उद्भास m. *Strahl, Glanz.*

*उद्भासवत् Adj. *strahlend, glänzend.*

उद्भासिन् Adj. 1) *strahlend —, glänzend durch,* mit Spr. 1269. — 2) *hervortretend —, sichtbar werdend durch* Spr. 6238. — 3) *Glanz verleihend, fördernd* Mṛkkh. 130,21.

उद्भासुर Adj. *strahlend* Spr. 283.

*उद्भिन्न fehlerhaft für उद्भिज्ज.

उद्भिज्ज Adj. *aus dem Erdboden emporschiessend* (von Pflanzen) Kap. 5,111. Chr. 268,12. 21.

उद्भिद् 1) Adj. a) *aus der Erde emporschiessend.* — b) *hervorbrechend, —quellend* (auch in übertr. Bed.), *siegreich durchdringend.* — 2) m. *ein best. Opfer.* — 3) f. a) *Spross, Sprössling, Pflanze.* — b) *Quelle.* — c) इन्द्रस्य Name eines Sâman.

उद्भिद 1) Adj. = उद्भिद् 1) a). — 2) m. N. pr. eines Sohnes des Gjotishmant und des von ihm beherrschten Varsha VP. 2,4,36. fg. — 3) n. a) * *Quelle.* — b) * *Steppensalz.* — c) Name eines Sâman.

उद्भु Adj. (f. उद्भ्वी, n. उद्भु) *ausreichend, Bestand haltend, dauernd.*

उद्भूतरसस्य कारणत्वविचार: Titel eines Werkes.

उद्भूति f. 1) *Entstehung, Erscheinung, das zum Vorschein Kommen* Kap. 6,66. — 2) *das Emporkommen, Gedeihen.*

उद्भेद m. 1) *Durchbruch, das Hervorbrechen, zum Vorschein Kommen* Megh. X. — 2) * *Spross, Sprössling* Gal. — 3) *Quelle.* — 4) *Verrath.* — 5) *Erwähnung* Prasannar. 100,9. — 6) in der Dramatik *die Entwickelung des Keims* (बीज).

उद्भेदन n. = उद्भेद 1) Karaka 1,12.

उद्यसँ Adj. *erbebend.*

उद्भ्रम m. 1) **Aufregung.* — 2) **Rausch* Gal. — 3) N. pr. einer Schaar Çiva's.

उद्भ्रमण n. *das sich in die Luft Schwingen.*

उद्भ्रान्त n. 1) *das Sicherheben* (eines Windes). — 2) *Schwertschwingen.*

उद्भ्रान्तक 1) Adj. *umherirrend.* Nom. abstr. °त्व n. Nrs. Up. in Ind. St. 9,154. — 2) n. *das sich in die Luft Schwingen.*

उद्भ्रु Adj. *mit emporgezogenen Brauen* Bâlar. 36,1.

1. °उद्य 1) Adj. *auszusprechen, gesprochen werdend.* — 2) n. *Unterhaltung.*

2. उद्य Adj. nachlässig für उद्य्य.

3.*उद्य m. fehlerhaft für उद्ध्य.

उद्यत *m. 1) *ein best. Tact.* — 2) *Abschnitt, Kapitel.* Richtig उद्घात.

उँद्यतस्रुच् Adj. *der den Opferlöffel erhoben hat.*

उँद्यति f. 1) *Erhebung, Darbringung.* — 2) *Erhöhung* (in übertr. Bed.) Ait. Br. 5,3.

उद्यद्गिरि m. = उदयगिरि R. 7,36,44.

उद्यन्त् 1) m. a) *Gestirn* (*was aufgeht*) Pâr. Grhj. 1,3,8. — b) in Verbindung mit पर्वत = उदयगिरि. — 2) f. °ती *eine best. steigende Recitationsweise* Tândja-Br. 2,1,1. 12,1. Lâtj. 6,7,2.3.

उँद्यन्तर् Nom. ag. *erhebend.*

उद्यम m. *n. (adj. Comp. f. आ) 1) *Erhebung, das in die Höhe Heben.* — 2) *das sich an Etwas Machen, Gehen an, Anstrengung, Bemühung, Fleiss* Spr. 1246. fgg. Die Ergänzung im Dat., im Acc. mit प्रति, im Infin. oder im Comp. vorangehend.

उद्यमन n. 1) *das Aufheben, Emporheben.* — 2) *das Bestreben zu* Daçak. 78,6.

उद्यमभृत् Adj. *sich anstrengend, — bemühend, arbeitend* Spr. 1460.

उद्यमिन् Adj. dass.

उँद्यमीयंस् Adj. (f. °यसी) *mehr in die Höhe hebend.*

उद्यष्ट Adj. *beim Singen schreiend* S.S.S. 117.

उद्यान n. 1) *das Hinausgehen.* — 2) *Lustgarten, Park* (auch *m.). Am Ende eines adj. Comp. f. आ. — 3) **Beweggrund, Zweck.* — 4) N. pr. eines Landes im Norden Indiens. — 5) MBh. 12,137,14 fehlerhaft für उद्दान.

उद्यानक n. *Lustgarten, Park.*

उद्यानपाल (Spr. 7767) und °क m. *Gärtner,* °ली (Kâd. 212,5) und °लिका f. *Gärtnerin.*

उद्यानमाला f. *eine Reihe von Gärten* 249,2.

उद्यापन n. *das Vollbringen, Vollziehen.*

उद्यामँ m. 1) *das Aufrichten, Aufspannen.* — 2) *Strang.*

उद्याव m. *Scheidewand* Kâth. 24,8.

उद्यासँ m. *Anstrengung.*

उद्युगँ m. oder n. wohl *eine best. Krankheit.*

उद्युज् wohl f. *Bemühung* Mân. Grhj. 1,4.

उद्योग m. *n. *das sich an Etwas Machen, Gehen an, Anstrengung, Bemühung, Uebung in* (im Comp. vorangehend).

उद्योगपर्वन् n. Titel des 5ten *Buchs* im MBh. und eines *Abschnitts* im 5ten Buche des Râmâjana.

उद्योगिन् Adj. *sich Mühe gebend, — anstrengend, fleissig* Spr. 7769. Nom. abstr. °गिता f. Ind. St. 15,351.

उद्योत nachlässig für उद्द्योत.

उद्रँ 1) m. a) *ein best. Wasserthier* (*Krabbe* und *Fischotter* die Erklärer). — b) in einer unbekannten ved. Schule angeblich = रुद्र. रुत VS. — 2) n. *Wasser,* in अनुद्र und उद्रिन्.

उद्रक m. N. pr. eines Rshi. v. l. रुद्रक.

*उद्रङ्क m. = उद्रङ्ग 2).

*उद्रङ्ग m. 1) in बृहदुद्रङ्ग so v. a. *das Sichbäumen* (eines Rosses) Nilak. zu MBh. 5,155,20. — 2) *Stadt* und N. pr. der *in der Luft schwebenden Stadt* Hariçkandra's.

*उद्रथ m. 1) *Bolzen an einer Wagenachse.* — 2) *Hahn.*

उद्रपारक m. N. pr. eines Schlangendämons.

1. °उद्रिक्तचित्त n. *ein von — überfliessendes Gemüth* Pańkar. 1,6,12.

2. उद्रिक्तचित्त Adj. 1) *hochmüthig* Kathâs. 91,55. — 2) **berauscht.* Nom. abstr. *°ता f. Gal.

उद्रिक्तचेतस् Adj. *hochsinnig* Kathâs. 32,73.

उद्रिँन् Adj. *wasserreich.*

°उद्रुज Adj. *unterwühlend,* in कूलमुद्रुज.

उद्रेक 1) m. *Ueberschuss, Ueberfluss, Uebergewicht, Uebermacht, das Ueberwiegen.* — 2) *f. आ *Melia sempervirens Sw.*

उद्रेकिन् Adj. 1) *übermässig, heftig.* — 2) am Ende eines Comp. *ein Uebermaass von — bewirkend.*

°उद्रेचक Adj. = उद्रेकिन् 2).

उद्रोधन n. *das Aufsteigen, Wachsen.*

उद्रोहण m. *das Besteigen eines Bettes* Mân. Grhj. 2,7.

*उद्व ved. Adj. (f. आ) Mahâbh. 5,51,*b*.

उद्वंश Adj. *hohen Geschlechts* (Rudra-Çiva) Hemâdri 1,210,20.

उद्वंशपुत्र m. 1) N. pr. eines Rshi. — 2) Name eines Sâman.

उद्वंशीय n. Name eines Sâman Lâtj. 1,6,49. 8,5,22. उद्वंशीयोत्तर n. desgl.

उद्वक्त्र Adj. *mit emporgehobenem Gesicht* (Rudra-Çiva) Hemâdri 1,203,16.

उद्वँत् 1) f. *Höhe, Anhöhe.* — 2) उद्वत्त् Adj. (*f. °ती) Mahâbh. 5,51,*b*. *das Wort* उद्व *enthaltend* Tândja-Br. 10,6,3. 12,3,2. — 3) n. Name zweier Sâman Lâtj. 1,6,21.

उद्वत्सरँ m. *das letzte Jahr in einem Lustrum* Maitr. S. 4,9,18. Dav n Adj. °रीय.

उद्वन Adj. *ansteigend.*

उद्वपन n. *das Ausschütten.*

उद्वमन n. 1) *das Ausspeien, Vonsichgeben, Entlassen.* — 2) *das über die Ufer Treten* Karaka 1,12. v. l. उद्वर्तन.

उँद्वयस् Adj. *stärkend.*

उद्वर्ग m. *Vertilger.*

उद्वर्त Adj. *überschüssig.*

उद्वर्तक 1) Adj. am Ende eines Comp. *einreibend.* — 2) m. in der Mathem. *the quantity assumed for the purpose of the operation.*

उद्वर्तन n. 1) Adj. *zersprengend,* in हृदयोद्वर्तन. — 2) n. a) *das Aufspringen, Sicherheben.* — b) *das über die Ufer Treten* Karaka 1,12. उद्वमन v. l. — c) *das Einreiben, Einreibung* (auch in concreter Bed.).

°उद्वर्तिन् Adj. *sich einreibend mit.*

उद्वर्त्मन् n. *Abweg.*

*उद्वर्धन n. *unterdrücktes Lachen.*

उद्वस 1) Adj. a) *unbewohnt, öde* Spr. 6005. — b) *geschwunden, dahingegangen* Viddh. 9,8. — 2) n. *Einöde.*

उद्वस्त्र Adj. *die Kleider abwerfend* Suçr. 2,533,10 v. l. für उद्धस्त.

उद्वहँ 1) Adj. a) *hinaufführend.* — b) *wegtragend,* in शवोद्वह. — c) *fortreissend,* in कूलमुद्वह. — d) *fortführend, fortsetzend,* in कुलोद्वह. — 2) m. a) *das Heimführen einer Frau, Hochzeit.* — b) *Sohn —, Nachkomme des* (im Comp. vorangehend). — c) Name eines der sieben Winde. — d) Name einer der sieben Zungen des Feuers. — e) N. pr. eines Fürsten MBh. 1,67,64. — 3) *f. आ Tochter.

उद्वहन n. 1) *das Hinaufheben, — schaffen.* — 2) *das Tragen, Ziehen, Fahren.* — 3) mit Instr. *das Reiten auf.* — 4) *das Heimführen einer Frau, Heirath, Hochzeit.* — 5) *das Ansichhaben, Besitzen.* — 5) *der unterste Theil einer Säule.*

उद्वह्नि Adj. *Feuer sprühend.*

उद्वह्निज्वाल Adj. *mit aufsteigender Flamme.*

उद्वाँचन Adj. AV. 5,8,8 vielleicht fehlerhaft für उद्वञ्चन *ausweichend.*

उद्वात Kathâs. 68,11 fehlerhaft für उद्वात्.

उद्वादन n. *lautes Ausrufen* Vaitân. 2,2.

1. उद्वान n. *das Erlöschen* Njâjam. 9,4,12.

2.*उद्वान 1) Adj. *ausgebrochen, ausgespien.* — 2) n. a) *das Ausbrechen, Ausspeien.* — b) *Ofen.*

उद्वान्त *m. *ein Elephant, dessen Brunstzeit vorüber ist.*

उद्वात्ति f. = उद्वमन 1).

उद्वाप m. 1) *das Hinauswerfen, Entfernen* Comm. zu Njâjam. 5,3,8. 10,4,20. — 2) *Auswurf.* — 3) *das Subtrahiren* Weber, Ǵjot. — 4) *das Abstrahiren* Çaṁk. zu Bâdar. 3,4,52.

*उद्वाम m. und davon Adj. *°वत् gaṇa बलादि in der Kâç. zu P. 5,2,136.

°उद्वामिन् Adj. *ausspeiend* Karaka 6,15.

उद्वार Adj. *mit emporgerichtetem Schwanze.*

उद्वालवत् m. N. pr. eines Gandharva.

1. उद्वास m. 1) *Entlassung.* — 2) **Schlachtung* Gal.

2. उद्वास Adj. (f. आ) in रजउद्वास.

उद्वासन n. 1) *das Herausnehmen, Wegnehmen vom Feuer.* — 2) **das Schlachten* (*Hinausführen* zur Schlachtbank).

*उद्वासवत् Adj. von 1. उद्वास.

उद्वासस् Adj. in मलोद्वासस्.

*उद्वासिन् Adj. von 1. उद्वास.

उद्वासीकारिन् Adj. *von Wohnungen leer machend.*

उद्वास्य Adj. 1) *abzunehmen, abzulegen.* — 2) *auf die Schlachtung des Opferthiers bezüglich.*

उद्वाह m. (adj. Comp. f. आ) *das Heimführen einer Frau, Heirath, Hochzeit.* °तत्त्व n. Titel eines Tractats.

उद्वाहन 1) n. a) **das Hinaufheben.* — b) *ein Werkzeug zum Hinaufheben.* — c) **das Hintragen des Feuers an seine Oerter.* — d) **zweimaliges Pflügen.* — e) **Angst, Besorgniss.* — 2) *f. ई *Strick.*

उद्वाहर्क्ष n. *ein für eine Heirath günstiges Mondhaus.*

उद्वाहिक Adj. M. 9,65 fehlerhaft für औद्वाहिक.

*उद्वाहिनी f. *Strick* Med. n. 772 fehlerhaft für उद्वाहनी.

उद्विकासिन् Adj. *aufgeblüht* Kâd. II,79,12.

उद्विबर्हण n. *das Herausziehen.*

उद्वीक्षण n. *Blick, Anblick.*

उद्वृत्त 1) m. *eine best. Stellung der Hände beim Tanz* Verz. d. Oxf. H. — 2) n. = उन्मण्डल Gaṇit. Tripr. 39. °शङ्कु m. 64.

उद्वृत्य Adj. *sich umdrehend, — umwendend.*

उद्वृषभयज्ञ m. *ein best. Opfer* Comm. zu Gaim. 1,3,15 und zu Njâjam. 1,3,26.

1. उद्वेग 1) m. a) *das Zittern, Wogen* (des Meeres). — b) *innere Unruhe, Aufregung* 291,4. °गं कर् *beunruhigen* und *sich b., erschrecken* (intrans.). — c) *das Anstossnehmen an Etwas* 250,14. 20. — 2) **n. die Nuss von Areca Faufel Gaertn.*

2. *उद्वेग Adj. 1) *mit grosser Geschwindigkeit gehend.* — 2) *die Arme in die Höhe haltend.* — 3) *unbeweglich.*

उद्वेगकर Adj. (f. ई) *beunruhigend, aufregend, in Angst versetzend.*

उद्वेगकारक Adj. dass. Pańkat. 123,20.

उद्वेगकारिन् Adj. dass. 83,13.

उद्वेगकृत् Adj. *Widerwillen erzeugend* Spr. 7631.

उद्वेगवाहिन् Adj. *Jmd* (Gen.) *beunruhigend.*

उद्वेगिन् Adj. *in Aufregung gerathend* Spr. 574.

उद्वेङ्गिन् zu vermuthen.

उद्वेजक Adj. = उद्वेगकर Spr. 6219.

उद्वेजन 1) Adj. *in Unruhe —, in Angst versetzend* Kâm. Nitis. 3,16. — 2) n. a) *das Schaudern.* — b) *Aufregung, Angst.* — c) *das Aufregen, in Angst Versetzen.*

उद्वेजनकर Adj. = उद्वेगकर.

उद्वेजनीय Adj. wovor oder vor dem man *zusammenfährt, — erschrickt.*

उद्वेजिन् Adj. 1) = उद्वेगकर. — 2) *Widerwillen erzeugend, unangenehm berührend* Kathâs. 24,25.

उद्वेदि Adj. *worauf sich eine Opferbank erhebt.*

उद्वेल Adj. (f. आ) 1) *aus den Ufern getreten* Agni-P. 2,14. — 2) *übermässig* Kâd. 155,17. — 3) *frei von* (im Comp. vorangehend) Prasannar. 22,14.

उद्वेलय्, °यति *über die Ufer treten lassen* Prasannar. 148,14. उद्वेलित Hemâdri 1,1,11.

उद्वेष्ट m. = 1. उद्वेष्टन Karaka 8,6.

1. उद्वेष्टन n. *das Zusammenschnüren, Beengen.*

2. उद्वेष्टन Adj. *dessen Band sich gelöst hat.*

उद्वेष्टनीय Adj. *aufzudrehen, aufzulösen* Megh. 89.

उधन् n. = ऊ° *Euter* Maitr. S. 1,3,26.

*उधस्, उधस्नाति und उधासयति (उञ्छे, उत्क्षेपे).

उनप् 2. Sg. Imperf. von उभ्.

उन्द् s. 2. उद्.

उन्दन n. *das Benetzen* Pâr. Gṛhj. 2,1,14.

*उन्दरु, उन्दुर und उन्दुरु m. *Maus* oder *Ratte.*

उन्दुरकर्णिका und *°कर्णी f. *Salvinia cucullata.*

उन्न Partic. von 2. उद्.

उन्नत 1) m. a) *ein grosshöckeriger Stier.* — b) **eine grosse Schlange, Boa.* — c) N. pr. α) eines der 7 Ṛshi unter Manu Kâkshusha VP.² 3,12. — β) eines Buddha. — γ) eines Gebirges in Çâlmaladvîpa VP. 2,4,26. — 2) n. a) *Erhebung, Steigung.* — b) *Erhöhung, erhabener Theil.*

उन्नतकोकिला f. *ein best. Saiteninstrument* S. S. S. 177.

उन्नतत्व n. *Höhe, Erhabenheit, Majestät.*

उन्नतसत्त्वशालिन् Adj. *von hohem Wesen* Spr. 1128 (nach der richtigen Lesart).

उन्नति f. 1) *das Aufsteigen, Sicherheben* Spr. 7864 (von Wolken und Brüsten). — 2) *das Sicherheben über* (Loc.), *Aufschwung, hohe Stellung* Spr. 7778. — 3) N. pr. a) einer Tochter Daksha's und Gattin Dharma's Bhâg. P. 4,1,49. — b) *der Gattin Garuḍa's.

उन्नतिमत् Adj. 1) *hoch.* — 2) *eine hohe Stellung einnehmend.*

उन्नती Adv. mit भू *sich erheben* Comm. zu Mṛkkh. 3,16. fgg.

*उन्नतीश m. Bein. Garuḍa's.

उन्नमन n. 1) *das Aufrichten.* — 2) *Aufschwung* Prasannar. 81,21.

उन्नम्र Adj. *sich erhebend.* Nom. abstr. °ता f.

उन्नय m. 1) **das in die Höhe Bringen, — Schaffen.* — 2) *Folgerung, Erschliessung* Sâh. D. 736.

उन्नयन n. 1) *das Hinaufheben* Ârsh. Br. — 2) *das Herausnehmen, Schöpfen.* — 3) *das Gefäss, aus welchem geschöpft wird.* — 4) *das Auseinanderstreifen, Abscheiden, Schlichten.* — 5) *das Folgern, Erschliessen.*

उन्नयनपाङ्क्ति Adj. Pl. *deren Augenreihen nach oben gerichtet sind.*

उन्नस Adj. *eine hervorspringende Nase habend.*

उन्नद्ध Adj. *entfesselt.*

उन्नाद m. 1) *Geschrei* MBh. 3,158,40. — 2) N. pr. eines Sohnes des Kṛshṇa.

उन्नाभ m. N. pr. eines Fürsten.

उन्नाम m. *das Aufsteigen, Sicherheben.*

*उन्नाय m. = उन्नय 1).

उन्नाल Adj. *mit emporgerichtetem Stengel* Kâd. 91,9. Bâlar. 229,5.

उन्नाह m. 1) *Uebermaass, Fülle.* — 2) *zügelloses Wesen.* — 3) **saurer Reisschleim.* n. Gal.

उन्निद्र Adj. (f. आ) 1) *schlaflos, wach* Megh. 85. — 2) *aufgeblüht* 248,7. Ind. St. 14,372. Prij. 15,1. — 3) *am Himmel erwacht, scheinend* (Mond), von den Strahlen der aufgehenden Sonne Prasannar. 130,15. — 4) *sich sträubend* (Härchen) Naish. 8,1.

उन्निद्रक n. und उन्निद्रता f. *Schlaflosigkeit, das Wachen.*

उन्निद्रय्, °यति *Jmd* (Acc.) *erwecken.*

*उन्नी Adj. *in die Höhe bringend.*

उन्नीत n. *Ausschöpfung, Füllung.*

उन्नीतशिख Adj. *mit hinaufgekämmtem Haarstrang* Suparn. 16,5.

उन्नीतशुष्म Adj. *dessen Hauch* oder *Duft aufsteigt* Maitr. S. 1,1,11.

उन्नीतिन् Adj. *der die Ausschöpfung* oder *Füllung vollbracht hat.*

*उन्नीय ved. Adj.

उन्नीयम् (°य?) Absol. *herausschöpfend* Çâṅkh. Gṛhj. 4,14.

उन्नेतर् Nom. ag. *der Priester, welcher den* Soma *in die Becher giesst.*

उन्नेतव्य Adj. *zu folgern* Comm. zu Nâjam. 2,2,7.

उन्नेत्र n. *die Verrichtung des* Unnetar.

उन्नेय Adj. *zu folgern, nach der Analogie zu bilden.* Nom. abstr. °त्व n. Comm. zu Nâjam. 1,4,54.

उन्मकर m. *ein Ohrschmuck in der Gestalt eines sich aufrichtenden* Makara.

उन्मज्जन 1) m. N. pr. eines Fieberdämons. — 2) n. *das Auftauchen.*

उन्मणि m. *ein an der Oberfläche liegender Edelstein.*

उन्मण्डल n. *der Kreis am Himmel, auf der die Sonne um sechs Uhr steht.* °शङ्कु m. zu Sûrjas. 3,34.

उन्मत्त m. 1) *Stechapfel* Spr. 7770 (zugleich *berauscht* oder *toll*). — 2) * *Pterospermum acerifolium Willd.* — 3) *eine der acht Formen* Bhairava's. — 4) N. pr. eines Rakshas.

उन्मत्तक 1) Adj. (f. °त्तिका) *toll, nicht ganz bei Sinnen* MBh. 12,14,32. Kâd. II,85,7. — 2) *m. *Stechapfel* Dhanv. 4,4.

*उन्मत्तकीर्ति m. Bein. Çiva's.

*उन्मत्तगङ्गम् Adv. *wo die Gangâ tobt* Mahâbh. 2,111,b.

*उन्मत्तप्रलपित n. *das Geschwätz eines Tollen.*

उन्मत्तभैरव 1) m. *eine Form* Bhairava's. °तन्त्र n. Titel eines Werkes. — 2) f. ई *eine Form der* Durgâ.

उन्मत्तवेष Adj. *als Toller angeputzt* (Çiva).

उन्मत्तावन्ति m. N. pr. eines Fürsten.

उन्मथन n. 1) *das Schütteln.* — 2) *das Quirlen.* — 3) *Aufreibung* Káraka 2,7. — 4) *das Herunterschiessen.*

उन्मद Adj. *trunken, toll, ausgelassen.*

उन्मदन Adj. *von Liebe entbrannt.*

उन्मदिष्णु Adj. *verrückt, toll* Spr. 1536.

उन्मन m. *ein best. Hohlmaass,* = द्रोण.

उन्मनय्, °यति *in Aufregung versetzen, verwirren.*

उन्मनस् 1) Adj. a) *aufgeregt, verwirrt.* — b) *heftig verlangend,* mit Infin. Spr. 2026. — 2) m. Bez. eines der 7 Ullâsa bei den Çâkta.

उन्मनस्क Adj. = उन्मनस् 1) a). Nom. abstr. °ता f.

उन्मनाय्, °यते *in Aufregung gerathen, verwirrt werden.* *°यित n. Nom. act. Gal.

उन्मनी Adv. 1) mit *अस् und भू = उन्मनाय्. — 2) mit कर् *in Aufregung versetzen, verwirren.*

उन्मनीभाव m. *Selbstvergessenheit* Brahmabindûp. 4.

उन्मन्थ m. 1) **Tödtung.* — 2) *eine best. Krankheit des äusseren Ohres.*

उन्मन्थक m. = उन्मन्थ 2).

उन्मयूख Adj. *Strahlen aussendend, strahlend, glänzend* Megh. III. Ind. St. 14,371. Kâd. 9,5. 125,20.

उन्मर्द m. *das Einreiben.*

उन्मर्दन n. 1) dass. Gaut. — 2) *Wohlriechendes zum Einreiben.*

उन्माँ f. *Maass nach oben* Maitr. S. 1,4,11. 2,8,14. 4,9,4.

उन्माथ m. 1) **Mörder.* — 2) *das Erschüttern.* — 3) **Tödtung.* — 4) *Falle.* — 5) N. pr. eines Wesens im Gefolge Skanda's.

°उन्माथिन् Adj. 1) *erschütternd* Nâgân. 52. — 2) *zerstörend, zu Grunde richtend* Bâlar. 20,16.

1. उन्माद m. 1) *Geistesverwirrung, Tollheit* 219,28. भूतोन्माद *durch Dämonen bewirkt,* देवोन्माद *durch Götter b.* — 2) *Steifheit* (des Gliedes).

2. उन्माद Adj. *toll, verrückt.*

उन्मादक Adj. *toll machend.*

उन्मादन 1) Adj. dass. — 2) m. Name *eines der fünf Pfeile des Liebesgottes.*

उन्मादयन्ती f. N. pr. eines Mädchens Beitr. z. K. d. ig. Spr. 4,380.

उन्मादवत् Adj. *toll, verrückt.*

उन्मादिता f. *Tollheit* Harshak. 25,2.

उन्मादिन् 1) Adj. *toll, verrückt* Spr. 1791. — 2) m. N. pr. eines Kaufmannes. — 3) f. °नी N. pr. a) einer Königstochter. — b) einer Statue Ind. St. 15,241.

उन्माँदुक Adj. *Trunk liebend* Maitr. S. 1,8,2. 3,1,10.

उन्मान 1) m. *ein best. Hohlmaass,* = द्रोण. — 2) n. a) *Maass.* — b) *Höhenmaass, Länge einer Gestalt.* — c) *Gewicht.* — d) *Werth.*

1. उन्मार्ग m. *Abweg.* °गामिन्, °यात (Spr. 4671, v. l.), °वर्तिन् und °वृत्ति Adj. *auf Abwegen wandelnd.* °गमन n. *das Abseitsgehen* Suçr. 1,355,20.

2. उन्मार्ग Adj. 1) *über die Ufer getreten.* — 2) *auf Abwegen gehend.*

उन्मार्गिन् Adj. *abseits gehend, einen Ausweg nehmend.*

उन्मार्जिन Adj. *verwischend.*

उन्मिति f. 1) *Höhenmaass* Comm. zu Ârjabh. 2, 3. — 2) *Maass.* — 3) *Werth.*

°उन्मिश्र Adj. *vermengt —, vermischt mit.*

*उन्मिष m. *das Aufschlagen der Augen.*

उन्मील m. *das zu Tage Treten.*

उन्मीलन n. 1) *das Aufschlagen* (der Augen). — 2) *das zu Tage Treten.* — 3) *das Sichtbarwerden des Mondes nach einer Eklipse.*

उन्मीलित n. *unverdeckte, offene Beziehung* oder *Anspielung.*

उन्मुख 1) Adj. (f. ई) a) *das Gesicht emporrichtend, hinblickend auf.* — b) *emporgerichtet* Kathâs. 90, 44. — c) *verlangend nach, erwartend.* — d) *im Begriff stehend, nahe daran seiend zu.* — 2) °म Adv. *hinauf* (blicken). — 3) m. N. pr. eines Brahmanen in seiner Verwandlung als Gazelle.

उन्मुखता f. Nom. abstr. zu उन्मुख 1) c) Kathâs. 25,248.

उन्मुखदर्शन n. *das Hinaufblicken* Spr. 4625.

उन्मुखर Adj. *laut tönend.*

उन्मुखीकरण n. (Daçak. 3,6) und °कार m. *das Hinlenken der Aufmerksamkeit Jmds auf Etwas.*

उन्मुच und उन्मुचु m. N. pr. eines Rshi.

उन्मुद्र Adj. 1) **aufgeblüht.* — 2) *ausgelassen* (vor Freude) Prasannar. 15,16.

*उन्मुह् Adj. (Nom. °मुट्).

उन्मूल्, उन्मूलति *entwurzelt werden* Shadv. Br. 6,12. — Caus. उन्मूलयति 1) *entwurzeln, mit der Wurzel ausreissen.* — 2) *ausrotten, zu Grunde richten.* — 3) *entthronen* 132,20. — Caus. mit सम् 1) *entwurzeln, mit der Wurzel ausreissen* Spr. 4752. — *ausrotten, zu Grunde richten.*

उन्मूल Adj. (f. आ) *entwurzelt.*

उन्मूलन 1) Adj. *von Grund aus vernichtend.* — 2) n. a) *das Entwurzeln, Ausziehen* (der Wurzel). — b) *das Ausrotten, Vernichten.*

उन्मूलनीय Adj. *zu entwurzeln, mit der Wurzel auszuziehen.*

*उन्मृज्यावमृज्या f. *wiederholtes Hinauf- und Hinabstreichen.*

उन्मृश्य Adj. in इत्युन्मृश्य.

*उन्मेय n. *Last.*

उन्मेष m. 1) *das Aufschlagen der Augen.* — 2) *das Zucken* (des Blitzes). — 3) *das Aufblühen.* — 4) *das zu Tage Treten, Erscheinen* Spr. 6887. 7750.

उन्मेषण n. = उन्मेष 4).

उन्मेषम् Absol. *in einem Augenblick.* Nach Nilak.

उन्मेष n. = उपबर्हण.

उन्मोचन n. 1) *das Auflösen.* °प्रमोचने Du. AV. 5,30,2. — 2) *das Fahrenlassen, Aufgeben* Kâd. II,3,8.

उन्मोटन n. *das Abknicken, Abbrechen.*

उँप 1) Adv. a) in Verbindung mit Verben *herzu, hinzu, herbei.* Bisweilen ist im Veda ein Zeitwort der Bewegung zu उप zu ergänzen. — b) *dazu, ferner.* — 2) Präp. a) mit Acc. α) *zu — her, zu — hin.* — β) *in der Nähe von, bei.* — γ) **unter* (zur Bezeichnung der Unterordnung). — b) mit Loc. α) *in der Nähe von, an, bei, auf.* — β) *zur Zeit von, an.* — γ) *zu — hin, zu — hinauf.* — δ) *in.* — ε) **über, mehr als.* — c) mit Instr. α) *mit, in Begleitung von, gleichzeitig mit.* — β) *in Gemässheit von.* — d) in Comp. mit einem Nom. *in der Nähe von* (eig. und übertr.).

*उपक m. Hypokoristikon aller mit उप anlautenden Eigennamen. Auch Pl.

उपकक्ष 1) Adj. *bis zur Achsel reichend.* — 2) n. *die Haare in der Achselgrube* Gop. Br. 1,3,7.9. Könnte auch Adj. *in der A. befindlich* sein.

उपकण्ठ n. 1) *Nähe, Nachbarschaft* 112,5. — 2) **Carrière eines Pferdes.*

उपकनिष्ठिका f. *Ringfinger.*

*उपकन्या f. gaṇa गौरादि zu P. 6,2,194.

उपकन्यापुरम् Adv. *in der Nähe des Gynaeceums.*

उपकरण n. (adj. Comp. f. आ) 1) *das Erweisen eines Dienstes, einer Gefälligkeit, das Fördern.* — 2) *Zuthat, Zubehör, Geräthe, Werkzeug.* m. Bhâg. P. — 3) *Zugabe, Beitrag, Hülfsmittel.* — 4) **Gefolge eines Fürsten.*

उपकरणवत् Adj. *mit Hülfsmitteln versehen, vermögend* Káraka 3,8.

उपकरणार्थ Adj. *dienlich, erforderlich* Káraka 1,15.

उपकरणी Adv. mit कर् *zu einem Werkzeug machen,* so v. a. *ganz von sich abhängig machen* Harshak. 21,15. Kâd. 229,18. Mit भू so v. a. *ganz abhängig werden* 222,21.

उपकरणीय Adj. in अनुप°.

*उपकर्णम् Adv. *in der Nähe des Ohres.*

उपकर्तर् Nom. ag. (f. °त्री) *Jmd einen Dienst* oder *eine Gefälligkeit erweisend, Förderer.*

उपकर्षण n. *das Herbeischleppen.*

*उपकलापम् Adv. *in der Nähe des Gürtels.*

उपकल्प m. *Zubehör.*

उपकल्पन 1) n. *das Zurüsten.* — 2) f. आ *Zubereitung.*

उपकल्पनीय Adj. 1) *vorzubereiten, zuzurüsten, herbei—, anzuschaffen* Káraka 1,15. — 2) *über Herbeischaffung handelnd* ebend.

उपकल्पयितवै Dat. Inf. *zuzurüsten, herbeizuschaffen.*

उपकल्पयितव्य Adj. = उपकल्पनीय 1).

उपकार 1) m. (adj. Comp. f. आ) a) *Diensterweisung, Dienst, Gefallen, das Beitragen zu Etwas, von Nutzen Sein* Kap. 3,68. 5,3. °रे वर्त् *Jmd einen Dienst erweisen können, — erwiesen haben.* — b) *Zurüstung, Ausschmückung.* — 2) *f. ई = उपकार्य 2) a).

उपकारक 1) Adj. (f. °रिका) a) *einen Dienst erweisend, zu Etwas beitragend, nützlich, behülflich* 107,5. 161,1. 224,3. Nom. abstr. °त्व n. — b) *accessorisch.* — 2) *f. °रिका a) = उपकार्य 2) a). — b) *eine Art Gebäck.*

उपकारिन् Adj. *der Jmd einen Dienst* oder *einen Gefallen erweist, Wohlthäter, beitragend zu Etwas, nützlich, förderlich* 253,21. Nom. abstr. °रित्व n.

उपकार्य 1) Adj. *dem ein Gefallen* oder *eine Wohlthat erwiesen wird* Râǵat. 7,821. *dem Hülfe geleistet werden muss, was ohne andere Factoren nicht zu Stande kommen kann, was gefördert wird.* — 2) f. आ a) *ein königliches Zelt.* — b) **Leichenacker* Gal.

*उपकाल m. N. pr. eines Schlangendämons.

उपकालिका f. *Nigella indica* Bhâvapr. 1,166.

उपकिरण n. *das Verschütten, Vergraben in.*

उपकीचक m. *ein Anhänger des* Kîkaka.

*उपकुञ्चि f. *Nigella indica Roxb.*

उपकुञ्चिका f. 1) dass. — 2) **kleine Kardamomen.*

*उपकुम्भ 1) °म्, °म्भे, °म्भेन *in der* oder *die Nähe des Topfes.* *°म्भात् *vom Topfe her.* — 2) f. आ *Croton polyandrum* Nigh. Pr.

उपकुर्वाण (Çaṁk. zu Khând. Up. S. 137) und °क (Kull. zu M. 9,94, wo °दृष्टोप° zu lesen ist) m. *ein Schüler, der nur bis zur Beendigung des* Veda-*Studiums beim Lehrer wohnt und dann* Gṛhastha *wird.*

उपकुल n. *Nebengeschlecht, Bez. best. Mondhäuser* Ind. St. 10,289. 292.

उपकुल्या f. *Piper longum L.*

उपकुश m. 1) *Abscess am Zahnfleisch* Káraka 1,25. 6,17. — 2) *N. pr. eines Sohnes des Kuça (buddh.).

*उपकूप m. 1) *ein kleiner Brunnen.* — 2) °पे und उपकूप *in der Nähe eines Brunnens.*

उपकूल Adj. *am Ufer sich befindend, — wachsend* Kâd. II,75,1. Auch in Comp. mit einem Flussnamen.

उपकूलक m. N. pr. eines Mannes.

उपकूलतस् und °कूलम् Adv. *am Ufer von.*

उपकृति f. *Erweisung eines Dienstes* oder *Gefallens* Spr. 7748. 7753.

*उपकृतिन् Adj. *der Jmd einen Dienst erwiesen hat.*

*उपकृत्स्न m. gaṇa गौरादि zu P. 6,2,194.

उपकृत्स्नक m. N. pr. eines Wesens im Gefolge Skanda's.

उपकेतु m. N. pr. eines Mannes.

उपकोण m. *Zwischengegend* Bâlar. 273,7.

उपकोशा f. N. pr. der Gattin Vararuki's.

उपकोसल m. N. pr. eines Mannes.

*उपक्रन्तर् Nom. ag. Vop. 26,28.

उपक्रम m. (adj. Comp. f. आ) 1) *Herannahung, Herbeikunft.* — 2) *Anwendung* (einer Arzenei). — 3) *das Thun für Etwas, Befördern.* — 4) *Behandlung* (medic.) — 5) *Antritt, Anfang, Beginn* Lâṭj. 4,6,1. — 6) *Anschlag, überlegter Plan.* — 7) *der erste Gedanke zu einem Werke.* *n. am Ende eines Comp. — 8) *Mittel.* — 9) *Radkranz* Hemâdri 1,326, 16. — 10) *= विक्रम. — 11) fehlerhaft für अपक्रम.

उपक्रमण 1) Adj. (f. ई) *nachkommend, willfahrend.* — 2) n. *das Behandeln* (medic.).

उपक्रमणीय Adj. 1) *zu behandeln* (eine Krankheit). — b) *die Behandlung betreffend.* द्विविधोप° *die zweifache Art der B. b.*

उपक्रमपराक्रम Titel eines Werkes.

उपक्रमितव्य Adj. *womit der Anfang zu machen ist.*

उपक्रम्य und °क्राम्य Adj. *zu behandeln, behandelt werdend* (medic.).

उपक्रिया f. 1) *Zuführung, Mittheilung.* — 2) *Diensterweisung.* — 3) *Heilmittel* Káraka 6,24.

उपक्रीडा f. *Spielplatz.*

उपक्रुष्ट m. *Zimmermann* Âçv. Çr. 2,1,13.

उपक्रोश m. *Tadel, Vorwurf.*

उपक्रोशन n. *das Tadeln, Schmähen.* कुलोपक्रोशनकरी *das Geschlecht beschimpfend.*

उपक्रोष्टर् m. *Esel.*

उपक्लेश m. *ein kleinerer* Kleça (buddh.).

*उपक्वाण m. *Ton einer Laute.*

उपक्वास m. *ein best. Wurm* AV. 6,50,2.

उपक्ष m. = उपक्षत्र VP.[2] 4,96.

उपक्षत्र m. N. pr. eines Fürsten VP. 4,14,2.

उपक्षपयितर् Nom. ag. *Zunichtemacher* Sâj. zu RV. 7,83,1.

उपक्षय m. 1) *Abnahme, Verminderung, Schwund.* — 2) als Beiw. Çiva's nach Nîlak. *ein intermediärer Weltuntergang.*

उपक्षित् Adj. *anhaftend, anhängend.*

उपक्षुद्र Adj. (f. आ) *minusculus.*

उपक्षेतर् Nom. ag. *Anhänger.*

उपक्षेप m. 1) *Andeutung, Erwähnung* Viddh. 5,1. — 2) **poetical or figurative style or composition.*

उपक्षेपक Adj. *andeutend,* in अर्थोपक्षेपक.

उपक्षेपण n. 1) *das Andeuten.* — 2) *das Kochenlassen von Speisen eines* Çûdra *im Hause eines Brahmanen.*

उपखातम् Adv. *am Graben.*

उपखिल n. *ein Supplement zu einem Supplement.*

°उपग Adj. (f. आ) 1) *sich hinbegebend zu, in,* s. अच्छायोपग. — 2) *befindlich —, stehend in, auf* (Çiç. 16,68). — 3) *gehörig zu, sich anschliessend an* AK. 3,6,8,43. — 4) *geeignet—, dienend zu* MBh. 13,14,398. Káraka 1,4.6,5. — 5) *versehen mit.* — 6) f. *belegt —, besprungen von* H. 1266. — Vgl. उपगा.

उपगण 1) *Adj. *keine sehr grosse Zahl bildend.* — 2) m. N. pr. eines Mannes (buddh.).

उपगत n. *Empfangschein.*

उपगति f. *Herbeikunft.*

उपगन्तवै Dat. Inf. *herbeizukommen* RV. 10,160,5.

उपगन्तव्य Adj. *worein man sich zu fügen hat* Kâd. II.91,22.

उपगम m. 1) *Hinzutritt, Ankunft, das Sichhinbegeben —, Hingelangen zu* Bâlar. 95,10. मकरोपगमे रवेः *wenn die Sonne in den Steinbock tritt* Hemâdri 1,538,7. — 2) *das Eintreten, Hinzutreten* (eines Verhältnisses) Çâk. 14. — 3) *ehrfurchtsvolles Herantreten*, so v. a. *Verehrung*. — 4) **Einwilligung*. — 5) *das Gewahr—, Innewerden*. — 6) **eine best. hohe Zahl* (buddh.).

उपगमन n. 1) *das Gelangen in, zu*. — 2) *das Sichhingeben*. — 3) *das Gewahr—, Innewerden*.

उपगम्य Adj. *zugänglich*.

उपगहन m. N. pr. eines Ṛshi.

उपगा f. *Begleitung eines Gesanges* Lâṭj. 1,11, 24. Gaim. 3,7,30.

उपगातृ Nom. ag. *der den Gesang* (des Udgâtar) *begleitet, Chorsänger*.

उपगान n. *begleitender Gesang*.

उपगामिन् Adj. *herbeikommend, sich einstellend*.

उपगायन n. *das Singen*.

*उपगिरम् Adv. *am Berge*.

उपगिरि 1) m. *an ein Gebirge angrenzendes Land*. — 2) *Adv. *am Berge*.

उपगीति f. *ein best. Metrum*.

उपगीथ dass. Maitr. S. 2,13,4.

उपगु 1) m. N. pr. eines Fürsten. — 2) *Adv. *bei der Kuh*.

*उपगुड (Kâç.) und *उपगुध m. gaṇa गौरादि zu P. 6,2,194.

उपगुप्त m. N. pr. eines Fürsten.

1. उपगुरु m. desgl. VP.² 3,334.

2. उपगुरु Adv. *beim Lehrer* Ind. St. 15,291.

उपगूढ n. *das an die Brust Drücken Jmds, Umarmen* Veṇis. 115.

*उपगूढक Adj. von उपगूढ.

उपगूहन n. 1) *das Verstecken*. — 2) = उपगूढ. — 3) in der Dramatik *das Eintreten eines wunderbaren Ereignisses*.

उपगेय n. *Gesang*.

उपगोह्य m. *ein best. als unrein geltendes Feuer* Mantrabr. 1,7,1.

*उपगौर m. P. 6,2,194.

उपग्रन्थ m. *eine best. Gattung von Werken*.

1. उपग्रह m. 1) **Ergreifung, Gefangennehmung*. — 2) *Handvoll* (insbes. Kuça-Gras) Kâtj. Snânas. 1. — 3) **ein Gefangener*. — 4) *Anfügung* (eines Bindevocals). — 5) *ein als* Nidhana *bei einem* Sâman *angefügtes* ए. — 6) *Veränderung, Modification* Saṁhitopan. 17,4 (vgl. 21,6). — 7) *Geneigtmachung, Zufriedenstellung, das Schmeicheln*. — 8) *ein Bündniss* oder *Friede, die man, um das Leben zu retten, durch Hingabe von Allem erkauft*, Spr. 7329. — 9) *genus verbi* (*Act. Med.*).

2. उपग्रह m. 1) *Nebenplanet, Meteor, Sternschnuppe*. — 2) *ein best. Krankheitsdämon* Hariv. 9562.

उपग्रहण n. 1) *das Unterfangen, Unterstützen*. — 2) *das Fördern, Befestigen*. — 3) **das Gefangennehmen*.

उपग्राह m. *Geschenk, Gabe* MBh. 2,52,40.

*उपग्राह्य n. dass.

उपघात m. 1) *Schlag, Verletzung, Beschädigung*. — 2) *Verkümmerung, Beeinträchtigung, Erleidung eines Schadens*. — 3) *das Nehmen, Fassen*.

उपघातक 1) Adj. *verkümmernd, beeinträchtigend, schädigend, schädlich* Karaka 5,12. — 2) m. = उपघात 2).

उपघातम् Absol. *nehmend, fassend* Pâr. Gṛhj. 2,14,13.

उपघातिन् Adj. 1) *verletzend, beschädigend*. — 2) *verkümmernd, beeinträchtigend, schädigend*.

उपघोषण n. *das Verkünden, Bekanntmachen*.

उपघ्न m. 1) *Stütze*. — 2) **Zufluchtsstätte*.

उपच Adj. in आचोपच.

उपचक्र m. *ein zu den* Vishkira *gezählter Vogel*.

*उपचक्षुस् n. *ein über Raum und Zeit hinwegsehendes Auge*.

*उपचतुर Adj. Pl. *beinahe vier*.

उपचय m. 1) *Ansammlung, Zunahme, Vermehrung, Wachsthum, das Gedeihen, Wohlergehen*. °यं कर् *Jmds* (Gen.) *Wohlergehen fördern, Jmd Hülfe gewähren*. उपचयावह Adj. *Vortheil bringend* 164, 29. — 2) *Zusatz*. — 3) *das 3te, 6te, 10te und 11te Haus vom* Lagna.

उपचर 1) Adj. *hinzutretend*. — 2) m. in सूपचर a) *Zugang*. — b) *Behandlung* (medic.)

उपचरण n. *das Hinzutreten*, in सूपचरण.

उपचरणीय Adj. *zuzuschreiben* Comm. zu TBr. 1,126,5 v. u.

*उपचरध्यै Dat. Inf. P. 3,4,9, Sch.

उपचरित n. = उपाचरित.

उपचरितव्य Adj. 1) *zu behandeln* (Person) 175, 22. — 2) *dem man höflich begegnen muss, —Verehrung zu bezeigen hat* Spr. 3956, v. l.

*उपचर्म Adv. *an der Haut, am Fell* oder *am Schilde*.

उपचर्य 1) Adj. = उपचरितव्य 1) (Karaka 4,8) und 2). — 2) f. आ a) *Bedienung, Aufwartung* Spr. 7665. — b) **Behandlung* (medic.).

*उपचाकु m. N. pr. eines Mannes.

उपचायमृड Adj. zu हिरण्य Kâṭh. 11,1. Vgl. उपचाय्यपृड.

°उपचायित MBh. 14,2198 fehlerhaft für °अपचायित.

°उपचायिन् Adj. 1) *gedeihen machend, fördernd*. — 2) *ehrend*.

*उपचाय्य und *°क (Gal.) m. *ein best. Opferfeuer*.

*उपचाय्यपृड Adj. v. l. für उपचायमड Mahâbh. 3,60,a.

उपचार m. (adj. Comp. f. आ) 1) *das Betragen, Benehmen, Verhalten Jmds* (Gen.); *das Verfahren mit Jmd* oder *Etwas* (Gen.) 29,23. 35,32. Âpast. — 2) *zuvorkommendes Betragen, Aufwartung, Bedienung, Höflichkeitsbezeigung*. Bei der Verehrung eines Götterbildes 16 derselben aufgezählt Hemâdri 1,111,2. fgg. Weber, Kṛshnag. 255. — 3) *Behandlung* (medic.). — 4) *Ceremonie*. — 5) **Darbringung, Geschenk*. — 6) *Schmuck, Verzierung* Ragh. 7,4. Kumâras. 7,88. — 7) *ein glücklicher Umstand*. — 8) *Sprachgebrauch, Redeweise* Njâjas. 2,2,14.15. 31.32. — 9) *uneigentliche, conventionelle Benennung eines Gegenstandes*. — 10) *das Erscheinen von* स *und* ष *an Stelle des* Visarga. Vgl. उपाचार. — 11) Titel eines Pariçishṭa des SV.

उपचारक 1) am Ende eines adj. Comp. (f. °रिका) = उपचार 2) 117,13. — 2) m. = उपचार 2) Hemâdri 1,756,8.

उपचारक्रिया f. *Höflichkeitsbezeigung* M. 8,357.

उपचारच्छल n. *das Verdrehen der Meinung eines Andern, indem man ein Wort nach dem Sprachgebrauch in einem andern Sinne auffasst*, Njâjas. 1,1,52.55.

उपचारपद n. *ein höfliches Wort, blosse Schmeichelei* Kumâras. 4,9.

उपचारपरीत Adj. *überaus höflich*. Nom. abstr. °ता H. 65.

उपचारवन्त् Adj. *verziert, geschmückt* Ragh. 6,1.

°उपचारिक Adj. *zu Etwas dienend, —gehörig*.

उपचारिन् Adj. 1) *Jmd* (Acc.) *dienend, aufwartend, Ehre erweisend* Maitrjup. 6,30. — 2) am Ende eines Comp. *gebrauchend* (medic.) Karaka 1,13.

*उपचारु und °मन्त् m. N. pr. zweier Kakravartin (buddh.).

उपचार्य 1) Adj. *dem man den Hof machen muss* Spr. 7343, v. l. — 2) *m. *Behandlung* (medic.).

उपचिकीर्षु Adj. *Jmd einen Dienst zu leisten beabsichtigend* Bâlar. 243,18.

उपचित्तु f. *eine best. Krankheit, etwa Anschwellung*.

उपचिति f. 1) *Zunahme, Vermehrung* Spr. 2810. 3474 (Conj.). — 2) *Gewinn* Spr. 914. — 3) *Scheiterhaufen* MBh. 3,251,21. — 4) *arithmetische Pro-*

gression Ârjabh. 2,21.

उपचिती Adv. mit भू *zunehmen, wachsen.*

उपचित्र 1) Adj. *buntfarbig* Ind. St. 8,358. — 2) m. N. pr. eines Mannes. — 3) f. आ a) **Salvinia cucullata Roxb. — b) Croton polyandrum Spr. —* c) Name *verschiedener Metra.*

उपचित्रक n. *ein best. Metrum.*

उपचीका f. so v. a. उपजीक AV. Paipp. 9,2,5. schädliche Wesen 19,8,4.

उपचूडन und °चूलन n. *das Abflammen, Sengen* Pâraç. 3,6. Âkâradarça und Mit. 3,83,*a*,2 v. u.

*उपचेय Partic. fut. pass. von चि mit उप. *°पुट Mahâbh. 3,60,*a*. Vgl. उपचाय्य°.

उपच्छन्द m. *Bedarf* MBh. 13,65,12.

उपच्छन्दन n. *das Bereden, Ueberreden* Bâlar. 118,2.

उपच्छन्दोरूपपीठ N. pr. einer Oertlichkeit.

उपज 1) Adj. *a) hinzukommend, hinzuzurechnen zu* (Gen.). — *b) entstanden—, hervorgegangen aus, herkommend von* (im Comp. vorangehend) Gaut. — 2) m. *eine best. Gottheit.*

उपजगती f. *ein best. Metrum.*

उपजन m. 1) *Hinzutritt* Comm. zu Njâjas. 2,2,58. — 2) *Zusatz, Zuwachs, Anhängsel.* — 3) *hinzutretender Laut, — Silbe, Suffix.*

उपजनन n. *Zeugung* Mân. Gṛhj. 1,14.

उपजन्धनि m. N. pr. eines Mannes. Vgl. औप°.

उपजप्य Adj. *aufzuwiegeln, zu seiner Partei herüberzuziehen.*

उपजला f. N. pr. eines Flusses.

उपजल्पिन् Adj. *zu Jmd redend, Rath ertheilend.*

उपजा f. *entferntere Nachkommenschaft.*

उपजाति f. *ein gemischtes Metrum.*

उपजातिका f. dass. Utpala zu Varâh. Bṛh. 26 (24),2. 27 (25),8.

*उपजानु Adv. *am Knie.*

उपजाप m. *das Zuraunen, Aufwiegeln, Herüberziehen zu seiner Partei* MBh. 12,140,64.

उपजापक Adj. *aufwiegelnd.*

उपजिगमिषु Adj. *zu gehen beabsichtigend nach* (Acc.).

उपजिघ्रण n. oder °णा f. *das Beriechen* Karaka 7,7.

उपजिज्ञासु Adj. *kennen zu lernen wünschend.*

उपजिज्ञास्य Adj. *räthselhaft.*

उपजिहीर्षा f. *die Absicht zu rauben* MBh. 3,300,11.

उपजिह्वा f. 1) *Zäpfchen im Halse.* — 2) *Abscess auf der unteren Seite der Zunge.* — 3) **eine Ameisenart.*

उपजिह्विका f. = उपजिह्वा 1)*, 2) und 3).

उपजीका m. Bez. von *Nixen.* Vgl. Ind. St. 13,139.

उपजीव 1) Adj. Nebenbegriff zu जीव in einer Formel. — 2) f. आ *Lebensmittel.*

उपजीवक Adj. 1) *lebend von, seinen Lebensunterhalt habend von* (Instr. oder im Comp. vorangehend). — 2) *von einem Andern seinen Lebensunterhalt beziehend, auf Kosten Anderer lebend, ein Untergebener.*

उपजीवन n. 1) *Lebensunterhalt.* — 2) *vollkommene Abhängigkeit von, demüthige Verehrung* Prasannar. 30,4.

उपजीवनीय Adj. *Lebensunterhalt gewährend, dazu dienend.*

उपजीविन् Adj. 1) *lebend—, seinen Lebensunterhalt habend von* (Acc., Gen. oder im Comp. vorangehend). — 2) *vollkommen abhängig von, demüthig verehrend* 290,16. — 3) = उपजीवक 2).

उपजीव्य 1) Adj. *a)* = उपजीवनीय. — *b) das wovon etwas Anderes abhängt, worauf Etwas beruht.* Nom. abstr. °त्व n. — 2) n. *Lebensunterhalt.*

उपजोष 1) m. *Gefallen, arbitrium,* in यथोपजोषम्. — 2) Adv. *a) *nach Belieben. — b) still, ruhig.*

उपजोषण n. *das Gebrauchen, Geniessen* (einer Speise).

उपज्ञा f. *eine Kenntniss, auf die man selbst gelangt ist, eigene Erfindung.* Am Ende eines adj. Comp. *erfunden —, erdacht vor —, vor — nicht gekannt.*

उपज्मन् m. etwa *Bahn.*

उपज्योतिष N. pr. eines Landes Varâh. Bṛh. S. 14,3.

*उपड m. Hypokoristikon, = उपक.

*उपढौकन n. *Darbringung, Geschenk.*

उपतक्ष und °क m. N. pr. eines Schlangendämons.

उपतटम् und उपतट° Adv. *am Abhange, — Ufer* Kâd. 24,20.

उपतप्त und *°तप्तर् m. *innere Hitze, Krankheit.*

उपतल्पम् Adv. *an den Thürmen, an die Thürme* Çiç. 3,39.

उपतल्प्य m. *Auftritt, Bank.*

*उपतस्विन् m. N. pr. eines Mannes.

उपताप m. 1) *Hitze, Wärme, Erwärmung.* — 2) *Schmerz, Leid.* — 3) *Erkrankung, Krankheit, Beschädigung.*

उपतापक Adj. *Schmerz bereitend* Hem. Jog. 4,9 (nach der richtigen Lesart).

उपतापिन् Adj. 1) *krank.* — 2) am Ende eines Comp. *Schmerz bereitend* 252,29. Nom. abstr. °पित्व n.

उपतारक Adj. (f. आ) *überschwemmend.*

उपतिष्ठासु Adj. *sich hinbegeben wollend.* °अत्तिकम् Daçak. 8,13.

उपतिष्य m. N. pr. *eines Sohnes des* Tishja.

*उपतीरम् Adv. *am Ufer.*

उपतीर्थ *Steg zum Wasser,* in सूपतीर्थ.

*उपतूलम् Adv. *an der Rispe* u. s. w.

उपतृणय m. *eine best. Schlange* AV. 5,13,5.

*उपतैल und *उपतैष gaṇa गौरादि.

उपत्यका f. *am Fusse eines Berges gelegenes Land.*

उपदंश m. 1) *Gewürz, Zukost.* — 2) *eine best. Krankheit der Geschlechtstheile.* — 3) **Moringa pterygosperma Willd.* — 4) **ein best. Strauch.*

*उपदंशक m. *eine best. Pflanze* Gal.

*उपदंशम् Absol. mit einem Instr. oder am Ende eines Comp. *mit einem Zubiss von.*

उपदधि Adj. *darauf legend.*

*उपदर्शक m. *Thürsteher.*

उपदर्शन n. *das vor Augen Führen, Vergegenwärtigen.*

*उपदश Adj. *gegen—, beinahe zehn.*

उपदा 1) Adj. *nur Kost* (nicht Lohn) *empfangend.* — 2) f. *Darbringung, Geschenk.*

1. उपदातर् Nom. ag. *Gewährer, Ertheiler, Verleiher.*

2.*उपदातर् Nom. ag. von दा mit उप Kâç. zu P. 6,1,50.

*उपदातव्य Partic. fut. pass. von दा mit उप Kâç. zu P. 6,1,50.

*1. उपदान n. *Darbringung, Geschenk.*

*2. उपदान n. Nom. act. von दा mit उप.

*उपदानक n. *Darbringung, Geschenk.*

उपदानवी f. N. pr. einer Tochter Vṛshaparvan's und Vaiçvânara's.

उपदासुक Adj. (f. आ) *ausgehend, versiegend.*

°उपदिग्धता f. *das Beschmiertsein, Belegtsein mit.*

उपदिदिक्षा f. *die Absicht anzuweisen, — zu belehren* Çaṁk. zu Bâdar. 3,4,8.

1. उपदिश् Adj. *anzeigend, anweisend,* in मार्गोपदिश्.

2. उपदिश् f. *Zwischengegend.*

उपदिश m. N. pr. eines Sohnes des Vasudeva.

*उपदिशम् Adv. *in einer Zwischengegend.*

उपदिशा f. *Zwischengegend.*

उपदिष्ट n. in der Dramatik *Worte der Ermahnung der Vorschrift gemäss.*

1.*उपदी f. *Schmarotzerpflanze.*

2. उपदी Adv. mit कर् *Jmd* (Dat.) *Etwas* (Acc.) *darbringen, schenken.*

उपदीक m. (Taitt. Âr. 5,10,6) und °का f. *eine Ameisenart.*

उपदीक्षिन् Adj. *an der Weihe Theil nehmend, nahe verwandt.*

उपदुह् m. *Melkeimer.*

उपदृश् f. *Anblick, Aussehen.*

उपदेव 1) m. *a) eine untergeordnete Gottheit.* — *b)* N. pr. verschiedener Männer VP. — 2) f. आ und

ई N. pr. einer Gemahlin Vasudeva's.

*उपदेवता f. = उपदेव 1) a).

उपदेश m. (adj. Comp. f. आ) 1) Hinweisung, Verweisung auf. — 2) Anweisung, Unterweisung, Belehrung, Rathertheilung, Vorschrift. — 3) die in grammatischen Lehrbüchern angenommene Bezeichnungsweise einer Wurzel, eines Themas, Suffixes u. s. w. — 4) eine best. Klasse von Schriften bei den Buddhisten. — 5) fehlerhaft für अपदेश Vorwand.

उपदेशक 1) Adj. Etwas lehrend. — 2) *m. Handwerker Gal.

उपदेशकर्णिका f. Titel eines Werkes.

उपदेशता f. Nom. abstr. zu उपदेश 2).

उपदेशन n. und उपदेशना f. Anweisung, Unterweisung, Lehre.

उपदेशनवत् Adj. mit einer Anweisung versehen Tâṇḍja-Br. 6,2,1.2.

उपदेशपञ्चक n., उपदेशमाला f., उपदेशसाहस्री f. und उपदेशामृत n. Titel von Werken.

1. उपदेशिन् Adj. unterweisend, lehrend, Lehrer.

2. उपदेशिन् m. ein Wort, Thema, Suffix u. s. w. in der in grammatischen Lehrbüchern angenommenen Form.

(उपदेश्यं) उपदेशिंग्र, उपदेश्य Adj. was gelehrt wird.

उपदेष्टर् Nom. ag. Anweiser, Unterweiser, Lehrer. Nom. abstr. °ष्टृत्व n.

उपदेष्टव्य Adj. anzuweisen, zu unterweisen, — lehren (Etwas).

उपदेह m. 1) Ueberzug, eine sich ansetzende Aussonderung (an kranken Körpertheilen). — 2) Umschlag, Pflaster Comm. zu Kâraka 1,1 (S. 357).

°उपदेहवत् Adj. mit einem Ueberzug von — versehen Suçr. 2,304,6.

*उपदेहिका f. eine Ameisenart.

उपदोह m. (adj. Comp. f. आ) und °न n. (adj. Comp. f. आ) Melkeimer.

उपद्रव m. (adj. Comp. f. आ) 1) widerwärtiger Zufall, Unfall, Widerwärtigkeit, Calamität, Uebel, Gebrechen. — 2) *Sonnen- oder Mondfinsterniss Gal. — 3) eine hinzukommende Krankheitserscheinung, Krankheitszufall. — 4) Scheusal (?) MBh. 12,60,44. — 5) der vierte Satz in einer Sâman-Strophe Comm. zu Ait. Âr. 227,3 v. u.

उपद्रष्टर् Nom. ag. Zuschauer, Zeuge.

उपद्रष्टृमत् Adj. mit Zeugen versehen. Loc. so v. a. vor Zeugen.

उपद्रुत n. ein best. Saṁdhi.

उपद्वार n. Nebenthor, — thür Agni-P. 29,37.47.

उपद्वीप m. ein kleinerer Dvîpa.

उपधमन n. das Anblasen Gaut.

उपधर्म m. 1) eine untergeordnete Verpflichtung. — 2) Aftergesetz, falscher Glaube.

उपधा f. 1) Betrug, Schelmerei, Ränke. — 2) das auf die Probe Stellen. — 3) der vorletzte oder vorangehende Laut.

उपधातु m. 1) Halbmetall. — 2) ein untergeordneter Bestandtheil des Körpers.

उपधान 1) Adj. aufsetzend, beim Aufsetzen angewendet. — 2) n. (adj. Comp. f. आ) a) das Aufsetzen Çulbas. 3,46. — b) das Hinzufügen Comm. zu Lâṭj. 7,9,8. — c) Kissen, Polster. — d) Einschlagtuch (für Stoffe, die unter die Presse kommen) Kâraka 1,15. — e) Deckel Hemâdri 1,416,15. — f) etwa Zapfen an der Vîṇâ. — g) Ausserordentlichkeit, Ungewöhnlichkeit. प्रेमोप° eine ungewöhnliche Liebe Bâlar. 92,19. फलोपधान Siddh. K. — h) *Zuneigung. — i) *Gelübde. — k) *Gift. — 3) f. उपधानी Kissen.

उपधानक n. Kissen, Polster Hemâdri 1,657,20.

उपधानविधि m. Titel eines Werkes.

उपधानीय n. Kissen.

°उपधायिन् Adj. Etwas (als Kissen) unterlegend.

उपधारण n. das in Betracht Ziehen, Erwägung.

उपधार्य Adj. zu begreifen Kâraka 1,15.

उपधालोपिन् Adj. einen Ausfall des vorletzten Lautes erleidend P. 4,1,28.

उपधि m. 1) Hinzufügung Lâṭj. 7,9,8. — 2) Betrug, Schelmerei. — 3) der Theil des Rades zwischen Nabe und Radkranz. — 4) = उपाधि Bedingung, Attribut (buddh.).

उपधिक M. 9,258 fehlerhaft für औपधिक.

*उपधृति f. Lichtstrahl.

उपधेय Adj. aufzusetzen, aufgesetzt werdend.

उपध्मा f. Anhauch, die Thätigkeit, durch welche der Upadhmânîja hervorgebracht wird.

उपध्मानिन् Adj. anhauchend.

उपध्मानीय m. der Visarga vor प und फ.

उपध्वंसन MBh. 13,2617. fgg. fehlerhaft für अप°.

उपनक्षत्र n. Nebenstern.

उपनख n. eine best. Krankheit der Nägel.

उपनगर *n. Vorstadt. Adv. in °भव Adj. in der Nähe der Stadt befindlich Daçak. 60,17.

उपनति f. 1) Zuneigung. — 2) das Zutheilwerden.

*उपनदम् Adv. am Fluss.

उपनह्यव्य Adj. mit einem Umschlag zu versehen.

उपनन्द m. N. pr. eines Schlangenfürsten und verschiedener Männer.

उपनन्दक m. N. pr. 1) eines Sohnes des Dhṛtarâshṭra. — 2) eines Wesens im Gefolge Skanda's. — 3) einer Trommel Judhishṭhira's.

उपनन्दन m. eine Form Çiva's VP.² 1,79.

उपनन्दसंज्ञा f. N. pr. einer der Kumârî an Indra's Banner.

उपनम्र Adj. sich einstellend Naish. 2,12. 3,134.

उपनय m. 1) Zuführung, Verschaffung. — 2) Erlangung. — 3) Anwendung. — 4) Einführung (in eine Wissenschaft). — 5) das vierte Glied in einem Syllogismus Kâraka 3,8. — 6) = *उपनयन 4).

उपनयन n. 1) das Zuführen, Bringen. — 2) das Anwenden. स्नेहस्य Kâraka 1,29. — 3) das Einführen (in eine Wissenschaft), das Vertrautmachen mit. — 4) Aufnahme eines Schülers in die Lehre, wodurch dieser in die Stellung eines vollberechtigten Mitglieds der religiösen Gemeinde einzutreten beginnt. — 5) Einleitung, introductio.

उपनयनचिन्तामणि m. und उपनयलक्षण n. Titel zweier Werke.

*उपनर m. N. pr. eines Schlangendämons (buddh.).

उपनहन n. Tuch zum Einbinden.

उपनागर Adj. Bez. eines best. Apabhramça-Dialects.

उपनामुक Adj. sich zuneigend.

उपनाय m. 1) Führer, Anführer. — 2) *= उपनयन 4).

उपनायक m. Nebenheld (im Drama).

उपनायन n. = उपनयन 4).

उपनायिक Hariv. 4417 fehlerhaft für औप°

उपनासिक n. Umgebung der Nase.

उपनाह m. 1) Bündel. — 2) Pflaster, Umschlag. °स्वेद m. Schweiss durch heisse Umschläge Mat. med. 19. — 3) Augenwinkelgeschwulst. — 4) *das obere Ende des Halses der Vîṇâ. — 5) *anhaltende Feindschaft Gal.

उपनिक्षेप m. Depositum, anvertrautes Gut.

उपनिधातर् Nom. ag. niedersetzend.

उपनिधान 1) das Danebensetzen Comm. zu Lâṭj. 9,7,16. — 2) *= उपनिधि 1).

उपनिधि m. 1) anvertrautes Gut, insbes. ein mit einem Siegel versehenes. — 2) *Lichtstrahl Gal. Vgl. उपधृति. — 3) N. pr. eines Sohnes des Vasudeva.

उपनिपात m. (adj. Comp. f. आ) 1) Hinzutritt. — 2) Eintritt, das Eintreffen Çaṁk. zu Bâdar. 3,4,51. plötzliches Eintreffen, das Hervorbrechen Mudrâr. 132,3 (197,3). Kâd. 152,14. 171,3. — 3) Ueberfall.

उपनिपातन n. das Hereinbrechen, plötzliches Erscheinen Comm. zu Njâjas. 2,1,24.

°उपनिपातिन् Adj. hereinbrechend —, sich stürzend in.

उपनिबन्धर् Nom. ag. Abfasser, Redacteur. Nom. abstr. °न्धृत्व n.

उपनिबन्धन 1) Adj. offenbarend, an den Tag legend. — 2) n. das Schildern, Beschreiben.

°उपनिभ Adj. gleich, ähnlich.

उपनिमन्त्रण n. das Einladen Vebis. 25.

*उपनिर्गम m. Hauptstrasse.

उपनिवपन n. das Hinwerfen auf Etwas.

उपनिवेश m. (adj. Comp. f. आ) Vorstadt.

°उपनिवेशिन् Adj. zukommend (ein Name einem Dinge).

उपनिषद् f. 1) *das sich in die Nähe Setzen. — 2) esoterische Lehre, Geheimlehre, Geheimniss. *उपनिषत्कर् wohl mit Etwas geheim halten. — 3) eine Klasse von Schriften, welche die Auffindung des geheimen Sinnes des Veda zur Aufgabe haben.

उपनिषद n. = उपनिषद् 3).

उपनिषद्व्याख्यान n., °षद्रत्न n. und °षद्विवरण n. Titel von Werken.

उपनिषादिन् Adj. zu Jmds Füssen sitzend, unterthänig.

*उपनिष्कर m. Hauptstrasse.

उपनिष्क्रमण n. 1) das Hinaustreten zu Etwas. — 2) das erste Hinauskommen eines Kindes in die freie Luft Hemâdri 1,231,6. — 3) freier Platz Gaut. — 4) *Hauptstrasse.

उपनीति f. = उपनयन 4) Njâjam. 2,3,8.

*उपनीवि Adv. am Schurz Comm. zu Çiç. 10,60.

उपनृत्य n. Tanzplatz.

उपनेतर् Nom. ag. (f. °त्री) 1) Zuführer, Herbeibringer. — 2) der einen Schüler bei sich aufnimmt, Erzieher Spr. 2328.

उपनेतव्य Adj. zu bringen.

उपनेय Adj. Nâr. 4,51 fehlerhaft für अपनेय.

उपन्यसन n. das zur Sprache Bringen, Etwas Predigen Çiç. 16,51.

उपन्यास 1) Adj. das Nöthige herbeischaffend MBh. 12,100,28,b. — 2) m. a) Beisetzung, Beifügung. — b) das Herbeischaffen des Nöthigen MBh. 12,100, 28,a. — c) eine hingeworfene Aeusserung, gelegentliche Erwähnung, — Ausspruch, Andeutung, Angabe Bâdar. 1,2,23. 4,6. Anführung, Citat Utpala zu Varâh. Brh. 7,3. — d) Begründung. — e) eine best. Art von Bündniss oder Frieden Spr. 4566. — f) in der Dramatik Beschwichtigung, Besänftigung. — g) *Pfand.

°उपन्यासम् Absol. unter Aeusserung von Spr. 2665.

उपपक्ष m. 1) Achselgrube. उपपक्षदघ्न Adj. bis dahin reichend. — 2) Du. die Haare in der Achselgrube.

उपपक्ष्म Adv. an den Augenwimpern Suçr. 2,338,3.

(उपपक्ष्य) उपपक्षिअ Adj. an der Achsel befindlich.

उपपतनीय n. = उपपातक.

उपपति m. Nebenmann, Buhle.

उपपत्ति f. 1) das Eintreffen, Sichereignen, zu Stande —, zum Vorschein Kommen. — 2) das Zutreffen, Sichergeben, Begründetsein, Bewiesensein, Begründung, Beweis. °युक्त begründet, bewiesen. °परित्यक्त unbegründet, unbewiesen. — 3) Angemessenheit. Instr. Sg. und Pl. (MBh. 13,23,3) auf angemessene Weise.

उपपत्तिमन्त् Adj. mit Beweisen versehen, bewiesen. Nom. abstr. °मत्त्व n. Beweisbarkeit Çaṁk. zu Bâdar. 2,2,32.

उपपत्तिसम m. im Njâja das Sophisma: einem Dinge kann die eine von zwei grundverschiedenen Eigenschaften zukommen, wenn die Verschiedenheit in der Ursache des Dinges begründet ist. Njâjas. 5,1,1. 25.

उपपथ 1) m. etwa Anhang, Ergänzung. — 2) *°म् Adv. am Wege.

उपपद् f. das Eintreffen, Eintreten.

उपपद n. 1) ein Wort in untergeordneter Stellung, das als Begleiter eines andern Wortes auftritt. — 2) *ein Bischen.

*उपपरीक्षण n. und उपपरीक्षा f. genaue Betrachtung, Untersuchung, Erforschung.

उपपर्चन 1) *Adj. dicht berührend. — 2) n. Begattung.

उपपर्वन् n. der Tag vor oder nach einem Parvan Çâṅkh. Gṛh. 6,1.

उपपल्वलम् Adv. am Teiche Naish. 1,121.

उपपात m. 1) das Hinzukommen, von Neuem Entstehen Ind. St. 10,311. — 2) Zufall, Unfall.

उपपातक n. eine kleinere Sünde Gaut.

°उपपातिन् Adj. sich stürzend auf.

उपपाद in दुरुपपाद und यथोपपादम्.

उपपादक Adj. bewirkend, dass Etwas sich ereignet, — zu Stande kommt, bedingend, ermöglichend.

उपपादन 1) Adj. vorbringend, zur Sprache bringend H. 255. — 2) n. a) das Herbeischaffen. — b) das Erscheinen. — c) das Beweisen.

उपपादनीय Adj. zu behandeln (medic.) Karaka 3,7.

उपपादुक Adj. von selbst entstehend.

उपपाद्य Adj. was zur Erscheinung gebracht wird.

उपपाप n. = उपपातक.

उपपार्श्व m. wohl Schulterblatt MBh. 3,71,16.

उपपीडन n. das Quälen, Martern.

उपपीडम् Absol. unter Drücken, an sich drückend Naish. 6,78. उरसि Çiç. 10,47. *पार्श्वोप°, *पार्श्वाभ्यामुप° oder *पार्श्वयोरुप° P. 3,4,49, Sch.

*उपपुर n. und °पुरी f. Vorstadt.

उपपुराण n. Neben-Purâṇa, eine best. Klasse von Schriften, die den 18 Purâṇa zur Seite gestellt werden.

*उपपुष्पिका f. das Gähnen.

*उपपूर्वरात्रम् Adv. gegen Anfang der Nacht P. 6, 2,33, Sch.

उपपृच् Adj. fest angeschmiegt an (Gen.).

उपपौरिक Adj. in der Nähe der Stadt gelegen.

*उपपौर्णमासम् und *°मासि Adv. um die Zeit des Vollmondes.

उपप्रेतै Inf. um sich zu begatten.

उपप्रदर्शन n. das Hinweisen auf.

उपप्रदान n. das Beschenken, Geschenk VP. 5,22,17.

उपप्रलोभन n. das Verführen, Verlockung.

उपप्रुत् Adj. heranwallend.

उपप्रेक्षण n. ruhiges Zusehen, das Nichtbeachten.

उपप्रैष m. Aufforderung.

उपप्लव m. 1) Heimsuchung, widerwärtiger Zufall, Unfall, Unglück, Störung; insbes. von widerwärtigen Naturereignissen und Finsternissen. — 2) Kampfplatz MBh. 2,23,25. — 3) Rand Çulbas. 2,37.

उपप्लविन् Adj. von einem Unfall betroffen. Zugleich verfinstert Kâd. 234,6.

उपप्लव्य n. N. pr. der Hauptstadt der Matsja.

उपबन्ध m. 1) Verbindung. — 2) Band, Strick. — 3) Anführung, Citat Taitt. Prât. 1,59. — 4) Anwendung, Gebrauch (eines Wortes u. s. w.) Bâdar. 3,4,24. — 5) eine best. Art zu sitzen. — 6) Suffix.

उपबन्धन n. = उपबन्ध 4) Çaṁk. zu Bâdar. 3,4,24.

*उपबर्ह m. Kissen.

उपबर्हण 1) Adj. (f. आ) mit einem Polster versehen Vaitân. 36,7. — 2) m. a) Bein. des Gandharva Nârada VP.[2] 2,20. — b) N. pr. eines Gebirges. — 3) f. ई Kissen, Polster. — 4) n. dass.

उपबर्हिण m. v. l. für उपबर्हण 2) b).

*उपबहु Adj. ziemlich viel.

उपबाहु m. 1) Unterarm. — 2) *N. pr. eines Mannes.

उपबाह्यकसूज्ञयी und उपबाह्या f. N. pr. einer Gattin des Bhugamâna Hariv. 1,37,3. 4.

*उपबिन्दु m. N. pr. eines Mannes gaṇa बाह्वादि in der Kâç.

उपबिल Adj. neben der Oeffnung befindlich Mânava im Comm. zu Kâtj. Çr. 9,9,25.

उपबृंहण n. das Befestigen, Kräftigen, Fördern R. ed. Bomb. 1,4,6.

उपबृंहिन् Adj. kräftigend, fördernd.

उपब्द 1) m. Geräusch, Geklapper, Gerassel u. s. w. — 2) f. उपब्दा oder m. उपब्दि ein best. giftiges Thier AV. 2,24,6.

उपब्दि m. = उपब्द 1).

उपब्दिमन्त् Adj. geräuschvoll, laut

उपभङ्ग m. Glied einer Strophe.

उपभाषा f. *ein untergeordneter Provincialdialect.*

उपभुक्तधन Adj. *der sein Vermögen genossen hat* und zugleich m. N. pr. eines Kaufmanns.

उपभुक्ति f. *die tägliche Bewegung eines Gestirns.*

उपभूषण n. *Schiff und Geschirr.*

उपभृ॑त् f. *eine hölzerne Opferkelle.*

उपभेद m. *Unterart, Species.*

उपभैमि Adv. *neben* Bhaimî (Damajantî) Naish. 3,1.

उपभोक्तर् Nom. ag. *Geniesser, Niessbraucher, Gebraucher.*

उपभोग m. *Genuss, Niessbrauch, Gebrauch* (vom *coitus* 108,4); *Genuss,* so v. a. *Genussmittel.* Bei den Ǵaina *wiederholter Genuss desselben Gegenstandes.*

उपभोगवत् Adj. *Genüsse gewährend* zu Spr. 4491.

°उपभोगिन् Adj. *geniessend, niessbrauchend.*

उपभोग्य Adj. 1) *zu geniessen, — niessbrauchen, —gebrauchen, was genossen u. s. w. wird.* Nom. abstr. °त्व n. — 2) n. *Object des Genusses* MBh. 1,204,20.

उपभोजिन् Adj. *geniessend, essend.*

°उपभोज्य Adj. *sich zum Genuss für — eignend.*

उप॑म Adj. (f. आ) 1) *der oberste, höchste.* — 2) *der höchste, herrlichste, trefflichste.* — 3) *der nächste, erste.*

उपमज्जन n. *Bad, Abwaschung.*

उपमद्गु m. N. pr. *eines jüngern Bruders des* Madgu.

उपमन्त्रण n. *das Bereden, Beschwatzen.*

1. उपमन्त्रि॑न् Adj. *ermunternd, antreibend.*

2. उपमन्त्रिन् m. *ein fürstlicher Rath zweiten Ranges.*

उपमन्थनी॑ f. *Rührstab.*

उपमन्थितर् Nom. ag. *der* (Butter u. dgl.) *rührt.*

उपमन्यु॑ 1) Adj. *eifrig, anstrebend.* — 2) m. N. pr. eines Mannes. Pl. *seine Nachkommen.*

उपमर्द m. 1) *heftiger Druck.* — 2) *Zufügung eines Leids, — Schadens, Beeinträchtigung.* — 3) *Vernichtung* Comm. zu Njâjas. 4,1,14. — 4) *Unterdrückung, das Verschwindenlassen* (eines Lautes) Njâjas. 2,2,59.

उपमर्दक Adj. 1) *vernichtend, zu Grunde richtend.* — 2) *unterdrückend, aufhebend.*

उपमर्दन n. 1) *Zufügung eines Leids, Beleidigung* Comm. zu Mṛkkh. 18,20. — 2) *das Unterdrücken, Aufheben.*

°उपमर्दिन् Adj. *vernichtend, zu Grunde richtend.*

उपम॑श्रवस् 1) Adj. *hochberühmt.* — 2) m. N. pr. eines Mannes.

1. उपमा॑ Adv. *in nächster Nähe.*

2. उपमा॑ f. 1) *Verhältniss der Aehnlichkeit* oder *Gleichheit, Vergleichung, Gleichniss* (auch rhet.). Am Ende eines adj. Comp. (f. आ) so v. a. *ähnlich, gleichend.* अलब्धोपम *keinen Vergleich zulassend.* — 2) *Vergleichungswort.* — 3) *ein best. Metrum.*

उपमा॑त् = उपमित्.

*उपमातर् f. *Amme.*

उ॑पमाति f. 1) *das Angehen mit einem Wunsche, — einer Bitte, Ansprache, Anrede.* — 2) *der Anrede zugänglich, affabilis.*

उपमातिव॑नि Adj. *eine Ansprache gern aufnehmend.*

उपमा॑द m. *Belustigung, Erheiterung.*

उपमान n. 1) *Vergleich, Aehnlichkeit, Analogie.* Am Ende eines adj. Comp. so v. a. *ähnlich, gleichend.* — 2) *das womit Etwas verglichen wird.* — 3) *Vergleichungswort.*

उपमानचिन्तामणि m. Titel eines Werkes.

उपमानता f. 1) *Gleichheit.* °तां प्राप् *einem Dinge* (Gen.) *in Etwas* (Loc.) *gleich werden.* — 2) Nom. abstr. zu उपमान 2).

उपमानत्व n. Nom. abstr. zu उपमान 2) Comm. zu Vâmana 4,3,15.

उपमानवत् Adj. *ähnlich* Çatr. 14,162.

उपमा॑म् Adv. *am Höchsten.*

उपमारण n. *das Untertauchen* (trans.).

उपमारूपक n. in der Rhet. *ein best. Gleichniss.*

उपमालिनी f. *ein best. Metrum.*

उपमाव्यतिरेक m. in der Rhet. *ein best. Gleichniss* 252,24.

उ॑पमास्य Adj. *allmonatlich.*

उपमि॑त् f. *Strebepfeiler, Stützbalken.*

उपमिति f. 1) *Aehnlichkeit.* — 2) *Schlussfolge nach Analogie.*

*उपमित्र n. *ein Freund in zweiter Reihe.*

उपमीमांसा॑ f. *das Bedenken, Besinnen.*

उपमुखम् Adv. *am Munde* Lâṭj. 4,2,6.

उपमूलम् und उपमूल° (Gobh. 1,5,7) Adv. *an der Wurzel.*

*उपमेत m. *Vatica robusta W. u. A.*

उपमेय Adj. *zu vergleichen mit* (Instr. oder im Comp. vorangehend), *was verglichen wird;* n. *der verglichene Gegenstand.* Nom. abstr. °त्व n. Comm. zu Vâmana 4,3,15.

उपमेयोपमा f. *ein Gleichniss von der Form: a gleicht b, und b gleicht a* Kâvjapr. 10,5.

उपय॑ज् f. (Nom. °य॑ट्) Bez. von *eilf Zusatzsprüchen beim Thieropfer* (VS. 6,21) Maitr. S. 3,10,4.

उपयन Kathâs. 14,31 fehlerhaft für उपायन.

उपयन्तर् Nom. ag. *Gemahl.*

उपयन्त्र n. *chirurgisches Hülfswerkzeug.*

उपयम m. (adj. Comp. f. आ) *das Sichzulegen, Heirathen* (einer Frau) und *das Anlegen* (eines Feuers) Gaut.

उपय॑मन 1) Adj. *unterfassend, zum Unterfassen dienend.* — 2) f. ई a) *Unterlage.* — b) *Schöpflöffel.* — 3) n. *das Heirathen, zur Frau Nehmen.* — Fehlerhaft für उपगमन Kâd. II,141,12.

उपयष्ट॑र् Nom. ag. *der bei der* Upajaǵ *thätige Priester.*

उपयाचन, °याचित und *°याचितक n. *Bitte, Forderung.*

उपयाज m. 1) = उपयज्. — 2) N. pr. *eines jüngern Bruders des* Jâǵa.

उपयान n. *das Herankommen, Herbei—, Ankunft.*

उपयापन n. *das Hinführen zu, Zusammenführen mit* (Instr.).

उपया॑म m. 1) *ein best. irdenes Geschirr* AV. Prâjaç. 37,14. Comm. zu TS. 3,2,1,1. — 2) Pl. *die mit* उपया॑मगृहीतः *beginnenden, beim* Soma-*Schöpfen dienenden Sprüche.* — 3) **das Heirathen einer Frau* (obj.). — 4) *von unbekannter Bed.* VS. 25,2.

उपया॑मगृहीत Adj. *mit* Upajâma 1) *geschöpft* VS. 7,4.12.20. Ind. St. 2,99.

*उपयामवत् und *°यामिन् Adj. von उपयाम.

उपयायिन् Adj. *herankommend.*

उपयुत m. N. pr. eines Fürsten VP.² 3,334.

उपयुयुत्सु Adj. *anzuwenden beabsichtigend.*

उपये॑ Dat. Inf. *zu kommen* RV. 8,47,12.

उपयोक्तर् Nom. ag. *der da anwendet, Gebrauch macht* (von einer Nahrung).

उपयोक्तव्य Adj. *zu geniessen* 40,4.

उपयोग m. 1) *Anwendung, Verwendung, Gebrauch, Genuss* (von Speisen und Getränken). °गं व्रज्, इ oder गम् (Spr. 7630) *zur Anwendung kommen.* — 2) *Erwerbung, Erlernung* Gaut.

उपयोगिन् Adj. 1) *zur Anwendung kommend, dienlich, förderlich, angemessen.* Nom. abstr. °गिता f. (Naish. 2,48) und °गित्व n. — 2) am Ende eines Comp. *anwendend, gebrauchend.*

उपयोग्य Adj. = उपयोज्य Bâlar. 254,6.

उपयोजन n. 1) *das Anspannen.* — 2) *Gespann.*

उपयोज्य Adj. *anzuwenden, zu gebrauchen, was angewandt* oder *gebraucht wird* 217,10.

*उपयोषम् Adv. v. l. für उपजोषम्.

उ॑पर 1) Adj. (f. आ) a) *unterhalb gelegen, der untere.* — b) *der hintere.* — c) *der spätere.* — d) *der nähere, benachbarte.* — 2) m. a) *der untere Stein, auf welchem der* Soma *mit den Handsteinen ausgeschlagen wird.* — b) *der untere Theil des Opferpfostens.* — c) **Wolke.* — d) **Weltgegend.* — 3) f. आ Pl. Loc. *in der Nähe.*

*उपरक्षण n. *Piquet, Feldwache.*

उपरञ्जक Adj. 1) *färbend.* — 2) *einem Dinge eine Färbung gebend, auf dasselbe Einfluss übend.*

उपरञ्ज्य Adj. *dem eine Färbung gegeben wird, worauf ein Einfluss geübt wird.*

उपरतशोणिता Adj. f. *deren menses aufgehört haben* Gobh. 2,5,8.

उपरैतात् f. *Nähe.* Nur im Loc.

उपरति f. 1) *das Aufhören.* — 2) *Quietismus* 256,1. 11. — 3) *Tod* Kâd. II,100,17. 112,12.

उपरत्न n. *ein Edelstein niederer Gattung.*

उपरन्ध्र n. *ein best. Theil des Körpers beim Pferde.*

उपरम m. 1) *das Aufhören, zu Ende Gehen, Ablauf.* Nom. abstr. °त्व n. 259,15. — 2) *das Abstehen von, Aufgeben.* — 3) *Hingang, Tod* Kâd. II,141,22.

उपरमण n. *das zur Ruhe Kommen* 256,11.

उपरव m. *Schallloch; so heissen Gruben, über welchen der* Soma *ausgeschlagen wird, damit der Schall der Steine verstärkt wird.*

उपरस m. *Halbmetall.*

उपराग m. 1) *Färbung.* — 2) *Verfinsterung, Finsterniss.* — 3) *Einfluss* Çaṃk. zu Bâdar. 2,2,20.

उपरागदर्पण m. Titel eines astron. Tractats.

उपराज 1) *m. *Unterkönig.* — 2) °म् Adv. *in Gegenwart des Königs* Ind. St. 15,287.

*उपराधय Adj. gaṇa ब्राह्मणादि.

*उपराम m. *das Aufhören*

*उपराव m. Nom. act.

उपरि 1) Adv. a) *oben, darauf, nach oben.* Wiederholt *über einander* 268,3. Suçr. 1,258,13. — b) *überdies, dazu, ferner.* Wiederholt *immer wieder* Kâd. 188,18. II,89,17. — c) *nachher.* — 2) Praep. a) *über, oberhalb, über — hinaus, auf, hinauf in;* mit Acc., Gen., Abl., Loc. und am Anfange oder Ende eines adv. Comp. उपर्युपरि mit Acc. *unmittelbar über* Tâṇḍja-Br. 6,5,14. mit Gen. *hoch über* MBh. 3,33,2. — b) *über* (der Zahl, dem Werthe nach); mit Gen. oder am Ende eines adv. Comp. — c) *nach* (zeitlich), mit Gen. oder am Ende eines adv. Comp. — d) *in Bezug auf, in Betreff von, wegen;* mit Gen.

उपरिकाण्ड n. Titel des 3ten Kâṇḍa in Maitr. S.

*उपरिकुटी f. *Bodenkammer.*

उपरिग Adj. *darüber sich bewegend, — fliegend.*

उपरिचर m. Bein. des Königs Vasu.

°उपरिचिह्नित Adj. *oben mit — gekennzeichnet.*

उपरिज Adj. *hervorwachsend, herausragend.*

उपरिजानु Adv. *oberhalb des Knies* Âpast.

उपरितन Adj. (f. आ) 1) *der obere* Mṛkkh. 51,18, v. l. Comm. zu Tâṇḍja-Br. 3,6,2. — 2) in einem Buche so v. a. *nachfolgend, nächstfolgend* Comm. zu Njâjam. 2,2,5. 3,21. 9,2,16.

उपरितल n. *superficies* Mṛkkh. 51,18. Daçak. 85,4.

उपरितस् Adv. *darüber* Hemâdri 1,306,7.

उपरिदंष्ट्रिन् Adj. *in der oberen Kinnlade Schneidezähne habend.*

उपरिनाभि Adv. *über dem Nabel.*

उपरिन्यस्त Adj. *darauf gesetzt.*

उपरिपात्र n. *Oberschale, Deckel* Hemâdri 1,231,9. Vgl. ऊर्ध्वपात्र.

उपरिपुरुष m. *ein darauf befindlicher Mann.*

उपरिप्रुत् Adj. *von oben herkommend.*

उपरिबभ्रव m. N. pr. eines Ṛshi.

उपरिबुध्न Adj. *über den Boden emporragend.*

उपरिभक्त Adj. *nach dem Essen angewendet* Karaka 6,20.25.

उपरिभाग m. *Obertheil* Comm. zu TS. Prât. 2,37.41. Hemâdri 1,190,7.

उपरिभाव m. *das Darübersein, Höhersein.*

उपरिभूमि Adv. *über dem Boden.*

(उपरिमर्त्य) °मर्तिअ Adj. *über die Sterblichen sich erhebend.*

*उपरिमेखल m. N. pr. eines Mannes. Pl. *seine Nachkommen.*

उपरियान n. *das nach oben Gehen, in den Himmel Kommen.*

उपरिशयन n. *erhöhte Lagerstatt.*

उपरिशय्या f. dass. Âpast. Gobh. 3,1,18.

उपरिशायिन् Adj. *auf einem erhöhten Lager ruhend.*

उपरिश्रेणिक Adj. *in der oberen Reihe stehend.*

उपरिषद् und °षद्य (Tâṇḍja-Br. 5,5,1) = °सद् und °सद्य.

उपरिष्टाज्ज्योतिष्मती f. und °ज्योतिस् *ein best. ved. Metrum.*

उपरिष्टात् 1) Adv. a) *oben, oberhalb* 116,12. *von oben her.* — b) *hinten.* — c) in einem Buche u. s. w. *weiterhin, später, im Folgenden.* — d) *nachher.* — 2) Praep. a) *über, auf, hinab auf;* mit Acc. oder Gen. (Çulbas. 1,39). — b) *hinter,* mit Gen. — c) *über, in Bezug auf, in Betreff von;* mit Gen.

उपरिष्टात्स्वाहाकृति Adj. *mit hinterher folgendem* Svâhâ-*Ruf* Çat. Br. 3,8,1,16. 13,2,11,2.

उपरिष्टादुपयाम Adj. *mit hinterher folgenden* Upajâma-*Sprüchen* TS. 6,5,10,3.

उपरिष्टाद्बृहती f. *ein best. ved. Metrum.*

उपरिष्टाद्वात m. *Wind von oben* Maitr. S. 2,7,20.

उपरिष्टाल्लक्षण Adj. (f. आ) *hinten das Merkmal habend* Çat. Br. 1,7,2,19.

उपरिष्ठ Adj. = उपरिस्थ Daçak. 16,2.

उपरिसद् Adj. *oberhalb sitzend, — wohnend.*

उपरिसद्य n. *das Sitzen in der Höhe.*

उपरिस्थ (!) Adj. (f. आ) *oben —, darüber stehend, darauf befindlich* Maitrjup. 2,4. *stehend auf* (Gen. oder im Comp. vorangehend) Hemâdri 1,591,1. 13.

उपरिस्थापन n. *das Darauflegen*

उपरिस्थायिन् Adj. *höher stehend, überragend* Comm. zu TS. Prât. 21,1.

उपरिस्थित Adj. = उपरिस्थ.

उपरिस्पृश् Adj. *emporragend.*

उपरिहस्त m. *eine höher stehende Hand* (unter vieren) Hemâdri 1,285,8.

उपरीतक m. *quidam coeundi modus.*

उपरूप n. *ein schlechtes Symptom* Karaka 5,12.

उपरूपक n. *ein Schauspiel von untergeordneter Gattung.*

उपरोध m. 1) *Versperrung, Obstruction, Hemmung.* — 2) *Störung, Schädigung, Beeinträchtigung.* — 3) *Zwistigkeit, Misshelligkeit.* — 4) = अनुरोध *Rücksicht.*

*उपरोधक n. *ein inneres Gemach.*

उपरोधन n. 1) *Belagerung.* — 2) *Hemmniss.*

°उपरोधिन् Adj. 1) *gehemmt —, gestört —, unterbrochen durch.* — 2) *hemmend, störend, beeinträchtigend.*

उपर्यासन n. *das Sitzen in der Höhe.*

उपर्यासीन Adj. *erhöht sitzend* Ait. Âr. 468,2 v. u.

उपल 1) m. (adj. Comp. f. आ) a) *Stein.* — b) *Edelstein* Jâgn. 3,36. — c) **Wolke.* — 2) f. उपला a) *der obere, kleinere Mühlstein.* — b) * = शर्करा.

उपलक m. *Stein.*

उपलक्त in दुरुपलक्त.

उपलक्षक Adj. 1) *implicite bezeichnend, — ausdrückend.* Nom. abstr. °त्व n. Comm. zu TS. Prât. 4,23.8,34. — 2) *wahrnehmend, errathend* Spr. 4976.

उपलक्षण 1) n. a) *Bezeichnung.* — b) *das implicite Bezeichnen, elliptische Bezeichnung.* Nom. abstr. °ता f. und °त्व n. (267,21). — c) *Merkmal.* — d) *das Schauen nach.* — 2) f. आ = 1) b).

उपलक्षयितव्य Adj. *worauf man zu achten hat* Suçr. 1,43,9.

उपलक्ष्य Adj. *erkennbar.*

*उपलधिप्रिय m. fehlerhaft für वालधिप्रिय.

उपलप्रक्षिन् Adj. *mit dem Mühlstein hantirend.*

उपलब्धर् Nom. ag. *Wahrnehmer* Nrs. Up. in Ind. St. 9,162. Çaṃk. zu Bâdar. 2,2,25.

उपलब्धव्य Adj. *wahrzunehmen.*

उपलब्धार्थ Adj. (f. आ) *was man vernommen hat.*

उपलब्धि f. 1) *Erlangung.* — 2) *Auffassung, Wahrnehmung, das Gewahrwerden, Verständniss.* — 3) *Vernehmbarkeit.*

उपलब्धिमत् Adj. 1) *wahrnehmend.* °मत्त्व n. *Fähigkeit der Wahrnehmung.* — 2) *vernehmlich, verständlich.*

उपलब्धिसम m. im Njâja *das Sophisma: dagegen ist einzuwenden, dass die Erscheinung nicht immer dieselbe Ursache hat.* NJÂJAS. 5,1,27. SARVAD. 114,12.

*उपलभेदिन् m. *Coleus scutellarioides Benth.*

उपलभ्य Adj. 1) *zu erlangen.* — 2) *wahrzunehmen.*

उपलम्भ m. 1) *Erlangung.* — 2) *Wahrnehmung, Empfindung.* — 3) fehlerhaft für उपालम्भ.

उपलम्भक Adj. 1) *wahrnehmend.* — 2) *wahrnehmen lassend.*

उपलम्भन n. 1) *Wahrnehmung.* Nom. abstr. °त्व n. GAIM. 1,1,4. — 2) *Intellect.*

उपलम्भ्य Adj. *was man sich zu eigen zu machen hat.*

उपलक्स्त m. N. pr. eines Kâṇḍâla.

उपलाभ m. *Erhaschung,* in अनुपलाभ.

उपलालन n. und °ना f. *das Hätscheln* Comm. zu R. ed. Bomb. 2,77,12.

*उपलिङ्ग n. *ein Unglück verheissendes Zeichen.*

उपलिप्सा f. *das Verlangen nach* Spr. 2337.

उपलिप्सु Adj. *zu erfahren begierig,* mit Acc.

उपलेख m. Titel eines gramm. Tractats. °पञ्जिका f. und °भाष्य n. *Commentare dazu* Ind. St. 1,82.

*उपलेट gaṇa गौरादि.

उपलेप m. 1) *das Bestreichen mit Kuhmist.* — 2) *Verschleimung* SUÇR. 1,155,15. — 3) *Abstumpfung, Stumpfheit.*

उपलेपन n. 1) *das Bestreichen, Beschmieren,* insbes. *mit Kuhmist* AGNI-P. 38,42. — 2) *Kuhmist* KARAKA 3

उपलेपिन् Adj. 1) *zur Salbe dienend.* — 2) *verstopfend.*

*उपलोट gaṇa गौरादि. = कोष्ठ NIGH. PR.

उपलोह m. n. etwa *Halbmetall.*

उपवक्तर् Nom. ag. 1) *Zusprecher, Ermunterer.* — 2) Bez. *eines best. Priesters* Comm. zu TBR. 2, 411,15. 412,2. ÂÇV. ÇR. 5,7,3.

उपवङ्ग m. Pl. N. pr. eines Volkes.

उपवच्चन in सूपवच्चन.

*उपवट m. *Buchanania latifolia Roxb.*

उपवन n. (adj. Comp. f. आ) *Wäldchen, Hain.*

उपवनविनोद m. Titel eines Werkes.

उपवत्त् Adj. *das Wort* उप *enthaltend.* f. °ती (sc. ऋच्) ÇAT. BR. 2,3,4,9.16. LÂTJ. 4,5,19. TÂNDJA-BR. 11,1,1. 2.

उपवर्णन n. 1) *das Schildern, Beschreiben, genaues Angeben.* f. आ dass. HEMÂDRI 1,533,9. — 2) *das Verherrlichen, Lobrede auf* BÂLAR. 183,4.

*उपवर्त *eine best. hohe Zahl* (buddh.).

उपवर्तन n. 1) *das Vorführen.* — 2) **Tummelplatz, Land.*

उपवर्ष m. N. pr. *eines jüngern Bruders des* Varsha.

*उपवल्लिका f. = अमलास्रवा.

उपवल्ह m. *Herausforderung zum Wettstreit.*

उपवसथ m. 1) *Fasttag, Bez. des Vorabends des* Soma-*Opfers und der Feier dieses Tages.* — 2) **Dorf.*

उपवसथीय und °वसथ्य Adj. *zum* Upavasatha 1) *bestimmt.*

उपवमन in पयोप° und पीवोप°

उपवसनीय Adj. = उपवसथीय.

*उपवस्त n. *Fasten.*

*उपवस्तर् Nom. ag. *der da fastet.*

उपवस्तव्य Adj. *mit Fasten zu begehen* GOBH. 1,5,5.

*उपवस्ति gaṇa वेतनादि.

उपवह् n. *Unterlage des Joches auf dem Nacken eines Stieres, um diesen einem höhern Jochgenossen gleichzumachen.*

उपवा f. *das Anwehen.*

1. उपवाक m. *Anrede, Preis.*

2. उपवाक m. und °का f. Indra-*Korn* (इन्द्रयव).

उपवाकासक्तुव:.

(उपवाक्य) °वाक्यिश्र und (°वाच्य) °वाचिश्र Adj. *anzureden, zu preisen.*

उपवाजन n. *Fächer.*

उपवात Adj. *trocken.* Holz ÂÇV. GṚHJ. 3,8,4.

उपवाद m. *Tadel, Anfahrung* AIT. ÂR. 315,1 (अप° gedr.).

उपवादिन् Adj. *tadelnd, schmähend.*

उपवास m. *n. 1) *Fasten* (religiös und diätetisch) GAUT. Spr. 7623. 7802. — 2) *das Anlegen des heiligen Feuers.*

उपवासक m. = उपवास 1).

उपवासन n. *Anzug, Ueberwurf.*

उपवासव्रतिन् Adj. *in Folge eines Gelübdes fastend* NAISH. 3,101.

उपवासिन् Adj. *fastend.*

उपवाह m. Pl. N. pr. eines Volkes VP.[2] 2,165.

°उपवाहिन् Adj. *hinfliessend zu* MBH. 1,63,35.

उपवाह्य 1) Adj. *a) herbeizuführen.* — *b) zum Fahren* oder *Reiten dienend.* °करेणुका KÂD. II,47, 11. — 2) m. *a) Reitthier.* — *b) *ein von einem Fürsten gerittener Elephant.*

*उपविचार m. *Umgegend* (buddh.).

उपविद् f. *das Aufsuchen, Erkunden.*

*उपविन्ध्य m. *das an den* Vindhja *grenzende Land* GAL.

*उपविपाशम् Adv. *an der* Vipâç.

उपविमोकम् Adv. *mit Wechsel der Zugthiere.*

उपविष 1) n. *ein leichteres Pflanzengift.* Sieben aufgezählt BHÂVAPR. 2,109. — 2) *f आ *Aconitum ferox.*

*उपविषाणिका f. *ein Aconitum* NIGH. PR.

उपविष्टक Adj. *von einer Leibesfrucht, die über die Zeit bleibt.*

उपवीणय्, °यति *Jmd* (Acc.) *auf der* Vîṇâ *vorspielen* KÂD. 147,15.

उपवीत n. 1) *das Behängtsein mit der heiligen Schnur.* — 2) *die heilige Schnur.*

उपवीतक n. = उपवीत 2).

उपवीतिन् Adj. *die heilige Schnur über die linke Schulter tragend.*

उपवीर m. *ein best. böser Geist* PÂR. GṚHJ. 1,16,23.

उपवृत्त n. *ein best. mit dem ersten Verticalkreis parallel laufender Kreis* Comm. zu GOLÂDHJ. 8,67.

उपवृत्ति f. *das an seine Stelle Rücken.*

उपवेणा f. N. pr. eines Flusses MBH. 3,222.24.

उपवेणु m. etwa *gewöhnliches Rohr.* Am Ende eines adj. Comp. °क HEMÂDRI 1,363,2.

उपवेद m. *Neben-*Veda, *eine den 4* Veda *untergeordnete Klasse von Werken.*

उपवेदनीय Adj. *ausfindig zu machen* Comm. zu NJÂJAS. 1,1,37.

उपवेश m. 1) *das Sichniederlassen.* — 2) *das Obliegen, Sichhingeben.* — 3) N. pr. eines Ṛshi.

उपवेशन n. 1) *das Niedersitzen.* — 2) *Sitz.* — 3) *das Obliegen, Sichhingeben.* — 4) *Stuhlgang.*

उपवेशि m. N. pr. eines Mannes.

°उपवेशिन् Adj. 1) *obliegend, sich hingebend.* — 2) *Stuhlgang habend* KARAKA 6,18.

उपवेष m. *Schürhaken* GAIM. 6,4,47.

उपवेष्टन n. *das Umwickeln mit Windeln* KARAKA 3,6.

उपवेष्टितिन् Adj. *der ein Tuch um die Lenden geschlagen hat* ÂPAST.

*उपवैणव n. *die drei Tageszeiten.*

उपव्याख्यान n. *Erklärung* NṚS. UP. in Ind. St. 9,125.

*उपव्याघ्र m. *der kleine Jagdleopard* RÂGAN. 19,6.

उपव्युषम् (ÂPAST. und KARAKA 3,8) und °व्युषम् Adv. *um das Morgenroth.*

उपव्रजम् Adv. *in der Nähe der Kuhhürde.*

उपव्रय m. *die Gegend um das Schlüsselbein* LÂTJ. 1,5,7.

उपशद् m. 1) **Aufhebung eines Zeugungshindernisses.* — 2) *ein best.* Ekâha ÂÇV. ÇR. 9,8,22. VAITÂN.

उपशफ m. *Afterklaue.*

उपशम m. 1) *das zur Ruhe Gelangen, Nachlassen, Aufhören, Erlöschen.* — 2) *Ruhe, — des Gemüths* MBh. 3,102,17. — 3) Bez. *des 20ten* Muhûrta Ind. St. 10,296.

उपशमक्षय m. bei den Gaina *das Zunichtewerden des Thätigkeitsdranges in Folge des zur Ruhe Kommens.*

उपशमन 1) Adj. (f. ई) *zur Ruhe bringend, stillend.* — 2) n. *a) das Erlöschen.* — *b) das zur Ruhe Bringen, Stillen* Spr. 7701.

उपशमनीय Adj. 1) *zur Ruhe zu bringen, — stillen.* Nom. abstr. °त्व n. — 2) *zur Beruhigung geeignet* Káraka 6,10.

उपशमवन्त् Adj. *im Gemüth beruhigt.*

उपशमायन Adj. *auf dem Wege zur Ruhe des Gemüths seiend.*

उपशय॑ 1) Adj. *daneben —, daliegend.* — 2) m. *a)* **das daneben Liegen.* — *b) das Wohlbekommen, Zuträglichkeit, begünstigender Umstand.* — *c) Vorliebe.* — *d)* Bez. *des 12ten* Jûpa TS. 6,6,4,4. Nom. abstr. उपशयत्व॑ n. *ebend.* — 2) f. °या॑ *ein bereit liegendes Stück Thon.*

*उपशरदम् Adv. *zur Herbstzeit.*

उपशल्य n. 1) *ein Pfahl mit eiserner Spitze* (Nīlak. und zwar m.) MBh. 3,15,6. — 2) *offener Platz vor einer Stadt* oder *einem Dorf; nächste Umgebung* überh.

उपशल्यक n. *ein offenes Plätzchen in der Umgebung* Kâd. 56,1.

उपशाक॑ m. *etwa Helfer.*

उपशाखा f. *Zweig* Sâj. zu RV. 7,33,6.

उपशान्ति f. *das zur Ruhe Gelangen, Nachlassen, Aufhören, Schwinden.*

उपशामक Adj. *zur Ruhe bringend* Lalit. 250,20.

*°उपशाय m. *die Reihe bei Jmd zu schlafen, abwechselndes Schlafen bei Jmd.*

उपशायक 1) *Adj. (f. °यिका) *abwechselnd bei Jmd schlafend.* — 2) m. N. pr. eines Mannes.

उपशायिन् Adj. 1) *liegend an* (Acc.). — 2) *liegend, schlafend.* — 3) *sich schlafen legend.*

उपशाल 1) n. *Vorhof.* — 2) *°म् *am Hause.*

उपशिङ्घन n. *Riechmittel.*

उपशिक्षा f. 1) *Erlernung.* — 2) *Lernbegierde.*

उपशिरस् Adv. *am Kopfe* Kauç. 86.

*उपशिव m. N. pr. eines Mannes.

उपशिष्य m. *ein Schüler vom Schüler.*

उपशीर्षक n. *eine Krankheit des Kopfes* Çârṅg. Saṁh. 1,7,86.108.

उपशी॑वरी Adj. f. *daneben liegend* Maitr. S. 2, 13,16. Kâth. 39,9.

*उपशुनम् Adv. *in der Nähe eines Hundes.*

उपशूनम् s. उपसूनम्.

उपशैल m. *ein kleinerer Berg* Hemâdri 1,496,15.

उपशोभन 1) Adj. *schmückend.* — 2) n. *das Aufschmücken.*

उपशोभा f. *Schmuck* Çiç. 13,36 *Nebenschmuck, — verzierung* Agni-P. 29,15.16.18.46. 30,16. Hemâdri 1,177,17. 194,17.

उपशोभिका f. *Schmuck, Verzierung* Agni-P. 29,48.

उपशोभिन् Adj. *ein schönes Aussehen habend.*

उपशोषण Adj. *auftrocknend, ausdörrend.*

उपश्रया f. *Decke, Ueberwurf.*

उ॑पश्रुति 1) m. N. pr. eines bösen Geistes Pâr. Gṛhj. 1,16,23. — 2) f. *a) das Aufhorchen, Lauschen.* — *b) das Hören.* — *c) Bereich des Hörens.* — *d) Gerücht* MBh. 5,30,5. — *e) Orakelstimme.* शकुनोप° dass. Prasannar. 135,1. — *f)* N. pr. einer Göttin, die Verborgenes enthüllt, MBh. 5,13,26.27.

उपश्रोतृ॑ Nom. ag. *Zuhörer, Lauscher* Vaitân.

उपश्लाघा f. *Grossthuerei.*

उपश्लेष m. 1) *unmittelbare Berührung.* — 2) *Umarmung.*

उपश्लेषण n. *das Anschliessen, Anheften.*

उपश्लोक m. N. pr. des Vaters des 10ten Manu.

*उपश्लोकय्, °यति *in* Çloka *besingen.*

उपश्वस॑ Adj. *dröhnend.*

उपष्टम्भ und °क s. उपस्तम्भ und °क.

उपष्टुत् Adv. *auf den Ruf, zu Befehl, zur Hand.*

उप॑स् *Schooss.* Nur Loc. उप॑सि.

उपसंयोग m. *Nebenbeziehung, Modification.*

उपसंरोह m. *Verwachsung.*

उपसंवाद m. *das Uebereinkommen.*

उपसंव्यान n. *Untergewand.*

उपसंस्कार m. *ergänzende Behandlung.*

उपसंस्थान n. *etwa eine secundäre Erscheinungsform.*

उपसंहर्तव्य Adj. *herbeizuschaffen* Lalit. 225,18. 232,11

उपसंहार m. 1) *das Ansichziehen, Einziehen* (einer gezückten Waffe) MBh. 3,168,67. — 2) *Annäherung* TS. Prât. 2,24.31. — 3) **Bändigung* (buddh.). — 4) *Zusammenfassung am* und *als Schluss, Resumé.* — 5) *Ende, Abschluss, Epilog.*

उपसंहारप्रकरण n. Titel eines Werkes.

उपसंहारिन् in अनुप°.

उपसंहृति f. *Abschluss, Katastrophe* (im Schauspiel).

उपसंक्रमण n. *das Hinschreiten zu* Lalit. 39,18.

उपसंक्रान्ति f. *das Hinübergelangen, — geschafftwerden* Râgat. 8,722.

उपसंक्षेप m. *gedrängte Zusammenfassung.*

उपसंख्य Adj. *etwa annäherungsweise der Zahl nach zu bestimmen.*

उपसंख्यान n. *das Hinzuzählen, — fügen.*

उपसंख्येय Adj. *hinzuzuzählen —, — fügen zu* (Loc.).

उपसंगमन n. *fleischliches Beiwohnen* Gaut.

उपसंग्रह m. 1) *das Umfassen* (z. B. der Füsse). — 2) **das Umfassen der Füsse als ehrerbietige Begrüssung.* — 3) *das Nehmen* (einer Frau). — 4) *Zusammenbringung, — schaarung.* — 5) *Anreihung.* — 6) *Polster, Matratze.*

उपसंग्रहण n. 1) = उपसंग्रह 1) Gaut. 1,52. 6,1. — 2) = उपसंग्रह 2) Âpast. Gaut. 6,8.

उपसंग्राह्य Adj. *dessen Füsse man umfassen soll* Âpast.

उपसंघात m. *das Zusammenfassen im Geiste* Comm. zu Njâjas. 1,1,22.

उपसंचार m. *Zugang, Eingang* Gobh. 4,2,7.

उपसत्क am Ende eines adj. Comp. = उपसद् 3) *d*).

उपसत्तृ॑ Nom. ag. 1) *der Nahende, Verehrer.* — 2) *Bewohner.*

*उपसत्ति f. 1) = सङ्ग. — 2) = सेवा. — 3) = प्रतिपादन.

उपसत्त्व॑ n. Nom. abstr. zu उपसद् 3) *d*) Maitr. S. 3,8,1.

उपस॑द् 1) Adj. *aufwartend, dienend.* — 2) m. Bez. *best. Feuer.* — 3) f. *a) Belagerung, Berennung* Kâth. 24,10. — *b) Aufspeicherung.* — *c) Aufwartung.* — *d) eine best. der* Sutjâ *vorangehende mehrtägige Feier beim* Soma-*Opfer.* उपसत्पथ॑ m., उपसद्रूप॑ n. Çat. Br. 11,2,7,26.

उपसद 1) m. = उपसद् 3) *d*). — 2) f. उ॑पसदी *Dienerschaft* oder *Nachkommenschaft.*

उपसदन n. 1) *ehrfurchtsvolle Begrüssung* MBh. 1,132,5. — 2) *das Gehen an Etwas, Verrichten* Gaut. — 3) *das bei Jmd* (Gen.) *in die Lehre Gehen,* mit Loc. des zu Erlernenden MBh. 3,309,17. — 4) *Feier* (eines Opfers) R. 1,50,..

उपस॑द्य Adj. *dem man verehrend nahen dienen muss.*

उपसद्वन् Adj. *der Verehrung geniesst.*

उपसद्व्रतिन्॑ Adj. *die Uebungen der* Upasad-*Feier einhaltend.*

उपसंतान m. *unmittelbare Verbindung, das Anhängen.*

उपसंध्यम् Adv. *um die Zeit der Dämmerung.*

उपसंन्यास m. *das Aufgeben, Fahrenlassen.*

उपसपत्नि Adv. *in Gegenwart der Nebenfrau* Çiç. 10,45.

उपसमाधान n. *das Aufeinanderlegen.*

उपसमाहार्य Adj. *zusammenzubringen, zuzurü-*

sten.

*उपसमिद् und *°समिधम् Adv. beim Brennholz.

उपसमिन्धन n. das Anzünden Comm. zu TBr. 2,387,5.

उपसमूह्न n. das Hineinschieben.

उपसंपत्ति f. das Sichbegeben in eine Lage u. s. w.

उपसंभाषा f. freundliches Zureden.

*उपसर m. das Belegen, Befruchten.

*उपसरज Adj. Mahâbh. 6,81,b.

उपसरण n. 1) das Herantreten an Megh. 81. — 2) das Anströmen, krankhafter Andrang. — 3) Zufluchtsstätte.

उपसर्ग m. (adj. Comp. f. आ) 1) Zusatz. — 2) Widerwärtigkeit, Unfall, Ungemach 292,5. — 3) in der Med. Anfall, das Besessensein. — 4) eine hinzukommende Krankheitserscheinung. — 5) Verfinsterung (eines Gestirns) Kull. zu M. 4,105. — 6) Präposition.

उपसर्गवाद m. Titel eines Werkes.

उपसर्गव्हास्तोत्र n. Titel eines Werkes.

उपसर्गिन् Adj. zu den 30 Tagen des sâvana-Monats einen 31sten hinzufügend Lâṭy. 4,8,21.

उपसर्जन 1) n. (adj. Comp. f. आ) a) das Zugiessen, Zuguss Karaka 7,1. — b) Verfinsterung (eines Gestirns) M. 4,105. — c) etwas Untergeordnetes (Nom. abstr. °त्व n. Comm. zu Njâjas. 1, 4,19), Nebenperson; in der Gramm. ein Wort, das in der Zusammensetzung oder in der Ableitung seine ursprüngliche Selbstständigkeit einbüsst, indem es zur näheren Bestimmung eines Andern verwendet wird. — 2) f. ई Pl. Aufguss.

उपसर्तव्य Adj. 1) um Hülfe anzugehen. — 2) woran man zu gehen hat, womit man sich befassen soll.

उपसर्पण n. das Herantreten, Sichnähern, insbes. geräuschloses Hinzugehen; das Hinausgehen auf (z. B. die Strasse).

उपसर्पितक n. das Herantreten. Instr. als scenische Bemerkung sich nähernd Bâlar. 146,22.

उपसर्पिन् Adj. herankriechend.

*उपसर्या Adj. f. zu belegen, — befruchten.

उपसाद Padmap. 8,19 fehlerhaft für 2. उपाङ्ग.

उपसादन n. 1) das Hinsetzen. — 2) ehrfurchtsvolles Hinzutreten zu, das Verehren.

उपसाधक Adj. zubereitend, in भक्तोपसाधक.

उपसान्त्वन n. freundliches Zureden P. 1,3,47, Sch. Pl. freundliche Worte Kâd. 197,22. 237,2.

*उपसार्य Adj. woran man heranzutreten hat.

उपसिन्धु Adv. am Indus.

*उपसीरम् Adv. gaṇa परिमुखादि.

उपसुन्द m. N. pr. eines Daitja, eines jüngern Bruders des Sunda.

उपसुपर्णम् Adv. auf Suparṇa Bhâg. P. 8,5,29.

उपसूचक Adj. angebend, verrathend.

उपसूतिका f. Geburtshelferin, Gehülfin einer Wöchnerin.

उपसूनम् (so zu lesen) Adv. an der Schlachtbank Hem. Jog. 2,94.

*उपसूर्यक 1) m. Elater noctilucus Râgan. 19,125. — 2) n. Hof um die Sonne.

*उपसूर्यग m. = उपसूर्यक 1) Gal.

उपसृप्य Adj. adeundus Bâdar. 1,3,2. Nom. abstr. °त्व n. Comm.

उपसृष्ट *n. Beischlaf.

उपसेक्तर् Nom. ag. Begiesser.

उपसेचन 1) Adj. zugiessend, zum Zugiessen dienend. — 2) f. ई Löffel oder Schale zum Zugiessen. — 3) n. a) das Zugiessen, Begiessen, Sprengen mit (Instr.) in (Loc.) Pâr. Gṛhj. 3,3,11. — b) Zuguss, Brühe. क्षीरोप° mit Milch übergossener Reis.

*उपसेन m. N. pr. eines Schülers des Çâkjamuni.

°उपसेवक Adj. huldigend, hofirend.

उपसेवन n. 1) das Huldigen, Hofiren. — 2) das Sichhingeben einer Sache, häufiges Gebrauchen, — Geniessen. — 3) das Erfahren, Erleiden.

उपसेवा f. 1) Huldigung, Verehrung. — 2) Hingabe an Etwas, das Obliegen, häufiger Gebrauch, — Genuss.

°उपसेविन् Adj. 1) huldigend, dienend, verehrend. — 2) sich einer Sache hingebend.

*उपसोम P. 6,2,194, Sch.

उपस्कर 1) m. und ausnahmsweise n. (adj. Comp. f. आ) Zuthat, Zubehör, Geräthe, Ausrüstung. — 2) m. *Gewürz. — 3) m. N. pr. eines Ṛshi.

उपस्कार m. Ergänzung.

*उपस्कृति f. Nom. act.

उपस्तम्भ m. 1) Stütze, Hülfsmittel. — 2) Aufregung.

उपस्तम्भक Adj. stützend, fördernd. Nom. abstr. °ता f.

उपस्तम्भन n. Stütze.

उपस्तरण n. 1) das Untergiessen Comm. zu Njâjam. 10,2,2. — 2) das Aufsagen eines das Wort उपस्तृणुते enthaltenden Mantra. — 3) Unterlage, Matratze Âpast.

उपस्तव m. Lob (des Lehrers) Saṁhitopan. 36,4.

उपस्तार m. Unterguss Njâjam. 10,2,2.

उपस्ति und उपस्ती m. Untergebener, Dienstbote.

उपस्तितरम् Adv. untergeordneter.

उपस्तिर् 1) f. Decke. — 2) °स्तिरे Dat. Inf. auszubreiten.

उपस्तुत् f. Anrufung.

उपस्तुत m. N. pr. eines Ṛshi. Pl. sein Geschlecht.

उपस्तुति f. Anrufung, Preis.

उपस्तुत्य Adj. zu preisen.

उपस्तृणीषणि optat. Inf. hinzubreiten Ṛ V. 6,44,6.

*उपस्त्री f. Nebenfrau.

उपस्थ 1) m. (adj. Comp. f. आ) Schooss (eig. und übertr.). उपस्थं कर् so v. a. mit angezogenen Beinen sitzen. उपस्थकृत (Âçv. Çr. 6,5,5) und °पाद (Çâṅkh. Gṛhj. 4,8) Adj. so sitzend. पिप्पलोपस्थे so v. a. im Schatten eines Feigenbaumes. उर्व्युपस्थे, धरोपस्थे auf dem Erdboden. — 2) m. n. die Geschlechtstheile, insbes. des Weibes. उपस्थनिग्रह m. Bezähmung des Geschlechtstriebes. — 3) m. Schooss (Fond) des Wagens. — 4) m. *anus. — 5) *Adj. dabeistehend, nahe.

*उपस्थक m. penis Gal.

उपस्थदघ्न Adj. bis an den Schooss reichend.

*उपस्थपत्त्र m. der indische Feigenbaum.

उपस्थपदा f. ein best. zu den Geschlechtstheilen führendes Gefäss.

उपस्थसद् Adj. im Schoosse von — sitzend.

उपस्था Adj. auf Etwas stehend.

उपस्थातर् Nom. ag. 1) sich einstellend 214,15. — 2) Pfleger, Wärter.

उपस्थातव्य n. impers. 1) sich einzustellen Bâlar. 91,6. — 2) aufzuwarten.

उपस्थान n. 1) das zur Seite Stehen, Dasein, Gegenwart. Am Ende eines adj. Comp. °क Hemâdri 1,697, 1. — 2) das Hinzutreten, Nahen, Erscheinen. उपस्थानं कर् Jmd (Dat.) Zutritt, Gelegenheit zu Etwas geben. — 3) Aufwartung, Verehrung. — 4) das Herbeischaffen der Effecten des Schuldners Jolly, Schuld. 305. — 5) beim Kṛshṇa-Dienst das Erwecken des Gottes. — 6) *Aufenthalt. — 7) Versammlung. — 8) Standort (eines Gottes) Pâr. Gṛhj. 3,4,9.

उपस्थानगृह n. und उपस्थानशाला f. Versammlungszimmer, Audienzsaal.

उपस्थानसाहस्री f. Titel eines Werkes.

*उपस्थानीय Adj. 1) dem aufzuwarten ist. — 2) der Jmd (Gen.) aufzuwarten hat.

उपस्थापन in अनुप°.

उपस्थापयितव्य Adj. herbeizuholen, — schaffen.

उपस्थाप्य Adj. was zuwegegebracht wird P. 2, 3,65, Sch.

उपस्थायक m. Diener (buddh.).

उपस्थायम् Absol. sich an Etwas haltend Ṛ V. 1, 145,4.

उपस्थायिक m. eine Art von Diener Bhar. Nâṭjaç. 34,55. Krankenwächter Râgat. 7,1081.

उपस्थायिन् Adj. = उपस्थातर् 1) Gaut. 5,40.

उपस्थावर Adj. stillstehend.

उपस्थित 1) *m. Thürsteher Gal. — 2) f. आ ein best. Metrum. — 3) n. a) Name zweier Metra. — b) das im Padapâṭha von इति gefolgte Wort.

उपस्थितप्रचुपित n. ein best. Metrum.

उपस्थिति f. 1) das Dabeistehen, Dasein. — 2) Vollständigkeit, in अनुप°.

*उपस्थूणम् Adv. am Pfosten.

उपस्थेय 1) Adj. dem man aufzuwarten hat. — 2) n. impers. aufzuwarten.

*उपस्निहिति f. Nom. act.

उपस्नेह m. Befeuchtung, Feuchtwerdung.

*उपस्पर्श m. 1) Berührung. — 2) Abwaschung. — 3) Ausspülung des Mundes.

उपस्पर्शन n. 1) das Berühren Saṁhitopan. 42,5. उदकोप° Gaut. 19,15. 24,4. 26,10. — 2) Abwaschung, Bad. — 3) Ausspülung des Mundes.

°उपस्पर्शिन् Adj. 1) berührend. उदकोप° Gaut. 22,6. — 2) badend in.

उपस्पिँध् f. etwa Scherz.

उपस्पृश् 1) Adj. berührend. — 2) f. Liebkosung.

उपस्मारम् in यथोपस्मारम्.

उपस्मृति f. ein Rechtsbuch niederen Ranges Hemâdri 1,329,3.

उपस्रवण n. das Fliessen der monatlichen Reinigung.

उपस्रोतस् Adv. am Fluss Cit. bei Vâmana 5,2,47.

*उपस्वत्व n. Einkünfte.

उपस्वाय (Hariv. 1,38,46) oder उपस्वावत् (Hariv. 2077) m. N. pr. eines Sohnes des Satrâǵit.

उपस्वेद m. Feuchtigkeit Karaka 7,1.

उपस्वेदन n. künstliche Schweisserzeugung.

उपहत *n. संज्ञायाम् Kâç. zu P. 6,2,146. उपाहित v. l.

उपहतात्मन् Adj. verblendet Karaka 1,17. Kathâs. 114,100.

उपहति f. 1) Unterdrückung, Schädigung. दृगुप° so v. a. Blindheit Naish. 4,85. — 2) Kehricht Comm. zu Tâṇḍja-Br. 1,6,5.

उपहत्नु Adj. anfallend, angreifend.

उपहत्या f. Verblendung (der Augen).

उपहदन n. das Bescheissen.

उपहन्तर् Nom. ag. entgegenwirkend, verderblich.

उपहन्तव्य Adj. zu tödten.

उपहरण n. das Darbringen, Darreichen.

उपहर्तर् Nom. ag. Darbringer, Darreicher.

उपहर्तव्य Adj. darzubringen, darzureichen.

उपहवँ m. Herbeirufung, Einladung. °वँम् इष् Einladung bei Jmd (Loc.) begehren, Zutritt wünschen. भरद्वाजस्योपहवौ Name zweier Sâman Ârsh. Br.

उपहव्य m. eine best. Feier Gaim. 2,4,28.

उपहसित n. ein Lachen, bei dem der Kopf sich schüttelt.

*उपहस्त gaṇa वेतनादि.

उपहस्तिका f. Betelbehälter.

उपहस्वन् Adj. spottend, Spötter.

उपहार m. (adj. Comp. f. आ) 1) Darbringung (insbes. an eine Gottheit), Geschenk 92,17. 136,22. 237,22. °रं वि-धा Jmd (Acc.) als Opfer darbringen 136,23. Nom. abstr. °ता f. und °त्व n. — 2) ein best. durch Opferbringen erkauftes Bündniss oder Frieden. — 3) bei den ekstatischen Pâçupata eine best. Observanz.

उपहारक 1) m. = उपहार 1). Auch am Ende eines adj. Comp. — 2) f. °रिका dass.

उपहारपशु m. Opferthier. Nom. abstr. °ता f.

उपहारवर्मन् m. N. pr. eines Mannes.

उपहारी Adv. mit कर् Jmd (Acc.) als Opfer darbringen.

उपहारीचिकीर्षु Adj. Jmd (Acc.) als Opfer darzubringen beabsichtigend.

उपहार्य 1) Adj. darzubringen, was dargebracht wird. — 2) n. Darbringung.

*उपहालक m. Pl. N. pr. eines Volkes.

उपहासँ m. 1) Gelächter, Spott. — 2) Lächerlichkeit Varâh. Brh. S. 2, 16. — 3) Tändelei, Scherz, Spass, nicht ernstlich Gemeintes.

उपहासक m. Posse.

*उपहासगिर् f. Scherz Gal.

°उपहासिन् Adj. verlachend, verspottend Venîs. 52,9.

उपहास्य Adj. zu verspotten, dem Spott anheimgefallen. Nom. abstr. °ता f. und °त्व n.

उपहित 1) Adj. a) Partic. s. धा, दधाति mit उप. — b) gut in zweiter Reihe, n. ein secundäres Gut. — 2) *n. संज्ञायाम् gaṇa आचितादि. उपहत v. l.

उपहितत्व n. das Bedingtsein 266,7. 17.

उँपहिति f. 1) das Aufsetzen Njâjam. 10,1,22. — 2) das Anhängen.

उपहूत *m. 1) Bein. Çâkalja's Kâç. zu P. 6,2, 146. — 2) Pl. best. Manen Gal.

उपहूति f. Herausforderung (zum Kampfe) Çiç. 13,30. 17,49.

उपहोमँ m. Zusatzopfer.

उपह्वरँ 1) m. a) Abhang (eines Berges oder Flussufers). — b)* Wagen. — 2) n. a) ein einsamer Ort. Nur °रे so v. a. insgeheim MBh. 1,167,9. 178,23. — b) Nähe. Nur °रे in der Nähe, nahebei MBh. 3,165,5. 12,29, 68. 15,5,7.

उपह्वान n. das Einladen.

उपा f. das Finale upâ in einem Sâman Lâtj. 7,10,1. fgg. Comm. zu Tâṇḍja-Br. 8,1,1. 9,17.

उपांशु 1) Adv. a) leise, ohne Stimme. — b) im Stillen, — Geheimen. — 2) m. a) ein ohne Stimme gesprochenes Gebet. — b) der erste Graha, der beim Soma-Opfer gekeltert wird.

उपांशुग्रह m. = उपांशु 2) b). °होम m. Vaitân.

उपांशुता f. und °त्व n. (Comm. zu Njâjam. 9,1,9) Nom. abstr. zu उपांशु 1) a).

उपांशुदण्ड n. eine heimliche Strafe.

उपांशुपात्रँ n. der Becher für den उपांशु 2) b).

उपांशुयाजँ m. ein leise dargebrachtes Opfer Gaim. 2,2,9. 6,5,10. Vaitân.

उपांशुवध m. ein heimlicher Mord Mudrâr. 74,17

उपांशुव्रत n. ein im Stillen gethanes Gelübde.

उपांशुसँवन n. der Stein, mit dem der für den उपांशु 2) b) bestimmte Soma gekeltert wird, Lâtj. 1,10,13.

उपांशुहविस् Adj. wobei die Opfergabe ohne zu reden gereicht wird.

उपांश्वन्तर्यामौँ m. Du. Bez. zweier best. Soma-Füllungen Çat. Br. 4,1,2,3. 18. 4,1,4. 2,10. 5,5,12.

उपांश्वायतन Adj. eine lautlose Stätte habend Çat. Br. 10,3,5,15.

उँपाक und उपाकँ 1) Adj. (f. आ) mehr zusammengerückt, verbunden, benachbart. — 2) Loc. उपाकेँ in nächster Nähe, gegenwärtig, coram; mit Gen.

उपाकँचक्षस् Adj. nahe vor Augen stehend.

उपाकँरण n. 1) das Herbeiholen Pâr. Grhj. 3,11, 2. 5. — 2) Vorbereitung zu, Beginn Âpast. 1,11,7. — 3) Beginn des Veda-Studiums. — 4) ein best. Spruch Kâtj. Çr. 3,3,17.

उपाकरणविधि m. Titel eines Werkes.

उपाकर्मन् n. = उपाकरण 2) und 3).

उपाकर्मप्रयोग und °कर्मविधि m. Titel zweier Werke.

उपाकृत *m. 1) ein geschlachtetes Opferthier. — 2) Widerwärtigkeit.

*उपाकृति f. = उपाकरण 2) Gal.

*उपाकृतिन् Adj. = उपाकृतमनेन.

उपाक्ष m. ein an der Achse befindlicher Theil des Wagens. Auch °क m.

*उपाक्षम् Adv. vor Augen.

उपाख्य 1) Adj. in अनुपाख्य und निरुपाख्य. — 2) f. आ Beiname.

उपाख्यान n. 1) eine kleinere Erzählung, Episode. Auch °क n. — 2). Erzählung einer von einem Andern gehörten Begebenheit.

*उपागम m. 1) Herankunft. — 2) Einwilligung.

*उपाग्नि Adv. am Feuer.

उपाग्निक Adj. (f. आ) *bei dem die Feuerceremonie angewendet worden ist.*

उपाग्र n. 1) *der der Spitze —, dem Ende vorangehende Theil.* — 2) *ein untergeordnetes Glied.*

*उपाग्रहण n. = उपाकरण 2).

*उपाग्रहायण m. und *°णी *um den Vollmondstag im Monat* Agrahâjaṇa.

*उपाग्र्य n. = उपाग्र 2).

उपाङ्कपृष्ठ m. *ein best.* Ekâha.

1. उपाङ्ग m. *das Schmieren* Kâraka 1,5. Vgl. अनु°.

2. उपाङ्ग n. 1) *ein untergeordnetes Glied des Körpers.* — 2) *Unterabtheilung.* — 3) *ein Anhang —, ein ergänzendes Werk von geringerer Bedeutung.* Ausnahmsweise m. — 4) *ein trommelartiges Instrument* S. S. S. 192.

उपाङ्गगीत n. etwa *Chorgesang* Spr. 6279. Râǵat. 7,607.

उपाङ्गललिताव्रत n. *eine best. Begehung.*

उपाचरित m. n. *ein best. grammatischer* Saṁdhi.

उपाचार m. 1) *das Verfahren.* — 2) *Sprachgebrauch* Nir. 1,4. — 3) = उपाचरित.

उपाचिकीर्षु Adj. *an Etwas zu gehen beabsichtigend.*

उपाच्युतम् Adv. *in* Akjuta's (Kṛshṇa's) *Nähe.*

*उपाजिन n. etwa *Lederhaut.*

*उपाजे Adv. mit कर् *unterstützen.*

उपाञ्जन n. *das Salben, Bestreichen.*

उपातङ्क्य n. *Lab.*

उपात्त 1) Adj. s. दा, ददाति mit उपा. — 2) *m. *ein Elephant ausser Brunst.*

उपात्यय m. *Versäumniss.*

उपादान n. 1) *das Fürsichnehmen, Sichzueignen.* — 2) *das Aufnehmen mit den Sinnen, mit dem Verstande.* — 3) *das Annehmen, Anerkennen, Nichtausschliessen* 231,15. Sâh. D. 11,21. Siddh. K. 248,b,4. — 4) *das Gebrauchen, Anwenden.* — 5) *das Erwähnen, Aufführen* 210,2. 211,32. 283,4. — 6) **das Ablenken der Sinne von der Sinnenwelt.* — 7) bei den Râmânuǵa *das Herbeischaffen von zur Verehrung der Gottheit erforderlichen wohlriechenden Dingen und Blumen.* — 8) bei den Buddhisten *Aufnahme, Empfängniss.* — 9) *= उपदान *Geschenk, Darbringung.* — 10) *materielle Ursache* 262,24. Nom. abstr. °ता f. Kap. 5,109. 6,32. °त्व n. 1,81.

उपादानक am Ende eines adj. Comp. = उपादान 10).

उपादानलक्षणा f. *eine elliptische Ausdrucksweise, bei der ein Wort auf das zu ihm hinzuzudenkende Wort selbst hinweist und seine eigene Bedeutung dabei bewahrt.*

उपादानोपलम्भकता f. *das die materielle Ursache und zugleich das der Wahrnehmende Sein* Bhâg. P. 6,9,41.

*उपादिक m. *ein best. Insect* Trik. 2,5,13.

उपादित्सा f. *Bereitwilligkeit anzunehmen, anzuerkennen.*

उपादेय Adj. 1) *anzunehmen, nicht zurückzuweisen* Spr. 2473. Nom. abstr. °त्व n. — 2) *enthalten in.* — 3) *vorzüglich.* Nom. abstr. °त्व n.

उपाद्य Adj. *auf den ersten folgend.*

उपाधाय्यपूर्वय Adj. *mit einem Besatz* oder *Durchzug* (einer rothen Schnur) *versehen, verbrämt, praetextus.*

1. उपाधि m. 1) *Stellvertretung* R. 2,111,29. *Surrogat.* — 2) *Alles was den Namen von Etwas trägt, — für Etwas gelten kann.* °मात्रायाम् so v. a. *zum blossen Schein.* — 3) *Beiname.* — 4) *Bedingung, Voraussetzung, Postulat, das Bedingende.* — 5) *Betrug* MBh. 3,190,9. Vgl. उपधि.

2. उपाधि m. 1) *Augenmerk* Kâraka 3,4. — 2) **Pflichterwägung.* — 3) **ein für den Unterhalt der Familie besorgter Mann.*

1. उपाधिक am Ende eines adj. Comp. = 1. उपाधि 4).

2. उपाधिक Adj. *überzählig.*

उपाधिखण्डन n., उपाधिदूषकताबीज n., उपाधिन्यायसंग्रह m., उपाधिविवृति f. und उपाधिसिद्धान्तग्रन्थ m. Titel von Werken.

उपाध्याय 1) m. *Lehrer.* उपाध्यायस्य सर्वस्वम् und °सर्वस्व n. Titel einer Grammatik. — 2) *f. आ *Lehrerin.* — 3) *f. ई *Lehrerin* und *Frau eines Lehrers.*

उपाध्यायानी f. *Frau eines Lehrers.*

उपाध्यायी Adv. mit कर् *zum Lehrer nehmen* Bâlar. 85,18.

उपाध्वर्यु m. *ein zweiter* Adhvarju, *ein die Stelle eines A. vertretender Mann.*

उपानत्क am Ende eines adj. Comp. = उपानह्.

उपानयन n. *das Heimführen.*

उपानस 1) Adj. *auf dem Wagen befindlich.* — 2) n. *der Raum auf einem Wagen* oder *das auf einem Wagen Geladene.*

उपानह् f. (Nom. °नत्) *Sandale, Schuh.*

उपानह m. = उपानह्, insbes. am Ende eines copul. und adv. Comp.

उपानहिन् Adj. *beschuht* Âpast.

उपानुवाक्य 1) Adj. als Beiw. eines Agni. — 2) n. *ein best. Abschnitt in* TS.

1. उपान्त n. (adj. Comp. f. आ) 1) *Nähe des Endes, Saum, Rand.* — 2) *vorletzte Stelle.* — 3) *unmittelbare Nähe.* उपान्ते und उपान्त° *in der Nähe von* (Gen. oder im Comp. vorangehend), *nahebei.* °उपान्तम् und °उपान्तात् *zu — hin.*

2. उपान्त Adj. = उपान्त्य.

उपान्तभाग m. *Saum, Rand.*

उपान्तिक n. *Nähe.* °कम् *zu* (Gen.) *hin.* °कात् *aus der Nähe, in d. N.* कर्णयोरुपान्तिके *in's Ohr* (sagen).

उपान्तिम (Bhâg. 48) und उपान्त्य Adj. *der vorletzte.*

उपाप in दुरुपाप.

उपाप्ति f. *Erreichung, Erlangung* Ait. Âr. 84,13.

उपाभिगद Adj. *dem das Sprechen schwer fällt* Kaush. Up. 2,15.

उपाभृति f. *das Herzubringen.*

उपाय m. 1) *Annäherung* Spr. 3772, v. l. — 2) *Mittel* Gaut. *Weg zu, fein angelegtes Mittel, Kunstgriff, List.* उपायेन und उपायतस् (136,5) *auf die rechte Weise, auf kluge Weise.* — 3) *das Anstimmen eines Gesanges* Çâñkh. Çr. 5,12,4.

उपायन n. 1) *das Herbeikommen.* — 2) *das in die Lehre Treten* Âpast. उपायनकीर्ति f. — 3) *das Antreten, Unternehmen.* — 4) *Geschenk, Darbringung.*

उपायनी Adv. mit कर् 1) *als Geschenk darbringen* Daçak. 16,20. — 2) *ehrerbietig anbieten,* so v. a. *die Ehre haben mitzutheilen* Prasannar. 10,3.

उपायम Kathâs. 13,166 fehlerhaft für उपायन.

उपायवन्त् Adj. *wobei ein Gesang angestimmt wird* Lâṭj. 7,6,5.

उपायश्रीभद्र m. N. pr. eines Gelehrten (buddh.).

उपायाक्षेप m. in der Rhet. *eine durch Angabe des Mittels, durch welches ein Uebel wieder gutgemacht werden könnte, abgegebene Erklärung, dass man mit Etwas nicht einverstanden sei.*

उपायात n. *Ankunft.*

उपायिन् Adj. 1) *hinzutretend.* Nom. abstr. °यित्व n. — 2) *Jmd zukommend* (Gegens. *abgehend*). — 3) *sich fleischlich vereinigend mit.* — 4) *Jmd erreichend,* in अनुपायिन्.

उपायु Adj. *herbeikommend.*

उपायोपन्यास m. Titel des 1ten Acts im Madhurâniruddha.

उपार m. und उपारण n. *Verfehlung, Zufügung eines Unrechts.*

उपारम m. *das Aufhören, Nachlassen.*

उपाराम m. *das Ausruhen.*

उपारुह् f. *Schoss.*

उपार्जन n. und °ना f. *das Herbeischaffen, Erwerben, Erlangen.*

उपार्ज्य Adj. *zu erwerben, acquirendus.*

उपार्ध n. 1) *die erste Hälfte* Ind. St. 15,160. — 2) *Hälfte* Lalit. 242,1.

उपालब्धव्य (Kâd. II, 84,6) und उपालभ्य Adj. zu

tadeln, mit Vorwürfen zu empfangen.

उपालम्भ m. 1) *Zurechtweisung, Vorwurf, Tadel* (auch einer Sache). — 2) *Verbot.*

उपालम्भन n. = उपालम्भ 1).

उपालम्भ्य Adj. *zum Opfer hinzuzunehmen.*

उपालाल्य Adj. *zu hätscheln.*

1. उपालि m. N. pr. eines Schülers Buddha's.

2. उपालि Adv. *in Gegenwart der Freundin* Çiç. 10,26.

*उपाव m. N. pr. eines Mannes.

उपावरोहण n. *das Wiederhervorholen* Çāñkh. Gṛhj. 5,1.

उपावर्तन n. *das Zurückkehren.*

उपावर्तितर् Nom. ag. als Fut. *wird herantreten zu* (Acc.).

उपावसायिन् Adj. *sich Jmd* (Gen.) *fügend, — anschliessend.*

उपावसित Partic. von सा, स्यति mit उपाव.

उपावसु Adj. *Gutes herbeibringend, — verschaffend.*

उपावहरण n. *das Herabnehmen.*

उपावि m. N. pr. eines Mannes Ait. Br. 1,25. Vgl. औपावि.

उपावी Adj. *ermunternd, anziehend.*

उपावृत् f. *Wiederkehr.*

उपावृत्त m. Pl. N. pr. eines Volkes MBh. 6,9,48.

उपावृत्ति f. *Wiederkehr* Tâṇḍja-Br. 7,9,7. 15,5,35.

उपाव्याध m. *verwundbare, offene Stelle.*

उपाशंसनीय Adj. *zu hoffen.*

उपाशार m. *Schutz* Kâṭh. 29,8.

उपाश्रय m. 1) *Lehne, Stützkissen.* — 2) *Anschluss.* — 3) *Zuflucht.* Richtiger अपाश्रय

उपासक Adj. Subst. 1) *dienend, Diener.* — 2) *Verehrer, Anhänger;* insbes. Buddha's. — 3) *einer Sache obliegend.* — 4) **ein Çûdra* Râǵan. 18,12.

उपासकदश m. Pl. Titel eines Ǵaina-Werkes.

उपासङ्ग m. *Köcher.*

उपासन 1) n. a) **das Danebensitzen, in der Nähe Sein.* — b) *Sitz* Vaitân. — c) *das Dienen, Aufwarten, Pflegen, Ehreerweisen* Gaut. Âpast. — d) *das Verehren einer Gottheit, Cult, fromme Hingebung* 254,4. 30. 255,1. — e) *das Obliegen, Sichüben in.* — f) *Uebungen im Bogenschiessen.* — g) *das häusliche Feuer.* — 2) f. आ = 1) a) (Naish. 1,34), c) und d).

उपासनाखण्ड n. Titel des 1ten *Theils* im Gaṇeçapurâṇa.

उपासनाचन्द्रामृत n. Titel eines Werkes.

उपासनीय Adj. *dem man obzuliegen hat.*

उपासा f. *Verehrung.*

*उपासादितिन् Adj. = उपासादितमनेन.

उपासितर् Nom. ag. *Ehrenerweiser, Verehrer* Ḱaraka 6,1.

उपासितव्य Adj. 1) *dem man Ehre zu erzeigen hat.* — 2) *dem man obzuliegen hat.*

उपास्तमनवेला f. *die Zeit um Sonnenuntergang.*

उपास्तमयम् Adv. *um Sonnenuntergang.*

उपास्तरण n. Kâtj. Çr. 9,9,24 Druckfehler für उपस्त°.

1. उपास्ति f. *Verehrung, Cult.*

2. उपास्ति m. fingirte 3. Sg. Praes. von 2. आस् mit उप als Bez. *dieses Verbums* Çaṅk. zu Bâdar. 4,1,1.

उपास्त्र n. *eine untergeordnete Waffengattung*

*उपास्नात n. N. pr. eines Tîrtha.

उपास्य Adj. 1) *zu verehren* Kap. 4,32. Nom. abstr. °त्व n. Çaṅk. zu Bâdar. 4,1,5. — 2) *dem man obzuliegen hat.* — 3) *wozu man seine Zuflucht zu nehmen hat.*

उपाहित 1) Adj. Partic. von धा, दधाति mit उपा. — 2) *m. *eine feurige Lufterscheinung.*

*उपिक m. Hypokoristikon für alle mit उप anfangenden Eigennamen.

उपित Partic. von वप् *säen.*

*उपिय und *उपिल m. = उपिक.

उपेक्ष 1) m. N. pr. eines Sohnes des Çvaphalka. — 2) f. आ *Nichtbeachtung, Gleichgültigkeit, Vernachlässigung,*

उपेक्षक Adj. *nicht beachtend, sich gleichgültig verhaltend.*

उपेक्षण n. 1) *das Nichtbeachten, Sichgleichgültigverhalten.* — 2) *Unterlassung* Lâṭj. 1,1,26. — 3) *Schonung* Ḱaraka 1,9.

उपेक्षणीय Adj. 1) *nicht zu beachten, zu übersehen.* — 2) *wogegen man gleichgültig ist* Comm. zu Njâjas. 3,1,59.

उपेक्षितव्य und उपेक्ष्य Adj. 1) *zu beachten, worauf zu sehen ist.* — 2) *nicht zu beachten, zu übersehen.*

उपेतपूर्व Adj. *der sich schon zum Lehrer in die Lehre begeben hat* 38,15.

उपेतर् Nom. ag. *Unternehmer.*

उपेतव्य Adj = उपेत्य Comm. zu Tâṇḍja-Br. 4,10,3.

उपेति f. *Annaherung.*

उपेत्य Adj. *anzutreten, zu beginnen* Tâṇḍja-Br. 4,10,3. 4.

उपेन्द्र 1) m. a) Bein. Vishṇu's. — b) *N. pr. eines Schlangendämons (buddh.). — 2) f. आ N. pr. eines Flusses MBh. 6,9,27.

उपेन्द्रगुप्त m. N. pr. eines Mannes B. A. J. 7,59.

*उपेन्द्रदत्त m. N. pr. eines Mannes. *°क m. Hypokoristikon.

उपेन्द्रबल m. N. pr. eines Mannes.

उपेन्द्रवज्रा f. *ein best. Metrum.*

उपेन्द्रशक्ति m. N. pr. eines Kaufmanns.

*उपेन्ध्य Adj. *anzufachen, zu entflammen.*

उपेप्सा f. *der Wunsch Etwas zu erlangen.*

उपेय Adj. 1) *was unternommen wird.* — 2) *dem oder der man sich fleischlich nahen darf.* — 3) *was man erreichen möchte,* n. so v. a. *Ziel* Naish. 6,93. Utpala in der Einleitung zu Varâh. Bṛh.

उपेयिवंस् Partic. Perf. von 3. इ mit उप.

उपेषत् m. N. pr. eines bösen Geistes AV. 8,6,17.

उपोक्तवत् Adj. वच् *mit* उप *enthaltend* Âçv. Çr. 2,14,19.

उपोच्चारिन् Adj. *dazu ertönend, — gesprochen werdend.*

उपोढ 1) Adj. Partic. von ऊह् oder वह् mit उप. — 2) *m. *Schlachtordnung.* — 3) f. आ *eine Hinzugeheirathete, Nebengattin.*

उपोत 1) Adj. Partic. von वा, वयति mit उप. — 2) *f. ई = उपोदिका.

उपोत्तम 1) Adj. *der vorletzte.* — 2) n. *der vorletzte Vocal.*

उपोदक 1) Adj. *am Wasser befindlich.* — 2) उपोदिका f., उपोदकी f. und उपोदक n. *Basella cordifolia Lam.*

उपोदयम् Adv. *um Sonnenaufgang.*

*उपोदित 1) m. N. pr. eines Mannes. — 2) f. आ N. pr. einer Frau.

उपोदिति m. N. pr. eines Gaupâleja.

*उपोदीका f. *Basella cordifolia Lam.*

उपोद्घात 1) m. *Einleitung* Njâjam. S. 1, Çl. 18. *Beginn.* Nom. abstr. °त्व n. — 2) m. n. *ein à-Propos.*

उपोद्घातपाद m. Titel des 3ten *Abschnitts* im Vâjupurâṇa.

उपोद्बलक Adj. 1) *unterstützend, fördernd.* Nom. abstr. °त्व n. Mallin. zu Kir. 2,4. — 2) *bekräftigend, bestätigend.*

उपोद्बलन n. *das Bekräftigen, Bestätigen.*

उपोद्बलय्, °यति 1) *unterstützen, fördern* Mit. 3,45,b,6. — 2) *bekräftigen, bestätigen* Comm. zu Njâjam. 2,3,27.

उपोपक्रम Adj. *mit* उप *beginnend.* Nom. abstr. °त्व n. Çaṅk. zu Ḱhând. Up. 2,8,2.

उपोलप (Maitr. S. 1,7,2) und उपोलव (Kauç. 18) Adj. *buschartig.* Vgl. उलप.

उपोषण n. *Fasten.*

उपोषध m. N. pr. eines Mannes (buddh.).

उपोषय्, °यति *unter Fasten zubringen.*

उपोषित n. *Fasten.*

उपोष्य Adj. *unter Fasten zuzubringen.*

उपोह m. *das Zulegen, Anhäufen.*

उप्त 1) Adj. Partic. von वप् *scheeren* und वप् *bestreuen, säen.* — 2) *n. *Saatfeld* Gal.

*उप्तकृष्ट Adj. *besäet und alsdann gepflügt.*

*उप्तगाढ Adj. gaṇa राजदन्तादि.

उप्ति f. *das Säen.*

*उप्तिम Adj. *was gesäet wird.*

उप्य Adj. *zu streuen, streubar.*

उब्ज्, उब्जति 1) *niederhalten, niederdrücken.* — 2) *आर्जवे. — *Caus. उब्जयति. — *Desid. उब्जिजिषति. — Mit उद् 1) *auseinanderbiegen, aufbrechen.* — 2) *aufrichten.* — Mit नि 1) *niederdrücken, umbiegen.* — 2) *umstürzen.* — Mit अभिनि *niederdrängen, niederhalten.* न्युब्जित *zusammengebogen, gekauert.* — Mit निस् *loslassen.* — Mit वि *aufmachen, aufdecken.* — Mit सम् 1) *zuhalten, zudecken.* — 2) *zusammendrücken.* — Mit अभिसम् *decken auf* (Acc.) Tâṇḍja-Br. 8,5,16.

उब्ध Partic. von उभ्.

उब्बण m. N. pr. eines Mannes Ind. St. 14,135.

उभ्, *उभति, उम्भति, उभ्नाति, उनत्ति 1) *zusammenschnüren, verschliessen.* — 2) *stützen.* Partic. उम्भित. — 3) **bedecken.* — Mit अप *binden, fesseln.* — Mit नि *zusammenhalten.* — Mit प्र *binden.* — Mit सम् 1) *zusammenhalten.* — 2) *zuschliessen, zudecken.*

उभ Adj. (f. आ) Du. *beide.* उभौ nachlässig für द्वौ, उभावपि st. द्वावपि.

उभय 1) Adj. (f. ई) Sg. und Pl. *beides, beide, beiderseitig, von beiderlei Art* Comm. zu Njâjas. 4,1,6. उभयमन्तरेण so v. a. *in der* Krama-*Weise* (hersagen) Ait. Âr. 314,19.22. Nom. abstr. °त्व n. Nṛs. Up. in Ind. St. 9,133. — 2) f. ई *ein best. Backstein* Çulbas. 3,129.

उभयकाम Adj. *Beides wünschend* Çat. Br. 9,3,2,14.

उभयंकर Adj. *Beides bewirkend.*

उभयचारिन् Adj. *sowohl bei Tage als bei Nacht wandelnd.*

उभयच्छन्ना f. *eine Art Räthsel.*

उभयतउक्थ्य Adj. *zwischen zwei* Ukthja-*Tagen befindlich.*

उभयतएत Adj. *auf beiden Seiten bunt* Kâṭh. 34,1. °एनी f. TS. 7,1,6,5.

उभयतःकालम् Adv. *zu beiden Zeiten, d. i. vor und nach dem Essen* Karaka 4,8.

उभयतःक्ष्णुत् Adj. *zweischneidig* Lâṭj. 8,2,6.

उभयतःपक्ष Adj. (f. आ) *beiderseitig* Weber, Nax. 1,312.

उभयतःपद् (stark °पाद्) Adj. *beide Füsse gebrauchend* Ait. Br. 5,33.

उभयतःपरिगृहीत Adj. *von beiden* (elterlichen) *Seiten umfasst* Çat. Br. 2,3,2,32.33.

उभयतःपाश Adj. (f. आ) 1) *an beiden Seiten eine Leiste habend* Kauç. 76. — 2) *an beiden Seiten verschlungen* Sarvad. 133,3.

उभयतःप्रउग (उभयतःप्रौउग Çat. Br.) Adj. *auf beiden Seiten mit einem* Prauga *versehen.* Subst. *eine solche geometrische Figur* Çulbas. 1,57. 3,172. fg.

उभयतःप्रज्ञ Adj. *dessen Erkenntniss nach beiden Seiten* (d. i. *nach innen und aussen*) *gerichtet ist.*

उभयतःप्राण Adj. *auf beiden Seiten einen Lebenshauch habend* Tâṇḍja-Br. 7,3,28.

उभयतश्चक्र Adj. *rechts und links mit Rädern versehen* Ait. Br. 5,33.

उभयतःशीर्षन् Adj. (f. °शीर्ष्णी) *nach beiden Seiten einen Kopf habend.* Nom. abstr. °र्षत्व n. Maitr. S. 3,7,5.

उभयतस् Adv. *von beiden Seiten aus, auf b. S., nach b. S. hin;* mit Gen. oder Acc.

उभयतस्तीक्ष्ण Adj. (f. आ) *auf beiden Seiten scharf* M. 8,315.

उभयतःसंश्रायिन् Adj. *von beiden Seiten schwellend* TS. 2,6,8,4.

उभयतःसस्य Adj. *zu beiden Zeiten Frucht tragend* Âçv. Gṛhj. 1,5,5.

उभयतःसुजात Adj. *von Seiten des Vaters und der Mutter wohlgeboren* Çâṅkh. Gṛhj. 1,16,8.

उभयतःस्तोभ Adj. *auf beiden Seiten Träller habend* Lâṭj. 7,5,14. Tâṇḍja-Br. 10,9,1. 12,2. 12,3,17.

उभयतोऽङ्ग Adj. *nach beiden Seiten Antheil habend* Weber, Nax. 1,312.

उभयतोज्योतिस् Adj. *auf beiden Seiten Licht* — und — *einen* Ǵjotis-*Tag habend* Çat. Br. 12,2,2,1. 13,6,1,8.9. Ait. Br. 4,15.

उभयतोऽतिरात्र Adj. *zwischen zwei* Atirâtra *befindlich* Vaitân.

उभयतोदत् (Maitr. S. 2,3,3) und उभयतोदन्त (f. आ) Adj. *unten und oben Schneidezähne habend.*

उभयतोद्वार Adj. *auf beiden Seiten eine Thür habend.*

उभयतोनमस्कार Adj. *auf beiden Seiten* नमस् *habend* Çat. Br. 9,1,1,20.

उभयतोनाभि Adj. *auf beiden Seiten eine Nabe habend* Bhâg. P. 5,7,9.

उभयतोबार्हत Adv. *beiderseits mit* Bṛhatsâman-*Ton* Çat. Br. 11,4,2,12.

उभयतोभाग und °हर Adj. *nach beiden Seiten treibend, d. i. vomitiv und purgativ* Suçr. 1,135, 20. 152,7. 145,3.

उभयतोभाज् Adj. dass. Karaka 1,26.

उभयतोभाष Adj. *sowohl* Parasmaipada *als* Âtmanepada *habend.*

उभयतोमुख Adj. 1) *auf beiden Seiten eine Schnauze habend* (Gefäss). — 2) f. ई *trächtig* Hemâdri 1,476, 20. 477,2. Subst. *eine trächtige Kuh.*

उभयतोह्रस्व Adj. *aus zwei Kürzen entstanden.*

उभयत्र Adv. *an beiden Orten, beiderseits, in beiden Fällen, beide Male.*

उभयथा Adv. *auf beiderlei Weise, in beiden Fällen.*

*उभयदत् ved. Adj. = उभयादत् Kâç. zu P. 5,4,142.

उभयद्युस् Adv. *an beiden, d. i. zwei aufeinanderfolgenden Tagen.*

उभयपद् (stark °पाद्) Adj. *beide Füsse habend.*

उभयपदार्थप्रधान Adj. (ein Compositum) *in welchem beide Theile einander coordinirt sind* P. 2,2, 29, Sch.

उभयपादिन् Adj. = उभयतोभाष.

उभयभाग Adj. *an Beidem Theil habend* Ind. St. 10,287. fg.

उभयभाज् Adj. = उभयतोभाज् Karaka 1,15.

उभयमुखी Adj. und Subst. f. = उभयतोमुख 2) Hemâdri 1,466,19. 479,15. 20.

उभयवंश्य Adj. *zu beiden* (Königs-) *Geschlechtern gehörig.*

उभयवत् Adj. *mit Beidem versehen, Beides enthaltend.*

उभयवासिन् Adj. *an beiden* (Orten) *wohnend* Pat. zu P. 1,1,8.

उभयविध Adj. *von beiderlei Art* Comm. zu Njâjam. 1,3,15.

उभयविपुला f. *ein best. Metrum.*

उभयवेतन Adj. *von beiden Seiten Lohn empfangend, zweien Herren dienend.* Vgl. Nom. abstr. उभयवेतनत्व Bâlar. 33,4.

*उभयव्यञ्जन n. *Zwitter.*

उभयशिरस् Adj. und Subst. f. = उभयतोमुख 2) Hemâdri 1,480,5. 481,4.

उभयसप्तमी f. *ein best. siebenter Tag.*

1. *उभयसंभव m. *die Möglichkeit von Beidem, Dilemma.*

2. उभयसंभव Adj. *von Beiden* (einem lebenden Wesen und einem Instrument) *herrührend* (Ton) S. S. S. 21.

उभयसामन् Adj. *wobei beide* Sâman (Bṛhat und Rathaṁtara) *angewendet werden.* m. *ein solcher Tag* Ait. Br. 8,1. Âçv. Çr. 8,5,2. 9,3,8. Lâṭj. 10, 13,8. Ind. St. 9,235.

उभयस्तोभ n. Name verschiedener Sâman.

उभयस्नातक Adj. *der das Bad nach Beidem* (d. i. *nach Abschluss der Lehrzeit und des Gelübdes*) *genommen hat* Kull. zu M. 4,31.

उभयस्पृष्टि f. N. pr. eines Flusses Bhâg. P. 5.20,27.

उभया Adv. *in beiderlei Weise.*

*उभयाकर्णि und *उभयाञ्जलि Adv.

उभयात्मक Adj. *von beiderlei Wesen* M. 2,92. SÂMKHJAK. 27. VIDDH. 16,3.

उभयादत् (AV. 5,19,2) und उभयादत्त् Adj. *unten und oben Schneidezähne habend.*

*उभयादत्ति, *उभयापाणि und *उभयाबाङ्क Adv.

उभयाय् *Beide darstellen.* °यित Partic. *B. darstellend.*

उभयायिन् Adj. *für beide* (Welten) *bestimmt.*

उभयालंकार m. und °कृति f. *eine rhetorische Figur der Form und dem Inhalte nach.*

उभयाविन् Adj. *beiderseitig, an Beidem theilnehmend.*

उभयावृत्ति f. in der Rhet. *Wiederkehr gleichbedeutender und gleichlautender Wörter.* Beispiel Spr. 2418.

उभयाहस्ति Adv. *beide Hände voll.*

(उभयाहस्त्यै) °हस्तिन् Adj. *beide Hände füllend.*

उभयीय Adj. *Beiden gehörig.*

उभयेद्युस् Adv. *an zwei aufeinanderfolgenden Tagen.*

*उभाकर्णि, *उभाञ्जलि, *उभादन्ति, *उभापाणि, *उभाबाङ्क und उभाहस्ति Adv.

*उम् Interj. प्रश्ने, रोषोक्तौ, अङ्गीकृतौ.

उम 1) *m. a) *Stadt.* — b) *Landungsplatz.* — 2) f. उमा a) *Flachs.* °फल n. KAUÇ. 33. — b) *Gelbwurz* KARAKA 6,13. — c) **Glanz.* — d) **Ruhm.* — e) **Ruhe.* — f) **Nacht.* — g) N. pr. α) einer Tochter des Himavant und Gattin Çiva-Rudra's. — β) verschiedener Frauen. — h) Bez. *eines 6jährigen Mädchens, das bei der* Durgâ-*Feier diese Göttin vertritt.*

*उमाकट n. *der Blüthenstaub vom Flachs.*

उमाकान्त m. Bein. Çiva's MBH. 13,17,137.

उमागुरु m. *Vater der* Umâ, Bein. des Himavant.

उमागुरुनदी f. N. pr. eines *Flusses* HARIV. 9516.

उमाचतुर्थी f. *der 4te Tag in der lichten Hälfte des* Gjaishṭha.

उमातिलक m. *eine Art Composition* S.S.S. 163. °ताल m. *ein best. Tact.*

उमानाथ m. Bein. Çiva's.

उमापति m. 1) dass. TAITT. ÂR. 10,18. — 2) N. pr. eines neueren Grammatikers.

उमापतिदत्त m. N. pr. eines Mannes.

उमापतिधर m. N. pr. eines Dichters.

उमापत्य *eine Art Flöte* S.S.S. 179.

उमापरिणयन n. Titel eines Werkes.

*उमापुष्पकषाय n. P. 6,2,10, Sch.

उमामहेश्वर und °व्रत n. *eine best. Begehung.*

*उमावन n N. pr. einer Stadt.

उमासंहिता f. Titel eines Werkes.

उमासहाय m. Bein. Çiva's.

उमासुत m. Bein. Skanda's Ind. St. 15,234.

उमास्वातिवाचकाचार्य m. N. pr. eines *Lehrers.*

उमेश m. 1) Bein. Çiva's. — 2) Çiva *mit* Umâ (als Statue).

उम्बर m. 1) **Schwelle;* vgl. उडुम्बर. — 2) N. pr. eines Gandharva. तुम्बर v. l.

*उम्बिका f. = उम्बी NIGH. PR.

उम्बी f. *eine grüne Gersten- oder Weizenähre, über einem Grasfeuer halb geröstet,* BHÂVAPR. 2,30.

*उम्बुर = उम्बर 1).

उम्बेक m. N. pr. eines Mannes. Vgl. उंवेक.

उम्भ् s. उभ्.

*उम्भि gaṇa कच्छादि.

*उम्य n. 1) *Flachsfeld.* — 2) *ein Feld mit Gelbwurz.*

उम्लोचा f. N. pr. einer Apsaras.

उरःकपाट *eine breite Brust* KÂD. 5,23.

उरःक्षतकास m. *schwindsüchtiger Husten* ÇÂRNG. SAMH. 1,7,14.

उरःक्षय m. *Lungenschwindsucht.*

उरःपार्श्वार्धमण्डलिन् m. *eine best. Stellung der Hände beim Tanz.*

उरःप्रतिपेषम् Absol. *Brust an Brust gedrückt* ÇIÇ. 10,46.

उरग 1) m. a) *Schlange, Schlangendämon* SUPARN. 8,5. — b) *das unter den Schlangen stehende Mondhaus* Âçleshâ VARÂH. JOGAJ. 5,3. — c) **Blei.* — d) **Mesua Roxburghii* NIGH. PR. — 2) f. आ N. pr. einer Stadt. Auch उरगाख्यं पुरम्. — 3) f. ई *Schlangenweibchen.*

*उरगभूषण m. Bein. Çiva's.

उरगयव m. *ein best. Gerstenkorn als Maass* (buddh.).

उरगसारचन्दन *eine best. Sandelart* LALIT. 73,1. 2. °चूर्ण n. 249,16. 367,6. Adj. °चन्दनमय *daraus verfertigt* 143,14.

*उरगस्थान n. Pâtâla, *der Aufenthaltsort der Schlangen.*

उरगारि m. Bein. Garuḍa's. °केतन m. Bein. Vishṇu's oder Kṛshṇa's VP. 4,13,53.

*उरगाशन m. Bein. Garuḍa's.

उरगास्य *eine Art Spaten.*

उरंग und °म m. *Schlange.*

उरण m. (adj. Comp. f. आ) 1) *Widder, Lamm.* — 2) *ein best. dämonisches Wesen.*

उरणक m. *Widder, Lamm.* °वत्स m. *Lamm.*

*उरणाक्ष und *°क, *उरणाख्य und *°क m. *Cassia alata* oder *Tora.*

उरभ्र m. 1) *Widder.* — 2) *ein best. giftiges Insect.*

उररी Adv. mit कर् 1) *ausbreiten.* — 2) *empfangen* DAÇAK. 17,10. — 3) *annehmen, bei sich zur Erscheinung bringen, an den Tag legen* ÇIÇ. 10,14. — 4) *zugeben, einräumen, annehmen.* — 5) *zusagen, versprechen* NAISH. 5,114.

उररीकरण n. und *°कार m. *Einräumung, Annahme.*

*उरल und davon Adj. *उरल्य gaṇa बलादि.

उरश 1) *m. N. pr. eines Mannes. — 2) f. आ N. pr. einer Stadt.

उरश्छद m. *Brustharnisch.*

उरःशूलिन् Adj. *an Brustschmerzen leidend* KARAKA 6,8.

उरस् 1) n. a) *Brust.* उरसा धा (Med.) *auf der Brust tragen* KÂD. 191,5. *उरसि कर् *an die Brust drücken,* getrennt oder componirt *einwilligen.* — 2) **der Beste in seiner Art.* — 3) *m. N. pr. eines Mannes.

उरस 1) *Adj. *eine breite* oder *starke Brust habend.* — 2) *m. v. l. für उरश. — 3) f. आ v. l. für उरशा. — 4) *n. *das Beste in seiner Art.*

उरसास्पृष्टम् Adv. *ohne dass eine Berührung mit der Brust stattfindet* KÂTJ. ÇR. 17,4,10.

उरसिज und *उरसिरुह m. *die weibliche Brust.*

*उरसिल Adj. = उरस 1).

*उरसिलोमन् Adj. *auf der Brust behaart.*

उरस्क am Ende eines adj. Comp. = उरस् 1) a).

*उरस्कट m. *die über die Brust getragene Opferschnur.*

उरस्तस् Adv. *aus der Brust* TÂNDJA-BR. 6,1,8.

*उरस्त्र und *उरस्त्राण n. *Brustharnisch.*

*उरस्य्, °स्यति *kräftig sein.*

उरस्य 1) Adj. a) *wobei die Brust betheiligt ist.* कर्मन् so v. a. *anstrengend.* Von einem Laute so v. a. *daher kommend.* — b) *in der Richtung der Brust gelegen.* — c) **leiblich* (Kind). — d) **vorzüglich.* — 2) m. *die weibliche Brust.*

*उरस्वत् Adj. = उरस 1).

*उरःसूत्रिका f. *ein über die Brust herabhängender Perlenschmuck.*

उरःस्तम्भ m. *Brustbeklemmung.*

उरा f. *Schaf.*

उराण Partic. von वर्, वृणाति.

उरामथि Adj. *Schafe würgend.*

उरारि oder °री f. *ein best. Spiel* Comm. zu KÂTJ. ÇR. 15,7,18 (ungedr.).

*उराह m. *ein Schimmel mit schwarzen Beinen.*

1. उरी Adv. mit कर् 1) *empfangen, theilhaftig werden.* — 2) *annehmen, bei sich zur Erscheinung bringen, an den Tag legen* NAISH. 4,84. — 3) *zur Verfügung stellen, hingeben.* — 4) *zusagen, versprechen* NAISH. 5,117.

2. उरा f. N. pr. eines Flusses.

उरु 1) Adj. (f. उर्वी) *weit, geräumig, ausgedehnt, weit reichend, sich weithin verbreitend, breit, gross.* — 2) Adv. *weit, weithin.* — 3) m. N. pr. *a)* eines Aṅgirasa Ârsh. Br. — *b)* eines Sohnes des 14ten Manu VP. 3,2,43. Bhâg. P. 8,13,34. — 4) उर्वी *a) die Erde, der Erdboden, Erde als Stoff.* Du. *Erde und Himmel.* — *b)* Pl. mit षष् *die sechs Weiten (die vier Himmelsgegenden, Oben und Unten;* aber auch anders gedeutet). — *c)* *Pl. *Flüsse.* — 5) n. *das Weite, Unbeengte.* उरु कर् *Raum schaffen, Unbeengtheit —, Gelegenheit geben.*

उरुक Adj. = उरु 1) Maitr. S. 1,5,1.11.

*उरुकाल und *°क m. *eine best. kriechende Pflanze.*

उरुकीर्ति Adj. *dessen Ruf weit reicht.*

उरुकृत् Adj. *Raum schaffend.*

उरुक्रम 1) Adj. *weit schreitend.* — 2) Bein. *Vishṇu's und Çiva's.

उरुक्रिय m. N. pr. eines Fürsten.

उरुक्षय (ṚV.) und उरुक्षय (AV.) 1) *weite Räume einnehmend.* — 2) m. N. pr. eines Fürsten.

*उरुक्षयस् m. = उरुक्षय 2); vgl. औरुक्षयस.

उरुक्षिति f. *geräumiger Wohnsitz.*

उरुक्षेप (?) m. N. pr. eines Fürsten.

उरुग (!) m. = उरग *Schlange* Suparṇ. 4,5.

उरुगव्यूति Adj. *ein weites Gebiet habend.*

उरुगाय 1) Adj. *weit schreitend, sich weithin verbreitend, weit* (Weg). — 2) m. Bein. Vishṇu's. — 3) n. *weiter Raum zur Bewegung, Unbeengtheit, freie Bewegung.*

उरुगायवत् Adj. *unbeengt.*

उरुगूला f. *eine Art Schlange.*

उरुग्राह्वे fehlerhaft für ऊरु°.

उरुचक्र Adj. *weiträderig.*

उरुचक्रि 1) Adj. *Unbeengtheit schaffend.* — 2) m. N. pr. eines Âtreja.

उरुचक्षस् Adj. *weitschauend.*

उरुज्मन् Adj. *weitläufig* AV.

उरुज्रयस् und °ज्रि Adj. *auf weiter Bahn sich bewegend.*

उरुञ्जिरा f. Name des Flusses Vipâç.

उरुण्ड m. N. pr. 1) eines Dämons. — 2) eines Mannes.

उरुता f. *Weite.*

उरुधा Adv. *vielfach.*

उरुधार Adj. (f. आ) *einen breiten Strom gebend, reichlich milchend.*

उरुधिष्ण्य m. N. pr. eines der 7 Weisen im 11ten Manvantara Hariv. 1,7,71.

उरुपुण्यकोश m. *ein grosser Schatz von guten Werken* Cit. im Comm. zu Gobh. 1,1,18.

*उरुपुष्पिका f. *eine best. hanfartige Pflanze* Nigh. Pr.

उरुप्रथस् und उरुप्रथस् Adj. *ausgebreitet.*

उरुबिन्दु m. N. pr eines Flamingo.

उरुबिल Adj. (f. ई) *eine weite Oeffnung habend.*

उरुबिल्वा f. N. pr. eines Dorfes.

उरुबिल्वाकल्प N. pr. einer Oertlichkeit Lalit. 528,5.

उरुबिल्वाका[illegible] m. Bein. eines Kâçjapa.

उरुब्ज Adj. *weit geöffnet.*

उरुमाण m. *Crataeva religiosa* Nigh. Pr. Karaka 1,27 (S. 62).

उरुमुण्ड m. N. pr. eines Berges.

उरुया Instr. Adv. *weithin* Maitr. S. 3,2,1.

उरुयुग Adj. *ein weites Joch habend.*

उरुरात्रि f. *späte Nacht* Cit. im Comm. zu Gobh. 1,5,26 (S. 214).

*उरुरी Adv. = उररी.

उरुलोक Adj. *weiträumig.*

उरुवल्क m. N. pr. eines Sohnes des Vasudeva.

उरुवसु m. N. pr. eines Mannes VP.2 4,69.

उरुवास m. Name eines buddh. Klosters.

उरुविक्रम Adj. *von grossem Muth* MBh. 2,45,1. 3,224,23. Veṇîs. 162.

उरुवु, *°क und उरुवूक m. n. *Ricinus communis.*

उरुव्यचस् 1) Adj. *weitumfassend, vielfassend, capax.* — 2) *m. *ein* Rakshas.

उरुव्यञ्च् 1) Adj. (f. उरूची) *a) weitumfassend, weit ausgedehnt.* — *b) weitreichend* (Stimme). — 2) f. उरूची *die Erde.*

उरुव्रज Adj. (f. आ) *ein weites Gebiet habend.*

उरुशंस Adj. 1) *laut preisend.* — 2) *weithin gebietend.*

उरुशर्मन् Adj. *eine weite Zuflucht habend.*

उरुशृङ्ग m. N. pr. eines Berges in Çâkadvîpa Bhâg. P. 5,20,26.

उरुश्रवस् m. N. pr. eines Mannes VP.2 3,335.

उरुषा Adj. *Unbeengtheit gewährend.*

उरुष्य्, °ष्यति 1) *das Weite suchen, sich davonmachen.* — 2) *sich abwenden von* (Abl.). — 3) *entgehen,* mit Acc. — 4) *in Sicherheit bringen, retten, beschützen vor* (Abl.). — 5) *abwenden, abwehren.*

उरुष्या Instr. *mit rettender Hand.*

उरुष्यु Adj. *rettend.*

उरूक nach Einigen m. = उलूक *Eule,* nach Andern n. *omentum* Njâjam. 9,4,8.

उरूची s. उरुव्यञ्च्.

उरूणस Adj. *breitnasig.*

उरोगम m. *Schlange* Suparṇ. 4,4.

उरोग्रह m. *Brustfellentzündung* Çârṅg. Saṃh. 1,7,37.

*उरोघात m. *Brustschmerzen.*

*उरोज m. *die weibliche Brust.*

उरोबृहती f. *ein best. Metrum.*

*उरोभूषण n. *Brustschmuck.*

उरोमण्डलिन् m. *eine best. Stellung der Hände beim Tanz.*

उरोविबन्ध m. *Brustbeklemmung* Karaka 6,12.

उर्जिहाना f. N. pr. einer Stadt. उज्जिहाना v. l.

*उर्दि m. oder f. N. pr. einer Person Mahâbh. 4,71,*b*.

*उर्द्र m. = उद्र 1) *a*).

उर्मिला f. fehlerhaft für ऊर्मिला.

उर्व m. 1) N. pr. eines Mannes. *Pl. *sein Geschlecht.* — 2) AV. 16,3,3 wohl fehlerhaft für उल्ब.

*उर्वङ्ग m. 1) *Berg.* — 2) *Meer.*

(उर्वज्र) उरुअज्र m. *weite Flur.*

*उर्वट m. *Jahr.*

उर्वरा f. 1) *Fruchtfeld, Saatland* ṚV. 8,80,5.6. — 2) *die Erde* Bâlar. 239,16. 241,17. Spr. 4936. — 3) N. pr. einer Apsaras. — उर्वराय Kâtj. Çr. 25,6,10 und Çâṅkh. Çr. 3,17,1 fehlerhaft für उरुर्वराय.

उर्वराजित् Adj. *Felder gewinnend.*

उर्वरापति m. *Herr des Saatlandes* ṚV.

उर्वरासा Adj. *Felder verschaffend.*

उर्वरित Adj. *übrig geblieben, entkommen, gerettet* Prasannar. 26,7 (im Prâkrit).

उर्वरी f. *Werg, die aus dem Rocken gezogene Fäden.*

उर्वरीवत् m. N. pr. eines Ṛshi VP. 1,10,10. 3,1,11.

उर्वर्य (Maitr. S. 2,9,6) und उर्वर्य Adj. *zum Saatland gehörig.*

उर्वशी f. 1) *Begierde, Inbrunst, heisser Wunsch.* — 2) N. pr. einer Apsaras, der Geliebten des Purûravas. — 3) Name der Dâkshâjaṇî und der Badarî.

उर्वशीतीर्थ n. N. pr. eines Tîrtha.

उर्वशीनाममाला f. Titel eines *Wörterbuchs.*

*उर्वशीरमण und *उर्वशीवल्लभ m. Beiname des Purûravas.

उर्वारु *m. und उर्वारू f. *eine Kürbisart.* उर्वारु und °क n. *die Frucht* Hemâdri 1,196,8. 629,11.

उर्विया Instr. Adv. *weit, weithin, weit und breit, in die Breite.* Vgl. उरुया.

उर्वी s. und उरु.

उर्वीतल n. *Erdboden, die Erde* 329,1. Spr. 7705.

उर्वीपति m. *Fürst, König* Spr. 1317. Naish. 3,73.

उर्वीभुज् m. dass. Prasannar. 75,7.

उर्वीभृत् m. *Berg.*

उर्वीश und उर्वीश्वर m. *Fürst, König.*

उर्व्यञ्च् Adj. TS. 4,4,1,2 gegen das Metrum für उरुव्यञ्च्.

1. उर्व्या f. *Unbeengtheit, Sicherheit.*

2. उर्व्या Adv. VS. 12,1. TS. 1,3,14,5 gegen das Metrum st. उर्विया.

(उर्व्यूति) उर्विऊति Adj. *weithin Hülfe bringend.*

उल m. 1) *ein best. wildes Thier* Maitr. S. 3,14,12. — 2) *halbreife Hülsenfrucht über leichtem Feuer geröstet* Nigh. Pr. — 3) N. pr. eines Ṛshi.

*उलण्ड्, °ण्डयति = ओलण्ड्.

*उलन्द् gaṇa शरीकृष्णादि.

*उलन्दक m. Bein. Çiva's Gal. Vgl. उलिन्द्.

उलप 1) m. *Staude, Buschwerk; Büschel.* — 2) m. n. *eine sich weit ausbreitende kriechende Pflanze.* — 3) m. *Eleusine indica Gaertn.* Mahīdh. zu VS. 16,45. — 4) m. **Saccharum cylindricum.* — 5) m. N. pr. eines Schülers des Kalâpin Cit. in der Kâç. zu P. 4,3,104. — 6) f. आ *eine best. Grasart* Bâlar. 164,8.

उलपराजि (Mânava im Comm. zu Kâtj. Çr. 9, 7,7), °का (Njâjam. 3.1.31) und °जी (Lâtj. 8,8,39) f. *ein Büschel Gras.*

*उलपिन् m. = उलुपिन्.

उलप्य Adj. von उलप 1).

*उलभ m. Pl. N. pr. eines Kriegerstammes Kâç. zu P. 5,3,116.

*उलिन्द् m. 1) N. pr. einer Gegend. — 2) Bein. Çiva's. Vgl. उलन्दक.

*उलुण्ड m. N. pr. eines Mannes.

*उलुप m. n. = उलप 2) und 3).

*उलुपिन् m. *Meerschwein oder ein ähnliches Thier.*

उलुप्य Adj. = उलप्य.

*उलुम्बा f. = उम्बी Nigh. Pr.

उलुलि Adj. *ululabilis* oder m. *ululatus.*

उलूक 1) m. *a) Eule, Käuzlein.* Nom. abstr. उलूकत्व n. — *b)* Pl. N. pr. eines Volkes, Sg. *der Fürst desselben.* — *c)* Bein. Indra's (vgl. कौशिक) Vâmana 2,1,13. — *d)* N. pr. α) eines Muni. — β) eines Schlangendämons Suparn. 23,3 (oxyt.). — 2) f. उलूकी Bez. *der Ureule.* — 3) *n. *eine Grasart.*

उलूकचेटी f. *eine Art Eule.*

उलूकजित् m. 1) **Krähe* Nigh. Pr. — 2) N. pr. = इन्द्रजित् 1) Vâmana 2,1,13.

*उलूकपत्त Adj. (f. ई) *die Gestalt eines Eulenflügels habend* Mahâbh. 4,29,b.

*उलूकपाक m. *eine junge Eule.*

*उलूकपुच्छ Adj. (f. ई) *die Gestalt eines Eulenschwanzes habend* Mahâbh. 4,29,b.

उलूकयातु m *ein Dämon in Gestalt einer Eule.*

उलूखल 1) n. *Mörser.* उलूखलमुसले n. Du. *Mörser und Stösser.* उलूखलबुध्न Adj. उलूखलाङ्घ्रि m. *der Fuss —, die untere Fläche eines Mörsers.* — 2) n. Bez. *gewisser* Soma-*Becher, der neun* Grahapâtra. — 3) m. Bez. *eines best. Ohrenschmuckes bei einer* Piçâkî. — 4) m. n. **ein bei besonderen Gelegenheiten getragener Stock aus* Udumbara-*Holz.* — 5) n. **Bdellion.* — 6) m. N. pr. eines bösen Dämons Pâr. Gṛhj. 1,16,23.

उलूखलक 1) m. N. pr. eines Muni. — 2) n. *a) Mörserchen* Ṛv. — *b)* **Bdellion.*

उलूखलरूप Adj. *die Gestalt eines Mörsers habend.* Nom. abstr. °रूपता f. Çat. Br. 7,5,1,15.

उलूखलसुत Adj. *in einem Mörser ausgestampft.*

°उलूखलिक Adj. *als Mörser gebrauchend.*

उलूट m. Pl. v. l. für उलूत 1) *b).*

उलूत 1) m. *a)* **Boa.* — *b)* Pl. N. pr. eines Volkes MBh. 6,9,54. Vgl. उत्तूल. — 2) *f. ई N. pr. einer Geliebten Garuḍa's Gal. *उलूतीश m. Bein. Garuḍa's ebend.

उलूप 1) m. *eine best. Pflanze* 168,14. Vgl. उलप, उलुप. — 2) f. ई N. pr. einer Tochter des Schlangendämons Kauravja und Gattin Arǵuna's.

उलूलि und उलूलु = उलुलि.

उल्क 1) m. N. pr. eines Fürsten Hariv. 1,13,35. — 2) f. उल्का *a) eine feurige Erscheinung, Meteor* — *b) Feuerbrand.* — *c)* Titel einer Grammatik.

उल्काजिह्व m. N. pr. eines Rakshas.

उल्कानवमी f. *ein best. 9ter Tag.*

उल्कानिर्हत (AV. 19,9,8) und उल्काभिहत (AV. 19,9,9) Adj. *von einem Meteor getroffen.*

उल्कामालिन् m *ein best. Krankheitsdämon* Hariv. 9559.

उल्कामुख 1) m. *a) eine Art Gespenst* Mâlatim. 78,4 (70,3). — *b)* N. pr. α) eines Nachkommen des Ikshvâku. — β) eines Affen. — γ) eines Rakshas. — 2) *f. ई *Fuchs.*

उल्कुषी f. 1) *eine feurige Erscheinung, Meteor.* उल्कुष्यन्त Adj Çat. Br. 11,2,7,25. — 2) *Feuerbrand.*

उल्कुषीमत् Adj. *von feurigen Erscheinungen begleitet.*

उल्ब m. (selten) und n. 1) *Hülle des Embryo, Eihaut.* इन्द्राण्या उल्बजरायुणी Name zweier Sâman. — 2) *Gebärmutter.* — 3) **Höhle.*

उल्बण 1) Adj. (f. आ) *übermässig, zu viel, — gross, — stark, aussergewöhnlich, ungeheuer.* — *b)* am Ende eines Comp. *reich an, voll von* Nom. abstr. °ता f. — *c)* **offenbar.* — 2) m. *a) eine best. Stellung der Hände beim Tanz.* — N. pr. eines Sohnes des Vasishṭha. — 3) *f. आ *ein Gericht aus dem Mark von Bananen, Melonen u. s. w. mit Milch und Gewürz* Nigh. Pr. — 4) n. उल्बण *a)* = उल्ब *Eihaut.* — *b) Absonderlichkeit* Ait. Âr. 346,15.

उल्बणिष्णु Adj. *an's Absonderliche streifend* Ait. Âr. 250,4.

उल्ब्य Adj. mit आपस् *Fruchtwasser.*

उल्मुक 1) n. *Feuerbrand.* — 2) m. N. pr. eines Sohnes *a)* des Balarâma. — *b)* des Manu Kâkshusha VP.[2] 1,178.

उल्मुकमध्य Adj. *aus einem Feuerbrand zu reiben.*

उल्मुकावक्षयण n. *eine Zange* oder *Schaufel für einen Feuerbrand.*

उल्मुक्य Adj. *von einem Feuerbrand herrührend.*

*उल्य Adj. von उल gaṇa बलादि.

*उल्ल m. und *उल्ली f. *weisses Arum* Nigh. Pr.

*उल्लकसन n. *Haarsträubung.*

उल्लङ्घन n. 1) *das Hinübersetzen über.* — 2) *das Uebertreten, Brechen* (einer Verpflichtung u. s. w.).

उल्लङ्घनीय und उल्लङ्घ्य Adj. *zu übertreten.*

*उल्लम्फन n. *Sprung.*

°उल्लम्बिन् Adj. *hängend auf.*

*उल्लसत्फल m. *Mohn* Nigh. Pr.

उल्लाघ 1) Adj. *a) von einer Krankheit genesen.* °ता f. *Genesung* Spr. 7802. — *b)* **geschickt.* — *c)* **rein.* — *d)* **böse.* — *e)* **froh.* — 2) *m. *schwarzer Pfeffer.*

उल्लाघय्, °यति *gesund machen, zu neuem Leben erwecken* Spr. 543. — Mit *प्र P. 8,2,55, Sch.

उल्लाङ्गूल Adj. *mit erhobenem Schweife* Dh. V. 29,2.

उल्लाप m. *ein hartes Wort* Spr. 2047.

उल्लापक n. *Schmeichel—, Lobrede.*

उल्लापन 1) Adj. *vergänglich* Lalit. 258,20. — 2) n. *das Liebkosen.* Zu den Kalâ gezählt bei Gal.

उल्लापिक *eine Art Gebäck.*

उल्लापिन् Adj. *ausrufend, rufend* Spr. 2102.

उल्लाप्य n. *eine Art von Schauspielen.*

उल्लाल *das Couplet in der* Shaṭpadikâ.

उल्लास m. 1) *das Erscheinen, zum Vorschein Kommen* Kap. 2,36. Spr. 4711. Kathâs. 14,13. Sâh. D. 198. 258,21. 305,20. — 2) *Freude, Lust* Kathâs. 72,28. — 3) *Zunahme, Wachsthum.* — 4) in der Rhet. *Hervorhebung durch Vergleichung oder Entgegensetzung.* — 5) *Kapitel, Abschnitt.* — 6) Bez. *der sieben Grade in den Mysterien der* Çâkta.

उल्लासन 1) n. *das Erglänzen* Râǵat. 5,343. — 2) f. आ *das Erscheinenlassen* Bâlar. 244,5.

उल्लासिन् Adj. *spielend, hüpfend* Vâs. 31.

उल्लिखन n. *Brechmittel* Bhâvapr. 4,102.

उल्लिङ्गनाष्टक n. Titel eines Werkes.

उल्लिङ्गय्, °यति *aus Merkmalen erschliessen* Kir. 14,2.

उल्लुञ्चन n. *das Zausen, Zerren an, Ausreissen*

(z. B. der Haare).

उल्लुपठा f. *Ironie, Sarkasmus.*

*उल्लू Adj. *aufschneidend.*

उल्लेख 1) Adj. in Verbindung mit युद्ध Bez. *einer der 4 Arten des* Grahajuddha, *wobei die Sterne sich gleichsam ritzen.* — 2) m. a) *Erwähnung, Angabe, Schilderung, anschauliche Darstellung* Râǵat. 7,1133. — b) *das Hervortretenlassen, in den Vordergrund Stellen* Prasannar. 32,6. — c) *das Vomiren* Ḱaraka 6,26. — d) in der Rhet. *malende Beschreibung eines Objectes nach der Verschiedenheit der Eindrücke, welche seine Erscheinung hervorbringt.* — 3) *f. आ *Strich, Linie.*

उल्लेखन 1) Adj. *abmalend, anschaulich ausdrückend, darstellend.* — 2) n. a) *das Einritzen, Ziehen von Linien* Kâtj. Çr. 7,4,9. — b) *das Aufkratzen, Abscharren.* — c) *das Vomiren* Ḱaraka 6,5.11.19. — d) *Brechmittel* Ḱaraka 1,13. — e) *das Erwähnen, Angeben.*

उल्लेखलेखा f. *eine Etwas deutlich bezeichnende Linie.* S. सोल्लेखलेखम्.

उल्लेखिन् Adj. 1) *kratzend an, so v. a. berührend, reichend bis* Kâd. 55,13. — 2) = उल्लेखन 1) Sarvad. 20,15.

उल्लेख्य Adj. 1) *einzuritzen, aufzuschreiben.* — 2) *was abgemalt —, anschaulich ausgedrückt wird.*

*उल्लोच m. *Traghimmel.*

उल्लोपिक m. und °का f. v. l. für उल्लापिक Ind. St. 14,329, N.

उल्लोल 1) Adj. *baumelnd.* — 2) *m. *eine hohe Welle.*

उवट m. N. pr. eines Scholiasten.

उवर्ण m. *die Vocale* उ *und* ऊ VS. Prât. TS. Prât. AV. Prât.

उवे Interj. Ṛv. 10,86,7.

उशङ्गव m. N. pr. eines Fürsten.

उशत m. N. pr. eines Sohnes des Sujaǵ̃a Hariv. 1,36,6. उषन्त् v. l.

उशद्घ् Adj. (Nom. °धक्) *nach Wahl erreichend, beliebig sich ausdehnend.*

*उशनःप्रिय m. *der Edelstein* Gomeda Nigh. Pr.

उशनस् m. (Nom. °ना, ved. Acc. °नाम्, ved. Dat. und Loc. °ने) N. pr. eines Frommen der mythischen Vorzeit, mit dem Patron. Kâvja. Später wird er mit Çukra, dem Lehrer der Asura, identificirt, und bezeichnet wie dieser den *Planeten Venus.*

उशनसः स्तोमः *eine best. Recitation,* welche anzuwenden ist, wenn sich Jmd vergiftet glaubt.

उशना f. 1) Instr. (gleichlautend) *begierig, freudig, eilig.* — 2) N. pr. der Gattin eines Rudra VP.² 1,117.

उशन्त् s. u. वश्, वष्टि. उशती v. l. für उषती, रुशती.

उशाना f. *eine best. Pflanze.*

उशिक m. 1) N. pr. eines Fürsten. — 2) Name des 12ten Kalpa.

उशिज् 1) Adj. a) *heischend, eifrig strebend, zugethan, bereitwillig.* — b) *reizend, schön* Bhâg. P. — 2) *m. a) *Feuer.* — b) *zerlassene Butter.* — 3) f. N. pr. der Mutter des Kakshîvant.

*उशिन m. N. pr. des Vaters Kakshîvant's Comm. zu Tâṇḍja-Br. 14,11,17.

*उशी f. *Wunsch.*

उशीनर m. Pl. N. pr. eines Volkes im Mittellande. Sg. *ein Fürst dieses Volkes.*

उशीनरगिरि m. N. pr. eines *Berges.*

उशीनराणी f. *eine Fürstin der* Uçînara.

उशीर 1) m. n. *die wohlriechende Wurzel von Andropogon muricatus.* Am Ende eines adj. Comp. f. आ Hemâdri 1,53,3. — 2) *f. ई *eine best. Grasart.*

*उशीरक n. = उशीर 1).

उशीरगिरि m. N. pr. eines *Berges.*

उशीरबीज m. desgl.

*उशीरिक Adj. (f. ई) *mit* Uçîra *handelnd.*

(उशेन्य) उशेनिम Adj. *wünschenswerth.*

उश्रायुस् (!) m. N. pr. eines Sohnes des Purûravas VP.² 4,13.

1. उष्, ओषति und उष्णाति 1) *brennen* (trans.). उष्यते intrans. Ḱaraka 1,18. — 2) *züchtigen.* — 3) *verzehren, zu Grunde richten.* — Mit अभि *anbrennen.* — Mit उद् *durch Gluth vertreiben.* — Mit उप *aufbrennen, verbrennen* Vaitân. — Mit समुप *zusammenbrennen.* — Mit नि *niederbrennen.* — Mit प्रति *versengen.* — Mit सम् *verbrennen.*

2. उष्, उच्छति s. वस्, उच्छति.

3. उष् f. *Frühlicht, Morgenröthe.*

1. उष 1) Adj. *begierig, verlangend.* — 2) *m. *Liebhaber.*

2. उष 1) *m. a) *salzhaltige Erde.* — b) *Bdellion.* — 2) f. आ *das Brennen, Glühen.* — 3) *n. *fossiles Salz.*

3. उष 1) *m. *Ende der Nacht* Med. sh. 4. — 2) f. उषा a) *Frühlicht, Morgenröthe.* — b) *Nacht* Ḱaraka 6,18. VP. 2,8,48. — c) **Kuh.* — d) N. pr. einer Tochter Bâṇa's und Gattin Aniruddha's Agni-P. 12,46. 52. — 3) उषा *Adv. a) *bei Anbruch des Tages.* — b) *in der Nacht.*

*उषःकल m. *Hahn* Gal. Vgl. उषाकल.

उषङ्गु m. 1) N. pr. a) eines Ṛshi. — b) eines Fürsten. — 2) Bein. Çiva's.

*उषण 1) n. a) *Pfeffer.* — b) *die Wurzel von Piper longum.* — 2) f. आ a) *Piper longum* oder *Chaba.* — b) *getrockneter Ingwer.* — Vgl. ऊषण.

उषती f. *eine verletzende Rede* MBh.

*उषदश्व m. N. pr. eines Mannes; vgl. औषदश्वि.

उषद्गु m. N. pr. eines Sohnes des Svâhi.

उषदथ m. N. pr. eines Sohnes des Titikshu.

उषन्त् 1) m. N. pr. eines Sohnes des Sujaǵ̃a. उशत v. l. — 2) f. उषती in Verbindung mit वाच् *eine verletzende Rede* MBh. 12,236,10. 241,9. An beiden Stellen उशती; उषती ed. Calc. Die richtige Form ist wohl रुशती.

*उषप m. 1) *Feuer.* — 2) *die Sonne.*

उषर्बुध् Adj. *früh wach.*

*उषर्बुध m. 1) *Feuer.* — 2) *Kind.*

उषस् 1) f. (stark auch उषास् im Veda) a) *Frühlicht, Morgenröthe, Morgen.* Personificirt als *Tochter des Himmels* und *Schwester der* Âditja. उषसः साम Ârsh. Br. — b) *Abendröthe.* — c) Du. *Nacht und Morgen.* — d) N. pr. der Gattin Bhava's (einer Form Rudra's) VP. 1,8,9. — 2) n. a) *Tagesanbruch, Dämmerung.* — b) **Ohrhöhle.* — c) **das Gebirge* Malaja. — Vgl. 2. ऊष.

उषस्त und उषस्ति m. N. pr. eines Mannes.

*उषस्य्, °स्यति *tagen.*

उषस्य Adj. *der Morgenröthe geweiht* Âçv. Çr. 4,14,1.

उषाकर m. *der Mond.*

*उषाकल m. *Hahn.* Vgl. उषःकल.

उषापति (Agni-P. 12,41) und *उषारमण m. Bein. Aniruddha's.

उषारागोदय m. Titel eines Schauspiels.

उषासानक्ता Nom. Du. f. *Morgenröthe und Nacht.*

*उषासासूर्य n. Sg. *die Morgenröthe und die Sonne.*

उषिन m. N. pr. eines Sohnes des Ûru.

उषित Partic. von उष्, ओषति und वस्, वसति.

*उषितंगवीन Adj. *wo früher Kühe sich aufgehalten haben.*

उषितव्य n. impers. *zu übernachten* Kâd. II,31,6.

उषेश m. 1) *Mond.* — 2) *Bein. Aniruddha's.

उषोजल n. Pl. *Thau.*

उषोराग m. *Morgenröthe* Daçak. 43,13.

उष्टर und उष्टर m. *Pflugstier.*

उष्ट्र 1) m. a) *Büffel.* — b) *Kamel.* उष्ट्रखरम् *K. und Esel* Gaut. *उष्ट्रशशम् *K. und Hase.* — c) **Lastwagen.* — d) N. pr. eines Asura. — 2) f. उष्ट्री a) *Kamelweibchen.* — b) *ein irdenes Gefäss von best. Form.* — c) **Urtica interrupta* und **eine Art* मेषशृङ्गी Nigh. Pr.

उष्ट्रकर्णिक m. Pl. N. pr. eines Volkes.

*उष्ट्रकाण्डी f. *Echinops echinatus* Râǵan. 10,142.

उष्ट्रकुङ्कुमवहन n. *das Safran-Schleppen eines Kamels.* °वत् Adv. Kap. 3,58. 6,40.

*उष्ट्रक्रोशिन् Adj. *wie ein Kamel schreiend.*

उष्ट्रग्रीव m. *eine Form der Mastdarmfistel.*

उष्ट्रग्रिद्ध m. N. pr. eines Wesens im Gefolge Skanda's.

उष्ट्रत्व n. Nom. abstr. zu उष्ट्र 1) *b*) Hemâdri I,673,20.

उष्ट्रदत्त MBh. 12,3717 fehlerhaft für श्रेष्ठदत्त.

*उष्ट्रधूसरपरिच्छदा f. *Tragia involucrata L.*

उष्ट्रनिषदन n. *eine best. Art des Sitzens bei den* Jogin.

*उष्ट्रपादिका f. *Jasminum Sambac Ait.*

*उष्ट्रपाल m. *Kamelhirt* Gal.

*उष्ट्रप्रमाण m. *das fabelhafte Thier* Çarabha Nigh. Pr.

*उष्ट्रभक्षा (Gal.) und *°भक्षिका f. *eine best. der Alhagi verwandte Pflanze* Râǵan. 4,57.

उष्ट्रवामी f. *Kamelstute.* *°वामि n. (auch Kâç.) schwerlich richtig.

*उष्ट्रवाहिन् Adj. *von Kamelen gezogen* (Wagen).

उष्ट्रशिरोधर m. = उष्ट्रग्रीव.

*उष्ट्रसादि m. *ein Reiter zu Kamel.* n. (auch Kâç.) schwerlich richtig.

1.*उष्ट्रस्थान n. *Kamelstall.*

2.*उष्ट्रस्थान Adj. *in einem Kamelstall geboren.*

*उष्ट्राकृति m. = *das fabelhafte Thier* Çarabha Gal.

उष्ट्राक्ष m. N. pr. eines Mannes. Pl. *sein Geschlecht.*

उष्ट्रिका f. 1) *Kamelstute.* — 2) *ein irdenes Gefäss von best. Form.* — 3) **eine best. Staude.*

उष्ण 1) Adj. (f. आ; ई nur Kauç.) *a*) *heiss, warm* Gaut. Auch von einem Seufzer. — *b*) *heftig* (Conj.). — *c*) **rasch zu Werke gehend.* — 2) उष्णम् Adv. *heiss* (seufzen) 50,29. *Mit कर् componirt. — 3) m. *a*) **Zwiebel.* — *b*) N. pr. zweier Männer VP. 2,4,48. 4,21,3. — 4) *f. आ *a*) *Hitze.* — *b*) *Auszehrung.* — *c*) *Galle.* — *d*) **eine Art Momordica* Nigh. Pr. — 5) n. (*m.) *a*) *ein heisser Gegenstand.* — *b*) *Hitze, Wärme.* — *c*) *die heisse Jahreszeit.* — *d*) Bez. *der rückläufigen Bewegung des Mars, wenn sie stattfindet im 7ten, 8ten oder 9ten Mondhause von dem Mondhause, in welchem er heliakisch aufging.* — *e*) N. pr. eines von Ushṇa beherrschten Varsha in Kuçadvîpa VP. 2,4,48.

*उष्णक 1) Adj. *a*) *fieberkrank.* — *b*) *rasch zu Werke gehend.* — 2) m. *a*) *Hitze, die heisse Jahreszeit.* — *b*) *Brand* (Krankheit) Gal. — 3) **Betelnuss* Nigh. Pr.

उष्णकर m. *die Sonne* Kâd. II,49,15.

उष्णकाल m. *die heisse Jahreszeit* Spr. 1320.

उष्णकिरण und *उष्णकृत् (Gal.) m. *die Sonne.*

उष्णग m. Sg. und Pl. *die heisse Jahreszeit.* Auch उष्णगः कालः.

*उष्णगन्धा f. *Alpinia Galanga* Nigh. Pr.

उष्णगु m. *die Sonne.*

*उष्णघ्न n. *Sonnenschirm.*

*उष्णंकरण Adj. *erhitzend, erwärmend.*

उष्णता f. 1) *Hitze, Wärme.* — 2) am Ende eines Comp. *grosses Verlangen nach.*

उष्णतीर्थ n. N. pr. eines Tîrtha.

उष्णत्व n. *Hitze, Wärme.*

*उष्णनदी f. Bein. des Höllenflusses Vaitaraṇî.

उष्णप fehlerhaft für ऊष्मप.

*उष्णफला f. *eine Art Momordica* Nigh. Pr.

*उष्णभास् m. *die Sonne* Gal.

*उष्णभोजिन् Adj. *warme Speisen geniessend.*

उष्णय्, °यति *heiss machen.*

उष्णरश्मि und उष्णरुचि m. *die Sonne.*

उष्णवात m. *eine best. Blasenkrankheit* Wise 365. Çârṅg. Saṃh. 1,7,40.

उष्णवारण (*m.) n. *Sonnenschirm.*

उष्णविदग्धक m. *eine best. Augenkrankheit* Çârṅg. Saṃh. 1,7,94.

उष्णवीर्य 1) Adj. *erwärmende Kraft besitzend* Káraka 1,14. 6,3. — 2) *m. *Delphinus gangeticus.*

उष्णवेताली f. N. pr. einer Hexe Hariv. 9542.

उष्णसमय m. *die heisse Jahreszeit.* Davon Denom. °समयाय्, °समयायते *zur h. J. werden* Bâlar. 129,3.

*उष्णसुन्दर m. *Momordica Charantia, Averrhoa Carambola* und *Terminalia Bellerica* Nigh. Pr.

उष्णस्पर्शवत् Adj. *heiss anzufühlen* Tarkas. 8.

उष्णांशु m. *die Sonne* 172,7. Hemâdri 1,156,22.

*उष्णागम m. *Beginn der heissen Jahreszeit.*

उष्णान्त m. *Ende der heissen Jahreszeit* R. 6,69,31.

*उष्णाभिगम m. = उष्णागम.

उष्णाभिप्राय Adj. *mit Hitze endend* (Fieber) Káraka 1,19. Davon °प्रायिन् Adj. *an einem solchen Fieber leidend* 6,3,*d*.

उष्णालु Adj. *von der Hitze leidend.*

*उष्णासह m. *Winter* Râǵan. 21,67 (उष्णापह Hdschr.).

उष्णि Adj. *brennend*, in अग्न्युष्णि.

*उष्णिका f. *Reisbrei.*

उष्णिगर्भ Adj. f. (आ) in Verbindung mit गायत्री *ein best. Metrum.*

उष्णिमन् m. *Hitze.*

उष्णिह् f. (Nom. उष्णिक्) 1) *ein best. Metrum.* — 2) *ein diesem Metrum geweihter Backstein.* — 3) *wie andere Metra Name eines der Rosse des Sonnengottes* VP. 2,8,8.

उष्णिहककुभ् f. Du. *die Metra* Ushṇih *und* Kakubh.

उष्णिहा f. 1) Pl. *Genick.* — 2) = उष्णिह् 1).

उष्णी Adv. mit कर् *erhitzen, erwärmen.*

उष्णीगङ्ग wohl n. N. pr. eines Tîrtha.

उष्णीनाभ m. N. pr. eines göttlichen Wesens.

उष्णीष 1) m. n. *Kopfbinde, Turban, Binde* überh. उष्णीषपट्ट dass. 290,10. — 2) Bez. *eines Auswuchses auf* Çâkjamuni's *Kopfe.*

उष्णीषापर्णा f. N. pr. einer buddh. Göttin.

उष्णीषिन् Adj. *mit einer Kopfbinde versehen.*

1. उष्णोदक n. 1) *warmes Wasser* Spr. 6773. — 2) *eingekochtes Wasser* Bhâvapr. 3,14.

2. उष्णोदक m. R. 2,83,13 nach dem Comm. *Gliederreiber.*

*उष्णोपगम m. = उष्णागम.

*उष्म m. 1) *Hitze.* — 2) *die heisse Jahreszeit.* — 3) *Frühling.* — 4) *Zorn.*

*उष्मक = ऊष्मक.

उष्मता MBh. 1,103,17 fehlerhaft für उष्णता *Hitze.*

उष्मन्, उष्मप und उष्मस्वेद s. ऊष्मन् u. s. w.

*उष्मागम m. schlechte Lesart für उष्णागम oder ऊष्मागम.

*उष्माय् und *उष्मोपगम s. ऊष्माय् und ऊष्मोपगम.

उष्य in सुखोष्य.

उष्यल n. *Rahmen* (eines Ruhebettes).

उषर् f. = उषस् *Frühlicht, Morgenröthe.*

उस्र 1) Adj. (f. आ) *a*) *morgendlich.* — *b*) etwa *hell, klar* (Gaṅgâ) MBh. 13,26,95. *Kuh* nach Nilak. — 2) m. *a*) *Strahl.* — *b*) *Stier.* — 3) f. आ *a*) *Frühlicht, Morgenröthe, Helle.* — *b*) *Kuh.* — *c*) **eine best. Pflanze.*

उस्रयामन् Adj. *im Frühlicht ausgehend, bei Tageshelle gehend.*

उस्रि f. *Morgen, Helle.*

उस्रिक m. *Oechslein.*

उस्रिध Adj. TBr. 2,7,13,2 wohl fehlerhaft.

उस्रिय 1) Adj. (f. आ) *a*) *röthlich.* — *b*) *taurinus.* — 2) m. *a*) *Stier.* — *b*) *Kalb.* — 3) f. आ *a*) *Helle, Licht.* — *b*) *Kuh.* — *c*) *Milch* und *Anderes von der Kuh Kommende.*

उस्रियात्व n. Nom. abstr. zu उस्रिय 3) *b*) Maitr. S. 4,2,12.

*उस्रीय्, °यति *sich eine Kuh wünschen.*

1. उह् s. ऊह्, ऊहति.

2. उह् s. वह्.

3.* उह्, ओहति (वधे).

*उह्लान m. N. pr. einer Gegend.

उहुवायिवासिष्ठ n. Name eines Sâman.

उहू Adj. wohl *uhu schreiend.*

उह्वगान n. = ऊह्वगान.

1. ऊ = 1. उ; s. d.

2.* ऊ Interj. वाक्यारम्भे, अनुकम्पायाम्, रक्षायाम्.

3.* ऊ Adj. von अव्, अवति und von वा, वयति.

.*ऊ m. 1) der Mond. — 2) Bein. Çiva's.

ऊखर m. N. pr. = उखर.

ऊँ (ऊं) im Padapâṭha vor hinzugefügtem इति = 2. उ.

ऊकार m. der Laut ऊ TS. Prât. AV. Prât.

ऊखर m. Pl. N. pr. einer Çiva'itischen Secte.

ऊख्य AK. 2,9,45 fehlerhaft für उख्य.

ऊङ्ख् mit नि in न्यूङ्ख und न्यूङ्खमानक.

*ऊठ्, ऊठति = *उठ्, ओठति.

ऊढ 1) Adj. Partic. von 1. und 2. ऊह् und वह्. — 2) f. आ eine Heimgeführte, Gattin.

*ऊढकङ्कट Adj. gepanzert, v. l. für व्यूढ°.

*ऊढभार्य Adj. der eine Gattin heimgeführt hat.

*ऊढय्, °यति Denom. von ऊढ und ऊढि.

*ऊढरथ Adj. einen Wagen ziehend L. K. 1037.

ऊढवयस् Adj. erwachsen Bhâg. P. 4,9,66.

ऊढि f. das Tragen Râgat. 7,1090.

ऊर्णि v. l. für ओणि.

ऊणीतेनस् Lalit. 5,14 wohl fehlerhaft für ऊर्णितेनस्.

ऊत Partic. 1) von अव्. — 2) von वा, वयति.

1. ऊति f. (im Çat. Br. einmal m.) 1) das in Gang Bringen, Fortbewegung. — 2) Gang, iter. — 3) Förderung, Begünstigung, Unterstützung, Hülfe, Wohlwollen. — 4) Helfer, Förderer. — 5) Labung, Erquickung, Stärkung. — 6) Pl. Lebensmittel, erquickende Dinge. — 7) Spiel, Scherz, Belustigung Bhâg. P. — 8) *= त्राण.

2. ऊति f. Gewebe.

3. ऊति m. N. pr. eines Daitja.

ऊतीक m. = पूतीक ein als Surrogat für die Soma-Pflanze dienendes Kraut.

ऊदक und ऊदर = उदक und उदर in अनूदक und अनूदर.

ऊदल n. Name eines Sâman Lâṭj. 4,6,17.

ऊधन्, ऊधर्, ऊधस् n. 1) Euter. — 2) ein verehrter, geheimer oder nur dem Freunde zugänglicher Ort, Busen. — 3) Wolke (als Euter des Himmels), bewölkter Himmel. — 4) *Nacht. — 5) Bez. einer best. Stelle in den Mahânâmnî.

ऊधन्य Adj. im Euter enthalten Maitr. S. 1,10,5.

ऊधर् und ऊधस् s. ऊधन्.

ऊधस्य 1) Adj. (f. आ) milchend Hemâdri 1,470, 17. 23 उ° gedr. — 2) n. Milch.

ऊधस्वती Adj. f. ein volles Euter habend.

ऊन Adj. woran Etwas fehlt, unter dem Maasse bleibend, unzureichend, zu klein, — wenig, nachstehend; der kleinste. Mit einem Abl. weniger —, geringer als; mit einem Instr. um — weniger; am Ende eines Comp. in beiden Bedeutungen. °विंश so v. a. एकोनविंश der 19te. Nom. abstr. ऊनता f. Hemâdri 1,15,14. ऊनत्व n. 17.

ऊनक Adj. dass. Golâdhj. 7,25.

ऊनकोटिलिङ्ग n. Name eines Liṅga.

ऊनय्, °यति unerfüllt lassen. ऊनित vermindert um (Instr.).

ऊनरात्र m. und °रात्रि f. Pl. die überschüssigen lunaren Tage in einem Juga, die man ausscheiden muss, um die richtigen solaren Tage zu erhalten.

ऊनार्इतीर्थ n. N. pr. eines Tîrtha.

ऊनाक्षर Adj. eine Silbe zu wenig habend Lâṭj. 7,9,8.

ऊनाग्र m. der kleinere von den zwei als Multiplicatoren zu verwendenden Ueberschüsse bei der Kuṭṭâkâra genannten Operation Ârjabh. 2,32.fgg.

ऊनातिरिक्त Adj. zu wenig oder zu viel.

ऊनाह m. = ऊनरात्र Gaṇit. Pratjabd. 3.

ऊनी Adv. mit कर् subtrahiren.

ऊबध्य s. ऊवध्य.

ऊभाव m. das zu ऊ Werden TS. Prât.

*ऊम् Interj. रुषोक्तौ, प्रश्ने und स्पर्धायाम्.

ऊम 1) m. guter Freund, Genosse, Mitglied einer Verbindung oder Verbrüderung. — 2) *n. a) Stadt. — b) N. pr. einer Gegend.

*ऊय्, °यते = वा, वयति.

*ऊररी Adv. = उररी.

*ऊरव्य m. ein Vaiçja.

ऊरी Adv. = उरी. Mit कर् einräumen, anerkennen.

ऊरु m. 1) Schenkel, Lende. Am Ende eines adj. Comp. f. ऊरू und ऊरु. — 2) N. pr. a) eines Âṅgirasa. — b) eines Sohnes des Manu Kâkshusha. कुरु v. l.

ऊरुग्रह m. Schenkellähmung Karaka 6,25.

ऊरुग्रहिन् Adj. an Schenkellähmung leidend Karaka 6,25.

ऊरुग्राह m. = ऊरुग्रह.

ऊरुज 1) Adj. aus einer Lende entsprossen. — 2) *m. ein Vaiçja.

ऊरुजन्मन् m. Bein. Aurva's.

ऊरुदघ्न Adj. bis zum Schenkel reichend.

*ऊरुद्वयस Adj. (f. ई) dass. P. 4,1,15, Sch.

*ऊरुपर्वन् m. n. Knie.

ऊरुफलक n. Lendenschild.

ऊरुबलिन् Adj. lendenstark Çat. Br. 13,2,2,8.

*ऊरुभिन्न Adj. (f. ई) am Schenkel durchstochen.

*ऊरुमात्र Adj. (f. ई) bis zum Schenkel reichend P. 4,1,15, Sch.

*ऊररी Adv. = उररी.

ऊरुस्कम्भ m. = °स्तम्भ Karaka 1,19. 20. 6,25.

ऊरुसाद m. Schenkelschwäche, — lähmung Karaka 1,20.

ऊरुस्कम्भ m. Schenkellähmung. °गृहीत Adj. Maitr. S. 1,10,14.

ऊरुस्तम्भ m. (adj. Comp. f. आ) dass.

*ऊरुस्तम्भा f. Musa sapientum Râgan. 11,37 (ऊरु° Hdschr.).

ऊरूपपीडम् Absol. unter Schenkeldruck Daçak. 91,6.

ऊर्ज् f. Nahrung, Stärkung; Kraftfülle, Saft und Kraft.

ऊर्ज 1) Adj. (f. आ) kräftig. — 2) m. a) Kraftfülle, Kraft und Saft. — b) *Leben. — c) ein best. Herbstmonat, October — November. — d) N. pr. verschiedener Männer. Pl. ihr Geschlecht. — 3) f. ऊर्जा a) Kraftfülle, Saft und Kraft. — b) = 2) c) Karaka 8,6. — c) N. pr. einer Tochter Daksha's und Gattin Vasishṭha's. — 4) *n. Wasser.

*ऊर्जन n. Nom. act. von ऊर्जय्.

ऊर्जमेध Adj. (f. आ) von gewaltiger Einsicht MBh. 13,76,10. Vgl. Hemâdri 1,469,18.

ऊर्जय्, ऊर्जयति 1) nähren, kräftigen Karaka 1,26. Partic. ऊर्जयत् nährend, kräftig. Med. sich kräftigen, kraftvoll sein. Partic. ऊर्जयमान = ऊर्जयत्. — 2) *leben. — Partic. ऊर्जित kräftig, mächtig, üppig, gewaltig, bedeutend.

ऊर्जयन्त m. N. pr. 1) eines Lehrers. — 2) eines Gebirges in Guzerat Ind. Antiq. 7,261.

ऊर्जयोनि m. N. pr. eines Sohnes des Viçvâmitra MBh. 13,4,59.

ऊर्जवह und °वाह m. N. pr. eines Fürsten VP.[2] 3,233.

(ऊर्जव्य) ऊर्जविश्र Adj. nahrungsreich, kraftreich.

ऊर्जस् n. Macht, Kraft Sâh. D. 341,12.

ऊर्जसनि Adj. Kraft verleihend ṚV.

ऊर्जस्कर Adj. Kraft bewirkend.

ऊर्जस्तम्भ m. N. pr. eines Ṛshi im 2ten Manvantara.

ऊर्जस्वत् 1) Adj. a) nahrungsreich, saftig, strotzend. — b) mächtig, kräftig, stark. — 2) f. ऊर्जस्वती N. pr. verschiedener Frauen.

ऊर्जस्वल 1) Adj. mächtig, kräftig, stark. — 2) N. pr. eines Ṛshi im 2ten Manvantara.

ऊर्जस्विन् 1) Adj. mächtig, kräftig, stark Bâlar. 285,20. — 2) n. in der Rhet. Schilderung einer Gewaltthat, — Ungebührlichkeit.

ऊर्जाद् (dreisilbig) Adj. saftige Nahrung geniessend ṚV.

ऊर्जानी f. Nahrung, Stärkung als Personification.

ऊर्जावत् Adj. 1) Macht —, Kraft verleihend MBh. 13,26,84. — 2) mächtig, kräftig Pâr. Gṛhj. 1,15,6.

ऊर्जाहुति Adj. (f. ई) saftige —, nährende Opfer-

gaben bringend.

ऊर्जित 1) Adj. s. ऊर्जय्. — 2) m. N. pr. eines Fürsten.

ऊर्जिन् Adj. *fruchtbar.* Pâr. Gṛhj. 1,16,6.

ऊर्ण 1) m. N. pr. eines Jaksha. — 2) ऊर्णा f. *a) Wolle. — b) die Fäden einer Spinne. — c) Haarwirbel zwischen den Augenbrauen* Kâd. 9,20. 81,9. Lalit. 290,3 (उर्णा gedr.). °कोश m. dass. 375,16. — *d)* N. pr. verschiedener Frauen. — 3) n. *Wolle* in einigen Compp.

ऊर्णनाभ m. 1) *Spinne.* — 2) *eine best. Stellung der Hand.* — 3) N. pr. *a)* eines Sohnes des Dhṛtarâshṭra. — *b)* *Pl. eines Volksstammes gaṇa राजन्यादि. — *c)* eines Dânava.

ऊर्णनाभि m., °नाभी f. (Kshurikop. 9) und ऊर्णापट m. *Spinne.*

ऊर्णम्रदस् Adj. *wollenweich.*

ऊर्णवाभि m. *Spinne.*

ऊर्णामय Adj. (f. ई) *wollen.*

ऊर्णायु 1) Adj. *wollig.* — 2) m. *a)* **Widder.* — *b)* **Spinne.* — *c)* **wollene Decke.* — *d)* *= तणभङ्ग. — *e)* N. pr. eines Gandharva. — 3) f. *Schaf* Hemâdri 1,714,21.

ऊर्णावत् 1) Adj. *wollig.* — 2) m. *a) Spinne.* — *b)* *N. pr. eines Mannes. — 3) f. ऊर्णावती *Schaf.*

ऊर्णावल Adj. *wollig.*

ऊर्णासूत्र n. *Wollenfaden.* — °सूत्री Çâṅkh. Gṛhj. 2,1 fehlerhaft für श्रोर्णा°.

ऊर्णास्तुका f. *Büschel von Wolle* TS. Comm. 1,357.

ऊर्णितिक्रम m. N. pr. eines Buddha.

ऊर्णु, ऊर्णोति und ऊर्णाति, ऊर्णुते *umgeben, umhüllen.* Med. *sich einhüllen.* — *Desid. ऊर्णुनूषति, ऊर्णुनविषति und ऊर्णुनुविषति. — *Intens. ऊर्णोनूयते. — Mit अप 1) *aufdecken, enthüllen.* Med. auch *sich enthüllen, — entblössen.* — 2) *öffnen.* — Mit प्रत्यप Med. *sich in Gegenwart Jmds* (Acc.) *enthüllen.* — Mit अभि *bedecken, verhüllen.* Med. auch *sich verhüllen.* — Mit आ *bedecken mit.* — Mit परि Med. *sich einhüllen* Maitr. S. 3,6,6. — Mit प्र *bedecken, verhüllen.* Med. *sich verhüllen.* — *Intens. *vollständig bedecken.* — Mit संप्र *ringsum bedecken.* — Mit वि 1) *aufdecken, enthüllen.* — 2) *öffnen.*

ऊर्णोदर m. N. pr. eines Lehrers.

*ऊर्द् (उर्द्), ऊर्दते (माने, क्रीडायाम्, आस्वादने).

*ऊर्द und *ऊर्दी gaṇa गौरादि. ऊर्दी = विमान Gaṇar. 1,48.

ऊर्दर m. 1) *ein Gefäss zum Messen des Getreides, Scheffel.* — 2) **Held.* — 3) **ein* Rakshas.

*ऊर्दि N. pr. उर्दि richtiger.

ऊर्ध und ऊर्धक fehlerhaft für ऊर्ध्व, ऊर्ध्वक.

ऊर्ध्व 1) Adj. (f. आ) *a) aufwärts gehend, nach oben gerichte., aufrecht, erhoben, oben befindlich.* — *b) aufgerichtet,* so v. a. *in Gang gebracht* RV. 7,2,7. 8,45,12. — 2) ऊर्ध्वम्, ऊर्ध्व° Adv. *a) aufwärts, nach oben, oben, oberhalb* (mit Abl.). Mit गम् s. v. a. *sterben.* अश्रूणि संहर so v. a. *die Thränen unterdrücken* 298,27. — *b) in der Folge, weiterhin, hinter, über — hinaus, von — an, nach* (mit Abl.). अत ऊर्ध्वम् *von da an, von nun an, hierauf.* इत ऊर्ध्वम् *von nun an* (in einem Buche) 221,7. 226,25. देहात् so v. a. *nach dem Tode.* — *c) nach dem Tode, — von* (Gen). — *d) ansteigend, crescendo* Çat. Br. 12,2,3,8. — *e) laut.* — 3) n. *Höhe, ein oberhalb gelegener Theil;* mit Abl.

ऊर्ध्वक 1) Adj. *erhoben.* Arm Saṃnj. Up. 3. — 2) m. (adj. Comp. f. आ) *eine Art Trommel* Naish. 7,66.

*ऊर्ध्वकच m. *der niedersteigende Knoten.*

ऊर्ध्वकण्ठ 1) m. Pl. N. pr. eines Volkes. — 2) *f. आ *eine Asparagus-Species* Râǵan. 4,123.

*ऊर्ध्वकण्ठक 1) m. *Alhagi maurorum* Dhanv. 1,5. — 2) f. °कण्ठिका = ऊर्ध्वकण्ठ 2) Nigh. Pr.

ऊर्ध्वकपाल Adj. (f. आ) *oben in eine Schale auslaufend* Maitr. S. 1,8,3. Kâtj. Çr. 4,14,1.

1. ऊर्ध्वकर m. *eine obere Hand* (unter vieren) Hemâdri 1,237,7. 738,15. 740,4.

2. ऊर्ध्वकर Adj. *mit erhobenen Händen* und zugleich *aufwärts strahlend* 314,3.

ऊर्ध्वकर्ण 1) Adj. *die Ohren spitzend* Çâk. 8. — 2) N. pr. einer Oertlichkeit.

1. ऊर्ध्वकर्मन् n. *eine Bewegung nach oben.*

2. *ऊर्ध्वकर्मन् m. Bein. Vishṇu's.

ऊर्ध्वकाय m. (adj. Comp. f. आ) *Oberkörper* Naish. 7,66.

ऊर्ध्वकृत Adj. *emporgerichtet* Kathâs. 18,148.

ऊर्ध्वकृशन 1) Adj. *oben perlend.* — 2) m. angeblich N. pr. eines Ṛshi.

ऊर्ध्वकेतु m. N. pr. eines Mannes.

ऊर्ध्वकेश 1) Adj. *dessen Haare emporstehen.* — 2) m. N. pr. eines Mannes. — 3) f. ई N. pr. einer Göttin.

ऊर्ध्वक्रिया f. = 1. ऊर्ध्वकर्मन्.

ऊर्ध्वग 1) Adj. *a) nach oben gehend, aufwärts dringend.* — *b) oben, — in der Höhe befindlich.* — 2) m. N. pr. eines Sohnes des Kṛshṇa.

1. ऊर्ध्वगति f. 1) *springende Bewegung.* — 2) *Gang, —, Drang nach oben.*

2. ऊर्ध्वगति 1) Adj. *a) in die Höhe stehend* MBh. 1,146,78. — *b) in den Himmel gelangend oder gelangt* R. 1,2,40. Ind. St. 14,384. — *b) nach oben strebend.* — 2) *m. *Feuer* Gal.

ऊर्ध्वगमन n. 1) *das Aufgehen* (von Gestirnen). — 2) *Hebung.* — 3) *das Aufsteigen zum Himmel* Naish. 8,15. — 4) *das Aufsteigen zu einer höheren Stellung.*

ऊर्ध्वगमनवत् Adj. *sich nach oben bewegend* 264,28.

ऊर्ध्वगात्मन् Adj. *dessen Natur nach oben strebt* (Çiva) MBh. 13,17,136.

ऊर्ध्वगामिन् Adj. *nach oben gehend, aufwärts dringend.*

ऊर्ध्वगुद m. *eine best. Krankheit des Mundes* Çârṅg. Saṃh. 1,7,80.

ऊर्ध्वग्रावन् 1) Adj. *der den* Soma-*Stein erhoben hat.* — 2) m. N. pr. eines Ṛshi.

ऊर्ध्वचित् Adj. *aufschichtend.*

ऊर्ध्वज Adj. *der obere.*

ऊर्ध्वजत्रु n. *was oberhalb des Schlüsselbeines liegt.*

ऊर्ध्वजानु und *°क Adj. *die Kniee in die Höhe richtend.*

ऊर्ध्वज्ञु Adj. und °ता f. Nom. abstr. fehlerhaft für °ज्ञु und °ज्ञुता.

*ऊर्ध्वज्ञ und ऊर्ध्वज्ञु Adj. = ऊर्ध्वजानु Maitr. S. 1,10,9. Ait. Âr. 468,1 v. u. Nom. abstr. °ता Âçv. Çr. 2,16,14 nebst Comm. °ज्ञु und ज्ञुता gedr.

ऊर्ध्वजानु Adv. *oberhalb des Knies.*

ऊर्ध्वतरण n. *das Austreten* (von Flüssen).

ऊर्ध्वतस् Adv. *aufwärts, nach oben* Hemâdri 1,250,12. 14. 544,22.

ऊर्ध्वताल m. *ein best. Tact.*

ऊर्ध्वतिलकिन् Adj. *mit einem senkrecht stehenden Sectenzeichen auf der Stirn versehen.*

ऊर्ध्वथा Adv. *aufwärts, aufgerichtet.*

ऊर्ध्वदंष्ट्रकेश Adj. *mit aufwärts gerichteten Spitzzähnen und Haaren* (Çiva) MBh. 12,284,85.

*ऊर्ध्वदृश् f. *Zenith.*

ऊर्ध्वदृश् und °दृष्टि 1) Adj. *nach oben sehend.* — 2) *m. °दृश् *Krebs* Râǵan. 19,76.

*ऊर्ध्वदेव m. Bein. Vishṇu's.

ऊर्ध्वदेह n. *Todtenceremonie.*

ऊर्ध्वद्वार n. *das nach oben* (*zum Himmel*) *führende Thor* Amṛt. Up. in Ind. St. 9,33.

ऊर्ध्वनभस् Adj. *über den Wolken befindlich.*

*ऊर्ध्वनयन m. *das fabelhafte Thier* Çarabha Gal.

ऊर्ध्वनाभन् m. N. pr. eines Ṛshi.

ऊर्ध्वनाल Adj. *mit dem Stiele nach oben* Jogat. Up. 9.

*ऊर्ध्वंदम Adj. *emporgerichtet.*

ऊर्ध्वपथ m. *der Luftraum.*

ऊर्ध्वपवित्र Adj. *oben rein* Taitt. Âr. 7,10 (Taitt. Up. 1,10).

ऊर्ध्वपाठ m. *das im Folgenden Gesagte* Comm. zu Ait. Âr. 13,10.

ऊर्ध्वपातन n. *Sublimation von Quecksilber* Bh.-

vapr. 2,99. °यन्त्र n. *ein dazu dienender Apparat.*

ऊर्ध्वपात्र n. 1) *ein hohes Gefäss* Jâǵñ. 1,182. — 2) *Oberschale, Deckel* Hemâdri 1,228,3. 7. 19.

1. ऊर्ध्वपाद् m. *Fussspitze* Hemâdri 1,697,18. 19.

2. ऊर्ध्वपाद् 1) Adj. *die Füsse in die Höhe haltend.* — 2) *m. *das fabelhafte Thier* Çarabha.

ऊर्ध्वपुण्ड्र und °क m. *eine mit Sandel u. s. w. senkrecht gezogene Linie auf der Stirn eines Brahmanen.* °माहात्म्य n. Titel eines Werkes.

*ऊर्ध्वपूरम् Absol. *bis oben voll.*

ऊर्ध्वपृश्नि Adj. *nach oben zu gesprenkelt* Maitr. S. 3,13,5.

ऊर्ध्वप्रमाण n. *Höhenmaass, Höhe* Çulbas. 2,13.

ऊर्ध्वबर्हिस् Adj. *über der Streu befindlich.*

ऊर्ध्वबाहु 1) Adj. *mit erhobenen Armen.* — 2) N. pr. a) Pl. einer Çiva'itischen Secte. — b) verschiedener Rshi.

ऊर्ध्वबिन्दु Adj. *oberhalb mit dem Minuszeichen versehen* Bîǵag. 1.

ऊर्ध्वबुध्न Adj. *dessen Boden oben ist.*

ऊर्ध्वबृहती f. *ein best. Metrum.*

ऊर्ध्वभक्तिक Adj. *nach oben wirkend, Erbrechen bewirkend* Karaka 6,20.

ऊर्ध्वभरस् Adj. *nach oben tragend, hebend* Tândja-Br. 1,1,6.

1. ऊर्ध्वभाग m. 1) *Obertheil.* — 2) *ein höher als* (Abl.) *gelegener Theil* Hemâdri 1,230,8. — 3) *ein hinter Etwas* (Abl.) *gelegener Theil.*

2. ऊर्ध्वभाग und °भागिक Adj. = ऊर्ध्वभक्तिक Karaka 6,23. 7,1. 8,11.

ऊर्ध्वभाज् 1) Adj. a) *nach oben strebend* Maitrjup. 4,3. MBh. 3,219,20. — b) = ऊर्ध्वभक्तिक Karaka 1,26. — 2) m. *eine Form* Agni's MBh. 3,219,20.

ऊर्ध्वभास् in अनूर्ध्वभास्.

ऊर्ध्वभूमि f. *das oberste Stockwerk* Pańkad.

ऊर्ध्वमण्डलिन् m. *eine best. Stellung der Hände beim Tanz.*

ऊर्ध्वमन्थिन् Adj. = ऊर्ध्वरेतस्.

ऊर्ध्वमान n. *Höhenmaass, Höhe.*

ऊर्ध्वमायु Adj. *Gebrüll erhebend.*

ऊर्ध्वमारुत n. *Andrang des Windes* (in med. Sinn) *nach oben* (was Auswurf veranlasst).

ऊर्ध्वमुख Adj. 1) *mit nach oben gerichtetem Gesicht.* — 2) *mit der Oeffnung nach oben gekehrt.* — 3) *nach oben gerichtet.* तेजस् so v. a. *Feuer, der Gott des Feuers* Naish. 9,23.

ऊर्ध्वमुण्ड Adj. *auf dem Scheitel rasirt* 106,10.

ऊर्ध्वमौहूर्तिक Adj. *was nach einer kurzen Weile geschieht.*

ऊर्ध्वरक्तिन् Adj. *dessen Blut nach oben steigt* Bhâvapr. 2,114.

ऊर्ध्वराजि f. *ein von unten nach oben laufender Strich* 217,7.

ऊर्ध्वरेखा f. *eine von unten nach oben laufende Linie* Ragh. 5,44. 7,55. Naish. 1,18. Pańkad.

ऊर्ध्वरेत Adj. = °रेतस् 1) Taitt. Âr. 10,12. Nrs. Up. in Ind. St. 9,84.

ऊर्ध्वरेतस् 1) Adj. *dessen Same oben bleibt, des Beischlafs sich enthaltend* Gaut. Nom. abstr. °त्व Çaṁk. zu Bâdar. 3,4,17. — 2) m. Bein. a) Çiva's. — b) *Bhishma's.

ऊर्ध्वरेतस्तीर्थ n. pr. eines Tîrtha.

ऊर्ध्वरोमन् Adj. 1) *dessen Haare auf dem Körper in die Höhe stehen.* — 2) m. N. pr. eines Berges.

ऊर्ध्वलिङ्ग Adj. *dessen penis sich oben befindet* (Çiva). Statt dessen °लिङ्गिन् Hemâdri 1,203,20.

ऊर्ध्वलोक m. *Oberwelt, der Himmel.*

ऊर्ध्ववक्त्र m. Pl. *eine best. Götterordnung* VP.[2] 3,149.

ऊर्ध्ववयस् Adj. *hochkräftig* Maitr. S. 3,12,14.

*ऊर्ध्ववर्त्मन् n. = ऊर्ध्वपथ.

ऊर्ध्ववाच् Adj. *eine laute Stimme habend* Ind. St. 10,147.

ऊर्ध्ववात m. = ऊर्ध्वमारुत.

ऊर्ध्ववाल Adj. (f. आ) *mit dem Schwanz nach oben* Gaut. Pâr. Grhj. 3,12,7.

ऊर्ध्ववृत Adj. *oben —, über die Schulter getragen.*

ऊर्ध्ववेणीधर 1) Adj. (f. आ) *oben aufgebundene Flechten tragend* MBh. 9,46,34. — 2) f. आ N. pr. einer der Mütter im Gefolge Skanda's.

ऊर्ध्वशायिन् Adj. *auf dem Rücken liegend* (Çiva).

ऊर्ध्वशोचिस् Adj. *nach oben flammend* RV. 6,15,2.

*ऊर्ध्वशोधन n. *das Vomiren.*

*ऊर्ध्वशोषम् Absol. *so dass Etwas oben trocken wird.*

ऊर्ध्वश्वास m. 1) *tiefes Aufathmen* Hâsj. 1. — 2) *eine Form von Asthma* Suçr. 2.498,3. Bhâvapr. 4,84.

ऊर्ध्वश्वित् Adj. *nach oben leuchtend* AV. Paipp. 12,6,1.

ऊर्ध्वसंहनन Adj. *von hohem und kräftigem Körperbau* (Çiva) MBh. 13,17,130.

ऊर्ध्वसद्मन् m. N. pr. eines Âṅgirasa.

ऊर्ध्वसद्मन n. Tândja-Br. 9,2,10. 11 fehlerhaft für और्ध्व°.

ऊर्ध्वसस्य Adj. (f. आ) *mit hochstehendem Getraide* MBh. 1,109,2.

ऊर्ध्वसान Adj. *sich erhebend, — aufrichtend.*

ऊर्ध्वसानु Adj. *den Nacken hoch tragend.*

ऊर्ध्वस्तनी Adj. f. *deren Brüste in die Höhe stehen.*

ऊर्ध्वस्तोम Adj. *mit ansteigenden* Stoma. Daçarâtra Çat. Br. 12,2,3,8. 9. Vaitân. 31,14.

ऊर्ध्वस्थिति f. *aufrechte Stellung, das Bäumen.*

1. ऊर्ध्वस्रोतस् n. *die Laufbahn nach oben,* Bez. *eines best. Schöpfungsactes.*

2. ऊर्ध्वस्रोतस् m. Bez. *der aufwärts* (zum Himmel) *gezogenen Geschöpfe* VP. 1,5,21.

ऊर्ध्वस्वप्न Adj. *stehend schlafend.*

ऊर्ध्वाङ्ग n. = ऊर्ध्वजत्रु.

ऊर्ध्वाङ्गुलि Adj. *mit nach oben gerichteten Fingern* 37,30. MBh. 1,132,6.

ऊर्ध्वाम्नाय m. Titel einer heiligen Schrift der Çâkta und einer Vishṇu'itischen Secte.

ऊर्ध्वाय, °यते *in die Höhe steigen* Bhâvapr. 4,83.

1. ऊर्ध्वायन n. *das Auffliegen* Naish. 2,68.

2. ऊर्ध्वायन m. Pl. Bez. der Vaiçja in Plakshadvîpa.

ऊर्ध्वारोह m. *das Emporsteigen* Spr. 1326.

ऊर्ध्वाशिन् Adj. *in aufrechter Stellung essend.*

*ऊर्ध्वासित m. *Momordica Charantia L.*

ऊर्ध्वी Adv. mit कृ *in die Höhe heben.*

ऊर्ध्वेड n. Name eines Sâman Tândja-Br. 10,12,4. 11,9,7. Adj. mit त्वाष्ट्रीसामन् desgl.

ऊर्ध्वेह m. *das Bestreben sich aufzurichten.*

ऊर्ध्वोच्छ्वासिन् Adj. *den letzten Athemzug thuend* Çat. Br. 14,7,1,44.

ऊर्मि m. f. 1) *Welle, Woge.* — 2) Pl. *andringende —, überfluthende Menge* (von Pfeilen, Kummer u. s. w.). — 3) *das Wogen, Wallen* (der Sturmwinde) TBr. 2,5,7,1. — 4) *schnelle Bewegung* Çiç. 5,4. — 5) *sechs Wogen,* d. i. *Leiden,* bedrängen das Leben: *Hunger und Durst, Kälte und Hitze, Gier und Irrthum* Spr. 6470. Oder: *Hunger und Durst, Alter und Tod, Kummer und Irrthum* Comm. zu VP. 1,15,37. Wer diese überwunden hat, heisst ऊर्मिषट्कातिग. — 6) Bez. *der Zahl sechs.* — 7) **Falte im Kleide.* — 8) **Reihe, Linie.* — 9) **Sehnsucht.* — 10) **das Sichtbarwerden.*

ऊर्मिका f. 1) **Woge.* — 2) *Fingerring* Râǵat. 7,785. 802. — 3) **Falte im Kleide.* — 4) **Bienengesumme.* — 5) **Sehnsucht.*

ऊर्मिन् Adj. *wogend.*

ऊर्मिमन्त् Adj. 1) *wogend* (auch vom Haupthaar). — 2) am Ende eines Comp. *strotzend von* MBh. 1,23,19. Nach Nîlak. m. *Meer.* — 3) **krumm.*

ऊर्मिमाला f. 1) *Wogenreihe.* — 2) *ein best. Metrum.*

ऊर्मिला f. N. pr. 1) einer Tochter Ǵanaka's und Gattin Lakshmaṇa's. — 2) der Gattin Jama's. — 3) der Mutter der Gandharvî Somadâ.

ऊर्म्य 1) Adj. *wogend, wallend.* — 2) f. ऊर्म्या *Nacht.*

*ऊर्व् (*उर्व्), ऊर्वति (हिंसार्थ).

ऊर्व, ऊरुग्र m. 1) *Behälter,* insbes. *ein Ort wo*

sich Wasser sammelt, Becken; daher auch so v. a. *Wolke.* — 2) *Verschluss, Stall für's Vieh; Gehege.* — 3) *Gefängniss, Gefangenschaft.* — 4) Pl. Bez. *der Manen bei der Mittagsspende.* — 5) Bez. Agni's. — 6) N. pr. eines Heiligen, dessen Name auf ऊरु zurückgeführt wird, weil Aurva, *das unterseeische Feuer*, aus seinem *Schenkel* entsprungen sein soll. Du. Tâṇḍja-Br. 21,10,6. = उर्वपुत्रौ, जामदग्न्यौ Comm. — 7) **das unterseeische Feuer.*

*ऊर्वरा f. = उर्वरा 1).

ऊर्वशी f. fehlerhaft für उर्वशी.

ऊर्वष्ठीवं n. *Kniescheibe.*

ऊर्वस्थं n. *Schenkelknochen* Çat. Br. 8,7,2,17.

ऊर्वस्थमात्र Adj. (f. ई) ebend.

ऊर्वी f. *Mitte des Schenkels* oder *eine dort befindliche Hauptader.*

ऊर्व्य Adj. *in Wasserbehältern* (*Seen* u. s. w.) *befindlich.* Nach Andern *auf der Erde* (उर्वी) oder *im unterseeischen Wasser befindlich.*

*ऊर्व्यङ्ग n. *Pilz.*

*ऊर्षा f. *eine best. Pflanze.*

*ऊलुपिन्, *ऊलूक und ऊवट m. = उ°.

ऊवध्य n. *der Inhalt des Magens und der Gedärme.* ऊवध्यगोह m. *der Ort, wo diese versteckt werden,* Vaitân. ऊबध्य AV.

*ऊष्, ऊषति (रुजायाम्).

1. ऊष 1) m. a) *salzige Erde, Steppensalz.* — b) *Vieh* (nach den Brâhmaṇa). — 2) f. ऊषा = 1) a) Kâtj. Çr. 4,8,16. — 3) ऊषी *mit Salz geschwängerter, unfruchtbarer Boden.*

2. ऊष 1) *m. a) *Morgendämmerung.* — b) *Spalte, Höhle.* — c) *Ohrhöhle.* — d) *das Gebirge* Malaja. — Vgl. उषस्. — 2) f. आ N. pr. v. l. für 3. उष 2) c).

1. ऊषक n. *Salz* oder *Pfeffer.*

2. *ऊषक n. *Tagesanbruch.*

ऊषण 1) n. *Pfeffer verschiedener Arten* (vgl. त्र्यूषण) Bhâvapr. 1,162. — 2) *f. आ = उषणा.

ऊषपुटं m. *Salzdüte,* d. i. *Salzstücke in ein Blatt gewickelt* Maitr. S. 1,11,8.

ऊषरं Adj. (f. आ) *salzhaltig;* Subst. *salziger Boden.*

*ऊषरज n. 1) *Steppensalz.* — 2) *eine Art Magnet*(?).

ऊषराय्, °यते *einen salzhaltigen, unfruchtbaren Boden darstellen.* °यितम् n. impers.

*ऊषवत् Adj. = ऊषर.

ऊषसिकतं wohl n. *Salz in Körnern* Çat. Br. 6,1,2,13. f. °आ Mân. Gṛhj. 1,23.

ऊषाय् (wohl ऊष्माय्), °यते *dampfen* Karaka 1,18. 6,18.

*ऊष्ण fehlerhaft für उष्ण.

ऊष्म Ârsh. Br. 583 fehlerhaft für उष्ण.

*ऊष्मक m. *die heisse Jahreszeit.*

ऊष्मज Adj. *aus heissen Dünsten entstanden* (niedere Thiere) Kap. 5,111.

*ऊष्मण und (ऊष्मण्यं) ऊष्मायणि Adj. *dampfend.*

ऊष्मत्व n. Nom. abstr. von ऊष्मन् 3) Comm. zu TS. Prât..

ऊष्मन् m. 1) *Hitze, Gluth, Dampf.* Häufig wird dem Gelde eine *Hitze* zugeschrieben, die den Menschen versengt. — 2) **die heisse Jahreszeit.* — 3) Bez. *der drei Sibilanten, des* ह, *des* Visarganîja, Gihvâmûlîja, Upadhmânîja *und des* Anusvâra. ऊष्मप्रकृति Adj. RV. Prât. 6,9.

ऊष्मप 1) Adj. *den blossen Dampf der Speisen schlürfend* Kâd. 52,22. — 2) m. a) Pl. *eine best. Klasse von Manen.* — b) *Feuer.*

ऊष्मपुर n. Name eines buddh. Tempels Târan.

ऊष्मभाग Adj. *dessen Antheil der Dampf ist* TBr. 1,3,10,6.

ऊष्मवत् Adj. *glühend heiss* Suçr. 1,289,18.

ऊष्मस्वेद m. *Dampfbad* Suçr. 2,181,12 (उ° gedr.).

ऊष्मा f. *Dampf* MBh. 13,85,46.

*ऊष्मापह m. *Winter* Râgan. 21,67.

*ऊष्माय्, °यते *dampfen.* Vgl. ऊषाय्.

*ऊष्मायण m. *die heisse Jahreszeit* H. ç. 24.

*ऊष्मोपगम m. *Beginn der heissen Jahreszeit.*

1. ऊह्, ऊहति, ऊहते (der Wurzelvocal häufig gekürzt) 1) **schieben, rücken, streifen.* — 2) *verändern, modificiren* Comm. zu Njâjam. 9,1,18. बहुवद्रूह्य *in den Plural umsetzend* Gobh. 2,3,4. — Mit अति *hinüberschaffen.* — Mit व्यति *umstellen, je den Platz wechseln lassen.* — Mit अधि 1) *überziehen, überstreifen, überlegen.* Med. *sich mit Etwas* (Acc.) *überziehen.* — 2) *draufsetzen, erheben über* (Loc.). — Mit अप 1) *abstreifen, zurückschieben, fortstossen, verscheuchen, entfernen, fernhalten, heilen* (eine Krankheit). — 2) *jagen,* so v. a. *rasch folgen auf* (Acc.). — 3) *von sich fern halten, fahren lassen, aufgeben.* — 4) *absprechen, negiren.* — Mit अवाप Suçr. 1,344,11 fehlerhaft. संदेहमपोह्यारभते क्रियाम् v. l. — Mit व्यप 1) *auseinanderschieben, —treiben, entfernen, wegschaffen, vertreiben, verscheuchen, zu Nichte machen, heilen* (eine Krankheit). — Mit समप *vollständig vertreiben.* — Mit अभि *überziehen —, zudecken mit.* — Mit अव *hinabschieben.* — Mit उद् 1) *hinauf —* oder *hinausschieben, —rücken, —schaffen, herausholen* Vaitân. — 2) *erhöhen* (einen Ton) Saṁhitopan. 27,4. — Mit अपोद् *wegstreifen.* — Mit अभ्युद् *hinausschieben, —rücken.* — Mit प्रत्युद् *anhäufen.* — Mit व्युद् 1) *auseinanderschieben, hinausrücken.* — 2) *ausfegen, auskehren.* — Mit उप 1) *heranschieben, heranrücken.* — 2) *zulegen, anhäufen.* — 3) *unterschieben, einschieben.* — 4) *herbeitreiben.* — 5) Pass. *heranrücken, sich nähern* (von einem Zeitpuncte). — उपोढ 1) *nahe gerückt, nahe.* — 2) *begonnen.* — 3) *zum Vorschein gekommen, den Sinnen sich darbietend* 169,3. Vikr. 26. Çâk. 169. — Mit समुप, समुपोढ 1) *begonnen* (ein Kampf). — 2) *sich darbietend.* — Mit नि Med. *für sich hineinschieben. in seinen Stall hineintreiben* Tâṇḍja-Br. 13,6,13. — Mit निस् 1) *herausschieben, —ziehen, wegziehen, bei Seite bringen.* निरूढ *abgesondert, für sich stehend* Gaut. — 2) निरूढ *der nach einem Klystier purgirt hat* Karaka 6,18. — Caus. निरूहयति *Jmd mittels Anwendung eines Klystiers purgiren lassen* Karaka 6,18. — Mit परि *rings anlegen, umhäufen, mit angelegter Erde* u. s. w. *umfangen, befestigen.* — Mit विपरि *einzeln befestigen.* — Mit प्र 1) *fortschieben.* — 2) *hinwerfen.* — 3) *durch* 1. ऊह् 2) *zu Stande bringen* Tâṇḍja-Br. 9,2,10. 5,9. — Mit प्रति 1) *zurückschieben, —streifen, abstreifen.* — 2) *zurückbringen.* — 3) *zurückdrängen, abhalten, verdrängen* Bhâg. P. 4,22,38. — 4) *zurückweisen, verschmähen.* — 5) *unterbrechen.* — 6) *zuweisen, übergeben.* — Mit वि 1) *auseinanderschieben, —rücken, —breiten, zertheilen.* — 2) *in Schlachtordnung stellen.* — 3) *auf eine andere Stelle versetzen.* — 4) *vertheilen, durch Auseinanderschieben ausgleichen.* — 5) *auflösen* (Vocalverschlingungen). — 6) *anlegen, umlegen* (Rüstung, Schwert) LA. 90,8. — 7) व्यूढ a) *breit, ausgedehnt* 321,7. — b) **zusammengetrieben, fest.* — Mit अनुवि *verschieben nach* Tâṇḍja-Br. 6,1,11. — Mit निर्वि 1) *hinausdrängen, — jagen.* — 2) *in Schlachtordnung stellen.* — 3) *vollbringen.* — 4) निर्व्यूढ a) *der Erfolg gehabt —, seine Sache gut gemacht hat* Bâlar. 4,16. — b) **verlassen, aufgegeben.* — Mit प्रतिवि 1) *in Gegenschlachtordnung stellen.* प्रत्यव्यूहत st. प्रतिव्यौहत. — 2) *wieder in Ordnung bringen.* — 3) *abhalten, zurückhalten.* — 4) प्रतिव्यूढ *breit.* — Mit सम् 1) *zusammenstreifen, —rücken, —kehren.* — 2) *zusammenbringen, vereinigen.* — 3) *an der gewohnten Stelle zusammenbringen.* — Caus. *zusammenkehren, —fegen.* — Mit अभिसम् 1) *zusammenkehrend bedecken.* — 2) *zusammenhäufen* Tâṇḍja-Br. 8,5,2. — Mit उपसम् 1) *zusammenziehen, einziehen, zusammenraffen.* — 2) *herbeischaffen.* — Mit परिसम् *zusammenkehren* Vaitân.

2. ऊह्, ओहते, ऊहति, °ते 1) *beachten, merken auf* (Acc.). — 2) *rechnen auf* (Loc.) RV. 8,7,31.

— 3) *warten auf* (Acc.), *lauern auf* (Loc.). — 4) *ahnen, vermuthen, voraussetzen.* — 5) *begreifen, verstehen* Spr. 1236. — 6) *bei sich selbst in Gedanken weiter ausführen, bedenken, erschliessen.* — 7) *bemerkt werden.* — 8) *für Etwas geachtet werden, gelten für* (Nom.). — Caus. 1) *bedenken.* — 2) **Jmd* (Acc.) *zu denken —, zu vermuthen geben.* — Mit अति *verachten.* — Mit अनु *erwarten.* — Mit अपि *auffassen, verstehen, erschliessen.* — Mit अभि 1) *auflauern, nachstellen.* — 2) *überlegen* DAÇAK. 89,1. — 3) *erschliessen, errathen* GAUT. — Mit व्या *empfinden.* — Mit नि *bemerkt werden.* — Mit निस् in 2. निरूह्. — Mit वि *ahnen, empfinden* RV. 2,23,16. — Mit *सम् *bedenken.*

1. ऊह m. 1) *Hinzufügung* KÂRAKA 6,27. — 2) *Veränderung, Modification, Verschiebung* (von Wörtern in einem Mantra) LÂṬJ. 1,8,2. 2,7,19. MAHÂBH. (K.) 1,14. 16.

2. ऊह m. und *ऊहा f. *Ueberlegung, Prüfung, das Bedenken, weiteres Verfolgen einer Sache in Gedanken, Erschliessung* GAIM. 1,2,52. KAP. 3,44.

ऊहगान n. und °गीति f. Titel des 3ten *Gesangbuches* im SV.

ऊहच्छला f. Titel eines Kapitels in der Sâmavedakkhalâ.

1. ऊहन 1) n. = 1. ऊह 2) NJÂJAM. 9,1,19. 3,10. — 2) *f. °नी *Besen.*

2. ऊहन n. = 2. ऊह AMRTAN. UP. 16.

1. ऊहनीय Adj. *zu verändern, — modificiren* NJÂJAM. 9,1,16.

2. ऊहनीय Adj. *bei sich selbst in Gedanken weiter auszuführen, zu finden, — erschliessen.*

ऊहवत् Adj. *gut begreifend, scharfsinnig* GAUT, 28,48. Spr. 4275.

ऊहितव्य Adj. *zu verändern, — modificiren* NJÂJAM. 9,1,20. n. impers. Comm. zu LÂṬJ. 2,7,19.

*ऊहिनी f. 1) *Besen* GAL. — 2) angeblich in अतौहिणी MAHÂBH. 6,42,*a*.

ऊहिवंस् (schwach ऊहुस्) Partic. von वह्.

1. ऊह्य 1) Adj. = 1. ऊहनीय NJÂJAM. 9,1,17. fgg. — 2) n. wohl = ऊह्यगान.

2. ऊह्य Adj. = 2. ऊहनीय.

ऊह्यगान n. Titel des 4ten *Gesangbuches* im SV.

ऊह्यच्छला f. Titel eines Kapitels in der Sâmavedakkhalâ.

1.*ऋ Interj. *des Tadels* und *des Lachens,* वाक्ये und वाक्यविकारे.

2.*ऋ f. Bein der Aditi.

ऋकार m. *der Laut* ऋ TS. PRÂT.

ऋक्कश्स् Adv. *je nach einzelnen* Ṛk.

*ऋक्णा n. = ऋक्थ, रिक्थ.

ऋक्णावह् Adj. (f. ई) *kahle Schultern habend, vom Ziehen kahl gerieben, geschunden.*

ऋक्तस् Adv. *von Seiten — in Betreff der* Ṛk.

ऋक्तन्त्र n. Titel eines Werkes. °व्याकरण n. Titel eines Pariçishṭa des SV.

ऋक्ति in सुवृक्ति.

ऋक्थ s. रिक्थ.

ऋक्कं, ऋँक्वन् und ऋँक्वस् Adj. *lobpreisend, jubelnd, Sänger.*

ऋक्षस् Adv. = ऋक्कश्स्.

1. ऋत्तँ Adj. (f. आ) 1) *kahl* MAITR. S. 1,6,9. ऋत्ततँस्. — 2) **durchbohrt.*

2. ऋँक्ष 1) Adj. *arg, schlimm.* — 2) m. *a) Bär.* — *b) eine Affenart.* Vielleicht in dieser Bed. R. 1,16, 19. 31 (vgl. 21). 2,54,28. RAGH. 13,72. — *c)* Pl. *das Siebengestirn.* — *d) *am Ende eines Comp. so v. a. der beste unter.* — *e) *Bignonia indica* oder *eine verwandte Species.* — *f)* N. pr. α) verschiedener Männer. Pl. *ihr Geschlecht.* — β) eines Gebirges. — 3) m. n. *Stern, Sternbild, Mondhaus.* — 4) f. आ N. pr. *a)* einer Gattin Agâmidha's. — *b)* einer der Mütter im Gefolge Skanda's. — 5) f. ऋक्षी *Bärin.* — 6) n. *ein Zwölftel der Ekliptik, astrologisches Haus.*

ऋक्षक m. = 2. ऋक्ष 2) *f)* β) VP.[2] 2,113.

*ऋक्षगन्धा f. 1) *Argyreia argentea Sweet.* — 2) = ऋक्षगन्धिका.

*ऋक्षगन्धिका f. *Batatas paniculata Chois.*

ऋँक्षग्रीव m. *ein best. gespenstisches Wesen.*

ऋक्षजिह्व n. *eine Form des Aussatzes.*

ऋक्षनाथ m. *der Mond.*

*ऋक्षनेमि m. Bein. Vishṇu's.

ऋक्षपति m. 1) *Herr der Bären* oder *Affen* R. 5, 63,5. — 2) *der Regent* (*Planet*) *eines astrologischen Hauses.*

ऋँक्षम n. Name eines Sâman.

ऋक्षमल्ल m. *ein Spruch auf die Mondhäuser* Verz. d. B. H. No. 1252.

ऋक्षर 1) m. *a) Spitze, Dorn,* in अनृक्षर. — *b) *=ऋत्विज्.* — 2) **n. Regenguss.*

ऋक्षरजस्, °रजस und °राज् f. N. pr. des Vaters der Affen Vâlin und Sugrîva.

ऋक्षराज m. 1) *König der Bären* oder *Affen.* — 2. *der Mond.*

ऋक्षराजन् m. = ऋक्षरजस्.

ऋक्षँला f. *Fessel* (bei Hufthieren).

ऋक्षवत् m N. pr. eines Gebirges.

ऋक्षवत्त n. N. pr. einer Stadt.

ऋक्षविडम्बिन् m. *ein Charlatan von Astrolog.*

ऋक्षीँका f. Bez. *böser, gespenstischer Wesen.*

*ऋक्षेश m. *der Mond.*

ऋक्षेष्टि f. *ein Opfer an die Mondhäuser* M. 6,10.

*ऋक्षोद m. N. pr. eines Gebirges.

ऋँक्संशित Adj. *von* Ṛk *getrieben.*

ऋक्संहिता f. *die geordnete Sammlung der* Ṛk.

ऋँक्सम n. = ऋँक्षम

ऋक्सामँ n. Du. *die* Ṛk *und die* Sâman ÇAṄKH. zu BÂDAR. 4,1,6.

ऋक्स्था (so zu lesen) Adj. *in* Ṛk *bestehend* TÂṆḌJA-BR. 16,8,4.

*ऋगयन n. = ऋचामयनम्.

ऋगर्थसार m. Titel eines Werkes.

ऋगशीतिँ f. Pl. *achtzig* Ṛk ÇAT. BR. 9,5,1,63.

ऋगात्मक Adj. Ṛk-*artig* P. 7,4,38, Sch.

ऋगावानम् Absol. *so dass man die* Ṛk *anheftet, zwischen denselben nicht absetzt.*

ऋग्गण m. Pl. *die Gesammtheit der* Ṛk.

ऋग्गाथा f. *der* Ṛk-*Gesang.*

ऋग्ब्राह्मण n. *das zum* Ṛgveda *gehörige* Brâhmaṇa.

ऋग्भाज् Adj. *an einer* Ṛk *Theil habend* (eine Gottheit).

ऋग्भाष्य n. Titel eines *Commentars zum* Ṛgveda.

ऋग्म Adj. *den Charakter der* Ṛk *habend.*

*ऋग्मत् Adj. zur Erklärung von ऋग्मिय.

ऋग्मिन् Adj. *preisend, jubelnd.*

ऋग्मिँय und ऋँग्मिय Adj. 1) *preiswürdig, löblich.* — 2) *aus* Ṛk *bestehend*

ऋग्म्य Adj. = ऋग्मिय 2).

ऋग्यजुष n. *die* Ṛk *und die* Jagus GAUT.

ऋग्यजुःसामवेदिन् Adj. *mit dem* Ṛg-, Jagur- *und* Sâmaveda *vertraut.*

ऋग्विद् Adj. *den* Ṛgveda *kennend* VAITÂN.

ऋग्विधान n. 1) *die Verwendung der* Ṛk AGNI-P. 258. — 2) Titel eines (von RUDOLF MEYER herausgegebenen) Werkes.

ऋग्विराम m. *Verspause* TS. PRÂT. 22,13.

ऋग्वेदँ m. *die Gesammtheit derjenigen heiligen Poesien, welche nach ihrer Anwendung im Cultus* ऋचः *heissen im Unterschied von den* यजूंषि *und* सामानि. In weiterem Sinne auch *die dazu gehörigen liturgischen und speculativen Werke.* °भाष्य n. Titel verschiedener *Commentare.*

ऋग्वेदिन् Adj. *mit dem* Ṛgveda *vertraut.*

ऋग्वेदीय Adj. *zum* Ṛgveda *gehörig.*

ऋघ in कर्मघ.

ऋघाय्, ऋघाँयति und °ते 1) *beben* RV. 2,25,3. — 2) *vor Leidenschaft beben, toben, rasen.*

ऋँघावत् und °वत् Adj. *tobend, stürmisch.*

ऋङ्ग im मनऋङ्ग.

ऋच्मय Adj. aus Ṛk bestehend.

ऋच् f. 1) Glanz. — 2) heiliges Lied, — Vers; insbes. im Unterschied vom gesungenen (सामन्) und von der Opferformel (यजुस्). — 3) der Vers, so v. a. der Text, auf welchem eine Handlung beruht oder auf welchen eine Erklärung sich beruft. — 4) die Sammlung der Ṛk, der Ṛgveda; gewöhnlich Pl. — 5) der Text des Pûrvatâpanîja.

ऋच m. 1) am Ende eines Comp. = ऋच् 2). — 2) N. pr. eines Fürsten.

*ऋचत्क m. N. pr. eines Mannes.

ऋचस् in शतर्चस्.

ऋचसे Dat. Inf. zum Preisen.

*ऋचाभ m. N. pr. eines Schülers des Vaiçampâjana Kâç. zu P. 4,3,104.

ऋचीक m. N. pr. 1) des Vaters des Ǵamadagni. — 2) eines Landes.

*ऋचीष n. = ऋजीष 1) Bratpfanne. — 2) eine best. Hölle.

ऋचीषम Adj. als Beiw. Indra's.

ऋचेयु m. N. pr. = ऋतेयु.

*ऋच्छका f. vielleicht eine best. Landplage.

ऋच्छरा f. 1) = ऋतला. — 2) *Buhldirne.

ऋच्छा f. in यदृच्छा.

ऋजिप्य Adj. ausgreifend, sich streckend.

*ऋजिमन् m. Nom. abstr. zu ऋजु.

ऋजिश्वन् m. N. pr. eines Schützlings von Indra.

*ऋजिष्ठ Superl. zu ऋजु.

ऋजीक 1) Adj. a) schimmernd, in आविर्ऋजीक, गो° und भा°. — b) *= उपहत. — 2) *m. a) Rauch. — b) Bein. Indra's. — c) N. pr. eines Berges.

ऋजीति Adj. glühend, sprühend.

ऋजीपिन् Adj. = ऋजिप्य.

ऋजीयस् Compar. zu ऋजु.

ऋजीष 1) Adj. a) = ऋजीषिन् 1). — b) schlüpfrig. — 2) n. a) Soma-Trester Comm. zu Njâjam. 4,2,15. — b) *Bratpfanne. — c) eine best. Hölle.

*ऋजीषित Adj. = ऋजीषं संजातमस्य.

ऋजीषिन् Adj. 1) vorstürzend, eilend. — 2) aus Trestern bestehend.

ऋजु 1) Adj. (f. ऋज्वी) a) gerade. — b) richtig, recht, gerecht. — c) rechtlich, aufrichtig. — 2) Adv. a) gerade. — b) richtig. — 3) m. N. pr. eines Sohnes des Vasudeva. — 4) f. ऋज्वी das Stadium, in dem ein Planet einen geraden Lauf hat.

ऋजुकाय 1) Adj. geraden Körpers. — 2) *m. Bein. Kaçjapa's.

ऋजुक्लृप्त Adj. richtig gestellt Ait. Br. 3,3.

ऋजुक्रतु Adj. das Rechte wollend.

ऋजुग Adj. geradeaus gehend.

ऋजुगाथ Adj. richtig singend RV.

ऋजुता f. 1) gerade Richtung, Geradheit. — 2) gerades, offenes Wesen.

ऋजुत्व n. = ऋजुता 2).

ऋजुदारुमय Adj. (f. ई) aus geradem Holze gemacht Hemâdri 1,644,18.

ऋजुदास m. N. pr. eines Sohnes des Vasudeva.

ऋजुदृश् Adj. richtig sehend Naish. 4,66.

ऋजुधा Adv. 1) geradesweges. — 2) richtig.

ऋजुनीति f. richtige Führung.

ऋजुपक्ष Adj. gerade Flügel habend Ind. St. 13, 239. 263.

ऋजुपालिका f. N. pr. eines Flusses.

ऋजुबुद्धि Adj. aufrichtig (von Personen). Nom. abstr. °ता f.

ऋजुमिताक्षरा f. Titel eines Commentars.

ऋजुमुष्क Adj. dessen Glied straff ist.

ऋजुरश्मि Adj. gerade Stränge habend.

*ऋजुरोहित n. Indra's gerader rother Bogen.

ऋजुलेख Adj. geradlinig Çulbas.

ऋजुलेखा f. ein gerader Strich Sâj. zu Çat. Br. 10,2,1,8.

ऋजुवनि Adj. gerade zustrebend.

ऋजुसर्प m. eine Schlangenart.

ऋजुहस्त Adj. die Hand ausstreckend.

ऋजू Adv. mit कर् 1) gerade machen. — 2) berichtigen.

*ऋजूक m. N. pr. eines Gebirges.

ऋजूकरण n. das Geraderichten.

ऋजूनस् m. N. pr. eines Mannes.

ऋजूय Partic. 1) ऋजूयन्त् redlich verfahrend. — 2) ऋजूयमान sich gerade aufrichtend.

ऋजूया Instr. gerades Weges.

ऋजूयु Adj. redlich.

ऋज्र (auch dreisilbig) 1) Adj. (f. आ) röthlich, braunroth. — 2) *m. Führer.

ऋज्राश्व (auch viersilbig) m. N. pr. eines Mannes.

(ऋज्वञ्च्) ऋजुअञ्च् Adj. geradeaus gehend.

ऋज्वालिखित Adj. mit geraden Strichen geritzt Çat. Br. 10,2,1,8.

ऋज्वाह्व m. N. pr. eines Ṛshi.

ऋञ्जसान 1) Adj. Partic. von ऋञ्ज्, ऋञ्जति. — 2) *m. Wolke.

ऋण 1) Adj. (f. आ) schuldig. — 2) n. a) Verschuldung, Verpflichtung, Schuldigkeit, Schuld, Geldschuld. Unter drei Verpflichtungen sind die gegen die Ṛshi, Götter und Manen gemeint. Die vierte ist die gegen die Menschen, die fünfte die gegen die Gäste. अन्त्य die letzte Verpflichtung ist die gegen die Manen, d. i. die Erzeugung eines Sohnes. ऋणं धारय् Jmd (Gen.) Etwas schuldig sein; कर् eine Schuld machen, borgen von (Abl.); प्र-यम् und नी e. Sch. abtragen; दा dass. und Jmd (Loc.) borgen; प्र-आप् e. Sch. auf sich laden; परि-इष् e. Sch. einfordern; मृगय्, याच् um ein Darlehn bitten. — b) eine negative Grösse. — c) *Wasser. — d) *Burg, Feste.

ऋणकर्तर् Nom. ag. Schulden machend MBh. 13, 23,21. Spr. 1330.

ऋणंकाति Adj. Schuld rächend.

*ऋणग्रह 1) Adj. Schulden machend. — 2) m. das Schuldenmachen.

*ऋणग्राह्णा n. das Eintreiben einer Schuld.

*ऋणग्राहिन् Adj. Schulden machend.

ऋणचित् Adj. Schuld rächend.

ऋणच्छेद m. Tilgung einer Schuld.

ऋणच्युत् Adj. Schuld tilgend.

ऋणज्य m. N. pr. eines Vjâsa VP. 3,3,15.

ऋणंचय m. N. pr. eines Fürsten und eines Âṅgirasa.

ऋणता f. Schuldhaftigkeit.

ऋणदातर् Nom. ag. Geldverleiher Spr. 2477, v. l.

ऋणदास m. Einer der, um eine Schuld zu tilgen, sich in Sclaverei begeben hat.

ऋणनिर्मोक्ष m. Befreiung von einer Verpflichtung gegen (Gen.) Ragh. 10,..

ऋणप्रदातर् Nom. ag. Geldverleiher Spr. 2477.

ऋणभङ्गाध्याय m. Titel eines Werkes.

*ऋणमत्कुण und *ऋणमार्गण m. Bürge für eine Schuld.

*ऋणमुक्ति f., *°मोक्ष m. und °मोचन n. das Abtragen einer Schuld.

ऋणमोचनतीर्थ n. N. pr. eines Tîrtha.

ऋणया, °यात् und °यावन् Adj. Schuld verfolgend, — rächend.

ऋणावन् Adj. schuldbeladen, verschuldet.

ऋणवन्त् 1) Adj. eine Verpflichtung gegen Jmd (Gen.) habend, verschuldet, in Schulden steckend. — 2) m. Bez. des 26sten Muhûrta Ind. St. 10,296.

*ऋणशोधन n. und ऋणसमुद्धार m. (Spr. 7487) Tilgung einer Schuld.

ऋणादान n. das Eintreiben einer Schuld M. 8,4. Jolly, Schuld. 287.

*ऋणान्तक m. der Planet Mars.

ऋणापनय (Kull. zu M. 9,107) und *ऋणापनोदन n. das Abtragen einer Verpflichtung, — Schuld.

*ऋणार्ण n. wohl N. pr. einer Oertlichkeit Mahâbh. 6,42,a.

ऋणावन् Adj. = ऋणावन्.

ऋणिक m. Schuldner.

ऋणाधनि und °चक्र n. *ein best. mystisches Diagramm.*

ऋणिन् 1) Adj. *eine Verpflichtung habend, verschuldet.* — 2) m. *Schuldner.*

ऋणी Adv. mit कर् *borgen, entlehnen* Naish. 7,33.

*ऋणोद्ग्रहण n. *das Eintreiben einer Schuld.*

ऋणोद्धार m. *Tilgung einer Schuld* Spr. 7487.

ऋत॑ 1) Adj. (f. ऋा॑) a) *getroffen, betroffen.* प्रचुता॑ TS. 5,2,9,5. — b) *gehörig, ordentlich, recht, passend.* — c) *rechtschaffen, wacker, tüchtig.* — d) *wahr.* — e) **geehrt.* — f) *= दीप्त. — 2) ऋत॑म् Adv. *recht, richtig; gehörig, nachdrücklich.* Mit ई *richtig —, den richtigen Weg gehen* (eig. und übertr.). — 3) m. a) *eine best. Personification,* später N. pr. eines Rudra. — b) N. pr. eines Sohnes α) des Manu Kâkshusha Bhâg. P. 4,13,16. — β) des Vigaja VP. — 4) n. a) *feste Ordnung, Bestimmung, Entscheidung.* — b) *die Ordnung in heiligen Dingen: heiliger Brauch, Satzung, frommes Werk; göttliches Gesetz, Glaube als Inbegriff der religiösen Wahrheiten.* — c) *das Rechte, Wahre, Wahrheit.* — d) *Gelöbniss, Versprechen, Eid, Schwur;* vgl. सत्य. — e) bildliche Bez. *des Aehrenlesens.* — f) **Wasser.* — g) *= धन. — 5) ऋते॑न Instr. als Adv. a) *nach der Ordnung, gehörig, richtig, regelmässig, rite.* — b) *von Rechtswegen, billig.* — c) *wahr, aufrichtig, der Wahrheit gemäss.* — d) einfach bekräftigend wie *sane.*

ऋतचि॑त् Adj. *des heiligen Gesetzes* u. s. w. *kundig.*

ऋतजा॑ Adj. *recht geartet.*

ऋतजा॑त Adj. (f. ऋा) 1) *rechtzeitig.* — 2) *richtig erzeugt.* — 3) *recht geartet.*

ऋतजा॑तसत्य Adj. *das recht Geartete verwirklichend.*

ऋतजि॑त् 1) Adj. *das Rechte erkämpfend.* — 2) m. N. pr. eines Jaksha.

ऋतजु॑र् Adj. *vollkommen gealtert.*

ऋतज्ञा॑ Adj. *des heiligen Gesetzes* u. s. w. *kundig.*

ऋत॑ज्य Adj. *wohlbesehnt* (Bogen).

ऋतंजय m. N. pr. eines Vjâsa.

ऋतद्युम्न Adj. *für die Wahrheit begeistert* RV.

ऋत॑धामन् 1) Adj. *die Wahrheit liebend.* — 2) m. a) Bein. Vishṇu's. — b) N. pr. α) eines Manu. — β) des Indra im 12ten Manvantara.

ऋतधी Adj. *von richtiger Einsicht.*

ऋत॑धीति Adj. *heilig —, wahrhaft gesinnt.*

ऋतध्वज m. N. pr. 1) eines Rudra. — 2) verschiedener Männer.

ऋतनी॑ Adj. *richtig führend.*

ऋतनिधन n. Name eines Sâman.

ऋतपर्ण m. N. pr. = ऋतुपर्ण.

ऋतपा॑ Adj. *das heilige Gesetz u. s. w. wahrend.*

ऋतपात्र n. *ein vollkommenes Gefäss* Tâṇḍja-Br. 1,2,3.

ऋतपेय m. *ein best.* Ekâha.

ऋत॑पेशस् Adj. *von vollkommener Gestalt.*

ऋत॑प्रजात Adj. (f. ऋा) 1) *rechtzeitig.* — 2) *richtig erzeugt.* — 3) *recht geartet.* — 4) f. *rechtzeitig entbünden, gebärend.*

ऋत॑प्रवीत Adj. *richtig befruchtet, — erzeugt.*

ऋतप्सु Adj. *von gehörigem Aussehen* RV.

*ऋतबोध m. N. pr. eines Mannes.

ऋतभाग m. desgl. Pl. *sein Geschlecht.*

ऋतभुज् Adj. *die Frucht seiner frommen Werke geniessend* Maitrjup. 2,7.

ऋतंभ॑र 1) Adj. (f. ऋा) *die Wahrheit in sich enthaltend.* — 2) m. Bein. Vishṇu's Bhâg. 6,13,17. — 3) f. ऋा a) *die die Wahrheit in sich enthaltende Vernunft.* Auch personif. als Göttin. — b) N. pr. eines Flusses.

ऋतंभरप्रज्ञ und ऋतंभराप्रज्ञ Adj. Bez. *eines* Jogin *auf der zweiten Stufe.*

ऋतंभवा f. v. l. für ऋतंभर 3) *a*).

ऋतय्, °यते *Etwas recht machen* RV. Partic. ऋतय॑त् und ऋत॑यत् *die Ordnung einhaltend, regelrecht.*

ऋतया॑ Instr. Adv. *richtig.*

ऋतयु॑ Adj. *die Ordnung einhaltend, regelrecht.*

ऋत॑युक्ति f. *rechte Verbindung.*

ऋतयु॑ज् Adj. 1) *richtig angeschirrt.* — 2) *wohl verbündet.*

ऋतवक्त Adj. *Recht habend, wahr sprechend.*

ऋतवा॑क m. *rechte, fromme Rede.*

ऋतवादि॑न् Adj. *recht —, wahr redend.*

ऋतवीर्य m. N. pr. eines Mannes VP.[2] 4,55.

ऋतव्य॑ 1) Adj. *den* Ṛtu *geweiht.* — 2) f. ऋा॑ Bez. *bestimmter Backsteine.*

ऋतव्य॑वत् Adj. *mit den* ऋतव्या *genannten Backsteinen versehen.*

ऋतव्रत 1) Adj. *der Wahrheit ergeben.* — 2) m. Pl. Bez. *der Brahmanen in* Çâkadvîpa.

ऋतसत्ये॑ n. Du. *Recht und Wahrheit* Çat. Br. 11,2,3,9.

ऋतस॑द् Adj. *auf der Wahrheit thronend.*

ऋतस॑दन n. und °नी f. *der rechte, gewohnte Sitz.*

ऋतस॑प् (nur stark °सा॑प्) Adj. *frommes Werk und Sinn pflegend, glaubenseifrig.*

ऋतसा॑त v. l. für ऋतसप्.

ऋतसामन् n. Name zweier Sâman Ârsh. Br.

ऋतसेन m. N. pr. eines Gandharva.

ऋतस्तु॑भ् Adj. *recht preisend,* oder m. N. pr. eines Mannes.

ऋतस्था॑ Adj. *richtig stehend.*

ऋतस्पति m. *Herr des heiligen Gesetzes* u. s. w. RV.

ऋतस्पृ॑श् Adj. *dem heiligen Gesetz* u. s. w. *ergeben.*

ऋताय्, Partic. ऋताय॑त् *lenkend* RV. 7,87,1. *den richtigen Gang —, die Ordnung einhaltend, gehorsam, fromm.*

ऋतायि॑न् und ऋतायु॑ Adj. = ऋताय॑त्.

ऋतायुस् m. N. pr. eines Sohnes des Purûravas VP.[2] 4,13.

ऋता॑वन् Adj. (f. °वरी) 1) *die Ordnung einhaltend, gesetzmässig, regelrecht.* — 2) *dem heiligen Gesetz treu, gerecht, fromm, gläubig.* — 3) *gerecht, heilig.*

ऋतावसु Adj. *reich an Glauben, fromm, gläubig* RV. 8,90,5.

ऋतावृत् Adj. Vaitân. fehlerhaft für °वृध्; vgl. RV. 10,66,1.

ऋतावृ॑ध् Adj. *am heiligen Gesetz* u. s. w. *sich erfreuend, heilig gesinnt.*

ऋताष॑ह् (stark °षाह्) Adj. *die heilige Ordnung aufrecht erhaltend.*

ऋति॑ und ऋ॑ति f. 1) *Angriff, Streit.* — 2) **Gang, Weg.* — 3) **Glück, Heil.* — 4) **Wetteifer.* — 5) **Abscheu, Widerwille.* — 6) **Erinnerung* (स्मृति). — 7) **Schutz.* — 8) **Unglück.*

*ऋतिंकर Adj. P. 3,2,43.

ऋतीय् 1) ऋतीय॑ते *sich streiten.* — 2) ऋतीयति *einen Abscheu haben, sich scheuen* (buddh.).

*ऋतीया f. *Verachtung, Geringschätzung.*

ऋतीष॑ह् (stark °षा॑ह् und °षाह्) Adj. 1) *Angriff aushaltend, widerstandsfähig.* — 2) *ausdauernd, nicht zu Ende gehend* (Reichthum).

ऋतु॑ m. 1) *zutreffende Zeit, Zeitpunct, zugemessene Zeit.* Instr. Sg. und Pl. *zu seiner Zeit, in den rechten Zeiten, zur Opfer-* oder *Festzeit.* — 2) *Zeitabschnitt,* insbes. *Jahresabschnitt, Jahreszeit.* Es werden deren 5, 6 (so stets in der späteren Literatur), 7, 12 (= *Monat*) oder 24 (= *Halbmonat*) angenommen. ऋतौ *in der entsprechenden Jahreszeit.* Sg. auch in collect. Bed. — 3) Bez. *der Zahl sechs.* — 4) *die Regeln der Weiber,* insbes. *die unmittelbar darauf folgenden, zur Empfängniss geeigneten Tage* (nach Bhâvapr. *die 16 Tage nach dem Erscheinen der menses*). — 5) *der Beischlaf zu dieser Zeit.* — 6) *bestimmte Folge, Ordnung, Regel.* — 7) **Glanz.* — 8) **schwarzes Schwefelantimon.* — 9) N. pr. *a*) eines Ṛshi. — *b*) des 12ten Manu.

ऋतुकाल m. 1) *die entsprechende Jahreszeit.* — 2) *die Zeit der Menstruation,* insbes. *die unmittelbar* darauffolgenden, zur Empfängniss geeigneten Tage.

ऋतुकालाभिवर्तिनी Adj. f. schwanger R. 7,48,19.

ऋतुगामिन् Adj. der Frau in der richtigen Zeit beiwohnend.

ऋतुग्रह m. Libation an die Ṛtu.

ऋतुचर्या f. Titel eines Werkes.

ऋतुजित् m. N. pr. eines Fürsten von Mithilâ.

ऋतुजुष् Adj. f. in der zur Empfängniss günstigen Periode sich befindend.

ऋतुथा Adv. 1) regelrecht, — mässig, gehörig. — 2) deutlich, bestimmt, genau.

ऋतुधामन् m. Bein. Vishṇu's.

ऋतुध्वज m. N. pr. eines Fürsten Ind. St. 14,107.

ऋतुपति m. Herr der Zeiten.

ऋतुपर्ण m. N. pr. eines Fürsten von Ajodhjâ.

ऋतुपशु m. das je in einer best. Jahreszeit zu opfernde Thier Çat. Br. 13,5,4,28. Vaitân.

ऋतुपा Adj. regelmässig trinkend, — zur Libation kommend.

ऋतुपात्र Adj. der zur Libation für die Ṛtu bestimmte Becher Vaitân.

*ऋतुप्राप्त Adj. fruchttragend.

ऋतुप्रैष m. die Aufforderung zum Opfer an die Ṛtu Ait. Br. 5,9.

ऋतुभाग m. Sechstel Hemâdri 1,135,7.13.

ऋतुभाज् Adj. an einer Jahreszeit Theil habend Çat. Br. 10,4,4,4.

ऋतुमन्त् 1) Adj. a) an regelmässige Zeiten sich haltend Tâṇḍja-Br. 14,12,9. — b) den Genuss der Jahreszeiten habend. — c) f. °मती α) die Regeln habend, so v. a. mannbar. — β) in der Zeit der monatlichen Reinigung —, in der zur Empfängniss geeigneten Periode sich befindend. — 2) n. N. pr. des Lusthains von Varuṇa.

ऋतुमय Adj. aus Ṛtu bestehend.

ऋतुमाला f. N. pr. v. l. für कृतमाला VP.[2] 2,132.

ऋतुमुख n. Beginn —, erster Tag eines Ṛtu.

ऋतुमुखिन् Adj. in den Beginn eines Ṛtu fallend TBr. Comm. 2,477,9.

ऋतुयाग m. Opfer an die Ṛtu (eine best. Ceremonie).

ऋतुयाजिन् Adj. am Anfange jeder Jahreszeit opfernd Maitr. S. 1,10,8.

ऋतुयाज्या f. eine best. Ceremonie Vaitân.

ऋतुराज m. Frühling.

ऋतुराजनिरेत्रीय n. das Lied Ṛv. 2,13 Çâṅkh. Çr. 11,14,10. 22.

ऋतुलिङ्ग n. charakteristisches Zeichen einer Jahreszeit.

ऋतुलोका Adj. f. Bez. bestimmter Backsteine Çat. Br. 10,4,3,19.

*ऋतुवृत्ति f. Jahr.

ऋतुवेला f. = ऋतुकाल 2).

ऋतुशस् Adv. regelrecht, gehörig.

ऋतुशान्ति f. Titel eines Werkes.

ऋतुषामन् n. Name eines Sâman.

ऋतुष्ठा Adj. in festen Zeiten stehend Maitr. S. 3,3,4.

ऋतुष्ठायज्ञायज्ञीय n. Name eines Sâman Ârsh. Br. Lâṭj. 1,5,15.

ऋतुसंवत्सर m. ein Jahr von 360 Tagen Ind. St. 10,300.

ऋतुसंहार m. Titel eines dem Kalidâsa zugeschriebenen Gedichts.

ऋतुसंधि m. Uebergangszeit zweier Jahreszeiten Gop. Br. 2,1,19.

ऋतुसमय m. die Zeit der Menstruation, die zur Empfängniss geeignete Periode.

ऋतुसहस्र n. tausend Jahreszeiten Çat. Br. 10,4,4,4.

ऋतुसारणा f. ein best. an Metallen vorgenommener Process.

ऋतुस्थला f. N. pr. einer Apsaras. Vgl. क्रतु°.

ऋतुस्था Adj. = ऋतुष्ठा.

ऋतुस्नाता Adj. f. die sich nach der Menstruation gebadet hat, zum Beischlaf vorbereitet.

ऋतुस्नान n. das Baden nach der Menstruation.

ऋतुहारिका f. N. pr. einer bösen Fee, die den Weibern die menses benimmt.

ऋतुहोम m. eine best. Spende Vaitân.

ऋते Loc. Praep. mit Ausschluss von, ausser, ohne, wenn nicht — da ist; mit vorangehendem oder folgendem Abl. oder Acc. Mit folgendem यतस् ausgenommen dass.

ऋतेकर्मम् Adv. ohne Werk.

ऋतेजा Adj. im heiligen Gesetz u. s. w. lebend, gesetzgetreu.

ऋतेबर्हिष्क Adj. ohne die Barhis-Litanei.

ऋतेमूल Adj. ohne Wurzeln Maitr. S. 1,10,17.

ऋतेयज्ञम् Adv. ausserhalb des Opfers Maitr. S. 1,11,5.

ऋतेयु m. N. pr. 1) eines Ṛshi. — 2) eines Sohnes des Raudrâçva.

ऋतेरक्षस् Adj. wobei die Rakshas ausgeschlossen sind.

ऋतोद्य n. wahre Rede, Wahrhaftigkeit.

ऋत्व n. der zeitige Same Tâṇḍja-Br. 10,3,1.

1. ऋत्वन्त m. Ende einer Jahreszeit M. 4,26.

2. ऋत्वन्त Adj. (f. आ) das Ende einer Jahreszeit bildend (Tag) M. 4,119.

ऋत्विक्त्व n. Nom. abstr. zu ऋत्विज् 2) Tâṇḍja-Br. 10,3,1

ऋत्विक्पथ m. Priesterweg Lâṭj. 2,4,4.

ऋत्विक्फल n. Priesterlohn Ǵaim. 3,8,25.

ऋत्विग्पोक्तनीय m. eine best. Soma-Feier von dreierlei Art Kâtj. Çr. 22,6,21.

ऋत्विज् 1) Adj. nach Vorschrift und Zeitfolge —, regelmässig opfernd. — 2) m. Priester.

1. ऋत्विय Adj. 1) gehörig, regelmässig, zeitig, den Regeln des Cultus angemessen. — 2) der Regeln des Cultus kundig.

2. ऋत्विय 1) Adj. (f. आ) menstruirend, in der zur Empfängniss geeigneten Periode befindlich. — 2) n. monatliche Reinigung, die zur Empfängniss geeignete Periode.

ऋत्वियवत् Adj. = 2. ऋत्विय 1).

ऋत्वियावत् Adj. gesetzmässig, regelrecht, förmlich, feierlich.

ऋत्व्य (ऋत्विय) Adj. (f. आ) und n. (Âpast. 2,5,17) = 2. ऋत्विय.

ऋदूदर Adj. mild, sanft, gnädig.

ऋदूपा f. Biene oder ein anderes Süssigkeit saugendes Thier.

ऋदूवृध् Adj. an Süssem sich ergötzend.

ऋद्ध 1) Adj. Partic. s. u. अर्ध्. — 2) *n. a) aufgespeichertes Korn. — b) bewiesene Wahrheit.

ऋद्धि f. 1) das Gelingen, Gedeihen, gedeihlicher Zustand, Vollkommenheit, Wohlfahrt, Wohlstand, Glück. ऋद्धेस्त्रयम् Name eines Sâman Ârsh. Br. — 2) Vollkommenheit, übernatürliche Kraft. — 3) eine best. Heilpflanze (Knolle) Káraka 4,1. — 4) N. pr. der Gattin Kubera's. — 5) *Bein. der Pârvatî.

ऋद्धिकाम Adj. Gedeihen —, Wohlstand begehrend.

ऋद्धिपाद m. einer der vier Bestandtheile der übernatürlichen Kraft Lalit. 9,4. 37,2.

ऋद्धिमन्त् Adj. 1) in einem gedeihlichen Zustande —, im Wohlstande befindlich, ansehnlich, wohlhabend, reich an (im Comp. vorangehend). — 2) Glück bringend.

ऋद्धिल m. N. pr. eines Mannes (buddh.).

ऋधक् und ऋधक् Adv. 1) abgesondert, abseits. — 2) je einzeln. — 3) vor Andern ausgezeichnet, sonderlich. — 4) ungeschickt Ṛv. 4,18,4.

ऋधग्वचस् Adj. dem die Rede fehlt.

ऋधद्री m. N. pr. eines Mannes.

ऋधद्वार Adj. Güter mehrend.

*ऋधुक Adj. = ह्रस्व.

ऋध्नुक Adj. Gedeihen verleihend.

ऋबीस n. 1) Erdspalte, Schlund. — 2) Erdwärme.

ऋभु 1) Adj. a) anstellig, geschickt, kunstfertig, erfindsam, klug. — b) geschickt, so v. a. handlich, leicht zu gebrauchen. — 2) m. a) Künstler, Bildner, insbes. in Schmiedearbeit und Wagenbau. —

b) Bez. dreier mythischer als *Künstler* gepriesener Wesen. — c) N. pr. des ersten unter diesen. — d) Pl. später *eine best. Götterordnung.* — e) **Gottheit* überh.

*ऋभुक्ष m. 1) Bein. Indra's. — 2) Indra's *Himmel.* — 3) Indra's *Donnerkeil.*

ऋभुक्षॅन्, °क्षाॅ und *°क्षिन् 1) m. a) N. pr. des ersten Ṛbhu. — b) = ऋभु 2) b). — c) Beiw. a) Indra's. — b) der Marut. — 2) Adj. = महत् ṚV. 8,82,34, wo aber die Lesart falsch ist.

*ऋभुक्षीय्, °क्षीयति Denom. von *ऋभुक्षिन्.

ऋभुमॅत् Adj. 1) *anstellig, verständig.* — 2) *mit den* Ṛbhu *verbunden, von ihnen begleitet.*

ऋभुष्ठिर Adj. *stark wie die* Ṛbhu ṚV. Vielleicht ist ऋभुँ: स्थिरँ: (sc. Pfeil) zu lesen.

ऋॅभ्व, ऋॅभ्वन् und ऋॅभ्वस् Adj. = ऋभु 1) a). Das letzte auch *kunstreich gemacht.*

ऋल्लक (कल्लक?) m. *Spieler auf einem best. musik. Instrument.*

ऋल्लरी (कल्लरी?) f. *ein best. musik. Instrument.*

ऋवर्ण n. *die Laute* ऋ *und* ॠ AV. Prât.

ऋश 1) m. = ऋश्य 1) AV. — 2) *f. ई *das Weibchen des* Ṛçja gaṇa गौरादि.

ऋशत् Kathâs. 106,181 fehlerhaft für टशत् oder टसत्.

ऋॅश्य m. 1) *der Bock einer Antilopenart.* — 2) N. pr. a) eines Ṛshi Ârsh. Br. — b) eines Sohnes des Devâtithi.

ऋश्यक Adj. *die Farbe des* Ṛçja *habend.*

*ऋश्यकेतन und *°केतु m. Bein. Aniruddha's.

ऋश्यगन्धा f. = ऋक्षगन्धा 1) Karaka 1,4.

ऋश्यजिह्व n. *eine Art Aussatz* Karaka 2,5. 6,7.

ऋश्यदॅ *Fanggrube für Antilopen.*

ऋॅश्यपद् Adj. (f. °दी) *antilopenfüssig.*

ऋश्यमूक m. N. pr. eines Gebirges im Süden von Indien. Ueberall ऋष्य° geschr.

ऋश्यलोभ m. N. pr. eines Mannes.

ऋश्यशृङ्ग m. N. pr. verschiedener Männer.

*ऋश्याङ्क m. Bein. Aniruddha's.

ऋषङ्गु m. N. pr. eines Mannes. उषङ्गु u. s. w. v. l.

ऋषभॅ 1) m. (adj. Comp. f. आ) a) *Stier.* — b) in Comp. mit andern Thiernamen *Männchen.* — c) *der Beste, Edelste unter* (Gen. oder im Comp. vorangehend), *ein Held* (z. B. in der Rede). — d) *die zweite Note der indischen Tonleiter.* — e) Name des 15ten Kalpa. — f) **Ohrhöhle.* — g) **Schwanz eines Ebers.* — h) **Schwanz eines Krokodils.* — i) *eine best. auf dem* Himavant *wachsende Knolle.* — k) *ein best. Antidoton.* — l) *ein best.* Ekâha. — m) in Verbindung mit einem Gen. (z. B. इन्द्रस्य) oder verschiedener Adjj. Name von Sâman. — n) Pl. Bez. *der Kriegerkaste in* Krauñkadvîpa. — o) N. pr. α) Pl. eines Volkes. — β) verschiedener Männer. — γ) eines Affen. — δ) eines Schlangendämons. — ε) eines Gebirges. — ζ) eines Tîrtha. — 2) f. ऋषभी a) **Mannweib.* — b) **Wittwe.* — c) *Carpopogon pruriens* (Karaka 1,4) und *= सिराला.

ऋषभक m. 1) **Stier* Nigh. Pr. — 2) *eine best. auf dem* Himavant *wachsende Knolle* Bhâvapr. 1,170. Karaka 6,1. — 3) N. pr. a) eines Fürsten. — b) eines Gebirges.

ऋषभकूट m. *eine Bergkuppe im Gebirge* Ṛshabha MBh. 3,110,8.

ऋषभगजविलसित n. Bez. *zweier Metra.*

*ऋषभतर m. *kleiner Stier.*

ऋषभता f. *das Obenanstehen.*

ऋषभदायिन् Adj. *einen Stier schenkend.*

ऋषभदेव m. N. pr. eines Tîrthaṁkara bei den Gaina.

ऋषभद्वीप m. N. pr. einer Oertlichkeit MBh. 3,84,160.

*ऋषभध्वज m. 1) Bein. Çiva's. — 2) N. pr. eines Arhant bei den Gaina.

ऋषभपञ्चाशिका f. Titel eines Werkes.

ऋषभपूजा f. *eine best. Ceremonie mit dem Stiere* Gobh. 3,6,12.

ऋषभवत् Adj. *das Wort* ऋषभ *enthaltend* Tâṇḍja-Br. 10,6,3. 5. 6.

ऋषभस्तव m. Titel eines Werkes.

ऋषभानन m. N. pr. eines Gina.

ऋॅषि m. 1) *Sänger heiliger Lieder, Dichter, ein Heiliger der Vorzeit.* Pl. *eine best. Klasse hochverehrter Wesen,* deren Zahl häufig als sieben bestimmt wird. In der späteren Kosmologie hat jedes Manvantara seine besondern sieben Ṛshi. — 2) *ein von einem Sänger der Vorzeit gedichtetes Lied.* — 3) später *eine durch Frömmigkeit und Weisheit geheiligte Person,* insbes. *ein solcher Einsiedler.* — 4) Pl. *die sieben Sterne des grossen Bären.* — 5) Bez. *der Zahl sieben.* — 6) *der Mond.* — 7) **Lichtstrahl.* — 8) *an imaginary circle.* — 9) **Cyprinus Rishi.*

ऋषिक 1) m. a) *ein* Ṛshi *niederen Ranges* Ârjav. 38,10. fgg. — b) Pl. N. pr. eines Volkes. Sg. *ein Fürst dieses Volkes.* — 2) f. आ a) *ein weiblicher* Ṛshi *niederen Ranges* Ârjav. 39,13. — b) N. pr. eines Flusses.

ऋषिकुल्या f. 1) *ein* Ṛshi-*Bach,* — *Fluss.* Bez. geheiligter Flüsse. Auf die Sarasvatî als *Göttin der Rede* bezogen, so v. a. *reich an heiligen Liedern.* — 2) N. pr. a) eines Flusses MBh. 6,9,36. — b) der Gattin Bhûman's.

ऋषिकॅृत् Adj. *zum heiligen Dichter machend, begeisternd.*

ऋषिगिरि m. N. pr. eines *Berges* in Magadha.

ऋषिगुप्त m. N. pr. eines Buddha.

ऋषिचान्द्रायण n. *eine best. Kasteiung.*

ऋषिचितिॅ f. Ṛshi-*Schichtung* Çat. Br. 8,4,4,12.

ऋषिचॅोदन Adj. *den Sänger antreibend.*

ऋषिच्छन्दस् n. *eine best. Klasse von Metren.*

*ऋषिजाङ्गलिकी f. *eine best. Pflanze.*

ऋषितर्पण n. 1) *Libation an die* Ṛshi. — 2) Titel eines Werkes.

ऋषितीर्थ n. N. pr. eines Tîrtha.

ऋषित्व n. *der Stand eines* Ṛshi.

ऋषिदेव m. N. pr. eines Buddha.

ऋषिद्रोण m. N. pr. einer Oertlichkeit.

ऋषिद्विॅष् Adj. *dem frommen Sänger übelwollend.*

ऋषिपञ्चमी f. *der fünfte Tag in der lichten Hälfte des* Bhâdrapada.

ऋषिपतन m. N. pr. eines Wildparks in der Nähe von Vârâṇasî Lalit. 20,12 (°पत्तन). 331,13. 522,14. 529,2.

ऋषिपुत्र m. 1) *der Sohn eines* Ṛshi 57,30. 58,1. — 2) Bez. *bestimmter Hymnendichter* Ârjav. 38,10. — 3) N. pr. eines Autors.

*ऋषिपुत्रक m. *Artemisia vulgaris* Nigh. Pr.

ऋषिप्रशिष्ट Adj. *vom* Ṛshi *angewiesen.*

*ऋषिप्रोक्ता f. *Glycine debilis.*

ऋॅषिबन्धु Adj. *dem Sänger verwandt.*

ऋषिब्राह्मण n. Titel eines Werkes.

ऋॅषिमनस् Adj. *eines heiligen Sängers Sinn habend, begeistert.*

ऋषिमुख n. *der Anfang eines* Maṇḍala oder Sûkta Ind. St. 10,131.

ऋषियज्ञ m. *das den* Ṛshi *darzubringende Opfer, das Studium des* Veda.

ऋषिलोक m. *die Welt der* Ṛshi. Zwischen देवलोक und ब्रह्मलोक AV. Pariç. 38,3.

ऋषिवॅत् Adv. *einem* Ṛshi *gleich.*

ऋषिशृङ्ग m. N. pr. wohl fehlerhaft für ऋश्यशृङ्ग.

ऋषिषॅह् (stark °षाॅह्) Adj. *den Sänger überwältigend.*

ऋषिषाण Adj. *zum frommen Sänger sich hingezogen fühlend* ṚV.

ऋॅषिष्टुत Adj. *von den* Ṛshi *gepriesen.*

ऋषिसंहिता f. *die* Saṁhitâ *der* Ṛshi Saṁhitopan. 6,5. 7.

ऋषिसाह्वय Adj. *nach den* Ṛshi *genannt.* वनवर so v. a. ऋषिपतन Lalit. 523,3. 3.

ऋषिस्तोम m. *eine best. Recitation.*

ऋषिस्वर् Adj. *von heiligen Sängern besungen.*

ऋषिस्वाध्याय m. Titel eines Werkes Çâṅkh. Gṛhj. 2,7.

*ऋषीक m. *eine Grasart* Nigh. Pr.

ऋषीतत (!) Adj. R. 3,78,31.

ऋषीवत् 1) Adj. *der mit Sängern gern zu thun hat* RV. — 2) *f. °वती संज्ञायाम्.

*ऋषीवह Adj. P. 6,3,121, Sch.

ऋषु (bloss Gen. Pl.) *Gluth, Flamme.*

ऋष्टि f. 1) *Speer.* — 2) **Schwert.*

ऋष्टिक m. Pl. N. pr. eines Volkes R. ed. Bomb. 4,41,10.

ऋष्टिमन्त् Adj. *mit Speeren versehen.*

ऋष्टिविद्युत् Adj. *Speer-blitzend.*

ऋष्टिषेण m. N. pr. eines Mannes.

ऋष्य spätere Schreibart für ऋश्य.

*ऋष्यगता f. = ऋष्यप्रोक्ता.

ऋष्यङ्कु m. N. pr. v. l. उषङ्कु.

ऋष्यप्रोक्ता (!) f. 1) *Carpopogon pruriens.* — 2) *Asparagus racemosus.* — 3) *Sida cordifolia* oder *rhombifolia* Karaka 1,4 (= माषपर्णी Comm.). 4,1.

ऋष्व Adj. (f. ऋष्वा) 1) *emporragend, hoch.* — 2) *erhaben, sublimis.*

ऋष्ववीर Adj. *mit erhabenen Helden bevölkert.*

ऋष्वौजस् Adj. *hohe Kraft besitzend.*

ऋह्नत् Adj. *schwach, klein.*

*ॠ 1) Interj. *des Tadels, der Furcht,* रक्षायाम् und वाक्यारम्भे. — 2) *Brust, Gedächtniss, Gang, ein* Dânava, Bhairava, *die Mutter der Götter* und *die der Ungötter.*

ॠकार m. *der Laut* ॠ TS. Prât. Davon Denom. *°रीयति und mit उप — उपर्कारीयति.

*ऌ *Erde, Berg, die Mutter der Götter.*

ऌकार m. *der Laut* ऌ RV. Prât. TS. Prât.

*ऌतक m. erfundenes N. pr.

ऌवर्ण n. *der Laut* ऌ AV. Prât.

*ॡ Çiva, *Mutter, Gottweib, weibliche Natur, die Mutter der* Dânava, *Frau eines* Daitja, *die Mutter der* Kâmadhenu.

1. *ए Interj. *des Sichbesinnens auf Etwas, der Anrede* oder *des Anrufs, des Ungehaltenseins* und *des Mitleidens.*

2. *ए m. Vishṇu.

एक 1) Adj. (f. आ) a) *ein, unus.* नै — एकञ्चनै, न — एक (121,15), एको ऽपि न (130,15), नैको ऽपि (250,5) *keiner.* एकया नै, एकस्मै नै, एकान्नै und *एकेन न vor Zehnern so v. a. *weniger eins.* — b) *solus, alleinig, einzig, einmalig, dieser allein, nur der.* In Zusammensetzungen wie धर्मैकरक्ष Adj. und स्वर्गैकसंमुख Adj. ist एक mit dem vorangehenden Worte zu verbinden: *einzig und allein das Gute, nur gen Himmel.* — c) *ein und derselbe.* — d) *einer unter zweien* oder *mehreren* (Gen. [148,6], Abl. oder im Comp. vorangehend). एक — एक, अन्य, अपर oder द्वितीय *der eine — der andere.* एक — द्वितीय — तृतीय — चतुर्थ, एक — अन्य — एक — चतुर्थ. एके *einige, manche.* एके — एके oder अपरे *einige — andere.* एके — एके — अपरे, एके — अन्ये — एके — अपरे — अपरे. — e) zwei neben einander stehende, auf dasselbe Substantiv bezogene एक (das zweite unbetont) bedeuten *je einer, einer um den andern.* — f) *einzig in seiner Art, vorzüglich.* — g) *ein* (als unbest. Artikel), *Jemand.* — 2) m. N. pr. eines Lehrers Âpast. 1,19,7. eines Sohnes des Raja. — 3) f. आ Bein. der Durgâ. — 4) n. *Einheit.* करपदैकहीनक *einer Hand und eines Fusses beraubt* Jâǵn. 2,274. पलैक so v. a. *ein* Pala Hemâdri 1,573,11. 599,11. 12.

एकऋतु m. *die eine Zeit.*

एकऋषि m. 1) *der einzige, oberste* Ṛshi. — 2) N. pr. eines Ṛshi.

एकक Adj. (f. एकका und एकिका) *einzig, alleinig, allein seiend, — stehend.*

*एककण्टक n. *eine Art Wels* Gal.

एककण्ठ Adj. *einstimmig* Lalit. 167,20.

एककपाल Adj. *auf einer Schale befindlich.*

*एककर Adj. (f. ई) P. 3,2,21.

एककल्प Adj. *denselben Ritus habend* Ind. St. 10,93.

एककशत n. *ein Procent* Bhâg. 101.

1. एककार्य n. *ein und dasselbe Geschäft, — Vorhaben.*

2. एककार्य Adj. *ein und dasselbe vorhabend.*

एककाल Adj. *gleichzeitig.* Nom. abstr. °ता f. und °त्व n.

एककालम् und °लिकम् Adv. *nur einmal am Tage.*

एककालिन् Adj. *nur einmal am Tage stattfindend.*

*एककुण्डल m. Bein. 1) Kubera's. — 2) Balabhadra's. — 3) des Schlangendämons Çesha.

एककुष्ठ n. *eine Art Aussatz* Bhâvapr. 6,20. 23. Karaka 6,7.

*एककृष्ट Adj. *einmal gepflügt* Gal.

*एकक्षीर n. *Milch von einer und derselben Kuh* P. 6,3,62, Sch.

एकखुर Adj. *einhufig.* m. *ein Thier mit ungespaltenen Hufen* Âpast.

एकगु m. *ein best.* Agnishṭoma.

*एकगुरु m. *Studiengenosse.*

एकगृहपतिक Adj. *denselben* Gṛhapati (beim Opfer) *habend* Çat. Br. 4,6,8,18.

एकग्राम m. *dasselbe Dorf* Sâmav. Br. 2,6,14.

एकग्रामीण (Çâṅkh. Gṛhj. 2,16) und *°ग्रामीय Adj. *in demselben Dorfe wohnhaft.*

एकचक्र 1) Adj. (f. आ) a) *einräderig* 311,10. — b) *nur von einem Fürsten beherrscht.* — 2) m. N. pr. eines Dânava. — 3) f. आ N. pr. einer Stadt der Kîkaka.

एकचक्रवर्तिन् 1) Adj. *auf einem Rade sich drehend.* — 2) m. *Alleinherrscher.* — Nom. abstr. °वर्तिता f. zu Beidem Kathâs. 18,70.

एकचक्षुस् Adj. *einäugig* und zugleich *einöhrig* (Nadel) Spr. 7776.

एकचत्वारिंश Adj. *der 41ste.*

एकचत्वारिंशत् f. *41.*

एकचन्द्रा f. N. pr. einer der Mütter im Gefolge Skanda's.

एकचर 1) Adj. (f. आ) a) *allein wandelnd, nicht in Gesellschaft lebend, allein stehend.* — b) *zu gleicher Zeit schreitend.* — 2) m. a) Bein. α) Çiva Rudra's Gaut. — β) *Baladeva's Gal. — b) **Rhinoceros.*

एकचरण 1) Adj. *einfüssig.* — 2) m. Pl. N. pr. eines fabelhaften Volkes.

एकचारिन् 1) Adj. = एकचर 1) a) VP. 5,4,4. — 2) *m. *ein* Pratjekabuddha. — 3) f. °रिणी *eine treue, nur an Einem hängende Geliebte oder Gattin* Daçak. 49,18.

एकचिति Adj. *einschichtig* Gaim. 4,4,17.

एकचितिक Adj. dass. Çat. Br. 9,4,3,3.

एकचितीक Adj. dass. TS. 5,2,3,7. Çulbas. 2,43. Nom. abstr. °त्व n. Comm. ebend.

1. एकचित्त n. 1) *ein und derselbe Gedanke, ein Herz und eine Seele.* — 2) *der nur auf einen Gegenstand gerichtete Gedanke.*

2. एकचित्त Adj. (f. आ) 1) *einen und denselben Gedanken habend, einmüthig.* Nom. abstr. °ता f. — 2) *nur auf einen Gegenstand seine Gedanken gerichtet habend.* Nom. abstr. °ता f. Häufig in Comp. mit der Ergänzung. तदेकचित्त *nur an ihn denkend.*

एकचित्ती Adv. mit भू *eines Sinnes werden.*

एकचिन्तन n *gemeinsames Ueberlegen von* (Gen.).

एकचिन्मय Adj. *einzig aus Geist bestehend.*

एकचूर्णि m. N. pr. eines Autors.

एकचेतस् Adj. *einmüthig.*

1. एकचोदन n. *eine einen einzelnen Gegenstand betreffende Anweisung* Kâtj. Çr. 5,6,8.

2. एकचोदन Adj. (f. आ) *auf einer gemeinschaftlichen Anweisung beruhend.*

एकच्छत्त्र Adj. (f. आ) *nur einen fürstlichen Sonnenschirm habend, nur von einem Fürsten be-*

herrscht Spr. 1358. Hemâdri 1,504,17. *allein herrschend* Ind. St. 15,278.

एकच्छन्ना f. *eine Art Räthsel.*

एकच्छाय Adj. *ganz finster.*

एकज॑ Adj. 1) *einzeln geboren.* — 2) *allein stehend.* — 3) *einzig in seiner Art.* — 4) *einartig, sich gleich bleibend.*

एकजट N. pr. 1) m. eines Wesens im Gefolge Skanda's. — 2) f. आ einer Göttin.

*एकजन्मन् m. 1) *Fürst, König.* — 2) *ein* Çûdra.

एकजात Adj. 1) *von demselben Vater* —, *von denselben Eltern erzeugt.* — 2) *in ebenbürtiger Ehe erzeugt.*

एकजाति 1) Adj. *a) nur eine Geburt habend* (Gegens. द्विजाति) Gaut. — *b) zu einem und demselben Geschlecht — zu einer und derselben Art gehörig.* — 2) m. *ein* Çûdra.

एकजातीय Adj. = एकजाति 1) *b).*

*एकज्या f. *der Sinus von 30 Grad.*

एकज्योतिस् n. *das einzige Licht,* Beiw. Çiva's.

एकत॑ m N. pr. 1) eines göttlichen Wesens neben Dvita und Trita. — 2) eines Brahmanen.

एकतन्त्रिका und °तन्त्री f. *eine einsaitige Laute* S. S. S. 177

ऐकतम und एकतम॑ Adj. (f. आ॑) *einer unter vielen.*

ऐकतय Adj. (f. ई) *einzeln, singulus* Maitr. S. 2,2,1.

एकतर Adj. 1) *einer unter zweien.* — 2) ungenau = एकतम Kâd. 36,5.

एकतस् Adv. 1) = Abl. von एक *ein und derselbe.* — 2) *von —, auf einer Seite.* एकतस् — एकतस्, अन्यतस्, अपर° (im Loc.) oder bloss वा *auf der einen Seite — auf der anderen Seite, hier — dort.* — 3) *in eins, zusammen* Suçr. 1,163,13. 16.

एकता॑ f. *das Einssein, Einheit, Vereinigung, das Zusammenfallen, Identität.* एकतामपि-या *sich vereinigen mit* (Instr.) 104,5.

एकतान 1) Adj. *nur auf Eines gerichtet, seine Aufmerksamkeit nur auf Eines richtend.* Häufig in Comp. mit seiner Ergänzung. Nom. abstr. °ता f. — 2) m. *a) die auf Eines gerichtete Aufmerksamkeit.* — *b)* * = एकताल *Harmonie.*

एकतायन n. *Vereinigungspunkt, Sammelplatz.*

1. एकताल m. *Einklang, Harmonie.*

2. एकताल 1) Adj. *nur mit einer Weinpalme versehen.* — 2) f. ई *a) ein best. Tact* S. S. S. 211. Verz. d. Oxf. H. 87,*a*,12 (°लीविधि zu verbinden). — *b)* * *ein best. musikalisches Instrument.*

एकतालिका f. = एकताल 2) *a)* S. S. S. 211.

एकतीर्थिन् Adj. *dieselbe Einsiedelei bewohnend.*

एकतुम्ब Adj. (f. ई) *nur mit einer Flaschengurke* (*als Resonanzboden*) *versehen* S. S. S. 178.

ऐकतेजन Adj. *einen Schaft habend.*

एकतोदन्त् Adj. *nur im Unterkiefer Schneidezähne habend.*

एकत्र Adv. 1) = Loc. von एक *ein.* — 2) *an einer Stelle.* एकत्र — अपरत्र *hier — dort.* एकस्यां दिशि — एकत्र — कुत्रापि Pańkad. 53. — 3) *an einem und demselben Orte, zusammen, vereinigt.*

एकत्रिंश॑ Adj. *der 31ste.*

एकत्रिंशक Adj. *aus 31 bestehend* Ind. St. 9,17.

ऐकत्रिंशत् f. *einunddreissig.* ऐकत्रिंशदक्षर Adj. (f. आ) *31silbig* Çat. Br. 3,1,4,23.

एकत्रिक m. *ein best.* Ekâha.

एकत्व n. 1) = एकता. °त्वं गम् *sich vereinigen mit* (Instr.). — 2) *Einzahl, Singular* 226,32. 234,29. — 3) *das Alleinsein, — stehen.*

*एकदंष्ट्र m. 1) Bein. Gaṇeça's. — 2) *ein best. Fieber* Gal.

एकदण्डिन् m. 1) Bez. *einer best. Art von Mönchen.* — 2) Pl. *eine best.* Vedânta-*Schule.*

एकदण्डिसंन्यासविधि m. Titel eines Werkes.

एकदा Adv. 1) *auf einmal, zu gleicher Zeit* 156,7. — 2) *zu Zeiten, bisweilen.* नो — एकदापि *niemals.* — 3) *eines Tages, einstmals.*

एकदिश् Adj. *in derselben Richtung wie* (Instr.) *befindlich, — gelegen.*

एकदीक्ष Adj. *wobei nur eine einmalige Weihe stattfindet* Lâṭj. 8,5,19.

एकदुःख Adj. *dieselben Leiden habend* 50,1.

*एकदृश् 1) Adj. *einäugig.* — 2) m. *a) Krähe.* — *b)* Bein. Çiva's.

एकदृश्य Adj. *allein anzusehen, — sehenswerth* Kumâras. 7,64. Naish. 6,8.

1. एकदृष्टि f. *ein nur auf einen Gegenstand gerichteter Blick.*

2.*एकदृष्टि m. *Krähe* Nigh. Pr.

एकदेवत und °देवत्य (TS. 3,4,1,1) Adj. *nur einer Gottheit geweiht, nur an eine G. gerichtet.*

1. एकदेश m. 1) *irgend ein Ort, — eine Stelle* 133, 19. 174,17. 227,24. Spr. 7646. — 2) *Theil, Etwas unter Vielem* Kâtj. Çr. 14,2,14. Chr. 234,5. Nom. abstr. °त्व n. Gaim. 1,3,29. — 3) *eine und dieselbe Stelle.*

2. एकदेश Adj. (f. आ) *an demselben Ort sich befindend.*

एकदेशविवर्तिन् Adj. *partiell* Kâvjapr. 10,8.

एकदेशिन् 1) Adj. *aus Theilen bestehend; m. ein Ganzes* Çaṁk. zu Bâdar. 4,3,14. — 2) m. *Sectirer, Separatist.*

एकद्यू॑ m. N. pr. eines Mannes.

एकद्रव्य n. 1) *ein einzelner Gegenstand* Kâtj. Çr. 1,10,6. — 2) *ein und derselbe Gegenstand* Kâtj. Çr. 1,7,9.

1. एकधन॑ n. *ein Theil der Habe* Âpast.

2. ऐकधन 1) m. *ein best. Krug, mit dem zu einer best. gottesdienstlichen Handlung Wasser geschöpft wird.* — 2) f. आ Pl. *das damit geschöpfte Wasser.*

एकधनविद॑ Adj. *einen Theil der Habe erhaltend.*

एकधनिन॑ Adj. *die* Ekadhana *genannten Krüge tragend.*

एकधर्म Adj. (f. आ) *gleichartig* 248,6.

एकधर्मिन् Adj. dass.

एकधा॑ Adv. *vereint, einfach, auf ein Mal, zusammen mit* (Instr.) Kâraka 1,26. *in Einem fort* TBr. 1,3,1,4.

एकधातु Adj. *eintheilig* (Musikstück) S. S. S. 131.

एकधाभूय n. *das zu eins Werden.* °यं भू *zu eins werden.*

एकधार, Instr. °रेण *mit einem Gusse,* so v. a. *m. e. Male* Tâṇḍja-Br. 14,4,7.

एकधारक m. N. pr. eines Berges.

ऐकधिष्ण्य Adj. *eine und dieselbe Feuerstelle habend* Çat. Br. 4,6,8,18.

*एकधुर, *°धुरावह und °धुरीण (Naish. 6,65) Adj. *zu demselben Anspann tauglich;* so v. a. *entsprechend, gleichend* Naish.

ऐकधेनु f. Pl. wohl Bez. *bestimmter mythischer Wesen.*

एकनक्षत्र॑ n. *ein aus einem einzigen Sterne bestehendes Mondhaus* oder *ein M., das nur einfach* (ohne पूर्व und उत्तर) *erscheint.*

*एकनट m. *Hauptschauspieler.*

*एकनयन m. *der Planet Venus* Gal.

एकनवत Adj. *der 91ste.*

एकनवति f. *einundneunzig.* °तम Adj. *der 91te.*

एकनाथ 1) m. N. pr. eines Autors. — 2) f. ई Titel eines von ihm verfassten Commentars.

एकनायक m. Bein. Çiva's.

एकनिबद्धवेणी Adj. f. *deren Haar zu einem einzigen Zopf zusammengebunden ist* Hariv. 7042.

एव नि° v. l.

1. एकनिश्चय m. *gemeinschaftlicher Beschluss.*

2. एकनिश्चय Adj. *ein und denselben Beschluss gefasst habend, dasselbe Ziel verfolgend.*

ऐकनीड Adj. 1) *eine gemeinsame Heimat habend.* — 2) *nur einen inneren Raum habend* (Wagen).

एकनेत्र 1) *Adj. *einäugig* Gal. — 2) m. *a)* *Bein. Çiva's. — *b)* bei den ekstatischen Çaiva Bez. *einer der 8 Arten von* Vidjeçvara.

एकनेत्रक m. = एकनेत्र 2) *b)* Hemâdri 1,611,8. 823,5.

ऐकनेमि Adj. *nur eine Radfelge habend.*

*एकपत्त Adj. *zu derselben Partei gehörig.*

एकपत्ती Adv. mit भू *nur die eine Seite einer Sache sein.*

एकपत्तीभाव m. *das als eine These Gelten* Comm. zu Njâjas. 3,2,16.

एकपञ्चाश Adj. *der 51ste.*

एकपञ्चाशत् f. *einundfünfzig.*

एकपति m. *ein und derselbe Gatte* Bhâg. P. 4,26,27.

एकपतिका Adj. f. *denselben Gatten habend.*

*एकपत्त्र m. *ein best. Knollengewächs* Râgan. 7,108.

*एकपत्त्रिका f. *Ocimum gratissimum.*

एकपत्नि Adj. *nur eine Gattin habend.* बहुनामैकपत्निता f. *Polyandrie.*

1. एकपत्नी f. *nur eine Gattin.* °व्रतधर Adj.

2. एकपत्नी Adj. f. 1) *nur einen Eheherrn habend, d. i. dem Gatten treu.* Subst. *eine treue Ehefrau.* Nom. abstr. °त्व n. — 2) Pl. *einen und denselben Gatten habend.*

एकपत्नीक Adj. *nur eine Gattin habend* Comm. zu Njâjam. 9,3,8.

एकपद् und एकपद् 1) Adj. (stark °पाद्, f. °पदी) a) *einfüssig, hinkend.* — b) *unvollständig.* — 2) m. a) Bein. α) Vishṇu's. — β) *Çiva's. — b) N. pr. eines Dânava. — 3) f. एकपदी *Fusssteg.*

1. एकपद n. 1) *eine und dieselbe Stelle.* Nur im Loc. °पदे *plötzlich, im Nu.* — 2) *ein und dasselbe Fach* oder *Feld* Agni-P. 40,12. — 3) *ein einzelnes —, einziges Wort.* — 4) *ein und dasselbe Wort.* — 5) *ein einfaches Wort, eine einfache Nominalbildung.*

2. एकपद 1) Adj. (f. आ) a) *nur einen Schritt gross* Spr. 7671. — b) *einfüssig.* — c) *ein Fach* oder *Feld einnehmend* Hemâdri 1,653,2.3. — d) *nur aus einem Worte bestehend* Tâṇḍja-Br. 12,13,22. °म् Adv. *mit einem Worte, kurz ausgedrückt.* — 2) m. a) Pl. N. pr. eines mythischen Volkes. — b) *quidam coeundi modus.* — 3) f. एकपदा a) *ein aus einem Pâda bestehender Vers.* — b) = पूर्वभाद्रपदा Varâh. Bṛh. S. 6,12.

*एकपदि Adv. gaṇa द्विदण्ड्यादि.

एकपदिक Adj. = 2. एकपद 1) c) Hemâdri 1,651,12.

एकपर Adj. *über Alles gehend.*

*एकपरि Adv. *mit Ausnahme eines* (Würfels u. s. w.).

एकपर्णा f. 1) N. pr. einer jüngeren Schwester der Durgâ. — 2) *Bein. der Durgâ.

एकपर्णिका f. *eine Form der Durgâ.*

एकपर्वतक m. N. pr. *eines Gebirges.*

*एकपलाश m. Davon Adj. °शीय gaṇa गहादि.

एकपशुक Adj. *dasselbe Opferthier erhaltend* Âçv. Çr. 3,6,18.

एकपाकोपजीविन् Adj. *von einer Küche speisend* Comm. zu Gobh. 1,4,24.

एकपाटला f. 1) N. pr. einer jüngeren Schwester der Durgâ. — 2) *Bein. der Durgâ.

एकपातिन् Adj. 1) *allein seiend, — stehend.* — 2) *zusammen gehörig, zusammenfallend* RV. Prât. Âçv. Çr. 5,18,11. 6,5,6. 12,6,23. — 3) Pl. *zusammengenommen* Ait. Br. 1,19.

1. एकपाद m. 1) *ein Fuss.* — 2) *Viertel* MBh. 12, 232,21. — 3) *ein und derselbe Pâda.*

2. एकपाद 1) Adj. (f. आ) *einfüssig; nur einen Fuss gebrauchend.* — 2) m. Pl. N. pr. eines mythischen Volkes. — 3) m. oder n. N. pr. einer Oertlichkeit. — 4) f. एकपदी Titel des 2ten Buches im Çat. Br.

एकपादक 1) m. Pl. eines mythischen Volkes R. ed. Bomb. 4,40,26. — 2) f. °दिका a) *ein Fuss* Naish. 1,121. — b) = 2. एकपाद 4).

एकपार्थिव m. *Alleinherrscher* 97,20.

एकपिङ्ग und °ल m. Bein. Kubera's (*ganz braun*).

एकपिङ्गलाचल m. Kubera's *Berg, d. i. der* Himavant Daçak. 42,21.

एकपीत Adj. (f. आ) *ganz gelb* 292,19.

एकपुण्डरीक n. *die einzige Lotusblüthe, so v. a. der absolut Beste* Çat. Br. 14,9,3,14.

एकपुत्रक m. *ein best. Vogel.*

1. एकपुरुष m. 1) *nur ein Mann.* — 2) *der eine Urgeist* (एष पु° bessere Lesart).

2. एकपुरुष Adj. *nur aus einem Menschen bestehend.*

एकपुरोडाश Adj. *denselben Opferkuchen erhaltend* Çat. Br. 4,6,8,18.

*एकपुष्पा f. *eine best. Pflanze.*

एकप्रख्य Adj. (f. आ) *gleichartig* Megh. XI.

एकप्रतिहार Adj. *nur mit einer* Pratihâra *genannten Silbe versehen* Lâṭj. 6,12,4.

एकप्रदान Adj. (f. आ) Pl. *ihre Gaben in einer durch eine gemeinsame* Jâgjâ *eingeleiteten Darbringung empfangend.*

*एकप्रस्थ m. N. pr. einer Stadt.

एकप्राणभाव m. *einmaliges Athemholen* TS. Prât.

एकप्राणयोग m. *das Verbinden* (von Lauten) *mittels eines einzigen Athemzuges.*

एकप्रादेश Adj. (f. आ) *eine Spanne lang* Çat. Br. 6,5,2,10.

*एकफला f. *eine best. Pflanze.*

एकबुद्धि 1) Adj. a) *einmüthig* Kathâs. 18,136. — b) *von schlichtem Verstande.* — 2) m. N. pr. eines Fisches.

एकभक्त 1) Adj. (f. आ) *nur Einem ergeben, treu* M. 8,363. — 2) n. *einmaliges Essen am Tage* Kauç. 38.

एकभक्ति f. = एकभक्त 2).

एकभक्तिक Adj. *nur eine Mahlzeit am Tage einnehmend* Gaut.

1. एकभाव m. 1) *das Einssein.* — 2) *Einfalt, schlichtes und ehrliches Benehmen* Spr. 1878.

2. एकभाव Adj. 1) *eines und desselben Wesens.* — 2) *sich einfach und offen benehmend gegen* (Gen.).

एकभाविन् Adj. *zu eins werdend, zusammenfliessend.*

एकभूत Adj. *ein und ungetheilt, ganz aufmerksam.*

एकभूमिक Adj. *einstöckig* Hemâdri 1,672,2.

एकभूय n. *Einswerdung* Kaush. Up. 3,2.

एकभोजन n. 1) = एकभक्त 2). — 2) *gemeinsames Mahl.*

एकभोजिन् Adj. *nur einmal am Tage essend.*

1. एकमति f. *der auf einen Gegenstand gerichtete Sinn.*

2. एकमति Adj. *einmüthig.*

एकमनस् Adj. 1) *der seinen Sinn nur auf einen Gegenstand gerichtet hat, nur einem Gedanken nachgehend, aufmerksam* 298,17. Auch mit der Ergänzung componirt. — 2) *einmüthig.*

°एकमय Adj. (f. ई) *nur aus* oder *in — bestehend, ganz erfüllt von.*

एकमात्र Adj. *nur eine Mora habend.*

एकमुख Adj. 1) *nur einen Mund habend* Hemâdri 1,808,22. — 2) *demselben Ziele zugewandt.* — 3) *zu einer Kategorie gehörig.* Nom. abstr. °त्व n. Comm. zu TBr. 1,60. — 4) *von Einem beaufsichtigt.*

एकमूर्धन् Adj. (f. °र्ध्नी) = एकमुख 2).

एकमूल 1) Adj. *eine einzige Wurzel habend* 38,11. — 2) *f. आ a) *Linum usitatissimum.* — b) *Desmodium gangeticum.*

एकयम Adj. *eintönig* TS. Prât. 15,9.

*एकयष्टि und *°का f. *ein Perlenschmuck aus einer einzigen Schnur.*

एकयावन् m. N. pr. eines Fürsten.

एकयूप m. *ein einziger —, ein und derselbe Opferpfosten* Maitr. S. 2,4,8. Tâṇḍja-Br. 21,4,13.

एकयोनि Adj. 1) *von derselben Mutter geboren.* — 2) *von derselben Herkunft, — Kaste.*

*एकरज m. *Verbesina scandens Roxb.*

*एकरद m. Bein. Gaṇeça's Gal.

1. एकरस m. *die einzige Neigung, das e. Vergnügen.*

2. एकरस Adj. (f. आ) 1) *nur einen Geschmack* (obj.) *habend* Ragh. 10,17. — 2) *nur an Einem Gefallen findend* Ragh. 8,64. Gewöhnlich in Comp. mit der Ergänzung 9,42. Çâk. (Pisch.) 62,8. — 3) *sich stets gleich bleibend, unwandelbar* Mâlatîm. 71,7 (63,19) = Uttarar. 79,6 (102,3).

एकराज् 1) Adj. *allein sichtbar.* — 2) m. a) *der Fürst allein.* — b) *Alleinherrscher.*

एकराज् m. *Alleinherrscher* TBr. 2,8,3,7.

एकराज्ञी f. *Alleinherrscherin* AV. Paipp. 7,3,2.

एकरात्र 1) m. *eine eine Nacht lang dauernde Feier.* — 2) n. *die Dauer einer Nacht (eines Tages)* Gaut.

एकरात्रिक Adj. 1) *für eine Nacht (einen Tag) ausreichend.* — 2) *eine Nacht (einen Tag) verweilend* MBh. 12,192,3. ग्रामैक° *in einem Dorfe* 14,46,26. — Vgl. ऐक°.

एकरात्रीण Adj. *eine Nacht während* Lâṭj. 8,4,3.

एकरिक्थिन् Adj. *gleiche Ansprüche auf eine Erbschaft habend.*

एकरुद्र m. 1) Rudra *allein* Ind. St. 13,271. — 2) *bei den ekstatischen* Çaiva *Bez. einer der 8 Arten von* Vidjeçvara Hemâdri 1,611,9. 823,6.

1. एकरूप n. *nur eine Art und Weise* Ind. St. 15,364. °तम् *immer in derselben Weise.*

2. एकरूप 1) Adj. (f. आ) a) *einfarbig.* — b) *von gleicher Gestalt, von gleichem Aussehen, einförmig, einartig.* Nom. abstr. °ता f. *Gleichförmigkeit, Unveränderlichkeit* Spr. 1237. — 2) n. *Bez. zweier Metra.*

*एकरूप्य Adj. *von Einem* oder *Einer herrührend.*

*एकरोणभू m. Bein. Kakshîvant's Gal.

एकर्च 1) Adj. *aus einem Verse bestehend.* — 2) n. *ein aus einem Verse bestehendes Lied.*

एकर्तु m. *die eine Zeit.*

एकर्षि m. 1) *der einzige, oberste* Ṛshi. — 2) N. pr. eines Ṛshi. एकर्षेः साम Name eines Sâman Ârsh. Br.

एकल 1) Adj. a) *ein, der Eine.* — b) *allein.* — 2) m. *Solosänger* S. S. S. 118.

एकलक्ष्यता f. *das das einzige Ziel Sein* Daçak. 82,2.

एकलव्य N. pr. 1) m. eines Fürsten der Nishâda. — 2) f. आ einer Stadt.

1. एकलिङ्ग n. *ein isolirt stehender Phallus.*

2. एकलिङ्ग 1) *m. Bein. Kubera's. — 2) n. N. pr. eines Tîrtha.

*एकलू m. N. pr. eines Mannes.

एकवक्त्र N. pr. 1) m. eines Dânava. — 2) f. आ einer der Mütter im Gefolge Skanda's.

एकवक्त्रक Adj. *eingesichtig* Hemâdri 1,824,2.

एकवचन n. *Einzahl, Singular.*

एकवचनान्त Adj. *auf eine Casusendung des Singulars ausgehend.* Nom. abstr. °ता f. und °त्व n. Comm. zu Mṛkkh. 63,2.

एकवत् Adv. *wie Eines, wie wenn es sich um Einen handelte* Âpast.

एकवद्भाव m. *das Sichdarstellen als Einheit* Comm. zu Kâtj. Çr. 2,3,8.

1. एकवर्ण m. *ein einziger Laut.*

2. एकवर्ण 1) Adj. a) *einfarbig, gleich* — Spr. 1375. Nom. abstr. °ता f. Brahmabindûp. 19. — b) *einförmig* Bhâg. P. 8,5,29. — c) *nur eine Kaste habend.* — d) *nur aus einem Laute bestehend.* — 2) *f. ई *ein best. musik. Instrument.*

एकवर्णक Adj. *einsilbig.*

एकवर्णसमीकरण n. *eine Gleichung mit einer unbekannten Grösse.*

एकवर्त्मन् n. *Pfad* Naish. 6,24.

*एकवर्षिका f. *eine einjährige Kuh.*

एकवस्त्र Adj. *nur mit einem Untergewand angethan* Âpast. Hemâdri 1,90,22. Nom. abstr. °ता f.

एकवस्त्रस्नानविधि m. Titel eines Werkes.

एकवाक्य n. 1) *ein Ausdruck, Wort.* Nom. abstr. °त्व n. Comm. zu den Çivasûtra. — 2) *ein einziger Satz.* Nom. abstr. °ता f. und °त्व n. Ind. St. 13,300. Comm. zu Gaim. S. 132,1. 131,18. — 3) *ein und derselbe Satz* Kâvjâd. 3,131.

एकवाचक Adj. *dasselbe besagend, synonym* Comm. zu Varâh. Bṛh. S. 78.

एकवाचकानुप्रवेशसंकर m. *eine best. rhetorische Figur.*

*एकवाद m. *eine Art Trommel.*

एकवाद्या f. *ein best. gespenstisches Wesen.*

एकवारम् Adv. 1) *nur ein Mal.* अद्याप्येकवारम् *heute noch e. M.* — 2) *auf ein Mal.*

एकवास Adj. *an demselben Orte lebend* Spr. 2149.

एकवासविधि m. Titel eines Werkes.

एकवासस् Adj. = एकवस्त्र Âpast. MBh. 3,61,6.

एकविंश 1) Adj. (f. ई) a) *der 21ste.* — b) *aus 21 bestehend.* — c) *mit dem* Ekaviṃçastoma *verbunden.* — 2) m. a) = एकविंशस्तोम. — b) Bez. eines der 6 Pṛshṭhjastoma.

एकविंशक 1) Adj. (f. °शिका) a) *der 21ste* Hemâdri 1,416,1. 426,6. — b) *aus 21 bestehend.* — 2) n. *21-Zahl.*

एकविंशत् f. Pl. *einundzwanzig.* Am Anf. eines Comp. Hemâdri 1,293,5.

एकविंशति f. Sg. und Pl. (selten) dass. एकविंशत्यमी (!) स्वर्गाः Hemâdri 1,164,1. Als Adj. in °यूपाः. एकविंशतिगृहीत *21 Mal geschöpft.* एकविंशतिनिर्बाध Adj. Çat. Br. 6,7,1,2. 7,4,1,10.

एकविंशत्यरत्नि Adj. एकविंशत्यह m. Lâṭj. 4,6,12.

एकविंशतिसंस्थ Adj. Ind. St. 10,326. *एकविंशतिभरद्वाजम् Mahâbh. 2,411,b.

एकविंशतितम Adj. *der 21ste.*

एकविंशतिधा Adv. *21fach, in 21 Theile.*

एकविंशतिविध Adj. *21fach* Maitr. S. 3,2,3.

एकविंशतिस्थान n. Titel eines Werkes.

एकविंशतिक n. *21-Zahl.*

एकविंशत्यनुगान n. Name eines Sâman.

एकविंशवत् Adj. *mit dem* Ekaviṃçastoma *verbunden.*

एकविंशसंपद् f. *Herstellung einer 21-Zahl* Çat. Br. 7,1,2,15. 8,5,2,8.

एकविंशस्तोम m. *ein aus 21 Gliedern bestehender* Stoma.

एकविंशिनी f. *21-Zahl* Tâṇḍja-Br. 21,4,13.

एकविध Adj. 1) *einfach.* — 2) *identisch.*

एकविभक्ति Adj. *immer in demselben Casus stehend* P. 1,2,44.

एकविलोचन m. Pl. N. pr. eines mythischen Volkes.

एकवीर 1) m. a) *ein unvergleichlicher Held.* — b) *ein best. Baum Râǵan. 8,17. — 2) f. आ a) *eine Gurkenart Nigh. Pr. — b) N. pr. einer Tochter Çiva's.

एकवीरकल्प m. Titel eines Werkes.

एकवीर्य Adj. *von gleicher Kraft* Tâṇḍja-Br. 5,1,12.

एकवृक m. *ein allein wandernder Wolf* Cit. im Comm. zu Taitt. Âr. 4,28,1.

एकवृक्ष m. 1) *ein isolirt stehender Baum* Varâh. Jogaj. 6,20. °सद् Adj. Mân. Gṛhj. 1,13. — 2) *ein und derselbe Baum* Spr. 1376. — Davon *Adj. °क्षीय.

एकवृत् Adj. *einfach.*

एकवृत्तमय Adj. *in einem und demselben Metrum abgefasst.*

एकवृन्द m. *eine best. Krankheit des Schlundes.*

एकवृष 1) m. *der einzige Stier, Herrscher der Heerde.* — 2) n. Name eines Sâman.

1. एकवेणि und °णी f. *eine einzige Flechte* (als *Zeichen der Trauer*) Megh. XII. °वेणीधरा Adj. f., °वेणीधरत्व n. Nom. abstr.

2. एकवेणी Adj. f. *aus einer Flechte bestehend* Megh. 89.

एकवेश्मन् n. *ein einziges Bauwerk* Çat. Br. 1,3,2,14.

एकव्याख्यान Adj. (f. आ) *dieselbe Begründung habend* Çat. Br. 6,2,1,27. 33. 7,4,6. 7,2,4,28.

एकव्यावहारिक m. Pl. Name einer buddh. Schule.

एकव्रत Adj. (f. आ) 1) *allein befehlend* AV. Paipp. 7,3,1. — 2) *nur Einem ergeben, treu.*

एकव्रात्य m. *der eine, oberste* Vrâtja.

1. एकशत n. *hundertundeins.* ऋषभैकशतं गाः *hundert Kühe und einen Stier* MBh. 12,165,57.

2. एकशत Adj. *der hundertunderste.* Am Ende eines adj. Comp. f. आ Gaut.

एकशततम Adj. dass.

एकशतधा Adv. *101fach, in 101 Theile.*

एकशतविध Adj. *101fach.*

एकशफ 1) Adj. *einhufig, dessen Huf nicht gespalten ist.* — 2) m. a) *Einhufer.* — b) *Pferd. — 3) n. *das Geschlecht der Einhufer.*

*एकशरीर Adj. *blutsverwandt.*

एकशलाका f. *ein einzelnes Stäbchen* Çat. Br. 2,6,1,6.

एकशस् Adv. *einzeln* 130,27.

*एकशाख Adj. *zu derselben Schule gehörig.* Davon *Adj. °खीय.

एकशायिन् Adj. *allein* (ohne Frau) *schlafend.*

एकशाल 1) n. a) *ein Haus aus einem Zimmer.* — b) N. pr. einer Oertlichkeit. °साल v. l. — 2) f. आ N. pr. a) einer Oertlichkeit. — b) einer Stadt.

*एकशालिक Adj. = एकशाला.

एकशाल्मलीस्पृक्पत्तीव्रत n. *ein best. Spiel.*

एकशितिपद् Adj. (stark °पाद्) *einen weissen Fuss habend.*

एकशिला f. N. pr. einer Stadt. °नगरी f. Bhoga-Pr. 56,74.

एकशीर्षन् Adj. = एकमुख 2).

एकशील Adj. *von gleicher Sinnesart* MBh. 12, 273,11.

एकशीला f. v. l. für एकशाल 2) b).

एकशृङ्ग Adj. (f. आ) *eine Knospendecke habend.*

एकशृङ्ग m. Pl. Bez. *bestimmter Manen* MBh. 2,11,47.

एकशेप m. N. pr. eines Mannes.

एकशेष m. 1) *der einzige Rest, das allein übrig Bleibende* Naish. 3,82, v. l. 7,59. Am Ende eines Comp. *allein übrig geblieben von* Veṇîs. 68,8. 69,2. — 2) *eine elliptische Bezeichnungsweise, bei der von zwei oder mehreren Wörtern nur eins übrig bleibt,* so z. B. der Dual und der Plural.

एकश्रुतधर Adj. *ein Mal Gehörtes im Gedächtniss behaltend.* Nom. abstr. °त्व n.

1. एकश्रुति f. 1) *ein Ausspruch in der Einzahl* Lâṭj. 1,1,4. Nom. abstr. °त्व n. Gaim. 4,1,12. — 2) *das Hören eines einzigen Tones, Eintönigkeit.* = तान Comm. zu Njâjam. 9,2,15. Nom. abstr. °त्व n. ebend.

2. एकश्रुति Adj. Adv. *eintönig, gleich* —.

एकश्रुत्युपदेश m. Titel eines Vedânta-Werkes.

एकश्रुष्टि Adj. *einem Befehle gehorsam.*

एकषष्ट Adj. 1) *der 61ste.* — 2) *mit 61 verbunden,* + *61.*

एकषष्टि f. *einundsechzig.* °तम Adj. *der 61ste.*

एकसंवत्सर m. *ein Jahr.* Acc. *ein Jahr lang* Maitr. S. 1,9,7.

1. एकसंश्रय m. *das Zusammenhalten, friedliches Zusammenleben* Spr. 3941.

2. एकसंश्रय Adj. Pl. *zusammenhaltend* Spr. 4404.

एकसती Adj. f. *in der Treue zum Gatten einzig dastehend* Naish. 9,55.

एकसप्तत Adj. *der 71ste.*

एकसप्तति f. *einundsiebenzig.* चतुर्युगानि — एकसप्तति (!) यावता Hemâdri 1,561,14.

एकसप्ततिक Adj. *aus 71 bestehend.*

एकसप्ततितम Adj. *der 71ste.*

एकसर्ग n. *Sammelpunct für Alles.*

*एकसर्ग Adj. = एकतान 1).

एकसहस्र 1) n. *tausendundein.* ऋषभैकसहस्रं गाः *tausend Kühe und einen Stier* MBh. 12,165,56. — 2) Adj. *der tausendunderste.* Am Ende eines adj. Comp. f. आ. ऋषभैकसहस्रा गाः so v. a. *tausend Kühe und einen Stier* Gaut. M. 11,127.

एकसार्थप्रयात Adj. *mit* (सह) *Jmd ein und dasselbe Ziel verfolgend* MBh. 10,5,32. Râgat. 5,374.

एकसाल n. N. pr. einer Oertlichkeit R. ed. Bomb. 2,71,6. °शाल v. l.

*एकसूत्र n. *eine Art Trommel.*

एकसृक m. *Schakal.*

एकस्तम्भ Adj. *auf einem Pfeiler ruhend* 61,24.

एकस्तोम Adj. *nur mit einem* Stoma *gefeiert* Lâṭj. 9,7,8. Gaim. 5,3,43. °क dass. Comm.

एकस्थ Adj. 1) *zusammenstehend, in Einem vereint, vereint.* Nom. abstr. एकस्थता f. — 2) *ein Fach* oder *Feld einnehmend* Agni-P. 40,7. — 3) *alleinstehend,* so v. a. *selbstständig* AV. Paipp. 7,3,2.

1. एकस्थान n. 1) *ein und derselbe Ort* 154,19. — 2) °स्थाने — अन्यस्मिन् so v. a. *ein Mal — das andere Mal* Spr. 1403, v. l.

2. एकस्थान Adj. *mit demselben Organ ausgesprochen werdend.* Nom. abstr. °त्व n. Comm. zu TS. Prât.

एकस्फ्या f. *ein mit einem Holzspan gezogener Strich* Çat. Br. 3,5,2,2. 9,2,3,1.

एकस्मान्नपञ्चाश m. *ein aus 49* sutja-*Tagen bestehendes Opfer* TS. 7,4,7,1.

एकहंस 1) m. *der einzige, höchste* Haṁsa, *allegorische Bez. der Seele.* — 2) wohl n. N. pr. eines Tîrtha.

*एकहल्य Adj. *ein Mal gepflügt* Gal.

एकहस्त Adj. (f. आ) *die Länge einer Hand habend* Agni-P. 42,22. Hemâdri 1,782,16. 825,1.

एकहायन 1) Adj. (f. ई) *einjährig.* — 2) f. एकहायनी *eine einjährige Kuh.* — 3) n. *Zeitraum eines Jahres.*

एकहार्य Adj. (f. आ) 1) *von Einem aufzuführen* (Schauspiel). — 2) als Beiw. von युग *Zeitalter* MBh. 3,13049. एकाहार्य v. l.

एकहेला f. Instr. °हेलया *mit einem Schlage, auf ein Mal* Gaṇit. 7. Pañkat. 256,24.

एकांश m. *Theil.* Nom. abstr. °ता f.

*एकांशमल m. *Zuckerrohrsaft* Gal.

एकाकिकेसरिन् m. N. pr. eines Bhilla.

एकाकिन् Adj. *alleinig, einsam.* Nom. abstr. °किता f. Instr. *allein.*

1. एकाक्ष Adj. *nur eine Achse habend.*

2. एकाक्ष 1) Adj. *einäugig* Varâh. Jogaj. 6,23. — 2) m. a) **Krähe.* — b) Bein. Çiva's. — c) N. pr. α) eines Wesens im Gefolge Skanda's. — β) eines Dânava.

1. एकाक्षर n. 1) *das einzige Unvergängliche.* — 2) *eine einzige Silbe* Spr. 1400.

2. एकाक्षर 1) Adj. *einsilbig.* Nom. abstr. °त्व n. — 2) wohl m. Titel einer Sammlung *einsilbiger Wörter.* — 3) n. a) *ein einsilbiges Wort.* °कोश m., °नाममाला f., °निघण्ट m., °मालिका f. und एकाक्षराभिधानकोश m. Titel von Sammlungen solcher Wörter. — b) *die Silbe* ओम्. — c) Titel einer Upanishad.

एकाक्षरगणपतिकवच n. Titel eines *Gebetes zu* Ganeça.

एकाक्षरीभाव m. *Zusammenziehung zweier Silben in eine.*

एकाक्षरीभाविन् Adj. *in einer Contraction von Silben bestehend.*

1. एकाग्नि m. *ein und dasselbe Feuer* Lâṭj. 4,9,2.

2. एकाग्नि Adj. *nur ein Feuer unterhaltend* Âpast.

एकाग्निक m. = 1. एकाग्नि Hemâdri 1,20,4.

एकाग्निकाण्ड n. Titel eines *Abschnitts* im Kâṭhaka Ind. St. 3,387 (vgl. 12,354).

एकाग्र 1) Adj. (f. आ) *auf einen Punct —, auf einen Gegenstand gerichtet, seine Aufmerksamkeit auf einen Gegenstand richtend.* °दृष्टि, °धी und °मनस् Adj. Häufig in Composition mit der Ergänzung. °म् und °तस् Adv. °ता f. und °त्व n. Nom. abstr. — 2) wohl n. *the whole of the long side (in an excavation) which is subdivided.*

एकाग्रमति m. N. pr. eines Mannes Lalit. 391,11.

*एकाग्र्य Adj. = एकाग्र 1).

*एकाङ्क m. N. pr. eines Mannes.

1. एकाङ्ग n. *ein einzelnes Glied, — Theil.*

2. एकाङ्ग 1) m. a) Pl. *Leibwache.* Am Ende eines adj. Comp. f. आ. — b) **der Planet Mercur.* — c) **der Planet Mars.* — d) *Bein. Vishṇu's. — 2) f. ई *ein best. wohlriechender Stoff* (aus Guzerat kommend) Bhâvapr. 1,191. 3,100. — 3) *n. *Sandelholz.*

एकाङ्गरूपक n. *ein unvollständiges Gleichniss* 251,31.

1. एकात्मन् m. *der einzige Geist.*

2. एकात्मन् Adj. 1) *auf sich allein beschränkt, alleinstehend* MBh. 13,107,4. — 2) *eines und desselben Wesens mit* (Gen.). Nom. abstr. °त्मता f.

एकात्म्य fehlerhaft für एकात्मन् und ऐकात्म्य.

एकादश 1) Adj. (f. ई) a) *der eilfte* Am Ende eines adj. Comp. f. आ. ऋषभैकादशा गाः so v. a. *zehn Kühe* und einen Stier Gaut. 22,16. Hemâdri 1,467,8 (वृषभैकादशाश्च zu lesen). वृषभैकादशी f. Sg. dass. 1. 3. — b) mit eilf verbunden, — 11. — c) aus Eilfen bestehend. — d) = एकादशन् Hemâdri 1,627,14. 628.4. — 2) f. ई der eilfte Tag in einem Halbmonat. — 3) n. Eilfzahl.

एकादशक 1) Adj. a) der eilfte Kap. 2,18. 19. Sâmkhjak. 25. — b) aus Eilfen bestehend, eilftheilig. — 2) n. Eilfzahl.

एकादशकपाल Adj. auf eilf Schüsseln vertheilt.

एकादशकृत्वस् Adv. eilf Mal.

एकादशत्व n. Eilfzahl.

एकादशधा Adv. eilffach, in eilf Theile Çat. Br. 10,4,2,10.

एकादशन् Adj. Pl. eilf.

एकादशम Adj. der eilfte.

एकादशमारिका f. ein Frauenname (Mörderin von Eilfen).

एकादशरात्र ein Zeitraum von eilf Nächten (Tagen) Gaut.

एकादशविध Adj. eilffach.

एकादशविष्णुगणश्राद्ध n. ein best. Çrâddha.

एकादशस्कन्धार्थनिरूपणकारिका f. Titel einer Kârikâ zum Bhâg. P.

एकादशाक्ष m. N. pr. eines Mannes.

एकादशाक्षर Adj. (f. आ) eilfsilbig.

एकादशारत्नि Adj. eilf Ellen lang.

1. एकादशाह n. ein Zeitraum von eilf Tagen R. 1,19,14.

2. एकादशाह m. ein eilftägiges Opfer MBh. 13,103,32.

एकादशिन् 1) Adj. aus Eilfen bestehend. — 2) f. °शिनी Eilfzahl.

एकादशिन fehlerhaft für एका°.

*एकादशोत्तम m. Bein. Çiva's.

एकादेश m. 1) die Substitution eines einzigen Lautes für zwei oder mehrere. — 2) ein aus einem einzigen Laute bestehendes Substitut, das an die Stelle von zwei oder mehreren tritt.

एकाधिप m. Alleinherrscher Spr. 3568.

एकाध्यायिन् Adj. allein studirend Âpast.

एकानंशा f. Bein. 1) der Kuhû. — 2) der Durgâ.

एकानर्थ Adj. dieselben Nachtheile empfindend 50,1.

एकानुगान n. Name eines Sâman Ârsh. Br.

एकानुदिष्ट n. ein einem einzigen (kürzlich) Verstorbenen geltendes Çrâddha.

एकानेकस्वरूप Adj. einfach und zugleich vielfach VP. 1,2,3.

1. एकान्त m. 1) ein einsamer, abseits gelegener Ort. °तम् in der Einsamkeit. — 2) Theil, Bestandtheil. Nom. abstr. °ता f. und °त्व n. — 3) Beschränkung auf Eins, Ausschliesslichkeit. नैष एकान्तो यत् es ist keine absolute Nothwendigkeit, dass Pañkat. ed. Bomb. III,56,18. °न्तम्, °न्तेन, °न्तात् (Kap. 5,115), °न्ततस् und एकान्त° (°लाभ absoluter Gewinn Bhâg. P. 3,6,37) ausschliesslich, absolut, durchaus, schlechterdings, vollkommen. °न्ते Pañkat. 247,18 wohl fehlerhaft für °न्तं. — 4) das Aufgehen in Einem, absolute Einheit. — 5) Dogma Comm. zu Njâjas. 4,1, 28. 34. 36. सांख्यैकान्त Adj. ein Anhänger der Sâmkhja-Lehre 40. 43.

2. एकान्त Adj. ganz in Etwas oder Jmd (Loc. oder im Comp. vorangehend) aufgehend, nur Einem hingegeben. Nom. abstr. °ता f.

एकान्तग्रहण n. einseitige Auffassung Karaka 3,3.

एकान्तग्राहिन् Adj. einseitig auffassend Karaka 3,8.

*एकान्तदुःषमा f. bei den Gaina Bez. zweier Speichen im Zeitrade.

एकान्तभाव m. = एकान्त 4) MBh. 12,336,28.

एकान्तभूत Adj. ganz allein stehend.

एकान्तर Adj. (f. आ) nur durch ein Zwischenglied getrennt Gaut.

एकान्तरहस्य n. Titel eines Werkes.

*एकान्तराग m. N. pr. eines Bodhisattva.

एकान्तशील Adj. einen einsamen Ort aufsuchend, sich in die Einsamkeit zurückziehend MBh. 1,36,4. 14,19,19.

*एकान्तसुषमा f. bei den Gaina Bez. zweier Speichen im Zeitrade.

एकान्तिन् Adj. = 2. एकान्त. Die Ergänzung im Gen. oder Loc. °न्तित्व n. Nom. abstr.

एकान्तीतीर्थ (!) n. N. pr. eines Tîrtha.

एकान्नत्रिंश Adj. aus 29 bestehend Vaitân. 29,7 (nach der richtigen Lesart).

एकान्ननक्तभोजन n. das nur einmal am Tage — oder das nur in der Nacht Speisen Hemâdri 1,156,13.

एकान्नपञ्चाशद्रात्र Adj. 49 Tage während; m. n. ein solches Opfer Kâtj. Çr. 24,2,37. 3,36. Comm. zu 24.2,38.

एकान्नभोजिन् Adj. nur einmal am Tage essend Hemâdri 1,164,21.

एकान्नविंश m. ein 19theiliger Stoma Lâtj. 6,7,14.

एकान्नविंशतिधा Adv. 19fach, in 19 Theile Çat. Br. 10,4,2,15.

एकान्नादिन् Adj. die Speise Eines essend.

एकान्वय Adj. von derselben Familie wie (Gen.) Çâk. 104,8.

एकापचय m. Abnahme um Eins Gaut. 27,12.

*एकाब्दा f. eine einjährige Kuh

एकाम्र, °क, °वन und °कवन n. N. pr. eines geheiligten Waldes.

1. एकायन n. 1) ein nur für Einen gangbarer, schmaler Pfad. — 2) Vereinigungspunct, Sammelplatz. — 3) das Aufgehen in Einem, absolute Einheit. — 4) das einzige, richtige Verfahren, Lebensklugheit.

2. एकायन Adj. 1) nur für Einen gangbar, überaus schmal. — 2) *nur auf einen Gegenstand gerichtet, nur an e. G. denkend.

एकायनगत Adj. 1) auf einem schmalen Pfade sich befindend MBh. 1,176,5. — 2) *= 2. एकायन 2).

एकायनी Adv. mit भू zum Vereinigungspunct von Etwas (Gen.) werden.

एकायु m. der vornehmste Lebendige.

एकार m. der Laut ए TS. Prât. Tândja-Br. 5,7,9.

एकारत्नि Adj. eine Elle lang Çat. Br. 11,7,4,1.

एकाराम Adj. nur an Einem sich ergötzend Jâgn. 3,58. Nom. abstr. °मता f.

एकार्णव m. ein einziges Meer, nichts als Meer.

1. एकार्थ m. ein und derselbe Gegenstand Spr. 5329.

2. एकार्थ 1) Adj. (f. आ) a) gleichen Zweck —, gleiches Ziel habend MBh. 3,55,7. Spr. 1407 (°र्थां zu lesen). — b) dieselbe Bedeutung habend, ein und dasselbe ausdrückend; n. in der Rhetorik ein best. Fehler des Ausdrucks Vâmana 2,2,11. Kâvjâd. 3,125. 135. — c) die Bedeutung eines Ganzen habend, nur einen Begriff bildend. — 2) m. Titel eines synonymischen Wörterbuchs.

एकार्थता f. Nom. abstr. zu 2. एकार्थ 1) a).

एकार्थत्व n. Nom. abstr. zu 2. एकार्थ. 1) zu 1) a) 216,4. — 2) zu 1) c) Mahâbh. 2,368,a.

एकार्थनाममाला f. Titel eines Wörterbuchs.

एकालापक n. Wortspiel Bâlar. 6,1.

एकावम Adj. um Eins geringer.

एकावर्त Adj. einen Wirbel bildend Vâgbh. 1,7,13.

एकावलि und °ली f. 1) ein aus einer einzigen Perlenschnur bestehender Schmuck Kâd. 232,7. Bâlar. 279,6. Naish. 6,69. Am Ende eines adj. Comp. f. ई Chr. 218,13. — 2) in der Rhet. eine Reihe von Sätzen, in denen ein regelmässiger Uebergang eines Prädicats in ein Subject oder umgekehrt erfolgt, Kâvjapr. 10,45. — 3) Titel eines rhet. Werkes. °तरल (Kumârasv. zu Pratâpar.) und °प्रकाश m. Titel von Commentaren dazu.

एकावाञ्च् Adj. um Eins abnehmend.

एकाशिन् Adj. allein speisend, das Mahl nicht mit Andern theilend Suçr. 1,335,17.

एकाशीत Adj. der 81ste.

एकाशीति f. einundachtzig. °तम Adj. der 81ste.

एकाश्रित Adj. an Einem haftend, einem einzelnen Gegenstande zukommend.

एकाष्टका f. der achte Tag nach dem Vollmonde, insbes. im Monat Mâgha Vaitân.

एकाष्ठील 1) *m. f. (आ) angeblich Agati grandiflora. — 2) f. आ a) eine Art Calotropis Karaka 8,10. — b) *Clypea hernandifolia.

एकास्य Adj. nur ein Gesicht habend Hemâdri 1,823,17.

एकाह m. 1) Zeitraum eines Tages Gaut. — 2) Eintagsfeier. Unter den Soma-Feiern diejenigen, welche an einem einzigen Tage Trankbereitung haben. Bei den Commentatoren oft so v. a. der Agnishṭoma als Grundform der anderen.

एकाहगम m. Tagereise.

एकाहन् n. ein einziger Tag. °ह्ना in einem Tage.

एकाहातान m. die Schnur, d. i. die ununterbrochene Reihe von Ekâha Çat. Br. 13,5,1,9.

1. एकाहार m. eine einmalige Mahlzeit am Tage Spr. 1408.

2. एकाहार Adj. nur einmal am Tage essend.

एकाहार्य Adj. nach Nilak. nur zu einerlei Speise geeignet MBh. 3,190,41. एकहार्य v. l.

एकिन् Adj. einfach; m. ein aus einem Verse hergestellter Stoma Lâṭj. 6,5,18. 6,12.

एकी Adv. 1) mit कर् vereinigen, verbinden, sammeln Daçak. 40,13. — 2) mit भू zu Eins werden, sich vereinigen, — vermischen.

एकीकरण n. das Vereinigen, Verbinden Comm. zu TS. Prât.

एकीभाव m. das Einswerden, Vereinigung.

एकीभाविन् Adj. auf das Verschmelzen von Vocalen bezüglich.

एकीय Adj. 1) von Einem herrührend, nur eine Autorität habend. — 2) *zu derselben Partei gehörig.

एकेन्द्रिय Adj. nur ein Organ habend H. 21.

एकेष Adj. nur eine Deichsel habend.

एकेष्टक Adj. einen Backstein habend Çat. Br. 6,1,2,30. 10,5,2,22.

एकेष्टका f. ein Backstein Çat. Br. 2,1,2,14.

एकैक Adj. (f. आ) je einer, jedes Mal einer, jeder einzelne. Pl. 161,7. °म् Adv. °तर einer unter Mehreren Bhâg. P.

एकैकवृत्ति Adj. sich an einem einzelnen Gegenstande befindend.

एकैकशस् Adv. einzeln, je nach der Reihe, je und je.

एकैकश्य n. Nom. abstr. von एकैकशस्. Instr. = एकैकशस्. °श्येन (!) Karaka 3,1. Wohl fehlerhaft für ए°.

एकैश्वर्य n. Alleinherrschaft Mâlav. 1.

एकैषिका f. Ipomoea Turpethum oder Cissampelos hexandra Madanav. 95,46.

एकोक्ति f. ein einziger Ausdruck, ein Wort.

एकोच्चय m. Zunahme um Eins Gaut. 27,13.

एकोति Adj. einem und demselben Ziele zustrebend Çat. Br. 12,2,2,4.

एकोत्तर Adj. um Eins grösser, — mehr, — zunehmend. °क्रमशस् Adv. der Reihe nach stets um Eins mehr.

एकोत्तरिका f. oder °गम m. Titel eines buddh. Âgama.

एकोदक Adj. mit Jmd in dem Verwandtschaftsgrade stehend, dass man mit ihm die Wasserspende für einen und denselben Verstorbenen darbringt.

एकोदात्त Adj. einen Acut habend VS. Prât. 2,1.

एकोद्दिष्ट und °श्राद्ध n. = एकानुदिष्ट.

एकोन Adj. (f. आ) woran Eins fehlt Spr. 1428.

एकोनविंशति f. neunzehn.

एकोन्नत Adj. eine Erhöhung habend TS. 6,2,6,2.

एङ् Bez. der Vocale ए und ओ 235,11.

एज् 1) एजति sich rühren, — bewegen, — in Bewegung setzen, erbeben. Partic. एजत् beweglich; n. das Bewegliche, Lebendige. — 2) *एजते (दीप्तौ). — Caus. एजयति, °ते in Bewegung setzen. — Mit उद् sich rühren, — erheben. — Caus. in *उदेजय. — Mit *प्र प्रेजते. — Mit सम् sich in Bewegung setzen 44,6.

एजत्क 1) Adj. zitternd (vor Alter). — 2) m. ein best. Insect.

एजथु m. das Beben (der Erde).

°एजय Adj. mit vorangehendem Acc. in Bewegung setzend, erzittern machend.

*एजि (!) m. N. pr. eines Mannes.

एज्य Adj. (f. आ) darzubringen.

*एठ्, एठते (विबाधायाम्).

एड 1) *Adj. taub. — 2) m. eine Art Schaf. — 3) f. ई N. pr. einer der Mütter im Gefolge Skanda's.

एडक 1) m. a) ein breithörniges fettschwänziges Schaf Bhâvapr. 2,10. °रजस् n. ein Staubkörnchen auf einem Schafhaare. — b) eine best. Heilpflanze. — 2) f. *एडका und एडिका (Bhâvapr. 2,10) f. zu 1) a).

*एडकमुख m. ein Kiṃnara Gal.

*एडकीय्, °यति Denom. von एडक. — Mit *उप, उपेड° oder उपैड°.

एडगज m. Cassia Tora oder alata Karaka 6,7.

*एडमूक Adj. 1) taubstumm. — 2) blind Gal. — 3) böse, schlecht.

एडिकाली f. eine best. Pflanze Utpala zu Varâh. Bṛh. S. 48,41.

*एडुक n. = एडूक.

एडूक m. *n. Beinhaus, Reliquientempel (der Buddhisten).

*एडोक 1) Adj. taub Gal. — 2) n. = एडूक.

एण 1) m. a) eine Antilopenart. — b) der Steinbock im Thierkreise. — 2) f. एणी das Weibchen des एण Spr. 7618. 7783.

एणक m. = एण 1) a).

एणजङ्घ m. N. pr. eines Läufers Daçak. 42,21.

*एणतिलक m. der Mond.

एणदृश् 1) f. Gazellenauge Naish. 7,32. — 2) m. der Steinbock im Thierkreise.

एणनाभि m. Moschus Hâsj. 15.

एणनेत्रा f. eine Gazellenäugige Hâsj. 20.

*एणभृत् m. der Mond.

एणमद m. Moschus Naish. 2,92.

एणशिरस् n. = मृगशिरस् Weber, Nax. 2,391 (एन° gedr.).

एणाक्षी f. eine Gazellenäugige Spr. 1443. Viddh. 82,7.

एणाङ्क m. der Mond.

एणाङ्कमणि m. der Mondstein (चन्द्रकान्त).

एणीकृत Adj. Bez. einer best. fehlerhaften Aussprache der Vocale Mahâbh. (K.) 13,23. 26.

एणीदाह m. eine Form des Fiebers Bhâvapr. 3,79.

एणीदृश् f. eine Gazellenäugige Bâlar. 190,8. Prasannar. 37,14. Viddh. 28,9. 83,2.

एणीनयना f. dass. Spr. 7628.

*एणीपचन m. Pl. N. pr. eines Volkes. Davon *Adj. °नीय.

एणीपद m. eine Schlangenart.

एणीपदी f. ein best. giftiges Insect.

एणोत्तपा f. eine Gazellenäugige Naish. 6,40. Viddh. 63,5.

1. एत Pron. (f. आ) dieser hier, dieser. Davon alle Casus mit Ausnahme des Nom. Sg. m. und f. Diese lauten एष[स्] und एषा. Weist häufiger auf etwas Vorangehendes als auf etwas Folgendes hin. एतस्मिन् in diesem Falle 308,14. एष याति शिवः पन्थाः hier geht, एष कालः jetzt ist die Zeit, एष त्वां नयामि स्वर्गम् wie ich hier stehe, stracks. Congruirt als Subject in genere und numero in der Regel mit dem Prädicat ohne Rücksicht auf das zu ergänzende Nomen. Häufig mit andern Demonstrativen, mit dem Relativum und Interrogativum verbunden, und wie त in Correlation mit dem Relativum. एतेन — यतस् deshalb — weil.

2. एत 1) Adj. (f. *एता und एनी) bunt, schimmernd, schillernd. — 2) m. a) eine Hirschart. — b) Hirschfell. — 3) f. एता Hirschkuh. — 4) एनी *Fluss.

3. एत Partic. von 3. इ mit आ.

1.*एतक (f. एतिका) Demin. zu 1. एत.

2.*एतक Adj. (f. एतिका und एनिका) Demin. zu 2. एत.

ऐतग्व Adj. *bunt schimmernd.*

एतत्पर Adj. *ganz damit beschäftigt* Kull. zu M. 3,127.

*एतत्प्रथम Adj. *dieses zum ersten Male thuend* P. 6,2,162.

एतद् 1) Nom. Acc. Sg. n. von 1. एत. — 2) Adv. *auf diese Weise, so, also* 35,32. 36,2. Spr. 2163.

एतदन्त Adj. (f. आ) *damit schliessend* M. 1,50.

एतदर्थम् Adv. *zu diesem Endzweck, deshalb.* In Correlation mit यद् *zu dem E. — dass.*

एतदवस्थ Adj. *in dieser Lage sich befindend* 310,13. *derartig* Vikr. 135.

एतदात्म्य n. Khând. Up. 6,8,7 fehlerhaft für ऐ°.

एतदायतन Adj. *diesen Standort habend* Tândja-Br. 12,10,16.

एतदीय Adj. 1) *diesem, dieser* oder *diesen gehörig, sein, ihr* Hemâdri 1,2,7. 13. 3,10. Kathâs. 18,119. — 2) *darauf bezüglich*

एतडु m. N. pr. eines Asura.

एतद्दा Adj. *dieses verleihend* Çat. Br. 9,2,1,17.

एतद्देवत्य Adj. *diese zur Gottheit habend* Çat. Br. 8,3,3,6.

*एतद्द्वितीय Adj. *dieses zum zweiten Male thuend* P. 6,2,162, Sch.

*एतन m. 1) *der ausgestossene Athem.* — 2) *Silurus pelorius.*

एतन्मय Adj. (f. ई) *daraus bestehend, so geartet.*

*एतय्, °यति = एतनीमाचष्टे.

एतर् Nom. ag. 1) am Ende eines Comp. *der da geht.* — 2) एतरि (एतरि Padap.) von unbekannter Bed.

एतर्हि 1) Adv. a) *jetzt, nunmehr, heut zu Tage.* — 2) *dann* in Correlation mit यर्हि. — 3) n. *ein best. Zeitmaass,* = 15 इदानि.

एतवे, एतवै Dat. Inf. von 3. इ RV.

एतव्य 1) Adj. *dem man sich hinzugeben hat* Tândja-Br. 8,1,11. — 2) n. impers. *vorzugehen mit* (Instr.) Tândja-Br. 4,4,2. 5. 11.

एतश und एतश 1) Adj. *bunt, schimmernd.* — 2) a) m. *buntes Ross, Schecke; insbes. Sonnenross.* — b) **ein Brahman.* — c) N. pr. eines Mannes.

*एतशस् und *एतस m. *ein Brahman.*

एतादृक्ष und °दृश् Adj. *ein solcher, derartig.*

एतादृश Adj. (f. ई) dass. *von derselben Art* Spr. 5802. In Correlation mit einem Relativum.

एतावच्छस् Adv. *so oft* Maitr. S. 1,9,8 (°वच्छस्).

एतावत्त्व n. *Quantität, Anzahl, Grösse, Umfang.* Mit folgendem यद् *das Soweitgehen, dass.*

एतावद्धा Adv. *so vielfach.*

एतावत् 1) Adj. *so gross, — viel, von solchem Umfange, so gross und nicht grösser, so viel und nicht mehr, so weit und nicht weiter, nur so weit sich erstreckend, nur insofern Etwas seiend.* Häufig in Correlation mit einem Relativum. एतावति *in solcher Entfernung.* — 2) °वत् Adv. *so viel, — weit, bis hierher, so. tam.*

एतावन्मात्र Adj. *dieses Maasses, so gross, — viel, — wenig.*

ऐति f. *Ankunft.*

ऐतिवत् Adj. *eine Form von* 3. इ *enthaltend* TBr. 1,4,6,1 (vgl. Comm.).

एतु in स्वैतु.

ऐतोस् Abl. Inf. von 3. इ RV.

ऐद् (आ + इद्) mit folgendem Acc. als Ausruf der *Ueberraschung.* ऐत्तिरोभूताम् *sieh da, sie war verschwunden* 29,30. 30,23 (vielleicht ब्रागामिद्धिरण्य° zu lesen). 30. ऐत्पुरोडाशमेवं कूर्मं भूत्वा सर्पन्तम् Çat. Br. 1,6,2,3. 2,2,3,3. 4,12. 3,4,2. 4,1,3,4. 11,6,1,3. ऐत् (so Hdschrr., wohl एत् zu lesen) पशुमेव निरात्त्वं शयानम् Ait. Br. 2,13.

एदिधिषुःपति m. *der Gemahl einer jüngeren Schwester, deren ältere noch nicht verheirathet ist.*

एध्, ऐधते (selten एधति) *gedeihen, Wohlergehen finden, glücklich sein* (insbes. mit सुखम्); *gross werden, um sich greifen* (von Feuer und Leidenschaften), *anschwellen* (von Wasser). Partic. एधित (oder zum Caus.) *erstarkt, verstärkt, gross geworden, aufgewachsen, angewachsen, angeschwollen.* — Caus. एधयति *gedeihen machen, verstärken, kräftigen.* आशीर्भिः *mit Segenswünschen Jmd hoch leben lassen.* — Mit अधि, Partic. अध्येधित (oder zum Caus.) *erstarkt, verstärkt.* — Mit *उप und *प्र, उपैधते, प्रैधते. — Mit सम् *gedeihen, Wohlergehen finden, erstarken.* समेधित (oder zum Caus.) *erstarkt, gekräftigt, verstärkt.* — Caus. *gedeihen machen, kräftigen, beglücken, vermehren, anschwellen.*

एध 1) Adj. *entzündend,* in अग्न्येध. — 2) m. Sg Pl. *Brennholz.* एधोदक n. *Brennholz und Wasser.*

एधतु 1) m. f. (Çat. Br.) *Gedeihen, Wohlfahrt.* — 2) *m. a) *Mensch.* — b) *Feuer.* — 3) *Adj. = एधित.

एधमानद्विष् Adj. *dem im Glück Uebermüthigen feind.*

एधवत् Adj. *mit Brennholz genährt* Ragh. 13,41.

1. एधस् n. Sg. Pl. *Brennholz.*

2. एधस् n. und *एधा f. *Gedeihen.*

एधि 2. Sg. Imper. von 1. अस्.

1. एन Pron. subst. der 3ten Person (*er, sie, es*). Davon folgende oblique Casus: एनम्, एनाम् (einmal im RV. एनाम् am Anfange eines Stollens), एनद्; एनेन, एनया; एनौ, एने, एनयोस् und एनोस् (ved.): एनान्, एनास्, एना, एनानि. In der späteren Sprache häufig mit एत verwechselt.

2. एन und एना Instr. von 1. अ. In der Bed. *dann, alsdann* 17,16. Vgl. एना.

3. एन m. *Hirsch,* in अनेन.

एनप् Bez. der Casusendung एन in den Advv. दक्षिणेन u. s. w. 232,9.

एनशिरस् s. एण°.

एनस् n. 1) *Frevel, Unthat, Fluch, Unglück* AV 2,35,2. — 2) *Sünde, Sündenschuld.* — 3) **Tadel.*

एनस्य, एनस्विन् Adj. 1) *durch Frevel veranlasst.* — 2) *sündig, unrecht.*

एनस्वत् und एनस्विन् Adj. *sündig, frevelhaft.*

एना Adv. 1) *hier, da.* — 2) *dann.* — 3) *auf diese Weise, so.* — 4) एना परः *weiterhin.* — 5) परः एना mit Instr. *hinaus über.*

एनी s. 2. एत.

एनोमुच् Adj. *von Sünde befreiend* Maitr. S. 3,15,11.

एम m. und एमन् n. *Gang, Weg, Bahn.*

एमुष s. u. 1. अम्.

एमूष m. Nom. entstellt aus एमुषम्.

एरक 1) m. N. pr. eines Schlangendämons. — 2) f. आ *Typha angustifolia, eine knotenlose, sehr harte Grasart* Bhâvapr. 1,210. Mat. med. 297. VP. 5,27,11. 39. — 3) f. ई a) *eine best. Pflanze.* — b) N. pr. eines Flusses. — 4) *n. *wollener Teppich* (buddh.).

एरङ्ग m. *ein best. Fisch* Bhâvapr. 2,13.

एरण्ड 1) m. *Ricinus communis.* °तैल n. *Ricinusoel.* — 2) *f. आ *langer Pfeffer.*

*एरण्डपत्त्रक 1) m. = एरण्ड 1). — 2) f. °त्रिका = एरण्डफला.

*एरण्डफला f. *Croton polyandrum Spr.*

एरण्डतीर्थ n. N. pr. eines Tîrtha.

एरमत्तक m. N. pr. eines Mannes. Auch ऐर°.

एरिरे 3. Pl. Perf. von ईर् mit आ.

एरु m. (?) AV. 6,22,3.

एर्वारु m. f. und °क n. *Cucumis utilissimus; n. die Frucht; Melone* Mat. med. 297.

*एल n. *eine best. Zahl* (buddh.).

*एलक m. = एडक *eine Art Schaf.*

*एलङ्ग m. *ein best. Fisch.*

*एलद n. *eine best. Zahl* (buddh.).

एलवालु und °क n. *die wohlriechende Rinde von Feronia elephantum; ein rothes Pulver* (*der Same einer best. Pflanze*) Mat. med. 297.

*एलविल m. = ऐलविल.

एला f. 1) *Kardamomen.* — 2) *ein best. Metrum.* — 3) N. pr. eines Flusses Hariv. 9512. ऐला v. l.

*एलाक m. N. pr. eines Mannes.

एलाकपुर n. N. pr. einer *Stadt*.

*एलागन्धिक n. = एलवालु Râǵan. 4,127.

*एलान n. *Orange* Nigh. Pr.

एलापत्त्र m. N. pr. eines Schlangendämons.

एलापत्या f. *die dritte Nacht im* Karmamâsa Ind. St. 10,296.

*एलापर्णी f. *Mimosa octandra Roxb.*

एलापुर n. N. pr. einer Stadt LA. 17,9. Ind. St. 14,115. 127.

*एलाफल n. = एलवालु Râǵan. 4,127.

*एलाय्, °यति (विलासे).

*एलावली f. *eine best. Pflanze.*

*एलाह्व n. = एलवालु Râǵan. 4,127.

*एलीका f. *kleine Kardamomen.*

*एलु n. *eine best. Zahl* (buddh.).

एलुक *eine best. Pflanze* oder *Arzeneistoff.*

*एल्वबालुक (Râǵan. 4,126), एल्वालु (Bhâvapr. 1, 194) und एल्वालुक (Ḱaraka 6,9) n. = एलवालु.

1. एवँ, एवा Adv. 1) *so, gerade so.* Im MBh. einmal = इव. — 2) *allerdings, ja wohl, wirklich.* — 3) das unmittelbar vorangehende Wort mit Nachdruck hervorhebend und durch *gerade, eben, kaum, nur, noch, schon* u. s. w. wiederzugeben. Oft genügt der blosse Nachdruck, und bisweilen, insbes. nach einigen Partikeln, ist एव ganz bedeutungslos. Ausnahmsweise am Anfange eines Stollens 122,9.

2. एवँ 1) Adj. (f. आ) *eilig, rasch.* — 2) m. *a) Lauf, Gang;* meist Instr. Pl. — *b)* Pl. *das Gebaren, Handlungsweise, Gewohnheit.* Instr. *more suo, wie es hergebracht ist* u. s. w. — *c) die Welt.*

एवंरूप Adj. (f. आ) *so gestaltet, derartig.* Nom. abstr. एवंरूपता f. Comm. zu Tâṇḍja-Br. 13,4,5.

एवंविद् Adj. *so oder solches wissend, wohlunterrichtet, des Richtigen kundig.*

एवंविद्वँस् Adj. dass. Çat. Br. 14. Sonst stets एवँ वि°.

एवंविध Adj. (f. आ) *derartig.*

एवंविशेषण Adj. *so prädicirt, — definirt* Comm. zu Njâjas. 1,1,43.

एवंविषय Adj. (f. आ) *darauf gerichtet, — sich beziehend* Kull. zu M. 2,3.

एवंवीर्य Adj. 1) *darin stark* Çat. Br. 13,8,2,11. — 2) *solche Kraft besitzend.*

एवंवृत्त (f. आ) und °वृत्ति Adj. *sich so benehmend, so verfahrend, — beschaffen.*

एवंव्रत Adj. 1) *diese Pflichten erfüllend.* — 2) *so verfahrend.*

एवंसंस्थितिक Adj. (f. आ) *von dieser Beschaffenheit* MBh. 3,32,59.

एवंसंज्ञक Adj. *so benannt, diesen terminus technicus habend* Mahâbh. (K.) 81,3.

एवँसमृद्ध Adj. *so vollkommen* Çat. Br. 5,1,2,10.

*एवंकारम् Adv. *auf diese Weise.*

एवंकार्य Adj. *dieses bezweckend* Ḱaraka 3,8.

एवंकाल Adj. *so viele Moren enthaltend* P. 1,2, 27, Sch.

एवंक्रतु Adj. *so gesinnt.*

एवंगत Adj. (f. आ) *in solchem Zustande befindlich, sich so verhaltend, so beschaffen.* °गते *bei so bewandten Umständen.*

1. एवंगुण° *solche Eigenschaften, — Vorzüge.*

2. एवंगुण Adj. *mit solchen Eigenschaften* oder *Vorzügen ausgestattet.*

एवंगुणजातीय Adj. dass. MBh. 13,22,37.

एवंजातीय Adj. *derartig* Lâṭj. 2,6,2. Gobh. 2,1, 20. °क dass.

एवँथा Adv. = 1. एव.

एवंद्रव्य Adj. *von solchem Stoff* Ḱaraka 1,12.

एवँनामन् Adj. *so genannt.*

एवंप्रयङ् Adj. (f. आ) *von dieser Art* Ait. Br. 6,14.

एवंन्याय Adj. *nach dieser Regel gehend.*

एवँम् Adv. *so, auf diese Weise.* यथा — एवम्, एवम् — यथा *wie — so, so — wie.* एवमेवैतत् *so verhält sich dieses, so ist es.* नैतदेवम् *damit verhält es sich nicht so.* एवमस्तु, एवं भवतु und एवम् allein (323,7) *so geschehe es, gut.* अस्त्येवम् *so ist es.* यद्येवम् *wenn es sich so verhält.* किमेवम् *inwiefern?* नैवम् (134,3) und मा मैवम् *nicht so!* Nicht selten in der Bed. von एवंविध.

एवमभ्यनूक्त Adj. *in Bezug worauf Solches gesagt worden ist.*

एवमर्थीय Adj. *darauf bezüglich.* In Correlation mit यथा Nir. 3,1.

एवमवस्थ Adj. *in solcher Lage sich befindend.*

एवमाकृति Adj. *so gestaltet* Daçak. 87,18.

एवमाचार Adj. *solchen Wandel führend* Gaut.

एवमात्मक (f. °त्मिका) *so beschaffen.*

एवमादि und एवमाद्य Adj. *von der eben erwähnten Art, — Beschaffenheit.*

एवंपूर्व Adj. *dem dieses vorangeht* 223,26.

एवंप्रकार Adj. *derartig.*

एवंप्रभाव Adj. *von solcher Macht.*

एवंप्राय Adj. (f. आ) *derartig.*

एवंभूत Adj. (f. आ) *so beschaffen, ein solcher.*

एवयाँ Adj. *rasch gehend.*

एवयाँमरुत् 1) als Refrain in RV. 5,87 wohl ein Ausruf. — 2) Bez. *des Liedes* RV. 5,87. — 3) angeblich N. pr. des Verfassers dieses Liedes.

एवयामरुत m. = एवयामरुत् 3) Ârsh. Br.

एवयाँवन् Adj. *rasch gehend.*

एवाँर Adj. *so bereitstehend, fertig.*

एवावदँ Adj. *wahr redend, wahrhaftig.* Nach Sâj. N. pr.

एष्, एँषति, *°ते *schleichen, gleiten* AV. — Mit अति *hingleiten über.* — Mit उप *herbeischleichen, herbeikommen.*

1. एषँ s. u. 1. एत.

2. एँष m. *das Hineilen.*

3. एँष 1) Adj. *suchend*, in नष्टैषँ. — 2) m. *das Aufsuchen.*

4. एषँ m. *Wunsch, Wahl.*

5. एषँ Adj. *hingleitend, eilend.*

*एषक (f. एषका und एषिका) Demin. von 1. एष.

1. एषण n. oder °णा f. *Drang, Trieb.*

2. एषण 1) Adj. *suchend, wünschend.* — 2) *m. *ein eiserner Pfeil.* — 3) f. एँषणा *a) das Suchen, Ersuchen um, Wunsch, Verlangen.* — *b)* = एषणासमिति. — 4) f. एषणी *a) Sonde.* — *b)* *Goldschmidtswage.* — 5) n. *a) das Suchen.* — *b) das Sondiren.*

एषणासमिति f. *tadelloses Benehmen beim Betteln* Hem. Jog. 1,37.

*एषणिका f. *Goldschmidtswage.*

*एषणिन् Adj. *suchend, strebend.*

एषणीय Adj. 1) *wünschenswerth, erwünscht.* — 2) am Ende eines Comp. *zur Untersuchung von gehörig.*

*एषवीर m. *ein best. verachtetes Brahmanengeschlecht.*

*एषिक gaṇa पुरोहितादि in der Kâç.

*एषितर् Nom. ag. *der Etwas sucht, — haben will* Bhaṭṭ. 9,31.

एषितव्य Adj. 1) *zu suchen* Çañk. zu Bâdar. 2, 2,10. — 2) *als wahr anzunehmen* Comm. zu Njâjas. 2,1,27. 3,2,33.

एषिन् Adj. *suchend, nachgehend, wünschend.* Meist in Comp. mit der Ergänzung.

(एषेष्य) एषैषिँय Adj. *suchenswerth, wünschenswerth.*

एँष्ट n. Pl. *das Erbetene* RV. 1,184,2.

1. एष्टँर् Nom. ag. *der da vordringt* Maitr. S. 2,2,13.

2. *एष्टर् Nom. ag. = एषितर् Bhaṭṭ. 9,31.

एष्टवै Dat. Inf. *aufzusuchen* Çat. Br. 4,5,2,1. 12,5,1,4.

एष्टँव्य Adj. 1) *aufzusuchen, wünschenswerth, erwünscht.* — 2) *als wahr anzunehmen.*

एँष्टि f. *Aufsuchung, Begehr, Wunsch.*

1. एष्य Adj. *zukünftig.*

2. एष्य, एषिँय Adj. 1) *aufzusuchen* Tâṇḍja-Br. 13, 9,11. 11,20. — 2) *zu sondiren.*

एष्यत्कालीय und एष्यत् Adj. *zukünftig.*

एह Adj. (f. आ) *begierig, verlangend.*

एहस् n. = *क्रोध. Vgl. अनेहस्.

*एहि m. N. pr. eines Mannes.

*एहिकटा und *एहिद्वितीया f. gaṇa मयूरव्यंसकादि.

एहिमाय Adj. fehlerhaft für ऐहिमाय.

*एहियव n. und *एहिरेयाहिरा f. gaṇa मयूरव्यंसकादि.

एहिवत् Adj. *das Wort* एहि *enthaltend* Tâṇḍja-Br. 11,11,1.

*एहिवाणिजा f., *एहिविघसा f., *एहिस्वागता f. und *एहीड n. gaṇa मयूरव्यंसकादि.

*1. ऐ Interj. *des Anrufens, der Anrede* und *des Sichbesinnens.*

*2. ऐ m. Bein. Çiva's.

*ऐक gaṇa गह्वादि.

ऐककर्म्य n. *Einheit der Handlung* Gaim. 6,1,17. 3,12.

ऐककाल्य n. *Gleichzeitigkeit* Gaim. 5,4,24.

*ऐकगविक Adj. *nur eine Kuh habend.*

ऐकगुण्य n. *einfacher Betrag, einfaches Maass.*

ऐकध्य n. *das auf ein Mal.* °म् und °तम् *auf ein Mal, zusammen.*

ऐकपत्य n. *Alleinherrschaft über* (Gen.).

ऐकपदिक Adj. 1) *zu einem einfachen Worte gehörig.* — 2) *in einzelnen Wörtern bestehend.*

ऐकपद्य n. *Worteinheit.*

*ऐकभाव्य n. *das Einssein.*

ऐकभौतिक Adj. *aus einem einzigen Element bestehend.*

ऐकमत्य n. *Einmüthigkeit, Einstimmigkeit* Spr. 1479. 1481.

ऐकराज्य n. *Alleinherrschaft.*

ऐकरात्रिक Adj. *eine Nacht verweilend* Gaut.

ऐकरूप्य n. *Einartigkeit, Identität.*

*ऐकलव Adj. von ऐकलव्य.

*ऐकलव्य m. Patron. von एकलू.

ऐकवर्णिक Adj. *nur einer Kaste zukommend* MBh. 3,150,34.

*ऐकशतिक Adj. *mit 101 versehen.*

ऐकशफ Adj. *von Einhufern kommend* Gaut.

ऐकशब्द्य n. *Worteinheit, Identität des Wortes* Gaim. 1,4,8. 2,1,30.

*ऐकशालिक Adj. = एक°.

ऐकश्रुत्य n. *Gleichtönigkeit.*

*ऐकसहस्रिक Adj. *mit 1001 versehen.*

ऐकस्वर्य n. 1) *das nur einen Accent Haben.* — 2) *Gleichtönigkeit.*

ऐकागारिक m. *Dieb.* f. ई *Diebin.*

ऐकाग्निक Adj. *ein einziges Feuer betreffend.*

*ऐकाग्र H. 1458 fehlerhaft für एकाग्र.

ऐकाग्र्य n. *die auf einen Gegenstand gerichtete Aufmerksamkeit.*

ऐकाङ्कायन m. Patron. von एकाङ्क.

ऐकाङ्ग m. *ein Soldat von der Leibwache.*

ऐकात्म्य n. *Wesenseinheit* Bhâg. P. 4,13,8. 21,29.

ऐकादशाक्ष m. Patron. von एकादशाक्ष.

ऐकादशिन Adj. *zu einer Eilfzahl gehörig.*

ऐकाधिकरण्य n. *Einheit des Bezuges.*

ऐकान्तिक Adj. (f. ई) *alles Andere ausschliessend, ausschliesslich, absolut.*

ऐकान्त्य n. *Ausschliesslichkeit, ein absolutes Verhältniss* Sarvad. 42,4.

*ऐकान्यिक Adj. *der beim Hersagen einen Fehler gemacht hat.*

*ऐकायन m. Patron. von एक.

ऐकार m. *der Laut* ऐ TS. Prât. AV. Prât.

ऐकार्थ्य n. 1) *Einheit der Absicht, — des Zwecks.* — 2) *Begriffseinheit* Mahâbh. 2,368,*a*. — 3) *Gleichheit der Bedeutung* Gaim. 2,1,30.

ऐकाश्रम्य n. *das Bestehen nur eines Stadiums im religiösen Leben* Gaut. Comm. zu Njâjas. 4,1,61. fg.

ऐकाहिक Adj. (f. ई) 1) *eintägig, quotidianus* (Fieber) Agni-P. 31,18. — 2) *zur Eintagsfeier gehörig, dem einfachen* Soma-*Opfer eigen, — entsprechend.*

ऐकाह्य n. Nom. abstr. von एकाह Çâṅkh. Br. 29,3.

*ऐक्रीय Adj. von ऐक.

ऐकैकश्य n. richtiger als ऐकैकश्य, aber nicht zu belegen.

ऐक्य 1) *m. Patron. von एक. — 2) n. *a*) *Einheit, das Einssein, Identität.* — *b*) *Summe.* — *c*) *aggregate; the product of the length and depth of the portions or little excavations differing in depth.*

ऐक्याभावयत् (!) Partic. *vereinigend* Ait. Âr. 346,16.

ऐक्यारोप m. *Gleichsetzung, Identification.*

ऐक्षव 1) Adj. (f. ई) *aus Zuckerrohr gemacht, vom Z. kommend* Çat. Br. 3,4,1,18. 6,3,10. Kâtj. Çr. 8,1, 4. Hemâdri 1,428,20. Bâlar. 62,15. — 2) n. *Zucker.*

*ऐक्षुक 1) Adj. *a*) *für das Zuckerrohr gut.* — *b*) *Zuckerrohr tragend.* — 2) m. Pl. *die Bewohner von* Ikshukîjâ.

ऐक्ष्वाक 1) *Adj. (f. ई) *dem* Ikshvâku *gehörig u. s. w.* — 2) m. Patron. von Ikshvâku Çat. Br. 13, 5,4,5. MBh. 12,29,130. 13,3,9. R. ed. Bomb. 1,24, 13. Pl. Vâju-P. in VP.² 3,70. — 3) f. ई f. zu 2).

ऐक्ष्वाकु m. fehlerhaft für ऐक्ष्वाक.

ऐङ्गुद 1) Adj. (f. ई) *von der Pflanze* Iṅguda *herrührend* Karaka 3,8. — 2) *n. *die Frucht des* Iṅguda.

ऐच्छिक Adj. *der Wahl anheimgestellt.*

*ऐड्य m. Patron. von एडि.

ऐटत n. Name verschiedener Sâman Ârsh. Br.

1. ऐड 1) Adj. (f. ई) *a*) *Labung —, Stärkung enthaltend.* — *b*) *von der* Iḍâ *abstammend* Vâju-P. in VP.² 3,69. — 2) m. *a*) Patron. des Pâkajagña Gobh. 1,9,17. — *b*) Metron. des Purûravas. Pl. *sein Geschlecht* Vâju-P. in VP. — 3) n. Name verschiedener *auf* इडा *ausgehender* Sâman.

2. ऐड Adj. *vom* एड *genannten Schaf kommend* MBh. 8,44,29.

ऐडक 1) Adj. (f. ई) in अनैडक. — 2) m. *eine Art Schaf*; vgl. एडक.

ऐडकाव, ऐडकौत्स, ऐडक्रौञ्च, ऐडयाम und ऐडवासिष्ठ n. Namen von Sâman.

ऐडविड m. 1) Metron. Kubera's. — 2) N. pr. eines Sohnes des Daçaratha.

ऐडशुद्धाशुद्धीय, ऐडसैन्धुक्षित und ऐडसौपर्ण n. Namen von Sâman.

*ऐडूक n. = एडूक.

ऐण Adj. (*f. ई) *von der schwarzen Antilope herrührend.*

*ऐणिक Adj. *schwarze Antilopen jagend.*

*ऐणिकीय Adj. Mahâbh. 4,78,*b*.

*ऐणीपचन Adj. (f. ई) von एणीपचन.

ऐणेय 1) Adj. *a*) *von einer schwarzen Antilopenart herrührend.* — *b*) **herrührend von Etwas, das von einer schwarzen Antilopenart herrührt.* — 2) m. = एण *eine schwarze Antilopenart.* — 3) *n. *quidam coeundi modus.*

ऐतदात्म्य n. *das dessen-Wesen-Sein* 283,5.

*ऐतर Adj. von इतर.

ऐतरेय 1) m. Patron. oder Metron. des Mahidâsa. — 2) Adj. *von* Aitareja *verfasst.*

ऐतरेयक und ऐतरेयब्राह्मण n. *das von* Aitareja *verfasste* Brâhmaṇa.

ऐतरेयिन् m. Pl. *die Schule des* Aitareja.

ऐतरेयोपनिषद् f. Titel einer Upanishad.

ऐतत्राध्य n. Name eines Sâman Ârsh. Br.

ऐतश m. N. pr. eines Muni. °प्रलाप m. Bez. eines Bestandtheils der Kuntâpa-Lieder Vaitân.

ऐतशायन m. Patron. von ऐतश.

ऐतिकायन m. Patron. von इतिक. Pl. Saṁsk. K. 184,*a*,7 (ऐनि° gedr.).

ऐतिकायनीय Adj. von ऐतिकायन.

ऐतिशायन m. Patron. von इतिश Gaim. 3,2,43. 6,1,6.

ऐतिह n. = ऐतिह्य.

ऐतिहासिक 1) Adj. (f. ई) *auf eine alte Legende zurückgehend* Sâj. zu RV. 3,31,5. — 2) m. *Erzähler oder Kenner von Legenden.*

ऐतिह्य n. *Ueberlieferung* Taitt. Âr. 1,2,1. MBh. 12,218,27.

ऐतोस् Gen. Inf. (abhängig von ईश्वर:) *zu erreichen* Ait. Br. 8,7.

ऐदंयुगीन Adj. *in diesem Zeitalter lebend* Çaṁk. zu Khând. Up. 1,9,4.

ऐदंपर्य n. *Hauptsache, Zweck, Ziel* Çaṁk. zu Bâdar. 2,2,1.

ऐधं m. *Gedeihen* Ṛv. 1,166,1 (ऐधेव = ऐधमिव).

ऐध्मकाण्व, ऐध्मवाह्व und ऐध्मव्हार n. Namen von Sâman.

ऐन m. Pl. MBh. 13,2126 fehlerhaft für ऐल.

*ऐनस n. = एनस्.

ऐनिकायन s. ऐतिकायन.

ऐन्दव 1) Adj. (f. ई) *lunaris.* — 2) m. *der Planet Mercur.* — 3) *f. ई *Serratula anthelminthica* Râǵan. 4,64. — 4) n. a) *das Mondhaus* Mṛgaçiras. — b) *eine best. Kasteiung,* = चान्द्रायण Parâç. 4,12,6.

ऐन्दुमतेय m. Metron. Daçaratha's Bâlar. 268,18.

ऐन्दुशेखर 1) Adj. *dem* Çiva *gehörig* Bâlar. 22, 10. 78,9. — 2) n. *die Geschichte, wie der Mond zu* Çiva's *Diadem wurde,* Bâlar. 29,15.

ऐन्द्र 1) Adj. (f. ई) *dem* Indra *gehörig, ihm geweiht, von ihm ausgehend* u. s. w. अम्बु, जल, तोय *Regenwasser* Karaka 1,27. 6,30. कार्मुक, धनुस् *Regenbogen.* दिश् *Osten.* — 2) m. *der für* Indra *bestimmte Opfertheil.* — 3) f. ई a) *ein an* Indra *gerichteter Vers.* — b) *Osten.* — c) **das Mondhaus* Ǵjeshṭhâ. — d) *der 8te Tag in der dunkelen Hälfte des Monats* Mârgaçîrsha (oder Pausha). — e) Indra's *Energie,* personif. *als seine Gattin.* Auf die Durgâ übertragen Mârk. P. 88,34. — f) **böses Geschick.* — g) *Koloquinthengurke* Bhâvapr. 1,141. Karaka 6,27. — h) **Kardamomen.* — 4) n. a) *das Mondhaus* Ǵjeshṭhâ. — b) **wilder Ingwer.* — c) Name verschiedener Sâman. — d) N. pr. eines Gebiets in Bhâratavarsha VP.² 2,112.

ऐन्द्रजाल n. *Zauberei.*

ऐन्द्रजालि m. *Zauberer* Ind. St. 15,428.

ऐन्द्रजालिक 1) Adj. (f. ई) *mit Zauberei sich abgebend, auf Z. bezüglich.* — 2) m. *Zauberer, Gaukler* 321,23. Utpala zu Varâh. Bṛh. 18,5.

*ऐन्द्रजाल्य m. Patron. von इन्द्रजालि gaṇa कुर्वादि in der Kâç.

ऐन्द्रतुरीय Adj. *zum Viertel dem* Indra *gehörig.*

ऐन्द्रद्युम्न Adj. *auf* Indradjumna *bezüglich.*

ऐन्द्रद्युम्नि m. Patron. Ǵanaka's MBh. 3,133,4.

ऐन्द्रनील Adj. (f. ई) *aus Sapphir gemacht* Spr. 6039.

*ऐन्द्रमहिक Adj. (f. ई) von इन्द्रमह.

ऐन्द्रमारुत Adj. *zu* Indra *und den* Marut *in Beziehung stehend.*

*ऐन्द्रलाज्य m. Metron. von इन्द्रलाजी.

*ऐन्द्रलुप्तिक Adj. *dessen Haare ausfallen.*

ऐन्द्रवायव 1) Adj. Indra *und* Vâju *gehörig.* — 2) m. *der* I. *und* V. *gehörige* Graha. °वायवपात्र n. Çat. Br. 4,1,5,19. °वायवाग्र Adj. 4,4,1,17. 5,9,1. fgg.

ऐन्द्रशिर m. *eine Elephantenart.*

ऐन्द्रसेनि m. Patron. von इन्द्रसेन.

*ऐन्द्रहव Adj. von ऐन्द्रहव्य.

*ऐन्द्रहव्य m. Patron. von इन्द्रहू.

ऐन्द्राग्न 1) Adj. (f. ई) Indra *und* Agni *geweiht, — gehörig, von ihnen kommend.* विधान MBh. 12, 60,39. — 2) n. *das Mondhaus* Viçâkhâ. Auch ऐन्द्राग्नाख्य n.

ऐन्द्राग्नकुलाय m. *ein best.* Ekâha Kâtj. Çr. 22, 11,13.

ऐन्द्राग्न्य v. l. für ऐन्द्राग्न.

ऐन्द्राजागत Adj. *an* Indra *gerichtet und im* Ǵagatî-*Metrum verfasst* Vaitân. Gop. Br. 2,6,16. Vgl. Ait. Br. 6,25.

*ऐन्द्रादश Adj. (f. ई) von इन्द्रादश.

ऐन्द्रानैर्ऋत Adj. Indra *und* Nirṛti *gehörig.*

ऐन्द्रापौष्ण Adj. Indra *und* Pûshan *gehörig.*

ऐन्द्राबार्हस्पत्य Adj. Indra *und* Bṛhaspati *gehörig* Maitr. S. 2,1,12.

ऐन्द्रामारुत Adj. Indra *und den* Marut *gehörig* Kâtj. Çr. 23,4,10.

ऐन्द्रायण 1) *wohl m. als Patron. von इन्द्र. — 2) f. ई ein Frauenname.

*ऐन्द्रायणक Adj. von ऐन्द्रायण.

*ऐन्द्रायुध Adj. (f. ई) von इन्द्रायुध.

ऐन्द्रार्भव Adj. *zu* Indra *und den* Ṛbhu *in Beziehung stehend.*

*ऐन्द्रालिश Adj. (f. ई) von इन्द्रालिश.

ऐन्द्रावरुण Adj. *zu* Indra *und* Varuṇa *in Beziehung stehend* Ait. Br. 6,14. 25. 26. Vaitân.

ऐन्द्रावली f. Bez. *des Lautes* ल.

ऐन्द्रावसान Adj. (f. ई) von इन्द्रावसान.

ऐन्द्रावारुण Adj. = ऐन्द्रावरुण Tâṇḍja-Br. 8,8,6.

ऐन्द्राविष्णव Adj. (f. ई) Indra *und* Vishṇu *gehörig.*

ऐन्द्रासौम्य Adj. Indra *und* Soma *gehörig.*

ऐन्द्रि m. 1) Patron. a) Apratiratha's. — b) Ǵajanta's. — c) Arǵuna's. — d) *des Affen Vâlin. — 2) *Krähe.*

ऐन्द्रिय (Comm. zu Njâjas. 2,2,14) und °क (Karaka 4,1. VP. 1,5,19) Adj. *die Sinne betreffend, sinnlich wahrnehmbar;* n. *Sinnengenuss.* Nom. abstr. °कत्व n. Comm. zu Njâjas. 2,2,14. 15. 5,1,14.

ऐन्द्रियेधी Adj. *nur an Sinnengenuss denkend.*

ऐन्द्रोत m. und °ति m. Patron. von Indrota.

ऐन्धन Adj. *aus Brennstoff entstanden* (Feuer). Auch fehlerhaft für इन्धन.

*ऐन्धायन m. Patron. von इन्ध.

ऐन्य m. 1) *Patron. von इन. — 2) इन्द्रस्यैन्यौ Name zweier Sâman Ârsh. Br.

ऐन्वक n. Name zweier Sâman Ârsh. Br.

ऐभ 1) Adj. (f. ई) *einem Elephanten gehörig* Mudrâr. 66,18 (108,5). Çiç. 18,71. — 2) *f. ई *ein grosser Kürbis.*

ऐभावत m. Patron. Pratidarça's.

ऐयत्य n. *Quantität, Anzahl, Werth.*

ऐयस् 3. Sg. Aor. von इष्.

ऐर Adj. von इरा.

*ऐरक m. Metron. von एरका.

ऐरण्ड und °क Adj. *aus Ricinus communis gewonnen.* तैल Karaka 1,27. 6,8.

ऐरमत्तक s. एरमत्तक.

ऐरम्मद 1) Adj. *von Wetterleuchten stammend* Bâlar. 41,10. — 2) m. Patron. Devamuni's.

ऐरम्मदीय n. N. pr. eines Sees in Brahman's Welt.

ऐरय n. Name eines Sâman Ârsh. Br.

ऐरावण m. N. pr. des Elephanten Indra's Lalit. 249,3.

ऐरावत 1) m. a) N. pr. α) eines Schlangendämons. — β) des Elephanten Indra's 322,27. °पथ m. MBh. 3,162,34. — b) *eine Elephantenart.* — c) *Artocarpus Lacucha* Roxb. — d) **Orangenbaum.* — e) = ऐरावती d). — f) Name *einer Sonne* Ind. St. 10, 275. — 2) m. n. *eine Art von Regenbogen.* — 3) f. आ = ऐरावती 1) VP.² 4,276. — 4) f. ई a) N. pr. α) des Weibchens von Indra's Elephanten. — β) eines Flusses. — b) **Blitz* überh. oder *eine bes. Art Blitz.* — c) *ein Farnkraut.* — d) *die Strecke der Mondbahn, welche die Mondhäuser* Punarvasu, Pushja *und* Âçleshâ *umfasst.* — 5) n. a) *die Frucht von Artocarpus Lacucha.* — b) N. pr. eines Varsha. *Pl. H. 946.

ऐरावतक 1) *Adj. P. 4,2,121, Sch. — 2) n. = ऐरावत 5) a).

ऐरिण n. 1) **Steppensalz.* — 2) Name eines Sâman.

*ऐरेय n. *ein berauschendes Getränk.*

ऐर्म्य Suçr. 2,86,2 wohl fehlerhaft.

ऐल 1) m. Metron. des Purûravas. Pl. *sein Geschlecht* MBh. 13,34,17. — 2) f. आ N. pr. eines Flusses Hariv. 2,109,25. एला v. l. — 3) *n. *eine best. Zahl* (buddh.).

ऐलक Adj. *vom* एडक *genannten Schafe herkommend* Âpast.

ऐलधान 1) m. N. pr. eines Dorfes. — 2) f. ई N. pr. eines Flusses Kataka im Comm. zu R. ed. Bomb. 2,71,3.

ऐलब m. *Lärm, Getöse, Geschrei.*

ऐलबकार Adj. lärmend

ऐलबृद und ऐलमृड (Maitr. S. 2,9,9) Adj. *Nahrung bringend* (?).

*ऐलवालुक n. = एलवालु.

ऐलविल m. 1) Patron. Dilîpa's. — 2) Metron. Kubera's Bâlar. 119,10. 290,5.

*ऐलाक 1) Adj. von एलाक. — 2) m. N. pr. eines Mannes.

*ऐलाकय m. Patron. von एलाक.

*ऐलि m. und *°शाला f. Kâç. zu P. 6,2,86.

ऐलिक m. Metron. von इलिनी oder ऐलिनी.

ऐलूष m. Patron. des Kavasha, der auch ऐलूषीपुत्र genannt wird.

*ऐलेय n. = एलवालु.

1. ऐश Adj. *von Çiva herrührend, ihm gehörig* Agni-P. 27,73.

2. ऐश 3. Sg. Imperf. von 1. इष् Maitr. S. 1,6,8.

ऐशान 1) Adj. (f. ई) *a) zu Çiva in Beziehung stehend.* — *b) nordöstlich.* — 2) f. ई *Nordost.*

*ऐशानक m. Pl. = ईशानक.

ऐशिक Adj. *zu Îça in Beziehung stehend* R. ed. Gorr. 1,57,6. ऐषीक v. l.

ऐश्य n. *Herrschaft, Macht.*

ऐश्वर 1) Adj. (f. ई) *a) einem Gebieter —, grossen Herrn angemessen, mächtig, majestätisch.* — *b) Çiva gehörig.* — 2) n. *Herrschaft, Oberherrlichkeit.*

ऐश्वरि m. Patron. von ईश्वर.

ऐश्वर्य n. 1) *der Stand eines grossen Herrn, Herrschaft, Oberherrlichkeit über* (Gen., Loc. oder im Comp. vorhergehend). पुत्रैश्वर्ये *unter der Herrschaft des Sohnes.* — 2) *eine übernatürliche Kraft.* — 3) *Herrschaft,* so v. a. *Reich.*

ऐश्वर्यविवरण n. Titel eines Werkes.

ऐश्वर्यवत् Adj. *in Besitz der Herrschaft, — Oberherrlichkeit.*

ऐष n. Name verschiedener Sâman.

ऐषमस् Adv. *heuer.*

*ऐषमस्तन und *ऐषमस्त्य Adj. *heurig.*

ऐषावीर m. *der ein Mann sein will, es aber nicht ist, ein unbedeutender Mann.*

ऐषिक Adj. = ऐषीक. ऐषिकास्त्र n. Agni-P. 6, 36. 14,22.

*ऐषिक्य n. Nom. abstr. von ऐषिक gaṇa पुरोहितादि in der Kâç.

ऐषिर n. Name verschiedener Sâman.

ऐषीक 1) Adj. *a) aus Halmen bereitet, aus Rohr geflochten.* अस्त्र n. *ein solches Geschoss.* — *b) über aus Halmen bereitete Geschosse handelnd.* — 2) m. Pl. N. pr. eines Volkes.

ऐषीकाह्वस्ति (wohl so zu lesen) m. Patron. Verz. d. B. H. 58,5.

ऐषीरथि m. Patron. des Kuçika.

*ऐषुकारि m. wohl Patron. von इषुकार. *°भक्त adj. *von solchen Leuten bewohnt.*

ऐषुमत 1) *Adj. (f. ई) von इषुमत्. — 2) m. Patron. des Trâta.

ऐष्टक 1) Adj. *aus Backsteinen gemacht.* गृह Hemâdri 1,648,5. — 2) n. *a) die Gesammtheit der Backsteine.* — *b) das Schichten der Backsteine* Çulbas. 2,41.

*ऐष्टकावत Adj. von इष्टकावत्.

ऐष्टिक Adj. (f. *ई) *was zum* Ishṭi *genannten Opfer gehört, dient* u. s. w. Hemâdri 1,7,16. *nach Art einer I. zu feiern* Paddh. zu Kâtj. Çr. 547,15.

ऐष्टिकपौर्तिक Adj. *was sich auf Opfer und fromme Werke bezieht* Hemâdri 1,7,14.

ऐष्य Adj. = 1. एष्य *zukünftig.*

ऐष्यत्सूर्य (Ind. St. 10,202) und ऐष्यदर्क Adj. (f. आ) *wohin die Sonne alsbald kommen wird.*

ऐहलौकिक Adj. (*f. ई) *von dieser Welt, in d. W. erfolgend, zu d. W. in Beziehung stehend.*

ऐहिक Adj. dass.

*1. ओ Interj. *der Anrede, des Anrufs, des Sichbesinnens auf Etwas* und *des Mitleids.*

*2. ओ m. Bein. Brahman's.

3. ओ३ 6,7. 18,22 = 2. ओ + 2. उ.

ओक *m 1) *Wohnstätte.* — 2) **Zodiakalbild.*

ओकज Adj. *im Hause geboren, selbstgezüchtet.* Kuhe Hemâdri 1,448,1. 5.

*ओकण und *ओकणि m. = मत्कुण *Wanze.*

ओकस् n. 1) *Behagen, Gefallen.* — 2) *Ort des Behagens, gewohnter Ort, Heimatsstätte, Wohnstätte.* दारकौकस् Adj. so v. a. *Bewohner von* Dv.

ओकःसारिन् Adj. *den gewohnten Ort besuchend.*

ओकार m. *der Laut* ओ Lâtj. 7,2,11. AV. Prât.

ओकारि Adv. mit कर *zu* ओ *machen.*

ओकिवंस् Adj. *Gefallen findend.*

*ओकुल m. *grün geröstete Weizenkörner* Râgan. 16,96.

ओकूलक (!) m. N. pr. eines Mannes.

*ओकोदनी f. *Wanze.*

ओकोनिधन n. Name eines Sâman.

*ओक्कणी f. *Wanze.*

(ओक्य) ओकिअ 1) Adj. *heimatlich.* — 2) n. *a) Behagen, Gefallen.* — *b) gewohnter, behaglicher Platz, Heimatstätte.*

*ओख्, ओखति (शोषणालमर्थयोः). — Mit *परा, पराखति.

ओगण Adj. *alleinstehend, verachtet.*

ओगीयंस् Adj. = ओजीयंस्.

ओघ m. (adj. Comp. f. आ) 1) *Fluth, Strömung, Strom.* — 2) *Fluth, Schwall, Menge, Masse.* — 3) **schneller Tact.* — 4) **Ueberlieferung.* — 5) **Unterweisung.*

ओघनिर्युक्ति f. Titel eines Werkes.

ओघरथ m. N. pr. eines Sohnes des Oghavant.

ओघवत् 1) Adj. *einen starken Strom habend.* — 2) m. N. pr. eines Fürsten. — 3) f. °वती N. pr. *a)* eines Flusses. — *b)* einer Tochter (Schwester) des Oghavant.

ओंकार (ein vorangehendes अ + ओं° giebt ओं°) 1) m. *a) die heilige Silbe* ओम्. स्वविज्ञयोंकारं कर so v. a. *sein Dankgebet verrichten für.* कृतोंकार Adj. *an den man sich mit einem Gebet gewendet hat.* Mit einem Gen. *ein Glück verheissender Anfang* Bâlar. 269,12. Wird auch personificirt. — *b)* Name eines Liṅga. — 2) *f. आ *eine best. buddh.* Çakti.

ओंकारग्रन्थ m. Titel eines Werkes.

ओंकारतीर्थ n. N. pr. eines Tîrtha

ओंकारपीठ n. N. pr. einer Oertlichkeit.

ओंकारभट्ट m. N. pr. eines Mannes.

ओंकाराढ्य? Davon Adj. °मय Hemâdri 1,827,1.

ओंकारि Adv. Lâtj. 6,10,16 fehlerhaft für ओंकारी.

*ओंकारीय, °यति Denom. von ओंकार.

ओंकारेश्वर Name eines Liṅga.

*ओज्, ओजति (वृद्धौ), ओजयति (बलतेजसोः).

ओज 1) Adj. *ungerade, der erste, dritte u. s. w. in einer Reihe.* — 2) m. *a)* *= ओजस् 1) *a).* — *b)* N. pr. eines Sohnes des Kṛshṇa.

ओजस् 1) n. *a)* Sg. und Pl. *Kraft, Stärke, Tüchtigkeit, Lebensfrische, Energie;* in der Med. *Lebenskraft.* ओजसा *mit Macht, kräftig, muthig, entschlossen, nachhaltig.* — *b) eine kraftvolle, schwungvolle Ausdrucksweise* Vâmana 3,1,4. 5. 2,2. — *c) ein mit zusammengesetzten Wörtern reich ausgestatteter Stil.* — *d) *Wasser.* — *e) *Glanz, heller Schein.* — *f) *Stütze.* — 2) m. N. pr. eines Jaksha.

ओजसीन Adj. *sich kraftvoll erweisend.*

*ओजस्तर Adj. Compar. zur Erklärung von ओजीयंस्.

*ओजस्य, °स्यते Denom. von ओजस्.

ओजस्य (Maitr. S. 2,3,1) und ओजस्वत् Adj. *kraftvoll.*

ओजस्विता f. *eine kraftvolle, schwungvolle Ausdrucksweise.*

ओजस्विन् 1) Adj. *kraftvoll, energisch, muthig.* — 2) m. N. pr. eines Sohnes des Manu Bhautja VP.² 3,29.

ओजाय, °यते *sich anstrengen, Kraft anwenden.* °यित n. *herzhaftes Benehmen* Bâlar. 175,10.

ओजिष्ठ 1) Adj. Superl. *der kräftigste unter* (Gen.)

24,24. *überaus kräftig. — gewaltig.* — 2) m. N. pr. eines Muni. Pl. *sein Geschlecht.*

ओजीयंस् Adj. *kräftiger —, gewaltiger als* (Abl.), *überaus kräftig, — gewaltig.*

ओजोदा Adj. *Kraft verleihend, stärkend.*

ओजोपति m. N. pr. einer Gottheit des Bodhivṛksha Lalit. 347,8.

ओजोबला (wohl so zu verbinden und ओजोवृद्धिः zu lesen) f. desgl. ebend. 411,16.

ओजोमानी f. *eine best. Pflanze* Kauç. 53. 54.

ओज्मन् m. *Kraft.*

ओड m. N. pr. eines Mannes.

*ओडक m. = ओडव.

ओडदेश m. N. pr. einer *Gegend.*

ओडव m. = औडव.

*ओडिका und *ओडी f. *wilder Reis.*

ओडीयदेश m. N. pr. einer *Gegend.*

ओड्र m. 1) Pl. N. pr. eines Volkes, Sg. des Landes. — 2) * = ओड्रपुष्प.

*ओड्राख्या f. *Hibiscus rosa sinensis* Râǵan. 10,124.

*ओड्रपुष्प n. *die Blüthe von Hibiscus rosa sinensis.*

ओढ Partic. von वह् mit आ.

*ओढीय्, °यति Denom. von ओढ.

ओढ्र fehlerhaft für ओड्र.

*ओण्, °णति (अपनयने, अपसारणे).

ओणि m. oder f. *ein best.* Soma-*Gefäss;* gewöhnlich Du. Nach den Comm. *Himmel und Erde.* ऊर्णी v. l.

ओण्ड्र m. Pl. N. pr. eines Volkes MBh. 6,9,57 (ओड्र v. l.). Sg. *ein Fürst dieses Volkes* Bâlar. 76,12.

ओत Partic. von 3. उ mit आ und von वा, वयति mit आ.

ओतप्रोत Adj. *ein- und angewebt* Çira-Up. 6.

ओतवे und ओतवै Dat. Inf. *zu weben* ṚV.

ओतु 1) m. *Einschlag eines Gewebes* Kauç. 107. — 2) m. f. **Katze.* — 3) n. Name eines Sâman Ârsh. Br.

ओत्सूर्यम् Adv. *bis die Sonne am Himmel steht* AV. 4,5,7.

ओथामोदैवं ein Ausruf in der Litanei Çat. Br. 4,3,2,13. Vgl. Ind. St. 10,37.

ओदर्क Adj. Taitt. Âr. 1,26,7 fehlerhaft für औ°.

ओदती Partic. f. 1) Adj. *quellend, wallend.* — 2) f. **Morgenröthe.*

ओदन 1) m. n. *Mus, Brei.* Häufig in Composition mit dem Stoffe, aus welchem oder mit welchem der Brei gekocht wird. — 2) m. **Wolke.* — 3) *f. ई *Sida cordifolia.*

ओदनपचन m. *das südliche Altarfeuer* Kâth. 36,12.

ओदनपाकी f. *Barleria caerulea* Nigh. Pr. Karaka 3,8.

*ओदनपाणिनीय m. Pl. *Schüler des* Pâṇini, *denen es nur um den Brei zu thun ist.*

ओदनवत् Adj. *mit Brei versehen.*

ओदनसव m. *ein best. Opfer* Comm. zu TBr. 2,766.

*ओदनाह्वया und *ओदनाह्वा f. *eine best. Pflanze.*

*ओदनिक 1) Adj. (f. आ) *dem regelmässig Brei gereicht wird* Kâç. zu P. 4,4,67. — 2) f. आ *Sida cordifolia* Râǵan. 4,96.

ओदनीय्, °यति *Brei wünschen.*

*ओदनीय und *ओदन्य Adj. von ओदन.

ओदरिक MBh. 7,6390 fehlerhaft für औ°.

*ओद्म m. und ओद्मन् n. *das Wogen, Fluthen.*

*ओधस् n. = ऊधस् *Euter.*

ओपश m. 1) *Haarbusch, Zopf, Flechte.* — 2) *Horn.*

ओपशदा Adj. *Flechten —, Locken gebend* Kâth. 39,9.

ओपशिन् Adj. *gelockt.*

ओप्य Absol. von वप् mit आ.

ओम् Interj. *der feierlichen Bekräftigung* und *ehrfurchtsvollen Anerkennung,* dem Sinne nach oft ἀμήν entsprechend. Wird im Gottesdienst als ein heiliger Ausruf viel gebraucht und beim Beginn und Schluss der Recitation heiliger Werke, sowie vor dem Namen der Gottheit, die angerufen wird, und auch als Gruss ausgesprochen. Erhält später einen mystischen Charakter und wird zum Gegenstand einer religiösen Betrachtung und Vertiefung. ओमिति ब्रुवन् so v. a. *bejahend* Comm. zu Njâjas. 3,2,78.

ओम m. *Genosse* ṚV.

1. ओमन् m. *Gunst, Freundlichkeit, Beistand.*

2. ओमन् m. *Genosse.*

ओमन्वत् Adj. (f. °न्वती) 1) *freundlich, annehmlich.* — 2) *günstig, gnädig* Maitr. S. 4,3,9.

ओमला f. *ein best.* Çakti Ind. St. 9,98. ओपला v. l.

ओमात्रा f. *Freundlichkeit, Bereitwilligkeit zur Hülfe.*

ओमिल m. N. pr. eines Mannes.

ओम्या f. *Gunst, Schutz, Hülfe* Maitr. S. 1,8,9.

(ओम्यावत्) ओमियावत् Adj. *freundlich, annehmlich.*

ओरिमिका f. Titel eines Abschnittes in der Kâṭhaka-Recension des Jaǵurveda.

*ओल 1) Adj. *nass, feucht.* — 2) m. *Arum campanulatum Roxb.*

*ओलण्ड्, °ण्डयति und *ओलञ्ज्, ओलञ्जयति (उत्क्षेपणे).

*ओल्ल Adj. und n. = ओल.

ओवा f. ein Ausruf in der Litanei Lâṭj. 7,2,9.12.9,8.

ओविली f. = ओवीली Karmapr. 7,2.5.

ओवीली f. *das Holzstück, in welchem der obere Theil der Spindel läuft* (bei der Feuererzeugung).

ओष m. *das Brennen.*

*ओषण 1) m. *scharfer Geschmack.* — 2) f. ई *eine best. Gemüsepflanze.*

ओषद्दावन् (Conj.) Adj. *rasch gebend.*

ओषधि und °धी f. *Kraut, Pflanze,* insbes. *Heilkraut.* Im System *eine einjährige Pflanze.* Der Mond gilt als *Herr der Kräuter,* und einige Kräuter sollen leuchten. *Heilmittel* überh. Suçr. 1,4,15.

*ओषधिगर्भ m. *der Mond.*

ओषधिज Adj. *unter Kräutern geboren, — lebend.*

ओषधिपति m. 1) *der Mond* Kâd. 226,6. — 2) *Arzt.*

ओषधिप्रस्थ m. N. pr. einer mythischen Stadt.

ओषधिलोक m. *die Welt der Kräuter.*

ओषधिवनस्पति n. Sg. und m. Pl. (in einem unaccentuirtem Texte) *Kräuter und Bäume.*

ओषधीपति m. 1) *das Haupt der Kräuter* (die Soma-Pflanze) Suçr. 2,173,1 (ओ° gedr.). — 2) *der Mond.*

ओषधीमत् Adj. *mit Kräutern verbunden.*

*ओषधीश m. *der Mond.*

ओषधीसंशित Adj. *von Kräutern getrieben.*

ओषधीसूक्त m. *eine best. Hymne.*

ओषध्यनुवाक m. *ein best.* Anuvâka.

1. ओषम् Adv. *geschwind, sogleich.*

2. ओषम् Absol. *brennend,* so v. a. *gar machend.*

ओषस् in दुरोषस्.

ओषसी f. = औषसी.

ओषिष्ठदावन् Adj. *sehr rasch gebend.*

ओषिष्ठहन् Adj. *sehr rasch treffend* TS. 1,4,36,1.

ओष्ट्र m. v. l. für उष्ट्र *Pflugstier.*

ओष्ठ 1) m. (adj. Comp. f. *आ und ई; ein vorangehendes अ giebt mit ओ — औ oder ओ) a) *Oberlippe, Lippe* überh. — b) bei einer Feuergrube so v. a. योन्यग्र Hemâdri 1,136,13. fgg. — 2) *f. ओष्ठी *Coccinia grandis* W. u. A.

ओष्ठक 1) am Ende eines adj. Comp. = ओष्ठ 1) *a*). — 2) *Adj. *auf die Lippen Sorgfalt verwendend.*

ओष्ठकर्णक m. Pl. N. pr. eines Volkes R. ed. Bomb. 4,40,26.

ओष्ठकोप m. *Lippenkrankheit.*

*ओष्ठजाह n. = ओष्ठस्य मूलम्.

ओष्ठपुट m. *die Höhlung zwischen den geschlossenen Lippen.*

*ओष्ठपुष्प m. *Pentapetes phoenicea* Râǵan. 10,120.

ओष्ठप्रकोप m. *Lippenkrankheit.*

*ओष्ठफला f. = ओष्ठोपमफला Nigh. Pr.

*ओष्ठरोग m. *Lippenkrankheit.*

ओष्ठापिधान Adj. *von den Lippen bedeckt* Man-

TRABR. 1,7,15. AIT. ÂR. 364,17.

*ओष्ठोपमफला f. *Coccinia grandis W. u. A.*

ओष्ठ्य 1) Adj. *an den Lippen befindlich, mit d. L. hervorgebracht.* — 2) m. *Lippenlaut* PÂR. GṚHJ. 3,16.

*ओष्ण Adj. *lauwarm.*

ओह m. etwa *Aufmerksamkeit*, so v. a. *Erweisung derselben, Gefälligkeit, officium.*

ओहब्रह्मन् m. *ein echter Priester.*

ओहल (!) m. N. pr. eines Mannes.

ओहस् n. *Gewährung der Anwartschaft, — der Aussicht auf Etwas.*

---

1. *औ Interj. *der Anrede, des Anrufs, Widerspruchs* und *der Entscheidung.*

2. *औ 1) m. *a) Laut.* — *b)* Bein. Çesha's. — 2) f. *die Erde.*

औकार m. *der Laut* औ TS. PRÂT. AV. PRÂT.

*औक्थ Adj. von औक्थ्य.

*औक्थिक Adj. *der die* Uktha *kennt, — hersagt.*

*औक्थिक्य n. *der Text —, die Richtschnur der* Aukthika.

औक्थ्य 1) *m. Patron. von उक्थ. — 2) n. महद्दो° Name eines Sâman.

औक्ष Adj. (f. ई) *vom Stier kommend, taurinus.*

*औक्षक n. *eine Menge von Stieren.*

औक्षगन्धि f. N. pr. einer Apsaras.

औक्षण m. Patron. von उक्षन्. Pl. *sein Geschlecht.*

औक्ष्ण und औक्ष्णं (ÇAT. BR. 14) 1) Adj. *taurinus.* — 2) m. Patron. von उक्षन्.

औक्ष्णोऽनुयान n. und औक्ष्णोरन्ध्र m. n. Namen verschiedener Sâman.

औखीय, औखेय und औख्य m. Pl. *die Schule* Ukha's.

*औख्येयक Adj. von उख्या.

औग्रसेनि, *°सेन्य und °सैन्य m. Patron. von उग्रसेन.

*औग्रेय m. Patron. von उग्र.

औग्र्य n. *grausiges, furchtbares Wesen.*

औघ m. *Fluth.*

औचथ्य (°थिय) m. Patron. von उचथ्य.

औचिती f. *Angemessenheit, Schicklichkeit* NAISH. 2,89. 3,107. 5,61. 6,85. RÂGAT. 7,1534.

औचित्य n. 1) *das Gewohntsein an* (im Comp. vorangehend). °मात्रतम् Ind. St. 15,268. — 2) *Gewöhnlichkeit.* — 3) *Erfahrung* Ind. St. 15,349. — 4) *Angemessenheit, Schicklichkeit.*

औचित्यालंकार m. Titel eines Werkes.

औच्चामन्यव m. Patron. von उच्चामन्यु.

औच्चैःश्रवस m. N. pr. von Indra's Rosse.

औच्च्य n. *Höhe, Entfernung* (eines Planeten).

*औजस n. *Gold.*

*औजसिक Adj. *energisch zu Werke gehend.*

औजस्य 1) Adj. *der Lebenskraft zuträglich.* — 2) n. *Energie*, in अनौ°.

औजागरि m. Patron. eines Sundara.

*औज्जयनक Adj. von उज्जयनी.

औज्जयनिक m. *ein Fürst von* Uǵǵajanî.

*औज्जिहानि m. Patron. von उज्जिहान.

औज्जिहायनक m. Pl. N. pr. einer grammatischen Schule.

औज्ज्वल्य n. 1) *Glanz, heller Schein.* — 2) *Pracht, Schönheit.*

*औड und f. *औडी gaṇa गौरादि.

औडव 1) Adj. (f. ई) *stellaris* KÂD. 200,22. — 2) m. *ein nur aus fünf Tönen bestehender* Râga S. S. S. 32. 100. — 3) f. आ *eine best.* Râgiṇî S. S. S. 38. fgg. 47. 48. 54.

*औडवि m. Pl. N. pr. eines Kriegerstammes.

*औडवीय m. *ein Fürst der* Auḍavi.

*औडायन n. Patron. *°भक्त von Auḍâjana *bewohnt.*

*औडुप und *औडुपिक Adj. von उडुप.

औडुम्बर schlechte Schreibart für औदुम्बर.

औडुलोमि m. Patron. eines Philosophen.

*औडुलोम्या f. zum Patron. औडुलोमि.

औड्र m. Pl. N. pr. eines Volkes, = ओड्र MBH. 6,365. औड्राः ed. Bomb.

औतङ्क fehlerhaft für औत्तङ्क.

औतथ्य m. Patron. von उतथ्य BÂLAR. 17,23.

औतथ्येश्वर n. Name eines Liñga.

औत्कण्ठ्य n. 1) *Sehnsucht, Verlangen.* — 2) *hoher Grad.*

औत्कण्ठ्यवन्त् Adj. *sehnsüchtig, verlangend.*

औत्कर्ष (PRIJ. 30,20) und *औत्कर्ष्य n. = उत्कर्ष 2, *a).*

औत्क्य n. *Sehnsucht.*

*औत्क्षेप m. Patron. von उत्क्षेप.

औत्तङ्क Adj. (f. ई) *dem* Uttañka *eigen* MBH. 14,56,3.

औत्तम und औत्तमि m. Patron. des 3ten Manu.

औत्तमिक Adj. *auf die am höchsten Orte* (*im Himmel*) *befindlichen Götter bezüglich.*

औत्तमेय m. Patron. von औत्तमि.

औत्तर Adj. *im Norden wohnend.*

*औत्तरपथिक Adj. *vom Nordland kommend, dahin gehend.*

औत्तरपदिक Adj. *am hintern Gliede einer Zusammensetzung erscheinend.*

औत्तरभक्तिक Adj. = उत्तर° KARAKA 6,24. 8,9.

औत्तरवेदिक Adj. *zur* Uttaravedi *gehörig.*

औत्तराधर्य n. *ein Drüber und Drunter*, so v. a. 1) *das Uebereinanderstehen.* — 2) *ein Pêle-mêle* P. 3,3,42.

*औत्तरार्धिक Adj. = उत्तरार्ध्य.

*औत्तराह Adj. *vom folgenden Tage.*

औत्तरेय m. Metron. von उत्तरा.

औत्तानपाद und °पादि m. Patron. Dhruva's.

औत्थानिक Adj. *auf das Sichaufrichten* (eines *Kindes*) *bezüglich.*

औत्थासनिक Adj. Bein. Gojîkandra's.

औत्पत्तिक Adj. (f. ई) *angeboren, naturgemäss, natürlich, ursprünglich* GAIM. 1,1,5. LÂTJ. 7,10,5. °केन in der Bed. eines Adv. BHÂG. P. 5,2,20.

*औत्पात Adj. *über portenta handelnd.*

औत्पातिक 1) Adj. (f. ई) *eine ausserordentliche Erscheinung bildend, prodigiosus, portentosus.* — 2) m. Titel des 3ten Actes im Mahânâṭaka.

*औत्पाद Adj. *den* उत्पाद *betreffend, davon handelnd.*

*औत्पुट und *औत्पुटिक Adj. von उत्पुट.

*औत्पुतिक Adj. von उत्पुत.

औत्र Adj. bei den Mathematikern *grob, roh, ungenau.*

*औत्स Adj. (f. ई) *in einem Brunnen geboren* u. s. w.

*औत्सङ्गिक Adj. (f. ई) *auf den Schooss nehmend, in den Busen steckend.*

औत्सर्गिक Adj. *allgemeine Geltung habend.* Nom. abstr. °त्व n.

*औत्सायन m. Patron. von उत्स.

औत्सुक्य n. (adj. Comp. f. आ) 1) *Sehnsucht, Verlangen.* — 2) *Ungeduld.* — 3) *Diensteifer.*

औत्सुक्यवन्त् Adj. *mit Ungeduld Etwas* (Dat.) *erwartend.*

औदक 1) Adj. (f. ई) *a) im Wasser lebend* (*Wasserthier*), *— wachsend* (*Wassergewächs*), *mit W. zu thun habend, — in Beziehung stehend.* — 2) f. आ *eine von Wasser umgebene Stadt.*

औदकन Adj. *von Wassergewächsen herrührend.*

*औदकि m. Patron. von उदक. Pl. N. pr. eines Kriegerstammes.

*औदकीय m. *ein Fürst der* Audaki.

*औदङ्कि m. Patron. von उदङ्क. Pl. N. pr. eines Kriegerstammes.

*औदङ्कीय m. *ein Fürst der* Audañki.

*औदज्ञायनि m. Patron. von उदज्ञ.

औदञ्चन Adj. *in einem Schöpfgefäss enthalten.*

*औदञ्चनक Adj. von उदञ्चन.

*औदञ्चि m. Patron. von उदञ्च् gaṇa बाह्वादि und पैलादि.

*औदनिक Adj. (f. ई) *sich auf das Breikochen verstehend.*

औदन्यं und औदन्यवं m. Patron. des Muṇḍibha.

*औदन्यायनि (gaṇa तिकादि in der KÂÇ.) und

*औदन्य m. Patron. von उदन्य.

औदन्वत 1) Adj. *marinus* Bâlar. 267,9. — 2) *m. Patron. von उदन्वत् Kâç. zu P. 8,2,13.

*औदपान Adj. (f. ई) von उदपान.

*औदबुद्धि m. Patron. gaṇa पैलादि in der Kâç.

*औदभृज्जि und *औदमज्जि m. Patron.

*औदमेघ m. 1) Pl. *die Schüler der* Audameghja. — 2) = औदमेघ्यानां संघः.

*औदमेघि m. Patron. Kâç. zu P. 6,3,57.

*औदमेघीय Adj. *dem* Audameghi *gehörig*.

*औदमेघेय Adj. von औदमेघ्या.

*औदमेघ्या f. zu औदमेघि Mahâbh. 4,33,a.

*औदमेयि m. Patron. gaṇa रेवतिकादि in der Kâç.

औदयक m. Pl. Name einer astronomischen Schule.

औदयन Adj. *von* Udajana *herkommend, ihm eigen*.

औदयिक Adj. 1) *von Sonnenaufgang zu rechnen* Comm. zu Gaṇit. Grah. 5. — 2) bei den Gaina *aus dem Thätigkeitsdrange hervorgehend, beim Erscheinen der Thätigkeit sich bildend*.

औदर Adj. *im Bauche befindlich* Suparṇ. 17,1. Krankheiten Hemâdri 1,723,4. 5.

औदरिक Adj. (*f. ई) 1) *den Genüssen des Bauches fröhnend, Schlemmer* MBh. 7,148,3. Suçr. 1, 335,17. — 2) *dem Bauche zusagend* (Speise) Lalit. 331,5. 6. 337,11. — 3) *wassersüchtig* Hemâdri 1, 768,11. — 4) *ganz hingegeben*. कार्यविषये Comm. zu Ganar. 2,101.

औदर्य Adj. *im Bauche* —, *im Mutterleibe sich befindend*.

औदल 1) m. Patron. von उदल. — 2) n. Name verschiedener Sâman Ârsh. Br.

*औदवापि m. Patron. von उदवाप. °वाहि Kâç.

औदवाह (AV. Pariç. 43,4) und औदवाहि (!) m. Patron. von उदवाह.

औदव्रज Adj. (f. ई) *von* Udavraga *herrührend* Ind. St. 14,160.

औदव्रजि m. Patron. von उदव्रज.

*औदशुद्धि m. Patron. von उदशुद्ध.

*औदश्वित und *°श्वित्क Adj. *mit* Udaçvit *zubereitet*.

*औदस्थान Adj. von उदस्थान.

औदात्त्य n. *Hochbetontheit*.

औदारिक m. bei den Gaina *der gröbere Körper der Seele*.

औदार्य n. 1) *edles, würdevolles Wesen, Adel*. — 2) *Freigebigkeit*. — 3) *edle Ausdrucksweise*.

औदार्यता f. *Freigebigkeit* Pańkad. 35.

औदासीन्य und औदास्य n. *der Zustand des Unbetheiligten, Gleichgültigkeit* Kâd. II,115,11.

औदीच्य Adj. *aus dem Norden stammend, nördlich* Ind. St. 13,365.

औदीच्यप्रकाश m. Titel eines Rechtsbuches.

औडुम्बर 1) Adj. (f. ई) *a) vom Baume* Udumbara *herrührend, aus dessen Holze gemacht*. Nom. abstr. °ता f. und °त्व n. Njâjam. 1,2,5 und Comm. — *b) kupfern* Sâmav. Br. 2,5,3. — *c)* °री संहिता Titel eines Werkes. — 2) m. *a)* **eine an* Udumbara *reiche Gegend*. — *b) ein best. Wurm* Karaka 1,19. — *c) Bein. Jama's*. — *d)* Pl. N. pr. eines Volkes. — *e)* Pl. N. pr. eines Geschlechts. — *f)* Pl. Bez. *einer Art von Asketen*. — 3) f. ई *a) ein Zweig vom* Udumbara Lâṭj. 1,7,1. Njâjam. 1,2,4. — *b) ein best. Saiteninstrument* S. S. S. 185 (औडुम्बरि). — 4) n. *a) ein Gehölz von* Udumbara. — *b) ein Holzstück von* U. — *c) Frucht des* U. — *d) eine Art Aussatz*. — *e)* **Kupfer*.

*औडुम्बरक m. *das von den* Udumbara *bewohnte Gebiet*.

*औडुम्बरच्छद m. *Croton polyandrum* Nigh. Pr.

औडुम्बरायण m. Patron. von उडुम्बर. N. pr. eines Grammatikers.

औडुम्बरायणि m. Patron. von औडुम्बरायण.

*औडुम्बरि m. *ein Fürst der* Udumbara.

औद्गात्र 1) Adj. *den* Udgâtar *betreffend*. — 2) n. *die Function des* U.

औद्गात्रसारसंग्रह m. Titel eines Werkes.

औद्गाहमानि m. Patron. von उद्गाहमान Gobh. 3, 10,7. 13. *f. °नी.

*औद्गाहमानीय Adj. von औद्गाहमानि.

औद्भिद्यां (Maitr. S. 3,6,5. औद्भिद्याले n. Nom. abstr. ebend.) und औद्भिदूर्णी n. Bez. *gewisser Libationen*.

*औद्दण्डक Adj. von उद्दण्ड.

औद्दालक n. 1) *Honig von Bienen, welche in die Erde bauen*, Bhâvapr. 2,62. Râgan. 14,118. — 2) *ein best. Gelübde*. — 3) N. pr. eines Tîrtha.

*औद्दालकायन m. Patron. von औद्दालकि.

औद्दालकि m. Patron. von उद्दालक.

औद्देशिक Adj. *aufweisend, aufzählend*.

औद्धत्य n. *Aufgeblasenheit* und *die damit verbundene Geringschätzung Anderer*.

औद्धारिक Adj. *zum ausgeschiedenen, ausgewählten Theil gehörig*.

औद्बिल्य n. *ausgelassene Freude* (buddh.).

औद्भट m. Pl. *die Schüler des* Udbhaṭa.

औद्भारि m. Patron. von उद्भार.

औद्भिज्ज 1) Adj. *aus der Erde hervorkommend* Hariv. 11122. — 2) *n. *Steppensalz* Râgan. 6,108.

औद्भिद 1) Adj. *durch einen Durchbruch zu Tage tretend* MBh. 3,197,28. *hervorsprudelnd*. लवण *Steppensalz*. — *b) zum Ziel durchdringend, siegreich*. — 2) n. *Quellwasser*.

औद्भिद्य, औद्भेद्य (Maitr. S. 2,11,4) und औद्भेत्रिय (Âpast. Çr. 6,20) n. *Sieghaftigkeit*.

*औद्याव Adj. (f. ई) von उद्याव.

औद्वाहिक Adj. *mit der Hochzeit in Verbindung stehend, bei dieser Gelegenheit geschenkt* 192,11 (Conj.).

*औद्वेप Adj. von उद्वेप.

औधस Adj. *im Euter enthalten*.

औधेय m. Pl. N. pr. eines Geschlechts und einer Schule des weissen Jagus Ârjav. 46.

औन्नत्य n. *Höhe*.

*औन्नेत्र n. *die Function des* Unnetar.

औन्मुख्य n. *das sehnsüchtige Hinaufblicken nach, das Erwarten von* Spr 3888.

*औपकर्णिक Adj. *am Ohr befindlich*.

*औपकलाप्य n. Adj. von उपकलापम्.

औपकायन m. Patron. von उपक. N. pr. eines Autors Hemâdri 1,52,16. Auch im * Pl.

औपकार्य n. (?) und °र्या f. *ein königliches Zelt*.

औपकुर्वाणक m. = उपकुर्वाणक.

*औपकूल Adj. *am Ufer gelegen*.

औपगव 1) *Adj. *dem* Upagu *gehörig*. — 2) m. Patron. von Upagu. Auch im Pl. *f. ई. — 3) n. Name zweier Sâman Lâṭj. 7,10,10.

*औपगवक 1) Adj. *von den* Aupagava *kommend* Ind. St. 13,416. — 2) m. *ein Verehrer* Upagu's P. 4,3,99, Sch.

औपगवि m. Patron. von औपगव.

*औपगवीय m Pl. *die Schüler des* Aupagavi.

औपगात्र n. Nom. abstr. von उपगातर् Çâṅkh. Br. 12,5.

*औपग्रस्तिक und *औपग्रहिक m. *die Sonne* oder *der Mond während einer Finsterniss*.

औपचन्धनि m. = औपजन्धनि.

*औपचाकवि m. Patron. von उपचाकु.

औपचारिक Adj. (f. ई) 1) *auf Höflichkeit beruhend*. नामन् *Ehrenname*. — 2) *uneigentlich gemeint, nicht wörtlich aufzufassen*.

औपच्छन्दसक (wohl falsch) und °न्दसिक 1) Adj. *dem* Veda *gemäss*. — 2) n. *ein best. Metrum*.

औपजन्धनि m. Patron. eines Lehrers.

*औपजानुक Adj. *am Knie befindlich*.

औपतस्विनि m. Patron. eines Râma.

औपदेशिक Adj. (*f. ई) 1) **vom Unterricht lebend*. — 2) *auf besonderer Vorschrift (ad hoc) beruhend* Paribh. 120,2. Nom. abstr. °त्व n. Comm. zu Kâtj. Çr. 5,11,21.

औपद्रविक Adj. *die Symptome betreffend, davon handelnd*.

औपद्रष्ट्र्य n. *Augenzeugenschaft, Aufsicht*.

औपधर्म्य n. *falsche Lehre, Ketzerei.*

औपधिक Adj. *betrügerisch;* m. *Betrüger, Schelm* Kâraka 4,8. *Erpresser von Geld* (Kull.) Chr. 204,13.

औपधेनव m. N. pr. *eines Arztes.*

*औपधेय 1) Adj. *zu dem* उपधि *genannten Theile des Rades dienend.* — 2) n. = उपधि 3).

औपनायक (wohl °यिक) Adj. *zur Darbringung bestimmt.*

औपनायनिक Adj. *das* Upanajana 4) *betreffend, dafür bestimmt.*

औपनासिक Adj. *an der Nase befindlich.*

औपनिधिक Adj. *ein Depositum bildend.*

*औपनिषत्क Adj. *von einer* Upanishad *lebend.*

औपनिषद 1) Adj. (f. ई) *in einer* Upanishad *enthalten, — gelehrt.* — 2) m. *ein Anhänger der* Upanishad, d. h. *ein* Vedântin Çaṁk. zu Bâdar. 2,2,10.

औपनिषदक Adj. Upanishad-*artig.*

औपनीविक Adj. *am Schurz befindlich* Çiç. 10,60.

औपपक्ष्य Adj. *in der Achselhöhle befindlich.*

औपपत्तिक Adj. *was gerade vorhanden ist.*

औपपत्य n. *ein Verhältniss mit einem Nebenmanne.*

औपपातिक 1) Adj. *der eine kleinere Sünde begangen hat.* — 2) n. Titel eines Upâñga bei den Gaina.

औपपादुक (?), °पादिक (Kâraka 4,3 neben den beiden anderen Formen) und °पाडुक (Lalit. 145, 12) Adj. = उपपादुक.

*औपबाहवि m. Patron. von उपबाहु.

*औपबिन्दवि m. Patron. von उपबिन्दु.

औपभृत Adj. *zum* Upabhṛt-*Löffel gehörig, darin enthalten* u. s. w. Gaim. 4,1,44.

औपमन्यव m. 1) Patron. von Upamanju. — 2) Pl. Name einer Jagus-Schule Ârjav. 44,19.

औपमानिक Adj. *auf Induction beruhend* Comm. zu Njâjas. 2,1,19.

औपमिक Adj. *zur Vergleichung dienend, V. bildend* Daiv. Br. 3.

औपमित Adj. *dem Jmd gleichkommt, erreicht, aequatus* Daçak. 5,21.

औपम्य n. (adj. Comp. f. आ) *das Verhältniss der Aehnlichkeit* oder *Gleichheit, Vergleichung.* वीजौपम्येन *in der Weise des Samens,* आत्मौपम्येन *als wenn es die eigene Person beträfe,* वात्यौपम्या Adj. f. *einem Sturmwind ähnlich.*

औपयज Adj. *zu den* Upajag *gehörig* Âçv. Çr. 4,12,3.

औपयिक Adj. (f. ई) 1) *schicklich, passend, angemessen.* Nom. abstr. °ता f. (Comm. zu Âçv. Çr. 1, 1,1) und °त्व n. — 2) *Jmd gehörend.*

°औपयोगिक Adj. *die Anwendung von — betreffend.*

औपर m. Patron. des Daṇḍa Maitr. S. 3.8.7.

औपरव Adj. von उपरव Comm. zu Kâtj. Çr. 8,5,7.

*औपराजिक Adj. (f. आ und ई) von उपराज.

*औपराध्य n. Nom. abstr. von उपराधय.

*औपरिष्ट Adj. *superus.*

औपरिष्टक Adj. dass. रत n. = विपरीतरत.

*औपरैधिक und *औपरौधिक m. *ein Stab von* Pilu-*Holz.*

औपल 1) Adj. *a) steinern.* — *b)* **von Steinen (Mühlsteinen) erhoben (Abgabe).* — 2) f. आ N. pr. einer Çakti Nṛs. Up. (Bibl. ind.) 66. औमला v. l.

औपवसथिक 1) Adj. *zum* Upavasatha *gehörig, — bestimmt* Gobh. 1,5,26. 6,1. — 2) Titel eines Pariçishṭa zum SV.

औपवसथ्य Adj. = औपवसथिक 1).

औपवस्त und °क (Comm. zu Kâtj. Çr. 176,2) n. *Einleitungsfeier am Vortage, in Fasten* u. s. w. *bestehend* Âpast.

*औपवस्तिक Adj. *von* उपवस्ति *lebend.*

*औपवस्त्र n. *Fasten.*

*औपवस्त्रक n. *Fastenspeise.*

औपवस्य n. = औपवस्त.

*औपवास Adj. (f. ई) *zu den Fasten in Beziehung stehend.*

*औपवासिक Adj. (f. ई) 1) *für die Fasten geeignet.* — 2) *die Fasten zu halten im Stande seiend.*

औपवाह्य 1) Adj. *zum Fahren* oder *Reiten bestimmt.* — 2) *m. *ein von einem Fürsten gerittener Elephant.*

औपवीतिक n. *das Umhängen der heiligen Schnur.*

औपवीली f. v. l. für औवीली.

औपवेशि m. Patron. des Aruṇa.

*औपवेशिक Adj. (f. ई) *vom* उपवेश *lebend.*

औपश = औपश in स्त्रौपश.

औपशद m. *ein best.* Ekâha.

औपशमिक Adj. bei den Gaina *aus dem zur Ruhe Gekommensein hervorgehend.*

*औपशाल Adj. *an der Halle gelegen.*

औपशिव Adj. (f. ई) *zu* Upaçiva *in Beziehung stehend.*

औपशिवि m. Patron. eines Grammatikers.

औपश्लेषिक Adj. *mit unmittelbarer Berührung verbunden.*

*औपसंक्रमण Adj. (f. ई) von उपसंक्रमण.

औपसंख्यानिक Adj. *auf einer Hinzufügung, Ergänzung beruhend, in einer E. erwähnt.*

1. औपसद Adj. 1) *mit* Upasad *beschäftigt* u. s. w. — 2) *das Wort* उपसद् *enthaltend.*

2. औपसद m. fehlerhaft für औपशद.

औपसंध्य Adj. *zur Dämmerungszeit in Beziehung stehend.*

औपसर्गिक Adj. 1) **Widerwärtigkeiten —, störenden Erscheinungen* u. s. w. *gewachsen.* — 2) *hinzutretend, aus einem Andern sich entwickelnd* (eine Krankheitserscheinung). — 3) *ansteckend* (Krankheit) Suçr. 1,271,13.

*औपसीर्य Adj. *am Pflug befindlich.*

*औपस्थान und *औपस्थानिक Adj. (f. ई) von उपस्थान.

*औपस्थिक Adj. (f. ई) *von Hurerei lebend.*

*औपस्थूण्य Adj. *an einem Pfosten befindlich.*

औपस्थ्य n. *Geschlechtsgenuss.*

औपस्वस्ती f. Patron. °पुत्र m. N. pr. eines Lehrers.

*औपहस्तिक Adj. von उपहस्त.

औपहारिक n. *Darbringung.*

औपाकरण 1) Adj. *die Vorbereitung betreffend.* — 2) n. *Beginn des* Veda-*Studiums* Âpast.

औपादानिक Adj. von उपादान.

औपाधिक Adj. *von einer bestimmten Bedingung abhängig, nur unter gewissen Bedingungen wahr und gültig, nicht zum Wesen einer Sache gehörig* Sarvopan. S. 402. Nom. abstr. °त्व n.

*औपाध्यायक Adj. *vom Lehrer stammend.*

*औपानह्य Adj. *zur Bereitung von Schuhen dienend.*

औपानुवाक्य 1) Adj. *im* Upânuvâkja *erwähnt* Gaim. 5,3,15. — 2) n. = उपानुवाक्य 2) Comm. zu TS. 1,14,22 und zu Gaim. 5,3,15.

औपायिक fehlerhaft für औपयिक.

औपावि m. Patron. des Gânaçruteja.

1. औपासन m. 1) *das für häuslichen Gottesdienst bestimmte Feuer.* °प्रयोग m. *das betreffende Ritual.* — 2) *ein für die Manen bestimmter kleiner Kloss.*

2. औपासन Adj. (f. आ) *was mit dem* Aupâsana-*Feuer vollbracht wird.*

औपासनिक m. = 1. औपासन 1).

औपेय (!) m. Patron.

औपोदिति m. Patron. des Tumiñga.

औपोदितेय m. Metron. von उपोदिता.

औपोद्घातिक Adj. *gelegentlich, durch Etwas veranlasst* Sâj. zu Shadv. Br. 2,9

औब्ज wohl m. Patron.

औम् Indecl. *die heilige Silbe der* Çûdra.

औम Adj. (*f. ई) 1) *flächsen.* — 2) *zur* Umâ *in Beziehung stehend.*

*औमक Adj. *flächsen.*

औमापत 1) Adj. Çiva *gehörig* Bâlar. 77,10. — 2) n. *die Geschichte, wie* Çiva *der Gemahl der* Umâ *wurde,* Bâlar. 29,14.

*औमिक Adj. (f. ई) von उमा.

*औमीन n. *Flachsfeld.*

*औम्भेयक Adj. von उम्भि.

औरग 1) Adj. *zu den Schlangen in Beziehung stehend, serpentinus* Naish. 8,44. — 2) *n. *das Mondhaus* Âçleshâ.

औरभ 1) Adj. *vom Widder —, vom Schaf kommend.* — 2) m. a) * *eine wollene Decke.* — b) N. pr. eines Arztes.

*औरभ्रक m. *Schafheerde.*

औरभ्रिक m. *Schafhirt.*

औरव 1) m. Patron. des Arga. — 2) *n. *Weite, Geräumigkeit, Ausgedehntheit, Grösse.*

औरश m. *ein Bewohner von* Uraça oder Uraçâ.

औरस Kâç.

1. औरस 1) Adj. (f. ई) a) *aus der Brust kommend* (Laut). — b) *angeboren, eigen* (बल). — c) *selbsterzeugt, leiblich.* — 2) m. a) *Brustlaut* Pâr. Gṛhj. 3,16. — b) *ein leiblicher Sohn.* — 3) f. ई *eine leibliche Tochter* Naish. 9,72.

2.*औरस Adj. *aus* Urasâ *stammend.* Vgl. औरश.

*औरसायनि m. Patron. von उरस् und औरस.

औरसि m. Patron. Auch Pl.

औरस्य Adj. 1) *aus der Brust kommend* (Laut). — 2) *selbsterzeugt, leiblich* Spr. 1496, v. l.

औरा f. N. pr. einer Frau.

*औरिण n. *Steppensalz* Râgan. 6,108.

औरुक्षय n. Name eines Sâman.

औरुक्षयस m. Patron. von उरुक्षयस् Âçv. Çr. 12,13,2.

और्जस्य n. *eine best. lobenswerthe Eigenschaft des rednerischen Ausdrucks.*

और्जित्य n. *Vollkraft, Fülle* Comm. zu Kâvjâd. 1,71.

और्ण Adj. (*f. ई) *wollen.*

*और्णक Adj. dass.

*और्णनाभ m. Patron. von ऊर्णनाभ.

*और्णनाभक Adj. *vom Stamme der* Ûrṇanâbha *bewohnt.*

और्णवाभ m. Patron. von ऊर्णवाभ. Auch Pl. Insbes. N. pr. 1) eines Dämons. — 2) eines Grammatikers.

और्णायव n. Name eines Sâman.

*और्णावत und *°वत्य m. Patron. von ऊर्णावत्.

और्णसूत्र Adj. (f. ई) *aus wollenen Fäden bestehend* Çâṅkh. Gṛhj. 2,1 (ऊर्णा° gedr.).

और्णिक Adj. (*f. ई) *wollen.*

*और्दायनी f. Patron. oder Metron. von उर्दि.

*और्ध्वकालिक Adj. (f. आ und ई) *aus der späteren Zeit.*

और्ध्वदेह n. *das künftige Leben.*

और्ध्वदेहिक Adj. (f. आ) *was mit dem künftigen Leben in Verbindung steht;* n. *Vorbereitungen zum künftigen Leben, Todtenceremonie, Gaben, welche bei einem Todesfalle vertheilt werden.* क्रियतामौर्ध्वदेहिकम् so v. a. *bereite dich zum Tode.*

और्ध्वदेहिककल्पवल्ली f., °निर्णय m. und °पद्धति f. Titel von Werken.

*और्ध्वदैहिक Adj. = और्ध्वदेहिक.

*और्ध्वद्मिक Adj. von ऊर्ध्वद्म.

और्ध्वभक्तिक Adj. *nach dem Essen angewendet.*

और्ध्वसद्मन n. Name eines Sâman.

*और्ध्वस्रोतसिक m. *ein Verehrer* Çiva's.

और्मिलेय m. Metron. von ऊर्मिला.

और्म्य m. *eine best. Personification.*

1. और्व 1) Adj. (f. ई) *zur Erde gehörig.* छाया *der Schatten der Erde.* — 2) *n. *Steppensalz* Râgan. 6,108.

2. और्व m. Patron. (von उर्व) verschiedener Ṛshi 105,25. Pl. Bez. *bestimmter Manen.* *f. और्वी.

3. और्व 1) Adj. *den* Ṛshi Aurva *betreffend.* — 2) m. *das unterseeische Feuer* (das in's Meer gefahrene Zornesfeuer des Aurva Bhârgava). Pl. 169,25.

और्वदहन m. = 3. और्व 2).

और्वभृगुवत् (और्वभृ°) Adv. *wie* Aurva *und* Bhṛgu ṚV. 8,91,4.

और्वर Adj. *von der Erde kommend* (Staub) Spr. 5903.

*और्वश Adj. *das Wort* उर्वशी *enthaltend.*

और्वशेय 1) Adj. *von der* Urvaçî *stammend.* — 2) *m. Metron. Agastja's.

और्वाग्नि und और्वानल (Kâd. 48,2. II,50,10) m. = 3. और्व 2).

और्वाय्, °यते *wie das unterseeische Feuer sich geberden* Veṇîs. 60.

*औल m. = ओल 2) Nigh. Pr.

*औलन्दक Adj. von उलन्द.

*औलप m. Patron. von उलप. Pl. N. pr. eines Kriegerstammes.

*औलपिन् m. Pl. *die Schüler des* Ulapa.

*औलपीय m. *ein Fürst der* Aulapi.

*औलभीय m. *ein Fürst der* Ulabha gaṇa दामन्यादि in der Kâç.

औलान m. nach Sâj. Patron. = शांतनव.

*औलुड्य m. Patron. des Supratîta.

1.*औलूक 1) m. N. pr. eines Dorfes Ind. St. 13, 393. — 2) n. *eine Menge von Eulen.*

2.*औलूक Adj. (f. ई) von औलूक्य.

*औलूकीय Adj. von 1. औलूक.

औलूक्य m. 1) Patron. von उलूक. — 2) *ein Anhänger der* Vaiçeshika-*Lehre.*

औलूखल Adj. *vom Mörser kommend* u. s. w.

औवीली f. v. l. für औवीली.

औवेणक n. *ein best. Gesang.*

औवेली f. = औवीली Comm. zu Kâtj. Çr. 25,7,33.

औशत m. Patron. von उशत Hariv. 1,36,7 (औषत gedr.).

औशन 1) *Adj. (f. ई) = औशनस. — 2) n. Name verschiedener Sâman Comm. zu Njâjam. 9,2,9.

औशनस 1) Adj. (f. ई) *von* Uçanas *herrührend, ihm eigenthümlich* Mudrâr. 8,9. — 2) m. Patron. von Uçanas. f. ई. — 3) n. a) *das von* Uçanas *verfasste Gesetzbuch.* — b) N. pr. eines Tîrtha.

औशनस्य (!) Adj. *von* Uçanas *herrührend* Mudrâr. (1926) 24,9.

औशान Adj. ṚV. 10,30,9 vielleicht = घाऽउशान.

औशिज 1) Adj. *begierig, eifrig, verlangend.* — 2) m. Metron. oder Patron. des Kakshîvant.

औशीनर 1) Adj. (f. ई) *zum Volk der* Uçînara *gehörig.* — 2) f. ई N. pr. einer Gemahlin des Purûravas.

औशीनरि m. *ein Fürst der* Uçînara.

औशीर 1) Adj. *aus* Uçîra *gemacht.* — 2) m. n. * *der Griff eines Fliegenwedels.* — 3) n. a) *eine aus* Uçîra *bereitete Salbe.* — b) * *ein Bett, welches zugleich als Sitz gebraucht wird.*

*औशीरिका f. 1) *Schössling.* — 2) *Napf.* — Buddh.

*औषण n. *brennender Geschmack.*

औषत s. औशत.

औषदश्वि m. Patron. des Vasumant.

औषध 1) Adj. *aus Kräutern bestehend.* — 2) f. औषधी Bein. der Dâkshâjaṇî. — 3) n. a) *das Kraut, die Gesammtheit der Kräuter.* — b) *Heilstoff aus Kräutern, Arzenei.* — c) *Kräutergefäss.*

औषधपेषक m. *Arzeneireiber* Karaka 1,15.

औषधावली f. Titel eines Werkes.

औषधि und औषधी f. in der Bed. von *Kraut* fehlerhaft für ओ°.

औषधी Adv. mit कर् *in eine Arzenei umwandeln.*

*औषर n. 1) *Steppensalz.* — 2) *eine Art Magnet.*

*औषरक n. *Steppensalz.*

औषस 1) Adj. *morgendlich.* — 2) f. ई *Tagesanbruch.* — 3) n. Name verschiedener Sâman.

*औषिक Adj. *in der Nacht wandelnd.*

औषिज und औषीज fehlerhaft für औशिज.

औष्ट्र 1) Adj. a) *vom Büffel oder Kamel kommend* Gaut. — b) * *reich an Büffeln oder Kamelen.* — 2) n. a) *Büffelfell* Vaitân. — b) * *das Kamel* (als Gattung).

*औष्ट्रक 1) Adj. *vom Kamel herrührend.* — 2) n. *eine Menge Kamele.*

*औष्ट्ररथ Adj. *zu einem von Kamelen gezogenen Wagen gehörend.*

औष्ट्राक्षि m. Patron. von उष्ट्राक्ष.

*औष्ट्रायण m. Patron. von उष्ट्र.

औष्ट्रिक 1) Adj. *vom Kamelweibchen herrührend.* — 2) m. *Oelmüller* (nach Nîlak.).

औष्ठ Adj. *lippenförmig.*

औष्णिह 1) Adj. *aus* Ushṇih *bestehend, mit* U.

beginnend u. s. w. — 2) *n. = उष्णिह् gaṇa प्रज्ञादि in der Kâç.

औष्णीक m. Pl. N. pr. eines Volkes.

औष्ण्य n. *Wärme, Hitze, Brennen.*

औष्म्य n. fehlerhaft für औष्ण्य.

Nachträge und Verbesserungen.

2. अ°, अस्वप्तुम् Tâṇḍja-Br. 10,4,4.

अंश 1) केनांशेन so v. a. *in welchem Stücke?* Daçak. 51,7. — 8) *Nenner eines Bruchs.*

अंशसवर्णन n. *das Reduciren von Brüchen auf einen gemeinschaftlichen Nenner* Lîlâv. S. 8.

अंशस्वर m. *Haupt-* oder *Leitton in einem Musikstücke* S. S. S. 34.

अंशु 1) auch *eine best.* Soma-*Libation* Çat. Br. 4,1,1,2. 6,1,1. fgg. अंशुवत् Adv. Kâtj. Çr. 12,5,19. 15,8,22. अंशुचमस m. 22,8,23. — 4) *Faden* Kâraka 4,1.

अंशुधारय m. *Lampe* Maitrjup. 6,35.

अंशूदक n. *Wasser, das den Strahlen der Sonne oder des Mondes ausgesetzt war,* Bhâvapr. 3,15.16.

अंसद्घ्न Adj. (f. ई) *bis zur Schulter reichend* Çat. Br. 14,1,3,10.

अंहोमुच् m. N. pr. eines Ṛshi Ârsh. Br.

अकण्ठ auch *keine Stimme habend, heiser* Spr. 4913.

*अकत Adj. P. 5,1,121.

अकत्थन 1) Adj. *nicht prahlend* MBh. 3,45,10. — 2) n. auch *vieles Reden* Suçr. 2,363,13.

अकपिल Adj. (f. आ) *nicht bräunlich* Hemâdri 1,681,17.

अकम्पित auch *nicht in eine zitternde Bewegung versetzt.*

अकम्प्य Adj. *nicht zum Zittern zu bringen, — von der Stelle zu rücken.*

अकराल Adj. (f. आ) 1) *nicht schartig* Suçr. 1,27,14. — 2) *sanft, milde.* Augen Bhâg. P. 3,13,28.

अकर्णप्रावृत Adj. *bis zu den Ohren exclusive verhüllt* Âpast. im Comm. zu Tâṇḍja-Br. 8,7,7.

अकलित Adj. *unbekannt, unbestimmbar* Mâlatîm. 40,3 (96,1). Kathâs. 123,339.

अकल्माष Adj. (f. ई) *nicht bunt* Çat. Br. 6,3,1,32.

अकल्य (so zu lesen) Adj. *nicht zu errathen* Daçak. 42,19.

*अकशाप m. N. pr. eines Mannes gaṇa शुभ्रादि in der Kâç.

अकस्यविद् Adj. *nicht auf Etwas merkend* Maitr. S. 1,5,12.

अकाञ्चन Adj. *ohne Gold, — Goldschmuck* Naish. 9,28.

अकामयमान Adj. *nicht wünschend* Çat. Br. 14,7,2,8.

अकाम्य Adj. *nicht begehrenswerth* Kap. 1,85.

1. अकारण, °णम् = अकारणात् u. s. w. Çiç. 10,16.

अकार्पण्य definirt Hemâdri 2,a,9,6.7.

अकावङ्क n. = अङ्काङ्क Maitr. S. 2,8,7.

अकिंचिज्ज्ञ Adj. *Nichts wissend* Spr. 5188.

अकिंचिद् *Nichts.* उक्त्वा MBh. 13,41,27.52,36.55,3.

अकुण्ठ Adj. *nicht stumpf, scharf* (eig. und übertr.).

अकुण्ठधिष्ण्य n. = वैकुण्ठलोक Bhâg. P. ed. Bomb. 3,5,45.

अकुण्ठित Adj. = अकुण्ठ.

अकुष्ठिपृषत् Adj. *weder aussätzig noch gesprenkelt* Âçv. Gṛhj. 4,8,4.

अकूजन n. *das Schweigen* MBh. 12,109,15.

अकृत 1) *a*) Nom. abstr. °त्व n. Kâtj. Çr. 20,4,6.

अकृतकृत्य Adj. *der seine Pflicht nicht gethan hat.* Nom. abstr. °त्व n. Ind. St. 15,348.

अकृतव्यूह Adj. *eine Sache nicht weiter verfolgend, sich über Etwas nicht aussprechend* Paribh. 56.

अकृतश्मशान Adj. *der keine Leichenstätte angelegt hat* Çat. Br. 13,8,1,1.

अकृप Adj. (f. आ) *mitleidlos, grausam* Daçak. 80,5.

अकृष्ट 1) *c*) *nicht gezogen,* von einer best. Aussprache der Vocale Saṁhitopan. 29,3. 6. 7.

अकृष्ण Adj. *nicht schwarz* Kâtj. Çr. 22,4,13.

अकोपन Adj. (f. आ) *nicht zornig, — böse.* Kuh Hemâdri 1,456,2.

अकौद्रेय m. *kein* Kaudreja Kâtj. Çr. 10,2,21.

अकौशल Mudrâr. 70,19. 20 (117,11. 12).

अक्का *Hurenwirthin* Paṅkad.

2. अक्रम, °म् Adv. *gleichzeitig* Naish. 8,4.

अक्रमशस् Adv. dass. Kap. 2,32.

अक्रिमि m. *kein Wurm* Çat. Br. 5,4,1,2.

अक्रीत Adj. *nicht gekauft* Çat. Br. 3,2,4,7. Tâṇḍja-Br. 6,5,1.

अक्रुद्ध Adj. *nicht erzürnt* Taitt. Âr. 1,4,2.

अक्रुध्यत् Adj. *nicht zürnend* Çat. Br. 14,2,2,30.

अक्रूर 1) Çat. Br. 5,4,2,12.

अक्रूरपरिवार Adj. *eine milde Umgebung habend.* Nom. abstr. °ता f. Kâm. Nîtis. 8,11.

1. अक्रोध Çat. Br. 3,2,2.24.

2. अक्रोध, f. आ Hemâdri 2,a,92,9.

अक्लिष्ट 3) *keine Pein verursachend* Kap. 2,33.

अक्लेश Adj. dass. Hemâdri 1,15,3.

3. अक्ष 1) n. auch *sinnliche Wahrnehmung* Njâjam. 1,1,17.

अक्षतामय m. *eine Krankheit ohne Verletzung* Çat. Br. 13,3,8,3.

अक्षत्रिय m. *kein* Kshatrija Çat. Br. 6,6,3,12.

अक्षदाय m. *Zug mit einer Spielfigur* Naish. 6,71.

अक्षद्वार n. *Achsenloch* Sâj. zu Ṛv. 5,30,1.

*अक्षभार m. gaṇa वंशादि.

अक्षमालामय Adj. *aus Rosenkränzen gebildet* Hemâdri 2,a,104,14.

अक्षय 2) f. *b*) N. pr. einer Joginî Hemâdri 2,a,93,18.

अक्षयवट m. N. pr. eines Tîrtha Comm. zu Vishṇus. 85,5.

अक्षय्य, अक्षय्योदक n. *Wasser, begleitet von dem Wunsche, dass es nie mangeln möge,* Jâgñ. 1,242. Vishṇus. 21,4. 73,27. अक्षय्यस्थाने Çâṅkh. Gṛhj. 4,2. Jâgñ. 1,251.

अक्षर 2) *m*) Name eines Sâman Ârsh. Br.

अक्षरशंस् Maitr. S. 3,1,1.

अक्षरशिक्षा f. *das Abece* Daçak. 15,12.

अक्षरेस्था Adj. *in Silben bestehend* Tâṇḍja-Br. 16,8,4.

अक्षर्य, °र्यं रैवत् Name eines Sâman Ârsh. Br.

अक्षशील Adj. *dem Würfelspiel ergeben* Âpast.

अक्षसङ्गम् Adv. *so dass die Achse hängen bleibt* Maitr. S. 3,9,2.

अक्षसूत्र Adj. (f. आ) *mit einem Rosenkranz versehen* Hemâdri 2,a,105,7. 16.

अक्षसूत्रक n. = अक्षसूत्र Hemâdri 1,285 6.

अक्षान्त Adj. *nicht geduldet* Naish. 6,18.

अक्षावली f. *Rosenkranz* Kâd. 166,22.

अक्षित Adj. *unvergänglich, nicht verloren* Maitr. S. 1,8,6.

अक्षिदुःख n. *Augenübel* Taitt. Âr. 1,4,1.

*अक्षिनिकाणम् Absol. *mit zugekniffenen Augen.*

अक्षिबन्ध m. *Verblendung* Naish. 8,31.

अक्षिरोगवत् Adj. *augenkrank* Hemâdri 1,745.7.

अक्षिलक्षी Adv. mit कर् *zum Ziel der Augen machen, hinblicken auf* Naish. 2,107.

अक्षीब 2) lies m. statt f.

अक्षु ist = अक्ष *Wagenachse.*

अक्षेत्रज्ञ Adj. *nicht ortskundig* Çat. Br. 13,2,3,2.

अक्षेत्रतर n. *eine zum Bebauen* oder *Bewohnen sehr ungeeignete Gegend.*

अक्षेम n. *Leid* R. Gorr. 2,6,14.17.

अक्षोधुक Adj. *nicht hungernd* Maitr. S. 1,6,5.

अक्षोभ्य 3) f. आ N. pr. einer Joginî Hemâdri 2,a,93,2.

अक्ष्णयाकृत Adj. *verkehrt gethan* Çat. Br. 14,4,3,26.

अखण्डिताज्ञ Adj. *dessen Befehle nicht verletzt werden.* Nom. abstr. °त्व n. Râgat. 6,229.

अखर्व 1) auch *nicht klein, gross, bedeutend* Daçak. 4,15. Naish. 2,21.

अखर्वन् (!) Adj. *unverstümmelt* Hemâdri 2,a,75,19.

अगणयत् Adj. *nicht achtend auf* (Acc.) R. 4,10,4.

अगणितप्रतियात Adj. *heimgekehrt, weil nicht beachtet,* Çiç. 10,20.

2. अगति Adj. 1) *nicht gehend.* Nom. abstr. °ता f. *Stillstand* Mudrâr. 151,5(220,7). — 2) *hülflos, unglücklich* Daçak. 12,15.

अगदवेद m. *Heilkunde* Káraka 6,17.

अगदंकार Naish. 4,116.

अगन्धसेविन् Adj. *nicht den Wohlgerüchen ergeben* Âpast.

अगम्यगा Adj. f. *verbotenen Umgang mit einem Manne pflegend* Varâh. Brh. 24(22),5.

अगर्भ Adj. *nicht in einem andern Baume wurzelnd* Kâtj. Çr. 4,7,23.

अगस्ति 3) lies *grandiflora.*

अगस्त्याश्रम m. N. pr. eines Tîrtha Vishnus. 85,29.

अगाध 1) °रुधिर *eine grosse Menge Blut* Daçak. 5,23. Nom. abstr. °ता f. Naish. 2,31.

अगार, क्रोधागारं प्र-विश् so v. a. *in Zorn gerathen* R. Gorr. 2,8,18.

अगुञ्जिन् Adj. *keinen brummenden Laut von sich gebend* Bâlar. 131,5.

अगुरु 3) m. *kein Lehrer* Âpast.

अगुरुक n. = अगुरु 2) a) Hemâdri 1,423,13.

अगुरुतल्प n. *kein Ehebruch mit der Frau eines Lehrers* Âpast.

अगृह Adj. *hauslos.* Nom. abstr. °ता f. Tândja-Br. 10,3,16.

*अगृहपति und *°क gaṇa चार्वादि.

अगृहीत Adj. *nicht geschöpft* Çat. Br. 3,9,2,8. 4,2,3,3.5.

अगृह्यमानकारण (!), आर्यसमय Âpast.

अगो f. *keine Kuh* Pâr. Grhj. 3,11,1.

अगोत्रचरण Adj. *ohne Geschlechter und Schulen* Agni-P. 1,18.

1. *अगोप m. *kein Kuhhirt* P. 2,2,14, Sch.

2. अगोप Adj. (f. आ) *hirtenlos.*

अगोरस Adj. *ohne Milch* Hemâdri 1,639,14.

अगौपवन m. *kein* Gaupavana Kâtj. Çr. 10,2,21.

अग्नाविष्णु Çat. Br. 12,1,3,1.

अग्निक 4) = आग्निक 2) Pañkad.

अग्निज 1) Maitr. S. 3,7,5.

अग्निज्वाल Adj. *wie Feuer flammend* Hemâdri 1,206,16.

अग्निदैव Adj. Agni *zur Gottheit habend.* भ *das Mondhaus* Krttikâ Hemâdri 1,792,18.

अग्निपूजा f. *Verehrung des Feuers* Âpast.

अग्निमय Çat. Br. 10,5,3,11.

अग्निमुख Adj. (f. ई) Agni *zum Munde habend* Çat. Br. 7,1,2,4. 13,4,1,12.

अग्निरज vielleicht fehlerhaft für अग्निरेजः *bewegliches Feuer.*

अग्निरूप n. *eine Form des Feuers* Çat. Br. 6,1,3,18.19.

अग्निवेताल m. N. pr. eines Vetâla Ind. St. 15,273.

अग्निशिख 2) e) N. pr. eines Vetâla Kathâs. 121,23.203. fgg.

अग्निष्टुत् Çat. Br. 13,7,1,3.

अग्निष्टोम 3) = अग्निष्टुत् 2) VP.² 1,177. fgg.

अग्निष्ठ 1) a) Çat. Br. 3,7,2,4.

अग्निस्पर्श Adj. (f. आ) *glühend heiss* Âpast.

अग्निहुत Adj. *im Feuer geopfert* Vaitân.

1. अग्निहोत्र 1) °देवता f. Âçv. Grhj. 1,2,2. Nom. abstr. °त्व n. Maitr. S. 1,8,1.

अग्निहोत्रिन् Çat. Br. 11,3,1,5.

अग्निह्वर् Adj. etwa *beim Feuer (-Opfer) fehlgehend,* d. h. *keinen Theil erlangend* Maitr. S. 1,3,35.

अग्नीवरुण Çat. Br. 4,4,5,17.19.

अग्न्यगार Çat. Br. 13,4,1,8.

अग्न्यर्चिस् f. oder n. *Feuerflamme* Çat. Br. 14,5,2,10.

अग्न्याधेय, °देवता f. Pâr. Grhj. 1,2,9.

अग्न्युत्पात *Feuersbrunst* Pâr. Grhj. 2,11,2.

अग्र n. auch *Rest* Lilâv. 133. °क n. dass. 134.

अग्रगणना f. *das obenan Stellen, — Stehen* Comm. zu Naish. 1,53.

*अग्रग्रासिका f. *der Anspruch auf den ersten Bissen* Kâç. zu P. 3,3,111.

अग्रतलसंचार m. *eine best. Stellung beim Tanz* S.S.S. 241.

*अग्रभोजन n. *der erste Bissen* P. 4,4,66, Sch.

अग्रसारा f. *eine best. hohe Zahl* Lalit. 169,13.

अग्रसूची f. *Nadelspitze* Naish. 1,80.

अग्रहण Adj. Maitr. S. 1,8,4.

अग्रहण n. *das Nichtmeinen, — Darunterverstehen* Paribh. 72.

अग्रहोम m. *eine best. Spende* Hemâdri 1,195,8.

अग्रान्त *the product added to the ultimate term* Colebr. Alg. 326.

अग्रिमवती f. *der Vers* RV. 9,62,25 Lâtj. 4,5,19.

अग्रेदधुस् m. = अग्रेदिधिषु 1) Maitr. S. 4,1,9.

अग्लास्नु auch *unverdrossen* Âpast. 1,3,22.

अघ m. N. pr. eines Asura Bhâg. P. 10,12,13.

अघटित Adj. *nicht zu Stande gebracht, — hervorgebracht* Ind. St. 15,332.

अघन auch *wolkenlos* Kâvjâd. 3,88.

अघभेद Hemâdri 1,619,8.13 fehlerhaft für अर्घभेद.

अघातुक Maitr. S. 1,8,5.

अघोरकल्प m. Name eines Kalpa Hemâdri 1,536,21.

अघ्न्यात्व n. Nom. abstr. von अघ्न्या Maitr. S. 4,2,12.

अङ्कता f. Nom. abstr. zu अङ्क 5) Naish. 1,8.

अङ्कपाश m. *Combination* (math.) Lilâv. S. 110.

अङ्कुरार्पणविधि m. Titel eines Werkes Bühler, Rep. No. 561.

अङ्कुश 1) a) वसिष्ठस्याङ्कुशौ Name zweier Sâman Ârsh. Br.

अङ्कुशखेटिन् Adj. *mit einem Haken und einem Schilde versehen* Hemâdri 2,a,93,16.

अङ्गक्रिया f. *das Einreiben des Körpers mit Salbe u. s. w.* Daçak. 49,1.

अङ्गज 2) b) *Haar am Körper* Káraka 6,15.

अङ्गवाटा f. N. pr. der Gattin Bhava's Hemâdri 1,799,2.

अङ्गविक्षेप Pañkad.

अङ्गशुश्रूषक m. *Leibdiener.* f. आ Ind. St. 15,444.

अङ्गारकलिका f. N. pr. einer Suraṅganâ Ind. St. 15,241.

अङ्गिरोधामन् Adj. *bei den* Aṅgiras *seine Stätte habend* Maitr. S. 3,2,9.

अङ्गुलिमात्र Adj. *fingergross* Maitr. S. 3,9,4.

अङ्गुष्ठक n. = अङ्गुष्ठ 1) und 2) Agni-P. 23,21. 24,13.14.

अङ्घ्रि 5. = पद *Fach, Feld* Agni-P. 40,14.17.

अङ्घ्रिवनेजन Adj. (f. ई) *zum Abwaschen der Füsse dienend* Bhâg. P. 10,41,15.

अचकित Adj. *nicht zitternd, fest.* Gang Daçak. 45,6.

अचण्ड Adj. *nicht ungestüm, gemessen.* Gang Kir. 6,25.

अचण्डमरीचि m. *der Mond* Naish. 4,105.

अचन्दन Adj. *ohne Sandel* Mrkkh. 161,22.

अचयन n. *das Nichtschichten* Çat. Br. 9,5,2,11.

अचरण Adj. (f. आ) apathisch (ein Fehler der weiblichen Geschlechtstheile) Káraka 1,19. 6,30.

अचल 1) Nom. abstr. °त्व n. Bâdar. 4,1,9. — 2) c) N. pr. eines Devarshi VP.² 3,68.

अचलदत्त m. N. pr. eines Schreibers Mudrâr. 69,1 (114,2).

अचलेन्द्र m. *der* Himavant Kir. 13,18.

अचलेश्वर m. dass. Çiç. 4,64.

अचातुर्मास्य Adj. *ohne* Kâturmâsja-*Opfer* Mund. Up. 1,2,3.

अचापल n. *Gesetztheit, Besonnenheit* MBh. 12, 329,19.

अचापल्य n. dass. Spr. 3870.

2. अचित् ist f. *das Nichtwissen, also* = 1. अचित्.

अचित्तपाजस् und अचित्तमनस्.

अचिन्तनीय Adj. *woran man nicht zu denken braucht, worauf man nicht zu achten hat* Spr. 1823.

अचिन्त्य Maitrjup. 6,19.

अचिरांशु Çiç. 6,71. अचिराभा Kir. 4,24.

अचेतन, Nom. abstr. °त्व n. Kap. 3,59.

अचेतित Adj. 1) *unbeachtet, unberücksichtigt* Kâd. 69,15. II,121,9. 140,14. — 2) *gedankenlos* Kâd. 67,9. °म् Adv. 13,10.

अचैत्रभानव Adj. *nicht vom Feuer kommend* Bâlar. 53,20.

अच्छत्त्रक Adj. *ohne Sonnenschirm* Naish. 9,79.

अच्छद्मन् n. *keine Hinterlist* MBh. 1,118,13.

अच्छन्दस्क Adj. *ohne Metrum* Maitr. S. 4,7,5.

अच्छभल्ल Bâlar. 167,1.

अच्छायोपग Adj. *sich nicht in den Schatten begebend* Âpast.

अच्छिद्र Adj. *ununterbrochen* Naish. 8,61.

अच्छिद्रत्व n. = अच्छिद्रता Maitr. S. 3,8,7. 10,4.

अच्छिन्न 3) *ununterbrochen* Agni-P. 27,7.

अच्छेर (अञ्शेर) Adj. (f. आ) als Beiw. von Wassern Maitr. S. 4,4,1.

अच्युत 1) c) *vom rechten Wege nicht abgewichen* Kâvjâd. 2,322.

अच्युतलोक Adj. *im Besitz von* Vishṇu's *Welt.* Nom. abstr. °ता f. Agni-P. 38,3. 47.

अच्युति f. *das Nichtwandern aus einer Welt in eine andere* Kâlak. 4,128.

*अजक्रन्द m. Pl. N. pr. einer Völkerschaft Kâç. zu P. 4,2,125.

अजत्तीर Maitr. S. 3,1,8.

अजगाव oder आज° m. N. pr. eines Schlangendämons Tâṇḍja-Br. 25,15,3.

अजङ्गम Adj. *unbeweglich* Hemâdri 1,368,15.

अजडप्रमातृसिद्धि f. Titel eines Werkes Bühler, Rep. No. 433.

अजनवादशील Adj. *nicht dem Geklatsch ergeben* Âpast.

अजनाग्रीय Adj. *nicht den Blicken der Leute ausgesetzt* Çâṅkh. Gṛhj. 6, 2.

*अजनाशम् Absol. *wie eine Ziege verloren geht* P. 3,3,45, Sch.

*अजबन्धु m. N. pr. eines Mannes Kâç. zu P. 4,1,96.

अजरक *Indigestion* Karaka 6,18.

अजातगुण Adj. *nicht wieder hergestellt* Ind. St. 15, 305.

अजापाल m. N. pr. eines Fürsten Hemâdri 1,717,12.

अजिनरत्न n. *Glückssäckel* Daçak. 63,15. 65,5.

अजिह्म 1) auch *nicht träge* Naish. 2,102.

अजीर्ण Adj. (f. आ) *nicht gealtert, — alternd* Pâr. Gṛhj. 3,3,5.

अजीर्णि f. *Indigestion* Comm. zu Njâjam. 6,8,10.

अज्ञातर् Nom. ag. *Etwas nicht wissend* Naish. 6,91.

अज्यायंस् Adj. *nicht grösser als* (Abl.) TBr. 3,7,5,6.

अञ्जनाभ m. auch Bein. Râhu's Kâlak. 1,126.

*अञ्जनिक gaṇa पुरोहितादि.

अटन Adj. *herumzuschweifen gewohnt* Varâh. Bṛh. 16,9. 17,1.7.10. 18,1.4.17.

2. अट्टहास 2) c) N. pr. einer Stadt Hemâdri 1,83,10.

अणिक Adj. *vom Sohne lernend* Âpast.

अणिमतस् Adv. *an der dünnen Seite* Maitr. S. 3,10,4.

अणु n. auch = अणुतैल Karaka 6,24.

अणुज्योतिस् Adj. *trübsinnig* Karaka 5,11.

अण्ड auch *Kuppel* Varâh. Bṛh. S. 56,22. 24. 28.

अण्डत्तर u. अण्डात *eine Art Tanz* S.S.S. 261.

*अण्डारक m. N. pr. eines Mannes. Pl. *sein Geschlecht* Kâç. zu P. 2,4,69.

अण्डिका f. *ein best. Gewicht,* = 4 Java Karaka 7,12.

अतच्छब्द m. *kein vedischer Beleg dafür* Bâdar. 1,3,3.

अतच्छ्रुति f. dass. Bâdar. 2,3,21.

अतद्धित Adj. *kein* Taddhita-*Suffix habend* Gobh. 2,8,15.

अतद्भाव m. *das Nichtdassein, Anderswerden* Bâdar. 3,4,40.

अतद्रूप Adj. *nicht wie es sein sollte, verkehrt* Bâdar. 3,4,40.

अतद्विद् Adj. *dieses nicht verstehend* Bhâg. P. 4,9,4.

अतनुबल Adj. (f. आ) *stark* Mudrâr. 157,1 (231,5).

अतन्त्र, गोतमस्य तन्त्रातन्त्रे Name zweier Sâman Ârsh. Br.

अतन्त्रित Adj. 1) *durch Nichts gebunden, sich vollkommen frei fühlend* Cit. im Comm. zu Gobh. 1,5,26 (S. 214). — 2) häufig fehlerhaft für अतन्द्रित.

अतमोविष्ट Adj. *nicht in Finsterniss gehüllt* Maitrjup. 6,24.

अतरुणा Adj. *nicht jung* P. 1,2,73.

अतर्कावचर Adj. *sich nicht in spitzfindigen Erwägungen bewegend* Lot. de la b. l. 353.

अतस्थान Adj. *sich in Etwas* (Dat.) *nicht fügend* Çat. Br. 12,5,2,1. fgg.

अताच्छील्य n. *das Nichtgewohntsein an Etwas* P. 3,2,79, Sch.

अतापभृत् Adj. *keine Glut in sich bergend* Naish. 4,78.

अतिकठिन Adj. *überaus hart.*

अतिकातर Adj. *gar ängstlich* Mâlatîm. 62,10.

अतिकान्ति f. *grosse Anmuth.* Personif. Agni-P. 33,39.44.

अतिगरीयंस् Adj. *zu theuer.* °यसा क्री — *kaufen* Daçak. 59,7.

अतिचण्डिका f. = अतिचण्डा Hemâdri 2,a,85,5.

अतिचार 3) *Vergehen* Vaitân.

अतिजटाधर Adj. *starke Flechten tragend* Hemâdri 2,a,121,12.

अतिजितकाशिन् Adj. *sich zu sehr als Sieger gebarend* Mudrâr. 82,18 (137,9).

अतितृप्त Adj. *vollkommen befriedigt.* Nom. abstr. °ता f. Naish. 2,49.

अतिथी Adv. 1) mit कर् a) *Etwas* (Acc.) *einem Gaste gewähren* Naish. 5,23. — b) *Etwas* (Acc.) *gelangen lassen in* (Loc.) Naish. 1,134. श्रुतेरतिथीकृता *zu Ohren gebracht* Comm. zu 2,56. — 2) mit भू *Jmds* (im Comp. vorangehend) *Gast werden* Naish. 4,91.

अतिदुर्नय m. *eine grosse Gemeinheit* Naish. 4,91.

अतिदुर्बल, f. आ Hemâdri 2,a,100,6.

अतिदुःसह Adj. *überaus schwer zu ertragen* Hemâdri 1,744,1.

अतिदूषित Adj. *sehr gemissbilligt* Bṛhasp. im Comm. zu Âpast. 2,27,3.

अतिधर्म m. *die strengste Pflicht* Hemâdri 1,54,20.

अतिधवल Adj. *sehr weiss* Daçak. 73,15.

अतिधूम Adj. *starken Rauch gebend* Varâh. Jogaj. 8,9.

अतिनिभृतम् Adv. *ganz im Geheimen* Mudrâr. 55,19 (88,12).

अतिनिरोध m. *vollkommene Unterdrückung, — Vernichtung* Hemâdri 1,735,2; vgl. 733,21. 734,1.

अतिनिर्मल Adj. *überaus rein* Hemâdri 1,164,6. 183,12.

अतिनिर्वृत Adj. *überaus erfreut* Bhâg. P. 1,6,18.

अतिनील Adj. *dunkelblau* Hemâdri 2,a,118,9.

अतिनेद in अनतिनेद.

अतिपावन Adj. *in hohem Grade entsündigend* Hemâdri 1,83,8.

अतिपौरुष Adj. *überaus mannhaft* Mudrâr. 154,12 (227,9).

अतिप्रतिलोम Adj. (f. आ) *überaus widrig, — unangenehm* Naish. 6,95.

अतिप्रथित Adj. *weitberühmt* Naish. 4,79.

अतिप्रभावती f. N. pr. einer Surâṅganâ Ind. St. 15.

अतिप्रमाण auch *von grosser Autorität* Hemâdri 2,a,19,6.

अतिप्रमाद Adj. *sehr fahrlässig, — unachtsam* MBh. 5,37,37.

अतिप्रिय Adj. *überaus lieb* P. 8,1,13, Sch.

अतिबल m. oder n. = अतिबल 3) a) Varâh. Jogaj. 9,18.

अतिबहु auch *zu viel* Maitr. S. 2,4,5.

अतिभक्ति f. *grosse aus Glauben entspringende Liebe* Hemâdri 1,578,9. 613,13.

अतिभयानक Adj. *gar fürchterlich* Bhâg. P. 5,9,19.

अतिभारवत् Adj. *schwer belastet* Naish. 5,88.

अतिभीत Adj. *sehr furchtsam* Kâlak. 3,142.

अतिमञ्जुल Adj. *überaus lieblich* Daçak. 86,12.

अतिमतिमत् Adj. *überaus klug* Mudrâr. 86,15 (141,9).

अतिमद m. *heftige Aufgeregtheit* Çiç. 10,32.

अतिमहत् Adj. *überaus gross* (Baum) Daçak. 46, 16. *allzulang* (Erzählung) 79,3.

*अतिमहिमन् Adj. *überaus gross* P. 4,1,11, Sch.

*अतिमाल Adj. *schöner als eine Perlenschnur* Laghuk. 1017.

अतिमूर्ख Adj. *sehr thöricht* Kâlâk. 3,143.

अतिम्लानि f. *tiefe Schwärze* Naish. 5,62.

अतियात्रा f. *Ueberfahrt* Çaṁk. zu Bâdar. 4,3,5.

अतिरमणीय, Nom. abstr. °ता f. Mudrâr. 59,15 (96,7).

अतिरय Adj. *überaus schnell laufend* Daçak. 21,4.

अतिराग m. *dunkles Roth* und *starke Zuneigung* Naish. 7,39.

अतिरेच in अनतिरेच.

अतिरोकॅ m. *Lichtloch, Durchblick* Maitr. S. 3,6,1.

अतिरोह Adj. als Beiw. von Rudra-Çiva Hemâdri 1,210,9.

अतिल auch *keinen Sesam habend* Hemâdri 1, 594,17.

अतिवक्र auch *sehr krumm* und zugleich *sehr unverständlich* Naish. 7,62.

अतिवाम Adj. *überaus hart, — grausam gegen* (Loc.) und zugleich *um Weiber sich nicht kümmernd* Naish. 9,93.

अतिवितथवाच् Adj. *stark lügend* Mudrâr. 63,10 (103,3.)

अतिवितीर्ण Adj. *in hohem Grade gewährt* Naish. 5,11.

°अतिविद्वंस् Adj. *überaus erfahren in* Hemâdri 1, 319,11.

अतिविमल Adj. *überaus rein* Naish. 2,103.

अतिविस्रम्भ m. *grosses Vertrauen* Naish. 2,7.

अतिविश्व Adj. (f. आ) *Alles übertreffend* Naish. 7,107.

अतिवीर्य Adj. *überaus mächtig* Hariv. 1558.

अतिवृद्ध m. N. pr. des Weltelephanten des Westens Garga in J. R. A. S. 1871, S. 274.

अतिवैचतण्य n. *sehr grosse Erfahrenheit* Daçak. 69,15.

अतिवैष्णव Adj. *dem* Vishṇu *sehr ergeben* Agni-P. 19,7.

अतिव्यपहार m. Âpast. schlechte Lesart für अतिव्यवहार.

अतिव्यवहार m. *zu vieler Verkehr* Âpast. 1,28,4.

अतिशंमन n. = अतिशंमना Vaitân.

अतिशयवत् Adj. *übermässig* Daçak. 85,17.

अतिशिष्ट Adj. *sehr gelehrt* Hemâdri 1,724,18.

अतिशीघ्र, °म् Adv. Saṁhitopan. 9,1.

अतिशुभ्र Adj. *überaus weiss* Hemâdri 1,725,19.

अतिॅशृत Adj. *zu stark gekocht* Maitr. S. 1,8,2.

अतिश्लक्ष्णा Adj. (f. आ) *überaus glatt* Hemâdri 1, 723,14.

अतिश्वास m. *Kurzathmigkeit* Agni-P. 31,20.

अतिष्ठिॅघम् Acc. Inf. *bemeistern* Maitr. S. 1,6,3.

अतिसंसिद्धि f. *ein überaus vollkommener Zustand* Saṁhitopan. 36,1.

अतिसंहृष्ट Adj. *überaus erfreut* Hemâdri 1,473,7.

अतिसत्वरम् Adv. *überaus eilig* Daçak. 42,13.

अतिसंप्रीति f. *grosse Freude, — Befriedigung* Hemâdri 1,15,1.

अतिसरूप Adj. *überaus ähnlich* Naish. 8,46.

अतिसर्ग 3) *Abschied.* °र्गं दा *Jmd* (Dat.) *Lebewohl sagen* Maitr. S. 2,13,22.

अतिसुन्दर Adj. (f. ई) *sehr hübsch* Hemâdri 2,a,87,13.

अतिसृष्टप्रतिबद्ध Adj. *zu lose oder zu fest* Karaka 3,6.

*अतिस्वन् v. l. für अतिस्वन् gaṇa पचादि in der Kâç.

अतिहर्ष m. *grosse Freude* Naish. 6,53.

अतिहार m. *Hinzufügung* (Gegens. लोप) Saṁhitopan. 16,2.

अतिहास Adj. *laut lachend* (Rudra-Çiva) Hemâdri 1,206,8. Vgl. अट्टहास.

*अतिहिमम् Adv. *nach Ablauf des Winters* Laghuk. 972.

अतिहृष्ट Adj. *sehr erfreut* Daçak. 72,5.

अतुल्य Adj. *verschieden* P. 2,4,26, Sch.

अतोय Adj. (f. आ) *wasserlos* Hemâdri 1,500,11.

अॅत्य ṚV. 2,34,13 *flüchtig.*

अत्यग्निष्टोमक m. = अत्यग्निष्टोम Agni-P. 30,5.

अॅत्यणु Adj. *sehr dünn* Maitr. S. 3,9,4.

अत्यब्ज Adj. *schöner als eine Lotusblüthe* Naish. 3,34.

अत्यल्पबुद्धि Adj. *von sehr geringem Verstande* Mṛkkh. 136,12.

अत्यसदृश Adj. *überaus unangemessen* Naish. 5,115.

अत्याकुलित Adj. *sehr verworren* LA. 37,17.

अत्याचार m. *zu feines Benehmen* Spr. 156 (lauter Acc. anzunehmen).

अत्यायु n. *ein best. Gefäss* Tâṇḍja-Br. 1,2,4. 6,5,3. 7.

अत्यारोह m. *das zu hoch Hinauswollen.*

अत्यार्ति f. *heftiger Schmerz* Kathâs. 52,226.

अत्यावेग m. *heftige Aufregung* Prab. 92,8.

अॅत्याशित Adj. *übersatt* Maitr. S. 3,6,2.

अत्यासन्नता f. *ausserordentliche Nähe* Sûrjas. 12,46.

अत्युच्च Adj. *überaus hoch* Kathâs. 17,135. Ind. St. 15,296.

अत्युत्क Adj. (f. आ) *ein heftiges Verlangen empfindend* Kathâs. 52,401. 65,228.

अत्युत्तम Adj. (f. आ) *ganz vorzüglich* Kathâs. 87,4.

अत्युदार Adj. 1) *ganz vorzüglich* Daçak. 56,15. — 2) *allzufreigebig.* Nom. abstr. °ता f. Daçak. 57,12.

अत्युन्नति f. *sehr bedeutende Höhe* Sâh. D. 41,13.

अत्युष्णता f. *allzugrosse Hitze* Daçak. 18,14.

अॅत्येतवै Dat. Inf. *zu durchschreiten* ṚV. 5,83,10.

अत्यौत्सुक्य n. *grosse Ungeduld* Kathâs. 89,55.

अत्रपुॅस् Adj. *unverzinnt* Maitr. S. 1,8,2.

अॅत्रासुक Adj. *sich nicht fürchtend* Maitr. S. 4,2,3.

अत्रिज m. = 1. आत्रेय 1) *a*) Karaka 1,3.

अत्रिनेत्रप्रजात m. *der Mond* Hemâdri 1,432,11.

अदक्षिणीय auch = अदक्षिण्य Tâṇḍja-Br. 6,1,5.

अदग्ध Adj. *nicht verbrannt* R. 5,51,5.

अदण्डवासिक Adj. *ohne Dorfältesten* Hemâdri 1,639,16.

अदरिद्र Adj. (f. आ) *nicht arm, reich* Hemâdri 2, a, 2, 10.

अदर्श Adj. *ohne* Darça-*Feier* Muṇḍ. Up. 1,2,3.

अदर्शन 1) *das Nichtansehen* Pâr. Gṛhj. 2,8,3.

अदसीय Adj. (f. ई) *Jenem —, Jener gehörig* Naish. 7,36. 54.

अदाभ्यत्वॅ.

अदाम्भिक Adj. *nicht heuchelnd* Âpast.

अदाम्भोल Adj. *nicht von* Indra's *Donnerkeil herrührend* Bâlar. 53,19.

अदासीक Adj. *ohne Sclavinnen* Hemâdri 1,639, 14. 16.

अदॅाङ्कक.

अदितिकुण्डलाहरणनाटक n. Titel eines *Schauspiels* Bühler, Rep. No. 104.

अदिवाशिन् Adj. *nicht am Tage essend* Âpast.

अदिवास्वापिन् Adj. *nicht am Tage schlafend* Âpast.

अदीन auch *mit vollem Tone ausgesprochen.* °नम् Saṁhitopan. 8,1.

अदुःखिन् Adj. *kein Leid empfindend, nicht unglücklich.* Nom. abstr. °त्व n. Hemâdri 1,151,22.

अदुःस्पृष्ट Adj. *nicht falsch articulirt* Saṁhitopan. 9,3. 6.

अदूर m. N. pr. eines Sohnes des 12ten Manu Hariv. 1,7,77. अद्रुह v. l.

अदृढभक्तिक Adj. *nicht anhänglich* MBh. 5,37,37.

अदृश्यता f. und अदृश्यत्व n. *Unsichtbarkeit* Daçak. 11,4. 5,10. Bâdar. 1,2,21.

अदृष्टि f. 1) *das Nichtsehen* Kap. 1,156. — 2) *das Nichtgesehenwerden, Nichtangetroffenwerden* Kap. 3,40. 5,129.

अदेवदेह Adj. *nicht den Leib eines Gottes habend menschlich gestaltet* Naish. 6,94.

36*

अदेवमातृक Adj. (f. आ) *regenlos, des Regens nicht bedürfend.*

2. अदोष Adj. *tadellos* Kap. 1,123.

अदोषता, lies *das Nichtfehlersein.* In der angegebenen Bed. Naish. 3,97.

अद्भुतकर Adj. (f. ई) *in Staunen versetzend* Naish. 4,55.

अद्भुताय्, °यते *als Wunder erscheinen* Daçak. 88,16.

अद्योतक Adj. *nicht ausdrückend, — bezeichnend.*

अद्रव, Nom. abstr. °त्व n. Kâlak. 5,119.

अद्रव्यार्थ und °क Adj. *keine Substanz bezeichnend* Sch. zu P. 1,4,57. 58.

अद्रिजतु Karaka 6,18.

अद्रिपति m. *der* Himavant. °कन्या f. Bez. der Pârvatî Daçak. 15,22.

अद्रुताली f. *ein best. Tact* S. S. S. 213.

अद्वयवाद m. *der Ausspruch, dass es keinen Zweiten gebe,* Naish. 5,65.

अद्विवर्ष Adj. *noch nicht zwei Jahre alt* Pâr. Gṛhj. 3,10,2.

अधःकर auch *eine niedriger gelegene Hand* (unter vieren) Hemâdri 1,237,7.

अधःपात्र n. *Unterschale* Hemâdri 1,228,2. 5. 18.

अधनवत् Adj. *besitzlos, arm* Agni-P. 38,11.

अधमर्णता f. Nom. abstr. von अधमर्ण Naish. 9,3.

अधरत्व n. Nom. abstr. zu अधर 1) *b)* und 2) *a)* Naish. 7,39.

अधरसपत्न.

अधर्म° = अधर्मेण Âpast. 1,28,11.

अधर्मचर्या f. *Nichterfüllung der Pflichten* Âpast.

अधर्मशरण vor अधर्मिष्ठ zu setzen.

अधर्मोत्तरता f. *das Vorwalten des Unrechts* MBh. 1,37,20.

अधम् 1) *b)* mit कर् auch *mit Geringschätzung behandeln* Naish. 5,64.

अधासनशायिन् (st. अधश्रासन°) Adj. *auf dem Erdboden sitzend und schlafend* Âpast.

1. अधि 2) *e) α) unter* Daçak. 79,10.

अधिकण्ठम् Adv. *am Halse* Naish. 7,67.

अधिकमासफल n. Titel eines Werkes Bühler, Rep. No. 45.

अधिकर्णम् Adv. *am Ohr* Çiç. 7,59.

अधिकाधि Adj. *voller Sorgen* Daçak. 6,12.

अधिकारवत् m. *Beamter* Mudrâr. 65,18 (106,8).

अधिकारिता auch Nom. abstr. zu अधिकारिन् 1) *b)* Naish. 1,20.

अधिकारित्व dass. Kap. 5,123.

अधिक्षिति Adv. *auf der Erde* Naish. 5,100.

अधिगणपति m. *oberster Schaarführer* Kâlak. 2,154.

अधिगुण, f. आ Naish. 3,126.

*अधिगोपम् Adv. *auf dem oder den Kuhhirten* Laghuk. 970.

अधिजङ्घम् Adv. *an den Beinen* Naish. 7,96.

अधितल्पम् Adv. *auf die Thürme* Çiç. 3,29, v. l.

अधिदैवत, adj. Comp. f. आ Hemâdri 1,643,15.

अधिदेवत्व n.

अधिद्यो (Nom. °द्यौस्) f. Bez. *eines best. Backsteins* Maitr. S. 2,8,14.

अधिपतिवती.

अधिरात्रि Adv. *in der Nacht* Çiç. 11,51.

°अधिरुह् Adj. *reitend auf* Çiç. 12,20.

अधिरूढक m. *Schmarotzerpflanze* Hemâdri 2,*a*, 47,15.

अधिरूढाकर्ण Maitr. S. 2,6,13.

अधिरूढि f. *Zunahme —, das Dickerwerden von unten nach oben* Naish. 7,96.

अधिरोह Adj. *reitend auf,* mit Acc. Çiç. 11,7.

°अधिरोहिन् Adj. *aufsteigend —, hinaufführend zu* Daçak. 85,4.

अधिलीलागृहभित्ति Adv. *auf die Wand des Lusthauses* Naish. 1,38.

अधिवादं.

अधिवासनक n. = अधिवासन 2) Hemâdri 1,232,11.

अधिवासनीय Adj. *zu weihen* Hemâdri 1,252,12.

°अधिवासिन् Hemâdri 1,254,9.

अधिविवाहम् Adv. *in Bezug auf die Hochzeit, bei der H.* Çâṅkh. Gṛhj. 2,15. Pâr. Gṛhj. 1,3,30.

अधिष्ठ n. *Sitz, Wohnort* Hemâdri 1,605,20 (wenn nicht स्वानि धिष्ण्यानि zu lesen ist).

अधिष्ठिति f. *Herrschaft* Kap. 5,115.

अधिस्त्रि *in Bezug auf eine Frau* Naish. 9,22.

अधीतपूर्व Adj. *der vorher schon studirt hat* Âçv. Çr. 8,14,22.

अधीमांस m. (!) *Hypertrophie der Fleischtheile* Karaka 6,13. Vgl. अधिमांस.

अधीरम् Adv. *ängstlich* Daçak. 40,13.

अधीश्वर 1) Naish. 2,1.

अधीष्ट n. *freundliches Angehen eines Lehrers um Unterweisung* P. 3,3,161. 166. Mahâbh. 3,88,*a*.

अधूत Adj. *nicht bewegt* Tâṇḍja-Br. 7,9,9.

अधून्वत् Adj. *nicht bewegend* Tâṇḍja-Br. 7,9,9.

अधृति 1) *Verzagtheit* Kathâs. 121,107. 123.

अधोगामिन् Adj. *herab —, zur Erde kommend* Naish. 6,99.

अधोगुडा f. *Argyreia speciosa* Karaka 1,1.

अधोनाभि Adv. *unterhalb des Nabels* Maitr. S. 3,2,1. Âpast.

अधोबाण m. N. pr. eines Berges Divjâv. 168.

अधोमुख 1) f. आ Çiç. 10,17.

अधोवाम m. *eine niedriger gelegene linke Hand* Hemâdri 2,*a*,127,4.

अधोहस्त m. *eine niedriger gelegene Hand* (unter vieren) Hemâdri 1,285,8.

अध्ययनमात्रवत् Adj. *der nur studirt hat* Bâdar. 3,4,12.

अध्यर्धिकाचार m. *eine best. Stellung beim Tanz* S. S. S. 241.

अध्याचार m. *Bereich* Pâr. Gṛhj. 2,14,5.

अध्यासन s. अनध्यासन.

अध्यूध्नी Maitr. S. 3,10,4.

अध्येय auch *zu erlernen* Naish. 1,67.

2. अध्येय Adj. *woran man nicht denken soll* Hemâdri 1,624,3.

अध्रियमाण Adj. *nicht mehr am Leben seiend* Mayr, Ind. Erb. 18.

अध्रत्व n. Nom. abstr. zu अध्र 2) *a,* Maitr. S. 3,6,10.

अध्रमय, lies अध्रम.

अध्वशील Adj. *reiselustig* Âpast.

अध्वसह Adj. *ein unermüdlicher Fussgänger* Varâh. Bṛh. 17,11.

अध्वापन्न Adj. *auf der Reise befindlich* Âpast.

अनक्ताशिन् Adj. *nicht in der Nacht essend* Âpast.

अनक्षज्ञ Adj. *das Würfelspiel nicht verstehend* MBh. 3,52,44.

अनक्षसङ्गम्.

अनक्षिगत Adj. *kein Dorn im Auge seiend* Harshak. 148,18.

अनग्निसाक्षिक Adj. *wobei* Agni *nicht Zeuge ist* Naish. 9,80.

2. अनङ्ग 2) *d) ein best. Tact* S. S. S. 211.

अनङ्गदाया f. N. pr. einer Suraṅganâ Ind. St. 15.

अनङ्गता f. = अनङ्गत्व Naish. 8,66.

अनङ्गद्विष् m. Bein. Çiva's Harshak. 188,15.

अनङ्गध्वजा f. N. pr. einer Suraṅganâ Ind. St. 15.

अनङ्गन m. N. pr. eines Mannes Divjâv. 109.

अनङ्गीकरण n. *das Nichteinräumen* und zugleich *das Jmd körperlos Machen* Naish. 8,41.

अनङ्गीकृत 2) auch *was man sich nicht hat angelegen sein lassen* Naish. 7,64.

अनणु 1) auch *nicht klein, — unbedeutend* Naish. 3,37. 9,59.

अनत auch *der sich vor Niemand neigt* Ait. Âr. 354,3.

अनतित्रस्नु Adj. *nicht sehr furchtsam* Daçak. 70,2.

अनतिदर्शन n. *kein häufiges Sehenlassen* Daçak. 49,3.

अनतिदेश m. *keine Uebertragung* Paribh. 101.

अनतिनिद.

अनतिपात m. *Nichtversäumniss, Nichtvernach-*

lässigung P. 3,3,38, Sch.

अनतिपाद् m. *das Nichtüberschreiten, — springen* Tâṇḍja-Br. 4,5,12. 7,3,23

अनतिपीडम् Absol. *unter sanftem Drucke* Daçak. 87,6.

अनतिप्रयोजन Adj. *keinen besondern Zweck habend, ziemlich unnütz* Naish. 9,8.

अ॑नतिरेच n. *das Nichtzuvielsein* Maitr. S. 4,1,2.

अनतिवलित Adj. *nicht sehr gewölbt* (Bauch) Daçak. 73,7.

अ॑नतिवादिन् Maitr. S. 4,1,13.

1. अनत्यय auch *das Nichtverstrichensein, Nichtzuspätsein* Âpast. 1,1,21 (अना° fehlerhaft).

अनधर Adj. (f. आ) *nicht geringer, — nachstehend* Naish. 3,42.

अनधीतपूर्व Adj. *der vorher noch nicht studirt hat* Âçv. Çr. 8,14,21.

अनधीतवन्त् Adj. *der Etwas* (Acc.) *nicht studirt hat* Hemâdri 1,524,20.

अनधीयान Adj. *nicht studirend* Âpast.

अनध्याय m. *das Schweigen* Naish. 9,61.

अनध्यापक Adj. *die Einstellung des Studiums veranlassend* Çâṅkh. Gṛhj. 6,1.

अनध्यासन n. *das Nichtbetreten* Ind. St. 13,472.

अननियोगपूर्व Âpast. fehlerhaft für अननुयोग°.

अ॑ननुख्याति.

अननुज्ञात Adj. *wozu man nicht die Erlaubniss hat* M. 2,116.

अननुयाजँ Maitr. S. 3,7,2.

अननुयोग Adj. *wonach man sich nicht erkundigt hat* Âpast. 1,19,12, v. l. °पूर्व Adj. *w. m. s. n. zuvor e. h.* ebend. (Conj.)

अननुशस्त Adj. *wonach nicht recitirt worden ist* Tâṇḍja-Br. 4,9,13.

अनन्त 2) *b*) α) auch eines Vidjeçvara Hemâdri 1,823,5. 18. 2,*a*,126,11.

अनन्तकाय Adj. *unvergänglich* als Bez. *bestimmter Pflanzen.*

अनन्तधूप m. *ein best. Räucherwerk* Hemâdri 2,*a*,50,13.

अनन्तधन्ना f. N. pr. einer Surâṅganâ Ind. St. 15.

अनन्तर 1) *e*) *nicht ablassend von* (Abl.) Âpast.

अनन्तर्गर्भक (Hemâdri 2,*a*,41,2) und अनन्तर्गर्भिन् (Cit. im Comm. zu Gobh. 1,7,6. 2,7,5) Adj. = अनन्तर्गर्भ.

अ॑नन्तर्हिति f. *das Nichtverdecktwerden* Maitr. S. 3,2,5.

अनन्तवात m. *eine best. rheumatische Krankheit* Karaka 8,13.

अनन्तसीर m. N. pr. eines Mannes Daçak. 90,20.

अनन्त्य Adj. so v. a. अनन्त Âpast. अनन्तर v. l.

2. अनन्यँ *keinem Andern zugethan* TS. 3,2,8,2.

अनन्यगति Adj. *hülflos* Daçak. 50,11.

अनन्यथावृत्ति Adj. *mit nichts Anderm beschäftigt* Daçak. 84,10.

अनन्यनारीकमनीय Adj. *wonach kein anderes Weib verlangen kann* Kumâras. 1,37.

अनन्यप्रतिम Adj. (f. आ) *mit Anderm nicht zu vergleichen* Naish. 2,82.

अनन्यविश्रम Adj. (f. आ) *keinen andern Ruhepunct habend* Naish. 1,11.

अनन्यव्यापार Adj. (f. आ) *mit nichts Anderm beschäftigt* Daçak. 80,15.

अनन्यशासन Adj. (f. आ) *unter keines Andern Befehlen stehend* Daçak. 3,14.

अ॑नन्वग्भाव und अ॑नन्ववजय.

अ॑नन्ववाय m. *das Nichtnachschleichen* Maitr. S. 1,10,20. 2,5,6. 3,2,4. 6,1.

अनन्वित Adj. *in keiner logischen Verbindung mit etwas Anderm stehend* Sâh. D. 9.

अनन्विष्यन्त् Adj. *nicht nachforschend nach* (Acc.) 120,20.

अनपक्रामुकँ.

अनपच्छाद्यमान Adj. *nicht geheim haltend* Âpast.

अनपजय्य Adj. *nicht abzuerobern* Tâṇḍja-Br. 11,10,21.

अनपयान्त् Adj. *sich nicht entfernend* Harshak. 107,4.

अनपह्नन n. *das Nichtabhalten* Tâṇḍja-Br. 13,10,14.

अनपिधान° *ohne dass ein Schutz dagegen wäre* Naish. 4,9.

अनपिमन्त्र Adj. *nicht Rede stehend* Kâṭh. 13,1.

अनपुंसक n. *kein Neutrum* P. 1,2,69. 2,4,4.

अनपेक्षमाण Adj. *keine Rücksicht nehmend auf* (Acc.) Ragh. 5,67.

अनभिगीत Adj. *nicht mit dem zweiten* Svara *beginnend und mit dem ersten endend* Saṃhitopan. 17,2.

अनभिघ्नन्त् Adj. *nicht darauf schlagend* Âpast. 2,22,13.

अनभिज्ञात Adj. *von dem man Nichts weiss.* Nom. abstr. °ता f. Daçak. 8,14.

अ॑नभिधृष्णुवन्त् Adj. *nicht bezwingend* Maitr. S. 1,10,14.

अनभिनन्दन्त् Adj. *sich über Etwas nicht freuend* Tâṇḍja-Br. 5,9,3.

अनभिभव m. *das Nichtunterliegen* Bâdar. 3,4,35.

अनभिमुख Adj. (f. ई) *abgewandt* Mudrâr. 67,1 (109,2).

अनभियुक्त Adj. *sich um Etwas* (Loc.) *nicht kümmernd* Mudrâr. 68,3. 69,19 (112,3. 115,8).

अनभिरूप 3) *hässlich* Daçak. 54,6.

अनभिलक्षित Adj. *ungesehen, unbemerkt.*

अनभिसंधिपूर्व Adj. *unbeabsichtigt* Âpast.

अ॑नभ्यवचारुक Adj. (f. आ) *nicht andringend gegen* (Acc.) Maitr. S. 3,8,7.

अनभ्यसूया f. = अनसूया Hemâdri 2,*a*,7,19.

अनभ्याहतम् Adv. *ohne Unterbrechung, — Wiederholung* Âçv. Çr. 4,15,11.

अनर्क m. *etwas Anderes als die Sonne* Naish. 3,76.

अनर्गल, lies *ungehemmt, frei.*

अनर्चिस् Adj. *nicht flammend* Hemâdri 1,138,8.

अनर्थमय Adj. (f. ई) *unheilvoll* und zugleich *sinnlos* Naish. 4,107.

अनर्धार्धविभागभाज् Adj. *sich nicht halbiren lassend* Naish. 8,4.

2. अनल m. *ein Anderer als* Nala Naish. 3,77 (zugleich *Feuer*).

1. अनलता f. Nom. abstr. von अनल *Feuer* Naish. 5,63.

2. अनलता f. Nom. abstr. von 2. अनल ebend.

अनवकर्णित Adj. *nicht überhört, — in den Wind geschlagen* Kâd. II, 115,4.

अ॑नवक्राम m. *das Nichtentfliehen* Maitr. S. 4,1,14.

2. अनवग्रह Adj. *ungehemmt* Mâlatîm. 24,7. Naish. 1,120.

अनवधानक Adj. *der die* Varṇa *verwechselt* (Sänger) S. S. S. 118.

अनवधि Naish. 2,60.

अनवन Adj. (f. ई) *nicht erquickend* Çiç. 6,37.

अनवपाद m. *das Nichtdaruntergerathen* Tâṇḍja-Br. 4,5,12.

अ॑नवर्ण Adj. (f. आ) *schön, prächtig* Taitt. Âr. 1,8,2.

अनवर्ति Adj. *nicht in Noth seiend* Tâṇḍja-Br. 7,9,21.

अनवलम्ब Adj. *keine Stütze —, keinen Halt bietend* Naish. 2,52.

अनवलम्बित Adj. *in keiner Beziehung zu Etwas stehend* Naish. 2,79.

अनवशेषम् Adv. *ohne dass ein Rest übrig bliebe* Âpast.

अ॑नवेत Adj. *nicht abgelaufen* TS. 2,6,2,5.

अ॑नवेष्ट Adj. *nicht durch Opfer abgewendet* Maitr. S. 1,10,11.

अनशनायुक Adj. (f. आ) *keinen Hunger leidend* Tâṇḍja-Br. 2,7,7. 13,6,3.

अनश्लील Adj. *anständig* Nom. abstr. °ता f. Hemâdri 2,*a*,18,1.

अनष्ट n. mit अनष्टम् *hast du Nichts verloren?* begrüsst man einen Vaiçja Âpast.

अनष्टद्रव्य Adj. *dem Nichts abhanden kommt.* Nom. abstr. °ता f. VP. 4,11,3.

अनमूयिन् Adj. = अनमूय 1). Nom. abstr. °यिता f. HEMÂDRI 2,a,6,5.

अनस्तंगत Adj. *nicht untergegangen* R. 5,3,41.

अनस्थक (!).

अनस्थिचित् Adj. *nicht wie Knochen geschichtet* MAITR. S. 3,5,1.

अनस्थिमत् = अनस्थ GAUT. 22,21.

अनहंकृति Adj. *nicht der Meinung seiend, dass man Ich sei,* BHÂG. P. 11,9,30.

अनहंबुद्धि Adj. *ohne Hochmuth* MBH. 13,108,6.

अनाकाङ्क्ष n. *das Nichtfordern einer Ergänzung* P. 3,4,23.

अनाकाशीकरण n. *das Nichtveröffentlichen* SAṀHITOPAN. 36,5. 46,4.

अनाकृष्ट Adj. *nicht behäufelt* (Korn).

अनाक्रन्द Adj. (f. आ) *keinen Freund —, keinen Beschützer habend.*

अनाक्रम m. *das nicht über Einen Kommen* MAITR. S. 4,1,14.

अनाक्रमण n. *das Nichtbetreten* Ind. St. 13,472.

अनाक्रम्य Adj. *unerreichbar für* (Gen.) KATHÂS. 72,337.

अनाक्रोश्य Adj. *den man nicht anfahren darf* ÂPAST.

अनागति f. *das Nichtkommen* NAISH. 5,13.

अनागम m. *das Nichtwiederkommen* MBH. 3, 107,20.

अनागमन n. dass. PAÑKAT. 89,8.

अनाग्रयण Adj. *ohne die Libation Âgrajaṇa* MUṆD. UP. 1,2,3.

अनाङ्ग Adj. *nicht das Thema betreffend* P. 1,1, 63, Sch.

अनाचार्य m. *kein Lehrer* (mehr) ÂPAST.

अनाचार्यसंबन्ध m. *keine Beziehung von Schüler zu Lehrer* ÂPAST.

अनाच्छादित Adj. *nicht unter Dach seiend* VAITÂN.

अनाज्यभोजन Adj. *wo es kein* Âgja *zu essen giebt* HEMÂDRI 1,639,17.

अनात्मपरज्ञ Adj. *weder sich noch Andere kennend* NAISH. 4,78.

अनात्म्य n. *Mangel an Selbstbeherrschung* ÂPAST.

अनात्यय m. ÂPAST. fehlerhaft für अनत्यय.

*अनाथकुटी und *अनाथसभा f. P. 2,4,24, Sch.

अनाथी Adv. 1) mit कर् *schutzlos machen* NÂGÂN. 70,5 (90,16). — 2) mit भू *schutzlos werden, verwaisen* HARIVAṀÇ. 140,4.

अनादान n. *das Nichtempfangen* MBH. 3,32,10.

अनादि Adv. *so v. a. immerwährend* NAISH. 6,102.

अनादिनिधन Adj. *ohne Anfang und Ende* HEMÂDRI 1,311,23.

अनादिमध्यान्त Adj. *ohne Anfang, Mitte und Ende* Ind. St. 15,290.

अनादेशन n. *Nichtangabe* MAHÂBH. 2,311,b.

अनाधार Adj. *ohne Halt* AGNI P. 3,7.

अनानम्य Adj. *nicht zu biegen* MBH. 1,185,9.

अनाप्तृ Nom. *der nicht theilhaftig wird* ÇIÇ. 16,38.

अनाबाध, f. आ HEMÂDRI 1,507,15.

अनाभास Adj. *lichtlos* KÂR. 48 zu MÂṆD. UP.

अनाभोगिन् Adj. *aller Genüsse bar* TAITT. ÂR. 1,8,5.

अनामा HEMÂDRI 2,a,51,20.

अनामिष Adj. *uneigennützig* MBH. 3,271,38.

अनामृष्ट Adj. *unberührt* DAÇAK. 74,16.

अनायम्य Adj. *nicht zu spannen* MBH. 1,6953.

अनानम्य v. l.

अनारब्ध Adj. *nicht begonnen* BÂDAR. 4,1,15.

अनारोप्य Adj. *nicht mit einer Sehne zu beziehen* HARIV. 4504.

अनार्यत्व n. *Unehrenhaftigkeit* ÂPAST. Vgl. आर्यत्व.

अनालक्ष्य Adj. *unsichtbar* KATHÂS. 88,52.

अनालम्ब m. und °नता f. *Wüstheit des Kopfes* SÂH. D. 222.

अनालस्य Adj. *unverdrossen* HEMÂDRI 1,552,11.

अनालोक Adj. *finster, dunkel* MBH. 13,64,10.

अनावश्यकत्व n. *keine Unumgänglickeit* SÂH. D. 123,14.

अनाविष्कुर्वत् Adj. *nicht kund thuend* BÂDAR. 3, 4,50.

अनाविःस्रगनुलेप Adj. *keine Kränze und keine Salbe zur Schau tragend* ÂPAST. 1,32,5.

अनावृत 2) °वृतार्गल Adj. *so v. a. unverschlossen* MBH. 3,3,37.

अनाश Adj. (f. आ) *aller Erwartungen baar.* आशामनाशां कर् *allen E. entsagen* SPR. 7078. Vgl. निराश.

अनाश्रमधर्मिन् Adj. *seinem* Âçrama *untreu* PRAB. 97,4.

अनाश्रव Adj. (f. आ) *ungehorsam*, mit Gen. RAGH. 19,49. NAISH. 6,88.

अनासवाख्य Adj. *nicht Liqueur heissend* KUMÂRAS. 1,31.

अनासित Adj. *dem man nicht obliegt* R. 2,71,35.

अनाशित v. l.

अनास्थित Adj. *nicht eingenommen* (Platz) BHÂG. P. 4,12,26.

अनास्माक Adj. *nicht unser* AV. 19,57,5.

अनास्वाद्य Adj. *nicht schmackhaft* (übertr.) SÂH. D. 117,4. Nom. abstr. °त्व n. 6.

अनाह्रीकस्य Adj. *nicht schamlos, züchtig* (Kleid) ÇAÑKH. GṚHJ. 2,1.

अनाहूत Adj. *nicht aufgefordert, — eingeladen.*

अनिङ्गन Adj. *unbeweglich.*

अनिचित Adj. *nicht besäet mit* (Instr.) MBH. 3,21,7.

अनिच्छ Adj. *keine Wünsche habend* MBH. 12. 237,36.

अनिड Adj. *nicht das Wort* इडा *enthaltend* TÂṆḌJA-BR. 6,9,23.

अनितिपर Adj. *worauf kein* इति *folgt* P. 1,4,62.

अनिधन Adj. *ohne den* निधन *genannten Schlusssatz* TÂṆḌJA-BR. 7,3,9. 12.

अनिबद्ध 4) *in seinen Theilen unzusammenhängend* (Musikstück) S. S. S. 120.

1. अनिमित्त n. *schlechtes Vorzeichen* MṚKKH. 129,14.

2. अनिमेष 1) f. आ NAISH. 5,19.

अनियसित Adj. *nicht eingeschrumpft* ÇAT. BR. 2,1,4,27.

अनियुक्त Adj. *durch Metrum und Tact nicht beschränkt* S. S. S. 121. 138 (अनिर्युक्त).

अनिराकरण 2) *das Nichtvergessen* PÂR. GṚHJ. 3,16,1.

अनिराकरिष्णु Adj. *nicht vergesslich* PÂR. GṚH. 2,4,3.

अनिराकृतिन् Adj. *der das Gelernte nicht vergessen hat* ÂÇV. ÇR. 8,14,1.

अनिरुक्त, streiche 1).

अनिरुद्धक m. = अनिरुद्ध 2) a) AGNI-P. 25,1.

अनिरुद्धभट्ट m. N. pr. eines Autors PISCHEL, de Gr. pr. 17.

अनिरुद्धमय Adj. Aniruddha *darstellend* AGNI-P. 37,10.

अनिर्दाह m. *Nichtverbrennung* MAITR. S. 3,3,3.

अनिर्दाहुक Adj. *nicht verbrennend, — versengend* MAITR. S. 1,4,8.

अनिर्भिन्न Adj. (f. आ) *wobei man die Hände auf die Kniee legt* SAṀHITOPAN. 9,3. 10,1. 12,17.

अनिर्भेद m. *das Nichtverrathen* DAÇAK. 72,10.

अनिर्मार्ग m. *Nichtverwischung* MAITR. S. 1,8,5 2,3,1.

अनिर्मुक्त Adj. *nicht befreit von* (Abl.) MBH. 1,120,16

अनिर्युक्त s. अनियुक्त.

अनिर्वृत Adj. *nicht froh, traurig* NAISH. 4,87.

अनिवृत्त 1) auch *nicht abstehend von* (Abl.), — *aufgebend, — vernachlässigend* HEMÂDRI 1,25,13.

अनिश्चित Adj. *unbestimmt, ungewiss.* Nom. abstr. °ता f. DAÇAK. 12,18.

अनिष्कृत Adj. *ungesühnt* M. 11,53.

अनिष्टसोम Adj. *der kein* Soma-*Opfer dargebracht hat* VAITÂN.

अनिसृष्ट Adj. *nicht ermächtigt* MBH. 3,215,7.

अनीकत्व n. Nom. abstr. zu अनीक 1) MAITR. S. 1,10,14.

अनीता f. *das Nichtsehen, nicht zu Gesicht Be-*

kommen NAISH. 6,43.

अनीदृश् Adj. *nicht gleichkommend, nachstehend* NAISH. 1,61.

अनीह Adj. 1) *sich nicht anstrengend, unthätig* MBH. 3,32,40. — 2) *ohne Bemühung erlangt* MBH. 3,2,48.

अनीहमान Adj. *Nichts verlangend* JÂGN. 2,116.

अनुकम्पित m. *Mitleiden, Mitgefühl.*

अनुकर्षण 2) c) *das Spannen* (eines Bogens) R. GORR. 1,69,10.

अनुकार 1) auch *nachzuahmen verstehend* S. S. S. 118.

अनुकारानुकारिन् Adj. *gleichend*, mit Gen. HEMÂDRI 2,a,88,7.

अनुकूलकारिन् Adj. *Liebes erweisend* ÇÂK. ed. PISCH. 61,1.

अनुक्ति f. *Verschweigung* SÂH. D. 688.

अनुक्रोशिन् Adj. *sympathisch* (Person) ÂÇV. ÇR. 8,14,1. 16.

*अनुखडम् Adv. gaṇa परिमुखादि in der KÂÇ.

अनुग्रहीतर् Nom. ag. *Förderer, beitragend zu Etwas* ÇAṂK. zu BÂDAR. 3,4,38.

अनुच्च Adj. *niedrig* (Geschlecht) RÂGAT. 5,479.

अनुच्छास्त्रवर्तिन् Adj. *die Gesetze nicht übertretend.*

अनुच्छित्ति f. *Unzerstörbarkeit* KAP. 6,13.

अनुच्छ्वसमान Adj. *nicht athmend* R. 1,65,8.

अनुच्छ्वास m. *das Nichtathmen* R. 1,65,7.

अनुच्यमान Adj. *nicht gesagt, — angegeben werdend* KARMAPR. 15,1.

अनुज्ञापन n. *das Sichverabschieden* Ind. St. 15,441.

अनुज्येष्ठम् MAITR. S. 1,8,4.

अनुतापक Adj. (f. °पिका) *Jmd* (Acc.) *Reue verursachend* NAISH. 6,96.

अनुतोदन n. *das Nachstossen, häufiges Wiederholen* Comm. zu TÂṆḌJA-BR. 12,10,11.

अनुतोदवत् Adj. von अनुतोद TÂṆḌJA-BR. 10,6,4.

अनुत्कीर्ण Adj. *nicht ausgehöhlt.*

अनुत्खात n. *kein unebener Boden* ÇÂK. 192, v. l.

1. अनुत्तर n. *eine mangelhafte Antwort in einem Process* KÂTJ. in MIT. 16. Nom. abstr. °त्व n. ebend.

2. अनुत्तर 1) e) *mit keiner Stipulation verbunden* NÂR. 1,5.

अनुत्तरंग Adj. *nicht wogend* KUMÂRAS. 3,48.

अनुत्तरप्रकाशपञ्चाशिका f. Titel eines Werkes BÜHLER, Rep. No. 436.

अनुत्थित Adj. (f. आ) *nicht aufgestanden* (Wöchnerin) ÂPAST.

अनुत्साहिन् Adj. *willenlos.* °नी मतिः *Indolenz in Bezug auf* (Loc.) KATHÂS. 72,118.

अनुत्सृष्ट auch *nicht ausgesetzt, unausgesetzt gefeiert* TÂṆḌJA-BR. 5,10,2. 3.

अनुदक n. *Nichtwasser, das Trockene* MBH. 12,68,11.

अनुदय m. *Nichtaufgang* MBH. 12,68,10.

°अनुदेशक Adj. *zeigend, weisend* HEMÂDRI 2,a,23,14.

अनुद्भव m. *das Nichthervortreten* KAP. 1,11.

अनुद्भासिन् Adj. *nicht glänzend* ÂPAST. 1,30,12, v. l.

अनुद्भिन्न Adj. *nicht zu Tage getreten* KÂVJÂD. 2,264.

अनुद्रिक्त Adj. *nicht überschüssig, nirgends ein Uebermaass zeigend.*

अनुध्यायिन् Adj. *Vieles vermissend* MAITR. S. 1,8,4. 5.

अनुनायक Adj. (f. °यिका) *versöhnend* ÇIÇ. 6,7.

अनुन्मत्त Adj. *nicht verrückt* DAÇAK. 75,9.

अनुन्माद MAITR. S. 3,1,10 (nicht 2).

अनुन्मुक्त Adj. *nicht befreit* MAITR. S. 3,7,8. 9,7.

अनुपकरणीय Adj. *dem kein Dienst zu erweisen ist von* (Gen.) Ind. St. 15,329.

अनुपकुर्वाण Adj. *keinen Dienst —, keine Gefälligkeit erweisend.*

अनुपक्रमणीय, °क्रम्य und °क्राम्य Adj. *nicht zu behandeln, — heilbar.*

अनुपगम m. *das Nichtkommen* NAISH. 5,25.

अनुपगृहीत Adj. *unverändert* SAṂHITOPAN. 17,4.

अनुपदेश m. *keine Anweisung* KAP. 1,9.

अनुपदेष्टव्य Adj. *nicht anzugeben, — mitzutheilen* MÂLATIM. 38,5 (93,2).

अनुपधि Adj. *bedingungslos* BURN. Intr. 390. fgg.

अनुपनम्र Adj. *sich nicht verneigend* und *zugleich nicht zur Hand seiend.* Nom. abstr. °ता f. NAISH. 8,22.

अनुपनीत Adj. *nicht in die Lehre aufgenommen* KÂVJÂD. 3,178.

अनुपन्यास m. *Nichtbeifügung* P. 3,3,154, Sch.

अनुपपत्ति Adj. *nicht zutreffend, unstatthaft, unmöglich* Spr. 6005.

अनुपपत्तिमत् Adj. dass. NAISH. 4,110.

अनुपपन्न, Nom. abstr. °त्व n. VÂMANA 4,2,20.

अनुपयोग m. *Nichtverwendung* HEMÂDRI 1,327,5.

अनुपराग Adj. *nicht unter dem Einfluss irgend einer Leidenschaft stehend* MBH. 5,129,32.

अनुपर्वत m. *Vorberge* HEMÂDRI 1,315,17.

अनुपलक्ष्य Adj. *nicht erkennbar* NAISH. 4,26.

अनुपलक्ष्यमाण Adj. *unbemerkt* Ind. St. 15,273.

अनुपलब्धिसम Z. 1 lies *auf die.*

अनुपविष्ट Adj. *nicht sitzend* HEMÂDRI 1,253,16.

अनुपवीत Adj. *nicht mit der heiligen Schnur behängt* HEMÂDRI 2,a,38,19.

अनुपशय m. *keine Vorliebe für Etwas* KARAKA 3,8.

अनुपश्रुति f. *das Nichthören* BHÂG. P. 10,42,29.

अनुपसर्ग m. *keine Praeposition.* Nom. abstr. °त्व n. Sch. zu P. 1,4,90. 94.

अनुपस्कृत Adj. 1) *unbearbeitet, nicht präparirt, im natürlichen Zustande sich befindend.* — 2) *schlicht, einfach.* — 3) *nicht versehen mit* (Instr.). — 4) *uneigennützig.*

अनुपह्वयमान.

अनुपात्यय m. *Nichtversäumniss, Nichtvernachlässigung* P. 3,3,38.

अनुपादेय Adj. *nicht anzunehmen, — zu beherzigen.* Nom. abstr. °त्व n. SÂH. D. 118,10.

अनुपाध्याय m. *kein Lehrer* MBH. 14,88,26.

अनुपाय, °येन so v. a. *zwecklos* MBH. 12,88,13.

अनुपायिन् Adj. *das Ziel nicht erreichend, verhallend* (Laut) WEBER, RÂMAT. 336.

अनुपालभ्य Adj. *nicht zu tadeln* KÂM. NÎTIS. 11,39.

अनुपेक्षण n. *das Nichtunbeachtetlassen* MUDRÂR. (N. A.) 120,3.

अनुपेत Adj. *nicht die Beistimmung von* (Instr.) *habend.* Nom. abstr. °त्व n. KULL. zu M. 3,127.

अनुप्रदान m. *darauf folgende Spenden* ÂPAST.

अनुबन्धिका f. *ungünstiges Symptom, Todesanzeichen* HARSHAK. 124,4.

अनुबन्ध्य 3) *primär, natürlich, günstig* (Krankheitssymptom) KARAKA 3,6.

अनुबिम्ब m. n. NAISH. 8,46.

अनुबिम्बित Adj. *wiedergespiegelt* NAISH. 2,79.

अनुमर्तर् TBR. 3,10,1,3. 9,7. 10,3.

अनुमास° Adv. *allmonatlich* NAISH. 8,37.

अनुयाजवत् MAITR. S. 3,7,2.

अनुयायिन् 1) Nom. abstr. °यित्व n. KULL. zu M. 9,109.

अनुयोज्य 3) *der Kritik unterliegend* KARAKA 3,8.

अनुरणन n. *das Nachtönen* S. S. S. 21. 22.

अनुराधवती f. N. pr. einer Surâṅganâ Ind. St. 15,444.

अनुरोहे MAITR. S. 2,8,8.

अनुल्बण, Nom. abstr. °ता f. VÂMANA 3,2,4.

अनुल्लङ्घनीय Adj. *nicht zu übertreten* PAÑKAT. 247,19.

अनुवा f. *das Nachwehen* TS. 3,5,3,3. 4,4,1,1. Vgl. अन्वा.

अनुवाक्य n. *Wiederholung* ÂPAST. 1,11,6.

अनुविलेपन n. *Salbe* HEMÂDRI 1,155,6 fehlerhaft; vgl. MBH. 13,57,38.

*अनुविष्णु Adv. *nach* Vishṇu LAGHUK. 972.

अनुवृत् MAITR. S. 2,8,8.

अनुवृत्ति 7) *Dienst* HEMÂDRI 1,42,8. 11.

अनुव्रजन HEMÂDRI 1,476,7.

अनुशंसन n. *nachfolgendes Hersagen* Comm. zu TÂṆḌJA-BR. 4,9,13.

अनुशयिन् 4) *gleichgültig gegen Alles* Kap. 5,125.

अनुशंसे Dat. Inf. etwa *mit einzustimmen* ṚV. 5,50,2.

अनुष्टुप्छन्दस् Adj. *die* Anushṭubh *zum Metrum habend* Maitr. S. 2,3,3.

अनुष्ठान 1) auch *das Jmd* (Gen.) *zu Diensten Stehen* MBh. 13,33,2.

अनुसंतति Maitr. S. 2,4,5.

अनुस्तनित n. *anhaltender Donner* Âpast.

अनूढता f. *das Nichtverheirathetsein einer Frau mit* (im Comp. vorangehend) Naish. 3,46.

अनूत्सर्ग m. angeblich = अनुत्सर्ग *Nichteinstellung* Âpast.

अनूद्देश auch *hinterherfolgende Angabe* Kâvjâd. 3,144.

अनूद्वासिन् Adj. angeblich = अनुद्वासिन् Âpast.

अनूपरेखा und अनूपवती f. N. pr. zweier Surâṅganâ Ind. St. 15.

अनूर्जित Adj. *nicht vollkräftig, matt* Kâvjâd. 1,71.

अनूर्ध्वकर्मन् n. und °क्रिया f. *keine Handlung nach oben* P. 1,3,24 und Sch.

अनूर्ध्वज्ञु Adj. *die Kniee nicht in die Höhe richtend* Çâṅkh. Gṛhj. 1,10.

अनूषर, f. आ Hemâdri 1,507,15. 650,19.

1\. अनूह m. *keine Veränderung, — Modification.*

2\. अनूह Adj. *nicht lange überlegend, kein Bedenken tragend.*

अनूह्यं.

2\. अनूह्य Adj. *nicht zu verändern, — modificiren* Âçv. Çr. 3,2,20.

अनृचम् Maitr. S. 3,3,5.

अनृणी Adv. mit भू *sich von einer Schuld befreien* Paṅkad.

अनृतपशुं Maitr. S. 1,10,12.

अनृतसंगर Adj. *eine Zusage nicht haltend* Âpast. 1,19,16 (°संकर Text und Comm.).

अनृतु Adv. *zu unrechter Zeit* Maitr. S. 3,6,7.

अनृषभ Adj. *ohne Männchen* Tâṇḍja-Br. 13,5,18. 10,11. 15,3,17.

अनेकधृत् Adj. Beiw. Rudra-Çiva's Hemâdri 1,206,1.

अनेकाग्र Adj. (f. आ) *keine Aufmerksamkeit auf Etwas wendend.*

अनेकान्त auch *kein Bestandtheil* Paribh. 4.

अनेकार्थकैरवकौमुदी f. Titel eines Werkes Bühler. Rep. No. 702.

अनेजन्त् Adj. *sich nicht bewegend* Bhâg. P. 7,3,32.

*अनेष (Nom. °षः) *nicht dieser hier* P. 6,1,132, Sch.

अनैन्दव Adj. *nicht vom Monde kommend* Bâlar. 53,20.

अनैरंमद Adj. *nicht von Wetterleuchten kommend* Bâlar. 53,19.

अनैश्चारिक Adj. *nicht ablenkend, — zerstreuend* Âpast.

अनैषध m. *ein Anderer als* Nala Naish. 3,79.

अनोकशायिन् Adj. *nicht in einem Hause schlafend* MBh. 1,91,5.

अनौचिती f. *ungebührliches Benehmen* Naish. 3,97.

अनौपम (Hemâdri 1,368,22) und अनौपम्य Adj. *mit Nichts zu vergleichen.*

अनौपयिक Adj. *unangemessen.* Instr. in der Bed. eines Adv. Naish. 5,115.

अनौपाधिक Adj. *uneigennützig.*

अनौशीर Adj. *ohne* Auçîra-*Salbe.*

अन्तःकोटरपुष्पी Karaka 1,1.

अन्तकरण 1) Adj. (f. ई) Hemâdri 1,514,9.

अन्तदीपक n. *eine best. rhetorische Figur.* Beispiel Bhaṭṭ. 10,23.

अन्तनामन् Adj. *das Ende bezeichnend* Tâṇḍja-Br. 5,9,4. 5.

अन्तप्लुत Adj. *am Ende mit dem* Pluta *gesprochen* Vaitân.

अन्तरक्रीडा f. *ein best. Tact* S. S. S. 213.

अन्तरा 1) *a)* wiederholt Daçak. 56,8.

अन्तरात्मक.

अन्तरात्मन् Maitr. S. 1,9,3.

अन्तरान्तरम् Adv. *je dazwischen* Hemâdri 1, 329,21.

अन्तरित Adj. (f. आ) Tâṇḍja-Br. 1,3,2 fehlerhaft für आन्त°.

अन्तरिति Maitr. S. 3,10,1.

अन्तरीप Naish. 7,73. °नगर Ind. St. 15,343.

अन्तरीय Gobh. 1,2,21.

°अन्तर्गण m. *ein* (im Gaṇa —) *enthaltener* Gaṇa Sch. zu P. 1,1,74. 3,1,55.

अन्तर्गता Adj. f. *trächtig* Hemâdri 1,447,23. 448,3.

अन्तर्जानु 2) *mit den Händen zwischen den Knieen* Hemâdri 1,100,11.

अन्तर्जानुकर Adj. = अन्तर्जानु 1) Hemâdri 1,94,15.

अन्तर्भाव m. *das Verschwinden.* °वं गम् *verschwinden* Daçak. 38,14.

अन्तर्मन्दिर n. *Gynaeceum* Daçak. 38,18.

अन्तर्मांस Adj. *mit der Fleischseite nach innen gekehrt* Hemâdri 1,703,9.

अन्तर्मुख n. *das Innere des Mundes* Vâmana S. 23, Z. 2.

अन्तर्यामीय Adj. *zum* Antarjâma *gehörig* Vaitân.

अन्तर्लोम Maitr. S. 3,6,6.

अन्तःश्वास m. *eine best. Krankheit der Athmungsorgane* Agni-P. 31,20.

अन्तःसामिक Adj. *innerhalb eines* Sâman *erscheinend* Saṁhitopan. 27,2.

अन्त्यपद् zu streichen.

अन्त्रकूजन n. *Kollern im Leibe.*

अन्त्रवृद्धिमन्त् Adj. *einen Leistenbruch habend* Hemâdri 1,732,12.

अन्त्रापीडप्रकर्षिन् Adj. *heftiges Leibkneifen habend* MBh. 6,59,17.

अन्धंकरण Naish. 1,87. 8,28.

अन्धस्वन्त् Adj. *das Wort* अन्धस् *enthaltend* Tâṇḍja-Br. 12,3,3.

अन्नद्रवशूल n. *eine Form der Kolik* Bhâvapr. 5, 10. Çârṅg. Saṁh. 1,7,34. Wise 347.

अन्नपत्य.

अन्नपर्यायम् (wohl so zu lesen st. °पर्याय) Adv. *so dass alle Speisen der Reihe nach umgehen* Pâr. Gṛhj. 1,19,13.

अन्नप्राशनक n. = अन्नप्राशन Hemâdri 1,231,1.

अन्नहार Adj. *Speise enthaltend* Hemâdri 2,*a*,108,7.

अन्नाशन n. = अन्नप्राशन Agni-P. 32,3.

अन्यतरतोऽतिरात्र Adj. *nur von einer Seite einen* Atirâtra *habend* Vaitân.

अन्यत्रकरण m. *der Sohn eines Buhlen* Çâṅkh. Gṛhj. 3,13.

अन्यपर Adj. *zu etwas Anderm dienend.* Nom. °त्व n. Kap. 5,54.

अन्योऽन्याश्रय, Nom. abstr. °त्व n. Kap. 5,14.

अन्वक्षरम् Adv. *je nach dem Laut* Saṁhitopan. 25,3.

अन्वारम्भणीयदेवता f. *eine Gottheit der Eingangsceremonie* Çâṅkh. Gṛhj. 1,3.

अन्वेतवै Dat. Inf. *einzuholen* ṚV. 7,33,8.

अपकर्षसम Z. 2 lies *folglich.*

अपकल्मष, f. आ Râgat. 2,55.

अपकारक Adj. *Jmd Schaden zufügend, wehe thuend* Naish. 9,14.

अपक्रान्त n. *das Hinwegschreiten* und *Name eines* Sâman Tâṇḍja-Br. 5,8,3.

अपक्रान्ति.

अपक्षपात m. *Unparteilichkeit* Ind. St. 15,277.

अपगृह्य Adj. *ausser dem Hause befindlich* Çâṅkh. Gṛhj. 5,2. उपगोह्य Pâr. Gṛhj.

1\. अपघन Naish. 8,11.

अपचायिन्, वृद्धापचायित्व n. (so zu lesen) MBh. 14,2198.

अपतनीय Adj. *nicht zu Fall bringend, — zum Verlust der Kaste führend* Âpast.

अपतन्त्र n. = अपतन्त्रक Hemâdri 1,709,6.16. °त्रिन् Adj. *daran leidend* 707,22.

अपतरम्.

अपत्यद n. *die Frucht der* Apatjadâ Karaka 6,25.

अपत्रपिष्णु Naish. 3,111.

अपदर्प Adj. (f. आ) *frei von Selbstüberschätzung* Naish. 1,31.

अपदान्त m. *nicht der Auslaut eines Wortes* P. 8,3,24.

अपदान्तस्थ Adj. *nicht am Ende eines Wortes stehend* P. 8,3,24, Sch.

अपदृष्टि f. *ein Blick des Missfallens* Naish. 5,120.

अपद्यमान Adj. *nicht fallend* TS. 4,1,6,3.

अपनिद्र auch *sich sträubend* (Härchen am Körper) Naish. 6,78.

अपनिद्रत् Adj. *sich öffnend* Naish. 6,101.

अपनुत्ति f. *Vertreibung, Verscheuchung* Tâṇḍja-Br. 12,4,10. Vaitân.

अपनेय auch *zurückzunehmen* Nâr. 4,51.

अपभाषण n. *ungrammatische, falsche Ausdrucksweise* Kâvjâd. 3,151.

अपमार्जनक Adj. = अपमार्जन 1) Agni-P. 31,48.

*अपरकाय m. *Hinterkörper* Laghuk. 993.

अपरागत Adj. *nicht weggegangen* Tâṇḍja-Br. 1,5,17.

अपराजित 3) h) *ein best. Backstein* Maitr. S. 2,8,14. — i) N. pr. einer Surâṅganâ Ind. St. 15. — k) Titel eines Werkes Bühler, Rep. No. 47. — 4) b) *ein best. Spruch* Varâh. Jogaj. 8,6.

अपरादित्य m. N. pr. eines Fürsten Ind. St. 15,192.

अपराद्धर् Nom. ag. *eines Vergehens schuldig* Çiç. 10,14.

अपराद्धेषु Naish. 3,70.

अपरापात m. *das Nichtverstreichen* Maitr. S. 3,6,7.

अपराबाध Adj. *wobei einem Andern kein Leid geschieht* Hemâdri 1,15,3.

अपरावाप m. *Nichtzerstreuung* Maitr. S. 1,4,2.

अपरिक्षीणशक्ति Adj. *von ungeschwächter Kraft.* Nom. abstr. °त्व n. Daçak. 44,5.

अपरिगृहीत Adj. 1) *nicht eingepfercht* Tâṇḍja-Br. 6,8,10. — 2) *von Niemand in Besitz genommen, N. gehörend* Âpast.

2. अपरिग्रह 3) *Niemand gehörend* Hemâdri 1,446,18.

अपरिच्छेद्य Adj. *nicht genauer zu bestimmen.*

अपरिजीर्ण Adj. *unverdaut* Suçr. 2,188,2.

अपरिनिर्मित Adj. *nicht geschaffen.* Vishṇu Vishnus. 98,50.

अपरिनिर्वाण Adj. *nicht ganz zu Ende gegangen* (Tag).

अपरिभूताज्ञ Adj. *dessen Befehle beachtet werden* Mudrâr. 67,11 (110,5).

अपरिमितकृत्वस् Adv. *unzählige Male* Taitt. Âr. 4,28,1.

अपरिश्रान्त Adj. *unermüdet, unermüdlich.*

अपरिश्रित n. *kein eingeschlossener Platz* Tâṇḍja-Br. 6,8,10.

अपरिहृत Adj. = परिषेचनहीन (Nilak.) MBh. 13,104,90, v. l.

अपरिहीयमाण Adj. *nicht mangelnd* 41,21

अपरीक्षित Adj. *unbekannt* R. 5,81,7. Spr. 543.

अपरीत्त (अपरित्त Hdschrr.) Adj. *nicht übergeben* Maitr. S. 3,1,8.

अपरेद्युस् Maitr. S. 3,7,8.

*अपरेषुकाशशमी f. N. pr. Kâç. zu P. 2,1,50.

अपरोधुक.

अपरोपतापिन् Adj. *Andern keinen Schmerz bereitend.* Nom. abstr. °पिता f. Hemâdri 2,a,18,1.

अपर्येषित und अपर्येष्ट Adj. *nicht gesucht* Saddh. P. 4,31,b. 7,b.

अपर्वभङ्गनिपुण richtig. अपर्वभङ्ग m. *das Brechen* (intrans.) *an einer Stelle, wo kein Gelenk ist,* d. h. das *Brechen* im Gegensatz zum *Biegen;* vgl. अथापर्वणि भज्येत न नमेतेह कस्य चित् MBh. 12,133,10.

अपलपन n. *das Schmeicheln* Mudrâr. (n. A.) 102,3.

अपलपनीय Adj. *zu läugnen, — verneinen* Kap. 5,128.

अपलायिन् Adj. *nicht fliehend.*

अपविद्धि f. *Verwerfung* Karaka 1,26.

अपव्यवस्थ Adj. *schwankend, bald so bald anders seiend* Naish. 6,106.

अपशब्दनिराकरण n. Titel eines gramm. Werkes Bühler, Rep. No. 271.

अपशालीन Adj. *nicht verlegen.* Nom. abstr. °ता f. Naish. 8,18.

अपश्रम Adj. *unermüdlich* Naish. 7,41.

अपस्कन्द Adj. *wegschnellend* AV. Paipp. 2,5,4.

अपस्वर Adj. *einen falschen Ton singend* S.S.S. 117.

अपहस्तक Adj. *handlos* Çâṅkh. Gṛhj. 2,12. 6,1.

अपहार्य Adj. *dem Etwas* (Acc.) *wegzunehmen ist* Âpast.

अपह्नव 4) R. Gorr. 2,24,12.

अपाकर्तोस् Maitr. S. 1,4,5.

अपाटित Adj. *nicht gespalten* Hemâdri 2,a,75,19.

अपापक Adj. = अपाप Naish. 4,62.

अपापरोगिन् Adj. *mit keiner bösen Krankheit behaftet* Hemâdri 1,14,16.

अपामभविष्णु.

अपामित्य n. *Aequivalent* Maitr. S. 1,10,2.

अपार्थय्, °यति *unnütz machen* Naish. 9,80.

अपास in दुरपास.

अपासु Adj. *entseelt* Naish. 4,46.

अपिङ्गाक्ष Adj. (f. ई) *nicht gelbäugig* Hemâdri 1,681,17.

अपिन्वमान Adj. *nicht mehr tropfend* Çâṅkh. Gṛhj. 6,3.

अपिपासित Adj. *keinen Durst empfindend* Saṁhitopan. 42,6.

अपिशंसस् Maitr. S. 4,13,4.

अपिहिति.

अपुत्र्यपशव्य Adj. (f. आ) *für Söhne und Vieh nicht dienlich* Saṁhitopan. 8,7.

अपुनराभाव m. *das Nichtwiedererscheinen* Maitr. S. 3,8,4.

अपुनर्भव Adj. (f. आ) *ohne Wiedergeburt* Hemâdri 1,213,5.

अपुरस्कृत Adj. *hintangesetzt* Naish. 2,20.

अपुरुषार्थ m. *nicht das Ziel des Menschen, — der Seele* Kap. 1,47. 82. 5,78.

अपुष्कल Adj. auch *inhaltsleer, nichtssagend* Harshak. 138,7.

अपूतभृत् m. kein Pûtabhṛt Maitr. S. 2,11,5.

अपूर्व 1) b) Z. 3 lies प्रजापतेस्तनूः. — c) *früher nicht verheirathet* Âpast.

अपृथग्धर्मचरण Adj. *in Bezug auf Pflicht und Lebenswandel nicht seinen eigenen Weg gehend* Agni-P. 18,23.

अपृष्ठ n. *kein richtiges* Pṛshṭha Tâṇḍja-Br. 5,2,4.

अपोनप्त्रीय Maitr. S. 2,3,3.

अपौरुषेय, Nom. abstr. °त्व n. Kap. 5,41. 48.

अपौर्णमास Adj. *ohne Vollmondsfeier* Muṇḍ. Up. 1,2,3.

अप्तुर्मत्.

अप्रकाशित Adj. *nicht offenbar gemacht* Çiç. 10,15.

अप्रकृतिस्थ Adj. (f. आ) = अप्रकृति Hemâdri 1,680,1.

अप्रचोदित Adj. *nicht angekündigt.*

अप्रजनिष्णु.

अप्रज्ञात TS. 6,3,4,8.

अप्रज्ञान n. *Unkenntniss* Vaitân.

अप्रणामित Adj. *nicht mit dem zweiten* Svara *beginnend und dem dritten endend* Saṁhitopan. 17,3.

अप्रतिक्रियमाण Adj. *nicht ärztlich behandelt werdend* (Krankheit).

अप्रतिगृहीत Adj. *nicht angenommen* Tâṇḍja-Br. 13,7,12. 13.

अप्रतिग्राहिन् Adj. *Nichts annehmend.*

अप्रतिनन्दत् Adj. *Nichts wissen wollend von* (Acc.) MBh. 3,60,8.

अप्रतिनोद Maitr. S. 3,3,8. 6,6.

2. अप्रतिपत्ति Adj. *verblüfft, rathlos* Harshak. 131,20.

1. अप्रतिबन्ध m. *Ungehemmtheit.*

2. अप्रतिबन्ध Adj. *ungehemmt.*

अप्रतिभट Adj. *unwiderstehlich* Daçak. 4,11.

अप्रतिरथ 3) अप्रतिरथत्व.

अप्रतिरुद्ध Adj. *ungehemmt.*

अप्रतिलोमयत् Adj. *sich nicht widersetzend.* वा-

चा so v. a. nicht widersprechend Âpast.

अप्रतिविधान n. das Nichttreffen von Maassregeln Mudrâr. 70,21 (117,13). Am Anf. eines Comp. ohne alles Hinzuthun Çiç. 10,37.

अ॒प्रतिषिक्त und अप्रतिषेक्य॑.

अ॒प्रतिष्ठा f. Unbestand TBr. 1,2,5,1.

अ॒प्रतिष्ठायुक.

अप्रतिहृत Adj. nicht vom Pratihartar unterbrochen Tâṇḍja-Br. 7,1,4.

अप्रत्त Adj. nicht zurückgegeben Tâṇḍja-Br. 6,10,18.

अप्रत्रास m. das Nichterzittern Tâṇḍja-Br. 6,7,10. 18.

अप्रथमयज्ञ m. nicht das erste Opfer Vaitân.

अप्रदुष्ट Adj. nicht verdorben (moralisch) Jâǵn. 3,269.

अप्रधान Adj. (f. आ) Hemâdri 1,514,20.

अप्रपूजित Adj. nicht hoch geehrt Hemâdri 1,689,2.

अ॒प्रयुक्त Adj. nicht in Gebrauch genommen Maitr. S. 1,9,7.

अप्रयाग auch Nichtanwendung Tâṇḍja-Br. 8,9,21.

अप्रलय॰ ohne dass die Welt zu Grunde ginge Ragh. 10,35.

अप्रवेदित Adj. nicht angekündigt Âpast.

अप्रसन्न 3) unversöhnt, grollend auf (Loc.) Çiç. 10,11.

अ॒प्रस्रंस m. das Nichthinfallen.

अ॒प्रह्नावरी.

अप्राकृत auch nicht in normalem Zustande sich befindend Hemâdri 1,19,5. 11.

अ॒प्राण m. kein Lebenshauch Maitrjup. 6,19.

अप्राप्तवत् Adj. nicht erlangt habend MBh. 14,90,31.

अप्राप्ति f. das Nichterreichen Kap. 5,104.

अप्रायश्चित्त Adj. ohne Sühne Âpast.

अप्रास्ताविक Adj. (f. ई) zur Unzeit vorgebracht Mâlatim. (1876) 93,1.

अप्रियंकर Adj. (f. ई) Unliebes erweisend Agni-P. 6,24.

अप्रीतिकृत् Adj. = अप्रियकर Hemâdri 1,552,21.

अप्लोष m. Nichtverbrennung Naish. 7,25.

अप्सराय्, Partic. f. ॰यिता Naish. 1,115.

अप्सव्यं.

अप्सुषदस् n. Sitz in den Wassern Maitr. S. 2,7,15.

अ॒बद्ध 1) auch ungezügelt. मनस् TS. 3,1,1,2.

अबलिष्ठ Adj. überaus schwach Tâṇḍja-Br. 7,3,10.

अबहुपाद् Adj. nicht vielfüssig (Sitz) Âpast.

अबाधमान Adj. nicht hemmend Naish. 6,54.

अबान्धवकृत Adj. nicht durch die Angehörigen bewirkt Çâk. 92.

अबिभ्रत् Adj. nicht ernährend MBh. 12,10,22.

अब्ज 4) f. आ N. pr. einer Tochter Bhârgava's VP.[2] 3,238.

अब्जक n. Lotusblüthe Agni-P. 29,12.

अब्जनाभक m. = अब्जनाभ Agni-P. 30,1.

अब्जभू m. Bein. Brahman's Daçak. 30,18.

अब्जयोनि Hemâdri 1,789,21.

अ॒ब्रह्मवर्चसिन् Adj. kein hervorragender Geistlicher Maitr. S. 3,6,5.

1. अब्राह्मण 1) auch so v. a. kein ächter Brahman Hemâdri 1,28,3. fgg.

अभक्षणीय Adj. ungeniessbar Tâṇḍja-Br. 9,9,9.

1. अभय 2) b) eines Sohnes des Idhmaǵihva Bhâg. P. 5,20,2. 3. Das Kind Dharma's ist eine Personification von 4) a), also n. Bhâg. P. 4,1,50. — 3) c) N. pr. eines Flusses in Krauńkadvîpa Bhâg. P. 5,20,22. — 4) c) hierher vielleicht Hemâdri 1,725, 18. 727,4. 790,19. 2,a,81,14. 82,1.2. 84,5. 99,3. — d) N. pr. des von Abhaja beherrschten Varsha in Plakshadvîpa Bhâg. P. 5,20,3.

अभयप्रदानसार Titel eines Werkes Bühler, Rep. No. 409.

अभर्तृक Adj. keinen Ernährer habend Bṛhasp. im Comm. zu Âpast. 2,27,3.

अभवदीय Adj. nicht dir (dem Herrn) gehörig Daçak. 40,6.

अभस्मीकरण Adj. nicht in Asche verwandelnd, so v. a. wobei man nicht verbrennt Harshak. 126,2.

अभाग, f. आ Tâṇḍja-Br. 6,7,5.

अभावयन्त्रव्याख्या f. Titel eines Werkes Bühler, Rep. No. 703.

अभिक auch verliebt Naish. 4,5. 7,19.

अभिकर्णकूपम् Adv. in den Gehörgang Naish. 7,62.

अभिक्रान्त n. das Hinzuschreiten und Name eines Sâman Tâṇḍja-Br. 5,8,3.

अभिक्रोशितर्.

अभिघात 3) fehlerhaft für अभिवात.

अभिजानितास् liesse sich anders fassen, wenn man ईश्वरः dazu ergänzte.

अभिज्ञात m. N. pr. eines Sohnes des Jaǵnabâhu; n. N. pr. des von ihm beherrschten Varsha Bhâg. P. 5,20,9.

अभितरम्.

अभिद्रवण n. feindseliges Losgehen auf (Gen.) Káraka 2,7.

अभिधर्षयितव्य Adj. zu entehren. परस्त्रियः Káraka 3,8.

अभिनामिन् m. N. pr. eines Ṛshi im 6ten Manvantara VP.[2] 3,13.

अभिपर्यावर्त॑ m. Beschleichung Maitr. S. 2,4,3.

अभिपूर्य Adj. zu füllen Maitr. S. 1,10,7.

अभिपूर्वं Z. 2 lies अभिपूर्व॑म्.

अभिप्रियतमम् Adv. in Gegenwart des Liebsten Çiç. 10,18.

अभिभावुक Adj. überlegen Sâj. zu Ṛv. 3,34,4.

अभिभूति 1) c) ein best. Ekâha Vaitân.

अभिमङ्गल Adj. glückbringend Pâr. Gṛhj. 3,5,2.

अभिमत् Adj. das Wort अभि enthaltend Tâṇḍja-Br. 10,6,5.

अभिमन्युक m. = अभिमन्यु N. pr. eines Sohnes des Manu Ḱâkshusha Agni-P. 18,9.

॰अभिमर्शिन् Adj. berührend, antastend Daçak. 68,8.

अभिमाँ.

अभिमातिषह्, lies ॰षाह्.

अभिमान 7) N. pr. eines Ṛshi im 6ten Manvantara VP.[2] 3,12.

अभिमृ॑शे Dat. Inf. zu berühren Ṛv. 2,10,5.

अभिमेथन n. das Schmähen Vaitân.

अभियुक्त m. Pl. Bez. der Vaiçja in Kuçadvîpa.

अभिरुद्गता s. अभ्युद्गता.

अभिरोह॑र्.

अभिलक्षण n. das Kennzeichnen Hemâdri 1,366,13.

अभिवन्द्य Adj. preisenswerth Naish. 3,57.

अभि॑वयस् eher kräftig, frisch.

अभिवाञ्छित n. Wunsch.

1. अभिवासस्, ॰वास Ârsh. Br., aber wohl fehlerhaft.

अभिव्यक्ती Adv. mit भू offenbar werden Naish. 5,136.

अभिशास्त॑र् Nom. ag. Anweiser, Anordner TBr. 3,10,1,3. 9,7. 10,3.

अभिषच॑ auch sorgend, Jmds wartend.

अभिषव 5) VP. 3,16,15.

अभिषवण 1) ॰होम m. Vaitân.

अभि॑षङ्गिन्.

अभिसिद्धि f. das Zustandekommen Agni-P. 29,12.

अभिसिसारयिषु Adj. f. den Geliebten (Acc.) zu besuchen beabsichtigend Çiç. 10,20.

अभिहवन n. das Beopfern Âçv. Çr. 4,8,28.

अभि॑होतवै zu beopfern, — begiessen Maitr. S. 1,8,6.

अभिहोम m. Beopferung Vaitân.

अभीष्टि f. Wunsch Tâṇḍja-Br. 6,4,15.

अभूत auch nicht vorhanden Mudrâr. 63,9 (103,2).

अभूमि m. N. pr. eines Sohnes des Ḱitraka VP.[2] 4,96.

अभूरि Adj. nicht viel, gering Varâh. Jogaj. 7,2.

अभोक्तर् Nom. ag. Nichtgeniesser. Nom. abstr. ॰तृत्व n. Kap. 3,58.

अभोजित Adj. ungespeist Hemâdri 1,675,21.

अभ्यधिकाधिक Adj. (f. आ) stets zunehmend Naish. 4,6.

अभ्यवकर्षण S. 92, Sp. 3, Z. 2 steht an falscher Stelle.

अभ्यवचारुक in अनभ्य°.

°अभ्यवायिन् Adj. *hinabgehend in* Âpast.

अभ्याद्राव्य m. *das dem Feuer der* Vedi *nahegekommene und mit diesem sich mischende wilde Feuer* Maitr. S. 1,8,9.

अभ्यारोहक.

अभ्याश्रावण n. *das Zurufen im Ritual* Vaitân.

अभ्यासङ्ग्य m. *ein best.* Ekâha.

अभ्युत्थिति f. = अभ्युत्थान 1) Naish. 8,7.

अभ्युद्गता, gedr. अभितउद्गता; statt dessen अभिरुद्गता Haug, Acc. 59.

अभ्युद्गति f. *das Entgegengehen* Daçak. 27,10.

अभ्युपपादन n. = अभ्युपपत्ति 1) Daçak. 79,2.

अभ्युपाय 1) Nom. abstr. °ता f. Daçak. 92,14.

अभ्युपैतोस् Gen. Inf. (abhängig von ईश्वरः) *zu erlangen* Ait. Br. 7,29.

अभ्रग m. *Vogel* Agni-P. 8,14.

अभ्रगिरि m. N.pr. *eines Berges* Hemâdri 1,315,18.

अमत्सर n. *Uneigennützigkeit* Hemâdri 2,a,8,6.

अमत्सरिन् Adj. = अमत्सर Hemâdri 1,563,5.

अमनाक् Adv. *nicht in geringem Maasse* Naish. 2,17.

अमनीभाव.

अमन्तर.

अमन्दहृदय Adj. (f. आ) *muntern Herzens* Daçak. 6,1.

अमरगिरि m. *der Berg* Meru Kâlak. 2,33. 4,162.

अमरधुनी f. *die* Gaṅgâ Ind. St. 15,296.

अमरनाथमाहात्म्य n. Titel eines Werkes Bühler, Rep. No. 48.

अमरपर्वत Bez. des Meru Hemâdri 1,353,22.

अमरपुर n. = अमरपुरी Daçak. 2,14 (am Ende eines adj. Comp.).

अमरवधू f. *eine* Apsaras Hemâdri 1,301,6. 343,9.

अमरस्त्री f. dass. ebend. 1,344,20.

अमरेश्वरकल्प m., अमरेश्वरमाहात्म्य n. und अमरेश्वरयात्रा f. Titel von Werken Bühler, Rep. No. 49. fgg.

अमस्वरी Adj. f. Maitr. S. 2,4,7. 8 st. तमस्वरी der TS.

2. अमांस, auch *ohne Fleisch* Pâr. Gṛhj. 1,3,29.

अमात् Adj. *keinen Raum habend in* (Loc.) Çiç. 3,73. 13,2.

अमाष auch *mit Ausnahme von Bohnen* Hemâdri 1,793,7.

अमिति auch *Unbegrenztheit* Naish. 4,63.

अमित्रकर्षिन् Adj. = अमृतकर्षण R. Gorr. 2,6,27.

अमिथुन Adj. Pl. *nicht beide Geschlechter untereinander* Âçv. Gṛhj. 4,2,2.

अमी Adv. mit कर् *mit dem Namen* अमा *belegen* Naish. 4,63.

अमुक्त 4) *wobei man nicht alle Finger ausser Spiel lässt* Saṁhitopan. 16,4.

अमुञ्चमान Adj. = अमुञ्चन्त् Naish. 6,105.

अमुत्रार्थ Adj. *für das Jenseits nützlich* MBh. 12, 259,2.

अमृत 3) *f)* γ) eines Flusses Hemâdri 1,314,12.

अमृतचित् Adj. *wie Nektar geschichtet* Maitr. S. 3,4,4.

अमृतद्युति Naish. 2,101.

अमृतप्राश n. *eine best. Mixtur* Kâraka 6,16.

अमृतवर्षिन् Adj. *Nektar regnend* Çâk. ed. Pisch. 64,9.

अमृतापिधान n. *eine unvergängliche Decke* Taitt. Âr. 10,35.

अमृतामङ्ग Kâraka 6,7. 9.

अमृतोपस्तरण n. *eine unvergängliche Unterlage* Taitt. Âr. 10,32.

अमृत्पात्रप.

अमृत्युशङ्कित Adj. *den Tod nicht fürchtend* Naish. 9,57.

अमृन्मय TBr. 3,7,4,14.

अमोघ 1) Nom. abstr. °ता f. Daçak. 32,14.

अम्बिका 6) *f)* zweier Flüsse Hemâdri 1,314,11. 315,18.

अम्बुकुक्कुटिका f. *Wasserhuhn* Suçr. 1,205,14.

अम्बुजन्मन् Naish. 1,122.

अम्बुजात Adj. *im Wasser geboren.* Rudra-Çiva Hemâdri 1,207,21.

अम्बुजासना f. Bein. der Lakshmî Daçak. 40,8.

अम्बुजिनी f. *eine Gruppe von am Tage blühenden Lotusen* Naish. 3,45. 7,57.

अम्बुदागम m. *Beginn der Regenzeit* Naish. 2,46.

अम्भःश्यामाक m., so zu lesen.

अम्भोजबन्धु m. Bein. *der Sonne* Hemâdri 1,760,5.

अम्लान 2) Hemâdri 1,284,15. 285,9.

अयक्षुस्, अयक्षुषा Maitr. S. 3,8,9.

अयत्त Adj. *nicht angereiht, — angeschlossen* Maitr. S. 1,8,6.

अयमदेवत्य Adj. *nicht* Jama *zur Gottheit habend* Maitr. S. 3,2,3.

अयसे Dat. Inf. *zu gehen* RV. 1,57,3.

अयस्कील m. N. pr. *eines Berges* Divjâv. 43.

अयाचितव्रत Adj. *von freiwillig gereichten Speisen lebend* Âpast.

अयाच्य Adj. *nicht mit einer Bitte anzugehen von* (Gen.) Ind. St. 15,329.

अयाशय.

अयुद्धमनस् Adj. *nicht kampflustig* R. 7,8,3.

अयुपित.

1. अयोग 9) *Zerstreutheit* Âpast.

अयोगिन् Adj. (vom geliebten Gegenstande) *getrennt* Naish. 4,49. 97.

अयोमिश्र Adj. (f. आ) *mit Eisen besetzt* Âpast.

अयोरजस् und am Ende eines adj. Comp. °रजस्क Kâraka 6,7.

अयोरजोमय Adj. *aus Eisenrost, — Eisenfeilicht* Kâraka 6,19.

अर् Caus. 9) *Jmd* (Acc.) *versehen mit* (Instr.) TS. 5,1,1,3.

अरक्षक Adj. (Bedrängte) *nicht schützend* Agni-P. 18,11.

अरक्षस्य Adj. *frei von* Rakshas Maitr. S. 3,7,7.

अरक्षक wohl *eine best. Frucht* Hemâdri 1,621, 8. 622,5.

अरन्ध Adj. *keine Oeffnung habend* Naish. 3,44.

अरशन Adj. *ohne Gurt* Maitr. S. 3,9,4.

अरसायितर.

अरागिता f. *Gleichgültigkeit gegen* (Loc.) Sâh. D. 22.

अरिण Adj. *nicht ermangelnd, voll von* Naish. 6,65.

अरुणाल n. *Röthe* Hemâdri 1,288,18.

अरुणैत Adj. *gelb gesprenkelt* TS. 5,6,18,1.

अरुष्क am Ende eines adj. Comp. = अरुस् *Wunde* Kâraka 6,24.

अरूक्ष Maitr. S. 1,8,5.

अरोचकिन् Adj. *keinen Appetit habend zu* (Loc.) Hemâdri 1,3,20.

अरोमश Adj. *unbehaart* Varâh. Bṛh. S. 70,5.

अर्ककर m. *Sonnenstrahl* Naish. 2,100.

अर्कनेत्र Adj. *zwölfäugig* Kâlak. 4,16.

अर्कवत्त् auch *dem zu Ehren der* Arka *dargebracht wird* (Maitr. S. 2,2,9) und *das Wort* अर्क *enthaltend* (Tâṇdja-Br. 5,1,8).

अर्कोपल Naish. 2,87.

°अर्जितत्व n. *das Erworbensein durch* Kap. 2,46. 6,55.

अर्जुनार्चपारिजात, lies अर्जुनार्चा°.

अर्थकर्तर् Nom. ag. *Nutzen stiftend* Kâlak. 5,259.

अर्थकारणात् *eines Vortheils wegen* Hemâdri 1, 89,20.

अर्थकारिन् Adj. *Nutzen schaffend.* Rudra-Çiva Hemâdri 1,208,1.

अर्थग्राहिन् Adj. *den Nutzen wählend* Âpast.

अर्थदान auch *das Spenden mit egoistischer Absicht* Hemâdri 1,14,5.

अर्थपर Adj. *habsüchtig* R. Gorr. 2,16,24.

अर्थबहुल Adj. *dem Inhalte —, dem Stoffe nach reich* Kâraka 3,8.

अर्थमत्त Adj. *geldstolz* Daçak. 66,12.

अर्थय् mit अभि, अभ्यर्थयसि = प्रेरयसि Comm. zu R. ed. Bomb. 2,21,56. Vielleicht ist अभ्यर्हसि gemeint.

अर्थपितर् Nom. ag. *ein Bittender* Naish. 5,132.

अर्थराशि m. *Reichthum* Daçak. 83,6.

अर्थलुब्ध Adj. *geldgierig* Daçak. 67,18.

अर्थलोल Adj. dass. Kálać. 3,121.

अर्थशास्त्रक n. = अर्थशास्त्र Agni-P. 1,17.

अर्थापय् *wie Geld behandeln*, so v. a. *ängstlich verbergen* Naish. 3,63.

अर्थालंकार m. auch Titel eines Werkes Bühler, Rep. No. 225.

अर्थोत्सर्ग m. *Geldausgabe* Mudrâr. 67,20 (111,10).

°अर्दिन् Adj. *hart mitnehmend* Naish. 2,10.

अर्ध्, ऋद्दे 3) *gelungen* VS. 18,11. — Mit वि, व्यृद्ध *sündlich* Âpast.

अर्धक auch *Hälfte* Hemâdri 1,479,18.

अर्धकपाटसंधिक Adj. Bez. *eines best. Verbandes* Suçr. 1,36,1.

अर्धकर्ण m. *Radius.*

अर्धचन्द्र Adj. *halbmondförmig* Hemâdri 2,a,61,3.11.

अर्धचन्द्रधर Adj. *einen Halbmond tragend.* Rudra-Çiva Hemâdri 1,204,3.

अर्धनागरी f. *eine best. Schriftart.*

अर्धनारीश्वरस्तोत्र n. Titel eines Werkes Bühler, Rep. No. 107.

अर्धपतित Adj. *halb zerfallen.* Haus Agni-P. 38,16.

अर्धपद auch *ein halbes Fach*, — *Feld* Agni-P. 40,4. 5.

2. अर्धपद Adj. *ein halbes Fach* oder *Feld einnehmend* Varâh. Brh. S. 53,55.

अर्धपाद auch *Viertel* Hemâdri 1,612,7.

अर्धप्रसूता Adj. f. *noch im Gebären begriffen* Hemâdri 1,82,2.

अर्धवर्त्मन् n. = अर्धपथ Naish. 5,28.

अर्धशंभु Adj. f. *deren halber Körper* Çiva *ist* Naish. 3,29.

अर्धशाणी f. *ein halbes hänfenes Gewand.* °पत्त m. *die Hälfte davon* Âpast.

अर्धषष्ठ Adj. Pl. *sechstehalb* Pâr. Grhj. 2,11,10.

अर्धसप्तम Adj. Pl. *siebentehalb* Pâr. Grhj. 2,11,11.

अर्धसमस्या f. *Ergänzung eines nur halb ausgesprochenen Gedankens* Naish. 4,101.

अर्धस्थ Adj. *ein halbes Fach* oder *Feld einnehmend* Agni-P. 40,7.

अर्धार्चशस्य n. *das Recitiren nach Halbversen* Vaitân.

अर्धावभेद m. = अर्धभेद Karaka 1,15. °क m. dass. 2.7.

अर्भकौकस् Adj. *ein kleines Haus habend.* Nom. abstr. °स्त्व n. Bâdar. 1,2,7.

अर्यमनन्दन m. Patron. Jama's Naish. 8,58.

अर्शसिन् Adj. = अर्शस Hemâdri 1,440,15.

°अर्हक Adj. *Ansprüche habend auf* Hemâdri 1, 675,4. 6.

अलघु 4) *nicht unbedeutend* Daçak. 31,1.

अलंकाररत्नाकर m. Titel eines Werkes Bühler, Rep. No. 277. fgg.

अलंकारिक s. आलं°.

अलंकारिन् Adj. *sich auf Schmuck verstehend* Ind. St. 15,295.

अलंकारोदाहरण n. Titel zweier Werke Bühler, Rep. No. 240. fg.

अलङ्घनीय auch *unerreichbar für* (Instr.) Hemâdri 1,282,16.

अलज्ज, f. आ Naish. 3,59.

अलमर्थवचस् n. *ein Wort der Abwehr, ein Nein* Çiç. 10,75.

अलाक m. = अलर्क 3) Karaka 8,10.

अलिङ्गसंख्य Adj. *ohne Genus und Numerus* Comm. zu Gaṇar. 2,68.

अलीक 1) f. आ Naish. 6,16.

अलीकनली Adv. mit कर् *zum Schein* Nala's *Gestalt annehmen* Naish. 6,61.

अलीकवादशील Adj. *lügenhaft* Daçak. 90,19.

अलीढ Adj. *unbeleckt* Varâh. Jogaj. 8,3.

अलीन Adj. *nicht in Etwas steckend* Spr. 3250.

अल्पतपस् Adj. *der wenig Kasteiungen geübt hat* Varâh. Jogaj. 8,13.

अल्पप्रचार Adj. *sich selten zeigend.*

अल्पवत्त् Adj. *wenig besitzend* Hemâdri 1,433,9.

अल्पवित्तवत् Adj. dass. ebend. 1,361,19.

अल्पवीर्य Adj. *schwach* Kálać. 5,80.

अल्पश्रुत Adj. *ungelehrt* Hemâdri 1,529,18.

अवक m. = अवका Maitr. S. 3,15,1.

अवकेशिन् m. *ein unfruchtbarer Baum* Naish. 2,45.

अवक्राम in अनवक्राम.

अवगाह 1) auch so v. a. *das in der Erde Stecken* (eines Berges) Hemâdri 1,297,14.

अवतंस 1) Nom. abstr. °ता f. Daçak. 87,9.

अवतंसन auch *das Stossen* (eines Wagens) Karaka 6,26.

अवतंसय् *als Kranz verwenden.* शूलावतंसित so v. a. *gepfählt* Daçak. 41,16.

अवतर m. *Gelegenheit, günstiger Augenblick* Naish. 3,53.

अवतारप्रेतिन् m. N. pr. eines Mannes Lalit. 391,14.

अवधानवत् Adj. *aufmerksam.* Nom. abstr. °वत्ता f. Comm. zu Naish. 8,9.

°अवधिक Adj. *nach — erfolgend* Daçak. 60,12.

अवधी Adv. 1) mit कर् *zum Grenzpunct machen, sich erstrecken lassen bis* (Acc.) Hemâdri 1, 130,14. 15. — 2) mit भू *zum Grenzpunct werden*, *Einhalt gebieten* Naish. 3,131.

अवधूलय्, °यति *bestreuen* Hemâdri 1,545,4.

अवधेय n. impers. = अवधातव्य ebend. 1,492,11.

अवनाटनासिक Adj. *mit einer herabhängenden Nase* Harshać. 199,15.

अवनिपातम् Absol. mit पत् *zu Boden fallen* Daçak. 48,13.

अवनिभृत् *Berg* und zugleich *Fürst, König* Naish. 4,11.

अवनीभुज् m. *Fürst, König* Naish. 1,107.

अवनीभृत् m. dass. Naish. 2,66.

अवन्तीकुमार m. N. pr. des Gründers von Avanti Ind. St. 15,269.

अवन्तीपुरी f. = अवन्ती 1) Ind. St. 15,313.

अवन्तीसुकुमाल m. N. pr. eines Mannes Ind. St. 15,290. fg.

अवन्ध्य 1) Nom. abstr. °ता f. Daçak. 5,3.

अवपदस् Abl. Inf. mit त्रा *vor dem Herabfallen schützen* Ṛv. 2,29,6.

अवपन n. *das Nichtscheeren* Pâr. Grhj. 2,1,25.

अवपूरण n. *Ueberschüttung mit* (im Comp. vorangehend) Karaka 6,12.

अवभृथ 1) °यजूंषि TS. 6,6,3,1. °साम m. Vaitân.

अवम m. n. und °वासर m. *ein mit drei lunaren Tagen zusammenstossender Wochentag* Hemâdri 1,77,15. 19. 21.

अवयै Dat. Inf. *fortzugehen* Ṛv. 8,47,12.

अवरुणगृहीत Adj. *nicht von* Varuṇa *ergriffen* Maitr. S. 1,10,12. 2,5,6.

°अवरोधिन् auch *hemmend* Naish. 1,6.

अवर्षिन् Adj. *nicht regnend* Hemâdri 1,11,7.

अवर्ष्य (f. आ) Maitr. S. 2,9,7. *nicht vom Regen kommend* TS. 7,4,13,1.

अवलम्बक Adj. *herabhängend* Hemâdri 1,194,5.

अवलम्बनक n. *Halt, Stütze* ebend. 1,191,22.

अवलम्ब्य Adj. *anzuhängen* ebend. 1,173,11. 16. 177,13.

अवलुप्ति f. *Abfall* Tâṇḍja-Br. 6,3,12.

अवसथ 1) Hemâdri 1,675,4. 9.

अवसथिन् Adj. *eine Wohnung habend* ebend. 1, 674,20.

अवसर्पिन् Z. 3 lies 3,9.

अवसितार्थ Adj. (f. आ) *zufriedengestellt* Daçak. 86,19.

अवसे Dat. (Abl.) Inf. औवसे *bis zur Einkehr* Ṛv. 3,53,20.

अवस्फूर्ज m. = °थु Pâr. Grhj. 2,11,2.

अवस्वदत् Adj. *mit Strebenden vereint* Maitr. S. 2,6,3.

अवस्वन्य Adj. *rauschend, tosend* Maitr. S. 2,9,5.

अवक्नन 2) genauer *die linke Lunge* Comm. zu Vishnus. 96,91.

अवक्लित्व n. *Aufmerksamkeit* Naish. 5,19.

अवाङ्मुख 1) *a)* Nom. abstr. °त्व n. Naish. 2,105.

अवाचीनबिल Adj. (f. आ) *mit der Oeffnung nach unten* Tândja-Br. 2,13,1. 2. Nom. abstr. °त्व n. Comm.

अवाच्यवचनयुद्ध n. *ein Wettstreit im Sagen von Unanständigkeiten* Harshak. 98,23.

अवाप्त n. *Quotient* Utpala zu Varâh. Bṛh. 7,1.

अवामन m. *kein Zwerg* Agni-P. 4,10.

अवारक (?) Mârk. P. 49,17.

अवारितद्वार Adj. *dem der Eingang nicht verboten ist.* Nom. abstr. °ता f. Naish. 3,41.

अवारितम् Adv. *ungehemmt* Mudrâr. 79,7 (133,7).

अविकम्पित Adj. *nicht zitternd, unerschüttert* Kathâs. 60,183.

अविकृष्ट Adj. auch *unberaubt* Ait. Br. 8,11.

अविविलिप्त Adj. *nicht vereitelt* MBh. 12,237,37.

अविक्षोभ m. *das nicht aus der Ordnung Kommen* Maitr. S. 2,5,3.

अविचलत् Adj. *sich nicht bewegend* Naish. 4,93.

अविच्युत Adj. 1) *unverlierbar.* — 2) *fehlerlos.*

अवितथ 1) Nom. abstr. °ता f. Naish. 5,130.

अवितर्कयत् Adj. *sich nicht lange bedenkend* Hemâdri 1,685,2.

अविदाहिन् Adj. *nicht brennend* Karaka 6,18. Nom. abstr. °हित्व n.

अविदोह.

अविधिज्ञ Adj. *die Vorchrift nicht kennend* Hemâdri 1,471,13.

अविधेय, Nom. abstr. °ता f. *Widerspänstigkeit* (des Schicksals) Mudrâr. 78,5 (130,9).

अविनिर्यत् Adj. (f. °ती) *nicht hinausgehend* Naish. 4,24.

अविभिन्नकालम् Adv. *zu derselben Zeit* Mudrâr. 63,15 (103,8).

अविमुच्यमान Adj. *nicht ausgespannt werdend* Ait. Br. 6,23.

अविमोक्ष m. *Nichterlösung* Bâdar. 2,1,11.

अविरेचनीय Adj. *dem man keine Abführung geben darf* Suçr. 2,188,4. 6.

अविरोधित Adj. *nicht ungern gesehen* Çiç. 10,69.

अविश्रम° *ohne auszuruhen* Naish. 3,19.

अविस्मृत Adj. *nicht vergessen* Mudrâr. 107,17 (166,19).

अवीक्षित Adj. 1) *vorher nicht gesehen* Naish. 1,40. 8,12. — 2) *nicht erkannt* Spr. 6213.

°अवीक्षिन् Adj. *nicht sehend* Naish. 1,28.

अवीर्यवत् Adj. *schwach, machtlos* Maitr. S. 3,8,1.

अवेक्षण 1) *das Hinabblicken in* Pâr. Gṛhj. 2,7,6.

अवेदनीय Adj. *unerkennbar* Hemâdri 1,209,16.

अवैदिक Adj. *nicht mit dem Veda vertraut* Hemâdri 2,*a*,73,21. 23.

1. अव्यङ्ग, f. आ Agni-P. 41,17.

अव्यथिष्यै Kâth. 3,7. अव्यथिषे (!) Maitr. S. 1,2,17.

अव्ययवृत्ति f. Titel eines Werkes Bühler, Rep. No. 272.

अव्यवस्थितचित्त Adj. *unbeständigen Sinnes* Spr. 1988.

अव्यवानम् Absol. *ohne dazwischen zu athmen, ununterbrochen* Maitr. S. 1,10,9.

अव्यात्त Adj. *nicht geöffnet.* Mund Agni-P. 41,19.

अव्याधिज्ञ Adj. *Nichts mit einer Krankheit zu thun habend* MBh. 2,64,18.

अव्यापुक Adj. *nicht entlaufend* Maitr. S. 4,1,5.

अव्युत्क्रान्त Adj. *keiner Uebertretung schuldig,* mit Loc. Hemâdri 1,32,5.

अव्युप्तकेश Adj. *mit ungeschorenem Haar* Maitr. S. 2,9,5.

अव्रण, f. आ Karmapr. 15,11.

2. अश् mit संप्र *geniessen* Hemâdri 1,396,6. 464,12.

अशकलीकरण Adj. *wobei keine Zerstückelung stattfindet* Harshak. 126,3.

अशकुनी Adv. mit भू *zu einem bösen Omen werden* Naish. 3,9.

अशक्तिमत् Adj. *unvermögend* Hemâdri 1,355,3.

अशङ्कम् Adv. *ohne Bedenken* ebend. 1,792,2.

अशतवर्ष Adj. *noch nicht hundert Jahre alt* Pâr. Gṛhj. 3,10,4.

अशनीश m. Bein. Rudra-Çiva's Hemâdri 1, 203,14.

अशयान Adj. *nicht liegend* ebend. 1,253,16.

अशरण्य (f. आ) 3) *schutzlos* Daçak. 7,16.

अशान्त 1) Maitr. S. 3,1,6.

अशितव्य n. impers. Maitr. S. 1,5,7.

अशिथिर Adj. = अशिथिल. Nom. abstr. °त्व n. Maitr. S. 2,2,3. 3,5,2. 7,2.

अशिरःस्नान n. *das Nichtnassmachen des Kopfes* Suçr. 2,363,13.

अशिरोग्रीव Adj. *ohne Kopf und Hals* R. 3,74,14.

अशिल Adj. (f. आ) *steinlos* R. 5,74,15. 6,82,182.

अशिल्पजीविन् Adj. *von keinem Handwerk lebend* MBh. 1,91,5.

अशीति, अशीतितम Adj. und अशीत्यक्षर n. Nom. abstr. Maitr. S. 3,2,5.

अशीर्णाग्र Adj. *mit nicht abgebrochener Spitze* Karmapr. 13,19.

अशुभचिन्तक m. N. pr. eines Wahrsagers Kautukar.

1. अशून्यार्थ m. *Aufklärung* Mudrâr. 168,4 (n. A.).

°म् Adv. *zur A.* 108,2. 115,15 (176,9).

2. अशून्यार्थ Adj. *klar, verständlich* Mudrâr. (a. A.) 109,2.

अशोकवर्ण Adj. N. pr. eines Kakravartin Divjâv. 55.

अशोकाव्य n. *das Açoka-Wäldchen auf* Lankâ Agni-P. 7,18.

अशौचक Adj. *unrein* Hemâdri 1,603,7.

अश्मजतु n. *Erdharz* Karaka 6,18.

अश्मशानचित् Adj. *nicht wie eine Leichenstätte geschichtet* Maitr. S. 3,3,1.

अश्रावयत् Adj. *Jmd* (Acc.) *Etwas nicht hören lassend* Hemâdri 1,525,1.

अश्रुत 1) *a)* Nom. abstr. °ता f. *Unbekanntheit* Daçak. 12,16.

अश्रुमय Adj. *aus Thränen bestehend* Naish. 4,36.

अश्रूयमाण Adj. *was nicht gehört* oder *gelehrt wird* Hemâdri 1,238,13.

अश्रोतृ.

अश्वक्रान्त Adj. *von Rossen betreten* Taitt. Âr. 10,1,8.

*अश्वक्रीत Adj. (f. ई) *für ein Pferd gekauft.*

अश्वतीर्थक m. N. pr. eines Schlangendämons Divjâv. 72.

अश्वत्थ 1) *a)* °शाखा f. Maitr. S. 2.6.6. Nom. abstr. अश्वत्थत्व n. 1,6,12.

अश्वपद् (stark °पाद्) m. *Pferdefuss* Vaitân.

अश्वमेधवत्.

अश्ववत् Adj. *das Wort* अश्व *enthaltend* Tândja-Br. 12,4,15.

1. अश्ववार = अश्ववाल 2); vgl. आश्ववार.

अश्वशीर्ष m. *eine Form* Vishṇu's (*mit einem Pferdekopf*) Agni-P. 43,2; vgl. Hemâdri 1,309,1.

अश्वघ्न m. *Nerium odorum* Karaka 1,3.

अश्वशकृविस्.

अश्वामुख m. *das unterseeische Feuer* Naish. 8,81.

अश्वावत्, lies अश्वावती.

अष्टकोण Adj. *achteckig* Hemâdri 2,*a*,60,18. °क dass. 61,5.

अष्टमहासिद्धिमय Adj. *den acht grossen Vollkommenheiten gleichkommend* Ind. St. 15,390.

अष्टलोह n. = °क Hemâdri 1,215,11.

अष्टवार्षिक Adj. (f. ई) *acht Jahre dauernd* ebend. 1,66,14.

अष्टशती f. *achthundert* Sûrjas. 2,64.

अष्टस्तना (so zu lesen) Maitr. S. 3,1,7.

अष्टाङ्गप्रणिपात m. *das Niederfallen zur Erde mit acht Theilen des Körpers* Hemâdri 1,244,13.

अष्टाचत्वारिंशक Adj. *48* (Jahre) *während* Pâr. Gṛhj. 2,6,2.

अष्टादशता f. Nom. abstr. von अष्टादशन् Naish. 1,5.

अष्टादशवक्र m. N. pr. eines Berges Divjâv. 43.

अष्टादिश् (!) f. Pl. *die acht Weltgegenden* Hemâdri 2,*a*,61,21.

अष्टानिधन n. Name zweier Sâman Ârsh. Br.

अष्टाप्रुष् Adj. (Nom. °प्रूट्) *achttropfig.* Gold TS. 3,4,1,4.

अष्टामृड Adj. zu हिरण्य Kâth. 13,10.

अष्टास्तना Adj. f. *achtzitzig* TS. 5,1,6,4.

अष्ठील m. oder n. = अष्ठीला 5) Hemâdri 1,725,5.

2. अस् mit उद् 2) auch *schleudern* (eine Waffe) Naish. 4,39. — Mit अभिनिस् *zusammenstellen* Káraka 1,4.

5. अस् Interj. am Ende eines Sâman Tândja-Br. 12,3,21.

*अस (Nom. °सः) *nicht er* P. 6,1,132.

असंयोगोपध Adj. *dessen vorletzter Laut kein Doppelconsonant ist* P. 4,1,54.

असंवर Adj. *nicht verborgen, — zu verbergen* Naish. 1,53.

असंशुद्ध Adj. *nicht bereinigt, — bezahlt.*

असंस्कार m. *keine Einweihung* Pâr. Grhj. 2,5,42.

असंस्यूत Adj. *unzerbissen* Pâr. Grhj. 2,14,25.

असंहार्य auch *nicht zu beseitigen, dem kein Einhalt zu thun ist.* °म् Adv. so v. a. *auf Nimmerwiedersehen* Tândja-Br. 9,1,21. 22.

असक्त 2) *c) im Nu* Daçak. 45,14.

असंक्रान्त m. *Schaltmonat* Hemâdri 1,79,20.

असंख्य 1) Nom. abstr. °ता f. Ind. St. 15,364.

असंख्यक Adj. = असंख्य 1) Agni-P. 10,5.

असंग्राह्य Adj. *sich nicht bäumend.*

असंचेतयमान Adj. *nicht gewahr werdend* Spr. 6125.

असत्यवाद m. *Lüge* Daçak. 72,13.

असपत्नेष्टका f. = असपत्न 2) Vaitân.

असब्रह्मचारिन् m. *kein Mitschüler* Pâr. Grhj. 2,11,9.

असमता f. *das Keinen seines Gleichen Haben* Naish. 5,123.

असमर्पण n. *das Nichtabliefern, Nichtbezahlen* Hemâdri 1,19,7. 46,6.

असमशर m. Bein. *des Liebesgottes* Naish. 3,133.

असमान Adj. *mit keinem Andern gemeinsam, unvergleichlich* Daçak. 19,2.

असमावेश m. *Nichtbesetzung* Mahâbh. in Ind. St. 13,472.

असमाशुग m. *der Liebesgott* Naish. 4,118.

असमीक्षित Adj. *dem Auge sich entziehend* R. 5,81,8.

असंपत्ति f. *das Nichtausreichen, Zuwenigsein* Hemâdri 1,645,10.

असंप्रकीर्ण Adj. *unvermengt.*

असंप्रमाण Adj. *nicht zu geräumig* Çâñkh. Grhj. 6,2.

असंभिन्दत् Adj. (f. °ती) *nicht verletzend* Tândja-Br. 7,9,11.

असंभृत Adj. *nicht gemacht, natürlich* Kumâras. 1,31.

असरूप Adj. *ungleichartig* P. 3,1,94.

असहचरित Adj. *kein Genoss seiend* Paribh. 103.

असहमान Adj. *nicht ertragend, — duldend* Mudrâr. 82,18 (137,10).

असापत्न्य n. *Feindlosigkeit* Naish. 7,17.

असारूप्य n. *Formverschiedenheit* Paribh. 8.

असार्वत्रिक, f. ई Bâdar. 3,4,10.

असितपुच्छक m. *ein best. Thier,* = कालपुच्छक Káraka 6,12.

असितवर्त्मन् m. *Feuer, Gott* Agni Harshak. 170,11.

असिपुत्रिका Hemâdri 1,647,17. °पुत्री 763,2.

असीम Adj. (f. आ) = असीमन् Naish. 3,98.

असुदर्शन Adj. *nicht leicht zu erblicken.* Nom. abstr. °ता f. Hemâdri 1,333,15.

असूत Adj. *ohne Wagenlenker* R. ed. Bomb. 6,91,28.

असूय्, statt des blossen Acc. auch Acc. mit प्रति MBh. 12,109,13. — Mit अभि *ungehalten sein* Naish. 3,102.

असूयिन् in अनसूयिन्.

अस्तर्य Maitr. S. 1,5,10.

अस्ताभिलाषिन् Adj. *zum Untergang sich neigend* Mudrâr. 95,8 (153,8).

अस्तेयता f. = अस्तेय Hemâdri 2,*a*,7,21.

अस्तोम m. *kein rechter* Stoma Tândja-Br. 3,9,3.

अस्थ्याचित् Adj. *nicht wie Knochen geschichtet* Maitr. S. 3,5,1.

अस्थुषस् in einem best. Falle zu sprechen für तस्थुषस् Tândja-Br. 7,7,16.

अस्नान n. *das Nichtbaden* MBh. 14,49,6. = नैष्ठिकब्रह्मचर्य Nîlak.

अस्नायिन् Adj. *der sich nicht gebadet* oder *gewaschen hat* Hemâdri 1,99,1 v. u.

अस्पृह्, Nom. abstr. °त्व n. Hemâdri 2,*a*,8,15.

अस्फुटित auch *nicht geöffnet* (Augen) Naish. 1,141.

अस्फुरत् Adj. *nicht zitternd* Hemâdri 1,681,17.

अस्मद्देवत्य Adj. *uns zur Gottheit habend* Tândja-Br. 9,1,36.

अस्त्रीवी (Nom. °म्) = अस्त्रीवि Maitr. S. 2,8,3. 13,14.

अस्वधर्म m. *Pflichtvergessenheit* Daçak. 55,9.

अस्वाङ्गपूर्वपद Adj. *dessen erstes Glied* (in der Zusammensetzung) *kein Körpertheil ist* P. 4,1,53.

1. अहत्य Maitr. S. 2,9,3.

अहर्पति 1) Maitr. S. 1,11,3.

अहश्चर Adj. *am Tage wandelnd* Çâñkh. Grhj. 2,14.

अहिर्बुध्न्यस् 2) अहिर्बुध्न्याय Pâr. Grhj. 2,15,2.

अहृष्ट Adj. *betrübt* Naish. 5,124.

अहेतुक, f. आ Naish. 4,105.

अहेलि m. *etwas Anderes als die Sonne* Naish. 3,80.

अहेलिन् Adj. *nicht tändelnd* ebend.

अहोतव्य Adj. *nicht zu opfern* Maitr. S. 1,6,10.8,7.

अहोमक Adj. *ohne Spende* Comm. zu Gobh. 1,9,27 (Karmapr. 9,7). Nom. abstr. °त्व n. ebend.

अह्रस्त Adj. *unverkürzt* Vaitân.

आकर्णतट° Adv. *bis zum Ohrknorpel* Naish. 8,57.

आकर्णदेशान्तम् Adv. *bis zur Gegend des Ohres* MBh. 3,99,53.

°आकर्णिन् Adj. *hörend* Naish. 1,28.

आकर्षफलक n. *Würfelbrett* Pâr. Grhj. 2,10,17.

आकर्षिन् 1) *mit sich fortschleppend* Daçak. 77,17.

आकल्पसार Adj. *putzsüchtig* Daçak. 68,9.

आकल्ल, lies *Anthemis.*

आकीटम् Adv. *vom Wurm an* Naish. 6,106.

आकुमार° *vom Knaben an* Ragh. 4,20.

आकृतिलोष्ट ? Vaitân.

आकैटभवैरि Adv. *bis zum Feinde* Kaiṭabha's, d. i. *bis* Vishṇu Naish. 6,106.

आकोष्ठम् Adv. *bis zum Unterleibe* Bhâg. P. 10,83,22.

आखिदं Adj. *der ansichreisst* Maitr. S. 2,9,8.

आख्या 2) lies *Betrag, Belauf.*

आगति 1) Nom. abstr. °त्व n. Daçak. 65,14.

आगरव Adj. = आगुरव Harshak. 184,19.

आगर्भम् Adv. *bis zum Kinde im Mutterleibe* Ind. St. 14,104.

आग्निवारुणी Adj. (f. ई) Maitr. S. 2,1,4.

आग्रयणदेवता f. *eine Gottheit des Erstlingsopfers* Çâñkh. Grhj. 3,8.

आघर्घरम् Adv. *knurrend* Mâlatîm. 78,7 (171,5).

आचन्द्रतारकम्, lies *so lange Mond und Sterne bestehen* und füge Hemâdri 1,661,18 hinzu.

आचमनक Harshak. 115,7. 121,15.

आचमनीयक Agni-P. 34,21. Hemâdri 1,787,13.

आचारकालकूट m. N. pr. eines Priesters Kautukar.

°आडम्बरित Adj. *auf's Höchste gesteigert* Ind. St. 15,371.

आतपनिवारण n. *Sonnenschirm* Varâh. Jogaj. 8,13.

आतपवारण Adj. *vor Hitze schützend.* वृष्ट्यातप° *vor Regen und H. sch.* Hemâdri 1,157,19.

आतिच्छन्दस Maitr. S. 3,15,10.

आतिजगत Adj. *im Metrum* Atiǵagatî *verfasst* Comm. zu Tândja-Br. 12,10,2.

आतियात्रिक Adj. von अतियात्रा Çaṁk. zu Bâdar. 4,3,5.

आतिशयिक Adj. *in Ueberfluss vorhanden* Çiç. 10,23.

आतिसारिक Adj. (f. ई) *gleich wie beim Durchfall* Karaka 3,5.

आत्मदेवता f. N. pr. einer Gottheit Hemâdri 2,a,84,11.

आत्मयोनि 4) Vishṇu's Mudrâr. 157,1 (231,5).

आदधीचि Adv. *mit Einschluss von* Dadhîki Naish. 5,111.

आदरिन् Adj. *ein grosses Gewicht auf Etwas legend, nicht gleichgültig* Naish. 3,62. Am Ende eines Comp. *berücksichtigend, hervorhebend* 6,95.

आदर्श 4) *Musterbild*. Nom. abstr. °ता f. Naish. 4,56.

आदशकण्ठबन्धम् Adv. *bis zur Gefangennahme* Râvaṇa's Bâlar. 183,5.

आदार्यँ Adj. Maitr. S. 2,10,4 fehlerhaft für अदर्यँ RV. 10,103,7.

आदिचक्रिन् Adj. *der zuerst den Discus führte*. Vishṇu Kṛshṇa Agni-P. 31,10.

2. **आदित्य** 2) अहन् *Sonntag* Vishṇus. 77,1.

आदित्यवँ.

आदित्यँधामन् Adj. *bei den* Âditja *seine Stätte habend* Maitr. S. 3,2,9.

आदिदीप m. *die erste Leuchte*. Rudra-Çiva Hemâdri 1,205,14.

आदेहदाहम् Adv. *seit der Verbrennung des Körpers* Naish. 8,43.

आद्यन्तस्थायिक Adj. *von Anfang bis zu Ende dauernd* Ind. St. 15,392.

आद्वादशवर्षभाविन् Adj. *zwölf Jahre während* Ind. St. 15,410.

आधारक m. = आधार 2) Hemâdri 1,192,12.

आधिकारिक 1) (f. आ!) auch *zu den einzelnen Abschnitten gehörig* Çâṅkh. Gṛhj. 6,4. *vorschriftmässig, ordinär* Bâdar. 3,4,41. — 2) füge m. hinzu.

आधीतयजुस्, Nom. abstr. °जुष्ट्व n. Maitr. S. 3,6,4.

आध्यात्मिकी Adv. mit कर् *zur Allseele in Beziehung bringen* Agni-P. 27,61.

आनन auch *Eingang, Thür* Hemâdri 1,169,9.12.

आनन्द 9) auch ein Name der Gaurî Hemâdri 1,395,16.

आनन्दकाव्य n. Titel eines Werkes Bühler, Rep. No. 108.

आनन्दप्रभा f. N. pr. einer Surâṅganâ Ind. St. 15.

आनर्तक m. Pl. = आनर्त 1) *c*) Hemâdri 2,a,29,20.

आनीलनिषधायत Adj. *vom Gebirge* Nîla *bis zum Gebirge* Nishadha *sich erstreckend* Hemâdri 1,295,21. 296,6.

आनीलनिषधायाम Adj. dass. ebend. 1,307,19.

आन्तर 3) n. *Herz* Naish. 9,100.

आन्दोल = °क Hemâdri 1,386,1.

आप् mit अव Caus. *Jmd* (Acc.) *Etwas* (Acc.) *erlangen lassen* Naish. 8,89.

आपतत्तँ *eine best. Körnerfrucht* Maitr. S. 2,6,6.

आपत्तिसम m. = उपपत्तिसम Sarvad. 114,12.

आपर्वभङ्गनिपुण zu streichen; vgl. oben अपर्व°.

आपादन Adj. *bewirkend* Agni-P. 43,13.

°**आपादिन्** Adj. *gerathend in, unterliegend* Lâṭj. 2,7,19.

आपीठान्तम् Adv. *bis zum Ende des Piedestals* Hemâdri 1,259,7.

आपीड 2) am Ende eines adj. Comp. f. आ Hemâdri 2,a,90,21. 119,12.

आपुङ्खशिखम् Adv. *bis zum untersten Ende des Pfeils* Naish. 8,3.

आपृच्छ्य, lies *wonach man zu fragen* —, d. h. *sich zu richten hat*.

आप्तच्छन्दस् Adj. *dem Metrum nach vollständig* Tâṇḍja-Br. 4,8,7.

आप्तमीमांसालंकृति, °**मीमांसाविवृति** und °**मीमांसावृत्ति** f. Titel von Werken Bühler, Rep. No. 564. fgg. आप्ता° in den zwei letzten Titeln.

आप्तृ in अनाप्तृ.

आप्तवाद m. *der Ausspruch einer Autorität* Ind. St. 15,355.

आप्तविभक्तिक Adj. *in den Casusendungen vollständig* Tâṇḍja-Br. 4,8,7.

आप्तस्तोम Adj. *in den Stoma vollständig* ebend. °क Comm.

आप्यानवन्त्, so zu lesen.

आप्यायिनी f. *eine best.* Çakti Hemâdri 1,198,1.

आप्सर Adj. *den* Apsaras *gehörig* Hemâdri 1,164,13.

आब्रह्मभुवनान्तिकम् Adv. *bis zu* Brahman's *Welt* Hemâdri 1,273,3.

आब्रह्माण्ड Adv. *so lange die Welt besteht* Hemâdri 1,700,11.

आभरणी Adv. mit भू *zum Schmuck werden* Naish. 6,3.

आभिज्ञानिक Adj. *auf das Erkennen sich beziehend* Daçak. 92,4.

आभिरामिक Adj. *liebenswürdig* Mudrâr. 82,8 (136,15).

1. **आभोग** 8) Harshak. 185,21. °गाढ्य 182,10.

3. **आभोग** Adj. *aller Genüsse theilhaftig* Taitt. Âr. 1,8,5.

आभ्र Adj. *von Talk* Naish. 6,62.

आमज्जम् Adv. *bis in's Mark* Naish. 8,51.

आमपेषँ Adj. *roh zerstampfend* Maitr. S. 1,10,11.

आमृणालम् Adv. *bis zur Wurzel* (eines Lotus) Naish. 8,69.

आमेखलम् auch *bis zum Gürtel*, so v. a. *bis zur schmalsten Stelle* (eines Kuṇḍa) Hemâdri 1,130,14.

आम्बुद Adj. *von einer Wolke kommend* Naish. 4,39.

आयासन wohl *das Reizen, Aufbringen*.

आयुर्वेदिन् Ind. St. 15,295.

आयुष्य 2) *e*) *ein best. Spruch* Varâh. Jogaj. 8,6.

आरत n. *quidam coeundi modus* Cit. im Comm. zu Kir. 5,23.

आरूढ n. *das Bespringen* Hariv. 4104.

आरोग्य Adj. 1) *gesund* Hemâdri 1,609,2. — 2) *Gesundheit verleihend* ebend. 1,576,19. 619,19. 766,19. 797,20.

आरोग्यय्, °यति *salutare, begrüssen* Divjâv. 52.

आरोग्यवन्त् Adj. *gesund* Hemâdri 1,741,5.

आर्णव Adj. *aus dem Meere gekommen* Naish. 4,61.

आर्तरव m. *Nothgeschrei* Daçak. 67,10.

आर्तस्वन m. dass. Pâr. Gṛhj. 2,11,6.

आर्थत् Tâṇḍja-Br. 11,8,10. 13,6,10. 11,10 fehlerhaft für आर्हत्, wie die Hdschrr. haben.

आर्हता f. Nom. abstr. zu आर्हत 1) *a*) Çiç. 10,49. zu *d*) 36.

आर्यपुत्रीय Adj. von आर्यपुत्र Naish. 9,68.

आर्हत 2) auch *ein Buddhist* Agni-P. 16,4.

आलंकारिक (so zu lesen) m. *Rhetoriker* Comm. zu Çiç. 10,21.

आलम्भम् Absol. *anfassend*, mit Acc. Tâṇḍja-Br. 3,6,2.

आलिङ्गना f. = आलिङ्गन n. Naish. 6,78.

आलोकक m. *Zuschauer* Naish. 2,68.

आलोकाचल m. N. pr. eines *Gebirges* Hemâdri 2,a,28,16.

आवामदेव्यम् Adv. *mit Einschluss des* Vâmadevja Çâṅkh. Gṛhj. 6,2.

आविर्भूय Adj. *das Offenbarwerden* Maitr. S. 1,8,6.

आविशम्, lies 2,24,6.

आविँष्पृष्ठ Adj. *dessen Rücken sichtbar ist* Maitr. S. 1,10,7.

°**आशंस** Adj. *erwartend* Daçak. 14,1.

आशातिक Adj. Taitt. Âr. 1,8,7. = आगत्य शात्यमानः, अस्माभिरेव बाध्यमानः Comm.

आशापति m. = आशापाल Naish. 8,71.

आशापल्ली f. N. pr. eines *Dorfes* Ind. St. 15,225.

आशापाल, lies 3,12,4.

आशापुरा f. N. pr. einer Gottheit Ind. St. 15,313.

आशिखम् auch so v. a. *vom Fusse bis zum Scheitel* Naish. 5,27.

आशीयस् Adv. *schneller* Tâṇḍja-Br. 18,6,10.

आशुगी Adv. mit भू *zu Jmds* (im Comp. vorangehend) *Pfeil werden* Naish. 6,67.

आशूर Adj. Suçr. 1,335,17 fehlerhaft für आसुर.

आश्याम Adj. *dunkelfarbig* Hemâdri 1,681,16.

1. **आश्रव** 1) Nom. abstr. °ता f. Naish. 3,84.

आश्रवणम् Adj. *bis zum Ohr* NAISH. 4,93.

आश्विनेय 2) NAISH. 8,29.

आष्टादंष्ट्र, so zu betonen.

2. आस् 9) कथमास्ते तातः so v. a. *wie geht es dem Vater?* HARSHAK. 126,9. — Mit अनु 1) *sich in Jmds* (Gen.) *Nähe aufhalten* HEMÂDRI 1,35,20.

आसहस्रकृत्वस् Adj. *bis tausend Mal* TAITT. ÂR. 4,28,1.

आस्फाल auch *das Zurückprallen* NAISH. 8,68.

आहृत्य Adj. 1) *herbeizuholen* TÂṆḌJA-BR. 9,3,2. — 2) *darzubringen* (ein Opfer) ebend. 6,7,14.

3. इ mit अधि Caus. Med. *veranlassen, dass Jmd Jmd* (Acc.) *lehrt*, HEMÂDRI 1,325,8. — Mit प्राधि *weiter studiren* ÇÂÑKH. GṚHJ. 6,2. — Mit उद् 9) उदीत = उदित NAISH. 1,83. 6,52.74. — Mit अभिपला *einen Fliehenden* (Acc.) *verfolgen* TÂṆḌJA-BR. 9,1,20.

1. इक्षुकाण्ड MAITR. S. 3,7,9.

इक्षुदण्डमय Adj. *aus Zuckerrohrstengeln gemacht* HEMÂDRI 1,404,17.

इक्षुमय Adj. *aus Zuckerrohr gemacht* HEMÂDRI 1, 341,19.

इक्षुयष्टि f. *Zuckerrohrstengel.* °मय Adj. *daraus gemacht* HEMÂDRI 1,413,10. 416,17.

इडात्व n. Nom. abstr. von इडा MAITR. S. 4,2,3.

इदंयुगीन Adj. *zu dieser Weltperiode gehörig* Ind. St. 15,294.

इदनीय Adj. *ihm —, ihr gehörig* NAISH. 4,12. 7,82.

इध्मव्रश्चन m. = इध्मप्रव्रश्चन AGNI-P. 34,27.

इन्दुका f. N. pr. eines Flusses HEMÂDRI 1,315,20.

इन्दुगौर m. Bein. Çiva's Ind. St. 15,210.

इन्दुता f. Nom. abstr. zu इन्दु 2) NAISH. 6,26.

इन्द्रगृह, vgl. PÂR. GṚHJ. 3,4,18.

इन्द्रजय m. wohl = इन्द्रजित् 1) AGNI-P. 40,15.

इन्द्रदैवत्य Adj. Indra *zur Gottheit habend* PÂR. GṚHJ. 2,13,1.

इन्द्रनीलक HEMÂDRI 1,399,9.

इन्द्रनीलमणिमय Adj. = इन्द्रनीलमय HEMÂDRI 1, 280,7.

इन्द्रपाश m. Indra's *Schlinge* PÂR. GṚHJ. 3,7,3.

इन्द्रपुरुष m. Indra's *Diener.* Pl. ÂÇV. GṚHJ. 1,2,5.

इन्द्रप्रस्थमाहात्म्य n. Titel eines Werkes BÜHLER, Rep. No. 53.

इन्द्रसत्र MAITR. S. 3,4,3.

इन्द्राशन *Hanf* KAUTUKAR.

इन्धन्वत्, lies *auf dem Feuer stehend, heiss.*

इम् Interj. MAITR. S. 4,9,22.

इषुमुख n. *Pfeilspitze* TAITT. ÂR. 1,4,2

इषुवर्ष m. *Pfeilregen* DAÇAK. 84,10.

इषुविक्षेप m. *Pfeilschussweite.*

इष्टकामय Adj. (f. ई) *aus Backsteinen gemacht* HEMÂDRI 1,169,20.

इष्टत्व n. Nom. abstr. zu 1) इष्ट 1) *b)* NAISH. 6,106.

इहेड n. Name eines Sâman TÂṆḌJA-BR. 10,12,4.

1. ई als Nidhana eines Sâman TÂṆḌJA-BR. 10,10, 1. 12,13. 12,11,26

ईत्ति (fingirte 3. Sg. Praes.) *die Bedeutung der Wurzel* ईत् BÂDAR. 1,1,5. 3,13.

ईंकार Adj. *den Laut* ईम् *hervorbringend* TS. 7, 1,19,1.

ईंकृत Adj. *der den Laut* ईम् *hervorgebracht hat* ebend.

ईदृशभूत Adj. *ein derartiger seiend.* Nom. abstr. °ता f. NAISH. 4,55.

ईशक m. Çiva. Loc. so v. a. *in Nordost* AGNI-P. 43,3.

ईशगोचर m. Çiva's *Bereich*, so v. a. *Nordost* AGNI-P. 43,2. HEMÂDRI 1,125,9. 2,*a*,62,15. 63,17.

ईशत्व n. Nom. abstr. zu ईश 2) *a)* HEMÂDRI 1,823,3.

ईशानदिश् f. *Nordost* HEMÂDRI 1,138,1.

ईश्वरकारणिन् m. *Deist* ÇAMK. zu BÂDAR. 1,1,12.

ईश्वरकारिन् m. dass. HARSHAK. 204,7.

ईश्वरशतक n. Titel eines Werkes BÜHLER, Rep. No. 109.

उक्तिपोष m. *Pleonasmus* Comm. in MÂLATÎM. ed. Bomb. S. 2.

उक्षत्व n. Nom. abstr. von उक्षन् 1) *a)* MAITR. S. 2,5,4.7.

उग्रदण्ड 2) f. आ N. pr. einer Nâjikâ der Devî HEMÂDRI 2,*a*,85,6.

उग्ररूपिन् Adj. *von grausigem Aussehen* HEMÂDRI 2,*a*,100,15.

उग्रवंशकर Adj. *ein gewaltiges Geschlecht erzeugend.* Rudra-Çiva HEMÂDRI 1,208,3.

उच् mit अभि, अभ्युचित *entsprechend, passend* R. GORR. 1,73,12.

उच्चतरता f. *Uebermaass* NAISH. 5,104.

उच्चनासिक NAISH. 2,28.

उच्चल Adj. *hervorspringend* HEMÂDRI 1,2,18.

उच्चाटनीय Adj. *zu verscheuchen, verscheucht werdend* NAISH. 3,7.

उच्चैर्मान m. *grosser Hochmuth* NAISH. 5,47.

उच्चैर्वाद m. *ein hochfahrendes Wort.*

उच्चैर्विस्मय m. *grosses Erstaunen* NAISH. 5,2.

उच्छूनन n. *das Schlaffwerden* MÂLATÎM. 35,9 (88,2).

उच्छ्वास 2) auch *Athemzug.* °पञ्चक n. HEMÂDRI 1, 221,8.

उज्ज्वली Adv. 1) mit कर् *glänzend —, schmuck machen* HARSHAK. 128,5. 142,22. — 2) mit भू *aufstrahlen, hell prangen* HARSHAK. 139,4.

उत्क 1) Nom. abstr. °ता NAISH. 1,126.

2. उत्क Adj. *dessen Wasser sich erhoben hat.* Nom. abstr. °ता f. ebend.

उत्कर्षवत् Adj. *hervorhebend, steigernd* KÂVJÂD. 1,76.

उत्कुटिल Adj. *nach oben schief, — verzogen* S. S. S. 117,8.

उत्खानम् Absol. *ausgrabend* LÂṬJ. 8,2,5.

उत्तब्धि f. *Befestigung* MAITR. S. 5,3,1.

उत्तमता f. Nom. abstr. zu उत्तम 1) *b)* HEMÂDRI 1, 367,2.

उत्तरधार्य Adj. *Jmd* (Dat.) *eine Antwort schuldend* NAISH. 9,3.

उत्तरली mit भू *in eine hüpfende Bewegung gerathen* NAISH. 3,55.

उत्तरवती f. Bez. *einer best. Schichtung* MAITR. S. 3,3,2. 4,8.

उत्तराङ्ग auch *das Querholz über den zwei Pfeilern einer Wage* HEMÂDRI 1,173,4. 8.

उत्तराशापति HEMÂDRI 1,769,16.

उत्तापन n. *das Kasteien* HEMÂDRI 2,*a*,6,10.

उत्थापनीय n. etwa *ein Mittel auf die Beine zu bringen* MAITR. S. 1,10,14.

उत्थापितोत्प्रेक्षा f. *eine Art Gleichniss* Comm. zu NAISH. 1,80.

उत्पातिन् Adj. *auffliegend* NAISH. 1,126.

उत्प्लव m. *das Auffliegen* NAISH. 1,125.

उत्फुल्लतनूरुही Adv. mit कर् *bewirken, dass bei Jmd die Härchen* (*Federn*) *sich erheben* NAISH. 2,2.

उत्सव 2) पुत्रोत्सव so v. a. *Geburt eines Sohnes* PARIBH. 122.

उत्सृज्य Adj. *auszusetzen, nicht zu feiern* TÂṆḌJA-BR. 5,10,4.

उदककमण्डलु m. = उदकमण्डलु HEMÂDRI 2.*a*.79,9.

उदकपात्र n. = उदपात्र 1) *a)* HEMÂDRI 2,*a*,77,5.

उदकपूर्व 1) °म् Adv. HEMÂDRI 1,820,2.

उदकमणि m. *Wassertopf* DIVJÂV. 27.

उदपुरा f. Bez. *eines best. Backsteins* MAITR. S. 2,8,14.

उदरभेदिन् Adj. *Oeffnung des Leibes bewirkend.*

उदस्र Adj. *Thränen vergiessend* NAISH. 8,34.

उदारचारित्र Adj. = उदारचरित 1) KAUTUKAR.

उदारचित्त Adj. *edelmüthig* KAUTUKAR.

उदित्वर auch *aufgegangen* NAISH. 4,38.

उदेतोस् mit पुरा MAITR. S. 1,6,10.

उद्गमनीय auch Adj. °ये दुकूले HARSHAK. 142,8.

उद्भावन 3) *das Verkünden, Mittheilen* NAISH. 9,19.

उद्मन् n. *das Wogen, Fluthen* VS. 13,53. MAITR. S. 2,7,16. 18. 8,14.

उद्वह 1) Adj. (f. आ) *e) tragend, haltend* HEMÂDRI 2,*a*,89,6.7.

उन्नति 1) *erectio* (*penis*) KAUTUKAR. 68.

उन्मत्तीकरण n. *das Berauschen* Kautukar. 98.

उन्मादिष्णु auch *toll machend* Naish. 7,79.

उन्मुक्ति f. *Befreiung* Maitr. S. 3,6,7.

उन्मुक्ता f. dass. Maitr. S. 3,9,7.

*उपकर्षम् Absol. *heranziehend.*

उपक्षेप 3) *Herbeischaffung* R. 2,15 in der Unterschr.

उपदेशरत्नमाला f. Titel eines Werkes Bühler, Rep. No. 568.

उपदेशरसायन n. desgl. ebend. No. 704.

उपद्रष्टिका f. *Zeugin* Maitr. S. 3,2,4.

उपप्रातर् Adv. *kurz vor Tagesanbruch* Mahidh. zu VS. 35,1.

2. उपमातर् Nom. ag. *Vergleicher* Naish. 7,16.

उपयुक्ततमत्व n. *das ganz besonders am Platze Sein* Hemâdri 2,*a*,31,17.

उपवत्स्यद्भक्त n. *Speise vor Beginn des Fastens* Kauç. 1,8. Vaitân. 6,12.

उपरिष्टाल्लक्ष्मन् Adj. = उपरिष्टाल्लक्षण Maitr. S. 3,2,7.

उपवासक, füge n. hinzu.

*उपस्कारम् Absol. *spaltend.*

*उपस्कीर्ण n. etwa *das Geschundenwerden.*

उपाकर्तव्य n. impers. *an die Eröffnungsfeier zu gehen* Çâñkh. Gṛhj. 4,5.

उपात्ति f. *Gebrauch, Anwendung* Comm. zu Kâtj. Çr. 1,8,2.

उपासकाध्ययन n. Titel eines Werkes Bühler, Rep. No. 569.

उपेप्सा Maitr. S. 2,9,8.

उभयदत् Maitr. S. 1,8,1.

उररी mit कर् 6) *vorangehen lassen, beginnen mit* (Acc.) Mâlav. ed. Bomb. 108,7.

उरी mit कर् 5) dass. Mâlav. 71,22.

उरोविदारम् Absol. *mit Aufschlitzung der Brust* Çiç. 1,47.

उलप्य Maitr. S. 2,9,8.

ऊतिमती f. *der Vers* ṚV. 1,30,7 Maitr. S. 3,1,3.

ऊनी mit भू *sich vermindern, abnehmen* Kâlak. 1,25.

ऊरुक am Ende eines adj. Comp. (f. आ) = ऊरु 1) Hemâdri 2,*a*,84,16.

ऊर्जय्, ऊर्जितम् Adv. *stolz, mit Selbstbewusstsein* Nâgân. 62,21 (82,9).

ऊर्णामृदु Adj. *wollenweich* TBr. 3,7,6,5.

ऊर्ध्वज्योतिस् Adj. *dessen Licht nach oben strebt* Maitr. S. 2,13,19.

ऊर्ध्वमूल Adj. *mit den Wurzeln nach oben* Taitt. Âr. 1,11,5.

ऊर्ध्वहस्तक m. = 1. ऊर्ध्वकर Hemâdri 2,*a*,127,4.

ऊष्माय् Harshaċ. 139,5. 160,5.

1. ऊह् mit प्रतिवि 4) *aus einander schieben* R. Gorr. 2,12,26.

ऋतकर्णी f. N. pr. einer Joginî Hemâdri 2,*a*,93,4. 6.

ऋगुत्तम Adj. *mit einer Ṛk schliessend* Maitr. S. 3,1,1.

ऋचक Titel eines Werkes Bühler, Rep. No. 6.7.

ऋषभनाथचरित्र n. desgl. ebend. No. 570.

ऋषिदेश m. = ब्रह्मर्षिदेश Hemâdri 2,*a*,27,18.

ऋषिमण्डल n. Titel eines Werkes Bühler, Rep. No. 571.

ए Interj. Maitr. S. 4,9,21.

एककर्ण Adj. (f. ई) *einohrig.*

एकधारक m. N. pr. eines Berges Divjâv. 167.

2. एकवर्ण 1) *e*) *zu derselben Kaste gehörig* Kâlak. 3,196.

एकाशीतिचक्रोद्धार m. Titel eines Werkes.

एकीभावस्तोत्र n. desgl. Bühler, Rep. No. 572.

ऐ Interj. Maitr. S. 4,9,21.

ऐरावतक 3) m. N. pr. eines Berges Divjâv. 168.

SANSKRIT-WÖRTERBUCH

IN KÜRZERER FASSUNG

BEARBEITET

VON

OTTO BÖHTLINGK

ZWEITER THEIL.

क — ण.

VORWORT.

Ueber dem Wörterbuch hat ein gütiges Schicksal gewaltet, da im Laufe von 30 Jahren von seinen activen Freunden nur Einer mit Tode abgegangen ist. Dieser Todesfall aher hat uns um so schmerzlicher berührt, als der Verstorbene bei der Frische seines Geistes und Körpers und bei seinem zum Erstaunen vielseitigen Interesse an Personen und Sachen bei längerem Leben noch Manchen für die Wissenschaft gewonnen und die Wissenschaft selbst gefördert hätte. Wer unserm heimgegangenen lieben Freunde A. Schiefner im Leben näher zu treten das Glück hatte, und deren gab es Viele, konnte sich bald von dem Reichthum seines Wissens überzeugen und an diesem nimmer versiegenden oder stets sich wieder füllenden Borne getrost zu jeder Zeit sich erlaben. Der Verstorbene gehörte zu den edlen Naturen, die den mit Mühe und Arbeit von allen Seiten her eingesammelten Honig gern Andern hingeben und sich selbst dabei vergessen. Er ruhe in Frieden, wir aber seine Freunde wollen, so lange wir leben, seiner in Liebe gedenken!

Von den vielen Gönnern des Wörterbuchs, die das Vorwort zum ersten Theil aufzählt, haben Mehrere mit nicht genug anzuerkennender Selbstverläugnung das Gebiet ihrer Beiträge erweitert. Die neu gewonnenen Freunde, denen ich zu grossem Danke für ihre Mittheilungen verpflichtet bin, sind: Siegfried Goldschmidt, Hermann Jacobi, F. Kielhorn, A. Hillebrandt, Adolf Holtzmann und J. S. Speijer.

Ueber die zahlreichen Nachträge auch in diesem Theile wird vielleicht Mancher ungehalten sein und mit einigem Rechte, da viele derselben bei einer genaueren Durchmusterung des grossen Wörterbuchs in den Hauptheil hätten verarbeitet werden können. Zu meiner Entschuldigung darf ich wohl anführen, dass ich bei meinen Jahren dieser grossen Arbeit mich nicht glaubte unterziehen zu dürfen, weil dadurch die Vollendung des Werkes noch mehr gefährdet worden wäre. Dass ich überhaupt schon jetzt Nachträge gegeben, erklärt sich aus dem natürlichen Verlangen, dem bis jetzt bearbeiteten Theile des Werkes für alle Eventualitäten, so weit es von mir abhing, die grösstmögliche Vollendung zu geben.

Verzeichniss der in diesem Theil neu hinzugekommenen Citate von Werken nebst Angabe derjenigen Gelehrten, denen ich die Mittheilungen aus diesen Werken verdanke:

Ainslie = **Ainslie**, Materia indica. London 1826.
Ânandal. = **Ânandalahari** in **Haeberlin's** Anthologie.
Baudh. = **Baudhâjana**, nach Citaten in andern Werken.
Brahmavaiv. P. = **Brahmavaivartapurâṇa**.
Bühler, Rep. 1872—73 = **Bühler**, Report on Sanskṛit Mss. 1872—73.
Çântiç. = **Çântiçataka** in **Haeberlin's** Anthologie.
Cat. **Gujar.** = A Catalogue of Sanskṛit Manuscripts contained in the private libraries of **Gujarât**, **Kâṭhiâvâd**, **Katchchh**, **Sindh** and **Khândeś**. Compiled unter the superintendence of G. **Bühler** (**Roth**).
Cat. **Willmot** = A Catalogue of Sanskṛit Mss. existing in the central Provinces, prepared by order of E. **Willmot** Esq. (**Roth**).
Çilâñka = **Çilâñka's** Commentar zum **Âkârâñgasûtra**, Calcutta 1878 (**Jacobi**).
ÇKDr. = **Çabdakalpadruma**.
Çobh. = **Cobhanamuni's** **Çobhanastutajas** in Z. d. d. m. G. 32,509. fgg. (**Jacobi**).
Çrut. (**Br.**) = **Çrutabodha**, Ausg. von **Brockhaus**.
Cunningham, Arch. Surv. = **Cunningham**, Archaeological Survey of India.
Daçak. (1925) = **Daçakumârakarita**, Calcutta १९२५ संवत्सरे (**Cappeller**).
Dâj. = **Dâjabhâga**, Calcutta 1829.
Deçîn. = **Hemakandra's** **Deçînâmamâlâ**, Hdschr. (**Pischel**).
Dhûrtas. wird von nun an nach der lithographirten Ausgabe von **Cappeller** citirt.
Führer, **Bṛh.** = Darstellung der Lehre von den Schriften in **Bṛhaspati's** **Dharmaçâstra**. Inauguraldissertation von **Alois Anton Führer**.

GAṆIT. BHAGRAH. = GAṆITA, BHAGRAHAJUTJADHIKÂRA (KERN).
GAṆIT. KAKSH. = GAṆITA, KAKSHÂDHJÂJA (KERN).
GAṆIT. SPASHṬ. = GAṆITA, SPASHṬÂDHIKÂRA (KERN).
GÂR. UP. = GÂRUḌOPANISHAD in der Bibl. ind.
ǴAṬÂDH. = ǴAṬÂDHARA im ÇKDr.
GOLÂDHJ. BHUV. = GOLÂDHJÂJA, BHUVANAKOÇA (KERN).
GṚHJÂS. = GṚHJÂSAM̃GRAHA in der Bibl. ind.
HÂLA. Citirt nach der neuen noch im Druck befindlichen Ausgabe von WEBER (CAPPELLER).
HAM̃SOP. = HAM̃SOPANISHAD in der Bibl. ind. (GELDNER).
HANUM. UP. = HANUMADUKTARÂMOPANISHAD in der Bibl. ind. (GELDNER).
HARIV. LANGL. = LANGLOIS' Uebersetzung des Harivam̃ça.
HÂSJ. wird von nun an nach der lithograph. Ausgabe von CAPPELLER citirt.
HEM. PAR. = HEMAḰANDRA'S PARIÇISHṬAPARVAN, Hdschr. (JACOBI).
Ind. Str. = WEBER, Indische Streifen.
J. A. S. Beng. = Journal of the Asiatic Society of Bengal. Part I. (History, Antiquities, &c.).
JOGAÇ. UP. = JOGAÇIKHOPANISHAD in der Bibl. ind. (GELDNER).
ḰAITANJ. = ḰAITANJAḰANDRODAJA in der Bibl. ind. (PISCHEL).
KALPAS. = KALPASÛTRA, herausg. von H. JACOBI (JACOBI und KERN).
ḰÂṆ. = ḰÂṆAKJA in HAEBERLIN'S Anthologie.
KAP. (BALL.) = The Aphorisms of the Sánkhya Philosophy, of KAPILA, Allahabad 1852.
KÂRAṆḌ. = KÂRAṆḌAVJÛHA, Calcutta 1873 (KERN).
KÂT. = KÂTANTRA, herausgegeben von EGGELING.
KÂṬH. = KÂṬHAKA Hdschr. (v. SCHRÖDER und WEBER).
KÂṬH. GṚHJ. = KÂṬHAKAGṚHJASÛTRA, Hdschr. (JOLLY).
KAP. S. = KAPISHṬHALAKAṬHASAM̃HITÂ, Hdschr. (v. SCHRÖDER).
ḰÛLIKOP. = ḰÛLIKOPANISHAD in der Bibl. ind. (GELDNER).
VARÂH. LAGHUǴ. = VARÂHAMIHIRA'S LAGHUǴÂTAKA.
MAGAVJ. = Ueber zwei Parteischriften zu Gunsten der MAGA, resp. ÇÂKADVÎPÎJA BRÂHMANA. Von A. WEBER.
MAHÂÇ. = MAHÂÇÂNTI, Hdschr. (ROTH).
MAITR. PADDH. = PADDHATI zu MAITR. S., Hdschr. (v. SCHRÖDER).
MÂN. ÇR. = MÂNAVAÇRAUTASÛTRA, Hdschr. (v. SCHRÖDER).
MÂṆḌ. UP. = MÂṆḌÛKJOPANISHAD in der Bibl. ind.
MOLESW. = A Dictionary, Maráṭhí and English, compiled by J. T. MOLESWORTH, Bombay 1857.
Mon. d. B. A. = Monatsberichte der Königlich Preussischen Akademie der Wissenschaften in Berlin.
NÂDAB. UP. = NÂDABINDÛPANISHAD in der Bibl. ind. (GELDNER).
NIGH. = JÂSKA'S NIRUKTA sammt den NIGHAṆṬAVAS, herausgegeben und erläutert von RUDOLPH ROTH.
NIRṆAJAS. = NIRṆAJASINDHU.
OPP. Cat. = List of Sanskrit Manuscripts in private libraries of southern India. Compiled, arranged and indexed by GUSTAV OPPERT.
PAŃḰAT. ed. orn. = KOSEGARTEN, PANTSCHATANTRUM sive quinquepartitum de moribus exponens. Pars secunda, textum sanscritum, ornatiorem tenens.
RÂGAV. = RÂGAVALLABHA, nach Citaten im ÇKDr.
SETUB. = SETUBANDHA, herausgegeben von SIEGFRIED GOLDSCHMIDT.
TAL. BR. = A legend from the TALAVAKÂRA or JAIMINÎYA BRÂHMAṆA of the SÂMAVEDA by A. C. BURNELL, Mangalore 1878.
TEǴOB. UP. = TEǴOBINDÛPANISHAD in der Bibl. ind. (GELDNER).
VÂSTUV. = VIÇVAKARMAN'S VÂSTUVIDJÂ, Hdschr. (KERN).
VIÇVA = VIÇVAKOÇA (PISCHEL).
VIVÂDAḰ. = VIVÂDAḰINTÂMAṆI, Calcutta संवत् १८८४ शाके १७५६ वैशाखे.
VIVEKAV. = VIVEKAVILÂSA im Journal PRATNAKAMRANANDINÎ.
VOP. = VOPADEVA'S MUGDHABODHA, herausgegeben und erklärt von O. BÖHTLINGK.
WEBER, Lit. = Akademische Vorlesungen über Indische Literaturgeschichte. Von ALBRECHT WEBER. Zweite vermehrte Auflage.
WILSON, Sel. Spec. = WILSON, Select Specimens of the Theatre of the Hindus.

Jena, den 11. December 1880.

O. Böhtlingk.

1. क Pron. interr. (Nom. Acc. n. कद्, später किम्) 1) *wer, was, welcher.* — a) in directer Frage. के भवन्तो ऽवलम्बन्ते *wer seid ihr, die ihr —?* 65,22. के वराकास्तु मानुषाः so v. a. *was haben die zu bedeuten? die kommen gar nicht in Betracht.* का तवास्मि *was bin ich dir?* 180,6. के मम धन्विनो ऽन्ये so v. a. *was kümmern mich die?* को ऽयमायाति *wer kommt da?* कमिमम् 29,3. किमिदं कुरुषे *was thust du da?* 55,8. कैषा कथा *wie kann davon die Rede sein?* 133,32. कः को ऽत्र द्वारि तिष्ठति 156,29. कस्त्वा कमुपनयते 37,14. नृपमीक्षितुमत्र के वयम् *wer sind wir um — zu, wie kämen wir dazu — zu?* Spr. 3319. किम् mit einem Instr. oder einem Absol. auf त्वा oder य *was liegt Jmd* (Gen.) *an, — daran, dass?* Das Interr. verbindet sich gern mit den Partikeln इव, उ, नाम *wohl*, नु, उ नु, वा *wohl*, स्विद्, उ स्विद् und नु स्विद्. — b) in indirecter Frage. ते के न ज्ञानीमहे *was die sind, wissen wir nicht* 169,24. — 2) als Pron. indef. *Jemand, irgendwer, was, — welcher.* यत्किंमंकरम् 28,25. Çat. Br. 1,7, 1,19. Meistens in negativen Sätzen oder in Verbindung mit verschiedenen Partikeln. — a) mit च. Mit einem vorangehenden Relat. entweder relativ (*wer —, welcher immer*) oder indef. (*wer —, was es auch sei, Jedermann, jeglich, jeder beliebige.* — b) mit चन (च न) α) *auch Niemand, — Nichts, — nicht ein.* — β) in negativen Sätzen wird die Verneinung nur noch verstärkt. न युवयोरेषं किं चन *der geht euch gar Nichts an.* न च के चन मद्गकाः so v. a. *haben Nichts zu bedeuten.* — γ) *wer —, was es auch sei; irgend ein.* Pl. *Einige*, wiederholt *etwelche, verschiedene.* In Verbindung mit य wie कश्च; s. 2) a). यत्किंचनप्रलापिन् Adj. *allerhand Zeug schwatzend* R. 4,17,5. — c) mit चिद् *wer —, was —, welcher immer, Jemand, man, Etwas, irgend ein, ein* (unbest. Artikel), *der Eine oder der Andere, hier und da Einer.* Pl. *Einige.* कश्चित् — कश्चित्, के चित् — के चित् (mit अन्य und अपर wechselnd) *der Eine — der Andere, Einige — Andere.* पक्षिणः स्वाहारात्किं चित्किं चिद्ददाति *dieses und jenes, ein Weniges* 171,3. 4. Spr. 5188. कश्चित्कं चित्पृच्छति *Jemand frägt einen Andern* Chr. 242,10. Auch in Comp. किंचिदङ्गस्पर्श 154,23. In einem negativen Satze mit der Negation durch *Niemand, Nichts, kein* wiederzugeben. नान्येन केन चित् *mit nichts Anderm* 248,11. न तैश्च किं चित् so v. a. *mit diesen ist Nichts anzufangen* Spr. 7651. न खलु किं चिन्न so v. a. *Alles* Chr. 310,31. Auch in Verbindung mit य wie कश्च; s. 2) a). न ये के चित्साद्यमर्हन्ति so v. a. *nicht jeder Beliebige, — der erste Beste.* — d) mit अपि (noch nicht bei Manu) *Jemand, Etwas, irgend ein, ein* (unbest. Artikel), *ein unbestimmter, — nicht näher zu bezeichnender.* के ऽपि *Einige.* सर्वः को ऽपि *Jedermann, wer es auch sei,* 118,24. को ऽप्येकः पुरुषः *ein Mann* 111,13. अपूर्वः को ऽपि *ein bisher ganz unbekannter, ein ganz ungewöhnlicher* 164, 17. 165,32. 176,36. — e) mit वा und vorangehendem य *ein beliebiger* nur M. 2,24.

2. क 1) m. a) Bein. α) Pragâpati's oder eines Pragâpati. — β) Brahman's Spr. 7804. — γ) Daksha's. — δ) *Vishṇu's. — ε) *Jama's. — ζ) Garuḍa's. — b) *die Seele.* — c) *ein best. Komet.* — d) **die Sonne.* — e) **Feuer.* — f) **Helle, Licht.* — g) **Wind.* — h) **Pfau.* — i) **Körper.* — k) **Zeit.* — l) **Reichthum.* — m) **Laut.* — n) *= कामग्रन्थि. — 2) n. a) *Freude, Glückseligkeit.* — b) *Wasser* Maitr. S. 1,10,10. Spr. 7804. — c) *Kopf* Spr. 7840.

*कंप, *कंपु, *कँय्य, *कँय्यु und *कंव Adj. *glücklich.*

कंवत् (कम्वत्) Adj. *heilvoll.* कंवति *an einem h. Orte* Çat. Br. 13,8,1,10.

कंवूल n. = قبول *der 8te astrol.* Joga.

*कंस्, कंस्ते (गतिशासनयोः, शातने).

कंस 1) m. (*n.) *ein metallenes Gefäss, — Becher.* — 2) m. *n. *ein best. Hohlmaass,* = आढक, = *zwei* आढक Karaka 7,12. — 3) m. n. *Messing, Glockengut.* °स्थाल n. Lâṭj. 8,11,25. — 4) m. N. pr. eines von Kṛshṇa erschlagenen Fürsten von Mathurâ 241,3. — 6) N. pr. einer Oertlichkeit. — 7) f. आ N. pr. einer Schwester Kaṁsa's.

कंसक 1) m. = कंस 1) Mahâbh. 3,13,a. — 2) *n. *eine best. Augensalbe.*

कंसकार m. *der in Messing arbeitet, Glockengiesser.*

कंसकेशिनिषूदन, *कंसजित् und कंसनिषूदन m. Bein. Kṛshṇa's.

कंसपात्र n. *ein best. Hohlmaass,* = आढक Çârṅg. Saṁh. 1,1,20.

*कंसमर्दन m. Bein. Kṛshṇa's Gal.

कंसवती f. N. pr. einer Schwester des Kaṁsa und der Kaṁsâ.

कंसवध m. Kaṁsa's *Tod.* Auch Titel eines Schauspiels.

कंसविद्रावणकरी f. Bein. der Durgâ.

कंसशत्रु (Dhûrtan. 1) und *कंसहन् m. Bein. Kṛshṇa's.

कंसार 1) Adj. *einen festen Kern bildend, consistent.* — 2) *n. = कृसर Gal.

*कंसाराति m. Bein. Kṛshṇa's.

कंसारि m. 1) Bein. Kṛshṇa's Spr. 7809. — 2) N. pr. eines Fürsten.

*कंसास्थि n. = कंस 3).

*कंसिक und *कंसीय Adj. von कंस.

*कंसोद्भवा f. *eine best. wohlriechende Erde.*

*कक्, ककते (लौल्ये, इच्छागर्वचापले).

ककर्त्राकृत Adj. (f. आ) etwa *zerfetzt.*

*ककन्द m. 1) *Gold.* — 2) N. pr. eines Fürsten.

ककर m. *ein best. Vogel* Maitr. S. 3,14,1.

ककर्ण्डु m. *ein best. Thier.*

ककाट in रेणु°.

ककाटिका f. *ein best. Theil des menschlichen Hinterkopfes.*

ककार m. *der Laut* क TS. Prât.

*ककुञ्जल m. *der Vogel* Kâtaka.

ककुठ m. = कक्कट Maitr. S. 3,14,13.

ककुत्सल m. vielleicht Liebkosungswort für *ein kleines Kind.*

ककुत्स्थ m. N. pr. eines Fürsten.

ककुद् f. 1) *Kuppe, Gipfel.* — 2) *Haupt von, der Oberste unter* (Gen.). — 3) *jede hervortretende Spitze.* — 4) *der Höcker des indischen Büffels.* —

5) *Buckel.* — 6) *die königlichen Insignien.* — 7) *ein best. Metrum*, = ककुभ्; aber nur in flexionsloser Form.

ककुद m. (selten) und n. 1) 2) 3) 4) = ककुद् 1) 2) 4) 6). — 5) m. *eine Schlangenart.* — 6) m. N. pr. eines Fürsten VP.² 4,97.

ककुदंकात्यायन m. N. pr. eines Gegners des Çâkjamuni.

ककुद्रूपिन् Adj. *die Form eines Höckers habend* Daiv. Br. 3.

ककुदवत् Adj. *bucklig.*

*ककुदाक्ष m. N. pr. eines Mannes.

*ककुदावर्तिन् m. *eine best. Art von Pferden.*

ककुद्द्रुम m. N. pr. eines Schakals.

ककुद्मन् Adj. *hoch, erhaben.*

ककुद्मत् 1) Adj. *mit einem Höcker versehen.* — 2) m. *a) Berg.* — *b)* N. pr. eines *Gebirges* in Çâlmaladvîpa VP. 2,4,27. — *c) der Büffel mit dem Höcker.* — *d) *eine best. Arzeneipflanze.* — 3) f. ककुद्मती *a) *Hüfte.* — *b) ein best. Metrum.* — *c)* N. pr. der Gattin Pradjumna's VP.² 4,112; vgl. ककुद्वती.

*ककुद्मिकन्या f. *Fluss.*

ककुद्मिन् 1) Adj. *mit einem Höcker versehen.* — 2) m. *a) * Berg.* — *b) der Büffel mit dem Höcker.* — *c)* Bein. Vishṇu's. — *d)* N. pr. eines Fürsten der Ânarta. — 3) f. °नी N. pr. eines Flusses.

ककुद्रुम nachlässig für ककुद्द्रुम.

ककुद्वत् 1) m. *der Büffel mit dem Höcker.* — 2) f. °ती N. pr. der Gattin Pradjumna's. — Vgl. die richtige Form ककुद्मत्.

ककुन्दर n. *Lendenhöhle* Bhâvapr. 1,28,7.

ककुन्मत् Adj. *gipfelnd, sich aufthürmend.*

ककुप्कारम् Absol. *unter Verwandlung in* Kakubh-*Strophen.*

ककुप्प्रदाह m. *brandähnliches Glühen des Horizonts.*

ककुब्जय m. *Eroberung der Welt.*

ककुब्भाण्ड m. *ein best. mythisches Wesen* Suparṇ. 23,4.

ककुभ् f. 1) *Kuppe, Gipfel, cacumen.* — 2) *Weltgegend.* — 3) *ein best. Metrum.* — 4) ** Haarflechte.* — 5) **ein Kranz von* Kampaka-*Blüthen.* — 6) **Glanz, Schönheit.* — 7) **Lehre, Lehrbuch.* — 8) N. pr. einer Tochter Daksha's und Gattin Dharma's.

ककुभ 1) Adj. *hervorragend, erhaben, vortrefflich.* — 2) m. *a) eine Art von Unholden.* — *b) *ein best. Vogel* Gal. — *c) Terminalia Arjuna.* — *d) *Dämpfer an der indischen Laute.* — *e) ein best.* Râga (musik.). — *f) *eine best. Krankheit* (Verwechselung von राग und रोग). — *g)* *N. pr. α) eines Mannes. — β) eines Gebirges. — 3) f. आ *a) *Weltgegend.* — *b) eine best.* Râgiṇî S. S. S. 65. — 4) n. *die Blüthe der Terminalia Arjuna.*

ककुभमय Adj. *aus* Kakubha-*Holz gemacht.*

*ककुभाकार m. *ein best. Vogel* Gal.

*ककुभादनी f. *ein best. Parfum.*

ककुम्मती f. *ein best. Metrum.*

ककुपिष्टका f. *ein best. Vogel* Karaka 1,27 (Çl. 57).

ककुह Adj. *hochragend, in der Höhe befindlich,* — *schwebend, sublimis.*

*ककुह्स्तिना v. l. für ककुह.

ककेरुक m. *ein best. Eingeweidewurm* Karaka 3,7. Çârṅg. Saṁh. 1,7,12.

*कक्क्, कक्कति v. l. für कख्.

कक्कट m. *ein best. Vogel.*

कक्कराज m. N. pr. eines *Fürsten* B. A. J. 2,375.

कक्कल m. N. pr. eines Mannes B. A. J. 1,217.

कक्कुल m. N. pr. eines buddh. Bettlers.

कक्कोल 1) m. *ein best. Baum.* R. 3,39,22. तक्कोल ed. Bomb. — 2) f. ई desgl. Pańkad. — 3) n. *ein best. wohlriechender Stoff* (*Muskatnuss* Comm. zu Varâh. Bṛh. S. 78,1).

कक्कोलक 1) n. = कक्कोल 3). — 2) *f. °लिका *eine best. Pflanze.*

*कक्ख्, कक्खति v. l. für कख्.

*कक्खट 1) Adj. *hart.* — 2) f. ई *Kreide.*

*कक्खटपत्त्रक m. *Corchorus olitorius Lin.*

कक्काल und कक्खाछ्ट m. N. pr. eines Mannes.

कक्ष 1) m. *a) Schlupfwinkel, Versteck.* — *b) Gebüsch, Strauchwerk,* insbes. *dürres Gestrüpp* R. 6,36,108. — *c) * Seite.* — *d) * Sünde.* — *e)* Pl. N. pr. eines Volkes. — *f)* उरुः कक्षः ṚV. 6,45,31 wohl fehlerhaft für उरुकक्षः N. pr. — 2) m. f. (आ) *a) Achselgrube* Mṛkkh. 132,3. Pańkat. 32,25 33,4. 34,13. 20. — *b) Gürtel, Gurt, Leibgurt, Schurz* MBh. 1,134,23. 33. 2,23,11. 13. 24,2. 4,13,22. R. Gorr. 2,32,46. m. nur einmal zu belegen. — *c) Saum, Borte* nur Bhâg. P. 9,10,37 am Ende eines adj. Comp. — *d) Wagschale* (gew. f.). अलमंशुमतः कक्षामारोढुं तेजसा so v. a. *kann sich mit der Sonne in der Gluth messen* 250,18. तस्य कक्षां विगाहते so v. a. *kann sich mit ihm messen* 251,7. कक्षां गाहते dass. Vikramâṅkak. 2,11. त्वत्तुल्यकक्ष Adj. so v. a. *dir gleich* Spr. 7782. — 3) f. आ *a) Abscess in der Achselgrube.* — *b) Ringmauer, Wall, der von ihnen eingeschlossene Raum.* Am Ende eines adj. Comp. f. आ. — *c) Planetenbahn.* — *d) Peripherie.* — *e) *ein best. Theil des Wagens.* — *f) Gleichgewicht, Gleichheit.* — *g) Wetteifer, Gegenstand des Wetteifers.* कक्षा किमतः परापि so v. a. *kann man nach etwas noch Höherem als dieses streben?* Naish. 6,81. — *h) * Einwurf.*

कक्षक m. N. pr. eines Schlangendämons.

*कक्षतु m. *ein best. Fruchtbaum.* काक्ष, तुरुरु in der Kâç. als v. l. st. रुरु, कक्षतु.

कक्षधर m. *die Gegend des Schultergelenkes.*

*कक्षप m. = कच्छप *einer der 9 Schätze* Kubera's.

कक्षपुट m. Titel eines Werkes.

*कक्षरुहा f. *eine Cyperus-Species.*

कक्षलोमन् n. *die Haare in der Achselgrube.*

*कक्षशाय m. *Hund.*

कक्षस् n. Du. wohl *best. Theile des Handgelenkes* Ait. Âr. 38,15.

कक्षसेन m. N. pr. eines Râgarshi.

कक्षाग्नि m. *ein im Gestrüpp hausendes Feuer.*

कक्षापट m. *ein um die Lenden geschlagenes Tuch.*

कक्षापुटि (!) m. N. pr. eines Arztes.

*कक्षाय्, °यते *etwas Böses im Sinne haben.*

*कक्षावेक्षक m. 1) *Aufseher im Gynaeceum.* — 2) *Parkaufseher.* — 3) *Thürsteher.* — 4) *Dichter.* — 5) *Wüstling.* — 6) = रङ्गाजीव. — 7) *eagerness of feeling, strength of sentiment.*

*कक्षाश्रित n. = कक्षलोमन् Gal.

*कक्षिन् Adj. von कक्ष.

कक्षी Adv. mit कर् *Jmd* (Acc.) *in einer Stellung* (Instr. eines Nom. abstr.) *anerkennen.*

कक्षीकरण n. *das Annehmen, Anerkennen.*

कक्षीकर्तव्य Adj. *anzunehmen, anzuerkennen.*

कक्षीकार m. *Annahme, Anerkennung.*

कक्षीवत् m. N. pr. eines Ṛshi.

कक्षेयु m. N. pr. eines Sohnes des Raudrâçva.

*कक्षोत्था f. *eine Cyperus-Species.*

कक्षोदक n. *Feuchtigkeit in dichtem Buschwerk* Ait. Âr. 469,16.

1. कक्ष्य Adj. von कक्ष *Gebüsch.*

2. कक्ष्य (कक्षिअ) 1) Adj. etwa *im Versteck befindlich.* — 2) f. कक्ष्या (कक्षिआ) *a) Gürtel, Gurt, Leibgurt* MBh. 3,11,42. बद्धकक्ष्य Adj. *gegürtet*, so v. a. *gerüstet —, bereit —, fest entschlossen zu.* — *b) Ringmauer* und *der von ihr eingeschlossene Raum.* — *c) Planetenbahn* Ârjabh. 4,6. Comm. zu 1,4. 3,24. — *d)* Pl. **die Finger* Nigh. 2,5. — *e) Wagschale.* कक्ष्यया कक्ष्या निमातव्या sprüchwörtlich. — *f) * Obergewand.* — *g) * Abrus precatorius.* — *h) *Gleichheit.* — *i) *Anstrengung.* — 3) n. *a) Wagschale.* — *b) ein best. Theil des Wagens* oder einfach *Gurt.*

(कक्ष्यप्रा) कक्षिअप्रा Adj. *den Gurt füllend, wohlgenährt.*

*कद्यावत् Adj. *mit einem Leibgurt versehen.*

*कद्यावेतक m. = कत्तावेतक, mit den Varianten कण st. कवि und खड्ग st. षिड्ग.

कद्यास्तोत्र n. *ein best.* Stotra.

*कख्, कखति (हसने).

*कग्, कगति (?).

*कगित्थ m. = कपित्थ.

*कङ्क्, कङ्कते (गत्यर्थ).

कङ्क 1) m. *a) Reiher.* Der *Urreiher* ist ein Sohn der Sarasâ. — *b) *eine Mango-Species.* — *c) *Bein.* Jama's. — *d)* N. pr. α) verschiedener Männer. — β) Pl. eines Volkes und einer Dynastie (VP.² 4,206). — γ) eines Brahmanen, für den sich Judhishṭhira beim König Virâṭa ausgiebt. — δ) eines Gebirges VP. 2,4,27. — *e) *ein Brahman dem Scheine nach.* — *f) *Krieger.* — 2) f. कङ्का *a) *eine Art Sandelholz.* — *b) *Lotusduft.* — *c)* N. pr. einer Tochter Ugrasena's und Schwester Kaṅka's. — 3) f. कङ्की *a)* Bez. *gewisser* Graha (30 an der Zahl) AV. Pariç. 52,20. — *b)* = 2) *c)*.

कङ्कचित् Adj. *in Gestalt eines Reihers geschichtet* Çulbas. 3,136.

कङ्कट m 1) *Panzer* Veṇis. 53. — 2) **ein eiserner Haken zum Antreiben eines Elephanten.* — 3) *Grenze.* — 4) Pl. N. pr. eines Volkes Varâh. Bṛh. 14,12.

*कङ्कटक m. *Panzer.*

*कङ्कटिक, कङ्कटिन् (m. *Kämmerling* Harshaḱ. 121,24) und *कङ्कटिल von कङ्कट.

*कङ्कटीक m. Bein. Çiva's Gal.

कङ्कण 1) (*m.) n. (adj. Comp. f. आ) *Reif, ringförmiger Schmuck, Armband, ringförmige Waffe.* — 2) m. N. pr. eines *Lehrers.* — 3) f. आ N. pr. einer der Mütter im Gefolge Skanda's. — 4) *f. ई *ein Schmuck mit Glöckchen.*

कङ्कणक m. *ein best. Tact* S. S. S. 236.

कङ्कणपुर n. N. pr. einer *Stadt.*

कङ्कणप्रिय m. N. pr. eines Fieberdämons Hariv. 9563.

कङ्कणवर्ष Adj. *Armbänder regnen lassend.* Auch als Mannsname.

कङ्कणवर्षिन् Adj. dass. Nom. abstr. °र्षिता f. Râǵat. 6,161.

कङ्कणह्लारिका f. *ein best. Vogel.*

कङ्कणिन् Adj. *mit einem Armband versehen.*

कङ्कणीक 1) m. N. pr. eines Schlangendämons VP.² 2,293. — 2) *f. आ *a) Glöckchen.* — *b)* = प्रतिसरा Uǵǵval.

कङ्कणीर m. = कङ्कणीक 1) VP.² 2,293.

कङ्कत 1) m. *f. (ई) und *n. *Kamm.* — 2) m. *a) ein best. schädliches Thier.* — *b)* N. pr. eines Lehrers Ind. St. 13,435. — 3) *f. ई *Sida rhombifolia* Nigh. Pr.

कङ्कतिका f. 1) *Kamm.* — 2) *Sida rhombifolia* Bhâvapr. 1,208;13.

कङ्कतीय m. Pl. N. pr. eines Geschlechts.

कङ्कतुण्ड m. N. pr. eines Rakshas.

*कङ्कत्रोट und *°त्रोटि m. *Esox Kankila.*

1. कङ्कपत्त्र n. *Reiherfeder* (am Pfeil).

2. कङ्कपत्त्र Adj. *mit Reiherfedern versehen;* m. *ein solcher Pfeil.*

कङ्कपत्त्रिन् Adj. dass.

कङ्कपर्वन् AV. 7,56,1 wohl verdorbene Lesart. Paipp. hat अङ्गपर्वणः.

*कङ्कपृष्ठिन् m. *ein best. Fisch* Gal.

कङ्कमाला f. *das Klatschen mit den Händen.*

कङ्कमुख Adj. *reiherschnabelförmig* (ein chirurgisches Instrument) Suçr. 1,26,8.

कङ्कर 1) *Adj. *schlecht.* — 2) n. *a) *Buttermilch mit Wasser.* — *b) eine best. hohe Zahl* Lalit. 168,13.

*कङ्करोल m. *Alangium hexapetalum.*

*कङ्कलता f. *eine best. Pflanze* Gal.

*कङ्कलोद्य n. v. l. für अङ्कलोद्य.

कङ्कवदन n. *Zange* Veṇis. 118.

*कङ्कशत्रु m. *Desmodium gangeticum.*

*कङ्कशाय m. *Hund.*

कङ्काल 1) m. n. *Gerippe* 161,9. — 2) m. *ein best. Tact* S. S. S. 233.

कङ्कालकेतु m. N. pr. eines Dânava.

कङ्कालभैरव und °तन्त्र n. Titel eines Tantra.

कङ्कालमालभारिन् (Ind. St. 8,330) und कङ्कालमालिन् Adj. *mit einem Knochenkranz geschmückt.*

कङ्कालमुसल *eine best. mythische Waffe.*

कङ्कालय oder कलकालय m. N. pr. eines Autors.

कङ्कालिन् 1) m. N. pr. eines Jaksha. — 2) f. °नी *eine Form der* Durgâ.

कङ्कोल m. viell. nur fehlerhaft für कङ्कोल 1) *b)* α).

कङ्कु m. 1) v. l. für कङ्गु *Fennich.* — 2) N. pr. fehlerhaft für कङ्क.

कङ्कुष्ठ m. *eine best. Erdart* Râǵan. 13,143.

कङ्कूष Pl. *ein best. Theil des Kopfes.*

*कङ्केर m. *eine Art Krähe.*

कङ्केलि (Bâlar. 282,3 v. u.), *कङ्केल्लि, कङ्केल्लि m. und कङ्केल्ली f. (Vâmana 59,15) *Jonesia Asoka.*

कङ्कोल 1) m. *a) eine best. Pflanze* Spr. 1754, v. l. — *b)* N. pr. α) eines Schlangendämons. — β) eines Autors. — 2) n. *Kubebe, Stielpfeffer* Bhâvapr. 1,146.

*कङ्कोलक n. = कङ्कोल 2).

*कङ्ख n. *Genuss.* Zu zerlegen in कं खम्.

कङ्गनील m. N. pr. eines Schlangendämons VP.² 2,293.

कङ्गु f., °क (wohl m.), °का und *कङ्गू f. *Fennich.*

कङ्गुनी f. 1) *Celastrus paniculatus* Bhâvapr. 1, 174. — 2) **Fennich.*

*कङ्गुनीपत्त्रा f. *Panicum verticillatum* Râǵan. 8,140.

कङ्गुल m. *eine best. Stellung der Hand.*

*कच्, कचति (रवे), कचते (बन्धने, बन्धविशेषे). — Mit आ *umbinden, befestigen.* — Mit उद्, उत्कचित fehlerhaft für उत्खचित. — Mit वि s. विकचय्.

कच 1) m. *a) Haupthaar.* °ग्रह m. (adj. Comp. f. आ) und °ग्रहण n. *das Packen an die Haare.* — *b) *Narbe.* — *c) *Band.* — *d) *Wolke.* — *e)* N. pr. eines Sohnes des Bṛhaspati.

*कचक m. *ein best. Pilz* Nigh. Pr.

कचङ्गल n. 1) **Meer.* — 2) **Markt.* — 3) N. pr. einer Gegend.

कचटतपगजडदब n. als Beispiel einer sinnlosen Aneinanderreihung von Silben 215,19.

*कचड्गिधका f. *Cucurbita hispida* Nigh. Pr.

*कचप n. *Gemüseschüssel.*

*कचपत्त, कचपाश (Naish. 8,40) und कचभार (Spr. 7793) m. *starkes Haar.*

*कचमाल m. *Rauch.*

*कचरिपुफला f. = शमी Râǵan. 8,33.

*कचहस्त m. *starkes Haar.*

कचाकचि Adv. *so dass man sich an die Haare packt* Bâlar. 285,2.

*कचाकु 1) Adj. *a) schlechten Charakters.* — *b) dem schwer beizukommen ist.* — 2) m. *Schlange.*

*कचाटुर m. *eine best. Hühnerart.*

*कचामोद n. *Pavonia odorata.*

*कचिक Adj. von कच.

कचु f. = कच्ची.

कचुराय m. N. pr. eines Mannes.

*कचेल n. v. l. für काचन.

कचेश्वर N. pr. eines Heiligthums in Mahârâshtra.

*कचोर m. *Curcuma Zerumbet* Nigh. Pr.

कच्चट n. = जलपिप्पली.

*कच्चर 1) Adj. *a) schmutzig.* — *b) schlecht.* — 2) n. *Buttermilch mit Wasser.*

कच्चिद् s. u. 1. कद्.

कच्छ 1) m. *f. (आ) und *n. *Ufer, morastiges Land an den Ufern von Flüssen und andern Gewässern.* — 2) N. pr. verschiedener Localitaten. — 3) m. **Cedrela Toona* und **Hibiscus populneoides.* — 4) m. f. (आ) **Saum, Borde.* — 5) m. **Bez. verschiedener Theile der Schildkröte.* — 6) m. **ein best. Theil an einem Boote.* — 7) m. Pl. N. pr. eines Volkes, v. l. für कत्त. — 8) f. आ *a) *Grille, Heimche...* — *b) *Dioscorea.* — *c) Gürtel, Leibgurt,* v. l. für कन्ना bei Nilak. zu MBh. 4,13,22.

*कच्छुरा f. *eine Cyperus-Species* Gal.

*कच्छाटिका f. *Saum, Borte.*

कच्छदेश m. N. pr. eines *Landes.*

कच्छनीर m. N. pr. eines Schlangendämons. °बिल N. pr. einer Oertlichkeit Ind. St. 14,121. 137.

कच्छप 1) m. *a) Schildkröte* Gaut. — *b) eine Art Gaumengeschwulst.* — c) **ein beim Brennen von Spirituosen gebrauchtes Geräthe.* — d) **eine best. Stellung beim Ringen.* — e) **Cedrela Toona.* — *f) einer der 9 Schätze* Kubera's. — *g)* N. pr. α) eines Schlangendämons. — β) eines Sohnes des Viçvâmitra. — γ) eines Landes. Auch °देश. — 2) f. ई *a) *Schildkrötenweibchen* oder **eine kleine Species der Schildkröte.* — *b) eine Art Abscess.* — *c) eine Art Laute* S. S. S. 187.

कच्छपक 1) m. *Schildkröte.* — 2) f. °पिका *a) eine kleine Schildkröte.* — *b) eine Art Abscess.*

कच्छपुट 1) *ein Kasten mit Fächern.* — 2) Titel eines Werkes Bühler, Rep. No. 437.

कच्छाविहार m. N. pr. einer *Sumpfgegend.*

*कच्छाटिका f. = कच्छाटिका.

*कच्छान्तरुहा f. Dûrvâ-*Gras* Râgan. 8,112.

कच्छार m. Pl. N. pr. eines Volkes Varâh. Bṛh. S. 14,27.

*कच्छालंकार m. *das Schreibrohr* Nigh. Pr.

कच्छिय m. Pl. N. pr. eines Volkes.

*कच्छु f. 1) = कच्छू. — 2) *eine best. Pflanze* Gal.

*कच्छुघ्न 1) m. *Trichosanthes dioeca* Râgan. 3,11. — 2) f. ई *eine Species der* Hapushâ Râgan. 4,115.

कच्छुर 1) *Adj. *a) mit Krätze* oder *einer ähnlichen Hautkrankheit behaftet.* — *b) unkeusch.* — 2) m. oder n. **Gelbwurz.* — 3) f. आ *a) Alhagi Maurorum.* — *b) *Carpopogon pruriens.* — *c) *Gelbwurz.*

कच्छू f. *Krätze* oder *eine ähnliche Hautkrankheit.*

*कच्छूमती f. *Carpopogon pruriens.*

कच्छूरातस Adj. तैल n. *ein öliges Präparat gegen Krätze* Bhâvapr. 3,67.

*कच्छूल und *कच्छूलिल gaṇa काशादि.

*कच्छेष्ट m. *Schildkröte* Râgan. 19,75.

*कच्छोटिका f. v. l. für कच्छाटिका.

*कच्छोर n. *Gelbwurz.*

कची f. *Arum Colocasia.* °वन n. N. pr. eines *Waldes.*

*कज्, कजति (मदे).

कज n. *Lotusblüthe* Agni-P. 29,39.

कजासन 1) Adj. *auf einer Lotusblüthe sitzend* Hemâdri 2,a,106,13. — 2) m. Bein. Brahman's Hemâdri 1,585,16.

कजिङ्ग m. Pl. N. pr. eines Volkes.

कज्जल 1) *m. *Wolke.* — 2) *f. *a)* आ und ई *ein best. Fisch.* — *b)* ई α) *Aethiops mineralis.* — β) *Beinschwarz, Dinte.* — 3) n. *a) Lampenruss* und *ein daraus bereitetes Collyrium.* — *b)* übertr. so v. a. *Abschaum.*

*कज्जलध्वज m. *Lampe.*

कज्जलमय Adj. *aus Lampenruss bestehend* Harshak. 101,17.

*कज्जलरोचक m. n. *Lampenstock.*

*कज्जलार्म n. P. 6,2,91.

कज्जलिका f. *feines Pulver* Bhâvapr. 2,102. 3,36. namentlich *aus Quecksilber* Mat. med. 31.

कज्जलित Adj. 1) **mit Lampenruss bestrichen.* — 2) *schwärzlich gefärbt, besudelt* Harshak. 48,14.

कज्जलीतीर्थ n. N. pr. eines Tîrtha.

*कञ्च्, कञ्चते (दीप्तिबन्धनयोः).

*कञ्चट m. *Commelina salicifolia* und *bengalensis.*

कञ्चड m. *Commelina bengalensis* Bhâvapr. 3,136.

*कञ्चार m. *die Sonne.*

काञ्चिका f. 1) *eine kleine Beule.* — 2) **Zweig eines Bambusrohrs.*

कञ्चिटेक n. und कञ्चिदेवा f. N. pr. eines Dorfes.

कञ्चुक 1) m. f. (ई Spr. 7678) und n. *eine eng anschliessende Bekleidung des Oberkörpers: Panzer, Wamms, Mieder, Jacke.* Am Ende eines adj. Comp. f. आ. — 2) m. *Schlangenhaut.* — 3) *Hülse.* Am Ende eines adj. Comp. f. आ. — 4) *Einhüllung eines Stoffes in andere* Bhâvapr. 2,99. — 5) m. übertragen so v. a. *äussere, leicht wieder abzustreifende Hülle* Hemâdri 1,468,5. — 6) m. *= कारभ. — 7) f. ई **Lipeocercis serrata Trin.*

*कञ्चुकालु m. *Schlange.*

कञ्चुकित Adj. *gepanzert u. s. w.* पुलक° *dessen Härchen sich sträuben* Ind. St. 14,390.

कञ्चुकिन् 1) Adj. am Ende eines Comp. *gehüllt in* Spr. 2304. — 2) m. *a) Kämmerer, Kämmerling.* — *b) *Schlange.* — *c) *Wüstling, leichtsinniger Geselle.* — *d) *Agallochum.* — *e) *Gerste.* — *f) *Cicer arietinum* Râgan. 10,46. — *g) *Lipeocercis serrata Trin.*

कञ्चुकीय m. = कञ्चुकिन् 2) *a)* Bhar. Nâṭjaç. 34, 54. का° fehlerhaft Vikr. ed. Pischel 661,4.14.664,15.

कञ्चुकोष्णीषिन् Adj. *mit einem Panzer und einem Turban versehen* R. 6,99,23.

*कञ्चुमालिनी f. *Andropogon aciculatus* Gal.

*कञ्चुल 1) m. *Rebhuhn* Gal. — 2) f. ई *Panzer u. s. w.* Gal.

कञ्चुलिका f. und *कञ्चूल m. n. *Mieder, Jacke.*

कंज 1) *m. *a) Haar.* — *b)* Bein. Brahman's. — 2) n. *a) Lotusblüthe.* — *b) *Nektar.*

*कञ्जक m. *Predigerkrähe.*

*कंजज m. Bein. Brahman's.

*कञ्जन m. 1) *Predigerkrähe.* — 2) *der Liebesgott.*

कंजनाभ m. Bein. Vishṇu's.

कंजबाहु m. N. pr. eines Asura Hariv. 3,47,14. खञ्ज° v. l.

*कञ्जर m. 1) *Bauch.* — 2) *Elephant.* — 3) *die Sonne.* — 4) Bein. Brahman's.

*कञ्जल m. *Predigerkrähe.*

*कञ्जसू m. *der Liebesgott* Gal.

*कञ्जार m. 1) *Pfau.* — 2) *Bauch.* — 3) *Elephant.* — 4) *Einsiedler.* — 5) *die Sonne.* — 6) Bein. Brahman's. — 7) = व्यञ्जन.

कञ्जिका f. *Siphonanthus indica.*

*कञ्जिनी f. *Hetäre* Gal.

*कट्, कटति (वर्षावरणयोः, गतौ, भेदने).

कट 1) m. (adj. Comp. f. आ) *a) Geflecht, Matte.* — *b)* = कटि *Hüfte.* — *c) Elephantenschläfe.* — *d)* = कटाक्ष *Seitenblick.* — *e) ein best. Wurf im Würfelspiel.* — *f) *Leichnam.* — *g) *Leichenwagen, Todtenbahre.* — *h) *Gottesacker.* — *i) *Menge.* — *k) *eine einjährige Pflanze.* — *l) *Gras.* — *m) *Saccharum Sara.* — *n) *Brett.* — *o) *Uebereinkunft.* — *p)* *= क्रियाकार neben समय (also nicht *Uebereinkunft).* — *q) *nächste Umgebung.* — *r)* *= निगम. — *s)* N. pr. eines Rakshas. — 2) *f. आ gaṇa सिध्मादि. — 3) *n. am Ende eines Comp. *Blüthenstaub.* — 4) Interj. *der Verwunderung* Ind. St. 15,366.

कटक 1) m. *Geflecht, Matte.* — 2) m. n. (adj. Comp f. आ) *a) Strang* Kâd. 87,20. — *b) Armband.* — *c) Ring als Gebiss des Pferdes* Suçr. 1,25,11. 101,7. — *d) Thal.* — *e) Hoflager, das Lager eines Fürsten.* — *f) *Armee, Heer.* — *g) Karawane* Daçak. 24,13. — *h) Sammlung, corpus.* धर्मशासन° Kâd. 40,11. — *i) *Seesalz.* — *k) die Stadt* Kuttak Ind. Antiq. 1876,55. — 3) f. °टिका (vgl. auch u. कटिक) *Matte.*

*कटकगृह m. *Eidechse* Gal.

कटकट m. Bein. Çiva's.

कटकटा onomatop. etwa *knack!*

कटकटाय्, °यति *knirschen* (intrans. und trans.).

कटकटायिन् Adj. *knirschend*, mit Acc.

*कटकवलयिन् Adj. *mit den* कटक *und* वलय *genannten Armbändern versehen.*

कटकवाराणसी f. N. pr. einer Stadt.

*कटकिन् m. *Berg.*

*कटकीय Adj. von कटक.

कटकुटि *eine aus Matten zusammengefügte Hüt*

कटकृत् m. *Mattenflechter.*

*कटकोल m. *Spuckn*

*कट्य Adj. = कटकीय.

कटक्रिया f. *das Flechten von Matten.*

*कटखादक 1) Adj. *gefrässig.* — 2) m. *a) Schakal.* — *b) Krähe.* — *c) Glasgefäss.*

*कटघोष N. pr. einer Oertlichkeit. Davon Adj. *°घोय.

कटङ्कट m. Bein. 1) Çiva's. — 2) Agni's.

कटङ्कटेरी f. *Gelbwurz.*

कटच्छु *Löffel.*

कटजक m. ein Mannsname Pat. zu Vârtt. 3 zu P. 1,1,23.

कटत्कार m. = कडत्कार Bâlar. 114,3 v. u.

*कटनगर n. N. pr. einer *Stadt.* Davon Adj. *°रीय.

कटपल्लिकुञ्चिका f. *Strohhütte.* Auch कटपल्लि° und कटपरि°.

*कटपल्वल N. pr. einer Oertlichkeit. Davon Adj. *°लीय.

कटपूतन m. und °ना f. *ein best. gespenstisches Wesen.*

*कटप्रू m. 1) *Wurm.* — 2) *Würfelspieler.* — 3) Bein. Çiva's. — 4) *ein* Rakshas. — 5) *ein* Vidjâdhara.

*कटभङ्ग m. 1) *das Abreissen des Korns mit den Händen.* — 2) *Untergang eines Fürsten.*

कटभी f. 1) *Cardiospermum Halicacabum.* — 2) **Achyranthes atropurpurea.* — 3) *= अपराजिता.

*कटमर्द m. Bein. Çiva's Gal. Vgl. कठ°.

कटमालिनी f. *ein berauschendes Getränk.*

*कटम्ब m. 1) *ein best. musikalisches Instrument.* — 2) *Pfeil.*

*कटम्बरा f. *Helleborus niger.*

कटंभर 1) *m. *Bignonia indica* und = कटभी. — 2) f. आ *a)* **Elephantenweibchen.* — *b)* Name *verschiedener Pflanzen.* — *c)* **rother Arsenik* (गोला).

*कटव्रण m. Bein. Bhîmasena's.

कटशर्करा f. 1) wohl *Zucker aus Saccharum Sara.* 2) **Guilandina Bonducella.*

कटसंघात m. *Rahmen aus Flechtwerk* Âpast. in Ait. Âr. 421,11.

*कटसी f. *Leichenstätte* (buddh.).

*कटस्थाल n. *Leichnam* Gal.

कटाक्ष m. (adj. Comp. f. आ) *Seitenblick* Spr. 7624.

कटाक्षक्षेत्र n. N. pr. eines *Gebietes.*

कटाक्षमाहात्म्य n. Titel eines Werkes.

कटाक्षित Adj. *mit einem Seitenblick angesehen.*

कटाक्षिप् *zur Seite blicken.* °प्य Absol.

कटाक्षी Adv. mit कर् *mit einem Seitenblick ansehen* Harshak. 123,19.

कटाक्षेप m. *Seitenblick.*

कटाग्नि m. *Strohfeuer.*

*कटाटङ्क m. Bein. Çiva's.

*कटायन n. *Andropogon muricatus.*

*कटार m. = नागर, कामिन्.

कटारमल्ल m. N. pr. = मदनपाल Ind. St. 14,399.

*कटाल Adj. von कटा.

*कटालु m. *Solanum melongena* Gal.

कटाह m. 1) *Pfanne.* Ausnahmsweise auch f. ई (Ind. St. 15,372) und n. — 2) **Schildkrötenschale.* 3) **Tope.* — 4) *ein pfannenähnliches Ding,* z. B. die Elephantenschläfe Çiç. 5,37. — 5) **Hütte.* — 6) **eine junge Büffelkuh, bei der die Hörner so eben durchbrechen.* — 7) N. pr. eines Dvîpa.

*कटाहक n. *Schüssel.*

कटि und कटी f. 1) *Hüfte.* — 2) *Vorhalle eines Tempels.* — 3) **langer Pfeffer.*

कटिक 1) am Ende eines adj. Comp. = कटि 1). — 2) f. आ (vgl. auch u. कटक) *a) Hüfte.* — *b)* **Schnippchen* Gal.

कटिकर्पट *ein um die Hüften geschlagener Lappen.*

कटिकुष्ठ *eine Art Aussatz.*

*कटिकूप m. *Hüftengrube.*

कटित्र m. *eine Art Gürtel.*

*कटिदान n. *Wechsel der Seiten beim Liegen.*

*कटिन् m. *Elephant.*

*कटिनाडिका f. *Gürtel* Gal.

*कटिप gaṇa संकाशादि.

*कटिप्रोथ m. *Hinterbacke.*

*कटिबन्ध m. *Gürtel.*

*कटिमालिका f. *ein weiblicher Gürtel.*

*कटिरोहक m. *ein Reiter auf dem hinteren Theile eines Elephanten.*

कटिल्ल (Karaka 6,3) und *°क m. *Momordica Charantia.*

कटिवास m. *ein um die Hüften geschlagenes Tuch* Hemâdri 2,*a*,111,21.

*कटिशीर्षक m. *Hüfte.*

कटिशूल m. *Seitenstiche.*

*कटिशृङ्खला f. *eine Art Gürtel.*

कटिसूत्र n. *Gürtel* Pañkad.

कटी s. कटि.

कटीक am Ende eines adj. Comp. von कटी *Hüfte.*

कटीतरुण n. Du. *Hüftgelenk.*

*कटीतल n. *ein krummer Säbel.*

कटीनिवसन n. und कटीपट (Râgat. 5,419) *ein um die Hüften geschlagenes Tuch.*

*कटीर 1) m. n. *Hüftengrube.* — 2) m. *Vertiefung, Grube.*

कटीरक (*n.) *Hüfte.*

कटु 1) Adj. *scharf, beissend* (Geschmack, Geruch, Laute, Reden, Wind). कटु und °तरम् (Spr. 7669) Adv. — 2) m. *a)* **scharfer Geschmack, Schärfe.* — *b) Trichosanthes dioeca.* — *c)* **Michelia Champaca.* — *d)* *= कट्वी. — *e)* **eine Art Kampher.* — 3) *f. कटु Bez. *verschiedener Pflanzen.* — 4) f. कट्वी *eine best. Pflanze.*

कटुक 1) Adj. *scharf, beissend* (vgl. 1. कटु); *heiss* (Kampf), *schlimm* (Folgen). — 2) *m. *a) Trichosanthes dioeca.* — *b) Calotropis gigantea.* — *c) Wrightia antidysenterica.* — *d) Sinapis dichotoma* oder *ramosa.* — *e) eine wohlriechende Grasart.* — *f)* N. pr. eines Mannes. — 3) f. कटुका Bez. *verschiedener Pflanzen.* — 4) f. *कटुकी *eine best. Pflanze.* — 5) n. *a) Schärfe, Herbe.* — *b)* **eine best. Pflanze.* — *c)* * = कटुकत्रय.

कटुकता f. *Schärfe, scharfer —, beissender Geschmack* zu Spr. 4521.

कटुकत्रय n. *Ingwer, schwarzer und langer Pfeffer.*

कटुकत्व n. = कटुकता.

*कटुकन्द m. 1) *Ingwer.* — 2) *Knoblauch.* — 3) *Hyperanthera Moringa.*

*कटुकफल n. = कक्कोलक Râgan. 12,82.

कटुकभक्तिन् m. N. pr. eines Mannes.

कटुकविटप m. Pl. Bez. *einer best. Gattung von Pflanzen.*

*कटुकरञ्ज m. *Guilandina Bonducella.*

कटुकरोहिणी f. *Helleborus niger.*

*कटुकवल्ली f. = कट्वी.

*कटुकाञ्जनी f. *Helleborus niger* Râgan. 6,132.

कटुकारोहिणी f. dass. Karaka 6,24.

*कटुकालाबु m. *Trichosanthes dioeca.*

कटुकित Adj. *der Scharfes —, Beissendes zu hören bekommen hat* 313,27 (im Prâkrit).

कटुकिमन् m. *Schärfe* Nir. 5,4.

*कटुकीट und *°क m. *Mücke.*

कटुकोदय Adj. *von schlimmen Folgen* MBh. 3,13,10. 287,28. 13,93,42.

*कटुक्वाण m. *Parra Jacana* oder *goensis.*

*कटुग्रन्थि n. 1) *getrockneter Ingwer.* — 2) *die Wurzel vom langen Pfeffer.*

*कटुङ्कता f. *rauhes Wesen.*

*कटुचातुर्जातक n. *Kardamomen, die Rinde und die Blätter der Laurus Cassia und schwarzer Pfeffer.*

*कटुच्छद m. *Tabernaemontana coronaria.*

कटुज Adj. *aus scharfen Stoffen bereitet* MBh. 2,64,18.

कटुता f. *Schärfe, scharfer Geschmack, — Geruch Herbe —, Härte des Charakters.*

*कटुतिक्त m. *eine best. Pflanze.*

कटुतिक्तक 1) m. *a) Cannabis sativa* R. Gorr. 2,28,21. — *b)* **Gentiana Cherayta.* — 2) *f. आ *eine Gurkenart.*

*कटुतुण्डिका und *°तुण्डी f. *eine best. Pflanze.*

कटुतुम्बी f. *eine wilde Gurkenart* Râgan. 3,42.

*कटुतुम्बिनी f. *eine best. Pflanze.*

*कटुतैल m. *weisser Senf* Gal.

*कटुत्रय und °त्रिक n. *Ingwer, schwarzer und langer Pfeffer.*

कटुत्व n. *scharfer —, beissender Geschmack.*

*कटुदला f. *Cucumis utilissimus* Râǵan. 7,199.

*कटुनिष्पाव m. *Lablab vulgaris* Râǵan. 16,69.

*कटुपत्र m. 1) *Oldenlandia biflora.* — 2) *weisses Basilienkraut.*

*कटुपत्रक 1) m. *weisses Basilienkraut.* — 2) f. °त्रिका *eine best. Pflanze* Râǵan. 8,61

कटुपाक und °पाकिन् Adj. *bei der Verdauung Schärfe entwickelnd.*

कटुफल 1) m. (auch f. n. Gal.) **Trichosanthes dioeca.* — 2) f. ग्रा *Luffa foetida* Karaka 7,4. — 3) *n. = कटुकपाल Râǵan. 12,83.

*कटुबदरी f. *eine best. Pflanze* und N. pr. eines nach ihr benannten Dorfes.

*कटुबीजा f. *langer Pfeffer.*

*कटुभङ्ग und °भद्र (Bhâvapr. 1,162) m. *trockener Ingwer.*

कटुभाषिन् Adj. *Beissendes sagend.* Nom. abstr. °षिता f. Prasannar. 24,18.

*कटुमञ्जरिका f. *Achyranthes aspera.*

*कटुमूल n. *die Wurzel vom langen Pfeffer* Gal.

*कटुमोद n. *ein best. Parfum.*

*कटुंभरा f. *eine best. Pflanze.*

*कटुर n. *Buttermilch mit Wasser.*

*कटुरव m. *Frosch.*

*कटुरोहिणिका und °णी f. *Helleborus niger.* Nach Mat. med. 212 *Picrorhiza Kurroa Royle.*

*कटुवल्ली f. *Gaertnera racemosa* Gal.

*कटुवार्ताकी f. *eine best. Solanacee.*

कटुविपाक Adj. = कटुपाक.

*कटुशृङ्ग (Gal.) und *°शृङ्गाल n. *eine best. Gemüsepflanze.*

*कटुस्नेह m. *Sinapis dichotoma.*

*कटूत्कट und *°क n. (*trockener*) *Ingwer.*

*कटूषण n. 1) *trockener Ingwer* Gal. — 2) *die Wurzel vom langen Pfeffer* Gal.

कटेरकग्राम m. N. pr. eines *Dorfes.*

कटोदक n. *eine einem Verstorbenen darzubringende Wasserspende.*

कटोर m. f. (ग्रा) *eine Art Gefäss.*

*कटोल 1) Adj. *scharf, beissend.* — 2) m. *ein* Ḱâṇḍâla. °वीणा f. *die von ihnen gespielte Laute.*

*कटोलकपाद und *कटोलपाद gaṇa हस्त्यादि.

कट्, कट्टयति *häufeln* (Getraide). — Mit ग्रा dass.

कट्टन n. *das Anhäufeln.*

कट्टरिनृत्य n. *eine Art Tanz* S. S. S. 270.

*कट्टार m., °क m. (Râǵat. 8,315) und °रिका f. *Schlachtmesser, Dolch.*

कट्फल 1) m. *ein best. Baum mit würziger Frucht und Rinde.* — 2) f. ग्रा **Gmelina arborea* und *verschiedene Species von Solanaceen* Râǵan. 9,19. *Myrica sapida* Mat. med. 234

कट्वङ्ग m. 1) *Calosanthes indica;* n. *die Frucht* Karaka 1,25. — 2) Bein. Dilîpa's Bhâg. P. 9,9,41. 10,1. खट्वाङ्ग ed. Bomb.

*कट्वङ्गनी f. *Helleborus niger* Râǵan. 6,134.

कट्वर 1) * Adj. *verachtet.* — 2) n. *Buttermilch mit Wasser.*

कट्वाक und कट्वाङ्क Adj. *scharf, beissend.*

कट्वाङ्ग fehlerhaft für खट्वाङ्ग.

*कट्वाङ्गनी f. = कट्वङ्गनी Gal.

*काठ्, कठति (कृच्छ्रजीवने, तङ्कने).

कठ 1) m. *a)* N. pr. eines Schülers des Vaiçampâjana und Stifters einer nach ihm benannten Schule des Jaǵurveda. — *b) ein Schüler —, Anhänger des* Kaṭha. — *c)* **ein Brahman.* — 2) *f. ई *a) eine Schülerin —, Anhängerin des* Kaṭha. — *b) eine Brahmanenfrau.*

कठकालाप (*n. Sg.) und m. Pl. *die Schule des* Kaṭha *und* Kalâpin.

*कठकौथुम n. Sg. und m. Pl. *die Schule des* Kaṭha *und* Kuthumin.

*कठमर्द m. Bein. Çiva's. Vgl. कट°.

*कठर Adj. *hart.*

कठल्य oder कठल्ल *Gries, Kies* (buddh.). कठिल्ल Lalit. 377,5 (dieses auch 44,7 herzustellen für काठिन्य.

कठवल्ली f. Titel zweier Upanishad

*कठशाठ m. N. pr. eines Mannes.

कठश्रुति f. Titel einer Upanishad.

*कठाकु m. *Vogel oder ein best. Vogel.*

*कठाक्क m. *eine Hühnerart.*

*कठिका f. 1) *Kreide.* — 2) *Ocimum sanctum.*

*कठिञ्जर m. *Ocimum sanctum.*

कठिन 1) Adj. (f. ग्रा) *hart* (auch in übertr. Bed.); *heftig* (Schmerz). — 2) *f. ग्रा *a) crystallisirter Zucker.* — *b) eine Art Betelpalme* Gal. — 3) f. ई *Kreide.* — 4) n. *a) Kochtopf.* — *b) Tragstange, — band, — riemen* P. 4,4,72. — *c)* **Schaufel.*

*कठिनक 1) n. *Schaufel.* — 2) f. °निका *Kreide.*

कठिनता f. und कठिनत्व n. *Härte.* स्वरस्य कठिनता Comm. zu TS. Prât. 22,9.

*कठिनपृष्ठक m. *Schildkröte.*

*कठिनफल m. *Feronia elephantum* Râǵan. 11,183.

कठिनय्, °यति *hart machen* Viddh. 82,2.

कठिनावदान n. Titel einer buddh. Legende.

कठिनी Adv. mit कर् dass. Karaka 2,3.

*कठिनेतु m. *eine Art Zuckerrohr* Gal.

कठिल्ल 1) *m. *Momordica Charantia.* — 2) *Gries;* s. कठल्य.

*कठिल्लक m. 1) *Momordica Charantia.* — 2) *Ocimum sanctum.* — 3) *Boerhavia diffusa.*

*कठीय्, °यति Denom. von कठी.

कठुर Adj. (f. ग्रा) = कठोर *hart* (Rede) Spr. 166.

*कठेर m. *ein Armer.*

*कठेरणि m. N. pr. eines Mannes. Pl. *sein Geschlecht.*

कठोपनिषद् f. Titel einer Upanishad.

कठोर Adj. (f. ग्रा) 1) *hart, steif, fest.* — 2) *scharf* (auch vom Winde). — 3) *scharf, durchdringend* (Laut). °म् Adv. — 4) *hart, hartherzig.* — 5) *üppig* Mṛkkh. 115,13.

कठोरगिरि m. N. pr. eines *Berges.*

कठोरचित्त Adj. *hartherzig.* Nom. abstr. °ता f. 168,1 (vgl. Ind. St. 15,373).

कठोरता f. *Härte* Spr. 2656.

कठोरताराधिप m. *Vollmond* Çiç. 1,20.

कठोरय्, °यति *üppig machen.* °रित Adj. *kräftig geworden, zur vollen Entwickelung gelangt* Harshaḱ. 60,1.

कठोरी Adv. mit भू *stärker —, intensiver werden* Harshaḱ. 33,5.

*कठोल Adj. = कठोर *hart.*

*कड्, कडति (मदे, दर्पे, ग्रदने). — Caus. काडयति (भेदने).

कडु Adj. *stumm.*

कडङ्कर m. *Spreu.*

*कडङ्करीय und *कडङ्कर्य Adj. *mit Spreu zu füttern.*

*कडङ्ग m. *ein best. berauschendes Getränk.*

*कडङ्गक = निष्पाव.

*कडङ्गर m. = कडङ्कर.

काडङ्गरीय Adj. = कडङ्करीय.

*कडच्छक m. *eine Art Löffel* Gal.

कडत्कार m. *Getöse, Lärm* Bâlar. 105,10.

*कडत्र = कलत्र und auch *eine Art Gefäss.*

*कडन्दिका f. = कलन्दिका.

कडम्ब m. 1) **Spitze.* — 2) **Stengel einer Gemüsepflanze.* — 3) *Convolvulus repens* Karaka 1,27 (Çl. 105). Auch *f. ई.

कडवक *Kapitel* (in literarischen Werken in einer Apabhramça-Sprache).

कडार 1) Adj. *lohfarben.* — 2) *m. *a) Lohfarbe.* — *b) Sclave.*

*कडितुल m. *Schwert, krummer Säbel.*

*कडुली f. *eine Art Trommel* S. S. S. 177.

*कड्ड, कड्डति (कार्कश्ये).

*कण्, कणति (अणूभावे, शब्दार्थे, गतौ). — Caus. काणयति (निमीलने). — Mit नि in निकाणाम्.

कण 1) m. a) Korn, Samenkorn. — b) (Staub-)korn. — c) Tropfen. — d) (Schnee-)flocke. — e) (Feuer-)funke. — f) Stückchen, ein Weniges, Bischen. — 2) f. कणा a) = 1) f). — b) langer Pfeffer. — c) *Kümmel. — d) *eine best. Fliege. — 3) *f. कणी = कणिका. — 4) n. = 1) a).

*कणगुग्गुलु m. eine Art Bdellion.

कणज m. ein best. Gewicht HEMÂDRI 1,117,3. 4 = 2,a,55,16. 17.

*कणजीर m. weisser Kümmel.

*कणजीरक n. dass.

कणधूम m. eine best. Kasteiung.

कणप (VARÂH. JOGAJ. 6,26) und कणपायिन् m. eine best. Waffe.

*कणप्रिय m. eine Art Sperling.

कणभ und °क m. Stechfliege.

कणभक्ष m. N. pr. = कणाद.

*कणभक्षक m. eine Art Sperling.

कणभुज् m. N. pr. = कणाद.

कणय m. v. l. für कणप.

*कणलाभ m. Strudel.

कणशस् Adv. zu kleinen Theilen, minutatim BÂLAR. 176,2.

*कणाटीन, *°टीर und *°टीरक m. Bachstelze.

कणाद m. 1) N. pr. des Gründers des Vaiçeshika-Systems. — 2) * = कलाद Goldschmied.

कणादरहस्यसंग्रह m. Titel eines Werkes.

कणान्न Adj. von Körnern sich nährend. Nom. abstr. °ता f.

*कणाह्वा f. weisser Kümmel RÂGAN. 6,59.

कणिक (adj. Comp. f. आ) 1) m. a) Körnchen, Samenkorn. — b) Tröpfchen. — c) *Mehl von dürrem, überreifem Weizen RÂGAN. 16,103. — d) *Feind. — e) *eine best. Ceremonie, = नीराजन. — 2) f. आ a) Körnchen Comm. zu BHÂG. P ed. Bomb. 7,9,33. — b) Tröpfchen. — c) Körnchen, so v. a. ein kleines Bischen. लक्ष्म° ein kleines Fleckchen Spr. 7828. KÂD. II,49,3. — d) = 1) c) Ind. St. 15,427. — e) *Premna spinosa oder longifolia. — f) eine best. Kornart PAÑKAD. 29.

*कणित n. Wehgeschrei.

कणिश m. Aehre KÂD. II,98,4. *°किंशारु Granne des Getraides GAL.

कणीक 1) *Adj. klein. — 2) f. आ Körnchen, Samen — MBH. 12,218,29.

*कणीचि und *°ची f. 1) Laut. — 2) eine kriechende Pflanze in Blüthe. — 3) Abrus precatorius. — 4) Karren. — Vgl. कनीचि.

*कणीयंस् Adj. Compar. = कनीयंस्.

कणूय्, Partic. f. °कणूयन्ती sich in Noth befindend.

*कणे Adv. °हत्य पयः पिबति so v. a. er trinkt sich satt an Wasser.

*कणेर 1) m. Pterospermum acerifolium. — 2) f. आ a) Elephantenweibchen. — b) Buhldirne.

*कणेरु = कणेर. Vgl. करेणु.

*कण्ट्, कण्टति (गतिकर्मन्).

कण्ट m. 1) Dorn. — 2) *Dorfgrenze GAL.

कण्टक 1) m. *n. (adj. Comp. f. आ) a) Dorn. — b) Stachel, Spitze. — c) Gräte, feines Bein. — d) Fingernagel NAISH. 1,94. — e) die bei heftigen Gemüthsbewegungen stachelartig sich erhebenden Härchen am menschlichen Körper. — f) stachelartige kleine Unebenheiten (z. B. auf der Zunge) ḰARAKA 5,8. — g) ein Dorn für seinen Mitmenschen, ein Feind der bestehenden Ordnung im Staate, Feind überh. — h) stechender Schmerz, Krankheitserscheinung. — i) Dornen der Rede sind spitze verletzende Worte. — k) Hemmniss, Hinderniss. — l) das erste, vierte, siebente und zehnte astrol. Haus. — m) *Bambusrohr. — n) *Werkstube. — o) *Dorfgrenze GAL. — p) *Fehler. — q) *Aufdeckung eines Fehlers. — r) *Bein. Makara's. — s) N. pr. α) eines Landes. v. l. कण्डक. — β) eines Rosses des Çâkjamuni LALIT. 109,4. Richtig कण्ठक. — γ) eines Agrahâra. — 2) f. कण्टकी a) eine dornige Pflanze. — b) eine Art Solanum.

*कण्टकत्रय n. Collectivname für drei Arten von Solanum.

*कण्टकदला f. Pandanus odoratissimus GAL.

कण्टकद्रुम m. 1) ein Baum mit Dornen, Dornstrauch. — 2) *Bombax heptaphyllum.

*कण्टकप्रावृता f. Aloe perfoliata.

*कण्टकफल m. 1) Artocarpus integrifolia. — 2) Ruellia longifolia.

कण्टकभुज् m. Kamel.

*कण्टकलता f. Capparis zeylanica NIGH. PR.

कण्टकवत् Adj. mit emporgerichteten Härchen.

*कण्टकवृन्ताकी f. Solanum Jacquini.

*कण्टकश्रेणी f. dass.

कण्टकस्थल N. pr. eines Landes VARÂH. BṚH. S. 14,10. °स्थली v. l.

*कण्टकाढ्य m. Trapa bispinosa.

*कण्टकागार m. eine Eidechsenart.

कण्टकाढ्य Adj. dornig.

कण्टकार 1) *m. eine best. Pflanze. — 2) f. ई a) Solanum Jacquini. — b) *Bombax hephtaphyllum. — c) *Flacourtia sapida.

कण्टकारक 1) *m. eine Art Solanum. — 2) °रिका Solanum Jacquini.

*कण्टकारीत्रय n. = कण्टकत्रय.

*कण्टकाल m. = कण्टकफल.

*कण्टकालुक m. Hedysarum Alhagi RÂGAN. 4,45.

*कण्टकाशन m. Kamel.

कण्टकित Adj. 1) dornig 134,17. — 2) mit emporgerichteten Härchen KÂD. 74,14.

कण्टकिन् 1) Adj. dornig. — 2) *m. a) Acacia Catechu. — b) Vanguiera spinosa. — c) Ruellia longifolia. — d) Zizyphus Jujuba. — e) Bambusrohr. — f) Fisch. — 3) f. °नी a) *Solanum Jacquini. — b) *hochrother Amaranth. — c) *eine Dattelart. — d) N. pr. einer der Mütter im Gefolge Skanda's

*कण्टकिफल m. = कण्टकफल.

*कण्टकिल m. Bambusa spinosa.

*कण्टकिलता f. Gurke.

कण्टकिवृक्ष m. ein best. Baum SUÇR. 2,72,12.

कण्टकीकारी Adj. f. in Dornen arbeitend.

*कण्टकीद्रुम m. Acacia Catechu.

*कण्टकीफल m. = कण्टकिफल.

*कण्टकुरण्ट m. Barleria cristata.

कण्टकोद्धार m. Titel eines Werkes.

कण्टकोत्स m. N. pr. eines Agrahâra RÂGAT. 1,174.

*कण्टतनु f. eine Art Solanum.

*कण्टदला f. Pandanus odoratissimus RÂGAN. 10,68.

*कण्टपत्र m. Flacourtia sapida.

*कण्टपत्रफला f. eine best. Pflanze RÂGAN. 5,134.

*कण्टपत्रिका f. Solanum Melongena GAL.

*कण्टपाद m. Flacourtia sapida.

*कण्टपुङ्खिका f. Solanum Jacquini GAL.

*कण्टफल 1) m. a) eine Varietät von Asteracantha longifolia. — b) Brodfruchtbaum. — c) Datura fastuosa. — d) Guilandina Bonduc. — e) Ricinus communis. — f) = तेजःफल. — 2) f. आ eine best. Cucurbitacee.

*कण्टल m. Mimosa arabica.

*कण्टवल्ली f. Acacia concinna RÂGAN. 3,75.

*कण्टवृन्त m. Guilandina Bonduc und = तेजःफल (RÂGAN. 11,217).

*कण्टाफल m. = कण्टफल 1) a).

*कण्टारिका f. eine best. Pflanze, = क्षुद्रदुरालभा GAL.

*कण्टार्तगला f. Barleria caerulea.

*कण्टालिका f. Solanum Jacquini RÂGAN. 4,31.

*कण्टालु m. 1) Solanum Jacquini und eine andere Species von Solanum. — 2) Bambusrohr. — 3) die Pflanze बर्बूर.

*कण्टाह्वय n. Wurzelknolle vom Lotus.

*कण्टिन् m. 1) Achyranthes aspera. — 2) Acacia Catechu. — 3) Ruellia longifolia. — 4) eine Erbsenart.

*कण्ठ्, कण्ठति, °ते und कण्ठयति (शोके, आध्याने). Vgl. उत्कण्ठ्.

कण्ठ 1) m. (adj. Comp. f. आ und ई) *a) Hals, Kehle.* कण्ठे ग्रह् *umarmen.* कम्बु° Adj. *einen muschelförmigen Hals habend,* दृति° Adj. *einen Schlauch am Halse tragend,* अश्रु° Adj. *mit Thränen im Halse.* — *b) Stimme.* — *c) Hals,* so v. a. *der schmalste Theil eines Dinges,* z. B. der Gebärmutter, eines Stieles, einer Feuergrube (Hemâdri 1,135,1. fgg. = योनिमेखला 136,17). — *d) unmittelbare Nähe.* — *e) * Vanguiera spinosa.* — f) N. pr. eines Maharshi. — 2) *f. ई *a) Hals, Kehle.* — *b) Halfter.* — *c) Halsschmuck.*

कण्ठक 1) m. *a) Halsschmuck.* — b) N. pr. des Rosses des Çâkjamuni Lalit. 261,5. 266,3. — 2) f. कण्ठिका *a) Halsschmuck.* — *b) *ein aus einer einzigen Perlenschnur bestehender Halsschmuck.*

कण्ठकुब्ज m. *eine Art Fieber.*

*कण्ठकूणिका f. *Laute.*

कण्ठकूप m. *Kehlgrube.*

कण्ठग Adj. (f. आ) *bis zum Halse reichend.*

कण्ठगत Adj. 1) *am Halse befindlich* 316,1. — 2) *in der Kehle befindlich.* प्राणाः, असवः, so v. a. *zu entfliehen drohend* 316,1. Spr. 1508.

कण्ठग्रह m. (116,20. 319,9) und °ग्रहण n. *Umarmung.*

कण्ठच्छेद m. *Halsabschneidung* Ind. St. 15,424.

*कण्ठतलासिका f. *Halfter.*

कण्ठतस् Adv. *einzeln, Stück für Stück* (erwähnen).

कण्ठदघ्न und कण्ठद्वयस Adj. *bis zum Halse reichend.*

कण्ठधान m. Pl. N. pr. eines Volkes.

कण्ठनाल 1) *der Hals gleichsam ein Stengel* Ragh. 15,52. — 2) *Hals, Kehle* Prab. 55,3. Bâlar. 74,17. Auch °नाली f. 128,2. Prasannar. 69,15.

*कण्ठनीडक m. *Falco Cheela.*

*कण्ठनीलक n. *Feuerbrand.*

कण्ठपण्डित m. N. pr. eines Dichters.

*कण्ठपाशक m. 1) *Halfter für einen Elephanten.* — 2) *Elephantenbacke.*

कण्ठपीठ n. *Unterhals, Gurgel* Bâlar. 107,14. °पीठी f. dass. 16,19. Prasannar. 67,13. 69,17.

कण्ठपीडा f. *Schlundzwang* Bhâvapr. 2,115.

कण्ठप्रावृत n. *Halsbedeckung* Gaut.

*कण्ठबन्ध m. = कण्ठपाशक 1).

कण्ठभङ्ग m. *Entstellung der Stimme, Gestammel.*

कण्ठभूषण n. (Hemâdri 2,a,67,20) und *°भूषा f. *Halsschmuck.*

*कण्ठमणि m. *ein am Halse getragenes Juwel.*

कण्ठमूलीय Adj. *an der Wurzel der Kehle —, hinten im Schlund sich befindend* Citat im Comm. zu TS. Prât. 23,17.

कण्ठरत्न m. N. pr. eines Autors.

कण्ठरोध m. *Dämpfung der Stimme* in सकण्ठरोधम्.

*कण्ठला f. *Rohrkorb* Gal. Vgl. कण्डोल.

कण्ठवर्तिन् Adj. *in der Kehle steckend.* प्राणाः so v. a. *zu entfliehen drohend.*

*कण्ठविभूषण n. *Halsschmuck* Gal.

कण्ठशालूक n. *harte Anschwellung im Schlunde.*

कण्ठशुण्डी f. *Anschwellung der Mandeln.*

कण्ठशोष m. *trockener Hals* Çârṅg. Saṃh. 1,7,71.

कण्ठश्रुति f. Titel einer Upanishad.

कण्ठसूत्र n. *eine best. Art der Umarmung.*

कण्ठस्थली f. *Hals* Spr. 7809.

*कण्ठाग्नि m. *Vogel.*

कण्ठारक *Mantelsack* Vâsavad. 291,1.

*कण्ठारव fehlerhaft für कण्ठी°.

*कण्ठाल 1) m. *a) Boot, Schiff.* — *b) Spaten.* — *c) Kampf.* — *d) Arum campanulatum.* — *e) Kamel.* — *f) Butterfass.* — 2) f. आ *Butterfass.*

कण्ठाश्लेष m. *Umarmung* 167,15. 312,15. 320,9.

कण्ठीरव 1) m. *a) Löwe* Spr. 1222. — *b) *ein Elephant in Wuth.* — *c) *Taube.* — 2) *f. ई *Gendarussa vulgaris* Râgan. 4,57.

*कण्ठील 1) m. *Kamel.* — 2) m. f. (आ) *Butterfass.*

*कण्ठेकाल m. *Bein. Çiva's.*

*कण्ठेविद्ध m. N. pr. eines Mannes.

*कण्ठेश्वरतीर्थ n. pr. eines Tîrtha.

कण्ठोक्त Adj. *einzeln —, Stück für Stück aufgeführt* Comm. zu TS. Prât. Nom. abstr. °त्व n. ebend.

कण्ठोक्ति f. *eine Aufführung im Einzelnen* Comm. zu TS. Prât.

कण्ठ्य Adj. 1) *am oder im Halse befindlich.* — 2) *dem Halse zuträglich.* — 3) *mit der Kehle hervorgebracht.* m. *Kehllaut* Pâr. Gṛhj. 3,16.

*कण्ड्, कण्डति, °ते (मदे), कण्डयति (भेदने). — Mit अव, °काण्ड्य fehlerhaft für °खाण्ड्य.

*कण्डगोलिक n. *saurer Reisschleim* Gal.

कण्डन 1) n. *a) das Enthülsen* Hemâdri 1,138,21. — *b) Abfall von den Körnern, Hülse.* — 2) f. ई *Mörser.*

कण्डरव m. *eine best. Pflanze* Hariv. 3,39,70.

कण्डरा f. *Sehne* Comm. zu Njâjas. 3,2,68.

कण्डरीक m. N. pr. eines Mannes.

*कण्डानक m. N. pr. eines Wesens im Gefolge Çiva's.

कण्डिका f. *kurzer Abschnitt, letzte Unterabtheilung.*

कण्डी (wohl खण्डी) Adv. mit कर् *fein stampfen* Karaka 6,18.

कण्डीर m. *eine best. Gemüsepflanze;* nach dem Comm. *Kürbis* oder *Phaseolus.*

कण्डु 1) f. (gewöhnlich कण्डू) *a) das Jucken, Beissen.* °कण्डुकृत् Adj. Hâsj. 34. — *b) das Kratzen* Spr. 2054, v. l. — 2) m. N. pr. eines Ṛshi.

कण्डुक m. N. pr. eines Barbiers.

कण्डुर 1) Adj. (f. आ) *juckend.* — 2) *m. *a) Momordica Charantia.* — *b) eine best. Grasart.* — 3) *f. आ *a) Mucuna pruritus.* — *b) eine best. Schlingpflanze.*

कण्डुल Adj. *juckend* Karaka 6,7.

कण्डू s. कण्डु.

कण्डूक am Ende eines adj. Comp. = कण्डू 1) *a).*

*कण्डूकरी f. *Mucuna pruritus.*

*कण्डूघ्न m. 1) *Cathartocarpus Fistula.* — 2) *weisser Senf.*

कण्डूजुष् Adj. *Jucken empfindend* Harshak. 44,7.

कण्डूति 1) f. *a) das Jucken, Beissen, Kitzel* (auch in übertr. Bed.); auch von der *Geilheit des Weibes.* — *b) das Kratzen.* — c) N. pr. einer der Mütter im Gefolge Skanda's. — 2) *m. N. pr. eines Siddha Gal.

कण्डून Adj. *Jucken empfindend,* so v. a. *verlangend nach.*

कण्डूमका f. *ein best. Insect mit giftigem Bisse.*

कण्डूमत् Adj. *juckend, beissend.*

कण्डूय्, °यति, °यते 1) *kratzen.* — 2) Med. *jucken* (auch in übertr. Bed.). — 3) Med. *gekratzt werden.*

कण्डूयन 1) n. *a) das Kratzen.* — *b) das Jucken, Beissen.* — 2) f. °नी *Bürste zum Kratzen.*

कण्डूयनक Adj. *zum Kratzen dienend* Spr. 2706.

*कण्डूया f. und कण्डूयित n. *das Kratzen.*

कण्डूयितर् Nom. ag. *der da kratzt.*

कण्डूर 1) m. *Amorphophallus campanulatus* Gal. Karaka 1,27. — 2) *f. आ *Mucuna pruritus.*

कण्डूल 1) Adj. *juckend* Bâlar. 38,15. — 2) *f. आ *Amorphopallus campanulatus* Râgan. 3,118.

कण्डूलभाव m. *ein Jucken —, Verlangen nach* (Loc.) Naish. 3,39.

कण्डेच्छगच्छ m. N. pr. eines Mannes Ind. St. 14,362.

कण्डोल 1) m. *a) Rohrkorb* Kull. zu M. 8,405. — *b) *Kamel.* — 2) *f. ई *die Laute der Kâṇḍâla.*

*कण्डोलक m. *Rohrkorb.*

*कण्डोलकपाद und *कण्डोलपाद gaṇa हस्त्यादि.

*कण्डोलवीणा f. *die Laute der Kâṇḍâla.*

*कण्डोष m. *Scorpion, Tarantel.*

कण्व 1) m. *a)* N. pr. eines alten Ṛshi und verschiedener anderer Personen. Pl. *sein Geschlecht* und eine best. Dynastie VP. 4,24,11. — *b)* Bez. *böser Wesen.* — 2) Adj. *taub* oder m. *ein Nachkomme* Kaṇva's Kâtj. Çr. 10,2,35. — 3) *n. *Böses.*

कण्वकश्यप n. *taub oder schwarzzähnig* oder *ein Nachkomme* Kaṇva's *oder* Kaçjapa's.

कण्वजम्भन Adj. (f. ई) *die* Kaṇva (*böse Wesen*) *verzehrend, — vernichtend.*

कण्वतम m. *ein ächter* Kaṇva.

कण्वबृहत् n. Name verschiedener Sâman.

कण्वमत् Adj. *von den* Kaṇva *bereitet.*

कण्वरथंतर n. Name eines Sâman.

कण्ववत् Adv. *nach* Kaṇva's *Art.*

कण्ववेद m. Titel eines Werkes.

कण्वसखि m. (Nom. °खा) *Freund der* Kaṇva.

कण्वसूत्र n. Titel eines Werkes.

कण्वहोतर् Adj. *einen* Kaṇva *zum Priester habend.*

***कण्वाय्**, °यते *Böses thun.*

कण्वायन VP.² 4,181 u. s. w. fehlerhaft für काण्°.

कण्वाश्रम m. N. pr. eines Tîrtha Vishnus. 85,30.

कण्वीयसंहिताहोम m. Titel eines Werkes.

कण्वोपनिषद् f. Titel einer Upanishad.

कत m. 1) * = कतक 1). — 2) N. pr. eines Ṛshi.

कतक m. 1) *Strychnos potatorum.* Die Nuss wird zur Klärung trüben Wassers benutzt. — 2) N. pr. eines Commentators des Râmâjaṇa.

***कतफल** m. = कतक 1) Râǵan. 11,201.

कतम Pron. interr. 1) *wer —, welcher unter Vielen?* *कतमकठः *wer von diesen ist ein Anhänger des* Kaṭha? — 2) ungenau für कतर. — 3) mit folgendem च und vorangehendem यतम *welcher immer.* — 4) mit folgenden चन oder अपि (Bhâg. P.) und vorangehender Negation *auch nicht ein, kein.*

***कतमाल** m. fehlerhaft für खतमाल *Feuer.*

कतमोरग m. N. pr. eines Mannes (buddh.).

कतर Pron. inter. 1) *wer —, welcher unter Zweien?* *कतरकठः *wer von Beiden ist ein Anhänger des* Kaṭha? — 2) ungenau für कतम. — 3) mit folgendem चन und vorangehender Negation *keiner von Beiden.*

कतरतस् Adv. *auf welcher von beiden Seiten?*

1\. **कति** Pron. interr. 1) *quot? wie viele?* — 2) *etliche.* — 3) mit folgendem चिद् *etliche, einige, gar viele* (RV. 9,72,1). — 4) mit folgendem अपि *einige* Spr. 1631.

2\. **कति** m. N. pr. eines Sohnes des Viçvâmitra.

कतिक 1) Adj. (f. आ) *a) quot? wie viele?* Ḱaraka 1,13. — *b) * für wieviel gekauft.* — 2) n. N. pr. einer Stadt.

***कतिकृत्वस्** Adv. *wie oft?* Zu belegen कति कृत्वस्.

***कतिज्ञर** m. *Ocimum pilosum* Gal.

कतितिथ (!) Adj. = कतिथ. Mit folgendem चिद् oder च (!) *der so und so vielste* Bâlar. 162,19. 170,1.

कतिथ Adj. 1) * *der wievielste?* — 2) mit folgendem चिद् *der so und so vielste.*

कतिधा Adv. 1) *wie vielfach? an wie vielen Orten? in wie vielen Theilen? — viele Theile? wie oft?* — 2) mit folgendem चिद् *allenthalben.*

कतिपय Adj. (f. ई, आ nur Bhâg. P.) *etliche, einige.* पुरस्तादेव कतिपयाहेन *um etliche Tage früher.* कतिपयाहस्य *nach etlichen Tagen* 47,19. 69,25. °रात्रम् *etliche Tage.* *उदश्वित्कतिपयम् *etwas* Udaçvit. *कतिपयेन und *कतिपयात् mit einem nachfolgenden Partic. praet. pass. *mit einiger Anstrengung, mit genauer Noth.*

कतिपयथ Adj. *der etlichste.*

कतिभेद Adj. *in wie viele Arten zerfallend?* Ḱaraka 6,11.

कतिविध Adj. *von wie vieler Art? wie vielfach?* 209,15.

***कतिशस्** Adv. *zu wie vielen?*

कतिसंख्य Adj. *von welcher Anzahl?* Pañḱat. 156,6 (ed. Bomb. 3,58,14).

कतिहायन Adj. *wie viele Jahre alt?* Bâlar. 258,9.

कतीमुष m. N. pr. eines Agrahâra.

कत्तृण n. 1) *ein best. wohlriechendes Gras.* — 2) * *Pistia Stratiotes.*

***कत्तोय** n. *ein berauschendes Getränk.*

***कत्त्रि** Pl. = कुत्सितास्त्रयः.

कत्थ्, कत्थते (कत्थति ausnahmsweise) 1) *prahlen.* त्वं कत्थसे सत्यवादी *du prahlst damit, dass du wahrhaft seiest.* — 2) *lobend hervorheben, loben.* — 3) *tadelnd hervorheben, tadeln, herabsetzen.* — Mit वि 1) *prahlen, — mit* (Instr.). — 2) *lobend hervorheben, viel Lärm von Etwas* (Acc.) *machen.* — 3) *Jmd herabsetzen, mit Etwas* (Instr.) *demüthigen.* — Caus. Act. 1) *demüthigen.* — 2) *prahlen* Çiç. 14,45.

कत्थक m. N. pr. eines Mannes.

कत्थन 1) Adj. *prahlend.* — 2) n. *das Prahlen, — mit* (Instr.). Auch *f. आ.

कत्थित n. *das Prahlen.*

कत्थितव्य n. impers. *zu prahlen mit* (Loc.) Ḱaraka 3,8.

कत्पय Adj. *hoch aufschwellend.*

***कत्रय्**, °यति (शैथिल्ये) v. l. für कर्त्रय्.

***कत्सवर** m. *Schulter.*

कथंरूप Adj. (f. आ) *wie aussehend?* R. 3,73,9. 5,12,3. 6,99,15.

कथंवीर्य Adj. *von welcher Macht?* R. 3,73,9.

कथक 1) Adj. *erzählend;* m. *Erzähler, dessen Amt das Erzählen ist* (auch **Hauptschauspieler*). — 2) m. N. pr. *a)* eines Mannes. — *b)* eines Wesens im Gefolge Skanda's.

***कथंकथिक** Adj. *der da beständig fragt.* Nom. abstr. °ता f.

कथंकारम् Adv. *auf welche Weise? wie?* Naish. 3,15.

कथंजातीयक Adj. *von welcher Art?* 241,25.

कथन n. *das Erzählen, Berichten, Mittheilen, Erwähnen.*

कथनिक (!) m. *Erzähler* Harshaḱ. 30,12.

कथनीय Adj. 1) *zu erzählen, — sagen, — erwähnen, der Mittheilung würdig.* Nom. abstr. °ता f. — 2) *zu benennen.*

कथन्तराम् Adv. *wie — doch?*

कथन्ता f. *das wie-Sein.*

कथम् Adv. 1) *wie? auf welche Weise? woher? wie kommt es, dass —?* Mit einem Potent. (78,8. 9. 93,24) oder Imperat. *wie könnte —? wie sollte —?* Mit मा und Aor. *wie sollte nicht —?* — 2) abgeschwächt so v. a. *nonne, num* 33,19. कथम् — कथं वा *utrum — an.* — 3) *wie* als Ausruf der Verwunderung. कथम् । इयं सा कण्वदुहिता Çâk. 9,12. 16,12, v. l. 80,3, v. l. 89,2. 102,17. 104,8. Chr. 291,16. — 4) mit नु *a)* = 1). — करिष्यामि so v. a. *wie wird es mir wohl ergehen?* R. 7,24,14. — *b) wie viel mehr,* mit einer Neg. *wie viel weniger.* — 5) mit इव *wie so? woher wohl?* — 6) mit नाम *wie — wohl?* — 7) mit स्विद् dass. — 8) mit च न (चन) *a) auf keine Weise, in keinem Falle, durchaus nicht* Spr. 6037. Gewöhnlich als Verstärkung einer vorangehenden Negation. — *b) irgendwie, auf irgend eine Weise, bei irgend einer Gelegenheit, in Folge von diesem oder jenem.* — *c) mit Mühe, — genauer Noth.* कथं कथं चन dass. — 9) mit चिद् *a) irgendwie, auf irgend eine Weise, auf welche Weise immer.* Mit einer Negation *auf keine Weise, durchaus nicht.* Mit doppelter Negation *durchaus.* Mit vorangehendem यथा *wie —, auf welche Weise immer* 248,1. — *b) mit einiger Anstrengung, — Mühe, — genauer Noth, kaum.* कथं कथं चिद् dass. Naish. 6,57. (वयम्) न दग्धाश्च कथं चिद्दैवसंश्रयात् so v. a. *es fehlte nicht viel, so wären wir verbrannt, aber das Schicksal rettete uns* MBh. 1,151,36. कथं चिदपि जीवन्तीम् *so eben mit dem Leben davongekommen.* कथं चिद्यदि जीवति *ist kaum noch am Leben.* — *c) kaum,* so v. a. *ein wenig, ziemlich, einigermaassen.* — 10) mit अपि (nicht vor Kâlidâsa) *a) irgendwie, auf irgend eine Weise, man weiss nicht wie* 171,22. 178,29. Mit einer Negation *auf keinen Fall.* — *b) mit einiger Anstrengung, — Mühe, — genauer Noth, endlich, kaum.* कथं कथमपि dass. कथमपि न प्राणैर्विमुक्तः so v. a. *beinahe um's Leben gekommen.* — *c) ein wenig, nur obenhin, etwas.* Mit einer Negation *ganz und gar nicht.*

कथंप्रमाण Adj. *von welchem Umfange?* R. 1,22,11.

कथंभाव m. *das Wie* Comm. zu Kâtj. Çr. 1,7,2.

कथंभूत Adj. *wie beschaffen? wie geartet?*

कथय्, °यति (metrisch auch Med.) 1) *sich mit Jmd* (Instr. oder Instr. mit सह) *unterhalten.* — 2) *erzählen, mittheilen, berichten, sagen, reden von, auseinandersetzen.* — 3) *angeben, ankündigen, verrathen* 303,14. 304,27. — 4) *sagen*, so v. a. *befehlen.* — 5) *annehmen, statuiren.* — 6) Pass. *genannt werden, heissen, gelten für.* — Mit अनु *hinterher erwähnen.* — Mit *नि, Partic. °कथित gaṇa इष्टादि. — Mit परि *nennen.* — Mit प्र *verkünden, melden.* — Mit वि *unnütze Reden führen* Mâlav. 10,12. Vgl. अविकथयत्. — Mit सम् *erzählen, berichten, reden von, auseinandersetzen.*

कथयितव्य Adj. *zu erzählen, mitzutheilen.*

1. कथा Adv. 1) *wie? auf welche Weise? woher? warum?* यथा कथा च *auf welche Weise es auch sei.* — 2) abgeschwächt so v. a. *num.* कथा — कथा auch *utrum — an.*

2. कथा f. (am Ende eines adj. Comp. f. आ Kathâs. 8,38) 1) *Unterhaltung, Gespräch, Unterredung über* (Loc. oder im Comp. vorangehend). — 2) *Erzählung, — von* (Gen. oder im Comp. vorangehend), *Mittheilung, Rede, Erwähnung, Angabe* 225,9. — 3) in der Rhet. *eine kunstgerechte Erzählung* Kâvjâd. 1,38. Nom. abstr. °त्व n. Comm. ebend. Die Kathâ personif. Kathâs. 8,37. 38. — 4) im Njâja *Discussion, Dialog.* — 5) का कथा *wie könnte die Rede sein von?* (Loc., Gen. oder प्रति mit Acc.), so v. a. *geschweige* 176,14. मधुरच्छायाफलैः का कथा शीर्णेनापि किं नोपयोगमगमत्पर्णेन तालद्रुमः *nicht nur nicht mit — sondern auch nicht einmal mit* oder in umgekehrter Ordnung *nicht einmal mit — geschweige denn mit* Spr. 7630. कैषा कथा *wie könnte davon die Rede sein?* Chr. 133,32.

कथाकोश m. Titel eines Werkes.

कथाकौतुक n. desgl. Bühler, Rep. No. 110.

कथाक्रम m. *fortlaufende Unterhaltung, Gespräch, Erzählung, Geschichte.*

कथाचण Adj. *weit berühmt.*

कथाजव m. N. pr. eines Schülers des Bâshkali VP. 4,3,26.

कथानक n. *eine kleine Erzählung, Erzählung* überh. Hemâdri 1,533,13. Ind. St. 15,265. 276.

कथान्तर n. *Unterhaltung, Gespräch* 117,15.

कथापय्, °यति *hersagen.* कथापित Ind. St. 15,287.

कथापीठ n. Titel des 1sten Lambaka im Kathâs.

1. कथाप्रसङ्ग m. *eine sich darbietende Gelegenheit sich zu unterhalten, — von Etwas zu reden* Naish. 1,35. Instr. und Abl. so v. a. *bei Gelegenheit einer Unterhaltung, im Verlauf des Gesprächs, gelegentlich* (Etwas sagen) Comm. zu Kâvjâd. 1,38.

2. *कथाप्रसङ्ग Adj. 1) *schwatzhaft, grosssprecherisch, prahlerisch.* — 2) *mit der Behandlung von Vergiftungen sich abgebend* (Charlatan).

*कथाप्राण Adj. = कथक 1).

1. कथामात्र n. *die blosse Erzählung.* °मात्रावशिष्ट Adj. so v. a. *nur noch in der Erzählung lebend, verstorben.*

2. कथामात्र Adj. = कथामात्रावशिष्ट.

कथामुख n. 1) *Einleitung zu einer Erzählung.* — 2) Titel des 2ten Lambaka im Kathâs.

कथामृतनिधि m. Titel eines Werkes.

कथायोग m. *Gespräch, Unterhaltung* Hariv. 11191.

कथार्णव m. Titel eines Werkes.

कथालक्षण n. Titel eines Werkes.

कथालाप m. *Gespräch, Unterhaltung, Erzählung* Kathâs. 19,30. 21,52. 54,81. 66,116. 119.

कथावली f. *eine Sammlung von Erzählungen.*

1. कथावशेष m. *die Erzählung als einziger Ueberrest.* °षं गम् so v. a. *sterben* Naish. 9,99.

2. कथावशेष Adj. *nur noch in der Erzählung lebend*, d. i. *verstorben.* Nom. abstr. °ता f.

कथावशेषी Adv. mit भू so v. a. *mit Tode abgehen* Kâd. II, 82,22.

कथाशेष Adj. = 2. कथावशेष Spr. 7620. Râgat. 4,579. Nom. abstr. °ता f. Vâs.

कथासरित्सागर m. Titel einer von Somadeva verfassten Sammlung von *Erzählungen.*

*कथिक Adj. = कथक 1).

कथित n. *Gespräch, Unterhaltung.*

कथी Adv. mit कर् *in eine Erzählung umwandeln.* °कृत so v. a. *verstorben.*

कथोदय m. 1) *Beginn einer Erzählung* Bhâg. P. 1,7,12. — 2) *Angabe, Anführung* Çâk. 44, v. l.

कथोद्घात m. 1) *Beginn einer Erzählung* Ragh. 4,20. — 2) in der Dramatik *das Auftreten eines Schauspielers am Ende des Prologs in Folge eines dieses Auftreten motivirenden Ausspruchs des* Sûtradhâra, *der eigentliche Anfang eines Schauspiels.*

कथ्य Adj. *zu erzählen* Daçak. 6,22. *von dem man reden darf, zu erwähnen.*

1. कद् 1) ved. Nom. Acc. Sg. n. von 1. क. — 2) *nonne, num.* — 3) *wo?* (zweifelhaft). — 4) *etwas Böses, — Schlimmes* Bhâg. P. — 5) * = सुख. — 6) am Anfange eines Comp. als Ausdruck der *Schlechtigkeit* oder *Geringheit.* — 7) mit चन und einer vorangehenden Negation *auf keine Weise.* — 8) mit चिद् a) *je und je.* — b) *nonne, num.* Mit nachfolgendem नु dass.

2. *कद्, कदते (वैक्लव्ये, वैकल्ये). चकाद कदनम् R. 6,65,23 wohl nur Druckfehler für चकार क°, wie ed. Bomb. 6,86,24 liest.

*कद m. 1) *Wolke.* — 2) = कदन Gal.

*कदक m. *Traghimmel.*

*कदक्षर n. *ein schlechter Buchstab.*

*कदग्नि m. *etwas Feuer.*

*कदध्वन् m. *ein schlechter Weg.*

कदन n. *Tödtung, Vernichtung.*

कदनपुर n. N. pr. einer *Stadt.*

1. कदन्न n. *schlechte Speise* Spr. 908. Nom. abstr. °ता f. 2713.

2. कदन्न Adj. *schlechte Nahrung habend.*

कदपत्य n. *schlechte Kinder.*

कदम्ब 1) a) *Nauclea Cadamba* (mit orangefarbener duftender Blüthe). — b) **weisser Senf.* — c) **Andropogon serratus.* — d) **eine best. mineralische Substanz.* — e) *eine best. Stellung der Hand.* — f) *der Pol der Ekliptik.* — g) * = कादम्ब *Pfeil* Gal. — h) N. pr. eines fürstlichen Geschlechts Ind. Antiq. 1878,33. — 2) *f. ई *eine best. Cucurbitacee.* — 3) n. *Menge, Schaar, Schwarm.*

कदम्बक 1) m. a) *Nauclea Cadamba.* — b) **Sinapis dichotoma.* — c) **Curcuma aromatica.* — 2) *f. °म्बिका *Nackenmuskel* Gal. Vgl. कलम्बिका. — 3) n. *Menge, Schaar, Schwarm.*

कदम्बकी Adv. mit कर् *zu Blüthen von Nauclea Cadamba machen.*

*कदम्बद m. *Sinapis dichotoma.*

*कदम्बपुष्पा (*Sphaeranthus mollis* oder *eine andere Species* Râgan. 5,19) und °पुष्पी f. *eine best. Pflanze.* Am Ende eines adj. Comp. f. ई Suçr. 2,468,2.

कदम्बभ्रममण्डल n. *der Polarkreis der Ekliptik* Golâdhj. 8,54.

कदम्बयुद्ध n. *ein best. Spiel.*

*कदम्बवल्लरी f. *eine best. Arzeneipflanze* Gal.

कदम्बवृत्त n. = कदम्बभ्रममण्डल Comm. zu Golâdhj. 8,52.

कदर 1) m. a) **Säge.* — b) **ein eiserner Haken zum Antreiben eines Elephanten.* — c) *eine Art Mimose.* — 2) m. n. *harte Anschwellungen an den Fusssohlen in Folge äusserer Verletzung.* — 3) *f. ई gaṇa गौरादि. — 4) *n. *ein best. Milchgericht.*

कदर्थ Adj. *welchen Zweck —, welche Absicht habend?*

कदर्थन n. und °ना f. *Quälerei, Plagerei.*

कदर्थनीय Adj. *zu quälen, — peinigen* Naish. 9,69. Harshak. 137,2.

कदर्थय्, °यति 1) *zu Nichts anschlagen, geringachten* Spr. 2613. — 2) *quälen, peinigen, beunru-*

higen Spr. 1519. — 3) **übertreffen* 251,3.

कदर्थी Adv. mit कर् *gering achten, nicht beachten.*

कदर्थीकृति f. *Quälerei* Harshak. 173,5.

कदर्य Adj. *habsüchtig, geizig* Gaut. *knickerig, knauserig.* कौदार्य Ind. St. 15,268.

कदर्यता f. und कदर्यभाव m. *Habsucht, Geiz.*

कदल 1) m. f. (ई und *आ) *Musa sapientum* (ein Bild der Hinfälligkeit). — 2) *f. आ a) *Pistia Stratiotes.* — b) *Bombax heptaphyllum.* — c) *Calosanthes indica.* — 3) f. ई a) *eine Antilopenart.* — b) **Fahne, eine auf einem Elephanten angebrachte Fahne.* — 4) n. *Banane* Bhâvapr. 2,14 (कदन्न falsch).

कदलक 1) *m. *Musa sapientum.* — 2) f. °लिका a) dass. — b) *Fahne,* insbes. *auf einem Elephanten* Kâd. 118,23. 130,15. II,38,13.

*कदलिन् m. *eine Art Antilope.*

*कदलीनता f. 1) *a sort of cucumber.* — 2) *a fine woman.*

कदलीगर्भ m. *das Mark der Musa sapientum* Maitrjup. 4,2. Mâlatim. 34,17 (86,8). Kathâs. 32, 102. 104.

कदलीगर्भा f. N. pr. einer Tochter Mañkaṇaka's Kathâs. 32,104.

कदलीसुखम् Adv. *so leicht wie einen Pisang.*

*कदलीस्कन्ध m. *eine Art Blendwerk* (buddh.).

*कदश्व m. *ein schlechtes Pferd.*

कदा 1) *wann?* — 2) *eines Tages, einst* ṚV. 8,5,22. Mit न *niemals* 6,21,3. — 3) *wie?* — 4) mit folgendem नु खलु *wann wohl?* MBh. 3,68,22. — 5) mit च und vorangehendem यदा *wann es auch immer sei, so oft es auch sei, jeden Augenblick, sehr oft.* — 6) mit च नँ (चनँ) a) *niemals.* Namentlich als Verstärkung einer vorangehenden Negation, in welchem Falle im ṚV. कदा betont wird. — b) *irgendeinmal,* — *wann* 67,31. 166,7. — 7) mit चिद् a) *irgendeinmal, bisweilen, eines Tages, einst.* Mit einer Negation *niemals.* — b) *vielleicht* Pañkat. 108, 20. Spr. 7677. कदा चिदेवमपि स्यात् so v. a. *das könnte wohl sein* Mṛkkh. 52,19. Chr. 315,23. — 8) mit चिदपि und einer Negation *niemals* 149,14. 150,27. — 9) mit अपि (nicht vor Kâlidâsa) *wann es auch sei, stets* 157,12. Mit einer Negation *niemals.*

*कदाकार Adj. *hässlich.*

*कदाख्य n. *Costus speciosus.*

*कदामत्त m. N. pr. eines Mannes.

1. कदाहार m. *schlechte Nahrung* Karaka 4,8.

2. कदाहार Adj. *schlechte Nahrung zu sich nehmend* ebend.

1. कदिन्द्रिय n. Pl. *böse Organe* Bhâg. P. 9,18,51.

2. कदिन्द्रिय Adj. *böse Organe habend* Bhâg. P. 8,3,28.

कदिन्द्रियगण entweder m. = 1. कदिन्द्रिय oder Adj. = 2. कदिन्द्रिय.

कदुत्थक *ein best. Geräthe* Hemâdri 1,657,21.

*कदुष्ट्र m. *ein schlechtes Kamel.*

कदुष्ण Adj. 1) *lau* Dh. V. 34,4. — 2) *verletzend* (Wort) Naish. 9,38.

कद्रूव्हि (!) m. N. pr. eines Mannes.

कद्रथ m. *ein schlechter Wagen.*

कद्रीची s. कद्र्यञ्च्.

कद्रु 1) Adj. *schwärzlichgelb, rothbraun.* — 2) f. कद्रु = कद्रू c). — 3) f. कद्रू a) *ein best.* Soma-*Gefäss.* — b) eine best. Personification, nach den Brâhmaṇa *die Erde.* — c) N. pr. einer Tochter Daksha's, Gattin Kaçjapa's und Mutter der Schlangen.

कद्रुक in त्रि°.

*कद्रुज m. *Schlange* Gal.

*कद्रुण und *कद्रूण Adj von कद्रु und कद्रू.

कद्रूक *Höcker des indischen Büffels* Hemâdri 1, 399,6. गद्रूक 7.

कद्र्यञ्च् Adj. (f. कद्रीची) *wohin gerichtet?*

*कद्वद Adj. 1) *schlecht redend, hässlich singend.* — 2) *sehr schlecht.*

कद्वत् Adj. क *enthaltend.*

*कद्वर n. *saurer Rahm* oder *Buttermilch mit Wasser.*

कधप्रिय und °प्री Adj. *je —,* d. h. *stets freundlich* ṚV.

*कधि m. *Meer* Râgan. 14,8. Vgl. कंधि.

कध m. *ein best. Thier* AV. Paipp. 19,13,4.

कन्, *कनति (कान्तिकर्मन्, दीप्तिकान्तिगतिषु) 1) *befriedigt sein.* — 2) *sich Etwas* (Acc.) *belieben lassen.* — Intens. (Stamm चाकन् und चकान्) 1) *befriedigt sein, Gefallen finden, sich einer Sache erfreuen;* mit Loc., Gen. oder Instr. — 2) *Jmd* (Gen.) *gefallen, erwünscht sein.* — 3) *zu gewinnen suchen, lieben, begehren;* mit Acc. — आ Intens. 1) *Gefallen finden an* (Loc.). — 2) *zu gewinnen suchen, lieben, begehren.* — Vgl. का.

कनक 1) n. *Gold* Naigh. (nur hier accentuirt). — 2) m. a) *Stechapfel, Mesua ferrea* (Spr. 3838), **Michelia Champaka,* **Butea frondosa,* **Bauhinia variegata,* **eine schwarze Art Agallochum* oder *Sandelholz,* **Cassia Sophora* und **eine Art Bdellion.* — b) *eine best. destillirte Mixtur* Karaka 6,9. 8,12. — c) Bez. *bestimmter* Graha oder Ketu. — d) N. pr. α) Pl. eines Volkes. — β) verschiedener Männer. — 3) *f. कनका *eine der 7 Zungen des Feuers.* — 4) Adj. *golden* (vgl. कानक) Saṁhitopan. 44,1.

कनककदली f. *eine Abart von Musa sapientum* Megh. 74.

कनककलश m. N. pr. eines Mannes.

कनककार m. *Goldschmied* LA. 10,13.

कनककुण्डला f. N. pr. der Mutter des Jaksha Harikeça.

*कनककेतकी f. *ein gelb blühender Pandanus* Râgan. 10,70.

*कनकक्षार m. *Borax.*

*कनकक्षीरी f. *Cleome felina* Dhanv. 1,90.

कनकगिरि m. N. pr. des Hauptes einer best. Secte.

कनकगैरिक n. *eine Art Ocher.*

कनकगौर n. *Saffran.*

कनकचन्द्र m. N. pr. eines Fürsten.

कनकचम्पक m. *eine Art Kampaka.*

कनकता f. Nom. abstr. von कनक 1) Kâlak. 2,133.

*कनकदण्डक n. *ein fürstlicher Sonnenschirm.*

कनकदत्त m. N. pr. eines Mannes.

कनकध्वज m. N. pr. eines Sohnes des Dhṛtarâshṭra.

कनकपत्त्र n. *ein best. Ohrenschmuck.*

कनकपर्वत m. Bein. des M ru MBh. 12,59,119.

*कनकपल m. *Gold*-Pala, = 16 Mâshaka.

कनकपिङ्गल n. N. pr. eines Tîrtha Hariv. 9522.

कनकपुर n. und °पुरी f. N. pr. verschiedener *Städte.*

*कनकपुष्पिका f. *Premna spinosa* Nigh. Pr.

*कनकपुष्पी f. *gelb blühender Pandanus* Râgan. 10,70.

कनकप्रभ 1) Adj. (f. आ) *glänzend wie Gold* Ind. St. 8,420. — 2) f. आ a) **Cardiospermum Halicacabum* Râgan. 3,71. — b) *ein best. Metrum* Ind. St. 8,420. — c) N. pr. einer Fürstin.

*कनकप्रसवा f. *gelb blühender Pandanus* Râgan. 10,70.

*कनकप्रसून m. *Dalbergia ougeinensis* Râgan. in Nigh. Pr.

कनकफल n. *der Same von Croton Tiglium* Mat. med. 228.

कनकमञ्जरी f. N. pr. eines Frauenzimmers.

कनकमय Adj. (f. ई) *golden* 299,21.

कनकमाला f. ein Frauenname Vâs. 8. Pañkad.

कनकमुनि m. N. pr. eines Buddha.

*कनकरम्भा f. *eine Art Musa* Râgan. 11,44.

कनकरस m. 1) *flüssiges Gold.* — 2) **Auripigment.*

कनकरेखा f. ein Frauenname.

कनकलता und °लतिका f. *eine best. Pflanze.*

*कनकलोद्भव m. *das Harz der Shorea robusta* Râgan. 12,116.

कनकवती f. N. pr. 1) einer Stadt. — 2) eines Frauenzimmers Pañkad.

कनकवर्ण m. N. pr. eines Fürsten.

कनकवर्मन् m. N. pr. eines Kaufmanns.

कनकवर्ष m. N. pr. eines Fürsten.

कनकवाहिनी f. N. pr. eines Flusses.

कनकशक्र m. Pl. N. pr. eines Volkes.

कनकशक्ति m. Bein. Kârttikeja's.

कनकशिखरिन् m. Bein. des Meru Kâd. 8,23.

कनकसूत्र n. *eine goldene Kette* 151,23.

कनकसेन m. N. pr. eines Fürsten Pańkad.

*कनकस्तम्भा f. *eine Art Musa* Râǵan. 11,45.

कनकाकर m. *Goldmine* Suçr. 2,341,20.

कनकाक्ष m. N. pr. eines Wesens im Gefolge Skanda's.

कनकाङ्गद m. N. pr. 1) eines Sohnes des Dhṛtarâshṭra. — 2) eines Gandharva Bâlar. 89,17.

कनकाचल m. 1) *ein* (künstlicher) *Berg von Gold*. — 2) Bein. des Meru.

कनकाद्रि m. Bein. des Meru Spr. 7756.

कनकाध्यक्ष m. *Schatzmeister*.

*कनकात्तक m. *Bauhinia variegata* Gal. Vgl. कनकारक.

कनकापीड m. N. pr. eines Wesens im Gefolge Skanda's.

कनकाभ Adj. *goldähnlich* Taitt. Âr. 1,4,1.

कनकायिनदी f. N. pr. eines *Flusses*.

कनकायु oder °स् m. N. pr. eines Sohnes des Dhṛtarâshṭra.

*कनकारक m. *Bauhinia variegata* Râǵan. 10,23.

*कनकालुका f. *eine goldene Vase*.

कनकावती f. N. pr. einer der Mütter im Gefolge Skanda's.

कनकावतीमाधव m. Titel eines Werkes.

कनकावली f. *eine goldene Kette* Pańkad.

*कनकाह्व n. *die Blüthe der Mesua ferrea*.

कनकाह्वय m. 1) *Stechapfel*. — 2) N. pr. eines Buddha Lalit. 351,5. 354,6.

कनकेश्वरतीर्थ n. N. pr. eines Tîrtha.

कनक्नक Adj. als Bez. eines Giftes.

कनखल N. pr. 1) n. Sg. eines Tîrtha Hariv. 9521. Agni-P. 115,23. — 2) m. Pl. bestimmter Berge MBh. 3,135,5.

*कनटी f. = कुनटी *rother Arsenik*.

कनदेव m. N. pr. eines buddh. Patriarchen.

कनप m. 1) = कणप MBh. 3,20,34. — 2) N. pr. eines Mannes.

*कनय्, °यति *vermindern, schmälern*.

कनय m. N. pr. eines Mannes. Pl. *sein Geschlecht*.

*कनल gana ग्रहीरुणादि.

कनवक m. N. pr. eines Sohnes des Çûra.

कना f. *Mädchen*.

कनाठ (!) m. N. pr. eines Mannes.

कनीनक *Augenstern* TS. 5,7,12,1. कनानके Du. (also n. oder f. ग्रा) Comm.

कनिक्रद् Adj. *wiehernd*.

कनिष्क m. N. pr. eines indoscythischen Fürsten. °पुर n. N. pr. einer von ihm erbauten *Stadt*.

कनिष्कन् 3. Sg. vom Intens. von स्कन्द्.

कनिष्ठ und कनिष्ठ 1) Adj. (f. ग्रा) a) *der kleinste, geringste, niedrigste, wenigste*. — b) *der jüngste, jüngere*. — c) in Verbindung mit ग्रङ्गुलि oder f. mit Ergänzung dieses Wortes *der kleine Finger*. — 2) m. a) *ein jüngerer Bruder*. — b) (sc. घट) *der niedersteigende Eimer an einem Brunnenrade* Spr. 2429. — c) Pl. *eine best. Götterordnung im 14ten* Manvantara. — 3) f. ग्रा *die jüngste Ehegattin* 195,29. *eine hintanstehende Gattin* oder *Geliebte*.

कनिष्ठक 1) Adj. (f. कनिष्ठिका) *der kleinste*. — 2) f. कनिष्ठिका a) *der kleine Finger*. — b) *Unterordnung, Gehorsam* Spr. 4388. — 3) *n. *ein best. stacheliges Gras* Râǵan. 8,139.

*कनिष्ठग m. *ein* Ǵina Gal. Vgl. ग्र°.

कनिष्ठपद und कनिष्ठमूल n. *least root; that quantity, of which the square multiplied by the given multiplicator and having the given addend added, or subtrahend subtracted, is capable of affording an exact square root*.

कनिष्ठात्रेय m. *der jüngere* Âtreja.

कनिष्ठिनेय bei Kull. zu M. 9,123 fehlerhaft für कानि°.

कनी f. *Mädchen, Jungfrau*. In der alten Sprache nur im Gen. Pl. कनीनाम्. कनी Nom. Pańkad. कनि Voc. Kâvjâd. 3,111.

*कनीचि f. 1) *Karren*. — 2) *eine kriechende Pflanze in Blüthe*. — 3) *Abrus precatorius*. — Vgl. कणीचि.

कनीन 1) Adj. *jung, jugendlich*. — 2) *f. कनीनी a) *Augenstern*. — b) *der kleine Finger*.

कनीनक 1) m. a) oxyt. *Knabe, Jüngling*. — b) proparox. *Augenstern*. — c) *caruncula lacrymalis*. — 2) f. a) कनीनका *Mädchen, Jungfrau*. — b) कनीनिका *Augenstern*. — c) कनीनिका α) *Augenstern*. — β) *der kleine Finger*. — γ) Name verschiedener Sâman. प्रजापतेश्च कनीनिके द्वे ग्रत्रेर्वा Ârsh. Br. कनीनिक n. Ind. St. 3.

कनीयंस् 1) Adj. a) *kleiner, geringer, weniger, überaus klein, — gering, — wenig*. — b) *jünger*; m. *ein jüngerer Sohn* oder *Bruder*. — 2) *f. कनीयसी *eine jüngere Schwester der Gattin* Gal.

कनीयस 1) Adj. a) *kleiner, geringer*. — b) *jünger*. — 2) *n. *Kupfer*.

कनीयस्त्व n. Nom. abstr. zu कनीयंस् 1) a) Hemâdri 1,590,7.

कनीयस्विन् Adj. *geringer*.

कनीयःस्तन Adj. *weniger Zitzen habend* Çat. Br. 6,5,2,19.

कनीयोऽत्तर Adj. (f. ग्रा) *weniger Silben habend* Tâṇḍja-Br. 9,3,9.

*कनेरा f. = कणेरा.

कनेरिन् m. N. pr. eines Lehrers.

*कन्त und *कन्ति Adj. *glücklich*.

*कन्तु 1) Adj. *glücklich*. — 2) m. a) *Herz*. — b) *der Liebesgott*. — c) *Kornkammer*.

कन्तुक m. oder f. ग्रा *ein geflicktes Kleid* Hemâdri 1,57,6. 8.

कन्त्व n. *Glück, Wohlfahrt* Maitr. S. 1,10,10.

*कन्थक 1) m. N. pr. eines Mannes. — 2) f. ग्रा = कन्थारी Râǵan. 8,54.

कन्थडि, कन्थद oder कन्थरि m. N. pr. eines Lehrers.

*कन्थरी f. = कन्थारी Râǵan. 8,54.

कन्थलिन् = कन्थडि u. s. w.

कन्था f. 1) *ein geflicktes Kleid*. — 2) **Mauer*. — 3) **Stadt*. — 4) **ein best. Baum*. — 5) *N. pr. einer Oertlichkeit.

*कन्थारी f. *eine Art Opuntia* Râǵan. 8,54.

कन्थेश्वरतीर्थ n. N. pr. eines Tîrtha.

1. कन्द 1) m. *n. a) *Wurzelknolle, Zwiebel*. — b) **die Knolle von Amorphophallus campanulatus*. — c) **Knoblauch*. — d) *Knolle, Knoten* überh. — e) *Anschwellungen des uterus und der vagina*. — f) *ein best. Metrum*. — g) *ein best. Tact* S. S. S. 213. — 2) f. ई in मास°.

2. *कंद m. *Wolke*.

*कन्दगुडूची f. *eine Art Cocculus* Râǵan. 3,3.

कन्दज Adj. *aus Knollen wachsend, — entstanden, in Kn. enthalten*.

*कन्दट m. *die weisse Wasserlilie*.

*कन्दफला f. *eine best. Cucurbitacee*.

*कन्दबहुला f. *ein best. Knollengewächs*.

*कन्दमूल n. und *°क m. (Gal.) *Radieschen*.

कन्दर 1) (*m.) f. (ग्रा) n. (adj. Comp. f. ग्रा) *Höhle, Schlucht*. — 2) *m. *ein Haken zum Antreiben des Elephanten*. — 3) f. ग्रा a) **die Laute der* Kâṇḍâla. — b) N. pr. einer der Mütter im Gefolge Skanda's. — 4) *n. *Ingwer*.

कन्दरवत् Adj. *mit Höhlen —, mit Schluchten versehen*.

*कन्दराकर m. *Berg*.

*कन्दराल m. 1) *Wallnussbaum*. — 2) *Hibiscus populneoides*. — 3) *Ficus infectoria*.

*कन्दरालक m. *Ficus infectoria.*

*कन्दरोद्भवा f. *eine dem* पाषाणभेद *ähnliche Pflanze* Râǵan. 5,43.

*कन्दरोहिणी f. *eine Art Cocculus* Râǵan. 3,3.

कन्दर्प 1) m. (adj. Comp. f. आ) *a) der Liebesgott, Geschlechtsliebe. — b) ein best.* Râga S. S. S. 36. — *c) ein best. Tact* S. S. S. 207. — *d) *penis* Gal. — *e)* N. pr. zweier Männer. — 2) *f. आ N. pr. einer göttlichen Dienerin des 15ten Arhant's bei den Ǵaina.

कन्दर्पकुमाराभ्र n. *eine best. hauptsächlich aus Talk bestehende Mixtur* Mat. med. 78.

*कन्दर्पकूप m. *die weibliche Scham.*

कन्दर्पकेतु m. N. pr. eines Mannes.

कन्दर्पकेलि m. Titel eines Werkes.

कन्दर्पचूडामणि m. Titel eines Werkes.

*कन्दर्पजीव m. *ein best. Strauch.*

*कन्दर्पमातर् f. Bein. der Lakshmî Gal.

*कन्दर्पमुसल m. *das männliche Glied.*

कन्दर्पशृङ्खल m. *quidam coeundi modus.*

कन्दर्पसिद्धान्त m. N. pr. eines Scholiasten.

कन्दर्पसेना f. 1) ein Frauenname. — 2) N. pr. einer Surâṅganâ Ind. St. 15,232.

कन्दल 1) m. f. n. *a) *Schädel* oder **Gürtel. — b) *ein junger Schoss. — c) *ein sanfter Ton. — d) *Verfinsterung, Finsterniss. — e) *Tadel.* — 2) m. *a) *Gold. — b) Kampf.* Am Ende eines adj. Comp. f. आ. — 3) f. ई *a) *eine Art Antilope. — b) eine best. Pflanze mit weissen Blüthen* (die beim Beginn der Regenzeit in grosser Menge plötzlich erscheinen) Bâlar. 147,13. Prasannar. 32,7. 150,21. — *c) *Lotussamen. — d) *Fahne. — e)* Titel eines Werkes. — 4) n. *die Blüthe der* Kandalî. Am Ende eines adj. Comp. f. आ.

*कन्दलता f. *ein best. Knollengewächs.*

कन्दलय्, °यति 1) *in grosser Menge und auf einmal erscheinen.* कन्दैः कन्दलितम् (impers.) Spr. 4462, v. l. — 2) *reichlich* oder *auf einmal hervorbringen, — erzeugen, — bewirken* Bâlar. 118,23. Prasannar. 36,9. 148,14. 151,11. कन्दलित *reichlich* oder *ganz unerwartet hervorgebracht, — bewirkt* Bâlar. 98,19.

*कन्दलान्त m. *eine Schlangenart* Gal.

कन्दलायन m. N. pr. eines Weisen der Vorzeit.

कन्दलिन् 1) Adj. *a) mit Blüthen der* Kandalî *bedeckt* Spr. 6171. — *b)* am Ende eines Comp. *erfüllt —, voll von* Kâd. 200,23. 233,22. — 2) *m. *eine Art Antilope.*

कन्दलीकार m. *der Verfasser der* Kandalî.

कन्दवत् m. *eine Species der* Soma-*Pflanze.*

*कन्दवर्धन m. *die Knolle von Amorphophallus campanulatus* Râǵan. 7,63.

*कन्दवल्ली f. *eine best. Arzeneipflanze.*

कन्दशाक n. *Knollengemüse* Bhâvapr. 1,143.

*कन्दशूरण m. *Amorphophallus campanulatus* Râǵan. 7,62.

*कन्दसंज्ञ n. = कन्द 1) *e).*

कन्दसंभव Adj. *aus Knollen wachsend.*

*कन्दसार und *°क (Gal.) n. Indra's *Wald.*

*कन्दाढ्य m. *ein best. Knollengewächs.*

*कन्दामृता f. *eine Art Opuntia* Râǵan. 8,54.

*कन्दार्ह m. *Amorphophallus campanulatus* Râǵan. 7,63.

*कन्दालु m. Bez. *verschiedener Knollengewächse.*

कन्दाशन Adj. *von Knollen sich nährend* Bâlar. 298,12.

*कन्दिन् m. *Amorphophallus campanulatus* Râǵan. 7,62.

*कन्दिरी f. *Mimosa pudica.*

*कन्दिल m. *ein best. Knollengewächs* Gal.

कन्दु 1) (*m. *f.) *Röstpfanne.* — 2) m. *a) *ein best. wohlriechender Stoff.* — *b)* N. pr. eines Mannes.

कन्दुक m. 1) *Röstpfanne.* — 2) *Spielball* Spr. 7721. — 3) *Kugel.* — 4) *Kopfkissen* Spr. 4601. Auch n. nach v. l. — 5) **Betelnuss* Nigh. Pr. — 6) *ein best. Tact* S. S. S. 211. Verz. d. Oxf. H. 87,*a*,9.

कन्दुकगृह n. *Bratküche* Comm. zu Kâtj. Çr. 4,7,16.

*कन्दुकप्रस्थ m. N. pr. einer Stadt.

कन्दुकाय्, °यते *einem Spielball gleichen* Bâlar. 226,11.

कन्दुकेश und कन्दुकेश्वरलिङ्ग n. Name eines Liṅga.

कन्दुगृह n. (Comm. zu Kâtj. Çr. 4,7,16, v. l.) und *कन्दुशाला f. *Bratküche.*

*कन्दूरक m. *ein best. wohlriechender Stoff* Gal.

*कन्देतु m. *Scirpus Kysoor* oder *ein ähnliches Gras* Nigh. Pr.

*कन्दोट 1) m. *Nymphaea esculenta.* — 2) n. *eine blaue Lotusblüthe.*

*कन्दोत m. *Nymphaea esculenta.*

*कन्दोत्थ n. = कन्दोट 2) Râǵan. 10,202.

*कन्दोद्भवा f. *eine Art Cocculus* Râǵan. 3,3.

*कन्दौषध n. *Arum* Nigh. Pr.

*कंध m. *Wolke.*

कंधर 1) m. f. (आ) *Hals.* Am Ende eines adj. Comp. f. आ. — 2) m. *a) *Wolke. — b) *Amaranthus oleraceus.*

*कंधि m. 1) *Meer.* — 2) *Hals.*

कन्न 1) m. N. pr. eines Ṛshi R. Gorr. 5,91,7. कण्व ed. Bomb. 6,18,26. — 2) *n. *a) Ohnmacht. — b) Sünde.*

कन्य 1) Adj. (f. आ) *der kleinste* Hemâdri 1,302, 8. 11. 13. — 2) f. कन्या, कनिआ *a) Mädchen, Jungfrau, Tochter. — b) die Jungfrau im Thierkreise* 178,18. — *c) Weibchen eines Thieres.* भुजंग° Mṛkkh. 62,20. — *d)* Bein. oder *eine Form der* Durgâ. — *e) ein in* Kaçmîra *wachsendes Knollengewächs. — f) *Aloe perfoliata* und auch Bez. *anderer Pflanzen. — g) *grosse Kardamomen. — h) ein best. Metrum.*

कन्यक 1) Adj. (f. आ) *der kleinste* Hemâdri 1,302, 16. — 2) f. आ *a) Mädchen, Jungfrau, Tochter. — b) die Jungfrau im Thierkreise. — c)* Bein. der Durgâ. — *d) *Aloe indica.* — 3) *f. कन्यिका = 2) *a).*

कन्यकागार n. *Gynaeceum.*

कन्यकागुण m. Pl. N. pr. eines Volkes.

कन्यकुब्ज n. *f. (आ) N. pr. einer Stadt.

कन्यकुमारी f. Bein. der Durgâ Taitt. Âr.

कन्यैना und कन्यैला f. *Mädchen.*

कन्यस 1) Adj. (f. आ und ई) *a) der kleinere, kleinste* Hemâdri 1,123,11. 124,4. 401,14.16. — *b) jünger.* — 2) *f. आ *der kleine Finger.*

कन्याका f. 1) **Mädchen, Jungfrau.* — 2) *Augenstern* Ait. Âr. 353,5.

*कन्याकुब्ज n. und *°ब्जा (Gal.) f. = कन्यकुब्ज.

कन्याकुमारी f. wohl *eine Form der* Durgâ. Vgl. कन्यकु°.

कन्याकूप m. N. pr. eines Tîrtha.

कन्यागर्भ m. *das Kind eines unverheiratheten Frauenzimmers.*

*कन्याज und *°जात m. *der Sohn eines unverheiratheten Frauenzimmers* Gal.

*कन्याट 1) Adj. *Mädchen nachstellend.* — 2) m. *Gynaeceum.*

कन्यातीर्थ n. N. pr. eines Tîrtha.

कन्यात्व n. *Jungfrauschaft.*

कन्यादातर् Nom. ag. *der eine Tochter verheirathet* 192,28.

कन्यादान n. *das Verheirathen einer Tochter.*

कन्यादूषक Adj. *eine Jungfrau schändend.*

कन्याधन n. *Aussteuer.*

*कन्यापति m. *Schwiegersohn.*

*कन्यापाल m. *Verkäufer von berauschenden Getränken.*

*कन्यापुत्र m. = कन्याज.

कन्यापुर n. *Gynaeceum.*

कन्याप्रदान n. = कन्यादान.

कन्याभर्तर् m. Bein. Kârttikeja's.

कन्याभाव m. *Jungfrauschaft.*

कन्याभैक्ष n. *das Betteln um ein Mädchen* 68,14.

कन्यामय Adj. *in einer Jungfrau* oder *Tochter*

bestehend.

*कन्याराम m. N. pr. eines Buddha.

कन्यावत् Adj. *eine Tochter habend*; m. *der Vater des Mädchens* Gaut.

कन्यावेदिन् m. *Schwiegersohn.*

कन्याव्रत n. *die menses der Weiber.* °स्था Adj. f. *sich in dieser Periode befindend* Kathâs. 26,56.

कन्याश्रम m. N. pr. einer *Einsiedelei.*

कन्यासंवेद्य n. N. pr. eines Tîrtha.

कन्यासमुद्भव Adj. *von einem unverheiratheten Frauenzimmer geboren.*

कन्याह्रद m. N. pr. eines Tîrtha.

*कन्युष n. *die Hand unterhalb des Handgelenks.*

कन्व्भट्ट m. N. pr. eines Mannes.

*कप् v. l. für क्रप्.

कप m. Pl. Bez. *bestimmter Götter.*

कपट 1) m. n. *a) Betrug, Hinterlist.* Häufig in Comp. mit dem, was als simulirt oder falsch bezeichnet werden soll (कपट geht voran). कपटात् und कपट° *unter dem Scheine von* (im Comp. vorangehend) Prasannar. 37,5. 148,18. — 2) m. N. pr. eines Dânava. — 3) *f. ई *a) ein best. Maass, zwei Handvoll.* — *b) ein dem* Devadâru *verwandter Baum mit wohlriechendem Harze* Nigh. Pr.

*कपटचीडा f. = कपट 3) *b)* Nigh. Pr.

कपटदैत्य m. N. pr. eines Daitja oder *ein einen* Daitja *simulirender Mann.*

कपटनाटक m. N. pr. eines Mannes Vâs.

कपटप्रबन्ध m. *ein listiger Anschlag.*

*कपटिक Adj. *mit Betrug zu Werke gehend.*

कपटिन LA. 30,7 schlechte Lesart; vgl. Spr. 3092.

*कपटिन् 1) Adj. = कपटिक. — 2) f. °नी *ein best. Parfum.*

कपटेश्वर 1) n. N. pr. eines Heiligthums. — 2) *f. ई *Solanum diffusum* Râgan. 4,34.

कपनी f. *Raupe.*

कपर्द m. 1) *Otterköpfchen.* Als Scheidemünze = 1/80 Paṇa. — 2) *aufgewundene Haarflechte.*

कपर्दक 1) m. f. (°र्दिका) *Otterköpfchen.* — 2) m. **aufgewundene Haarflechte.* — 3) f. **eine Gansart* Gal.

कपर्दयत्त m. N. pr. eines Jaksha Çatr. 14,175. Vgl. कपर्दिन् 2) *b)* β).

कपर्दिकारिका f. Pl. *die* Kârikâ *des* Kapardin.

कपर्दिन् 1) Adj. *a) dessen Haar in Form einer Muschel aufgewunden ist.* — *b) zottig.* — 2) m. *a)* Bein. Çiva's Gaut. — *b)* N. pr. α) eines der 11 Rudra. — β) *eines* Jaksha Çatr. 14,246. 253. — γ) eines Autors Sâj. zu RV 1,60,1. — 3) f. °नी N. pr. der Schutzgöttin der Bhrgu.

कपर्दिभाष्य n. Titel eines Werkes.

कपर्दिस्वामिन् m. N. pr. = कपर्दिन् 2) *b)* 8).

कपर्दिविनायकव्रत (!) n. *eine best. Begehung.*

कपर्दीशलिङ्ग n. Name eines Linga.

कपर्दीश्वरतीर्थ n. N. pr. eines Tîrtha.

कपल n. *Hälfte, Theil.*

कपाट 1) m. *f. n. (adj. Comp. f. आ) *Thür —, Thorflügel.* Eine breite Brust wird mit einem *Thürflügel* verglichen. — 2) n. *a)* **Fensterladen* Molesw. — *b)* N. pr. einer Stadt.

कपाटक 1) am Ende eines adj. Comp. (f. °टिका) = कपाट 1). — 2) f. °टिका f. dass. Comm. zu Bhâg. P. 3,15,29.

*कपाटघ्न Adj. Subst. *eine Thür einbrechend, ein solcher Dieb.*

कपाटतोरणवत् Adj. *mit Thorflügeln und bogenförmigen Verzierungen darüber geschmückt.*

कपाटसंधि m. *eine best. Art von Multiplication.*

कपाटसंधिक Adj. als Bez. *eines best. Verbandes.*

कपाटित Adj. *verschlossen* Râgat. 8,321.

*कपाटिनी f. = कपट 3) *b)* Râgan. 12,33. Nigh. Pr.

कपायी f. *Aeffin* in वृषा°.

कपाल 1) (*m.) n. (adj. Comp. f. आ) *a) Schale, Schüssel.* — *b) Deckel.* — *c) Scherbe.* — *d) Hirnschale, Schädel, Schädelknochen.* — *e) Schale des Eies.* — *f) Schale der Schildkröte.* — *g) Hemisphäre.* — *h) Pfanne am Schenkel des Menschen* oder *Thieres, ein schalen— oder scheibenförmiger Knochen.* — *i) eine Art Aussatz.* — *k)* **Menge.* — 2) m. *a)* = °संधि. — *b) eine best. Mischlingskaste.* — *c)* N. pr. verschiedener Männer. Pl. Name einer Schule und Secte (VP.[2] 5,287. 375). — 3) f. ई = 1) *a)* Spr. 4102. — 4) wohl n. Titel eines Tantra.

कपालक 1) Adj. *schalenförmig.* — 2) m. *Schale, Schüssel* Hemâdri 2,*a*,80,13. 127,17 (°कपालकौ zu lesen). — 3) f. °लिका *a) Scherbe.* — *b) Weinstein der Zähne.*

कपालकेतु m. *ein best. Komet.*

कपालखड्गिन् Adj. *einen Schädel und ein Schwert tragend* Hemâdri 2,*a*,86,11.

*कपालनालिका f. *eine Spindel zum Aufwinden von Baumwolle u. s. w.*

कपालपाणि Adj. *einen Schädel in der Hand haltend.* Nom. abstr. °त्व n.

कपालपाशिन् Adj. *einen Schädel und eine Schlinge tragend* Hemâdri 2,*a*,86,8.

कपालभाती f. *eine best. Art des Athmens bei Asketen.*

*कपालभृत् m. Bein. Çiva's.

कपालमाला f. N. pr. eines Wesens im Gefolge der Devi.

कपालमालिन् Adj. *mit Schädelknochen bekränzt* Hemâdri 2,*a*,87,19. 123,12.

कपालमोचन n. N. pr. eines Tîrtha.

*कपाललासिका f. = कपालनालिका Gal.

कपालवज्रिन् Adj. *einen Schädel und einen Donnerkeil tragend* Hemâdri 2,*a*,86,11.

कपालवत् Adj. *einen Schädel tragend* Bâlar. 29,11.

कपालशिरस् n. *Kehlkopf.*

कपालशूलखट्वाङ्गिन् Adj. *einen Schädel, einen Spiess und eine Keule tragend* (Çiva) Hemâdri 1, 234,18.

कपालसंधि m. *ein auf gleichen Verhältnissen beruhendes Bündniss* Spr. 1530.

कपालस्फोट m. N. pr. eines Rakshas.

कपालि m. Bein. Çiva's, = कपालिन्.

कपालिन् 1) Adj. *a) eine Schale* (zum Betteln) *tragend* Nâr. 5,62. — *b) mit Schädelknochen versehen.* — 2) m. und °नी f. *a) der Sohn (die Tochter) einer Brahmanin und eines Fischers.* — *b) der Anhänger (Anhängerin) einer best.* Çiva*'itischen Secte.* — 3) m. *a)* Bein. Çiva's Bâlar. 111,14. — *b)* N. pr. α) eines der 11 Rudra. — β) eines best. Krankheitsdämons Hariv. 9557. — γ) eines Lehrers. — 4) f. °नी *a) eine Form der* Durgâ. — *b)* N. pr. eines Wesens im Gefolge der Devî.

कपालिन Adj. *zu* Kapâlin *in Beziehung stehend.*

*कपालीन m. *Bachstelze* Gal.

कपालेश्वरतीर्थ n. N. pr. eines Tîrtha.

कपि 1) m. *a) Affe.* Das *f. कपि und कपी. — *b)* **Elephant.* — *c)* **Emblica officinalis,* **eine* Karanǵa*-Species* und **Olibanum* (Râgan. 12,105). — *d)* **die Sonne.* — *e)* Bein. Vishṇu-Kṛshṇa's. — *f)* N. pr. verschiedener Männer. Pl. *ihr Geschlecht.*

कपिकच्छु und *°च्छू f. *Mucuna pruritus.*

*कपिकच्छुफलोपमा f. *eine best. Schlingpflanze* Râgan. 3,115.

*कपिकच्छुरा f. *Mucuna pruritus.*

*कपिकन्दुक n. *Schädel.*

*कपिका f. *Vitex Negundo.*

कपिकेतन m. Bein. Arǵuna's, Sohnes des Pâṇḍu.

*कपिकेश Adj. *braunhaarig.*

*कपिकोलि m. *eine Zizyphus-Species.*

*कपिङ्गल m. v. l. für कपिञ्जल *Haselhuhn.*

*कपिचूड m. (Râgan. 11,172), *°चूडा f. und *°चूत m. *Spondias mangifera.*

*कपिज m. *Olibanum* Râgan. 12,106.

*कपिजाङ्घिका f. *eine Ameisenart.*

कपिञ्जल 1) m. *a) Haselhuhn.* — *b)* **Cuculus melanoleucus.* — *c)* N. pr. α) eines Vidjâdhara.

Bâlar. 89,12. — β) eines Mannes. — γ) eines Sperlings. — 2) f. कपिञ्जला N. pr. eines Flusses.

कपिञ्जलक m. Hypokoristikon von कपिञ्जल 1) c) β).

*कपिञ्जलाद् m. N. pr. eines Mannes.

*कपिञ्जलार्म n. Kâç. zu P. 6,2,90.

कपितीर्थ n. N. pr. eines Tîrtha.

कपितैल n. *Liquidambar* Bhâvapr. 1,187.

कपित्थ m. 1) *Feronia elephantum; n. die Frucht.* — 2) *eine best. Stellung der Hand.*

कपित्थक m. n. (*die Frucht*) = कपित्थ 1).

कपित्थत्वच् f. *die Rinde von Feronia elephantum* Bhâvapr. 1,194.

*कपित्थपर्णी f. *eine best. Pflanze* Ratnam. 112.

*कपित्थफल m. *eine Mangoart.*

*कपित्थानी f. = कपित्थपर्णी Ratnam. 112.

*कपित्थास्य m. *eine Affenart.*

*कपित्थिनी f. *eine an* Kapittha *reiche Gegend.*

*कपित्थिल Adj. von कपित्थ.

कपिध्वज m. = कपिकेतन.

कपिनामक m. *Liquidambar* Bhâvapr. 1,187.

*कपिनामन् m. dass. Ratnam. 42.

*कपिनाशन n. *ein geistiges Getränk* Gal.

कपिनास m. und °नासिका f. *ein best. Saiteninstrument* S. S. S. 185. 191.

*कपिनुत्ता f. *ein best. Arzeneistoff* Gal.

कपिपति m. Bein. Hanumant's Spr. 6230.

*कपिपिप्पली f. 1) *roth blühender* Apâmârga. — 2) *Scindapsus officinalis.*

*कपिप्रभा f. *Mucuna pruritus.*

*कपिप्रभु m. Bein. Râma's.

*कपिप्रिय m. 1) *Spondias mangifera* Râǵan. 11,172. — 2) *Feronia elephantum.*

कपिभक्त m. *ein best. süsser Stoff.*

*कपिरक = कपिलक.

*कपिरथ m. Bein. Râma's.

*कपिरसाढ्या f. *Spondias mangifera* Râǵan. 11,172.

*कपिरोमफला und *°रोमलता (Gal.) f. *Mucuna pruritus.*

कपिल 1) Adj. (f. आ) *bräunlich, röthlich.* — 2) m. a) *die bräunliche* oder *röthliche Farbe* Suçr. 2,280,1. — b) *eine Mausart.* — c) *eine Affenart.* — d) *eine Hundeart.* — e) **Weihrauch.* — f) N. pr. α) eines alten Weisen. — β) verschiedener anderer Männer. — γ) eines Dânava. — δ) eines Schlangendämons. — ε) Pl. eines Volkes Varâh. Bṛh. S. 14,17. — ζ) eines von einem Kapila beherrschten Varsha in Kuçadvîpa VP. 2,4,37. — η) verschiedener Berge und Gebirge. — g) *ein best. Feuer* (mit dem Weisen identificirt). — h) Bein. *der Sonne.* — i) Pl. Bez. *der Brahmanen in* Çâlmaladvîpa VP. 2,4,31. — k) *ein Sänger; der zu hoch oder zu tief singt,* S. S. S. 117. — 3) f. आ a) *eine braune Kuh.* — b) *eine Blutegelart* 217,12. 13. — c) *eine Spinnenart* Suçr. 2,296,12. — d) **Dalbergia Sissoo* oder *eine verwandte Species.* — e) **Aloe perfoliata.* — f) **ein best. Arzeneistoff.* — g) **eine Art Messing.* — h) N. pr. α) einer Tochter Daksha's und Name der Dâkshâjaṇî in Mahâliñga. — β) einer Kiṃnara-Jungfrau Kâraṇḍ. 6,5. — γ) *des Weibchens vom Elephanten Puṇḍarîka. — δ) eines Flusses.

कपिलक 1) Adj. (f. °लिका) *röthlich.* — 2) *f. °लिका N. pr. eines Frauenzimmers.

कपिलगीता f. Titel eines Werkes.

कपिलजट m. N. pr. eines Muni.

कपिलदेव m. N. pr. des Verfassers einer Smṛti.

*कपिलद्युति m. *die Sonne.*

*कपिलद्राक्षा f. *Weinstock mit röthlichen Trauben* Râǵan. 11,103.

*कपिलद्रुम m. *Cytisus Cajan.*

*कपिलधारा f. 1) Bein. der Gaṅgâ. — 2) N. pr. eines Tîrtha.

कपिलपञ्चरात्र n. Titel eines Werkes.

कपिलपुर n. = कपिलवस्तु.

*कपिलफला f. = कपिलद्राक्षा Râǵan. 11,103.

कपिलभद्रा f. ein Frauenname (buddh.)

कपिलभाष्य n. = कपिलसांख्यप्रवचनशास्त्रभाष्य.

कपिलरुद्र m. N. pr. eines Dichters.

कपिलर्षि m. *der* Ṛshi Kapila 106,22. 28.

*कपिललोह *eine Art Messing* Nigh. Pr.

कपिलवस्तु N. pr. der Geburtsstadt Çâkjamuni's.

कपिलशर्मन् m. N. pr. eines Brahmanen.

*कपिलशिंशपा f. *eine Varietät von Dalbergia Sissoo* Râǵan. 9,135.

कपिलसंहिता f. Titel eines Upapurâṇa.

कपिलसांख्यप्रवचन n. = सांख्यप्रवचन. °भाष्य n. *der Commentar dazu.*

*कपिलाक्षा f. = कपिलाक्षी 2) Gal.

*कपिलाक्षी f. 1) *Koloquinthengurke.* — 2) = कपिलशिंशपा Râǵan. 9,135.

कपिलाचार्य m. Kapila *der Lehrer*, auf Çiva übertragen.

*कपिलाञ्जन m. Bein. Çiva's.

कपिलातीर्थ n. N. pr. eines Tîrtha.

*कपिलाधिका f. *eine Ameisenart* Nigh. Pr.

*कपिलापति m. Bein. Drupada's Gal.

कपिलाय्, °यते *ins Bräunliche* oder *Röthliche spielen* Harshak. 40,20.

कपिलावट m. N. pr. eines Tîrtha.

कपिलाश्रम m. N. pr. einer *Einsiedelei* VP.² 3,302.

कपिलाश्व m 1) Bein. Indra's. — 2) N. pr. eines Mannes.

कपिलाषष्ठी f. *der 6te Tag in der dunkelen Hälfte des* Bhâdrapada.

कपिलाह्रद m. N. pr. eines Tîrtha.

कपिलिमन् m. Nom. abstr. zu कपिल 1).

कपिली Adv. mit कर् *bräunlich* oder *röthlich färben* Kâd. 156,22.

कपिलेश्वरतीर्थ n. N. pr. eines Tîrtha.

कपिलेश्वरदेव m. N. pr. eines *Fürsten.*

*कपिलोमफला f. *Mucuna pruritus.*

*कपिलोला f. *Piper aurantiacum* Râǵan. 6,114.

*कपिलोह n. *Messing.*

*कपिल्लक 1) m. *eine Art rothes Pigment* Gal. — 2) f. *ल्लिका *Scindapsus officinalis.*

*कपिवक्त्र m. Bein. Nârada's.

कपिवन m. N. pr. eines Mannes.

*कपिवल्लिका und *°वल्ली f. *Scindapsus officinalis.*

कपिश 1) Adj. (f. आ) *bräunlich, röthlich.* — 2) *m. a) *Weihrauch.* — b) *die Sonne* Gal. — c) Bein. Çiva's Gal. — 3) f. आ a) **eine Art Rum.* — b) N. pr. α) *der Mutter der Piçâka. — β) *eines Flusses.* — 4) *n. = 3) a) Gal.

कपिशभ्रू f. ein Frauenname.

कपिशय्, °यति *röthlich färben* Nâgân. 70. Prasannar. 130,22.

*कपिशाञ्जन m. Bein. Çiva's.

कपिशावदान n. Titel eines buddh. Avadâna.

*कपिशिरस् n. *Mauersims* Gal.

*कपिशीका f. *eine Art Rum.*

कपिशीर्ष n. *Mauersims* Vikramâñkak. 2,7.

कपिशीर्ष्णी f. *eine Art Laute.*

*कपिशेक्षणा m. *Asteracantha longifolia* Gal.

कपिष्ठल m. N. pr. eines Ṛshi. Pl. *sein Geschlecht.* °संहिता.

कपिस्कन्ध m. N. pr. 1) eines Wesens im Gefolge Skanda's MBh. 9,45,57. — 2) eines Dânava.

कपिस्थल n. 1) **Standort von Affen.* — 2) N. pr. einer Stadt.

*कपिस्था f. *eine Art Kardamomen* Gal.

कपिस्वर m. N. pr. eines Mannes.

*कपीकच्छु f. = कपि°.

*कपीष्ट m. *Mimusops Kauki.*

*कपीत m. *eine best. Pflanze,* = श्वेतगुञ्जा Ratnam. 32.

कपीतक n. *Berberis asiatica* Bhâvapr. 1,177.

कपीतन m. 1) *Spondias mangifera.* — 2) *Thespesia populnea.* — 3) *Acacia Sirisa.* — 4) *Ficus religiosa.* — 5) *Areca Faufel.* — 6) *Aegle Marme-*

los. — Im Suçr. nicht näher zu bestimmen.

कपीन्द्र m. Bein. 1) Vishṇu's. — 2) Gâmbavant's. — 3) Sugrîva's. — 4) Hanumant's R. 7,36,44. 45.

कपीवन्त् N. pr. 1) m. eines Weisen. — 2) f. °वती eines Flusses.

कपीवह Kâç. zu P. 6,3,121.

कपीश्वर m. Bein. Sugrîva's.

*कपीष्ट m. 1) *Feronia elephantum.* — 2) = राजादनी.

कपुच्छल n. 1) *das Haar am Hinterhaupte* Gobh. 2,9,18. — 2) *die Schale* oder *Kelle des Opferlöffels.*

कपुत्सल n. v. l. für कपुच्छल 2).

*कपुष्टिका f. = कपुष्णिका.

कपुष्णिका f. *Haarbüschel an der Seite des Kopfes* Gobh. 2,9,12.

कपूय Adj. (f. आ) *stinkend.*

कपृथ् und कपृथ m. *das männliche Glied.*

कपोत 1) m. *a) Taube, Täuberich.* — *b)* * *Vogel.* — *c)* = कपोतपालि Vâstuv. 667. — *d) eine best. Stellung der Hand.* — *e) die graue Farbe der Taube.* — *f) Antimonglanz.* — 2) f. कपोती *eine weibliche Taube.*

कपोतक 1) Adj. (f. °तिका) *taubenfarbig, grau.* — 2) m. *a) Täubchen, Taube.* — *b) eine best. Stellung der Hand.* — 3) f. °तिका *ein weibliches Täubchen.* — 4) f. ई *ein best. Vogel,* = श्यामा. — 5) n. *Antimonglanz* Karaka 6,18.

*कपोतकीय Adj. von कपोत

कपोतचरणा f. *ein best. wohlriechender Stoff* Bhâvapr. 1,195.

*कपोतपर्णी f. *Kardamomen* Gal. Fehlerhaft für कपोतवर्णी.

*कपोतपाक 1) m. *a) eine junge Taube.* — *b)* Pl. N. pr. eines Kriegerstammes. — 2) f. आ *eine Fürstin der* Kapotapâka. °पाकी Kâç.

*कपोतपाद Adj. *taubenfüssig.*

कपोतपालि f. *Fries, Carnies* (eines Gebäudes).

*कपोतपालिका und °पाली f. *Taubenschlag.*

*कपोतबाणा f. = कपोतचरणा Râgan. 12,163.

कपोतरेतस m. N. pr. eines Mannes.

कपोतरोमन् m. N. pr. eines Fürsten.

*कपोतवक्र n. *eine best. Pflanze.*

कपोतवङ्का f. *eine best. Arzeneipflanze.*

कपोतवर्णा 1) Adj. *bleigrau.* — 2) *f. ई *kleine Kardamomen.*

कपोतवल्ली f. *eine best. Pflanze.*

*कपोतवेगा f. *Ruta graveolens* Râgan. 5,63.

*कपोतसार n. *Antimonglanz* Râgan. 13,99.

कपोतहस्त und °क m. *eine best. Stellung der Hand.*

*कपोताङ्घ्रि f. *ein best. wohlriechender Stoff.*

*कपोताञ्जन n. *Antimonglanz.*

कपोताभ Adj. *bleigrau.*

*कपोतारि m. *Falke.*

कपोतिन् Adj. *taubenähnlich.*

कपोल 1) m. *a) Wange.* Am Ende eines adj. Comp. f. आ. — *b)* Pl. Name einer Schule des weissen Ja*g*urveda Ârjav. 46,13. — 2) *f. ई *Kniescheibe.*

कपोलक n. *Wange* Hemâdri 1,435,11. — 2,a,127, 17 fehlerhaft für कपालक.

कपोलकवि m. N. pr. eines *Dichters.*

कपोलकाष m. *ein Gegenstand, an dem sich die Wange reibt.*

कपोलपत्त्र n. *ein auf die Wange aufgetragenes Zeichen* Naish. 7,60.

कपोलपालि und °पाली (Spr. 7792. Kâd. II,16, 18) f. *Backenrand.*

कपोलफलक n. (adj. Comp. f. आ) *Backenknochen.*

कपोलभित्ति f. dass.

कप्पिण, कप्फिन oder कप्फिल्ल m. N. pr. eines Mannes.

*कप्याख्य n. *Weihrauch.*

कप्याम n. *Gesäss eines Affen* Khând. Up. 1,6,7.

*कप्यास्य (Conj.) m. Bein. Nârada's.

कप्लक Adj. TBr. 2,7,18,4 nach der Lesart des Comm.

कफ m. *Phlegma, Schleim* (eine der 3 Flüssigkeiten im menschlichen Körper).

*कफकूर्चिका f. *Speichel.*

कफगण्ड m. *eine best. Halskrankheit* Çârṅg. Saṁh. 1,7,79.

कफघ्न 1) Adj. *das Phlegma vertreibend, dem Phl. entgegenwirkend.* — 2) *f. ई *eine best. Pflanze,* = रूपुषा Râgan. 4,116.

*कफणि m. f. *Ellbogen.*

कफनाडी f. *eine best. Zahnfistel* Çârṅg. Saṁh. 1,7,76.

कफप्राय und कफल Adj. *phlegmatisch.*

*कफवर्धन m. *eine Species der Tabernaemontana.*

कफवातिक Adj. *bei dem Phlegma und Wind vorwalten.*

*कफविरोधिन् n. und *कफवैरिन् m. (Gal.) *schwarzer Pfeffer.*

कफात्मक Adj. *phlegmatisch.*

*कफान्तक und *कफान्तिक (Gal.) m. *eine best. Pflanze.*

*कफारि m. *getrockneter Ingwer.*

कफिन् 1) *Adj. *phlegmatisch, verschleimt.* — 2) m. *a)* * *Elephant.* — *b)* N. pr. v. l. für कप्फिण.

कफिण und कफिल m. Varianten von कप्फिण.

*कफेलु m. *Cordia latifolia.*

कफोणि (*m. *f.) *Ellbogen.*

कफोणिगुडाय्, °यते *einer Kugel auf dem Ellbogen gleichen,* so v. a. *nichts weniger als feststehen, durchaus nicht bewiesen sein.* °यित n. Nom. act.

कफोड m. vielleicht *Ellbogen.*

*कब्, कबते (वर्णे). Vgl. कव्.

कबन्ध s. कवन्ध.

कबर 1) Adj. (f. आ) *gesprenkelt, bunt.* — 2) m. f. (ई) *Haarflechte* 166,17. Spr. 7809. — 3) *m. *der Etwas hersagt.* — 4) *f. आ und ई *Ocimum gratissimum.* — 5) f. ई *a)* * *Acacia arabica* und * *rother Oleander* Nigh. Pr. — *b)* ein Frauenname Ind. St. 14,112. — 6) *n. *a) Salz.* — *b) Säure.* — *c) eine Art Sandelholz* Gal.

*कबरपुच्छी Adj. f. *einen flechtenähnlichen Schweif habend.*

*कबराल n. *eine Art Schleier* Gal.

*कबित्थ m. = कपित्थ.

*कबिल Adj. = कपिल.

*कबुलि f. *After.*

कब्रु n. AV. 11,3,6 vielleicht = कम्बूक und fehlerhaft für कम्बु; vgl. 11,1,29.

1. कम् Indecl. 1) *wohl, gut, bene.* — 2) hebt einen vorangehenden Dativ hervor. — 3) Fragepartikel.

2. कम् Indecl. *wohl, ja* nach नु, सु und हि. Einmal im AV. betont.

3. *कम् Indecl. 1) *Wasser.* — 2) *Speise.* — 3) *Kopf.*

4. कम्, चकमे (29,12), चकमान, कमिष्यते; die Special-Tempora fehlen. 1) *wünschen, begehren, wollen, ein Verlangen haben.* — 2) *lieben, der Liebe pflegen.* — Partic. कान्त s. bes. — Caus. कामयते, episch auch कामयति 1) *wünschen, begehren, wollen, ein Verlangen haben;* mit Acc., Infin. oder *Potent. कामित *erwünscht.* — 2) *lieben, der Liebe pflegen.* — 3) mit बहु oder अत्यर्थम् *Etwas hoch anschlagen, einen grossen Werth auf Etwas legen.* — 4) *zur Liebe reizen.* — Mit अनु Caus. *wünschen,* mit Acc. — Mit अभि *verlangen nach,* mit Acc. — Caus. 1) *verlangen nach, wünschen;* mit Acc. oder Infin. — 2) *lieben, verliebt sein* Daçak. 87,10. — Mit नि Simpl. und Caus. *sich gelüsten lassen nach, begehren, neidisch sein;* mit Acc. — Mit प्र in °कमन und °कमनीय.

*कमक m. N. pr. eines Mannes. Pl. *sein Geschlecht.*

कमठ 1) m. *a) Schildkröte.* — *b)* * *Stachelschwein.* — *c)* * *Wassertopf der Einsiedler.* Nach Einigen n. — *d)* * *Bambusrohr.* — *e)* N. pr α) eines Fürsten. — β) eines Muni. — γ) eines Asura.

कमण्डलु 1) m. *n. *Wassertopf der Einsiedler.*

— 2) *m. *Ficus infectoria*. — 3) *f. °लू *a*) = 1). — *b*) *ein best. vierfüssiges Thier*.

*कमण्डलुतरु m. *Ficus infectoria*.

कमण्डलुधर m. Bein. Çiva's.

कमण्डल्वक्षसूत्रिन् Adj. *mit einem Wassertopf und einem Rosenkranz versehen* Hemâdri 1,242,2. 814,4. 2,*a*,109,7.

कमम्बू f. N. pr. eines Weibes.

कमन 1) Adj. (f. आ) *a*) **begierig, lüstern*. — *b*) *lieblich, reizend*. — 2) *m. *a*) *der Liebesgott*. — *b*) Bein. Brahman's. — *c*) *Jonesia Asoka*.

*कमनच्छद m. *Reiher*.

कमनीय Adj. 1) *wonach man ein Verlangen haben kann* oder *darf*. — *b*) *lieblich, reizend, schön* Spr. 7793.

*कमन्तक und *कमन्दक m. N. pr. zweier Männer. Pl. *ihr Geschlecht*.

*कमन्ध n. *Wasser*.

*कमर Adj. *begierig, lüstern*.

1. कमॅल Adj. viell. *begierig, brünstig*.

2. कॅमल Adj. Bez. *einer best. Farbe*.

3. कमल 1) m. (Hemâdri 1,797,11) und n. (adj. Comp. f. आ) *die Blüthe von Nelumbium*. Erscheint früher als उत्पल 97,30. Ungenau für कमलिनी Comm. zu Vâmana 5,1,12. — 2) m. *a*) **eine Hirschart*. — *b*) **Ardea sibirica*. — *c*) *Bein. Brahman's. — *d*) *ein best.* Dhruvaka (musik.). — *e*) N. pr. α) *eines Schülers des Vaiçampâjana Kâç. zu P. 4,3,104. — β) eines Asura. — 3) f. आ *a*) Bein. α) der Lakshmî und daher Sg. und Pl. *Reichthum, Glücksgüter*. — β) der Dâkshâjaṇî in Kamalâlaja. — *b*) **ein ausgezeichnetes Weib*. — *c*) *Orange*. — *d*) N. pr. α) einer der Mütter im Gefolge Skanda's. — β) der Gemahlin Gaǵâpîḍa's und einer anderen Frau. — 4) f. ई und n. *ein best. Metrum*. — 5) n. *a*) *eine best. Constellation*. — *b*) *Wasser*. — *c*) **Kupfer*. — *d*) **Urinblase*. — *e*) **Arzenei*. — f) N. pr. einer von Kamalâ erbauten Stadt.

कमलक n. N. pr. einer Stadt.

*कमलकीकेर, *कमलकीट und *कमलकीर (so Kâç. st. कमलकीकर) Namen von Dörfern.

कमलगर्भ und कमलज m. Bein. Brahman's.

कमलदलविमलनक्षत्राजसंकुसुमिताभिज्ञ m. N. pr. eines Buddha.

कमलदेव N. pr. 1) m. eines Mannes. — 2) f. ई der Gemahlin Lalitâditja's.

कमलनयन m. N. pr. eines Fürsten.

कमलनाभ m. Bein. Vishṇu's (Nârâjaṇa's) Kâd. II,110,13.

कमलनेत्र Adj. (f. आ) *lotusäugig* Dhûrtan. 48.

कमलपत्त्र n. *Blatt der Lotusblüthe*. °पत्त्राक्ष Adj.

कमलबान्धव m. Bein. *der Sonne* Kâd. 235,14.

कमलबालनालाय्, °यते *einem jungem Lotusstengel gleichen* Ind. St. 15,277.

कमलभव m. Bein. Brahman's Varâh. Bṛh. S. 53,1.

कमलभवन m. desgl. Spr. 4771.

*कमलभिद्रा f. N. pr. eines Dorfes.

कमलभू m. Bein. Brahman's Viddh. 34,5.

कमलमति m. N. pr. eines Mannes.

कमलमय Adj. *ganz aus Blüthen von Nelumbium bestehend* Kâd. II,17,22. Harshaḱ. 90,14.

कमलयोनि m. Bein. Brahman's Hemâdri 1, 816,15.

कमललोचन 1) Adj. (f. आ) *lotusäugig*. — 2) f. आ ein Frauenname.

कमलवती f. N. pr. 1) = कमलदेवी. — 2) einer Prinzessin.

कमलवदन Adj. (f. आ) *ein Lotusgesicht habend*.

कमलवन n. *Lotusgruppe*. Davon °मय Adj. *ganz aus Lotusgruppen bestehend* Kâd. 94,7.

कमलवर्धन und °वर्मन् m. N. pr. zweier Fürsten.

कमलशील m. N. pr. eines Gelehrten (buddh.).

कमलषष्ठी f. *ein best. sechster Tag*.

कमलसप्तमी f. *ein best. siebenter Tag*.

कमलसंभव m. Bein. Brahman's.

कमलाकर m. 1) *Lotusgruppe, Lotusteich* 298,24 (im Prâkrit). — 2) N. pr. verschiedener Männer, insbes. Gelehrten. Auch °भट्ट, भट्ट°, °पूर्त, °शर्मन्.

कमलाकरतीर्थयात्रा f. Titel eines Werkes.

कमलाकेशव m. N. pr. eines Heiligthums.

कमलाक्ष 1) Adj. (f. ई) *lotusäugig* Spr. 7793. Dhûrtan. 47. — 2) m. oder n. N. pr. einer Oertlichkeit. — 3) f. ई N. pr. einer der Mütter im Gefolge Skanda's.

कमलाग्रजा f. Bein. der Alakshmî Spr. 7769.

कमलाह्वया f. N. pr. einer Apsaras VP.[2] 2,82.

कमलातीर्थ n. N. pr. eines Tîrtha.

कमलानन्दन m. Metron. des Miçradinakara.

कमलापात m. N. pr. eines Mannes.

कमलाभक्त m. desgl.

कमलायुध m. N. pr. eines Dichters.

कमलालय 1) N. pr. einer Oertlichkeit. — 2) f. आ Bein. der Lakshmî Spr. 7769.

1. कमलासन n. 1) *eine Lotusblüthe als Sitz*. — 2) *eine best. Art zu sitzen*.

2. कमलासन m. Bein. Brahman's.

कमलाहट्ट m. N. pr. eines *Marktplatzes*.

कमलाहास्, °माति *lachen wie die* Lakshmî.

कमलिनी f. 1) *Lotuspflanze*. °दल *Lotusblatt* 304,19 (im Prâkrit). — 2) *Lotusgruppe. Lotusteich*.

कमलिनीका f. Demin. von कमलिनी 2) Kâd. 243,1.

कमलिनीकान्त n. Bein. *der Sonne*.

कमलिनीबन्धु m. dass. Comm. zu Ganit. 1,1.

कमलेक्षणा Adj. (f. आ) *lotusäugig*.

*कमलोत्तर n. *Safflor*.

कमलोत्पलमालिन् Adj. *mit* Kamala *und* Utpala *bekränzt*, — *reich versehen* MBh. 3.138,81.

कमलोदय m. N. pr. eines Mannes.

कमलोद्भव m. Bein. Brahman's.

*कमा f. *Lieblichkeit, Schönheit*.

कमि Bez. *der Wurzel* कम् 238,28.

कमितर Nom. ag. *der da liebt*, mit Acc. Naish. 5,34. *Gatte* (von einem Thiere) Bâlar. 28,5.

कमुञा oder कमुञ्ञा f. *Schopf*.

कम्प्, कॅम्पते (episch auch कम्पति) 1) *zittern, beben*. कम्पित *zitternd*. — 2) * = क्रुध्यतिकर्मन्. — Caus. कम्पयति, °ते *zittern machen, zum Zittern bringen*. कम्पित *in eine zitternde Bewegung gebracht, geschwungen*. — 2) *schwingend* —, *trillernd aussprechen*. — Mit अनु *mit Jmd* (Loc. oder Acc.) *Mitgefühl haben, bemitleiden, durch Etwas* (Instr.) *Jmd* (Acc.) *sein Mitgefühl zu erkennen geben*. — Caus. dass., mit Acc. — Mit समनु dass., mit Acc. — Mit अभि *erzittern, erbeben*. — Caus. *aufregen, anlocken*. — Mit आ *erzittern* Kâd. 127,1. — Caus. *erzittern machen*. आकम्पित *erzittern gemacht*. — Mit उद् *aufzittern*. — Caus. *nach oben schwingen, aufschütteln*. — Mit परि Caus. *erzittern machen, schütteln*. — Mit संपरि Caus. dass. — Mit प्र 1) *erzittern*. प्रॅकम्पित (!) Suparn. 4,1. — 2) *aus der festen Lage kommen, locker werden*. — 3) *schwingend klingen*. — Caus. 1) *erzittern machen*. — 2) *schwingen, schütteln*. — Mit अनुप्र Caus. *nach einem Andern schwingen* Âpast. Çr. 12,28. 18,7. — Mit अभिप्र Caus. *aufregen, anlocken*. — Mit संप्र *erzittern*. — Caus. *erzittern machen*. — Mit प्रति Caus. *erzittern machen* MBh. 4,11,2. — Mit वि 1) *erzittern*. — 2) *weichen von* (Abl.). — 3) *sich entstellen*. *विकम्पित *entstellt*. — Caus. *erzittern machen*. — Mit सम् *erzittern*. — Caus. *erzittern machen*.

कम्प m. 1) *das Zittern, Beben, zitternde Bewegung*. — 2) *Erdbeben* 220,23. 26. — 3) *vibratio, trillernde Aussprache*. — 4) *ein best. Tact* S. S. S. 235. — 5) N. pr. eines Mannes.

कम्पन 1) Adj. (f. आ) *a*) *zitternd*. — *b*) *zittern machend, erschütternd*. — 2) m. *a*) *eine best. Waffe*. *b*) *eine Species von Fieber* Bhâvapr. 3,71. — *c*) **die kühle Jahreszeit*. — *d*) N. pr. α) eines Fürsten. — β) eines an Kaçmîra angrenzenden Landes. — 3) f. आ N. pr. eines Flusses. — 4) n. *a*) *das*

Zittern, Beben. — b) *Erdbeben.* — c) *vibratio, trillernde Aussprache.* — d) *das Schütteln, Schwingen.*

कम्पराज m. N. pr. eines Mannes.

*कम्पल m. *Brodfruchtbaum.*

*कम्पलक्ष्मन् und *कम्पाङ्ग m. *Wind.*

कम्पाय्, °यते *zittern* Comm. zu Varâh. Bṛh. 6,6.

कम्पिका f. *eine Art Cymbel* S. S. S. 198.

कम्पित n. *das Zittern.*

कम्पिन् Adj. 1) *zitternd.* — 2) am Ende eines Comp. *schüttelnd.*

कम्पिल m. 1) * = कम्पिल्ल्य. — 2) N. pr. eines Mannes, = लवण.

*कम्पिल्ल्य, °क (Káraka 6,7), कम्पिल्ल, कम्पिल्लक, कम्पिल्लवक (! Káraka 7,23) und *कम्पील n. Râǵan. 13,102. Nach Mat. med. 232 *der Farbstoff, welchen die Rottleria tinctoria liefert.*

कम्प्य Adj. 1) *zum Zittern zu bringen* in अ°. — 2) *trillernd zu sprechen.*

कम्प्र Adj. (f. आ) 1) *zitternd* Bâlar. 35,17. — 2) *behende* Lâṭy. 8,6,10. — 3) *schwankend, ungewiss* Naish. 3,71.

कम्फिल्ल m. = कम्पिल्ल.

*कम्ब्, कम्बति (गतौ).

कम्बल 1) m. n. (selten) *wollenes Tuch, — Decke, — Gewand* Hemâdri 1,423,17. — 2) m. a) *Wamme.* Am Ende eines adj. Comp. f. आ Hemâdri 1,402,17. 423,17. — b) **Wurm, Insect.* — c) **eine Hirschart.* — d) N. pr. α) zweier Männer. — β) eines Schlangendämons. — 3) n. a) **Wasser.* — b) N. pr. eines Varsha in Kuçadvîpa.

कम्बलक 1) m. = कम्बल 1). — 2) *f. °लिका gaṇa पत्तादि.

*कम्बलचारायणीय m. Pl. Spottname *einer Schule der Kârâjana.*

कम्बलबर्हिष m. N. pr. eines Mannes.

कम्बलबर्हिस् m. N. pr. eines Sohnes des Uçanas VP.[2] 4,63. 64.

*कम्बलवाह्य m. = कम्बलिवाह्यक.

*कम्बलहार m. N. pr. eines Mannes. Pl. *sein Geschlecht.*

*कम्बलार्ण n. Vârtt. zu P. 6,1,89.

*कम्बलालुका f. *eine best. Gemüsepflanze* Gal.

*कम्बलिन् m. *Ochs (bewammt).*

*कम्बलिवाह्यक n. *ein von Ochsen gezogener Wagen.*

*कम्बलीय Adj. *zu wollenen Decken u. s. w. geeignet.*

कम्बलेश्वरग्राम m. N. pr. eines *Dorfes.*

कम्बलोदरि m. N. pr. eines Mannes. Pl. *sein Geschlecht.*

*कम्बल्य n. (adj. Comp. f. आ) *hundert Pala Wolle.*

*कम्बि f. 1) *Löffel.* — 2) *Bambusknoten.*

कम्बु 1) m. *n. *Muschel.* कण्ठेन कम्बुतुल्येन Hemâdri 2,a,111,10. — 2) m. a) *Armband von Muscheln.* — b) *drei Falten im Nacken* Varâh. Bṛh. S. 70,5. — c) **Hals.* — d) **Elephant.* — e) **ein röhrenförmiger Knochen.* — f) **eine Art Curcuma.*

कम्बुक 1) *m. a) *Muschel.* — b) *eine verächtliche Person.* — 2) *f. आ *Physalis flexuosa.* — 3) n. N. pr. einer Stadt.

कम्बुकण्ठ (f. ई) und कम्बुकंधर Adj. *einen muschelähnlichen Nacken* —, d. i. *drei Falten im Nacken habend.*

*कम्बुकाष्ठा f. *Physalis flexuosa* Râǵan. 4,111.

कम्बुकेश्वरतीर्थ n. N. pr. eines Tîrtha.

कम्बुग्रीव 1) Adj. = कम्बुकण्ठ. — 2) m. N. pr. einer Schildkröte.

*कम्बुग्रीवा f. *ein muschelähnlicher Nacken, e. N. mit drei Falten.*

कम्बुज m. *eine Art Trommel* S. S. S. 192.

*कम्बुपुष्पी und *कम्बुमालिनी f. *Andropogon aciculatus* Râǵan. 3,126.

*कम्बू m. 1) *Dieb.* — 2) *Armband.*

कम्बूक m. *Abfall von Reiskörnern.*

कम्बोज m. 1) Pl. N. pr. eines Volkes. *Sg. *ein Fürst dieses Volkes.* — 2) **Muschel.* — 3) **eine Elephantenart.*

*कम्बोजमुण्ड Adj. *kahlgeschoren wie die* Kambóǵa.

कम्ब्वातायिन् m. *Falco Cheela.*

*कम्भ Adj. von कम्.

*कम्भारी f. *Gmelina arborea.*

*कम्भु n. *die Wurzel von Andropogon muricatus.*

कम्र Adj. (f. आ) 1) **verliebt.* — 2) *reizend, schön* Spr. 792.

कँय्वत् Adj. s. कँवत्.

कँय = 1. क. Mit चिद् *jeder.* Nur Gen. कँयस्य.

*कयस्था f. *eine best. Arzeneipflanze*, v. l. für वयःस्था.

कँया Instr. Adv. *auf welche Weise?*

कयाद् Adj. v. l. des SV. für क्रव्याद् des ṚV.

कयाधु (so Bhâg. P. ed. Bomb.) und °धू f. N. pr. der Gattin Kaçjapa's.

कयाशुभीय n. das Sûkta ṚV. 1,165 (Ait. Âr. 37,18) und Name eines Sâman.

कय्य m. N. pr. eines Fürsten.

कय्यक m. N. pr. eines Mannes.

कय्यट m. N. pr. = कैय्यट.

1. कर् (स्कर्), Präsensstämme: कर् (कुर्, कृ), कँर, कँरो, कुरु, कृणु (कृणो, कृण् vor म und व); Act. und Med. 1) *machen, vollbringen, ausführen, bewirken, verursachen, zu Stände bringen, anfertigen, bereiten, veranstalten, begehen.* — 2) *bearbeiten, zubereiten, bestellen* (ein Feld). — 3) *Etwas aus Etwas* (Abl. oder Instr.) *machen, verfertigen.* — 4) *Jmd* (Gen. oder Loc.) d. i. *zu Jmds Frommen* oder *Schaden Etwas thun.* — 5) mit zwei Acc. — *machen, machen zu.* कार्मुकं सज्यम् MBh. 1,187, 18. भेषजकृत *zur Arzenei gemacht.* — 6) *Etwas* (Acc., meist किम् *was?*) *mit Etwas* (Instr.) *anfangen, einen Gebrauch von Etwas machen.* Statt Instr. ausnahmsweise auch Acc. कान्तामुखं किं कुरुते भुजंगः Spr. 7822. — 7) *mit Etwas* (Acc.) *Etwas vornehmen*, so v. a. *an* oder *mit Etwas eine übliche Handlung vollbringen.* — 8) Jmds Befehl, Wunsch, Verlangen, Worte *thun*, so. v. a. *vollbringen, ausführen;* (eine Obliegenheit) *erfüllen.* — 9) einem Gefühl, einer Stimmung (Acc.) *sich hingeben* R. 1, 21,14. — 10) bildet im AV. und später mit dem Acc. eines oft sonst gar nicht vorkommenden Nom. act. auf आ ein periphrastisches Tempus. So insbes. Perf. चकार und चक्रे, aber auch Praes. करोति (Çâṅkh. Çr.), Imperf. अकर् (Maitr. S. 1,6,5. 10. 8,5. Kâth. 7,1), अक्रन् (Maitr. S. 1,4,7. TBr. 1,3,10,3), Prec. क्रियात् (Maitr. S. 2,1,3) und *Imper. करोतु. Das Genus des Hülfsverbum richtet sich in der älteren Sprache nach dem des Hauptverbum Chr. 351. fg. — 11) *ertönen lassen, ausrufen, aussprechen, hersagen,* (ein Wort u. s. w.) *gebrauchen.* — 12) *darstellen, beschreiben.* — 13) *festsetzen, bestimmen.* धर्मो राजकृतः Jâǵñ. 2,186. — 14) (ein best. Zeit) *zu Ende bringen, erleben, verbringen.* क्षणम् *den Augenblick erwarten.* — 15) mit किम् *was machen?* so v. a. — *anthun,* — *ausrichten,* — *vermögen?* — 16) *Jmd* (Gen. oder Loc.) *Etwas* (Acc.) *verschaffen, zutheilen.* Med. *sich verschaffen, — aneignen, annehmen;* auch Act., wenn die Zurückbeziehung auf das Subject schon durch स्व oder आत्मन् ausgedrückt wird. — 17) *veranlassen —, verhelfen zu* (Dat.). — 18) *Jmd preisgeben*, mit Dat. — 19) *Jmd* (Acc.) *Etwas* (किम् *was?*) *anhaben.* कन्याम् so v. a. *eine Jungfrau entehren.* — 20) mit न — किं चन *sich aus Etwas Nichts machen.* — 21) *thun —, bringen —, versetzen in, stellen auf* oder *an, legen auf, an* oder *in, nehmen in* oder *an, richten auf;* mit Loc., seltener mit Instr. चेतसि oder मनसि so v. a. *bedenken, überlegen* Harshak. 163,11. 186,5. 192,22. 211,9. Kâdamb. 78,3. — 22) (den Geist, die Gedanken) *richten auf* (Loc., Dat. eines Nom. act., Inf. oder directe Rede mit इति). — 23) *Jmd* (in einem Amte) *an-*

stellen, beauftragen mit (Loc.) — 24) *thun, zu Werke gehen, verfahren, sich verhalten.* कथं नु करिष्यामि so v. a. *wie wird es mir ergehen?* — 25) *thätig sein —, handeln im Hinblick auf eine Gottheit, den Göttern dienen.* — 26) *beschliessen*, mit Inf. R. 2, 6,10. — 27) *mit einem Abl. oder einem Adv. auf तस् *Jmd* (*von einer Krankheit*) *verhelfen.* — 28) *mit einem Zahladv. auf आ *so und so oft —, zum so und so vielten Male pflügen.* — 29) mit einem Adv. auf ई (z. B. अतिथी) oder ऊ (z. B. मृदू) — *bilden, — machen, machen zu, verwandeln in.* — 30) mit einem Adv. auf त्रा *gelangen lassen zu.* — 31) mit einem Zahladv. auf धा *theilen —, zerlegen in so und so viele Theile.* — 32) mit einem Adv. auf वत् *gleichstellen.* — 33) mit einem Adv. auf सात् *aufgehen lassen in, gelangen lassen zu, umwandeln in.* — 34) इति कृत्वा s. u. 1. इति am Ende. कथं कृत्वा *aus welchem Grunde? weshalb?* एवं कृत्वा *aus diesem Grunde* Mahâbh. — Vgl. auch कृत. — Caus. कारयति, °ते 1) *zur Thätigkeit antreiben, machen lassen, dafür Sorge tragen, dass Etwas geschieht, Jmd* (Acc.) *veranlassen Etwas* (Acc.) *zu thun, zu vollbringen* u. s. w., *Etwas* (Acc.) *durch Jmd* (Instr.) *thun lassen.* — 2) *bearbeiten —, zubereiten —,* (*ein Feld*) *bestellen lassen.* — 3) *Etwas* (Acc.) *aus Etwas* (Instr.) *machen lassen.* — 4) *Jmd* oder *Etwas zu Etwas machen lassen.* mit zwei Acc. — 5) *mit Etwas* (Acc.) *Etwas vornehmen lassen*, so v. a. *an* oder *mit Etwas eine übliche Handlung vollbringen lassen.* — 6) *Etwas irgendwohin* (Loc.) *stellen — oder legen lassen, Etwas irgendwo anbringen lassen.* — 7) = Simpl. 1), 5) und *11). — 8) *Jmd* (Acc.) *behandeln, mit Jmd verfahren.* — 9) *Jmd bilden, unterweisen* MBh. 2,5,34. — Desid. चिकीर्षति, °ते 1) *machen —, thun wollen, unternehmen, beginnen, beabsichtigen, streben nach.* — 2) *eine heilige Handlung unternehmen, den Göttern dienen wollen.* — Caus. vom Desid. चिकीर्षयति *Etwas zu thun beabsichtigen* Bhâg. P. — Intens. करिक्रति (3. Pl.), Partic. करिक्रत् *wiederholt machen* oder *machen.* *चर्कर्ति, *चरिकर्ति, *चरीकर्ति, *चर्करीति, *चरिकरीति, *चरीकरीति, *चेक्रीयते. — Mit अति 1) *mehr thun* (als erfordert wird). — 2) *handeln gegen* (Acc.) RV. 10,12,5. — Mit व्यति Pass. *eine grosse Veränderung an sich erfahren, in grosse Aufregung gerathen* Bhâg. P. — Mit अधि 1) *Jmd an die Spitze von Etwas* (Loc.) *stellen, mit Etwas betrauen, in ein Amt einsetzen.* स्त्रियं नाधिकुर्यात् so v. a. *man lasse nicht ein Weib das Regiment führen* Kâraka 1,8. °कृत *betraut mit* (Loc. oder im Comp. vorangehend) Chr. 209,21. 205,9. *betheiligt an* (Loc.), *wobei beschäftigt.* — 2) *Etwas an die Spitze —, in den Vordergrund stellen, zum Gegenstand der Behandlung machen* 221,6. °कृत्य Absol. *mit Bezug auf, in Betreff von* (Acc.). — 3) Med. *voraussetzen, sich zurückbeziehen auf.* — 4) Med. *berechtigt sein* Njâjam. 6,1,12. mit Acc. oder Infin. (Naish. 3,62). Auch Act. mit Loc. Comm. zu Njâjam. 6,1,12. अधिकारम् *eine Berechtigung erhalten zu* (Loc.). — 5) Med. **überwältigen.* — 6) *die Oberaufsicht haben über* (Loc.). — Mit अनु 1) *Etwas* (Acc.) *nachthun, nachahmen* 106,20. zu Spr. 4243. — 2) *es Jmd* (Gen. oder Acc.) *gleichthun* 251,9. Spr. 7818. *Jmd* (Acc.) *in Etwas* (Instr.) *gleichkommen* Chr. 250,12. — 3) *anpassen.* — 4) *es Jmd* (Acc.) *vergelten.* — अनुकृत Spr. 4829 fehlerhaft für अधिकृत. — Caus. *Jmd* (Acc.) *Etwas* (Acc.) *nachmachen lassen.* — Mit अप 1) *fortschaffen, wegschaffen, fortschleppen.* — 2) *Jmd* (Gen., Loc. oder Acc.) *ein Leid —, Schaden zufügen, zu nahe treten, beleidigen; Jmd* (Acc.) *bestrafen.* किम् *welches Leid?* किं चित् *irgend ein Leid.* — Caus. *Jmd* (Acc.) *ein Leid zufügen.* — Mit प्रत्यप in प्रत्यपकार. — Mit अपि *zurecht —, fertig machen.* — Mit अभि 1) *thun in Beziehung auf, zu Gunsten eines Andern.* — 2) *zuwegebringen.* — 3) *thun, machen.* निवेशम् *sich niederlassen* MBh. 1,210,27. — Desid. *zu thun beabsichtigen, beginnen, unternehmen.* — Mit अरम् 1) *zurechtmachen, zurüsten.* अरंकृत *gerüstet, bereit.* — 2) *dienen.* — Mit अलम्, अभ्यलम्, उपालम् und समलम् s. u. अलम् 9). — Mit अव *nach unten thun, — richten.* — Mit अन्वव *abweisen, verschmähen* Maitr. S. 1,8,4. — Mit आ 1) *herbeibringen, herbeischaffen.* — 2) *hertreiben, zusammentreiben.* — 3) *zurechtmachen, bereiten.* आकृत *eingerichtet* RV. 8,10,1. — 4) *einem Gotte* (Gen.) *dienen, opfern* RV. 4,17,18. — 5) *Jmd Etwas* (Acc.) *anthun.* — 6) *herbeirufen* MBh. 5,13,26. — Caus. 1) *herbeirufen.* — 2) *Jmd* (Acc.) *um Etwas* (Acc.) *angehen.* — आकारित s. bes. — Desid. *auszuführen gedenken.* — Intens. आचरिक्रत् Partic. *wiederholt an sich ziehend.* — Mit अत्या 1) *über Etwas herholen.* — 2) **schmähen.* — Mit अन्वा *mitgeben.* — Mit अपा 1) *wegschaffen, wegtreiben, fernhalten* Maitr. S. 4,1,1. — 2) *von sich abwerfen, — stossen, — weisen, aufgeben, abstehen von.* — 3) *zum Geschenk absondern.* — 4) *abweisen, zurückweisen* (eine Ansicht). — Mit व्यपा, Partic. °व्यपाकृत *frei von* Naish. 4,117. — Mit अवा *wegtreiben, fernhalten.* — Mit उदा 1) *heraustreiben, herausholen.* — 2) *auswählen.* — 3) Med. etwa **sticheln* Kâç. zu P. 1,3,32. — 4) Med. **verspotten, verhöhnen* ebend. — Mit उपा 1) *herbeiholen, herbeitreiben.* — 2) *übergeben, überlassen, hingeben, verleihen.* कामम् *einen Wunsch gewähren.* — 3) *sich verschaffen, erlangen.* — 4) *einleiten, Vorbereitungen zu einer heiligen Handlung machen, sich machen —, gehen an.* — 5) *einweihen.* — 6) उपाकृत **von einer Widerwärtigkeit betroffen.* — Mit अभ्युपा *bei Gelegenheit von —, gleichzeitig mit* (Acc.) *Etwas einleiten* u.s.w. Maitr. S. 4,8,8. — Mit प्रत्युपा in प्रत्युपाकरण. — Mit समुपा *Jmd zufriedenstellen.* — Mit न्या *zurückhalten.* — Mit निरा 1) *absondern, ausscheiden.* — 2) *von sich stossen, abstossen, verdrängen, verstossen, abweisen, zurückweisen* 187,2. *beseitigen, verjagen.* — 3) *unterdrücken, verschwinden machen* RV. Prât. 11,30. MBh. 1,210,15. ad Çâk. 25,7. H. 67. — 4) *verwerfen, nicht anerkennen, läugnen* 282,1. — 5) °निराकृत *ermangelnd* Bhaṭṭ. 3,19. — Mit पर्या *umwenden.* — Desid. *umwenden wollen.* — Mit प्रा *wegtreiben.* — Mit व्या 1) *sondern, scheiden, trennen von* (Instr.). — 2) *auseinandersetzen.* — 3) (buddh.) *Etwas* (Acc.) *von Jmd* (Acc.) *weissagen* Lalit. 224,22. 257,4. Kâraṇḍ. 90,24. — Mit समा 1) *zusammenbringen, verbinden.* — 2) *zusammentreiben, eintreiben.* — 3) *zurechtmachen, in Stand setzen, conficere.* — Mit उपसमा *vereinigen.* — Mit इस् *einrichten, in Ordnung bringen; zurüsten, ausrüsten.* — Mit उद् 1) *aufheben, tilgen* Maitr. S. 1,5,3. — 2) Med. etwa **sticheln* Kâç. zu P. 1,3,32. — Mit उप 1) कर् a) *Jmd Etwas zuführen, zukommen lassen* 328,31. — b) *einen Dienst —, eine Gefälligkeit erweisen;* mit Gen. oder Loc. der Person — c) *Etwas fördern.* — d) Med. (episch auch Act.) *Jmd hegen, pflegen.* — e) *sich machen —, gehen an* (Dat.). — f) Med. **verspotten, verhöhnen* Vop. 23,25. — 2) स्कर् Med. a) *bearbeiten, zubereiten, ausrüsten, schmücken.* उपस्कृत *ausgerüstet —, versehen mit* (Instr.). — b) *sich um Jmd* (Acc.) *kümmern; sorgen für* (*Gen.). — c) **ergänzen, suppliren.* — d) *mit etwas Ungehörigem versehen, verderben, entstellen.* — e) उपस्कृत Pl. **versammelt.* — Vgl. अनुपस्कृत und निरुपस्कृत. — Mit प्रत्युप *einen Gegendienst erweisen* 179,7. — Mit नि *von der Höhe herabbringen, demüthigen, überwinden.* — निकृत 1) *erniedrigt, gedemüthigt, beleidigt, niedergebeugt* (von Schmerz). — 2) *niedrig, gemein.* — 3) **betrogen.* — Desid. *überwinden wollen.* — Mit *प्रनि. — Mit विनि *Jmd zu nahe treten, beleidigen, kränken, ver-*

letzen. — Mit निस् 1) कर् a) *herausschaffen aus* (Abl.). — b) *ausschliessen, verdrängen, vertreiben.* — c) **zerbrechen.* — d) *zurüsten, ausrüsten, verfertigen.* — e) *einrichten, zurechtbringen, heilen.* — f) *vergelten.* — 2) स्कर् *vertreiben* ṚV. 10,127,3. — Mit अभिनिस्, अभिनिष्कृत *gegen Jmd angelegt.* — Mit उपनिस् in *उपनिष्कर. — Mit विनिस् Caus. *herstellen —, ausbessern lassen.* — Mit परा *bei Seite lassen, nicht berücksichtigen, beseitigen.* — Mit परि 1) कर् °कृत *zubereitet* (Speise). — 2) स्कर् *zubereiten, ausrüsten, schmücken.* परिष्कृत *zubereitet, ausgerüstet, angethan, geschmückt, begleitet von* (Instr.). — Mit प्र 1) *vollbringen, ausführen, bewirken, veranstalten, machen, anfertigen.* तत्प्रकृत *daraus gemacht, — bestehend* P. 5,4,21. — 2) mit zwei Acc. *— machen, machen zu.* — 3) *sich aneignen, — nehmen* (दारान् ein Weib) 67,13. कन्याम् *heirathen.* — 4) *Jmd anstellen* (in einem Amte), *beauftragen mit* (Loc.). — 5) *Jmd tauglich machen zu* (Dat. Inf.). — 6) *wegschaffen, vernichten.* — 7) *abthun, tödten.* — 8) *entehren* (eine Jungfrau), *Unzucht treiben mit* (Acc.). Nach den Grammatikern *Med. — 9) Med. a) *Jmd veranlassen, bewegen, geneigt machen zu; Jmd zu Etwas anstellen, verrichten lassen* Pâr. Gṛhj. 3,10,25. — b) मनस्, बुद्धिम् *seine Gedanken richten auf* (Dat. oder Loc.), *beschliessen.* — c) *gewinnen, erbeuten.* — d) *bewirken* ṚV. 9,15,7. — e) **verwenden, aufwenden.* — f) *voranschicken, zum Gegenstand einer Besprechung machen.* प्रकृत *von dem die Rede geht.* — g) **Jmd dienen, verehren.* — 10) प्रकृत a) *begonnen.* — b) **der Etwas* (Acc.) *begonnen hat.* — Caus. *bereiten lassen* Gaut. 5,32. — Mit विप्र 1) *Jmd zu nahe treten, ein Leid zufügen.* °कृत a) *dem ein Leid zugefügt worden ist.* — b) *auf Hindernisse gestossen* (Handlung) Spr. 2279. — 2) *anstellen bei, zulassen zu* (Loc.). साद्ये MBh. 5,1225 (richtiger अधि od. Bomb.). — Mit संप्र 1) *zusammen hervorbringen, — bewirken* Ḱaraka 6,18. — 2) *ausführen oder beginnen.* — 3) mit zwei Acc. *— machen, machen zu.* — Mit प्रति 1) *dagegen Etwas zu Etwas machen,* mit zwei Acc. Ait. Br. 1,23. — 2) *erwiedern, vergelten, Vergeltung üben* (im Guten oder Bösen); mit Acc. der Sache und Gen., Dat. oder Loc. der Person. — 3) *entgegenwirken, sich widersetzen;* mit Acc. der Sache und Gen. der Person. — 4) *mit ärztlichen Mitteln entgegenwirken, ärztlich behandeln.* — 5) *wieder in Stand setzen.* — 6) *bezahlen* (eine Schuld) Gaut. 12,40. — Caus. Med. *wiederholen lassen.* — Desid. *zu erwiedern —, — vergelten —. Rache zu nehmen suchen;* mit Acc. der Sache oder mit Acc. oder Loc. der Person. — Mit वि 1) Act. Med. *anders machen, umgestalten, umwandeln, verändern* Spr. 366. *umstimmen.* Med. (ausnahmsweise auch Act.) und Pass. *anders werden, eine Veränderung erfahren, sich umwandeln, umgestimmt werden.* °कृत *verändert, umgestaltet, umgewandelt, umgestimmt.* — 2) *verunstalten, entstellen, verderben.* °कृत *verunstaltet, entstellt, verstümmelt, geschädigt; unnatürlich; abstossend, widerlich.* — 3) *entwickeln, entfalten, hervorbringen.* — 4) *zu Grunde richten, zerstören.* — 5) *zertheilen, verbreiten.* — 6) *Jmd vertreten.* — 7) *mit etwas Anderm vergleichen* 251,27. — 8) Med. a) (Hände, Füsse) *hinundher bewegen, Unruhe an den Tag legen mit* (नेत्राभ्याम्). — b) *sich befehden.* — c) *feindselig auftreten gegen* (Gen. oder Loc.), *abfallen, abtrünnig —, untreu werden* (dem Gatten, Loc.). Einmal Act. °कृत *abtrünnig.* — d) **in mannichfacher Weise verfahren.* — 9) विकृत a) *unvollendet.* — b) *ausgelegt —, verziert mit* (im Comp. vorangehend). — c) *qualificirt* (Todesstrafe). — d) **krank.* — Caus. *Jmd umstimmen.* — Mit अनुवि *nachgestalten.* — Mit सम्, कर् und स्कर् 1) *zusammenfügen, verbinden.* पापानि *Böses zu Bösem fügen.* संस्कृत *zusammengesetzt,* so v. a. *einen Organismus bildend* Lalit. 203,12. 208,13. — 2) *zubereiten* (auch Speisen), *conficere, bilden, zurüsten.* — 3) *nach den heiligen Bräuchen ordnen, — behandeln; weihen* (einen Jüngling durch Umgürtung mit der heiligen Schnur, ein Mädchen bei der Hochzeit, einen Verstorbenen mit den heiligen Feuern). — 4) *aufputzen, schmücken, verzieren.* संस्कृत *geputzt, geschmückt, verziert, schmuck; gebildet, fein* (von einer Rede), *sanskritisch.* — 5) *grammatisch zurechtmachen, bilden.* — 6) *corrigiren* (in mathem. Sinne). — Mit अभिसम्, स्कर् 1) *zurechtmachen, bilden.* — 2) Med. *Jmd* (Acc.) *zu Etwas* (Acc.) *machen.* — 3) *weihen.* — Mit उपसम्, स्कर् 1) *zubereiten* (Speisen, Arzeneien) Ḱaraka 3,8. — 2) *schmücken, putzen.* — Mit प्रतिसम्, स्कर् 1) *wieder in Stand setzen.* — 2) *Etwas mit Etwas verbinden.*

2. कर्, Partic. चर्कृत्, Potent. चक्रियाम्, Intens.-Stamm चर्कर्, चर्किर्, चर्कृ. *gedenken, Jmds* (Gen.) *rühmend erwähnen.* चर्कृषे 3. Sg. Med. in act. und pass. Bed.

3. कर् (स्कर्), किरति 1) *ausgiessen, ausschütten, ausstreuen, in Mengen schleudern* (Geschosse). कीर्ण *ausgeschüttet, ausgestreut, hierhin und dorthin geworfen, zerstreut, auseinandergeworfen.* — 2) *beschütten, bestreuen, überschütten.* कीर्ण *bestreut, überdeckt, erfüllt mit.* — 3) *aufschütten* (सेतुम्). — 4) कीर्ण a) *verstopft* (Ohren) Spr. 5321. — b) **ausgetheilt, gegeben.* — *Desid. चिकरिषति. — *Intens. चाकर्ति. — Mit व्यति, Pass. *unter einander vermengt werden* Çaṁk. zu Bâdar. 2,3,49. °कीर्ण Pl. *durch einander geworfen liegend.* — Mit अनु 1) *hinstreuen.* — 2) *überdecken, erfüllen.* — Mit अप 1) स्कर् Med. *mit den Füssen scharren.* — 2) **ausspritzen, ausstreuen.* — 3) **hinstrecken, niederwerfen.* — Mit अभि *übergiessen, überschütten, überdecken, erfüllen.* — Mit अव 1) *hinabstreuen, hinstreuen, ausgiessen, ausstreuen, ausschütten.* — 2) *seinen Samen vergiessen.* अवकीर्णिन् *der s. S. vergossen hat* Pâr. Gṛhj. 3,12,9. Jâǵñ. 3,281. — 3) *abschütteln, abwerfen, Jmd im Stich lassen.* — 4) *bestreuen, überschütten, überdecken, erfüllen, übergiessen* (in übertr. Bed.). °कीर्ण *bestreut, überschüttet, überdeckt.* पाशावकीर्ण so v. a. *in einer Schlinge steckend* Spr. 2708. *erfüllt —, voll —, ganz ergriffen von, ganz in der Gewalt von Etwas stehend* M. 6,48. MBh. 15,16,11. — 5) Pass. und *Med. a) *sich ausbreiten.* °कीर्णजटाभार Adj. *auseinandergefallen.* — b) *zerrinnen, hinschwinden.* — c) *abfallen, untreu werden.* — Mit अन्वव *umherstreuen mit* (Instr.). — Caus. अन्ववकीरयति *umherstreuen lassen.* — Mit अभ्यव *beschütten, bestreuen, überdecken.* — Mit पर्यव *überschütten.* — Mit व्यव *überschütten, beschütten.* — Mit समव *beschütten, überdecken, rings umgeben.* — Mit आ 1) *hinstreuen, reichlich verleihen.* आकीर्ण *hingestreut* 150,1. — 2) *bestreuen, überdecken.* आकीर्ण *überdeckt, erfüllt, voll, rings umgeben.* आकीर्ण *an einem zahlreich besuchten Orte, im Beisein vieler Leute* Spr. 1523. — Mit अपा *von sich stossen, im Stich lassen, verschmähen.* — Mit अवा R. Gorr. 2,42,14 fehlerhaft für अव. — Mit व्या, °कीर्ण *zerstreut, auseinandergeworfen.* — Mit समा *überschütten, überdecken.* °कीर्ण *überdeckt von, überfüllt mit* 54,10. 84,23. — Mit उद् 1) *aufwirbeln.* — 2) *ausgraben, aushöhlen, aufwühlen.* — 3) उत्कीर्ण a) *ausgeschnitten, aus irgend einem Stoffe künstlich gebildet* Vikr. 43. चन्द्रबिम्बात् Chr. 249,25. — b) *eingegraben, eingeritzt.* — c) *überhäuft mit* (im Comp. vorangehend) Kâd. 251,9. — Mit समुद्, समुत्कीर्ण *durchbohrt.* — Mit उप 1) *hinstreuen, hinwerfen.* — 2) *bestreuen, beschütten.* — 3) *स्कर् a) *spalten.* — b) *Jmd schinden;* vgl. *उपस्कीर्ण. — Mit नि in निकर. — Mit विनि 1) *zersplittern,*

zerschmettern. — 2) überdecken. °कीर्ण überdeckt, erfüllt, besäet mit. — 3) von sich stossen, Jmd im Stich lassen. — Mit संनि, °कीर्ण hingestreckt. — Mit *निस् in अवपनिष्किरा. — Mit परा aufgeben, fahren lassen. — Mit परि 1) umherstreuen. — 2) rings bestreuen. °कीर्ण umgeben, umschwärmt. — 3) übergeben. — Mit अनुपरि längs eines Gegenstandes umherstreuen. — Mit प्र 1) ausstreuen, aussäen, hinwerfen. °कीर्ण ausgestreut, umherliegend, zerstreut, auseinandergeworfen, hingeworfen; zerstreut, aufgelöst (Haar, Gewand); verschleudert (Geld); verworren (Rede); mannichfaltig, verschiedenartig, allerhand. °मैथुन Adj. in gemischter Ehe lebend. — 2) hervorquellen, hervorspringen. — 3) Pass. zerrinnen. — 4) °कीर्ण brünstig (Elephant) Spr. 4671, v. l. — Mit विप्र, °कीर्ण 1) zerstreut, auseinandergeworfen, zersplittert; aufgelöst (Haar); hingestreckt; ausgedehnt, weit. — Mit संप्र in असंप्रकीर्ण. — Mit प्रति, स्कर् schinden. — Mit वि 1) ausstreuen, ausschütten, schleudern, ausbreiten, auseinanderwerfen, zerstreuen, auflösen (das Haar). — 2) ausstossen, von sich geben (Seufzer). — 3) zerreissen, zerspalten, zersplittern, sprengen. — 4) bestreuen, beschütten, erfüllen. °कीर्ण überdeckt mit, voll von. Statt des Acc. auch Loc. Bhâg. P. — 5) bewerfen, so v. a. schmähen. — Mit अनुवि 1) einzeln auseinander streuen, verzetteln Âpast. Çr. 15,15. — 2) bestreuen. — Mit प्रवि auseinanderstreuen, —werfen, — fallen lassen, verbreiten. °कीर्णकामा Adj. f. mit allerhand Männern der Liebe pflegend. — Mit सम् 1) ausgiessen, reichlich verleihen. — 2) überschütten. °कीर्ण erfüllt —, voll von. — 3) zusammenmischen, vermengen. न संकिरेत्तदन्नम् (sc. im Magen) so v. a. er esse nichts Anderes darauf MBh. 13,136,13. Pass. vermengt —, verunreinigt werden. °कीर्ण a) gemischt, verbunden mit 215,28. 29. — b) gemischt, verschiedenartig, dieses und jenes 217, 21. 22. Kaurap. 24. — c) verunreinigt, befleckt. — d) aus einer gemischten Ehe geboren. — e) durch Brunstsaft verunreinigt, brünstig (Elephant) Spr. 4671. — f) Bez. (eines Elephanten) mit bestimmten Merkmalen.

4. *कर्, कृणाति und कृणोते, कृणोति und कृणुते (हिंसायाम्), कृणोति (हिंसाकरणयोः und गतौ). कृत und कीर्ण verletzt, getödtet.

5. *कर्, कारयते (विज्ञाने, विज्ञापने) v. l. für गर्.

1. कर् 1) Adj. (f. ई, ausnahmsweise आ) a) thuend, ausführend, bereitend, machend, bewirkend. Meist in Comp. mit seinem Object. — b) helfend ṚV. 1,116, 13. — 2) m. a) das Thun, Machen, Vollbringen in दुष्कर, सुकर u. s. w. — b) Hand. — c) als Längenmaass = 24 Daumenbreiten. — d) Rüssel. — e) Scheere eines Krebses. — f) Bez. der Zahl zwei Ind. St. 15,2. — g) das Mondhaus Hasta.

2. कर m. 1) Lichtstrahl. — 2) Abgabe, Tribut. — 3) *Hagel.

करक 1) m. Wasserkrug. — 2) *m. n. eine in Form eines Kruges ausgehöhlte Kokosnuss. — 3) *m. Schale der Kokosnuss. — 4) (*m.), f. (आ) und (*n.) Hagel Spr. 7746. — 5) *m. ein best. Vogel. — 6) m. ein best. Baum Vâs. 38. *Granatbaum, *Pongamia glabra, *Butea frondosa, *Bauhinia variegata Râǵan. 10,23. *Mimusops Elengi 65. *Capparis aphylla 8,48 (aber n.). — 7) *n. Pilz. — 8) m. Pl. N. pr. eines Volkes. — 9) f. करिका Nagelmal Çiç. 4,29.

*करकट m. 1) = करट Schläfe des Elephanten. — 2) Centropus pyropterus Nigh. Pr.

करकचतुर्थी f. der 4te Tag in der lichten Hälfte des Âçvina.

करकच्छपिका f. eine best. Fingerverbindung.

*करकण्टक m. Fingernagel.

*करकतोय m. Kokosnussbaum Nigh. Pr.

*करकपात्रिका f. ein ledernes Wassergefäss.

करकर्ण m. N. pr. eines Mannes (buddh.).

*करकलश m. die als Trinkschale gehöhlte Hand.

करकाभिघात m. Hagelschlag Spr. 6038.

*करकाम्बु (Nigh. Pr.) und *करकाम्भस् m. Kokosnussbaum.

करकायु oder °स् m. N. pr. eines Sohnes des Dhṛtarâshṭra.

करकासार्, °रति einem Hagelwetter gleichen.

करकिसलय und *करकुड्मल n. Finger.

करकृतात्मन् Adj. aus der Hand in den Mund lebend, bettelarm.

*करकेतु m. eine Art Zuckerrohr Gal.

करकोश m. = करकलश.

1. करग्रह m. das Erfassen der Hand (insbes. der Braut bei der Hochzeit) Spr. 7735.

2. करग्रह m. das Erheben von Abgaben.

करग्रहण n. das Erfassen der Hand, das E. mit der Hand (insbes. der Braut bei der Hochzeit) 171, 7. Pankad.

*करग्राहम् Absol. mit ग्रह् mit der Hand fassen P. 3,4,39, Sch.

*करघर्षण und *°घर्षिन् m. Butterstössel.

करघाट m. ein best. giftiger Baum.

करङ्क m. 1) Schädel. — 2) *eine ausgehöhlte Kokosnuss (auch als *Wasserkrug gebraucht). — 3) *eine Art Zuckerrohr

*करङ्कशालि m. eine Art Zuckerrohr Râǵan. 14,82.

कराङ्किनी f. N. pr. einer Joginî Hemâdri 2,a, 98,12. 13.

करचुलि N. pr. eines Landes Viddh. 97,12.

करचूचुक ? Bâlar. 300,15.

करच्छद 1) m. Trophis aspera. — 2) *f. आ eine best. Pflanze Nigh. Pr. m. Râǵan. 10,73.

करज 1) m. a) Fingernagel. — b) * = करञ्ज Pongamia glabra. — 2) *n. ein best. Parfum.

करजप्य m. N. pr. eines Mannes. Pl. sein Geschlecht Hariv. 1,27,53. ध्यानजप्य v. l.

करजवर्धन m. N. pr. ein Fürsten.

*करजाख्य m. = करज 2).

*करञ्योडि m. eine best. Pflanze.

करञ्ज 1) m. a) Pongamia glabra (auch andere Species) Âpast. — b) N. pr. eines von Indra überwundenen Feindes. — 2) f. ई Galedupa piscidia Bhâvapr. 1,206.

करञ्जक 1) m. f. (करञ्जिका) Pongamia glabra. — 2) *m. Verbesina scandens.

*करञ्जफलक m. Feronia elephantum.

करञ्जहन् Adj. dem Karaṅǵa verderblich.

करट 1) m. a) Schläfe des Elephanten. — b) Schläfegegend bei einem Vogel, Zügel. — c) Krähe. — d) eine Art Trommel S. S. S. 177. Utpala zu Varâh. Bṛh. S. 87,12. — e) *ein Mann, der einem verächtlichen Lebensunterhalt nachgeht. — f) *ein schlechter Brahman. — g) *ein Atheist. — h) *Carthamus tinctorius. — i) *ein best. Todtenmahl. — k) N. pr. α) Pl. eines Volkes. — β) eines königlichen Geschlechts. — 2) *f. आ eine schwer zu melkende Kuh. — 3) *f. ई Krähe. — 4) *n. Siddh. K. (neue Ausg.) 2,630. — 5) Adj. dunkelroth.

करटक m. 1) *Krähe. — 2) N. pr. eines Schakals.

करटामुख (Länge metrisch) n. die Oeffnung der Elephantenschläfe.

करटिकौतुक n. Titel eines Werkes über Elephanten.

करटिन् m. Elephant.

*करटु m. der numidische Kranich.

1. करण Adj. kunstfertig.

2. करण 1) Adj. (f. ई) machend, bewirkend; in Comp. mit seinem Object. — 2) m. a) Helfer, Gehülfe — b) eine best. Mischlingskaste; nach Einigen der Sohn eines ausgestossenen Kriegers, nach Andern der Sohn eines Vaiçja von einer Çûdrî, oder auch der Sohn eines Kriegers und einer Vaiçjâ. — c) Lautcomplex, Wort. — d) ein best. Tact S. S. S. 213. Kumâras. 6,40. — 3) f. करणी a) f. zu 2) b). — b) eine irrationale Zahl, — Wurzel. —

c) die Seite eines Quadrats Çulbas. 1,50. Mahîdh. zu VS. 33,1. — d) ein best. Maass. — e) eine best. Fingerstellung. — 4) n. a) das Machen, Anfertigen, Hervorbringen, Bewirken, Thun, Vollziehen. — b) Berechnung, insbes. astronomische—, mathematische Astronomie. — c) das Aussprechen—, Setzen eines Wortes. — d) Haltung, Stellung, Pose. — e) That, Handlung (insbes. eine religiöse), Beschäftigung, Gewerbe. — f) Werkzeug R. 2,80,5. — g) Organ, Sinnesorgan. — h) Zaubermittel. — i) das hervorbringende Organ eines Lautes. — k) der im Instrumental gedachte Begriff, die Kategorie des Instrumentals. — l) in der Rechtsprache Instrument, Beweismittel, Urkunde. — m) Körper Megh. 55. 98. Kâd. II,134,4. — n) eine astrologische Eintheilung der Tage; zwei Karaṇa bilden einen lunaren Tag. Es sind ihrer 11, von denen die 7 ersten sich achtmal wiederholen; die Zählung beginnt mit der zweiten Hälfte des ersten Tages des zunehmenden Mondes. — o) *Feld. — p) * = कारण Ursache. — q) Titel eines zum Çaivadarçana gehörigen Werkes.

करणकुतूहल n. Titel eines Werkes des Bhâskara.

करणकेसरिन् m. Titel eines Werkes.

*करणग्राम m. die Gesammtheit der Sinnesorgane.

करणता f. Nom. abstr. zu करण 4) k) 232,22.

*करणत्राण n. Kopf.

करणत्व n. Nom. abstr. zu करण 4) f) Kap. 2,29. 3,69.

करणनेरि und °क m. ein best. Tanz S.S.S. 237.

करणपद्धति f., करणप्रकाश m. und करणप्रबोध m. Titel von Werken.

करणपति f. ein best. Tact S. S. S. 212.

करणवन्त् Adj. articulirt TS. Prât.

करणाब्द m. Pl. die bei astronomischen Berechnungen gebrauchten Jahre, d. i. Jahre nach der Çâka-Aera.

करणि Form, Aussehen Vikramâñkaḱ. 7,68. Bâlar. 203,6. 204,17.

करणिन् 1) Adj. mit Werkzeugen ausgestattet VP. 6,7,92. — 2) m. N. pr. eines Lehrers.

करणीय Adj. zu thun, — machen, — bewerkstelligen 41,26. 43,28. 33.

करणीसुता f. Adoptivtochter R. Gorr. 1,19,9.

करण्ड 1) (*m. *f. ई) n. Korb, Körbchen, Kästchen. — 2) *m. a) Schwert. — b) eine Art Ente. — c) ein best. Pflanze, = दलाढक. — 3) n. Holzklotz, — scheit Bhâvapr. 2,85.

करण्डक m. und °ण्डिका f. = करण्ड 1). करण्डकवत् Adv. Kârand. 9,5.

करण्डकनिवाप m. N. pr. einer Oertlichkeit in der Nähe von Râgagṛha.

*करण्डफलक m. Feronia elephantum Râgan. 11,183.

करण्डव्यूह m. Titel eines buddh. Werkes.

*करण्डिन् m. Fisch.

*करतनु s. कारतनविका.

करतल n. Handfläche. °गत Adj. was man auf (in) der Hand hat.

करतला f. Messer.

करतलामलक n. eine Myrobalane auf der Handfläche als Bild von etwas ganz klar vor Augen Liegendem Vagras. 213,10.

करतली Adv. mit कर् auf die Hand legen. °तलीकृत so v. a. klar vor Augen liegend.

करताल n. und f. ई 1) *Cymbel. — 2) Händegeklatsch. n. Bâlar. 29,2.

करतालक 1) n. Cymbel. — 2) f. °लिका a) Händegeklatsch Naish. 3,7. — b) *eine Art Cymbel Gal. — 3) am Ende eines adj. Comp. (f. °लिका) mit den Händen geschlagener Tact.

*करतृण Pandanus odoratissimus Nigh. Pr.

करतोया f. N. pr. eines Flusses.

करतोयिनी f. desgl.

करथ m. N. pr. eines alten Arztes.

करद Adj. 1) Abgaben entrichtend, Tribut zahlend. — 2) übertr. so v. a. majori cedens, nachstehend; mit Gen. Spr. 7809.

करदान n. das Zahlen von Tribut Harshaḱ. 162, 8. 173,18.

करदी Adv. mit कर् tributär machen Harshaḱ. 71,1.

*करद्रुम m. eine best. Giftpflanze.

करद्विष् m. Pl. N. pr. eines Geschlechts oder einer Schule Tândja-Br. 2,15,4. 3,6,4.

*करद्वीप m. Guilandina Bonducella Nigh. Pr.

करन्ध m. Pl. N. pr. eines Volkes VP². 2,180.

करंधम m. N. pr. zweier Fürsten.

*करंधय Adj. die Hand saugend.

करपण्य n. eine als Tribut dargebrachte Waare.

करपत्त्र 1) n. a) Säge. — b) * = करपात्र. — 2) *f. आ eine Art Feigenbaum Gal.

*करपत्त्रक 1) n. Säge. — 2) f. °त्त्रिका = करपात्र.

*करपत्त्रचक्षुदा f. eine Art Feigenbaum Gal.

*करपत्त्रवन्त् m. Borassus flabelliformis.

*करपर्णा m. 1) Abelmoschus esculentus. — 2) rother Ricinus.

करपल्लव m. Finger.

*करपात्र 1) n. ein Spiel im Wasser, bei dem man sich mit den Händen bespritzt. — 2) f. ई ein lederner Becher Gal.

1. *करपाल m. Schwert.

2. करपाल m. Obersteuerempfänger Pańkat. ed. Bomb. 3,59,2.

*करपालक 1) m. Schwert Gal. — 2) f. °लिका ein kleines Schwert.

*करपालि m. eine Art Schwert Gal.

करपुट m. Koffer, ein Kasten mit einem Deckel.

करप्रद Adj. = करद 1).

करप्राप्त Adj. was man in der Hand hat Spr. 3391.

करबक m. ein best. Vogel.

करबदर n. eine Brustbeere auf der Hand als Bild von etwas klar vor Augen Liegendem Vâsav. 2,1.

1. करभ 1) m. a) Elephantenrüssel MBh. 3,280,46. — b) Kamel. — c) Kameljunges. — d) Elephantenjunges. Auch करि°. — e) Mittelhand. — f) ein Sänger, der beim Singen eine Grube in der Stirn bildet, S. S. S. 117. — g) *ein best. Parfum. — h) *Wand Gal. — i) Bein. Dantavakra's. — 2) *f. आ Fennich Gal. — 3) *f. ई a) Kamelweibchen. — b) Tragia involucrata.

2. करभ n. das Mondhaus Hasta Hemâdri 1,70,1.5.

करभक m. N. pr. 1) eines Boten. — 2) eines Dorfes.

*करभकाण्डिका f. Echinops echinatus.

करभग्राम m. N. pr. eines Dorfes, = करभक.

करभग्रीव m. N. pr. einer Festung im Vindhja.

करभञ्जक 1) m. Pl. N. pr. eines Volkes. v. l. °भञ्जिक. — 2) f. °ञ्जिका Galedupa piscidia Bhâvapr. 1,206.

*करभप्रिय 1) m. ein best. Baum Gal. — 2) f. आ eine Alhagi-Species.

*करभवल्लभ m. Feronia elephantum.

करभाजन m. N. pr. eines Brahmanen.

*करभादनी f. = करभप्रिया.

करभाष्टक n. Titel eines Werkes.

*करभिन् m. Elephant.

*करभीर m. Löwe.

करभूषण n. Handschmuck Spr. 7826.

करभोरू Adj. f. Schenkel wie Elephantenrüssel habend. Andere Erklärungen im Comm. zu Naish. 9,43.

करम = कलम Schreibrohr Kârand. 69,15. fg.

*करमर्द m. Betelnussbaum

*करमण्डलिन् m. Achyranthes aspera Gal.

करमध्य m. ein best. Gewicht, = कर्ष.

करमन्द m. N. pr. eines Mannes.

*करमरी f. ein Gefangener, eine Gefangene.

करमर्द 1) m. und *f. ई Carissa Carandas. — 2) f. आ N. pr. eines Flusses.

करमर्दक m. = करमर्द 1). n. die Frucht.

*करमाल m. *Rauch.*

करमाला f. *die Knöchel der Finger als Rosenkranz verwendet.*

*करमुक्त n. *eine mit der Hand geworfene Waffe.*

करमुक्तेश्वर N. pr. eines Heiligthums.

करमोत m. und °मोचन n. *Handlösung von Seiten des Vaters der Braut nach vollzogener Trauung* Pañkad.

*करम्ब 1) Adj. *vermengt.* — 2) m. *Mus, Brei.*

करम्बित Adj. *vermengt—, verbunden mit* (Instr.) Naish. 1,115. 9,102. Viddh. 82,14. Prasannar. 93,2. 119,17.

करम्भ 1) m. a) *Mus, Brei, Grütze.* — b) *eine best. Giftpflanze.* — c) N. pr. α) eines Sohnes des Çakuni. — β) des Vaters von Asura Mahisha. — γ) eines Affen. — 2) f. श्रा a) **Asparagus racemosus.* — b) **Fennich.* — c) N. pr. der Gattin Akrodhana's. — 3) Adj. *gemischt* (Geruch) Bhâg. P. 3, 26,45.

करम्भक 1) m. a) **eine Art Achyranthes* Nigh. Pr. — b) N. pr. α) Pl. eines Volkes. — β) eines Mannes. — 2) n. a) *Mus, Brei, Grütze.* — b) *ein in verschiedenen Provincialsprachen verfasstes Schriftstück.*

करम्भपात्र n. *eine Schüssel mit Brei* Çat. Br. 2, 5,2,14.

करम्भभाग Adj. *der Brei als seinen Theil erhalt.*

करम्भवालुका f. Sg. und Pl. (*heisser*) *Sand als Grütze* (eine best. Höllenstrafe). Auch °ताप m. Pl.

करम्भाद् Adj. *Brei essend.*

करम्भि m. N. pr. eines Sohnes des Çakuni. Pl. *sein Geschlecht.*

करम्भिन् Adj. *mit Brei versehen.*

कररुह् m. 1) *Fingernagel* Prasannar. 7,1. — 2) **Unguis odoratus* Râgan. 12,128.

*करर्द्धि f. *Cymbel.*

*करवतीर N. pr. Mahâbh. 4,72,b.

करवत् Adj. *Tribut zahlend.*

*करवर्तम् Absol. mit dem Caus. von वर्त् *mit der Hand drehen.*

*करवल्ली f. *eine best. Pflanze* Gal.

*करवारक m. Bein. Skanda's.

करवाल m. 1) *Schwert.* — 2) **Fingernagel.*

करवालपुत्री f. *Messer* Ind. St. 14,156.

*करवालि m. *eine Art Schwert* Gal.

*करवालिका f. *ein kleines Schwert.*

करविन्द m. N. pr. eines Mannes.

करविमुक्ति f. N. pr. eines Tîrtha.

करवी f. *das Blatt der Asa foetida.*

करवीक m. N. pr. eines Gebirges.

करवीर 1) m. a) *Nerium odorum.* — b) *eine Art Soma.* — c) **Schwert.* — d) **Daumen* Gal. — e) **Leichenstätte.* — f) *ein best. über Waffen gesprochener Zauberspruch.* — g) N. pr. α) eines Schlangendämons. — β) *eines Daitja. — γ) verschiedener Städte. Auch °पुर. — δ) eines Gebirges Bhâg. P. 5,16,28. — 2) *f. श्रा *rother Arsenik.* — 3) f. *ई a) *die Mutter eines Sohnes.* — b) *eine vorzügliche Kuh.* — c) Bein. der Aditi. — 4) *n. *die Blüthe von Nerium odorum.*

करवीरक 1) m. a) **die giftige Wurzel von Nerium odorum.* — b) **Terminalia Arjuna.* — c) **Schwert.* — d) **Leichenstätte* Gal. — e) *ein best. Theil des Gesichts.* — f) N. pr. eines Schlangendämons Hariv. 9507. — 2) *f. श्रा *rother Arsenik* Nigh. Pr. — 3) n. *die Blüthe von Nerium odorum* Hemâdri 1,625,6.

*करवीरकन्द m. *ein best. Knollengewächs* Râgan. 7,110.

करवीरकरम्भिन् n. N. pr. eines Waldes.

*करवीरभुजा f. *Cajanus indicus.*

करवीरमाहात्म्य n. Titel eines Werkes.

करवीरव्रत n. *eine best. Begehung.*

करवीराकर n. N. pr. eines Waldes Hariv. 2,98,19.

करवीर्य m. N. pr. eines Arztes.

*करवेर m. v. l. für कोरवर.

*करव्रण m. Bein. Bhimasena's Gal.

*करशाखा f. *Finger*

करशित Adj. = कर्शित *abgemagert.*

करशीकर m. *das aus einem Elephantenrüssel ausgespritzte Wasser.*

*करशूक m. *Fingernagel.*

करस् n. *That.*

करसाद m. *das Erschlaffen der Hände* und zugleich *das Mattwerden der Strahlen.*

करस्थ Adj. *auf der Hand liegend* Naish. 9,83.

करस्थालिन् Adj. *die Hände als Topf gebrauchend.*

करस्थी Adv. mit कर् *auf die Hand legen* Spr. 7754.

करस्न m. 1) *Vorderarm.* — 2) *Fingernagel.*

करस्पन्द m. *Zittern der Hände* und zugleich — *der Strahlen.*

करस्फोट m. *Ausbreitung der Hände* und zugleich — *Strahlen* zu Spr. 1539.

करस्वन m. *Händegeklatsch.*

करस्वामिन् m. N. pr. eines Tîrtha.

करहञ्चा f. *ein best. Metrum.*

करहति f. *Schlag mit der Hand* Kautukar. 1.

करहाट 1) m. a) *Vangueria spinosa.* — b) *N. pr. einer Gegend. — 2) *m. n. *Lotuswurzel.*

करहाटक m. 1) *Vangueria spinosa.* — 2) *eine Verbindung von sechs* Çloka, *durch welche ein und derselbe Satz durchgeht.* — 3) N. pr. eines Fürsten.

करहार Adj. *Abgaben erhebend.*

करहु m. oder f. *eine best. hohe Zahl* Lalit. 168,20.

*कराग्र n. *die Spitze des Elephantenrüssels.*

*कराग्रज m. *Fingernagel* Gal.

कराघात m. *Schlag mit der Hand* Spr. 3886.

*कराङ्गण m. *ein stark besuchter Markt.*

कराङ्गुलि f. *Finger der Hand* 115,13.

कराट 1) m. Bein. Gaṇeça's Maitr. S. 2,9,1. — 2) *n.? Siddh. K. करट neue Ausg. 2,630.

करापात m. *das Sinken der Strahlen, Untergang* (*der Sonne*).

*करामर्द m. = करमर्द *Carissa Carandas.*

करामलक n. = करतलामलक.

*काराम्बुक, *कराम्ल und *°क m. *Carissa Carandas.*

करायिका f. *eine Kranichart.*

करारिन् m. Pl. N. pr. einer die Devî verehrenden Secte.

*करारोट und *करारोह (Gal.) m. *Siegelring.*

*करार्गल n. *Laute* Gal.

कराल 1) Adj. (f. श्रा) a) *hervorstehend* (Zähne, Augen). — b) *weit offen stehend, klaffend.* — c) *den Mund aufsperrend.* — d) *grausig, Schauder erregend.* — 2) m. a) *ein best. Thier* (*Moschusthier* Nigh. Pr.). — b) **ein Gemisch von Oel mit dem Harz der Shorea robusta.* — c) N. pr. α) eines Asura. — β) eines Rakshas. — γ) eines Devagandharva. — δ) einer Oertlichkeit. — 3) f. श्रा a) **Hemidesmus indicus.* — b) Bein. der Durgâ. — c) N. pr. einer Kupplerin 149,22. — 4) f. ई a) *Bez. einer der sieben Zungen* und *neun* Samidh *des* Agni. — b) **Schwert* Gal. — 5) n. *eine Art Basilienkraut.* करालं शाकम् Karaka 1,27.

*करालक 1) n. = कराल 5). — 2) f. °लिका Bein. der Durgâ.

करालकेसर m. N. pr. eines Löwen.

करालजनक m. N. pr. eines Fürsten, = जनक.

करालता f. Nom. abstr. zu कराल 1) b) Pañkat. 217,23.

*करालत्रिपुटा f. *eine Kornart.*

करालम्ब m. *Handstütze, so v. a. Rettungsanker* Spr. 4474. 7769.

करालवदन 1) Adj. *einen weit geöffneten oder grausigen Mund habend* 107,12. — 2) f. श्रा Bein. der Durgâ.

करालाक्ष m. N. pr. eines Wesens im Gefolge Skanda's.

*करालिक m. 1) *Baum.* — 2) *Schwert.*

करालित Adj. 1) *grausig gemacht.* — 2) *gesteigert, verstärkt* Kâd. 99,2.

करालिन् 1) Adj. *mit aufgerissenem und verzogenem Munde singend* S. S. S. 117. — 2) *m. *Baum* Gal.

करावलम्बन n. *das Sichanhalten mit der Hand.*

कराहति f. *Schlag mit der Hand, — den Händen* Çiç. 17,2.

करि 1) Adj. *machend* u. s. w. in शकृत्करि und स्तम्ब°. — 2) *m. *Hand* Gal.

करिक am Ende eines adj. Comp. = करिन् *Elephant* Çiç. 4,29. — करिका s. u. करक.

*करिकणा und *°वल्ली f. *Piper Chaba.*

*करिकुसुम्भ m. *ein aus* Nâgakesara *bereitetes wohlriechendes Pulver.*

*करिकृत् m. *Pongamia glabra* Gal.

*करिकृष्णा f. *Piper Chaba* Nigh. Pr.

करिक्र Adj. in घृङ्करिक्र.

करिक्रत m. N. pr. des Verfassers von Ṛv. 10,136,5.

*करिज m. *ein junger Elephant.*

*करिदारक m. *Löwe.*

करिन् 1) *Adj. *machend, verfertigend* 239,7. — 2) m. *Elephant.* — 3) f. °णी a) *Elephantenweibchen.* — b) = करेणु 2) c) Mând. Çikshâ 9,12.

*करिनासा f. *Elephantenrüssel.*

*करिनासिका f. *ein best. musik. Instrument.*

*करिप gaṇa चूर्णादि.

*करिपत्त्र n. *das Blatt der Flacourtia cataphracta* Râǵan. 6,184.

*करिपथ m. wohl *eine best. Strecke der Mondbahn.*

*करिपिप्पली f. 1) *Pothos officinalis.* — 2) *Piper Chaba.*

*करिबन्ध m. *ein Pfosten zum Anbinden eines Elephanten.*

*करिभ m. *Ficus religiosa.*

*करिमकर m. *ein best. Seeungeheuer.*

करिमण्डित n. N. pr. eines Waldes.

*करिमाचल m. *Löwe.*

*करिमुक्ता f. *eine* (angeblich) *im Kopfe des Elephanten bisweilen anzutreffende Perle* Gal.

*करिमुख m. Bein. Gaṇeça's.

*करिर m. n. *Rohrschössling.*

*करिव gaṇa चूर्णादि.

*करिवैजयन्ती f. *eine auf einem Elephanten befestigte Fahne.*

करिष्ठ Adj. *am Meisten machend.*

करिष्णु Adj. *thuend, ausführend* Daçak. 21,23.

करिष्यत् Adj. *zukünftig* Ait. Br. 4,29. 5,4. 16.

करिष्यां Ṛv. 1,165,9 wohl als Verbum fin. करिष्यांस् zu fassen.

*करिसुन्दरिका f. *Pegel.*

*करिस्कन्ध m. *Elephantentrupp.*

करिहस्त m. *eine best. Stellung der Hände.*

करी Adv. mit कर् *Etwas als Tribut darbringen.*

करीति m. Pl. N. pr. eines Volkes.

करीर 1) m. n. *Rohrschössling* Hemâdri 2,a,47, 15.17. — 2) m. a) *Capparis aphylla;* n. *die Frucht.* — b) **Wasserkrug.* — 3) *f. करीरा und °री a) *Fangzahnwurzel beim Elephanten.* — b) *Grille, Heimchen.*

*करीरक 1) n. *Kampf, Schlacht.* — 2) f. °रिका *Fangzahnwurzel beim Elephanten.*

*करीरकुण m. *die Fruchtzeit der Capparis aphylla.*

*करीरप्रस्थ m. N. pr. einer Stadt.

*करीरवती f. N. pr.

करीलदेश m. N. pr. eines *Landes.*

करीष 1) (*m.) n. *Schutt, Auswurf, Dünger* (insbes. *trockener*). *करीषाग्नि m. *Feuer von trockenem Kuhdünger.* — 2) m. N. pr. eines Berges.

करीषक m. Pl. N. pr. eines Volkes MBh. 6,9,55.

*करीषगन्धि m. N. pr. eines Mannes.

करीषंकष Adj. (f. आ) 1) *Schutt mit sich fortreissend.* — 2) *heftig erregend.* हृदय° Bâlar. 155,7.

करीषिन् 1) Adj. *düngerreich.* — 2) f. °षिणी N. pr. zweier Flüsse MBh. 6,9,17. 23.

*करीषाद्य m. *Feuer von trockenem Kuhdünger* Gal.

करुण 1) Adj. (f. आ) a) *kläglich.* °म् Adv. — b) *mitleidig* Bhâg. P. — 2) m. a) *der klägliche —, Mitleid erregende Grundton eines poetischen Werkes.* — b) **Citrus decumana.* — c) *ein Buddha. — d) N. pr. eines Asura Hariv. 3,47,14. — 3) f. करुणा a) *Mitleid.* — b) *= 2) a). — c) *eine best. Tonfarbe* S. S. S. 23. — 4) *f. करुणी *eine best. Pflanze* Râǵan. 10,108. — 5) n. *Handlung, heiliges Werk.*

करुणापुण्डरीक n. Titel eines buddh. Werkes.

*करुणमल्ली f. *Jasminum Sambac.*

करुणावेदिन् Adj. *mitleidig* Káraka 6,1. Nom. abstr. °दित्व n. *Mitgefühl* R. Gorr. 1,2,16.

करुणाकर m. N. pr. eines Brahmanen.

करुणाकल्पलता f. Titel eines Werkes.

*करुणाकूर्च m. *ein* Ǵina Gal.

करुणात्मन् Adj. *kläglich* Bâlar. 46,11.

करुणानन्दकाव्य n. Titel eines Werkes.

*करुणापर und करुणामय (Bâlar. 225,17) Adj. *voller Mitleid.*

करुणाय्, °यति und *°यते *Mitleid empfinden.*

करुणावत् 1) Adj. *sich in einem kläglichen Zustande befindend.* — 2) f. °ती N. pr. einer Surâṅganâ Ind. St. 15,444.

करुणेश्वर n. Name eines Liṅga.

करुत्थाम m. N. pr. eines Sohnes des Dushjanta.

कुरुत्थाम v. l.

करुन्धक m. N. pr. eines Sohnes des Çûra.

करूम Adj. als Beiw. gespenstischer Wesen.

*करूस् vielleicht *Säge;* enthalten in करूळतिन्.

करूंकर m. *Wirbel des Halses und Rückgrats.*

करूळतिन् Adj. *zahnlückig.*

करूष m. 1) Pl. N. pr. eines Volkes. — 2) *ein Fürst der* Karûsha und N. pr. des Urahns derselben.

करूषक 1) m. N. pr. eines Sohnes des Manu Vaivasvata. — 2) n. *eine best. Frucht.*

*करेट m. *Fingernagel.*

*करेटव्या f., *करेटु m. und *करेडुक m. (Nigh. Pr.) *der numidische Kranich.*

करेणु 1) m. a) *Elephant.* — b) **Pterospermum acerifolium.* — 2) f. a) *Elephantenweibchen.* — b) *eine best. Pflanze.* — c) *die* Svarabhakti *zwischen* र *und* ह Çikshâ im Comm. zu TS. Prât.

करेणुक 1) n. *die giftige Frucht der* Kareṇu. — 2) f. आ *Elephantenweibchen.* Am Ende eines adj. Comp. f. eben so

*करेणुपाल m. N. pr. eines Mannes.

*करेणुभू m. Metron. Pâlakâpja's.

करेणुमती f. N. pr. einer Prinzessin.

*करेणुसुत m. = करेणुभू.

*करेण्डुक m. *Andropogon Schoenanthus.*

*करेर (!) Adj. *hart* Gal.

*करेवर m. *Olibanum* Râǵan. 12,106.

*करोट m. 1) *Becken, Schale.* — 2) *Schädel.*

करोटक MBh. 1,1553 fehlerhaft für कर्कोटक.

करोटि f. 1) *Becken, Schale.* — 2) *Schädel* (auch *Kopf*) Dh. V. 24,7. Auch °टी.

करोटिक am Ende eines adj. Comp. *Schädel, Kopf.*

करोटिस्वरतीर्थ n. N. pr. eines Tîrtha.

*करोद्विजन *schwarzer Senf* Nigh. Pr.

कर्क 1) Adj. (f. ई) a) *weiss.* वर्क्यौ (so zu lesen st. वत्सौ) AV. 4,38,6. 7. — b) **gut, ausgezeichnet.* — 2) m. a) *Schimmel* (*weisses Pferd*). — b) **Krebs, Krabbe.* — c) *der Krebs im Thierkreise.* — d) **Wasserkrug.* — e) **Feuer.* — f) **Spiegel.* — g) **eine best. Pflanze,* = कर्कट Râǵan. 11,202. — h) **ein jüngerer Bruder des Vaters* Gal. — i) **ein best. Edelstein.* — k) **Schönheit.* — l) N. pr. eines Scholiasten. — 3) f. आ *eine weisse Stute.*

कर्कखण्ड m. Pl. N. pr. eines Volkes.

कर्कचण्डेश्वरतन्त्र n. Titel eines Tantra.

*कर्कचिर्भिटा f. *eine best. Gurkenart.*

कर्कट 1) m. a) *Krebs, Krabbe.* — b) *der Krebs im Thierkreise.* — c) **ein best. Vogel.* — d) Name *verschiedener Pflanzen.* — e) **Lotusknolle.* — f) *das in Gestalt einer Krebsscheere ausgehende Ende des*

Wagebalkens, an welches die Stricke der Schalen befestigt werden. — g) ein zum Ziehen eines best. Kreises gestellter Zirkel Golâdhj. 5,10. Colebr. Alg. 90. — h) eine best. Stellung der Hände. — i) eine Art von Fieber Bhâvapr. 3,71. — k) *quidam coeundi modus. — 2) *f. आ Momordica mixta. — 3) f. ई a) Krebsweibchen. — b) Cucumis utilissimus und eine Kürbisart. — c) *die Frucht von Bombax heptaphyllum. — d) Trinkkrug Spr. 7140. — e) N. pr. einer Râkshasî.

कर्कटक 1) m. a) Krebs, Krabbe. — b) der Krebs im Thierkreise. — c) Zange. — d) = कर्कट 1) g) Gaṇit. Spasht. 27. fgg. Comm. — e) eine best. Pflanze. — f) eine best. Stellung der Hände. — g) N. pr. eines Schlangendämons. — 2) f. °टिका a) eine best. Pflanze. — b) *Kern. — 3) f. ई Krebsweibchen. — 4) n. a) eine best. giftige Knolle. — b) eine best. Form von Knochenbruch.

कर्कटकास्थि n. Krebsschale.

कर्कटपुर n. N. pr. einer Stadt.

*कर्कटवल्ली f. Nigh. Pr. 1) Achyranthes aspera. — 2) Piper Chaba. — 3) Carpopogon pruriens.

कर्कटशृङ्ग 1) n. Krebsscheere. — 2) f. ई eine best. Pflanze Râgan. 6,158.

कर्कटशृङ्गिका f. Galläpfel auf Rhus succedanea Mat. med. 140.

*कर्कटाख्य m. Cucumis utilissimus.

कर्कटाख्या und *कर्कटाङ्गा f. = कर्कटशृङ्गी.

कर्कटास्थि n. Krebsschale.

कर्कटाह्व 1) *m. Aegle Marmelos. — 2) f. आ = कर्कटशृङ्गी Bhâvapr. 1,175. Râgan. 6,158.

*कर्कटि f. Cucumis utilissimus.

*कर्कटिनी f. Curcuma xanthorrhiza.

*कर्कटु m. der numidische Kranich.

*कर्कटेलु ? Kâç. zu P. 4,2,71.

कर्कटेश m. N. pr. eines Heiligthums.

कर्कटेश्वरतीर्थ n. N. pr. eines Tîrtha.

कर्कन्धु 1) m. f. (°न्धू) Judendorn, Zizyphus Jujuba; n. die Frucht des Baumes, Brustbeere. °सक्तु m. Pl. Çat. Br. 12,9,1,5. — 2) m. a) *ein ausgetrockneter Brunnen. — b) N. pr. eines Mannes. — 3) f. कर्कन्धू Bez. des zehntägigen Fötus Bhâg. P. 3,31,2.

*कर्कन्धुकुण m. die Fruchtzeit des Judendorns.

*कर्कन्धुप्रस्थ m. N. pr. einer Stadt.

*कर्कन्धुमती f. N. pr.

कर्कन्धुरोहित Adj. röthlich wie die Brustbeere.

*कर्कफल n. eine best. Pflanze Râgan. 11,202.

कर्कर 1) Adj. (f. आ) hart. — 2) m. a) *Knochen. — b) *Hammer. — c) *Spiegel. — d) Erbsenstein. Auch *n. — e) angeblich lederner Riemen Spr. 3650. — f) N. pr. eines Schlangendämons. — 3) *m. n. eine Dattelart Gal. — कर्करी s. u. कर्करि.

*कर्करच्छदा f. eine best. Pflanze Gal.

*कर्कराट und *कर्कराङ्ग m. Bachstelze.

कर्कराज m. N. pr. eines Mannes Ind. Antiq. 5,148.

*कर्कराटु m. Seitenblick.

*कर्कराटुक m. der numidische Kranich.

*कर्करान्ध (Gal.), *°क und *कर्करान्धुक m. ein verschütteter Brunnen.

*कर्कराल m. n. Haarlocke.

*कर्कराह्वा f. eine best. Pflanze.

कर्करि f. 1) eine Art Laute. Auch °री. — 2) कर्करी a) Wasserkrug Spr. 622. Agni-P. 40,24. 28. — b) *eine best. Pflanze Gal.

कर्करिकर्णी Adj. (f. ई) lautenähnliche Ohren habend Maitr. S. 4,2,9.

*कर्करीका m. ein kleiner Wasserkrug.

*कर्करेट m. die zum Anpacken gekrümmte Hand.

कर्करेटु m. der numidische Kranich.

*कर्करेडु und *°क m. dass. Madanav. 128,70.

*कर्कवल्ली f. Achyranthes aspera, Pothos officinalis und Dolichos pruriens Nigh. Pr.

कर्कश 1) Adj. (f. आ) rauh, hart (eig. und übertr.). — 2) *m. a) Schwert. — b) Cassia oder Senna esculenta, eine Art Zuckerrohr und = गुण्डारोचनी. — 3) f. आ a) *Tragia involucrata. — b) N. pr. einer Apsaras. — 4) *f. ई wilder Judendorn.

*कर्कशच्छद 1) m. Trophis aspera und Trichosanthes dioeca. — 2) f. आ Luffa acutangula und = दुग्धा.

कर्कशत्व n. Härte, rauhes Wesen.

*कर्कशदल 1) m. Trichosanthes dioeca. — 2) f. आ eine best. Pflanze, = दुग्धा.

कर्कशिका f. wilder Judendorn.

*कर्कसार n. Mehlbrei.

कर्कस्वामिन् m. N. pr. eines Mannes B. A. J. 3, b,208.

कर्काक्ष Adj. als Beiw. der Eule Spr. 5899, v. l.

कर्कारु und °क m. Beninkasa cerifera; *n. die Frucht.

*कर्काह्व m. eine best. Pflanze Gal.

कर्कि und कर्किन् m. der Krebs im Thierkreise.

*कर्किप्रस्थ und *कर्की° m. N. pr. einer Stadt.

कर्केतण (Ḱaraka 6,23. कर्केणात gedr.), कर्केतन und *कर्केतर m. Katzenauge (eine Art Quarz). Vgl. Mṛkkh. 71,1.

कर्कोट 1) m. N. pr. a) Pl. eines Volkes. — b) eines Schlangendämons. — 2) f. ई eine best. Pflanze mit bitterer Frucht.

कर्कोटक 1) m. a) Momordica mixta; n. die Frucht. — b) *Aegle Marmelos. — c) *Zuckerrohr. — d) N. pr. α) Pl. eines Volkes. — β) eines Schlangendämons. — 3) *f. °टिका Momordica mixta. — 4) f. ई a) eine gelbblühende Ghoshâ Bhâvapr. 3,95. Ratnam. 64. Ḱaraka 3,95. — b) *Momordica mixta Râgan. 7,183.

कर्कोटकि m. = कर्कोटक 1) d) β) Bâlar. 223,5.

कर्चरिका f. eine Art Gebäck.

*कर्चरी f. eine best. Pflanze Gal.

कर्चुदार fehlerhaft für कर्बुदार.

*कर्चूटिका f. eine Art Gebäck Gal.

कर्चूर 1) *m. Gelbwurz. — 2) n. a) Auripigment Çiç. 3,11. — b) *Gold.

*कर्चूरक m. Gelbwurz.

*कर्ज्, कर्जति (व्यथने, पीडे).

1. कर्ण m. (adj. Comp. f. आ und ई) 1) Ohr. कर्णे in's Ohr (als scenische Bemerkung). कर्णं दा das Ohr hinhalten, hinhorchen. कर्णम् आ-गम् zu Ohren kommen. Statt अपि कर्णे ist अपिकर्णे zu vermuthen. — 2) Handhabe oder eine andere Hervorragung auf beiden Seiten eines Gefässes u. s. w., Oehr, Oese. — 3) Steuerruder. — 4) Hypotenuse, Diagonale eines Tetragons Hemâdri 1,130,23. 131,8. — 5) Durchmesser. — 6) Spondeus. — 7) *Cassia Fistula und *Calotropis gigantea. — 8) N. pr. verschiedener Männer, insbes. eines Sohnes der Kuntî und des Sonnengottes.

2. कर्ण und कर्ण (RV.) Adj. auritus, geöhrt (eig. und übertr.), langohrig.

कर्णक 1) m. (adj. Comp. f. आ) a) seitliche Hervorragung, Gabel. — b) Du. Bez. der ausgespreizten Beine. — c) Reif, Rundband überh. Ḱaraka 1,30, Anf. — d) eine Art von Fieber; vgl. कर्णिक. — e) eine best. Krankheit des Holzes. — f) *N. pr. eines Mannes; Pl. sein Geschlecht. — 2) f. कर्णिका a) Ohrenschmuck 104,3. — b) Knoten, Tuberkel. — c) Wulst, z. B. die ringartige Verdickung an der Mündung eines Rohrs. — d) Samenkapsel der Lotusblume 87,3. — e) Mittelpunct Ḱaraka 1,30. Bâlar. 290,9. — f) *der Finger am Ende des Elephantenrüssels. — g) *Mittelfinger. — h) *Kreide oder *Stift zum Schreiben. — i) *Premna spinosa oder longifolia und *Odina pinnata. — k) *Kupplerin. — l) N. pr. einer Apsaras.

कर्णकण्डू f. schmerzhaftes Jucken im Ohr.

*कर्णकर्णिका f. Koloquinthengurke Gal.

कर्णकवत् Adj. mit seitlichen Hervorragungen —, mit Handhaben u. dgl. versehen Maitr. S. 3,3,9.

कर्णकषाय m. Unreinigkeit in den Ohren.

कर्णकावत् und *कर्णकित Adj. = कर्णकवत्.

*कर्णकिट्ट n. *Ohrenschmalz* Nigh. Pr.

*कर्णकीटा und *°कीटी f. *Ohrwurm, Julus.*

कर्णकुतूहल n. Titel eines Werkes.

कर्णकुब्ज n. N. pr. einer erdichteten Stadt.

कर्णकुमारी f. Bein. der Bhavânî Ind. St. 14,108. fg.

कर्णकुवलय n. *eine am Ohr befestigte Lotusblüthe* Daçak. 70,9.

कर्णक्रोश und कर्णक्ष्वेड (Suçr. 2,236,7. 443,21) m. *Ohrensausen.*

*कर्णखरक oder *°खरिक m. N. pr. eines Vaiçja.

कर्णगिरि m. N. pr. eines *Berges* Ind. St. 14,157.

कर्णगूथ 1) m. *Verhärtung des Ohrenschmalzes.* Auch °क m. — 2) (*n.) *Ohrenschmalz* Suçr. 2,368,13. v. l.

कर्णगृहीत Adj. *am Ohr gefasst.*

कर्णगृह्या Absol. *am Ohr fassend.*

*कर्णग्राह m. *Steuermann.*

कर्णग्राहवत् Adj. *mit einem Steuermann versehen.*

कर्णचामर n. *ein Wedel als Ohrenschmuck eines Elephanten* Kâd. 98,6.

कर्णच्छिद्र n. *Gehörgang.*

*कर्णच्छिद्रक P. 4,2,78, Sch.

*कर्णज m. *Ohrenschmalz* Gal.

कर्णजप Adj. *Ohrenbläser.*

*कर्णजलूका, *°जलौकस् und *°जलौका f. *Julus.*

कर्णजाप m. *Ohrenbläserei.*

कर्णजाह n. *Ohrwurzel.*

*कर्णजित् m. Bein. Arguna's.

*कर्णज्योति f. *Gynandropsis pentaphylla* Nigh. Pr.

कर्णज्वर m. *Ohrenschmerzen* Dhûrtas. 29. Ind. St. 15,412.

कर्णतस् Adj. *aus dem Ohre weg.*

कर्णता f. *das Ohrsein* Spr. 3246.

*कर्णताल m. *das Klappen der Elephantenohren.*

कर्णताललता f. *Ohrlappen des Elephanten.*

*कर्णदर्पण m. *ein best. Ohrenschmuck.*

*कर्णदुन्दुभि f. *Ohrwurm, Julus.*

कर्णधार 1) m. (adj. Comp. f. आ) *a) Steuermann.* Nom. abstr. °ता f. — *b) Matrose* Kathâs. 18,300. — 2) f. आ N. pr. eines Apsaras Kârand. 3,10.

*कर्णधारक m. *Steuermann.*

*कर्णधारिणी f. *Elephantenweibchen.*

कर्णधनन n. *Ohrenklingen.*

कर्णनाद m. *Ohrenklingen* Wise 287.

कर्णनासा f. Du. *Ohren und Nase* R. ed. Bomb. 3,18,21. Sg. (!) R. Gorr.

कर्णनीलोत्पल n. *eine am Ohr befestigte blaue Lotusblüthe* Spr. 7646.

*कर्णन्दु f. = कर्णान्दु.

कर्णप m. N. pr. eines Mannes.

कर्णपत्त्रक m. *Ohrblatt.*

कर्णपत्त्रभङ्ग m. Pl. *verschiedene Arten die Ohren zu schmücken.*

कर्णपथ m. *Bereich des Gehörs.* °पथम् आ-या, उप-इ *zu Ohren kommen.* °पथातिथि m. *so v. a. zu Ohren gekommen* Râgat. 7,1264.

कर्णपरंपरा f. *das von Ohr zu Ohr Gehen* Pañkat. ed. Bomb. 1,38,12.

कर्णपराक्रम m. Titel eines Werkes.

कर्णपर्वन् n. Titel des achten *Buches* im MBh.

कर्णपाक m. *Ohrenentzündung.*

कर्णपालि f. 1) *Ohrläppchen* und überh. *das äussere Ohr.*

कर्णपाली f. 1) dass. — 2) **ein best. Ohrenschmuck.* — 3) N. pr. eines Flusses.

*कर्णपितृ m. *der Sonnengott, die Sonne* Gal.

कर्णपिशाची f. N. pr. einer Gottheit.

कर्णपीठ n. *die äussere Mündung des Gehörgangs.*

कर्णपुट n. *Gehörgang.*

कर्णपुत्त्रक m. (Karaka 4,7) und *°त्त्रिका f. (Nigh. Pr.) *Ohrmuschel.*

*कर्णपुर und *°पुरी f. Karna's *Stadt*, d. i. Kampâ.

*कर्णपुष्प m. *blauer Amaranth* Nigh. Pr.

कर्णपूर 1) m. n. *ein Ohrenschmuck*, insbes. *von Blumen.* मणि° Kâd. 63,21. — 2) *m. *a) eine blaue Lotusblüthe.* — *b) Acacia Sirissa.* — *c) Jonesia Asoka.*

कर्णपूरक m. 1) **Nauclea Cadamba.* — 2) N. pr. eines *geschwätzigen* Dieners.

कर्णपूरण 1) m. N. pr. eines Dichters, = कविकर्णपूर. — 2) n. *das Ausstopfen des Ohres* und *was dazu dient.*

कर्णपूरी Adv. mit कर् *zum Ohrenschmuck machen* Kâd. 163,19. Harshak. 162,10.

कर्णप्रकाश m. Titel eines Werkes.

कर्णप्रतिनाह und °प्रतीनाह m. *schmerzhafter Ausfluss des Ohrenschmalzes durch Nase und Mund.*

कर्णप्रयाग m. *der Zusammenfluss der* Gaṅgâ mit dem Pindar.

कर्णप्राधेय m. Pl. N. pr. eines Volkes.

*कर्णप्रान्त m. *Ohrläppchen*

कर्णप्रावरण 1) Adj. (f. आ) *die Ohren als Mantel benutzend.* — 2) m. Pl. N. pr. eines fabelhaften Volkes. — 3) f. आ N. pr. einer der Mütter im Gefolge Skanda's.

कर्णप्रावेय m. Pl. N. pr. eines Volkes.

*कर्णफल m. *Ophiocephalus Kurrawey.*

कर्णभूषण n. *Ohrenschmuck.*

*कर्णभूषा f. 1) *das Schmücken der Ohren* (eine bes. Kalâ) Gal. — 2) *Ohrenschmuck.*

*कर्णमद्गुर m. *Silurus unitus.*

*कर्णमल n. *Ohrenschmalz.*

*कर्णमुकुर m. *ein best. Ohrenschmuck.*

कर्णमुनि m. N. pr. eines Mannes Ind. St. 14,114.

कर्णमूल n. *Ohrwurzel, der Ort wo sich der Ohrknorpel an den Kopf ansetzt* 103,31. Spr. 7661.

कर्णमूलीय Adj. *zur Ohrwurzel in Beziehung stehend.*

*कर्णमोटा f. *Acacia arabica* Nigh. Pr.

*कर्णमोटि und *°टी f. Bein. der Kâmundâ.

*कर्णय्, °यति (भेदने) Dhâtup. 35,71. — आकर्णय् s. bes.

कर्णयोनि Adj. *vom Ohr aus kommend* (Pfeile).

कर्णरन्ध्र m. *Gehörgang.*

कर्णरोग m. *Ohrenkrankheit.*

*कर्णल Adj. *mit Ohren versehen.*

*कर्णलता f. *Ohrläppchen.*

कर्णलतामय Adj. *Ohrläppchen darstellend* Naish. 7,64.

*कर्णलतिका f. *Ohrläppchen.*

*कर्णवंश m. *ein flaches hervortretendes Dach von Bambusrohr.*

कर्णवत् Adj. 1) *mit Ohren versehen.* — 2) *mit Gabeln —, mit Haken versehen.*

*कर्णवर्जित m. *Schlange.*

*कर्णवल्ली f. *Ohrläppchen* Comm. zu Naish. 7,64.

कर्णविट् *Ohrenschmalz.*

कर्णविवर n. *Gehörgang.*

कर्णविष् f. *Ohrenschmalz.*

कर्णविष n. *Gift für die Ohren* Spr. 1546.

कर्णविषयी Adv. mit कर् *zu Ohren bringen* Verz. d. Oxf. H. 153,a,7 v. u.

कर्णवेध m. *Durchbohrung der Ohren* (eine best. rel. Ceremonie).

*कर्णवेधनिका und *°वेधनी f. *ein zum Durchbohren der Ohren eines Elephanten gebrauchtes Werkzeug.*

कर्णवेष्ट m. 1) *Ohrring.* — 2) N. pr. eines Fürsten.

कर्णवेष्टक m. *Ohrring* Pâr. Gṛhj. 2,6,26.

*कर्णवेष्टकीय und *°वेष्टक्य Adj. von °वेष्टक.

*कर्णवेष्टन n. *Ohrring.*

कर्णशष्कुलिका (Karaka 4,7) und °ली f. *Gehörgang.*

कर्णशिरीष n. *eine am Ohr befestigte* Çirisha-*Blume* Çâk. 29.

*कर्णशून्य Adj. *taub* Gal.

कर्णशूल n. *Ohrenstiche.*

कर्णशूलिन् Adj. *mit Ohrenstichen behaftet.*

कर्णशोभन n. *Ohrenschmuck.*

कर्णश्रव Adj. *den Ohren vernehmbar.*

कर्णश्रवस् m. N. pr. eines Mannes.

कर्णश्राविन् Adj. = कर्णश्रव Gaut.

कर्णश्रुत् m. N. pr. eines Mannes.

कर्णसंस्राव m. *Eiterfluss aus dem Ohre.*

*कर्णसख m. Bein. Ǵarâsaṁdha's Gal.

कर्णसुन्दरी f. Titel eines Schauspiels.

कर्णसुभग Adj. *angenehm zu hören* Veṇis. 154.

*कर्णसू m. *der Sonnengott, die Sonne.*

कर्णसूचि f. *ein best. Insect.*

*कर्णस्फोटा f. *Gynandropsis pentaphylla* Râǵan. 3,125.

कर्णस्राव m. = कर्णसंस्राव.

कर्णस्रोतस् n. 1) *Gehörgang, Ohrloch.* — 2) *Ohrenschmalz.*

कर्णह्लिका f. *eine best. Ohrenkrankheit* Çârṅg. Saṁh. 1,7,81.

कर्णाकर्णि Adv. *von Ohr zu Ohr.*

*कर्णाख्य m. *weisser Amaranth* Nigh. Pr.

कर्णाञ्जलि m. *gespitzte Ohren.*

कर्णाट 1) m. a) Pl. N. pr. eines Volkes. — b) *ein Fürst* und *ein Angehöriger der K.* — c) *ein best.* Râga S. S. S. 54. Gît. S. 18. — 2) f. ई a) *eine Fürstin der K.* — b) **eine Mimose* Râǵan. 5,109. — c) *eine best.* Râgiṇî S. S. S. 37.

कर्णाटक 1) m. a) = कर्णाट 1) a) und *b) (gaṇa यस्कादि in der Kâç.). — 2) f. °टिका = कर्णाट 2) c). S. S. S. 48.

कर्णाटगौड m. *ein best.* Râga *von sechs Tönen* S. S. S. 93.

कर्णातर्द m. *die beiden Stellen am Wagen, an welche die Deichselstangen angesteckt werden,* Âpast. Çr. 11,7. Comm. zu TS. 1,427,5. 7.

*कर्णादर्श m. *Ohrring* Gal. कर्णादेश wohl fehlerhaft.

*कर्णानुज m. Bein. Judhishṭhira's.

कर्णान्तिकचर Adj. *die Ohren umfliegend* Çâk. 22.

*कर्णान्दु und *कर्णान्दू f. *Ohrring* und *ein best. Ohrenschmuck.*

कर्णाभरण n. *Ohrenschmuck* 305,22.

*कर्णाभरणक m. *Cathartocarpus Fistula* Râǵan. 9,46.

कर्णामृत n. 1) *Nektar für die Ohren* Spr. 1548. — 2) Titel eines Werkes.

*कर्णारा f. = कर्णवेधनी.

*कर्णारि m. 1) Bein. Arǵuna's. — 2) *Terminalia Arjuna.*

कर्णार्ध *Radius.*

कर्णार्शस् n. *eine best. Ohrenkrankheit* Çârṅg. Saṁh. 1,7,81.

*कर्णालंकरण n., कर्णालंकार m. und कर्णालंकृति f. (175,31) *Ohrenschmuck.*

कर्णावतंस dass. Benf. Chr. 199,3. Vâmana 2,2, 14. Kâvjapr. 7,10.

कर्णावतंसी Adv. mit कर् *zum Ohrenschmuck machen* Kâd. 111,4.

कर्णावधान n. *das Hinhorchen.* °नं दा *aufmerken* Prasannar. 115,18.

कर्णाश्व (?) m. N. pr. eines Mannes.

कर्णिक 1) *Adj. a) *Ohren habend.* — b) *mit einem Steuerruder versehen.* — 2) m. a) **Steuermann.* — b) *eine best. Fieberkrankheit* Bhâvapr. 3,78. 101. Vgl. कर्णक. — c) N. pr. α) Pl. eines Volkes. — β) eines Fürsten in Potâla. — 3) m. oder n. metrisch = कर्णिका *Samenkapsel der Lotusblume.* — 4) n. *eine best. Form von Pfeilspitzen.*

*कर्णिकाचल m. Bein. des Meru.

कर्णिकार 1) m. a) *Pterospermum acerifolium.* — b) **Cathartocarpus Fistula.*; vgl. महा°. — 2) n. a) *die Blüthe von Pter. acer.* — b) *Samenkapsel der Lotusblume* Hemâdri 1,323,5. Râǵat. 8,3309. — 3) Adj. ? MBh. 10,7,38.

*कर्णिकारक m. = कर्णिकार 1) a) Gal.

कर्णिकारप्रिय Adj. Beiw. Çiva's.

*कर्णिकिका f. *Färse* Gal.

*कर्णिकिन् m. *Elephant.*

कर्णिन् 1) Adj. a) *auritus.* — b) am Ende eines Comp. — *im Ohre habend.* — c) *mit Seitenklappen* oder dgl. *versehen* (Schube). — d) *mit Knoten, mit einem Wulst* oder *sonstigen Erhabenheiten versehen* (Geschosse). — e) **mit einem Steuerruder versehen.* — 2) m. a) **Umgebung des Ohrs.* — b) *Steuermann.* — c) *N. pr. eines der sieben Hauptgebirge. — 3) f. कर्णिनी *Tuberkelbildung in der Scheide.*

कर्णीरथ m. *eine Art Sänfte* Râǵat. 7,479.

कर्णीसुत m. Bein. *Kaṁsa's und des Verfassers eines Lehrbuchs über Diebstahl.

*कर्णेचुरचुरा (Kâç.) und *°चुरुचुरा f. gaṇa पात्रेसमितादि.

कर्णेजप Adj. *Ohrenbläser.*

*कर्णेटिरिभ m. (Kâç.) und *°टिरिटिरा f. gaṇa पात्रेसमितादि.

*कर्णेन्दु f. = कर्णान्दु.

कर्णोत्पल 1) n. *eine am Ohr befestigte Lotusblüthe* Çâk. (Pisch.) 66,6. Nom. abstr. °ता f. Ragh. 7,23. — 2) m. N. pr. eines Dichters und eines Fürsten.

कर्णोदय m. Titel eines Werkes.

कर्णोपकर्णिका f. = कर्णपरंपरा.

कर्णोर्ण m. *ein Thier mit Wolle an den Ohren.*

कर्ण्य (कर्णिय) Adj. 1) *im oder am Ohr befindlich.* — 2) **den Ohren zuträglich.*

1. कर्त्, कृन्तति; episch auch कृन्तते und कर्तति. 1) *schneiden, zerschneiden, abschneiden, zerspalten.* Med. *an sich abschneiden.* कृत्त *abgeschnitten, abgerissen* (299,21), *abgehauen* (321,6), *zerspalten.* — 2) *zu Nichte machen.* — Caus. कर्तयति = Simpl. 1). — *Desid. चिकर्तिषति und चिकृत्सति. — Mit समधि *nach und nach zerschneiden.* — Mit अनु *nach und nach vernichten.* — Mit अप *abschneiden.* — Mit अपि dass. — Mit अव 1) *abschneiden, ablösen.* — 2) *vernichten.* — Caus. *abschneiden lassen.* — Mit उद् 1) *ausschneiden, ausweiden.* — 2) *abschneiden, abreissen.* — 3) *zu Nichte machen.* Pass. *zu Grunde gehen* Ait. Br. 6,23. — Mit समुद् *ausschneiden.* — Mit उप *verletzen.* — Mit नि *niedermetzeln,* — *reissen, weg —, abschneiden, abhauen. abreissen, zerschneiden, zerhauen.* Med. auch *sich beschneiden* (z. B. die Nägel). — Caus. *beschneiden lassen.* — Mit विनि *zerhauen, abhauen, abreissen,* — Mit निस् *ausschneiden, los —, abtrennen, ablösen; zerhauen, zerreissen, niedermetzeln.* — Mit परि 1) *rings umschneiden; beschneiden.* — 2) *abschneiden von,* so v. a. *ausschliessen aus* (Abl.). — Mit प्र *abschneiden, zerschneiden.* — Mit वि *auf —, ein —, zerschneiden, zerlegen, zerreissen.* — Caus. dass. — Mit अधिवि in °कर्तन. — Mit सम् *zusammen —, zerschneiden.*

2. कर्त्, कृणत्ति 1) *den Faden drehen, spinnen* Maitr. S. 1,9,4 = Tâṇḍja-Br. 1,8,9 = Nir. 3,21. — 2) *sich winden* (von einer Schlange). — 3) कृत्त = *वेष्टित. — Caus. कर्तयति *weben.* — Mit उद् *fortspinnen.* — Mit परि *umwinden.*

1. कर्त m. *Trennung, Unterscheidung.*

2. कर्त und *कर्त m. = गर्त *Grube, Loch.*

1. कर्तन 1) n. a) *das Abschneiden, Abhauen.* — b) *das zu Nichte Machen* Ind. St. 14,104. — 2) *f. ई *Scheere.*

2. *कर्तन n. *das Spinnen.*

*कर्तनसाधन n. *Spindel*

कर्तपत्य n. *das Fallen in ein Loch.*

कर्तप्रस्कन्द m. dass. Tâṇḍja-Br. 4,5,13.

*कर्तय्, °यति (शैथिल्ये) Dhâtup. 35,60. Vgl. auch Caus. von 1. und 2. कर्त्.

कर्तर् Nom. ag. 1) *Thäter, Ausführer, Schaffer, Vollbringer, Urheber, Verfasser.* Die Ergänzung im Gen. (*Acc. bei anderer Betonung) oder im Comp. vorangehend. — 2) *der in Etwas* (im Comp. vorangehend) *arbeitet.* — 3) *der diensthuende Priester.* — 4) *der Schöpfer der Welt.* Bein. *Brahman's, Vishṇu's und *Çiva's. — 5) in der Gramm.

der aus freiem Antriebe handelnde Urheber einer Handlung. Er steht im Nom., Instr. (bei passiver Construction) oder im Gen. (in Verbindung mit einem Nom. act.). — 6) in der Function eines Futurum 40,30.

कर्तरि f. *Scheere oder ein anderes Schneideinstrument* Hemâdri 1,329,15. 474,16. 2,*a*,98,9.

कर्तरिका f. dass. Hemâdri 2,*a*,93,15.

कर्तरी f. 1) dass. Hemâdri 2,*a*,94,14. 99,3. °फल n. *Messerklinge* 98,17. — 2) **der Theil des Pfeils, an den die Federn befestigt werden.* — 3) *eine Art Tanz* S. S. S. 259.

कर्तरीका f. = कर्तरी 1) Hemâdri 2,*a*,94,12.

कर्तरीमुख m. *eine best. Stellung der Hand.*

कर्तरीय *eine best. Giftpflanze.*

कर्तर्यङ्कुर m. *eine Art Cymbel* S.S.S. 198 (कत° gedr.)

कर्तयास्य m. = कर्तरीमुख.

कर्तवे und कर्तवै Dat. Infin. von 1. कर्.

कर्तव्य und कर्तव्य 1) Adj. *zu machen,— thun,— vollbringen, auszuführen* u. s. w.; s. u. 1. कर्. — 2) n. *das Zuthuende, Obliegenheit, Aufgabe.*

कर्तव्यता f. 1) *das Gethanwerdenmüssen.* °तां ब्रूहि *sage, was ich zu thun habe,* 131,22. *Obliegenheit.* — 2) *das Gethanwerdenkönnen, Erwägung der Möglichkeit einer Handlung* Tattvas. 18.

कर्तव्यत्व n. *das Gethanwerdenmüssen.*

कर्ति Hariv. 1082 fehlerhaft für कार्ति.

कर्तृक am Ende eines adj. Comp. = कर्तर् *Agens* 225,27.

*कर्तृकर Adj. P. 3,2,21.

कर्तृग Adj. *dem Agens einer Handlung zu Theil werdend* P. 1,3,86, Schol.

कर्तृगामिन् Adj. dass. P. 1,3,63, Sch. Nom. abstr. °मित्व n. 77, Sch.

कर्तृगुप्त und °क n. *eine künstliche Satzbildung mit verstecktem Subjecte.*

कर्तृता f. in der Gramm. *das Agens-Sein einer Handlung.*

कर्तृत्व n. 1) *das Thäter—, Vollbringer—, Urheber-Sein* Kap. 1,164. Chr. 262,6. 264,9. — 2) = कर्तृता 226,23.

कर्तृपुर n. N. pr. einer *Stadt.*

कर्तृभूत Adj. in der Gramm. *der Agens einer Handlung seiend* 223,31.

*कर्तृमत् Adj. von कर्तर्.

कर्तृस्थ Adj. *am Agens einer Handlung befindlich* P. 1,3,37.

कर्तोस् Gen. Inf. von 1. कर्.

1. कर्त्तर् Nom. ag. *Vernichter* Ind. St. 14,104.

2. कर्त्तर् Nom ag. *Spinner.*

कर्त्तव्य Adj. *niederzumachen, zu vernichten* Spr. 4113.

कर्त्तिका f. = कर्तरि. Richtiger wohl कर्त्त्रिका.

*कर्त्तय्, °यति (शैथिल्ये).

कर्त्त्रिका und कर्त्त्री f. = कर्तरि.

कर्त्य Adj. *abzuschneiden, abzuhauen.*

कर्त्र n. *Zaubermittel, Zauber.*

*कर्त्रीय्, °यति Denom. von कर्तर्.

कर्त्व, कर्त्वम् 1) Adj. *zu machen, auszuführen.* — 2) n. *ein zu thuendes Werk, Aufgabe.*

*कर्द्, कर्दति (कुत्सिते शब्दे).

*कर्द m. *Sumpf.*

*कर्दट m. 1) *Sumpf.* — 2) *Lotuswurzel.* — 3) = पङ्कार.

*कर्दन 1) n. *das Knurren in den Eingeweiden.* — 2) f. ई Trik. 1,1,109 fehlerhaft für कूर्दनी.

1. कर्दम 1) m. *a*) *Schlamm, Bodensatz, Schmutz, Unreinigkeit.* Am Ende eines adj. Comp. f. आ. — *b*) **Sünde.* — *c*) *eine best. Körnerfrucht* (zum Reis gerechnet). — *d*) *eine best. giftige Knolle.* — *e*) im Veda angeblich *Schatten.* — *f*) N. pr. α) eines Pragâpati. — β) eines Sohnes des Pulaha. — γ) eines Schlangendämons. — 2) f. ई *eine Art Jasmin* Râgan. 10,78. — 3) *n. *a*) *Fleisch.* — *b*) *Zibeth* Râgan. 12,72.

2. कर्दम Adj. *mit Schlamm, Bodensatz, Schmutz, Unreinigkeit versehen.*

कर्दमक m. 1) *eine best. Körnerfrucht.* — 2) *eine best. giftige Knolle.* — 3) *eine Schlangenart.* — 4) *eine Form von Rothlauf* Káraka 6,11.

कर्दमराज oder °न् m. N. pr. eines Mannes.

कर्दमवीसर्प m. = कर्दमक 4) Káraka 6,11.

कर्दमाख्य m. *eine best. giftige Knolle.*

*कर्दमाटक m. *ein Ort zur Ablagerung von Unrath.*

कर्दमित Adj. *beschmutzt, besudelt.*

*कर्दमिनी f. *schlammiger Boden.*

कर्दमिल n. N. pr. einer Oertlichkeit.

कर्दमेश्वरमाहात्म्य n. Titel eines Werkes.

*कर्दमोद्भव m. *eine Reisart* Gal.

कर्प् s. क्रप्.

कर्पट 1) (*m.) n. *Lappen* 184,32. °खण्ड Ind. St. 15,418. — 2) m. N. pr. eines Berges.

*कर्पटधारिन् m. *Bettler.*

*कर्पटिक Adj. *in Lumpen gehüllt.* Vgl. का° und Ind. St. 15,425.

*कर्पटिन् Adj. dass.

कर्पण *eine Art Lanze* oder *Speer.*

कर्पर 1) m. *a*) *Schale.* — *b*) **Hirnschale.* — *c*) *Schale der Schildkröte.* — *d*) **eine Art Waffe.* — *e*) **Ficus glomerata.* — *f*) N. pr. eines Diebes. — 2) *f. ई *eine Art Collyrium.* — 3) n. *Scherbe* Pañkat. 217,21. 22. 218,11. 12.

कर्परक 1) m. N. pr. = कर्पर 1) *f*). — 2) *f. °रिका *eine Art Collyrium.*

*कर्परांश m. *Scherbe.*

*कर्पराल m. v. l. für कन्दराल.

*कर्पराश m. *sand, gravel, a sandy soil* wohl fehlerhaft für कर्परांश.

कर्पास (*m. *f. ई und *n.) und °की f. (Bhâvapr. 1,209) *die Baumwollenstaude, Baumwolle.*

कर्पूर्, °रति *Kampher gleichen.*

कर्पूर 1) m. n. *Kampfer* (*die Pflanze, das Harz* und *die Frucht*). — 2) m. N. pr. verschiedener Männer. — 3) N. pr. eines Dvîpa. — 4) Adj. (f. आ) *aus Kampfer gemacht* Hemâdri 1,435,13. 14.

*कर्पूरक m. *Curcuma Zerumbet.*

कर्पूरकेलि m. N. pr. eines Flamingo.

कर्पूरगौर n. N. pr. eines Teiches.

कर्पूरतिलक 1) m. N. pr. eines Elephanten. — 2) *f. आ Bein. der Gajâ, einer Freundin der Durgâ.

*कर्पूरतैल n. *Kampfersalbe* Râgan. 15,121.

कर्पूरद्वीप = कर्पूर 3) Viddh. 38,9.

कर्पूरनालिका f. *eine best. mit Kampher zubereitete Speise* Bhâvapr. 2,24.

कर्पूरपट m. N. pr. eines Färbers 148,12.

कर्पूरप्रकरण n. Titel eines Gaina-Werkes.

कर्पूरमञ्जरी f. 1) N. pr. einer Tochter *a*) des Fürsten Karpûrasena. — *b*) des Flamingo Karpûrakeli. — 2) Titel eines Schauspiels.

*कर्पूरमणि m. *ein best. weisses Mineral.*

कर्पूरमय Adj. *aus Kampfer bestehend, dem K. ähnlich* Kâd. 244,16.

कर्पूररस m. *eine best. Mixtur* Mat. med. 223.

कर्पूरवर्ष m. N. pr. eines Fürsten Viddh. 78,9. 79,8.

कर्पूरविलास m. N. pr. eines Wäschers.

कर्पूरसरस् n. N. pr. eines *Teiches.*

कर्पूरसेन m. N. pr. eines Fürsten.

कर्पूरस्तव m. und °स्तोत्र n. Titel zweier Werke.

कर्पूरहरिद्रा f. *Curcuma Amada* Mat. med. 257.

*कर्पूराश्मन् m. *Krystall* Nigh. Pr.

*कर्पूरिन् und *कर्पूरिल Adj. von कर्पूर.

*कर्फर m. *Spiegel.*

*कर्ब्, कर्बति (गतौ).

*कर्बर 1) Adj. *gefleckt.* — 2) m. *a*) *Sünde.* — *b*) *Tiger.* — *c*) *ein* Rakshas. — *d*) *eine best. Arzenei.* — 3) f. ई *a*) *Nacht.* — *b*) *Tigerin.* — *c*) *eine* Rakshasî. — *d*) *das Blatt der Asa foetida.* — *e*) Bein. der Durgâ. — 4) n. *Mennig* Gal.

कर्बु Adj. *bunt.*

कर्बुक m. Pl. N. pr. eines Volkes.

कर्बुदार m. 1) *Bauhinia candida* Karaka 1,4. 27. 3,8. 8,7. 10. An mehreren Stellen fälschlich कर्चु°. — 2) **Bauhinia variegata.* — 3) **Barleria caerulea.*

*कर्बुदारक m. *Cordia latifolia* Râgan. 11,205.

कर्बुर 1) Adj. (f. आ) *gefleckt, gesprenkelt.* — 2) *m. *a) Sünde.* — *b) ein* Rakshas. — *c) Curcuma Amhaldi* oder *Zerumbet.* — *d) eine Dolichos-Art* Râgan. 16,69. — 3) f. आ *a) eine giftige Blutegelart* 217,5. 6. — *b)* **Bignonia suaveolens* und * = बर्बरा. — 4) *f. ई Bein. der Durgâ. — 5) *n. *a) Gold.* — *b) Stechapfel.* — *c) Wasser.*

कर्बुरक Adj. = कर्बुर 1).

*कर्बुरफल m. *eine best. Pflanze.*

*कर्बुराङ्गा f. *eine blaue Fliegen-* oder *Bienenart* Gal.

*कर्बूर 1) m. = कर्बुर 2) *b) c).* — 2) f. आ = कर्बुर 3) *a).* — 3) n. *a)* = कर्बुर 5) *a).* — *b) Auripigment.*

*कर्बूरक m. = कर्बुर 2) *c).*

*कर्बूरित Adj. *gesprenkelt.*

*कर्म m. n. = कर्मन्.

कर्मक am Ende eines adj. Comp. = कर्मन् *Werk, That.*

कर्मकर 1) Adj. (f. ई) *für Andere Arbeit thuend;* Subst. *Arbeiter, Knecht, Diener, Handwerker.* — 2) *m. Bein. Jama's. — 3) *f. आ (!) *Freundin* Gal. — 4) *f. ई *a) Sanseviera zeylanica.* — *b) Momordica monadelpha.*

कर्मकरीभाव m. *das Amt einer Dienerin.*

कर्मकर्तृ m. 1) Sg. *der Agens einer Handlung, der zugleich Object ist* (beim Verbum reflex.). — 2) Du. *das Werk und der Urheber desselben.*

कर्मकाण्ड n. 1) *der über die Opfer handelnde Theil in der* Çruti. — 2) Titel eines Gaina-Werkes.

कर्मकार 1) Adj. Subst. = कर्मकर 1, — 2) m. *a) Schmied.* Im System *der Sohn* Viçvakarman's *von einer* Çûdrâ. — *b)* **Stier.* — 3) *f. ई = कर्मकर 4).

कर्मकारापय्, °यते *Jmd als Knecht arbeiten lassen.*

°कर्मकारिन् Adj. *eine Arbeit —, ein Geschäft vollbringend.*

*कर्मकार्मुक n. *ein mächtiger Bogen.*

कर्मकालनिर्णय m. Titel eines Werkes.

*कर्मकील (Gal.) und *°क m. *Wäscher.*

कर्मकृत् Adj. *werkthätig, — kundig;* m. *Arbeiter, Knecht* Spr. 5729.

कर्मकृत्य n. *Werkthätigkeit.*

कर्मकौमुदी f. Titel eines Werkes.

कर्मक्रियाकाण्ड n. Titel eines Werkes Bühler, Rep. No. 438. fg.

कर्मक्षम Adj. *einem Werke gewachsen.*

कर्मक्षय m. *das Aufhören der Werke, — aller Thätigkeit* Çvetâçv. Up. 6,4.

कर्मक्षेत्र n. *das Gebiet, in dem man Werken obliegt.*

कर्मगति f. *die Schicksale eines Menschen.*

कर्मगुप्त n. *eine künstliche Satzbildung mit verstecktem Objecte.*

कर्मग्रन्थ m. Titel eines Gaina-Werkes. °षट्क n. Bühler, Rep. No. 706. fg.

कर्मग्रन्थिप्रथमविचार m. desgl.

*कर्मघात m. *vollständiges Aufgeben aller Werkthätigkeit.*

कर्मचन्द्र m. N. pr. verschiedener Fürsten.

कर्मचारिन् Adj. *in Werken thätig* Nâdab. Up. 6.

कर्मचित् Adj. *opere conflatus.*

कर्मचेष्टा f. *Werkthätigkeit, Arbeit, Anstrengung.*

कर्मज 1) Adj. *aus Handlungen, Werken, Thaten hervorgehend* oder *hervorgegangen.* — 2) *m. *ein Gott* Gal. — *b) der indische Feigenbaum.* — *c) das* Kalijuga.

कर्मजित् m. N. pr. eines Fürsten.

कर्मठ 1) Adj. *fähig —, geeignet zu* (im Comp. vorangehend) Bâlar. 106,8. — 2) *fleissig obliegend.* Die Ergänzung im Loc. oder im Comp. (Râgat. 7, 1012) vorangehend. Ohne Ergänzung *Werken obliegend, das Verdienst in fromme Werke setzend.*

कर्मणीन Adj. *was die Handlung mit sich bringt, in der H. selbst liegend.*

कर्मण्य (कर्मणीन) 1) Adj. *a) im Werke gewandt, geschickt; fleissig.* — *b) zur Verrichtung heiliger Handlungen geeignet* Gaut. — *c) günstig für eine Unternehmung* Ind. St. 14,356. — *d)* am Ende eines Comp. *auf das Geschäft —, auf die Verrichtung von — bezüglich.* — 2) *f. आ *Arbeitslohn.* — Vgl. अ°.

कर्मण्यता f. *Thätigkeit, Wirksamkeit* Varâh. Jogaj. 5,23.

*कर्मण्यभुज् Adj. *Lohn empfangend.* *कर्मण्याभुज् Gal.

कर्मतत्त्वप्रदीपिका f. Titel eines Werkes.

कर्मता f. Nom. abstr. zu कर्मन् *Wirkung.* प्रभूतस्य °तां कर् so v. a. *dasselbe bewirken was Vieles* Karaka 7,12.

कर्मत्व n. 1) *der Gattungsbegriff* कर्मन्. — 2) *das Object-Sein* Comm. zu TS. Prât.

कर्मदीप m. Titel eines Werkes.

कर्मदेव m. *ein Gott durch Werke.*

कर्मदोष m. *ein sündhaftes Werk, Sünde.*

कर्मधारय m. *ein* Tatpurusha, *in welchem die beiden Glieder in einem Congruenzverhältniss stehen.*

कर्मन् (*m.) n. 1) *Handlung, Thätigkeit, Arbeit, Werk, That; Verrichtung, Geschäft.* Wird componirt mit dem, der die Handlung oder Verrichtung vollführt, mit dem, für den oder woran d. H. oder V. v. wird und mit dem, was verrichtet wird. Statt क्रूरकर्मणया: R. 2,75,6 liest ed. Bomb. °कार्यया:. — 2) *heiliges Werk, Opferhandlung, Ritus.* — 3) *ärztliche Behandlung, Cur* Karaka 6,11. — 4) *Berechnung.* — 5) *Aeusserung, Wirkung.* — 6) *Sinnesorgan.* — 7) in der Gramm. *das nächste Object des Agens, das Object einer Handlung.* — 8) *Schicksal (die Folge der Handlungen in einem frühern Leben).* — 9) in der Astrol. *das zehnte Haus.*

कर्मनामन् n. 1) *ein nach der Thätigkeit sich richtender Name* 32,3. — 2) *Particip.*

कर्मनाशा f. N. pr. eines Flusses.

कर्मनिर्णय m. Titel eines Werkes.

कर्मनिष्ठ und °निष्ठा Adj. *fleissig in Werken, — heiligen W.*

*कर्मन्द m. N. pr. des Verfassers eines Bhikshusûtra.

*कर्मन्दिन् m. *ein Anhänger des* Karmanda; *Bettler.*

कर्मन्यास m. *Einstellung der Arbeit* Âpast.

कर्मपथ m. *die Richtung, die eine Handlung nimmt, eine Art von Handlung* Kârand. 46,2.

कर्मपद्धति f. Titel eines Werkes.

कर्मपाक m. *das Reifen der Werke, die Vergeltung der Werke in einem frühern Leben.*

कर्मपारदा f. N. pr. einer Göttin.

कर्मप्रकाश m., °काशिका und °काशिनी f. Titel von Werken.

कर्मप्रदीप m. Titel zweier Werke.

कर्मप्रदीपिका f. Titel eines Werkes.

कर्मप्रवचनीय m. Bez. *der Präpositionen, wenn sie in einem nähern Verhältniss zu einem Nomen stehen, und einiger Adverbia.*

*कर्मप्रवाद n. Titel eines Gaina-Werkes.

कर्मफल n. 1) *die Frucht —, der Lohn der Werke* Âpast. und zu Spr. 1093. — 2) **die Frucht von Averrhoa Carambola.*

कर्मबाहुल्य n. *viele —, schwere Arbeit* Spr. 7695.

कर्मबुद्धि f. *das geistige Organ einer Handlung, das* Manas MBh. 11,15,13.

*कर्मभू f. *bebautes Land.*

कर्मभूमि f. 1) *das Land der Werke.* — 2) *Gebiet der Thätigkeit, Arbeitsfeld* Kârand. 18,11. 15. 50,1. 89,8. 10.

कर्मभूय n. *das zu einer Handlung Werden.* °यं भू *den Charakter —, die Eigenschaften einer Handlung annehmen* Çaṁk. zu Bâdar. 4,1,6.

कर्मभेदविचार m. Titel eines Werkes.

कर्ममय Adj. (f. ई) *aus Werken bestehend, — hervorgegangen, werkartig* u. s. w.

कर्ममार्ग m. 1) *Werkthätigkeit* VP. 6,6,9. — 2) *der Weg zur That*, ein Diebsausdruck für *eine in eine Mauer geschlagene Oeffnung.*

कर्ममास m. *der bürgerliche Monat von 30 Tagen* Ind. St. 10,263. 296.

कर्ममीमांसा f. = पूर्वमीमांसा.

*कर्ममूल n. Kuça-*Gras.*

*कर्मयुग n. *das* Kalijuga.

कर्मयोग m. 1) *Werkthätigkeit, insbes. das Ueben frommer Werke.* — 2) *Behandlung, angewandte Operation* Sarvad. 98,8. 9. — 3) *die Verbindung mit einer Opferhandlung* Lâṭj. 4,10,11. Âpast.

कर्मयोनि f. *die Quelle einer Handlung.*

*कर्मर 1) m. *Averrhoa Carambola.* — 2) f. ई *Bambus-Manna* Râǵan. 6,188.

*कर्मरक und कर्मरङ्ग m. *Averrhoa Carambola.*

कर्मरत्नावली f. Titel eines Werkes.

कर्मर्घ m. N. pr. eines Lehrers.

कर्मलोचन n. Titel eines Werkes.

कर्मवचन n. *Ritual* (buddh.).

कर्मवज्र Adj *dessen Donnerkeil die Arbeit ist*, Bein. der Çûdra.

कर्मवत् Adj. *ein Anliegen habend.*

कर्मवश Adj. *in der Gewalt einer vorangegangenen That stehend.*

*कर्मवशिन् Adj. *Gewalt über seine Handlungen habend.* Nom. abstr. *°शिता f. (buddh.).

कर्मवाटी f. *ein lunarer Tag.*

कर्मविधि m. *Regeln für Werke, — Verrichtungen.*

कर्मविपत्ति f. *das Misslingen eines Werkes.*

कर्मविपर्यय m. *eine verkehrte Handlungsweise* Spr. 3739.

कर्मविपाक m. 1) = कर्मपाक. — 2) Titel eines Werkes. °सार desgl.

कर्मविरोधिन् Adj. *Jmds Werke störend* Sâj. zu RV. 6,33,3.

कर्मश m. N. pr. eines Sohnes des Pulaha VP.[2] 1,154. कर्मस in der ersten Ausg., कर्दम der gedr. Text.

कर्मशतक n. Titel eines buddh. Werkes.

कर्मशल्य n. *Hinderniss* Bhar. Nâṭjaç. 19,130.

कर्मशाला f. *Wohnstube.*

कर्मशाली f. N. pr. eines Flusses.

कर्मशील 1) *Adj. *thätig, geschäftig.* — 2) m. N. pr. eines Mannes (buddh.).

*कर्मशूर m. *ein gewandter Geschäftsmann.*

कर्मश्रेष्ठ m. N. pr. eines Sohnes des Pulaha.

*कर्मष = कल्मष.

कर्मस s. कर्मश.

कर्मसंवत्सर m. *das bürgerliche Jahr von 360 Tagen* Ind. St. 10,300.

*कर्मसचिव m. *Gehülfe, Beamter.*

कर्मसंन्यासिक Adj. *der alle Werke aufgegeben hat, Asket.*

कर्मसमाप्त Adj. *der die heiligen Handlungen vollbracht hat* Âpast.

*कर्मसाक्षिन् m. *die Sonne.*

कर्मसारथि m. *Gefährte* Bhâg. P. 5,23,3.

कर्मसिद्धि f. *das Gelingen eines Werkes* Mâlav. 48,6.

कर्मसेन m. N. pr. eines Fürsten.

कर्मसेनीय Adj. von कर्मसेन.

कर्मस्तव m. Titel eines Werkes.

कर्मस्थान n. *Verwaltungsamt.*

*कर्महस्त Adj. *geschäftskundig* Gal.

कर्महीन m. Pl. Bez. einer Vishṇu'itischen Secte.

कर्माजीव m. *Gewerbe.*

कर्मात्मन् Adj. *dessen Wesen in Thätigkeit besteht.*

कर्मादित्य m. N. pr. eines Fürsten.

कर्माध्यक्ष m. *der Aufseher über Alles was geschieht* Çvetâçv. Up. 3,11.

कर्मान्त m. 1) *Ende einer Arbeit* Mṛkkh. 107,15. Spr. 4238. — 2) *Ende einer heiligen Handlung* Sâmav. Br. 1,3,7. Karmapr. 15,1. — 3) *Beschäftigung, Thätigkeit* Lalit. 217,18. *Geschäft, Verwaltung eines Amtes.* कृषि° *Landbau* Lalit. 147,1. — 4) **bebautes Land.*

कर्मान्तर n. 1) *Pause während einer heiligen Handlung.* — 2) *eine andere Handlung* Njâjam. 2,2,7. *ein anderes Werk, eine andere Arbeit.*

कर्मान्तिक m. *Arbeiter, Handwerker.* °लोक m. *Arbeiter* (Pl.) Kâd. II,47,7.

कर्माभ्यास m. *das Obliegen einer heiligen Handlung* Âpast.

कर्मार m. 1) *faber, Werkmeister, Schmied.* — 2) **Bambusrohr.* — 3) **Averrhoa Carambola* Râǵan. 11,110.

*कर्मारक m. *Averrhoa Carambola* Râǵan. 11,110.

*कर्मारवन n. N. pr. einer Oertlichkeit.

कर्मार्ह 1) Adj. *zum Opferamt tauglich.* — 2) *m. *Mann* Râǵan. 18,2.

कर्माशय m. 1) *die Ansammlung von* (guten und bösen) *Werken* Comm. zu Njâjas. 3,2,75. Çaṁk. zu Bâdar. 3,1,8. 3,30. 4,1,19. Vjâsa zu Jogas. 1,5. — 2) *Anlage zu Handlungen.*

कर्माश्रितभक्त m. Pl. Bez. einer Vishṇu'itischen Secte.

*कर्मिक Adj. von कर्मन्.

कर्मिन् 1) Adj. *handelnd, fungirend, Werken nachgehend, eine Arbeit verrichtend, Vollbringer einer That.* Auch in Comp. mit einer Ergänzung. तत्कर्मित n. Nom. abstr. Ind. St. 10,94. — 2) m. *a) Werkmann, Arbeiter.* — *b)* **Butea frondosa* Nigh. Pr.

*कर्मिष्ठ Adj. Superl. zu कर्मिन् 1).

कर्मीण Adj. *was verrichtet wird.* वाचा° Âpast. im Comm. zu Kâtj. Çr. 5,3,18.

*कर्मीर = किर्मीर.

कर्मेन्द्रिय n. *ein Organ für sinnliche Verrichtungen* (Stimme, Hände, Füsse, After und Geschlechtsorgan) 263,19. 264,12. 15.

कर्मोपकरण Adj. *dessen Beitrag die Arbeit ist.*

*कर्व्, कर्वति (दर्पे).

*कर्व m. 1) *Liebe.* — 2) *Maus.*

कर्वट 1) (*m.) n. *Flecken, Marktplatz* Hemâdri 1,288,1. 8. — 2) **Bergabhang* (buddh.). — 3) m. Pl. N. pr. eines Volkes. — 4) f. ई N. pr. eines Flusses.

*कर्वटक *Bergabhang* (buddh.).

*कर्वटिक m. *Schlamm* Gal.

कर्वर n. *That, Werk.*

*कर्वारु m. *eine best. Pflanze* Gal.

कर्विणी f. Bez. der Svarabhakti *zwischen l und h* Mâṇḍ. Çikshâ 9,12. Comm. zu TS. Prât.

कर्श्, कृश्यति 1) *abmagern, unansehnlich werden.* कृशित *abgemagert.* — 2) **abmagern —, abnehmen lassen.* — Caus. कर्शयति 1) *abmagern lassen, mager halten* Âpast. — 2) *vermindern* Spr. 666. — 3) *Jmd hart mitnehmen.* कर्शित *hart mitgenommen von.* — Mit अनु Caus. *Jmd hart mitnehmen* MBh. 13,156,17. — Mit अव Caus. *mager —, unansehnlich machen, entstellen.* — Mit परि Caus. *Jmd hart mitnehmen* Bhâg. P. ed. Bomb. 4,23,20. — Mit *प्र, प्रकृशित. — Mit वि Caus. *mager —, unansehnlich machen, entstellen.* — Häufig mit dem Caus. von 1) कर्ष् wechselnd.

कर्शन 1) Adj. *a) mager machend.* — *b)* in Comp. mit Feind so v. a. *hart mitnehmend* MBh. 3,64,24. 13,139,20. Vgl. कर्षण. — *c)* AV. 4,10,7 wohl fehlerhaft für कार्शन. — 2) n. *das Magermachen* Káraka 1,21 (कर्षण gedr.).

कर्शनीय Adj. *zum Magermachen geeignet* Káraka 1,2 (कर्षणीय gedr.).

कर्शफ m. N. pr. eines Unholds.

*कर्श्य m. *Gelbwurz.*

1. कर्ष्, कर्षति (selten Med.) 1) *ziehen, anziehen, schleppen, hinundherziehen, zerren, zausen, mit sich fortziehen;* (das Schwert) *ziehen,* (einen Pfeil

anziehen, (einen Bogen) *spannen*. कृष्ट *gezogen* (von der Aussprache eines Vocals). — 2) *an sich ziehen*, so v. a. *in seine Gewalt bekommen, überwältigen*. — 3) *an sich ziehen*, so v. a. *erlangen, theilhaftig werden* M. 3,66. — 4) *Jmd (Acc.) *Etwas* (Acc.) *entziehen*. — 5) *Furchen ziehen, befurchen, pflügen* Vaitân. (Med.), *einpflügen*. Vgl. 2. कर्ष्. — Caus. कर्षयति 1) *ziehen*. — 2) *ausziehen, ausreissen*. — 3) *hinundher zerren, hart mitnehmen, peinigen*. — Mit अति *über Etwas hinziehen*. — Mit अनु 1) *hinter sich her ziehen*. — 2) *anziehen, attrahere*. — 3) *aus dem Vorangehenden heranziehen* (ein Wort). — 4) *anführen, citiren* Ind. St. 9,265. — Caus. *an sich ziehen*, so v. a. *in Anspruch nehmen* (v. l. अनुकर्शित). — Mit अप 1) *abziehen, wegziehen, fortreissen, wegnehmen, entfernen*. — 2) *abziehen*, so v. a. *weglassen, vermindern*. — 3) *ablegen, bei Seite setzen* (z. B. die Scham). — 4) *aus dem Folgenden zum Vorhergehenden ziehen*. — 5) *vorgreifen, anticipiren* Njâjam. 5,1,27. — 6) *anziehen, spannen* (einen Bogen). — 7) *herabziehen, erniedrigen*. अपकृष्ट *niedrig, gering, unansehnlich*. — Caus. 1) *abziehen, entfernen*. — 2) *herabziehen, schmälern*. — Mit व्यप 1) *wegziehen, fortziehen, fortschleppen*. — 2) *abziehen, ablegen* (ein Kleid). — 3) *entfernen, aufgeben, fahren lassen*. — 4) *abwendig machen* MBh. 13,23,70. — Mit अभि *in seine Gewalt bekommen, überwältigen*. — Mit अव 1) *fortziehen, wegziehen*. — 2) *abziehen, ablegen*. अवकृष्येत = अवकर्षेत्. — 3) *abkehren*. — 4) *abziehen —, abbringen von* MBh. 2,5,73. — 5) *anziehen, anlocken* Kâd. 16,17. 46,24. — 6) अवकृष्ट a) *nach unten gebracht, unter Etwas* (im Comp. vorangehend) *befindlich*. — b) *weiter weg befindlich* Kâtj. Çr. 2,8,13. 26,7,18. *entfernt*. °तर *entfernter von* (Abl.). — c) *eine niedrige* oder *niedrigere Stellung einnehmend*. — Mit अभ्यव in *अभ्यवकर्षण. — Mit व्यव *abwendig machen*. v. l. व्यप besser. — Mit आ 1) *heranziehen, an sich ziehen, mit sich fortziehen, fortschleppen* MBh. 2,68,41. 47. (ein Schwert) *ziehen*, (einen Bogen) *anziehen, spannen*. — 2) (einen Schmuck) *abstreifen, —, abnehmen von* (Abl.). — 3) *herausziehen aus* (Abl.). — 4) *entziehen, entreissen*. — 5) *ausziehen —, entlehnen aus* (Abl.). — 6) *angreifen*. गजं सिंह इवाकर्षन् Karaka 1,7. — Caus. *heranziehen, an sich ziehen*. — Mit अपा 1) *abziehen —, abwenden von* (Abl.), *entfernen*. — 2) अपाकृष्ट *herabgezogen, erniedrigt* Spr. 4766. — Mit व्यपा *umherziehen, — schleppen*. — Mit अभ्या in अभ्याकर्ष. — Mit अभ्युपा *an sich heranziehen*. — Mit पर्या *umherziehen, — schleppen*. — Mit प्रत्या *zurückziehen*. — Mit व्या 1) *an sich ziehen* 311,13. — 2) *abziehen, ablegen, abwerfen*. — 3) *abwendig machen* Prab. 37,7. — Mit समा 1) *heranziehen, an sich ziehen*. — 2) *herausziehen aus* (Abl.). — Caus. *mit sich fortreissen*. — Mit उद् 1) *herausziehen, herausnehmen, fortnehmen*. — 2) *ausziehen, ablegen* (ein Kleid). — 3) *spannen* einen Bogen), *auseinanderziehen*. — 4) *in die Höhe bringen* (in übertr. Bed.); Pass. *in die Höhe kommen, die Oberhand bekommen, höher stehen* Bâlar. 92,14. उत्कृष्ट *eine hohe* oder *höhere Stellung einnehmend, ausgezeichnet, vorzüglich*. ज्ञानोत्कृष्ट *durch Kenntnisse ausgezeichnet*, दस्यूत्कृष्टा जनपदाः *in denen* Dasju *die Oberhand haben*. — 5) *aufschieben, verschieben* Njâjam. 5,1,33. 35. Comm. zu 4,10. — 6) उत्कृष्ट *nach oben gebracht, oben liegend*. बीजोत्कृष्ट *wobei das gute Korn oben liegt* 206,15. — Mit अपोद् *abtrennen*. — Mit प्रत्युद् in प्रत्युत्कर्ष. — Mit समुद् 1) *in die Höhe ziehen, — bringen*. — 2) *anziehen* (eine Bogensehne). — Mit उप 1) *heranziehen, zu sich ziehen*. — 2) *zu sich schleppen, entführen*. — 3) *aufgeben, fahren lassen*. व्यप v. l. besser. — Mit समुप *heranziehen*. — Mit नि 1) *niederziehen*; Pass. *von der Strömung abwärts getrieben werden*. — 2) *einpflügen*. फलं क्षेत्रेषु AV. Paipp. 19,13,3. — 3) निकृष्ट a) *niedrig* oder *niedriger stehend, verachtet, gemein*. °भूत *klein erscheinend im Vergleich mit* (Gen.) MBh. 3,134,5. — b) *in die Nähe gebracht, nahe*. — Mit संनि 1) Pass. *in unmittelbare Nähe —, in Berührung kommen mit* (Instr.) Comm. zu Njâjas. 1,1,4. 3,2,26. Absol. °कृष्य *sich nähernd* Daçak. 46,7. — 2) °कृष्ट a) *in die Nähe gebracht, in der Nähe stehend, nahe, — bevorstehend*. — b) *nahe stehend*, so v. a. *eine gleiche Stellung einnehmend* Kathâs. 64,124. — Mit निस् 1) *herausziehen, — aus* (Abl.) Spr. 7689. *auspressen* Râgat. 6,272. — 2) *zerzausen, — reissen*. — Caus. *zerstören, zu Grunde richten*. — Mit परा 1) *fortziehen*. — 2) *herabziehen, schmähen*. — Mit परि 1) *umherziehen, schleppen*. Med. auch *sich gegenseitig umherziehen*. — 2) *hinter sich her führen, anführen* (ein Heer). — 3) *quälen, peinigen* MBh. 3,2,34. Spr. 2601. — 4) *Macht haben über* (Acc.) MBh. 13,48,47. — 5) *in sich herumgehen lassen, beständig an Etwas denken*. — Caus. *quälen, plagen*. — Mit प्र 1) *vorwärts ziehen, fortziehen*. — 2) *hervorziehen, vorstrecken*. — 3) *verdrängen von* (Abl.) R. 3,43,42. — 4) *anführen* (ein Heer). — 5) *spannen* (einen Bogen). — 6) *fortziehen*, so v. a. *keine Ruhe lassen, beunruhigen*. — 7) प्रकृष्ट a) *lang* (örtlich und zeitlich). — b) *ausgezeichnet, vorzüglich, heftig, stark* 315,7. — Mit विप्र 1) *wegführen, heimführen*. — 2) *abziehen, entfernen* Spr. 7816. दृष्टेः *dem Auge entziehen* Naish. 3,131. °कृष्ट *entfernt, weit*; mit *Gen. oder *Abl. Chr. 232,28. — Mit संप्र *mit sich fortziehen* 161,24. 163,8. — Mit प्रति, °कृष्ट 1) *zurückgeschoben*. — 2) **verachtet*. — 3) **zu verbergen*. — Mit वि 1) *auseinanderziehen*. विकृष्ट *auseinandergezogen* (Vocale). — 2) *zerreissen*. — 3) (einen Pfeil) *anziehen*, (einen Bogen) *spannen*. — 4) *erweitern*. विकृष्ट *weit, lang*. — 5) *hinundherziehen, — schleppen, mit sich fortziehen, zausen*. — 6) *anführen* (ein Heer). — 7) *herausziehen*. — 8) *berauben*. — 9) *vorenthalten*. — Mit सम् 1) *zusammenziehen, — schnüren, verengern*. °कृष्ट *zusammengezogen* (Laute), *nahe gerückt*. — 2) *mit sich fortziehen, — führen*.

2. कर्ष्, कृषति, °ते 1) *Furchen ziehen, pflügen, einpflügen*. Med. auch *sich erpflügen*. कृष्ट *gepflügt, auf gepflügtem Boden gewachsen*. — 2) *mit Furchen versehen*, so v. a. *durchwandern*. — Caus. कर्षयति **pflügen*. — Intens. चर्कृषति, *करीकृष्यते, *चरीकृष्यते = Simpl. 1). — Mit आ *behäufeln*; s. अनाकृष्ट. — Mit परि 1) *Furchen ziehen um*. — 2) *einen Kreis ziehen* Çulbas. 3,202. 207. — Mit प्र Caus. *pflügen lassen*. — Mit प्रति, °कृष्ट 1) **zurückgeflügt*. — 2) *zerknittert* in आ°. — Mit वि 1) *durchpflügen, mit Furchen beziehen* Vaitân. — 2) *auseinanderziehen*.

कर्ष m. 1) *das Ziehen, Schleppen*. — 2) *Scharre, rasura*. — 3) *das Pflügen, Landbau* Âpast. — 4) *ein best. Gewicht*, = 16 Mâsha. Auch *n. कर्षार्ध soll = तोलक sein. — 5) **Terminalia Bellerica*. — 6) **Boot* Gal.

कर्षक 1) Adj. a) am Ende eines Comp. *hinundher zerrend, peinigend, quälend* Agni-P. 7,13. — b) *pflügend, bebauend*; m. *Ackerbauer* Gaut. — 2) n. MBh. 3,10080 fehlerhaft für कर्षण.

कर्षण 1) Adj. a) = कर्षक 1) a). Häufig mit कर्शन wechselnd. — b) *sich hinziehend* (in der Zeitdauer). — 2) n. a) *das Herbeiziehen*. — b) *das Herausziehen* Spr. 7677. — c) *das Zausen*. केश° *an den Haaren*. — d) *das Anziehen, Spannen* (eines Bogens). — e) *das Hinziehen* (eines Tones) Samhitop. 17,5. 6. — f) *das Hinundherzerren, Peinigen, Quälen*. — g) *das Pflügen, Landbau*. — h) *Ackerland* MBh. 3,113,11. 13. — Vgl. कर्शन 2).

*कार्षणि f. *ein unkeusches Weib.*

*कर्षणी f. *eine best. Pflanze* (durch starken Geruch die Fliegen verscheuchend) Râǵan. 5,50.

कर्षणीय *eine best. Vertheidigungswaffe.* — Vgl. कर्शनीय.

*कर्षफल 1) m. *Terminalia Bellerica.* — 2) f. आ *Emblica officinalis.*

*कर्षापण = कार्षापण.

कर्षिन् 1) Adj. *mit sich ziehend, nach sich schleppend.* — b) *anziehend, einladend.* — c) *das Feld pflügend;* m. *Ackerbauer, Landmann.* — 2) *f. °णी a) *Gebiss am Pferdezaum.* — b) *eine best. Pflanze.*

कर्षू 1) f. a) *Furche, Grube, Einschnitt.* — b) **Fluss.* — 2) *m. a) *Ackerbau.* — b) *Lebensunterhalt.* — c) *Feuer von trockenem Kuhdünger* oder *Strohfeuer.*

कर्षूशय Adj. *in einer Grube liegend.* शशस्य °शयस्य व्रतम् Ârsh. Br.

कर्षूस्वेद m. *Schweisserzeugung durch Anfüllung einer unter der Lagerstatt gezogenen Furche mit glühenden Kohlen.*

कर्हि Adv. *wann?* Im Ṛv. mit folgendem स्विद् oder चिद् (auch कर्हि कर्हि चिद्) *irgendwann, einmal;* mit चिद् und einer Negat. *niemals, nie und nimmer.* Mit folgendem अपि (Bhâg. P.) *irgendwann.*

1. *कल्, कलते (शब्दसंख्यानयोः).

2. कल्, कलयति (selten Med.) 1) *treiben, antreiben* Hemâdri 1,763,9. — 2) *halten, tragen.* — 3) *sich hinbegeben zu* (Acc.). विमानकलितव्योमन् Naish. 2,104. — 4) *thun, machen, bewerkstelligen.* मूर्छाम् so v. a. *in Ohnmacht fallen* Bâlar. 168,17. चुलुकं जलस्य *einen Schluck Wasser thun* 74,13. — 5) (einen Laut) *hervorbringen, ertönen lassen, anstimmen* Naish. 12,106. — 6) *thun,* so v. a. *auflegen, anheften, anbringen.* — 7) *bemerken, gewahr werden.* तूष्णीम् *stillschweigend aufnehmen* Spr. 1041. — 8) *annehmen, meinen* Spr. 4017. *glauben an* 7017. *beachten* Bâlar. 108,15. *halten für* (mit zwei Acc.) Chr. 310,16. *erkennen als* (mit zwei Acc.) Spr. 7783. — 9) कलित a) *versehen mit* (im Comp. vorangehend) Bhâvapr. 1,68. — b) *= भेदित. — Vgl. कलय्. — Mit *अव, °कलित *gesehen, wahrgenommen.* — Mit व्यव, °कलित *abgezogen, subtrahirt.* — Mit आ 1) *schütteln.* — 2) *festhalten* MBh. 4,22,65. Çiç. 9,72. — 3) *befestigen, anbinden.* — 4) *annehmen.* मूर्तिम् Njâjam. S. 1, Çl. 3. — 5) *übergeben.* — 6) *erkennen, wahrnehmen, finden.* आकलयित्री Naish. 5,70. — 7) *prüfen, untersuchen* 120,14. Spr. 3311. दृशा Bâlar. 68,18. — 8) *bei sich denken, eine Betrachtung anstellen* 127,12. — 9) *annehmen, glauben an* 43,17. *halten für* (mit zwei Acc.; beim zweiten Acc. auch इव) Naish. 5,31. Çiç. 3,73. Spr. 7621. — Mit प्रत्या *aufzählen, herzählen.* — Vgl. प्रत्याकलित. — Mit उद्, उत्कलित 1) *losgemacht, — gelassen.* — 2) *aufgeblüht, blühend.* — 3) *strahlend vor* (im Comp. vorangehend), von den Augen, vom Gesicht und von der Seele. — 4) *zu Tage getreten.* — 5) **sehnsüchtig;* vgl. Comm. zu Bhâg. P. 1,10,23. — 6) **gedeihend.* — Mit परि 1) *ergreifen* Bâlar. 258,2. — 2) *in sich aufnehmen, verschlingen* Kâd. 140,1. Harshak. 123,23. — 3) *ansehen —, halten für.* — 4) °कलित *umlegt —, umgeben mit* (im Comp. vorangehend) Bhâvapr. 1,69. Harshak. 122,6. 183,17. — Mit सम् 1) *zusammenthun, — fügen, — fassen.* — 2) *addiren* Gaṇit. 1,28. — 3) *der Meinung sein* Spr. 1531. — Mit प्रत्यासम् in प्रत्यासंकलित. — Mit उत्सम्, उत्संकलित *angetrieben, beauftragt* Kâd. II,40,20.

3. कल्, कालयति (selten Med.) 1) *treiben, vor sich her treiben, mit sich wegführen.* — 2) *Jmd in feindlicher Absicht nachgehen, verfolgen* R. 3,41,26. — 3) *überzählen* MBh. 3,240,5. — 4) *क्षेपे. — Mit उद् *hinaustreiben.* — उत्कालित Pańkat. 184,18 fehlerhaft für उत्कलित. — Mit उप *heimtreiben.* — Mit निम् *hinaustreiben, verjagen.* — Mit परि *hetzen, verfolgen* R. ed. Bomb. 4,46,16. — Mit प्र 1) *hinaustreiben* (sc. auf die Weide) Gobh. 3,6,1. — 2) *vor sich her treiben, verfolgen.* — 3) *antreiben.* — Mit सम् 1) *hinaustreiben* (sc. auf die Weide). — 2) *in die Flucht schlagen.* — 3) *einem Verstorbenen die letzte Ehre erzeigen* R. ed. Bomb. 2,72,55. संकल्प्य v. l. st. संकाल्य. — Mit अनुसम् *nachführen.*

कल 1) Adj. (f. आ) a) *stumm.* Vgl. कड. — b) in Comp. mit बाष्प oder अश्रु *vor Thränen nicht reden könnend, schluchzend; in Folge von Thränen undeutlich, — unverständlich.* °म् Adv. — c) *fein, zart* (von Tönen), *zarte Töne von sich gebend* (Kehle) Spr. 4679. °म् Adv. — d) Bez. *einer best. fehlerhaften Aussprache der Vocale.* — e) **unverdaut.* — 2) m. a) **ein feiner, zarter Ton.* — b) **Hand* Gal. — c) **Shorea robusta.* — d) Bez. *bestimmter Manen.* — 3) f. कला a) *ein kleiner Theil eines Ganzen,* insbes. *ein Sechzehntel.* — b) *ein Sechzehntel der Mondscheibe.* — c) ungenau Bez. der Zahl sechzehn Hemâdri 1,188,16. 190,1. — d) *Zins.* — e) ein *best. kleiner Zeittheil* (die Angaben schwanken zwischen 8 *Secunden* und 2 *Minuten* $26^{54}/_{201}$ *Secunden*). — f) *Minute eines Grades.* — g) *eine Mora* (in der Prosodie). — h) *Atom.* — i) Bez. *der Substrate der sieben Hauptbestandtheile des menschlichen Leibes.* — k) bei den Pâçupata Sg. *die Elemente der materiellen Welt.* — l) in Comp. mit बाष्प oder अश्रु *Thränentropfen, Thräne* Bhâg. P. — m) *ein einen Tag alter Embryo.* — n) **die monatliche Reinigung.* — o) Bez. *der drei Bestandtheile einer Ceremonie* MBh. 14,89,3. = मन्त्र, द्रव्य und श्रद्धा Nilak. — p) *Kunstfertigkeit, Kunst* (deren 64). — q) *Unwissenheit.* — r) = कल 2) a) Bâlar. 21,6. — s) **eine best. Pflanze.* — t) **Boot, Schiff.* — u) N. pr. einer Tochter Kardama's und Gattin Mariḱi's (einer Personification der *Mondsichel*). — v) Name der Dâkshâjaṇî an der Ḱandrabhâgâ. — w) Titel eines gramm. Commentars.

*कलक 1) m. a) *ein best. Fisch.* — b) *eine best. Art Prosa.* — 2) n. *die Wurzel von Andropogon muricatus.*

1.*कलकण्ठ m. *eine feine, zarte Stimme.*

2. कलकण्ठ 1) *m. a) *der indische Kuckuck.* — b) *Taube.* — c) *eine Art Gans.* — 2) f. ई a) f. zu 1) c) Prasannar. 111,4. — b) N. pr. einer Apsaras Bâlar. 89,9.

कलकण्ठिका f. *das Weibchen des indischen Kuckucks* Spr. 7809.

कलकण्ठिन् m. *der indische Kuckuck* Bâlar. 206,21.

कलकल m. 1) *verworrenes Geschrei, — Gesang, — Geräusch* 291,23. 299,20. 324,29. Mit Hintanfügung von रव oder आरव dass. — 2) **das Harz der Shorea robusta.* — 3) Bein. Çiva's.

कलकलवत् Adj. *gellend* Spr. 1316.

कलकलेश्वरतीर्थ n. N. pr. eines Tîrtha.

*कलकीट m. N. pr. eines Dorfes.

*कलकूणिका f. = कलकूणिका.

*कलकूट m. Pl. N. pr. eines Kriegerstammes.

*कलकूणिका f. *ein unkeusches Weib.*

*कलघोष m. *der indische Kuckuck.*

कलङ्क m. *Fleck, Makel, Schandfleck* 175,14.

*कलङ्ककला f. *a digit of the moon in shadow.*

कलङ्कय्, °यति *beflecken, besudeln* Kâd. 263,1. *verunehren.* कलङ्कित *befleckt, mit einem Makel versehen, verunehrt.*

कलङ्कलेखा f. *ein fleckiger Streif.*

*कलंकष m. 1) *Löwe.* — 2) *Cymbel.*

कलङ्किन् Adj. *befleckt, mit einem Makel versehen, verunehrt* 249,12. Naish. 8,16. Nom. abstr. °ङ्कित n.

*कलंकुर m. *Strudel.*

कलचुरि (Bâlar. 67,7) und °चूरि m. N. pr. eines fürstlichen Geschlechts.

कलज m. *Hahn* Bhâvapr. 2,8 (कलप v. l.). Nigh. Pr.

कलञ्ज m. 1) *Calamus Rotang.* Hierher vielleicht कलञ्जन्यायनिर्णय (so zu lesen) Verz. d. Oxf. H. 286,*b*, No. 673. — 2) *Taback.* — 3) **ein mit einem vergifteten Pfeile getödtetes Thier.* — 4) *ein best. Gewicht,* = 10 Rûpaka.

*कलट n. *Dach.*

*कलत Adj. *kahlköpfig.* — कलता Kathâs. 100,57 fehlerhaft für कलना.

*कलतूलिका f. *ein unkeusches Weib.*

कलत्र n. 1) *Ehefrau.* Auch in collect. Bed. Spr. 3609. — 2) *Weibchen eines Thieres.* — 3) **Hüfte, Lende.* — 4) **die weibliche Scham.* — 5) *das siebente astrol. Haus.*

कलत्रता f. Nom. abstr. von कलत्र 1).

कलत्रवत् und कलत्रिन् Adj. *beweibt, mit seiner Frau vereint.*

कलत्री Adv. mit कर् *zur Ehefrau machen* Viddh. 99,6.

*कलधूत n. *Silber.*

कलधौत 1) n. *Gold* (Prasannar. 14,4) und *Silber* Hemâdri 1,351,3. °लिपि *Goldschrift.* — 2) *m. n. *ein feiner, zarter Ton.* — 3) Adj. *golden.*

कलधौतमय Adj. *golden* oder *silbern* Hemâdri 1,494,18.

1\. कलध्वनि m. 1) **ein feiner, zarter Ton.* — 2) *ein best. Tact* S. S. S. 214.

2\. *कलध्वनि m. 1) *der indische Kuckuck.* — 2) *Taube.* — 3) *Pfau.*

कलन 1) Adj. am Ende eines Comp. *bewirkend* Spr. 1721. — 2) *m. *Calamus Rotang.* — 3) f. आ *a) das Treiben, Antreiben.* — *b) Verrichtung* Nilak. zu MBh. 14,89,3. — *c) das Sichgebaren, Gebärde.* — *d) Berührung.* — *e) das Versehensein mit.* विरह° so v. a. *das Getrenntsein* Bâlar. 240,20. — *f) Berechnung.* — 4) n. *a) das Schütteln, Hinundherbewegen* Prasannar. 129,22. — *b)* *= कलल *ein einen Tag alter Embryo.* — *c)* *= कलङ्क *Fleck, Makel, Schandfleck.*

कलनाथ m. N. pr. eines Autors.

*कलनाद m. *eine Art Gans* Râgan. 19,101.

कलत्तक (wohl fehlerhaft) = कलन्दक 1).

कलन्दक 1) m. *a) ein best. Vogel* (?); im Pâli *Eichhörnchen.* — *b) ein best. Geräthe des* Çramaṇa. — 2) *f. °न्दिका = कलिन्दिका.

कलन्दन m. N. pr. eines Mannes.

कलन्दर m. *eine best. Mischlingskaste.*

*कलन्दु (Gal.) und *कलन्धु m. *Portulak* Râgan. 7,149.

कलभ 1) m. *a) Elephantenkalb, ein junger Elephant* Spr. 7801. — *b) Kameljunges.* — *c) *Datura fastuosa* Râgan. 10,18. — 2) *f. ई *Gemüsepflanze* Râgan. 4,146.

कलभक m. *Elephantenkalb* Dh. V. 26,11. गज° Kâd. 85,3.

*कलभव m. *Stechapfel* Dhanv. 4,4.

*कलभवल्लभ m. *Careya arborea* oder *Salvadora persica.*

कलभाषिन् Adj. *mit zarter Stimme redend* Mâlav. 61.

कलभैरव N. pr. eines Abgrundes in den Gebirgen zwischen der Tâpî und der Narmadâ.

कलम m. 1) *eine Reisart.* — 2) **Schreibrohr.* — 3) **Dieb.*

कलमगोपी f. *Hüterin eines Reisfeldes.* °जन m. Bâlar. 162,20.

*कलमस्थान n. *Dintenfass* Gal.

*कलमूक Adj. *taubstumm* Gal. Vgl. कल्ल°.

*कलमोत्तम m. *wohlriechender Reis* Râgan. 16,21.

कलम्ब 1) *m. *a) Stengel einer Gemüsepflanze.* — *b) Convolvulus repens.* — *c) Nauclea Cadamba.* — *d) Pfeil.* — 2) f. ई *Convolvulus repens.* — 3) n. *a)* wohl *Blüthenrispe.* — *b) *Calumba root (Menispermum Calumba).*

*कलम्बक 1) m. *eine* Kadamba-*Species.* — 2) f. °म्बिका *a)* Du. *die beiden Sehnen im Nacken.* — *b) Convolvulus repens.*

कलम्बुका f. *Convolvulus repens* Ind. St. 10,280.

*कलम्बुट n. *frisch geschlagene Butter.*

*कलम्बू f. *Convolvulus repens.*

*कलय्, °यति = कलिं गृह्णाति. S. auch 2. कल्.

कलय m. *Hahn* Bhâvapr. 2,8. कलज v. l.

*कलयज m. = कललज Râgan. 12,118. Nigh. Pr.

1\. कलरव m. *ein feiner, zarter Ton* Spr. 1039.

2\. *कलरव m. 1) *der indische Kuckuck.* — 2) *Taube.*

कलल (*m.) n. *ein Embryo unmittelbar oder bald nach der Zeugung* Garbhop. 3. Suçr. 1,319, 10. Bhâg. P. ed. Bomb. 3,31,2.

*कललज m. *das Harz der Shorea robusta.*

*कललजोद्भव m. *Shorea robusta.*

कलविकर्णी f. *eine Form der* Durgâ Hemâdri 2,*a*,86,1. 3.

कलविकल m. N. pr. wohl eines Unholden.

कलविङ्क m. 1) *Sperling.* — 2) *der indische Kuckuck* Kâraṇḍ. 89,15 (auch 73,24 herzustellen). — 3) **Fleck.* — 4) **ein weisser* Kâmara. — 5) *eine best. Pflanze,* = कलिङ्गक. — 6) N. pr. eines Tîrtha.

कलविङ्कस्वर m. *ein best.* Samâdhi Kâraṇḍ. 52,1.

*कलव्याघ्र m. *Bastard von einer Tigerin und einem Panther* Gal.

कलश 1) m. f. (ई Bâlar. 168,18. 169,14. 230,16) und *n. *Topf, Krug, Becher.* Häufig werden die Brüste damit verglichen. Am Ende eines adj. Comp. f. ई. — 2) m. (*f. ई) *Butterfass* MBh. 1,17,12. 18,32. 2,49,26. — 3) m. *ein best. Hohlmaass,* = द्रोण. — 4) m. *Kuppeldach* oder *Dachkuppel* Kâd. 55,21. — 5) m. N. pr. *a)* eines Mannes (ṚV.), auch eines Dichters. — *b)* eines Schlangendämons MBh. 5,103, 11. — 6) f. ई *a) Hemionitis cordifolia.* — *b)* N. pr. eines Tîrtha.

कलशजन्मन् m. Bein. Agastja's.

कलशर्दिर Adj. *dessen Krug zerbrochen ist.*

कलशपुर n. N. pr. einer *Stadt.*

कलशपोतक m. N. pr. eines Schlangendämons.

कलशभू m. Bein. Agastja's Bâlar. 15,2.

कलशयोनि m. Bein. 1) Agastja's Kâd. 22,22. — 2) Droṇa's Harshak. 155,14.

कलशि f. 1) **Topf, Krug.* — 2) *Butterfass.* — 3) **Hemionitis cordifolia.*

*कलशीकण्ठ m. N. pr. eines Mannes. Pl. *sein Geschlecht.*

*कलशीपदी Adj. f. *topffüssig.*

*कलशीमुख m. *ein best. musik. Instrument.*

*कलशीसुत m. Bein. Agastja's.

कलशोदर N. pr. 1) m. *a)* eines Wesens im Gefolge Skanda's. — *b)* eines Daitja Hariv. 3,47,14. — 2) f. ई eines grossen Flusses Kâraṇḍ. 71,15.

कलशोद्भव m. Bein. Agastja's Bâlar. 184,15.

कलह्, °हति *sich zanken.*

कलह 1) m. *a) Streit, Zank, Hader.* Auch *n. — *b) eine Hader hervorzurufen bezweckende Zauberceremonie.* — *c) *Degenscheide.* — *d)* *= राठ oder राढा. — 2) f. आ ein Frauenname.

कलहंस 1) m. *a) eine Art Ente, Gans oder Schwan.* Nom. abstr. °ता f. Spr. 7851. — *b) *ein vorzüglicher König* — *c) *der höchste Geist, das* Brahman. — *d) ein best. Metrum.* — 2) f. ई *das Weibchen von* 1) *a).*

कलहंसक m. Demin. von कलहंस 1) *a)* Kâd. 15,4.

कलहकन्दल m. N. pr. eines Schauspielers.

कलहकार 1) Adj. (f. ई) *streitsüchtig, zänkisch.* — 2) f. ई N. pr. der Gemahlin Vikramakaṇḍa's.

कलहकारिका f. *ein best. Vogel.*

*कलहत्यदेश m. N. pr. eines *Landes.*

कलहप्रिय 1) Adj. (f. आ) *streitsüchtig, zänkisch.* — 2) m. Bein. Nârada's. — 3) *f. आ *Predigerkrähe.*

कलहवत् Adj. *sich zankend mit* (सह) Pañkat. ed. Bomb. 4,4,2.

*कलहाकुला f. *Predigerkrähe* Nigh. Pr.

कलहाङ्कुर m. N. pr. eines Mannes Hâsj. 17.

कलहान्तरिता f. *eine Heroine, welche in Folge eines Haders von ihrem Geliebten getrennt ist.*

कलह्वाय्, °यते *hadern, streiten.* Statt कलह्वायतस् Partic. Pańkat. 207,22 ed. Bomb. richtig कलह्वतस्.

कलह्विन् Adj. *streitend, im Streit liegend, streitsüchtig.*

कलङ्क m. oder f. = कारङ्क.

कलांश m. *ein Theil eines Theilchens.*

कलांशांश m. *ein Theil eines Theiles eines Theilchens.*

कलाकन्द *ein best. Metrum.*

*कलाकुल n. *Gift.*

कलाकेलि m. 1) *Liebesspiel* Bâlar. 292,21. — 2) **der Liebesgott.*

*कलाङ्कुर m. 1) *Ardea sibirica.* — 2) Bein. Kaṁsa's.

कलाङ्गल *eine best. Waffe.* Nur am Ende eines adj. Comp. (f. आ).

*कलाचिक 1) *Löffel.* — 2) f. आ *Vorderarm.*

1. *कलाची f. *Vorderarm.*

2. कलाची Adv. mit कर् *als Löffel gebrauchen* Bâlar. 28,11 (कलावी gedr.).

कलाज्ञ Adj. (f. आ) *sich auf die Künste* oder — *eine Kunst verstehend* 175,14. m. *Künstler.*

*कलाटीन m. *Bachstelze.*

*कलाण्डी f. *eine best. Pflanze* Gal.

कलात्मन् Adj. in Verbindung mit दीक्षा *eine best. Einweihungsceremonie.*

*कलाद m. *Goldschmied.*

कलादीक्षा f. Titel eines Werkes Bühler, Rep. No. 440. fgg.

कलाधर 1) Adj. *im Besitz der Künste* oder *einer Kunst seiend* Spr. 7861,*d.* — 2) m. *a) der Mond* Spr. 7861,*b.* Hâsj. 43. — *b)* Bein. Çiva's.

*कलाधिक m. *Hahn.*

*कलानक m. N. pr. eines Wesens im Gefolge Çiva's.

कलानाथ m. 1) *der Mond.* — 2) Pl. N. pr. best. Verfasser von Mantra.

कलानिधि m. *der Mond* Spr. 7718.

*कलानुनादिन् m. 1) *Sperling.* — 2) *Haselhuhn* oder *Cuculus melanoleucus.* — 3) *eine Bienenart.*

कलान्तर n. *Zins* Râgat. 8,146. fg.

कलाप 1) m. (adj. Comp. f. आ) *a) Bund, Bündel, Gebinde.* — *b) ein Bündel Pfeile, Köcher mit Pfeilen, Köcher.* Einmal auch n. — *c) Pfauenschweif.* — *d) Schmuck* Mâlav. 85. — *e) *Gürtel.* Vgl. काञ्ची° und रशना°. — *f) Gesammtheit* 209;15. — *g) *der Mond.* — *h) *ein unterrichteter Mann.* — *i) *ein Anhänger des* Kalâpin Sch. zu P. 1,3,49. 2,1,63. f. ई zu 4,1,63. — *k)* Titel einer Grammatik. — *l)* N. pr. = कलापग्राम VP. 3,16,17. — 2) f. ई *ein Bund Gras.*

1. कलापक 1) m. *a)* = कलाप 1) *a).* — *b) eine Art Schmuck* MBh. 3,112,5. — *c) *ein Strick, der um den Hals eines Elephanten geschlungen wird.* — *d) *Stirnzeichen.* — 2) n. *a) eine Verbindung von vier dem Sinne nach untrennbaren* Çloka. — *b)* *= चन्द्रक.

2. *कलापक Adj. *zur Balzzeit der Pfauen abzutragen* (Schuld).

कलापखञ्ज f. कलायखञ्ज.

कलापग्राम m. N. pr. eines *Dorfes* Hariv. 1,15,38. VP. 4,4,47.

*कलापच्छन्द m. *ein Perlenschmuck von 24 Schnüren.*

कलापतत्त्वार्णव m. Titel eines Commentars zur Grammatik Kalâpa.

कलापद्वीप v. l. für कलापग्राम.

कलापवर्मन् m. N. pr. eines Mannes Kâd. II,103,13.

कलापशस् Adv. *bundweise* MBh. 13,93,112.

कलापशिरस् wohl m. und N. pr. eines Mannes R. Gorr. 2,54,32. कपालशिरस् v. l.

कलापिन् 1) Adj. *a) mit einem Bündel Pfeilen versehen, einen Köcher mit Pfeilen tragend.* — *b) ein Rad schlagend* (Pfau). — *c)* *in Verbindung mit काल *die Balzzeit der Pfauen.* — 2) m. *a) Pfau* 173,1. — *b) *der indische Kuckuck.* — *c) *Ficus infectoria.* — *d)* N. pr. eines alten Lehrers Cit. in der Kâç. zu P. 4,3,104. — 3) f. °नी *a) Pfauhenne.* — *b) *Nacht.* — *c) *der Mond* (f.!). — *d) *eine Cyperus-Art* Râgan. 6,144.

*कलापूर oder *°रा f. *ein best. musikalisches Instrument.*

कलापूर्ण 1) Adj. *ein volles Sechzehntel von Jmd* (Gen.) *bildend.* Mit der Negation so v. a. *nicht würdig, Jmd die Schuhriemen aufzulösen.* — 2) *m. *der Mond.*

*कलाबाद्य n. *ein best. Fehler beim Singen* Gal.

कलाभर m. *Künstler* Gaut.

कलाभृत् m. 1) **der Mond.* — 2) *Künstler.*

*कलामव m. *eine Art Reis.*

*कलाम्बि und *°का f. *das Ausleihen auf Zinsen, Wuchergeschäft.*

कलाय 1) m. *a) eine Erbsenart.* — *b) eine best. Pflanze mit dunkelfarbiger Blüthe.* — 2) *f. आ *eine Art* Dûrvâ-*Gras* Râgan. 8,117.

कलायखञ्ज m. angeblich *Veitstanz* Çârṅg. Saṁh. 1,7,70. कलाप° Bhâvapr. 4,156. fg.

*कलायन m. *Tänzer.*

*कलायसूप m. *Erbsenbrühe;* vgl. कालायसूपिक.

कलारूप 1) n. *eine best. feierliche Handlung, die an einer Feuergrube vorgenommen wird.* — 2) f. आ Bez. *einer der fünf Formen der* Mûlaprakṛti.

कलार्णव m. N. pr. eines Lehrers der Tanz- oder Schauspielerkunst Kumârasv. zu Pratâpar. 113,14.

1. कलालाप m. *ein zarter Ton der Stimme* Kathâs. 18,82.

2. *कलालाप m. *Biene* Râgan. 19,126.

कलावत् 1) m. *der Mond.* — 2) f. °वती *a) eine best. Einweihungsceremonie.* — *b) eine best.* Mûrkhanâ S. S. S. 30. — *c) *die Laute* Tumburu's. — *d)* N. pr. α) **einer* Apsaras. — β) *einer Tochter der* Apsaras Alambushâ. — γ) verschiedener *Frauen.*

कलावाद n. Titel eines Tantra Ârjav. 160,19.

*कलाविक m. *Hahn.*

*कलाविकल m. *Sperling.*

कलाविद् 1) Adj. *sich auf eine Kunst verstehend;* m. *Künstler.* — 2) m. **ein* Vidjâdhara Gal.

कलाविद्वंस् = कलाविद् 1).

कलाविधितन्त्र n. Titel eines Tantra.

कलाविलास m. Titel einer Rhetorik.

कलावी s. 2. कलाची.

कलावेद n. (!) *der die Künste behandelnde* Veda Hemâdri 2,*a*,108,20.

कलाशस् Adv. *Theil für Theil* Tândja-Br. 3,12,2.

कलाशास्त्र n. *ein Lehrbuch der Künste* Hemâdri 2,*a*,109,2.

*कलाशुरि m. N. pr. eines fürstlichen Geschlechts.

कलाश्लाघ्य m. Bein. Çiva's.

कलास m. *eine best. Art die Trommel zu schlagen* S. S. S. 194.

कलासार n. Titel eines Tantra Ârjav. 160,19.

*कलाह्वक m. *ein best. musik. Instrument.*

1. कलि 1) m. *a) derjenige Würfel* oder *diejenige Würfelseite, welche mit einem Auge bezeichnet ist.* Erscheint auch personificirt. — *b)* Bez. *der Zahlen eins* und *fünf.* — *c) *Terminalia Bellerica,* deren Nüsse zu *Würfeln* gebraucht wurden. — *d) das letzte und schlechteste Weltalter* (Juga). — *e) Zwietracht, Hader.* Personificirt als Sohn des Zorns und der Leidzufügung und auch als Gottheit bestimmter Tithi. — *f) der Schlechteste in seiner Art.* — *g)* Bein. Çiva's. = अन्योऽन्यं देवासुरादीनां वैरकर्ता Nilak. — *h)* Titel einer Upanishad. — *i) *Held* (शूर) oder **Pfeil* (शर). — 2) *f. कलि und कली *Knospe.*

2. कलिँ m. 1) Bez. *bestimmter mythischer, den* Gandharva *verwandter Wesen.* — 2) N. pr. *a)* eines Devagandharva. — *b)* eines Mannes; Pl. *sein Geschlecht.*

कलिका f. (adj. Comp. f. eben so) 1) *ein Sech-*

zehntel (der Mondscheibe). — 2) *ein best. kleiner Zeittheil*, = कल 3) *e*). — 3) *Knospe*. — 4) **ein Wirbel aus Rohr am unteren Ende der indischen Laute*. — 5) Bez. *verschiedener Metra*. — 6) Bez. **einer best. Art künstlicher Verse*; vgl. कान्त°. — 7) Titel eines medic. und philos. (Ind. St. 14,404) Werkes.

कलिकाता f. *die Stadt Calcutta*.

कलिकापूर्व s. कालिकापूर्व.

*कलिकार 1) m. *a*) Bein. Nârada's. — *b*) *der gabelschwänzige Würger*. — *c*) *Loxia philippensis*. — *d*) *eine best. Hühnerart*. — *e*) *Pongamia glabra*. — *f*) *Guilandina Bonduc*. — 2) f. ई *Methonica superba* Râǵan. 4,130; vgl. कलिहारी.

कलिकारक 1) *m. *a*) Bein. Nârada's. — *b*) *Caesalpina Bonducella*. — 2) f. °रिका *eine best. Pflanze*.

कलिकाल m. *das Weltalter* Kali.

*कलिकाली f. *eine best. Pflanze* Gal.

*कलिकुञ्चिका f. *eine jüngere Schwester der Gattin* Gal.

कलिकृत् Adj. *sich streitend* Ind. St. 15,381.

कलिङ्ग 1) m. *a*) Pl. N. pr. eines Volkes an der Koromandelküste. — *b*) *ein Individuum dieses Volkes*. — *c*) N. pr. α) eines Fürsten, des angeblichen Stammvaters der Kaliṅga. — β) eines Wesens im Gefolge Skanda's MBh. 9,45,64. — γ) verschiedener Autoren. — *d*) **der gabelschwänzige Würger*. — *e*) **Caesalpina Bonducella*, **Wrightia antidysenterica*, **Acacia Sirissa* und **Ficus infectoria*. — 2) *f. आ *ein schönes Frauenzimmer*. — *b*) *Ipomoea Turpethum*. — 3) n. *der Same der Wrightia antidysenterica*. — 4) *Adj. = दक्ष und विदग्ध.

कलिङ्गक 1) m. *das Land der* Kaliṅga. — *b*) *der Same der Wrightia antidysenterica* Káraka 7,5. — 2) *f. आ *eine best. Pflanze* Gal.

*कलिङ्गबीज n. = कलिङ्गक 1) *b*) Râǵan. 9,56.

*कलिङ्गयव m. dass. Nigh. Pr.

कलिङ्गसेना f. N. pr. einer Prinzessin.

कलिच्छन्दस् n. Bez. *einer Art von Metren*.

*कलिञ्ज 1) m. *Matte*. — 2) n. *Holz* Gal.

कलिञ्जर m. N. pr. eines Fürsten oder einer Oertlichkeit Râǵat. 7,1268. Vgl. कालिञ्जर.

कलिद्रु m. *Terminalia Bellerica* Bhâvapr. 3,102.

कलिद्रुम m. *Baum des Haders* und zugleich *Terminalia Bellerica* Spr. 6895.

कलिधर्मनिर्णय und °धर्मसारसंग्रह m. Titel zweier Werke.

कलिनाथ m. N. pr. eines Autors über Musik.

*कलिनी f. *Hülsenfrucht, Schote* Gal.

कलिन्द 1) m. *a*) **Terminalia Bellerica*. — *b*) **die Sonne*. — *c*) N. pr. α) Pl. eines Volkes MBh. 13,2104. Richtig कलिङ्ग. — β) eines Wesens im Gefolge Skanda's. कलिङ्ग v. l. — γ) eines Berges, auf dem die Jamunâ entspringt. — 2) f. आ N. pr. eines Flusses R. 2,71,6. कुलिङ्गा ed. Bomb. — 3) f. ई R. 2,55,4.12.13 fehlerhaft für कालिन्दी.

कलिन्दकन्या (Kâd. 26,18), *कलिन्दतनया, कलिन्दनन्दिनी (Bâlar. 164,3), *कलिन्दशैलजाता, कलिन्दसुता (Prasannar. 153,8) und कलिन्दात्मजा (Spr. 7759) f. Patron. der Jamunâ.

*कलिन्दिका f. *Wissenschaft*.

*कलिप्रद m. *Trinkstube* Nigh. Pr.

कलिप्रिय m. 1) Bein. Nârada's. — 2) **Affe*.

*कलिमारक, *°मालक und *°माल्य m. *Caesalpina Bonducella*.

कलियुग n. *das Weltalter* Kali.

कलियुगालय m. *Terminalia Bellerica* Bhâvapr. 1,161.

कलिल 1) Adj. (f. आ) *erfüllt —, voll von* (Instr. oder im Comp. vorangehend). — 2) n. *a*) *Gewirre, Chaos*. — *b*) Ind. St. 2,68 fehlerhaft für कलल.

कलिलक्षित = चत्तण Gal.

कलिलता f. *Gewirre, Chaos*.

*कलिव gaṇa प्रगद्यादि in der Kâç. कविल v. l.

कलिविनाशिनी f. N. pr. einer Göttin.

*कलिवृत्त m. *Terminalia Bellerica*.

*कलिशासन m. *ein* Ǵina Gal.

कलिसंतरण n. Titel einer Upanishad.

कलिस्तोम m. *ein best.* Stoma.

कलिहारी f. *Methonica superba* Bhâvapr. 1,201. Vgl. कलिकारी.

*कलुङ्क 1) m. *Cymbel*. — 2) f. आ *a*) *Schenke*. — *b*) *Meteor*.

कलुष 1) Adj. (f. आ) *a*) *beschmutzt, unrein, trübe, belegt* (Stimme), *unlauter* (in übertr. Bed.). — *b*) im Comp. mit einem Nom. act. *unfähig*. — 2) m. *a*) **Büffel*. — *b*) *eine Schlangenart* Suçr. 2,265,14. — 3) *f. आ *Büffelkuh* Râǵan. 19,22. — 4) n. (adj. Comp. f. आ) *Unreinigkeit, Schmutz, Unflath* (eig. und übertr.) 104,6.

कलुषचेतस् und कलुषमति (104,29. 30) Adj. *unreinen Sinnes*.

*कलुषमञ्जरी f. *Odina Wodier* Nigh. Pr.

कलुषय्, °यति *beschmutzen, verunreinigen* Viddh. 57,16 (कलु° zu lesen).

कलुषात्मन् Adj. = कलुषचेतस्.

कलुषाय्, °यते *trübe werden*.

कलुषी Adv. mit कर् *trüben, beschmutzen, verunreinigen*.

कलूतर N. pr. einer Oertlichkeit. कुलून v. l.

कलेवर 1) m. (selten) und n. (adj. Comp. f. आ) *Leib, Körper*. — 2) m. **Olibanum* Gal.

कलोत्ताल Adj. (f. आ) *lieblich und stark* (Stimme).

कलोपलता f. *eine best.* Mûrkhanâ S. S. S. 31.

कल्क 1) m. (*n.) *a*) *zäher Teig von zerriebenen, namentlich öligen Stoffen, Paste*. — *b*) **Koth, Dreck, Unreinigkeit; Ohrenschmalz*. — *c*) *moralischer Schmutz, Unredlichkeit, Gemeinheit, Sünde*. *d*) **Terminalia Bellerica*. — *e*) **Olibanum*. — 2) *Adj. *böse, sündhaft*.

कल्कन n. *gemeines Benehmen*.

*कल्कपाल m. *Granatbaum*.

कल्काल m. Pl. N. pr. eines Volkes.

कल्कालय m. N. pr. eines Mannes.

कल्कि m. N. pr. eines künftigen Befreiers der Welt, der als 10ter Avatâra Vishṇu's gilt.

कल्किद्वादशीव्रत n. *eine best. Begehung*.

कल्किन् 1) *Adj. *schmutzig, sündhaft*. — 2) m. = कल्कि. Stifter einer Aera in Karṇâṭaka B. A. J. 10,128.

कल्किपुराण n. Titel eines Purâṇa.

कल्की Adv. mit कर् *zu einem Teige verarbeiten*.

कल्कुषी Nom. Du. *Handgelenk und Ellbogen*.

कल्प्, कल्पते 1) *in richtiger Ordnung sein, sich richtig verhalten, taugen, richtig vor sich gehen, gelingen*. — 2) *in richtigem Verhältniss stehen zu, entsprechen, sich richten nach, in Einklang kommen*; mit Instr. — 3) *sich darstellen —, erscheinen als*; mit Instr. — 4) *sich eignen zu* (Loc.). — 5) *sich fügen zu, günstig sein für, dienen —, verhelfen zu, veranlassen*; mit Dat. Spr. 7781. — 6) *theilhaftig werden*, mit Dat. — 7) *Jmd* (Loc., Dat. oder Gen.) *zu Theil werden*. — 8) *sich gestalten —, werden zu* (Nom. oder Dat.). — 9) *geschehen, erfolgen*. — 10) *dasein, gegeben sein* R. ed. Bomb. 2,43,20, v. l. — 11) *hervorbringen, schaffen, bewirken*; mit Acc. — 12) **zurechtmachen, zurüsten*; mit Acc. — 13) *erklären —, halten für*; mit zwei Acc. Pańkat. 150,24. — 14) क्लृप्त *a*) *in Ordnung gekommen, fertig, hergestellt, zugerüstet*. — *b*) von Nägeln, Haupthaar und Bart so v. a. *beschnitten*. — *c*) *zu Wege gebracht, hervorgebracht, vollbracht, abgemacht*. — *d*) *festgesetzt, vorgeschrieben*. — *e*) *feststehend* (Ueberzeugung) Kathâs. 123,147. — *f*) *vorhanden, da seiend*. — Caus. कल्पयति, °ते 1) *in Ordnung bringen, — halten, richtig stellen, anordnen, vertheilen*. — 2) *in eine entsprechende Verbindung bringen mit* (Instr.). — 3) *zubereiten, zurechtma-*

chen, zurüsten. — 4) *Jmd mit Etwas* (Instr.) *ausrüsten, theilhaftig machen.* — 5) *Jmd zu Etwas* (Dat. oder Loc.) *verhelfen*, eines Zustandes *theilhaftig machen.* मरणाय-कल्पितः so v. a. *tödtlich.* — 6) *Jmd* (Gen.) *Etwas* (Acc.) *verleihen, zu Theil werden lassen* R. 2,43,19. — 7) *verfertigen, bilden,* — *aus* (Instr.), *hervorbringen, verfassen, zu Wege bringen, bewerkstelligen, veranstalten, ausführen* (auch heilige Gebräuche), *verrichten, machen.* — 8) *in der Phantasie bilden, zu sehen glauben* Spr. 4876. — 9) *anweisen, bestimmen, festsetzen.* — 10) *bestimmen zu, erklären für, machen zu;* mit zwei Acc. 76,12. 183,29. — 11) *erachten für,* mit zwei Acc. — 12) *gebrauchen, anwenden* R. 2,61,17. — 13) *schneiden, schnitzelnd bearbeiten.* — 14) *einen Spruch sprechen, der das Zeitwort* कल्प् *enthält.* — *Desid. चिक्लृप्सति und चिकल्पिषते. — Mit अनु *sich ordnen nach, richtig folgen auf.* — Caus. 1) *ausführen nach, folgen lassen* Hemâdri 1,393,7. श्रद्धाम् *Glauben schenken.* — 2) अनुकल्पित *entsprechend, würdig* MBh. 13,35,9. — Mit समनु Caus. *Jmd* eines Zustandes (Loc.) *theilhaftig machen.* — Mit अभि *entsprechen, dasselbe ausdrücken;* mit Acc. — Caus. *gewähren, verleihen.* — Mit अव 1) *entsprechen, richtig —, in Ordnung sein* Çaṁk. zu Bâdar. 2,2,9. so v. a. *ganz gut möglich sein, sich ganz gut erklären lassen* zu 30. — 2) *zu irgend Etwas nützlich sein, gereichen zu* (Dat.). — Caus. 1) *in Ordnung bringen, zurechtmachen, zurüsten.* — 2) *geeignet —, richtig anwenden.* — 3) *für wahrscheinlich halten.* — Desid. vom Caus. *zurechtmachen —, zurüsten wollen.* — Mit आ in 1. आकल्प. — Mit उद् Caus. *in's Dasein rufen, schaffen.* — Mit उप 1) *passend —, zur Hand sein, sich gebühren.* — 2) *dienen —, verhelfen —, gereichen zu* (Dat.). — 3) उपक्लृप्त 1) *zur Hand befindlich, fertig, bereit, zurechtgemacht, zugerüstet.* — 2) *gebildet —, hervorgebracht aus* (Instr.). — Caus. 1) *zurechtmachen, zurüsten, zubereiten* Mâlatîm. 77,15 (169,5). उपकल्पित so v. a. *bespannt mit* (Instr.); am Ende eines Comp. *versehen mit* MBh. 3,77,7. — 2) *herbeischaffen, herbeiholen* 151,12. — 3) *aufstellen, hinstellen, richten auf* (Loc.). — 4) *bestimmen für* oder *zu* (Dat. oder Loc. eines Nom. abstr.). उपकल्पित mit einem Infin., der passivisch zu übersetzen ist. — 5) *hergeben, mittheilen.* — 6) *annehmen, statuiren.* — Mit समुप, °क्लृप्त *zusammen bereit stehend.* — Caus. 1) *zurechtmachen, zurüsten.* — 2) *fertig machen, vollbringen* MBh. 13,104,109. — Mit परि, °क्लृप्त Pl. *hier und da stehend* (Pflanzen). — Caus. *festsetzen, bestimmen,* — *zu;* die Ergänzung ein Acc. (Bhâg. P. 5,20,30), °अर्घम्, der Loc. eines Nom. abstr. oder ein Infin., der passivisch wiederzugeben ist. — 2) *wählen.* — 3) *ausführen, bewerkstelligen, herstellen, machen.* Mit einem Zahladverb auf धा *in so und so viele Theile theilen, unter so und so viele Kategorien bringen.* खण्डशस् *zerstückeln,* स्वचेतसा so v. a. *erfinden* 308,4. आशंसापरिकल्पित so v. a. *nur erwünscht,* — *erwartet* Mâlatîm. 76,7 (163,5). — 4) *einladen —, hinzuziehen zu* (Loc.). — 5) *annehmen, voraussetzen, erachten —, halten für* (Acc.). — Mit प्र 1) *vor sich —, von Statten gehen, gelingen.* प्रक्लृप्तम् Adv. *facile, leicht.* — 2) *am Platze sein, seine Richtigkeit haben.* °क्लृप्त *a. Pl. seiend, s. R. habend.* — Mit Infin. *sich eignen zu.* — 3) प्रक्लृप्त *a) zurechtgemacht, zugerüstet* Kathâs. 18,366. — *b) festgesetzt, vorgeschrieben.* — Caus. 1) *Jmd voranstellen.* — 2) *hinsetzen —, hinstellen auf* (Loc.). — 3) *Jmd einsetzen* (in ein Amt). — 4) *wie es sich gebührt eintreten —, an die Stelle treten lassen von* (Gen.). — 5) *zurechtmachen, zubereiten, zurüsten* Pańkat. ed. Bomb. 4,16,8. — 6) *anweisen, festsetzen, bestimmen; verschreiben* (in medic. Sinne) Ḱaraka 8,3. — 7) *bestimmen, ausfindig machen, berechnen.* — 8) *bewerkstelligen, veranstalten.* अश्रु so v. a. *Thränen vergiessen* Spr. 1512. — 9) *machen zu* (Acc. oder Loc. eines Nom. abstr.) — 10) *erachten —, halten für* (Loc. eines Nom. abstr.) MBh. 13,1,38. — Mit सप्र, *संप्रक्लृप्त *bereitet* — Caus. 1) *einsetzen* (in ein Amt). — 2) *festsetzen, bestimmen.* — Mit प्रति *zu Jmds* (Acc.) *Diensten mit Etwas* (Instr.) *bereit sein, Jmd empfangen mit.* — Caus. *anordnen.* — Mit वि 1) *einen Wechsel erfahren, sich verändern.* — 2) *sich verwechseln lassen mit* (Instr.); *freistehen, facultativ sein* Njâjam. 9,3,17. 4,5. — 3) *zweifelhaft —, unschlüssig sein* Pańkat. I,87. — 4) *in Frage kommen, einem Zweifel unterliegen.* Mit न so v. a. *gelingen* Spr. 7398. — Caus. 1) *verfertigen, zusammensetzen, bilden.* विकारान् *verschiedene Modificationen hervorbringen* Ḱaraka 2,5. — 2) *theilen.* विकल्पित *getheilt, so und so vielfach* (Zahladverb auf धा) —, *so und auch anders erscheinend* Bhâg. P. 5,26,38. 14,1. — 3) *nach Belieben wählen, eklektisch verfahren.* — 4) *in Frage stellen, für zweifelhaft halten, Etwas* (Acc.) *neben etwas Anderm zulassen, für facultativ erklären* 228,29. 239,10. — 5) *verschiedentlich combiniren, variiren* Ḱaraka 8,8. — 6) *ein Dilemma aufstellen* Govindân. zu Çaṁk. zu Bâdar. 2,2,17 (S. 539, Z. 1 v. u.). — 7) *mit Misstrauen ansehen* Bhâg. P. 1,15,1. Comm. nimmt आविकल्पित an. — 8) *voraussetzen, vermuthen, annehmen* Spr. 5792. Pańkat. 89,1. — 9) **hinundher überlegen.* — 10) *erfinden.* — Statt विकल्पित Bhâg. P. 9,16,37 hat die ed. Bomb. besser प्रकल्पित. — Mit सम् 1) *in richtiger Ordnung sein.* सक्लृप्त *in Ordnung, bereit* 69,11. — 2) *zu Stande kommen* Khând. Up. 1,2,6. 7,4,2. 3. — 3) संक्लृप्त *begehrt.* — Caus. 1) *zusammenfügen, — mit* (Instr.). — 2) *hervorbringen, schaffen.* — 3) *hinundherbewegen.* शिरः *den Kopf* R. Gorr. 2,20,4. — 4) *anweisen, bestimmen* Kâd. 263,3. 266,10. *festsetzen* MBh. 3,114,11. — 5) *machen zu* (Loc. eines Nom. abstr.). — 6) *im Sinne haben, streben nach, beabsichtigen, wollen* (mit und ohne मनसा). Auch Med. — 7) *bei sich beschliessen.* — 8) *sich einbilden.* संकल्पित *eingebildet* Kap. 3,38. — 9) *halten —, ansehen für* (Acc. mit इव) Benf. Chr. 197,1. — 10) *einem Verstorbenen die letzte Ehre erweisen.* संकाल्य v. l. für संकल्प्य. — Mit उपसम्, उपसंक्लृप्त *darüberstehend, aufgesetzt.* — Caus. 1) *hinsetzen, hinlegen.* — 2) *einsetzen, erwählen.*

कल्प 1) Adj. (f. आ) *a) was sich macht, möglich.* — *b) geeignet, befähigt, im Stande, einer Sache gewachsen, vermögend.* Die Ergänzung ein Gen., Loc., Infin. oder im Comp. vorangehend. Als Beiw. Çiva's MBh. 12,10368. — 2) m. *a) Satzung, Regel, Ordnung, Brauch; Verfahren, Art und Weise.* प्रथमः कल्पः und प्रथमकल्प *eine vor allen andern geltende Regel, ein vor allen andern den Vorzug verdienendes Verfahren;* mit folgendem यद् und Potent. so v. a. *die erste Sorge ist, dass.* — *b) Verfahren* in med. Sinne. — *c) ein Muster von.* पुरुष° Harshaḱ. 147,12. — *d) die Gesammtheit der Vorschriften über Ritual* (eines der 6 Vedâṅga) MBh. 13,10,38. कल्पमात्रे Pâr. Gṛhj. 2,6,7 wohl fehlerhaft für °मात्रं *(nicht) bloss den* Kalpa. — *e)* am Ende eines adj. Comp. (f. आ) *die Art und Weise von dem und dem habend, ihm nahe kommend, ähnlich;* nach einem Adj. *beinahe, fast.* Ausnahmsweise steht vor कल्प noch सम oder समान. *कल्पम् nach einem Verbum finitum *ziemlich, recht gut.* — *f) der eine von zwei Fällen.* प्रथम *die erstere Annahme* (in einem Dilemma.) — *g) Untersuchung, Nachforschung.* — *h) eine best. grosse Zeitperiode, ein Tag* Brahman's *oder 1000 Juga.* n. Hemâdri 1,507,17 (wenn nicht दश कल्पान्निवसति zu lesen ist). Bei den Buddhisten sind die Kalpa von ungleicher Dauer. — *i) *Welt-*

ende. — k) die Lehre α) von der Bereitung der Arzeneien Káraka 7,1.4.7.—β) von den Giften und Gegengiften. — l) Bez. von Sprüchen, welche das Zeitwort कल्प् enthalten. — m) ein best. Tanz S.S.S. 271. — n) das erste astrol. Haus. — o) als Personif. ein Sohn Dhruva's von der Bhrami. — p) *bei den Gaina ein best. Göttersitz. — q) * = कल्पवृक्ष. — 3) *n. ein berauschendes Getränk; vgl. कल्य.

कैल्पक 1) Adj. a) maassgebend, als Norm geltend. — b) aufstellend, annehmend (in Comp. mit der Ergänzung) Hariv. 15477. — b) von unbekannter Bed. TBr. 2,7,18,4. कल्कक Comm. — 2) m. a) *Barbier. — b) Satzung, Regel. उत्तम° Adj. so v. a. den strengsten Regeln entsprechend. — c) Curcuma Zerumbet Bhâvapr. 1,191.

कल्पकतरु m. = कल्पतरु 1).

कल्पकार m. der Verfasser der Regeln über Ritual.

कल्पक्षय m. Ende eines Kalpa, Vernichtung der Welt.

कल्पगा f. N. pr. eines Flusses.

कल्पचिन्तामणि m. und कल्पतन्त्र n. Titel zweier Werke.

कल्पतरु m. 1) ein fabelhafter Baum, der alle an ihn gerichteten Wünsche erfüllt. — 2) Titel verschiedener Werke.

कल्पतरुरस m. eine best. Mixtur Bhâvapr. 3,53.84.

कल्पता f. Nom. abstr. zu कल्प 1) b).

*कल्पदूष्य n. Zeug vom Kalpataru (buddh.).

कल्पद्रु m. 1) = कल्पतरु 1). — 2) Titel verschiedener Werke.

कल्पद्रुकलिका f. Titel eines Werkes Hall in der Einl. zu Vâsav. 5. Dasselbe Werk heisst an einem andern Orte कल्पद्रुमकलिका.

कल्पद्रुम m. 1) = कल्पतरु 1). Nom. abstr. °ता. — 2) Titel verschiedener Werke.

कल्पद्रुमकलिका f. Titel eines Werkes. Vgl. कल्पद्रुकलिका.

कल्पद्रुमी Adv. mit भू zu einem Kalpadruma werden.

कल्पद्वीप m. ein best. Samâdhi Kârand. 51,20.

कल्पधेनु f. N. pr. einer mythischen Kuh.

कल्पन 1) n. a) *das Verfertigen, Bilden, Machen. — b) das Bilden in der Phantasie, Erfinden Prab. 111,8. — c) das Schnitzeln, Bearbeiten mit Hülfe von Schneidewerkzeugen. — d) eine bestimmte feierliche Handlung, die an einer Feuergrube vorgenommen wird. — e) Aufsatz. — 2) f. आ a) Verfertigung, Anfertigung, Bereitung. — b) Behandlungsweise, Praxis. °सिद्धि f. kunstgemässe Behandlung Káraka 8,1. — c) das Bilden in Gedanken, Annahme von etwas in Wirklichkeit nicht Existirendem oder Erfundenem, Fiction; Hypothese Njâjam. 2,1,8. — d) Ausrüstung —, Ausschmükkung eines Elephanten. — e) Festsetzung, Bestimmung. — f) That, Werk Mṛkkh. 47,17. स्वेच्छा° eine That des eigenen Willens Spr. 1111. — g) Gebilde, Gestalt, Form 104,4. — 3) *f. ई Scheere.

कल्पनविधि m. Art der Zubereitung (von Speisen) Bhâvapr. 3,40.

कल्पनीय Adj. 1) auszuführen, möglich. — 2) anzunehmen, fingendus Comm. zu Njâjam. 2,1,7. Çaṅk. zu Bâdar. 2,2,17 (S. 543, Z. 4). 3,3,49. — 3) zu bestimmen, — berechnen.

कल्पनृत्य n. ein best. Tanz S.S.S. 271.

कल्पपादप m. = कल्पतरु 1).

कल्पपाल m. 1) Beschützer der Ordnung, König. — 2) ein Brenner oder Verkäufer von berauschenden Getränken. f. ई. Vgl. कल्य°.

कल्पपाल्या f. v. l. für कल्पपाली.

कल्पप्रदीप m. Titel eines Werkes Ind. St. 14,151.

कल्पप्रदीपिका f. desgl.

*कल्पभव m. Pl. eine best. Götterordnung (bei den Gaina).

कल्पमहीरुह und °रुह m. = कल्पतरु 1).

कल्पयितव्य Adj. fingendus Çaṅk. zu Bâdar. 2,2,13.

कल्पयुक्ति f. Titel eines Werkes.

कल्पलता f. 1) eine fabelhafte Schlingpflanze, die alle an sie gerichteten Wünsche erfüllen soll. — 2) Titel eines Werkes.

कल्पलतातन्त्र n. Titel eines Tantra.

कल्पलताप्रकाश und °लतावतार m. Titel von Commentaren.

कल्पलतिका f. 1) = कल्पलता 1). — 2) eine best. wunderthätige Pille.

कल्पवट n. N. pr. eines Tirtha.

कल्पवर्ष m. N. pr. eines Fürsten.

कल्पवल्ली f. = कल्पलता 1).

कल्पविटपिन् m. = कल्पतरु 1).

कल्पविवरण n. Titel eines Werkes.

कल्पवृक्ष m. = कल्पतरु 1). Nom. abstr. °ता f. und °त्व n.

कल्पवृक्षलता f. Titel eines Werkes.

कल्पशताय्, °यते so lang wie hundert Kalpa 2) h) erscheinen zu Spr. 2246.

कल्पशाखिन् m. = कल्पतरु 1) Spr. 2746.

कल्पसिद्धान्त m. Titel eines Gaina-Werkes Pischel de Gr. pr. 20.

कल्पसूत्र n. Titel verschiedener Sûtra.

कल्पस्थान n. die Lehre 1) von der Bereitung der Arzeneien Káraka 7. — 2) von den Giften und Gegengiften.

कल्पाग्नि m. das Alles vernichtende Feuer am Ende eines Kalpa 2) h) Venis. 153.

*कल्पाङ्क m. eine best. Pflanze Gal.

*कल्पातीत m. Pl. eine best. Götterordnung (bei den Gaina).

कल्पाधिकारिन् m. der Regent eines Kalpa 2) h) VP.[2] 2,228.

कल्पानुपद n. Titel eines Werkes.

कल्पान्त m. Ende eines Kalpa, Vernichtung der Welt. Am Anf. eines Comp. auch bis z. V. d. W.

कल्पाय्, °यते zu einem Kalpa 2) h) werden, so lang erscheinen Harshak. 26,1. °यित Vâs. 50.

*कल्पिक Adj. geeignet (buddh.).

कल्पितत्व n. das blosse Angenommensein, das Bestehen nur für die Einbildungskraft Comm. zu Vâmana 4,2,2.

कल्पितव्य Adj. fingendus Çaṅk. zu Bâdar. 2,2, 17 (S. 543).

कल्पिता f. eine Art Gleichniss Vâmana 4,2,2.

कल्पिॅन् Adj. als Beiw. eines Spielers.

कल्पेतर Adj. (f. आ) bei dem das Verfahren ein anderes ist Suçr. 2,216,8.

कल्पोत्थायिन् MBh. 5,135,35 fehlerhaft für कल्यो°.

कल्पोपनिषद् f. Pharmacologie Káraka 1,4

कल्प्य Adj. 1) zu bilden aus (Instr.) Naish. 8,21 — 2) zuzuweisen, anzuweisen. — 3) zu bestimmen, auszurechnen. — 4) zu denken, was man sich vorzustellen hat, fingendus Çaṅk. zu Bâdar. 2,2,17 — 5) das Ritual betreffend.

*कल्मन् n. = कर्मन्, विपरीतं कर्म oder अपरिसमाप्तं कर्म Mahâbh. (K.) Bd. 1, S. 336.

कल्मलि॑ etwa Glanz.

*कल्मलोक n. = तेजस्.

कल्मलीकिन् Adj. flammend, brennend.

कल्मष 1) n. (adj. Comp. f. आ) a) Fleck, Schmutz; moralischer Fleck, Sünde. Auch m. Bhâg. P. — b) *eine best. Hölle. — c) *die Hand unterhalb des Handgelenkes. — 2) *Adj. schmutzig.

कल्मषता R. 7,65,32 fehlerhaft für कल्माषता.

कल्मा॑ष 1) Adj (f. ई) schwarz gefleckt Âçv. Gṛh. 4,8,5. — 2) m. a) *ein Rakshas. — b) *eine wohlriechende Reisart. — c) eine Form Agni's. — d) N. pr. α) eines Schlangendämons. — β) *eines Wesens im Gefolge der Sonne. — 2) f. कल्माषी a) eine schwarz gefleckte Kuh. — b) N. pr. eines Flusses. MBh. 1,167,5 nach Nîlak. die Jamunâ oder *die Kuh* Kalmâshapâda's. — 4) n. *a) Fleck.* — *b)* Name eines Sâman.

*कल्माषकण्ठ m. Beiw. Çiva's.

कल्मौषग्रीव Adj. *einen schwarz gefleckten Nacken habend.*

कल्माषतन्तुर m. N. pr. eines Mannes.

कल्माषता f. Nom. abstr. zu कल्माष 1) 107,26.

कल्माषपाद 1) Adj. *dessen Füsse schwarz gefleckt sind.* — 2) m. N. pr. eines Fürsten.

कल्माषपादचरित n. Titel eines Werkes.

कल्माषपुच्छ Adj. *einen schwarzgefleckten Schweif habend* Nilar. Up. 21.

कल्माषाङ्घ्रि m. = कल्माषपाद 2).

*कल्माषाभिषव n. *saurer Reisschleim.*

कल्माषित Adj. *gesprenkelt, bunt gemacht durch* (Instr.) Kâd. 44,2.

1. कल्य 1) *a) wohl auf, gesund* Naish. 8,57. वयस् *das kräftige Alter.* — *b) gerüstet —, bereit zu* (Loc. oder Infin.) — *c) geschickt, befähigt.* Als Beiw. Çiva's MBh. 12,284,94 (= समर्थ Nilak., कल्प v. l.). — *d)* **angenehm, erfreulich* (Rede). — *e)* **belehrend, ermahnend.* — *f)* **taubstumm.* — 2) n. *a) Gesundheit.* — *b) Tagesanbruch.* कल्यम्, कल्ये (Spr. 7760) und कल्य° *mit Tagesanbruch.* कल्यम् **gestern.* — 3) (*f. आ) und n. *ein berauschendes Getränk;* vgl. कल्प.

2. कल्य Adj. *zu errathen,* in अ° (Nachträge).

*कल्यजग्धि f. *Morgenimbiss.*

कल्यता f. (Spr. 2679) und *°त्व n. *Gesundheit.*

कल्यपाल (Râgat. 3,202) und *°क = कल्पपाल 2).

कल्यवर्त 1) *m. *Morgenimbiss.* — 2) n. *Kleinigkeit.*

कल्यौण 1) Adj. (f. कल्यौणी) *a) schön, lieblich.* — *b) gut, trefflich, vorzüglich, edel.* — *c) erspriesslich, glücklich, faustus.* — 2) m. *a) ein best. Tact* S.S.S. 226. — *b)* N. pr. α) eines Gandharva. — β) verschiedener Männer. — 3) f. कल्याणी *a)* **Kuh.* — *b) Glycine debilis* 227,22. — *c)* **rother Arsenik* Gal. — *d) eine best.* Râgiṇî S. S. S. 37. — *e)* Name der Dâkshâjaṇî im Malaja. — *f)* N. pr. α) einer der Mütter im Gefolge Skanda's. — β) zweier Städte. — γ) eines Flusses. — 4) n. *a) das Gute, Tugend, Verdienst* Kâd. II,110,21. — *b) Wohlergehen, Glück, Heil, Segen.* कल्याणम् als Gruss. — *c) Fest.* — *d)* **Gold.* — *e)* **der Himmel.* — *f)* *Titel eines Gaina-Werkes.

कल्याणक 1) Adj. (f. °णिका) *a) trefflich* (von Arzeneimitteln). — *b) glücklich.* — 2) *f. °णिका *rother Arsenik* Râgan. 13,50.

कल्याणकटक N. pr. einer Oertlichkeit 145,14.

कल्याणकीर्ति Adj. *einen guten Ruf habend* Ait. Âr. 236,4.

कल्याणगिरि m. N. pr. eines Elephanten.

कल्याणचन्द्र m. N. pr. eines Astronomen und eines Fürsten.

कल्याणदेवी f. N. pr. einer *Fürstin.*

कल्याणपञ्चकपूजा f. Titel eines Gaina-Werkes Bühler, Rep. No. 573.

कल्याणपुर n. N. pr. einer *Stadt.*

कल्याणप्रकृति Adj. *von vortrefflicher, edler Natur* Harshak. 128,6. Spr. 7808.

*कल्याणबीज m. *Linse.*

कल्याणभट्ट m. N. pr. eines Mannes.

कल्याणमन्दिर n. 1) *ein Haus —, eine Stätte des Heils* Ind. St. 14,378. — 2) Titel eines Werkes. °टीका Titel eines *Commentars* dazu.

कल्याणमन्दिरस्तोत्र n. Titel eines Gaina-Werkes Ind. St. 14,376. fgg.

कल्याणमय Adj. *segensreich.*

कल्याणमल्ल m. N. pr. eines Fürsten.

कल्याणमित्र m. *ein wohlwollender Freund.* Mit Loc. Kârand. 67,1.

कल्याणराजचरित्र n. Titel eines Werkes.

कल्याणराय m. N. pr. eines Mannes.

कल्याणवन्त् 1) *Adj. *glücklich.* — 2) f. °वती N. pr. einer Fürstin.

कल्याणवर्मन् m. N. pr. eines Fürsten.

कल्याणवर्धन m. N. pr. eines Mannes (buddh.).

कल्याणवर्मन् m. N. pr. verschiedener Männer.

कल्याणवृत्त Adj. (f. आ) *von gutem Lebenswandel.*

कल्याणशर्मन् m. N. pr. eines Commentators.

कल्याणसत्त्व Adj. *von edlem Character.* Nom. abstr. °ता f.

कल्याणसप्तमी f. *ein best. siebenter Tag.* °व्रत n.

कल्याणसूत्र m. N. pr. eines Brahmanen.

कल्याणसेन m. N. pr. eines Fürsten.

कल्याणस्वामिकेशव m. Name einer Statue Vishṇu's Râgat. 4,696.

कल्याणाभिजन Adj. *von edler Geburt.*

कल्याणाभिनिवेशिन् Adj. *das Gute wollend, Gönner* Kâd. 133,5.

कल्याणिन् 1) Adj. *a) tugendhaft.* — *b) dem es wohl ergeht.* — 2) *f. °नी *Sida cordifolia* Râgan. 4,96.

*कल्याणीदशम Adj. (f. आ) *dessen zehnte* (Nacht) *glückverheissend ist* Kâç. zu P. 5,4,116.

*कल्याणीपञ्चम (f. आ) und *°पञ्चमीक Adj. *dessen fünfte* (Nacht) *glückverheissend ist.*

*कल्याणीप्रिय Adj. *dessen Geliebte ehrenwerth ist.*

कल्याणीस्तोत्र n. Titel eines Werkes Bühler, Rep. No. 443.

*कल्यापाल m. = कल्पपाल 2).

कल्योत्थायिन् Adj. *mit Tagesanbruch aufstehend* MBh. 3,4616.

*कल्ल्, कल्लते (अव्यक्ते शब्दे, कूजने, अशब्दे, शब्दे).

*कल्ल 1) Adj. *taub.* — 2) n. v. l. für कल्न.

कल्लट m. N. pr. verschiedener Männer.

*कल्लता f. *das Stottern* Gal.

*कल्लत्व n. *Belegtheit der Stimme.*

*कल्लमूक Adj. *taubstumm.*

कल्लवीरतन्त्र n. Titel eines buddh. Werkes.

कल्लार्य m. N. pr. eines Autors.

कल्लालेशो लक्ष्मीकान्तः Nom. m. N. pr. eine Gottheit.

कल्लिनाथ und °नार्य (!) m. N. pr. eines Autors.

कल्लोल m. 1) *Woge, Welle* Spr. 7838. — 2) **Feind.* — 3) **Freude.*

कल्लोलजातक n. Titel eines astrol. Tractats.

*कल्लोलित Adj. *wogend.*

कल्लोलिनी f. *Fluss.*

कल्ह्कण m. N. pr. eines Autors.

कल्हार v. l. für कह्लार.

कल्होडीगङ्गेश्वरतीर्थ n. N. pr. eines Tîrtha.

*कव्, कवते (वर्णे, स्तुतौ).

1. कव am Anf. einiger Compp. = 1. कद् 6).

2. कव Adj. in अकव.

कवक n. 1) *Pilz* Hemâdri 2,*a*,47,16. 17. — 2) **Mundvoll, Bissen.*

कौवच 1) m. n. *Panzer.* — 2) *Mieder, Jacke.* Am Ende eines adj. Comp. f. आ Kâth. 34,5. — 3) *Baumrinde.* — 4) n. *ein best. Theil eines Zauberspruchs, der Panzer des als Fürsten gedachten Z.* — 5) *m. *Trommel.* — 6) m. *Oldenlandia herbacea* Bhâvapr. 1,203. 3,98. — 7) *m. *Hibiscus populneoides.*

कवचधर Adj. = कवचहर Harshak. 116,6.

*कवचपत्त्र n. *eine Art Birke.*

कवचपाशौ m. *Panzerband.*

*कवचहर Adj. *schon einen Panzer tragend, der das Jünglingsalter erreicht hat.*

*कवचित Adj. *gepanzert.*

कवचौन् 1) Adj. *gepanzert.* Auch von Çiva. — 2) m. N. pr. eines Sohnes des Dhṛtarâshṭra.

*कवटी f. *Thürflügel.*

कवड *Gurgelwasser* und *andere Mundmittel.*

कवत्नु Adj. *geizig, karg.*

कवन 1) m. N. pr. eines Mannes. — 2) *n. *Wasser.*

कवन्त् Adj. *das Wort* क *enthaltend.*

*कवत्तक m. N. pr. eines Mannes. Pl. *sein Geschlecht.*

कौवन्ध (RV.), कौबन्ध (AV. u. später die Bomb.

Ausgg.) 1) m. n. *Tonne; bildlich von der Wolke* und vom *Bauch*. Im Epos von den *Wolken* (auch personif.), die die Sonne beim Auf- und Untergange verhüllen. — 2) m n. *Rumpf*. Am Ende eines adj. Comp. f. म्रा. — 3) m. Bein. *a)* des Dämons Danu, dem Indra Kopf und Schenkel in den Leib drückte und dessen lange Arme Râma und Lashmana abhieben. — *b)* *Râhu's. — 4) m. Bez. *von 96 best.* Ketu. — 5) m. N. pr. eines Âtharvana und Gandharva. कबॅन्ध Çat. Br. 14. — 6) *n. *Wasser*.

कवन्धिन und कबन्धिॅन (RV.) 1) Adj. *eine Tonne mit sich führend*. — 2) m. N. pr. eines Kâtjâjana.

*कवपथ m. *ein schlechter Weg*.

कवय्, °यति *dichten* Spr. 7690.

कवयितर् Nom. ag. *Dichter* Viddh. 9,12. zu Spr. 632.

*कवयी f. *Cojus Cobojus (ein best. Fisch)*.

*कवरकी f. *ein Gefangener*.

कवर्ग m. *die Gutturale* TS. Prât.

कवल m. 1) *Mundvoll, Bissen*. Auch *n. — 2) *Gurgelwasser* und *andere Mundmittel*. — 3) *ein *best. Fisch*.

कवलग्रह m. 1) *ein Schluck zum Mundspülen, Mundwasser* Bhâvapr. 3,40. — 2) *ein best. Gewicht*, = कर्ष.

कवलग्राह m. *das Mundspülen* oder *Gurgeln* Karaka 6,24.

कवलता f. Nom. abstr. zu कवल 1) Spr. 2643.

कवलन 1) Adj. *verschluckend, verschlingend* Spr. 7634. — 2) n. *das in den Mund Stecken* Bâlar. 176,10. *das Hinunterschlingen, Verspeisen* Vâmana 27,18.

*कवलप्रस्थ m. N. pr. einer Stadt.

कवलय्, °यति *verschlucken, verschlingen* Harshak. 134,4. कवलित *verschluckt, verschlungen*.

कवलिका f. *Compresse* (auf Wunden u. s. w.).

कवली Adv. mit कर् *verschlucken, verschlingen*. Nâgân. 97 (98). Bâlar. 274,10.

कवॅष् Adj. *klaffend*. Thore VS. 29,5 = Maitr. S. 3,16,2. Statt कवॅषः haben TS. (vgl. jedoch Ind. St. 12,19. 13,97) und Kâth. 5,6,2 कवॅयः.

कॅवष 1) Adj. (accentuirt nur f. कवषी) dass. कवषेाद् d. i. कवषा ऊरू *die Schenkel ausgespreizt*. — 2) m. N. pr. verschiedener Männer.

कवषिन् m. N. pr. eines Rshi.

*कवस m. 1) *Panzer*. — 2) *eine best. dornige Pflanze*.

*कवाग्नि m. *etwas Feuer*.

कवाट *m. *f. (ई) und *n. *Thürflügel* Naish. 9,39.

कवाटक dass., insbes. am Ende eines adj. Comp.

*कवाटघ्न m. *Dieb*.

*कवाटवक्र m. *eine best. Pflanze*.

कॅवातिर्यञ्च् Adj. *etwas in die Quere gerichtet*.

*कवार 1) m. *Tantalus falcinellus (ein best. Vogel)*. — 2) n. *Lotusblüthe*.

कवारि Adj. *karg, geizig*.

कवासखॅ Adj. *Karge zu Genossen habend. Einer von den Kargen*.

1. कविॅ 1) Adj. *sinnig, verständig, klug, weise*; m. *ein Denker, Weiser, kluger Mann*. Auch Götter erhalten dieses Beiwort. Compar. कविॅतर, Superl. कविॅतम. — 2) m. *a) Dichter*, insbes. *Kunstdichter*. — *b)* im Sâmkhja *die Seele*. — *c) ein hinterlistiger Kämpfer*. — *d)* N. pr. oder blosser Bein. verschiedener Männer. — *e) der Planet Venus* Spr. 7632. 7861 (an beiden Stellen zugleich *Dichter*). — *f)* *Eule* Râgan. 19,91.

2. *कवि f. 1) *Gebiss eines Zaumes*. — 2) *Löffel*.

कविक 1) *n. *Gebiss eines Zaumes*. — 2) f. म्रा *a)* dass. Mudrâr. 196,7. 227,7. — *b)* *eine best. Blume* Râgan. 10,118. — *c) ein best. Fisch* Bhâvapr. 2,12.

कविकण्ठहार m. Titel einer Rhetorik.

कविकमलसद्मन् m. *der* Brahman (d. i. *Urvater*) *unter den Dichtern* Prasannar. 4,14.

कविकर्णपूर m. N. pr. eines Dichters.

कविकर्पटी f. Titel eines Tractats über Prosodie.

कविकल्पद्रुम m. Titel eines Wurzelverzeichnisses.

कविकल्पलता f. Titel einer Rhetorik.

कविॅक्रतु Adj. *einsichtsvoll, weise*.

कविचक्रवर्तिन् m. Bein. Pûrnânanda's.

कविचन्द्र m. N. pr. eines Autors.

कविच्छद्द Adj. *an den Weisen Gefallen findend*.

कविज्ञानविनेाद m. Titel eines Werkes.

*कविज्येष्ठ m. Bein. Vâlmîki's.

कविट m. N. pr. eines Rshi.

*कवितर H. 341, Sch. fehlerhaft für कवयितर्.

कविता f. *Dichterthum, Dichtkunst* Spr. 7627. 7781. Prasannar. 4,11.

कवितामृतकूप m. Titel einer neueren Sammlung von Sprüchen.

कवितारहस्य n. Titel einer Rhetorik.

कवितार्किकसिंह m. Bein. Venkatanâtha's.

कवित्वॅ n. 1) *Weisheit*. — 2) *Dichterthum, Dichtkunst, Dichtergabe* 167,26.

कवित्वनॅ n. *Weisheit*.

कवित्वरत्नाकर m. Titel einer Rhetorik.

कविदर्पण m. Titel eines Werkes.

कविपुत्र m. N. pr. eines Schauspieldichters.

कविप्रशस्तॅ Adj. *von Weisen bewillkommt*.

कविभट्ट m. N. pr. eines *Dichters*.

कविभूम m. N. pr. eines Mannes.

कविभूषण m. desgl.

कविमाउन m. Bein. Çambhubhatta's.

*कविय m. n. *Gebiss eines Zaumes*.

कविरत्नपुरुषोत्तममिश्र m. N. pr. eines Mannes.

कविरथ m. N. pr. eines Fürsten.

कविरहस्य m. Titel eines Wurzelverzeichnisses.

कविराज m. 1) *Dichterfürst* Vâmana 4,1,10. — 2) m. N. pr. eines *Dichters* Bâlar. 8,20.

कविराजकैातुक n. Titel eines Werkes.

कविराजभिक्षु und °राजयति m. N. pr. eines Mannes.

कविराजवसुंधर m. desgl.

*कविरामायण m. Bein. Vâlmîki's.

*कविल gana प्रगद्यादि. कलिव Kâç.

*कविलासिका f. *eine Art Laute*.

कविवल्लभ m. N. pr. eines Mannes.

कविवृधॅ Adj. *den Weisen fördernd, — beglückend*.

कविवृषन् m. *ein ausgezeichneter Dichter* Bâlar. 8,7.

कविशस्तॅ und कविॅशस्त (Çat. Br.) Adj. 1) *von Weisen gesprochen*. — 2) *v. W. gepriesen*.

कविशिक्षा m. *eine Unterweisung für Dichter*.

कवीन्दु m. *ein Mond unter den Dichtern*, Bein. Vâlmîki's Spr. 1586.

कवीन्द्र m. *Dichterfürst* Prasannar. 5,23.

कवीन्द्रकल्पतरु m. Titel eines Werkes.

कवीय्, कवीयॅन्त *wie ein Weiser handelnd*, कवीयमान *auf Weisheit Anspruch machend*.

*कवीय = कविय.

कॅवीयस् Adj. Compar. = कवितर.

कवीश्वर m. 1) *Dichterfürst* Ind. St. 15,210. — 2) N. pr. eines *Dichters*.

कवूल n. = कंबूल.

कवेरकन्या f. N. pr. eines Flusses, = कावेरी.

*कवेल n. *Lotusblüthe*.

कवेाष्ण Adj. *lauwarm*. Nom. abstr. °ता f. Kâd. II,142,5.

*कव्य्, कव्यति Denom. von 1. कवि.

कव्यॅ 1) Adj. = 1. कवि 1) VS. 22,2 (wohl कव्याः zu lesen). — 2) m. *a)* Pl. *eine Art Manen*. — *b)* N. pr. eines Weisen im 4ten Manvantara. — 3) n. *das den Weisen Gebührende, das den Manen dargebrachte Opfer*. Meist in Verbindung mit हव्य.

कव्यतॅा f. *die Eigenschaften —, das Thun eines Weisen*.

*कव्यभुज् und *कव्यभोजन m. Pl. *die Manen* oder *best. Manen* Gal.

कव्यवह् (Nom. °वाट्) und कव्यवाड Adj. = कव्यवाहन.

कव्यवाल 1) Adj. dass. — 2) *m. Pl. Bez. bestimmter Manen.

कव्यवाहन Adj. das den Weisen (Manen) Gebührende ihnen zuführend. Agni ṚV. 10,16,11 (so Sâj.; vgl. auch VS. 19,65). Âçv. Çr. 2,19,25. Auch Bein. Çiva's.

*कश्, कशति (शब्दे. गतौ). Auch als v. l. von कंस्, कास्, कष् und शश्.

कँश 1) m. a) ein best. Nagethier. — b) Peitsche. — 2) f. कँशा a) Peitsche. — b) Zügel Çiç. 12,31. — c) *Strick. — d) *Gesicht oder Mund. — e) *Eigenschaft.

कशकु Coix barbata.

*कशकृत्स्न m. N. pr. v. l. für काश°.

कशप्लकँ m. Du. etwa die Schamlefzen ṚV. 8,33,19.

कशम्बूकँ m. ein best. mythisches Wesen Suparn. 23,5.

कँशस् n. 1) angeblich Gang TBr. 1,4,8,3. — 2) *Wasser.

कशाघात und कशानिपात m. Peitschenschlag.

*कशाय m. N. pr. eines Lehrers Kâç. zu P. 4,3, 106. कषाय v. l.

कशारि f. Bez. der Uttaravedi.

*कशार्ह Adj. die Peitsche verdienend.

कशावत् Adj. mit einer Peitsche versehen.

*कशिक und *°पाद् Adj. gaṇa हस्त्यादि.

कशिपु 1) m. n. Matte, Kissen, Matratze Vaitân. — 2) *m. Kost und Kleidung.

कशिपूपबर्हणाँ n. Kissenüberzug, Decke Vaitân. 36,23.

कशीका f. Wiesel.

कशु m. N. pr. eines Mannes.

कशेरक m. N. pr. eines Jaksha.

कशोक m. Pl. Bez. bestimmter Dämonen.

कशोजू m. wohl N. pr. eines Mannes.

कश्मल 1) Adj. (f. आ und ई) a) schmutzig. — b) kleinmüthig, schüchtern. — 2) n. Unrath, Schmutz. — 3) m. n. (adj. Comp. f. आ) Kleinmuth, Bestürzung, Verzweiflung.

कश्मलमय Adj. Nichts als Verzweiflung bringend Comm. zu R. ed. Bomb. 2,42,22.

कँश्नश Bestürzung (?).

कश्मीर m. (adj. Comp. f. आ) Pl. N. pr. eines Volkes 241,9. Sg. Name des Landes.

*कश्मीरजन्मन् n. Safran.

1.*कश्य 1) Adj. die Peitsche verdienend. — 2) n. Flanke des Pferdes.

2.*कश्य n. ein berauschendes Getränk.

कश्यँप 1) Adj. schwarzzähnig. — 2) m. a) Schildkröte. — b) *ein best. Fisch. — c) *eine Antilopenart. — d) ein best. Wesen göttlicher Art (neben oder identisch mit Pragâpati), Pl. Genien, welche mit dem Sonnenlauf in Verbindung stehen. — e) N. pr. verschiedener Ṛshi. Auch als Patron., insbes. im Pl. कश्यपस्य धृक्षु, प्रतोदो, बार्हिषं मध्यमम्, शोभनम् und स्वर्गोनी Namen von Sâman Ârsh. Br. — f) ein best. Stern VP. 2,12,34. — 3) f. आ N. pr. eines weiblichen Ṛshi.

कश्यपग्रीव n. Name eines Sâman Ârsh. Br.

कश्यपतुङ्ग m. N. pr. einer Oertlichkeit.

कश्यपद्वीप m. N. pr. eines Dvîpa. का° v. l.

*कश्यपनन्दन m. Patron. Garuḍa's.

कश्यपपुच्छ und कश्यपव्रत n. Namen von Sâman.

*कश्यपसूनुज्येष्ठ m. Bein. Hiraṇjâksha's Gal.

कश्यपापत्य n. 1) ein Nachkomme Kaçjapa's Ind. St. 13,345. — 2) *ein Daitja und Bein. Garuḍa's Gal.

कश्यपेश्वर und °तीर्थ n. N. pr. eines Tîrtha.

कष्, कषति, °ते 1) reiben, schaben, kratzen, wegkratzen; Med. sich kratzen (Vaitân.) und gekratzt werden (Bhâg. P.). — 2) aufreiben, ausrotten. — 3) *स्रुतगतौ. — *Caus. काषयति (हिंसायाम्). — Mit अप abschaben. — Mit आ in *आकष. — Mit उद् einreiben, färben. — Mit नि 1) hineinreiben. — 2) abkratzen, wegkratzen. — Mit निस् in निष्काष.

कष 1) Adj. am Ende eines Comp. reibend, schabend, abreibend. — 2) Probirstein.

कषण 1) Adj. a) am Ende eines Comp. sich reibend an, so v. a. sich richtend nach. — b) *unreif. — 2) n. das Reiben, Kratzen, Reibung 321,6. Kâd. 60,24.

कषपट्टिका f. (Spr. 7809) und कषपाषाण m. Probirstein.

*कषाकु m. 1) Feuer. — 2) die Sonne.

कषाय 1) Adj. a) zusammenziehend (Geschmack). — b) wohlriechend. — c) roth, gelbroth, dunkelroth. — 2) m. a) rothe Farbe, Röthe. — b) eine Schlangenart Suçr. 2,265,14. — c) Bignonia indica R. Gorr. 2,28,21. — d) *das Kalijuga. — e) Leidenschaft 286,15. 26. Deren vier bei den Gaina. — f) *N. pr. eines Lehrers. कशाय v. l. — 3) m. n. (selten) a) ausgekochter Saft. °प Âpast. — b) in der Med. Decoct; diejenige Form der Medicin, bei deren Bereitung ein Theil des Arzeneistoffes mit vier, acht oder sechzehn Theilen Wasser gemischt, und die Mischung bis auf ein Viertel eingekocht wird. Auch allgemeine Bezeichnung für Heiltränke (fünferlei Formen) Bhâvapr. 2,74. — c) Salbe, Schminke. — d) Unreinigkeit, Schmutz. — e) der an der Seele haftende Schmutz. — f) Verschlimmerung, Verfall, sittlicher —. Die Buddhisten nehmen fünf Kashâja an. — 4) *m. f. n. Grislea tomentosa. — 5) *f. आ ein best. dorniger Strauch Râgan. 4,58. — 6) n. ein gelbes —, rothgelbes Gewand.

*कषायक m. Acacia Catechu Gal.

*कषायकृत् m. Symplocos racemosa.

कषायता f. das Zusammenziehen (des Mundes).

कषायदन्त und °दशन m. eine Mausart.

*कषायपाण m. Pl. Theetrinker, Spottname der Gândhâra.

*कषाययावनाल m. eine best. Kornart Râgan. 16,27.

कषायवक्त्रता f. Zusammenziehen im Munde Çârng. Saṁh. 1,7,70.

कषायवासिक m. ein best. giftiges Insect.

कषायित Adj. 1) geröthet, roth gefärbt Bâlar. 83, 15. Viddh. 99,5. — 2) beschmutzt, befleckt. — 3) durchdrungen —, ergriffen —, voll von (im Comp. vorangehend) Bâlar. 95,14. 116,5. Kâd. 3,5. Sarvad. 121,6.

*कषायिन् m. 1) Shorea robusta. — 2) Artocarpus Lacucha. — 3) der wilde Dattelbaum.

कषायी Adv. 1) mit कर् röthen, roth färben. — 2) mit भू roth werden.

*कषि Adj. Schaden zufügend.

*कषीका f. ein best. Vogel.

कषोत्क m. Taitt. Âr. 10,59 nach dem Comm. = परमेश्वर.

कँक्कष m. ein best. schädliches Insect.

कष्ट 1) Adj. (f. आ) a) schlimm, arg, bös. °म् Adv. mit Mühe. — b) in der Rhet. α) das Ohr beleidigend Vâmana 2,1,6. — β) gezwungen, unnatürlich. — 2) *m. N. pr. eines Mannes; s. काष्टायन. — 3) n. eine schlimme Sache, Uebel, Jammer, Elend. कष्टात्कष्टतरम् (Spr. 1597), कष्टादपि कष्टतरम् (Spr. 1596) und कष्टात्कष्टम् das allerschlimmste Uebel. कष्टात्, कष्टेन und कष्ट° mit Mühe, — Anstrengung, — genauer Noth. — 4) कष्टम् Interj. o Jammer! weh! Auch धिक्कष्टम् und हा धिक्कष्टम् (122,3). हाकष्टशब्द.

*कष्टकारक m. die Welt.

कष्टगुग्गुल m. ein best. Parfum Utpala zu Varâh. Bṛh. S. 48,41.

कष्टता f. und कष्टत्व n. in der Rhet. Gezwungenheit, Unnatürlichkeit.

*कष्टभागिनेय m. der Sohn einer Mitgemahlin der Schwester Gal.

*कष्टमातुल m. Bruder der Stiefmutter Gal.

कष्टाधिक Adj. (f. आ) schlimmer Spr. 7717.

कष्टार्थ Adj. *einen gezwungenen Sinn gebend.* Nom. abstr. °त्व n. Sâh. D. 227,18.

*कष्टि f. 1) *test, trial.* — 2) *pain, trouble.*

1. कस्, *कंसति 1) (गतिकर्मन्). — 2) *strahlen* Nalod. — *Intens. चनीकसीति, चनीकस्यते. — Mit उद् *sich spalten, sich öffnen.* — Mit निस् Caus. निष्कासयति *hinaustreiben.* — Mit प्र Caus. 1) *forttreiben, abweisen* (im Prâkrit). — 2) *zum Aufblühen bringen.* — Mit वि 1) *sich spalten.* विकस्त *zerspalten, zerrissen, gesprungen.* — 2) *sich öffnen, aufblühen* Spr. 7770. विकसित *aufgeblüht.* — 3) *strahlen.* विकसत्किरण Adj. Varâh. Brh. S. 9,45. *vor Freude strahlen,* insbes. von den Augen und vom Munde (aber mit dem Nebenbegriff *sich öffnen*) Spr. 2389. — 4) *sich ausbreiten, an Umfang gewinnen* Suçr. 1,247,12. Kumâras. 7,55. विकसित *ausgebreitet, weit* (vom Meere) MBh. 1,22,12. — Caus. 1) *öffnen, zum Aufblühen bringen.* — 2) *zum Strahlen bringen.* — Mit अनुवि *sich öffnen, aufblühen.* — Mit प्रवि 1) *sich öffnen.* — 2) *sich aufthun,* — *zeigen* Prasannar. 155,9. — Mit सम् in संकसुक.

2.*कस्, कस्ते v. l. für कंस्.

3.*कस् in der Umgangssprache = कर्ष्.

*कस Adj. von 1. कस्.

कसना f. *eine best. giftige Schlange.*

*कसनोत्पाटन m. *Gendarussa vulgaris.*

कसर्णीर und कसर्णील m. *eine best. Schlange* (auch personif.).

कंसाम्बु n. vielleicht *Holzstoss.*

*कसार n. = *कंसार 2) Gal.

कसारस् (?) m. *ein best. Vogel.*

*कसीय n. = कांस्य *Messing* Gal.

कसुन् *das Suffix* अस् (in विसृपस् u. s. w.) 238,29.

कसेतु m. = कसेरु 3) *a)* VP.[2] 2,129.

कसेरु 1) *m. n. *Rückgrat.* — 2) f. n. *die Wurzel von Scirpus Kysoor.* — 3) m. N. pr. *a)* eines Theils von Bhârata Varsha Hariv. 6793. VP.[2] 2,112. 129. — *b)* eines Mannes VP. 6,6,15. fgg.

कसेरुक 1) *n. und f. (आ) *Rückgrat.* — 2) m. (*f. आ und *n.) = कसेरु 2).

कसेरुमत् m. N. pr. eines Javana.

*कसेरुयज्ञ m. *ein best. Opfer* Mahâbh. 5,5,b.

कसेरुमत् m. N. pr. eines Theils von Bhârata Varsha VP. 2,3,6 (कशे° gedr.).

कस्तम्भी f. *Stütze an der Wagendeichsel.*

*कस्तीर n. *Zinn.*

*कस्तुरिका und कस्तूरिका f. (Spr. 7800. 7809) *Moschus.*

कस्तूरिकाकुरङ्ग m. *Moschusthier* Kâd. 99,2.

*कस्तूरिकाण्डज und कस्तूरिकामद m. *Moschus.*

कस्तूरिकामृगी f. *das Weibchen des Moschusthiers* Kâd. 137,1.

कस्तूरिकैणी f. dass. Bâlar. 28,6.

कस्तूरी f. 1) *Moschus* Spr. 7680. 7803. Bhâvapr. 1,183. — 2) **Hibiscus Abelmoschus.* — 3) **Amaryllis zeylanica.*

*कस्तूरीमल्लिका f. *eine Jasminart* Râgan. 10,89.

कस्तूरीमृग m. *Moschusthier.*

कस्फिल m. N. pr. eines buddh. Bettlers.

कस्मात् Abl. von 1. क 31,11. Als Adv. *woher? weshalb? warum?*

*कस्वर Adj. von 1. कस्.

*कह्य m. N. pr. eines Mannes.

*कह्निक m. Hypokoristikon von कह्नोड.

*कह्लूप oder *कह्लूष (Kâç.) m. N. pr. eines Mannes.

कह्नोड 1) m. N. pr. eines Mannes. — 2) n. Titel eines von ihm verfassten Werkes.

कह्नोल = कह्नोड. Als n. Âçv. Grhj. 3,4,4.

कह्लण fehlerhaft für कल्हण.

कह्लार n. *die Blüthe der weissen Wasserlilie.*

*कह्व m. *Ardea nivea.*

1. का onomatop. vom *Geschrei des Esels.*

2. का am Anfange einiger Compp. = कद्, कु u. s. w.

3. का, Partic. कायमान gehört zu काय् = चाय्. चकानं *sich erfreuend an* (Gen., Instr. oder Loc.); *zu gewinnen suchend,* mit Acc. oder Dat. — Intens. Partic. चाकन्त् *gefallend* RV. 10,29,1. — Mit *अनु, °कायति = अभिधत्ते Ind. St. 13,457. — Mit आ, Perf. चके (1ste und 3te Sg.) *zu gewinnen suchen, lieben, begehren.* — Intens. (आ चकन्त) *Gefallen finden an* (Loc.). — Mit सम्, Partic. संचकानं *befriedigt durch* (Instr.).

4.*का, कायति (शब्दे).

काशि m. *Becher.*

*कांस्, कांसते (दीप्तौ).

*कांस Adj. *aus Kaṁsa gebürtig.*

कांसी Adv. mit कर् *zu dem Kaṁsja genannten Hohlmaasse machen* Naish. 3,122.

कांस्य 1) Adj. *messingen* MBh. 13,94,41. — 2) n. *a) Messing.* — *b) ein messingenes Gefäss.* Am Ende eines adj. Comp. f. आ Hemâdri 1,463,21. — *c)* **ein best. Hohlmaass.* — *d)* **ein best. musikalisches Instrument.*

कांस्यक 1) Adj. *messingen* Hemâdri 1,391,1. — 2) *n. *Messing.*

कांस्यकार m. *Glockengiesser.*

कांस्यकोशी f. *ein best. musikalisches Instrument* Harshak. 99,20.

कांस्यघन m. *eine Art Cymbel* S. S. S. 198.

कांस्यज Adj. *messingen.*

कांस्यताल m. *Cymbel* Râgat. 8,904. Bâlar. 203,6.

कांस्यदोह Adj. (f. आ) *mit einem messingenen Melkkübel* MBh. 13,71,33.

कांस्यदोहन Adj. (f. आ) dass. MBh. 2,53,2. R. 1,72,23.

कांस्यनील 1) m. N. pr. eines Affen. — 2) f. ई (und *n.) *blauer Vitriol.* Am Ende eines adj. Comp. °नील Suçr. 2,109,1. 512,10.

कांस्यपात्र n. (Suçr. 2,446,15) und °त्री f. (Chr. 225,14. 237,27) *ein messingenes Gefäss.*

कांस्यभाजन n. dass. Suçr. 1,74,19.

कांस्यमय Adj. *messingen* Hemâdri 1,614,3.

कांस्यमल n. *Grünspan.*

कांस्याभ Adj. *messingfarben.*

कांस्योपदोह Adj. (f. आ) = कांस्यदोह MBh. 3, 186,11. 13. 18,6,13.

कांस्योपदोहन Adj. (f. आ) dass. MBh. 13,64,33.

काक 1) onomatop. vom *Gekrächz der Krähe* MBh. 8,41,58. — 2) m. *a) Krähe.* *न त्वां काकं मन्ये als Ausdruck der Verachtung. — *b)* **ein unverschämter, zudringlicher Mensch.* — *c)* **Krüppel.* — *d)* **das Eintauchen des Kopfes in Wasser.* — *e)* **Sectenzeichen.* — *f)* **ein best. Maass.* — *g)* **Ardisia humilis.* — *h)* N. pr. α) *eines Dvîpa. — β) Pl. eines Volkes. — 3) *f. आ *a) Abrus precatorius.* — *b) Leea hirta.* — *c) Solanum indicum.* — *d) Ficus oppositifolia.* — *e)* = काकोली. — 4) f. ई *a) Krähenweibchen.* — *b)* personif. als Tochter Kaçjapa's und der Tâmrâ; ist die Urmutter der *Krähen* und *Eulen.* — *c)* **eine best. Arzeneipflanze.* — *d)* N. pr. einer der 7 Mütter Çiçu's. — 5) *n. *a) Krähenschwarm.* — *b) quidam coeundi modus.*

*काककङ्गु und *°कङ्गुनी (Gal.) f. *Panicum miliaceum.*

काककदली f. *eine best. Pflanze* Comm. zu Çâṅkh. Grhj. 1,23.

*काककर्कटी f. *eine kleine Dattelart* Nigh. Pr.

*काककला f. *Leea hirta.*

*काककायनि m. Patron. von काक.

काककाष्ठ n. *eine best. Stellung im Spiel* Katuraṅga.

काककुलायगन्धिक Adj. *stinkend wie ein Krähennest* Ait. Âr. 352,3 a. u.

काकखर m. Pl. N. pr. eines Volkes.

*काकगुह Adj. *worin sich Krähen verstecken,* तिलाः Kâç. zu P. 3,2,5.

*काकघ्नी f. *eine Art Karaṅga.*

काकचण्डीश्वर m. N. pr. eines Mannes.

काकचण्डेश्वरी f. Titel eines Werkes.

*काकचिञ्चा, *°चिञ्चि und °चिञ्ची (Bhâvapr. 1,206) f. *Abrus precatorius.*

काकचिञ्चिक *ein best. angenehm anzufühlender Stoff.*

*काकचो f. *ein best. Fisch.*

*काकच्छद, *°च्छर्दि und *°च्छर्दि m. *Bachstelze.*

काकजङ्घा f. 1) *Leea hirta* Râgan. 4,144. — 2) **Abrus precatorius* Ratnam. 33.

*काकजम्बु und *°जम्बू f. *eine best. Pflanze* Râgan. 11,28.

*काकजात m. *Kuckuck.*

काकण 1) n. *eine Art Aussatz.* — 2) *= काकणी 1).

काकणक n. = काकण 1).

काकणन्तिका f. *Abrus precatorius.*

काकणाह्वा f. dass. Karaka 7,7.

काकणि und *°णी (Gal.) f. = काकिणी 1).

काकता f. Nom. abstr. von काक *Krähe.*

काकतालीय Adj. (f. आ) *unerwartet wie in der Fabel der Tod der Krähe durch eine herabfallende Palmenfrucht.* °म् und °वत् Adv. *unversehens, plötzlich.*

*काकतालुकिन् Adj. *eine best. Abnormität am Gaumen habend.*

काकति f. N. pr. der Familiengottheit der Fürsten von Ekaçilâ.

*काकतिक्ता f. *Abrus precatorius.*

*काकतिन्दु (Gal.) und *°क m. *Diospyros tomentosa.*

काकतीय 1) Adj. *ein Verehrer der* Kâkati. — 2) m. Pl. N. pr. eines Volkes B. A. J. 10,46. 54.

काकतीयरुद्र m. N. pr. eines Fürsten.

काकतुण्ड 1) m. *eine schwarze Species von Agallochum.* — 2) f. ई a) *Asclepias curassavica* Mat. med. 302. — b) **Xanthochymus pictorius.* — c) **eine Art Messing* Râgan. 13,29.

काकतुण्डक 1) m. *ein best. Wasservogel.* — 2) *°ण्डिका *Xanthochymus pictorius.*

काकत्व n. Nom. abstr. von काक *Krähe.*

काकदन्त m. *Krähenzahn, so v. a. Unding.* °विचार m. *eine Discussion über ein Nichts* Comm. zu Njâjam. 4,1,1.

*काकदन्तकि m. Pl. N. pr. eines Kriegerstammes. Davon *°कीय m. *ein Fürst desselben.* *काकदन्ति und *°न्तीय Kâç.

*काकध्वज m. *das unterseeische Feuer.*

काकनन्ती f. = काकणन्तिका.

*काकनामन् m. und *°नाशा f. *Agati grandiflora.*

काकनास 1) *m. *Asteracantha longifolia.* — 2) f. आ *Leea hirta.*

*काकनासिका f. 1) *Leea hirta.* — 2) *eine roth blühende* Trivrt.

*काकनि und *°नी f. = काकिणी 1).

*काकनीला f. *eine best. Pflanze* Râgan. 11,28.

*काकन्दक Adj. von काकन्दी.

*काकन्दि m. Pl. N. pr. eines Kriegerstammes. Davon *°न्दीय m. *ein Fürst desselben.*

*काकन्दी f. N. pr. einer Oertlichkeit.

काकपक्ष m. 1) *Krähenflügel.* — 2) *Locken an den Schläfen der Knaben und Jünglinge.*

काकपक्षक am Ende eines adj. Comp. = काकपक्ष 2).

1. काकपद n. 1) *der Eindruck eines Krähenfusses.* — 2) *eine diesem ähnliche Figur* Ind. St. 15,427. — 3) *ein d. ä. Einschnitt in der Haut.* — 4) *ein d. ä. Fundament.* — 5) *das d. ä. Auslassungszeichen in den Handschriften.* — 6) *eine best. graphische Spielerei, bei der ein sich wiederholendes Wort nur einmal geschrieben wird.*

2. काकपद m. *quidam coeundi modus.*

काकपर्णी f. *Phaseolus trilobus* Bhâvapr. 1,200.

काकपीलु m. 1) **Diospyros tomentosa.* — 2) **Xanthochymus pictorius.* — 3) = श्वेतगुञ्जा Bhâvapr. 1,206.

*काकपीलुक m. *Diospyros tomentosa.*

*काकपुच्छ und *°पुष्ट m. *Kuckuck.*

काकपुष्प m. *eine best. Pflanze* Bhâvapr. 1,192.

*काकपेय Adj. *nicht mehr Wasser enthaltend, als eine Krähe zu trinken vermag.*

*काकपेलव n. Mahâbh. 4,69,*b*.

*काकफल 1) m. *Azadirachta indica.* — 2) f. आ *eine* Gambû-*Art.*

काकबलि m. *eine den Krähen geltende Spende.*

*काकबीजक m. *Diospyros tomentosa* Gal.

*काकभाण्डी f. *eine* Karañga-*Species.*

*काकभीरु m. *Eule.*

काकमद्गु m. *eine best. Hühnerart.*

*काकमर्द m. *Koloquinthengurke.*

*काकमाचिका, °माची und *°माता f. *Solanum indicum.*

काकमारिन् m. *Menispermum Cocculus* Ainslie 2,131.

काकमुख m. Pl. N. pr. eines Volkes.

*काकमुद्गा f. *Phaseolus trilobus.*

*काकमेषी f. *Vernonia anthelminthica* Gal.

काकम्बीर m. *ein best. Baum.*

काकयव m. Pl. *körnerlose Gerste.*

काकरक्त n. *Krähenblut.*

*काकरन्ति m. Pl. N. pr. eines Kriegerstammes. Davon *°न्तीय m. *ein Fürst desselben* Kâç. zu P. 5,3,116.

काकरव Adj. *wie eine Krähe krächzend, wohl so v. a. feig, Feigling* Pankat. ed. Bomb. 1,7,16. v. l. काकरुक.

काकरुक wohl nur fehlerhaft für काकरूक.

काकरुद्रसंवाद m. Titel eines Werkes.

*काकरुहा f. *Schmarotzerpflanze.*

काकरूक 1) Adj. *a) feig, Feigling.* — *b) *unter dem Weiber-Pantoffel stehend.* — *c) *arm.* — *d) *nackt.* — 2) *m. *a) Eule.* — *b) Betrug.*

काकल 1) (*m. *n.) *Schildknorpel* Trik. 2,6,28. Karaka 1,18. Gal. — 2) m. *Rabe.*

काकलक 1) (*m. *n.) = काकल 1) H. 588. — 2) m. *eine Reisart.*

काकलि f. 1) *ein leiser, lieblicher Ton.* Auch °ली. — 2) *N. pr. einer Apsaras. — 3) °ली *a) ein musik. Instrument mit einem leisen Ton, das man anschlägt um zu erproben, ob Jmd schläft oder nicht.* — *b) *eine Art Weintraube ohne Kerne* Râgan. 11,106.

काकलिका f. N. pr. einer Apsaras VP.[2] 2,82.

*काकलीरव m. *Kuckuck.*

काकवन्ध्य 1) *m. *eine Entenart* Gal. — 2) f. ई N. pr. einer buddh. Göttin Kâlak. 4,65.

काकवन्ध्या f. *eine Frau, die nur ein Kind zur Welt bringt,* Comm. zu Gobh. 3,3,7.

काकवर्ण m. N. pr. eines Fürsten.

काकवर्णिन् m. desgl.

*काकवल्लभा f. *eine best. Pflanze.*

काकवल्लरी f. *a) eine best. Schlingpflanze* Bhâvapr. 1,208. — *b) Abrus precatorius* Bhâvapr. 1,206.

काकवाशिक Adj. kâka *krächzend* MBh. 8,41,58.

काकवैरिन् m. *Eule* Mahîdh. zu VS. 24,23.

*काकशाव m. *eine junge Krähe.*

*काकशिम्बी f. *Xanthochymus pictorius.*

*काकशीर्ष m. *Agati grandiflora.*

काकशीर्षि wohl m. Patron.

काकसंपात m. *Krähenflug* Kauç. 31. 34.

काकस्पर्श m. 1) *die Berührung von Seiten einer Krähe* Nîlak. zu MBh. 12,177,41. — 2) *eine best. Ceremonie am 10ten Tage nach einem Todesfalle, das Ausstellen eines Reisklumpens für die Krähen.*

*काकस्फूर्ज m. *Diospyrus tomentosa.*

काकस्वर m. *ein schriller Ton.*

काकह्रदतीर्थ n. N. pr. eines Tîrtha.

काका onomatop. vom *Gekrächz der Krähe.* °कृत् Adj.

काकाक्षि n. *ein Krähenauge* (das, da der Vogel für einäugig gilt, nach beiden Seiten schaut) Agni-P. 9,13. °वत्, °न्यायेन und °न्यायात् *nach Art des Krähenauges, d. i. nach beiden Seiten hin, sowohl hierhin als dorthin, sowohl zum Vorangehenden als zum Folgenden.* °गोलकन्यायात् dass. Comm. zu Naish. 1,11.

*काकाङ्गा und *काकाञ्ची f. *Leea hirta.*

काकाण्ड 1) m. *a) eine Bohnenart. — b) *Diospyros tomentosa. — c) *Melia Bukayun.* — 2) f. आ *a) eine Spinnenart. — b) *Carpopogon pruriens.* — 3) *f. ई *eine best. Pflanze.*

काकाण्डक 1) m. wohl *Diospyros tomentosa.* — 2) f. आ *eine Spinnenart.*

काकाण्डोला f. *eine dem Carpopogon pruriens ähnliche Pflanze.*

काकातनी f. *Koloquinthengurke* Çāñkh. Gṛhj. 1,23. v. l. काकादनी.

काकादनी f. dass. und *eine weisse Abart von Abrus precatorius.* Nach Mat. med. 301 *Capparis sepiaria.*

काकायु m. *eine best. Schlingpflanze* Bhâvapr. 1,208.

*काकार m. f. (ई) und n. *scattering water.*

*काकारि m. *Eule.*

*काकाल m. *Rabe.*

काकास्या f. N. pr. einer buddh. Göttin Kâlak. 3,134.

काकाह्वान Adj. (f. आ) *nach dem Golde benonnt.* उडुम्बरी f. *Ficus oppositifolia* Suçr. 2,67,12.

*काकि m. Patron. von काक.

काकिणि m. (!) = काकिणी 1).

काकिणिक 1) Adj. *eine* Kâkiṇî *werth.* — 2) f. आ = काकिणी 1).

काकिणी f. 1) *eine best. kleine Münze* oder *ein best. geringer Geldwerth,* = 20 *Otterköpfchen* oder 1/4 Paṇa. — 2) **ein Korn vom Abrus precatorius* als *best. Gewicht.* — 3) **Otterköpfchen.* — 4) **ein best. Längenmaass,* = 1/4 Daṇḍa.

*काकिणीक Adj. *eine* Kâkiṇî *werth.*

काकिन् Adj. *wie eine Krähe krächzend.* Sänger S. S. S. 117.

*काकिनि = काकिणी 1) Gal.

काकिनी f. 1) *2) *3) = काकिणी 1) 2) 3). — 4) *eine best.* Svarabhakti Māṇḍ. Çikshâ 9,13. — 5) N. pr. einer Göttin.

*काकिल m. *Schildknorpel.*

काकु f. 1) *Klagelaut* Vikr. 42. Naish. 6,71. 75. 9,73. °वाक्य n. 93. — 2) *Wechsel der Stimme, Nachdruck, Emphasis.* — 3) **Zunge.*

काकुत्स्थ m. Patron. von ककुत्स्थ.

काकुद् f. und *काकुद n. *Mundhöhle, Gaumen.*

*काकुदाक्षिक m. Patron. von ककुदाक्ष.

काकुदीक n. *eine best. mythische Waffe.*

काकुद्र Adj. *am Gaumen gelegen.*

*काकुभ् v. l. für काकुद्.

काकुभ 1) Adj. *aus* Kakubh-*Versen bestehend.* — 2) *m. Metron. von ककुभ्.

काकुभबार्हत m. *ein best.* Pragâtha RV. Prât. 18,10.

काकुलीमृग m. *ein best. zu den* Bhûmiçaja *gezähltes Thier.*

1.*काकुवाच् f. *Klagelaut* H. 275.

2.*काकुवाच् m. *Ardea sibirica* Gal.

*काकेतु m. *Saccharum spontaneum.*

*काकेची f. *ein best. Fisch.*

*काकेन्दु m. *Diospyros tomentosa.*

*काकेष्ट m. *Melia Azadirachta.*

*काकेष्टफला f. *eine best. Pflanze* Gal.

काकोच्छ्वास Adj. *wie eine Krähe —, schnell athmend* (vor Angst).

*काकोडुम्बर m. und f. ई (Gal.) *Ficus oppositifolia.*

काकोडुम्बरिका f. dass.

काकोल 1) m. *a) Rabe* Spr. 7669. — *b) *eine Eberart. — c) *Schlange. — d) *Töpfer. — e)* = *काकोलि. — 2) (*m.) n. *ein best. Gift* Spr. 7809. — 3) n. *eine best. Hölle.*

काकोलि und °ली f. *eine best. Arzeneipflanze.* °ल्यौ द्वे = काकोली und क्षीरकाकोली Karaka 6, 13. 8,10.

*काकोलूक n. Sg. *Krähe und Eule.*

*काकोलूकिका f. *das feindliche Verhältniss zwischen Krähen und Eulen.*

काकोलूकीय n. *die Erzählung von den Krähen und Eulen.*

काकोष्ठक und काकौष्ठक Adj. *krähenschnabelförmig* (Verband).

काक्षशेय fehlerhaft für कार्कशेय.

1.*काक्ष m. n. *ein finsterer Blick.*

2.*काक्ष Adj. *finster blickend.*

3.*काक्ष 1) m. *eine best. Pflanze;* n. *die Frucht* gaṇa प्लक्षादि in der Kâç. — 2) f. ई *a) Cytisus Cajan. — b) eine best. wohlriechende Erde.*

*काक्षतव 1) Adj. von कक्षतु. — 2) n. *die Frucht von* कक्षतु.

काक्षसेनि m. Patron. von कक्षसेन.

काक्षि m. N. pr. eines Mannes.

काक्षीव m. 1) **Hyperanthera Moringa.* — 2) N. pr. eines Sohnes des Gautama.

*काक्षीवक m. = काक्षीव 1).

काक्षीवत 1) Adj. *von* Kakshîvant *herrührend, ihn betreffend.* — 2) m. Patron. von Kakshîvant; f. ई. — 3) n. Name verschiedener Sâman.

काक्षीवत् m. N. pr. = कक्षीवत्. काक्षीवतं त्रीणि सामानि Ind. St. 3,202,a fehlerhaft für काक्षीवतानि त्री° सा°; vgl. Ârsh. Br. 1,564.

*काग m. *Krähe.*

कागद n. *Papier.*

*काङ्कत m. Pl. *die Schule des* Kañkata Mahâbh. 4,68,b.

*काग्नि m. *etwas Feuer.*

काङ्कायन m. Patron. N. pr. eines alten Arztes.

काङ्क्ष्, काङ्क्षति, °ते 1) *begehren, verlangen nach, zu erlangen streben, sich sehnen nach, erwarten, warten auf* (Acc.), *warten* (ohne Object). काङ्क्षित *begehrt, wonach* oder *nach dem man verlangt, erwartet.* — 2) *bedacht sein auf* (Dat., Acc. ed. Bomb.) R. 2,25,43. — Mit अनु Med. 1) *begehren, verlangen, streben nach.* — 2) (einen Kranken) *beobachten* Karaka 1,15. — Mit अभि *verlangen nach, warten auf.* °काङ्क्षित *ersehnt, erwünscht* 55,28. — Mit अव *verlangen nach* Karaka 1,21. — Mit आ *begehren, verlangen —, streben nach, erwarten, abwarten;* mit Acc. प्रत्याश्वस्तं रिपुम् *warten, bis der Feind sich erholt.* — 2) *verlangen nach* (Gen.). — 3) *sich hinwenden nach* (Acc.). — 4) gramm. *zur Ergänzung erfordern* 241,18. — Mit अभ्या in *°काङ्क्षित. — Mit प्रत्या Med. *erwarten, lauern auf.* — Mit समा *begehren, verlangen;* mit Infin. — Mit परि in *°काङ्क्षित. — Mit प्र *begehren, verlangen, warten —, lauern auf.* — Mit प्रति *verlangen —, sich sehnen nach.* — Mit वि 1) *beabsichtigen, es auf Etwas abgesehen haben.* — 2) *warten,* so v. a. *sich bedenken* Tâṇḍja-Br. 6,9,22.

काङ्क्षणीय Adj. *zu begehren* Kâd. 102,17.

काङ्क्षा f., काङ्क्षित n. und काङ्क्षिता f. *Verlangen nach.*

काङ्क्षिन् Adj. *verlangend nach, wartend auf* (Acc. oder im Comp. vorangehend).

*काङ्क्षी f. *ein best. wohlriechende Erde* Gal. Vgl. काक्षी und काच्छी.

*काङ्क्षारु m. *Reiher.*

*काङ्गा f. *eine best. Pflanze.*

काङ्गुक *eine Getraideart.*

काच 1) m. *a) Glas. — b)* Pl. *Glasperlen. — c) *Bergkrystall. — d) eine Klasse von Augenkrankheiten,* insbes. *Affectionen der Linse. — e) *der an den beiden Seiten eines Jochs herabhängende Strick mit einem Netze, in dem die Last liegt; der Strick einer Wagschale. — f) ein* Dviçâlaka *mit einer Halle nach Norden und einer nach Süden.* — 2) **n. a) schwarzes Salz. — b) Wachs.* — 3) Adj. *die Farbe von Glas habend.*

*काचक m. 1) *Glas.* — 2) *Stein.*

काचकामल n. *eine best. Krankheit des Auges* Ind. St. 14.383. Davon °कामलिन् Adj. *daran leidend* ebend.

*काचकूपी f. *Glasflasche.*

*काचघटी f. *Glaskrug.*

*काचतिलक n. *schwarzes Salz* Râgan. 6,97.

*काचन und *°क n. *eine Schnur* oder *ein Umschlag, um die losen Blätter einer Handschrift zusammenzuhalten.*

*काचनकिन् m. *Handschrift.*

*काचबक्रपत्र n. *Glasretorte.*

*काचभाजन n. *Glasgefäss.*

काचमणि m. *Bergkrystall, Quarz* Spr. 801.7621.

काचमल n. 1) *die Unreinigkeit, welche das Auge bei der Krankheit* काच *ausscheidet.* — 2) **schwarzes Salz.*

*काकमाची f. *ein geistiges Getränk* Gal.

*काचमाली f. als eine Bed. von मालती.

*काचमाष m. *Dolichos Catjang* Gal.

काचर Adj. *gläsern, glasähnlich.*

*काचलवण n. *schwarzes Salz* Râgan. 6,97.

काचलिन्दि = काकचिञ्चिक.

*काचसंभव und *काचसौवर्चल n. *schwarzes Salz* Râgan. 6,97.

*काचस्थाली f. *Bignonia suaveolens.*

काचाक्ष m. *ein best. Schwimmvogel.*

*काचिघ m. 1) *Maus, Ratte.* — 2) *Gold.* — 3) *Hülsenfrucht* oder *Waise.*

काचिचिक = काकचिञ्चिक.

*काचित Adj. *im Stricknetz liegend, am Ende eines Joches hängend.*

काचित्करं Adj. *Allerlei thuend, zu Allem dienend.*

*काचिम m. *ein in der Nähe eines Tempels stehender, für heilig angesehener Baum.*

काचिलिन्दि und °क = काकचिञ्चिक.

*काच्छ und *°क Adj. von कच्छ.

काच्छिक m. *Bereiter von Wohlgerüchen.*

*काच्छी f. *eine best. wohlriechende Erde.*

काज n. *ein hölzerner Hammer* Âpast.

1. *काजल n. *etwas Wasser.*

2. काजल Adj. *wasserarm* Karaka 6,2.

1. काञ्चन n. 1) *Gold; auch so v. a. Geld.* — 2) **die Staubfäden der Lotusblüthe.*

2. काञ्चन 1) Adj. (f. ई) *golden.* — 2) m. a) *eine best. essbare Pflanze.* Nach den Lexicographen: *Mesua ferrea, Michelia Champaca, Ficus glomerata, Bauhinia variegata, Datura fastuosa* und *Rottleria tinctoria.* — b) *ein für das ganze Leben geschlossenes Bündniss.* — c) *eine best. Tempelform* Hemâdri 2,a,38,10. — d) N. pr. α) *eines Buddha.* — β) verschiedener Männer. — 3) *f. ई a) *Gelbwurz.* — b) *eine Art Asclepias.* — c) *eine mit der Premna spinosa verwandte Pflanze* Gal. — d) *ein best. gelbes Pigment, Gallenstein des Rindes* Râgan. 12,59.

काञ्चनक 1) Adj. *golden.* — 2) m. a) *eine Reis- oder Getraidefrucht.* — b) * *Bauhinia variegata.* — 3) f. आ N. pr. einer Stadt VP.[2] 4,212. — 4) *f. °निका *eine mit der Premna spinosa verwandte Pflanze* Râgan. 10,111. — 5) *n. *Auripigment.*

*काञ्चनकदली f. *eine Art Musa.*

काञ्चनकान्ति Adj. *glänzend wie Gold* Daçak. 12,5.

*काञ्चनकारिणी f. *Asparagus racemosus.*

काञ्चनक्षीरी f. *eine Art Asclepias.*

काञ्चनगर्भ R. 3,53,33 wohl fehlerhaft; ed. Bomb. 3,47,27 काञ्चनवर्ण.

काञ्चनगिरि m. 1) *Goldberg,* Bein. des Meru. — 2) N. pr. eines Elephanten.

काञ्चनगैरिक n. *eine Art Ocker.*

काञ्चनदंष्ट्र m. pr. eines Fürsten.

काञ्चनपुर n. und °पुरी f. N. pr. einer *Stadt.*

*काञ्चनपुष्पक m. *Tabernaemontana coronaria.*

*काञ्चनपुष्पी f. *eine mit der Premna spinosa verwandte Pflanze* Râgan. 10,111.

काञ्चनप्रभ N. pr. 1) m. eines Fürsten. — 2) f. आ einer Vidjâdhara-Fürstin.

*काञ्चनभूषा f. *Ocker* Nigh. Pr.

काञ्चनमय Adj. (f. ई) *golden.*

काञ्चनमाला f. N. pr. 1) verschiedener Frauen 295,2. — 2) einer Apsaras Kâraṇḍ. 3,14.

काञ्चनरुचि Adj. *glänzend wie Gold* Hâsj. 33.

काञ्चनवर्मन् m. N. pr. eines Fürsten MBh. 5,189,20.

काञ्चनवेग m. N. pr. eines Vidjâdhara.

काञ्चनशृङ्ग n. N. pr. einer mythischen Stadt.

काञ्चनशृङ्गिन् Adj. *mit goldenen Spitzen versehen* Hemâdri 1,362,22.

*काञ्चनसंधि m. *eine Art Bündniss;* s. 2. काञ्चन 2) b).

काञ्चनाक्ष 1) m. N. pr. a) eines Wesens im Gefolge Skanda's. — b) eines Dânava. — 2) *f. ई Bein. der Sarasvatî Gal.

काञ्चनाङ्गदिन् Adj. *ein goldenes Geschmeide am Oberarm tragend* MBh. 12,4,9.

काञ्चनाचल m. Bein. des *Berges* Meru MBh. 1, 67,30.

काञ्चनाचार्य m. N. pr. des Verfassers des Dhanaṃgajavigaja.

काञ्चनाद्रि m. = काञ्चनाचल Spr. 7734.

काञ्चनाभा f. N. pr. einer Stadt.

काञ्चनार (Râgan. 10,23. Bhâvapr. 2,84. Bâlar. 279,7), *°नारक und *°नाल m. *Bauhinia variegata.*

काञ्चनाह्व Adj. *nach dem Golde benannt.* गैरिक n. *eine Art Ocker* Suçr. 2,495,20.

काञ्चनीय 1) Adj. (f. आ) *golden.* — 2) f. *आ *ein best. gelbes Pigment.*

काञ्चनेषुधि m. N. pr. eines Fürsten.

काञ्चि 1) m. Pl. N. pr. eines Volkes. — 2) f. = काञ्ची 1). Auch am Ende eines adv. Comp.

*काञ्चिक n. = काञ्जिक *saurer Reisschleim.*

काञ्ची f. 1) *Gürtel,* insbes. *ein weiblicher mit Glöckchen und andern Zieraten.* — 2) **Abrus precatorius.* — 3) N. pr. einer der 7 heiligen Städte. Auch °नगर, °पुर und °पुरी.

काञ्चीकलाप m. (adj. Comp. f. आ) = काञ्ची 1) Spr. 6641.

काञ्चीगुणस्थान und *काञ्चीपद n. *die Hüften* Kumâras. 1,37. Vâmana 16,3.

*काञ्चीपुरक Adj. von °पुर; s. काञ्ची 3).

*काञ्चीप्रस्थ m. N. pr. einer Stadt.

काञ्चीयमक n. *eine Art Paronomasie.* Beispiel Bhaṭṭ. 10,8.

काञ्चुकिन् Adj. angeblich = कञ्चुकिन् *gepanzert* Âpast.

काञ्चुकीय m. = कञ्चुकीय Lalit. 241,17. fgg.

काञ्जिक 1) n. *saurer Reisschleim.* — 2) *f. आ a) dass. — b) *eine best. officinelle, auch als Gemüse genossene Pflanze* (Râgan. 3,26), und *eine best. Schlingpflanze* Râgan. 3,134.

काञ्जिकपूपा f. Titel eines Ġaina-Werkes Bühler, Rep. No. 576.

काञ्जिकवटक m. *ein aus saurem Reisschleim, Mehl und verschiedenen Gewürzen zubereiteter Kloss* Bhâvapr. 2,19.28.

*काञ्जीक n. = काञ्जिक 1).

काटं m. *Tiefe, Grund* Maitr. S. 3,12,12 Âpast. Çr. 17,2.

काटयवेम m. N. pr. eines Scholiasten.

काटव n. *Schärfe.*

काटवेम fehlerhaft für काटयवेम.

काटाक्ष *ein best. Flüssigkeitsbehälter* Kâṭh. 40,4.

*काटिप्य Adj. von कटिप.

*काटुक n. *Schärfe.*

काट्य Adj. *in der Tiefe befindlich.*

काठ 1) Adj. von Kaṭha *herrührend.* — 2) *n. *Stein, Fels.*

काठक 1) Adj. (f. ई) *zu* Kaṭha *in Beziehung stehend.* — 2) n. Titel eines Veda.

काठकोपनिषद् f. = कठोपनिषद्.

*काठशाठिन् m. Pl. *die Schüler des* Kaṭhaçâṭha oder *des* Kaṭha *und* Çâṭha (Kâç.).

*काठिन n. 1) *hardness.* — 2) *sternness.* — 3) *the date fruit.*

काठिन्य n. 1) *Härte, Steife* Spr. 7627. als *Krankheit* Çārṅg. Saṁh. 1,7,10. — 2) *Rauheit, Festigkeit des Charakters.* — 3) fehlerhaft für काठिछ Lalit. 44,7.

*काठिन्यफल m. *Feronia elephantum.*

*काठेरणि N. pr. und davon Adj. *°णीय gaṇa गह्वादि.

काणँ 1) Adj. (f. आ) a) *einäugig.* *अन्दणा *auf einem Auge blind.* — b) *durchstochen* (*Auge), *durchlöchert* (Muschel) Spr. 1170. — c) *nur einen Henkel habend* und zugleich *einäugig* Spr. 7140. — 2) *m. *Krähe.*

काणत्व n. *Einäugigkeit.*

काणदेव m. N. pr. eines Mannes (buddh.).

काणभुज 1) Adj. (f. ई) *von* Kaṇabhug (Kaṇâda) *stammend* Çaṁk. zu Bâdar. 2,2,11. — 2) m. *ein Anhänger des* Kaṇâda, *Atomist* Çaṁk. zu Bâdar. 2,2,12. 3,18. 50. Harshaċ. 204,6.

काणभूति m. N. pr. eines Jaksha.

काणाद Adj. *von* Kaṇâda *stammend.*

*काणिकेर m. Metron.

काणुकँ Adj. zu सँरस् ṚV. 8,66,4.

*काणूक m. *Krähe.*

*काणेय m. *der Sohn einer Einäugigen.* *°विध Adj. *von solchen bewohnt.*

*काणेर m. dass.

काणेरि oder °न् m. N. pr. eines Lehrers.

काणेलीमातर् m. *Bastard.*

काण्टक Adj. (f. ई) *aus Dornen bestehend* Âpast. Çr. 15,1.

*काण्टकमर्दनिक Adj. *durch das Niederdrücken der Dornen* oder *Feinde zu Wege gebracht.*

काण्ठेविद्धि m. Patron. von काण्ठेविद्ध Vaṁçabr. 1. *f. °द्धी und °द्ध्या.

काँण्ड und काण्डँ 1) m. n. (adj. Comp. f. आ und *ई) a) *Abschnitt, Stück;* bei einer *Pflanze das Stück des Halmes* oder *Stengels von einem Absatz zum andern; Abschnitt in einem Werke, Absatz in einer Handlung.* — b) *Halm, Stengel, Gerte.* — c) *Pfeil* 154,9. — d) *Rohr eines Knochens, ein langer Knochen.* — e) vielleicht *Ruder* R. 2,89,19. — f) **ein best. Flächenmaass.* — g) **Saccharum Sara.* — h) **Wasser.* — i) **ein geheimer Ort* — k) **Gelegenheit;* vgl. अकाण्ड. — l) **Lob, Schmeichelei.* — m) am Ende eines Comp. α) **Menge.* — β) als **Ausdruck des Tadels.* — n) verwechselt mit खण्ड. — 2) f. ई *Hälmchen* Râgat. 7,117. — 3) *Adj. = काण्डस्यावयवो विकारो वा.

काण्डऋषि m. *der* Ṛshi *eines* Kâṇḍa Taitt. Âr. 1,32,2.

*काण्डकटु (Gal.) und *°क m. *Momordica Charantia.*

*काण्डकण्ट m. *eine best. Pflanze* Gal.

*काण्डकाण्डक m. *Saccharum spontaneum*

*काण्डकार m. *Betelnussbaum.*

*काण्डकीलक m. *Symplocos racemosa.*

*काण्डगुण्ड m. *eine Grasart.*

*काण्डगोचर m. *eiserner Pfeil.*

काण्डतिक्त und °क m. *Gentiana Chirayita* Bhâvapr. 1.173.

*काण्डधार 1) m. N. pr. einer Oertlichkeit. — 2) Adj. *daher stammend.* — काण्डवारण v. l.

*काण्डनी f. *eine best. Pflanze.*

*काण्डनील m. *Symplocos racemosa.*

काण्डपट m. (Kâd. II,121,14), *°पटी f. und °पटक m. *Vorhang.*

काण्डपतित m. N. pr. eines Schlangenfürsten.

*काण्डपत्त्र m. *eine Art Zuckerrohr* Gal.

*काण्डपुङ्खा f. *Galega purpurea* Râgan. 4,73.

*काण्डपुष्प 1) n. *die Blüthe von Artemisia indica.* — 2) f. आ wohl *die Pflanze A. i.*

काण्डपृष्ठ 1) m. a) *ein vom Waffenhandwerk lebender Brahman.* — b) *der Gatte einer Hetäre.* — c) **ein adoptirter* oder *jeder nicht selbsterzeugte Sohn.* — 2) *n. Karṇa's oder Kâma's *Bogen.*

*काण्डफल m. *Ficus glomerata* Gal.

काण्डभग्न n. *Knochenbruch* Suçr. 1,300,18. 19. 2,31,5. Nom. abstr. °त्व n. 1,301,8.

काण्डमयी f. *eine Art Laute* Lâṭj. 4,2,6.

काण्डमायन m. N. pr. eines Grammatikers.

काण्डरुहा f. *Helleborus niger* Bhâvapr. 1,173.

काण्डर्षि m. = काण्डऋषि Çaṁk. zu Bâdar. 301,7.

*काण्डलाव Adj. *Gerten zu schneiden beabsichtigend.*

*काण्डवन्त् Adj. *mit Pfeilen bewaffnet.*

काण्डवारण 1) n. *das Abwehren von Pfeilen* Bâlar. 235,7. — 2) N. pr. einer Oertlichkeit. — 3) Adj. *daher stammend* gaṇa तक्षशिलादि in der Kâç.

काण्डवारिणी f. Bein. der Devî.

काण्डवीणा f. *eine Art Laute.*

*काण्डशाखा f. *eine* Somavallî Râgan. 3,90.

*काण्डसंधि m. *Knoten am Halme.*

काण्डस्पृष्ट m. = काण्डपृष्ठ 1) a).

*काण्डहीन m. *Cyperus pertenuis.*

*काण्डाग्नि (v. l. कुण्डाग्नि) m. N. pr. einer Oertlichkeit. Davon Adj. *काण्डाग्नक Kâç. zu P. 4,2,126.

काण्डानुक्रम m., °क्रमणिका und °क्रमणी f. *Inhaltsverzeichniss der* Kâṇḍa *in der* TS.

काण्डानुसमय m. *die Verrichtung aller vorgeschriebenen rituellen Handlungen in ihrer Reihenfolge an einem Gegenstande, ehe man zur Verrichtung derselben Handlungen in derselben Reihenfolge am zweiten Gegenstande übergeht,* Comm. zu Âçv. Gṛhj. 1,24,7. zu Kâtj. Çr. 1,5,9.11. 8,8, 14.15.17. zu Njâjam. 5,2,1. fgg. Vgl. पदार्थानुसमय

काण्डार m. *eine best. Mischlingskaste.*

काण्डिका f. 1) *Abschnitt in einem Buche* Comm. zu Çat. Br. 13,2,3,1. — 2) **eine best. Körnerfrucht.* — 3) * *Cucumis utilissimus.*

काण्डिँन् Adj. etwa *halmartig.*

*काण्डीर 1) Adj. *mit Pfeilen bewaffnet.* — 2) m. a) *Achyranthes aspera.* — b) *Momordica Charantia* Râgan. 3,112. — 3) f. आ und ई *Rubia Munjista.*

काण्डेक्षु m. 1) *Saccharum spontaneum* Bhâvapr. 2,64,9. Ḱaraka 3,8. — 2) **Asteracantha longifolia.*

*काण्डेरी f. *Tiaridium indicum.*

*काण्डेरुहा f. = काण्डरुहा Ratnam. 20.

*काण्डोल m. *Rohrkorb.*

काण्वँ und काणुर्वँ 1) *Adj. *zu* Kaṇva *in Beziehung stehend, ihn verehrend* u. s. w. — 2) m. a) Patron. von कण्व Tâṇḍja-Br. 14,6,6. 15,10,11. — b) Pl. α) *die Schule des* Kaṇva. — β) Name einer Dynastie. — 3) n. Name verschiedener Sâman.

काण्वक n. Name eines Sâman.

काण्वदेव m. N. pr. eines Mannes B. A. J. 4,105.

काण्वायन m. Patron. von Kâṇva. Pl. Vâlakh.

काण्वायनि m. desgl. Shaḍv. Br. bei Sâj. zu ṚV 1,51,1 (कण्व° gedr.) und 8,2,40. Comm. zu Njâjam. 9,1,21.

काण्वीपुत्र m. N. pr. eines Lehrers.

*काण्वीय Adj. von काण्व.

काण्व्य m. Patron. von कण्व Tâṇḍja-Br. Hdschrr., vgl. काण्व 2) a).

काण्व्यायन m. 1) Patron. von काण्व. Pl. Hariv. 1,32,5. — 2) Pl. Name einer Dynastie VP. 4,24,12.

*काण्व्यायनीय m. Pl. *die Schule des* Kâṇvjâjana.

कात् Adv. mit कर् *verhöhnen, verspotten.*

कातन्त्र 1) n. Titel einer Grammatik. Zu ihr in Beziehung stehen folgende Werke: °कौमुदी (Bühler, Rep. No. 277), °गणधातु, °चतुष्टयप्रदीप, °चन्द्रिका, °धातुघोषा, °पञ्जिका, °परिशिष्ट, °परिशिष्टप्रबोध, °लघुवृत्ति (Bühler, Rep. No. 279. fg.), °विभ्रमसूत्र, °विस्तर oder °विस्तार, °वृत्ति. °वृत्तिटीका, °वृत्तिपञ्जिका, °शब्दमाला, °षट्कारक und कातन्त्रोणादिवृत्ति. — 2) m. Pl. *die Anhänger der* Kâtantra-*Grammatik.*

कातर 1) Adj. (f. आ) *feig, muthlos, verzagt, kleinmüthig, befangen, zurückschreckend vor* (Loc., Infin. oder im Comp. vorangehend). Nom. abstr. °ता f. und °त्व n. — 2) *m. *Cyprinus Catla.* — 3) n. *Verzagtheit* in सकातर.

*कातरायण m. Patron. von कातर.

कातर्य n. *Feigheit, Muthlosigkeit, Verzagtheit, Kleinmuth.*

*कातल m. 1) *Cyprinus Catla.* — 2) N. pr. eines Mannes.

*कातलायन m. Patron. von कातल.

काति 1) Adj. in ऋणा° und काम°. — 2) m. Pl. Name einer Schule.

कातीय Adj. *von* Kâtja *herrührend.*

*कातीर n. etwa *ein schlechtes Ufer.*

*कौतु m. = कूप.

*कातृण n. *eine bestimmte Grasart.*

*कात्त्रैयक Adj. *zu einer bösen Drei gehörig.*

कात्यक m. Patron. als N. pr. eines Commentators.

कात्य m. Patron. = कात्यायन.

कात्यायन 1) m. Patron. von काति als N. pr. eines berühmten alten Weisen. Pl. *die Nachkommen des* Kati. — 2) f. ई a) N. pr. α) einer Frau des Jâǵnavalkja. — β) einer Pravrâǵikâ. — b) Bein. der Durgâ. — c) *eine Wittwe mittleren Alters in Roth gekleidet.* — 3) Adj. (f. ई) *von* Kâtjâjana *herrührend* Ind. St. 14,160.

कात्यायनतन्त्र und कात्यायनमाहात्म्य n. Titel zweier Werke.

*कात्यायनिका f. *eine Wittwe mittleren Alters.*

कात्यायनीकल्प m. Name eines Kalpa.

कात्यायनीपुत्र m. N. pr. eines Lehrers.

कात्यायनीय 1) m. Pl. *die Schule des* Kâtjâjana. — 2) n. Titel verschiedener Werke.

कात्यायनेश्वर n. Name eines Liṅga.

काथक und काथक्य m. Patron. von कथक.

*काथक्यायनी f. zu काथक्य.

*कार्थचित्क Adj. (f. ई) *mit Mühe zu Stande kommend.*

*काथिक Adj. (f. ई) *in Erzählungen bewandert.*

कादम्ब 1) m. a) *eine Gansart mit dunkelgrauen Flügeln.* — b) **Pfeil.* — c) **Nauclea Cadamba.* — 2) *f. आ *eine best. Pflanze.* — 3) n. *die Blüthe der Nauclea Cadamba.*

*कादम्बक m. *Pfeil.*

कादम्बर 1) *m. n. *saurer Rahm.* — 2) (*n.) f. ई *ein best. berauschendes Getränk* Kâd. 102,19. — 3) f. ई a) **das Weibchen des* Kokila. — b) **Predigerkrähe.* — c) N. pr. einer Tochter Kitraratha's und der Madirâ und Titel eines nach ihr benannten Romans.

*कादम्बरीबीज n. *Ferment.*

कादम्बरीलोचनानन्द m. Bein. des *Mondes* Kâd. II,133,7.

*कादम्बर्य m. *Nauclea Cadamba.*

कादम्बिनी f. 1) *eine dicke Wolkenschicht* Prasannar. 4,20. Spr. 7809. — 2) N. pr. einer Tochter Takshaka's Ind. St. 14,122.

कादाचित्क Adj. (f. ई) *nur dann und wann vorkommend, zufällig* Çaṁk. zu Bâdar. 2,3,18. 3,2,10. Nom. abstr. °ता f. und °त्व n.

कादिक्रमस्तुति f. und कादिमत n. Titel zweier Werke.

काद्रव Adj. *schwärzlichgelb, rothbraun.*

काद्रवेय m. 1) Metron. (von कद्रू) verschiedener Schlangendämone. — 2) **Schlange* überh.

कानक 1) Adj. *golden.* — 2) *n. *der Same von Croton Jamalgota.*

कानच् *das Suffix* आन als Partic. perf. 238,15. 240,1.

कानडा f. *eine best.* Râgiṇî S. S. S. 55.

कानद m. N. pr. eines Mannes.

1. कानन n. 1) *Wald.* Bisweilen neben वन. Am Ende eines adj. Comp. f. आ. — 2) **Haus.*

2. *कानन Brahman's *Antlitz.*

काननान्त n. *Waldgegend, Wald* 84,17. R. 4,48,14. Vgl. वनान्त.

*काननारि m. *Mimosa Suma.*

काननौकस् m. *Affe.*

*कानलक Adj. von कनल.

कानायन (!) m. Patron.

*कानिष्ठिक Adj. von कनिष्ठिका.

कानिष्ठिनेय m. *ein Sohn der jüngsten* oder *einer jüngeren Gattin.* Pl. Kull. zu M. 9,123 (कनि° gedr.).

कानिष्ठ्य n. *die Stellung des Jüngsten, — Jüngern.*

कानीत m. Patron. des Pṛthuçravas.

कानीन 1) Adj. (*f. ई) a) *von einer Jungfrau geboren.* — b) *für den Augenstern geeignet, — bestimmt.* — 2) m. Bez. a) *Vjâsa's. — b) *Karna's. — c) Agniveçja's.

कानीयस Adj. Pl. *geringer an Zahl.*

कानेरिन् m. N. pr. = काणेरिन्.

1. कान्त 1) Adj. (f. आ) a) *begehrt, geliebt.* — b) *liebreich, reizend.* — 2) m. a) *Geliebter, Gatte* 170,7. Spr. 7619. 7678. — b) **der Mond.* — c) **Frühling.* — d) **Barringtonia acutangula.* — e) **Eisen.* — f) **Stein.* — g) Bein.. α) Skanda's. — β) *Kṛshṇa's. — h) N. pr. eines Sohnes des Dharmanetra Hariv. 1,33,3. — 3) f. आ a) *Geliebte, Gattin* 122,22. 134,5. 167,30. — b) **ein reizendes Weib.* — c) **die Erde.* — d) **Fennich.* — e) **eine Art Cyperus.* — f) **grosse Kardamomen.* — g) **Piper aurantiacum.* — h) *ein best. Metrum.* — i) *eine best.* Çruti S. S. S. 24. — 4) n. a) **Safran.* — b) *eine Art Eisen.* — c) *Magnet.* — d) **eine Art Haus* Gal.

2. कान्त Adj. *auf* क *auslautend* Spr. 7640.

कान्तक m. N. pr. eines Mannes.

कान्तकलिका f. *eine Art künstlicher Verse.*

कान्तत्व n. *Lieblichkeit, Liebreiz.*

*कान्तपक्षिन् m. *Pfau.*

*कान्तपाषाण m. *Magneteisenstein* Nigh. Pr.

*कान्तपुष्प m. *Bauhinia variegata* Râǵan. 10,23.

कान्तमिश्र m. N. pr. eines Autors.

*कान्तलक m. *Cedrela Toona.*

*कान्तलोह n. *Magnet* Râǵan. 11,37.

कान्तलोह n. *Gusseisen* Mat. med. 46.

*कान्ताङ्घ्रिदोहद und *कान्ताचरणदोहद m. *Jonesia Asoca.*

कान्तानुवृत्त m. *das Zuwillensein dem Geliebten* oder *der Geliebten.*

कान्तापुरी f. v. l. für कान्तिपुरी VP.² 4,217.

कान्ताय्, °यते *den Geliebten* oder *die Geliebte machen.*

*कान्तायस n. *Magnet* Râǵan. 13,37.

कान्तार 1) m. n. a) *ein grosser Wald, Wildniss.* — b) **Höhle.* — 2) m. a) *eine Art Zuckerrohr.* — b) **Bambusrohr.* — c) **Bauhinia variegata.* — d) *ein best. Tact.* — 3) *f. ई *eine Art Zuckerrohr.* — 4) n. a) *Landplage, calamitas* Kârand. 47,15.20. — b) **die Blüthe einer best. Lotusart.*

कान्तारक 1) m. a) **eine Art Zuckerrohr.* — b) Pl. N. pr. eines Volkes. — 2) f. °रिका *eine Bienenart.*

कान्तारपथ m. *ein Weg durch eine Wildniss.*

*कान्तारपथिक Adj. *auf beschwerlichen Waldwegen herbeigeführt.*

कान्तारभव m. *Waldbewohner* 219,6.

*कान्तारवासिनी f. Bein. der Durgâ.

कान्तारेक्षु m. *eine Art Zuckerrohr* Bhâvapr. 2,64.

कान्ति f. (adj. Comp. f. auch ई) 1) **Begehr, Verlangen.* — 2) *Liebreiz, Lieblichkeit, Anmuth, Schönheit.* — 3) *liebliche Farbe, heller Schein* (insbes. des Mondes) 116,17. Spr. 2121. 7756. — 4) in der Rhet. *gesteigerte Anmuth* Vâmana 3,1,22. 22,14. — 5) personif., insbes. als *Gattin des Mondes*; auch Bein. der Lakshmî und der Durgâ.

कान्तिक m. Pl. N. pr. eines Volkes.

कान्तिकोसल m. Pl. N. pr. eines Volkes MBh. 6,9,40.

*कान्तिद 1) n. *Galle.* — 2) f. आ *Serratula anthelminthica.*

कान्तिदायक n. *ein best. wohlriechendes Holz.*

कान्तिपुर n. und °पुरी f. Namen von *Städten.*

कान्तिमत्ता f. *Anmuth, Schönheit.*

कान्तिमत् 1) Adj. *lieblich, reizend, schön.* — 2) f. °मती *a) ein best. Metrum.* — *b)* ein Frauenname.

कान्तिराज m. N. pr. eines *Fürsten.*

कान्तिव्रत n. *eine best. Begehung.*

कान्ती (Ind. St. 15,337) und *°नगरी f. N. pr. einer Stadt.

कान्तोत्पीडा f. *ein best. Metrum.*

*कान्थक n. *ein best. Stoff.*

*कान्थक्य m. Patron. von कन्थक. Dazu *f. कान्थक्यायनी.

*कान्थिक Adj. von कन्था.

*कान्द gaṇa अश्मादि.

*कान्दकायन m. Patron. von कान्दकि gaṇa तैत्वल्यादि in der Kâç.

*कान्दकि m. Patron. gaṇa तैत्वल्यादि in der Kâç.

कांदम m. Patron. des Ekajâvan.

*कान्दर्प Patron. von कन्दर्प.

कान्दर्पिक n. *Erotikon.*

कान्दविक m. *Bäcker* Pañkad.

कान्दाविषँ n. *ein best. Gift.*

कांदिश् Adj. *flüchtig.*

कांदिशी Adv. mit भू *die Flucht ergreifen.*

कांदिशीक Adj. *flüchtig* Bâlar. 54,2.

कान्दुला f. *eine best.* Râgiṇî S. S. S. 111.

*कान्दूरा f. *eine best. Pflanze* Gal.

कान्यकुब्ज 1) n. N. pr. einer Stadt. — 2) *Adj. (f. ई) *aus* Kânjakubga *stammend, dort wohnend.*

*कान्यजा f. *ein best. wohlriechender Stoff* (नली).

कान्याकुब्ज n. Kathâs. 61,219 fehlerhaft für कान्यकुब्ज.

कापट Adj. (f. ई) *dem Betrug ergeben.*

कापटव m. Patron. *f. ई.

*कापटवक Adj. von कापटव.

*कापट्य n. *Schelmerei, Betrügerei.*

कापथ 1) m. (*n.) *ein schlechter Weg, Abweg* (in übertr. Bed.). — 2) m. N. pr. eines Dânava. — 3) *n. *die Wurzel von Andropogon muricatus.*

कांपा f. vielleicht *Wagen* (Grassmann).

*कापाटिक Adj. = कपाटिकेव. Auch v. l. für कार्पटिक.

कापाल 1) Adj. (f. ई) *zu Schädeln in Beziehung stehend* Spr. 4300. *aus Schädeln gebildet* Prasannar. 78,15. — 2) m. *a)* Pl. *die Schule des* Kapâlin. — *b) ein Anhänger einer best. Çiva'itischen Secte.* — *c)* **Cucumis utilissimus.* — 3) *f. ई *Embelia Ribes.* — 4) n. *eine Art Aussatz* Karaka 6,7.

कापालि m. N. pr. eines alten Weisen.

कापालिक 1) *Adj. *a)* = कपालिकेव. — *b) einem* Kâpâlika 2) *a) eigenthümlich.* — 2) m. *a) ein Anhänger einer best. Çiva'itischen Secte, der mit Menschenschädeln sich schmückt und aus ihnen isst,* Govindân. zu Çaṅk. zu Bâdar. 2,2,27 (S. 592). — *b) eine best. Mischlingskaste.* — *c)* N. pr. eines Lehrers. — 3) *n. *Aussatz* Gal.

कापालिन् m. 1) Bein. Çiva's. — 2) *eine best. Mischlingskaste.* — 3) N. pr. eines Sohnes des Kṛshṇa.

*कापिक Adj. (f. ई) *affenartig.*

कापिञ्जल 1) Adj. *vom Haselhuhn.* — 2) *m. Patron. von कपिञ्जल.

*कापिञ्जलाद m. Pl. *die Schule des* Kâpiṅgalâdja Mahâbh. 4,43. *a.*

*कापिञ्जलादि m. Patron. von कापिञ्जलाद.

*कापिञ्जलाद्य m. Patron. von कापिञ्जलादि.

*कापिञ्जलि m. Patron. von कपिञ्जल.

*कापित्थ Adj. von कपित्थ.

कापित्थक 1) N. pr. einer Oertlichkeit. — 2) f. °त्थिका wohl *Feronia elephantum.*

कापित्थिक Adj. als Bez. bestimmter Brahmanen.

कापिल 1) Adj. (f. ई) *a) dem* Kapila *eigen, ihm gehörig* u. s. w. °पुराण n. Titel eines Werkes. — *b)* **bräunlich.* — 2) m. *ein Anhänger der Lehre des* Kapila Harshak. 204,6. — 3) n. *ein von* Kapila *verfasstes Werk.* = सांख्य Gal.

कापिलबलि m. N. pr. eines Mannes Karaka 860,11.

*कापिलिक m. Metron. von कपिलिका.

कापिलेय 1) Adj. *von* Kapila *herrührend.* — 2) m. Metron. von कपिला.

कापिलेश्वरतीर्थ n. N. pr. eines Tîrtha.

*कापिल्य Adj. von कपिल.

कापिवन m. *eine best. zweitägige Feier* Vaitân.

*कापिश 1) n. *eine Art Rum.* — 2) f. ई N. pr. einer Oertlichkeit.

कापिशायन 1) *Adj. (f. ई) *aus* Kâpiçî *kommend* u. s. w. — 2) m. Patron. oder Metron. — 3) n. *a) eine Art Rum.* — *b)* **Gottheit.*

*कापिशेय m. *ein* Piçâka.

कापिष्ठल m. 1) Patron. von कपिष्ठल. — 2) Pl. N. pr. eines Volkes.

कापिष्ठलकठ m. Pl. Name einer Schule des Jagurveda Arjav. 44,18.

*कापिष्ठलायन Adj. von कापिष्ठल Mahâbh. 8.64,*b.*

*कापिष्ठलि m. Patron. von कपिष्ठल.

*कापिष्ठल्या f. zu कापिष्ठलि.

कापी f. 1) Patron. f. zu काप्य. °पुत्र m. N. pr. eines Lehrers. — 2) N. pr. eines Flusses MBh. 6,9,24.

कापोतकानिक m. N. pr. eines Muni.

कापुरुष 1) m. *ein elender Wicht, Feigling.* — 2) Adj. (f. आ) *elend, feig.*

*कापुरुष्य n. *Feigheit.*

कापेय 1) Adj. (f. ई) *einem Affen eigenthümlich.* — 2) m. Patron. von कपि. Auch Pl. — 3) *n. *Affenart.*

कापोत 1) Adj. (f. ई) *a) der Taube eigenthümlich, von der Taube kommend.* — *b) von der Farbe der Taube, grau.* — 2) *m. *Natrum.* — 3) f. ई *eine best. Pflanze.* — 4) n. *a)* **Taubenschwarm.* — *b)* **Spiessglanz.* — *c)* Name zweier Sâman Ârsh. Br.

*कापोतक Adj. von कपोतकीय.

*कापोतपाक्य m. *ein Fürst der* Kapotapâka.

कापोतरेतस m. Patron. von कपोतरेतस Comm. zu Çâṅkh. Br. 3,2.

*कापोताञ्जन n. *Collyrium aus Antimon.*

कापोति m. Patron. von कपोत.

कापोल m. Pl. Name einer Schule des Sâmaveda Ârjav. 47,10.

काप्य m. Patron. von कपि.

*काप्यकर Adj. *seine Sünden bekennend.*

*काप्यकार 1) Adj. dass. — 2) m. *Sündenbekenntniss.*

*काप्यायनी f. zu काप्य.

*काफल m. = कट्फल.

काबन्ध s. कावन्ध.

काबवँ m. Bez. von *Unholden.*

काभर्तर m. *ein schlechter Herr.*

कांम (einmal कामँ VS.) 1) m. (adj. Comp. f. आ) *a) Wunsch, Begehren, Verlangen nach* (Gen., Dat. oder Loc.), *Trieb; Lust, Vergnügen.* कामाय *nach Wunsch, Jmds* (Gen. oder Dat.) *Wunsche entsprechend,* so v. a. *Jmd zu Liebe.* कामे dass. कामात् *aus eigener Lust, freiwillig, gern, absichtlich.* Am Ende eines adj. Comp. mit vorangehendem Objecte (häufig ein Infin. auf तु) *ein Verlangen habend* —, *begehrend nach, die Absicht habend zu.* — *b) ein Gegenstand des Wunsches, Begehrens, Verlangens, der Lust.* — *c) Liebe,* insbes. *Geschlechtsliebe.* — *d) Einsatz im Spiele* Nâr. 16,7. — *e)* personif. α) *der Wunschgott.* — β) *der Liebesgott.* — *f)* Bein. α) Agni's. — β) *Vishṇu's Gal. — γ) Baladeva's. — *g)* **eine Mangoart.* — *h)* **eine Bohnenart* Gal. — *i) eine best. Tempelform* Hemâdri 2,*a*,58,10. — *k) ein best. Metrum.* — *l)* N. pr. verschiedener Männer. — 2) f. कामा *a)* nur Instr. कामया in Verbindung mit ब्रूहि oder प्रब्रूहि so v. a. *frei heraus.* — *b)* N. pr. einer Tochter des Pṛthuçravas. — 4) *n. *a) Gegenstand des Wunsches.* — *b) der männliche Same.*

कामकन्दला f. ein Frauenname.

कामकर्शन in अ॰

कामकला f. Bein. der Rati (der Gattin des *Liebesgottes*). ॰बीज n. *der Keim eines best. Zauberspruches*. ॰तन्त्र n. und ॰ङ्गनाविलास m. Titel von Werken.

कामकलिका f. N. pr. einer Surâṅganâ Ind. St. 15,241.

*कामकातुरत्र m. *Taube* Gal.

कामकाति Adj. *Wünsche heischend.*

*कामकान्ता f. *Jasminum Sambac* Râǵan. 10,95.

कामकाम und ॰कामिन् Adj. *allerhand Wünsche habend.*

कामकार 1) Adj. *Jmds* (Gen.) *Wünsche erfüllend.* — 2) m. *eine That des freien Willens, Willensfreiheit.* ॰कारं कर् *thun was man will*, कारेण, ॰कारात्, ॰कारतस् und ॰कार॰ *freiwillig.*

कामकुण्ड n. Name eines Liṅga.

*कामकूट m. 1) *erheuchelte Liebe, das verliebte Thun einer Buhldirne.* — 2) *der Geliebte einer Buhldirne.*

कामकृत Adj. *mit Absicht —, mit Bewusstsein vollbracht* Âpast. 2,28,12.

कामक्लृप्ति f. *beliebige Anordnung* Vaitân.

1. कामकेलि m. *Beischlaf.*

2. *कामकेलि m. *der* Vidushaka *im Schauspiel* Trik. 3,1,6.

कामकेलिरस m. *ein best. Aphrodisiacum.*

कामकोष्णी f. N. pr. eines Flusses.

कामक्रीडा f. *ein best. Metrum* Ind. St. 8,392.

*कामखड्गदला f. *Pandanus odoratissimus* Râǵan. 10,71.

कामग 1) Adj. (f. आ) a) *nach Belieben sich nach irgend einem Orte begebend.* — b) *seinen Neigungen fröhnend.* — 2) *f. आ Kokila-*Weibchen* Gal.

कामगति Adj. = कामग 1) a).

कामगम 1) Adj. (f. आ) dass. — 2) m. Pl. *eine best. Klasse von Göttern im 11ten* Manvantara.

कामगवी f. = कामधेनु 1) Ind. St. 15,371.

*कामगामिन् Adj. = कामग 1) a).

कामगिरि m. N. pr. eines *Berges* VP.2 2,142.

कामगुण m. 1) **Liebe, Zuneigung.* — 2) Pl. *die den fünf Sinnen angenehmen Objecte, Sinnengenüsse* Lalit. 223,4.

कामगो f. = कामधेनु 1) Spr. 2695.

*कामगामिन् Adj. = कामग 1) a).

कामचक्र n. *ein best. mystischer Kreis*

कामचन्द्र m. N. pr. eines Fürsten (buddh.).

कामचर 1) Adj. (f. ई) *sich frei, ungehemmt bewegend, nur seinem eigenen Willen folgend.* Nom. abstr. ॰त्व n. Kathâs. 18,216. — 2) f. ई N. pr. einer der Mütter im Gefolge Skanda's.

कामचरण n. *freie —, ungehemmte Bewegung.*

1. कामचार m. 1) *freie —, ungehemmte Bewegung* Mit. 1,1,a,13. *freies, selbstbestimmtes, absichtliches Verfahren.* ॰रेण *ad libitum* Comm. zu TS. Prât. — 2) *das Fröhnen seiner Lust.*

2. कामचार Adj. (f. आ) *sich frei bewegend, ungehemmt zu Werke gehend.*

कामचारवादभक्ष Adj. *nach Belieben handelnd, sprechend und essend* Gaut. 2,1

कामचारिन् 1) Adj. a) = 2. कामचार. Nom. abstr. ॰रित्व n. Kâd. II,130,18. — b) *seinen Lüsten nachgehend.* परस्त्री॰ *in Bezug auf die Frau eines Andern.* Nom. abstr. ॰रित्व n. — 2) m. a) *ein* Jaksha. — b) **Sperling.* — c) *Bein. Garuḍa's. — 3) f. ॰णी a) Name der Dâkshâjaṇî im Gebirge Mandara. — b) **eine Artemisia* Nigh. Pr.

कामचालन n. ein Ausdruck aus der Erotik.

कामज 1) Adj. a) *aus dem Begehren entstehend.* — b) *in Folge sinnlicher Triebe erzeugt.* — 2) m. a) *Bein. Aniruddha's. — b) Pl. = कामगम 2) VP.2 3,26.

*कामजननी f. *Betelpfeffer* Nigh. Pr.

*कामजानि und *॰जान m. *der indische Kuckuck.*

कामजित् m. Bein. Skanda's.

कामज्येष्ठ Adj. *den Wunschgott an der Spitze habend.*

कामठ Adj. *der Schildkröte eigenthümlich.*

कामठक m. N. pr. eines Schlangendämons.

कामण्डलव 1) Adj. *in einem Topf enthalten* Harshak. 4,6. — 2) *n. *Töpfergeschäft.*

*कामण्डलेय m. (f. ई) Metron. von कमण्डलू.

कामतन्त्र n. Titel eines Werkes.

कामतरु m. 1) *der Liebesgott als Baum.* — 2) **Vanda Roxburghii* Nigh. Pr.

कामतस् Adv. 1) *von Seiten der Lust, — des Vergnügens.* — 2) *aus eigner Lust, freiwillig, absichtlich.*

*कामताल m. *der indische Kuckuck.*

कामतीर्थ n. N. pr. eines Tîrtha.

कामद 1) Adj. (f. आ) *Wünsche gewährend* Spr. 7853. Nom. abstr. ॰त्व n. 2105. — 2) m. Bein. a) *der Sonne.* — b) Skanda's. — 3) f. आ a) = कामधेनु 1) R. Gorr. 1,53,20. — b) **Betelpfeffer*, **gelbe Myrobalane* und **eine Sanseviera* Nigh. Pr. — c) N. pr. α) einer der Mütter im Gefolge Skanda's. — β) einer Tochter des Çatadhanvan.

कामदत्ता f. Titel eines Werkes.

कामदत्तिका f. N. pr. einer Tochter des Çatadhanvan.

कामदन्तिका f. v. l. für कामदत्तिका Hariv. 1,38,6.

कामदमिनी f. N. pr. eines ausschweifenden Frauenzimmers.

कामदर्शन Adj. *von lieblichem Aussehen.*

कामदहन n. 1) *die Verbrennung des Liebesgottes* (durch Çiva). — 2) *ein best. Fest. am Vollmondstage des* Phâlguna.

कामदान n. 1) *eine Schenkung zum eigenen Vergnügen* Hemâdri 1,14,7. — 2) *eine best. Begehung von Buhldirnen.*

कामदुघ 1) Adj. (f. आ) *Wünsche melkend, jeglichen Wunsch gewährend* Bâlar. 42,13. — 2) f. आ *eine solche Kuh.*

कामदुह् (Nom. ॰धुक्) 1) Adj. und 2) f. = कामदुघ 1) und 2).

कामदुह Adj. (f. आ) = कामदुघ 1).

*कामदूतिका f. *Tiaridium indicum.*

कामदूती f. 1) *Kokila-*Weibchen.* — 2) *Bignonia suaveolens* Bhâvapr. 3,51.

कामदेव m. 1) *der Liebesgott.* Nom. abstr. ॰त्व n. — 2) Bein. a) Vishṇu's Vishṇus. 98,10. Vgl. Bhâg. P. 5,18,15. — b) Çiva's. — 3) N. pr. verschiedener Männer

कामदेवमय Adj. *den Liebesgott darstellend* Agni-P. 37,11.

कामदोहना Adj. f. *sich leicht melken lassend* Hemâdri 1,460,3. 5. 6. 8

कामदोहिनी f. 1) Adj. dass. Hemâdri 1,459,20. — 2) Subst. = कामधेनु 1).

कामधर m. N. pr eines Sees in Kâmarûpa.

कामधरण n. *Wunschbefriedigung*

कामधर्म m. *Liebesspiel.*

कामधातु m. *die Region der Wünsche* (der Sitz der Kâmâvakara).

कामधेनु f. 1) *eine alle Wünsche gewährende Wunderkuh.* — 2) N. pr. einer Göttin. — 3) Titel verschiedener Werke.

कामधेनुगणित n. Titel eines Werkes.

कामधेनुतन्त्र n. desgl.

*कामध्वंसिन् m. Bein. Çiva's.

कामन 1) *Adj. *wollüstig, geil.* — 2) f. आ a) *Wunsch, Verlangen.* — b) **Vanda Roxburghii* Nigh. Pr.

*कामनीडा f. *Moschus* Râǵan. 12,48.

कामनीयक n. *Liebreiz, Schönheit* Naish. 5,64.

कामन्द m. N. pr. eines Rshi.

कामन्दक 1) m. = कामन्द. — 2) f. ई N. pr. a) einer buddh. Priesterin. — b) einer Stadt 124,17. — 3) n. Titel eines Werkes.

कामन्दकि m. Patron. von कामन्दक, Verfasser eines Nîtiçâstra Ind. St. 15,233.

कामन्दकीय Adj. *von* Kâmandaki *verfasst.*

*कामंधमिन् m. *Kupferschmied.*

*कामपति m. *Herr der Wünsche.*

कामपत्नी f. Kâma's *Gattin*, d. i. Rati.

*कामपर्णिका und *°पर्णी f. *Trichodesma zeylanicum* Nigh. Pr.

कामपाल m. 1) Bein. *a)* Çiva's. — *b)* *Baladeva's. — 2) N. pr. eines Mannes.

*कामपालक m. = कामपाल 1) *b)* Gal.

कामपूर Adj. *Wünsche erfüllend, — gewährend.*

कामपूर्व 1) Adj. dass. — 2) n. *Wunscherfüllung.*

कामप्रद 1) Adj. *Wünsche gewährend.* — 2) m. *quidam coeundi modus.*

कामप्रदीप m. Titel eines Werkes.

कामप्रश्न m. *ein Fragen nach Belieben, freies Fragen.*

*कामप्रस्थ m. N. pr. einer Stadt. Davon Adj. *स्थीय.

कामप्रि wohl m. Patron. von कामप्र.

*कामप्रियकरी f. *Physalis flexuosa* Râǵan. 4,113.

*कामफल m. *eine Mangoart* Râǵan. 11,18.

*कामबद्ध 1) Adj. *durch Liebe gefesselt.* — 2) n. *Wald.*

कामबल n. *geschlechtliches Vermögen* Bhâvapr. 2,91.

कामबिन्दु m. *ein Tropfen seiner Wünsche*, beim Feuer so v. a. *ein Tropfen geschmolzener Butter* Bhâg. P. 7,11,34.

कामभक्त m. *ein Essen nach Belieben* Mit. 1,1,*a*, 13 (°भक्ष्य gedr.).

कामभाज् Adj. *der Genüsse theilhaftig.*

कामभोग m. Pl. *Sinnengenüsse.*

कामम् Adv. 1) *nach Wunsch, — Herzenslust, — Belieben, getrost.* — 2) *gern, mit Freuden.* — 3) *ja, ja gewiss* 124,22. R. 5,24,4. Spr. 2911. — 4) *immerhin, jedenfalls* MBh. 3,310,19. R. 4,9,105. 19, 21. 5,53,11. Çâk. 26,16. Spr. 6306. Mit einer Negation *keinenfalls* R. 3,56,17. 6,94,24. — 5) *dennoch* R. 4,16,50. Spr. 5911. 6776. — 6) *wenn auch, gesetzt dass* (gewöhnlich mit Imperat.) 319,30. R. 6,95,49. 56. Ragh. 2,43. Spr. 1637. 3894. 7843. — 7) कामम् — तु, किं तु, च (Spr. 1002), पुनर् (292,7), अथापि oder तथापि *wenn auch, obgleich, zwar — aber, aber doch, dennoch.* — 8) कामम् — न तु oder न च *wohl —, nicht aber, lieber — nicht aber, eher, als dass.* Auch न तु — कामम्. — 9) यद्यपि — कामं तथापि *obgleich — dennoch* Spr. 5284.

काममञ्जरी f. ein Frauenname.

काममय Adj. (f. ई) 1) *dessen Wesen Trieb ist.* — 2) *allen Wünschen entsprechend.*

काममर्दन m. Bein. Çiva's.

*काममह m. *das Fest des Liebesgottes am Vollmondstage im Monat* Kaitra.

*काममालिन् m. Bein. Gaṇeça's.

काममूत Adj. *von Liebe getrieben.*

काममोह m. *Liebesrausch.*

*कामयितर् Nom. ag. *begierig, verlangend, geil.*

कामयितव्य Adj. *zu wünschen, — begehren* Comm. zu Njâjam. 10,2,26.

कामरत्न n. Titel eines Tantra.

कामरस m. *der Genuss des Beischlafs.*

कामरसिक Adj. *der Liebe fröhnend.*

कामराज m. N. pr. eines *Fürsten* und eines *Dichters.*

1. कामरूप n. *jede beliebige Gestalt.*

2. कामरूप 1) Adj. (f. आ) *jede beliebige Gestalt annehmend.* — 2) m. *a)* **ein Gott.* — *b)* Pl. N. pr. eines Volkes im westlichen Assam, Sg. Name des Landes Bhâvapr. 1,183.

कामरूपतीर्थ n. N. pr. eines Tîrtha.

कामरूपनिबन्ध m. Titel eines Werkes.

कामरूपपति m. N. pr. eines Autors.

कामरूपयात्रापद्धति f. Titel eines Werkes.

कामरूपिन् 1) Adj. *a) jede beliebige Gestalt annehmend* Hariv. 6701. VP. 5,28,4. Nom. abstr. °पित्व n. — 2) *m. *a) Igel.* — *b) Eber.* — *c) ein* Vidjâdhara. — 3) *f. °णी *Physalis flexuosa* Râǵan. 4,112.

कामरूपीयनिबन्ध m. = कामरूपनिबन्ध.

*कामरूपोद्भवा f. *eine Art Moschus* Nigh. Pr.

*कामरेखा f. *Buhldirne.*

कामल 1) *Adj. *verliebt, lüstern.* — 2) *m. *a) Frühling.* — *b) Wüste, Steppe.* — 3) m. f. (आ) *eine Form der Gelbsucht* Hemâdri 1,744,2. — 4) *f. आ N. pr. einer Apsaras. — 5) f. ई N. pr. einer Tochter des Reṇu.

*कामलकीकर Adj. von कमलकीकर.

कामलकीट Adj. von कमलकीट.

कामलता f. 1) **penis.* — 2) *Quamoclit pennata* Mat. med. 302.

*कामलभिद Adj. von कमलभिद्.

कामलायन und °नि m. Patron. von कमल.

*कामलि m. desgl. gaṇa तौल्वल्यादि in der Kâç.

कामलिक Adj. *bei der Gelbsucht üblich* Karaka 6,18.

कामलिन् 1) Adj. *mit der Gelbsucht behaftet* Hemâdri 1,742,19. — 2) *m. Pl. *die Schule des* Kamala Kâç. zu P. 4,3,104.

*कामलेखा f. = कामरेखा.

कामवत्स Adj. (f. आ) *den Wunsch zum Kalbe habend* TBr. 3,12,3.2.

कामवत्त् 1) Adj. *a) verliebt.* — *b) das Wort* काम *enthaltend.* — 2) f. कामवती *a)* **Curcuma aromatica.* — *b)* N. pr. einer Stadt.

कामवर m. *eine nach Wunsch zu wählende Gabe.*

कामवर्षिन् Adj. *nach Wunsch regnend* Ind. St. 15,377.

*कामवल्लभ 1) m. *a) Frühling.* — *b) der Mangobaum* Râǵan. 11,9. — *b) der Zimmetbaum.* — 2) f. आ *Mondlicht.*

कामवश्य Adj. *von Liebe beherrscht, verliebt.*

कामवसति f. ein Ausdruck aus der Erotik.

कामवाद m. *ein Reden nach Belieben* Mit. 1,1,*a*,12.

कामवासिन् Adj. *seinen Aufenthalt nach Belieben wechselnd.*

*कामविद्ध m. N. pr. eines Mannes. Pl. *sein Geschlecht.*

कामविवर्जित Adj. *frei von allen Wünschen* Brahmabindûp. 1.

कामवीर्य Adj. *nach Belieben Heldenmuth an den Tag legend.*

*कामवृत्त m. *Vanda Roxburghii* Râǵan. 3,66.

कामवृत्त Adj. (f. आ) *den Gelüsten fröhnend.*

1. कामवृद्धि f. *Steigerung des Geschlechtstriebes.*

2. *कामवृद्धि m. *ein best. Strauch* Râǵan. 4,200.

*कामवृन्ता f. *Bignonia suaveolens.*

*कामवेरिणी v. l. im gaṇa गह्वादि in der Kâç. Davon Adj. *°णीय ebend.

कामव्याहा(हि)न् Adj. *lieblich singend.*

कामशर m. 1) *ein Pfeil des Liebesgottes.* — 2) **der Mangobaum* Râǵan. 11,9.

कामशरोन्मादिनी f. N. pr. einer Surâṅganâ Ind. St. 15,241.

कामशल्य Adj. (f. आ) *Liebe zur Spitze habend* AV. 3,25,2.

कामशासन m. Bein. Çiva's Daçak. 51,3.

कामशास्त्र n. 1) *eine Lehre vom Angenehmen.* — 2) *eine Lehre von der Liebe* Vâmana. — 3) Titel verschiedener Werke.

कामशैल m. N. pr. eines *Berges* R. ed. Bomb. 4,43,28.

*कामसख m. 1) *Frühling.* — 2) *der Monat* Kaitra. — 3) *der Mangobaum.*

कामसंकल्प Adj. *allerhand Wünsche habend* Brahmabindûp. 1.

कामसनि Adj. *Wünsche erfüllend.*

कामसमूह m Titel eines Werkes.

*कामसुत m. Aniruddha, *der Sohn des Liebesgottes.*

कामसू 1) Adj. 1) *Wünsche gewährend.* — 2) *f. Bein. der Rukmiṇî Gal.

काममूक्त n. *eine best. Hymne* Hemâdri 1,300,5.

काममूत्र n. *ein über die Liebe handelndes* Sûtra.

कामसेन N. pr. 1) m. eines Fürsten. — 2) f. आ einer Fürstin.

कामह्वानि m. N. pr. eines Lehrers.

कामहैतुक Adj. *nur in Folge eines Verlangens hervorgerufen.*

कामाक्षी f. *eine Form der* Dâkshâjaṇî. °तन्त्र n. Titel eines Tantra.

कामाख्या f. *eine Form der* Durgâ und Bez. einer ihr geheiligten Localität in Assam.

कामाख्य 1) n. N. pr. eines Tîrtha MBh. 3,82, 135. — 2) f. आ = कामाक्षी VP.[2] 5,85. Pańkad. Ind. St. 15,395. fgg.

कामाख्यतन्त्र n. Titel eines Tantra.

कामाग्निसंदीपन Adj. *den Geschlechtstrieb erregend.*

कामाङ्कुश m. 1) *der Haken, mit dem der Liebesgott die Verliebten antreibt.* — 2) *Fingernagel. — 3) *penis.*

*कामाङ्ग 1) m. *der Mangobaum* Râǵan. 11,9. — 2) f. आ *eine best.* Çruti Gal.

कामातुर 1) Adj. *liebeskrank.* — 2) m. N. pr. eines Mannes.

कामात्मन् Adj. *den Begierden fröhnend, von Liebe erfüllt.* Nom. abstr. °त्मता f.

कामान्ध 1) Adj. *durch Liebe geblendet* 176,16. — 2) *m. *a) der indische Kuckuck.* — *b) Falke* Gal. 3) *f. आ *Moschus* Râǵan. 12,48 (gegen Metrum).

कामान्निन् Adj. *nach Belieben Speise habend.*

कामायनी Patron. der Çraddhâ.

*कामायुध 1) m. *eine Mangoart* Râǵan. 11,18. — 2) n. *a) die Waffe des Liebesgottes.* — *b) penis.*

*कामायुस् m. 1) *Geier.* — 2) Bein. Garuḍa's.

*कामारण्य n. *ein lieblicher Wald.*

कामारि m. 1) Bein. Çiva's Spr. 7809. Prasannar. 13,8. Dhûrtan. 69. — 2) *eine best. mineralische Substanz.*

कामार्थिनगर n. N. pr. einer *Stadt.*

*कामालिका f. *ein berauschendes Getränk.*

*कामालु m. *Bauhinia variegata.*

कामावचर m. Pl. *eine best. Klasse von Göttern* (buddh.).

कामावतार m. *ein best. Metrum.*

*कामावसायिन् Adj. angeblich = कामान्स्वेच्छयावसाययितुं शीलमस्य. Nom. abstr. *°यिता f. und *°यित्व n. = सत्यसंकल्पता. Vgl. पत्र°.

कामाशन n. *Essen nach Lust, unbeschränkter Genuss von Speisen.*

कामाशय m. *der Sitz des Begehrens* Bhâg. P. 7, 11,34.

कामाशोक m. N. pr. eines Fürsten (buddh.).

कामाश्रम m. und °पद n. *die Einsiedelei des Liebesgottes.*

*कामि 1) m. *Wollüstling.* — 2) f. Bein. der Rati.

कामिक 1) Adj. *a) worauf das Verlangen gerichtet ist, erwünscht.* — *b) die Befriedigung der Wünsche ankündigend.* — Vgl. पुत्र°, सर्व°. — 2) m. *a) *eine Entenart.* — *b)* N. pr. eines Verfassers von Mantra. — 3) f. आ mystische Bez. *des Lautes* त. — 4) n. Titel eines Werkes Hemâdri 1,190, 6. 201,10. 17.

कामिजन m. *ein Verliebter* 310,12.

कामित n. *Wunsch* MBh. 1,38,22. Ind. St. 15,386.

कामिता f. *der Zustand eines Liebenden, — Verliebten.*

कामिन् 1) Adj. *a) begierig, verlangend, — nach* (Acc. oder im Comp. vorangehend). — *b) liebend, verliebt, — in* (Acc. oder सार्धम्). — 2) m. *a) ein Verliebter, Liebhaber.* — *b)* Bein. Çiva's. — *c) *Anas Casarca.* — *d) *Taube.* — *e) *Sperling.* — *f) *Ardea sibirica.* — 3) f. °मिनी *a) eine Verliebte.* — *b) Weib* überh. 169,6. Spr. 7645. 7674. — *c) eine Form der* Devî Hemâdri 1,395,14. — *d) *Vanda Roxburghii* Râǵan. 5,67. — *e) *Curcuma aromatica.* — *f) *ein berauschendes Getränk.*

कामिनीकान्त n. *ein best. Metrum.*

*कामिनीप्रिया f. *ein berauschendes Getränk* Nigh. Pr.

*कामिनीश m. *Hyperanthera Moringa.*

*कामिमक m. = काममक Gal.

*कामिवल्लभ m. *Ardea sibirica* Gal.

*कामीन oder *कामील m. *Areca triandra.*

कामुक 1) Adj. (f. आ und *ई) *a) verlangend, begehrend, — nach* (im Comp. vorangehend). — *b) liebend, verliebt in* (Acc.). — 2) m. *a) ein Liebender, Liebhaber, Verliebter.* Am Ende eines adj. Comp. f. आ. Nom. abstr. °त्व n. Comm. zu Mṛkkh. 18,20. — *b) Verlocker,* Pl. *die verlockenden Sinnesgegenstände.* — *c) *Sperling.* — *d) *eine Taubenart* Gal. — *e) *Jonesia Asoca.* — *f) *Gaertnera racemosa.* — *g)* N. pr. eines Verfassers von Mantra. — 3) f. आ Name der Dâkshâjaṇî in Gandhamâdana. — 4) *f. ई *eine Kranichart.*

*कामुककान्ता f. *Gaertnera racemosa.*

कामुकाय्, °यते *den Liebhaber machen.* °यित n. *das Treiben eines Liebhabers.*

कामुकायन m. Patron. von कामुक. N. pr. eines Lehrers.

कामेप्सु Adj. *von irdischen Wünschen erfüllt* Sâmav. Br. 1,1,17.

कामेरी f. N. pr. einer Oertlichkeit.

कामेश्वर 1) m. 1) m. Bein. Kubera's Taitt. Âr. 1,31,6. — 2) f. ई N. pr. einer Göttin. — 3) n. Name eines Tîrtha.

कामेश्वरतीर्थ n. N. pr. eines Tîrtha.

कामेश्वरमोदक *ein best. Aphrodisiacum* Mat. med. 240.

*कामेष्ट m. *der Mangobaum* Nigh. Pr.

कामोत्थाप्य Adj. *nach Belieben wegzuschicken* Ait. Br. 7,29.

कामोद 1) m. *ein best.* Râga S. S. S. 36. 82. — 2) f. ई *a) *Phaseolus trilobus* Ratnam. 53. — *b) eine best.* Râgiṇî S. S. S. 37. Auch *कामोदा.

कामोदक n. *eine beliebige, — nicht unbedingt darzubringende Wasserspende.*

कामोन्मत्त Adj. *liebestoll* Daçak. 43,5.

कामोन्मादिनी f. N. pr. einer Suranganâ Ind. St. 15,241.

*काम्पिल 1) m. N. pr. eines Landes. — 2) f. ई N. pr. der Hauptstadt darin.

काम्पिल्य 1) n. f. (आ) N. pr. einer Stadt der Pańkâla. — 2) m. *a)* N. pr. α) *eines Landes. — β) eines Sohnes des Harjaçva oder Bharmjâçva. — *b) *eine best. Pflanze,* wohl *ein Crinum.*

काम्पिल्यक m. 1) *ein Bewohner von* Kâmpilja Mahâbh. 4,74,*b*. — 2) = काम्पिल्य 2) *b)* Mâlatim. ed. Bomb. 323,9, v. l.

*काम्पिल्ल m. 1) = काम्पिल्य 2) *a)* α). — 2) = काम्पिल्य 2) *b)*.

काम्पिल्लक 1) m. = काम्पिल्य 2) *b)* Mâlatim. ed. Bomb. 323,9. — 2) *f. °ल्लिका dass. — 3) n. *ein best. Arzeneistoff,* = गुण्डारोचनिका Ratnam. 163.

काम्पील 1) m. = काम्पिल्य 2) *b)*. — 2) Adj. (f. ई) *von dieser Pflanze herrührend.* — 3) n. N. pr. einer Stadt Mahîdh. zu VS. 23,18.

*काम्पीलवासिन् Adj. *in der Stadt* Kâmpîla *wohnend.*

*काम्बल Adj. *mit einer wollenen Decke bezogen* (Wagen).

काम्बलिक m. *eine aus Milchknollen, Molken und Fruchtessig bereitete saure Speise* Karaka 1 13,6,21.

*काम्बलिकायन Adj. von कम्बलिका.

*काम्बविक m. *Muschelarbeiter.*

*काम्बुका f. = कम्बुका *Physalis flexuosa.*

काम्बुव m. N. pr. eines Dhakka.

काम्बोज 1) Adj. *von den* Kamboǵa *kommend* (Pferde). — 2) m. *a) ein Fürst der* Kamboǵa. — *b)* Pl. N. pr. eines Volkes, = कम्बोज. — *c) *Rottleria tinctoria. — d) *eine best. Mimose. — 3) *f. ई a) Glycine debilis. — b) eine best. Mimose. — c) Abrus precatorius. — d) Serratula anthelminthica.

*काम्बोजक 1) Adj. von काम्बोज. — 2) f. °जिका weisser Abrus Nigh. Pr.

काम्बोजि (metrisch) f. = काम्बोजी Glycine debilis.

काम्बोजिनी f. N. pr. eines Wesens im Gefolge der Devî.

°काम्य्, काम्यति ein Verlangen haben nach.

काम्य (काम्यि) 1) Adj. (f. आ) a) begehrenswerth, köstlich, liebenswerth, beliebt, angenehm. — b) beliebig. — c) mit einem Wunsche in Verbindung stehend, in einer egoistischen Absicht unternommen. — 2) *m. Terminalia alata Nigh. Pr. — 3) f. काम्या N. pr. a) einer Apsaras. — b) verschiedener Frauen VP.² 1,108.155. 2,99. fg. 263. — Vgl. auch काम्या.

काम्यक m. N. pr. 1) eines Waldes. — 2) eines Sees.

काम्यता f. Lieblichkeit, Schönheit

काम्यत्व n. Nom. abstr. zu काम्य 1) c) Gaim. 5,3,34.

*काम्यमरण n. freiwilliger Tod, Selbstmord.

काम्यव्रत n. eine best. Begehung.

काम्या f. das Begehren, Verlangen, Wunsch, das Streben nach (Gen. oder im Comp. vorangehend). — काम्यया mit कामया verwechselt. Vgl. auch काम्य 3).

काम्याष्टमी f. ein best. achter Tag Hemâdri 1,471,8.17.

काम्येष्टि f. und °तन्त्र n. Titel von Werken.

*काम्ल Adj. säuerlich.

काय् in कायमान Partic. scheuend, meidend RV. 3,9,2. Vgl. चाय्.

1. काय 1) Adj. (f. ई) den Gott Ka (Pragâpati) betreffend, ihm geweiht u. s. w. — 2) m. die Eheform des Pragâpati. — 3) n. die dem Pragâpati geweihte Wurzel des kleinen Fingers.

2. काय m. (adj. Comp. f. आ) 1) Leib, Körper. — 2) Masse, Umfang, Menge, Gruppe. — 3) Kapital. — 4) *Wohnung. — 5) Ziel. — 6) *Natur Eigenthümlichkeit.

कायक Adj. (f. °यिका) 1) mit und ohne वृद्धि Bez. eines best. Zinses Gaut. 12,35. Jolly, Schuld. 297. fg. — 2) am Ende eines adj. Comp. = 2. काय Körper.

कायचिकित्सा f. die Lehre von der Behandlung der Krankheiten, die den ganzen Körper ergreifen.

कायत्व n. Nom. abstr. zu 2. काय Körper.

कायदण्ड m. vollständige Herrschaft über den Körper M. 12,10.

*कायबन्धन n. Gürtel (buddh.).

कायमान n. ein Zelt aus Gräsern, Laub u. s. w. Kâd. II,47,19. 67,4. Vâsavad. 290,5, v. l. Vgl. auch काय्.

कायमानिकनिकेतन n. wohl dass. Vâsavad. 290.5.

कायवध m. N. pr. eines Asura VP.² 4,250.

कायवत् Adj. verkörpert Mahâvîrak. 41.

*कायवलन n. Rüstung.

कायव्य m. N. pr. eines Mannes.

कायशुद्धि f. = कायचिकित्सा VP.² 4,33.

कायस्थ 1) m. a) *der Allgeist. — b) Schreiber (eine Mischlingskaste). — 2) f. आ a) *eine Frau aus der Kaste der Schreiber. — b) *Myrobalanus Chebula. — c) Emblica officinalis Bhâvapr. 3,118. — d) *Ocimum sanctum. — e) * = काकोली. — f) *Kardamomen. — 3) *f. ई die Frau eines Schreibers.

*कायस्थाली f. rothe Bignonia Nigh. Pr.

*कायस्थिका f. = काकोली Nigh. Pr.

कायस्थोत्पत्ति f. Titel eines Werkes.

कायाग्नि m. das Feuer im Körper Karaka 3,6.

कायाधव m. Metron. Prahrâda's.

कायारोहण und कायावरोहण n. N. pr. zweier Oertlichkeiten.

कायिक Adj. (f. ई) 1) mit dem Körper vollbracht. — 2) den Leib betreffend, körperlich. दुःख n. Kârand. 9,9. — 3) am Ende eines Comp. zu der und der Gruppe gehörig (buddh).

कायेनेतिविवरण n. Titel der Erklärung eines Çloka im Bhâg. P.

कायोत्सर्ग m. 1) das Ablegen des Körpers, das Sterben Ind. St. 15,291. — 2) eine best. Art zu sitzen.

1. कार 1) Adj. (f. ई) am Ende eines Comp. machend, vollbringend, ausführend, bewirkend, verursachend, anfertigend, bereitend, veranstaltend, vollführend, begehend; Subst. Verfertiger, Bewirker, Bildner, Verfasser u. s. w. यज्ञकारो गमिष्यामि so v. a. ein Opfer zu vollführen beabsichtigend. — 2) m. a) am Ende eines Comp. That, Handlung. — b) am Ende eines Comp. Laut, flexionsloses Wort, insbes. eine Interjection TS. Prât. 22,4. — c) *Anstrengung. — d) *Entscheidung, Beschluss. — e) * = पति. — f) *Gemahl (पति). — 3) *f. ई eine best. Pflanze Râǵan. 8,65. — कारा s. bes.

2. कार m. Lobgesang, Preislied; Schlachtgesang.

3. *कार m. = 2. कर Abgabe, Tribut.

4. *कार m. Mord, Todtschlag.

5. कार 1) Adj. aus Hagel entstanden. — 2) *m. ein in Schnee gehüllter Berg.

1. कारक 1) Adj. (f. कारिका) = 1. कार 1). Die Ergänzung im Gen. oder im Comp. vorangehend. Ohne Object der Etwas erreicht 223,10. Einfluss ausübend; der Handelnde, Agens, Factor. *कटं कारको व्रजति so v. a. eine Matte zu verfertigen beabsichtigend. — 2) f. कारिका a) *Tänzerin. — b) *Arbeit, Geschäft. — c) *Handwerk. — d) eine in gebundener Rede abgefasste Erklärung und Entwickelung schwieriger Lehrsätze. *कारिकाकृ wohl durch eine K. erklären. — e) *Marter. — f) *Zins. — g) *eine best. Pflanze. कारिका v. l. — 3) n. die Beziehung des Nomens zum Verbum im Satz, Casusbegriff; insbes. Subject. Auch *m.

2. *कारक n. aus Hagel entstandenes Wasser.

कारककारिका f., कारककौमुदी f. und कारकखण्डनमण्डन n. Titel von Werken.

कारकगुप्ति f. ein künstlich gebildeter Satz mit verstecktem Subject.

कारकचक्र n. Titel eines Werkes.

कारकत्व n. das Erreichen von Etwas, Gelangen zu E. 233,10.

कारकदीपक n. in der Rhet. Häufung verschiedener successiver Handlungen auf ein Subject.

कारकपरीक्षा f. Titel eines Werkes über die Çasus Bühler, Rep. No. 282.

*कारककर Adj. P. 3,2,21.

*कारकवत् Adj. von कारक.

कारकवाद m. Titel einer Abhandlung über die Casus.

कारकविचार m. Titel eines Werkes.

कारकव्याख्या f. und कारकव्यूह m. desgl.

*कारकान्विता f. = क्रिया Gal.

*कारकुक्षीय m. Pl. N. pr. eines Volkes.

*कारज 1) Adj. am Fingernagel befindlich, von ihm herrührend. — 2) m. = कलभ junger Elephant.

कारञ्ज 1) Adj. von der Pongamia glabra herrührend. — 2) *f. ई langer Pfeffer Gal.

*कारटक n. eine Art Çrâddha Gal.

1. कारण 1) Adj. am Ende eines Comp. machend u. s. w. तत्कारण dieses verschuldend, — zu verantworten habend 120,13. — 2) f. आ a) Handlung, Begehung. — b) *Marter. — c) *an astronomical period. — 3) n. (adj. Comp. f. ई) a) Veranlassung, Ursache, Grund, Motiv; mit Gen., Loc. oder am Ende eines Comp. °णात्, °णेन, °णे, °ण (Ragh. 16,22) aus irgend einem Grunde, in Folge irgend einer Veranlassung. कस्मात्कारणात्, केन °णेन, किं °णम्, कस्मिन्कारणे, *कस्मै °णाय, *कस्य °णस्य weshalb? warum? केनापि °णेन aus irgend einem Grunde 130,17. एतस्मात्कारणात् deshalb, यत्कारणम् weil, मम °णात् meinetwegen, मित्र°

des Freundes wegen, कारणैरेवमादिभिः aus diesem und andern Gründen, मम °णो meinetwegen. — b) in der Med. Veranlassung —, Grund einer Krankheit. — c) Grundursache, Element. — d) worauf man ein Urtheil gründet, Anzeichen, Beleg, Beweisgrund. — e) Mittel. — f) Werkzeug, Sinnesorgan. — g) Bedingung. — h) in der Dram. der eigentliche Anfang der Haupthandlung. — i) *Handlung. — k) *Körper. — l) *ein best. musik. Instrument. — m) *eine Art Gesang. — n) *eine Anzahl von Schreibern.

2.*कारण n. Tödtung.

कारणक am Ende eines adj. Comp. = कारण 3) a). Nom. abstr. °त्व n.

*कारणकारण n. 1) der Grund des Grundes, der letzte Grund. — 2) Element, Atom.

°कारणकारितम् Adv. in Folge von, aus R. 2, 58,24.

कारणक्रुध् Adj. mit Grund zürnend 177,23.

कारणगुण m. eine Eigenschaft des Grundes 263,9.

कारणगुणात्मक Adj. woran die Eigenschaften des Grundes haften. Nom. abstr. °त्व n. Sâṁkhjak. 14.

कारणतस् Adv. auf einen Grund hin.

कारणता f. und °त्व n. Nom. abstr. zu कारण 3) a).

कारणतावाद m. Titel eines Werkes.

कारणमाला f. Verkettung von Ursachen (eine best. rhet. Figur).

कारणवन्त् Adj. eine Ursache habend Comm. zu Njâjas. (1828) 2,85.

कारणवादार्थ m. Titel eines Werkes.

कारणशरीर n. der ursächliche Körper 259,10. 260,7. 270,7.

कारणाक्षेप m. in der Rhet. eine Erklärung, dass man Etwas nicht als Grund einer Erscheinung gelten lasse.

कारणाख्या f. bei den Pâçupata Bez. der fünf wahrnehmenden und der fünf handelnden Organe, der Buddhi, des Ahaṁkâra und des Manas.

कारणात्मन् Adj. seinem Wesen nach der Grund von (Gen.) seiend 102,1.

कारणान्तर n. eine besondere Veranlassung.

कारणार्थं Acc. und Dat. wegen. Vgl. अर्थकारण.

कारणिक m. 1) Lehrer MBh. 2,5,34. — 2) Richter Pañkat. 237,20. — 3) *Kenner einer Sache.

*कारणिन् m. = कारणिक 3).

कारणोत्तर n. das mit der Rechtfertigung einer Jmd zur Last gelegten Handlung verbundene Eingeständniss derselben vor Gericht.

कारण्ड (nur einmal) und °व m. eine Art Ente.

*कारण्डवती f. eine an Kâraṇḍava reiche Gegend.

कारण्डव्यूह m. 1) *N. pr. eines Buddha. — 2) Titel eines buddh. Werkes, = कार° Kâraṇḍ. 13, 20 °महायानसूत्र n. 25,6.

*कारतलिका und °की f. von करतल Mahâbh.

कारंधम 1) m. Patron. Avikshit's. — 2) n. N. pr. eines Tîrtha.

*कारंधमिन् m. 1) Bergmann. — 2) Kupferschmied.

कारपचव N. pr. einer Oertlichkeit.

कारपथ m. = कारापथ VP.[2] 3,319.

कारभ Adj. vom Kamel herrührend Karaka 6,18.

*कारभू Mahâbh. 6,31,b.

*कारमिहिका f. angeblich Kampfer; vgl. jedoch Râǵan. 12,61.

*कारम्भा f. Fennich.

कारम्भि m. Patron. von करम्भ.

कारयितर् Nom. ag. 1) der Jmd zum Handeln antreibt. Nom. abstr. °यितृत्व n. Çaṁk. zu Bâdar. 3, 2,41. — 2) Vollzieher einer heiligen Handlung Hemâdri 1,798,1.8. — 3) Barbier Gaut.

कारयितव्य Adj. 1) was man machen zu lassen hat. — 2) der Etwas (Acc.) zu thun angehalten werden soll. — 3) zu bewirken, — verschaffen.

*कारयिष्णु Adj. der da antreibt.

कारयेय m. Pl. Bez. bestimmter Ṛshi Çaṁk. zu Bâdar. 3,4,9. Zum Citat vgl. Çat. Br. 14,7,2,26.

कारव m. 1) *Krähe. — 2) N. pr. eines Mannes; Pl. sein Geschlecht.

*कारवतीर Adj. (f. ई) von करवतीर.

कारवल्ली f. = कारवेल्ल Râǵan. 7,180. Karaka 3,8.

कारवी f. 1) Carum Carvi Bhâvapr. 1,165,16. — 2) Nigella indica Bhâvapr. 1,166,4. — 3) Gartenkresse Bhâvapr. 1,167. — 4) *Celosia cristata. — 5) *Anethum Sowa. — 6) *eine best. Cucurbitacee. — 7) *= हिङ्गुपत्री.

*कारवीरेय Adj. von करवीर.

कारवेल्ल m., °वेल्ली f. (Bhâvapr. 3,89. 4,36), °वेल्लक m. und °वेल्लिका f. Momordica Charantia.

कारव्या f. (sc. ऋच्) ein auf den Sänger bezüglicher Vers (AV. 20,127,11—14).

कारसूत्र n. fehlerhaft für कालसूत्र Kâraṇḍ. 35,10.

कारस्कर m. 1) eine best. Giftpflanze. Nach Einigen Strychnos nux vomica Râǵan. 9,149; vgl. Mat. med. 198. — 2) *Baum, Pflanze. — 3) Pl. N. pr. eines Volkes.

*कारस्कराटिका f. Hundertfuss, Julus.

कारा f. 1) Gefängniss. — 2) *Qual, Marter. — 3) *Dämpfer an der Vîṇâ. — 4) *Botin. — 5) *Goldarbeiterin. — 6)* ein best. Vogel Gal.

कारागार (Daçak. 19,15. Bâlar. 134,10) und कारागृह n. Gefängniss.

काराधुनि Schlachtruf. °धुनीव = °धुनिमिव.

कारापथ m. N. pr. eines Landes Ragh. 15,90. Vgl. कारपथ, कारुपथ.

कारापाल m. Gefängnisswächter.

*काराभू Kâç. zu P. 6,4,84.

*कारायिका f. = करायिका eine Art Kranich.

कारावर m. eine best. Mischlingskaste.

कारावास m. Gefangenschaft oder Gefängniss Daçak. 19,18.

*कारावी f. ein auseinander zu nehmendes Häuschen Gal.

कारावेश्मन् n. Gefängniss Bâlar. 24,4.

1. *कारि 1) m. f. Handarbeiter, Handwerker, Handwerkerin. — 2) f. Werk, Arbeit. Bloss bei Fragen und Antworten.

2. कारि Adj. wohl jubelnd. Nach Mahîdh. = कारणशील.

कारिकानिबन्ध m. und कारिकावली f. Titel verschiedener Werke. Vgl. 1. कारक 2) d).

*कारिकेय m. wohl Metron. von कारिका. f. ई Kâç. zu P. 6,4,150. 151.

*कारिकेयि m. Patron. von कारिकेय Kâç. zu P. 6,4,151.

*कारिकेयी Adv. mit भू zu einem Kârikeja werden Kâç. zu P. 6,4,152.

*कारिकेयीय्, °यति Denom. von कारिकेय ebend.

कारित 1) Adj. a) am Ende eines Comp. α) veranlasst —, hervorgerufen durch. — β) Bezug habend auf. — b) f. आ mit oder ohne वृद्धि Zinsen, welche den gesetzlichen Zinsfuss überschreiten, die aber der Schuldner in seiner Noth angeboten hat, Gaut. Jolly, Schuld. 297. fg. — 2) n. der Character der Causativa, der 10ten Klasse und der Denominativa (इ); die Causalform des Zeitworts.

कारितान्त Adj. mit dem Suffix des Causativs versehen.

1. कारिन् 1) Adj. machend, thuend, bewirkend, hervorbringend (auch einen Laut), zu Werke gehend, handelnd; die Ergänzung ein Gen., Adv. oder im Comp. vorangehend. — 2) *m. Handarbeiter, Handwerker.

2. कारिन् 1) Adj. lobsingend, jubelnd; Lobsänger. — 2) *m. = ऋत्विज् Ind. St. 13,368.

कारिसोम m. der Soma des Lobsängers Ind. St. 13,368.

कारीर 1) Adj. aus Rohrschösslingen gebildet, daraus entstanden. — 2) f. ई ein best. zur Erlangung von Regen unternommenes Opfer Maitr. S. 2,4,8.

कारीरेष्टि f. Titel eines Werkes.

कारीर्य Adj. *zur* Kârîrî *in Beziehung stehend* Ind. St. 3,393. 12,355.

कारीष Adj. *aus Dünger hervorgegangen.* — Hariv. 4355 fehlerhaft für करीष.

*कारीषगन्धि m. Patron. von करीषगन्धि. f. *गन्ध्या. *°गन्धी in einem adj. Comp. vor बन्धु.

कारीषि m. N. pr. eines Mannes. Pl. *sein Geschlecht.*

1. कारु 1) m. a) *Handarbeiter, Handwerker* Gaut. Râgat. 8,495. f. कारू. — b) *Bein. Viçvakarman's. — c) **Handwerk, Kunst.* — 2) Adj. *grauenhaft, schrecklich* (in einer Etymologie).

2. कारु॑ m. 1) *Lobsänger, Dichter.* — 2) Pl. N. pr. eines Ṛshi-Geschlechts.

कारुक 1) m. *Handarbeiter, Handwerker* Spr. 7839. f. आ. — 2) *n. *die Frucht einer best. Pflanze,* = वीरसेन Gal. Fehlerhaft für आरुक.

कारुकसिद्धान्तिन् m. Pl. *eine best.* Çiva'*itische Secte* Govindân. zu Çaṁk. zu Bâdar. 2,2,37 (S. 392).

*कारुज 1) m. *das Product eines Handwerkers, Künstlers.* — 2) *Ameisenhaufen.* — 3) *ein junger Elephant.* — 4) *Schaum.* — 5) *wilder Sesam.* — 6) *Mesua ferrea.* — 7) *rothes Rauschgelb.*

कारुणिक Adj. *mitleidig.* Nom. abstr. °ता f.

*कारुण्डिका und *कारुण्डी f. *Blutegel.*

कारुण्यं 1) Adj. *trefflich, preiswürdig.* — 2) n. *Mitleid.*

कारुण्यवेदिन् Adj. *mitleidig.* Nom. abstr. °दित्व n. R. 1,2,17.

कारुण्यसूत्र n. Titel eines Sûtra.

कारुद्वेषिन् Adj. *Sänger hassend* Maitr. S. 1,8,7.

कारुधायस् Adj. *Sänger hegend, — pflegend.*

कारुपथ m. N. pr. eines Landes. Vgl. कारपथ, कारापथ.

कारुविदा f. Gop. Br. 1,2,21.

कारुष und °क fehlerhaft für कारूष und °क.

कारूष m. 1) *ein Fürst der* Karûsha. *f. ई. — 2) Pl. N. pr. eines Volkes, = करूष. — 3) *das von den* Karûsha *bewohnte Land.* — 4) N. pr. eines Sohnes des Manu, = करूष. — 5) *eine best. Mischlingskaste.*

कारूषक Adj. *über die* Karûsha *herrschend.*

कारेणव 1) *vom Elephantenweibchen kommend.* — 2) *m. Bein. Pâlakâpja's.

*कारेणुपालायन m. Patron. von कारेणुपालि Gaṇar. 3,172.

*कारेणुपालि m. Patron. von करेणुपाल.

कारोटिन् m. N. pr. v. l. für कापोरि u. s. w.

कारोतरॅ m. *Seihe zum Läutern der* Surâ.

कारोती f. N. pr. eines Flusses oder einer Oertlichkeit.

*कारोत्तम m. *die obenauf schwimmenden geistigsten Theile gebrannter Getränke.*

1. *कारोत्तर m. 1) dass. — 2) *Brunnen.*

2. कारोत्तर Adj. *worauf* कार *folgt* TS. Prât. 1,16.

*कार्कटेलव Adj. von कर्कटेलु.

*कार्कत्य m. N. pr. eines Mannes. Davon *Patron. °त्यायनि gaṇa वाकिनादि in der Kâç.

*कार्कण Adj. (f. ई) von कृकण.

*कार्कन्धव Adj. (f. ई) von कर्कन्धू.

*कार्कलासेय m. Patron. von कृकलास.

*कार्कवाकव Adj. (f. ई) von कृकवाकु.

कार्कशेय m. Bez. Vibhîshaṇa's Hanum. Up. S. 392.

कार्कश्य n. 1) *Rauhheit, Härte* (auch in übertr. Bed.). — 2) *rohe —, harte Arbeit.*

*कार्कष m. N. pr. eines Mannes. Davon *Patron. °षायणि. कार्कत्य v. l.

कार्कारिण Pâr. Gṛhj. 3,15,20 verdorben. Man erwartet einen Namen des Todesgottes im Nominativ.

*कार्कीकि Adj. *einem Schimmel ähnlich.*

कार्कोट m. N. pr. eines Schlangendämons.

कार्कोटक 1) m. dass. — 2) n. N. pr. einer Stadt Kathâs. 18,233.

कार्ण 1) Adj. *im Ohr befindlich.* — 2) *m. Patron. von कर्ण. — 3) *n. *Ohrenschmalz.*

*कार्णखरकि oder *कार्णखरिकि m. Patron. von कर्णखरक oder कर्णखरिक.

*कार्णग्राहिक m. Patron. von कर्णग्राह

*कार्णच्छिद्रक Adj. von कर्णच्छिद्रक P. 4,2,79, Sch.

*कार्णवेष्टकिक Adj. (f. ई) *zu Ohrringen geeignet.*

कार्णश्रवस n. Name von Sâman Ârsh. Br.

कार्णाट Adj. *den* Karṇâṭa *gehörig* u. s. w.

*कार्णायनि und *कार्णि Adj. von कर्ण.

कार्त 1) Adj. *die* Kṛt-*Suffixe behandelnd, — betreffend.* — 2) m. Patron. in *कार्तकौजपा. N. pr. eines Sohnes des Dharmanetra (v. l. कात्त und कार्ति).

कार्तयश m. Name verschiedener Sâman Ârsh. Br.

कार्तयुग Adj. von कृतयुग *das Weltalter* Kṛta.

कार्तवीर्य m. Patron. Arǵuna's, Fürsten der Haihaja. °चरित n., °पूजा f. und °र्योदय m. Titel von Werken.

कार्तवेष 1) m. Patron. von कृतवेष Ârsh. Br. — 2) n. Name verschiedener Sâman ebend.

कार्तस्वर n. 1) *Gold.* — 2) **Stechapfel.*

कार्तान्तिक m. *Wahrsager.*

कार्तार्थ्य n. *Erreichung des Zieles.*

कार्ति m. Patron. von कृत. Pl. *sein Geschlecht.* Vgl. u. कार्त 2).

कार्तिसिंहदेव m. N. pr. eines Mannes.

कार्त्तिक 1) m. a) (mit oder ohne मास) *ein best. Herbstmonat.* — b) Metron. Skanda's. — c) N. pr. α) eines med. Autors. — β) eines Varsha. — 2) m. n. *das erste Jahr in der 12jährigen Umlaufszeit des Jupiters.* — 3) f. ई a) *der Vollmondstag im Monat* Kârttika. — b) *der Neumondstag im Monat* Kârttika Ind. St. 10,293. — c) *die* Çakti Kârttikeja's. — 4) n. N. pr. eines Tîrtha.

कार्त्तिककुण्ड m. N. pr. eines Arztes.

कार्त्तिकमहिमन् m. Titel eines Werkes.

कार्त्तिकमाहात्म्य n. Titel eines Abschnittes im Skanda- oder Padma-Purâṇa.

कार्त्तिकसिद्धान्त m. N. pr. eines Scholiasten.

*कार्त्तिकिक 1) Adj. *im Monat* Kârttika *stattfindend.* — 2) m. *der Monat* Kârttika.

कार्त्तिकीय Adj. = कार्त्तिकिक 1). Die Form wird getadelt.

कार्त्तिकीव्रत n. *eine best. Begehung.*

कार्त्तिकेय m. 1) Metron. Skanda's. — 2) N. pr. eines Autors.

कार्त्तिकेयपुर n. N. pr. einer *Stadt.*

*कार्त्तिकेयप्रसू f. Bein. der Durgâ.

कार्त्तिकेयव्रत n. *eine best. Begehung.*

कार्त्तिकेयषष्ठी f. *ein best. sechster Tag.*

*कार्त्तिकोत्सव m. *der Vollmondstag im Monat* Kârttika.

*कार्त्र m. Patron. von कर्तृ.

*कार्त्रायणि m. Patron. von कार्त्र.

*कार्त्र्य m. Patron. von कर्तृ.

कार्त्स्न (verdächtig) und कार्त्स्न्य n. *Ganzheit, Gesammtheit.* Instr. *vollständig.*

*कार्दन्तिक Adj. °प्रत्यय *ein* Kṛt-*Suffix.*

कार्दम Adj. 1) *schlammig.* — 2) *dem* Kardama *gehörig.*

कार्दमि m. Patron. Ila's.

कार्दमिक Adj. (*f. ई) *schlammig.*

कार्दमेय m. Patron. Ila's.

*कार्पट m. 1) *Bittsteller.* — 2) *Lack, Gummi.*

कार्पटिक m. 1) *ein ärmlich gekleideter Pilger* Ind. St. 15,382. — 2) N. pr. eines solchen *Pilgers.* — 3) *ein treuer, vertrauter Anhänger* Harshaḱ. 73,5. — 4) *Betrüger, Schelm, Einer der sich auf die Schwächen eines Menschen versteht.*

कार्पटिन् = कर्पटिन् Gal. = कार्पटिक 1) Kathâs. 124,69.

*कार्पणी f. *Fröhlichkeit* Nigh. Pr.

कार्पण्य n. 1) *das Kläglichthun, Jammern.* — 2) *Armuth.* — 3) *Knickerei, Geiz.* — 4) *Mitleid.*

कार्पाणी nach Sâj. n. *Schwertkampf.*

कार्पास 1) Adj (*f. ई) *baumwollen.* — 2) m. f. (ई) *die Baumwollenstaude* zu Spr. 3802. — 3) (*m. *n.) *Baumwolle, Baumwollenzeug.*

कार्पासक 1) Adj. *baumwollen.* f. °सकी Hemâdri 1,431.21 fehlerhaft für °सिकी. — 2) *f. °सिका *die Baumwollenstaude.*

कार्पासतान्तव *ein Baumwollengewebe* M. 12,64.

*कार्पासनासिका f. *Spindel.*

कार्पाससौत्रिक = कार्पासतान्तव Jâgń. 2,179.

कार्पासास्थि n. *ein Samenkorn der Baumwollenstaude.*

कार्पासिक Adj. (f. ई) *baumwollen.*

कार्पूर Adj. *aus Kampfer* Hemâdri 1,391,15.

*कार्पूरिण Adj. von कर्पूरिन्.

*कार्पूरेय m. Patron. von कर्पूर.

1. *कार्म Adj. (f. ई) *thätig, arbeitsam.*

2. कार्म Adj. von कृमि *Wurm.*

कार्मण 1) Adj. *a) zu den Handlungen in Beziehung stehend, aus ihnen hervorgegangen.* — *b) bezaubernd* Dhûrtan. 19. Nom. abstr. °त्व n. — 2) n. *Zauberei, Zauberkunst* Râgat. 7,427.

कार्मणिक Adj. etwa *durch einen Zauber bewirkt* Dhûrtan. 19.

कार्मणेयक m. Pl. N. pr. eines Volkes.

कार्मरङ्ग Adj. *hochroth* Harshak. 174,23. 184,16. Vgl. कृमिराग.

कार्मारु m. 1) *faber, Schmied.* — 2) *Patron. von कर्मार.

*कार्मार्यायणि m. Patron. von कर्मार.

कार्मिक 1) m. Pl. *eine best. buddh. Schule.* — 2) *buntes Gewebe.*

*कार्मिक्य n. Nom. abstr. von कार्मिक.

1. कार्मुक 1) Adj. *wirksam* (Heilmittel) Karaka 1, 26.6,5. — 2) m. *a) Melia sempervirens* Bhâvapr. 1.204. — *b)* **weisser* Khadira Râgan. 8,24. — *c)* **Smilax China* Nigh. Pr. — *d)* **Bambusrohr.*

2. कार्मुक 1) Adj. (f. ई) *vom Baume* Krmuka. — 2) n. *a) Bogen zum Schiessen.* Einmal m. Am Ende eines adj. Comp. f. आ. — *b) ein bogenförmiges Werkzeug.* — *c) ein geometrischer Bogen.* — *d) Regenbogen* Varâh. Jogaj. 5,19. — *e) der Schütze im Thierkreise.* — *f) eine best. Constellation.*

कार्मुकभृत् 1) Adj. *einen Bogen tragend* Venis. 103. — 2) m. *der Schütze im Thierkreise.*

कार्मुकाय, °यते *einen Bogen darstellen.*

कार्मुकिन् Adj. *mit einem Bogen bewaffnet.*

कार्मुकोपनिषद् f. *das Geheimniss der Schiesskunst* Bâlar. 233,16.

कार्य 1) Adj. *a) faciendus* mit den unter 1. कर् 1) 3) 5) 7) 8) 9) 13) aufgeführten Färbungen. — *b) was hervorgebracht* oder *bewirkt wird.* — *c) zu veranlassen Etwas* (Acc.) *zu thun* Naish. 6,102. — 2) *f. आ *eine best. Pflanze* Râgan. 8,65. — 3) n. *a) Obliegenheit, Vorhaben, Geschäft, Beschäftigung, Angelegenheit, Sache, gerichtliche Sache.* तेषां कार्याणि कर् *seine Obliegenheit diesen gegenüber erfüllen* 64,14. कार्यम् mit dem Gen. der Person und Instr. der Sache *es ist Jmd zu thun um, es kann Jmd Gebrauch machen von.* — *eine grammatische Operation.* — *c) Wirkung, Product* 265,28. — *d) Absicht, Zweck.* किं कार्यम् *zu welchem Endzweck? weshalb?* °मानुष m. *in einer bestimmten Absicht als Mensch erscheinend.* — *e)* in der Dramatik *das Endziel, um dessen Erreichung es sich im Drama handelt.* — *f)* **Grund.*

कार्यकर Adj. *wirksam.*

कार्यकर्तर् Nom. ag. *Jmds* (Gen.) *Sache betreibend* Spr. 3396.

कार्यकारण n. *eine best. Absicht als Veranlassung, ein best. Grund.* तत्कार्यकारणात् *in Folge von diesem* 123,8. °तस् *in einer best. Absicht.*

कार्यकारणभाव n. *das Wirkung- und Ursache-Sein.*

कार्यकाल m. Sg. und Pl. *die Zeit zum Handeln* 46,5. R. 1,30,12. Spr. 5435. °विपत्ति f. Kâm. Nîtis. 12,21. °कालात्यय m. *Gefahr im Verzuge.*

कार्यचिन्तक m. *Geschäftsführer.*

कार्यता f. (Kap. 5,58) und °त्व n. (264,3. 265,20) *das Hervorgebrachtwerden, das Wirkung—, Product-Sein.*

कार्यदर्शन n. *die Prüfung einer vor Gericht vorgebrachten Sache.*

कार्यध्वंस m. *das Fallenlassen—, Aufgeben einer Sache* 164,16.

कार्यनिर्णय m. *die Entscheidung einer vor Gericht vorgebrachten Sache.*

कार्यनिर्वृत्ति f. *das Erfolgen der Wirkung.* आ °त्तेः Suçr. 2,351,20.

कार्यपरिच्छेद m. *die richtige Beurtheilung einer Sache.*

*कार्यपुट = अनर्थकर, उन्मत्त und क्षपण (कृपण).

*कार्यप्रद्वेष m. *Trägheit.*

कार्यप्रेष्य m. *ein Abgesandter in einer Angelegenheit.*

कार्यभाज् Adj. *einer grammatischen Operation unterliegend* Comm. zu TS. Prât. Nom abstr. °भाक्त्व n. ebend.

कार्यवत्ता f. Nom. abstr. zu कार्यवत् 2) und 3) (R. 5,8,9).

कार्यवत् Adj. 1) *eifrig mit Etwas beschäftigt.* — 2) *ein Geschäft—, ein Anliegen habend.* — 3) *eine best. Absicht verfolgend.*

कार्यवश m. Abl. so v. a. *für Etwas* Spr. 6246.

कार्यविनिमय m. *gegenseitige Verpflichtung Etwas zu thun* Mâlav. 9,8 (9,16 Boll.).

कार्यविनिर्णय m. = कार्यनिर्णय.

कार्यविपत्ति f. *das Misslingen einer Sache* Spr. 3216.

कार्यवृत्तान्त m. *Thatsache* 60,27.

कार्यव्यसन n. *das Misslingen einer Sache* 184,28.

*कार्यशब्दिक Adj. Vârtt. zu P. 4,4,1.

कार्यशेष m. *was noch zu thun ist* 291,30.

कार्यसम m. im Njâja *eine best. sophistische Einwendung, wobei ignorirt wird, dass gleiche Wirkungen in Folge verschiedener Umstände eintreten können,* Njâjas. 5,1,37. Sarvad. 114,12.

कार्यसिद्धि f. *Erfolg einer Sache* Mudrâr. 32,18. Ind. St. 15,275.

कार्यहन्तर् Nom. ag. *der eine Sache schädigt,— hintertreibt* 143,1.

कार्याक्षेप m. in der Rhet. *eine Erklärung, dass man mit der Wirkung—, den Folgen eines Verhältnisses nicht einverstanden sei.*

कार्याख्या f. bei den Pâçupata Bez. *der fünf Elemente und der fünf Qualitäten.*

कार्यातिपात m. *Versäumniss eines Geschäftes.* अन्य° Çâk. 7,10.

कार्यातिपातिन् Adj. *der in den Fall kommt ein Geschäft zu versäumen* 213,15.

कार्याधिकारिन् m. *ein Minister der Politik* Hit. 61,7.

कार्याधिप m. *der Planet, in dessen Bereich der Gegenstand der gerade gestellten Frage gehört.*

कार्यान्तर n. 1) *Mussestunde.* — 2) *ein anderes Geschäft* 211,8.

कार्यान्तरसचिव m. *der Genosse eines Fürsten in den Mussestunden, maitre de plaisir.*

कार्यापेक्षिन् Adj. *ein best. Ziel verfolgend* Spr. 1683.

कार्यार्थ 1) m. *Unternehmen.* °सिद्धि f. *das Gelingen eines U.* — 2) °म् Adv. *eines Geschäftes wegen, in einer bestimmten Absicht.*

कार्यार्थिन् Adj. *ein Anliegen habend, ein best. Ziel zu erreichen bestrebt, der eine Sache vor Gericht bringt,—mit einer Klage vor Gericht auftritt* 213,8.

कार्यिक Adj. dass.

कार्यिन् 1) Adj. *a)* dass. — *b) einer grammatischen Operation unterworfen.* Nom. abstr. °यित्व n. — 2) m. *Beamter* Râgat. 8,53. 105.

कार्येक्षण n. = कार्यदर्शन.

कार्येश und कार्येश्वर m. = कार्याधिप.

कार्योपेक्षा f. *Vernachlässigung des Dienstes.* स्वामि° 148,23.

*कार्श m. *Curcuma Zedoaria* Râǵan. 6,119.

कौर्शकेयीपुत्र m. N. pr. eines Lehrers.

कार्शनै (Conj.) Adj. *aus Perlen* oder *Perlmutter bestehend.*

कार्शानव Adj. (f. *ई) *igneus* Bâlar. 265,15.

*कार्शाश्वीय wohl n. *das* Sûtra *des* Kṛçâçva.

*कार्श्मरी f. = कार्श्मर्य.

कार्श्य 1) n. *a) Magerkeit, Abmagerung* Hemâdri 1,749,1. 5. — *b) Geringheit, Verminderung.* — 2) *m. *Artocarpus Locucha* Râǵan. 9,159.

*कार्ष und °क m. *Ackerbauer, Landmann.*

कार्षापण 1) m. n. *eine best. Münze vom Gewicht eines* Karsha 228,9. — 2) *m. *a)* Pl. N. pr. eines Kriegerstammes. — *b) ein Fürst der* Kârshâpaṇa.

*कार्षापणक = कार्षापण 1).

*कार्षापणिक Adj. (f. ई) *einen* Kârshâpaṇa *werth.*

कार्षि 1) Adj. *ziehend* oder *furchend.* — 2) *m. *Feuer.*

1. कार्षिक 1) Adj. *einen* Karsha *wiegend* Hemâdri 1,435,6. — 2) *m. = कार्षापण 1).

2. कार्षिक m. = कार्षक; s. तिल°.

कार्षिन् Adj. v. l. für कार्षि 1) Maitr. S. 1,3,1. 4,3,2. Kâṭh. 3,9.

कौर्षीवण m. *Pflüger.*

*कार्षुक m. = कार्षक Gal.

*कार्ष्ण्य n. Nom. abstr. von कृष्ट.

कार्ष्ण 1) Adj. (f. ई) *a) von der schwarzen Antilope kommend, aus deren Fell gemacht.* — *b) zur dunkelen Hälfte eines Monats gehörig.* — *c)* Kṛshṇa *gehörig, von ihm verfasst.* — *d) *zu einem Nachkommen* Kṛshṇa's *in Beziehung stehend.* — 2) *f. ई *Asparagus racemosus* Râǵan. 4,121. — 4) n. *a) ein Fell von der schwarzen Antilope.* — *b)* Name zweier Sâman Ârsh. Br.

*कार्ष्णकर्ण Adj. von कृष्णकर्ण.

कार्ष्णाजिन Adj. *aus dem Fell der schwarzen Antilope gemacht* Âpast. Çr. 15,5.

कार्ष्णाजिनि m. Patron. N. pr. eines Lehrers Bâdar. 3,1,9.

*कार्ष्णायन m. Patron. von कृष्ण.

कार्ष्णायस 1) Adj. (f. ई) *eisern.* — 2) n. *Eisen.*

कार्ष्णि m. 1) Patron. von कृष्ण. — 2) N. pr. eines Devagandharva.

कार्ष्ण्य 1) *m. Patron. von कृष्ण. — 2) n. *a) dunkle Farbe, Schwärze, Finsterniss.* Am Ende eines adj. Comp. f. आ. — *b) Eisenfell* Râǵan. 13,43.

कौर्ष्मन् n. *das durch eine Furche bezeichnete Ziel eines Wettlaufs.*

कार्ष्मर्य m. *Gmelina arborea.*

कार्ष्मर्यमय Adj. (f. ई) *aus dem Holz der Gm. arb. bestehend.*

*कार्ष्य m. 1) *Shorea robusta.* — 2) *Artocarpus Locucha.* — 3) *Gelbwurz.*

*कार्ष्यवण n. *ein Wald von Shorea robusta.*

1. काल 1) Adj. (f. ई) *blauschwarz, schwarz.* — 2) m. *a) das Schwarze im Auge.* — *b) *der indische Kuckuck.* — *c) Coluber Naga.* — *d) *Cassia Sophora.* — *e) *ein best. Strauch* (रक्तचित्रक). — *f) *das Harz der Shorea robusta.* — *g) der Planet Saturn.* — *h)* Bein. Rudra-Çiva's. — *i)* mystische Bez. *des Lautes* म. — *k)* N. pr. α) verschiener Männer, insbes. Fürsten. — β) eines zukünftigen Buddha. — γ) eines Daitja. — δ) eines Rakshas. — ε) *eines Schlangendämons. — ζ) eines Berges. Kâraṇḍ. 91,13. — η) *eines best. Schatzes bei den Ǵaina. — 3) f. आ *a)* wohl *Ipomoea atropurpurea.* — *b) *Indigofera tinctoria.* — *c) *Piper longum.* — *d) *Nigella indica.* — *e) *Rubia Munjista.* — *f) *Physalis flexuosa.* — *g) *Bignonia suaveolens.* — *h) eine best.* Çakti Hemâdri 1,611,5. — *i)* *Bein. der Durgâ. — *k)* N. pr. einer Tochter Daksha's. — 4) f. ई *a) *schwarze Farbe, Tinte.* — *b) *Anschwärzung, üble Nachrede.* — *c) *Nacht.* — *d) *eine schwarz aufziehende Wolkenmasse.* — *e) *ein best. Insect.* — *f) *ein best. Strauch* (कालाञ्जनी). — *g) *Ipomoea Turpethum.* — *h) *Bignonia suaveolens.* — *i) *eine best. Lehmart.* — *k) eine der sieben Zungen* Agni's. — *l) ein best. Theilchen der* Prakṛti. — *m)* eine Form der Durgâ. — *n)* Name der Dâkshâjaṇî auf dem Berge Kâlaṅǵara. — *o)* Bein. der Satjavatî. — *p)* N. pr. α) der Gattin Bhîmasena's. — β) *einer der göttlichen Mütter. — γ) *einer Vidjâdevî. — δ) einer Unholdin. — ε) eines Flusses. — 5) *n. *a) eine Art Sandelholz.* — *b) ein best. wohlriechender Stoff.* — *c) Eisen.*

2. कालै m. (adj. Comp. f. आ Ṛv. Prât. 2,1) 1) *ein bestimmter* oder *richtiger Zeitpunct, die zu Etwas* (Gen., Dat., Loc., Inf., im Comp. vorangehend oder *Potent. mit यद्) *bestimmte* oder *geeignete Zeit; Zeit überh.* परः कालः *die höchste Zeit,* mit Infin. 77,28. — *a)* कालं कर् *eine best. Z. für Etwas* (Loc.) *festsetzen;* vgl. auch u. 12). — *b)* कालमासाद्य *je nach den Zeitverhältnissen, mit Rücksicht auf die Zeitumstände.* कालमासाद्य कं चन *nach einer Weile.* — *c)* महान्तं कालम् *eine lange Z. hindurch.* — *d)* कालेन *im Verlauf der Z., mit der Z.; zu einer bestimmten Z.* Spr. 1700. fg. 2857. 6900. गच्छता *im Verlauf der Z.* Chr. 107,23. दीर्घेण *eine lange Z. hindurch, nach langer Z.* महता (41, 41. 52,1) oder बहुना *nach Verlauf einer langen Z.* केन चित् *nach einiger Z.* तेन *zu dieser Z.* 76,32. — *e)* कालात् und कालतस् *im Verlauf der Z., mit der Z.* कालतस् *der Z. nach* Âpast. — *f)* दीर्घस्य oder महतः कालस्य *nach langer Z.* कस्य चित् *nach einiger Z.* — *g)* काले *zur rechten Z., zur bestimmten Z., zu gelegener Z.; mit der Z.,* so v. a. *allmählich* Spr. 5168. स्व° *zu seiner Z.* प्राप्ते *wenn die Z. gekommen ist.* गच्छति *im Verlauf d. Z.* याते *nach Verlauf einiger Z.* कस्मिंश्चित् *eines Tages* Chr. 41,19. काले काले *immer zu seiner Z.* 37, 26. 92,15. प्राप्तेषु कालेषु *wenn die Z. da ist,* so v. a. *wenn Noth am Manne ist* Spr. 7651. — *h)* काल° *zu rechter Z.; mit der Zeit, allmählich.* — 2) *Zeit,* so v. a. *Gelegenheit, Fall.* — 3) *Jahreszeit* 84,5. 93, 15. 171,9. — 4) *Essenszeit* (deren zwei am Tage). उभौ कालौ so v. a. *Morgens und Abends* MBh. 1,119, 33. षष्ठे काले *am Abend des dritten Tages* Chr. 107,27. पञ्चशते काले so v. a. *nach 250 Tagen* 52,5. — 5) *Stunde.* षष्ठे काले ऽह्नः so v. a. *um Mittagszeit.* — 6) *Zeit* —, *Weltalter.* — 7) *Zeitrechnung, Aera.* शक° 218,18. शाक° Weber, Ǵjot. 101,3. — 8) *Zeitmaass, Prosodie.* — 9) *Endpunct.* कालं गच्छति *er kommt zum Schluss* (beim coitus) Ḱhând. Up. 2,13, 1 (पारं गच्छति तन्निधनम् ist Glosse). — 10) *der natürliche, durch's Alter kommende Tod.* — 11) *die Alles beherrschende und von Niemanden abhängige Zeit, Weltordnung, Schicksal.* — 12) *die Alles vernichtende Zeit, der Tod.* कालम् आ-इ oder कर् (Lalit. 112,5. 10) *sterben.* Oefters in Verbindung mit अन्तक und मृत्यु *Tod.* Personificirt mit den Attributen Jama's und bisweilen mit diesem identificirt. Erscheint als Devarshi an Indra's Hofe, als Sohn Dhruva's, *des Polarsterns,* und *im Gefolge des Sonnengottes. — 13) *Abtheilung, Abschnitt* VS. Prât. 3,3. 4. — 14) in den Verbindungen पद°, क्रम°, संहिता° so v. a. पाठ.

1. कालक 1) Adj. *a) blauschwarz, schwarz* Lalit. 320,6. 321,13. — *b)* wohl **mit Sommersprossen versehen* Mahâbh. 6,58,*b*. — 2) m. *a) Leberfleck am Körper, Sommersprosse.* — *b) das Schwarze im Auge.* — *c) *eine Schlangenart.* — *d) eine Getraideart.* — *e)* in der Algebra *die zweite unbekannte Grösse* Bîǵag. 12,21. 22. — *f)* N. pr. α) Pl. eines Volkes Varâh. Bṛh. S. 14,19. — β) Pl. einer Dynastie VP.[2] 4,184. — γ) eines Rakshas. — δ) eines Asura. — 3) f. कौलका *a) ein best. Vogel.* — *b)* N. pr. einer Unholdin VP. 1,21,7. — 4) f. कालिका *a)*

*Schwärze, schwarze Farbe. — b) *Schwärze, Tinte. — c) schwarzer Fleck, Rost. — d) Leber Mit. 3,31,a,11. — e) ein best. Blutgefäss im Ohr. — f) *die Haarreihe von den Schamtheilen bis zum Nabel. — g) eine dunkle Wolkenmasse R. 2,41,12. — h) *Nebel. — i) *Schnee. — k) *das Weibchen des Vogels Aṅgâraka, *Krähe, * = श्यामा. — l) *Scorpion. — m) *ein best. in Milch lebendes Insect. — n) eine best. Arzeneipflanze; *Valeriana Jatamansi, *eine Art Terminalia, *eine Ranke von Trichosanthes dioeca. — o) *alaunhaltiger Thon. — p) ein vierjähriges Mädchen, welches bei der Durgâ-Feier diese Göttin vertritt. — q) Bein. der Durgâ. — r) N. pr. α) eines nicht näher zu bestimmenden göttlichen Wesens MBh. 2,11,40. Hariv. 9532. — β) einer der Mütter im Gefolge Skanda's. — γ) einer Vidjâdharî. — δ) *einer Kiṁnarî. — ε) *einer Joginî. — ζ) *eines göttlichen Wesens im Gefolge des 4ten Arhant's bei den Ǵaina. — η) eines Flusses. — 5) n. a) Wurmstich im Holze. — b) *Leber. — c) eine best. Gemüsepflanze.

2. कालक 1) Adj. (f. कालिका) mit वृद्धि monatlicher Zins Jolly, Schuld. 297. — 2) *f. कालिका Wechsel der Gesichtsfarbe.

*कालकचु f. Arum Colocasia.

कालकञ्ज m. N. pr. 1) Pl. eines Asura-Geschlechts Kaush. Up. 3,1 (Varianten: °कञ्च्य, काञ्च्य, °खञ्ज). Einige davon erstiegen den Himmel und glänzen dort als Sterne. — 2) eines Asura.

कालकञ्च्य s. कालकञ्ज 1).

कालकटङ्कट m. Bein. Çiva's.

कालकणी f. eine Art Râkshasî.

*कालकण्ठक m. eine Hühnerart.

कालकण्ठ m. 1) *Pfau. — 2) *eine andere Hühnerart. — 3) *Bachstelze. — 4) *Sperling. — 5) * = पीतशाल oder पीतसार. — 6) Bein. Çiva's. — 7) N. pr. eines Wesens im Gefolge Skanda's.

कालकण्ठक m. 1) Sperling Bhâvapr. 2,8,7. — 2) *eine Hühnerart.

*कालकन्दक m. Wasserschlange.

*कालकर्णिका f. Unglück.

कालकर्णी f. 1) dass. — 2) Bein. der Lakshmî Ind. St. 9,103. — 3) N. pr. einer Joginî Hemâdri 2,a,99,1. 2.

कालकर्मन् n. Tod.

कालकलना f. das Sterben Ânandal. 29.

*कालकलाय m. Phaseolus Max.

*कालकवन m. N. pr. eines Berges.

कालकवि m. Bein. Agni's Hemâdri 1,180,12.

कालकवृत्तीय m. N. pr. eines Ṛshi. Vgl. कालवृत्तीय.

*कालकस्तूरी f. Hibiscus Abelmoschus.

कालकाक्रन्द m. Name zweier Sâman.

कालकात m. N. pr. 1) eines Asura. — 2) eines Wesens im Gefolge Skanda's.

कालकाङ्क्षिन् Adj. auf den richtigen Zeitpunct wartend R. 5,53,27. Spr. 5658. den r. Z. ungeduldig erwartend 1707.

कालकाञ्ज m. Pl. = कालकञ्ज 1) Maitr. S. 1,6,9.

कालकाञ्च्य s. कालकञ्ज 1).

कालकार Ad. die Zeit machend, — hervorbringend.

कालकारणिक Adj. der die Zeit für den Grund aller Erscheinungen hält.

कालकारित Adj. temporär, vorübergehend M. 8,348.

*कालकीट Adj. von कलकीट.

कालकीर्ति m. N. pr. eines Fürsten.

*कालकील m. verworrenes Geräusch.

*कालकुञ्ज (!) m. Bein. Vishṇu's.

*कालकुण्ठ m. Bein. Jama's.

*कालकुष्ठ n. eine best. Erdart Râǵan. 13,143.

*कालकूचिका f. Speichel Gal. Vgl. कफकूर्चिका.

*कालकूची f. Buhldirne.

कालकूट 1) m. (*n.) a) ein best. in einer Knolle enthaltenes Gift. — b) ein bei der Quirlung des Oceans zu Tage gefördertes Gift. — c) Gift überh. — 2) m. a) N. pr. α) Pl. eines Volkes. — β) eines Landes. — b) *Bein. Jama's.

कालकूटक 1) = कालकूट 1) a). — 2) *m. eine best. giftige Pflanze.

*कालकूटटङ्कट fehlerhaft für कालकटङ्कट.

कालकूटपति m. N. pr. eines Vidjâdhara.

*कालकूटि m. ein Fürst der Kalakûṭa.

कालकूटीय n. die Geschichte von Çiva mit dem Gifte Kâlakûṭa Bâlar. 29,15.

*कालकृत् m. Bein. der Sonne.

कालकृत 1) Adj. a) durch die Zeit hervorgerufen. — b) nur auf eine best. Zeit Geltung habend, temporär, vorübergehend 213,28. Jâǵn. 2,58. — 2) *m. a) Sonne. — b) Zeit.

कालकृप्ति f. Zeitbestimmung, — berechnung Sûrjad. in der Vorrede zu Ârjabh. VII,16.

कालकेन्द्र m. N. pr. eines Fürsten der Dânava.

कालकेय m. N. pr. a) Pl. eines Dânava-Geschlechts. Auch गणाः °याः. — 2) eines Asura.

कालकेयान्तक m. Bein. Arǵuna's Dh. V. 22,11.

*कालकेशी f. Indigofera tinctoria Nigh. Pr.

कालकोटि f. N. pr. einer Oertlichkeit.

कालकौमुदी f. Titel eines Werkes.

कालक्रम m. Lauf der Zeit. °क्रमेण (Spr. 1689) und °क्रमात् im Lauf der Zeit. तावत्कालक्रमासह so v. a. nicht vermögend sich so lange zu gedulden.

कालक्रिया f. 1) Zeitbestimmung, — berechnung Ârjabh. 1,1. °पाद m. Titel des 3ten Kapitels. — 2) Tod.

कालक्लीतक m. die Indigopflanze Çâṅkh. Gṛhj. 1,23.

कालक्षपण n. Zeitvertreib Comm. zu VP. 2,13,45.

कालक्षेप m. das Verstreichenlassen —, Hinbringen der Zeit, Zeitverlust Comm. zu Njâjam. 9, 2,18. °क्षेपाय um Zeit zu gewinnen Chr. 131,22. °क्षेपं कर् die Zeit unnütz verstreichen lassen Spr. 1690. zögern, säumen; mit Loc.

कालखञ्ज 1) m. Pl. = कालकञ्ज 1). — 2) *n. Leber.

*कालखञ्जन und कालखण्ड (Bâlar. 55,6) n. Leber.

कालखण्डनविचार m. Titel eines Werkes.

*कालखण्डकृन् (!) m. Bein. Arǵuna's Gal.

कालगङ्गा f. N. pr. eines Flusses in Ceylon.

कालगण्डिका f. N. pr. eines Flusses.

कालगत Adj. verstorben Lalit. 112,5. 229,9. 525,3.

*कालगन्ध m. Wasserschlange.

कालगुप्त m. N. pr. eines Vaiçja Daçak. 9,24.

*कालग्रन्थि m. Jahr.

कालघट m. N. pr. eines Brahmanen.

कालघण्टयोग m. ein best. astrol. Joga.

कालघातिन् Adj. allmählich tödtend.

कालङ्कत m. Cassia Sophora Karaka 3,8.

कालचक्र 1) n. die Zeit als ein beständig sich drehendes Rad. — 2) m. n. eine best. mythische Waffe. — 3) m. Bein. der Sonne. — 4) n. Titel eines buddh. Tantra.

कालचक्रजातक n., °चक्रप्रकाश m. und कालचन्द्रकथन n. Titel von Werken.

कालचरित n. das Verfahren —, die Macht der Zeit.

कालजित् m. N. pr. einer Persönlichkeit.

कालजिह्व m. N. pr. eines Jaksha.

कालजोषक m. Pl. N. pr. eines Volkes.

कालज्ञ 1) Adj. die bestimmten Zeiten kennend. — 2) *m. a) Astrolog. — b) Hahn.

कालज्ञान n. 1) Kenntniss der Zeit, — Zeitrechnung 102,3. — 2) Titel verschiedener Werke.

कालज्ञानिन् Adj. die Zeiten kennend.

कालञ्जर 1) m. a) N. pr. α) eines für heilig gehaltenen Gebirgszuges. — β) *Pl. eines Grenzvolkes. — b) *Versammlungsort religiöser Bettler. — c) *Bein. Çiva's. — 2) *f. आ und ई Bein. der Durgâ.

*कालञ्जरक Adj. von कालञ्जर.

*कालञ्जरपति m. Bein. Çiva's Gal.

कालटि m. N. pr. eines Agrahâra.

कालतत्त्वविवेचन n. und °तत्त्वार्णव m. Titel von Werken.

कालतन्त्रकवि m. *Astrolog* Ind. St. 15,284.

*कालतर = कालो ऽतिशेते कालीम्.

कालतरंग m. Titel des 1ten Theils im Smṛtjarthasâgara.

1. कालता f. *Schwärze* Spr. 2606.

2. कालता f. *Zeitgemässheit.*

*कालताल m. *Xanthochymus pictorius* Râǵan. 3,99.

कालतिन्दुक m. *eine Art Ebenholz* Bhâvapr. 1, 243; vgl. Mat. med. 198.

कालतीर्थ n. N. pr. eines Tîrtha.

कालतोयक m. Pl. N. pr. eines Volkes MBh. 6, 9,47.

कालद m. Pl. N. pr. eines Volkes MBh. 6,9,63. कालव v. l.

कालदण्ड m. *Todesstab, die Keule des Todesgottes* 49,22. 148,7. R. 1,56,2. 3,35,43.

कालदन्तक m. N. pr. eines Schlangendämons.

*कालदमनी f. Bein. der Durgâ.

*कालदास = तिलित्थ H. an. 3,181.

कालदिवाकर m. Titel eines Werkes.

कालदूत m. *Todesbote* Hemâdri 1,765,14.16. *ein Vorbote des Todes* Kâd. II,74,5.

कालदेशविभाग m. *die Verschiedenheit von Zeit und Ort* Suçr. 1,194,10.

कालधर्म und °न् m. *das Gesetz der Zeit*, euphem. so v. a. *der unvermeidliche Tod.*

कालधारणा f. *Pause* ṚV. Prât. 11,16.

*कालनक Adj. von कलन.

1. कालनर m. = कालपुरुष 1).

2. कालनर m. N. pr. eines Sohnes des Sabhânara.

कालनाथ m. Bein. Çiva's.

कालनाभ m. N. pr. eines Asura.

कालनिधि m. Bein. Çiva's.

कालनियम m. *Beschränkung der Zeit*, so v. a. *Bestimmung des Wann* MBh. 1,170,17. *B. des Wie lange* Çâṅkh. Gṛhj. 2,11. *B. des Bis wann, Frist* Spr. 7644.

*कालनियोग m. *Geheiss der Zeit, Schicksal.*

कालनिर्णय m. Titel eines Werkes. °चन्द्रिका f., °दीपिका f., °प्रकाश m., °सिद्धान्त m. (Bühler, Rep. No. 344) und °निर्णयावबोध m. desgl.

*कालनिर्यास m. *das Harz der Amyris Agallocha.*

कालनेत्र Adj. (f. आ) *schwarzäugig.*

कालनेमि m. N. pr. 1) eines von Kṛshṇa erschlagenen Asura. — 2) eines Raksh[?] — 3) eines Brahmanen.

कालनेमिन् 1) Adj. *mit den Radfelgen des Todesgottes bewaffnet* Hariv. 2640. — 2) m. = कालनेमि 1).

*कालनेमिरिपु, *°नेमिहन्, *°नेमिहर und *°नेम्यरि m. Beinamen Kṛshṇa's.

कालपक्व Adj. *durch die Zeit —, von selbst reif geworden.*

*कालपत्त्री f. = तालीशपत्त्र Nigh. Pr.

कालपथ m. N. pr. eines Sohnes des Viçvâmitra.

कालपरिपाक m. *Wandel der Zeiten* Bâlar. 107,2.

*कालपर्ण 1) m. *Tabernaemontana coronaria.* — 2) f. ई a) *eine dunkle Ipomoea* Nigh. Pr. — b) Bein. der Nirṛti.

*कालपर्णिका f. = कालपर्ण 2) a) Nigh. Pr.

कालपर्यय m. *Verlauf der Zeit.* °यात् und कस्माच्चित् °यात् *nach V. einer bestimmten Z.* °ये *im Laufe der Z.* Hemâdri 1,701,16. व्यतीतः °ये so v. a. *der den rechten Zeitpunct hat verstreichen lassen* R. ed. Bomb. 4,31,8.

कालपर्याय m. dass. °येण *nach Verlauf einer bestimmten Z.* LA. 17,11.

कालपर्वत m. N. pr. eines *Berges.*

*कालपात्रिक m. *eine Art Bettler* (buddh.).

*कालपालक n. *eine best. Erdart* Râǵan. 13,143.

कालपाश m. *die Schlinge des Todesgottes* Kâd. II,74,7. °परीत Adj. *dem Tode verfallen* Karaka 5,11.

कालपाशिक m. *Henker.*

*कालपीलुक m. *eine Art Ebenholz.*

कालपुच्छ und °क m. 1) *ein best. in feuchter Erde lebendes Thier* Karaka 6,3.4. — 2) **eine Sperlingsart* Nigh. Pr.

कालपुरुष m. 1) *die personificirte Zeit.* — 2) *ein Scherge des Todesgottes* Kâd. II,74,2. 127,8.

*कालपुष्प n. = कलाय 1) b).

कालपूग m. *eine geraume Zeit.* °गस्य महतः *nach einer sehr langen Z.*

*कालपृष्ठ 1) m. a) *eine Antilopenart.* — b) *Reiher.* — 2) n. a) Karṇa's *Bogen.* — b) *Bogen.*

*कालपेशिका f. *Rubia Munjista* Nigh. Pr.

*कालपेशी f. *eine best. Pflanze* (श्यामा) Ratnam. 27.

कालप्रबोधिन् Adj. *zur rechten Zeit erweckend.* °नी विद्या *ein best. Zauberspruch.*

*कालप्रभात n. *Herbst.*

कालप्रभु m. *Herr der Zeiten*, Bez. *des Mondes* Kâd. II,142,3.

कालप्राप्त Adj. *was mit der Zeit kommt, was die Z. bringt* 186,26.

कालप्रिय N. pr. eines der Sonne geheiligten Ortes.

*कालप्रियकरी f. *eine best. Pflanze* Gal.

कालप्रियनाथ m. Name eines Liṅga in Uǵǵajinî.

कालबव m. N. eines Mannes; Pl. *sein Geschlecht* Âçv. Çr. 12,14,2 (nach dem Comm. zwei Namen) Auch Patron.

कालबविन् m. Pl. *die Schule des* Kâlabava.

*कालबीजक m. *eine Diospyro.* Râǵan. 11,89.

कालभद्र m. Bein. Çiva's.

कालभाग m. *Zeittheil.*

*कालभाण्डिका f. *Rubia Munjista* Râǵan. 6,194.

*कालभृत् m. *die Sonne.*

कालभैरव m. *eine Form* Bhairava's.

कालभोगिन् m. *Coluber Naga* Daçak. 12,9.

कालमयूख m. Titel eines Abschnittes in Bhâskara's Werke.

*कालमल्लिका f. *ein Ocimum* Râǵan. 10,162.

कालमसी f. N. pr. eines Flusses.

कालमाधव m. Titel eines Gesetzbuchs. °कारिका f. Titel einer Kârikâ dazu.

कालमाधवीय n. Titel eines Werkes.

*कालमान m. = कालमाल.

कालमार्तण्ड m. Titel eines Werkes.

कालमाल und °क m. *Ocimum sanctum* Karaka 3,8 (°साल gedr.). 7 (einmal °मालक).

कालमुख 1) Adj. *ein schwarzes Gesicht habend* Ind. St. 13,489. — 2) m. a) *eine Affenart.* — b) Pl. N. pr. eines fabelhaften Volkes. — 3) *f. आ N. pr.

*कालमुष्कक m. *Schrebera Swietenioides.*

*कालमूल m. *eine Plumbago* Râǵan. 6,47.

कालमेघ m. 1) *eine schwarze Wolke* Kâd. 129,19. — 2) N. pr. eines Elephanten.

*कालमेषिका f. 1) *Rubia Munjista.* — 2) wohl *Ipomoea atropurpurea.*

*कालमेषी f. 1) und 2) = कालमेषिका 1) und 2). — 3) *Vernonia anthelminthica.*

कालमेह m. *eine best. Harnruhr* Karaka 2,4. °मेहिन् Adj. *daran leidend* ebend.

*कालमेषिका f. *Vernonia anthelminthica* Gal.

कालम्ब्य m. Name eines Karavanserais.

*कालय्, °यति (कालोपदेशे). Vgl. 3. कल्.

कालयवन m. N. pr. 1) eines Fürsten der Javana. — 2) eines Dvipa Daçak. 9,23.

कालयाप m. (Spr. 466) und °न n. (Spr. 1691. 6815) *das Verstreichenlassen der Zeit, Säumen, Zögern.*

कालयुक्त m. *das 52te Jahr im 60jährigen Jupitercyclus.*

कालयोग m. *Fügung der Zeit, — des Schicksals, Zeitumstände, — verhältnisse.*

कालयोगिन् Adj. als Beiw. Çiva's.

कालरात्रि und °त्री f. 1) *die Schreckensnacht am*

Ende der Welt. Häufig personificirt und mit Durgâ identificirt oder als eine ihrer Çakti betrachtet. °चण्डिका. — 2) die Schreckensnacht eines Individuums, der bevorstehende Todestag Pańkad. — 3) *die 7te Nacht im 7ten Monat des 77ten Lebensjahres. — 4) N. pr. einer zauberkundigen Brahmanin.

कालरुद्र m. = कालाग्निरुद्र 1).

कालरूपिन् Adj. als Beiw. Çiva's.

*कालल Adj. von काल.

*काललवण n. eine Art Salz.

काललोचन m. N. pr. eines Daitja.

काललोह (Daçak. 41,17) und *°लौह n. Eisen oder Stahl.

कालव 1) m. Pl. N. pr. eines Volkes. कालद v. l. — 2) *f. आ ein geistiges Getränk Gal.

1. कालवदन n. Titel eines Çâstra.

2. कालवदन m. N. pr. eines Daitja.

कालवत् 1) Adj. mit der Zeit in Verbindung stehend. आशा °वती eine Hoffnung auf die Zukunft. — 2) f. °वती N. pr. einer Tochter Kâlaǵihva's.

कालवराटक m. N. pr. eines Mannes.

*कालवर्णी f. böses Geschick Gal.

*कालवलन n. fehlerhaft für कायवलन.

*कालवल्लर m. eine Art Waffe Gal.

1. *कालवाल Adj. mit schwarzen Schweifhaaren Çânt. 4,4. Chr. 54,20.

2. *कालवाल und *°वालुक n. eine best. Erdart Nigh. Pr. Vgl. कालपालक.

*कालवाहन m. Büffel Nigh. Pr.

कालविद् Adj. die Zeiten kennend R. 4,32,13.

कालविद्या f. die Kenntniss der Zeitrechnung, — des Kalenders.

कालविद्वंस् m. ein Kenner der Zeitrechnung, Kalendermacher.

कालविधान n. Titel eines Werkes.

कालविधृति f. Zeitunterschied, — verfluss Bhâvapr. 2,65.

कालविध्वंसन m. eine best. Mixtur.

कालविपर्यय m. Ungunst der Zeit Jolly, Schuld. 314.

कालविभक्ति f. Zeittheil, — abschnitt M. 1,24.

कालविभाग m. 1) dass. MBh. 4,52,2. P. 3,3,137. — 2) richtige Unterscheidung der Zeiten Gal. Vgl. कालदेशविभाग.

*कालविरोधिन् Adj. nicht al tempo (Gesang) Gal.

कालविवेक m. Titel eines Werkes.

कालविष n. wohl das Gift des Coluber Naga MBh. 3,141,14.

*कालवृन्त m. = कालवृन्त 1).

कालवृन्तीय m. N. pr. eines Rshi. Vgl. कालकवृन्तीय.

कालवृद्धि f. ein best. verbotener Zins Gaut.

*कालवृन्त 1) m. Dolichos biflorus. — 2) f. ई Bignonia suaveolens.

*कालवृन्तिका f. = कालवृन्त 2) Nigh. Pr.

कालवेग m. N. pr. eines Schlangendämons.

कालवेय m. Pl. N. pr. einer Schule.

कालवेला f. diejenigen Stunden am Tage, welche sich zu keiner heiligen Handlung eignen.

कालवेषिन् Adj. sich nach den Zeitumständen richtend Lalit. 184,7. 18.

कालव्यतीत Adj. wofür die richtige Zeit verpasst worden ist Spr. 5657.

कालव्यापिन् Adj. ewig dauernd.

कालव्रत n. eine best. Begehung.

कालशक्ति f. die Çakti der Alles zerstörenden Zeit Ind. St. 14,140.

कालशम्बर m. N. pr. eines Dânava.

कालशाक n. 1) Ocimum sanctum Gaut. — 2) Corchorus capsularis, Jute Mat. med. 302.

*कालशालि m. eine schwarze Reisart Râǵan. 16,13.

कालशिबि m. N. pr. eines Mannes.

*कालशेय n. Buttermilch.

कालशैल m. N. pr. eines Berges.

कालसंरोध m. langwieriges Verbleiben (eines Gegenstandes bei Jmd).

कालसंहिता f. Titel eines astronom. Werkes.

कालसंकर्षा f. ein neunjähriges, noch nicht menstruirendes Mädchen, welches bei der Durgâ-Feier diese Göttin vertritt.

कालसंकर्षिन् Adj. die Zeit verkürzend. °षी विद्या ein best. Zauberspruch.

कालसंख्या f. Zeitberechnung, — bestimmung Pańkat. 242,19.

कालसंग्रह m. Termin R. 4,31,8.

कालसमन्वित Adj. verstorben R. 2,65,16.

कालसमायुक्त Adj. dass. R. 6,93,23.

कालसर्प m. Coluber Naga.

कालसह Adj. in अ°.

कालसार 1) Adj. einen schwarzen Augenstern habend Naish. 6,19. — 2) m. a) die schwarze Antilope Naish. 6,19. — b) eine Art Sandelholz Bhâvapr. 1,184.

कालसाह्वय Adj. mit निरय eine best. Hölle, = कालसूत्र.

कालसिद्धान्त m. Titel eines Werkes.

कालसूकरिका f. ein Frauenname.

कालसूक्त n. eine best. Hymne Hemâdri 1,300,5.

कालसूत्र 1) n. die Angelschnur des Todesgottes MBh. 3,157,45. — 2) m. n. eine best. Hölle VP. 2,6,4. Kârand. 18,12. 37,1. 66,16.

कालसूत्रक = कालसूत्र 2).

कालसूर्य m. die Sonne beim Weltuntergange.

कालसेन m. N. pr. eines Mannes Ind. St. 14,100.

कालस्कन्ध m. 1) Diospyros embryopteris. — 2) *Xanthochymus pictorius. — 3) *Ficus glomerata. — 4) *ein der Acacia Catechu verwandter Baum. — 5) * = जीवक (eine best. Pflanze).

*कालस्कन्धिन् m. Ficus glomerata Gal.

कालहरण n. Zeitverlust.

कालहस्तिपुर n. N. pr. einer Stadt.

कालहस्तिशैल n. N. pr. eines Tîrtha.

कालहस्तीशविलास m. Titel eines Werkes.

कालहस्तीश्वर n. N. pr. eines Tîrtha.

कालहार m. 1) Zeitverlust. — 2) Zeitgewinn.

कालहेमाद्रि m. Titel eines Gesetzbuchs.

कालांश m. Zeittheil.

कालाकाङ्क्षिन् Adj. die Zeit ruhig erwartend.

कालाकालचक्र n. ein best. mystischer Kreis.

*कालान्तरिक m. Anfänger, Schüler.

कालागुरु m. (*n.) eine schwarze Art Agallochum Spr. 7733.

कालाग्नि m. das Feuer der Alles zerstörenden Zeit, — des allgemeinen Todes. Auch personificirt.

कालाग्निभैरव und °तन्त्र n. Titel eines Tantra.

कालाग्निरुद्र m. 1) Rudra als das Feuer des allgemeinen Todes. — 2) eine best. Mixtur aus Eisen, Quecksilber u. s. w. Mat. med. 53.

कालाग्निरुद्रतीर्थ n. N. pr. eines Tîrtha.

कालाग्निरुद्रोपनिषद् f. Titel verschiedener Upanishad.

कालाङ्ग Adj. schwarz, dunkelfarbig (Schwert).

*कालाजाजी f. eine Kümmelart Râǵan. 6,61.

कालाजिन m. Pl. N. pr. eines Volkes.

कालाञ्जन n. schwarze Salbe.

*कालाञ्जनी f. eine best. Pflanze Râǵan. 4,189.

कालाण्डज m. der indische Kuckuck.

कालातिक्रमण n. das Verstreichen des richtigen Zeitpunctes für (Gen.) Spr. 1697.

कालातिपात m. Verzögerung Kâd. II,9,4. Prasannar. 66,5.

कालातीत Adj. verstrichen, zu spät kommend, nicht mehr zeitgemäss MBh. 12,138,60. R. 4,28,16.

कालात्मक Adj. von der Zeit —, vom Schicksal abhängig.

कालात्यय m. das Verstreichen einer bestimmten Zeit.

कालात्ययापदिष्ट Adj. verfallen, ungültig geworden Comm. zu Njâjam. 1,3,5. Nom. abstr. °त्व n.

zu 6. 18. 24.

कालात्ययोपदिष्ट fehlerhaft für कालात्ययापदिष्ट.

कालादर्श m. Titel eines Werkes.

*कालादिक m. *der Monat* Kaitra Râgan. 21,57.

कालाध्यक्ष m. *Leiter der Zeit* (die Sonne).

कालानयन n. *Zeitberechnung.*

कालानर m. N. pr. eines Sohnes des Sabhânara.

कालानल m. 1) = कालाग्नि. — 2) N. pr. = कालानर und auch eines andern Mannes.

कालानलरस m. *ein best. medic. Präparat* Mat. med. 279.

*कालानुनादिन् m. fehlerhaft für कला°.

कालानुपूर्व scheinbar Adj. Gjot. in der Vorrede zu Ârjabh. IX,9. Zu lesen ist °पूर्व्या Instr.

*कालानुसारक n. 1) *ein aus der Tabernaemontana coronaria gewonnenes Pulver.* — b) *eine Art Sandel.*

*कालानुसारि m. *Benzoeharz.*

कालानुसारिन् 1) Adj. *sich nach der Zeit richtend, von ihr abhängig* Nilak. zu MBh. 13,1,52. — 2) m. und f. °णी (Karaka 6,24) *Benzoeharz.*

कालानुसारिवा f. 1) *Benzoeharz.* — 2) *Villarsia cristata* Mat. med. 302.

कालानुसार्य 1) (*m.) f. श्रा und (*n.) *Benzoeharz.* — 2) *m. n. *ein best. wohlriechendes Holz.* — 3) *m. n. *Dalbergia Sissoo.* — 4) *n. = कालानुसारक 1).

*कालानुसार्यक n. *Benzoeharz.*

कालान्तक m. *die Zeit als Todesgott.*

कालान्तकयम und कालान्तयम m. *die alles zerstörende Zeit in der Gestalt von* Jama.

कालान्तर n. 1) *zeitlicher Zwischenraum, Verlauf einer bestimmten Zeit.* Instr. (41,27) und Abl. (Spr. 2997) *nach Verlauf einiger Zeit.* °क्षम *einen Aufschub vertragend.* — 2) *ein günstiger Augenblick* Spr. 6345.

कालान्ध Adj. *durch den bevorstehenden Tod geblendet* Karaka 5,11.

कालाप m. 1) N. pr. eines Lehrers. — 2) Pl. *die Schule des* Kalâpin. — 3) **die Haube der Brillenschlange.* — 4) **ein* Rakshas. — 5) **Kenner oder Anhänger der* Kalâpa-*Grammatik.* — कालापाः Çântiç. 1,27 fehlerhaft für कलापाः; vgl. Spr. 2000.

कालापक n. 1) *die Schule des* Kalâpin Cit. in der Kâç. zu P. 4,3,104. — 2) *die* Veda-*Recension dieser Schule.* — 3) Titel einer Grammatik. — 4) fehlerhaft für 1. कलापक 2) *a).*

कालापनयन n. *Zeitvertreib* Ind. St. 15,235.

कालापहार m. *Aufschub* Râgat. 8,127.

कालाम m. Bein. Ârâḍa's.

कालामुख m. Pl. Name einer Çiva'itischen Secte.

कालाम्रद्वीप N. pr. eines Dvîpa.

*कालाम्ल n. *sauer gewordenes Getränk, Essig* Nigh. Pr.

*कालायन 1) Adj. von कला. — 2) f. ई Bein. der Durgâ.

कालायनि m. N. pr. eines Lehrers.

कालायस 1) n. *Eisen.* — 2) Adj. *eisern.*

कालायसमय Adj. (f. ई) *eisern.*

*कालायसूपिक Adj. von कलायसूप.

कालाल Adj. *schwärzlich.*

कालावर Adj. *der Zeit nach später* Ved. 3,27.

कालावस्था f. Pl. *die verschiedenen Zeiten* Suçr. 1,113,14.

कालाव्यवाय m. *keine Pause* RV. Prât. 2,1.

कालाशोक m. N. pr. eines Fürsten.

*कालासुहृद् m. Bein. Çiva's.

कालाहुति f. *eine Opferspende als Sühnung.*

1. कालिक m. 1) **Ardea jaculator.* — 2) N. pr. *a)* eines Schlangendämons Lalit. 350,19. — *b)* eines Prinzen Pankad. 7.

2. कालिक Adj. (*f. ई) 1) *die Zeit betreffend, mit der Z. in Verbindung stehend, auf d. Z. beruhend.* — 2) *zeitgemäss.* तात्कालिकम् v. l. für तत्का°. — 3) **lange dauernd.* — 4) am Ende eines Comp. *was so lange wie — bestehen wird oder soll.* चन्द्रार्क° Führer, Bgu. 6. Vgl. कालीन.

कालिका s. u. कालक.

कालिकाक्रम m. Titel eines Werkes.

कालिकाख्य Adj. *nach der* Kâlikâ *benannt.* उपपुराण = कालिकापुराण.

कालिकागुरु m. Pl. *eine best. Klasse von Verfassern mystischer Gebete.*

कालिकाग्रन्थ m. Titel eines Werkes.

कालिकाचार्य m. N. pr. eines Mannes Ind. St. 15,281. °कथा f. Titel einer *Erzählung.*

कालिकातन्त्र n. Titel eines Tantra.

कालिकापुराण n. Titel eines Purâṇa (Upapurâṇa).

कालिकापूर्व n. = परमापूर्वजनकमपूर्वम् (यथोत्पत्त्यपूर्वाणि) Ns. K. 76. कलिका° v. l.

कालिकामुख m. N. pr. eines Rakshas.

कालिकारहस्य n. Titel eines Werkes.

कालिकार्य m. N. pr. eines Mannes.

कालिकाव्रत n. *eine best. Begehung.*

कालिकाश्रम m. N. pr. einer *Einsiedelei.*

कालिकास्तोत्र n. Titel eines Stotra.

कालिकाह्वय Adj. = कालिकाख्य.

कालिकेय Adj. *zur* Kâlikâ *in Beziehung stehend.*

कालिकोपनिषद् f. Titel einer Upanishad.

कालिङ्ग 1) Adj. *aus dem Lande der* Kaliṅga; m. *ein solcher Mann* 103,30. 105,9. — 2) m. n. *Wrightia antidysenterica* Mat. med. 192. Bhâvapr. 1,173. 206. 3,52. — 3) m. *a) ein Fürst der* Kaliṅga. — *b) das Land der* Kaliṅga. — *c)* Pl. N. pr. eines Volkes, = कलिङ्ग. — *d)* **Elephant.* — *e)* **Schlange.* — *f)* **Beninkasa cerifera.* — *g)* **eine best. giftige Pflanze.* — *h) eine Art Eisen.* — 4) f. ई *a) eine Fürstin der* Kaliṅga. — *b)* **eine Gurkenart.* — *c)* N. pr. eines Flusses. कालिन्दी die richtige Lesart. — 5) n. *Wassermelone.*

कालिङ्गक 1) Adj. = कालिङ्ग 1) 103,20. — 2) m. *a) ein Fürst der* Kaliṅga. — *b) Wrightia antidysenterica* Bhâvapr. 3,114. — 3) *f. °ङ्गिका *Ipomoea Turpethum.*

कालिञ्जर 1) m. N. pr. eines Berges und einer Oertlichkeit. — 2) *f. ई Bein. der Gaurî Gal.

*कालितरा f. = कात्यतिशेते कालम्.

कालिदास m. 1) N. pr. verschiedener Dichter. — 2) Bez. *der Zahl drei.*

*कालिदासक m. = कालिदास 1).

कालिदेव m. N. pr. eines Mannes B.A.J. 9,270.

कालिन् 1) m. N. pr. eines Sohnes des Kaidjoparikara Hariv. 1,32,94. — 2) *f. °नी *das 6te Mondhaus.*

कालिन्द 1) n. *Wassermelone.* — 2) f. ई *a)* **eine Art Gefäss.* — *b)* **eine roth blühende* Trivṛt. — *c)* N. pr. α) einer Tochter des Sonnengottes und Gattin Kṛshṇa's. — β) der Mutter Sagara's. — γ) Patron. der Jamunâ Hariv. 9512. Spr. 7809. Wird auch mit *c) α)* identificirt. — 3) Adj. *von der* Jamunâ *kommend.*

कालिन्दक 1) n. *Wassermelone.* — 2) *f. °न्दिका = कलिन्दिका Gal.

*कालिन्दीकर्षण m. Bein. Balarâma's.

*कालिन्दीपति m. Bein. Kṛshṇa's Gal.

*कालिन्दीभेदन m. Bein. Balarâma's.

कालिन्दीमाहात्म्य n. Titel eines Werkes.

*कालिन्दीसू Bein. 1) m. des Sonnengottes. — 2) f. einer Gattin des Sonnengottes.

*कालिन्दीसोदर m. Bein. Jama's.

कालिमन् m. *Schwärze.*

*कालिंमन्या Adj. f. *für* Kâlî *geltend oder sich für* K. *haltend.*

कालिय m. N. pr. eines Schlangendämons. *°दमन m. Bein. Kṛshṇa's oder Vishṇu's.

*कालियक n. *ein best. wohlriechendes Holz.*

*कालिल Adj. von काल.

*कालिव्य Adj. von कलिव gaṇa प्रगद्यादि in der Kâç. कालिव्य v. l.

कालो Adv. mit कर् *schwarz machen* Kâd. 155, 7. Harshak. 138,14. 141,13.

*कालीक m. *Ardea jaculator.*

कालीकुलसर्वस्व n. Titel eines Werkes.

कालीक्रम m. = कालिकाक्रम.

*कालीची f. Jama's *Gerichtshof.*

कालीतत्त्व n. Titel eines Werkes.

*कालीतनय m. *Büffel.*

कालीतन्त्र n. Titel eines Tantra.

°कालीन Adj. *mit der und der Zeit in Verbindung stehend.* चन्द्रार्कसम° *was so lange wie Mond und Sonne bestehen wird* oder *soll* Führer, Bru. 14. Vgl. कालिक 4).

कालीपुराण n. Titel eines Purâṇa (Upapurâṇa).

कालीमनु m. Pl. Bez. *bestimmter mystischer Gebete.*

कालीमाहात्म्य n. = देवीमाहात्म्य.

कालीमुख m. Pl. N. pr. einer Secte.

कालीय 1) m. = कालिय. *°दमन und *°मर्दन m. Bein. Krshṇa's oder Vishṇu's Gal. — 2) n. *schwarzes Sandelholz.*

कालीयक 1) m. N. pr. eines Schlangendämons. — 2) n. *ein best. wohlriechendes schwarzes Holz* (*schwarzes Sandelholz* oder — *Agallochum*). — 3) *m. n. *Curcuma xanthorrhiza.*

कालीयन्त्र n. *ein best.* Jantra.

कालीरहस्य n. Titel eines Werkes.

कालीविद्या स्वच्छन्दसंग्रह desgl.

कालीविलासतन्त्र n. desgl.

कालीविलासिन् m. *Gatte der Kâlî, eine Form* Çiva's Daçak. 4,9.

कालीश m. desgl.

कालीशंकरी f. Titel eines Werkes.

कालीसमस्तमन्त्र m. *ein best.* Mantra.

कालीसहस्रनामन्, कालीसारतन्त्र und कालीहृदय n. Titel von Werken.

कालुष्य n. *Unreinheit, Trübe* (eig. und übertr.).

*कालूतर und *°क Adj. von कलूतर.

*कालेज Adj. *zur bestimmten Zeit geboren,* — *entstanden.*

1. कालेय 1) m. Pl. N. pr. einer Schule. — 2) n. Name verschiedener Sâman Ârsh. Br.

2. कालेय n. 1) **Leber.* — 2) *ein best. wohlriechendes Holz.* — 3) **Saffran.*

3. कालेय m. N. pr. 1) Pl. eines Geschlechts der Daitja. Auch °यो गणः. — 2) *eines Schlangendämons, = कालिय.

कालेयक 1) (*n.) *ein best. wohlriechendes Holz.* — 2) *m. *Curcuma xanthorrhiza.* — 3) *ein best. Eingeweide.* — 4) *eine best. der Gelbsucht verwandte Krankheit.* — 5) m. *Hund* Harshak. 133,24 (sonst hier कौलेयक).

कालेयकुतूहलप्रहसन n. Titel eines Werkes Bühler, Rep. No. 116.

*कालेयवैरिन् m. *ein Gott* Gal.

कालेश्वर 1) n. Name eines Liṅga. — 2) f. ई *Herrin der Zeit.*

कालेश्वरमाहात्म्य n. Titel eines Werkes.

कालेह्किा f. N. pr. einer der Mütter im Gefolge Skanda's.

कालोत्तर n. Titel eines Werkes Hemâdri 1,251, 3. °शैवशास्त्र n. dass. 384,7.

कालोदक n. N. pr. 1) eines Tîrtha. — 2) eines Meeres.

कालोदय m. *der Eintritt eines best. Zeitpunctes* MBh. 3,183,38.

कालोदायिन् m. N. pr. eines Schülers des Çâkjamuni.

*कालोल m. *Krähe* Nigh. Pr. Vgl. महालोल.

*काल्प und *°क m. *Curcuma Zerumbet.* — Vgl. u. काल्य 3).

काल्पनिक Adj. *was nur in der Einbildung existirt, erdacht, auf einer Fiction beruhend.* Nom. abstr. °त्व n. Çaṁk. zu Bâdar. 2,3,53.

*काल्पसूत्र m. *ein Kenner der* Kalpasûtra.

काल्य 1) *Adj. (f. आ) a) *der Zeit entsprechend, sich in einer best. Periode befindend.* काल्या प्रजने *belegbar* (Kuh). f. काल्या *eine belegbare Kuh.* — b) *angenehm, erfreulich.* — 2) *m. N. pr. eines Mannes. — 3) n. *Tagesanbruch.* Loc. und Acc. *mit Tagesanbruch* (auch neben प्रभाते). R. 1,72,21 liest die ed. Bomb. काल्पम्, was der Comm. mit गोदानम् verbindet und durch प्रातःकालकर्तव्यम् erklärt.

*काल्यक m. = काल्पक.

*काल्याणक n. Nom. abstr. von कल्याण.

*काल्याणिनेय m. Metron. von कल्याणी.

*काल्यायन m. Patron. von कल्य.

काल्युपनिषद् f. Titel einer Upanishad.

काल्वालो Adv. mit कर् wohl *kahl machen* Çat. Br. 2,2,4,3. Im Comm. ist मदन्त्येव zu lesen.

काव n. Name eines Sâman.

*कावचिक n. *eine Anzahl gepanzerter Männer.*

*कावट n. *ein Bezirk von 100* Grâma.

*कावटिका f. *ein Bezirk von 200* Grâma.

कावन्ध Adj. (f. ई) *rumpfartig* Çiç. 19,51.

*कावहक fehlerhaft für काकहक.

कावष n. Name verschiedener Sâman.

कावषेयँ und कौवषेय m. Patron. des Tura. Auch Pl. °गीता f.

*कावार 1) n. *eine Vallisneria.* — 2) f. ई *Regenschirm.*

काविराज् f. *ein best. Metrum.*

*काविल्य Adj. von कविल. v. l. कालिव्य.

*कावृक m. 1) *Hahn.* — 2) *Anas Casarca.* — 3) *Loxia philippensis.*

कावेर 1) *n. *Saffran.* — 2) f. ई a) **Gelbwurz.* — b) **Hure.* — c) N. pr. eines Flusses. Nach der Legende eine Tochter Juvanâçva's und Gattin Ǵahnu's. Vgl. VP.² 2,148, N.

कावेरक 1) m. Patron. des Ragatanâbhi. — 2) f. °रिका = कावेर 2) c).

*कावेरणि gaṇa गर्गादि in der Kâç. Davon *Adj. °णीय ebend.

1. काव्यँ (काविअँ) 1) Adj. *die Eigenschaften eines Weisen habend, von einem W. stammend.* — 2) m. Patron. des Uçanas. Als Stern *der Planet Venus.*

2. कौव्य (कौविअ) 1) Adj. = काव्य 1). — 2) n. *Weisheit, Sehergabe, höhere Erkenntniss, — Kraft und Kunst.* Auch Pl.

3. काव्य 1) Adj. (f. आ) *zu* Uçanas *in Beziehung stehend, von ihm herrührend* MBh. 2,62,4. — 2) m. a) Pl. *eine Klasse von Manen.* — b) *das* (*personificirte*) *poetische Kunstwerk* MBh. 2,11,36. — 3) *f. आ a) *Verstand.* — b) N. pr. einer Unholdin. — 4) n. a) *Gedicht, poetisches Kunstwerk.* — b) *eine Art einactiger Schauspiele.* — c) *eine Art kleinerer Dichtwerke, in denen neben dem Sanskrit auch andere Volksdialecte erscheinen.* — d) *der vorangehende Tetrastich im Metrum* Shaṭpada. — e) **Heil, Wohlfahrt.*

काव्यकर्तर् m. *Dichter.*

काव्यकल्पलता f. Titel eines Werkes Bühler, Rep. No. 708. °वृत्ति f. und °वृत्तिपरिमल m. Titel von Commentaren dazu.

काव्यकामधेनु f. Titel eines Commentars zum Kavikalpadruma.

काव्यगोष्ठी f. *eine Unterhaltung über Poesie* Kâd. 99,8.

काव्यचन्द्रिका f. Titel zweier Werke.

*काव्यचौर m. *der die Gedichte Anderer bestiehlt.*

काव्यजीवन n. Titel eines Werkes.

काव्यता f. und काव्यत्व n. Nom. abstr. zu 3. काव्य 4) a).

काव्यदेवी f. N. pr. einer *Fürstin.* °देवीश्वर m. Name einer von ihr errichteten Statue des Çiva.

काव्यनिर्णय m. Titel eines Werkes Hall in der Einl. zu Daçar. 4.

काव्यप्रकाश m. Titel eines Werkes. °टीका f.,

°दीपिका f., °निदर्शन n. (BÜHLER, Rep. No. 246), °प्रदीप m., °मञ्जरी f., °संकेत m. (Rep. No. 247) und °प्रकाशादर्श m. Titel von Commentaren dazu.

काव्यप्रकाशीय Adj. *zum Kâvjaprakâça gehörig.* °कारिकावली f. Titel eines Werkes.

काव्यप्रदीप m. Titel eines Commentars zum Kâvjaprakâça.

काव्यमीमांसक m. *Poetiker, Rhetoriker.*

काव्यमीमांसा f. 1) *Theorie der Dichtkunst, Poetik.* — 2) Titel eines Werkes.

काव्यरस m. *der Wohlgeschmack der Poesie* 169,30.

काव्यरसिक Adj. *Geschmack für Poesie habend;* m. *Poetiker.*

काव्यराक्षस n. Titel eines *Kunstgedichtes*

काव्यलिङ्ग n. *eine best. Redefigur, in welcher neben einer Behauptung auch die Begründung derselben implicite oder explicite ausgesprochen wird,* Kâvjapr. 10,28.

काव्यविलास m. Titel eines Werkes.

काव्यशास्त्र n. 1) am Anf. eines Comp. *Gedicht und* (*oder*) *Lehrbuch* Spr. 1711. — 2) *Poetik*, Titel eines Werkes.

काव्यसंहार m. *der Segensspruch am Ende eines Schauspiels.*

काव्यसंजीवनी f. und काव्यसारसंग्रह m. Titel von Werken.

काव्यसुधा f. Titel eines Commentars.

काव्यादर्श m. Titel einer *Poetik.* °मार्जन n. Titel eines Commentars dazu.

काव्यामृत m. Titel eines Werkes.

*काव्यायन m. Patron. von काव्य.

काव्यालंकार m. 1) *der Schmuck eines Kunstgedichtes* Verz. d. Oxf. H. 87,a,3. — 2) Titel einer *Poetik* des Vâmana und des Rudraṭa (?Bühler, Rep. No. 248). °सूत्र n. Pl. *die* Sûtra *des* Vâmana, °वृत्ति f. der *Commentar* desselben dazu. °धेनु f. Titel eines Commentars des Gopendra zur Kâvjâlaṁkâravṛtti.

काव्यालोक m. Titel einer *Poetik* Kumârasv. zu Pratâpar. 63,19.

काव्याष्टक n. Titel eines Werkes.

काव्योदय m. desgl.

काश्, काशते (episch auch Act.) und *काश्यते 1) *sichtbar sein, erscheinen.* — 2) *glänzen, leuchten, einen lieblichen Anblick gewähren.* काशित *glänzend, leuchtend.* — Intens. चाकशीति, चाकश्यते 1) *hell leuchten.* — 2) *hell sehen, überblicken.* — Mit अति in अतीकाश. — Mit अनु in अनूकाश fg. — Mit अभि Intens. 1) *beleuchten, bestrahlen.* — 2) *beschauen, erschauen.* — Mit अव *sichtbar sein, zu Tage liegen.* — Caus. अवकाशयति *hinblicken lassen, — heissen.* — Intens. Partic. अवचाकशत् 1) *strahlend.* — 2) *erblickend.* — Mit आ *erschauen, erkennen.* — Mit उद् *aufleuchten, erglänzen.* — Mit नि in निकाश und नीकाश. — Mit संनि Caus. Act. *enthüllen, offenbaren.* — Mit निस् in दन्तनिष्काशित Adj. *die Zähne zeigend.* — Caus. निष्काशयति *hinausweisen, fortjagen* ist vielleicht eben so berechtigt wie निष्कासयति von कस् Caus. mit निस्. — Mit प्र 1) *sichtbar werden, sich zeigen, zum Vorschein kommen, erscheinen, klar —, offenbar werden.* — 2) *erglänzen, glänzen, leuchten.* — Caus. Act. (selten Med.) 1) *sichtbar machen, erscheinen lassen, zeigen, an den Tag legen, enthüllen, bekanntmachen, mittheilen, verkünden, offenbaren, erklären für* (Acc.). — 2) *erleuchten, erhellen.* — Intens. *bestrahlen* und *überblicken.* — Mit अभिप्र *sichtbar werden, sich zeigen.* — Mit संप्र 1) *sichtbar werden, sich zeigen, erscheinen.* — 2) *glänzen, leuchten.* — Caus. *erhellen, enthüllen, offenbaren.* — Mit प्रति in प्रतीकाश. — Intens. *erblicken.* — Mit वि *erscheinen.* — Caus. 1) *an den Tag legen, verbreiten.* — 2) *erhellen, erleuchten.* — Intens. Partic. विचाकशत् 1) *strahlend.* — 2) *aus —, erschauend, wahrnehmend.* — Mit अनुवि Intens. *hindurchschauen.* — Mit प्रवि Caus. *offenbaren.* — Mit सम् *erscheinen.* — Caus. *erblicken.* — Mit प्रतिसम् in प्रतिसंकाश.

काश 1) m. *Sichtbarkeit* in स°. — 2) m. (*f. आ und ई und *n.) *Saccharum spontaneum*, ein *glänzend weisses* Gras Taitt. Âr. 6,9,1. Auch personificirt. Am Ende eines adj. Comp. f. आ. — 3) m. N. pr. eines Fürsten Hariv. 1,32,20.

काशक m. = काश 2) 3).

काशकृत्स्न 1) m. N. pr. eines Lehrers. Pl. *sein Geschlecht.* — 2) *Adj. *a*) (f. ई) *von* Kâçakṛtsna *herrührend, von ihm gelehrt.* — *b*) (f. आ) *die von* Kâçakṛtsna *gelehrte Philosophie studirend.*

*काशकृत्स्नक Adj. von काशकृत्स्न 1).

काशकृत्स्नि m. Patron. von काशकृत्स्न 1).

*काशन Adj. P. 6,2,82.

*काशपरी f. N. pr. davon *Adj. °परेय.

काशपीएड m. Pl. N. pr. eines Volkes.

*काशफरी f. N. pr. davon *Adj. °फरेय.

काशमय Adj. *aus Saccharum spontaneum bestehend.*

काशय m. N. pr. 1) eines Sohnes des Kâça oder Kâçi. — 2) *des Landes der Kâçi.

*काशायिन् m. Pl. *die Schule des* Kaçâja Kâç. zu zu P. 4,3,106. काषायिन् v. l.

*काशाल्मलि f. *eine Varietät der Baumwollenstaude.*

काशि 1) m. *a*) *die geschlossene Hand oder Faust, Handvoll, manipulus.* — *b*) **die Sonne.* — *c*) N. pr. α) Pl. eines Volkes. — β) eines Fürsten. Pl. *sein Geschlecht.* — 2) f. *a*) काशि und काशी *die Stadt Benares* Spr. 7830. — *b*) काशी N. pr. einer Gattin Vasudeva's und Bhîmasena's (VP.[2] 4,159).

काशिक 1) Adj. (f. आ und *ई) *aus* Kâçi *kommend* Lalit. 278,10. 14. 294,12. 13. — 2) m. N. pr. eines Fürsten Hariv. 1,32,20. काशक v. l. — 3) f. आ *a*) *die Stadt Benares.* — *b*) Titel zweier Commentare. Auch °वृत्ति f. °वृत्तिन्यास m. Bühler, Rep. No. 284. fgg.

काशिकन्या f. *ein Mädchen vom Volke der* Kâçi MBh. 5,178,6. 17. 180,17.

काशिकवस्त्र (Kâraṇḍ. 39,5. 72,5. 78,23. 86,17) und *काशिकसूक्ष्म n. *feiner Baumwollenstoff aus Benares.*

काशिकागीत n. Titel einer Abhandlung über Musik.

काशिकातिलक n. Titel eines Gedichtes.

*काशिकाप्रिय m. Bein. Divodâsa's.

*काशिकोसलीय Adj. *von den* Kâçi *und* Kosala *kommend* u. s. w.

काशिखण्ड = काशीखण्ड.

काशिन् 1) Adj. am Ende eines Comp. *scheinend, erscheinend als, den Schein habend von.* — 2) m. N. pr. eines Mannes.

काशिनगर n. *die Stadt Benares* MBh. 5,176,12.

काशिनाथ m. N. pr. eines Mannes.

काशिप und काशिपति m. *Gebieter über die* Kâçi.

काशिपुरी f. = काशिनगर.

काशिमनुज m. *ein Mann aus dem Volke der* Kâçi.

काशिराज m. *ein Fürst der* Kâçi, Bez. verschiedener Personen.

काशिराजन् m. dass. MBh. 5,176,18.

काशिराम m. N. pr. eines Scholiasten.

*काशिल Adj. von काश.

काशिविलास m. = काशीविलास.

काशिष्णु Adj. *glänzend, strahlend.*

काशी s. u. काश 2) und काशि 2).

काशीखण्ड m. Titel eines *über Benares handelnden Abschnittes* im Skandapurâṇa. °दीपिका f. Titel eines Commentars dazu VP.[2] 2,229.

काशीत n. Name eines Sâman.

काशीनाथ 1) m. *Gebieter von Benares: a*) *Bein. Çiva's. — *b*) Bez. verschiedener Personen. Auch °तर्कपञ्चानन und °भट्ट. — 2) f. ई *das Werk des* (Med.) Kâçinâtha.

काशीपति m. 1) *Gebieter von Benares* R. 1,12, 22. Richtiger काशिपति ed. Bomb. 1,13,23. — 2) N. pr. eines dramatischen Dichters Hall in der Einl. zu Daçar. 30.

काशीप्रकाश und काशीप्रघट्टक m. Titel von Werken.

काशीमाहात्म्य n. 1) *die Majestät von Benares.* — 2) Titel einer Schrift Bühler, Rep. No. 117.

काशीमोक्ष m. Titel eines Werkes.

काशीय 1) *Adj. von काश und काशि. — 2) m. N. pr. eines Fürsten.

काशीराज m. *König von Benares* MBh. 4,2351. Richtiger काशिराज ed. Bomb. 4,72,16.

काशीराम m. = काशिराम.

काशीविलास m. Titel eines Werkes.

*काशीश m. Bein. 1) Çiva's. — 2) Divodâsa's.

काशीसेतु m. Titel eines Werkes.

काशीस्तोत्र n. Titel eines *Lobgedichtes auf Benares.*

*काशू f. = विकलधातु und शक्ति. Vgl. कासू.

*काशूकार m. *Betelnussbaum.*

काशेय 1) m. *a) ein Fürst der* Kâçi. — *b)* Pl. N. pr. einer Dynastie VP.[2] 4,184. — 2) f. ई *eine Prinzessin der* Kâçi.

काश्मरी f. und काश्मर्य m. *Gmelina arborea.*

काश्मीर 1) Adj. (f. ई) *zu den* Kaçmîra *in Beziehung stehend, aus dem Lande der* K. *kommend* u. s. w. — 2) m. *a) ein Fürst der* Kaçmîra. — *b)* Pl. N. pr. eines Volkes, = कश्मीर. — *c) das Land der* Kaçmîra. — 3) *f. आ *Weinstock mit röthlichen Trauben.* — 4) f. ई *a) Gmelina arborea.* *b) *Ficus elastica.* — 5) n. *a) Safran.* — *b) *die Wurzel von Costus speciosus.* — *c)* *= टङ्क.

काश्मीरक 1) Adj. *zu den* Kaçmîra *gehörig* u. s. w. — 2) m. *a) ein Fürst der* Kaçmîra. — *b)* Pl. = काश्मीर 2) *b).* — 3) f. °रिका *eine Prinzessin der* Kaçmîra.

काश्मीरज 1) n. *a) Safran* Râǵan. 12,40. — *b)* *Costus speciosus und *die Wurzel desselben.* — 2) *f. आ *Birke* oder *Aconitum ferox.*

*काश्मीरजन्मन् n. *Safran.*

*काश्मीरजीरका f. *eine Art Kümmel* Râǵan. 6,62.

काश्मीरदेश m. *das Land der* Kaçmîra Ind. St. 15,337.

काश्मीरपुर n. *die Stadt der* Kaçmîra.

काश्मीरमण्डल n. *das Reich der* Kaçmîra.

काश्मीरलिङ्ग n. Name eines Liṅga Ind. St. 15, 362.

*काश्मीरवृन्त m. *ein best. Baum mit öligem Samen* Râǵan. in Nigh. Pr.

*काश्मीरसंभव n. *Safran* Gal.

काश्मीरिक Adj. = काश्मीरक 1).

*काश्मीर्य Adj. von कश्मीर.

1. काश्य 1) m. *ein Fürst der* Kâçi, Bez. verschiedener Personen. — 2) f. आ *eine Fürstin der* K.

2. *काश्य n. *ein berauschendes Getränk.*

काश्यक m. = 1. काश्य 1).

काश्यप 1) Adj. (f. ई) Kaçjapa *gehörig, mit ihm in Verbindung stehend* u. s. w. — 2) m. *a)* Patron. von Kaçjapa, das so vielen Personen zukommt, dass man auch demjenigen, dessen Geschlechtsnamen man nicht kennt, damit bezeichnet. Auch Pl. — *b) die Sonne* VP. 3,12,41. — *c)* *Bez. Vishṇu's Gal. — *d) *eine Hirschart.* — *e) *Fisch.* — 3) f. ई *a)* Patron. von Kaçjapa. — *b) die Erde* Harshak. 66,23. *Land.* — 4) n. Name verschiedener Sâman Ârsh. Br.

काश्यपक Adj. (f. °पिका) *von* Kaçjapa *herrührend.*

काश्यपद्वीप m. N. pr. eines Dvîpa MBh. 6,6.

काश्यपनन्दन m. Pl. *Kinder des* Kâçjapa, Bezw. *der Götter.*

काश्यपपरिवर्त m. Titel eines Abschnittes im Ratnakûṭa.

काश्यपस्मृति f. Titel eines Werkes.

*काश्यपायन m. Patron. von काश्यप.

काश्यपि m. Patron. von काश्यप. Auch Pl. Insbes. Bez. 1) Târkshja's. — 2) *Garuḍa's. — 3) *Aruṇa's.

*काश्यपिन् m. Pl. *die Schule des* Kâçjapa.

काश्यपीबालाक्यामाठरीपुत्र m. N. pr. eines Lehrers.

काश्यपीभुज् m. *Fürst, König.*

काश्यपीय m. Pl. *die Schule des* Kâçjapa (buddh.).

काश्यपेय m. Patron. 1) der zwölf Âditja. — 2) *des *Sonnengottes.* — 3) *Garuḍa's.

*काश्यायन m. Patron. von काश्य.

*काश्मरी f. = काश्मरी.

काष m. in कपोल°.

काषाय 1) Adj. *braunroth gefärbt.* — 2) f. ई *a) eine Art Biene* oder *Wespe.* — *b) *eine Art wilder Dattel* Gal. — 3) n. *ein braunrothes Gewand.*

काषायप्रक्षण n. N. pr. eines Kaitja Lalit. 278,17.

काषायणी m. N. pr. eines Lehrers.

काषायवसन 1) Adj. (f. आ) *ein rothbraunes Gewand tragend.* — 2) f. आ *Wittwe.*

काषायवासस् Adj. = काषायवसन 1).

काषायवासिक m. *ein best. giftiges Insect.*

1. *काषायिन् m. Pl. *die Schule des* Kashâja.

काषायिन् v. l.

2. काषायिन् m. *ein buddhistischer Mönch (ein rothbraunes Gewand tragend)* Káraka 3,5. Vishnus. 63, 36 (= वृथालिङ्गधारिन् Comm.).

काषिन् Adj. in पत्काषिन्.

काषेय m. Pl. N. pr. einer Dynastie VP.[2] 4,184.

काष्टायन m. Patron. von काष्ट.

1. काष्ठ m. N. pr. eines Wesens im Gefolge Kubera's.

2. काष्ठ 1) n. *a) Holzstück,—scheit.* — *b) Längenmaass.* — *c) ein best. Hohlmaass.* — 2) *काष्ठम् Adv. und काष्ठ am Anf. eines Comp. als Ausdruck des *Lobes.*

काष्ठक 1) *Adj. zu काष्ठकीय. — 2) *m. *eine Art Weizen* Gal. — 3) f. काष्ठिका *a) Holzstückchen.* — *b) *wilder Pisang* Râǵan. 11,40. — 4) *n. *Agallochum* Râǵan. 12,90.

काष्ठकदली f. *wilder Pisang* Râǵan. 11,40.

काष्ठकीट m. *ein best. in Holz lebendes Insect.*

*काष्ठकीय n. (Kâç.) und *°या f. von 2. काष्ठा.

काष्ठकुट्ट m. *Picus bengalensis.*

*काष्ठकुद्दाल m. *Haue von Holz.*

काष्ठकूट m. = काष्ठकुट्ट.

काष्ठखण्ड und °क m. n. *Holzstück.*

काष्ठगर्भ Adj. *inwendig holzig* Bhâvapr. 3,86.

काष्ठघटन n. *Zimmerarbeit* Ind. St. 15,433.

काष्ठचिता f. *Scheiterhaufen* Pańkad.

*काष्ठजम्बू f. *Premna herbacea* Râǵan. 11,32.

*काष्ठतक्ष् (Nom. °तट्) und *°तक्ष m. *Zimmermann.*

*काष्ठतन्तु m. *eine sich in Holz verpuppende Raupe.*

*काष्ठदारु n. *Pinus Deodora* Râǵan. 12,20.

*काष्ठद्रु m. *Butea frondosa* Râǵan. 10,37.

*काष्ठधात्रीफल n. *die Frucht der Emblica officinalis* Râǵan. 11,163.

काष्ठपट m. *Holzbrett* Bhâvapr. 1,65,17.

काष्ठपत्त्रोपजीविन् m. *Einer, der sich durch Bearbeitung von Holz und Blättern ernährt.*

*काष्ठपाटला f. *eine weisse Bignonia* Râǵan. 10,51.

काष्ठपुष्प n. Pl. Bez. *einer best. Gattung von Blumen* Kârand. 8,4. 79,2 (fehlerhaft °पुष्पाणि).

काष्ठप्रदान n. *das Anrichten eines Scheiterhaufens.*

काष्ठभक्षण n. *das Verspeisen von Holzscheiten,* scherzhaft so v. a. काष्ठाधिरोहण Pańkad.

काष्ठभार m. *eine Tracht Holz, Holzlast.*

काष्ठभारिक m. *Holzträger.*

काष्ठभिद् Adj. *Holz spaltend.*

काष्ठभूत 1) Adj. *zu einem Holzstück geworden, unbeweglich wie ein* H. R. 1,65,3. — 2) m. *ein best. Krankheitsdämon* Hariv. 9559.

काष्ठभृत् Adj. *zum Ziele führend.*

*काष्ठभेद m. *das Spalten von Holz.*

*काष्ठमठी f. *Scheiterhaufen.*

काष्ठमय Adj. (f. ई) *aus einem Holzstück gemacht, hölzern.*

*काष्ठमल्ल m. *Todtenbahre.*

*काष्ठरजनी f. = दारुहरिद्रा Nigh. Pr.

काष्ठरज्जु f. *ein Strick zum Zusammbinden von Holzscheiten.*

*काष्ठलेखक m. *ein best. in Holz lebendes Insect.*

काष्ठलोष्टमय Adj. *aus Holz oder Lehm gemacht.*

*काष्ठलोहिन् m. *eine mit Eisen beschlagene Keule von Holz.*

काष्ठवल्लिका und *°वल्ली (Gal.) f. *eine best. Pflanze.*

काष्ठवाट m. *eine Einzäunung von Holz.*

*काष्ठवास्तुक n. *eine Art Spinat* Nigh. Pr.

काष्ठविवर n. *Baumhöhle.*

*काष्ठशक् Adj. Mahâbh.

*काष्ठसारिवा f. *Ichnocarpus frutescens* Râǵan. 12,125. Madanav. 10,97.

काष्ठस्तम्भ m. *Balken* 148,5.

काष्ठा f. 1) *Rennbahn;* auch *die himmlischen Bahnen, in welchen Wind und Wolken laufen.* — 2) *Ziel, meta, Grenze, Grenzpunkt* Bhâg. P. 1,1,23. परा oder परम° (Daçak. 34,16) = 3). — 3) *der äusserste Grenzpunkt, Gipfel* (in übertr. Bed.) Kumâras. 3,35. 5,28. Daçak. 92,7. — 4) *Weltgegend.* काष्ठाः neben दिशः MBh. 13,16,45. — 5) *ein best. Zeitmaass* 102,3. — 6) *ein Sechzehntel der Mondscheibe* Bhâg. P. 1,12,31. — 7) *Form, Erscheinungsform* Bhâg. P. 3,28,12. 7,4,22. — 8) **die Sonne.* — 9) **Wasser* Nir. 2,15. — 10) **Curcuma xanthorrhiza.* — 11) N. pr. *a)* einer Tochter Daksha's. — *b)* einer Stadt.

*काष्ठागार m. n. *ein hölzernes Haus.*

*काष्ठागुरु m. *Agallochum* Râǵan. 12,90.

काष्ठाधिरोहण n. *das Besteigen des Scheiterhaufens* Pankad.

*काष्ठाम्बुवाहिनी f. *ein hölzernes Geräth zum Ausschöpfen des Wassers.*

काष्ठालुक n. *eine best. Wurzel* Harshaḱ. 198,1.

काष्ठिक m. *Holzträger* Kâd. II,108,13.

काष्ठी Adv. mit भू *zu einem Holzstück —, unbeweglich werden* Bhâvapr. 4,108.

*काष्ठीरस m. *Musa sapientum* Râǵan. 11,37.

*काष्ठील 1) m. *Calotropis gigantea* Râǵan. 10,31. — 2) f. आ *Musa sapientum.*

काष्ठेक्षु m. *weisses Zuckerrohr* Râǵan. 14,78.

1. कास्, कासते (metrisch auch Act.) *husten.* — कासां चक्रे Bhaṭṭ. 5,105 fehlerhaft für काशां चक्रे. — Mit उद् *aushusten, sich ausräuspern* Ḱaraka 6,20.

2. कास् f. *Husten.*

1.*कास von कस् P. 3,1,140.

2. कास m. und कासा f. (AV.) *Husten.*

3.*कास m. *Moringa pterygosperma.* — Auch fehlerhaft für काश.

कासक m. Pl. N. pr. einer Dynastie VP.[2] 4,184.

*कासकन्द m. *eine best. Knolle* Râǵan. 7,73.

कासक्तिक Adj. *einen Turban aufhabend* Gobh. 1,2,25. Nach Andern = बद्धपरिकरः कञ्चुकी.

कासघ्न 1) Adj. *den Husten vertreibend.* — 2) *f. ई *Solanum Jacquini.*

*कासजित् f. *Clerodendrum Siphonanthus* Râǵan. 6,152.

*कासनाशिनी f. *eine Art Galläpfel* Ratnam. 45.

कासमर्द m. 1) *Cassia Sophora.* — 2) **eine gegen Husten gebrauchte Arzenei aus Tamarinden und Senfsamen.*

कासमर्दक m. = कासमर्द 1) Râǵan. 4,174.

*कासमर्दन m. *Trichosanthes dioeca.*

*कासर m. *Büffel.*

कासवत् Adj. *mit Husten behaftet* Ḱaraka 6,20.

कासार 1) m. (*n.) *Teich, See.* — 2) m. N. pr. eines Lehrers Bhâg. P. 12,6,59.

*कासारि m. = कासमर्द 1) Râǵan. 4,174.

*कासालु m. *eine best. Knolle.*

कासिका f. *Husten.*

कासिन् Adj. *mit Husten behaftet.*

कासीस n. *Eisenvitriol* Ḱaraka 6,7.

कासीसकाञ्चनक्षीर्य Adj. *Eisenvitriol und eine Asclepias enthaltend.* वर्ग Suçr. 2,62,3.

*कासुन्दीवटिका f. *eine Pille aus Cassia Sophora.*

*कासू f. 1) *eine Art Speer.* — 2) *mangelhafte, undeutliche Sprache.* — 3) *Sprache.* — 4) *Glanz.* — 5) *Krankheit.* — 6) *Verstand.* — Vgl. काषू.

*कासूतरी f. *ein kleiner Speer.*

कासृति f. *Schleichweg.*

*कासेरुयज्ञिक Adj. von कसेरुयज्ञ.

कास्तम्बर m. N. pr. eines Mannes. Pl. *sein Geschlecht.*

*कास्तीर n. N. pr. eines Dorfes der Bâhîka. Davon *Adj. f. °रिका und °रिकी.

कास्तूरिक Adj. (f. आ) *von Moschus* Hemâdri 1,391,15. 436,3.

*काहका f. *ein best. musik. Instrument.*

काहन् und काहस् n. *ein Tag* Brahman's, *ein* Kalpa 2) *h)* Gaṇit. Bhagan. 7. Ârjabh. 1,3.

*काहय m. Patron. von कहय.

काहल 1) Adj. *a) unanständig.* °लं वच्. — *b) unanständige Worte im Munde führend.* Dazu Nom. abstr. °त्व n. — *c)* **undeutlich redend.* — *d)* **bösartig.* — *e)* **übermässig.* — *f)* **trocken.* — 2) m. *a) eine grosse Trommel.* — *b)* **Laut, Ton.* — *c)* **Katze.* — *d)* **Hahn.* — *e)* N. pr. eines Autors. — 3) f. आ *a) ein best. Blaseinstrument* S. S. S. 177. Vgl. Wright, Hist. of Nep. 294. — *b)* **ein berauschendes Getränk* Gal. — *c)* **eine Affenart.* — *d)* *N. pr. einer Apsaras. — 4) *f. ई *a) ein junges Weib.* — *b)* N. pr. der Gattin Varuṇa's Gal. — 5) *n. *a) eine undeutliche Rede.* — *b) ein best. musik. Instrument.*

*काहलापुष्प m. *Stechapfel* Râǵan. 10,18.

काहलि m. Bein. Çiva's.

काहलिन् m. N. pr. eines Ṛshi.

काहस् s. काहन्.

काँहाबाह n. *Kollern im Leibe.*

काहारक m. *Palankinträger.*

*काहो f. *Wrigthia antidysenterica.*

काह्नजी m. N. pr. eines Autors.

*काह्नय m. Patron. von कह्नय.

*काह्नष m. Patron. von कह्नष gaṇa शिवादि in der Kâç.

काहोड und काहोडि m. Patron. von कहोड.

काह्लार Adj. *von der weissen Wasserlilie kommend.*

1. कि Pron. interr. in किम् u. s. w.

2. कि, चिकेति s. चि.

3. कि Suffix इ in पपि u. s. w. 238,25.

किंपु Adj. *was begehrend?*

*किंराज m. = कस्य राजा.

*किंराजन् m. *ein schlechter Fürst.*

किंरूप Adj. (f. आ) *von welcher Gestalt? von welchem Aussehen?* Hemâdri 1,474,6.

किंलक्षणक Adj. *welche Merkmale habend?* Çaṅk. zu Bâdar. 1,1,2 (S. 36).

किंवत् Adv. *wie was?* Sarvad. 13,22.

किंवदत्त 1) m. N. pr. eines den Kindern schädlichen Dämons. — 2) f. ई *Gerücht, Sage, Sprichwort.* Auch *न्ति.

*किंवत्त Adj. *was habend? womit versehen?*

किंवराटक Adj. *ein Otterköpfchen nicht beachtend.*

किंवर्ण Adj. *von welcher Farbe?* 52,29.

किंविद् Adj. *was wissend?*

किंविद्य Adj. *welches Wissen habend?* MBh. 12,230,1.

किंविध Adj. *von welcher Art?* Bâlar. 255,9.

किंविभाग Adj. *wie eingetheilt?*

किंविशेषण Adj. *wie prädicirt? wie definirt?* Comm. zu Njâjas. 1,1,44.

किंविषयक Adj. *worauf sich beziehend?* Çaṁk. zu Bâdar. 3,2,21 (S. 815, Z. 12).

किंवीर्य Adj. *von welcher Kraft? — Macht?*

1. किंवृत्त n. *eine Form des Pronomens* क.

2. किंवृत्त Adj. *über das Geschehene sich wundernd, unvorsichtig* Pańkat. ed. Bomb. 1,7,16.

किंव्यापार Adj. *womit beschäftigt?*

किंशारु 1) (*m.) n. *die Grannen am Getraide.* — 2) *m. *a) Pfeil.* — *b) Reiher.*

किंशिलं Adj. *in steinigem Lande —, in Geröllboden befindlich* Maitr. S. 2,9,8.

किंशील Adj. *welche gewohnte Art zu sein habend?* MBh. 12,230,1.

किंशुक m. *Butea frondosa; n. die geruchlose rothe Blüthe.*

किंशुकोदक n. *ein Aufguss auf die Blüthe der B. fr.*

*किंशुलक m. P. 6,3,117 nach der Lesart der Kâç.

*किंशुलकागिरि m. N. pr. eines *Berges* ebend.

*किंशुलुक m. *eine Varietät von Butea frondosa.*

*किंशुलुकागिरि m. v. l. für किंशुलका°.

*किंस Adj. = किं स्यति Kâç. zu P. 8,3,110.

किंसखि m. (Nom. °खा) *ein schlechter Freund* Spr. 6648.

किंसंनिश्रय Adj. (f. आ) *was zur Unterlage habend?* Çaṁk. zu Bâdar. 2,2,24.

किंसमाचार Adj. *von welchem Benehmen?* MBh. 12,230,1.

किंसाधन Adj. *welches Mittel* (zum Beweise) *habend?* Comm. zu Njâjas. S. 4, Z. 18.

किंसुहृद् m. *ein schlechter Freund* Spr. 5435.

किंस्तुघ्न m. n. *ein best.* Karaṇa 4) *n).*

किंस्त्य n. *eine best. Frucht (?).*

किंस्वरूप Adj. (f. आ) *von welcher Eigenthümlichkeit?* Comm. zu Sûrjas. 12,7.

*किकि m. 1) *der blaue Holzheher.* — 2) *Kokospalme.*

किकिदिव und *°दिवि m. = किकिदीवि.

किकिदीवि m. *der blaue Holzheher* oder *Rebhuhn.*

*किकिन् m. dass.

*किकिर m. *Vogel* oder *ein best. Vogel* Nigh. Pr.

किकिरा onomatop. mit कर् *zerreissen, zerfetzen.*

*किकीदिव, *°वि und *°दीवि m. = किकिदीवि.

किक्किटा Interj.

किक्किटाकार m. *der Ausruf* किक्किटा.

किक्किटाकारम् Absol. *mit dem Ausruf* किक्किटा.

किक्किश (किक्किश gedr.) und किक्किस (Karaka 4,8) m. *ein best. Wurm.*

किक्किसाद m. *eine best. Schlange.*

किक्कस m. *Theile des zerriebenen Kornes, Schrot, Gries.*

किक्किश f. किक्किश.

*किखि 1) m. *Affe.* — 2) f. *eine kleine Schakalart* oder *Fuchs.*

*किङ्कणी f. = किङ्किणी.

किंकर्, °रति *den Diener machen, dienen.* °कर्तुम् Naish. 6,81.

किंकर 1) m. *a) Diener, Sclave.* Nom. abstr. °त्व n. — *b)* wohl *ein best. Theil des Wagens.* — *c) eine Art* Râkshasa. — *d)* N. pr. α) Pl. eines Volkes. — β) eines Wesens im Gefolge Çiva's. — 2) *f. आ *Dienerin.* — 3) f. ई *a) Dienerin, Sclavin.* — *b) *die Frau eines Dieners.*

किंकरपाणि Adj. *dienstbereite Hände habend.*

*किंकराल m. *Acacia arabica* Madanav. 59,35.

किंकरी Adv. mit भू *Diener werden* Comm. zu Naish. 6,81.

किंकरीय्, °यति *Jmd.* (Acc.) *für einen Diener halten.*

किंकर्तव्यता f. *das „was zu machen?“*

किंकर्मन् Adj. *womit sich beschäftigend?* R. 3, 73,9.

*किंकल m. N. pr. eines *Mannes.*

*किंकाम्य्, °म्यति *was wünschen?*

*किंकाम्या Instr. Adv. *aus dem Wunsche wonach?*

किंकारण Adj. *welche Ursache —, welchen Grund habend?*

किंकार्यता f. = किंकर्तव्यता.

किङ्कण 1) m. *a) *eine Art Trommel.* — *b)* N. pr. eines Sohnes des Bhagamâna. — 2) f. ई *a) Glöckchen.* — *b) *Flacourtia sapida* Râgan. 9,162. — *c)* N. pr. einer *Göttin.*

*किङ्किणि f., °का f. (Hemâdri 1,172,14. 19) und °णीक *Glöckchen.*

किङ्किणीकाश्रम m. N. pr. einer *Einsiedelei.*

किङ्किणीकिन् Adj. *mit Glöckchen geschmückt.*

किङ्किणीजालमालिन् Adj. *rundum mit Glöckchen behangen* Hemâdri 1,256,19.

किङ्किणीसायक m. *ein Pfeil mit Glöckchen.*

*किङ्किर 1) m. *a) Pferd.* — *b) der indische Kukkuk.* — *c) Biene.* — *d) der Liebesgott.* — 2) f. आ *Blut.* — 3) n. *die Oeffnung in der Schläfegegend eines Elephanten.*

किंकिरात m. 1) * *Papagei.* — 2) * *der indische Kuckuck.* — 3) * *der Liebesgott.* — 4) * *Jonesia Asoca.* — 5) rother und gelber (Kâd. II,136,4) *Amaranth* Râgan. 10,135. n. *die Blüthe.*

*किङ्किराल m. *eine best. Pflanze.*

*किङ्किरिन् m. *Flacourtia sapida.*

किंकृते Adv. *weshalb? wozu?*

किंक्षण Adj. *den Augenblick gering achtend* Spr. 1535.

किंगोत्र Adj. *welchem Geschlecht angehörig?*

*किंचन m. *Butea frondosa.* — Vgl. 1. क 2) *b).*

*किंचनक m. N. pr. eines *Schlangendämons.*

किंचन्य n. *Besitz.*

*किंचिच्चोरितपत्त्रिका f. *Beta bengalensis* Nigh. Pr. Vgl. चोरितच्छदा.

किंचिच्छेष Adj. (f. आ) *wovon nur ein kleiner Rest übrig ist.*

किंचित्क Pron. indef. Mit vorangehendem य *jeglich, jeder beliebige* Ait. Br. 2, 9.

किंचित्कर Adj. *bedeutsam.* Vgl. अ°.

किंचित्पाणि m. *ein best. Gewicht.* = कर्ष.

*किंचित्पुरुषलक्षण m. = किंपुरुष 1).

किंचिद् *Etwas* (s. 1. क 2) *c)* als *best. Maass = acht Handvoll.*

*किंचिलिक, किंचुलक (Bhâvapr. 4,9) und किंचुलुक (Bhâvapr. 4,9 Hdschr.) m. *Regenwurm.*

किंछन्दस् Adj. 1) *mit welchem* Veda *vertraut?* — 2) *welches Metrum habend?* Tâṇḍja-Br. 14,5,8. 11,35.

1. किञ्ज Adj. *von niedriger Herkunft.*

2. *किञ्ज n. *die Blüthe der Mesua ferrea.*

किञ्जप्य n. N. pr. eines Tîrtha.

*किञ्जल m. = किञ्जल्क 1).

किञ्जल्क 1) (*m. *n.) *Staubfäden, insbes. einer Lotusblüthe.* — 2) n. *die Blüthe der Mesua ferrea* Râgan. 6,178. LA. 5,4.

किञ्जल्किन् Adj. *mit Staubfäden versehen.*

किंजातीय Adj. *von welchem Stande?* Dhûrtan. 10.

किंज्योतिस् Adj. *welches Licht habend?*

*किट्, केटति (त्रासे, भयभीषयोः, गतौ).

*किट m. *eine Affenart* Gal.

किटकिटापय्, °यति (Karaka 8,6) und किटकिटाय्, °यते *knirschend aneinanderreiben.*

किटि m. 1) *Wildschwein.* — 2) * *Batatas edulis* Nigh. Pr.

*किटिक n. Mahâbh. 2,412,*b.*

किटिकिटापय् Karaka 8,6 fehlerhaft für किटकि°.

किटिभ 1) *m. *a) Wanze.* — *b) Laus.* — 2) n. *ein best. Exanthem.*

किटिम n. *eine best. Form des Aussatzes.*

*किटिमूलक und *°मूलाभ m. *Batatas edulis* Nigh. Pr.

किटिवरवदना f. N. pr. einer *buddh. Gottheit.*

किट्ट n. *Secretion, Ausscheidung.* *लौह *Eisenrost.* Auch *°क n.

*किट्टम n. = किट्टिम Gal.

*किट्टवर्जित n. männlicher Samen.

*किट्टाल m. 1) Eisenrost. — 2) ein kupferner Krug.

*किट्टिम n. trübes Wasser Gal.

किण्व m. = किट्टिम Comm. zu Tâṇḍja-Br. 2,17,3.

किण m. 1) Schwiele. — 2) Narbe Bhâvapr. 6,24. Harshak. 141,13. — 3) *eine Art Holzwurm.

किणाकृत, किणाजात und किणावन्त् Adj. schwielig.

*किणि und किणिही f. Achyranthes aspera.

किण्व (*m.) n. 1) Hefe überh. oder ein best. Gährungsstoff, insbes. der zur Bereitung von geistigen Getränken angewendete Âpast. — 2) *Sünde.

*किण्विन् m. Pferd.

*किण्वीय und *किण्व्य Adj. von किण्व.

कित्, चिकेत्ति s. चित्; केतय् s. bes.

*कित m. N. pr. eines Mannes.

कितव 1) m. a) Spieler. — b) Betrüger, Schelm. °याज्ञिक° ein betrügerischer Liturgiker. — c) *ein Trunkener, Wahnsinniger. — d) *Stechapfel. — e) ein best. wohlriechender Stoff, = चोरक Râǵan. 12,144. Bhâvapr. 1,193. — f) N. pr. α) Pl. eines Volkes. — β) *eines Mannes. तिककितवाः das Geschlecht des Tika und Kitava. — 2) f. कितवी Spielerin.

*कितवीय Adj. von कितव.

*किदर्भ m. N. pr. eines Mannes gaṇa विदादि in der Kâç. किंदर्भ v. l.

किन् ein Kṛt-Suffix इ 238,15.

किंनाट n. Baumbast.

किनारिलिपि f. ein best. Schrift Lalit. 143,19.

*किंतनु m. eine Art Spinne.

किंतुघ्न m. = किंस्तुघ्न.

किंतु Adj. geschwätzig fragend.

किंदत्त wohl fehlerhaft für किंदत्त.

किंदत्त m. N. pr. eines Brunnens MBh. 3,83,98.

किंदम m. N. pr. eines Muni Kâd. 196,5.

*किंदर्भ m. N. pr. eines Mannes. किदर्भ v. l.

किंदान n. N. pr. eines Tîrtha.

*किंदास m. N. pr. eines Mannes.

किन्दुबिल्व oder °विल्ल N. pr. des Geschlechts oder des Geburtsortes von Ǵajadeva. v. l. auch केन्दुबिल्व und तिन्दुबिल्व.

किंदेव m. Halbgott.

किंदेवत Adj. was als Gottheit habend?

किंदेवत्य Adj. welcher Gottheit geweiht? — gehörig?

किंधर्मक Adj. von welcher Eigenthümlichkeit? Comm. zu Njâjas. 4,1,11.

*किन्धिन् m. Pferd.

किंनर 1) m. a) Bez. bestimmter mythischer Wesen, halb Mensch halb Thier (ursprünglich wohl eine Affenart). Sie werden zu den Gandharva gezählt und als Sänger gerühmt; erscheinen auch im Gefolge Kubera's. Die Ǵaina ordnen sie den Vjantara unter. — b) Bein. und N. pr. verschiedener Personen. — c) *N. pr. einer Oertlichkeit; vgl. °वर्ष. — 2) *f. आ ein best. Saiteninstrument. Vgl. κινύρα. — 3) f. ई a) f. zu 1) a). Auch = किंपुरुषी. — b) *die Laute der Kâṇḍâla.

किंनरकण्ठ Adj. (f. ई) wie ein Kiṃnara singend Ind. St. 8,418. Viddh. 84,4.

किंनरपति m. Bein. Kubera's Bâlar. 89,5.

किंनरवर्ष n. N. pr. eines nördlich von Bhâratavarsha gelegenen Varsha Golâdhj. Bhuv. 27.

*किंनरेश und *°नरेश्वर m. Bein. Kubera's.

किंनामक (f. °मिका), °नामधेय und °नामन् (182, 28) Adj. welchen Namen führend?

किंनिमित्त Adj. welche Veranlassung habend?

किप्य m. ein best. Wurm. किष्य v. l.

किम् 1) Nom. Acc. n. von 1. क. — 2) Adv. a) woher? warum? weshalb? wozu? — b) blosses Fragwort, num, an. In Doppelfragen an zweiter Stelle किम् 166,32. 171,28. 248,25. किमुत 129,9. किमु वा 116,29. किं नु वा 120,5. किं वा, अथ वा (183,30), आहो स्विद्, उत, उत वा, वा (156,24. 185,19) und वापि. Bei einer dreifachen Frage an zweiter und dritter Stelle किं वा — किं वा, अथ वा — उत, उत — उत, उत — अथ वा und उत — आहो स्विद्. Bei einer vierfachen an zweiter und den folgenden Stellen किम् — किम् — किं वा (Spr. 7828) und किम् — वा — अथ. — c) *mit einem Verbum fin. einen Tadel ausdrückend. — d) in Verbindung mit nachfolgenden Partikeln: α) अङ्ग 1) warum doch? warum sonst? — 2) wie viel mehr Spr. 2706. — β) अपि (erst bei Kâlidâsa) 1) sehr, gehörig, heftig, stark Spr. 7620. 7638. 7715. Mit einer Negation durchaus nicht 7828. Ragh. 2,57. — 2) noch mehr, ja sogar. — γ) इति 1) woher? warum? weshalb? — 2) ungenau für इति किम् 173,12. — δ) इव wozu? Spr. 1770. — ε) उ s. u. 2. उ 6). किमु — किम् RV. 1,161,1. किमु — अथ Chr. 177,8. किम् — किमु वा 116,29. — ζ) उत s. 2. उत 2) und 3). — η) *किल und Fut. dass nach nicht für möglich halten, nicht leiden P. 3,3, 146. — θ) च und auch, — noch, ferner, weiter 43,13. — ι) च न (चन) 1) mit einer Negation auf keine Weise, durchaus nicht. — 2) etwas, ein wenig. — κ) चिद् etwas, ein wenig. Auch mit nachfolgendem इव. Mit einer Negation durchaus nicht Spr. 5617. — λ) तर्हि sondern. — μ) तु aber, jedoch Spr. 1737. nichtsdestoweniger. Auch mit nachfolgendem तथापि oder vorangehendem परम्. — ν) नु 1) verstärktes Fragewort. किं नु — वा, किं नु — किं नु स्विद्, किं नु — अथ — अथ वा, किं नु — नु — किम् — नु किम् Spr. 2102. किम् — किं नु वा Chr. 120,5. — 2) wie viel mehr oder weniger. — ξ) नु खलु 1) woher doch? — 2) verstärktes Fragewort. — ο) पुनर् 1) wie viel mehr oder weniger. — 2) jedoch Bâlar. 101,13. 191,14. 229,18. 275,20. — 3) sondern Bâlar. 275,7. — π) वा 1) ob wohl? किं वा — किं वा 169,30. — 2) oder in und ausserhalb der Frage. — ρ) स्विद् 1) warum wohl? — 2) ob wohl? RV. 1,161,10. mit Potent. Chr. 127,28. Kathâs. 14,48. किं स्विद् — किं स्विद् in einer Doppelfrage. — e) mit vorangehendem अथ wie denn anders? so ist es, allerdings.

किमधिकरण Adj. (f. आ) worauf zu beziehen? Spr. 5193.

किमन्तर Adj. (f. आ) wie weit von einander abstehend?

किमभिधान Adj. wie genannt? Spr. 6455. Kâd. 162,2.

किमर्थ Adj. was bezweckend? Ait. Âr. 370,15. 16. Chr. 229,30.

किमर्थम् Adv. zu welchem Endzweck? weshalb? warum?

किमवस्थ Adj. in welchem Zustande sich befindend? Ind. St. 13,462.

किमाकार Adj. (f. आ) von welcher Gestalt?

किमाख्य Adj. wie genannt?

किमाचार Adj. welchen Wandel führend?

किमात्मक Adj. (f. °त्मिका) von welcher Eigenthümlichkeit? Comm. zu Sûrjas. 12,7.

किमाधार Adj. worauf sich beziehend? Spr. 5193

किमायुस् Adj. welches Lebensalter erreichend?

किमाश्रय Adj. (f. आ) worauf ruhend?

किमाहार Adj. welche Nahrung zu sich nehmend?

किमिच्छक 1) n. etwas den Wünschen Entsprechendes, — Angenehmes, — Liebes MBh. 12,38,18. — 2) m. eine best. Kasteiung, durch die man etwas Gewünschtes erlangt.

किमीदिन् m. und °दिनी f. eine Art Unhold.

किमीय Adj. (f. आ) zu wem —, wohin gehörig?

किमुत्सेध Adj. (f. आ) wie hoch?

*किंपच und *°पचान Adj. geizig.

किंपराक्रम Adj. wie mächtig? MBh. 12,230,1.

किंपरिवार Adj. was im Gefolge habend Daçak. 52,6.

किम्पल ein best. musikalisches Instrument Lalit. 252,1. 258,8. Vgl. κύμβαλον.

किंपाक 1) *Adj. *unreif, unwissend, dumm.* — 2) m. *a) eine Gurkenart*; n. *die Frucht* Prasannar. 135,11. — *b)* **Strychnos nux vomica* Râǵan. 9,149; vgl. Mat. med. 198.

किंपुना f. N. pr. eines Flusses.

किंपुरुष und °पुरुष 1) m. *a) ein best. Zwittergeschöpf, ein kleineres Seitenstück zum Menschen, Kobold, Zwerg.* Erscheinen später wie die Kimnara, mit denen sie bisweilen gleichgesetzt werden, im Gefolge Kubera's. Bei den Ǵaina zu den Vjantara gezählt. — *b)* N. pr. eines Sohnes α) des zweiten Manu VP. 3,1,12. — β) des Agnîdhra VP. 2,1,17. 19. — 2) m. n. N. pr. eines Varsha. — 3) f. ई f. zu 1) *a)*.

किंपुरुषी Adv. mit कर् *in einen* Kimpurusha 1) *a) verwandeln.*

किंपुरुषीय n. *die Erzählung vom* Kimpurusha.

किंपुरुषेश m. Bein. Druma's.

*किंपुरुषेश्वर m. Bein. Kubera's.

किंपूरुष 1) m. *a)* wohl *ein best. verachteter Menschenschlag* VS. 30,16. — *b)* = किंपुरुष 1) *a)*. — 2) *n. = किंपुरुष 2).

*किंप्रकारम् Adv. *auf welche Weise?*

किंप्रभाव Adj. *wie mächtig?*

किंप्रभु m. *ein schlechter Herr.*

1. किंप्रमाण n. *welcher Umfang?*

2. किंप्रमाण Adj. (f. आ) *von welchem Umfange?* Hemâdri 1,474,6.

किंफल Adj. *was für Frucht bringend?* Daçak. 82,7.

किंबल Adj. *wie mächtig?*

*किंभरा f. *ein bestimmter wohlriechender Stoff.*

किंभूत Adj. *was seiend?* Damit wird nach dem zu einem Substantiv gehörigen Adjectiv gefragt.

किंभृत्य m. *ein schlechter Diener* Spr. 5435.

किंमन्त्रिन् m. *ein schlechter Minister.*

किम्मय Adj. *woraus bestehend?*

किंमात्र Adj. (f. आ) *von welchem Umfange?*

किंमूरी N. pr. eines Geschlechts.

कियच्चिरम् Acc. Adv. *wie lange?* In indirecter Frage Kathâs. 18,266.

कियच्चिरेण Instr. Adv. *wie bald?*

*कियदेतिका und *कियदेहिका f. *eine den Kräften entsprechende Anstrengung.*

कियद्दूर n. 1) *welche Entfernung?* Loc. *wie weit?* — 2) *einige Entfernung.* Loc., Acc. oder am Anf. eines Comp. *nicht weit, ein wenig* (räumlich) 143, 19. 148,5. 154,20. Vgl. केतिग्रद्दूरे 295,5. 307,7.

कियत् Adj. 1) *wie gross? — weit? — lang? von welchem Umfange? wie mannichfaltig? von welcher Beschaffenheit?* कियात्या (Loc. + आ) *wie lange her?* कियदेतद्धनं पुंसः so v. a. *was fängt man mit diesem Besitze an?* कियानर्थः und कियत् mit Instr. *welcher Nutzen erwächst aus?* कियत् Adv. *wie weit? — viel? wie (quam)?* कियद्रोदिमि so v. a. *wozu nützt mir das Weinen?* Kâd. 190,23. Auch in indirecten Fragen. — 2) *klein, gering, wenig, einiges, unbedeutend* Spr. 4162. कियत् Adv. *ein wenig, etwas.* — 3) mit folgendem च und vorangehendem यावत् *quantuscumque, qualiscumque.* — 4) mit folgendem अपि *quantuscumque* (nur Pańkat.).

कियन्मात्र Adj. *von geringer Bedeutung*; n. *eine Kleinigkeit.*

कियाम्बु n. *eine best. Wasserpflanze.* Vgl. क्याम्बू.

*कियाह् m. *Fuchs* (*Pferd*).

कियेधा Adj. *vielumfassend*, aber zu vermuthen °धा Adv. *wie oft?* so v. a. *sehr oft.*

1. किर्, किरति s. 3. कर्.

2. °किर् Adj. *ausschüttend, ausgiessend* Viddh. 66,4.

*किर 1) Adj. (f. आ) *ausstreuend* u. s. w. — 2) m. *Wildschwein.*

*किरक 1) m. *Schreiber.* — 2) f. °रिका *Tintenfass* Gal.

किरण m. *a) Staub, Stäubchen.* — *b) Lichtstrahl.* — *c)* etwa *Faden* RV. 10,106,4. AV. 20,133,1. 2. — *d)* **Zügel.* — *e)* Bez. *bestimmter 25* Ketu. — *f)* **die Sonne.* — *g)* Titel eines zum Çaivadarçana gehörigen Werkes. किरणाद्यतन्त्र n. über Architectur handelnd. — 2) f. किरणा N. eines Flusses.

किरणपति, किरणपाणि und *किरणमालिन् m. *die Sonne.*

किरणावली f. Titel zweier Commentare. °प्रकाश m., °प्रकाशव्याख्या f. und °टिप्पणक Titel von Supercommentaren.

किराट m. *Kaufmann.*

किरात 1) m. *a)* Pl. N. pr. eines verachteten, von der Jagd lebenden Gebirgsvolks. In der Umgebung eines Fürsten 299,27 (Etymologie: *wilden Schweinen nachsetzend*). Sg. *ein Individuum* (Spr. 7814) und *ein Fürst dieses Volkes.* — *b)* **Zwerg.* — *c)* **Pferdehirt.* — *d) Agathotes Chirayta.* — 2) f. किराती *a) ein weibliches Individuum der* Kirâta (ein solches pflegt den Fliegenwedel eines Fürsten zu tragen). — *b)* **Kupplerin.* — *c)* Bein. α) der Durgâ. — β) *der Gangâ, sowohl der irdischen als auch der himmlischen.

किरातक m. 1) am Ende eines adj. Comp. = किरात 1) *a)*. — 2) **Agathotes Chirayta* Râǵan. 9,15.

किरातकाव्यदुर्घट Titel eines Werkes Bühler, Rep. No. 123.

किरातकुल Adj. (f. ई) *zum Stamme der* Kirâta *gehörig* Tâṇḍja-Br. 13,12,5. Vgl. Çat. Br. 1,1,4,14.

किराततिक्त und °क m. *Agathotes Chirayta* Râǵan. 9,15. n. *die Frucht.*

*किरातवल्लभ n. *eine Art Sandelholz* Gal.

किरातार्जुनीय n. Titel eines Kunstgedichts des Bhâravi.

*किराताशिन् m. Bein. Garuḍa's.

*किराति f. Bein. der Gangâ.

*किरातिनी f. *Nardostachys Jatamansi.*

किरि m. 1) *aufgeschütteter Haufe* in आखुकिरि. — 2) **Wildschwein.* — 3) **Batatas edulis* Nigh. Pr.

किरिक Adj. *sprühend.* — किरिका s. u. किरक.

किरिट Adj. in अतिं°.

*किरिटि n. *die Frucht der Phoenix paludosa.*

*किरिश m. N. pr. eines Mannes; s. केरिशि.

किरीट 1) Adj. s. u. अतिकिरिट. — 2) (*m.) n. *Diadem.* — 3) *ein best. Metrum* (wohl n.). — 4) m. *Handelsmann.* — 5) *f. ई *Andropogon aciculatus* Râǵan. 3,121.

किरीटभृत् m. Bein. Arǵuna's.

किरीटमालिन् 1) Adj. *mit einem Diadem geschmückt.* — 2) m. Bein. Arǵuna's.

किरीटिन् 1) Adj. *mit einem Diadem geschmückt.* — 2) m. *a)* Bein. α) Indra's. — β) Arǵuna's. — γ) Nara's (nach Nilak.) MBh. 1,19,31; vgl. Z. d. d. m. G. 32,330. — *c)* N. pr. eines Wesens im Gefolge α) Skanda's. — β) Çiva's.

*किरोडाय्, °यति (घोरत्वे).

*किर्बिर (Gal.) und किर्मीर Adj. *bunt.*

*किर्मि f. 1) *Halle.* — 2) *eine Puppe von Gold oder Eisen.* — 3) *Butea frondosa*; vgl. कर्मिन् 2) *b)*.

किर्मीर 1) Adj. *bunt* Harshak. 174,23. — 2) m. *a)* **Orangenbaum.* — *b)* N. pr. eines von Bhîmasena besiegten Râkshasa. *°जित्, *°निषूदन, *°भिद्, *°सूदन (Gal.) und *किर्मीरारि m. Beinamen Bhîmasena's.

*किर्मीरत्वच् m. *Orangenbaum.*

किर्मीरित Adj. *bunt gemacht*, so v. a. *gemischt mit* (im Comp. vorangehend) Naish. 6,97.

*किर्याणी f. *eine wilde Sau.*

*किल्, किलति (श्वैत्यक्रीडनयोः oder शैत्य°), केलयति (क्षेपे).

1. किल (किला) Adv. *quidem, fürwahr, gewiss, ja, nämlich.*; *wie man sagt, angeblich* Varâh. Brh. S. 5,2. 12,21. 81,24. Kâd. 158,17. 219,12. Ausnahmsweise am Anfange eines Halbverses oder Satzes. Nach den Lexicographen वार्त्तायाम्, संभाव्ये,

निश्चये, अनुमतौ, अरुचौ, अलीके und हेतौ.

2.*किल m. *Spiel, Tändelei.*

3. किल m. N. pr. eines Mannes.

किलकल m. Pl. v. l. für किलकिल 1) b) VP.² 4,211.

किलकिञ्चित n. *hysterische Aeusserungen der Freude* Bâlar. 190,8. 294,13.

किलकिल 1) m. a) Bein. Çiva's. — b) Pl. N. pr. eines Javana-Stammes. — 2) °ला (onomatop.) Ausruf der *Freude;* f. *Freudengeschrei.* °ध्वनि m. dass. Bâlar. 185,6.

किलकिलाय्, °यति *ein Freudengeschrei erheben, aufjauchzen.* Med. dass. und auch *aufschreien* Kâdamb. 53,18. 58,16.

किलञ्ज m. *Matte.*

किलाट m. (*f. ई) *eine Art gekäster Milch* Bhâvapr. 2,43.

*किलाटिन् m. *Bambusrohr.*

किलात m. 1) N. pr. eines Asura-Priesters. किलाताकुली Du. — 2) *Zwerg.*

किलाद Hariv. 2,89,63 v. l. für किलाट.

किलास 1) Adj. *aussätzig.* Nom. abstr. °त्व n. — 2) f. किलासी *ein geflecktes Thier.* — 3) n. *Aussatzmal, Aussatz.* Im System *eine best. Form des Aussatzes.*

*किलासघ्न m. *Momordica mixta.*

किलासनाशन Adj. *den Aussatz vertreibend.*

किलासभेषज n. *ein Mittel gegen den Aussatz.*

किलासमय Adj. *räudig* (Hund) Kauç. 13.

किलासिन् Adj. *aussätzig* Gaut.

किलिकिल N. pr. 1) m. Pl. eines Volkes VP.² 4,211. — 2) f. आ einer Stadt.

किलिकिलय् *jauchzen.* किलिकिलित n. impers. Bâlar. 218,4.

किलिकिलाय्, °यते dass. Harshaé. 178,14.

*किलिञ्च m. *Planke, Brett.*

*किलिञ्चन m. *ein best. Fisch* Nigh. Pr.; vgl. Râǵan. 19,73.

किलिञ्ज m. 1) *Matte.* °हस्तिन् m. *ein aus Matten zusammengefügter Elephant.* — 2) **Planke, Brett.*

*किलिञ्जक m. *Matte.*

किलिम (*m.) n. *Pinus Deodora* Karaka 4,8. 7,7.

*किल्किन् m. *Pferd.*

किल्बिष n. (adj. Comp. f. आ) 1) *Fehler, Vergehen, Schuld, Sünde.* Am Ende eines Comp. *ein Vergehen gegen* oder *eine Schuld, die — auf sich ladet.* Im Bhâg. P. einmal m. — 2) *Unbill, Beleidigung* 61,16. — 3) **Krankheit.*

किल्बिषस्पृत् Adj. *Vergehen entfernend, —, vermeidend.*

किल्बिषिन् Adj. *der sich ein Vergehen zu Schulden kommen lässt, schuldig, sündhaft.*

*किल्विन् m. *Pferd.*

*किशरा f. und davon *Adj. °वत् gaṇa मध्वादि.

किशोर 1) m. a) *Füllen.* — b) *Jüngling.* — c) **die Sonne.* — d) **eine best. Pflanze.* — e) N. pr. eines Dânava. — 2) f. किशोरी a) *ein weibliches Füllen.* — b) *Jungfrau.*

किशोरक 1) m. a) **Füllen.* — b) *das Junge eines Thieres* Daçak. 42,8. Kâd. 83,24. 85,2. Prasannar. 6, 5. — 2) *f. °रिका *ein weibliches Füllen* oder *Jungfrau.*

*किष्क्, किष्कयते (हिंसायाम्).

किष्किन्द in स्व°.

किष्किन्ध N. pr. 1) m. a) eines Berges. — b) *eines Volkes. °गन्धिक n. Sg. Mahâbh. 2,397,b. — 2) f. आ (und *ई) einer Höhle in 1) a), der Behausung des Affen Vâlin. Ungenau auch = 1) a). °काण्ड n. Titel des 4ten *Buchs* im Râmâjaṇa.

किष्किन्धक m. Pl. N. pr. eines Volkes.

किष्किन्ध्य *m. und °न्ध्या f. schlechte Schreibart für °न्ध und °न्धा.

किष्किश m. v. l. für किक्किश.

किष्कु 1) m. (*f.) a) *Vorderarm.* — b) *Stiel* (einer Axt) Tâṇḍja-Br. 6,5,12. — c) *ein best. Längenmaass,* = कर Karaka 1,14. — 2) *Adj. *verächtlich, schlecht.*

*किष्कुपर्वन् m. 1) *Bambusrohr.* — 2) *Zuckerrohr.* — 3) *Arundo tibialis.*

क्रिष्य m. v. l. für क्रिप्य.

किस् Fragepartikel. Nach Nir. = कर्तर्.

*किस gaṇa सवनादि. m. N. pr. eines Dieners des Sonnengottes.

*किसर 1) m. *ein best. wohlriechender Stoff* Kâç. (किशर) zu P. 4,4,53. — 2) f. आ gaṇa मध्वादि (auch in der Kâç. किशरा).

*किसरावत् Adj. von किसरा 2). Auch in der Kâç. किश°.

*किसरिक Adj. (f. ई) mit किसर *handelnd.*

*किसल m. n. = किसलय.

किसलय्, °यति *hervorspriessen lassen, erregen.* अत्रस्तोषम् Prasannar. 43,14. °यित Adj. *mit Blattknospen —, mit jungen Schossen versehen* Harshaé. 22,1.

किसलय (*m.) n. *Blattknospe, ein junger Schoss* Gaut. Chr. 294,24. 296,14.

कीकट 1) m. a) N. pr. α) Pl. eines nicht-arischen Volkes. — β) zweier Männer. — b) **Pferd.* — 2) *Adj. a) *arm.* — b) *geizig.*

*कीकटक m. *Pferd* Nigh. Pr.

*कीकटिन् m. *Wildschwein* Nigh. Pr.

कीकस 1) *Adj. *hart.* — 2) m. a) *Wirbelsäule* Ârsh. Br. — b) **eine Art Wurm.* Vgl. किक्किश, किक्किस. — 3) f. कीकसा *Wirbel, vertebra.* — 4) n. *Knochen.*

*कीकसकास्थि n. *Wirbel, vertebra* H. an. 3,478.

*कीकसमुख und *कीकसास्य m. *Vogel.*

*कीकि m. *der blaue Holzheher.*

कीचक m. 1) *Rohrschilf, Amphidonax Karka.* Gewöhnlich in Comp. mit वेणु und im Pl. — 2) N. pr. a) Pl. eines Volkes. — b) eines von Bhîmasena besiegten Heerführers des Virâṭa. *Beinamen Bhîmasena's: °जित्, °निषूदन, °भिद्, °सूदन (Gal.). — c) *eines Daitja. — d) *eines Râkshasa.

कीज m. *ein best. Geräthe* (*Sporn* Grassmann).

*कीट्, कीटयति (वर्णे, बन्धे).

कीट 1) m. (*f. ई und *n.) a) *Wurm, Insect.* °पतंगाः Çat. Br. 14,9,2,14. Am Ende eines adj. Comp. f. आ Hemâdri 2,a,76,6. — b) *der Scorpion im Thierkreise.* — c) *Wurm als Ausdruck der Verachtung.* — 2) *n. *stercus;* vgl. किट्ट.

कीटक 1) m. a) *Wurm, Insect.* — b) **eine Art Barde.* — c) N. pr. eines Fürsten. — 2) *Adj. *hart.*

कीटगर्दभक m. *ein best. Insect* Suçr. 2,288,10.

*कीटघ्न m. *Schwefel* Râǵan. 13,71.

कीटज 1) n. *Seide.* — 2) *f. आ *der von der Schildlaus kommende Lack.*

*कीटनामन् *Cissus pedata* Nigh. Pr.

*कीटपादिका f. dass. Râǵan. 5,111.

कीटमणि m. *Leuchtkäfer* Spr. 7750.

कीटमातर् f. 1) **Bienenweibchen* Gal. — 2) *Cissus pedata* Bhâvapr. 1,219.

*कीटमारी f. *Cissus pedata* Râǵan. 5,110.

*कीटयोनि f. = कीटमातर् 1) Gal.

कीटशत्रु m. *Embelia Ribes.*

*कीटसंभवा f. = कीटमातर् 1) Gal.

कीटारि m. 1) *eine best. Pflanze.* — 2) **Schwefel* Gal.

कीटोत्कर m. *Ameisenhaufe.*

कीडेर m. *Amaranthus polygonoides.* Vgl. काएडेर.

कीदृत्त Adj. *qualis?* Spr. 7847.

कीदृगाकार Adj. *wie aussehend?* Pańkad.

कीदृग्रूप Adj. dass. MBh. 13,85,71.

कीदृग्वर्ण Adj. *von welcher Farbe?* ebend.

कीदृग्व्यापारवत् Adj. *womit beschäftigt?* 144,8.

कीदृश् Adj. *qualis?* Mit folgendem च und vorgehendem यावत् *qualiscumque.*

कीदृश Adj. (f. ई) *qualis? wozu nütze?* so v. a. *unnütz* 183,16.

*कीन n. *Fleisch.*

कीनार m. *vielleicht Pflüger.*

कीनाश m. 1) *Pflüger, Ackerknecht* TBr. 2,4,8, 7. — 2) *Filz, Geizhals.* — 3) Bein. Jama's Naish.

6,75. Bâlar. 89,5. 254,15. — 4) *eine Affenart. — 5)*ein Rakshas. — 6)*= पशुघातिन् oder उपांशुघातिन्.

कीम् in आ° und मा°.

कीर 1) m. a) Papagei Spr. 7669. — 2) Pl. N. pr. eines Volkes. — 2) *n. Fleisch.

*कीरक m. 1) = प्रापण. — 2) = क्षपणक. — 3) eine best. Pflanze.

*कीरवर्णक n. ein best. wohlriechender Stoff Râǵan. 12,137.

कीरि m. Lobsänger, Dichter.

कीरिचोदन Adj. Lobsänger antreibend.

कीरिन् Adj. preisend; m. Lobsänger ṚV. 1,100, 9. 5,4,10. 40,8. 52,12.

*कीरेष्ट m. 1) Mangifera indica Râǵan. 11,9. — 2) Wallnussbaum Râǵan. 11,82. — 3) = जलमधूक Râǵan. 11,94.

*कीरोद्भूत Adj. aus dem Lande der Kira (Pferd) Gal.

कीर्ण Partic. s. u. 3. und 4. कर्.

*कीर्णपुष्प m. eine best. Schlingpflanze mit süssem Milchsaft Râǵan. 3,80.

*कीर्णि f. Nom. act. von 3. कर्.

कीर्तन 1) n. das Erwähnen, Nennen, Aufzählen, Berichten, Erzählen. — 2) f. आ a) dass. — b) *Ruhm.

कीर्तय्, कीर्तयति (episch auch Med.) 1) commemorare, gedenken, Erwähnung thun, nennen, aufführen, hersagen, mittheilen, verkünden, erzählen, rühmend erwähnen; mit Gen. oder Acc. (nur dieser später). — 2) Etwas als Etwas erwähnen, erklären für, nennen, heissen; mit zwei Acc. Pass. heissen, gelten für. — Desid. Erwähnung thun wollen, mit Gen. Ait. Âr. 469,19 (न चिकीर्तयिषेत् zu lesen). — Mit अनु gedenken, Erwähnung thun, verkünden, hersagen, erzählen; mit Acc. — Mit समनु in समनुकीर्तन. — Mit समभि berichten, erzählen; mit Acc. — Mit उद् preisen, mit Acc. — Mit परि 1) laut überall verkünden, verkünden, mittheilen, erwähnen, erzählen, preisen; mit Acc. — 2) erklären für, nennen; mit zwei Acc. Pass. heissen, gelten für. — Mit संपरि aufzählen. — Mit प्र 1) hersagen, mittheilen, verkünden, ausposaunen Hemâdri 1,582,20. — 2) erklären für, nennen; mit zwei Acc. Pass. heissen, gelten für 216,21. — 3) gutheissen, für angemessen erachten; mit Acc. — Mit संप्र 1) erwähnen, mit Acc. — 2) erklären für, nennen; mit zwei Acc. Pass. heissen, gelten für. — Mit सम् erwähnen, hersagen, verkünden, preisen; mit Acc.

कीर्ति 1) f. a) das Gedenken, Erwähnung; Rede, Kunde. — b) gute Kunde, Ruhm. Neben श्लोक Çat. Br. 6,3,1,17 (wohl कीर्तिः श्लोकः zu lesen). 14,4, 2,18. Auch personificirt als Tochter Daksha's und Gattin Dharma's. — c) ein best. Tact S. S. S. 210. — d)*Ausdehnung. — e)*Glanz. — f)*Schmutz (vgl. 3. कर्). — g) *= प्रसाद oder प्रासाद. — h) *N. pr. einer Mâtrikâ. — 2) m. N. pr. eines Sohnes des Dharmanetra VP.[2] 4,54.

कीर्तिकर Adj. (f. ई) Ruhm verschaffend Spr. 6089, v. l.

कीर्तितव्य Adj. zu preisen.

कीर्तिधर m. N. pr. eines Autors.

*कीर्तिभाज् m. Bein. Droṇa's.

कीर्तिमन्त् 1) Adj. berühmt, von Personen. — 2) m. N. pr. a) eines der Viçve Devâs. — b) eines Sohnes des α) Uttânapâda. — β) Vasudeva. — γ) Añgiras. — 3) f. °मती Bein. der Dâkshâyaṇî.

कीर्तिमय Adj. (f. ई) aus Ruhm bestehend.

कीर्तिमालिनी f. ein Frauenname.

कीर्तियुत Adj. berühmt (Person) 150,11.

कीर्तिरथ m. N. pr. eines Fürsten der Videha.

कीर्तिराज m. Pl. Bez. bestimmter Ṛshi.

कीर्तिरात m. N. pr. eines Fürsten der Videha.

कीर्तिवर्मन् m. N. pr. eines Fürsten.

कीर्तिवास m. N. pr. 1) eines Autors. — 2) eines Asura.

*कीर्तिशेष m. Tod.

कीर्तिसार m. N. pr. eines Mannes Daçak. 43,6.

कीर्तिसिंहदेव m. desgl.

कीर्तिसेन m. N. pr. eines Neffen Vâsuki's.

कीर्तिसोम m. N. pr. eines Mannes.

कीर्तिस्तम्भ m. Ruhmessäule Bâlar. 75,13.

(कीर्तेन्य) कीर्तेनिअ Adj. rühmenswerth.

कीर्त्य Adj. herzusagen in दिवा°.

कीर्य Adj. in उद्°.

*कीर्वि Adj. von 3. कर्.

कीर्शा f. wohl ein best. Vogel.

*कील्, कीलति (बन्धने).

कील 1) m. (adj. Comp. f. आ) a) zugespitztes Holz, Pfahl, Pflock, Keil. Auch *f. आ. — b) Handgriff. — c) Ellbogen VP. 5,20,54. Auch *f. आ. — d) eine spitz zulaufende Geschwulst. — e) eine best. ungünstige Lage des Fötus. — f) die mittleren Silben eines Spruches. — g) Bein. des Vîtarâga Mahoça. — h) *= बन्ध Mahîdh. zu VS. 2,34. — 2) *m. f. a) Lanze, Speer. — b) Flamme. — c) ein Bischen. — 3) f. आ ein Stoss mit dem Ellbogen. Auch *m. — 4) *n. = कीन Fleisch Gal.

कीलक 1) m. a) = कील 1) a). — b) Schiene (bei Knochenbrüchen). — c) *= कील 1) d). — d) *Kubebe Nigh. Pr. — e) Bez. bestimmter Ketu. — f) das 42ste Jahr im 60jährigen Jupitercyklus. — 2) f. कीलिका Pflock, Bolzen Hemâdri 1,291,19.

कीलकविवरण n. Titel eines Werkes Bühler, Rep. No. 444.

कीलन n. das Annageln, Befestigen Kâlać. 4,153.

कीलनीय Adj. anzunageln, zu befestigen ebend.

*कीलपादिका f. v. l. zu कीट° Râǵan. 5,111.

*कीलसंस्पर्श m. Diospyros glutinosa.

कीलाल 1) m. süsser Trank, auch von einem himmlischen, dem Amṛta zu vergleichenden Tranke. Auch *n. — 2) n. a) Blut. — b) *Wasser.

कीलालज n. Fleisch.

*कीलालधि m. Meer.

कीलालप 1) Adj. Blut trinkend. — 2) *m. ein Rakshas Trik. 1,1,73.

कीलालपा Adj. den Trank Kilâla trinkend.

कीलालपेशस् Adj. mit dem Trank Kilâla geschmückt Maitr. S. 2,7,12.

*कीलालिन् m. Eidechse, Chamäleon Nigh. Pr.

कीलालोध्नी Adj. f. den Trank Kilâla im Euter führend.

कीलालौषधि f. ein zur Bereitung eines berauschenden Trankes dienendes Kraut Âpast.

कीलित 1) angesteckt, befestigt. कीलितेव चास्मिन्नेव स्थाने तनुः wie festgenagelt Kâd. II,44,11. — 2) stecken bleibend. — 3) bespickt —, besäst mit (Instr. oder im Comp. vorangehend) Kâd. II,134,7.14.

कीलेश्वर m. = कील 1) g).

कीवत् Adj. = कियत्. आ कीवतः quousque?

कीश 1) *Adj. nackt. — 2) m. a) Affe. — b) *Vogel. — c) die Sonne.

*कीशपर्ण m. und f. (ई) Achyranthes aspera.

कीश्मील m. eine best. Krankheit AV. Paipp. 19,8,4.

कीस्तं m. Lobsänger, Dichter.

1. कु Pron. interr. in कुतस् u. s. w. Drückt am Anfange eines Comp. Mangel aus. Vgl. कू.

2. कु Verbalwurzel s. कू.

3. कु f. 1) die Erde Ârjabh. 2,1. Land, Erdboden Spr. 7789. — 2) die Basis eines Dreiecks (Comm. zu Ârjabh. 2,8) oder einer anderen Figur. — c) Bez. der Zahl eins.

कुंव्या f. s. कुम्ब्या.

*कुंश्, कुंशति und कुंशयति (भाषार्थ oder भासार्थ).

कुंश in भ्रं°, भ्र°, भ्रु° und भ्रू°.

*कुंस्, कुंसति und कुंसयति = कुंश्.

कुंस in भ्रं°, भ्र°, भ्रु° und भ्रू°.

*कुक्, कोकते (आदाने).

कुकथा f. eine schlechte, elende Erzählung.

कुकन्यका f. ein schlechtes Mädchen.

*कुकभ n. *ein berauschendes Getränk.*

*कुकर Adj. *eine verkrüppelte Hand habend.*

1. कुकर्मन् n. *eine böse That.*

2. कुकर्मन् Adj. *böse Thaten verübend.*

कुकलत्र n. *ein schlechtes Weib* Spr. 1803.

कुकवि m. *ein schlechter Dichter, Dichterling* Spr. 7854.

कुकाव्य n. *ein schlechtes Gedicht.*

*कुकील m. *Berg.*

*कुकुट m. *Marsilea quadrifolia.* Vgl. कुक्कुट.

कुकुटुम्बिनी f. *eine schlechte Hausfrau.*

कुकुण्डक n. *die Frucht des* Khattâka Nirnajas. 3,22,a.

*कुकुद m. = कूकुद.

*कुकुन्दु m. *Blumea lacera* Nigh. Pr.

कुकुन्दनी f. *Cardiospermum Halicacabum* Bhâvapr. 1,174.

कुकुन्दर 1) n. Du. (adj. Comp. f. आ) *die beiden Vertiefungen um die Wirbelsäule unmittelbar über den Hüften.* Auch *m. Du. — 2) m. *Blumea lacera* Bhâvapr. 1,223.

*कुकुन्डर n. = कुकुन्दर 1).

कुकुन्ध m. Bez. *gespenstischer Wesen.*

*कुकुभा f. *eine best.* Râgiṇî.

कुकुर m. 1) N. pr. *a)* eines Volkes MBh. 6,9,60. — *b)* eines Fürsten. Pl. *sein Geschlecht.* — 2) **Hund.* — 3) **eine Art* Dûrvâ-*Gras.*

*कुकुरजिह्वा f. 1) *Acheiris Kookor Zibha* (ein Fisch). — 2) *Leea staphylea.* — 3) *Ixora undulata.*

कुकुल m. = कुकूल 1) *b)* Karaka 6,1.

*कुकुवाच् m. *Schakal* Nigh. Pr.

*कुकूटी f. *Salmalia malabarica* Râgan. 8,8.

कुकूणक m. *eine best. Augenkrankheit der Kinder.*

कुकूनन Adj. (f. आ) *murmelnd* (Wasser).

कुकूरभ m. Bez. *gespenstischer Wesen.*

कुकूल 1) (*m. *n.) *a) Hülsen.* — *b)* **Hülsenfeuer, Strohfeuer.* — 2) *n. *a) eine Höhle mit Pfählen.* — 3) *Rüstung.*

कुकूलमुर्मुर m. *Hülsenfeuer* Bâlar. 187,24.

*कुकूवाच् m. *eine Antilopenart* Gal. Vgl. कुक्कुवाच्.

कुकृत Adj. *schlecht gemacht.*

कुकृत्य n. *Schandthat, Schlechtigkeit.*

*कुकोल m. *Zizyphus Jujuba.*

कुक्कुट् onomatop. vom *Gekräbe des Hahns.*

कुक्कुट 1) m. *a) Hahn.* Am Ende eines adj. Comp. *f. आ. — *b) wilder Hahn, Phasianus gallus.* — *c)* **Marsilea quadrifolia* Râgan. 4,51. — *d) eine best. Gangart* S. S. S. 253. — *e)* **der Sohn eines* Nishâda *und einer* Çûdra-*Frau.* Vgl. कुक्कुर 1) *b).* — *f)* **ein brennendes Grasbündel.* — *g)* **Funke*

— *h)* *fehlerhaft für कुक्कुर Huna. — 2) f. कुक्कुटी *a) Henne.* — *b)* **eine kleine Hauseidechse.* — *c) Dolichos pruriens* Suçr. 2,536,13. — *d) Salmalia malabarica.* — *e)* **Heuchelei.* — 3) n. *eine bes. Art zu sitzen.* Auch कुक्कुटासन n.

कुक्कुटक 1) m. *a)* **Phasianus gallus.* — *b)* = कुक्कुट 1) *e).* — 2) f. °टिका N. pr. einer der Mütter im Gefolge Skanda's.

*कुक्कुटकन्द n. N. pr. einer Stadt.

कुक्कुटनाडीयन्त्र n. *ein best. Instrument, Saugröhre* Comm. zu Golâdhj. 11,54.

*कुक्कुटपत्त्रक m. *ein Messer in der Gestalt eines Hahnenflügels.*

कुक्कुटपाद m. N. pr. eines Berges.

*कुक्कुटमञ्जरी f. *Piper Chaba* Nigh. Pr.

कुक्कुटमण्डप m. N. pr. eines *Tempels* in Benares.

*कुक्कुटमर्दक und *°मर्दन m. *eine best. Pflanze mit wohlriechenden Blättern* Madanav. 30,306.

*°मर्दिका f. Dhanv. 4,68.

*कुक्कुटमस्तक m. *Piper Chaba* Râgan. 6,42. Dhanv. 2,37.

कुक्कुटमिश्र m. ein Spottname.

कुक्कुटव्रत n. *eine best. Begehung.*

*कुक्कुटशिख m. *Carthamus tinctorius.*

*कुक्कुटागिरि m. N. pr. eines *Berges.*

कुक्कुटाण्ड 1) n. *Hühnerei.* — 2) *m. *eine Reisart* Gal.

कुक्कुटाण्डक m. *eine Reisart* Bhâvapr. 1,273.

*कुक्कुटाण्डसम m. *eine Eierpflanze mit weisser Frucht* Nigh. Pr.

*कुक्कुटाभ m. *eine Schlangenart.*

कुक्कुटाराम m. N. pr. eines *Lusthains.*

कुक्कुटार्म m. N. pr. einer Oertlichkeit.

कुक्कुटासन n. = कुक्कुट 3).

*कुक्कुटाहि m. *eine Schlangenart.*

*कुक्कुटि f. *Heuchelei.*

कुक्कुटीमर्कटीव्रत und कुक्कुटीव्रत n. *eine best. Begehung.*

कुक्कुटेश्वर 1) m. *ein best. Zauberspruch.* — 2) n. Name eines Liñga.

कुक्कुटेश्वरतन्त्र n. Titel eines Tantra.

*कुक्कुटोरग m. *eine Schlangenart* Nigh. Pr.

कुक्कुभ m. 1) *Phasianus gallus.* — 2) **varnish, oiling or oily gloss.*

कुक्कुर 1) m. *a) Hund.* — *b) eine best. verachtete Mischlingskaste* Kârand. 61,13. Vgl. कुक्कुट 1) *e).* — *c)* N. pr. α) verschiedener Männer. — β) Pl. eines Volkes. — 2) f. ई *Hündin.* — 3) *n. *ein best. wohlriechender Stoff.*

कुक्कुरद्रु m. *Blumea lacera* Madanav. 30,307. Mat. med. 306.

*कुक्कुवाच् m. *eine Antilopenart* Râgan. 19,43. Vgl. कुकूवाच्.

*कुक्त m. *Bauch.*

कुक्षि 1) m. *a) Bauch, Unterleib.* In der älteren Sprache gewöhnlich Du. Auch *f. — *b) Mutterleib.* — *c) Höhlung, Höhle, Thal.* — *d)* in Verbindung mit सागर und समुद्र *Meerbusen.* — *e)* **Degenscheide.* — *f)* **Stahl.* — *g)* N. pr. α) verschiedener Männer. — β) *einer Oertlichkeit. — 2) f. N. pr. einer Tochter Prijavrata's.

कुक्षिगत Adj. *im Bauch befindlich.* Davon °गती Adv. mit कर् *verschlucken* Naish. 2,83.

कुक्षिज m. *Sohn.* Ragh. 15,15.

कुक्षिभेद m. Bez. *einer der 10 angeblichen Weisen, auf welche eine Finsterniss endet.*

कुक्षिंभरि Adj. *nur seinen Bauch pflegend* Ind. St. 15,390.

*कुक्षिरन्ध्र und *°क (Gal.) m. *Schilfrohr, Amphidonax Karka.*

कुक्षिल m. Bez. *gespenstischer Wesen.*

कुक्षिशूल m. n. *Leibschmerz, Kolik.*

कुक्षी f. = कुक्षि *Bauch.*

कुक्षेयु m. N. pr. eines Sohnes des Raudrâçva.

कुक्ष्यामय m. *Bauchkrankheit.*

*कुखाटि f. = खाटि = असङ्कृत.

*कुख्याति f. *übler Ruf.*

कुगणिन् Adj. *zu einer bösen Rotte gehörig* (buddh.).

कुगति f. *Abweg* (buddh.).

कुगृह m. Pl. *eine schlechte Hausfrau* Spr. 1784.

कुगेहिनी f. dass.

कुगो m. *ein lender, schwacher Stier.*

कुग्राम m. *ein elendes Dorf.*

कुङ्कणा N. pr. einer Oertlichkeit.

कुङ्कुम n. *Crocus sativus* (die *Pflanze* und der *Blüthenstaub*).

कुङ्कुमपङ्क m. *Safransalbe* Spr. 1787.

*कुङ्कुमाकृति m. *eine Reisart* Gal.

*कुङ्गनी f. *eine best. Pflanze.*

कुच्, कुचति und कुञ्च्, कुञ्चते *sich zusammenziehen, — krümmen.* कुञ्चित *zusammengezogen, gekrümmt, kraus, geringelt.* Nach dem Dhâtup. कुच्, *कोचति (संपर्चनकौटिल्यप्रतिष्टम्भविलेखनेषु, st. प्रतिष्टम्भ auch रोध); कुञ्च्, *कुञ्चति (कौटिल्याल्पीभावयोः, auch गति° und वक्रणे तौच्छ्ये च). *कुचित = परिमित. — Caus. कुञ्चयति *kräuseln, in Locken einlegen.* — Mit अनु, °कुञ्चित *eingebogen, gekrümmt.* — Mit अव in अवकुञ्चन. — Mit आ, आकुञ्चित *eingebogen, eingezogen, zusammengezogen, gebogen, kraus, geringelt.* — Caus. आकुञ्चयति *zusammen-*

ziehen, einbiegen, verkürzen. — Mit समा, °कुञ्चित *eingezogen, so v. a. eingestellt* (Rede) NAISH. 3,61. — Mit उद् Act. *sich aufwärts —, sich auseinander biegen, — krümmen.* — Caus. उत्कोचित *aufgeblüht.* — Mit नि in निकुचिति u. s. w. — Caus. *anziehen, attrahere* (Gegens. *ausstrecken*) ḰARAKA 8,3 (°कुच्य). — Mit संनि Caus. *zusammenziehen* Ind. St. 15,383 (°कुच्य). — Mit वि, विकुञ्चित *zusammengezogen, geringelt.* — Caus. विकुच्चयति *zusammen —, einziehen.* कर्णौ so v. a. *zurückschlagen.* — Mit सम् Act. 1) *sich zusammenziehen* 169,12. *sich schliessen* 174,28. Ind. St. 15,420. Mit einem Abl. *sich verschliessen gegen, ablassen von.* Pass. संकुच्यते *schliesst sich.* संकुचित a) *zusammengezogen, — gekauert, geschlossen.* — b) *zusammengeschrumpft,* so v. a. *unvollständig* Comm. zu TS. PRÂT. — c) *niedergeschlagen, ganz aus der Fassung gebracht* KÂD. II, 108,13. — 2) *zusammenziehen, einziehen,* so v. a. *absorbiren, zu Nichte machen.* — Caus. संकोचयति 1) *zusammenziehen, einziehen.* — 2) *verringern, verkleinern* Spr. 3955. — 3) Med. *vorenthalten.*

कुच m. (adj. Comp. f. आ) *die weibliche Brust.* Gewöhnlich Du.

कुचग्रह् KATHÂS. 103,225 fehlerhaft für कचग्रह्.

*कुचपिण्डका f. *Sanseviera Roxburghiana*

कुचन्दन n. 1) *rother Sandel von Pterocarpus santalinus.* — 2) **Caesalpina Sappan.* — 3) **Adeanthera pavonina.* — 4) **Safran.*

*कुचफल m. 1) *Granatbaum* RÂǴAN. 11,75. — 2) *Feronia elephantum* RÂǴAN. 11,182.

*कुचमुख n. *Brustwarze.*

कुचर Adj. 1) *umherschweifend.* — 2) *einen schlechten Wandel führend;* m. *ein schlechter Mensch* GAUT. — 3) **übel nachredend.*

कुचरित्र n. und कुचर्या f. *schlechter Wandel.*

कुचवत्रा f. N. pr. einer *bösen Fee, die den Weibern die Brüste fortnimmt.*

*कुचाग्र n. *Brustwarze.*

*कुचाङ्केरी f. *Rumex vesicarius.*

कुचिक 1) *m. f. (आ) *ein best. Fisch.* — 2) m. Pl. N. pr. eines Volkes. — 3) *f. आ *eine best. Pflanze.*

कुचिकर्ण m. N. pr. eines Mannes.

कुचीरा f. N. pr. eines Flusses MBH. 6,334. कुवीरा v. l.

*कुचुएटक m. *eine best. Gemüsepflanze* NIGH. PR.

कुचुमार m. N. pr. eines Autors. Auch fehlerhaft für कौचुमार.

1. कुचेल n. 1) *ein schlechtes Kleid.* — 2) *Lumpen, Lappen* ḰARAKA 1,8.

2. कुचेल 1) Adj. *schlecht gekleidet.* Nom. abstr. °ता f. — 2) *f. आ *eine best. Pflanze.* — 3) *f. ई *Clypea hernandifolia.*

कुचैल (f. आ) und कुचैलिन् Adj. *schlecht gekleidet, sich schlecht kleidend.*

कुचोद्य n. *eine unpassende Frage.*

कुचोष्मवत् Adj. *der sich an Brüsten erwärmt* Spr. 7625.

*कुचक्क n. *die Blüthe der weissen Wasserlilie.*

कुचिक्कला f. N. pr. eines Flusses VP.[2] 2,151.

*कुज्, कुजति *krumm sein.* ‹जति (स्तेयकरणे).

कुज 1) m. a) **Baum.* — b) Metron. α) *des Planeten Mars.* — β) des Daitja Naraka. — 2) *f. आ Metron. a) der Durgâ. — b) der Sîtâ. — 3) n. *Horizont.*

कुजदिन n. *Dienstag*

कुजन m. *ein schlechter Mensch* oder *schlechte Menschen* Spr. 1785.

कुजननी f. *eine schlechte Mutter.*

1. कुजन्मन् 1) Adj. *einen schlechten Ursprung habend.* — 2) m. *ein Mann niederen Standes, Sclave* Spr. 7632.

2. कुजन्मन् m. *der Planet Mars* Spr. 7632.

*कुजप m. N. pr. eines Mannes.

कुजम्भ m. N. pr. eines Daitja.

*कुजम्भल, *कुजम्भिर und *कुजम्भिल m. *ein in ein Haus einbrechender Dieb.*

कुजीविका f. *ein elendes Dasein* 170,26.

*कुजिजश m. *ein best. Fisch.*

*कुज्फटि, *का und *कुज्फटी f. *Nebel.*

कुज्ञान n. *mangelhaftes Wissen* Ind. St. 15,355.

कुज्या f. *der Sinus des zwischen dem Horizont und dem* Unmaṇḍala *gelegenen Bogens des Tageskreises.*

कुञ्च् s. कुच्.

कुञ्चन n. 1) *das Sichzusammenziehen.* — 2) *eine best. Krankheit der Augenlider.*

*कुञ्चफला f. *Beninkasa cerifera.*

कुञ्चि m. *ein best. Hohlmaass,* = *8 Handvoll* HEMÂDRI 2,a,57,17.

कुञ्चिका f. 1) *Schlüssel* PRASANNAR. 43,7. — 2) **ein best. Fisch.* — 3) **Abrus precatorius.* — 4) *Nigella indica* ḰARAKA 6,9. 24. — 5) **Trigonella foenum graecum* RÂǴAN. 6,70, v. l. — 6) **Bambuszweig.* — 7) **Kupplerin* GAL. — 8) Titel eines Commentars (*Schlüssels*) zur Maṅǵûshâ.

कुञ्चित 1) Adj. s. u. कुच्. — 2) f. आ *eine best. fehlerhafte Art des Oeffnens einer Ader.* — 3) *n. *Tabernaemontana coronaria* RÂǴAN. 10,144.

कुञ्ची f. 1) *Kümmel* BHÂVAPR. 1,166. — 2) **Trigonella foenum graecum* RÂǴAN. 6,70.

कुञ्ज्, कुञ्जति *rauschen* HARSHAK. 172,8.

कुञ्ज 1) m. (*n.) a) *Gebüsch, Laube.* सरस्वत्याः N. pr. eines Tîrtha. — b) **Kinnlade.* — c) **Kinnlade eines Elephanten.* — d) **Zahn.* — e) **Elephantenzahn.* — 2) *m. N. pr. eines Mannes.

कुञ्जर 1) m. a) *Elephant.* Am Ende eines adj. Comp. f. आ. — b) als Ausdruck *des Vorzüglichsten in seiner Art.* राज°, कपि°. — c) Bez. *der Zahl acht* (wegen der *acht Weltelephanten*). — d) *eine best. Tempelform.* — e) *eine best. Gangart* S. S. S. 253. — f) **Ficus religiosa.* — g) N. pr. α) eines *Schlangendämons.* — β) eines Fürsten. — γ) eines Berges. — δ) einer Oertlichkeit. — 2) *f. आ und ई *Elephantenweibchen.* — 3) *f. आ a) *Bignonia suaveolens.* — b) *Grislea tomentosa.*

कुञ्जकुटीर *Laube* GÎT. 1,27. MÂLATÎM. 79,16 (176,7).

*कुञ्जरक्षारमूल n. *Rettig* RÂǴAN. 7,15.

कुञ्जरग्रह m. *Elephantenknecht.*

कुञ्जरत्व n. Nom. abstr. von कुञ्जर 1) a).

कुञ्जरदरी f. N. pr. einer Oertlichkeit VARÂH. BRH. S. 14,16.

*कुञ्जरपादप m. *Ficus benjamina* NIGH. PR.

*कुञ्जरपिप्पली f. *Scindapsus officinalis.*

*कुञ्जरारति m. 1) *Löwe.* — 2) = शरभ 1).

कुञ्जरारोह m. *Elephantenlenker.*

*कुञ्जरालुक n. *eine best. Knolle.*

*कुञ्जराशन m. *Ficus religiosa.*

कुञ्जल 1) m. N. pr. eines Wesens im Gefolge Skanda's. — 2) *n. *saurer Reisschleim.*

*कुञ्जवल्लरी (RÂǴAN. 8,77) und *°वल्ली (GAL.) f. *eine der Mimosa concinna ähnliche Pflanze.*

कुञ्जिका f. 1) *dass. RÂǴAN. 8,77. — 2) *Schwarzkümmel* ḰARAKA 1,27.

1. कुट् mit अव (°कुट्य) *zertheilen, zerkleinern.* — Mit प्र (°कुट्य) *zermalmen, zerkauen.*

2. *कुट्, कुटति (कौटिल्ये). कुटित *krumm.* — Mit उद् Caus. उत्कोटयति. — Mit वि, विकुटित = कुत्सीभूत. — Mit सम् *sich (vor Angst) zusammenkrümmen, verzweifeln.*

3. *कुट्, कोटयते (छेदने, अप्रसादे, अप्रतापने).

कुट (*m.) 1) vielleicht *Haus, Familie* ṚV. 1,46,4. = कृत NIR. Auch *n. — 2) **Wasserkrug.* Auch n. — 3) **Festung.* — 4) **Hammer, Axt* (GAL.). — 5) **Baum.* — 6) **Berg.* — 7) *N. pr. eines Mannes.

कुटक 1) m. a) *ein best. Baum* KAUÇ. 8. कुटुक v. l. — b) *= कुठर 1). — c) Pl. N. pr. eines Volkes. — 2) f. कुटिका N. pr. eines Flusses. — 3) *n. *ein Pflug ohne Deichsel.*

कुटकाचल m. N. pr. eines *Berges.*

*कुटङ्क m. *Dach.* Vgl. कुटल.

*कुटङ्कक m. = कुटङ्कक.

*कुटच m. = कुटज 1).

कुटज m. 1) *Wrightia antidysenterica*. n. (!) Spr. 1754. — 2) *Bein. *a*) Agastja's. — *b*) Droṇa's.

*कुटजमल्ली f. *eine best. Pflanze.*

*कुटजीव m. *Putranjiva Roxburghii* Râǵan. 9,145.

कुटन्नक n. = कुटन्नट 2) Bhâvapr. 1,197 (Hdschr.).

कुटन्नट m. 1) *Calosanthes indica*. — 2) *Cyperus rotundus* und auch *eine andere Species* Bhâvapr. 194. 2,67.

कुटप 1) m. *a*) *ein best. Hohlmaass.* — *b*) *ein Muni. — *c*) **Lustwald.* — 2) *n. *Lotusblüthe.*

*कुटपिनी f. = कमलिनी Nigh. Pr.

कुटम्ब und कुटम्बक v. l. für कुटुम्ब und कुटुम्बक Ind. St. 15.

कुटर m. 1)* = कुठर 1). — 2) N. pr. eines Schlangendämons. कुठर v. l.

कुटरु m. 1) *Hahn* Maitr. S. 1,1,6. 3,14,4. 20. 4, 1,6. TS. 5,5,17,1. — 2) **Zelt.*

*कुटरुणा f. *Ipomoea Turpethum.*

*कुटल n. *Dach.* Vgl. कुटङ्क.

कुटहारिका f. = कुट्ट° *Dienerin* Harshak. 98,21.

*कुटामोद m. *Zibeth* Râǵan. 12,73.

कुटार und कुटारिका in *अव°.

कुटि 1) f. *a*) *Krümmung, Biegung* in भ्रू°, अ°, भ्रु°, भ्रू°. — *b*) *Halle, Hütte.* — 2) *m. *a*) *Baum.* — *b*) *Körper.* — Vgl. कुटी.

कुटिक Adj. *gekrümmt, gebogen.* स्थानकुटिकासन n. *das Stehen und Hocken* MBh. 3,200,105. = स्थावरगृहत्याग Nilak.; vgl. aber उत्कुटकासन u. उत्कुटक. — कुटिका s. u. कुटक.

कुटिकुटी Adv. mit कर् *mit Gezwitscher erfüllen* Harshak. 202,16.

कुटिकोष्टिका f. N. pr. eines Flusses.

*कुटिचर m. *Krokodil.*

कुटिञ्जर m. *ein Chenopodium* Káraka 1,27.

कुटिपार्थिव m. N. pr. eines Mannes.

*कुटिर n. = कुटीर 1).

कुटिल 1) Adj. (f. आ) *a*) *krumm, gebogen, gewunden, in gewundenen Linien laufend, kraus.* °कुटिलम् und कुटिल° Adv. — *b*) *krumme Wege gehend, falsch, hinterlistig.* — *c*) *widrig* (Schicksal) Spr. 7754. — 2) m. *ein Ziegenbock mit bestimmten Merkmalen.* — 3) f. आ *a*) *ein best. Stadium in der rückläufigen Bewegung eines Planeten.* — *b*) *eine best. übernatürliche Kraft.* — *c*) N. pr. eines Flusses, = सरस्वती Râǵan. 14,21. — 4) f. (आ) und n. *a*) *ein best. Metrum.* — *b*) **Tabernaemontana coronaria.* — 5) *n. *a*) *Trigonella corniculata* Râǵan. 12,134. — *b*) *Zinn.*

कुटिलक 1) Adj. *gewunden, kraus.* — 2) f. °लिका *a*) *eine Bewegung in gewundenen Linien.* — *b*) **ein best. Werkzeug der Schmiede.*

*कुटिलकीटक m. *eine Spinnenart* Râǵan. 19,65.

कुटिलगति 1) Adj. *in einem best. Stadium der rückläufigen Bewegung befindlich.* Nom. abstr. °त्व n. Ind. St. 10,205. — 2) f. *ein best. Metrum.*

कुटिलगा f. *Fluss.* °गेश m. *der Ocean.*

कुटिलगामिन् Adj. 1) *in Windungen sich bewegend.* — 2) *grillenhaft, launenhaft.* Nom. abstr. °गामित्व n. Sâh. D. 80,14.

कुटिलचार m. *eine Bewegung in gewundenen Linien.*

*कुटिलचित्त Adj. *falsch, hinterlistig.*

कुटिलता f. 1) *Krausheit.* — 2) *Falschheit.*

कुटिलत्व n. 1) *Krausheit.* — 2) *Falschheit.* — 3) *Abweichung von* (im Comp. vorangehend).

*कुटिलपुष्पिका f. *Trigonella corniculata* Nigh. Pr.

कुटिलमति Adj. *falsch, hinterlistig* Mudrâr. 12,6.

कुटिलमनस् Adj. dass. Spr. 6997.

कुटिलाङ्गी f. = कुटिल 3) *b*).

कुटिलाशय Adj. (f. आ) *sich windend* und *zugleich falsch, hinterlistig* Spr. 6819.

कुटिली Adv. mit कर् *krümmen, verziehen* (die Brauen) 316,31.

कुटी f. 1) *Krümmung, Biegung* in भ्रू°, अ°, भ्रु° und भ्रू°. — 2) *Hütte, Halle, Schoppen.* — 3) *ein zu Fumigationen dienendes Gemach mit Oeffnungen.* — 4) **Kupplerin.* — 5) **Blumenstrauss.* — 6) **ein best. Parfum aus Guzerat* (मुरा Râǵan. 12, 139) oder **Branntwein* (सुरा).

कुटीक in सकुटीका सेना Hariv. 15829.

*कुटीकुट n. Sg. gaṇa गवाश्वादि.

कुटीकृत n. vielleicht *krauser Zeug.*

*कुटीगु m. N. pr. eines Mannes.

कुटीचक m. Bez. *bestimmter Asketen.*

कुटीचर m. 1) desgl. Âruṇ. Up. 2. Bâlar. 298,13. — 2) *= बहिष्कुटी° *Krebs* Gal.

*कुटीनिवातम् Adv. *in einer Hütte vor Wind geschützt* P. 6,2,8, Sch.

कुटीप्रवेश n. *das Beziehen einer Hütte, das Sichbegeben unter Dach und Fach* Káraka 6,1.

कुटीप्रावेशिक Adj. *unter Dach und Fach vor sich gehend.*

*कुटीमय Adj. von कुटी.

*कुटीमह m. *Klosterfest* (buddh.).

कुटीमुख m. N. pr. eines Wesens im Gefolge Kubera's.

*कुटीय्, °यति *in einer Hütte zu sein glauben.*

कुटीर 1) (*m. *n.) *Hütte* 176,10. — 2) **eine best. Pflanze.* — 3) *n. *Beischlaf.* — 4) *n. = केवल.

कुटीरक 1) = कुटीर 1). — 2) m. = कुटीचर 1).

कुटुक m. *ein best. Baum* Kauç. 8. कुटक v. l.

*कुटुङ्गक m. 1) *Laube.* — 2) *Kornkammer, Vorrathshaus.* — 3) *Dach.* — 4) *eine Art Hütte.*

*कुटुनी f. schlechte Schreibart für कुट्टनी.

कुटुम्ब (*m.) n. 1) *Hausstand, Hauswesen* Âpast. *Hausgesinde, Familie.* Am Ende eines adj. Comp. f. आ Spr. 7865. — 2) *das zweite astrologische Haus.* — 3) **Name.*

कुटुम्बक 1) n. = कुटुम्ब 1). — 2) *m. *ein best. Gras.*

*कुटुम्बय्, °यति *eine Familie unterhalten.*

कुटुम्बिक Adj. 1) *für den Hausstand sorgend.* — 2) *m. *Hausslave.*

कुटुम्बिन् 1) m. *a*) *Hausherr, Familienvater* Âpast. Râǵat. 5,468. Du. कुटुम्बिनौ *der Hausherr und die Hausfrau* Âpast. — *b*) *Glied einer Familie, Hausgenosse, Hausdiener.* — c) **Landmann.* — 2) f) °नी *a*) *Hausfrau.* — *b*) *Hausdienerin* 213,19. — *c*) **ein grosser Haushalt, eine grosse Familie.* — *d*) *eine best. Pflanze* Râǵan. 5.76.

कुट्ट, कुट्टयति 1) *quetschen* Bhâvapr. 2,102. AV. Pariç. 64,7. कुट्टित *gequetscht* Bhâvapr. 2,16. 30. — 2) *stampfen.* कुट्टित **zerstampft, zermalmt.* — 3) *klatschend schlagen.* लयम् Bâlar. 29,2. — *auf* (Acc.). — 4) *multipliciren.* — 5) *भर्त्सने. — 6) *पूरणे. — 7) *Med. प्रतापने, अप्रतापने. — Mit वि 1) *stampfen.* — 2) *zerfetzen* Spr. 4678.

कुट्ट 1) Adj. am Ende eines Comp. *zermalmend—, zerschlagend mit; Etwas zermalmend, zerschlagend; hämmernd.* — 2) m. *a multiplier such, that a given dividend being multiplied by it, and a given quantity added to (or subtracted from) the product, the sum (or difference) may be measured by a given divisor.* °विधि m. Bîǵag. 51.

कुट्टक 1) Adj. am Ende eines Comp. = कुट्ट 1). — 2) m. *a*) *ein Ziegenbock mit best. Merkmalen.* — *b*) **Eisvogel.* — *c*) = कुट्ट 2). — 3) wohl n. *Geklopftes, Gestampftes* Káraka 6,2.

कुट्टन 1) n. *das Stampfen* Naish. 1,59. *das Schlagen, Anschlagen, Anstossen.* — 2) f. ई *a*) **eine Art Speer* Gal. Vgl. कुट्टली. — *b*) *Kupplerin.*

कुट्टनीकपट m. N. pr. eines Schelmen.

*कुट्टली f. *eine Art Dolch.* Vgl. कुट्टन 2) *a*

कुट्टप्रचरण m. Pl. N. pr. eines Volkes.

कुट्टप्रावरण m. Pl. desgl.

कुट्टमित n. *eine nicht ernstlich gemeinte Abweisung der Zärtlichkeiten eines Geliebten.*

कुट्ल KHANDOM. 130 fehlerhaft für कुड्मल.

*कुट्टहारिका f. = कुट° *Dienerin.*

कुट्टाक 1) Adj. (*f. ई) *zerfetzend, zerreissend* am Ende eines Comp. — 2) m. *Raufbold* HARSHAK. 178,15.

कुट्टाकार m. *die mathematische Operation* कुट्ट 2) Comm. zu ÂRJABH. 2,32.

कुट्टापरान्त m. Pl. N. pr. eines Volkes. कुन्दापरान्त v. l.

*कुट्टार 1) m. *Berg.* — 2) n. a) *Beischlaf* oder *Vergnügen, Freude.* — b) *ein wollenes Tuch* oder *Decke.* — c) = केवल.

कुट्टिता f. *ein fehlerhaftes Oeffnen der Ader, wobei diese durch wiederholtes Ansetzen des Messers zerfetzt wird.*

कुट्टिनी f. *Kupplerin* Spr. 7727.

कुट्टिम 1) *Adj. (f. आ) *durch Stampfen geebnet.* — 2) (*m.) n. a) *ein geebneter Fussboden, Estrich* 292,23. Am Ende eines adj. Comp. f. आ. — b) **Hütte.* — 3) *m. *Granatbaum* RÂGAN. 11,74.

*कुट्टिहारिका f. fehlerhaft für कुट्टहारिका.

*कुट्टीर m. *Berg.*

*कुट्टमित n. = कुट्मित.

कुट्मल u. s. w. s. कुड्मल u. s. w.

*कुठ m. *Baum.*

कुठर m. 1) **der Pfosten, um den sich der Strick des Butterstössels windet.* — 2) N. pr. eines Schlangendämons MBH. 1,35,15. कुटर v. l.

*कुठाकु m. *Picus bengalensis.*

*कुठातङ्क m. f. *Axt.*

कुठार 1) m. (*f. ई) a) *Axt.* — b) **eine Art Hacke* oder *Spaten.* — 2) m. a) **Baum.* — b) N. pr. α) *eines Mannes. — β) eines Schlangendämons.

कुठारक 1) m. *Axt.* — 2) f. °रिका a) *eine kleine Axt* Spr. 494. — b) *eine axtförmige Lanzette.* — c) *N. pr. einer Frau.

कुठारिक m. *Holzhauer.*

*कुठारु m. 1) *Affe.* — 2) *Baum.* — 3) *Waffenschmied.*

कुठि 1) Adj. *kahl* oder *schief.* — 2) *m. a) *Baum.* — b) *Berg.*

*कुठिक m. *Costus speciosus* oder *arabicus.*

कुठुमि m. N. pr. eines Lehrers.

कुठेर m. 1) *Ocimum pilosum* RÂGAN. 10,160. BHÂVAPR. 5,118. KARAKA 2,2. — 2) **Feuer.*

कुठेरक m. *eine Art Basilicum* und *Cedrela Toona* RÂGAN. 12,76.

*कुठेरज m. *eine Art Basilicum.*

*कुठेरु m. *der durch den Fliegenwedel erzeugte Wind.*

*कुड्, कुडति (घसने, बाल्ये, संघाते, निमज्जने).

*कुडङ्ग m. *Laube.* Im Prâkrit zu belegen.

*कुडप m. n. = कुडव.

कुडव m. n. *ein best. Hohlmaass* und *Gewicht* HEMÂDRI 2,a,57,11. 12. 58,.

कुडायिका und कुडायी f. *ein best.* RÂGA S. S. S. 110. 82.

कुडालगाच्छि und कुडालि° N. pr. eines Dorfes.

*कुडि m. *Körper.*

*कुडिका f. *ein Wassertopf der Asketen.*

*कुडिश m. *Cyprinus Curchius.*

कुडी f. MBH. 13,6471 fehlerhaft für कुटी *Hütte.*

कुडुक्क m. *ein best. Tact* S. S. S. 209.

*कुडुप m. *the clasp or fastening of a neclace or bracelet.*

कुडुमी f. *Verbandnagel zwischen Balken* Ind. Antiq. 1876, S. 294.

*कुडूकुची f. *Solanum trilobatum* RÂGAN. 7,122 (als Erklärung). Soll mahrattisch sein nach NIGH. PR.

कुड्मल 1) Adj. *in Knospen stehend.* — 2) (*m. *n.) *Knospe.* स्तन° so v. a. *Brustwarze.* — 3) n. *eine best. Hölle.*

कुड्मलता f. *das Geschlossensein* (einer Blüthe, des Auges).

कुड्मलदती 1) Adj. f. *knospenähnliche Zähne habend* Ind. St. 8,418. — 2) f. *ein best. Metrum.*

*कुड्मलाग्रदत् und *°दन्त Adj. *dessen Zahnspitzen Knospen gleichen.*

कुड्मलाय्, °यते *eine Knospe darstellen,* so v. a. *sich schliessen* (von den Augen) BÂLAR. 255,16.

कुड्मलित Adj. *in Knospen stehend* BÂLAR. 272, 9. *knospenartig geschlossen.*

कुड्य 1) n. und f. आ (BHÂG. P.) *Wand.* — 2) *n. a) *das Bestreichen, Tünchen.* — b) *Neugier.*

*कुड्यक n. *Wand.*

*कुड्यच्छेदिन् m. *ein Dieb, der die Wand einbricht.*

*कुड्यच्छेद्य n. *ein Loch in der Wand.*

*कुड्यपुच्छा f. (NIGH. PR.), *कुड्यमत्सी f. und °मत्स्य m. *Hauseidechse.*

*कुड्यलेप m. *Tüncher.*

*कुण्, कुणति (शब्दोपकरणयोः, उपतापे). कुणयति (आमन्त्रणे), कुणयति, °ते (संघाते).

*कुण m. 1) *Kleiderlaus.* — 2) *Nabelschmutz* GAL. — 3) im Comp. nach einigen Pflanzennamen *Fruchtzeit.*

कुणक m. *Thierjunges.*

*कुणञ्जी f., *कुणञ्ज m. und *कुणञ्जर n. *Melde* RÂGAN. 5,89. Vgl. कुटिञ्जर.

1. कुणप (*m.) n. *Leichnam. Aas.* Verächtlich auch vom *lebenden Körper.* — 2) *Dünger.* °जल n. *Jauche.*

2. कुणप 1) Adj. *in Verwesung übergehend, wie Aas riechend.* — 2) f. कुणपी *ein best. Aasvogel;* vgl. यज्ञ°.

3. कुणप m. 1) *eine Art Lanze.* — 2) Pl. N. pr. eines Volkes.

कुणपगन्ध m. *Aasgeruch.*

कुणपाण्ड्य m. N. pr. eines Mannes.

कुणरवाडव m. N. pr. eines Grammatikers.

कुणारु Adj. *lahm am Arm.*

कुणाल m. 1) *ein best. Vogel* LALIT. 44,12. 186, 14. 357,19. — 2) N. pr. a) eines Sohnes des Açoka. — b) *einer Oertlichkeit.

कुणावी f. wohl *eine best. Pflanze.*

कुणि 1) Adj. *lahm am Arm.* *पाणिना 230,19. — 2) m. a) **Nagelgeschwür.* — b) **Cedrela Toona.* — c) N. pr. verschiedener Männer.

कुणिक m. N. pr. eines Lehrers ÂPAST.

कुणिताह्वि m. N. pr. eines Autors.

कुणित्व n. *Lahmheit.*

कुणिन् m. *eine best. Stechfliege.*

*कुणिन्द m. *Laut.*

*कुणिपदी f. gaṇa कुम्भपद्यादि.

कुणिबाहु m. N. pr. eines Muni.

*कुण्ट्, कुण्टति (विकलीकरणे).

*कुण्टक Adj. *dick, fett.*

1. कुण्ठ्, *कुण्ठति (खोटनवैकल्यालस्ये). कुण्ठित 1) *stumpf geworden, stumpf.* — 2) *abgestumpft,* so v. a. *ermattet, erschlafft, wirkungslos.* — 3) *stumpfsinnig.* — Mit वि, °कुण्ठित *stumpf geworden.*

2. कुण्ठ्, *कुण्ठयति (वेष्टे). — Mit अव in अवकुण्ठन.

कुण्ठ Adj. 1) *stumpf.* — 2) *abgestumpft,* so v. a. *ermattet, erschlafft.*

कुण्ठक 1) *Adj. *stumpfsinnig.* — 2) m. N. pr. a) Pl. eines Volkes. कुण्डल v. l. — b) eines Mannes.

कुण्ठता f. *Stumpfheit, Gefühllosigkeit in einem Gliede.*

कुण्ठत्व n. *Stumpfsinnigkeit.*

कुण्ठधी (GOLÂDHJ. 5,44) und कुण्ठमनस् Adj. *stumpfsinnig.*

कुण्ठी Adv. 1) mit कर् *stumpf machen* Schol. zu RAGH. ed. Calc. 5,44. — 2) mit भू *sich als wirkungslos erweisen* ÇAMK. zu BÂDAR. 1,1,4 (S. 76). BÂLAR. 26,24.

*कुण्ड् 1) कुण्डति (वैकल्ये). — 2) कुण्डते (दाहे). — 3) कुण्डयति (रक्षणे).

कुण्ड 1) (*m.) f. ई (HEMÂDRI 2,a,86,17. 99,12. 105, 10. PRASANNAR. 77,20) und n. *Krug, Topf, Kohlentopf.* — 2) (*m.) n. *eine runde Höhlung im Erdboden, — Grube, — Feuergrube.* — 3) m. a) *der uneheliche Sohn einer verheiratheten Frau.* — b) Bein. Çiva's. — c) N. pr. α) eines Schlangendämons. — β) eines Sohnes des Dhṛtarâshṭra. — 4) *f. आ a) Nom. act. von

1. कुण्ड्. — b) Bein. der Durgâ. — 5) f. ई s. u. 1). — 6) n. a) *eine best. Gestalt des Mondes, der Mond mit einem Kreise* oder *Ringe.* — b) Bez. *bestimmter mystischer Figuren.* — c) **ein best. Maass.* — d) *in Comp. mit einem Pflanzennamen *Hain.*

कुण्डक 1) m. oder n. *Krug, Topf.* — 2) m. N. pr. eines Sohnes a) des Dhṛtarâshṭra. — b) des Kshudraka. — 3) f. कुण्डिका a) *Topf* Sâṃnj. Up. 4,1. Mahâbh. in Ind. St. 13,391. Hemâdri 2,a,126, 20. — b) Titel einer Upanishad.

कुण्डकर्ण m. *ein best. mythisches Wesen* Suparn. 23,4.

कुण्डकल्पद्रुम m. und °कल्पलता f. Titel von Werken.

*कुण्डकीट m. 1) *ein im Ehebruch erzeugter Sohn einer Brahmanin.* — 2) *ein mit Sclavinnen im Concubinat lebender Mann.* — 3) *ein gelehrter* Kârvâka.

*कुण्डकील m. *a low, vile man.*

कुण्डकौमुदी f. Titel eines Werkes.

कुण्डगोल m. 1 Du. *der uneheliche Sohn einer verheiratheten Frau und der einer Wittwe.* — 2) **saurer Reisschleim.*

कुण्डगोलक 1) m. Du. = कुण्डगोल 1). — 2) *n. = कुण्डगोल 2).

*कुण्डङ्ग m. fehlerhaft für कुडङ्ग *Laube.*

कुण्डज m. N. pr. eines Sohnes des Dhṛtarâshṭra.

कुण्डजठर m. N. pr. eines alten Weisen.

कुण्डतत्त्वप्रदीप und कुण्डदिक्पाल m. Titel von Werken.

कुण्डधार m. N. pr. 1) eines Schlangendämons. — 2) eines Sohnes des Dhṛtarâshṭra.

कुण्डनदी f. N. pr. eines *Flusses* Hariv. 2,109,29.

कुण्डनाचि oder °लाचि m. *ein best. Tact* S. S. S. 226.

कुण्डनी f. *ein best. Geräthe* Hemâdri 1,658,3.

कुण्डपायिन् Adj. *aus einem Kruge trinkend.* °पायिनामयनम् *eine best. religiöse Feier.*

कुण्डपाय्य (°पायिय) 1) *Adj. *wobei man aus Krügen trinkt.* — 2) m. N. pr. eines Mannes.

*कुण्डप्रस्थ m. N. pr. einer Stadt.

कुण्डभेदिन् 1) *Töpfe zerbrechend,* so v. a. *ungeschickt, linkisch* Káraka 1,30. — 2) m. N. pr. eines Sohnes des Dhṛtarâshṭra.

कुण्डमण्डपकौमुदी f., °मण्डपसंग्रह m., °मण्डपसिद्धि f., कुण्डमार्तण्ड m. und कुण्डरत्नाकर m. Titel von Werken.

कुण्डल 1) n. a) *Ring,* insbes. *Ohrring.* श्रवण° pleonastisch nach Vâmana. Am Ende eines adj. Comp. f. आ. — b) **Armband.* — c) **Strick.* — d) *eine best. Blasenkrankheit* Káraka 8,9.12. — 2) m. a) *ein best. Tact* S.S.S. 236. — N. pr. α) eines Schlangendämons. — β) Pl. eines Volkes MBh. 6, 9,63. कुण्ठक v. l. — 3) f. आ ein Frauenname. — 4) f. ई a) *eine Art Trommel* S.S.S. 192. Könnte auch कुण्डलिन् m. sein. — b) *ein best. Backwerk.* — c) *eine best.* Çakti. — d) **Bauhinia variegata.* — e) *Cocculus cordifolius* Bhâvapr. 3,102. — f) **Mucuna pruritus* Râgan. 3,38. — g) **ein best. Strauch,* = सर्पिणी Râgan. 5,126. — h) N. pr. eines Flusses MBh. 6,9,21.

कुण्डलक 1) *Ohrring* Hemâdri 2,a,106,2. — 2) f. °लिका a) *Ring.* Nom. abstr. °त्व n. — b) *ein best. Metrum.* — c) **ein best. Backwerk.* — d) ग्रहकार्या कु° Comm. zu Varâh. Bṛh. 28(26),4 = ग्रहकुण्डलिका.

कुण्डलहृयविवृति f. Titel eines Werkes.

कुण्डलना f. *das Einkreisen eines Wortes* oder *einer Silbe als Zeichen der Ungültigkeit.*

*कुण्डलर Adj. von कुण्डल.

कुण्डलाचि s. कुण्डनाचि.

कुण्डलिकामत n. Titel eines Tantra.

कुण्डलित Adj. *geringelt.*

कुण्डलिन् 1) Adj. a) *mit Ohrringen geschmückt.* — b) *einen Ring bildend, geringelt.* — 2) m. a) *Schlange.* — b) **die gesprenkelte Antilope.* — c) **Pfau.* — d) *Bauhinia variegata* Bhâvapr. 1,204. — e) Bein. α) Çiva's. — β) *Varuṇa's. — 3) f. °नी a) **Cocculus cordifolius.* — b) *ein best. Backwerk* Bhâvapr. 2,26. — c) *eine best.* Çakti.

कुण्डलिया f. Verz. d. Oxf. H. 122,a,23.

कुण्डली Adv. 1) mit कर *zu einem Ringe machen, zu einem Kreise bilden.* — 2) mit भू a) *sich ringeln.* — b) °भूत *mit der* Kuṇḍala *genannten Blasenkrankheit behaftet* Káraka 8,9.

कुण्डलीकरण n. *das Spannen des Bogens bis zu einem Kreise* Harshak. 199,17.

कुण्डलीका f. *Kreis* Hemâdri 1,423,11.

कुण्डवासिनी f. N. pr. der Schutzgöttin der Gautama.

कुण्डविधान n. Titel eines Werkes.

*कुण्डविक्कारदेश m. N. pr. einer *Oertlichkeit.*

कुण्डशायिन् m. N. pr. eines Sohnes des Dhṛtarâshṭra.

कुण्डसिद्धि f. Titel eines Werkes.

*कुण्डाग्नि m. N. pr. einer Oertlichkeit. काण्डाग्नि v. l.

कुण्डारक N. pr. 1) m. oder n. einer Oertlichkeit. —2) f. °रिका einer der Mütter im Gefolge Skanda's.

कुण्डार्क m. Titel eines Werkes.

कुण्डावृष Adj. *auf eine best. Weise sich geschlechtlich vergehend.*

कुण्डाशिन् 1) Adj. *das Brod eines* Kuṇḍa 3) a) *essend* Gaut. — 2) m. a) **Kuppler.* — b) N. pr. α) eines Sohnes des Dhṛtarâshṭra. — β) eines Fieberdämons Hariv. 9563.

कुण्डिक m. N. pr. eines Sohnes des Dhṛtarâshṭra. — कुण्डिका s. u. कुण्डक.

कुण्डिकामत n. Titel eines Tantra Ârjav. 160,19.

कुण्डिन् 1) Adj. *mit einem Topfe versehen* Hemâdri 1,807,13. — 2) m. a) *ein best. Gefäss.* कुण्डिनी v. l. — b) **Kuppler.* — c) **Pferd.* — 3) f. °नी a) *ein best. Gefäss.* — b) bei den Jogin *die Natur* (Gegens. *Geist*). — c) ein Frauenname Ind. St. 13,390.

कुण्डिन 1) m. N. pr. verschiedener Personen. Pl. *ihr Geschlecht;* auch **das der* Kuṇḍinî Ind. St. 13,389. fg. — 2) n. N. pr. der Hauptstadt der Vidarbha. Auch °नगर n.

कुण्डीक am Ende eines adj. Comp. (f. आ) *Topf* Hemâdri 2,a,105,7.

*कुण्डीर 1) Adj. *kräftig, stark.* — 2) m. *Mann.*

कुण्डीविष m. Pl. N. pr. eines Volkes.

कुण्डीवृष Adj. v. l. für कुण्डावृष.

कुण्ड्णाची f. *Hauseidechse* Comm. zu TS. Iṃ RV. = कुटिलगति nach Sâj.

कुण्डेश्वरतीर्थ n. N. pr. eines Tîrtha.

कुण्डोद m. N. pr. eines Berges.

कुण्डोदर 1) *Adj. *einen topfähnlichen Bauch habend.* — 2) m. N. pr. a) eines Sohnes des Dhṛtarâshṭra. — b) eines Bruders des Dhṛtarâshṭra. — c) eines Schlangendämons.

कुण्डोदरेश्वर n. Name eines Liṅga.

कुण्डोद्योतदर्शन n. Titel eines Werkes.

कुण्डोध्नी Adj. f. *ein topfähnliches Euter habend* Ragh. 1,84.

कुण्डोपधानीयक Adj. *einen Topf zum Kissen habend.* Beiw. eines Pûrṇa.

*कुण्डोपरथ m. N. pr. anzunehmen für कौण्डोपरथ.

*कुत् (sautra-Wurzel) *ausbreiten.*

कुतनय m. *ein schlechter Sohn.*

*कुतनु m. Bein. Kubera's.

कुतल्ली f. *Schwanz.*

कुतप 1) m. n. *eine Decke von Ziegenhaar* Gaut. — 2) m. a) Kuça-*Gras, Poa cynosuroides* Hemâdri 1,703,10. 704,3. — b) *die achte Stunde des 30-theiligen Tages, die Zeit um Mittag.* — c) **Korn.* — d) **Schwestersohn.* — e) **Tochtersohn.* — f) **ein Brahman.* — g) **Gast.* — h) **die Sonne.* — i) **Feuer.* — k) **Ochs.* — l) **ein best. musikalisches Instrument.*

*कुतपसप्तक n. *a Çrâddha, in which seven constituents occur, noon, a horn platter, a Nepal blanket, silver, sacrificial grass, sesamum and kine.*

*कुतपसौश्रुत m. N. pr. eines Mannes gaṇa पार्थिवादि.

कुतपस्विन् m. *ein böser, schlechter Asket.*

1. कुतर्क m. *schlechte Dialectik, Sophisterei.*

2. कुतर्क m. *ein schlechter Dialectiker* Kap. 6,34.

कुतस् Adv. 1) *von welchem? von wem?* — 2) *woher? von wo?* — 3) *wohin;* आ कुतः *bis wohin?* — 4) *wo?* R. einmal. — 5) *woher? warum? weswegen?* Häufig im Drama vor einem Distichon, welches eine vorangehende Aeusserung oder Ausdrucksweise begründet. — 6) *wie? auf welche Weise?* — 7) *wie viel weniger, geschweige denn.* — 8) mit अपि (spät) *von —, aus irgend einem.* — 9) mit चन und vorangehender Negation *a) von keiner Seite her.* — *b) nach keiner Seite hin, nirgendshin.* — 10) mit चिद् *a) von —, aus irgend einem* 156,18. — *b) irgendwoher.* Mit einer Negation *von keiner Seite her.* — 11) mit चिद् und vorangehendem यतस् *von einem beliebigen.*

*कुतस्त m. N. pr. eines Mannes Comm. zu Tâṇḍja-Br. 25,15,3. Vgl. कौतस्त.

कुतस्तराम् Adv. *wie? auf welche Weise?* Kap. 1,80.

कुतस्त्य Adj. *woher kommend?* Prasannar. 51,20. Mit अपि *von unbekannter Herkunft.*

कुतापस m. *ein böser, schlechter Asket.* f. ई.

कुतार्किक m. *ein schlechter Dialectiker.*

कुतित्तिरि m. *ein best. dem Rebhuhn verwandter Vogel.*

कुतीपाद् m. N. pr. eines alten Sängers Ârsh. Br.

कुतीर्थ *ein schlechter Lehrer.*

कुतुक n. *Neugier, Interesse* Râǵat. 8,1613. *Verlangen nach* (im Comp. vorangehend).

कुतुकित Adj. *neugierig* Prasannar. 10,1.

कुतुकिन् Adj. dass. Naish. 2,35.

*कुतुप 1) m. *ein kleiner Oelschlauch.* — 2) m. n. = कुतप 2) *b).*

कुतुम्बुक m. *eine best. Gemüsepflanze* Káraka 1,27.

*कुतुम्बुरु n. *eine schlechte Frucht von Diospyros embryopteris.*

*कुतू f. *Oelschlauch.*

कुतूणक m. = कुकूणक.

कुतूहल n. 1) *Neugier, Interesse für, Verlangen nach* (प्रति, Loc. oder im Comp. vorangehend), *Vergnügen, Lust an Etwas.* °कृत् Adj. *Neugier erregend, curios* Harshak. 185,7. — 2) *was Neugier erregt, eine interessante Erscheinung, etwas Amüsantes.*

कुतूहलवत् Adj. *neugierig, Interesse für Etwas habend.*

*कुतूहलित Adj. von कुतूहल.

कुतूहलिन् Adj. *neugierig* Harshak. 16,11. *Etwas mit Interesse verfolgend.*

*कुतृण n. *Pistia Stratiotes.*

कुतोनिमित्त Adj. *welchen Grund habend?*

कुतोमूल Adj. *welchen Ursprung habend?* Káraka 3,3.

कुत्थ *der 15te astrol.* Joga.

कुत्र (कुत्रा) Adv. 1) *worauf?* सगर्वः Spr. 7847. — 2) *wo?* — 3) *wohin?* — 4) *wozu?* Spr. 4437. Hit. 110,12. — 5) कुत्र — क्व *wo* (dieses)? — *wo* (jenes)? so v. a. *wie weit ist dieses von jenem entfernt, wie wenig stimmt dieses zu jenem.* — 6) mit अपि (spät) *a) unter diesem oder jenem* Kap. 6,7. — *b) irgendwo.* — *c) irgendwohin, Gott weiss wohin.* — 7) mit च und vorangehendem यत्र *bei wem es auch sei.* — 8) Mit चिद् *a) in irgend einem.* — *b) wo es auch sei, irgendwo.* Mit einer Negation *nirgends.* — *c) wohin es auch sei, irgendwohin.* Mit einer Negation *nirgendswohin.* — *d)* wiederholt *in einem Falle — im andern Falle, bisweilen — bisweilen.* — *e)* mit vorangehendem यत्र *wo es auch sei, hier oder dort.*

कुत्रत्य Adj. *wo ansässig? woher stammend?* Daçak. 11,7.

कुत्स्, कुत्सति = कुत्सय्.

कुत्स 1) m. *a)* N. pr. verschiedener Männer. Pl. *ihr Geschlecht.* — *b) * Blitz, Donnerkeil.* — 2) *n. *Costus speciosus* oder *arabicus* Râǵan. 12,123. — कुत्सा s. bes.

*कुत्सकुशिकिका f. *eine eheliche Verbindung zwischen dem Geschlecht des* Kutsa *und des* Kuçika.

कुत्सन 1) n. *a) das Schmähen, Tadeln.* — *b) Schmähwort, ein tadelnder Ausdruck.* — 2) f. आ *ein Ausdruck der Geringschätzung.*

कुत्सपुत्र m. *Sohn des* Kutsa.

कुत्सय्, °यति (*Med. Dhâtup.) *schmähen, seinen Tadel ausdrücken über, seine Geringschätzung an den Tag legen;* mit Acc. कुत्सित *geschmäht, was getadelt wird, woran ein Makel haftet.* — Mit अभि und अव = Simpl.

*कुत्सला f. *die Indigopflanze.*

कुत्सव in पुरु°.

कुत्सवत्स m. *Sohn des* Kutsa.

कुत्सा f. *Schmähung, Tadel.* Instr. so v. a. *verächtlich.*

*कुत्सायन m. N. pr. eines Mannes Comm. zu Maitrjup. 5,1. Vgl. कौत्सायन.

कुत्सार *Erdspalte.*

कुत्सित 1) Adj. s. कुत्सय्. — 2) *n. *ein best. Gras* Râǵan. 8,101.

कुत्सी (von 2. कुत्स्य) Adv. mit भू *dem Tadel anheimfallen* Durga zu Nir. 6,30.

कुत्स्य्, कुत्स्यति = कुत्सय् R. 7,43,18.

1. कुत्स्य (कुत्सिस्त्री) m. = कुत्स 1).

2. कुत्स्य Adj. *tadelnswerth.*

कुथ्, *कुथ्यति *stinken.* कुथित *stinkend.* — Caus. कोथयति *verwesen lassen.* — Mit नि in निकोथक. — Mit प्र, °कुथित *verwest.*

कुथ 1) m. f. (आ) und *n. *eine gefärbte wollene Decke* R. 2,30,14. — 2) *m. Kuça-*Gras.*

कुथक = कुथ 1) Káraka 1,6.

कुथुम m. N. pr. = कुथुमिन्. Pl. *sein Geschlecht.*

कुथुमि und *°न् m. N. pr. eines Lehrers.

कुथोदरी f. N. pr. einer Tochter Nikumbha's.

*कुद्, कोदयति (अनृतभाषणे).

*कुदण्ड m. *eine ungerechte Strafe.*

कुदर्शन n. *eine schlechte Doctrin.*

कुदशा (Conj.) f. *eine schlimme Lage.*

1.*कुदार m. *Bauhinia variegata.*

2. कुदार Adj. *eine schlechte Frau habend.*

कुदारदार m. Pl. *eine schlechte Frau als Frau* Spr. 5963.

*कुदाल m. *Bauhinia variegata.*

कुदिन n. *ein bürgerlicher Tag* Ârjabh. 4,17. Comm. zu Ganit. 1,20.

कुदिष्टि f. *ein best. Längenmaass.*

कुडम्बरी f. N. pr. eines Flusses.

कुदृष्ट Adj. *schlecht —, nicht genau gesehen.*

कुदृष्टि f. 1) *mangelhaftes Sehen* Ind. St. 15,355. — 2) *eine falsche Lehre, Irrlehre* Kâd. II,55,1.

कुदृष्टिन् Adj. *einer Irrlehre ergeben* Kâd. II,55,19.

कुदेश m. *ein schlechtes Land.*

कुदेह m. *ein schlechter, elender Körper.*

कुदैशिक m. *ein schlechter Führer, — Anleiter* Râǵat. 7,520.

*कुद्दल m. *Bauhinia variegata.*

कुद्दाल 1) (*m. *n.) *Haue, Spaten.* — 2) *m. *Bauhinia variegata.*

*कुद्दालक 1) *Haue, Spaten.* — 2) n. *ein kupferner Krug.*

*कुद्दालकखात n. = कुद्दालखात.

*कुद्दालखात n. N. pr. einer Stadt Kâç. zu P. 6,2,146.

*कुद्दालपाद Adj. gaṇa हस्त्यादि.

कुद्मल fehlerhaft für कुड्मल *Knospe.*

कुद्य fehlerhaft für कुड्य *Wand.*

*कुद्रङ्क und *कुद्रङ्ग m. *Wachhaus.*

*कुद्रव m. = कोद्रव.

कुद्रव्य n. *schlechter Reichthum* Spr. 1796.

*कुद्दि m. N. pr. eines Mannes. Pl. *sein Geschlecht.*

कुद्यालि m. desgl.

कुद्दार n. *Hinterthür* Gaut.

*कुधर m. *Berg* Râǵan. 2,14.

कुधर्म m. *schlechte Sitte, schlechter Brauch* Kâlak. 3,88.

कुधर्मन् n. *Scheinrecht.*

कुधान्य n. *eine Klasse von geringeren Körner- und Hülsenfrüchten.*

*कुधि m. *Eule* Gal. Vgl. कुवि, कुशि.

कुधी Adj. *thöricht, einfältig;* m. *Thor.*

*कुध्र m. *Berg.*

कुध्यक् in ग्र°

कुनक m. Pl. N. pr. eines Volkes.

कुनख Adj. *schlechte Nägel —, schlechte Klauen habend.*

कुनखिन् 1) Adj. *schlechte, hässliche Nägel habend.* — 2) m. N. pr. eines Mannes und Name eines zum AV. gerechneten Werkes.

कुनट 1) m. *a)* **eine Art Bignonia* Râǵan. 9,29. — *b)* Pl. N. pr. eines Volkes Varâh. Bṛh. S. 14,30, v. l. — 2) f. ई *a)* **Coriandrum sativum.* — *b) rother Arsenik* Bhâvapr. 4,15.

कुनठ m. Pl. N. pr. eines Volkes.

कुनदिका und कुनदी f. *ein unbedeutendes Flüsschen.*

कुनदीक m. N. pr. eines Wesens im Gefolge Skanda's.

कुनन्नम Adj. *schwer zu beugen.*

कुनरक m. *eine schlimme Hölle* Kâlak. 4,203.

कुनरेन्द्र (Spr. 1786) und कुनरेश्वर m. *ein schlechter Fürst.*

*कुनलिन् m. *Agati grandiflora.*

1. कुनाथ m. *ein schlechter Schützer.*

2. कुनाथ Adj. *einen schlechten Führer habend.*

कुनादीका Pańkat. II,145 fehlerhaft für कुनदिका.

*कुनाभि m. 1) *Luft, Luftraum* Trik. 1,1,81. — 2) *Schatz* H. 192.

*कुनामन् m. N. pr. eines Mannes.

कुनायक Adj. *einen schlechten Führer habend.*

कुनारी f. *ein schlechtes Weib.*

कुनाल m. 1) *ein best. Vogel.* — 2) N. pr. eines Sohnes des Açoka.

*कुनालिक m. *der indische Kuckuck.*

*कुनाशक m. *Alhagi Maurorum.*

*कुनास m. *Kamel* Nigh. Pr.

कुनिषङ्ग m. N. pr. eines Sohnes des 10ten Manu. भूरिषेण v. l.

कुनीत n. *schlechte Führung* Mudrâr. 108,4.

*कुनीति f. 1) *schlechtes Betragen.* — 2) *schlechte Verwaltung, schlechtes Regiment.*

*कुनीली f. *eine best. Staude.*

कुनृप und कुनृपति (Veṇîs. 149) m. *ein schlechter Fürst.*

कुनेत्रक m. N. pr. eines Muni.

कुन्त m. 1) *Speer, Lanze.* — 2) *Zeiger der Sonnenuhr* AV. Ǵyot. 1,5. — 3) **ein kleines Thier, ein kleiner Wurm.* — 4) **Coix barbata.* — 5) **Heftigkeit, Leidenschaftlichkeit.* — 9) **der Liebesgott* Gal.

कुन्तप्रावरण m. Pl. N. pr. eines Volkes Mârk. P. 57,57.

*कुन्तर m. = कुन्तल 1) Gal.

कुन्तल m. 1) *Haupthaar.* Am Ende eines adj. Comp. f. ग्रा. — 2) **eine best. Haartracht.* — 3) **Trinkschale.* — 4) **Pflug.* — 5) **Gerste.* — 6) **eine Art Andropogon.* — 7) *ein best.* Dhruvaka (musik.). — 8) Pl. N. pr. eines Volkes. Sg. *ein Fürst dieses Volkes.*

*कुन्तलवर्धन m. *Eclipta prostrata* Râǵan. 4,140.

कुन्तलस्वातिकर्ण m. N. pr. eines Fürsten VP.[2] 4,200.

कुन्तलिका f. 1) *eine best. Pflanze.* — 2) **Käse-, Buttermesser.*

*कुन्तलोशीर n. *eine Art Andropogon.*

कुन्तवनमय Adj. *aus einem Walde von Speeren bestehend* Kâd. II,35,22.

कुन्ताप n. 1) *Bez. bestimmter Organe, welche zwanzig an Zahl im Bauche liegen sollen.* — 2) *ein best. Liederabschnitt im AV.* Vaitân.

कुन्ति m. N. pr. 1) Pl. eines Volkes. Sg. *ein Fürst der* Kunti. — 2) verschiedener Männer.

कुन्तिक m. Pl. N. pr. eines Volkes.

कुन्तिजित् m. N. pr. eines Fürsten VP.[2] 3,334.

कुन्तिभोज m. N. pr. 1) eines Fürsten der Kunti und Adoptivvaters der Kuntî. — 2) Pl. eines Volkes.

कुन्ती f. 1) Bein. der Pṛthâ, einer der beiden Gattinnen Pâṇḍu's. — 2) **Boswellia thurifera.* — 3) **Bdellion.* — 4) **eine Brahmanin.* — 5) N. pr. *a)* einer Râkshasî. — *b)* eines Flusses VP.[2] 2,132.

कुन्तीभोज MBh. 3,17067 fehlerhaft für कुन्तिभोज.

कुन्तीमातर् m. Metron. Arǵuna's MBh. 1,222,16.

*कुन्थ् 1) कुन्थति (क्लिशाक्लेशयोः). — 2) कुथ्नाति (संश्लेषणे, क्लेशने). — Mit प्रनि Vop.

*कुन्थन und *कुन्थित n. als eine Bed. von स्तनन.

*कुन्थु m. N. pr. zweier Ǵaina.

कुन्द m. 1) *Jasminum multiflorum* oder *pubescens;* n. *die Blüthe.* — 2) **Nerium odorum* Râǵan. 10,11. — 3) **das Harz der Boswellia thurifera.* — 4) **Drehscheibe der Drechsler.* — 5) **einer der 9 Schätze* Kubera's. — 6) Bein. Vishṇu's. — 7) N. pr. *a)* *eines Guhjaka Gal. — *b)* eines Berges.

*कुन्दक m. *das Harz der Boswellia thurifera.*

*कुन्दकुन्दाचार्य m. N. pr. eines *Lehrers.* Auch °कुण्डाचार्य.

कुन्दचतुर्थी f. *der 4te Tag in der lichten Hälfte des* Mâgha.

*कुन्दपुष्प m. *Nerium odorum* Gal.

*कुन्दम m. *Katze.*

कुन्दमाला f. Titel eines Werkes.

कुन्दर m. 1) **eine best. Grasart* Râǵan. 8,119. — 2) Bein. Vishṇu's.

*कुन्दरिका f. *Boswellia thurifera* Râǵan. 11,197.

कुन्दापरान्त m. Pl. N. pr. eines Volkes MBh. 6, 9,45. कुण्डापरान्त v. l.

*कुन्दिनी f. *Jasmingruppe.*

*कुन्दु 1) m. *Maus, Ratze.* — 2) f. *das Harz der Boswellia thurifera.*

*कुन्दुम gaṇa चूर्णादि. कुन्द्म v. l.

*कुन्दुर m. = कुन्दु 2).

कुन्दुरु 1) (*m. *f.) *Boswellia thurifera.* — 2) *das Harz derselben.*

कुन्दुरुक 1) m. (*f.) *das Harz der Boswellia thurifera* Râǵan. 12,119. — 2) *f. ई *Boswellia thurifera.*

कुन्दुरूक = कुन्दुरुक 1).

*कुन्द्र्, कुन्द्रयति (ग्रनृतभाषणे).

1. कुप्, कुप्यति, °ते 1) *in Bewegung —, in Aufregung —, in Wallung gerathen.* Statt कुपित Bhâg. P. 3,16,15 liest ed. Bomb. तुभित, und der Comm. erwähnt eine Lesart कूपित. — 2) *aufwallen, erzürnen, zürnen;* mit Dat., Gen. oder Acc. (verdächtig) der Person. कुपित *erzürnt, böse, — auf* (उपरि oder Gen.). — 3) *in Widerspruch stehen mit* (Gen.) Çaṅk. zu Bâdar. 2,1,27 (S. 484). — Caus. कोपयति und कोपयते 1) *in Bewegung bringen, erschüttern, aufregen, in Wallung bringen.* — 2) *in Zorn versetzen, Jmd erzürnen* Bhâg. P. 4,5,11. — Mit ग्रति *heftig zürnen.* — Mit परि 1) *in heftige Bewegung gerathen.* — 2) *heftig zürnen,* mit Gen. — Caus. 1) *in heftige Bewegung versetzen, stark aufregen.* — 2) *in heftigen Zorn versetzen.* — Mit प्र 1) *in Bewegung —, in Wallung gerathen.* प्रकुपित. — 2) *aufbrausen, in Zorn gerathen.* प्रकुपित *erzürnt, — auf* (प्रति oder Loc.). Statt ज्ञाता प्रकुप्ता (!) Vikr. 130 hat die drâv. Rec. ज्ञातानुतापा. — 3) *wüthen* (von Krankheiten). — 4) *in Widerspruch gerathen* Çaṅk. zu Bâdar. 2,1,26. — Caus. 1) *in Bewegung —, in Wallung versetzen.* — 2) *zum Zorn reizen, erzürnen.* — Mit प्रति in प्रतिकोप. — Mit सम् *in Zorn gerathen.* — Caus. 1) *in Wallung gerathen.* — 2) *in Zorn versetzen, reizen.*

2. *कुप्, कोपयति (भाषार्थ oder भासार्थ).

कुपं m. 1) *Wagebalken.* — 2) **Feldlerche* Nigh. Pr.

1. कुपट *ein schlechtes Gewand.*

2. कुपट m. N. pr. eines Dânava.

कुपटु Adj. *dumm* Harshak. 138,4.

कुपण्डित m. *ein Aftergelehrter.*

कुपति m. 1) *ein schlechter Gatte* Kâd. 10,8. — 2) *ein schlechter Fürst, — König* Kâd. 10,8.

1. कुपथ m. *Irrweg.*

2. कुपथ m. N. pr. 1) eines Asura oder Dânava. — 2) Pl. eines Volkes.

कुपन m. N. pr. eines Asura.

कुपप, कुपपि und कुपपी m. MBh. 13,93,90, v. l. Nach Nilak. *die Sonne.*

कुंपय Adj. *wallend, unruhig.*

कुपरिज्ञात Adj. *schlecht —, falsch begriffen.*

कुपरीतक Adj. *schlecht abschätzend;* m. *ein schlechter Taxator.*

कुपरीक्षित Adj. *schlecht geprüft.*

*कुपाक m. *Strychnos nux vomica* Râǵan. 9,149.

*कुपाणि Adj. *eine lahme Hand habend.*

कुपात्र n. *ein Unwürdiger* Spr. 7836.

कुपात्रक n. *ein schlechtes Geschirr* MBh. 12,227, 15. कुपात्रिक v. l.

कुपायुं Adj. *zum Zorn geneigt* AV. 20,130,8.

*कुपाल m. v. l. für कुपाक Râǵan. 9,149.

*कुपिञ्जल m. N. pr. eines Mannes.

कुपितर् m. *ein schlechter Vater.*

*कुपिनिन् m. *Fischer.*

*कुपिनी f. *ein Netz für kleine Fische.*

*कुपिन्द m. *Weber.*

कुपीलु m. *eine Art Ebenholzbaum mit giftiger Frucht* Bhâvapr. 1,243. Nach Mat. med. 198 *Strychnos nux vomica.*

कुपुत्र m. *ein schlechter —, kein vollbürtiger Sohn.*

कुपुरुष m. *ein schlechter Mensch, elender Wicht, Feigling* 82,14.

कुपुरुषजनिता f. *ein best. Metrum.*

*कुपूय Adj. *gemein, verächtlich.*

कुप्य 1) n. *a)* impers. *irascendum* in अ°. — *b) ein unedles Metall, jedes Metall mit Ausnahme von Gold und Silber.* — 2) m. N. pr. eines Mannes.

कुप्यक 1) am Ende eines adj. Comp. = कुप्य 1) *b).* — 2) Adj. *aus einem unedlen Metall verfertigt* Hemâdri 1,638,8.

*कुप्यंशर m. *Melde* Gal. Fehlerhaft für कुपाञ्जर.

*कुप्यधौत n. *Silber* Râǵan. 13,15.

*कुप्यशाला f. *Aufbewahrungsort für unedle Metalle.*

कुप्रद Adj. *Land schenkend.*

कुप्रभु m. *ein schlechter Herr.*

*कुप्रावरण Adj. *einen schlechten Mantel habend.*

कुप्रावृत Adj. *schlecht gekleidet.*

*कुप्रिय Adj. *unangenehm.*

कुप्लव m. *ein gebrechliches Floss.*

कुबन्ध m. *ein schimpfliches Brandmal.*

कुबन्धु m. *ein schlechter Verwandter.*

*कुबर m. = कूबर Gal.

*कुबाकुल m. *Kamel.*

*कुबिम्ब m. n. Trik. 3,5,10.

1. कुबुद्धि f. *eine falsche Ansicht.*

2. कुबुद्धि Adj. 1) *bösgesinnt* Hemâdri 1,697,22. — 2) *dumm, einfältig.*

कुबेर 1) m. *a)* N. pr. *a)* eines Vorstehers der Geister der Tiefe und des Dunkels; später *der Gott der Schätze, der Welthüter im Norden.* Pl. Kathâs. — *b)* verschiedener Männer. — *c) *Cedrela Toona.* — *d) *Gelbwurz* Trik. — 2) *Adj. *a) missgestaltet.* — *b) faul, träge.*

कुबेरक 1) m. *eine best. Gemüsepflanze* Karaka 1, 27. **Cedrela Toona.* — 2) *f. °रिका ein Frauenname.

*कुबेरगिरि m. Bein. des Himâlaja Gal.

*कुबेरगुप्त Adj. *von* Kubera *gehütet.* दिश् f. *Nord.*

कुबेरचरित n. Titel eines Werkes.

कुबेरतीर्थ n. N. pr. eines Tîrtha.

कुबेरदत्त m. N. pr. eines mythischen Wesens.

कुबेरनलिनी f. N. pr. eines Tîrtha.

कुबेरबान्धव m. Bein. Çiva's.

*कुबेरवन n. N. pr. einer Oertlichkeit.

कुबेरवल्लभ m. N. pr. eines Vaiçja.

कुबेरहृदय oder °हृद्य *eine best. Hymne.*

कुबेराक्ष 1) *m. *eine best. Pflanze,* = वल्लीकरञ्ज Gal. — 2) f. ई *Bignonia suaveolens, *Guilandina Bonduc* (Râǵan. 8,63) und auch **andere Pflanzen.*

*कुबेराचल und *कुबेराद्रि m. Bein. des Kailâsa.

कबेरिन् m. *eine best. Mischlingskaste.*

कुब्जं 1) Adj. (f. आ) *bucklig, krumm* überh. — 2) m. *a)* Bez. *einer unter bestimmten Constellationen geborenen Person, eines Vasalls des* Haṁsa *genannten Wundermenschen.* — *b) *ein krummer Säbel.* — *c) *Bola Cuja* (ein Fisch). — *d) *Achyranthes aspera.* — 3) f. आ *ein best. Saiteninstrument* S. S. S. 185.

कुब्जक 1) *Adj. *bucklig, krumm.* — 2) m. *a) Rosa moschata* Râǵan. 10,103. Mat. med. 306. — *b) *Trapa bispinosa.* — 3) f. कुब्जिका *ein achtjähriges, noch nicht menstruirendes Mädchen, das bei der* Durgâ-*Feier diese Göttin vertritt.*

*कुब्जकण्टक m. *weiss blühender* Khadira Râǵan. 8,24. Dhanv. 1,8.

कुब्जता f. *Gekrümmtheit des Rückens* Karaka 6,27.

*कुब्जपुष्प n. *die Blüthe von Trapa bispinosa.*

कुब्जप्रसारणीतैल n. *eine best. Salbe gegen Gliederlähmung* Mat. med. 179.

कुब्जरूक m. *ein best. parasitischer Wurm* Karaka 1,19. 3,7.

कुब्जलीढ oder कुब्जालीढ m. N. pr. eines Mannes.

कुब्जाम्र (Vishnus. 85,15) und °क n. N. pr. eines Tîrtha.

कुब्जालीढ s. कुब्जलीढ.

कुब्जिकातन्त्र n. Titel eines Tantra.

कुब्जित und कुब्जिमत् Adj. *gekrümmt.*

कुब्जी Adv. mit भू *krumm werden, sich krumm machen.*

कुब्जीकरण n. *das Krümmen.*

*कुब्र n. 1) *Wald.* — 2) *Höhlung in der Erde, Grube.* — 3) *Ohrring.* — 4) *Faden.* — 5) *Karren.*

*कुब्रह्म, कुब्रह्मन् und *कुब्राह्मण (Mahâbh. 2, 355,*a*) m. *ein schlechter Brahman.*

कुभन्युं Adj. *nach Wasser verlangend* (Sâj.), *hüpfend* (Grassmann).

कुभर्तर् m. *ein schlechter Gatte.*

कुंभा f. wohl *der Fluss Kabul.*

कुभार्य Adj. *eine schlechte Gattin habend.*

कुभार्या f. *eine schlechte Gattin.*

कुभित्तु m. *ein Bösewicht von Bettler.*

कुभुक्त n. *ein schlechtes Mahl* Spr. 7046.

कुभुक्ति f. dass. Spr. 7046, v. l.

कुभूमि f. *schlechter, unfruchtbarer Boden.*

कुभृत् m. *Berg* und als solcher Bez. *der Zahl sieben* Ganit. Bhagan. 6.

कुभृत्य m. *ein schlechter Diener.*

कुभोग m. *ein schlechter Genuss.*

कुभोजन n. *schlechte Speise, — Nahrung* Spr. 1785. fg. zu 2713.

कुभोज्य n. dass. Spr. 1798. 1803.

कुभ्रं m. *ein best. Thier* Maitr. S. 2,5,3.

कुभ्रातर् m. *ein schlechter Bruder.*

*कुम् Interj.

कुमत n. *eine falsche Lehre.*

1. कुमति f. 1) *eine falsche Ansicht.* — 2) *Dummheit.*

2. कुमति 1) Adj. *dumm, einfältig.* — 2) m. N. pr eines Mannes Hâsj. 22.

कुमतिपुञ्ज m. N. pr eines Mannes Kautukar.

कुमतिवर्मन् m. desgl. Hâsj. 3.

कुंमनस् Adj. *verstimmt, ungehalten* Maitr. S. 4,2,13.

कुमनीष und °षिन् Adj. *dumm, einfältig.*

कुमन्त्र m. 1) *ein schlechter Rath.* — 2) *ein schlimmer Zauberspruch.*

कुमन्त्रिन् m. *ein schlechter Rathgeber.*

कुमार 1) m. *a) Knabe, Jüngling, Sohn.* In Comp. mit einem coordinirten Begriffe voranstehend oder folgend. — *b) Fürstensohn, Prinz, Erbprinz.* — *c) *Pferdeknecht, Stallknecht.* — *d)* Bein. α) Skanda's, des *Kriegsgottes.* Als dieser auch *ein best. Krankheitsdämon* Suçr. 2,394,10. — β) des Manǵuçrî. — γ) *des Sindhu. — *e)* einer der 9 Namen Agni's. — *f)* N. pr. α) eines Praǵâpati. — β) verschiedener Männer. — γ) Pl. eines Volkes. — δ) eines Flusses VP. 2,3,13. — *g) *Papagei.* — *h) *Capparis trifoliata.* — 2) f. ॰री *a) Mädchen, Jungfrau, Tochter.* — *b)* Bein. der Durgâ und der Dâkshâjaṇî in Mâjâpurî. — *c) Bez. kleiner Flaggenstöcke, welche neben* Indra's *Banner aufgerichtet werden.* — *d) ein best. Metrum.* — *e) *ein dunkelfarbiger Sperling* Râǵan. 19,124. — *f) eine best. Pflanze* Verz. d. B. H. No. 957. **Aloe perfoliata, *Clitoria Ternatea, *Jasminum Sambac* und *eine Cucurbitacee* (Râǵan. 3,49). — *g) *die Blüthe von* Taruṇî und Modinî. — *h)* N. pr. α) verschiedener Flüsse Hemâdri 2,29,2. — β) *= Ǵambûdvîpa oder ein Theil davon. — γ) *das Kap Komorin.* Pl. Comm. zu Njâjam. 10,1,18. — Vgl. auch कुमारि. — 3) n. *a)* N. pr. eines von Kumâra, eines Sohnes des Bhavja, beherrschten Varsha VP. 2,4,59. fgg. — *b) *reines Gold.*

कुमारक 1) m. *a) Knäbchen, Knabe, Jüngling.* ऋषि॰ *ein junger* Ṛshi, नाग॰ *ein junger Schlangendämon.* — *b) Pupille.* — *c) *Capparis trifoliata.* — *d)* N. pr. eines Schlangendämons. — 2) f. कुमारिका *a) Mädchen.* कुमारिकाणां शक्रस्य तीर्थम्. Auch *Dienstmädchen.* — *b)* = कुमार 2) *c).* — *c) *Sphex asiatica.* — *d) *Jasminum Sambac.* — *e) *grosse Kardamomen* Râǵan. 6,85. — *f)* N. pr. α) eines Theiles von Bhâratavarsha VP.² 2,112. — β) eines Flusses Hemâdri 2,a,28,17.

*कुमारकुलटा f. *schon als junges Mädchen ein liederliches Frauenzimmer.*

*कुमारकुशल Adj. *schon als Knabe erfahren.*

*कुमारगर्भिणी Adj. f. *schon als junges Mädchen schwanger.*

कुमारगिरि m. N. pr. eines Oertlichkeit Pischel de Gr. pr. 18. 19. ॰राजीय n. Titel eines Commentars zu Çâk. ebend.

कुमारगुप्त m. N. pr. verschiedener Fürsten Harshak. 105,4.

*कुमारघातिन् Adj. *Knaben mordend.*

*कुमारचपल Adj. *schon als Knabe leichtsinnig.*

कुमारजीव m. *Putranjiva Roxburghii* Karaka 1,27.

कुमारतन्त्र n. = कुमारभृत्या VP.² 4,33.

*कुमारतापसी f. *schon als Mädchen eine Büsserin.*

कुमारत्व n. Nom. abstr. zu कुमार 1) *a).*

कुमारदत्त m. ein Mannsname.

कुमारदर्शन m. N. pr. eines Fürsten der Gandharva Kâraṇḍ. 2,20.

कुमारदास 1) m. N. pr. eines Dichters. — 2) *f. ई *schon als junges Mädchen eine Sclavin.*

कुमारदेवी f. N. pr. der Mutter Samudragupta's.

कुमारदेष्ण Adj. *hinfällige, flüchtige Gaben gewährend.*

कुमारधारा f. N. pr. eines Flusses.

*कुमारनिपुणा Adj. *schon als Knabe geschickt.*

*कुमारपटु Adj. dass.

*कुमारपण्डित Adj. *schon als Knabe gelehrt.*

कुमारपाल m. N. pr. eines Fürsten.

कुमारपालप्रतिबोधचरित्र n. Titel eines Werkes Bühler, Rep. No. 709.

*कुमारप्रव्रजिता f. *schon als junges Mädchen eine Bettelnonne.*

*कुमारबन्धकी f. = कुमारकुलटा.

कुमारभट्ट m. N. pr. eines Dichters.

कुमारभृत्या f. *die Pflege des Kindes und Geburtshülfe.*

*कुमारय्, ॰यति (क्रीडायाम्).

*कुमारयु m. *Prinz.*

कुमारराज्य n. *die erbprinzliche Stellung* R. ed. Bomb. 2,58,23. कौमार॰ v. l.

कुमारललिता 1) Adj. f. *Jünglingen erwünscht* Ind. St. 8,366. — 2) f. *ein best. Metrum.*

*कुमारलील wohl fehlerhaft für कुमारिल.

*कुमारव Adj. von कुमार.

कुमारवारिधारा f. N. pr. eines Flusses.

*कुमारवाहिन् m. *Pfau.*

*कुमारव्रत n. *Keuschheitsgelübde.*

कुमारशिरस् m. N. pr. eines Arztes.

*कुमारश्रमणा f. *schon als Mädchen eine* Çramaṇâ.

कुमारसंभव m. 1) *die Geburt des* Skanda. — 2) Titel eines Gedichtes des Kâlidâsa.

कुमारसिंह m. N. pr. eines Astronomen VP.² 1,VIII.

कुमारसू 1) m. *der Vater* Skanda's, Bein. Agni's. — 2) *f. *die Mutter* Skanda's, Bein. *a)* der Gaṅgâ. — *b)* der Durgâ.

कुमारसेन m. N. pr. eines Ministers.

कुमारसेवक m. *Prinzendiener* Mudrâr. 114,13. 116,5.

कुमारस्वामिन् m. N. pr. eines Scholiasten.

कुमारहारित m. N. pr. eines Lehrers.

कुमारागार *Kinderstube* Karaka 4,8.

*कुमाराध्यापक m. *schon als Knabe Lehrer.*

*कुमाराभिरूपक Adj. *schon als Knabe unterrichtet.*

*कुमारिक Adj. (f. ई) *mit Mädchen versehen.*

कुमारिकाक्षेत्र n. N. pr. eines Theils von Bhâratavarsha.

*कुमारितमा Superl. und *कुमारितरा Compar. von कुमारी *Mädchen* P. 1,1,22, Sch.

कुमारिदत्त m. N. pr. eines Mannes.

*कुमारिदा Adj. ved. *॰दारा(!) Kâç.

कुमारिन् Adj. 1) *mit Kindern versehen.* — 2) *Kinder verleihend* Sâmav. Br. 3,8,2.

कुमारिल, ॰भट्ट und ॰स्वामिन् m. N. pr. eines Lehrers der Mîmâṁsâ.

*कुमारी Adj. *nach einem Mädchen Verlangen habend.* — Vgl. auch u. कुमार.

कुमारीकल्प m. Titel eines Werkes.

*कुमारीक्रीडनक n. *ein Spielzeug der Mädchen.*

कुमारीतन्त्र n. Titel eines Werkes.

*कुमारीदाक्ष m. Pl. *die auf ein Mädchen erpichten* Dâksha.

कुमारीपाल m. *Hüter der Jungfrau* (Braut).

कुमारीपुत्र m. *Jungfernkind.*

*कुमारीपुत्रक Adj. von कुमारीपुत्र.

कुमारीपुर n. *der Theil des Gynaeceums, in dem sich die Mädchen aufhalten,* Kâd. 166,8. Daçak. 44, 13. 71,13.

कुमारीयौवन n. *die Blüthezeit eines Mädchens* Kâraṇḍ. 45,15.

कुमारीश m. N. pr. eines Verfassers von Mantra.

*कुमारीश्वशुर m. *der Schwiegervater eines (gefallenen) Mädchens.* Davon *Adj. ॰क.

कुमारीस्नेहवत् Adj. *Mädchen —, Töchter liebend* Nîlak. zu MBh. 1,100,89 (90).

कुमारेश्वरतीर्थ n. N. pr. eines Tîrtha.

कुमार्ग m. *Irrweg* Ind. St. 15,355.

*कुमालक m. Pl. N. pr. eines Volkes.

कुमालन m. N. pr. eines Mannes Âpast.

*कुमालय्, ॰यति (क्रीडायाम्).

कुमित्र n. *ein schlechter Freund.*

कुमित्रमित्र n. *ein schlechter Freund als Freund* Spr. 5963.

*कुमुख m. *Schwein.*

कुमुद् 1) *Adj. *missvergnügt, miser.* — 2) n. = कुमुद 1).

कुमुद 1) (*m.) n. *die weisse Blüthe einer in der Nacht sich öffnenden Nymphaea.* — 2) m. *a) eine*

Art Bdellion Bhâvapr. 1,86. — *b) ein best.* Dhruvaka (musik.) — *c) ein best. Komet.* — *d)* N. pr. α) eines Schlangendämons. — β) eines Wesens im Gefolge Skanda's und auch Vishṇu's. — γ) *eines Daitja. — δ) *eines Weltelephanten. — ε) eines Affen. — ζ) verschiedener Männer. — η) verschiedener Berge. — ϑ) eines kleineren Dvîpa. — 3) f. आ *a) eine best. Wasserader.* — *b) eine Form der* Durgâ. — *c)* **Gmelina arborea*, **Pistia Stratiotes*, **Desmodium gangeticum*, **Grislea tomentosa* und **Myrica sapida* (Râǵan. 9,20). — 4) *f. ई *Myrica sapida* Râǵan. 9,20. — 5) *n. *a) Kampher* Râǵan. 12,61. — *b) Silber.*

*कुमुदखण्ड n. *Lotusgruppe.*

कुमुदघ्नी f. *eine best. Pflanze mit giftigem Milchsafte.*

कुमुदचन्द्र m. Bein. Siddhasena's Ind. St. 14, 376. fg. 390. 15,282.

कुमुदनाथ m. *der Mond* Kâd. 235,14.

कुमुदपुष्पा f. N. pr. eines Gandharva-Mädchens Kâraṇḍ. 5,5.

*कुमुदबन्धु und *°बान्धव m. *der Mond.*

कुमुदमय Adj. *ganz aus weissen Lotusblüthen bestehend* Kâd. 244,14. II,17,23.

*कुमुदवती f. *Lotusgruppe.*

कुमुदवन n. dass. Ind. St. 15,319.

*कुमुदसुहृद् m. *der Mond.*

कुमुदाकर m. *Lotusgruppe* Viddh. 66,4. Nom. abstr. °ता f. Kathâs. 95,20.

कुमुदाकरबान्धव m. *der Mond* Sâhitj. im Comm. zu Varâh. Bṛh. 4,1.

कुमुदाक्ष m. N. pr. 1) eines Schlangendämons. — 2) eines Wesens im Gefolge Vishṇu's.

कुमुदादि m. N. pr. eines Lehrers VP 3,6,11.

*कुमुदान्वय m. *ein Elephant mit best. Kennzeichen* Gal.

*कुमुदावास Adj. *mit Lotusblüthen reich besetzt.*

*कुमुदिक Adj. (f. ई) von कुमुद.

कुमुदिका f. N. pr. einer Hetäre.

कुमुदिनी f. 1) *eine bei Nacht sich öffnende Nymphaea* (die Pflanze, nicht die Blüthe), *eine Gruppe von* Kumuda. — 2) N. pr. *a)* der Tochter eines Daitja. — *b)* der Mutter Raghudeva's.

कुमुदिनीनायक, *कुमुदिनीपति, कुमुदिनीवधूवर (Kâd. 231,20) und *कुमुदेश m. Bein. des *Mondes.*

कुमुदोत्तर m. N. pr. eines Varsha.

कुमुदोत्पलिन् Adj. *mit* Kumuda *und* Utpala (zwei Arten von Lotusblüthen) *reich besetzt* R. 3, 78,26.

कुमुद्वत् 1) Adj. *a) mit Lotusblüthen reich besetzt.* — *b)* Bez. eines Windes Maitr. S. 4,9,8. — 2) m. *a)* = 3)*a).* — *b) der Mond.* — 3) f. °द्वती *a)* = कुमुदिनी 1). — *b) eine best. Pflanze mit giftiger Frucht.* — *c) eine best.* Çruti S. S. S. 23. — *d)* N. pr. α) einer Schwester des Schlangendämons Kumuda. — β) der Gattin Vimarshaṇa's. — γ) der Gattin Pradjumna's VP. 4,15,22. — δ) eines Flusses VP. 2,4,55.

कुमुद्विन् Adj. *missvergnügt.*

कुमुहूर्त m. *eine unheilvolle Stunde.*

कुमेधस् Adj. *dumm, einfältig.*

*कुमेरु m. *the southern hemisphere or pole, the region of the demons and Titans.*

*कुमोदक m. Bein. Vishṇu's.

*कुम्प्, कुम्पयति v. l. für कुम्ब्.

*कुम्प Adj. *lahm an der Hand.*

*कुम्ब्, कुम्बति und कुम्बयति (आच्छादने, स्तृतौ).

कुम्ब 1) m. oder n. (adj. Comp. f. आ) *a) ein best. weiblicher Kopfputz.* — *b) das dicke Ende* (eines Knochens oder Pflockes). — 2) *f. कुम्बा *a) ein grober Unterrock.* — *b) Schutzwehr um einen Opferplatz.*

कुम्बकुरीर m. (Comm.) *ein best. Kopfputz, Haube* oder dgl. Âpast. Çr. 10,9,5.

कुम्ब्या oder कुम्ब्यां f. *eine Vorschrift in gebundener Sprache* Ait. Âr. 236,1.

*कुम्भ्, कुम्भयति v. l. für कुम्ब्. Vgl. कुम्भय्.

कुम्भ 1) m. *a) Topf, Krug* Spr. 6588. Die weiblichen Brüste damit verglichen Chr. 305,1. Am Ende eines adj. Comp. f. आ. — *b) Aschenkrug, ein Gefäss, in welches die Todtengebeine gesammelt werden.* — *c) der Wassermann im Thierkreise.* — *d) ein best. Hohlmaass* Hemâdri 1,392,22. 393,4. 5. 2,a,57,14. — *e)* Du. *die beiden Erhöhungen auf der Stirn des Elephanten, welche zur Brunstzeit stark anschwellen.* — *f) ein best. Theil des Bettstollens.* — *g) eine best. Pflanze* und *deren Frucht.* — *h) eine best. medicinisch gebrauchte Wurzel.* — *i)* **eine religiöse Verrichtung, bei der man mit der rechten Hand die Nasenlöcher schliesst und den Athem anhält.* — *k)* **der Liebhaber einer Buhldirne.* — *l) ein best. über Waffen gesprochener Spruch.* — *m)* Titel eines Werkes. — *n)* N. pr. α) eines Dânava. — β) eines Râkshasa. — γ) verschiedener Männer. — δ) eines Affen. — 2) *f. आ *a) Hure.* — *b) Tiaridium indicum.* — *c)* Nom. act. von कुम्भ्. — 3) f. ई *a) Topf, Krug, Kochtopf* M. 4,7. Jâǵn. 1,128. Kathâs. 24,87. — *b) eine best. Hölle* Kâraṇḍ. 9,6. fgg. Vgl. °पाक. — *c) eine best. Pflanze* Bâlar. 169,14. **Bignonia suaveolens*, **Pistia Stratiotes*, **Croton polyandrum* (Râǵan. 6,162), **ein best. Knollengewächs* und **Myrica sapida* (Râǵan. 9,20). — 4) *n. *a) Ipomoea Turpethum.* — *b) Bdellion.* — *c) Gold* Gal.; vgl. शात°.

कुम्भक 1) am Ende eines adj. Comp. = कुम्भ 1) *a)* und *e).* — 2) m. n. = कुम्भ 1) *i).* — 3) m. *a)* = कुम्भ 1) *d).* — *b)* **Säulenbasis* (buddh.). — *c)* N. pr. eines Wesens im Gefolge Skanda's. — 4) f. कुम्भिका *a) ein kleiner Topf, — Krug.* — *b) Myrica sapida* Bhâvapr. 1,175. — *c)* **Pistia Stratiotes.* — *d)* **Bignonia suaveolens.* — *e)* **ein best. kleiner Strauch,* = द्रोणपुष्पी. — *f)* Pl. *eine best. Augenkrankheit,* = कुम्भीका. — *g)* N. pr. einer der Mütter im Gefolge Skanda's.

कुम्भकपद्धति f. Titel eines Werkes.

कुम्भकर्ण m. 1) N. pr. *a)* eines von Râma bekämpften Râkshasa. — *b)* eines Daitja Hariv. 3,47,3. — *c)* eines Muni. — *d)* einer Oertlichkeit. — 2) Bein. Çiva's.

*कुम्भकर्णनिषूदन m. Bein. Râma's Gal.

कुम्भकर्णाय्, °यते *dem* Râkshasa Kumbhakarṇa *gleichen* (in langem Schlafen) Spr. 7747.

कुम्भकामला f. *eine Form der Gelbsucht mit Anschwellung der Gelenke.*

कुम्भकार 1) m. *a) Töpfer.* Im System *eine best. Mischlingskaste.* — *b)* **Schlange.* — *c)* **Phasianus gallus.* — 2) f. ई *a)* **die Frau eines Töpfers.* — *b)* ein Frauenname Lalit. 331,18. — *c)* **eine Art Collyrium.* — *d)* **rother Arsenik.*

कुम्भकारक 1) *m. *Töpfer.* — 2) f. °रिका *a) die Frau eines Töpfers.* — *b)* **eine Art Collyrium.*

*कुम्भकारकुक्कुट m. *Phasianus gallus.*

*कुम्भकारशाला f. *Töpferwerkstätte* Gal.

कुम्भकेतु m. N. pr. eines Sohnes des Çambara.

कुम्भघोणतीर्थ n. N. pr. eines Tîrtha.

कुम्भचक्र n. *ein best. Diagramm.*

कुम्भजन्मन् m. Bein. Agastja's.

कुम्भताल m. *ein best. Tact* S. S. S. 226.

*कुम्भतुम्बी f. *eine Art runder Gurken* Râǵan. 7,161.

कुम्भदास 1) m. (?) Nom. abstr. °ता f. Râǵat. 3, 456. — 2) f. ई *a) eine gemeine Hure* Harshak. 149,2. — *b)* **Kupplerin.*

कुम्भधर m. 1) *der Wassermann im Thierkreise.* — 2) *ein best. über Waffen gesprochener Zauberspruch.*

कुम्भधान्य Adj. *nur einen Topf voll Korn besitzend* MBh. 12,244,2.

कुम्भनाभ m. N. pr. eines Daitja.

कुम्भपदी Adj. f. zu कुम्भपाद.

*कुम्भपाद Adj. *topfähnliche Füsse habend.*

*कुम्भफला f. *Cucurbita Pepo* Râǵan. 7,158.

कुम्भबाहु m. N. pr. eines Daitja.

*कुम्भबीजक m. *eine Karañǵa-Art.*

*कुम्भबिल n. P. 6,2,102.

कुम्भभव m. *der Stern Canopus* (Agastja) Ganit. Bhagrah. 16.

कुम्भभित्ति f. *die abschüssige Stirn des Elephanten mit den beiden Erhöhungen;* vgl. कुम्भ 1) *e*).

कुम्भभू m. Bein. Agastja's Harshaḱ. 177,16.

*कुम्भमण्डूक m. *ein Frosch im Topfe,* so v. a. *ein unerfahrener Mensch.*

*कुम्भमात्रक m. *ein* Piçâka Gal.

कुम्भमुष्क Adj. *topfgrosse Hoden habend.*

कुम्भमूर्धन् m. *ein best. Krankheitsdämon* Hariv. 9560.

कुम्भय्, °यति *das* Kumbha *genannte Einhalten des Athmens vollbringen.*

कुम्भयोनि 1) m. Bein. *a*) Agastja's. — *b*) *Droṇa's. — *c*) *Vasishṭha's. — 2) f. *a*) N. pr. einer Apsaras. — *b*) **Phlomis ceylanica* Râǵan. 5,138.

कुम्भरेतस् m. *eine Form* Agni's. — n. MBh. 13, 7372 fehlerhaft für कुम्भे रेतः.

*कुम्भला f. *Sphaeranthus hirtus* Ratnam. 39.

कुम्भवक्त्र m. N. pr. eines Wesens im Gefolge Skanda's.

*कुम्भशाला f. *Töpferwerkstätte.*

*कुम्भसंधि m. *die Gegend zwischen den beiden Stirnerhebungen beim Elephanten.*

कुम्भसंभव m. Bein. 1) Agastja's Spr. 7837. — 2) Nârâjaṇa's.

कुम्भसर्पिस् n. *eingetopfte Butter.*

कुम्भस्तनी Adj. f. *topfähnliche Brüste habend.*

कुम्भहनु m. N. pr. eines Râkshasa.

कुम्भाण्ड 1) m. N. pr. *a*) einer Klasse dämonischer Wesen (mit Rudra an der Spitze) bei den Buddhisten Lalit. 148,16. 266,14. 313,11. — *b*) eines Ministers des Asura Bâṇa. — 2) *f. ई *Beninkasa cerifera.*

कुम्भाण्डक m. 1) = कुम्भाण्ड 1) *a*). — 2) N. pr. eines Wesens im Gefolge Skanda's.

कुम्भाण्डकोदर m. N. pr. eines Wesens im Gefolge Skanda's.

कुम्भादिस्वर्णकारता f. *das Geschäft eines Töpfers u. s. w. und eines Goldarbeiters* Hem. Jog. 3,100.

कुम्भार m. = कुम्भकार *Töpfer* Ind. St. 15,403.

कुम्भि (metrisch) f. = कुम्भी *Topf* Ḱaraka 1,14.

कुम्भिन् 1) Adj. *mit einem Topfe versehen* Vaitân. — 2) m. *a*) *Elephant* Spr. 2935. — *b*) Bez. *der Zahl acht* Ganit. Spasht. 5. — *c*) **Krokodil.* — *d*) *ein best. giftiges Insect.* — *e*) **Bdellion.* — *f*) N. pr. eines bösen Dämons Pâr. Gṛhj. 1,16,23. — 2) *f. कुम्भिनी *die Erde* Gal.

*कुम्भिनरक m. *eine best. Hölle.*

*कुम्भिनीबीज n. *Croton Jamalgota* Râǵan. 6,166.

*कुम्भिमद m. *die zur Brunstzeit aus den Schläfen des Elephanten träufelnde Flüssigkeit.*

*कुम्भिल m. 1) *Dieb.* — 2) *Plagiator.* — 3) *der Bruder der Frau.* — 4) *a child begotten at undue seasons, or of an imperfect pregnation.* — 5) *Ophiocephalus Wrahl.*

कुम्भीक 1) m. *a*) *qui mulieres paedicat.* — *b*) *eine best. Pflanze, Rottleria tinctoria* oder *Pistia Stratiotes.* — 2) f. कुम्भीका *a*) = 1) *b*). — *b*) *eine dem* Kumbhika-*Korn ähnliche Anschwellung,* namentlich *der Augenlider.* — *c*) *Bez. eines best. dämonischen Wesens.*

कुम्भीकिन् Adj. *dem* Kumbhika-*Korn ähnlich.*

कुम्भीनस 1) m. *a*) *eine Art Schlange.* — *b*) *ein best. giftiges Insect.* — 2) f. कुम्भीनसी N. pr. *a*) einer Gandharvî. — *b*) einer Râkshasî.

कुम्भीनसि m. N. pr. eines Dämons.

कुम्भीपाक m. 1) *der Inhalt eines Kochtopfes.* — 2) Sg. und Pl. *eine best. Hölle.* — 3) *ein best. Fieber* Bhâvapr. 3,79.

*कुम्भीबीज n. *Croton Jamalgota* Râǵan. 6,166.

कुम्भीमाहात्म्य n. Titel eines Werkes.

कुम्भीमुख m. *eine Wunde von best. Form* Ḱaraka 6,13.

कुम्भीर m. 1) *Krokodil.* — 2) **eine best. Pflanze* Gal. — 3) N. pr. eines Jaksha.

*कुम्भीरमक्षिका f. *Vespa solitaria.*

*कुम्भील m. *Krokodil.*

कुम्भेश्वर m. N. pr. eines Vîtarâga.

कुम्भेश्वरतीर्थ n. N. pr. eines Tîrtha.

कुम्भेष्टका f. *ein best. Backstein* Âpast. Çr. 16,33.

कुम्भोदर m. N. pr. eines Dieners des Çiva.

कुम्भोद्भव m. Bein. Agastja's Spr. 7795. 7825.

कुम्भोद्भूत m. desgl. zu Spr. 649.

*कुम्भोलु n. *Bdellion.*

कुम्भोलूक m. *eine Art Eule.*

कुम्भोलूखलक n. *Bdellion* Bhâvapr. 1,86.

कुयण्विन् m. *ein schlechter Opferer.*

कुयव 1) Adj. *Missernte bringend.* — 2) m. N. pr. eines Dämons. — 3) n. *Missernte.*

कुयवाच् Adj. *übel redend, lästernd.*

कुयष्टिक m. *ein best. Vogel,* = कोयष्टिक Ḱaraka 1,27.

कुयाज्ञिक m. *ein schlechter Liturgiker* Comm. zu Bhâg. ed. Bomb. 4,6,49.

कुयोगिन् m. *ein schlechter* Jogin.

कुयोनि f. *ein verachteter Mutterleib.*

1\. कुर् s. 1. कर्.

2.*कुर्, कुरति (शब्दे).

*कुरका f. *Boswellia thurifera.*

*कुरङ्कर und *कुरङ्कुर m. *Ardea sibirica.*

कुरङ्ग 1) m. *a*) *eine Antilopenart* und *Antilope überh.* Bhâvapr. 1,143. Auch vom *Flecken im Monde* (wie मृग u. s. w.) Prasannar. 106,10. — *b*) N. pr. eines Berges. — 2) f. ई *a*) *Antilopenweibchen* Spr. 7679. — *b*) N. pr. einer Tochter Prasenaǵit's.

कुरङ्गक 1) m. *a*) *Antilope* Kâd. 110,22. — *b*) N. pr. eines Mannes Viddh. 97,5. — 2) f. °ङ्गिका *a*) **Phaseolus trilobus.* — *b*) N. pr. einer Zofe Viddh. 32,3.

कुरङ्गनयना f. 1) *eine Gazellenäugige.* — 2) N. pr. einer Surâṅganâ Ind. St. 15.

कुरङ्गनाभि m. *Moschus* Prasannar. 29,2.

कुरङ्गनेत्रा f. *eine Gazellenäugige* Prasannar. 107,9.

*कुरङ्गम m. = कुरङ्ग 1) *a*).

कुरङ्गलाञ्छन m. *der Mond* Dhûrtan. 45.

कुरङ्गलोचना f. *eine Gazellenäugige* Prasannar. 39,7.

कुरङ्गवधू f. *Antilopenweibchen* Prasannar. 120,4.

कुरङ्गाक्षी f. 1) *eine Gazellenäugige* Prasannar. 5,22. 154,22. — 2) ein Frauenname Harshaḱ. 127, 11. Ind. St. 14,126.

कुरङ्गाय्, °यते *zu einer Antilope werden* Spr. 6014.

कुरङ्गीदृश् f. *eine Gazellenäugige* Viddh. 44,2.

*कुरचिल्ल m. fehlerhaft für कुरुचिल्ल.

कुरट m. 1) **Schuhmacher.* — 2) Pl. N. pr. eines Volkes. करट v. l.

*कुरठ m. *Pferd* Gal. Vgl. कुरुटिन्.

*कुरण्ट m. 1) *gelber Amaranth.* — 2) *Marsilea quadrifolia* Râǵan. 4,51.

कुरण्टक m. und °ण्टिका f. *gelber Amaranth* und *eine gelb blühende Barleria.* कुरण्टक n. *die Blüthe.*

*कुरण्ड m. 1) *geschwollene Hoden.* — 2) *eine best. Pflanze* Râǵan. 6,246.

कुरण्डक m. 1) = कुरण्ड 1) Kautukar. 77. — 2) = कुरण्टक.

*कुरपी f. *die Erde* Râǵan. 2,1.

कुरब m. *ein best. Baum* Bhâg. P. 3,15,19. = तिलक Comm. Nach Râǵan. *eine roth blühende Barleria.*

कुरबक m. 1) *rother Amaranth* oder *eine roth blühende Barleria;* n. *die Blüthe.* — 2) *eine Reis-* oder *Getraideart.*

*कुरयाण wohl m. N. pr. eines Mannes. Vgl. कौर°.

कुरर 1) m. *a*) *Meeradler.* — *b*) *= करीर *Capparis aphylla* Gal. — *c*) N. pr. eines Berges. — 2) f. ई *a*) *das Weibchen des Meeradlers.* — *b*) **Schaf-*

mutter.

*कुरराङ्घ्रि m. *eine Art Senf* Rāgan. 9,138.

*कुरराव Adj. von कुरर.

कुररिन् m. N. pr. eines Berges VP. 2,2,25.

कुररीश्वरतीर्थ n. N. pr. eines Tirtha.

कुरल m. 1) = कुरर 1) *a)* AV. Pariç. 71,24. — 2) *= कुरुल.

*कुरलप्रस्थ m. N. pr. einer Stadt gaṇa कर्क्यादि in der Kāç.

कुरव 1) *Adj. *geschwätzig.* — 2) m. *a)* **Taube* oder *Turteltaube* Rāgan. 19,107. — *b)* Bez. der Kshatrija in Plakshadvîpa VP. 2,4,17. कुरु v. l. — 3) *f. ई *eine Art Pfeffer* Rāgan. 6,18.

कुरवाङ्क und °क (? Suçr. 1,201,2) m. *in best. Vogel.* Vgl. कुरुबाङ्क.

*कुरस 1) m. *ein berauschendes Getränk.* — 2) f. आ *eine best. Pflanze.*

कुराङ्गी f. ein Frauenname Ind. St. 14,139.

कुराजन् m. *ein schlechter Fürst.*

कुराज्य n. *eine schlechte Herrschaft, ein schlechtes Regiment.*

*कुराल (fehlerhaft) und *कुराह (v. l.) für उराह.

*कुरि f. *eine wilde Getraideart* Rāgan. 16,94.

कुरीर n. 1) *eine Art Kopfbinde* Gop. Br. 1,3,21. — 2) **Beischlaf.*

कुरीरिन् Adj. *mit* कुरीर 1) *geschmückt*; auch von einem Thiere.

कुरु 1) m. *a)* N. pr. α) Pl. eines Volkes. Ausnahmsweise auch Sg. (कुरौ = कुरुषु). — β) des Ahnherrn der Kuru, eines Sohnes des Saṁvaraṇa. — γ) eines Sohnes des Âgnîdhra. — δ) eines Sohnes des Manu Kâkshusha Hariv. 1,2,18.19. ऊरु v. l. — *b)* Bez. der Kshatrija in Plakshadvîpa VP.² 2,193. कुरव v. l. — *c)* *Pl. = ऋत्विजस् und कर्तारस्. — *d)* **gekochter Reis.* — *e)* **Solanum Jacquini.* — 2) *f. कुरू *eine Fürstin der* Kuru.

कुरुक m. N. pr. eines Fürsten. रुरुक v. l.

*कुरुकत m. N. pr. eines Mannes gaṇa गर्गादि und अनुशतिकादि.

*कुरुकन्दक n. *Rettig.*

कुरुकुराय् (onomatop.), °यते *schwatzen* (von der Predigerkrähe). Nur im Prâkrit 302,8. Mṛkkh. 71,16.

*कुरुकुरु m. *ein best. Vogel,* = कुरुबाङ्क Gal.

*कुरुकुरुक्षेत्र n. *das Land der* Kuru *und* Kurukshetra.

*कुरुकुरुजाङ्गल n. *das Land der* Kuru *und* Kurugâṅgala Kāç. zu P. 2,4,7.

कुरुकुल्ला f. N. pr. einer buddh. Göttin.

कुरुक्षेत्र 1) n. N. pr. eines Landes. — 2) m. Pl. *die Bewohner dieses Landes.*

कुरुक्षेत्रक m. Pl. = कुरुक्षेत्र 2).

कुरुक्षेत्रस्थली f. N. pr. einer Gegend.

कुरुक्षेत्रिन् Adj. in Verbindung mit योग *das Zusammentreffen dreier lunarer Tage, dreier* Nakshatra *und dreier* Joga *an einem Sonnentage.*

*कुरुगार्हपत n. P. 6,2,42.

कुरुङ्ग m. N. pr. eines Fürsten.

*कुरुचर Adj. (f. ई). Am Ende eines adj. Comp. f. आ Ind. St. 13,378. fg.

*कुरुचिल्ल m. *Krebs.*

कुरुजाङ्गल 1) n. N. pr. eines Landes. — 2) m. Pl. *die Bewohner dieses Landes.*

*कुरुट m. *Marsilea quadrifolia* Rāgan. 4,51, v. l. Vgl. कुरण्ट.

*कुरुटिन् m. *Pferd.* Vgl. कुरठ.

*कुरुण्ट 1) m. *eine Art Amaranth* und *Barleria.* — 2) f. ई *a) eine hölzerne Puppe.* — *b) eine Brahmanin.*

कुरुण्टक m. und कुरुण्टिका f. *gelber Amaranth* und *eine gelbe Barleria.*

कुरुण्ठ Lalit. 201,12 = कुरुण्ट 1).

*कुरुण्डवृद्धि f. *Rotz* Gal.

कुरुण्डि m. N. pr. eines Ṛshi im 3ten Manvantara VP.² 3,7.

*कुरुत gaṇa कुस्त्यादि. °पाद Adj. ebend.

कुरुता f. *eine best. hohe Zahl* Lalit. 169,10.

कुरुतीर्थ n. N. pr. eines Tirtha.

कुरुनदिका f. angeblich = कुनदिका.

कुरुपञ्चाल m. Pl. *die* Kuru *und* Pańkâla Kāth. 10,6.

कुरुपञ्चालत्रा Adv. *bei den* Kuru *und* Pańkâla.

*कुरुपथ m. N. pr. eines Mannes.

कुरुपाण्डव m. Du. Pl. *die Nachkommen* Kuru's (d. i. Dhṛtarâshṭra's) *und* Pâṇḍu's.

कुरुपिशङ्गिल Adj. (f. आ) wohl eine best. Farbe bezeichnend.

कुरुबक (कुरुवक) vielleicht nur fehlerhaft für कुरबक 1).

*कुरुबाङ्क m. *ein best. Vogel* Nigh. Pr. Vgl. कुरवाङ्क.

*कुरुबिल्व m. *Rubin.*

*कुरुबिल्वक m. = कल्माष.

कुरुमयी f. *ein best. Tanz* S. S. S. 260.

*कुरुम्ब 1) m. *eine Art Orange.* — 2) f. आ *Phlomis zeylanica* Rāgan. 5,138. — 3) f. ई *eine Art Pfeffer* Rāgan. 16,18.

कुरुम्बिका f. = कुरुम्ब 2) Rāgan. 5,138.

कुरूर m. Pl. v. l. für कुरव 2) *b)* VP.² 2,193.

कुरूरी fehlerhaft für कुररी.

*कुरूल m. *Haarlocke an der Stirn.*

कुरुवंश und °क m. N. pr. eines Fürsten VP.² 4,70.

कुरुवत्स m. N. pr. eines Fürsten.

कुरुवर्णक m. Pl. N. pr. eines Volkes.

कुरुवश m. N. pr. eines Fürsten.

कुरुवाजपेय m. *eine bes. Art des* Vâgapeja.

कुरुविन्द 1) m. *a) eine Getraideart.* — *b)* **Cyperus rotundus.* — *c)* **Terminalia Catappa.* — *d)* **Knospe.* — *e)* * = कुल्माष. — 2) (*m. *n.) *Rubin* Rāgan. 13,149. Suçr. 1,28,5. — 3) *n. *a) Zinnober.* — *b) schwarzes Salz.*

*कुरुविन्दक m. *eine Abart von Dolichos biflorus.*

कुरुविस्त m. *ein* Pala *Gold* Hemādri 2,*a*,57,6.

*कुरुवीरक m. *Terminalia Arunja* Rāgan. 9,122.

कुरुश्रवण m. N. pr. eines Fürsten.

कुरुसुति m. N. pr. eines Veda-Dichters.

*कुरुह m. *Baum* Rāgan. 2,23.

कुरुहार m. N. pr. eines Agrahâra.

कुरूटिन् Adj. vielleicht = किरीटिन्.

कुरूत्थाम m. N. pr. eines Sohnes des Dushjanta Hariv. 1,32,122. VP.² 4,117. करुत्थाम v. l.

कुरूप *missgestaltet, hässlich.* Nom. abstr. °ता f.

*कुरूप्य n. *Zinn* Rāgan. 13,21.

कुरूरु m. *ein best. Gewürm.*

कुर्कुट m. = कुक्कुट *Hahn* Spr. 6597, v. l.

*कुर्कुटाहि m. *eine Art Schlange.*

कुर्कुटीव्रत n. *eine best. Begehung.*

कुर्कुर m. *Hund.*

*कुर्कुराय्, °यति Denom. von कुर्कुर.

*कुर्चिका f. = कू° 1) *Knollenmilch.* — 2) *Nadel.*

कुर्द् s. कूर्द्.

*कुर्दन n. = कूर्दन.

कुर्पर m. fehlerhaft für कूर्पर.

*कुर्पास und °क m. = कूर्पास *Mieder.*

कुर्मल = कुल्मल 1) AV. Paipp. 11,1,2.

कुर्वत् Partic. von 1. कर् 1) in den u. 1. कर् angegebenen Bedeutungen. — 2) **die Geschäfte eines Dieners* oder *Sclaven verrichtend.* — 3) *gegenwärtig, Gegenwart* Ait. Br. 4,31,3.

कुर्वाण Partic. = कुर्वत् 1) und *2).

1. कुल् in कुल्मस् = कुर्मस् (von 1. कर्) Einschiebung nach Ṛv. 10,128.

2. *कुल्, कोलति (संस्त्याने = संहतौ; संख्याने, संताने, बन्धुषु).

3. कुल्, कुलप् s. आकुलय् und संकुलय्.

कुल 1) n. (adj. Comp. f. आ) *a) Heerde, Schwarm, Menge* überh. विघ्न° Daçak. 2,12. — *b) Geschlecht, Familie, Gemeinde, Innung, Genossenschaft.* पदातीनाम् so v. a. *Infanterie.* *चौरस्य°, *दासस्य° so v. a. *Bande, Gesindel.* — *c) ein edles, vornehmes Geschlecht.* — *d) Wohnstätte, Haus* 40,6. 41,13.16.

44,33. 45,1. — e) * *Körper.* — f) bei den Çâkta Bez. *der* Çakti *und ihres Cultus.* — g) Bez. *best. Mondhäuser* Ind. St. 10,289. Tantras. im ÇKDr. u. कुलनक्षत्र. — h) **ein best. blauer Stein.* — i) am Anf. vieler Compp. als Ausdruck *der hohen Stellung*, die Jmd oder Etwas unter seines Gleichen einnimmt. — 2) m. a) * *das Haupt einer Innung.* — b) Bez. *des Dienstags und Freitags* Tantras. im ÇKDr. u. कुलवार. — c) N. pr. eines Mannes. — 3) f. आ *der 4te, 8te, 12te und 14te Tag in einem Halbmonat* Tantras. im ÇKDr. u. कुलतिथि. — 4) *f. ई a) *eine ältere Schwester der Frau.* — b) *Solanum Jacquini* und *longum.*

कुलक 1) am Ende eines adj. Comp. a) *Menge.* — b) *Fruchtkern* Káraka 6,1. — 2) m. a) **das Haupt einer Innung.* — b) **Ameisenhaufe.* — c) *ein best. zu den Mäusen gezähltes Thier.* — d) * *eine grüne Schlange.* — e) * *Diospyros tomentosa, eine andere Art Ebenholz* Bhâvapr. 1,243. und *= मरुबक Ratnam. 203. — f) Pl. Bez. *der* Çûdra *in* Kuçadvîpa Bhâg. P. 5,20,16. — g) N. pr. eines Fürsten. — 3) n. a) * *Trichosanthes dioeca.* — b) * = कुलक Gal. — c) *eine Verbindung von drei und mehr* Çloka, *durch welche ein und derselbe Satz durchgeht.* — d) *Prosa mit wenigen Compositis.*

*कुलककर्कटी f. *eine Gurkenart* Râǵan. 7,216.

कुलकण्टक m. *ein Dorn im Geschlecht, ein schädliches Glied der Familie* Nîlak. zu MBh. 1,170,15.

कुलकन्यका f. *ein Mädchen aus guter Familie.*

कुलकर Adj. *ein Geschlecht gründend, Stammvater von.*

कुलकर्तर् Nom. = कुलकर.

कुलकलङ्क m. *ein Schandfleck der Familie.* °कारिन् *die F. entehrend* Pańkat. 46,3.

कुलकलङ्कित Adj. *wodurch die Familie entehrt wird* Kathâs. 22,216.

कुलकुण्डलिनी f. *eine best.* Çakti.

*कुलकूणी f. *ein unzüchtiges Weib* Gal.

कुलकौशिक m. N. pr. eines Verfassers von Mantra.

*कुलक्क m. *Cymbel.*

कुलक्रमस्थिति f. *der in einer Familie sich forterbende Brauch* Kâd. II,11,16.

कुलक्रमागत Adj. *in der Familie erblich, vom Vater auf Kind und Kindeskind übergegangen, von Alters her in demselben Verhältniss stehend* Harshak. 126,16. Kâd. 87,13. 164,23. 263,2.

कुलक्षणा Adj. (f. आ) *ein schlimmes Zeichen an sich habend* Ind. St. 15.426.

कुलक्षय m. *Untergang des Geschlechts* Spr. 33.

*कुलक्षया f. *Mucuna pruritus.*

कुलगिरि m. *Hauptberg,* — *gebirge.*

कुलगुरु m. *Familienhaupt, die erste Autorität einer Familie, Familienpriester* 106,6. Dh. V. 7,15.

कुलगृह n. *ein vornehmes Haus.*

कुलगोप्तर् m. *Hüter der Wohnstätte.*

कुलघ्न Adj. (f. आ und ई) *das Geschlecht zu Grunde richtend.*

कुलंकुल Adj. *von Haus zu Haus gehend* Çiñkh. Gṛhj. 4,12. Gaut.

कुलङ्ग 1) m. = कुरङ्ग, कुलुङ्ग *Antilope* Maitr. S. 3,14,9. 13. — 2) *f. कुलङ्गी fehlerhaft für कुलिङ्गी.

कुलचन्द्र m. N. pr. eines Commentators.

कुलचित n. *eine best. Kampfart.* विकुचित v. l.

कुलचूडामणि m. Titel eines Tantra Ârjav. 160,21.

कुलज 1) Adj (f. आ) *von edlem Stamme.* Auch von Pferden. — 2) *n. *saurer Reisschleim* Gal.

कुलजन m. *eine Person aus guter Familie.*

कुलजात Adj. = कुलज 1).

*कुलञ्ज und *°न m. *Alpinia Galanga* Râǵan. 6,56.

कुलट 1) **jeder nicht selbsterzeugte Sohn.* — 2) f. आ a) *eine untreue Frau* Âpast. Spr. 7788. — b) **eine ehrbare Bettlerin.*

कुलटी f. = कुनटी *rother Arsenik.*

कुलतन्तु m. *der Faden, an dem ein Geschlecht hängt,* d. i. *der Letzte eines Stammes* 66,26.

*कुलतिथि f. = कुल 3).

कुलत्थ 1) m. a) *Dolichos uniflorus* Varâh. Jogaj. 7,18. — b) Pl. N. pr. eines Volkes. — 2) f. आ a) **Glycine labialis.* — b) **ein best. in der Medicin und als Collyrium gebrauchter blauer Stein.* — c) *ein best. Metrum.*

कुलत्थिका f. = कुलत्थ 2) a) und *b).

*कुलदमन Adj. *die Familie im Zaum haltend.*

कुलदीपिका f. Titel eines Werkes.

कुलदीपोत्सव m. *ein best. Fest.*

कुलदुहितर् f. *eine Tochter aus guter Familie* Kâraṇḍ. 19,24. 68,16. 75,2. *ein gesittetes Mädchen.*

कुलदूषण Adj. *die Familie schändend.*

कुलदेव 1) m. *Familiengottheit.* Nom. abstr. °त्व n. — 2) f. ई (metrisch इ) Bein. der Durgâ.

कुलदेवता f. 1) *Familiengottheit* 107,24. Varâh. Jogaj. 6,19. — 2) *Bein. der Durgâ.

कुलदैव n. 1) *das Schicksal der Familie.* — 2) *Familiengottheit.*

कुलदैवत n. *Familiengottheit* R. Gorr. 1,72,14.

कुलधर m. N. pr. eines Fürsten.

कुलधर्म m. *die Satzungen, der Brauch* 1) *der Familie* Âpast. — 2) *der* Kaula.

*कुलधारक m. *Sohn.*

कुलधुर्य Adj. *die Bürde der Familie tragend, an der Spitze der F. stehend.*

कुलनक्षत्र n. Bez. *bestimmter Mondhäuser.*

कुलनन्दन Adj. Subst. (f. आ) *die Familie erfreuend, ein solches Kind.*

कुलनाग m. *ein oberster Schlangendämon.*

कुलनायिका f. *das bei den Orgien der* Çâkta *von der linken Hand gefeierte Mädchen.*

कुलनारी f. *eine sittsame Frau.*

*कुलनाश m. *Kamel.*

कुलनिम्नगा f. *Hauptstrom, ein edler Strom.*

कुलंधर Adj. *das Geschlecht erhaltend.*

कुलपञ्चाशिका f. Titel eines Werkes.

कुलपतन n. *der Fall* —, *die Entehrung der Familie* Spr. 1827.

कुलपति m. *Familienhaupt.*

कुलपर्वत m. *Hauptberg,* — *gebirge.*

कुलपा m. f. *Familien* —, *Gemeindehaupt.*

कुलपात MBh. 12,12059 fehlerhaft für कूल°.

कुलपालक 1) 1) *m. *eine Art Orange.* — 2) f. °लिका a) *eine edle Frau, Matrone* Dh. V. 32,16. — b) ein Frauenname.

*कुलपालि und *°पाली f. *eine edle Frau.*

कुलपुत्र 1) m. a) *ein Sohn aus guter Familie* Kâraṇḍ. 9,12. *ein gesitteter junger Mann.* — b) **Artemisia indica* Râǵan. 10,144. — 2) *f. ई *ein gesittetes Mädchen.*

कुलपुत्रक m. 1) = कुलपुत्र 1). — 2) *Artemisia indica* Bhâvapr. 1,230.

कुलपुरुष m. *ein Mann aus guter Familie, ein gesitteter Mensch.*

कुलपूर्वक m. *Vorfahr.* Am Ende eines adj. Comp. f. °पूर्वका R. ed. Bomb. 2,73,24.

कुलपूर्वग m. dass.

कुलप्रकाश m. Titel eines Werkes.

कुलप्रदीप m. *eine Leuchte* —, *eine Zierde der Familie* Harshak. 138,3.

कुलप्रसूत Adj. *einem edlen Geschlecht entsprossen.*

*कुलबालिका f. *eine edle Frau.*

*कुलबीज m. *das Haupt einer Innung* Gal.

कुलभ m. N. pr. eines Daitja.

कुलभव Adj. *aus edler Familie stammend, vornehm.*

कुलभवन n. *Hauptsitz* Kâd. 5,5. 49,23.

*कुलभार्या f. *eine tugendhafte Gattin.*

कुलभूत Adj. *das Haupt einer Innung seiend* 211,4.

कुलभूभृत् m. 1) *Hauptberg,* — *gebirge.* — 2) *ein Muster von Fürst.*

*कुलभृत्या f. *die Pflege einer Schwangeren.*

*कुलमातृका f. eine Art Speer Gal.

कुलमार्ग m. 1) der Weg der Väter Spr. 1828. — 2) die Lehre der Kaula. °तन्त्र n. Gesammtname für 64 Tantra.

*कुलमित्र m. das Haupt einer Innung Gal.

कुलंपुन N. pr. 1) n. eines Tîrtha. — 2) f. आ eines Flusses.

कुलंभर 1) Adj. das Geschlecht fortführend. अनडुह् Zuchtochs. — 2) *m. fehlerhaft für कुलम्भल Dieb.

कुलयुक्ति f. Titel eines Werkes.

कुलयोषित् f. eine tugendhafte Frau.

*कुलर Adj. von कुल.

कुलरत्नमाला und °मालिका f. Titel zweier Werke.

*कुलर्द्धिक m. der Sohn eines Vetters Gal.

कुलव Kathâs. 53,88 fehlerhaft für कुवल.

कुलवधू f. eine tugendhafte Frau Kap. 3,70.

कुलवत् Adj. aus edlem Geschlecht.

*कुलवर्णा f. eine roth blühende Trivṛt Râǵan. 6,170.

कुलवर्त्मन् n. die Lehre der Kaula.

कुलवर्धन Adj. ein Geschlecht fortpflanzend; m. Stammhalter 66,29. 74,15. 77,18.

*कुलवार m. = कुल 2) b).

कुलविद्या f. eine in der Familie forterbende Wissenschaft.

*कुलविप्र m. Familienpriester.

कुलवृद्ध m. Geschlechtsältester.

कुलव्रत n. die gute Sitte einer Familie Spr. 1829.

कुलशिखरिन् m. Hauptberg, — gebirge.

कुलशीलवत् Adj. aus edlem Geschlecht und von edlem Character Hemâdri 1,641,9.

कुलशीलवयोवृत्तवित्तवत् Adj. aus edlem Geschlecht, von edlem Charakter, gehörigen Alters, von gutem Wandel und wohlhabend 211,3.

*कुलशुल्क n. das dem künftigen Schwiegervater für die Tochter zu entrichtende Geschenk Vjutp. 157.

कुलशेखर m. N. pr. eines Autors.

कुलशैल m. Hauptberg, — gebirge.

*कुलश्रेष्ठिन् m. das Haupt einer Innung.

*कुलस Adj. seinem Geschlecht ein Ende bereitend Nilak. zu MBh. 1,170,15.

कुलसंख्या f. das Gezähltwerden zu einem edlen Geschlecht.

कुलसत्त्र n. Familienopfer.

कुलसंतति f. Nachkommenschaft 77,26.

कुलसंनिधि m. die Anwesenheit Vieler. Loc. so v. a. vor Zeugen 193,16.

कुलसमुद्भव und *कुलसंभव Adj. einem edlen Geschlecht entsprossen.

*कुलसंमत Adj. in Folge des Geschlechts hochgeachtet Gal.

कुलसार n. Titel eines Tantra Âbjav. 160,21.

कुलसुन्दरी f. N. pr. einer Göttin.

कुलसूत्र n. Titel eines Werkes Bühler, Rep. No. 445.

कुलसेवक m. ein vorzüglicher Diener.

*कुलसौरभ n. eine best. Pflanze, = मरुवक.

कुलस्तम्ब m. ein Geschlecht gleichsam ein Grasbüschel 66,29 (Loc.).

कुलस्त्री f. eine tugendhafte Frau.

कुलस्थिति f. Familienbrauch Kâd. 221,16.

*कुलस्फाटक m. = कूल°.

कुलहीन Adj. aus unedlem Geschlecht Mudrâr. 62,3.

कुलाकुल 1) m. a) Mittwoch. — b) N. pr. eines Dânava. कुलाकुलि v. l. — 2) n. a) der zweite, sechste und zehnte Tag in einem Halbmonat. — b) Bez. best. Mondhäuser. — c) ein best. Diagramm.

*कुलाकुलतिथि f. = कुलाकुल 2) a).

*कुलाकुलनक्षत्र n. = कुलाकुल 2) b).

कुलाकुलि m. N. pr. eines Dânava Hariv. 3,47,7. कुलाकुल v. l.

*कुलाङ्गना f. Hündin.

कुलाङ्कुर m. Sprössling einer Familie Çak. 178.

कुलाङ्गना f. eine tugendhafte Frau.

कुलाङ्गार 1) m. eine Brandfackel des Geschlechts, so v. a. ein die Familie zu Grunde richtendes Glied derselben Prasannar. 77,14. — 2) f. ई dass. von einem Frauenzimmer gesagt Hariv. 9940.

कुलाचल m. 1) Hauptberg, — gebirge. — 2) N. pr. eines Dânava. कुलाकुल und कुलाकुलि v. l.

कुलाचार्य m. 1) Lehrer der Familie, Familienpriester VP. 4,2,6. — 2) *Genealog.

*कुलाट m. ein best. kleiner Fisch.

कुलाद्य s. अधिवाद्य°.

कुलाद्रि m. Hauptberg, — gebirge.

*कुलाधारक m. Sohn.

कुलानन्द m. N. pr. eines Verfassers von Mantra.

कुलानल m. N. pr. eines Mannes Hâsj.

कुलानुगुणवत् Adj. dem Geschlecht entsprechende Vorzüge besitzend Spr. 4490.

कुलान्तकरण Adj. das Ende eines Geschlechts bewirkend 74,25.

कुलान्वय m. edle Abstammung, Adel des Geschlechts.

कुलान्वित Adj. aus edlem Geschlecht.

कुलापीड m. eine Zierde der Familie Ragh. 18,28.

*कुलाभि m. Schatz, fehlerhaft für कुनाभि.

कुलामृत n. Titel eines Werkes.

कुलाम्बा f. Mutter eines Geschlechts, so v. a. Schutzgöttin e. G.

कुलाय m. n. (dieses älter) Geflecht, Gewebe, Nest, Gehäuse, Lagerstatt; auch vom menschlichen Körper als dem Gehäuse der Seele. अग्नेः (Vaitân.) und इन्द्राग्न्योः ein best. Ekâha Tâṇḍja-Br. 19,15,1.

कुलायन m. N. pr. eines Mannes.

कुलायय्, कुलायँयत् Partic. sich einnistend.

*कुलायस्थ m. Vogel.

*कुलायिका f. Vogelhaus.

कुलायिन् 1) Adj. ein Nest bildend, nestartig TS. 4,3,4,1. — 2) f. °नी a) *Vogelhaus Gal. — b) eine verflochtene Recitationsweise Tâṇḍja-Br. 2,3,1. Comm. zu Njâjam. 1,4,6.

कुलार्णव m. 1) Bestimmung des Ritus der Kaula. — 2) Titel eines Werkes Bühler, Rep. No. 446. Auch °तन्त्र n.

कुलाल 1) m. a) Töpfer. — b) *Phasianus gallus. — c) *Eule. — d) N. pr. eines Fürsten VP.[2] 4,189. — 2) f. कुलाली a) die Frau eines Töpfers Râǵat. 8,138. — b) *Glycine labialis. — c) *ein best. blauer Stein.

कुलालकुक्कुट m. Phasianus gallus.

कुलालकृत Adj. von einem Töpfer verfertigt Maitr. S. 1,8,3.

कुलालचक्र n. Töpferscheibe.

कुलालशाला f. Töpferwerkstatt.

*कुलालिका f. fehlerhaft für कुलायिका.

कुलाष्टमी f. ein best. achter Tag bei den Çâkta.

*कुलाह m. ein gelbliches Pferd mit schwarzen Knien.

कुलाहक m. 1) *Eidechse, Chamäleon. — 2) Celsia coromandelina Ratnam. 198. Mat. med. 306.

कुलाहल m. eine best. Pflanze.

*कुलि 1) m. Hand. — 2) f. Solanum Jacquini.

कुलिक m. 1) ein Verwandter. — 2) Jäger. — 3) *das Haupt einer Innung. — 4) *Ruellia longifolia. — 5) Bez. des Dienstags und Freitags. In Verbindung mit अङ्गारवार Dienstag. Vgl. कुल 2) b). — 6) *ein best. Gift Gal. — 7) N. pr. a) eines Schlangendämons. — b) eines Fürsten VP.[2] 4,171.

कुलिकवेला f. bestimmte für gute Werke nicht geeignete Tagesstunden an den sieben Wochentagen.

*कुलिङ्कक m. Sperling.

कुलिङ्ग 1) m. a) eine Art Maus. — b) der gabelschwänzige Würger MBh. 1,61,9. — c) Sperling Bhâvapr. 2,8. 3,92. — 2) f. आ a) eine Art Galläpfel Râǵan. 6,158. — b) N. pr. α) einer Stadt. — β) eines Flusses R. ed. Bomb. 2,71,6. — 3) f. ई a) *das Weibchen des gabelschwänzigen Würgers.* — b) **eine best. Pflanze.*

कुलिङ्गक m. 1) *ein best. Raubvogel* Kâraka 1,27. — 2) **Sperling.*

*कुलिङ्गाक्षी f. *eine best. Pflanze* Ratnam. 172.

कुलिज n. 1) *ein best. Gefäss* Kauç. 12.43. — 2) *ein best. Hohlmaass.* Am Ende eines adj. Comp. *f. आ (Kâç.) oder ई.

*कुलिजिक (f. ई) und *कुलिजीन (f. आ) Adj. von कुलिज nach einem Zahlwort.

*कुलिन् 1) Adj. *aus vornehmem Geschlecht.* — 2) f. °नी *Impatiens balsamina* Râgan. 4,129.

कुलिन्द m. 1) Pl. N. pr. eines Volkes. — 2) *ein Fürst dieses Volkes.*

कुलिन्दोपत्यक m. Pl. N. pr. eines Volkes.

*कुलिर m. = कुलीर *Krebs.*

कुलिश 1) m. *Axt, Beil.* — 2) (*m.) n. *Donnerkeil.* — 3) n. *Diamant* Megh. Spr. 1832. — 4) m. *ein best. Fisch.* — 5) *m. n. *Heliotropium indicum.* — 6) f. कुलिशी N. pr. eines Stromes in den Lüften.

कुलिशता f. Nom. abstr. zu कुलिश 2).

*कुलिशद्रुम m. *eine Opuntia* Nigh. Pr.

कुलिशधर m. Bein. Indra's.

कुलिशनायक m. *quidam coeundi modus.*

कुलिशभृत् m. Bein. Indra's.

कुलिशलेप m. *ein best. fest haltender Mörtel.*

*कुलिशाङ्कुशा f. N. pr. einer Vidjâdevî.

कुलिशाय्, °यते *dem Donnerkeil* oder *einem Diamanten* (an Härte) *gleichen* Harshak. 160,23.

*कुलिशासन m. Bein. Çâkjamuni's.

कुलीकय m. *ein best. Wasserthier* TS. 5.5.12,1. Vgl. कुलीपय.

कुलीका f. *ein best. Vogel.*

कुलीन 1) Adj. (f. आ) a) *am Ende eines Comp. zum Geschlecht von — gehörig.* Vgl. ज्ञात°. — b) *zu einem edlen Geschlecht gehörig* (auch von Thieren). — c) *von edler Gesinnung.* — 2) *m. *ein Verehrer der* Çakti *nach dem Ritual der linken Hand.* — 3) f. आ *ein best. Metrum.* — 4) n. *Nagelgeschwür, Onychia.*

*कुलीनक m. *Phaseolus trilobus.*

कुलीनत्व n. *edle Abstammung, Adel der Geburt.*

*कुलीनस n. *Wasser.*

कुलीपय m. *ein best. Wasserthier.* Vgl. कुलीकय.

°कुलीय Adj. *zur Familie von — gehörig* Pańkad. 41.

कुलीर m. 1) *Krebs.* — 2) *der Krebs im Thierkreise.*

कुलीरक m. *Krebschen.*

कुलीरविषाणिका f. *eine Art Galläpfel* Bhâvapr. 1,175.

कुलीरशृङ्गी f. dass. Râgan. 6,157. Bhâvapr. 3,102.

*कुलीराद m. *ein junger Krebs.*

*कुलीश m. n. = कुलिश *Donnerkeil.*

*कुलुक n. *Belag der Zunge.*

*कुलुक्कागुञ्जा f. *Feuerbrand.*

कुलुङ्ग m. *Antilope.* Vgl. कुलङ्ग.

कुलुञ्च m. *Ausraufer* (der Haare).

कुलूत m. Pl. N. pr. eines Volkes.

कुलूतक m. Pl. dass. Sg. *ein Mann aus diesem Volke.*

*कुलून N. pr. einer Oertlichkeit gaṇa कच्छादि in der Kâç.

कुलेचर *eine best. Pflanze.*

°कुलेय Adj. = कुलीन 1) a).

कुलेशान m. N. pr. eines Verfassers von Mantra.

कुलेश्वर 1) m. a) **Familienhaupt.* — b) *Bein. Çiva's. — c) N. pr. eines Verfassers von Mantra. — 2) f. ई *eine Form der* Durgâ.

कुलेश्वरीतन्त्र n. Titel eines Tantra Ârjav. 160,21.

*कुलोत्कट Adj. *von sehr edlem Geschlecht* (Pferde).

कुलोत्थक m. wohl = कुलत्थ *Dolichos uniflorus* Hemâdri 1,637,17.

कुलोत्साद m. *Vernichtung eines Geschlechts* und *eine darauf gerichtete Zauberceremonie.*

कुलोद्गत Adj. *aus einem edlen Geschlecht hervorgegangen.*

कुलोद्देश n. Titel eines Tantra Ârjav. 160,21.

*कुलोद्भव Adj. *aus edlem Geschlecht.*

कुलोद्वह Adj. *Jmds* (Gen. oder im Comp. vorangehend) *Geschlecht fortsetzend, Nachkomme von.*

कुलोपकुल n. Bez. *bestimmter Mondhäuser* Ind. St. 10,289.

कुल्फ m. 1) *Knöchel.* — 2) **Krankheit.*

कुल्फदघ्न Adj. *bis zu den Knöcheln reichend.*

कुल्मल n. 1) *der Hals der Pfeil- oder Speerspitze, in welchen der Schaft eingelassen ist,* Maitr. S. 3,8,1.2. — 2) **Sünde.*

कुल्मलबर्हिष und °बर्हिस् m. N. pr. eines Mannes.

कुल्माष 1) m. a) Sg. und Pl. *saurer Schleim von Früchten u. s. w.* Auch *n. — b) *eine best. geringe oder mangelhafte Körnerfrucht* Khând. Up. 1,10,2. Bhâg. 5,9,12 (= काटदुष्टा माषाः Comm.). *halbgedämpfte Körner- und Hülsenfrüchte* Bhâvapr. 2,30. — c) **eine best. Krankheit.* — 2) f. ई N. pr. eines Flusses.

*कुल्माषाभिषुत n. *saurer Reisschleim.*

कुल्मि *Schaar, Heerde.*

1. कुल्य 1) Adj. (f. आ) a) *einem Geschlecht —, einer Familie eigenthümlich, dazu gehörig.* राज° *von königlichem Geschlecht.* — b) * *einer edlen Familie entsprossen;* Subst. *ein gesitteter Mann, eine tugendhafte Frau.* — 2) m. N. pr. eines Lehrers. — 3) *f. आ a) *Schmarotzerpflanze.* — b) *Solanum longum.* — 4) *n. *eine freundliche Erkundigung nach den Familienverhältnissen.*

2. कुल्य Adj. *rivalis.*

3. कुल्य n. 1) *ein Aufbewahrungsort der Knochen eines verbrannten Leichnams* MBh. 1,150,12. Hariv. 2098. — 2) * *Knochen.* — 3) * *Fleisch.* — 4) **Schwingkorb.* — 5) **ein best. Hohlmaass.*

1. कुल्या (कुलिआ) f. 1) *Bach, Kanal.* Am Ende eines adj. Comp. f. आ. — 2) N. pr. eines Flusses.

2. कुल्या f. vielleicht *Familienbrauch, Sitte.*

कुल्याय्, °यते *zu einem Bache werden.*

*कुल्ल m. *eine best. ölhaltige Pflanze* Gal.

*कुल्लालिङ्ग n. *vulva* Gal.

कुल्लूक 1) m. N. pr. eines Commentators des Manu. Auch °भट्ट m. — 2) f. आ bei den Çâkta Bez. *bestimmter Silben, die einer mystischen Formel vorangeschickt werden.*

कुल्व Adj. *kahl.* Vgl. कूल्व.

कुल्हरिका und कुल्हरी f. *Kachel, Topf* Bhâvapr. 3,150.

*कुव n. *Wasserlilie* (die Blüthe).

*कुवकालुका f. *eine best. Gemüsepflanze.*

कुवक्र Adj. *ein wenig gebückt.*

*कुवङ्ग n. *Blei* Râgan. 13,24.

*कुवच Adj. *böse nachredend.*

*कुवज्रक m. *ein dem Diamanten ähnlicher Edelstein* Râgan. 13,210.

*कुवणी f. *Fischbehälter* Gal. Vgl. कुवेणी.

कुवणिज् m. *ein Bösewicht von Kaufmann.*

*कुवद Adj. = कुवच.

कुवधू f. *ein böses Weib* Kathâs. 19,39.

कुवपुस् Adj. *missgestaltet* Ind. St. 15,339.

कुवम m. MBh. 13,93,90 nach Nîlak. *die Sonne.*

कुवय m. *ein best. Vogel* Maitr. S. 3,14,20. कोयि VS. und TS.

*कुवर 1) Adj. *adstringirend.* — 2) f. ई *ein best. Fisch* Gal.

कुवर्त्मन् n. *Irrweg, Irrlehre.*

कुवर्ष m. *Platzregen.*

कुवल 1) *m. f. (ई) *Zizyphus Jujuba.* — 2) n. a) *die Frucht von Zizyphus Jujuba.* कुवलसक्तु m. Pl. — b) *Wasserlilie.* — c) * *Perle.*

*कुवलकुण m. *die Fruchtzeit von Zizyphus Jujuba.*

*कुवलप्रस्थ m. N. pr. einer Stadt.

1. कुवलय n. (adj. Comp. f. आ) *eine blaue Wasserlilie* (*die Blüthe*, die sich bei Nacht öffnet) Spr. 7809.

2. कुवलय n. *Erdkreis.*

3. कुवलय 1) m. N. pr. des Rosses des Kuvalâçva. — 2) f. आ ein Frauenname.

कुवलयदृश् (Viddh. 15,13) und कुवलयनयना f. *eine Lotusäugige.*

कुवलयपुर n. N. pr. einer *Stadt.*

कुवलयमय Adj. (f. ई) *aus blauen Wasserlilien bestehend* Prasannar. 118,15.

कुवलयमाला f. N. pr. einer Stute.

कुवलयवती f. N. pr. einer Fürstin.

कुवलयादित्य m. N. pr. eines Fürsten.

कुवलयानन्द m. Titel eines Werkes.

कुवलयापीड m. N. pr. 1) eines Daitja. — 2) eines Fürsten. — 3) eines Elephanten.

कुवलयावली f. N. pr. einer Fürstin.

कुवलयाश्व m. 1) N. pr. eines Fürsten. — 2) Bein. Pratardana's.

कुवलयाश्वक m. = कुवलयाश्व 1).

कुवलयाश्वीय n. *die Geschichte des* Kuvalâçva.

कुवलयित Adj. *mit Wasserlilien geschmückt.*

*कुवलयिनी f. *die blaue Wasserlilie* (*die Pflanze*), *eine Gruppe von blauen Wasserlilien.*

कुवलयेश m. *Fürst, König.* Nom. abstr. °ता f.

कुवलाश्व m. N. pr. = कुवलयाश्व 1).

कुवलेशय Adj. *auf einer Wasserlilie liegend.*

1. कुवस्त्र n. *ein schlechtes Kleid.*

2. कुवस्त्र Adj. *schlecht gekleidet.* Nom. abstr. °ता f.

कुवाक्य n. und कुवाच् f. *ein böses Wort.*

*कुवाट und *°क (Gal.) m. = कपाट *Thürflügel.*

*कुवाद Adj. *übel nachredend.*

कुवादिक m. *Charlatan, Quacksalber* Kâd. 254,21.

कुवासना f. *eine böse Vorstellung* Spr. 1904. 7700.

*कुवि m. *Eule* Râǵan. 19,91 v. l. für काश.

कुविक्रम m. *eine übel angebrachte Tapferkeit* Naish. 1,132.

कुविडम्बना f. *eine gemeine Betrügerei.*

*कुविणा f. = कुवेणी Gal.

कुवित्स m. *ein Unbekannter. Jemand.*

कुविद् Adv. 1) *ob? etwa?* Auch bei indirecter Frage. — 2) * = बक्र.

कुविन्द m. *Weber* Çaṁk. zu Bâdar. 2,1,19.

कुविन्दक m. 1) dass. — 2) *ein best. Tact* S.S.S. 214.

कुविवाह m. *Missheirath.*

*कुवीणा f. *die Laute der* Kâṇḍâla.

कुवीरा f. N. pr. eines Flusses MBh. 6,9,27.

कुवृत्ति f. *ein schlechter Lebensunterhalt* Spr. 1796. 1798.

*कुवृत्तिकृत् Adj. *Caesalpina Bonducella.*

*कुवृषल m. *ein schlechter* Çûdra Ind. St. 13,342.

कुवेणा f. 1) * = कुवेणी. — 2) N. pr. eines Flusses.

*कुवेणि und *°णी f. *Fischbehälter.*

कुवेधस् m. *der böse Schöpfer.*

*कुवेल n. = 1. कुवलय.

कुवैद्य m. *ein schlechter Arzt.*

कुव्यापार m. *eine verpönte Beschäftigung.*

*कुश्, कुश्यति (संश्लेषणे).

कुश 1) m. *a) Gras.* — *b) das heilige, bei verschiedenen religiösen Ceremonien verwendete Gras, Poa cynosuroides.* — *c) *der Strick, welcher die Deichsel des Pfluges mit dem Joche verbindet.* — *d)* N. pr. α) verschiedener Personen. — β) eines der 7 grossen Dvîpa. — 2) f. कुशा *a) Stift, kleiner Pflock* (als Marke dienend) Lâṭj. 2,6,1.4. — *b) *Strick;* vgl. कशा. — *c) *Zügel;* vgl. कशा. — *d) *eine best. Pflanze.* — 3) f. कुशी *a)* = 2)*a)* Maitr. S. 4,5,7. — *b) *Pflugschar.* — *c) *a pod of cotton.* — 4) *n. *Wasser.* — 5) *Adj. *a) überaus schlimm, — bös.* — *b) trunken.*

कुशकाशमय Adj. *aus den Gräsern* Kuça *und* (*oder*) Kâça *gemacht* Bhâg. P. 3,22,31.

*कुशकेतु m. Bein. Brahman's Gal.

कुशङ्कु m. N. pr. eines Fürsten VP.² 4,61.

कुशचीर n. *ein aus* Kuça-*Gras verfertigtes Gewand.*

कुशचीरा f. N. pr. eines Flusses MBh. 6,9,23.

कुशज m. Pl. N. pr. eines Volkes.

कुशण्ड 1) m. Pl. N. pr. eines Volkes. — 2) *f. ई = कुशण्डिका.

कुशण्डिका f. *Weihung des Opferfeuers.*

कुशदूर्वामय Adj. *aus den Gräsern* Kuça *und* (*oder*) Durvâ *gemacht* Hemâdri 1,653,19.

कुशद्वीप m. N. pr. eines der 7 grossen Dvîpa und auch = कुमुद्द्वीप (VP.² 2,129).

कुशधारा f. N. pr. eines Flusses MBh. 6,9,24.

कुशध्वज m. N. pr. eines Fürsten.

कुशनगर n. N. pr. einer *Stadt.*

कुशनाभ m. N. pr. des Sohnes eines Kuça.

*कुशनामन् m. fehlerhaft für शिश्नामन् *Kamel.*

कुशनार m. v. l. für कुशधारा.

कुशनेत्र m. N. pr. eines Daitja.

*कुशप m. *Trinkgeschirr.*

*कुशपुष्प n. *eine Art Galläpfel* Ratnam. 124.

कुशपुष्पक n. *ein best. vegetabilisches Gift* Karaka 6,23.

कुशप्लव m. N. pr. einer Einsiedelei.

कुशप्लवन n. N. pr. eines Tîrtha.

कुशबिन्दु m. Pl. pr. eines Volkes MBh. 6,9,56.

कुशमुष्टि m. f. 1) *eine Handvoll Gras.* — 2) angeblich *die Spitze von abgeschnittenem* Kuça-*Gras.*

*कुशय m. *Cisterne.*

कुशर m. *eine Art Schilf.*

कुशरज्जु f. *eine aus* Kuça-*Gras gedrehte Schnur* Gobh. 1,2,1.

1. कुशरीर n. *der elende Leib.*

2. कुशरीर 1) Adj. *missgestaltet* Trik. 3,3,339. Nom. abstr. °त्व n. Mârk. P. im ÇKDr. u. कुबेर. — 2) m. N. pr. eines Muni.

कुशल 1) Adj. (f. आ) *a) in gutem Zustande —, in der gehörigen Ordnung sich befindend, vollkommen entsprechend.* कुशलं मन् so v. a. *billigen.* कुशलम् Adv. *auf die gehörige Weise, recte.* — *b) erspriesslich* Spr. 3476. — *c) dem es wohlgeht, gesund.* कुशलम्-आस् *sich wohl befinden* Bhâg. P. 1,14,29. — *d) einer Sache gewachsen, bewandert, geschickt, erfahren;* die Ergänzung im Loc., Gen., Infin. oder im Comp. (Gaut. 8,6) vorangehend. — 2) m. *a)* Bein. Çiva's. — *b)* Pl. Bez. *der Brahmanen in* Kuçadvîpa. — *c)* N. pr. α) Pl. eines Volkes. कोसल v. l. — β) verschiedener Personen VP. 2,4,48. — 3) *f. आ N. pr. eines Frauenzimmers. — 4) f. कुशली *Oxalis corniculata und eine andere Art Sauerampfer.* — 5) n. *a) ein guter Zustand, die gehörige Ordnung.* कुशलेन und कुशल° *ordnungsgemäss.* — *b) Wohlfahrt, Wohlergehen, Wohlbefinden* Gaut. 5,41. Âpast. कुशलं ते *geht es dir wohl?* und *es gehe dir wohl.* कुशलं ब्रू, वच् oder वद् *Jmd «es ergehe dir wohl» zurufen.* — *c) Wohlwollen* R. 2,34,22. — *d) Geschicklichkeit, Erfahrenheit.* — *e)* N. pr. eines von einem Kuçala beherrschten Varsha VP. 2,4,48.

कुशलता f. *das Bewandertsein, Geschicklichkeit, Erfahrenheit in* (Loc.).

कुशलप्रश्न m. *eine Erkundigung nach Jmds Wohlbefinden* 60,27.

कुशलवत् Adj. *gesund, wohl auf.*

कुशलवाच् Adj. *beredt.*

कुशलिन् Adj. 1) *gesund, wohl auf, heil.* — 2) *ein Wohlbefinden verkündend, günstig, gut* (Nachricht).

कुशला Adv. 1) mit कर् *in Ordnung bringen* Âçv. Gṛhj. 1,17,17. 19,10. — 2) mit dem Caus. von कर् *Jmd in Ordnung bringen* oder — *lassen,* so v. a. *kahl scheeren* oder — *lassen* Gobh. 2,9,25. 10,7.

कुशल्य m. Pl. N. pr. eines Volkes MBh. 6,9,40.

कुशवत् 1) Adj. *mit* Kuça-*Gras versehen.* — 2) f. °वती N. pr. = कुशस्थली.

*कुशवाक m. *eine Art Reis* Gal.

कुशवारि n. *ein Absud von* Kuça-*Gras.*

कुशवीरा f. v. l. für कुशचीरा.

कुशस्तम्ब m. 1) *Grasbüschel* und *ein Büschel* Kuça-*Gras* 38,12. VP. 2,4,44. — 2) N. pr eines Tîrtha.

कुशस्थल 1) n. Bein. der Stadt Kânjakubǵa Harshaḱ. 194,7. — 2) f. ई Bein. der Stadt Dvârakâ und = कुशावती. °नाथ m. Bâlar. 72,3. = सुश्रुत 75,9.

*कुशाकर m. *Feuer.*

*कुशात्त n. *Affe.*

1. कुशाग्र n. *die Spitze eines* Kuça-*Halmes.* °बुद्धि Adj. *dessen Verstand so scharf ist wie die Spitze eines* Kuça-*Halmes.*

2. कुशाग्र m. N. pr. eines Fürsten.

*कुशाग्रीय Adj. *scharf wie die Spitze eines* Kuça-*Halmes*, vom Verstande.

कुशाम्ब m. N. pr. verschiedener Personen.

कुशाम्बु m. v. l. für कुशाम्ब.

*कुशारणि m. Bein. des Durvâsas.

कुशाल m. N. pr. eines Fürsten VP.[2] 4,189.

*कुशाल्मली f. *eine Grasart* Nigh. Pr.

कुशावती f. N. pr. einer Stadt.

कुशावर्त m. N. pr. 1) eines Tîrtha Vishnus. 85,11. — 2) eines Sohnes des Ṛshabha und eines Muni. Pl. *sein Geschlecht.*

कुशावलेह m. *eine best. Latwerge* Mat. med. 267.

कुशाश्व m. N. pr. eines Fürsten.

कुशासन n. *ein Sitz aus* Kuça-*Gras* und zugleich *Irrlehre* Spr. 52.

*कुशि m. *Eule* Râǵan. 19,91. v. l. कुवि, कवि.

*कुशिंशपा f. *eine Varietät von Dalbergia Sissoo* Râǵan. 9,135.

कुशिक 1) m. *a)* N. pr. α) des Vaters (oder Grossvaters) von Viçvâmitra. Pl. *sein Geschlecht.* — β) Pl. eines Volkes. — *b)* Name des 3ten Kalpa 2) *h).* — *c)* **Bodensatz im Oel.* — *d)* **Shorea robusta.* — *e)* **Terminalia Bellerica.* — *f)* **Vatica robusta* Râǵan. 9,83. — 2) *m. n. *Pflugschar.* — 3) *Adj. *schielend.*

कुशिकंधर m. N. pr. eines Mannes.

कुशिका f. *ein zum Schienen eines gebrochenen Beines dienendes Holzstück* Karaka 8,23.

कुशिग्रामक m. N. pr. eines *Dorfes* der Malla.

कुशिन् 1) Adj. *mit* Kuça-*Gras versehen.* — 2) *m. Bein. Vâlmîki's.

कुशिनगर n. und °री f. N. pr. der Hauptstadt der Malla.

कुशिम्बि und *कुशिम्बी f. *eine best. Pflanze.*

कुशिष्य m. *ein schlechter Schüler.*

कुशिष्यशिष्य m. *ein schlechter Schüler als Schüler.*

कुशीति und कुशीद m. N. pr. eines Lehrers.

*कुशीरक gaṇa सख्यादि.

कुशील n. *ein schlechter Charakter.*

कुशीलव m. 1) *Barde. Schauspieler.* — 2) *Bein. Vâlmîki's. — 3) Du. N. pr. der beiden Söhne Râma's.

*कुशीवश m. Bein. Vâlmîki's.

कुशेशय 1) Adj. *auf* Kuça-*Gras liegend.* — 2) m. *a)* **Pterospermum acerifolium.* — *b)* **der indische Kranich.* — *c)* N. pr. eines Berges in Kuçadvîpa VP. 2,4,41. — 3) n. *eine am Tage sich öffnende Wasserlilie.* Einmal auch f. आ.

कुशेशयभू m. Bein. Brahman's Bâlar. 74,12.

कुशेशयमय Adj. (f. ई) *aus Wasserlilien bestehend.*

कुशेशयाक्ष Adj. *lotusäugig.*

कुशोदक n. = कुशवारि M. 11,212. Jâǵñ. 3,315.

कुशोदका f. Name der Dâkshâjaṇî in Kuçadvîpa.

कुशोर्णा f. Pl. *Graswolle* Çat. Br. 2,5,2,15.

कुश्रि und कुंश्रि m. N. pr. eines Lehrers.

1. कुश्रुत 1) Adj. *schlecht gehört* Spr. 1795. — 2) n. *eine üble Kunde, ein übles Gerücht* Spr. 7046.

2. कुश्रुत Adj. *unwissend in* (im Comp. vorangehend) Bâlar. 76,7.

कुश्रुति f. = 1. कुश्रुत 2) Spr. 7046, v. l. Ind. St. 15,355.

*कुश्वभ्र n. *eine kleine Grube.*

कुष्, कुष्णाति und कुषति 1) *zwicken.* नासिकाम् so v. a. *in der Nase bohren* Karaka 1,8. VP. 3,12,9. — 2) *kneten.* कुषित *geknetet.* — 3) *benagen, bepicken.* — 4) *herauszerren, — reissen.* — 5) **wägen.* — 6) *कुषित *mit Wasser vermischt.* — Mit *अनु etwa *nachwägen.* — Mit अभि *zwicken.* — Mit *अव etwa *abwägen.* — Mit निस् 1) *zwicken.* — 2) *benagen, bepicken.* — 3) *herauszerren, — reissen.* — Mit अभिनिस् *zwicken.* — Mit वि, °कुषित in einer Etymologie Nir. 5,26 etwa *herausgezogen.* — Mit सम् *zusammenraffen* Maitr. S. 1,4,13.

कुषण्ड m. N. pr. eines Priesters.

कुषवा f. wohl N. pr. eines Flusses.

*कुषाकु 1) Adj. *brennend* — 2) m. *a) Feuer.* — *b) die Sonne.* — *c) Affe.*

*कुषारु m. N. pr. eines Mannes.

कुषिक m. N. pr. eines Fürsten MBh. 2,8,10. कुशिक v. l.

कुषीतक m. 1) *ein best. Vogel.* — 2) N. pr. eines Mannes.

*कुषुभ, कुषुभ्याति (लेपे).

कुषुम्भ m. *Giftbläschen eines Insects.* Vgl. कुसुम्भ.

कुषुम्भक m. dass. RV. 1,191,15. Uebertragen *ein giftiges Thier* (*Ichneumon* Sâj.) 16.

कुष्ट Adj. (f. आ) als Bez. *einer best Farbe* (Comm.) Tândja-Br. 21,1,7. Man könnte कुष्ठ *räudig* vermuthen.

*कुष्टचित् gaṇa कथादि in der Kâç. कुष्टविद् v. l.

कुष्ठ 1) m. n. *Costus speciosus* oder *arabicus.* Nach Mat. med. 180 *Saussurea auriculata.* — 2) m. *Lendenhöhle* VS. 25,6 (nach Comm.; vielleicht aber = कुष्ठिका). — 2) f. कुष्ठा *a) das hervorragende Ende eines Dinges, Schnabel, Spitze.* — *b)* = कुष्ठिका *Afterklaue* und als solche wohl Bez. *eines Zwölfteils* (कला, कुष्ठा, शफ, पद्) Maitr. S. 3. 7,7. — 3) n. *a) Aussatz.* — *b)* **ein best. vegetabilisches Gift.*

कुष्ठक 1) m. in *अङ्गार°. — 2) f. कुष्ठिका *Afterklaue.* Nach Sâj. *der Inhalt der Gedärme.*

*कुष्ठकण्टक m. *Acacia Catechu* Nigh. Pr.

*कुष्ठकन्द m. *Trichosanthes dioeca* Gal.

*कुष्ठकेतु m. *ein der Cassia auriculata ähnlicher Strauch* Râǵan. 4,173.

*कुष्ठगन्धि n. *die wohlriechende Rinde von Feronia elephantum.* Râǵan. 4,127. गुप्तगन्धि v. l.

कुष्ठघ्न 1) m. *ein best. gegen den Aussatz angewandtes Mittel.* — 2) f. ई *a) Vernonia anthelminthica* Bhâvapr. 1,178. — *b)* **Ficus oppositifolia* Râǵan. 11,35.

कुष्ठज Adj. *im Aussatz entstehend* Suçr. 2,510,10.

*कुष्ठनाशन m. 1) *Yamswurzel.* — 2) *weisser Pfeffer.* — 3) *Lipeocercis serrata.*

*कुष्ठनाशिनी f. *Vernonia anthelminthica.*

*कुष्ठनोदन m. *der rothe* Khadira Râǵan. 8,26.

*कुष्ठल n. P. 8,3,96.

*कुष्ठविद् gaṇa कथादि. कुष्टचित् v. l.

*कुष्ठसूदन m. *Cathartocarpus fistula* Râǵan. 9,45.

*कुष्ठहन्तृ 1) m. *ein best. Knollengewächs* Râǵan. 7,81. — 2) f. °हन्त्री *Vernonia anthelminthica* Râǵan. 4,63.

*कुष्ठहर m. *Cathartocarpus fistula* Gal.

*कुष्ठहृत् m. *Acacia Catechu.*

कुष्ठाङ्ग Adj. *aussätzig* LA. 27,8.

*कुष्ठारि m. 1) *Schwefel.* — 2) *Acacia Catechu.* — 3) *Acacia farnesiana.* — 4) *Trichosanthes dioeca* Râǵan. 3,11. — 5) *ein Helianthus* Râǵan. 4,176.

कुष्ठित und कुष्ठिन् Adj. *mit Aussatz behaftet.*

*कुष्मल n. *Blatt.*

कुष्माण्ड 1) m. *a) Beninkasa cerifera.* — *b)* Pl *eine Klasse von Dämonen.* Sg. *ein best. Krankheitsdämon* Hariv. 9560. — *c)* Bez. *der Verse* VS. 20

14. fgg. — d) * = कूष्माण्डक. — 2) f. ई *a) *b) = 1) a) c). — c) Bein. der Durgâ. — Die Bomb. Ausgg. lesen कूश्माण्ड und कूष्माण्ड.

कुष्माण्डक m. 1) = कुष्माण्ड 1) a). °वटी f. Bhâvapr. 2,20. — 2) N. pr. a) eines Schlangendämons.

कूश्माण्डक v. l. — b) * eines Dieners des Çiva.

*कुस्, कुस्यति (संश्लेषणे).

कुसखी f. *eine schlechte Freundin.*

कुसंगत n. *eine schlechte Verbindung.*

कुसचिव m. *ein schlechter Minister* Mudrâr. 100,7.

कुसंबन्ध m. *ein schlechter Verwandter* Spr. 1802.

कुसयसर्पिस् n. Kâth. 21,6 vielleicht fehlerhaft für कुम्भसर्पिस् *eingetopfte Butter.*

कुसारथि m. *ein schlechter Wagenlenker.*

*कुसि = आत्मशोक Comm. zu TBr. 2,489,3.

कुसित 1) * m. a) = जनपद. — b) *ein best. dämonisches Wesen* P. 4,1,37. — 2) f. आ = कुसितायी Maitr. S. 3,2,6.

कुसितायी f. *ein best. dämonisches Wesen* Maitr. S. 2,1,11. 4,2,3.

*कुसिद m. = कुसित 1) b) P. 4,1,37.

कुसिदायी f. 1) *ein best. dämonisches Wesen* Kâth. 10,5. — 2) *die Frau eines Wucherers.*

कुसिन्ध n. *Rumpf.* So heisst auch *das den Backsteinen, um ihnen Halt zu geben, beigemischte Stroh* Schol. zu Kâtj. Çr. 16,1,23.

कुसीद 1) Adj. wohl *träge, faul.* — 2) n. a) *Anleihe.* — b) *das Ausleihen von Geld auf Zinsen, Wucher* Gaut. 10,6. 49. — c) = कुसीदवृद्धि Gaut. 12,36. — d) *rothes Sandelholz.* — 3) * m. f. *Wucherer.*

कुसीदपथ m. *Wuchergeschäft.*

कुसीदवृद्धि f. *der bei einem Wuchergeschäft festgesetzte Zins* Gaut. 12,29.

*कुसीदायी f. *die Frau eines Wucherers.*

*कुसीदिक Adj. Subst. (f. ई) *Wucherer.*

कुसीदिन् 1) Adj. Subst. dass. Gaut. — 2) m. N. pr. eines Liederdichters und eines Lehrers (VP. 3,6,5).

कुसुत m. *der Planet Mars* Vishnukandra im Comm. zu Varâh. Brh. 2,20.

कुसुम 1) n. a) *Blume, Blüthe.* Am Ende eines adj. Comp. f. आ 296,21. — b) Bez. *der kleineren Abschnitte im Werke* Kavikalpalatâ. — c) * *Frucht.* — d) * *die Regeln der Frauen.* — e) * *eine best. Augenkrankheit.* — 2) m. a) *eine Form des Feuers.* — b) N. pr. verschiedener Personen.

कुसुमक Adj. (f. °मिका) mit वटी f. *eine best. Paste oder Pille* Bhâvapr. 2,157.

*कुसुमकार्मुक m. *der Liebesgott.*

*कुसुमकेतुमण्डलिन् m. N. pr. eines Kimnara.

कुसुमचाप m. *der Liebesgott* 291,29.

कुसुमजय m. N. pr. eines Fürsten.

कुसुमदन्त m. *ein best. mythisches Wesen,* = पुष्पदन्त.

कुसुमदेव m. N. pr. eines Autors.

कुसुमद्रुम m. *ein Baum in Blüthe.*

कुसुमधनुस् m. *der Liebesgott* Viddh. 92,8.

कुसुमधन्वन् m. desgl. 310,8.

कुसुमध्वज m. N. pr. einer Oertlichkeit Ind. St. 13,306.

कुसुमनग m. N. pr. eines *Berges.*

कुसुमपुर n. Bein. der *Stadt* Pâṭaliputra Ârjabh. 2,1.

*कुसुमफल m. *Croton Jamalgota* Nigh. Pr.

1. कुसुमबाण m. *Blumengeschoss.*

2. *कुसुमबाण m. *der Liebesgott.*

*कुसुममध्य n. *eine best. Pflanze.*

कुसुममय Adj. (f. ई) *aus Blumen bestehend* Viddh. 69,11. Kâd. 171,24.

कुसुममार्गण m. *der Liebesgott* Kâd. II,57,16.

कुसुमय्, °यति *Blüthen schaffen* Viddh. 41,5. कुसुमित *in Blüthe stehend, blühend* Prasannar. 35,16.

कुसुमलता f. *eine Schlingpflanze in Blüthe.*

*कुसुमवत् 1) Adj. a) *blühend.* — b) f. *die Regeln habend.* — 2) f. °ती = कुसुमपुर.

कुसुमविचित्र 1) Adj. (f. आ) *bunt von Blumen.* — 2) f. आ *ein best. Metrum.*

कुसुमशयन n. *ein Lager von Blumen.*

कुसुमशर 1) Adj. *Blumen zu Pfeilen habend.* Nom. abstr. °त्व n. — 2) m. *der Liebesgott.*

कुसुमशेखरविजय m. Titel eines Schauspiels.

कुसुमसंभव m. Bez. *des 10ten Monats* Ind. St. 10,298.

कुसुमसायक m. *der Liebesgott* Daçak. 13,11.

कुसुमसार m. N. pr. eines Kaufmanns.

कुसुमस्तबक m. 1) *Blumenbüschel* Spr. 1845. — 2) *ein best. Metrum.*

कुसुमाकर m. 1) * *Blumenstrauss.* — 2) *der Frühling.*

*कुसुमाञ्जन n. *Messingasche als Collyrium.*

कुसुमाञ्जलि m. 1) *zwei Handvoll Blumen* 290,4. — 2) Titel eines Werkes. Titel von Commentaren dazu: °कारिकाव्याख्या, °टीका, °प्रकाश, °प्रकाशमकरण्ड, °मकरण्ड, °विकाश, °वृत्ति und °व्याख्या.

*कुसुमात्मक n. *Safran.*

*कुसुमाधिप und *कुसुमाधिराज् m. *Michelia Champaca.*

कुसुमायुध m. 1) *der Liebesgott.* — 2) N. pr. eines Brahmanen.

*कुसुमाल m. *Dieb.*

कुसुमावली f. Titel eines med. Werkes.

कुसुमाशुग m. *der Liebesgott* Dhûrtan. 24.

कुसुमासव m. *Blumenseim, Honig* Râgan. 14,110.

Spr. 7760.

कुसुमास्त्र m. *der Liebesgott.*

कुसुमि m. N. pr. eines Fürsten VP.[2] 4,99.

कुसुमित n. *das Blühen, Blüthezeit.* Vgl. कुसुमय्.

कुसुमितलतावेल्लिता f. *ein best. Metrum* Ind. St. 8,397.

कुसुमेश्वरतीर्थ n. N. pr. eines Tîrtha.

कुसुमेषु m. *der Liebesgott* Kâd. 247,23.

कुसुमोद N. pr. 1) m. eines Fürsten VP. 2,4,60. — 2) n. des von ihm beherrschten Varsha ebend.

कुसुम्बक m. n. *eine best. Gemüsepflanze* Karaka 1,27.

कुसुम्भ 1) m. * n. a) *Safflor* 215,12. Auch * *Safran.* — b) *Krug, Wassertopf der Einsiedler.* — 2) m. a) *eine heftige aber leicht verrauschende Zuneigung.* — b) N. pr. eines Berges. — 3) * f. ई = मन्थर. — 4) * n. *Gold.*

1. कुसुम्भराग m. *die Farbe des Safflor.*

2. कुसुम्भराग Adj. *von der Farbe des Safflors, d. i. prächtig (heftig) aber nicht andauernd (Zuneigung).*

*कुसुम्भला f. *eine Curcuma* Nigh. Pr.

कुसुम्भवत् Adj. *mit einem Kruge oder Wassertopfe versehen.*

*कुसुम्य्, °म्यति (विकल्पने).

कुसुरुबिन्द und °बिन्दु m. N. pr. eines Mannes. °बिन्दशरात्र und °बिन्दुत्रिरात्र n. Bez. *bestimmter Feiern.*

*कुसू m. *Regenwurm.*

कुसूल m. 1) *Kornkammer, — boden, Speicher.* — 2) * *Röstpfanne.* — 3) * *Hülsenfrucht.* — 4) *ein best. gespenstisches Wesen.*

*कुसूलपाद Adj. gaṇa हस्त्यादि.

*कुसूलबिल n. P. 6,2,102.

1. कुसृति f. 1) *Nebenweg, Schleichweg* Âpast. — 2) *Betrügerei, Gaukelei.*

2. कुसृति Adj. *auf Irrwegen sich befindend*

कुसौहृद m. *ein schlechter Freund.*

कुस्ता f. = कुसिता, कुसितायी Maitr. S. 4,2,3.

कुस्तुक m. N. pr. eines Lehrers.

*कुस्तुभ m. Bein. Vishṇu's.

कुस्तुम्बरी f. *Koriander (die Pflanze).*

कुस्तुम्बरु m. N. pr. eines Wesens im Gefolge Kubera's.

कुस्तुम्बुरु m. *Koriander (die Pflanze),* n. *das Korn.*

कुस्त्री f. *ein schlechtes Weib.*

कुस्त्रीक Adj. *ein schlechtes Weib habend.*

कुस्थान n. *ein elender, armseliger Ort* Spr. 7839.

*कुस्मय्, °यते (कुत्सितस्मये, मतोऽन्निते).

*कुस्मयन n. als Bed. von कुस्मय् Dhâtup. 33,37.

*कुस्मित n. *Farz* Gal.

कुस्वामिन् m. *ein schlechter Herr.*

1.*कुह् s. कुहय्.

2.कुह् Adj. in विषु°.

1.कुह Adv. *wo?* Auch mit folgendem स्विद्. Mit चिद् *wo immer, irgendwo, irgendwohin.*

2.*कुह m. Bein. Kubera's.

कुहक 1) m. *a) Schelm, Gaukler, Betrüger, Taschenspieler. — b) Heuchler* Âpast. — *c) eine Art Frosch.* — *d)* N. pr. eines Schlangendämons. — 2) f. आ und n. *Gaukelei, Betrügerei.*

*कुहककारिका f. *Kupplerin* Gal.

कुहकजीविन् und कुहककृत् m. *Gaukler, Charlatan.*

*कुहकस्वन und *कुहकस्वर m. *Phasianus gallus.*

कुहकुहाराव m. *das Geschrei des* Dâtjûha Bâlar. 28,13.

कुहक्क m. *ein best. Tact.*

कुहचिद्विद् Adj. *wo immer seiend.*

कुहन 1) *Adj. *missgünstig, neidisch.* — 2) m. *a)* **Maus.* — *b)* **Schlange.* — *c)* N. pr. eines Mannes. — 2) *f. आ und n. *Gaukelei, Betrügerei.* — 3) *n. *a) eine Art Thongefäss.* — *b) Glasgeschirr.*

*कुहनिका f. *Gaukelei, Betrügerei.*

*कुहय्, °यते *durch Taschenspielerkünste blenden, betrügen.*

कुहया Adv. *wo?*

कुहयाकृति Adj. *wo thätig?* ṚV.

कुहर 1) m. N. pr. eines Schlangendämons. — 2) n. *a) Höhle, Höhlung* Spr. 7686. — *b) etwa Fensterchen.* — *c)* **Ohr.* — *d)* **Kehle.* — *e)* **Kehllaut.* — *f)* **vulva* Gal. — *g)* **Nähe.* — *h) Begattung.*

*कुहरित n. 1) *Lärm, Geschrei.* — 2) *der Gesang des indischen Kuckucks.* — 3) *während des coitus ausgestossene Laute.*

*कुहलि m. *Blumen und Betel, welche Hochzeitsgästen gereicht werden.*

कुहश्रुतीय Adj. von कुह श्रुत (ṚV. 10,22,1).

कुहा f. *eine Zizyphus* Bhâvapr. 1,243.

कुहारीत m. N. pr. eines Mannes.

*कुहावती f. Bein. der Durgâ.

*कुही f. *Nebel* Gal.

1.कुहु 1) m. *ein best. Gewicht* Hemâdri 1,117,8. — 2) *f. *Neumond.*

2.कुहु onomatop. vom *Rufe des Kuckucks.*

कुहुकुहाय्, °यते *Laute der Verwunderung von sich geben.*

कुहुंकार m. Bez. *eines best. Geräusches* Viddh. 30,17.

कुहुरव m. *der Ruf des Kuckucks* MBh. 15,27,10.

1.कुहू f. 1) *Neumond.* Personificirt als eine Tochter des Aṅgiras. — 2) *eine best. Arterie.* — 3) N. pr. verschiedener Flüsse VP.[2] 2,155.

2.कुहू = 2.कुहु.

कुहूकण्ठ m. *der indische Kuckuck.*

कुहूकूजित n. *der Ruf des Kuckucks.*

*कुहूपाल m. N. pr. der die Welt tragenden Schildkröte.

*कुहूमुख m. *der indische Kuckuck.*

1.कुहूरव m. *der Ruf des Kuckucks* Naish. 9,38.

2.*कुहूरव m. *der indische Kuckuck* Râgan. 19,110.

*कुहूल n. *eine Höhle mit Pfählen.*

कुहूस् = 2.कुहु Git. 1,47.

*कुहेडिका, *कुहेडी und *कुहेलिका f. *Nebel.*

कुह्वान n. *ein unangenehmer Laut.*

1.कू (कु) 1) कुवते (nur mit आ), *कौति, *कवीति, *कवते, *कुनाति, *कुनोते, *कूनाति, *कूनीते *ein Geschrei erheben* (nur Bhaṭṭ.). — 2) *कुवते (गतिकर्मन्). — Intens. कोकूयते (Nir.), *कोकवीति, *चोकूयते *ein lautes Geschrei erheben.* — Mit आ *beabsichtigen.*

2.कू Adv. *wo?* ṚV. 5,74,1 (zu trennen कू ष्ठः d. i. स्थस् von 1. अस्). Mit चिद् *irgendwo* 9,87,8.

3.*कू f. *eine* Piçâkî.

कूकुद m. *der seine Tochter wohl ausgestattet dem Schwiegersohn übergiebt* Hemâdri 1,689,18. 20.

*कूकुल m. = कुकूल *Hülsenfeuer* Gal.

*कूच m. 1) *die weibliche Brust.* — 2) *Elephant.*

*कूचका f. *Knollenmilch.*

कूचक्र n. wohl *Brunnenrad.* Vgl. कूपचक्र.

*कूचवार m. N. pr. 1) eines Mannes. — 2) einer Oertlichkeit.

*कूचिका f. 1) *Pinsel.* — 2) *Schlüssel.*

कूचिदर्थिन् Adj. *irgendwohin strebend.*

कूची f. *Pinsel.*

कूचीका f. *ein best. zu den* भूमिशय *gehöriges Thier* Karaka 1,27.

कूज्, कूजति, °ते (nur mit नि) 1) *einförmige Töne von sich geben: knurren, brummen, zwitschern, girren, summen, stöhnen, murmeln, krähen u. s. w.* Auch mit Acc. des Lautes. — 2) *mit seinen einförmigen Lauten erfüllen.* — 3) *blasen* (die Flöte). — Mit अनु *nachzwitschern, — summen.* — *stöhnen;* mit Gen. — Mit अभि *summen.* — Mit अव 1) *reden, sprechen;* mit न *schweigen* MBh. 12,109, 15. — 2) *nachzwitschern,* mit Instr. R. ed. Bomb. Çl. 13 in dem nach 2,96 eingeschobenen Sarga. — Mit आ *girren u. s. w.* — Mit उद् 1) dass. — 2) *Klagetöne ausstossen* Kâd. 37,10. — Mit प्रोद् *summen* Dh. V. 3,7. — Mit उप *mit seinem Gegirr u. s. w. erfüllen.* — Mit नि 1) *zwitschern.* — 2) *mit seinem Gezwitscher u. s. w. erfüllen.* — Mit निस् (Laute) *ausstossen.* — Mit परि *rings herum summen u. s. w.* — Mit प्र *aufstöhnen* Karaka 5,7. — Mit प्रति *Jmd* (Acc.) *entgegensummen u. s. w.* — Mit वि *knurren, brummen, zwitschern u. s. w.* — Mit सम् dass.

कूज m. *Gemurmel u. s. w.* Auch vom *Kollern im Leibe.*

*°कूजक Adj. (f. °जिका) *zwitschernd, girrend u. s. w.*

कूजन n. *Gemurmel, Gerassel u. s. w.* Auch vom *Kollern im Leibe.*

कूजित n. *Gezwitscher, Gesumm, Gegirr u. s. w.*

कूजितव्य n. impers. Loc. *wenn man Rede stehen muss* MBh. 12,109,15.

कूजिन् Adj. *Kollern im Leibe habend.*

*कूज्य Partic. fut. pass. von कूज्.

1.कूट 1) n. *das Stirnbein mit seinen Vorsprungen, Horn.* — 2) m. n. *Kuppe* Bhâg. P. 3,13,29. *Spitze* überh. R. 6,95,24. — 3) *Spitze,* so v. a. *der Vornehmste —, Erste unter* (Gen.). — 4) n. *ein best. Geräthe.* — 5) (*m. *n.) *ein eiserner Hammer* MBh. 16,4,6. — 6) *m. n. *ein best. Theil des Pfluges.* — 7) m. *eine Art Halle oder Tempel* (मण्डप) Hemâdri 1,188,15. 189,23. 779,6. 11. — 8) m. n. *Haufe, Menge.* — 9) (*m. *n.) *Fussangel, Fallstrick, Falle* (auch in übertr. Bed.). — 10) n. *verfälschte Waare* Varâh. Bṛh. 14,3. — 11) (*m.) n. *Täuschung, Trug, Unwahrheit.* — 12) m. *eine best. Constellation.* — 13) m. *eine Unterart des* Grahajuddha. — 14) m. mystische Bez. *des Lautes* क्ष. — 15) *m. n. *Unbewegliches, Unveränderliches.* — 16) *m. n. *Wasserkrug.* — 17) *m. n. *eine best. Pflanze.* — 18) *m. *die Mitte eines Elephantenzahns* Gal. — 19) *m. f. *Haus.* — 20) *m. Bein. Agastja's. — 21) m. N. pr. eines Feindes des Vishṇu.

2.कूट 1) Adj. (f. आ) *a) ungehörnt* vom Rinde, *welches nur unvollkommene Fortsätze des Stirnbeins hat.* — *b) trügerisch, falsch, verfälscht, hinterlistig.* — 2) *m. *ein Stier mit abgebrochenen Hörnern.*

कूटक 1) Adj. *falsch* (Münze). — 2) m. *a)* **Haarflechte.* — *b)* **eine best. wohlriechende Pflanze.* — *c)* N. pr. eines Berges. — 3) n. *a) Erhöhung, Vorsprung.* — *b)* **Pflugschar.*

कूटकर्मन् n. *Betrügerei* Daçak. 56,4.

कूटकाख्यान n. *eine Erzählung mit Attrapen.*

*कूटकार und °क m. *Fälscher, falscher Zeuge.*

कूटकृत् m. 1) *Fälscher, Bestecher, Fälscher von* (Gen.). — 2) **Schreiber.* — 3) *Bein. Çiva's.

*कूटकिन् m. Bein. Çiva's Gal.

कूटखड्ग m. *ein verstecktes Schwert, Stockdegen.*

कूटग्रन्थ m. Titel eines Werkes.

कूटच्छद्मन् m. *Gauner, Betrüger.*

कूटज m. *Wrightia antidysenterica* Râǵan. 9,52.

कूटतापस m. *Einer der einen Asketen spielt.*

कूटतुला f. *eine falsche Wage.*

कूटधर्म Adj. *wo Trug als Recht gilt.*

*कूटपर्व m. = कूटपूर्व.

कूटपाकल m. 1) *Fieber beim Elephanten* Mâlatim. 24,9 (68,4). — 2) *eine Art Fieber beim Menschen* Bhâvapr. 3,71.

कूटपालक m. 1) = कूटपाकल 1) Mâlatim. ed. Bomb. 68,4, v. l. — 2) **Töpferofen.* — Fehlerhaft für कूटपाकल.

कूटपाश m. *Fallstrick* Kâd. II,129,14.

कूटपूरि (metrisch) und °री f. *eine Art Kranich.*

*कूटपूर्व m. *Fieber beim Elephanten.*

कूटबन्ध m. *Fallstrick.*

*कूटबन्धम् Absol. P. 3,4,41, Schol.

कूटमान n. *falsches Maass, — Gewicht.*

कूटमुद्गर 1) m. *eine versteckte hammerähnliche Waffe.* — 2) Titel eines Werkes.

कूटमोहन m. Bein. Skanda's.

*कूटय् 1) °यति (परितापे, परिदाहे, मन्त्रे). — 2) °यते (अप्रसादे, अप्रतापने, अप्रदाने, अवसादने).

*कूटयन्त्र n. *Falle.*

1. कूटयुद्ध m. *ein hinterlistiger Kampf.*

2. कूटयुद्ध Adj. *hinterlistig kämpfend.*

कूटयोधिन् Adj. dass.

कूटरचना f. 1) *Hinterlist.* — 2) *Falle.*

कूटलेख m. und °लेख्य n. *ein falsches Schriftstück.*

कूटशस् Adv. *haufenweise.*

कूटशाल्मलि m. f. 1) **Andersonia Rohitaka* Râǵan. 8,14. — 2) *eine mythische Baumwollenstaude mit scharfen Dornen, mit der Verbrecher in Jama's Welt gemartert werden, und eine Hölle mit diesen Martern.* Auch °ली f. und °लिक m.

कूटशासन n. *ein gefälschtes Edict.*

कूटशैल m. N. pr. eines Berges VP.[2] 2,142.

कूटसंक्रान्ति f. *der Eintritt der Sonne in ein anderes Zodiakalbild nach Mitternacht.*

कूटसंघटितलक्षण n. Titel eines Werkes.

कूटसंदोह m. desgl.

कूटसाक्षिन् m. *ein falscher Zeuge* Gaut. 13,16.

कूटसाक्ष्य n. *ein falsches Zeugniss.*

कूटस्थ 1) Adj. *a) an der Spitze stehend, die höchste Stelle einnehmend.* — *b)* am Ende eines Comp. *in einem Haufen von —, mitten unter — stehend.* — *c) unbeweglich, ewig unveränderlich.* Nom. abstr. °त्व n. — 2) *m. n. *ein best. Parfum* Râǵan. 12,131 (m.). — 3) *n. *die Seele.*

कूटस्थदीप m. Titel eines Prakaraṇa in der Pañkadaçî.

कूटस्वर्ण n. *verfälschtes Gold* Hemâdri 1,725,19.

कूटहेमन् n. dass.

कूटाक्ष m. *ein falscher Würfel.*

कूटाख्यान = कूटकाख्यान.

कूटागार m. n. *Dachzimmer, Belvedere, Lusthaus* Kâraka 1,14. VP. 6,3,36. Lalit. 73,3. 4. Kârand. 7, 9. 66,11.

*कूटाप् m. *eine roth blühende Moringa.*

*कूटार्थभाषिता f. = कूटकाख्यान.

1. *कूड्, कूडति (घसने, घनत्वे).

2. कूड्, कूडयति, कूळयति *versengen* RV. Vgl. 2. कूल्. — Mit उप *rösten* Kâraka 3,7 (°कूड्य zu lesen).

*कूड्य n. = कुड्य *Wand.*

कूण्, कूणति *sich zusammenziehen.* कूणित *zusammengezogen, eingeschnürt, zugekniffen.* — *Caus. कूणयति, °ते *zusammenziehen.* — Mit नि, °कूणित *geschlossen* (Blume) Râǵan. 2,38. — Mit वि Caus. *zusammenziehen.*

*कूणाकुच्छ (!) m. N. pr. eines Wesens im Gefolge Çiva's.

*कूणि 1) Adj. = कुणि *lahm am Arm.* — 2) m. *ein best. Vogel* Gal.

*कूणिका f. 1) *Horn.* — 2) *ein Wirbel aus Rohr am unteren Ende der indischen Laute.*

*कूणितेक्षण m. *Geier.*

कूतना f. Pl. Bez. best. *Wasser.*

कूदर m. *ein von einem Ṛshi mit einer Brahmanin am ersten Tage ihrer Menses erzeugter Sohn.*

कूर्दी f. *Reisbündel, Büschel.*

कूदीमय Adj. *aus* कूदी *bestehend.*

*कूद्दाल m. = कु° *Bauhinia variegata.*

कूप 1) m. *a) Grube, Höhle.* — *b) Brunnen.* — *c) *ein Pfosten zum Anbinden eines Bootes* oder *Mast.* — *d) *ein Fels* oder *Baumstamm in einem Flusse.* — *e) *Oelschlauch.* — *f) * = मृन्मान.* — 2) *f. कूपी *a) ein kleiner Brunnen.* — *b) Nabel.* — *c) Flasche.*

कूपक 1) m. *a) Grube, Höhle.* — *b) Hautpore.* — *c) *Lendenhöhle.* — *d) ein winziger Brunnen, Brunnen überh.* Ind. St. 15,297. — *e) *eine Pfütze in einem ausgetrockneten Flussbette.* — *f) *g) *h) = कूप 1) *c) d) e).* — *i) *Scheiterhaufen.* — *k) * = अच्युता.* — 2) f. कूपिका *a)* = 1) *e)* Kâd. 251,18. — *b) ein kleiner Krug, Fläschchen* Bhâvapr. 2,26. 86. — *c) *ein Fels im Wasser.* — *d) * = अच्युता.*

*कूपकच्छप m. *eine Schildkröte im Brunnen,* so v. a. *ein unerfahrener Mensch.*

कूपकन्दर m. N. pr. eines Mannes.

कूपकर्ण m. desgl.

कूपकार m. *Brunnengräber.*

*कूपकिन् Adj. von कूपक.

कूपकूर्म m. *eine Schildkröte im Brunnen* Spr. 7722.

*कूपखा und °खानक m. *Brunnengräber.*

कूपचक्र n. *Brunnenrad.* °घट m. Pl. *die Krüge daran* Jogat. Up. 5.

*कूपज m. *Haar.*

*कूपजलोद्वाहन n. *Schöpfrad* Gal.

*कूपत् Indecl.

कूपदर्दुर m. *ein Frosch im Brunnen* (von einem unerfahrenen Menschen).

*कूपबिल n. P. 6,2,102.

कूपमण्डूक m. (Prasannar. 14,19) und *°की f. = कूपदर्दुर.

*कूपय्, °यति (दौर्बल्ये).

कूपयन्त्र n. *Schöpfrad* Mṛkkh. 178,7.

कूपराज्य n. N. pr. eines Landes.

कूपशय Adj. *im Brunnen steckend* MBh. 5,160, 102.

*कूपाङ्क m. *Haarsträubung.*

कूपाय्, °यते *zu einem Brunnen werden.*

*कूपार m. = अकूपार *Meer.*

*कूपिक Adj. von कूप.

कूपित (von कूप *Pore*) so v. a. *emporgerichtete Härchen habend* Bhâg. 3,16,15, v. l.

*कूपिपिशाचक m. Pl. (संज्ञायाम्).

कूप्य Adj. (f. आ) *in einer Grube —, in einem Brunnen befindlich.*

कूबर 1) m. oder n. (Maitr. S. 2,1,11) und f. कूबरी *Deichsel.* Am Ende eines adj. Comp. f. आ Hemâdri 1,643,9. — 2) *f. कूबरी *ein von Ochsen gezogener Wagen.* — 3) *Adj. *a) reizend, schön.* — *b) bucklig.*

कूबरस्थान n. *Wagensitz* Sâj. zu ṚV. 3,14,3.

*कूबरिन् m. *Wagen.*

*कूम n. *See, Teich.*

*कूमनस् Adj. *bösgesinnt.*

कूर n. *gekochter Reis* Bhâvapr. 2,14. — Hariv. 9546 fehlerhaft für क्रूर.

कूर्कुर m. *ein best. Kinder bedrohender Dämon.*

कूर्च 1) m. n. (Gaut.) *Büschel, ein Bündel von Gras* oder *Halmen* (als Sitz); *Wedel, Besen.* — 2) m. (*n.) *Bündel, Wulst, Ballen* (am menschlichen Körper). — 3) (*m.) n. *Bart* (bei Menschen und Thieren) Kâd. 47,4. 254,12. — 4) *m. n. *die Gegend zwischen den Augenbrauen.* — 5) *m. *Kopf.*

— 6) *m. *Vorrathskammer.* — 7) m. *die mystische Silbe* कुम् oder कूँ. — 8) *m. n. *Betrug, Heuchelei.* — 9) *m. n. *Prahlerei.* — 10) *m. n. *Härte.*

कूर्चक 1) m. *a) Büschel.* — *b) Bürste, Pinsel.* वर्णसुधा° Kâd. II.78,22. — *c)* = कूर्च 2). — *d) Bart,* am Ende eines adj. Comp. Spr. 7631. — *e)* *= कूर्चशीर्ष Nigh. Pr. — 2) f. कूर्चिका *a)* **Pinsel.* — *b)* **Schlüssel.* — *c)* **Nadel.* — *d)* **Knospe.* — *e) Knollenmilch.*

कूर्चकिन् Adj. *wulstig.*

कूर्चता f. Nom. abstr. zu कूर्च *Bart.*

*कूर्चपर्णी f. *Gymnema sylvestre* Nigh. Pr.

कूर्चल Adj. *bärtig.*

कूर्चशिरस् n. *der obere Theil des Ballens an Hand und Fuss.*

*कूर्चशीर्ष und *°क m. *eine best. Pflanze* Râgan. 5,11.

*कूर्चशेखर m. *Kokosnussbaum* Râgan. 11,47.

कूर्चामुख m. N. pr. eines Ṛshi.

कूर्चाल (Conj.) Adj. = कूर्चल.

कूर्चिन् Adj. *langbärtig.*

कूर्द्, कूर्दति, °ते 1) *springen, hüpfen.* — 2) *Med. *spielen.* — Mit अति *herumspringen, — hüpfen.* — Mit उद् *aufspringen.* — Mit प्र *Sprünge machen.*

कूर्द m. *Sprung.* प्रजापतेः Name eines Sâman.

कूर्दन 1) n. *a) das Springen.* — *b)* **Spiel.* — 2) *f. आ (Gal.) und ई *der Vollmondstag im Monat Kaitra, ein Festtag zu Ehren des Liebesgottes.*

कूर्प 1) *Sand.* — 2) *n. *die Gegend zwischen den Augenbrauen.*

*कूर्पक n. = कूर्प 2) Gal.

कूर्पर 1) m. (*f. आ) *Ellbogen* Bâlar. 239,9. Bisweilen auch *Knie.* — 2) m. N. pr. eines Dorfes.

*कूर्परित Adj. *mit dem Ellbogen gestossen* Bâlar. 239,3 v. u.

*कूर्पस n. *das Innere der Kokosnuss* Gal.

*कूर्पास m. 1) *Panzer.* — 2) *Jacke, Mieder.*

कूर्पासक m. *Jacke, Wamms* Harshak. 174,16.

कूर्म 1) m. *a) Schildkröte.* Am Ende eines adj. Comp. f. आ. — *b) die als eine auf dem Wasser schwimmende Schildkröte dargestellte Erde.* — *c)* Bez. *des 14ten* Adhjâja *in* Varâh. Bṛh. S. Varâh. Jogaj. 9,4. — *d) eine best. Stellung der Finger* oder *Hände.* — *e) ein best. Wind im menschlichen Körper, der das Schliessen der Augen bewirkt,* 264,33. 265,5. — *f)* N. pr. α) einer Gottheit. — β) eines Schlangendämons. — γ) eines Ṛshi. — 2) f. कूर्मी *Schildkrötenweibchen.*

कूर्मकल्प m. *ein best.* Kalpa 2) *h)* Hemâdri 1, 538,10.

कूर्मचक्र n. *ein best. Diagramm.*

कूर्मद्वादशी f. *der zwölfte Tag in der — Hälfte des* Pausha.

कूर्मनाडी f. *eine best. Arterie unter der Halsgrube.*

कूर्मनाथ m. N. pr. eines Verfassers von Mantra.

कूर्मपति m. *der Fürst der Schildkröten* (trägt die Erde).

कूर्मपित्त n. 1) *Schildkrötengalle.* — 2) *eine Schüssel mit Wasser.*

कूर्मपुराण n. Titel eines Purâṇa.

1. कूर्मपृष्ठ n. *der Rücken einer Schildkröte.*

2. कूर्मपृष्ठ m. 1) **Kugelamaranth.* — 2) N. pr. eines Jaksha.

*कूर्मपृष्ठक n. *Schüssel.*

कूर्मरमणी f. *Schildkrötenweibchen* Naish. 12,106.

कूर्मलक्षण n. Titel eines Werkes.

कूर्मविभाग m. *Eintheilung des Globus (Halbglobus).*

कूर्माङ्ग n. *Erdglobus* Varâh. Jogaj. 3,18.

कूर्मासन n. *eine best. Art des Sitzens bei den Asketen.*

कूर्मिका f. *ein best. Saiteninstrument* S. S. S. 185.

कूर्मि und कूर्मिन् in तुवि°.

1. *कूल्, कूलति (आवरणे).

2. कूल्, कूलयति *versengen.* — Mit अव dass. — Vgl. 2. कूड्.

कूल n. 1) *Abhang, Hügel.* — 2) *Ufer.* Am Ende eines adj. Comp. f. आ. — 3) *Tope* Karaka 1,8 (!). — 4) **Teich.* — 5) **Nachtrab eines Heeres.* — 6) N. pr. einer Oertlichkeit. — 7) mit तूल verwechselt.

कूलक 1) *m. n. *a) Ufer.* — *b) Tope.* — 2) m. *a)* **Ameisenhaufe.* — *b)* Pl. v. l. für कालकञ्ज VP.[2] 2,71. — 3) *n. *Trichosanthes dioeca.* — 4) *f. °लिका *base or bottom part of the Indian lute;* vgl. कूणिका.

कूलंकष 1) Adj. (f. आ) *das Ufer mit sich fortreissend.* — 2) *m. *a) Meer.* — *b) Strömung.* — 3) *f. आ *Fluss* Râgan. 14,9

कूलचर Adj. *am Ufer —, am Wasser sich aufhaltend.*

कूलजात Adj. *am Ufer wachsend* 164,12.

*कूलतण्डुल m. *Brandung.*

*कूलंधय Adj. (f. ई) Vop. 26,53.

*कूलभङ्ग m. *Brandung.*

*कूलभू f. *Uferland, Küste.*

कूलमुद्रुज Adj. (*f. आ) *das Ufer unterwühlend.*

*कूलमुद्वह Adj. *das Ufer fortreissend.*

*कूलवत् 1) Adj. *mit Ufern versehen.* — 2) f. °वती *Fluss* Râgan. 14,9.

*कूलहण्ड und *°क m. *Brandung.*

*कूलाम gaṇa संकलादि.

कूलि m. N. pr. eines Brahmanen.

कूलिक m. N. pr. eines Fürsten.

कूलिन् 1) *Adj. *mit Ufern versehen.* — 2) f. °नी *Fluss.*

कूलेचर Adj. = कूलचर Bhâvapr. 2,2,4.

कूल्बज? AV. 12,5,12. 53.

कूल्य Adj. *zum Ufer gehörig.*

कूल्व Adj. *kahl in* अति°.

*कूवार m. *Meer.*

कूशाम्ब m. N. pr. eines Mannes Tâṇḍja-Br. 8,6,8.

कूश्मन् m. *wohl ein best. dämonisches Wesen.* कूश्मन् Maitr. S. 3,15,9.

कूश्माण्ड 1) m. *Beninkasa cerifera* MBh. 13,91. 39. — 2) n. Bez. *der Verse* VS. 20,14. fgg. Taitt. Âr. 2,7,1. 8,1.

कूश्माण्डक m. N. pr. eines Schlangendämons MBh. 1,35,11.

कूष्मन् s. कूश्मन्.

कूष्माण्ड 1) m. *a)* **Beninkasa cerifera.* — *b)* Pl. *eine best. Art von Dämonen* VP. 1,12,13. — *c)* N. pr. eines Krankheitsdämons Hariv. 3,109,75. — 2) f. आ Bein. der Durgâ. — 3) f. ई *a)* **Beninkasa cerifera* Râgan. 7,158. — *b)* Bein. der Durgâ Hariv. 2,120,17. — *c)* Bez. *der Verse* VS. 20,14. fgg. — 4) n. desgl. Gaut.

कूष्माण्डक 1) (*m.) n. = कूष्माण्ड 1) *a)* Karaka 1,27. — 2) *m. N. pr. eines Dieners des Çiva.

कूष्माण्डदीपिका f. Titel eines Werkes Bühler, Rep. No. 15.

कूष्माण्डराजपुत्र m. N. pr. eines Dämons Mahâç. 1,4. 9.

कूष्माण्डिनी f. N. pr. einer Gottheit.

*कूहना f. *Heuchelei.*

*कूहा f. *Nebel.*

*कृक m. 1) *Kehlkopf.* — 2) *Kehle.* — 3) *Hals.* — 4) *Gaumen.* — 5) *Nabel.*

कृकण m. 1) **Perdix sylvatica.* — 2) **Wurm.* — 3) **eine best. Einnahmestelle.* — 4) N. pr. α) eines Mannes. — β) *einer Oertlichkeit.

*कृकणीय Adj. von कृकण.

कृकणेयु m. N. pr. eines Sohnes des Raudrâçva

कृकपाठक *ein best. giftiges Thier* Karaka 6,23.

कृकदाशु m. oder f. *ein best. dämonisches Wesen.*

कृकर 1) m. *a) eine Art Rebhuhn.* — *b)* **Piper Chaba* Râgan. 6,113. — *c)* **wohlriechender Oleander* (?). — *d) ein best. Wind im menschlichen Körper, der den Hunger bewirkt,* 264,33. 265,7. — *e)* *Bein. Çiva's. — 2) *f. आ *langer Pfeffer* Râgan. 6,11.

कृकल 1) m. *a) eine Art Rebhuhn.* — *b)* = कृकर 1) *d).* — 2) *f. आ *langer Pfeffer.*

कृकलास m. *Eidechse, Chamäleon* Maitr. S. 3,14,21.

ककलासक m. dass.

कृकलासतीर्थ n. N. pr. eines Tîrtha.

कृकलासत्व n. Nom. abstr. von कृकलास.

कृकलासदीपिका f. Titel eines Werkes.

कृकली Adv. mit भू *zum Rebhuhn werden.*

कृकवाकु m. 1) *Hahn* Maitr. S. 3,14,15. *f. ebenso. — 2) *Pfau.* — 3) **Eidechse, Chamäleon.*

*कृकवाकुध्वज m. Bein. Kârttikeja's.

कृकषा f. *ein best. Vogel.*

कृकाट n. und कृकाटी f. *Halsgelenk.*

कृकाटक 1) n. a) **Nacken.* — b) *ein best. Theil einer Säule.* — 2) f. °टिका *Halsgelenk.*

कृकालिका f. *ein best. Vogel.*

कृकिन् m. N. pr. eines mythischen Fürsten.

*कृकुलास m. = कृकलास.

कृच्छ्र 1) Adj. (f. आ) a) *was Beschwerde und Noth verursacht, schlimm, arg, gefährlich* (Krankheit). °म् Adv. *auf eine arge, jämmerliche Weise.* — b) *sich in Noth und Jammer befindend.* v. l. कृत्स्न. — 2) m. n. a) *Schwierigkeit, Beschwerde, Widerwärtigkeit, Ungemach, Noth, Jammer, Elend, Gefahr.* Instr., Abl. (*mit einem Partic. praet. pass. componirt), °तस् und कृच्छ्र° *mit Beschwerde, — Mühe, — Anstrengung, — genauer Noth, schwer.* — b) **Harnbeschwerde* Râǵan. 20,19. — c) *Kasteiung, Busse* Gaut. 26,1. 24. — d) *eine best. kleine Busse.*

कृच्छ्रकर्मन् n. *Beschwerde, Mühe.*

कृच्छ्रकाल m. *Zeit der Noth, Stunde der Gefahr* 79,25. 26.

कृच्छ्रगत Adj. 1) *sich in Noth —, sich in Gefahr befindend, gefährdet* 82,17. — 2) *einer Kasteiung obliegend* 59,1.

कृच्छ्रता f. *Gefährlichkeit* (einer Krankheit).

कृच्छ्रद्वादशरात्र m. *eine best. zwölftägige Kasteiung* Âpast. 1,27,6. 7. 28,20.

कृच्छ्रपतित Adj. *in Noth gerathen* 135,10.

कृच्छ्रप्राण Adj. *dessen Leben in Gefahr steht, mit Mühe sein Leben fristend.*

कृच्छ्रभाज् Adj. *mit Mühe und Noth verbunden* MBh. 2,13,2.

कृच्छ्रभोजिन् Adj. *mit Fasten sich kasteiend* MBh. 12,35,7.

कृच्छ्रमूत्रपुरीष Adj. *mit Beschwerde den Leib ausleerend.* Nom. abstr. °त्व n.

कृच्छ्ररूप Adj. *in schlimmer Lage sich befindend* MBh. 3,34,13.

कृच्छ्रशस् Adv. *kärglich.*

कृच्छ्रसंवत्सर m. *eine best. einjährige Kasteiung* Âpast. 1,25,8. 27,8.

कृच्छ्रातिकृच्छ्र m. 1) Du. *die gewöhnliche und die gesteigerte Busse* Gaut. 19,20. — 2) Sg. *eine best. Busse* Gaut. 26,20.

कृच्छ्राब्द m. = कृच्छ्रसंवत्सर Gaut. 23,32.

कृच्छ्राय्, °यते 1) *Beschwerde u. s. w. empfinden* Âpast. Çr. 10,26,16. — 2) **etwas Arges im Sinne haben.*

*कृच्छ्रारि m. *eine best. Citracee.*

कृच्छ्रार्ध m. *eine best. sechstägige Busse.*

*कृच्छ्रिन् Adj. *mit Beschwerde u. s. w. verbunden, B. u. s. w. empfindend.*

कृच्छ्री Adv. mit भू *in Verlegenheit gerathen* Khând. Up. 5,3,7.

कृच्छ्रीभाव m. *das in Verlegenheit Gerathen* Ânandag. zu Çañk. zu Khând. Up. 5,3,7.

कृच्छ्रेश्रित् Adj. *in Gefahr sich begebend.*

कृच्छ्रोन्मील m. *eine best. Krankheit der Augenlider* Çârñg. Saṁh. 1,7,83.

कृञ् Bez. *der Wurzel* 1. कर्, करोति, कुरुते 235,25.

*कृड्, कृडति v. l. für कूड्, कूडति.

*कृणाञ्ज m. fehlerhaft für कुणाञ्ज.

*कृणु m. *Maler.*

कृत् 1) Adj. Subst. am Ende eines Comp. *machend, vollbringend, ausführend, bewirkend, verursachend, zu Stande bringend, hervorbringend, anfertigend, bereitend, veranstaltend, begehend; Verfertiger, Veranstalter, Verfasser* u. s. w. — 2) m. a) *ein an Wurzeln tretendes Nominalsuffix.* — b) *ein mit einem solchen Suffix gebildetes Nomen.*

कृत 1) Adj. a) *gemacht, gethan, ausgeführt* u. s. w.; vgl. 1. कर्. Im Comp. bisweilen in verstellter Ordnung, z. B. ब्रह्माञ्जलिकृत Adj. = कृतब्रह्माञ्जलि. — b) *zubereitet, zugerüstet, aufgestellt; bereit, geneigt zu Etwas.* — c) *erworben, vorhanden.* — d) *gut gethan, zweckmässig, recht, gut.* कृतम् als Ausdruck des Einverständnisses, der Einwilligung. — e) *vergangen,* n. *Vergangenheit* Ait. Br. 5,1. — f) कृतम् mit सह oder blossem Instr. (308,19) *abgethan damit,* so v. a. *dessen bedarf es nicht, genug des.* — g) am Ende eines Comp. *betreffend, sich beziehend auf* Jâǵn. 2,210. — 2) m. N. pr. a) eines der Viçve Devâs. — b) verschiedener Männer. — 3) n. a) *That, Werk, Handlung.* — b) *Wohlthat.* — c) *Zauberwerk* Sâmav. Br. 3,5,5. — d) **Folge, Frucht, Lohn.* — e)) *Einsatz im Spiele, Preis* oder *Beute eines Kampfes.* — f) *derjenige Würfel* oder *diejenige Würfelseite, welche mit vier Augen bezeichnet ist.* Coll. *die vier Würfel* (im Gegensatz zum 5ten, dem Kali). — g) Bez. *der Zahl vier.* — h) Bez. *des ersten* Juga *oder goldenen Weltalters.* — 4) Instr. कृतेन und Loc. कृते *wegen, für, an Stelle von;* die Ergänzung im Gen. oder im Comp. vorangehend. कृते ohne Ergänzung *für Etwas* 179,8. Vop. 1,2.

कृतक 1) Adj. a) *zubereitet, künstlich bereitet, — hervorgebracht, künstlich.* पुत्र so v. a. *ein adoptirter Sohn.* Nom. abstr. °त्व n. — b) *erkünstelt, verstellt, sich verstellend, falsch.* कृतकम् und कृतक° Adv. *verstellter Weise.* — 2) m. N. pr. verschiedener Männer. — 3) *n. a) *ein best. Salz* (विडुलवण) Râǵan. 6,98. — b) *Kupfervitriol* Râǵan. 13,95.

*कृतकर m. Bein. Çiva's Gal.

कृतकर्तव्य Adj. *der seine Aufgabe erfüllt hat.*

1. कृतकर्मन् n. *eine vollbrachte That* Spr. 1854.

2. कृतकर्मन् Adj. 1) *der sein Werk —, seine Obliegenheit erfüllt hat.* — 2) **geschickt.*

कृतकल्प Adj. *beschlagen in* (Loc.).

कृतकल्पतरु m. Titel eines Werkes.

कृतकाम Adj. (f. आ) *der seinen Wunsch erreicht hat, befriedigt* R. 1,66,6. 2,53,6.

कृतकारिन् Adj. *ein Werk —, eine Sache thuend.*

1. कृतकार्य n. *ein erreichter Zweck.*

2. कृतकार्य Adj. *der seinen Zweck erreicht hat, zufriedengestellt.* Mit einem Instr. *Jmds nicht bedürfend.* Nom. abstr. °त्व n.

1. कृतकाल m. *die festgesetzte Zeit.*

2. कृतकाल Adj. 1) *der Zeit nach bestimmt, auf eine best. Zeit gegeben* (Pfand) Nâr. 4,51. — 2) *der eine best. Zeit gewartet hat.*

1. कृतकृत्य n. *Gethanes und Zuthuendes.* — °कृत्यच्च MBh. 4,882 fohlerhaft für °कृत्यश्च.

2. कृतकृत्य Adj. 1) *der seine Pflicht erfüllt hat.* — 2) *der seine Absicht —, seinen Zweck erreicht hat, zufriedengestellt, — in Bezug auf* (Loc.). Nom. abstr. °ता f.

कृतकृत्यभाव m. Nom. abstr. zu 2. कृतकृत्य 2) Naish. 6,106.

*कृतकोटि m. N. pr. eines Kâçjapa und Bein. Upavarsha's.

कृतक्रिय Adj. *der eine heilige Handlung vollzogen hat.*

कृतक्षण 1) Adj. (f. आ) a) *Musse —, freie Zeit habend* Káraka 8,3. — b) *mit Ungeduld wartend, nicht erwarten könnend;* die Ergänzung im Loc., im Acc. mit प्रति, im Infin. oder im Comp. vorangehend. — c) *schnell bei der Hand seiend, nicht lange säumend* Káraka 3,8. — d) am Ende eines Comp. *ausgesetzt, unterliegend* Çañk. zu Khând. Up. S. 361. — 2) m. N. pr. eines Fürsten.

कृतलोभ Adj. *gerüttelt* Spr. 7755.

कृतघ्न Adj. (f. आ) *Wohlthaten zu Nichte machend, undankbar.* Nom. abstr. °ता f. und °त्व n.

कृतघ्नी Adv. mit कर् *Jmd undankbar sein lassen.* Davon Nom. act. °कृति f. Naish. 6,85. °करण n. Comm.

कृतचूड Adj. *an dem die Ceremonie der Tonsur vollbracht worden ist.*

कृतचेतस् m. N. pr. eines Brahmanen.

कृतच्छन्दस् n. Pl. *eine best. Klasse von Metren.*

कृतच्छिद्र 1) Adj. *durchlöchert, mit einer Oeffnung versehen.* — 2) * f. आ *Luffa acutangula* Râǵan. 3,36.

कृतज्ञ 1) Adj. (f. आ) a) *das Rechte kennend* MBh. 12,104.6. — b) *der Wohlthaten eingedenk, erkenntlich, dankbar.* Nom. abstr. °ता f. — 2) m. a) Bein. Çiva's. — b) * *Hund.*

कृतंजय m. N. pr. verschiedener Männer.

कृततीर्थ Adj. 1) *wozu ein Steig geführt worden ist* Kir. 2,3. — 2) *wozu man eine Anleitung erhalten hat* ebend.

*कृतत्राणा f. *Ficus heterophylla* Râǵan. 5,55.

कृतत्व n. *das Gethansein, Fertigsein* Ǵaim. 3,4,40.

कृतत्वर Adj. (f. आ) *eilend* 290,5.

कृतदार Adj. *beweibt, verheirathet* Spr. 7841.

कृतदास m. *Jmd der auf eine bestimmte Zeit sich selbst zum Sclaven anbietet.*

कृतदीर्घरोष m. *lange anhaltender Zorn* 317,21.

कृतदेश Adj. *dessen Stelle bestimmt ist* Ǵaim. 5,2,21.

कृतदोष Adj. *der sich vergangen hat* Prij. 8,5.

कृतद्युति f. N. pr. einer Fürstin.

कृतद्वसु Adj. vielleicht *Güter vertheilend.*

कृतद्विष्ट Adj. *dem Beginnen eines Andern zürnend.*

कृतधन्वन् m. v. l. für कृतवर्मन्.

कृतधर्म m. N. pr. eines Mannes VP.² 4,55. °न् m. 44.

कृतधी Adj. 1) *klug* Mudrâr. 102,4. — 2) *entschlossen* (mit Infin.) Mudrâr. 100,3.

कृतध्वज Adj. *mit Bannern versehen.*

कृतध्वज m. N. pr. eines Fürsten.

कृतनख Adj. *der seine Nägel in Ordnung gebracht hat.*

कृतनन्दन m. N. pr. eines Fürsten VP. 4,24,17.

कृतनाशक und °नाशन Adj. *undankbar.*

कृतनिश्चय Adj. (f. आ) 1) *der sich von Etwas überzeugt hat* Spr. 7728. — 2) *fest entschlossen* (die Ergänzung im Dat., Loc., Infin. oder im Comp. vorangehend), *entschlossen* (Wort, Rede) Kâd. 199,20.

कृतनिश्चयिन् Adj. *entschlossen* Spr. 1860.

कृतपण Adj. (f. आ) *der eine Wette eingegangen ist,* mit Loc. des Einsatzes.

कृतपद Adj. *der Fuss gefasst hat* Spr. 7637.

कृतपर्व = कृतयुग.

*कृतपुङ्ख Adj. *im Bogenschiessen geübt.*

कृतपुण्य Adj. (f. आ) *glücklich.*

कृतपूर्व Adj. *zuvor gethan* Daçak. 59,3.

कृतपूर्वनाशन n. *das Nichtanerkennen geleisteter Dienste* Spr. 196.

*कृतपूर्विन् Adj. *der zuvor Etwas* (Acc.) *gethan —, verfertigt hat u. s. w.*

कृतप्रज्ञ Adj. *klug.*

कृतप्रतिकृत n. 1) *Angriff und Widerstand.* — 2) *Wiedervergeltung eines Angriffes.*

कृतप्रहरण Adj. *der sich im Gebrauch der Waffen geübt hat.*

कृतप्रिय Adj. *dem ein Gefallen erwiesen worden ist* MBh. 3,166,14.

*कृतफल 1) Adj. *mit Erfolg gekrönt.* — 2) f. आ *eine Mucuna.* — 3) n. *Kubebe.*

कृतबन्धु m. N. pr. eines Fürsten.

कृतबुद्धि Adj. 1) *einsichtsvoll.* — 2) *der einen bestimmten Entschluss gefasst hat, fest entschlossen;* die Ergänzung im Dat. oder Infin. (Hariv. 2,61,12).

कृतब्रह्मन् Adj. 1) *der seine Andacht verrichtet hat.* — 2) *wofür oder für wen man eine Andacht verrichtet hat.*

कृतभग m. N. pr. eines Mannes; Pl. *sein Geschlecht.*

कृतभाव Adj. *der seine Gedanken auf —* (Loc.) *gerichtet hat.*

कृतभूमि f. *ein ad hoc zubereiteter Platz* Âpast.

कृतमति Adj. (f. eben so) *der sich zu Etwas entschlossen hat.*

कृतमन्दपदन्यास Adj. (f. आ) *die Füsse langsam setzend* und *zugleich wenige Worte gebrauchend* Spr. 7840.

कृतमन्दार m. N. pr. eines Mannes.

कृतमाल 1) m. a) *die gesprenkelte Antilope* Dhanv. 6,69. — b) *Cassia fistula.* — 2) f. आ N. pr. eines Flusses.

*कृतमालक m. = कृतमाल 1) a) (Gal.) und b).

*कृतमुख Adj. *geschickt.*

*कृतय्, °यति *den Kṛta-Würfel ergreifen.*

कृतयजुस् Adj. *der den Opferspruch gesprochen hat.*

कृतयज्ञ m. N. pr. eines Sohnes des Kjavana

कृतयत्न Adj. *der sich angestrengt hat* Spr. 1862.

कृतयशस् m. N. pr. eines Âṅgirasa.

कृतयुग n. *das goldene Weltalter.*

*कृतयूष m. *mit Salz und Fett zubereitete Brühe von Hülsenfrüchten u. s. w.* Madanav. 111,24.

कृतरथ m. N. pr. eines Mannes.

कृतलक्षण 1) Adj. a) *gekennzeichnet.* — b) *gute Kennzeichen an sich tragend.* — c) *gebrandmarkt.* — 2) m. N. pr. eines Mannes.

कृतवत् 1) Adj. a) Partic. praet. act. von 1. कर्. — b) vielleicht *der den Einsatz hat.* — 2) f. °वती N. pr. eines Flusses VP.² 2,149.

कृतवर्मन् m. N. pr. verschiedener Männer.

कृतवसति Adj. *der seinen Wohnsitz aufgeschlagen hat, wohnend, sich aufhaltend.*

कृतविद्य Adj. *der Studien gemacht —, Etwas gelernt hat, unterrichtet, gelehrt.*

कृतविलास m. N. pr. eines Mannes.

कृतवीर्य 1) Adj. *in Kraft stehend.* — 2) m. N. pr. verschiedener Männer.

कृतवेग m. N. pr. eines Fürsten.

कृतवेतन Adj. *Lohn empfangend.*

कृतवेदिन् Adj. 1) *erkenntlich, dankbar* Mudrâr. 182,2. Nom. abstr. °दिता f. Lalit. 35,18. — 2) *knowing, observant.*

*कृतवेधक m. = °वेधन 1).

कृतवेधन 1) m. *eine Art Fenchel* oder *Anis.* — 2) * f. आ *Luffa acutangula* Râǵan. 3,36.

कृतवेष 1) Adj. *aufgeputzt, geschmückt.* — 2) * m. N. pr. eines Mannes; vgl. कार्तवेष.

कृतवैर Adj. *der Einen angefeindet hat* Spr. 1864.

कृतव्यधन Adj. (f. ई) *geübt im Durchstechen* AV.

कृतव्रत m. N. pr. eines Mannes.

कृतशर्मन् m. N. pr. eines Fürsten VP.² 3,314.

कृतशिल्प Adj. *der eine Kunst erlernt hat.*

कृतशौच 1) Adj. (f. आ) *der sich gereinigt hat* (eig. und in rituellem Sinne). — 2) N. pr. einer Oertlichkeit.

कृतश्रम 1) Adj. *der sich Mühen unterzogen hat, der sich eifrig beschäftigt hat mit* (Loc. oder im Comp. vorangehend). — 2) m. N. pr. eines Muni.

कृतश्राम R. 1,21,6 fehlerhaft für °श्रम.

कृतसंस्कार Adj. 1) *bearbeitet, zugerichtet, verziert, geschmückt.* — 2) *geweiht.*

कृतसंकेत Adj. 1) *dem ein Zeichen gegeben worden ist* Râǵat. 4,221. Pl. *die Signale unter sich verabredet habend* M. 7,190. — 2) *der in Etwas eingeweiht worden ist,* in अ°.

*कृतसपत्निका f. *eine Frau, deren Mann nach ihr noch eine andere Frau genommen hat.*

कृतसव्य Adj. *mit der Opferschnur über die linke Schulter behängt* Comm. zu Kâtj. Çr. 5,8,33. 9,21.

*कृतसापत्निका, *°सापत्नी und *°सापत्निका f. = कृतसपत्निका.

कृतस्तोम m. Bez. *bestimmter* Stoma.

कृतस्थली f. N. pr. einer Apsaras Maitr. S. 2, 8,10. कृतस्थली VP.² 2,285.

कृतस्मर m. N. pr. eines Berges.

कृतस्मरचरित n. Titel eines Werkes.

कृतस्वर Adj. *mit dem ursprünglichen Accent versehen* Lâṭj. 7,11,19.

कृतहस्त Adj. *geschickt*, insbes. *im Schiessen* Du. V.21,12. °वत् Adv. *auf eine geschickte Weise*. Nom. abstr. °ता f.

कृता f. *Spalt*.

कृताकृत Adj. 1) n. Sg. oder Du. *Gethanes und nicht Gethanes*. — 2) *vollbracht und nicht vollbracht*, so v. a. *halb gethan* 167,27. — 3) *bearbeitet und nicht bearbeitet, zubereitet und nicht zubereitet*. — 4) *beliebig, willkührlich* 38,15. — 5) *indifferent*.

कृताकृत्यसम m. Pl. Name einer Secte.

कृतागस् Adj. *der ein Vergehen begangen hat, schuldig, sündig*.

कृतागस्क Adj. dass. Bhâg. P. 10,88,29.

कृताग्नि m. N. pr. eines Mannes.

कृताङ्क Adj. *gebrandmarkt*.

कृताञ्जलि 1) Adj. (f. eben so) *der* (zum Zeichen der Ehrerbietung und Unterwürfigkeit) *die beiden Hände hohl an einander gelegt hat*, mit Dat. der Person. — 2) * m. *eine best. Arzeneipflanze*.

कृतातिथ्य Adj. (f. आ) 1) *der Gastfreundschaft geübt hat*. — 2) *bewirthet* Daçak. 6,21.

कृतात्मन् Adj. *dessen Geist gebildet, geläutert ist*.

कृतादर Adj. (f. आ) *dem die gehörige Rücksicht* oder *Aufmerksamkeit erwiesen worden ist*.

*कृतानन Adj. *kenntnissreich, erfahren* Gal.

कृतानुकर Adj. *Gethanes nachthuend, nicht selbstständig verfahrend, dienend*.

कृतानुकृतकारिन् Adj. *Etwas vor- oder nachmachend*.

कृतान्त 1) Adj. *das Ende —, die Entscheidung herbeiführend*. — 2) m. a) *Angelegenheit, Sache, Fall*. — b) *das Schicksal*. — c) *der Todesgott*, Jama 133,2. °त्रास m. Kâd. II,74,9. — d) *Dogma, Doctrin*. — e) *Schluss, Folgerung* MBh. 12,218,27. — f) **eine unheilvolle That*. — g) **Sonnabend*. — 3) * f. आ *ein best. Arzeneistoff*.

कृतान्तकालासुर m. N. pr. eines Asura.

*कृतान्तजनक m. Bein. *der Sonne*.

कृतान्तर Adj. *der sich einen Weg gebahnt hat zu* (Gen.) Kâd. 4,5.

कृतान्तसंत्रास m. N. pr. eines Rakshas.

कृतान्न n. 1) *zubereitete, gekochte Speise*. — 2) *verdaute Speise, die Excremente*.

*कृतापकृत Adj. *was wohl gethan und was versehen worden ist*. Vgl. Spr. 923. 1537.

कृतापराध Adj. *der sich vergangen hat* Mâlav. 75. Spr. 7700. *gegen* (Gen.) Vikr. 18.

कृताभिषेक 1) Adj. a) *der eine religiöse Abwaschung vollzogen hat*. — b) *geweiht*. — 2) * f. आ *die geweihte Gemahlin eines Fürsten* Gal.

*कृताय m. *der* Kṛta-*Würfel*.

कृतार्घ 1) Adj. *dem der* Argha *erwiesen wird* Pâr. Gṛhj. 1,3,31. — 2) * m. N. pr. eines Arhant's bei den Gaina.

कृतार्थ Adj. (f. आ) *der sein Ziel —, seine Absicht erreicht hat, zufriedengestellt*. Nom. abstr. °ता f. und °त्व n.

कृतार्थनीय Adj. *zufriedenzustellen* Naish. 9,51.

कृतार्थय्, °यति *Jmd* (Acc.) *zufriedenstellen* Mâlatîm. 48,12 (110,4). Naish. 17,77. Viddh. 29,13. Kâd. II,114,8. *Etwas* (Acc.) *befriedigen, erfüllen*. प्रार्थनाम् 76,21.

कृतार्थी Adv. 1) mit कर् *zufriedenstellen*. — 2) mit भू *zufriedengestellt werden* Mâlatîm. 91,16.

कृतार्थीकरण Adj. *zufriedenstellend*.

कृतालय 1) Adj. a) *der seine Wohnung aufgeschlagen hat, wohnend, — in* (Loc. oder im Comp. vorangehend). — b) *sich heimisch fühlend* Spr. 6314. — 2) * m. *Hund*.

कृतावसक्थिक Adj. *der ein Tuch um die Lenden geschlagen hat*.

कृतावसथ Adj. *den man in seinem Hause aufgenommen hat* Âpast.

कृतावस्थ Adj. *vor Gericht geladen*.

कृताश Adj. *auf Etwas hoffend* MBh. 3,31,37. कृता नाशिता आशा यैस्ते Nilak.

कृताशंस Adj. *hoffend* Kâd. II,130,13.

कृतास्त्र 1) Adj. *der sich im Gebrauch der Waffen geübt hat, mit dem Bogenschiessen vertraut*. Nom. abstr. °ता f. — 2) m. N. pr. eines Kriegers.

1. कृति f. 1) *das Thun, Ausführung, Hervorbringung, Verfertigung* Agni-P. 38,1. *Handlung, Thätigkeit*. — 2) *Schöpfung, Werk, literarisches Product*. — 3) *Zauberin, Fee*. — 4) Bez. *verschiedener Metra*, insbes. *eines von* 4 X 20 *Silben*. Auch Gesammtname für *alle auf* कृति *ausgehenden Metra*. — 5) Bez. *der Zahl zwanzig*. — 6) *Quadrat, — zahl*. — 7) in der Dramatik *Bestätigung —, Bewahrheitung einer Errungenschaft*. — 8) N. pr. der Gattin Saṁhrâda's.

2. कृति m. oder f. *eine best. Waffe, Messer* oder *Dolch*.

3. कृति m. N. pr. verschiedener Männer.

4.*कृति f. *Verletzung*.

*कृतिकर m. Bein. Râvaṇa's.

कृतित्व n. Nom. abstr. zu कृतिन् 1) c).

कृतिन् 1) Adj. a) *thätig*. — b) *klug, verständig, erfahren, geschickt*. Die Ergänzung im Loc. oder im Comp. vorangehend. — c) *der seine Absicht erreicht hat, zufriedengestellt*. — 2) m. N. pr. verschiedener Männer.

कृतिप्रकृति f. *eine unbestimmte Aufgabe des zweiten Grades* Colebr. Alg. 170.

कृतिमत्त m. N. pr. verschiedener Männer VP.[2]

कृतिरथ m. N. pr. eines Fürsten VP.[2] 3,331.

कृतिरात m. N. pr. eines Fürsten.

कृतिरामन् m. N. pr. eines Sohnes des Kṛtirâta.

कृतिवत्सर m. Titel eines Werkes.

कृतिसुत m. Metron. Rukiparvan's.

कृते s. कृत 4).

कृतेतण Pañkat. 32,12 fehlerhaft für कृतनण; vgl. ed. Bomb. 1,35,8.

कृतेन s. कृत 4).

कृतेयु (VP.[2] 4,128. 129) und °क m. N. pr. eines Sohnes des Raudrâçva.

कृतोदक Adj. 1) *der die vorgeschriebenen Abwaschungen vollbracht hat*. — 2) *der einem Verstorbenen die Wasserspende dargebracht hat*.

कृतोन्माद Adj. *sich toll stellend* Kathâs. 18,250.

कृतोपकार Adj. (f. आ) 1) *der Jmd einen Dienst erwiesen hat* 170,27. — 2) *dem ein Dienst erwiesen worden ist* Kumâras. 3,73.

कृतौजस् m. N. pr. eines Fürsten.

कृत्तद्धबोधिनी f. Titel eines gramm. Werkes.

*कृत्तरुहा f. *Cocculus cordifolius* Dhanv. 1,1.

कृत्ति f. 1) *Fell, Haut*. — 2) *Obergewand*. — 3) **Birke*. — 4) **Birkenrinde*. — 5) *= कृत्तिका 1). — 6) **Haus*. — 7) **Speise*. — 8) **Ruhm*.

कृत्तिका f. 1) Pl. und (später) Sg. *die Plejaden* (in der älteren Zeit *das erste*, später *das dritte Mondhaus*). Die sechs *Plejaden* personif. sind die Ammen Skanda's. कृत्तिकानामाश्रमः *eine best. Einsiedelei*. *अद्य कृत्तिका so v. a. *heute steht der Mond in den Plejaden*. कृत्तिकामाघयोस्तीर्थम् *ein best*. Tîrtha. कृत्तिकाङ्गारके *zur Zeit der Vereinigung des Mars mit den Plejaden*. — 2) *weisse Tüpfel* Comm. zu Varâh. Bṛh. S. 65,5. — 3) * *Karren*.

कृत्तिकाञ्जि Adj. *weiss getüpfelt*.

कृत्तिकापिञ्जर Adj. *fuchsroth mit weissen Tüpfeln* Harshak. 43,22.

*कृत्तिकाभव und *कृत्तिकासंभव (Gal.) m. *Metron. des Mondes*.

*कृत्तिकासुत m. Metron. Skanda's.

*कृत्तिपत्त्री f. *eine* Karañga-*Species* Gal.

कृत्तिरथ m. N. pr. eines Fürsten.

*कृत्तिवास m. = कृत्तिवासस्.

कृत्तिवासस् Adj. *in ein Fell gehüllt*, Beiw. und Bein. Rudra-Çiva's und der Durgâ.

कृत्तिवासेश्वर und °लिङ्ग n. Name eines Liñga.

कृत्यधीवास m. *ein Ueberwurf von Fell.*

कृत्नु 1) Adj. *thatkräftig, tüchtig; kunstreich, gewandt.* — 2) m. N. pr. eines Ṛshi.

कृत्पटल Titel eines gramm. Werkes.

कृत्य 1) Adj. a) *zu thun.* कृत्यम् mit Instr. der Sache und Gen. der Person *es ist Jmd um Etwas zu thun.* — b) *angemessen, recht.* °तम n. *das Angemessenste.* — c) *bestechlich.* — d) *ärztlich zu behandeln mit* (im Comp. vorangehend) Suçr. 1,34,19. — 2) m. *ein Suffix des Participii futuri passivi.* — 3) f. आ a) *That, Handlung, Verrichtung, Ausführung.* कृता: (Gen.) so v. a. *Misshandlung.* — b) *das Anthun, Behexung, Zauber.* — c) *eine böse Fee.* — d) N. pr. eines Flusses MBh. 6,9,18. — 4) n. a) *Thätigkeit, Geschäft, Verrichtung.* — b) *Obliegenheit, Pflicht.* — c) *Vorhaben.* — d) *Zweck, Bestimmung eines Dinges.*

कृत्यकल्पतरु m., °कल्पद्रुम m. und °कल्पलता f. Titel von Werken.

कृत्यका f. *eine böse Fee* MBh. 3,65,29.

कृत्यकौमुदी f. Titel eines Werkes.

कृत्यचिन्ता f. *Erwägung eines denkbaren Falles* Njâjam. 6,5,3. 18. 7,15.

कृत्यचिन्तामणि m., कृत्यतत्त्व n. und °तत्त्वार्णव m. Titel von Werken.

कृत्यता f. Nom. abstr. zu कृत्य 1) c).

कृत्यप्रदीप m., कृत्यमञ्जरी f., कृत्यमहार्णव m., कृत्यरत्न n., °रत्नाकर m., °रत्नावली f. und कृत्यराज m. Titel von Werken.

कृत्यवत् Adj. 1) *in einer Thätigkeit begriffen, mit Etwas beschäftigt.* — 2) *ein Anliegen habend* MBh. 3,270,6. — 3) *bedürfend, verlangend nach* (Instr.). — 4) *der in einer Sache* (Loc.) *Etwas vermag* R. 3,75,66.

कृत्यविद् Adj. *pflichtkundig* Daçak. 7,9.

कृत्यशेष Adj. *der seine Arbeit noch nicht vollbracht hat.*

कृत्यसार Titel eines Werkes.

कृत्याकृत् Adj. *Zauber treibend, behexend.*

कृत्याकृत्य Adj. *was zu thun oder zu unterlassen ist;* n. *Recht oder Unrecht.*

कृत्यादूषण (f. ई) und °दूषि Adj. *Zauber vertreibend.*

कृत्यारावण Titel eines Werkes.

कृत्यारूप Adj. *wie ein Gespenst aussehend* 28,22.

कृत्यास्त्र n. *ein best. Zauberspruch.*

कृत्रिम 1) Adj. (f. आ) a) *künstlich bereitet, facticius, künstlich.* पुत्र m. *ein Adoptivsohn* Gaut. — b) *verfälscht, unächt.* — c) *fingirt* 175,9. — d) *nicht in der Natur der Sache begründet, zufällig* Spr. 1882. — 2) *m. a) *Olibanum.* — b) *ein Adoptivsohn.* — 3) *f. आ *Kanal* Gal. — 4) *n. a) *durch Kochen gewonnenes Salz.* — b) *Zibeth* Râgan. 12,72. — c) *Kupfervitriol und ein daraus bereitetes Collyrium.*

*कृत्रिमक m. *Olibanum* Gal.

*कृत्रिमधूप m. dass.

*कृत्रिमधूपक m. *ein aus verschiedenen Stoffen bereitetes Räucherwerk.*

कृत्रिमपुत्रक m. und °पुत्रिका f. *Puppe.*

*कृत्रिमरत्न n. *Glas* Nigh. Pr.

कृत्रिमार्ति Adj. *sich traurig stellend* Daçak. 64,9.

कृत्वन् Adj. (f. कृत्वरी) 1) am Ende eines Comp. *hervorbringend, bewirkend.* — 2) *thätig, rührig.* — 3) *zauberisch.*

कृत्वरी s. कृत्वन्.

कृत्वस् Adv. *mal.* In der späteren Sprache nur am Ende eines Comp.

कृत्वाय Absol. von 1. कर् TS. 4,1,5,4. 5,1,6,4.

1. कृत्वी desgl.

2. कृत्वी f. N. pr. einer Tochter Çuka's.

(कृत्व्य) कृत्विअ Adj. 1) *der Etwas zu leisten vermag, tüchtig, wirksam.* — 2) *arbeitsvoll.*

*कृत्स n. 1) *Wasser.* — 2) *Gesammtheit.*

कृत्स्न 1) Adj. (f. आ) *ganz, vollständig.* Ausnahmsweise Pl. *alle.* Compar. कृत्स्नतर Ait. Âr. 78,16. — 2) m. N. pr. eines Mannes. — 3) *n. a) *Wasser.* — b) *Bauch.*

कृत्स्नक Adj. *jeder.*

कृत्स्नकारक Adj. *was Jeder vermag* MBh. 3,283,25.

कृत्स्नगत m. *ein best.* Samâdhi Kârand. 51,17.

कृत्स्नता f. und कृत्स्नत्व n. *Ganzheit, Vollständigkeit, Gesammtheit.*

कृत्स्नविद् Adj. *allwissend.*

कृत्स्नवीत Adj. *ganz umhüllt* Çat. Br. 3,8,3,37.

कृत्स्नशस् Adv. *ganz, vollständig.*

कृत्स्नहृदय n. *das ganze Herz.*

कृत्स्नाकरा f. N. pr. einer Apsaras Kârand. 3,16.

कृत्स्नागत m. N. pr. eines fabelhaften Berges Kârand. 91,15.

कृत्स्नायत Adj. *ganz ausgestreckt* (im Laufe).

कृथ in तनू° und पुत्र°.

कृदन्त Adj. *auf ein* Kṛt-*Suffix ausgehend;* m. *ein solches Nomen.*

कृदर (*m.) n. *Vorrathskammer.*

कृधु und *कृधुक Adj. *verkürzt, verstummelt, klein, mangelhaft.*

कृधुकर्ण Adj. 1) *stutzohrig.* — 2) *schlecht hörend.*

कृन्तत्र n. 1) *Kluft, Spalte; Zerklüftung.* — 2) **Pflug.*

कृन्तन n. *das Zerschneiden, Abschneiden.*

*कृन्तविचक्षणा und *कृन्धिविचक्षणा f.

कृप् f. (nur Instr. कृपा) 1) *Gestalt, Erscheinung, Schein.* — 2) *schönes Aussehen, Schönheit.*

कृप 1) m. N. pr. eines Mannes. — 2) f. कृपी N. pr. der Schwester Kṛpa's.

कृपण्, Partic. कृपणत् *verlangend nach, begehrend;* mit Acc.

1. कृपण 1) Adj. (f. आ und *ई) a) *dem es weinerlich zu Muthe ist oder wobei es Jmd weinerlich zu Muthe ist, miser. bejammernswerth, arm, elend, erbärmlich* (in verächtlichem Sinne R. 2,38,10), *jämmerlich, weinerlich;* Subst. *ein Armer.* कृपणम् Adv. *weinerlich, kläglich.* — b) *geizig;* Subst. *Geizhals.* — 2) m. a) **Wurm.* — b) N. pr. eines Mannes VP.² 4,72.

2. कृपण n. *Jammer, Elend* 22,18.

कृपणकाशिन् Adj. *traurig aussehend.*

कृपणत्व n. *Jämmerlichkeit, Erbärmlichkeit.*

कृपणवर्ण Adj. *elend aussehend* Daçak. 54,6.

*कृपणाय्, °यते *jämmerlich thun.*

*कृपणिन् Adj. *jämmerlich, elend.*

कृपणय्, कृपणयति 1) *begehren, wünschen.* — 2) *= अर्चतिकर्मन्.

*कृपणयु Adj. = स्तोतर्.

कृपनीळ Adj. *im Glanze heimisch.*

कृपय्, कृपयति 1) *trauern, jammern um;* mit Acc. Partic. कृपयत् und कृपयत् (RV. 8,46,16). — 2) *Mitleid haben.* — 3) *दौर्बल्ये.

कृपा f. 1) *Mitgefühl, Mitleid,* — *für* (Gen. oder Loc.). कृपां कर् *Mitleid haben mit* (Loc.). — 2) N. pr. eines Flusses.

कृपाकर m. *eine Fundgrube des Mitleids, überaus barmherzig* Hemâdri 1,582,5.

*कृपाचार्य m. Bein. Gautama's Gal.

कृपाण 1) m. *Schwert.* — 2) f. ई *Scheere, Dolch, Messer* Kâd. 140,21.

कृपाणक 1) *m. *Schwert.* — 2) f. °णिका *Dolch, Messer.*

कृपाणकेतु m. N. pr. eines Vidjâdhara Bâlar. 89,11.

कृपाणलतिका f. *Schwertklinge* Spr. 7809.

कृपाणि m. N. pr. eines Mannes.

*कृपाद्वैत m. N. pr. eines Buddha.

कृपानील m. N. pr. eines Mannes.

कृपामिश्र m. desgl.

कृपाय् 1) कृपायते a) *trauern, jammern.* — b) *Mitleid fühlen.* — 2) *कृपायति = अर्चतिकर्मन्. — Mit अनु Med. *mit Jmd* (Acc.) *Mitleid fühlen.*

कृपायित n. *das Trauern, Jammern.*

कृपायितवत् Adj. (f. °वती) *trauernd, jammernd* MBh. 3,9,15 (zu lesen कृपायितवत्पत्र).

कृपालु Adj. *Mitleid fühlend mit* (Gen.), *mitleidig* 125,21. Nom. abstr. °ता f.

कृपावन्त् Adj. dass.

कृपासागर m. *ein Meer von Barmherzigkeit, überaus barmherzig.*

कृपीट n. 1) *Gesträuch.* — 2) **Wald.* — 3) **Brennholz.* — 4) **Wasser.* — 5) **Bauch.*

*कृपीटपाल m. 1) *Steuerruder.* — 2) *Meer.* — 3) *Wind.*

*कृपीटयोनि m. *Feuer.*

*कृपीपति m. Bein. Droṇa's.

*कृपीपुत्र und *कृपीसुत m. Metron. Açvatthâman's.

कृमि 1) m. a) *Wurm, Made, Insect; insbes. Eingeweidewurm, Seidenraupe, Spinne, Schildlaus* und **Ameise.* — b) * *die von der Schildlaus kommende rothe Farbe.* — c) N. pr. α) *eines Asura. — β) *eines Schlangendämons. — γ) verschiedener Männer. — 2) f. N. pr. a) der Gattin Uçînara's. कृमी Hariv. 1,31,23. VP.² 4,121. — b) eines Flusses MBh. 6,9,17.

कृमिक 1) m. *ein kleiner Wurm.* — 2) *n. = क्रमुक *Betelnuss* Madanav. 72,101.

*कृमिकण्टक n. 1) *Ficus glomerata.* — 2) *Embelia Ribes.* — 3) = चित्रा. — 4) = चित्राङ्ग.

कृमिकर m. *ein best. giftiges Insect.*

कृमिकर्ण und °क m. *Bildung von Maden im Ohr.*

*कृमिकृत् Adj. *Würmer erzeugend* Madanav. 72,104.

*कृमिकोश m. *Cocon.*

*कृमिकोशज (Gal.) und *°कोशोत्थ Adj. *seiden.*

कृमिग्रन्थि m. *eine best. Krankheit des Auges.*

कृमिघातिन् *Embelia Ribes.*

कृमिघ्न 1) Adj. *Würmer vertreibend.* — 2) m. n. *Embelia Ribes* Bhâvapr. 1,169. — 3) *m. a) *Zwiebel.* — b) *Azadirachta indica.* — c) *Semecarpus Anacardium.* — d) = कोलकन्द. — 3) f. आ *Gelbwurz* Bhâvapr. 1,177. — 4) *f. ई a) *Embelia Ribes.* — b) *Vernonia anthelminthica.* — c) = धूम्रपत्त्रा.

कृमिचण्डेश्वर n. Name eines Liṅga.

कृमिज 1) Adj. *von einem Wurm erzeugt.* — 2) *f. आ *Schildlaus* Râgan. 6,206. — 3) *n. *Aloeholz.*

कृमिजग्ध n. *Aloeholz* Bhâvapr. 1,185.

*कृमिजलज m. *das in einer Muschel lebende Thier* Râgan. 13,127.

*कृमिजित् *Embelia Ribes* Nigh. Pr.

कृमिण Adj. (f. आ) *Würmer habend* Âpast. Çr. 15,19,5.

कृमिता f. Nom. abstr. von कृमि 1) a) Hemâdri 1,504,5.

कृमिदन्तक m. *der Wurm am Zahn, caries.*

*कृमिद्रव n. *Cochenille* Nigh. Pr.

कृमिन् (metrisch) m. = कृमि 1) a).

*कृमिपर्वत m. *Ameisenhaufen.*

*कृमिपुरीषिका f. *eine best. blaue Fliege* Gal.

कृमिपूयवह m. *eine best. Hölle* VP.² 2,218.

*कृमिफल m. *Ficus glomerata* Nigh. Pr.

कृमिभक्ष m. *eine best. Hölle* VP. 2,6,15.

कृमिभोजन 1) Adj. *Würmer als Speise geniessend.* — 2) m. *eine best. Hölle.*

कृमिमन्त् Adj. *mit Würmern versehen, — bedeckt.*

कृमिराग Adj. *scharlachroth.* Vgl. कार्मरङ्ग.

कृमिरिपु m. *Embelia Ribes* Bhâvapr. 4,19.

कृमिरोग m. *Wurmkrankheit.*

कृमिल Adj. (f. आ) *verminosus, durch Maden verunreinigt.* — 2) f. आ a) **eine Mutter von vielen Kindern.* — b) N. pr. einer Stadt.

कृमिलाश्व m. N. pr. eines Fürsten.

*कृमिलिका f. *scharlachrother leinener Stoff* (buddh.)

*कृमिलोहक n. *Eisen* Gal.

*कृमिवर्ण *scharlachrothes Tuch* (buddh.)

*कृमिवारिरुह m. = कृमिजलज Râgan. 13,127.

कृमिवृक्ष m. *Mangifera sylvatica* Bhâvapr. 1,239.

कृमिश m. *eine best. Hölle* VP. 2,6,3. 15.

*कृमिशङ्ख m. = कृमिजलज Râgan. 13,127.

*कृमिशत्रु m. 1) *Embelia Ribes* Nigh. Pr. — 2) *Erythrina fulgens.*

*कृमिशात्रव m. *Acacia farnesiana.*

*कृमिशुक्ति f. *eine zweischalige Muschel.*

*कृमिशैल und *°क m. *Ameisenhaufen.*

कृमिसरारि f. *ein best. giftiges Insect.*

*कृमिसू f. *eine zweischalige Muschel* Râgan. 13,132.

कृमिसूत्र n. *eine best. Krankheit.*

कृमिसेन m. N. pr. eines Jaksha.

कृमिहर m. *Embelia Ribes* Bhâvapr. 3,95.

*कृमिहा f. dass. Râgan. 6,49.

*कृमीलक m. *Phaseolus aconitifolius* Râgan. 16,54.

कृमीश fehlerhaft für कृमिश.

कृमुक m. *ein best. Baum.*

*कृवि *ein best. Werkzeug des Webers.*

कृश 1) Adj. (f. आ) a) *abgemagert, hager, schlank, schmächtig, schwächlich, kränklich.* Vom Monde so v. a. *nicht voll* Spr. 7860. — b) *dünn, schwach, unbedeutend.* — c) *arm.* — 2) m. a) **ein best. Fisch* Gal. — b) N. pr. α) verschiedener Männer. — β) eines Schlangendämons.

कृशक 1) Adj. *schmächtig.* — 2) *f. कृशिका *Salvinia cucullata*

*कृशकूट m. *ein best. Vogel* Gal.

कृशगव und कृशगु Adj. *magere Kühe habend.*

*कृशचञ्चु m. *Reiher* Gal.

कृशता f. und कृशत्व n. *Magerkeit.*

कृशधन Adj. *unbemittelt, arm* Spr. 4354.

1. कृशन 1) n. a) *Perle.* — b) * *Gold.* — c) * *Form, Gestalt.* — 2) Adj. *margaritifer.*

2. कृशन m. *der Pulsschlag des Herzens* Gobh. 2,10,30.

कृशनावन्त् Adj. *mit Perlen geschmückt.*

कृशनाश MBh. 12.10365 fehlerhaft für कृशनास.

कृशनास Adj. *eine dünne Nase habend.* Çiva MBh. 12,284,91.

कृशनिन् Adj. *mit Perlen geschmückt.*

कृशपशु Adj. *mit magern Opferthieren* Çat. Br. 11,4,2,18.

कृशबुद्धि Adj. *von schwachem Verstande* Spr. 5007, v. l.

कृशभृत्य Adj. *der seine Diener hungern lässt* Spr. 5007.

कृशमध्य Adj. *von schlanker Taille* Citat im Comm. zu TS. Prât.

*कृशला f. *Haupthaar.*

कृशवृत्ति Adj. *Nahrungssorgen habend.*

*कृशशाख m. *Hedyotis burmanniana* Râgan. 5,8.

*कृशाकु (!) m. 1) *heating.* — 2) *grieving.*

*कृशान m. *Spinne.*

कृशाङ्ग 1) Adj. (f. ई) *mager, hager, schlank* 304, 25. Bâlar. 284,22. — 2) f. ई a) * *Fennich.* — b) N. pr. einer Apsaras VP.² 2,82.

कृशातिथि Adj. *der seine Gäste hungern lässt* Spr. 5007.

कृशानु 1) Adj. *gut schiessend.* — 2) m. a) *Bogenschütze.* — b) N. pr. α) eines göttlichen *Bogenschützen*, der den himmlischen Soma bewacht. — β) eines Gandharva. — c) Bein. α) Agni's. — β) Vishṇu's. — d) *Feuer.* — e) * *Plumbago zeylanica* Râgan. 6,44.

*कृशानुक Adj. *das Wort* कृशानु *enthaltend.*

*कृशानुग m. *Naravelia zeylanica* Nigh. Pr.

*कृशानुरेतस् m. Bein. Çiva's

कृशार्थ Adj. *unbemittelt, arm* Spr. 5007, v. l.

कृशाश Adj. *geringe Hoffnung habend* Naish. 6,76.

कृशाश्व 1) Adj. *seine Pferde schlecht fütternd* Spr. 5007. — 2) m. N. pr. verschiedener Männer.

कृशाश्विन् m. 1) * Pl. *die Schüler des* Kṛçâçva. — 2) *Schauspieler.*

कृशी Adv. 1) mit कर् a) *mager machen.* — b) *arm machen.* — 2) mit भू a) *abmagern* Hemâdri 1,675,4. — b) *unbedeutend werden, eintrocknen* Spr. 7751.

कृशोदर Adj. (f. ई) *einen schmächtigen Bauch habend, schlank* Daçak. 29,20. Viddh. 44,3. Spr.

7831. **Kâd.** 67,5.

*कृष m. *Pflugschar* **Gal.**

कृषक 1) m. *a) Ackerbauer.* — *b) * Pflugschar.* — *c) * Stier.* — 2) f. कृषिका *Ackerbau, Feldarbeit* Spr. 1896.

*कृषाण m. *Ackerbauer* **Gal.**

कृषायु Adj. mit अनडुह् so v. a. *Pflugstier* AV. **Paipp.** 9,2,5.

कृषि f. 1) *Ackerbau.* Ausnahmsweise Pl. Auch personificirt. — 2) *Acker.* Auch कृषी. — 3) *Ernte.* — 4) = भू *Boden* einer Etymologie wegen.

*कृषिक m. 1) *Ackerbauer.* — 2) *Pflugschar.*

कृषिकर m. *Ackerbauer.*

कृषिकर्मन् n. *Ackerbau.*

कृषिकर्मान्त m. *Ackerbau, Landbau* **Kârand.** 28,13. **Lalit.** 147,1.

कृषिकृत् m. *Ackerbauer.*

कृषिग्राम m. *Ackerdorf* **Lalit.** 146,21.

कृषिजीविन् m. *Ackerbauer.*

*कृषिद्विष्ट m. *eine Sperlingsart* **Râǵan.** 19,121.

कृषिफल n. *Ernte.*

कृषिसंशित Adj. *durch Pflügen erregt* AV. 10,5,34.

कृषिसंग्रह m. Titel eines Werkes.

कृषिभागिन् (**Hemâdri** 1,459,8. 595,5) und कृषिरत m. *Ackerbauer.*

*कृषिलोह n. *Eisen* **Râǵan.** 13,45.

कृषीबल m. N. pr. eines Weisen MBh. 2,7,13.

कृषीवल m. *Ackerbauer* 214,3. MBh. 2,5,76.

*कृष्कर m. Bein. Çiva's.

कृष्ट 1) *gepflügter Boden* Çat. Br. 5,3,2,8. — 2) m. *eine best. Note* TS. **Prât.**

कृष्टज Adj. *auf gepflügtem Boden gewachsen, angebaut* (Culturpflanzen).

कृष्टपच्य und *°पाक्य Adj. *auf gepflügtem Boden reifend, angebaut* (Culturpflanzen).

कृष्टफल n. *der Werth der Ernte.*

*कृष्टभूमिजा f. wohl fehlerhaft für कृष्ण°.

कृष्टराधि Adj. *im Landbau erfolgreich.*

कृष्टि 1) f. *a) Zug.* कर्म° *des Schicksals* **Naish.** 6,100. — *b) * das Pflügen.* — *c)* Pl. (nur einmal Sg.) *das ackerbautreibende, sesshafte Volk, Volk überh.* — 2) m. *ein Kluger, Weiser.*

कृष्टिप्रा Adj. *die Völker durchdringend.*

*कृष्टिमन् m. Nom. abstr. von कृष्ट.

कृष्टिहन् Adj. *Völker niederwerfend.*

कृष्टोम Adj. *auf gepflügtem Boden gesäet.*

(कृष्ट्योजस्) कृष्टिओजस् Adj. *Völker bewältigend* RV.

*कृष्ण्, कृष्णति *sich wie* Kṛshṇa *benehmen.*

कृष्ण 1) Adj. oxyt. (f. आ) *schwarz, dunkel;* auch *schwarz* in moralischem Sinne. Mit पक्ष m. *die dunkele Monatshälfte, die Zeit vom Vollmond bis zum Neumond.* — 2) m. *a) * die schwarze Farbe.* — *b)* parox. (einmal im AV. oxyt.) *die schwarze Antilope* und *ein best. aasfressendes Thier.* — *c) * der indische Kuckuck.* — *d) * Krähe.* — *e) * Carissa Carandas.* — *f) die dunkele Monatshälfte.* — *g) * das vierte Weltalter* (कलि). — *h)* N. pr. α) parox. eines alten Sängers. — β) eines alten Weisen, eines Sohnes der Devakî. Derselben Mutter entstammt der im MBh. verherrlichte Held und Lehrer Kṛshṇa, der treue Bundesgenosse der Pâṇḍava, der schliesslich zur Gottheit erhoben und mit Vishṇu identificirt wird. Er hat Tausende von Frauen, unter denen acht besonders hervorgehoben werden. Du. Bez. Kṛshṇa's und Arǵuna's. — γ) eines Wesens im Gefolge Skanda's. — δ) eines Asura. — ε) eines Schlangendämons. — ζ) verschiedener Männer. — *i)* Bein. Arǵuna's, des Sohnes des Pâṇḍu. — *k)* Pl. Bez. der Çûdra in Çâlmaladvîpa VP.[2] 2,194. — *l) eine best. Hölle.* — 3) f. कृष्णा *a) eine Blutegelart* 217,5.6. — *b) ein best. giftiges Insect.* — *c)* Name *verschiedener Pflanzen.* Nach den Lexicographen: *Piper longum, die Indigopflanze, Weinstock mit dunklen Trauben, eine blau blühende* Punarnavâ, *Gmelina arborea, Nigella indica, Sinapis ramosa, Vernonia anthelminthica,* = काकोली und *eine Art* Sârivâ. — *d) ein best. wohlriechender Stoff.* — *e)* Bein. α) der Draupadî. — β) der Durgâ. — *f) * Name einer der sieben Zungen des Feuers.* — *g)* N. pr. α) einer der Mütter im Gefolge Skanda's. — β) einer Joginî **Hemâdri** 2,*a*,97,5. fgg. — γ) eines Flusses. Auch in Verbindung mit गङ्गा. — 4) f. कृष्णी *Nacht.* — 5) n. oxyt. *a) Schwärze, Dunkelheit.* — *b) das Schwarze im Auge.* — *c) das Schwarze im Monde.* — *d) Dunkelwesen* (von Dämonen). — *e) * schwarzer Pfeffer.* — *f) * schwarzes Aloeholz.* — *g) * Eisen.* — *h) * Blei.* — *i) * Spiessglanz.* — *k) * blauer Vitriol.*

कृष्णक 1) m. *a) eine best. Pflanze,* vielleicht *schwarzer Sesam.* — *b)* * Hypokoristikon von कृष्णाजिन. — 2) f. कृष्णिका *a) Schwärze* **Kâd.** 113,7. **Harshak.** 22,15. — *b) ein best. Vogel.* — *c) * Sinapis ramosa.*

*कृष्णकटुका f. *schwarzer Helleborus* **Gal.**

*कृष्णकन्द n. *eine rothe Lotusblüthe.*

*कृष्णकरवीर m. *dunkler Oleander* **Râǵan.** 10,18.

कृष्णकर्कटक m. *eine schwarze Krebsart.*

कृष्णकर्ण Adj. *schwarzohrig.*

कृष्णकर्णामृत n. Titel eines Gedichts.

*कृष्णकर्बुरवर्ण m. *ein best. Vogel* **Gal.**

1. कृष्णकर्मन् n. *eine best. Art des Cauterisirens.*

2. *कृष्णकर्मन् Adj. *Böses thuend.*

*कृष्णकलि f. *Mirabilis Jalapa.* Vgl. कृष्णकेलि.

कृष्णकवच n. *eine best. Gebetsformel.*

*कृष्णकाक m. *Rabe*

कृष्णकापोती f. *eine best. Pflanze.*

*कृष्णकाष्ठ n. *schwarzes Aloeholz.*

कृष्णकिंकरप्रक्रिया f. Titel eines Werkes.

कृष्णकीर्तन n. desgl.

कृष्णकुतूहल n. Titel eines Werkes.

कृष्णकेलि f. *Mirabilis Jalapa* Mat. med. 305.

कृष्णकेश m. N. pr. eines Wesens im Gefolge Skanda's.

*कृष्णकोहल m. *Hazardspieler.*

कृष्णक्रीडित n. Titel eines Gedichts.

कृष्णखण्ड Titel des 4ten *Buchs* im Brahmavaivartapurâṇa.

*कृष्णगङ्गा f. N. pr. eines Flusses.

कृष्णगति m. *Feuer.*

कृष्णगन्धा f. *Hyperanthera Moringa.*

कृष्णगर्भ 1) *m. *Myrica sapida* **Râǵan.** 9,19. — 2) f. कृष्णगर्भा im Pl. *die im Schoosse der schwarzen Wolke ruhenden Wasser.*

*कृष्णगल m. *ein best. Vogel* **Gal.**

कृष्णगिरि m. N. pr. eines Berges.

कृष्णगुप्त m. ein Mannsname Çaṁk. zu **Bâdar.** 4,3,5.

*कृष्णगुल्म m. = कृष्णगर्भ 1) **Gal.**

कृष्णगोधा f. *ein best. giftiges Insect.*

कृष्णग्रीव Adj. (f. ई) *schwarznackig.*

*कृष्णचञ्चुक m. *Kichererbse.*

कृष्णचन्द्र m. N. pr. eines Fürsten.

*कृष्णचर Adj. *was ehemals* Kṛshṇa *gehört hat.*

*कृष्णचूडा f. *Caesalpinia pulcherrima.*

*कृष्णचूडिका f. *Abrus precatorius* **Râǵan.** 3,101.

*कृष्णचूर्ण n. *Eisenrost* **Râǵan.** 3,43.

कृष्णचैतन्य m. Bein. des Propheten Kaitanja.

कृष्णचैतन्यपुरी m. N. pr. eines Philosophen.

कृष्णच्छवि f. wohl *das Fell der schwarzen Antilope* MBh. 4,6,9. Nach Nîlak. *schwarze Wolke.*

कृष्णज m. Patron. Pradjumna's **Hariv.** 9322.

कृष्णजंहस् Adj. *schwarzbeschwingt.*

*कृष्णजटा f. *Nardostachys Jatamansi.*

*कृष्णजनक m. Bein. Vasudeva's **Gal.**

कृष्णजन्मखण्ड Titel eines *Abschnittes* im Brahmavaivartapurâṇa.

कृष्णजन्माष्टमी f. *ein best. achter Tag,* Kṛshṇa's *Geburtstag.*

कृष्णजी m. N. pr. eines Mannes.

कृष्णजीर Râǵan. 6,61. Bhâvapr. 1,166) und °क m. *Nigella indica.*

कृष्णजीवनी f. *Basilienkraut.*

कृष्णज्योतिर्विद् m. N. pr. eines Autors.

*कृष्णतण्डुला f. 1) *Gynandropsis pentaphylla* Râǵan. 3,125. — 2) *Piper longum.*

कृष्णतर्कालंकार m. N. pr. eines Scholiasten.

कृष्णता f. 1) *Schwärze.* — 2) *der Zustand des abnehmenden Mondes* Hemâdri 1,764,12.

*कृष्णताम्र n. *eine Art Sandelholz.*

*कृष्णतार m. *Antilope.*

कृष्णतारा f. *Augenstern, Iris* Tarkas. 8.

*कृष्णताल m. *Xanthochymus pictorius* Gal.

कृष्णतिल m. *schwarzer Sesam.* Davon *Adj. °तिल्य.

कृष्णतीर्थ N. pr. 1) m. eines Lehrers. — 2) n. eines Tirtha.

कृष्णतुण्ड m. *ein best. giftiges Insect.*

*कृष्णात्रिवृता f. *eine Art Ipomoea.*

कृष्णत्व n. 1) *Schwärze.* — 2) Nom. abstr. von कृष्ण 2)a)β).

कृष्णदत्त m. N. pr. eines Lehrers.

कृष्णदन्त 1) Adj. *schwarzzähnig.* — 2) *f. आ *Gmelina arborea.*

कृष्णदर्शन m. N. pr. eines Lehrers.

कृष्णदास m. N. pr. verschiedener Männer.

कृष्णदीक्षित m. N. pr. eines Lehrers.

कृष्णदेव m. N. pr. verschiedener Männer.

*कृष्णदेह m. *eine Art Biene.*

कृष्णदैवज्ञ m. N. pr. eines Mannes.

कृष्णद्रु n. ? AV. 9,7,4.

कृष्णद्वादशी f. *der 12te Tag in der — Hälfte des* Âshâḍha.

कृष्णद्वैपायन m. Bein. Vjâsa's.

*कृष्णधत्तूर und *°क m. *eine Art Stechapfel* Râǵan. 10,20.

कृष्णधान्य n. *schwarze Körnerfrucht* Âpast.

कृष्णधूर्जटिदीक्षित m. N. pr. eines Autors.

कृष्णनगर n. N. pr. eines kleinen Staates.

कृष्णनन्दन m. Patron. Pradjumna's Hariv. 9331.

कृष्णनयन Adj. *schwarzäugig* 64,23.

कृष्णनेत्र Adj. dass. Çiva MBh. 14,8,21.

1. कृष्णपक्ष m. *die dunkle Hälfte eines Monats, die Zeit vom Vollmond bis zum Neumond.*

2. कृष्णपक्ष m. Bein. Arǵuna's.

कृष्णपत्तिक m. N. pr. eines Schlangendämons.

कृष्णपण्डित m. N. pr. zweier Autoren.

*कृष्णपदी Adj. f. *schwarzfüssig.*

*कृष्णपर्णी f. *Ocimum pilosum.*

कृष्णपवि Adj. *schwarze Radfelgen habend.*

कृष्णपांसु Adj. *schwarze Erde habend* Ind. St. 10,24.

*कृष्णपाक und *°फल m. *Carissa Carandas.*

*कृष्णपाण्डुर Adj. *gräulich weiss.*

*कृष्णपादचिह्नित m. Bein. des Schlangendämons Kâlija Gal.

कृष्णपिङ्गल 1) Adj. (f. आ) *dunkelbraun.* — 2) *m. N. pr. eines Mannes. Pl. *sein Geschlecht.* — 3) f. आ Bein. der Durgâ.

*कृष्णपिङ्गा f. Bein. der Durgâ Gal.

*कृष्णपिण्डीतक und *°पिण्डीर m. *Cyperus rotundus.*

*कृष्णपिपीली f. *eine schwarze Ameisenart.*

कृष्णपिच्छ m. N. pr. eines Dichters.

कृष्णपुच्छ m. *der Fisch* Rohita Bhâvapr. 2,12.

*कृष्णपुच्छक m. *eine Antilopenart* Dhanv. 6,69.

कृष्णपुरुषोत्तमसिद्धान्तोपनिषद् f. Titel einer Upanishad.

*कृष्णपुष्प 1) m. *eine Art Stechapfel* Râǵan. 10,20. — 2) f. ई *Fennich.*

कृष्णप्रुत् Adj. *im Dunkel sich bewegend.*

कृष्णप्रेमामृत n. Titel eines Gedichts.

कृष्णफल 1) *m. *Carissa Carandas.* — 2) f. आ a) *Vernonia anthelminthica* Bhâvapr. 1,178. — b) *eine Mucuna* Bhâvapr. 1,288.

कृष्णबन्धु m. *Freund der Dunkelheit, Finsterling* Lalit. 329,9.

*कृष्णबर्बरक m. *eine best. Pflanze.*

कृष्णबलक्ष Adj. *schwarzweiss.*

*कृष्णबीज 1) m. *eine roth blühende Moringa.* — 2) n. *Wassermelone.*

कृष्णभक्त m. 1) *ein Verehrer* Kṛshṇa's. — 2) N. pr. eines Brahmanen.

कृष्णभक्ति f. Titel eines Werkes.

कृष्णभक्तिचन्द्रिका f. Titel eines Schauspiels.

कृष्णभक्ष Adj. *dunkle Speisen essend* Gobh. 3,2,14.

*कृष्णभगिनी f. Bein. der Durgâ Gal.

कृष्णभट्ट 1) m. N. pr. verschiedener Autoren. — 2) f. ई Titel eines von einem Kṛshṇabhaṭṭa verfassten Commentars.

कृष्णभट्टीय n. Titel eines von einem Kṛshṇabhaṭṭa verfassten Werkes.

कृष्णभस्मन् n. *Quecksilbersulfurat* Mat. med. 29.

कृष्णभुजंग m. *Coluber Naga* Ind. St. 15,272.

*कृष्णभू f. = कृष्णभूम Gal.

कृष्णभूम m. *ein Boden mit schwarzer Erde* 215,12.

*कृष्णभूमिक m. dass. Gal.

*कृष्णभूमिजा f. *ein best. Gras* Râǵan. 8,128.

कृष्णभेदा f. *Helleborus niger* Râǵan. 6,133. Bhâvapr. 1,172.

कृष्णभोगिन् m. *Coluber Naga.*

कृष्णमण्डल n. *das Schwarze im Auge.*

कृष्णमत्स्य m. *ein best. Fisch.*

*कृष्णमल्लिका f. *Ocimum sanctum* Râǵan. 10,162.

*कृष्णमसूर m. *eine Art Linsen* Gal.

कृष्णमार्ग Adj. *von der schwarzen Antilope kommend* Hemâdri 1,600,3.

कृष्णमार्गाण n. *ein Fell der schwarzen Antilope* Hemâdri 1,696,9. 698,17.

*कृष्णमालुक m. *Ocimum sanctum* Râǵan. 10,162.

कृष्णमित्र m. N. pr. eines Scholiasten.

कृष्णमिश्र m. N. pr. verschiedener Männer.

कृष्णमुख 1) Adj. (f. ई) a) *schwarzmäulig* 217,7. — b) *schwarzspitzig.* Nom. abstr. °ता f. — 2) m. a) N. pr. eines Asura. — b) *Pl. *eine best. buddhistische Secte.*

*कृष्णमुखतण्डुल m. *eine Art Reis* Gal.

*कृष्णमुद्ग m. *Phaseolus Mungo* Râǵan. 16,38.

*कृष्णमूली f. *eine Art* Sârivâ Râǵan. 12,26.

कृष्णमृग m. *die schwarze Antilope.*

*कृष्णमृत्तिक Adj. *schwarze Erde habend* (Land).

कृष्णमृत्तिका (Bhâvapr. 1,266) und *°मृद् f. *schwarze Erde.*

कृष्णमीनिन् m. N. pr. eines Autors.

कृष्णयजुर्वेद m. *der schwarze* Jaǵurveda. Davon Adj. °वेदीय.

कृष्णयाम Adj. *eine schwarze Bahn habend.*

कृष्णयुधिष्ठिरधर्मगोष्ठी f. Titel eines Werkes Bühler, Rep. No. 710.

कृष्णयोनि Adj. (f. eben so) *einen schwarzen Schooss habend.*

*कृष्णरक्त Adj. *dunkelroth.*

कृष्णरात m. N. pr. eines Mannes Ind. Antiq. 5, 149. B. A. J. 1,217.

कृष्णराम m. N. pr. eines Fürsten.

कृष्णरामाय्, Partic. °यित Kṛshṇa *und* Râma *darstellend.*

कृष्णल 1) m. (selten) und n. a) *die als Gewicht gebrauchte schwarze Beere von Abrus precatorius,* = *5 Gerstenkörner.* — b) *ein Stückchen Gold* (TS. Kauç. Njâjam. 10,1,3. 2,1) und *eine best. Münze vom Gewicht eines* Kṛshṇala. — 2) *f. आ *Abrus precatorius.*

कृष्णलक am Ende eines adj. Comp. = कृष्णल 1) Hemâdri 2,a,58,5.

*कृष्णलवण n. *schwarzes Salz* Râǵan. 6,93. 95.

कृष्णलीला f. Kṛshṇa's *Spiele,* — *Scherze.* °तरंगिणी f. Titel eines Gedichtes.

कृष्णलोह n. *Magnetstein.*

*कृष्णलोहित Adj. *dunkelroth, purpurn.*

कृष्णवक्त्र Adj. *schwarzmäulig.*

कृष्णवर्ण 1) Adj. *von schwarzer Farbe, schwarz.* — 2) f. आ N. pr. einer der Mütter im Gefolge Skanda's.

कृष्णवर्तनि Adj. *eine schwarze Wegspur habend.*

कृष्णवर्त्मन् 1) Adj. *a)* dass. — *b)* **einen bösen Lebenswandel führend.* — 2) m. *a) Feuer.* — *b)* **Plumbago zeylanica.* — *c)* *Bein. Râhu's.

*कृष्णवल्लिका f. *eine best. Pflanze.*

*कृष्णवल्ली f. 1) *Ocimum sanctum.* — 2) *eine dunkle* Sârivâ Râǵan. 12,126.

कृष्णवस्त्र Adj. *dunkle Kleider tragend* Gobh. 3,2,13.

*कृष्णवानर m. *eine schwarze Affenart.*

कृष्णवाल Adj. *einen schwarzen Schweif habend* 53,5.

कृष्णवास Adj. *schwarz gekleidet.* Çiva MBh. 13,14,289.

कृष्णवासस् Adj. dass. R. 2,69,14.

कृष्णविनोद m. Titel eines Werkes.

कृष्णवेणी f. = कृष्णवेणा.

कृष्णविषाण n. (Lâṭj. 9,1,23) und °विषाणा f. *das Geweih der schwarzen Antilope.*

*कृष्णवृन्ता f. 1) *Bignonia suaveolens.* — 2) *Glycine debilis.* — 3) *Gmelina arborea* Râǵan. 9,35.

*कृष्णवृन्तिका f. *Gmelina arborea.*

कृष्णवेणा und °वेणी f. N. pr. eines Flusses.

कृष्णवेषा, °वेण्या und °वेण्वा fehlerhaft für °वेणा.

कृष्णवेत्र (so zu lesen) m. *Calamus Rotang* Bhâvapr. 6,32.

कृष्णव्यथिस् Adj. *in schwarzen Bahnen sich bewegend.* Zu vermuthen °व्यश्व *schwarze Rosse habend.*

*कृष्णव्याल m. *Plumbago rosea* Gal.

कृष्णव्रीहि m. *eine schwarze Reisart.*

कृष्णश Adj. *schwärzlich.*

कृष्णशकुनि m. *Rabe.*

कृष्णशक्ति m. N. pr. eines Mannes.

कृष्णशंकरशर्मन् m. desgl. Viddh. 6,1.

कृष्णशर्मन् m. desgl.

*कृष्णशल्किन् m. *Cyprinus Rohita* Gal.

कृष्णशवासिन् Adj. *schwärzlich gekleidet.*

*कृष्णशालि m. *eine schwarze Reisart* Râǵan. 16,13.

*कृष्णशिंशपा f. *Dalbergia Sissoo* Râǵan. 9,132.

*कृष्णशिग्रु m. *Moringa pterygosperma* Râǵan. 7,129.

*कृष्णशिम्बिका und *°शिम्बी f. *eine Bohnenart.*

कृष्णशिला f. Pl. N. pr. einer Oertlichkeit.

*कृष्णशृङ्ग m. *Büffel.*

कृष्णषष्टिक m. oder °का f. *schwarzer Reis* Sâmav. Br. 2,8,3.

*कृष्णसख 1) m. Bein. Arǵuna's. — 2) f. ई *Kümmel.*

कृष्णसंदर्भ m. Titel eines Werkes.

*कृष्णसमुद्भवा f. N. pr. eines Flusses.

कृष्णसरस् n. N. pr. eines Sees.

कृष्णसर्प 1) m. *Coluber Naga.* — 2) f. आ *eine best. Pflanze.*

*कृष्णसर्षप m. *Sinapis ramosa.*

कृष्णसार 1) Adj. (f. ई) *vorwaltend schwarz, schwarz und weiss* (Auge; vgl. 4), *schwarzscheckig* Hemâdri 1,457,9. — 2) m. *a)* mit und ohne मृग *die schwarzscheckige Antilope.* — *b)* **Dalbergia Sissoo.* — *c)* **Acacia Catechu.* — *d)* **Euphorbia antiquorum.* — 3) *f. आ = 2) *b) d).* — 4) n. *Augapfel* Naish. 3,1,30. Comm. zu 62.

कृष्णसारङ्ग 1) Adj. *schwarzscheckig.* — 2) m. *die schwarzscheckige Antilope.*

*कृष्णसारथि m. 1) Bein. Arǵuna's. — 2) *Terminalia Arunja* Râǵan. 9,122.

कृष्णसारमुख m. *eine best. Stellung der Hand.*

*कृष्णसारिवा f. *eine dunkle* Sârivâ Madanav. 10,100.

कृष्णसार्वभौम m. N. pr. eines Dichters.

कृष्णसिंह m. N. pr. eines Mannes.

कृष्णसीत Adj. *schwarze Furchen ziehend.*

*कृष्णसुन्दर m. N. pr. eines Mannes. Pl. *sein Geschlecht.*

*कृष्णसू f. Bein. der Devakî Gal.

कृष्णसूत्र m. *eine best. Hölle* VP. 2,6,4.

*कृष्णसूनु m. Patron. Pradjumna's Hariv. 9324.

कृष्णसेवाह्निक n. Titel eines Werkes.

कृष्णसैरेयक m. *eine Art Barleria* Karaka 6,24.

*कृष्णस्कन्ध m. *ein best. Baum.*

*कृष्णस्वसृ f. Bein. der Durgâ.

कृष्णहारित m. N. pr. eines Ṛshi Ait. Âr. 370,1.

*कृष्णागरुकाष्ठ n. *eine Art Aloe* Gal.

कृष्णागुरु n. desgl. Kâd. 33,1. 100,2. Davon Adj. °मय *daraus verfertigt* Hemâdri 1,415,9.

*कृष्णाग्रज m. Bein. Baladeva's Gal.

कृष्णाङ्ग 1) *m. *eine Art Papagei* Gal. — 2) f. ई N. pr. einer Apsaras VP.[2] 2,82.

कृष्णाङ्घ्रि Adj. *schwarzbeinig* Citat im Comm. zu TS. Prât.

*कृष्णाचल m. *das Gebirge* Raivata.

1. कृष्णाजिन n. *das Fell der schwarzen Antilope.* कृष्णाजिनग्रीवा: Çat. Br. 3,3,4,8.

2.*कृष्णाजिन m. N. pr. eines Mannes. Pl. *sein Geschlecht.*

कृष्णाजिनिन् Adj. *in ein Fell der schwarzen Antilope gehüllt.*

कृष्णाञ्जनगिरि m. N. pr. eines Berges R. 3,55,5. Vgl. अञ्जनगिरि.

*कृष्णाञ्जनी f. *ein best. Strauch* Râǵan. 4,189.

कृष्णाञ्जि Adj. *schwarzgezeichnet.*

कृष्णात्रेय m. N. pr. eines Weisen Karaka 6,18.

कृष्णाध्वन् (viersilbig) Adj. *eine schwarze Bahn habend.*

कृष्णानन्द und °भट्ट m. N. pr. eines Scholiasten.

कृष्णानन्दस्वामिन् m. N. pr. eines Mannes Dhûrtan.

*कृष्णान्तर n. *Magnet* Gal.

*कृष्णाभा f. *ein best. Strauch* Râǵan. 4,189.

*कृष्णाभ्र und *°क n. *dunkler Talk* Râǵan. 13,120.

*कृष्णामिष n. *Eisen.*

कृष्णामृततरंगिका f. und °मृतमहार्णव m. Titel zweier Werke.

कृष्णाय् 1) °यति Kṛshṇa *darstellen.* — 2) °यते *a) schwärzen, schwarz färben.* — *b)* *= 1).

कृष्णायस् und कृष्णायस n. *Eisen.*

कृष्णार्चनविधि m. Titel eines Werkes.

*कृष्णार्चिस् m. *Feuer.*

*कृष्णार्जक m. *Ocimum sanctum* Râǵan. 10,162.

*कृष्णाल्पक m. *Aloeholz* Comm zu Varâh. Bṛh. S. 78,1.

*कृष्णावास m. *Ficus religiosa.*

कृष्णाश्रय m. Titel eines Werkes.

कृष्णाष्टमि (metrisch) f. = °मी 1). °रत Adj. Beiw. Çiva's MBh. 13,14,290.

कृष्णाष्टमी f. 1) *der achte Tag in der dunklen Hälfte eines Monats.* — 2) *ein best. dem* Kṛshṇa *geweihter achter Tag.*

कृष्णाहि m. *Coluber Naga* Pańkad.

कृष्णाह्वय m. Pl. Name einer Schule.

कृष्णिमन् m. *Schwärze* Mudrâr. 184,14.

कृष्णिय m. N. pr. eines Mannes.

कृष्णी Adv. 1) *mit अस् und भू *schwarz werden* Vop. — 2) mit कर् *schwärzen.*

कृष्णीकरण n. *das Schwärzen.*

*कृष्णेतु m. *eine Art Zuckerrohr* Râǵan. 14,84.

कृष्णेय m. N. pr. eines Mannes. Pl. *sein Geschlecht.*

कृष्णैत Adj. *schwarzbunt.*

कृष्णोदर m. *eine best. Schlangenart.*

*कृष्णोदरशिरस् m. *ein best. Vogel* Gal.

*कृष्णोडुम्बरिका f. *Ficus oppositifolia* Râǵan. 11,135.

कृष्णोपनिषद् f. Titel einer Upanishad.

कृष्णोरग m. *Coluber Naga.*

*कृष्णोऽस्याखरेष्ठक Adj. *mit den Worten* कृष्णो ऽस्याखरेष्ठः (TS. 1,1,11,1. VS. 2,1) *beginnend.*

कृष्णौजस् m. N. pr. eines Wesens im Gefolge Skanda's.

कृष्य Adj. 1) *hinundher gezerrt —, gepeinigt —, geschudelt werdend.* — 2) *zu pflügen.*

कृसर m. f. (आ) und n. *ein Gericht aus Reis und Sesamkörnern.*

क्लृप्त s. u. कल्प्.

*क्लृप्तकीला f. *Rechtsurkunde.*

क्लृप्तकेशनखश्मश्रु Adj. *dessen Haare, Nägel und Bart in Ordnung sind* M. 4,35. 6,52.

*क्लृप्तधूप m. *Olibanum.*

क्लृप्तनख Adj. *dessen Nägel in Ordnung sind* SUÇR. 1,370,16. 2,35,14.

क्लृप्ति und क्लृप्ति॑ (ÇAT. BR.) f. 1) *das in richtige Ordnung Kommen, Zustandekommen, Gelingen.* दिशाम् *Orientirung;* so heissen auch *die Verse* AV. 20,128,1. fgg. — 2) *Auseinandersetzung, Darstellung; Bestimmung* NJÂJAM. 2,1,23. — 3) Bez. von *Sprüchen, die das Zeitwort* कल्प *enthalten* Comm. zu NJÂJAM. 3,8,14.

*क्लृप्तिक n. = प्रक्रय.

क्लृब् s. क्लीब्.

केकय m. Pl. N. pr. eines Volkes. Sg. *ein Fürst dieses Volkes.* f. ई.

केकर und °क Adj. *schielend.*

*केकल m. *Tänzer.*

केका f. *das Geschrei des Pfauen.* °रव m. dass. KÂD. 56,9.

केकाय्, °यते *schreien (vom Pfau)* VÂS. 8.

*केकावल m. *Pfau.*

केकासुर m. N. pr. eines Asura.

*केकिक und केकिन् m. *Pfau.*

*केकिशिखा f. *eine best. Staude.*

*केकेयी fehlerhaft für कैकेयी.

केचुक m. und f. (आ) *Colocasia antiquorum.* *n. *die Knolle.* Vgl. केवुक.

*केच्च m. *eine Art Sperling* GAL.

*कोणिका f. *Zelt.*

केत m. 1) *Wille, Absicht.* — 2) *Verlangen, Begehren.* — 3) *Gesinnung.* — 4) *Zufluchtsort, Stätte.* — 5) *Erkennungszeichen, Zeichen.*

केतक m., केतकि (metrisch) und केतकी f. *Pandanus odoratissimus.*

केतन n. (adj. Comp. f. आ) 1) *Aufforderung, Einladung.* — 2) *Zufluchtsort, Obdach.* — 3) *Ort.* — 4) *Leib, Körper.* — 5) *Erkennungszeichen, Banner.* — 6) **Geschäft.*

केतप॒ु Adj. *den Willen läuternd* MAITR. S. 1,11,1.

केतय्, केतयति 1) *auffordern, einladen.* — 2) * निःश्रावणे, समयोद्भाषणे. — 3) * श्रवणे. — Mit सम् s. संकेतय्.

केतलिकीर्ति m. N. pr. eines Autors.

*केतवता f. N. pr. eines Dorfes.

कै॒तवेदस् Adj. *die Absicht durchschauend.*

केतसाप् (stark °साप्) Adj. *dem Willen folgend, folgsam.*

के॒तु m. 1) *Helle, Licht.* Häufig Pl. *Lichtstrahlen.* — 2) *Fackel, Leuchte.* — 3) *Tageszeit.* — 4) *Bild, Gestalt, Form.* — 5) *Erkennungszeichen, Feldzeichen, Banner.* — 6) *hervorragende Erscheinung, Anführer, Vorgänger, princeps.* — 7) vielleicht *Erkenntniss, Unterscheidungsgabe.* — 8) *eine ungewöhnliche Lichterscheinung, Meteor, Komet.* — 9) *der niedersteigende Knoten* VP.². — 10) अ॒रु॒णाः के॒तवः Bez. *gewisser höherer* oder *dämonischer Wesen* MBH. 12,26,7. — 11) **Krankheit.* — 12) **Feind.* — 13) N. pr. *a)* eines Dânava. — *b)* verschiedener Männer.

केतुगण m. Bez. *zwerghafter Bewohner von Kuçadvîpa, Kinder des Ǵaimini.*

*केतुग्रह m. *der niedersteigende Knoten.*

*केतुग्रहवल्लभ m. *Beryll* NIGH. PR.

केतुचक्र n. *ein best. Diagramm.*

*केतुतारा f. *Komet.*

केतुधर्मन् m. N. pr. eines Mannes. केतुवर्मन् v. l.

*केतुभ m. *Wolke.*

के॒तुम॑त् 1) Adj. *a) licht, hell.* — *b) hell, durchdringend* (Töne). — 2) m. *a)* **ein* Jaksha GAL. — *b)* N. pr. α) eines Dânava. — β) eines Welthüters im Westen, eines Sohnes des Raǵas. — γ) verschiedener Männer. — δ) eines Gebirges. — ε) eines Palastes der Sunandâ. — 3) f. केतुमती *a) ein best. Metrum.* — *b)* N. pr. α) der Gattin Sumâlin's. — β) einer Oertlichkeit.

केतुमाल N. pr. 1) m. *a)* Pl. eines Volkes. — *b)* eines Sohnes des Âgnidhra. — 2) m. n. eines Varsha VP. 2,1,18. 2,22. Auch f. आ vgl. KERN in Ind. St. 10,211. — 3) f. आ eines Tîrtha.

केतुमालक = केतुमाल 2) VP.² 2,111.

केतुमालि (metrisch) m. = केतुमालिन् 1).

केतुमालिन् m. N. pr. 1) eines Dânava. — 2) eines Muni.

केतुयष्टि f. *Fahnenstock.*

*केतुरत्न n. *Beryll* RÂǴAN. 13,194.

केतुवर्मन् m. N. pr. eines Mannes MBH. 14,74, 14. fgg. केतुधर्मन् v. l.

केतुवीर्य m. N. pr. eines Dânava.

केतुशृङ्ग m. N. pr. 1) eines Fürsten. — 2) eines Muni.

*केदर 1) Adj. *schielend.* — 2) m. *eine best. Pflanze.*

केदार 1) m. *a) ein zur Berieselung mit erhöhten Beeten angelegtes Feld.* Auch *n. — *b) Fläche.* — *c)* कपिलस्य und मतङ्गस्य Namen von Tîrtha. — *d)* * = आलवाल 1). — *e) eine best. Constellation.* — *f) ein best.* Râga S. S. S. 111. — *g)* N. pr. α) eines Gebirgslandes. — β) verschiedener Männer. — *h)* Bein. des in Kedâra verehrten Çiva. — 2) f. ई *eine best.* Râgiṇî S. S. S. 37. — 3) n. *a)* N. pr. eines Tîrtha. — *b)* Name eines Liṅga.

केदारक 1) m. *eine Reisart.* — 2) °रिका *eine best.* Râgiṇî S. S. S. 55.

*केदारकटु *eine best. Pflanze* GAL.

*केदारकटुका f. *ein Helleborus* RÂǴAN. 6,134.

केदारकर्मन् n. *Feldarbeit.*

केदारकल्प m. Titel eines Werkes und eines Abschnittes im Skandapurâṇa.

केदारखण्ड n. 1) *ein Loch in einem eingedämmten Felde* 39,17. 18. — 2) *ein über* Kedâra *handelnder Abschnitt im* Skandapurâṇa.

*केदारज n. *die Frucht von Cerasus Puddum* RÂǴAN. 12,147.

केदारतीर्थ n. N. pr. eines Tîrtha.

केदारदेव m. N. pr. eines Mannes B. A. J. 4,105.

केदारनाथ m. Bez. *des in* Kedâra *verehrten* Çiva.

केदारपुराण n. Titel eines Purâṇa BÜHLER, Rep. No. 54.

केदारभट्ट m. N. pr. eines Autors.

केदारमल्ल m. Bein. Madanapâla's.

केदारमाहात्म्य n. Titel eines Abschnitts im Vâjupurâṇa.

केदारलिङ्ग n. Name eines Liṅga.

केदारशंभु N. pr. eines Tîrtha.

केदारसेतु m. *ein um ein Feld gezogener Damm.*

केदारेश Name 1) m. einer Statue des Çiva in Kâçî. — 2) n. eines Liṅga.

केदारेश्वर 1) m. = केदारेश 1). — 2) N. pr. eines Wallfahrtsortes im Himâlaja VP.² 1,LXXV.

केदारेश्वरलिङ्ग n. Name eines Liṅga.

केदारेश्वरस्थली f. N. pr. einer *Oertlichkeit.*

केन Instr. von 1. क 1) *durch wen?* u. s. w. — 2) *wodurch? womit?* 29,7. 40,2. — 3) *woher?*

*केनती (!) f. Bein. von Kâma's Gattin.

केनव m. N. pr. eines Lehrers.

*केनार m. 1) *Kopf.* — 2) *Schale, Hirnschale* (कपाल). — 3) *Wange* (कपोल). — 4) *Gelenk.* — 5) *eine best. Hölle.*

केनिप m. *ein Weiser.*

*केनिपात, *°क m. und *°पातन n. (GAL.) *Steuerruder.*

केनेषितोपनिषद् und केनोपनिषद् f. Titel einer Upanishad.

*केन्दु m. *Diospyros embryopteris.*

केन्दुक m. 1) **eine Art Ebenholz,* = गालव. — 2) *ein best. Tact.*

केन्दुविल्ल v. l. für किन्दुबिल्व.

केन्द्र n. 1) *Centrum eines Kreises.* — 2) *der Stand des Centrums des Epicykels in Bezug zur Apsis, die Entfernung zwischen den Planeten und der oberen Apsis.* — 3) in der Astrol. *das 1te, 4te, 7te und 10te Haus.*

केन्द्रका f. Suçr. 2,364,16 fehlerhaft für केचुका.

*केप्, केपते (कम्पने, गतौ).

कैपि Adj. 1) *zitternd, zappelnd.* — 2) *unrein.*

केमद्रुम m. = κενόδρομος.

केमुक m. *Colocasia antiquorum* Bhâvapr. 1,291. 4,18 (zu verbessern). 36. Nach Mat. med. 304 *Costus speciosus.*

केम्बुक n. *Kohl* Karaka 1,27. 6,24. Nach Nigh. Pr. *Kern der Arecanuss.*

केयूर 1) m. n. *ein am Oberarm getragener Reifschmuck.* — 2) m. a) *quidum coeundi modus.* — b) *ein best.* Samâdhi Kâraṇḍ. 51,11.

केयूरक m. N. pr. eines Gandharva.

केयूरधरा f. N. pr. einer Apsaras Kâraṇḍ. 3,17.

केयूरबल m. N. pr. eines Devaputra Lalit. 346,10.

केयूराय् *einen auf dem Oberarm getragenen Schmuck darstellen.* °यित n. impers.

केयूरिन् Adj. *mit einem Schmuck am Oberarm versehen* Kâd. 258,15. Harshak. 86,1.

केरक MBh. 2,1173 fehlerhaft für केरल.

केरल 1) m. a) Pl. N. pr. eines Volkes in Malabar. — b) *ein Fürst dieses Volkes.* — c) N. pr. eines Sohnes des Âkrîḍa, auf den das Volk zurückgeführt wird. — 2) f. ई a) *eine Frau vom Volke der* Kerala Kâd. 20,16. — b) **ein best. astronomisches Werk.* — c) **Stunde* u. s. w. (होरा).

केरलक m. 1) Pl. = केरल 1) a). — 2) N. pr. eines Schlangendämons.

केरलजातक n., केरलतन्त्र n. und केरलसिद्धान्त m. Titel von Werken.

केरु in मद्दि°.

*केल्, केलति (चलने, गतौ).

*केल *eine best. hohe Zahl* (buddh.).

*केलक m. *Jongleur.* Vgl. केवल 3) a)

*केलटक = केमुक Nigh. Pr.

*केलाय्, °यते *spielen, scherzen.*

केलि 1) m. f. (auch °ली) *Belustigung, Spiel, Scherz, Liebesspiel, Tändelei.* — 2) * *Verbergung, Verheimlichung* Gal. — 3) * *die Erde.*

*केलिक 1) Adj. *spielend, scherzend.* — 2) m. *Jonesia Asoca* Râǵan. 10,54.

*केलिकदम्ब m. *eine Kadamba-Art.*

केलिकल 1) Adj. *spielend, sich belustigend* Hariv. 2,75,55. v. l. केलिकिल. — 2) * f. आ a) *amorous or sportive accents or address.* — b) *sportive skill, wantonness.* — c) *die Laute der* Sarasvatî.

*केलिकलह m. *ein Zank im Scherz.*

*केलिकानन n. *Lusthain.*

केलिकिल 1) Adj. a) *spielend, sich belustigend.* — b) am Ende eines Comp. *seine Freude habend an.* — c) *streitsüchtig.* — 2) * m. a) *der Vertraute des Helden —, die lustige Person im Drama.* — b) N. pr. eines Dieners des Çiva. — 3) f. आ a) **Belustigung, Scherz, Spiel.* — b) *Bein. der Gattin Kâma's.* — c) N. pr. einer Stadt VP.[2] 4,211.

*केलिकिलावती f. = केलिकिल 3) b).

*केलिकीर्ण m. *Kamel.*

*केलिकुञ्चिका f. *der Frau jüngere Schwester.*

केलिकैलास m. *ein Berg, der den* Kailâsa *vorstellen soll,* Viddh. 30,3.

*केलिकोश m. *Tänzer, Schauspieler.*

केलिगृह n. *Lusthaus, Lustgemach.*

केलित n. *Spiel, Scherz.*

*केलिनागर m. *Sensualist.*

केलिनिकेतन, केलिमण्डप und केलिमन्दिर n. *Lusthaus, Lustgemach.*

*केलिमुख m. *Liebesspiel, Tändelei.*

केलिरङ्ग m. *Lustort.*

केलिरैवतक n. Titel eines Werkes.

केलिवन n. *Lusthain.*

*केलिवृत्त m. *Nauclea cordifolia.*

केलिशयन n. *Lustlager, Sofa.*

*केलिशुषि f. *die Erde.*

केलिशैल m. *Lustberg* Dhûrtan. 28.

केलिश्वेतसहस्रपत्त्र, °त्त्रति *eine zum Spielen dienende weisse Lotusblüthe darstellen* Prasannar. 149,1.

*केलिसचिव m. *maître de plaisir.*

केलिसदन n. *Lusthaus, Lustgemach.*

केलिसार m. N. pr. eines Vidjâdhara Bâlar. 89,13.

केलिस्थली f. *Spielplatz* Spr. 1074.

केलीकलित n. *Belustigung, Scherz, Spiel* Bâlar. 28,13. Vgl. केलिकल.

केलीपिक m. *ein zum Vergnügen gehaltener Kuckuck.*

केलीवनी f. *Lustwald.*

केलीशालभञ्जिका f. *Statuette* Daçak. 29,22.

*केलु *eine best. hohe Zahl* (buddh.).

केलुट n. *ein best. Gemüse* Madanav. 82,92 (zu verbessern). Nach Nigh. Pr. = केमुक und *eine Art Udumbara.*

*केव्, केवते (सेवने).

कैवट m. *Grube.*

कैवर्त m. *Fischer.*

केवल 1) Adj. (f. ई, später आ) a) *Jmd* (Gen. oder Dat.) *ausschliesslich eigen* AV. 10,7,36. — b) *allein, einzig, alles Andere ausschliessend, merus, pur, lauter.* — c) *ganz, vollständig, gesammt, jeder, alle insgesammt.* — 2) केवलम् Adv. a) *nur.* न केवलम् — अपि *nicht nur — sondern auch* 107,5. न केवलम् — यावत् — अपि dass. Ind. St. 13,368, N. 2. केवलम् — न तु *nur — nicht aber.* — b) *ganz, vollständig.* — c) *allein, aber* Kâd. 267,1. Harshak. 16,10. 166,6. — 3) m. a) **ein herumziehender Schauspieler* Gal.; vgl. केलक. — b) N. pr. eines Fürsten. — 4) f. केवला N. pr. einer Oertlichkeit MBh. 3,254,10. केवली v. l. — 5) केवली a) *das Ganze, insbes. einer Lehre;* s. पाशक°. — b) N. pr. einer Oertlichkeit. केवला v. l. — 6) n. a) *die Lehre von der absoluten Einheit.* — b) N. pr. eines Landes MBh. 6,9,34. केरल v. l.

केवलकर्मिन् Adj. *blosse Werke verrichtend* (ohne Verständniss) Çaṅk. zu Bâdar. 3,1,7.

*केवलज्ञानिन् m. N. pr. eines Arhant's bei den Ǵaina.

केवलतस् Adv. *nur.*

केवलत्व n. das *Alleinstehen.*

केवलद्रव्य n. 1) *reiner Stoff, der Stoff an sich.* — 2) **schwarzer Pfeffer.*

केवलपुत्रा f. N. pr. eines Tîrtha.

केवलबर्हिस् Adj. *seine eigene Streu habend.*

केवलब्रह्मोपनिषद् f. Titel einer Upanishad.

केवलमानुष m. *ein einfacher Mensch, bloss Mensch und nichts Anderes* MBh. 12,176,17. 207,49.

केवलवातिक Adj. (f. ई) *bei einfachen rheumatischen Affectionen zur Anwendung kommend* Karaka 6,26.

केवलव्यतिरेकिन् Adj. *nur zur Geschiedenheit in Beziehung stehend.*

केवलशस् Adv. *vollständig.*

कैवलाघ Adj. *allein schuldig.*

केवलात्मन् Adj. *dessen Wesen absolute Einheit ist.*

केवलादिन् Adj. *allein essend.*

केवलाद्वैतवादकुलिश n. Titel eines Werkes Bühler, Rep. No. 411.

केवलान्वयिग्रन्थ m. Titel eines Werkes.

केवलान्वयिन् Adj. *nur zur Verbindung in Beziehung stehend.*

केवलान्वयिवाद m. Titel eines Werkes.

केवलिन् m. 1) *Asket.* — 2) * *ein* Arhant *bei den* Ǵaina.

*केवाल mit dem f. *°ली gaṇa गौरादि.

*केवाली und *केवाली Adv. mit अस्, भू und कर्.

*केविका und *केवी f. eine best. Blume Rāǵan. 10,118.

केवुक (Karaka 1,23. 3,5) und केवूक (Karaka 1, 4) = केचुक.

1. केश 1) m. (adj. Comp. f. आ und ई) a) Haupthaar. — b) Mähne. — c) Pl. Schweif (des Bos grunniens) 233,16. — d) *eine Art Andropogon. — e) ein best. Mineral. — f) *Bein. α) Varuṇa's. — β) Vishṇu's. — g) N. pr. α) *eines Daitja. — β) einer Oertlichkeit. — 2) *f. केशी a) ein Büschel von Haaren auf dem Scheitel des Kopfes. — b) die Indigopflanze. — c) Carpopogon pruriens. — d) = भूतकेशी eine best. Pflanze. — e) Bein. der Durgâ.

2. केश n. das unter Praǵâpati (क) stehende Mondhaus Rohiṇî.

*केशक Adj. auf das Haupthaar Sorgfalt verwendend.

केशकर्मन् n. das Ordnen der Haare.

केशकर्षण n. das Zausen an den Haaren Venîs. 17.

केशकलाप m. Haarschopf.

केशकार m. eine Art Zuckerrohr. Vgl. das richtige कोशकार.

केशकारिन् Adj. sich mit dem Ordnen der Haare abgebend.

केशकीट m. Haarlaus.

*केशगर्भ m. 1) Haarflechte. — 2) Bein. Varuṇa's.

*केशगर्भक m. Haarflechte.

केशग्रन्थि m. Haarknoten.

केशग्रह m. das Packen bei den Haaren.

केशग्रहण n. dass. आ °णाद्यतितव्यं मया तव so v. a. ich muss mit dir das Aeusserste aufbieten.

*केशग्राहम् Absol. so dass man sich bei den Haaren packt P. 3,4,50, Sch.

*केशघ्न m. krankhaftes Ausfallen der Haare.

*केशचूड Adj. der seine Haare auf dem Scheitel zusammengebunden hat.

केशचैत्य m. Name eines Kaitja.

*केशच्छिद् m. Haarschneider, Barbier.

*केशजाल n. Haarwurzel.

केशट 1) *Adj. reichlich versehen mit Etwas. — 2) m. a) *Bock. — b) *Laus. — c) *Bignonia indica. — d) *das ausdörrende Geschoss des Liebesgottes. — e) *Bruder. — f) *Bein. Vishṇu's. — g) N. pr. eines Mannes.

*केशदमनी f. Prosopis spicigera Gal.

केशदृंहण Adj. (f. ई) zur Befestigung der Haare dienend.

केशधर m. Pl. N. pr. eines Volkes.

केशधारण n. das Nichtabschneiden der Haare.

*केशधारिणी f. eine best. Pflanze.

*केशधृत् m. desgl.

केशन in सुकेशन.

केशपक्ष m. 1) Haarschopf. Am Ende eines adj. Comp. f. आ Prasannar. 130,9. — 2) Du. die Schläfen.

*केशपर्णी f. Achyranthes aspera.

केशपाश 1) m. (adj. Comp. f. आ) Haarschopf, Haarmasse. — 2) *f. ई ein vom Scheitel herabhängender Haarzopf.

केशपिङ्गल m. N. pr. eines Brahmanen.

केशप्रधर्षण n. das Ziehen an den Haaren MBh. 7,102,21.

केशप्रसार m. das Kämmen der Haare.

केशबन्ध m. 1) Haarband. — 2) eine best. Stellung der Hände beim Tanz.

*केशभू f. Kopf.

केशभूमि f. Haarboden.

केशमण्डल n. Haarlocke.

*केशमथनी f. = केशदमनी Rāǵan. 8,33.

केशमर्दन n. das Kämmen der Haare. °मार्जन v. l.

*केशमार्जक m. n. Kamm.

केशमार्जन n. 1) das Kämmen der Haare. — 2) *Kamm.

केशमिश्र Adj. (f. आ) mit Haaren vermischt, durch Haare verunreinigt Çat. Br. 2,2,4,5.

केशमुष्टि m. 1) Melia Bukayun Bhâvapr. 1,204. — 2) *= विषमुष्टि Rāǵan. 4,185.

*केशमुष्टिक m. = केशमुष्टि 1) Rāǵan. 9,11.

केशयन्त्री f. N. pr. einer der Mütter im Gefolge Skanda's.

केशरचना f. das Ordnen—, Schmücken der Haare.

केशरञ्जन 1) *m. Eclipta prostrata. — 2) n. das Färben der Haare.

*केशराज m. Eclipta prostrata und Wedelia calendulacea Mat. med. 185.

*केशरुहा f. eine Art Croton Rāǵan. 6,163.

*केशरूपा f. Vanda Roxburghii Rāǵan. 5,67.

*केशरोमा (wohl कोश°) f. Mucuna pruritus Gal.

केशलुञ्चक Adj. der sich die Haare ausgerupft hat; m. so v. a. ein Ǵaina-Mönch.

केशलुञ्चन 1) m. = केशलुञ्चक Harshak. 204,6. — 2) n. das Ausraufen der Haare Daçak. 55,6.

केशव 1) Adj. langhaarig. — 2) m. a) Bein. Vishṇu's oder Kṛshṇa's. Nom. abstr. °त्व n. — b) der Monat Mârgaçîrsha. — c) *Rottleria tinctoria. — d) N. pr. verschiedener Männer.

केशवज्ञातकपद्धत्युदाहरण n. Titel eines Commentars.

केशवज्ञानन्दशर्मन् m. N. pr. eines Autors.

केशवदास m. N. pr. verschiedener Autoren.

केशवदीक्षित m. N. pr. eines Mannes B. A. J. 4,113.

केशवदैवज्ञ m. N. pr. eines Astronomen.

केशवत् 1) Adj. a) langhaarig. — b) mähnig. — 2) f. केशवती N. pr. eines Flusses.

केशवपन n. das Scheeren der Haare 38,15.

केशवपनीय m. eine best. zum Râǵasûja gehörige Feier.

केशवप्रभु m. N. pr. eines Mannes B. A. J. 4,105.

केशवभट्ट m. N. pr. eines Mannes.

केशवमिश्र m. N. pr. eines Autors.

केशवर्धन 1) Adj. (f. ई) Haarwuchs befördernd. — 2) *f. °वर्धनी Sida rhomboides Rāǵan. 4,100.

केशवशिक्षा f. Titel einer Çikshâ Ind. St. 14,160.

केशवस्वामिन् m. N. pr. eines Grammatikers.

केशवाचार्य m. N. pr. eines Lehrers.

केशवादित्य m. eine Form der Sonne.

*केशवायुध m. der Mangobaum.

केशवार्क m. 1) eine Form der Sonne. — 2) N. pr. eines Autors.

*केशवालय und *केशवावास m. Ficus religiosa.

केशवोदाहरण n. und केशवीपद्धति f. Titel von Werken.

केशवेष m. Haartracht Âçv. Gṛhj. 1,17,18.

केशवेष्ट m. gescheiteltes Haar.

केशव्यपरोपण m. das Ausreissen der Haare Ragh. 3,56.

केशव्युदाहरण n. Titel eines Werkes.

केशश्मश्रु n. Sg. Haupthaar und Bart.

केशस्तुक m. Haarflocke.

*केशहन्तफला (Nigh. Pr.) und *केशहन्त्री (Rāǵan. 8,33) f. Prosopis spicigera.

*केशहस्त m. 1) Haarschopf, Haarmasse. — 2) das Haar als Hand.

*केशहृत्फला f. Prosopis spicigera Nigh. Pr.

केशाकेशि Adv. Haar an Haar, Kopf an Kopf.

केशाग्र n. Haarspitze.

केशाद m. ein best. parasitischer Wurm Karaka 1,19. Suçr. 2,510,9. 19.

केशान्त m. (adj. Comp. f. आ) 1) Haarende, Stirnrand des Haares. — 2) Haarschopf, Haarmasse. — 3) die Ceremonie des Haarschneidens.

केशान्तिक Adj. bis zum Stirnrand der Haare reichend.

*केशापक्ता f. Prosopis spicigera Nigh. Pr.

केशाम्बु n. Pavonia odorata Ratnam. 121. Bhâvapr. 1,190.

*केशारि m. Mesua ferrea.

*केशारुहा f. Sida rhomboides Rāǵan. 4,100.

*केशार्हा f. eine best. Pflanze Rāǵan. 4,86.

*केशालि m. Eclipta prostrata Nigh. Pr.

केशि m. N. pr. eines Asura, = केशिन्.

केशिक 1) *Adj. *langhaarig.* — 2) *m. *Asparagus racemosus* Râǵan. 4,120. — 3) f. ई N. pr. der Mutter Ǵahnu's VP.² 4,14.

केशिगृहपति m. *ein zur Familie des* Keçin *Gehöriger* Çat. Br. 11,8,4,1; vgl. 6.

केशितीर्थ n. N. pr. eines Tîrtha.

केशिध्वज m. N. pr. eines Fürsten.

केशिन् 1) Adj. a) *langhaarig.* — b) *mähnig.* — c) bildlich von Strahlen, Flammen u. s. w. — 2) m. a) Bein. α) Rudra's. — β) *Vishṇu's. — b) *Ross.* — c) **Löwe.* — d) N. pr. α) eines von Kṛshṇa erschlagenen Asura. — β) verschiedener Männer. — 3) f. केशिनी a) Bez. α) Pl. *der Schaaren* Rudra's. — β) *bestimmter dämonischer Wesen.* — b) Bein der Durgâ. — c) **Chrysopogon aciculatus.* — d) **Nardostachys Jatamansi* Râǵan. 12,97. — e) N. pr. α) einer Apsaras. — β) einer Râkshasî. — γ) verschiedener Frauen.

केशिनिषूदन, केशिमथन, केशिसूदन, केशिहन् und केशिहन्तर् m. Beinamen Kṛshṇa's.

केशोण्डुक m. *Haarschlinge* Suçr. 1,101,15.

केशोण्डुक (wohl °ण्डुक) *ringförmige Lichterscheinungen vor geschlossenen Augen* Comm. zu Ait. Âr. 358,20.

केश्य (केशिय) 1) Adj. a) *in den Haaren befindlich.* — b) *den Haaren zuträglich.* — 2) *m. *Eclipta prostrata.* — 3) *n. *schwarzes Aloeholz.*

केसर 1) n. *Haar* (der Brauen). केसरगन्धाः *Wohlgerüche für's Haar.* — 2) (*m.) f. (आ) und (*n.) *Mähne.* Du. Comm. zu Kâtj. Çr. 25,5,16. — 3) *n. *der Schweif des Bos grunniens.* — 4) (*m.) und n. *Staubfaden*, insbes. *der Lotusblüthe* 249,32. 253,4. — 5) m. oder n. *Faser.* — 6) m. *Rottleria tinctoria, Mesua ferrea, — Roxburghii* und *Mimusops Elengi*; n. *die Blüthe.* Als Pflanzenname zu belegen, aber nicht näher zu bestimmen. — 7) *m. f. n. *Asa foetida.* — 8) *n. *Gold.* — 9) *n. *Eisenvitriol.* — 10) n. *ein best. Metrum.* — 11) m. N. pr. eines Berges MBh. 6,11,23.

केसरग्राम m. N. pr. eines *Dorfes.*

केसरपुर n. N. pr. einer *Stadt* Vâs.

केसरप्राबन्धा f. N. pr. einer Frau.

केसरमाला f. Titel eines Werkes.

केसरवन्त् Adj. *bemähnt.*

*केसरवर n. *Safran.*

केसराग्र n. *die Spitzen einer Mähne* 149,6.

केसराचल m. Pl. Bez. *der als Staubfäden um den* Meru (*der Samenkapsel einer Lotusblüthe*) *sich lagernden Berge.*

*केसरापीड m. *eine best. Kunst* (कला) Gal.

*केसराम्ल m. *Citronenbaum.*

केसराल Adj. *reich an Staubfäden.*

केसरि m. = केसरिन् 2) *h*) α).

*केसरिका f. *Sida rhomboides* Râǵan. 4,100.

केसरिन् 1) Adj. *bemähnt.* — 2) m. a) *Löwe.* — b) **Pferd.* — c) *ein best. Wasservogel.* — d) **Rottleria tinctoria.* — e) **Mesua ferrea.* — f) **Citronenbaum.* — g) **eine roth blühende Moringa.* — h) N. pr. α) eines Affen, des Vaters von Hanumant. — β) eines Fürsten Lalit. 199,10. — γ) eines Gebirges VP. 2,4,63.

*केसरिसुत m. Patron. Hanumant's.

*केसरोच्छटा f. *eine Cyperus-Art* Râǵan. 6,144.

*केसारुका f. = कसेरुका *Rückgrat.*

केह्लदेव m. N. pr. eines Mannes.

कैंशुक Adj. *an der Butea frondosa befindlich*

कैकय 1) m. a) Pl. N. pr. eines Volkes, = केकय. — b) *ein Fürst der* Kekaja. Pl. *seine Söhne.* — 2) f. ई *die Tochter eines Fürsten der* Kekaja.

कैकस 1) *m. Patron. — 2) f. ई N. pr. einer Tochter des Râkshasa Sumâlin.

कैकेय 1) m. a) *ein Fürst der* Kekaja. — b) Pl. N. pr. eines Volkes, = केकय. — c) N. pr. eines Fürsten, auf den das Volk zurückgeführt wird. — 2) f. कैकेयी *die Tochter eines Fürsten der* Kekaja. — 3) n. *die Sprache der* Kekaja.

*कैंकरायण m. Patron. von किंकर.

कैंकर्य n. *die Stellung eines Dieners.*

*कैंकलायन m. Patron. von किंकल.

कैंकिरात Adj. *von der Jonesia Asoka kommend* 292,17.

कैचिक्किल m. Pl. N. pr. eines Volkes VP.² 4,209.

कैडव m. N. pr. eines Lehrers.

कैट Adj. *von einem Insect herrührend.*

कैटज m. *Wrightia antidysenterica.* Fehlerhaft für कौटज.

कैटभ 1) m. N. pr. eines von Vishṇu erschlagenen Asura. — 2) *f. आ und ई Bein. der Durgâ. — 3) n. etwa *Vorhersagung* Ind. St. 15,174. 183.

कैटभजित्, कैटभद्विष्, कैटभभिद्, *कैटभहन्, कैटभारि (Kâd. 66,10) und कैटभार्दन m. Beinamen Vishṇu's.

कैटभेश्वरलक्षण n. = कैटभ 3) Lalit. 179,3.

कैटभेश्वरी f. Bein. der Durgâ.

कैटर्य m. *eine best. Arzeneipflanze.* Nach den Lexicographen: *Azadirachta indica, Melia Bukajun, Vanguerria spinosa* und *Myrica sapida* (Comm. zu Karaka 1,4).

कैडर्य m. *eine best. Pflanze* Karaka 6,15. Nach den Lexicographen *Cardiospermum Halicacabum* und *Myrica sapida.*

कैतक 1) Adj. *vom Pandanus odoratissimus herrührend.* — 2) *n. *die Blüthe von P. o.*

कैतव 1) Adj. (f. ई) *falsch, hinterlistig.* — 2) m. Patron. des Ulûka. — 3) f. ई *Betrug, Lüge, Falsch* Bâlar. 135,20. — 4) n. a) *Einsatz im Spiele.* — b) **Hazardspiel.* — c) *Betrug, Lüge, Falsch.* — d) **Beryll* Râǵan. 13,194.

कैतवक n. *Spielerkniff.*

*कैतवायन und *°यनि m. Patron. von कितव.

कैतवेय und कैतव्य m. Patron. des Ulûka.

*कैतायन m. Patron. von कित.

कैतिपुत्र m. N. pr eines Lehrers.

*कैदर्भ m. Patron. von किदर्भ gaṇa विदादि in der Kâç. कैंदर्भ v. l.

कैदार 1) Adj. *auf erhöhten Beeten befindlich, — wachsend.* — 2) *m. *Reis.* — 3) *n. *eine Anzahl von Feldern.*

*कैदारक, *कैदारिक und *कैदार्य n. = कैदार 3).

*कैंदर्भ m. Patron. von किंदर्भ.

*कैंदास m. Patron. von किंदास.

*कैंदासायन m Patron. von कैंदास.

*कैंनर Adj. von किंनर.

कैमर्थक्य n. *das Fragen nach dem «warum»* Çaṁk. zu Bâdar. 1,3,33 (S. 311, Z. 11).

कैमर्थ्य n. dass.

*कैमायनि m. Patron. von किम्.

कैमुतिक Adj. *auf dem «wie viel mehr» oder «wie viel weniger» beruhend.*

कैमुत्य n. *das Verhältniss des «wie viel mehr» oder «wie viel weniger».*

कैयट oder कैय्यट m. N. pr. eines Grammatikers.

*कैरणिक Adj. von किरण.

*कैरली f. *Embelia Ribes* Râǵan. 6,50.

कैरलेय m. *ein Fürst der* Kerala.

कैरव 1) m. a) **Spieler oder Betrüger.* — b) **Feind.* — c) Hariv. 5020 fehlerhaft für कौरव. — 2) *f. ई a) *Mondschein.* — b) *Trigonella foenum graecum.* — 3) n. *eine bei Nacht sich öffnende weisse Lotusblüthe* Spr. 7770.

*कैरवबन्धु m. *der Mond.*

*कैरविणीखण्ड n. *eine Menge von weissen Lotusen*

कैरविन् 1) *m. *der Mond.* — 2) f. °विणी *weisser Lotus* (*die ganze Pflanze*) Spr. 7757. *eine Gruppe von weissen Lotusen, Lotusteich.*

कैरात 1) Adj *zu dem Volke der* Kirâta *in Beziehung stehend.* — 2) m. a) *ein Fürst der* Kirâta. — b) *eine best. Schlange* AV. — c) *ein best. zu den* Pratuda *gezählter Vogel.* — d) **ein star-*

ker Mann. — 3) *n. a) *Agathotes Chirayta.* — b) *eine Art Sandelholz* Rāgan. 9,15.

कैरातक Adj. *zum Volke der* Kirâta *gehörig.* f. °तिकी und °तिका.

कैरातसरस् n. N. pr. eines *Sees.*

कैराल n. und *f. (ई) *Embelia Ribes.* Vgl. कैरली.

कैरिशि m. Patron. des Sutvan.

*कैर्मेडर N. pr. einer Oertlichkeit. Davon ein gleichlautendes Adj. कैर्मेडर v. l.

कैल (!) m. Patron.

कैलकिल m. Pl. N. pr. eines Stammes der Javana.

*कैलात m. Patron. von किलात.

कैलातक Adj. in Verbindung mit मधु *Honig.*

कैलावत m. Pl. N. pr. eines Volkes.

कैलास m. 1) N. pr. eines Berges, des Sitzes von Kubera und Çiva. — 2) *eine best. Tempelform.*

कैलासनाथ m. Bein. Kubera's.

*कैलासनिकेतन, *कैलासपति und कैलासशिखरवासिन् m. Beinamen Çiva's.

*कैलासौकस् m. Bein. Kubera's.

कैलिकिल m. Pl. N. pr. eines Volkes VP.² 4,209.

कैलिञ्ज Adj. (f. ई) *aus dünnen Stäbchen gemacht.*

कैवर्त 1) m. *Fischer.* Im System *eine best. Mischlingskaste.* — 2) f. ई a) *Fischerweib.* — b) *Cyperus rotundus.*

कैवर्तक 1) m. *Fischer.* — 2) *f. °र्तिका *eine best. Pflanze* Rāgan. 3,108.

*कैवर्तमुस्त n., °क n. (Comm. zu Karaka 1,3), °मुस्ता f. (Bhāvapr. 4,176) und *कैवर्तीमुस्तक n. *Cyperus rotundus.*

कैवर्तेय Adj. *einen Fischer betreffend.*

*कैवल n. *Embelia Ribes.* Vgl. कैरली.

कैवल्य 1) n. a) *Alleinheit* Vāmana 3,1,1. — b) *absolute Einheit* 289,13. Bhāg. P. 3,11,2. 5,3,17. — c) *vollkommene Erlösung.* — d) Rāgat. 7,1149 fehlerhaft für वैकल्य. — 2) Adj. (f. आ) *zur vollkommenen Erlösung führend.*

कैवल्यकल्पद्रुम m., कैवल्यतत्त्व n. und कैवल्यदीपिका f. Titel von Werken.

कैवल्यानन्द, °योगीन्द्र und °सरस्वती m. N. pr. eines Lehrers.

कैवल्याश्रम m. N. pr. eines Scholiasten.

कैवल्येन्द्र m. N. pr. eines Lehrers.

कैवल्योपनिषद् f. Titel einer Upanishad.

कैशव Adj. (f. ई) *dem* Krshna *gehörig, ihn betreffend.*

कैशिक 1) Adj. (f. ई) *von der Dicke eines Haares.* — 2) m. a) *ein best.* Râga S.S.S. 36. — b) **Geschlechtsliebe.* — c) N. pr. α) Pl. eines zu den Jâdava gehörigen Volksstammes. — β) des angeblichen Stammvaters dieses Volkes. — γ) verschiedener Männer. — 3) f. ई a) *ein best. Stil im Schauspiel, die Darstellung auf Auge und Ohr angenehm wirkender, insbes. auf Geschlechtsliebe beruhender Verhältnisse.* — b) N. pr. eines Flusses oder einer Oertlichkeit. — 4) *n. *die gesammte Haarmasse.*

कैशिकीमय Adj. *im Stil* कैशिकी *gehalten* Comm. zu Prij. 2,5.

कैशिन Adj. (f. ई) *zu* Keçin *in Beziehung stehend.*

*कैशिन्य m. Metron. von केशिनी.

कैशोर n. *das jugendliche Alter.*

कैशोरक 1) Adj. (f. °रिका) *jugendlich* Bhāvapr. 4,226. — 2) n. *das junge Volk.*

कैशोरकगुग्गुलु n. *ein best. Elixir* Çārṅg. Saṁh. 2,7,17. Mat. med. 134.

*कैशोरि m. Patron. von किशोर.

*कैशोरिकेय m. Metron. von किशोरिका.

कैशोर्य m. Patron. von कैशोरि.

कैश्य n. *die Gesammtmasse der Haare* Naish. 4,114.

*कैष्किन्ध Adj. *aus* Kishkindhâ *stammend.*

को pronominales Praefix in einigen Nominibus.

कोक 1) m. a) *Wolf.* — b) *Kuckuck.* — c) *Anas Casarca.* — d) **Frosch.* — e) **eine kleine Hauseidechse.* — f) *ein best. schädliches parasitisches Thier.* — g) **Phoenix sylvestris.* — h) *Bein. Vishṇu's. — i) Titel eines Werkes. — k) N. pr. α) eines Wesens im Gefolge Skanda's. — β) eines Sohnes des Çona. — 2) f. कोका N. pr. a) eines Flusses. — b) einer Oertlichkeit. — 3) f. कोकी a) *Kuckucksweibchen.* — b) *das Weibchen der Anas Casarca* Vās. 24.

*कोकड m. *der indische Fuchs* Rāgan. 19,51.

*कोकथ m. *Waldtaube* Gal.

कोकदेव m. 1) **Taube.* — 2) N. pr. eines Autors.

कोकनख m. Pl. N. pr. eines Volkes.

कोकनद 1) m. N. pr. a) Pl. eines Volkes. — b) eines Wesens im Gefolge Skanda's. — 2) n. *die Blüthe der rothen Wasserlilie.*

कोकनदिनी f. *die rothe Wasserlilie (die ganze Pflanze).*

कोकपितृ m. N. pr. eines Mannes Çat. Br. 13,5,4,17.

कोकबक m. Pl. N. pr. eines Volkes.

*कोकबन्धु m. Bein. *der Sonne.*

कोकमुख Adj. (f. आ) *ein Wolfsgesicht habend.*

कोकयातु m. *ein nächtliches Gespenst in Gestalt eines Kuckucks.*

कोकरक m. Pl. N. pr. eines Volkes. कोकबक v. l.

कोकलिक m. N. pr. eines Mannes (buddh.).

कोकली f. N. pr. einer Frau (buddh.).

*कोकवाच m. = कोकड.

कोकशास्त्र n. Titel eines rhet. Werkes.

*कोकाक्ष m. N. pr. eines Mannes.

*कोकाम्र m. *ein best. Strauch.*

कोकामुख n. N. pr. eines Tîrtha.

*कोकाह m. *Schimmel (Pferd).*

कोकिल 1) m. a) *der indische Kuckuck.* — b) *eine Mausart.* — c) **eine Schlangenart* Gal. — d) *ein best. giftiges Insect.* — e) **eine Art Zuckerrohr* Gal. Vgl. कोकिलेक्षु. — f) **Kohle.* — g) N. pr. α) eines Râgaputra. — β) eines Autors. — γ) einer Maus. — 2) f. आ *Kuckucksweibchen.*

कोकिलक 1) m. a) *Kuckuck.* — b) N. pr. α) eines Wesens im Gefolge Skanda's. — β) eines Rshi Ind. St. 10,352. — 2) n. *ein best. Metrum.*

*कोकिलनयन m. *Asteracantha longifolia.*

कोकिलप्रिय m. *ein best. Tact* S.S.S. 209.

कोकिलमैत्रावरुण n. Titel eines Werkes.

कोकिलस्मृति f. desgl.

कोकिलस्तोत्र n. desgl.

कोकिलाक्ष (Harshak. 195,24) und *°क m. *Asteracantha longifolia.*

कोकिलादेवी f. N. pr. einer Göttin.

कोकिलामाहात्म्य n. Titel eines Abschnitts im Skandapurâṇa.

कोकिलारहस्य n. Titel eines Werkes.

*कोकिलावास m. *der Mangobaum* Rāgan. 11,11.

कोकिलाव्रत n. *eine best. Begehung.*

*कोकिलेक्षु m. *eine Art Zuckerrohr* Rāgan. 4,84 (das Metrum verlangt °क्ष).

*कोकिलेष्टा f. *eine Art* Gambû Rāgan. 11,26.

*कोकिलोत्सव m. *der Mangobaum* Rāgan. 11,10.

*कोकोवाच m. = कोकड Nigh. Pr.

कोक्कट m. = कोङ्कट.

कोक्काक m. N. pr. eines Autors.

कोङ्क m. Pl. N. pr. eines Volkes.

कोङ्कट m. N. pr. eines Scholiasten.

कोङ्कण 1) m. Pl. N. pr. eines Volkes MBh. 6,9,60. Bālar. 33,9. — 2) *f. आ N. pr. der Mutter Paraçurâma's. — 3) *n. *eine Art Waffe.*

कोङ्कणक m. Pl. = कोङ्कण 1).

कोङ्कणावती f. N. pr. eines Flusses Hariv. 9510.

*कोङ्कणासुत m. Metron. Paraçurâma's.

कोङ्कण Adj. (f. ई) wohl *aus* Koṅkaṇa *stammend* (Pferd). Richtiger wohl कौङ्कणी (die Länge metrisch). Vgl. कौङ्कणोद्भूत.

कोकार m. *der Laut* कोङ् oder कोम्.

*कोड्गि m. oder f. *eine best. Waffe* Gal. Vgl. कोङ्कण 3).

कोच m. 1) *das Einschrumpfen.* — 2) *eine best. Mischlingskaste.*

कोजागर m. *die unter Wachen und Spielen gefeierte Vollmondsnacht im Monat* Âçvina. °माहात्म्य n. Titel eines Werkes.

कोञ्च m. = कोच 2).

*कोञ्ज m. N. pr. eines Berges.

कोट 1) m. *a) Feste* Vâstuv. 11,28. fgg. — *b)* * *Bart.* — *c)* * *Schuppen, Hütte.* — *d)* * *Krümmung.* — *e)* vielleicht *ein best. Diagramm* Verz. d. B. H. No. 903. Vgl. °चक्र. — 2) *f. आ P. 3,1,17, Vârtt.

कोटक m. *Zimmermann.* Im System *eine best. Mischlingskaste.*

कोटचक्र n. *ein best. Diagramm.*

*कोटन m. *Winter* Râgan. 21,68.

*कोटप m. *ein best. Beamter* Gal.

कोटपराज m. N. pr. eines Fürsten.

कोटपाल m. *der Schutzgenius einer Feste* Vâstuv. 11,23. 53.

कोटयुद्धनिर्णय m. Titel eines Werkes.

कोटर 1) (*m.) n. *Baumhöhle, Höhle* überh. — 2) m. *a)* * *Alangium decapetalum* Râgan. 9,76. — *b)* N. pr. eines Mannes. — 3) f. आ *a) Ipomoea Turpethum* Karaka 7,7. — *b)* N. pr. α) einer der Mütter im Gefolge Skanda's. — β) der Mutter Bâṇa's. — 4) * f. ई *a) eine nackte Frau.* — *b)* Bein. der Durgâ.

*कोटरपुष्प m. *eine best. Pflanze* Gal. Vgl. कोठरपुष्पी und वृद्धकोटरपुष्पी.

*कोटरवासिनी und *कोटरस्था f. *eine weisse Varietät von Ipomoea Turpethum* Nigh. Pr.

*कोटरावण n. N. pr. eines *Waldes.*

*कोटविक n. *Sochalsalz* Râgan. 6,93.

कोटवी f. 1) * *eine nackte Frau.* — 2) *eine Form der* Durgâ und Mutter Bâṇa's (Hariv. 2,120,2. 126,23). — 3) N. pr. der Schutzgottheit der Daitja VP.² 5,117.

*कोटशिरस् n. *Mauersims* Gal.

कोटाद्रि m. N. pr. eines *Berges.*

*कोटाय्, °यते Denom. von कोटा.

कोटि und कोटी f. 1) *das gekrümmte Ende des Bogens, — der Krallen* u. s. w., *äusserste Spitze* überh. — 2) *äusserste Spitze,* so v. a. *der höchste Grad.* Auch mit परा 292,14. धन° sowohl *der höchste* als auch *der niedrigste Grad des Reichthums.* — 3) °द्वय n. *die zwei Endpuncte,* so v. a. *die zwei Alternativen.* — 4) *zehn Millionen.* — 5) *die Senkrechte in einem rechtwinkeligen Dreieck.* — 6) *the complement of an arc to 90°.* — 7) * *Medicago esculenta.*

कोटिक 1) m. *a) eine Art Frosch.* — *b)* * *Coccinelle.* — *c)* N. pr. eines Fürsten. — 2) f. आ *a) die äusserste Spitze von Etwas.* मानुष° so v. a. *ein Auswurf der Menschheit.* — *b) Trigonella corniculata* Bhâvapr. 1,194.

कोटिकर्ण m. wohl N. pr. eines Mannes.

कोटिकास्य m. N. pr. eines Fürsten.

*कोटिकृत् m. Bein. Guṇâḍhja's Gal.

*कोटिजित् m. Bein. Kâlidâsa's.

कोटिज्जीवा und कोटिज्या f. *der durch* Koṭi 5) *gebildete Sinus.*

कोटितीर्थ n. N. pr. eines Tîrtha. °माहात्म्य n. Titel eines Werkes.

कोटिध्वज m. *ein Millionär* Ind. St. 15,402.

*कोटिपात्र n. *Steuerruder.*

कोटिपुर n. N. pr. einer *Stadt.*

कोटिमत् Adj. *mit einer Spitze versehen.*

कोटिर 1) * m. *a) Haarflechte.* — *b) Ichneumon.* — *c) Coccinelle.* — *d)* Bein. Indra's. — 2) f. आ N. pr. einer der Mütter im Gefolge Skanda's.

कोटिलवनात्री f. N. pr. einer Göttin.

कोटिलिङ्ग und °लिङ्गेश्वर n. Name eines Liṅga.

कोटिवर्ष 1) n. N. pr. einer Stadt an der Koromandelküste. — 2) * f. आ *Medicago esculenta.*

कोटिवेधिन् 1) Adj. *die äusserste Spitze treffend,* so v. a. *das Schwierigste vollbringend.* — 2) m. *eine best. Pflanze.*

कोटिश m. 1) * *Egge.* — 2) N. pr. eines Schlangendämons.

कोटिशस् Adv. *in einer Anzahl von zehn Millionen.*

कोटिश्री f. N. pr. einer Göttin.

कोटिहोम m. *eine best. Spende.* °विधि m. Titel eines Werkes.

कोटीधन m. v. l. für कोटिध्वज.

कोटीर m. 1) *Haarflechte.* — 2) *Diadem.*

*कोटीवर्ष 1) n. = कोटिवर्ष 1). — 2) f. आ = कोटिवर्ष 2.

*कोटीश m. n. = कोटिश 1).

कोटीश्वर m. N. pr. eines *Millionärs.*

कोटीश्वरतीर्थ n. N. pr. eines Tîrtha.

कोटीश्वरमाहात्म्य n. Titel eines Werkes.

कोट्ट m. (*n.) *Festung.*

कोट्टकारक m. *ein best. Thier* Karaka 1,27.

कोट्टपाल m. *Commandant einer Festung* Pańkat. 237,15.

कोट्टमाच्छिक m. *Bettler* (?).

कोट्टराज und °न् m. etwa *Burggraf* Lalit. 135, 9. 136,15. 154,14.

कोट्टवी f. 1) *eine nackte Frau.* — 2) *eine Form der* Durgâ und Mutter Bâṇa's Hariv. 10271. — 3) N. pr. der Schutzgottheit der Daitja VP.² 5,117.

*कोट्टवीपुर n. = कोटिवर्ष 1).

*कोट्टार m. 1) *Festung.* — 2) *Brunnen.* — 3) *eine zu einem Teich führende Treppe.* — 4) = नागर.

कोठ m. *eine Art Ausschlag mit rothen Flecken.*

*कोठक (Gal.) und *कोठर m. *Alangium hexapetalum.*

*कोठरपुष्पी f. *Convolvulus argenteus.* Vgl. कोटरपुष्प.

कोडा f. *eine best.* Râgiṇî S. S. S. 35. Vgl. कोड्रा.

कोड्य m. Pl. N. pr. eines Volkes Lalit. 277,7.

कोण m. 1) *Ecke, Winkel.* — 2) *Zwischengegend.* — 3) Bez. *der Zahl vier* Hemâdri 1,135,23. — 4) *ein Werkzeug zum Schlagen der Laute* oder *eines andern musik. Instrumentes* Kâd. 124,14. 211,6. — 5) * *ein best. musik. Instrument.* — 6) * *Keule.* — 7) *der Planet Saturn.* — 8) * *der Planet Mars.*

*कोणकुण m. *Wanze.*

कोणकाष्ठ und °क *Eckfeld* Agni-P. 40,15. 17.

कोणदिश् f. *Zwischengegend.*

कोणदेश m. N. pr. einer *Oertlichkeit* Ind. St. 14,140.

कोणनर m. = कोणशङ्कु Ganit. Tripr. 30.

*कोणप m. = निर्ऋति.

*कोणवादिन् m. Bein. Çiva's.

कोणवृत्त n. *ein von NO nach SW oder von NW nach SO gezogener Verticalkreis* Golâdhj. 7,36.

कोणशङ्कु m. *der Sinus der Höhe, wenn die Sonne weder im Verticalkreise noch im* Unmaṇḍala *steht,* Golâdhj. 7,36.

*कोणाकोणि Adv. *in der Diagonale.*

कोणादित्य wohl = कोणार्क VP.² 1,xxviii.

कोणार्क n. N. pr. einer dem Purushottama geheiligten Oertlichkeit.

*कोणि Adj. *lahm am Arm.*

कोणेय und कोणेयन wohl nur fehlerhaft für कौणेय.

कोणेरभट्ट m. N. pr. eines Mannes.

कोण्डभट्ट m. N. pr. eines Grammatikers.

कौतना f. Pl. Bez. *bestimmter Wasser.*

कोथ 1) m. *a) Fäulniss, Verwesung.* — *b) ein faulendes Geschwür.* — *c)* * *eine best. Augenkrankheit.* — *d)* * *das Quirlen.* — 2) * Adj. = शटित oder मथित.

*कोथरी f. *Cactus Opuntia* Râgan. 5,114.

कोदण्ड 1) (* m. * n.) *Bogen.* — 2) * m. *a) die bogenförmige Braue.* — *b) eine kriechende Pflanze.* — *c)* N. pr. einer Gegend.

कोदण्डिन् Adj. *mit einem Bogen bewaffnet.*

कोदार m. *eine Getraideart.*

कोद्रव m. *Paspalum scrobiculatum.*

कोद्रा f. *eine best.* Râgiṇî S.S.S. 110. Vgl. कोडा.

कोनालक m. *ein best. Vogel.*

कोनालि m. wohl = कोनालक.

*कोनील m. *ein best. Wasservogel* Nigh. Pr.

कोलल Hariv. 784 fehlerhaft für कोसल.

कोन्व m. N. pr. eines Berges.

कोन्वशिर m. Pl. N. pr. eines Volkes. कान्व° v. l.

कोप m. (adj. Comp. f. आ) 1) *krankhafte Aufregung*, insbes. der Flüssigkeiten des Leibes. — 2) *das Wüthen* (der Waffen, des Krieges u. s. w.). — 3) *Aufwallung, Zorn*, — *über Jmd* Loc., Gen., प्रति oder उपरि) oder *Etwas* (im Comp. vorangehend) 149,2. कोपं कर् *zürnen*. Auch Pl. — 4) *das im Widerspruch Stehen* Bâdar. 2,1,26. Çaṁk. zu 29. 3,6.

*1. कोपक्रम Adj. *zornig.*

*2. कोपक्रम n. Brahman's *Schöpfung.*

कोपलमाविस्मयरूर्षवत् Adj. *erzürnt, von Mitleid erfüllt, erstaunt und erfreut* Kathâs. 29,187.

कोपचक्रद m. *ein best. Räucherwerk.*

*कोपज्ञ n. Brahman's *Schöpfung.*

कोपन 1) Adj. (f. आ) a) *zum Zorn geneigt, zornig, bös.* Nom. abstr. °त्व n. Karaka 2,7. — b) *in krankhafte Aufregung versetzend, reizend.* — 2) n. a) *Aufregung, Reizung.* — b) *das Erzürnen* (trans.).

*कोपनत्रा n. *ein best. Parfum.*

कोपनीय Adj. *zur Erregung des Zornes dienend.*

कोपयिष्णु Adj. *Jmd* (Acc.) *zu erzürnen beabsichtigend.*

*कोपलता f. *Gynandropsis pentaphylla.*

कोपवती f. *ein best. Metrum.*

कोपवेग m. N. pr. eines Ṛshi.

*कोपवैरिन् m. *Sesbania grandiflora* Nigh. Pr.

*कोपाकोपि Adv. *unter beiderseitigem Zorn.*

कोपाय्, °यते *wüthen* (vom Zorn).

कोपिन् 1) Adj. a) *zornig.* — b) am Ende eines Comp. *aufregend, reizend.* — 2) *m. *eine Art Taube* Râǵan. 19,108.

कोपियन्न m. N. pr. eines Mannes.

कोप्य Adj. *zu erzürnen.*

*कोम n. = क्लोम, क्लोमन्.

कोमल 1) Adj. (f. आ) *zart, weich* (eig. und übertr.) रीति Kâvjapr. 9,3. — 2) *f. आ *eine Dattelart.* — 3) *n. a) *Wasser.* — b) *Seide* Gal. — c) *Muskatnuss* Gal. — Bisweilen verwechselt mit कोसल.

*कोमलक n. *Lotusfiber.*

*कोमलच्छद m. *eine best. Pflanze* Gal.

*कोमलतण्डुल m. *eine Art Reis* Gal.

कोमलवल्कला f. *Cicca disticha* Dhanv. 5,19. Bhâvapr. 1,244.

कोमलाङ्ग Adj. (f. ई) *von zartem Körper* Daçak. 34,17.

*कोमासिका f. = झालिका.

(कोम्यँ) कोमिर्य Adj. *etwa geglättet.*

कोयंपुरी (!) f. N. pr. einer *Stadt.*

कोयष्टि, °क und कोयष्टिम m. *Parra jacana* oder *goensis.*

कोर m. 1) *ein bewegliches Gelenk.* — 2) **Knospe.* — 3) N. pr. eines Berges Mârk. P. 57,15.

कोरक (*m. *n.) 1) *Knospe.* — 2) **Lotusfiber.* — 3) *Name *zweier wohlriechender Stoffe.*

कोरकित Adj. 1) *mit Knospen versehen* Naish. 3,121. — 2) am Ende eines Comp. *voll von* Ind. St. 15,294.

*कोरङ्गी f. *kleine Kardamomen.*

कोरण्टकग्राम m. N. pr. eines *Dorfes.*

कोरण्डक m. N. pr. eines Lehrers.

कोरदूष und °क m. *Paspalum scrobiculatum.*

कोरली f. N. pr. einer Stadt.

कोरित Adj. 1) *ausgescharrt* Bhâvapr. 2,26. — 2) **pounded, ground, comminuted.* — 3) **budded, sprouted.*

कोरिला f. N. pr. einer Stadt.

कोर्प्य m. *der Scorpion im Thierkreise.*

कोल 1) m. a) *Eber.* — b) **Floss, Nachen.* — c) **Busen, Schooss.* — d) **Umarmung.* — e) **eine best. Pflanze.* — f) **der Planet Saturn.* — g) *Bein. Çiva's Gal. — h) *eine best. Mischlingskaste.* — i) N. pr. α) eines Sohnes des Âkrîḍa. — β) *eines Landes. — 2) m. n. *ein best. Gewicht.* — 3) *f. आ *Piper longum* und *Chaba.* — 4) *f. आ und ई *Zizyphus Jujuba.* — 5) n. a) *Brustbeere.* — b) **schwarzer Pfeffer* und **das Korn von Piper Chaba* Râǵan. 6,31. 42.

कोलक 1) *m. a) *Alangium hexapetalum* Râǵan. 9,75. — b) *Cordia Myxa.* — 2) n. a) *Kubeben* Bhâvapr. 1,193. — b) **schwarzer Pfeffer.*

कोलकग्राम m. N. pr. eines *Dorfes.*

*कोलकन्द m. *ein best. Knollengewächs* Râǵan. 7,83.

*कोलकर्कटिका und *°कर्कटी (Gal.) f. *eine Dattelart* Râǵan. 11,58.

कोलकिल m. Pl. N. pr. eines Volkes VP.[2] 4,211.

*कोलकुण m. *Wanze.*

*कोलगल्लिनी f. *Scindapsus officinalis* Nigh. Pr.

कोलगिरि m. N. pr. eines *Gebirges.*

*कोलदल n. *ein best. Parfum.*

*कोलनासिका f. *eine best. Pflanze.*

*कोलपुच्छ m. *Reiher.*

*कोलमुक्ता f. *eine best. Pflanze* Gal.

*कोलमूल n. *die Wurzel von Piper longum* Râǵan. 6,22.

*कोलम्बक m. *der Körper der indischen Laute.*

*कोलम्बी f. *Çiva's Laute* Gal.

*कोलवल्ली f. 1) *Pothos officinalis.* — 2) *Piper Chaba* Râǵan. 6,42.

कोलशिम्बी f. *eine dem Carpopogon pruriens ähnliche Pflanze* Madanav. 76,33. Bhâvapr. 1,288.

*कोलाकोलि Adv. *unter gegenseitiger Umarmung.*

कोलाल und कोलाख्य (Vâstuv. 10,93) n. *ein Loch von bestimmter Form im Holze.*

*कोलाद्य m. N. pr. eines *Landes.*

*कोलात्मन m. *Brustbeere* Nigh. Pr.

कोलापुर n. N. pr. einer *Stadt* Ind. St. 14,114.

कोलावधिसिन् m. Pl. N. pr. eines Fürstengeschlechts.

कोलाहल 1) m. n. *ein verworrenes Geschrei* (von Menschen und Thieren). — 2) m. f. (आ) *ein best.* Râga S. S. S. 96. 93. — 3) m. N. pr. a) eines Fürsten VP.[2] 4,120. — b) eines personificirten Berges.

°कोलाहलिन् Adj. *von Lärm erfüllt* Kâd. 42,18.

*कोलि m. f. und *कोलिका f. (Nigh. Pr.) *Zizyphus Jujuba.*

कोलिकिल m. Pl. N. pr. eines Volkes VP.[2] 4,211.

कोलित m. Bein. Mandgaljâjana's.

कोलिसर्प und कोलिस्पर्श m. Pl. N. pr. eines Kriegerstammes.

कोलूक und कोलूत N. pr. eines Landes.

कोलेनाण n. = कोलाल.

*कोल्या f. *Piper longum.*

कोल्लक m. N. pr. eines Gebirges.

कोल्लगिरि m. desgl.

कोल्लगिरेय m. Pl. N. pr. eines Volkes MBh. 14, 83,11.

कोल्लपुर n. N. pr. einer *Stadt* Ind. St. 14,114.

कोल्वगिरेय fehlerhaft für कोल्ल°.

कोविद 1) Adj. (f. आ) *kundig, erfahren,* — *in* (Loc., Gen. oder im Comp. vorangehend). Nom. abstr. °त्व n. Daçak. 13,1. Ind. St. 15,355. — 2) m. Pl. Bez. *der* Kshatrija *in* Kuçadvîpa Bhâg. P. 5,20,16.

कोविदार m. *Bauhinia variegata.*

कोश 1) m. *n. (adj. Comp. f. आ) a) *Fass, Kufe.* Auch bildlich von den *Wolken.* — b) *Eimer* Ṛv. 10,100,10. — c) *Kiste, Kasten, Truhe.* — d) *Kasten des Wagens.* — e) *Degenscheide.* — f) *Behälter, Verschluss, Gehäuse.* — g) *Vorrathskammer, Vorrath; Schatzkammer, Schatz.* कोषद्म MBh. 4,964 fehlerhaft für कोशश्. — h) *Wörterbuch.* — i) *poetischer Schatz, Spruchsammlung, eine Sammlung lose an einander gereihter Strophen.* — k) *Knospe, Blumenkelch, Samenbehälter* (insbes. der Lotusblüthe). — l)

Schote, Hülse, Schale der Nüsse. — m) *Muskatnuss. — n) *das Innere der Frucht von Artocarpus integrifolia u. s. w. — o) Cocon. — p) Eihaut Varâh. Bṛh. 5,4. — q) Hodensack; Du. die beiden Abtheilungen desselben. — r) *vulva. — s) *penis. — t) *Ei. — u) am Ende eines Comp. Kugel, Kugelform. — v) das beim Gottesurtheil angewandte Weihwasser. — w) Eid. — x) Friedensbecher oder — trank. कोशं पा so v. a. einen geschlossenen Frieden durch einen Trunk besiegeln Râgat. 7,8. 75. 460. 493. 8,283. — y) eine best. Conjunction der Planeten. — z) das 2te astrologische Haus Varâh. Jogaj. 4,1. — aa) Titel einer Sammlung von Gâthâ (buddh.) Kâraṇḍ. 98,24. Harshak. 204,13. — 2) f. कोशी a) Knospe in अर्क°. — b) *Blattauge. — c) *Schuh. — d) *ein best. wohlriechender Stoff Gal. — e) *eine eiserne Pflugschar Gal.

कोशक 1) *m. Ei, Hode. — 2) *f. °शिका Trinkgeschirr. — 3) n. (!) Gehäuse.

कोशकार 1) m. a) Verfertiger von Kasten, Degenscheiden u. s. w. — b) Verfasser eines Wörterbuchs. — c) Seidenraupe. — 2) m. n. ein Art Zuckerrohr Bhâvapr. 2,64. Bâlar. 128,15. — 3) f. ई f. zu 1) a).

कोशकारक 1) m. Seidenraupe. — 2) f. °रिका a) *Bienenweibchen Gal. — b) Titel einer Sammlung von Gâthâ (buddh.).

*कोशकारकीट m. Seidenraupe.

*कोशकालिन् m. oder *°ली f. ein best. Wasservogel Nigh. Pr.

कोशकृत् m. eine Art Zuckerrohr.

कोशगृह n. Schatzkammer, ein Gemach zur Aufbewahrung von kostbaren Gewändern, Schmucksachen u. s. w.

*कोशचञ्चु m. der indische Kranich.

*कोशज n. Seide.

कोशजात n. Schatz, Vermögen Ragh. 5,1.

कोशधान्य n. Hülsenfrucht.

*कोशनायक m. 1) Schatzmeister. — 2) Bein. Kubera's.

कोशपाल m. Hüter des Schatzes.

कोशपेटक Schatzkästchen.

1. कोशफल n. 1) Hodensack. — 2) *Muskatnuss. — 3) *ein best. wohlriechender Stoff.

2. *कोशफल 1) m. Luffa foetida oder eine ähnliche Pflanze. — 2) f. आ Cucumis utilissimus und eine andere Cucurbitacee; Ipomoea Turpethum Nigh. Pr.

कौशयी f. etwa was einen Kasten füllt.

कोशरक्षिन् m. Schatzhüter, Schatzmeister.

कोशवन्त् 1) Adj. a) einen Behälter bildend (von einer Wunde) Karaka 6,13. Vgl. 3. कोशिक 1) a). — b) im Besitz von Schätzen, reich. — 2) *m. Schwert. Gal. — 3) f. °वती Cucumis acutangulus oder sulcatus.

कोशवारि n. das beim Gottesurtheil angewandte Wasser.

कोशवासिन् m. 1) Schalthier. — 2) *Puppe eines Insects.

कोशवाहन n. Sg. Schatz und Vehikel Daçak. 43, 11. 46,13.

*कोशवृद्धि f. Anschwellung der Hoden.

कोशवेश्मन् n. Schatzkammer.

*कोशशायिका f. Messer.

कोशस्कृत् m. Seidenraupe.

कोशस्थ m. 1) Schalthier. — 2) *Puppe eines Insects.

कोशागार m. n. Schatzkammer.

कोशागाराधिकारिन् m. Schatzmeister.

*कोशाङ्ग m. oder n. eine Art Rohr.

*कोशाण्ड m. = अण्डकोश Hodensack Gal.

कोशातक 1) *m. Haar. — 2) f. ई a) eine best. Pflanze und deren Frucht Çâṅkh. Gṛhj. 1,23. Karaka 7,6. Nach den Lexicographen: Trichosanthes dioeca, Luffa acutangula und pentandra Râgan. 3, 36. 7,169. — b) *eine mondhelle Nacht. — 3) n. die Frucht von 2) a) Karaka 7,6.

*कोशातकिन् m. 1) Handel. — 2) Handelsmann. — 3) das unterseeische Feuer.

कोशाधीश m. Schatzmeister Ind. St. 15,309.

कोशाध्यक्ष m. 1) dass. — 2) Bein. Kubera's.

कोशाम्र m. Mangifera sylvatica Mat. med. 305. Râgan. 11,14. 15,119. n. die Frucht.

*कोशिन् m. der Mangobaum.

*कोशिला f. Phaseolus trilobus Râgan. 3,23.

कोशेक्षण Adj. hervorstehende Augen habend.

कोशेश m. Schatzmeister Ind. St. 15,221.

कोश्यै Du. angeblich am Herzen des Pferdes befindliche Fleischklümpchen.

कोष 1) m. Pl. N. pr. eines Priestergeschlechts. — 2) f. आ N. pr. eines Flusses MBh. 6,9,34.

कोषण 1) *n. Nom. act. von कुष्. — 2) f. ई in ग्रीव°.

कोषधावन m. अ°.

कोष्ठ 1) m. Eingeweide, namentlich die Behälter von Speise, Flüssigkeiten u. s. w., Unterleib. Einmal n. — 2) (*m.) n. Vorrathskammer. Am Ende eines adj. Comp. f. आ. — 3) n. Ringmauer. — 4) eine umschlossene Fläche, Feld (z. B. auf einem Schachbrett) Hemâdri 1,651,3. 5. 790,12. — 5) m. eine Art Gefäss, Tiegel, Topf Bhâvapr. 2,85. Karaka 1,14. — 6) *m. ein inneres Gemach. — 7) *the shell of any thing. — 8) *n. Eigenthum. — 9) *Nacht.

कोष्ठक 1) am Ende eines Comp. Behälter für Karaka 1,14. — 2) *m. n. Vorrathskammer. — 3) f. कोष्ठिका Tiegel Bhâvapr. 2,85. — 4) n. a) *Schatzkammer. — b) Ringmauer. — c) eine umschlossene Fläche, Feld Agni-P. 40,13. 14. Hemâdri 1,651,7. 8. Am Ende eines adj. Comp. f. आ 2. 790,10. — d) *a brick trough for watering cattle at. — e) N. pr. einer Stadt.

कोष्ठकी Adv. mit कर् umzingeln.

*कोष्ठकोटि m. N. pr. eines Wesens im Gefolge Çiva's.

*कोष्ठताप m. Brennen im Unterleibe Gal.

कोष्ठपाल m. 1) *der Aufseher einer Vorrathskammer, Schatzmeister. — 2) Stadtwächter LA. 12,15.

कोष्ठभेद m. Bruch des Unterleibs.

कोष्ठरोग m. Unterleibskrankheit.

कोष्ठवन्त् m. N. pr. eines Gebirges.

*कोष्ठसंताप m. innere Gluth Râgan. 20,26.

कोष्ठागार n. 1) Kornkammer. — 2) eine umschlossene Fläche, Feld. — 3) das Mondhaus Maghâ.

कोष्ठागारिक m. Wespe Bhâvapr. 6,182.

कोष्ठागारिन् m. dass.

कोष्ठाग्नि m. das Feuer der Verdauung.

कोष्ठानाह m. Leibesverstopfung Karaka 1,14.

कोष्ठिल m. N. pr. eines Mannes.

कोष्ठीप्रदीप m. Titel eines Werkes.

कोष्ठ्य Adj. aus dem Unterleibe kommend.

कोष्ण Adj. lau.

कोसल N. pr. 1) m. a) Pl. eines Volkes. — b) Sg. des Landes der K. — c) कोशलानां (so schreiben bisweilen auch die Bomb. Ausgg., कौ° v. l.) नक्षत्रम् ein best. Mondhaus R. ed. Bomb. 6,103,35. — 2) (*m.) f. (आ) der Hauptstadt der K., d. i. Ajodhjâ.

कोसलविदेह m. Pl. die Kosala und Videha

कोसलजा und *कोसलात्मजा f. Bez. der Mutter Râma's.

कोसार m. = कर्षू 1).

कोसिद Kâṭh. 10,5 fehlerhaft für कौ°

*कोह्रड m. N. pr. eines Mannes.

कोहर m. N. pr. eines Prâkrit-Grammatikers

कोहल 1) *Adj. undeutlich redend. — 2) m. a) ein best. geistiges Getränk aus Gerste Mat. med. 272. — b) *ein best. musikalisches Instrument (?). — c) N. pr. α) Pl. eines Volkes. — β) eines Ṛshi und anderer Männer. — 3) *f. ई = कुष्माण्डसुरा Nigh. Pr.

कोहलीय n. das von Kohala verfasste Werk über Musik.

कोह्लेश्वरतीर्थ n. N. pr. eines Tîrtha.

*कौक्लित m. N. pr. eines Mannes.

*कौक्लिन् m. Wrightia antidysenterica Râǵan. 9,52.

कौह्लास m. *ein best.* Râga S. S. S. 36.

*कोकाल Adj. von कोकाल.

कौकिल 1) m. und f. (ई) *eine best. Ceremonie* Lâṭj. 5,4,20. 21. — 2) *m. Patron. von कोकिल und Metron. von कोकिला.

कौकुट्टक m. Pl. N. pr. eines Volkes.

कौकुण्डिह्नि m. N. pr. eines R̥shi VP.² 3,7.

कौकुत्तक und कौकुन्दक v. l. für कौकुट्टक.

कौकुर m. Pl. N. pr. eines Volkes.

कौकुरुण्डि m. Patron. N. pr. eines Lehrers Saṁhitopan. 38,

कौकुलिका f. N. pr. einer der Mütter im Gefolge Skanda's.

कौकूस्तं m. N. pr. eines Mannes.

*कौकृत्य n. 1) *Schandthat, Schlechtigkeit.* — 2) *Reue.*

कौक्कुट 1) Adj. *gallinaceus.* — 2) m. *eine best. Art des Sitzens.*

कौक्कुटिक m. 1) *eine best. verachtete Kaste* Kâraṇḍ. 42,10. — 2) **ein Verkäufer von Hühnern.* — 3) **ein Bettler, der stets auf den Boden sieht, um auf keine Thiere zu treten.* — 4) **Heuchler.* — 5) **Taube* Râǵan. 19,106.

*कौक्कुटिकन्दल m. *eine Art Schlange.*

*कौक्कुटीवह n. N. pr. eines Dorfes der Bâhîka. Davon *Adj. °क.

*कौत्त Adj. von कुत्ति *Bauch.*

*कौत्तक Adj. von कुत्ति (देश).

कौतेय 1) *Adj. *im Bauch befindlich.* — 2) m. *Schwert.*

कौत्तेयक m. *Schwert; Messer* Kâd. 8,4.

*कौङ्क und कौङ्कण m. Pl. N. pr. eines Volkes, = कोङ्कण.

*कौङ्कणोद्भूत Adj. *aus* Koṅkaṇa *stammend*; von einem edlen Pferde Gal. Vgl. कोङ्कण.

*कौङ्किण m. Pl. N. pr. eines Volkes, = कोङ्कण.

कौङ्कुम 1) Adj. (f. ई) *a) aus Safran bestehend* Hemâdri 1,391,16. — *b) mit Safran gefärbt.* — *c) safrangelb* Viddh. 13,10. — 2) m. Pl. Bez. *von 60 bestimmten* Ketu.

*कौचवार m. Patron. von कूचवार.

*कौचवार्य Adj. *aus* Kûkavâra *stammend.*

कौचहस्ति m. Patron., auch Pl.

कौचापाक m. *ein best. Decoct.*

कौचुमारयोग m. Pl. *eine best. Kunst.*

कौज 1) Adj. *zum Planeten Mars in Beziehung stehend, ihm gehörig.* — 2) m. *Dienstag* Vishṇus. 77,3.

*कौजप m. Patron. von कुजप.

कौञ्च m. N. pr. eines Berges. कौञ्चाद्रि m. desgl. Bâlar. 109,13.

कौञ्चिकी f. Bz. einer der acht Akula bei den Kaula.

कौञ्जर 1) Adj. (f. ई) *einem Elephanten gehörig* u. s. w. — 2) n. *eine best. Art des Sitzens.*

*कौञ्जायन 1) m. Pl. N. pr. eines Volkes. — 2) f. ई *eine Fürstin dieses Volkes.*

*कौञ्जायन्य m. *ein Fürst der* Kauńǵâjana.

*कौञ्जि m. Patron. von कुञ्ज.

*1. कौट Adj. *selbständig, frei.*

2. कौट 1) Adj. *a) betrügerisch, falsch.* — *b) *snared, wired.* — 2) *n. *Betrug.*

3. कौट m. *Wrightia antidysenterica* Bhâvapr. 1,206. °फल n. Karaka 8,11.

*कौटकिक Adj. *der sich mit dem Fangen von Thieren in Fallen* oder *Schlingen abgiebt.*

कौटज 1) Adj. *von der Wrightia antidysenterica kommend* u. s. w. — 2) m. *Wrightia antidysenterica* Bhâvapr. 3,139.

*कौटजभारिक und *कौटजिक Adj. *eine Last Wrightia antidysenterica tragend* u. s. w.

*कौटतत्त m. *ein für eigene Rechnung arbeitender Zimmermann.*

कौटलि m. Patron.

*कौटल्य m. Bein. Ḱâṇakja's.

*कौटवी f. *eine nackte Frau.*

कौटसाक्षिन् m. *ein falscher Zeuge.*

कौटसाक्ष्य n. *ein falsches Zeugniss* Gaut.

कौटस्थ्य n. *Unveränderlichkeit, Unwandelbarkeit* Govindân. zu Çaṁk. zu Bâdar. 2,2,10.

*कौटायन und *कौटि m. Patron. von कूट.

*कौटिक 1) Adj. = कौटकिक. — 2) m. *Fleischverkäufer.*

कौटिर्या f. = कौटीर्या Hariv. 2,120,16.

*कौटिलिक m. 1) *Jäger.* — 2) *Schmied.*

कौटिल्य 1) m. *a)* Bein. Ḱâṇakja's Mudrâr. 59, 3. Daçak. 13,3. — *b)* N. pr. eines Grammatikers. — 2) n. *a) Gekrümmtheit, Krausheit.* — *b) Falschheit, hinterlistiges Betragen.* — *c) *eine Rettigart* Râǵan. 7,17.

कौटिल्यशास्त्र n. *Diplomatie* oder Ḱâṇakja's *Lehre* Kâd. 122,5.

*कौटीगव Adj. von कौटीगव्य.

*कौटीगव्य m. Patron. von कुटीगु.

*कौटीय Adj. von कूट.

*कौटीर Adj. *zu der Pflanze* Kuṭîra *gehörig, daraus gemacht.*

कौटीर्या Bein. der Durgâ. कौटिर्या v. l.

कौटुम्ब 1) Adj. *für das Hauswesen erforderlich.* — 2) n. *das Verhältniss zu einer Familie.*

कौटुम्बिक 1) Adj. *zur Familie gehörig, die F. bildend.* — 2) m. *Familienvater.*

कौट्टन्य n. *Kuppelei* Râǵat. 7,289. 297.

1. *कौठ्य 1) m. Patron. von कूट. — 2) f. आ f. zu कौटि.

2. *कौठ्य Adj. von कूट.

*कौठार m. Patron. von कुठार.

*कौठारिकेय m. Metron. von कुठारिका.

कौठुम Adj. (f. ई) von कुठुमि.

कौडविक Adj. (f. ई) *mit einem* Kuḍava *besäet, einen K. enthaltend* Ḱaraka 6,17.

*कौडियक Adj. von कुड्या.

*कौड्य m. Pl. = कोड्य.

कौणकुत्स्य m. N. pr. eines Brahmanen.

कौणप 1) Adj. *von Leichen kommend* Bâlar. 29, 11. — 2) m. *a) ein* Rakshas. — *b)* N. pr. eines Schlangendämons.

*कौणपदन्त m. Bein. Bhîshma's.

कौणपाशन m. N. pr. eines Schlangendämons.

कौणिन्द m. Pl. N. pr. eines Volkes. Sg. *ein Fürst dieses Volkes.*

कौणेयं m. Patron. (von कुणि) des Ragana.

कौण्ठरव्य m. Patron. von कुण्ठरव Ait. Âr. 341. 2 v. u.

कौण्ठ्य n. *Stumpfheit*

कौण्डपायिन् fehlerhaft für कुण्ड° Comm. zu Lâṭj. 1,4,23.

कौण्डपायिन Adj. in Verbindung mit अयन n. *ein best.* Soma-*Opfer.*

*कौण्डल und *कौण्डलिक Adj. *mit Ringen versehen.*

*कौण्डाग्रक Adj. von कुण्डाग्नि. v. l. काण्डाग्रक.

*कौण्डायन Adj. von कुण्ड.

कौण्डिन 1) *Adj. von कौण्डिन्य. — 2) f. ई f. zu कौण्डिन्य.

*कौण्डिनेयक Adj. von कुण्डिन.

कौण्डिन्य m. Patron. von कुण्डिन (auch *Metron. von कुण्डिनी) Prasannar. 5,23 (vielleicht Adj. *aus* Kuṇḍina *stammend*).

कौण्डिन्यक n. Titel eines Kalpasûtra Comm. zu Ǵaim. 1,3,11.

कौण्डिन्यायन und कौण्डिन्यायनं m. Patron. von कौण्डिन्य.

कौण्डिल und कौण्डिल्य fehlerhaft für कौण्डिन्य.

कौण्डिल्यक (कौण्डिन्यक?) m. *ein best. giftiges Insect.*

*कौण्डीबृसी und *°बृस्य Mahâbh. 6,92,*a*.

कौण्डीवृष m. Pl. N. pr. eines Volkes. कुण्डो-

वृष v. l.
कौण्डोदरि (Conj. für कैडोदरि) m. Patron. von कुण्डोदर.
*कौण्डोपरथ m. Pl. N. pr. eines Kriegerstammes.
*कौण्डोपरथीय m. *ein Fürst der* Kauṇḍoparatha.
कौण्य n. *Lähmung der Hände.*
कौत m. Pl. v. l. für कोड्र, कोड्ड.
*कौतप Adj. von कुतप.
*कौतस्कुत Adj. von कुतः कुतः.
कौतस्त m. Patron. von कुतस्त. Du. Tâṇḍja-Br. 25,15,3.
कौतुक n. (adj. Comp. f. आ) 1) *Neugier, Interesse für eine Sache, ein dringendes Verlangen nach;* die Ergänzung im Loc. (321,23) oder im Comp. vorangehend. — 2) *was Neugier —, Interesse erregt, eine seltsame —, unterhaltende Erscheinung, — Geschichte* Kâd. 162,7. — 3) *Feierlichkeit, Festlichkeit, eine feierliche Ceremonie,* insbes. *die einer Vermählung vorangehende Ceremonie mit der Hochzeitsschnur.* Auch *eine best. Ceremonie vor dem Einnehmen einer Arzenei* Bhâvapr. 4,16. — 4) *Hochzeitsschnur.* — 5) *Glück, Heil, Segen* Bhâg. P. 1,17,26. — 6) Bez. *bestimmter Stoffe, neun an der Zahl,* Hemâdri 1,110,19. 2,49,10.
कौतुकक्रिया f. *Vermählungsfeier.*
कौतुकगृह n. *Hochzeitshaus, — gemach* Hârshak. 113,8.
कौतुकचिन्तामणि m. Titel eines Werkes.
कौतुकतोरण n. (adj. Comp. f. आ) *ein bei festlichen Gelegenheiten errichteter Ehrenbogen.*
कौतुकपुर m. N. pr. einer *Stadt.*
कौतुकमङ्गल n. (adj. Comp. f. आ) = कौतुक 3).
कौतुकमय Adj. *interessant, reizend.* वयस् n. Kâd. II,128,3.
कौतुकलीलावती f. Titel eines Werkes.
कौतुकवत् Adj. *interessant.* वार्त्ता Prasannar. 29,1.
कौतुकागार m. n. *Fest —, Hochzeitsgemach.*
कौतुकित Adj. *Interesse nehmend an* (Loc.) Prasannar. 4,15. *dessen Interesse wach geworden ist durch* (Instr.) 58,16.
कौतुकिन् Adj. *neugierig, Interesse nehmend an, eingenommen für, dringend verlangend nach;* die Ergänzung im Comp. vorangehend Prasannar. 136, 6. 137,9. Nom. abstr. °कित्ता f. Naish. 5,13. °कि-भाव m. 60.
कौतुमारयोग m. Pl. = कैचुमार°.
कौतूहल n. 1) *Neugier, eine Interesse für Etwas, ein dringendes Verlangen nach Etwas* Megh. 47. Die Ergänzung im Loc., im Acc. mit प्रति oder im Infin. — 2) *Fest.*
कौतूहलता f. und *कौतूहल्य n. = कौतूहल 1).
कौतोमत (von कुतो मतम्) 1) n. etwa *eine Frage nach dem Woher einer Meinung* Mantrabr. 2,4,8. — 2) wohl m. *der mit* कौतोमतम् *beginnende* Mantra Gobh. 4,5,19.
कौत्स 1) Adj. *zu* Kutsa *in Beziehung stehend.* — 2) m. *a)* Patron. verschiedener Männer. f. ई. — *b)* Bez. *eines zu einem best. verachteten Geschlecht gehörigen Mannes.* — 3) n. Name eines Sûkta und verschiedener Sâman Ârsh. Br.
कौत्सायन Adj. (f. ई) *zu* Kutsâjana *in Beziehung stehend* Maitrjup. 5,1. Wird auch auf कुत्स zurückgeführt.
कौत्सीपुत्र m. N. pr. eines Lehrers.
कौथुम m. 1) Patron. von Kuthumin. *f. ई. — 2) Pl. *die Schule des* Kuthumin.
कौथुमक n. *das* Brâhmaṇa *der Schule des* Kuthumin Çaṁk. zu Bâdar. 3,3,1 (S. 846).
*कौदालिक und °लीक m. *eine best. Mischlingskaste.*
*कौद्रविक n. *Sochalsalz* Râgan. 6,93.
*कौद्रवीण (Râgan. 2,11) und *°क (Gal.) Adj. *mit* Kodrava *besäet.*
*कौद्रायण und *°क gaṇa अरीहणादि.
कौद्रेय m. Patron. von Kudri.
कौनखीय (Conj. für कौनकीय) m. Pl. *eine best. Schule.*
कौनख्य n. *der Zustand dessen, der schlechte Nägel hat.*
*कौनामि m. Patron. von कुनामन्.
*कौनामिक Adj. von कुनामन्.
कौन्तल m. Pl. N. pr. eines Volkes Hariv. 1,14, 20. कौन्तल v. l.
*कौन्तायनि Adj. von कुन्ती.
कौन्तालो f. (?) Bâlar. 128,22.
*कौन्तिक m. *Lanzenträger.*
कौन्ती f. 1) *ein best. Parfum* Bhâvapr. 1,192. 3, 31. Karaka 6,17. — 2) wohl N. pr. eines Flusses.
कौन्तेय m. 1) Metron. Judhishṭhira's, Bhimasena's und Arguna's. — 2) *Terminalia Arunja Râgan. 9,122.
*कौन्त्य m. *ein Fürst der* Kunti.
कौन्द Adj. (f. ई) *vom Jasmin kommend u. s. w.*
*कौन्द्रायण und *°क gaṇa अरीहणादि.
कौप Adj. (f. ई) *aus einem Brunnen oder einer Cisterne stammend.*
*कौपादकी (!) f. = कौमोदकी.
*कौपिञ्जल 1) m. Patron. von कुपिञ्जल. — 2) Adj. von 1).
कौपीन n. (adj. Comp. f. आ) 1) *die Schamtheile* Gaut. — 2) *ein um die Schamtheile geschlagenes Tuch.* — 3) *Schandthat.*
कौपीनवत् Adj. *nur ein um die Schamtheile geschlagenes Tuch zur Bekleidung habend.*
*कौपुत्रक n. Nom. abstr. von कुपुत्र.
*कौपोदकी f. = कौमोदकी.
कौप्य Adj. = कौप.
कौबेर 1) Adj. (f. ई) *zu* Kubera *in Beziehung stehend.* काष्ठा oder दिश् *Norden.* — 2) f. ई *a) Norden* Hemâdri 1,194,22. — *b)* *Kubera's Energie.* — 3) *n. Côstus speciosus oder arabicus.
कौबेरतीर्थ n. N. pr. eines Tîrtha.
*कौबेरिकेय m. Metron. von कुबेरिका.
कौबेरिणी f. *eine Gattin* (Çakti) Kubera's. Pl. Bâlar. 248,21.
कौब्ज्य n. *Buckligkeit.*
कौमार 1) Adj. (f. ई) *a) jugendlich, einem Jüngling oder einer Jungfrau eigen, jungfräulich.* पति m. *ein Gatte, dessen Frau als Jungfrau mit ihm in die Ehe getreten ist.* भार्या f. *eine Gattin, die als Jungfrau in d. E. g. ist.* व्रत n. *das Gelübde der Keuschheit.* — *b) in Beziehung zum Kriegsgott stehend, ihm eigen.* — *c) in Beziehung zu* Sanatkumâra *stehend.* — 2) m. *a)* N. pr. eines Berges. — *b) die Anhänger der Grammatik des* Kumâra. — 3) f. ई *a) die Energie des Kriegsgottes.* — *b)* *Yamswurzel. — *c)* *eine Art Tabaschir* Nigh. Pr. — *d)* *eine best.* Râgiṇî S. S. S. 110. — 4) n. (adj. Comp. f. आ) *a) Kindesalter, das jugendliche Alter.* — *b) die Unschuld der Jugend, Jungfräulichkeit.*
कौमारक 1) *Kindesalter, das jugendliche Alter.* — 2) f. °रिका *eine best.* Râgiṇî S. S. S. 55.
कौमारचारिन् Adj. *Keuschheit übend.*
कौमारतन्त्र n. *der über die Pflege und Erziehung handelnde Abschnitt in einem medicinischen Werke.*
कौमारपर्वत m. N. pr. eines *Berges.*
कौमारप्रभृत्यक n. = कौमारभृत्य Karaka 1,30.
कौमारब्रह्मचारिन् Adj. *Keuschheit übend.*
कौमारभृत्य n. *Pflege und Erziehung von Kindern.*
कौमारराज्य n. *die Stellung des Erbprinzen.*
कुमार° v. l.
कौमारव्रतचारिन् Adj. *das Gelübde der Keuschheit übend.*
कौमारहर Adj. *entjungfernd.*
कौमारहारित m. Patron. von कुमारहारित.
कौमारायण m. Patron. von कुमार.
कौमारिक Adj. 1) *Mädchen —, Töchter liebend.* — 2) *zu* Kumâra *in Beziehung stehend.*
*कौमारिकेय m. Metron. von कुमारिका.

कौमारिल Adj. zu Kumârila in Beziehung stehend, von ihm verfasst.

कौमुद 1) Adj. in Verbindung mit व्रत n. eine best. Begehung Agni-P. 207,1. fgg. — 2) m. a) Patron. von Kumuda Ârsh. Br. — b) der Monat Kârttika. — 3) f. ई a) Mondschein. — b) der Vollmondstag im Monat Âçvina oder Kârttika. — c) Nymphaea esculenta. — d) ein best. Metrum. — e) abgekürzter Titel verschiedener Werke. — f) N. pr. eines Flusses.

*कौमुदगन्ध्या f. Patron.

*कौमुदिक Adj. von कुमुद.

कौमुदिका f. N. pr. 1) *einer Freundin der Umâ. — 2) einer Zofe im Mâlavikâgnimitra.

कौमुदीक am Ende eines adj. Comp. von कौमुदी 3) a).

*कौमुदीचार m. n. der Vollmondstag im Monat Âçvina.

*कौमुदीजीवन m. der Vogel Kakora Râgan. 19,115.

*कौमुदीतरु m. Lampengestell Gal.

कौमुदीनिर्णय m. Titel eines Werkes.

*कौमुदीपति m. der Mond.

कौमुदीप्रचार m. ein best. Spiel.

कौमुदीप्रभा f. Titel eines Commentars.

कौमुदीरजनी f. eine mondhelle Nacht Harshak. 101,5.

कौमुदीविलास m. Titel eines Werkes.

*कौमुदीवृक्ष m. Lampengestell.

कौमुद्वतेय m. Metron. von कुमुद्वती.

*कौमेडूर N. pr. einer Oertlichkeit. Davon ein gleichlautendes Adj. gaṇa तक्षशिलादि in der Kâç.

कौमोद 1) m. Pl. N. pr. einer Schule. — 2) *f. ई = कौमोदकी.

कौमोदकी f. Name der Keule Vishṇu's oder Krshṇa's.

कौम्भ Adj. eingetopft.

कौम्भकर्ण Adj. dem Kumbhakarṇa gehörig Bâlar. 253,14.

कौम्भकर्णि m. Patron. von कुम्भकर्ण.

*कौम्भकारक n. = कुम्भकारेण कृतम् (संज्ञायाम्).

*कौम्भकारि m. der Sohn eines Töpfers.

*कौम्भकार्य m. der Sohn einer Töpferin.

*कौम्भकार्य m. der Sohn eines Töpfers.

*कौम्भायन Adj. von कुम्भ.

*कौम्भायनि und *कौम्भेयक Adj. von कुम्भी.

कौम्भ्य 1) Adj. eingetopft. — 2) m. Patron. Babhru's.

कौरण्टक m. v. l. für कोरण्डक.

कौरम m. N. pr. eines Mannes. कौरुम v. l.

कौरयाण m. wohl Patron.

कौरव 1) Adj. (f. ई) zu den Kuru in Beziehung stehend, ihnen gehörig. क्षेत्र n. = कुरुक्षेत्र. — 2) m. Patron. von कुरु. Gewöhnlich Pl. Am Ende eines adj. Comp. f. आ. — 3) *f. ई Trigonella foenum graecum Gal.

*कौरवक Adj. von कुरु.

*कौरवायणि m. Patron. von कुरु.

कौरवेय m. dass. Stets Pl.

कौरव्य (AV.) und कौरव्य (Çat. Br.) m. 1) dass. Pl. = पाण्डवा: und als N. pr. eines Volkes. — 2) N. pr. eines Schlangendämons.

कौरव्यायण 1) *m. Patron. von कौरव्य. — 2) f. ई f. zu कौरव्य.

*कौरव्यायणि m. Patron. von कौरव्य.

कौरव्यायणीपुत्र m. N. pr. eines Lehrers.

कौरस्व (!) m. Patron.

*कौरुकात्य m. Patron. von कुरुकत.

कौरुकुल्लक m. Pl. eine best. buddh. Schule.

*कौरुजङ्गल und *°जाङ्गल Adj. von कुरुजङ्गल.

कौरुपञ्चाल Adj. wohl fehlerhaft für °पाञ्चाल.

कौरुपथि m. Patron. N. pr. eines Ṛshi.

कौरुपाञ्चाल Adj. von कुरुपञ्चाल.

कौरूम s. कौरम.

कौर्पर Adj. am Ellbogen befindlich.

कौर्पि und कौर्प्य m. der Scorpion im Thierkreise.

कौर्म 1) Adj. zur Schildkröte in Beziehung stehend, ihr eigen. — 2) m. a) Vishṇu's Avatâra als Schildkröte. — b) Name eines Kalpa 2) h). — 3) n. a) eine best. Art des Sitzens. — b) Titel eines Purâṇa.

*कौर्वत Adj. von कुर्वत्.

कौल 1) Adj. (f. ई) a) zur Familie in Beziehung stehend, die Familie betreffend. — b) angestammt, ererbt. — c) *einem edlen Geschlecht entsprossen. — d) den Kaula 2) a) eigen. — 2) m. a) ein Verehrer der Çakti nach dem Ritual der linken Hand. — b) *ein best. Gewicht, = कोल Gal. — 3) f. ई edle Abstammung Varâh. Jogaj. 5,34.

*कौलक Adj. von कूल.

कौलकि m. Patron.

*कौलकेय 1) Adj. einem edlen Geschlecht entsprossen. — 2) m. fehlerhaft für कौलटेय.

कौलगजमर्दन n. Titel eines Werkes.

*कौलटिनेय, *कौलटेय und *कौलटेर m. der Sohn einer untreuen Frau oder einer Bettlerin.

कौलत्थ 1) Adj. (*f. ई) zu Dolichos uniflorus in Beziehung stehend, daraus gewonnen. — 2) n. ein aus D. u. bereiteter Trank.

*कौलत्थीन Adj. mit Dolichos uniflorus besäet.

*कौलपत Adj. (f. ई) von कुलपति

कौलपत्य m. der Stand des Familienhauptes.

कौलपुत्र (Harshak. 128,6) und *°क n. Nom. abstr. von कुलपुत्र 1) a).

कौलब m. = कौलव.

कौलमार्ग m. = कुलमार्ग 2).

कौलरहस्य n. Titel eines Werkes.

कौलव m. Name des dritten Karaṇa 4) n).

कौलवार्णव m. Titel eines Tantra.

कौलव्रत n. die angestammte, ererbte Art und Weise zu leben.

कौलार्चनदीपिका f. Titel eines Werkes.

कौलाल 1) m. der Sohn eines Töpfers oder Töpfer. — 2) n. Töpferwaare.

*कौलालक n. = कुलालेन कृतम् (संज्ञायाम्).

कौलालचक्र n. die Drehscheibe eines Töpfers.

कौलावलि f. und कौलावलीय n. Titel eines Tantra.

*कौलास Adj. von कूलास.

कौलि m. Patron.

कौलिक 1) *Adj. angestammt, ererbt. — 2) m. a) Weber. — b) ein Anhänger der Çakti nach dem Ritual der linken Hand. Daher *Ketzer.

कौलिकतन्त्र n. Titel eines Werkes.

कौलितर Adj. Bez. des Dämons Çambara.

कौलिन्द m. Pl. N. pr. eines Volkes.

*कौलिशायनि Adj. von कुलिश.

*कौलिशिक Adj. (f. ई) donnerkeilartig.

कौलीक m. ein best. Vogel Maitr. S. 3,14,5.

कौलीन 1) Adj. (f. आ) einem edlen Geschlecht eigen. — 2) *m. a) = कौलिक 2) b). — b) Pl. die Schule des Kaulini. — c) der Sohn einer Bettlerin. — 3) n. a) Gerede der Leute, Gerücht, üble Nachrede. Am Ende eines adj. Comp. f. आ. — b) eine schimpfliche Handlung Kâd. 263,1. — c) hohe Geburt. — d) *Thierkampf. — e) *die Geschlechtstheile.

*कौलीनि m. Patron. von कुलीन.

कौलीन्य n. edle Geburt, Adel.

*कौलीरा f. eine best. Pflanze.

कौलूत m. Pl. N. pr. eines Volkes. Sg. ein Fürst dieses Volkes.

*कौलून Adj. von कुलून gaṇa कच्छादि in der Kâç.

कौलूभ v. l. für कौलूत.

कौलेय 1) *Adj. a) einem edlen Geschlecht entsprossen. — b) zu den Anhängern der Çakti nach dem Ritual der linken Hand in Beziehung stehend. — 2) m. Hund. °कुटुम्बिनी f. Hündin Kâd. 34,2.

कौलेयक 1) *Adj. = कौलेय 1) a). — 2) m. Hund, insbes. Jagdhund Kâd. 110,13. 251,20. II,129,17. Harshak. 197,3.

कौलेशभैरवी f. eine Form der Durgâ.

कौलेश्वर m. N. pr. eines Verfassers von Mantra.

कौलोपनिषद् f. Titel einer Upanishad.

कौल्मलबर्हिष n. Name verschiedener Sâman.

*कौल्माषिक Adj. (f. ई) = कुल्माषे साधु.

*कौल्माषी f. *ein best. Vollmondstag.*

*कौल्माषीण Adj. (f. आ) *mit* Kulmâsha *besäet.*

कौल्य 1) Adj. *a) einem edlen Geschlecht entsprossen.* — *b)* = कौलेय 1) *b).* — 2) n. *edle Abstammung.*

*कौवल n. *Brustbeere.*

*कौविदार्य Adj. von कोविदार.

*कौविद्यासीय Adj. von कुविद्यास.

कौविन्दी f. *die Frau eines Webers.*

1. कौश 1) Adj. (f. ई) *aus* Kuça-*Gras gemacht.* — 2) n. *a)* = कुशद्वीप VP.² 2,110. — *b)* *Kuça's *Stadt, d. i.* Kânjakubǵa.

2. कौश Adj. *seiden.*

कौशकी (कौशिकी?) f. *vielleicht Seidenweberin.*

कौशल 1) n. *a) Wohlfahrt, Wohlergehen.* — *b) Geschicklichkeit, das Bewandertsein, Erfahrenheit, Klugheit, Gescheitheit.* Die Ergänzung im Loc. oder im Comp. vorangehend. — 2) *f. ई *a) eine Erkundigung nach Jmds Befinden.* — *b) Geschenk.*

*कौशलि m. Metron. von कुशला

कौशलिका f. *Geschenk.*

कौशल्य 1) m. *eine Art Pavillon* Vâstuv. 830. 835. — 2) n. *a) Wohlfahrt, Wohlergehen.* — *b) Geschicklichkeit, Erfahrenheit in* (im Comp. vorangehend) Spr. 7689. Bhâvapr. 1,130.

कौशाम्ब 1) Adj. °मण्डल n. *das Gebiet von* Kauçâmbî. — 2) f. ई N. pr. einer Stadt.

कौशाम्बि f. = कौशाम्ब 2).

कौशाम्बिका f. ein Frauenname 308,29 (im Prâkrit).

कौशाम्बीय Adj. *aus* Kauçâmbî 291,15.

कौशाम्बेय 1) m. Patron. von कुशाम्ब. — 2) *Adj. von कौशाम्बी.

कौशाम्ब्य m. *ein Fürst von* Kauçâmbî.

कौशाम्भस् n. *mit* Kuça-*Gras aufgekochtes Wasser.*

कौशाम्त्री f. N. pr. einer Stadt.

1. कौशिक Adj. von कुश 3) *a).*

2. कौशिक 1) Adj. *zu* Kuçika (oder Kauçika) *in Beziehung stehend.* — 2) m. *a)* Patron. verschiedener Männer, insbes. Viçvâmitra's. Auch Pl. — *b)* Bein. α) Indra's. — β) des Sonnengottes Comm. zu TBr. 1,5,10,2. — γ) *Çiva's. — *c)* * *Vatica robusta* Râǵan. 9,83. — *d) ein best.* Râga S. S. S. 65. — *e)* N. pr. eines Asura. — 3) f. कौशिकी *a) eine best.* Râgiṇî S. S. S. 37. — *b)* Bein. der Durgâ. — *c)* Titel einer Çikshâ Ind. St. 14,160. — *d)* N. pr. α) verschiedener Flüsse VP.² 2,143 u. s. w. — β) einer buddhistischen Bettlerin.

3. कौशिक 1) Adj. *a) einen Behälter bildend* (von einer Wunde) Bhâvapr. 6,35. कौष्ठिक v. l. Vgl. कोशवन्त् 1) *a).* — *b) in der Scheide steckend* (Schwert). — *c) seiden.* — 2) *m. *a) Schlangenfänger.* — *b) ein Kenner der Wörterbücher, Verfasser eines Wörterbuchs.* — *c) Bdellion.* — *d) Mark.* — *e) eine Rohrart.* — 3) *f. आ *Trinkgeschirr.* — 4) f. ई N. pr. einer aus dem *Leibe* der Pârvatî hervorgegangenen Göttin. — 5) n. *Seidenzeug, ein seidenes Gewand.*

4. कौशिक 1) m. *a) Eule.* — *b)* **Ichneumon.* — *c)* **Geschlechtsliebe.* — 2) f. ई = कौशिक 3) *a).*

5. कौशिक Adj. *von einer Eule herkommend.*

कौशिकता f. Nom. abstr. zu 1. कौशिक und zugleich zu 2. कौशिक 2) *b)* β).

कौशिकत्व n. Nom. abstr. 1) zu 1. कौशिक Maitr. S. 4,5,7 (hier zugleich zu 2. कौशिक 2) *b)* α). — 2) zu 2. कौशिक 2) *a)* und 2) *b)* α).

*कौशिकप्रिय m. Bein. Râma's.

*कौशिकफल m. *der Kokosnussbaum.*

कौशिकाङ्गुलि m. N. pr. eines Mannes.

*कौशिकात्मज m. Patron. Arǵuna's.

कौशिकादित्य n. N. pr. eines Tîrtha.

कौशिकायनि m. Patron. N. pr. eines Lehrers.

*कौशिकायुध n. *Regenbogen.*

कौशिकार m. Pl. = कोशकार 1) *a).*

कौशिकारण्य n. N. pr. einer Stadt Hariv. 3,44,48.

*कौशिकाराति und *कौशिकारि (Râǵan. 9,89) m. *Krähe.*

*कौशिकिन् m. Pl. *die Schule des* Kauçika.

कौशिकीपुत्र m. N. pr. eines Lehrers.

*कौशिकेक्षु m. *Trophis aspera* Râǵan. 9,129.

कौशिज्ञ m. Pl. N. pr. eines Volkes. कोसल v. l.

कौशिल m. Hypokoristikon von कौशिक.

कौशिल्य m. Patron.

कौशीधान्य n. *Hülsenfrucht.*

*कौशीरकेय Adj. von कुशीरक.

कौशीलव (Gobh. 3,1,19) und °व्य n. *das Gewerbe der Barden* oder *Schauspieler.*

कौशेय 1) Adj. *seiden.* — 2) n. *Seide, Seidenzeug, ein seidenes Gewand.* — 3) N. pr. einer Oertlichkeit.

कौशेयक n. *Seidenzeug.*

कौश्य 1) Adj. *aus* Kuça-*Gras gemacht.* — 2) *m. Patron. von Kuça.

कौश्रेय m. Patron. von कुश्रि.

कौषारव und कौषारवि m. Patron. von कुषारु.

कौषीतक 1) m. Patron. von कुषीतक. — 2) f. ई *a)* *Patron. von Agastja's Gemahlin. — *b)* Name einer Çâkhâ des Ṛgveda. — 3) n. Titel eines Brâhmaṇa Çaṅk. zu Bâdar. 3,3,1 (S. 846).

कौषीतकि m. Patron. von कुषीतक. Auch Pl.

कौषीतकिन् m. Pl. Name einer Schule.

कौषीतकिब्राह्मण n. Titel eines Brâhmaṇa.

कौषीतकिब्राह्मणोपनिषद् f. Titel einer Upanishad.

कौषीतकेय m. Patron. des Kahoḍa.

कौषीतक्युपनिषद् f. Titel einer Upanishad.

कौषेय m. N. pr. eines Ṛshi.

*कौष्टचितक Adj. von कुष्टचित् gaṇa कथादि in der Kâç.

कौष्ठ Adj. 1) *im Leibe befindlich.* — 2) *in der Vorrathskammer befindlich.*

*कौष्ठवित्क Adj. von कुष्ठविद्.

1. कौष्ठिक Adj. *über den Aussatz handelnd* Kâraka 2,5. 6,18.

2. कौष्ठिक Adj. *einen Behälter bildend* (von einer Wunde) Bhâvapr. 6,35. कौशिक v. l.

कौष्ठिल und कौष्ठिल्य in महा°.

कौष्ठ्य Adj. 1) *im Unterleib befindlich.* — 2) etwa *überaus reich* Taitt. Âr.

कौष्माण्ड Adj. *an die* Kûshmâṇḍa *genannten Kobolde gerichtet.*

कौष्माण्डिक Adj. dass. AV. Pariç. 42,2.

कौष्य m. Patron. von कोष.

कौसल 1) m. *a)* Pl. N. pr. eines Volkes und einer Dynastie. — *b)* कौशलानां (so, v. l. कोश°) नक्षत्रम् *ein best. Mondhaus* R. 6,86,43. — 2) f. आ N. pr. einer Gemahlin Kṛshṇa's. — 3) f. ई N. pr. einer Gattin Vasudeva's VP.² 4,110.

कौसलक 1) m. Pl. N. pr. eines Volkes. — 2) Adj. *den* Kosala *gehörig.*

*कौसलेय m. Metron. des Râma.

कौसल्य Adj. *zum Volke der* Kosala *gehörig;* m. *ein Fürst der K.*; f. आ *eine Fürstin der K.*

*कौसल्यानन्दन, कौसल्यामातृ, *कौसल्यायनि und कौसल्येय (Prasannar. 86,20) m. Metronn. Râma's.

कौसित n. N. pr. eines Teiches (zu Kusitâji in Beziehung gesetzt) Maitr. S. 2,1,11. Mân. Gṛhj. 1,6.

कौसिद m. = कौसित. Vgl. कौसिद.

कौसीद Adj. (f. ई) *mit einem Anlehen in Verbindung stehend.*

कौसीद्य n. 1) *Trägheit, Schlaffheit* Lalit. 100,11. 13. कौषाद्य gedr. — 2) * *Wuchergeschäft.*

कौसुम 1) Adj. (f. ई) *von Blumen herrührend, aus Bl. gemacht* Naish. 7,28. Agni-P. 43,10. Bâlar. 62,16. — 2) *n *Messingasche als Collyrium.*

कौसुमायुध Adj. *den Liebesgott betreffend.*

कौसुम्भ 1) Adj. (f. ई) *vom Saflor kommend, mit*

S. gefärbt, dem Safflor gleichend (Farbe) 296,10. शाक n. Safflor-Gemüse. — 2) *m. wilder Safflor Râgan. 4,169. — 3) n. mit Safflor gefärbter Stoff.

कौसुम्भक Adj. mit Safflor gefärbt Agni-P. 30,19.

कौसुरुबिन्द m. 1) Patron. von कुसुरुबिन्द. — 2) ein best. Daçarâtra.

कौसुरुबिन्दि m. Patron. von कुसुरुबिन्द.

*कौसृतिक m. Betrüger.

कौस्तुभ 1) m. n. ein best. bei der Quirlung des Oceans zum Vorschein gekommenes Juwel, ein Schmuck Vishṇu's. — 2) m. eine best. Fingerverbindung. — 3) m. = कित्तुघ्न AV. Ǵyot. 4,6. 5,1, 15. — 4) n. eine Art Oel. — 5) Titel eines Werkes.

कौस्तुभधामन् (Prasannar. 157,10), कौस्तुभभृत्, *कौस्तुभलक्षण und *कौस्तुभवक्षस् m. Beinamen Vishṇu's.

कौस्तुभीय Adj. zu कौस्तुभ 1) gehörig Bâlar. 197,17.

*कौस्तुभोरस् Adj. Bein. Vishṇu's Gal.

*कौस्त्र n. Nom. abstr. von कुस्त्री.

*कौहड m. Patron. von कोहड.

*कौहडि m. Patron. von कौहड.

कौह्ल m. = Patron. von कोह्ल.

कौह्लीपुत्र m. N. pr. eines Grammatikers.

कौह्लीय m. Pl. eine best. Schule Gobh. 3,4,34.

*कौह्लित m. Patron. von कोह्लित.

क्त das Suffix त in कृत u. s. w. 233,8. 238,11.

*क्नंस्, क्नंसति und क्नंसयति (भाषार्थ oder भासार्थ).

*क्नथ्, क्नथति (हिंसार्थ).

*क्नस्, क्नस्यति (ह्वरणदीप्त्योः). — *Caus. क्नसयति.

*क्नस Adj. von क्नस्.

क्नूय्, *क्नूयते 1) *feucht sein. — 2) *einen best. Laut von sich geben. — 3) *stinken. — Caus. क्नोपयति durchnässen. — Mit अभि befeuchten. Vgl. अभिक्नूयम्.

*क्नूयितर् Nom. ag. von क्नूय्.

क्नोपन Adj. in अ°.

क्नोपम् Absol. in चेल° und वस्त्र°.

*क्मर्, क्मरति (हूर्छने).

क्यं n. das dem Pragâpati Genehme.

क्यत् Adj. = कियत् wie viel?

क्याकु n. Pilz Gaut. Âpast.

क्याम्बू (dreisilbig) f. = कियाम्बु Taitt. Âr. 6, 4,1 (= AV., aber क्याम्बू).

*क्रंश् (प्रकाशयतिकर्मन्).

क्रकच 1) m. n. Säge. — 2) m. a) ein best. musikalisches Instrument. — b) *Ardea virgo Nigh. Pr. — c) eine best. Pflanze Kâd. 129,17. *Capparis aphylla. — d) eine best. Hölle. — e) N. pr. eines Priesters der Kâpâlika. — 3) *f. आ Pandanus odoratissimus Râgan. 10,69.

*क्रकचच्छद m. Pandanus odoratissimus.

*क्रकचत्वच् m. dass. Nigh. Pr.

*क्रकचपत्त्र m. der Teakbaum Râgan. 9,130.

*क्रकचपद् (stark °पाद्) m. Eidechse, Chamäleon.

*क्रकचपृष्ठी f. Cojus Cobojus.

क्रकचव्यवहार m. eine best. Regel zur Berechnung einer Holzmasse Lîlâv. 198. Colebr. Alg. 101.

*क्रकण m. = क्रकर 1).

क्रकर m. 1) Perdix sylvatica. Nom. abstr. °त्व n. — 2) *Ardea virgo Dhanv. 6,101. — 3) *Capparis aphylla. — 4) *Säge. — 5) *ein armer Mann. — 6) *Krankheit.

*क्रकराट oder *°राट m. Lerche Dhanv. 6,104.

क्रकुच्छन्द m. N. pr. eines Buddha Kâraṇḍ. 93,14.

क्रक्ष्, nur Partic. क्रक्षमाण tobend, brausend. — Mit अव in अवक्रक्षिन्.

क्रक्ष in वनक्रक्ष.

क्रडन n. das Untertauchen.

क्रतु m. 1) Vermögen, Tüchtigkeit, Wirksamkeit. — 2) Ueberlegung, Rath, Einsicht, Verstand. — 3) Erleuchtung, Begeisterung. — 4) Ratnschluss, Plan, Absicht, Vorsatz. — 5) Verlangen, Wunsch. क्रत्वा willig, gern. ऐकेन क्रतुना so v. a. mit dem blossen Willen ṚV. 2,13,11. — 6) Opferhandlung, Opfer. Auch personificirt. — 7) ein best. Kalpa 2) h). — 8) N. pr. a) eines Sohnes des Brahman, eines der Pragâpati und der sieben Weisen (als Stern am Himmel 218,23). — b) eines der Viçve Devâs VP.² 3,189. fgg. — c) eines Sohnes des Kṛshṇa. — d) eines Sohnes des Ûru. — e) eines Flusses in Plakshadvîpa VP. 2,4,11. Könnte auch f. sein. क्रमु v. l.

*क्रतुकर्मन् n. Opferhandlung.

क्रतुक्रिया f. dass. Hâsj.

*क्रतुच्छद m. 1) fehlerhaft für क्रकुच्छन्द. — 2) one skilled in sacrifice.

क्रतुजित् m. N. pr. eines Mannes.

क्रतुदक्षिणा f. Opferlohn Çâṅkh. Çr. 13,6,6.

क्रतुदेव m. N. pr. eines Mannes.

*क्रतुद्रुह् (Nom. °धुक्) m. ein Asura.

*क्रतुद्विष् (Nom. °द्विट्) m. dass.

*क्रतुध्वंसिन् m. Bein. Çiva's.

क्रतुधन m. N. pr. eines Rudra.

क्रतुपति m. der Veranstalter eines Opfers.

क्रतुपशु m. 1) Opferthier. — 2) *Pferd.

क्रतुपा Adj. die Absichten bewachend.

*क्रतुपुरुष m. Bein. Vishṇu's.

क्रतुप्रा Adj. 1) das Verlangen befriedigend, erfreuend ṚV. 10,100,12. — 2) begeistert oder erfreut.

क्रतुप्रावन् Adj. = क्रतुप्रा 1).

क्रतुभुज् m. ein Gott.

क्रतुमत् 1) Adj. entschlossen; einsichtig, weise; wirksam. — 2) m. N. pr. eines Sohnes des Viçvâmitra.

क्रतुमय Adj. consilii plenus.

*क्रतुयष्टि f. ein best. Vogel Gal.

क्रतुराज् m. das vornehmste Opfer (Açvamedha und Râgasûja).

क्रतुराज m. = राजसूय.

क्रतुरात m. N. pr. v. l. für कीर्तिरात VP.² 3,332.

क्रतुविक्रयिन् Adj. den erwarteten Opferlohn verkaufend.

क्रतुविद् 1) Adj. a) Willen —, Befehle habend (äussernd). — b) begeisternd. — 2) m. N. pr. eines Mannes.

क्रतुशेष m. Titel eines Werkes.

क्रतुसंख्या f. desgl.

क्रतुसंग्रह m. und °परिशिष्ट n. (Ind. St. 1,59) Titel eines Pariçishṭa des SV.

क्रतुस्थला f. N. pr. einer Apsaras.

क्रतुस्पृश् Adj. begeisternd.

*क्रतुहय m. Opferross Trik. 3,3,318.

*क्रतूत्तम m. = राजसूय.

क्रतूदक्षौ Nom. Du. m. Verstand und Wille VS. 7,27. Çat. Br. 4,1,3,1. 14,3,1,31.

क्रतूय्, क्रतूयति ernstlich wollen.

क्रत्वङ्ग n. Opfergeräth.

क्रत्वामघ Adj. einen durch Einsicht u. s. w. erlangten Lohn bildend.

क्रथ्, *क्रथति (हिंसायाम्). — Caus. क्राथयति 1) ausgelassen sein. — 2) *हिंसायाम्. — Mit उद् in उत्क्राथिनी.

क्रथ m. N. pr. 1) Pl. eines Volkes (stets in Comp. mit कैशिक). °कैशिकाधिपति m. Bâlar. 72,5. — 2) eines Sohnes des Vidarbha und Urahnen der Kratha. — 3) eines Wesens im Gefolge Skanda's. — 4) eines Asura.

क्रथन 1) Adj. in Erstickungsnoth gerathend Karaka 6,36. — 2) m. N. pr. a) eines Asura. — b) eines Schlangendämons. — c) eines Affen. — 3) n. a) das Durchhauen. — b) *das Morden, Tödten. — c) plötzliche Stockung des Athems.

क्रथनक 1) m. N. pr. eines Kamels. — 2) *n. schwarzes Aloeholz.

क्रद् s. क्रन्द्.

क्रधिष्ठ Superl. und क्रधीयस् Compar. zu कृधु.

क्रन् 2te Sg. Aor. von क्रन्द्.

क्रन्त् Partic. praes. von 1. कर्.

क्रन्द्, क्रन्दति, क्रन्दते 1) wiehern, brüllen. — 2) kläglich schreien, jammern. — 3) Jind (Acc.) kläg-

lich anrufen. — 4) *drönen* (Spr. 7795), *rauschen, knarren, klirren* (293,10). — Caus. क्रन्दयति 1) 2) 3) Caus. zu Simpl. 1) 2) 4). — 4) 5) = Simpl. 1) 4). — 6) *wiehern nach* (Acc.). — Intens. कॅनिक्रन्ति und कनिक्रन्ते, Partic. कॅनिक्रत्, कॅनिक्रदत्, कनिक्रद्यमान. 1) *wiehern, brüllen, schreien, kreischen.* — 2) *drönen, rauschen, knattern.* — Mit अनु Med. *Jmd nach —, zuschreien;* mit Acc. — Mit अभि 1) *anwiehern, anbrüllen, anschreien.* — 2) *tönen, rauschen.* — Caus. *anwiehern, anbrüllen.* — Intens. dass. — Mit अव *brüllen.* — Caus. 1) dass. — 2) *herabrauschen auf* (Acc.). — Mit अभ्यव *Jmd* (Acc.) *anschreien, anrufen.* — Mit आ 1) *anschreien, anrufen.* — 2) *kläglich schreien, jammern.* — 3) *Jmd* (Acc.) *zu Hülfe rufen* Kâd. II,92,14. — 4) आक्रन्दित *von einer best. fehlerhaften Recitation* Saṁhitopan. 7,4. — Caus. 1) *herdrönen* u. s. w. — 2) *laut zurufen, anschreien.* — 3) **ununterbrochen schreien.* — 4) *kläglich schreien —, jammern machen.* — Mit समा *kläglich schreien.* — Mit नि 1) *herunter schreien.* — 2) निक्रन्दित *von einer best. fehlerhaften Recitation* Saṁhitopan 7,5. — Caus. *hineinbrüllen lassen.* — Mit परि Caus. *umrauschen.* — Mit प्र *laut rufen.* — Caus. *laut rauschen.* — Mit वि *wehklagen.* — Mit सम् *brüllen mit* (Instr.). — Caus. *durch Rauschen u. s. w. zusammenbringen, conclamare aliquid.*

क्रॅन्द m. 1) *Gewieher.* — 2) *Geschrei, Ruf.*

क्रन्दॅदिष्टि Adj. *unter Brausen dahineilend.*

क्रन्दन 1) *m. a) *Katze.* — b) *eine best. Pflanze.* — 2) n. a) *das Schreien, lautes Rufen* Spr. 7747. — b) **Schlachtgeschrei.* — c) *das Wehklagen.*

क्रन्दनध्वनि m. *Wehruf* 156,28.

क्रन्दनुॅ m. *Gedrön, Getön.*

क्रॅन्दस् n. 1) *Schlachtgeschrei.* — 2) Du. *die beiden kämpfenden Parteien.*

क्रन्दित *n. 1) *klägliches Schreien.* — 2) *das Herbeirufen.*

क्रॅन्द्य n. *das Wiehern.*

क्रप् 1) कृपते, कॄपमाण a) *jammern, trauern, — um* (Acc.). — b) *flehen, ersehnen;* mit Acc. — 2) *क्रपते (कृपायाम्, गतौ). — Mit अनु, °कृपते *sich sehnen nach, trauern um.* — Vgl. कृपय्.

क्रम्, क्रॅामति und क्रमति (nicht gebilligt), क्रमते und क्रामते (nicht gebilligt) 1) *schreiten, — zu, nach* अच्छ, अधि oder blosser Acc. oder Loc.). — 2) *zu Jmd* (Loc.) *gehen, kommen um Hülfe zu finden.* — 3) *durchschreiten, überschreiten* 299,22. — 4) *ersteigen.* — 5) *beschreiten* (in der Begattung). — 6) *überragen.* — 7) *in Besitz nehmen, erfüllen.* — 8) *Med. *an Etwas gehen, Etwas unternehmen, seine Kraft an Etwas wenden;* mit Dat. — 9) Med. *gut von Statten gehen, Erfolg haben, eine Wirkung thun, anschlagen.* — 10) *der grammatischen Operation des* Krama 11) *unterliegen, wiederholt werden.* — 11) Med. *nach der Weise des* Krama 11) *verfahren.* — अक्रान्ताम् Bhâg. P. 3,16,2 fehlerhaft für अक्राताम् von 1. कर्. — Caus. 1) क्रमयति *schreiten lassen.* — 2) क्रमयति und क्रामयति *dem* Krama 11) *unterwerfen, wiederholen.* — Intens. चङ्क्रमते, चङ्क्रम्यते und चङ्क्रमीति *hinundherschreiten, — wandern, spaziren* Kâraṇḍ. 65,9. 66,7. 12. *durchschreiten.* — Mit अति 1) *vorüber —, weitergehen.* — 2) *wegschreiten über, vorüberschreiten —, vorüberkommen an, treten über* (Acc.). °क्रम्य *jenseits, hinter;* mit Acc. °क्रान्त gewöhnlich in act. Bed. — 3) *weitergehen,* so v. a. *fortfahren.* — 4) *sich wegbegeben von* (Abl.) 82,23. *aus dem Wege gehen* (भयात् *einer Gefahr*) MBh. 13,117,13. — 5) *kommen um, verlustig gehen;* mit Abl. — 6) *vergehen, verstreichen, verfliessen* (von der Zeit). — 7) *über* eine best. Zeit (Acc.) *hinwegkommen,* eine b. Z. *verstreichen lassen.* — 8) *über das gewöhnliche Maass hinausgehen, hervorragen.* — 9) ein best. Maass (Acc.) *überschreiten, übertreffen* 249,17. *überwinden.* — 10) *übergehen, bei Seite lassen.* — 11) *Jmd* oder *Etwas unbeachtet lassen, vernachlässigen, versäumen, übertreten, sich ein Versäumniss zu Schulden kommen lassen, einen Fehltritt begehen.* — 12) *Jmd* (Acc.) *entgehen,* so v. a. *unbenutzt bleiben von.* सो ऽर्थो मा त्वामतिक्रमेत् so v. a. *benutze dieses.* — Caus. 1) *verstreichen lassen.* — 2) *nicht beachten, keine Rücksicht nehmen auf.* — Mit अत्यति *beschreiten* (in der Begattung). °क्रान्त mit act. Bed. — Mit अभ्यति 1) *wegschreiten über, durchschreiten.* — 2) *überwinden.* — 3) *übertreten, vernachlässigen.* — Mit समभ्यति *kommen auf.* चित्तम् *auf den Gedanken.* — Mit व्यति 1) *vorbeischreiten an, wegschreiten über, überschreiten.* — 2) *verstreichen, verfliessen, vergehen; für Jmd* (Acc.) *verstreichen.* — 3) *übertreffen, überwinden.* — 4) *vernachlässigen, versäumen, nicht einhalten* 101,10. *übertreten; ein Versäumniss sich zu Schulden kommen lassen.* धर्मव्यतिक्रान्त *der das Gesetz übertreten hat.* — 5) *verkehrter Weise sich einer Sache* (Acc.) *hingeben.* °क्रान्त mit act. Bed. Spr. 5522. — Mit समति 1) *vorübergehen, weitergehen.* — 2) *wegschreiten über, vorüberkommen, über —, durchschreiten.* योजनं समतिक्रान्तः so v. a. *ein* Jogana *zurück befindlich.* — 2) *verstreichen, verfliessen.* — 3) *hervor —, an die Oberfläche kommen* (von Pflanzen). — 4) *heraustreten aus* (Abl.). — 5) *übertreffen.* °क्रान्त mit act. Bed. — 6) *vernachlässigen, nicht beachten, versäumen, übertreten.* — 7) (ein Versprechen) *halten.* — Mit अधि *hinaufsteigen auf* oder *zu* (Acc.). — Mit अनु 1) *nachfolgen, verfolgen* (einen Weg u. s. w.), *nachgehen, entlang gehen.* — 2) *der Reihe nach durchgehen, aufzählen, im Verlauf angeben* 221,7. 226,25. — 3) (einen Beschluss) *fassen.* °क्रान्त mit act. Bed. R. 2,30,41. — 4) *mit einem Inhaltsverzeichniss versehen.* — 5) *im Inhaltsverzeichniss angeben.* — Mit समनु *vollständig hindurchschreiten, durchlaufen.* — Mit अप 1) *weggehen, sich davon machen, davonlaufen, sich entfernen —, weichen von* (Abl.). — 2) *verstreichen.* अपक्रान्त n. *Vergangenes, in der Vergangenheit Liegendes* Bâlar. 174,2. — 3) *abschreiten,* d. h. *durch Schreiten trennen.* — Caus. °क्रमयति *davonlaufen lassen* Tâṇḍja-Br. 12,4,25. — Desid. °चिक्रमिषति *Jmd* (Abl.) *davonlaufen wollen.* — Mit अन्वप *nach Jmd weglaufen* TBr. 1,4,1,8. — Mit अभ्यप *weggehen nach, zugehen auf.* — Mit व्यप *abtreten, sich entfernen.* — Mit अभि 1) *hinzutreten, zugehen auf, sich hinbegeben zu, betreten;* mit Acc. oder mit प्रति. — 2) *überwinden* ṚV. 6,49,15. 9,40,1. — 3) *darangehen, anfangen, sich anschicken zu* (Dat. eines Nom. act.). — 4) *hinaufsteigen* (der Zahl nach). — 5) *durchschreiten* (fehlerhaft für अति). — Caus. °क्रमयति *in die Nähe bringen, heranziehen* Tâṇḍja-Br. 12,4,25 — Mit समभि *hinzutreten.* — Mit अव 1) *sich wegbegeben, entfliehen.* अप v. l. — 2) *treten auf* (Acc.), Taitt. Âr. 10,9,1. — 3) *niedertreten, überwältigen.* — 4) *hinabfahren in.* गर्भम् *in einen Mutterleib* Kâraka 4,3. मातुः कुक्षौ Lalit. 43,13. — 5) *in die Existenz treten, sich zu bilden anfangen* (vom Fötus) Kâraka 4,3. — Caus. *hinuntersteigen lassen.* — Mit अन्वव *nach der Reihe hinabsteigen, eingehen in.* — Mit आ 1) *herbeikommen, hintreten —, hinkommen zu, beschreiten, betreten, besuchen.* — 2) *treten auf* (Acc. oder Loc.). — 3) *lasten —, einen Druck ausüben auf* (Acc.). — 4) *sich klammern an, anpacken.* — 5) *angreifen, einen Angriff machen auf, Gewalt brauchen.* — 6) in der Astr. *angreifen,* so v. a. *verfinstern.* — 7) *in Besitz nehmen, in seine Gewalt bekommen.* आक्रान्त *in der Gewalt stehend —, ergriffen —, beherrscht von* (Instr. oder im Comp. vorangehend). — 8) *einnehmen, sich verbreiten über.* वलिभिर्मुखमाक्रान्तम *das Gesicht mit Runzeln überzogen.* — 9) *aufsteigen, ansteigen, steigen zu — hinauf, ersteigen, besteigen.* Gewöhnlich Med und häufig mit ऊर्ध्वम् verbunden. — 10) bespringen. — 11) anspringen. — 12) beginnen, mit Infin. — Caus. 1) herbeikommen —, hereintreten —, betreten lassen. — 2) angreifen, einen Angriff machen auf(?). — *Desid. आचिक्रंसते aufsteigen wollen. — Mit अत्या her- und vorüberschreiten. — Mit अध्या 1) herfallen über. — 2) erwählen. — Mit अन्वा 1) der Reihe nach betreten, — besuchen. — 2) Med. hinaufsteigen zu. — Mit अपा MBh. 13,3717 fehlerhaft für अप. — Mit अभ्या s. अभ्याक्रामम्. — Mit उपा herfallen über. — Mit समुपा gelangen zu. °क्रान्त mit act. Bed. — Mit निरा heraus —, hervortreten, — aus (Abl.). — Mit प्रत्या zurückschreiten Âpast. Çr. 15,11,2. Comm. zu TBr. 1,241,20. — Mit समा 1) treten auf. — 2) lasten —, einen Druck ausüben auf. — 3) angreifen, einen Angriff machen auf. — 4) in Besitz nehmen, in seine Gewalt bekommen. रोषसमाक्रान्त vom Zorn überwältigt. — 5) (ein Versprechen) halten. — Mit उद् (Med. ausnahmsweise) 1) hinaufschreiten, aufsteigen. Mit अधि und vorangehendem Abl. sich erheben über Maitr. S. 1,6,10. — 2) heraustreten, hinaus —, davongehen, entweichen, — aus (Abl.); insbes. von den Lebensgeistern. उत्क्रान्तमसुभिः impers. Kâd. 36,12. — 3) hinausschreiten, so v. a. sterben. — 4) mit Acc. so v. a. mit अनूद् Praçnop. 2,4. — 5) übergehen, bei Seite lassen. — 6) übertreten, unbeachtet lassen, vernachlässigen. — 7) sich einer Sache (Acc.) entziehen 213,26. 33. — Caus. उत्क्रमयति und उत्क्रामयति hinaufgehen —, hinausschreiten lassen. — Desid. hinausgehen —, davongehen wollen. — Mit अत्युद् 1) sich fern halten. अत्युत्क्रान्त sich fern haltend von (Loc.) MBh. 13,23,56. — 2) überragen, mehr gelten als; mit Acc. v. l. अति. — Mit अनूद् Act. nach Jmd (Acc.) hinaus —, davongehen. — Mit अभ्युद् Act. 1) hinaufschreiten Vaitân. — 2) hinausschreiten lassen. — Caus. dass. — Mit उपोद् Act. hinaufsteigen zu. — Mit प्रत्युद् im Begriff stehen zu entweichen. प्रत्युत्क्रान्तजीवित Adj. so v. a. halbtodt Daçak. 3,7. — Mit व्युद् Act. 1) auseinandergehen. *द्वंद्वं व्युत्क्रान्ताः zu Zweien besonders stehend. — 2) fortgehen, weichen. — 3) überschreiten, übertreten, übergehen, nicht beachten. — Mit समुद् 1) aus dem Leben scheiden Nâdab. Up. 13. — 2) übertreten, nicht beachten. — Mit उप 1) herantreten, herbeikommen, kommen zu, in; mit Acc. oder Loc. — 2) feindlich losgehen auf. — 3) auf eine bestimmte Art sich Jmd nähern, Jmd angehen, behandeln, verfahren gegen (Acc.); ohne Object verfahren, zu Werke gehen. — 4) ärztlich behandeln. — 5) an Etwas gehen, sich an Etwas machen, greifen zu, begehen, verrichten. — 6) den Anfang womit machen, beginnen, anheben, sich anschicken; mit Acc., Dat. oder Infin. Gewöhnlich Med. — 7) Med. seinen Anfang nehmen Lâṭy. 9,9,6 (उपक्रमेतेति zu lesen). — Caus. Jmd beginnen lassen, mit Infin. Pañkad. — Mit प्रत्युप Med. losschreiten auf (Acc.) Gop. Br. 2,3,12. — Mit समुप anheben, beginnen, sich anschicken; mit Infin. und nur einmal Act. यथायं समुपक्रान्तः so v. a. nach dem zu schliessen, wie dieser begonnen hat R. 2,78,14. — Mit नि Act. 1) eintreten in (Loc.). — 2) niedertreten. — 3) schreiten Ṛv. 6,59,6. — Mit अनुनि Act. in den Fusstapfen folgen, nachtreten. — Mit अभिनि Act. niedertreten. — Mit निस् 1) hinausschreiten, — gehen aus (Abl.; ausnahmsweise Gen.), von Hause gehen, das Haus verlassen; im Schauspiel technisch für abtreten. Von den Lebensgeistern so v. a. उद्. — 2) निष्क्रान्त hervorgegangen, so v. a. abstammend von (Abl.). — Caus. hinausgehen lassen, herauslassen aus (Abl.), hinaustreiben, hinausbringen Kâd. II,108,13. — Mit अनुनिस् hinaus- und nachgehen Maitr. S. 1,6,10. — Mit अभिनिस् 1) hinaus- und hinzuschreiten. — 2) hinausschreiten, — gehen aus (Abl.). Von einem *Thor so v. a. hinausgehen nach (Acc.). — 3) ausgehen, so v. a. das Haus verlassen Karaka 1,8. buddh. d. H. v. um Mönch zu werden Lalit. 112,12. mit beigefügtem प्रव्रज्यायै 115,11. Auch mit Acc. der Wohnung. — 4) अभिनिष्क्रान्त hervorgegangen, so v. a. abstammend von (Abl.). — Mit उपनिस् 1) hinaus— und hinzuschreiten. — 2) hinausschreiten, — gehen aus (Abl.). — Mit विनिस् hinausschreiten, — treten, hervorkriechen aus (Abl.) 64,32. — Mit परा vorschreiten, drauflosgehen, sich muthig zeigen, Kraft entwickeln, grossen Eifer an den Tag legen, sein Bestes thun, sich in einer Sache hervorthun. पराक्रान्तः पलायने so v. a. nur auf Fliehen bedacht. — Mit परि (ausnahmsweise Med.) 1) umherschreiten herumgehen, umhergehen, sich herumbewegen. Technisch vom Umhergehen der Schauspieler auf der Bühne. परिक्रमन्व्योम्नि विवृत्तनेत्रः mit den Augen am Himmel herumgehend. — 2) herumschreiten um, durchschreiten, besuchen. — 3) vorüber kommen an, Jmd (Acc.) entgehen. — 4) im Gehen Jmd (Acc.) überholen. — Intens. परिचङ्क्रमीति sich beständig herumbewegen. — Mit अनुपरि 1) der Reihe nach umhergehen. — 2) der Reihe nach umschreiten Maitr. S. 4,9,10. der Reihe nach besuchen. — besichtigen. — Mit विपरि 1) rings herumschreiten. — 2) विपरिक्रान्त muthig, tapfer. — Mit संपरि umschreiten, besuchen. — Mit प्र 1) Act. (redupl. Aorist im Ṛv. Med.) vorschreiten; ausgehen, ausziehen, aufbrechen, gehen zu (Acc.). प्रदक्षिणम् rechts herumgehen. — 2) Act. überschreiten. — 3) Med. verfahren gegen (Loc.). — 4) Med. (ausnahmsweise Act.) gehen —, sich machen an, unternehmen, sich anschicken, beginnen; mit Acc., °अर्थम् oder Infin. Einmal mit dem Acc. eines Nom act. (वरयाम्), das sonst nur mit कर्, भू oder अस् auftritt. — 5) प्रक्रान्त *begonnen, angebrochen (संध्या). — Caus. vorwärtsschreiten lassen. — *Desid. Fut. प्रचिक्रंसिष्यते. — Mit अभिप्र Act. hinschreiten zu (Acc.) Vaitân. — Mit संप्र Med. gehen an, sich anschicken, beginnen; mit Acc. oder Infin. — Mit प्रति 1) zurückkommen. — 2) herabsteigen (der Zahl nach). — 2) beichten. — Mit अनुप्रति zurückkommen. — Mit वि 1) weiterschreiten, bei Seite gehen, sich entfernen, — von (Abl.). — 2) auseinandergehen, sich theilen. — 3) durchschreiten. — 4) einherschreiten, schreiten, gehen. — 5) einen Schritt machen. — 6) erschreiten, sich erheben zu (Acc.). — 7) beschreiten. — 8) einen Ansatz nehmen, einen muthigen Angriff thun, Muth an den Tag legen, gegenüber von (Loc.). विक्रान्त muthig, tapfer. धनुषि so v. a. ein ausgezeichneter Bogenschütze. — 9) Jmd (Acc.) bekämpfen. — Caus. Schritte machen lassen. — Mit अधिवि Med. für Jmd (Dat.) ausschreiten. — Mit अनुवि Med. nachschreiten. — Mit निर्वि hinausschreiten. — Mit सम् 1) zusammentreten, sich vereinigen. — 2) zusammengerathen. — 3) sich hinbewegen zu (Acc.). — 4) eintreten in (einen Stand, Acc.) Ragh. 5,10. — 5) in ein Sternbild treten (von der Sonne). — 6) übergehen von (Abl.) auf (Loc.) Suçr. 1,271,13. Bhâvapr. 6,28. Kâd. 84,9. संक्रान्त übergegangen, — von (Abl.) auf (im Comp. vorangehend) Çâk. Ch. 60,1. Gît. 12,27. Mâlatîm. 107,3 (237,2). — 7) durchschreiten, durchwandern, überschreiten. — 8) herbeikommen. — 9) einherschreiten. — Caus. 1) hinführen zu, mit zwei Acc. — 2) übergehen lassen, übertragen, übergeben, überlassen, überliefern; mit Acc. der Sache und Loc. der Person. अर्थान्तरम् (der Loc. verbietet sich wegen eines andern Loc. in anderer Function) in eine andere Bedeutung übergehen lassen. — 3) zwei Wörter im Krama 11) zusammentreten lassen, indem man dazwischen liegende ausfallen lässt, Comm. zu VS. Prât. 4,166. — Mit अनुसम् 1) insgesammt nachfolgen, mit Acc. TS. 1,7,4,6. — 2) gelangen zu. — 3) später übergehen auf (Acc.)

अनुसंक्रान्त mit act. Bed. Prasannar. 104,12. — Mit अभिसम् *fortschreiten von* (Abl.) *zu* (Acc.) Tâṇḍja-Br. 4,5,16. 21,11,3. — Mit उपसम् 1) *hinzutreten, gelangen zu*. — 2) *übergehen in* (Acc.). — Caus. *hinzutreten lassen*. — Mit प्रतिसम् *seinen Lauf einstellen*. — Caus. *zurückkehren machen*.

क्रम m. 1) *Schritt*. — 2) *Gang, Art und Weise des Gehens*. — 3) *Gang, Lauf, Verlauf* Hit. 8,15. 39,5. Mâlatim. 18,3 (37,4). — 4) *Weg* R. 2,25,2. — 5) *die zu einem Sprunge* oder *Angriff angenommene Stellung*. बद्धक्रम und क्रमगत Adj. Ind. St. 14,373. — 6) *Fuss* Ind. St. 14,373. fg. — 7) *regelmässiger Gang, Ordnung, Reihenfolge, Rangordnung, Erbfolge*. क्रमेण, क्रमात् und क्रमतस् *der Ordnung —, der Reihe nach*. तदनुसरणक्रमेण so v. a. *stets hinter ihm her* Hit. 9,8. 99,2. क्रमेण, क्रमात् und क्रम° *in regelmässigem Gange, nach und nach, allmählich*. — 8) *das Verfahren, Verfahrungsweise, Art und Weise* 74,5. *Diät* Káraka 6,13. °क्रमात् *gemäss* MBh. 1,187,19 (wohl °क्रमाच्च zu lesen). — 9) *Brauch, Ritus* Mârk. P. 23,112 (mit collectiver Bed.). *Etiquette*. क्रमं कर् *die E. beobachten* Njâjam. S. 2, Z. 16. — 10) *Veranlassung —, Grund zu* (Gen. oder im Comp. vorangehend) Spr. 1969. Kathâs. 18, 380. — 11) *eine best. durch Wiederholungen gehemmte Recitation des* Veda *und die nach dieser Methode gebildeten Verbindungen von Wörtern*. — 12) *Doppelconsonanz am Anfange eines* Pâda. — 13) in der Dramatik *Erreichung des Gewünschten*, nach Andern *das Gewahrwerden der Zuneigung*. — 14) in der Rhetorik *diejenige Form der* Upamâ, *in welcher die einzelnen Bilder sich der Reihe nach entsprechen*. — 15) * *Vermögen, Macht*.

क्रमक m. 1) *Reihenfolge* Gaim. 5,4,1. — 2) * *ein Kenner des* Krama 11).

क्रमकारिका f. Titel eines Werkes.

क्रमकाल m. = क्रमपाठ.

क्रमकालयोग m. = कालयोग MBh. 3,101,20.

क्रमकृत् Adj. *die Etiquette beobachtend* Njâjam. S. 1, Z. 4.

क्रमघन und क्रमजट m. *zwei bestimmte Formen des* Kramapâṭha.

क्रमचन्द्रिका f. Titel eines Werkes.

क्रमज Adj. *durch den* Krama 11) *entstanden*.

क्रमजटा f. v. l. für क्रमजट.

क्रमजित् m. N. pr. eines Fürsten.

क्रमज्यका (Golâdh. 8,55) und °ज्या f. *Sinus*.

क्रमण 1) m. a) *Schritt*. — b) * *Fuss*. — c) * *Pferd*. — d) N. pr. eines Sohnes des Bhaǵamâna. — 2) n. a) *das Schreiten, Gehen*. — b) *das Betreten, Treten auf*. — c) *das Ueberschreiten*. — d) *Schritt*. — e) *das sich an Etwas* (Dat.) *Machen*. — f) *Behandlung nach der Weise des* Krama 11).

क्रमत्रैराशिक *the direct rule of three terms*.

क्रमदण्ड m. *eine best. Form des* Kramapâṭha.

क्रमदीपिका f. Titel eines Werkes. °टीकाकृत् m. *der Verfasser eines Commentars dazu*.

क्रमदीश्वर m. N. pr. eines Grammatikers.

क्रमध्वज m. *eine best. Form des* Kramapâṭha.

क्रमपद n. *Wortverbindung im* Krama 11).

क्रमपाठ m. *die Recitation in der Weise des* Krama 11).

क्रमपार m. *eine best. Form des* Kramapâṭha.

*क्रमपूरक m. etwa *Getonia floribunda* Râǵan. 10,116.

क्रमप्रवक्तर् m. *der Lehrer des* Krama 11) RV. Prât. 11,33.

क्रमप्राप्त Adj. *ererbt*.

क्रमभाविन् Adj. Pl. *auf einander folgend* Comm. zu Njâjas. 3,1,3.

क्रमभ्रष्ट n. *Verstoss gegen die richtige Folge der Wörter* oder *Begriffe*.

क्रममाला f. *eine best. Form des* Kramapâṭha.

क्रमयोग m. *Reihenfolge*.

क्रमयौगपद्य n. Du. *Allmählichkeit und Plötzlichkeit* Sarvad. 12,12.

क्रमरत्नावली f. Titel eines Werkes.

क्रमरथ m. *eine best. Form des* Kramapâṭha.

क्रमराज्य n. N. pr. einer Oertlichkeit Râǵat. 5,87.

क्रमवृद्धि f. *allmähliches Wachsthum*. — *Zunahme*.

क्रमलेखा f. *eine best. Form des* Kramapâṭha.

क्रमवत्तु (!) und क्रमवर्त N. pr. eines Landes Râǵat. 5,39. 3,227.

क्रमशठ m. *eine best. Form des* Kramapâṭha.

क्रमशस् Adv. 1) *der Ordnung —, der Reihe nach*. — 2) *nach und nach, allmählich*.

क्रमशास्त्र n. *Vorschrift über den* Krama 11).

क्रमशिखा f. *eine best. Form des* Kramapâṭha.

क्रमसंहिता f. *eine nach der Weise des* Krama 11) *redigirte* Saṁhitâ.

क्रमसंग्रह m. Titel eines Werkes.

क्रमसंदर्भप्रभास m. Titel eines Abschnittes in einem best. Werke.

क्रमसरस् n. N. pr. eines heiligen *Teiches*.

क्रमसार Titel eines Werkes.

क्रमस्तुति f. Titel eines Werkes.

क्रमाक्रम m. Du. *Allmählichkeit und Plötzlichkeit*.

क्रमाक्रान्त Adj. *mit einem Satze* (eines Lowen) *gepackt* Kâd. 85,3.

क्रमागत Adj. 1) *durch Erbfolge —, folgemässig herstammend, — in Jmds Besitz gelangt*. Häufig geht dem क्रम noch eine nähere Bestimmung voran. — 2) *in gehöriger Ordnung auf einander folgend*. °गतार्थ Adj. Káraka 3,8.

क्रमादित्य m. Bein. Skandagupta's.

क्रमाध्ययन n. *das Recitiren nach der Weise des* Krama 11).

क्रमाध्यायिन् Adj. *den* Krama 11) *studirend*.

क्रमायात Adj. *ererbt, durch Erbfolge auf den Thron gelangt*.

क्रमि m. ungenaue Schreibart für कृमि.

क्रमिक Adj. 1) *ererbt, durch Erbschaft überkommen*. — 2) *der Reihe nach folgend, successivus*.

*क्रमितर् Nom. ag. von क्रम्.

क्रमु m. 1) *= क्रमुक 1) a). — 2) N. pr. eines Flusses in Plakshadvîpa VP.[2] 2,192. क्रतु v. l.

क्रमुक 1) m. a) *Betelnussbaum*. — b) * *der indische Maulbeerbaum*. — c) * *eine Art* Lodhra. — d) * *eine Cyperus-Art*. — e) * *die Frucht der Baumwollenstaude*. — f) Pl. N. pr. eines Volkes. — 2) * f. ई *Betelnussbaum*.

*क्रमुकपुष्पक m. *ein best. Baum* Gal.

*क्रमुकफल n. *Betelnuss*.

क्रमुञ्ज m. N. pr. eines Berges VP. 2,2,25.

*क्रमेतर gaṇa उत्कादि.

*क्रमेल und °क *Kamel* Spr. 7859. Naish. 6,104.

*क्रमोद्वेग m. *Stier*.

क्रम्य Adj. 1) *ärztlich zu behandeln* Káraka 8,2. — 2) *durch den* Krama 11) *entstehend*.

क्रय॑ m. 1) *Kauf, Einkauf*. — 2) *Kaufpreis*.

क्रयक्रीत Adj. *erkauft* Spr. 4000.

क्रयण n. *das Kaufen*.

क्रयणीय Adj. *zum Kaufen bestimmt*.

क्रयद्रव्य n. *die Sache, um welche man Etwas kauft* oder *eintauscht*.

क्रयलेख्य n. *Kaufbrief*.

क्रयविक्रय m. 1) Sg. und Du. *Kauf- und Verkaufspreis* M. 7,127. 8,401. 9,332. — 2) *Handel*.

क्रयविक्रयानुशय m. *Rückgängigmachung eines Handels*.

*क्रयविक्रयिक m. *Handelsmann*.

क्रयविक्रयिन् Adj. *der da kauft oder verkauft, einen Handel abschliessend*.

*क्रयशीर्ष n. *Mauersims*.

क्रयाक्रय *Handelsverkehr* Káraka 1,15.

*क्रयाक्रयिका f. gaṇa शाकपार्थिवादि.

क्रयाणक Adj. *käuflich* Ind. St. 15,437.

*क्रयारोह m. *Markt*.

क्रैयि (क्रैयी Saṁhitâ TS. Prât. 3,13) Adj. als Beiw. eines Namens des Rudra.

क्रयिक und क्रयिन् m. *Käufer.*

क्रय्य Adj. *käuflich.*

*क्रव्, क्रण्वति (वधकर्मन्) Naigh. 2,19.

क्रवण Adj. etwa *schreckhaft, erschrocken, zaghaft.* Nach Sâj. *preisend.*

क्रविष्णु Adj. *nach rohem Fleische gierig.*

क्रविस् n. *rohes Fleisch, Aas.*

क्रव्य 1) Adj. = क्रूर TS. 5,5,10,4. — 2) m. vielleicht so v. a. Agni kravjâd. — 3) n. = क्रविस् 111,19.

*क्रव्यघातन m. *Antilope.*

क्रव्यभक्षिन् und °भुज् Adj. *Fleisch —, Aas fressend.*

क्रव्यमुख m. N. pr. eines Wolfs.

क्रव्यवाहन Adj. *Leichname fortführend.* क्रव्य° v. l.

क्रव्याख्य m. Pl. N. pr. eines Volkes Varâh. Bṛh. S. 14,18, v. l.

क्रव्याद् 1) Adj. *Fleisch —, Leichname verzehrend;* vom Agni des Scheiterhaufens, von gespenstischen Wesen und von Thieren. — 2) m. *Raubthier* 120,1.

क्रव्याद 1) Adj. (f. आ) = क्रव्याद् 1). Auch Bez. einer der neun Samidh. — 2) m. *a) Raubthier* 74,20. — *b) *Löwe.* — *c) *Falke.* — *d)* Pl. Bez. *bestimmter Manen* VP.² 3,339. — *e)* Pl. N. pr. eines Volkes. — *f) ein best. metallisches Präparat* Bhâvapr. 4,30.

क्रव्यादस् (!) m. *Raubthier* Âpast. Es ist wohl क्रव्यादानाम् zu lesen.

क्रव्याशिन् 1) *Adj. = क्रव्याद् 1). — 2) m. Pl. N. pr. eines Volkes Varâh. Bṛh. S. 14,18 (Conj.).

क्रशय्, °यति *mager machen.*

क्रशिमन् m. *tenuitas, Dünne, Schmächtigkeit* Kâd. 78,1. *Seichtheit* (eines Flusses) 173,11.

*क्रशिष्ठ Superl. zu कृश.

क्रशीयस् Compar. (zu कृश) *überaus mager* Naish. 1,84.

क्रष्टव्य Adj. 1) *zu schleppen* 239,12. — 2) *herauszuziehen.*

क्रा in उदधि°, दधि°, रुधि°.

क्राकचिक m. *Säger, Holzsäger.*

क्राकच्य Adj. *zu sägen* Lîlâv. S. 89. fg.

क्राकचव्यवहृति f. = क्रकचव्यवहार Lîlâv. 201.

क्राणा Adv. *gern, willig; sofort.*

क्राथ m. 1) **Mord.* — 2) Patron. von क्रथ. — 3) N. pr. *a)* eines Fürsten. — *b)* eines Sohnes des Dhṛtarâshṭra. — *c)* eines Wesens im Gefolge Skanda's. — *d)* eines Schlangendämons. — *e)* eines Affen.

क्राथन n. *das Schnarchen.*

क्राथिन् in पर°.

क्राथेश्वर m. N. pr. eines Schülers des Âpastamba.

क्रान्त 1) Adj. Partic. von क्रम्. — 2) *m. *a) Pferd.* — *b) Declination* (astron.). — 3) f. आ *a) *eine Art Solanum.* — *b) ein best. Metrum.* — 4) n. *a) Schritt.* विष्णोः *eine best. Feier.* — *b) a certain aspect when the moon is in conjunction with a planet.*

क्रान्ति f. 1) **Schritt, Gang.* — 2) *Ekliptik.* — 3) *die Declination eines Planeten.* — 4) **Angriff.*

क्रान्तिकला (Conj.) f. *Ekliptik.*

क्रान्तिजीवा, °ज्यका (Golâdhj. 7,46) und °ज्या f. *der Sinus der Declination.*

क्रान्तिपात m. *Aequinoctialpunct,* insbes. *Frühlings —* Golâdhj. 6,11. 12. 17.

क्रान्तिभाग m. *the declination of a point of the ecliptic.*

क्रान्तिभुजा f. *der Cosinus der Declination* Comm. zu Ârjabh. 4,24.

*क्रान्तिमण्डल n. *Ekliptik.*

क्रान्तिमौर्वी f. = क्रान्तिजीवा Golâdhj. 8,70.

क्रान्तिवलय m. und क्रान्तिवृत्त n. (Comm. zu Sûrjas. 3,1) *Ekliptik.*

क्रान्तिशिञ्जिनी f. = क्रान्तिजीवा Golâdhj. 8,60.

*क्रान्तु m. *Vogel.*

क्रामण n. *ein best. mit dem Quecksilber unternommener Process.*

*क्रामेतरक Adj. von क्रमेतर.

*क्रायक m. *Käufer.*

क्रिमि ungenaue Schreibart für कृमि.

क्रिय m. κριός, *der Widder im Thierkreise.*

क्रियमाणक n. *Machwerk, literärischer Versuch.*

क्रिया f. 1) *Ausführung, Verrichtung, Bereitung, Beschäftigung mit Etwas, Geschäft, Handlung, Act, Thätigkeit, Arbeit, Mühe.* — 2) *Handlung,* so v. a. *Verbalbegriff, Verbum* 225,5. 227,20. — 3) *Arbeit,* so v. a. *literärisches Product.* — 4) *ärztliche Behandlung, Anwendung von Mitteln, Kur* Spr. 7862. — 5) *eine heilige Handlung, Opferhandlung, Ceremonie.* चरमा *die letzte,* so v. a. *Todtenceremonie.* — 6) *Verehrung, Cultus.* — 7) *Beweisführung* (कारणा und कारण der Lexicographen). — 8) **Beginn.* — 9) **Sühne.* — 10) **Erwägung.* — 11) **Studium.* — 12) **Mittel.* — 13) als Personification eine Tochter Daksha's und Gattin Dharma's oder eine Tochter Kardama's und Gattin Kratu's.

क्रियाकलाप m. Titel eines Werkes Bühler, Rep. No. 711.

क्रियाकाण्ड n. *der über die Opfer handelnde Theil in der Çruti.*

क्रियाकार m. 1) **Anfänger, Lehrling.* — 2) *feierliche Uebereinkunft, Gelöbniss* Kâraṇḍ. 56,24. 58,1. 3. 14. = कट und समय der Lexicographen.

क्रियाकुल Adj. *sehr beschäftigt* 213,14.

क्रियाकौमुदी f. Titel eines Werkes.

क्रियागुप्त n. und °गुप्ति f. *eine künstliche Satzbildung mit verstecktem Verbum finitum.*

क्रियातन्त्र n. Bez. einer der 4 Klassen von Tantra bei den Buddhisten.

क्रियातिपत्ति f. 1) *das Nichtzustandekommen einer Handlung* P. 3,3,139. — 2) *der Charakter und die Personalendungen des Conditionalis.*

क्रियात्मक Adj. *dessen Wesen Thätigkeit ist.* Nom. abstr. °त्व n. 265,20.

क्रियादीपक n. *eine Vergleichung, bei der ein Zeitwort das tertium comparationis bildet.*

क्रियाद्वेषिन् Adj. *die Beweisführung im Process zurückweisend* 214,15.

क्रियानिबन्ध m. Titel eines Werkes.

क्रियान्तर n. 1) *Unterbrechung einer Handlung* P. 3,4,57. — 2) *eine andere Handlung* 233,18. 19.

क्रियापथ m. *Behandlungsweise, Kurart.* °पथमतिक्रान्तः *nicht mehr zu kuriren* Karaka 5,11.

क्रियापद n. *Zeitwort* Spr. 7675.

क्रियापद्धति f. Titel eines Werkes Verz. d. B. H. No. 1107.

क्रियापात्र n. *ein durch Thaten würdiger Mann* Ind. St. 15,317.

क्रियापाद m. *der die Beweisführung umfassende Theil in einer gerichtlichen Verhandlung.*

क्रियाप्रबन्ध m. *ununterbrochene Fortdauer eine Handlung* 243,30.

क्रियाभ्युपगम m. *eine ausdrückliche Zusage, — Versprechen* 191,19.

क्रियाम्बुधि m. Titel eines Werkes.

क्रियायुक्त Adj. *thätig,* so v. a. *sich bewegend* AK. 2,8,2,86.

क्रियायोग m. 1) *die Verbindung mit einer Handlung, — einem Verbum.* — 2) *Anwendung von Mitteln.* — 3) *der practische* Joga. — 4) Titel eines Werkes.

क्रियारत्नसमुच्चय m. Titel eines Werkes.

*क्रियारोह m. = चक्रवाट.

1. क्रियार्थ m. *eine Handlung als Zweck* Gaim. 1,1,25.

2. क्रियार्थ Adj. (f. आ) *eine Handlung —, eine zweite Handlung bezweckend* 229,8. 9. *Handlungen bezweckend, dazu dienend.* Nom. abstr. °त्व n. Gaim. 1,2,1.

क्रियालाघव n. *bequeme Erfüllung der Functionen* (des Auges) Bhâvapr. 2,153.

क्रियालोप m. *Unterbleibung einer heiligen Handlung* 199,18.

क्रियावत् Adj. 1) *der Thaten vollbringt, handelnd, thätig.* — 2) *die religiösen Begehungen regelrecht vollziehend.* — 3) *in religiösen Begehungen bestehend.*

क्रियावसन्न Adj. *der durch die Beweisführung im Process unterlegen ist.*

क्रियावाचक Adj. *eine Handlung ausdrückend* Ind. St. 10,412.

क्रियावादिन् 1) Adj. *der in einer gerichtlichen Verhandlung die Beweise vorbringt.* — 2) m. *Kläger.*

क्रियाविधि m. 1) *eine Regel über die Art und Weise, wie man in einem bestimmten Falle zu handeln hat.* — 2) *Verwendung eines Zeitwortes.* एक° *V. eines und desselben Z.* 250,7.

क्रियाविशेषण n. *Adverb* 232,25.

क्रियाव्यवधायक Adj. *eine Handlung unterbrechend* P. 3,4,57, Sch.

क्रियाशक्ति f. 1) *die Fähigkeit Etwas zu verrichten.* Pl. so v. a. कर्मेन्द्रिय. — 2) *eine in Handlungen sich äussernde übernatürliche Macht.*

क्रियाशक्तिमत् Adj. *die Kraft der Thätigkeit besitzend* 265,28.

क्रियासंकर m. *Vermengung verschiedener Kurmethoden* Bhâvapr. 1,130.

क्रियासमुच्चय m. Titel eines Werkes.

क्रियासार desgl.

क्रियासिद्धि f. *das Gelingen einer Handlung* Ind. St. 15,275.

क्रियास्थानविचार m. Titel eines Werkes.

*__क्रियेन्द्रिय__ n. = कर्मेन्द्रिय.

क्रिवि 1) Adj. als Beiw. eines Namens von Rudra. क्रीपि v. l. — 2) m. *a*) etwa *Schlauch;* auch auf die *Wolken* übertragen. — *b*) * *Brunnen.* — *c*) N. pr. α) Sg. und Pl. eines Volkes, das später Pańkâla heisst. — β) *eines Asura.

क्रिविर्दती Adj. f. etwa *sägenzähnig.*

1. **क्री, क्रीणाति** und **क्रीणीते** *kaufen, erkaufen;* mit Instr. des Preises und Gen. oder Abl. (171,17) der Person; statt des Abl. auch अन्तिकात् mit Gen. क्रीत *gekauft.* Von einem durch *Kauf erworbenen Sohne* 198,9. Auch so v. a. *ganz für Jmd* (Instr.) *gewonnen.* — *Caus. क्रापयति. — Mit अनु in अनुक्री. — Mit अप *erkaufen.* — Mit अभि *zu einem bestimmten Zweck kaufen.* — Mit अव Med. (Act. verdächtig) 1) *erkaufen.* — 2) *miethen.* — Mit आ *erkaufen.* — Mit उप *ankaufen.* — Mit निस् 1) Act. *abkaufen, loskaufen von* (Abl.). — 2) Med. ohne oder mit आत्मानम् *sich loskaufen.* — Mit परि 1) Act. *erkaufen, eintauschen, — um* (Instr.). — 2) **erkaufen,* so v. a. *gewinnen;* mit Dat. oder Instr. des Preises. — 3) *dingen, miethen;* mit *Dat. oder *Instr. des Preises 224,11. — 4) *Med. *wiedervergelten.* — 5) परिक्रीत von einem Sohne nach Nîlak. so v. a. रेतोमूल्यदानेन (!) तस्यामेव (d. i. भार्यायाम्) जनितः. — Mit प्र in प्रक्रय und प्रक्री. — Mit वि *eintauschen gegen, verkaufen für* (Instr.). विक्रीतामुः सेवकः zu Spr. 7170. — Desid. विचिक्रीषते *eintauschen wollen, für Etwas* (Instr.) *hingeben beabsichtigen.* — Mit सम् *kaufen.*

2. **°क्री** Adj. in सद्यःक्री.

क्रीड्, क्रीडति (क्रीळति) und **क्रीडते** *spielen, tändeln, scherzen;* von Menschen, Thieren, Wind und Wellen und auch vom Liebesspiel. Mit Instr. der Sache oder Person; bei dieser auch सह, सार्धम् (47,20) und समम् (150,14. 154,22). Einmal mit dem Acc. द्यूतम्. क्रीडित *spielend, scherzend.* — Caus. क्रीडयति *spielen heissen.* — Mit अधि *über Jmd* (Acc.) *spielen, — tanzen.* Maitr. S. 1,10,16. TBr. 1,6,7,5. — Mit *अनु Med. *spielen.* — Mit *अव Med. — Mit आ Med. *spielen.* — Mit समा dass. — Mit उप *Jmd* (Acc.) *umtanzen.* — Mit नि Caus. etwa *ein Spiel einstellen.* — Mit परि Act. Med. (angeblich nur Med.) *umherspielen, umspielen;* mit Acc. Maitr. S. 1,10,16. — Mit प्र *sich an's Spielen machen, spielen, scherzen, sich vergnügen, — mit* (Instr. der Sache oder Person; bei dieser auch सह) Hemâdri 1,637,19. 639,3. प्रक्रीडित *spielend, scherzend.* — Mit वि 1) *spielen, scherzen, — mit* (सह) *Jmd.* — 2) *Jmd* (Acc.) *zu seinem Spielzeug machen.* — Mit सम् 1) Med. (ausnahmsweise Act.) *spielen, — mit;* mit Instr. der Sache oder Person; bei dieser auch सह. — 2) *Act. *rasseln* (von Rädern). — Mit परिसम् *herumscherzen.*

क्रीड 1) Adj. *spielend, tändelnd.* — 2) *m. = 3) *a*). — 3) f. क्रीडा *a*) *Spiel, Scherz, Tändelei, Liebesspiel.* — *b*) *spielend verrichtete Wunderthätigkeit* Lalit. 457,1. — *c*) **eine durch Scherz an den Tag gelegte Geringachtung.* — *d*) *Spielplatz.* — *e*) *ein best. Tact* S. S. S. 210.

*__क्रीडक__ m. *Spieler.*

क्रीडन 1) *m. N. pr. eines Windgottes Gal. — 2) n. *das Spielen, Spiel* 148,6.

क्रीडनक 1) *Adj. (f. °निका) *spielend, tändelnd.* — 2) m. *Spielzeug.* Nom. abstr. °ता f. Instr. *nach Art eines Spielzeuges.*

क्रीडनीय n. *Spielzeug* Kâd. II,128,16.

क्रीडनीयक m. (sic) *Spielzeug, Puppe.*

क्रीडाकानन n. *Lusthain* Spr. 3077.

क्रीडाकासार *Lustteich* Daçak. 29,23.

क्रीडाकुमार m. N. pr. eines Gandharva Bâlar. 89,17.

क्रीडाकेतन n. *Lusthaus.*

क्रीडाकोप n. *verstellter Zorn* Spr. 1313.

क्रीडाकौतुक n. *übermüthige Neugier* Kathâs. 18,153.

क्रीडाकौशल n. *die Kunst zu scherzen* Daçak. 49,6.

क्रीडाखण्ड Titel des 2ten *Abschnitts* im Gaṇeçapurâṇa.

क्रीडागृह m. n. *Lusthaus, — gemach.*

क्रीडाचङ्क्रमण N. pr. einer Oertlichkeit.

क्रीडाचन्द्र 1) m. N. pr. eines Dichters. — 2) *ein best. Metrum.*

क्रीडाताल m. = क्रीडा 3) *d*).

क्रीडानारी f. *Freudenmädchen.*

क्रीडापय्, °यति *spielen heissen.*

क्रीडापर्वत m. *ein* (künstlicher) *Lusthügel* Kâd. 64,21. °क m. dass. 241,10. II,4,19.

क्रीडापुर n. *Vergnügungsstadt* Ind. St. 15,388.

क्रीडाप्रदेश m. *Spielplatz* MBh. 3,164,6.

क्रीडामय Adj. (f. ई) *aus Spiel —, aus Scherz bestehend.*

क्रीडामयूर m. *ein als Spielzeug dienender Pfau.*

क्रीडामर्कटपोत m. *ein als Spielzeug dienender junger Affe* 110,2.

क्रीडामहीध्र m. *Lustberg* 324,32.

क्रीडामृग m. *ein als Spielzeug dienendes Thier.*

*__क्रीडारत्न__ n. *coitus.*

क्रीडारथ m. *Vergnügungswagen.*

क्रीडारस m. *Lust am Spiel, — am Scherz* 293,8.

क्रीडारसातल n. Titel eines Werkes.

क्रीडाराजतसुधीपात्र्, °त्रति *eine zur Belustigung dienende silberne Branntweinschale darstellen* Prasannar. 149,2.

क्रीडावन n. *Lustwald* Ind. St. 15,367.

क्रीडावापी f. *Lustteich, ein Teich, in dem man Schildkröten, Fische u. s. w. des Vergnügens halber hält.*

क्रीडावेश्मन् n. *Lusthaus.*

क्रीडाशकुन्त m. *ein als Spielzeug dienender Vogel.*

क्रीडाशैल m. *Lustberg* Hemâdri 1,394,4.

क्रीडासरस् n. *Lustteich* 156,17.

क्रीडास्थान n. *Spielplatz* Pańkad.

क्रीडि Adj. *spielend, tändelnd* Maitr. S. 1,10,6.

क्रीडित und °क n. *Spiel.*

क्रीडितर् Nom. ag. *Spieler.*

क्रीडित्व n. Nom. abstr. von क्रीडिन् 1) TBr. 1,6,7,5.

क्रीडिन् 1) Adj. = क्रीडि. — 2) m. N. pr. eines Mannes.

क्रीडु und **क्रीडुमन्त्** Adj. = क्रीडि.

क्रीडोद्देश m. *Spielplatz.*

क्रीत 1) Adj. s. u. 1. क्री. — 2) m. Pl. *eine best. verachtete Kaste.* — 3) n. *Kauf* 214,33.

क्रीतक Adj. *durch Kauf erworben* (ein Sohn).

क्रीतत्व n. *das Gekauftsein* Gaim. 6,1,19.

क्रीतानुशय m. *Reue über einen Kauf.*

क्रीतापति m. *der Mann eines durch Kauf erworbenen Weibes* Nir. 6,9.

*क्रीब Adj. = क्लीब.

क्रु oder क्रू in मित्र°

*1. क्रुञ्च्, क्रुञ्चति (कौटिल्याल्पभावयोः, गत्याम्, वक्रणे, तौच्छ्ये).

2. क्रुञ्च् (Nom. क्रुङ्) m. 1) *Brachvogel.* — 2) N. pr. eines Ṛshi (nach dem Comm.) Tāṇḍja-Br. 13,9,11.

क्रुञ्च 1) m. a) *Brachvogel* Maitr. S. 3,14,3. — b) Du. VS. 23,6 unbestimmbar. — c) *N. pr. eines Gebirges. — 2) *f. आ a) *das Weibchen des Brachvogels.* — b) *eine Art Laute.*

*क्रुञ्चकीय m. Pl. (Kāç.) oder °या f. gaṇa बिल्वकादि.

*क्रुञ्चामत् Adj. von क्रुञ्चा.

*क्रुड्, क्रुडति (निमज्जने, घनत्वे).

क्रुद् in उत्क्रोद und उत्क्रोदिन्.

1. क्रुध्, क्रुध्यति und क्रुध्यते (selten) *in Zorn gerathen, zürnen;* mit Dat. oder Gen. der Person und Loc. der Sache. क्रुद्ध *aufgebracht, in Wuth versetzt, zornig, erzürnt auf;* mit Dat., Gen. oder Loc. der Person; auch mit उपरि oder प्रति; die Sache im Acc. mit अनु. — Caus. क्रोधयति *aufbringen, reizen.* — Mit अभि *zürnen auf* (Acc.). °क्रुद्ध *in Zorn gerathen, erzürnt* Gaut. — Mit समभि, °क्रुद्ध *erzürnt.* — Mit परि *in Zorn gerathen.* — Mit प्रति *Jmds* (Acc.) *Zorn erwiedern.* — Mit सम् *zürnen,* mit *Acc. der Person. संक्रुद्ध *aufgebracht, erzürnt, — auf* (Gen.). — Mit अभिसम् *auf Jmd* (Acc.) *zürnen.* अभिसंक्रुद्ध *erzürnt auf* (Acc. oder Gen.).

2. क्रुध् f. *Zorn.* क्रुधा *im Zorn* 121,31. Auch Pl.

*क्रुधा f. dass.

क्रुधिमन् Adj. *reizbar.*

*क्रुन्थ्, क्रुथ्नाति v. l. für कुन्थ्.

क्रुमु f. N. pr. eines Zuflusses des Indus.

क्रुमुक m. *Spahn zum Auffangen des Feuers, wenn dieses aus den Reibhölzern hervorbricht,* Āpast. Çr. 14,24.

क्रुश्, क्रोशति und क्रोशते (selten) 1) *schreien, krächzen, wehklagen, Jmd* (Acc.) *anrufen.* — 2) *klingen* (vom Ohr). — 3) क्रुष्ट a) *der Jmd* (Acc.) *anschreit, schmäht.* — b) *geschmäht.* — c) Bez. eines best. Svara TS. Prāt. — *Intens. चोक्रुशीति. — Mit अति, अतिक्रुष्ट zweifelhafte Lesart. — Mit अनु *Jmd* (Acc.) *anschreien.* — Caus. *Mitgefühl an den Tag legen.* — Mit अप, °क्रुष्ट *bescholten, schmachvoll.* — Mit अभि 1) *anschreien, zurufen, scheltend oder zürnend anrufen.* — 2) *bewehklagen.* — Mit *अव wohl *auf Jmd* (Acc.) *herabschreien.* — Mit आ 1) *hinschreien, laut ausrufen.* — 2) *anschreien, anschnauzen, anfahren, schimpfen, schmähen, seinen Unmuth gegen Jmd an den Tag legen.* आक्रुष्ट *der geschmäht wird.* — 3) *anschreien,* so v. a. *wetteifern, um den Vorrang streiten* 251,3. — Mit अभ्या *anschnauzen, schmähen.* — Mit प्रत्या *wiederanschreien, — schmähen;* mit Acc. — Mit व्या *laut ausrufen, wehklagen.* — Mit समा, °क्रुष्ट *geschmäht.* — Mit उद् 1) *aufschreien.* — 2) *zuschreien, zurufen;* mit Acc. der Person. — Mit अभ्युद् *durch lauten Zuruf ermuntern.* — Mit प्रोद् *laut aufschreien.* — Mit समुद् ein Geschrei (Acc.) *laut erheben.* — Mit उप *seinen Unmuth an den Tag legen* 139,24. Vgl. उपक्रुष्ट. — Caus. *schreien —, wehklagen machen.* — Mit परि *hierhin und dorthin schreien, wehklagen.* — Mit प्र 1) *ein Geschrei erheben, aufschreien.* — 2) ein Geschrei (Acc.) *ausstossen.* — 3) *Jmd* (Acc.) *anschreien.* — Mit वि 1) *aufschreien.* — 2) ein Geschrei (Acc.) *ausstossen.* — 3) *Jmd* (Acc.) *anrufen.* — 4) *erschallen.* — Mit सम् 1) *ein allgemeines Geschrei erheben.* — 2) *Jmd* (Acc.) *zürnend anfahren.* — Mit अभिसम् *zuschreien, zurufen.*

*क्रुश्वन् m. *Schakal.*

क्रुष्ट *n. *Geschrei, Geheul.*

क्रूड्, क्रूडयति etwa *dick machen.*

क्रूर 1) Adj. (f. आ) a) *wund, saucius.* — b) *blutig, grausam; roh, hart; gräulich, furchtbar, schrecklich.* Auch als Bez. bestimmter Zodiakalbilder, Planeten und Mondhäuser. क्रूरम् Adv. *auf eine schreckliche Weise.* — c) *hart* (anzufühlen). — d) *stark* (von einem Bogen). — e) *heiss.* — 2) *m. n. *gekochter Reis.* Vgl. कूर. — 3) *m. a) *Falke* Rāgan. 19,85. — b) *Reiher* Rāgan. 19,87. — c) *rother Oleander* und = भूताङ्कुश Rāgan. 10,14. 9,155. — 4) *f. आ *eine roth blühende* Punarnavā Rāgan. 5,115. — 5) n. a) *wunde Stelle, Wunde.* — b) *Blutvergiessen, Grausamkeit, Gräuel, Gräuelthat, Rohheit, Härte.* — c) *grauenhafte Erscheinung.* — d) *eine Art Haus* Gal.

क्रूरकर्मकृत् 1) * Adj. *Grausamkeiten verübend.* — 2) m. *Raubthier.*

1. क्रूरकर्मन् n. 1) *Blutthat, Gräuelthat.* — 2) *eine harte, schwere Arbeit.*

2. क्रूरकर्मन् 1) Adj. *Grausamkeiten —, Rohheiten verübend.* — 2) *m. *eine best. Pflanze* Rāgan. 5,76.

*क्रूरकुकर m. *Reiher* Gal.

क्रूरकृत् Adj. = 2. क्रूरकर्मन् 1).

क्रूरकोष्ठ Adj. *dessen Unterleib hart ist.*

*क्रूरगन्ध 1) m. *Schwefel* Rāgan. 13,72. — 2) f. आ *eine Art Opuntia* Rāgan. 8,54.

*क्रूरगन्धक m. *Schwefel* Gal.

क्रूरचेष्टित Adj. *grausam* (von Personen) Spr. 4635.

क्रूरता f. *Grausamkeit.*

*क्रूरदन्ती f. Bein. der Durgā.

*क्रूरदृक्पथ m. *der Planet Saturn* Gal.

क्रूरदृश् 1) Adj. *ein schreckliches Auge habend,* von einer Eule. — 2) m. der Planet a) *Mars.* — b) * *Saturn.*

क्रूरदृष्टि f. *ein schrecklicher Blick.*

*क्रूरधूर्त m. *eine Art Stechapfel* Rāgan. 10,20.

क्रूरनिश्चय Adj. (f. आ) *Furchtbares vorhabend.*

क्रूरबुद्धि Adj. *grausam* (von Personen) MBh. 1,154,7.

क्रूरमानस Adj. dass. MBh. 1,209,3.

*क्रूरराविन् m. *Rabe* Rāgan. 19,90.

क्रूरलोचन m. 1) *der Planet Saturn.* — 2) N. pr. einer Eule.

क्रूरसमाचार Adj. (f. आ) *sich grausam —, sich roh benehmend.*

क्रूरस्वर Adj. *furchtbar schreiend.*

*क्रूराकृति m. Bein. Rāvaṇa's.

*क्रूराक्ष m. N. pr. einer Eule.

क्रूराचार Adj. *sich roh benehmend* M. 4,246.

क्रूराचारविहारवत् Adj. *sich roh benehmend und an Rohheiten sein Vergnügen habend* M. 10,9.

*क्रूरात्मन् m. *der Planet Saturn.*

*क्रूरालापिन् m. *Rabe* Nigh. Pr.

क्रूराशय Adj. (f. आ) 1) *dessen Unterleib hart ist.* — 2) *schreckliche Ungeheuer bergend* Spr. 1269. — 3) *ein rohes Herz habend* ebend.

क्रूरी Adv. mit कर *wund machen.*

क्रेङ्कार m. *der Laut* क्रेङ् Kād. 15,5. Bālar. 91, 2. 280,9.

क्रेङ्कारव m. *das Geschrei des Pfauen* Harshak. 183,11.

क्रेङ्कृति f. = क्रेङ्कार Bhoga-Pr. 71,5.

*क्रेणि und *क्रेणी f. *Kauf.*

क्रेतर् Nom. ag. *Käufer.*

क्रेतव्य und क्रेय Adj. *käuflich.*

*क्रेयद m. *Verkäufer.*

क्रैडिन Adj. (f. ई) *den* Marut *mit dem Beinamen* क्रीडिन् *gehörig.*

क्रैडिनीया f. *die diesen* Marut *geweihte* Ishṭi.

क्रैव्य m. *ein Fürst der* Krivi.

*क्रोञ्च m. N. pr. eines Berges, = क्रौञ्च Gal.

*क्रोञ्चदारण m. = क्रौञ्च°.

क्रोञ्चपदी f. MBh. 13,1728 fehlerhaft für क्रौ°

क्रोडँ 1) m. (*f. आ und *n.) a) *Brust* (bei Menschen und Thieren). Am Ende eines adj. Comp. *f. आ. — b) *Höhlung, das Innere* Bâlar. 175,6. — 2) m. a) *Eber.* — b) **der Planet Saturn.* — c) *eine nachträgliche Strophe, — Bemerkung, Nachtrag.* — d) *N. pr. eines Lehrers Ind. St. 13,419. — 3) *f. आ *eine best. Pflanze.* — 4) f. ई *Sau.* — 5) *f. (ई) und n. *Yamswurzel* Râǵan. 7,86.

*क्रोडकन्या f. *Yamswurzel* Râǵan. 7,85.

क्रोडकसेरुक m. *Cyperus rotundus* Bhâvapr. 1,191.

*क्रोडकान्ता f. *die Erde* Râǵan. 2,3.

*क्रोडखेरा f. *eine best. Pflanze* Gal.

*क्रोडचूडा f. desgl.

*क्रोडतीर्थ n. N. pr. eines Tîrtha.

*क्रोडपत्त्र n. *ein nachträgliches Blatt, Carton* Ind. St. 15,259.

*क्रोडपर्णी f. *Solanum Jacquini.*

*क्रोडपाद m. *Schildkröte.*

क्रोडपाली f. *Brustkasten* Bâlar. 172,24.

क्रोडलोमन् n. Pl. *Brusthaare.*

क्रोडमल्लक m. etwa *armer Wicht* (buddh.).

*क्रोडवल्लभा f. *eine Cyperus-Art* Gal.

क्रोडवाल m. *Schweinsborste* 118,9.

*क्रोडाङ्घ्रि m. *Schildkröte.*

क्रोडास्य Adj. *eine Eberschnauze habend* Varâh. Jogaj. 6,23.

*क्रोडिन् m. *Rhinoceros* Gal.

क्रोडी Adv. mit कर् *in die Arme schliessen;* auch so v. a. *in seine Gewalt bekommen* Harshak. 123,19.

*क्रोडीकरण und *°कृति f. *Umarmung.*

*क्रोडीमुख m. *Rhinoceros.*

*क्रोडेष्टा f. *Cyperus rotundus* Râǵan. 6,140.

*क्रोथ m. *Mord, Todtschlag.*

क्रोधँ 1) m. a) *Zorn.* Am Ende eines adj. Comp. f. आ. — b) personificirt als Sohn des Lobha und der Nikṛti, als Sohn des Todes und auch Brahman's. — c) N. pr. eines Dânava. — d) Bez. *der Silben* कुम् und कूँ. — 2) f. क्रोधा N. pr. einer Tochter Daksha's. — 3) f. ई *eine best.* Çruti S. S. S. 23. — 4) n. *das 59te Jahr im 60 jährigen Jupitercyclus.*

क्रोधचक्षुस् n. *ein zornsprühendes Auge* 155,4.

क्रोधज 1) Adj. *aus dem Zorn entstehend.* — 2) *m. *Trübung des Geistes.*

क्रोधन 1) Adj. (f. आ) *zum Zorn geneigt, dem Zorn ergeben, zornig,* — *gegen* (Loc.). — 2) m. a) = क्रोध 4). — b) N. pr. verschiedener Männer. — 3) f. आ N. pr. a) einer der Mütter im Gefolge Skanda's. — b) einer Jogin! Hemâdri 2,a,96,9. fgg. — 4) n. *das Zürnen, Zorn.*

क्रोधनीय Adj. *was zum Zorn Veranlassung geben kann.*

क्रोधभैरव m. *eine Form* Bhairava's.

क्रोधमन्त्र m. *ein best. Zauberspruch.*

क्रोधमँय Adj. *dessen Wesen Zorn ist.*

क्रोधमुख Adj. (f. ई) *mit zornigem Gesicht* Spr. 1785. fg.

क्रोधमूर्छित 1) Adj. *voller Zorn.* — 2) *m. *ein best. Parfum.*

क्रोधवर्धन m. N. pr. eines Dânava.

1. क्रोधवश m. *die Gewalt des Zornes.*

2. क्रोधवश 1) Adj. *in der Gewalt des Zornes stehend.* In Verbindung mit गण oder m. ohne गण Sg. und Pl. Bez. *verschiedener Sippen von bösen Geistern.* — 2) f. आ N. pr. einer Tochter Daksha's.

क्रोधहन्तर् m. N. pr. eines Asura.

क्रोधहास m. *Zorngelächter* Bâlar. 37,15. 40,8.

क्रोधालु Adj. *leidenschaftlich, heftig.*

क्रोधिन् 1) Adj. dass. Nom. abstr. °धित्व n. — 2) m. a) **Büffel* Râǵan. 19,22. — b) **Rhinoceros* Râǵan. 19,20. — c) **Hund.* — d) *das 38te Jahr im 60jährigen Jupitercyclus.* — 3) f. °नी mystische Bez. *des Lautes* r.

क्रोधेश्वर m. N. pr. = क्रोधेश्वर.

क्रोधोदन m. v. l. für शुद्धोदन VP.[2] 4,169.

1. क्रोँश m. 1) *Schrei, Ruf.* — 2) *das Sausen in* कर्ण°. — 3) *Rufweite* als *best. Wegemaass.*

2. क्रोँश n. Name verschiedener Sâman Ârsh. Br. Nom. abstr. क्रोशत्वँ n. TS. 7,5,8,1.

*क्रोशताल und *क्रोशध्वनि m. *eine grosse Trommel.*

क्रोशँन 1) Adj. *schreiend.* — 2) f. आ N. pr. einer der Mütter im Gefolge Skanda's. — 3) n. *das Schreien.*

*°क्रोशिन् Adj. *schreiend wie.*

क्रोष्ट m. N. pr. eines Mannes. Pl. *sein Geschlecht.*

क्रोँष्टर् Nom. ag. 1) *schreiend, wehklagend.* — 2) m. a) *Schakal.* — b) N. pr. eines Sohnes des Jadu. — 3) *f. क्रोष्ट्री a) *eine Art Convolvulus.* — b) *eine andere Pflanze,* = लाङ्गली.

क्रोष्टु m. 1) *Schakal.* — 2) = क्रोष्टर् 2) b).

क्रोष्टुक 1) m. a) *Schakal.* — b) *N. pr. eines Mannes. — 2) f. ई N. pr. eines mythischen *schakalähnlichen Wesens.*

*क्रोष्टुकपुच्छिका f. *Hemionitis cordifolia.*

*क्रोष्टुकमान m. N. pr. eines Mannes. Pl. *sein Geschlecht.*

*क्रोष्टुकमेखला f. *Hemionitis cordifolia.*

*क्रोष्टुकर्ण N. pr. einer Localität.

क्रोष्टुकशिरस् n. *eine best. Krankheit des Knies.*

क्रोष्टुकशीर्ष n. dass. Bhâvapr. 4,157.

*क्रोष्टुपाद m. N. pr. eines Mannes. Pl. *sein Geschlecht.*

*क्रोष्टुपुच्छिका und *°पुच्छी f. *Hemionitis cordifolia.*

*क्रोष्टुफल m. *Terminalia Catappa.*

*क्रोष्टुमान und *°माय m. N. pr. zweier Männer. Pl. *ihr Geschlecht.*

*क्रोष्टुविन्ना f. *Hemionitis cordifolia.*

*क्रोष्टेक्षु m. *eine Art Zuckerrohr.* Richtig कोष्ठेक्षु.

क्रोष्ट्रीय m. Pl. *eine best. Schule* Mahâbh. 1,54,a.

क्रौञ्चँ 1) m. a) *Brachvogel.* Neben क्रुञ्च Âpast 1,17,36. — b) **Meeradler.* — c) Patron. oder Metron. Auch Pl. — d) N. pr. α) eines Berges, den Kârttikeja spaltete. — β) eines Dvîpa — γ) eines Lehrers. — δ) *eines Asura. — 2) f. (*आ) und ई a) *das Weibchen des Brachvogels.* — b) N. pr. eines mythischen Vogels, *der Urmutter der Brachvögel.* — 3) n. a) *ein best. vegetabilisches Gift* Kâraka 6,23. — b) *ein best. mythisches Wurfgeschoss.* — c) Name verschiedener Sâman Ârsh. Br. — d) *eine best. Gesang- oder Recitationsweise.* — e) *eine best. Art des Sitzens.*

*क्रौञ्चक Adj. von क्रुञ्चकीय oder °या.

*क्रौञ्चदारण m. Bein. Kârttikeja's.

*क्रौञ्चद्वीप m. n. N. pr. eines Dvîpa.

क्रौञ्चनिषदन n. *eine best. Art des Sitzens.*

क्रौञ्चनिषूदन m. Bein. Kârttikeja's.

क्रौञ्चपक्ष Adj. *dessen Flanken den Flügeln eines Brachvogels gleichen.*

क्रौञ्चपति m. Bein. Kârttikeja's zu Spr. 164.

क्रौञ्चपदा f. *ein best. Metrum.*

क्रौञ्चपदी f. N. pr. einer Oertlichkeit.

क्रौञ्चपुर n. N. pr. einer *Stadt.*

*क्रौञ्चबन्धम् Absol.

क्रौञ्चब्रह्म m. N. pr. eines Ṛshi.

क्रौञ्चरिपु m. Bein. Kârttikeja's.

क्रौञ्चवन n. N. pr. einer Stadt.

क्रौञ्चवन्त् m. N. pr. eines Berges.

क्रौञ्चशत्रु und क्रौञ्चसूदन m. Beinn. Kârttikeja's.

क्रौञ्चाति m. Patron. Auch Pl.

क्रौञ्चाचल m. *der Berg* Krauńka.

क्रौञ्चाचलद्वेषिन् m. Bein. Paraçurâma's Bâlar. 81,6.

क्रौञ्चादन 1) n. a) *Lotuswurzel* Kâraka 1,27. — b) **Arum orixense.* — c) **langer Pfeffer.* — d) *= चिञ्चोटक (*eine best. Pflanze*). — 2) *f. ई *Lotussamen* Râǵan. 10,191.

क्रौञ्चारण्य n. N. pr. eines *Waldes.*

*क्रौञ्चाराति m. Bein. Kârttikeja's.

क्रौञ्चारि m. Bein. 1) Kârttikeja's. — 2) Paraçurâma's Bâlar. 94,19.

क्रौञ्चिकीपुत्र m. N. pr. eines Lehrers.

क्रौड 1) Adj. (f. ई) *aprinus.* — 2) * Pl. *die Schule des* Kroḍa Ind. St. 13,419.

*क्रौडि m. Patron. von क्रोड.

*क्रौड्या f. zu क्रौडि.

क्रौर्य n. *Grausamkeit, Härte des Gemüths.* Auch Pl.

क्रौलायन m. Patron. Pl. Verz. d. B. H. 55 (क्रौ°).

*क्रौशशतिक Adj. 1) *hundert* Kroça *gehend.* — 2) *der es verdient, dass man aus einer Entfernung von hundert* Kroça *zu ihm kommt.*

*क्रौष्टायन m. Patron. von क्रोष्टु. Davon *°क.

*क्रौष्टुकर्ण Adj. *aus* क्रोष्टुकर्ण *stammend.*

क्रौष्टुकि m. 1) Patron. von क्रोष्टुक. — 2) * Pl. N. pr. eines Kriegerstammes.

*क्रौष्टुकीय m. *ein Fürst der* Kraushṭuki.

*क्रौष्ट्र Adj. von क्रोष्टर्.

*क्रौष्ट्रायण m. Patron. von क्रोष्टर्. Davon *°क.

क्लथ्, क्लथति 1) *sich drehen* oder *ballen.* — 2) *हिंसायाम्.

*क्लथन n. Nom. act. zu क्लथ् 1).

*क्लद्, क्लदते v. l. für क्लन्द्, क्लन्दते.

क्लदीवत् Adj. vielleicht *feucht.*

क्लन्द् 1) *क्लन्दति (आह्वाने रोदने च). — 2) क्लन्दते (वैक्लव्ये oder वैकल्ये) *erklingen, ertönen* Çira-Up. 5,12.

क्लन्दि Adj. (f. ई) vielleicht *geräuschvoll.*

*क्लप्, क्लापयति v. l. für क्लृप्.

*क्लपुष n. *Urinblase* Gal.

क्लम्, *क्लामति und क्लाम्यति *müde werden, erschlaffen, verschmachten.* Das Verbum finitum nur in ganz späten Werken, z. B. Kâd. 75,5. — Partic. क्लान्त 1) *ermüdet, abgemattet, erschlafft, abgespannt.* — 2) *traurig* Varâh. Jogaj. 4,22. — 3) *verwelkt, ausgedörrt.* — 4) *schmächtig.* — Caus. क्लामयति *ermüden, erschlaffen* Çira-Up. 5,12. — Mit परि *in hohem Grade sich erschöpft fühlen* Kâd. II,16,15. °क्लान्त *in h. G. erschöpft, — abgemattet.* — Mit वि Med. *verzagen.*

क्लम m. (adj. Comp. f. आ) *Ermüdung, Erschöpfung, Erschlaffung, Abspannung* 217,31.

*क्लमथ und *क्लमथु m. dass.

*क्लमिन् Adj. *müde werdend, erschlaffend.*

क्लव्, *क्लवते (भये). क्लवित *gestammelt ausgesprochen* Saṁhitopan. 7,3. — Mit *वि *in Verwirrung gerathen.*

क्लान्ति f. = क्लम.

क्लिद्, क्लिद्यति 1) *feucht werden.* क्लिन्दत् *feucht, triefend* Mudrâr. 108,5. — 2) *in Verwesung übergehen* Ḱaraka 6,30. — क्लिन्न 1) *feucht geworden, feucht* Gaut. — 2) * *triefend* (von den Augen). — 3) *verwest, in Fäulniss übergegangen* Ḱaraka 1,11. 27. Lalit. 165,8. — 4) *von Mitleid bewegt* (Herz). — Caus. क्लेदयति 1) *feucht machen, befeuchten.* — 2) *besudeln.* — Mit अव in अवक्लेद. अवक्लिन्न *erweicht* Ḱaraka 1,15. — Mit आ, आक्लिन्न *von Mitleid bewegt* (Herz). — Mit समा, °क्लिन्न *feucht.* वसु so v. a. *Speise und Trank.* — Mit उद् in उत्क्लेद und उत्क्लेदिन्. — Mit उप, °क्लिन्न 1) *feucht, nass* Ḱaraka 3,8. — 2) *verfault, in Fäulniss übergegangen* Ḱaraka 1,24. 6,11. — Caus. *durchnässen, erweichen* Ḱaraka 6,23. — Mit परि, °क्लिन्न *über und über feucht, — nass.* — Mit प्र Med. *feucht werden.* — प्रक्लिन्न 1) *feucht geworden, feucht.* — 2) *in Fäulniss übergegangen* Ḱaraka 6,11. 7,11. — 3) *von Mitleid bewegt.* — Caus. प्रक्लेदयति Ḱaraka 6,11 fehlerhaft für प्रक्लेशयति. — Mit वि, विक्लिन्न 1) *durchnässt, erweicht.* — 2) *von Mitleid bewegt.* — 3) * *alt.* — 4) *= शीर्ण. — Mit सम्, संक्लिन्न *befeuchtet, erweicht.*

क्लिध in विक्लिध.

*क्लिन्द्, क्लिन्दति und °ते (परिदेवने).

क्लिन्न 1) Adj. s. u. क्लिद्. — 2) m. N. pr. eines Verfassers von Mantra bei den Çâkta. — 3) *f. आ *Solanum diffusum* Râgan. 4,34.

*क्लिन्नक Adj. *ein wenig angefeuchtet* Comm. zu Gobh. 2,1,10.

क्लिन्नत्व n. *das Feuchtsein* Suçr. 2,309,5.

*क्लिन्ननेत्र Adj. *triefäugig.*

क्लिन्नवर्त्मन् n. *eine best. Krankheit des Augenlides.*

*क्लिन्नाक्ष Adj. *triefäugig.*

क्लिव vielleicht *das Gelingen.*

क्लिश् 1) क्लिश्नाति *a) plagen, quälen, belästigen, Jmd* (Acc.) *Beschwerde verursachen.* — *b)* * *leiden, Beschwerde empfinden.* — 2) क्लिश्यति *quälen, Schmerz bereiten;* mit Acc. Spr. 3049. — 3) क्लिश्यते (selten °ति) *geplagt —, gequält werden, sich abquälen, — abmühen, Beschwerde empfinden, leiden.* — 4) Partic. क्लिष्ट und *क्लिशित *a) geplagt, gequält, belästigt, in einen leidenden Zustand versetzt.* क्लिष्टं (Adv.) जीव् *unglücklich leben.* — *b) mitgenommen, verletzt, versehrt, in einen schlechten Zustand versetzt, abgenutzt, verbraucht, zu Schanden gemacht.* — *c) mit Beschwerden —, mit Leiden verbunden.* — *d)* in der Rhetorik *gezwungen, dunkel, nicht leicht verständlich* Vâmana 2,1, 21. fgg. — Caus. क्लेशयति *plagen, quälen, belästigen.* — Mit उद् *in einen unbehaglichen Zustand gerathen;* nur Absol. und उत्क्लिष्ट *in einen krankhaften Zustand gerathen* Ḱaraka 6,3. — Caus. *in Aufregung versetzen* (die Flüssigkeiten des Leibes). — Mit समुद्, समुत्क्लिष्ट *in einen unbehaglichen* oder *krankhaften Zustand versetzt* Ḱaraka 6,4. — Mit परि 1) *quälen, plagen;* nur Absol. — 2) °क्लिश्यति und °ते *leiden, Qualen empfinden.* — 3) परिक्लिष्ट *schwer geplagt, gequält, leidend, Beschwerden empfindend, mitgenommen, schwächlich* (217,27) von Menschen, Thieren und Pflanzen. °म् Adv. *mit einem Gefühl des Unbehagens, ungern* (geben). — Caus. *quälen* Vâs. — Mit प्र Caus. *in einen krankhaften Zustand versetzen* Ḱaraka 6, 11 (प्रक्लेदयति gedr.). — Mit संप्र *kneten, quetschen* Âpast. Çr. 15,12,14. — Mit वि, विक्लिष्ट *verletzt, zu Schanden gemacht.* Vgl. विक्लिष्ट. — Mit सम् 1) *quetschen* (nur संक्लिश्य und संक्लिष्ट). — 2) *quälen, belästigen* (nur Infin.). — 3) संक्लिष्ट *a) angelaufen, beschlagen* (Spiegel) Ḱaraka 4.1. — *b) mit Beschwerden verbunden.*

क्लिष्टत्व n. *Gezwungenheit, Dunkelheit, Unverständlichkeit* (des Ausdrucks).

क्लिष्टवर्त्मन् n. *eine best. Krankheit des Augenlides.*

क्लिष्टवृत्ति Adj. *ein kümmerliches Leben führend.*

*क्लिष्टि f. 1) *Plage, Beschwerde.* — 2) *Dienst.*

क्लीत m. *ein best. giftiges Insect.*

क्लीतक 1) Adj. *zu Teig* oder *Brei gemacht* Gobh. 2,1,10. — 2) n. *a) Teig, Paste.* एक° *aus einer* (Bohne des Karañga) *gemacht* Âçv. Gṛhj. 3,8,8. — *b) Süssholzpaste* Bhâvapr. 1,172,9. — *c) Glycyrrhiza glabra* oder *echinata* Ḱaraka 1,1. — 3) m. oder n. *eine best. Pflanze mit giftiger Wurzel.*

क्लीतकिका f. *die Indigopflanze.*

*क्लीतनक und *क्लीतनायक n. *eine Süssholzpflanze* Râgan. 6,148.

*क्लीतनी f. *die Indigopflanze* Râgan. 4,83.

*क्लीब्, क्लीबते (अधार्ष्ट्ये, धाधार्ष्ट्ये). Vgl. क्लीबय्.

क्लीब 1) Adj. (f. आ) *a) unvermögend, entmannt;* m. *Eunuch.* — *b) unmännlich, verzagt, feig* (von Personen, vom Herzen und von Reden); m. *Schwächling, Feigling.* — 2) n. *Neutrum, das sächliche Geschlecht.*

क्लीबता f. 1) *männliches Unvermögen.* — 2) *Schwäche* (eines Grases).

क्लीबत्व n. *männliches Unvermögen.*

क्लीबय्, °यते *sich unmännlich —, sich feig benehmen.*

क्लीबयोग m. *eine best. Constellation.*

क्लीबरूप Adj. *Entmannten ähnlich.*

*क्लीबाय्, °यते = क्लीब्.

*क्लु, क्लवते (गतौ).

क्लेद m. 1) *Feuchtigkeit; das Fliessen* (einer Wunde u. s. w.). — 2) *das in Fäulniss Uebergehen* Kâraka 1,20. 6,11.

*क्लेदन् m. *der Mond.*

क्लेदन 1) Adj. *befeuchtend, feucht machend.* — 2) *m. *Phlegma, Schleim; eine besondere Art Schleim.* — 3) n. *das Feuchtmachen, Befeuchten, Feuchthalten.*

क्लेदवत् Adj. *feucht, fliessend.*

क्लेदिनी f. *eine best. Pflanze.*

*क्लेदु m. 1) *der Mond.* — 2) *der Zusammentritt sämmtlicher drei Humores zur Hervorbringung einer Krankheit.*

क्लेग्य in अक्लेग्य.

*क्लेश्, क्लेशते (व्यक्तायां वाचि, अव्यक्तायां वाचि, वधे).

क्लेश m. 1) *Qual, Plage, Schmerz, Leiden, Beschwerde.* Die fünf Kleça im Joga sind अविद्या, अस्मिता, राग, द्वेष und अभिनिवेश; die Buddhisten kennen deren mehr. — 2) **Zorn.* — 3) * = व्यवसाय.

*क्लेशक Adj. *quälend, plagend.*

क्लेशन n. *Widerwille gegen* (im Comp. vorangehend) Kâraka 2,1.

क्लेशल m. = क्लेश 1).

क्लेशापह 1) Adj. *Schmerzen —, Leiden verscheuchend.* — 2) *m. angeblich *Sohn.*

क्लेशिन् Adj. 1) *Schmerzen —, Leiden verursachend.* — 2) *beschädigend.*

क्लेष्टर् Nom. ag. *Schmerz —, Leidenbereiter.*

*क्लैतकिक n. *ein best. berauschendes Getränk.*

क्लैब्य n. 1) *männliches Unvermögen.* — 2) *unmännliches Benehmen, Schwäche, Zaghaftigkeit, Feigheit.* — 3) *Schwäche* (eines Blattes).

*क्लोम n. = क्लोमन्.

क्लोमन् m. (älter) und n. *die rechte Lunge.* Auch Pl. क्लोमहृदये n. Sg. *die rechte Lunge und das Herz.*

क्लोश m. *Zuruf.*

क्व (कुअ) Adv. 1) = Loc. von 1. क 131,26. — 2) *wo? wohin?* in directer und in indirecter Frage. Die nachfolgenden Partikeln अङ्ग, इद्, इव, नु, नु खलु und स्विद् heben die Frage stärker hervor. — 3) *wie?* Çat. Br. 12,4,1,11. In Verbindung mit भू und अस् *wie stehen mit —? was werden aus —?* so v. a. *geschehen sein um, aussein mit.* Auch hier folgen bisweilen इद् oder स्विद्. क्व तद्गतम् *wie steht es damit?* Ohne Verbum *wie steht es damit?* so v. a. *davon kann nicht die Rede sein* Spr. 2795. Nach einer Negation im vorangehenden Satze *noch weniger kann die Rede von — sein* R. 1,67,10. Insbesondere werden durch zwei oder mehrere क्व Gegensätze hervorgehoben (so v. a. *wie wenig stimmt dieses zu jenem*) Chr. 129,30. Statt des einfachen क्व findet man auch क्व च (auch schon an erster Stelle); auch wechselt कुत्र mit क्व. — 4) *irgendwo* (mit folgendem स्विद्). — 5) zu einem wahren Indefinitum wird क्व durch verschiedene nachfolgende Partikeln. *a*) अपि (spät) α) = कस्मिन्नपि. — β) *irgendwo, — wohin, an einem bestimmten Orte, an einen b. O.* (den man nicht näher bezeichnen kann oder will). Mit einer Negation *nirgends.* Mit vorangehendem यत्र *wo es auch sei.* — γ) *bisweilen.* — *b*) च α) mit einer Negation *nirgends* oder *niemals.* — β) mit vorangehendem यत्र *wo immer.* Eine andere Bedeutung von च s. u. 3). — *c*) चन α) mit einer Negation *nirgends.* — β) mit vorangehendem यत्र *in welcher Sache es auch sei; wohin es auch sei; wann immer, jedesmal wann.* — *d*) चिद् α) = कस्मिंश्चित् 166,7. — β) *irgendwo, — wohin, an einem bestimmten Orte, an einen b. O.* (den man nicht näher bezeichnen will oder kann). Mit einer Negation *nirgends, — wohin.* In demselben Satze wiederholt *hier und da,* in zwei verschiedenen Sätzen *hier — dort.* — γ) *irgendeinmal, — wann, eines Tages; bisweilen* Ind. St. 10,422. In einem Fragesatze *jemals.* Mit einer Negation *niemals, in keinem Falle, nie und nimmer.* In demselben Satze wiederholt *dann und wann,* in verschiedenen Sätzen *bald — bald.* Auf चिद् folgt bisweilen अपि, an zweiter und einer ferneren Stelle auch अपि च. — 6) यत्र क्व वाय — तत्र तत्रापि *wo immer — da* Bhâg. P.

*क्वङ्गु f. *Fennich.*

क्वजन्मन् Adj. *wo geboren?* MBh. 1,190,31.

क्वण्, क्वणति 1) *aufschreien; krächzen* Spr. 7669. *summen* 7687. *klingen, tönen.* क्वणत् und क्वणित *singend; summend; klingend, tönend.* — 2) *erklingen lassen* (ein musik. Instrument). — Caus. क्वणयति *erklingen lassen* (ein musik. Instrument), *mittelst Etwas* (Instr.) *einen Klang verursachen.* — Mit *उप in *उपक्वण. — Mit *नि in *निक्वण und *निक्वाण. — Mit परि in परिक्वणन. — Mit *प्र in *प्रक्वण und *प्रक्वाण.

*क्वण m. *Klang, Ton*

*क्वणन 1) m. *eine Art Topf.* — 2) n. *das Klingen, Tönen.*

क्वणित n. *Laut, Ton, Klang.*

*क्वणितेक्षण m. *Geier* Nigh. Pr.

*क्वत्य und *क्वत्यक (f. °त्यिका) *wo befindlich?*

क्वथ्, क्वथति und क्वथते *kochen, sieden* (trans. und intrans. von einem Topfe); *vor Gluth vergehen* (vom Herzen) Harshak. 142,14. क्वथित *gekocht, gesotten.* — Caus. क्वाथयति *kochen, sieden* (trans.). — Mit उद् *auskochen.* Pass. *vor Gluth vergehen* (vom Herzen) Kâd. 176,3. — Caus. *auskochen.* — Mit नि Caus. fehlerhaft für निस्. — Mit निस् Caus. *einkochen.* — Mit परि *siedend heiss werden* Bâlar. 134,6. — Caus. *durchkochen lassen* Kâraka 8,12.

क्वथ m. *Decoct, Extract.*

क्वथन n. *das Kochen.*

*क्वथिका f. *eine aus Buttermilch bereitete Speise* Nigh. Pr.

क्वथित 1) Adj. s. u. क्वथ्. — 2) f. आ *ein best. Präparat aus Curcuma, Asa foetida u. s. w. mit Buttermilch* Bhâvapr. 2,20. — 3) *(wohl n.) *ein berauschendes Getränk aus Honig* Nigh. Pr.

*क्वथितद्रव m. *Liqueur* Nigh. Pr.

क्वधःस्थ Kathop. 1,28 falsche Lesart.

क्वनिवास Adj. *wo wohnend?* MBh. 1,190,31.

क्वयि m. *ein best. Vogel.*

क्वल m. Pl. *eine grössere Art von Brustbeeren* (Comm. zu TS.).

क्वसु m. *das Suffix* वंस् (वस्) 238,25. 240,5.

क्वस्थ Adj. *wo befindlich?*

क्वाह्न m. *ein gewöhnlicher* (Sâvana-) *Tag.*

क्वाचित्क Adj. (f. ई) *nur hier und da vorkommend* Njâjam. 1,3,32. Comm. zu Âpast. Çr. 12,7,12.

क्वाण m. *Klang, Ton* Dhûrtan. 3.

क्वाथ m. 1) *das Kochen.* — 2) *Decoct, Infuso-Decoct.* — 3) **Schmerz, Leid, Ungemach.*

क्वाथयितव्य Adj. *zu kochen, zu sieden.*

*क्वाथोद्भव 1) Adj. *durch Kochen entstanden.* — 2) n. *blauer Vitriol als Collyrium.*

*क्वेल्, क्वेलति v. l. für क्ष्वेल्.

क्शा, क्शाति Nebenform von ख्या in Maitr. S. und Kâth.

क्ष 1) Adj. in तुविक्ष und द्युक्ष. — 2) *m. *a*) *Vernichtung.* — *b*) *Weltuntergang.* — *c*) *Blitz.* — *d*) *Feld.* — *e*) *Feldhüter.* — *f*) *ein* Rakshas. — *g*) Vishṇu *als Mannlöwe.*

*क्षञ् oder *क्षञ्ज्, क्षञते oder क्षञ्जते (गतिदानयोः) क्षञ्जयति (कृच्छ्रजीवने).

1. क्षण m. n. (nur einmal) 1) *Augenblick, so v. a. Zeitpunct.* — 2) *Augenblick, so v. a. eine ganz kurze Weile.* क्षणमेकम् *einen A., für eine g. k. W.* 168,9. क्षणम् dass. und *in einem A.;* क्षणेन *in einem A.;* क्षणात् *nach einem A., alsbald, sogleich;* ततः क्ष-

णात् *sogleich darauf;* क्षणात् — क्षणात् *in diesem Augenblick — im nächsten A.* Spr. 7513. क्षणे *jeden A.;* क्षण° *in—, nach einem A., während eines A., momentan* (°सौहृद Bhâg. P. 3,3,21); क्षणं कर् *sich einen A. gedulden* Chr. 43,2. — 3) *ein best. Zeitabschnitt.* In der Astron. *48 Minuten* (Gaṇit. 1,17. Ind. St. 10, 203), sonst schwankend zwischen 4 Minuten und 4/5 (24/35) Secunden. — 4) *ein freier —, geeigneter —, gelegener Augenblick, Gelegenheit, — zu* (im Comp. vorangehend). क्षणं कर् oder दा *Jmd* (Gen.) *Gelegenheit geben;* क्षणं लभ् *G. finden.* — 5) *ein froher —, festlicher Augenblick, Fest* Megh. 9. °हीन *freudenlos* Daçak. 5,14. — 6) *Moment, Phase.* — 7) * *eine Haupt-Mondphase.* — 8) * *Abhängigkeit.* — 9) * *Mitte.*

2. * क्षण m. = मारण Gal.

* क्षणक्षणम् Adv. *nur einen Augenblick.*

* क्षणतु m. *Verwundung, Wunde.*

क्षणद 1) * m. *Astrolog.* — 2) f. आ a) *Nacht.* — b) * *Blitz* Gal. — c) * *Gelbwurz.* — 3) n. a) = क्षणदान्ध्य. — b) * *Wasser.*

क्षणदाकर m. *der Mond.*

क्षणदाचर m. *Nachtwandler,* so v. a. *ein* Rakshas.

क्षणदान्ध्य n. *Nachtblindheit, visus diurnus.*

क्षणदृष्टनष्ट Adj. *erschienen und sogleich wieder verschwunden* Mahâvîrak. 73,4. Harshak. 41,6.

क्षणदेश m. *der Mond* Bâlar. 89,4.

* क्षणद्युति f. *Blitz.*

क्षणन n. *das Verletzen, Verwunden.*

क्षणनष्टदृष्ट Adj. ungenau für क्षणदृष्टनष्ट Mṛkkh. 76,16.

* क्षणनिश्वास m. *Delphinus gangeticus.*

* क्षणनु m. *Verwundung, Wunde.*

* क्षणप्रकाशा und * क्षणप्रभा f. *Blitz.*

क्षणभङ्ग m. *der beständig vorsichgehende Verfall der Dinge, beständiger Wechsel* (buddh.). °वाद m. Çaṁk. zu Bâdar. 2,1,18.

क्षणभङ्गिन् und °भङ्गुर (f. आ) Adj. *alsbald zusammenbrechend.*

क्षणभूत Adj. *nur ein Augenblick seiend* R. 1,45,3.

क्षणमात्र n. *nur ein Augenblick,* Acc. *nur einen A.,* Instr. *in einem A.*

* क्षणरामिन् m. *Taube.*

क्षणविध्वंसिन् 1) Adj. *alsbald zusammenbrechend.* — 2) * m. *ein Buddhist* (*der einen* क्षणविध्वंस = क्षणभङ्ग *annimmt*).

क्षणवीर्य n. *eine glückliche Stunde* Varâh. Jogaj. 4,4.

क्षणवृष्टि f. *alsbald zu erwartender Regen.*

क्षणशस् Adv. *auf Augenblicke.*

क्षणान्तर n. *eine kleine Weile.* किंचित्क्षणान्तरम् Acc. *einen Augenblick,* Loc. *nach einer Weile, hierauf.* ततः °रे 154,4.

क्षणिक 1) Adj. (f. ई) a) *nur einen Augenblick während, momentan, jeden Augenblick wechselnd.* Nom. abstr. °ता f. (Çaṁk. zu Bâdar. 2,2,25) und °त्व n. — b) *einen freien Augenblick sich machend, für einen A. sich frei machend, eine Gelegenheit ergreifend.* — 2) * f. आ *Blitz.*

क्षणिकवाद m. = क्षणभङ्गवाद (u. क्षणभङ्ग) Çaṁk. zu Bâdar. 2,1,18, v. l.

* क्षणित Adj. von 1. क्षण.

क्षणितोस् Abl. Inf. von क्षन् *verwunden* Çat. Br. 14,8,14,4.

क्षणिन् 1) Adj. a) *einen freien Augenblick habend.* — b) * *momentan, vorübergehend.* — 2) * f. °नी *Nacht.*

* क्षणोपाक gaṇa न्यङ्क्वादि.

क्षत 1) Adj. s. u. क्षन्. — 2) f. आ *ein verletztes, geschändetes Mädchen.* — 3) n. a) *Verletzung, Wunde; Contusion; rupture or ulcer of the respiratory organs* Wise 321. — b) *das 6te astrologische Haus.*

क्षतकास m. *ein aus Verletzung* (*übermässiger Anstrengung*) *entstandener Husten* Bhâvapr. 4,75.

* क्षतकृत् m. *Semecarpus Anacardium* Nigh. Pr.

क्षतकृत Adj. = क्षतज 1). विसर्प m. Bhâvapr. 6,45.

* क्षतघ्न 1) m. *Conyza lacera.* — 2) f. आ und ई *Lack* (लाक्षा).

क्षतज 1) Adj. *von einer Verletzung herrührend.* विसर्प m. Bhâvapr. 6,44. कास m. *eine best. Form des Hustens.* — 2) n. a) *Blut.* — b) * *Eiter.*

* क्षतजन्मन् n. *Blut* Gal.

क्षतजष्ठीविन् Adj. *Blut speiend* Bhâvapr. 3,96.

क्षतरोहण n. *das Verwachsen —, Heilen einer Wunde.*

* क्षतविध्वंसिन् m. *Argyreia speciosa oder argentea.*

क्षतव्रण m. *eine durch Verletzung entstandene Wunde.*

क्षतसर्पण n. *Verlust der Bewegungsfähigkeit* Suçr. 1,270,18.

* क्षतहर n. *Aloeholz.*

क्षताभ्यङ्ग m. *die Stelle eines* Havis, *von der man Etwas davongenommen hat.*

क्षति f. 1) *Verletzung, Beschädigung.* — 2) *Einbusse* Spr. 7336. — 3) *Schaden, Nachtheil.* — 4) *Fehler.* — 5) *Vernichtung, Zugrunderichtung, Beseitigung, Entfernung.*

क्षतिन् Adj. 1) *eine Verletzung habend* Karaka 6, 17. — 2) *am* क्षतकास *leidend* Bhâvapr. 1,94.

क्षतोत्थ Adj. = क्षतज 1). कास.

क्षतोदर n. *Beschädigung der Gedärme durch einen eingedrungenen Körper* Bhâvapr. 5,81.82.

क्षतोद्भव 1) Adj. = क्षतज 1). — 2) n. *Blut.*

क्षत्तर् Nom. ag. 1) *scissor, Vorleger* (*von Speisen*). — 2) *Ver—, Austheiler.* — 3) *Aufwärter,* insbes. *Thürhüter;* auch *Kämmerling.* — 4) *Wagenführer.* — 5) *Wagenkämpfer.* — 6) Bez. *verschiedener Mischlingskasten.* — 7) * Bein. Brahman's. — 8) * *Fisch.*

क्षत्र 1) n. a) Sg. und Pl. *Herrschaft, Oberaewalt, Macht, imperium.* — b) Sg. und Pl. *die Gesammtheit der Herrschenden.* — c) *der herrschende, fürstliche Stand, die zweite Kaste.* — d) *Fürstenwürde.* — e) *ein Angehöriger der zweiten Kaste.* — f) * *Reichthum.* — g) * *Wasser.* — h) * *Körper.* — i) * *Tabernaemontana coronaria* Râgan. 10,145. क्त्र v. l. — 2) * f. ई *eine Angehörige der zweiten Kaste.*

क्षत्रदेव m. N. pr. eines Mannes.

1. क्षत्रधर्म m. *die Pflicht der zweiten Kaste* 45,32.

2. क्षत्रधर्म m. N. pr. = क्षत्रधर्मन् 2) und क्षत्रवृद्ध VP.² 4,43. 44.

क्षत्रधर्मन् 1) Adj. *die Pflichten der zweiten Kaste erfüllend* MBh. 5,179,37. — 2) m. N. pr. eines Fürsten.

क्षत्रधृति m. *eine best. Begehung beim* Râgasûja.

क्षत्रप m. *Satrap.*

क्षत्रपति m. *Meister der Herrschaft.*

क्षत्रबन्धु m. *ein Angehöriger der zweiten Kaste;* im verächtlichen Sinne so v. a. *ein* Kshatrija *der Geburt aber nicht der Handlungsweise nach.*

क्षत्रभृत् 1) Adj. Subst. *Träger —, Bringer der Herrschaft.* — 2) m. *ein Angehöriger der zweiten Kaste.*

* क्षत्रभेद (!) m. Bein. Çatadhanvan's Gal.

क्षत्रमात्र n. *der Inbegriff des* Kshatra Çat. Br. 14,8,14,4. Vgl. Bṛh. Âr. Up. 5,13,4.

क्षत्रयोग m. *Verknüpfung des fürstlichen Standes.*

क्षत्ररूप n. *das Wesen des* Kshatra Ait. Br. 8,7.

क्षत्रवनि Adj. *dem fürstlichen Stande zugethan.*

क्षत्रवत् Adj. *mit fürstlicher Würde begabt.*

क्षत्रवर्धन Adj. *Herrschaft fördernd.*

क्षत्रविद्या f. *die Wissenschaft des Herrscherstandes.*

* क्षत्रवृक्ष m. *Pterospermum suberifolium.*

क्षत्रवृद्ध m. N. pr. eines Fürsten.

क्षत्रवृद्धि m. N. pr. eines Sohnes des Manu Raukja.

क्षत्रवृध m. N. pr. = क्षत्रवृद्ध.

क्षत्रवेद m. *der* Veda *der zweiten Kaste.*

क्षत्रश्री Adj. *im Glanz der Herrschaft stehend.*

क्षत्रसव m. eine best. Opferhandlung.

क्षत्रसामन् n. Name zweier Sâman Tâṇḍja-Br. 9,2,7. 15.

क्षत्रान्वय Adj. zur zweiten Kaste gehörig R. 1, 1,96.

क्षत्रायतनीय Adj. sich auf das Kshatra stützend.

क्षत्रिन् Adj. zur zweiten Kaste gehörig Vâstuv. 1,25.

1. क्षत्रिय 1) Adj. Subst. herrschend, mit den Eigenschaften eines Herrschers begabt, Herrscher. — 2) m. a) ein Angehöriger des Fürstenstandes, — der zweiten Kaste. Am Ende eines adj. Comp. f. आ. — b) Pl. N. pr. eines Volkes Varâh. Bṛh. S. 14, 28. — c) *ein rothes Pferd Gal. — 3) f. आ a) eine Angehörige des Fürstenstandes, — der zweiten Kaste. ते क्षत्रिया so v. a. deine zur zweiten Kaste gehörige Frau 42,18. — b) Bein. der Durgâ. — 4) *f. ई die Frau eines Angehörigen der zweiten Kaste. — 5) n. Herrschermacht, — würde.

2. क्षत्रिय Adj. Sâh. D. 78,21 fehlerhaft für क्षैत्रिय; vgl. Spr. 4023.

*क्षत्रियका f. Demin. von 1. क्षत्रिय 3) a).

क्षत्रियता f. und क्षत्रियत्व n. Stand —, Würde eines Kshatrija.

क्षत्रियब्रुव Adj. sich fälschlich Kshatrija nennend.

क्षत्रिययज्ञ m. das Opfer eines Kshatrija Çat. Br. 13,4,1,2.

*क्षत्रियवरा f. eine wilde Gurkenart Râǵan. 7,162.

क्षत्रियहण Adj. Vertilger der Kshatrija.

*क्षत्रियाणी f. eine Angehörige der zweiten Kaste und die Frau eines Mannes der zw. K.

*क्षत्रियारि m. Bein. Paraçurâma's Gal.

*क्षत्रियिका f. = क्षत्रियका.

क्षत्रोपक्षत्र m. N. pr. beruht auf einer falschen Trennung von गिरिक्षत्रोपक्षत्र VP. 4,14,2.

क्षत्रौजस् m. N. pr. eines Fürsten.

1. क्षद्, क्ष॑दते 1) vorschneiden, zerlegen, schlachten. — 2) vorlegen, vorsetzen (Speisen). — 3) sich vorlegen, zugreifen, verzehren. — 4) *bedecken (einer Etymologie wegen). — Mit अभि in अभिक्षत्तर्.

2. क्षद् Adj. in बाहुक्षद्.

क्ष॑द्मन् n. 1) Vorlegemesser RV. 10,106,7. — 2) *Speise. — 3) *Wasser.

1. क्षन् 1) क्षणो॑ति a) verletzen, verwunden. — b) zerbrechen. — 2) क्षणु॑ते sich verletzen, wund werden. — 3) Partic. क्षत a) verwundet, verletzt. — b) was eine Einbusse erlitten hat, was Schaden genommen hat. — c) zerstört, vernichtet, zu Grunde gerichtet, beseitigt. — Mit उप, ०क्षत verwundet, verletzt. — Mit परि, ०क्षत 1) dass. — 2) was eine Einbusse erlitten hat, was Schaden genommen hat. — Mit वि, ०क्षत verwundet, verletzt. — Mit अभिवि, ०क्षत dass. — Mit परिवि, ०क्षत dass.

2. क्षन् 3te Pl. Aor. von 1. क्षम् 30,16.

3. क्षन् in ऋभुक्षन्.

क्षन्तर् Nom. ag. der Alles erträgt, A. verzeiht.

क्षन्तव्य Adj. zu verzeihen, dem zu verzeihen ist 151,4. Auch n. impers. mit Gen. der Person (59,22) und Abl. der Sache.

1. क्षप्, क्षपति und क्ष॑पते Enthaltsamkeit üben, sich kasteien. — Mit सम् Med. dass.

2. क्षप्, क्षपयति und ०ते s. Caus. von 3. क्षि.

3. *क्षप्, क्षपयति (प्रेरणे).

4. क्षप्, क्षपति Ṛt. 5,9 fehlerhaft für क्षिप्.

5. क्ष॑प् f. 1) Nacht. क्ष॑पस्, क्षप॑स् und क्षपा॑ bei Nacht. Nacht als Zeitmaass so v. a. Tag. — 2) Dunkelheit. — 3) *Wasser.

*क्षप Adj. gaṇa पचादि. m. Lalit. 341,16 fehlerhaft für क्षेप.

1. क्षपण 1) m. a) ein buddhistischer oder Ǵaina-Bettler. — b) *Pl. eine best. buddhistische Secte. — c) ein best. Samâdhi Kârand. 92,19. — 2) f. आ N. pr. einer Joginî Hemâdri 2,a,93,10. fgg. — 3) n. Enthaltsamkeit, Kasteiung M. 4,119 (Hdschrr.). Oefters durch Pause im Studium erklärt; vgl. 2. क्षपण 3) b).

2. क्षपण 1) Adj. am Ende eines Comp. vernichtend, Vernichter. — 2) m. Bein. Çiva's. — 3) n. a) das Vernichten, Unterdrücken, Vertreiben, Verringern. किल्बिष० Râǵat. 7,433. — b) das Hinbringen, Verbringen (einer Zeit), Warten Gaut. Vivâdak. 152, 9 (क्षेपण v. l).

क्षपणक m. 1) Bettler, insbes. ein nackt einhergehender Ǵaina-Bettler Kâd. 34,6. 72,5. — 2) N. pr. eines Autors.

1. *क्षपणी f. = क्षेपणी.

2. क्षपणी Adv. mit भू die Gestalt eines Bettlers annehmen.

*क्षपण्यु m. Beleidigung.

क्षपयिष्णु Adj. vernichtend, die Absicht habend zu vernichten, — tilgen; mit Acc.

क्षपा॑ f. 1) Nacht. Als Zeitmaass so v. a. Tag. — 2) *Gelbwurz.

क्षपाकर m. der Mond Daçak. 83,14. Kâd. 3,12.

क्षपाकृत् m. dass. Çiç. 13,53.

क्षपाचर m. Nachtwandler: 1) ein Rakshas. — 2) Nachtthier, Nachtvogel. — 3) Bein. von Nirṛti Varâh. Jogaj. 6,21.

क्षपाजल n. Nachtthau Kâd. 28,11.

क्षपाट m. = क्षपाचर 1) 2).

क्षपात्यय m. Ausgang der Nacht, Tagesanbruch.

क्षपानाथ m. der Mond.

क्षपान्ध्य n. = क्षणदान्ध्य.

*क्षपापति m. 1) der Mond. — 2) Kampfer.

क्षपापह m. die Sonne.

क्षपारमण m. der Mond.

क्षपारमणशेखर m. Bein. Çiva's.

क्षपार्ध Mitternacht.

क्षपा॑वत् und क्ष॑पावत् m. Herrscher.

क्षपावसान n. Ende der Nacht. Loc. am folgenden Morgen Daçak. 76,4.

क्षपावृत्ति Adj. in der Nacht seinen Lebensunterhalt findend.

क्षपाव्यय m. = क्षपात्यय R. 5,19,35.

०क्षपाशय Adj. in der Nacht liegend auf.

क्षपाह्न νυχθήμερον.

क्षपितव्य Adj. zu verbringen. पश्चिमं वयः Kâd. II,117,15.

क्षपेश m. der Mond Vâs.

1. क्षम्, क्ष॑मते (episch auch क्षमति), *क्षमिति, *क्षाम्यति und क्षम्यते (Bhâg. P.) 1) sich gedulden, sich ruhig verhalten, sich bescheiden, seinen Unwillen zurückdrängen. क्षान्त a) geduldig. — b) n. impers. Spr. 2015. — 2) sich in Etwas (Dat.) fügen. — 3) Etwas (Acc.) geduldig ertragen, ruhig hinnehmen, sich Etwas gefallen lassen. क्षान्त mit pass. Bed. — 4) Jmd (Gen. oder Dat.) Etwas (Acc.) verzeihen, nachsehen. Partic. क्षान्त und क्षमित. — 5) Jmd (Gen.) Etwas (Acc.) gönnen, verstatten, dass (Potent.). — 6) Jmd (Acc.) leiden, ruhig gewähren lassen, nachsichtig sein gegen. — 7) vermögen, im Stande sein; mit Infin. — 8) *Jmd (Acc.) Widerstand leisten. — Caus. क्षमयति und क्षामयते 1) Jmd (Acc.) wegen Etwas (Acc.) um Verzeihung, — Nachsicht bitten. — 2) Etwas (Acc.) geduldig ertragen. — Mit अभि 1) sich gnädig erzeigen. — 2) einer Sache (Dat.) günstig sein, verstatten. — 3) begnadigen. — Mit सम् Jmd (Acc.) leiden, ruhig gewähren lassen.

2. क्ष॑म् (stark क्षा॑म्, schwach क्षम् und ज्म्) f. Erdboden, die Erde.

क्षम॑ 1) Adj. (f. आ॑) a) geduldig. — b) ertragend, aushaltend, Widerstand leistend; die Ergänzung im Comp. vorangehend. — c) einer Sache gewachsen, tüchtig, vermögend, im Stande seiend; die Ergänzung im Loc., Infin. oder im Comp. vorangehend. — d) Jmd (Gen.) gewogen. — e) erträglich. न पापमित्रैः सह वर्तितुं क्षमम् mit schlechten Freunden zu verkehren ist unerträglich Spr. 5931. — f) geeignet, passend, angemessen, recht, erspriess-

lich; mit Gen. der Person. — *g) sich zu Etwas eignend, Etwas entsprechend, das geeignete Object von oder für Etwas seiend;* die Ergänzung im Dat., Gen., Loc., Infin. oder im Comp. vorangehend. Ein Infin. und ein im Comp. vorangehendes Nom. act. (214,22) ist passivisch zu übersetzen. — 2) m. *a)* Bein. Çiva's. — *b) *eine Art Sperling.* — 3) f. क्षमा *a) Geduld, Langmuth, Nachsicht, indulgentia;* mit Loc. der Person. क्षमां कर् *Nachsicht üben gegen, Geduld haben mit* (प्रति oder Gen.). Auch personificirt, insbes. als Tochter Daksha's. — *b) Zahmheit* (einer Gazelle). — *c) *Widerstand.* — *d) die Erde, Erdboden, Erde als Stoff.* — *e)* Bez. *der Zahl Eins* Ganit. 1,23. — *f)* Bein. der Durgâ. — *g) *Acacia Catechu.* — *h) ein best. Metrum.* — *i)* N. pr. α) einer Hirtin. — β) einer Verfasserin von Mantra bei den Çâkta. — γ) *eines Flusses, = वेत्रवती Gal. — *k)* *fehlerhaft für क्षपा *Nacht.*

क्षमणीय Adj. *geduldig zu ertragen, was man sich gefallen lassen kann.*

क्षमता f. *Befähigung zu Etwas, das Können, Vermögen* Spr. 51.

क्षमत्व n. dass.; die Ergänzung im Loc. oder im Comp. vorangehend (Kull. zu M. 9,161).

क्षमवन्त् Adj. 1) *der das Angemessene kennt.* — 2) Kâth. 10,9 fehlerhaft für क्षामवन्त् 1).

*क्षमस्य Adj. = क्षामस्य.

*क्षमाकर m. N. pr. eines Jaksha Gal.

क्षमाकल्याण m. N. pr. eines Autors.

क्षमाचरँ Adj. *im Erdboden sich aufhaltend, unterirdisch.*

क्षमाचार्य m. N. pr. eines Verfassers von Mantra bei den Çâkta.

क्षमातनय m. *der Planet Mars.*

क्षमातल n. *Erdboden* Bâlar. 82,1.

*क्षमादंश m. *Moringa pterygosperma* Râǵan. 7,26.

क्षमापति m. *Fürst, König.*

क्षमापय्, °यति und °यते *Jmd* (Acc.) *um Verzeihung bitten* Agni-P. 36,16. 43,19.

क्षमाभृत् m. *Berg* Kâd. 4,2.

क्षमामण्डल n. *Erdkreis, die ganze Erde* Spr. 2036.

क्षमालिङ्गात्मपीडावन्त् Adj. *wobei der Nachweis der Nachsicht und der eigene Schaden angegeben ist* 214,28.

क्षमावन्त् 1) Adj. *a) geduldig, langmüthig, nachsichtig.* — *b) zahm, fromm* (Elephant). — 2) f. °वती *ein Frauenname.*

क्षमावर्त m. N. pr. eines Sohnes des Devala VP.[2] 2,24.

क्षमाशील Adj. = क्षमावन्त् 1) *a)* 57,19. 60,18.

क्षमाषोडशी f. Titel eines Werkes.

*क्षमितर् Nom. ag. = क्षमावन्त् 1) *a).*

क्षमितव्य Adj. *ruhig hinzunehmen, was man sich gefallen lassen kann.*

क्षमिन् 1) Adj. = क्षमावन्त् 1) *a);* mit Loc. der Person. — 2) **Maulthier* Gal.

*क्षमुद् *eine best. hohe Zahl* (buddh.).

*क्षम्प्, क्षम्पति und क्षम्पयति (क्षान्त्याम्, कान्तौ).

(क्षम्यँ) क्षमिय Adj. *im Erdboden befindlich, irdisch.*

1. क्षयँ 1) Adj. *wohnend* RV. 3,2,13. 8,53,4. — 2) m. (adj. Comp. f. आ) *a) Wohnung, Wohnsitz, Aufenthalt; Sitz —, Ort des* Karaka 3,5. Im Epos häufig von der *Behausung* Jama's. — *b)* = क्षिति *Stamm, Volk* RV. 1,123,1.

2. *क्षयँ m. *Herrschaft* Sâj. zu RV. 7,46,2.

3. क्षय 1) m. *a) Abnahme, Verminderung, Verlust, das zu Ende Gehen, Versiegen, Untergang, Ende, das zu Nichte Werden.* क्षयं गम्, — या, — इ oder उप-इ *sich vermindern, abnehmen, sich verlieren, zu Ende —, zu Grunde gehen, untergehen.* क्षयं नी *zu Grunde richten.* — *b) Auszehrung,* insbes. *Lungenschwindsucht* Hemâdri 1,614,2. — *c) *Krankheit* überh. — *d) Untergang der Welt.* — *e) eine negative Grösse, Minus* Ârjabh. 3,22. — *f)* = क्षयमास. — *g)* = क्षयाह् Ganit. Pratjabd. 12. — *h)* N. pr. eines Fürsten VP.[2] 4,167. — 2) f. आ N. pr. einer Jogini Hemâdri 2,a,94,2. fgg. — 3) n. *das letzte Jahr im 60jährigen Jupitercyclus.*

क्षयकर 1) Adj. *a)* am Ende eines Comp. *Untergang bereitend, zu Nichte machend.* Nom. abstr. °त्व n. — *b)* Spr. 1713 wohl fehlerhaft für क्षयिकल. — 2) m. *das 49te Jahr im 60jährigen Jupitercyclus.*

क्षयकर्तृ Nom. ag. am Ende eines Comp. = क्षयकर 1) *a)* 105,28.

क्षयकास m. *Husten bei der Schwindsucht* Karaka 6,20.

क्षयकासिन् Adj. *einen solchen Husten habend* ebend.

क्षयकृत् 1) Adj. *Verderben bringend* Varâh. Jogaj. 7,21. Am Ende eines Comp. *Abnahme —, Verlust —, Untergang verursachend.* — 2) m. = 3. क्षय 3).

क्षयंकर Adj. (f. ई) *Untergang verursachend;* die Ergänzung im Gen. oder im Comp. vorangehend Hemâdri 1,807,19.

1. क्षयणँ 1) Adj. etwa *wohnlich.* क्षयँणा TS. 4,5,9,1. Vgl. क्षेणँ. — 2) *m. *a) ein Ort mit ruhigem Wasser.* — *b) *Bucht, Hafen.* — 3) *n. *Wohnung.*

2. °क्षयण Adj. *vernichtend, vertreibend.*

*क्षयतरु m. *Bignonia suaveolens.*

*क्षयथु m. fehlerhaft für क्षवथु 2)

क्षयदिवस m. *der Tag des Weltuntergangs* Harshak. 155,3.

क्षयँद्वीर Adj. *Männer beherrschend.*

*क्षयनाशिनी f. *eine best. officinelle Pflanze.*

*क्षयपक्ष m. *die Zeit des abnehmenden Mondes.*

क्षयमास m. *ein überschüssiger lunarer Monat, welcher bei der Ausgleichung der lunaren mit der* Sâvana-*Zeit ausgeschieden wird.*

क्षययितव्य Adj. *zu Grunde zu richten, zu vernichten.*

क्षयरोग m. *Auszehrung* Hemâdri 1,614,10.

क्षयरोगिन् Adj. *die Auszehrung habend* ebend. 9. Nom. abstr. °गित्व n.

क्षयस् *Wohnung* in उरु°.

क्षयाह् m. *ein überschüssiger lunarer Tag, welcher bei der Ausgleichung der lunaren mit der* Sâvana-*Zeit ausgeschieden wird.*

क्षयिक Adj. *die Auszehrung habend* Nâr. 12,62.

क्षयिकल (Conj.) Adj. *der Abnahme unterworfen* (Mond) Spr. 1713.

क्षयितता f. *das zu Nichte Gemachtwerden* Çaṁk. zu Bâdar. 3,1,8 (S. 752).

क्षयित्व n. *Vergänglichkeit.*

क्षयिन् Adj. 1) *abnehmend, sich vermindernd.* — 2) *vergänglich.* — 3) *schwindsüchtig.*

क्षयिष्णु Adj. 1) *vergänglich.* — 2) *vernichtend.*

क्षयोपशम m. bei den Ǵaina *vollständiges zu Nichte Werden* (des Thätigkeitsdranges).

क्षय्य in अक्षय्य.

क्षर्, क्षँरति (metrisch auch क्षरते) und *क्षरिति 1) *fliessen, strömen;* von Wassern u. s. w. — 2) *gleiten.* — 3) *zerfliessen, zerrinnen, schwinden, vergehen, zu Nichte werden.* — 4) *einer Sache* (Abl.) *verlustig gehen.* — 5) *Etwas* (Acc.) *strömen, ausströmen, giessen.* मूत्रम् *Urin entlassen* Karaka 2,4. — 6) ohne Object *einen Strom entlassen.* — Caus. क्षारयति 1) *fliessen lassen, entlassen* (Harn, Koth). — 2) *begiessen, besudeln,* insbes. *mit ätzenden Stoffen* Mârk. P. 8,142. — 3) *Jmd* (Acc.) *eines Verbrechens* (Loc.) *beschuldigen* MBh. 2,5,104. — Mit अति 1) *hindurchströmen durch* (Acc.) — 2) *überströmen.* — Mit अभ्यति *hinüberströmen zu.* — Mit अनु *zufliessen auf, einströmen in.* — Mit अभि 1) *zuströmen auf, umströmen.* — 2) *beströmen, begiessen.* — Mit अव *begiessen, besudeln* (mit Samen) MBh. 8,45,43 (wo अवक्षरतः st. अवरक्षतः zu vermuthen ist). — Caus. *hinabfliessen lassen auf*

(Acc.) — Mit आ Caus. 1) *herfliessen machen* Tâṇḍja-Br. 11,5,10. (1. — 2) *begiessen.* — 3) *schimpfen* Vivâdak. — 4) *Jmd* (Acc.) *in üblen Ruf bringen.* आक्षारित *bescholten.* — Mit उप 1) *hinströmen zu* (Acc.). — 2) *übergiessen.* — Mit परि 1) *umherströmen.* — 2) *Jmd Etwas* (Acc.) *zuströmen.* — Mit प्र 1) *hervorströmen, strömen* Pañkad. — 2) **herabfallen.* — Mit अभिप्र 1) *hinströmen nach* (Acc.). — 2) °क्षरित *ausgegossen.* — Mit क्ष (statt प्र wegen einer Etymologie von क्षत्त) Caus. *strömen lassen* Maitr. S. 3,10,2. — Mit वि *zerfliessen, sich ergiessen, abfliessen.* — Mit सम् *zusammenfliessen.*

क्षर 1) Adj. (f. आ) *was da zerrinnt, vergänglich.* — 2) *m. *Wolke.* — 3) n. a) **Wasser.* — b) (*der vergängliche*) *Körper.*

°क्षरक Adj. (f. °रिका) *ausströmend.*

*क्षरज Adj. P. 6,3,116.

क्षरण n. 1) *das Fliessen.* — 2) *das Spritzen.* — 3) *das Ausströmen.*

क्षरध्यै Dat. Inf. von क्षर्.

*क्षरपत्त्री (?) f. *ein best. kleiner Strauch.*

*क्षरिन् m. *die Regenzeit.*

*क्षरेज Adj. = क्षरज.

*क्षर्य Adj. von क्षर.

1. *क्षल्, क्षलति (संचलने, चये).

2. क्षल्, क्षालयति *waschen, abwaschen* (auch in übertr. Bed.). — Mit अव in अवक्षालन. — Mit परि *abspülen, abwaschen.* — Mit प्र *abspülen, ausspülen, abwaschen* (auch in übertr. Bed.). — Caus. प्रक्षालापयते *sich Etwas* (Acc.) *abwaschen lassen.* — Mit अभिप्र *reinigen.* — Mit वि *abwaschen.*

क्षव m. 1) *das Niesen.* — 2) **Husten.* — 3) **schwarzer Senf.*

क्षवक 1) *m. a) *Achyranthes aspera.* — b) *schwarzer Senf* Râgan. 9,155. — c) = भूताङ्कुश (*eine best. Pflanze*). — 2) *f. क्षविका a) *eine Art Solanum.* — b) *eine Reisart.* — c) *Weib.* — 3) n. *eine best. Gemüsepflanze.*

क्षवकृत् *Artemisia sternutatoria* Bhâvapr. 1,123.

क्षवथु m. 1) *das Niesen* Âpast. — 2) *Schnupfen, Katarrh.*

क्षस् in दिवक्षस्.

1. क्षा, क्षायति *verbrennen, anbrennen.* — Caus. क्षापयति *versengen, verbrennen.* — Mit अप *verlöschen* Maitr. S. 1,8,9. — Mit अपि Caus. *versengen.* — Mit अव, Partic. अवक्षाण *zu Ende gebrannt* Maitr. S. 1,8,9. Vgl. अवक्षाम. — Mit परि, °क्षाण *verkohlt.* — Mit प्र *verbrennen* (intrans.). — Mit संप्र Caus. *verglimmen machen, auslöschen.* — Mit वि in विक्षाम. — Mit सम् Caus. *verbrennen —, durch Feuer verzehren lassen* Maitr. S. 4,8,1.

2. क्षा f. (Nom. क्षास्) Nebenform von क्षम् *Erdboden, die Erde.*

3. क्षा f. (Nom. क्षास्) *Wohnstatt, Sitz.*

क्षाति f. *Gluth.*

क्षात्त्र n. *die Gemeinschaft —, Truppe der Aufwärter, Dienerschaft.* °संग्रहीतॄणाम्.

क्षात्र 1) Adj. (f. ई) *der zweiten Kaste eigenthümlich, ihr zukommend.* — 2) n. *Herrscherwürde.*

*क्षात्रविद्य Adj. von क्षत्रविद्या.

*क्षात्रि m. *der Sohn eines* Kshatrija.

1. क्षान्त 1) Adj. s. u. 1. क्षम्. — 2) m. a) Beiw. Çiva's. — b) N. pr. eines Mannes. — 3) *f. आ *die Erde.* — 4) n. *Geduld, Nachsicht* R. 1,34,32. 33.

2. क्षान्त Adj. *auf* क्ष *endigend.*

*क्षान्तायन m. Patron. von क्षान्त.

क्षान्ति f. 1) *geduldiges Abwarten.* — 2) *Geduld, Nachsicht.* — 3) *eine best.* Çruti S. S. S. 24. — 4) N. pr. eines Flusses VP.² 2,198.

क्षान्तिपारमिता f. *die* Pâramitâ *der Nachsicht* Kâraṇḍ. 50,18. 82,7. 87,10.

क्षान्तिपाल m. N. pr. eines Fürsten.

क्षान्तिप्रिया f. N. pr. eines Gandharva-Mädchens Kâraṇḍ. 5,7.

क्षान्तिमत् Adj. *geduldig, nachsichtig.*

क्षान्तिवादिन् m. N. pr. eines Ṛshi Kâraṇḍ. 24,18.

क्षान्तिशील m. N. pr. eines Mannes.

*क्षान्तीय Adj. von क्षान्त.

*क्षान्तु 1) Adj. *geduldig, nachsichtig.* — 2) m. *Vater.*

क्षापय्, °यति Caus. von 1. क्षा.

क्षाम Adj. (f. आ) 1) *etwa verkohlend* Maitr. S. 1,8,9. — 2) *versengt, angebrannt* Gaim. 6,4,17. — 3) *ausgedorrt, vertrocknet, abgemagert, abgefallen, schlank.* — 4) *schwach, gering, unbedeutend:* insbes. von der Stimme. — 5) **stark, kräftig.*

क्षामकर्षमिश्र Adj. *mit angebrannten Scharren vermengt.*

क्षामक्षाम Adj. *ganz abgemagert* Çâk. 58.

क्षामन् n. *Erdboden, Boden.*

क्षामवत् 1) Adj. etwa *verkohlt,* Beiw. Agni's Maitr. S. 1,8,9. — 2) f. क्षामवती *ein best. Opfer.*

*क्षामाप्रस्थ m. N. pr. einer Stadt.

*क्षामास्य n. *eine mit einer Kur unverträgliche Diät* oder *ein solcher Zustand des Körpers.*

1. क्षामि f. *die Erde.*

2. *क्षामि m. Patron. von क्षाम.

*क्षामिन् Adj. = क्षामो ऽस्यास्ति.

*क्षामिमत् Adj. von 2. क्षामि oder क्षामिन्.

क्षामी Adv. mit कर् *verkürzen.*

क्षाम्य Adj. *zu verzeihen, nachzusehen.*

क्षायिक Adj. bei den Gaina *aus vollständigem zu Nichte Werden* (des Thätigkeitsdranges) *hervorgehend, in Folge dessen eintretend.*

क्षार 1) Adj. (f. आ) a) *von brennendem, ätzendem, salzigem Geschmack, salzhaltig.* — b) *scharf* (Wind). — 2) m. n. (selten) *ein brennender, ätzender Stoff; Aetzkali, Salpeter, Natrum, Potasche* u. s. w. Bhâg. P. 7,4,17. °द्वय n. = स्वर्जिका und यावशूक Bhâvapr. 2,182. *°त्रय, *°त्रितय und *त्रि° n. *Natrum, Salpeter und Borax;* *°षट्क, *क्षाराष्टक und *°पूर्वदशक n. *eine Gruppe von 6, 8 und 10 ätzenden Stoffen.* Vgl. Comm. zu Âçv. Gṛhj. 1,8,10. — 3) *m. a) *Glas.* — b) *Melasse.* — c) *ein beissender Mensch.*

क्षारक 1) m. a) *Kali.* — b) *Netz zum Fangen von Vögeln.* — c) **ein Korb für Fische* oder *Vögel.* — d) *eine Menge junger Knospen.* °जात Adj. *in Knospen stehend* Lalit. 87,2. — e) **Wäscher.* — 2) *f. °रिका *Hunger.*

क्षारकर्दम m. *eine best. Hölle.*

क्षारकर्मन् n. *Anwendung von Aetzmitteln.*

क्षारकृत्य Adj. *mit Aetzmitteln zu behandeln.*

क्षारक्षत Adj. *von Salpeter zerfressen* Mṛkkh. 47,17.

क्षारक्षीण Adj. dass. ebend. 5. 6. Nom. abstr. °ता f. 3.

क्षारण 1) n. *ein best. mit Quecksilber vorgenommener Process.* — 2) *f. आ *Beschuldigung der Untreue.*

क्षारतन्त्र n. *die Methode der Cauterisation* Karaka 6,5.

क्षारतैल n. *ein mit verschiedenen kalihaltigen Ingredienzien aufgekochtes Oel.*

*क्षारदला f. *ein Chenopodium* Râgan. 7,125.

*क्षारद्रु m. = क्षारवृक्ष.

क्षारनदी f. *ein Fluss mit ätzendem Wasser* (in der Hölle).

*क्षारपत्त्र m. n. und *°क m. *Chenopodium album.*

क्षारपयस् m. *das Salzmeer.* °पयोभू angeblich *Schlange* Viddh. 71,14.

क्षारपाणि m. N. pr. eines Ṛshi Hariv. 9575. Bhâvapr. 1,4 (v. l. क्षीर°).

क्षारपात m. *Anwendung von Aetzmitteln* Harshak. 106,3.

क्षारभूमि f. *salzhaltiger Boden.*

*क्षारमध्य m. *Achyranthes aspera.*

क्षारमृत्तिका f. *salzhaltiger Boden.*

*क्षारमेलक m. *eine best. alkalische Substanz.*

क्षारमेह m. *eine best. krankhafte Harnsecretion* Karaka 2,4.

क्षारमेहिन् Adj. mit क्षारमेह *behaftet* ebend.

क्षारलवण n. Du. *ein ätzender Stoff und Salz* Mân. Gṛhj. 1,2. °वर्जन Hemâdri 1,356,15. Vgl. अ°.

*क्षारवृक्ष m. *Schreberia Swietenoides* Râǵan. 11,211.

*क्षारश्रेष्ठ 1) m. *a)* dass. — *b) Butea frondosa.* — 2) n. *eine Art Aetzkali* Râǵan. 6,256.

क्षारसमुद्र und क्षारसिन्धु m. *der salzige Ocean.*

क्षारसूत्र n. *Aetzfaden.*

*क्षाराक्ष Adj. *ein Glasauge habend* (buddh.).

क्षारागद m. *ein best. durch Auslaugen von Pflanzenasche bereitetes Gegengift und Heilmittel.*

*क्षाराढ्य n. *Meersalz.*

क्षाराञ्जन n. *kalihaltige Salbe.*

क्षाराम्बु n. *kalihaltiges Wasser.*

*क्षारीय Adj. von क्षार.

क्षारोद m. *der salzige Ocean* VP. 2,4,1.

क्षारोदक n. *Kalilauge.*

क्षाल m. *das Waschen* Spr. 2893.

क्षालन 1) Adj. *abwaschend, wegwischend* (auch in übertr. Bed.) Spr. 4668. — 2) n. *das Waschen, Abwaschen.*

1. क्षि, क्षेति und क्षियति (Partic. क्षियन्त् und क्षयन्त्) 1) *weilen, sich aufhalten, wohnen,* insbes. mit dem Nebenbegriff *des ruhigen und ungestörten* oder *verborgenen Weilens.* — 2) *bewohnen.* — 3) *क्षेपति = गतिकर्मन्. — Caus. क्षययति und क्षेपयति *ruhig wohnen machen, pacare.* — Mit अधि 1) *verweilen —, wohnen bei* oder *in, sich ausbreiten über* (Acc. oder Loc.). °क्षियन्ते Med. MBh. 1,3,65. °क्षिपन्तौ 57 fehlerhaft für °क्षियन्तौ. — 2) *ruhen auf.* — Mit आ 1) *weilen, sich aufhalten bei* oder *in* (Acc.), *bewohnen.* — 2) *vorhanden sein.* — 3) *in Besitz kommen* oder *sein,* mit Acc. — Mit उप *sich aufhalten —, wohnen an* oder *bei, bleiben* (auch in übertr. Bed.) *bei* (Acc.). — Mit परि *umwohnen,* mit Acc. Ait. Br. 6,32. — Mit प्रति *sich niederlassen bei* (Acc.). Partic. °क्षियन्त् und °क्ष्यन्त्. — Mit सम् *zusammenwohnen mit* (Instr.) RV. 9,72,3.

2. क्षि, क्षयति *besitzen, verfügen über, beherrschen;* mit Gen. — Mit अधि in अधिक्षित्.

3. क्षि 1) क्षिणोति, क्षिणाति und क्षयति (R.) *vernichten, zerstören, verderben, ein Ende machen, übel mitnehmen;* mit Acc. — 2) क्षीयते *abnehmen* (auch vom Monde), *ein Ende nehmen, aufhören, sich erschöpfen, zu Grunde gehen, umkommen.* Vgl. Vâmana 5,2,6. — Partic. 1) क्षित *erschöpft, ausgebeutet, heruntergekommen.* — 2) क्षीण *vermindert, erschöpft, hingeschwunden, zu Ende gegangen; abnehmend* (vom Monde); *geschwächt, heruntergekommen, in Noth gerathen; mager, dünn, schmächtig* Naish. 7,81. — Caus. क्षययति und क्षपयति, °ते (Partic. क्षयित und क्षपित) *vernichten, zu Grunde richten, ein Ende machen* Çaṁk. zu Bâdar. 3,1,8 (S. 753). 4,3,14 (S. 1129), *aus dem Wege räumen, wegschaffen* (*heilen* Hemâdri 1,637,8), *übel mitnehmen, herunterbringen, schwächen.* क्षपाम्, क्षपास् (Kâd. 27,6) so v. a. *verbringen.* क्षयित auch *dividirt.* — Mit अनु, °क्षीयते *nach und nach schwinden.* — Mit अप 1) Partic. °क्षित *erschöpft, zu Ende gebracht.* — 2) °क्षीयते *abnehmen* (vom Monde). — Mit अव, क्षिणोति *wegschaffen, entfernen.* — Mit उप, °क्षीयते *abnehmen, aufgezehrt werden.* — Partic. 1) उपक्षित in अनुपक्षित. — 2) उपक्षीण *erschöpft —, aufgehend in* (Instr.) Çaṁk. zu Bṛh. Âr. Up. S. 232 und zu Bâdar. 2,2,28 (S. 572). — Mit निस्, °क्षिणोति *vernichten, wegschaffen* (eine Krankheit). — Mit परि 1) °क्षिणोति *vernichten, ein Ende machen.* — 2) °क्षीयते *herunterkommen, verarmen.* — Partic. °क्षीण *geschwunden, erschöpft, heruntergekommen, verarmt, versiegt, zu Grunde gegangen.* Mit Instr. *schwach an.* सर्वोपाय° *von allen Hülfsmitteln entblösst* Spr. 7727. — Mit प्र 1) °क्षिणोति *verderben, vernichten, erschöpfen.* — 2) °क्षीयते *zu Grunde gehen, umkommen.* — Partic. 1) प्रक्षित in अ°. — 2) प्रक्षीण *zerstört, vernichtet, verschwunden, erschöpft, vermindert.* °चन्द्र *stark abgenommen.* — Mit वि, °क्षिणाति *versehren, mindern, verderben, vernichten.* — Partic. 1) विक्षित *heruntergekommen, elend.* — 2) विक्षीण in अ°. — Desid. विचिक्षीषति *versehren —, mindern wollen.* — Mit सम् 1) °क्षिणाति *verderben, versehren, zu Nichte machen.* — 2) °क्षीयते *sich erschöpfen, zu Ende gehen, aufgerieben werden.* — Caus. °क्षययति und °क्षपयति *schwinden —, zusammenfallen machen.*

4.* क्षि f. 1) *Wohnung.* — 2) *Gang.* — 3) *Vernichtung.*

*क्षिण्, क्षिणोति und क्षिणुते (हिंसायाम्).

°क्षित् Adj. Subst. *wohnend, Bewohner; herrschend, Beherrscher.*

क्षिता f. MBh. 13,2017 fehlerhaft für क्षिति.

क्षितायुस् Adj. *dessen Leben zu Ende geht.*

1. क्षिति f. 1) *Wohnsitz, Niederlassung.* — 2) *die Erde, Erdboden, Erde als Stoff* (104,5). Pl. *Ländereien.* — 3) Pl. *die Niederlassungen,* so v. a. *Stämme, Völkerschaften, Völker, Menschen* überh. Uebertragen auch von *Göttergeschlechtern.* — 4) Bez. *der Zahl Eins* Bîǵag. 144.

2. क्षिति *Herrschaft, Macht* (nach Nîlak.) MBh. 13,76,10.

3. क्षिति f. 1) *das Vergehen, Untergang, Verderben.* — 2) * *Weltende.*

4. क्षिति 1) m. N. pr. eines Mannes. Pl. *sein Geschlecht.* — 2) *f. *ein best. gelbes Pigment.* — 3) *ein best. Halbmetall.* — 4) * = क्षितिक्षम Gal.

*क्षितिकण m. *Staub.*

क्षितिकम्प m. *Erdbeben.*

क्षितिकम्पन m. N. pr. 1) eines Wesens im Gefolge Skanda's. — 2) eines Daitja.

*क्षितिक्षम m. *Acacia Catechu* Râǵan. 8,21.

*क्षितिक्षित् m. *Fürst, König.*

क्षितिक्षोद m. *Erdenstaub* Kâd. 130,13.

क्षितिगर्भ m. N. pr. eines Bodhisattva.

क्षितिचलन n. *Erdbeben.*

क्षितिज 1) Adj. *aus der Erde entstanden, — hervorgegangen.* — 2) m. *a) Baum.* — *b)* **eine Art Schnecke* Râǵan. 13,56. — *c) der Planet Mars.* — *d)* *Bein. des Dämons Naraka. — 3) *f. आ Bein. der Sîtâ. — 4) n. *Horizont* Ârjabh. 4,18. Nom. abstr. °त्व n. Golâdhj. 7,8.

*क्षितिजन्तु m. *eine Art Schnecke* Râǵan. 13,56.

क्षितिजीवा und क्षितिज्या f. *der Sinus der zwischen dem Horizont und dem* Unmaṇḍala *gelegenen Bogens des Tageskreises.*

क्षितितनय 1) m. *der Planet Mars.* — 2) f. आ Metron. der Sîtâ Bâlar. 114,2.

क्षितितनयदिन n. und °तनयदिवसवार m. *Dienstag.*

क्षितितल n. *Erdboden* Spr. 1170. °तलाप्सरस् f. *eine auf Erden wandelnde* Apsaras.

क्षितिदिन n. *ein gewöhnlicher* (Sâvana-) *Tag.*

क्षितिदेव m. und °देवता f. *ein Brahman.*

क्षितिधर m. *Berg.*

क्षितिनन्द m. N. pr. eines Fürsten.

क्षितिनन्दन m. *der Planet Mars* Lalla in Ârjabh. S. 58.

क्षितिनाग m. *eine Art Schnecke* Râǵan. 13,56.

*क्षितिनाथ m. *Fürst, König.*

क्षितिप und °पति m. dass.

क्षितिपाल m. dass. Nom. abstr. °ता f.

क्षितिपुत्र m. Bein. des Dämons Naraka.

*क्षितिबदरी f. *eine Art Judendorn* Râǵan. 11,145.

क्षितिभर्तर् (Naish. 9,22) und क्षितिभुज् m. *Fürst, König.*

क्षितिभू f. Metron. der Sîtâ Bâlar. 157,19.

क्षितिभृत् m. 1) *Berg.* — 2) *Fürst, König.* Nom. abstr. °भृत्ता f. Naish. 6,94.

क्षितिरस m. *der Saft der Erde* 104,23.

क्षितिराज m. *Fürst, König.* Nom. abstr. °ता f.

zu Spr. 3791.

क्षितिरुह् und °रुह m. Baum.

क्षितिलवभुज् m. ein winziger Fürst Spr. 4143.

*__क्षितिवर्धन__ m. Leichnam.

क्षितिवृत्तिमन्त् Adj. wie die Erde verfahrend, so v. a. w. d. E. geduldig.

क्षितिशिञ्जिनी f. = क्षितिजीवा.

क्षितिसुत m. der Planet Mars.

क्षितिसुर m. ein Brahman Mahâvj. 2,12.

क्षितिस्पृश् Adj. Subst. Erdbewohner Ragh. 8,80.

क्षितीगर्भ wohl nur fehlerhaft für क्षितिगर्भ.

क्षितीन्द्र n. Fürst, König Spr. 7646.

क्षितीश m. 1) Fürst, König. — 2) N. pr. eines Fürsten. °वंशावलीचरित n. Titel eines neueren Werkes.

क्षितीश्वर m. Fürst, König.

*__क्षित्यदिति__ f. Bein. der Devakî.

क्षित्यधिप m. Fürst, König.

क्षित्युत्कर m. Erd—, Sandhaufen.

*__क्षिल्वन्__ m. Wind.

*__क्षिद्र__ m. 1) Krankheit. — 2) die Sonne. — 3) Horn.

1\. **क्षिप्, क्षिपैति, क्षिपते** 1) schleudern, schnellen, werfen, — auf Etwas (अधि oder Loc.) oder Jmd (Loc., Dat., Gen. oder उपरि); (Beine, Arme) werfen, so v. a. schnell bewegen; (ein Netz) werfen über (परितस्) Spr. 578. (Worte) schleudern, so v. a. ausstossen, — gegen (प्रति) Spr. 1590. (das Auge, den Blick) werfen Chr. 306,10. auf Jmd (प्रति); (die Gedanken) richten auf (Loc.) Sarvad. 163,11. — 2) Jmd mit einem Geschosse treffen. — 3) werfen in, so v. a. streuen —, giessen —, thun in (Loc.), stecken in oder an; niedersetzen, absetzen. — 4) von sich werfen, abwerfen. — 5) Jmd loslassen, seiner Wege gehen lassen. — 6) (eine Schuld) schieben auf (Loc.). — 7) Jmd schmähen, schelten, verhöhnen. क्षिप्त bescholten, verächtlich. — 8) verhöhnen, so v. a. in Schatten stellen, übertreffen Bhâg. P. 4,8,24. 15,17. — 9) zu Grunde richten, zu Nichte machen, vernichten. Med. (wenn nicht क्षीयेरन् statt क्षिपेरन् zu lesen ist) zu Grunde gehen. क्षिप्तात्तरं वचः eine Rede, auf die man nicht zu antworten vermag. — 10) कालम् die Zeit verbringen, die Z. ruhig abwarten, Z. verlieren, Jmd (Gen.) die Z. vertreiben. दिनं क्षिप्त्वा mit Ueberspringung eines Tages, über einen Tag Karaka 6,3. — 11) addiren. — Caus. क्षेपयति 1) werfen lassen in (°अन्तर्). — 2) hineinwerfen R. 2,76,16. — 3) hinuntersteigen lassen in (Loc.) 116,1. — 4) platzen machen. — Mit अति, °क्षिप्त übergeschnellt, Bez. einer best. Form von Dislocation eines Gelenks Wise 190. Suçr. 2,27,21. — Mit अधि 1) bewerfen, beschmeissen. — 2) *aufsetzen, auflegen. — 3) schmähen, beleidigen, verspotten. — 4) verspotten, so v. a. übertreffen. — 5) (einer Krankheit) begegnen. — 6) °क्षिपत्तौ MBh. 1,3,57 fehlerhaft für °क्षिपत्तौ. — Mit अप 1) wegwerfen. — 2) fortnehmen, entfernen. — 3) schmähen MBh. 2,36,32. v. l. अव. — Mit अभि 1) mit raschem Schlage treffen. — 2) *übertreffen. — Mit अव 1) abschnellen lassen (die Bogensehne, den Bogen). अवक्षिप्त nach unten geschnellt, Bez. einer best. Form von Verrenkung. — 2) herabschleudern, schleudern auf Jmd (Dat.); hinunterwerfen, werfen in (Loc.) 122,25. — 3) abwerfen, ablegen (ein Kleid). — 4) schmähen. v. l. अप. — 5) gewähren. — Caus. herabfallen machen. — Mit समव fortschleudern. — Mit आ 1) schleudern —, werfen auf, gegen Etwas (Loc.) oder Jmd (Dat.); an's Ufer werfen (von Wellen). — 2) mit einem Geschosse treffen. — 3) mit Etwas (Instr.) an Etwas (Acc.) streifen, berühren Spr. 7723. — 4) an sich ziehen, — reissen, mit sich fortreissen, anziehen (in übertr. Bed.), fesseln 323,15. एकविषयाक्षिप्तचित्त Adj. Çaṁk. zu Bâdar. 4,1,8. विस्मयाक्षिप्तहृदय Adj. Kâd. II,88,10. आक्षिप्तचेतस् Adj. so v. a. ganz in Gedanken 47,1. — 5) in Zuckung versetzen. — 6) ab —, weg —, fortnehmen, — von (Abl.) 316,7. entziehen MBh. 14,7,10. Mudrâr. 117,17. — 7) auseinanderwerfen, zerstreuen. — 7) Jmd (Acc.) jagen aus (Abl.). — 8) aushängen (Fahnen u. s. w.). — 9) hineinlegen, hineinstecken, — in (Loc.). — 10) hinweisen —, hindeuten auf Comm. zu Njâjam. 6,3,5. andeuten. — 11) Etwas zurückweisen, eine Einwendung erheben gegen (Acc.) — 12) entlassen, aufgeben (सत्पथम्). — 13) Jmd verhöhnen, verspotten. — 14) Jmd auffordern, herausfordern zu (Dat.). — 15) bewirken, hervorrufen Kathâs. 7,19. Çaṁk. zu Bâdar. 2,2,19. — 16) आक्षिप्तबीज und आक्षिप्त der beim coitus den Samen zu früh ausspritzt Nâr. 12,16. 13. — 17) आक्षिप्त von einem mit dem Svarita gesprochenen Vocal wohl so v. a. von einer best. Schwenkung der Hand begleitet. — Caus. umwerfen lassen. — Mit पर्या umwinden mit (Instr.). — Mit व्या 1) ausstrecken (die Hand) nach (Dat.). — 2) aufsperren (den Mund). — 3) fortreissen, anziehen, so v. a. fesseln. — 4) °व्याक्षिप्त voll von. — Mit समा 1) zusammenwerfen, aufhäufen. — 2) fortschleudern. — 3) heftig bewegen (Lippen Arme, Knie), laut ausstossen (Worte). — 4) hinauswerfen, jagen aus (Abl.). — 5) herabwerfen von (Abl.), abreissen. — 6) wegnehmen, entziehen MBh. 14,162 (v. l. आ). 1,23,20. — 7) verhöhnen, verspotten. — 8) andeuten Comm. zu Mṛkkh. 24,18. — Mit उद् 1) hinaufwerfen, — heben, — treiben, — ziehen, aufheben, aufsetzen, — auf (Loc.), aufheben von, herausziehen aus (Abl.), ausstossen (den Athem) Ind. St. 9,27. Pass. von einem Planeten über den Horizont erhoben erscheinen Golâdhj. 9,1. उत्क्षिप्त auch auf einer Höhe aufgestellt. — 2) von sich werfen, sich von Etwas befreien. — Mit प्रोद्, प्रोत्क्षिप्त (so zu lesen st. प्रोक्षित) geworfelt Bhâvapr. 2,16. — Mit समुद् 1) hinaufwerfen, aufheben, hinauftreiben. — 2) auseinanderwerfen, lösen, abwerfen. — 3) befreien von (Abl.). — 4) zu Grunde richten. — Mit उप 1) schleudern auf, schwingen gegen (Loc.). — 2) mit einem Schlage treffen. — 3) hinsetzen. — 4) (mit Worten) Jmd verletzen. — 5) andeuten Kâd. 182,11. anspielen auf. — 6) vor —, zur Sprache bringen, besprechen Çaṁk. zu Bâdar. 2,1,37. — Mit नि 1) niederwerfen, hinwerfen, werfen auf (Loc. oder उपरि), hinschleudern, — treiben nach (Loc.), niederlegen, hinsetzen, — stellen, — legen auf (Loc.), hineinstecken, — legen, — thun in (Loc.); (das Auge, den Blick) werfen auf (Loc. oder Adv. auf तस्.) — 2) Jmd (Loc.) Etwas übergeben, zukommenlassen, hingeben, zur Verwahrung übergeben, Jmds Sorge anvertrauen. Häufig in Verbindung mit हस्ते. — 3) Jmd in eine Würde (Loc.) einsetzen, einsetzen als, ernennen zu (Acc.) — 4) zurücklassen (R. 2,91,5), im Stich —, fahren lassen, aufgeben. — 5) Zahlzeichen hinzeichnen, rechnen Lalit. 167,1. fgg. — 6) °निक्षिप्त sich neigend zu, grenzend an. — Caus. aufsetzen —, aufzeichnen lassen. — Mit उपनि niedersetzen. — Mit प्रतिनि wieder niedersetzen. — Mit विनि 1) niederwerfen, hinwerfen, niederlegen, hinstellen, hineinstecken, — thun. कक्षविनिक्षिप्त unter die Achsel gesteckt. मनः die Gedanken richten auf (Loc.) MBh. 3,224,37. — 2) in Verwahrung geben, anvertrauen. — 3) Jmd zu Etwas (Loc.) stellen, bei Etwas walten lassen. — Mit संनि niederlegen. — Mit निस् und विनिस् fehlerhaft für नि und विनि. — Mit परा 1) entreissen. — 2) anziehen, fesseln. — Mit परि 1) über (eine grosse Entfernung) werfen. — 2) úmlegen, úmwinden. — 3) umlégen, umwinden, umgében, umlagern, umzingeln, umfangen. — 4) werfen —, stecken in (Loc.) MBh. 1,189,8. — 5) verschleudern. — Mit प्र 1) hinschleudern, — werfen, schleudern auf (Loc.), hineinwerfen, — legen, — stecken in (Loc.). — 2) Jmd Etwas vorsetzen. — 3) hinunterlassen, hinabsteigen lassen 115,30. — 4) hinzufügen, addiren. — 5) einschalten, inter-

poliren. — Caus. *hineinwerfen* —, *hineinlegen lassen in* (Loc.). — Mit संप्र *hinschleudern.* — Mit प्रति 1) *werfen in* (Loc.). v. l. परि. — 2) **absenden.* — 3) *anstossen, verletzen.* — 4) *zurückweisen, verschmähen.* — 5) *zurückweisen, verwerfen.* — 6) *abfertigen, widerlegen.* — Mit वि 1) *hin und her werfen, auseinanderwerfen, zerpflücken;* (den Blick) *hierhin und dorthin werfen.* — 2) *ausdehnen, auseinanderrecken, ausstrecken,* (die Brauen) *verziehen.* — 3) (eine Bogensehne) *abschnellen lassen,* (einen Bogen) *abschiessen.* — 4) **hin und her gehen lassen,* so v. a. *handhaben* 236,25. — 5) *theilen.* — 6) *zerstreuen.* विक्षिप्त *zerstreut, unaufmerksam.* — 7) *vertreiben, verscheuchen* (Schmerzen). — 8) *vereiteln* in अविक्षित. — 9) *cause to deviate in latitude.* — Mit सम् 1) *zusammenwerfen, aufhäufen.* — 2) *concentriren* (den Geist) Amṛt. Up. 15. — 3) *einzwängen, fesseln.* — 4) *auf einen kleinen Raum zusammendrängen, abkürzen, verkleinern;* Pass. *zusammenschrumpfen, kleiner werden.* संक्षिप्त *zusammengerückt, verengert, verkürzt, gedrängt, kurz* 214,23. *eng, schmal.* — 5) *klein machen,* so v. a. *in seiner Nichtigkeit erscheinen lassen* Bhâg. P. 8, 18,25. — 6) *zusammenwerfen,* so v. a. *vernichten.* — Mit अभिसम् *auf einen kleinen Raum zusammendrängen.* अभिसंक्षिप्त *der sich zusammengezogen —, sich klein gemacht hat.* — Mit उपसम् in उपसंक्षेप. — Mit परिसम् *umzingeln.*

2. क्षिप् f. (nur Nom. Pl.) *Finger.*

क्षिप 1) Adj. *schleudernd, werfend* in गिरि°. — 2) *m. Nom. act. von 1. क्षिप्. — 3) f. क्षिपा a) *Finger* (nur Instr. Pl.). — b) *Nom. act. von 1. क्षिप्. — c) **fehlerhaft für* क्षपा *Nacht.*

क्षिपक 1) m. *Schütze.* — 2) f. आ von unbekannter Bed.

*क्षिपकिन् Adj. von क्षिपका.

क्षिपणि f. 1) *Sprunglauf, Galop.* — 2) **Wurfgeschoss.* — 3) **Ruder.* Auch °णी. — 4) **eine Art Netz.* — 5) * = मल्ल. — 6) * = अध्वर्यु.

क्षिपणु (*m.) 1) *Schütze* oder *Geschoss.* — 2) **Wind.*

*क्षिपण्य 1) Adj. *wohlriechend.* — 2) m. a) *Frühling.* — b) *Körper.*

*क्षिपति und *क्षिपस्ति Du. *die Arme.*

क्षिप्त 1) Adj. Partic. zu 1. क्षिप्. — 2) *f. क्षिप्ता *fehlerhaft für* क्षपा *Nacht.* — 3) n. a) *Schuss-* oder *Wurfwunde.* — b) *Zerstreutheit* Sarvad. 163,10. fgg. Verz. d. Oxf. H. 229,a,5 v. u.

*क्षिप्तक m. *Kehricht* Gal.

क्षिप्तचित्त Adj. *zerstreut.* Nom. abstr. °ता f.

क्षिप्तभेषज Adj. (f. ई) *Schuss-* oder *Wurfwunden heilend.*

क्षिप्तयोनि Adj. *von bescholtener, verächtlicher Herkunft.*

क्षिप्ति f. 1) *in der Dramatik das Zutagekommen eines Geheimnisses.* — 2) *the quantity to be added to the square of the least root multiplied by the multiplicator, to render it capable of yielding an exact square-root.*

क्षिप्तिका f. = क्षिप्ति 2).

*क्षिप्नु Adj. = निराकरिष्णु.

क्षिप्र 1) Adj. (f. आ) a) *schnellend* (Bogen). — b) *schnell, rasch.* Auch als Bez. bestimmter Mondhäuser. — 2) Adv. a) क्षिप्रम् *im Schuss.* क्षिप्रेव = क्षिप्रमिव. — β) *schnell, sogleich, alsbald.* — b) क्षिप्रात् *sogleich, alsbald* Kathâs. 18,280. *bald, in Kürze.* — c) क्षिप्रे *sogleich.* — 3) m. N. pr. eines Sohnes des Kṛshṇa. — 4) n. a) *ein best. Zeitmaass,* = 1/15 Muhûrta. — b) *der zwischen Daumen und Zeigefinger liegende Theil der Hand* und *der entsprechende Theil am Fusse.*

क्षिप्रक m. N. pr. eines Fürsten VP.[2] 4,194.

क्षिप्रकाम Adj. *schnell zu Etwas zu gelangen wünschend.*

क्षिप्रकारिन् Adj. *schnell zu Werke gehend, gewandt.* Nom. abstr. °रिता f.

क्षिप्रगति Adj. *sprungweise laufend* Daiv. Br. 3.

*क्षिप्रगर्भ m. *Myrica sapida* Nigh. Pr.

क्षिप्रधन्वन् Adj. *einen schnellenden Bogen habend* AV. 11,4,23.

क्षिप्रनिश्चय Adj. *schnell einen Entschluss fassend* Spr. 982.

*क्षिप्रपाकिन् m. *Hibiscus populneoides.*

क्षिप्रमूत्रता f. *eine best. Krankheit* Çârṅg. Saṁh. 1,7,70.

क्षिप्रश्येन m. *ein best. Vogel* Maitr. S. 3,14,11.

1. क्षिप्रसंधि m. *der* क्षैप्र *genannte* Saṁdhi.

2. क्षिप्रसंधि Adj. = क्षैप्र 1).

क्षिप्रहस्त 1) Adj. Beiw. Agni's AV. Paipp. 17, 5,1. — 2) m. N. pr. eines Râkshasa.

क्षिप्रार्थ m. *eine Sache, die rasches Vorgehen erfordert,* Spr. 6635.

(क्षिप्रेषु) क्षिप्रइषु Adj. *schnelle Pfeile habend* 12,15.

क्षिया f. 1) **Verlust, Abnahme, das zu Grunde Gehen.* — 2) *Verstoss gegen die Sitte.*

क्षिल्लिका f. N. pr. einer Frau.

*क्षिव्, क्षेवति und क्षीव्यति (निरसने).

*क्षी = 3. क्षि.

*क्षीज्, क्षीजति (अव्यक्ते शब्दे, हिक्कने).

*क्षीजन n. *das Pfeifen eines hohlen Bambusrohrs.*

क्षीण 1) Adj. s. u. 3. क्षि. — 2) *n. *eine best. Krankheit der weiblichen Geschlechtstheile* Gal.

क्षीणकर्मन् Adj. *dessen Thätigkeitsdrang erloschen ist.*

क्षीणकोश Adj. *dessen Schatz erschöpft ist* Râgat. 5,165.

क्षीणतमस् m. N. pr. eines Vihâra.

क्षीणता f. *das Mitgenommensein, Beschädigtsein.*

क्षीणत्व n. *das Hingeschwundensein.*

क्षीणमोहक Adj. in Verbindung mit गुणस्थान n. Bez. *der 12ten unter den 14 Stufen, die nach dem Glauben der Gaina zur Erlösung führen.*

*क्षीणवासिन् 1) Adj. *ein verfallenes Gebäude bewohnend.* — 2) m. *Taube.*

क्षीणसार Adj. *verdorrt, vermodert* (Baum) MBh. 13,3,19.

क्षीणायुस् Adj. = क्षितायुस् 63,17. MBh. 3,294,25. Kathâs. 14,80.

*क्षीणाष्टकर्मन् m. *ein* Arhant *bei den* Gaina.

*क्षीब् oder *क्षीव्, क्षीबति oder क्षीवति (निरा... — Mit प्र, °क्षीबित oder °क्षीवित. — Vgl. क्षीव...

क्षीब und क्षीव Adj. (f. आ) *berauscht, trunken, aufgeregt* 293,10. Nom. abstr. °ता f. und °त्व n.

क्षीबन् oder क्षीवन् Adj. dass. Bhâg. P.

क्षीबय्, °यति *in Aufregung versetzen* Bâlar. 242,17.

*क्षीबिक oder *क्षीविक Adj. = क्षीवेण तरति.

क्षीर 1) (*m.) n. (adj. Comp. f. आ) a) *Milch.* — b) *Milchsaft von Pflanzen.* — c) **das Harz der Pinus longifolia.* — d) **Wasser.* — 2) m. N. pr. eines Grammatikers. — 3) *f. क्षीरा *eine best. Arzeneipflanze* Râgan. 3,13. — 4) f. क्षीरी a) *Milchgericht* Bhâvapr. 2,16. — b) **Name verschiedener Pflanzen.*

क्षीरक 1) *m. *eine best. kriechende Pflanze.* — 2) f. °रिका a) *Milchgericht, Milchbrei* Bhâvapr. 2, 16. — b) *eine Art Dattelbaum* MBh. 3,158,47. Lalit. 493,17.

*क्षीरकञ्चुकिन् m. *Lipeocercis serrata.*

क्षीरकण्ठ (Bâlar. 87,15. 160,10. Prasannar. 75, 15) und *°क m. *Milchbart, Gelbschnabel.*

*क्षीरकन्द m. (Râgan. 7,102) und *°न्दा f. *Batatas paniculata.*

*क्षीरकलम्भ N. pr. eines Mannes.

*क्षीरकाकोलिका und °काकोली (Suçr. 1,59,16. 140,8. 2,38,17) f. *eine best. Knolle.*

*क्षीरकाण्डक m. 1) *Tithymalus antiquorum* Râgan. 8,51. — 2) *Calotropis gigantea* Râgan. 10,26.

*क्षीरकाष्ठा f. *eine Feigenart* Râgan. 11,121.

*क्षीरकीट m. *ein best. in Milch lebendes Insect.*

क्षीरकुण्ड *Milchtopf* KATHÂS. 63,189.

क्षीरक्षय m. *das Versiegen der Milch* (im Euter) 175.12.

*क्षीरक्षव m. fehlerhaft für क्षीरयव.

*क्षीरखर्जूर m. *eine Art Dattelbaum.*

क्षीरगर्भ m. N. pr. eines Schwans.

*क्षीरगुच्छफल m. *Mimusops Kauki* RÂGAN. 11,72.

क्षीरघृत n. *geklärte Butter mit Milch vermischt.*

*क्षीरच्छद m. *Calotropis gigantea* GAL.

*क्षीरज n. *Knollenmilch.*

*क्षीरजाल m. *ein best. Fisch* GAL.

क्षीरतरंगिणी f. Titel einer Grammatik. °संकेत m. wohl Titel eines Commentars dazu BÜHLER, Rep. No. 288 (°तरंगीसंकेत gedr.).

क्षीरतरु m. *ein Baum mit Milchsaft* VARÂH. JOGAJ. 9,13.

*क्षीरतुम्बी f. *Flaschengurke* RÂGAN. 7,162.

क्षीरतैल n. *eine best. aus Milch, Oel u. s. w. bereitete Salbe.*

*क्षीरदल m. *Calotropis gigantea* RÂGAN. 10,26.

क्षीरदात्री Nom. ag. f. *milchgebend* (Kuh).

क्षीरदारु m. *Tithymalus antiquorum* KARAKA 7,10.

*क्षीरद्रुम m. *Ficus religiosa* RÂGAN. 11,115.

क्षीरधर m. N. pr. eines Fürsten.

*क्षीरधात्री Nom. ag. f. *Säugamme.*

क्षीरधि m. *das Milchmeer* Spr. 1783.

क्षीरधेनु f. *eine durch Milch u. s. w. symbolisch dargestellte Kuh.*

क्षीरनदी f. N. pr. eines *Flusses* im Süden (Pâlâr) Ind. Antiq. 8,279.

*क्षीरनाश m. *Trophis aspera* RÂGAN. 9,129.

क्षीरनिधि m. *das Milchmeer.*

क्षीरनीर n. 1) am Anf. eines Comp. *Milch und Wasser* Spr. 2024. — 2) **Umarmung.*

क्षीरनीरनिधि m. *das Milchmeer.*

क्षीरप 1) Adj. *nur Milch trinkend*, von Kindern, die älter als ein Jahr sind, und von best. Büssern. — 2) m. *Säugling, Kind überh.*

*क्षीरपर्णिन् m. *Calotropis gigantea* RÂGAN. 10,27.

क्षीरपलाण्डु m. *eine Art Zwiebel.*

क्षीरपाक Adj. *in Milch gekocht.*

क्षीरपाकविधि m. *Zubereitung von Arzeneistoffen durch Kochen in Milch* BHÂVAPR. 2,77. Mat. med. 10.

क्षीरपाण 1) Adj. (f. ई) *woraus Milch getrunken wird.* — 2) m. Pl. *Milchtrinker*, Bein. der Uçînara.

क्षीरपाणि m. N. pr. eines Arztes BHÂVAPR. 4,1.

*क्षीरपान Adj. (f. ई) = क्षीरपाण 1).

क्षीरपायक Ind. St. 15,276 wohl fehlerhaft für °दायक Adj. *Milch reichend.*

*क्षीरपायिन् m. Pl. = क्षीरपाण 2).

*क्षीरपुष्पिका f. *eine weisse* Vishṇukrântâ NIGH. PR.

*क्षीरपुष्पी f. *Andropogon aciculatus* NIGH. PR.

*क्षीरफल m. *Carissa Carandas* NIGH. PR.

क्षीरभट m. N. pr. = क्षीरस्वामिन्.

क्षीरभृत Adj. *mit Milch unterhalten, — bezahlt.*

*क्षीरमधुरा f. = क्षीरकाकोली RÂGAN. 3,16.

क्षीरमय Adj. *Milch darstellend.*

क्षीरमहार्णव m. *das Milchmeer* KÂD. 3,12.

*क्षीरमोचक m. *eine Art Moringa.*

क्षीरमोरट m. *eine best. Schlingpflanze* RÂGAN. 3,80.

*क्षीरयव m. *Kalkspath* RÂGAN. 13,136.

*क्षीरयष्टिक m. *Süssholz mit Milch.*

क्षीरयाज्ञिन् Adj. *Milch opfernd.*

*क्षीरलता f. *Batatas paniculata* RÂGAN. 7,103.

क्षीरवनस्पति m. *ein Baum mit Milchsaft* HEMÂDRI 1,172,15. 20. 660,11.

क्षीरवत् 1) Adj. *mit Milch versehen.* — 2) f. क्षीरवती N. pr. eines Flusses.

क्षीरवल्लिका f. = क्षीरकाकोली BHÂVAPR. 1,171.

*क्षीरवल्ली f. *Batatas paniculata* RÂGAN. 7,102.

क्षीरवह Adj. (f. आ) *Milch führend* (Fluss) HEMÂDRI 1,416,1.

*क्षीरवारि und °धि m. *das Milchmeer.*

*क्षीरविकृति f. *Milchproduct.*

*क्षीरविदारिका und *°दारी f. *Batatas paniculata* RÂGAN. 7,102.

*क्षीरविषाणिका f. 1) *Tragia involucrata* RÂGAN. 9,50. — 2) = क्षीरकाकोली RÂGAN. 3,16.

क्षीरवृक्ष m. 1) *ein Baum mit Milchsaft.* — 2) der gemeinsame Name für Njagrodha, Udumbara, Açvattha und Madhûka. — 3) *Ficus glomerata.* — 4) **Mimusops Kauki* RÂGAN. 11,71.

क्षीरव्रत n. *blosser Milchgenuss als Observanz.*

*क्षीरशर 1) m. *Milchklumpen, Quark.* — 2) f. आ *Quark mit Zucker* GAL.

क्षीरशाक n. *Quark* BHÂVAPR. 2,43.

*क्षीरशीर्ष (RÂGAN. 12,158) und *°क (GAL.) m. *das Harz der Pinus longifolia.*

क्षीरशुक्ल 1) *m. *a) Trapa bispinosa.* — *b)* = राजादनी RÂGAN. 11,72. — 2) f. आ *a) Batatas paniculata.* — *b)* = क्षीरकाकोली RÂGAN. 3,16. BHÂVAPR. 1,171.

*क्षीरशृङ्गी f. *Tragia involucrata* GAL.

क्षीरश्री Adj. *mit Milch gemischt.*

क्षीरषाष्टिक n. Shashtika-*Reis mit Milch* MIT. 1,48,*a.* °षाष्ठिक JÂGN. 1,303 fehlerhaft.

*क्षीरस m. = क्षीरसार.

क्षीरसंतानिका f. *Quark mit Milch.*

क्षीरसमुद्र m. *das Milchmeer.*

*क्षीरसंभव n. *saure Milch* GAL.

क्षीरसर्पिस् n. *zerlassene Butter mit Milch.*

क्षीरसागर m. *das Milchmeer.*

क्षीरसागरसुता f. Bein. der Lakshmî.

क्षीरसार m. *Rahm.*

क्षीरसिन्धु m. *das Milchmeer.*

*क्षीरस्फटिक m. wohl *eine Art Opal.*

*क्षीरस्य, °स्यति *nach Milch —, nach der Brust verlangen.*

*क्षीरस्राव m. = क्षीरशीर्ष NIGH. PR.

क्षीरस्वामिन् m. N. pr. eines Grammatikers.

क्षीरहोतर् Nom. ag. und क्षीरहोमिन् Adj. *Milch opfernd.*

*क्षीरह्रद m. N. pr. eines Mannes.

क्षीरान्न n. *in Milch gekochter Reis.*

क्षीरान्नाद Adj. *in Milch gekochten Reis essend*, von Kindern, die über zwei Jahre alt sind, SUÇR. 1,129,2. 3.

क्षीराब्धि m. *das Milchmeer* Spr. 7794. VP. 2,4,72.

*क्षीराब्धिज 1) m. *a) Alles was bei der Quirlung des Milchmeers zum Vorschein kam.* — *b) der Mond.* — *c)* Bein. Çesha's. — 2) f. आ Bein. der Lakshmî — 3) n. *a) Seesalz.* — *b) Perle.*

*क्षीराब्धितनया, *°पुत्री (GAL.) und *°मानुषी f. Bein. der Lakshmî.

क्षीराम्बुधि m. *das Milchmeer* VENÎS. 167. BÂLAR. 39,5.

क्षीराय्, °यते *zu Milch werden* Spr. 2024.

क्षीरार्णव m. *das Milchmeer* HEMÂDRI 1,663,7.

*क्षीराविका und *क्षीरावी f. *eine Asclepias.*

*क्षीराह्व und *क्षीराह्वय m. *das Harz der Pinus longifolia.*

क्षीरिक m. 1) *eine Art Schlange.* — 2) fehlerhaft für क्षीरिका; s. u. क्षीरक 2)*b*).

क्षीरिन् 1) Adj. *a) milchreich.* — *b) Milchsaft enthaltend.* — 2) m. Bez. *verschiedener Pflanzen.* — 3) f. क्षीरिणी *a) ein best. Milchgericht.* — *b)* Bez. *verschiedener Pflanzen.*

क्षीरी Adv. mit भू *zu Milch werden* ÇAṂK. zu BÂDAR. 2,2,5.

क्षीरीका f. *eine best. Pflanze* KARAKA 6,2.

*क्षीरीय्, °यति *nach Milch verlangen.*

*क्षीरीश m. *Lipeocercis serrata.*

*क्षीरेयी f. fehlerhaft für क्षैरेयी.

*क्षीरोत्तरा f. *Knollenmilch* GAL.

*क्षीरोत्थ n. *frische Butter* GAL.

क्षीरोद m. *das Milchmeer.* °मथन n. *das Quirlen des Milchmeers.*

क्षीरोदजा f. Bein. der Lakshmî.

क्षीरोदजावसति f. *Lotusblüthe.* °जन्मभू f. Pl. *Wasser.*

क्षीरोदतनया f. Bein. der Lakshmî. °पति m. Bein. Vishṇu's.

*क्षीरोदनन्दन m. *der Mond.*

क्षीरोदधि, क्षीरोदन्वत् (Prasannar. 13,20) und क्षीरोदार्णव (Ind. St. 9,33. Hemâdri 1,661,12) m. *das Milchmeer.*

क्षीरोदीय, °यति *sich wie das Milchmeer verhalten.*

क्षीरोर्मि m. f. *eine Woge des Milchmeers.*

क्षीरौदन (क्षीरोदन Çat. Br. 14) m. *mit Milch gekochter Reisbrei.*

*क्षीव, क्षीव, क्षीवन् und *क्षीविक s. u. क्षीब् u. s. w.

1. क्षु, क्षौति *niesen* Gaut. क्षुत *der geniest hat* und *worauf man geniest hat.* — *Desid. चुक्षावयिषति. — Mit अव, °क्षुत *worauf man geniest hat.* — Mit परि in परिक्षव.

2. क्षु m. *Speise.*

*क्षुज्जानिका f. *Senf* Nigh. Pr.

*क्षुण m. *Seifenbaum.*

क्षुण्ण Partic. von क्षुद्.

*क्षुणक m. *eine Art Trommel.*

क्षुत् f. *das Niesen.*

क्षुत 1) Adj. *a)* s. u. 1. क्षु. — *b)* *fehlerhaft für क्ष्णुत *scharf.* — 2) *m. *schwarzer Senf* Gal. — 3) n. *das Niesen.*

*क्षुतक und *क्षुताभिजनन m. *schwarzer Senf.*

*क्षुत्करी f. *eine best. Pflanze.*

क्षुत्पर Adj. *vor Hunger vergehend* MBh. 13,93,67.

क्षुत्पिपासित Adj. *von Hunger und Durst gequält.*

क्षुद् 1) क्षोदति *hart anschlagen, stampfen, durch Stossen* oder *Stampfen erschüttern, zerstampfen.* — 2) Med. *sich bewegen, agitari.* — 3) क्षुण्ण *a) mit Füssen getreten, festgestampft, zerstampft; zerbrochen, zersplittert, zerstochen, durchbohrt.* — *b) verletzt, übertreten* in अ°. — *c) tritus, geübt.* — *d) unterbrochen* in अ°. — *e) multiplicirt.* — Caus. क्षोदयति 1) *erschüttern, agitare.* — 2) *zerstampfen, zerreiben.* — 3) **verkleinern* (Denom. zu क्षुद्र). — Mit अव *zerstampfen, zerstossen, zerreiben.* — Mit प्र *zerstampfen; anstacheln, anspornen.* — Mit वि dass. — Mit सम् *feststampfen; zerstossen, zerreiben.*

*क्षुद् m. *Mehl.*

क्षुद्र 1) Adj. (f. आ) *a) klein, winzig.* — *b) niedrig, gemein, niederträchtig; bös, schlecht* (in halbem Ernst). — *c)* **geizig.* — *d)* **arm.* — 2) m. *a)* **Reistheilchen.* — *b)* = क्षुद्ररोग Suçr. 1,9,5. — 3) f. आ *a) eine Art Biene.* — *b)* **Fliege überh.* — *c)* **ein verkrüppeltes Weib.* — *d)* **Hure.* — *e)* **Tänzerin.* — *f)* **Solanum Jacquini* und auch *eine andere Species.* — *g)* **Oxalis pusilla.* — *h)* **Coix barbata.* — *i)* **Nardostachys Jatamansi* (?). — 4) n. *Stäubchen, Mehl.*

क्षुद्रक 1) Adj. *klein, winzig.* — 2) m. N. pr. *a)* Pl. eines Volkes. — *b)* eines Sohnes des Prasenagit. — 3) *f. क्षुद्रिका *a) eine Art Stechfliege.* — *b) ein kleines Glöckchen als Schmuck.* — 4) wohl n. Titel einer Sammlung buddhistischer Werke.

क्षुद्रकण्टकी f. *eine Art Solanum.*

*क्षुद्रकण्टारिका f. *Solanum Jacquini* Râgan. 4,61

*क्षुद्रकण्टिका f. *eine Art Solanum* Râgan. 4,30

क्षुद्रकमानस n. N. pr. eines Sees.

क्षुद्रकर्मन् Adj. *gemein handelnd.*

क्षुद्रकल्प m. *das kleine Ritual,* Titel bestimmter Werke.

*क्षुद्रकारल्लिका und *°कारवेल्ली f. *eine best. Cucurbitacee* Râgan. 7,220.

*क्षुद्रकुलिश m. *eine Art Edelstein* Râgan. 13,210

क्षुद्रकुष्ठ n. *eine leichte Form des Aussatzes.*

क्षुद्रकृति f. etwa *Regelung der minutiae* Comm zu Lâṭj. 6,9,1.

*क्षुद्रक्षुर m. = क्षुद्रगोक्षुरक.

*क्षुद्रगुड m. *Zucker in Stücken* Gal.

*क्षुद्रगोक्षुरक m. *eine Art Asteracantha* Râgan. 4,41.

*क्षुद्रघण्टिका und *°घण्टी (Gal.) f. *ein als Schmuck verwandtes Glöckchen.*

*क्षुद्रघोली f. *ein best. kleiner Strauch* Râgan. 5,74.

*क्षुद्रचञ्चु f. *eine best. Pflanze* Râgan. 4,150.

*क्षुद्रचन्दन n. *rothes Sandelholz* Râgan. 12,21.

क्षुद्रचम्पक m. *eine Art* Kampaka Râgan. 10,62. Bhâvapr. 1,184.

*क्षुद्रचिर्भिटा f. *eine Gurkenart* Râgan. 3,93.

*क्षुद्रचूड m. *ein best. Vogel.*

क्षुद्रजन्तु m. 1) *ein kleines Thier* 153,9. 157,22. — 2) **Hundertfuss, Julus.* — Vgl. Mahâbh. 2,397,*a.*

*क्षुद्रजातीफल n. *Myrobalane* Râgan. 11,163.

*क्षुद्रजीर m. *feiner Kümmel.*

*क्षुद्रजीवा f. *eine best. Pflanze* Râgan. 3,25.

क्षुद्रंचर Adj. *Winziges weidend.*

*क्षुद्रतात m. *des Vaters Bruder.*

*क्षुद्रतुलसी f. *eine Art Ocimum* Râgan. 10,159.

*क्षुद्रदंशिका f. *eine Art Stechfliege.*

*क्षुद्रदुरालभा f. *eine Art Alhagi* Râgan. 4,36.

*क्षुद्रदुःस्पर्शा f. *Solanum Jacquini* Râgan. 4,61.

*क्षुद्रधात्री f. *eine best. Pflanze* Râgan. 11,202.

क्षुद्रधान्य n. 1) *Korn geringerer Art* Bhâvapr. 1,279. — 2) **taubes —, leichtes Korn.*

क्षुद्रनदी f. *Flüsschen, Bach* VP. 2,4,66

*क्षुद्रनासिक Adv. *kleinnasig.*

*क्षुद्रपक्षिक m. *ein kleiner Vogel.*

*क्षुद्रपत्त्रा f. *Oxalis pusilla.*

क्षुद्रपत्त्री f. *eine best. Pflanze,* = वचा Bhâvapr. 1,168.

क्षुद्रपद n. *ein best. Längenmaass,* = 10 Aṅgula Çulbas. 1,6.

क्षुद्रपनस m. *Artocarpus Lacucha* Bhâvapr. 1,240.

क्षुद्रपशु m. *Kleinvieh* Gaut. 13,14.

क्षुद्रपशुमत् Adj. *Kleinvieh besitzend* Âpast.

*क्षुद्रपाषाणभेदक m. (Gal.), *°भेदा und *°भेदी f. *eine best. Pflanze.*

*क्षुद्रपिप्पली f. *wilder Pfeffer* Râgan. 6,20.

क्षुद्रपृषती Adj. f. *fein getüpfelt* Maitr. S. 3,13,3.

*क्षुद्रपोतिका f. *eine Basella* Râgan. 7,140.

*क्षुद्रफलक m. *eine best. Pflanze.*

*क्षुद्रफला f. *Coloquinthengurke, Solanum Jacquini* u. s. w. Râgan. 3,58. 93.

क्षुद्रबक m. N. pr. v. l. für क्षुद्रक 2) *b*).

*क्षुद्रबला f. *eine Basella* Râgan. 7,140.

क्षुद्रबुद्धि Adj. *von gemeiner Gesinnung;* m. als N. pr. eines Schakals.

क्षुद्रभ m. *ein best. Gewicht,* = Kola.

क्षुद्रभण्टाकी f. = क्षुद्रकण्टकी Bhâvapr. 1,198.

क्षुद्रभृत् m. N. pr. eines Mannes.

क्षुद्रमहा f. Karaka 3,8. 7,4 fehlerhaft für °सहा.

क्षुद्रमीन m. Pl. N. pr. eines Volkes.

क्षुद्रमुस्ता f. *die Wurzel von Scirpus Kysoor* Râgan. 8,145.

क्षुद्ररस m. Pl. *niedrige Genüsse.*

*क्षुद्ररसा f. *Pongamia glabra.*

*क्षुद्ररुहा f. *Coloquinthengurke* Gal.

क्षुद्ररोग m. Pl. *eine Klasse kleinerer, localer Uebel.*

*क्षुद्रल Adj. *klein, winzig* (von Thieren und Krankheiten).

*क्षुद्रवंशा f. *Mimosa pudica.*

*क्षुद्रवज्र m. *eine Art Edelstein* Gal.

*क्षुद्रवर्वणा f. *eine kleine Art Stechfliege* Râgan. 19,128.

*क्षुद्रवल्ली f. *eine Basella* Râgan. 7,140, v. l.

*क्षुद्रवार्ताकिनी (Râgan. 4,33) und *°वार्ताकी f. *eine Art Solanum.*

*क्षुद्रवास्तुकी f. *ein Chenopodium* Râgan. 7,127.

*क्षुद्रवैदेही f. *Scindapsus officinalis* Râgan. 6,14.

*क्षुद्रशङ्ख m. *eine Art Muschel* Râgan. 13,123.

*क्षुद्रशणपुष्पिका f. *eine Crotolaria* Râgan. 4,69.

*क्षुद्रशर्करा und *°शर्करिका (Râgan. 14,102) f. *aus* Javanâla *gewonnener Zucker.*

*क्षुद्रशार्दूल m. *Leopard* Râgan. 19,6.

*क्षुद्रशीर्ष m. *eine best. Staude.*

क्षुद्रशील Adj. *gemeinen Characters* R. 3,35,60.

*क्षुद्रशुक्ति und *°का (Râgan. 13,132) f. *eine zweischalige Muschel.*

*क्षुद्रश्यामा f. *ein best. Baum* = कट्भी Râǵan. 9,151.

*क्षुद्रश्लेष्मान्तक m. *Cordia Myxa* Râǵan. 11,208.

क्षुद्रश्वास m. *kurzer Athem.*

क्षुद्रश्वेता f. = क्षुद्रश्यामा.

क्षुद्रसमाचार Adj. *gemein verfahrend.*

क्षुद्रसहा f. 1) *Phaseolus trilobus* Râǵan. 3,82. Ḱaraka 3,8. — 2) * *Koloquinthengurke* Râǵan. 3,57.

*क्षुद्रसुवर्ण n. *Glockengut* Râǵan. 13,28.

1. क्षुद्रसूक्त n. *ein kleines Lied* Çâñkh. Gṛhj. 2,7.

2. क्षुद्रसूक्त m. *ein Dichter kleiner Lieder* Âçv. Gṛhj. 3,4,2. Çâñkh. Gṛhj. 4,10.

*क्षुद्रस्फोट m. *Pustel* Râǵan. 20,7.

*क्षुद्रस्वर्ण n. *Glockengut* Gal.

क्षुद्रहन् Adj. *Niederträchtige tödtend* (Çiva).

*क्षुद्रहिङ्गुलिका f. *Solanum Jacquini.*

क्षुद्राक्ष Adj. *feinmaschig* Spr. 2031.

*क्षुद्राग्निमन्थ m. *Premna spinosa* Râǵan. 9,24.

क्षुद्राचरित Adj. *von niedrig stehenden Menschen besucht* (Land) Âpast.

क्षुद्राञ्जन n. *eine best. Augensalbe* Suçr. 2,341,19.

*क्षुद्राण्ड m. *Fischbrut.*

क्षुद्रात्मन् Adj. *gemein, niederträchtig* R. 3,35,68.

क्षुद्राल्प n. *die kleine Höhle des Herzens.*

*क्षुद्रापामार्ग und *°क (Râǵan. 4,94) m. *Desmochaeta atropurpurea.*

*क्षुद्रामलक n. *Myrobalane* Râǵan. 11,163.

*क्षुद्रामलकसंज्ञ m. *ein best. Baum* Râǵan. 11,202.

*क्षुद्राम्बुपनस m. = क्षुद्राम्लपनस.

*क्षुद्राम्र m. *Mangifera sylvatica* Râǵan. 11,14.

*क्षुद्राम्लपनस m. *Artocarpus Lacucha.*

*क्षुद्राम्ला f. 1) *Oxalis corniculata.* — 2) *eine Gurkenart* Râǵan. 7,218.

*क्षुद्राम्लिका f. *Oxalis pusilla* Râǵan. 5,100.

*क्षुद्रीय Adj. *von* क्षुद्र.

क्षुद्रेक्ष Adj. v. l. für क्षुद्राक्ष Spr. 2031.

*क्षुद्रेङ्गुदी f. *Alhagi Maurorum* Râǵan. 4,44.

*क्षुद्रेर्वारु m. *eine Gurkenart* Râǵan. 3,93.

क्षुद्रैला f. *kleine Kardamomen.*

*क्षुद्रोडुम्बरिका f. *Ficus oppositifolia* Râǵan. 11,135.

*क्षुद्रोपोदकनाम्नी f. *eine Basella* Râǵan. 7,140.

*क्षुद्रोपोदकी f. *eine best. Gemüsepflanze.*

*क्षुद्रोलूक m. *Noctua indica.*

*क्षुद्वत् Adj. *hungrig.*

*क्षुद्विबोधन m. *schwarzer Senf* Nigh. Pr.

1. क्षुध्, क्षुध्यति *Hunger empfinden.* क्षुधित *hungrig.* — Mit वि *Hunger empfinden.*

2. क्षुध् f. *Hunger.*

क्षुधा f. 1) dass. — 2) mystische Bez. *des Lautes* घ.

क्षुधाकर Adj. *Hunger bewirkend* 265,7.

*क्षुधाकुशल m. *ein best. Baum.*

*क्षुधानाशन n. *Speise* Gal.

*क्षुधाभिजनन m. *schwarzer Senf.*

क्षुधामार m. *Hungertod.*

क्षुधार्त Adj. *vom Hunger gequält* 40,22. 140,19.

क्षुधालु Adj. *hungrig, beständig hungrig.*

क्षुधावत् Adj. *Hunger —, Appetit bewirkend.*

क्षुधासागर m. *eine best. den Appetit reizende Arzenei.*

क्षुधि m. N. pr. eines Sohnes des Kṛshṇa.

*क्षुधुन m. N. pr. eines barbarischen Volkes.

क्षुध्य in अक्षुध्य.

क्षुन्मत् Adj. *hungrig* Vens. 91,1 v. u.

क्षुप्, क्षुपति *etwa zusammenfahren, erschrecken.*

क्षुप 1) m. f. (आ) *Staude, Busch.* — 2) m. N. pr. *a)* des Vaters von Ikshvâku. — *b)* eines Sohnes des Kṛshṇa. क्रुप v. l. — *c)* eines Berges. v. l. अक्षय.

क्षुपक m. und f. (आ) *Staude, Busch.*

*क्षुपडोडुम्बिका m. *Hoya viridiflora* Râǵan. 4,185.

*क्षुपालु m. fehlerhaft für अनूपालु.

क्षुब्ध 1) Adj. s. u. क्षुभ्. — 2) m. *a)* * *Butterstössel.* — *b) quidam coeundi modus.*

*क्षुब्धक m. *Butterstössel* Gal.

1. क्षुभ्, क्षोभते, क्षुभ्यति, °ते und *क्षुभ्नाति *agitari, schwanken, zittern, in Bewegung —, in Aufregung gerathen* (eig. und übertr.). Partic. क्षुब्ध (selten) und क्षुभित *in Bewegung —, in Aufregung gerathen.* — Caus. क्षोभयति und °ते (selten) *in Bewegung versetzen, zum Schwanken bringen, aufregen, antreiben.* — Desid. vom Caus. in चुक्षोभयिषु. — Mit नि in निक्षुभा. — Mit प्र *in Bewegung —, in Schwanken —, in Aufregung gerathen.* — Caus. *in Aufregung versetzen.* — Mit संप्र *in Bewegung —, in Aufregung gerathen.* — Mit वि 1) *in Bewegung —, in Aufregung —, in Unordnung gerathen.* — 2) *verwirren, perturbare.* — Caus. *in Bewegung versetzen, zum Schwanken bringen, aufregen.* — Mit परिवि in °क्षोभ. — Mit सम् *in Bewegung —, in Aufregung gerathen.* — Caus. *in Aufregung versetzen.*

2. क्षुभ् f. *Ruck, Stoss.*

क्षुभा f. wohl *eine Art Waffe.* Nach Nilak. *Göttin der Strafe.*

क्षुमत् Adj. 1) *nahrungsreich, nahrhaft, kräftig.* — 2) *kraftvoll, rüstig, wacker.*

क्षुमा f. 1) in der Anrede an den Pfeil nach Mahîdh. *zittern machend* (?). — 2) * *Linum usitatissimum.* — 3) * *Cannabis sativa* oder * *Crotolaria juncea.* — 4) * *die Indigopflanze.* — 5) * *eine best. kriechende Pflanze.*

*क्षुम्प्, क्षुम्पति (गतिकर्मन्).

क्षुम्प m. *Staude.*

*क्षुर्, क्षुरति (विलेखने, खनने, छेदने, खण्डने).

क्षुर 1) m. *a) scharfes Messer, Scheermesser* (auch *als Pfeil geworfen*). — *b) Schneide der Scheere.* — *c) Asteracantha longifolia.* — *d)* * *Saccharum Sara.* — *e)* * *eine dornige Gardenia oder Randia* Râǵan. 9,147. — *f)* * *Huf, Kuhklaue.* — *g)* * *Fuss einer Bettstelle.* — 2) * f. क्षुरी *Dolch, Messer.*

क्षुरक 1) m. *a) Trilobus lanuginosus* Râǵan. 4,40. Bhâvapr. 1,199. — *b)* * *Asteracantha longifolia.* — *c)* * *ein best. Baum,* = तिलक. — *d)* * *eine best. Pflanze,* = भूताङ्कुश Râǵan. 9,155. — *e)* * *Kuhklaue.* — *f) eine best. Wolkenconfiguration.* — 2) f. क्षुरिका *a) Dolch, Messer* Ind. St. 15,427. — *b)* * *eine Art Tongefäss.* — *c)* * *Beta bengalensis.*

क्षुरकर्णी f. N. pr. *einer der Mütter im Gefolge* Skanda's.

क्षुरकर्मन् n. *das Scheeren.*

क्षुरकृत्य n. dass. Gobh. 3,1,22.

क्षुरक्त Adj. *geschoren.*

क्षुरक्रिया f. *Anwendung des Scheermessers.*

क्षुरचतुष्टय n. *die vier zum Rasiren erforderlichen Dinge.*

क्षुरधान n. *Behälter für's Scheermesser.*

क्षुरधार 1) Adj. *scharf wie die Schneide eines Scheermessers.* — 2) m. *ein solcher Pfeil.*

क्षुरधारा f. 1) *die Schneide eines Scheermessers.* — 2) * *eine best. Hölle* (buddh.).

क्षुरनक्षत्र n. *ein für's Rasiren günstiges Mondhaus* Ind. St. 10,203.

*क्षुरपत्त्र m. *Saccharum Sara* Râǵan. 8,83.

*क्षुरपत्त्रिका f. *Beta bengalensis* Râǵan. 7,131.

क्षुरपवि 1) Adj. *scharfkantig, scharfschneidig, haarscharf* Suparn. 25,1.3.5. 27,2. — 2) m. *a) eine messerscharfe Radschiene* Maitr. S. 1,10,14 = Kâṭh. 36,8 = Nir. 5,5. — *b) ein best.* Ekâha. — 3) n. *Name verschiedener* Sâman Ârsh. Br.

क्षुरप्र 1) Adj. *einem Scheermesser ähnlich, scharf wie ein Sch.* — 2) m. *a) ein solcher Pfeil.* — *b) ein solches Messer* oder *Sense* Pańkat. 38,2. तीक्ष्णपाशस्त्र st. dessen ed. Bomb. — 3) n. *eine solche Pfeilspitze.*

*क्षुरप्रग n. = क्षुरप्र 2) *a).*

क्षुरभट्ट m. N. pr. *eines Mannes.*

क्षुरभाण्ड n. *Behälter für ein Scheermesser.*

क्षुरभृष्टि Adj. *mit scharfen Zacken versehen.*

*क्षुरमर्दिन् m. *Barbier.*

*क्षुराङ्ग (Râǵan. 4,40) und *°क (Gal.) m. *Tribulus lanuginosus.*

क्षुराभ्रक *eine best. Wolkenconfiguration.*

क्षुरार्पण m. N. pr. *eines Berges.*

*क्षुरिकापत्त्र m. *Saccharum Sara* Râgan. 8,82.

*क्षुरिकाफल n. *Klinge* H. an. 3,147.

क्षुरिकोपनिषद् f. Titel einer Upanishad.

*क्षुरिन् 1) m. *Barbier.* — 2) f. °णी a) *die Frau eines Barbiers.* — b) *Mimosa pudica.*

क्षुल्ल Adj. *klein, wenig, winzig.*

क्षुल्लक 1) Adj. (f. आ) a) dass. — b) * *niedrig, gemein.* — c) * *arm.* — 2) m. a) * *eine kleine Muschel* Râgan. 19,123. — b) N. pr. eines Fürsten. — 3) n. *ein best. Spiel.*

क्षुल्लककालेय n. Name eines Sâman Ârsh. Br.

क्षुल्लकतापश्चित n. *das kürzeste der vier* Tâpaçkita.

क्षुल्लकवात्सप्र n. Name eines Sâman Ârsh. Br.

*क्षुल्लकवैश्वदेव n. P. 6,2,39.

क्षुल्लकवैष्टम्भ n. Name eines Sâman Ârsh. Br.

*क्षुल्लतात m. *der jüngere Bruder des Vaters.* *°क m. *des Vaters Bruder.*

*क्षेड m. und *क्षेडित n. = क्ष्वेड und क्ष्वेडित.

क्षेण्य Adj. Maitr. S. 2,9,8 statt 1. क्षयण 1) der VS. und TS.

क्षेणाकी f. Titel eines Werkes Bühler, Rep. No. 712.

क्षेतिवन्त् Adj. *eine Form von* क्षि, क्षेति *enthaltend* Ait. Br. 5,20,21.

क्षेत्र n. 1) *Grundbesitz, Grundstück, Grund und Boden.* — 2) *Feld.* क्षेत्रं कर् *das Feld bebauen.* सस्य° *Kornfeld* 152,27. क्षेत्र° kennzeichnet eine Pflanze als eine *cultivirte.* — 3) *Ort, Gegend, Platz.* — 4) * *Haus.* — 5) * *Stadt.* — 6) *Gebiet, Sitz, Ort der Wirksamkeit, — der Entstehung, Arbeitsfeld, Fundort* 217,17. 21. 218,11. — 7) *ein heiliger Platz, Wallfahrtsort.* — 8) *jede begrenzte Fläche, — Strecke, eine eingeschlossene geometrische Figur.* स्वल्प° *von geringem Umfange* (Brunnen). — 9) *Planetenbahn.* — 10) $^1/_{12}$ *der Ekliptik, Zodiakalbild.* — 11) *ein astrologisches Haus.* — 12) in der Chiromantie *die Räume in der hohlen Hand.* — 13) *der fruchtbare Mutterleib: das als Feld gedachte Eheweib, welches der Ehemann selbst bestellt oder durch Andere bestellen lässt.* — 14) *der Sitz der Seele, der Körper.* — 15) im Sâmkhja *der Urstoff* oder *Urgeist.*

*क्षेत्रकर Adj. *das Feld bebauend;* m. *Landmann.*

*क्षेत्रकर्कटी f. *eine Gurkenart* Râgan. 7,206.

क्षेत्रकर्मन् n. *Feldbau.* °कर्मकृत् m. *Landmann.*

क्षेत्रकर्षक m. *Pflüger, Landbauer* Gaut. 17,6.

क्षेत्रगणित n. *Geometrie.*

क्षेत्रगत Adj. *geometrisch.* °गतोपपत्ति f. *geometrischer Beweis.*

*क्षेत्रचिर्भिटा f. *eine Gurkenart* Râgan. 7,208.

क्षेत्रज 1) Adj. a) *auf einem Felde wachsend* H. an. 3,486. Med. j. 79. — b) *mit Jmds Ehefrau von einem Andern erzeugt;* m. *ein solcher Sohn* Gaut. — 2) *f. आ *Name verschiedener Pflanzen.*

क्षेत्रजात Adj. = क्षेत्रज 1) b).

क्षेत्रजेष m. *Landerwerb.*

क्षेत्रज्ञ 1) Adj. a) *ortskundig* TBr. 3,10,10,4. — b) * *das Feld kennend, sich mit dem Feldbau abgebend.* — c) *sachkundig, Etwas* (Gen.) *gut kennend.* — 2) m. a) *die Seele.* — b) * *Hurenjäger.* — c) *eine Form* Bhairava's. — d) N. pr. eines Fürsten. — 3) f. आ *ein fünfzehnjähriges Mädchen, das bei der* Durgâ-*Feier diese Göttin darstellt.*

क्षेत्रंजय Adj. *Land erobernd* Maitr. S. 2,2,11.

क्षेत्रतर n. *eine zum Bewohnen* oder *Bebauen sehr geeignete Gegend.*

क्षेत्रता f. Nom. abstr. zu क्षेत्र 6).

*क्षेत्रद m. *eine Form* Bhairava's.

क्षेत्रदूतिका f. *Solanum diffusum* Bhâvapr. 1,199.

*क्षेत्रदूती f. dass. Râgan. 4,33.

क्षेत्रधर्मन् m. N. pr. eines Fürsten VP.² 4,44.

क्षेत्रप m. 1) *eine die Felder hütende Gottheit* Pañkad. — 2) * = क्षेत्रद.

क्षेत्रपति m. *der Herr —, Besitzer eines Feldes.*

क्षेत्रपद n. *ein einer Gottheit* (Gen.) *geheiligtes Gebiet.*

*क्षेत्रपर्पट m. und °पर्पटी f. vielleicht *Oldenlandia biflora* Mat. med. 305.

क्षेत्रपाल m. 1) *Feldhüter.* — 2) *eine die Felder hütende Gottheit* Agni-P. 40,21. Pañkad. Es soll deren 49 geben. — 3) *der Genius loci* Vâstuv. 11,20. — 4) Bein. Çiva's.

*क्षेत्रपालरस m. *eine best. Arzenei.*

क्षेत्रफल n. *Flächeninhalt* Comm. zu Ârjabh. 2,2.

क्षेत्रभक्ति f. *Feldeintheilung.*

*क्षेत्रभूमि f. *bebautes Land.*

*क्षेत्रयमानिका f. *eine best. Pflanze,* = वचा.

क्षेत्ररक्ष m. *Feldhüter.*

क्षेत्रराशि m. *eine durch geometrische Figuren bezeichnete Quantität.*

*क्षेत्ररुहा *eine Gurkenart* Râgan. 7,206.

क्षेत्रलिप्ता f. *eine Minute der Ekliptik.*

क्षेत्रलिप्तीकरण n. *das Reduciren auf Minuten der Ekliptik.*

क्षेत्रवसुधा f. *bebautes Land.*

क्षेत्रविद् 1) Adj. a) *ortskundig.* — b) *sachkundig.* — c) *den Körper kennend.* — 2) m. *die Seele.*

क्षेत्रव्यवहार m. *Bestimmung geometrischer Figuren, Planimetrie* Lîlâv. 44,5.

क्षेत्रसमास (Pischel, de Gr. pr. 20) m. und °सूत्र n. Titel eines Gaina-Werkes.

*क्षेत्रसंभव 1) m. a) *Abelmoschus esculentus.* — b) *Ricinus communis.* — 2) *f. आ *eine Gurkenart* Râgan. 7,218.

*क्षेत्रसंभूत m. *ein best. Gras* Râgan. 8,119.

क्षेत्रसाति f. *Landerwerb.*

क्षेत्रसाधस् m. *Feldscheider.*

क्षेत्रांश m. *ein Grad der Ekliptik.*

*क्षेत्राजीव Adj. *vom Felde lebend;* m. *Landmann.*

क्षेत्राधिदेवता f. *die Gottheit eines geheiligten Gebietes.*

क्षेत्राधिप m. 1) dass. — 2) *der Regent eines Zodiakalbildes.*

*क्षेत्रामलकी f. *Flacourtia cataphracta.*

क्षेत्रासा Adj. *Land verleihend.*

क्षेत्रिक m. 1) *Besitzer eines Feldes* Gaut. — 2) *Ehemann.*

क्षेत्रिन् 1) m. a) *Besitzer eines Feldes.* — b) * *Landmann.* — c) *Ehemann.* — d) *die Seele.* — 2) * f. °णी *Rubia Munjista* Râgan. 6,194.

क्षेत्रिय 1) Adj. a) *zum Orte gehörig;* n. Pl. *Umgegend.* — b) *unheilbar* (Krankheit) Spr. 4023. — c) * *mit fremden Ehefrauen sich abgebend.* — 2) n. a) *ein am Körper fest haftendes, chronisches* oder *organisches Leiden.* Auch * m. — b) * *Unkraut auf einem Felde.*

क्षेत्रियनाशन Adj. (f. ई) *eine chronische* oder *organische Krankheit vertreibend.*

1. क्षेत्री f. scheinbar *eine Krankheit schaffende Unholdin* TBr. 2,5,6,1, wo aber st. क्षेत्रियै (!) mit AV. 2,10,1 क्षेत्रियात् zu lesen ist.

2. क्षेत्री Adv. mit कर् *occupare, sich bemächtigen, — bemeistern;* mit Acc. Kâd. 124,10. 152,19. Agni-P. 30,22.

क्षेत्रीय्, °यति *nach einem Acker Verlangen tragen* Spr. 5800.

*क्षेत्रेक्षु m. *Andropogon bicolor* Râgan. 16,25.

क्षेत्रोपेत m. N. pr. eines Sohnes des Çvaphalka.

*क्षेद m. *sorrowing, moaning.*

क्षेप m. 1) *Wurf.* — 2) *das Werfen, so v. a. schnelles Hinundherbewegen.* — 3) *das Hinundhergeworfenwerden, — schwanken* Megh. 47. — 4) * *das Aufstreichen von Salbe* oder *Tünche.* — 5) * *das Ueberschreiten* (लङ्घन). — 6) *Aufschub, Frist, Zeitverlauf.* — 7) *jactura, Verlust* in मनः°. — 8) *Beschuldigung* Jâgn. 2,210. — 9) *Schmähung, Schimpf.* — 10) *Uebertragung* Çamk. zu Bâdar. 4,1,6. — 11) * *Hochmuth.* — 12) * *Blumenstrauss.* — 13) *die hinzuzuaddirende Zahl.* — 14) *Himmelsbreite.*

क्षेपक 1) Adj. a) *schleudernd, werfend.* — b) *vernichtend* Çaṅk. zu Bâdar. 4,3,14 (S. 1130, Z. 1. 2). — c) *eingeschoben, interpolirt.* — 2) m. a) * *Steuermann* Gal. — b) *die hinzuzuaddirende Zahl* Bîǵ. 46.

क्षेपण 1) n. a) *das Schnellen, Abschnellenlassen* (der Bogensehne); *das Fortschleudern* (beim Faustkampf) VP. 5,20,54. — b) *das Fortschicken, Fortjagen.* — c) *das Hinbringen, Verbringen* (einer Zeit). क्षपण v. l. — d) *Schleuder.* — e) M. 4,119 fehlerhaft für 1. क्षपण 3). — 2) f. ई a) *Schleuder oder Schleuderwaffe.* — b) * *Ruder.* — c) * *eine Art Netz.*

क्षेपणसार Titel eines Werkes.

*क्षेपणि f. *Ruder.*

क्षेपणीय *Schleuder.*

क्षेपदिन n. = क्षयाह.

क्षेपन् m. *Wurf.* Instr. क्षेप्णा *rasch.*

क्षेपपात m. *der Punct, in dem die Bahnen der Planeten und des Mondes die Ekliptik schneiden.*

क्षेपय्, °यति Caus. von 1. क्षि und 1. क्षिप्.

क्षेपवृत्त n. *die Bahn der Planeten und des Mondes.*

*क्षेपिमन् m. *Geschwindigkeit.*

क्षेपिष्ठ Adj. (f. आ) *der schnellste.* Superl. zu क्षिप्र.

क्षेपीयंस् Adj. *schneller, rascher* Çat. Br. 6,3,2,2. Adv. क्षेपीयस् *so schnell —, so kurze Zeit als möglich* Spr. 1909. Compar. zu क्षिप्र.

क्षेप्तर् Nom. ag. *Schleuderer.*

क्षेप्तव्य Adj. 1) *hineinzuwerfen.* — 2) *zu schmähen, zu schimpfen.*

क्षेप्नु m. *das Schnellen* (der Bogensehne) 17,4.

क्षेप्य Adj. 1) *geworfen werdend, hineinzuwerfen, zu werfen in* (Loc.) zu Spr. 3007. — 2) *umzulegen, anzulegen.* — 3) *zu vernichten* Çaṅk. zu Bâdar. 4, 3,14 (S. 1130, Z. 2). — 4) *zu addiren.*

क्षेप्ला Tâṇḍja-Br. 7,6,4 Druckfehler für क्षेप्णा; s. u. क्षेपन्.

क्षेम 1) Adj. (f. आ) *wohnlich, heimlich, behaglich, Ruhe und Sicherheit bietend.* Das Subst. älter. — 2) m. a) *Grundlage, Unterlage.* समान° *auf gleicher Unterlage stehend, so v. a. sich die Wage haltend.* Nom. abstr. समानक्षेमत्व n. — b) *Aufenthalt, Rast, ruhiges Verweilen.* — c) *Ruhe, Friede, Sicherheit, ein sicherer und behaglicher Zustand, Wohlergehen.* क्षेमं ते als Gruss. क्षेमेण und क्षेमेस् *in Ruhe und Sicherheit, wohlbehalten, unversehrt.* Häufig im Gegensatz zu योग (auch प्रयुज्) *Ruhe und Arbeit, unangefochtener Besitz und Erwerb.* Vgl. क्षेमयोग und योगक्षेम. Später auch n. — d) * *die letzte Erlösung.* — e) * *ein best. wohlriechender Stoff.* — f) als Personification von 2) c) *ein Sohn* Dharma's. — g) N. pr. α) verschiedener Personen VP. — β) einer Klosterschule. — 3) f. आ a) *ein best. wohlriechender Stoff.* — b) * Bein. der Durgâ. — c) N. pr. α) einer Göttin, = क्षेमंकरी. — β) einer Apsaras. — 4) n. a) = 2) c). — b) N. pr. eines Varsha in Plakshadvîpa.

क्षेमक m. 1) * *ein best. wohlriechender Stoff.* — 2) N. pr. a) eines Schlangendämons. — b) eines Rakshas. — c) * eines Wesens im Gefolge Çiva's. — d) verschiedener Männer. — 3) n. N. pr. eines von einem Kshemaka beherrschten Varsha in Plakshadvîpa VP. 2,4,5.

क्षेमकर 1) Adj. *Ruhe und Sicherheit bietend, — verleihend, Behagen schaffend.* — 2) f. ई *eine Form der* Durgâ VP.[2] 4,262.

क्षेमकर्ण m. N. pr. eines Autors.

क्षेमकर्मन् 1) Adj. = क्षेमकर 1). — 2) m. N. pr. eines Fürsten.

क्षेमकाम Adj. *nach Rast verlangend.*

*क्षेमकार und °क Adj. = क्षेमकर 1).

क्षेमकुतूहल n. Titel eines Werkes.

क्षेमकृत् Adj. = क्षेमकर 1) Âpast. Spr. 2676.

क्षेमगुप्त m. N. pr. eines Fürsten.

क्षेमंकर 1) Adj. = क्षेमकर 1) Spr. 6481. — 2) m. N. pr. a) eines Fürsten der Trigarta. — b) eines Sohnes des Brahmadatta. — c) eines Autors Ind. St. 15,188. — d) eines mythischen Buddha. — 3) f. ई a) *eine Form der* Durgâ VP. 5,1,83. — b) N. pr. α) einer Göttin. — β) einer Schwester von 2) b).

*क्षेमंकारिन् m. *Falco Ponticerianus* Gal.

क्षेमजित् m. N. pr. eines Fürsten.

क्षेमतरु m. *ein best. Baum.*

क्षेमदर्शिन् m. N. pr. eines Fürsten der Kosala.

क्षेमदर्शीय Adj. Kshemadarçin *betreffend.*

क्षेमधन्वन् m. N. pr. 1) eines Sohnes a) des 3ten Manu Sâvarṇa. — b) des Puṇḍarîka. — 2) eines Fürsten.

क्षेमधर्मन् m. N. pr. eines Fürsten.

क्षेमधूर्त m. Pl. N. pr. eines Volkes Varâh. Bṛh. S. 14,28.

क्षेमधूर्ति m. N. pr. eines Mannes MBh. 1,67,64 (v. l. क्षेममूर्ति).

क्षेमधृत्वन् m. N. pr. = क्षेमधन्वन् 1) b) Tâṇḍja-Br. 22,18,7.

*क्षेमफला f. *Ficus oppositifolia.*

क्षेमभूमि m. N. pr. eines Fürsten.

क्षेममूर्ति m. desgl.

क्षेममूर्तितीर्थ n. N. pr. eines Tîrtha.

क्षेमय्, Partic. क्षेमयन्त् 1) *rastend.* — 2) *Rast gewährend, beherbergend.*

क्षेमयुक्तम् Adv. *vollkommen gelungen.*

क्षेमयोग m. Du. *Ruhe und Arbeit* Ait. Br. 1,14.

क्षेमर्द्धि m. N. pr. = क्षेमशर्मन्.

क्षेमराज m. N. pr. eines Mannes.

क्षेमवन्त् 1) * Adj. *von Ruhe und Sicherheit begleitet.* — 2) m. N. pr. eines Fürsten VP.[2] 3,334. — 3) f. °वती N. pr. a) einer Oertlichkeit. — b) eines Frauenzimmers.

क्षेमवर्मन् m. N. pr. eines Fürsten VP.[2] 4,180.

क्षेमवाह m. N. pr. eines Wesens im Gefolge Skanda's.

क्षेमविद्धि m. N. pr. eines Fürsten VP.[2] 4,180.

क्षेमवृक्ष m. *ein best. Baum,* = क्षेमतरु.

क्षेमवृद्धि m. N. pr. 1) eines Feldherrn des Çâlva. — 2) * Pl. eines Kriegergeschlechts.

*क्षेमवृद्धिन् m. N. pr. eines Mannes.

क्षेमशर्मन् m. N. pr. eines Autors.

क्षेमशूर m. *ein Held an sicherm Orte, feiger Prahler.*

क्षेमादित्य m. N. pr. eines Mannes.

क्षेमाधि m. N. pr. eines Fürsten von Mithilâ.

क्षेमानन्द m. N. pr. eines Autors.

क्षेमारि m. N. pr. = क्षेमाधि.

क्षेमार्चिस् m. N. pr. eines Fürsten.

क्षेमिन् Adj. *der Ruhe und Sicherheit sich erfreuend, wohlbehalten, unversehrt.*

क्षेमीश्वर m. N. pr. des Autors von Kaṇḍakauçika Kaṇḍak. 3,8.

क्षेमेन्द्र m. N. pr. verschiedener Autoren Bühler, Rep. S. 45. fgg.

क्षेमेन्द्रप्रकाश m. Titel eines Werkes.

क्षेमेश्वर m. N. pr. wohl fehlerhaft für क्षेमीश्वर Hall in der Einl. zu Daçar. 30.

क्षेम्यं (क्षेमिअं) und क्षेम्य 1) Adj. (f. आ) a) *rastend, ruhend.* — b) *Ruhe und Sicherheit bietend. Glück verheissend.* Auch als Beiw. Çiva's. — 2) m. N. pr. verschiedener Fürsten. — 3) f. क्षेम्या *eine Form der* Durgâ VP. 5,1,83. — 4) n. (oxyt.) *das Rasten.*

*क्षेप Adj. *zu vernichten, zu entfernen.*

*क्षेव् (?), क्षेवति (निरसने).

क्षेष्णु Adj. *vergänglich* Maitr. S. 1,6,10.

क्षैण्य n. *das zu Grunde Gehen.*

क्षैत m. *Stammeshaupt, Fürst.*

*क्षैतपत m. N. pr. eines Mannes.

*क्षैतपतायनि m. Patron. von क्षैतपत.

क्षैतवन्त् Adj. *fürstlich.*

*क्षैति von क्षिति Mahâbh. 8,37,b.

क्षैत्र n. *Feldwesen, Grundbesitz.*

क्षैत्रजित्य n. *Länderwerb, siegreicher Kampf.*

*क्षैत्रज्ञ und *°ज्ञ्य n. Nom. abstr. von क्षेत्रज्ञ.

क्षैत्रपत Adj. (f. *ई) von क्षेत्रपति Âpast. Çr. 11,10,18.

1. क्षैत्रपत्य n. Herrschaft, Besitz.

2. क्षैत्रपत्यँ Adj. dem Herrn des Orts gehörig.

क्षैप्र 1) Adj. durch rasches Sprechen bewirkt; so heisst der Saṁdhi, welcher durch Uebergang eines i, î, u oder û in einen Halbvocal entsteht, desgleichen der auf einer solchen Silbe entstandene Svarita. — 2) *n. Schnelligkeit.

क्षैप्रीभाव्य Adj. ein in einen Halbvocal übergegangenes i, î, u oder û enthaltend.

क्षैप्र्य n. Schnelligkeit Çaṁk. zu Bâdar. 4,3,1.

*क्षैमवृद्धि m. Patron. von क्षेमवृद्धिन्.

*क्षैमवृद्धीय Adj. von क्षैमवृद्धि.

क्षैरकलम्भि m. Patron. N. pr. eines Lehrers.

*क्षैरह्रद m. Patron. von क्षीरह्रद.

*क्षैरेय 1) Adj. (f. ई) mit Milch zubereitet. — 2) f. ई Milchgericht.

*क्षोट्, क्षोटयति (क्षेपे).

*क्षोड m. ein Pfosten zum Anbinden eines Elephanten.

क्षोडक in गो°.

क्षोणँ nach Nir. = क्षपण, nach Sâj. Adj. nicht zu gehen vermögend oder m. eine Art Laute.

क्षोणि und क्षोणी (Nom. क्षोणीस्) f. 1) Sg. und Pl. etwa Schaar, Menge, Gefolge, Dienerschaft; Du. die Schaaren der Wesen auf Erden und im Himmel (Himmel und Erde Naigh.). — 2) die Erde, Land.

क्षोणिपति m. Fürst, König Spr. 7710. Hâsj. 10.

क्षोणिपाल m. dass. Prasannar. 150,4.

क्षोणीदेव m. ein Brahman Magavj. 4,1.

क्षोणीधरमिश्र m. N. pr. eines Commentators Hall in der Einl. zu Daçar. 4.

क्षोणीन्द्र (Kautukar. 6) und क्षोणीपति m. Fürst, König.

क्षोणीमण्डल n. Erdenrund Bâlar. 37,2.

क्षोणीमय Adj. die Erde darstellend.

क्षोणीरमण m. Fürst, König Vâs.

क्षोणीरुह् m. Baum Prasannar. 68,12.

*क्षोत्तर् Nom. ag. Mörserkeule.

*क्षोत्तव्य Adj. zu zerstampfen, zu zertreten.

क्षोद m. 1) Stoss, harter Anschlag. — 2) Zerstampfung, Zermalmung, Zerschmetterung Bâlar. 87,14. 109,14. — 3) Mehl, Pulver, Puder 292,16. Kâd. 136,24. II,3,9. — 4) Tropfen Kâd. 42,4. 131,2. II,16,13. — 5) Stückchen Kâd. 127,4. — 6) Multiplication Ganit. Tripr. 102.

क्षोदक्षम Adj. einen Stoss vertragend, stichhaltig, eine Kritik ertragend Naish. 6,113.

क्षोँदस् n. bewegtes Wasser, Schwall (der Wogen), Strom, fluctus.

क्षोदित 1) Adj. Partic. vom Caus. von क्षुद्. — 2) *n. Mehl.

*क्षोदिमन् m. Kleinheit, Winzigkeit.

क्षोदिष्ठ Adj. der kleinste, dünnste Maitr. S. 1,8,6. Gop. Br. 2,1,9. Superl. zu क्षुद्र.

क्षोदीयंस् Adj. geringer Harshak. 24,22. überaus klein, — winzig Hemâdri 1,1,6. Ind. St. 15,379. Compar. zu क्षुद्र.

क्षोद्य Adj. festzustampfen.

क्षोधुक Adj. hungrig.

क्षोभ m. 1) das Schwanken, zitternde Bewegung, Erschütterung, Unruhe, Aufregung. बल° Meuterei der Soldaten. — 2) in der Dramatik eine zu Vorwürfen führende Aufregung.

क्षोभक 1) Adj. in Bewegung versetzend. — 2) m. N. pr. eines Berges.

क्षोभण 1) Adj. in's Schwanken bringend, aufregend, beunruhigend. Auch Beiw. Çiva's und Vishṇu's. — 2) *m. einer der fünf Pfeile des Liebesgottes. — 3) n. das Aufregen Karaka 6,13.

क्षोभयितर् Nom. ag. der den ersten Anstoss zu Etwas giebt Çaṁk. zu Bâdar. 2,2,8.

क्षोभिणी f. eine best. Çruti S. S. S. 23.

क्षोभ्य Adj. in Bewegung —, in Aufregung zu versetzen.

*क्षोम 1) m. n. Wachtthurm. — 2) n. Linnen.

*क्षोमक m. ein best. wohlriechender Stoff.

क्षोर m. das Rasiren Vop. in Dhâtup. 28,52.

क्षोणी f. die Erde, Land.

*क्षोणीप्राचीर m. Ocean.

क्षोणीभुज् m. Fürst, König.

क्षोणीभृत् m. Berg Uttarar. 36,17 (53,3).

क्षौद्र 1) m. a) Michelia Champaka. — b) eine best. Mischlingskaste. — 2) n. a) * Kleinigkeit, Winzigkeit. — b) Honig und eine best. Art von Honig Râgan. 14,114. — c) * Wasser. — d) Titel eines Sûtra des SV.

*क्षौद्रक 1) m. Patron. von क्षुद्रक; Pl. Mahâbh. 4,60,b. — 2) n. Honig Gal.

*क्षौद्रकमालव Adj. (f. ई) in Verbindung mit सेना das Heer der Kshudraka und Mâlava.

*क्षौद्रक्य m. Patron. von क्षौद्रक oder ein Diener des Kshaudraka.

*क्षौद्रजा f. Honigzucker Râgan. 14,133.

*क्षौद्रधातु m. Schwefelkies Râgan. 13,85.

*क्षौद्रप्रिय m. eine Bassia Râgan. 11,94.

क्षौद्रमेह m. Diabetes mellitus.

क्षौद्रमेहिन् Adj. an Diabetes mellitus leidend.

*क्षौद्रशर्करा f. Honigzucker Râgan. 14,133.

*क्षौद्रेय n. Wachs Râgan. 13,78.

क्षौम 1) Adj. (f. ई) a) aus Flachs gemacht, leinen Gaut. — b) aus Leinsamen bereitet. — 2) *m. n. Wachtthurm. — 3) *f. ई Flachs. — 4) n. a) Linnen, Linnengewand Gaut. — b) Leinsamen. — c) *die Blüthe von Flachs.

*क्षौमक m. ein best. wohlriechender Stoff.

क्षौमभट्ट m. N. pr. eines Autors Bühler, Rep. No. 712.

क्षौममय Adj. leinen Hemâdri 1,415,13.

क्षौमिक Adj. (f. ई) leinen.

क्षौर 1) Adj. mit dem Rasirmesser vorgenommen u. s. w. कर्मन् n. das Rasiren. — 2) m. = क्षौरमन्त्र. — 3) *f. ई Rasirmesser. — 4) n. das Rasiren.

क्षौरं कर् rasiren, — कारय् sich rasiren lassen 158,7.

क्षौरकरण n. das Rasiren 158,10.

क्षौरकर्मन् n. dass. Spr. 2615.

क्षौरनक्षत्र n. ein für's Rasiren günstiges Mondhaus Ind. St. 10,203.

क्षौरनिर्णय m. Titel eines Werkes.

क्षौरपव्य Adj. aus Rasirmessern und Donnerkeilen gebildet.

क्षौरमन्त्र m. Pl. die Sprüche TS. 1,2,1,1. fgg.

क्षौरर्क्ष n. = क्षौरनक्षत्र Varâh. Jogaj. 2,35.

क्षौरविधि m. das Rasiren.

*क्षौरिक m. Barbier.

क्ष्णु, क्ष्णौति schleifen, wetzen, schärfen. क्ष्णुत gewetzt, geschärft. — Mit अव zerreiben, verwischen. — Mit आ anreiben. — Mit *प्र schärfen, zuspitzen. — Mit सम् Med. dass.

क्ष्णुत् in अन्यतः° und उभयतः°.

क्ष्णोत्र n. Wetzstein.

क्ष्मा f. die Erde, Land. क्ष्मायाम् auf der —, auf die Erde.

क्ष्मांश m. ein Stück Land.

क्ष्माचक्र n. Erdkreis Bâlar. 78,22.

क्ष्माज 1) m. der Planet Mars. — 2) n. Horizont Golâdhj. 7,39.

क्ष्मातल n. der Erdboden.

क्ष्माधर m. 1) Berg Mâlatim. 73,10. Bâlar. 267,12. — 2) Bez. der Zahl sieben Ganit. 2,2.

क्ष्माधृति m. Fürst, König.

क्ष्मान्त m. die Grenze der Erde, so v. a. die gesammte Erde.

क्ष्माप, क्ष्मापति, क्ष्मापाल (Prasannar. 61,14), क्ष्माभर्तर् (Daçak. 8,13) und क्ष्माभुज् m. Fürst, König.

क्ष्माभृत् m. 1) Berg. — 2) Fürst, König Bâlar. 76,14.

क्ष्माय्, *क्ष्मायते erzittern. — Caus. क्ष्मापयति erzittern machen. — Mit वि Caus. erschüttern.

*क्ष्मायितर् Nom. ag. von क्ष्माय्.

क्ष्मारुह् m. Baum Râgat. 8,240.

द्मावलय m. n. 1) *Erdkreis* Ind. St. 15,379. — 2) *Horizont* Golâdhj. 7,1.

द्मावृष m. *ein mächtiger Fürst.*

*द्मील्, द्मीलति (निमेषणे).

द्मेश m. *Fürst, König.*

द्रौम् eine mystische Interjection.

द्विङ्का f. *ein best. Thier* (*ein rothmäuliger Affe* Comm. zu TS.).

1. द्विड्, द्वेडति *knarren, summen, brummen, sausen.* — Caus. द्वेडयति dass. — Mit आ und mit प्र dass.

2. *द्विड्, द्वेडते (स्नेहनमोचनयोः, °मोक्षनयोः) *Etwas ausschwitzen.*

1. द्विद्, द्वेदति *knarren.* — Partic. द्विन्न von *einer best. fehlerhaften Aussprache der Vocale.* — Mit उद् *erknarren* Maitr. S. 3,2,2. — Mit नि *durch Knarren zu Grunde richten* in निद्विदस् ebend. — Mit *प्र *unarticulirte Laute auszustossen beginnen.*

2. *द्विद्, द्विद्यति und द्वेदते = 2. द्विड्.

द्वेड 1) *Adj. a) *krumm.* — b) *schwer zugänglich.* — 2) m. a) *das Sausen* (im Ohr). — b) **Laut, Ton.* — c) *Gift.* — d) *Luffa pentandra* oder *acutangula* Kâraka 7,6. 8,10. — e) mystische Bez. *des Lautes* m. — 3) *f. आ a) *Gebrüll des Löwen* oder *Schlachtgeschrei.* — b) *Bambusrohr.* — c) *eine best. Cucurbitacee* Râgan. 3,36. — 4) *n. a) *die Blüthe einer Luffa.* — b) *die Frucht einer rothblühenden Calotropis.*

द्वेडन n. *das Sausen.* ऊष्मणाम् *der sausende Klang der Sibilanten.*

द्वेडिका f. in उदक° = द्वेलिका.

1. द्वेडित (*m. *n.) *Gesumm, Gebrumm* u. s. w.

2. द्वेडित n. = द्वेलित nach Nîlak.

द्वेडिन् in गेहे°.

द्वेल्, द्वेलति *springen, hüpfen, spielen.*

द्वेल m. mystische Bez. *des Lautes* m.

द्वेलन n., द्वेलि f., द्वेलिका f. und द्वेलित (*m.) n. *Spiel, Tändelei.*

1. *ख m. *die Sonne.*

2. ख 1) n. a) *Oeffnung, Loch, Ausgang.* — b) *eine Oeffnung am menschlichen Leibe* Gaut. Die sieben reinen sind: *Mund, Augen, Nasenlöcher* und *Ohren,* die zwei unreinen: *die unterhalb des Nabels befindlichen.* Also so v. a. कर्मेन्द्रिय. — c) *Wunde.* — d) *die Höhlung in der Nabe des Rades, in welcher die Achse läuft; Büchse.* — e) *der hohle leere Raum, Luftraum, Aether.* — f) *Null.* — g) **der durch einen Kreis dargestellte* Anusvâra. — h) *das zehnte astrologische Haus.* — i) **Talk* Râgan. 13,116. — k) **Stadt.* — l) **Feld.* — m) **Glück* (wegen सुख und दुःख). — n) **Handlung.* — o) **Bewusstsein, Erkenntniss.* — 2) f. खा *Quelle, Brunnen.*

*खकामिनी f. 1) *das Weibchen des Falco Cheela.* — 2) Bein. der Durgâ.

*खकुन्तल m. Bein. Çiva's.

*खक्खू, खक्खति v. l. für *काख् *lachen.*

*खक्खट Adj. = *कक्खट *hart.*

खक्खर *Bettlerstab* (buddh.).

खखोल्क m. *die Sonne.*

खखोल्कादित्य m. *eine Form der Sonne.*

खग 1) Adj. *im Luftraum sich bewegend, fliegend.* — 2) m. a) *Vogel.* — b) *Bein. Garuḍa's Gal. — c) *ein fliegendes Insect.* मधुप so v. a. *Biene.* — d) **Heuschrecke.* — e) *die Sonne* Hemâdri 1,613,15. — f) *Planet* Golâdhj. 5,17. — g) *Wind.* — h) **ein Gott.* — i) **Pfeil.*

खगज्ञ m. N. pr. eines Mannes.

खगण m. N. pr. eines Fürsten VP.[2] 3,323.

खगत Adj. *im Luftraum sich befindend, fliegend* R. 5,56,144. *hoch zum Himmel ragend* Hariv. 3336.

खगति f. *ein best. Metrum.*

खगपति m. Bein. Garuḍa's.

खगपतिगमना f. N. pr. einer Göttin Kâlak. 1,119.

खगपत्त्र Adj. *befiedert* (Pfeil) MBh. 3,285,14.

खगम 1) Adj. *im Luftraum sich bewegend, fliegend.* — 2) m. a) *Vogel.* — b) N. pr. eines Brahmanen.

*खगराज् m. Bein. Garuḍa's Gal.

खगर्भ m. N. pr. eines Bodhisattva.

खगल्य *ein best. Theil des Rades* Âpast. Çr. 16,18.

*खगवक्त्र m. *Artocarpus Locucha.*

*खगवती f. *die Erde.*

*खगशत्रु m. *Hemionitis cordifolia.*

*खगस्थान n. *Baumhöhle.*

खगाधिप m. Bein. Garuḍa's.

*खगान्तक m. *Falke* Râgan. 19,85.

खगाभिराम Adj. Beiw. Çiva's.

*खगासन m. Bein. 1) des Berges Udaja. — 2) Vishṇu's.

खगुण Adj. *eine Null zum Multiplicator habend.*

खगेन्द्र m. 1) *Fürst —, der Beste der Vögel.* — 2) **Geier* Râgan. 19,84. — 3) Bein. Garuḍa's. — 4) N. pr. eines Fürsten.

खगेन्द्रध्वज m. Bein. Vishṇu's.

*खगेश्वर m. *Geier* Râgan. 19,84.

*खगोड m. *Saccharum spontaneum.*

खगोल m. *Himmelssphäre* Golâdhj. 6,9. 31. °क m. dass. 6,2.

*खगड m. *Saccharum spontaneum.*

*खङ्कर m. *Haarlocke.*

खङ्ग m. N. pr. eines Mannes.

*खङ्गण (Gal.) und *खङ्गर m. *Haarlocke.*

खड़्ग m. VS. 24,40 fehlerhaft für खड्ग *Rhinoceros.*

*खङ्गाह m. = खोङ्गाह Gal.

खच् 1) खचति, Partic. खचत् als Beiw. von Zähnen *funkelnd, schimmernd.* — 2) *खच्नाति (भूतप्राडुर्भावे, भूतिप्रा°, भूतिपूत्योरुत्पत्तौ). — 3) *खचयति (बन्धने). — 4) खचित *funkelnd, schimmernd* Dhûrtas. 73,13. Mit einem Instr. oder am Ende eines Comp. *funkelnd von, verziert —, besetzt mit* Chr. 292, 19. — Mit उद्, उत्खचित *durchwunden —, durchzogen von* (Instr. oder im Comp. vorangehend). — Mit परि, °खचित *belegt —, bestreut mit* (im Comp. vorangehend) Kârand. 44,17. 64,22. 87,1.

*खचमस m. *der Mond.*

खचर 1) Adj. *im Luftraum sich bewegend, fliegend.* — 2) m. a) *Vogel.* — b) *Planet.* — c) **die Sonne.* — d) **Wolke.* — e) **Wind.* — f) *ein* Vidjâdhara. — g) *ein* Rakshas. — h) *eine Art* Rûpaka. — i) Pl. N. pr. eines fabelhaften Volkes.

खचरत्व n. Nom. abstr. zu खचर 2) g) Hem. Jog. 3,74.

खचारिन् 1) Adj. = खचर 1). — 2) m. *Planet.*

खचित्र n. *ein Gemälde in der Luft,* so v. a. *ein Unding.*

*खज्, खजति (मन्थे).

खज 1) m. a) *Schlachtgewühl.* — b) *Umrührung, Quirlung* Kâraka 6,16. — c) *Rührstock.* — d) **Löffel.* — 2) f. खजा a) *Rührstock* (oder *Kohlenzange* Nîlak.). — b) **Löffel.* — c) **die Hand mit ausgestreckten Fingern.* — d) **das Tödten.*

*खजक 1) m. *Rührstock, Butterstössel.* — 2) f. खजिका *Löffel.*

खजकृत् und खजंकार Adj. *ein Schlachtgewühl bewirkend.*

*खजप n. *geklärte Butter.*

खजल n. *Nebel.*

*खजाक 1) m. *Vogel.* — 2) f. आ *Löffel.*

*खजित् m. *ein* Buddha.

*खज्योतिस् m. *Leuchtfliege, —käfer.*

1. खञ्ज्, खञ्जति *hinken.*

2. *खञ्ज् (Nom. खन्) Adj. *hinkend.*

खञ्ज 1) Adj. *hinkend.* *पादेन und °चरण Adj. dass. — 2) f. आ Name *verschiedener Metra.*

*खञ्जक Adj. *hinkend.*

*खञ्जखेट und *°खेल m. *Bachstelze.*

खञ्जता f. (Kâd. 256,2) und खञ्जत्व n. *das Hinken, Lahmheit.*

खञ्जन 1) m. a) *Bachstelze.* नयन° so v. a. *ein hin- undhergehendes Auge* Prasannar. 1,19. खञ्जनाक्षी f.

ein Mädchen mit solchen Augen Spr. 7662. — b) *N. pr. eines Mannes gaṇa शिवादि. — 2) *f. आ eine Art Bachstelze. — 3) *n. das Hinken.

खञ्जनक 1) m. Bachstelze Varâh. Bṛh. S. 45,1. — 2) *f. °निका eine Art Bachstelze.

*खञ्जनरत n. der geheim gehaltene Beischlaf der Asketen.

*खञ्जनाकृति f. eine Art Bachstelze.

खञ्जबाहु m. N. pr. eines Asura. कंजबाहु v. l.

खञ्जरीट m. a) Bachstelze. — b) *= खड्गरीट 2). — 2) f. ई eine best. Gangart S. S. S. 253.

खञ्जरीटक m. Bachstelze Râǵan. 19,117.

*खञ्जरीटरत n. = खञ्जनरत Gal.

*खञ्जलेख m. Bachstelze.

*खञ्जार und *खञ्जाल m. N. pr. zweier Männer.

1. *खट्, खटति (काङ्क्षायाम्).

2. खट् Interj. Taitt. Âr. 4,27.

*खट m. 1) Phlegma, Schleim. — 2) ein überwachsener Brunnen Utpala zu Varâh. Bṛh. S. 48,16. — 3) Haue, Brecheisen, Meissel. — 4) Pflug. — 5) ein Schlag besonderer Art. — 6) Gras. — 7) ein best. wohlriechendes Gras.

खटक 1) *m. a) Kuppler. — b) die halbgeschlossene oder gehöhlte Hand. — 2) f. खटिका a) Kreide Golâdhj. 11,4. Agni-P. 27,32. — b) *Gehörgang. — c) *Andropogon muricatus.

*खटकटाहक Spucknapf (buddh.).

खटकामुख m. eine best. Stellung der Hand.

खटकावर्धमान m. desgl.

खटकास्य m. desgl.

*खटक्किका f. Seitenthür.

खटखटाय्, °यते knistern.

*खटखादक m. 1) an eater. — 2) a glass vessel. — 3) a jackal. — 4) an animal. — 5) a crow.

*खटिक m. = खटक 1) b). — खटिका s. u. खटक.

खटिनी (Bhâvapr. 3,102) und *खटी f. Kreide Râǵan. 13,134.

खटुकी f. vielleicht = खट्टिकी Fleischverkäuferin.

*खट्ट्, खट्टयति (संवरणे).

खट्ट 1) *Adj. sauer Gal. — 2) f. आ fehlerhaft für खट्वा.

*खट्टन m. Zwerg.

खट्टाङ्ग fehlerhaft für खट्वाङ्ग.

*खट्टाश m., *°शी f. (Mat. med. 15) und *खट्टास m. Zibethkatze oder ein anderes Thier.

*खट्टि m. Todtenbahre.

खट्टिक 1) *m. a) Fleischer, Fleischverkäufer, Jäger. — b) Rahm auf der Milch der Büffelkuh. — 2) f. ई Fleischverkäuferin Kâlak. 3,131.

*खट्टिका (fehlerhaft für खट्विका) f. 1) eine kleine Bettstelle. — 2) Todtenbahre.

*खट्टेरक Adj. zwerghaft.

*खट्य Adj. von खट gaṇa गवादि in der Kâç.

*खट्वका f. Demin. von खट्वा.

*खट्वर 1) Adj. sauer Gal. — 2) m. N. pr. eines Mannes gaṇa अश्वादि in der Kâç.

खट्वा f. 1) Bettstelle. खट्वां समारूढः so v. a. auf dem Siechbett liegend Spr. 5528. — 2) *Schaukel. — 3) eine best. Form des Verbandes von Wunden. — 4) *eine best. Pflanze.

*खट्वाका f. Demin. von खट्वा.

खट्वाङ्ग 1) m. n. eine Keule von der Gestalt des Fusses einer Bettstelle Gaut. Mâlatim. 74,20 (159, 4; nach dem Comm. वाद्यभेद). Insbes. als Waffe Çiva's. — 2) m. a) *Rückgrat Gal. — b) *eine best. Pflanze Gal. — c) *Holz von einem Scheiterhaufen. — d) N. pr. α) eines Fürsten, auch = दिलीप VP.². — β) eines Wesens im Gefolge der Devî — 3) f. ई a) *eine best. Pflanze Gal. — b) N. pr. eines Flusses.

खट्वाङ्गक = खट्वाङ्ग 1) Hemâdri 2,a,127,16.

खट्वाङ्गद m. = खट्वाङ्ग 2) d) α) VP.² 3,313.

खट्वाङ्गधर und °धार m. Beinamen Çiva's.

*खट्वाङ्गनामिका f. eine dem Plectranthus ähnliche Pflanze Râǵan. 5,39.

खट्वाङ्गभृत् 1) Adj. einen Khaṭvâṅga 1) tragend Kull. zu M. 11,105. — 2) *m. Bein. Çiva's.

खट्वाङ्गवन n. N. pr. eines Waldes.

खट्वाङ्गशूलिन् Adj. die खट्वाङ्ग und शूल genannten Waffen tragend Hemâdri 1,798,21.

खट्वाङ्गिन् 1) Adj. = खट्वाङ्गभृत् 1). — 2) m. Bein. Çiva's Bâlar. 41,12.

खट्वातल n. Loc. unter der oder die Bettstelle 154,20.

*खट्वाप्लुत Adj. sich ungebührlich benehmend.

*खट्वाभार m. eine Last von Bettstellen gaṇa वंशादि.

*खट्वारूढ Adj. = खट्वाप्लुत.

*खट्वाश m. = खट्टाश Gal.

*खट्विका f. = खट्वाका.

*खट्वीय्, °यति Denom. von खट्वा.

*खड्, खाडयति (भेदने) Dhâtup. 32,44.

खड 1) m. a) ein aus Buttermilch u. s. w. bereitetes saures Getränk Karaka 6,9. — b) *das Spalten. — c) *N. pr. eines Mannes. — 2) *m. n. Stroh. — 3) *f. ई Kreide.

खडक 1) n. Pflock. — 2) *f. खडिका Kreide.

*खडक्किका f. Seitenthür.

*खडण्ड v. l. im gaṇa धूमादि in der Kâç

*खडतू m. ein am Arm und am Bein getragener Schmuck. Vgl. खडू.

*खडवत् Adj. von खड.

*खडिक gaṇa सुतंगमादि.

*खडुका f. = पादपाशी.

*खडू wohl f. 1) = खडतू Uǵǵval. zu Uṇâdis. 1,84. — 2) Todtenbahre ebend.

खडूर 1) AV. 11,9,16 von unbestimmbarer Bed. — 2) *m. N. pr. eines Mannes.

*खडोन्मत्ता f. ein Frauenname.

खड्ग 1) m. a) Schwert, Degen. Am Ende eines adj. Comp. f. आ. — b) Rhinoceros Maitr. S. 3,14, 21 = VS. 24,40. Karaka 4,8. — c) *Rhinoceroshorn. — d) *ein Pratjekabuddha. — e) N. pr. α) eines Wesens im Gefolge Skanda's. — β) eines Kaufmannssohnes.

*खड्गकोश m. 1) Degenscheide. — 2) Scirpus maximus.

खड्गखेटधनुर्बाणकमण्डलुत्वक्सूत्रिन् Adj. mit Schwert, Schild, Bogen, Pfeil, Wassertopf und Rosenkranz versehen Hemâdri 2,124,a,5.

खड्गग्राहिन् m. Schwertträger (ein best. Würdenträger) Harshak. 147,21.

खड्गज्वलना f. N. pr. einer Kiṃnara-Jungfrau Kâraṇḍ. 6,18.

*खड्गट m. eine best. Rohrart.

खड्गधर 1) Adj. ein Schwert tragend. — 2) m. N. pr. eines Kriegers.

खड्गधारा f. Schwertklinge Spr. 6192. °व्रत n. so v. a. ein über die Maassen schwieriges Vorhaben.

खड्गधेनु f. 1) Messer Râǵat. 8,3315. — 2) *das Weibchen des Rhinoceros.

खड्गपत्त्र 1) Adj. schwertähnliche Blätter und Schwerter zu Blättern habend. — 2) *m. Scirpus maximus.

खड्गपत्त्रबल fehlerhaft für खड्गपत्त्रवन.

खड्गपत्त्रवन n. eine best. Hölle R. ed. Bomb. 3, 53,20.

*खड्गपिधान und *क n. Degenscheide.

*खड्गपुत्रिका f. Messer.

खड्गप्रहार m. Schwertstreich 138,4.

*खड्गफल n. Schwertklinge.

खड्गबन्ध m. eine best. Art künstlich gebildeter und — geschriebener Verse.

खड्गमय Adj. aus Schwertern gebildet, — bestehend.

खड्गमालातन्त्र n. Titel eines Werkes.

खड्गरोमन् m. N. pr. eines Wagenlenkers.

खड्गवत् Adj. mit einem Schwert bewaffnet.

खड्गविद्या f. Fechtkunst 131,9.

*खड्गशिम्बी f. Schwertbohne Râǵan. 7,178.

खड्गसख Adj. mit einem Schwerte bewaffnet Mudrâr. 185,6.

*खड्गसद्मन् n. *Degenscheide* Gal.

खड्गसेन m. N. pr. eines Mannes Vâs. 15.

खड्गहस्त 1) Adj. *ein Schwert in der Hand haltend.* — 2) f. आ N. pr. eines Wesens im Gefolge der Devî.

खड्गामिष n. *Rhinocerosfleisch.*

*खड्गारीट m. 1) *Schwertklinge.* — 2) *der etwas über die Maassen Schwieriges vorhat.*

खड्गाह्व m. *Rhinoceros.*

*खड्गिक m. 1) *Schwertträger.* — 2) *Fleischer, Verkäufer von Wildpret.* — 3) *Rahm auf der Milch der Büffelkuh.*

खड्गिधेनुका f. *das Weibchen des Rhinoceros* Kâd. 31,9.

खड्गिन् 1) Adj. *mit einem Schwert bewaffnet.* Auch als Beiw. Çiva's. — 2) m. a) *Rhinoceros* Kâd. 30,13. — b) *Bein. des Mañguçrî.

*खड्गिगार m. *Scirpus maximus.*

*खड्गीक m. *Sichel, Sense.*

*खड्डुका f. = खडुका.

*खण m. *Rückgrat* Gal.

खणखणाय्, °यते *klirren, knacken, krachen.* °यित Adj. *klirrend u. s. w.* Kâd. 111,2. Harshak. 10,7. 14,22.

खणत्खणी Adv. mit कर् *bewirken, dass Etwas (Acc.) kracht.*

*खण्ड्, खण्डते (मन्थे). खण्डय् s. bes.

खण्ड 1) Adj. (f. आ) a) *lückig, angebrochen; vom Monde so v. a. nicht voll.* — b) *mangelhaft, krüppelhaft.* *°वात्स्य = *वात्स्य° Ind. St. 13,408. — 2) m. n. a) *Stück, Theil.* खण्डमिन्दोः *Mondsichel* Prasannar. 43,14. ताराधिप° dass. राज्य° so v. a. *Königreich, Reich* R. 2,105,3. — b) *Zucker in Sandform* Bhâvapr. 2,66. Kâlak. 2,30. 132. — c) *Abschnitt eines Werkes, Theil, Abtheilung.* — d) *Erdtheil.* — e) *die Sätze einer Gleichung.* — f) *Partie, Anzahl, Menge, Gruppe.* Wechselt mit षण्ड (z. B. MBh. 3,11120 = ed. Bomb. 3,146,51). — 3) m. a) **ein Riss in einem Edelstein.* — b) **ein Kalb mit halb ausgewachsenen Hörnern* Gal. — c) *ein best. Tact* S. S. S. 233. — d) N. pr. α) Pl. eines Volkes. — β) eines Lehrers (?). — 4) *n. a) *eine Art Zuckerrohr.* — b) *schwarzes Salz* Râǵan. 6,98.

खण्डक 1) m. a) *Stück, Theil.* — b) *Zucker in Stücken, Candiszucker* Râǵan. 14,104. — c) *eine Art Tanz* (?). — d) **ein Mann ohne Nägel.* — 2) f. खण्डिका a) wohl *Holzstück* P. 3,4,51, Sch. — b) *Abschnitt in einem Werke.* — 3) n. *die Sätze einer Gleichung.* — Als Name eines Metrums fehlerhaft für स्कन्धक.

*खण्डकथा f. *Quasi-Erzählung,* Bez. *einer best. Art von Erzählungen.*

*खण्डकन्द m. *ein best. Knollengewächs.*

खण्डकापालिक m. 1) *ein Quasi-*Kâpâlika 2)a). — 2) N. pr. eines Lehrers (?).

खण्डकार m. *Verfertiger von* Khaṇḍa-*Zucker.*

*खण्डकालु n. *ein best. Knollengewächs.*

खण्डकाव्य n. *ein Stück von einem* 3. Kâvja 4)a), *Quasi-*Kâvja.

खण्डकुष्माण्डक n. *eine best. Latwerge* Bhâvapr. 4,53. 55. Mat. med. 167.

खण्डखण्डा f. N. pr. einer der Mütter im Gefolge Skanda's.

खण्डखाद्दक und °खाडक wohl fehlerhaft für °खाद्य oder °खाद्यक.

खण्डखाद्य 1) m. *Naschwerk* Bhâvapr. 4,57. Hariv. 2,89,63. — 2) n. und °करण n. Titel eines astronomischen Karaṇa Ind. St. 14,404.

खण्डखाद्यक (Conj.) n. = खण्डखाद्य 2).

खण्डगिरि m. N. pr. eines *Berges.*

खण्डग्रहण n. *eine partielle Verfinsterung* Ârjabh. 4,46.

*खण्डज m. *Mannazucker* Râǵan. 14,106.

खण्डता f. *das Getheiltsein, Spaltung.*

खण्डताल m. *ein best. Tact.*

खण्डदेव m. N. pr. eines Autors.

खण्डद्रव्य m. N. pr. eines Mannes (buddh.).

खण्डधारा f. 1) **Scheere.* — 2) *eine Art Tanz* (?).

खण्डन 1) Adj. *zerstückelnd, zu Grunde richtend, vernichtend, vertreibend.* — 2) n. a) *das Zerstückeln, Kleinmachen, das Zermahlen* Spr. 7799. — b) *das Verletzen, Verwunden, insbes. mit den Zähnen.* — c) *das Schmälern, Verkürzen, Aufheben, Beseitigen, Fahrenlassen.* — d) *Widerlegung.* — e) *das Täuschen, Hintergehen* Spr. 7799. — f) **Rebellion, Aufruhr.* — g) Titel eines Werkes, = °खण्डखाद्य. — 3) f. आ *Aufhebung, Beseitigung.*

खण्डनकार und खण्डनकृत् m. Bein. Harsha's.

खण्डनखण्डखाद्य n. Titel eines Werkes des Harsha.

खण्डनखाद्य n., खण्डनभूषामणि m. und खण्डनमहातर्क m. Titel von Werken.

खण्डनीय Adj. *zu zerstückeln, zu zerschneiden.*

*खण्डपत्त्र n. *a bundle of various leaves.*

खण्डपरशु m. Bein. Çiva's.

*खण्डपर्शु m. 1) Bein. a) Çiva's. — b) Paraçurâma's. — c) Râhu's. — 2) *ein Elephant mit einem zerbrochenen Fangzahn.* — 3) *ein Bestreuer mit Pulver.* — 4) *ein best. Arzeneimittel.*

खण्डपाणि m. N. pr. eines Fürsten.

खण्डपाक m. *Syrup verschiedener Art* (auch mit Gewürzen u. s. w.) Bhâvapr. 2,25. 26. Mat. med. 11.

*खण्डपाल m. *ein Verkäufer von Süssigkeiten.*

खण्डप्रलय m. 1) *eine partielle Vernichtung der Welt* Nj. K. — 2) **a quarrel; the dissolution of the bands of friendship or of society* (dieses könnte °प्रणय bedeuten).

खण्डप्रशस्ति f. Titel eines Werkes Bühler, Rep. No. 124.

खण्डप्रस्तार m. *ein best. Tact* S. S. S. 221.

खण्डफणा m. *eine Art Schlange.*

1\. *खण्डमण्डल n. *a segment of a circle, part of a circle or an incomplete sphere.*

2\. *खण्डमण्डल Adj. *gibbous, not full or round.*

खण्डमात्रा f. *eine Art von Gesang.*

खण्डमेरु m. *ein best. musikalisches Schema* Lilâv. 83 (112).

*खण्डमोदक m. *Mannazucker* Râǵan. 14,106.

खण्डय्, °यति 1) *zerstückeln, zerbrechen, zerschneiden, zertheilen.* — 2) *verletzen, verwunden, insbes. mit den Zähnen.* — 3) *zertheilen, zerstreuen, vertreiben, zu Nichte machen, beseitigen* Naish. 5,4. — 4) *unterbrechen, stören, übertreten, nicht beachten* (einen Befehl). — 5) *Jmd widerlegen.* — 6) *tauschen, hintergehen* Spr. 7845. — Mit अव 1) *zerstückeln, zerbrechen* Kâd. II,37,14. *zerkleinern, zerbeissen.* — 2) *zertheilen, zu Nichte machen.* — Mit आ *zerstückeln.* — Mit उद् *abreissen* Kâd. II, 84,13. उत्खण्डिता *hintergangen* wohl fehlerhaft für खण्डिता. — Mit परि 1) *klein machen, zerstükkeln, zerbrechen* Bâlar. 176,18. fg. — 2) *besiegen.* — Mit वि 1) *zerstückeln, zertheilen, zerreissen.* विखण्डित *gesprungen* (Lippen). — 2) *stören, in Unordnung —, in Verwirrung bringen.*

खण्डर *ein best. Backwerk* Bhâvapr. 2,21.

खण्डरस m. *ein partieller* Rasa (rhet.).

*खण्डल m. n. *Stück, Theil.*

*खण्डलवण n. *schwarzes Salz* Râǵan. 6,98.

*खण्डलेवक m. *Bachstelze* Gal. Vgl. खञ्जलेव.

खण्डव m. n. Trik. 3,5,11. m. Káraka 6,16 wohl fehlerhaft für खण्डर.

खण्डवटक m. n. N. pr. eines Dorfes oder einer Stadt.

खण्डव्याख्यानमाला f. Titel eines Werkes.

खण्डशर्करा f. *Zucker in Stücken* oder *Brosamen.*

खण्डशस् Adv. *in Stücke, zu Stücken.* कर् *zerstückeln,* भू, गम्, या (129,10) *in St. gehen.*

*खण्डशाखा f. *eine best. Schlingpflanze.* Vgl. काण्डशाखा.

*खण्डशीला f. *eine untreue Frau.*

खण्डसंस्थापक m. etwa *Zuckerbäcker.*

*खण्डसार m. Mannazucker Râǵan. 14,106.

*खण्डाभ्र n. 1) zerstreute Wolken. — 2) Spuren eines Bisses (beim Liebesspiel).

*खण्डामलक und *खण्डाम्र n. Eingemachtes von zerstückelten Myrobalanen u. s. w. Mat. med. 226. Madanav. 112,35.

*खण्डाली f. 1) a measure for oil. — 2) a pond. — 3) a woman whose husband has been guilty of infidelity.

खण्डिक m. 1) *etwa Zuckersieder, Zuckerbäcker. — 2) Erbsen. — 3) *Achselgrube. — 4) N. pr. a) eines Mannes. — b) *Pl. eines Volkes.

खण्डिकोपाध्याय m. ein best. Lehrer Pat. zu Vârtt. 13 zu P. 1,1,1.

खण्डितवृत्त Adj. bescholten.

खण्डिन् 1) *Adj. aus Stücken bestehend. — 2) m. a) *Phaseolus trilobus. — b) Bein. Harsha's. — 2) *f. °नी die Erde.

*खण्डिमन् m. Nom. abstr. von खण्ड.

खण्डी Adv. mit कर् zerstückeln, zerschneiden. Vgl. कण्डी.

खण्डीक m. eine best. Hülsenfrucht Káraka 1,27.

*खण्डीय Adj. von खण्ड.

*खण्डीर m. eine Art Bohne.

*खण्डु gaṇa अरीहणादि.

खण्डेन्दु m. Mondsichel Hemâdri 1,127,16. 18.

खण्डेन्दुमण्डन m. Bein. Çiva's.

खण्डेराय m. N. pr. eines Mannes.

*खण्डोद्भव und *खण्डोद्भूत m. eine Art Zucker Gal.

खण्डौष्ठ m. eine best. Krankheit der Lippen Çârṅg. Saṁh. 1,7,74.

खण्ड्य in अखण्ड्य.

खण्वखा f. Quakerin, d. i. Frosch AV.

*खतमाल m. 1) Wolke. — 2) Rauch.

*खतिलक m. die Sonne.

खत्त und °खुत्त m. N. pr. eines Astronomen.

खद्, खदति 1) fest —, hart sein. Sâj. scheint Çat. Br. 1,7,4,10 अखदत् Partic. anzunehmen; dagegen spricht aber der Accent. — 2) *हिंसायाम्. — 3) *भक्षणे; vgl. खाद्. — Mit *प्रनि Vop.

*खदन n. Brühe Gal.

खदा f. Hütte, Stall Kauç. 38. 45. 46.

*खदिका f. Pl. gedörrtes Korn.

खदिर 1) m. a) Acacia Catechu. — b) *Bein. Indra's. — c) *der Mond. — d) *N. pr. eines Mannes. — 2) *f. आ und ई eine best. Gemüsepflanze.

*खदिरक 1) m. N. pr. eines Berges. — 2) f. आ Lack (लाक्षा) Râǵan. 6,206.

*खदिरकुण m. die Fruchtzeit des Khadira.

खदिरचञ्चु m. ein best. Vogel.

खदिरज Adj. aus der Acacia Catechu gemacht Kâlak. 3,14.

*खदिरपत्त्रिका und °पत्त्रा f. eine best. Mimose.

खदिरभू (Kâlak. 3,12) und खदिरमय (Kâlak. 3,27) Adj. = खदिरज.

*खदिररस m. Catechu Gal.

*खदिरवण n. ein Khadira-Wald.

खदिरवणिक, °वनिक und °वनीक m. N. pr. eines buddh. Bhikshu.

*खदिरवत् 1) Adj. mit Khadira bestanden. — 2) f. °वती N. pr. einer Oertlichkeit.

*खदिरवर्णपत्त्र und *°वर्णपर्णी m. ein best. Vogel Gal.

खदिरवर्मन् m. N. pr. eines Fürsten.

खदिरवारि n. und खदिरसार (Râǵan. 8,31) m. Catechu.

खदिरस्वामिन् m. N. pr. eines Scholiasten.

खदिराष्टक n. ein Decoct aus Catechu und andern Stoffen Mat. med. 159.

*खदिरीय Adj. von खदिर.

खदिरोदक n. Catechu.

*खदिरोपम n. eine Art Mimose.

*खदूरवासिनी f. N. pr. einer buddh. Göttin.

खद्योत 1) m. a) ein leuchtendes fliegendes Insect (Elater noctilucus Molesw.). सुखखद्योताः so v. a. die flüchtigen Lichtfunken der Freude im Gegensatz zu दुःखदुर्दिनानि die langen bösen Tage des Leids. — b) *die Sonne. — 2) f. आ (sc. दार्) a) Bez. des linken Auges. — b) N. pr. einer buddh. Göttin.

खद्योतक m. eine best. Pflanze mit giftiger Frucht.

*खद्योतन m. die Sonne.

खद्योताय् das Insect Khadjota darstellen. °यित n. impers. Dh. V. 22,4.

खधूप m. 1) in der Luft geschwungenes Räucherwerk. — 2) *Raketen, Feuerwerk.

खन्, खनति und °ते 1) graben, ausgraben, graben in (Acc.), durchgraben, durchwühlen, aufwühlen. खन्यते तस्य तौ पादौ so v. a. dem werden diese (wunden) Füsse noch mehr aufgerissen Spr. 5417. खात gegraben u. s. w. — 2) sich eingraben in (von Pfeilen) Spr. 1626. — 3) vergraben. — Caus. खानयति (खनयति fehlerhaft) graben —, ausgraben lassen. — *Intens. चङ्खन्यते, चाखायते, चङ्खन्ति und चाखाति. — Mit अभि nachgraben, aufwühlen. — Mit आ in आखा u. s. w. — Mit उद् 1) ausgraben, mit der Wurzel herausziehen, aufwühlen. — 2) herausziehen, ausreissen Spr. 7817. (ein Schwert) ziehen Kâd. 80,10. Prasannar. 18,9. — 3) mit der Wurzel ausreissen, so v. a. vollständig zu Grunde richten. — Mit प्रोद् 1) durchgraben, durchwühlen. — 2) herausziehen, ausreissen Kandak. 23,10. — प्रोत्खात Kathâs. 27,154 fehlerhaft für प्रोत्कट. — Mit समुद् 1) mit der Wurzel ausgraben. — 2) vollständig zu Grunde richten. — 3) (ein Schwert) ziehen Prasannar. 98,2. — Mit नि 1) vergraben, begraben, eingraben, durch Eingraben (Säulen u. s. w.) errichten. — 2) aufgraben, aufwühlen. — 3) (ein Geschoss u. s. w.) in den Körper bohren, infigere, defigere Naish. 6,67. — Caus. 1) graben lassen Kâd. 154,2. — 2) infigere. — Mit निस् ausgraben. — Mit परि ausgraben. — Caus. durchwühlen lassen Bâlar. 78,19. — Mit प्र durch Graben zu Fall bringen. — Mit वि aufgraben.

खन 1) Adj. wühlend. — 2) m. Grube, Fundort für in मृत्खन.

खनक 1) m. a) Gräber. — b) *Bergmann. — c) *ein Dieb, der in ein Haus einbricht. — d) *Maus oder Ratte Râǵan. 19,57. — e) N. pr. eines Mannes. — 2) *f. ई Gräberin.

खनखननिनादिन् Adj. klirrend Harshak. 172,18. Vgl. खणखणाय्.

खनखनाय्, °यते = खलखलाय्. Vgl. auch खणखणाय्.

खनति m. N. pr. eines Mannes Daçak. 90,17.

खनन n. 1) das Graben, Ausgraben Comm. zu Njâjam. 10,1,1. Durchwühlen. — 2) das Vergraben, Begraben.

खननीय Adj. zu graben.

खनपान m. N. pr. eines Fürsten.

खनयित्री f. Schaufel.

खनातक Adj. mit einer Schaufel ausgegraben Âpast. Çr. 17,26.

खनि 1) Adj. wühlend. — 2) f. Mine, Fundgrube für Edelsteine, Fundort Spr. 7820. Auch *खनी.

*खनिक m. = खनक 1) c) Gal.

खनितर् m. Gräber.

खनित्र 1) n. und f. खनित्रा (R.) Schaufel. — 2) m. N. pr. zweier Männer VP.

खनित्रक n. und *°त्रिका f. eine kleine Schaufel.

खनित्रिम Adj. (f. आ) durch Graben entstanden.

खनिनेत्र und खनीनेत्र m. N. pr. eines Fürsten.

*खन्य Adj. = खननीय, खेय.

*खपराग m. Finsterniss.

खपुर 1) n. a) eine in der Luft schwebende Stadt, insbes. die der Kâlakeja und des *Hariçkandra. — b) Fata Morgana. — c) *Wasserkrug. — 2) *m. a) Trommelsucht. — b) Betelnussbaum. — c) Cyperus pertenuis. — d) unguis odoratus.

खपुष्प n. eine Blume in der Luft, so v. a. ein Unding Spr. 7787. °टीका f. Titel eines Commentars.

*खबाष्प m. *Schnee, Reif.*

*खभ n. *Planet.*

*खभ्रान्ति m. *Falco Cheela.*

*खम् Indecl.

खमणि m. *die Sonne.*

*खमीलन n. *Schläfrigkeit, Abgespanntheit, Erschlaffung.*

खमूर्तिमत् Adj. *mit einem ätherischen Körper versehen* Hemâdri 1,412,13.

*खमूलि, *°लिका und *°ली f. *Pistia Stratiotes.*

*खम्ब्, खम्बति (गतौ)

खयोग m. *Bez. bestimmter Constellationen.*

खर 1) Adj. (f. आ) *hart, rauh, stechend, scharf* (eig. und übertr.). °म् Adv. — 2) m. *a) Esel.* — *b) Maulthier.* — *c) *Meeradler* Râǵan. 19,96. — *d) *Reiher* Râǵan. 19,87. — *e) *Krähe* Râǵan. 19,89. — *f) *Alhagi Maurorum* Râǵan. 4,44. — *g) *ein best. wohlriechender Stoff* Gal. — *h) ein viereckiger Erdaufwurf um die Opfergefässe darauf zu setzen.* — *i) ein zum Aufbau eines Hauses besonders zugerichteter Platz.* — *k) das 25te Jahr im 60jährigen Jupitercyclus.* — *l) *ein* Daitja. — *m)* Bein. des Asura Dhenuka. — *n)* N. pr. α) eines von Râma erschlagenen Rakshas. — β) *eines Dieners des Sonnengottes. — γ) *eines Wesens im Gefolge Çiva's. — δ) eines Rudra (?) Hariv. Langl. II,310. — 3) *f. खरा *Andropogon serratus.* — 4) f. खरी *a) Eselin.* — *b) Mauleselin* in °वात्सल्य. — *c)* N. pr. einer der Mütter im Gefolge Skanda's.

खरकण्ठ m. *ein best. mythisches Wesen* Suparn. 23,4.

खरकण्डूयन (MBh. 3,33,66) und °कण्डूयित (MBh. 3,1329) n. *das Kratzen mit einem scharfen Gegenstande, so v. a. das Verschlimmern eines Uebels.*

खरकर्णी f. N. pr. einer der Mütter im Gefolge Skanda's.

*खरकाष्ठिका f. *Sida cordifolia.*

*खरकुटी f. 1) *Barbierstube.* — 2) Bezeichnung *eines starkbehaarten Mannes* Ind. St. 13,389.

खरकेतु m. N. pr. eines Rakshas.

*खरकोण m. *eine Art Rebhuhn.*

*खरकोमल m. *der Monat* Ǵjaishṭha.

*खरक्वाण m. = खरकोण.

*खरत्तप m. *Ohnmacht* Gal. Vgl. खरसाद.

*खरगन्धनिभा und *°गन्धा (Râǵan. 4,105) f. *Uraria lagopodioides.*

*खरगृह n. 1) *Eselsstall.* — 2) *Zelt* Gal.

*खरगेह n. und *खरसद्म m. *Eselsstall.*

*खरघातन n. *Mesua ferrea.*

खरच्छद 1) m. *a) ein best. Baum,* = भूमीसह Bhâvapr. 1,237. — *b) *eine Grasart* (उलूक und कुन्दर Râǵan. 8,119). — *c) *eine Rohrart* (इक्कट). — 2) *f. आ *ein best. kleiner Strauch* (क्षुद्रघोली) Râǵan. 5,74.

खरजङ्घा f. N. pr. einer der Mütter im Gefolge Skanda's.

खरज्रु Adj. *scharfen Ganges* (Sâj.).

*खरटखरटा (onomatop.) mit कर् *den Laut* kharaṭakharaṭa *von sich geben.*

*खरणास् und *°णास m. संज्ञायाम्.

खरतरगच्छ oder खरत्रगच्छ N. pr. eines Geschlechts.

खरत्व n. Nom. abstr. von खर *Esel* Hemâdri 1,675,20.

खरत्वच् f. *eine best. Pflanze,* = अलम्बुषा Bhâvapr. 1,220.

खरदण्ड n. *Lotusblüthe.*

*खरदला f. *Ficus oppositifolia.*

खरदूषण m. 1) **Stechapfel.* — 2) Du. die Rakshas Khara und Dûshaṇa.

खरधार Adj. *mit rauher, schartiger* oder *gezähnter Schneide.*

*खरध्वंसिन् m. Bein. Râma's.

खरनखर m. N. pr. eines Löwen.

खरनराय m. N. pr. eines Mannes.

खरनाद m. N. pr. eines medic. Autors Bhâvapr. 3,109.

*खरनादिन् 1) Adj. *wie ein Esel schreiend.* — 2) m. N. pr. eines Mannes. — 3) f. °नी *ein best. Arzeneistoff.*

खरनाल n. *Lotusblüthe.*

*खरप m. N. pr. eines Mannes. Pl. *sein Geschlecht.*

*खरपत्त्र 1) m. *a)* = तुङ्गपत्त्रतुलसी und मरुवक *zwei Arten Ocimum.* — *b) eine best. Rohrart.* — *c) eine Art* Kuça-*Gras* Râǵan. 8,94. — *d) Trophis aspera* Gal. — *e) Tectona grandis* Râǵan. 9,130. शरपत्त्र v. l. — 2) f. आ *eine Art Feigenbaum.* — 3) f. ई *a) Phlomis esculenta* Râǵan. 4,88. — *b) Ficus oppositifolia* Râǵan. 11,135.

*खरपत्त्रक m. *eine Art Ocimum.*

खरपर्णिनी f. *Phlomis esculenta* Bhâvapr. 1,122.

*खरपात्र n. *ein eiserner Topf.*

*खरपादाढ्य m. *Feronia elephantum.*

*खरपाल m. *a wooden vessel.*

खरपुष्प m. und *°पुष्पा f. *eine Art Ocimum.*

*खरप्रिय m. *Taube.*

खरमज्रु Adj. *scharf reinigend* (Sâj.).

खरमञ्जरि und °री f. *Achyranthes aspera.*

खरमयूख m. *die Sonne* Dhûrtan. 31.

*खरमुखिका f. *ein best. Blaseinstrument* Schol. zu Kalpas. S. 102.

*खरयष्टिका f. *eine best. Pflanze* Madanav. 18,177.

*खररश्मि m. *die Sonne.*

*खररोमन् m. N. pr. eines Schlangendämons.

खरलि *eine Art Kitt* S. S. S. 193.

*खरलोमन् m. = खररोमन्.

*खरवल्लिका f. *Uraria lagopodioides.*

खरवृषभ m. *ein männlicher Esel* Ḱaraka 4,8.

*खरशब्द m. *Meeradler* Râǵan. 19,96.

खरशाक m. *Clerodendrum Siphonanthus* Bhâvapr. 1,176.

*खरशाल Adj. *in einem Eselsstall geboren.*

*खरशाला f. *Eselsstall.*

*खरसाद m. *Ohnmacht* Gal. Vgl. खरत्तप und करंसाद.

*खरसोनि, *°सोन्द und *°सोल्ल m. *ein eiserner Topf.*

खरस्कन्ध 1) m. *Buchanania latifolia* Bhâvapr. 1,245. — 2) *f. आ *Phoenix sylvestris* Râǵan. 11,56.

खरस्पर्श Adj. (f. आ) *rauh anzufühlen, stechend, scharf* (Wind).

*खरस्वरा f. *wilder Jasmin.*

खरांशु m. *die Sonne* Ganit. Tripr. 91.

खरांशुतनय m. *der Planet Saturn* Hâsj. 43.

*खरागरी f. *Andropogon serratus.*

*खराण्डक m. N. pr. eines Wesens im Gefolge Çiva's.

*खराब्दाङ्कुरक n. *Lasurstein* Râǵan. 13,194. खशब्दाङ्कुरक v. l.

खराय् *wie ein Esel sich benehmen.* °यित n. *Eselsstreich.*

*खरालक m. *ein eiserner Pfeil.*

*खरालिक m. 1) *dass.* — 2) *Kissen.* — 3) *Barbier.* — 4) *Scheermesserbehälter.*

खराश्वा f. = अजमोदा Bhâvapr. 1,165. **Celosia cristata* und **verschiedene andere Pflanzen.*

खरास्या f. N. pr. einer Hexe Ind. St. 14,135.

*खराह्वा f. *eine best. Pflanze,* = अजमोदा Râǵan. 6,110.

*खरिका f. *eine Art Moschus.*

*खरित m. *des Bruders Sohn* Gal.

*खरिंधम und *°धय Adj.

खरी Adv. mit भू *hartnäckig werden* (von einer Krankheit) Ḱaraka 6,18.

*खरीका f. *eine best. Pflanze,* = अजमोदा Gal.

*खरीजङ्घ m. N. pr. eines Mannes Pl. *sein Geschlecht.*

खरीवात्सल्य m. *die Mutterliebe einer Mauleselin* (die nie Junge hat), so v. a. *eine übelangebrachte M., eine M. für Nichts und wieder Nichts* MBh. 5,135,8.

खरीविषाण n. Eselshorn, so v. a. ein Unding.

*खरीवृष m. das Männchen vom Esel.

*खरु 1) Adj. a) weiss. — b) einfältig. — c) grausam. — d) scharf. — e) nur nach verbotenen Dingen trachtend. — 2) m. a) Zahn. — b) Pferd. — c) Hochmuth. — d) Liebe, der Liebesgott. — e) Bein. Çiva's. — 3) f. ein Mädchen, welches selbst sich den Gatten sucht.

खरोष्ट्री f. eine best. Art zu schreiben (buddh.).

खरोष्ट्र n. Sg. Esel und Kamel.

खर्बोद eine Art Zauber. Vgl. खार्बोद.

खर्गल 1) *m. N. pr. eines Mannes Comm. zu Tâṇḍja-Br. 17,4,3. — 2) f. खर्गला Eule oder ein anderer Nachtvogel.

खर्ज्, खर्जति 1) knarren (vom Wagen). — 2) *व्यथने. — 3) *पूजने. — 4) *मार्जने.

*खर्ज m. Nom. act. von खर्ज्.

*खर्जिका f. ein Durst erregender Imbiss.

*खर्जु und *खर्जू f. 1) das Jucken, Beissen, Kratzen. — 2) ein best. Insect. — 3) der wilde Dattelbaum.

*खर्जुघ्न m. = खर्जूघ्न 1) und 2) Gal.

*खर्जुर 1) m. eine Dattelart. — 2) n. Silber.

*खर्जुरकर्ण m. N. pr. eines Mannes. खर्जूर° v. l.

*खर्जूघ्न m. 1) Stechapfel Râǵan. 10,18. — 2) Cassia alata oder Tora Râǵan. 4,203. — 3) Calotropis gigantea Râǵan. 10,26.

खर्जूर 1) m. a) Phoenix sylvestris. — b) Scorpion. — c) *N. pr. eines Mannes. — 2) f. ई der wilde Dattelbaum und Phoenix sylvestris. — 3) n. a) die Frucht der Phoenix sylvestris. — b) *Silber. — c) *Auripigment. — d) *= खल.

खर्जूरक 1) m. Scorpion. — 2) f. °रिका ein best. Leckerbissen.

*खर्जूरकर्ण m. = खर्जुर° gaṇa शिवादि in der Kâç.

*खर्जूरसार m. eine Art Zucker Gal.

*खर्जूल m. N. pr. eines Mannes gaṇa अश्वादि in der Kâç.

*खर्ज्य Partic. fut. pass. von खर्ज्.

खर्तरगच्छ und खत्रगच्छ v. l. für खरतरगच्छ.

खर्पर 1) m. a) *Dieb. — b) *Schelm. — c) *Hirnschale. — d) *Betteltopf. — e) *Regenschirm. — f) N. pr. eines Mannes Ind. St. 14,130. — 2) f. (ई) und n. ein best. Mineral (aus dem ein Collyrium bereitet wird) Râǵan. 13,107. Bhâvapr. 1,265. 2,95. 106. Mat. med. 71.

*खर्परिका f. 1) Regenschirm Gal. — 2) eine Art Collyrium Râǵan. 13,108.

*खर्परीतुत्थ und *खर्परीरसक n. = खर्परिका 2) Râǵan. 13,107.

*खर्ब्, खर्बति (गतौ).

खर्बूज n. Wassermelone Bhâvapr. 1,241. Madanav. 67,53.

खर्म n. 1) Grobheit, Barschheit Vâsavad. 127,3. — 2) Seidenzeug ebend. — 3) *Männlichkeit (vielleicht eine Verwechselung von पौरुष mit पारुष्य).

*खर्य Adj. von खर.

*खर्व्, खर्वति (दर्पे).

खर्व 1) Adj. a) verstümmelt, schadhaft, krüppelhaft. — b) niedrig, zwerghaft. — 2) m. n. eine best. hohe Zahl, eine Eins mit 10 oder 37 Nullen. — 3) *m. a) einer der neun Schätze Kubera's. — b) Rosa moschata Râǵan. 10,103.

खर्वक Adj. (f. खर्विका) = खर्व 1) a). पौर्णमासी f. ein noch nicht ganz ausgebildeter Vollmond.

खर्वट m. (*n.) Bergdorf.

*खर्वपत्त्रा f. ein best. niedriger Strauch.

खर्वभाग्य Adj. so v. a. Unglückskind Bâlar. 174,7.

खर्ववासिन् Adj. in Verstümmeltem —, in Verkrüppeltem sich aufhaltend.

*खर्वशाख Adj. zwerghaft.

खर्वित Adj. zwerghaft geworden.

खर्वी Adv. mit कर् verkrüppeln, eindrücken (die Brüste).

*खर्वुरा und *खर्वूरा (Gal.) f. eine best. stachelige Pflanze.

*खल्, खलति (चलने, संचये).

खल 1) m. (*n.) a) Scheuer —, Scheune zum Aufbewahren und Dreschen des Getraides. — b) *Platz. — 2) m. a) *Schlacht. — b) Oelkuchen Spr. 4115. — c) = खड 1) a). — d) ein böser, boshafter Mensch, Bösewicht. °कुल n. eine gemeine niedrige Familie. विहग° ein Bösewicht von Vogel Spr. 7669. ज्ञान° so v. a. Charlatan. — e) *die Sonne. — f) *Xanthochymus pictorius. — g) *Stechapfel. — 3) f. आ a) ein böses Weib. — b) N. pr. einer Tochter Raudrâçva's Hariv. 1,31,10. VP.² 4,129. — 4) f. ई Oelkuchen Kâraka 1,22. — Vgl. noch Mahîdh. zu VS. 16,33.

*खलक n. Bdellion.

खलकुल m. Dolichos uniflorus. Vgl. u. खल 2) d).

खलखलाय्, °यते plätschern Spr. 2361.

खलज Adj. in der Scheuer entstanden.

खलता f. Nom. abstr. zu खल Oelkuchen und Bösewicht Spr. 7708.

खलति 1) Adj. kahlköpfig Bâlar. 285,13. — 2) m. Kahlköpfigkeit.

*खलतिक 1) m. a) die Sonne Gal. — b) N. pr. eines Berges. — 2) n. Sg. N. pr. der in der Nähe von 1) b) gelegenen Wälder.

खलतुलपर्णी f. wohl eine best. Pflanze Kauç. 29.

*खलधान und *°धान्य n. = खल 1) a).

*खलपू Adj. der da kehrt (die Scheune reinigt).

खलमालिन् Adj. mit Getraidescheuern bekränzt Pâr. Gṛhj. 2,17,9.

*खलमूर्ति m. Quecksilber.

खलयज्ञ m. ein in einer Getraidescheuer vollzogenes Opfer Gobh. 4,4,30.

खलर्थ Adj. die Bedeutung des Suffixes खल् (अ in सुकर u. s. w.) habend 238,23.

खलवक्त्रचपेटिका f. Titel eines Werkes.

*खलाजिन gaṇa उत्करादि. Davon *Adj. °नीय.

*खलाधान n. = खलधान.

*खलाधारा f. eine Art Schabe.

खलाय्, °यते einen Bösewicht darstellen.

खलाय m. N. pr. eines Lehrers VP.² 3,46.

*खलि m. 1) Oelkuchen. — 2) Pinus longifolia Nigh. Pr.

*खलिद्रुम m. Pinus longifolia Nigh. Pr.

खलिन् 1) Adj. Getraidescheuern besitzend als Beiw. Çiva's. — 2) m. Pl. eine best. Klasse von Dânava. — 3) *f. °नी a) eine Menge von Getraidescheuern. — b) *Anethum graveolens. — c) *Curculigo orchioides.

खलिन 1) (*m. *n.) Gebiss eines Zaumes. — 2) m. N. pr. einer Oertlichkeit MBh. 13,156,24.

*खलिश m. Trichopodus Colisa oder Esox Kankila.

खली Adv. mit कर् Jmd arg misshandeln, hart mitnehmen, in eine schlimme Lage versetzen (gleichsam zu einem Oelkuchen machen) Kâd. 39,9. 122,22. Harshak. 76,1. Bisweilen mit खिली verwechselt.

खलीकार m. (Kâd. II,114,14) und °कृति f. Misshandlung.

खलीन (*m.) n. Gebiss eines Zaumes.

खलु Indecl. ja (unbetont), freilich, allerdings, gewiss, atqui; nun, nun aber. In den Brâhmaṇa sehr beliebt sind die Verbindungen अथ खलु (auch in buddh. Schriften), उ खलु, वै खलु (nun aber Comm. Einl. zu Njâjas. 4,2,1), खलु वै (freilich, allerdings Comm. zu Njâjas. 3,2,60. 76). न खलु ja (unbetont) nicht, न खलु वै dass. Comm. zu Njâjas. 4,1,60. खल्वपि nun auch (beim Uebergange zu etwas noch zu Besprechendem) Chr. 227,22. 233,6. 239,5. 244,3. किं तु खलु Comm. Einl. zu Njâjas. 4,2,1. Häufig in Fragesätzen. Ausnahmsweise am Anfange eines Satzes.

*खलुक्, *खलुच् oder *खलुज m. Finsterniss.

खलुतम् = खलु (= निश्चयात् Comm.) Saṁhitopan. 46,2

*खलुरेष m. ein best. Thier (मृगभेद).

खलूरिका und *खलूरी (Gal.) ein zu Waffenübungen bestimmter Platz.

*खलेधानी f. = खलेवाली.

*खलेबुसम् Adv. zur Dreschzeit.

*खलेयवम् Adv. zur Zeit, wenn die Gerste in die Scheuer gebracht wird.

खलेवाली f. der Pfosten in der Mitte der Getraidescheuer, an welchen beim Dreschen die Ochsen gebunden werden, NJÂJAM. 10,1,9.

*खलेश, *°य und *°खलेव्ह (GAL.) m. = खलिश.

खल्य 1) Adj. in der Getraidescheuer befindlich MAITR. S. 2,9,6. — 2) *f. खल्या a) eine Menge von Getraidescheuern. — b) ein Frauenname.

*खल्यका f. ein Frauenname.

*खल्याङ्ग m. ein best. Fisch GAL.

खल्ल्, खल्लते wackeln, los sein. खल्लित welk, schlaff (Brüste).

खल्ल 1) m. a) Düte, cucullus. — b) ein Gefäss zum Zerreiben von Arzeneien BHÂVAPR. (hier häufiger खल्व). — c) *eine Art Zeug. — d) *Leder. — e) *eine Art Schlauch. — f) *Vertiefung, Grube. — g) *der Vogel Kâtaka. — 2) f. ई a) gichtische Schmerzen in Händen und Füssen BHÂVAPR. 4,157. KARAKA 1,14. 28. 6,26. — b) *Pinus longifolia NIGH. PR.; vgl. खलि. — 3) *n. eine schmale Taille DEÇIN. 1,38.

*खल्लक 1) Adj. kahlköpfig GAL. — 2) f. खल्लिका Bratpfanne.

खल्लातक m. N. pr. des ersten Ministers von Bindusâra.

खल्लासर der zehnte astrol. Joga.

खल्लि = खल्ल 2) a) KARAKA 6,26.

*खल्लिट Adj. kahlköpfig.

*खल्लिश m. = खलिश.

*खल्लीट Adj. = खल्लिट.

खल्व m. 1) eine best. Körner- oder Hülsenfrucht. — 2) = खल्ल 1) b) BHÂVAPR.

*खल्वट m. a severe cough.

खल्वल m. Pl. eine best. Schule.

खल्वाट Adj. kahlköpfig.

*खव्, खौनाति oder खुनाति v. l. für खच्.

*खवत् Adj. von 2. ख. Vgl. आकाशवत्.

*खवल्ली f. Cassyta filiformis RÂGAN. 3,44.

*खवारि n. Regenwasser.

*खशब्दाङ्कुरक m. s. खराब्दाङ्कुरक.

*खशय m. ein Gina GAL. Vgl. खसम.

खशरीरिन् Adj. mit einem ätherischen Körper versehen.

खशीर m. Pl. N. pr. eines Volkes. खाशीर v. l.

*खशेट und *खशेर (GAL.) m. = खलिश.

*खश्वास m. Wind.

*खष्, खषति (हिंसायाम्).

*खष्प m. 1) Gewalt. — 2) Zorn.

खस 1) m. a) *Krätze oder eine ähnliche Hautkrankheit. — b) Pl. N. pr. eines Volkes. — c) der Sohn eines ausgestossenen Kshatrija. — 2) f. आ a) *eine best. wohlriechende Pflanze. — b) N. pr. einer Tochter Daksha's.

*खसकन्द m. (NIGH. PR.), *खसकन्न n. und *खसगन्ध m. eine best. Pflanze.

खसतिल m. Mohnsamen BHÂVAPR. 1,180. MADANAV. 33,339.

खसफलक्षीर n. Mohnsaft, Opium BHÂVAPR. 1,180.

खसबीज n. Mohnsamen BHÂVAPR. 1,180. 2,55.

*खसम m. ein Buddha. Vgl. खशय.

*खसंभवा f. Narde RÂGAN. 12,102.

*खसर्पण m. N. pr. eines Buddha.

खसाक m. Pl. v. l. für खशीर.

*खसात्मज m. ein Rakshas.

*खसिन्धु m. der Mond.

खसीक m. Pl. v. l. für खशीर.

*खसूचि f. eine in die Luft gestochene Nadel. वैयाकरण° so v. a. als Grammatiker stets Böcke schiessend.

खसृम m. N. pr. 1) eines Sohnes des Viçvâmitra. — 2) eines Daitja.

*खस्खस m. Mohn RÂGAN. 4,165. Vgl. खाखस.

*खस्खसरस und *खस्खससार (NIGH. PR.) m. Opium.

*खस्तनी f. die Erde.

*खस्फटिक m. gemeinschaftlicher Name für die Steine Kandrakânta und Sûrjakânta.

खहर Adj. eine Null zum Nenner habend.

1. खा = खन् in खायते (neben खन्यते), खाता (neben खनिता), खात u. s. w.

2.*खा Adj. Subst. grabend, Gräber. — खा f. s. u. 2. ख.

3.*खा, खायति (खदने, स्थैर्यहिंसयोः, खनने, खेदने). — Mit प्रोद् ausgraben.

खाखस m. Mohn. °तिल m. Mohnsamen BHÂVAPR. 1,180.

खागि und °का f. N. pr. zweier Oertlichkeiten.

*खाजिक m. gedörrtes Korn.

*खाञ्जार und *°रायण m. Patron. von खञ्जार.

*खाञ्जाल m. Patron. von खञ्जाल.

खाञ्ज्य n. das Hinken.

खाट् (onomatop.) mit कर् sich räuspern.

*खाटि f. 1) Todtenbahre. Auch *°टी GAL. — 2) Scharte. — 3) eine thörichte Grille, böse Neigung.

*खाटिका f. Todtenbahre.

*खाट्वेय m. Patron von खट्वा gaṇa शुभ्रादि in der Kâç.

*खाट्वाभारिक und *खाट्विक Adj. eine Last von Bettstellen tragend u. s. w.

*खाडाण्डक Adj. von खडाण्ड v. l. im gaṇa धूमादि in der Kâç.

खाडव m. = खाण्डव 1) a) GAL. KARAKA 6,21.

*खाडायन m. Patron. von खड.

*खाडायनक Adj. von खाडायन.

*खाडायनभक्त Adj. von Khâḍâjana bewohnt.

खाडायनिन् m. Pl. die Schule des Khâḍâjana.

*खाडायनीय Adj. von खाडायन.

खाडिक m. Pl. Name einer Schule des Jagus AV. PARIÇ. 49.

*खाडिकि Adj. von खडिक.

खाडी f. N. pr. einer Oertlichkeit.

*खाडूरेय m. Patron. von खडूर.

*खाडोन्मत्तेय m. Metron. von खडोन्मत्ता.

खाड्ग Adj. vom Rhinoceros kommend.

*खाण्ड n. Nom. abstr. von खण्ड.

*खाण्डक Adj. von खण्ड KÂÇ. zu P. 4,2,127 und gaṇa अरीहणादि ebend.

खाण्डपरशव Adj. dem Çiva gehörig BÂLAR. 76,8.

खाण्डव 1) m. n. a) ein best. Leckerbissen. = पिप्पलीशुण्ठीयुक्तो मुद्गयूषः NÎLAK. zu MBH. 14,89,41. खाण्डवा मधुराम्लादिरससंयोगसंभवाः MADANAV. 112,34. — b) N. pr. eines Waldes in Kurukshetra. — 2) *f. ई N. pr. einer von Sudarçana erbauten Stadt.

*खाण्डवक Adj. von खण्डु.

खाण्डवप्रस्थ m. N. pr. einer Stadt, = इन्द्रप्रस्थ.

खाण्डवराग m. ein best. süsser Leckerbissen MBH. 14,89,41. Vgl. रागखाण्डव.

खाण्डवायन m. Pl. N. pr. eines Brahmanengeschlechts.

खाण्डविक s. राग°.

*खाण्डवीरण (खण्ड । वीरण KÂÇ.) gaṇa अरीहणादि. Davon *Adj. °क

खाण्डिक 1) m. a) Verkäufer von Zuckerwerk. — b) Pl. α) die Gesammtheit (der Schüler Schol.) GOBH. 3,3,8. — β) N. pr. einer Schule. — c) Patron. Mitadhvaga's VP.² 5,217. — 2) *n. = खण्डिकानां समूहः.

खाण्डिकीय (ÂRJAV. 44,22) und °केय m. Pl. N. pr. einer Schule des schwarzen Jagus.

खाण्डिक्य 1) m. Bein. eines Ganaka VP. 6,6,5. fgg. — 2) *n. Nom. abstr. von खाण्डिक.

खाण्डिक्यजनक m. = खाण्डिक्य 1) VP. 6,5,81. 6,8.

*खाण्डित und *खाण्डित्य Adj. von खण्डित.

खात् = खाट् (so KÂÇ.).

खात 1) Adj. s. u. खन्. — 2) m. (HEMÂDRI 1,134, 21) und n. Graben, Grube, Brunnen; Teich. — 3) *f. आ Teich. — 4) n. Höhlung, hohler Raum.

खातक 1) *m. a) Gräber. — b) Schuldner. —

2) *f. °तिका Graben. — 3) n. Graben Hemâdri 1, 288,6. Grube.

*°खातन Adj. grabend, untergrabend in भित्ति°.

*खातभू f. Graben.

खातमूल Adj. dessen Wurzel abgegraben ist AV. Paipp. 13,1,5.

खातर् Nom. ag. Gräber.

*खातृरूपकार m. Töpfer.

*खाति f. das Graben.

*खात्र n. 1) Schaufel. — 2) Teich u. s. w. — 3) Wald. — 4) Faden. — 5) Schauer, Grauen.

खाद्, खा॑दति (episch auch खादते; चखाद soll im Veda auch Perf. von खिद् sein) 1) kauen, zerbeissen; essen, fressen; zerfressen, anfressen. — 2) Jmd aussaugen, zu Grunde richten. — Caus. खादयति 1) essen —, fressen lassen, — von (Instr.) Gaut. Hemâdri 1,770,4. — 2) = Simpl. 1). — Desid. चिखादिषति essen —, fressen wollen. — Mit अव in अवखाद. — Mit आ = Simpl. 1). आखादित verwechselt mit आस्वादित. — Mit *प्रनि. — Mit प्र zerkauen, zerbeissen. — Mit वि in विखाद. — Mit सम् zerkauen, fressen.

खा॑द 1) Adj. am Ende eines Comp. fressend, verschlingend. — 2) m. a) das Verzehren. — b) Futter.

खादक 1) m. a) Esser, Verzehrer. — b) Schuldner. — 2) f. °दिका am Ende eines Comp. das Essen.

खादद्दत् Adj. zerbeissende Zähne habend (Comm.) Taitt. Âr. 1,12,4.

*खादतमोदता f. beständiges Essen und Fröhlichsein.

*खादतवमता f. beständiges Essen und Vomiren.

*खादताचामता f. beständiges Essen und Einschlürfen von Wasser.

खादन 1) *m. Zahn. — 2) f. आ ein Frauenname. — 3) n. a) das Kauen, Essen. — b) Essen, Futter.

खादनीय Adj. kaubar.

खादस् in खादोअर्णा.

खा॑दि Spange, Ring.

खादितर् Nom. ag. Esser, Verzehrer, Verspeiser 174,19.

खादितव्य Adj. zu essen, zu fressen, zu verspeisen 159,14.

1. °खादिन् Adj. kauend.

2. खा॑दिन् Adj. mit Spangen —, mit Ringen geschmückt.

खादि॑र 1) Adj. (f. ई॑) aus der Acacia Catechu gemacht. — 2) *m. Catechu. — 3) *f. ई wohl N. pr. einer Oertlichkeit.

*खादिरक Adj. von खदिर.

खादिरगृह्य n. Titel eines Werkes.

*खादिरायण m. Patron. von खदिर.

*खादिरेय Adj. von खादिरी.

खा॑दिहस्त Adj. Ringe an den Händen habend.

*खादुक Adj. bissig, boshaft.

*खादूरक m. Patron. von खदूरक.

खा॑दोअर्णा Adj. (f. आ) Felsen überflutend (Grassmann).

खाद्य 1) Adj. kaubar, essbar. — 2) *m. = खदिर Acacia Catechu Gal.

*खाद्यक m. eine best. Speise Gal.

खाधूया f. N. pr. einer Oertlichkeit.

1. खान n. das Essen. °पान n. Sg. Essen und Trinken Spr. 6767.

2. खान m. Chan.

खानक 1) Adj. am Ende eines Comp. grabend, ausgrabend. — 2) m. ein Dieb, der ein Haus untergräbt. — 3) *f. खानिका Graben Gal.

खानखान m. N. pr. eines Chans.

खानापय् graben lassen. खानापित n. impers. Ind. St. 15,267.

खानाराय m. N. pr. eines Mannes.

खानि f. Grube, Mine, Fundort von (im Comp. vorangehend).

*खानिक n. Bresche.

*खानिन und *खानिल Adj. ein Haus untergrabend (Dieb).

खानिष्क (*m.) und खानिष्ट n. Fleischbrühe mit fein zerriebenem Fleisch und Gewürz Madanav. 11, 118. 22.

खानुल m. N. pr. zweier Männer Ind. St. 14.

*खानोदक m. Kokosnussbaum.

*खान्य Adj. was gegraben —, was ausgegraben wird.

*खापगा f. Bein. der Gaṅgâ.

खापर m. Pl. N. pr. eines Volkes.

खाम्बावती f. eine best. Râgiṇî S. S. S. 65.

खार m. (234,32) und खा॑री f. ein best. Hohlmaass.

*खारनादि m. Patron. von खरनादिन्.

*खारपायण m. Patron. von खरप.

*खारशतिक Adj. hundert Khâra enthaltend u.s.w.

*खारसहस्रिक Adj. tausend Khâra enthaltend u. s. w.

*खारि f. = खार, खारी.

खारिक 1) *Adj. = खारीक. — 2) f. आ = खार, खारी. — 3) *n. (wohl die Frucht) ein best. Fruchtbaum Gal.

*खारिंधम und *°धय Adj.

*खारिंपच Adj. das Quantum einer Khârî kochend (Kochgeschirr).

*खारीक und *खारीवाप Adj. mit einer Khârî Getraides besäet.

खार्कार m. das Geschrei des Esels.

खार्बोट m. eine Art Zauber oder Zauberer Karaka 6,23. Vgl. खर्बोट.

खार्गलि m. Patron. von खर्गल (Comm.) Kâṭh. 30,2.

*खार्ङ्गरकर्णि m. Patron. von खर्ङ्गुरकर्ण.

खार्ङ्गर Adj. von der Phoenix sylvestris kommend, daraus bereitet.

*खार्जूरकर्णि m. Patron. von खर्जूरकर्ण gaṇa शिवादि in der Kâç.

*खार्जूरायण m. Patron. von खर्जूर.

*खार्जूलायन m. Patron. von खर्जूल gaṇa अश्वादि in der Kâç.

खार्वा f. das dritte Weltalter.

खा॑लत्य n. Kahlköpfigkeit.

खालाय m. = खालीय VP.[2] 3,46.

*खालिक Adj. (f. ई) = खल इव.

खालित्य n. Kahlköpfigkeit Karaka 6,9.

खालिय (VP.[2] 3,46) und खालीय m. N. pr. eines Lehrers.

*खाल्यकायनि m. Metron. von खल्यका.

*खाशि und *°क m. N. pr. einer Oertlichkeit.

खाशीर m. Pl. N. pr. eines Volkes MBh. 6,9,68. खशीर v. l.

खाश्मरी f. = काश्मरी.

खासता f. N. pr. einer Oertlichkeit.

खास्यलिपि f. eine best. Schrift Lalit. 143,20.

खिंखिरवमिन् Adj. undeutlich redend.

*खिखि f. Fuchs.

*खिङ्खिर 1) m. f. (ई) Fuchs. — 2) m. a) Fuss einer Bettstelle. — b) ein best. wohlriechender Stoff.

*खिङ्ग m. = षिङ्ग.

*खिचा (Nigh. Pr.), *खिचि und *खिचौ f. eine Mischung von Reis und gemahlenen Hülsenfrüchten (gekocht oder roh) Gal.

*खिट्, खेटति (त्रासे, उत्त्रासने).

*खिङ्ग m. fehlerhaft für षिङ्ग H. an. 2,46.

खिद् 1) खि॑दति und *खिन्दति *drücken, niederdrücken, betrüben. — 2) *खिन्ते, खिद्यते, खिद्यति und खिदति (Bhâg. P.) sich gedrückt fühlen, niedergeschlagen sein, sich Etwas zu Herzen nehmen, eine Qual empfinden; eine Ermüdung —, eine Erschlaffung verspüren. खिन्न niedergedrückt, niedergeschlagen; ermüdet, erschlafft. — Caus. खेदयति und °ते niederdrücken, beängstigen, beunruhigen; ermüden, abspannen; hart mitnehmen. — Mit आ (खि॑दति) herbeiziehen, ansichreissen. — Mit उद् (खि॑दति) herausziehen. — Mit नि (खि॑दति) niederdrücken. — Mit निस् (खि॑दति) herauskriegen. — Mit परि (खिद्यते, °ति) *sich gedrückt fühlen, eine Qual empfinden.* °खिन्न *ermüdet, erschlafft; hart mitgenommen.* — Mit प्र (खिदॅति) *wegstossen.* — Mit वि (खिदति Conj. für षिदति Çâṅkh. Br. 2,9) *auseinanderzerren.* — Mit सम् (खिदॅति) 1) *eindrücken, hineinstopfen.* — 2) *mit sich fortreissen.*

*खिदिर m. 1) *ein Büsser.* — 2) *ein Armer.* — 3) *der Mond.* — 4) Bein. Indra's.

खिद्रॅ 1) n. *Bohrer oder ein ähnliches Werkzeug.* — 2) *m. a) *ein Armer.* — b) *Krankheit.*

खिद्वंस् Adj. *drängend* ṚV.

खिन्दक und खिन्धि m. N. pr. eines Astronomen.

*खिरक्किटी f. *eine best. Pflanze.*

खिलॅ 1) m. (*n.) *ein zwischen bebauten Feldern liegendes nicht urbares Stück, Oede, kahles Land.* — 2) n. *Ergänzung, Supplement.* — 3) Pl. *Rest.* — 4) *n. *Blumenlese.* — 5) n. *ein unlösbares Problem.* — 6) n. *Verstocktheit* Lalit. 348,11. 349, 9. 412,7. — 7) *n. = वेधस्. — 8) Adj. *mangelhaft, unzulänglich* Bhâg. P. 1,4,32. 5,8. 6,4,49.

खिलकाण्ड n. *ein ergänzender Abschnitt.*

खिलक्षेत्र n. *ein nicht urbares Feld* Harshak. 195,22.

खिलग्रन्थ m. Titel eines *Werkes.*

खिलत्व n. Nom. abstr. zu खिल 2).

खिलरूप Adj. (f. आ) *supplementartig.*

खिली Adv. 1) mit कर् a) (einen Weg) *zu einer Oede machen,* s. v. a. *leer machen.* — b) *Jmd aller Macht berauben* Râǵat. 8,117. — 2) mit भू a) *leer werden von* (Gen.) Kumâras. 2,45. Harshak. 140,5. इन्द्रियाणि विनश्यन्ति खिलीभूतेव चेतना Karaka 5, 12. — b) *vereitelt werden.*

खिलीकार (Conj.) m. *das Bringen um alle Macht.*

खिल्यॅ m. 1) = खिल 1). — 2) *Klumpen.* — 3) vielleicht *Fels.*

खोर N. pr. einer Oertlichkeit.

खींल m. = कील *Pfosten.*

*खु, खवते (शब्दे).

*खुङ्गणी f. *eine Art Laute.*

*खुङ्गाह m. *Rappe.*

*खुज्, खोजति (स्तेयकरणे).

*खुज्जाक m. *Lipeocercis serrata.*

*खुड्, खोडयति (खण्डने).

खुड *Gicht, Rheumatismus* Nigh. Pr.

खुडक *Knöchelgelenk am Fuss.*

*1. खुडवात m. = खुड Nigh. Pr.

2. खुडवात Adj. *gichtisch.* Nom. abstr. °ता f. Karaka 6,26.

खुडुक (Karaka 1,9) und खुड्डाक Adj. *klein, kleiner.*

खुड्डाकपद्मक n. *eine best. Oelmixtur* Karaka 6,27.

खुड्डीका Adj. f. zu खुड्डाक.

*खुण्ड्, खुण्डते (मन्थे, खञ्जे), खुण्डयति (खण्डने).

खुद्, खुदॅति *hineinstossen* (penem). — Intens. Partic. चनीखुदत् *wiederholt hineinstossend.* — Mit प्र = Simpl.

खुन्, Intens. Partic. कँनीखुनत् = चनीखुदत् (s. u. खुद्).

खुनमुष N. pr. eines Dorfes. Vgl. खोनमुख.

*खुम् Interj.

*खुर्, खुरति (छेदने, खण्डने, तोरे).

खुर 1) m. a) *Huf, Klaue.* Am Ende eines adj. Comp. f. आ Hemâdri 1,404,21. 406,17. 408,1. ई (!) 402,16. — b) *ein best. Theil am Fuss einer Bettstelle.* — c) **Scheermesser.* — d) **ein best. wohlriechender Stoff.* — 2) *f. ई gaṇa बह्वादि.

खुरक 1) Adj. als Bez. *einer Art von Zinn* Bhâvapr. 1,254. 2,90. — 2) m. a) *eine Art Tanz.* — b) **Sesamum indicum.*

खुरखुर m. oder °रा f. *Geröchel* Lalit. 226,9.

खुरखुराय् v. l. für घुरघुराय्. Vgl. खुरूखुराय्.

*खुरणस् und *°स Adj. *hufnasig.*

*खुरत्राण n. *Hufschuh* Gal.

खुरप्र m. 1) *eine Art Pfeil* Bâlar. 106,20. — 2) **Sense, Sichel* Gal.

खुरली f. *Uebungen im Bogenschiessen.* °केलन n. Bâlar. 93,1 (vgl. 92,8). रण° wohl *ein abgesteckter Platz für Kriegsübungen* Vikramâṅkak. 6,46.

*खुराक m. *Thier.*

*खुरालक m. *ein eiserner Pfeil.*

*खुरालिक m. v. l. für बरालिक.

खुरासाण und खुरासान 1) *Chorasan.* — 2) Adj. (f. ई) *aus Chorasan* Bhâvapr. 1,165.

खुरिन् m. *ein Thier mit Hufen.*

खुरूखुराय्, °यते *röcheln* Karaka 6,8. Lalit. 251,18.

*खुर्द् (खूर्द्), खूर्दते = कूर्द्.

*खुरोपरिबन्धन n. *Hufschuh* Gal.

खुलक wohl = खुडक.

*खुलुङ्गिका f. = रोषमूका Gal.

*खुल्ल 1) Adj. = तुच्छ, क्षुल्ल. — 2) n. *ein best. wohlriechender Stoff.*

*खुल्लतात m. = तुल्लतात.

*खुल्लम m. *Weg.*

खूर = खुर 1) a) Spr. 6486.

खृंगल m. etwa *Krücke.* Nach Sâj. *Panzer*

*खेक्षीरक m. *ein hohles Bambusrohr.*

*खेगमन m. *eine best. Hühnerart.*

खेचर 1) Adj. (f. ई) *im Luftraum sich bewegend, fliegend.* गति f. *Flug, die Fähigkeit zu fliegen.* °सिद्धि f. *die Zauberkraft zu fliegen.* — 2) m. a) *Vogel.* — b) *Engel* als *Bote der Götter* 48,26. 32. — c) *ein* Gandharva. — d) *ein* Vidjâdhara. — e) *ein* Rakshas. — f) *Planet.* — g) Bez. *der Zahl neun* Gaṇit. Tripr. 102. — h) **Quecksilber.* — 3) f. आ *eine best.* Mûrkhanâ S. S. S. 30. — 4) f. ई a) mit सिद्धि *die Zauberkraft zu fliegen.* — b) Bein. der Durgâ. — c) *eine* Vidjâdharî. — d) *eine best. wunderthätige Fingerstellung* oder *Fingerverschlingung.* — d) *ein best. im Ohr getragenes Sectenzeichen.* — 5) (*n.) *grüner Vitriol* Verz. d. Oxf. H. 321,*a*, No. 761.

खेचरकौमुदी f. Titel eines Werkes.

खेचरता f. und °त्व n. *die Zauberkraft zu fliegen.*

खेचरभूषण n. Titel eines Werkes.

*खेचराञ्जन n. *Eisenvitriol* Nigh. Pr.

खेचरान्न n. *ein best. Reisgericht.*

खेचरीविद्या f. Titel eines Werkes.

*खेट्, खेटयति (भक्षणे) Dhâtup. 35,22. खेटित *gepflügt* Deçîn. 6,63; vgl. खेट 1) a).

खेट 1) m. n. a) *ein von Landbauern bewohntes Dorf* (Comm. zu Bhâg. P.) VP. 5,2,13. halb so gross wie पुर Hemâdri 1,288,3. — b) *Schild* Hemâdri 1,237,15. 23. 2,*a*,94,5. 99,13. *m. *n. — c) **Jagd.* — d) am Ende eines Comp. als *Ausdruck eines Tadels.* मुनि° Bâlar. 37,17. वैखानस° 47,9. क्षत्रिय° 111,11. *n. — 2) m. a) *Schleim, Phlegma* Karaka 4,4. — b) **Rotz.* — c) **Pferd.* — d) **die Keule* Balarâma's. — 3) *n. *Gras.* — 4) Adj. a) *niedrig, gemein* Bhar. Nâṭjaç. 34,109. — b) **bewaffnet.*

खेट m. 1) *Planet.* — 2) *Bein. Râhu's.

खेटक 1) (*m. *n.) a) *Dörfchen, Weiler* VP.[2] 1, 94. Hemâdri 1,288,1. — b) *Schild* Hemâdri 1,329,7. 2,*a*,88,16. Râǵat. 7,1195. — 2) *n. = वसुनन्दक.

खेटकर्मन् n. *Planetenberechnung.*

खेटकुतूहल n., खेटचिन्तामणि m. und खेटतरंगिणी f. Titel von Werken.

खेटन n. *das Fahren mit* (einem Wagen, Gen.) *als Fuhrmann.*

खेटपिण्ड *ein Klumpen Schleim,* so v. a. *etwas ganz Unnützes.* पक्व° dass. Lalit. 302,9.

खेटपीठमाला f., खेटबोध m. und खेटभूषण n. Titel von Werken.

खेटसापक m. *die auf einem Declinationskreise gemessene Himmelsbreite* Gaṇit. Bhagrah. 9.

खेटिक m. N. pr. eines Mannes.

*खेटिताल m. = वैतालिक. Vgl. खेट्टिताल, खेडिताल.

*खेटिन् Adj. = नागर, कामिन्.

*खेट्टिताल m. = खेटिताल.

*खेड्, खेडयति (भत्तणे).

खेड = खेट 1) *a*). — Vgl. गन्ध°.

*खेडक in गन्ध°.

*खेडिताल m. = खेटिताल.

खेद 1) m. *a*) *Druck*, *Beschwerde*, *Mühseligkeit* 219,16. — *b*) *Müdigkeit*, *Erschlaffung*, *ein Gefühl der Abspannung*, *trübe Stimmung*. — *c*) *Geilheit*. — 2) f. खेदा *a*) *Bohrer* oder *ein ähnliches Werkzeug*. — *b*) N. pr. einer Oertlichkeit.

खेदताति f. *Langeweile* Dhûrtan. 29.

खेदन 1) *Adj. *stossend*, *durch* — Nir. 11,37. — 2) n. *Erschlaffung* Hamsop. S. 411.

खेदयितव्य Adj. *in trübe Stimmung zu versetzen* 305,22.

खेदवत् Adj. *betrübt* Ind. St. 15,409.

खेदाङ्गसार Titel eines Werkes.

*खेदि Pl. *Strahlen*.

खेदितव्य n. impers. *animo cadendum*.

खेदिन् 1) Adj. *a*) *ermüdet*, *müde* Bâlar. 168,11. — *b*) *ermüdend*. — 2) *f. °नी *a*) *eine kriechende Pflanze*. — *b*) = असनपर्णी.

खेपरिभ्रम Adj. (f. आ) *in der Luft umherfliegend*.

खेमकर्ण (क्षेम° ?) m. N. pr. eines Mannes.

खेय 1) Adj. *zu graben*, *gegraben werdend* Comm. zu Âpast. Çr. 15,1. — 2) *n. *Graben*.

खेल्, खेलति 1) *schwanken*, *sich hinundher bewegen*, *sich winden*, — *wiegen* Spr. 7783. Naish. 6,66. खेलित = खेलत् *sich wiegend*. — 2) *auftauchen*, *zum Vorschein kommen*. — Caus. खेलयति *sich hinundher bewegen* —, *sich winden lassen*.

खेल 1) Adj. *schwankend*, *sich wiegend*. °म् Adv. — 2) m. N. pr. eines Mannes. — 3) m. oder n. vielleicht *Schaukel* Einl. zu Kâd. 3. — 4) *f. खेला *Spiel*.

खेलन 1) n. *a*) *das Hinundherfliegen* Spr. 7826. *das Hinundhergehen* (der Augen). — *b*) *Spiel* Bâlar. 93,1. *Scherz*. — 2) f. आ *das Schwanken*, *Hinundhergehen*. — 3) *f. ई *Schachfigur*.

खेलनक n. *Spiel*, *Scherz*.

खेलनमाहात्म्य n. Titel eines Werkes Bühler, Rep. No. 55.

*खेलाय्, °यते *spielen*, *scherzen*.

खेलि 1) (*f.) *Spiel*, *Scherz*. — 2) *m. *a*) *Thier*. — *b*) *Vogel*. — *c*) *die Sonne*. — *d*) *Pfeil*. — *e*) *Gesang*.

*खेलुद *eine best. hohe Zahl* (buddh.).

*खेव्, खेवते (सेवने).

*खेशय Adj. *in der Luft liegend*.

*खेसर m. *Maulthier*. Richtig वेसर.

खैमखा f. Bez. *des Frosches* AV.

*खैलायन Adj. von खिल.

खैलिक Adj. *supplementarisch*, *später hinzugefügt*.

*खोङ्गाह m. *Braunschecke*.

*खोट्, खोटति (गतिप्रतिघाते, खोटने), खोटयति (क्षेपे).

खोट 1) Adj. *hinkend* Gaut. 28,6, v. l. — 2) *f. ई *Boswellia thurifera*.

*खोटन n. *das Hinken*.

*खोटि f. *ein verschlagenes Frauenzimmer*.

*खोड्, खोडति = खोट्.

*खोड Adj. *hinkend*.

*खोडकशीर्षक n. *Mauersims*.

खोनमुख m. N. pr. eines Dorfes Vikramâñkak. 18, 71; vgl. Bühler, Rep. S. 4.

*खोर्, खोरति = खोट्.

खोर Adj. *hinkend* Gaut. (nach dem Comm. *alt*).

खोरक m. *eine best. Krankheit der Füsse*.

*खोरि f. = खोटि.

*खोरी f. in *दीप°.

*खोल्, खोलति = खोट्.

खोल 1) *Adj. *hinkend*. — 2) (*n.) *eine Art Regenhut* Kâd. 236,19. Auch **Helm*. Vgl. मूर्ध°.

*खोलक m. 1) *Helm*. — 2) *Ameisenhaufe*. — 3) *Kochtopf*. — 4) *die Schale der Betelnuss*.

*खोलि f. *Köcher*.

*खोल्क m. 1) *Meteor*. — 2) *Plane*

*खोल्मुक m. *der Planet Mars*.

खोषदक् N. pr. eines Districts.

ख्या, ख्याति (प्रकथने, कथने, ख्यातौ). Die Präsensformen nur ganz ausnahmsweise (vgl. चक्ष्), in den generellen Formen auch Med. Pass. ख्यायते 1) *genannt werden*, *bekannt sein*. ख्यात *genannt*, *bekannt*, — *als*, *berühmt*. — 2) **Jmd* (Gen.) *angemeldet werden*. — Caus. ख्यापयति 1) *bekannt machen*, *verkünden*, *ansagen*. — 2) *Etwas an den Tag legen*, *offenbaren*, *verrathen*; *Jmd verrathen*, *angeben*. — 3) *über Jmd* (Acc.) *berichten*, *von Jmd Etwas aussagen*. — 4) *rühmen*, *preisen*. — Mit अति 1) *überschauen*. — 2) *Jmd übersehen*, *übergehen*, *hintansetzen*. — 3) *überlassen*, *überantworten*; mit Dat. — Mit अनु *erschauen*, *sehen*. — Mit अन्तर् *den Blicken entziehen*, *vorenthalten*, *verbergen*. — Mit अभि 1) *erschauen*, *erblicken*, *gewahr werden*. — 2) *gnädig ansehen*, *in Obhut nehmen*. — 3) °ख्यात *bekannt geworden*. — Caus. *bekannt machen*. — Mit अव 1) *herabschauen*. — 2) *erblicken*, *gewahr werden*. — Caus. *ansehen lassen*. — Mit आ 1) *vor sich erblicken*. — 2) *aufzählen*, *herzählen*, *hersagen*. — 3) *erzählen*, *ansagen*, *mittheilen*, *anzeigen*, *angeben*, *ankündigen*, *anmelden*. — 4) *benennen*, *Jmd oder Etwas bezeichnen als*; mit zwei Acc. त्रेधा *dreifach* Çat. Br. 10,4,2,4. — Caus. 1) Act. *bekannt machen*, *verkünden*. — 2) Med. *sich erzählen lassen*. — Mit अन्वा *der Reihe nach aufzählen*, *aufzählen*, *herzählen*. — Mit अभ्या, °ख्यात *fälschlicher Weise beschuldigt*, *verleumdet*. — Mit उदा *laut aufzählen*. — Mit उपा *beantworten*. — Mit प्रत्या 1) *einzeln ansagen*. — 2) *Jmd zurückweisen*, *abweisen*. — 3) *Etwas zurückweisen*, *ablehnen*, *verweigern*. — 4) *von sich abweisen*, *läugnen*. — 5) *absagen*, *untersagen*. — 6) *zurückweisen*, so v. a. *verwerfen*. — 7) *zurückweisen*, so v. a. *widerlegen* Çank. zu Bâdar. 2,2,22. — 8) *zurückweisen*, so v. a. *übertreffen*. — 9) *begegnen*, *bekämpfen* (mit Heilmitteln). — Desid. *zurückzuweisen* —, *zu widerlegen beabsichtigen* Çank. zu Bâdar. 2,2,42. — Mit व्या 1) *auseinandersetzen*, *erklären*, *erläutern*, *ausführlich besprechen*. *sich über Jmd oder Etwas auslassen*. व्याख्यात Çat. Br. 4,1,5,10 (Loc.). — 2) *mittheilen*, *verkünden*, *erzählen*. — 3) *nennen*, *benennen* Hemâdri 1.533,11. — Desid. व्याचिख्यासति *zu erklären beabsichtigen* Çank. zu Bâdar. S. 23, Z. 2. Sûrjad. in der Vorrede zu Ârjabh. S. 10, Z. 11. — Mit अनुव्या *weiter auseinandersetzen*, — *erklären*. — Mit उपव्या in °व्यान. — Mit समा 1) *aufzählen*. — 2) *mittheilen*, *erzählen*. — 3) *erklären für* (इति) Spr. 4246. हितसमाख्यात *als zuträglich geltend* Karaka 1,28. — 4) °ख्यात *genannt* 102, 27. — Mit उप *sehen*, *wahrnehmen*. — Mit परा *in der Ferne sehen*. — Mit परि 1) *umhersehen*. — 2) *sehen*, *wahrnehmen*. — 3) *ansehen*, *betrachten*, *auffassen*. — 4) *übersehen*, *vernachlässigen*. — 5) *aufzählen*, *beschreiben*. — 6) °ख्यात *geltend für*, *genannt*. — Mit संपरि *vollständig mittheilen*. — Mit प्र 1) *sehen*. Pass. *wahrnehmbar sein*. — 2) *mittheilen*, *erzählen*. — 3) Pass. *anerkannt werden*, *bekannt sein*. °ख्यात *anerkannt*, *bekannt*, *berühmt*. °सद्भर्तृ *als guter Gatte bekannt*. राज्ञः °भाण्डानि *Waaren*, *die als dem König zukommend anerkannt sind*. — Caus. *allgemein bekannt machen* Mâlatîm. 4,3 (6,11). Kandak. 48,17. °ख्यापित *bekannt als* (Nom.), *genannt*. — Mit प्रति *erblicken*, *gewahr werden*. — Mit वि 1) *sich umsehen*, *aufblicken*, *erblicken*, *sehen*. — 2) *aufleuchten*, *leuchten*. — 3) *erleuchten*, *sichtbar machen*, *zeigen*. — 4) विख्यात *allgemein bekannt*, *berühmt*, *bekannt als*, *genannt*, *heissend*. — Caus. 1) *sichtbar machen*. — 2) *bekannt machen*, *verkünden*, *ansagen* Spr. 7695. — Mit अभिवि 1) *hinblicken auf*, *erblicken* Gobh. 3,2,41. — 2) °ख्यात *allgemein bekannt*, *berühmt*, *bekannt als*, *heissend*, genannt. — Mit प्रवि, °ख्यात allgemein bekannt berühmt, bekannt als, genannt. — Mit सम् 1) erscheinen —, zusammengehören mit (Instr.). — 2) zusammenzählen Comm. zu Njâjas. 2,2,62. berechnen, in Rechnung nehmen, abschätzen nach (Instr.). संख्यात gezählt, gemessen, berechnet. — Caus. betrachten lassen durch (Instr.). — Mit अनुसम् Caus. hinblicken lassen auf. — Mit अभिसम् aufzählen, herzählen. — Mit उपसम् in उपसंख्य u. s. w. — Mit परिसम् 1) aufzählen, herzählen. — 2) überzählen, zusammenzählen, berechnen, in Rechnung nehmen. — 3) auf die Zahl beschränken. — 4) ersetzen, wieder herstellen, gut machen Káraka 1,15. Comm. zu Gaim. 6,5,40. — Mit प्रसम् 1) aufzählen, herzählen. — 2) durchzählen, berechnen. — Mit प्रतिसम् abzählen.

*ख्यातगर्हण und *°गर्हित Adj. einen schlechten Ruf habend.

ख्यातविरुद्धता f. fehlerhaft für ख्यातिवि°.

ख्याति 1) f. a) Auffassung, Annahme, Behauptung. — b) Erkenntniss, Einsicht. Nom. abstr. °ता f. Comm. zu Jogas. 1,5. — c) allgemeines Bekanntsein, Ruf, Berühmtheit. — d) Name. — e) die Berühmtheit personif. als Tochter Daksha's oder Kardama's. — f) N. pr. eines Flusses in Kraunkadvipa VP. 2,4,55 — 2) m. N. pr. verschiedener Männer VP².

ख्यातिमत् Adj. berühmt.

ख्यातिविरुद्ध Adj. der allgemeinen Annahme widersprechend. Nom. abstr. °ता f. ein best. Fehler des Ausdrucks.

ख्यान n. Wahrnehmung. Erkenntniss Kap. 5,52

°ख्यापक Adj. ankündigend, hindeutend auf.

ख्यापन n. 1) das Bekanntmachen, Verkünden, an den Tag Legen; ein öffentliches Bekenntniss seiner Sünden. — 2) das Berühmtmachen.

ख्यापनीय Adj. auszusagen, anzugeben Comm. zu Njâjas. 5,1,4.

°ख्यापिन् Adj. an den Tag legend, darthuend.

ख्याप्य Adj. mitzutheilen, zu erzählen.

1. °ग Adj. (f. आ) 1) gehend, sich bewegend, fahrend, — in, auf. — 2) gehend zu, besuchend (ein Weib), sich begebend in (ein Ehebett). — 3) gehend —, reichend bis zu. — 4) sich befindend, befindlich. — 5) gehend —, sich beziehend auf, in Verbindung stehend mit.

2. ग 1) am Ende eines Comp. Adj. (*f. ई) singend. — 2) *n. Gesang.

3. ग m. 1) *ein Gandharva. — 2) *Bein. Gaṇeça's. — 3) die dritte Note.

गइष्टि f. = गविष्टि.

गगण s. गगन (so die Bomb. Ausgg.).

गगन n. 1) der Luftraum, das Himmelszelt. — 2) Talk Bhâvapr. 6,36.

गगनकुसुम n. eine Blume im Luftraum, so v. a. ein Unding.

गगनग m. Planet Sârâv. bei Utpala zu Varâh. Bṛh. 2,1.

गगनगञ्ज m. 1) ein best. Samâdhi Kâraṇḍ. 94, 1. — 2) N. pr. eines Bodhisattva Kâraṇḍ. 38, 13. fgg. 49,17. fgg.

गगनगति m. ein im Luftraum sich bewegendes Wesen.

गगनचर m. Luftgänger, Vogel.

गगनचारिन् Adj. mit वाणी eine aus dem Luftraum kommende Stimme Daçak. 7,6.

गगनतल n. das Himmelsgewölbe Varâh. Bṛh. S. 38,4. Kâd. 130,12.

*गगनध्वज m. 1) die Sonne. — 2) Wolke.

गगननगर n. Fata Morgana Spr. 2051.

*गगनपुष्प n. = गगनकुसुम.

गगनप्रिय m. N. pr. eines Dânava.

गगनभ्रमण m. Planet Utpala zu Varâh. Bṛh. 6,12.

गगनमूर्धन् m. N. pr. eines Dânava.

गगनरोमन्थ m. das Wiederkäuen des Luftraums, so v. a. Unsinn.

गगनरोमन्थायित n. das Gleichen dem Wiederkäuen des Luftraums.

गगनविहारिन् 1) Adj. im Luftraum sich bewegend 141,12. — 2) *m. a) ein himmlisches Licht. — b) die Sonne. — c) ein himmlisches Wesen.

गगनसद् m. 1) ein Bewohner des Luftraums. — 2) Planet Cit. in Golâdhj. 297,26.

गगनसिन्धु f. die himmlische Gaṅgâ Kâd. 58,12.

गगनस्पर्शन m. 1) N. pr. eines Marut. — 2) *Luft, Wind.

गगनस्पृश् Adj. 1) den Himmel berührend, so v. a. — bewohnend Çiç. 13,63. — 2) bis an den Himmel reichend, sich bis in d. H. erhebend Ragh. 3,43.

गगनाङ्गना f. ein best. Metrum.

गगनाधिवासिन् m. Planet Utpala zu Varâh. Bṛh. 6,12.

*गगनाध्वग m. 1) die Sonne. — 2) ein Planet. — 3) ein himmlisches Wesen.

गगनानन्द m. N. pr. eines Lehrers.

गगनापगा f. die himmlische Gaṅgâ Kâd. 130,16.

गगनाम्बु n. Regenwasser.

*गगनायस् oder *°स n. ein best. Mineral; vgl. गागनायस.

गगनारविन्द n. eine Lotusblüthe im Luftraum, so v. a. ein Unding.

गगनेचर 1) Adj. im Luftraum wandernd. — 2) m. a) Vogel. — b) ein Planet. — c) ein Mondhaus. — d) *ein himmlisches Wesen.

*गगनोल्मुक m. der Planet Mars.

*गगल n. Schlangengift Gal.

*गग्घ्, गग्घति (हसने).

*गग्नु v. l. für वग्नु = वाच्.

*गङ्गका f. Demin. von गङ्गा 1).

गङ्गदत्त m. N. pr. eines Froschkönigs.

गङ्गदास m. N. pr. eines Scholiasten.

गङ्गा f. 1) der Ganges. Hat weisses Wasser Spr. 7759. Floss ehemals im Himmel, von woher Bhagiratha sie auf die Erde leitete. Sie ist die Tochter des Himavant. — 2) ein Frauenname.

*गङ्गाका f. Demin. von गङ्गा 1).

*गङ्गाक्षेत्र n. das heilige Gebiet am Ganges.

गङ्गाचम्पू f. Titel eines Werkes.

*गङ्गाचिल्ली f. Larus ridibundus.

गङ्गाज m. Metron. 1) Kârttikeja's. — 2) *Bhishma's.

*गङ्गाटेय m. eine Art Krabbe.

गङ्गातीर्थ m. N. pr. eines Tirtha.

गङ्गादास m. N. pr. eines Autors.

गङ्गादित्य m. eine Form der Sonne.

गङ्गादेवी f. ein Frauenname.

गङ्गाद्वार n. N. pr. einer Stadt VP.².

गङ्गाधर m. 1) *das Meer. — 2) Bein. Çiva's. — 3) N. pr. verschiedener Männer. Auch mit folgenden Zusätzen am Ende: इन्द्रपति, इन्द्रसरस्वती, भट्ट, मल्हाडकर, माधव, यति und सरस्वती.

गङ्गाधरचूर्ण n. ein best. Pulver.

गङ्गाधरपुर n. N. pr. einer Stadt.

गङ्गाधररस m. eine best. Mixtur.

*गङ्गाधार m. = गङ्गाधर 1) Gal.

*गङ्गानागराज m. N. pr. eines Schlangendämons.

गङ्गानाथ m. N. pr. eines Lehrers.

*गङ्गापत्त्री f. eine best. Pflanze Râgan. 10,166.

*गङ्गापारदेश m. N. pr. einer Oertlichkeit.

गङ्गापुत्र m. 1) Metron. Bhishma's. — 2) eine best. Mischlingskaste. — 3) *ein Brahman, der Wallfahrten zur Gaṅgâ geleitet.

गङ्गापुरीभट्टारक m. N. pr. eines Mannes.

गङ्गाभक्तिरसोदय m. Titel eines Werkes.

*गङ्गामह m. ein best. Fest; vgl. गाङ्गामहिक.

गङ्गामहाद्वार m. N. pr. einer Oertlichkeit MBh. 5,111,16.

गङ्गामाहात्म्य n. Titel eines Werkes Bühler, Rep. No. 56. Cat. NW. Pr. 444.

*गङ्गायात्रा f. eine Wallfahrt zur Gaṅgâ, insbes.

die eines Sterbenden.

गङ्गाराम m. N. pr. eines Mannes. Auch °दासी.

गङ्गालहरी f. 1) N. pr. einer Statue. — 2) Titel eines Werkes.

गङ्गावतरण n. Titel eines Sanggedichts Hariv. 8690.

गङ्गावतरणचम्पूप्रबन्ध m. Titel eines Werkes.

गङ्गावाक्यावली f. desgl.

गङ्गावाकृतीर्थ n. N. pr. eines Tîrtha.

*गङ्गाशोण n. Sg. *die Gaṅgâ und der Çoṇa.*

गङ्गाष्टक n. Titel eines Gedichts.

गङ्गासप्तमी f. *der siebente Tag in der lichten Hälfte des* Vaiçâkha.

गङ्गासरस् n. N. pr. eines Tîrtha.

गङ्गासागर n. desgl. °संगम n. desgl.

गङ्गासुत m. Metron. 1) Kârttikeja's. — 2) *Bhîshma's.

गङ्गासूनु m. Metron. Bhîshma's Dh. V. 26,4.

गङ्गास्तुति f. und गङ्गास्तोत्र n. Titel von Werken.

गङ्गाह्रद m. N. pr. eines Tîrtha.

*गङ्गिका f. Demin. von गङ्गा 1).

गङ्गुक Suçr. 1,73,4 wohl fehlerhaft für कङ्गुक.

गङ्गय्, °यति *aufjauchzen* Tâṇḍja-Br. 14,3,19.

गङ्गेश m. N. pr. eines Autors. Auch °शोपाध्याय und °शोपाध्यायचिन्तामणि.

गङ्गेश्वर 1) m. desgl. — 2) Name eines Liṅga. °माहिमन् m. Auch °लिङ्ग n.

गङ्गेश्वरमाहात्म्य n. Titel eines Werkes Bühler, Rep. No. 57.

गङ्गोद्भेद m. *die Quelle der Gaṅgâ.*

गच्छ m. 1) **Baum.* — 2) *the period (number of terms) of a progression* Ârjabh. 2,20. Comm. zu 19. — 3) *Familie, Geschlecht* bei den Gaina. — 4) Pl. N. pr. eines Volkes.

गच्छाचारप्रकीर्णकसूत्र n. Titel eines Gaina-Werkes.

गछ्, गच्छति s. गम्.

*गज्, गजति (शब्दे, मदने), गजयति (शब्दे).

गज 1) m. *a) Elephant.* Am Ende eines adj. Comp. f. आ. — *b) Bez. der Zahl acht.* — *c) *ein best. Längenmaass.* — *d) ein zum Aufbau eines Hauses besonders zubereiteter Platz.* — *e) eine zum Kochen von Arzeneien in der Erde gemachte Vertiefung von best. Umfange.* — *f) ein best. Tact* S. S. S. 213. — *g)* N. pr. α) eines Mannes. — β) eines dem Çiva feindlichen Asura. — γ) *eines Dieners des Sonnengottes. — 2) f. आ = गजवीथि VP.² 2,276. — 3) ई *Elephantenweibchen.*

*गजकन्द m. *ein best. Knollengewächs* Râǵan. 7,80.

गजकन्या f. *Elephantenweibchen.*

गजकर्ण 1) m. N. pr. eines Jaksha. — 2) f. ई *ein best. Knollengewächs* Bhâvapr. 1,291.

*गजकूर्माशिन् m. Bein. Garuḍa's.

गजकृष्णा f. *Scindapsus officinalis* Bhâvapr. 1,264.

गजगामिनी f. *eine best. Gangart* S. S. S. 253.

गजचर्मन् n. 1) *Elephantenhaut.* — 2) *eine Art Aussatz.*

*गजचिर्भटा f. *Koloquinthengurke.*

*गजचिर्भिट 1) m. *Cucumis maderaspatanus.* — 2) f. आ *eine best. Pflanze.*

गजच्छाया f. *eine best. Constellation.*

गजकम्प m. *ein best. Tact* S. S. S. 212.

*गजढक्का f. *eine auf einem Elephanten ruhende grosse Trommel.*

गजता f. 1) Nom. abstr. von गज *Elephant.* — 2) **Elephantentrupp.*

गजतुरंगविलसित n. *ein best. Metrum.*

गजत्व n. Nom. abstr. von गज *Elephant.*

1. गजदन्त m. 1) *Elephantenzahn, Elfenbein.* — 2) **ein Pflock in der Wand zum Anhängen von Sachen.* — 3) *eine best. Stellung der Hände.*

2. *गजदन्त m. Bein. Gaṇeça's.

*गजदन्तफला f. *eine Gurkenart.*

गजदन्तमय Adj. (f. ई) *aus Elfenbein gemacht.*

*गजदान n. *Brunstsaft eines Elephanten*

*गजदैत्यभिद् m. Bein. Çiva's Gal.

*गजनक्र m. *Rhinoceros* Gal.

गजनवी m. *der Ghaznavide.*

गजनासा f. *Elephantenrüssel.*

गजनिमीलिका f. 1) *das Thun, als wenn man Etwas nicht sehen wolle* — 2) *Unaufmerksamkeit, Fahrlässigkeit* Deçin. 1,47.

गजनिमीलित n. = गजनिमीलिका 1) Kâd. 116,16.

गजपति m. 1) *Elephantenaufseher* Ind. St. 15,398. — 2) **ein stattlicher, grosser Elephant.* — 3) ein Fürstentitel.

गजपादप m. *Bignonia suaveolens.*

गजपिप्पली f. *Scindapsus officinalis.*

गजपुट m. = गज 1) *e)* Bhâvapr. 2,85.89. Mat. med. 24.

गजपुर n. N. pr. einer *Stadt,* = हास्तिनपुर.

गजपुष्पमय Adj. (f. ई) *aus* Gagapushpi *gemacht.*

गजपुष्पी f. *eine best. Pflanze.*

*गजप्रिया f. *Boswellia serrata.*

*गजबन्धन n., *°बन्धनी und *°बन्धिनी f. *ein Ort, wo Elephanten eingefangen oder angebunden werden.*

*गजभक्षक m. *Ficus religiosa* Râǵan. 11,114.

*गजभक्षा (Râǵan. 11,196) und *°भक्ष्या f. *Weihrauchbaum.*

*गजमण्डन n. *die am Elephanten angebrachten Verzierungen, insbes. mit Farben aufgetragene Striche am Kopfe.*

गजमद m. *Brunstsaft eines Elephanten* Râǵan. 6,250. Varâh. Jogaj. 9,18.

गजमल्ल m. N. pr. eines Mannes.

*गजमाचल m. *Löwe.*

*गजमुक्ता f. *eine Perle, die bisweilen in einer Elephantenstirn gefunden werden soll.*

गजमुख m. Bein. Gaṇeça's.

*गजमोचन und *°मोटन m. *Löwe.*

गजमौक्तिक n. = गजमुक्ता.

गजयूथ m. *Elephantentrupp* 153,8.

गजराजमुक्ता f. = गजमुक्ता Spr. 1616.

गजलील m. *ein best. Tact* S. S. S. 208.

गजवदन m. Bein. Gaṇeça's.

गजवत् Adj. *mit Elephanten versehen.*

*गजवल्लभा f. 1) *Weihrauchbaum* Râǵan. 11,196. — 2) *eine Art* Kadalî Râǵan. 11,42.

*गजवाज n. gaṇa राजदन्तादि in der Kâç.

*गजविकाशी f. *eine Art Solanum* Gal.

गजवीथि und °थी f. *die Mondhäuser* Rohiṇî, Mṛgaçiras *und* Ârdrâ.

*गजव्रज 1) Adj. *wie ein Elephant gehend.* — 2) n. *a) Elephantengang.* — *b) Elephantentrupp.*

गजशास्त्र n. *ein Lehrbuch über Elephanten* Kumârasv. zu Pratâpar. 138,7.

गजशिक्षा f. *die Kunst mit Elephanten umzugehen.*

गजशिरस् m. N. pr. 1) eines Wesens im Gefolge Skanda's. — 2) eines Dânava.

*गजशीर्ष m. N. pr. eines Schlangendämons.

गजसाह्वय n. = गजपुर.

गजसिंह m. N. pr. eines Fürsten. °चरित्र n. Titel eines Werkes.

गजसुकुमारचरित्र n. Titel eines Werkes.

*गजस्कन्ध m. *Cassia alata oder Tora.*

गजस्थान n. 1) *Elephantenstand, — stall* Jâǵn. 1, 278. — 2) N. pr. einer Oertlichkeit.

*गजाख्य m. *Cassia Tora* Râǵan. 4,202.

*गजाग्रणी m. Bein. des Elephanten Airâvata.

*गजाजीव m. *Elephantenwächter, — führer.*

*गजाण्ड n. *Möhre. Daucus Carota.*

*गजादन m. = गजाशन 1).

गजाद्दिनामा f. = गजपिप्पली.

गजाध्यक्ष m. *Elephantenaufseher.*

गजानन m. Bein. Gaṇeça's Ind. St. 15,234.

गजानीक m. N. pr. eines Mannes.

गजायुर्वेद m. Titel *eines über den Elephanten handelnden medicinischen Werkes.*

*गजारि m. 1) *Löwe.* — 2) *eine best. Pflanze.*

गजारोह m. *Elephantenlenker.*

गन्नाशन 1) *m. *Ficus religiosa.* — 2) f. आ *a) Boswellia serrata.* — *b)* **Hanf.* — *c)* **Lotuswurzel.*

गन्नाष्टक n. Titel eines Gedichts.

गन्नासुर m. = गन्न 1) *g)* β) Bâlar. 41,13.

*गन्नासुरद्वेषिन् und *गन्नासुरहृद् m. Bein. Çiva's.

*गन्नास्य m. Bein. Gaṇeça's.

*गन्नाह्व 1) n. = गन्नपुर. — 2) f. आ = गन्नपिप्पली.

गन्नाह्वय 1) n. = गन्नपुर. — 2) m. Pl. *die Einwohner von* Hâstinapura.

गन्निन् Adj. *auf einem Elephanten reitend.*

गन्नी Adv. mit भू *zu einem Elephanten werden.*

गन्नेतण m. N. pr. eines Dânava.

गन्नेन्द्र m. *ein stattlicher, grosser Elephant.*

गन्नेन्द्रकर्ण m. *eine Form* Çiva's.

*गन्नेष्टा f. *Batatas paniculata* Râǵan. 7,100.

गन्नोदर m. N. pr. 1) eines Wesens im Gefolge Skanda's. — 2) eines Dânava.

*गन्नोषणा f. = गन्नपिप्पली Râǵan. 6,14.

*गञ्ज्, गञ्जति (शब्दार्थ).

गञ्ज 1) (*m. *n.) *Schatzkammer.* — 2) *m. f. (आ) *Mine.* — 3) *m. *a) eine Hürde für Kühe.* — *b) a mast, a place where grain, etc. is stored for sale.* — *c) Verachtung.* — 4) f. आ *a) Schenke.* Nom.abstr. °त्व n. Râǵat. 8,3028. — *b) Hanf* Bhâvapr. 1,180. Mat. med. 235. — *c)* **ein Gefäss, aus dem berauschende Getränke getrunken werden.* — *d)* **eine von niedrigem Volke bewohnte Hütte.* — *e)* *fehlerhaft für गुञ्जा *Abrus precatorius.*

गञ्जन 1) Adj. am Ende eines Comp. *verachtend*, so v. a. *übertreffend.* — 2) m. fehlerhaft für गृञ्जन *Knoblauch.*

गञ्जवर m. *Schatzmeister.*

गञ्जाकिनी f. vielleicht *ein Behälter für Hanf.*

*गञ्जाञ्जिका f. *Hanf* Nigh. Pr.

*गड्, गडति (सेचने), गडयति (आवरणे).

गड 1) *m. *a) eine Art Goldforelle.* — *b) Verhüllung, Decke.* — *c) Graben.* — *d) Hinderniss.* — *e)* N. pr. einer Oertlichkeit. — 2) f. आ *eine best.* Râgiṇî S. S. S. 55.

*गडक m. = गड 1) *a).*

*गडदेशज n. *eine Art Salz* Râǵan. 6,100.

*गडयत्न und *गडयित्नु m. *Wolke.*

*गडलवण n. *eine Art Salz* Râǵan. 6,100.

गडाख्य n. dass. Bhâvapr. 1,181.

गडि m. = गलि *ein junger Stier.*

*गडिक v. l. für खडिक.

गडु (*m.) 1) *Auswuchs am Körper, Höcker, Buckel, Kropf.* — 2) **ein Buckliger.* — 3) **Wurfspiess.* — 4) **Regenwurm.* — 5) **Wassertopf.*

*गडुक m. 1) *Wassertopf.* — 2) *Fingerring.* — 3) N. pr. eines Mannes. Pl. *sein Geschlecht.*

*गडुकण्ठ Adj. *mit einem Kropf behaftet.*

*गडुर und *गडुल (f. ई) Adj. *bucklig.*

*गडुशिरस् Adj. *am Kopf einen Auswuchs habend.*

*गडेर m. *Wolke.*

*गडोत्थ n. *eine Art Salz* Râǵan. 6,100.

*गडोल m. 1) *roher Zucker.* — 2) *Mundvoll, Bissen.*

*गड्डरिका f. 1) N. pr. eines Flusses, dessen Lauf und Ursprung unbekannt sind. — 2) *ein der Heerde vorangehendes Mutterschaf.*

गड्डलिका f. °प्रवाहेण so v. a. *nach dem alten Schlendrian* Sâh. D. 188,19.

*गड्डुक und *गड्डूक m. *eine Art Wassergeschirr.*

*गड्यालक v. l. für गव्याणक.

गढादेश m. N. pr. einer *Gegend.*

गण 1) m. (adj. Comp. f. आ) *a) Schaar, Reihe* (von Lebendigem und Leblosem); *Gefolge, Anhang.* — *b) Schaarengottheiten; göttliche Wesen untergeordneter Art, welche in der Regel nicht einzeln, sondern nur in Schaaren auftreten;* insbes. Çiva's *Gefolge, welches unter der unmittelbaren Herrschaft von* Gaṇeça *steht.* — *c) ein einzelnes Individuum im Gefolge* Çiva's. — *d) eine zur Verfolgung bestimmter Zwecke zusammengetretene Anzahl von Menschen, Versammlung, Verein, Körperschaft.* — *e)* *bei den Ǵaina *eine* Ṛshi-*Versammlung des* Arhant Vîra. — *f)* **eine philosophische* oder *religiöse Secte.* — *g) eine kleinere Heeresabtheilung,* = 3 Gulma. — *h) eine Gruppe von Mondhäusern, deren drei angenommen werden* (die menschliche, die göttliche und die der Rakshas). — *i)* *in der Arithmetik *Zahl.* — *k) Versfuss.* — *l) eine Gruppe von Wurzeln* oder *Wörtern, welche unter eine und dieselbe Regel fallen.* — *m) eine best. Gruppe von* Sâman Lâṭj. 1,6,15. Varâh. Jogaj. 8,7. — *n)* **ein best. Parfum.* — *o)* * = वाच्. — *p)* N. pr. eines Autors. — 2) f. गणा N. pr. einer der Mütter im Gefolge Skanda's.

गणक 1) *Adj. *um eine grosse Summe erstanden.* — 2) m. *a) Rechner, Berechner.* — *b) Astrolog.* — *c)* Pl. *eine best. Gruppe von acht Sternen.* — 3) f. गणिका *a) Hetäre, Hure.* — *b)* **Elephantenweibchen.* — *c)* **Jasminum auriculatum.* — *d)* **Aeschynomene Sesban.* — *e)* **Premna spinosa.* — *f)* **counting, enumerating.* — *g)* **apprehension.* — 4) *f. गणकी *die Frau eines Astrologen.*

गणकभूषण n. Titel eines Werkes.

गणकमण्डन n. Titel eines Werkes Bühler, Rep. No. 530.

*गणकर्णिका f. *Koloquinthe* Râǵan. 3,57.

गणकर्मन् n. *ein gemeinschaftliches heiliges Werk.*

गणकाम Adj. *Anhang wünschend* Çâṅkh. Gṛhj. 2,2.

गणकार m. 1) *ein Zusammensteller von* Gaṇa 1) *l).* — 2) *Bein. Bhîmasena's.

*गणकारि m. N. pr. eines Mannes.

गणकारिका f. fehlerhaft für °कारिता.

गणकारिता f. Titel eines Werkes.

गणकुमार m. N. pr. eines Mannes.

*गणकृत्वस् Adv. *eine ganze Reihe von Malen.*

गणगिन् in वीणा°.

गणचक्र n. *ein best. magischer Kreis.*

*गणचक्रक n. *ein gemeinsames Mahl von Berufsgenossen* Gal.

गणच्छन्दस् n. *ein nach Versfüssen gemessenes Metrum.*

गणतत्त्वमहोदधि m. und °तत्त्वषोडशिका f. Titel von Werken.

*गणता f. 1) *das einen Haufen Bilden.* — 2) *das zu einer Partei Gehören.* — 3) *Classification.* — 4) *Arithmetik.*

*गणतिथ Adj. *eine Schaar —, eine Versammlung bildend.*

गणत्रिका f. *Rosenkranz* oder *ein best. Halsschmuck* Hemâdri 1,267,6. fgg. Die richtige Lesart wird aber wohl गलत्तिका sein.

गणत्व n. 1) *das einen Haufen Bilden* (mit dem Dativ °त्वाय). — 2) Nom. abstr. zu Gaṇa 1) *c).*

गणदास m. N. pr. 1) eines Arztes Bhâvapr. 5, 29. — 2) eines Tanzlehrers.

*गणदीक्षा f. *Vorbereitungen zu einem Opfer* 1) *für eine Körperschaft,* 2) *für* Gaṇeça.

गणदीक्षाप्रभु m. N. pr. eines Autors von Mantra.

गणदीक्षिन् Adj. *der ein Opfer unternimmt* 1) *für eine Körperschaft,* 2) **für* Gaṇeça.

गणदेव m. N. pr. eines Dichters.

*गणदेवता f. = गण 1) *b).*

गणद्रव्य n. *das Vermögen einer Körperschaft* Jâǵn. 2,187.

गणद्वीप *Inselgruppe* oder N. pr. einer *Insel.*

गणधर m. *Vorstand einer Versammlung,* insbes. *einer* Ṛshi-*Versammlung des* Arhant Vîra.

गणधातुपरिभाषा f. Titel eines Werkes.

गणन 1) n. *das Zählen, Aufzählen, Herzählen.* — 2) f. आ *a)* dass. Spr. 7190 (Pl.). नव गणनामेति so v. a. *ist neun an der Zahl.* — *b) das Gezähltwerden zu* (im Comp. vorangehend). — *c) das in Anschlag Bringen, Hochanschlagen, Gewicht Legen auf* (Gen.).

गणनागति f. *eine best. hohe Zahl* Lalit. 168,22. 169,1.

गणनाथ m. 1) *Bein. Çiva's. — 2) der Gott Gaṇeça.

गणनापति m. 1) * Rechenmeister. — 2) Bein. Gaṇeça's.

*गणनामहामात्र m. Finanzminister (buddh.).

गणनायक 1) m. a) der Führer des Gefolges eines Gottes. — b) der Gott Gaṇeça. — c) Vorstand einer Versammlung, — Körperschaft. — 2) * f. °नायिका Bein. der Durgâ.

गणनी (Conj.) m. Vorstand einer Versammlung, — Körperschaft.

*गणनीय Adj. zu zählen, aufzuzählen.

गणप m. 1) der Gott Gaṇeça. — 2) der Vorstand einer Körperschaft 220,13.

गणपति m. 1) Schaarführer, Oberster eines Haufens. — 2) * Bein. Çiva's. — 3) der Gott Gaṇeça. — 4) N. pr. verschiedener Männer. Auch °नाथ und °भट्ट.

गणपतिकल्प m. und °पतिकवच n. Titel von Werken.

गणपतिखण्ड m. n. Titel eines Abschnitts im Brahmav. P.

गणपतिपूर्वतापनीयोपनिषद् und °पूर्वतापिनी f. Titel einer Upanishad Weber, Lit. 188.

गणपतिरहस्य n. Titel eines Werkes.

गणपतिस्तवराज m. Titel einer Hymne auf Gaṇeça.

गणपतिस्तोत्र n. eine Hymne auf Gaṇeça.

गणपतिहृदया f. N. pr. einer buddh. Göttin.

गणपत्याराधन n. Titel einer Hymne auf Gaṇeça.

गणपत्युपनिषद् f. Titel einer Upanishad.

*गणपर्वत m. der Berg Kailâsa.

गणपाठ m. ein Verzeichniss von Gaṇa 1) l).

*गणपाद m. gaṇa युक्तारोह्यादि.

*गणपीठक n. Brust.

गणपुंगव, गणपूज्य und गणपूर्व m. Vorstand einer Versammlung, — Körperschaft.

गणप्रदातर् Nom. ag. der einer Körperschaft Etwas giebt Spr. 7517.

*गणप्रमुख (buddh.) m. = गणपुंगव.

गणभर्तर् m. Bein. Çiva's.

गणभृत् m. Vorstand einer Versammlung.

*गणभोजन n. ein gemeinsames Mahl (buddh.).

गणमात्राच्छन्दस् n. Pl. nach Versfüssen und nur nach der Zahl der Moren gemessene Metra.

गणमुख्य m. Vorstand einer Körperschaft.

गणय्, °यति und °यते (episch) 1) zählen, auf—, zusammen —, berechnen. वनवासाय रामस्य पञ्चरात्रो ऽद्य गणयते so v. a. heute sind es fünf Tage, dass Râma im Walde weilt. गणित gezählt, zusammen —, berechnet. — 2) zählen —, rechnen zu (Loc.). — 3) schätzen für, — auf, im Werthe gleichstellen mit (Instr.). गणित geschätzt auf (Instr. oder im Comp. vorangehend). — 4) ansehen —, halten für; mit zwei Acc. — 5) achten —, Rücksicht nehmen auf (Acc.). Mit बहु grosse Achtung haben vor Spr. 335. Mit न keine Rücksicht nehmen auf, unbeachtet lassen. — 6) ausdenken Megh. 107. — 7) * sich zählen, seine Anzahl bestimmen. — Mit अधि hoch —, zur Genüge preisen. — Mit *अनु in *अनुगणितिन्. — Mit अव keine Rücksicht nehmen auf. — Mit आ überzählen. — Mit परि 1) zählen, auf—, her—, berechnen, durch Berechnung bestimmen Harshaḱ. 170,7. °गणित berechnet, so v. a. von begrenzter Anzahl, nicht sehr viel 161,23. — 2) erwägen, bedenken. — Mit प्र berechnen, nach—. — Mit वि 1) zählen; Pass. gezählt werden, so v. a. betragen. — 2) erwägen, bedenken, in Betrachtung ziehen, im Sinne haben. — 3) ansehen —, halten für; mit zwei Acc. — 4) achten —, Rücksicht nehmen auf. अविगणय्य ohne Rücksicht auf Bhâg. P. ed. Bomb. 4,29,53. Kâd. 59,22. — 5) nicht beachten, keine Rücksicht nehmen auf. — Mit सम् in संगणना.

गणयज्ञ m. ein gemeinschaftliches Opfer.

गणयाग m. Verehrung der Schaarengottheiten.

गणरत्न n. und °महोदधि m. Titel einer Sammlung von Gaṇa 1) l).

गणराज्य n. N. pr. eines Reiches im Süden.

*गणरात्र m. n. eine Reihe von Nächten.

*गणरूप und *°क m. Calotropis gigantea Râǵan. 10,31.

*गणरूपिन् m. Calotropis gigantea alba.

*गणवतीसुत m. Metron. Dhanvantari's.

गणवन्त् 1) Adj. a) in Reihen u. s. w. bestehend. — b) mit einem Anhange versehen. — c) das Wort गण enthaltend. — 2) * f. गणवती N. pr. der Mutter Dhanvantari's.

गणवर n. N. pr. einer Stadt.

गणवृत्त n. ein nach Verfüssen gemessenes Metrum.

गणव्याख्यान n. Titel eines Werkes.

गणव्यूह m. Titel eines buddh. Sûtra.

गणशस् Adv. schaaren —, reihenweise.

गणश्री Adj. zu Schaaren sich verbindend, sich schaarend.

*गणहास und °क (Bhâvapr. 1,193) m. ein best. Parfum.

गणहोम m. Titel eines Werkes.

*गणाग्रणी m. der Gott Gaṇeça.

*गणाचल m. Bein. des Berges Kailâsa.

*गणाचार्य m. Volkslehrer (buddh.).

गणाधिप m. 1) das Haupt einer Schaar von Göttern Hemâdri 1,633,21. — 2) * Bein. Çiva's. — 3) * der Gott Gaṇeça. — 4) * bei den Ǵaina Vorstand einer Ṛshi-Versammlung des Arhant Vîra.

गणाधिपत्य n. Nom abstr. zu गणाधिपति 1) Çira-Up. S. 10, Z. 11.

गणाधीश und गणाध्यक्ष m. der Gott Gaṇeça.

गणान्न n. Speise, die von einer Körperschaft kommt.

गणाभ्यन्तर m. Mitglied einer Körperschaft.

गणावरा f. N. pr. einer Apsaras VP.² 2,81. Vgl. गुणावरा.

गणि 1) m. Kenner der heiligen Schriften und der Hülfswissenschaften. Wird Eigennamen angehängt. — 2) * f. das Rechnen.

गणिकान्न n. Speise, die von einer Hetäre kommt.

*गणिकापाद Adj. gaṇa हस्त्यादि.

*गणिकारिका und *°कारी f. Premna spinosa oder eine dieser ähnliche Pflanze.

गणित 1) Adj. s. u. गणय्. — 2) n. a) das Rechnen, Berechnung, Rechenkunst. — b) Summe. — c) die Summe einer Progression. — d) der astronomische (astrologische) Theil eines Ǵjotiḥçâstra mit Ausschluss der Nativitätslehre.

गणितकौमुदी f. und गणिततत्त्वचिन्तामणि m. Titel zweier Commentare.

गणितनाममाला und गणितपञ्चविंशतिका f. Titel zweier Werke.

गणितपाश m. in der Arithm. Combination Lîlâv. 237.

गणितमालती f., गणितलता f. und गणितसार m. Titel mathematischer Werke.

गणितादेवीतीर्थ n. N. pr. eines Tîrtha.

गणिताध्याय m. Titel eines Abschnitts im Siddhântaçiromaṇi.

गणितामृतसागरी f. Titel eines Commentars.

*गणितिन् Adj. der gezählt u. s. w. hat.

गणित्रिका f. Hemâdri 1,266,20 fehlerhaft für गणत्रिका (गलन्तिका).

गणिन् 1) Adj. mit einem Anhang versehen. — 2) * m. Lehrer.

*गणिपिटक n. Name der zwölf heiligen Schriften der Ǵaina.

गणिम Adj. was gezählt wird Nâr. 8,3.

*गणिमत्त m. N. pr. eines Siddha Gal.

गणेन्द्र m. N. pr. eines Buddha Lalit. 368,18.

गणेय Adj. zählbar Naish. 3,40.

गणेयु m. N. pr. eines Sohnes des Raudrâçva VP.² 4,128.

*गणेरु 1) m. Pterospermum acerifolium Madanav. 49,109. — 2) f. a) Hure. — b) Elephantenweibchen.

*गणेरुक 1) m. = गणेरु 1) Madanav. 49,109. —

2) f. आ a) *Kupplerin*. — b) *Dienerin*.

गणेश m. 1) Bein. Çiva's. — 2) *der Anführer der Gefolges von* Çiva und ein Sohn desselben. Er ist der Gott der Klugheit, der alle Hindernisse zu entfernen vermag. — 3) Pl. bei den mystischen Çaiva *eine best. Klasse von Erlösten* Hemâdri 1,823,4. fgg. Ein anderer Name ist विघ्नेश oder विघ्नेश्वर. — 4) *Zunftmeister*. — 5) N. pr. verschiedener Männer.

गणेशकुम्भ m. N. pr. einer Felsenhöhle in Orissa.

*गणेशकुसुम m. *roth blühender Oleander* Râǵan. 10,14.

गणेशखण्ड m. n. Titel eines *Abschnittes* in verschiedenen Purâṇa.

गणेशगीता f. Titel eines Werkes.

गणेशतापिनी f. Titel einer Upanishad Weber, Lit.

गणेशपुराण n. Titel eines Purâṇa VP.² 1,xc.

गणेशभुजंगप्रयातस्तोत्र n. Titel einer *Hymne auf* Gaṇeça.

*गणेशभूषण n. *Mennig* Râǵan. 13,53.

गणेशयामल n. Titel eines Werkes.

गणेशविमर्शिनी f. desgl.

गणेशस्तुति f. Titel einer *Hymne auf* Gaṇeça.

गणेशान m. *der Gott* Gaṇeça Hemâdri 1,622,9. 721,2.

गणेशोपपुराण n. Titel eines Upapurâṇa VP.² 1,xc. 5,118.

गणेश्वर m. 1) *das Haupt einer Schaar*. Die nähere Bestimmung im Gen. oder im Comp. vorangehend (R. 5,91,1). — 2) *ein best. Krankheitsdämon* Hariv. 9556. — 3) * *Löwe*.

*गणोत्साह m. *Rhinoceros*.

*गण्ड्, गण्डति (वदनैकदेशे). Nach Kâçjapa ohne Flexion. Vgl. गण्डय्.

गण्ड 1) m. a) *Wange, Seite des Gesichts* (bei Menschen und Thieren). Am Ende eines adj. Comp. f. आ und ई. — b) *Seite* überh. — c) *Knoten, Pustel, Beule*. — d) *Kropf* (Káraka 1,28) und *andere Halsanschwellungen*. — e) * *Gelenk, Knoten*. — f) * *Wasserblase*. — g) * *Zeichen*. — h) * *ein best. Pferdeschmuck*. — i) * *Rhinoceros*. — k) * *Held*. — l) * *der Beste, in seiner Art Ausgezeichnete*. — m) *der 10te astrol.* Joga. — n) *ein Knotenpunct der Mondhäuser*; vgl. गण्डान्त. — 2) m. n. in der Dramatik *ein rasches Wort, das zur Sache, um welche es sich eben handelt, nicht passt*. — 3) f. आ N. pr. der Dienerin der 7 Weisen. — 4) Bez. *der Wurzel* गण्ड् MBh. 13,93,102. — 5) Kathâs. 94,66 fehlerhaft für खण्ड.

गण्डक 1) m. a) * *Rhinoceros*. — b) * *Hinderniss*. — c) * *Absonderung, Trennung*. — d) * *eine best. Art zu zählen*. — e) * *eine best. Wissenschaft*. — f) Pl. N. pr. eines Zweiges der Videha. — g) Bein. Kâla's, Bruders des Prasenaǵit. — 2) am Ende eines adj. Comp. *Zeichen* (?). — 3) * f. आ *Klumpen, Kugel*. — 4) f. ई N. pr. eines Flusses. — 5) f. गण्डिका a) *Hügel*. — b) etwa *Knötchen am Holz* Káraka 6,18. — c) * *was über den ersten Anfang hinausgeht*. — d) von unbekannter Bed. MBh. 14,9,29. — 6) wohl n. *ein best. Metrum*.

गण्डकण्डु m. N. pr. eines Jaksha. °कण्डू MBh. 2,10,15.

गण्डकरट m. *Schläfe des Elephanten* Spr. 5302.

*गण्डकवती f. = गण्डक 4).

*गण्डकारी f. 1) *eine best. Gemüsepflanze*. — 2) *Mimosa pudica*.

*गण्डकाली f. = गण्डकारी 1).

*गण्डकुसुम n. *der zur Brunstzeit aus den Schläfen des Elephanten träufelnde Saft*.

*गण्डकूप m. *Hochplateau*.

*गण्डगात्र n. *die Frucht der Anona reticulata* oder *squamosa*.

गण्डगोपाल m. N. pr. eines Dichters.

गण्डगोपालिका f. *ein best. Wurm* Bhâvapr. 5,108.

*गण्डग्राम m. *ein ansehnliches Dorf*.

गण्डदूर्वा f. *eine Grasart* Râǵan. 8,116. Bhâvapr. 1,211.

*गण्डपाद Adj. gaṇa हस्त्यादि.

गण्डभित्ति f. *Backenknochen*.

गण्डभेरुण्ड m. Titel eines Werkes.

गण्डमाल 1) (*m.) und °माला f. (Kâlaǵ. 2,127) *scrophulöse Anschwellung der Drüsen des Halses und Nackens* Káraka 1,28. — 2) * f. ई *eine best. Pflanze* Gal.

गण्डमालक 1) = गण्डमाला Hemâdri 1,215,17. — 2) * f. °लिका *Mimosa pudica* Râǵan. 5,104.

गण्डमालिन् Adj. *mit scrophulösen Anschwellungen der Drüsen des Halses und Nackens behaftet*.

*गण्डमूर्ख Adj. *überaus thöricht*.

गण्डय्, °यति Vivekav. 4,6 vielleicht fehlerhaft für गन्धय् *parfumiren*.

*गण्डयन्त P. 6,4,55, Sch.

*गण्डलवण n. *eine Art Salz* Gal.

गण्डलिन् m. Bein. Çiva's.

गण्डव्यूह m. Titel eines buddh. Sûtra.

गण्डशिला f. *ein grosser Felsblock*.

गण्डशैल m. (adj. Comp. f. आ) 1) dass. Çiç. 4,40. Bâlar. 241,13. Râǵat. 8,1883. 2319. — 2) *Backenknochen* Çiç. 4,40. — 3) N. pr. des Lustgartens der Apsaras.

गण्डसाह्वया f. N. pr. eines Flusses.

गण्डस्थल n. und °ली f. *Wange*. Am Ende eines adj. Comp. f. आ und ई.

*गण्डाङ्ग m. *Rhinoceros*.

गण्डान्त n. *das erste Viertel in demjenigen* Nakshatra, *welches auf einen Knotenpunct der Sternbilder folgt*, Vâstuv. 172.

गण्डारि m. *Bauhinia variegata* Bhâvapr. 1,204.

गण्डाली f. 1) = सर्पाक्षी Bhâvapr. 1,220. — 2) * *weisses* Dûrvâ-*Gras*. — 3) * = गण्डदूर्वा Râǵan. 8,116.

*गण्डाश्मन् m. = गण्डशिला.

*गण्डि 1) m. a) *der Stamm eines Baumes von der Wurzel bis zum Anfang der Aeste*. — b) *Kropf* (?). — 2) f. *Fuchs* Gal.

*गण्डिनी f. Bein. der Durgâ.

गण्डिर in पाद°.

गण्डिलक n. *eine Grasart* Bhâvapr. 6,38.

गण्डीर 1) m. a) *eine best. Gemüsepflanze*. — b) * *Held*. — 2) * f. ई *Tithymalus antiquorum*.

गण्डु 1) (* m. * f.) a) *Kopfkissen*. Auch *गण्डू f. — b) * *Oel*. Auch गण्डू f. — 2) * m. N. pr. eines Mannes. — 3) * f. *Gelenk, Knoten*.

*गण्डुत् *eine Grasart* Deçin. 2,75. 106. 3,79.

*गण्डुल Adj. von गण्डु. = गुडुल *bucklig*.

गण्डूपद 1) m. *eine Art Wurm*. — 2) * f. ई *eine kleine Art Wurm* oder *das Weibchen von* 1).

*गण्डूपदभव und *°पदोद्भव (Gal.) n. *Blei*.

गण्डूष 1) m. (* f. आ) und n. (Spr. 6043) *ein Mundvoll Wasser* u. s. w., *im Munde befindliche Flüssigkeit* Harshaḱ. 64,13. *Schluck; Mittel zum Ausspülen des Mundes* (°मस्तु Harshaḱ. 122, 8), *Gurgelwasser*. — 2) m. a) * *die Spitze des Elephantenrüssels*. — b) N. pr. eines Sohnes des Çûra.

गण्डूषय्, °यति *schlürfen, verschlucken* Bâlar. 141,17. Viddh. 13,6.

गण्डूषी Adv. mit कर् *auf ein Mal verschlucken*.

गण्डोपधान n. *Kopfkissen* Pańḱat. ed. Bomb. 2, 24,10.

गण्डोपधानीय n. dass. ebend. 2,23,20.

*गण्डोपल m. = गण्डशिला.

गण्डोल 1) * m. n. *roher Zucker*. — 2) * m. *Mundvoll*. — 3) N. pr. eines buddh. Tempels.

गण्डोलक m. 1) *Wurm*. — 2) * *Mundvoll* Gal.

*गण्डोलकपाद und *गण्डोलपाद gaṇa हस्त्यादि.

गण्य (गणनीय) 1) Adj. a) *in Reihen bestehend*. — b) * *am Ende eines Comp. zu der und der Schaar gehörig*. — c) *zu zählen*, — *rechnen*. — d) *worauf man zu achten* —, *Rücksicht zu nehmen hat*. —

2) *f. आ = गणसमूह Gal.

°गत् Adj. *gehend* in अध° und द्वि°

गत 1) Adj. s. u. गम्. — 2) n. *a) Gang, Art zu gehen.* — *b) das Fortgegangensein, Dahinsein* Spr. 3767. — *c) *der Ort, wo Jmd gegangen ist.* — *d) Erstreckung, Verbreitung, das Bekanntsein.* — *e) Art und Weise.*

°गतक Adj. *gehend —, bezüglich auf* (?) MBh. 8,90,42.

*गतक्रम Adj. *aus der Ordnung gekommen* Gal.

गतजीव Adj. (f. आ) *entseelt, todt* 118,4.

गतजीवित Adj. dass. Daçak. 14,22.

*गतनासिक Adj. *nasenlos.*

गतनिधन n. Name eines Sâman.

गतपार Adj. *der sein Ziel erreicht hat* 174,30.

गतप्रत्यागत Adj. *fortgegangen und wieder zurückgekehrt.*

गतप्राण Adj. *entseelt.*

गतप्राय Adj. *beinahe vergangen, — gewichen, — hingeschwunden* Spr. 2065.

गतमति Adj *dumm, einfältig* zu Spr. 7420.

गतमत्सर Adj. *uneigennützig* Dh. V. 36,2.

गतमनस् Adj. *dessen Seele hin ist* TS. 6,6,7,2.3.

गतमात्र Adj. *kaum —, eben weggegangen* 61,21. 71,17.

गतरोग Adj. *genesen* Spr. 7841.

गतवयस् Adj. *dessen Jugend dahin ist* Spr. 2066. Hâsj. 23.

गतश्रि (Gen. °श्रेस्) und गतश्री Adj. *auf der Höhe des Glückes stehend.* Nom. abstr. गतश्रीत्व n. Njâjam. 9,4,12.

गतश्रीक Adj. 1) *seiner Schönheit beraubt, entstellt* Hariv. 3722. — 2) *um seine hohe Stellung gekommen* MBh. 3,267,17.

*गतसन्नक m. *ein Elephant ausser der Brunstzeit.*

गतसार Adj. *werthlos, nichtig* 172,25.

गतस्पृह Adj. (f. आ) 1) *kein Verlangen —, kein Wohlgefallen mehr habend* Spr. 2796. Die Ergänzung im Loc. (Bhâg. P. 7,10,19) oder Gen. (R. Gorr. 2,1,10). — 2) *uneigennützig* Spr. 7862. — 3) *erbarmungslos* Kâm. Nîtis. 9,63.

*गताक्ष Adj. *blind.*

गतागत 1) Adj. *kommend und gehend.* — 2) n. *a)* Sg. und Pl. *das Gehen und Kommen, Hinundhergehen* 136,8. °गतानि कर् so v. a. *Unterhandlungen pflegen* Râgat. 8,558.1258. *das Hinundherfliegen.* — *b) das Entstehen und Vergehen.* — *c) das Fehlen und Eintreten* Ind. St. 1,47. — *d) ein unregelmässiger Lauf der Gestirne.*

गतागति f. *das Gehen und Kommen,* so v. a. *das Sterben und Wiedergeborenwerden.*

गताधि Adj. *sorgenfrei* Daçak. 6,19.

गताध्वन् Adj. 1) *der seinen Weg zurückgelegt —, seinen Tagesmarsch vollbracht hat* (auch vom Monde). — 2) *vollkommen bewandert in* (Loc.).

गताध्वा f. *die Zeit unmittelbar vor Eintritt des Neumonds.*

*गतानुगत n. gaṇa अक्षद्यूतादि.

गतानुगतिक Adj. *in die Fussstapfen eines Vorangegangenen tretend, sich nach dem Vorangehenden richtend* Harshak. 36,13. तद्गता° *in dessen F. tr.* Naish. 5,55. Nom. abstr. °ता f. Deçin. 1,2.

गतान्त Adj. *mit dem es zu Ende geht.*

गतायुस् Adj. *dessen Lebenszeit dahin ist:* 1) *dem Tode verfallen, dem Verscheiden nahe.* — 2) *gestorben, todt.*

*गतार्तवा Adj. f. *die die Regeln verloren hat.*

गतार्थ Adj. 1) *zwecklos, unnütz.* — 2) *verstanden.*

गतासु Adj. *entseelt, todt.*

गति 1) f. *a) Gang, Bewegung, Flug, Art zu gehen, — sich zu bewegen, Fähigkeit zu gehen.* परां गतिं गम् *den letzten Gang gehen,* so v. a. *sterben.* In Comp. mit einem als Gen. oder Loc. aufzufassenden Begriffe. — *b) das Weggehen, Fortgehen.* — *c) Gang,* so v. a. *Art und Weise, wie sich Etwas bethätigt* oder *äussert.* — *d) Fortgang, Verlauf.* — *e) das Gelangen —, Kommen zu* oder *in, Erreichen;* die Ergänzung im Gen., Loc. (105,8) oder im Comp. vorangehend. — *f) das Sichrichten nach, Gehorsam gegen* (Loc.) Âpast. 1,13,11. 14.16. 14,5. — *g) Weg, Bahn* (eig. und übertr.). अन्यतरां गतिं गम् von einem Kranken so v. a. *genesen oder sterben.* — *h) eine best. Strecke der Mondbahn und der Stand eines Planeten in derselben.* — *i) Ausgang, Gang einer Wunde* oder *Geschwürs.* — *k) Ausgangspunct, Ursprung, Grund.* — *l) Ausweg, Möglichkeit zu handeln, Mittel.* — *m) Kunstgriff, Strategem.* — *n) Zuflucht.* — *o) Lage, Zustand, Verhältniss* — oder *Schicksal eines Dinges.* — *p) ein glücklicher Zustand, Glück.* — *q) die Wanderung der Seele durch verschiedene Körper und die bei diesem Kreislauf dem Einzelnen angewiesene Stellung, Los —, Schicksal eines Menschen.* — *r) Art und Weise* Comm. zu Âçv. Gṛhj. 1,24,7. — *s) das Verstandenwerden, Gemeintsein* Mahâbh. 1,136,*a*. 166,*b*. 167,*a*. 4,91,*b*. 6,100,*a*. 8,11,*a*. 52,*b*. Paribh. 9. — *t) die Präpositionen* und *bestimmte andere adverbialische Formen, wenn sie in unmittelbarer Beziehung zu einem Verbalbegriff stehen.* — *u) eine best. rhetorische Figur.* — *v) *eine best. hohe Zahl* (buddh.) — *w)* N. pr. einer Tochter Kardama's und Gattin Pulaha's. — 2) m. N. pr. eines Sohnes des Anala Hariv. 1,3,42.

गतितालिन् m. N. pr. eines Wesens im Gefolge Skanda's.

गतिभङ्ग m. *ein gehemmter, unsicherer Gang* Çâk. 54,6. Ind. St. 15,300.

गतिभेद m. dass. Çâk. 93,12.

गतिमन्त् Adj. 1) *mit Bewegung versehen, sich bewegend.* — 2) *mit Gängen* (von Eiter u. s. w.) *versehen, fistulosus.* — 3) *mit einer Präposition u.s.w. versehen;* s. गति 1) *t*).

*गतिला f. 1) *das Nichtverschiedensein unter einander.* — 2) *eine best. Pflanze.* — 3) N. pr. eines Flusses.

गती (metrisch) f. = गति *Gang.*

गतीक in अ°.

गत्यागति am Anf. eines Comp. *das Gehen und Kommen, Erscheinen und Verschwinden* Ind. St. 15,317.

गत्वन् in पूर्व°.

गत्वर Adj. 1) *sich anschickend zu* (Dat.) — 2) *vergänglich* Râgat. 8,858.

गत्वाय und गत्वी Absol. von गम्.

1. गद्, गदति (metrisch auch Med.) 1) *hersagen, aussprechen, sprechen, sagen, zu Jmd* (Acc.) *sagen, Etwas* (Acc.) *zu Jmd* (Acc.) *sagen.* — 2) *aufzählen, herzählen.* — 3) *benennen.* — Desid. जिगदिषति *herzusagen —, zu sprechen beabsichtigen.* — Mit *अनु in *अनुगादिन्. — Mit *प्रणि. — Mit नि 1) *hersagen, verkünden, mittheilen, sprechen, sagen, zu Jmd* (Acc.) *sagen, Etwas* (Acc.) *zu Jmd* (Acc.) *sagen.* — 2) *aufführen, aufzählen.* — 3) *benennen;* Pass. *genannt werden, heissen, gelten für.* — Caus. निगादयति *hersagen lassen.* — Intens. *steif und fest behaupten.* जागद्यते mit pass. Bed. — Mit अभिनि *zu Jmd sprechen.* — Mit *परिणि. — Mit प्रणि 1) *lehren, behaupten.* — 2) **anzureden anheben.* — Mit प्रतिनि *einzeln hersagen* Comm. zu TBr. I,6,18. — Mit विनि *Jmd* (Acc.) *anreden;* Pass. *genannt werden, heissen.* — Mit *परि in *°गदितिन्. — Mit *प्र in *प्रगाद्य. — Mit प्रति *beantworten.* — Mit वि, °गदित *weit verbreitet, bekannt.* निगदित v. l.

2. *गद्, गदयति (देवशब्दे). — Mit प्र Mahâbh.

1. गद m. f. (आ) *Spruch.* — Vgl. auch गदा.

2. गद 1) m. *Krankheit.* — 2) *n. *Gift.*

3. गद m. N. pr. verschiedener Söhne des Vasudeva VP.².

गदन n. *das Hersagen* Ait. Âr. 468,15.16.

गदनिग्रह m. Titel eines Werkes.

*गदयित्नु 1) Adj. *a) geschwätzig.* — *b) lüstern.* — 2) m. *a) Laut.* — *b) Bogen.* — *c) der Liebesgott.* — *d) Wolke* Gal.

गदवर्मन् m. N. pr. eines Mannes VP.² 4,99.

गदसिंह m. N. pr. eines Autors.

गदा f. 1) *Keule.* — 2) **Bignonia suaveolens.* — 3) *ein best. Saiteninstrument* S. S. S. 183. — 4) *eine best. Constellation.* — 5) v. l. für गधा TS. Comm. 2,507.

*गदाख्य n. *Costus speciosus* oder *arabicus.*

*गदागद m. Du. *die beiden* Açvin.

गदाग्रज m. Bein. Kṛshṇa's.

*गदाग्रणी m. *Auszehrung.*

1. गदाधर 1) Adj. *eine Keule haltend.* — 2) m. a) Bein. Kṛshṇa's. — b) N. pr. verschiedener Männer. Auch °पण्डित, °भट्ट, °भट्टाचार्य.

2. गदाधर Adj. *eine kranke Lippe habend* Spr. 6277.

*गदान्तक m. Du. *die beiden* Açvin.

गदाभृत् Adj. *eine Keule tragend;* m. Bein. Kṛshṇa's.

*गदाम्बर m. *Wolke.*

गदाय्, °यँते *müde werden.*

*गदाराति m. *Arzenei.*

गदावसान n. N. pr. einer Oertlichkeit.

*गदाह्व und *°य n. *Costus speciosus* oder *arabicus.*

गदि f. und °त n. *das Reden, Sprechen.*

1. गदिन् Adj. *krank* Bhâvapr. 3,143.

2. गदिन् Adj. *mit einer Keule versehen;* *m. Bein. Kṛshṇa's.

गदिसिंह m. N. pr. eines Grammatikers.

गद्गद 1) Adj. (f. आ) *stammelnd, stotternd* (von Personen und Reden). — 2) n. *Gestammel.*

गद्गदक 1) *Adj. = गद्गदे कुशलः. — 2) f. °दिका *Gestammel* Kâd. 2,29,2. 63,8. 76,14. Harshaḱ. 134, 12. 208,20.

गद्गदगल Adj. *stammelnd, stotternd* Spr. 2813.

गद्गदता f. (323,23) und गद्गदत्व n. *Gestammel.*

*गद्गदध्वनि m. *gestammelte Laute.*

गद्गदभाषण n. *das Stammeln* Hemâdri 1,726,15.

गद्गदभाषिन् Adj. *stammelnd.* बाष्प° *vor Thränen.*

गद्गदवाक्य Adj. *dass.* Nom. abstr. °ता f.

गद्गदवाच् Adj. *dass.* Hemâdri 1,725,13.

गद्गदशब्द Adj. *dass.*

1. गद्गदस्वर m. *gestammelte Laute.*

2. गद्गदस्वर 1) Adj. (f. आ) *stammelnd* Benf. Chr. 187,10. — 2) m. a) **Büffel.* — b) N. pr. eines Bodhisattva.

गद्गदित Adj. *gestammelt.*

*गद्गद्य्, °द्यति *stammeln.*

गद्य 1) Adj. *zu sagen.* — 2) n. *gesprochene,* so v. a. *ungebundene Rede, ein Satz in Prosa.*

गद्यत्रय n. Titel eines Werkes.

गद्यपद्यमय Adj. (f. ई) *aus Prosa und Versen bestehend.*

गद्यबन्ध m. Titel eines Werkes.

गद्याण, °क, गद्यान, *°क und *गद्यालक m. *ein best. Gewicht* Bhâvapr. 3,149. 150.

गद्रूक n. = कद्रूक Hemâdri 1,399,7.

गध्, *गध्यति (मिश्रीभावकर्मन्). *गँधिता Naigh. 4,2. — Mit आ, आँगधित *angeklammert.* — Mit परि, परिँगधित *umklammert.*

गधा f. *ein best. Theil des Lastwagens.* गदा v. l.

गध्य (गँधित्र) Adj. *festzuhalten, zu erbeuten.*

गनविनपुर n. N. pr. einer *Stadt* Ind. St. 15,261.

गन्तर् Nom. ag. 1) m. *a) derjenige welcher geht, kommt, gelangt zu;* die Ergänzung im Acc., Loc. oder *Dat. (228,29. 30). Als Fut. 67,8. 171,21. गन्ता चेद्गच्छ तूर्णम् *wenn du reisen willst, so reise eiligst* Spr. 2078. — *b) zu einer Frau* (Loc.) *gehend, ihr beiwohnend.* — 2) f. गन्त्री *a)* als 3te Sg. Fut. f. नाशम् *wird untergehen.* — *b) Wagen.* तुरंगसंयुक्त Hemâdri 1,643,5. Harshaḱ. 173,18.

गन्तवे und गन्तवै Dat. Inf. von गम्.

गन्तव्य 1) n. Sg. impers. *eundum.* निधनं सर्वैर्मानवैः so v. a. *alle Menschen müssen sterben* 165,29. Loc. mit oder ohne सति *da gegangen werden muss.* गन्तव्ये ऽनुमतम् *eine Einwilligung zu gehen.* गन्तव्यमन्तरेण *auf der Reise, unterweges.* अल्पावशेष° Adj. *wovon* (Meer) *nur noch wenig zu durchschiffen ist,* so v. a. *beinahe ganz durchschifft.* — 2) Adj. *a) zu gehen, zu durchschreiten, zurückzulegen* (ein Weg). — *b) zurückzulegen,* so v. a. *bevorstehend* Comm. zu Âryabh. S. 28, Z. 6. — *c) adeundus, petendus, wohin man sich zu begeben hat.* Nom. abstr. °ता f. Çaṁk. zu Bâdar. 4,3,14. °त्व n. zu 7. — *d) adeunda coitus causa.* — *e) ineundus, capiendus, incipiendus.* विश्रम्भ oder विश्वास so v. a. *zu trauen.* — *f) zu zeihen.* दोषेण *eines Fehlers.* — *g) zu verstehen, verständlich.*

गन्तु m. 1) *Weg, Lauf.* — 2) **Wanderer.*

*गन्त्रिका f. *Wägelchen.*

*गन्त्रीरथ m. *Wagen.*

गन्त्व in सु°.

*गन्दिका f. N. pr. einer Oertlichkeit. गब्दिका v. l.

गन्ध 1) m. *a) Geruch, Duft.* Ausnahmsweise n.; am Ende eines adj. Comp. f. आ. — *b)* gew. Pl. *wohlriechender Stoff, Wohlgerüche.* — *c) Schwefel* Kâlaḱ. 3,20. — *d) pulverisirtes Sandelholz.* — *e) *Myrrhe.* — *f) *Hyperanthera Moringa.* — *g)* am Ende eines Comp. *der blosse Geruch von,* so v. a. *eine Spur von, ein Wenig* Suçr. 1,42,9. अहिगन्धेन so v. a. *wegen einiger Aehnlichkeit mit Schlangen.* — *h) *Verbindung, Verwandtschaft.* — *i) Uebermuth, Stolz* Megh. 9. Wohl fehlerhaft für गर्ध. — *k) *Nachbar.* — *l)* Bein. Çiva's. — 2) f. आ *a) *Curcuma Amhaldi* oder *Zerumbet.* — *b) *Desmodium gangeticum.* — *c) *die Knospe von Michelia Champaca.* — *d) ein best. Metrum.* — 3) n. *a)* = 1) *a).* — *b) *schwarzes Aloeholz* Râǵan. 12,91.

गन्धक 1) am Ende eines adj. Comp. (f. गन्धिका) *riechend nach;* s. अन्न° und अवि°. — 2) m. *a) Schwefel* Kâlaḱ. 2,133. — *b) *Hyperanthera Moringa.*

गन्धकटी f. v. l. für °कुटी.

गन्धकन्दक m. *die Wurzel von Scirpus Kysoor.*

गन्धकारक 1) m. N. pr. eines Fürsten. — 2) *f. °रिका *Bereiterin von Wohlgerüchen.*

गन्धकालिका f. N. pr. 1) einer Apsaras. — 2) *der Mutter Vjâsa's.

गन्धकाली f. = गन्धकालिका 2).

*गन्धकाष्ठ n. 1) *Aloeholz.* — 2) *eine Art Sandel* Râǵan. 12,14.

गन्धकीय Adj. *auf Schwefel bezüglich.*

गन्धकुटी f. *ein best. Parfum* (aus Guzerat) Râǵan. 12,139. Bhâvapr. 1,191. — Vgl. °कूटी.

*गन्धकुसुमा f. *eine best. Pflanze.*

गन्धकूटी f. Bez. *eines best. Gemachs* (buddh.). Richtig °कुटी.

*गन्धकेलिका f. *Moschus.* Richtig °चेलिका.

गन्धकोकिला f. *ein best. Parfum* Bhâvapr. 1,193.

*गन्धखेड n. *Andropogon Schoenanthus.*

*गन्धखेडक n. *wohlriechendes Gras.*

गन्धगज m. = गन्धद्विप Kâd. 30,11.

गन्धग्राहक Adj. *den Geruch wahrnehmend.*

गन्धग्राहिन् Adj. *parfümirt* Daçak. (1925) 2,113,10.

गन्धघ्राणवक्त्र Adj. *mit einer Schnauze aus wohlriechenden Stoffen* Hemâdri 1,402,10. 433,11.

*गन्धचेलिका f. 1) *Moschus* Râǵan. 12,47. — 2) *Zibethkatze.*

गन्धज Adj. (f. आ) *aus wohlriechenden Stoffen bestehend* Agni-P. 43,10.

*गन्धजटिला f. *Acorus Calamus.*

गन्धजल n. *wohlriechendes Wasser.*

*गन्धजात n. *das Blatt der Laurus Cassia.*

*गन्धज्ञा f. *Nase.*

*गन्धतण्डुल m. *wohlriechender Reis* Râǵan. 16,21.

*गन्धतूर्य n. *Schlachttrommel.*

*गन्धतृण n. *wohlriechendes Gras* Mat. med. 298.

गन्धतैल n. 1) *wohlriechendes Oel.* — 2) **Schwe-*

felbutter Mat. med. 26.

गन्धतोय n. *wohlriechendes Wasser* Kâlak. 2,143.

*गन्धत्वच् f. *die Rinde von Feronia elephantum*.

*गन्धदला f. *eine best. Pflanze* Râǵan. 6,110.

*गन्धदारु n. *Aloeholz*.

*गन्धद्रव्य n. *wohlriehender Stoff*.

गन्धद्वार् Adj. (f. °री) *durch den Geruch zugänglich. — wahrnehmbar* Taitt. Âr. 10,1,10.

गन्धद्विप und गन्धद्विरद m. *ein Elephant zur Brunstzeit*.

गन्धधारिन् Adj. *Wohlgerüche an sich habend*, von Çiva.

*गन्धधूमज m. *ein best. Parfum* Râǵan. 12,89

*गन्धधूमभव m. desgl. Gal.

*गन्धधूलि f. *Moschus*.

गन्धन 1) m. *eine Reisart* Karaka 1,27. — 2) n. *a) das Riechen, Aushauchen von Gerüchen. — b) das Sticheln, Anspielen auf Jmds Fehler*. — c) *= उत्साह, उत्साहने.

*गन्धनकुल m. *Sorex moschatus*.

गन्धनाकुलि (metrisch) und °ली f. *eine best. Pflanze. Piper Chaba* Râǵan. 6,42. *Vanda Roxburghii* Mat. med. 258. Nach Andern *Artemisia vulgaris*.

*गन्धनाडी f. = गन्धनाली Gal.

*गन्धनामन् m. *ein roth blühendes Ocimum*.

गन्धनामी f. *eine Pustel-Krankheit* Suçr. 2,118,2.

*गन्धनालिका und *°नाली f. *Nase*.

*गन्धनिलया f. *arabischer Jasmin*.

*गन्धनिशा f. *eine Art Curcuma*.

गन्धप Adj. *nur Gerüche schlürfend*; m. Pl. Bez. *bestimmter Manen*

*गन्धपत्त्र 1) m. *a) eine Art Ocimum. — b) Aegle Marmelos. — c) Orangenbaum*. — 2) f. °त्रा *eine Art Curcuma*. — 3) f. ई *a) Physalis flexuosa. — b)* = ग्रम्बष्ठा. — c) = ग्रश्वगन्धा.

*गन्धपत्त्रिका f. 1) *eine Art Curcuma*. — 2) *Physalis flexuosa*. — 3) *Apium involucratum* Râǵan. 6,110.

*गन्धपर्ण m. *Alstonia scholaris* Râǵan. 12,35.

*गन्धपलाशिका f. *Gelbwurz*.

*गन्धपलाशी f. *Curcuma Amhaldi* oder *Zerumbet*.

गन्धपालिन् Adj. Beiw. Civa's.

*गन्धपाषाण m. *Schwefel*.

गन्धपाषाणवन्त् Adj. wohl *schwefelhaltig* Dáçak. (1925) 2,108,8.

*गन्धपिङ्गला f. ein Frauenname.

*गन्धपिशाचिका f. *der Rauch von brennendem wohlriechenden Harze*.

*गन्धपोता f. *eine Art Curcuma*.

1. गन्धपुष्प n. *eine wohlriechende Blume*.

2. *गन्धपुष्प 1) m. *a) Calamus Rotang* Râǵan. 9,110. *b) Alangium hexapetalum* Râǵan. 9,76. — *c) Cordia Myxa*. — 2) f. °ग्रा *a) die Indigopflanze. — b) Pandanus odoratissimus* Râǵan. 10,69. — c) = गणिकारी.

गन्धपूतना f. N. pr. einer Unholdin, die eine best. Krankheit veranlasst, Hariv. 9542.

*गन्धफणिज्जक m. angeblich *eine Art Ocimum*. Gemeint ist तीक्ष्णगन्ध und फ°.

गन्धफल 1) *m. *a) Feronia elephantum. — b) Aegle Marmelos*. — c) = तैलफल. — 2) *f. °ग्रा *a) Fennich. — b) Trigonella foenum graecum. — c) Batatas paniculata. — d) Boswellia thurifera*. — 3) f. ई *a) Fennich. — b)* *die *Knospe der Michelia Champaca* Râǵan. 10,60.

*गन्धबन्धु m. *der Mangobaum*.

*गन्धबहुल m. *eine Art Ocimum*.

*गन्धबकुल 1) m. *wohlriechender Reis* Râǵan. 16, 21. — 2) f. °ग्रा = गोरक्षी.

*गन्धबीजा f. *Trigonella foenum graecum*.

*गन्धभद्रा f. *eine best. kriechende Pflanze*.

*गन्धभाण्ड m. fehlerhaft für गर्दभाण्ड.

गन्धमञ्जरी f. ein Frauenname Ind. St. 14.

गन्धमदन (metrisch) m. = गन्धमादन 1) c) Hemâdri 1,351,2.

गन्धमय Adj. (f. ई) *aus wohlriechenden Stoffen bestehend* Hemâdri 1,404,18.

*गन्धमांसी f. *eine Art Valeriana*.

*गन्धमातृ f. *die Erde*.

गन्धमाद m. N. pr. 1) eines Sohnes des Çvaphalka. — 2) eines Affen.

गन्धमादन 1) m. *a)* **eine Bienenart*. — *b)* **Schwefel*. — c) N. pr. eines (oder verschiedener) Gebirges mit *schön duftenden* Wäldern VP.². n. verdächtig. — *d)* Bein. Râvaṇa's. — *e)* N. pr. eines Affen. — 2) *f. ई *a) ein berauschendes Getränk. — b) Schmarotzerpflanze. — c) ein best. Parfum*.

गन्धमादनवर्ष m. n. N. pr. eines Varsha VP. 2,1,23.

*गन्धमादिनी f. 1) *Lack* (लाक्षा) Râǵan. 6,207. — 2) *ein best. Parfum* (मुरा) Râǵan. 12,139.

गन्धमार्जार m. *Zibethkatze* Bhâvapr. 1,184.

गन्धमालती f. *ein best. Parfum* Bhâvapr. 1,193.

गन्धमालिन् 1) m. N. pr. eines Schlangendämons. — 2) *f. °नी *ein best. Parfum*.

गन्धमाल्य n. (adj. Comp. f. °ग्रा) Du. und Pl. *Wohlgerüche und Kränze*. °लोक m. *die Welt der W. und K.* °लोककाम Adj. *nach dieser begehrend*.

गन्धमुण्ड m. = गर्दभाण्ड.

*गन्धमूल 1) m. *Alpinia Galanga* Râǵan. 6,56. — 2) f. °ग्रा *a) Curcuma Amhaldi* oder *Zerumbet*. — *b) Boswellia thurifera*. — 3) f. ई = 2) *a)*.

*गन्धमूलक 1) m. = गन्धमूल 2) *a)* Râǵan. 6,119. — 2) f. °लिका *a)* dass. — *b) Emblica officinalis*.

*गन्धमूषिक m., *°मूषिका und *°मूषी f. *Sorex moschatus*.

*गन्धमृग m. *Zibethkatze*.

*गन्धमृगाण्डजा f. *Moschus* Gal.

*गन्धमैथुन m. *Stier*.

गन्धमोत m. N. pr. eines Sohnes des Çvaphalka VP. 4,14,2.

गन्धमोच m. = गन्धमोत VP.² 4,95.

*गन्धमोदन m. *Schwefel*.

*गन्धमोदिनी f. v. l. für °मोहिनी.

*गन्धमोहिनी f. *die Knospe der Michelia Champaca* Râǵan. 10,60.

गन्धय् 1) °यति vielleicht *parfumiren*; s. u. गण्डय्. — 2) *°यते *a)* ग्रर्दने. — *b) gehen*.

गन्धयुक्ति f. *Bereitung von Wohlgerüchen*.

*गन्धयुति f. *wohlriechendes Pulver*.

*गन्धरता f. *eine best. Pflanze* Gal.

गन्धरस 1) im Comp. *a) Wohlgeruch und Wohlgeschmack* MBh. 5,27,11. 6,121,25. — *b) Wohlgerüche und Gewürze* Gaut. 7,9. — 2) *m. *a) Myrrhe. — b) Gardenia florida* Mat. med. 298.

*गन्धरसाङ्गक m. *Terpentin*.

*गन्धराज 1) m. *a) eine Art Jasmin* Râǵan. 10,78. — *b) eine Art Bdellion*. — 2) f. ई *ein best. Parfum*. — 3) n. *a) Sandelholz. — b) ein best. Parfum. — c) eine best. weisse Blume*.

गन्धर्व 1) m. (adj. Comp. f. °ग्रा) *a)* N. pr. α) eines in nächster Beziehung zum Soma und zur Sonne stehenden Genius. Von ihm stammt das erste Menschenpaar, und auf das Weib besitzt er besondere Anrechte. Auch Pl. Ihre Weiber sind die Apsaras. Im Epos sind sie die himmlischen Sänger und gehören mit den Apsaras zum Hofstaat Indra's. — β) Pl. eines Volkes. — γ) *des Dieners des 17ten Arhant's der Gaina. — *b) Sänger*. — *c)* **Weiser, frommer Mann*. — *d)* **der indische Kuckuck*. — *e) Pferd*. — *f)* **Bisamthier*. — *g)* **die Seele nach dem Tode, bevor sie in einen neuen Körper einzieht*. — *h)* Bez. *des 14ten* Kalpa 2) *h)*. — *i)* Bez. *des 21ten* Muhûrta Ind. St. 10,296. — *k) ein best.* Svara Hariv. 3,132,53. गान्धर्व v. l., richtig wohl गान्धार. — 2) f. °ग्रा Bein. der Durgâ Hariv. 2,120,4. गान्धर्वी v. l. — 3) f. ई f. zu 1) *a)*. Sie ist die Urmutter der Pferde.

गन्धर्वकन्या f. *eine Jungfrau der* Gandharva

1) *a*) Kâraṇḍ. 4,13. fgg.

गन्धर्वखण्ड m. n. N. pr. eines Theiles von Bhâratavarsha.

गन्धर्वगृहीत Adj. von einem Gandharva 1) *a*) *besessen.*

गन्धर्वग्रह m. *Besessensein durch einen Gandharva* 1) *a*).

गन्धर्वतन्त्र n. Titel eines Werkes.

गन्धर्वतैल n. *Ricinusöl.*

गन्धर्वत्व n. Nom. abstr. zu गन्धर्व 1) *a*).

गन्धर्वदत्ता f. N. pr. der Tochter eines Fürsten der Gandharva 1) *a*).

गन्धर्वनगर n. 1) N. pr. *a*) *der Stadt* α) *der* गन्धर्व 1) *a*). — β) *der* Gandharva 1) *b*). — 2) *Fata Morgana* Kâd. 117,12.

गन्धर्वपत्नी f. *die Frau der* Gandharva 1) *a*).

गन्धर्वपद n. *Aufenthalt der* Gandharva 1) *a*) AV. Pariç. 70,12.

गन्धर्वपुर n. *die Stad der* Gandharva 1) *a*).

गन्धर्वराज m. *ein Fürst der* Gandharva 1) *a*) 46,30. 49,2.

गन्धर्वर्तु m. *die Zeit der* Gandharva 1) *a*).

गन्धर्वविद्या f. *die Kunst der* Gandharva 1) *a*), *Gesang* Pl. R. Gorr. 1,79,21. im Comp. 80,4.

*गन्धर्वविवाह m. *die Heirathsform der* Gandharva 1) *a*).

गन्धर्ववेद m. *der Veda der* Gandharva 1) *a*), *die Lehre vom Gesange.*

गन्धर्वहस्त und °क m. *Ricinus communis.*

गन्धर्वाप्सरस् f. 1) Pl. *die* Gandharva *und* Apsaras. — 2) Du. *der G. und die A.* Ârsh. Br.

गन्धर्वेष्ठ Adj. *beim* Gandharva 1) *a*) *befindlich* Maitr. S. 1,3,1.

गन्धलता f. *Fennich* Bhâvapr. 3,96.

*गन्धलोलुपा f. *Fliege.*

गन्धवधा und °वध्री f. N. pr. einer Gottheit Kâlak. 3,130. 145. 4,77. 5,16.

गन्धवटिका f. *Räucherwerk in kleinen runden Stücken* Lalit. 186,11. 226,1.

गन्धवणिज् m. *ein Händler mit Wohlgerüchen.*

*गन्धवधू f. 1) *Curcuma Amhaldi* oder *Zerumbet.* — 2) *ein best. Parfum.*

गन्धवत् 1) Adj. *a*) *mit der Qualität Geruch versehen* Tarkas. 5. — *b*) *duftend.* — 2) f. °वती *a*) **Erde.* — *b*) **arabischer Jasmin.* — *c*) **ein berauschendes Getränk.* — *d*) **ein best. Parfum.* — *e*) Bein. der Satjavatî, der Mutter Vjâsa's. — *f*) N. pr. α) der Stadt Vâju's und *Varuṇa's. — β) eines Flusses.

*गन्धवल्कल n. 1) *Laurus Cassia.* — 1) *Sarsaparilla.*

*गन्धवल्लरी und *°वल्ली f. *eine best. Pflanze.*

गन्धवह 1) Adj. *Düfte zuführend.* — 2) m. *Wind.* — 3) *f. आ *Nase.*

गन्धवहश्मशान n. N. pr. einer *Leichenstätte* Pańkad.

गन्धवाह 1) m. *a*) *Wind* Spr. 7658. — *b*) **Bisamthier.* — 2) *f. आ *Nase.*

*गन्धविह्वल m. *Weizen.*

*गन्धवृत्तक m. *Shorea robusta* Râǵan. 9,81.

*गन्धव्याकुल n. vielleicht *Muskatnuss.*

*गन्धशटी f. *Curcuma Amhaldi* oder *Zerumbet.*

*गन्धशाक n. *eine best. Gemüsepflanze.*

गन्धशालि m. *wohlriechender Reis* Râǵan. 16,21. Daçak. (1925) 2,113,19.

*गन्धशुण्डिनी f. *Moschusratte* Râǵan. 19,59.

*गन्धशेखर m. *Moschus.*

गन्धशैल m. = गन्धमादन 1) *c*) Golâdhj. Bhuv. 29.

*गन्धसार m. 1) *Sandelholz.* — 2) *eine Art Jasmin.*

*गन्धसारण m. *ein best. Parfum.*

*गन्धसुखी oder *°सूयी f. *Moschusratte.*

गन्धसेवक Adj. *Wohlgerüche gebrauchend* Bhar. Nâṭjaç. 34,108.

*गन्धसोम n. *die weisse Wasserlilie.*

गन्धहस्तिन् m. 1) = गन्धद्विप. — 2) *ein best. wirksames Antidoton.*

गन्धहस्तिमहातर्क m. Titel eines Werkes.

*गन्धहारिका f. *eine Dienerin, die ihrer Herrin Wohlgerüche nachträgt.*

*गन्धाखु m. *Moschusratte.*

*गन्धाजीव m. *ein Händler mit Wohlgerüchen.*

गन्धाढ्य 1) Adj. *reich an Duft, wohlriechend* Spr. 2082. fg. — 2) *m. *Orangenbaum.* — 3) *f. आ *a*) *eine Art Curcuma.* — *b*) *gelber Jasmin* Râǵan. 10,99. — *c*) *Paederia foetida.* — *d*) = रामतरुणी. — *e*) = आरामशीतला Râǵan. 10,177. — *f*) *Moschusratte* Gal. — 4) *n. *a*) *Sandelholz.* — *b*) *ein best. Parfum* Râǵan. 12,139.

*गन्धाधिक n. *ein best. Parfum.*

*गन्धाम्बु n. *wohlriechendes Wasser.*

गन्धाम्भस् n. dass. Varâh. Brh. S. 77,32.

*गन्धाम्ला f. *der wilde Citronenbaum.*

गन्धार 1) m. *a*) Pl. N. pr. eines Volkes. — *b*) **die dritte Note.* — *c*) **ein best.* Râga. — *d*) **Mennig.* — 2) *f. ई N. pr. einer Vidjâdevî.

गन्धारि m. Pl. N. pr. eines Volkes.

*गन्धाला f. *Celtis orientalis.*

*गन्धाली f. 1) *Wespe.* — 2) *Paederia foetida.*

*गन्धालीगर्भ m. *kleine Kardamomen.*

*गन्धालु m. *wohlriechender Reis* Râǵan. 16,21.

Vgl. *घाति°.

*गन्धाश्मन् m. *Schwefel.*

गन्धाष्टक n. *eine Verbindung von acht wohlriechenden Stoffen.*

गन्धाह्वा f. *eine best. Pflanze.*

गन्धि am Ende eines adj. Comp. 1) *den Geruch von — habend, riechend nach.* — 2) *nur den Geruch von Etwas habend, so v. a. nur einen geringen Theil von Etwas enthaltend, nur dem Namen nach Etwas seiend.*

गन्धिक 1) am Ende eines adj. Comp. *a*) *riechend nach*; s. उत्पल°. — *b*) *nur den Geruch von Etwas habend, so v. a. nur dem Namen nach Etwas seiend.* — 2) *m. *a*) *Händler mit Wohlgerüchen* (buddh.). — *b*) *Schwefel.* — 3) *Wohlgerüche* गन्धिकापण Pańkad. — 4) *N. pr. einer Oertlichkeit Ind. St. 13.

गन्धिन् 1) Adj. *a*) *einen Geruch habend.* Am Ende eines Comp. *riechend nach.* — *b*) am Ende eines Comp. *ein Weniges von Etwas habend, erinnernd an* Naish. 6,38. — *c*) verwechselt mit गर्धिन्. — 2) *m. *a*) *Wanze.* — *b*) *Xanthophyllum virens.* — 3) *f. °नी *ein best. Parfum.* — 4) *n. desgl. Râǵan.

*गन्धिपर्ण m. *Alstonia scholaris.* Vgl. गन्धपर्णा.

गन्धेच्छा f. N. pr. einer Göttin Kâlak. 4,44.

गन्धेन्द्रिय n. *Geruchssinn.*

गन्धेभ m. = गन्धद्विप.

गन्धेश m. N. pr. eines Vîtarâga.

*गन्धेतु m. *Zibethkatze.*

गन्धोत्कट m. *Artemisia Abrotanum* Râǵan. 10, 147. Bhâvapr. 1,230.

*गन्धोत्तमा f. *ein berauschendes Getränk.*

गन्धोद n. *wohlriechendes Wasser.*

गन्धोपजीविन् m. *Händler mit Wohlgerüchen.*

*गन्धोपल m. *Schwefel.*

*गन्धोलि f. *Curcuma Amhaldi* oder *Zerumbet.*

*गन्धोली f. 1) dass. — 2) *Paederia foetida.* — 3) *Cyperus rotundus.* — 4) *getrockneter Ingwer.* — 5) *Wespe.* — 6) Bein. der Indrâṇî Gal.

*गन्धोज्जीष m. *Löwe* Gal.

*गन्धोतु m. = गन्धेतु.

गन्ध्य in वात°.

गन्मुत् Kâth. 10,11 fehlerhaft für गर्मुत्.

गब्दिका f. v. l. für गन्दिका gaṇa सिन्ध्वादि in der Kâç.

गभे m. *vulva.*

गभस्तल n. *eine best. Hölle.*

गभस्ति 1) m. *a*) *Arm, Hand.* — *b*) *Strahl.* — *c*) **die Sonne.* — *d*) N. pr. α) eines Âditja. — β) eines

Ṛshi. — 2) * f. Bein. der Svâhâ, der Gattin Agni's. — 3) f. गभस्ती N. pr. eines Flusses VP. 2,4,36. 4) Adj. strahlend TBr. 2,7,13,4.

गभस्तिनेमि m. Bein. Kṛshṇa's.

*गभस्तिपाणि m. die Sonne.

गभस्तिपूत Adj. mit den Händen geläutert.

गभस्तिमत् 1) Adj. strahlend. — 2) m. a) die Sonne Kâd. 2,69,18. — b) eine best. Hölle VP. 2, 5,3. — 3) m. n. N. pr. eines Theils von Bhâratavarsha Golâdh. Bhuv. 41. VP. 2,3,6.

गभस्तिमालिन् m. die Sonne, der Sonnengott Kâd. 109,2. 231,6. Harshaḱ. 139,3. Bâlar. 42,2.

*गभस्तिहस्त m. die Sonne.

गभस्तीश्वर n. Name eines Liṅga.

गभिषक् Adv. tief unten oder innen.

*गभीका f. eine best. Pflanze und deren Frucht. गर्गरिका v. l.

गभीर 1) Adj. (f. आ) tief (in den verschiedenen Bedeutungen des Wortes, auch vom Ton); dicht, sich weithin erstreckend 111,5. unerschöpflich, grenzenlos Bhâg. P. 1,5,18. unergründlich, verborgen, geheim. गभीरम् und गभीर° Adv. — 2) m. N. pr. eines Sohnes a) des Manu Bhautja VP. 3,2,43. — b) des Rambha. — Vgl. गम्भीर.

गभीरवेपस् Adj. tief erregt.

*गभीरिका f. eine grosse Trommel.

*गभोलिक m. Kopfkissen.

गम्वर n. = गह्वर Versteck, Dickicht, Schlucht Kâraṇḍ. 24,18.

गम्, गन्ति, गमति (Naigh. 2,14) und गच्छति (nur dieses in der klass. Sprache); Act. und Med. 1) kommen. — 2) kommen —, hingehen —, sich begeben nach, in, zu oder auf, gelangen nach oder zu, zu Theil werden; mit Acc. (auch mit प्रति), Loc. oder Dat. — 3) zu einem Weibe (Acc.) gehen, so v. a. beiwohnen. पशून् mit Vieh Unzucht treiben. Ohne Object den Beischlaf vollziehen. — 4) in einen Zustand, eine Lage, ein Verhältniss (Acc.) kommen, gerathen; theilhaftig werden, erlangen; mit Acc. oder Loc. (Ṛv. 1,83,1. 86,3. 2,25,4. 7,32,10. 8,46,9. Vâlakh. 3,5). — 5) aufbrechen, davon —, fortgehen. उग्राय तपसे um strenge Kasteiungen zu üben 71,16. — 6) hingehen, so v. a. sterben 176,6. — 7) verfliessen, vergehen, zu Ende gehen Naish. 7,109. — 8) gehen, sich bewegen, wandeln; einen Gang oder Weg (Acc.) gehen. जीवन्गच्छति so v. a. bleibt am Leben 37,2. — 9) मनसा in Gedanken sich begeben zu (Acc.); wahrnehmen. — 10) wahrnehmen, erkennen, errathen; Pass. verstanden werden, gemeint sein 227,20. 234,1. 237,26. — 11) दोषेण oder दोषतस् Jmd (Acc.) beschuldigen, für den Schuldigen halten. — Partic. गत 1) mit act. Bed. a) gekommen. एवं गते da es so gekommen ist, so v. a. unter diesen Umständen 43,16. — b) gekommen zu oder in, gegangen nach oder zu, gelangt zu, übergegangen auf, Jmd zu Theil geworden, — gehörig, gerathen in, sich befindend auf, in, an oder bei, enthalten —, ruhend in; die Ergänzung im Acc., Loc. oder im Comp. vorangehend. क्व तद्गतम् so v. a. was ist daraus geworden? wie steht es damit? हृद्गत bis zum Herzen reichend 42,26. — c) in einen Zustand, eine Lage, ein Verhältniss gerathen, sich darin befindend; die Ergänzung im Acc., Loc. (ausnahmsweise) oder im Comp. vorangehend. — d) gehend —, gerichtet —, bezüglich auf; mit प्रति oder am Ende eines Comp. — e) aufgebrochen, davon —, weggegangen; die Ergänzung im Dat. oder Infin. — f) hingegangen, abgeschieden, dem Tode verfallen. — g) verflossen, — gangen, — strichen. — h) verschwunden, gewichen, verloren, dahin seiend, nicht mehr vorhanden. करिणः किं गतं भवेत् so v. a. was verlöre dabei der Elephant? Spr. 7865. Ueberaus häufig am Anfange eines adj. Comp. — i) hervorgegangen aus (Abl. oder im Comp. vorangehend). — k) einen Weg (Acc.) gegangen seiend. — l) verbreitet auf (Loc.), bekannt, — als, die Bedeutung habend von (Loc.). — 2) mit pass. Bed. a) begangen, betreten Ṛv. 7,57,3. — b) erreicht, erlangt in °पार, °श्रि, °श्री. — Caus. गमयति (Ṛv. 5,5,10 गा°, aber nur in der Saṁhitâ), गमयते 1) Jmd (Acc.) kommen lassen, herbeiführen, führen, hinführen —, befördern —, bringen zu oder nach (Acc., Dat. oder Loc.). — 2) Jmd in einen Zustand versetzen, verhelfen zu, theilhaftig werden lassen, übergeben (Âpast. 1,7,16); mit zwei Acc मुखमरविन्दताम् so v. a. das Gesicht zu einer Lotusblüthe erheben, mit ihr in Parallele bringen 251,28. — 3) Jmd (Gen.) Etwas (Acc.) zu Theil werden lassen, verleihen. — 4) Jmd weggehen heissen, fortschicken. — 5) hingehen lassen, so v. a. sterben —. गमित gestorben MBh. 12,29,149. — 6) verfliessen lassen, zubringen (eine Zeit). — 7) Jmd gehen lassen. पदातिम् zu Fusse. — 8) *Jmd (Acc.) durch Jmd (Instr.) zum Gehen bringen. Soll Caus. vom Caus. sein 226,5. — 9) gehen —, so v. a. unberücksichtigt lassen, sich nicht kümmern um Bâlar. 120,14. — 10) abfahren lassen, so v. a. übertreffen Prasannar. 5,22. — 11) in's Klare bringen, erklären. — 12) die Bedeutung von (Acc.) hervorrufen, bezeichnen. — Desid. जिगमिषति und जिगांसति 1) gehen wollen, im Begriff sein zu gehen. — 2) zu erlangen streben. — 3) bringen wollen. प्रकाशम् an's Licht. — Intens. गनिगन्ति, गनीगन्ति, *जङ्गन्ति, *जङ्गमीति und *जङ्गम्यते besuchen. — Mit अच्छ, अच्छा 1) hingehen zu. — 2) gelangen zu, erreichen. — Mit अति 1) verfliessen, vergehen. °गत verflossen. — 2) übergehen, überspringen; mit Acc. — MBh. 9,2367 fehlerhaft für अभि. — Mit उपाति gehen über (einen Fluss). — Mit व्यति 1) verfliessen. °गत verflossen, vergangen (Zeit). — 2) *gemeinsam passiren. — Mit अधि 1) herankommen, kommen —, hingehen —, gelangen nach oder zu (Acc.). °गत so v. a. umgeben —, umringt von (Instr.). — 2) einem Weibe (Acc.) beiwohnen. — 3) gehen —, sich machen an 24,32. विरोधम् Streit anfangen Spr. 3453. — 4) kommen zu, erlangen, erhalten, theilhaftig werden. भर्तारम् zu einem Manne kommen, einen M. nehmen. कन्याम्, दारान् zur Frau nehmen, heirathen. °गत mit act. (!) und pass. Bed. — 5) treffen, stossen auf, auffinden. — 6) ausfindig machen, dahinterkommen, erkennen. — 7) erfinden. — 8) halten für (इति) Ḱaraka 6,12. — 9) vollführen, ausführen. — 10) lernen, studiren, erforschen, lesen. — Desid. 1) wiederzuerlangen wünschen, suchen. — 2) Med. °जिगांसते studiren wollen Âpast. 1,10,13. 15. — Mit समधि 1) herankommen, hintreten zu, nahen. °गत mit act. Bed. — 2) in Besitz gelangen von, erwerben, erlangen. — 3) lernen, studiren, lesen. — Mit अनु 1) nachgehen, nachfolgen, verfolgen, begleiten; suchen, aufsuchen (mit Acc., ausnahmsweise mit Loc.). °गत mit act. und pass. Bed. तैलं क्षीरानुगतम् so v. a. das Oel sammt der Milch. °गतो गजचर्मणा so v. a. hinten mit einer Elephantenhaut bedeckt. — 2) zugehen auf. — 3) besuchen, durchwandern. °गत mit act. Bed. Kâd. 214,23. — 4) heimsuchen, sich Jmds (Acc.) bemächtigen. मदनानुगत 47,14. — 5) herankommen, sich einstellen. — 6) befolgen, sich richten nach, entsprechen, nachahmen. °गत a) folgsam, nachgiebig, willfährig 256,32. Kâd. 2,123,13. — b) am Ende eines Comp. sich richtend nach, entsprechend, gemäss 105,21. 211,23. MBh. 3,315,24. R. 4,24,3. Paṅḱat. 218,8. — c) nachgeahmt 106,22. — 7) eingehen —, enthalten sein in (Loc.). — 8) ausgehen, verlöschen, hinschwinden. — 9) Etwas ausführen, bewerkstelligen. °गत mit act. Bed. — Caus 1) begleiten Mâlav. 20. — 2) auslöschen. — Mit समनु 1) Jmd (Acc.) nachgehen, folgen. — 2) eindringen in, durchdringen. — 3) °गत Pl. insgesammt zusammenhängend —, — es zu thun habend mit

(Instr.) Çaṅk. zu Bâdar. 1,1,4. — Mit अन्तर् 1) *intercedere, ausschliessen von* (Abl.). — 2) अन्तर्गत a) *hineingekommen, — gegangen, hineingegangen —, enthalten —, befindlich in* (im Comp. vorangehend) 149,7. 268,5. — b) *im Innern befindlich, der innere, verborgen, geheim.* — c) *geschwunden, gewichen.* — d) * *aus dem Gedächtniss geschwunden.* — Mit अप *fortgehen, weichen, schwinden, — von* (Abl.). °गत a) *fortgegangen, gewichen, geschwunden, abgekommen von* (Abl. oder im Comp. vorangehend). — b) * *gestorben.* — Mit व्यप *fortgehen, weichen, schwinden.* °गत *fortgegangen, gewichen, geschwunden, verstrichen, gewichen von* (Abl.). — Mit अपि und Acc. 1) *eingehen —, eintreten in, hingehen zu, betreten* (einen Weg) ṚV. 10,2,3 (mit vorangehendem आ). *eingehen in*, so v. a. *sich auflösen in* Çaṅk. zu Bâdar. 2,1,9. — 2) *gelangen zu, theilhaftig werden.* — Mit अभि 1) *herbei —, herankommen, sich nähern, treten zu, kommen —, gehen zu* oder *nach*; mit Acc. °गत a) *gekommen zu* (Dat.), *mit einer Bitte herangetreten.* — b) *zu dem man gekommen ist, besucht.* — 2) *heimkehren* Gaut. — 3) *Jmd* (Acc.) *folgen, nachgehen.* — 4) *Jmd* (Acc.) *finden, antreffen.* — 5) *fleischlich beiwohnen* (von beiden Geschlechtern), mit Acc. Spr. 7842. — 6) *sich machen an, sich hingeben.* चिन्ताम् MBh. 9,42, 10. — 7) *erlangen, erwerben, theilhaftig werden.* निद्रामभिगतः so v. a. *eingeschlafen.* — 8) mit मनसा, मेधया oder हृदयेन *erfassen, begreifen.* — Caus. *lernen, studiren.* — Mit समभि 1) *herankommen.* — 2) *sich fleischlich verbinden mit* (Instr.). — Mit अरम् *gewärtig sein, erscheinen, sich darbieten;* mit Dat. — Mit अव 1) *herabkommen zu* (Acc. oder Loc.). — 2) *her —, hinkommen zu, besuchen, sich begeben in, gerathen unter;* mit Acc. — 3) *erlangen.* — 4) *zu Etwas gelangen, reich* oder *mächtig werden* TS. 6,6,5,3.4. — 5) *gehen an, unternehmen.* — 6) *auf Etwas kommen, — verfallen, in Erfahrung bringen, erfahren von* (Abl. 323,28), *bemerken, erkennen, errathen, verstehen, sich von Etwas überzeugen, überzeugt —, der Meinung sein, wissen* (अवगच्छन्त् *wissentlich* 107,29). अवगत mit act. und pass. Bed. — 7) *erkennen für, halten, ansehen, wissen dass;* mit zwei Acc. न तथास्मि यथा मामवगच्छसि so v. a. *ich bin nicht so, wie du glaubst.* अवगत mit act. Bed. — 8) अवगत Ind. St. 10,318 fehlerhaft für अपगत. — Caus. 1) *herbeischaffen, verschaffen.* — 2) *erfahren lassen, kennen lehren.* — Mit अध्यव, °गत Ind. St. 10,318 fehlerhaft für व्यपगत; vgl. Comm. zu Sûrjas. 7,20,b. 21,a. — Mit प्रत्यव *genau kennen.* —

Mit व्यव Med. *sich trennen.* — Mit समव *vollständig kennen lernen.* — Mit आ 1) *herbeikommen, sich einstellen, kommen, — von* (Abl.), — *zu, in* oder *nach, treten an* oder *zu;* mit Acc. oder Loc. इह 78,20. अत्र 151,19. Mit nachfolgendem अच्छ ṚV. 7,18,4. — 2) *wiederkommen, zurückkehren.* Gewöhnlich mit पुनर् 21,27. 29,25. — 3) *zusammenkommen mit* (Instr.) MBh. 3,68,34. — 4) *erreichen, treffen, zu Theil werden.* अदृष्टं भयं त्वामागमिष्यति 39,1. Mit vorangehendem अच्छा ṚV. 8,92,9. — 5) *in einen Zustand eingehen, — gerathen, sich hingeben.* — Partic. आगत (s. auch bes.) 1) mit act. Bed. a) *herbeigekommen, gekommen* (auch von der Zeit), — *in* oder *zu* (Acc., Loc. oder im Comp. vorangehend). Auch in Comp. mit dem Orte *woher.* — b) *zur Welt gekommen* Spr. 6533. — c) *zurückgekommen, wiedergekehrt.* Gewöhnlich mit पुनर्. — d) am Ende eines Comp. *angekommen,* so v. a. *angestossen.* — e) *kommend —, stammend von* (Abl.). — f) *zugekommen, zugefallen.* मामागतं तस्य तद्वचः so v. a. *jenes Wort von ihm ist jetzt an mir in Erfüllung gegangen.* — g) *zugetragen, sich eingestellt habend.* — h) *gerathen in, theilhaftig geworden;* mit Acc. — i) *durch Berechnung herausgekommen, berechnet.* — 2) mit pass. Bed. *durchlaufen* (Weg). — Caus. 1) *herbeikommen lassen, herbeiführen.* — 2) * *in der Erzählung herbeikommen lassen, Jmds Ankunft erzählen.* — 3) *Kunde von Etwas* (Acc.) *erhalten, — sich verschaffen* Gobh. 1,5,12 (Med.). Kâraka 1,8. — 4) *Etwas* (Acc.) *von Jmd* (Abl.) *lernen* 222,10. Ragh. 10,72. Spr. 4213. आगमित in Comp. mit dem Lehrer. — 5) Med. *die Zeit kommen lassen, abwarten, sich gedulden.* — Desid. *zu kommen wünschen nach* (Acc.). — Intens. (आगनीगन्ति) *wiederholt sich nähern,* mit Acc. — Mit अध्या 235,1.2. *stossen auf, auffinden.* — Mit अन्वा *hinter Jmd herkommen an einen Ort, nachfolgen, entlang gehen;* mit Acc. अन्वागत mit act. und pass. Bed. Vgl. अनन्वागत. — Desid. (°जिगांसति) *nachzufolgen beabsichtigen,* mit Acc. — Mit समन्वा, °गत (buddh.) *begleitet von, versehen mit* (Instr. oder im Comp. vorangehend) Lalit. 10,10. 15,6. 184,6. Kâraṇḍ. 41,24. 52,17. — Mit अभ्या 1) *herbeikommen, kommen —, treten zu, besuchen.* °गत *herbeigekommen, gekommen* (auch von der Zeit), — *zu* oder *nach* (Acc.). पोषणाभ्यागत *gekommen um sich zu mästen* MBh. 13,71,31. क्रमात् so v. a. *ererbt.* — 2) in einen Zustand —, in ein Verhältniss *gerathen.* — Mit समभ्या *convenire* Prasannar. 14,3. *herbeikommen.* Mit पुनर् *zurückkehren.* — Mit अवा *unternehmen, anstellen* ṚV. 3,31,14. — Mit समुदा, °गत am Ende eines Comp. etwa *hervorragend in.* — Mit उपा 1) *herbeikommen, hinzutreten, kommen zu* oder *nach* (Acc. oder Loc.). °गत *herbeigekommen, gekommen* (auch von einer Zeit 116,7), — *um sich unter Jmds Schutz zu stellen.* — 2) *zurückkehren.* — 3) *gehen an, sich hingeben.* — 4) in einen Zustand —, in ein Verhältniss *treten, gerathen in.* — 5) *sich einstellen, zufallen, zu Theil werden.* — Mit अभ्युपा, °गत *gekommen zu* oder *in.* व्यसनाय so v. a. *Unglück verheissend genaht* (Schicksal) R. Gorr. 2,20,9. — Mit पर्युपा, °गत Pl. *um Jmd herum stehend.* — Mit समुपा 1) *herbeikommen, kommen zu* oder *nach, treten zu;* mit Acc. °गत *herbeigekommen, gekommen* (auch von der Zeit), *gekommen zu* oder *nach.* — 2) *treffen, erreichen.* °गत mit act. Bed. — 3) in einen Zustand —, in ein Verhältniss *treten, gerathen in.* — Mit न्या *herabkommen zu.* — Mit प्रतिन्या *zurückkehren.* — Mit पर्या *einen Umgang halten.* — पर्यागत 1) *den Kreislauf vollendet habend, abgelaufen.* — 2) *inveteratus* MBh. 5,48,89. — 3) *wieder in's Leben gekommen.* — 4) *umstrickt —, in der Gewalt stehend von* (im Comp. vorangehend). — Mit प्रत्या 1) *zurück —, wiederkehren, — von* (Abl. 291,15), — *zu* (Acc.). — 2) *wieder zu sich selbst kommen, seine Besinnung wiedererlangen.* — Mit संप्रत्या *zurückkehren.* — Mit समा 1) *zusammenkommen, zusammentreffen, sich verbinden, zusammenkommen bei* (Loc.), *zusammenkommen —, zusammenstossen mit* (सह, सार्धम् oder Instr. allein), *sich geschlechtlich verbinden mit* (Instr.); von Sternen so v. a. *in eine solche Stellung kommen, dass der eine Stern den andern verdeckt.* संगमं परस्परम् *eine Verbindung unter einander eingehen.* समागत *zusammengekommen, versammelt, vereint, — mit* (Instr.), *zusammengestossen mit* (Instr.), *in Conjunction stehend mit* (Instr.). — 2) *herbeikommen, kommen, kommen zu;* mit Acc. oder Loc. (179,25). — 3) *zurückkehren* 110,12. *von* (Abl.) 150,15. — 4) *stossen auf, finden;* mit Acc. — Caus. *Jmd* (Acc.) *zusammenführen —, zusammenbringen mit* (Instr. oder Loc.). — Mit अभिसमा 1) *zusammen herbeikommen.* — 2) *kommen zu* (Acc.). — Mit उद् 1) *in die Höhe gehen, aufgehen* (von Gestirnen 314,4), *sich erheben, aufschiessen.* — 2) *hervorkommen, — brechen, zum Vorschein kommen.* उद्गत *hervorgekommen, — aus, hervorkommend aus* (Abl. oder im Comp. vorangehend) Spr. 7795. *zum Vorschein gekommen* Chr. 308,21. — 3) *hinaus —, fortgehen, schwinden.* — 4) *sich ausbreiten, — verbreiten.*

उद्गत *weit verbreitet.* — 5) *उद्गत *vomirt.* — Caus. 1) *aufgehen lassen* (die Sonne) Mahâbh. 3,28,a. — 2) *hervorkommen lassen.* उरोरुहात्पयांसि *Milch aus der Brust saugen* Spr. 7774. — Mit अपोद् Desid. (°जिगांसति) *sich zu entziehen suchen,* mit Abl. 22,2. — Mit अभ्युद् 1) *aufgehen* (vom Monde) 314,7. — 2) *hinaus und Jmd* (Acc.) *entgegen gehen.* — 3) *sich ausbreiten, — verbreiten.* — 4) °अभ्युद्गत *erhaben über* Lalit. 69,10. — Mit प्रोद् *hervorragen.* — Mit प्रत्युद् 1) *hinaus und Jmd entgegen gehen* (zur Bewillkommnung oder in feindlicher Absicht). प्रत्युद्गत mit act. und pass. Bed. — 2) *wieder herauskommen, — zum Vorschein kommen* Prasannar. 146,14. — 3) *sich aufmachen nach, proficisci;* mit Acc. oder Loc. Kârand. 45,10. 47,11. 49,8. — Mit समुद् 1) *hervorkommen, hervorbrechen.* — 2) समुद्गत *begonnen* (die Glieder im Comp. verstellt) Lalit. 8,8. — Mit उप 1) *hinzu —, herbeikommen, herankommen an, hinzutreten zu, hingehen —, gelangen zu, besuchen;* mit Acc. oder Dat. (ausnahmsweise). उपगत auch *der sich in Jmds Schutz begeben hat.* — 2) *Jmd* (Acc.) *feindlich entgegentreten, herfallen über.* अधर्मेण *Jmd übel begegnen.* — 3) *feindlich zusammenstossen mit* (Instr.) ṚV. 1,53,9. — 4) *inire* (feminam). — 5) *erreichen, treffen, widerfahren, begegnen, zu Theil werden;* mit Acc. उपगत *zu Theil geworden* MBh. 13,57,40. Spr. 45. — 6) *einen best. Standpunct erreichen* (von Sternen). — 7) *an Etwas gehen, unternehmen.* — 8) in *einen Zustand —,* in *ein Verhältniss treten, verfallen in, erlangen, theilhaftig werden.* उपगत mit Acc. oder am Ende eines Comp. — 9) *Jmd erwählen zu;* mit zwei Acc. — उपगत 1) **angrenzend, in der Nähe befindlich.* — 2) **heimgegangen, todt.* — 3) *versehen mit.* हेम्ना so v. a. *in Gold gefasst.* बद्धिप्रपलोपगत *begleitet von* Spr. 3143. — 4) *eingeräumt, zugestanden, anerkannt.* — Caus. *herbeikommen lassen.* — Desid. (°जिगमिषति) *zu wandeln begehren.* — Mit अभ्युप 1) *herbeikommen, hinzugehen, treten zu, gehen zu* oder *nach* (Acc.). — 2) *Jmd* (Acc.) *zu Hülfe kommen.* — 3) *gehen —, sich machen an* (Dat.). — 4) zu einem best. Zeitpunkt (Acc.) *gelangen.* — 5) *Etwas* (Acc.) *erlangen, theilhaftig werden.* अभ्युपगत mit act. Bed. — 6) *sich für Etwas erklären, zugestehen, zugeben, einräumen, einwilligen in* (Acc.) 327,24. — Caus. *Jmd* (Acc.) *zur Einwilligung bewegen.* — Mit समुप 1) *herbeikommen, hinzutreten zu* (Acc.). — 2) in einen Zustand —, in ein Verhältniss *treten.* — Mit नि 1) *sich niederlassen auf* oder *bei* (Acc. oder Loc.). — 2) *sich einstellen.* — 3) *inire* (feminam). — 4) *gerathen an* oder *in, gelangen zu, theilhaftig werden.* Häufig °गच्छति und °गच्छन्ति herzustellen für °यच्छति und °यच्छन्ति. — 5) *eintreten, sich einfügen.* — Caus. 1) *einsetzen, einfügen.* — 2) *schliessen, er —, folgern.* — Mit उपनि *stossen —, treffen auf, gerathen in.* — Mit संनि *zusammentreffen, zusammenkommen mit* (Instr.). — Mit विनि Caus. in °गमक. — Mit निस् 1) *hinausgehen, — treten, hervorkommen, von Hause gehen, aufbrechen;* das Woher im Abl., das Wohin im Acc. oder Loc. निर्गत *hinausgegangen, hinausgehend* u. s. w.; das Wohin im Abl. oder im Comp. vorangehend (183,31). Oefters mit pleonastischem बहिस्. — 2) *hervortreten, — brechen, zum Vorschein kommen.* — 3) *fortgehen,* so v. a. *schwinden.* — 4) *befreit werden von* (Abl.). — 5) *gerathen in, theilhaftig werden.* निद्राम् so v. a. *einschlafen.* — Caus. *aufbrechen heissen.* — Desid. (°जिगमिषते) *hinauszutreten begehren;* das Woher im Abl., das Wohin im Loc. — Mit अभिनिस् *hinausgehen aus, sich entfernen von* (Abl.). — Mit विनिस् 1) *hinausgehen, — treten, hervorkommen, aus dem Hause gehen, fortgehen, aufbrechen;* das Woher im Abl., das Wohin im Acc. विनिर्गत *hinausgegangen, herauskommend, — tretend, hervor* — 107,4. — 2) *sich entfernen* (von Sternen), *weichen.* — 3) *sich losmachen —, sich befreien von* (Abl.). — 4) *ausser sich gerathen.* — Mit संनिस् *hinausgehen, aufbrechen.* — Mit परा 1) *weg —, entgehen, entweichen.* — 2) *hingehen, abscheiden.* — 3) परागत a) *gekommen, angelangt* Kâd. 2,102,13. — b) *erfüllt —, voll von* (im Comp. vorangehend). — Mit अनुपरा *einem Entweichenden* (Acc.) *nachgehen* Maitr. S. 1,8,9. — Mit परि 1) *umhergehen, umwandeln, umschreiten, umkreisen, durchwandern.* °गत *durchwandert* 89,19. — 2) *umschliessen, umgeben.* °गत am Ende eines Comp. *umschlossen —, umgeben von.* — 3) *sich nach allen Seiten verbreiten.* °गत *weit verbreitet.* — 4) *dahingehen, abscheiden.* °गत *gestorben.* — 5) in einen Zustand *übergehen, theilhaftig werden, erlangen.* — परिगत 1) (*umgeben*) *erfüllt —, in Besitz genommen —, heimgesucht von, behaftet mit* (Instr. oder im Comp. vorangehend). — 2) *erfahren, erlebt* Bâlar. 91,22. — 3) *kennen gelernt, erlernt von* (Abl.) Bâlar. 225,13. — 4) *gekannt.* — 5) **vergessen.* — 6) *= चेष्टित. — Caus. eine Zeit (Acc.) *verbringen.* — Mit प्र 1) *aufbrechen, hingehen zu* (Acc. oder Loc.). Mit folgendem अन्तँरु *hineindringen in* (Acc.) ṚV. 10,42, 8. — 2) *schreiten zu, gehen an* (Acc.). — 3) *gelangen zu, theilhaftig werden* ṚV. 8,8,10. — 4) *प्रगत *auseinanderstehend.* — Mit विप्र *auseinandergehen, sich zerstreuen.* — Mit प्रति 1) *entgegenkommen* ṚV. 5,41,18. *entgegengehen.* — 2) *zurück —, heimkehren, — nach* oder *in* (Acc.). — 3) °गत *dem Gedächtniss entschwunden.* — Mit वि 1) *auseinandergehen.* — 2) *weggehen; vergehen, verstreichen, verschwinden.* विगत am Anfange eines adj. Comp. *verschwunden, gewichen.* — 3) *abstehen von.* रणाविगत *vom Kampfe abstehend.* — विगत 1) *hingegangen, gestorben.* — 2) **glanzlos.* — Vgl. विदूर‍विगत. — Caus. *verbringen* (eine Zeit). — Mit प्रवि, °गत *verschwunden, gewichen.* — Mit सम् 1) Med. (ausnahmsweise auch Act.) a) *zusammenkommen, — treffen, zusammenkommen —, sich vereinigen —, sich verbinden mit* (Instr. oder Instr. mit सह oder सार्धम्). Von freundlichem, feindlichem und geschlechtlichem *Zusammenkommen.* कुलसंगत so v. a. *ein Bekannter der Familie* Gaut. 17,6. — b) *zusammenkommen —, sich einfinden bei* (Loc.). — c) *theilhaftig werden,* mit Instr. ṚV. 5,42,18. 7,84,2. — d) *abscheiden, sterben.* — e) *zusammenpassen, zutreffen, entsprechen.* संगत *zutreffend, übereinstimmend mit* (im Comp. vorangehend zu Spr. 1539). — f) mit Acc. α) *zusammentreffen mit* (nur संगम्य). — β) in ein Verhältniss *eingehen.* विश्रम्भम् *Vertrauen fassen.* — 2) *Act. mit Acc. a) *gehen nach, besuchen.* — b) *fleischlich beiwohnen.* — 3) संगत *eingeschrumpft.* Statt संगतम् R. 3,25, 7 liest ed. Bomb. 3,19,10 besser संगता: *zusammengekommen.* — Caus. 1) *zusammenbringen, zusammenbringen —, — führen —, verbinden mit* (Instr.). — 2) *verbinden,* so v. a. *construiren.* — 3) *hinführen zu,* mit zwei Acc. — 4) *übergehen lassen auf* (Loc.), *übergeben.* — 5) *tödten* (nach Nîlak.) MBh. 5,142,9. — *Desid. 1) संजिगंसते *zusammenkommen wollen mit* (Loc.). — 2) ved. संजिगांसति *gelangen wollen nach* (Acc.). — Mit अनुसम् Desid. (°जिगमिषति) *nachfolgen wollen.* — Mit अभिसम् 1) *zusammen herbeikommen, — zu* (Acc.). — 2) *zusammenkommen mit* (Instr.). °अभिसंगत *im Verein mit.* — 3) *zusammen bewillkommnen.* — Mit उपसम् 1) *zusammen herbeikommen, — zu* (Acc.). — 2) *hinzutreten —, sich gesellen zu* (Acc.). — 3) *sich verbinden.* मिथुनायोपसंगतौ *im Beischlaf begriffen.* — 4) in einen Zustand —, in ein Verhältniss *treten.*

गम 1) Adj. (f. आ) am Ende eines Comp. *gehend* u. s. w. मेष° *auf einem Widder reitend* Hemâdri 1,802,12. — 2) m. a) am Ende eines Comp. *der*

Gang zu einer Frau, das Beiwohnen. — b) *das Fortgehen von oder aus* (Abl.) KAURAP. 44. *Aufbruch eines Heeres* VARÂH. JOGAJ. 4,58. — c) *Entfernung, Wegschaffung* (von Brüchen) BHÂG. 129. — d) *Weg, Wegstrecke.* — e) * *Flüchtigkeit, Unüberlegtheit.* — f) * *eine Art Würfelspiel.* — g) * *gleicher Wortlaut.*

गमक 1) Adj. *zur Ueberzeugung führend, zeugend von* (Gen.) Nom. abstr. °ता f. und °त्व n. — 2) n. *ein tiefer Brustton.*

*गमकारित्व n. *Flüchtigkeit.*

*गमथ m. 1) *Reisender.* — 2) *Weg.*

गॅमध्यै Dat. Inf. von गम् (abhängig von वश्) 3,11.

गमन n. (adj. Comp. f. आ) 1) *das Kommen.* v. l. आ° besser. — 2) *das Hingehen —, Sichbegeben zu, in* oder *nach* (प्रति, ein Ortsadverb, Acc., Gen. oder im Comp. vorangehend). — 3) am Ende eines Comp. *das Gehen zu* (einer Frau), *das Beiwohnen* RÂGAT. 5,389. Auch *das Gehen zu einem Manne* GAUT. 23,14. — 4) am Ende eines Comp. *das Eingehen in* (einen Zustand), *Theilhaftigwerden.* वर्णान्तर° GAUT. 4,22. — 5) *das Fortgehen, Abreise* 183,30. *Aufbruch eines Heeres, das Ziehen in den Krieg.* — 6) *das Gehen, Sichbewegen* 96,32. 269, 14. 279,13. *Art und Weise des Gehens.* — 7) *die Spuren eines Ganges, Fussspur* u. s. w. R. 3,68, 50 (statt गमने ist wohl गगने zu lesen).

*गमनाबाध n. *Reisehinderniss* P. 6,2,21, Sch.

गमनिका f. *etwa Richtschnur, Norm* Comm. zu TS. PRÂT.

गमनीय 1) Adj. *zugänglich —, erreichbar für* (Gen.) — 2) *n. impers. *eundum.*

गमयितर् Nom. ag. *ein Führer zu* (im Comp. vorangehend). Nom. abstr. °तृत्व n. ÇAÑK. zu BÂDAR. 4,3,5.

गमयितव्य Adj. *zu verbringen* (eine Zeit).

गमागम m. 1) *das Gehen und Kommen, das Hin- und hergehen* 123,22. — 2) Sg. und Pl. *Unterhandlung* KÂD. 223,12. RÂGAT. 7,1274.

गमागमकारिन् m. *Unterhändler, Botschafter* UTPALA zu VARÂH. BRH. S. 10,10.

*गमात्र *eine best. Zahl* (buddh.).

*गमिन् Adj. *zu gehen beabsichtigend, — nach* (Acc. oder im Comp. vorangehend).

गॅमिष्ठ Adj. Superl. *gern kommend, — sich begebend in* (Acc.).

गमिष्णु Adj. *gehend* TBR. (WHITNEY, Gr. 1194). *zu durchwandern beabsichtigend,* mit ACC. DAÇAK. 17,13.

*गम्ब्, गम्बति (गतौ).

गॅम्भन् *Tiefe, Grund.*

गम्भर् (*n.) 1) dass. — 2) * *Wasser.*

*गम्भारिका und *गम्भारी f. *Gmelina arborea* (auch *Blüthe, Frucht* und *Wurzel*).

गॅम्भिष्ठ Adj. Superl. zu गम्भीर ÇAT. BR. 7,5,1,8.

गम्भीर॑ 1) Adj. (f. आ) = गभीर॑ 1). — 2) m. a) * *Citronenbaum.* — b) * *Lotusblüthe.* — c) * *ein Mantra des Rgveda.* — d) N. pr. eines Sohnes Manu Bhautja VP.[2] 3,29. — 3) f. आ a) * *ein tiefer Schluchzer.* Zu belegen das Adj. in Verbindung mit हिक्का. — b) N. pr. eines Flusses. — 4) n. a) *Tiefe.* — b) समुद्रे Name eines Sâman.

गम्भीरक 1) Adj. (f. °रिका) *tiefliegend.* दृष्टि f. *eine best. Augenkrankheit.* — 2) f. °रिका N. pr. eines Flusses.

गम्भीरगति Adj. *tiefgehend* (von Eitergängen). Nom. abstr. °त्व n. SUÇR. 1,62,7.

गम्भीर॑चेतस् Adj. *tiefsinnig.*

*गम्भीरनिर्घोष m. N. pr. eines Schlangendämons.

*गम्भीरपत्त m. N. pr. eines Fürsten.

गम्भीरबुद्धि m. N. pr. eines Sohnes des Manu Indrasâvarni BHÂG. P. 8,13,34.

गम्भीरवेदिन् Adj. *ungelehrig, hartnäckig* (Elephant). Von Elephanten und reichen Herren (*tief empfindend*) Ind. St. 15,269.

गम्भीर॑वेपस् Adj. = गभीर॑वेपस्.

गम्भीर॑शंस Adj. *im Verborgenen herrschend.*

*गम्भीरशील m. N. pr. eines Brahmanen.

गम्भीरस्वामिन् m. Name einer Statue des Nârâjana.

गम्भीरार्थ Adj. *von tiefem Sinne* Spr. 2086.

गम्भीराशय Adj. *einen tiefen Gedanken habend.* °तां कर् *einen tiefen, herzhaften Gedanken fassen* Spr. 7838.

गम्य 1) Adj. a) *wohin oder zu dem man zu gehen hat, — gehen kann* oder *darf, zugänglich, erreichbar für* (Gen., Loc. oder im Comp. vorangehend), *thunlich.* संख्यया s. v. a. *zählbar.* — b) *zu durchwandern, zu passiren.* — c) f. *Männern zugänglich, zum Beischlaf sich Jmd hingebend.* — d) f. *zum Beischlaf geeignet, in der zum Beischlaf geeigneten Verfassung sich befindend.* — e) *mit dem ein Weib* (Gen.) *sich begatten darf* oder *mag.* — f) *liederlich, mit einer Hure sich abgebend* DAÇAK. — g) *heilbar durch* (Gen.). — h) *bevorstehend, zukünftig.* — i) *was erfasst —, begriffen —, erkannt werden kann, erkennbar* (MEGH.), *verständlich.* — k) *was errathen werden muss.* Nom. abstr. °ता f. und °त्व n. — l) *gemeint seiend.* — m) *passend, geeignet.* — 2) *n. impers. *eundum.*

गॅय 1) m. a) *Haus, Hof; Hausstand, Hauswesen,* bestehend in der *Hausgenossenschaft* sowie in dem *beweglichen und unbeweglichen Vermögen, familia.* — b) Pl. *die Lebensgeister.* — c) * *Bos Gavaeus.* — d) N. pr. α) verschiedener Rshi. — β) Pl. eines Volkes. — γ) eines Asura. — δ) eines Affen. — ε) eines Berges. — 2) f. गया N. pr. a) eines berühmten Wallfahrtsortes, der Residenz eines Gaja Spr. 7741. LALIT. 309,3.7. 311,17. 326, 4. — b) eines Flusses.

गयदास m. N. pr. eines Arztes.

गयशिरस् n. 1) N. pr. eines Berges. — 2) *der westliche Horizont* NIR. 12,19.

गयसॅाधन Adj. *den Hausstand fördernd.*

गयसिंहराज m. N. pr. eines *Fürsten.* °चरित्र n. Titel eines Werkes BÜHLER, Rep. No. 713.

गॅयस्फाति f. AV. 19,31,10 wohl fehlerhaft für पयःस्फाति.

गयस्फान Adj. *den Hausstand gedeihen machend.*

*गयस्फायन Adj. dass. MAHÂBH. 6,28,b.

गयाकाश्यप m. N. pr. eines Schülers des Çâkjamuni.

गयाकूप m. N. pr. eines *Brunnens* bei Gajâ.

गयाकृत्य n. Titel eines Werkes.

गयातीर्थ n. N. pr. eines Tîrtha.

गयादास m. N. pr. eines Autors.

गयापद्धति f., गयाप्रघट्टक, गयामाहात्म्य n. und गयापात्राप्रयोग m. Titel von Werken.

*गयाशिखर, गयाशिरस् und गयाशीर्ष n. = गयशिरस्. गयाशीर्षपर्वत m. LALIT. 309,8. 311,18.

गयाश्राद्धपद्धति f. und गयासेतु m. Titel zweier Werke.

गयिन् m. N. pr. eines Commentators des Suçruta.

1. गर्, गृणाति, गृणीते (auch in pass. Bed.), गिरति und गिरते (mit सम्) 1) *anrufen, rufen.* — 2) *ankündigen, anpreisen.* — 3) *lobend nennen, beloben, preisen.* — 4) *aussprechen, hersagen* MBH. 7,42,14. RAGH. 10,64. BHÂG. P. 1,1,14. — 5) *verkünden, erzählen, in gebundener Rede lehren* GANIT. KAKSH. 5. — Mit अनु 1) *lobend einstimmen.* — 2) * *Jmd* (Dat.) *beistimmen.* — 3) *antworten,* mit *Dat. — 4) *nacherzählen, wiederholen.* — Mit अप in °गर und *°गारम्. — Mit *अपि, *°गीर्ण *gelobt, gepriesen.* — Mit अभि 1) *beifällig zurufen, einstimmen in* (Acc.), *begrüssen, preisen.* — 2) *gutheissen, wohlgefällig aufnehmen, genehmigen.* — 3) *preisend anstimmen.* — Mit आ *Beifall zollen, loben.* — Mit प्रत्या *antworten.* — Mit उप *anrufen, lobend zurufen;* mit Acc. — Mit प्र 1) *Jmd*

(Loc.) *Etwas* (Acc.) *ankündigen anpreisen.* — 2) *besingen, preisen.* — Mit संप्र *benennen.* — Mit प्रति 1) *anrufen, begrüssen*; mit Acc. — 2) *antworten, Jmd* (Dat.) — (im Wechselruf oder Gesang). Auch mit प्रतिगरम्. — 3) **Jmd* (Dat.) *beistimmen.* — Mit अभिप्रति = प्रति 2). — Mit वि RV. 6,35,5, wo aber वृणीषे st. गृणीषे zu vermuthen ist. — Mit सम् 1) संगृणाति und संगृणीते *a) einstimmen, zusagen, versprechen.* — *b)* Act. *preisen* Bhâg. P. 3,15,45. — 2) संगिरते *a) anerkennen, als wahr annehmen, behaupten* Comm. zu TS. Prât. — *b) Jmd* (Dat.) *zusagen, beipflichten*; **einstimmen in* (Acc.). — *c) sich geloben.* — *d) übereinstimmend benennen*, mit zwei Acc. — Mit अभिसम् *zusagen, versprechen.*

2. गर्, गिरति (!), गिरते, गृणाति (mit नि und सम्), गिलति. गिर् und गिल् gehen auch über die Präsensformen hinaus. 1) *verschlingen.* गीर्ण *verschlungen.* — 2) *verschlucken*, so v. a. *unterdrücken, hemmen.* — 3) *ausstossen*, (aus dem Munde) *entlassen.* — *Caus. गारयति. — *Desid. जिगरिषति. — *Intens. जेगिल्यते. — Mit अप *ausspeien* Ait. Âr. 333,18. v. l. अव. — Intens. (°जर्गुराण) *verschlingen* RV. 5,29,4. — Mit अव Act. *hinunterschlingen.* Nach den Grammatikern stets Med. — Intens. (°जल्गुलस) dass., mit Gen. — Mit उद् 1) *ausspeien.* — 2) *ausspritzen, ausgiessen.* — 3) *von sich geben, ausstossen. entlassen, dem Munde entfahren lassen* (Worte), *mit Etwas* (Acc.) *herausplatzen* 115,12. — 4) उद्गीर्ण *a)* (aus der Scheide) *herausgesprungen* (Schwert) Varâh. Bṛh. S. 50,5. — *b) hervorgerufen, bewirkt.* — Caus. उद्गिरयति *von sich geben, ertönen lassen.* — Mit *प्रत्युद् in *प्रत्युद्गार. — Mit *समुद्, *समुद्गीर्ण = समुद्गत. — Mit उप *einschlucken.* — Mit नि 1) *hinunterschlucken, verschlingen.* — 2) *verschlucken*, so v. a. *nicht aussprechen, unterdrücken.* — 3) *verschlucken*, so v. a. *sich ganz zu eigen machen* Kathâs. 19,118. — *Caus. निगारयति und निगालयति. — *Intens. निजेगिल्यते (भावगर्हायाम्). — Mit निस् *ausspeien.* — Mit सम् *verschlingen.*

3. गर्, Intens. जागर्ति (episch auch जागरति und जागर्मि) 1) *wachen, wachsam sein.* — 2) *erwachen.* — 3) *wachen über, aufpassen auf, Aufsicht haben —, herrschen über* (Loc. oder Loc. mit अधि). — 4) *die Aufmerksamkeit richten —, bedacht sein auf* (Dat.). — 5) *bewachen, passen auf* (Acc.). — 6) *wach sein*, so v. a. *fortbrennen* (vom Feuer) AV. Prâjaç. 1,5. — 7) जागृवंस् *munter, eifrig, unermüdlich.* Könnte in Stellen wie RV. 2,29,2. 3,10,9. 7,5,1. 10,91,1 eher zu 1. गर् oder 3. जर् gehören. — Caus. जागरयति (ved. Aor. अजीगर्, जिगृतम्, जिगृत) 1) *Jmd erwecken, ermuntern, anregen.* — 2) *wach —*, so v. a. *brennend erhalten* (Feuer) Ait. Âr. 386,10. — 3) *Etwas erwecken, erregen, beleben.* — 4) *schlaflos zubringen* (eine Nacht). — Mit अनु *bei Jmd* (Acc.) *wachen* R. ed. Bomb. 2,50,50. — Mit उद् *durchwachen* Harshaḱ. 140,3 (उज्जागर!). — Caus. 1) *Jmd erwecken.* — 2) *Etwas erregen, bewirken.* — Mit प्र *die Wache halten, aufpassen auf* (Loc.), *lauern auf* (Gen.). — Caus. *aufwecken.* — Mit प्रति *wachen bei* (Acc.).

4. *गर्, गरति (सेचने).

5. गर्, गारयति (विज्ञाने, विज्ञापने).

गर 1) Adj. *verschlingend* in अज°. — 2) m. *a) Trank, Flüssigkeit.* — *b)* **ein best. leichteres Gift.* — *c) eine best. Krankheit.* — *d)* N. pr. verschiedener Männer. — 3) m. n. (dieses selten) *Gift.* — 4) *f. आ *a) das Verschlingen.* — *b) eine best. Cucurbitacee.* — 5) *f. आ und ई *Andropogon serratus.* — 6) n. *a) das fünfte* 2. करण 4) *n).* — *b)* **ein best. Gift.*

गरगिर् und गरगीर्ण Adj. *der Gift geschluckt hat.*

गरगीर्णिन् m. N. pr. eines Ṛshi.

गरघ्न 1) *Gift — oder die* गर *genannte Krankheit vertreibend.* — 2) *m. *Ocimum sanctum* und auch *eine andere Species.* — 3) f. ई *ein best. Fisch.*

1. *गरण n. *das Verschlingen.*

2. *गरण n. *das Bespritzen.*

*गरणवन्त् Adj. *sich mit dem Verschlingen abgebend.*

गरद 1) Adj. Subst. *Gift gebend, Giftmischer* Gaut. — 2) *n. *Gift.*

गरदान n. *das Reichen von Gift.*

*गरद्रुम m. *Strychnos nux vomica* Râgan. 9,149.

*गरभ m. *Foetus.*

गरल 1) (*m.) n. *Gift* 173,4. 14. Spr. 7682. — 2) *n. *a) Schlangengift.* — *b) Aconitum ferox* Râgan. 6,225. — *c) ein Bund Gras.* — *d) Maass.*

*गरलव्रत m. *Pfau* Gal.

गरलाय्, *°यते *zu Gift werden.*

*गरलारि m. *Smaragd* Râgan. 13,167.

*गरलिन् Adj. *giftig.*

*गरव्रत m. *Pfau.*

*गरघ्न् m. *Ocimum sanctum.*

गरागरी f. *Lepeocercis serrata* Karaka 7,2. 8,11.

*गरात्मक n. *der Same von Hyperanthera Moringa.*

*गराधिका f. *Schildlaus* oder *Cochenille.*

*गराराति m. *Smaragd* Gal. (गरारीति).

*गराषिका = गराधिका.

*गरिका f. *der Kern der Kokosnuss* Gal.

*गरित *vergiftet.*

गरिमन् m. 1) *Schwere.* — 2) *Wichtigkeit, Würde, ehrenvolle Stellung.* — 3) *Macht* Bâlar. 31,7. — 4) *eine best. übernatürliche Kraft.* — 5) *eine hochstehende Persönlichkeit* (von Rudra).

गरिष्ठ Adj. (Superl. zu गुरु) *stark angeschwollen* Git. 1,6.

गरीयंस् Adj. (Compar. zu गुरु) 1) *überaus schwer.* — 2) *grösser, bedeutender als* (Abl.). — 3) *gewichtiger, mehr geltend als* (Abl.) Gaut. *überaus wichtig, von grosser Bedeutung* Chr. 81,15. *sehr ehrenvoll.* — 4) *ehrwürdiger, in grösserem Ansehen stehend als* (Abl.), *überaus ehrwürdig.* — 5) *lieber, — als* (Abl.). — 6) *schlimmer* 69,32. 174,9.

गरीयस Adj. = गरीयंस् 5) mit Instr. MBh. 1,67,114.

गरीयस्तर Adj. = गरीयंस् 2) MBh. 7,130,14.

गरीयस्त्व n. 1) *Schwere, grosses Gewicht.* — 2) *Wichtigkeit.*

गरु = गुरु in *अगरु.

गरुड 1) m. *a) ein best. mythischer Vogel.* Er ist ein Sohn der Vinatâ, älterer Bruder Aruṇa's, Fürst der Vögel, Feind der Schlangen, Vehikel Vishṇu's oder Kṛshṇa's und geniesst göttliche Verehrung. Suparṇ. 4,1. 4. 5,1. Auch Pl. — *b) ein Palast von best. Form.* — *c) eine best. Schlachtordnung.* — *d)* Bez. *des 14ten* Kalpa 2) *h).* — *e)* N. pr. eines Sohnes des Kṛshṇa. — 2) f. गरुडी f. zu 1) *a).*

*गरुडका f. *ein best. Vogel* Gal.

गरुडध्वज 1) Adj. Garuḍa *im Banner führend.* — 2) m. Bein. Vishṇu's oder Kṛshṇa's Prasannar. 80,23.

गरुडपक्ष m. *eine best. Stellung der Hände.*

गरुडपुराण n. Titel eines Purâṇa.

गरुडमाणिक्य n. wohl *Smaragd.* °मय Adj. *smaragden.*

गरुडरुत n. *ein best. Metrum.*

गरुडवेग 1) m. N. pr. eines Rosses. — 2) f. आ *eine best. Pflanze* Varâh. Bṛh. S. 54,87.

गरुडाग्रज m. Bein. Aruṇa's 2) *b).*

*गरुडाङ्क m. Bein. Vishṇu's oder Kṛshṇa's.

*गरुडाङ्कित m. *Smaragd.*

गरुडादित्य m. *eine Form der Sonne.*

गरुडाय्, °यते *zu* Garuḍa 1) *a) werden.*

*गरुडार्ध *eine Art von Pfeilen.*

*गरुडाश्मन् m. *Smaragd.*

गरुडेश m. = गरुडादित्य Verz. d. B.H. 146,*b*,50.

गरुडेशान m. = गरुड 1) *a).*

*गरुडोत्तीर्ण n. und *गरुडोद्गीर्ण m. (Gal.) *Smaragd.*

*गरुडोद्भव m. ein best. Edelstein Gal.

गरुडोपनिषद् f. Titel einer Upanishad.

गरुत् (*m. n.) Flügel Prasannar. 105,17.

गरुत्मन्त् 1) Adj. geflügelt. — 2) m. a) = गरुड 1) a) Suparn. 1,3. — b) Vogel.

*गरुत्योधिन् m. Wachtel.

*गरुल m. = गरुड 1) a).

गर्ग 1) m. a) N. pr. verschiedener Personen. Pl. ihr Geschlecht. — b) ein best. Trjaha Vaitân. — c) ein best. Tact. — d) *Stier. — e) *Regenwurm. — 2) f. आ und ई ein Frauenname.

*गर्गकुल n. = गार्ग्यस्य, गार्ग्ययोः und गर्गाणां कुलम् Mahâbh. 2,409,a.

गर्गतर Adj. Ind. St. 13,412.

*गर्गत्रिरात्र und गर्गत्र्यह m. eine best. Begehung.

*गर्गभार्गविका f. eine Heirath zwischen Nachkommen Garga's und Bhrgu's.

गर्गभूमि m. N. pr. eines Fürsten.

गर्गमनोरमा f. Titel eines Werkes.

*गर्गमय Adj. von den Garga herrührend Mahâbh. 2,406,b.

गर्गर 1) m. a) Strudel, gurges. — b) ein best. musikalisches Instrument. — c) Butterfass. — d) *Pimelodus Gagora (ein Fisch). — e) *N. pr. eines Mannes. — 2) f. गर्गरा Butterfass Lalit. 315,18. — 3) f. गर्गरी a) dass. — b) eine Art Krug.

गर्गरक 1) m. a) ein best. Fisch. — b) eine best. Pflanze mit giftiger Frucht. — 2) *f. °रिका eine best. Pflanze und deren Frucht gana हरीतक्यादि in der Kâç.

*गर्गरूप्य Adj. = गर्गमय Mahâbh. 2,406,b.

गर्गशिरस् m. N. pr. eines Dânava.

गर्गसंहिता f. Titel eines Werkes Bühler, Rep. No. 58.

गर्गस्रोतस् n. N. pr. eines Tîrtha.

*गर्गाट m. ein best. Fisch.

गर्ज्, गर्जति (vom Med. गर्जमान), *गृञ्जति, *गर्जयति 1) brüllen, brummen, toben, brausen, tosen, donnern, schwätzen (von Vögeln). Mit Acc. des Lautes 177,13. — 2) den Mund voll nehmen, herausfordernd reden, grosssprechen, — thun 322,15. Spr. 7525. — Mit अति sehr herausfordernd reden MBh. 7,41,1. — Mit अनु entgegenbrüllen u. s. w. — Mit अभि anbrüllen, anschreien (mit Acc.), ein wildes herausforderndes Geschrei erheben. — Mit समभि anbrüllen, anschreien; mit Acc. — Mit उद् 1) ein Gebrüll erheben. — 2) mit lauter Stimme ausrufen. — Mit परि brüllen, schreien, knurren, keifen (von einem bösen Weibe). — Mit प्र zu tosen —, zu donnern beginnen. — Mit *संप्र in *°गर्जित. — Mit प्रति entgegenbrüllen, mit einem Brüllen u. s. w. antworten, anschreien; mit Acc. der Person oder des Lautes. — 2) sich widersetzen, Widerstand leisten. — 3) wetteifern mit (Gen. oder Instr.) 249,11. 251,2. 252,26 (चन्द्रस्य st. मुखस्य zu verbessern). — Mit वि brüllen, schreien. — Mit सम् anbrüllen, anschreien.

गर्ज 1) m. (*f. आ) Gebrüll (insbes. *eines Elephanten), Getöse. — 2) *m. Elephant.

*गर्जक m. ein best. Fisch.

गर्जन n. Gebrüll, Geschrei, Getobe, Getöse, Donner (Spr. 7856).

*गर्जर n. eine Grasart Râgan. 8,132.

*गर्जाफल m. Asteracantha longifolia Râgan. 11,219.

गर्जि m. = गर्जित 2) a) Vikramâñkak. 9,71.

गर्जित 1) *m. ein brünstiger Elephant. — 2) n. a) Gebrüll, wildes Geschrei, Getöse, Donner. — b) herausforderndes Gerede, Grosssprecherei.

गर्जितरव m. Gebrüll Spr. 846.

*गर्जितासह m. Löwe Gal.

*गर्ज्य Partic. fut. pass. von गर्ज्.

1. गर्त m. 1) hoher Stuhl, Thron. — 2) der Sitz des Streitwagens. — 3) Wagen Gaut. — 4) *Würfeltisch. — 5) *Haus, Gemach.

2. गर्त 1) m. f. (आ) und n. Grube, Loch, Grab. — 2) m. a) Kanal M. 4,203. — b) *Lendenhöhle. — c) *eine best. Krankheit. — d) *N. pr. eines Theiles von Trigarta. — e) mit गर्भ verwechselt. — 3) f. आ N. pr. eines Flusses.

*गर्तकी f. Weberwerkstatt Gal. Vgl. गर्तिका.

गर्तन्वन्त् Adj. mit einer Grube oder Vertiefung versehen.

गर्तपत्य n. das Fallen in eine Grube Çâñkh. Br. 16,9. 25,14.

गर्तमित् Adj. in eine Grube versenkt.

गर्तसद् Adj. auf dem Sitze des Streitwagens sitzend.

गर्ताकुक्कुट m. ein best. Vogel.

गर्तारुह् Adj. (Nom. °रुक्) den Sitz des Streitwagens besteigend.

गर्ताश्रय m. ein in Löchern wohnendes Thier.

*गर्तिका f. Weberwerkstatt. Vgl. गर्तकी.

*गर्तिन् und *गर्तीय Adj. von गर्त.

गर्तेश (?) m. Lot. de la b. l. 502.

गर्तेष्ठा Adj. in der Grube, d. i. im Grabe befindlich.

गर्तोदक n. Grubenwasser Âçv. Gṛhj. 4,2,10, v. l.; vgl. Sâj. zu RV. 10,14,9.

*गर्त्य Adj. = गर्तमर्हति.

गर्द्, गर्दति, *गर्दयति frohlocken.

गर्द Adj. (f. आ) hungrig (nach Comm.) TS. 3,1,11,8.

1. गर्दभ्, °भति den Esel spielen.

2. *गर्दभ् Adj. von गर्दभय्.

गर्दभ 1) m. a) Esel. Am Ende eines adj. Comp. f. आ. — b) *ein best. Parfum. — 2) f. °भी a) Eselin. — b) ein best. in Kuhmist lebendes Insect. — c) *Name verschiedener Pflanzen (= अपराजिता, कटभी und श्वेतकण्टकारी. — d) *eine best. Hautkrankheit. — 3) *n. a) die Blüthe der Nymphaea esculenta. — b) Embelia Ribes.

गर्दभक m. (Agni-P. 31,36), °भिका f. und *गर्दभगद m. eine best. Hautkrankheit. — Vgl. कीटगर्दभक.

गर्दभनादिन् Adj. wie ein Esel schreiend.

गर्दभपुष्प m. = खरपुष्प.

*गर्दभय्, °यति Denom. von गर्दभ.

गर्दभरथ m. ein mit Eseln bespannter Wagen Ait. Br. 4,9.

गर्दभरूप m. Bein. eines Vikramâditja.

*गर्दभवल्ली f. (Gal.), *गर्दभशाक m. und *गर्दभशाखी f. Clerodendrum Siphonanthus.

गर्दभाक्ष m. N. pr. eines Daitja.

*गर्दभाण्ड 1) m. a) Thespesia populneoides. — b) Ficus infectoria Râgan. 11,125. — 2) Adj. das Wort गर्दभाण्ड enthaltend.

*गर्दभाण्डक m. = गर्दभाण्ड 1) a).

*गर्दभाण्डीय Adj. = गर्दभाण्ड 2).

गर्दभि m. N. pr. eines Mannes. गार्दभि v. l.

गर्दभिन् m. Pl. fehlerhaft für गर्दभिल 2).

गर्दभिल m. N. pr. 1) des Vaters von Vikramâditja VP.² 5,392. — 2) Pl. einer Dynastie VP. 4,24,14.

गर्दभिल्ल m. N. pr. eines Fürsten Ind. St. 15,256. 281. Vgl. गर्दभिल.

गर्दभीमुख m. N. pr. eines Lehrers.

गर्दभीविद्या f. ein best. Zauberspruch Pañkad.

गर्दभीविपीत m. N. pr. eines Mannes.

गर्दभेज्या f. Eselsopfer Kâtj. Çr. 1,1,13.

*गर्दयितु m. Wolke.

गर्ध्, गृध्यति 1) ausholen, weit ausschreiten RV. 4,38,3. — 2) gierig sein, heftig verlangen nach (Loc. oder Acc.). गृद्ध gierig, heftig verlangend nach (Loc.) — *Caus. गर्धयति, °ते 1) Act. a) gierig machen. — b) gierig sein. — 2) Med. Jmd (Acc.) täuschen, hintergehen. — Mit अनु gierig sein nach (Loc.). — Mit अभि in °गृध्र. — Mit प्र in प्रगर्धिन्. — Mit प्रति gierig sein nach (Acc.).

गर्ध m. 1) Gier, Begierde; heftiges Verlangen nach (im Comp. vorangehend) 218,3 (vgl. Anmm.). Naish. 7,71. — 2) *= गर्दभाण्ड 1) a).

*गर्धन 1) Adj. (f. आ) gierig. — 2) f. आ Gier.

*गर्धित Adj. gierig.

गार्धिन् Adj. *gierig —, heftig verlangend nach, leidenschaftlich ergeben, — liebend.*

*गर्ब्, गर्बति (गतौ).

गर्भ m. (adj. Comp. f. आ) 1) *Mutterleib, Schooss* (auch in übertr. Bed.). — 2) *das Innere* überh. 132,21. Spr. 7686. 7774. इन्दीवर° 5543. कमल° MBh. 1,172,9. 3,133,63. 309,11. पद्म° Varâh. Brh. S. 70,11. Chr. 249,25. अम्भोज° 319,8. Naish. 11, 78. रम्भा° Chr. 313,19. Am Ende eines adj. Comp. — *in seinem Innern bergend, — enthaltend.* — 3) * *Schlafgemach.* — 4) *Leibesfrucht, Embryo* (R. 5, 28,6); *ein neugeborenes Kind, Kind, Spross überh.; Brut der Vögel; Pflanzenkeim.* अमर°, देव°, सुर° *das Kind eines Gottes* 47,5. 72,18. MBh. 1,132,27. 3,309,9. 6,122,19. 1,154,3. — 5) *die Leibesfrucht des Himmels: die während acht Monaten durch die Sonnenstrahlen aufgesogenen Dünste, welche in der Regenzeit als reife Frucht herabfallen,* Bâlar. 236,13. *die Zeitdauer dieser Schwangerschaft des Himmels.* — 6) * *ein ausgetretenes Flussbett.* — 7) * *die Warzen an der Frucht des Brodfruchtbaumes.* — 8) in der Dramatik so v. a. *Katastase.* — 9) * *Vereinigung.* — 10) N. pr. eines Ṛshi.

*गर्भक m. 1) *ein in die Haare verschlungener Blumenkranz.* — 2) *zwei Nächte mit dem dazwischenliegenden Tage.*

गर्भकर 1) * Adj. *Fruchtbarkeit bewirkend.* — 2) m. *Nageia Putranjiva.*

गर्भकरण n. *Schwängerungsmittel.*

गर्भकर्तर् m. Bein. Tvashṭar's als Verfassers von RV. 10,184.

गर्भकाम Adj. (f. आ) *Leibesfrucht wünschend* Pâr. Grhj. 1,9,5.

गर्भकार n. *ein best.* Çastra Vaitân.

गर्भकारिन् Adj. *Leibesfrucht bewirkend* Bhâvapr. 1,199.

गर्भकाल m. 1) *die Zeit der Schwangerschaft.* — 2) *die Zeit, wann die Leibesfrucht des Himmels (die Dünste der Luft) die ersten Lebenszeichen von sich giebt.*

गर्भकोश m. *Uterus.*

गर्भक्लेश m. *Geburtswehen.*

गर्भक्षय m. *Fehlgeburt.*

गर्भगत Adj. *im Mutterleibe liegend* 183,29.

गर्भगीता f. Titel eines Werkes.

गर्भगुर्वी Adj. f. *schwanger.*

गर्भगृह n. 1) *Schlafgemach* 179,21. — 2) *das Allerheiligste in einem Tempel, wo das Bild der Gottheit aufgestellt ist,* Kâd. 253,18. देवी° *wo die* Devî *verehrt wird.* — 3) mit einem vorangehenden Subst. *ein — enthaltendes Gemach.*

गर्भगेह n. = गर्भगृह 2).

गर्भग्रह m. und °ग्रहण n. *Empfängniss* Comm. zu Varâh. Brh. 4,1.

गर्भग्रहार्तव n. *die zur Empfängniss geeignete Zeit* Bâdar. im Comm. zu Varâh. Brh. 4,1.

गर्भग्राहिका f. *Hebamme.*

*गर्भघातिन् 1) Adj. *die Leibesfrucht tödtend.* — 2) f. °नी *Methonica superba.*

*गर्भचलन n. *die Bewegungen des Kindes im Mutterleibe.*

गर्भचेट m. *ein Diener von Geburt.*

गर्भच्छिद्र m. *Muttermund* Bhâvapr. 1,39.

गर्भच्युति f. *das Heraustreten der Leibesfrucht, Geburt.*

*गर्भण्ड m. *Anschwellung des Nabels.*

गर्भता f. Nom. abstr. zu गर्भ 5).

गर्भत्व n. 1) *Schwangerschaft.* — 2) Nom. abstr. zu गर्भ 4) Karaka 4,4.

गर्भद 1) Adj. *Fruchtbarkeit verleihend.* — 2) *m. *Nageia Putranjiva* Râgan. 9,145. — 3) *f. आ *ein best. Strauch* Râgan. 4,161.

*गर्भदात्री f. *ein best. Strauch* Râgan. 4,161.

गर्भदास m. *ein Sclave von Geburt, Sclavenkind* Kap. 3,51. f. ई im Prâkrit 305,19.

गर्भदिवस m. Pl. *die Tage, an welchen die in der Luft schwebenden Dünste Lebenszeichen von sich geben.*

गर्भद्रावण n. und गर्भद्रुति f. *ein best. mit Mineralien (insbes. Quecksilber) vorgenommener Process.*

गर्भद्वादश m. Pl. *das 12te Jahr nach der Empfängniss* Âpast.

गर्भधि Adj. *Leibesfrucht gebend, schwängernd.*

गर्भधरा Adj. f. *schwanger.*

गर्भधान MBh. 12,9648 fehlerhaft für गर्भाधान.

गर्भधारण 1) n. *Schwangerschaft.* — 2) f. आ Bez. des 22ten Adhjâja in Varâh. Brh. S., der über den *regenschwangern Himmel* handelt.

गर्भधि m. *Nest.*

गर्भधृत Adj. *im Mutterleibe getragen, — steckend* MBh. 4,13,12.

गर्भधृति f. *ein best. mit Mineralien* (insbes. *Quecksilber*) *vorgenommener Process.*

गर्भनाडी und गर्भनाभिनाडी f. *Nabelschnur.*

गर्भनिधान Adj. (f. ई) *die Leibesfrucht aufnehmend* Nir. 3,6.

गर्भनिष्कृति f. *eine vollkommen ausgebildete Leibesfrucht* Hemâdri 1,477,18.

गर्भनुद् 1) * Adj. *die Leibesfrucht ausstossend.* — 2) m. *Methonica superba* Bhâvapr. 1,201.

*गर्भपाकिन् m. *in 60 Tagen reifender Reis.*

*गर्भपातक 1) Adj. *eine Fehlgeburt verursachend.* — 2) m. *eine rothblühende Moringa.*

गर्भपातन 1) * Adj. = गर्भपातक 1). — 2) m. *eine* Karaṅga-*Species.* — 3) * f. ई *Methonica superba.* — 4) n. *das Verursachen einer Fehlgeburt.*

*गर्भपातिन् 1) Adj. = गर्भपातक 1). — 2) f. °नी *eine best. Pflanze.*

*गर्भपोषण n. *das Ernähren —, Tragen einer Leibesfrucht.*

गर्भभर्तृद्रुह् Adj. f. *die Leibesfrucht und den Gatten schädigend* M. 5,90.

गर्भभर्मन् n. *die Unterhaltung —, Ernährung der Leibesfrucht.*

गर्भभवन n. = गर्भगृह 2).

गर्भभार m. *die Bürde der Leibesfrucht.* °भारं धृ *schwanger werden.*

गर्भमण्डप m. *Schlafgemach.*

गर्भमास् m. *Schwangerschaftsmonat* Sâmav. Br. 2,2,1.

गर्भमास m. dass. Gaut. 14,17.

गर्भमोक्ष m. und *गर्भमोचन n. *das Gebären, Niederkunft.*

गर्भयमक n. *eine Art Paronomasie.* Beispiel Bhaṭṭ. 10,18.

गर्भयुता Adj. f. *schwanger.*

गर्भयोषा f. *eine mit —* (Gen.) *schwanger gehende Frau.*

गर्भरक्षण n. *das Schützen der Leibesfrucht, eine best. Ceremonie im 4ten Monat der Schwangerschaft.*

गर्भरक्षा f. *das Schützen der Leibesfrucht.*

गर्भरस Adj. (f. आ) *nach Schwängerung begierig.*

गर्भरूप m. *ein junger Mann.* Pl. *junge Leute* Bâlar. 161,18.

गर्भरेखा f. *ein Strich im Innern* (einer Figur) Hemâdri 1,127,10. fgg.

गर्भलक्षण n. *Kennzeichen* 1) *der Schwangerschaft.* — 2) *der Schwangerschaft des Himmels, — der Wolken.*

गर्भलम्भन n. *Empfängniss einer Leibesfrucht,* Bez. *einer best. Ceremonie.*

गर्भवती Adj. f. *schwanger* 150,26.

गर्भवध m. *Tödtung einer Leibesfrucht.*

गर्भवर्त्मन् n. *Geburtsweg* Bhâvapr. 1,68.

गर्भवसति f. *Mutterleib.*

गर्भवायुधारण f. Titel des 21ten Adhjâja in Varâh. Brh. S.

गर्भवास m. *Mutterleib.* °ज्वर m. *Kindbettfieber* Hemâdri 1,261,9.

गर्भविच्युति f. *Abortus im Beginn der Schwan-*

gerschaft.

गर्भविनोदरस m. Titel eines Werkes.

गर्भविपत्ति f. *das Absterben der Leibesfrucht.*

गर्भविपर्यय m. *ein die Leibesfrucht treffender Unfall.*

गर्भविलासरस m. Titel eines Werkes.

गर्भवेदन *ein Spruch, der Empfängniss bewirken soll,* VAITÂN.

गर्भवेश्मन् n. 1) *ein Gemach im Innern des Hauses* RAGH. 19,42. — 2) *Wochenstube.*

गर्भव्याकरण n. *detaillirte Beschreibung der Leibesfrucht.*

गर्भव्यापद् f. *das Absterben der Leibesfrucht.*

गर्भव्यूह m. *eine best. Schlachtordnung.*

गर्भशङ्कु m. *ein Haken zur Extraction eines todten Fötus.*

गर्भशय्या f. *Mutterleib* BHÂVAPR. 1,20. 27.

गर्भशातन n. 1) *das Abtreiben der Leibesfrucht* ÂPAST. — 2) *ein fruchtabtreibendes Mittel* SUÇR. 1, 277,12.

गर्भश्रीकान्तमिश्र m. N. pr. eines Autors.

गर्भसंक्रमण n. *das Eingehen in einen Mutterleib.*

गर्भसमय m. = गर्भकाल 2).

गर्भसंभव m. *Entstehung einer Leibesfrucht, das Schwangerwerden.*

*गर्भसंभवा f. *eine Art Kardamomen* GAL.

गर्भसंभूति f. = गर्भसंभव.

गर्भसुभग Adj. (f. आ) *der Leibesfrucht günstig.*

गर्भसूत्र n. Titel eines buddh. Sûtra.

गर्भसौभाग्य n. *das Wohlergehen einer Leibesfrucht* Verz. d. B. H. No. 1206.

गर्भस्थ Adj. 1) *im Mutterleibe befindlich* 72,23. MBH. 3,200,10. — 2) *im Innern von* (Gen.) *befindlich.*

*गर्भस्थान n. *Mutterleib* GAL.

गर्भस्राव m. *Fehlgeburt* AGNI-P. 158,1. Comm. zu VARÂH. BRH. 4,9.

*गर्भस्राविन् 1) Adj. *eine Fehlgeburt bewirkend.* — 2) m. *Phoenix paludosa.*

गर्भहन्तर् m. N. pr. eines bösen Dämons, *der die Leibesfrucht tödtet.*

गर्भागार n. 1) *Mutterleib.* — 2) *Schlaf — oder Wochengemach.* — 3) = गर्भगृह 2).

गर्भागारज्वर m. *Kindbettfieber* HEMÂDRI 1,261,8. 9 (गर्भगार° falschlich).

गर्भाङ्क m. *Zwischenspiel in einem Acte* BÂLAR. 85,1 (गर्भाङ्कः zu lesen).

गर्भाद् Adj. *Leibesfrucht verzehrend.*

गर्भादि Adj. *mit der Empfängniss beginnend* GAUT. 1,7.

गर्भाधान n. 1) *das Befruchten, Belegen* (mit Loc.). — 2) *eine best. der Befruchtung vorangehende Ceremonie.*

*गर्भारि m. *kleine Kardamomen* RÂǴAN. 6,88.

गर्भावक्रान्ति f. *Empfängniss* KARAKA 4,4. Vgl. अवक्रमण.

गर्भावतरण oder °तारण n. dass.

गर्भाशय m. *Mutterleib.* °स्थ Adj. *im M. befindlich.*

गर्भाष्टम m. *das achte Jahr* (oder * *der achte Monat*) *nach der Empfängniss* ÂÇV. GRHJ. 1,19,2. Pl. ÂPAST. GOBH. 2,10,1.

गर्भास्पन्दन n. *Unbeweglichkeit des Fötus.*

गर्भास्राव m. = गर्भस्राव.

गर्भिणीत्व n. *das Schwangersein* (auch in übertr. Bed.) Comm. zu TÂNDJA-BR. 2,7,4.

गर्भिणीव्याकरण n. *detaillirte Beschreibung einer Schwangeren.*

*गर्भिण्यवेक्षण n. *Pflege einer Schwangeren, Geburtshülfe.*

गर्भित Adj. 1) *in Etwas enthalten.* — 2) in der Rhet. *eingeschachtelt* (von einem Satze) KÂVJAPR. 7,6. — 3) am Ende eines Comp. *schwanger mit, angefüllt mit, enthaltend* Ind. St. 15,399.

गर्भितता f. und गर्भितत्व n. in der Rhetorik *Einschiebung eines Satzes in einen andern.*

गर्भिन् Adj. *schwanger, trächtig* (eig. und übertr.), *schwanger gehend mit* (Acc. oder Instr.). विष्टुति f. TÂNDJA-BR. 2,7,4. f. °णी *eine schwangere Frau.* *गो° *eine trächtige Kuh.* Am Ende eines Comp. *versehen —, verbunden mit.*

गर्भीकरण n. *das zur Leibesfrucht Machen,* so v. a. *Bewirken, Hervorbringen.*

*गर्भेतृप्त Adj. *schon im Mutterleibe befriedigt,* so v. a. *im höchsten Grade indolent.*

गर्भेश्वर 1) m. *ein geborener Herrscher.* Nom. abstr. °ता f. und °त्व n. KÂD. 115,10. — 2) f. ई *eine geborene Prinzessin* BÂLAR. 156,3.

गर्भैकादश m. Pl. *das 11te Jahr nach der Empfängniss* ÂPAST.

गर्भोत्पत्ति f. und गर्भोत्पाद m. *die Bildung der Leibesfrucht.*

गर्भोपघात m. *das Missrathen von* गर्भ 5).

*गर्भोपघातिनी Adj. f. *eine Fehlgeburt machend, verwerfend.*

गर्भोपनिषद् f. Titel einer Upanishad.

गर्म्य Adj. etwa *einem Mutterschooss ähnlich.*

*गर्मुटिका f. = गर्मूटिका.

गर्मुद् (गर्मुट्?) *eine best. Pflanze* HARSHAK. 33,3.

गर्मुत् f. 1) *eine best. wildwachsende Bohnenart.* — 2) * *Gold.*

*गर्मूच्छद m., *गर्मूटिका f. und गर्मूटी f. *eine best. Körnerfrucht.*

*गर्मोटिका f. *eine Grasart* RÂǴAN. 8,131.

*गर्व्, गर्वति und गर्वयते (दर्पे, माने). Vgl. गर्वय्.

गर्व m. *Hochmuth, Dünkel, Stolz; eine hochmüthige Rede.* धन° *Geldstolz.* गर्वं कर् oder या (Spr. 7680) *hochmüthig werden.*

गर्वगिर् f. Pl. *hochmüthige Reden* 182,26.

गर्वय्, °यति *Jmd* (Acc.) *stolz machen* R. ed. GORR. 2,8,49.

*गर्वर 1) Adj. *hochmüthig.* — 2) m. *Hochmuth.* — 3) f. ई Bein. der Durgâ.

*गर्वाट m. *Thürsteher.* Vgl. दर्वाट.

गर्वाय्, °यते *Hochmuth —, Dünkel an den Tag legen.*

गर्वित Adj. *hochmüthig, eingebildet, stolz, — auf* (Instr. Ind. St. 13,456 oder im Comp. vorangehend).

गर्विष्ठ Adj. *im höchsten Grade stolz, — hochmüthig* DEÇIN. 1,128. 165. 4,23.

गर्ह्, गर्हति (seltener) und °ते, गर्हयति (seltener) und °ते *Jmd* (Dat.) *Etwas* (Acc.) *klagen; anklagen, beschuldigen, Vorwürfe machen, tadeln;* mit Acc. der Person oder Sache. दुष्कृतं कर्म so v. a. *bereuen.* गर्हित *getadelt, für schlecht erklärt, — von* (Instr., Gen., Loc. oder im Comp. vorangehend), *verachtet, tadelhaft, verwerflich, verboten, schlecht, schlimmer als.* (Abl.). गर्हितम् Adv. *male.* — Mit अव, °गर्हित *verachtet.* v. l. गर्हित — Mit नि 1) °गर्हते mit Dat. wohl *sich tadelnd über Etwas aussprechen* 222,23. — 2) °गर्हयति *Etwas* (Acc.) *verachten, verschmähen.* v. l. वि. — Mit परि *heftig tadeln, schmähen, verachten.* — Mit वि *anklagen, tadeln, schmähen.* विगर्हित *getadelt, für schlecht erklärt, — von* (Instr., Gen. oder im Comp. vorangehend), *verachtet, tadelhaft, verwerflich, verboten, — von Seiten* (Abl.) oder *wegen* (im Comp. vorangehend).

गर्हण 1) Adj. *einen Tadel involvirend.* — 2) f. आ *Tadel, Vorwurf.* °णां या *sich den Tadel von* (Loc.) *zuziehen.* — 3) n. *das Tadeln, Vorwerfen, Tadel, Vorwurf, — von Seiten Jmds* (Instr.).

गर्हणीय Adj. *zu tadeln, tadelnswerth.*

गर्हा f. 1) *Tadel, Vorwurf.* — 2) *ausgesprochener Widerwille.*

गर्हितव्य Adj. *zu tadeln, tadelhaft.*

°गर्हिन् Adj. *tadelnd, schmähend.*

गर्ह्य 1) Adj. *Tadel verdienend, tadelhaft, dem Tadel von* (Gen.) *unterliegend.* — 2) m. *ein best. Baum.*

*गर्ह्यवादिन् Adj. *gemein* GAL.

1. गल्, गलति 1) *herabträufeln* 251,25. Spr. 7619. — 2) *herabfallen, abfallen.* — 3) *wegfallen, ver-*

schwinden, verstreichen. गलित verschwunden, gewichen, nicht mehr vorhanden, fehlend. So heissen insbes. die im Padapâṭha des ṚV. weggelassenen Stellen (weil sie schon früher da waren). — Caus. 1) गालयति a) durchseihen, durchsieben. — b) flüssig machen, auflösen, schmelzen. — c) abzapfen (das Wasser eines Wassersüchtigen) Ḱaraka 6,18. — 2) *गालयते (स्रवणे). — Intens. जल्गल्यते etwa von sich tropfen lassen. — Mit अव herabfallen. — Mit आ, आगलित herabgefallen, — gesunken, — geflossen Kâd. 2,121,24. — Mit पर्या ringsum herabträufeln. — Mit समा, °गलित zusammengestürzt. — Mit उद् 1) hervorträufeln. — 2) herausfallen. उद्गलित Spr. 7863. — Mit नि Intens. °गल्गलीति Feuchtigkeit entlassen VS. 23,22. — Mit निस्, निर्गलित 1) herausgeflossen. — 2) abgesprungen, abgeflogen. — Caus. निर्गालित wovon man die Flüssigkeit hat abträufeln lassen. — Mit परि, °गलित 1) ringsum herabgefallen. — 2) eingesunken in (im Comp. vorangehend). — Mit प्र herabtröpfeln. प्रगलित Megh. — Caus. abfallen machen Ḱaraka 1,26. — Mit वि 1) sich ergiessen, entfliessen. विगलित zerronnen, versiegt. — 2) zerrinnen, schmelzen. °गलित zerflossen, geschmolzen. — 3) umstürzen, herab —, herausfallen. °गलित um —, herab —, herausgefallen aus (Abl.). — 4) zu Ende gehen Naish. 6,113. °गलित geschwunden, gewichen. — 5) zum Vorschein kommen. °गलित z. V. gekommen MBh. 1,30,52. — Mit प्रवि 1) hervorströmen Mâlatîm. 75,13 (67,19. 162,1). — 2) schwinden, weichen Mâlatîm. 69,11 (62,9. 146,7).

2. गल्, गलति (अदने). गलित (गिलित?) verspeist Spr. 1918. — Mit नि verschlucken Spr. 1126, v. l. für °गिलति.

1. गल m. Kehle, Hals. Am Ende eines adj. Comp. f. आ (Hemâdri 1,434,15) und *ई.

2. *गल 1) m. a) Harz, insbes. der Shorea robusta. — b) eine Art Goldforelle. — c) ein best. musikalisches Instrument. — d) Schilf. — e) Strick. — 2) f. आ eine der Mimosa pudica verwandte Pflanze. Richtig मेदोगला.

1. गलक m. Kehle, Hals.

2. *गलक m. eine Art Goldforelle.

*गलकम्बल m. Wamme.

गलगण्ड 1) am Anf. eines Comp. Kehle und Wange. — 2) m. a) Kropf. — b) = *गण्डमाला.

गलगण्डिन् Adj. mit einem Kropf behaftet.

गलगोडिका, °गोडी und °गोली f. eine Art Schlange Ḱaraka 6,23.

गलग्रह m. 1) Zusammenschnürung der Kehle, Grippe. — 2) Bez. bestimmter Tage in der dunklen Hälfte eines Monats. — 3) ein begonnenes aber sogleich wieder unterbrochenes Studium. — 4) *ein best. Fischgericht.

गलचर्मन् n. Gurgel.

गलत्कुष्ठ n. wohl = गलितकुष्ठ Spr. 2391.

गलद्वार n. Maul, Rachen.

गलन 1) *Adj. träufelnd, rinnend. — 2) n. a) das Träufeln, Rinnen Mahîdh. zu VS. 1,2. — b) das Schmelzen, Flüssigwerden.

गलन्तिका (Hemâdri 1,267,9) und *गलन्ती f. Wasserkrug.

*गलमेखला f. Halsband.

*गलमोचिका f. eine best. Pflanze Gal.

गलवार्त्त Adj. nur für die Kehle lebend Spr. 3521.

गलविद्रधि m. Geschwulst mit Abscess in der Kehle.

*गलव्रत m. Pfau.

गलशालूक n. Anschwellung im Schlunde Ḱaraka 1,28.

गलशुण्डिका f. 1) das Zäpfchen im Halse Ḱaraka 4,7. Suçr. 2,129,15. — 2) Anschwellung des Zäpfchens. — 3) Du. der weiche Gaumen.

गलशुण्डी f. = गलशुण्डिका 2) Ḱaraka 1,5.

*गलस्तनी f. Ziege.

गलहस्त m. die Hand an der Kehle, das Packen an der Kehle.

गलहस्तय्, °यति Jmd (Acc.) an der Kehle packen. °हस्तित a. d. K. gepackt.

गलाङ्कुर m. eine best. Krankheit des Halses.

*गलानिक oder *गलानिल m. eine Art Krabbe.

गलावल m. ein best. Baum.

*गलाविल m. = गलानिक.

*गलि m. ein junger Stier.

गलितक 1) m. ein best. Tanz oder Gesticulation. — 2) ein best. Metrum.

गलितकुष्ठ n. eine schlimme Form des Aussatzes, bei der Finger und Zehen abfallen. °कुष्ठारिरस m. ein best. Recept dagegen Mat. med. 80.

गलितप्रदीप m. und °प्रदीपिका f. Titel eines Werkes.

*गलु und *गलू m. ein best. Edelstein, = चन्द्रकान्त.

गलून m. N. pr. eines Mannes.

*गलेगण्ड m. der Adjutant, Ardea Argala.

*गलेचोपक Adj. mit dem Halse sich bewegend.

*गलेस्तनी f. Ziege.

गलोड्य n. eine best. Pflanze Ḱaraka 1,27. Suçr. 2,39,11.

*गलोड्व m. Haarwirbel am Halse eines Pferdes.

गलौघ m. Geschwulst in der Kehle.

गल्दा und गल्द्दा f. etwa Gerinne, Geriesel. Nach Naigh. गल्द् m. und गल्दा f. = वाच्.

*गल्भ्, गल्भते (धार्ष्ट्ये). Vgl. *अवगल्भ् und प्रगल्भ्.

गल्भ *Adj. muthig, entschlossen. Vgl. अपगल्भ.

*गल्भाय्, °यते = गल्भ्. Vgl. *अवगल्भाय्.

*1. गल्या f. eine Menge von Hälsen.

*2. गल्या f. eine Menge 1) von Schilf. — 2) von Stricken.

गल्ल m. Backe, Wange.

गल्लक = गल्वर्क 2) Harshaḱ. 184,14.

गल्लकिशिलामाहात्म्य n. Titel eines Werkes.

गल्लकी f. N. pr. eines Flusses.

*गल्लचातुरी f. Ohrkissen.

गल्लमसूरी f dass. Pańkad.

*गल्लवाद्य n. ein best. Ton Gal.

गल्लिका f. in अन्न°.

गल्लोपधानीय n. Ohrkissen.

गल्व m. *= चन्द्रकान्त. Vgl. मुसार°.

गल्वर्क m. 1) wohl Krystall. — 2) Krystallnäpfchen; vgl. गल्लक und गल्लक्क im Prâkrit Mṛkkh. 77,11. 126,9.

*गल्ह्, गल्हते = गर्ह्.

1. गव = 1. गो Rind, Kuh am Anf. und am Ende (f. ई) von Compositis. ब्राह्मणगवी Âpast. 1,24,21.

2. गव Adj. in पुरो°.

*गवची f. Koloquinthengurke.

*गवय्, °यति Denom. von 1. गो.

गवय 1) m. a) Bos Gavaeus. — b) N. pr. eines Affen. — 2) f. ई das Weibchen von 1) a).

गवल 1) m. Büffel Varâh. Jogaj. 6,25. — 2) (*n.) Büffelhorn.

गवल्गण m. N. pr. eines Mannes MBh. 1,63,97.

गवश्वधनधान्यवत् R. 1,6,7 fehlerhaft für गवाश्व°.

गवाक्ष 1) m. a) oeil-de-boeuf, rundes Fenster, Luftloch. Am Ende eines adj. Comp. f. आ. — b) Masche eines Panzerhemdes. — c) N. pr. α) eines Bruders des Çakuni. — β) eines Affen. — γ) eines Sees (vielleicht n.). — 2) f. ई eine best. Pflanze Ḱaraka 6,4. Nach den Lexicographen Cucumis maderaspatanus, Koloquinthengurke und Clitoria Ternatea.

गवाक्षक m. = गवाक्ष 1) a).

*गवाक्षजाल n. Gitterfenster.

गवाक्षतन्त्र n. Titel eines Werkes.

गवाक्षित Adj. fenestratus, gleichsam gegittert R. ed. Bomb. 3,15,15. Mit Instr. Kâd. 254,18. am Ende eines Comp. Ḱaraka 6,18.

*गवाक्षिन् m. Trophis aspera Râǵan. 9,129.

*गवाग्र = गोऽग्र.

*गवाची f. ein best. Fisch.

*गवाष् Adj. (f. गोची) Vop.

*गवादन 1) n. Weide, Wiese. — 2) f. ई a) ein Trog, aus dem Kühe gefüttert werden. — b) Koloquinthengurke Râǵan. 3,57. — c) Clitoria Ternatea Râǵan. 3,78.

गवानृत n. eine in Bezug auf eine Kuh ausgesprochene Unwahrheit.

गवामय m. und गवामयन n. s. u. 1. गो.

गवामृत n. Kuhmilch (nach Nilak.).

गवांपति m. 1) Stier MBh. 4,19,32. — 2) Herr der Strahlen, Beiw. der Sonne und Agni's. — 3) N. pr. a) eines Schlangendämons Kâraṇḍ. 2,10. — b) eines buddh. Bettlers. — गवां पतिः TBr. 3,1,2,7.

गवांमेध s. u. 1. गो.

गवायुत n. N. pr. eines Tîrtha.

गवायुस् n. Sg. und Du. die Ekâha Go und Âjus im Abhiplava Vaitân. 31,14. 40,14.

*गवालूक m. Bos Gavaeus.

*गवाविक n. Sg. Rinder und Schafe.

गवाशन m. Gerber, Schuhmacher Spr. 4794. fg.

गवाशिर् Adj. mit Milch gemischt.

गवाश्व n. Sg. Rinder und Pferde.

गवाश्वधनधान्यवत् Adj. mit Rindern, Pferden, Reichthümern und Korn versehen R. ed. Bomb. 1,6,7.

*गवाषिका f. = गराधिका.

गवाह्निक n. das tägliche Maass Futter für eine Kuh.

गविज्ञात m. N. pr. eines Muni.

*गविनी f. eine Heerde Kühe.

गविपुत्र m. Metron. Vaiçravaṇa's.

गविष् Adj. 1) nach Kühen begierig, brünstig. — 2) begierig überh.

गविष Adj. = गविष् 1).

गविष्टि 1) Adj. a) Rinder begehrend. — b) brünstig, leidenschaftlich begehrend, inbrünstig. — 2) f. a) Brunst, Begierde, Inbrunst. — b) Kampfbegierde, Hitze des Kampfes, Gefecht.

गविष्ठ m. 1) die Sonne. — 2) N. pr. eines Dânava.

गविष्ठिर (ṚV.) und गविष्ठिर (AV.) m. N. pr. eines Ṛshi.

गवीडा f. die Kuh, welche die Milch zu einer bevorstehenden Ceremonie liefert, Vaitân.

गवीधुक m. und गवीधुका f. Coix barbata Âpast. Çr. 15,3.16. 16,19. 17,11. गवीधुकयवागू f. TS. 5,4,2,2.

गवीधुमत् n. N. pr. einer Stadt.

गवीनिका und गविनी f. Du. ein best. Theil des Unterleibes in der Gegend der Geschlechtstheile, etwa die Leisten.

*गवीश und *गवीश्वर m. Besitzer von Kühen.

*गवेडु 1) m. Wolke. — 2) f. Coix barbata.

*गवेधु f. Coix barbata.

गवेधुक 1) m. (Suçr. 1,197,1) und गवेधुका f. Coix barbata. गवेधुकासक्तु m. Pl. — 2) m. eine Art Schlange. — 3) f. आ a) Sida alba Bhâvapr. 1,208. — b) * Hedysarum lagopodioides. — 4) *n. rothe Kreide.

गवेन्द्र m. 1) * Besitzer von Kühen. — 2) Stier Hemâdri 1,483,12.

*गवेरुक n. rothe Kreide.

*गवेश m. Besitzer von Kühen.

*गवेशका f. Hedysarum lagopodioides.

*गवेश्वर m. Besitzer von Kühen.

गवेष्, °षते und °षयति, °ते (110,10. Ind. St. 14, 153) nachspüren, suchen, aufsuchen; mit Acc. गवेषित gesucht, auf —. — Mit परि, °गवेषमाण überall suchend Lalit. 150,12.

°गवेष in धर्म°.

गवेषण 1) Adj. a) brünstig, leidenschaftlich begehrend. — b) kampflustig. — 2) m. N. pr. eines Vṛshṇi. — 3) (*f. आ) und n. das Suchen.

गवेषणीय Adj. suchenswerth.

गवेषिन् 1) Adj. am Ende eines Comp. suchend, fahndend auf Lalit. 311,1. 327,4. — 2) m. N. pr. eines Bruders des Pṛthu.

गवेष्ठिन् m. N. pr. eines Dânava.

*गवैडक n. Sg. Rinder und Schafe.

*गवोद्ध m. ein Muster von einer Kuh.

गव्य, *गव्यति Rinder oder Kühe begehren. Partic. गव्यत् 1) nach Rindern oder Kühen verlangend. — 2) brünstig, leidenschaftlich begehrend, inbrünstig. — 3) kampflustig.

गव्य (गविश्र) und गव्य 1) Adj. a) aus Rindern oder Kühen bestehend, dazu gehörig oder bestimmt, davon kommend. — b) * der Kuh geheiligt, die Kuh verehrend. — 2) m. Pl. N. pr. eines Volkes. — 3) f. गव्या a) Lust nach oder an Rindern. — b) Begierde nach Milch. — c) Kampflust. — d) * Kuhheerde. — e) * ein best. Längenmaass, = गव्यूति. — f) * Bogensehne. — g) * Gallenstein des Rindes Râǵan. 12,59. — 4) n. गव्य a) Rindvieh, Kuhheerde. — b) Weideplatz. — c) Kuhmilch. — d) * Bogensehne. — e) * = 3) g).

*गव्यदृढ Gallenstein des Rindes.

गव्यय Adj. (f. ई) zum Rinde gehörig, rindern.

गव्ययु Adj. nach Rindern begierig.

गव्यु Adj. 1) an Rindern oder Kühen Lust habend, danach verlangend. — 2) nach Milch verlangend. — 3) brünstig. — 4) kampflustig.

गव्यूत n. ein best. Längenmaass, = गव्यूति Pańćad.

गव्यूति f. 1) Weideland; Gebiet, Wohnplatz. — 2) ein best. Längenmaass. Auch *गव्यूती Gal.

गह् in दुर्गह. Auch *selbständig P. 4,2,138.

गहगहारव m. Gemurmel Hem. Par. 12,169.

गहन 1) Adj. (f. आ) tief, dicht, undurchdringlich (eig. und übertr.). — 2) f. गहना Schmuck. — 3) n. a) Abgrund, Tiefe; ein unzugänglicher Ort, Versteck, Schlupfwinkel, Dickicht, Waldesdickicht, dichte Menge; unerforschliches Dunkel. — b) * Wasser. — c) * Schmerz, Leid. — d) ein Metrum von 32 Silben.

गहनत्व n. Dichtigkeit, Undurchdringlichkeit (auch in übertr. Bed.).

*गहनाय्, °यते etwas Böses im Schilde führen.

गहनार्थप्रकाशिका f. Titel eines Werkes.

गहनी Adv. mit कर् unzugänglich machen Kâd. 253,8.

*गह्वय्, °यति sich vertiefen in (Acc.). शास्त्रम्.

*गह्वीय Adj. von गह्व.

गह्मन् m. Tiefe.

गह्वर 1) Adj. (f. आ und ई) a) tief, undurchdringlich (eig. und übertr.) Hariv. 1,50,27. — b) verworren, confus (von einem Dummkopf). — 2) * m. a) Gebüsch, Laube. — b) Höhle. — 3) * f. आ Embelia Ribes Râǵan. 6,50. — 4) * f. ई a) Höhle. — b) die Erde Gal. — 5) n. a) Abgrund, Tiefe; Versteck, Dickicht; undurchdringliches Geheimniss, Räthsel. — b) Leere. — c) * Wasser. — d) * ein tiefer Seufzer. — e) * Heuchelei. — f) * Abrus precatorius (?).

गह्वरित Adj. in Gedanken vertieft.

गह्वरी Adv. mit भू zu einer Leere werden.

गह्वरेष्ठ Adj. auf dem Grunde —, in der Tiefe befindlich.

1. गा, जिगाति, *जगाति (*जगीयात्), *गाति (Naigh. 2,14) und *गाते 1) kommen. — 2) kommen —, hingehen zu oder nach, zugehen auf, sich hinwenden zu; mit Acc. oder Loc. — 3) nachgehen, verfolgen ṚV. 4,3,13. 10,18,4. — 4) zu Jmd (Dat.) kommen, so v. a. sich einstellen bei ṚV. 8,45,32. Jmd (Acc.) zukommen (von einem Namen). — 5) in einen Zustand, eine Lage, ein Verhältniss (Acc.) kommen, theilhaftig werden. — 6) aufbrechen, davon —, fortgehen ṚV. 10,108,9. mit Abl. woher und Loc. wohin. — 7) zu Ende gehen Naish. 8,109. — 8) gehen, wandeln ṚV. 8,2,39. mit Acc. oder Instr. (ṚV. 8,5,39) des Weges. — Desid. जिगीषति zu gehen verlangen. — Mit अच्छ, अच्छा kommen —, hingehen zu. Mit vorangehenden आ und प्र dass. — Mit अति hinschreiten —, wegschreiten über (Acc.). — 2) vorübergehen an (Acc.). — 3) vorübergehen, verstreichen (von der Zeit), — für (Acc.).

— 4) *hingehen, sterben.* — 5) *siegreich überschreiten. überwinden, glücklich entkommen;* mit Acc. — 6) *vorübergehen an,* so v. a. *unbeachtet lassen.* — Mit व्यति *vorübergehen an* (Acc.). — Mit अधि 1) in einen Zustand (Acc.) *gerathen, theilhaftig werden.* — 2) *verfallen auf, sich entschliessen zu* (Acc.). — 3) *sich erinnern, gedenken, merken auf* (Gen. oder Acc.). — 4) *Etwas* (Acc.) *studiren, lernen, — von* (Abl.). Gewöhnlich Med. — *Caus. अधिगापयति *lehren.* — *Desid. vom Caus. अधिजिगापयिषति *zu lehren verlangen.* — Mit अनु 1) *Jmd nachgehen, folgen, entlang gehen* (93,16), einen Weg *einschlagen; aufsuchen;* mit Acc. — 2) *befolgen, sich richten nach* (Acc.). — 3) *sich hingeben, sich begeben in* (Acc.). — Mit समनु *Jmd nachgehen, folgen;* mit Acc. — Mit अन्तर् 1) *gehen zwischen Etwas* (Acc.). — 2) *dazwischentreten, trennen —, ausschliessen von* (Abl.). — Mit अप *weggehen, sich entfernen —, sich fernhalten von* (Abl.) 25,9. 18. *weichen von* (Abl.). — Mit अपि *eingehen, eindringen, sich mischen in* (Acc.). — Mit अभि 1) *herbeikommen, zugehen auf* (auch in feindlicher Absicht), *herantreten zu, hingehen nach, sich hinbegeben zu* oder *nach;* mit Acc. — 2) *gelangen zu, theilhaftig werden;* mit Acc. — 3) *verstreichen* (fehlerhaft für अति). — Mit अव 1) *weggehen, abhanden kommen.* — 2) *hingehen zu.* युधौ *in den Kampf gehen.* — 3) *hingehen zu,* so v. a. *sich vereinigen mit* (Acc.). — Mit अन्वव *hingehen zu,* so v. a. *sich vereinigen mit* (Acc.). — Mit सम्व्यव *sich begeben in* (Acc.) Gop. Br. 2,4,11. — Mit अनुव्यव *einem Andern folgend dazwischentreten,* mit Acc. — Mit आ 1) *herbeikommen, sich nähern, kommen zu, gelangen in;* mit Acc. — 2) *sich einstellen, Jmd* (Acc.) *treffen, heimsuchen.* — Mit अन्वा *nachfolgen,* mit Acc. — Mit अभ्या 1) *herbeikommen, sich nähern, kommen zu* oder *in* (Acc.), *zugehen auf* (Gen. Bhâg. P.). — 2) *Jmd* (Acc.) *treffen, heimsuchen.* — 3) *sich daran machen —, sich entschliessen zu* (Infin.). — Mit समभ्या 1) *herbeikommen.* — 2) *Jmd* (Acc.) *treffen, heimsuchen.* — Mit उदा *hinauf —, herauskommen zu* (Acc.). — Mit उपा *herbeikommen, zugehen auf* (auch in feindlicher Absicht), *kommen zu;* mit Acc. — Mit पर्या 1) *einen Umlauf vollbringen.* — 2) *einer Sache* (Acc.) *nachgehen, sich beschäftigen mit* Ṛv. 1,88, 4. — Mit अनुपर्या *wieder zurückkommen zu* (Acc.). — Mit उद् 1) *aufgehen* (von Gestirnen). — 2) *hervortreten* oder *einen Aufschwung nehmen.* — Mit अभ्युद् *aufgehen über* oder *vor* (Acc.). — Mit प्रत्युद् dass. — Mit उप 1) *hingehen zu, treten —, gerathen in, gelangen zu;* mit Acc. — 2) *gehen, wandeln.* पथ्यौ पथैस्य. — Mit नि 1) *gerathen in* (Acc.). — 2) *sich anschmiegen* (?). — Mit निस् 1) *hervorkommen, — aus* (Abl.) 110,4. — 2) *hinausgehen, fortgehen von* (Abl.) 132,21. *das Haus verlassen* 127,8. — Mit परा *bei Seite gehen, fortgehen, entfliehen;* mit dem Acc. *wohin.* — Mit परि 1) *umhergehen* Ṛv. 5,15,4. *umgehen, umwandeln, umkreisen; durchfliegen.* — 2) *eingehen in* (Acc.) VS. 40,8 = Îçop. 8. — 3) *über Jmd* (Acc.) *kommen, heimsuchen.* — 4) *vorübergehen an,* so v. a. *ausweichen, vermeiden.* — 5) *nicht beachten, überhören.* — 6) *nicht dahinterkommen, — erkennen* Bhâg. P. 2,6,35. — Mit अनुपरि *durchgehen, durchwandern.* — Mit विपरि *umfallen, — stürzen.* — Mit प्र 1) *vorwärts gehen, vorschreiten, sich in Bewegung setzen, hinschreiten zu* (Acc.). — 2) *fortgehen, sich auf und davon machen von* (Abl.) 17, 10. fgg. (Conj.). — 3) mit अन्तर् *ein —, hinein gehen* Ṛv. 8,48,2. — Mit अपप्र *fortgehen, weichen* Ṛv. 1, 113,16. — Mit उपप्र *herbeikommen, hintreten zu* (Acc.). — Mit प्रति *zurückkehren zu* (Acc.). — Mit वि *vergehen, entschwinden.* — Mit सम् 1) *zusammenkommen.* — 2) *hingehen zu* (Acc.).

2. °गा Adj. *hingehend zu, gehend, wandelnd.*

3. गा, गायति, °ते (selten), गाति und *जिगाति Dhâtup. 25,25. *singen, in singendem Tone sprechen, Jmd* (Dat.) *zusingen, in gebundener Rede verkünden, besingen* (mit Acc.), *Jmd* (Acc.) *vorsingen, singend vortragen.* Pass. auch *genannt werden, heissen.* गीत *gesungen, in gebundener Rede verkündet, besungen.* — Caus. गापयति *singen —, besingen lassen.* — Intens. जेगीयते 1) *singen.* — 2) *gesungen —, besungen werden* Daçak. 1,10. — 3) *oft* oder *steif und fest behauptet werden.* — Mit अच्छ *herbeisingen, — rufen.* — Mit अनु 1) *nachsingen, singen nach, — gemäss.* — 2) *Jmd* (Acc.) *Etwas vorsingen.* — 3) *singen, besingen; sich über Etwas* (Acc.) *aussprechen* (von alten Weisen). — Caus. *nachsingen lassen* Gobh. 3,2,31. 34. 36. — Mit समनु *in gebundener Rede wiederholen* Kârar. 2,1. — Mit अप *aufhören zu singen* Vaitân. 17,4. Gop. Br. 2,2,14. — Mit अभि 1) *Jmd* (Acc.) *zusingen, zurufen.* — 2) *mit seinem Gesange erfüllen.* — 3) *incantare, Jmd* (Acc.) durch Gesang *bezaubern.* — 4) *singen, besingen.* — 5) अभिगीत *mit dem zweiten Svara beginnend und mit dem ersten endend* Saṁhitop. 17,2. — Mit अव, अवगीत 1) *oft wiederholt, tritus* Râǵat. 7,435. — 2) *zum Ueberdruss geworden.* — Mit आ 1) *Jmd* (Acc.) *zusingen.* — 2) *ersingen, durch Singen erlangen.* — 3) *leicht —, leise singen.* — Mit उद् *Gesang anstimmen, singen* (insbes. vom liturgischen Singen), *in gebundener Rede verkünden, besingen, Jmd* (Acc.) *vorsingen, mit Gesang erfüllen.* — Mit प्रोद् *zu singen anheben.* — Mit प्रत्युद् *Jmd* (Acc.) *singend antworten.* — Mit उप 1) *Jmd* (Dat., Loc. oder Acc.) *zusingen, in den Gesang einfallen, Jmd* (Acc.) *vorsingen, besingen, mit seinem Gesange erfüllen; singen, Etwas* (Acc.) *von Jmd* (Gen.) *singen,* so v. a. *verkünden.* उपगीत auch mit act. Bed. *der vorzusingen begonnen hat.* — Mit नि 1) *mit Gesang begleiten.* — 2) *singen,* so v. a. *verkünden.* — Mit परि 1) *singend umhergehen, — umkreisen, — umwandeln.* — 2) *nah und fern überall singen, besingen, verkünden als.* — Mit प्र 1) *zu singen —, zu besingen anheben, besingen.* प्रगीत *a) singend hergesagt, gesungen.* — *b) mit Gesang erfüllt* LA. 60,6. — *c) der einen Gesang erhoben hat, singend.* — 2) *ertönen.* — Mit अभिप्र *Jmd* (Acc.) *zu besingen anheben.* — Mit विप्र, °गीत *worüber die Meinungen getheilt sind* Comm. zu Gaim. 2,3,3 (S. 173, Z. 8). — Mit संप्र *zu singen anfangen, singen, singend aussprechen.* — Mit वि 1) *tadeln* Naish. 9, 13. — 2) विगीत *im Widerspruch stehend.* — Mit सम् *gemeinschaftlich besingen.*

4. गा 1) Adj. am Ende eines Comp. *singend.* — 2) *f. *Gesang, Vers.*

5. *गा, जिगाति (जन्मनि) Vop. in Dhâtup. 25,25.

गागनायस Adj. von *गगनायस् oder *°स.

गागाभट्ट m. N. pr. eines Autors.

गाङ्ग 1) Adj. (f. ई) *in* oder *an der Gaṅgâ befindlich, daher kommend* u. s. w. — 2) m. Metron. *a)* Bhîshma's. — *b)* *Skanda's. — 3) f. ई Bein. der Durgâ. v. l. गार्गी und गङ्गा. — 4) n. *Regenwasser einer besonderen Art.*

*गाङ्गट, *°क und *गाङ्गटेय m. *eine Art Krabbe.*

गाङ्गदेव m. N. pr. eines Dichters.

*गाङ्गामहिक Adj. von गङ्गामह.

गाङ्गायनि m. Metron. von गङ्गा, insbes. Bhîshma's und *Skanda's.

*गाङ्गिक Adj. von गङ्गा.

गाङ्गिला f. ein Frauenname Hem. Par. 2,320.

गाङ्गू m. N. pr. eines Diebes.

गाङ्गेय 1) Adj. *in* oder *an der Gaṅgâ befindlich* u. s. w. — 2) m. *a)* Metron. von गङ्गा, insbes. Skanda's und Bhîshma's. Auch Pl. — *b)* **ein best. Fisch.* — *c)* **die Wurzel einer Cyperus-Art.* — 3) n. *a) die Wurzel von Scirpus Kysoor* oder von *Cyperus hexastachyus communis.* — b) **Gold.*

गाङ्गेरुक 1) n. *das Korn von* 2). — 2) f. ई *Uraria lagopodioides.*

*गाङ्गेष्ठी f. *Guilandina Bonducella.*

गाङ्ग्य (गाङ्ग्यि) 1) Adj. = गाङ्गेय 1). — 2) m. Metron. von गङ्गा.

गाङ्ग्यायनि m. Patron. von गाङ्ग्य.

*गाञ्जिकाय und *गाञ्जी° (Nigh. Pr.) m. *Wachtel.*

*गाञ्जीव m. = गाण्डीव 1) Gal.

*गाञ्जीविन् m. *Wachtel* Râgan. 19,118.

*गाडव m. *Wolke.*

*गाडिकि Adj. von गडिक.

*गाडुल्य n. Nom. abstr. von गडुल.

गाढ s. u. गाह्.

गाढता f. und गाढत्व n. *Heftigkeit, Stärke, Intensität.*

गाढनिद्र Adj. *tief schlafend* Daçak. (1925) 2,91,12.

*गाढमुष्टि 1) Adj. *geizig.* — 2) m. *Schwert.*

*गाढवचस् m. *Frosch* Gal.

गाढवर्चस् Adj. *hartleibig, verstopft* Karaka 1,13.

गाढीकरण n. *das Steifmachen.*

*गाणकार्य m. Patron. von गणकारि.

गाणगारि m. N. pr. eines Lehrers.

*गाणपत Adj. von गणपति.

गाणपत्य 1) Adj. *zu* Gaṇeça *in Beziehung stehend, ihn verehrend;* m. *ein Verehrer des* G. — 2) m. N. pr. eines Verfassers von Mantra bei den Çâkta. — 3) n. *Herrschaft über die Schaaren, Schaarführerschaft* Hemâdri 1,202,10. 212,11. 722,22.

गाणपत्यपूर्वतापनीयोपनिषद् f. Titel einer Upanishad Weber, Lit. 188.

*गाणायन m. Pl. Pl. zu गाणायन्य.

*गाणायन्य m. Patron. von गण.

*गाणिक Adj. *mit den grammatischen* गण *vertraut.*

*गाणिक्य n. *eine Versammlung von Hetären.*

गाणितिक m. *Rechenmeister* Lilâv. 140.

*गाणिन m. Patron. von गणिन्.

गाणेश Adj. *zu* Gaṇeça *in Beziehung stehend;* m. *ein Verehrer des* G.

*गाण्डाली f. *eine Art* Dûrvâ-*Gras* Gal.

*गाण्डव्य m. Patron. von गण्डु.

*गाण्डव्यायनी f. zu गाण्डव्य.

गाण्डिव m. n. 1) Arguna's *Bogen.* — 2) **Bogen überh.*

गाण्डिवधर m. Bein. Arguna's Venis. 51.

गाण्डी f. *Rhinoceros* oder = वज्रग्रन्थि.

गाण्डीमय Adj. *aus* गाण्डी *verfertigt.*

गाण्डीर Adj. *von der Pflanze* गण्डीर *herrührend.*

गाण्डीव m. n. 1) Arguna's *Bogen.* — 2) **Bogen überh.*

गाण्डीवधन्वन् m. Bein. Arguna's.

गाण्डीविन् m. 1) desgl. — 2) **Terminalia Arunja.*

गातर् Nom. ag. 1) *Sänger.* — 2) **ein* Gandharva. — 3) **das Männchen des indischen Kuckucks.* — 4) **Biene.* — 5) **ein zum Zorn geneigter Mann.* — 6) N. pr. eines Mannes.

गातवे Dat. Inf. *zu gehen* RV. 3,3,1.

गातव्य Adj. *zu singen* Comm. zu Njâjam. 1,4,6. 9,1,24.

*गातागतिक Adj. (f. ई) *durch Hinundhergehen bewirkt.*

*गातानुगतिक Adj. (f. ई) *durch Hinterhergehen bewirkt.*

1. गातु m. (ausnahmsweise auch f.) 1) *Gang, Bewegung, freie Bewegung.* — 2) *Weg, Bahn; Ausgang, Zugang.* — 3) *Fortgang, Gedeihen, Wohlfahrt.* — 4) *Raum, Ort, Aufenthaltsort, Zuflucht.* — 5) **die Erde.* — Vgl. गातवे.

2. गातु 1) m. a) *Gesang.* — b) *Sänger.* — c) **ein* Gandharva. — d) **das Männchen des indischen Kuckucks.* — e) **Biene.* — f) N. pr. eines Âtreja. — 2) *Adj. *zum Zorn geneigt.*

गातुमन्त् Adj. *räumig, bequem.*

गातुय्, °यति *Zugang —, Fortgang u. s. w. suchen oder zu verschaffen beabsichtigen.*

गातुविद् Adj. *den Weg —, Zugang findend, — weisend, — eröffnend, Wohlfahrt gebend.*

गातूय्, °यति = गातुय् und wohl fehlerhaft.

गात्र 1) n. (adj. Comp. f. आ und ई) a) *Glied des Körpers, Gliedmaass.* — b) *Körper.* — 2) *f. (आ) und n. *Vordertheil eines Elephanten.* — 3) *f. आ *die Erde.* — 4) m. N. pr. eines Sohnes des Vasishṭha.

गात्रक 1) n. *Körper.* — 2) *f. °त्रिका wohl *Gürtel.*

गात्रकम्प m. *ein Zittern des Körpers* Jogaç. Up. 1.

गात्रगुप्त m. N. pr. eines Sohnes des Kṛshṇa.

गात्रभङ्ग m. *das Biegen —, Recken der Glieder* oder *des Körpers.*

*गात्रभङ्गा f. *Mucuna pruritus.*

गात्रभञ्जन n. = गात्रभङ्ग Haṁsop. S. 411.

*गात्रमार्जनी f. *Handtuch.*

*गात्रय्, °यते (शैथिल्ये).

गात्रयष्टि f. *ein schmächtiger, zarter Körper* Kâd. 159,22. Am Ende eines adj. Comp. f. इ (Kâd. 240, 19) und ई.

गात्ररुह् n. *Haar am Körper.*

गात्रलता f. *ein schmiegsamer, schmächtiger Körper.* Am Ende eines adj. Comp. f. आ LA. 37,20.

गात्रवन्त् 1) Adj. *einen schönen Körper habend* v. l. im Comm. zu R. ed. Bomb. 2,98,24. — 2) N. pr. a) m. eines Sohnes des Kṛshṇa. — b) f. °वती einer Tochter des Kṛshṇa.

गात्रविन्द m. N. pr. eines Sohnes des Kṛshṇa.

गात्रवेष्टन n. *spasmodische Empfindung* Karaka 6,27.

गात्रशोषण Adj. *den Körper verzehrend* (Kummer) MBh. 12,29,8.

गात्रसंकोचनी f. (Mahidh. zu VS. 24,36) und *°संकोचिन् m. *Igel.*

*गात्रसंप्लव m. *Pelicanus fusicollis.*

*गात्रानुलेपनी f. *Salbe, Schminke.*

गात्रावरण n. *Panzer.*

गात्रोत्सर्गतीर्थमाहात्म्य n. Titel eines Werkes.

गाथ 1) m. *Gesang.* — 2) f. गाथा a) *Gesang, Lied, Vers;* in den Brâhmaṇa und liturgischen Büchern insbes. *ein Vers, der vermöge seines Gebrauchs weder* Ṛk, *noch* Sâman, *noch* Jagus *ist, ein zwar religiöser aber nicht vedischer Vers.* Bei den Buddhisten *der in den* Sûtra *in gebundener Rede abgefasste Theil.* — b) *ein best. Metrum* und auch *jedes von den Lehrern der Prosodie nicht erwähnte Metrum.*

गाथक 1) m. *Sänger* Râgat. 7,934. — 2) f. °थिका *Gesang, Lied* MBh. 3,85,20. Chr. 302,17.

गाथपति m. *Herr des Gesanges.*

गाथश्रवस् Adj. *dem Gesang zueilend.*

*गाथाकार m. *Verfasser von Gesängen oder Liedern.*

गाथानी Adj. *den Gesang leitend, vorsingend* RV. 8,92,2.

गाथान्तर m. *der 4te* Kalpa 2) *h*).

गाथिज m. Patron. Viçvâmitra's.

गाथिन् 1) Adj. Subst. *gesangkundig, Sänger.* — 2) m. N. pr. des Vaters des Viçvâmitra. Pl. *sein Geschlecht* (vgl. jedoch 26,21). — 2) f. गाथिनी *ein best. Metrum.*

गाथिन m. Patron. von गाथिन् 2). Auch Pl.

गादाधरी f. Titel eines von Gadâdhara verfassten Commentars.

*गादि m. Patron. von गद.

*गादित्य von गदित.

गाद्गद्य n. *das Stammeln.*

*गाध्, गाधते (प्रतिष्ठालिप्सयोः, ग्रन्थे) *aufbrechen, sich aufmachen;* mit Acc. Bhaṭṭ.

गाध 1) Adj. (f. आ) *wo man festen Fuss fassen kann, eine Furt darbietend, seicht.* — 2) m. (einmal) und n. *Grund zum Stehen im Wasser, Untiefe, Furt, vadum.* — 3) m. a) **Verlangen, Begier.* — b) Pl. N. pr. eines Volkes Ind. St. 10,319. — 4) n.

भारद्वाजस्य गाधम् Name eines Sâman Ârsh. Br.

गाधन 1) *eine Art Pfeil* Harit. 2,96,44. — 2) *f. ई *Wade* Gal.

गाधप्रतिष्ठा f. Bez. *gewisser Theile des Rituals.*

गाधि m. = गाधिन् = गाथिन् 2).

गाधिज m. = गाथिज.

गाधिन् m. = गाथिन् 2).

गाधिनगर n. Bein. Kânjakubǵa's.

गाधिनन्दन und गाधिपुत्र m. Patron. Viçvâmitra's.

गाधिपुर n. = गाधिनगर Bâlar. 306,10.

गाधिसूनु m. Patron. Viçvâmitra's.

गाधेय Patron. 1) m. Viçvâmitra's. — 2) f. ई der Satjavatî.

गान n. 1) *das Singen, Gesang.* — 2) **Laut.*

गानचञ्चला f. Titel eines Theiles der Sâmavedakkhalâ.

गानबन्धु m. wohl N. pr. eines *gesangkundigen* mythischen Wesens.

*गानिनी f. *eine best. aromatische Wurzel* (वचा).

1.*गातु m. *Reisender.*

2.*गातु m. *Sänger.*

*गात्र n. und *गात्री f. *Karren.*

गांदम m. Patron. des Ekajâvan Tâṇḍja-Br. 21, 14,20. Vgl. कांदम.

*गान्दिक Adj. *in* Gandikâ *gebürtig.*

गान्दिनी f. 1) N. pr. der Gattin Çvaphalka's. — 2) *Bein. der Gangâ.

गान्दिनीसुत Metron. 1) Akrûra's. — 2) *Bhîshma's.

गान्दी f.=गान्दिनी 1). °पुत्र m.Metron.Akrûra's.

*गान्धपिङ्गलेय m. Metron. von गन्धपिङ्गला.

गान्धर्व 1) Adj. (f. गान्धर्वी) *gandharvisch.* विवाह m. und विधि (compon. 116,21) m. Bez. *einer ohne alle Ceremonie vollzogenen Ehe.* — 2) m. *a) Sänger.* — *b) eine best. musikalische Note* Hariv. 16291. गन्धर्व v. l. Vielleicht गान्धार gemeint. — c) N. pr. α) Pl. eines Volkes. — β) eines Theiles von Bhâratavarsha VP. 2,3,7. — 3) f. गान्धर्वी *a) *Rede.* — b) Bein. der Durgâ. गन्धर्वी v. l. — c) N. pr. einer Apsaras VP.[2] 2,82. — 4) n. *a) die Kunst der* Gandharva, *Musik, Gesang.* — b) Titel eines Tantra.

गान्धर्वक m. = गान्धर्विक.

गान्धर्वकला f. Pl. = गान्धर्व 4) *a).*

गान्धर्वचित्त Adj. *von einem* Gandharva *besessen.*

गान्धर्ववेद m. = गान्धर्व 4) *a).*

गान्धर्वशाला f. *Musikhalle, Concertsaal.*

गान्धर्वशास्त्र n. = गान्धर्व 4) *a).*

गान्धर्विक m. *Sänger.*

गान्धार 1) *Adj. *von* गन्धार. — 2) m. *a)* proparox. *ein Fürst der* Gândhâri. — *b)* N. pr. α) Pl. eines Volkes. — β) des Stammvaters dieses Volkes. — *c) die dritte Note in der musikalischen Tonleiter.* — *d) *Mennig.* — 3) f. ई *a) eine Prinzessin der* Gândhâri, insbes. Bez. der Gemahlin Dhṛtarâshṭra's. — *b)* N. pr. einer Vidjâdevî MBh. 3,231,48. *Bei den Ǵaina einer dem 21ten Arhant zu Diensten stehenden Göttin. — *c) eine best.* Râgiṇî S. S. S. 37. — *d) Alhagi Maurorum* Râǵan. 4,46. — *e) eine best. Ader im linken Auge.* — *f) *eine best. Fliege* Gal. — 4) n. *a) *Myrrhe.* — *b) Hanfspitzen.*

गान्धारक 1) m. Pl. N. pr. eines Volkes. — 2) f. °रिका *Alhagi Maurorum* Nirṇajas.

गान्धारग्राम m. *eine Art Scala* S. S. S. 29.

गान्धारि m. 1) Pl. N. pr. eines Volkes. — 2) Metron. Durjodhana's.

*गान्धारेय m. = गान्धारि 2).

गान्धिक 1) m. *a) ein Händler mit Wohlgerüchen* Kâd. 102,4. Im System *eine best. Mischlingskaste.* — *b) *Schreiber.* — *c) *eine Art Baumwanze.* — 2) f. ई zu 1) *a).* — 3) n. *wohlriechende Waare, Wohlgerüche.*

*गान्धिनी f. = गान्दिनी 2).

गान्मुत Kâṭh. 10,11 fehlerhaft für गार्मुत.

*गाब्दिक Adj. von गब्दिका gaṇa सिन्धादि in der Kâç. गान्दिक v. l.

गामन् in द्युमद्गामन्.

°गामिक Adj. *gehend nach, führend zu* (Weg).

गामिन् Adj. 1) *irgendwohin gehend,* mit einem Ortsadverb, *Acc. (239,6) oder प्रति. — 2) am Ende eines Comp. *a) gehend —, sich bewegend auf, in, nach, zu, wie* oder *auf eine best. Art und Weise* (nach einem Adverb). — *b) fleischlich beiwohnend* (von einem Manne). — *c) erreichend, sich erstreckend bis* oder *auf.* — *d) Jmd zufallend, — zukommend.* — *e) gelangend zu, theilhaftig werdend.* — *f) gerichtet auf* oder *an.* — *g) sich beziehend auf.*

*गामुक Adj. (f. आ) *gehend.*

गाम्भीर्य 1) *Adj. *in der Tiefe befindlich.* — 2) n. *a) Tiefe* (eig. und übertr.). — *b) Würde, unerschütterliche Ruhe.* — *c) Edelmuth.* — *d)* in der Rhetorik *verstecktes Andeutung.*

*गांमन्य Adj. *sich für eine Kuh haltend f. e. K. geltend.*

1. गाय Adj. *schreitend* in उरु°.

2. गाय m. *Gesang.* Vgl. उत्तम°.

3. गाय Adj. *zu* Gaja *in Beziehung stehend.*

गायक 1) m. *Sänger.* — 2) f. ई *Sängerin.*

गायत्र 1) m. n. *Gesang, Lied.* — 2) f. ई *a) ein in dem bekannten alten 24silbigen* (3 X 8) *Metrum abgefasstes Lied* und *dieses Metrum selbst.* Nom. abstr. °त्व n. Comm. zu Njâjam. 8,3,7. — *b) die* Gâjatrî *im ausgez. Sinne, der an* Savitar *gerichtete Vers* ṚV. 3,62,10. Zuweilen auch Bez. *anderer Verse dieses Metrums.* — *c)* in Verbindung mit अमृत etwa so v. a. *die Grundform und Wesenheit des heiligen Liedes und Wortes.* — *d) ein Metrum von 4 X 6 Silben.* — *e)* Bein. der Durgâ. — *f) *Acacia Catechu.* — 3) n. *a) ein im Metrum* Gâjatrî *abgefasstes Lied.* — *b) das Metrum* Gâjatrî VP. 1,5,52. — *c)* Name eines Sâman. — 4) Adj. (f. ई) *in der* Gâjatrî *bestehend, mit ihr verbunden, nach ihr gebildet* (z. B. *nach der Silbenzahl,* d. i. *aus 24 bestehend*). व्रत n. so v. a. ब्रह्मचर्य.

गायत्रकाकुभ Adj. *aus den Metren* Gâjatrî *und* Kakubh *bestehend.*

1. गायत्रच्छन्दस् n. *ein* Gâjatrî-*Metrum* Lâṭj. 3, 1,28; vgl. Vaitân. 19,16.

2. गायत्रच्छन्दस् Adj. *dem das Metrum* Gâjatrî *gehört* oder *geweiht ist, sich auf dasselbe beziehend* Maitr. S. 2,3,3.

गायत्रपार्श्व n. Name eines Sâman.

गायत्रबार्हत Adj. *aus den Metren* Gâjatrî *und* Bṛhatî *bestehend.*

गायत्रवर्तनि Adj. *in* Gâjatrî-*Maassen sich bewegend.*

गायत्रवेपस् Adj. *zu Gesängen anregend.*

गायत्रि (metrisch) f. = गायत्र 2) *b).*

गायत्रिन् m. 1) *Liedersänger.* — 2) *Acacia Catechu.*

गायत्रिसार m. *Catechu.*

गायत्रीकारम् Absol. *unter Verwandlung in* Gâjatrî-*Strophen.*

गायत्रीपञ्चाङ्ग, °पञ्जर, °पुरश्चरण, °भाष्य und °रहस्य n. Titel von Werken.

गायत्रीवल्लभ m. Bein. Çiva's.

गायत्रीसामन् n. Name verschiedener Sâman.

गायत्र्य Adj. Bez. einer Art Soma.

गायत्र्यासित n. Name eines Sâman.

गायन 1) m. *a) Sänger, Lobsänger.* — *b) *Schwätzer.* — c) N. pr. eines Wesens im Gefolge Skanda's. — 2) *f. ई *Sängerin.* — 3) n. *Gesang.*

गायत्तिका f. N. pr. einer Höhle (Nilak.) MBh. 5,111,16, v. l.

गायत्ती f. N. pr. der Gattin Gaja's.

गायस् in अन°.

गार n. Name eines Sâman. Vgl. मद्र°.

*गारक m. *Eclipta prostrata* Gal.

गारि in मद्र°.

*गारित्र n. *Reis.*

गारुगि m. *ein best. Tact* S. S. S. 212.

गारुड 1) Adj. *die Gestalt des Vogels* Garuḍa *habend, von ihm stammend, ihn betreffend.* — 2) m. *a) ein best.* Kalpa 2) *h).* — *b) *eine Art Reis* Gal. — 3) *f. ई *eine best. Schlingpflanze* Râǵan. 3, 90. — 4) n. *a) Smaragd.* Als Gegengift Kâd. 56,20; vgl. Spr. 5910. — *b) * Gold.* — *c) *eine best. Zauberformel gegen Gift.* — *d)* Titel eines Werkes Hemâdri 1,513,8; vgl. गारुडं भूततन्त्रम् Kâlać. 5,49.

गारुडिक m. *Giftbeschwörer.*

गारुत्मत 1) Adj. *vom Vogel* Garuḍa *kommend* u. s. w. — 2) (*m. Gal. und n.) *Smaragd* Hemâdri 1,305,17. Bhâvapr. 1,97. 266. 268. In Verbindung mit अश्मन् als Gegengift Spr. 5910.

*गारुत्मतपत्त्रिका f. *eine best. Schlingpflanze.*

गार्ग 1) *Adj. von गार्ग्य. — 2) m. *a) ein best. Tact* S. S. S. 236. — *b)* *verächtliches Metron. von गार्गी. — *c)* fehlerhaft für गार्ग्य Patron. — 3) f. ई *a)* f. zum Patron. गार्ग्य. — *b)* Bein. der Durgâ.

*गार्गक 1) Adj. *dem* Gârgja *gehörig, ihn verehrend.* — 2) f. °र्गिका *die Abstammung von* Garga. — 3) n. *eine Versammlung von Nachkommen des* Garga.

*गार्गर्य m. Patron. von गर्गर.

गार्गि m. N. pr. eines Astronomen.

*गार्गिक m. verächtliches Metron. von गार्गी.

1. गार्गी s. u. गार्ग.

2.*गार्गी Adv. mit भू *zu einem* Gârgja *werden.*

गार्गीपुत्र m. N. pr. eines Lehrers.

*गार्गीपुत्रकायणि, *°पुत्रायणि und *°पुत्रि m. Patronn. von गार्गीपुत्र.

गार्गीब्राह्मण n. Titel eines Brâhmaṇa.

*गार्गीय्, °यति *wie einen* Gârgja *behandeln;* Med. *sich wie ein* G. *benehmen.*

गार्गीय 1) Adj. *von* Garga (oder *Gârgja) *herrührend, — verfasst.* — 2) *m. Pl. *die Schule der Nachkommen* Garga's oder Gârgjâjana's.

*गार्गेय m. Metron. von गार्गी.

गार्ग्य 1) Adj. von गर्ग. — 2) m. Patron. von गर्ग. *a)* N. pr. verschiedener Lehrer. *Nom. abstr. °त्व n. Ind. St. 13,413. — *b)* N. pr. eines Königs der Gandharva. — *c)* Pl. N. pr. eines Volksstammes.

गार्ग्यायण m. Patron. von गार्ग्य, N. pr. eines Lehrers.

*गार्ग्यायणक Adj. und n. Ind. St. 13,413.

गार्ग्यायणि m. Patron. von गार्ग्यायण.

*गार्ग्यायणीय m. Pl. *die Schule des* Gârgjâjaṇa.

*गार्जर m. *Möhre* Râǵan. 7,24.

*गार्तक Adj. von गर्त.

गार्त्समद 1) Adj. von गृत्समद. — 2) m. Patron. von गृत्समद. Auch Pl. — 3) n. Name eines Sâman.

गार्दभ Adj. *asininus.* °यान n. *mit Eseln bespannt* Âpast.

*गार्दभरथिक Adj. *für einen von Eseln gezogenen Wagen geeignet.*

गार्दभि m. N. pr. eines Mannes MBh. 13,4,59. गर्दभि v. l.

गार्दभिन् m. Pl. Name einer Dynastie.

गार्ध्य n. *Gier.*

गार्ध° oft fehlerhaft für गार्ध्र.

गार्ध्र Adj. *vulturinus.*

*गार्ध्रपत्त्र m. *ein mit Geierfedern geschmückter Pfeil.*

गार्ध्रपक्ष, गार्ध्रराजित, गार्ध्रवाजित und गार्ध्रवासस् Adj. *mit Geierfedern geschmückt;* m. *ein solcher Pfeil.*

गार्भ Adj. 1) *aus einem Mutterleibe geboren.* — 2) *auf einen Fötus bezüglich.*

गार्भिक Adj. *zum Mutterleibe in Beziehung stehend.*

*गार्भिण und *गार्भिण्य n. *ein Verein schwangerer Frauen.*

गार्मुत 1) Adj. *aus der* Garmut *genannten Bohnenart bereitet* Maitr. S. 2,2,4. — 2) m. = गर्मुत् 1) Âpast. Çr. 16,19. — 3) *n. *eine Art Honig.* v. l. कार्मुक und कार्मुत.

गार्ष्टेय Adj. *von einer Färse geboren.*

गार्ह Adj. *häuslich* in °मेध.

गार्हकर्मेधिक m. Pl. *die Pflichten eines Hausherrn.*

गार्हपत n. *die Stellung —, Würde eines Hausherrn.*

गार्हपत्य 1) Adj. mit अग्नि oder m. mit Ergänzung von अग्नि *das Feuer des Hausherrn* (eines der drei heiligen Feuer). — 2) m. oder n. *der Ort wo dieses Feuer unterhalten wird.* — 3) m. Pl. *eine best. Klasse von Manen.* — 4) n. *Herrschaft im Hause, Hausstand, Haushaltung.*

गार्हपत्यस्थान n., °पत्यागार m. und °पत्यायतन n. *der Raum, in welchem sich das Hausfeuer befindet.*

गार्हपत्येष्टका f. *ein best. Backstein* Vaitân.

गार्हमेध m. = गृह° *Hausopfer.*

गार्हस्य fehlerhaft für °स्थ्य.

गार्हस्थ्य 1) Adj. *einem Hausherrn zukommend, — obliegend.* — 2) n. *a) der Stand des Hausvaters* (Gaut.) oder *der Hausmutter.* — *b) Hausstand, häusliche Einrichtung, das Haus mit Allem was darin ist.*

गार्ह्य Adj. *häuslich.*

गाल Adj. *mit der Kehle hervorgebracht.*

*गालक्यज्ञ n. *eine Art Salz* Gal.

गालन n. 1) *das Durchseihen.* — 2) *das Schimpfen, Schmähen* Nîlak. zu MBh. 12,68,31. — 3) *von unbekannter Bed.* Hem. Jog. 3,110.

गालव m. 1) **Symplocos racemosa* oder *eine andere weisse Species.* — 2) **eine Art Ebenholz.* — 3) N. pr. eines alten Lehrers. Pl. *sein Geschlecht.* — 4) Pl. *eine best. Schule.*

गालवि m. Patron. von गालव.

गालि f. Pl. *Schimpfreden, — wörter.* °दान n. (Râǵat. 7,305) und °प्रदान n. (Comm. zu Prab. 41, 13) *das Schimpfen.* Auch गाली f. Pl. Râǵat. 7,1172.

गालिनी f. *eine best. Fingerverbindung.*

गालिमत् Adj. *Schimpfwörter in Bereitschaft habend.*

*गालोडय्, °यति = गालोडितमाचष्टे; Med. विमर्शे.

*गालोडित 1) Adj. = उन्मादशील, रोगार्त und मूर्ख. — 2) n. *Prüfung.*

गालोड्य n. *Lotussamen* Râǵan. 10,191. Bhâvapr. 1,245.

गावल्गणि m. Patron. des Saṁǵaja.

गावामयनिक Adj. *zur Feier* गवामयन *gehörig* Njâjam. 7,4,3.

गाविष्ठिर m. Patron. von गविष्ठिर.

*गाविष्ठिरायण m. Patron. von गाविष्ठिर.

*गावी f. = गो *Kuh.*

गावीधुक Adj. *aus der Coix barbata bereitet* Maitr. S. 2,6,3. Âpast. Çr. 17,12.

गावेधुक Adj. (*f. ई) dass.

*गावेश Adj. von गवेश.

*गावेष Adj. von गवेष.

गाह्, गाहते (episch auch Act.) *sich tauchen —, baden —, eindringen —, sich hineinbegeben —, sich vertiefen in* (Acc.). कक्षाम् so v. a. *sich messen können mit* (Gen.) Vikramâṅkać. 2,11. — Partic. गाढ 1) *worin man sich taucht* oder *badet.* — 2) *wohin Etwas dringt.* °कर्णः so v. a. *mit offenen Ohren.* — 3) *fest angedrückt, — angezogen, — anschliessend, fest.* °म्, गाढ° und Compar. गाढतरम्, गाढतर° Adv. — 4) *heftig, stark, intensiv.* गाढम्, गाढ° und Compar. गाढतरम् Adv. — गाहित s. bes. — Mit अति *auftauchen, sich halten —, sich erheben über* (Acc.). — °गाढ *sehr stark, — intensiv* Bhâg. P. 1,15,28. °म् Adv. *zu sehr, über die Maassen* MBh. 4,4,36. — Mit अभि *eindringen in* (Acc.). — Mit अव oder व 1) *sich tauchen —, baden —, eindringen —, sich hineinbegeben —, sich wagen* — (Prasannar. 65,17), *sich vertiefen in* (Loc. oder Acc.). — 2) *aufgehen in* (Acc.). — 3) *ergründen, begreifen.* — Partic. 1) अवगाढ *a) worin man sich eintaucht, — badet.* — *b) eingetaucht —, hineingedrungen in;* die Ergänzung im Acc., Loc. (Âpast. 1,11,17), Gen.

oder im Comp. vorangehend. — c) *vertieft, tief liegend.* — d) *versteckt, stockend.* — e) *verschwunden, zu Nichte geworden.* — 2) अवगाह्वित = अवगाढ a). — Caus. 1) *sich eintauchen —, baden lassen in* (Loc.). — 2) *sich eintauchen —, baden in* (Loc.). — Mit अभ्यव Caus. *schwemmen* (ein Pferd). — Mit व्यव 1) *sich tauchen —, eindringen in* (Acc.). — 2) *einbrechen* (von der Nacht). — Mit समा, °गाढतर *sehr heftig, - intensiv.* दुःख Kâraṇḍ. 25,13. — Mit उद् *auftauchen.* — उद्गाढ *überwallend, - mässig, heftig.* प्रेमोद्गाढ *von Liebe überströmend* Spr. 4218. — Mit उप *eindringen in* (Acc.). — Mit प्र *sich hineinmachen in, durchdringen;* mit Acc. — Mit अभिप्र *sich tauchen in, durchdringen;* mit Acc. — Caus. *eintauchen.* — Mit संप्र *sich tauchen —, sich hineinbegeben in* (Acc.). — Mit प्रति *eindringen —, sich hineinbegeben in* (Acc.) — Mit वि 1) *sich tauchen —, baden —, sich stecken —, eindringen —, sich hineinbegeben in* (Acc. oder Loc.). कलाम् so v. a. *sich messen können mit* (Gen.) 251,7. — 2) *eindringen in Jmd,* so v. a. *durchbohren;* mit Acc. — 3) *gelangen zu, theilhaftig werden;* mit Acc. Spr. 7307. — 4) *sich vertiefen in,* so v. a. *nachdenken über* (Acc.). — 5) *einbrechen* (von der Nacht). — Partic. विगाढ 1) *worin man taucht, — badet.* — 2) *eingetaucht —, sich badend in* (Loc.), *tief eingedrungen* (von einer Waffe) MBh. 4,64,36. — 3) *ein —, angebrochen, Platz ergriffen —, den Anfang genommen habend.* — Mit प्रवि *sich tauchen —, sich hineinbegeben in* (Acc.). — Mit *सम् dass.

गाह्वे 1) *Adj. *sich tauchend in* in उद्° und उदक°. — 2) m. *Tiefe, das Innere.*

गाह्वन n. *das Eintauchen, Baden.*

गाह्वनीय n. impers. *sich zu tauchen* u. s. w.

गाह्वित n. *Tiefe, das Innere* MBh. 3,103,10.

गाह्व in दुर्गाह्व.

गिद m. N. pr. eines göttlichen Wesens (nach dem Comm.) Tâṇḍja-Br. 1,7,7.

*गिध (!) gaṇa मूलविभुजादि.

*गिन्दुक m. *Spielball.*

1. गिर्, गिरते s. u. 1. गर् mit सम्.

2. गिर् 1) Adj. Subst. *anrufend, Lobsänger.* — 2) f. a) *Wort, Ruf, Spruch, Preis, Lob.* — b) Sg. und Pl. *Rede, Sprache, Worte. Ausspruch.* तद्गिरा *nach seinem Ausspruch, auf seinen Rath* 119,25. गिरा मम so v. a. *in meinem Namen.* गिरां पतिः (Varâh. Jogaj. 4,18) und गिरां प्रभविष्णुः Bez. Bṛhaspati's, *des Planeten Jupiter.* गिरङ्कुशेन MBh. 4,2105 fehlerhaft für गिराङ्कुशेन. — c) *Stimme.* — d) *die Göttin der Rede,* Sarasvatî. — e) *eine best. mystische Silbe.*

3. गिर्, गिरति, °ते s. 2. गर्.

4. °गिर् Adj. *verschlingend.*

1. गिर 1) am Ende eines adj. Comp. = 2. गिर् *Stimme* 219,17. — 2) *f. आ *Rede.*

2. *गिर Adj. *verschlingend.*

3. गिर am Ende eines adv. Comp. = गिरि *Berg.*

*गिरण n. *das Verschlingen* Gal.

गिरपुर n. N. pr. einer *Stadt.*

गिरावृध् Adj. *an Anrufungen sich ergötzend.*

गिरि 1) m. a) *Berg, Gebirge, Höhe.* — b) Bez. *der Zahl acht.* — c) **Wolke.* — d) **eine best. Augenkrankheit.* किरि Kâç. — e) **Spielball.* — f) **eine best. schlechte Eigenschaft des Quecksilbers.* — g) *= गैरेयक. — h) Name eines auf einen Schüler Çaṁkarâkârja's zurückgeführten Bettelordens, dessen Mitglieder ihrem Namen das Wort गिरि hinten anfügen. — i) N. pr. eines Sohnes des Çvaphalka. — 2) *f. a) *das Verschlingen.* — b) *Maus.* — 3) Adj. a) *von Bergen kommend* ṚV. 6,66,11 (wenn die Lesart richtig ist). — b) **ehrwürdig.*

गिरिक 1) Adj. Beiw. der Herzen der Götter Maitr. S. 2,9,9 (किरिक VS.) und Çiva's. — 2) m. a) **Spielball.* — b) N. pr. eines Schlangendämons (buddh.). — 3) f. आ a) **Maus.* — b) N. pr. der Gemahlin Vasu's.

गिरिकच्छप m. *eine Schildkrötenart.*

*गिरिकण्टक m. Indra's *Donnerkeil.*

*गिरिकदम्ब und °क m. *eine* Kadamba-*Art.*

*गिरिकदली f. *eine* Kadalî-*Art* Râǵan. 11,42.

*गिरिकर्णा f. *Clitoria Ternatea.*

गिरिकर्णिका f. 1) **die Erde.* — 2) *Clitoria Ternatea* Râǵan. 3,77. — 3) **eine Achyranthes-Art.*

*गिरिकर्णी f. 1) *Clitoria Ternatea.* — 2) *Alhagi Maurorum.*

*गिरिकाण Adj. *einäugig in Folge der Krankheit* Giri.

गिरिकुहर n. *Berghöhle* Spr. 7686.

गिरिकूट n. *Berggipfel* Bhâg. P. 5,17,9.

गिरिक्षत्र m. N. pr. eines Fürsten VP. 4,14,2.

गिरिक्षित् 1) Adj. *auf Höhen wohnend.* — 2) m. N. pr. eines Mannes.

गिरिक्षिप m. N. pr. einer Sohnes des Çvaphalka.

गिरिरत्न v. l.

गिरिगङ्गा f. N. pr. eines Flusses.

*गिरिगुड m. *Spielball.*

गिरिगैरिकधातु MBh. 5,7273 fehlerhaft für गिरेर्गै°.

गिरिचक्रवर्तिन् m. *der Berge Fürst, der Himavant* Kumâras. 7,52.

गिरिचर 1) Adj. *im Gebirge sich umhertreibend, - aufhaltend.* — 2) m. *ein wilder Elephant* Kâd. 136,6.

गिरिज 1) m. a) **eine Bassia-Art.* — b) **Bauhinia variegata* Râǵan. 10,24. — c) N. pr. eines Mannes. — 2) f. आ a) *Bez. *verschiedener Pflanzen: eine Citronenart,* = कारी, लुट्पाषाणभेदा, गिरिकदली, त्रायमाणा und श्वेतबुह्वा. — b) Patron. der Pârvatî. — 3) *n. a) *Talk.* — b) *Röthel.* — c) *Eisen.*

गिरिजा Adj. *auf Bergen entsprungen* ṚV. 5,87,1.

गिरिजाकुमार m. N. pr. eines Schülers des Çaṁkarâkârja.

गिरिजाधव und °जापति m. Bein. Çiva's.

गिरिजापुत्र m. N. pr. eines Oberhauptes der Gaṇapatja.

गिरिजाप्रिय m. Bein. Çiva's.

*गिरिजामल n. *Talk.*

गिरिजामाहात्म्य n. Titel eines Werkes.

गिरिजाल n. *Bergkette.*

*गिरिज्वर m. Indra's *Donnerkeil.*

*गिरिज्वरसमुद्भव n. *Röthel* Gal.

*गिरिणख gaṇa गिरिनद्यादि.

गिरिणदी f. *Bergstrom.*

*गिरिणद्ध Adj. *von Bergen umschlossen.*

*गिरिणितम्ब m. *Bergabhang.*

गिरित्र Adj. *Berge beherrschend,* Beiw. und Bein. Rudra-Çiva's.

गिरिदुर्ग 1) Adj. *wegen gebirgiger Lage schwer zugänglich;* n. *ein solcher Platz.* — 2) n. N. pr. einer Oertlichkeit.

गिरिदुह्वितर् f. Patron. der Pârvatî Bâlar. 95,22.

गिरिद्वार n. *Gebirgspass.*

गिरिधर und °दीक्षित m. N. pr. eines Autors.

गिरिधातु m. 1) Pl. *Bergerze.* — 2) *Röthel* R. 2, 96,19.

*गिरिध्वज m. Indra's *Donnerkeil.*

*गिरिनख = गिरिणख.

गिरिनगर n. N. pr. einer *Stadt* in Dakshiṇâpatha.

गिरिनदी f. = गिरिणदी.

*गिरिनद्ध Adj. = गिरिणद्ध.

गिरिनन्दिनी f. 1) *Bergstrom.* — 2) Patron. der Pârvatî Prasannar. 1,14.

*गिरिनितम्ब m. = °णितम्ब.

गिरिनिम्नगा f. *Bergstrom.*

*गिरिनिम्ब m. *ein der Melia Bukayun verwandter Baum* Râǵan. 9,13.

गिरिपति m. *ein grosser Berg, - Fels* Bâlar. 187,6.

गिरिपर्र Adj. *auf* गिरि *folgend.* रुद्रस्य नाम

Maitr. S. 2,6,8. 4,4,2.

*गिरिपीलु m. *Grewia asiatica* Râǵan. 11,112.

गिरिपुर n. *Gebirgsstadt* oder N. pr. *einer solchen Stadt.*

*गिरिपुष्पक n. *Benzoeharz.*

गिरिपृष्ठ n. *Berghöhe.*

गिरिप्रपात m. *eine steile Felswand.*

गिरिप्रस्थ m. *Bergebene.*

*गिरिप्रिया f. *das Weibchen des Bos grunniens.*

गिरिबान्धव m. Bein. Çiva's.

गिरिबुध्न Adj. (f. आ) = अद्रिबुध्न.

गिरिभिद् 1) Adj. *einen Berg durchbrechend* (Fluss) Âpast. Çr. 11,20,5. — 2) f. *Plectranthus scutellarioides.*

*गिरिभू f. 1) *ein best. Pflanze,* = तुद्रपाषाणभेदा. — 2) Bein. der Pârvatî.

गिरिभ्रज् Adj. *aus Bergen hervorbrechend.*

गिरिमल्लिका f. *Wrightia antidysenterica* Karaka 7,5.

गिरिमात्र Adj. *Bergesumfang habend* Çat. Br. 1,9,1,10.

*गिरिमान 1) Adj. dass. — 2) m. *Elephant.*

गिरिमाल und °क m. *ein best. Baum.*

*गिरिमृद् f. und *°मृद्भव n. *Röthel.*

*गिरिमेद m. *Vachellia farnesiana.*

*गिरियक und *गिरियाक m. *Spielball.*

गिरिरत्न m. N. pr. eines Sohnes des Çvaphalka Hariv. 1,38,52 (गिरिक्षिप v. l.). °रत्न VP.[2] 4,95. 96.

गिरिराज् m. *der Berge Fürst,* wohl der Himavant.

गिरिवर्त्तिका f. *eine Wachtelart.*

*गिरिवासिन् 1) Adj. *im Gebirge wohnend,* — *wachsend.* — 2) m. *ein best. Knollengewächs* Râǵan. 7,81.

गिरिव्रज m. N. pr. der Hauptstadt der Magadha.

गिरिश 1) Adj. *im Gebirge wohnend,* Beiw. und m. Bein. Rudra-Çiva's VS. — 2) m. N. pr. eines Rudra. — 3) f. आ *a) ein best. Vogel* Gal. Suçr. 1,201,20 (गिरिशालट्वा° zu lesen). — *b)* Bein. der Durgâ Hariv. 2.107,6.

गिरिशन्त (VS.) und गिरिशय Adj. = गिरिश 1).

गिरिशर्मन् m. N. pr. eines Mannes.

*गिरिशायिका f. = गिरिश 3) *a)* Gal.

गिरिशालिनी f. *Clitoria Ternatea.*

गिरिशिखर m. n. *Bergspitze* Bhâg. P. 5,17,8. Nâgân. 43,17.

गिरिशृङ्ग m. 1) *Bein. Gaṇeça's. — 2) N. pr. eines Landes oder Volkes Ind. St. 10,317.

गिरिषद् Adj. *auf Bergen sitzend* (Rudra).

गिरिष्ठा (auch viersilbig) Adj. *auf Bergen befindlich, im Gebirge hausend, von Bergen kommend.*

*गिरिसंभव 1) m. *Waldmaus* Gal. — 2) n. *Erdharz* Gal.

गिरिसर्प m. *eine Schlangenart.*

*गिरिसानु n. *Bergebene.*

*गिरिसार m. 1) *Eisen.* — 2) *Zinn.* — 3) Bein. des Gebirges Malaja.

गिरिसारमय Adj. (f. ई) *eisern.*

गिरिसुता f. Metron. der Pârvatî.

गिरिसुताकान्त m. Bein. Çiva's.

गिरिसेन m. N. pr. eines Mannes (buddh.).

गिरिस्रवा f. *Bergstrom.*

गिरिह्वा f. *Clitoria Ternatea.*

गिरीन्द्र m. 1) *ein hoher Berg* Spr. 2108. — 2) Bez. *der Zahl acht.*

*गिरीयक m. *Spielball.*

1. *गिरीश m. Bein. Bṛhaspati's.

2. गिरीश 1) m. *a) ein Fürst der Berge, ein grosser Berg;* *insbes. der Himavant. — *b)* Bein. Çiva's. — *c)* N. pr. eines Rudra. — 2) f. आ Bein. der Durgâ.

गिरौकस् in अ°.

गिर्याह्वा f. = गिरिह्वा.

गिर्वणस् und गिर्वणस्यु Adj. *Anrufung liebend, der Lieder froh.*

गिर्वन् Adj. *reich an Anrufungen, — Lob.*

गिर्ववाहस् (stark °वाह्) Adj. *den Liederreichen fahrend.*

गिर्वाहस् Adj. *dem Anrufungen dargebracht werden, besungen.*

गिल्, गिलति s. 2. गर्.

गिल 1) Adj. am Ende eines Comp. *verschlingend.* — 2) *m. *Citronenbaum.*

*गिलगिल Adj. *verschlingend.*

*गिलग्राह m. *Krokodil.*

गिलन n. *das Verschlingen.*

गिलायु m. *eine harte Geschwulst im Schlunde.*

*गिलि f. *das Verschlingen.*

गिलोड्य *die Knolle einer kleinen Nymphaea.*

*गिष्णु m. *Sänger; Kenner des* Sâmaveda.

*गीःकाम्य्, °म्यति *ein Freund der Rede u. s. w. sein.*

*गीःपति m. = गीष्पति 1).

गीत 1) Adj. s. u. 2. गा. — 2) f. आ *a) eine von einem inspirirten Lehrer in gebundener Rede verkündete Lehre;* insbes. die Bhagavadgîtâ Spr. 7772. °तत्त्वप्रकाशिका f., °तात्पर्य n., °तात्पर्यशुद्धि f., °भाष्य n., °भाष्यविवेचन n., °व्याख्या f., °व्याख्यान n., °सार, °हेतुनिर्णय m., गीतामृततरंगिणी f. und गीतार्थविवरण n. Titel von Commentaren und Supracommentaren dazu. — *b) ein best. Metrum.* — 3) n. *a) Gesang* TBr. 3,4,1,2. Gaut. Âpast. — *b)* Titel von 4 Hymnen auf Kṛshṇa.

गीतक 1) n. *a) Gesang, Lied.* — *b) ein best. Versmaass.* — *c)* etwa *Gesangsweise* (deren sieben). — 2) f. °तिका *a) ein kurzer Gesang, ein kleines Lied.* गाथिका v. l. — *b) ein best. Metrum.* — *c) eine Strophe im* Gîti-*Metrum.*

गीतकण्डिका f. Titel eines Pariçishṭa des SV.

*गीतक्रम m. = वर्ण.

गीतत्तम Adj. *singbar* Çâk. 164.

गीतगङ्गाधर n. Titel eines Gedichts.

गीतगिरीश n. desgl.

गीतगोविन्द n. Titel eines bekannten lyrischen Dramas.

गीतगौरीपति und °गौरीश Titel eines Werkes.

गीतनृत्य n. 1) Sg. *Gesang und Tanz* R. 1,24,5 (°नृत्यं च zu lesen). — 2) *ein best. Tanz* S.S.S. 263.

गीतपुस्तक n. und °संग्रह m. Titel *einer Sammlung von Gesängen* (buddh.).

गीतप्रकाश m. Titel eines Werkes.

गीतप्रिय 1) Adj. (f. आ) *den Gesang liebend.* — 2) f. आ N. pr. einer der Mütter im Gefolge Skanda's.

गीतबन्धन n. *ein episches Gedicht, das gesungen wird.*

गीतमार्ग m. = दशपदचङ्क्रमण (Comm.).

*गीतमोदिन् 1) Adj. *am Gesang sich erfreuend.* — 2) m. *ein* Kimnara.

गीतवादन n. Sg. *Gesang und Musik* M. 2,178.

गीताचार्य m. *Gesanglehrer.*

गीतायन Adj. *von Gesang begleitet.*

गीतार्थ m. *ein Mönch, der ausgelernt hat,* Hem. Par. 8,385. 13,82.

गीति f. 1) *Gesang* Ǵaim. 2,1,36. — 2) *ein best. Metrum.*

गीतिन् Adj. *der singend recitirt.*

गीतिसूत्र n. *ein* Sûtra *im* Gîti-*Metrum* Sûrjad. in der Vorrede zu Ârjabh. S. X, Z. 7.

गीत्यार्या f. *ein best. Metrum.*

गीथा f. *Gesang.*

*गीरथ m. Bein. Bṛhaspati's.

गीर्ण s. u. 1. und 2. गर्.

*गीर्णि f. *das Verschlingen.*

*गीर्देवी f. *die Göttin der Rede,* Sarasvatî.

*गीर्पति m. Bein. Bṛhaspati's.

*गीर्लता f. *Cardiospermum Halicacabum* Râǵan. 3,72.

गीर्वाण m. *ein Gott.*

*गीर्वाणकुसुम n. *Gewürznelken* Râǵan. 12,86.

गीर्वाणपद्मञ्जरि f. Titel eines Werkes VP.[2] 3,136.

गीर्वाणवर्त्मन् n. der *Luftraum* Kâd. 2.38,7. 89, 22. 91,4.

गीर्वाणवाङ्मञ्जरि und गीर्वाणशब्दपदमञ्जरि f. = गीर्वाणपदमञ्जरि VP.² 3,136.

गीर्वाणसेनापति m. Bein. Skanda's Bâlar. 93,7.

गीर्वाणेन्द्रसरस्वती m. N. pr. eines Lehrers.

*गीर्वि Adj. *verschlingend.*

*गीष्पति m. 1) *ein Gelehrter.* — 2) Bein. Bṛhaspati's.

*गीस्तरा f. *eine vorzügliche Rede, — Stimme.*

*गीस्त्व n. Nom. abstr. von 2. गिर्.

1. गु, *गवते (अव्यक्ते शब्दे, ध्वनौ). Intens. (nur जोगुवे und जोगुवान) *ertönen lassen, laut aussprechen, verkünden.* — Mit प्रति *hören lassen vor* (Loc.).

2. *गु, गवते (गतिकर्मन्).

3. *गु, गुवति *cacare.* Partic. गून. — Mit वि, °गून.

4. °गु Adj. *kommend, gehend.*

5. गु 1) am Ende eines adj. Comp. von 1. गो *Rind, Kuh, Erde, Strahl.* — 2) *n. a) *Wasser.* — b) *das Haar auf dem Körper.*

गुगुल (*m.) *Bdellion.*

*गुग्गुलाद m. *eine best. Pflanze* Gal.

गुग्गुलु 1) m. (später) und n. *Bdellion.* गुग्गुलुगन्धि Adj. Vaitân. — 2) *m. *eine roth blühende Moringa.* — 3) f. गुग्गुलू N. pr. einer Apsaras.

*गुग्गुलुक m. *ein Händler mit Bdellion;* f. ई.

*गुग्गुलुद्रु m. = गुग्गुलु 2).

*गुङ्गुणा Adj. *näselnd* Gal.

गुङ्गु 1) m. N. pr. eines Mannes; Pl. *sein Geschlecht.* — 2) f. गुङ्गू *der personificirte Neumond* (Sâj.).

गुच्छ m. 1) *Busch, Büschel, Bund, Strauss.* °गुल्म n. Sg. *Büsche und Sträucher.* — 2) *ein Perlenschmuck von* 32 oder 70 *Schnüren.* — 3) **Abschnitt in einer Erzählung* Gal.

गुच्छक 1) *m. a) b) = गुच्छ 1) 2). — c) = गुच्छिकन् Râgan. 9,72. — 2) n. *eine best. wohlriechende Pflanze* Bhâvapr. 1,192.

*गुच्छकणिश m. *eine best. Kornart.*

*गुच्छकरञ्ज m. *eine Karańga-Art* Râgan. 9,70.

*गुच्छदन्तिका f. *Musa sapientum* Râgan. 11,36.

*गुच्छपत्त्र m. *Weinpalme* Râgan. 9,87.

*गुच्छपुष्प 1) m. *Alstonia scholaris* Râgan. 12,35. — 2) f. ई a) *Grislea tomentosa* Râgan. 6,217. — b) *ein best. Strauch* Râgan. 4,167.

*गुच्छपुष्पक m. Bez. zweier *Karańga-Arten* Râgan. 9,70. 72.

*गुच्छफल 1) m. a) *eine Karańga-Art* Râgan. 9,72. — b) *Strychnos potatorum.* — c) *Mimusops hexandra* Râgan. 11,72. — 2) f. आ a) *Musa sapientum.* — b) *Weinstock.* — c) *Solanum indicum* und *Jacquini.* — d) *eine best. Hülsenfrucht.*

*गुच्छबुध्रा f. v. l. für गुच्छवध्रा.

*गुच्छमूलिका f. *Scirpus Kysoor* Râgan. 8,148.

*गुच्छल m. *ein best. Gras* Gal. Vgl. गुच्छाल.

*गुच्छवध्रा f. *eine best. Staude* Râgan. 5,129.

*गुच्छार्ध m. *ein Perlenschmuck von 24 Schnüren.*

*गुच्छाल m. *Andropogon Schoenanthus* Râgan. 8,122.

*गुच्छाह्वकन्द m. *eine best. essbare Wurzel* Râgan. 7,120.

*गुच्छिकन् m. *eine Karańga-Art* Râgan. 9,70.

*गुज् s. गुञ्ज्.

गुञ्जरी f. *eine best.* Râginî S. S. S. 37.

गुञ्ज्, गुञ्जति, *गुजति, *गोजति *summen, brummen.* — Mit समुद् *zu summen anfangen* Prasannar. 107,18.

गुञ्ज 1) m. (*f. आ) *Gesumme.* — 2) *m. *Büschel, Bund, Strauss.* — 3) f. आ a) *Abrus precatorius* (*die Pflanze* und *der Same*). Das *Samenkorn* auch als *best. Gewicht* Varâh. Brh. S. 81,11.12. — b) *eine best. Pflanze mit giftiger Wurzel.* — c) **Trinkstube.* — d) **das Nachdenken.*

*गुञ्जक 1) m. *eine best. Pflanze* Gal. — 2) f. गुञ्जिका *das Korn des Abrus precatorius.*

*गुञ्जाकृत् m. *Biene.*

*गुञ्जन und गुञ्जित (Kâd. 2,74,4) n. *Gesumme.*

गुञ्जिन् Adj. in अ°.

गुटिका f. 1) *Kügelchen.* — 2) *Pille.* — 3) *Perle.* — 4) *Trinkbecher.*

गुटिकाञ्जन n. *in Kugelform gebrachtes Collyrium.*

गुटिकापात m. *das Fallen der Kugel, Werfen des Loses.*

गुटिकी Adv. mit कर् *zu einer Pille drehen.*

*गुड्, गुडति (रक्षायाम्).

गुड 1) m. a) *Kugel.* — b) **Spielball.* — c) **Bissen, Mundvoll.* — d) *trockner, in runde Stücke sich ballender Zucker* oder *gekochter Zuckerrohrsaft, Melasse.* — e) **Rüstung eines Elephanten.* — f) **Baumwollenstaude.* — g) Pl. N. pr. eines Volkes. — 2) m. (und *f. आ) *Pille.* — 3) (*m.) und f. (आ und *ई) *Euphorbia antiquorum* Karaka 7,10. — 4) *f. आ *eine best. Schilfart* Râgan. 8,21.

गुडक 1) m. a) *Kugel.* Am Ende eines adj. Comp. f. आ. — b) **Mundvoll, Bissen.* — c) *eine best. in Melasse gekochte Arzenei.* — 2) f. गुडिका a) *Pille.* — b) *Kern.* — 3) *n. *Melasse.*

*गुडकरी f. *eine best.* Râginî.

गुडक्षीरमय Adj. *aus Melasse und Milch bestehend* Hemâdri 1,413,15.

*गुडखाद m. *Sandzucker.*

*गुडची f. = गुडूची.

गुडजिह्विकान्याय m. Comm. zu TS. Prât. 8,16.

*गुडतृण n. *Zuckerrohr.*

गुडत्वच् n. *die Rinde von Laurus Cassia* Mat. med. 224.

*गुडत्वच n. 1) dass. — 2) *Muskatblüthe.*

*गुडदारु m. *Zuckerrohr.*

*गुडधाना f. Pl. *Getraidekörner mit Zucker* 227,21.

गुडधेनु f. *eine aus Zucker dargestellte Milchkuh.*

*गुडपटक m. *ein best. Zuckergebäck* Gal.

गुडपिष्ट n. *ein aus Mehl und Zucker bereitetes Backwerk.*

*गुडपुष्प m. *Bassia latifolia* oder *eine andere Species.*

*गुडफल m. 1) *Careya arborea* oder *Salvadora persica.* — 2) *Judendorn.*

*गुडबीज m. *Linsen* Râgan. 16,56.

*गुडभा f. *aus* Javanâla *gewonnener Zucker.*

गुडमय Adj. (f. ई) *aus Zucker bestehend* Hemâdri 1,362,10. 404,18.

*गुडमूल m. *Amaranthus polygamus.*

*गुडर Adj. von गुड.

*गुडल n. *Rum.*

*गुडलिप्तमत् Adj. *Zukerlecker habend.*

*गुडलिह् Adj. *Zucker leckend.*

गुडशर्करा f. *Zucker.*

*गुडशिग्रु m. *eine roth blühende Moringa.*

गुडशृङ्गिका f. *eine Vorrichtung zum Schleudern von Kugeln* (Comm.).

गुडहरीतकी f. *eine in Melasse eingemachte Myrobalane.*

*गुडाका f. *Schlaf, Schläfrigkeit.*

गुडाकेश m. Bein. 1) des Pâṇḍu-Sohnes Arǵuna. — 2) *Çiva's.

*गुडापूप m. *süsses Backwerk* P. 5,2,82, Sch.

*गुडापूपिका f. *ein best. Vollmondstag.*

गुडालक m. n. *Haarlocke.*

*गुडाला f. *ein best. Gras.*

*गुडाशय m. *Wallnussbaum* Râgan. 11,82.

गुडाष्टक n. *eine best. Mixtur* Mat. med. 231. Bhâvapr. 4,26. 5,17.

गुडगुडायन n. *das Kollern.* Vgl. Karaka 6,18.

*गुडुची f. = गुडूची.

गुडुह m. Pl. N. pr. eines Volkes.

गुडूचिका (Karaka 6,17) und गुडूची f. *Cocculus cordifolius.*

*गुडेर und *°क m. *Bissen, Mundvoll.*

गुडोदक n. *Zuckerwasser.*

गुडोदन n. = गुडौदन.

*गुडाह्वा f. *Zucker* Râgan. 14,99.

गुडौदन n. *Reisbrei mit Zucker.*

गुण 1) m. (adj. Comp. f. आ) a) *der einzelne Faden einer Schnur; Schnur, Strick.* — b) *Bogensehne.* — c) *Saite.* — d) in Verbindung mit Zahlwörtern *Theil. Mal.* Instr. und Abl. Pl. so v. a. — *fach,* — *Mal mehr.* Gewöhnlich am Ende eines adj. Comp. in der Bed. — *fach,* — *plex,* — πλοος. — e) *Multiplicator, Coefficient.* — f) *Unterabtheilung, Art, Species.* — g) *die sechs Arten* oder *Bestandtheile der fürstlichen Politik: Bündniss, Krieg, Ausmarsch, das Haltmachen, Theilung der Streitkräfte* (oder *Entzweiung*) und *das Schutzsuchen bei einem Stärkern.* Unter den vier Arten sind gemeint: *feindliche Mittel, Bestechung, Entzweiung und offene Gewalt* R. 5,81,41. — h) *ein unwesentlicher Theil, Nebensache, Accessorium* Jaim. 1,347. *Hilfsact.* — i) *Zuspeise, Zukost, Beigericht.* — k) = गुणकर्मन् *das entferntere Object einer Handlung* 225,12. 16. — l) *Eigenschaft, Eigenthümlichkeit, Beschaffenheit.* — m) *die den fünf Elementen und den fünf Sinneswerkzeugen entsprechenden fünf Haupteigenschaften: Laut, Gefühl, Farbe, Geschmack* und *Geruch.* — n) *die drei Grundeigenschaften alles Seienden, auf deren geringerem oder stärkerem Vorwalten die Stufenleiter der Wesen beruht:* Sattva, Ragas und Tamas. — o) *Beiwort, Epitheton.* — p) *eine löbliche Eigenschaft, Vorzug, Tugend, Verdienst, Vorzüglichkeit, hoher Grad von* (auch von einem Uebel). — q) *die Eigenschaften der Laute,* so v. a. *die sogenannte äussere Articulation* (बाह्यप्रयत्न, und *die drei Accente.* — r) *die erste Vocalverstärkung, die Vocale* अ (अर्, अल्), ए und ओ. — s) * *Sinneswerkzeug.* — t) * *Koch.* — u) * *Bein.* Bhîmasena's. — 2) f. गुणा a) * *Sanseviera Roxburghiana.* — b) * *eine best. wohlriechende Pflanze* (?). — c) N. pr. einer Fürstin.

गुणक 1) m. a) *Multiplicator.* — b) am Ende eines adj. Comp. *Eigenschaft* 259,1. — c) * *Rechner.* — d) N. pr. eines Kranzwinders. — 2) *f. गुणिका *Geschwulst.*

गुणकरण्डव्यूह m. Titel eines buddh. Werkes.

गुणकरी f. *eine best.* Râgiṇî. Vgl. गुणकिरी.

गुणकर्मन् n. 1) *eine unwesentliche, secundäre Handlung.* Nom. abstr. °त्व n. Comm. zu Njâjam. 2,1,17. — 2) in der Gramm. *das entferntere Object.*

गुणकलुष n. *Trübung* —, *das Zusammenfliessen der* गुण 1) n) 104,6.

गुणकार m. 1) *Multiplicator* Ârjabh. 2,23. Nom. abstr. °त्व n. Comm. zu 16. — 2) *Bein. Bhîmasena's.

*गुणकारक m. = गुणकार 2) Gal.

गुणकिरणावली f. Titel eines Werkes. °टिप्पणी f. Titel eines Commentars dazu.

गुणकिरी f. *eine best.* Râgiṇî S. S. S. 37. 70.

गुणकीर्तन n. *das Besprechen der Vorzüge.*

गुणकृत्य n. *die Function einer Bogensehne* Kumâras. 4,15.

गुणकेतु m. N. pr. eines Buddha.

गुणकेशी f. N. pr. einer Tochter Mâtali's.

गुणक्री f. = गुणकिरी S. S. S. 63.

गुणगण m. *eine Menge von Vorzügen* Spr. 7669. Bhâg. P. 5,3,11.

*गुणगान n. *das Besingen der Vorzüge, Lobgesang.*

गुणगुणाय्, °यते *tosen, donnern.*

गुणगुणाराव (onomatop.) m. *Gemurmel* Hem. Par. 12,163.

गुणगृह्य Adj. (f. आ) *eine Vorliebe für Vorzüge habend, f. V. empfänglich* Kir. 2,5. Ind. St. 15,339.

गुणग्रह (Conj.) Adj. = गुणग्राहिन् Spr. 6112.

गुणग्रहण n. *das Anerkennen von Vorzügen, Lobrede* Ind. St. 15,347. Harshać. 145,14.

गुणग्राम m. *eine Menge von Vorzügen.*

गुणग्राहिन् Adj. *ein Verständniss für Vorzüge habend, das Gute zu würdigen verstehend* 290,22. Prij. 3,7.

गुणघातिन् Adj. *Andern das Gute verleidend* Spr. 2240.

गुणचन्द्र m. N. pr. verschiedener Männer.

गुणचन्द्रिका f. Titel eines Werkes.

गुणच्छेद m. *das Reissen des Strickes* und *zugleich das Schwinden der Vorzüge* 173,16.

गुणज्ञ Adj. *Vorzüge zu würdigen verstehend* 166, 5. 173,9. Nom. abstr. °ता f. Mâlatîm. 37,7 (127,1).

गुणतस् Adv. 1) *den* गुण 1) n) *gemäss.* — 2) *von Seiten der löblichen Eigenschaften.*

गुणता f. 1) *das Untergeordnetsein* MBh. 3,149, 12. Njâjam. 2,1,17. — 2) *das ein Vorzug Sein* Sâh. D. 603 (zu lesen अदोषताय गुणता).

गुणत्यागिन् Adj. *das Gute fahren lassend.*

गुणत्रयविवरण n. Titel eines Werkes.

गुणत्व n. Nom. abstr. zu गुण 1) a) h) i) und p).

गुणदीधितिटिप्पणी und °दीधितिटीका f. Titel zweier *Commentare* zur Guṇaprakâçavivṛti.

गुणदीपक n. *eine Vergleichung, bei der ein Eigenschaftswort das tertium comparationis bildet.*

गुणदेव m. N. pr. eines Schülers des Guṇâḍhja.

गुणदोषीकरण n. *das aus einem Vorzuge einen Fehler Machen* Kuvalaj. 164,a (137,b).

गुणन 1) n. a) *das Multipliciren.* — b) *das Hervorheben der Vorzüge.* — c) * = 2) Gal. — 2) *f. ई *wiederholtes Studium, Repetition* Trik.

गुणनिका f. 1) *wiederholtes Studium, Repetition* Çiç. 2,75. = पाठनिश्चय und पाठनिश्चिति H. an. und Med. — 2) etwa *Kleinod* Ânandal. 3. Bâlar. 160,5. — 3) * *Tanz.* — 4) * *Prolog eines Schauspiels.* — 5) * *Null.*

गुणनिधि m. 1) *eine Schatzkammer von Vorzügen, ein ganz vorzüglicher Mann* Spr. 7828. — 2) N. pr. eines Mannes.

गुणनीय 1) Adj. *zu multipliciren* Utpala zu Varâh. Bṛh. 26 (24),11. — 2) *m. = गुणनिका 1).

*गुणपदी Adj. f. *Beine wie Stricke habend.*

गुणपालित m. N. pr. eines Mannes.

गुणप्रकाशदीधितिमाथुरी f. Titel eines Commentars zur Guṇaprakâçavivṛti.

गुणप्रकाशविवृति f. Titel eines Commentars. °परीक्षा oder °भावप्रकाशिका f. Titel eines Commentars dazu.

गुणप्रभ m. N. pr. eines buddh. Lehrers.

गुणबद्ध Adj. *mit Stricken gebunden* und *zugleich durch Vorzüge gefesselt* Kathâs. 18,345.

गुणभद्र m. N. pr. eines Autors.

गुणभाज् Adj. *Vorzüge besitzend* Spr. 7669.

गुणभिन्न Adj. *nach den drei Qualitäten geschieden* Ind. St. 9,162.

गुणभूत Adj. *untergeordnet, abhängig* Mahâbh. 5,28,a. *secundär* Sarvad. 77,17. 78,15.

*गुणभ्रंश m. *Verlust aller Vorzüge.*

गुणमत n. *die Lehre derer, welche die Qualitäten verehren.*

गुणमति m. N. pr. eines buddh. Lehrers.

गुणमन्दारमञ्जरी f. Titel eines Werkes.

गुणमय Adj. 1) *aus Fäden bestehend, faserig* Spr. 3802. — 2) *aus den* गुण 1) n) *hervorgegangen, darauf beruhend, dieselben enthaltend.* — 3) *aus Vorzügen bestehend, tugendhaft* Spr. 3802.

गुणमुख्या f. N. pr. einer Apsaras VP.[2] 2,81.

गुणय्, °यति 1) *vervielfachen, multipliciren.* गुणित a) *multiplicirt,* — *mit* (Instr. oder im Comp. vorangehend). — b) *vermehrt, verstärkt.* — c) *verbunden mit, erfüllt von* (im Comp. vorangehend). — 2) *zu thun pflegen* Bâlar. 227,20. — 3) *आमन्त्रणे. — Mit अनु, °गुणित 1) *angesammelt.* — 2) *verbunden mit* (im Comp. vorangehend). — Mit परि, °गुणित 1) *wiederholt.* — 2) *vermehrt um* (im Comp. vorangehend). — Mit प्र s. प्रगुणय्. — Mit सम् *multipliciren.*

गुणयुक्त Adj. *an einem Strick angebunden* und *zugleich mit Vorzügen versehen* Spr. 7858.

गुणयोग m. *die Berührung mit einem Stricke* und

zugleich — *mit Jmds Eigenthümlichkeiten* KAP. 4,26.

गुणरत्न n. Titel einer kurzen Spruchsammlung und eines Njâja-Werkes.

गुणरत्नकोशस्तोत्र n. Name einer *Hymne*.

गुणरत्नमाला f. Titel eines med. Werkes BHÂVAPR. 4,139.

गुणरहस्य n. Titel eines Commentars. °प्रकाश m. Titel eines Commentars dazu.

गुणराग m. *das Wohlgefallen an Vorzügen*.

गुणराजप्रभास m. N. pr. eines Buddha LALIT. 365,19.

गुणराशि m. 1) Bein. Çiva's. — 2) N. pr. eines Buddha.

गुणर्द्ध Adj. *durch Eigenthümlichkeiten mächtig geworden* Ind. St. 9,144.

गुणल m. N. pr. eines Sohnes Bhoǵa's.

*गुणलयनिका und *°लयनी f. *Zelt*.

गुणलेशसुखद् Titel eines Werkes.

गुणवचन m. n. *Eigenschaftswort*.

गुणवत्ता f. *Besitz löblicher Eigenschaften, Tugendhaftigkeit*.

गुणवत्त्व n. *Besitz von Eigenschaften*.

गुणवत् 1) Adj. *a) mit einem Faden —, mit einer Schnur versehen* 163,26 (zugleich in der Bed. *c*). — *b) mit den fünf Haupteigenschaften versehen;* s. गुण 1) *m*). — *c) mit löblichen Eigenschaften —, mit Vorzügen versehen, tugendhaft, vorzüglich, vortrefflich, ausgezeichnet, erspriesslich*. Compar. गुणवत्तर, Superl. गुणवत्तम. — 2) m. N. pr. eines Sohnes von 3) *b*) α). — 3) f. °वती *a) eine Verbindung von drei* Çloka, *durch welche ein und derselbe Satz durchgeht*. — *b*) N. pr. einer Tochter α) Sunâbha's. — β) Gunasâgara's.

गुणवर्तिन् Adj. *auf dem Wege der Tugend sich befindend*.

गुणवर्मन् m. N. pr. eines Mannes.

गुणवाचक Adj. *eine Eigenschaft ausdrückend*.

गुणवाद m. 1) *eine Aussage in uneigentlichem Sinne* ǴAIM. 1,2,10. — 2) *eine sonstigen Beweismitteln widersprechende Aussage* Ind. St. 1,15.

गुणवादिन् Adj. *Jmds Vorzüge hervorhebend*.

गुणविध MBH. 12,11466 fehlerhaft für °विधि.

गुणविष्णु m. N. pr. eines Scholiasten.

*गुणवृत्त und *°क m. *Mast oder ein Pfosten zum Anbinden eines Bootes*.

गुणवृत्ति f. *ein secundäres, uneigentliches Verhältniss*.

गुणवेदिन् Adj. *die Eigenschaften kennend* BHÂVAPR. 1,179.

गुणव्रत n. *ein Gelübde von grösserem Verdienste* HEM. JOG. 2,1. 3,1. 4. 73.

गुणशतशालिन् Adj. *Hunderte von Vorzügen besitzend* Spr. 2127.

गुणशब्द m. *Eigenschaftswort*.

गुणशिरोमणि m. Titel eines Commentars. °टिप्पण (sic) und °टीका Titel zweier *Commentare* dazu.

गुणशिल m. N. pr. eines Kaitja HEM. PAR. 1,29.

गुणशील in अ°.

गुणसंयुक्त Adj. *mit löblichen Eigenschaften versehen* 60,7.

गुणसंस्कार 1) am Anf. eines Comp. *Beschaffenheit und Zubereitung* GAUT. 15,6. — 2) m. *das Non plus ultra von Vorzügen* R. 5,85,5.

गुणसमुद्र m. = गुणसागर 1) Ind. St. 14,364.

गुणसंपन्न Adj. *mit löblichen Eigenschaften versehen* GAUT. 28,35.

गुणसागर m. 1) *ein Meer —, ein Ausbund löblicher Eigenschaften*. — 2) *Bein. Brahman's. — 3) N. pr. *a*) *eines Buddha. — *b*) eines Fürsten.

गुणस्थानप्रकरण n. Titel eines Ǵaina-Werkes.

गुणहानि f. *Mangel an Vorzügen* ÂPAST.

गुणहीन Adj. *keine Vorzüge besitzend* 193,28.

1. गुणाकर m. 1) *eine Fundgrube —, ein Ausbund löblicher Eigenschaften*. — 2) Bein. *a*) Çiva's. — *b*) *Çâkjamuni's. — 3) N. pr. verschiedener Männer.

2. गुणाकर Adj. (f. आ) *eine Fundgrube von Vorzügen besitzend* LALIT. 365,18.

गुणाकरसूरि m. N. pr. eines Mannes Ind. St. 14,362.

गुणान्तर PAṄKAT. 42,14 fehlerhaft für घुणान्तर.

गुणागुण m. Pl. *die Vorzüge und Mängel* M. 3, 22. 9,331. °ज्ञ Adj. (f. आ) MBH. 13,1,24. Spr. 2130, v. l.

गुणाङ्ग n. Pl. *aus löblichen Eigenschaften entspringende Handlungen* R. 2,77,12.

गुणाढ्य 1) *Adj. *reich an Vorzügen*. — 2) m. *a*) *= गुणाढ्यक GAL. — *b*) N. pr. des Verfassers der Bṛhatkathâ.

*गुणाढ्यक m. *Alangium decapetalum* RÂǴAN. 9,75.

गुणातिपात m. in der Dramatik *das Schmälern anerkannter Vorzüge*.

गुणातिशय m. in der Dramatik *das Steigern anerkannter Vorzüge*.

गुणाधान n. *Hinzufügung accessorischer Eigenschaften, das zweckdienlicher Machen* KARAKA 3,1. ÇAṀK. zu BÂDAR. 1,1,4 (S. 71, Z. 11).

गुणाधिप m. N. pr. eines Fürsten.

*गुणाधिष्ठान (GAL.) und *°क n. *der Theil des Körpers, um den der Gürtel befestigt wird*.

गुणानन्द 1) m. N. pr. eines Autors. — 2) f. ई Titel eines von ihm verfassten Commentars.

गुणानुराग m. *ein Wohlgefallen an Vorzügen, Beifall*.

गुणान्तर n. *eine andere Eigenschaft* Spr. 2165. °रं व्रज् so v. a. *sich anders —, sich besser gestalten, gewinnen* 4029. °राप्ति f. *Erlangung einer anderen Eigenschaft* NJÂJAS. 2,2,59. °राधान n. *das Etwas Hinzuthun von seiner Seite*, so v. a. *das Handanlegen, Sorgen für* (Gen.) Chr. 235,26. Comm. zu BHATT. 8,19. 119.

गुणान्वय Adj. *mit Qualitäten verbunden* ÇVETÂÇV. UP. 5,7.

गुणान्वित Adj. *mit löblichen Eigenschaften —, mit Vorzügen versehen* 236,32. M. 2 247. नक्षत्र n. so v. a. *Glück verheissend* 30.

*गुणाब्धि m. *ein* Buddha.

गुणाभिलाषिन् Adj. *nach Vorzügen verlangend* 97,30.

गुणाय्, °यते *zu einem Vorzug werden, wie ein V. erscheinen*.

गुणायन Adj. *auf dem Wege der Tugend wandelnd*.

गुणाराम m. N. pr. eines Schauspielers.

गुणालय m. *eine Stätte von Vorzügen*, so v. a. *im Besitz vieler Vorzüge* Spr. 2139. सर्व° Chr. 175,13.

गुणालाभ m. *das Nichtanschlagen, Unwirksamkeit*.

गुणावरा f. N. pr. einer Apsaras VP.[2] 2,81.

गुणावह Adj. *die richtigen Eigenschaften habend* BHÂVAPR. 1,142.

गुणाश्रय m. 1) *der Sitz der Eigenschaften, Stoff, Substanz* AK. 3,4,156. — 2) *der Sitz von Vorzügen*, so v. a. *ein sehr tugendhafter Mann* 150,11.

गुणितव्य Adj. *zu multipliciren*.

गुणिन् 1) Adj. *a*) *mit einer Schnur —, mit einem Strick versehen* Spr. 7617 (zugleich Bed. *d*). — *b*) *Theile habend, aus Theilen bestehend*. — *c*) *Eigenschaften besitzend;* Subst. *Gegenstand, Object*. गुणिलिङ्ग Adj. so v. a. *das Geschlecht des Substantivs habend*. — *d*) *löbliche Eigenschaften —, Vorzüge besitzend*. °अहन् n. so v. a. *ein Glück verheissender Tag*. — *e*) am Ende eines Comp. *mit aen und den Vorzügen versehen*. — *f*) *die erste Vocalsteigerung erfordernd*. — 2) *m. *Bogen*.

गुणिसर्वस्व n. Titel eines Werkes.

गुणी Adv. 1) mit अस् *sich Jmd* (Gen.) *unterordnen, — zu Willen fügen*. — 2) mit भू dass. °भूत *Jmd* (Gen.) *untergeordnet, zu Jmds Verfügung stehend; in ein untergeordnetes Verhältniss getreten, bedeutungslos geworden*.

गुणीकरण n. *das zu einem Vorzug Machen*. दोष° KUVALAJ. 164,a.

गुणीभाव m. *das Treten in ein untergeordnetes Verhältniss*.

गुणेश m. Herr der drei Qualitäten.

*गुणेश्वर m. Bein. des Berges Ḱitrakûṭa.

गुणोत्कर्ष m. 1) ein Plus an Vorzügen 233,6. ausserordentliche Vorzüge Spr. 6644. — 2) *Degengehenk Gal.

गुणोत्कीर्तन n. = गुणकीर्तन Ind. St. 15,265.442.

गुणोत्कृष्ट Adj. an löblichen Eigenschaften höher stehend, besser M. 8,73.

गुणोत्तर Adj. dass. Suçr. 1,177,20.

गुणोपपन्न Adj. mit löblichen Eigenschaften versehen, günstig ausgestattet Varâh. Jogaj. 1,2.

गुणोपासक m. ein Verehrer der Qualitäten (eine best. philosophische Schule).

गुण्ठ्, गुण्ठयति verhüllen, bedecken. गुण्ठित gehüllt in, bedeckt mit (Instr. oder im Comp. vorangehend). कालपाशेन umstrickt. — Mit अव dass. °गुण्ठ्य das Haupt verhüllend. °गुण्ठित verhüllt, gehüllt in, bedeckt —, überzogen mit (Instr. oder im Comp. vorangehend). पांसुपादावगुण्ठित metrisch für पांस्ववगुण्ठितपाद. — Mit समव, °गुण्ठित gehüllt in (Acc.). — Mit आ, आगुण्ठित dass. mit Acc. — Mit परि, °गुण्ठित dass. mit Instr. R. Gorr. 2,17,24.

गुण्ठन n. und °ना f. (Bâlar. 29,12) das Verhüllen, Bedecken, Ueberziehen mit (im Comp. vorangehend).

*गुण्ड्, गुण्डयति (वेष्टने, रक्षणे, चूर्णीकरणे). गुण्डित bestäubt.

*गुण्ड 1) m. Scirpus Kysoor Râgan. 8,142. *°कन्द m. die Wurzel dieses Grases 145. — 2) f. आ eine best. Schilfart Râgan. 8,21, v. l.

गुण्डक 1) m. a) Staub. — b) *Oelgefäss. — c) *ein lieblicher Laut. — d) * = मलिन. — 2) f. गुण्डिका a) etwa Staub, Sand in °संभूता लिपिः. — b) *der untere Theil eines Schwertgriffs Gal.

गुण्डन n. = गुण्ठन.

*गुण्डरोचनिका und °नी (Comm. zu Ḱaraka 1,1) f. eine best. Pflanze, wohl ein Crinum.

*गुण्डाला f. 1) eine best. Staude Râgan. 5,129. — 2) ein best. Gras Râgan. 8,148.

*गुण्डाशिनी oder *गुण्डासिनी f. ein best. Gras Râgan. 8,148.

गुण्डिक m. Pl. Mehl. — गुण्डिका s. u. गुण्डक.

गुण्डिचा f. N. pr. einer Halle, in der das Bildniss Purushottama's aufgestellt wird, Ḱaitanj. 1,14.

गुण्द्र m. oder गुण्द्रा f. ein Cyperus Varâh. Bṛh. S. 54,100. Vgl. गुन्द्र.

गुण्य Adj. 1) *mit Vorzügen versehen. — 2) zu multipliciren, die zu multiplicirende Zahl. Nom. abstr. °त्व n. Comm. zu Ârjabh. 2,23.

*गुत्स m. 1) Büschel, Bund, Strauss. — 2) ein Perlenschmuck von 32 Schnüren. — 3) eine best. Pflanze.

*गुत्सक m. 1) Büschel, Bund, Strauss. — 2) Abschnitt in einer Erzählung.

*गुत्सकपुष्प m. Alstonia scholaris.

*गुत्सार्ध m. ein Perlenschmuck von 24 Schnüren.

गुदं m. und n. (spät) Darm, Mastdarm, After. गुदौ कोष्ठ्यौ die beiden Bauchdarme. Am Ende eines adj. Comp. *f. आ und ई. — Vgl. गुदा.

गुदकील m. und *°क m. Hämorrhoiden.

गुदग्रह m. Mastdarmkrampf Ḱaraka 5,10.

गुदज m. n. Pl. Hämorrhoiden Ḱaraka 6,9.18. Bhâvapr. 4,10.

गुदनिर्गम m. (Bhâvapr. 3,141) und °निःसरण n. (Ḱaraka 6,10. Bhâvapr. 3,140) Mastdarmvorfall.

*गुदपरिणद्ध m. N. pr. eines Mannes. बकनख° m. Pl. die Nachkommen des Bakanakha und Gudaparinaddha.

गुदपाक m. Entzündung des Afters Ḱaraka 6,10.

गुदभ्रंश m. Mastdarmvorfall Ḱaraka 6,10.

गुदयोनि Adj. pathicus Bhâvapr. 1,24.

*गुदर Adj. von गुद.

गुदरोग m. eine Krankheit des Mastdarms.

गुदवदन n. Mastdarmöffnung, After Ind. St. 15,383.

गुदवदना f. N. pr. einer Gottheit Kâlaḱ. 4,41.

*गुदवर्त्मन् n. After.

गुदा f. Pl. Gedärme. Vgl. गुदं.

गुदाङ्कुर m. Hämorrhoiden Bhâvapr. 4,4.

गुदावर्त m. Verstopfung.

गुदोद्भव m. Hämorrhoiden.

गुदोष्ठ m. Afteröffnung Bhâvapr. 4,1.

*गुध् 1) गुध्यति (परिवेष्टने). — 2) गुध्नाति (रोषे). — 3) गोधते (क्रीडायाम्).

*गुधेर Adj. beschützend.

*गुन्दल m. der Ton einer Trommel.

*गुन्दाल m. = गुन्द्राल.

*गुन्द्र्, गुन्द्रयति v. l. für कुन्द्र्.

गुन्द्र 1) m. a) *Saccharum Sara. — b) eine andere Pflanze, = पटेरक Bhâvapr. 2,210. — 2) (*m.) f. आ und (*n.) die Wurzel von Cyperus pertenuis. — 3) f. आ a) Typha angustifolia Bhâvapr. 1,210. — b) *Cyperus rotundus. — c) *Coix barbata. — d) *Fennich.

गुन्द्रफला f. Aglaia Roxburghiana Bhâvapr. 1,192.

*गुन्द्राल m. eine Art Fasan.

1. गुप् (ohne Präsensstamm; गोपस् = गोपयस् Git. 6,12 verdächtig), जुगोप u. s. w. 1) hüten, bewahren, bewachen, schützen, — vor (Abl.). गुपितं und गुप्तं (jünger) gehütet, bewacht, geschützt. Superl. गुप्ततम. — 2) gut verwahren, verheimlichen, geheim halten. गोपितुम् 179,3. गुप्त gut verwahrt, geheim gehalten, versteckt, verborgen. दण्ड eine heimliche Strafe, so v. a. eine erpresste Geldsumme. गुप्तम् Adv. im Geheimen, — Verborgenen, ungesehen, versteckt 114,17.24. 116,18.22. 117,16. 126,28. गुप्त° dass. Hemâdri 1,89,9. — Desid. जुगुप्सते (episch auch Act.) 1) sich hüten vor (Abl.). जुगुप्सित *einen Abscheu habend vor (Abl.). — 2) meiden, vermeiden, verabscheuen; mit Acc. 166,16. जुगुप्सित vor dem oder wovor man einen Abscheu hat. Superl. °तम. — 3) sich abgestossen —, sich unangenehm berührt —, sich beleidigt fühlen. — Mit अधि, °गुप्त beschützt von (im Comp. vorangehend). — Mit अनु, °गुप्त 1) behütet, beschützt, bewahrt. °गुप्तं नि-धापय् Etwas gut verwahren Ḱaraka 3,7. — 2) verdeckt, versteckt. °म् Adv. im Geheimen. — Mit अभि, °गुप्त behütet, beschützt, bewahrt. — Mit उप, °गुप्त versteckt, verborgen. — Mit *निस् behüten, beschützen. — Mit परि Desid. sich hüten vor (Abl.). — Mit प्रति 1) sich hüten vor (Abl.). — 2) प्रतिगुप्त behütet, geschützt. — Mit वि Desid. sich scheu zurückziehen. — Mit सम्, संगुप्त 1) gehütet, beschützt, bewacht. — 2) verwahrt, versteckt, verborgen, geheim gehalten. — Mit अभिसम्, °संगुप्त gehütet, beschützt.

2. गुप् Adj. 1) hütend, bewahrend. — 2) sich hütend vor Naish. 6,66.

3. गुप्, गुप्यति verwirrt werden.

*गुपिल m. Fürst, König.

गुप्त 1) Adj. s. u. 1. गुप्. — 2) m. N. pr. verschiedener Fürsten Kâd. 3,1. Auch ein beliebter Vaiçja-Name. Häufig am Ende eines Comp. — 3) f. आ a) *eine verheirathete Frau, die im Geheimen Umgang mit einem Geliebten pflegt. — b) Mucuna pruritus. — c) ein Frauenname. — 4) n. das Verborgene. Loc. an einem versteckten Orte 114,7.

गुप्तक m. N. pr. eines Fürsten der Sauvîra.

*गुप्तगति m. Späher.

गुप्तगृह n. Schlafgemach Gal. Pańkad.

*गुप्तचर m. Bein. Balarâma's.

गुप्ततीर्थ n. N. pr. eines Tîrtha.

गुप्तदीक्षातत्त्व n. Titel eines Werkes.

गुप्तप्रयाग m. N. pr. einer Oertlichkeit.

*गुप्तमणि m. Versteck Gal.

गुप्तमति m. N. pr. eines Kaufmanns Hem. Par. 1,269.

*गुप्तरजस्वला f. ein eben mannbar gewordenes Mädchen Gal.

गुप्तवती f. Titel eines Tantra.

गुप्तवैर Adj. (f. आ) mit verborgener Feindschaft

Ind. St. 2,263.

गुप्तशील Adj. (f. आ) *verschlagen, listig.*

गुप्तसरस्वती f. N. pr. eines Flusses.

गुप्तसाधनतन्त्र n. Titel eines Werkes.

गुप्तस्नेह 1) Adj (f. आ) *mit verborgener Zuneigung.* — 2) *f. आ *Alangium hexapetalum.*

*गुप्तस्वेद m. = गुप्तस्नेह 2) Gal.

*गुप्ताम n. N. pr. einer Oertlichkeit.

गुप्तार्यक m. N. pr. eines Fürsten Mṛkkh. 107,17.

गुप्तावधूत Adj. *der im Geheimen sich von Allem losgesagt hat.*

गुप्तासन n. *eine best. Art zu sitzen.*

गुप्ति f. 1) *Behütung, Bewahrung, das in Schutz Nehmen, Schutz.* — 2) bei den Gaina *das sich in Acht Nehmen, auf seiner Hut Sein, — in Bezug auf* (im Comp. vorangehend). — 3) *Verbergung, Geheimhaltung.* — 4) *Schutzmittel, Befestigungswerke, munimenta.* — 5) *Gefängniss* Varâh. Bṛh. 5,10. — 6) **Loch in der Erde.* — 7) **das Graben eines Loches.* — 8) **Ort wohin man den Kehricht wirft.* — 9) **Leck in einem Boote.* — 10) **the well or lower deck of a boat.*

गुप्तिक m. N. pr. eines Mannes.

*गुप्तिबन्धम् Absol. P. 3,4,41, Sch.

गुप्त्यधिकृत m. *Kerkermeister.*

*गुफ्, *गुफति und गुम्फ्, गुम्फति *winden* (einen Kranz) Naish. 8,82. *aufreihen.* *गुफित und गुम्फित *gewunden, aufgereiht.* — Caus. गुम्फयति *winden.*

गुम्फ m. 1) *das Winden eines Kranzes.* — 2) *Aneinanderreihung.* वाणीनाम् Bâlar. 4,5. — 3) **Armband.* — 4) **Knebelbart.*

°गुम्फक Adj. (f. °गुम्फिका) *aufreihend.*

गुम्फन 1) n. *a) *das Winden eines Kranzes.* — b) *das Aneinanderreihen* (von Worten) Bâlar. 305, 21. — 2) f. आ *das Aufreihen.* मौक्तिक° Bâlar. 136, 11. *Aneinanderreihung* (als rhetorische Figur).

गुर्, गुरते (ausnahmsweise auch Act., insbes. im ved. Perfect.) **aufheben.* Vom Simplex nur ved. Partic. गूर्त (*gebilligt, willkommen, angenehm, gratus.* — *Caus. गोरयते (उद्यमने, भक्षणे). — Mit अति *aufschreien.* — Mit अप *zurückweisen, Missbilligung aussprechen, bedrohen, schmähen.* — Mit अभि *zustimmen, billigen, Beifall bezeigen;* mit Acc. अभिगूर्त *mit beifälligem Zuruf begleitet.* — Mit अव *mit Drohungen auf Jmd* (Loc. oder Dat.) *losfahren* Nyâyam. 3,4,18 und Cit. im Comm. dazu. Absol. अवगूर्य auch M. 4,165 zu lesen mit Hdschrr. und Medhâtithi. *Partic. अवगूर्ण. — Mit आ *Beifall bezeigen, billigen; zusagen, einwilligen;* mit Acc. Ohne Obj. *die* आगुर *aussprechen.* — Mit उद् 1) *drohend die Stimme erheben.* — 2) *aufheben.* Verbum fin. nur Bhaṭṭ. उद्गूर्ण *aufgehoben* Venis. 171. Ind. St. 13,489, N. 2. — Mit प्र *hinaus rufen.*

*गुरण n. *das Aufheben.*

गुरु 1) Adj. (f. गुर्वी; Compar. गरीयंस् und Superl. गरिष्ठ s. bes.) a) *schwer, schwerer als* (Abl.) 187,17. गुरुतर auch = गुरु MBh. 12,184,37. — b) *schwer im Magen liegend, — verdaulich.* — c) *gross* (dem äussern Umfange nach) Bâlar. 91, 20. — d) *schwer zu vollbringen* (Bâlar. 82,2), — *zu ertragen, drückend, heftig, stark, gross* (dem Grade nach), *arg, schlimm* Megh. 80. Mit einem Gen. Pl. *der ärgste unter.* गुरुतर *grösser, ärger, schlimmer; recht arg, — schlimm* Pañkat. 241,15. — e) *wichtig, gewichtig, eine grosse Bedeutung habend, viel geltend.* गुरुतर *mehr geltend als; sehr wichtig, — hoch stehend.* Auch गुरु in der Bed. von गुरुतर. — f) *ehrwürdig, in grossem Ansehen stehend* (von Personen). गुरुतर *ehrwürdiger; sehr ehrwürdig.* — g) *prosodisch lang.* — 2) m. a) *eine ehrwürdige, hoch angesehene Person, Vater, Mutter, ein älterer Verwandter;* insbes. *der Lehrer.* Du. *die Eltern.* Pl. *die Eltern und andere ehrwürdige Personen;* auch ehrerbietig vom *Lehrer* 253,16 (auch der Name im Pl.). Mit einem Gen. Pl. oder am Ende eines Comp. so v. a. *das Haupt von.* — b) bei den Çâkta *der Verfasser eines* Mantra. — c) *der Lehrer* der Götter, Bṛhaspati. — d) *der Planet Jupiter.* — e) Bein. α) *Droṇa's, *des Lehrers* der Pâṇḍava. — β) des Philosophen Prabhâkara. — f) *das 9te astrologische Haus.* — g) **Mucuna pruritus* Râgan. 3,39. — h) N. pr. eines Sohnes des Saṁkṛti. — 3) f. गुर्वी a) f. zu गुरु 2) a) Âpast. 1,21,9. — b) *schwanger, eine schwangere Frau.* — c) **die Frau eines Lehrers.*

गुरुक Adj. 1) *ein wenig schwer.* Auch von einem krankhaften Zustande der Glieder. — 2) *prosodisch lang.*

*गुरुकण्ठ m. *Pfau* Gal. Vgl. गुरुण्टक.

गुरुकथा f. Titel eines Werkes.

गुरुकर्मन् n. *eine Angelegenheit des Lehrers* Âpast. 1,5,25.

*गुरुकार m. *Verehrung.*

गुरुकार्य n. *eine wichtige Angelegenheit* 213,24.

गुरुकुल n. *das Haus des Lehrers* 40,6. 41,13.22. °वास m. *der Aufenthalt im H. d. L., der Stand eines Schülers* 16. *°कुलावासिन् m. *ein im H. d. L. Wohnender, Schüler* Gal.

गुरुकृत Adj. *hoch angeschlagen, gepriesen* Spr. 7186.

गुरुक्रतु m. *ein grosses Opfer* Jâgn. 3,328.

गुरुक्रम m. *Aufeinanderfolge der Lehrer, — der Verfasser von* Mantra (bei den Çâkta).

गुरुगोप m. N. pr. eines Fürsten VP.[2] 4,167.

गुरुगवी f. in अ°.

गुरुगीता f. und °स्तोत्र n. Titel eines Abschnittes im Skandapurâṇa.

गुरुगृह n. 1) *das Haus des Lehrers* 40,1. — 2) *die Zodiakalbilder Schütze und Fische.*

*गुरुघ्न 1) Adj. *einen* गुरु 2) a) *tödtend.* — 2) m. *weisser Senf.*

गुरुचन्द्राद्यकौमुदी f. Titel eines Werkes.

गुरुजन m. *eine ehrwürdige Person, Vater, Mutter, Eltern* Spr. 7818.

*गुरुण्टक m. *eine Art Pfau.* Vgl. गुरुकण्ठ.

गुरुण्ड m. Pl. N. pr. einer Dynastie.

गुरुतल्प m. 1) *das Ehebett des Lehrers.* — 2) *Entweihung des Ehebettes des Lehrers* Gaut. — 3) *Entweiher des Ehebettes des Lehrers.*

गुरुतल्पग (Gaut. 21,1. 23,8. R. 2,63,28), °तल्पगामिन् (Âpast.) und °तल्परत Adj. *das Ehebett des Lehrers entweihend.*

गुरुतल्पाभिगमन n. *das Entweihen des Ehebettes des Lehrers.*

गुरुतल्पिन् Adj. *das Ehebett des Lehrers entweihend.*

गुरुता 1) *Schwere.* — 2) *Beschwerde, Last.* — 3) *Wichtigkeit.* — 4) *Würde.* — 5) *der Stand des Lehrers.*

गुरुताल m. *ein best. Tact.*

गुरुतीर्थ n. N. pr. eines Tîrtha.

गुरुत्व n. 1) *Schwere.* — 2) *Schwerfälligkeit, Trägheit.* — 3) *Strenge, Härte.* — 4) *Würde, Ansehen.* — 5) *prosodische Länge* TS. Prât. — 6) *der Stand des Lehrers* MBh. 5,178,44.

गुरुत्वक n. *Schwere.*

गुरुदर्शन n. *Anblick des Lehrers* Gaut. 2,14. 27.

गुरुदार m. *die Frau des Lehrers* Âpast.

गुरुदास m. N. pr. eines Lehrers.

गुरुदिवस m. *Dienstag* Ârjabh. 1,3.

गुरुदीक्षा f. *Weihe zum Lehreramt.* °तन्त्र n. Titel eines Werkes.

*गुरुदैवत n. *das Mondhaus* Pushja Gal.

गुरुदेवस्वामिन् m. N. pr. eines Scholiasten Weber, Lit. 111.

*गुरुदेवत n. = गुरुदैवत.

गुरुधी m. N. pr. eines Sohnes des Saṁkṛti VP.[2] 4,137.

गुरुधुर f. Pl. *schwere Arbeit* 41,12.

*गुरुपत्त्र 1) n. *Zinn.* — 2) f. आ *Tamarindenbaum.*

*गुरुपञ्चक n. *Zinn* Gal.

गुरुपत्नी f. *die Frau des Lehrers* Spr. 2170.

गुरुपरिपाटी f. Titel eines Ǵaina-Werkes.

गुरुपादाश्रय m. *demüthige Verehrung des Lehrers.*

गुरुपुत्र m. *der Sohn eines Lehrers* Ind. St. 13,405.

गुरुपूजा f. *die einem Lehrer erwiesene Ehre* Varâh. Jogaj. 4,40.

गुरुप्रसादनीय Adj. *womit man dem Lehrer einen Gefallen erweist* Âpast. 1,5,9.

गुरुप्रसूत Adj. *von älteren Verwandten die Erlaubniss habend* Gaut. 18,5.

गुरुभ m. *das Mondhaus* Pushja.

गुरुभार m. N. pr. eines Sohnes des Garuḍa.

गुरुभारिक Adj. *schwer* (Speise) Bhâvapr. 2,62.

गुरुभार्या f. *die Frau des Lehrers* Gaut. 2,33.

गुरुभृत् Adj. *Schweres tragend.*

गुरुमत्ता f. *Schwere.*

गुरुमत् Adj. 1) f. °मती *schwanger.* — 2) *einen prosodisch langen Vocal enthaltend.*

*गुरुमर्दल m. *eine Art Trommel.*

गुरुमुष्टि m. *eine tüchtige Handvoll* Kâth. 21,7. दर्भगुरुमुष्टि Maitr. S. 3,3,6. Vgl. ग्रमुष्टि.

गुरुमेरु m. *ein best. Tact* S. S. S. 218.

*गुरुरत्न n. *Topas.*

गुरुलघुता f. *ein hoher oder niedriger Werth* Spr. 3935.

गुरुलाघव n. 1) *die grosse und geringe Bedeutung, — Wichtigkeit, relative Wichtigkeit, — Werth* Spr. 2175. — 2) *prosodische Länge und Kürze* Çrut. Br. 4 (°लाघवम् zu lesen).

गुरुवंश m. Titel eines Werkes.

गुरुवत् Adv. = गुराविव und गुराविव

*गुरुवर्चोघ्न m. *Citronenbaum.*

गुरुवर्तिन् Adj. *ehrwürdigen Personen gegenüber sich ehrerbietig benehmend.*

गुरुवाक्यलेशसंग्रह m. Titel eines Werkes.

गुरुवास m. *der Aufenthalt beim Lehrer, der Stand eines Schülers* MBh. 14,26,4. 33,5 (Pl.).

*गुरुवासन m. *Acacia Catechu* Gal.

गुरुविषयितावाद m. Titel eines Werkes.

गुरुवीर्य m. N. pr. eines Fürsten VP.² 4,137.

गुरुवृत्त Adj. = गुरुवर्तिन्.

गुरुवृत्ति f. *das Benehmen dem Lehrer gegenüber* 40,9. *das richtige B. d. L. g.* °पर Adj. 101,6.

गुरुव्याख्या f. Titel eines Commentars VP.² 5,379.

*गुरुशिंशपा f. = शिंशपा.

गुरुशिष्यसंवाद m. Titel *eines Dialogs zwischen Lehrer und Schüler.*

गुरुशुश्रूषा f. *Gehorsam gegen den Lehrer* Spr. 2178. Vâmana 4,3,19.

गुरुशुश्रूषु Adj. *dem Lehrer gehorsam* Ind. St. 13,406.

गुरुश्रीपादुकापूजा f. *demüthige Verehrung des Lehrers.*

गुरुसखी f. *die Freundin eines ältern Verwandten* Âpast. 1,21,9 (°सखीं zu lesen).

गुरुसंनिधि m. *Gegenwart des Lehrers* Âpast.

गुरुसमवाय m. *eine Mehrheit von Lehrern* Âpast.

*गुरुसारा f. *Dalbergia Sissoo.*

गुरुस्कन्ध m. 1) **eine best. Pflanze.* — 2) N. pr. eines Gebirges.

गुरुतन्त्र m. Titel eines Werkes.

गुरुस्त्रीगमनीय Adj. *einen Ehebruch mit der Frau des Lehrers betreffend* M. 11,102.

गुरुह m. Pl. N. pr. eines Volkes Varâh. Bṛh. S. 14,23.

*गुरुहन् m. *ein Mörder seines Lehrers.*

गुरू Adv. mit कर् *zu seinem Lehrer machen.*

गुरूत्ट Adj. *schwer verdauend.* Nom. abstr. °त्व n. Su. 2,408,21.

*गुर्त्क *ein best. Gras* Deçîn. 1,54. 2,35.

गुर्गण m. Pl. N. pr. eines Volkes Mârk. P. 57,56.

गुर्जर 1) m. *Guzerat.* — 2) f. ई *a)* dass. Ind. St. 15,252. — *b) eine best.* Râginî.

*गुर्द्, गुर्दते (क्रीडायाम्), गुर्दयति (निकेतने).

*गुर्द m. und *गुर्दी f. fehlerhaft für गूर्द, गूर्दी.

*गुर्व्, गूर्वति (उद्यमने).

1. गुर्वर्थ 1) m. *a) eine wichtige Sache* MBh. 6,120,1. — *b) der für den Lehrer bestimmte Lohn* 42,1. 3. MBh. 3,168,68. Ragh. 5,17. Agni-P. 4,9. — *c) eine den Lehrer betreffende Sache* Gaut. 23,30. Chr. 46, 18. — *d) tiefer Sinn* Bhâg. P. 3,16,14. — 2) °म् Adv. *für die Eltern* 94,20. *für den Lehrer* 42,18. 29. Ragh. 5,24. Hemâdri 1,56,1.

2. गुर्वर्थ Adj. *für den Lehrer bettelnd* Gaut. 5,21. M. 11,1.

गुर्वावलि f. Titel zweier Werke Bühler, Rep. No. 714. fg.

गुर्विणी f. 1) Adj. und Subst. *schwanger, eine schwangere Frau.* — 2) *ein best. Metrum.*

गुर्वीसखी f. *die Freundin einer älteren Verwandten* Âpast. 1,21,9 (°सखीं zu lesen).

गुल 1) m. *a)* = गुड *trockener Zucker* oder *Melasse.* — *b)* **glans penis* und **clitoris.* — 2) *f. ग्रा *Tithymalus antiquorum.* — 3) *f. ई *a) Kugel, Pille.* — *b) Pocken.*

गुलनिह्निकान्याय m. v. l. für गुड°.

*गुलञ्चकन्द m. *eine best. Knolle.* Vgl. गुलुच्छकन्द.

गुलह m. Pl. v. l. für गुरुह.

गुलिक m. N. pr. eines Jägers.

गुलिका f. 1) *Kugel* (als Geschoss) Naish. 3,127. *Kügelchen.* स्फटिक° Kâd. 157,12. — 2) *Spielball.* — 3) *Perle.* — 4) *Pille* Kâlak. 5,179. — 5) *Stück, caput* Ârjabh. 2,30.

*गुलिङ्क m. *Sperling.*

*गुलुगुधा Adv. mit कर् (पीडायाम् oder क्रीडायाम्) Gaṇar. 2,96.

गुलुगुलित n. *Gebrüll* (eines Elephanten) Bâlar. 50,4.

*गुलुच्छ m. *Büschel, Bund, Strauss.*

*गुलुच्छकन्द m. *eine best. Knolle* Râgan. 7,20.

*गुलुञ्च, *गुलुञ्छ und *°क m. = गुलुच्छ.

गुलुह m. Pl. v. l. für गुरुह.

*गुलूगुधा Adv. = गुलुगुधा Gaṇar. 2,96.

गुल्गुलु n. *Bdellion* Ait. Br. 1,28.

गुल्फ m. (adj. Comp. f. ग्रा) *Fussknöchel.*

*गुल्फक m. dass. Gal.

*गुल्फजाह m. *Wurzel des Fussknöchels.*

गुल्फदघ्न Adj. *bis zu den Fussknöcheln reichend* Kâth. 26,3. Mâlatîm. 61,9.

गुल्फद्वयस Adj. dass. Kâd. 128,8.

गुल्फय्, °यति. Partic. गुल्फित n. = गुम्फित Âpast. Çr. 10,10,3 = 13,7,16; vgl. AV. 3,7,2. — Mit उपवि *Etwas* (Acc.) *reichlich hinzufügen.* — Vgl. विगुल्फ.

*गुल्फिनी (गुल्मिनी?) f. *Heer* Gal.

गुल्म 1) m. n. (selten) *a) Strauch, Busch.* Am Ende eines adj. Comp. f. ग्रा. — *b) ein Trupp Soldaten, Piquet, Soldatenposten.* Im System *45 (*135) Fusssoldaten, 27 (*81) Reite , 9 (*27) Wagen und 9 (*27) Elephanten.* — 2) m. *a) krankhafte Anschwellungen verschiedener Art im Unterleibe.* — *b)* **Milz.* — *c)* **eine Art Landungsplatz an einem Flussufer.* — 3) *f. ई *a) Gebüsch, Gehölz.* — *b) Myrobalanenbaum.* — *c) Judendorn.* — *d) Kardamomen.* — *e) Zelt.*

गुल्मक m. 1) *Gebüsch.* — 2) N. pr. eines Brahmanen.

गुल्मकालाननरस m. *eine best. Mixtur* Mat. med. 65.

गुल्मकुष्ठ n. *eine Art Aussatz.*

*गुल्मकेतु m. *Sauerampfer* Râgan. 6,130.

*गुल्ममूल n. *frischer Ingwer* Râgan. 6,28.

गुल्मवत् Adj. *an* गुल्म 2) *a) leidend* Hemâdri 1, 720,4 v. u.

*गुल्मवल्ली f. *Sarcostemma viminale* Râgan. 3,86.

गुल्मिन् 1) Adj. = गुल्मवत् Karaka 5,9. Suçr. 2, 451,9. — 2) m. *ein stark belaubter Baum* R. 7,54, 11. — 3) *f. °नी *eine sich weit ausbreitende Schlingpflanze.*

गुल्मी Adv. mit भू zu einem Busch —, so v. a. werthlos werden SAṄHITOPAN. 8,6.

*गुल्य n. Süsse.

गुवाक m. Betelnussbaum.

*गुश्रि m. N. pr. = कुश्रि.

*गुश्नि m. N. pr. = गुश्रि; vgl. गोश्न.

गुष्टिते Çat. Br. 3,2,1,20 fehlerhaft für गुष्पित 2).

गुष्पितं n. 1) wirre Masse ṚV. — 2) Anhäufung, Anschoppung AV. 3,7,2. AV. PRÂJAÇK. 1,4.; vgl. गुल्फित u. गुल्फय्.

गुसायिनृपति m. der Fürst Hussein.

1. गुह्, गूहति und °ते zudecken, verhüllen, verbergen, geheim halten. गूढ (गूळ्ह) zugedeckt, verhüllt, verborgen, unsichtbar, geheim. पुरुषाः geheime Kundschafter, दण्ड eine geheime Strafe, so v. a. eine erpresste Geldsumme. गूढम् Adv. insgeheim. — Caus. गूहयति. — Desid. *गुघुक्षति und जुगुक्षति (ṚV.) verhüllen —, beseitigen wollen. — Mit अप verbergen, verstecken. — Mit समभि Med. sich zusammenkauern. — Mit अव 1) zudecken, hineinstecken, verstecken, verhüllen. — 2) umarmen. — 3) अवगूढ umschlungen, so v. a. ganz ergriffen von (Instr.) Ind. St. 15,369. — Caus. hineinstecken lassen in (Loc.) — Mit समव Med. sich zusammenkauern HARIV. 2,105,83. — Mit उद् so einstecken, dass es an der anderen Seite wieder herauskommt, durchstecken, durchschlingen. — Mit उप 1) verdecken, verstecken, verhüllen. — 2) umwinden DAÇAK. 40,17. — 3) umfassen, umarmen. — Mit समुप umfassen, umarmen. — Mit नि 1) verdecken, verhüllen, verbergen, verheimlichen. निगूढ verdeckt u. s. w. °म् Adv. insgeheim. निगूढचारिन् im Verborgenen schleichend 204,18. निगूढतर recht versteckt. — 2) insgeheim hinausführen aus (Abl.) MBH. 1,162,16, v. l. — Caus. verstecken, verbergen PAÑKAT. 263,4 (ed. Bomb. गूहन् st. निगूहयन्). — Mit विनि verbergen, verstecken. — Caus. dass. — Mit *परि, *°गूढ. — Mit वि, °गूढ 1) verborgen, versteckt. °चारिन् (v. l. निगूढ°) im Verborgenen schleichend. — 2) * tadelhaft. — Mit *सम्, *संगूढ = संकलित.

2. गुह् f. Versteck.

गुह 1) m. a) Bein. α) des Kriegsgottes Skanda. — β) Çiva's. — γ) *Vishṇu's. — b) N. pr. α) eines Fürsten der Nishâda. — β) Pl. eines Volkes. — γ) von Schreibern. — c) *Pferd oder *ein schnelles Pferd. — 2) f. गुहा a) Versteck, Höhle; bildlich so v. a. das verborgene Herz. Am Ende eines adj. Comp. f. आ HEMÂDRI 1,478,11. 695,12. Instr. गुहा im Versteck, — Verborgenen, geheim; insbesondere in Verbindung mit धा, नि-धा und कर् verbergen, verstecken, verhüllen, beseitigen. — b) Hemionitis cordifolia. — c) * Desmodium gangeticum.

गुहक n. Skanda's Kopf; Pl. Bez. der Zahl sechs.

गुहगुप्त m. N. pr. eines Bodhisattva KÂRAṆḌ. 1,10.

गुहचन्द्र m. N. pr. eines Kaufmanns.

गुहति m. die Wurzel गुह् ÇAṀK. zu TAITT. UP. S. 63.

गुहदेवद्य Adj. Mängel verdeckend.

गुहदेव m. N. pr. eines Lehrers VAṀÇABR. XXXIII.

*गुहप्रिया f. N. pr. der Tochter Indra's GAL.

*गुहर Adj. von गुह.

गुहराज m. eine best. Tempelform.

*गुहलु m. N. pr. eines Mannes.

गुहवक्त्र n. Skanda's Gesicht; Pl. Bez. der Zahl sechs.

गुहवर्मन् m. N. pr. eines Prinzen HARSHAK. 108, 8. गृह° 111,13. ग्रह° 150,10.

गुहवाहन Skanda's Reitthier, — Pfau BÂLAR. 45,2.

गुहशिव m. N. pr. eines Fürsten.

गुहषष्ठी f. der 6te Tag in der lichten Hälfte des Mârgaçîrsha.

गुहसेन m. N. pr. 1) eines Fürsten B. A. J. 3,b, 219. — 2) eines Kaufmanns.

*गुहक्त m. Bein. des Berges Krauṅka GAL.

गुहाकारम् Absol. sich versteckend TBR. 1,2,1,2. पर्वतगुहायां आकारो यथा भवति तथा Comm.

*गुहागरी f. eine Art Betel GAL.

गुहागहनवत् Adj. mit Höhlen und Dickichten versehen R. 4,48,6.

गुहाचर Adj. im Verborgenen —, im Herzen wandelnd.

गुहावासितीर्थ n. N. pr. eines Tîrtha.

गुहावासिन् m. N. pr. eines Muni.

गुहाशय 1) Adj. a) in Verstecken —, in Höhlen wohnend RAGH. 4,72. — b) im Verborgenen —, im Herzen ruhend ÂPAST. — 2) *m. Tiger.

गुहाहित Adj. im Verborgenen —, im Herzen befindlich.

*गुहिन n. = गुहिल Wald.

गुहिल 1) m. N. pr. eines Fürsten J. A. O. S. 6, 518. Auch °पुत्र. — 2) *n. Wald.

*गुहेर m. 1) Schmied. — 2) Hüter, Beschützer.

गुहेश्वर m. N. pr. eines Wesens im Gefolge Çiva's.

गुंह्य und गुंहिय 1) Adj. zu verdecken, zu verhüllen, zu verbergen, geheim zu halten; verborgen, geheim, geheimnissvoll. गुह्यम् Adv. im Geheimen, still für sich (beten) MBH. 12,53,7. — 2) *m. a) Heuchelei. — b) Schildkröte. — c) Bein. Vishṇu's. — 3) n. a) Geheimniss, Mysterium. Am Ende eines adj. Comp. f. आ. — b) die Schamtheile. — c) After. Bisweilen mit गुह्य verwechselt.

गुह्यक 1) m. a) eine best. Klasse von Halbgöttern. Sie hüten wie die Jaksha, von denen sie in der Regel unterschieden werden, die Schätze Kubera's. — b) Bez. der Zahl eilf. — c) *Bein. Kubera's. — 2) n. Mysterium. — Bisweilen mit गुह्यक verwechselt.

गुह्यकाधिपति m. Bein. Kubera's.

गुह्यकाली f. eine Form der Durgâ.

*गुह्यकेश्वर m. Bein. Kubera's.

*गुह्यगुरु m. Bein. Çiva's.

गुह्यतन्त्र n. Titel eines Tantra.

*गुह्यदीपक m. ein leuchtendes Insect.

गुह्यदेवी f. N. pr. einer buddh. Göttin.

*गुह्यनिष्यन्द m. Urin.

गुह्यपति m. Bein. Vagradhara's.

*गुह्यपत्त्र (NIGH. PR.) und *°क (GAL.) m. Ficus religiosa.

*गुह्यपिधान n. ein Schurz zum Bedecken der Schamtheile.

*गुह्यपुष्प m. Ficus religiosa RÂGAN. 11,115.

*गुह्यबीज m. Andropogon Schoenanthus RÂGAN. 8,122.

*गुह्यभाषित n. Zauberformel.

गुह्यविद्या f. die Kenntniss der Zauberformeln VP. 1,9,117.

गुह्येश्वरी f. die weibliche Energie Âdibuddha's.

1. *गु, गुवति = 3. गु.

2. गू Adj. gehend in अग्रेगू.

*गूक m. Fisch GAL.

गूढ 1) Adj. s. u. 1. गुह्. — 2) *f. आ eine best. Çruti GAL. — 3) n. unerforschliches Dunkel KAṬHOP. 1,1,29. Loc. insgeheim M. 7,186. 9,170.

गूढचतुर्थपादप्रहेलिका f. ein 4stolliges Räthsel mit verstecktem 4ten Stollen. °प्रदान n. das Aufgeben eines solchen R. KÂD. 7,22.

गूढचार m. Späher DAÇAK. 4,2.

गूढचारिन् Adj. im Geheimen —, unerkannt einhergehend.

गूढज Adj. insgeheim geboren (Sohn).

गूढता f. Verborgenheit. Instr. insgeheim.

गूढत्व n. dass.

*गूढनीड m. Bachstelze.

*गूढपत्त्र m. 1) Capparis aphylla. — 2) Alangium hexapetalum.

*गूढपथ m. Geist, Vernunft.

*गूढपद् (stark °पाद्) m. Schlange.

गूढपाद 1) Adj. *dessen Füsse versteckt sind —, stecken in* (im Comp. vorangehend) Spr. 6918. — 2) m. *Schlange.*

*गूढपुरुष m. *Späher.*

*गूढपुष्पक m. *Mimusops Elengi* RÂǴAN. 10,65.

*गूढफल m. *Judendorn.* Richtig गुडफल.

*गूढमल्लिका f. *Alangium hexapetalum* RÂǴAN. 9, 74. Vgl. गूढवल्लिका.

गूढमाय Adj. (f. आ) *seine Anschläge geheim haltend* MBH. 3,31,37.

*गूढमार्ग m. *ein geheimer Weg.*

1. गूढमैथुन n. *im Geheimen geübter Beischlaf* Spr. 2183.

2. *गूढमैथुन m. *Krähe.*

*गूढवर्चस् m. *Frosch.*

*गूढवल्लिका f. = गूढमल्लिका.

गूढवसति f. *ein Aufenthalt im Verborgenen* DAÇAK. 24,17.

गूढसाक्षिन् m. *ein versteckter Zeuge;* vgl. FÜHRER, BRH. 15.50.

गूढागूढता f. *Verborgenheit (Dunkelheit) und Deutlichkeit.*

*गूढाङ्ग m. *Schildkröte.*

*गूढाङ्घ्रि m. *Schlange.*

1. गूढार्थ m. *der verborgene —, mystische Sinn.*

2. गूढार्थ Adj. *eine versteckte Bedeutung habend* VÂMANA 2,1,11. 14.

गूढार्थचन्द्रिका f. Titel eines Commentars HALL in der Einl. zu DAÇAR. 14.

गूढार्थतत्त्वदीपिका f. desgl.

गूढार्थदीपिका f. desgl.

गूढार्थरत्नमाला f. desgl. WEBER, Lit. 46.

गूढाशय Adj. *seine Absichten verbergend* Spr. 7782.

गूढोत्पन्न Adj. *insgeheim geboren* (Sohn).

*गूढात्मन् m. eher in गूढा ऽऽत्मा zu zerlegen.

गूथ m. (*n.) *stercus; Unreinigkeit* überh. in कर्ण°.

गूथक m. 1) *Unreinigkeit* in कर्ण°. — 2) * *eine best. Pflanze.*

*गूथलक्त m. *Turdus Salica.*

*गून s. u. 3. गु.

*गूर्, गूर्यते (हिंसागत्योः), गूरयते (उद्यमने, भक्षणे).

गूरण n. 1) *Vorwurf, Tadel* RÂǴAT. 7,1605. — 2) *= गुरण *das Aufheben.*

गूर्जर 1. m. = गुर्जर *Guzerat.* — 2) Adj. (f. ई) *in Guzerat lebend.*

गूर्ण und गूर्त s. u. गुर्.

गूर्तमनस् Adj. *hold gesinnt.*

गूर्तवचस् Adj. *angenehm redend.*

गूर्तश्रवस् Adj. *den man gern rühmen hört.*

गूर्तवसु Adj. *dessen Güter willkommen sind.*

गूर्ति f. *Beifall, Lob, Schmeichelwort.*

*गूर्द्, गूर्दते (क्रीडायाम्), गूर्दयति (निकेतने).

गूर्द 1) m. gaṇa गौरादि in der KÂÇ. *a) Sprung* ÂPAST. ÇR. 16,30. — *b)* Name eines Sâman LÂṬJ. 7,1,1. 2. प्रजापतेः Name zweier Sâman ÂRSH. BR. — 2) *f. ई gaṇa गौरादि in der KÂÇ.

गूर्धय्, गूर्धयति *preisen*

गूला in उरुगूला.

*गूवाक m. *Betelnussbaum.*

*गूषणा f. *das Auge im Pfauenschweife.*

गूह् s. 1. गुह्.

गूहन n. *das Verbergen, Verstecken, Geheimhalten.*

गूहितव्य Adj. *zu verbergen, geheim zu halten.*

गृञ्ज m. *eine best. Pflanze* ḰARAKA 6,21.

गृञ्जन 1) m. (*n.) *eine Art Zwiebel* oder *Knoblauch* RÂǴAN. 7,20. BHÂVAPR. 1,290. — 2) *n. *das durch einen Pfeil vergiftete Fleisch eines Thieres.*

गृञ्जनक 1) m. = गृञ्जन 1) ḰARAKA 1,27. 6,9. — 2) *n. *die beiden Querstücke am Griff eines Schwertes* GAL.

गृञ्जिन (HARIV. 1,34,22) oder गृञ्जिम m. N. pr. eines Sohnes des Çûra. Du. als Patron.

गृणीषणि Infin. debendi *zu preisen.*

*गृण्डिव und *गृण्डीव m. *eine Art Schakal.*

गृत्स 1) Adj. *geschickt, gewandt, gescheit, klug;* m. *ein durchtriebener Geselle, Gauner.* — 2) *m. *der Liebesgott.*

गृत्सतमस् m. N. pr. v. l. für दीर्घतमस् VP.[2] 4,32.

गृत्सपति m. *Oberster der Gauner.*

गृत्समति m. N. pr. eines Sohnes des Suhotra.

गृत्समद m. N. pr. eines Mannes; Pl. *sein Geschlecht* ṚV. 2,4,9. 19,8. 39,8. 41,18.

गृद *ein in der Gegend des Afters gelegener Theil beim Pferde* (Comm.) TS. 7,4,19,1.

गृद्धिल n. und गृद्धिन् Adj. fehlerhafte Schreibart für गृध्यिल und गृध्यिन्.

*गृधु 1) Adj. *wollüstig.* — 2) m. *der Liebesgott.*

*गृधु m. 1) *der eingezogene Hauch.* — 2) *Vernunft.* — 3) = कुत्सित.

गृध्न Adj. MBH. 13,5640 fehlerhaft für गृध्नु.

गृध्निन् Adj. wohl nur fehlerhaft für गृध्यिन्.

गृध्नु Adj. 1) *hastig, rasch.* — 2) *heftig verlangend nach* (Loc. oder im Comp. vorangehend), *gierig, begierig.*

गृध्नुता f. *Gier, heftiges Verlangen nach* (im Comp. vorangehend).

गृध्य 1) Adj. *wonach man gierig ist, — trachtet.* — 2) m. AV. 12,2,38 von unbekannter Bed. — 3) f. गृध्या *Gier —, Verlangen nach* (im Comp. vorangehend).

*°गृध्यिन् Adj. *gierig —, heftig verlangend nach.* So ist wohl überall zu lesen für गृद्धिन् und गृध्निन्. Nom. abstr. *°गृध्यिल n.

गृध्र 1) Adj. *gierig, heftig verlangend —, lechzend nach* (im Comp. vorangehend). — 2) m. *a) Geier.* — *b)* N. pr. α) eines Sohnes des Kṛshṇa. — β) eines Ṛshi im 14ten Manvantara VP.[2] 3, 28. — γ) eines Rakshas. — 3) f. गृध्री 1) *das Weibchen des Geiers.* — *b) die Urmutter der Geier, eine Tochter* Kaçjapa's und der Tâmrâ.

गृध्रकूट m. N. pr. eines Berges.

*गृध्रजम्भूक (wohl °जम्बूक) m. N. pr. eines Wesens im Gefolge Çiva's.

गृध्रदृष्टि f. *ein Geierauge habend* Spr. 2184.

गृध्रनखी f. 1) *Asteracantha longifolia.* — 2) **Zizyphus Jujuba.*

गृध्रपति m. Bein. Ǵaṭâju's.

गृध्रपत्त्र 1) m. N. pr. eines Wesens im Gefolge Skanda's. — 2) *f. आ *eine best. Staude.*

*गृध्रपुत्रिका (wohl °पत्त्रिका) f. = गृध्रपत्त्र 2) GAL.

गृध्रमोजान्तक m. N. pr. eines Sohnes des Çvaphalka. °मोजान्धक v. l. VP.[2] 4,96.

गृध्रयातु m. *ein Dämon in Gestalt eines Geiers.*

गृध्रराज् und °राज m. Bein. Ǵaṭâju's.

गृध्रवक्त्रा f. N. pr. einer Göttin KÂLAḰ. 4,39.

गृध्रवट N. pr. eines Tîrtha.

गृध्रवाज und °वाजित Adj. *mit Geierfedern besetzt* (Pfeil).

गृध्रसद्द Adj. *auf einem Geier sitzend.*

गृध्रसा(?), °सि (metrisch ḰARAKA 6,24) und °सी (ḰARAKA 1,5. 20. 6,5) f. *rheumatische Lähmung der Lenden.*

गृध्राण 1) Adj. *ein heftiges Verlangen empfindend* BHÂG. P. 5,7,13. — 2) *f. आ *eine best. Staude.*

गृध्रिका f. *die Urmutter der Geier, eine Tochter* Kaçjapa's und der Tâmrâ.

गृभ् f. *das Ergreifen, Erfassen, Griff.* गृभे Dat. als Inf.

गृभ m. *Griff.*

गृभय्, गृभयति *ergreifen* ṚV. 1,148,3.

गृभाय्, °यति 1) *ergreifen, packen* (auch von einer Krankheit). — 2) *auffassen* (eine Flüssigkeit), *schöpfen.* — Mit अनु *sich Jmds* (Acc.) *annehmen.* — Mit समा *auf einmal erfassen, ergreifen.* — Mit उद् *aufhören zu regnen.* — Mit प्रति 1) *zu sich nehmen, zum Munde führen, geniessen.* — 2) *annehmen, empfangen* ṚV. 6,47,28. — Mit सम् *zusammenfassen, — raffen, ergreifen.* — Mit आसम् *ergreifen* ṚV. 8,70,1.

गृभि Adj. *in sich fassend*, mit Gen. — Vgl. दुर्गृभि und षड्गृभि.

गृभीततति f. *das Ergriffensein.*

गृष्टि 1) f. *a) Färse, eine junge Kuh, die nur einmal gekalbt hat*, Karaka 6,32. Im Comp. auch von *andern jungen Thieren.* — *b)* * *Gmelina arborea* Râgan. 9,36 — *c)* * *eine Dioscorea.* — 2) m. *a)* = *घृष्टि *Eber.* — *b)* N. pr. eines Mannes.

गृष्टिका f. 1) = गृष्टि 1, Hemâdri 1,705,1. — 2) *eine best. Pflanze.*

°गृह् Adj. *ergreifend, mit sich fortziehend.*

गृष्या f. MBh. 13,4427 scheinbar = गृष्टि 1), aber fehlerhaft für गृष्ट्यो (Pl.).

गृह 1) m. *der Handreichung thut, Diener.* — 2) m. n. (später) *Haus, Wohnstatt.* मृन्मय so v. a. *Grab.* ग्रधराद् *die Unterwelt.* Sehr häufig Pl. *das Haus als ein aus mehreren Räumen und Gebäuden bestehendes.* In Verbindung mit einem Götternamen *Tempel*, mit einem Pflanzennamen *Laube* 305,11. — 3) m. Pl. *a) die Bewohner des Hauses, die Familie.* — *b) Hausfrau, Gattin.* — 4) m. *Haushalter, — herr.* — 5) n. *a) Zodiakalbild.* — *b) ein astrologisches Haus.* — *c) das 4te astrologische Haus.* — *d) Feld auf einem Spielbrett* Ind. St. 13,472. Kâd. 6,9. — *e)* * *Name.*

*गृहकच्छप m. *ein zum Zermahlen dienender Stein.*

गृहकन्या f. *Aloe perfoliata* Râgan. 5,45. Bhâvapr. 2,99.

गृहकपोत und *°क m. *Haustaube.*

गृहकर्तर् m. 1) *Baumeister, Zimmermann.* — 2) * *eine Sperlingsart* Râgan. 19,121.

गृहकर्मकर m. *Hausdiener.*

गृहकर्मदास m. *Haussclave* Spr. 6408.

गृहकर्मन् n. 1) *ein häusliches Geschäft.* — 2) *eine auf das Haus bezügliche Ceremonie.*

गृहकारक m. *Zimmermann.* Im System *eine best. Mischlingskaste.*

गृहकारिन् m. *eine Art Wespe.*

गृहकार्य n. *ein häusliches Geschäft* Daçak. (1925) 116,10.

गृहकुक्कुट m. *Haushahn.*

गृहकुलिङ्ग m. *ein best. Vogel* Suçr. 1,201,18.

गृहकूलक m. *Trichosanthes anguina* Bhâvapr. 1,286.

गृहकृत्य n. 1) *die Geschäfte —, Angelegenheiten des Hauses* Sâj. zu RV. 1,48,5. — 2) *eine best. Art Steuer* Râgat. 5,166. 175. 300.

गृहक्षत m. *ein best. Genius* Hemâdri 1,651,18. 654,8. Vâstuv. 510.

गृहक्षेत्रिन् Adj. *Haus und Feld besitzend* Hariv. 3493.

गृहगोधा und °गोधिका f. *Hauseidechse.*

गृहगोपिका f. *ein best. böser Geist* Suçr. 2,493, 17. °गोलिका v. l.

गृहगोलक 1) m. *Hauseidechse.* — 2) f. °गोलिका *a)* * dass. — *b) ein best. böser Geist* Suçr. 2,493,17, v. l.

गृहघ्नी Adj. f. *das Haus schädigend.*

गृहचर्या (Conj.) f. *Besorgung des Hauses.*

गृहचुल्ली f. *eine Doppelhalle, von der die eine Halle nach Osten, die andre nach Westen geht.*

गृहचेतस् Adj. *nur an das Haus denkend* Bhâg. P. 9,11,17.

गृहच्छिद्र n. *ein Loch* oder *eine Schwäche im Hause* Spr. 7046.

गृहज Adj. *im Hause geboren.*

गृहजन m. *Familie* Mudrâr. 45,9.

गृहजात Adj. = गृहज 171,18.

*गृहजालिका f. *Verstellung.*

गृहज्ञानिन् Adj. v. l. für गृहे° MBh. 13,94,30.

*गृहणी f. *saurer Reisschleim.*

*गृहतटी f. *Hausschwelle.*

गृहदारु n. *Hauspfosten* Mṛkkh. 59,4.

गृहदाह m. *Feuersbrunst* Âpast. Çr. 9,3.

गृहदासिका und °दासी f. *Hausmagd.*

गृहदीप्ति f. *eine Leuchte —, eine Zierde des Hauses.*

गृहदेवता f. Pl. *die Gottheiten des Hauses* Gaut. 5,13.

गृहदेवी f. N. pr. *einer das Haus hütenden* Râkshasî.

*गृहद्रुम m. 1) *Odina pennata.* — 2) *Tectona grandis* Râgan. 9,130.

गृहद्वार n. *Hausthür* Gobh. 4,7,20.

गृहधूम m. *eine bestimmte Pflanze.*

गृहनदिका f. *ein Abzugskanal in einem Hause* Kâd. 242,16.

*गृहनमन gaṇa सुभ्रादि.

*गृहनाशन m. *Taube.* Vgl. ग्रहनाशन.

*गृहनीड m. *Sperling.*

गृहप m. *Hauswächter.*

गृहपति m. 1) *Hausherr, Hausvater.* — 2) Beiw. Agni's. — 3) *der Mond* MBh. 12,168,25. Richtig ग्रह°. — 4) *derjenige, welcher bei einem feierlichen Opfer den Vortritt hat.* — 5) *Dorfältester, Dorfrichter* Daçak. 90,18. Comm. zu Mṛkkh. 37,4. — 6) * = धर्म. — 7) * = गृहवित्त.

गृहपतिन् (metrisch) m. = गृहपति 1).

गृहपत्नी f. *Herrin des Hauses, Hausfrau.*

गृहपाल m. 1) *Hauswächter.* — 2) *Haushund.*

गृहपालाय्, °यते *einem Haushunde gleichen.*

*गृहपोतक m. *der Boden, auf dem ein Haus steht.*

गृहपोषण n. *Unterhaltung des Hauswesens* Kathâs. 2,55.

गृहप्रकरण n. Titel eines Werkes.

गृहप्रवेश m. und *°न n. *der feierliche Einzug in ein Haus.*

*गृहप्रवेशनीय Adj. *auf den feierlichen Einzug in ein Haus bezüglich.*

*गृहबभ्रु m. *Moschusratte.*

गृहबलि m. *ein häusliches Opfer.* °देवता f. Pl.

*गृहबलिप्रिय m. *Ardea nivea.*

*गृहबलिभुज् m. Bez. *des Sperlings* und *andrer Vögel, die vom häuslichen Opfer zehren.*

*गृहभद्रक n. *Audienzsaal* Gal.

गृहभर्तर् m. *Hausherr.*

*गृहभित्ति f. *Hauswand.*

*गृहभूमि f. *der Boden, auf dem ein Haus steht.*

गृहभोजिन् m. *Hausgenosse.*

*गृहमणि m. *Lampe.*

*गृहमाचिका f. *Fledermaus.* Vgl. गृहमोचिका.

गृहमार्जनी f. *Hausmagd*

*गृहमुख m. = उपकुर्वाण Gal.

*गृहमृग m. *Hund.*

गृहमेघ m. *Häusermenge.*

1\. गृहमेध m. *Hausopfer* Maitr. S. 1,10,15.

2\. गृहमेध 1) Adj. *a) der die Hausopfer vollbringt* oder *an denselben Theil nimmt* (die Marut) RV. Maitr. S. 1,10,1. 15. — *b) mit den Hausopfern —, mit den Pflichten eines Hausherrn in Verbindung stehend.* °ग्राश्रम m. *der Stand des Hausvaters.* — 2) m. *a) Haushalter, Hausvater* Âpast. — *b)* Pl. Bez. *bestimmter Regen bringender Winde* Taitt. Âr. 1,9,5.

गृहमेधिन् 1) Adj. *der die Hausopfer vollbringt* oder *an denselben Theil nimmt;* Bez. *eines religiösen Mannes.* — 2) m. *der die Hausopfer vollbringende Hausvater, der verheirathete und eine eigene Haushaltung führende Brahman.* f. °नी *die Frau eines solchen Brahmanen* (nach dem Comm. zu Bhâg. P. 4.26.13 = सात्त्विकी बुद्धिः). Nom. abstr. °धिता f. Bâlar. 160,9.

गृहमेधिव्रत n. *die Begehung des Hausherrn und der Hausfrau* Gobh. 1,4,18.

गृहमेधीय 1) Adj. *zum Hausopfer oder zum Vollbringer des Hausopfers in Beziehung stehend.* — 2) n. *Hausopfer.*

गृहमेध्य Adj. = गृहमेधीय 1).

*गृहमोचिका f. *Fledermaus* Gal. Vgl. गृहमाचिका.

*गृहय्, °यते (ग्रहणे) Dhâtup. 35,45.

गृहपत्त n. *Fahnenhalter am Hause.*

*गृहपाय्य m. *Hausherr.*

*गृहयालु Adj. *zum Greifen geneigt.*

गृहये Dat. Inf. zu ग्रह् Kâth. 9,13.

गृहरता f. *Bewachung des Hauses* 148,16.

गृहराज् m. *Herrscher des Hauses* (Agni).

गृहल m. N. pr. eines Mannes.

गृहवत् m. *Hausherr, Hausvater.*

गृहवर्मन् s. u. गुहवर्मन्.

*गृहवाटिका und *°वाटी f. *ein am Hause gelegener Garten.*

गृहवास m. *der Aufenthalt in einem eigenen Hause, der Stand des Hausvaters.*

गृहवासिन् = गृहसंस्थ Nilak. zu MBh. 13,94,28.

*गृहवित्त m. = गृहपति.

गृहवृत्तवाटिका f. Titel eines Werkes.

गृहव्रत Adj. *dem Hause sich widmend* Bhâg. P. 7,5,30.

*गृहशायिन् m. *Taube* Nigh. Pr.

गृहशिखण्डिन् m. *Hauspfau.*

गृहशुक m. 1) *Hauspapagei* 175,29. — 2) *Hausdichter.*

गृहसंरोध m. *Belagerung des Hauses* (um eine Schuld einzutreiben) Jolly, Schuld. 316.

गृहसंवेशक m. *Häuserbauer.*

गृहसंस्थ Adj. *im eigenen Hause wohnend*; m. *Hausherr, Hausbesitzer* MBh. 13,94,28.

गृहसार *Hab und Gut, Vermögen* Mudrâr. 51,5.

गृहसारस m. *eine zahme Ardea sibirica* Kâd. 93,20.

गृहस्थ 1) Adj. am Ende eines Comp. *im Hause des — sich aufhaltend.* — 2) m. *der verheirathete und eine eigene Haushaltung führende Brahman, Hausherr* Gaut. Âpast. Chr. 122,5. 11. — 3) f. आ *Hausfrau.*

*गृहस्थान n. *ein königliches Zelt, Lager.*

गृहस्थाश्रम m. *der Stand eines Hausvaters.*

गृहस्थिति f. dass.

*गृहस्थूण n. *Hauspfosten.*

गृहस्वामिनी f. *Hausfrau* Pańkad.

*गृहाद m. *Fenster.*

गृहागत 1) Adj. *das Haus betretend* 96,11. — 2) *m. *Gast.*

गृहाचार m. *Brauch des Hauses, das was ein Hausherr oder eine Hausfrau einem Gast gegenüber zu thun verpflichtet ist.*

गृहाजिर n. *der Hof eines Hauses* Pańkat. 138,1.

*गृहाधिप m. *Hausherr, Hausvater.*

गृहापण m. *Bazar* Ind. St. 10,279.

*गृहाम्बु (?) und *गृहाम्ल n. *saurer Reisschleim.*

गृहाय Absol. = गृहीत्वा Hariv. 2,84,57. प्रत्याय v. l.

*गृहायणिक und *गृहायनिक m. *Hausherr.*

गृहारम्भ m. *der Bau eines Hauses* Spr. 2192.

*गृहाराम m. *ein am Hause gelegener Garten.*

गृहार्थ m. *die Angelegenheiten des Hauses, die Sorge für's Haus.*

*गृहालिक m., *°की und *गृहाली (Gal.) f. *Hauseidechse.*

*गृहावग्रहणी und *°ग्रहिणी f. *Hausschwelle.*

*गृहाश्मन् m. *ein zum Zermahlen dienender Stein.*

गृहाश्रम m. *der Stand des Hausvaters* Hemâdri 1,649,2. 7.

गृहाश्रमवत् und गृहाश्रमिन् m. *Hausvater, Hausherr.*

*गृहाश्रया f. *Betelnussbaum.*

गृहि m. *Hausherr.* — गृहये s. bes.

गृहिन् 1) Adj. *ein Haus besitzend.* — 2) m. *Hausherr, Hausvater.* — 3) f. °हिणी *Hausfrau, Gattin.*

गृही Adv. mit भू *zum Hause —, zur Wohnung werden.*

*गृहीतक Adj. *in der Gefangenschaft lebend* Kâç. zu P. 3,1,119.

गृहीतगर्भा Adj. f. *schwanger.*

*गृहीतदिश् Adj. *das Weite suchend, fliehend.*

गृहीतनामन् Adj. *den Namen führend, heissend* MBh. 3,64,48.

*गृहीतर् Nom. ag. *Greifer, Packer.* Richtig ग्र°.

गृहीतव्य Adj. 1) *fortzunehmen, für sich zu nehmen, anzunehmen von* (Abl.). — 2) *zu nehmen, so v. a. gemeint.* — Richtig ग्र°.

गृहीतसार Adj. *seiner Stärke —, seiner Kraft beraubt* Bhâg. P. 5,14,19.

गृहीतान्तर Adj. (f. आ) *den Wortlaut von Etwas* (Gen.) *behalten habend* 299,9 (im Prâkrit).

गृहीति f. 1) *das Erfassen, Nehmen* (der Hand). — 2) *das Erheben* (von Tribut). — 3) *das Wahrnehmen, Erkennen.* — 4) *das unter Etwas Verstehen* Çañk. zu Bâdar. 3,4,23. — Vgl. कर°.

*गृहीतिन् Adj. *der Etwas* (Loc.) *ergriffen u.s.w. hat.*

गृहु m. *Bettler.*

गृहेज्ञानिन् Adj. *im Hause klug, einfältig, dumm.* गृह° v. l.

गृहेरुह Adj. *im Hause wachsend* (Baum).

गृहेवासिन् Adj. *im Hause wohnend.*

गृहेश m. *der Regent eines Zodiakalbildes.*

*गृहेशूर m. *Prahlhans* Gal.

गृहेश्वर 1) m. *Hausherr, Hausvater.* — 2) f. ई *Hausfrau.*

गृहोद्यान n. *ein am Hause gelegener Garten* 115,31.

गृहोपकरण n. *Hausgeräthe* Kathâs. 20,150.

*गृहोलिका f. *Hauseidechse.*

1. गृह्य 1) Adj. *a) zu ergreifen, zu fassen.* — *b) wahrzunehmen, wahrnehmbar.* — *c)* **von Andern abhängig, in der Gefangenschaft lebend* (von Thieren). — *d) am Ende eines Comp.* α) *zu wem oder wozu man sich hält, auf Seiten von —, in naher Beziehung zu — stehend* Daçak. 46,14. — β) **ausserhalb von — gelegen.* — *e)* * = अवगृह्य. — 2) *m. *Hausthier.* — 3) *f. आ *Vorstadt.*

2. गृह्य 1) Adj. *zum Hause gehörig, häuslich,* insbes. von einem Agni. *Häuslich* heisst eine Reihe von Cultushandlungen, die sich über die Vorkommnisse in der Familie erstrecken. — 2) m. *a) das häusliche Feuer* Çâñkh. Gṛhj. 5,2. — *b)* Pl. *Angehörige des Hauses, Hausgesinde* u. s. w. — 3) f. आ *der Cultus im Hause und die darüber handelnden Regeln* Gṛhjâs. 33. 34. — 4) n. *eine häusliche Cultushandlung* Gaut. *Hausregel* Hemâdri 1,687,13.

3. गृह्य oft fehlerhaft für गुह्य, so z. B. als n. in der Bed. *After.*

*गृह्यक Adj. *von Andern abhängig, in der Gefangenschaft lebend.*

गृह्यकर्मन् n. *eine häusliche Cultushandlung.*

गृह्यकारिका f. Titel einer Kârikâ.

*गृह्यगुरु m. Bein. Çiva's. Richtig गुह्यगुरु.

गृह्यग्रन्थ m., गृह्यतात्पर्यदर्शन n., गृह्यपद्धति f. und गृह्यपरिशिष्ट n. Titel von Werken.

गृह्यप्रदीपक Adj. *ein* Gṛhjasûtra *erläuternd.* भाष्य n. Titel eines *Commentars.*

गृह्यवत् Adj. *einen grossen Anhang habend* Comm. zu Tândja-Br. 13,11,13.

गृह्यविवरण n. und गृह्यसंग्रह m. Titel von Werken.

गृह्यसूत्र n. *ein* Sûtra *über den häuslichen Cultus.*

गृह्यस्मृतिविवरण n. Titel eines Werkes.

गृह्याकर्मन् n. *eine häusliche Cultushandlung* Gobh. 1,1,1. *eine im* Gṛhjasûtra *angegebene Handlung* Gṛhjâs. 33.

गृह्यासंग्रह m. = गृह्यसंग्रह.

गृह्योक्तकर्मपद्धति f. Titel eines Werkes.

*गेण्डु m. *Spielball.*

गेण्डुक m. 1) *dass. — 2) *Kopfkissen* Spr. 4601, v. l. Conj.

*गेण्डूक und *गेन्दुक m. *Spielball.*

*गेप्, गेपते (कम्पने, गतौ).

गेय 1) Adj. *a) zu singen, gesungen —, besungen werdend.* — *b)* **singend,* mit Gen. — 2) n. *Gesang;* auch vom *Gesumme der Bienen.*

गेयपद n. *ein Lied, das Jmd vor einem Andern sitzend zur* Vînâ *singt.*

*गेयराजन् m. N. pr. eines Ḱakravartin.

*गेल und *गेलु *eine best. Zahl* (buddh.).

*गेव्, गेवते (सेवने).

*गेष्, गेषते (अन्विच्छायाम्).

गेष m. N. pr. eines Schlangendämons.

गेह्न m. 1) *Gelenk, Fuge* (nach Çaṁk.) Khând. Up. 1,6,8. 7,5. — 2) = उद्गीथ 1) Ait. Âr. 236,2. Pushpas. 10,5,3. — 3) *öffentlicher Sänger, Sänger des* Sâmaveda, *Schauspieler*.

*गेह्न m. *Sänger, Schauspieler*.

गेहे 1) n. *Haus, Wohnstatt*. Du. so v. a. *Haus und Körper*. — 2) *f. गेही = उद्देही *eine Ameisenart* Gal.

गेहदाह m. *Feuersbrunst*.

*गेहनकुल m. *Moschusratte*.

गेहपति m. *Hausherr, Gatte*.

*गेहभू f. *der Boden, auf dem ein Haus steht*.

*गेहानुप्रपातम् und *गेहानुप्रपादम् Absol. *von Haus zu Haus gehend* P. 3,4,56, Sch.

*गेहानुप्रवेशम् Absol. *Haus für Haus betretend* ebend.

*गेहानुस्कन्दम् Adj. *in jedes Haus springend* ebend.

*गेहिणी und गेहिनी f. *Hausfrau, Gattin*.

गेहीय्, °यति *Etwas* (Acc.) *für ein Haus halten*.

*गेहेक्ष्वेडिन् Adj. *im Hause brummend*, so v. a. *Prahlhans*.

*गेहेदाहिन् Adj. *im Hause sengend*, so v. a. *Prahlhans*.

*गेहेदृप्त Adj. *im Hause hochfahrend*, so v. a. *Prahlhans*.

*गेहेधृष्ट Adj. *im Hause frech*, so v. a. *Prahlhans*.

*गेहेनर्दिन् Adj. *im Hause schreiend*, so v. a. *Prahlhans*.

*गेहेमेहिन् Adj. *im Hause pissend*, so v. a. *Faulpelz*.

*गेहेविजितिन् Adj. *im Hause Siege erkämpfend*, so v. a. *Prahlhans*.

*गेहेव्याड m. *im Hause ein Raubthier*, so v. a. *Prahlhans*.

*गेहेशूर m. *ein Held im Hause*, so v. a. *Prahlhans*.

*गेहोपवन n. *ein Wäldchen am Hause*.

1. गेह्य Adj. *im Hause befindlich*.

2. गेह्य, गेहि॑य n. *res familiaris*.

*गैर 1) Adj. *von Bergen kommend, montanus*. — 2) f. ई *Methonica superba*.

गैरकंबूल *der 9te* Joga.

*गैरायण m. Patron. von गिरि.

गैरिक 1) n. und f. आ (ausnahmsweise) *Röthel, rubrica*. — 2) *n. *Gold*.

गैरिकंबूल = गैरकंबूल.

गैरिकधातु m. *Röthel*.

गैरिकधातुमत् Adj. *Röthel enthaltend*.

*गैरिकाक्ष oder *गैरिकाख्य m. *eine best. Pflanze*.

गैरिकाचल m. *ein Röthel enthaltender Berg*.

गैरिकाञ्जन n. *eine Salbe von Röthel*.

गैरिक्षिते॑ m. Patron. von गिरिक्षित्.

*गैरीयक wohl = गैरेय H. an. 2,410.

*गैरेय n. *Bergpech, Erdharz*.

1. गो॑ 1) m. *Rind, Stier*; f. *Kuh*; Pl. *Rinder, Rinderheerden, Kühe*. गवामयः und गवामयनम् *eine best. Feier*, गवां मेधः *Kuhopfer*, गवां व्रतम् Name eines Sâman, गवां तीर्थम् N. pr. eines Tîrtha. — 2) m. *der Stier im Thierkreise*. — 3) *Kuhmilch*, meist Pl. — 4) Pl. *Fleischstücke vom Rinde*. — 5) *Rindshaut, -leder, daraus geschnittene Riemen* u. s. w. — 6) *Sehne*. — 7) *ein best.* Ekâha *im* Abhiplava. — 8) Pl. *die Heerde am Himmel, die Gestirne*. — 9) (*m. *f.) *der Himmel*. — 10) m. *die Sonne* in गोपुत्र 3). — 11) *m. *der Mond*. — 12) m. (*f.) Pl. *Lichtstrahlen*. — 13) *der Sonnenstrahl* Sushumṇa. — 14) *m. f. *Donnerkeil*. — 15) *f. *Weltgegend*. — 16) f. = गोवीथी VP.[2] 2,276. — 17) f. *die milchende Kuh der Fürsten, die Erde*. — 18) f. Bez. *der Zahl neun*. — 19) (*m.) f. Sg. und Pl. *Wasser*. — 20) *Sinnesorgan*. — 21) *Auge*. — 22) *m. f. *das Haar auf dem Körper*. — 23) *f. *Mutter*. — 24) f. *Rede, die Göttin der Rede*. — 25) *m. *Lobsänger*. — 26) *m. *Ross*. — 27) *Billion*. — 28) *Bein. der Gaurî Gal. — 29) N. pr. *a*) m. verschiedener Ṛshi. — *b*) f. verschiedener Frauen.

2.*गो Adv. mit कर् *in eine Kuh umwandeln*.

गो॑अग्र Adj. (f. आ) *wobei Rinder (Kühe, Milch) das Erste —, Vornehmste sind*.

गोअजन Adj. *zum Antreiben der Rinder dienend*.

गोअर्घ॑ Adj. *ein Rind werth*.

गो॑अर्णस् Adj. 1) *rinderreich*. — 2) *von Sternen wimmelnd* ṚV. 2,34,12.

गोअश्व॑ n. Sg. und m. Pl. *Rinder und Pferde*.

गोअश्वीय n. Name eines Sâman.

गोआयुस् n. Du. Go *und* Âjus (zwei Ekâha) Çat. Br. 12,1,2,2. Lâṭj. 4,7,7. 8,1,18.

गो॑आशीक Adj. *mit Milch gemischt*.

गो॑ओपश Adj. *mit einer Flechte* oder *einem Büschel von rindsledernen Riemen versehen*.

*गोकन्द m. N. pr. eines Mannes.

*गोकण्ट m. *Asteracantha longifolia*.

*गोकण्टक 1) Adj. *durch Kuhtritte höckerig* (Boden). — 2) m. *a*) *Rinderklaue*. — *b*) *Asteracantha longifolia*.

*गोकण्ठक Med. k. 15 fehlerhaft für °कण्टक.

1. गोकर्ण m. *Kuhohr*. Vgl. °शिथिल.

2. गोकर्ण 1) Adj. *kuhohrig*. — 2) m. *a*) *Antilope picta*. — *b*) **Maulthier*. — *c*) *Schlange* MBh. 8,90, 42 (nach Nilak.). Vielleicht *eine Art Pfeil*. — *d*) *Spanne des Daumens und Ringfingers* Hemâdri 1, 121,7. 370,1. 2,51,20. — *e*) N. pr. eines dem Çiva geheiligten Wallfahrtsortes. — *f*) *der in* Gokarṇa *verehrte* Çiva. — *g*) N. pr. α) *eines Wesens im Gefolge Çiva's. — β) verschiedener Männer. — 3) f. आ *a*) *Schlangenweibchen* MBh. 8,90,42 (nach Nilak.). — *b*) N. pr. einer der Mütter im Gefolge Skanda's. — 4) *f. ई *Sanseviera zeylanica*.

गोकर्णलिङ्ग n. Name eines Liṅga.

गोकर्णशिथिल Adj. *wie Kuhohren unstät*, so v. a. *sowohl auf die Seite Dieses, als auch auf die Jenes sich neigend* (von einem Zeugen) MBh. 2,68,75.

गोकर्णेश und °लिङ्ग n. Name eines Liṅga.

गोकर्णेश्वर m. N. pr. 1) eines buddh. Heiligen. — 2) einer von einem Gokarṇa errichteten Statue Çiva's.

गोकर्मन् n. *Besorgung der Kühe* Spr. 5796.

गोकल m. *eine Hirschart* Karaka 1,27. Richtig wohl गोकर्ण.

*गोका f. Demin. von 1. गो.

गो॑काम Adj. *Rinder begehrend*.

गोकामुख m. N. pr. eines Berges.

*गोकिराटिका und *°किराटी f. *Turdus Salica*.

*गोकिल und *गोकील m. 1) *Pflug*. — 2) *Keule*.

*गोकुञ्जर m. *ein prächtiger Stier* P. 2,1,62, Sch.

गोकुल n. 1) *Rinderheerde* Kâraṇḍ. 30,16. *Standort von Rindern*. — 2) *die Rinderstation des Kuhhirten* Nanda. — 3) N. pr. *a*) eines Heiligthums. — *b*) eines Dorfes an der Jamunâ.

गोकुलजित् m. N. pr. eines neueren Autors.

गोकुलनाथ m. N. pr. verschiedener Männer. Auch °महामहोपाध्याय.

गोकुलस्थ m. Pl. N. pr. einer Vishṇu'itischen Secte.

गोकुलाष्टक n. Titel eines Gedichts.

गोकुलिक 1) *Adj. *a*) *einer im Sumpf steckenden Kuh ruhig zusehend*. — *b*) *schielend*. — 2) m. Pl. Name einer buddh. Secte.

*गोकुलेश m. Bein. Kṛshṇa's Gal.

*गोकुलोद्भवा f. Bein. der Durgâ.

*गोकृत n. *Kuhmist*.

गोक्षीरे॑ n. *Kuhmilch* 173,25.

गोक्षुर m. 1) **Kuhklaue* (?). — 2) *Asteracantha longifolia* oder *Tribulus lanuginosus* (Mat. med. 125. 298). — 3) N. pr. eines Dânava Hariv. 3, 47,8. v. l. गोखुर.

गोतुरक m. 1) *und 2) = गोतुर 1) 2).

*गोतुरदुग्धा f. *eine best. Pflanze.*

गोतोडक und *गोदवेड (Gal.) m. *ein best. Vogel.*

गोखल (VP. 2,4,22), गोखलु (VP.[2] 3,46) und गोखल्य m. N. pr. eines Lehrers.

*गोखा f. *ein best. Theil des Körpers.*

गोखुर m. 1) *Asteracantha longifolia.* — 2) **Tribulus lanuginosus.* — 3) N. pr. eines Dânava.

*गोखुरि m. = गोखुर 1).

गोगण m. Pl. *eine Menge von Lichtstrahlen* Bhâg. P. 4,16,14.

गोगति f. *der Gang —, der Weg der Kühe* AV. 20,129,13.

गोगमन n. *mit einer Kuh getriebene Unzucht.*

*गोगृष्टि f. *Färse.*

*गोगोष्ठ n. *Kuhstall.*

*गोग्रन्थि m. 1) *trockener Kuhmist.* — 2) *Standort von Rindern.* — 3) *Kuhstall.* — 4) *eine best. Pflanze.*

गोग्रस्तीर्थ n. N. pr. eines Tîrtha.

गोग्रास m. *Kuhfutter* Çâṅkh. Gṛhj. 3,14.

गोघातं, *°क und °घातिन् m. *Kuhtödter.*

गोघृत n. 1) *von der Kuh kommende Schmelzbutter.* — 2) **Regen.*

गोघोत m. N. pr. einer Familie.

गोघ्नं Adj. 1) *den Rindern verderblich.* — 2) *der eine Kuh getödtet hat; m. Kuhtödter.* — 3) **für den man ein Rind schlachtet; m. Gast.*

गोघ्नत m. Pl. N. pr. eines Volkes. गोमत्त v. l.

गोचन्दन 1) n. *eine Sandelart.* — 2) f. श्रा *eine giftige Blutegelart.*

गोचपला f. N. pr. einer Tochter Raudrâçva's.

गोचर 1) m. a) **Weideplatz für Rinder.* — b) *Tummelplatz, Aufenthaltsort, Bereich, Gebiet.* Am Ende eines adj. Comp. (f. श्रा) so v. a. *weilend —, sich aufhaltend in* oder *auf, sich befindend in, sich beziehend auf.* श्रेष्ठार्थ° so v. a. *die Bedeutung von* श्रेष्ठ *habend.* — c) *Gesichtskreis.* — d) *eine bekannte Sache für* (Gen.) Spr. 2661. — e) *die Entfernung der Planeten vom* Lagna oder *von einander* Varâh. Jogaj. 5,22. °पीडा f. *die ungünstigen Entfernungen —, Stellungen auf der Ekliptik.* — 2) Adj. (f. श्रा) a) *im Bereich stehend von, zugänglich —, erreichbar für, in der Gewalt stehend von* (Gen. oder im Comp. vorangehend). — b) *dem Auge zugänglich, sinnlich wahrnehmbar* MBh. 13,17,33. 91,24. — c) mit einem Loc. *in der Bedentung von — auftretend, — gebraucht.*

गोचरगत Adj. *in den Bereich von —, in Berührung gekommen mit* (Gen.) Spr. 1241.

°गोचरता f. und °गोचरत्व n. *das Unterworfensein, Unterliegen* Sarvad. 60,20. 47,5.

गोचरप्रकरण n. Titel eines Werkes.

गोचरय्, °यति *Anwendung finden.*

गोचरान्तरगत Adj. *in der Gewalt von* (Gen., *stehend* Spr. 1942.

गोचरी Adv. mit कर् *in den Bereich von Etwas versetzen* Sâh. D. 31,12. *sich Jmds bemächtigen* Harshac. 123,18.

गोचर्मन् n. 1) *Rindshaut.* — 2) *ein best. Flächenmaass* Hemâdri 1,122,3. 5. 7. 9. 11. 2,52,18. 53,1. 4. 7. 10.

गोचर्या f. *das Verfahren der Kühe.* °चर्यां चर् *nach Art der Kühe mit dem Munde die Nahrung suchen.*

*गोचारक m. *Kuhhirt.*

गोचारण n. *das Weidenlassen —, Hüten der Kühe.*

गोचारिन् Adj. *nach Art der Kühe die Nahrung mit dem Munde suchend.*

गोचिति f. *eine best. Schichtung der Backsteine* Âpast. Çr. 17,4.

*गोची Adj. f. zu गवाच्.

गोच्छा f. *die Furche auf der Oberlippe.*

*गोच्छाल m. 1) *eine best. Pflanze.* — 2) *die Hand mit ausgestreckten Fingern* (?).

गोजर m. *ein alter Stier.*

*गोजल n. *Kuhurin.*

*गोजवान n. gaṇa राजदन्तादि. v. l. गजवान.

गोजा Adj. *aus Milch entsprungen.*

*गोजागरिक 1) m. *eine Art Solanum.* — 2) n. a) *Heil, Glück.* — b) = भद्रकारक (?).

गोजात Adj. *am gestirnten Himmel geboren.*

*गोजापर्णी f. *ein best. kleiner Strauch* Râgan. 5,98.

गोजि (metrisch) f. = गोजी.

गोजिक 1) *m. *Goldschmied* Gal. — 2) f. श्रा = गोजिह्वा Bhâvapr. 1,122.

*गोजिकाय m. *Wachtel* Gal. Vgl. गाञ्जिकाय.

गोजित् Adj. *Rinder gewinnend.*

गोजिह्वा f. *eine best. Pflanze.* Nach den Lexicographen *Phlomis* oder *Premna esculenta, Elephantopus scaber, Coix barbata* oder *ein Hieracium.*

गोजिह्विका f. 1) *Zäpfchen im Halse* Karaka 4,7. — 2) = गोजिह्वा.

गोजी f. *eine best. Pflanze mit scharfem Blatte.*

गोजीर Adj. (f. श्रा) *etwa durch Milch erregt.*

गोजीव Adj. *von Kühen lebend, mit K. ein Gewerbe treibend* Hemâdri 1,451,3.

*गोट m. *ein fleischiger Nabel.*

गोटकग्राम m. N. pr. eines *Dorfes.*

*गोटिम्ब m. *Wassermelone.*

*गोटु m. = गोड.

*गोटुम्ब 1) m. *Wassermelone.* — 2) f. श्रा a) *Cucumis maderaspatanus* Comm. zu Karaka 1,1. — b) *Koloquinthengurke.*

*गोटुम्बिका = गोटुम्ब 2) a).

गोण 1) m. *Ochs* Hem. Pr. Gr. 2,174. — 2) *f. श्रा *eine Grasart* Ganar. 1,34. — 3) f. ई a) **Kuh.* — b) *Sack* Çiç. 12,10 — c) *ein best. Hohlmaass* — d) **ein durchlöchertes Kleid.*

गोणाश्मन् m. *ein best. Edelstein* Râgat. 7,1069.

गोणिका f. *eine Art wollene Decke.*

गोणिकापुत्र m. N. pr. eines Autors.

*गोणीतरी f. *Säckchen.*

गोण्ड m. 1) **ein fleischiger Nabel.* — 2) **ein Mann mit fleischigem Nabel.* — 3) N. pr. eines verachteten Volkes.

गोण्डकिरी f. *eine best.* Râgiṇî. Vgl. गौण्ड°.

*गोण्डवन n. und *गोण्डवार N. pr. eines Landes.

*गोण्डाक्री f. = गोण्डकिरी.

गोतम 1) m. a) N. pr. verschiedener Männer. Pl. *ihr Geschlecht.* — b) *der grösste Ochs.* — c)? MBh. 13,4490. — 2) f. ई f. zu गोतम 1) a). — 3) *n. *ein best. Gift* Gal.

गोतमपृच्छा f. Titel eines Werkes.

गोतमस्तोम m. *ein best.* Ekâha.

गोतमस्वामिन् m. N. pr. eines Gaina-Heiligen.

*गोतमान्वय m. Bein. Çâkjamuni's.

गोतमीपुत्र m. N. pr. eines Fürsten.

गोतमेश्वरतीर्थ n. N. pr. eines Tîrtha.

*गोतर 1) m. *ein besserer Stie .* — 2) f. श्रा *eine bessere Kuh.*

*गोतरणि *eine best. Blume.*

गोतर्पण n. *eine für die Rinder veranstaltete Ergötzlichkeit* AV. Pariç. 69,7.

*गोतल्लज m. *eine vorzügliche Kuh.*

*गोता f. *Kuh.*

गोतीर्थ n. N. pr. eines Tîrtha.

गोतीर्थक Adj. mit छेद *ein best. seitlicher Stich* (medic.).

*गोतुल्य m. *Bos Gavaeus* Gal.

गोत्रं 1) n. a) *Kuhstall, Stall.* Einmal m. — b) *Geschlecht, Familie.* — c) *Geschlechtsname.* — d) *Personenname überh.* 178,27. — e) in der Gramm. *ein Enkel und auch fernere Nachkommen, wenn neben diesen kein älterer Sprössling desselben Stammvaters am Leben ist.* — f) *ein zur Bildung eines Patronymicums dienendes Suffix.* — g) **Menge.* — h) **Zunahme.* — i) **Besitz.* — k) **Wald.* — l) **Feld.* — m) **Weg.* — n) **Sonnenschirm.* — o) **Kenntniss des Wahrscheinlichen.*

— 2) m. a) Berg. — b) *Wolke. — 3) f. गोत्रा a) *Kuhheerde. — b) die Erde. — 4) *am Ende eines adj. Comp. (f. आ) nur den Namen von — tragend. — 5) *गोत्रम् nach einem Verbum fin. einen Tadel oder eine häufige Wiederholung ausdrückend.

गोत्रक n. Geschlecht.

गोत्रकर्तर् Nom. ag. Begründer eines Geschlechts.

गोत्रकारिन् Adj. ein Geschlecht begründend.

*गोत्रकीला f. die Erde.

गोत्रक्षान्ति f. N. pr. einer Kiṁnara-Jungfrau Kâraṇḍ. 6,22.

गोत्रज Adj. 1) in demselben Geschlecht geboren; m. ein Blutsverwandter. — 2) aus vornehmer Familie stammend 132,14.

गोत्रदेवता f. Familiengottheit Ind. St. 15,321.

गोत्रनामन् n. Geschlechtsname Çâñkh. Gṛhj. 1,6.

गोत्रपट m. Stammbaum.

गोत्रप्रवरदीप m., °प्रवरनिर्णय m. und °प्रवरमञ्जरी f. Titel von Werken.

गोत्रभाज् Adj. zur Familie gehörig Gaut.

गोत्रभिद् 1) Adj. den Kuhstall spaltend, — öffnend. — b) Geschlechter vernichtend. — c) einen Namen vernichtend. — 2) m. Bein. Indra's.

*गोत्रभूमि f. ein best. Stadium im Leben des Çrâvaka (buddh.).

गोत्रमय Adj. ein Geschlecht bildend. क्षात्र n. so v. a. ein Kshatrija-Geschlecht Bâlar. 75,11.

गोत्ररिक्थ n. Du. der Geschlechtsname und das Erbe. °रिक्थांश m. d. G. und ein Theil des Erbes.

गोत्रवत् Adj. einem vornehmen Geschlecht angehörend.

गोत्रवर्धन m. N. pr. eines Fürsten.

गोत्रवृक्ष m. ein best. Fruchtbaum.

गोत्रव्रत n. Familiengesetz Spr. 1737.

गोत्रस्थिति f. dass. und zugleich das Dastehen wie ein Berg Spr. 7863.

गोत्राख्या f. Patronymicum.

1. गोत्रान्त m. der Untergang von Geschlechtern und zugleich Bergen.

2. गोत्रान्त Adj. mit einem Patronymica bildenden Suffix versehen; m. Patronymicum.

गोत्राभिधायम् Absol. unter Nennung des Namens Bhaṭṭ. 3,50.

गोत्रिक Adj. das Geschlecht betreffend.

गोत्रेश m. Fürst, König.

गोत्व n. das Kuhsein, Kuhheit Maitr. S. 4,2,12. Ochsennatur.

गोत्वच् f. Rindshaut. °त्वच Adj. ledern Varâh. Jogaj. 6,18.

1. गोद 1) Adj. Rinder —, Kühe schenkend. — 2) *m. Du. N. pr. eines Dorfes. — 3) f. आ N. pr. eines Flusses.

2. *गोद m. n. und *गोदक n. (Gal.) Gehirn.

गोदत्त Adj. Rinder schenkend ṚV.

1. गोदन्त m. 1) Rinderzahn. — 2) *Auripigment. — 3) *eine best. mineralische Substanz von weisser Farbe.

2. गोदन्त 1) *Adj. a) Kuhzähne habend. — b) gewaffnet, gepanzert. — 2) m. N. pr. a) *eines Mannes. — b) eines Dânava.

गोदन्तमणि m. ein best. Halbedelstein Harshaċ. 200,2.

गोदम Adj. MBh. 13,93,94 nach Nîlak. = स्वर्गं भूमिं च दमयति वशीकरोति.

गोदारि Adj. die Kühe d. i. den Stall aufreissend ṚV.

गोदुह् Adj. Rinder —, Kühe schenkend.

गोदान n. 1) das Schenken von Kühen. — 2) Backenbart. °कर्मन् n., °मङ्गल n., °विधि m. und गोदान schlechtweg (Âçv. Gṛhj. 1,18,1. Gaut.) eine best. mit dem Backenbart vorgenommene Ceremonie.

गोदानिक Adj. = गौदानिक Gobh. 3,1,28.

गोदानीय m. N. pr. eines Dvîpa Lalit. 170,14. Vgl. अपर°.

*गोदाय Adj. Rinder —, Kühe zu schenken im Sinne habend.

*गोदारण n. 1) Pflug. — 2) Haue, Spaten.

गोदावरी f. N. pr. eines Flusses im Süden. °तीर्थ n. °माहात्म्य n. Titel eines Werkes Bühler, Rep. No. 59.

*गोदुग्ध 1) n. Kuhmilch. — 2) f. आ eine best. Grasart.

*गोदुग्धदा f. = गोदुग्ध 2).

गोदुह् (Nom. °धुक्) m. Kuhmelker, — hirt.

*गोदुह m. dass.

गोदोह m. das Melken der Kühe. Acc. *so lange, als die Kühe gemelkt werden.

गोदोहक 1) m. Kuhmelker. — 2) f. °हिका eine best. Art des Sitzens.

गोदोहन 1) n. a) das Melken der Kühe Comm. zu Gaim. S. 370, Z. 3. — b) soviel Zeit, als zum Melken der Kühe erforderlich ist. — 2) *f. ई Melkgeschirr.

*गोद्रव m. Kuhurin.

गोध 1) m. Pl. N. pr. eines Volkes MBh. 6,9,42. — 2) f. गोधा a) Bogensehne. — b) Saite. — c) ein am linken Arm befestigtes Leder um denselben vor dem Schlag der Bogensehne zu schützen. — d) eine grosse Eidechsenart. — e) *eine best. Pflanze (इरावती) Gal. — f) N. pr. einer Hymnendichterin.

1. गोधन 1) n. Rinderbesitz, Rinderheerde (Kâd. 2, 37,16), Rinderstation. — 2) (*m.) eine Art Pfeil mit breiter Spitze.

2. गोधन m. N. pr. eines Sohnes des Çvaphalka VP.[2] 4,96.

गोधन्य fehlerhaft für गोदानीय.

गोधर m. N. pr. eines Fürsten.

गोधर्म m. die Art und Weise der Rinder, so v. a. ihre A. u. W. sich zu begatten.

गोधस् m. N. pr. eines Hymnendichters. Fehlerhaft für गोध 2) f).

गोधसामन् n. fehlerhaft für गोधा°.

*गोधापदिका und *°पदी f. Cissus pedata.

*गोधाय्, °यते nach Art der Eidechse Godhâ sich bewegen.

गोधायस् Adj. Kühe hegend.

गोधार m. eine Art Eidechse Kâd. 254,17. Vgl. गो°.

गोधावती f. eine best. Pflanze (इरावती) Râgan. 3,39.

गोधावीणाका f. ein best. Saiteninstrument Kâtj. Çr. 13,3,17.

गोधासामन् n. Name eines Sâman Ârsh. Br.

*गोधास्कन्ध m. Vachellia farnesiana.

*गोधि 1) m. Stirn. — 2) eine Eidechsenart.

गोधिका f. Lacerta Godica Kâd. 254,17.

*गोधिकात्मज m. eine Art Eidechse.

*गोधिनी f. eine Art Solanum Râgan. 4,26.

*गोधुम m. = गोधूम Waizen.

गोधूम 1) m. a) Waizen, gewöhnlich Pl. गोधूमसक्तवः. Waizenkorn als best. Gewicht Hemâdri 1, 117,1. — b) *Orangenbaum. — c) *eine best. Heilpflanze. — 2) *f. ई ein best. kleiner Strauch.

गोधूमक m. eine Art Schlange.

*गोधूमज n. ein best. Concrement im Waizen Râgan. 6,181.

गोधूमसंचयमय Adj. aus einem Haufen Waizen bestehend Hemâdri 1,351,3.

*गोधूमसंभव n. saurer Waizenbrei.

गोधूलि und °का f. eine best. nach den Jahreszeiten wechselnde Tageszeit.

*गोधेनु f. Milchkuh.

*गोधेर m. Beschützer.

गोधेरक m. = गोधेरक Suçr. 2,291,3.

*गोध्र (Conj.) m. Berg.

गोनन्द 1) m. a) Pl. N. pr. eines Volkes. Richtig गोनर्द. — b) N. pr. α) eines Wesens im Gefolge Skanda's. — β) eines Muni. — γ) eines Fürsten der Kâçmîra. Richtig गोनर्द. — 2) f. आ N. pr. einer Göttin. — 3) *f. ई das Weibchen der Ardea sibirica; vgl. गोनर्द 2) a).

*गोनर् m. Stier Gal.

गोनर्द 1) Adj. *wie ein Stier brüllend* (Çiva). — 2) m. *a) Ardea sibirica.* — *b)* N. pr. α) verschiedener Fürsten der Kâçmira. — β) Pl. eines Volkes. — γ) eines Autors. — δ) eines Berges. — 3) *n. *Cyperus rotundus.*

गोनर्दीय m. N. pr. eines Grammatikers, angeblich Bein. Patañgali's.

गोनस 1) m. *eine Schlangenart.* — 2) f. ई *eine best. Pflanze.*

गोनसा f. *Kuhschnauze.*

*गोनाग m. *ein prächtiger Stier* P. 2,1,62, Sch.

गोनागोनीश्वरतीर्थ n. N. pr. eines Tîrtha.

*गोनाडीक oder *°नाडीच m. *eine best. Pflanze.*

*गोनाथ m. 1) *Stier* Râǵan. 19,25. — 2) *Kuhhirt.*

*गोनाद m. *Anas Casarca.*

गोनाम Pl. Bez. *bestimmter Opferformeln* Maitr. S. 4,2,1. 10.

गोनामन् n. *ein Name für Kuh* Lâṭj. 3,6,3. 9,6, 17. Gobh. 3,8,3.

गोनामिक Adj. Bez. des 2ten Prapâṭhaka im 4ten Buche der Maitr. S.

गोनाय m. *Kuhhirt.*

*गोनाशन m. *Wolf* Gal.

गोनास 1) *Adj. *eine Kuhschnauze habend.* — 2) m. *a)* **eine Art Schlange.* — *b)* N. pr. eines Berges Viddh. 2,5. — 3) *n. *ein dem Diamant ähnlicher Edelstein* Râǵan. 13,210.

गोनासा f. *Kuhschnauze.*

गोनिष्क्रमण n. *das auf die Weide Hinausgehen der Kühe.* °तीर्थ n. N. pr. eines Tîrtha.

*गोनिष्पन्द m. *Kuhurin.*

(गोन्योघस्) गोनिग्रोघस् Adj. *in die Milch strömend.*

गोप 1) m. *a) Kuhhirt.* Im System *eine best. Mischlingskaste.* Am Ende eines adj. Comp. f. आ. — *b) Hüter, Wächter.* — *c)* **ein Aufseher über mehrere Dörfer, das Haupt eines Bezirks.* — *d)* **Fürst, König.* — *e)* Bein. Kṛshṇa's. — *f) eine best. Klasse von Pflanzen* Bhâg. P. 12,8,21. — *g)* **Myrrhe.* — *h)* N. pr. α) eines Gandharva. — β) eines buddh. Arhant. — 2) *f. आ und ई *Ichnocarpus frutescens.* — 3) f. आ N. pr. einer Gattin Çâkjamuni's. — 4) f. ई *a) Hirtenmädchen, die Frau eines Hirten.* — *b) Hüterin.* — *c) die Natur.*

गोपक 1) m. *a) Kuhhirt* Dhûrtan. 21. — *b)* **Hüter.* — *c)* **das Haupt eines Bezirks.* — *d)* **Myrrhe.* — 2) f. गोपिका *a) Hirtenmädchen.* — *b) Hüterin.*

गोपकन्यका f. *Hirtenmädchen.*

गोपकन्या f. 1) dass. — 2) *Ichnocarpus frutescens* Bhâvapr. 1,217.

*गोपकर्कटिका f. *eine Gurkenart* Râǵan. 3,93.

*गोपघण्ट m. (Gal.), °घण्टा und °घोण्टा (Râǵan. 9,161) f. *Flacourtia sapida* (wohl nicht richtig, da Suçr. 2,79,2 विकङ्कत davon unterschieden wird).

गोपजाला f. N. pr. einer Tochter Raudrâçva's VP.[2] 4,129.

गोपजीविन् m. *eine best. Mischlingskaste.*

गोपता f. *Hirtenamt.*

गोपति m. 1) *Herr der Rinderheerden, Anführer, Herr überh.* — 2) *Stier.* — 3) **eine best. Pflanze* (ऋषभ). — 4) *die Sonne.* — 5) *der Mond.* — 6) **Fürst, König.* — 7) Bein. *a)* Kṛshṇa's oder Vishṇu's. — *b)* Varuṇa's. — *c)* Çiva's. — *d)* *Indra's. — 8) N. pr. *a)* eines Devagandharva. — *b)* eines Feindes des Kṛshṇa. — *c)* eines Sohnes des Çibi.

*गोपतिचाप m. *Regenbogen.*

गोपतिध्वज m. Bein. Çiva's.

गोपत्व n. *Hirtenamt.*

गोपथ m. 1) *Viehweg, — weide* Comm. zu Njâjam. 6, 7,2. — 2) Titel eines Brâhmaṇa. Auch °ब्राह्मण n.

गोपदत्त und आचार्यभदन्त° m. N. pr. eines buddh. Autors.

गोपदत्त m. N. pr. eines Autors.

*गोपदल m. *Betelnussbaum.*

गोपन 1) n. *a) Schutz, Erhaltung.* — *b) das Verbergen* Spr. 7756. *Geheimhalten* Kull. zu M. 9,72. — *c)* **das Blatt der Laurus Cassia* Râǵan. 6,176. — 2) f. गोपना *Schutz, Hut.*

गोपनगर n. N. pr. einer *Stadt.*

गोपनीय Adj. 1) *zu hüten.* — 2) *zu verhüten, fernzuhalten.* — 3) *geheimzuhalten vor* (Abl.).

गोपभद्र m. N. pr. eines Dichters.

*गोपभद्र 1) n. *eine essbare Lotuswurzel.* — 2) f. आ *Gmelina arborea* Râǵan. 9,36.

*गोपभद्रिका f. = गोपभद्र 2).

गोपय्, °यति und °यते 1) *hüten, bewahren, schützen.* — 2) *aufbewahren.* — 3) *verstecken, verbergen, geheimhalten.* — 4) **sprechen* oder **glänzen.* — Mit अभि *behüten, bewahren.* — Mit प्र 1) *hüten, schützen.* — 2) *verbergen* Spr. 4398. *geheimhalten* Hemâdri 1,582,21. — Mit सम् *bedecken, verbergen* Kâd. 2,69,2.

(गोपयत्य) गोपयत्त्यि Adj. *zu behüten.*

गोपयितव्य Adj. *zu verbergen* Kâd. 2,25,10.

*गोपरस m. *Myrrhe.*

गोपराष्ट्र m. Pl. N. pr. eines Volkes.

गोपरीणस् Adj. *reichlich mit Rindern* oder *Milch versehen.*

गोपर्वत n. N. pr. eines Tîrtha.

गोपवधू f. 1) *Kuhhirtin.* — 2) *Ichnocarpus frutescens.*

गोपवन m. N. pr. eines Ṛshi.

गोपवल्ली f. 1) *Ichnocarpus frutescens.* — 2) **Sanseviera Roxburghiana* Râǵan. 3,8.

गोपशु m. *Opferrind.*

गोपा m. *Hirt, Hüter, Wächter;* f. *Hirtin* u. s. w.

गोपाग्रहार m. Pl. N. pr. verschiedener Agrahâra Râǵat. 1,343.

गोपाजिह्व Adj. ṚV. 3,38,9. Richtig गोपा जिह्वस्य.

*गोपाटविक m. *Kuhhirt* (?).

गोपादित्य m. N. pr. 1) eines Fürsten der Kâçmira. — 2) eines Dichters.

गोपाद्रि m. N. pr. eines *Berges* Râǵat. 1,343.

गोपाध्यक्ष m. *Oberhirt.*

गोपानसी f. *Dachstuhl, Giebeldach* Kâraka 1,30. Lalit. 226,8. 319,11. 321,6. Kâraṇḍ. 48.12.

गोपापुत्र m. *ein best. zu den* Pratuda *gezählter Vogel.*

गोपाय्, °यति und °यते 1) *behüten, bewachen, bewahren, schützen* Gaut. 9,34. — 2) *verbergen, verhüllen.* — 3) Act. *einen Hirten darstellen.* — Caus. गोपाययति *behüten, bewahren.* — Mit अभि Act. *behüten, bewachen, bewahren.* — Mit परि Act. *behüten.*

°गोपाय Adj. *behütend* Âpast. 1,4,24.

गोपायन 1) Adj. *behütend, beschützend.* — 2) m N. pr. eines Lehrers. — 3) n. *das Behüten, Bewahren, Beschützen, Schutz.*

गोपायितर् Nom. ag. *Behüter, Beschützer.*

गोपारेश्वरतीर्थ n. N. pr. eines Tîrtha.

गोपाल 1) m. *a) Kuhhirt.* Am Ende eines adj. Comp. f. आ. — *b) Fürst, König.* — *c)* Bein. α) Kṛshṇa's. — β) Çiva's. — *d)* N. pr. α) eines Fieberdämons Hariv. 9556. — β) eines Schlangendämons. — γ) verschiedener Fürsten, Staatsmänner und Gelehrten (Kumârasv. zu Pratâpar. 288,1). Auch °चक्रवर्तिन्, °ज्ञी, °तीर्थ, °भट्ट, °मिश्र, गोपालाचार्य, आवसथिक°, श्रीमद्गोपाल. — 2) f. गोपाली *a)* **eine Gurkenart* und **eine andere Pflanze.* — *b)* N. pr. α) einer der Mütter im Gefolge Skanda's. — β) einer Kâṇḍâlî.

गोपालक 1) m. *a) Kuhhirt.* — *b)* Bein. α) Kṛshṇa's. — β) *Çiva's. — *c)* N. pr. eines Fürsten. — 2) f. °लिका *a) die Frau eines Kuhhirten.* — *b)* **eine Art Mistkäfer.*

गोपालकक्ष m. N. pr. 1) Sg. eines Landes. — 2) Pl. eines Volkes.

गोपालकच्छ m. Pl. v. l. für °कक्ष 2) VP.[2] 2,176.

*गोपालकर्कटी f. *eine Gurkenart* Râǵan. 3,93.

गोपालकल्प m. Titel eines Werkes.

गोपालकेलिचन्द्रिका f. Titel eines Schauspiels.

गोपालकेशव m. N. pr einer Statue Kṛshṇa's.

गोपालचम्पू f. Titel eines Werkes.

गोपालतापनीयोपनिषद् und °तापिनी (Bühler, Rep. No. 18) Titel einer Upanishad.

गोपालदास m. N. pr. eines Mannes.

गोपालदेव m. N. pr. eines Dichters.

*गोपालधानीपूलास n. gaṇa राजदन्तादि.

गोपालपुर n. N. pr. einer Stadt.

गोपालपुरी und गोपालप्रसाद m. N. pr. zweier Lehrer.

गोपालमठ m. N. pr. eines Collegiums.

गोपालयोगिन् m. N. pr. eines Mannes.

गोपालरहस्य n. Titel eines Werkes.

*गोपालव m. Pl. N. pr. eines Brahmanengeschlechts.

गोपालवर्मन् m. N. pr. eines Fürsten.

गोपालसरस्वती m. N. pr. eines Lehrers.

गोपालसहस्रनामभूषणा f. Titel eines Werkes.

गोपालसाहि m. N. pr. eines Fürsten.

गोपालार्चनचन्द्रिका f. Titel eines Werkes.

गोपालि m. 1) Bein. Çiva's. — 2) N. pr. eines Mannes.

गोपालित m. N. pr. eines Lexicographen.

गोपालोत्तरतापिनी f. Titel einer Upanishad.

गोपा॑वत् Adj. Schutz gewährend.

गोपाष्टमी f. der achte Tag in der lichten Hälfte des Kârttika.

*गोपिक m. ein best. Baum (मोत्तक) Gal. — गोपिका s. u. गोपक.

गोपिकासरस् n. N. pr. eines Sees.

गोपित्त n. 1) Kuhgalle. — 2) *Auripigment und *ein anderes gelbes Pigment.

*गोपिन् 1) Adj. behütend, beschützend. — 2) f. °नी Ichnocarpus frutescens.

*गोपिल Adj. behütend, beschützend.

गो॑पिष्ठ Adj. am besten hütend, — beschützend.

गोपीचन्दन n. *weisser Lehm oder *eine Art Sandelholz. °चन्दनोपनिषद् f. Titel einer Upanishad Weber, Lit. 187.

गोपीत m. Bez. einer der vier ominösen Bachstelzen.

1. गोपीथ॑ m. Milchtrunk.

2. गोपीथ॑ 1) m. Schutz. — 2) *n. Wallfahrtsort.

(गोपीथ्य) गोपी॑थिअ n. Schutzverleihung.

गोपीनाथ m. 1) Bein. Kṛshṇa's. — 2) N. pr. verschiedener Männer. Auch °मौनिन्.

गोपीनाथसप्तशती f. Titel eines Werkes.

गोपीप्रेमामृत n. desgl.

गोपीरमण m. N. pr. eines Mannes.

गोपीरसविवरण n. Titel eines Werkes.

1. गोपुच्छ 1) n. a) Kuhschwanz. — b) eine Art Pfeilspitze. — 2) *m. a) ein Perlenschmuck aus zwei Schnüren. — b) eine Art Trommel.

2. गोपुच्छ m. eine Affenart.

गोपुच्छक Adj. dessen Schwanz dem einer Kuh gleicht.

*गोपुच्छाकृति m. eine Art Trommel Gal.

*गोपुटा f. grosse Kardamomen Râǵan. 6,86.

*गोपुटिक m. ein Çiva's Stiere geheiligter Tempel.

गोपुत्र m. 1) ein junger Stier. — 2) *eine Hühnerart Gal. Vgl. गोपापुत्र. — 3) Patron. Karṇa's.

गोपुर 1) n. a) Stadtthor. Am Ende eines adj. Comp. f. आ. — b) Thor überh. — c) Cyperus rotundus Bhâvapr. 1,194. — 2) m. N. pr. eines Arztes. — 3) *f. आ = गोपुटा Gal.

*गोपुरक m. das Harz der Boswellia thurifera.

*गोपुरग m. wohl dass. Gal.

गोपुराट्टालकवत् Adj. mit Stadtthoren und Wachtthürmen versehen MBh. 3,207,7.

*गोपुरीष n. Kuhmist.

गो॑पुरोगव Adj. die Kuh zur Anführerin habend.

गोपेन्द्र m. 1) Oberhirt, Bein. Kṛshṇa's. — 2) N. pr. des Verfassers der Kâvjâlaṁkâradhenu.

गोपेश m. Bein. 1) Kṛshṇa's. — 2) Nanda's. — 3) *Çâkjamuni's.

गोपेश्वर m. 1) eine Form Çiva's. — 2) N. pr. eines Mannes.

गोपेश्वरतीर्थ n. N. pr. eines Tîrtha.

*गोपोतालिका f. Kuh.

गोपो॑ष m. das Gedeihen der Rinderheerde.

गोप्तृ॑ Nom. ag. 1) Hüter, Beschützer Gaut.; f. गोप्त्री॑, n. गोप्तृ. — 2) Verberger, Geheimhalter.

गोप्तव्य Adj. zu hüten, zu beschützen.

गोप्य 1) Adj. a) dass. — b) aufzubewahren (ein Pfand) Jolly, Schuld. 303. — c) zu verbergen, geheimzuhalten. °तम Superl. Daçak. 82,8. — 2) *m. a) Diener, Sclave. — b) der Sohn einer Sclavin.

*गोप्यक m. Diener, Sclave.

*गोप्रकाण्ड n. ein ausgezeichnetes Rind, eine vorzügliche Kuh.

गोप्रचार m. Weideland für Kühe.

गोप्रतार m. 1) N. pr. eines Wallfahrtsortes. — 2) Bein. Çiva's.

गोप्रदान n. Schenkung einer Kuh Spr. 3222.

गोप्रदानिक Adj. auf das Schenken von Kühen bezüglich.

गोप्रवेशसमय m. die Zeit der Heimkehr der Kühe, Abenddämmerung.

गोप्रेक्षक Name eines Liṅga.

*गोप्रेरक m. ein best. Vogel (भृङ्गराज) Gal.

*गोबक m. Ardea Govina.

गो॑बन्धु Adj. mit der Kuh verwandt.

गोबल॑ m. N. pr. eines Mannes.

गोबलीवर्द m. Stier (eig. Rinderstier). °न्यायेन nach Art dieses Ausdrucks, so v. a. wie dieses trotz unnützer Häufung von Worten zu entschuldigen.

*गोबल्लव m. Kuhhirt.

गोब्राह्मण n. Sg. eine Kuh und (oder) ein Brahman M. 3,95. 11,79. MBh. 13,66,42. Hariv. 3157. fg.

गोभट्ट m. N. pr. eines Dichters.

*गोभण्डीर m. ein best. Wasservogel.

*गोभर्तृ m. Stier Gal.

गोभा॑ज् Adj. ein Rind verdienend.

गोभानु m. N. pr. eines Sohnes des Vahni.

गोभिल m. N. pr. eines Verfassers von Sûtra.

गोभिलीय Adj. zu Gobhila in Beziehung stehend.

गोभुज् m. Fürst, König.

गोभृत् m. 1) *Berg. — 2) Fürst, König Râǵat. 7,1072.

*गोमक्षिका f. Bremse.

गो॑मघ Adj. (f. आ) Rinder —, Kühe verleihend.

गोमट्टसार und गोमट्टसारसूत्रगाथा f. Titel eines Werkes Bühler, Rep. No. 577. fg.

गोमण्डल n. 1) Kuhheerde Ind. St. 13,466. — 2) *Erdkreis.

*गोमत्, °तति = गोमानिवाचरति.

*गोमतल्लिका f. eine prachtvolle Kuh.

गोमति (metrisch) = गोमती N. pr. eines Flusses.

गोमतीतीर्थ n. N. pr. eines Tîrtha.

गोमतीपुत्र m. N. pr. eines Fürsten VP. 4,24,13.

गोमतीसार Titel eines Werkes.

*गोमत्य्, °त्यति = गोमन्तमिच्छति und गोमानिवाचरति.

गोमत्स्य m. ein best. Flussfisch.

*गोमथ gaṇa कुमुदादि.

1. गो॑मन्त् 1) Adj. a) Rinder —, Kühe besitzend, reich an Kühen, Rinder —, Kühe enthaltend, aus ihnen bestehend u. s. w. — b) mit Milch verbunden. — 2) *m. = उपासक. — 3) f. गो॑मती ein rinderreicher Ort. — 4) f. गोमती॑ N. pr. verschiedener Flüsse. — 5) f. गोमती a) mit oder ohne विद्या best. an die Kühe gerichtete Sprüche Hemâdri 1, 405,12. 14. 451,21. 452,4. fgg. — b) Name der Dâkshâjaṇî im Gebirge Gomanta. — c) *N. pr. eines Dorfes. — 6) n. (parox.) Besitz von Rindern.

2. *गोमन्त् künstliches Adj. von गोमत् und गोमत्य्.

गोमन्त m. 1) N. pr. a) eines Gebirges. — b) Pl. eines Volkes MBh. 6,9,44. — 2) *Rinderbesitzer.

*Rinderheerde. *eine Menge von Rinderbesitzern.

गोमन्द MBh. 6,449 fehlerhaft für गोमत्त 1) a).

*गोमय्, °यति (उपलेपने).

गोमँय 1) Adj. a) aus Rindern bestehend. — b) voller Kuhmist. — 2) m. (selten) und n. (häufig Pl.) a) Kuhmist 237,10. °मयाम्भस् n. Wasser mit Kuhmist. — b) Mist überh.

*गोमयच्छत्त्र n. und *°च्छत्त्रिका f. Pilz.

गोमयपायसीय Adj. von गोमयपायस Kuhmist und Milchgericht. °न्यायवत् in der Art dieser beiden, d. i. desselben Ursprungs und doch ganz verschieden.

*गोमयप्रिय m. Andropogon Schoenanthus.

गोमयमय Adj. (f. ई) aus Kuhmist gemacht Kâd. 79,9.

गोमयाय्, °यते Kuhmist gleichen, wie K. schmecken.

*गोमयोत्था f. eine Art Mistkäfer.

गोमव्हिषदा f. N. pr. einer der Mütter im Gefolge Skanda's.

गोँमातर् Adj. eine Kuh zur Mutter habend.

गोँमायु 1) Adj. wie ein Rind brüllend. — 2) m. a) eine Art Frosch. — b) Schakal. — c) *Kuhgalle. — d) N. pr. α) eines Schakals. — β) eines Gandharva.

गोमायुकेश्वर Name eines Liṅga.

गोमायुभक्त m. Pl. N. pr. eines Volkes.

गोमित्र m. N. pr. eines Mannes.

गोमिथुन n. Sg. und m. Du. ein Stier und eine Kuh.

गोमिन् m. 1) Besitzer von Rindern oder Kühen. — 2) *Schakal. — 3) ein buddhistischer Laienbruder. — 4) *ein Ausdruck des Lobes und auch des Tadels.

गोमीन m. ein best. Fisch.

गोमुख 1) m. a) *Krokodil. — b) *ein von Dieben in die Mauer eingeschlagenes Loch von eigenthümlicher Gestalt. — c) N. pr. α) *eines Wesens im Gefolge Çiva's. — β) eines Sohnes des Mâtali. — γ) verschiedener Männer. — 2) m. (*n.) ein best. musikalisches Instrument. Am Ende eines adj. Comp. f. आ. — 3) *f. ई a) = 4) b). — b) N. pr. α) einer Höhle im Himâlaja, aus der die Gaṅgâ hervorstürzt. — β) eines Flusses. — 4) n. a) *ein durch unregelmässige Bauart verunstaltetes Haus. — b) eine Art Sack, in dem der Rosenkranz getragen wird. — c) eine best. Art zu sitzen. — d) das Beschmieren, Bestreichen. गोमय° Pl. mit Kuhmist.

गोमुख्या f. eine best. Methode die Trommel zu schlagen S. S. S. 193.

गोमूत्र n. Kuhurin.

गोमूत्रक 1) Adj. dem Laufe des Ochsenurins ähnlich, so v. a. im Zickzack gehend. — 2) f. °त्रिका a) Zickzack. — b) eine Art künstlicher im Zickzack zu lesender Verse. Auch °बन्ध m. — c) *eine best. Art zu rechnen. — d) *ein best. Gras Râgan. 8,128.

गोमूत्रत्राति f. = गोमूत्रक 2) b).

*गोमूत्रिन् m. eine Art Terminalia Râgan. 9,141.

गोमृग und *°मृगेन्द्र (Gal.) m. Bos Gavaeus.

गोमेद m. 1) eine Art Edelstein Râgan. 13,189. — 2) *ein best. Baum. — 3) *ein best. Fisch Gal. — 4) N. pr. eines Gebirges VP. 2,4,7. °द्वीप N. pr. eines Dvipa.

गोमेदक (*m. *n.) 1) eine Art Edelstein Hemâdri 1,250,9. 486,1. — 2) *ein best. Gift. — 3) *= पत्त्रक. — 4) N. pr. eines Dvipa VP.[2] 2,110.

*गोमेदसंनिभ m. 1) eine best. Pflanze. — 2) Chalcedon oder Opal (?).

गोमेध m. 1) Kuhopfer. — 2) N. pr. eines Mannes.

गोऽम्बु (Bhâvapr. 5,107) und *गोऽम्भस् n. Kuhurin.

गोयज्ञ m. 1) Rindopfer. — 2) ein zu Ehren der Kühe veranstaltetes Opfer.

गोयान n. ein mit Ochsen oder Kühen bespannter Wagen, Wagen überh.

गोयीचन्द्र m. N. pr. eines Scholiasten.

गोयुक्त Adj. mit Ochsen oder Kühen bespannt.

गोयुग n. ein Paar Rinder, e. P. Thiere überh.

गोयुत 1) Adj. mit Rindern oder Kühen besetzt. — 2) ein best. Wegemaass, = गव्यूति.

*गोयुति f. = गव्यूति.

*गोरक्ष् Adj. Rinder —, Kühe hütend.

गोरक्ष 1) m. a) *Kuhhirt. — b) *Bein. Çiva's. — c) N. pr. eines Autors. Auch °नाथ. — d) *Orangenbaum. — e) *eine best. Heilpflanze. — 2) f. आ das Hüten der Rinder, Hirtenleben, Rindviehzucht. Am Ende eines adj. Comp. f. आ. — 3) *f. ई Name verschiedener Pflanzen, die zu Umhegungen gebraucht werden: eine Art runder Gurken Râgan. 7,160. = सुदण्डिका 5,94. = गोरक्षदुग्धा. — 4) n. fehlerhaft für गोरक्ष्य.

गोरक्षक 1) Adj. Rinder hütend, Rindviehzucht treibend. — 2) m. a) Kuhhirt 159,13. — b) N. pr. eines Mannes.

गोरक्षकर्कटी f. eine Gurkenart Bhâvapr. 1,240.

गोरक्षकल्प m. Titel eines Werkes.

*गोरक्षजम्बू f. 1) Waizen. — 2) Uraria lagopodioides. — 3) = घोण्टाफल.

*गोरक्षतण्डुल n. und *°ला f. Uraria lagopodioides.

*गोरक्षतुम्बी f. eine Art runder Gurken Râgan. 7,161.

गोरक्षदास m. N. pr. eines Fürsten.

*गोरक्षदुग्धा f. ein best. kleiner Strauch Râgan. 5,143.

गोरक्षशतक und गोरक्षसहस्रनामन् n. Titel zweier Werke.

गोरक्षासन n. eine best. Art zu sitzen.

गोरक्ष्य n. = गोरक्ष 2) Âpast.

गोरक्ष्याद्द् N. pr. einer Oertlichkeit.

*गोरङ्कु m. 1) ein best. Vogel. — 2) Lobsänger, Barde. — 3) Bürge (der da haftet). — 4) ein nackter Mann (?).

*गोरजस् n. 1) ein Staubkörnchen auf einem Kuhhaar. — 2) Sonnenstäubchen.

*गोरट m. ein der Acacia Catechu ähnlicher Baum.

*गोरण n. = गुरण.

गोरथ m. N. pr. eines Berges.

गोरथक m. ein mit Ochsen oder Kühen bespannter Wagen.

गोँरभस Adj. durch Milch kräftig gemacht.

गोरम्भ m. N. pr. eines Mannes.

*गोरव (?) m. Safran.

गोरस m. 1) Kuhmilch. — 2) Milch überh. in allen Formen Karaka 1,27.

*गोरसज n. Buttermilch.

*गोराज m. Stier.

*गोराटिका und *गोराटी f. Turdus Salica.

गोराश्व MBh. 2,329 fehlerhaft für गोराष्ट्र.

*गोरिका f. Turdus Salica.

*गोरुत n. ein best. Wegemaass, = 2 Kroça.

गोरुध in अ°.

1. गोरूप n. Kuhgestalt Ind. St. 15,299.

2. गोरूपँ Adj. kuhgestaltig.

*गोरोच n. Auripigment.

गोरोचना f. Gallenstein des Rindes Râgan. 12,58. Varâh. Jogaj. 7,12. Ind. St. 15,267.

गोरोमन् n. Kuhhaar Spr. 1958, v. l.

*गोर्द oder *गोर्ध n. Gehirn.

गोर्वर n. pulverisirter Kuhmist Bhâvapr. 2,86 (Hdschr.). Vgl. गोवर.

गोल 1) m. a) Kugel, Ball. भुवः Erdkugel. — b) Erdkugel. — c) Hemisphäre. — d) = गोलयन्त्र. — e) *Vangueria spinosa. — f) *Myrrhe. — g) Bastard einer Wittwe. — h) das Zusammentreffen aller Planeten in einem Sternbilde. — i) N. pr. eines Sohnes des Âkrida. कोल v. l. — 2) *f. आ a) Spielball. — b) rother Arsenik. — c) Tinte. — d) Freundin. — e) Bein. der Durgâ. — f) N. pr. eines Flusses. — 3) *f. (आ) und n. a) Scheibe, Kreis. — b) ein kugelförmiger Wasserkrug.

गोलक 1) m. a) Kugel, Ball. — b) glans penis. — c) *eine Erbsenart. — d) *Myrrhe. — e) *ein kugelförmiger Wassertopf. — f) *eine Art Gebäck Gal. — g) Bastard einer Wittwe. — h) das Zusammentreffen aller Planeten in einem Sternbilde. — i) N. pr. verschiedener Lehrer VP.[2] 3,4,6. — 2)

f. °लिका *a) Kügelchen, Ball.* °क्रीडा f. Hem. Par. 2,374. — *b) *Brustbeere* Gal. — 3) n. *a) Kugel, Ball* Comm. zu Njâjam. 9,3,12. — *b)* = गोलोक.

गोलक्रीडा f. *Ballspiel.*

*गोलक्षण n. *die Kennzeichen einer Kuh;* vgl. गोलक्षणिक.

गोलगोल m. *eine aus mehreren Kugeln zusammengesetzte Kugel* Ind. St. 10,284.

गोलग्राम m. N. pr. eines *Dorfes.*

गोलत्तिका f. *ein best. Thier.*

*गोलन्द् m. N. pr. eines Mannes.

गोलपुञ्ज m. *ein Kugelhaufe* Ind. St. 10,284.

गोलयन्त्र n. *Armillarsphäre.*

गोलव m. N. pr. eines Lehrers VP.[2] 3,57.

*गोलवण n. *das für eine Kuh bestimmte Maass Salz.*

*गोलाङ्क m. N. pr. eines Mannes.

गोलाङ्गुल m. = गोलाङ्गूल (die richtigere Form) 1). f. ई.

गोलाङ्गुलपरिवर्तन m. N. pr. eines Berges.

गोलाङ्गूल m. 1) *eine Affenart* Râǵan. 19,49. Bâlar. 167,3. — 2) Pl. N. pr. eines Volkes.

गोलाध्याय m. *der über die Erd- und Himmelskugel handelnde Abschnitt* (im Siddhântaçiromani).

गोलाममामुद m. N. pr. = غلام محمود

गोलावली f. *eine Reihe von Kugeln* Ind. St. 10,284.

*गोलास m. *Pilz.*

*गोलासन n. *eine Art Flinte* Gal.

गोलिह् m. *Bignonia suaveolens* Bhâvapr. 1,236.

गोलीगुलपरिवर्तन m. = गोलाङ्गुलपरिवर्तन Lalit. 20,6.

गोलीढ m. *Bignonia suaveolens* Bhâvapr. 1,236.

गोलोक m. n. (!) *die Welt der Kühe,* nach einer späteren Vorstellung Krshna's *Himmel.*

गोलोमन् n. *Kuhhaar* Spr. 1958. Ind. St. 13,461.

*गोलोमिका f. *Hemionitis cordifolia.*

गोलोमी f. 1) *eine best. Pflanze* Karaka 1,4. Nach den Lexicographen und Erklärern *weisses* Dûrvâ-*Gras,* = भूतकेश, °केशी und = वचा. — 2) **ein vorzügliches Frauenzimmer* oder **Hure.*

गोल्लविषय m. N. pr. einer *Landschaft* Hem. Par. 8,194.

गोल्स्फाट *ein best. mystischer Kreis.*

गोवत्स 1) m. *Kalb.* — 2) *f. आ *ein best. Vogel* Gal.

गोवत्सद्वादशी f. *ein best. zwölfter Tag.*

गोवत्सलतीर्थ n. N. pr. eines Tîrtha.

*गोवत्सादिन् und *°वत्सारि (Râǵan. 19,10) m. *Wolf.*

गोवध m. *Tödtung einer Kuh.*

*गोवन्दनी f. 1) *Fennich.* — 2) = गन्धवल्ली.

गोवपुस् Adj. *als Kuh gestaltet.*

गोवय्, °यति *fernhalten von* (Abl.).

गोवर 1) m. N. pr. eines Dorfes. — 2) n. *pulverisirter Kuhmist* Bhâvapr. 2,86. v. l. गोर्वर.

गोवर्धन m. 1) N. pr. *a)* eines Berges, den Krshna aufgehoben und als Schutzdach über Kühen gehalten haben soll. — *b)* eines Feigenbaumes. — *c)* eines Autors. Auch °मिश्र, °रङ्गाचार्य, °वर्धनाचार्य, °वर्धनानन्द, भट्टगोवर्धनपणाक, मिश्र°. — *b)* Bein. Krshna's Spr. 1318.

गोवर्धनधर m. Bein. Krshna's.

गोवर्धनीय Adj. *von* Govardhana *herrührend, — verfasst.*

*गोवशा f. *eine unfruchtbare Kuh.*

गोवाट m. (adj. Comp. f. आ) *Kuhhürde.*

1. गोवाल m. *Kuhhaar.*

2. गोवाल 1) * Adj. (f. ई) *Kuhhaar habend.* — 2) m. N. pr. eines Mannes.

*गोवालिन् Adj. *Kuhhaar habend.* गज m. *ein best. Thier.*

1. गोवास m. *Kuhstation, — hürde.*

2. गोवास m. Pl. N. pr. eines Volkes MBh. 8,73,17.

गोवासन m. N. pr. 1) Pl. = 2. गोवास MBh. 2,51,5. — 2) eines Fürsten der Çibi.

गोविकर्त m. *Schlächter* Maitr. S. 2,6,5.

गोविकर्तृ Nom. ag. dass.

*गोविचन्द्र m. N. pr. eines Fürsten.

गोवितत m. = गोविनत.

गोविद् 1) Adj. *Rinder —, Kühe verschaffend.* — 2) *m. Bein. Sahadeva's Gal.; vgl. MBh. 4,19,32.

गोविनत m. *eine Form des* Açvamedha.

गोविन्द m. 1) Bein. *a)* Krshna's oder Vishnu's. — *b)* *Brhaspati's. — 2) *der 4te Monat.* — 3) **Oberhirt.* — 4) N. pr. *a)* verschiedener Männer. Auch श्री°. — *b)* eines Berges.

गोविन्दकूट m. N. pr. eines Berges.

गोविन्दचन्द् m. N. pr. eines Fürsten. v. l. °चन्द्र.

गोविन्दचन्द्र m. desgl.

गोविन्ददत्त, °विन्ददीक्षित und °विन्ददेव m. N. pr. verschiedener Männer.

गोविन्दद्वादशी f. *der 12te Tag in der lichten Hälfte des* Phâlguna.

गोविन्दनाथ, °विन्दनायक und °विन्दन्यायालंकारभट्टाचार्य m. N. pr. verschiedener Männer.

गोविन्दप्रकाश m. Titel eines Werkes.

गोविन्दभगवत्पादाचार्य und °विन्दभट्ट m. N. pr. zweier Männer.

गोविन्दमानसोल्लास m. Titel eines Werkes.

गोविन्दराज m. N. pr. eines Scholiasten des Manu Kull. zu M. 9,125. 136. 141.

गोविन्दराम m. N. pr. verschiedener Männer.

गोविन्दराय m. N. pr. eines Mannes.

गोविन्दवृन्दावन Titel eines Werkes.

गोविन्दसिंह m. N. pr. eines Fürsten.

गोविन्दसूरि m. N. pr. eines *Gelehrten.*

गोविन्दस्वामिन् m. N. pr. eines Brahmanen.

गोविन्दानन्द m. N. pr. eines Scholiasten.

गोविन्दार्चनसुधा f., गोविन्दार्णव m. und गोविन्दाष्टक n. Titel von Werken.

*गोविन्दिनी f. *eine best. wohlriechende Pflanze* Gal.

गोविन्दु Adj. *Kühe (Milch) aufsuchend.*

*गोविष् f. (Nom. °विट्) *Kuhmist.*

गोविषाण n. *Kuhhorn.*

गोविषाणिक m. *eine Art Trompete.*

गोविष्ठा f. *Kuhmist* Bhâvapr. 2,85.

गोविसर्ग m. *Tagesanbruch.*

गोवीथी f. *eine best. Strecke der Mondbahn.*

गोवीर्य n. *der Ertrag an Milch.*

*गोवृन्द n. *Kuhheerde.*

*गोवृन्दारक m. *ein Prachtstück von einem Stier.*

गोवृष m. 1) *Stier.* — 2) Bein. Çiva's.

गोवृषण m. *der Hodensack eines Stiers* 217,8.

गोवृषध्वज m. Bein. Çiva's.

गोवृषभ m. *Stier.*

गोवेष Adj. *das Aussehen eines Stiers habend* MBh. 4,19,32.

गोवैद्यक n. Titel eines Werkes.

गोव्यच्छ Adj. Bez. *irgend eines Plagers der Kuh.*

*गोव्याघ्र n. Sg. *Kuh und Tiger.*

गोव्याघिल m. N. pr. eines Mannes.

गोव्रज m. 1) *Kuhhürde.* — 2) N. pr. *a)* eines Wesens im Gefolge Skanda's. — *b)* eines Dânava.

गोव्रत und °व्रतिन् (Hemâdri 1,471,6) Adj. *der in Bezug auf Genügsamkeit das Verfahren einer Kuh befolgt.*

*गोशकट m. n. *ein von Ochsen gezogener Karren.*

गोशकृत् n. *Kuhmist.*

गोशकृद्रस m. *Kuhmistjauche.*

गोशतिन् Adj. *100 Kühe besitzend.*

गोशर्फ m. *Klaue des Rindes.*

गोशर्य m. N. pr. eines Mannes.

1. गोशाल (*n.) und °ला f. *Kuhstall.*

2. गोशाल 1) * Adj. *in einem Kuhstall geboren.* — 2) m. N. pr. eines Mannes.

गोशालि m. N. pr. eines Mannes.

गोशीर्ष 1) m. N. pr. eines Schlangendämons Kârand. 2,12. — 2) n. *a)* wohl *eine Art Waffe* MBh. 7,178,23. Könnte auch °शीर्षन् sein. — *b) eine Art Sandelholz.* Auch *m. und °चन्दन (Kârand. 41,19). — *c) *Kampher* Gal.

गोशीर्षक 1) *m. *ein best. kleiner Strauch.* — 2) *eine Art Sandelholz* Kâd. 191,12.

1. गोशृङ्ग n. 1) *Kuhhorn.* — 2) Name eines Sâman (richtig गौ°).

2. गोशृङ्ग m. 1) **Acacia arabica* Râǵan. 8,37. — 2) N. pr. eines Berges.

गोशृङ्गपर्वतस्वयंभूचैत्यभट्टारकोद्देश m. Titel eines buddh. Werkes.

*गोशृङ्गव्रतिन् m. Pl. Name einer buddh. Secte.

*गोशे Adv. wohl *bei Tagesanbruch.*

गोश्रीत Adj. *mit Milch gemischt.*

गोश्रुति m. N. pr. eines Mannes.

गोऽश्वं n. Sg. *Rinder und Rosse.* *m. Du. *ein Rind und ein Ross.*

गोषक m. N. pr. eines Autors. भदन्त°.

गोषखि Adj. *Rinder besitzend.*

*गोषड्गव n. *drei Paar Rinder.*

गोषणि Adj. *Rinder gewinnend, — verleihend.*

गोषतम Adj. Superl. zu गोषन्.

गोषद् Adj. *unter Rindern sitzend* Maitr. S. 1,1,2.

*गोषदक Adj. *das Wort* गोषद् *enthaltend.*

गोषन् und गोषा Adj. = गोषणि.

गोषाति f. *Gewinnung —, Verschaffung von Rindern, Beutekampf.*

गोषादी f. *ein best. Vogel.* घोषादी Maitr. S.

*गोषुचर Adj. *unter Kühen wandelnd.*

गोषुयुध् Adj. *um Rinder —, um Beute kämpfend.*

*गोषूक्त m. N. pr. eines Mannes Comm. zu Tâṇḍja-Br. 19,4.10.

गोषूक्तिन् m. N. pr. eines Hymnendichters.

गोषेधा f. *ein best. dämonisches Wesen.*

*गोष्ट्, गोष्टते (संघाते).

गोष्टोम m. *ein best.* Ekâha im Abhiplava.

गोष्ठ 1) m. (*n.) *Standort von Kühen, Kuhstall, — hürde.* — 2) m. a) *Standort von Thieren aller Art.* — b) *Sammelplatz überh.* Spr. 4959. — c) अङ्गिरसाम् Name eines Sâman. — d) Bein. Çiva's. — e) *N. pr. eines Autors. — 3) f. गोष्ठी a) *Versammlung, Gesellschaft, Kameradschaft; gesellige Unterhaltung, Plauderei.* — b) *eine Art dramatischer Unterhaltung in einem Acte.* — c) *N. pr. eines Dorfes gaṇa पलद्यादि in der Kâç. — 4) n. *ein best.* Çrâddha.

गोष्ठकर्मन् n. *eine auf den Kuhstall bezügliche Begehung* Kauç. 19.

*गोष्ठकुक्कुट und *गोष्ठगोचर m. *eine Krähenart* Nigh. Pr.

*गोष्ठचर m. *eine Falkenart* Gal.

*गोष्ठज 1) Adj. *in einer Kuhhürde geboren.* — 2) m. N. pr. eines Brahmanen.

*गोष्ठपति m. *Oberhirt.*

*गोष्ठश्व m. *ein Mensch, der wie ein Hund in einer Kuhhürde Niemand ruhig an sich vorübergehen lässt.*

*गोष्ठागार m. n. *ein Haus in einer Kuhhürde.*

*गोष्ठाध्यक्ष m. *Oberhirt.*

गोष्ठान Adj. *den Kühen zum Aufenthalt dienend.*

गोष्ठाष्टमी f. *ein best. achter Tag.*

गोष्ठि (metrisch) f. = गोष्ठ 3) *a*).

गोष्ठिक Adj. *eine Versammlung —, eine Gesellschaft betreffend.* Richtiger गौष्ठिक.

गोष्ठीक am Ende eines adj. Comp. = गोष्ठी 3) *a*).

*गोष्ठीन fehlerhaft für गौष्ठीन.

*गोष्ठीपति m. *Vorsteher einer Versammlung, — Gesellschaft.*

गोष्ठीबन्ध m. *gesellige Zusammenkunft* Kâd. 242,5.

गोष्ठीयान n. *Gesellschaftswagen.*

गोष्ठीशाला f. *Versammlungszimmer* Dh. V. 5,10.

गोष्ठीश्राद्ध n. *ein best.* Çrâddha Kull. zu M. 3,254.

*गोष्ठेक्ष्वेडिन् Adj. *in der Kuhhürde brüllend, Prahlhans.*

*गोष्ठेपटु Adj. *in der Kuhhürde geschickt, Prahlhans.*

*गोष्ठेपण्डित Adj. *in der Kuhhürde gelehrt, Prahlhans.*

*गोष्ठेप्रगल्भ Adj. *in der Kuhhürde muthig, Prahlhans.*

*गोष्ठेविजितिन् Adj. *in der Kuhhürde siegreich, Prahlhans.*

गोष्ठेशय Adj. *in einem Kuhstalle schlafend.*

*गोष्ठेशूर m. *ein Held in der Kuhhürde, Prahlhans.*

गोष्ठ्य Adj. *im Kuhstall befindlich.*

1. गोष्पद n. *der Eindruck einer Rinderklaue im Erdboden, die zur Ausfüllung eines solchen Eindrucks eben hinreichende Menge Wassers, eine unbedeutende Pfütze* Suparṇ. 2,3. Auch als Bild von *etwas ohne alle Anstrengung zu Vollbringendem.*

2. *गोष्पद Adj. *Eindrücke von Rinderklauen zeigend, von Rindern besucht.*

गोष्पदतृतीया f. *ein best. dritter Tag.*

गोष्पदत्रिरात्रव्रत n. *eine best. Begehung.*

गोष्पदी Adv. mit कर् *in eine unbedeutende Pfütze verwandeln.*

*गोस m. 1) *Myrrhe.* — 2) *Tagesanbruch.*

गोसखि Adj. *mit Milch verbunden.*

*गोसगृह n. *Schlafgemach.*

गोसंख्य und °ख्यातर् m. *Kuhhirt.*

गोसंग fehlerhaft für गोसर्ग.

गोसत्त्र n. *ein best. Opfer.*

*गोसदृक्ष m. *Bos Gavaeus.*

गोसनि Adj. = गोषणि.

*गोसंदाय Adj. *eine Kuh schenke*

गोसमाधि N. pr. einer Oertlichk.

गोसंभव 1) Adj. *von der Kuh kommend.* — 2) *f. °वा *weisses* Dûrvâ-*Gras.*

गोसर्ग m. *Tagesanbruch.*

*गोसर्प m. *Lacerta Godica.*

गोसव m. 1) *ein best.* Ekâha. — 2) **Kuhopfer.*

*गोसशश m. *Myrrhe.*

गोसहस्री f. *der 15te Tag in der dunklen Hälfte des* Kârttika *und* Gjaishṭha.

*गोसाद, *°सादि und *°सारथि P. 6,2,41.

गोसावित्री f. *eine best. Hymne* Hemâdri 1,273, 22. 23.

गोसूक्त n. *desgl.*

गोसूत्रिका f. *a rope picqueted at both ends; with separate halters made fast to it for each ox or cow.*

गोस्तन 1) m. a) *Kuhzitze* MBh. 3,32,4. °स्तनाकार Adj. Bhâvapr. 1,248. — b) **Blumenstrauss.* — c) **ein Perlenschmuck von vier Schnüren.* — d) *eine best. Art Feste* Vâstuv. 11,27. — 2) f. ई a) *eine röthliche Art Weintraube* Râǵan. 11,103. Bhâvapr. 1, 247. — b) N. pr. einer der Mütter im Gefolge Skanda's.

*गोस्तनीसव m. *eine Art Wein* Nigh. Pr.

गोस्तोम m. = गोष्टोम.

गोस्थान und *°क n. *Standort von Kühen, Kuhstall, — hürde.*

*गोस्रव m. *Kuhurin* Nigh. Pr.

गोस्वामिन् m. 1) *Besitzer einer Kuh, — von Kühen.* — 2) *ein religiöser Bettler,* als Ehrentitel einem Personennamen nachgesetzt.

*गोस्वामिस्थान n. N. pr. eines Berggipfels im Himâlaja.

गोह m. *Versteck, Lager.* Vgl. u. ऊवध्य°.

गोहत्या f. *Tödtung einer Kuh.*

गोहन् Adj. *Rinder tödtend.*

गोहन Adj. *verdeckend, verbergend* in अवद्य°.

गोहन्तर् Nom. ag. *Kuhtödter* Gaut. 21,11.

गोहर m. und °ण n. *Kuhraub.*

*गोहरीतकी f. *Aegle Marmelos.*

गोहालिया f. *eine best. Pflanze.*

*गोहित 1) Adj. *Kühen zuträglich.* — 2) m. a) *Aegle Marmelos.* — b) *Luffa foetida* oder *eine ähnliche Pflanze.*

*गोहिर n. *Fusswurzel, tarsus.*

गोहिरण्य n. Sg. *Rinder und Gold* MBh. 2,51,13.

गोहिल्ल m. N. pr. eines Mannes Ind. St. 14,99.

गोह्य 1) *zu verhüllen.* Vgl. अ°. — 2) m. Bez. *eines der* Agni *im Wasser* Mantrabr. 1,7,1.

*गौकक्ष 1) Adj. von गौकक्ष्य Kâç. zu P. 4,3,103. — 2) f. ई f. zu गौकक्ष्य. °पुत्र m. Ind. St. 13,419.

*गौकक्ष्य m. Patron. von गौकक्ष; f. आ.

*गौकक्ष्यायणि m. Patron. von गौकक्ष्य; f. ई Ind. St. 13,419.

गौग्गुलव 1) Adj. *aus Bdellion gemacht;* wohl n. mit Ergänzung von अञ्जन *Salbe* Tâṇḍja-Br. 24,13,4 (v. l. गौल्गुलव). — 2) *m. Patron., f. *ई.

गौङ्गव n. Name verschiedener Sâman.

*गौञ्जिक m. *Juwelier, Goldschmied.*

गौड 1) Adj. (f. ई) a) *aus Zucker gemacht* Suçr. 1,189,17. Hemâdri 1,391,14. — b) *zu den* Gauḍa *in Beziehung stehend.* रीति f. *eine best. Stilart.* — 2) N. pr. m. n. Sg. eines Landes, m. Pl. eines Volkes. — 3) m. a) *ein Fürst der* Gauḍa. — b) N. pr. eines Lexicographen. — 4) f. ई a) *Rum aus Zucker.* — b) *eine best.* Râgiṇî. — 5) n. *Zuckerwerk.*

गौडक m. Pl. N. pr. eines Volkes.

*गौडकमृग m. *ein wildes Pferd.*

गौडग्रन्थ m. und गौडतिथितत्त्व n. Titel von Werken.

गौडदेशीय Adj. *aus dem Lande* Gauḍa Pañkad.

गौडनिबन्ध m. Titel eines Werkes.

गौडपाद 1) m. N. pr. eines Commentators. — 2) f. ई Titel eines Werkes.

*गौडपुर n. N. pr. einer *Stadt.*

*गौडभृत्यपुर n. desgl.

गौडमालव m. *ein best.* Râga S. S. S. 81.

गौडव्यवहारनिर्णय m. und गौडशुद्धितत्त्व n. Titel von Werken.

गौडसारङ्गी f. *eine best.* Râgiṇî S. S. S. 107.

गौडाभिनन्द oder °न m. N. pr. eines Dichters.

गौडिक 1) Adj. a) *mit Zucker zubereitet.* — b) **zur Bereitung von Zucker geeignet.* — 2) n. *Rum aus Zucker.*

गौडीय Adj. *zu den* Gauḍa *in Beziehung stehend.* मार्ग m. oder रीति f. (Vâmana 1,2,12) *ein best. Stil;* s. गौड 1) *b*).

गौडेश्वराचार्य m. N. pr. eines *Lehrers.*

गौडोर्वीशकुलप्रशस्ति f. Titel eines Werkes.

गौण 1) Adj. (f. ई) a) *nebensächlich, untergeordnet, secundär, uneigentlich* Kap. 5,67. कर्मन् n. *das entferntere Object.* — b) *zu einer Eigenschaft in Beziehung stehend.* — 2) n. Nom. abstr. zu 1) *a*).

गौणत्व n. Nom. abstr. zu गौण 1) *a*).

गौणसाध्यवसाना und गौणसारोपा f. *Bez. bestimmter Ellipsen.*

1. गौणिक Adj. (f. ई) 1) *zu den drei Qualitäten in Beziehung stehend.* — 2) *= गुणे साधुः. — 3) = *गुणमधीते वेद वा.

2. *गौणिक Adj. (f. ई) *sackartig.*

गौण्डकिरी f. *eine best.* Râgiṇî S. S. S. 104. Vgl. गौण्ड°.

गौण्डकीर्ति f. desgl. S. S. S. 101.

गौण्डली f. *ein best. Tanz* S. S. S. 272.

गौण्य 1) m. *Verdienst, Vorzug.* — 2) n. a) Nom. abstr. zu गौण 1) *a*). — b) *das ein Vorzug Sein.*

गौतम 1) Adj. (f. ई) *zu* Gotama *in Beziehung stehend.* — 2) m. a) Patron. von Gotama und N. pr. verschiedener Männer. Auch Pl. — b) **ein best. Gift.* — 3) f. गौतमी a) f. zu 2) *a*). — b) Bein. der Durgâ. — c) N. pr. α) *einer Râkshasî. — β) eines Flusses, = गोदावरी Râgan. 14,29. — d) **Gallenstein des Rindes* Râgan. 12,59. — e) *= रजनी. — 4) n. a) Name verschiedener Sâman Ârsh. Br. — b) **Fett.*

गौतमक m. N. pr. eines Schlangendämons.

गौतमपृच्छा f. Titel eines Werkes Bühler, Rep. No. 716.

गौतमवन n. N. pr. eines heiligen Ortes.

गौतमस (?) Adj. mit अर्क m. Name verschiedener Sâman.

*गौतमसंभवा f. N. pr. eines Flusses, = गोदावरी Râgan. 14,29.

गौतमसरस् n. N. pr. eines *Sees.*

गौतमस्वामिन् m. N. pr. eines Mannes Hem. Par. 12,14.

गौतमारण्य n. N. pr. eines *Waldes* 160,10.

*गौतमार्धिक Adj. Mahâbh. 4,76,*b*.

गौतमाश्रम m. N. pr. einer *Einsiedelei.*

गौतमि m. Patron. von गौतम.

गौतमिनन्दन (metrisch st. गौतमी°) m. Metron. Açvatthâman's MBh. 7,156,118.

गौतमीतन्त्र n. Titel eines Werkes.

गौतमीपुत्र m. N. pr. eines Lehrers.

गौतमीय Adj. *zu* Gautama *in Beziehung stehend, von ihm herrührend.*

गौतमीसुत m. Metron. Açvatthâman's.

गौतमेश Name eines Liñga.

गौतमेश्वरतीर्थ n. N. pr. eines Tîrtha.

*गौदन्तेय m. Patron. von गोदन्त.

गौदानिक Adj. *die* Godâna *genannte Ceremonie betreffend.*

*गौधार m. *eine Art Eidechse.* Vgl. गोधार.

गौधूम Adj. (f. आ und *ई) *aus Waizen gemacht* Hemâdri 1,412,8 (गोधूभा gedr.).

गौधूम्र m. N. pr. eines Mannes.

*गौधेनुक n. *eine Heerde Milchkühe.*

गौधेय m. 1) **eine Art Eidechse.* — 2) Pl. Name einer Schule.

*गौधेर m. *eine junge Eidechse* oder *eine Art Eidechse.*

गौधेरक m. *ein best. kleines giftiges Thier.*

*गौधेरकायणि n. Patron. von गौधेर.

गौनर्द 1) *Adj. von गोनर्द. — 2) m. N. pr. eines Autors. Richtig गोनर्द.

*गौप m. Patron. von गोप Comm. zu Tâṇḍja-Br. 13,12,5. Wohl fehlerhaft für गोप.

गौपत्य n. *Besitz von Rindern.*

गौपवन 1) m. Patron. von गोपवन. Auch *Pl. — 2) n. Name eines Sâman.

गौपायन m. Patron. von गोप (nach dem Comm. zu Tâṇḍja-Br. = गोपगोत्र). Auch Pl.

*गौपालपशुपालिका f. Nom. abstr. von गोपाल + पशुपाल.

गौपालायन (Maitr. S. 3,10,4) und गौपालेय m. Patron. von गोपाल.

*गौपिक m. *der Sohn einer Hirtin.*

*गौपिलेय Adj. von गोपिल.

*गौपुच्छ Adj. (f. ई) *einem Kuhschwanz ähnlich.*

*गौपुच्छिक Adj. *an einem Kuhschwanz sich haltend.*

*गौप्तेय m. Metron. von गुप्ता.

*गौभृत Adj. von गोभृत्.

गौमत 1) Adj. von गोमती (N. pr. eines Dorfes und eines Flusses). — 2) f. ई N. pr. eines Flusses (richtig गोमती).

*गौमतायन Adj. von गोमत्. Davon *°क.

*गौमथिक Adj. von गोमथ.

*गौमय Adj. *von Kuhmist herrührend.*

*गौमायन m. Patron. von गोमिन्.

गौर 1) Adj. (f. ई) a) *weisslich, gelblich, röthlich.* — b) *glänzend, schön, prächtig.* — 2) m. a) *Bos Gaurus.* — b) *weisser Senf; das Korn als best. Gewicht.* — c) **Grislea tomentosa* Râgan. 9,112. — d) **eine Reisart* Gal. — e) **der Mond.* — f) **der Planet Jupiter.* — g) Bein. α) *des Schlangendämons Çesha Gal. — β) Kaitanja's; vgl. °चन्द्र. — h) N. pr. eines Joga-Lehrers. — 3) *f. गौरा angeblich = गौरी. — 4) f. ई a) *die Kuh des Bos Gaurus.* — b) *ein noch nicht menstruirendes* (*achtjähriges*) *Mädchen.* — c) **die Erde.* — d) *Röthel* Kâlak. 5,20. — e) **ein best. gelbes Pigment;* **Auripigment* Gal. — f) *Gelbwurz* und **verschiedene andere Pflanzen* Râgan. 6,191. 8,111. 10,82. — g) **Rede.* — h) Name verschiedener *Metra.* — i) *ein best. Tact* S. S. S. 214. — k) *eine best.* Râgiṇî S. S. 37. — l) N. pr. α) der Gattin Çiva's. — β) der Gattin Varuṇa's. — γ) einer Vidjâdevî MBh. 3,231,48. Hariv. 12036. 12041. — δ) verschiedener Frauen. — ε) verschiedener Flüsse VP.². — 5) *n. a) weisser Senf. — b) eine best. Gemüsepflanze Gal. — c) Saffran; vgl. कनक°. — d) Staubfaden der Lotusblume. — e) Gold. — f) Auripigment Gal.

*गौरक m. eine Reisart Gal.

गौरकृष्ण m. N. pr. eines Fürsten VP.² 4,200.

गौरद्य n. fehlerhaft für गौरद्य.

*गौरखर m. ein wilder Esel.

गौरगणोद्देश m. Titel eines Werkes. °दीपिका f. Titel eines Commentars dazu.

गौरग्रीव m. Pl. N. pr. eines Volkes.

*गौरग्रीवि m. Patron. Davon *Adj. °ग्रीवीय.

गौरचन्द्र m. Bein. Kaitanja's Kaitanj. 1,9.

*गौरजीरक m. weisser Kümmel Râgan. 6,59.

गौरण्डक m. N. pr. v. l. für कोरण्डक.

गौरतित्तिरि m. eine Rebhuhnart Bhâvapr. 2,3.8.

गौरत्व n. Nom. abstr. zu गौर 1) a) Comm. zu Naish. 8,99.

*गौरत्वच् m. Terminalia Catappa Râgan. 8,45.

गौरपृष्ठ m. N. pr. eines Fürsten.

गौरमन्त्र wohl ein best. Spruch.

गौरमुख 1) m. N. pr. verschiedener Männer. — 2) *f. आ N. pr.

गौरमृगँ m. Bos Gaurus.

गौरँललाम Adj. an der Stirn weiss gefleckt TS. 5,6,16,1.

गौरव 1) Adj. zum Lehrer in Beziehung stehend. कुल n. die Familie des Lehrers. — 2) *m. eine best. giftige Pflanze Gal. — 3) n. a) Schwere. — b) Schwere eines Buches, so v. a. Voluminosität Njâjam. S. 4, Z. 9. — c) Schwierigkeit Karaka 3,4. — d) prosodische Länge. — e) Wichtigkeit, grosse Bedeutung, hoher Werth. — f) Gravität, Ehrwürdigkeit, Ansehen der Person, Würde Âpast. — g) die einer Person oder Sache erwiesene oder gebührende Hochachtung, Ehrfurcht —, Respect vor Harshak. 218, 19. Kâd. 194,21. 2,146,16. पुनरागमन° Ehre 1,238, 5. — h) ein best. Fehler in der Dialektik: Schwerfälligkeit, zu weites Ausholen.

गौरवज्ञात Adj. von Ehrfurcht erfüllt Lalit. 278,15.

गौरवलाघवविचार m. Titel eines Werkes.

*गौरवल्ली f. Fennich Nigh. Pr.

गौरवाहन m. N. pr. eines Fürsten.

*गौरवित Adj. in Ansehen stehend, hochgeachtet.

*गौरशाक m. eine Art Bassia.

गौरशालि m. eine Reisart Varâh. Jogaj. 7,4.

गौरशिरस् m. N. pr. eines Mannes.

*गौरसक्थ Adj. (f. ई) röthliche Schenkel habend.

गौरसर्षप m. Sinapis glauca, ein solches Senfkorn (Âpast.) auch als best. Gewicht.

*गौरसुवर्ण n. eine best. Gemüsepflanze Râgan. 7,151.

गौराङ्ग 1) Adj. (f. ई) einen röthlichen Körper habend Dhûrtan. 31. — 2) m. Bein. Kaitanja's. — 3) *f. ई Kardamomen Râgan. 6,87.

गौराङ्गमल्लीक m. N. pr. eines Mannes.

*गौराजाजी f. weisser Kümmel Râgan. 6,59.

*गौराटिका f. Predigerkrähe Râgan. 19,114.

*गौरार्द्रक m. ein best. Gift.

गौरावस्कन्दिन् m. Bein. Indra's (als Bos Gaurus bespringend oder einen B. G. angreifend) Çat. Br. Comm. zu Njâjam. 9,1,21.

गौराश्व m. N. pr. eines Fürsten MBh. 2,8,18.

*गौरास्य m. eine schwarze Affenart mit weisslichem Gesicht.

गौराह्विक m. eine Schlangenart.

गौरिक 1) m. a) vielleicht weisser Senf. — b) Metron. des Mândhâtar. — 2) *f. आ ein noch nicht menstruirendes achtjähriges Mädchen.

गौरिमन् m. Nom. abstr. zu गौर 1) a) Naish. 8,99.

*गौरिमत्त m. und *°मती f. N. pr.

*गौरिल m. 1) weisser Senf. — 2) Eisenfeil.

गौरिवीत Adj. von गौरिवीति. Vgl. गौरी°.

गौँरिवीति m. N. pr. eines Ṛshi. Vgl. गौरी°.

*गौरिषक्थ m. N. pr.

1. गौरी f. s. u. गौर.

2. गौरी Adv. mit कर् weiss —, glänzend machen Ind. Stud. 15,210.

गौरीकल्प m. ein best. Kalpa 2) h).

गौरीकान्त m. N. pr. eines Autors. Auch °सार्वभौमभट्टाचार्य.

गौरीगायत्रिका und °गायत्री f. ein best. Vers Hemâdri 1,230,14. 16.

गौरीगुरु m. Bein. des Himâlaja.

गौरीचतुर्थी f. der 4te Tag in der lichten Hälfte des Mâgha.

गौरीचरित n. Titel eines Werkes.

*गौरीज 1) m. Metron. Kârttikejas. — 2) n. Talk.

गौरीजातक n. Titel eines Werkes.

गौरीतीर्थ n. N. pr. eines Tîrtha.

गौरीनाथ m. Bein. Çiva's.

*गौरीपट्ट m. the horizontal plate of the Liñga, typical of the female organ.

गौरीपति m. 1) Bein. Çiva's. — 2) N. pr. eines Mannes.

*गौरीपाषाण m. weisser Arsenik Nigh. Pr.

*गौरीपुत्र m. Metron. Kârttikeja's.

*गौरीपुष्प m. 1) Fennich. — 2) Nerium odorum Râgan. 10,12.

गौरीपूजा f. Verehrung der Gaurî, ein Festtag am 4ten Tage in der lichten Hälfte des Mâgha.

गौरीभर्तर् m. Bein. Çiva's.

गौरीमुण्ड m. N. pr. eines Vidjâdhara-Fürsten.

*गौरीललित n. Auripigment Râgan. 13,69.

गौरीवर m. 1) *Bein. Çiva's. — 2) ein Gnadengeschenk der Gaurî.

गौरीवित 1) Adj. von गौरीविति; vgl. गौरि°. — 2) n. Name verschiedener Sâman Ârsh. Br.

गौँरीविति m. N. pr. = गौरि°.

गौरीव्रत n. eine best. Begehung.

गौरीश m. Bein Çiva's.

*गौरुतल्पिक Adj. das Ehebett des Lehrers entweihend.

*गौर्जर n. Bleiglätte Nigh. Pr.

*गौर्यश्मन् m. weisser Arsenik Nigh. Pr.

*गौलक्षणिक Adj. die Merkmale der Kühe kennend.

*गौलन्द Adj. (f. ई) von गौलन्ध्य.

*गौलन्ध्य m. Patron. von गोलन्द.

*गौला f. = गौरी N. pr. der Gattin Çiva's.

*गौलाङ्कायन m. Patron. von गोलाङ्क.

*गौलिक m. Bignonia suaveolens.

*गौलोमन Adj. dem Kuhhaar ähnlich.

गौल्गुलव 1) Adj. = गौग्गुलव 1). — 2) f. ई Patron.

गौल्गुलवीपुत्र m. Metron. eines Gobhila.

गौल्मिक 1) Adj. über गुल्म 2) a) handelnd Karaka 6,11. — 2) m. a) das einzelne Individuum eines Soldatenpostens. — b) ein Befehlshaber über गुल्म 1) b) J. A. S. Beng. 47,405,34.

*गौल्य 1) Adj. süsslich Râgan. 7,209. 8,120. — 2) n. a) Süssigkeit Râgan. 10,48. — b) Syrup. — c) ein spirituöses Getränk.

*गौवासनिक Adj. (f. आ und ई) von गोवासन.

*गौशकटिक Adj. (f. ई) einen mit Ochsen bespannten Wagen besitzend.

*गौशतिक Adj. (f. ई) hundert Kühe besitzend.

गौशृङ्ग n. Name eines Sâman.

गौश्र m. Patron von गुश्रि.

गौश्रायणि m. Patron. von गौश्र.

गौश m. = गौश्र.

गौषूक्त n. Name eines Sâman.

गौषूक्ति m Patron. von गोषूक्त (Comm.).

*गौष्ठ 1) Adj. (f. ई) von गोष्ठी oder गौष्ठी (N. pr. eines Dorfes). — 2) f. ई N. pr. eines Dorfes. v. l. गोष्ठी.

गौष्ठिक Adj. eine Versammlung —, eine Gesellschaft betreffend zu Spr. 2206.

गौष्ठीन Adj. (ein Ort) wo eine Kuhheerde gestanden hat; n. ein solcher Ort Harshak. 56,22 (गो° gedr.).

*गौसहस्रिक Adj. (f. ई) tausend Kühe besitzend.

*गौह्ल Adj. (f. ई) von गोह्ल.

*गौह्लव्य m. Patron. von गुह्लु. Dazu f. *गौह्लव्यायनी.

गौह्यक Adj. zu den Guhjaka in Beziehung stehend.

ग्ध Partic. praet. pass. von घस् in अग्धाद्.

ग्धि f. Nom. act. von घस् in सग्धि.

ग्ना f. 1) ein Weib übermenschlicher Art, Göttin, Genie. — 2) *Rede.

ग्नावत् Adj. mit göttlichen Weibern verbunden.

ग्नास्पति m. Gemahl eines göttlichen Weibes.

ग्नास्पत्नी f. göttliches Eheweib.

ग्मन् in पृथु॰

ग्मा f. die Erde. Nur in der Form ग्मस् Abl. Gen.

ग्र in तुविग्र.

1. ग्रथ्, ग्रन्थ्, ग्रथ्नाति, *ग्रथति, *॰ते, *ग्रन्थति knüpfen, winden, aneinanderreihen, (ein Werk, Gedicht) zusammenknüpfen, so v. a. — stellen verfassen. — ग्रथ्यत्ताम् Kathās. 122,71 wohl fehlerhaft für ग्रथ्यताम्. — Partic. ग्रथित (*ग्रन्थित) 1) geknüpft, gebunden, verbunden, aufgereiht, gewunden, umwunden, hineingebunden, verknüpft, verbunden, besetzt —, besäet mit; künstlich verschlungen (von der Fabel eines Schauspiels), ineinander geschlungen und daher schwer zu scheiden. करुणार्थग्रथितम् Adv. so v. a. mit Worten kläglichen Inhalts. — 2) knotig, verhärtet, zusammengeballt. — 3) zum Stocken gebracht. — 4) *verletzt, beschädigt. — 5) *gepackt, in Besitz genommen. — *Caus. ग्रन्थयति, ॰ते (ग्रन्थने, संदर्भे). — Mit अनु, ॰ग्रथित verknotet, fest. — Mit आ umschlingen in पुनराग्रन्थम्. — Mit उद् 1) aufbinden, so v. a. in Bündel bringen, in die Höhe binden. — 2) knüpfen, winden. — 3) aufknüpfen, lösen. — Caus. उद्ग्रथयति aufknüpfen, lösen. — Mit समुद् in die Höhe binden. — Mit उप umschlingen. — Mit नि einschlingen in पुनर्निग्रन्थम्. — Mit प्र verknüpfen —, verbinden mit Comm. zu Njājam. 9,2,8. — Mit वि verbinden, zusammenbinden, umbinden. — विग्रथित 1) verbunden. — 2) knotig, knollig, geballt Karaka 8,1. — 3) unterbunden, so v. a. gehemmt. — Mit सम्, संग्रथित verknotet, zusammengebunden.

2.*ग्रथ्, *ग्रन्थ्, ग्रथते, ग्रन्थते (कौटिल्ये).

ग्रथन 1) n. a) Verknüpfung, Verschlingung Comm. zu Njājam. 9,2,8. das Angereihtsein zu Spr. 1616. — b) das Stocken, Gehemmtwerden der freien Bewegung. — c) in der Dramatik das Andeuten des Ausganges. — 2) f. आ das Knüpfen, Binden, Umstricken Bālar. 168,9.

ग्रथनीय Adj. zu verknüpfen, — verbinden Comm. zu Njājam. 9,2,8.

ग्रथित 1) Adj. s. u. ग्रथ् — 2) n. a) das Angereihtsein zu Spr. 1616. — b) ein best. knotiger Abscess.

ग्रथितव्य Adj. = ग्रथनीय Çaṁk. zu Bādar. 4,3,2.

ग्रथिन् Adj. Ränke schmiedend, ränkevoll.

ग्रथिल Adj. besessen, verrückt Ind. St. 15,305. Vgl. ग्रहिल.

ग्रथिली Adv. mit भू verr t werden ebend.

ग्रथ्न m. Büschel.

ग्रथ्य Adj. = ग्रथनीय Njājam. 9,2,8.

ग्रन्थ m. 1) *das Knüpfen, Binden. — 2) = ग्रन्थि Knoten TS. 6,2,9,4, v. l. — 3) Wabe P. 4,3,105, Vārtt. 2. — 4) ein künstliches Gefüge von Worten (insbes. von 32 Silben); literärisches Erzeugniss; Text, Wortlaut. ग्रन्थतश्चार्थतश्च dem Wortlaute und dem Sinne nach. — 5) Kapitel, Abschnitt (im Kāṭh.). — 6) *Reichthum.

*ग्रन्थकर्तृ m. Autor eines Werkes.

ग्रन्थकार m. dass.

*ग्रन्थकुटी und *॰कूटी (fehlerhaft) f. Bibliothek.

ग्रन्थकृत् m. Autor eines Werkes.

ग्रन्थन n. und *॰ना f. das Knüpfen, Binden, Winden. शब्दग्रन्थन so v. a. das Erzählen Mahābh. 3,28,a.

*ग्रन्थपर्णी f. eine Art Dūrvā-Gras Rāǵan. 8,116.

ग्रन्थविस्तर m. ein umfangreicher Text Varāh. Bṛh. S. 1,2. Wortschwall Brahmabindūp. 5.

*ग्रन्थसंधि m. Abschnitt in einem Werke, Kapitel.

ग्रन्थाढ्य Adj. Karaka 6,11 fehlerhaft für ग्रन्थ्याढ्य.

1. ग्रन्थि m. 1) Knoten. — 2) ein in den Zipfel eines Gewandes geschlungener Knoten zur Aufbewahrung von Geld u. s. w. — 3) Gelenk, Knoten an Pflanzen. — 4) krankhafte Anschwellung und Verhärtung — 5) Glocke (zum Läuten). — 6) Knoten in übert. Bed. so v. a. Fessel, Kette, Zweifel. ग्राग्रह॰ so v. a. fester Vorsatz Bālar. 170,8. — — 7) *Bez. verschiedener Pflanzen und Wurzeln.

2.*ग्रन्थि m. Krümmung; Falschheit.

ग्रन्थिक 1) m. a) Erzähler, Rhapsode. — b) Astrolog. — c) eine best. Krankheit des äusseren Ohres. — d) eine best. Pflanze oder Stoff Karaka 6,18. — e) ein angenommener Name α) Nakula's. — β) *Sahadeva's (?). — 2) *m. n. a) Capparis aphylla. — b) Bdellion. — 3) n. a) die Wurzel vom langen Pfeffer. — b) *= ग्रन्थिपर्णी. — c) *eine best. Frauenkrankheit Gal.

ग्रन्थिच्छेदक m. Beutelschneider.

ग्रन्थित्व n. Nom. abstr. zu ग्रन्थि 4).

*ग्रन्थिदल 1) m. ein best. Parfum Rāǵan. 12,146. — 2) f. आ ein best. Knollengewächs Rāǵan. 8,69.

*ग्रन्थिदूर्वा f. eine Art Dūrvā-Gras Rāǵan. 8,114.

ग्रन्थिन् Adj. 1) Bücher lesend. — 2) von unbekannter Bed. ṚV. 10,93,6.

*ग्रन्थिनिका f. ein best. Knollengewächs Gal.

*ग्रन्थिपत्त्र m. ein best. Parfum.

ग्रन्थिपर्ण 1) m. ein best. Parfum Rāǵan. 12,146. — 2) *f. आ eine best. Pflanze. — 3) *f. ई eine Art Dūrvā-Gras. Vgl. ग्रन्थ॰. — 4) *n. eine best. wohlriechende Pflanze.

ग्रन्थिपर्णक = ग्रन्थिपर्ण 4) Kād. 143,1.

ग्रन्थिपर्णमय Adj. aus ग्रन्थिपर्ण 1) gemacht Hemādri 1,435,8.

*ग्रन्थिफल 1) m. Feronia elephantum Rāǵan. 11,182. — 2) Vanguiera spinosa Rāǵan. 8,69. — 3) = साकुरुण्ड Rāǵan. 6,246.

*ग्रन्थिबन्धन n. das Knüpfen eines Knotens; das Zusammenknüpfen der Gewänder der Braut und des Bräutigams bei der Heirathsceremonie.

ग्रन्थिबन्धम् Absol. mit ग्रथ् knotenartig zusammenknüpfen Bālar. 312,11.

*ग्रन्थिबर्हिन् m. eine best. Pflanze.

ग्रन्थिभेद् m. Beutelschneider.

*ग्रन्थिमत्फल m. Artocarpus Locucha Madanav. 67,49.

ग्रन्थिमत् 1) Adj. a) geknüpft, gebunden. — b) *knollig. — 2) m. Heliotropium indicum Bhāvapr. 1,215.

*ग्रन्थिमूल 1) n. Knoblauch. — 2) f. आ eine Art Dūrvā-Gras Rāǵan. 8,114.

ग्रन्थिल 1) Adj. knotig. — 2) * m. a) Flacourtia sapida Rāǵan. 9,161. — b) Capparis aphylla. — c) Amaranthus polygonoides. — d) Asteracantha longifolia. — e) Cocculus cordifolius. — f) ein best. Heilmittel (क्षिताबली). — g) ein best. Parfum Rāǵan. 12,145. — 3) *f. आ a) Bez. zweier Grasarten Rāǵan. 8,114. 116. — b) eine Cyperus-Art. — 4) *n. a) die Wurzel vom langen Pfeffer Rāǵan. 6, 23. — b) frischer Ingwer.

ग्रन्थिली Adv. mit भू knollig werden, sich ballen Comm. zu Karaka 1,1.

*ग्रन्थिवक्रक m. eine Art Stahl.

ग्रन्थिवीसर्प m. eine best. Form von Rothlauf Karaka 6,11.

ग्रन्थिवीसर्पिन् Adj. an der eben genannten Krankheit leidend ebend.

*ग्रन्थिहर m. Minister.

ग्रन्थी Adv. mit भू sich ballen Bālar. 41,24.

*ग्रन्थीक n. die Wurzel vom langen Pfeffer.

ग्रप्स Büschel, Bündel Pār. Gṛhj. 1,15,4. Vgl. ग्लप्स.

ग्रभ् (älter) und ग्रह्, गृभ्णाति und गृह्णाति (auch Med.). गृह्ण=गृहाण Hemâdri 1,661,22. Pańkad. Partic. गृभीत, गृभित (Bhâg. P.) und गृहीत. 1) *ergreifen, mit der Hand fassen, fassen* (von einem Blutegel 217,32. 33. 218,1), *packen, festhalten* 310,3. करे, पाणौ Jmd (Acc.) *bei der Hand fassen*; ausnahmsweise auch mit doppeltem Acc. पाणिम् *die Hand fassen*, insbes. bei der Heirathsceremonie. गृह्य Absol. *ergriffen habend*, so v. a. *mit sich —, bei sich führend, mit.* गृहीत am Anfange eines adj. Comp. *mit ergriffenem —*, so v. a. *— mit sich führend, — bei sich habend, — haltend*; bisweilen auch in verstellter Ordnung (°गृहीत Lalit. 246,3. Kâraṇḍ. 75,1). पक्षं ग्रह् *Jmds Seite —, Partei ergreifen für* (अर्थे). Mit einem Abl. *nehmen von* 113,1. — 2) *aufhalten, nicht durchlassen.* — 3) *fangen* (Blutegel 217,23), *einfangen, gefangen nehmen, in seine Gewalt bekommen* 173,32. *Jmd* oder *Jmds* Herz (चेतस्, मनस्, हृदयम्) *für sich gewinnen* 168,31. 187,8. — 4) *ergreifen*, so v. a. *sich Jmds bemächtigen* (von Krankheiten und dämonischen Wesen). — 5) Sonne und Mond *ergreifen* (von Seiten Râhu's), so v. a. *verfinstern.* — 6) *rauben, entziehen.* — 7) *die Hand auf Etwas legen, als seinen Theil für sich nehmen, sich aneignen, beanspruchen* 156,24. — 8) *gewinnen, erlangen, erhalten.* फलम् *Frucht ansetzen.* गृभीत *fruchtbringend* (Baum). — 9) *entgegennehmen, — von* (Abl.) 40,5. *empfangen, — von* (Abl.) 212,15. *annehmen, — von* (Abl. oder Gen.). गर्भम् *eine Leibesfrucht empfangen von* (Abl.). आज्ञाम्, आदेशम्, संदेशम् *einen Befehl u. s. w. entgegennehmen* oder *empfangen.* कार्यम् *eine gerichtliche Sache —, eine Klage annehmen* 216,2. *behalten* 185,5. Angeblich auch mit doppeltem Acc. — 10) *Jmd* (Acc.) *zur Frau nehmen.* — 11) ein Weib *ergreifen*, so v. a. *beschlafen.* — 12) *durch Kauf an sich bringen*, mit Instr. des Preises. — 13) *sich Etwas erbitten, wählen* 106,15. — 14) *auffassen* (eine Flüssigkeit), *schöpfen* 182,24. — 15) *auffangen* Arǵ. 3,34. v. l. ग्रस् besser. — 16) *pflücken, abpflücken, sammeln.* — 17) *einsammeln, sich einen Vorrath von Etwas machen.* — 18) *Etwas in Gebrauch nehmen, anlegen* (Kleider u. s. w.) 290,29. 291,9. 292,1. *annehmen* (eine Gestalt) Bhâg. P. 2,9,26. — 19) *nehmen und legen —, setzen auf* (Instr. oder Loc.) 123,20. 129,18. 184,29. *stecken in* (Loc.) — 20) *in sich hineinziehen* (Med.). — 21) *in sich enthalten, — begreifen, zugleich bezeichnen.* — 22) *Jmd aufnehmen, zu sich nehmen* 47,8. *willkommen heissen*, inbes. eine verstossene Gattin *wieder aufnehmen.* — 23) *Etwas auf sich nehmen, sich hingeben* (मानम् 174,6), *sich unterziehen, sich machen an.* यत्नम् *sich bemühen*, mit Loc. eines Nom. act. 129,16. — 24) *in den Mund nehmen, anführen, nennen* (einen Namen). — 25) *mit den Sinnen fassen, gewahrwerden, vernehmen, erkennen* 328,11. Bei den Astronomen *beobachten.* — 26) *erlernen, im Gedächtniss behalten* 227,30. — 27) *berechnen, bestimmen.* — 28) *annehmen, billigen, gutheissen; sich Etwas gefallen lassen, angenehm finden* Kâd. 2,49,13. — 29) *annehmen, beherzigen* 69,16. *befolgen.* — 30) *auffassen, dafür halten.* — 31) Pass. *gemeint sein, — unter* (Instr.) 214,19. 223,13. 227,14. 237,7. 238,8. 26. — 32) mit caus. Bed. *nehmen heissen* 64,6. — Caus. ग्राहयति 1) *ergreifen —, fassen —* (einen Blutegel 217,33. eine kranke Stelle durch Blutegel 31), *festhalten lassen mit* (Instr.), *Jmd* (Acc.) *Etwas* (Acc.) *ergreifen lassen.* पाणिम् *die Hand* (bei der Heirathsceremonie). — 2) *einfangen —, gefangen nehmen lassen.* — 3) *sich Jmds bemächtigen lassen*; mit Acc. und Instr. श्रमेण so v. a. *Jmd zu ermüden beabsichtigen.* — 4) *rauben, — fortbringen lassen.* — 5) *empfangen lassen, annehmen heissen, einnehmen lassen* (einen Sitz, einen Wohnplatz); mit doppeltem Acc. — 6) *zur Frau geben*, mit doppeltem Acc. — 7) *wählen lassen*, mit doppeltem Acc. — 8) *Jmd* (Acc.) *sich mit Etwas* (Instr.) *beschäftigen lassen.* — 9) *lernen lassen, beibringen, vertraut machen*; mit doppeltem Acc. Âpast. Daçak. 80,12. — Desid. जिघृक्षति, °ते 1) *zu ergreifen —, zu packen im Begriff stehen.* — 2) die Sonne *zu ergreifen —*, so v. a. *zu verfinstern im Begriff stehen* (von Râhu). — 3) *zu entreissen im Begriff stehen.* — 4) *mit den Sinnen fassen wollen, zu erkennen sich bestreben.* — *Intens. जरीगृह्यते. — Mit अति 1) *über die Zahl schöpfen.* — 2) **überflügeln, übertreffen.* — Mit अनु 1) *im Rauben folgen.* — 2) *halten, stützen.* — 3) *aufnehmen.* — 4) *beipflichten* 26,13. — 5) *Jmd gütig aufnehmen, sich gnädig erweisen, gewogen sein, seine Gewogenheit an den Tag legen, beglücken*; mit Acc. oder Gen. (Bhâg. P.) der Person und Instr. der Sache, mit der man Jmd *beglückt.* आसनम् *den Sitz beglücken*, so v. a. *geruhen sich zu setzen.* कस्मात्पादपङ्कजस्पर्शेन नानुगृहीतौ मणिनूपुरौ Kâd. 67,7. — 6) *pflegen, hegen.* — 7) *Etwas fördern, zu Etwas* (Acc.) *beitragen.* — Mit समनु 1) *in Ordnung bringen* (die Haare). — 2) *sich gnädig gegen Jmd* (Acc.) *erweisen.* — Mit अप *wegnehmen, abtrennen, abreissen.* — Mit अपि *zuhalten* (Mund, Nase, Ohr); auch mit Ergänzung von Mund oder Nase. — Mit अभि 1) *ergreifen, packen.* — 2) *an sich nehmen, aufnehmen.* — 3) *aufheben, in die Höhe heben* (ein Kleid). — 4) *zusammenlegen* (die Hände). — 5) *ansetzen* (Blüthen, Früchte). — 6) *in Empfang nehmen.* — 7) *Jmd empfangen.* — Caus. *fangen, ertappen.* — Mit अव 1) *loslassen, nachlassen.* — 2) *abhalten von* (Abl.) Tâṇḍja-Br. 6,7,22. *hemmen, zurückhalten, verschliessen* Karaka 1,26. 8,1. Kâd. 2,75,14. 99,16. — 3) *zertheilen*; in der Grammatik *absetzen, abtheilen* (Wörter, Worttheile). — 4) अवगृह्य पादाभ्याम् so v. a. *sich mit den Füssen anstemmend*; ohne पादाभ्याम् so v. a. *gewaltsam.* — 5) *mit den Sinnen fassen, wahrnehmen, empfinden.* — Caus. *in Stücke zertheilen.* — Mit प्रत्यव 1) *zurücknehmen, — stellen* Maitr. S. 1,6,4. — 2) *zurücknehmen, widerrufen.* — Mit व्यव *niederbeugen.* — Mit आ 1) *anhalten, anziehen* (die Zügel). — 2) *erlernen* Kâd. 163,2. — Mit उपा 1) *mit sich nehmen*; Absol. so v. a. *mit.* — 2) *umarmen.* — Mit समा *auf einmal erfassen, ergreifen.* — Mit उद् 1) *aufheben, emporhalten.* — 2) *aufrichten, erheben, emporbringen* Nrs. Up. S. 40. Med. *sich aufrichten, sich erheben.* — 3) *herausgreifen, — ziehen* (z. B. ein Schwert), *wegnehmen.* — 4) *herausreissen, erretten.* — 5) *aufhören*, insbes. *zu regnen; absetzen im Reden.* — 6) *zugeben, einräumen.* — 7) *ausfindig machen, ergründen* Kâraṇḍ. 28,6. 11. 29,11. — Caus. 1) *Etwas auszuzahlen veranlassen.* — 2) *Jmd veranlassen emporzubringen* Nrs. Up. S. 40. — 3) *zur Sprache bringen, besprechen.* — 4) *उद्ग्राहित = बद्ध. — Mit उपोद् 1) *ebenfalls aufheben, — emporhalten.* — 2) *aufrichten* Ḱhând. Up. 4,2,5 (Comm. *kennen*, M. Müller *öffnen*). — 3) *zum Munde führen* Ait. Br. 7,33. — Mit प्रत्युद् *absetzen.* — Mit समुद् 1) *aufheben, sublevare.* — 2) *aufgreifen, auffassen.* — Mit उप 1) *aufheben* (Conj.). — 2) *auffangen durch Unterhalten.* — 3) *unterfassen, unterfangen; unterhalten*, insbes. ein Gefäss um daraus zu trinken. — 4) *in den Besitz von Etwas gelangen, theilhaftig werden.* — 5) *sich Jmds bemeistern.* — 6) *hinzuziehen, zu Hülfe nehmen.* — 7) *aufnehmen*, so v. a. *erneuern.* — 8) धिया *mit dem Geiste erfassen.* — 9) *annehmen, gutheissen.* — 10) उपगृहीतुम् Hit. II, 3 fehlerhaft für °गृह्णितुम्. — Mit नि 1) *niederhalten, senken.* — 2) *eindrücken* (eine Furche) RV. 4,57,7. — 3) *an sich ziehen.* — 4) *zusammenziehen, zukneifen* (die Augen). — 5) *anhalten, zurückhalten.* — 6) *ergreifen, fassen, festhal-*

ten. — 7) *ergreifen, gefangen nehmen, einfangen.* — 8) *Jmd daniederhalten, niederdrücken, bezwingen, bändigen, im Zaum halten.* — 9) *zurückhalten, unterdrücken, hemmen.* — Caus. *bewirken, dass Jmd ergriffen wird.* — Caus. vom Desid. निजिघृक्षयति *Jmd veranlassen, dass er zu unterdrücken den Wunsch hege.* — Mit उपनि 1) *niederdrücken auf* (Loc.). — 2) *in die Nähe bringen* Âpast. Çr. 12,25,1. — Mit प्रतिनि *herausschöpfen.* — Mit विनि 1) *Jmd packen an* (Loc.). — 2) *zurückhalten, anhalten.* — 3) *zurückhalten, unterdrücken, hemmen.* — Mit संनि 1) *daniederhalten, bezwingen, bändigen.* — 2) *zurückhalten, unterdrücken, hemmen.* — Mit निस् in निर्ग्राह्य. निर्गृहीत MBh. 13, 1998 fehlerhaft für निगृहीत. — Mit प्रतिनिस् in प्रतिनिर्ग्राह्य. — Mit परि 1) *auf beiden Seiten anfassen.* — 2) *umfassen, umfangen, umgeben, umringen, einschliessen* Çulbas. 3,66. 148. — 3) *einfassen, einfriedigen.* परिगृह्य सरस्वतीम् so v. a. *beide Ufer der S. besetzt haltend* MBh. 5,178,23. — 4) in der Grammatik इति *einfassen,* so v. a. *mit Einschiebung von* इति *ein Wort wiederholen.* — 5) *auffangen.* — 6) *umlegen, sich kleiden in, anlegen.* — 7) *ergreifen, packen, halten, tragen.* परिगृह्य *ergreifend,* so v. a. *in Begleitung von, mit.* °गृहीत mit Acc. *ergriffen habend, mit* Lalit. 368,13. — 8) *bemeistern.* — 9) *in den Besitz von Etwas gelangen, theilhaftig werden.* — 10) *entgegennehmen, empfangen, annehmen, für sich behalten* 130,32. eine Lehre *annehmen, sich zu ihr bekennen* Çaṁk. zu Bâdar. 2,2,1 (S. 498, Z. 1). — 11) (Speise) *in sich aufnehmen.* — 12) *auf sich nehmen, übernehmen.* — 13) *Jmd zu sich nehmen, aufnehmen, freundlich empfangen.* — 14) *liebkosen.* — 15) *zur Frau nehmen.* — 16) *Jmd beistehen.* — 17) *sich richten nach, berücksichtigen, befolgen.* — 18) *übertreffen.* — 19) *entbehren, nicht haben.* परिगृह्य *ohne* (mit Acc.) MBh. 3,26,15. — 20) परिगृहीत *verbunden —, versehen mit* (Instr. oder im Comp. vorangehend) Kâd. 123,15. Lalit. 181,2. 109,22. 110, 2. fgg. 112,19. fgg. — Desid. परिजिघृक्षिष्यत् in der Bed. *umfangen werdend* (!). — Mit संपरि 1) *entgegennehmen, empfangen.* — 2) *Jmd freundlich aufnehmen.* — 3) *unternehmen, vollbringen.* — 4) *vollständig fassen, begreifen.* — Mit प्र 1) *vor sich hin halten, vorstrecken; halten.* — 2) *darbieten.* — 3) *ergreifen, aufnehmen.* प्रगृह्य so v. a. *mit sich führend, in Begleitung von, mit* 68,23. — 4) *gefangen nehmen.* — 5) *entgegennehmen, empfangen.* — 6) *anhalten, anziehen* (die Zügel). — 7) *an sich ziehen. sich verbinden mit.* — 8) *Jmd freundlich empfangen, sich gegen Jmd freundlich beweisen.* — 9) *Etwas begünstigen, Vorschub leisten.* — 10) *sich fassen, — zusammennehmen.* — 11) in der Grammatik *gesondert halten, isoliren.* — Caus. *in Empfang nehmen.* — Mit परिप्र *um Jmd herumreichen.* — Mit प्रतिप्र *annehmen, gutheissen.* प्रति v. l. — Mit संप्र 1) *zusammen hinhalten, — vorstrecken.* — 2) *zusammen ergreifen, — aufnehmen.* — 3) *ergreifen, anfassen.* — 4) *entgegennehmen, annehmen.* वचनम् *Worte gut aufnehmen.* — Mit प्रति 1) *anfassen, ergreifen.* — 2) *auffangen, auffassen, in sich aufnehmen.* — 3) *zu sich führen, zum Munde führen, geniessen.* — 4) *in Besitz nehmen.* — 5) *wieder zu Besitz kommen.* — 6) *annehmen, empfangen, sich schenken lassen, — von* (Abl. oder Gen.). शिरसा *annehmen und aus Achtung auf den Kopf legen.* — 7) *Jmd feindlich empfangen, angreifen.* — 8) *Jmd freundlich empfangen, willkommen heissen.* — 9) *Jmd für sich gewinnen.* — 10) *zur Frau* oder *zum Manne nehmen.* — 11) *vernehmen, mit Wohlgefallen —, als gute Vorbedeutung aufnehmen; auf* eine Rede *hören, sich mit ihr einverstanden erklären, willig hinnehmen.* — Caus. 1) *Jmd Etwas empfangen heissen, darreichen;* mit doppeltem Acc. — 2) *entgegnen.* — Desid. °जिघृक्षति *anzunehmen wünschen* Gaut. 24,2. — Mit उपप्रति *nochmals für sich gewinnen* Maitr. S. 2,3,3. — Mit संप्रति *Jmd freundlich aufnehmen, willkommen heissen.* — Mit वि 1) *auseinander halten, — spreizen.* — 2) *vertheilen, abtheilen;* insbes. Flüssiges *schöpfend vertheilen, auf mehrere Male ausschöpfen.* — 3) *zerlegen* (ein zusammengesetztes Wort in seine Bestandtheile) 236,13. — 4) *abtheilen, gesondert halten, isoliren.* — 5) *wechseln* Bhâg. P. 4,1,27. — 6) *streiten, kämpfen, — mit* (सह, सार्धम् oder blosser Instr.). विगृह्यवाद m. *Wortstreit* Gaut. 9,32. — 7) *bekämpfen, bekriegen.* — 8) *streiten mit* (सार्धम्), so v. a. *es Jmd gleich zu thun vermögen, Jmd gewachsen sein* 251,6. — 9) *ergreifen, packen, — an* (Loc.). — 10) *Jmd freundlich empfangen, willkommen heissen.* — 11) *wahrnehmen, erkennen.* — Caus. *bekämpfen lassen.* — Desid. विजिघृक्षति *zu bekämpfen wünschen.* — Mit सम् 1) *zusammenfassen, — raffen; in die Hand fassen, ergreifen.* — 2) *erfassen, ergreifen* (von Krankheiten und Gemüthszuständen). — 3) *zusammenbringen, sammeln, um sich versammeln.* — 4) *auffangen.* — 5) *in sich schliessen, enthalten* Gaut. — 6) *im Zaum halten, lenken, regieren.* — 7) *zuhalten* (den Mund). — 8) *zusammenziehen, enger —, schmäler —, dünner machen.* धनुः *den Bogen schlaff machen, relaxare.* — 9) *concentriren* den Geist *auf* (Loc.). — 10) *zwingen, Jmd zu Leibe gehen.* — 11) *Jmd freundlich aufnehmen, willkommen heissen.* — 12) eine Rede *annehmen, auf sie hören, willig hinnehmen.* — 13) *zur Frau nehmen.* — 14) *in den Mund nehmen, nennen, aussprechen.* — 15) *auffassen, begreifen, verstehen.* — Caus. *Jmd Etwas mittheilen,* mit doppeltem Acc. Mit Dat. der Person Kâraka 6,2. — Desid. संजिघृक्षति 1) *zu sammeln sich bestreben.* — 2) *zur Ehe verlangen.* — Mit अनुसम् 1) *Jmd demüthig begrüssen, indem man seine Füsse umfasst.* — 2) *Jmd seine Gewogenheit an den Tag legen, beglücken.* — Mit अपिसम् *an sich ziehen.* — Mit अभिसम् *zugleich umfassen* (mit mehreren Fingern). — Mit उपसम् 1) *mit den Händen —, mit den Armen umfassen;* insbes. die Füsse. पादयोः *Jmdes* (Acc.) *Füsse u.;* häufig mit Ergänzung dieses Genetivs (statt des Acc. auch Dat.; indem पादौ ergänzt wird, Âpast. 1,8,19). — 2) *theilhaftig werden, erhalten.* — 3) *verfallen —, gerathen in* MBh. 12, 241,24. — 4) *Jmd festsetzen, gefangen nehmen.* — 5) *Jmd für sich gewinnen.* — Desid. उपसंजिघृक्षति *Jmdes* (Acc.) *Füsse zu umfassen begehren* Âpast. 1,8,19. — Mit प्रतिसम् 1) *entgegen nehmen, empfangen.* — 2) *stossen auf* MBh. 12,17,10. — Mit सह *mitnehmen.*

ग्रभ॑ m. *das Besitzergreifen.*

ग्रभण in अग्रभण॑.

ग्र॑भिणावन्त् Adj. *einen Anhalt gewährend.*

ग्रभी॑तर् Nom. ag. *Ergreifer.*

1. ग्रस्, ग्र॑सति und °ते; Partic. ग्रसित॑ und ग्रस्त. 1) *in den Mund stecken, im Rachen bergen, verschlingen, verzehren, aufzehren.* — 2) einen Himmelskörper *verschlingen,* so v. a. *verfinstern.* — 3) Laute, Silben *verschlucken;* auch von *einer best. fehlerhaften Aussprache der Laute.* — 4) *ganz umfassen, — in sich schliessen.* — 5) *in seine Gewalt bekommen, heimsuchen, plagen.* °ग्रस्त *besessen —, heimgesucht —, geplagt von.* — 6) *verschwinden —, zu Nichte machen.* — 7) *unterschlagen,* eine Sache *inhibiren.* — Caus. ग्रासयति 1) *fressen lassen.* — 2) *ग्रहणे, अदने. — Mit *अभि, *°ग्रस्त = अभिपन्न. — Mit आ 1) *verschlingen.* — 2) आग्रस्त *eingebohrt.* — Mit उप *verschlingen,* so v. a. *verfinstern.* — Mit परि *verschlingen* Nṛs. Up. S. 194. — Mit प्र dass. — Mit सम् dass.

2. °ग्रस् Adj. *in den Mund steckend, verschlingend.*

ग्रसती f. N. pr. einer Nâga-Jungfrau Kâraṇḍ. 4,4.

ग्रसन n. 1) *das Verschlingen.* — 2) *eine best. Art von partieller Verfinsterung des Mondes* oder *der Sonne.* — 3) *Rachen.*

ग्रसिष्ठ Adj. *am Meisten verschlingend.*

ग्रसिष्णु Adj. *zu verschlingen —, wieder in sich aufzunehmen pflegend.*

ग्रस्त 1) Adj. s. u. 1. ग्रस्. — 2) n. *eine best. fehlerhafte Aussprache der Vocale.*

ग्रस्तत्व n. *das zu Nichte Gemachtwerden.*

ग्रस्तृ Nom. ag. *Verschlinger*, so v. a. *Verfinsterer.*

ग्रस्ति f. *der Act des Verschlingens.*

ग्रस्य Adj. *zu verschlingen, verschlingbar.*

ग्रह् s. ग्रभ्.

ग्रहृ 1) Adj. am Ende eines Comp. *a) ergreifend, anfassend, haltend.* — *b) gewinnend, erlangend, erhaltend.* — *c) wahrnehmend, erkennend* Bhâg. P. 4,7,31. — 2) m. *a)* = यो गृह्णाति. α) Bez. Râhu's, der Sonne und Mond in den Eklipsen *ergreift.* — β) *Planet*, der den Menschen magisch *ergreift.* Man zählt deren fünf (Mars, Mercur, Jupiter, Venus und Saturn), sieben (die vorigen nebst Râhu und Ketu) oder neun (die vorigen nebst Sonne und Mond). Bisweilen wird auch der Polarstern dazu gerechnet. — γ) Bez. *der Zahl neun.* — δ) *Krankheitsdämon* (deren werden bisweilen auch neun angenommen), *böser Dämon* überh. — ε) *Krokodil* 92,3. Am Ende eines adj. Comp. f. आ. — ζ) *Schöpfgefäss.* — η) Bez. *der acht Organe: Hauch* (*Nase*), *Stimme, Zunge, Auge, Ohr,* Manas, *Hände* und *Haut* Çat. Br. 14,6,2,1. fgg. Nrs. Up. 4,3 (S. 87, Z. 1). — ϑ) *Haus.* — *b)* यद्गृह्यते. α) *Beute.* — β) *haustus, das was mit dem in eine Flüssigkeit getauchten Becher geschöpft wird, ein Bechervoll.* — γ) *die Griffstelle —, die Mitte des Bogens.* — δ) *der Anfangston eines Musikstücks* S. S. S. 34. — *c)* Nom. act. (adj. Comp. f. आ) α) *das Ergreifen, Packen.* °ग्रहं ग्रह् *packen* Spr. 807. — β) *Zurückhaltung, Verhaltung.* — γ) *das Einfangen.* ग्रहं गम् *in Gefangenschaft gerathen.* — δ) *das Ergreifen, sich Jmds Bemächtigen* (in dämonischem Sinn). — ε) *das Ergreifen* der Sonne oder des Mondes von Seiten Râhu's, *Verfinsterung.* — ζ) *Raub, Diebstahl.* — η) *Ansatz, Anstrengung.* ग्रहं कर् mit Infin. Hit. 32,5. — ϑ) *das Sichklammern an, Bestehen —, Erpichtsein —, Versessensein auf* (Loc. oder im Comp. vorangehend) 161,17. Naish. 9,12. zu Spr. 5719. Bhâg. P. 7,14,11. — ι) *Entgegennahme, Empfang.* — κ) *das Schöpfen* (einer Flüssigkeit). — λ) *das Greifen zu, Erwählung, Wahl* MBh. 12,83,12. Sâh. D. 422. — μ) *freundliche Aufnahme, Gunstbezeigung.* — ν) *Erwähnung, Nennung.* — ξ) *Auffassung, Wahrnehmung, Erkenntniss.* — ग्रहाय s. bes.

ग्रहक 1) *m. *Gefangener.* — 2) f. ग्रहिका *das Anfassen, Sichhalten an.*

*ग्रहकल्लोल m. Bein. Râhu's.

ग्रहकुण्डलिका f. *der Stand der Planeten zu einander und die damit verbundene Vorhersagung* Utpala zu Varâh. Brh. 20,10. 11.

ग्रहकोष्ठक n. Titel eines astr. Werkes.

ग्रहकौतुक n. desgl.

ग्रहक्षेत्रिन् Hariv. 2,8,19 fehlerhaft für गृह°.

ग्रहगण m. *eine Schaar von Krankheitsdämonen* Suçr. 2,331,19.

ग्रहगणित n. *der astronomische Theil eines* Gjotihçâstra.

ग्रहगोचर n. Titel eines astr. Werkes.

ग्रहग्रस्त Adj. *von einem Dämon besessen* Harshak. 101,21.

ग्रहग्रामणी m. *die Sonne* Bâlar. 38,10.

ग्रहचरितविद् m. *Astrolog* Bâlar. 244,4.

ग्रहचिन्तक m. dass.

ग्रहज्ञाभरण n. Titel eines astr. Werkes.

ग्रहण 1) Adj. am Ende eines Comp. *haltend.* — 2) f. ई *a) ein eingebildetes, zwischen Magen und Gedärmen liegendes Organ, welches den Uebergang der Nahrungsstoffe aus jenem in diese und die Wärme des Leibes vermitteln soll.* — *b)* = ग्रहणीगद Hemâdri 1,472,19. 20. 22. — 3) n. ग्रहण *a)* * *Hand.* — *b) Sinnesorgan.* — *c) Gefangener.* — *d) ein erwähntes, gebrauchtes Wort* 232,14. 233,2. 242,27. — *e)* Nom. act. (adj. Comp. f. आ) α) *das Ergreifen, Packen, Festhalten* 34,10 fgg. — β) *das Fangen* 218,11. *Einfangen, Gefangennehmen, in seine Gewalt Bekommen.* — γ) *das Ergreifen von Seiten eines Krankheitsdämons, Besessenheit* Hemâdri 1,215,16. — δ) *das Ergreifen der Sonne oder des Mondes von Seiten* Râhu's, *Verfinsterung* Âpast. Hemâdri 1,357,6. °द्वय n. *Sonnen- oder* (*und*) *Mondfinsterniss* 387,20. — ε) *das Ergreifen, so v. a. Anprallen an* Megh. 44. — ζ) *das Gewinnen, Erlangen, Erhalten, Empfangen.* — η) *das Nehmen* (einer Frau). — ϑ) *das Kaufen.* — ι) *das Erwählen.* — κ) *das Auffassen, Schöpfen* (von Flüssigkeiten). — λ) *das Auffangen, Aufnehmen.* — μ) *das Anlegen, Annehmen* (eines Kleides, einer Tracht, eines Körpers) 291,19. 106,24. — ν) *das Aufsichnehmen, Sichhingeben.* — ξ) *das Gefälligsein, Diensterweisung.* — ο) *das Insichbegreifen, Insichschliessen.* — π) *das Erwähnen, Nennen, Brauchen eines Ausdrucks* 216,3. 222,22. 224,3. 225,1. 233,21. 234,31. 239,23. 241,9. — ρ) *rühmliches Nennen, Anerkennen.* — σ) *das Erfassen, Wahrnehmen, Vernehmen, Erkennen, Begreifen, Erlernen* 222,9. — τ) *das Meinen, Darunterverstehen* 216,4. 228,15. 229,17. 236,12. 14. 238, 8. 32.

ग्रहणपाक n. *das Insichbegreifen, Insichschliessen.*

ग्रहणगत Adj. *verfinstert* (Gestirn).

ग्रहणपञ्चाङ्ग und ग्रहणफल n. Titel zweier astr. Werke.

ग्रहणवत्त् Adj. *in Wirklichkeit gemeint, nicht anders zu verstehen* Paribh. 31.

ग्रहणसंभवाधिकार m. Titel eines astr. Werkes.

ग्रहणान्त (38,5. Gaut. 2,47) und ग्रहणान्तिक Adj. *mit dem Erlernen das Ende erreichend.*

*ग्रहणि f. = ग्रहण 2) *b*).

ग्रहणीकपाट m. *eine best. Mixtur gegen Leibschmerzen und dgl.* Mat. med. 67. 112.

ग्रहणीगद (Bhâvapr. 3,136), °दोष und °प्रदोष m. *krankhafte Affection der* Grahanî, *Diarrhoe* und wohl auch *ein anomaler Stuhlgang* überh.

ग्रहणीय Adj. *annehmbar, beherzigenswerth.*

*ग्रहणीरुज् f. und °रोग m. = ग्रहणीगद.

ग्रहणीरोगिन् Adj. *am* Grahanîroga *leidend* Hemâdri 1,472,21.

*ग्रहणीहर n. *Weintraube.*

ग्रहता f. *das Planetenthum.*

ग्रहतिलक m. Titel eines astr. Werkes.

ग्रहत्व n. = ग्रहता.

ग्रहदाय m. *die durch einen Planeten verliehene* (*prognosticirte*) *Lebensdauer.*

ग्रहदीपिका f. Titel eines astr. Werkes.

*ग्रहद्रुम m. *Tectona grandis.* Richtig गृह°.

*ग्रहधार m. *der Polarstern* Gal. Vgl. ग्रहाधार.

ग्रहनायक m. Bein. 1) *der Sonne* Hemâdri 1,614, 21. — 2) * *des Planeten Saturn.*

*ग्रहनाश m. *Alstonia scholaris.*

*ग्रहनाशन m. 1) *Taube* Râgan. 19,106. Vgl. गृह° — 2) *Alstonia scholaris.*

*ग्रहनेमि m. 1) *der Mond.* — 2) *die Strecke der Mondbahn zwischen* Mûla *und* Mrgaçiras Gal.

ग्रहपति m. 1) *der Mond.* गृहपति v. l. — 2) * *die Sonne.* — 3) * *Calotropis gigantea.* — 4) MBh. 13,4133 fehlerhaft für गृहपति 4).

ग्रहपीठमाला f. Titel eines astr. Werkes.

ग्रहपीडन n. und °पीडा f. *die durch* Râhu *verursachte Pein, Verfinsterung.*

*ग्रहपुष m. *die Sonne.*

ग्रहपूजा f. *Verehrung der Planeten.*

ग्रहफल n. Titel eines astr. Werkes.

ग्रहभक्ति f. *Eintheilung der Länder u. s. w. in Bezug auf die sie regierenden Planeten.*

ग्रहभावाध्याय m. Titel eines astr. Werkes.

*ग्रहभीतिजित् m. *ein best. Parfum.*

*ग्रहभोजन (!) m. *Pferd.*

ग्रहमय Adj. *aus Planeten bestehend.*

ग्रहमर्दन n. *Reibung zwischen den Planeten, Opposition.*

ग्रहमातृका f. N. pr. einer buddh. Göttin.

*ग्रहमुष् m. (Nom. °मुट्) *die Sonne* Gal.

ग्रहयज्ञ m. *ein Opfer an die Planeten.* °तत्त्व n. Titel eines Werkes.

ग्रहयाग m. dass. °तत्त्व n. Titel eines Werkes.

ग्रहयामलतन्त्र n. Titel eines Werkes.

*ग्रहयाय्य v. l. für गृहयाय्य.

*ग्रहयालु v. l. für गृहयालु.

ग्रहयुति f. *Conjunction der Planeten.*

ग्रहयुद्ध n. *Streit der Planeten, Opposition.*

ग्रहयोग m. = ग्रहयुति.

*ग्रहराज m. 1) *die Sonne.* — 2) *der Mond.* — 3) *der Planet Jupiter.*

ग्रहलाघव n. Titel eines neueren astr. Werkes.

ग्रहवर्मन् s. u. गुह°.

ग्रहवर्ष n. *Planetenjahr.* Auch das *Jahr* und *seine Theile in Bezug auf Heil und Unheil, das von den sie beherrschenden Planeten kommt.*

ग्रहविचारिन् m. *Astrolog.*

ग्रहविनोद m. Titel eines astr. Werkes.

*ग्रहविप्र m. *Astrolog.*

ग्रहविमर्द m. = ग्रहमर्दन.

ग्रहशान्ति f. *Besänftigung —, Verehrung der Planeten.*

ग्रहशृङ्गाटक n. *eine best. Stellung der Planeten unter sich, Trigonalschein.*

ग्रहसमागम m. *Conjunction der Planeten.*

ग्रहसारणी f. und ग्रहस्थितिवर्णन n. Titel zweier astr. Werke.

ग्रहस्वर m. *der Anfangston eines Musikstücks* S. S. S. 34.

*ग्रहागम m. *Besessenheit* Rāǵan. 20,29.

ग्रहागमकुतूहल n. Titel eines astr. Werkes.

ग्रहाग्रेसर m. Bein. *des Mondes* Daçak. 83,14.

*ग्रहाधार m. *der Polarstern.* Vgl. ग्रहधार.

ग्रहाधिपति m. *ein Oberhaupt der Krankheitsdämonen* Suçr. 2,531,19.

ग्रहाधिष्ठापन n. Titel eines Werkes.

ग्रहाध्याय m. Titel eines astr. Werkes.

*ग्रहापक्ष f. *Gallenstein des Rindes* Nigh. Pr.

*ग्रहामय m. *Besessenheit.*

ग्रहाय Absol. = गृहीत्वा Hariv. 7037. 7099. 7458. 7580. 7640. 7679. 7769. 8106. 8528. 8744.

ग्रहारामकुतूहल n. Titel eines Werkes.

ग्रहावमर्दन n. = ग्रहमर्दन.

*ग्रहावर्त m. = लग्न *Horoskop u. s. w.* Gal.

*ग्रहाशिन् m. = ग्रहनाश.

*ग्रहाश्रय m. *der Polarstern.*

*ग्रहाह्वय m. *eine best. Pflanze.*

ग्रहि in फल° und फले°.

ग्रहिल Adj. (f. आ) 1) *empfänglich für, geneigt zu* (im Comp. vorangehend) Sāh. D. 24,13. Comm. zu Hāla 431. — 2) *empfindlich, geneigt Etwas übel zu nehmen.* Nom. abstr. °त्व n. Comm. zu Hāla 188. — 3) *besessen, verrückt* Hem. Par. 2,539. fg. Vgl. ग्रथिल.

ग्रहिली Adv. mit भू *besessen —, verrückt werden* Hem. Par. 2,538.

ग्रहिष्णु in फल°.

ग्रहीतर् Nom. ag. 1) *Greifer.* — 2) *Empfänger, erhaltend von* (Abl.). — 3) *Abnehmer, Käufer.* — 4) *Auffasser, Wahrnehmer, Vernehmer, Hörer* Bālar. 46,19.

ग्रहीतव्य 1) Adj. *a) für sich zu nehmen, zu empfangen.* — *b) zu schöpfen* (eine Flüssigkeit). — 2) n. *das Empfangensollen.*

*ग्रहेलिका f. fehlerhaft für प्रहेलिका.

*ग्रहेश m. *die Sonne.*

ग्रहेष्टक n. Sg. *das Geschöpfte und die Backsteine* Gaim. 5,3,15.

ग्रहोक्थ n. *ein beim Schöpfen des Soma gesprochenes Lied* Ait. Br.

ग्रह्य Adj. *zu einem Bechervoll gehörig, — geeignet.*

ग्राभ m. 1) *Ergreifer u. s. w.* — 2) *Krankheitsdämon.* — 3) *Griff, eine Handvoll.*

ग्राम m. 1) *bewohnter Platz, Dorf;* ausnahmsweise auch n. (Hemādri 1,481,6). — 2) *Einwohnerschaft, Gemeinde, Stamm;* Pl. *Bewohner, Leute.* — 3) *eine zusammengehörige Anzahl von Menschen, Schaar, Haufe;* insbes. *Heerhaufe.* — 4) angeblich *alte Frauen* oder — *der Familie* Schol. zu Pār. Grhj. 1,8,13. — 5) am Ende eines Comp. *Verein, Schaar, Haufe* überh. — 5) *Scala.*

1. ग्रामक m. 1) *Dörfchen* Harshak. 199,6. *Dorf.* — 2) *N. pr. einer Stadt.

2. ग्रामक n. *die Freude des Dorfes,* so v. a. *Geschlechtsgenuss.*

ग्रामकण्टक Spr. 5762, v. l. wohl fehlerhaft für ग्रामकूटक.

*ग्रामकन्द m. *ein best. cultivirtes Knollengewächs* Madanav. 81,84.

ग्रामकाम Adj. 1) *in den Besitz eines Dorfes zu kommen wünschend.* — 2) *nach Dörfern verlangend, gern in D. wohnend.*

ग्रामकुक्कुट m. *Haushahn.*

*ग्रामकुमार m. *Dorfjunge.*

*ग्रामकुमारक n. Nom. abstr. von ग्रामकुमार.

*ग्रामकुलाल m. *Töpfer des Dorfes.*

*ग्रामकुलालक n. Nom. abstr. von ग्रामकुलाल.

*ग्रामकूट und °क m. etwa *Dorfschulze.*

*ग्रामकोल und *°क्रोड m. *Hausschwein* Rāǵan. 19,32.

*ग्रामखण्ड gaṇa मनोज्ञादि in der Kāç. °षण्ड v. l.

*ग्रामखण्डक n. Nom. abstr. von ग्रामखण्ड ebend.

*ग्रामगृह्य Adj. *ausserhalb des Dorfes postirt* (सेना).

*ग्रामगृह्यक m. *Dorfzimmermann* Gal.

ग्रामगेय Adj. *im Dorf zu singen.* °गान n. Titel eines der vier *Gesangbücher* des SV.

*ग्रामगोडुह् m. *Dorfhirt.*

ग्रामघात m. *Plünderung eines Dorfes.*

ग्रामघातिन् Adj. *ein Dorf plündernd.*

ग्रामघोषिन् Adj. *unter den Leuten* oder *Heerhaufen tönend.*

*ग्रामचटक m. *Haussperling* Gal.

*ग्रामचर m. *Dorfbewohner, Bauer* Gal.

ग्रामचर्या f. *Dorfverfahren,* so v. a. *Geschlechtsgenuss.*

ग्रामचैत्य m. *der in einem Dorfe gepflegte heilige Baum.*

*ग्रामजनिष्पावी f. *Phaseolus radiatus.*

*ग्रामजा f. *eine Bohnenart* Nigh. Pr.

ग्रामजात Adj. *im Dorfe —, auf bebautem Felde gewachsen.*

*ग्रामजाल n. *Verein von Dörfern, District.*

*ग्रामजालिन् m. *Gouverneur eines Districts.*

ग्रामजित् Adj. *Heerhaufen besiegend.*

ग्रामटिका f. *ein elendes Dorf* Prasannar. 14,15. 52,22.

*ग्रामण Adj. (f. ई) *aus* Gramaṇī *stammend.*

ग्रामणि (metrisch) m. = ग्रामणी 1) *a*). Nach den Grammatikern auch n. zu ग्रामणी 1) *a*).

ग्रामणी 1) m. *a) Anführer —, Vorsteher einer Gemeinde, einer Schaar, eines Haufens.* — *b)* **Barbier.* — *c)* **Pferdeknecht.* — *d) ein* Jaksha VP. 2,10,2. 3. VP.² 2,290. fg. Bhāg. P. 5,21,18. — *e)* N. pr. *α*) eines Fürsten der Gandharva. — *β*) eines Krankheitsdämons Hariv. 9556. — *γ*) *eines *Wesens im Gefolge* Çiva's. — *δ*) einer *Oertlichkeit.* — 2) *f. *a) Dorfbewohnerin.* — *b) Hure.* —

c) die Indigopflanze.

ग्रामणीत्व n. die Würde eines Anführers.

ग्रामणीथ्य n. die Würde eines Anführers der Gemeinde MAITR. S. 1,6,5.

ग्रामणीय 1) m. Pl. N. pr. eines Volkes. — 2) n. = ग्रामणीथ्य.

*ग्रामतक्ष m. Dorfzimmermann.

ग्रामता f. Pl. eine Menge von Dörfern.

ग्रामदशेश m. das Haupt über zehn Dörfer M. 7,116.

ग्रामदेवता f. die Gottheit eines Dorfes.

ग्रामद्रुम m. ein in einem Dorfe einzeln stehender und als Heiligthum gepflegter Baum.

ग्रामधरा f. N. pr. eines Felsens.

ग्रामधर्म m. Dorfsitte ÂÇV. GṚHJ. 1,7,1.

*ग्रामनापित m. Dorfbarbier.

ग्रामनिवासिन् Adj. in Dörfern lebend (Vögel).

ग्रामपति m. (J. A. S. Beng. 47,405,36) und *ग्रामपात्र n. Dorfhaupt.

ग्रामपाल m. Dorfhüter.

ग्रामपिष्ट Adj. zu Hause gemahlen.

*ग्रामपुत्र m. Dorfjunge.

*ग्रामपुत्रक n. Nom. abstr. von ग्रामपुत्र.

ग्रामपुरुष m. Dorf — oder Stadthaupt.

ग्रामप्रेष्य m. Gemeindebote, — diener.

ग्रामबालजन m. Bauerbursche.

ग्रामभृत m. Gemeindebote, — diener.

*ग्राममद्गुरिका f. 1) Silurus Singio. — 2) Dorfprügelei.

ग्राममहिषी f. eine zahme Büffelkuh.

*ग्राममुख m. (!) n. Marktplatz.

*ग्राममृग m. Hund.

ग्राममौथ्य HIT. 66,6 fehlerhaft.

*ग्रामय्, °यति (ग्रामन्त्रणे).

ग्रामयाजक (GAUT. 15,16) und °याजिन् Adj. der für alle Personen einer Gemeinde, ob sie zulässig sind oder nicht, aus Habsucht den Opferdienst verrichtet.

*ग्रामयुद्ध n. Dorfprügelei.

*ग्रामरथ्या f. Dorfstrasse.

ग्रामवत् Adj. mit Dörfern versehen.

*ग्रामवास m. das Wohnen in einem Dorfe.

ग्रामवासिन् 1) Adj. in Dörfern lebend, zahm (Thier). — 2) m. Dorfbewohner.

ग्रामवास्तव्य m. Bewohner eines Dorfes.

ग्रामवृद्ध m. ein alter Mann im Dorfe MEGH. 30.

ग्रामशताध्यक्ष und °शतेश m. das Haupt über hundert Dörfer.

*ग्रामषण्ड gaṇa मनोज्ञादि. v. l. °षण्ड.

*ग्रामषण्डक n. Nom. abstr. von ग्रामषण्ड.

*ग्रामसंकर m. the common sewer or drain of a village.

*ग्रामसिंह m. Hund.

ग्रामसीमा f. Dorfflur KÂD. 2,98,5.

ग्रामसुख n. = ग्राम्यसुख.

ग्रामसूकर m. Hausschwein RÂǴAN. 19,32. ÂPAST.

*ग्रामस्थ Adj. an der Spitze stehend.

*ग्रामस्वासक m. Schwestermann.

ग्रामाक्षपटलिक (so zu lesen) m. Dorfarchivar HARSHAK. 171,14.

ग्रामाग्नि m. Dorffeuer, so v. a. das gewöhnliche F. PÂR. GṚHJ. 3,10,12.

*ग्रामाधान n. ein kleines Dorf.

ग्रामाधिप m. Oberhaupt eines Dorfes.

ग्रामाध्ययन n. Studium im Dorfe ÇÂÑKH. GṚHJ. 6,1.

ग्रामान्त m. Dorfgrenze. Loc. in der nächsten Umgebung eines Dorfes.

ग्रामान्तीय Adj. in der nächsten Umgebung eines Dorfes gelegen.

ग्रामारण्य n. 1) ein zu einem Dorfe gehöriger Wald ÇÂÑKH. GṚHJ. 4,7. — 2) Du. Dorf und Wald ÂPAST.

ग्रामिक m. das Oberhaupt eines Dorfes.

*ग्रामिकत्व n. Nom. abstr. von ग्रामिक.

ग्रामिन् 1) Adj. eine Gemeinde —, einen Stamm um sich habend. — 2) m. a) Dorfbewohner, Bauer. ग्रामिणां रतिः so v. a. coitus. — b) Oberhaupt eines Dorfes. — 3) *f. ग्रामिणी die Indigopflanze.

ग्रामिपुत्र m. Bauerknabe.

ग्रामीण 1) Adj. a) rusticus, linkisch, ungebildet BHÂVAPR. 1,133. — b) *= संभूतो ग्रामे. — 2) m. a) Dorfbewohner, Bauer. — b) *Hund. — c) *Hausschwein RÂǴAN. 19,32. — d) *Krähe. — 3) *f. ग्रा a) die Indigopflanze. — b) Beta bengalensis RÂǴAN. 7,131.

ग्रामीन Med. n. 58 fehlerhaft für ग्रामीण (aber kein Druckfehler).

ग्रामीयक m. Gemeindemitglied.

ग्रामेगेय Adj. im Dorfe zu singen SAṂHITOPAN. 29,1.

ग्रामेचर m. Dorfbewohner, so v. a. Hausvater, Haushalter.

ग्रामेय und °क (Ind. Antiq. 1876, 51) m. Dorfbewohner.

*ग्रामेवास m. = ग्रामवास.

*ग्रामेवासिन् m. = ग्रामवासिन् 2).

ग्राम्य (ग्रामिअ) 1) Adj. a) im Dorfe u. s. w. im Gebrauch seiend, dort entstanden, — zubereitet. — b) in Dörfern —, unter Menschen lebend, von Menschen gezogen, zahm, cultivirt (von Thieren und Pflanzen). — c) im Dorfe gestattet, auf die im Dorfe erlaubte Geschlechtslust gerichtet. — d) bäurisch, roh, ungeschliffen. — 2) m. a) Dorfbewohner 323, 18. — b) ein gezähmtes Thier, Hausthier. — 3) *f. ग्राम्या a) die Indigopflanze. — b) Phaseolus radiatus. — 4) n. Geschlechtslust, Beischlaf.

*ग्राम्यकन्द m. ein best. Knollengewächs.

*ग्राम्यकर्कटी f. Beninkasa cerifera.

ग्राम्यकर्मन् n. des Dorfbewohners Beschäftigung, das Fröhnen der Geschlechtslust.

ग्राम्यकाम m. Pl. Dorfgelüste, Geschlechtsbefriedigung u. s. w. SAṂHJ. UP. S. 36, Z. 4.

ग्राम्यकुक्कुट m. Haushahn GAUT. 17,29.

*ग्राम्यकुङ्कुम n. Safflor.

*ग्राम्यकोल m. Hausschwein RÂǴAN. 19,32.

*ग्राम्यकोशातकी f. eine best. Cucurbitacee RÂǴAN. 7,92.

*ग्राम्यक्रोड m. Hausschwein RÂǴAN. 19,32.

ग्राम्यगज m. ein gezähmter Elephant MBH. 3,65,8.

ग्राम्यता f. und ग्राम्यत्व n. rohe Ausdrucksweise.

ग्राम्यधर्म m. 1) des Dorfbewohners Pflicht. — 2) des Dorfbewohners Recht, Geschlechtsbefriedigung, Beischlaf.

ग्राम्यधर्मिन् Adj. den Beischlaf verübend.

ग्राम्यपशु m. *Hausthier. Verächtlich auch von einem Menschen.

*ग्राम्यमद्गुरिका f. Silurus Singio.

*ग्राम्यमृग m. Hund.

ग्राम्यराशि m. Bez. bestimmter Zodiakalbilder.

*ग्राम्यवल्लभा f. Beta bengalensis RÂǴAN. 7,131.

ग्राम्यवादिन् m. etwa Dorfrichter, Schulze.

ग्राम्यसुख n. des Dorfbewohners Vergnügen, Schlaf, Befriedigung der Geschlechtslust.

ग्राम्यसूकर m. Hausschwein GAUT. 17,29.

*ग्राम्यायणि m. Patron. von ग्राम्य.

*ग्राम्याश्व m. Esel.

ग्रावग्राभ m. der die ग्रावन् 1) a) handhabt.

ग्रावन् 1) m. a) Stein zum Zerschlagen des Soma. — b) Stein, Felsblock überh. — c) *Berg. — d) *Wolke. — e) = ग्रावस्तुत्. — 2) *Adj. fest, hart.

ग्रावस्तुत् m. einer der 16 gewöhnlich aufgeführten Liturgen, genannt nach dem an die ग्रावन् 1) a) gerichteten Lobgesang.

ग्रावस्तोत्रिया f. = ग्रावस्तोत्रीय 2).

ग्रावस्तोत्रीय 1) Adj. zum Lobe der ग्रावन् 1) a) gehörig. — 2) f. ग्रा die an die ग्रावन् 1) a) gerichtete Anrufung ÂPAST. ÇR. 13,1,6. — 3) n. die Ve..ichtung des Grâvastut.

ग्रावहस्त Adj. = ग्रावग्राभ.

*ग्रावायण m. Patron. von ग्रावन्. Auch Pl.

ग्रास 1) Adj. am Ende eines Comp. verschlingend. — 2) m. a) Mundvoll, Bissen. — b) Futter, Nah-

rung. Pl. zu Spr. 1324. — c) *der Umfang einer Eklipse.* — d) *das Verschlingen; auch so v. a. das Essen* Spr. 3710. — e) *das Verschlingen der Sonne oder des Mondes von Seiten* Râhu's, *Finsterniss.* — f) *die erste Berührung mit dem verfinsterten Himmelskörper.* — g) *eine best. fehlerhafte Aussprache der Gutturale.*

ग्रासप्रमाण n. 1) *die Grösse eines Bissens* Gaut. 27,10. — 2) *ein best. mit dem Quecksilber unternommener Process.*

ग्रासशल्य n. *etwas im Halse Steckengebliebenes.*

ग्रासाच्छादन n. Sg. *Nahrung und Kleidung.*

ग्रासाम्बु n. Sg. *Speise und Trank.*

ग्रासिका f. in *अग्र°.

ग्रासी Adv. mit कर् *verschlingen, verschlucken* Bâlar. 196,9. Harshak. 123,21.

ग्राहं 1) Adj. (f. ई) am Ende eines Comp. *ergreifend, haltend, fangend, nehmend, empfangend.* — 2) m. a) *Raubthier: Krokodil, Haifisch, Schlange.* — b) * *Gefangener.* — c) * *Griff* (am Schwert u. s. w.) Gal. — d) Nom. act. α) *das Ergreifen, Packen, Festhalten.* — β) *Anfall, Krankheit.* — γ) *Nennung, Erwähnung.* — δ) *Fiction, Grille, Laune* Bhag. 17, 19. — 3) ग्राही *ein weibliches Krokodil* u. s. w.

ग्राहक 1) Adj. Subst. (f. ग्राहिका) a) *Fänger, Häscher.* — b) *entgegennehmend, empfangend, Empfänger* Hemâdri 1,424,9. 429,11. °वलि f. *eine best. Falte, welche den Unrath aus dem Körper führt.* — c) *Abnehmer, Käufer.* — d) *in sich begreifend, — schliessend.* — e) *auffassend, wahrnehmend, der Wahrnehmende, das Subject* Kap. 5,98. 6,4. — f) *mit sich fortziehend, überzeugend.* — 2) m. a) * *Schlangenfänger.* — b) * *Falke.* — c) *der verfinsternde Himmelskörper.* — d) * *Marsilea quadrifolia* Râǵan. 4,51. — e) N. pr. eines Krankheitsdämons Hariv. 9561.

ग्राहककुकार m. *ein als Lockvogel dienendes Rebhuhn* Harshak. 197,1.

ग्राहकविहंग m. *Fang- oder Lockvogel* Kâd. 2, 129,16.

ग्राहणा n. in *क्षणग्राहणा.

ग्राहम् Absol. von ग्रह्. *केशेषु oder *केशग्राहम् *so dass man sich an den Haaren packt* P. 3,4,50, Sch. *यष्टिं ग्राहम् 53, Sch.

ग्राहिं f. *eine Unholdin, welche die Menschen fesselt, Krankheit und Tod bringt; Betäubung, Bewusstlosigkeit.*

ग्राहिक Adj. *hartnäckig auf Etwas bestehend.*

ग्राहिन् 1) Adj. a) am Ende eines Comp. α) *ergreifend, packend, festhaltend, haltend.* मत्पक्ष° *meine Partei haltend.* — β) *fangend, mit Fangen beschäftigt* 155,15. — γ) *pflückend, sammelnd.* — δ) *fassend, in sich enthaltend.* — ε) *empfangend, erhaltend, gewinnend, behaltend* 185,6. — ζ) *kaufend, erstehend;* mit Instr. des Preises. — η) *mit sich fortziehend, hinreissend, bezaubernd.* — ϑ) *ergreifend, erwählend.* — ι) *durchsuchend, durchspürend.* — κ) *wahrnehmend, anerkennend.* — λ) *annehmend, beherzigend.* — b) *Flüssigkeit aufsaugend, adstringirend, verstopfend* Karaka 6,8. — 2) *m. *Feronia elephantum.* — 3) *f. °णी a) *eine Art Alhagi* Râǵan. 4,58. — b) *eine Art Mimosa* Nigh. Pr. — c) *eine grosse Eidechsenart* Nigh. Pr.

*ग्राहिफल m. *Feronia elephantum* Râǵan. 11,182.

ग्राँहुक Adj. *ergreifend*, mit Acc.

ग्राह्य (ग्राहिंग्र) 1) Adj. a) *zu ergreifen, zu halten, zu packen, zu fassen, zu umfassen.* — b) *gefangen zu nehmen, festzusetzen.* — c) *in Beschlag zu nehmen.* — d) *mitzunehmen.* — e) *zu sammeln, zu lesen.* — f) *zu erhalten, zu gewinnen, zu empfangen, anzunehmen, entgegenzunehmen.* — g) *zu ehelichen.* — h) *freundlich zu empfangen.* — i) *worauf man zu bestehen hat.* — k) *zu erfassen, wahrzunehmen, zu erkennen, zu erlernen* Spr. 7855. — l) *zu betrachten* (in astronomischem Sinne). — m) *aufzufassen, anzusehen.* — n) *zu verstehen,* so v. a. *gemeint.* — o) *anzunehmen, anzuerkennen* (185, 17), *für giltig anzusehen, Geltung habend, zu berücksichtigen.* — p) *zu unternehmen.* — q) *dem man sich hingeben darf.* न प्रत्ययः स्त्रीषु ग्राह्यः so v. a. *man darf den Weibern kein Vertrauen schenken.* — 2) m. *der verfinsterte Himmelskörper.* — 3) *f. °ग्रा *Uebungen im Bogenschiessen* Gal. — 4) *n. *Gift.*

ग्राह्यक in अग्राह्यक.

ग्राह्यगिर् Adj. = ग्राह्यवक्त् Harshak. 143,10.

ग्राह्यत्व n. *Wahrnehmbarkeit.*

ग्राह्यवक्त् Adj. *dessen Worte zu beachten sind.*

ग्रि in तुविग्रिं.

ग्रीव 1) m. a) = ग्रीवा 2) a) Ârsh. Br. — b) etwa *Corridor* Bâlar. 310,16. — 2) f. ग्रीवाँ a) *Hinterhals, Nacken; die Gegend der Halswirbel.* Am Ende eines adj. Comp. f. °ग्रा. — b) *Hals eines Gefässes.*

ग्रीवच्छिन्न Adj. (f. °ग्रा) *mit abgeschnittenem Halse* Suparn. 23,6.

ग्रीवदघ्नं Adj. *bis zum Nacken reichend* TS. 5,6,8,3.

*ग्रीवाक्ष m. N. pr. eines Mannes.

*ग्रीवाघण्टा f. *eine am Halse* (der Pferde) *hängende Glocke.*

*ग्रीवाबिल n. *die Vertiefung im Nacken.*

*ग्रीविन् m. *Kamel.*

ग्रीष्मं 1) m. a) *Sommer.* ग्रीष्महेमन्तौ, वसन्तग्रीष्मौ. — b) *Sommerhitze, Hitze.* — c) *N. pr. eines Mannes. — 2) *f. °ग्रा *Symplocos racemosa.* — 3) *f. ई *Jasminum Sambac* Râǵan. 10,93.

*ग्रीष्मजा f. *Anona reticulata.*

ग्रीष्मधान्य n. *Sommerkorn.*

*ग्रीष्मपुष्पी f. *eine best. Pflanze* Râǵan. 10,108.

*ग्रीष्मभवा f. *Jasminum Sambac.*

ग्रीष्मवन n. *ein im Sommer besuchter Lustwald.*

ग्रीष्मसमय m. *Sommerzeit* 154,4.

*ग्रीष्मसुन्दरक m. *Erythraea centaureoides.* Nach Mat. med. 299 *Mollugo spergula.*

*ग्रीष्महास n. *zur Sommerzeit in der Luft herumfliegende Baumwollenflocken.*

*ग्रीष्मोद्भवा f. *Jasminum Sambac* Râǵan. 10,93.

*ग्रुच्, ग्रोचति (स्तेयकरणे, गतौ).

ग्रुमुंष्टि m. = गुरुमुष्टि TS. 5,4,5,2. 3.

ग्रैव 1) Adj. (*f. ई) *die Stelle des Nackens vertretend.* — 2) n. a) *Halskette* (eines Elephanten). — b) * *Halsschmuck.*

*ग्रैवाक्ष m. Patron. von ग्रीवाक्ष.

ग्रैवेय m. n. 1) *Halskette* (eines Elephanten). — 2) * *Halsschmuck.*

ग्रैवेयक 1) (*m.) n. a) *Halskette* (eines Elephanten). — b) *Halsschmuck* 166,13. — 2) *m. Pl. *eine best. Klasse von Göttern bei den* Ǵaina.

(ग्रैव्य) ग्रैविंग्र Adj. *zum Nacken in Beziehung stehend.*

ग्रैष्म 1) Adj. (*f. ई) *sommerlich, zum Sommer in Beziehung stehend,* * *im Sommer gesäet.* — 2) *f. ग्रैष्मी *Jasminum Sambac* Râǵan. 10,93.

*ग्रैष्मक Adj *im Sommer gesäet, — abzutragen* (Schol.).

*ग्रैष्मायण m. Patron. von ग्रीष्म.

ग्रैष्मिक Adj. 1) *sommerlich.* °धान्य n. *Sommerkorn.* Subst. *das im Sommer Wachsende.* — 2) * = ग्रीष्ममधीते वेद वा.

ग्लप्, ग्लपति *sich betrüben über* (Instr.) MBh. 5,43,31.

ग्लपन 1) Adj. *müde machend* Bhâvapr. 2,31. — 2) n. a) *das Erschlaffen.* — b) *das Verwelken* 324,31.

ग्लपय् s. Caus. von ग्ला.

ग्लप्स *Büschel, Bündel.* Vgl. ग्रप्स.

*ग्लस्, ग्लसते (अदने).

ग्लह्, ग्लहते 1) *würfeln, — mit* (Instr.) *um* (Acc.). — 2) *ग्रहणे.

ग्लहं 1) m. a) *Würfelwurf, Würfelspiel.* ग्लहं दिव् *würfeln um* (Instr.). — b) *Einsatz beim Würfelspiel.* — c) *Würfel.* — d) *Würfelbecher.* — e)

Wettstreit, Wette. — f) derjenige auf den man im Kampfe es abgesehen hat; Kampfpreis Bâlar. 115, 16. — 2) f. आ von unbekannter Bed.

1. ग्ला, ग्लायति (episch auch ग्लायते und ग्लाति) 1) Widerwillen —, Unlust —, Unbehagen empfinden an, gegen oder bei, verdrossen sein zu; mit Dat., Instr. oder *Infin. Ohne Ergänzung Pâr. Gṛhj. 1,16,25. ग्लानै Partic. ग्लानमनस् Adj. — 2) sich erschöpft fühlen, von Kräften kommen, abnehmen, hinschwinden. ग्लान erschöpft, von Kräften gekommen; betäubt, torpidus Çaṁk. zu Bâdar. 2,2, 29. — 3) Jmd zusetzen, zu nahe treten; mit Acc. MBh. 3,207,29. — Caus. ग्लपयति, °ते erschöpfen, zusetzen, mitnehmen, hinschwinden lassen. मनस् das Herz in Unbehagen versetzen und sich betrüben über (Loc.). ग्लापित 304,28. — Mit अव Caus. °ग्लापयति müde machen. — Mit परि, ग्लान 1) *Widerwillen empfindend gegen (Dat.). — 2) erschöpft, mitgenommen. — Mit अभिपरि, °ग्लान erschöpft, mitgenommen. — Mit प्र dahinschwinden, verwelken. — *Caus. प्रग्लापयति.

2. *ग्ला f. (Nom. ग्लास्) = ग्लानि Gal.

*ग्लातर् Nom. ag. sich erschöpft fühlend.

ग्लान 1) Adj. s. u. 1. ग्ला. — 2) n. Erschöpfung.

ग्लानि f. 1) Erschöpfung, Ermüdung, Erschlaffung, Entmuthigung, Niedergedrücktheit. — 2) Uebelkeit. — 3) Abnahme.

*ग्लानीय Partic. fut. pass. von 1. ग्ला.

ग्लान्य n. Abnahme der Kräfte.

ग्लाव m. N. pr. eines Mannes.

ग्लाविन् Adj. verdrossen, thatlos.

ग्लास्नु Adj. schlaff, welk, krank Karaka 3,1. 5,8.

*ग्लुच्, ग्लोचति 1) stehlen, rauben Bhaṭṭ. — 2) गतौ.

*ग्लुचुक m. N. pr. eines Mannes.

*ग्लुचुकायनि m. Patron. von ग्लुचुक.

*ग्लुञ्च्, ग्लुञ्चति (गतौ).

*ग्लेप्, ग्लेपते (दैन्ये, कम्पने, गतौ).

ग्लेपन n. Nom. act. als Bed. von मद् Dhâtup.

*ग्लेव्, ग्लेवते (सेवने).

*ग्लेष्, ग्लेषते (अन्विच्छायाम्).

1. ग्लौ 1) etwa Ballen, kropfartiger Auswuchs. — 2) Pl. etwa grosse, klumpige Theile (des Opferthiers) Maitr. S. 3,15,7 = VS. — 3) *der Mond. — 4) *Kampfer. — 5) *die Erde.

2. *ग्लौ Adv. mit भू und अस् zum Monde werden, mit कर् z. M. machen.

*ग्लौचुकायन m. Patron. von ग्लुचुकायनि Mahâbh. 4,43,a. Pl. die Schüler des Glaukukâjana ebend.

*ग्लौचुकायनक Adj. dem Glukukâjani gehörig, ihn verehrend.

ग्व in अतिथि°, ह्त°, दश°, नव°.

ग्विन् in शत°.

1. घ, घा enklit. Partikel der Hervorhebung: wenigstens, gerade, ja, gewiss. Erscheint gewöhnlich nach उतै, उतो, उतै वा, चिद्, नै, वा, einem Pronomen oder einer Präposition; vor इद्, इद्दतें oder ईम्; zwischen इव und इद्, इव und ईदृक् oder वा und इद्.

2. घ 1) Adj. am Ende eines Comp. schlagend, tödtend. — 2) *f. घा Schlag.

3. *घ 1) m. a) Getön, Geklingel. — b) Glocke. — 2) f. घा ein Gürtel mit klingenden Zieraten.

*घंष्, घंषते und *घंस्, घंसते (कान्तिकरणे, तरणे).

*घग्घ्, घग्घति und *घघ्, घघति (हसने).

घट्, घटते (ganz ausnahmsweise Act.) 1) eifrig beschäftigt sein, arbeiten, sich abmühen, — bemühen, — Mühe geben, — bestreben, — befleissigen. Die Ergänzung im Loc., Dat., Acc. oder *Infin.; statt des blossen Casus auch प्रति, °अर्थम् und अर्थे. — 2) gerathen, gelangen. हस्ते in die Hand. — 3) gerathen, gelingen. — 4) möglich sein. — 5) passen Harshak. 136,21. am Platze sein Chr. 308,11. — 6) sich anhäufen Spr. 7835. — 7) sich verbinden —, sich vereinigen mit (Instr.) Daçak. 79,5. — 8) mit Worten berühren, hämisch besprechen Hariv. 2,1,31; vgl. घट्. — Caus. 1) घटयति (ausnahmsweise Med.) a) aneinander —, zusammenfügen, zusammenbringen, — mit (Instr.), anschmiegen 312,15. °घटित verbunden mit. — b) zumachen, schliessen Harshak. 121,12. 130,6 (अघट्यत zu lesen). — c) legen —, setzen —, thun auf (Loc.). — d) herbeiholen, herbeischaffen Spr. 2911. 4734. Kathâs. 18,359. — e) verfertigen, zu Stande bringen, hervorbringen, vollbringen 291,6. Jmd (Gen.) Etwas (Acc.) erweisen, — thun Spr. 2947. °घटित verfertigt —, gemacht aus, — mit (Vet. 30, 14), zu Stande gebracht durch. — f) Jmd antreiben —, bewegen zu (Infin.). — g) sich abmühen, — Mühe geben. — h) ungenau st. घट्टयति hinfahren über, streichen an, unangenehm berühren. — 2) *घाटयति (संघाते, हत्यर्थ, भाषार्थ oder भासार्थ). — Mit अप Caus. (°घाटयति) zumachen, schliessen Lalit. 225,3. — Mit आ in आघाट und आघाटि. — Mit उद् sich öffnen Ind. St. 15,396. 420. — Caus. उद्घाटयति 1) öffnen. — 2) enthüllen Ind. St. 15,289. — 3) verrathen. — 4) beginnen. — 5) hinwegfahren über, kitzeln. — Mit समुद् Caus. (समुद्घाटयति) 1) öffnen Sâj. zu RV. 5,78,5. — 2) das Haupt enthüllen, so v. a. sich vor Jedermann zeigen können ohne verlegen zu werden Kâd. 2,94,4. — Mit परि Caus. °घाटयति hinwegfahren —, streichen über (ein Saiteninstrument). — Mit प्र 1) sich abmühen, sich mit allem Ernst einer Sache (Loc.) hingeben. — 2) beginnen, seinen Anfang nehmen. — Mit वि 1) auseinandergehen, — fliegen, sich zerstreuen Spr. 7835. sich trennen Kâd. 108,22. — 2) vereitelt —, zu Nichte werden Spr. 402. — Caus. विघटयति 1) zerreissen Spr. 7785. trennen, zerstreuen. — 2) vereiteln, zu Nichte machen Râǵat. 2,128. — Mit सम् 1) begegnen, entgegen kommen Ind. St. 15,384. — 2) sich versammeln. — Caus. संघटयति und संघा° 1) zusammenfügen. — 2) versammeln. — 3) anschlagen (einen Ton). — Intens. संजाघटीति gut passen, ganz am Platze sein.

घट 1) *Adj. a) sich abmühend, eifrig beschäftigt mit (Loc.). — b) = घटास्यास्ति gaṇa अर्शआदि in der Kâç. — 2) m. a) Krug, Topf (insbes. zum Schöpfen von Wasser) MBh. 13,141,14. — b) der Wassermann im Thierkreise. — c) ein best. Hohlmaass. — d) Kopf Nilak. zu MBh. 1,155,38 hat Med. t. 11 °भेदे ना शिर: gelesen). — e) ein best. Theil einer Säule. — f) eine best. Tempelform. — g) *die Erhöhung auf der Stirn eines Elephanten. — h) *Grenze. — i) *eine best. religiöse Verrichtung, = कुम्भ 1) i). — k) N. pr. eines Diebes. — 2) f. आ a) *Bemühung. — b) *Versammlung. — c) Menge, Schwarm, Trupp Mâlatim. 79,16 (176,7). — d) eine Art Trommel S. S. S. 177. Könnte auch घट m. sein. — e) *süsse Citrone Madanav. 70,78. — 4) f. ई a) Topf, Krug (bisweilen neben घट). — b) ein best. Zeitabschnitt, 24 Minuten. — c) *eine metallene Platte, auf der die Stunden angeschlagen werden. — d) eine best. Procession.

घटक 1) Adj. a) vollbringend, Etwas zu Stande bringend Spr. 1460. 7617. — b) verschaffend, Verschaffer zu Spr. 3319. — 2) m. a) Krug, Topf Spr. 7617. — b) Genealog. — c) *ein Baum, der ohne sichtbare Blüthen Früchte trägt. — 3) f. घटिका a) Krug, Topf. — b) ein best. Wasseruhrwerk (eig. nur der Topf darin). — c) ein best. Zeitabschnitt, der 60ste Theil eines Tages, 24 (auch *48) Minuten. — d) *Knöchel am Fuss.

घटकर्कटताल m. ein best. Tact S. S. S. 236.

घटकर्पर 1) m. N. pr. eines Dichters. — 2) n. a) Topfscherbe. — b) Titel des von Ghaṭakarpara verfassten Gedichts.

घटकर्परकुलकवृत्ति f. Titel eines Werkes Bühler, Rep. No. 125.

घटकार und घटकृत् m. Töpfer.

*घटग्रह m. Wasserträger.

*घटघातिनी f. ein best. Vogel Gal.

*घटजन्मन् m. Bein. Droṇa's Gal.

घटजानुक m. N. pr. eines Rshi MBh. 2,4,13.

घटतन्त्र n. Titel eines Werkes.

*घटदासी f. *Kupplerin.*

घटन 1) n. = घटा H. an. Med. *Verbindung* —, *Vereinigung mit* (Instr. oder im Comp. vorangehend). — 2) f. आ *a) das Treiben, Art und Weise zu handeln* Spr. 164. Kathâs. 122,33. — *b) das Sichbemühen um, Sichzuschaffenmachen mit, Betreiben;* die Ergänzung im Loc. oder im Comp. vorangehend Spr. 6410. Sâh. D. 114,5. 323,14. इषु° so v. a. *das Abschiessen eines Pfeils* 114,5. — *c) das Zustandekommen, Gelingen.* घटनां या *gelingen.* घटनां नी *zu Stande bringen* Ind. St. 15,332. — *d) Verbindung* —, *Vereinigung mit* (im Comp. vorangehend) Sâh. D. 87,12. — *e)* *(Elephanten-)*Trupp.* — *f) ein Werk aus* (im Comp. vorangehend) Vikramâñkak. 6,33. — *g) eine literärische Composition.* — 3) unbestimmt ob n. oder f. *a) das Herbeischaffen, Finden* Kathâs. 118,197. — *b) das Bearbeiten.* — *c) das Bilden, Hervorbringen, Schaffen* Kathâs. 123, 140. — *d) eine literärische Composition* Sâh. D. 68,12.

*घटपुच्छ m. *eine Reisart* Gal.

घटप्रत्तयण m. N. pr. eines Mannes.

घटभव m. Bein. Agastja's.

*घटभेदनक *ein bei der Verfertigung von Töpfen gebrauchtes Instrument.*

घटयितव्य Adj. *zusammenzufügen, zu schliessen.*

घटयोनि m. Bein. Agastja's.

*घटराज m. *ein grosser Wassertopf.*

घटरिका f. in अव°.

घटशोधनकारक Adj. *die Töpfe reinigend;* n. ein zusammenfassender Name für sechs best. asketische Handlungen.

घटश्रोत्र m. N. pr. = कुम्भकर्ण 1) *a).*

घटसृञ्जय m. Pl. N. pr. eines Volkes.

घटस्थापन n. *das Hinstellen eines Wassertopfes, in dem man sich eine Gottheit gegenwärtig denkt.*

*घटाटोप m. *a covering for a carriage or any article of furniture.*

घटाभ m. N. pr. eines Daitja. कटाभ und घण्टाभ v. l.

*घटाभिधा f. *eine Art runder Gurken* Râgan. 7,160.

घटार्गलयन्त्र n. *ein best. Diagramm.*

*घटाल Adj. von घटा.

*घटालाबु f. = घटाभिधा Râgan. 7,160.

घटावस्था f. *ein best. Zustand im* Joga.

*घटाह्वया f. *eine Art runder Gurken* Gal.

घटि f. = घटी (s. u. घट).

*घटिक 1) Adj. = घटेन तरति. — 2) n. *Hüfte, Hinterbacken.* — घटिका s. u. घटक.

घटिकालग्न n. (?) Verz. d. Oxf. H. 90,*b*, No. 146.

घटिकामण्डल n. *Stunden* —, *Aequatorialkreis* Comm. zu Ârjabh. 4,19.

घटिकायन्त्र n. = घटीयन्त्र 1).

*घटिकालवण n. *eine Art Salz* Nigh. Pr.

घटिघट m. Bein. Çiva's.

°घटितत्व n. *das Verbundensein mit.*

घटितार्थविचार und घटितालंकार m. Titel zweier astr. Werke.

घटिन् m. 1) Bein. Çiva's. — 2) *der Wassermann im Thierkreise.* — घटी Mârk. P. 12,22 fehlerhaft für घटः.

*घटिंधम m. *Töpfer.*

*घटिंधय Adj. *einen Topf voll trinkend.*

घटियन्त्र (metrisch) n. = घटीयन्त्र 1).

*घटिल Adj. von घटा.

*घटीकार m. *Töpfer;* f. ई.

*घटीग्रह m. *Wasserträger.*

घटीका f. = घटक 3) *c).*

*घटीमाल (!) m. *ein Zeitabschnitt von etwa drei Stunden* Gal.

घटीयन्त्र n. 1) *ein Brunnenrad mit den Wasserkrügen, Schöpfrad.* °गुण m. *der Strick daran* Vikramâñkak. 8,33. — 2) *ein best. Wasseruhrwerk.* — 3) *ein heftiger Durchfall* Bhâvapr. 3,156.

घटीयन्त्रक n. Demin. von घटीयन्त्र 1) Kâd. 243,4.

घटेश्वर n. Name eines Liñga.

घटोत्कच m. N. pr. 1) eines Sohnes des Bhîmasena und der Râkshasî Hiḍimbâ. — 2) eines Gupta-Königs.

*घटोत्कचान्तक m. Bein. Karṇa's.

घटोदर m. 1) Bein. Gaṇeça's. — 2) N. pr. *a)* eines Wesens im Gefolge Varuṇa's. — *b)* eines Râkshasa. — *c)* eines Daitja.

घटोध्नी Adj. f. *ein topfähnliches Euter habend.*

घट्ट्, घट्टते (nur mit वि und सम्) und घट्टयति 1) *hinfahren über, hinüberstreichen, berühren; anstossen, schütteln, erschüttern, in Bewegung versetzen.* — 2) *umrühren.* — 3) *feststampfen, ebnen.* — 4) *eine schlechte Wirkung haben auf* (Acc.) Káraka 8,7. — 5) घट्टयन् *mit Worten berührend, höhnisch besprechend.* — Mit अनु Caus. *entlang streichen über.* — Mit अव Caus. 1) *aufreissen* (einen Thürflügel). — 2) *zuschliessen* (eine Thür) Devala in Âkârâdarça 59,*b*,8. — 3) *berühren, betasten, bestreichen.* अवघट्टित *zusammengestossen.* — 4) *umrühren* Káraka 3, 7. — Mit आ Caus. *berühren* (mit Worten). — Mit उद् Caus. 1) **aufschliessen.* — 2) *umrühren* Káraka 3,7 (उद्घाट्य!). — Mit उप Caus. *umrühren* Káraka 3,8. — Mit परि Caus. *ringsum hinfahren über.* — Mit वि °घट्टमान (wohl °घटमान zu lesen) *zerbrechend* Prasannar. 66,8. — Caus. 1) *auseinanderdrängen,* — *sprengen, zerstreuen.* — 2) *umrühren, schütteln.* — 3) *anstossen an, erschüttern, sich reiben an.* — 4) *öffnen* (eine Thür). — 4) *zu Nichte* —, *zu Schanden machen* MBh. 4,47,23. — Mit परिवि in °घट्टन. — Mit सम् *zerreiben, zerstossen.* — Caus. 1) *sich Etwas* (Acc.) *an Etwas* (Instr.) *reiben lassen.* — 2) *umrühren* Agni-P. 27,12. *kneten.* — 3) *anstossen an, berühren.* — 4) *durch eine Berührung ertönen lassen* R. ed. Bomb. 2,71,29. — 5) *sammeln, versammeln.* — 6) *zusammentreffen, begegnen* Naish. 6,27.28. — 7) संघट्टिता (wohl संघटिता zu lesen) पाणी *die zusammengelegten Hände* (von Braut und Bräutigam) Prasannar. 66,8.

घट्ट 1) m. *a) Anstoss, Zusammenstoss* R. ed. Bomb. 2,54,6, v. l. — *b) eine Treppe, welche zu einem Wasser hinabführt; Landungsplatz, Badeplatz.* — 2) f. आ *ein best. Metrum.* — 3) *f. ई Demin. zu 1) *b).*

घट्टकुटीप्रभातायित n. *das dem Tagesanbruch in einem Schoppen an einem Landungsplatze Gleichen,* so v. a. *das sich mit aller Gewalt Eingang Verschaffen.*

*घट्टगा f. N. pr. eines Flusses.

घट्टजीविन् m. *Fährmann* oder *der Aufseher an einem Landungsplatz.* Im System *der Sohn eines Wäschers und einer* Vaiçjâ.

घट्टन 1) n. *a) das Anstossen, Anstreifen, Berühren, Berührung.* — *b) das Umrühren.* — 2) *f. आ (चलनावृत्त्योः oder °वृत्त्योः).

घट्टानन्द *ein best. Metrum.*

घट्टित 1) Partic. von घट्ट्. — 2) f. आ *eine best. Art die Trommel zu schlagen* S. S. S. 193.

घट्टितर् Nom. ag. als Fut. *wird sich anstrengen,* — *viele Mühe geben.* Nilak. घट्टनं संघट्टं करिष्यति.

*घण्, घणोति und घणुते (दीप्तौ).

*घण्ट्, घण्टति und घण्टयति (भाषार्थ oder भासार्थ).

घण्ट 1) m. *a)* Bein. Çiva's. — *b)* **ein best. Gericht.* — *c)* N. pr. eines Dânava. — 2) f. आ *a) Glocke.* Am Ende eines adj. Comp. f. आ. — *b) eine Art Cymbel* S. S. S. 198. — *c)* **Bignonia suaveolens.* — *d)* **Sida cordifolia* oder *rhombifolia* Râgan. 4,103. — *e)* **Uraria lagopodioides* Râgan. 4, 106. — *f)* **Achyranthes aspera.* — 3) *f. ई *Glocke* in *तुरु°.

*घण्टक 1) m. *Bignonia suaveolens.* — 2) f. घण्टिका *a) Glöckchen.* — *b) das Zäpfchen im Halse.*

*घण्टाक m. *Bignonia suaveolens.*

घण्टाकर्ण m. N. pr. 1) eines Wesens im Gefolge a) Skanda's. — b) Çiva's. — c) Kubera's. — 2) eines Rākshasa 149,18.

घण्टाकर्णेश्वर n. Name eines Liñga.

घण्टाताड Adj. eine Glocke schlagend.

घण्टापथ m. 1) Hauptstrasse. — 2) Titel eines Commentars zum Kirâtârģunija.

घण्टापथत्व n. so v. a. das Weltbekanntsein.

*घण्टापाटलि m. Bignonia suaveolens. Nach Mat. med. 298 Schreberia Swietenoides.

*घण्टाबीज n. der Same von Croton Jamalgota Râģan. 6,166.

घण्टाभ m. N. pr. v. l. für घटाभ.

घण्टामुख m. N. pr. eines mythischen Wesens Bâlar. 94,2.

घण्टारव m. 1) der Laut einer Glocke. — 2) ein best. Râga S. S. S. 92.

*घण्टारवा f. Bez. verschiedener Crotolarien Mat. med. 298. Comm. zu Karaka 1,1.

घण्टाराव m. der Laut einer Glocke 149,21.

घण्टाली f. 1) eine Reihe von Glocken. — 2) *Bez. verschiedener Cucurbitaceen Râģan. 3,36.

घण्टावत् Adj. mit einer Glocke oder mit Glocken versehen.

*घण्टाशब्द n. Messing.

घण्टिक m. Alligator Bhâvapr. 2,5.

*घण्टिकोण m. eine best. Waffe Gal.

घण्टिन् Adj. mit einer Glocke versehen MBh. 4, 6,10. als Beiw. Çiva's.

*घण्टिनीबीज n. = घण्टाबीज.

*घण्टु m. 1) eine Glocke am Halse des Elephanten. — 2) Hitze.

घण्टेश्वर m. N. pr. eines Sohnes des Mañgala (Mars).

घण्टोदर m. N. pr. eines Daitja. घटोदर v. l.

*घण्ड m. Biene.

घन॑ 1) Adj. (f. आ) a) erschlagend, Tödter, Vernichter. — b) compact, fest (Strick, Speisen), hart; zäh, dick; dicht. RV. 1,8,3 ist घना॑ = घना॑ना॑. Am Ende eines Comp. voll von Chr. 319,9. घनम् Adv. fest 312,15. — c) häufig auf einander folgend, ununterbrochen. — d) dunkel, schwarz. — e) tief (Ton). — f) tüchtig (Verstand) Spr. 6432 (Conj.) — g) ganz, all. — 2) m. a) das Erschlagen. — b) Knüttel, Keule; Hammer. — c) eine compacte Masse, Klumpen (auch vom Fötus im zweiten Monat). विज्ञानघन॑ so v. a. Nichts als —, ganz Erkennen 34,24. — d) Pl. von Menschen so v. a. Pack. — e) Wolke. Am Ende eines adj. Comp. f. आ. — f) *Talk. — g) die Wurzel von Cyperus hexastachyus communis. — h) eine best. Tempelform Hemâdri 2,58.10. — i) eine best. Art den Veda zu schreiben Ind. Antiq. 1874,133. — k) Cubus. — l) *Phlegma, Schleim Râģan. 21,5. — m) *Körper. — 3) f. घना a) ein best. Saiteninstrument S. S. S. 185. — b) *Glycine debilis. — c) *eine best. Schlingpflanze. — 4) n. a) Schlaginstrument. — b) *Eisen. — c) *Zinn. — d) *das gemässigte Tempo beim Tanz. — e) *Dunkel Râģan. 21,48.

घनकपीवत् m. N. pr. v. l. für वनकपीवत्.

*घनकफ m. Hagel.

घनकाल m. die Regenzeit.

घनत्तम Adj. was sich hämmern lässt Bhâvapr. 2,88.

*घनगोलक m. eine Mischung von Gold und Silber.

*घनच्छद n. 1) Flacourtia cataphracta Râģan. 6, 184. — 2) Pinus Webbiana Mat. med. — 3) eine Art Moringa Nigh. Pr.

घनज Talk.

*घनजम्बाल m. ein zäher Morast.

*घनज्वाला f. Blitz.

घनता f. 1) Compactheit, Dichtheit. — 2) der Zustand einer Wolke.

*घनताल m. ein best. Vogel.

घनतोय m. das Meer mit dickem Wasser (in dem das Weltei schwimmt).

*घनतोल m. der Vogel Kâtaka.

घनत्व n. Dicke, Zähigkeit.

*घनत्वच् m. eine Lodhra-Art Mat. med. 244.

*घनद्रुम m. Asteracantha longifolia Râģan. 11,218.

*घनधातु m. Lymphe.

*घननाभि m. Rauch.

*घनपत्त्र m. Boerhavia procumbens Râģan. 5,115.

घनपदवी f. der Luftraum.

*घनपल्लव m. Guilandina Moringa.

*घनपाषण्ड m. Pfau.

*घनप्रिया f. eine best. Pflanze Râģan. 11,28.

1. घनफल n. solid content: compared to a cube, and denominated from it cubic.

2. *घनफल m. Asteracantha longifolia Râģan. 11,218.

घनभित्ति Adj. mit dichten Wänden versehen Karaka 1,17.

1. घनमूल n. Cubikwurzel.

2. *घनमूल m. eine best. Pflanze mit süssem Milchsaft Râģan. 3,80.

*घनरव m. der Vogel Kâtaka Madanav. 128,71.

*घनरस 1) m. a) Decoct. — b) Kampfer. — c) Name zweier Pflanzen: = मोरट und पीलुपर्णी. — 2) m. n. Wasser.

*घनरूपा f. Kandiszucker Nigh. Pr.

*घनवर n. Gesicht.

घनवर्त्मन् n. der Luftraum.

*घनवल्लिका f. Blitz.

*घनवल्ली f. 1) dass. — 2) eine best. Pflanze Râģan. 3,129.

*घनवाच् m. Rabe Gal.

*घनवात m. ein dicker, consistenter Wind (darin eine Hölle).

घनवारि n. Regenwasser Spr. 7767.

*घनवास m. Beninkasa cerifera.

*घनवाहन m. Bein. 1) Çiva's. — 2) Indra's.

घनवीथि f. der Luftraum.

घनव्यपाय m. das Verschwinden der Wolken, die Herbstzeit.

घनव्यूह m. Titel eines Sûtra.

*घनशृङ्गी f. Odina pinnata Nigh. Pr.

घनश्याम 1) Adj. schwarz wie eine Wolke. — 2) m. a) Bein. α) Krshṇa's VP. 5,18,39. — β) Râma's. — b) N. pr. eines Mannes.

घनसमय m. Regenzeit 167,14.

घनसार 1) Adj. fest, stark Naish. 7,25. — 2) m. a) Kampfer. — b) *Wasser. — c) *ein best. Baum. — d) * = दक्षिणावर्तपारद.

घनसारभाव 1) Festigkeit Naish. 7,25. — 2) das Kampfersein ebend.

*घनसिक्थ eine Art Reisbrei Gal. (°सिक्था geschr.).

*घनस्कन्ध m. Mangifera sylvatica Râģan. 11,14.

*घनस्वन m. Amaranthus polygamus Râģan. 5,71.

घनहस्तसंख्या f. the content of an excavation; or of a solid alike in figure.

*घनाकर m. die Regenzeit.

घनागम m. dass.

घनाघन॑ 1) Adj. a) gern —, leicht niederschlagend, streitlustig. — b) compact, dicht. — 2) m. a) *ein brünstiger Elephant. — b) *Bein. Indra's. — c) eine dicke Wolke. — d) *gegenseitiges Anstossen. — 3) *f. °ना Solanum indicum.

*घनाञ्जनी f. Bein. der Durgâ.

घनात्यय m. Herbst Karaka 1.6. Bâlar. 127,17.

घनान्त m. dass. Bâlar. 131,8.

*घनामय m. Phoenix sylvestris.

*घनामल m. Melde, Chenopodium.

घनाय्, °यते dicht gedrängt stehen Spr. 6893.

*घनारव (Gal.) und *घनाराव (Madanav. 128,71) m. der Vogel Kâtaka.

*घनाश्रय m. der Luftraum.

घनासह Adj. was sich nicht hämmern lässt Bhâvapr. 2,88.

घनास्थिक Adj. (f. आ) einen festen (harten) Knochen habend Jâģñ. 3,89.

घनी Adv. 1) mit भू dick —, dicht werden Spr. 7784. — 2) mit कर् a) dick machen. — b) verstärken, steigern Comm. zu Daçak. 2,33.

घनीय्, °यति *nach fester Speise verlangen.*

*घनेतर Adj. *flüssig* AK. 2,9,51.

*घनेश्वरी f. *eine best. Schlingpflanze* Gal.

*घनोत्तम und *घनोत्तर (Gal.) n. *Gesicht.*

घनोद m. 1) *das Meer mit dickem Wasser* (in dem das Weltei schwimmt) Sâj. zu Taitt. Âr. 1,22,8. — 2) *Wolkenmeer* Ind. St. 9,361.

*घनोदधि m. *das dicke Meer* (darin eine Hölle).

*घनोदय m. *Beginn der Regenzeit.*

*घनोद्भव n. *Hammerschlag, Eisenschlacke* Nigh. Pr.

*घनोपल m. *Hagel.*

घनोरु Adj. f. *feste Schenkel habend* Venis. 47.

घनौघ m. *Wolkenmasse* Ind. St. 14,387.

*घम्ब्, घम्बते (गतौ).

1. घर्, जिघर्ति, *घरति *besprengen, beträufeln.* *घृत *besprengt.* — *Caus. घारयति dass. — Mit अभि, अभिघृत 1) *gesprengt.* — 2) *besprengt.* — Caus. अभिघारयति 1) *abtriefen lassen, sprengen.* — 2) *beträufeln, besprengen.* — Mit प्रत्यभि Caus. *wiederholt besprengen.* — Mit आ 1) *sprengen gegen* oder *nach* (Acc.). — 2) *schnellen nach* (Loc.). — Caus. *sprengen.* — Mit *प्रा in *प्राघार. — Mit व्या Caus. 1) *umhersprengen.* — 2) *besprengen.* — Mit वि, विघृत *beträufelt.*

2. *घर्, जिघर्ति (दीप्तौ). घृत *brennend, leuchtend.* — Caus. घारयति (छादने).

घरट्ट m. *Handmühle* Ind. St. 15,455. Râgat. 7,1244. 1303. 1589. Ârjav. 141,5.

घरट्टक m. (Hem. Par. 2,365) und *घरट्टिका f. (Deçîn. 3,10) dass.

*घर्घट m. *Pimelodus Gagora.*

घर्घर 1) Adj. *rasselnd, schnarrend.* — 2) m. a) **Gerassel.* — b) *Gelächter.* रणद्घर्घर Adj. zu vermuthen Spr. 991. — c) **Ente.* — d) **Spreufeuer.* — e) **Vorhang.* — f) **Thür.* — g) **der Pfosten, um den sich der Strick des Butterstössels windet,* Gal. — h) *eine best. Tempelform* Hemâdri 2,58,11. — i) N. pr. eines Flusses. — 3) *f. आ *eine Glocke am Halse eines Pferdes.* — 4) f. ई a) wohl *ein best. Kleidungsstück* Bhoga-Pr. 56,23. — b) **als Schmuck verwandtes Glöckchen.* — 5) *f. आ oder ई *eine Art Laute.* — 6) n. *eine Art Cymbel* S. S. S. 198.

घर्घरक 1) *m. N. pr. eines Flusses. — 2) f. घर्घरिका a) *als Schmuck verwandtes Glöckchen* Kâd. 7,15. — b) **das Stöckchen, mit dem verschiedene musikalische Instrumente gespielt werden.* — c) *ein best. musikalisches Instrument* Kâd. 97,2. — d) **geröstetes Korn.* — e) *N. pr. eines Flusses.

घर्घरध्वनि m. *Geschnaufe* Kâd. 31,17. 91,1.

घर्घरित n. *Gegrunze.*

*घर्घर्य n. *Glöckchen* Gal.

*घर्घुरा oder *घर्घूघा f. *Holzwurm.*

*घर्ण्, घर्णाति, घर्णुति, घृणोति und घृणुते (दीप्तौ).

*घर्ब्, घर्बति (गतौ).

घर्म m. 1) *Glut, Wärme;* sowohl *Sonnenhitze* als *Feuersglut.* — 2) *die heisse Jahreszeit.* — 3) *Kessel,* namentlich *das Gefäss, welches zum Heissmachen der Milch für das* Açvin-*Opfer dient.* — 4) *heisse Milch* oder *ein sonstiger heisser Opfertrank,* insbes. der Açvin. — 5) **Schweiss.* — 6) *Tag* (im Gegensatz zur Nacht). — 7) N. pr. verschiedener Männer. — घर्मम् R. 2,75,45 fehlerhaft für दीर्घम्, wie ed. Bomb. (2,75,65) liest.

घर्मकाल m. *die heisse Jahreszeit.*

घर्मग m. dass. R. 6,54,20. Vgl. उष्णग.

घर्मचर्चिका f. *ein durch die Hitze hervorgerufener Hautausschlag.*

घर्मजल n. *Schweiss* 251,25.

घर्मतनु und °तनू f. Name zweier Sâman Ârsh. Br. Statt dessen घर्मस्य तन्वौ Kâtj. Çr. 26,4,10. Lâtj. 1,6,25.

घर्मत्व n. Nom. abstr. zu घर्म 3) Taitt. Âr. 5,1,5.

घर्मद Adj. (f. आ) *Hitze verursachend.*

घर्मदीधिति m. *die Sonne.*

घर्मदुघ (f. आ) und °दुह् (Nom. °धुक्) Adj. *warme Milch* oder *den Stoff zu* घर्म 4) *milchend.*

घर्मद्युति m. *die Sonne.*

घर्मपयस् n. *Schweiss.*

घर्मपावन् Adj. *heisse Milch trinkend.*

घर्मबिन्दु m. *Schweisstropfen* Dhûrtan. 32.

घर्ममास m. *ein Monat der heissen Jahreszeit.*

घर्मरश्मि m. *die Sonne* Dhûrtan. 62. Ind. St. 14,378.

घर्मरोचन n. सर्पस्य Name eines Sâman Ârsh. Br.

घर्मवत् Adj. *Glut besitzend.*

घर्मविचर्चिका f. = घर्मचर्चिका.

घर्मशिरस् n. Bez. der *Anfangssprüche in* TBr. 1,1,7,1. 2 Âpast. Çr. 5,11,12. 12,1.

घर्मसद् Adj. *an der Glut* (des Feuers) oder *in der Glut* (des Himmels) *wohnend.*

घर्मसूक्त n. *das Lied* AV. 7,73 Vaitân.

घर्मस्तुभ् Adj. *in der Glut jauchzend.*

घर्मस्वरस् Adj. *in der Glut rauschend.*

घर्मस्वेद Adj. *schweissglühend.*

घर्मांशु m. *die Sonne* Mâlatîm. 12,8 (15,7).

घर्मान्त n. *das Ende der heissen Jahreszeit, die Regenzeit.*

*घर्मान्तकामुकी f. *eine Kranichart.*

घर्माम्बु und घर्माम्भस् (251,22. 23. Mâlatîm. 23,14 = 26,5) n. *Schweiss.*

घर्मित Adj. *erhitzt, von Hitze gequält* Bâlar. 28,5.

घर्मिन् Adj. *der den heissen Opfertrank bereitet.*

घर्मूटी f. v. l. für गर्मूटी.

घर्मेतरांशु m. *der Mond* Prasannar. 3,22.

घर्मेष्टका f. *ein best. Backstein* Âpast. Çr. 15,3, 13. 16,24.

घर्मोदक n. *Schweiss.*

घर्म्य n. *ein zur Bereitung des heissen Opfertranks dienendes Gefäss.*

(घर्म्येष्ठा) घर्मिष्ठा Adj. *im Hause —, im Stalle befindlich.*

1. घर्ष्, घर्षति 1) *reiben.* Pass. घृष्यते *gerieben —, zerrieben werden* (eig. und übertr.) Spr. 3695. — 2) Med. *sich reiben* MBh. 3,311,8. — घृष्ट 1) *gerieben, zerrieben, aufgerieben, geschunden, wund.* जानुभिः *an den Knien wund.* — 2) *eingerieben.* — Caus. घर्षयति *reiben, zerreiben.* — Mit अव *abreiben, zerreiben.* — Caus. 1) *abreiben, abkratzen.* — 2) *einreiben.* — Mit *आ in *आघर्षण. — Mit उद् 1) *reiben, zerreiben.* — 2) *hinfahren über, anschlagen* (eine Glocke). — Mit समुद् *reiben, zerreiben* Prasannar. 129,12. — Mit नि 1) *einreiben.* — 2) *reiben, zerreiben, wund reiben.* — 3) *prüfen, untersuchen* MBh. 12,199,117. — Mit संनि *untereinanderreiben.* — Mit निस् *Etwas* (Acc.) *reiben an* (Loc.). — Mit परि *zerreiben.* — Mit प्र 1) *zerreiben.* — 2) *einreiben.* — Mit संप्र *einreiben.* — Mit वि, °घृष्ट *zerrieben, aufgerieben, wund.* — Mit सम् 1) *zerreiben, wund machen.* Pass. mit परस्परम् *sich aneinanderreiben.* — 2) *sich reiben an,* so v. a. *wetteifern mit* (सह).

2. *घर्ष् = हृष् *sich freuen.*

घर्ष m. *Reibung, Zusammenstoss.*

घर्षण 1) n. a) *das Reiben* 175,7. *Zerreiben.* — b) *das Einreiben.* — 2) *f. ई *Gelbwurz.*

*घर्षणाल m. *Reibstein.*

*घर्षिन् in *कर°.

*घल n. *ein best. Milchproduct.*

घस्, घस्ति, *घसति *verzehren, verschlingen, fressen, essen.* — Desid. जिघत्सति *zu fressen wünschen* (auch vom *unedlen, gierigen Essen* der Menschen). — Mit अपि *abfressen.* — Mit *उद् in *उद्घस. — Mit *नि in *निघस. — Mit प्र in प्रघस. — Mit वि in विघस.

घस m. 1) *der Fresser:* N. pr. α) eines Krankheitsdämons. — β) eines Rakshas. — 2) **Fleisch* (vgl. उद्घस) Gal.

घसन n. *das Fressen* Dhâtup. 28,88.

घस्मर 1) Adj. (f. आ) a) *gefrässig* Káraka 1,13.

Am Ende eines Comp. *begierig auf* Daçak. 3,2. Harshak. 24,18. — b) *der zu vergessen pflegt*, mit Gen. Hem. Par. 1,221. — 2) m. N. pr. einer Antilope.

घस्र 1) * Adj. *verletzend, schindend* u. s. w. — 2) m. a) * Bein. Çiva's Gal. — b) *Tag*. — 3) * n. *Safran*.

घस्वर् Adj. *gefrässig* Mantra-Br. 2,5,1.

घाट 1) Adj. a) *arbeitend in, bearbeitend* in दन्त°. — b) * = घाटास्यास्ति. v. l. घट und घटा. — 2) m. Hariv. 16117 fehlerhaft für घट *Topf*. — 3) (* m.) und f. आ *Nacken, Nackenband* Karaka 1,17. — 4) * n. *das Lenken eines Elephanten* Gal.

घाटक 1) Adj. = घाट 1) a) in दन्त°. — 2) f. घाटिका fehlerhaft für घटिका.

घाटकर्करी und घाटरी f. *eine Art Laute*.

घाटाल Adj. *einen Hals (eine Einschnürung, einen Stiel) habend* Bhâvapr. 5,108.

* घाटिक m. = घाणिटक 1).

घाणिटक m. 1) *Glöckner, ein mit einer Glocke herumziehender Bänkelsänger*. — 2) * *Stechapfel*. — 3) * *eine Art Keule* Gal.

घात 1) Adj. am Ende eines Comp. *tödtend*. — 2) m. a) *Schlag*, — mit oder *auf* (im Comp. vorangehend). — b) *Tödtung*. — c) *Beschädigung, Zugrunderichtung, Vernichtung*. — d) in der Astr. so v. a. *Eintritt*. — e) *das Product einer Multiplication* Ganit. Tripr. 80. Spasht. 11. — f) * *Pfeil*.

घातक 1) Adj. (f. ई) a) *tödtend, Mörder*. — b) *vernichtend, zu Grunde richtend, zu Schanden machend*. — c) *aus dem Holze von* घातक 2) *bestehend*. — 2) m. *ein best. Baum*.

घातकर Adj. (f. ई) *tödtlich, verderblich*.

घातकृच्छ्र n. *eine best. Harnkrankheit* Çârng. Samh. 1,7,41.

घातन 1) * Adj. *tödtend, Mörder*. — 2) * m. N. pr. eines Höllenbewohners. — 3) f. ई *eine Art Keule*. — 4) n. *das Tödten, Erschlagen, Morden*.

* घातनस्थान n. *Schlachthaus*.

घातय्, °यति und °यते (selten) 1) *züchtigen, bestrafen*. — 2) *tödten, umbringen*. — 3) *zu Grunde richten*. — 4) *tödten lassen*. — 5) *Jmds* (Acc.) *Tod erzählen*. — Mit अभि, शराभिघातित *von Pfeilen getroffen*. — Mit अव *dreschen lassen*. — Mit व्या *hemmen, hindern, vereiteln*. — Mit उपोद् *zur Sprache bringen, einleiten*. — Mit नि *erschlagen, tödten*. — Mit निस् 1) *herausschaffen*. — 2) *umbringen lassen* MBh. 1,146,26. — Mit प्रति *abwehren*. — Mit वि 1) *schlagen* (ein Heer). — 2) *qualen, plagen* MBh. 13,145,38. — 3) *hemmen, unterbrechen*.

घातव्य Mâlav. 9,9 fehlerhaft für पातव्य.

घातस्थान n. 1) *Richtstätte* Nâgân. 50,21 (68,19). — 2) * *Schlachthaus*.

* घाति 1) *Schlag, Verwundung*. — 2) *Vogelfang*. — 3) *Vogelnetz*.

घातिन् 1) Adj. a) *tödtend, Mörder*. — b) *vernichtend, zu Grunde richtend, zu Schanden machend, verderblich, schädlich* Govindân. zu Çank. zu Bâdar. 2,2,33 (S. 582). — 2) * f. °नी *Keule*.

* घातिपक्षिन् und * घातिविहग m. *Eule*.

घातुक Adj. 1) *erschlagend, tödtend*. — 2) *Schaden zufügend, bösartig*.

घात्य Adj. 1) *zu tödten*. — 2) *zu vernichten*.

घान्य n. Nom. abstr. zu घन 1) b) Vop. in Dhâtup. 28,88.

घार 1) * m. *Besprengung, Beträufelung*. — 2) f. ई *ein best. Metrum*.

घार्तिक (* m.) *eine Art Gebäck*.

* घार्तेय m. Pl. N. pr. eines Kriegerstammes. Sg. *ein Fürst dieses Stammes*; f. ई.

घासँ m. *Futter, Nahrung*. घासाँघासम् wohl so v. a. *Stück um Stück*.

घासक am Ende eines adj. Comp. dass.

* घासकुन्द gaṇa कुमुदादि 2. Davon * Adj. °कुन्दिक.

घासकूट n. *Heuschober*.

* घासस्थान n. *Weideplatz*.

घासिँ m. 1) *Futter, Speise*. — 2) * *Feuer*.

घासिँप्र Adj. *Esslust erregend*.

* घिण्, घिणते (ग्रहणे).

1. * घु, घवते (शब्दे).

2. * घु m. *ein best. Laut*.

* घुंष्, घुंषते (कान्तिकरणे).

* घुक m. *Feuer* Gal.

* घुघुकृत् (Nigh. Pr.) und * घुघुलारव (Râgan. 19, 108) m. *Taube*.

घुट्, * घुटति (प्रतीघाते, रक्षायाम्) und * घोटते (परिवर्तने). — Mit अव, °घोटित *etwa gepolstert*. — Mit व्या (nur °घुटय und °घुटित) *zurückkehren*.

* घुट m., * घुटि f., * घुटिक m., * घुटिका (vgl. u. घुट्टि) f. und * घुटी f. *Fussknöchel*.

घुट्टि (?) Ind. St. 14,102; vgl. घुटिका 15,384.

* घुट्, घुडति (व्याघाते, रक्षायाम्).

* घुण्, घुणति und घोणते (भ्रमणे).

घुण und °कीटक m. *Holzwurm*.

घुणजर्जर Adj. *von Würmern zerfressen, wurmstichig* Bâlar. 24,6.

घुणप्रिया f. *eine Ipomoea* Bhâvapr. 1,213.

घुणवल्लभा f. *Aconitum heterophyllum* Bhâvapr. 1,178.

घुणाक्षर n. *ein durch Holzwürmer hervorgebrachter Einschnitt im Holze, der zufälligerweise wie Schrift aussieht*. °वत् und °न्यायेन so v. a. *auf ganz zufällige und unerwartete Weise, durch eine glückliche Fügung*. अहो ऽन्यायो यत् *eine sonderbare Fügung, dass* Prasannar. 10,13.

घुँणि Adj. vielleicht *wurmstichig*. = भ्रान्त Sâj.

* घुण्ट m. * °क m. und घुण्टिका f. (Bhâvapr. 1. 28) *Fussknöchel*.

* घुण्टिक n. *im Walde liegender Kuhmist*.

* घुण्ड m. *Biene*.

* घुष्, घुषते (ग्रहणे).

°घुत्कारवत् Adj. *vom Gekreisch von* (Eulen) *erfüllt* Uttarar. 36,11 (52,8).

* घुम् Interj.

* घुमघुमाकार m. *eine Art Grille* Nigh. Pr.

घुमघुमाय्, °यते *brummen* Mallin. zu Kir. 6,4.

* घुमघुमारव m. = घुमघुमाकार Nigh. Pr.

* घुर्, घुरति (भीमार्थशब्दयोः oder भीमार्ते°) *ein fürchterliches Geschrei erheben* (nur Bhatt.; hier auch Med.).

घुरघुराघोष m. *Geschnaufe* u. s. w. Bâlar. 80,22.

घुरघुराय्, °यते *gurgelnde Töne von sich geben, schnaufen* u. s. w. Kâd. 88,2.

घुरघुराराव m. *das Geschrei der Affen* Hem. Par. 2,732.

* घुरण m. *ein best. Laut*.

* घुरिका f. *das Schnarchen* Gal.

घुरुघुराघोष m. *Geschnaufe* u. s. w. Bâlar. 228,5.

°घुराघोरनिर्घोष m. 50,16.

* घुर्घुर 1) m. *Holzwurm*. — 2) f. आ *Geknurre*. — 3) f. ई *eine Art Grille*.

घुर्घुरक 1) m. *ein gurgelnder Laut*. — 2) f. °रिका a) dass. — b) * *eine Art Grille*.

घुर्घुरता f. *das Gurgeln, Röcheln* Bhâvapr. 4,203.

घुर्घुराय्, °यते *sausen, surren*.

घुर्घुरुक m. = घुर्घुरक 1) Karaka 5,10.

* घुलघुलारव m. *eine Art Taube*.

* घुलञ्च m. *Coix barbata*.

घुसृणेशलिङ्ग n. Name eines Liṅga.

1. घुष्, घोषति (selten Med.) 1) Med. (Aor. घोषि) *ertönen*. घुष्ट *tönend, ertönend*. °स्वर Adj. *mit lauter Stimme*. — 2) *laut schreien, — verkünden, ausrufen*. घुष्टान्न *ausgebotene Speise*. — 3) *mit Geräusch u. s. w. erfüllen*. Nur Partic. घुष्ट. — Caus. घोषयति 1) *berufen zu* (Dat.). — 2) *laut verkünden lassen*. — 3) *laut verkünden*. — Mit अनु *laut benennen*. — Mit अव 1) *laut verkünden*. अवघुष्ट *ausgeboten* (Speise). — 2) *berufen, zu sich bescheiden*. Nur Partic. अवघुष्ट. — 3) *laut an-*

rufen, zum Hören auffordern. Nur Partic. अवघुष्ट. — 4) *mit Geräusch u. s. w. erfüllen.* Nur Partic. अवघुष्ट. — 5) *अवघुषित etwa *anerkannt, gebilligt* Kâç. zu P. 7,2,23. — Mit आ 1) *horchen auf.* — 2) *sich hören lassen.* — 3) *laut ausrufen, verkünden.* — Caus. 1) *Geräusch machen, laut sein.* — 2) *ertönen machen, laut verkünden.* — 3) **laut verkünden lassen.* — 4) **beständig klagen.* — Mit व्या, °घुष्ट *laut ertönend.* — Caus. *laut ausrufen.* — Mit उद् 1) *ertönen.* Nur Partic. उद्घुष्ट *ertönend.* — 2) *aufschreien.* — 3) *mit Geräusch u. s. w. erfüllen.* Nur Partic. उद्घुष्ट. — 4) *laut verkünden.* — Caus. 1) *laut ertönen lassen.* — 2) *laut verkünden.* — Mit प्रोद् 1) *mit Geräusch erfüllen.* Nur Partic. प्रोद्घुष्ट. — Caus. *laut verkünden.* — Mit उप *mit Geräusch u. s. w. erfüllen.* Nur Partic. उपघुष्ट. — Mit निस् in निर्घोष. — Mit परि *laut verkünden.* Partic. °घुष्यन्त् (!). — Mit प्र *ertönen.* Nur Partic. प्रघुष्ट. — Caus. *laut verkünden lassen.* — Mit वि 1) *laut ertönen.* Nur Partic. विघुष्ट. — 2) *laut verkünden.* — 3) *mit Geräusch u. s. w. erfüllen.* Nur Partic. विघुष्ट. — Mit उद्वि Caus. *laut verkünden.* — Mit सम् 1) *ertönen.* Nur Partic. संघुष्ट und *संघुषित. — 2) *ausbieten.* Nur Partic. संघुष्ट. — 3) *mit Geräusch u. s. w. erfüllen.* Nur Partic. संघुष्ट. — Mit परिसम् *mit Geräusch u. s. w. erfüllen.* Nur Partic. परिसंघुष्ट.

2. घुष्, *घोषति 1) = घर्ष् *reiben.* घुष्ट *gerieben* Bhaṭṭ. 5,57. — 2) **tödten.* — Mit नि Caus. *niederschmettern, zermalmen.*

घुष Adj. *tönend* in अग्रंघुषे.

***घुष्ट** n. *Wagen.*

घुष्य Adj. etwa *laut zu verkünden* (Çiva).

घुसृण (*n.) *Safran* Naish. 8,80. Vikramâñkak. 11,1.

घूक m. *Eule* Râǵan. 19,91. Pańkad.

***घूकारि** m. *Krähe.*

***घूकावास** m. *Trophis aspera* Râǵan. 9,129.

घूत्कार m. *Gekreische* (der Eule) Mâlatîm. ed. Bomb. 176,7. Pańkad. *Geschnaufe* Bâlar. 228,6.

***घूर्**, घूर्यते (हिंसावयोहान्योः).

घूर्घर Spr. 991 vielleicht fehlerhaft für घर्घर.

घूर्ण्, घूर्णति und °ते *hinundher schwanken, wanken, sich hinundher bewegen* 294,26. *zucken.* घूर्णित *sich hinundher bewegend.* — Caus. घूर्णयति *hinundherbewegen.* — Mit अव *sich hinundher bewegen.* °घूर्णित *s. h. bewegend.* — Mit आ *hinundher schwanken, sich hinundher bewegen.* आघूर्णित *schwankend, sich h. bewegend.* — Mit व्या, विनि (MBh. 8,90,40) und परि dass. — Mit वि *rollen* (von Wogen) Harshak. 129,18. — Caus. *hinundher bewegen* Bâlar. 171,15. Daçak. 3,5.

घूर्ण 1) Adj. (f. आ) *wankend, sich hinundher bewegend.* — 2) *m. *Erythraea centaureoides.*

घूर्णन n. (Naish. 5,126), °ना f. und *घूर्णि f. *das Schwanken, Sichhinundherbewegen.*

घूर्णिका f. N. pr. eines Frauenzimmers.

घृङ् Interj. *kling!*

घृङ्करिक Adj. *meckernd.*

घृण 1) m. a) *Hitze, Glut, Sonnenschein.* Instr. घृणा. — b) **Tag.* — 2) f. घृणा a) *ein warmes Mitgefühl für Andre, Mitleid.* — b) *mitleidiges Herabsehen, Verachtung, Geringschätzung,* — *gegen* (Loc.) Naish. 3,60. — c) *Abscheu, Grauen, Ekel* Kâd. 2,130,9. 132,14. Harshak. 126,7. — d) **eine Gurkenart* Gal.

घृणाचक्षुस् Adj. *mitleidig blickend.*

***घृणार्चिस्** m. *Feuer.*

घृणालु Adj. *mitleidig.*

***घृणावास** m. *Beninkasa cerifera.*

घृणि 1) m. a) *Hitze, Glut, Sonnenschein.* — b) *Lichtstrahl.* — c) *Tag* (im Gegensatz zur Nacht). — d) **Flamme.* — e) **die Sonne.* — f) *Welle.* — g) **Wasser.* — h) **Zorn.* — 2) Adj. a) **flammend.* — b) *lauter* Bhâg. P. 7,2,7. = शुद्धतेजोमय Comm.

घृणित्व n. 1) *Mitleid.* — 2) *Missachtung, Geringschätzung.* — 3) *mürrische —, verdriessliche Stimmung* Karaka 6,8.

घृणिन् 1) Adj. *wild, ungestüm* Gaut. — b) *ein weiches Gemüth habend, mitleidig.* — c) *Alles tadelnd, mit Allem unzufrieden, mürrisch, verdriesslich, ärgerlich* Karaka 6,20. — 2) m. N. pr. eines Sohnes der Devakî.

घृणीवन्त् 1) Adj. *glühend, scheinend.* — 2) m. *ein best. Thier.*

घृत 1) Adj. s. u. 1. und 2. घर्. — 2) (*m.) n. a) *zerlassene und wieder gestandene Butter, Schmelzbutter; Butter, Fett* (bildlich für *Fruchtbarkeit*), *das flüssige Schmalz; Rahm.* Heut zu Tage *Ghee* genannt. — b) **Wasser.* — 3) m. N. pr. eines Sohnes des Dharma. — 4) *f. घृता *eine best. Arzeneipflanze.*

घृतकम्बल n. *Königsweihe* Varâh. Bṛh. S. S. 7, Z. 4.

***घृतकरञ्ज** m. *eine Karańga-Art* Râǵan. 9,63.

घृतका f. wohl = घृत 4) Karaka 1,14. Könnte auch घृतक sein.

घृतकीर्ति f. *Erwähnung des Ghee.*

घृतकुमारिका f. *Aloe indica* Bhâvapr. 1,216.

घृतकुम्भ m. *ein Topf mit Ghee* Spr. 2217. fg.

घृतकुल्या f. *ein Bach mit Ghee* Çat. Br. 11,5,6,4.

घृतकेश Adj. *dessen Haar von Ghee trieft.*

घृतकौशिक m. N. pr. eines Lehrers. Pl. *sein Geschlecht.*

घृतक्षौद्रवन्त् Adj. *Ghee und Honig enthaltend* Hemâdri 1,419,6.

घृतघट m. *ein Topf mit Ghee* Gaut.

घृतच्युता f. N. pr. eines Flusses.

घृतदानपद्धति f. Titel eines Werkes.

***घृतदीधिति** m. *Feuer, der Gott des Feuers.*

घृतदुह् Adj. *Ghee melkend.*

घृतधारा f. N. pr. eines Flusses.

घृतधेनु f. *Ghee in der Form einer Milchkuh* Hemâdri 1,412,17.

***घृतनिधायम्** Absol. mit नि-धा *wie Ghee hinlegen, — aufbewahren* P. 3,4,45, Sch.

घृतनिर्णिज् Adj. *ein Fettgewand tragend, in Schmalz gehüllt.*

घृतप Adj. *nur Ghee trinkend,* Bez. einer Art Ṛshi.

घृतपक्व 1) Adj. *mit Ghee gekocht* Bhâvapr. 2,18. — 2) *f. आ *ein best. Gebäck* Gal.

घृतपदी Adj. f. 1) *deren Fuss von Ghee trieft.* — 2) *deren Fussspur Ghee ist.*

***घृतपर्ण** (Gal.) und *°क m. *eine Karańga-Art.*

घृतपशु m. *ein Opferthier aus Ghee.*

घृतपाक m. *ein best. med. Schmalzpräparat* Mat. med. 14.

घृतपात्रस्तनवती Adj. f. *deren Zitzen aus Gefässen mit Ghee gebildet sind* Hemâdri 1,436,16.

घृतपावन् Adj. *Ghee trinkend.*

***घृतपीत** Adj. *der Ghee getrunken hat.*

घृतपू Adj. *Ghee klärend.*

घृतपूर m. *eine Art Gebäck.*

घृतपूर्ण m. *Guilandina Bonducella* Bhâvapr. 1,206.

घृतपूर्णक m. 1) *ein best. Gebäck.* — 2) **Guilandina Bonducella.*

घृतपृच् Adj. *Ghee reichlich schenkend.*

घृतपृष्ठ 1) Adj. (f. आ) *dessen Rücken* oder *Oberfläche mit Ghee bestrichen ist.* — 2) m. a) *Feuer.* — b) N. pr. eines Sohnes des Prijavrata.

घृतप्रतीक Adj. (f. आ) *dessen Antlitz mit Ghee bestrichen ist.*

घृतप्रयस् Adj. *mit fetten Leckerbissen versehen.*

घृतप्रसत्त Adj. *durch Ghee befriedigt.*

घृतप्राशन n. *Genuss von Ghee* Gaut.

घृतप्री Adj. *an Ghee sich ergötzend.*

घृतप्रुष् Adj. *Ghee spritzend, Segen* oder *Gaben um sich verbreitend.*

घृतमण्ड m. 1) *der oben schwimmende, fetteste Theil des Schmalzes.* — 2) *f. आ *eine Mimosa.*

***घृतमण्डलिका** f. = घृतमण्ड 2) Râǵan. 5,109.

घृतमय Adj. (f. ई) *aus Ghee gemacht* Hemâdri 1,418,13.

घृतयोनि Adj. *Ghee im Schoosse habend, Segen—, Wohlfahrt verleihend.*

*घृतरौढीय m. Pl. der Spitzname *einer best. Schule.*

*घृतलेखनी f. *Butterlöffel.*

घृतवत्स m. *Ghee in Form eines Kalbes* Hemâdri 1,413,20.

घृतवत् 1) Adj. *a) schmalzig, fettreich, mit Ghee bestrichen* u. s. w. — *b) das Wort* घृत *enthaltend.* — 2) f. घृतवती N. pr. eines Flusses MBh. 6,9,23.

*घृतवर m. *eine Art Gebäck.*

घृतवर्तनि Adj. *dessen Geleise in Ghee gehen, — Ghee träufeln.*

घृतवर्त्ति f. *ein durch Ghee genährter Docht.*

घृतवृद्ध Adj. *durch Ghee ergötzt.*

घृतव्रत Adj. *einzig von Ghee lebend.*

घृतश्चुत् Adj. *Ghee träufelnd.* °श्चुन्निधन (°श्चुन्निधन Tâṇḍja-Br. 13,11,18) n. Name eines Sâman.

घृतश्री Adj. 1) *mit Ghee vermengt, — getränkt.* — 2) *Ghee mengend.*

घृतसद् Adj. *in Ghee sitzend.*

घृतस्तुति f. *das Lied* RV. 4,58 Ind. St. 13,283.

घृतस्तू oder °स्तौ (nur Acc. Pl. °स्तावस्) m. *ein Tropfen Ghee* AV. 12,2,17.

घृतस्तोक m. dass.

घृतस्तोमीय Adj. Çâṅkh. Çr. 15,1,32.

घृतस्तोम्या f. Pl. Bez. *best. Verse* Maitr. S. 1,6,7.

घृतस्थला f. N. pr. einer Apsaras.

घृतस्ना Adj. *in Ghee getaucht.*

1. घृतस्नु Adj. *in Ghee getaucht, von Ghee triefend.*

2. घृतस्नु Adj. *dessen Rücken* oder *Oberfläche mit Ghee bestrichen ist.*

*घृतस्पृश् Adj. *Ghee berührend.*

घृतहस्त Adj. (f. आ) *Ghee in der Hand habend* RV. 7,16,8.

*घृतहेतु m. *Butter* Nigh. Pr.

घृतहोम m. *eine Darbringung von Ghee* Gaut. 22,36.

घृतह्रद Adj. (f. आ) *dessen Becken Ghee ist.*

घृताचल m. *Ghee in der Form eines Berges.*

घृताचि m. N. pr. eines Ṛshi Ârsh. Br.

घृताची 1) Adj. f. *schmalzig, fettreich; mit Ghee gefüllt* u. s. w.; *von Ghee triefend, — glänzend.* — 2) f. *a) der Opferlöffel zum Schöpfen und Ausgiessen des Ghee.* — *b) die Nacht als die thauige.* — *c) eine Schlangenart.* — *d)* N. pr. einer Apsaras.

*घृताचीगर्भसंभवा f. *grosse Kardamomen* Râǵan. 6,86.

घृतान्न Adj. *dessen Speise Ghee ist.*

घृतान्वक्त Adj. *mit Ghee bestrichen* Maitr. S. 1,6,7.

घृताब्धि m. *ein Meer von Ghee* Spr. 7616.

घृतार्चिस् m. 1) *Feuer.* — 2) *eine Form der Sonne* Hemâdri 1,412,22. 23. 414,3. 416,13. 417,3. 6.

*घृतावनि f. *die mit Ghee bestrichene Stelle* (eines Opferpfostens).

घृतावृध् Adj. *an Ghee sich ergötzend.*

घृतासुति Adj. *dem der Ghee-Trank gehört.*

घृताहवन Adj. *dem das Ghee-Opfer gehört.*

घृताहुत Adj. *dem Ghee geopfert wird.*

*घृताह्व und *°य m. *das Harz der Pinus longifolia.*

घृतिन् Adj. *Ghee enthaltend.*

घृतेयु m. N. pr. eines Sohnes des Raudrâçva.

*घृतेली f. *Schabe.*

घृतेष्टका f. *ein best. Backstein* Âpast. Çr. 17,5.

घृतोद Adj. *Ghee statt Wasser habend;* m. *ein solches Meer* VP. 2,4,45.

घृतौदन m. *Reis mit Ghee* Çâṅkh. Gṛhj. 1,27.

घृत्य Adj. *aus Ghee bestehend.*

घृषु Adj. *munter, lustig, ausgelassen.*

*घृष्टि 1) m. *Eber.* — 2) f. *a) das Reiben, Zerreiben.* — *b) Wetteifer.* — *c) eine Dioscorea.* — *d) Clitoria ternatea.*

घृष्टिनेत्र n. *ein Loch von best. Form im Zimmerholze,* = सूकरनयन Vâstuv. 10,93.

*घृष्टिला f. *eine der Hemionitis cordifolia verwandte Pflanze.*

घृष्वि 1) Adj. *munter, lustig, ausgelassen.* — 2) *m. *Eber.*

घृष्विराधस् Adj. *mit Lust freigebig* RV.

*घेचुलिका f. *Arum orixense.*

घेरण्डसंहिता f. Titel eines Werkes.

*घोङ्ग m. 1) *ein best. Thier* Comm. zu Vâsav. S. 266. — 2) *intermediate space.*

घोट m. 1) *Pferd* Âpast. Çr. 15,3,12. — 2) * *Bart* Gal.

घोटक 1) m. *Pferd* Ind. St. 15,378. — 2) f. °टिका *a)* * *Stute* Madanav. 121,4. — *b) Portulaca oleracea* Bhâvapr. 1,283. — *c)* * *ein dem Judendorn ähnlicher Strauch* Râǵan. 8,61.

घोटकमुख N. pr. 1) m. eines Mannes. — 2) f. ई eines Frauenzimmers Ind. St. 14,114. 116.

घोटकारि m. *Büffel* Bhâvapr. 2,10.

*घोटगल m. *ein Scirpus* Nigh. Pr.

घोडाचोलिन् m. N. pr. eines Mannes.

घोडेश्वरतीर्थ n. N. pr. eines Tîrtha.

*घोणाक (Nigh. Pr.) und *घोणास m. *eine Schlangenart.*

घोणा f. (adj. Comp. * f. आ) 1) *Nase.* — 2) *Schnauze.* — 3) *Schnabel.* — 4) * *eine best. Niesen bewirkende Pflanze* Nigh. Pr.

*घोणान्तभेदन m. *Wildschwein, Eber* Râǵan. 19,31.

घोणिक m. *eine best. Stellung der Hand.*

*घोणिन् m. *Schwein, Eber.*

घोण्टा f. 1) *ein dem Judendorn ähnlicher Strauch* Râǵan. 8,61. — 2) * *Betelnussbaum.*

1. घोण्टाफल n. *Betelnuss* Nigh. Pr.

2.*घोण्टाफल m. *Uraria lagopodioides.*

*घोण्टी f. = घोण्टा 1) Râǵan. 8,61.

घोत्कार m. *das Schnaufen der Nase.*

*घोनस m. = घोणास.

घोर 1) Adj. (f. आ) *a) scheueinflössend, ehrfurchtgebietend, hehr.* — *b) grausig, furchtbar.* — *c) schrecklich, furchtbar, überaus heftig* (Schmerzen, Krankheiten u. s. w.). — 2) * Adv. घोरम् (पूज्ञने). — 3) m. *a)* * *Bein. Çiva's.* — *b)* N. pr. verschiedener Männer. — 4) f. घोरा *a)* * *Nacht.* — *b)* * *eine best. Cucurbitacee.* — *c) eine der sieben Stationen Mercurs.* — 5) f. घोरी (!) N. pr. eines Wesens im Gefolge der Durgâ. — 6) n. *a) ehrfurchtgebietendes Wesen.* — *b) das Grausige, Schaurige, Schrecken.* — *c) Zauberwerk, Zauberspruch.* — *d) ein best. mythisches Geschoss.* — *e)* * *Gift* Râǵan. 6,224. — *f)* * *Safran.*

घोरक 1) m. Pl. N. pr. eines Volkes. — 2) * f. घोरिका = घुरिका *das Schnarchen* Gal.

*घोरघुष्य n. *Messing* Râǵan. 13,32.

घोरघोरतर Adj. *über die Maassen furchtbar* MBh. 12,284,101. Hemâdri 1,755,1.

घोरचक्षस् Adj. *grausig aussehend* oder *— blickend.*

घोरता f. und घोरत्व n. *Grausenhaftigkeit.*

घोरदर्शन 1) Adj. *grausig aussehend.* — 2) *m. *a) Eule* Râǵan. 19,91. — *b) Hyäne* Râǵan. 19,8.

*घोरपुष्प n. *Messing.*

*घोररासन m. fehlerhaft für °वाशन.

*घोररासिन् m. fehlerhaft für °वाशिन्.

घोररूप 1) Adj. *dessen äussere Erscheinung Scheu einflösst.* — 2) f. आ N. pr. eines Wesens im Gefolge der Durgâ.

घोरवर्पस् Adj. *dessen Gestalt Entsetzen erregt.*

घोरवालुक *eine best. Hölle* MBh. 13,111,93.

*घोरवाशन m. *Schakal.*

*घोरवाशिन् m. dass. f. °नी Gal.

घोरहृदय m. *eine Form Îçvara's.*

घोराकार Adj. *grausig aussehend* Daçak. 27,22.

घोराकृति Adj. dass. 145,15.

घोरातिघोर Adj. *über die Maassen furchtbar,* Bez. einer Hölle Spr. 2993.

घोल 1) m. *geronnene Milch, welche nach Abguss des Wassers mit dem Rahm verrührt wird.* — 2) * f. ई *Portulak* Râǵan. 7,149.

घोलय्, °यति *untereinanderrühren, zu einem Teig verarbeiten* Bhâvapr. 2,25. 27.

*घोलि und *°का f. *Portulak* Râgan. 7,149.

घोष 1) m. *a) Lärm, Geschrei, Kampf—, Sieges—, Wehgeschrei; Gebrülle* (von Thieren); *Getöse, Gerassel. Geräusch, Geschwirr; dumpfes, fernes Reden; das Getön* (hergesprochener Gebete u. s. w.). — *b) Gerücht, rumor.* Auch personificirt Ind. St. 13,285. — *c) Bekanntmachung, Verkündigung.* — *d) Laut.* — *e)* in der Grammatik *die bei der Aussprache der tönenden Laute gehörte Stimme.* — *f) ein tönender Schmuck.* — *g) Hirtenstation, die Bewohner einer —.* — *h)* * *Hirt.* — *i) eine best. Tempelform* Hemâdri 2,58,10. — *k)* * *Mücke.* — *l)* * *Luffa foetida* oder *eine ähnliche Pflanze.* — *m)* Bein. Çiva's. — *n)* N. pr. α) verschiedener Männer. — β) Pl. eines Volkes. — γ) eines Asura. — 2) *m. n. *Messing* Râgan. 13,32. — 3) f. घोषा *a)* * *Anethum Sowa.* — *b)* * *Galläpfel auf Rhus* Râgan. 6, 158. — *c)* N. pr. einer Frau.

घोषक m. 1) *Ausrufer.* — 2) * *Luffa foetida* oder *eine verwandte Pflanze* Comm. zu Karaka 1,1.

*घोषकाकृति m. *eine dem* Ghoshaka *ähnliche Pflanze.*

घोषकृत् m. *Lärmmacher.*

घोषण 1) Adj. *tönend.* — 2) n. und f. (आ) *lautes Verkünden, Bekanntmachen.*

घोषणीय Adj. *laut zu verkünden.*

घोषद्रु nach dem Comm. *Geld* oder *Stoff.* Vgl. गोषद्रु.

घोषबुद्ध Adj. *durch den Lärm aufmerksam gemacht* AV. 5,20,5.

घोषमति m. N. pr. eines Mannes.

घोषयात्रा f. *der Gang zu den Hirtenstationen.*

*घोषयित्नु m. 1) *Ausrufer, Verkünder, Herold.* — 2) *ein Brahman.* — 3) *der indische Kuckuck.*

घोषवत् 1) Adj. *a) tönend, lärmend, brausend* Âpast. 1,11,8. — *b)* in der Grammatik *tönend,* so v. a. *mit Stimme gesprochen;* Subst. *ein solcher Laut.* Nom. abstr. °वत्त्व n. Comm. zu TS. Prât. — 2) m. N. pr. eines Mannes. — 3) f. °वती *eine best. Art Laute.*

घोषवसु m. N. pr. eines Fürsten.

घोषवृद्ध m. *ein Aeltester einer Hirtenstation.*

*घोषस्थली f. N. pr. einer Oertlichkeit gaṇa धूमादि in der Kâç.

*घोषातकी f. *eine best. Pflanze.*

घोषादि f. *ein best. Vogel* Maitr. S. 3,14,5. गोषादि VS.

घोषि Adj. *laut ertönend.*

घोषिन् 1) Adj. *a) tönend, lärmend, geräuschvoll.* — *b)* in der Grammatik *tönend,* so v. a. *mit Stimme ausgesprochen.* — 2) f. घोषिणी Pl. *bestimmte dämonische Wesen* Çâṅkh. Gṛhj. 3,9.

*घोषिल m. *Wildschwein* Nigh. Pr.

घोष्टर् Nom. ag. *der Etwas laut verkündet* Ait. Âr. 354,4. Nom. abstr. °ष्ट्रत्व n. Comm.

घौर m. Patron. von घोर.

*घौषक Adj. von घोष N. pr.

*घौषस्थलक Adj. von घोषस्थली gaṇa धूमादि in der Kâç.

घौषेय m. Metron. von घोषा.

°घ्न 1) Adj. (f. आ) *a) schlagend mit.* — *b) tödtend, um's Leben bringend, Mörder.* — *c) vernichtend, zu Grunde richtend, entfernend* (Uebel, Krankheiten). — *d) multiplicirt mit.* — 2) n. *Tödtung* in अहिघ्न.

°घ्नी f. zu °हन्.

घ्य in °घ्न.

घ्रंस m. *Sonnenglut.*

घ्रंस m. *Sonnenglut; Sonnenschein, Helle.*

*घ्रण, घ्रणते (ग्रहणे).

घ्रा, जिघ्रति (episch auch Med. und घ्राति) 1) *riechen, olfacere.* Partic. घ्रात und *घ्राण *a) gerochen.* — *b) gerochen habend.* — 2) *beriechen, an Etwas riechen, beschnuppern.* — 3) *mit den Sinnen aufnehmen* überh. °घ्रात *nur für — Sinn habend.* — 4) *küssen auf* (Loc.) Spr. 7712. — Caus. घ्रापयति *riechen lassen,* mit zwei Acc. — *Intens. जेघ्रीयते. — Mit अनु *küssen.* — Mit अभि 1) *beschnuppern, beriechen.* — 2) *riechen, olfacere* Kâd. 156,12. — 3) *küssen.* — Mit अव 1) *beriechen, an Etwas riechen.* °घ्रात Âpast. 1,17,5. — 2) *küssen, — auf* (Loc.). — Caus. *beriechen lassen.* — Mit आ 1) *riechen.* °घ्रात mit pass. und act. Bed. — 2) *beriechen, an Etwas riechen.* — 3) *küssen, — auf* (Loc.). — 4) आघ्रात *a)* * *satt.* — *b)* *= क्रान्त oder आक्रान्त. — *c)* * = ग्रस्तसंधि. — Caus. *beriechen lassen.* — Mit उपा 1) *riechen.* — 2) *küssen, — auf* (Loc.). — Mit समुपा *küssen, — auf* (Loc.). — Mit *व्या *wittern.* — Mit समा 1) *riechen.* — 2) *beriechen, an Etwas riechen.* — 3) *küssen, — auf* (Loc.). — Mit *उद् in *उज्जिघ्र. — Mit उप 1) *riechen.* — 2) *beriechen, an Etwas riechen.* °घ्रात mit pass. Bed. Gaut. — 3) *berühren* (mit dem Munde). — 4) *küssen, — auf* (Loc.). — Caus. *beriechen lassen.* — Mit समुप *küssen.* — Mit परि *mit Küssen bedecken.* — Mit वि 1) *auswittern.* — 2) *riechen.* — 3) *beriechen.* — Mit सम् Caus. *in enge Verbindung bringen mit* (Instr.).

घ्रौं Interj. Taitt. Âr. 5,1,5.

घ्राण 1) *Adj. *gerochen.* — 2) m. n. *a) Geruch* (subj.). — *b) Geruch* (obj.). — 3) f. (आ) und n. *a) Nase.* — *b) Schnauze.* Am Ende eines adj. Comp. f. आ Hemâdri 1,408,1.

घ्राणचक्षुस् Adj. *sich der Nase statt des Auges bedienend,* so v. a. *blind.*

घ्राणतर्पण 1) Adj. *die Nase ergötzend, überaus wohlriechend.* — 2) n. *Wohlgeruch.*

घ्राणदुःखदा f. *Artemisia sternutatoria* Bhâvapr. 1,223.

घ्राणपाक m. *eine best. Krankheit der Nase.*

घ्राणपुटक am Ende eines adj. Comp. (f. आ) *Nüster.*

घ्राणबिल n. *Nasenhöhle* Comm. zu TS. Prât.

घ्राणश्रवस् m. N. pr. eines Wesens im Gefolge Skanda's.

घ्राणस्कन्द m. *das Schnäuzen der Nase.*

घ्रातर् Nom. ag. *der da riecht.*

घ्रातव्य Adj. *zu riechen, was gerochen wird;* n. *Geruch* (obj.).

घ्राति f. 1) *Geruch* (subj.). — 2) *das Beriechen, Riechen an.* — 3) * *Nase.*

घ्रेय Adj. *zu riechen, riechbar, was gerochen wird; Geruch* (obj.).

*ङ m. 1) *Sinnesobject.* — 2) *der Zug nach Sinnesobjecten.* — 3) Bein. Çiva's.

*ङु, ङवते (शब्दे). — Desid. जुङूषते.

1. च Conj. 1) *und, auch,* τε, *que.* Steht hinter beiden zu verbindenden Theilen (oft durch *sowohl — als auch* wiederzugeben), nur nach dem letzten oder nur nach dem ersten. Bei drei und mehr zu verbindenden Theilen überall, nur nach dem letzten oder hier und da. In gebundener Rede steht च bisweilen an unrichtiger Stelle (वैचित्र्यं नोतिविद्यां ददाति च st. च द°) und auch müssig. Werden zwei Sätze durch wiederholtes च verbunden, so hat das erste Verbum finitum den Ton. च — च in einem negativen Satze *weder — noch;* न खलु च — नैव dass. Grammatiker, Lexicographen und Erklärer gebrauchen च oft elliptisch (*und*, so v. a. *dieses und noch Anderes*). In Verbindung mit andern Partikeln: चैव, चैव — चैव, चैव — च, च — चैव, चैव हि (am Ende eines Halbverses), चापि, च — चापि, चापि — च, अपि च, न — न — अपि च (mit fehlender Negation), न — न चापि, अपि चैव, चैवापि, च तथा, तथा च, तथैव च. — 2) च — तु = च — च *sowohl — als auch* 110,13. — 3) *oder,* mit वा wechselnd oder dessen Stelle vertretend (nach उत्पाद्यो). — 4) *auch, selbst, sogar.* — 5) *und zwar.* — 6) *gerade, eben* (ausnahmsweise). — 7) *aber, dagegen* 43,18. Insbes. nach यदि, अथ

(hier v.l. तु), अथ वा. न चैव — तु *nicht aber* 193, 28. — 8) *dennoch.* — 9) च — च *kaum* — *so.* Ein च an zweiter Stelle ohne ein vorangehendes च *alsbald, sogleich.* — 10) च — च *obgleich* — *dennoch* VIKR. 28. च — न तु und च — न च *obgleich* — *dennoch nicht.* न च — च *obgleich nicht* — *so doch.* — 11) *wenn* (mit betontem Verbum fin.) VIKR. 39. — 12) über die Bed. von च nach einem Interrogativum s. u. 1. क 2) *a*), 1. कथा 1), किम् 2) *d*) 9), कुत्र 7) und क्व 5) *b*).

2. *च 1) Adj. *a*) *rein* VIÇVAK. — *b*) *sich hinundher bewegend* ebend. — *c*) *bös, boshaft.* — *d*) *samenlos.* — 2) m. *a*) *Dieb* VIÇVAK. — *b*) *der Mond.* — *c*) *Schildkröte.*

चक्, *चकति und *°ते (दीप्तौ, प्रतिघाते, तृप्तौ). चकित *zitternd, erschrocken, eingeschüchtert.* °म् Adv. — Mit उद्, उच्चकन्ति = स्वादुरुं पश्यन्ति Comm. — उच्चकित *erschrocken aufblickend* KÂD. 2,74,24. 137,5. — Mit प्र, °चकित *zitternd, erschrocken.*

चक m. N. pr. eines Schlangenpriesters TÂṆḌJA-BR. 25,15,3. v. l. चक्र. — Vgl. कुटी°.

चकद्र in विश्वकद्राकर्ष. Vgl. NIR. 2,3.

*चकन gaṇa चूर्णादि in der KÂÇ. v. l. चक्कन und चक्कन.

चकार m. *die Conjunction* 1. च 239,19.

1. चकास्, चकास्ति *glänzen, leuchten, einen prächtigen Anblick gewähren* BÂLAR. 61,6. BHÂG. ed. Bomb. 3,19,14. चकाशिते fehlerhaft entweder für चकाशाते, प्रकाशिते oder चकासिते (nach der 1ten Klasse). — Caus. चकासयति *glänzen machen.* — Mit सम् *erhellen.*

2. *चकास् Adj. *glänzend.*

चकित 1) Adj. s. u. चक्. — 2) f. आ *ein best. Metrum.* — 3) n. *das Zittern, Erschrockensein.*

चकितचकित Adj. *überaus erschrocken.* °म् Adv.

चकोर 1) m. *a*) *Perdix rufa.* Das Auge dieses Vogels soll sich beim Anblick vergifteter Speise roth färben. Seine Nahrung sollen Mondstrahlen sein; daher wird das Auge, welches den Nectar eines Antlitzes einsaugt, ein Ḱakora genannt, 126,22. चकोराक्षी so v. a. *ein schönes Mädchen* 175,25. VIKRAMÂÑKAK. 8,42. °व्रतमालम्ब् *die Weise des Ḱ. annehmen,* so v. a. *sich ganz dem Genuss* (eines mondähnlichen Antlitzes) *hingeben.* — *b*) N. pr. α) Pl. eines Volkes. — β) eines Fürsten. — γ) eines Berges (?). — 3) f. ई f. zu 1) *a*).

चकोरक = चकोर 1) *a*). Zu belegen am Ende eines adj. Comp.

चकोराय् *wie der Vogel* Ḱakora *verfahren.* °यितुम्.

*चक्क्, चक्कयति (व्यथने, आर्तौ, व्यसने).

चक्क m. v. l. für चक.

*चक्कन gaṇa चूर्णादि. v. l. चकन und चक्कन.

*चक्कल UGGVAL.

*चक्रस Nom. ag. von क्रम्.

चक्र 1) n. *a*) *Rad.* Im Veda bisweilen m. चक्रैश्चर् *im Wagen herumfahren.* — *b*) *Scheibe,* — *eines Töpfers.* — *c*) *Wurfscheibe, Discus* (insbes. Vishṇu's) 100,24. 105,5. — *d*) *Oelmühle.* — *e*) *Kreis.* — *f*) *das Kreisen* (eines Vogels), *Kreislauf* (der Jahreszeiten). — *g*) *eine best. Constellation, Hexagonalschein.* — *h*) *ein mystischer Kreis am Körper.* — *i*) *ein scheibenförmiges Diagramm.* — *k*) *eine in ein scheibenförmiges Diagramm künstlich eingetragene Strophe.* — *l*) *ein best. Metrum.* — *m*) *Cirkel.* — *n*) *ein best. astronomisches Instrument.* — *o*) *Trupp, Schaar, Menge* 119,10. *Gesammtheit.* Auch *m. — *p*) *Kriegerschaar* (am Ende eines adj. Comp. f. आ MBH. 3,15,5), *Heer, Armee.* — *q*) **District, Provinz.* — *r*) *Bezirk, Bereich* in übertr. Bed. — *s*) *das über die Länder hinrollende Rad des Monarchen* 106,12. *Herrschaft.* — *t*) *Pl. *Krümmungen eines Flusses.* — *u*) **Strudel.* — *v*) **Ränke.* — *w*) *eine best. Pflanze* oder *Arzeneistoff.* — *x*) N. pr. eines Tîrtha. — 2) m. *a*) *Anas Casarca* BÂLAR. 240,20. — *b*) N. pr. α) Pl. eines Volkes. — β) verschiedener Männer. — γ) eines Schlangendämons. — δ) eines Wesens im Gefolge Skanda's. — ε) eines Berges BHÂG. P. 5,20,15. — Vgl. noch 1) *a*) und *o*). — 3) *f. आ *eine Cyperus-Art* und *eine andere Pflanze.* — 4) f. चक्री *Rad.*

चक्रक 1) *Adj. *cirkelartig* (in logischem Sinne) — 2) m. *a*) *eine Art Schlange.* — *b*) **Dolichos biflorus* MADANAV. 106,39. — *c*) N. pr. eines Rshi. — 3) f. चक्रका *eine best. Pflanze von wunderbarer Heilkraft.* Nach MADANAV. 28,286 *weisser Abrus.* — 4) f. चक्रिका *a*) *Trupp, Schaar.* — *b*) *Ränke.* — 5) n. *a*) *eine best. Art zu fechten* HARIV. 3,124,19. चित्रक v. l. — *b*) *circulus in demonstrando* MAHÂBH. 6,55,*b*.

चक्रकारक n. *unguis odoratus* BHÂVAPR. 1,190.

चक्रकाश्रय m. *circulus in demonstrando.*

*चक्रकुल्या f. *eine best. Pflanze.*

*चक्रगज m. *Cassia Tora.*

*चक्रगण्डु m. *ein rundes Kopfkissen.*

*चक्रगुच्छ m. *Jonesia Asoca.*

*चक्रगुल्म m. *Kamel* NIGH. PR.

चक्रगोप्तर् m. Du. *zwei zur Seite des Wagens gehende Männer, welche die Räder zu schützen haben.*

चक्रग्रहणी f. *Bastei, Bollwerk* (nach NILAK.)

चक्रचर m. 1) Pl. *bestimmte im Kreise sich bewegende* (d. i. *keinen festen Wohnsitz habende*) *überirdische Wesen.* — 2) *Zauberer* (KERN) oder *Töpfer* u. s. w. (Comm.).

चक्रचारिन् m. *Zugvogel.*

चक्रचूडामणि m. 1) Bein. Vopadeva's. — 2) N. pr. eines Mannes. — 3) Titel einer astr. Abhandlung.

चक्रजाति f. = चक्र 1) *k*).

*चक्रजीवक m. *Töpfer.*

*चक्रपादी f. und *चक्रणितम्ब m. = °नदी und °नितम्ब.

*चक्रतलाम्र m. *eine best. saftige Mangoart* RÂGAN. 11,19.

चक्रतीर्थ n. N. pr. eines Tîrtha Ind. Antiq. 8, 279. °माहात्म्य n. Titel eines Werkes.

चक्रतुण्ड m. 1) *ein best. Fisch.* — 2) *ein best. mythisches Wesen* SUPARṆ. 23,4.

चक्रतैल n. *ein best. Oel.*

*चक्रदंष्ट्र m. *Wildschwein* RÂGAN. 19,30. v. l. वक्र°

चक्रदत्त m. N. pr. eines Autors, = चक्रपाणिदत्त.

चक्रदत्तनामकग्रन्थ m. Titel eines Werkes.

चक्रदीपिका f. desgl.

चक्रदम्प् m. N. pr. eines Asura.

चक्रदेव m. N. pr. eines Kriegers.

चक्रद्वार m. N. pr. eines Berges.

चक्रधनुस् m. N. pr. eines Ṛshi.

चक्रधर 1) Adj. und m. *a*) *ein Rad tragend, Radträger.* — *b*) *einen Discus tragend,* Bein. Vishṇu's. — *c*) *im Wagen fahrend* (?). — *d*) *die Gewalt in Händen habend, herrschend; Herrscher, Weltherrscher* SPR. 2220. — 2) m. *a*) **Gouverneur einer Provinz.* — *b*) * = चरक UTPALA zu VARÂH. BṚH. 15,1. — *c*) *Schlange.* — *d*) N. pr α) verschiedener Männer. — β) einer Oertlichkeit.

चक्रधर्मन् m. N. pr. eines Vidjâdhara-Fürsten.

चक्रधार PAÑKAT. 242,19 fehlerhaft für °धर.

*चक्रनख m. *unguis odoratus.*

चक्रनदी f. N. pr. eines Flusses.

चक्रनाभि f. *Nabe eines Rades.*

चक्रनामन् m. 1) *Anas Casarca* KÂD. 25,8. 59,7. — 2) **Schwefelkies.*

चक्रनायक m. 1) *Führer einer Schaar.* — 2) **unguis odoratus* RÂGAN. 12,131.

चक्रनारायणीसंहिता f. Titel eines Werkes.

*चक्रनितम्ब m. = चक्रणितम्ब.

चक्रनेमि f. N. pr. einer der Mütter im Gefolge Skanda's.

*चक्रपद्माट m. *Cassia Tora.*

*चक्रपरिव्याध m. *Cathartocarpus fistula.*

*चक्रपर्णी f. *ein dunkelfarbiges Ocimum* Nigh. Pr.

चक्रपाणि m. 1) Bein. Vishṇu's. — 2) N. pr. eines Autors.

चक्रपाणिदत्त m. N. pr. eines Autors.

चक्रपाणिन् m. = चक्रपाणि 1).

चक्रपात m. *ein best. Metrum.*

*चक्रपाद् m. 1) *Wagen.* — 2) *Elephant.*

*चक्रपाल m. 1) *superintendent of a province.* — 2) *one who carries a discus.* — 3) *a circle.* — 4) *the horizon.*

चक्रपालित m. N. pr. eines Mannes B. A. J. 7,129.

चक्रपुर n. N. pr. einer *Stadt.*

चक्रपुष्करिणी f. N. pr. eines *Teiches* in Kâçî.

*चक्रफल n. *eine best. scheibenartige Waffe.*

चक्रबन्ध m. = चक्र 1) *k).*

*चक्रबन्धना f. *eine Art Jasmin* Nigh. Pr.

*चक्रबन्धम् Absol. P. 3,4,41, Sch.

*चक्रबान्धव m. *die Sonne.*

*चक्रबाला f. *Hibiscus cannabinus* Nigh. Pr.

चक्रभङ्ग m. *Radbruch* M. 8,291.

चक्रभानु m. N. pr. eines Brahmanen.

चक्रभृत् m. Bein. Vishṇu's.

चक्रभेदिनिर्णय m. Titel eines Werkes.

*चक्रभेदिनी f. *Nacht.*

चक्रभ्रम m. *die Drehung der Töpferscheibe.*

चक्रभ्रमण m. N. pr. eines Berges Ind. St. 14, 118. fg.

चक्रभ्रमि f. = चक्रभ्रम.

चक्रमठ m. N. pr. einer *Klosterschule.*

*चक्रमण्डलिन् m. *Boa constrictor.*

चक्रमन्द m. N. pr. eines Schlangendämons.

चक्रमर्द m. *Cassia Tora* Râǵan. 4,202.

चक्रमर्दक 1) *m. dass. — 2) f. °र्दिका N. pr. einer Fürstin.

चक्रमासञ्ज Adj. *das Rad hemmend.*

चक्रमीमांसा f. Titel eines Werkes.

*चक्रमुख m. *Eber, Schwein.*

चक्रमुसल Adj. *mit dem Discus und der Keule ausgeführt.*

*चक्रमेदिनी f. *Nacht* Gal.

चक्रमेलक N. pr. einer Oertlichkeit.

चक्रमौलि m. N. pr. eines Rakshas.

*चक्रयान n. *Wagen.*

चक्रयोग m. *Anwendung des Flaschenzuges oder einer ähnlichen Vorrichtung.*

चक्ररत्न m. Du. = चक्रगोतार.

*चक्ररद m. *Eber, Schwein.*

*चक्रराज m. *ein best. mystischer Kreis.*

*चक्रल 1) Adj. *kraus, gekräuselt.* — 2) f. आ *eine Cyperus-Art.*

*चक्रलक्षणा und °लक्षणिका (Bhâvapr. 1,196) f. *Cocculus cordifolius.*

*चक्रलताम्र m. = चक्रतलाम्र.

चक्रवङ्गति Adj. *wie ein Rad sich drehend* 163,23.

चक्रवत् 1) Adj. *mit Rädern versehen.* — 2) m. *a) Oelmüller.* — *b)* N. pr. eines Berges.

चक्रवर्त in अ°.

चक्रवर्तिता f. und °वर्तित्व n. Nom. abstr. von चक्रवर्तिन् 2) *a).*

चक्रवर्तिन् 1) Adj. *auf Rädern rollend.* — 2) m. *a) dessen Räder ungehemmt über die Länder rennen, Weltherrscher; Herrscher über* (im Comp. vorangehend) Vikramâṅkaḱ. 10,31. — *b) Oberhaupt* überh., *der unter* — (Gen. oder im Comp. vorangehend) *den höchsten Rang einnimmt;* auch von Unbelebtem. — *c)* **Chenopodium album* Râǵan. 7, 121. — *d)* N. pr. eines Commentators des Alaṁkârasarvasva Kumârasv. zu Pratâpar. 46,27 u. s. w. — 3) f. °नी *a)* f. zu 2) *b).* — *b)* **eine best. wohlriechende Pflanze,* = जतुका Râǵan. 3,114. — *c)* **Nardostachys Jatamansi* Râǵan. 12,98. — *d)* **rother Lack* Râǵan. 6,209.

चक्रवर्मन् m. N. pr. eines Fürsten.

चक्रवाक m. *Anas Casarca.* Männchen und Weibchen (°की), die sich über Alles lieben, sollen in der Nacht getrennt werden und darüber wehklagen.

*चक्रवाकबन्धु m. *die Sonne.*

चक्रवाकमय Adj. *aus Anas Casarca bestehend* Kâd. 2,18,1. Harshaḱ. 90,12.

*चक्रवाकवती f. wohl N. pr. eines Flusses.

चक्रवाकिन् Adj. *mit* Ḱakravâka's *erfüllt.*

*चक्रवाट m. 1) *Grenze.* — 2) *Lampengestell.* — 3) = क्रियारोह.

चक्रवाड 1) m. *a)* **Feuer* Gal. — *b)* N. pr. eines Gebirges, = चक्रवाल 3) Kâraṇḍ. 91,11. — 2) n. *Schaar, Menge.*

चक्रवात m. *Wirbelwind.*

चक्रवाल 1) n. *Kreis.* — 2) m. n. *Kreis,* so v. a. *Gruppe, Menge* MBh. 1,187,17. 20. Chr. 299,22. 325,17. Kâd. 99,14. 126,7. — 3) m. N. pr. eines mythischen Gebirges, welches wie eine Mauer die als Scheibe gedachte Erde umgiebt. °वालाद्रि m. Kâvjâd. 2,99. — 4) n. = °यमक Comm. zu Bhaṭṭ. 10,6.

चक्रवालक n. *eine best. rhetorische Figur.*

*चक्रवालधि m. *Hund.*

चक्रवालयमक n. *eine Art Paronomasie.* Beispiel Bhaṭṭ. 10,6.

चक्रवालातमन् f. N. pr. einer Göttin.

*चक्रविमल *eine best. Pflanze.*

चक्रवृद्धि f. 1) *Zins auf Zins* Gaut. — 2) *Frachtgeld.* — Vgl. Jolly, Schuld. 297.

चक्रव्यूह m. 1) *eine kreisförmig aufgestellte Schlachtordnung.* — 2) N. pr. eines Kiṁnara-Fürsten Kâraṇḍ. 3,2.

*चक्रशतपत्त्र *eine best. Pflanze.*

*चक्रश्रेणी f. *Odina pinnata.*

*चक्रसंवर m. N. pr. eines Buddha.

*चक्रसक्थ Adj. *säbelbeinig.*

*चक्रसंज्ञ n. *Zinn.*

चक्रसाह्वय m. *Anas Casarca.*

चक्रसेन N. pr. 1) m. eines Mannes. — 2) f. आ einer Prinzessin.

*चक्रस्वामिन् und *चक्रहस्त m. Bein. Vishṇu's.

चक्रह्रद m. N. pr. eines *Sees.*

चक्राकार Adj. (f. आ) *scheibenförmig.*

*चक्राकी f. = चक्राङ्की.

चक्राङ्का f. 1) *Cocculus tomentosus* Bhâvapr. 1, 223, v. l. चक्राह्वा. — 2) **Cyperus pertenuis* Râǵan. 6,143.

चक्राङ्किता f. *eine best. Pflanze.*

*चक्राङ्की f. *Gans.*

चक्राङ्ग 1) m. *a) Gans, Flamingo.* — *b) Anas Casarca.* — *c)* **Wagen.* — 2) *f. आ *Cocculus tomentosus.* — 3) *f. ई *a)* f. zu 1) *a)* Râǵan. 19,103. — *b) Helleborus niger* Râǵan. 6,132. — *c) Cocculus tomentosus.* — *d) Rubia Munjista* Râǵan. 6,192. — *e) Enhydra Heloncha.* — *f)* = कर्कटशृङ्गी. — 4) *n. *Sonnenschirm.*

चक्राङ्गना f. *das Weibchen der Anas Casarca.*

*चक्राट m. 1) *Giftarzt.* — 2) *Schelm, Intrigant.* — 3) *Denar.*

चक्राति m. Pl. N. pr. eines Volkes MBh. 6,9,45.

*चक्राधिवासिन् m. *Orangenbaum.*

चक्रायुध m. Bein. Vishṇu's oder Kṛshṇa's.

*चक्रायोध्य m. N. pr. eines Fürsten.

चक्रार्धचक्रवाल *Halbkreis* Ind. St. 10,274.

*चक्रालु m. *eine best. saftige Mangoart* Nigh. Pr.

*चक्रावर्त m. *Kreisbewegung.*

चक्रावली f. *Schaar, Menge* MBh. 9,9,31.

चक्राश्मन् *eine Schleuder zum Werfen von Steinen* MBh. 1,227,25.

चक्राह्व 1) m. *a) Anas Casarca.* — *b)* **Cassia Tora* Râǵan. 4,202. — 2) f. आ *Cocculus tomentosus* Bhâvapr. 1,223, v. l.

चक्राह्वय m. *Anas Casarca* Kâd. 141,1.

चक्रि 1) Adj. *machend, wirkend* (mit Acc.), *wirk-*

sam. — 2) m. N. pr. eines Mannes (?).

*चक्रिक m. 1) *Discusträger.* — 2) *Dolichos biflorus* Nigh. Pr. — चक्रिका s. u. चक्रका.

चक्रिन् 1) Adj. *a) Räder habend.* — *b) einen Discus tragend.* — *c) im Wagen fahrend* Gaut. — 2) m. *a)* *Töpfer.* — *b) Oelmüller.* — *c)* Bein. α) Kṛshṇa's. — β) Çiva's. — *d)* **Weltherrscher.* — *e)* **Gouverneur einer Provinz.* — *f)* **ein Ġina* Gal. — *g)* **Angeber, delator.* — *h)* **Ränkeschmied.* — *i)* **der für ein ganzes Dorf opfert.* — *k) Schlange* Spr. 7640. — *l)* **Anas Casarca* Madanav. 127,67. — *m)* **Krähe.* — *n)* **Cassia Tora* Râǵan. 4,202. — *o)* **Dalbergia ougeinensis* Râǵan. 9,119. — *p)* **unguis odoratus* Râǵan. 12,131. — *q)* Pl. N. pr. einer Vishṇu'itischen Secte.

चक्रिय Adj. 1) *zum Rad* oder *Wagen gehörig.* — 2) *im Wagen fahrend, auf Reisen befindlich.*

चक्रिवंस् Partic. perf. von 1. कर्. n. *eine Perfect-Form* Ind. St. 9,283.

चक्री Adv. 1) mit कर् *in eine Kreisform bringen, ganz spannen* (einen Bogen) Bâlar. 116,23. — 2) mit भू *ganz gespannt werden* Prasannar. 143,3.

चक्रीवन्त् 1) Adj. *mit Rädern versehen.* Nom. abstr. °वत्ता. — 2) m. *a) Fuhrmann* Gaut. — *b)* **Esel.* — *c)* *N. pr. eines Fürsten.

1. चक्रु *Rad.* °वृत्त Adj. *kreisrund.*

2. *चक्रु Adj. *machend, bewirkend.*

*चक्रेन्द्रक m. *eine Art Senf* Nigh. Pr.

चक्रेश m. *Weltherrscher.* Nom. abstr. °ता f.

चक्रेश्वर m. 1) Bein. *a)* Vishṇu's. — *b)* Bhairava's. — 2) *Weltherrscher.* Nom. abstr. °त्व n.

*चक्रोत्थ m. *eine Art Senf* Nigh. Pr.

चक्रोल्लास m. Titel eines Werkes.

*चक्कन v. l. im gaṇa चूर्णादि in der Kâç.

चक्ष्, चँष्टे, episch auch Act. und nach der 1sten Klasse; in den generellen Formen gewöhnlich durch ख्या ersetzt. 1) *erscheinen.* — 2) *sehen, schauen nach; erblicken, gewahren.* — 3) *ankündigen, sagen.* — 4) *halten für,* mit doppeltem Acc. — Mit अनु 1) *blicken auf, nachschauen.* — 2) *benennen, nennen.* — Mit अभि 1) *erschauen, anblicken, sehen.* — 2) *beaufsichtigen.* — 3) *gnädig ansehen.* — 4) *anreden, anfahren.* — 5) *benennen, nennen.* — Mit अव 1) *herabschauen, — auf* (Acc.). — 2) *erschauen, erblicken.* — Mit आ 1) *anschauen, beaufsichtigen.* — 2) *sagen, seine Meinung aussprechen* Çaṁk. zu Bâdar. 2,2,33. *berichten, erzählen, eine Mittheilung machen über, sagen von, — zu Etwas* (Spr. 869), *ankündigen, anmelden, angeben, verrathen.* — 3) *sagen —, sprechen zu* (Acc.). — 4) *anzeigen, bezeichnen, die Bedeutung haben von* (Acc.) 227, 15. — 5) *benennen, nennen.* — Mit अन्वा *benennen nach* (Acc.). — Mit अभ्या 1) *anblicken.* — 2) *sprechen.* — Mit उदा *laut ansagen.* — Mit निरा *wegraisonniren, verwerfen.* — Mit प्रत्या 1) *zurückweisen, abweisen, ablehnen.* — 2) *zurückweisen,* so v. a. *verwerfen, widerlegen* Çaṁk. zu Bâdar. 2,2,22. — 3) *Jmd* (Acc.) *antworten.* — Mit व्या 1) *hersagen, recitiren.* — 2) *auseinandersetzen, erklären, erläutern* Çaṁk. zu Bâdar. 2,2,1. — Mit समा *berichten, erzählen, aussagen über.* — Mit परि 1) *übersehen, übergehen, verschmähen.* — 2) *verwerfen.* — 3) *für schuldig erklären.* — 4) *erzählen.* — 5) *anerkennen.* — 6) *benennen, nennen.* — 7) *zu Jmd* (Acc.) *sprechen, antworten.* — Mit प्र 1) *erzählen, berichten.* — 2) *annehmen, ansehen als, halten für.* — 3) *benennen.* — Caus. *erleuchten, erhellen.* — Mit अभिप्र *sehen.* — Mit संप्र 1) *auseinandersetzen.* — 2) *annehmen, supponiren.* — Mit प्रति 1) *sehen, gewahr werden.* — 2) *erwarten.* — 3) *sehen —, erscheinen lassen.* — Mit वि 1) *erscheinen, leuchten.* — 2) *deutlich sehen, erblicken, gewahr werden, hinblicken auf, betrachten.* — 3) *erscheinen lassen, offenbaren.* — 4) *verkünden, ansagen.* — Caus. 1) *deutlich sehen lassen, aufklären.* — 2) *verkünden, sprechen* Gop. Br. 2,2,23. — Mit अभिवि *hinschauen auf.* — Mit उद्वि *inne werden.* — Mit प्रवि *annehmen, supponiren.* — Mit सम् 1) *ansehen, betrachten.* — 2) *überblicken, — zählen, prüfen.* — 3) *betrachten, überlegen, in Betracht ziehen.* — 4) *aufzählen.* — 5) *ausführlich berichten über.* — 6) *benennen, nennen* Kâraka 3,7. — 7) **meiden.* — Mit *अवसम् *meiden.* — Mit परिसम् 1) *aufzählen.* — 2) **meiden.* — Mit प्रसम् 1) *aufzählen.* — 2) *prüfend betrachten, ergründen* Comm. zu Njâjas. 4,2,2.

चक्ष m. *ein falscher Freund* Varâh. Jogaj. 4,50.

चँक्षण n. 1) *das Erscheinen, Erscheinung, Anblick.* — 2) **eine den Durst erregende Speise.*

चक्षँणि m. *Erheller.*

चँक्षन् n. *Auge.*

चँक्षस् 1) *m. *a) Lehrer.* — *b)* *Bein. Bṛhaspati's. — 2) n. *a) Schein, Helle.* — *b) das Sehen, Gesehenwerden.* Dat. चँक्षसे als Infin. — *c) Gesicht, Blick, Auge.*

चँक्षु m. 1) *Auge.* — 2) N. pr. *a)* eines Fürsten. — *b)* eines Flusses. Richtig वक्षु.

चक्षुनिरोध m. = चक्षुर्निरोध Âpast. 2,27,17.

चक्षुपीडन Adj. *das Auge unangenehm berührend* Çvetâçv. Up. 2,10.

चक्षुरिन्द्रिय n. *Gesichtssinn.*

चक्षुराक्षण n. *Angegriffenheit des Gesichts.*

चक्षुर्दा Adj. *Gesicht gebend.*

*चक्षुर्दान n. *the ceremony of anointing the eyes of the image at the time of consecration.*

चक्षुर्निमित Adj. *nach dem Augenmaass bestimmt* TBr. 1,1,4,1.

चक्षुर्निरोध m. *Verschluss der Augen* Âpast.

*चक्षुर्बन्धल m. *Odina pinnata.* Vgl. चक्षुर्वक्रन.

चक्षुर्भृत् Adj. *die Sehkraft fördernd.*

चक्षुर्मन्त्र Adj. *mit dem Blick besprechend, zaubernd.*

चक्षुर्मय Adj. *augartig.*

*चक्षुर्मल n. *Augenschmalz.*

चक्षुर्मुख Adj. *Augen im Munde habend* (?) Suparn. 24,2.

चक्षुर्मुष् Adj. *die Augen blendend.*

चक्षुर्लोक Adj. *mit dem Auge sehend.*

चक्षुर्वन्य Adj. *an den Augen leidend.*

चक्षुर्वर्धनिका f. N. pr. eines Flusses.

*चक्षुर्वक्रन m. *Odina pinnata.*

चक्षुर्विषय m. *Gesichtskreis.*

चक्षुर्हन् Adj. *mit dem Blicke tödtend.*

चक्षुश्चित् Adj. *Sehkraft schichtend, — sammelnd.*

चक्षुःश्रवस् und °श्रुति m. *Schlange.*

*चक्षुष 1) in स° Adj. *Auge.* — 2) m. N. pr. eines Sohnes des Ripu. v. l. चाक्षुष.

*चक्षुष्कर्ण m. *Schlange* Gal.

चक्षुष्काम Adj. *Sehkraft wünschend.*

चक्षुष्टस् Adv. *aus dem Auge weg.*

चक्षुष्ट्व n. Nom. abstr. zu चक्षुस् *Auge* Sûrjad. in der Vorrede zu Ârjabh. S. VIII, Z. 3.

चक्षुष्पति m. *Herr aller Augen* Çaṁk. zu Bâdar. 4,4,18.

चक्षुष्पथ m. *Gesichtskreis.*

चक्षुष्पा Adj. *das Gesicht schützend.*

चक्षुष्मत्ता f. und चक्षुष्मत्त्व n. *Sehkraft.*

चक्षुष्मन्त् Adj. 1) *mit Sehkraft begabt, mit Augen versehen, sehend.* — 2) *das Auge vorstellend.*

चक्षुष्य 1) Adj. *a) den Augen heilsam, der Sehkraft zuträglich* Hemâdri 1,815,2. — *b) für's Auge angenehm* Kâraka 1,5. *lieblich anzusehen, schön.* — *c) Jmd* (Instr.) *vor Augen seiend.* — *d) Jmd* (Instr.) *lieb* Çiç. 8, 57. — 2) *m. *a) eine Art Collyrium.* — *b) Pandanus odoratissimus.* — *c) Hyperanthera Moringa.* — *d)* = पुण्डरीक. — *e)* = कनक. — 3) *f. आ *a) eine Art Collyrium.* — *b) Pandanus odoratissimus.* — *c) Glycine labialis.* — *d) Odina pinnata.* — 4) * n. *a) zwei Arten von Collyrium.* — *b) ein best. kleiner Strauch.*

चँक्षुस् 1) Adj. *sehend.* — 2) m. N. pr. *a)* eines Marut. — *b)* verschiedener Ṛshi. — 3) f. N. pr. eines Flusses. — 4) n. *a) Helle, Licht.* — *b) das*

Sehen. — c) Anblick. — d) Sehkraft, Gesicht. — e) Blick. — f) Auge. प्रजापतेस्त्रीणि चक्षूंषि und मित्रावरुणयोः चक्षुः Namen von Sâman Ârsh. Br. — g) * Odina pinnata.

चक्षू Adv. mit कर्.

चक्षूरोग m. Augenkrankheit.

चखुस् Partic. ausstreckend.

*चघ्, चघ्नोति (घातने).

चङ्कुण m. N. pr. eines Mannes.

*चङ्कुर 1) m. a) Wagen. — b) Baum. — 2) n. Vehikel.

चङ्क्रम 1) m. (Lalit. 488,16. 489,2) und °मा f. Spaziergang. — 2) m. Spazierplatz Kâraṇd. 63,2. 5. 8. 66,6. 83,5.

चङ्क्रमण 1) Adj. umhergehend, —schreitend, spazierend Spr. 7749. — 2) n. a) das Umherstreichen, — schreiten, Spazierengehen Âpast. — b) das Rollen Ind. St. 15,371. — c) Spazierplatz Kâraṇd. 42,21. 63,1. 66,6.

चङ्क्रमित n. = चङ्क्रमण 2) a) Bâlar. 140,16.

चङ्ग 1) Adj. a) am Ende eines Comp. sich verstehend auf, das Gute und Schlechte an einer Sache genau kennend, überaus wählerisch in Betreff von. Nom. abstr. °ता f. — b) * hübsch. — 2) m. N. pr. eines Mannes.

चङ्गदास m. N. pr. eines Grammatikers.

चङ्गेरिक n. (!), °का und चङ्गेरी f. Korb Pańkad.

चचर्रै Adj. etwa beweglich.

*चचेण्डा f. eine best. Pflanze.

*चच्चपुट und चच्चत्पुट m. ein best. Tact.

चच्चरी f. desgl. S. S. S. 208.

चञ्च्, चञ्चति hüpfen, springen Prasannar. 135,7. zittern 64,2. 66,3. flackern Bâlar. 143,7. 187,9.

चञ्च 1) * m. Korb. — 2) f. आ a) Rohrwerk. °पुरुष m. Strohmann Spr. 5602. — b) * Strohmann Ind. St. 13,389.

*चञ्चत्क Adj. hüpfend, springend.

*चञ्चत्पुट m. = चच्चत्पुट.

चञ्चरिन् und चञ्चरीक (Dhûrtan. 16. 30. Bâlar. 128,3. Prasannar. 11,5) m. Biene.

चञ्चरीकावली f. ein best. Metrum.

चञ्चल 1) Adj. (f. आ) sich hinundher bewegend, beweglich, unstät, wandelbar. Nom. abstr. °त्व n. — 2) m. a) * Wind. — b) Liebhaber, der Geliebte. — c) N. pr. eines Asura. — 3) f. आ a) * Blitz. — b) * Fluss Gal. — c) * langer Pfeffer. — d) * Glück, die Göttin Lakshmî Gal. — e) ein best. Metrum. — 4) * f. ई eine Art Grille Nigh. Pr.

*चञ्चलतैल n. Liquidambar orientale Nigh. Pr.

चञ्चलालिका f. ein best. Metrum.

*चञ्चलाख्य m. Weihrauch.

चञ्चलित Adj. in zitternde Bewegung versetzt Kâd. 24,11.

चञ्चु 1) Adj. am Ende eines Comp. bekannt —, berühmt durch MBh. 13,17,107. Spr. 3319. 7821. Nom. abstr. °ता f. und °त्व n. (Daçak. 13,4). — 2) m. a) * Hirsch. — b) Ricinus communis. °तैल n. Ricinusoel Bhâvapr. 2,117. — c) * rother Ricinus. — d) * = गोनाडीक. — e) * = लुङ्चञ्चु. — f) N. pr. eines Sohnes des Harita 105,22. — 3) f. चञ्चु und चञ्चू a) Schnabel. चञ्चुपुट, °पुटी (Spr. 7856) und चञ्चूपुट die Höhlung des Schnabels. — b) eine best. Gemüsepflanze Râǵan. 4,146. Bhâvapr. 1,283.

*चञ्चुका f. Schnabel.

*चञ्चुड m. v. l. für चञ्चूड.

*चञ्चुपत्त्र m. eine best. Gemüsepflanze Râǵan. 4,146.

चञ्चुपर्णिका f. desgl. Karaka 1,27.

चञ्चुपुटो f. eine best. Pflanze Karaka 6,9. S. auch u. चञ्चु 3) a).

*चञ्चुभृत् und *चञ्चुमत् m. Vogel.

*चञ्चुर m. eine best. Gemüsepflanze Râǵan. 4,146.

चञ्चुल m. N. pr. v. l. für चुञ्चुल.

*चञ्चुसूचि und *°क m. Sylvia sutoria.

चञ्चू s. चञ्चु 3).

चञ्चूक 1) eine best. Gemüsepflanze Bhâvapr. 4, 36. — 2) m. Pl. N. pr. eines Volkes.

*चञ्चूड m. eine best. Gemüsepflanze Madanav. 77,48.

चट्, चटति 1) sich einstellen, Statt finden Pańkat. ed. Bomb. 1,80,12. — 2) gerathen —, gelangen in. अस्मत्करे in unsere Hand Pańkad. sich begeben nach (Loc.) Ind. St. 15,266. fg. — 3) sich befinden an (Loc.) Spr. 6851. °चटित sich befindend an Pańkat. 121,1. in Ind. St. 15,331. — 4) चटित zerbrochen Karaka 2,1. verfallen (Gebäude) Kâraṇd. 13,9. 11. — 5) * वर्षावरणयोः. — * Caus. चाटयति (भेदने, वधे). — Mit उद् sich hinausbegeben. — Caus. उच्चाटयति hinausjagen, — schaffen, verscheuchen. — Mit वि zerbrechen (intrans.) Bâlar. 145,6. — Vgl. चत्.

चट in क्रमचट.

चटक 1) m. a) Sperling. — b) Pl. Spitzname einer Schule des Vaiçampâjana. — c) N. pr. eines Dichters. — 2) f. चटका a) Sperlingsweibchen. — b) * ein junges Sperlingsweibchen. — c) * Turdus macrourus. — d) * die Wurzel des langen Pfeffers. — 3) * f. चटिका = चटका a) und d).

*चटकका f. Demin. von चटका.

चटकाशिरस् n. die Wurzel des langen Pfeffers Bhâvapr. 1,164.

*चटकिका f. = चटकका.

चटचटाय्, °यते knistern. °यित Adj. knisternd.

चटचटायन n. Geknister.

चटचटाशब्द m. Geklirre, Gerassel, Geknister.

चटच्चटिति (onomatop. mit इति) Adv. unter Geknister u. s. w. Hem. Par. 2,207 (चटच्चटति fehlerhaft). 7,67. 11,156.

*चटत्कार m. und चटत्कृति f. (Râǵat. 7,1593) Geknister.

चटदिति (onomatop. mit इति) krach! Bâlar. 145,6.

*चटिकाशिर m. und *°स् n. (Râǵan. 6,22) die Wurzel des langen Pfeffers.

चटु (* m. n.) 1) eine Artigkeit, Liebenswürdigkeit. — 2) * Geschrei. — 3) * Bauch. — 4) * eine Art Sitz bei den Asketen.

*चटुक ein Holzgefäss zum Schöpfen.

*चटुकार Adj. Artigkeiten sagend.

चटुग्राम m. N. pr. eines Dorfes.

चटुल 1) Adj. a) zitternd, beweglich Kâd. 21,18. 64, 4. unstät, unbeständig. — b) artig, fein, liebenswürdig; n. Pl. Liebenswürdigkeiten. — 2) * f. आ Blitz.

चटुलाय्, °यते zierlich gehen Harshak. 174,24.

*चटुलोल Adj. sich zierlich bewegend.

चटूपमा f. eine in einem Gleichniss ausgesprochene Artigkeit.

चट्ट m. N. pr. eines Mannes Hem. Par. 3,197.

*चण्, चणति (दाने, गतौ, हिंसे, शब्दे). — Caus. Aor. अचीचणत् und अचचाणत्.

चण 1) Adj. am Ende eines Comp. berühmt, bekannt Hem. Par. 8,195. Nom. abstr. °त्व n. Daçak. 13,5. — 2) m. Kichererbse.

चणक 1) m. a) Kichererbse Spr. 7677. — b) N. pr. a) * des Vaters von Kâṇakja. — b) eines Dorfes Hem. Par. 8,194. — 2) * f. चणका Linum usitatissimum, Leinsamen. — 3) * f. चणिका ein best. Gras Râǵan. 8,147.

*चणकलोणी f. = चणकाम्लक Nigh. Pr.

*चणकात्मज m. Patron. Kâṇakja's.

चणकाम्लक n. saurer Saft, den Stamm und Blätter der Kichererbse ausschwitzen, Mat. med. 150. Bhâvapr. 1,182.

*चणद्रुम m. eine Art Tribulus Râǵan. 4,41.

*चणपत्त्री f. ein best. kleiner Strauch Râǵan. 5,58.

*चणभोजिन् m. Pferd Nigh. Pr.

*चणारूप्य n. N. pr. eines Dorfes.

चणिन् m. N. pr. eines Brahmanen Hem. Par. 8,194.

*चणीद्रुम m. = चणद्रुम.

चणेश्वरी f. N. pr. der Gattin des Kâṇin Hem. Par. 8,194.

*चण्ड्, चण्डते und चण्डयते (कोपे).

चण्ड 1) Adj. (f. आ Varâh. Bṛh. S. 68,92 und ई) a) heftig, ungestüm, grimmig, grausig; zornig, erzürnt (चण्डि Voc. 251,21. 252,31). चण्डम् Adv.

— *b)* *bei dem die Vorhaut fehlt, beschnitten.* — 2) m. *a)* *ein best. mythisches Wesen* AGNI-P. 42,20. चंण्डस्य नप्त्यः *heissen Unholdinnen. Insbes.* α) *eine Form* Çiva's *oder* Bhairava's. — β) *Bein.* Skanda's. — γ) *ein best. Krankheitsdämon* HARIV. 9363. — *b) N. pr.* α) *eines* Daitja. — β) *eines Dieners des* Jama *und des* Çiva. — γ) *einer der sieben Wolken bei der Sintfluth.* — *c)* *Tamarindenbaum.* — 3) f. चण्डा *a) Bein. der* Durgâ. — *b) N. pr.* α) *einer der 8 Nâjikâ der* Durgâ. — β) *einer Göttin im Dienste des 12ten* Arhant's *der* Gaina *in der gegenwärtigen* Avasarpiṇî. — γ) *eines Flusses.* — *c) eine best. Pflanze. Nach den Lexicographen* Andropogon aciculatus*, Mucuna pruritus* (RÂGAN. 3,38), *Salvinia cucullata, weisses* Dûrvâ-*Gras und* = लिङ्गिनी RÂGAN. 3,34. — 4) f. चण्डी *a) Bein. der* Durgâ. — *b) N. pr.* α) *eines Wesens im Gefolge der* Durgâ. — β) *der Gemahlin* Uddâlaka's. — *c) abgekürzt so v. a.* चण्डीमाहात्म्य. — *d) ein best. Metrum.* — 5) *n. Nom. abstr. zu* 1) *a).*

चण्डकर m. *die Sonne.*

चण्डकराय्, °यते *wie die Sonne erscheinen* SPR. 2246.

चण्डकर्मन् m. *N. pr. eines* Rakshas.

चण्डकापालिक m. *N. pr. eines Lehrers.*

चण्डकिरण m. *die Sonne* VIKRAMÂÑKAK. 11,7.

चण्डकेतु m. *N. pr. eines Mannes.*

चण्डकोलाकुला f. ein best. musikalisches Instrument.

चण्डकौशिक 1) m. *N. pr. eines Sohnes des* Kakshivant. — 2) *n. Titel eines Dramas* KANDAK. 3,8.

चण्डगिरिक m. *N. pr. eines Mannes.*

चण्डग्राक्वत् *Adj. grausige Krokodile bergend* MBH. 1,177,8.

चण्डघण्टा f. *Bein. der* Durgâ.

चण्डघोष m. *N. pr. eines Mannes.*

चण्डचुक्का f. Tamarinde NIGH. PR.

चण्डता f. *Leidenschaftlichkeit, das Erzürntsein.*

चण्डताल m. *ein best. Tact* S. S. S. 213.

चण्डतुण्ड m. *N. pr. eines Sohnes des* Garuḍa.

चण्डत्व n. *Heftigkeit, Leidenschaftlichkeit.*

चण्डदीधिति m. *die Sonne.*

चण्डधामन् m. *dass.* PRASANNAR. 80,1.

चण्डनायिका f. 1) *N. pr. einer der 8 Nâjikâ der* Durgâ. — 2) *Bein. der* Durgâ.

चण्डपोत *und* °क m. *N. pr. eines Elephanten* DAÇAK. 43,8.

चण्डप्रद्योत m. *N. pr. eines Fürsten* HALL *in der Einl. zu* VÂSAV. 3.

चण्डप्रभ m. *N. pr. eines Mannes.*

चण्डबल m. *N. pr. eines Affen.*

चण्डभानु m. *N. pr. eines Mannes.*

चण्डभार्गव m. *desgl.*

चण्डभुजङ्ग m. *desgl.*

चण्डमरीचि m. *die Sonne* PRASANNAR. 136,9.

चण्डमहारोषणतन्त्र n. *Titel eines buddh. Werkes.*

चण्डमहासेन m. *N. pr. eines Fürsten* VIDDH. 32,16.

चण्डमारुत *Titel eines Werkes.* °वैदिक *desgl.*

चण्डमुण्डा f. eine Form der Durgâ.

चण्डमृग m. ein wildes Thier (von einem Menschen gesagt).

चण्डरव m. *N. pr. eines Schakals.*

चण्डरश्मि m. *die Sonne* HÂSJ. 49.

चण्डरुद्रिका f. eine best. Zauberkunst.

चण्डरूपा f. *N. pr. einer Göttin.*

चण्डरोचिस् m. *die Sonne.*

चण्डवती f. 1) *N. pr. einer der 8 Nâjikâ der* Durgâ. — 2) *Bein. der* Durgâ.

चण्डवर्मन् m. *N. pr. eines Fürsten.*

चण्डविक्रम 1) *Adj. einen ungestümen Muth habend.* — 2) m. *N. pr. eines Fürsten.*

चण्डवीर m. *N. pr. einer buddh. Gottheit.*

चण्डवृत्ति *Adj. widerspänstig* VIDDH. 97,15.

चण्डवृष्टिप्रपात (*richtiger*) *und* °प्रयात (*müsste n. sein*) m. *ein best. Metrum.*

चण्डवेग 1) *Adj. mit Ungestüm eilend.* — 2) m. *a) ein best. Metrum.* — *b) N. pr. eines Fürsten der* Gandharva 1) *a)*. — 3) *f.* आ *N. pr. eines Flusses.* °संगमतीर्थ n. *N. pr. eines* Tîrtha.

चण्डशक्ति m. *N. pr. eines* Daitja.

चण्डशील *Adj. jähzornig* DAÇAK. 42,5.

चण्डसिंह m. *N. pr. eines Fürsten.*

चण्डसु m. *die Sonne* SPR. 7751.

चण्डात m. *Nerium odorum* BHÂVAPR. 1,203.

चण्डातक n. *ein kurzer Unterrock.*

चण्डादित्यतीर्थ n. *N. pr. eines* Tîrtha.

चण्डाल 1) m. *ein Mann der verachtetsten Schichte der menschlichen Gesellschaft. Im System der Sohn eines* Çûdra *und einer* Brâhmaṇî. *Am Ende eines Comp. so v. a. ein Taugenichts von* KÂD. 158, 1. f. आ *und* ई. — 2) *f.* ई *eine best. Pflanze* RÂGAN. 3,34.

चण्डालकन्द m. ein best. Knollengewächs RÂGAN. 7,108.

चण्डालता f. *und* °त्व n. *abstr. von* चण्डाल 1).

चण्डालवल्लकी f. die Laute der Kaṇḍâla.

चण्डालिका f. 1) dass. — 2) *eine best. Pflanze.* — 3) *Bein. der* Durgâ.

चण्डालिकाबन्धम् *Absol.*

चण्डाशोक m. *N. pr. eines Fürsten* HARSHAK. 181,4.

चपिड f. = चण्ड 4) *a)*.

चपिडक Adj. beschnitten GAL. *Vgl.* चण्ड 1) *b)*.

चण्डिकघण्ट *Adj. Beiw.* Çiva's.

चण्डिका f. 1) *Bein. der* Durgâ. — 2) *ein Tempel der* Durgâ KÂD. 256,20. — 3) = देवीमाहात्म्य. — 4) *N. pr. einer* Surâṅganâ IND. ST. 15,241. — 5) *Linum usitatissimum.*

चण्डिकागृह n. *ein Tempel der* Durgâ KÂD. 71,12.

चण्डिकामानवमी f. *ein best. neunter Tag.*

चण्डिकामाहात्म्य n. = देवीमाहात्म्य.

चण्डिकार्चनक्रम m. *und* °र्चनचन्द्रिका f. *Titel zweier Werke.*

चण्डिकालय m. *ein Tempel der* Durgâ IND. ST. 15,409.

चण्डिकाशतक n. *Titel eines Werkes* IND. ST. 14,359.

चण्डिदास m. = चण्डीदास.

चण्डिमन् m. *Nom. abstr. zu* चण्ड 1) *a)* BÂLAR. 33,11.

चण्डिल 1) m. a) Bein. Rudra's. — *b) Barbier.* — *c) Chenopodium.* — 2) f. आ *N. pr. eines Flusses.*

1. चण्डी f. *s. u.* चण्ड.

2. चण्डी *Adv. mit* कर् *in Zorn versetzen.*

चण्डीकुचपञ्चशती f. *Titel eines Werkes* BÜHLER, Rep. No. 126.

चण्डीकुसुम m. rother Oleander RÂGAN. 10,14.

चण्डीगृह n. *ein Tempel der* Durgâ.

चण्डीचरित n. *Titel eines Schauspiels* HALL *in der Einl. zu* DAÇAR. 30.

चण्डीडामर m. *Titel eines Werkes.*

चण्डीदास m. *N. pr. eines Scholiasten.*

चण्डीदेवीशर्मन् m. *desgl.*

चण्डीपाठ m. = देवीमाहात्म्य.

चण्डीपुराण n. *Titel eines* Purâṇa.

चण्डीमाहात्म्य n. = देवीमाहात्म्य.

चण्डीरहस्य n. *Titel eines Werkes.*

चण्डीविधान n. *und* °विधि m. *Titel zweier Werke.*

चण्डीविलास m. *Titel eines Schauspiels* HALL *in der Einl. zu* DAÇAR. 30.

चण्डीश m. *Bein.* Çiva's NAISH. 8,33. BÂLAR. 82,3.

चण्डीशतीर्थ n. *N. pr. eines* Tîrtha.

चण्डीशपुराण n. *Titel eines* Purâṇa.

चण्डीश्वर m. 1) *Bein.* Çiva's MEGH. 33. — 2) *N. pr. eines Autors.*

चण्डीसपर्याक्रम m. *Titel eines Werkes.*

चण्डीस्तोत्र n. *Titel eines Lobgesanges auf die* Durgâ.

चण्डु m. 1) Ratte. — 2) *Simia erythraea.*

चण्डेश *Name eines* Liṅga.

चण्डेश्वर 1) m. *a) Bein.* Çiva's. — *b) N. pr. verschiedener Autoren. Auch* °राय. — 2) n. *N. pr.*

eines Tirtha.

चण्डेश्वरप्रश्नविद्या f. Titel eines Werkes.

चण्डेश्वररस m. *ein med. Präparat aus Quecksilber, Arsenik* u. s. w. Mat. med. 40. 44.

चण्डोग्रशूलपाणि m. *eine Form Çiva's.*

चण्डोग्रा f. N. pr. einer der 8 Nâjikâ der Durgâ.

चत्, *चतति 1) *in Etwas stecken, sich verstecken.* Nur Partic. चतत् und चत्त (*चतित). — 2) *गतिकर्मन्. — 3) *Act. Med. याचने. — Caus. चातयति und °ते *verscheuchen, vertreiben.* — Mit निस् Caus. Med. dass. — Mit प्र in प्रचता. °चेतुस् Pańkat. 175,17 fehlerhaft für °चेलुस्. — Caus. Med. *verscheuchen, vertreiben.* — Mit वि Caus. Med. dass.

चतस् und चतसृ f. Pl. f. zu चत्वर्.

चतसृका f. Pl. dass. Hemâdri 1,797,9.

चतिन् Adj. *sich verborgen haltend.*

चतु (!) Adj. *der vierte* Taitt. Âr. 1,8,4.

चतुःक°, चतुःख°, चतुःप° und चतुःफ° s. u. चतुष्क° u. s. w.

चतुर s. चत्वर्.

1. चतुर 1) Adj. (f. आ) a) *schnell, rasch.* °म् Adv. — b) *geschickt, gewandt, verschmitzt.* — c) *lieblich, reizend.* — d) **sichtbar.* — 2) m. a) **Cyprinus Rohita* Gal. — b) **ein rundes Kissen.* — c) *eine best. Stellung der Hand.* — 3) *n. a) *Geschicklichkeit. Gewandtheit.* — b) *Elephantenstall.*

2. चतुर am Ende einiger Compp. = चत्वर्.

चतुरंशवत् Adj. *aus vier Theilen bestehend.*

चतुरक 1) Adj. (f. °रिका) *geschickt, gewandt.* — 2) m. N. pr. eines Schakals. — 3) f. °रिका ein Frauenname. — Vgl. चतुरिका.

चतुरक्रम m. *ein best. Tact.*

चतुरक्ष Adj. (f. ई) *vieräugig.*

चतुरक्षर 1) Adj. *viersilbig.* — 2) n. *ein Complex von vier Silben.*

चतुरक्षरशस् Adv. *immer zu vier Silben.*

*चतुरग्निवत् Adj. *vier Feuer habend.*

चतुरङ्ग 1) Adj. *viergliederig.* °बल n. *ein aus Fussvolk, Reiterei, Elephanten und Wagen bestehendes Heer, ein vollständiges H.* — 2) m. a) **Cucumis utilissimus.* — b) N. pr. eines Sohnes des Roma- oder Lomapâda. — 3) f. आ *ein viergliedriges Heer.* — 4) n. a) dass. — b) *Schachspiel,* insbes. *eine Art Vierschach.*

चतुरङ्गबलाधिपत्य n. *der Oberbefehl über eine Armee* Spr. 1440.

*चतुरङ्गबलाध्यक्ष m. *der Oberbefehlshaber einer Armee.*

चतुरङ्गविनोद m. Titel eines Werkes.

चतुरङ्गिन् Adj. *viergliederig,* = चतुरङ्ग 1).

चतुरङ्गुल 1) n. a) *die vier Finger der Hand* (ohne *Daumen*). — b) *vier Fingerbreiten, — Zoll.* — 2) m. *Cathartocarpus Fistula* Râgan. 9,44. Karaka 7,8.

चतुरणुक n. *ein Aggregat von vier Atomen* Çaṁk. zu Bâdar. 2,2,11.

चतुरता f. und चतुरत्व n. *Geschicklichkeit, Gewandtheit, Verschmitztheit.*

चतुरध्यायिक n., °का f. und चतुरध्यायी f. *ein aus vier* Adhjâja *bestehendes Werk.*

चतुरनीक Adj. *viergesichtig.*

चतुरनुगान n. Name eines Sâman.

चतुरन्त 1) Adj. (f. आ) *von allen vier Seiten* (vom Meere) *begrenzt* Hemâdri 1,695,13. — 2) f. आ *die Erde.*

चतुरन्तर n. Titel eines Werkes.

चतुरन्तेश m. *Fürst, König.*

चतुरम्ल n. *die vier sauren Sachen,* d. i. अम्लवेतस, वृक्षाम्ल, बृहज्जम्बीर *und* निम्बक.

चतुरवत्त Adj. *viergetheilt,* n. *der Vierschnitt* (des zu opfernden Gegenstandes).

चतुरवत्तिन् Adj. *einer der den Brauch hat das* Havis *in vier Abtheilungen zu opfern.*

चतुरशीत Adj. *der 84ste.*

चतुरशीति f. *vierundachtzig.*

चतुरशीतितम Adj. *der 84ste.*

चतुरशीतियोगाध्याय m. Titel eines Werkes.

चतुरश्र 1) Adj. (f. आ) a) *viereckig* Ragh. 6,10. Hemâdri 1,131,24. 301,14. — b) *regelmässig, harmonisch.* °शोभिन् Adj. Vâmana 5,2,60. — 2) m. a) *Viereck.* — b) *das vierte und achte astrol. Haus.* — c) Pl. Bez. verschiedener Ketu. — d) *ein best. Tact* S. S. S. 208. — e) *eine best. Stellung der Hände beim Tanz.* — 3) n. *eine best. Stellung beim Tanze* S. S. S. 240. Vikr. S.

चतुरश्रक 1) Adj. (f. आ) *viereckig, ein Viereck bildend* Hemâdri 1,126,9. 344,14. Agni-P. 43,27. — 2) m. *eine best. Stellung.*

चतुरश्रता f. *Harmonie, Einklang* Spr. 6857.

चतुरश्रि Adj. *viereckig.*

चतुरश्री Adv. mit कर् *viereckig machen* Hemâdri 1,131,22. 173,7. Agni-P. 29,2. 42,1. Comm. zu Kâtj. Çr. 5,3,33.

चतुरह m. 1) *ein Zeitraum von vier Tagen.* — 2) *eine viertägige* Soma-*Feier* Vaitân.

चतुरात्मन् Adj. *vier Personen darstellend, mit vier Gesichtern versehen, viergestaltig* Ind. St. 9, 125 u. s. w.

चतुराध्यायिक n., °का f. und चतुराध्यायी f. fehlerhaft für चतुरध्या°.

चतुरानन Adj. *viergesichtig,* m. Bein. Brahman's 167,25.

चतुराश्रमिन् Adj. *die vier Lebensstadien durchmachend* MBh. 7,78,27.

चतुराश्रम्य MBh. 12,2425 fehlerhaft für चा°.

चतुरिका f. *ein viereckiger zum Empfang von Gästen besonders hergerichteter Platz* Pańkad. Vgl. चतुष्क 4) c). Das Adj. s. u. चतुरक.

चतुरिडस्पदस्तोभ n. Name eines Sâman.

चतुरिन्द्रिय Adj. *vier Sinne habend* H. 21.

चतुरिमन् m. *Geschicklichkeit, Gewandtheit* Prasannar. 33,19.

चतुरुत्तर Adj. *um vier zunehmend.*

चतुरुत्तरस्तोम m. गोतमस्य — *ein best.* Ekâha Ind. St. 10,110.

चतुरुष्ट्र n. *die vier Dinge vom Kamel.*

चतुरूध्नी Adj. f. *viereuterig* Kâth. 30,4.

*चतुरूर्ध्वपद् (stark °पाद्) m. *das fabelhafte Thier* Çarabha Gal.

चतुरूषण n. *die vier brennenden Gewürze: schwarzer —, langer Pfeffer, trockener Ingwer und die Wurzel vom langen Pfeffer* Madanav. 34,359. Bhâvapr. 1,164.

चतुरृच 1) Adj. *4* Ṛk *besitzend,* so v. a. *den darin besprochenen Lohn empfangend* Saṁhitopan. 46, 4. — 2) n. *ein aus vier Versen bestehendes Lied* AV. 19,23,1.

चतुर्गण m. *eine aus vier Gliedern bestehende Gruppe* Verz. d. Oxf. H. 175,a,14. 16.

चतुर्गति 1) Adj. *vier Gangarten habend* R. ed. Bomb. 5,35,19. — 2) *m. *Schildkröte.*

चतुर्गन्ध Adj. *an vier Stellen wohlriechend* R. 5, 32,12. चतुर्व्यङ्ग v. l.

चतुर्गव n. *ein mit vier Rindern bespannter Wagen.*

चतुर्गुण Adj. (f. आ) *vierfach* 150,20.

चतुर्गृहीत Adj. *viermal geschöpft,* n. *das viermalige Schöpfen.*

चतुर्ग्राम N. pr. eines Landes.

*चतुर्जात (Madanav. 42,31) und °क n. = चा°.

चतुर्णवत Adj. 1) *der 94ste.* — 2) *von 94 begleitet.*

चतुर्थ 1) Adj. (f. ई) *der vierte.* चतुर्थम् Adv. *das vierte Mal* 38,9. Çâṅkh. Gṛhj. 1,14. — 2) m. a) *der vierte Laut in den fünftheiligen Lautgruppen, die tönende Aspirata.* — b) **ein* Çûdra Râgan. 18,12. — 3) f. ई a) *der vierte Tag in einem Halbmonat.* — b) *der vierte Hochzeitstag.* — c) *ein Backstein von einer viertel Manneslänge* Çulbas. 3,26. — 4) n. *der vierte Theil* Gaut. 10,38.

चतुर्थक 1) Adj. a) *der vierte.* — b) *den vierten Tag wiederkehrend* (Fieber) Karaka 6,3. — 2) m. *ein best. Tact* S. S. S. 207. — 3) f. °र्थिका *ein best. Gewicht,* = 4 Karsha.

1. चतुर्थकाल m. *die vierte Essenszeit.* Acc. und Loc. (Âpast.) so v. a. *am Abend des zweiten Tages.*

2. चतुर्थकाल Adj. = चतुर्थकालिक Âpast.

चतुर्थकालिक Adj. *der drei Mahlzeiten vorübergehen lässt und erst die vierte einnimmt.*

चतुर्थफल n. *the second inequality or equation of a planet.*

चतुर्थभक्तक्षपण n. *eine Kasteiung, bei der man erst die vierte Mahlzeit einnimmt.*

चतुर्थभाज् Adj. *den vierten Theil als Abgabe empfangend.*

चतुर्थमन्द्रातिस्वार्य Adj. Bez. *einer best. Betonung im* SV. Saṁhitopan. 22,3.

चतुर्थस्वर 1) Adj. *den vierten Ton habend* Saṁhitopan. 22,2. — 2) n. Name eines Sâman.

1. चतुर्थांश m. *Viertel.*

2. चतुर्थांश Adj. *ein Viertel erhaltend.*

चतुर्थांशिन् Adj. dass. Gaut.

चतुर्थि (metrisch) f. = चतुर्थ 3) *a)* Varâh. Jogaj. 5,8.

चतुर्थीकर्मन् n. *die Ceremonie des vierten Hochzeitstages.*

चतुर्थोदात्ततम Adj. Bez. *einer best. Betonung im* SV. Saṁhitopan. 27,3.

चतुर्दंष्ट्र 1) Adj. *vier Spitzzähne habend* R. 5,32,11. — 2) m. *a)* *Raubthier Gal. — *b)* *Bein. Vishṇu's. — *c)* N. pr. α) eines Wesens im Gefolge Skanda's. — β) eines Dânava.

चतुर्दन्त m. 1) *Bein. von Indra's Elephanten Airâvata. — 2) N. pr. eines Elephanten.

*चतुर्दल m. *Marsilea quadrifolia* Nigh. Pr.

चतुर्दश 1) Adj. (f. ई) *a) der vierzehnte.* — *b) aus 14 bestehend.* — 2) f. ई *der 14te Tag in einem Halbmonat.*

चतुर्दशक Adj. *der vierzehnte.*

चतुर्दशगुण Adj. *14 Vorzüge besitzend;* vgl. Comm. zu R. ed. Bomb. 4,54,2 und MBh. 2,5,21.

चतुर्दशगुणनामन् n. Pl. Titel eines Werkes.

चतुर्दशगुणस्थान n. desgl.

चतुर्दशधा Adv. *vierzehnfach.*

चतुर्दशन् und चतुर्दशन् Adj. *vierzehn.*

चतुर्दशम Adj. *der vierzehnte.*

चतुर्दशमतविवेक m. Titel eines Werkes.

चतुर्दशरात्र m. *eine 14tägige* Soma-*Feier* Ind. St. 10,78.

चतुर्दशर्च n. *ein aus 14 Versen bestehendes Lied* AV. 19,23,11.

चतुर्दशविध Adj. *vierzehnfach.*

चतुर्दशसमद्वंद्व Adj. *dessen 14 paarige Körpertheile symmetrisch sind* R. ed. Bomb. 5,35,19.

चतुर्दशस्वपनविचार m. Titel eines Werkes.

चतुर्दशाक्षर Adj. *vierzehnsilbig.*

*चतुर्दशिक *ein Festmahl am 14ten Tage eines Halbmonats.*

चतुर्दशीशान्ति f. Titel eines Werkes.

चतुर्दारिका f. Name des 5ten Lambaka im Kathâs.

चतुर्दिक्कम् und चतुर्दिशम् Adv. *nach allen vier Weltgegenden.*

चतुर्दैव Adj. v. l. für चा° bei Nîlak. zu Hariv. 2,58,17.

चतुर्दोल m. n. *eine königliche Sänfte.*

चतुर्दोस् Adj. *vierarmig* Naish. 7,65.

चतुर्द्वार Adj. (f. आ) *vier Thüren habend* Pañkad.

चतुर्द्वीपचक्रवर्तिन् m. *Beherrscher aller 4* Dvîpa.

चतुर्धर m. N. pr. eines Geschlechts.

चतुर्धा Adv. *in vier Theile, — Theilen, vierfach.* Mit कर् *in v. Th. theilen* Comm. zu Njâjam. 10,2,8. °करण n. ebend. चतुर्धाविक्लृप्त Adj. *vierfach getheilt.*

चतुर्धातु Adj. *viertheilig* S. S. S. 120.

*चतुर्धारिन् m. *Cissus quadrangularis* Nigh. Pr.

चतुर्नवत Adj. *der 94ste.*

चतुर्नवति f. *vierundneunzig.*

चतुर्नवतितम Adj. *der 94ste.*

चतुर्नेतर् Nom. ag. *die vier Ziele des Menschen herbeiführend* (nach Nîlak.) Hariv. 2,121,16.

चतुर्बाहु Adj. *vierarmig.*

चतुर्बिल Adj. *vier Oeffnungen habend* AV. 18,4,30.

चतुर्बीज n. *der Same von* कालाजाजी, चन्द्रशूर, मेथिका *und* यवानिका.

चतुर्भद्र 1) Adj. *viermal gesegnet, — Glück verheissend* Hemâdri 1,169,9 (12 anders erklärt). °तर *viermal glücklicher als* (Instr.). — 2) n. *vier schöne Dinge, — Erscheinungen.*

चतुर्भद्रिका f. *ein best. med. Präparat gegen Fieber* Bhâvapr. 3,61.

1. चतुर्भाग m. *Viertel.* बलं चतुर्भागम् MBh. 4,1623 fehlerhaft für बलच°.

2. चतुर्भाग Adj. (f. आ) *den vierten Theil von Etwas* (Gen.) *bildend* Hemâdri 1,721,19.

चतुर्भागीया f. *ein Backstein von einer viertel Mannslänge* Çulbas. 3,29.

1. चतुर्भुज im Comp. *vier Arme.*

2. चतुर्भुज 1) Adj. (f. आ) *a) vierarmig.* — *b) vierseitig.* — 2) m. *a)* Bein. α) Vishṇu's oder Kṛshṇa's. — β) *Gaṇeça's Gal. — *b) Viereck.* — *c)* N. pr. α) eines Dânava. — *b)* eines Autors. Auch °मिश्र und आश्रमिमिश्र°.

चतुर्भृष्टि Adj. *vierzackig, viereckig.*

*चतुर्महाराजकायिक *(zur Gruppe der vier grossen Könige gehörig)* m. Pl. *eine best. Klasse von Göttern* (buddh.).

चतुर्महाराजिक 1) Adj. Beiw. Vishṇu's Vishṇus. 98,41. — 2) m. Pl. = चतुर्महाराजकायिक.

चतुर्मासी f. *ein Zeitraum von vier Monaten.*

चतुर्मास्य n. = चातुर्मास्य.

1. चतुर्मुख° *vier Antlitze.*

2. चतुर्मुख 1) Adj. *a) vierantlitzig.* Nom. abstr. °त्व n. — *b) vierspitzig* (Pfeil). — 2) m. *a)* Bein. α) Brahman's. — β) Vishṇu's. — γ) Çiva's. — *b)* N. pr. eines Dânava. — *c) ein best. Tact* S. S. S. 165. 212. 233.

चतुर्मुखरस m. *eine best. Mixtur.*

चतुर्मुष्टिक n. Pl. *vier Handvoll* Ind. St. 13,284.

चतुर्मुहूर्तम् Acc. *vier* Muhûrta *lang* Gaut.

चतुर्मूर्ति 1) Adj. *vier Erscheinungsformen habend, vierantlitzig.* Nom. abstr. °त्व n. MBh. 13,141,4. — 2) m. Bein. *a)* Brahman's. — *b)* Vishṇu's. — *c)* Skanda's.

चतुर्मेध Adj. *der die vier Opfer dargebracht hat oder der die für den* Açva-, Purusha-, Sarva- *und* Pitṛ-medha *erforderlichen* Mantra *kennt* Âpast.

*चतुर्य्, °यति *Viere wünschen.*

चतुर्यम n. *Viertönigkeit* TS. Prât.

1. चतुर्युग n. *die vier Weltalter.*

2. चतुर्युग Adj. (f. आ) 1) *vierspännig.* — 2) *die vier Weltalter in sich schliessend.*

चतुर्युज् Adj. *zu Vieren angespannt* ṚV. 8,6,48. *vierspännig.*

चतुर्लेख Adj. *vier Linien* (an der Stirn) *habend* R. 5,32,13.

चतुर्वक्त्र 1) Adj. *vierantlitzig.* — 2) m. *a)* *Bein. Brahman's. — *b)* N. pr. α) eines Dânava Hariv. 3,47,6. — β) eines Wesens im Gefolge der Durgâ.

चतुर्वय Adj. *vierfach.*

चतुर्वर्ग m. *ein Complex von Vieren* 140,12. °चिन्तामणि m. Titel eines Werkes.

चतुर्वर्णमय Adj. *aus den vier Kasten bestehend.*

चतुर्वर्षशतायुस् Adj. *ein Alter von 400 Jahren erreichend* M. 1,83.

*चतुर्वर्षिका f. *eine vierjährige Kuh.*

चतुर्वाहिन् m. *ein vierspänniger Wagen.*

चतुर्विंश 1) Adj. (f. ई) *a) der 24ste.* — *b) von 24 begleitet, um 24 vermehrt,* + *24.* — *c) aus 24 bestehend.* — 2) m. *ein 24 theiliger* Stoma. — 3) n. mit und ohne अहन् *ein best.* Ekâha, *der zweite Tag des* Gavâmajana.

चतुर्विंशक Adj. *aus 24 bestehend.*

चतुर्विंशत् f. *vierundzwanzig.* °शच्छत n. *124* Ind. St. 9,466.

चतुर्विंशति f. Sg. und Pl. (selten) und n. Sg. (Bhâg. P.) dass. °मान n. Tâṇḍja-Br. 18,3,2. Ind. Str. 1,100.

चतुर्विंशतिक Adj. *aus 24 bestehend.*

चतुर्विंशतितम Adj. *der 24te.*

चतुर्विंशतितीर्थंकरपूजा f. Titel eines Werkes Bühler, Rep. No. 579.

चतुर्विंशतिदण्डकस्तव m. desgl.

चतुर्विंशतिधा Adv. *24fach* Hemâdri 1,134,11.

चतुर्विंशतिपुराण n. Titel eines Werkes.

चतुर्विंशतिम (!) Adj. *der 24ste* Hemâdri 1,134,12.

चतुर्विंशतिमत n. Titel eines Werkes.

चतुर्विंशतिस्मृति f. desgl.

चतुर्विंशत्यवतारचरित्र n. desgl.

चतुर्विंशत्यह्न m. Sg. *24 Tage* Gaut.

चतुर्विंशस्तोम Adj. *mit einem 24 theiligen* Stoma *verbunden.*

चतुर्विंशाक्षर Adj. (f. आ) *24 silbig.*

चतुर्विंशिक Adj. *die Länge von 24 habend* Çulbas. 1,49.

चतुर्विद्य Adj. *die vier* Veda *kennend* MBh. 3,85,85. चा° v. l.

चतुर्विध Adj. *vierfältig, vierfach.* चतुर्विधम् Adv. *auf vierfache Weise*

चतुर्विधमंशयोद्दिद m. Titel eines Werkes.

चतुर्विधाहारमय Adj. *aus viererlei Speisen gebildet* Garbhop. 11.

चतुर्विभक्त Adj. *vierfach getheilt* Hariv. 12883.

चतुर्वीर 1) Adj. als Bez. einer Salbe (आञ्जन). — 2) m. *eine best. viertägige* Soma-*Feier* Vaitân.

चतुर्वृष Adj. *vier Stiere habend.*

1. चतुर्वेद m. Pl. *die vier* Veda.

2. चतुर्वेद 1) Adj. *a) die 4* Veda *in sich enthaltend. — b) mit den 4* Veda *vertraut* Spr. 2230. — 2) m. Pl. *eine best. Klasse von Manen.*

चतुर्वेदिन् Adj. *mit den 4* Veda *vertraut* 302,11 (im Prâkrit).

चतुर्व्यङ्ग Adj. R. ed. Bomb. 5,35,18 nach dem Comm. = चतुर्ह्रस्व. Könnte auch bedeuten *vier Flecken habend.*

चतुर्व्यापिन् Adj. *vier Personen betreffend* Nâr. 1,9.14.

चतुर्व्यूह Adj. 1) *vierfach erscheinend,* von Vishṇu und Çiva. — 2) *vier Abschnitte —, vier Kapitel enthaltend.*

चतुर्व्यूहवादिन् m. *ein Anhänger der* Vaishṇava-*Lehre* Govindân. zu Çaṁk. zu Bâdar. 2,2,42.

चतुर्हनु 1) Adj. *vier Kinnbacken habend.* — 2) m. N. pr. eines Dânava.

*चतुर्हायण Adj. (f. ई) *vierjährig* (von lebenden Wesen). f. ई *eine vierjährige Kuh.*

*चतुर्हायन Adj. (f. आ) *vier Jahre alt* (von Unbelebtem).

चतुर्हित Adj. *Vieren erspriesslich* Nâr. 1,9.13.

चतुर्होतर् m. 1) Sg. und Pl. *eine best. Litanei* und *das damit verbundene Neumonds- und Vollmondsopfer* Ind. St. 10,139. Maitr. S. 1,9,7. — 2) Bein. Kṛshṇa's Hariv. 10404.

चतुर्होतृत्व n. Nom. abstr. zu चतुर्होतर् 1) Maitr. S. 1,9,7.

चतुर्होत्र 1) Adj. als Beiw. Vishṇu's. — 2) m. N. pr. eines Mannes VP.[2] 4,141. — Auch fehlerhaft für चा°.

चतुर्होत्रक fehlerhaft für चा°.

चतुर्ह्रस्व Adj. *bei dem vier Körpertheile kurz sind.*

*चतुल = स्थापयितर्.

चतुश्चक्र n. *ein best. mystischer Kreis.*

चतुश्चत्वारिंश 1) Adj. (f. ई) *a) der 44ste.* — *b) von 44 begleitet, + 44.* — *c) 44 enthaltend.* — 2) m. *ein 44theiliger* Stoma.

चतुश्चत्वारिंशत् f. *vierundvierzig.*

चतुश्चत्वारिंशिन् Adj. *44theilig* Maitr. S. 2,8,7.

चतुश्चरण Adj. 1) *vierfüssig;* m. *ein vierfüssiges Thier* Varâh. Bṛh. 21 (19),6. — 2) *aus vier Vierteln —, — Abtheilungen bestehend* Sarvad. 81,1.

चतुश्चलित n. *ein best. Spiel* Ind. St. 15,419.

चतुश्चित्य Adj. *auf vier Schichten ruhend* MBh. 14,88,32.

चतुःशत 1) n. *a) hundertundvier.* — *b) vierhundert.* — 2) Adj. (f. आ) *vierhundert* Khând. Up. 4,4,5. — 3) f. ई Titel eines Werkes.

चतुःशततम Adj. *der 104te.*

चतुःशफ Adj. *vierhufig.*

चतुःशमी Adj. f. *vier* Çamjâ *lang* Kauç. 137.

चतुःशराव Adj. *von vier* Çarâva (*ein best. Kornmaass*) Maitr. S. 1,4,13. 6,11. Vaitân.

*चतुःशाख n. *Leib, Körper.*

चतुःशाल 1) Adj. *vier Hallen* oder *Stuben enthaltend.* — 2) m. (Mṛkkh. 46,2) *ein vierhalliges Gebäude.*

चतुःशालक n. und °शालिका f. (Pańkad.) = चतुःशाल 2).

चतुःशिव m. N. pr. eines Autors.

चतुःशिखण्ड Adj. (f. आ) *vier Haarstränge habend.*

चतुःशिल n. *ein Haufe von vier Steinen* Kauç. 36.

चतुःशृङ्ग 1) Adj. *vierhörnig.* — 2) m. N. pr. eines Berges.

चतुःश्रुति Adj. *vier Intervalle habend* S.S.S. 26.

चतुःश्रोत्र Adj. (f. आ) *vierohrig.*

चतुष्क 1) Adj. *a) aus vier bestehend* Çulbas. 1,49. — *b) um vier vermehrt.* शत n. *104* d. i. *4 Procent* Bhâg. 104. — 2) m. N. pr. eines Mannes. — 3) *f. ई *a) ein viereckiger Teich.* — *b) ein Bettvorhang zum Schutz gegen Mücken.* — *c)* = 4) *e).* — 4) n. *a) Vierzahl, Verein von Vieren.* — *b) eine Art Halle.* — *c) ein viereckiger zum Empfang von Gästen besonders hergerichteter Platz* Prasannar. 50,9. Pańkad. Am Ende eines adj. Comp. f. आ Pańkat. ed. Bomb. 4,4,3. — *d)* **Kreuzweg.* — *e)* **ein Perlenschmuck aus vier Schnüren.* — *f)* angeblich = अंसयोः कक्षोश्चान्तरालम्.

चतुष्कपर्द Adj. (f. आ) *vier Flechten habend.*

चतुष्कर्ण 1) Adj. *wobei nur vier Ohren theilnehmen.* Nom. abstr. °ता f. Instr. so v. a. *unter vier Augen.* — 2) f. ई N. pr. einer der Mütter im Gefolge Skanda's.

चतुष्कल Adj. R. ed. Bomb. 5,35,18 nach dem Comm. = चतस्रः कलाश्चतुर्वेदप्राप्तिसूचकाङ्गुष्ठमूलरेखा यस्य सः. v. l. चतुष्कक्ष.

चतुष्कवेश्मन् n. = चतुष्क 4) *b)* Vikramâṅkak. 15,15.

चतुष्कारिन् Adj. *vier Dinge bewirkend* Nâr. 1,9.15.

चतुष्किका f. 1) *Vierzahl.* — 2) *eine auf vier Pfeilern ruhende Halle* Râǵat. 8,23. Viddh. 10,6. im Prâkrit Bâlar. 131,16. 132,4.

°चतुष्किन् Adj. *eine Vierzahl von — habend.*

चतुष्किष्कु Adj. *vier Ellen lang* R. ed. Bomb. 5,35,18.

चतुष्कृष्ण Adj. *vier schwarze Körpertheile habend* R. 5,32,13.

चतुष्कोण 1) Adj. *viereckig* Hemâdri 1,621,13. — 2) m. n. *Viereck* Hemâdri 1,790,11.

चतुष्क्रम m. *ein viergliedriger* Krama 11) RV. Prât. 11,10.

चतुष्खण्ड Adj. (f. आ) *aus vier Theilen bestehend* Comm. zu Kûlikop. S. 219.

चतुष्टय 1) Adj. (f. ई) *viererlei, aus Vieren bestehend, vier* (Bhâg. P.). — 2) n. *a) Vierzahl, ein Verein von Vieren.* Am Ende eines adj. Comp. f. आ Hemâdri 1,725,16. — *b) das erste, vierte, siebente und zehnte Zodiakalbild* Varâh. Jogaj. 4,48. — *c)* **eine best. aus vier Abtheilungen bestehende Sammlung von* Sûtra.

चतुष्टोम s. चतुःष्टोम.

चतुष्पक्ष Adj. (f. आ) *mit vier Seitenpfosten versehen* AV. 9,3,21.

चतुष्पञ्च und °न् (Bhâg. P.) Adj. Pl. *vier oder fünf.*

चतुष्पञ्चाश Adj. *der 54ste.*

चँतुष्पञ्चाशत् f. *vierundfünfzig.*

चतुष्पञ्चाशत्तम Adj. *der 54ste* MBH. ed. Bomb.

चतुष्पत्त्री f. *Marsilea quadrifolia* BHÂVAPR. 4,77.

चतुष्पथँ 1) m. n. *Kreuzweg.* — 2) *m. *ein Brahman.* — 3) n. *eine best. an einer Feuergrube vorgenommene Ceremonie.*

चतुष्पथनिकेता f. N. pr. einer der Mütter im Gefolge Skanda's.

चतुष्पथरता f. desgl.

चँतुष्पद् und °पाद् (auch in schwachen Casus) 1) Adj. (f. °पदी) *a) vierfüssig; m. ein vierfüssiges Thier,* n. (Nom. °पाद्) *das Vierfüssige, d. i. Thier.* — *b)* f. °द्री *vier Schritte gethan habend.* — *c) aus vier Gliedern bestehend, viertheilig, vierstollig.* — 2) f. चतुष्पदी *eine Art Composition* S. S. S. 164.

1. चतुष्पद् 1) am Anfange eines Comp. *vier Stollen.* — 2) n. Sg. und Pl. *vier Felder oder Fächer* AGNI-P. 40,16. 18.

2. चँतुष्पद् 1) Adj. (f. आ) *a) vierfüssig.* — *b) vierstollig.* — *c) aus vier Wörtern bestehend.* — *d) tetranomisch.* — 2) m. *a) ein vierfüssiges Thier.* — *b)* Bez. *bestimmter Zodiakalbilder.* — *c)* **quidam coeundi modus.* — 3) f. आ *ein best. Metrum.* — 4) n. *ein best.* 2. करण 4) *n).*

चतुष्पदिका f. *ein best. Metrum.*

चतुष्पदी s. u. चतुष्पद्.

*चतुष्पर्णी f. *Oxalis pusilla* RÂGAN. 5,100.

चतुष्पर्याय Adj. *vier Wendungen habend* (ein Stoma) VAITÂN.

चतुष्पर्व Adj. (f. आ) *viergliederig* AIT. ÂR. 38,15.

*चतुष्पाटी f. *Fluss.*

*चतुष्पाठी f. *eine Schule, in der die vier* Veda *studirt werden.*

*चतुष्पाणि Adj. *vierhändig;* m. Bein. Vishṇu's.

चतुष्पाद् s. u. चतुष्पद्.

चँतुष्पाद 1) Adj. *a) vierfüssig;* f. ई. — *b) viertheilig;* f. आ Verz. d. Oxf. H. 56,*a*,3. — 2) m. *ein vierfüssiges Thier.* — 3) f. चतुष्पादी *ein Complex von 4 Füssen.*

चतुष्पादक Adj. (f. °दिका) *vierstollig* KÂRAND. 40,5. 13.

चतुष्पादसमन्वय m. *das Zusammentreffen der vier Requisite der Heilkunde* BHÂVAPR. 4,8.

चतुष्पादसिद्धि f. *vollständige Kenntniss der vier Requisite der Heilkunde* KARAKA 3,8.

*चतुष्पुण्ड्रा f. *Abelmoschus esculentus.*

*चतुष्फला f. *Uraria lagopodioides.*

चतुःषष्ट Adj. 1) *der 64ste.* — 2) *von 64 begleitet,* + *64.*

चतुःषष्टि f. 1) *vierundsechzig.* — 2) *die 64 Künste.* — 3) **der* Ṛgveda.

चतुःषष्टिकलागम m. und °कलाशास्त्र n. *das über die 64 Künste handelnde Lehrbuch* Ind. St. 1,22. WEBER, Lit. 293, fg.

चतुःषष्टितम Adj. *der 64ste.*

चतुःषष्ट्यङ्ग Adj. *64theilig.* ज्योतिःशास्त्र n. MUDRÂR. 3,8 (8,5).

1. चतुःष्टोमँ m. *ein viertheiliger* Stoma, *dessen einzelne Glieder je um vier Verse wachsen.*

2. चतुःष्टोम 1) Adj. *mit einem viertheiligen* Stoma *verbunden.* — 2) m. *ein solcher* Ekâha.

चतुँस् Adv. *viermal.* Ungenau für *vier* Spr. 2183, v. l.

चतुस्ताल m. *ein best. Tact* S. S. S. 211.

चतुस्त्रिंशँ 1) Adj. (f. ई) *a) der 34ste.* — *b) von 34 begleitet,* + *34.* — *c) 34 enthaltend.* — 2) m. *ein 34 theiliger* Stoma.

*चतुस्त्रिंशज्जातकज्ञ m. *ein* Buddha.

चँतुस्त्रिंशत् f. *vierunddreissig.* चतुस्त्रिंशदत्तर Adj. (f. आ) *34 silbig.* चतुस्त्रिंशद्रात्रम् Acc. *34 Tage hindurch.*

चतुस्त्रिंशत्संमित n. प्रजापतेश्च° Name eines Sâman ÂRSH. BR.

चतुःसंस्थ Adj. *aus vier liturgischen Sätzen bestehend* VAITÂN.

चतुःसन Adj. *die vier Söhne* Brahman's (Sanaka, Sanandana, Sanâtana und Sanatkumâra) *in sich enthaltend.*

चतुःसंधि Adj. *aus vier Theilen zusammengesetzt* AIT. BR. 1,25.

चतुःसप्तत Adj. *der 74ste.*

चतुःसप्तति f. *vierundsiebenzig.*

चतुःसप्ततितम Adj. *der 74ste.*

चतुःसप्तात्मन् Adj. *28gestaltig* Ind. St. 9,140.

चतुःसम 1) Adj. *dessen vier paarige Körpertheile* (Arme, Knie, Schenkel und Wangen Comm.) *symmetrisch sind.* — 2) n. *ein Gemisch von Sandelholz, Agallochum, Moschus und Saffran zu gleichen Theilen* BHÂVAPR. 3,143. Auch *ein andres Gemisch.*

चँतुःसमुद्र Adj. (f. ई) *vier Meere habend* ṚV. 10, 47,2. *von vier Meeren eingeschlossen* BÂLAR. 301,2.

चँतुःसहस्र n. *viertausend.*

चतुःसाधन Adj. *vier Verfahrungsarten habend* NÂR. 1,9. 13.

चतुःसाहस्रक Adj. (f. °स्रिका) *aus viertausend bestehend* Verz. d. Oxf. H. 56,*a*,4.

चँतुःस्तना und चतुःस्तनाँ Adj. f. *vierzitzig, mit vier zitzenähnlichen Zapfen versehen* MAITR. S. 3,1,7.

चतुःस्तोत्र Adj. *aus vier* Stotra *bestehend* KÂTJ. ÇR. 12,6,4.

चतुःस्थान Adj. *vier Grundlagen habend* NÂR. 1,9.

चँतुःस्रक्ति 1) Adj. *vierkantig, viereckig.* — 2) f. = उत्तरवेदि TAITT. ÂR. 4,11,4. 5,9,6.

चतूराजी f. *die vier Könige,* Bez. des ehrenvollen Ausgangs im Spiele Katuraṅga, wobei ein König alle vier Throne in Besitz nimmt.

चतूरात्रँ *vier Tage.* °म् Acc. — *hindurch.* m. n. *eine best. viertägige Feier.*

चतूरूप Adj. *viergestaltig* Ind. St. 9,133.

*चत्तरात्र m. N. pr. eines Mannes. Vgl. चा°.

चत्त्र n. v. l. für चात्त्र.

चत्लक in अव°.

*चत्य Part. fut. pass. von चत्.

चत्र n. = चत्त्र.

चत्वाँर् (schwach चँतुर्) m. n. Pl. *vier.* Vgl. चतसृ. Bisweilen ungenau auch mit einem Fem. verbunden.

चत्वर m. n. (adj. Comp. f. आ) *ein viereckiger Platz, — Hof, Viertel in einer Stadt.*

चत्वरवासिनी f. N. pr. einer der Mütter im Gefolge Skanda's.

चत्वारिंशँ 1) Adj. (f. ई) *a) der 40ste.* — *b) von 40 begleitet,* + *40.* — *c) aus 40 bestehend.* — 2) m. *ein 40theiliger* Stoma.

चत्वारिंशत् f. *vierzig.* °शँत्पद Adj. (f. आ), °शद्दत्तर Adj. (f. आ) und °शद्रात्रँ m.

चत्वारिंशति f. dass.

*चत्वाल m. 1) = चावाल. — 2) *Mutterleib* (गर्भ). — 3) Kuça-*Gras* (दर्भ).

*चद्, चदति, °ते (याचने).

*चदिर m. 1) *der Mond.* — 2) *Kampfer.* — 3) *Elephant.* — 4) *Schlange.*

*चदेलवाल m. N. pr. eines Geschlechts.

चन् nur im Aor. चनिँष्टम् und चँनिष्टत् (!). Jenes in der Bed. *Gefallen finden —, sich erfreuen an* (Loc.); dieses mit caus. Bed. *erfreuen.*

चनँ (च नँ SV.) Indecl. 1) *auch nicht, selbst nicht, nicht einmal.* Steht unmittelbar nach dem Worte, auf welches der Nachdruck gelegt wird, und erscheint in der älteren Sprache oft ohne weitere Negation in dem Satze, während in der späteren Sprache diese niemals fehlt. In der klassischen Sprache nur nach einem Interr. mit negativer oder positiver Bed.; s. 1. क 2) *b*), कतम 4), कतर 3), कथम् 8), 1. कद् 7), कदा 6), किम् 2) *d*) *c*), कुतस् 9) und क्व 5) *c*). — 2) *auch* ṚV. 1,139,2. 6,26,7. 8,67,10.

चँनस् n. 1) *Gefallen Befriedigung.* Nur in Verbindung mit धा Act. Med. 1) *befriedigt sein durch, sich erfreuen an* (Acc. oder Loc.). — 2) *genehmigen.*

चनस्य्, °यति *Jmd* (Acc.) *mit* चनसित *anreden* Gop. Br. 1,3,19. 2,2,23.

चनसित Adj. etwa *genehm, willkommen.* Wird im Voc. allein oder dem Namen eines Brahmanen oder nach Andern dem eines Kshatrija und Vaiçja angehängt.

चनसितवत् Adj. *von dem Wort* चनसित *begleitet* Gop. Br. 1,3,19.

चनस्य्, °स्यति *sich erfreuen an* (Acc.).

चनिष्ठ Adj. Superl. 1) *sehr genehm, — willkommen.* — 2) *sehr gnädig, — huldvoll.*

चनोधा Adj. *gnädig.*

चनोहित Adj. *geneigt gemacht, bereitwillig.*

*चन्द्, चन्दति (कान्तिकर्मन्, दीप्तौ, आह्लादने). Vgl. श्चन्द्.

*चन्द m. *der Mond.*

*चन्दक m. 1) *der Mond.* — 2) *Mondschein.* — 3) *ein best. Fisch.*

*चन्दकपुष्प n. *Gewürznelke.* Richtig चन्दनपुष्प.

चन्दन 1) m. n. (adj. Comp. f. आ) *Sandelbaum, — holz, pulverisirtes Sandelholz.* Am Ende eines Comp. als Ausdruck *des Vorzüglichsten in seiner Art.* — 2) m. N. pr. *a)* eines göttlichen Wesens Lalit. 6,20. — *b)* verschiedener Männer. — *c)* eines Affen. — 3) f. आ *a)* **ein best. Schlingstrauch.* — *b)* N. pr. eines Flusses. — 4) f. ई N. pr. eines Flusses. — 5) *n. *eine best. Pflanze,* = भद्रकाली.

चन्दनक m. N. pr. eines Mannes.

*चन्दनगिरि m. Bein. des *Gebirges* Malaja.

*चन्दनगोपा f. *ein Ichnocarpus* Rágan. 12,126.

चन्दनदास m. ein Mannsname Mudrâr. 31,8.

चन्दनधारणविधि m. Titel eines Werkes.

चन्दनपङ्क m. *Sandelsalbe.*

चन्दनपात m. *das Auflegen von Sandel* Spr. 4713.

*चन्दनपाल m. N. pr. eines Fürsten.

चन्दनपुत्रिका und °पुत्री f. N. pr. einer mythischen Puppe Ind. St. 14.

चन्दनपुर n. N. pr. einer *Stadt.*

*चन्दनपुष्प und *°क (Rágan. 12,86) n. *Gewürznelke.*

चन्दनमय Adj. *aus Sandelholz gemacht, aus Sandel bestehend* Kâd. 244,16.

चन्दनरस m. (310,4) und चन्दनवारि n. *wässeriger Auszug von Sandelholz.*

चन्दनसार 1) = चन्दनरस. — 2) *m. *eine Art Aetzkali.*

*चन्दनसारिवा f. *ein Ichnocarpus* Rágan. 12,126.

चन्दनाग्र्य m. N. pr. eines Mannes Lalit. 202,2.

*चन्दनाचल und चन्दनाद्रि m. = चन्दनगिरि.

चन्दनाम्भस् n. = चन्दनरस.

चन्दनाय्, °यते *zu einem Sandelbaum werden.*

चन्दनावती f. wohl N. pr. eines Flusses.

चन्दनिन् Adj. *mit Sandel bestrichen* (Çiva).

*चन्दनीया f. *ein best. gelbes Pigment.*

चन्दनोदक n. = चन्दनरस 249,23.

चन्दनोदकदुन्दुभि m. Bein. eines Bhava.

चन्दलदेवी f. N. pr. einer Fürstin, = चन्द्रलेखा Vikramâñkak. 11,68.

चन्दला f. ein Frauenname.

*चन्दिर m. 1) *der Mond.* — 2) Bein. Budha's (*Mercurs*) Gal. — 3) *Elephant.*

चन्द्र 1) Adj. (f. आ) *a) schimmernd, lichtfarbig.* — *b) lieblich.* चन्द्रतरम् Adv. *lieblicher.* — 2) m. *a) der Mond, Mondgott.* Am Ende eines adj. Comp. f. आ. — *b)* am Ende eines Comp. *der Mond unter,* so v. a. *der Vorzüglichste unter* 290,14. — *c)* Bez. *der Zahl Eins.* — *d)* **eine liebliche, freundliche Erscheinung.* — *e) ein mondähnlicher Fleck.* — *f)* **das Auge im Pfauenschweife.* — *g)* das Visarga-*Zeichen.* — *h)* **eine röthliche Perle.* — *i) Kampher* Agni-P. 35,15. — *k)* **Wasser.* — *l)* **eine best. Pflanze.* — *m) ein best. Metrum.* — *n)* N. pr. α) eines Daitja. — β) verschiedener Männer. — γ) *eines Dvîpa. — δ) eines Berges. — 3) (*m.) n. *Gold.* — 4) f. चन्द्रा *a)* **eine nur von oben gedeckte Halle.* — *b)* **Kardamomen.* — *c)* **Cocculus cordifolius.* — *d)* **Galläpfel auf Rhus* Rágan. 6,157. — *e)* N. pr. eines Flusses VP. 2,4,28. — 5) *f. ई *Serratula anthelminthica* Rágan. 4,63. — 6) n. *a)* **Fruchtessig, saurer Reisschleim.* — *b)* Name eines Sâman.

चन्द्रक 1) m. (adj. Comp. f. चन्द्रिका) *a)* am Ende eines adj. Comp. *Mond.* — *b) ein mondähnlicher Fleck.* — *c) das Auge im Pfauenschweife.* — *d)* **Fingernagel.* — *e) ein best. Seefisch.* — 2) f. चन्द्रिका *a) Mondschein.* Am Ende eines Comp. so v. a. *eine glänzende Erscheinung.* कीर्ति° *ein glänzender Ruhm* Vikramâñkak. 5,37. — *b)* **Mondschein,* so v. a. *Glatze* Gal. — *c)* **ein best. Fisch.* — *d)* **Kardamomen.* — *e) Gartenkresse* Bhâvapr. 1,167. — *f)* **Gynandropsis pentaphylla* Rágan. 3,125. — *g)* **Jasminum Zambac* Rágan. 10,83. — *h)* **Trigonella foenum graecum.* — *i)* **eine weiss blühende* Kaṇṭakârî. — *k) ein best. Metrum.* — *l) ein best. Tact* S. S. S. 227. — *m)* Titel eines Commentars zum Kâvjâdarça. Häufig am Ende eines Comp. in der Bed. von *Erläuterung, Commentar.* — *n)* Bein. der Dâkshâjaṇî. — *o)* N. pr. α) eines Frauenzimmers. — β) einer Surâñganâ Ind. St. 15. — γ) *eines Flusses. — 3) *n. *schwarzer Pfeffer.*

चन्द्रकमलाकर m. Titel eines Werkes.

चन्द्रकला f. 1) *der 16te Theil der Mondscheibe, die Mondsichel am Tage vor oder nach dem Neumonde.* — 2) *Spur einer Fingernagelwunde in der Gestalt der Mondsichel.* — 3) **ein best. Fisch.* — 4) **eine Art Trommel.* — 5) *ein best. Tact* S. S. S. 213. — 6) Titel eines Schauspiels.

चन्द्रकलाकारक Titel eines Werkes.

चन्द्रकलातन्त्र n. desgl.

*चन्द्रकवत् m. *Pfau.*

चन्द्रकवि m. N. pr. eines *Dichters.*

चन्द्रकाटुकि (!) m. N. pr. eines Mannes.

चन्द्रकान्त 1) Adj. *lieblich wie der Mond* Spr. 7822. — 2) m. *ein best. Edelstein,* der nach der Sage aus den Strahlen des Mondes gebildet ist, nur bei Mondschein glänzt und dann eine kühl anzufühlende Feuchtigkeit ausschwitzt, 249,23. — 3) *m. n. *die in der Nacht blühende weisse essbare Wasserlilie.* — 4) f. आ *a)* **die Gattin des Mondes.* — *b)* **Nacht* Rágan. 21,46. — *c)* N. pr. einer Surâñganâ Ind. St. 15,444. — 5) f. आ und n. N. pr. einer Stadt. — 6) *n. *Sandelholz.*

चन्द्रकान्तमणिमय Adj. *aus dem Edelstein* Kandrakânta *verfertigt* Ind. St. 15,267. 294. Kâd. 2, 17,23.

चन्द्रकान्तमय Adj. dass. Kâd. 240,14.

चन्द्रकान्तरत्नमय Adj. dass. Ind. St. 15,442.

चन्द्रकान्ति 1) f. *die Mondscheibe am 9ten Tage.* — 2) m. N. pr. eines Helden der Kâlikâ Ind. St. 14.

चन्द्रकालानल und °चक्र n. *ein best. Diagramm.*

चन्द्रकित Adj. *mit mondähnlichen Flecken versehen.* Am Ende eines Comp. Kâd. 64,8.

चन्द्रकिन् m. *Pfau* Du. V. 23,8.

चन्द्रकीर्ति m. N. pr. eines Gelehrten. °सूरि m. desgl. Ind. St. 14,363.

चन्द्रकुण्ड m. N. pr. eines Teiches in Kâmarûpa.

चन्द्रकुमारशिखर n. N. pr. einer Oertlichkeit.

चन्द्रकुल n. N. pr. einer Stadt.

चन्द्रकुल्या f. N. pr. eines *Flusses.*

चन्द्रकूट m. N. pr. eines *Berges* in Kâmarûpa.

चन्द्रकेतु m. N. pr. 1) verschiedener Männer VP.[2] — 2) eines Vidjâdhara. — 3) eines Helden der Kâlikâ Ind. St. 14.

चन्द्रकेश m. N. pr. eines Helden der Kâlikâ Ind. St. 14.

चन्द्रकेसरिन् m. desgl. ebend.

चन्द्रकोश m. Titel eines *Wörterbuchs.*

चन्द्रक्रीड m. *ein best. Tact* S. S. S. 237.

चन्द्रतप m. *Neumond* M. 3,122.

चन्द्रतात m. N. pr. eines Mannes B. A. J. 9,240.

चन्द्रगर्भ m. Titel eines buddh. Sûtra.

चन्द्रगिरि m. N. pr. 1) eines *Berges.* — 2) eines Fürsten.

चन्द्रगुप्त m. 1) N. pr. verschiedener Fürsten Hem. Par. 8,239. — 2) *fehlerhaft für चित्रगुप्त.

चन्द्रगुप्तक m. = चन्द्रगुप्त 1) Spr. 2875.

चन्द्रगुप्तीगिरि m. N. pr. einer Oertlichkeit.

चन्द्रगोमिन् m. N. pr. eines Grammatikers.

*चन्द्रगोल m. *Mondscheibe.* °स्थ m. Pl. *die Manen.*

*चन्द्रगोलिका f. *Mondschein.*

चन्द्रग्रह m. (Hemâdri 1,435,1) und °ग्रहण n. *Mondfinsterniss.* °ग्रहणोदाहरण n. Titel eines Werkes.

*चन्द्रचञ्चल m. und *°ला f. *ein best. Fisch.*

चन्द्रचूड m. 1) Bein. Çiva's Bâlar. 272,13. — 2) *eine Form* Bhairava's. — 3) N. pr. *a*) eines Helden der Kâlikâ Ind. St. 14. — *b*) eines Autors. — *c*) eines Fürsten Ind. St. 14.

चन्द्रचूडामणि m. Titel eines Werkes.

चन्द्रचूडाष्टक n. Titel einer Hymne.

चन्द्रज m. Patron. Budha's (*Mercurs*).

*चन्द्रजनक m. *das Meer* Gal.

चन्द्रजसिंह m. N. pr. eines Mannes.

चन्द्रज्ञान n. Titel eines Werkes. Auch °तन्त्र n.

चन्द्रट m. N. pr. eines alten Arztes.

चन्द्रतापन m. N. pr. eines Dânava.

चन्द्रतारक n. *Mond und Sterne* Çat. Br. 14,6,7,13.

चन्द्रताल m. *ein best. Tact* S. S. S. 227.

चन्द्रत्व n. Nom. abstr. von चन्द्र *Mond* 252,29.

चन्द्रदक्षिण Adj. *Glänzendes oder Gold als Opfergeschenk darbringend.*

चन्द्रदत्त m. N. pr. eines Autors.

*चन्द्रदार m. Pl. *die Gattinnen des Mondes, die Mondhäuser.*

चन्द्रदीपिका f. Titel eines astrol. Werkes Comm. zu Varâh. Bṛh. 6,6.

चन्द्रदूत m. Titel eines Gedichts.

चन्द्रदेव m. N. pr. verschiedener Männer.

चन्द्रद्युति m. *Sandelholz.*

चन्द्रद्वीप m. N. pr. eines Dvîpa.

*चन्द्रध्वजकेतु m. *ein best.* Samâdhi.

चन्द्रनाभ m. N. pr. eines Dânava.

चन्द्रनारायणभट्टाचार्य m. N. pr. eines *Lehrers.*

चन्द्रनारायणी f. Titel eines Werkes.

चन्द्रनिर्णिज् Adj. *ein schimmerndes Gewand habend.*

चन्द्रनिर्वृति m. N. pr. eines Mannes B. A. J. 1,97.

चन्द्रपञ्चाङ्ग n. *the luni-solar calendar.*

चन्द्रपति m. N. pr. eines Mannes.

चन्द्रपर्वत m. N. pr. eines *Berges* R. 6,2,37.

चन्द्रपाद m. *Mondstrahl.*

चन्द्रपाल m. N. pr. eines Helden der Kâlikâ Ind. St. 14.

चन्द्रपुर n. N. pr. einer *Stadt* B. A. J. 1,218.

चन्द्रपुष्पा f. *eine Art Solanum* Bhâvapr. 1,199.

चन्द्रपृष्ट (°पृष्ठ?) m. N. pr. eines Mannes Ind. St. 14.

चन्द्रप्रकाश m. Titel eines Werkes.

चन्द्रप्रभ 1) m. N. pr. verschiedener Männer. — 2) f. आ *a*) **Mondschein.* — *b*) **Serratula anthelminthica* Râgan. 4,65. — *c*) *ein best. Arzeneimittel* Bhâvapr. 4,225. Mat. med. 45. — *d*) ein Frauenname 123,30.

चन्द्रप्रभस्वामिचरित्र n. Titel eines Werkes.

चन्द्रप्रभासतीर्थ n. N. pr. eines Tîrtha.

चन्द्रप्रभास्वरराज m. N. pr. verschiedener Buddha.

चन्द्रप्रमर्दन n. N. pr. eines Bruders des Râhu.

चन्द्रप्रमाण Adj. *lunaris* Lâṭj. 10,16,13.

चन्द्रप्रासाद m. wohl = चन्द्रशाला 1).

चन्द्रप्रिय m. N. pr. eines Fürsten.

*चन्द्रबाला f. *grosse Kardamomen.*

चन्द्रबाहु m. N. pr. 1) eines Asura. — 2) eines Helden der Kâlikâ Ind. St. 14.

*1. चन्द्रबिन्दु m. *das Nasalzeichen* ँ.

2. चन्द्रबिन्दु Adj. *mondähnliche Flecken habend* Bhâvapr. 2,2.

चन्द्रबिम्ब n. *Mondscheibe* 249,21. 25. Spr. 7699.

चन्द्रबिम्बप्रभा f. N. pr. einer Gandharva-Jungfrau Kâraṇḍ. 5,16.

चन्द्रबिम्बमय Adj. *aus Mondscheiben bestehend* Kâd. 94,6.

चन्द्रबुध्न Adj. *dessen Boden licht ist.*

चन्द्रभ 1) m. N. pr. eines Wesens im Gefolge Skanda's. — 2) f. आ *ein Solanum* Bhâvapr. 1,199.

चन्द्रभाग N. pr. 1) m. *a*) *eines Mannes; s. चान्द्रभागि. — *b*) eines Berges. — 2) f. आ (und *ई) eines Flusses Râgan. 14,23.

चन्द्रभागसरित् f. = चन्द्रभाग 2).

चन्द्रभानु m. N. pr. eines Sohnes des Kṛshṇa.

चन्द्रभास m. 1) **Schwert.* — 2) N. pr. eines Helden der Kâlikâ Ind. St. 14.

*चन्द्रभूति n. *Silber* Râgan. 13,15.

*चन्द्रमणि m. = चन्द्रकान्त 2).

चन्द्रमण्डल n. 1) *Mondscheibe.* — 2) **ein Hof um den Mond.*

चन्द्रमत n. *die Lehre des Mondes,* d. i. — *der Verehrer des Mondes.*

*चन्द्रमनस् m. N. pr. eines der Rosse des Mondgottes.

चन्द्रमय Adj. (f. ई) *ganz Mond seiend* Kâd. 244; 14. Harshak. 90,15.

चन्द्रमस् m. 1) *der Mond, der Mondgott.* Erscheint als Dânava und als einer der acht Vasu. — 2) N. pr. eines Helden der Kâlikâ Ind. St. 14.

चन्द्रमस 1) in अव°. — 2) f. आ N. pr. eines Flusses Bhâg. P. ed. Bomb. 4,28,35. Vgl. चन्द्रवशा.

*चन्द्रमह m. *Hund.*

चन्द्रमा f. N. pr. eines Flusses.

*चन्द्रमार्ग m. *der Luftraum* Gal.

चन्द्रमाला f. 1) *ein best. Metrum.* — 2) N. pr. eines Flusses.

चन्द्रमास m. *Mondmonat.*

चन्द्रमुकुट m. Bein. Çiva's Prasannar. 157,10.

चन्द्रमुख 1) m. N. pr. eines Mannes. — 2) f. ई *a*) *ein best. Gefäss in der vulva* Bhâvapr. 1,18. — *b*) *ein best. Metrum.* — *c*) N. pr. einer Surâṅganâ Ind. St. 15.

चन्द्रमुखवर्मन् m. N. pr. eines Fürsten Harshak. 187,15.

चन्द्रमौलि 1) Adj. *einen Mond auf dem Kopfe habend.* — 2) m. *a*) Bein. Çiva's. — *b*) N. pr. eines Mannes Ind. St. 15. — 3) f. *ein best. Gefäss in der vulva* Bhâvapr. 1,18.

चन्द्रमौलिन् m. Bein. Çiva's Hemâdri 1,308,21. 371,23.

चन्द्रयोग m. *eine Conjunction des Mondes mit einem Sternbilde.*

*चन्द्ररत्न n. *Perle* Gal.

चन्द्ररथ m. *dessen Wagen schimmert.*

चन्द्रराज m. N. pr. verschiedener Männer Ind. St. 15,373.

चन्द्ररेखा f. 1) *Mondsichel.* — 2) * *eine best. Pflanze.* — 3) N. pr. einer Surâṅganâ Ind. St. 15,241.

*चन्द्ररेणु m. *Plagiarius.*

चन्द्रर्तु m. *eine lunare Jahreszeit* Ind. St. 10,309.

चन्द्रललाट Adj. *einen Mond auf der Stirn habend,* von Çiva Gaut.

चन्द्रललाम m. Bein. Çiva's.

चन्द्रला f. ein Frauenname.

चन्द्रलेख 1) m. N. pr. eines Rakshas. — 2) f. आ *a*) *Mondsichel.* — *b*) * *Serratula anthelminthica* Râgan. 4,62. — *c*) Name *verschiedener Metra.* — *d*) N. pr. α) verschiedener Frauen Vikramâṅkak. 8, 4. — β) einer Tochter des Schlangendämons Suçravas.

चन्द्रलोक m. Pl. *die Welten des Mondes* Çat. Br. 14,6,6,1. चन्द्रादिलोके Kap. 6,56.

चन्द्रलोचन m. N. pr. eines Dânava.

*चन्द्रलोहक (Râgan. 13,14), *°लोह und *°लौ-

हक n. Silber.

चन्द्रवंश m. *das vom Mondgott abstammende Königsgeschlecht.*

चन्द्रवक्त्रा f. N. pr. einer Stadt.

चन्द्रवत्स m. Pl. N. pr. eines Volkes.

चन्द्रवदना f. *eine Mondantlitzige* **Dhûrtan.** 51.

चन्द्रवन्त् 1) Adj. *a) mondhell. — b) reich an Gold.* — 2) f. चन्द्रवती N. pr. *a)* verschiedener Frauen. — *b)* einer Oertlichkeit.

चन्द्रवन्ध्य m. N. pr. eines Mannes.

चन्द्रवपुस् Adj. *schön wie der Mond* 290,14.

चन्द्रवरलोचन m. *ein best.* Samâdhi **Kâraṇḍ.** 51,18. 93,1.

चन्द्रवर्ण Adj. *von schimmernder, lichter Farbe.*

चन्द्रवर्त्मन् n. *ein best. Metrum.*

चन्द्रवर्मन् m. N. pr. verschiedener Fürsten.

*चन्द्रवल्लरी f. *Ruta graveolens* oder *eine best. Gemüsepflanze.*

*चन्द्रवल्ली f. 1) *Paederia foetida.* — 2) *Ruta graveolens.* — 3) = माधवी *Gaertnera racemosa* (?).

चन्द्रवशा f. N. pr. eines Flusses **Bhâg. P.** ed. Bomb. 5,19,18. Vgl. चन्द्रमसा und चन्द्रवसा.

चन्द्रवसा f. N. pr. eines Flusses. v. l. चन्द्रमसा und चन्द्रवशा.

चन्द्रवाहन m. N. pr. eines Fürsten Ind. St. 14.

चन्द्रविक्रम m. N. pr. eines Helden der Kâlikâ Ind. St. 14.

चन्द्रविन्न m. N. pr. eines Fürsten.

*चन्द्रविमल m. *ein best.* Samâdhi.

चन्द्रविमलसूर्यप्रभासश्री m. N. pr. eines Buddha.

*चन्द्रविहंगम m. *Ardea nivea.*

चन्द्रव्रत n. = चान्द्रायण 2).

चन्द्रशर्मन् m. N. pr. eines Brahmanen.

चन्द्रशाला f. 1) *ein Zimmer auf dem Dache eines Hauses.* Am Ende eines adj. Comp. f. आ. — 2) *Mondschein.*

*चन्द्रशालिका f. = चन्द्रशाला 1).

चन्द्रशिला f. 1) = चन्द्रकान्त 2). — 2) N. pr. einer der Mütter im Gefolge Skanda's. v. l. चन्द्रशीता.

चन्द्रशीता f. v. l. für चन्द्रशिला 2) **MBh.** 9,46,11.

चन्द्रशुक्ल m. N. pr. eines Upadvîpa.

चन्द्रशुभ्र Adj. (f. आ) *mondhell.*

चन्द्रशूर *Gartenkresse; m. die Pflanze, n. die Kerne* **Bhâvapr.** 1,167. 4,83.

चन्द्रशेखर m. 1) Bein. Çiva's. — 2) N. pr. *a)* verschiedener Männer. — *b)* eines Berges.

चन्द्रशेखरचम्पूप्रबन्ध m. Titel eines Werkes.

चन्द्रश्री N. pr. 1) m. eines Fürsten. — 2) f. eines Frauenzimmers.

*चन्द्रसचिव m. *der Liebesgott* **Gal.**

चन्द्रसंज्ञ m. *Kampher.*

*चन्द्रसंभव 1) m. Patron. Budha's (*Mercurs*). — 2) f. आ *kleine Kardamomen.*

चन्द्रसरस् n. N. pr. eines mythischen *Sees* 153,23.

चन्द्रसार m. N. pr. eines Mannes.

चन्द्रसाह्वि m. N. pr. eines *Fürsten.*

चन्द्रसिंह m. N. pr. 1) eines *Fürsten.* — 2) eines Helden der Kâlikâ Ind. St. 14.

चन्द्रसुत m. Patron. Budha's (*Mercurs*) **Varâh. Jogaj.** 10,11.

*चन्द्रसुरस m. *Vitex Negundo.*

चन्द्रसूक्त n. Name zweier Sâman **Vishṇus.** 56,20.

चन्द्रसूत्र n. Pl. *die* Sûtra *des Grammatikers* Kandra **Bühler,** Rep. No. 289.

चन्द्रसूरि m. N. pr. eines Gaina-*Gelehrten.*

चन्द्रसूर्यजिह्मीकरणप्रभ m. N. pr. eines Buddha **Lalit.** 365,6.

चन्द्रसूर्यप्रदीप m. desgl.

चन्द्रसेन m. N. pr. 1) eines Helden der Kâlikâ Ind. St. 14. — 2) eines Fürsten ebend.

चन्द्रसोम m. N. pr. eines Helden der Kâlikâ Ind. St. 14.

चन्द्रस्वामिन् m. N. pr. verschiedener Männer.

चन्द्रहन्, °हनु und °हन्तृ m. N. pr. verschiedener Dânava.

चन्द्रहास 1) m. *a) Schwert. — b)* Râvaṇa's *Schwert* **Megh. V.** — *c)* N. pr. α) eines Fürsten. — β) eines Helden der Kâlikâ Ind. St. 14. — 2) f. आ *a) ein Solanum* **Bhâvapr.** 1,199. — *b)* **Cocculus cordifolius* **Râgan.** 3,2. — *c)* N. pr. einer Joginî **Hemâdri** 2,*a*,99,6. — 3) *n. *Silber* **Râgan.** 13,15.

चन्द्रहासतीर्थ m. N. pr. eines Tîrtha.

चन्द्रांशु m. *Mondstrahl* 249,23.

चन्द्राकर m. N. pr. eines Mannes.

चन्द्राग्र Adj. (f. आ) 1) *einen schimmernden Gipfel habend* (Berg) **RV.** 5,41,14. — 2) *von schimmerndem Aussehen.*

चन्द्राङ्गद m. N. pr. eines Mannes.

चन्द्राचार्य m. N. pr. eines Grammatikers.

*चन्द्रातप m. 1) *Mondschein* **Râgan.** 21,46. — 2) *eine offene, mit einem blossen Dache versehene Halle.*

चन्द्रात्मज m. Patron. Budha's (*Mercurs*) **Varâh. Jogaj.** 6,17.

चन्द्रादित्य m. N. pr. eines Fürsten.

चन्द्रानन 1) Adj. *mondantlitzig.* — 2) m. *a)* Bein. Skanda's. — *b)* N. pr. α) eines Gina. — β) eines Helden der Kâlikâ Ind. St. 14.

चन्द्रापीड m. 1) Bein. Çiva's **Bâlar.** 288,9. — 2) N. pr. *a)* verschiedener Fürsten. — *b)* eines Helden der Kâlikâ Ind. St. 14.

चन्द्रापुर n. N. pr. einer *Stadt* **Râgan.** 11,249.

चन्द्रामृतरस m. *eine best. Arzenei* Mat. med. 81.

चन्द्राय्, °यति und °यते *den Mond darstellen, dem M. gleichen.* °यित n. impers. **Prasannar.** 143,8.

चन्द्रायण n. fehlerhaft für चान्द्रायण 2).

*चन्द्रारि m. *des Mondes Feind,* Bein. Râhu's **Gal.**

चन्द्रार्कदीप m. N. pr. eines Buddha.

चन्द्रार्की f. Titel eines Werkes.

चन्द्रार्ध m. 1) *Halbmond.* — 2) *ein halbmondähnliches Zeichen* LA. 10,8.

चन्द्रार्धचूडामणि (158,5) und °र्धमौलि (**Kândak.** 31,8) m. Bein. Çiva's.

चन्द्रालोक m. Titel eines Werkes.

चन्द्रावतंसक m. N. pr. eines Mannes.

चन्द्रावती f. N. pr. 1) einer Fürstin. — 2) einer Stadt (LA. 37,1) und eines Wallfahrtsortes.

चन्द्रावर्ता f. *ein best. Metrum.*

चन्द्रावली f. N. pr. 1) einer Joginî **Hemâdri** 2,*a*,99,9. — 2) einer Gespielin Kṛshṇa's.

चन्द्रावलोक m. N. pr. eines Fürsten.

चन्द्राश्व m. N. pr. eines Sohnes des Dhundhumâra.

*चन्द्रास्पद n. *Galläpfel auf Rhus* **Nigh. Pr.**

*चन्द्राह्वय m. *Kampher.*

चन्द्रि in महाकरुणा°.

*चन्द्रिकाद्राव m. = चन्द्रकान्त 2).

*चन्द्रिकापायिन् m. *der Vogel* Kakora **Râgan.** 19,115.

*चन्द्रिकाम्बुज n. *eine bei Mondschein sich öffnende Lotusblüthe.*

*चन्द्रिकाशन m. *der Vogel* Kakora **Gal.**

चन्द्रिन् 1) Adj. *a) golden. — b) Gold besitzend.* — 2) m. *der Planet Mercur.*

*चन्द्रिमा f. *Mondschein.*

*चन्द्रिल m. 1) *Barbier.* — 2) Bein. Çiva's. — 3) *Chenopodium.*

चन्द्रेशलिङ्ग n. Name eines Liṅga.

चन्द्रेश्वरतीर्थ n. N. pr. eines Tîrtha.

*चन्द्रेष्टा f. *eine bei Nacht blühende Nymphaea.*

चन्द्रोत्तर्य m. *ein best.* Samâdhi **Kâraṇḍ.** 52,4.

चन्द्रोदय 1) m. *a) Mondaufgang* **Kumâras.** 3,67. — *b) *eine nur oben gedeckte Halle.* — *c) ein best. medicinisches Präparat.* — *d)* N. pr. eines Kriegers. — 2) f. आ *ein best. Augenmittel.*

चन्द्रोदयमकरध्वज m. *ein best. medicinisches Präparat* Mat. med. 60.

चन्द्रोन्मीलन n. Titel eines Werkes. Auch °चन्द्रिका f. und °तन्त्र n.

चन्द्रोपराग m. *Mondfinsterniss.*

चन्द्रोपल m. = चन्द्रकान्त 2) Spr. 7770. Ind. St.

15,210. Prasannar. 147,10.

*चन्धन m. N. pr. eines Mannes. Vgl. चान्धनायन.

चन्धनि in श्रेाप°.

चन्नुभट्ट m. N. pr. eines Autors.

*चप्, चपति (सान्त्वने), चपयति (परिकल्कने).

*चपट m. = चपेट 1).

चपल 1) Adj. (f. आ) *sich hinundher bewegend, beweglich, schwankend; rasch bei der Hand, flüchtig, unbeständig; leichtfertig, — sinnig, unbesonnen.* In Comp. mit dem woran sich die Beweglichkeit u. s. w. äussert. °म् Adv. *schnell, rasch.* — 2) m. *a) eine Mausart.* — *b) * Fisch.* — *c) * Wind* Gal. — *d) * Quecksilber.* — *e) * schwarzer Senf* Râǵan. 16, 65. — *f) * eine Art Parfum.* — *g) * ein best. Stein.* — *h)* N. pr. α) eines Krankheitsdämons Hariv. 9562. — β) eines Fürsten. — 3) f. आ *a) Blitz.* — *b) * langer Pfeffer.* — *c) * Zunge.* — *d) ein leichtsinniges Weib.* — *e) * ein berauschendes Getränk.* — *f) * die berauschenden Spitzen vom Hanf.* — *g) Glück, die Glücksgöttin.* — *h)* Name *zweier Metra.* — *i) eine best.* Çruti S. S. S. 24. — 4) n. *ein best. Metall.*

चपलक Adj. *leichtfertig, unbesonnen.*

चपलगण m. *leichtfertiges Volk, böse Buben* 290,10.

चपलता f. *Leichtfertigkeit, Unbesonnenheit.*

*चपलनाशय m. *Indigestion, Blähungen.*

चपलय्, °यति *Jmd unbesonnen machen, zu einer Unbesonnenheit verleiten.*

चपलाक्ष Adj. (f. ई) *die Augen hinundher bewegend, mit den A. spielend* Vikramâṅkak. 9,128.

*चपलाङ्ग m. *Delphinus gangeticus.*

चपलाङ्गन m. *ein leichtsinniges Weib* und zugleich *die Glücksgöttin.*

चपलाय्, °यते *sich hinundher bewegen, hinundher springen* (von Affen) Harshak. 36,10.

चपेट 1) m. und f. (आ) *ein Schlag mit der flachen Hand.* — 2) f. ई *a)* dass. Bâlar. 258,16. — *b) der 6te Tag in der lichten Hälfte des* Bhâdrapada.

*चपेटाघात m. *ein Schlag mit der flachen Hand.*

चपेटापातन n. dass. °नातिथि *einen Schlag mit der flachen Hand bekommend.*

*चपेटिका f. *ein Schlag mit der flachen Hand.*

चम्, चमति und *चम्नोति *schlürfen* Comm. zu Ǵaim. 3,5,22. Missbräuchlich auch vom Genuss fester Speisen. — Mit आ, आचामति 1) *einschlürfen, Wasser einschlürfen, den Mund ausspülen mit* (Instr.). आचान्त mit act. und pass. Bed. — 2) *einschlürfen,* so v.a. *rasch verschwinden machen, ganz in sich aufnehmen, absorbiren* Vikramâṅkak. 9, 119. Prasannar. 130,15. Harshak. 131,19. 177,3. — Caus. 1) आचमयति *schlürfen lassen* Çâṅkh. Gṛhj. 2,6. — 2) आचामयति *Jmd* (Acc.) *Wasser schlürfen lassen.* — Mit अन्वा, °चामति *wieder den Mund ausspülen.* — Mit पर्या, °चान्त in Verbindung mit अन्न *Speise, nach der sich Jmd früher als die Andern den Mund gespült hat.* — Mit समा, °चम्य *Wasser schlürfend.* — Mit *नि, °चमति.

चम m. Pl. = चमकसूक्त Mahâbh. 5,32,b.

चमक m. N. pr. eines Mannes.

चमकसूक्त n. Bez. *der Sprüche* VS. 18,1—27.

चमत् Adv. mit कर् 1) *einen Ausdruck des Staunens ausstossen* Naish. 6,13. — 2) *Staunen erregen* Prasannar. 147,13. °कृत *in Staunen versetzt* Ind. St. 15,361. 379. — 3) °कृत *stolz —, hochmüthig geworden* Bâlar. 65,9.

चमत्करण n. *das Staunen.*

चमत्कार m. 1) *das Staunen, Erstaunen, Ueberraschung.* — 2) * *Achyranthes aspera.*

चमत्कारचिन्तामणि m. Titel eines Werkes.

*चमत्कारनगर n. N. pr. einer *Stadt*, = वृद्धनगर Gal.

चमत्कारनृत्य n. *eine Art Tanz* S. S. S. 262.

चमत्कारित Adj. *in Staunen versetzt.*

चमत्कारिन् Adj. *in Staunen versetzend.* Nom. abstr. °रिता f.

चमत्कृति f. = चमत्कार 1).

चमन n. *das Schlürfen* Comm. zu Ǵaim. 3,5,22.

चमर 1) m. f. (ई) *Bos grunniens.* — 2) m. n. *der als Fliegenwedel gebrauchte Schweif des Bos grunniens.* — 3) * m. oder n. *eine best. hohe Zahl* (buddh.). — 4) * m. N. pr. eines Daitja. — 5) * f. ई *ein zusammengesetzter Stiel.*

*चमरक m. *Biene* Gal.

*चमरपुच्छ m. *der indische Fuchs* Râǵan. 19,51.

चमरवाल m. N. pr. eines Fürsten.

चमरिक m. *Bauhinia variegata* Bhâvapr. 1,204.

चमस 1) m. (* f. ई und * n.) *Trinkschale —, Becher von Holz.* — 2) * m. und f. (ई) *eine Art Backwerk.* — 3) m. N. pr. *a)* verschiedener Männer. — *b)* = चमसोद्भेद. — 4) f. ई *Erbsenmehl* Bhâvapr. 2,17 (Hdschr.).

चमसाध्वर्यु m. *der mit den Trinkgefässen beschäftigte Liturg* Ǵaim. 3,7,25. 46.

*चमसि f. = चमसी *eine Art Backwerk.*

चमसिन् 1) Adj. *Ansprüche auf einen* चमस 1) *habend* Ǵaim. 3,5,29. 30. Ind. St. 10,373. 392. Njâjam. 3,5,14. Nom. abstr. °सित्व n. Comm. zu 15. — 2) * m. N. pr. eines Mannes.

चमसोद्भेद m. und °न n. N. pr. eines Wallfahrtsortes.

चमी Adv. mit कर् *das* चमकसूक्त *über Etwas sprechen.*

चमीकार Adj. *das* चमकसूक्त *sprechend.*

*चमुपति m. = चमूपति.

चमू f. 1) *Biet (Boden) der* Soma-*Presse;* häufig Du. *Boden und oberes Brett der S.-Pr.* — 2) * Du. *Himmel und Erde;* vgl. ṚV. 3,55,20. — 3) *etwa Sarg.* — 4) *Heer.* Im System *ein Heer von 729 Elephanten, 729 Wagen, 2187 Reitern und 3645 Fusssoldaten.*

चमूचर m. *Krieger* Prasannar. 133,2.

चमूनाथ, चमूनायक (Nom. abstr. °ता f. Vikramâṅkak. 10,10), चमूप, चमूपति und चमूपाल (AV. Par. 63,3) m. *Heerführer.*

चमूरु m. *eine Hirschart.* °दृश् f. *eine Gazellenäugige* Prasannar. 16,13. °नेत्रा f. dass. 100,12.

चमूषद् Adj. *auf dem Brett der* Soma-*Presse befindlich.*

चमूहर m. N. pr. eines der Viçve Devâs.

*चम्प्, चम्पयति (गत्याम्).

चम्प 1) m. *a) * Bauhinia variegata.* — *b)* N. pr. des Gründers der Stadt Kampâ. — 2) f. आ N. pr. einer Stadt der Aṅga Hem. Par. 4,1 6,22.

चम्पक 1) m. *a) Michelia Champaka.* — *b) ein best. Parfum.* — *c) * ein best. Theil der Brodfrucht.* — *d)* N. pr. α) eines Mannes. — β) eines Landes. — 2) f. आ N. pr. einer Stadt. — 3) n. *a) die Blüthe von Michelia Champaka* 294,29. — *b) * die Frucht von einer Art Pisang.*

चम्पकगन्ध, °गन्धि oder °गन्धिन् m. *eine Art Weihrauch.*

चम्पकचतुर्दशी f. *der 14te Tag in der lichten Hälfte der* Ǵjaishṭha.

चम्पकनाथ m. N. pr. eines Autors.

चम्पकपुर n. N. pr. einer *Stadt.*

चम्पकप्रभु m. N. pr. des Vaters von Kalhaṇa.

चम्पकमाला f. 1) *ein best. Metrum.* — 2) ein Frauenname Vâs. 20.

*चम्पकरम्भा f. *eine Art Pisang* Râǵan. 11,44.

चम्पकवती f. N. pr. 1) eines Waldes in Magadha. — 2) einer Stadt.

चम्पकव्यवहारिकथा f. Titel eines Werkes Bühler, Rep. No. 717.

चम्पकस्तवन n. desgl.

चम्पकारण्य n. N. pr. eines Wallfahrtsortes.

*चम्पकालु m. *Brodfruchtbaum.*

चम्पकावती und °कावली f. N. pr. eines Waldes in Magadha.

*चम्पकुन्द m. *ein best. Fisch.*

*चम्पकालु und *चम्पकोश m. *Brodfruchtbaum*

चम्पन n. etwa *Sprung* (vgl. कम्प्) Paṅkad.

चम्पाधिप m. *ein Fürst von* Kampâ; insbes. Bez. * Karṇa's.

चम्पापुरी f. = चम्प 2) VP.² 3,289.

*चम्पालु m. *Brodfruchtbaum.*

चम्पावती f. N. pr. 1) einer Stadt, = चम्पा VP.² 4,218. fg. — 2) einer Fürstin.

चम्पाषष्ठी f. *der 6te Tag in der lichten Hälfte des* Mârgaçîrsha *oder* Bhâdrapada

चम्पू f. *eine Gattung von Compositionen, Verse mit Prosa gemischt.*

चम्पूकथासूत्र n. Titel eines Werkes.

चम्पूभारत und चम्पूरामायण n. Titel von Werken.

*चम्पेश m. Bein. Karṇa's.

*चम्ब्, चम्बति (गतौ).

चम्रिष् f. und चम्रीष Adj. *von unbekannter Bed.*

*चय्, चयते (गतौ).

1. चय 1) Adj. *sammelnd* in वृतंचय. — 2) m. a) *Schicht, Aufwurf, Fundament, Wall.* — b) *Masse, Haufe, Menge; Gesammtheit.* — c) in der Med. *Anhäufung —, Ueberfülle der* Dosha. — d) *the more or augment by which each term increases, the common increase or difference of the terms* Bîǵag. 123.

2. °चय Adj. *rächend, strafend.*

*चयक Adj. = चये कुशलः.

चयन n. 1) *das Schichten.* — 2) *Schicht, Aufwurf.*

चयनीचन्द्रशेखरराणगुरु m. N. pr. eines Autors.

चयनीय Adj. *aufzuschichten, einzusammeln.*

चर्, चरति (selten Med.), Partic. चरित und चीर्ण. 1) *sich regen, — bewegen, umherstreichen, fahren, wandern, sich verbreiten* (von Belebtem und Unbelebtem). — 2) *durchwandern, durchstreichen, durchlaufen;* mit Acc. — 3) *entlang —, nachgehen;* mit Acc. 85,2. — 4) *sich aufführen, — verhalten, — benehmen, verfahren, handeln, verfahren mit Jmd* (Instr. oder Loc.). — 5) *verfahren —, sich zu thun machen mit Etwas, obliegen;* mit Instr. — 6) *es zu thun haben mit Jmd* (Instr.), euphemistisch vom Beischlaf. — 7) mit einem Partic., Adj., einem Absol. oder Adv. *sich längere Zeit* in einer Thätigkeit oder einem Zustande *befinden, leben.* — 8) von Gestirnen *sich befinden —, stehen in* (Loc.). — 9) *gehen —, sich machen an, üben, treiben, vollziehen, sich hingeben, — angelegen sein lassen, obliegen, beobachten;* mit Acc. तपसा *mit Kasteiungen behandeln,* so v. a. *kasteien.* — 10) *bewirken, hervorbringen, verursachen* MBh. 1,153,17. Hariv. 6790. Spr. 3474. — 11) *zu sich nehmen, verzehren, fressen;* mit Acc. Ohne Object *weiden* 142,14. — 12) *machen zu,* mit doppeltem Acc. — 13) *sich Kunde verschaffen über, auskundschaften.* Nur Partic. चरित. — Caus. चारयति 1) *laufen —, herumgehen —, weiden lassen, ausschicken.* — 2) *Etwas in Bewegung setzen.* — 3) *durchwandern —, durchlaufen lassen;* mit doppeltem Acc. — 4) *Jmd* (Acc.) *verjagen aus* (Abl.). — 5) *Jmd Etwas üben —, treiben lassen;* mit doppeltem Acc. — 6) *fressen lassen,* mit doppeltem Acc. Çaṁk. zu Bâdar. 2,2,5. — 7) so v. a. *den Beischlaf verüben lassen* M. 8,362. — 8) *sich durch Jmd* (Instr.) *Kunde verschaffen von* (Acc.). — 9) *संशये oder *असंशये. — Desid. चिचरिषति und चिचर्षति 1) *zu gehen versuchen.* — 2) *sich verhalten wollen.* — 3) *sich zu thun machen wollen mit* einem Weibe (Instr.) — Intens. चर्चरीति, चञ्चूर्यते (mit act. und pass. Bed.), चञ्चूर्यत्, *चञ्चुरीति, *चञ्चूर्ति *sich schnell —, sich wiederholt bewegen, herumstreichen, durchstreichen* (mit Acc.), *herumstreichen in* (Loc.) Kâraṇḍ. 53,1. Nach den Grammatikern einen Tadel involvirend. — Mit अच्छ *hinwandern zu* (Acc.) Ṛv. 3,57,3. 8,49,2. 9,1,5. — Mit अति 1) *entgehen, entwischen.* — 2) *vorübergehen bei* (Acc.) — 3) *übertreten* (einen Befehl). — 4) *sich vergehen gegen* (Acc.), insbes. *geschlechtlich* Gaut. — Mit व्यति *sich vergehen gegen* (Acc.) — Mit अधि 1) *wandeln —, fahren auf.* — 2) *höher stehen als* (Acc.) Ait. Âr. 213,1. — Mit अनु 1) *sich entlang —, sich hindurch bewegen, durchwandern, — streichen, — fahren.* — 2) *nachgehen, nachfahren, folgen.* — 3) *zugehen auf, zustreben, zu erreichen suchen.* — 4) *sich halten zu* oder *an, sich hingeben.* — 5) *sich verhalten, verfahren.* — Caus. *durchwandern —, durchstreichen lassen von* (Instr.). — Intens. अनु चर्चूर्यमाण *stets folgend.* — Mit अन्तर् *sich bewegen zwischen* oder *innerhalb, sich befinden in* (Acc., Loc. oder Gen.). — Mit अप 1) *abgehen, fehlen.* °चरित *fehlend, nicht da seiend* Comm. zu Njâjam. 6,3,8. — 2) *sich vergehen.* °चरित mit pass. Bed. — Mit अभि 1) *sich vergehen gegen* (Acc.). — 2) *es Jmd anthun, bezaubern, bannen;* mit Acc. oder Dat. (Bhâg. P.). — 3) *besitzen.* — Mit प्रत्यभि *zaubern gegen Jmd* (Acc.) — Mit व्यभि 1) *sich feindselig benehmen —, sich vergehen gegen* (Acc. oder Gen.). — 2) Med. *es Jmd anthun, zaubern;* Pl. *sich gegenseitig zu verzaubern suchen.* — 3) *fehlschlagen, misslingen* Bîǵag. 154. — 4) *hinausgehen über, sich entfernen von* (Acc.). — Caus. *die Fehlerhaftigkeit von Etwas* (Acc.) *darthun* Çaṁk. zu Bâdar. 2,2,10 (S. 520, Z. 10). — Mit अव *herabkommen von* (Abl.). — Caus. *anwenden.* — Mit अन्वव *sich einschleichen in.* — Mit अभ्यव *an —, eindringen.* — Caus. *entsenden.* — Mit आ 1) *herbeikommen zu, sich nahern;* mit Acc. 93,6. — 2) *hierher,* d. i. *zur Erde führen* (von einem Wege). — 3) *betreten, besuchen* (Karaka 6,2), *bewohnen.* — 4) *sich an Jmd* (Acc.) *wenden* (in einer Angelegenheit) Spr. 5631. — 5) *gebrauchen* Âpast. 1, 8,11. *anwenden.* — 6) *verfahren, zu Werke gehen, sich benehmen, — gegen* (*Loc.). — 7) *behandeln.* mit Acc. — 8) *umgehen —, verkehren mit* (Instr. allein oder mit सह). — 9) *gehen an, thun, üben, treiben, begehen, vollbringen, bewerkstelligen;* mit Acc. Kâd. 85,15. Ohne Object *es thun.* — 10) *daran gehen, beginnen;* mit Infin. Spr. 7177. — 11) *für richtig erklären, vorschreiben* 225,12. Ṛv. Prât. 11,32. Çâk. 108,22, v. l. — 12) *verzehren* (von Ameisen) Bhâg. P. 7,3,15. — 13) in's Feuer *werfen.* — Caus. आचारयति Pañkat. IV,24 fehlerhaft; vgl. Spr. 5664. — Mit अध्या *gebrauchen* M. 2,119; vgl. Âpast. 1, 8,11. — Mit अभ्या 1) *herankommen, — zu* (Acc.). — 2) *gehen an, üben, vollziehen.* — Mit उदा *aufsteigen aus* (Abl.). — Mit अभ्युदा s. °चारिन्. — Mit समुदा 1) *Med. *fahren.* रथेन *zu Wagen.* — 2) *Jmd behandeln.* — 3) *thun, vollbringen.* — Mit उपा 1) *herbeikommen.* — 2) *zur Hand gehen, dienstbereit sein, Dienste thun;* mit Acc. — 3) *sich fügen, sich richten nach* (Acc.). — 4) *Jmd behandeln.* v. l. उप. — 5) eine Krankheit *behandeln.* — Mit समुपा 1) eine Krankheit *behandeln* Karaka 6,5. — 2) *üben, thun, sich einer Sache befleissigen.* — Mit उपन्या *eindringen.* — Mit पर्या *herbeikommen* AV. 2, 34,5. — Mit समा 1) *verfahren, zu Werke gehen* 163, 30. — *gegen* (Loc.). — 2) *verkehren mit* (Instr.) Gaut. 21,3. — 3) *gehen an, thun, üben, verrichten, vollbringen, — an Jmd* (Loc.) 143,6. आकारम् *sich nähren von* (Instr.). दूरात् *weit wegthun.* — Mit अनुसमा *der Reihe nach vollziehen, — vollbringen.* — Mit उद् 1) *aufgehen* (von der Sonne), *sich erheben, hervorgehen.* — 2) *ertönen* 291,25. — 3) *gravitätisch einherschreiten.* — 4) *aus sich hervorgehen.* — 5) *von sich geben, entlassen, aussprechen.* — 6) *den Leib entleeren.* — 7) *sich ehelich vergehen gegen* (Acc.). — 8) Med. *verlassen.* — 9) *Med. *übertreten, zuwiderhandeln;* mit Acc. — Caus. Laute *entlassen, ertönen lassen, verkünden, aussprechen.* — Mit अभ्युद् *aufgehen über* (Acc.) von der Sonne. — Mit प्रोद् *ertönen lassen.* — Caus. Partic. प्रोच्चारित *Töne von sich gebend; ertönend* Pañkat. ed. Bomb. 1,20,13. — Mit प्रत्युद् Caus. 1) *Jmd aufregen, anstacheln.* — 2) *nachsprechen, wiederholen.* — Mit व्युद् 1) *nach verschiedenen Richtungen hervorgehen.* — 2) *sich ehelich vergehen gegen* (Acc.), *Ehebruch treiben mit* (Instr.). — 3) *begehen,* verüben. महादोषम् MBh. 12,266,38. — Mit अनुव्युद् nach einem Andern hervorgehen. — Mit समुद् 1) herausgehen. — 2) aussprechen, hersagen Hemâdri 1,494,15. 591,16. — Mit उप 1) herbeikommen, sich nähern, hinzutreten zu (Acc.). — 2) hinzutreten zu Jmd (Acc.) um zu bedienen, Jmd an die Hand gehen, bedienen (Kâd. 44,9), aufwarten, — mit (Instr.) etwas Gutem oder Bösem MBh. 18, 3,15. — 3) gehen an, unternehmen, angreifen. — 4) Jmd oder eine Krankheit behandeln, — mit (Instr.). — 5) uneigentlich benennen; Pass. uneigentlich —, metaphorisch gebraucht sein, — zugeschrieben werden. — Mit दुस् sich ehelich vergehen gegen (Acc.). — Mit नि in °चेरु. — Mit निस् 1) hervorkommen, — gehen, zum Vorschein kommen, hinausgehen. — 2) erschallen. — Caus. hervorgehen lassen. — Mit विनिस् nach allen Richtungen hervorgehen. — Mit परा weggehen, sich entfernen. — Mit परि 1) sich umherbewegen, umherwandeln; umwandeln (mit Acc.). — 2) Jmd aufwarten, bedienen, besorgen, seine Sorge ganz auf Jmd oder Etwas richten, sich ganz hingeben; mit Acc. oder Gen. (ausnahmsweise). — Caus. 1) umgeben mit (Instr.). — 2) Med. a) *sich lagern um (Acc.). — b) sich bedienen —, — aufwarten lassen. — Mit संपरि Jmd aufwarten, bedienen. — Mit प्र 1) vorschreiten, gelangen zu (Acc.). — 2) hervortreten, zum Vorschein kommen. — 3) erschallen. — 4) besuchen. — 5) wandeln. — 6) in Umlauf sein, — kommen. °चरित landläufig, ganz bekannt Comm. zu Káraka 1,3. — 7) zu Werke gehen, verfahren. — 8) an's Werk gehen, insbes. an das heilige; Etwas verrichten; mit dem Instr des Gegenstandes, an oder mit welchem Etwas verrichtet wird. — 9) thätig sein in oder bei, beschäftigt sein mit (Loc.). — 10) vor sich —, von Statten gehen. — 11) thun, vollbringen. — Caus. laufen —, weiden lassen. — Mit संप्र 1) sich in Bewegung setzen. — 2) vor sich —, von Statten gehen, Statt finden. — Caus. Jmd entlassen Hemâdri 1,542,21. — Mit प्रति 1) herantreten, sich nähern. — 2) Kâm. Nîtis. 1,61 fehlerhaft für प्रवि. — Caus. in Umlauf bringen, verbreiten. — Mit वि 1) nach verschiedenen Seiten sich hinausbewegen, hinausstreben, sich verbreiten; vom Winde 61,30. 219, 26. — 2) ausrücken, einen Ausfall —, einen Angriff machen. — 3) zerrinnen, ablaufen. — 4) umherstreichen, sich ergehen, laufen. — 5) durchschreiten, — streichen, — wandern, — laufen, — dringen, eindringen; mit Acc. — 6) stehen —, sich befinden in (Loc.) von Gestirnen. — 7) auftreten, zu Werke gehen, verfahren. — 8) leben, sein Leben zubringen 217,21. — 9) verkehren —, Umgang pflegen mit (Instr.). — 10) ausschweifen. — 11) ein Versehen machen. — 12) üben, vollführen, vollbringen M. 9,302. — 13) abweiden, fressen Bâlar. 28, 6. — Caus. 1) laufen —, umherstreichen lassen. — 2) (ein Weib) verführen. — 3) in Gedanken hinundher gehen lassen, erwägen, gegen einander abwägen, in Betracht ziehen, prüfen, nachdenken. — 4) in Zweifel ziehen, Bedenken tragen, mit der Entscheidung zögern. °चारित zweifelhaft 68,26. — 5) herausbringen, dahinterkommen, feststellen. °चारित fest stehend. — Mit अनुवि 1) durchschreiten. — 2) hingehen zu (Acc.). — Mit अभिवि Med. herbeikommen zu (Acc.). — Caus. überlegen, reflectiren Nir. 1,13. — Mit परिवि ringsum ausströmen. — Mit प्रवि 1) vorschreiten, vorwärts gehen. — 2) umhergehen, — streichen. — 3) durchschreiten, — wandern. — Caus. genau erwägen, — untersuchen, — prüfen. — Mit संप्रवि Caus. genau erwägen, — prüfen. — Mit अनुसंवि der Reihe nach durchwandern, — besuchen. — Mit सम् 1) zusammenkommen. — 2) herbeikommen, gelangen zu, sich einstellen, hinstreben. — 3) gehen, wandern, sich ergehen, umherstreichen; mit Instr. des Vehikels. — 4) reichen bis (आ). — 5) ausgehen von (Abl.). — 6) eingehen in, sich verbreiten durch, durchdringen, — wandern, — laufen. — 7) sich bewegen, — aufhalten, — befinden. — 8) übergehen auf (Gen.). — 9) üben, vollziehen. — Caus. 1) in Berührung —, in gleiche Richtung bringen. — 2) in Bewegung bringen. — 3) gehen lassen, herumführen, weiden lassen. — 4) durchwandern lassen. — 5) kredenzen. — 6) übertragen, übergeben; mit Acc. der Sache und Loc. der Person. सुमन्त्रसंचारितान्तर Adj. der dem Sumantra die Worte übergeben hat, so v. a. dessen Worte S. überbringt Bâlar. 161,11. — Mit अनुसम् 1) nachfolgen, entlang gehen, besuchen. — 2) zugehen auf, zustreben. — 3) sich verbreiten durch Etwas hin, — bis zu, durchdringen, — wandern. — 4) übergehen in (Acc.). — 5) umherirren. — Caus. Jmd nachgehen lassen, so v. a. sich unterthänig machen MBh. 12, 301,111. — Mit अभिसम् zugehen auf, aufsuchen. — Mit उपसम् 1) betreten. — 2) dem Gatten (Acc.) beiwohnen. — Mit परिसम् in परिसंचर. — Mit प्रतिसम् zusammentreffen. — Mit विसम् in विसंचारिन्.

चर 1) Adj. beweglich; Subst. das Bewegliche d. i. das Thier (im Gegensatz zur Pflanze). — b) sich in Jmds Gefolge befindend. — c) am Ende eines Comp. α) gehend, wandelnd, sich hinbewegend, — — aufhaltend, lebend (an einem best. Orte, in einer best. Richtung, zu einer best. Zeit, in einer best. Weise). — β) übend, vollziehend. — γ) früher gewesen. अनालोकित° früher nicht geschaut Bâlar. 107,3. शिक्षित° 140,21. श्रुत° 188,3. f. ई und आ (?). — 2) m. a) Späher, Kundschafter. — b) *Bachstelze. — c) *Otterköpfchen. — d) Wind, Luft. — e) *der Planet Mars. — f) eine Art Würfelspiel. — g) Nom. act. in अ° ungangbar und in दुश्चर. — 3) f. चरी a) Beweglichkeit, Lebendigkeit. — b) eine best. Mûrkhanâ S. S. S. 30. — 4) *f. ई eine junge Frau. — 5) n. Ascensionaldifferenz.

चरक 1) m. a) Wanderer, ein herumziehender Brahmanenschüler. — b) Späher Naish. 4,116. — c) ein Asket besonderer Art Varâh. Bṛh. 15,1. — d) *eine best. Arzeneipflanze. — e) N. pr. α) Pl. einer Schule des schwarzen Jagurveda. — β) eines alten Arztes Naish. 4,116. °सूत्राणि Bühler, Rep. No. 555. — γ) eines Lexicographen. — 2) (*m. n.) Titel des von 1) e) β) verfassten Lehrbuchs Bhâvapr. 1,50. — 3) f. चरकी a) ein best. giftiger Fisch. — b) N. pr. einer Unholdin Agni-P. 40,18.

चरकाचार्य m. ein Lehrer der Káraka 1) e) α).

चरकाध्वर्यु m. ein Priester der Káraka 1) e) α) 101,27.

चरखण्ड n. der Betrag der Ascensionaldifferenz.

चरगृह n. das 1te, 4te, 7te und 10te Zodiakalbild.

चरज्ञा und चरज्या f. der Sinus des चरखण्ड, reducirt auf die relative Grösse eines grossen Cirkels.

*चराट 1) m. Bachstelze. — 2) f. ई ein noch im väterlichen Hause wohnendes Frauenzimmer.

चरण 1) m. n. a) Fuss. अक्षपादचरणाः so v. a. der hochverehrte Akshapâda Nîlak. zu MBh. 12, 174,24. Am Ende eines adj. Comp. f. आ. — b) Tragsäule. — c) *Wurzel. — d) der einzelne Vers einer Strophe, Stollen. — e) Dactylus. — f) Viertel Varâh. Bṛh. 2,13. Lîlâv. S. 9, Z. 5. Abtheilung Bhâvapr. 4,79. — g) Schule. — 2) n. a) das Sichbewegen, Sichumtreiben, Gang. — b) Bahn. — c) das zu Werke Gehen, Verfahren, Art der Thätigkeit; insbes. Begehung (in der Liturgie) 101,27. — d) das Benehmen im Leben, Lebenswandel. — e) ein guter, sittlicher Lebenswandel. — f) das Ueben, Vollziehen, Vollbringen. — g) *das Essen, Zusichnehmen. — h) *eine best. hohe Zahl (buddh.).

चरणग्रन्थि m. Fussknöchel Comm. zu Âpast. Çr. 7,2,6.

चरपाल n. fehlerhaft für चतुरल.

चरणन्यास m. 1) *das Niedersetzen der Füsse, Auftreten* 292,23. — 2) *Fussspur.*

*चरणप m. *Baum.*

चरणपतन n. *das sich zu Füssen Werfen.*

*चरणपर्वन् n. *Fussknöchel.*

चरणपात m. 1) *Fusstritt.* — 2) *Fussfall.*

चरणपृष्ठ m. *Fussrücken* DAÇAK. 89,17.

चरणभङ्ग m. *Beinbruch.*

चरणमूल n. *Fusswurzel.* °ले निपत् *zu Füssen fallen* Spr. 7701.

चरणवत् Adj. *einen geregelten Wandel führend.*

चरणव्यूह m. Titel eines Werkes WEBER, Lit.

चरणशुश्रूषा f. *Fussfall.*

*चरणस Adj. von चरण.

चरणाद्य m. Bein. Gautama's.

चरणानति f. *das sich zu Füssen Verbeugen, Fussfall* Spr. 2528. 2915.

*चरणाभरण n. *Fussschmuck.*

चरणामृत n. Titel eines Werkes.

चरणायुध 1) Adj. *dessen Waffe die Füsse sind.* — 2) m. *Hahn* KÂRAKA 6,2. 5.

चर॑णि Pl. *Menschen.* Vielleicht ist ṚV. 8,24,23 चर्षणीनाम् zu lesen.

*चरणिल Adj. von चरण.

चरणीय्, °यति *einer Sache nachgehen, betreiben;* mit Acc.

चरणोपधान n. *Fusskissen* MBH. 1,193,10.

*चरण्टी f. = चरट 2).

चरण्य्, °ण्यति **sich bewegen.* — Mit आ *sich bewegen* —, *sich strecken nach* (Acc.). — Mit उद् *sich herausbewegen* —, *sich strecken nach* (Acc.).

*चरण्य Adj. *fussartig.*

चरण्यु॑ Adj. *beweglich.*

चर॑थ 1) Adj. *beweglich, lebendig.* — 2) n. *a) Gang, Weg, Wanderung.* — *b) Beweglichkeit, Lebendigkeit, Leben.*

चरदल n. = चरखण्ड.

चरदलज्ञा f. = चरज्ञा.

चरदेव m. N. pr. eines Mannes.

चर॑ध्यै Dat. Infin. zu चर् ṚV. 1,61,12.

चरन्त m. N. pr. eines Mannes VP.² 4,31.

चरभ und चरभवन n. = चरगृह.

चर॑म 1) Adj. (f. आ) *a) der letzte, äusserste.* — *b) der spätere* KAP. 1,72. PRASANNAR. 86,17. चरमं च किम् so v. a. *und was weiter?* HARSHAK. 6,4. — *c) westlich.* — *d) der unterste, geringste.* — 2) चरमम् Adv. *zuletzt, am spätesten, am Ende,* mit Gen. *nach Jmd.* — 3) **eine best. hohe Zahl* (buddh.).

*चरमक्ष्माभृत् m. = अस्त 3).

चरमगिरि m. dass. BHOGA-PR. 89,1.

चरमत॑स् Adv. *am äussersten Ende* MAITR. S. 3,10,1.

चरमभविक Adj. *später kommend, zukünftig* LALIT. 24,2. 25,5. 27,7. KÂRAṆḌ. 68,23. 69,2. 75,5.

चरमशीर्षिक Adj. (f. ई) *mit den Köpfchen (Spitzen) nach Westen gerichtet.*

चरमाचल m. = अस्त 3) PRASANNAR. 146,21.

चरमा॑ज्ञा f. *die letzte* oder *geringste Ziege.*

*चरमाद्रि m. = अस्त 3).

चरमालय Spr. 812 fehlerhaft; vgl. die Verbesserungen.

*चरम्य्, °म्यति *der letzte sein.*

चरव्य Adj. *zum* चरु 2) *bestimmt* Comm. zu ÂPAST. ÇR. 8,2,4.

चरशिञ्जिनी f. = चरज्ञा.

चर॑से Dat. Infin. zu चर्.

1. चराच॑र 1) Adj. *beweglich, laufend* oder *hinundher führend.* — 2) *n. *Otterköpfchen* RÂGAN. 13,128.

2. चराचर Adj. *beweglich und unbeweglich;* Subst. *Bewegliches und Unbewegliches, Thiere und Pflanzen, die ganze Welt.* अस्मिंश्चराचरे so v. a. *in dieser Welt.*

चरा॑थ n. = चर॑थ 2) *a)* ṚV. 1,66,9.

*चरि m. *Thier.*

चरित॑ 1) Adj. s. u. चर्. — 2) n. *a) das Gehen, Sichbewegen, Bewegung, Gang.* — *b) das Verfahren, Thun, Benehmen, Treiben, Wandel, Lebenswandel, die Thaten.* Am Ende eines adj. Comp. f. आ 187,14.

°चरितमय Adj. (f. ई) *die Thaten des und des enthaltend.*

च॑रितवे Dat. Infin. zu चर् ṚV. 1,113,5.

चरितव्य 1) n. impers. *zu verfahren.* — 2) Adj. *zu üben, — vollbringen.*

चरितव्रत Adj. *der das Gelübde erfüllt hat* 38,11.

चरितार्थ Adj. (f. आ) *dessen Ziel —, Zweck —, Bestimmung erreicht ist.* Nom. abstr. °ता f. und °त्व n.

चरितार्थय्, °यति *Jmd* (Acc.) *sein Ziel erreichen lassen, zufrieden stellen.* चरितार्थित so v. a. *beglückt.*

चरितोस् Gen. Inf. von चर् AIT. ÂR. 2,1.

चरि॑त्र 1) n. *a) Fuss, Bein.* — *b) das Gehen.* — *c) das Benehmen, Betragen, Handlungsweise, Wandel, Erlebnisse.* — *d) Herkommen, Landesbrauch, Gewohnheitsrecht* NÂR. 1,11. 12. — *e) Gesetz* NÂR. 17,24. — 2) *f. आ *Tamarindenbaum.*

चरित्रचिन्तामणि m. Titel eines Werkes.

चरित्रबन्धक m. oder n. *Verpfändung des Lebenswandels.* Nach JOLLY, Schuld. 300 *Pfand als Vertrauenssache.*

चरित्रवत् Adj. *der (ein Opfer) schon vollzogen hat* ÂÇV. GṚHJ. 4,8,15.

°चरित्रित Adj. *der — Schicksale erlebt hat.*

चरिष्णु॑ 1) Adj. *beweglich, unstät, wandernd.* बीजं स्थास्नु चरिष्णु च *Samen der Pflanzen- und Thierwelt.* — 2) m. N. pr. eines Sohnes *a)* des Manu Sâvarṇa. — *b)* des Kîrtimant.

चरिष्णु॑धूम Adj. *dessen Rauch wogt, — wirbelt.*

*चरीत्र n. *das Benehmen, Betragen.*

च॑रु m. 1) *Kessel, Topf.* — 2) *eine der gewöhnlichen Opferspeisen, Mus oder Suppe aus Körnern in Milch, Butter, Wasser u. s. w. gekocht* Comm. zu NJÂJAM. 10,1,19. — 3) **Wolke.*

चरुचेलिन् Adj. als Beiw. Çiva's.

चरुस्थाली f. *der Kochtopf für den* चरु 2).

चर्करीत n. *eine Intensivform ohne* य.

चर्कृ॑ति f. *rühmende Erwähnung, Ruhm, Preis.*

चर्कृ॑त्य (चर्कृ॑तिम्र) Adj. *rühmend zu erwähnen, ruhmwürdig, berühmt.*

चर्च्, *चर्चति (परिभाषणतर्जनयोः, °भर्त्सनयोः, हिंसायाम्). — Caus. चर्चयति ein Wort *wiederholen,* insbes. *mit Einschaltung von* इति Ind. St. 13,450. — चर्चित 1) *wiederholt.* — 2) am Ende eines Comp. *überzogen —, bedeckt mit, die Spuren von — tragend.* — 3) *abgewischt.* — 4) *entschieden, beschlossen.* — Mit वि, °चर्चित *aufgetragen* (eine Salbe auf, mit Loc.).

चर्च 1) *m. = 2) *c*). — 2) f. आ *a) Wiederholung eines Wortes,* insbes. *mit Einschaltung von* इति Ind. St. 3,251. HEMÂDRI 1,519,7.12. — *b) Ueberzug* (von Salbe) 188,5. — *c) das Sichkümmern —, Sorge um, Bedachtsein auf, das Denken an* (Gen. oder im Comp. vorangehend) 148,16. 149,3. HIT. 125,20. PARIBH. 115. NAISH. 5,38. Ind. St. 15,330. — *d) das Sprechen von* (im Comp. vorangehend) RÂGAT. 5,303. *Besprechung, Unterredung* 7,1476. 8,3342. BHOGA-PR. 55,20. — *e)* *Bein. der Durgâ.

चर्चक 1) m. *eine best. Art den* Ṛgveda *vorzutragen* Ind. St. 3,251. HEMÂDRI 1,519,7 (Pl.). — 2) चर्चिका Bein. der Durgâ HEMÂDRI 1,415,19.

चर्चन n. 1) *das Wiederholen eines Wortes,* insbes. *mit Einschaltung von* इति. — 2) **das Ueberziehen* (mit Salbe).

च॑र्चर 1) Adj. nach SÂJ. = चरणशील. — 2) f. चर्चरी *a) eine Art von Gesang* 291,25. 292,11. 293, 17. 18. — *b) ein best. Metrum.* — *c)* **krauses Haar.*

चर्चरिका f. *eine best. Gesticulation.*

चर्चरीक 1) am Ende eines adj. Comp. = चर्चर

2) a). — 2) *m. a) *Gemüsepflanze.* — b) *eine best. Haartracht.* — c) *eine Form Çiva's.*

*चर्चस् m. *einer der 9 Schätze* Kubera's.

चर्चापद n. Pl. *mit Einschaltung von* इति *wiederholte Worte* Ind. St. 13,450.

चर्चापार m. *eine best. Art den* Ṛgveda *zu recitiren* Ind. St. 13,450.

चर्चाय्, °यते *einer Wiederholung unterliegen, wiederholt werden.*

चर्चि m. N. pr. eines Mannes.

*चर्चिक्य n. *Ueberzug* (von Salbe).

चर्चित 1) Adj. s. u. चर्च्. — 2) n. *Ueberzug* (von Salbe) Spr. 340.

चर्त् 1) चृतति a) *zusammenheften. — b) *umbringen Bhaṭṭ. — 2) *चर्तति (संदीपने Dhâtup. दीप्तौ Mahîdh. zu VS. 22,7). — *Caus. चर्तयति (संदीपने). — *Desid. चिचर्तिषति und चिचृत्सति. — Mit अति *verbinden.* — Mit अव *loslassen.* — Mit आ *befestigen, anbinden, anheften.* — Mit उप dass. — Mit नि *einheften, einfügen.* — Mit निस् *lösen.* — Mit परि *umwinden, zusammenheften.* — Mit प्र *auflösen, losmachen.* Partic. प्रचृत्त. — Mit वि 1) dass. Vaitân. Partic. विचृत्त (विँचृत्त fehlerhaft VS. 22,7). — 2) *losgetrennt sein von* (Instr.) AV. 3,31,1. — Mit सम् *verbunden sein mit* (Instr.) AV. 3,31,1.

चर्तव्य Adj. *zu üben.*

*चर्त्य Partic. fut. pass. von चर्त्.

*चर्प्, चर्पति und चर्पयति (संदीपने).

चर्पट 1) Adj. *flach anliegend* (Ohren), *flach, abgeplattet* Utpala zu Varâh. Bṛh. 27(25),12. — 2) *m. a) *die flache Hand.* — b) *ein best. Gebäck.* — 3) *f. आ *der 6te Tag in der lichten Hälfte des* Bhâdrapada. — *f. ई *ein best. Gebäck.*

चर्पटिन् m. N. pr. eines Autors.

*चर्ब्, चर्बति (गतौ).

*चर्भट 1) m. *Cucumis utilissimus.* — 2) f. ई *Freudengeschrei.*

चर्म n. 1) am Ende eines Comp. = चर्मन् *Haut, Fell.* — 2) **Schild.*

चर्मकर्त m. *ein Stück Fell oder Leder* TBr. 1,2,6,7.

चर्मकशा f. *eine best. Pflanze* Karaka 1,1 (= सप्तला Comm.). Nach den Lexicographen *Mimosa abstergens* und *ein best. Parfum* (Râǵan. 12,154. Bhâvapr. 1,207).

चर्मकार 1) m. *Schuhmacher.* Im System *eine best. Mischlingskaste.* — 2) f. ई a) *f. zu* 1). — b) **Mimosa abstergens.*

चर्मकारालुक m. *ein best. Knollengewächs* Bhâvapr. 1,146.

चर्मकारिन् m. *Schuhmacher.* f. °रिणी Bez. *einer Frau am 2ten Tage der Katamenien* J. A. S. Beng. 48,42.

चर्मकार्य n. *Bearbeitung von Fellen oder Leder.*

चर्मकाष्ठमय Adj. *aus Leder oder Holz verfertigt* Hemâdri 1,637,7.

*चर्षकाष्ठिका f. *Peitsche* Comm. zu Mṛkkh. 10,23.

चर्मकील m. n. 1) *Warze.* — 2) *Auswüchse, welche als eine Art Hämorrhoiden betrachtet werden.*

चर्मकूप m. *ein lederner Schlauch* Deçîn. 3,49.

चर्मकृत् m. *Schuhmacher.*

चर्मखण्ड n. *ein Stück Haut* Spr. 2259.

चर्मखण्डिक m. Pl. N. pr. eines Volkes.

चर्मगोणी f. *ein lederner Sack* Suçr. 2,34,11.

*चर्मग्रीव m. N. pr. eines Wesens im Gefolge Çiva's.

*चर्मघटिका f. *Blutegel* Nigh. Pr.

*चर्मचटक m., *°चटका, *°चटिका und *°चटी f. *Fledermaus.*

*चर्मचित्रक n. *der weisse Aussatz* Râǵan. 20,5.

*चर्मचेल *ein Ueberwurf mit nach aussen gekehrtem Felle.*

चर्मज 1) Adj. *aus Leder gemacht, ledern.* — 2) *n. a) *die Haare am Körper* Râǵan. 18,63. — b) *Blut.*

*चर्मटी f. *Blutegel* Râǵan. 19,79.

चर्मण्य n. *Lederzeug.*

चर्मण्वत् 1) Adj. *mit Haut versehen.* — 2) f. ई a) **Pisang.* — b) N. pr. eines Flusses.

*चर्मतरंग m. *Runzel* Râǵan. 18,61.

*चर्मतिल Adj. *einen Sesamkörnern ähnlichen Hautausschlag habend.*

*चर्मदण्ड m. *Peitsche.*

चर्मदल n. *eine Form des sogenannten kleinen Aussatzes* Karaka 6,7.

*चर्मदूषिका f. *eine Art Ausschlag mit rothen Flecken.*

*चर्मद्रुम m. *Betula Bhojpatra.*

चर्मन् n. 1) *Haut, Fell.* — 2) *Schild* 133,9. 12. — 3) *eine Form des Aussatzes* Karaka 6,7.

*चर्मनासिका f. *Peitsche.*

चर्मपट्ट 1) m. *Riemen.* — 2) N. pr. einer Oertlichkeit.

*चर्मपट्टिका f. *a piece or strap of leather, for playing upon with dice, a leather backgammon board, etc.*

*चर्मपत्त्रा f. *Fledermaus.*

चर्मपादुका f. *ein lederner Schuh.*

*चर्मपुट und °क (Comm. zu Karaka 1,1) m. *Schlauch* (auch als Klystierspritze).

*चर्मपूरम् Absol. *so dass das Fell vollkommen bedeckt ist* P. 3,4,31.

*चर्मप्रभेदिका f. *Pfrieme, Ahle.*

*चर्मप्रसेवक m. und °सेविका f. *Blasebalg.*

चर्मबन्ध m. *ein lederner Riemen* Spr. 6691.

*चर्मबन्धन n. *Pfeffer* Nigh. Pr.

चर्मभस्त्रिका f. *ein lederner Beutel* Daçak. 61,11.

चर्ममण्डल m. Pl. N. pr. eines Volkes.

चर्ममय Adj. (f. ई) *aus Fell gemacht, ledern.*

*चर्ममुण्डा f. *eine Form der* Durgâ.

*चर्मम्न m. *Gerber.*

*चर्मयष्टि f. *Peitsche.*

चर्मरङ्ग 1) m. Pl. N. pr. eines Volkes. — 2) *f. आ *die Sennapflanze* Râǵan. 3,123.

चर्मरत्न n. *ein lederner Glückssäckel* Daçak. 63, 18. 64,9. °भस्त्रिका f. dass. 60,13.

चर्मरी f. *eine best. Pflanze mit giftiger Frucht.*

*चर्मरु m. *Schuhmacher.*

चर्मवंश m. *eine Art Flöte* S. S. S. 195.

चर्मवर्त्मन् m. N. pr. eines Kriegers.

*चर्मवसन Adj. *in ein Fell gekleidet;* m. Bein. Çiva's.

चर्मवृक्ष m. *Betula Bhojpatra.*

*चर्मव्रण m. *Flechte, herpes* Râǵan. 20,11.

चर्मशिल्पिन् m. *Schuhmacher.*

चर्मसमुद्भव n. *Blut* Gal.

*चर्मसंभवा f. *Kardamomen.*

*चर्मसार m. *Lymphe* Râǵan. 18,65.

चर्मसाह्वा f. *eine best. Pflanze,* = सप्तला Karaka 7,11.

चर्मह्वा f. *Trigonella foenum graecum* oder *eine verwandte Pflanze* Bhâvapr. 1,167.

चर्माख्य n. *eine Form des Aussatzes* Karaka 6,7.

*चर्मानुरञ्जन n. *Zinnober* oder *Mennig* Nigh. Pr.

चर्मान्त m. *Lederstück, Riemen.*

*चर्माम्भस् n. *Lymphe* Râǵan. 18,65.

*चर्मार m. *Schuhmacher.*

*चर्मारक n. *Zinnober* oder *Mennig* Râǵan. 13,59.

चर्मावकर्तिन् und °कर्तृ m. *der Leder beschneidet, Schuhmacher.*

*चर्मिक Adj. *mit einem Schilde bewaffnet, Schildträger.*

चर्मिन् 1) Adj. a) *in ein Fell gehüllt.* — b) *mit einem Schilde bewaffnet, Schildträger.* — 2) m. a) **Betula Bhojpatra.* — b) **Pisang.* — c) N. pr. α) *eines Dieners des Çiva. — β) eines Mannes Ind. St. 13,420.

चर्मिवृक्ष m. *Betula Bhojpatra.*

चर्य 1) Adj. *zu üben, — vollziehen.* — 2) *m. *Otterköpfchen* Râǵan. 13,128. — 3) f. आ a) *das Umhergehen, — streichen, Wandern, Fahren, Durch-*

streichen, Besuchen. — b) *das Verfahren, Benehmen, Betragen, Wandel.* — c) *frommer Wandel, Frömmigkeit.* — d) *das Ueben, Vollziehen, Obliegen, Besorgen, Beschäftigung mit* (Instr. Gaut. oder im Comp. vorangehend). — e) *eine Art Composition* S. S. S. 167. — f) * Bein. der Durgâ Gal. — 4) n. am Ende eines Comp. = 2) *d*).

चर्यानाथ m. N. pr. eines alten Weisen.

चर्यावतार m. Titel eines buddh. Werkes.

चर्व्, *चर्वति und चर्वयति 1) *zerkauen, zwischen die Zähne nehmen, nagen an* (Acc.) Bhâvapr. 2,59. चर्वित *zerkaut, woran man gekaut hat.* — 2) *schlürfen, kosten.*

चर्वण 1) n. a) *das Kauen* Spr. 7677. Bhâg. P. 7,5,30. — b) *das Schlürfen, Kosten.* — c) *Nahrung, Speise.* — 2) f. आ a) *das Schlürfen, Kosten.* b) * *Mahlzahn* Gal.

चर्वटि m. N. pr. eines Autors.

*चर्वन् m. *ein Schlag mit der flachen Hand.*

*चर्वितपात्र und °क n. *Spucknapf.*

चर्व्य Adj. *was zerkaut wird.*

चर्षण in रथ°.

चर्षणि 1) Adj. a) *beweglich, laufend, fahrend; rührig, thätig.* — b) * *sehend.* — 2) f. चर्षणि im Pl. a) *Menschen, Volk, Leute.* पञ्च चर्षणयः *die fünf Völkerschaften.* — b) Bez. der Kinder Arjaman's und der Mâtṛkâ. — 3) f. चर्षणी a) *eine untreue Frau* Râǵat. 7,102. — b) N. pr. der Gattin Varuṇa's.

चर्षणिप्रा Adj. *die Menschen sättigend, — nährend.*

चर्षणीधृत् Adj. *über alle Menschen hinreichend, — wirkend.*

चर्षणीधृति f. *Erhaltung —, Schutz der Menschen.*

चर्षणीसह् Adj. *über die Menschen waltend, sie bewältigend.*

1. चल्, चलति (metrisch auch °ते) 1) *in Bewegung gerathen, sich rühren, zittern, schwanken, wackeln, zucken.* चलित *zitternd, sich hinundher bewegend, schwankend, wackelnd.* — 2) *sich von der Stelle bewegen, sich fortbewegen.* आसनेभ्यः *von den Sitzen aufspringen.* चलित *der sich fortbewegt hat.* — 3) *sich in Bewegung setzen, aufbrechen, sich auf den Weg machen, fortgehen.* चलितः *er brach auf.* — 4) *sich neigen* (vom Tage). — 5) *sich bewegen, gehen, lustwandeln.* चलित * *auf dem Marsche begriffen* (ein Heer). — 6) *sich verbreiten* (von einer Nachricht) Spr. 2898. — 7) *aus seiner Ruhe —, aus dem Geleise kommen, in Verwirrung —, in Unordnung gerathen, zu Schanden werden.* — 8) *weichen —, abfallen von, untreu werden;* mit Abl. 104,12. — Caus. 1) चलयति 1) *in Bewegung versetzen, bewegen, erzittern machen* 221,1. — b) *aus der Ruhe bringen.* — c) *ablenken —, abbringen von* (Abl.). — 2) चालयति a) *in Bewegung versetzen, bewegen, schütteln, zum Wanken bringen, erschüttern* (einen Satz) Çaṁk. zu Bâdar. 3,4,8), *stossen, Jmd anstossen* 303,30. — b) *vor sich her treiben, forttreiben, vertreiben von, aus* (Abl.). — c) *aus der Ruhe bringen* 287,.. *aus dem Geleise bringen, in Verwirrung versetzen, aufregen.* — d) *abbringen von* (Abl.). — *Intens. चञ्चल्यते und चाचल्यते. — Mit आ Caus. आचालयति 1) *in Bewegung setzen, von der Stelle rücken;* mit Abl. — 2) *umrühren.* — Mit उद् 1) *sich entfernen —, sich losmachen von, sich ablösen.* आसनात् *sich vom Sitze erheben.* — 2) *sich aufmachen, aufbrechen, fortgehen.* — 3) उच्चलत् Kathâs. 61,104 fehlerhaft für उच्छलत्. — Mit प्रोद् *aufbrechen.* — Mit समुद् 1) *zusammen aufspringen* Mâlatîm. 77,18 (70,1. 170,3). — 2) *zusammen aufbrechen.* — Mit नि, Intens. °चल्चलीति *schwabbeln* Maitr. S. 3, 13,1. — Mit परि Caus. 1) °चलयति *bewegen, rühren.* — 2) °चालयति *im Kreise bewegen.* — Mit प्र 1) *in Bewegung gerathen, erbeben, erzittern.* — 2) *sich von der Stelle bewegen, — in Bewegung setzen, — fortbewegen.* आसनात् *vom Sitze aufspringen.* प्रचलिते मरुति *wenn sich ein Wind erhoben hat* zu Spr. 6067. — 3) *aufbrechen, sich auf den Weg machen, fortgehen.* — 4) *in Verwirrung —, in Aufregung gerathen.* — 5) *weichen —, abfallen von* (Abl.). — Caus. 1) °चलयति *fortbewegen, — von* (Abl. Suçr. 2,189,9), *bewegen* 176,26. — 2) °चालयति a) *erzittern machen.* — b) *umrühren.* — Mit *संप्र, *°चलित *heftig bebend.* — Mit वि 1) *sich hinundher bewegen, schwanken.* — 2) *sich von der Stelle bewegen, — in Bewegung setzen, — entfernen von* (Abl.). — 3) *ab —, herunterfallen.* — 4) *aus dem Geleise kommen, in Verwirrung gerathen, zu Schanden werden.* — 5) *weichen —, lassen von* (Abl.). — Caus. °चालयति 1) *in Bewegung versetzen, losrütteln, — machen.* — 2) *Jmd aus seiner Ruhe bringen, aufregen.* — 3) *ablenken —, abbringen von* (Abl.). — 4) *zu Schanden machen.* — Mit अनुवि *nach Jmd sich entfernen, nachfolgen.* — Mit प्रवि 1) *in Bewegung gerathen, erbeben.* — 2) *aus dem Geleise kommen, in Verwirrung gerathen.* — 3) *weichen —, lassen von* (Abl.). — Caus. °चालयति *bewegen, erbeben machen.* — Mit सम् 1) *in Bewegung gerathen, erbeben, erzittern, wanken.* — 2) *sich in Bewegung setzen, aufbrechen.* आसनात् *vom Sitze aufspringen.* — 3) *sich fortbewegen —, sich entfernen von* (Abl.). — Caus. संचालयति 1) *in Bewegung bringen, erbeben machen.* — 2) *forttreiben, — stossen aus* (Abl.).

2. *चल्, चलति (विलसने).

3. *चल्, चालयति (भृतौ).

चल 1) Adj. (f. आ) a) *sich bewegend, zitternd, beweglich, schwankend, wackelnd.* — b) *aus der Ruhe gebracht, aufgestört.* — c) *unstät, fluctuirend, wandelbar, veränderlich, vergänglich.* — 2) m. a) *Wind* (auch in medic. Sinne). — b) * *Quecksilber.* — c) * *Sprosse, junger Schoss* Gal. — d) * *unguis odoratus* Râǵan. 12,128. — e) *das Schwanken, Beben.* — 3) f. आ a) * *Blitz.* — b) * *Weihrauch.* — c) *Glück, die Glücksgöttin.* — d) *ein best. Metrum.* — 4) *n. *Wasser* Gal.

चलकर्ण m. in der Astron. *die veränderliche Hypotenuse* Sûrjas. 2,41. 51.

चलकृति Adj. Paṅkat. 409,12 fehlerhaft für चलप्रकृति.

चलकेतु m. *ein best.* केतु 8).

*चलघ्नी f. *Trigonella corniculata* Râǵan. 12,134.

*चलचञ्चु m. *Perdix rufa.*

1. चलचित्त n. *Wankelmuth.*

2. चलचित्त 1) Adj. (f. आ) *wankelmüthig.* — 2) m. N. pr. eines Mannes.

चलचित्तता f. 1) *Wankelmuth.* — 2) *Leichtfertigkeit, Windbeutelei.*

चलता f. *das Schwanken.*

*चलत्पूर्णिमा f. *ein best. Fisch.*

चलत्व n. *das Schwanken, Zittern.*

*चलदङ्ग und *°क m. *Ophiocephalus aurantiacus.*

*चलदल m. *Ficus religiosa.*

चलद्गु Adj. *unter dem die Erde bebt* Bhâg. P. 1,9,37.

*चलद्रुम m. *Tribulus lanuginosus* Râǵan. 4,41.

चलन 1) Adj. (f. आ) a) *sich bewegend, beweglich, schwankend.* — b) *auf Füssen gehend* Gaut. 8,2. — c) *liederlich* (Weib) Gaut. 22,26. — 2) *m. a) *Fuss.* — b) *Antilope.* — 3) f. ई a) *ein Unterrock bei Frauen niedern Standes* Hem. Par. 8,267 (einer Tänzerin). — b) * *ein Strick zum Binden der Elephanten.* — 4) n. a) *das Sichhinundherbewegen, Bewegung, das Schwanken, Zittern.* — b) *Bewegung,* so v. a. *Thätigkeit, Function* 271,14. 21. — c) *das aus dem Geleise —, aus der Ruhe Kommen.* — d) *das Weichen —, Ablassen von* (Abl.).

चलनक 1) m. n. *ein kurzer Unterrock.* — 2) * f. °निका *seidene Fransen.*

चलनिकेत Adj. *eine vergängliche Wohnung habend* Âpast.

*चलपत्त्र m. *Ficus religiosa* Râgan. 11,114. v. l. °पत्त्रिन् m.

*चलपुच्छ m. *Coracias indica* Nigh. Pr.

चलप्रकृति Adj. *leichtsinnig* Pańkat. ed. Bomb. 2,7,5.

*चलस् n. *Sauerklee.*

चलस्वभाव Adj. (f. आ) *unstäten Wesens* Spr. 2265.

चलाचल 1) Adj. *a) sich hinundher bewegend* Prasannar. 21,22. *beweglich, wackelnd, locker.* — *b) unbeständig, veränderlich.* — 2) m. *a)* **Krähe* Râgan. 19,89. — *b)* N. pr. eines Mannes.

*चलातङ्क m. *Rheumatism* Râgan. 20,20.

चलात्मन् Adj. *wankelmuthig.*

चलार्चा f. Titel eines Werkes.

*चलि m. *a cover, a wrapper, a surtout.*

चलित 1) Adj. s. u. चल्. — 2) n. *das Sichhinundherbewegen* Spr. 1986.

चलितव्य n. impers. *vom Fleck zu gehen* Kâd. 2,125,21.

1\. चली f. in पुंश्चली.

2\. चली Adv. mit कर् *in Bewegung versetzen* Naish. 1,114.

*चलु m. *ein Mundvoll Wasser.*

चलुक 1) (*m.) dass. — 2) *m. *eine Art Geschirr.* 3) m. N. pr. eines Mannes.

चलुक्य m. = चालुक्य Ind. Antiq. 7,210.

चलू f. in पुंश्चलू.

*चलेषु Adj. *dessen Pfeil schwankt.*

*चवन n. *Piper Chaba* Madanav. 35,363.

चवर्ग m. *die Palatalen* TS. Prât.

*चवि f., चविक n., चविका f. und चवी f. *Piper Chaba.*

चव्य 1) n. und f. आ dass. — 2) *f. आ *a) Baumwollenstaude* Râgan. 4,191. — *b)* = वचा.

*चव्यजा f. und *चव्यफल n. *Scindapsus officinalis* Râgan. 6,14.

चशाति MBh. 5,889 fehlerhaft für वशाति.

चशाल = चषाल 1).

*चष्, चषति und °ते (भक्षणे), चषति (हिंसायाम्).

चषक (*m. *n.) 1) *Trinkgeschirr, Becher;* insbes. *aus dem berauschende Getränke getrunken werden.* Am Ende eines adj. Comp. f. आ. — 2) **ein berauschendes Getränk* oder *ein best. b. G.* — 3) m. *Secunde* Utpala zu Varâh. Brh. 7,1.12. 26(24),4.

चषाल 1) m. n. *der Knauf des Opferpfeilers.* — 2) *m. *Bienenstock.*

चषालयूप m. *ein Opferpfeiler mit einem Knauf.*

चषालवन्त् Adj. *mit einem Knauf versehen.*

चसमास m. *ein copulatives Compositum.*

*चह्, चहति und चहयति (परिकल्कने).

चाकचक्य n. = उज्ज्वलता.

चाकचिक्य n. *Wahnvorstellung* Nj. K.

*चाकचिञ्चा f. *eine best. Pflanze.*

चाक्र 1) Adj. *mit dem Discus ausgeführt.* — 2) m. N. pr. eines Mannes.

*चाक्रगर्तक Adj. von चक्रगर्त Kâç. zu P. 4,2,126.

चाक्रवर्मण m. Patron. N. pr. eines Grammatikers.

*चाक्रपालेय von चक्रपाल gaṇa सख्यादि in der Kâç.

*चाक्रवाकेय von चक्रवाक.

*चाक्रवालेय von चक्रवाल gaṇa सख्यादि in der Kâç.

चाक्रायण m. Patron. des Ushasta.

चाक्रिक m. 1) *Kärrner* MBh. 12,69,51. — 2) *Töpfer.* — 3) *Oelmüller.* — 4) *ein öffentlicher Ausrufer.* — 5) *Genosse —, Anhänger eines Complots.*

*चाक्रिण m. Patron. von चक्रिन्.

*चाक्रेय von चक्र gaṇa सख्यादि.

चाक्वाल n. Tal. Br. 38 wohl nur fehlerhaft für चावाल.

चाक्षुष 1) Adj. (f. ई) *a) im Gesicht bestehend, auf dem G. beruhend, daraus entsprungen, dem Auge eigenthümlich, das A. betreffend, zum Gesichtssinn in Beziehung stehend.* — *b) durch das Gesicht wahrnehmbar.* — *c)* zu Manu Ḱâkshusha *in Beziehung stehend.* — 2) m. Patron. N. pr. *a)* verschiedener Männer VP. 1,13,2. 3. — *b)* Pl. einer Klasse von Göttern im 14ten Manvantara.

चाक्षुषत्व n. *Wahrnehmbarkeit durch das Gesicht.*

चाख्य Adj. *zufrieden.*

*चाखायितर् Nom. ag. vom Intens. von खन्.

*चाङ्ग m. 1) *Oxalis pusilla.* — 2) *whiteness or beauty of the teeth.*

चाङ्गेरी f. *Oxalis pusilla.* °घृत n. *ein best. medic. Präparat* Mat. med. 124.

चाचपुट m. *ein best. Tact.*

चाचरि m. N. pr. eines Ringers.

*चाचलि Adj. *beweglich.*

चाञ्चल्य n. *Beweglichkeit, Unbeständigkeit.*

चाञ्चव n. *Berühmtheit.*

चाञ्जलिकाश्रम m. N. pr. einer *Einsiedelei* MBh. 13,25,52. Es könnte aber auch च + अ° oder आ° getrennt werden. चाण्डालिकाश्रम v. l.

चाट m. 1) *Betrüger, Spitzbube* Varâh. Jogaj. 4, 50. Hemâdri 1,39,17. — 2) *Wahrsager* J. A. S. Beng. 47,405,36. 406,42. Hier könnte aber चाटभट als ein Wort gefasst werden und *eine niedrige Bevölkerungsklasse* bezeichnen. Vgl. चारभट. — 3) *= तुरुविषयभोक्तर् Comm. zu Mṛkkh. 78,13.

चाटकदेश m. N. pr. einer *Gegend* Pańkad.

*चाटकायन m. Patron. von चटक.

चाटकैर m. *ein junges Sperlingsmännchen* Harshak. 202,17 (°केर gedr.).

चाटलिका f. N. pr. einer Oertlichkeit.

चाटव n. fehlerhaft für चाञ्चव.

चाटिग्राम m. N. pr. eines *Dorfes.*

चाटु 1) m. n. *a)* Sg. und Pl. *etwas Artiges, — Gefälliges* Kâd. 2,107,3. Harshak. 202,17. चाट्वर्थम् so v. a. *um — etwas Liebes zu erweisen.* — *b)* **Bauch.* — 2) Adj. *a) angenehm*(?) Râgat. 1,213. — *b)* **deutlich redend.*

चाटुक m. = चाटु 1).

चाटुकार und *°कारिन् Adj. *freundliche Worte —, Schmeichelworte sprechend, Schmeichler.*

*चाटुपटु m. = भण्ड.

*चाटुलोल Adj. *sich zierlich bewegend.*

*चाटुवटु m. = चाटुपटु.

*चाणाक Adj. von चाणक्य 1).

*चाणाकीन Adj. *für Kichererbsen geeignet.*

चाणक्य 1) Adj. *a) aus Kichererbsen gemacht* Bhâvapr. 2,17. — *b)* von चाणक्य 2) *herrührend.* — 2) m. Patron. von चणक. N. pr. des Ministers von Ḱandragupta und Sohnes des Ḱanin Hem. Par. 8,200.

*चाणक्यमूलक n. *eine Art Rettig* Râgan. 7,17.

*चाणारत्रूप्य Adj. von चणारत्रूप्य.

चाणूर m. N. pr. 1) eines Fürsten. — 2) eines von Kṛshṇa erschlagenen Ringers.

*चाण्ड 1) m. Patron. von चण्ड. — 2) n. Nom. abstr. von चण्ड 1).

चाण्डाल 1) m. = चण्डाल. Mit einem Gen. Pl. oder am Ende eines Comp. so v. a. *der Verworfenste unter.* — 2) f. °ली *a)* f. zu 1). Auch als Bez. *eines Frauenzimmers am ersten Tage der Katamenien.* — *b)* **eine best. Pflanze.* — 3) Adj. (f. ई) *dem* Ḱaṇḍâla 1) *eigen.*

*चाण्डालक 1) n. = चण्डालेन कृतम् (संज्ञायाम्). — 2) f. °लिका *a) die Laute der* Ḱaṇḍâla. — *b) ein best. Kraut.* — *c)* = किंनरी. — *d)* Bein. der Durgâ.

*चाण्डालकि m. Patron. von चण्डाल.

चाण्डालिकाश्रम m. N. pr. einer *Einsiedelei.* चाञ्जलिकाश्रम v. l.

चाण्डालिनी f. N. pr. einer Göttin.

चातक m. *Cucculus melanoleucus;* f. ई. Der Vogel lebt der Sage nach nur von Regentropfen.

*चातकानन्दन m. *die Regenzeit* Râgan. 21,66.

चातन 1) Adj. am Ende eines Comp. *verscheuchend.* — 2) m. N. pr. des angeblichen Ṛshi von

3). — 3) n. diejenigen Sprüche des AV., deren Zweck die Verscheuchung dämonischer Wesen und Kräfte ist.

1. *चातुर Adj. von Vieren gezogen (Karren).

2. चातुर 1) *Adj. a) geschickt, gewandt. — b) Schmeicheleien sagend. — c) dem Auge zugänglich. — d) lenkend, regierend. — 2) *m. ein rundes Kopfkissen. — 3) f. ई a) Geschicklichkeit Prasannar. 32, 21. 33,6. Vikramâṅkak. 6,12. — b) Liebreiz.

*चातुरक 1) Adj. = 2. चातुर 1) b) c) d). — 2) m. = 2. चातुर 2).

चातुरन्त der entscheidende Würfelwurf von vier Augen.

चातुरर्थिक Adj. in den vier (angegebenen) Bedeutungen geltend.

चातुराश्रमिक Adj. in den vier Lebensstadien sich befindend.

चातुराश्रमिन् MBh. 7,2725 fehlerhaft für चतुराश्रमिन्.

चातुराश्रम्य a. die vier Lebensstadien des Brahmanen. °धर्म m. Titel eines Werkes Bühler, Rep. No. 20.

*चातुरिक m. Wagenlenker.

चातुर्जात (Bhâvapr. 6,32) und °क (Râǵan. 22,17. Bhâvapr. 1,189) n. eine best. Verbindung von vier Stoffen.

चातुर्थ Adj. im vierten (Adhjâja) besprochen Kull. zu M. 2,56.

चातुर्थक Adj. jeden vierten Tag erscheinend (Fieber) Agni-P. 31,18.

चातुर्थककारिरस m. ein best. medic. Präparat gegen Quartanfieber Mat. med. 67.

चातुर्थाह्निक Adj. zum vierten Tag gehörig.

चातुर्थिक Adj. wohl dass. Lâṭj. 7,7,29. Comm. zu Tâṇḍja-Br. 12,11,24.

*चातुर्दश Adj. zum 14ten Tage in einem Halbmonat in Beziehung stehend.

*चातुर्दशिक Adj. am 14ten Tage in einem Halbmonat die heiligen Schriften studirend.

चातुर्दैव Adj. vier Gottheiten geheiligt.

*चातुर्बीज n. eine Verbindung von vier Arten aromatischen Samens Nigh. Pr.

*चातुर्भद्र n. eine Verbindung von vier heilbringenden Pflanzen Râǵan. 22,16. Auch °क n. Bhâvapr. 3,87. 93.

चातुर्भुजि m. Patron. von चतुर्भुज.

चातुर्भौतिक Adj. aus vier Elementen bestehend Comm. zu Njâjas. 3,1,28.

चातुर्महाराजकायिक m. Pl. = चतुर्म°.

चातुर्महाराजिक m. 1) Bein. Çiva's. — 2) Pl. = चातुर्महाराजकायिक.

*चातुर्मासक und °सिन् Adj. der die Kâturmâsja-Opfer vollzieht.

चातुर्मासी f. der Vollmondstag bei den Kâturmâsja-Opfern Âpast.

चातुर्मास्य 1) n. a) Tertial, Beginn eines Tertials. — b) Pl. die drei vier Monate währenden und am Anfange der drei Jahreszeiten darzubringenden Opfer. — 2) Adj. zum Kâturmâsja-Opfer gehörig.

चातुर्मास्यकारिका f. Titel eines Werkes.

चातुर्मास्यदेवता f. die Gottheit eines Kâturmâsja-Opfers.

चातुर्मास्यपद्धति f. und °मास्यमाहात्म्य n. Titel zweier Werke.

चातुर्मास्ययाजिन् Adj. der ein Kâturmâsja-Opfer darbringt.

चातुर्य n. 1) Geschicklichkeit, Gewandtheit. — 2) Liebreiz.

चातुर्वर्ण्य n. die vier Kasten.

चातुर्विंशिक Adj. zum 24sten Tag gehörig.

चातुर्विद्य 1) Adj. mit den vier Veda vertraut. Vgl. चतुर्विद्य. — 2) n. die vier Veda. Wird von Nilak. zu MBh. durch die Kenntniss des धर्म, अर्थ, काम und मोक्ष erklärt.

चातुर्विध्य n. Vierfältigkeit Hariv. 2,114,16.

चातुर्वैद्य 1) Adj. mit den vier Veda vertraut. — 2) *n. die Kenntniss der vier Veda.

चातुर्होतृक Adj. von चतुर्होतर् Maitr. S. 1,9 in der Unterschrift.

चातुर्होत्र 1) Adj. von den vier Hauptpriestern geleitet, von ihnen vollbracht. — 2) n. a) ein von vier Priestern geleitetes Opfer Bhâg. P. ed. Bomb. 7,3,30. — b) die Functionen der vier Hauptpriester. — c) die vier Hauptpriester.

चातुर्होत्रिय Adj. wobei die vier Hauptpriester verwendet werden.

चातुश्चरणिक 1) Adj. wohl mit den vier Veda vertraut Hemâdri 1,368,6. — 2) f. आ wohl die vier Veda ebend. 332,4.

चातुःशब्द्य n. vier Wortformen, — Ausdrucksweisen.

*चातुष्कोटिक Adj. viertheilig.

*चातुष्टय Adj. das Katushṭaja 2) c) kennend.

चातुष्प्राहरिक Adj. bei vier Gelegenheiten erfolgt Ind. St. 15,221.

चातुष्प्राश्य Adj. für Viere zum Essen ausreichend.

चातुःषष्टिक Adj. zu den 64 Künsten in Beziehung stehend.

चातुःसागरिक Adj. (f. ई) zu den vier Meeren in Beziehung stehend.

चातुःस्वर्य n. die Verwendung von vier Accenten (d. i. त्रैस्वर्य und एकश्रुति) Ind. St. 10,422. Comm. zu Njâjam. 9,2,15.

चात्तरात्र m. Patron. des Ǵamadagni.

चात्त्र (zu चत्) n. Spindel. insbes. die bei der Erzeugung des heiligen Feuers gebrauchte.

चात्र = चात्त्र.

चात्वारिंश n. Titel eines Brâhmaṇa.

*चात्वारिंशत्क Adj. für vierzig gekauft u. s. w.

चात्वाल 1) m. n. die Grube, welche die Erde für die Uttaravedi liefert. — 2) *m. Kuça-Gras.

चात्वालवन्त् Adj. wobei eine Grube चात्वाल gegraben wird.

*चानराट N. pr. einer Oertlichkeit.

चानश् das Participial-Suffix आन 238,33.

चानूर fehlerhaft für चाणूर.

चान्दन Adj. (f. ई) vom Sandelbaum, von Sandelholz Prasannar. 118,14. S. S. S. 179.

*चान्दनगन्धिक Adj. nach Sandel riechend.

चान्द्र 1) Adj. (f. ई) a) lunaris. — b) von Kandra verfasst. — 2) m. a) *Mondmonat. — b) *die lichte Hälfte eines Monats. — c) Montag Vishṇus. 77,2. — d) *ein best. Edelstein, = चन्द्रकान्त. — e) ein Schüler des Grammatikers Kandra. — 3) f. ई a) *Mondschein Râǵan. 21,46. — b) *eine Art Solanum. — c) *Serratula anthelminthica Râǵan. 4, 63, v. l. — d) N. pr. einer Fürstin. — 4) n. = चान्द्रायण 2).

चान्द्रक 1) Adj. lunaris. — 2) *n. trockener Ingwer.

चान्द्रगुप्त Adj. dem Kandragupta gehörig Hem. Par. 8,322.

चान्द्रचन्द्रिक n. eine best. Art des Sitzens.

चान्द्रपुर m. Pl. die Bewohner von Kandrapura.

*चान्द्रभागा f. = चन्द्रभागा.

चान्द्रभागि m. Patron. von चन्द्रभाग.

*चान्द्रभागेय m. Metron. von चन्द्रभागा.

चान्द्रम Adj. lunaris.

चान्द्रमस 1) Adj. (f. ई) dass. — 2) m. N. pr. eines Mannes. Pl. sein Geschlecht. — 3) f. ई N. pr. der Gattin Bṛhaspati's. — 4) *n. das Mondhaus Mṛgaçiras.

*चान्द्रमसायन und *°नि m. Patron. Budha's (Mercurs).

चान्द्रव्रतिक Adj. nach der Weise des Mondes verfahrend.

*चान्द्राख्य n. frischer Ingwer.

चान्द्रायण 1) m. Kenner des Mondlaufes, Mondbeobachter Comm. zu Tâṇḍja-Br. 17,13,17. *°भक्त Adj. von solchen bewohnt. — 2) n. eine best. Kasteiung, bei der man den Mondlauf zur Richt-

schnur nimmt, indem man beim zunehmenden Monde jeden Tag einen Bissen mehr, beim abnehmenden einen Bissen weniger zu sich nimmt. °व्रत n. dass. 144,9.

*चान्द्रायणिक Adj. *die Kasteiung* Kândrâjaṇa *übend.*

चान्द्रि m. Patron. *Mercurs* Varâh. Jogaj. 4,19.

चान्धनायन m. Patron. des Ânandaǵa.

चाप 1) m. n. *a) Bogen* (zum Schiessen). — *b) Bogen* (in der Geometrie), insbes. *der einem gegebenen Sinus oder Cosinus entsprechende.* — *c) der Schütze im Thierkreise.* — *d) Regenbogen.* — *e) ein best. astronomisches Instrument, Halbcirkel.* — *f) eine best. Constellation.* — 2) m. N. pr. eines Geschlechts.

चापगुण m. *Bogensehne.*

चापट N. pr. eines Dorfes.

चापदासी f. N. pr. eines Flusses Hariv. 9515.

चापधर m. *der Schütze im Thierkreise* Utpala.

*चापपट m. *Buchanania latifolia* Râǵan. 11,66. Vgl. चापवट und उपवट.

चापय्, °यति *auf einen Bogen* (geometr.) *reduciren* Comm. zu Ârjabh. 4,25.

चापयष्टि f. *Bogensehne* 295,32.

चापल n. (adj. Comp. f. आ) 1) *Beweglichkeit, rasche Bewegung, Geschwindigkeit.* — 2) *unstätes Wesen, Unbeständigkeit, Leichtfertigkeit, eine leichtsinnige Handlung, Unvorsichtigkeit* (Pl. Kâd. 114, 2. Harshak. 84,1), *Leichtsinn,* — *in Bezug auf* (im Comp. vorangehend) Gaut.

चापलता f. *Bogensehne.*

*चापलायन m. Patron. von चपल.

चापलेखा f. ein Frauenname.

चापल्य n. 1) *Beweglichkeit, rasche Bewegung.* — 2) *unstätes Wesen, Unbeständigkeit* Spr. 3924. *Leichtfertigkeit, Leichtsinn.*

*चापवट m. = चापपट Râǵan. 11,66.

चापाचार्य m. *ein Lehrer im Bogenschiessen* Bâlar. 42,19.

चापाधिरोपण (Prasannar. 20,11) und चापारोपण (ebend. 15,10) n. *das Beziehen des Bogens mit einer Sehne, das Spannen des B.*

चापाल N. pr. eines Kaitja.

चापिन् 1) Adj. *mit einem Bogen bewaffnet.* — 2) m. *der Schütze im Thierkreise.*

चापोत्कट m. N. pr. eines Geschlechts.

*चाफट्टकि m. Patron.

*चाबुका f. *ein kleines rundes Kissen.*

चामर 1) Adj. *a) vom Bos grunniens kommend* Bhâg. P. 8,10,13. — *b) zu einem Fliegenwedel gehörig.* — 2) (*m. f. आ und ई) und n. *der Schweif des Bos grunniens, der als Fliegenwedel gebraucht wird und zu den Insignien eines Fürsten gehört.* Auch als Schmuck auf dem Kopfe von Pferden und Elephanten Kâd. 109,17. Am Ende eines adj. Comp. f. आ. — 3) *n. und f. आ *Stiel.* — 4) n. *ein best. Metrum.*

*चामरग्राह् m. *Fliegenwedelhalter.*

*चामरग्राहिक m. Patron. von चामरग्राह्.

चामरग्राहिणी f. *Fliegenwedelhalterin* Spr. 77. Hemâdri 2,*a*,113,19. Kâd. 14,24. 238,11.

चामरधारि und °णी (Bâlar. 90,1) f. dass.

*चामरपुष्प m. 1) *Mangifera indica.* — 2) *der Betelnussbaum.* — 3) *Pandanus odoratissimus.* — 4) *Saccharum spontaneum.*

*चामरपुष्पक m. *Saccharum spontaneum.*

चामरव्यजन n. *der Schweif des Bos grunniens als Fliegenwedel.*

चामरसाह्वय m. *Saccharum spontaneum.*

*चामरिक m. *Fliegenwedelhalter.*

चामरिका f. *Wedel, Büschel* Harshak. 139,11.

*चामरिन् m. *Pferd.*

*चामसायन m. Patron. von चमसिन्.

*चामस्य m. Patron. von चमस.

चामीकर 1) n. *Gold.* Nom. abstr. °त्व n. Ind. St. 14,382. — 2) *m. *Stechapfel.*

चामीकरमय Adj. (f. ई) *golden* Hemâdri 1,334,9. 455,15.

चामीकराचल und °कराद्रि m. Bein. des *Berges* Meru Kâd. 229,12. Ind. St. 14,384.

चामुण्ड 1) m. N. pr. eines Autors. Auch °राय. °रायपुराण n. Titel eines Werkes. — 2) f. आ *a) eine Form der* Durgâ. — *b)* N. pr. einer Nâjikâ der Durgâ.

चामुण्डातन्त्र m. Titel eines Werkes.

*चाम्पिला f. *Fluss.*

चाम्पेय 1) m. *a) Michelia Champaka* und *Mesua ferrea.* — *b)* **Staubfaden, insbes. der Lotusblüthe.* — *c) ein Fürst von* Kampâ. — *d)* N. pr. eines Sohnes des Viçvâmitra. — 2) *m. n. *Gold.*

*चाम्पेयक n. = चाम्पेय 1) *b)*.

*चाम्य n. *Speise.*

चाय्, चायति und °ते 1) *Scheu haben, Besorgniss hegen vor* (Acc.). Med. *sich scheu—, sich ehrfurchtsvoll benehmen.* — 2) *wahrnehmen, erkennen* Maitr. S. 1,9,3. 4. — Mit अप 1) *scheuen.* — 2) *respectiren, ehren.* — Mit नि (nur Absol. निचाय्या, निचाय्य) 1) *mit ehrfurchtsvoller Scheu betrachten, verehren.* — 2) *wahrnehmen* RV. 1,105,18. Daçak. 90,7.

*चाय Adj. von चय.

*चायक Adj. von चि.

*चायनीय Adj. wohl *wahrnehmbar,* als Erklärung von चित्र.

1. चायमान Partic. von चाय्.

2. चायमान m. Patron. des Abhjâvartin.

चायितर् Nom. ag. *Wahrnehmer* Nir. 5,24.

चायु Adj. *Scheu —, Ehrfurcht bezeugend.*

चार 1) m. *a) Späher, Kundschafter.* — *b) Gang, Bewegung, Lauf* (der Gestirne). — *c) Verfahren, Benehmen.* — *d) das Betreiben.* — *e)* **Fessel.* — *f)* **Gefängniss.* — *g) Buchanania latifolia* Râǵan. 11,65. Bhâvapr. 1,245. — 2) f. ई *a) körperliche Bewegung, Schwenkung* Bâlar. 217,12 (wenn चारीसु° verbunden wird). — *b) ein best. Pas beim Tanze.* — 3) *n. *ein künstlich zubereitetes Gift.*

चारक 1) Adj. am Ende eines Comp. *a) verfahrend, zu Werke gehend.* — *b) in Bewegung setzend* MBh. 14,42,29. — *c)* **von* Káraka *verfasst.* — 2) m. *a) Späher, Kundschafter.* — *b)* **Treiber, Hüter.* — *c)* **eine Art Priester* (भोज्जक). — *d)* **Diener.* — *e)* **Genosse, Begleiter.* — *f)* **Fessel.* — *g) Gefängniss* Lalit. 250,2. 252,16. — *h)* **Buchanania latifolia.* — 3) f. °रिका *a) Dienerin in* अन्तःपुर°. — *b) das Leben fahrender Mönche* u. s. w. Lalit. 309, 2. — *c)* **Coccinelle* Nigh. Pr. — *d)* **Schabe.*

*चारकत्रिरात्र m. *eine best. Feier.*

*चारकाण्ड n. *ascensional difference (in Astronomy).* Richtig चरखण्ड.

*चारकीण Adj. *für einen umherziehenden Brahmanenschüler geeignet.*

1. चारचक्षुस् n. *ein Späher als Auge* 211,19.

2. चारचक्षुस् Adj. *Späher als Augen benutzend.*

*चारचण Adj. *graceful in gait or motion.*

*चारचुञ्चु Adj. *remarkable in walking, of graceful carriage.*

*चारज्या f. *the sine of the ascensional difference.* Richtig चरज्या.

*चारटिका f. *die Indigopflanze* Râǵan. 4,83.

चारटी f. 1) *Flacourtia cataphracta* Râǵan. 5,91. Bhâvapr. 6,15. Karaka 6,14. — 2) **Hibiscus mutabilis.*

चारण 1) Adj. *a) auf der Schule beruhend* Âpast. — *b) zu derselben Schule gehörig* Gaut. — 2) m. *a) ein umherziehender Schauspieler* Spr. 2235. 2278. Pańkat. 43,4. Râǵat. 1,222. — *b) ein himmlischer Sänger.* — *c) Späher, Kundschafter.* °चक्र n. *ein Trupp von Sp.* Bâlar. 90,20. — 3) f. ई *a)* f. zu 2) *b)* Bâlar. 259,3. — *b)* **Hibiscus mutabilis* Nigh. Pr. — 4) n. *a) das Weidenlassen, Hüten.* — *b) ein best. mit Mineralien (Quecksilber) vorgenommener Process.*

चारणत्व n. Nom. abstr. zu चारण 2) a).

चारणविद्य oder °वैद्य m. Pl. N. pr. einer Schule des AV.

चारणीकमय Adj. (f. ई) nur aus umherziehenden Schauspielern bestehend.

*चारतूल n. = चामर 2) Gal.

चौरथ Adj. fahrend, wandernd.

*चारपथ m. Kreuzweg.

चारपुरुष m. Späher, Kundschafter Kâd. 63,2.

चारभट 1) m. Soldat Spr. 1593. Harshak. 174,24. — b) *ein beherzter Mensch. — 2) *f. ई Heldenmuth.

*चारमिक Adj. = चरममधीते वेद वा.

*चारवायु m. Sommerlüftchen.

चाराधिकार m. Späheramt Bâlar. 90,19.

चाराधिकारिन् m. Späher, Kundschafter.

चारायण m. Patron. N. pr. eines Autors. *f. ई.

*चारायणक Adj. von den Kârâjaṇa herkommend.

चारायणीय 1) Adj. zu Kârâjaṇa in Beziehung stehend. शिक्षा Bühler, Rep. No. 21. — 2) m. Pl. die Schule des Kârâjaṇa.

चारिक in ब्रह्म° und मास°. चारिका s. u. चारक.

चारितार्थ्य n. Erreichung des Zweckes.

चारित्र 1) m. N. pr. eines Marut. — 2) *f. आ Tamarindenbaum. — 3) n. (adj. Comp. f. आ) a) Verfahren, Handlungsweise, Wandel. — b) ein reiner Wandel, guter — 170,4. ein guter Name. — c) *Ceremonie.

*चारित्रवती f. ein best. Samâdhi.

चारित्रसिंहगणि m. N. pr. eines Autors.

चारित्रिन् Adj. einen guten Lebenswandel führend.

चारित्र्य n. = चारित्र 3) a) b).

चारिन् 1) Adj. a) beweglich, sich bewegend. — b) am Ende eines Comp. α) sich bewegend —, herumgehend —, umherwandelnd —, lebend —, sich aufhaltend in oder auf. — β) verfahrend, zu Werke gehend. — γ) übend, thuend. — δ) lebend von. — ε) nahekommend, ähnlich. — 2) m. a) Fussoldat. — b) Späher, Kundschafter Âpast. — 3) *f. णी eine best. Pflanze Râǵan. 10,107.

*चारिवाच् (!) f. angeblich = कर्कटशृङ्गी.

चारु 1) Adj. a) angenehm, willkommen, gebilligt, geschätzt, lieb, carus; mit Dat. oder Loc. der Person. — b) lieblich, gefällig, schön. — 2) चारु Adv. zu 1) a) und b). — 3) m. a) ein best. वासक (musik.). — b) *Bein. Bṛhaspati's. — c) N. pr. α) eines Sohnes des Kṛshṇa. — β) eines Kakravartin. — 4) *f. चार्वी a) ein schönes Weib. — b) Glanz. — c) Mondschein. — d) Intelligenz. — e) N. pr. der Gattin Kubera's. — 5) *n. Safran.

चारुक m. 1) der Same von Saccharum Sara Bhâvapr. 1,279. — 2) N. pr. eines Mannes VP. 5,37,42.

*चारुकेसरा f. 1) eine Cyperus-Art Râǵan. 6,144. — 2) eine rosenartige Pflanze Râǵan. 10,129.

चारुगर्भ m. N. pr. eines Sohnes des Kṛshṇa.

चारुगिरि m. N. pr. eines Berges.

चारुगीति f. ein best. Metrum.

चारुगुप्त m. N. pr. eines Sohnes des Kṛshṇa.

चारुचन्द्र m. desgl.

चारुचर्या f. Titel eines Werkes Bühler, Rep. No. 347. fg.

चारुचित्र und °चित्राङ्गद m. N. pr. eines Sohnes des Dhṛtarâshṭra.

चारुता f. 1) Beliebtheit. — 2) Schönheit 104,23. Spr. 7826.

चारुत्व n. Beliebtheit ṚV. 10,70,9.

चारुदत्त m. ein Mannsname 146,27.

चारुदत्त m. desgl.

*चारुदर्शना f. eine Schöne, Weib überh. Râǵan. 18,6.

*चारुदारु m. Hibiscus populneoides Nigh. Pr.

चारुदेव m. N. pr. eines Mannes.

चारुदेष्ण m. N. pr. eines Sohnes 1) des Gaṇḍûsha. — 2) des Kṛshṇa.

चारुदेह m. N. pr. eines Sohnes des Kṛshṇa.

चारुधर्मन् m. N. pr. v. l. für चारुवर्मन् VP.[2] 3,148.

*चारुधामन् m. eine best. Pflanze.

*चारुधामा oder *°धारा f. Bein. von Indra's Gattin.

चारुधिष्ण्य m. N. pr. eines der 7 Weisen im 11ten Manvantara. Wohl nur verlesen für चोरु° d. i. च + उरु°.

चारुनालक n. eine rothe Lotusblüthe.

चारुनेत्र 1) Adj. (f. आ) schönäugig. — 2) *m. Antilope cervicapra Gal. — 3) f. आ N. pr. einer Apsaras.

चारुपत्त्रमय Adj. aus schönen Blättern gemacht Hemâdri 1,408,5.

चारुपद m. N. pr. eines Sohnes des Namasju.

*चारुपर्णी f. Paederia foetida.

चारुपुट m. ein best. Tact.

चौरुप्रतीक Adj. von lieblichem Aussehen.

*चारुफला f. Weinstock.

चारुबाहु und चारुभद्र m. N. pr. zweier Söhne Kṛshṇa's.

चारुमति m. N. pr. eines Papageien.

चारुमत् N. pr. 1) m. eines Kakravartin. — 2) f. °मती a) einer Tochter Kṛshṇa's. — b) einer Zofe Kandak. 8,9. fgg.

चारुमुखी f. ein best. Metrum.

चारुयशस् m. N. pr. eines Sohnes des Kṛshṇa.

चारुरथ N. pr. eines Waldes.

*चारुरावा f. Bein. der Çakî.

चारुरूप m. N. pr. eines Adoptivsohnes des Asamauǵas Hariv. 1,38,8.

चारुलोचन 1) Adj. (f. आ) schönäugig. — 2) *m. Antilope.

चारुवक्त्र m. N. pr. eines Wesens im Gefolge Skanda's.

*चारुवर्धना f. Weib.

चारुवर्मन् m. N. pr. eines Mannes VP. 5,37,42.

*चारुवक्त्र Adj. P. 6,3,121, Vartt., Sch.

चारुवादिन् Adj. schön klingend S. S. S. 180.

चारुविन्द m. N. pr. eines Sohnes des Kṛshṇa.

*चारुवृन्त m. Hibiscus populneoides Nigh. Pr.

चारुवेणी f. eine schöne Flechte und zugleich N. pr. eines Flusses Spr. 7628.

चारुवेष m. N. pr. eines Sohnes des Kṛshṇa VP.[2] 4,112. °वेश MBh.

*चारुव्रता f. eine Frau, die einen Monat fastet.

चारुशब्दभङ्गवत् Adj. reich an lieblichem Gestammel und zugleich an lieblichen Redewendungen (eine Rede) Spr. 7840.

*चारुशिला f. Edelstein.

चारुशीर्ष m. N. pr. eines Mannes.

चारुश्रवस् m. N. pr. eines Sohnes des Kṛshṇa.

चारुसंकाशिन् Adj. lieblich aussehend AV. Paipp. 20,3,5.

*चारुसार n. Gold Gal.

चारुहासिन् 1) Adj. lieblich lachend 83,10. — 2) f. °नी a) ein best. Metrum. — b) N. pr. einer Gattin Kṛshṇa's VP.[2]

*चारेतण Adj. = 2. चारचतुर

*चार्चिक Adj. = चर्चामधीते वेद वा.

*चार्चिक्य n. das Einsalben des Körpers.

*चार्म Adj. ledern, mit Fell oder Leder überzogen.

*चार्मण 1) Adj. mit Fell oder Leder überzogen. — 2) n. eine Menge von Häuten, Fellen oder Schildern.

चार्मिक Adj. ledern.

*चार्मिकायणि m. Patron. von चर्मिन्.

*चार्मिक्य n. Nom. abstr. von चर्मिक.

*चार्मिण n. eine Menge schildbewaffneter Männer.

*चार्मिय Adj. von चर्मन्.

चार्य 1) m. der Sohn eines ausgestossenen Vaiçja. — 2) n. Späherei, Kundschaft.

चार्वदन (für चारुवदन) Adj. lieblich von Angesicht AV. Paipp. 20,3,5.

चार्वाक 1) m. a) N. pr. α) eines Râkshasa. — β) eines materialistischen Philosophen. — b) ein Anhänger von 1) a) β). — 2) Adj. von 1) a) β) herrührend.

*चार्वाघाट und *चार्वाघात Adj. wohl schön auf einem Instrumente spielend.

चार्वाच् (für चारुवाच्) Adj. *lieblich redend* AV. Paipp. 20,5,5.

चार्वाट Adj. in Verbindung mit मुहूर्त.

चाल m. 1) *das Wackeln* in दन्त°. Auch ohne दन्त dass. Cit. im Comm. zu Varâh. Bṛh. S. 66,5. — 2) **Dach*. — 3) **der blaue Holzheher*.

चालक m. **ein widerspänstiger Elephant*. Von Menschen so v. a. *ein Widerspänstiger* Râǵat. 8, 1644.

चालन 1) n. *a) das Bewegen, Hinundherbewegen, Wankenmachen, Lockern*. — *b) das Vonsichstossen*. — *c) ein best. Ausdruck aus der Astronomie*. — 2) (*n.) und f. ई *Sieb, Seihe* Mahidh. zu VS. 19,16.

चालनिका f. = चालन 2) Glosse zu Kâtj. Çr. 19,2,8.

चालिक्य Ind. St. 3,485 = चालुक्य.

चालुकि m. N. pr. eines Fürsten B. A. J. 11,107.

चालुक्य m. N. pr. eines Geschlechts.

चाल्य Adj. 1) *zu bewegen, zum Schwanken —, in Bewegung zu bringen* Comm. zu Golâdhj. 11,4. — 2) *abzulenken*.

चाष 1) m. *a) Coracias indica*. — *b) *Zuckerrohr*. — 2) *Adj. von 1) *a)*.

चाषमय Adj. *aus* चाष 1) *a) bestehend* Harshaḱ. 101,22.

चाषवक्त्र m. N. pr. eines Wesens im Gefolge Skanda's. Pl. Bez. *einer Art Gespenster*.

*चाहुव m. N. pr. eines Geschlechts.

चाहुबाण m. desgl.

*चाहुआण m. desgl.

1. चि, चिनोति und चिनुते 1) *aneinanderreihen, schichten, aufbauen*; insbes. oft vom Bau des Feueraltars, und zwar Act., wenn der Priester für Andere, Med., wenn der Opfernde für sich selbst baut. — 2) *sammeln, einsammeln, belesen, bepflücken; in den Besitz von Etwas gelangen*. — 3) *beschütten —, bedecken mit* (Instr.). चित *bedeckt —, besäet mit* (Instr. oder im Comp. vorangehend). — 4) Pass. *zunehmen, ergiebig sein, gedeihen*. — *Caus. 1) चययति und चपयति = Simpl. — 2) चाययति oder चापयति. — Desid. *चिकीषति, °ते und *चिचीषति *schichten wollen*. — *Caus. vom Desid. चिचीषयति *veranlassen, dass Jmd aneinanderzureihen wünscht*. — Mit अधि *aufschichten, aufbauen auf* (Loc.). — Mit अनु, °चित *der Länge nach besetzt mit* (Instr.). — Mit अप 1) *ablesen, einsammeln*. — 2) **verringern*. — 3) Pass. *a) von seiner Fülle herunterkommen, abnehmen, sich verringern, weniger werden* (in der Arithm.) Utpala zu Varâh. Bṛh. 7,2. °चित *abgemagert, mager, dünn*. — *b) kommen um, verlustig gehen*; mit Abl. — Mit अव 1) *ablesen, einsammeln*; mit *doppeltem Acc. 225,19. 20. — 2) *zurückschlagen, abziehen* (ein Gewand). — 3) अवचित *erfüllt —, bewohnt von* (im Comp. vorangehend). आचरित v. l. — Mit आ 1) *anhäufen, ansammeln*. आँचित *angehäuft, geschaart*. — 2) *bedecken —, beladen mit* (Instr.). आचित *bedeckt —, beladen —, besteckt —, bespickt —, behaftet* (Ḱaraka 6,25) *mit* (Instr. oder im Comp. vorangehend). — Mit अन्वा in °चय. — Mit अवा *vermindern, verbrauchen*. — *पर्या in *°चित. — Mit समा 1) *zusammenstellen, aufhäufen*. — 2) *überschütten —, bedecken mit* (Instr.). °चित *bedeckt —, beladen —, versehen mit* (Instr. oder im Comp. vorangehend). — 3) (einen Weg) *bahnen* (durch *Aufschütten, Ausfüllen* der Vertiefungen). — Mit उद् *ablesen, einsammeln*; mit *doppeltem Acc. — Mit अभ्युद् 1) *auf eine Stelle* (Loc.) *zusammenbringen* Çaṁk. zu Bâdar. 3,3,57. — 2) *anknüpfend behandeln* Çaṁk. zu Bâdar. 2,4,7. — Mit समुद् 1) *aneinanderreihen, zusammenstellen, anreihen, hinzufügen* 232,33. — 2) *ablesen, einsammeln*. — Mit उप 1) *aneinanderreihen*. — 2) *aufhäufen, ansammeln, vermehren, verstärken*. Pass. *sich aufhäufen, — anhäufen, — vermehren, — verstärken, zunehmen* (auch vom Monde), *sich verbessern, — gut stehen, Vortheil ziehen*. उपचित *vermehrt, verstärkt, in reichlichem Maasse vorhanden, eine Fülle zeigend, dick* (Ḱaraka 4,8); *sich wohl befindend, gut von Statten gehend*. — 3) *überschütten —, bedecken mit* (Instr.). उपचित *überschüttet —, bedeckt —, reichlich versehen —, versehen mit* (Instr. oder im Comp. vorangehend). — Mit समुप *aufhäufen, sammeln* Nâgân. 100 (101). Pass. *zunehmen, heranwachsen*. °चित *reichlich* 329,8. *dick* Ḱaraka 4,8. — Mit नि 1) *aufschichten, aufrichten*. Nur °चित *aufgeschichtet, aufgerichtet, aufgebaut*. — 2) *beschütten*. °चित *bedeckt —, besteckt —, besetzt —, versehen mit* (Instr. oder im Comp. vorangehend). — 3) निचित *angehäuft, gestaut, constipatus*. — Mit *परिणि und *प्रणि. — Mit संनि, °चित *angehäuft, gestaut*. — Mit परि 1) *aufschichten*. — 2) *einschliessen mit* (Instr.) Çulbas. 3,81. — 3) *ansammeln, anhäufen*. Pass. *sich vermehren, zunehmen*. °चित *verstärkt*. — 4) *in den Besitz von Etwas gelangen*, °चित *gewonnen* Spr. 4242. — 5) परिचित *erfüllt von* (Instr.), so v. a. *in sich enthaltend*. — Mit प्र 1) *einsammeln, lesen, abpflücken*; Feinde *lesen*, so v. a. *niedermähen*. प्रचित *eingesammelt*. — 2) *vermehren, vergrössern*. Pass. *sich ansammeln, zunehmen*. प्रचित *angehäuft*. — 3) प्रचित *bedeckt —, überhäuft mit* (Instr. oder im Comp. vorangehend). — Mit संप्र *ansammeln, vermehren*. — Mit वि 1) *auslesen, aussuchen, sichten* (insbes. Soma-Pflanzen). — 2) *belesen* Spr. 7133, v. l. — 3) *sondern, zertheilen* (das Haar). — 4) *ausscheiden, fortschaffen, zerstreuen*. — 5) (einen Weg) *bahnen* (durch *Beiseiteschaffen* des im Wege Liegenden). — 6) *vertheilen* (Beute). — 7) *einziehen* (Spielgewinn). — 8) *verschichten, falsch schichten*. — Mit संवि *aussondern*. — Mit सम् 1) *aufschichten, aufeinanderlegen*. — 2) *fertig schichten*. संचित f. *geschichtet*. — 3) *zusammenlesen, — legen, ordnen*. — 4) *einsammeln, anhäufen, Reichthümer sammeln, in den Besitz von Etwas gelangen*. संचित *eingesammelt, angehäuft*; *dicht* (Wald). — 5) संचित *erfüllt von, versehen mit* (im Comp. vorangehend). — 6) संचित *stets ausgeübt, — an den Tag gelegt* MBh. 13,6,47. — Mit अभिसम् *um einer Sache willen schichten*; mit doppeltem Acc. — Mit परिसम्, °संचित *eingesammelt, angehäuft*.

2. चि, चिकेति, चिनोति, चिनुते. 1) *wahrnehmen*. — 2) *das Augenmerk richten auf*. — 3) *aufsuchen, suchen, forschen nach, Nachforschungen anstellen über* (Acc.), *durchsuchen, Jmd irgendwo suchen* (mit doppeltem Acc.). — Mit अनु *gedenken, sich erinnern*. — Mit अप *Rücksicht nehmen auf, respectiren*. अँपचित *geehrt, geachtet* Bhâg. P. 5,3,9. — Mit अव *prüfen*. — Mit उप in °चायिन् 2). — Mit नि *wahrnehmen, bemerken*. — Desid. °चिकीषते *beobachten, überwachen*. — Mit निस् *über Etwas Gewissheit erlangen, sich überzeugen, entscheiden, als ausgemacht ansehen, festsetzen, beschliessen*. निश्चित 1) *der sich eine feste Meinung über Etwas gebildet hat, der Etwas festgestellt hat, entschlossen, — zu* (Dat., Loc., °अर्थम् oder im Comp. vorangehend). — 2) *entschieden, ausgemacht, festgestellt, beschlossen*. °म् Adv. *bestimmt, gewiss, sicher* 126,8. Spr. 7692. Superl. निश्चिततम. — Mit अभिनिस्, अभिनिश्चित 1) *dem Etwas feststeht, der fest von Etwas überzeugt ist*. — 2) *genau bestimmt in Bezug auf* (Acc.). — 3) *feststehend, ausgemacht*. — Mit परिनिस् in परिनिश्चय. — Mit विनिस् 1) *erwägen*. — 2) *für ausgemacht ansehen, für gewiss halten*. — 3) विनिश्चित *a) fest entschlossen zu* (im Comp. vorangehend). — *b) vollkommen entschieden, festgestellt, feststehend*. °म् Adv. *sicher, gewiss* 51,11. — Mit परि 1) *untersuchen, durchsuchen*. — 2) *ausfindig machen* 136,6. *erkennen* Spr. 1405. *erfahren, kennen lernen*

Ragh. 8,18. 9,29. Naish. 6,38. Pass. *bekannt sein* Comm. zu Káraka 1,1. °चित *bekannt, nicht selten vorkommend* Vikramâñkak. 11,2. *vertraut, gewohnt* Megh. 93. — Caus. परिचापयते *suchen.* — Mit वि 1) *unterscheiden, internoscere.* — 2) *machen, dass Etwas unterschieden wird, wahrnehmen lassen, erhellen.* — 3) *besehen, untersuchen, durchsuchen, prüfen, nachsuchen bei.* — 4) *sich umsehen nach, suchen; trachten nach.* — Mit प्रवि *durchsuchen.* °चित *geprüft, erprobt.* — Mit सम् *nachsinnen* (संचित्य fehlerhaft für संचिन्त्य).

3. चि, चँयते 1) *verabscheuen, hassen.* — 2) *rächen, strafen, sich rächen an* (Acc.).

*चिक m. *Moschusratte.* Richtig wohl चिक्क.

*चिकरिषु Adj. *auszugiessen u. s. w. verlangend.*

चिकर्तिषा f. *das Verlangen abzuschneiden* Daçak. (1925) 2,129,3.

चिकर्तिषु Adj. *aufzuschlitzen beabsichtigend* Ind. St. 15,428.

चिकश (?) Kauç. 21.

चिकाण्ड n. Titel eines Werkes.

चिकारयिषु Adj. *machen (bauen) zu lassen beabsichtigend* Ind. 15,433.

चिकित् Adj. 1) *(wahrnehmend) wissend, kundig.* — 2) *in die Augen fallend* RV. 10,3,1.

चिकित m. N. pr. eines Mannes gaṇa गर्गादि in der Kâç. Âçv. Çr. 12,11,2.

चिकितान 1) Adj. Partic. von 4. चित्. — 2) *m. N. pr. eines Mannes.

*चिकितायन m. N. pr. eines Mannes.

चिकिति Adj. *kundig.*

चिकितु 1) Adj. *in die Augen fallend.* — 2) wohl f. *das Begreifen, Verstand.*

चिकित्वन् Adj. *aufmerkend.*

चिकित्वित् Adv. *mit Verständniss, wohlbedacht.*

चिकित्विन्मनस् Adj. 1) *aufmerksam.* — 2) *wohlüberdacht.*

चिकित्स् Desid. von 4. चित्.

चिकित्सक m. *Arzt* Gaut. Âpast.

चिकित्सन n. *ärztliche Behandlung.*

चिकित्सा f. *ärztliche Behandlung, Heilung, Heilkunde, Therapie.*

चिकित्साकालिका f. (Verz. d. B. H. und Verz. d. Oxf. H.), °कौमुदी f., चिकित्साञ्जन n., °तत्त्वज्ञान n., °दर्पण m. und °परतन्त्र n. Titel von Werken.

चिकित्साप्रश्न m. *Consultation eines Arztes* Hâsj. 27,6.

चिकित्सामृत n., चिकित्सार्णव m. und चिकित्सालेश m. Titel von Werken.

चिकित्साशास्त्र n. *ein Lehrbuch der Medicin.*

चिकित्सासार Titel eines Werkes.

चिकित्सित 1) *m. N. pr. eines Mannes. — 2) n. = चिकित्सा. Pl. *die Abschnitte der therapeutischen Abtheilung.* Am Ende eines adj. Comp. f. आ 217,11.

चिकित्सु Adj. 1) *klug, listig.* — 2) *ärztlich behandelnd* Naish. 3,111.

चिकित्स्य Adj. *ärztlich zu behandeln, heilbar.*

*चिकिन 1) Adj. *flachnasig.* — 2) n. *Flachnasigkeit.*

*चिकिल m. *Sumpf.*

चिकीरषा f. = चिकीर्षा.

1. चिकीर्ष Desid. von 1. कर्.

2. *चिकीर्ष् Adj. *thun wollend, beabsichtigend.* Vgl. प्रति°.

*चिकीर्षक Adj. dass.

चिकीर्षा f. *das Verlangen zu machen, — thun, — vollbringen* 68,13. 238,7. *das Trachten —, Verlangen nach.* Die Ergänzung im Gen. oder im Comp. vorangehend.

चिकीर्षित n. *Vorhaben, Unternehmen, Absicht* 160,18.

चिकीर्षु Adj. *zu machen —, zu thun —, anzufertigen —, zu vollbringen u. s. w. beabsichtigend, verlangend nach.* Die Ergänzung im Acc. oder im Comp. vorangehend. Vgl. उपकारि°.

*चिकीर्ष्य Adj. *was man zu thun beabsichtigen soll* oder *beabsichtigt.*

चिकुर 1) **unbesonnen.* — 2) m. *a) Haupthaar* Naish. 7,108. *Haar* überh. चामर° Bâlar. 90,6. — *b) *Berg.* — *c) *eine best. Pflanze.* — *d) *Schlange.* — *e) *ein best. Vogel.* — *f) *Moschusratte.* — g) N. pr. eines Schlangendämons.

*चिकुरकलाप m., *°पत्त m., *°भार m., *°रचना f. und *°हस्त m. *Haarschopf, Haarmasse.*

चिकुरित Adj. (?) Daçak. 86,19.

*चिकुरोच्चय m. *Haarschopf, Haarmasse.*

*चिकूर m. = चिकुर *Haupthaar.*

चिकेतस् in न°.

*चिक्क्, चिक्कयति (व्यथने, आर्तौ).

चिक्क 1) *Adj. *flachnasig.* — 2) *m. *Moschusratte.* — 3) f. आ *a) *Maus.* — *b) *Betelnuss* Râgan. 11,242. — c) Verz. d. Oxf. H. 86,b,35 vielleicht fehlerhaft für छिक्का. — 4) *n. *Flachnasigkeit.*

चिक्कण 1) Adj. (f. आ) *glatt, schlüpfrig.* Nom. abstr. °ता f. — 2) *m. *Betelnussbaum* Râgan. 11, 240. — 3) *f. आ *a) Betelnuss.* — *b) eine vorzügliche Kuh.* — 4) *f. ई *Betelnuss* Râgan. 11,242. — 5) n. *a) klebrige Feuchtigkeit, Gummi* Utpala zu Varâh. Brh. 3,7 (स° Adj., also Geschlecht unsicher). — *b) *Betelnuss* Râgan. 11,242.

*चिक्कणाकन्थ n. N. pr. einer Stadt.

*चिक्कस m. n. *Gerstenmehl.*

*चिक्किण 1) Adj. = चिक्कण 1). — 2) f. आ = चिक्कण 3) *b*).

चिक्किर m. *ein best. kleines Nagethier.*

*चिक्खल्ल *Dreck, Koth.*

*चिक्रंसा f. *das Verlangen zu schreiten u. s. w.*

चिक्रीडिषा f. *Lust zu spielen.*

चिक्रीडिषु Adj. *zu spielen verlangend* Hem. Par. 2,454.

*चिक्लिद m. *der Mond.*

चिक्कण Adj. fehlerhaft für चिक्कण.

*चिखल्ल m. *Sumpf.*

चिखादिषु Adj. *zu fressen begierig.*

चिख्यापयिषा f. *die Absicht zu lehren, — mitzutheilen* Comm. zu Njâjas. 1,1,7.

*चिङ्गट m., *°टी f. und *चिङ्गड m. *eine Art Seekrabbe.*

चिचरिषु Adj. *zu gehen versuchend.*

चिचलिषु Adj. *im Begriff stehend aufzubrechen.*

चिचिण्ड m. *Trichosanthes anguina* Bhâvapr. 1,286.

चिचीकुची und °कूची fehlerhaft für चीचीकूची.

चिच्चन्द्रिका f. Titel eines Commentars.

चिच्चिक m. *ein best. Vogel.*

चिच्चिटिङ्ग m. *ein best. giftiges Insect.*

चिच्छक्ति f. *Denkkraft, Denkvermögen.*

चिच्छुक m. und °की f. fehlerhaft für चित्सुख, °खी.

चिञ्चा f. *Tamarindenbaum* und *Tamarinde* Râgan. 11,165. Bhâvapr. 1,283. 2,90. 4,32.

*चिञ्चाटक m. *eine best. Pflanze.*

*चिञ्चाम्ल n. und *चिञ्चासार m. *eine Art Sauerampfer.* = सार Nigh. Pr.

चिञ्चिका f. = चिञ्चा Bhâvapr. 2,100.

चिञ्चिणी 1) Indecl. onomatop. Haṁsop. 410. fg. — 2) m. N. pr. eines Joga-Lehrers.

चिञ्चिनी f. N. pr. einer Stadt.

*चिञ्ची f. *Abrus precatorius.*

*चिञ्चोटक m. *eine best. Pflanze.*

*चिट्, चेटति (परप्रैष्ये, प्रैष्ये).

चिटिङ्ग in उच्चिटिङ्ग und चिच्चिटिङ्ग.

चिणी Indecl. onomatop. Haṁsop. 410.

1. चित् Adj. 1) am Ende eines Comp. *schichtend.* — 2) *eine Schicht bildend, geschichtet.*

2. चित् Adj. *kennend* in ऋत°.

3. चित् Adj. *rächend* in ऋण°.

4. चित्, चेतति und चिकेत्ति (auch Med.) 1) *wahrnehmen, bemerken, merken auf, Acht haben auf, beobachten;* mit Gen. oder Acc. — 2) *sein Absehen*

richten auf, beabsichtigen; mit Dat. — 3) *trachten nach* (Acc.). चित्त so v. a. *begehrt.* — 4) *bedacht sein auf, besorgen, sich angelegen sein lassen.* — 5) *beschliessen, wollen, mit Etwas zu thun haben wollen.* — 6) *verstehen, begreifen, wissen.* — 7) **zur Besinnung kommen.* — 8) *sich vernehmen lassen, sich zeigen, erscheinen, gelten, bekannt sein, sein.* — 9) Partic. perf. चिकित्वंस् a) *bemerkt habend, bemerkend, merkend auf, aufmerksam.* — b) *verstehend, wissend, kundig.* — Caus. चेतयति, °ते und चितयति 1) *aufmerken machen, erinnern.* — 2) *begreifen machen, unterweisen, lehren.* — 3) *Jmd zum Bewusstsein bringen, denken lassen.* — 4) *wahrnehmen, bemerken.* — 5) *aufmerken, achten auf.* — 6) Med. (ausnahmsweise Act.) *zu einer Vorstellung gelangen, Bewusstsein haben, begreifen, denken, nachdenken, eine richtige Vorstellung haben von* (Acc.). चेतयान *bei Verstande seiend, vernünftig.* — 7) **zum Bewusstsein gelangen,* so v. a. *erwachen.* — 8) Med. *wissen,* so v. a. *sich erinnern* 241,10. *Bewusstsein haben von* (Acc.) Çaṁk. zu Bâdar. 2,3,18. — 9) *erscheinen, sich zeigen als, sich auszeichnen, conspicuum esse, glänzen.* — Desid. चिकित्सति (ausnahmsweise Med.) 1) *beabsichtigen, es absehen auf.* — 2) *lüstern sein.* — 3) *Fürsorge treffen, sorgen für.* — 4) *ärztlich behandeln, heilen* 171,5. — 5) *sich zeigen wollen.* — Caus. vom Desid. चिकित्सयति *heilen.* — Intens. चेकिते (d. i. चेकित्ते) und Partic. चेकितत्, चेकितान *sich zeigen, erscheinen, erglänzen.* — Mit अनु 1) *gedenken, sich erinnern.* — 2) *zuerkennen, zudenken.* — Mit अप Caus. *abtrünnig werden von* (Abl.). — Desid. *sich abwenden wollen von* (Abl.). — Mit आ 1) *merken auf, sich merken.* — 2) *begreifen, verstehen, kennen.* — 3) *ersinnen.* — 4) *sich zeigen, erscheinen, sich auszeichnen.* — Desid. *aufpassen auf, belauern.* — Mit प्र 1) *sich bemerklich machen, kund werden, erscheinen.* — 2) *begreifen, verstehen.* — 3) *kund machen, verkündigen.* — Caus. 1) *kund machen, verkündigen, erscheinen machen* ṚV. 7,80,2. — 2) *wahrnehmen, bemerken.* — 3) Med. *erscheinen.* — Desid. *anzeigen, zeigen.* — Mit अतिप्र *bemerkbar sein, sich auszeichnen.* — Mit वि 1) *wahrnehmen, unterscheiden.* विचित्त *wahrgenommen, bemerkbar.* — 2) *begreifen, erkennen.* — 3) Med. *sich wahrnehmen lassen, erscheinen.* — Caus. *unterscheiden, erkennen.* — Desid. 1) *zu unterscheiden suchen.* — 2) *überlegen, zweifeln, in Ungewissheit sein über, nicht glauben wollen, sich lange bedenken.* विचिकित्सित *worüber man in Ungewissheit ist.* — Intens. Partic. वि — चेकितान *erscheinend, sichtbar werdend* RV. 4,14,2. — Mit प्रवि in °चेतन. — Mit सम् 1) *zugleich wahrnehmen, überblicken, gewahr werden.* — 2) *einverstanden —, einmüthig sein.*

5. चित् f. *Intellect, Geist.*

चित 1) Adj. s. u. 1. चि. — 2) f. आ a) *Schicht, Holzstoss, Scheiterhaufen.* — b) **Haufe, Menge.* — 3) n. *Gebäude.*

*चितविस्तर m. *eine Art Schmuck.*

चिताग्नि m. *ein brennender Holzstoss, — Scheiterhaufen* 132,5.

*चिताचूडक n. *Grabmal.*

चिताचैत्यचिह्न n. *ein auf der Verbrennungsstätte errichtetes Grabmal* Harshaḱ. 145,10.

चिताधिरोहण n. *das Besteigen des Scheiterhaufens.*

चिताधूम m. *der von einem Scheiterhaufen aufsteigende Rauch* 111,19. 129,22.

चितानल m. = चिताग्नि Kathâs. 18,147.

चिताप्रवेश m. *Besteigung des Scheiterhaufens* Ind. St. 15,385.

चिताभूमि f. N. pr. einer Oertlichkeit.

1. चिति f. 1) *Schicht, Schichtung von Holz, — Backsteinen* u.s.w., *Scheiterhaufen.* — 2) *Haufe, Menge, Masse.*

2. चिति 1) *Verständniss.* चितये als Infin. — 2) m. *Intellect, Geist.*

चितिका f. 1) *Holzstoss, Scheiterhaufen.* Am Ende eines adj. Comp. nach Zahlwörtern *Schicht.* — 2) **eine Art Gürtel.*

चितिक्लृप्ति f. *die Schichtung eines Feueraltars* Çulbas. 2,80.

चितिघन m. *die Gesammtsumme der Glieder einer arithmetischen Progression* Ârjabh. 2,21.

चितिपुरीष n. Du. und Pl. *Schicht und Schutt.*

चितिमत् Adj. *Bewusstsein —, Intelligenz habend* Çaṁk. zu Bâdar. 2,3,40.

चितिवत् Adv. *wie ein Scheiterhaufen* Kâtj. Çr. 21,3,21.

चितिव्यवहार m. *Bestimmung des Gehaltes geschichteter Backsteine.*

चितिशक्ति f. *Denkkraft, Denkvermögen.*

चिती (metrisch) f. = 1. चिति 1).

चितीक am Ende eines adj. Comp. *Schicht.*

चितैध Adj. *rogalis.*

*चित्कणकन्थ n. N. pr. einer Stadt.

चित्कार m. und °वत् Adj. v. l. für चीत्कार und °वत्.

चित्त 1) Adj. s. u. 4. चित्. — 2) n. (adj. Comp. f. आ) a) *das Aufmerken, Bemerken.* तिरश्चित्तानि so v. a. *unbemerkt.* — b) *das Denken, Vorstellen, Gedanken.* Am Ende eines adj. Comp. *dessen Gedanken auf — gerichtet sind* 125,24. — c) *Absicht, Vorsatz, Wille.* — d) *Herz, Gemüth, Geist.* — e) *Intellect, Vernunft.* — f) in der Astrol. *das neunte Haus* Varâh. Jogaj. 4,1. — g) personificirt.

चित्तखेद m. *Betrübniss, Gram* 328,2.

चित्तगर्भा Adj. f. *sichtbar schwanger.*

चित्तचारिन् Adj. *Jmd* (Gen.) *willfahrend.*

चित्तज m. *Geschlechtsliebe, der Liebesgott* Daçak. (1925) 2,131,14.

चित्तजन्मन् m. dass. Mâlatim. 13,10 (16,5).

चित्तज्ञ Adj. (f. आ) *Jmds* (Gen.) *Absichten —, Jmds Herz kennend, Menschenkenntniss besitzend* Spr. 2284. Ragh. 10,57. Nom. abstr. °ता f.

चित्तताप m. *Kummer* Ind. St. 15,340.

चित्तद्रवीभाव m. *das Schmelzen —, Weichwerden des Herzens.* °मय Adj. *darin bestehend.*

चित्तनाश m. *das Schwinden des Bewusstseins.*

चित्तनिर्वृति f. *Wohlbehagen des Herzens, Gemüthsruhe.*

चित्तपावनगोत्रावली f. Titel eines Werkes.

*चित्तप्रसन्नता f. *Heiterkeit des Gemüths.*

चित्तप्रमाद m. dass. Kap. 6,31.

चित्तप्रसादन n. *Gemüthserheiterung.*

*चित्तभू m. *Geschlechtsliebe, der Liebesgott.*

चित्तभूमि f. im Joga so v. a. भूमि Vjâsa zu Jogas. 1,1.

1. चित्तभ्रम m. *Geistesverwirrung.*

2. चित्तभ्रम Adj. *mit Geistesverwirrung verbunden* (Fieber) Bhâvapr. 3,78.

चित्तभ्रान्ति f. = 1) चित्तभ्रम 235,18.

चित्तमोह dass.

चित्तयोनि m. *Geschlechtsliebe, der Liebesgott.*

चित्तरक्षिन् Adj. *Jmd* (Gen.) *willfahrend* MBh. 3,233,20.

चित्तरञ्जन n. *das Erfreuen der Herzen* zu Spr. 1598.

चित्तराज m. *ein best.* Romavivara Kâraṇḍ. 86,10.

चित्तल Adj. (f. आ) *von mittlerer Art, mässig.*

चित्तवत् Adj. *mit Vernunft begabt: verständig, klug.*

चित्तविकार m. *Gemüthsstörung.*

*चित्तविनाशन Adj. *das Bewusstsein vernichtend.*

चित्तविप्लव m. *Geistesstörung, Wahnsinn.*

चित्तविभ्रंश m. dass. MBh. 13,54,15.

चित्तविभ्रम m. 1) dass. — 2) *ein Fieber mit Delirien.*

चित्तविश्लेष m. *das Auseinandergehen der Herzen, Freundschaftsbruch mit* (Instr.).

चित्तवृत्ति f. 1) *Gemüthsstimmung, Gefühl.* — 2) *Gedankenlauf, — gang* Spr. 4189. Naish. 8,47. *Geistesstimmung* Chr. 280,30. 286,19. Insbes. *der ungezwungene Gedankenprocess.*

चित्तशान्ति m. *Gemüthsruhe* Ind. St. 15,340.

*चित्तसमुन्नति f. *Hochmuth, Stolz.*

*चित्तस्थित m. *ein best.* Samâdhi.

चित्तहारिन् Adj. *das Herz mit sich fortziehend, reizend* Daçak. 39,1.

चित्ताकर्षण n. *das Gewinnen des Herzens.*

चित्ताकूति n. Sg. *Gedanke und Absicht* AV. 11,9,1.

चित्तानुबोध m. Titel eines Werkes.

चित्तानुवर्तिन् Adj. *Jmd* (Gen. oder im Comp. vorangehend) *willfahrend.* Nom. abstr. °र्तित्व n.

1. चित्तानुवृत्ति f. *Willfahrung* 319,3.

2. चित्तानुवृत्ति Adj. = चित्तानुवर्तिन्. Nom. abstr. °त्व n.

चित्ताभिज्वलन n. *Beleuchtung durch eine intelligente Kraft* Çaṁk. zu Bâdar. 2,2,18.

*चित्ताभोग m. *volles Bewusstsein.*

चित्तार्पित Adj. *in's Herz geschlossen* Naish. 9,31.

चित्तासुख n. *Unlust, Unbehagen* Varâh. Jogaj. 9,10.

1. चित्ति f. 1) *das Denken, Verstand, Einsicht.* — 2) *Absicht.* — 3) Pl. *Andacht.* — 4) * *eine heilige Handlung.* — 5) *der Verständige.* — 6) N. pr. der Gattin Atharvan's.

2. चित्ति f. *Geknister.*

चित्तिन् Adj. *verständig.*

चित्ती Adv. mit कर् *Jmd* (Acc.) *zum Gegenstand seiner Gedanken machen.*

चित्तोत्थ m. *Geschlechtsliebe,* als Bez. des *7ten astrol. Hauses* Utpala zu Varâh. Bṛh. 1,20.

*चित्तोन्नति f. *Hochmuth, Stolz.*

चित्पति (VS.) und चित्पति (Maitr. S. 1,2,1. 3,6,3) m. *Herr des Denkens.*

चित्पर n. und चित्परीभाव m. VP.² 1,31.

चित्प्रभा f. Titel eines Werkes.

*चित्प्रवृत्ति f. *das Denken, Nachdenken.*

चित्य 1) Adj. a) *was aneinandergereiht —, aufgebaut wird;* insbes. vom Feuer, *das auf eine Schicht, einen Unterbau gesetzt wird.* m. mit Ergänzung von अग्नि. Nom. abstr. चित्यत्व n. Maitr. S. 3,4,8. — b) *vom Scheiterhaufen —, von der Leichenstätte kommend* R. 1,58,10. — 2) f. चित्या a) *das Schichten, Aufbauen* (eines Altars u. s. w.). — b) * *Scheiterhaufen.* — 3) * n. *Grabmal.*

चित्युपनिषद् f. Titel einer Upanishad.

चित्र 1) Adj. (f. आ) a) *augenfällig, sichtbar, ausgezeichnet.* — b) *hell, licht, hellfarbig.* °म् Adv. RV. 1,71,1. 6,65,2. — c) *hell, vernehmlich* (von Tönen). — d) *verschiedenfarbig, bunt, scheckig.* Das, was die Verschiedenfarbigkeit bildet, im Instr. oder im Comp. vorangehend. — e) *bewegt* (vom Meere). — f) *mannichfaltig, verschieden, allerlei.* °म् und चित्र° Adv. — g) *qualificirt, mit verschiedenen Martern verbunden* (Strafe, Hinrichtung) 203,26. °म् Adv. *unter verschiedenen Martern.* — h) *wunderbar* Spr. 5087. — i) *das Wort* चित्र *enthaltend.* — 2) m. a) * *Buntheit.* — b) * *Plumbago zeylanica.* — c) * *Ricinus communis.* — d) * *Jonesia Asoka.* — e) *eine Form* Jama's. — f) N. pr. α) verschiedener Männer (parox. ṚV.). — β) * eines Gandharva Gal. — 3) f. आ a) Sg. und Pl. *das 12te* (später *das 14te*) *Mondhaus.* — b) * *eine Schlangenart.* — c) Bez. verschiedener *Pflanzen* Karaka 7,12 (= द्रवन्ती). Nach den Lexicographen: *Salvinia cucullata, Cucumis maderaspatanus, Koloquinthe, Ricinus communis, Croton polyandrum* oder *Tiglium, Myrobalanenbaum, Rubia Munjista* und *ein best. Gras* (गण्डदूर्वा). — d) Bez. *verschiedener Metra.* — e) *ein best. Saiteninstrument* S. S. S. 185. — f) *ein best.* Mûrkhanâ S. S. S. 30. — g) * *Schein, Täuschung.* — h) N. pr. α) * einer Apsaras. — β) verschiedener Frauen. — γ) eines Felsens. — δ) * eines Flusses. — 4) n. a) *eine helle, glänzende* oder *farbige Erscheinung, ein in die Augen fallender Gegenstand, ein funkelndes Geschmeide, Schmuck.* — b) * *verschiedenfarbiges* oder — *gestaltetes Gehölz.* — c) *Fleck, macula.* — d) * *Sectenzeichen auf der Stirn.* — e) * *der weisse Aussatz.* — f) *Bild, Gemälde, Malerei.* Am Ende eines adj. Comp. f. आ Megh. 64. — g) * *Buntheit.* — h) *eine ungewöhnliche Erscheinung, Wunder.* Mit folgenden पदि, पद् oder * Fut. चित्रम् als Ausruf so v. a. *o Wunder* 123,22. 134,29. 174,11. Spr. 7811. — i) * *der Luftraum, Himmel.* — k) Bez. *verschiedener Arten, künstliche Verse* u. s. w. *in Form von allerlei Figuren durch Nichtwiederholung wiederkehrender Silben oder Wörter in abgekürzter Weise künstlich für das Auge darzustellen* Kâvjapr. 9,8. *Wort- und Lautspiel.*

चित्रक 1) m. a) * *Maler.* — b) *Tiger* oder *Panther.* — c) *eine Schlangenart.* — d) *Plumbago zeylanica.* — e) * *Ricinus communis.* — f) N. pr. α) verschiedener Männer. — β) Pl. eines Volkes. — γ) * eines Schlangendämons. — 2) n. a) *Zeichen.* Am Ende eines adj. Comp. so v. a. *durch — gekennzeichnet.* — b) * *Sectenzeichen auf der Stirn.* — c) *Bild, Gemälde* Hariv. 7074. — d) *eine best. Art zu fechten.* चक्रक v. l. — e) N. pr. eines Waldes.

*चित्रकण्टक m. = गोक्षुर 2) Nigh. Pr.

*चित्रकण्ठ m. *Taube.*

*चित्रकम्बल m. *ein bunter Teppich.*

चित्रकर m. *Maler.* Im System *eine best. Mischlingskaste.*

1. चित्रकर्मन् n. 1) *das Malen, Malerei.* — 2) *Gemälde, Bild.* — 3) * *Wunderthat.*

2. चित्रकर्मन् 1) Adj. a) * *malend, Maler.* — b) *verschiedenen Beschäftigungen nachgehend.* — c) * *Wunder verübend, Wunderthäter.* — 2) * m. *Dalbergia ougeinensis.*

चित्रकवि m. *ein Dichter, der sich auf Wort- und Lautspiele versteht.* Nom. abstr. °त्व n.

*चित्रकाण्डाली f. *Cissus quadrangularis* Nigh. Pr.

*चित्रकाय m. *Tiger* oder *Panther* Râgan. 19,6.

चित्रकार m. 1) *der Ur-Maler,* ein Sohn Viçvakarman's. — 2) *Verwunderung, Staunen* Lalit. 337,2.

चित्रकुण्डल m. N. pr. eines Sohnes des Dhṛtarâshṭra.

चित्रकुष्ठ n. *eine Art Aussatz.*

चित्रकूट 1) m. a) *Lustberg* Daçak. 82,19. — b) N. pr. zweier Berge VP.². — 2) f. आ N. pr. eines Flusses VP.² 2,155. — 3) n. N. pr. einer Stadt.

चित्रकूटमाहात्म्य n. Titel eines Werkes.

*चित्रकूला f. *eine Croton-Art* Nigh. Pr.

चित्रकृत् 1) Adj. *Staunen erregend.* Nom. abstr. °कृत्त्व n. — 2) m. a) *Maler* Spr. 2287. — b) * *Dalbergia ougeinensis.*

चित्रकृत्य n. *das Malen.*

चित्रकेतु m. N. pr. 1) eines Sohnes des Garuḍa. — 2) verschiedener Männer.

*चित्रकोल m. *eine Art Eidechse.*

चित्रक्रिया f. *Malerei.*

चित्रक्षत्र Adj. *dessen Herrschaft licht ist* ṚV.

चित्रग Adj. (f. आ) *im Bilde dargestellt, gemalt.*

चित्रगत Adj. dass. 303,15.

*चित्रगन्ध n. *Auripigment* Râgan. 13,68.

चित्रगु m. N. pr. eines Sohnes des Kṛshṇa.

चित्रगुप्त m. 1) N. pr. eines der Verzeichner der menschlichen Thaten in Jama's Reiche VP.² 2,216. Çaṁk. zu Bâdar. 3,1,15. — 2) *Secretär, Schreiber bei vornehmen Personen;* im System *eine best. Mischlingskaste.* — 3) *eine Form* Jama's. — 4) N. pr. a) * eines Arhant's der Gaina. — b) eines Autors (?).

चित्रगृह n. *ein bemaltes oder mit Bildern ausgeschmücktes Gemach.*

चित्रग्रावन् Adj. *steinig* Daçak. (1925) 2,108,19.

चित्रग्रीव m. N. pr. eines Taubenkönigs.

चित्रग्री f. N. pr. eines Flusses Hariv. 2,109,30.

चित्रचाप m. N. pr. eines Sohnes des Dhṛtarâshṭra.

चित्रज Adj. (f. आ) *aus verschiedenen Stoffen bereitet* Hemâdri 2,42,4.

चित्रजल्प m. *ein Geschwätz über allerlei Dinge.*

चित्रज्ञ Adj. *der sich auf die Malerei* oder *auf's Dichten von Wort- und Lautspielen versteht.*

*चित्रट *Zinn* Nigh. Pr.

चित्रतण्डुल m. und °ला f. *Embelia Ribes* Râǵan. 6,50. Bhâvapr. 1,169.

*चित्रतनु m. *Rebhuhn* Nigh. Pr.

चित्रताल m. *ein best. Tact* S. S. S. 225.

चित्रतूलिका f. *Pinsel zum Malen* Kâd. 223,10.

*चित्रत्वच् m. *eine Art Birke* Râǵan. 9,116.

*चित्रदण्डक m. *Arum campanulatum.*

चित्रदर्शन m. N. pr. eines in einen Vogel verwandelten Brahmanen.

चित्रदीप m. Titel eines Prakaraṇa in der Pańkadaçî.

चित्रदृशीक Adj. *hell aussehend, glänzend.*

चित्रदेव 1) m. N. pr. eines Wesens im Gefolge Skanda's. — 2) *f. ई *eine best. Pflanze.*

चित्रधर m. N. pr. eines Autors.

चित्रधर्मन् m. N. pr. eines Fürsten.

चित्रधा Adv. *auf mannichfache Weise, vielfach.*

चित्रध्रजति Adj. *der einen hellen Zug* oder *Strich (durch die Luft) hat* oder *macht.*

चित्रध्वज m. N. pr. eines Mannes.

चित्रनाथ m. N. pr. eines Sohnes des Dhrshṭa VP.² 3,255.

*चित्रनेत्रा f. *Predigerkrähe.*

चित्रन्यस्त Adj. *im Bilde dargestellt, gemalt.*

चित्रपक्ष m. 1) *eine Taubenart* Bhâvapr. 2,8. — 2) *Rebhuhn.* — 3) N. pr. eines Kopfschmerz bewirkenden Unholds.

चित्रपट m. *Bild, Gemälde* Daçak. 81,7.

चित्रपट्ट m. dass. °गत *gemalt.*

चित्रपट्टिका f. dass.

*चित्रपत्र 1) m. *Betula Bhojpatra* Nigh. Pr. — 2) f. ई *Commelina salicifolia* Râǵan. 4,109.

*चित्रपत्रक 1) m. *Pfau* Nigh. Pr. — 2) f. °त्रिका Bez. *zweier Pflanzen,* = कपित्थपर्णी und द्रोणपुष्पी Râǵan. 5,138.

चित्रपद 1) Adj. *mannichfach gegliedert* (eine Rede). — 2) f. आ a) **Cissus pedata.* — b) *ein best. Metrum.* — 3) n. *ein best. Metrum.*

*चित्रपर्णिका f. *Hemionitis cordifolia.*

*चित्रपर्णी f. 1) dass. — 2) *Rubia Munjista.* — 3) *Gynandropsis pentaphylla* Râǵan. 3,125. — 4) *Commelina salicifolia.* — 5) = द्रोणपुष्पी.

*चित्रपाटल *eine best. Pflanze.*

*चित्रपादा f. *Predigerkrähe.*

*चित्रपिच्छ (Gal.) und *°क (Râǵan. 19,93) m. *Pfau.*

*चित्रपुङ्ख m. *Pfeil.*

चित्रपुत्रिका f. *ein weibliches Portrait.*

चित्रपुत्रिकाय्, °यित Adj. *einem Portrait gleichend* Ind. St. 15,268.

चित्रपुर n. N. pr. einer *Stadt.*

*चित्रपुष्पी f. *Hibiscus cannabinus* Râǵan. 4,80.

चित्रपृष्ठ 1) Adj. *einen bunten Rücken habend.* — 2) *m. *Sperling.*

चित्रप्रतिकृति f. *Gemälde, Bild.*

*चित्रफल 1) m. a) *Mystus Chitala* (ein Fisch). — b) *Cucumis sativus.* — 2) f. आ a) *Mystus Karpirat* (ein Fisch). — b) Bez. *verschiedener Gurkenarten* und *Eierpflanzen.* — 3) f. ई = 2) a).

चित्रफलक (m. im Prâkrit 300,1) *eine Tafel, auf welche ein Bild gemalt wird* (Kathâs. 117,24) oder *— worden ist (Gemälde).* Am Ende eines adj. Comp. f. आ 298,8.

चित्रबर्ह m. 1) *Pfau.* — 2) N. pr. eines Sohnes des Garuḍa.

चित्रबर्हिन् Adj. *buntgeschwänzt* (Pfau).

चित्रबर्हिस् Adj. *der eine funkelnde Streu* (von Sternen) *um sich her hat.*

चित्रबलगच्छ m. N. pr. eines *Geschlechts.*

चित्रबाण m. N. pr. eines Sohnes des Dhṛtarâshṭra.

चित्रबाहु m. N. pr. 1) eines Gandharva Bâlar. 89,15. — 2) eines Sohnes des Dhṛtarâshṭra und eines andern Mannes.

*चित्रबीज 1) m. *rother Ricinus* Râǵan. 8,59. — 2) f. आ *Embelia Ribes* Râǵan. 6,50.

चित्रभानु 1) Adj. *hell scheinend, licht-glänzend.* — 2) m. a) *Feuer, der Gott des Feuers.* — b) **die Sonne.* — c) **Plumbago zeylanica.* — d) **Calotropis gigantea.* — e) *das 1ste Jahr im 4ten Lustrum des 60jährigen Jupitercyclus.* — f) *Bein. Bhairava's. — g) N. pr. α) eines Fürsten VP.² 4,116. — β) des Vaters von Bâṇabhaṭṭa.

चित्रभाष्य n. *Beredsamkeit.*

चित्रभित्ति f. *eine bemalte Wand, ein auf eine Wand gemaltes Bild.*

चित्रभूत Adj. *bemalt* oder *ausgeschmückt.*

*चित्रभेषजा f. *Ficus oppositifolia* Râǵan. 11,135.

चित्रमठ m. *ein best. Tact* S. S. S. 225.

चित्रमण्डल m. *eine Schlangenart.*

चित्रमनस् m. N. pr. eines Rosses des Mondgottes VP.² 2,299.

चित्रमहस् 1) Adj. *ausgezeichnete Fülle habend.* — 2) m. N. pr. des angeblichen Verfassers von ṚV. 10,122.

चित्रमीमांसा f. Titel eines rhet. Werkes. °खण्डन n. Titel eines dasselbe *bekämpfenden Werkes.*

चित्रमृग m. *die gefleckte Antilope.*

*चित्रमेखल und *°क m. *Pfau.*

चित्रय्, °यति 1) *bunt machen, — zeichnen, ausschmücken.* चित्रित *bunt gemacht, ausgeschmückt, gemalt* Vâs. 32. — 2) *दर्शने, अद्भुतदर्शने, तपोकिंतणे, अद्भुते. — Mit उद्, उच्चित्रित *reich geschmückt —, — versehen mit* (Instr.) Vikramâṅkak. 12,28.

चित्रयज्ञ Titel eines Schauspiels.

चित्रयान m. N. pr. eines Fürsten.

चित्रयाम Adj. *eine lichte Bahn habend.*

चित्रयोधिन् 1) Adj. *auf verschiedene Arten kämpfend.* — 2) *m. a) Bein. Arǵuna's. — b) *Terminalia Arunja* Râǵan. 9,121. — c) *Wachtel* Nigh. Pr.

*चित्ररङ्गक n. *Zinn* Nigh. Pr.

चित्ररथ 1) Adj. *einen lichten, glänzenden Wagen habend.* — 2) m. a) **die Sonne.* — b) Bein. Dhruva's (*des Polarsterns*) Bhâg. P. 4,10,22. — c) N. pr. α) verschiedener Männer. — β) eines Gandharva. — γ) eines Schlangendämons. — δ) *eines Vidjâdhara. — 3) f. आ N. pr. eines Flusses. — 4) f. ई *eine Form der* Durgâ Hariv. 2,109,48.

*चित्ररथबाल्हीक n. Sg. gaṇa राजदन्तादि.

चित्ररश्मि m. N. pr. eines Marut.

चित्रराति Adj. *ausgezeichnete Gaben habend* ṚV. 6,62,5.

चित्रराधस् Adj. *ausgezeichnete Gaben gewährend.*

चित्ररूपवाद und °वादार्थ m. Titel verschiedener Werke.

चित्ररेखा f. N. pr. einer Surâṅganâ Ind. St. 15,241.

चित्ररेफ m. N. pr. eines Fürsten.

*चित्रल 1) Adj. *bunt.* — 2) m. *die gefleckte Antilope* Râǵan. 19,45. — 3) f. आ *eine best. Pflanze* Râǵan. 5,94.

चित्रलता f. 1) **Rubia Munjista* Râǵan. 6,193. — 2) N. pr. einer Apsaras Bâlar. 89,7.

चित्रलिखन n. *Malerei.*

चित्रलिखित Adj. *gemalt.*

*चित्रलेखक m. *Maler.*

*चित्रलेखनिका f. *Pinsel zum Malen.*

चित्रलेखा f. 1) *Gemälde, Bild.* — 2) Name *verschiedener Metra.* — 3) N. pr. α) einer Apsaras. — b) einer Tochter Kumbhâṇḍa's.

*चित्रलोचना f. *Predigerkrähe.*

*चित्रवदाल m. *Silurus pelorius* (ein Fisch).

चित्रवन n. N. pr. eines *Waldes*.

चित्रवत् 1) Adj. *a) mit Gemälden verziert, bemalt.* पट Harshak. 120,3. — *b) das Wort* चित्र *enthaltend.* — 2) f. °वती *a) ein best. Metrum.* — *b)* N. pr. einer Tochter Kṛshṇa's oder Gada's.

*चित्रवर्णा f. *Gynandropsis pentaphylla* Râǵan. 3,125, v. l.

चित्रवर्ति f. *Pinsel zum Malen* Mâlatîm. ed. Bomb. 62,2, v. l.

चित्रवर्तिका f. dass. Mâlatîm. 21,3 (62,2). Kâd. 224,11.

*चित्रवर्तिनी f. *ein best. Arzeneistoff* = रेणुका Nigh. Pr.

चित्रवर्मन् m. N. pr. verschiedener Männer.

चित्रवर्षिन् Adj. *auf wunderbare Weise regnend.*

चित्रवलया f. N. pr. einer Göttin.

*चित्रवल्लिक m. *Silurus boalis* (ein Fisch).

*चित्रवल्ली f. 1) *Koloquinthe.* — 2) = महेन्द्रवारुणी Râǵan. 3,61.

चित्रवहा f. N. pr. eines Flusses.

चित्र॑वाज 1) Adj. *a) von ausgezeichneter Raschheit.* — *b) mit bunten Federn verziert* (Pfeil). — 2) *m. *Hahn.*

चित्रवाहन m. N. pr. eines Fürsten.

*चित्रवीर्य m. *rother Ricinus.* Vgl. चित्रबीज.

चित्रवेगिक m. N. pr. eines Schlangendämons.

चित्रवेष m. Bein. Çiva's.

*चित्रव्याघ्र m. *Leopard* Râǵan. 19,6.

चित्रशाकपूपभक्ष्यविकारक्रिया f. Pl. oder °शाकापूपभक्ष° f. Sg. *die Kunst allerhand Gemüse, Gebäck und andere Speisen zuzubereiten.*

चित्रशाला f. 1) *Bildersaal* Kâd. 55,18. — 2) *ein best. Metrum.*

चित्रशालिका f. *Bildersaal* 309,9 (im Prâkrit).

चित्रशिखण्डधर Adj. *mannichfache Haarbüschel tragend* (Vishṇu) Vishṇus. 98,65.

*चित्रशिखण्डिज m. Patron. Bṛhaspati's (*Jupiters*).

चित्रशिखण्डिन् m. Pl. Bez. *der 7 Weisen* Marîki, Atri, Añgiras, Pulastja, Pulaha, Kratu *und* Vasishṭha. Nach Bâlar. 14,7 ist Viçvâmitra der 7te, nach 309,15 Vasishṭha der प्रेष्ठ (wohl श्रेष्ठ) von ihnen. Als Gestirn *der grosse Bär.*

*चित्रशिखण्डिप्रसूत m. Patron. Bṛhaspati's (*Jupiters*).

चित्रशिरस् m. 1) *ein best. giftiges Insect.* — 2) N. pr. eines Gandharva.

चित्रशिला f. N. pr. eines Flusses MBh. 6,9,30.

चित्रशीर्षक m. *ein best. giftiges Insect.*

*चित्रशोक m. *Jonesia Asoka* Nigh. Pr.

चित्र॑शोचिस् Adj. *hellglänzend.*

चित्र॑श्रवस्तम Adj. Superl. 1) *lauten Ruf ertönen lassend.* — 2) *des lauten Rühmens werth.*

*चित्रसंस्थ Adj. *im Bilde dargestellt, gemalt.*

चित्रसङ्ग n. *ein best. Metrum.*

*चित्रसर्प m. *eine Schlangenart.*

चित्र॑सेन 1) Adj. *mit glänzendem Speer versehen.* — 2) m. *a)* N. pr. α) eines Schlangendämons. — β) eines Gandharva. — γ) eines der Schriftführer in der Unterwelt. — δ) verschiedener Männer. — *b) Secretär bei einer vornehmen Person;* vgl. 2) *a)* γ). — 3) f. आ N. pr. *a)* einer Apsaras. — *b)* einer der Mütter im Gefolge Skanda's. — *c)* einer Hetäre. — *d)* eines Flusses.

चित्रसेनि MBh. 7,1091 fehlerhaft für चैत्रसेनि.

चित्रस्थ Adj. *im Bilde dargestellt, gemalt.*

चित्रस्थल n. N. pr. eines Gartens.

चित्रस्वन m. N. pr. eines Râkshasa.

चित्रहस्त m. Pl. (Comm.) *bestimmte Bewegungen der Hände bei Kämpfenden.*

चित्राक्ष 1) m. N. pr. *a)* verschiedener Männer. — *b)* *eines Schlangendämons. — 2) *f. ई *Predigerkrähe.*

*चित्रानुप m. *eine best. Pflanze.*

चित्राङ्ग 1) *Adj. *einen gesprenkelten Körper habend.* — 2) m. *a)* **eine Schlangenart.* — *b)* **Plumbago rosea* Râǵan. 6,47. — *c)* N. pr. α) eines Sohnes des Dhṛtarâshṭra. — β) einer Antilope. — γ) eines Hundes. — 3) f. ई *a)* **Ohrwurm, Julus.* — *b)* **Rubia Munjista* Râǵan. 6,193. — *c)* N. pr. einer Hetäre. — 4) *n. *a) Zinnober* oder *Mennig* Râǵan. 13,59. — *b) Auripigment* Râǵan. 13,68.

चित्राङ्गद 1) Adj. *mit glänzenden* oder *bunten Armbändern geschmückt.* — 2) m. *a)* N. pr. α) eines Gandharva. — β) eines Vidjâdhara. — γ) eines der Schriftführer in der Unterwelt. — δ) verschiedener Männer. — *b) Secretär bei einer vornehmen Person;* vgl. 2) *a)* γ). — 3) f. आ N. pr. *a)* einer Apsaras. — *b)* der Gattin Arǵuna's.

*चित्राङ्गदसू f. Bein. der Mutter Vjâsa's.

*चित्राङ्गसादन m. Bein. Arǵuna's H. ç. 137.

*चित्राटीर m. 1) *der Mond.* — 2) *eine mit dem Blute einer dem* Ghaṇṭâkarṇa *zu Ehren geschlachteten Ziege bestrichene Stirn.*

चित्राण्डज m. *ein bunter Vogel* Varâh. Jogaj. 6,18.

चित्रान्न n. *durch Zuthaten bunt gewordener Reis.*

*चित्रापूप m. *eine Art Gebäck.*

चित्रा॑मघ Adj. (f. आ) *glänzende Gaben habend.*

*चित्रायस n. *Stahl* Râǵan. 13,47.

चित्रायुध m. N. pr. eines Sohnes des Dhṛtarâshṭra.

चित्रा॑युस् Adj. *ausgezeichnete Lebenskraft besitzend.*

चित्रारम्भ, चित्रार्पित und चित्रार्पितारम्भ Adj. *im Bilde dargestellt, gemalt.*

*चित्रार्चिस् m. *die Sonne* Gal.

चित्रा॑वसु 1) *an funkelndem Schmuck reich.* — 2) *der Spruch* VS. 3,18 Âpast. Çr. 6,16,10.

चित्राश्व m. Bein. Satjavant's.

चित्रास्तरणवत् Adj. *mit bunten* oder *mannichfachen Teppichen belegt* R. 4,44,99.

*चित्रिक m. *der Monat* Kaitra.

चित्रित s. u. चित्रय्.

चित्रिन् 1) Adj. *gesprenkelte (d. i. schwarze und graue) Haare habend.* — 2) f. चित्रि॑णी *a)* Pl. *wundervolle Werke.* — *b) ein Frauenzimmer mit bestimmten Eigenschaften* Ind. St. 15,327. — *c)* Name *bestimmter Backsteine.*

चि॑त्रिय 1) Adj. *ausgezeichnet, weithin sichtbar.* — 2) m. N. pr. eines Mannes.

चित्री Adv. mit कर् *zum Bilde machen, in ein Bild verwandeln.*

चित्रीकरण n. 1) *das Buntmachen, Ausschmücken, Malen* Dhâtup. 35,63. — 2) *Verwunderung.*

चित्रीकार m. *Verwunderung, Staunen* Lalit. 347,6.

चित्रीय्, °यते 1) *in Staunen gerathen* Harshak. 183,13. Bâlar. 55,12. Prasannar. 52,13. — 2) *Staunen verursachen.* — Mit अति *grosses Staunen erregen.*

चित्रीया f. *Verwunderung, Staunen* Daçak. (ed. Wilson) 144,5.

*चित्रेश m. *der Mond.*

*चित्रोक्ति f. *eine seltsame Stimme, eine St. vom Himmel.*

चित्रो॑ति Adj. *ausgezeichnete Erquickungen habend* oder *gebend.*

चित्रोत्पला f. N. pr. eines Flusses.

चित्रोपला f. desgl.

चित्रौदन m. n. = चित्रान्न.

(चित्र्य) चि॑त्रिय Adj. *funkelnd.*

चित्सभेशानन्दतीर्थ m. N. pr. eines Autors.

चित्सुख 1) m. N. pr. eines Autors. — 2) f. ई Titel eines von ihm verfassten Werkes.

चिद् Adv. 1) *sogar, selbst, auch; immer, je;* mit einer Negation *nicht einmal.* Oft nur durch den Ton auszudrücken. In der klassischen Sprache nur nach Interrogativen und जातु. — 2) **wie.* अग्नि° *wie Feuer.*

चिद्चिन्मय Adj. *aus Geist und Materie bestehend.*

चिद्मृततन्त्रचण्डीविधान n. Titel eines Werkes.

चिदम्बर N. pr. 1) m. eines Autors. — 2) n. einer Stadt.

चिदम्बरपुर n. = चिदम्बर 2).

चिदम्बररहस्य n. Titel eines Werkes.

चिदम्बरस्थल n. = चिदम्बर 2).

चिदस्थिमाला f. Titel eines Commentars.

चिदात्मक Adj. *geistig* Bhâg. P. 8,3,2.

चिदात्मन् m. *der denkende Geist, der reine Intellect.*

चिदानन्ददशश्लोकी f. Titel eines Werkes.

चिदानन्दमय Adj. *aus Geist und Wonne bestehend.*

चिदानन्दस्तवराज m. = चिदानन्ददशश्लोकी.

चिदानन्दाय्, °यते *zu Geist und Wonne werden.*

चिदानन्दाश्रम m. N. pr. eines Lehrers.

चिदुल्लास Adj. *Gedanken gleich aufblitzend.*

चिद्गगनचन्द्रिका f. Titel eines Werkes.

चिद्घन m. *ganz Intellect* Sarvad. 96,1.

चिद्रत्नचषक Titel eines Werkes.

चिद्रथ 1) m. (v. l. n.) Name eines Sâman Ârsh. Br. — 2) f. ई Titel eines Commentars.

चिद्रूप 1) Adj. *a) aus Intellect bestehend, ganz I.* Kap. 6,50. Nom. abstr. °त्व n. Ind. St. 9,134. — *b)* **klug, verständig.* — 2) *n. *the Supreme Being, as identifiable with intellect or understanding.*

चिद्विलास m. N. pr. eines Schülers des Çaṁkarâkârja.

चिद्वृत्ति f. *Geistesthätigkeit.*

चित्, *चित्तति, चित्तयति (metrisch auch Med.; चित्तयान auch in der Prosa) 1) *bei sich denken, einen bestimmten Gedanken haben, nachdenken, nachsinnen.* — 2) *denken an, nachsinnen über, in Gedanken sich beschäftigen mit, seine G. richten auf* (Acc.; ausnahmsweise Dat., Loc. oder प्रति). Mit einer Negation *nicht denken an, — beachten, keine Aufmerksamkeit wenden auf* 175,24. — 3) *ausdenken, ausfindig machen.* — 4) *in Betracht ziehen, behandeln, besprechen.* — 5) *denken von, eine Meinung haben über, halten für, bedenken dass;* mit zwei Acc. — 6) *beherzigen, befolgen* Râgat. 7,772. — Mit अनु 1) *nachdenken, überlegen, bei sich denken, sich einem Gedanken hingeben* 73,9. 328,7. — 2) *gedenken, nachsinnen über, in Gedanken sich vorführen, seine G. richten auf* (Acc.; ausnahmsweise Loc.). Mit einer Negation *nicht beachten.* — Caus. अनुचित्तयपति *Jmd nachsinnen lassen über,* mit zwei Acc. Zu belegen Pass. mit zwei (!) Nominativen. — Mit समनु *bedenken, nachsinnen über* (Acc.). — Mit अभि dass. — Mit व्या, °चित्तयत् Pankat. 104,16 fehlerhaft für व्यचि°. — Mit निस् in अनिश्चित्य. — Mit परि 1) *hin und her sinnen, reiflich überlegen.* — 2) *bei sich denken* Spr. 7782. — 3) *gedenken, nachsinnen über* (Acc.). — 4) *ausdenken, ausfindig machen.* — Mit संपरि *ausdenken.* — Mit प्र 1) *nachsinnen.* — 2) *Etwas denken, nachdenken —, nachsinnen über, denken an* (Acc.). — 3) *ausdenken, ausfindig machen.* — Mit विप्र *gedenken.* — Mit प्रति 1) *von Neuem durchdenken.* — 2) *gedenken.* — Mit वि 1) *unterscheiden, wahrnehmen.* — 2) *bei sich denken, überlegen, nachsinnen.* — 3) *denken an, nachsinnen über, in Gedanken sich beschäftigen mit* (Acc.), *denken zu* (Infin.). — 4) *in Betracht ziehen, berücksichtigen, beachten.* Mit einer Negation *nicht beachten, sich nicht kümmern um.* — 5) *ausdenken, ausfindig machen.* — 6) *sich Etwas vorstellen.* — Mit अनुवि 1) *in der Erinnerung zurückrufen.* — 2) *nachsinnen über* Kâraṇḍ. 35,24. 36,3. 57,13. 61,1. — Mit प्रवि *denken an, nachsinnen über* (Acc.). — Mit संवि *nachdenken, — sinnen.* — Mit सम् 1) *denken, bei sich denken, nachdenken, überlegen.* — 2) *denken an, gedenken, sinnen auf, in Gedanken sich beschäftigen mit, bedenken;* mit Acc. — 3) *Jmd bestimmen zu* (Dat.). — Mit अनुसम् *nachsinnen.* — Mit अभिसम् *gedenken.*

चित्तक 1) am Ende eines Comp. *der nachgedacht hat über, sich kümmert um, Kenner* Gaut. — 2) m. Name des 23sten Kalpa 2) *h).*

चित्तन n. 1) *das Gedenken, Denken an, Betrachtung, das Nachdenken über, Sorge um;* die Ergänzung im Gen. oder im Comp. vorangehend. — 2) *trübe Gedanken, Sorgen* Spr. 2093.

चित्तनीय Adj. *woran man zu denken hat, worauf man seine Aufmerksamkeit zu richten hat, ausfindig zu machen.*

चित्तयितव्य Adj. *dessen man zu gedenken hat.*

चित्ता 1) *Gedanke an, das Nachdenken über, Betrachtung, Sorge um* (Loc. oder im Comp. vorangehend). चित्तया *in Folge blossen Gedenkens* VP. 1,13,50. — 2) *trübe Gedanken, Sorgen in Betreff von* (Gen., Loc. oder उपरि). — 3) N. pr. eines Frauenzimmers.

***चित्ताकर्मन्** n. *trübe Gedanken.*

°चित्ताकारिन् Adj. *in Betracht ziehend, erwägend.*

चित्तापर Adj. *in Gedanken vertieft.*

चित्ताभर m. *eine Last von Sorgen* Ind. St. 15,358.

चित्तामणि 1) m. *a) ein Edelstein, der die Zauberkraft besitzt das herbeizuschaffen, worauf der Besitzer seine Gedanken richtet; der Stein der Weisen.* — *b)* *Bein. Brahman's. — *c)* Titel verschiedener Werke, insbes. am Ende eines Comp. °टीका f., °परीक्षा f. und °प्रकाश m. — *d)* N. pr. α) *eines Buddha. — β) eines Autors. — 2) f. N. pr. einer Hetäre.

चित्तामणिचतुर्मुख m. *eine best. Quecksilberarzenei* Mat. med. 35.

चित्तामणितीर्थ n. N. pr. eines Tîrtha.

चित्तामणिवरलोचन m. *ein best.* Samâdhi Kâraṇḍ. 51,14.

चित्तामय Adj. *in der Form eines Gedankens erscheinend, im Geiste vorgestellt* Agni-P. 30,28. Am Ende eines Comp. *aus den Gedanken an — hervorgegangen.*

चित्तामोह m. *verworrene Gedanken* Spr. 2292.

चित्तायज्ञ m. *ein Opfer in Gedanken.*

चित्तारत्न n. = चित्तामणि 1) *a).*

चित्तारत्नाय् *ein* Kintâratna *darstellen.* °यित n. impers. Ind. St. 15,393.

***चित्तावत्** Adj. *gedankenvoll.*

***चित्तावेश्मन्** n. *Berathungsgemach.*

***चित्तिडी** f. falsche Form für तित्तिडी.

चित्तित 1) Adj. *gedacht* u. s. w. — 2) n. *a) Gedanke.* — *b) Absicht.* — *c) trübe Gedanken, Sorgen.*

***चित्तिति** f. = चित्ता 1) 2).

चित्तितोपनत Adj. *gedacht und schon da seiend* Kathâs. 18,329.

चित्तितोपस्थित Adj. dass. Kathâs. 18,116. 146.

°चित्तिन् Adj. *denkend an* Naish. 8,17.

***चित्तिया** f. = चित्ता 1) 2).

***चित्तोक्ति** f. *midnight cry or alarm.* Richtig चित्रोक्ति.

चित्त्य 1) Adj. *a) zu denken, vorzustellen.* — *b) an den oder woran man zu denken hat, worüber man nachzudenken hat.* Superl. °तम. — *c) was noch zu erwägen ist, unentschieden, fraglich.* — 2) n. *die Nothwendigkeit sich über Etwas* (Gen.) *Gedanken zu machen.*

चित्त्यद्योत m. Pl. *eine best. Klasse von Göttern.*

चित्त्यसंग्रह m. Titel eines Werkes.

चिन्दुनृत्य n. *eine Art Tanz* S. S. S. 268.

***चिन्न** m. *Panicum miliaceum.*

चिन्निभट्ट m. N. pr. eines Autors.

चिन्मय Adj. *geistig.*

चिन्मात्र Adj. *ganz Intellect, reiner Geist* 273,5. 22.

चिन्मात्राकाशिका f. Titel eines Werkes.

***चिपट** 1) Adj. *stumpfnasig.* — 2) m. *platt gedrückter Reis.*

चिपिट 1) Adj. (f. आ) *a) abgestumpft, abgeplattet, platt, breit gedrückt, flach anliegend* Naish. 7, 65. — *b)* **stumpfnasig.* — 2) m. *a) ein best. gif-*

tiges Insect. — *b)* **platt gedrückter Reis.* — 3) *f. ग्रा *ein best. Gras* Râǵan. 8,148.

चिपिटक 1) *m. = चिपिट 2) *b)*. — 2) f. °टिका *Schorf* (auf einer heilenden Wunde) Ḱakrad. zu Suçr. 1,88,14.

चिपिटग्रीव Adj. *kurzhalsig.*

चिपिटघ्राण und चिपिटनास Adj. *stumpfnasig.*

चिपिटनासिक 1) Adj. dass. — 2) m. Pl. N. pr. eines Volkes.

चिपिटास्य Adj. *ein plattes Gesicht habend* Varâh. Bṛh. 27(25),12.

चिपिटिकावत् Adj. *mit Schorf versehen.*

चिपिटी Adv. mit कर् *platt schlagen* Kâd. 255, 14. Bâlar. 258,16.

*चिपुट m. = चिपिट 2) *b)*.

चिप्प n. *ein best. Krankheit des Fingernagels.*

*चिप्पट n. *Zinn* Râǵan. 13,21.

चिप्पटजयापीड m. N. pr. eines Fürsten.

चिप्पिका f. *ein best. Vogel* (?).

चिप्य 1) m. *ein best. Wurm.* — 2) n. = चिप्प.

*चिवि und *चिबु (Gal.) m. *Kinn.*

चिबुक 1) n. *Kinn.* — 2) m. *a)* **Pterospermum suberifolium.* — 2) Pl. N. pr. eines Volkes.

*चिमि m. 1) *Papagei.* — 2) *eine best. Pflanze.*

*चिमिक m. *Papagei.*

चिमिचिमा f. *das Prickeln.*

चिमिचिमाय्, °यते *prickeln.*

चिर 1) Adj. *lang* (von der Zeit), *langwährend, von lange her bestehend, der alten Zeit angehörig.* — 2) n. *Verzögerung, das Zögern.* किं चिरेण *wozu das Zögern? wozu Zeit verlieren?* — 3) चिरम् *lange, langsam, vor langer Zeit.* चिरं तन्मेने यद् mit Condit. *es schien ihm zu lange, wenn zuvor* 29,29. चिरं कर् *lange machen, säumen, zögern.* चिरतरम् *recht lange.* — 4) चिरेण *nach langer Zeit, spät, nicht gleich; lange, seit langer Zeit; langsam,* चिरतरेण *langsamer,* चिरतमेन *am langsamsten.* — 5) चिराय *lange; nach langer Zeit, endlich, schliesslich; allzuspät.* — 6) चिरात् *nach langer Zeit, spät, so spät, erst jetzt* (117,2), *endlich; seit langer Zeit.* चिरात्प्रभृति dass. — 7) चिरस्य *nach langer Zeit, nicht bald* (43,1), *spät, endlich; seit langer Zeit.* — 8) चिरे *nach langer Zeit, nicht gleich darauf.* — 9) चिर° *lange, vor langer Zeit, nach l. Z., spät.*

चिरकार, °कारि, °कारिक und °कारिन् Adj. *lange machend, langsam zu Werke gehend, saumselig; lange dauernd, langsam verlaufend* Ḱaraka 6,3. 11. 15. Nom. abstr. °रिता f. und °रित्व n.

1. चिरकाल m. *eine lange Zeit.* °लम् *l. Z. hindurch, lange.* °लात् *nach l. Z., wegen der l. Z., die dazwischen liegt.* °लाय *auf l. Z.* °ल° *l. Z. hindurch.*

2. चिरकाल Adj. *einer längst verflossenen Zeit angehörig.*

चिरकीर्ति m. N. pr. eines Mannes.

चिरकृत Adj. *lange gethan, — geübt* Daçak. 68,8.

*चिरक्रिय Adj. = चिरकार.

चिरज Adj. *alt an Jahren, betagt.*

चिरजात und °तर Adj. *älter an Jahren als* (Abl.).

चिरजीवक 1) *m. *eine best. Pflanze.* — 2) f. °विका *langes Leben* Kaṭhop. 1,24.

चिरजीविन् 1) Adj. *lange lebend* 161,23. Nom. abstr. °विता f. *langes Leben* Spr. 5770. Prij. 4,9. — 2) m. *a)* *Bein. Vishṇu's. — *b)* **Krähe.* — *c)* **Salmalia malabarica* und = जीवक. — *d)* N. pr. einer Krähe.

चिरंजीव 1) Bein. verschiedener Autoren. Auch °भट्टाचार्य. — 2) *f. ग्रा *Trigonella corniculata.*

चिरंजीविन् m. 1) *Bein. Vishṇu's. — 2) **Krähe.* — 3) **Salmalia malabarica* und = जीवक. — 4) N. pr. eines Vogels Ind. St. 15,344.

*चिरण्टी, *चिरण्ठी und चिरण्टी f. *ein noch im väterlichen Hause lebendes Frauenzimmer.*

*चिरतिक्ता f. 1) *Agathotes Chirayta.* — 2) *eine wilde Gurkenart* Nigh. Pr.

*चिरत्न Adj. = चिरन्तन 1).

चिरदातर् m. N. pr. eines Fürsten von Ḱirapura.

चिरन्तन 1) Adj. *alt, aus alten Zeiten stammend.* m. Pl. *die Alten.* — 2) m. Bein. *a)* *Brahman's Gal. — *b)* Çiva's.

*चिरपाकिन् m. *Feronia elephantum.*

चिरपुर n. N. pr. einer *Stadt.*

*चिरपुष्प m. *Mimusops Elengi* Râǵan. 10,65.

चिरप्रवृत्त Adj. *lange bestehend.* °त्त एष पन्थाः so v. a. *für diesen Fall giebt es viele Beispiele* Kâd. 197,1.

चिरबिल्व m. *Pongamia glabra.*

चिरभाविन् Adj. *in weiter Ferne* (zeitlich) *liegend.*

*चिरमेहिन् m. *Esel.*

चिरमोचन n. N. pr. eines Tîrtha.

*चिरम्भण m. *Falco Cheela.*

चिरय्, °यति und °यते (seltener) *lange machen, säumen, lange ausbleiben.*

चिररात्र (*m.) *lange Zeit, — Dauer.* °त्रम् *für lange Zeit* Ḱaraka 6,1. Dat. auch als Adv. *lange, nach langer Zeit, endlich.* °त्र° *lange.*

चिरलोकलोक Adj. *dessen Welt einen langen Bestand hat.*

चिरवेला f. *späte Tageszeit.* Instr. *zu so sp. T.* Pañkat. 207,13.

*चिरसूता und *°सूतिका f. *eine Kuh, die schon lange gekalbt hat.*

*चिरस्थ m. = नायक.

चिरस्थायिन् Adj. *lange stehend, — aufbewahrt, alt* Bhâvapr. 2,109.

चिरस्थितिक Adj. in एवं°.

*चिराटिका f. *eine weissblühende Boerhavia erecta.*

*चिरातिक्त m. = चिरतिक्त.

*चिराद m. Bein. Garuḍa's.

चिरान्तक m. N. pr. eines Sohnes des Garuḍa.

चिराय्, °यति und °यते *lange machen, säumen, lange ausbleiben.* °यित *lange ausbleibend.*

*चिरायु (Râǵan. 9,87) und *°क (Gal.) m. *Weinpalme.*

चिरायुष Adj. *langes Leben verleihend.*

चिरायुष्य Adj. *dem ein langes Leben beschieden ist.* Nom. abstr. °ता f. Daçak. 10,18.

चिरायुस् 1) Adj. *langlebig.* — 2) *m. *a) eine Gottheit.* — *b) Krähe* Gal.

1.*चिरि, °णोति (हिंसायाम्, निघंसायाम्).

2. चिरि m. *Papagei.*

*चिरिका f. *eine best. Waffe.*

चिरिकाक m. *eine Art Krähe* MBh. 13,111,123.

चिरिटीक m. *ein best. Vogel* Ḱaraka 1,27.

*चिरिण्टी f. = चिरण्टी.

*चिरिबिल्व m. = चिरबिल्व.

*चिरिल्लि m. *ein best. grosser Fisch* Râǵan. 19,73. Vgl. चीरल्लि.

चिरीटी f. *ein best. zu den* Pratuda *gezählter Vogel.*

*चिरु m. *Schultergelenk.*

चिरोत्थ Adj. *lange bestehend* Suçr. 2,368,2.

चिर्भट m. (Ḱaraka 6,10), चिर्भटिका f. und चिर्भटी f. *Cucumis utilissimus* (Pflanze und Frucht). — Vgl. गजचिर्भटा.

चिर्भिट n., चिर्भिटा f. und चिर्भिटिका f. *eine Gurkenart* Bhâvapr. 1,240. Ḱaraka 1,27.

*चिल्, चिलति (वसने). Vgl. चेल्.

*चिलमीलिका f. 1) *eine Art Halsschmuck.* — 2) *ein leuchtendes fliegendes Insect.* — 3) *Blitz.*

चिलाति m. N. pr. eines Mannes.

*चिलिका f. *eine Art Waffe.*

चिलिचिम (Ḱaraka 1,25. Bâlar. 1,25) und *°चीम m. *ein best. Fisch.*

*चिलिचीमि 1) m. = चिलिचिम. — 2) f. (auch °मी) *Blitz* Gal.

*चिलिमिनिका f. = चिलमीलिका 1).

*चिलिमीनक m. = चिलिचिम.

*चिलिमीलिका f. = चिलमीलिका 1) 2) 3).

*चिल्ल्, चिल्लति (शैथिल्ये, भावकरणे, हावकरणे).

*चिल्ल 1) Adj. *triefäugig.* — 2) m. n. *triefende Augen.* — 3) m. *Falco Cheela.* — चिल्ली s. u. चिल्लि.

चिल्लक 1) m. *ein best. Thier.* — 2) *f. आ *Grille, Heimchen.* — 3) f. चिल्लिका a) *eine best. Gemüsepflanze.* — b) *Augenbraue.*

चिल्लाट und चिल्लड m. *ein best. zu den* भूमिशय *gezähltes Thier.*

चिल्लदेवी f. N. pr. einer *Göttin.*

*चिल्लभक्त्या f. *ein best. Parfum.*

*चिल्लाभ m. *Räuber.*

चिल्लि 1) m. *ein best. Raubvogel.* — 2) f. चिल्लि und °ल्ली *eine best. dem Spinat verwandte Gemüsepflanze* Râǵan. 7,126. — 3) *f. चिल्ली a) *Grille, Heimchen.* — b) *Symplocos racemosa;* richtig भिल्ली.

चित्वटि m. *ein best. Thier* Gop. Br. 1,2,7 (S. 28, Z. 13).

*चिविट m. *plattgedrückter Reis.*

*चिविल्लिका f. *ein best. kleiner Strauch* Râǵan. 5,74.

चिश्चाँ Interj. *klirr!*

चिश्चिषाकारम् (onomatop.) Absol. *schmatzend* (essen) Âpast. Çr. 13,17,6. Vgl. चुशुषा.

*चिक्कणकन्थ n. N. pr. einer *Stadt.*

*चिक्कुर m. Pl. *Haupthaar.*

चिह्न n. (adj. Comp. f. आ 291,16) 1) *Zeichen, Merkmal, Attribut, Anzeichen.* — 2) *Banner, Fahne.* — 3) *Zodiakalbild.* — 4) *Ziel, die Richtung wohin.*

चिह्नक n. *Tüttel, Jota* Kâd. 2,103,10.

*चिह्नकारिन् Adj. 1) *verletzend.* — 2) *schrecklich anzuschauen.*

*चिह्नधारिणी f. *Hemidesmus indicus* und *Ichnocarpus frutescens.*

चिह्नन n. *Merkmal* Naish. 1,62.

चिह्नय्, °यति *zeichnen, kennzeichnen.* चिह्नित *gezeichnet, bezeichnet, kenntlich gemacht.* — Mit अभि und परि = Simpl.

चिह्नयितव्य Adj. *zu bezeichnen, kenntlich zu machen.*

चिह्नी Adv. mit कर् *kennzeichnen.*

*चीक्, चीकति und चीकयति (आमर्षणे, मर्षणे, आमर्शे).

चीचीकूची onomatop. vom *Gezwitscher der Vögel.*

चीठिका f. *Zettelchen* Bhoǵa-Pr. 92,13.

*चीडा f. *ein best. Harz* Râǵan. 12,33.

चीणा m. Pl. = चीन *die Chinesen.*

चीणाक m. *Panicum miliaceum.*

*चीणाकर्कटिका f. *eine Gurkenart* Râǵan. 7,216.

चीर्ति f. *das Sammeln.*

चीत्कार m. *Geschrei, Gelärm* 149,1.

चीत्कारवत् Adj. *von Geschrei begleitet.*

चीत्कृत n. = चीत्कार Kâd. 31,8. Bâlar. 167, 19. Hem. Par. 1,45.

चीत्कृति f. *Gerassel* Bâlar. 232,6.

चीन 1) m. a) Pl. *die Chinesen.* — b) *eine Art *Antilope.* — c) *Panicum miliaceum* Mat. med. 295. — d) *eine Art Zeug.* — e) **Faden.* — 2) n. a) **Banner, Fahne.* — b) *eine Art von Verband für die Augenwinkel.* — c) **Blei.*

चीनक m. 1) Pl. *die Chinesen.* — 2) *Panicum miliaceum* Hemâdri 1,118,22. 119,13. 15. 19. — 3) **Fennich.* — 4) *eine Art Kampher* Râǵan. 12,70. Bhâvapr. 1,182. Vgl. चीनाक.

*चीनकर्कटिका f. = चीणा° Nigh. Pr.

*चीनकर्पूर m. *eine Art Kampher* Râǵan. 12,70.

*चीनज n. *Stahl* Râǵan. 13,47.

*चीननी m. *Pfirsichbaum.*

चीनपट्ट 1) *eine Art Zeug* Suçr. 1,65,14. — 2) *n. *Blei.*

*चीनपति m. N. pr. eines *Reiches.*

चीनपिष्ट n. 1) *Mennig* Vikramâṅkaḱ. 14,68. — 2) **Blei.*

चीनपिष्टमय Adj. *aus Mennig bestehend.*

*चीनराजपुत्र m. *Birnbaum.*

*चीनवङ्ग n. *Blei.*

चीनसिचय m. *ein seidenes Tuch* Pańḱar. 3,5,28.

चीनांशुक n. *Seidenzeug, ein seidenes Tuch.*

चीनाक m. 1) *eine Fennichart* Bhâvapr. 1,279. — 2) *eine Art Kampher.* — Vgl. चीनक 2) 3) 4).

*चीनाकर्कटी f. *eine Gurkenart.* Vgl. चीणाकर्कटिका und चीनक°.

चीनाचारप्रयोगविधि m. Titel eines Werkes.

चीपुद्रु m. wohl *eine best. Pflanze* AV. 6,127,2 (Hdschrr.).

*चीब्, चीबति, °ते (आदानसंवरणयोः).

*चीभ्, चीभते (कत्थने).

चीमनिचरित्र n. Titel eines Werkes.

*चीय्, चीयति, °ते v. l. für चीव्.

चीर 1) n. a) *Streifen, ein schmales und langes Stück Baumrinde, — Zeug, Fetzen, Lappen, Lumpen* Gaut. *Gewand* überh. Taitt. Âr. 7,4,2. — b) **ein Perlenschmuck aus vier Schnüren.* — c) **Scheitelhaar.* — d) **Strich, Linie.* — e) **eine geschriebene öffentliche Bekanntmachung.* — f) **Blei.* — 2) m. vielleicht *Grille, Heimchen* Kathâs. 73,240. — 3) f. आ *Streifen, Fetzen.* — 4) f. ई a) *Grille, Heimchen.* — b) **Saum des Untergewandes.*

चीरक 1) *m. = 2) b). — 2) f. चीरिका a) **Grille, Heimchen.* — b) *eine geschriebene öffentliche Bekanntmachung* Kathâs. 51,130. 55,37. 42. 71,81. Lokapr. 2.

चीरखण्ड m. *Lappen.*

चीरणीय (?) *ein best. Spiel* Ind. St. 15,419.

*चीरपत्रिका f. *eine best. Gemüsepflanze* Râǵan. 7,125. v. l. तारपत्रिका.

*चीरपर्ण m. *Shorea robusta* Râǵan. 9,80.

चीरप्रावरण m. Pl. N. pr. eines Volkes.

*चीरभवन्ती (!) f. *der Frau ältere Schwester.*

चीरमोचन n. N. pr. eines Tîrtha.

चीरल्लि *ein best. grosser Fisch.* Vgl. चिरिल्लि.

चीरवसन Adj. *in Baumrinde* oder *Lumpen gehüllt.*

चीरवासस् 1) Adj. dass. — 2) m. a) *Bein. Çiva's.* — b) N. pr. α) eines Jaksha. — β) eines Fürsten.

*चीरि f. *Augenschleier.*

चीरिका s. u. चीरक.

चीरितच्छदा f. *Beta bengalensis* Bhâvapr. 1,282.

*चीरितपत्रिका f. *eine Ichneumonpflanze* Nigh. Pr.

चीरिन् 1) Adj. = चीरवसन. — 2) f. °णी N. pr. eines Flusses.

*चीरिल्लि und *चीरोल्लि = चीरल्लि.

चीरीवाक m. *Grille, Heimchen.*

चीरुक 1) n. *eine best. Frucht* Râǵav. im ÇKDr. — 2) *f. आ *Grille, Heimchen.*

चीर्ण Partic. (neben चरित) von चर्.

*चीर्णकर्कटी f. *Koloquinthe* Gal. Vgl. चीणाकर्कटिका und चीन°.

*चीर्णपर्ण 1) m. n. *Azadirachta indica.* — 2) m. *Phoenix sylvestris.*

चीर्णवृत्त Adj. MBh. 13,1595 fehlerhaft für °व्रत.

चीर्णव्रत Adj. *der sein Gelübde vollbracht hat* 72,21. MBh. 13,23,24.

चीर्त्वा Absol. (neben चरित्वा) von चर्.

*चीलिका und *चील्लका f. *Grille, Heimchen.*

*चीव्, चीवति (आदानसंवरणयोः; die zweite Bed. wegen चीवर), चीवयति (भाषार्थ oder भासार्थ).

चीवर 1) Gobh. 4,9,7 nach dem Comm. m. *Eisenfeil.* — 2) n. *Bettlergewand,* insbes. *das eines Buddhisten.*

*चीवरगोपक m. *Kleiderverwahrer* (buddh.).

चीवरनिवसन m. Pl. N. pr. eines Volkes.

*चीवरभजक m. *Kleidervertheiler* (buddh.).

*चीवरिन् m. *ein buddhistischer Bettler.*

*चीविल्लिका f. v. l. für चि° Râǵan. 5,74.

चुक्, Dat. Partic. चुक्नते (v. l. चुङ्कते) von unbekannter Bed.

चुकोपयिषु Adj. *Jmd* (Acc.) *erzürnen wollend.*

*चुक्क्, चुक्कयति (व्यथने, आर्तौ, व्यसने) Dhâtup. 32,56.

*चुक्कस m. *ein Ḱaṇḍâla.*

*चुक्कार m. *Löwengebrüll.*

चुक्र 1) (*m. n.) a) *Fruchtessig, eine saure Brühe* (insbes. *aus der Tamarindenfrucht*). — b) *Sauer-*

ampfer Mat. med. 295. — 2) *f. आ und ई *Tamarindenbaum.* — 3) *f. ई *Oxalis pusilla.* — 4) n. *ein bes. präparirter saurer Reisschleim.*

चुक्रक 1) *n. *Rumex vesicarius.* — 2) f. चुक्रिका a) *Oxalis corniculata* Bhâvapr. 1,283. Karaka 6,9. — b) **ein bes. präparirter saurer Reisschleim* Râǵan. 15,89.

*चुक्रचण्डिका f. *Tamarinde* Nigh. Pr.

*चुक्रफल n. *Tamarindenfrucht.*

*चुक्रवास्तूक n. *Sauerampfer.*

*चुक्रवेधक n. *ein bes. präparirter saurer Reisschleim* Râǵan. 15,89.

*चुक्राम्ल 1) n. *Fruchtessig von der Schale der Frucht der Garcinia* Râǵan. 6,125. — 2) f. आ a) *Oxalis corniculata.* — b) *Tamarindenbaum.* — c) *ein bes. präparirter saurer Reisschleim.*

*चुक्रिमन् m. *Säure.*

*चुक्षा f.? gaṇa छत्त्रादि.

चुक्षोभयिषु Adj. *zum Schwanken zu bringen beabsichtigend.*

*चुचि m. *die weibliche Brust.*

*चुचु m. *ein best. Gemüse.*

चुचुक 1) *m. n. *Brustwarze.* — 2) m. Pl. N. pr. eines Volkes. v. l. चूचुक.

*चुचुन्दरी f. *Moschusratte* Râǵan. 19,59.

चुचुप m. Pl. N. pr. eines Volkes. v. l. चूचुप.

चुचुपर्णिका f. *eine best. Gemüsepflanze.*

*चुचूक n. *Brustwarze.*

चुञ्चु (Karaka 1,27. 6,23) und चुञ्चू m. f. *eine best. Gemüsepflanze.*

*चुच्य्, चुच्यति (अभिषवे).

चुञ्चु 1) *Adj. am Ende eines Comp. *bekannt, berühmt.* — 2) m. a) **Moschusratte.* — b) *eine best. Mischlingskaste.* — c) N. pr. eines Mannes.

*चुञ्चुरी f. *ein best. Spiel mit Tamarindensamen.*

चुञ्चुल m. N. pr. eines Mannes. Pl. *sein Geschlecht.*

*चुञ्चुलि und *°ली f. = चुञ्चुरी.

*चुट्, चुटति und चोटयति (छेदने), चोटति (अल्पीभावे).

*चुट्ट्, चुट्टयति (अल्पीभावे).

*चुड्, चुडति (संवरणे).

*चुड्ड्, चुड्डति (हावकरणे, भावकरणे, कृतौ, हावे).

*चुण्, चुणति (छेदने).

*चुण्ट्, चुण्टति und चुण्टयति (छेदने), चुण्टति (अल्पीभावे).

*चुण्टा f. *Brunnen.*

चुण्टिका (Conj.) f. *ein kleiner Wasserbehälter.*

चुण्टी f. *Brunnen.*

*चुण्ठ्, चुण्ठयति (हिंसायाम्).

*चुण्ड्, चुण्डति (अल्पीभावे), चुण्डयति (छेदने).

चुण्ड्य (Bhâvapr. 2,14) und *चुण्ढी f. = चुण्टी *Brunnen.*

*चुत्, चोतति (आसेचने, क्षरणे).

*चुत m. und *चुति f. *After.*

चुद्, चोदति, °ते 1) *antreiben, anfeuern.* — 2) *schnell herbeischaffen, beeilen.* — 3) Med. *sich sputen.* — Caus. चोदयति, °ते (selten) 1) *treiben, antreiben, in eine schnelle Bewegung versetzen, beschleunigen.* चक्षुः *das Auge werfen, — richten auf* (Loc.). — 2) *anfeuern, anreizen, begeistern.* — 3) *Jmd auffordern, anweisen; Jmd bittend, fragend, fordernd angehen; mit Bitten, Fragen, Forderungen in Jmd dringen; bestürmen.* — 4) *vorwärts bringen, fördern, verhelfen zu* (Dat.). — 5) *schnell herbeischaffen.* — 6) *fordern, verlangen.* — 7) *festsetzen, bestimmen.* — 8) *einzuwenden —, auszusetzen haben* Çaṁk. zu Bâdar. 2,1,13. 3,42. 47. 4,22. — 9) *sich sputen.* — Mit अभि Caus. 1) *antreiben, treiben, anfeuern, anreizen, ermuthigen.* — 2) *auffordern.* — 3) *anweisen, beauftragen.* — 4) *festsetzen, bestimmen.* — 5) *ankündigen, anzeigen.* — 6) *sich erkundigen nach* (Acc.). — Mit नि Caus. *schnell herbeischaffen* ṚV. 8,24, 25. — Mit परि Caus. 1) *in Bewegung versetzen, treiben, antreiben.* — 2) *auffordern, zusprechen.* — Mit प्र *treiben, antreiben.* — Caus. 1) *in schnelle Bewegung versetzen, treiben, antreiben.* प्रचुदित metrisch st. प्रचोदित *geschnellt, abgeschossen.* — 2) *anfeuern, begeistern.* — 3) *auffordern, angehen.* — 4) *auffordernd verlangen.* — 5) *festsetzen, bestimmen.* — 6) *verkündigen, ankündigen.* — 7) *sich sputen.* — Mit अभिप्र Caus. *treiben, antreiben, Jmd zu Etwas bewegen.* — Mit संप्र Caus. 1) *in schnelle Bewegung versetzen, antreiben, treiben.* — 2) *auffordern.* — Mit प्रति Caus. 1) *antreiben.* — 2) *sich gegen Jmd wenden, sich machen an* (Acc.). °चोदित mit act. Bed. — Mit सम् Caus. 1) *in schnelle Bewegung versetzen, antreiben, treiben.* — 2) *anfeuern, erregen, anreizen, auffordern, angehen.* — 3) *Etwas betreiben.* — 4) *eilig herbeischaffen.*

चुनन्द m. N. pr. eines buddh. Bettlers.

*चुन्द्, चुन्दति (निशामने).

चुन्द 1) m. N. pr. eines Schülers des Çâkjamuni. — 2) *f. ई *Kupplerin.*

1. चुप्, चोपति *sich bewegen, — rühren.* — Mit नि in निचुम्पुण. — Mit प्र in उपस्थितप्रचुपित.

2. *चुप्, चुपति (स्पर्शे).

*चुप m. N. pr. eines Mannes.

चुपुणीका f. N. pr. einer der sieben Kṛttikâ Comm. zu TS. 2,425.

चुबुक n. 1) *Kinn.* — 2) *die Spitze eines Altars* Çulbas. 3,164. 168.

चुबुकदघ्न Adj. *bis zum Kinn reichend* Maitr. S. 3,3,4.

*चुब्र n. *Gesicht.*

चुमुचुमायन n. *das Zucken, Jucken* (einer Wunde).

चुमुरि m. N. pr. eines Dämons.

चुम् चुमायन Suçr. 1,85,8. 2,3,5 fehlerhaft für चुमुचु°.

1. चुम्ब्, चुम्बति 1) *küssen.* — 2) *unmittelbar berühren* Spr. 7699. 7833. 7843. मार्गे चुम्बिते भास्वद्रश्मिभिः Sarvad. 39,4. अङ्गारचुम्बित Mâlatîm. 12,5 (15,4. 38,2). चुम्बितानि मदनिद्रया नयनानि Vikramâñkak. 14,7. — Caus. चुम्बयति 1) *küssen lassen.* — 2) **küssen.* — Mit व्यति *unmittelbar berühren.* — Mit उद् *in die Höhe hebend küssen* Kâd. 2,106,23. — Mit परि 1) *abküssen, küssen* Bâlar. 158,5. — 2) *unmittelbar berühren, sich dicht anlegen an* (Acc.) zu Spr. 867. — Mit वि *küssen.*

2. *चुम्ब्, चुम्बयति (हिंसायाम्).

चुम्ब 1) *m. *das Küssen, Kuss.* — 2) f. आ dass.

चुम्बक 1) *Adj. a) *der viel küsst.* — b) *der überall genascht hat, von Allem ein Weniges verstehend.* — c) *schelmisch, bübisch.* — 2) m. a) *Magnet.* — b) **Wagekloben.* — 3) n. *Parallelstelle* Râmadâsa zu Setub. 11,99.

चुम्बन n. (adj. Comp. f. आ) *das Küssen, Kuss.*

°चुम्बिन् Adj. 1) *unmittelbar berührend, dicht anliegend an* Vikramâñkak. 8,42. — 2) *behaftet mit* Naish. 6,66. — 3) *betreffend* Naish. 8,87. — 4) *obliegend, beschäftigt mit* Naish. 3,95.

चुर्, *चोरति und चोरयति, °ते 1) *stehlen, sich zueignen.* — 2) *bestehlen.*

चुर in प्रचुर.

चुरुचुरा f. onomatop. in *कर्ण°.

*चुरण n. *das Stehlen.*

*चुरण्य्, चुरण्यति *stehlen.*

*चुरा f. *Diebstahl.*

चुरादि m. *die mit* चुर् *anfangende 10te Klasse im Wurzelverzeichniss* 223,8. 236,12.

*चुरी f. *ein kleiner Brunnen.*

चुरु m. *ein best. Eingeweidewurm* Bhâvapr. 4, 38. Karaka 1,19. 3,7. Vgl. चूरु.

चुरुचुरा f. onomatop. in *कर्ण°.

चुर्चुरध्वनि (Comm.) und चुर्चुरशब्द m. *Geknirsch* Çiç. 5,58.

*चुल्, चोलयति (समुच्छ्राये, निमज्जने).

*चुल gaṇa बलादि.

चुलक 1) m. wohl nur fehlerhaft für चुलुक 1) Pañkad. — 2) Titel eines Werkes. Vgl. अधिकरण°. — 3) f. आ N. pr. eines Flusses. v. l. चुलुका.

चुलकय् wohl nur fehlerhaft für चुलुकय् Spr. 7646.

चुलकी Adv. v. l. für चुलुकी Spr. 2075.

*चुलु m. eine Handvoll Gal.

चुलुक 1) m. n. *die gehöhlte Hand, eine Handvoll, ein Mundvoll, Schluck* Bhâvapr. 3,37. Bâlar. 15,1. 68,11. 74,13. 186,12. 301,2. Naish. 8,45. 22,41. Viddh. 12,5. — 2) *m. a) *ein tiefer Morast.* — b) *eine Art Geschirr.* — c) N. pr. eines Mannes. — 3) f. आ N. pr. eines Flusses MBh. 6,9,20. v. l. चुलका.

चुलुकय्, °यति *in die gehöhlte Hand thun und verschlucken* Spr. 7646 (Conj.).

*चुलुकिन् m. *Meerschwein oder ein ähnliches Thier.*

चुलुकी Adv. mit कर् = चुलुकय् Spr. 2075.

चुलुक्य m. N. pr. eines Geschlechts.

*चुलुम्प्, चुलुम्पति (लोले, लोपे).

*चुलुम्प 1) m. *das Hätscheln der Kinder.* — 2) f. आ *Ziege.*

*चुलुम्पिन् und *चुलूपिन् m. = चुलुकिन्.

*चुल्य Adj. von चुल.

*चुल्ल्, चुल्लति (हावकरणे, भावकरणे).

चुल्ल 1) *Adj. *triefäugig.* चुल्लात dass. — 2) *m. *triefende Augen.* — 3) f. ई a) *Kochofen* Hemâdri 1,647,19. 657,21. — b) *Scheiterhaufen.* — c) *eine dreifache Halle, von der die eine nach Norden, die andere nach Osten, die dritte nach Westen gerichtet ist.*

*चुल्लक 1) m. fehlerhaft für चुलुक 1). — 2) f. ई a) *eine Art Wasserkrug.* — b) *Meerschwein.* — c) N. pr. eines Geschlechts.

*चुल्लि f. = चुल्ली *Kochofen.*

चुश्चुषा (onomatop.) f. *das Schmatzen* (beim Essen) Comm. zu Njâjam. 10,2,3. °कारम् Absol. *schmatzend* (essen) ebend. Mânava im Comm. zu Kâtj. Çr. 10,8,3 (zu lesen सर्वे भक्षयन्तश्चुश्चुषा°). Am Anf. eines Comp. °कार Njâjam. 10,2,3. Vgl. चिश्चिषाकारम्.

*चुस्त m. n. v. l. für बुस्त.

चूंकृत n. *der Ruf „Holla!"* Naish. 1,142.

चूचुक 1) Adj. *stammelnd.* — 2) m. Pl. N. pr. eines Volkes MBh. 13,207,42. — 3) n. *Brustwarze.* Auch चूचुकाग्र n.

चूचुप m. Pl. N. pr. eines Volkes MBh. 5,140,26. 6,75,21.

चूड 1) m. a) *Wulst* (an Backsteinen). Am Ende eines adj. Comp. f. आ. — b) *die Ceremonie des Haarschneidens beim Kinde.* Könnte auch n. sein. — c) N. pr. eines Mannes. — 2) f. चूडा a) *Scheitelhaar; ein Büschel von Haaren auf dem Scheitel des Kopfes, welcher bei der Tonsur eines Kindes stehen bleibt.* — b) *die Ceremonie des Haarschneidens.* — c) **Kamm beim Hahn* oder *Pfau.* — d) **Kopf.* — e) *Spitze* (auf einer Säule) Hemâdri 1, 122,18. 123,4. *Gipfel.* — f) **ein Gemach auf dem Dache eines Hauses.* — g) **eine Art Armband.* — h) **Brunnen.* — i) *ein best. Metrum.* — k) *ein Frauenname.

चूडक 1) am Ende eines adj. Comp. = चूडा *Tonsur.* — 2) *m. *Brunnen.* — 3) f. चूडका N. pr. einer Apsaras Kârand. 3,12. — 4) f. चूडिका a) *Spitze* (auf einer Säule) Comm. zu Kûlikop. S. 219. — b) **Ohrwurzel des Elephanten* Gal. — c) *ein best. Metrum.*

चूडय्, °यति *Jmd* (Acc.) *Etwas* (Acc.) *in der Weise eines Haarbüschels auf dem Scheitel befestigen.*

चूडाकरण n. *die Ceremonie des Haarabschneidens beim Kinde.*

चूडाकर्ण m. N. pr. eines Bettlers.

चूडाकर्मन् n. = चूडाकरण.

*चूडादन्त m. *ein aus einer Wand hervorstehendes Holzstück* Gal.

चूडापद्म m. wohl N. pr. eines Mannes.

चूडापाश m. *starkes Scheitelhaar* Megh. 65.

चूडाप्रतिग्रहण n. N. pr. eines Kaitja Lalit. 278,2.

चूडाभिक्षुणी f. N. pr. einer buddh. Göttin.

चूडामणि m. 1) *ein von Männern und Frauen auf dem Scheitel getragenes Juwel.* Nom. abstr. °ता f. Harshak. 185,24. — 2) am Ende eines Comp. *ein Juwel —, eine Perle von.* — 3) **der Same von Abrus precatorius* Râgan. 3,101. — 4) *ein best. Metrum.* — 5) *eine Sonnenfinsterniss an einem Sonntage oder eine Mondfinsterniss an einem Montage* Hemâdri 1,71,8. 9. — 6) *eine best. Art zu prognosticiren.* — 7) Titel verschiedener Werke. — 8) N. pr. eines Kshatrija 158,5.

*चूडामणिधर m. N. pr. eines Schlangendämons.

चूडामणिभट्टाचार्य m. Bein. und N. pr. eines *Lehrers.*

चूडामह m. *ein best. Fest* Lalit. 278,1.

*चूडाम्ल n. = चुक्राम्ल 1) Râgan. 6,126.

*चूडार Adj. von चूडा.

*चूडारक m. N. pr. eines Mannes. Pl. *sein Geschlecht.*

चूडारत्न n. = चूडामणि 1).

*चूडार्ह m. *Gomphrena globosa* Nigh. Pr.

चूडाल 1) Adj. *einen einzigen Haarbüschel auf dem Scheitel habend.* — 2) *f. आ und ई *eine Art Cyperus* Râgan. 6,143. — 3) *f. आ *weisser Abrus*, = श्वेतगुञ्जा. — 4) *n. *Kopf.*

चूडावन m. N. pr. eines Berges.

चूडावन्त् Adj. = चूडाल 1). So v. a. *noch ein Knabe seiend* Bâlar. 105,17.

*चूडिक gaṇa पुरोहितादि. चूडितिक v. l. चूडिका s. u. चूडक.

चूडिकला f. *ein best. Metrum.*

*चूडितिक gaṇa पुरोहितादि in der Kâç.

*चूडिन् Adj. = चूडाल 1).

चूडीय Adj. *zum Scheitelhaar bestimmt* (Schmuck) Pañkad.

*चूण, चूणयति (संकोचने).

चूत m. 1) *der Mangobaum.* — 2) **After.*

*चूतक m. 1) *der Mangobaum.* — 2) *ein kleiner Brunnen.*

चूतमञ्जरी f. N. pr. einer Vidjâdharî.

चूतलतिका f. 1) *ein best. Spiel.* — 2) ein Frauenname 293,29.

*चूति f. *After.*

1. चूर्, चूरयति *stehlen*, so v. a. *verschwinden machen* Ind. St. 15,267. Vgl. चुर्.

*2. चूर्, चूर्यते (दाहे).

चूरि und °का f. in अव°.

*चूरी f. *ein kleiner Brunnen.*

चूरु m. *eine Art Wurm.* Vgl. चुरु.

चूर्ण 1) Adj. *fein, feinkörnig.* — 2) m. n. *feiner Staub, Mehl; wohlriechendes* oder *medicinisches Pulver.* — 3) m. a) *Kalk* Varâh. Brh. S. 77,36. Comm. zu Prab. S. 27, Çl. 17. — b) N. pr. eines Mannes Ind. St. 14,125. 140. — 4) n. a) *Reis mit Sesam.* — b) *eine Art einfacher Prosa* Vâmana 1, 3,25. — c) *die in einer Paranomasie durch Zerlegung eines Doppelconsonanten bewirkte Zerstückelung eines Wortes, wodurch ein anderer Sinn gewonnen wird,* Vâmana 4,1,7.

चूर्णक 1) m. a) *eine best. Körnerfrucht.* — b) **geröstetes und darauf gemalenes Korn.* — c) *kalkähnliche Blässe, Todtenblässe* Karaka 5,1. 12. — 2) f. चूर्णिका a) *ein best. Gebäck.* — b) * = 1) b). — c) = 3) b). — 3) n. a) *wohlriechendes Pulver.* — b) *eine Art einfacher Prosa.*

चूर्णकार m. *eine best. Mischlingskaste.*

चूर्णकुन्तल m. *Haarlocke* Vikramâñkak. 4,2.

*चूर्णकृत् m. Bein. Çaṁkarâkârja's Gal.

*चूर्णकेश m. *Haarlocke.*

*चूर्णखण्ड m. n. *Erbsenstein.*

चूर्णता f. Nom. abstr. zu चूर्ण 2).

चूर्णन n. *das Zerreiben, Zermalmen* Bâlar. 253,7.

चूर्णपद n. 1) *eine best. Art der Bewegung, bei der man bald vor- bald rückwärts mit abwechselnder Schnelligkeit geht.* — 2) wohl = चूर्णक 3) b) Bâ-

LAR. 304,6.

*चूर्णपारद m. *Zinnober* RÂǴAN. 13,58.

*चूर्णपेषम् Absol. mit पिष् *zu Staub zermalen* P. 3,4,35.

चूर्णय्, °यति *zu Staub —, zu Mehl machen, zerreiben; zersplittern, zermalmen, zerschmettern.* — Mit अव *mit Staub, Mehl* u. s. w. *bestreuen, überziehen.* — Mit विनि, °चूर्णित MBH. 8,4665 fehlerhaft für °घूर्णित. — Mit प्र (BHAṬṬ.), वि, सम् und अभिसम् (KÁRAKA 7,4) = Simpl.

चूर्णयोग m. Pl. *zusammengesetzte Pulver.*

चूर्णशस् Adv. *zu Staub, zu Mehl.*

*चूर्णशाकाङ्क m. *eine best. Gemüsepflanze.*

चूर्णि und चूर्णी f. 1) *Otterköpfchen. — 2) **hundert Otterköpfchen.* — 3) *Bez. von Patańǵali's Mahâbhâshja. — 4) चूर्णि Bez. *der in Prâkrit abgefassten alten Commentare zu Ǵaina-Schriften* JACOBI, KALPAS. Intr. 25. — 5) *f. चूर्णी N. pr. eines Flusses.

चूर्णिकार m. *der Verfasser einer* चूर्णि 4) JACOBI, KALPAS. Intr. 25.

*चूर्णिकृत् m. Bein. Patańǵali's. Vgl. चूर्णाकृत्.

*चूर्णिन् Adj. *mit Mehl* u. s. w. *bestreut.*

1.*चूर्णी f. s. u. चूर्णि.

2. चूर्णी Adv. 1) mit कर् *zu Staub zerreiben, zersplittern, zermalmen.* — 2) mit भू *zu Staub werden, zerstieben, zermalmt werden.*

चूर्णीकरण n. *das Zerreiben, Zermalmen* DHÂTUP. 32,46.

चूर्णीचिकीर्षु Adj. *zu Staub zu zerreiben —, zu zermalmen beabsichtigend.*

*चूर्ति f. Nom. act. von चर्.

चूल 1) m. N. pr. eines Mannes. — 2) f. आ a) *Spitze, Hörnchen* (eines Kometen). — b) **ein Gemach auf dem Dache eines Hauses.*

चूलक 1) am Ende eines adj. Comp. *Schopf.* — 2) f. चूलिका a) *Hahnenkamm.* — b) **Ohrwurzel des Elephanten.* — c) *Spitze* (auf einer Säule) Comm. zu ḰULIKOP. S. 219. *Gipfel* Ind. St. 15,374. — d) *ein best. Metrum.* — e) in der Dramatik *Ankündigung einer Sache oder eines Ereignisses durch eine Stimme hinter dem Vorhange.* — f) Titel eines Theiles des Dṛshṭivâda.

चूलिक 1) m. Pl. N. pr. eines Volkes. चूचुप v. l. — 2) *n. *Weizenmehl in Butter geröstet.* — चूलिका s. u. चूलक.

चूलिकापैशाचिक n. und °पैशाची f. *ein best. Dialect im Schauspiel.*

चूलिकोपनिषद् f. Titel einer Upanishad.

चूलिन् 1) Adj. *einen Kamm* (beim Vogel) —, *einen Aufsatz auf dem Kopfe habend.* — 2) m. N. pr. eines Ṛshi.

चूष्, *चूषति (पाने). Pass. *sieden, wallen* (von einer Wunde, Geschwulst u. s. w.). — Caus. चूषयति *aufsaugen.* — Mit आ in आचूषण. — Mit सम् Pass. *sieden, wallen.*

चूषण n. *das Saugen, Anbeissen* (eines Blutegels) 217,1.

*चूषा f. *Leibgurt eines Elephanten.*

चूषिणी f. N. pr. eines Wesens im Gefolge der Durgâ.

चूष्य 1) Adj. *woran man saugt, was ausgesogen wird.* v. l. चोष्य. — 2) *f. आ = चूषा GAL.

चेकित m. N. pr. eines Mannes. Richtig चिकित und चेकितान.

चेकितान 1) Adj. s. u. 4. चित् Intens. Als Beiw. Çiva's *verständig, klug.* — 2) m. N. pr. eines Bundesgenossen der Pâṇḍu MBH. 5,25,10.

*चेक्रिय Adj. *thätig.*

चेक्रीयित n. *der Charakter des Intensivum.*

चेच्चेत् (onomatop.) Interj., mit der ein Hund angeredet wird.

चेट 1) m. a) *Diener, Sclave.* — b) *ein best. Fisch* ÂPAST. 1,17,38. — 2) f. ई *Dienerin, Sclavin.*

चेटक 1) m. a) *Diener, Sclave.* — b) **eine Art Nebenmann, Buhle.* — 2) f. चेटिका *Dienerin, Sclavin.*

*चेड 1) m. *Diener, Sclave.* — 2) f. ई *Dienerin, Sclavin.*

*चेडक 1) m. und 2) f. चेडिका dass.

*चेत्, चेतति Denom. von चेतस्.

*चेतःपीडा f. *Seelenschmerz.*

*चेतकी f. 1) *Terminalia Chebula.* — 2) *Jasminum grandiflorum* RÂǴAN. 10,75.

चेतन 1) Adj. (f. चेतनी) a) *augenfällig, sichtbar, ausgezeichnet.* — b) *wahrnehmend, bewusst, intelligent.* — 2) m. a) *ein intelligentes Wesen, Mensch* RÂǴAN. 18,1. — b) *Seele, Geist.* — 3) f. चेतना *Bewusstsein, Besinnung; Intelligenz.* Am Ende eines adj. Comp. f. आ. — 4) n. a) *Wahrnehmung* (obj.), *Erscheinung.* — b) *Seele, Geist.* चेतनेन विनाभूतः und चे° विनाकृतः so v. a. *entseelt.*

*चेतनका und *°की f. *Terminalia Chebula* RÂǴAN. 11,221.

चेतनता f. und चेतनत्व n. *der Zustand eines wahrnehmenden, bewussten Wesens, Intelligenz.*

चेतनभाव m. dass. ÇAṄK. zu BÂDAR. 2,1,6.

चेतनावन्त् Adj. *Bewusstsein habend, wissend, verstehend, vernünftig.*

चेतनाष्टक n. Titel eines Werkes.

*चेतनिका f. = चेतनका RÂǴAN. 11,221.

चेतनी Adv. 1) mit कर् *bewirken, dass Jmd wahrnimmt, — bewusst wird* Comm. zu BHÂG. P. 8,1,9. — 2) mit भू *wahrnehmend —, bewusst werden* ebend.

*चेतनीया f. *eine best. Heilpflanze* RÂǴAN. 5,28.

*चेतय Adj. *wahrnehmend, Bewusstsein habend.*

चेतयितर् Adj. *Wahrnehmer, ein Wesen mit Bewusstsein* ÇAṄK. zu BÂDAR. 2,2,10.

चेतयितव्य Adj. *was wahrgenommen —, gedacht wird.*

चेतर् Nom. ag. *Rächer.*

चेतव्य Adj. 1) *zu schichten, neben einander zu legen.* — 2) *einzusammeln.*

चेतस् n. 1) *Erscheinung, Aussehen, eine glänzende Erscheinung.* — 2) *Einsicht, Bewusstsein, Intelligenz; Sinn, Geist, Herz.* — 3) *Wille.*

चेतसक m. Pl. N. pr. eines Volkes. वेतसक v. l.

*चेतसम् am Ende eines adv. Comp. von चेतस्.

*चेताय्, °यते Denom. von चेतस्.

चेतिष्ठ Adj. (Superl. zu चित्र) *überaus augenfällig, — glänzend.*

*चेती Adv. mit कर् *zum Geist* u. s. w. *erheben.*

चेतु m. *Aufmerksamkeit, Fürsorge* ṚV. 9,81,3. Es ist aber wohl सुचेतुना zu lesen.

चेतुया f. N. pr. einer Oertlichkeit.

*चेतोभव und चेतोभू (BÂLAR. 143,11. VIKRAMÂṄKAḰ. 11,94) m. *Geschlechtsliebe, der Liebesgott.*

चेतोमन्त् Adj. *mit Bewustsein begabt, lebend.*

चेतोमुख Adj. *dessen Mund Einsicht ist.*

चेतोविकार m. *Geistesstörung.*

चेतोविकारिन् Adj. *an Geistesstörung leidend.*

चेत्तर् und चेत्तर् Nom. ag. *Aufmerker, Wächter* TS. 1,4,25,1.

(चेत्य) चेतिअ Adj. *wahrnehmbar, bemerklich.*

(चेत्या) चेतिआ f. vielleicht *Rache, Strafe.*

चेद् Conj. (nie am Anfange eines Satzes oder Halbverses, es sei denn in ganz späten Erzeugnissen; so z. B. GAṆIT. SPASHṬ. 64. TRIPR. 6, 92.) 1) = च *und.* चेद् — च *sowohl — als auch.* — 2) mit vorangehendem अपि *auch, sogar.* — 3) *wann.* — 4) *wenn.* Mit Praes., Potent., Perf., Aor., Fut., Condit. oder mit Ergänzung eines Hülfsverbum (sehr häufig bildet इति चेद् einen Satz für sich). अथ चेद् *wenn aber.* Geht der correlative Satz voran, dann wird er durch keine besondere Partikel bemerklich gemacht; folgt er, so findet dasselbe Statt, oder er wird durch तद्, ततस्, तदा, तर्हि oder अथ eingeleitet. Die Negation न steht entweder unmittelbar vor चेद्द oder vor dem Verbum finitum, welches dem चेद्द vorangehen oder folgen kann. Im letztern Falle ist es von चेद्द durch ein oder mehrere Wörter ausser न getrennt. Wenn न unmittelbar auf चेद्द folgt, eröffnet es den Nachsatz (in der Bed. *wenn nicht* nur in ganz schlechtem Sanskrit). नो चेद्द = न चेद्द. Beide Verbindungen bilden häufig einen Satz für sich (*wenn es sich nicht so verhält* oder *verhielte, sonst, im entgegengesetzten Falle* MBH. 12,7,21. 29,145); ausserdem bedeuten sie *a)* mit Potent. *ach wenn doch nicht.* — *b)* mit Potent. oder Praes. und mit Imper. im Nachsatz *wenn nicht — soll*, so v. a. *damit nicht.* — 5) statt des einfachen चेद्द *wenn*, findet man auch यदि चेद्द (auch durch das Verbum fin. getrennt) MBH. 1,104,37. HARIV. 11895. R. 2,8,34. 48,19. J. A. S. Beng. 48,43.

*चेदार m. *Eidechse.* Richtig वेदार.

चेदि m. N. pr. 1) Pl. eines Volkes. — 2) des angeblichen Stammvaters von 1).

चेदिक m. Pl. N. pr. eines Volkes.

चेदिप m. 1) *ein Fürst der Ḱedi.* — 2) N. pr. eines Sohnes des Vasu Uparikara.

चेन्नुभट्ट m. N. pr. v. l. für चिन्नभट्ट.

चेय Adj. 1) *zu schichten.* — 2) *einzusammeln.*

चेर N. pr. eines Reiches.

चेरक m. LALIT. 492,15 vielleicht fehlerhaft für चारक, wie FOUCAUX gelesen hat. Das entsprechende tibetische Wort soll CSOMA durch मीमांसक erklären.

चेरपाद m. Pl. wohl N. pr. eines Volkes AIT. ÂR. 136,11. Vgl. ईरपाद.

चैरु Adj. *ein heiliges Werk begehend.*

*चेल्, चेलति (चलने).

चेल 1) n. (adj. Comp. f. आ) *a) Kleid, Gewand* GAUT. — *b)* *am Ende eines Comp. *das blosse Kleid von*, so v. a. *ein Taugenichts von.* भार्याचेलम्, पितृचेलम् MAHÂBH. 6,82,*b*. Nach den Lexicographen und GAṆAR. 114 Adj. (f. ई). — 2) *m. = चेट *Diener, Sclave* NILAK. zu MBH. 2,70,7.

चैलक 1) m. *a)* **Bock* NIGH. PR.; vgl. छेलक. — *b)* N. pr. eines Mannes. — 2) f. चेलिका *eine best. Frauenkleidung.* — 3) am Ende eines Comp. wohl n. *ein Taugenichts von.*

चेलकपिठन् Adj. HARIV. 6046 fehlerhaft für श्वेतकपिठन्.

*चेलक्नोपम् Absol. *so dass* (der Regen) *die Kleider durchnässt* P. 3,4,33.

चेलगङ्गा f. N. pr. eines Flusses.

चेलचीरा f. *ein Fetzen von einem Gewande.*

चेलनिर्णेजक m. *Wäscher.*

चेलरुचिका f. wohl *Trauerzeichen, — binde* HARSHAK. 117,13.

*चेलान m. *eine Gurkenart.*

*चेलाल m. *Cucumis sativus.*

चेलाशक m. *Kleidermotte.*

*चेलिचीम und *चेलीम m. = चिलिचिम.

*चेलुक m. *ein buddh. Noviz.*

*चेल्ल्, चेल्लति v. l. für चेल्.

*चेवी f. *eine best.* Râgiṇî.

चेष्ट्, चेष्टति, °ते 1) *die Glieder bewegen, zappeln.* — 2) *in Bewegung sein, sich rühren, geschäftig sein, sich Mühe geben.* — 3) *sich abgeben mit, betreiben, treiben, thun, handeln; sorgen für* ḰARAKA 3,1. — 4) *zurichten.* — 5) *besuchen.* — Caus. चेष्टयति, °ते *beweglich machen, in Bewegung setzen, treiben.* — Mit अति *sich zu sehr anstrengen.* — Mit आ *thun, vollbringen.* — Caus. *in Bewegung setzen.* — Mit समा in °चेष्टित. — Mit परि 1) *sich herumwälzen.* — 2) *sich umhertreiben* VENIS. 180, v. l. — Mit वि 1) *die Glieder hinundher bewegen, sich rühren, — krümmen, — sträuben.* — 2) *sich abplacken, sich abmühen.* — 3) *sich rühren, thätig sein, handeln, zu Werke gehen, sich benehmen, verfahren, — gegen* (Loc.). — 4) *bewirken.* — Caus. *in Bewegung setzen, zur Thätigkeit antreiben.* — Mit प्रवि *sich umhertreiben* VENIS. 180. — Mit सम् 1) *unruhig werden.* — 2) *zu Werke gehen, verfahren.* — Bisweilen werden चेष्ट् und वेष्ट् mit einander verwechselt.

चेष्ट 1) *m. *ein best. Fisch.* — 2) f. आ (adj. Comp. f. आ 118,4) *a) Bewegung* (eines Gliedes, des Körpers) Spr. 7614. *Gebärde.* — *b) thätiges Verhalten, Thätigkeit, Anstrengung.* — *c) das Vollbringen, Thun.* — *d) das Thun und Treiben, Benehmen, Art und Weise zu sein.* — 3) n. *a) Bewegung, Gebärde.* — *b) das Thun und Treiben.*

चेष्टक m. 1) **ein best. Fisch.* — 2) *quidam coeundi modus.*

चेष्टन n. 1) *Bewegung.* — 2) *das Vollbringen, Thun.*

चेष्टयितर् Nom. ag. *der in Bewegung setzt.*

चेष्टाकृत Adj. *durch Gebärden bewirkt, pantomimisch* S. S. S. 246.

चेष्टानाश m. *das Aufhören aller Bewegung, Untergang der Welt.*

चेष्टावत् Adj. *beweglich.*

चेष्टित 1) Adj. Partic. von चेष्ट्. — 2) n. (adj. Comp. f. आ BHAR. NÂṬJAS. 34,118) *a) Bewegung* (eines Gliedes, Körpers), *Gebärde.* — *b) das Thun und Treiben, Benehmen, Art und Weise zu sein.*

चेष्टितव्य n. impers. *zu handeln, zu Werke zu gehen.*

*चैकित Adj. von चैकित्य.

*चैकितान m. Patron. von चिकितान (!).

चैकितानेय m. Patron. von चेकितान.

चैकितायन m. desgl.

*चैकित्य m. Patron. von चिकित.

*चैकित्सित Adj. von चैकित्सित्य.

*चैकित्सित्य m. Patron. von चिकित्सित.

*चैकीर्षित Adj. = चिकीर्षत्.

चैत्त m. Patron. Auch Pl.

*चैटयत m. Patron. °विध Adj. *von den* Ḱaiṭajata *bewohnt.*

*चैटयतायनि m. Patron. von चैटयत.

*चैटयत्या f. zu चैटयत.

चैतन्य 1) n. *Bewustsein* ÇAṂK. zu BÂDAR. 2,1,4. *der Intellect, Geist, Seele.* — 2) m. N. pr. eines 1484 n. Chr. geborenen Propheten.

चैतन्यचन्द्रिका f. Titel eines Commentars zum BHÂG. P.

चैतन्यचन्द्रोदय m. Titel eines Schauspiels.

चैतन्यचरणामृत, °चरितामृत und °चरित्र n. Titel verschiedener Werke.

चैतन्यदेव m. N. pr. eines Mannes.

चैतन्यभैरवी f. *eine Form der* Durgâ.

चैतन्यमङ्गल n. Titel eines Werkes.

चैतन्यामृत n. Titel einer Grammatik.

*चैतसिक Adj. *den Geist —, das Herz betreffend.*

*चैतिक m. Pl. N. pr. einer buddh. Schule.

चैत्त Adj. *zum Bereich des Denkens gehörend, was gedacht wird* 269,16. *geistig, geistiger Art* (buddh.) ÇAṂK. zu BÂDAR. 2,2,18.

चैत्तिक Adj. dass.

1. चैत्य m. *die individuelle Seele.*

2. चैत्य 1) *auf den Scheiterhaufen —, auf das Grab Bezug habend.* — 2) m. n. *Grabmal, Todtenmal; Tempel, Heiligthum; ein als Todtenmal dienender Feigenbaum* u. s. w., *ein an geheiligter Stätte stehender Feigenbaum* u. s. w. चैत्यार्थम् so v. a. *als Object der Verehrung, als Reliquie* LALIT. 336,16. 337,7. — 3) m. N. pr. eines Berges.

चैत्यक m. N. pr. eines Berges.

चैत्यतरु m. *ein an geheiligter Stätte stehender Feigenbaum* u. s. w.

*चैत्यद्रु m. *Ficus religiosa.*

चैत्यद्रुम m. = चैत्यतरु.

चैत्यपाल m. *Wächter eines Heiligthums.*

*चैत्यमुख m. *Wassertopf der Einsiedler.*

चैत्ययज्ञ m. *ein einem Denkmal dargebrachtes Opfer.*

चैत्यवृत्त m. 1) = चैत्यतरु. — 2) * *Ficus religiosa.*

*चैत्यशैल m. Pl. N. pr. einer buddh. Schule.

चैत्यस्थान n. *ein durch ein Grabmal* oder *einen Tempel geheiligter Platz.*

चैत्र 1) m. *a) der zweite Frühlingsmonat.* — *b) das sechste Jahr beim Umlauf Jupiters.* — *c) * ein buddhistischer Bettler.* — *d)* ein gangbarer Mannesname, der wie *Cajus* zur Bezeichnung einer unbestimmten Person gebraucht wird. — *e)* Metron. eines Sohnes des Budha und eines Jaǵnasena. — *f)* N. pr. α) zweier Rshi VP. 3,1,12. 18. — β) *eines Gebirges. — 2) f. ई (mit oder ohne पौर्णमासी) *der Vollmondstag im Monat* Ḱaitra und *das an demselben übliche Opfer.* — 3) *n. *a) Grabmal.* — *b) Tempel.* — 4) Adj. MBh. 7,76 fehlerhaft für चित्र oder त्रैत्र.

*चैत्रक m. 1) *der zweite Frühlingsmonat.* — 2) Pl. N. pr. eines Kriegerstammes.

चैत्रकूटी f. Titel eines gramm. Commentars.

चैत्रभावन Adj. *vom Feuer kommend,* Agni *gehörig* Bâlab. 188,15. 238,3.

चैत्ररथ 1) Adj. *vom* Gandharva Ḱitraratha *handelnd.* — 2) m. *a)* Patron. von Ḱitraratha. — *b) ein best.* Dvjaha. — *c)* Daçak. 3,1 (ed. Wils.) fehlerhaft für त्रैत्ररथ. — 3) f. ई Patron. von Ḱitraratha. — 4) n. (mit und ohne वन) *der vom* Gandharva Kitraratha *für* Kubera *angelegte Wald.*

चैत्ररथि m. Patron. von चित्ररथ. Auch Pl.

चैत्ररथ्य n. = चैत्ररथ 4).

चैत्रवती f. N. pr. eines Flusses. Richtig वेत्रवती.

चैत्रवाहनी f. Patron. der Ḱitrâñgadâ. °वाहिनी fehlerhaft.

*चैत्रसख m. *der Liebesgott.*

चैत्रसेनि m. Patron. von चित्रसेन MBh. 7,25,27.

चैत्रायण 1) m. Patron. von चित्र. Auch Pl. — 2) *N. pr. einer Oertlichkeit.

*चैत्रावली f. *der Vollmondstag im Monat* Ḱaitra.

*चैत्रि, *°क und *चैत्रिन् m. *der Monat* Ḱaitra.

चैत्रियायण m. Patron. Jaǵnasena's.

चैत्र्य m. wohl Metron. von चित्रा.

*चैदिक Adj. (f. आ und ई) von चेदि.

चैद्य, चैदि॑ये 1) m. *a)* Patron. von चेदि. Pl. VP. 4,12,15. — *b) ein Fürst der* Ḱedi. — *c)* *Pl. *das Volk der* Ḱedi. — 2) f. आ *eine Fürstin der* Ḱedi.

*चैत्तित m. Metron. von चित्तिता.

*चैन्यभट्ट m. N. pr. = चिन्नभट्ट.

चैल 1) m. *a) Kleidermotte.* — *b)* N. pr. eines Mannes. — 2) n. (adj. Comp. f. आ) *a)* = चेल *Kleid, Gewand.* — *b) Lappen* Ḱaraka 4,5.

चैलक m. *ein buddh. Bettler.*

चैलकि m. Patron. von चेलक.

चैलधाव m. *Wäscher.*

चैलाशक m. *ein best. Gespenst.*

चैलिक wohl *Lappen, Tuch* Suçr. 2,351,12 (v. l. स्वेदञ्चोक्षो°).

चैलेय Adj. *aus Zeug gemacht.*

चोक n. *die Wurzel von Cleome felina* Bhâvapr. 1,175.

चोकुटि m. N. pr. eines Mannes.

चोक्कनाथ m. N. pr. eines Autors Hall in der Einl. zu Daçar. 30.

चोक्ष Adj. (f. आ) 1) *reinlich* (von Personen). — 2) * *gewandt.* — 3) * *schön, reizend.* — 4) * *gesungen.* — 5) * = अभीक्ष्ण oder तीक्ष्ण.

चोच n. 1) *die Rinde von Cinnamomum albiflorum* oder *eine andre Zimmetrinde.* — 2) * *Rinde* überh. — 3) * *Haut, Fell.* — 4) *Kokosnuss* Varâh. Bṛh. S. 41,4. — 5) * *die Frucht der Fächerpalme.* — 6) * *Banane.* — 7) * *der nicht essbare Theil einer Frucht.*

चोचक m. 1) = चोच 1). — 2) * = चोच 2).

*चोटिका und *चोटी f. *Unterrock.*

चोड 1) m. *a) Wulst* (an Ziegeln). — *b) Wamms.* — *c)* *Pl. N. pr. eines Volkes. — 2) *f. आ *eine best. Pflanze.*

चोडकर्ण m. N. pr. eines Mannes.

1. चो॑द m. *ein Werkzeug zum Antreiben der Rosse, Stachel* oder *Peitsche.*

2. चोद॑ Adj. *anfeuernd, begeisternd, fördernd.*

चोदक 1) Adj. *antreibend, anfeuernd.* — 2) m. *a) Anweisung* Njâjam. 10,1,1. 2,6. *Aufforderung.* — *b) doppelte Aufführung eines Wortes* (vor und nach इति).

चो॑दन 1) Adj. *antreibend.* — 2) f. आ und n. *das Treiben, Auffordern, Aufforderung, Anweisung, Forderung, Vorschrift* Çaṁk. zu Bâdar. 3,3,1. — 3) *f. ई *eine best. Pflanze.*

*चोदनागुड m. *Spielball.*

चोद॑प्रवृद्ध Adj. *durch den begeisternden* (Trank) *erhoben.*

चोदय॑न्मति Adj. *die Andacht belebend, — fördernd.*

चोदयितर् Nom. ag. *Treiber, Antreiber, Begeisterer, Förderer.* f. °त्री॑.

चोदयितव्य Adj. *zu rügen, zu kritisiren* Çaṁk. zu Bâdar. 2,2,10.

चोदस् n. in अचोदस्.

चोदितत्व n. *das Gefordertsein* Ǵaim. 6,1,9.

चोदि॑तर् Nom. ag. = चोदयितर्.

चो॑दिष्ठ Adj. *aufs Stärkste anfeuernd.*

चोद्य 1) Adj. *a) anzutreiben, aufzufordern zu* (Loc.). — *b) zu rügen* Sarvad. 142,9. — *c) in Frage zu stellen.* Mit न so v. a. *sich von selbst verstehend.* — 2) n. *a) Erwägung, geistige Betrachtung* MBh. 5,43,34. — *b)* * *eine Einwendung gegen eine aufgestellte Behauptung.* — *c)* * *Frage.* — *d)* * *Staunen, Verwunderung.*

°चोपक Adj. in *गले°.

*चोपड m. *Rahm* Râǵan. 15,3.

*चोपन Adj. *sich bewegend, — rührend.*

चौर॑ 1) m. *a) Dieb* Taitt. Âr. 10,64. — *b) ein literärischer Dieb, Plagiarius* Spr. 7650. — *c)* * *eine best. Pflanze.* — *d)* * *ein best. Parfum* Râǵan. 12,144. — *e)* N. pr. eines Dichters Prasannar. 8, 2. — 2) *f. आ *Chrysopogon aciculatus.* — 3) *f. ई *a) Diebin.* — *b) Diebstahl* Gal.

चोरक 1) m. *a) Dieb.* — *b)* * *Trigonella corniculata.* — *c) ein best. Parfum* Râǵan. 12,144. — 2) *f. °रिका *Diebstahl.*

*चोरकबन्धम् Absol. Kâç. zu P. 3,4,41.

*चोरपुष्पिका und *°पुष्पी f. *Chrysopogon aciculatus.*

चोरयितव्य Adj. *zu stehlen, was man zu stehlen gedenkt* Benf. Chr. 199,8.

*चोरस्नायु m. *Leea hirta.*

चोराय *einen Dieb vorstellen.* °यित *e. D. spielend.*

चोरितक n. *die gestohlene Sache.*

चोल 1) m. (*f. ई) *Jacke, Wamms.* Am Ende eines adj. Comp. f. आ. — 2) m. *a)* N. pr. α) Pl. eines Volkes. — β) des Urahns dieses Volkes. — *b) ein Fürst der* Ḱola. — 3) f. ई *eine Frau vom Volke* Ḱola Vikramâñkaḱ. 5,89. — 4) *n. *Kleid, Gewand.*

चोलक 1) m. *a)* * = चोल 1). — *b)* = चोल 2) *a)* α). — 2) *n. *Rinde.*

*चोलकिन् m. 1) *ein geharnischter Mann.* — 2) *Rohrschössling.* — 3) *Orangenbaum.* — 4) *Handgelenk.*

चोलमण्डल n. *die Koromandel-Küste* VP.[2] 2,178.

*चोलाण्डुक m. *Turban.*

चोवीसीस्वयंभू Titel eines Werkes Bühler, Rep. No. 583.

चोष 1) Adj. (f. आ) am Ende eines Comp. *saugend* Hemâdri 1,448,18. 449,1. — 2) m. *Brennen, Hitze, Trockenheit* (als krankhaftes Gefühl).

चोषण n. *das Saugen* Çaṁk. zu Bâdar. 2,2,3.

चोष्य Adj. *woran man saugt, was ausgesogen wird* MBh. 12,191,16. Bhâvapr. 1,43.

*चोस्क m. *ein Pferd aus dem Indusgebiete.*

*चोक्ष्य n. *Säure.*

चोक्त und चोक्ष्य Adj. *rein, reinlich.* चोक्ष्ये MBh. 12,2855 fehlerhaft für चोभे.

चोड़ n. *die Ceremonie des Haarabschneidens.*

चोडदेश m. N. pr. eines *Landes.*

*चौडार्य Adj. von चूडार.

*चौडि m. Metron. von चूडा.

*चौडिक्य n. Nom. abstr. von चूडिक.

*चौडितिक्य n. Nom. abstr. von चूडितिक gaṇa पुरोहितादि in der Kâç.

चोण m. Pl. N. pr. eines Volkes.

चोण्ड्य und *चोण्ड (Râǵan. 14,56) Adj. *von einer ungefassten Quelle kommend.*

चोण्ड्याचार्य m. N. pr. eines Mannes.

चोण्डराज m. N. pr. eines Mannes A. B. J. 9,270.

चोण्ड्य Adj. = चोण्ड्य Bhâvapr. 2,14. 36. Ḱakr. zu Suçr.

चौदायनि (Conj.) m. Patron.

चोद्रायण m. N. pr. eines Fürsten von Daçapura Hem. Par. 13,1.

*चोपयत m. Patron. °विध Adj. *von den* Ḱaupajata *bewohnt.*

*चोपयतायनि m. Patron. von चोपयत.

*चोपयत्या f. zu चोपयत.

*चोपायन m. Patron. von चुप.

चोर 1) m. *a) Dieb, Räuber.* In Comp. mit dem gestohlenen Gute. *चोरस्यकुलम् (ein Wort) *Diebesbande.* °तर m. *ein grosser Dieb* Naish. 8,59. — *b) Usurpator, Jmd der sich unrechtmässiger Weise eine Stellung* oder *einen Titel aneignet.* Geht im Comp. voran (चोरसिंह). — *c) Chrysopogon aciculatus.* — *d)* **ein best. Parfum,* = चोरक Madanav. 44,55. — *e)* N. pr. eines Dichters. — 2) f. ई *a) Diebin.* — *b)* **Dieberei, Diebstahl.*

चोरक 1) *m. *ein best. Parfum,* = चोरक Madanav. 44,55. — 2) f. °रिका *a) Diebin* in तैल°. — *b) Dieberei, Diebstahl, Entwendung.* Instr. mit Gen. so v. a. *hinter dem Rücken von.*

चोरकर्मन् n. *Diebesgeschäft, Dieberei.*

*चोरंकारम् Absol. mit आ-क्रुश् *Jmd „Dieb“ schimpfen* P. 3,4,25 Sch.

चोरङ्गिन् m. N. pr. eines Lehrers.

*चोरघण्टबद्धक m. *ein berüchtigter Dieb.*

चोरपञ्चाशिका f. fehlerhaft für चौरीसुरतप° Ind. St. 14,406.

*चोरपुष्पौषधि f. *Chrysopogon aciculatus.*

चोरभवानी f. N. pr. eines Tîrtha.

चोरांशा f. *ein best. Metrum.*

चोराङ्गिन् m. = चोरङ्गिन्.

चोराटवी f. *ein von Räubern besetzter Wald* 132,28.

चोरादिक Adj. *zu der mit* चुर् *beginnenden (d. i. zur 10ten) Klasse gehörig* (Wurzel).

चोरिका f. s. u. चोरक.

चोरिकाक m. *eine Art Krähe.* चिरिकाक v. l.

1. चोरी f. s. चोर 2).

2. चोरी Adv. mit भू *Dieben zur Beute werden.*

चोरीसुरत n. = चौर्यरत. °पञ्चाशिका f. Titel eines Gedichts Bühler, Rep. No. 127. Ind. St. 14,406.

चोरोद्धरण n. *Vorkehrungen zur Ausrottung von Dieben* J. A. S. Beng. 47,406,42.

चोरोद्धरणिक m. = चोरोद्धर्तर् ebend. 405,33.

चोरोद्धर्तर् Nom. ag. *Vernichter von Dieben,* so v. a. *Diebswächter* Jâǵn. 2,271.

चोरोल *ein best. Metrum.*

चौर्य n. *Dieberei, Diebstahl.* शुल्क° *Defraudation.*

चौर्यक n. dass.

चौर्यरत n. *ein erstohlener Liebesgenuss.*

चौर्यवृत्ति Adj. *vom Diebeshandwerk lebend* Daçak. (1925) 2,71,6.

चोल n. *die Ceremonie des Haarabschneidens.* Auch °कर्मन्.

चोलश्रीपतितीर्थ n. N. pr. eines Tîrtha.

चोलि m. = चोडि.

*चौलुक Adj. von चौलुक्य.

*चौलुक्य m. Patron. von चुलुक.

चौक्ताण und °क्तान m. N. pr. eines Geschlechts.

*चोक्तार m. *eine Art Dill* Madanav. 36,381.

चोक्तित्थ m. N. pr. eines Mannes.

च्यव Adj. *erschütternd* in भुवन°.

च्यवन 1) Adj. *a) (in Bewegung befindlich) erschüttert.* — *b) bewegend, erschütternd.* — *c)* in Verbindung mit मन्त्राः *Sprüche, welche die Geburt befördern.* — 2) m. *a) ein best. Krankheitsdämon.* — *b)* N. pr. verschiedener Männer. Nom. abstr. °त्व n. — 3) n. *a) Bewegung.* — *b) das Kommen um* (im Comp. vorangehend). — *c) das Herabfallen aus dem Himmel um als Mensch geboren zu werden* Hem. Par. — *d)* **das Sterben.*

च्यवनप्राश m. *ein best. Elixir.* Vgl. 2. च्यावन 1).

च्यवस् in तृषु°.

च्यवान 1) Partic. Adj. *regsam, rührig.* — 2) m. N. pr. eines Rshi.

च्याव in दुश्च्याव.

1. च्यावन 1) Adj. *zu Fall bringend.* — 2) n. *das Verjagen —, Vertreiben von.*

2. च्यावन 1) Adj. *zu* Ḱjavana *in Beziehung stehend.* प्राश m. *ein best. Elixir* Ḱaraka 6,1. 31. Vgl. च्यवनप्राश. — 2) m. Patron. von च्यवन. — 3) n. Name verschiedener Sâman Ârsh. Br.

*च्यावयितर् Nom. ag. *der in Bewegung setzt.*

1. च्यु, च्यवते (episch auch Act.) 1) *schwanken, sich bewegen.* — 2) *sich regen, — rühren, — von der Stelle bewegen, fortgehen, sich entfernen von* (Abl.). लक्ष्यात् oder लक्ष्यतस् so v. a. *das Ziel verfehlen* (von einem Pfeile). — 3) *entfliegen, entfahren* (dem Bogen, der Hand von Waffen); mit Abl. च्युत *entflogen,* mit Abl. oder am Ende eines Comp. — 4) *herauskommen, hinausgehen, herausfliessen, — träufeln, entströmen* (dem Munde von Reden); mit Abl. — 5) *herabfallen, fallen, — von* (Abl.), — *auf* (Loc.). पोतच्युत *über Bord gefallen.* च्युत in der Astrol. *in den* ἀποκλίματα *stehend.* — 6) *vom Himmel herabfallen um als Mensch geboren zu werden* Hem. Par. — 7) *sich entfernen von,* so v. a. *untreu werden, Etwas aufgeben;* mit Abl. MBh. 15,16,22. — 8) *sich entfernen von,* so v. a. *kommen um, verlustig gehen.* च्युत mit Abl. oder am Ende eines Comp. *gekommen um, ermangelnd, frei —, verlassen von.* — 9) *fortgehen,* so v. a. *vergehen, zu Nichte —, zu Schanden werden, schwinden.* — 10) *zu Fall kommen* (in übertr. Bed.), *zu niederen Geburten herabsinken, moralisch sinken; abnehmen an* (Instr.). — 11) *in's Werk setzen, moliri, schaffen, machen.* — 12) *entfallen —, vergessen lassen.* — 13) च्युत *dividirt* Bîǵag. 75. fg. — Caus. च्यावयति und च्यवयति (ausnahmsweise) 1) *in Schwanken versezzen, bewegen, schütteln, aufregen.* Med. *sich bewegen, erschüttert werden.* — 2) *lockern.* — 3) *von der Stelle bewegen, wegschaffen, vertreiben von* (Abl.). — 4) *heraus —, herabfallen machen von* (Abl.). — 5) *Jmd um Etwas bringen,* mit doppeltem Acc. — *Desid. vom Caus. चिच्यावयिषति und चु°. — Mit अप *sich entfernen.* — Caus. *vertreiben.* — Mit आ Caus. Act. (selten Med.) 1) *durch Anstossen* u. s. w. *überfliessen machen, ausgiessen.* — 2) *herbeiziehen, — schaffen, — locken.* — Mit उद् Caus. *herausziehen, — holen.* — Mit उप in उपच्यव. — Mit निस् in निश्च्यवन. — Mit परि 1) *sich ablösen, entfliegen, — fallen;* mit Abl. 305,1. — 2) *herabkommen, — steigen von.* — 3) *vom Himmel herabfallen um als Mensch geboren zu werden* Hem. Par. — 4) *sich entfernen von,* so v. a. *untreu werden;* mit Abl. — 5) *kommen um, verlustig gehen;* mit Abl. Gaut. 9,74. — 6) *sich befreien von* (Abl.). — 7) *zu Fall kommen, in's Elend gerathen.* — 8) *umströmen, übergiessen.* — Mit प्र

1) *sich fortbewegen, von der Stelle kommen, sich fortbegeben, — entfernen von* (Abl.). — 2) *hervorkommen, — strömen aus* (Abl.). — 3) *herabfallen, entfallen;* mit Abl. 326,2. — 4) *vom Himmel herabfallen um als Mensch geboren zu werden* Hem. Par. — 5) *straucheln.* — 6) *sich entfernen von,* so v. a. *untreu werden;* mit Abl. प्रच्युत auch mit der Ergänzung componirt 131,28. — 7) *verdrängt werden von, kommen um, verlustig gehen;* mit Abl. — 8) *verloren gehen.* — 9) *in Bewegung setzen, treiben.* — 10) प्रच्युत *subtrahirt* Bhâg. 19. — Caus. 1) *bewegen, erschüttern.* — 2) *von der Stelle bewegen, wegschaffen, vertreiben.* — 3) *herabfallen —, ausfallen machen.* — 4) *abbringen von* (Abl.). — 5) *zu Fall bringen* (in übertragener Bed.). — Mit अतिप्र *vorübergehen an* (Acc.). — Caus. *vorübergehen lassen an* (Acc.). — Mit अनुप्र *sich nach Jmd in Bewegung setzen, nachfolgen;* mit Acc. — Mit अभिप्र *sich bewegen gegen, gelangen zu* (Acc.). — Mit संप्र Caus. *von verschiedenen Seiten her in Bewegung setzen, zusammenbringen.* — Mit प्रति in °च्यवीयंस्. — Mit वि 1) *auseinandergehen, — fallen.* — 2) *sich entfernen.* विच्युत *sich entfernt habend von* (Abl.) Utpala zu Varâh. Brh. 7,1. — 3) *abgehen von, untreu werden;* mit Abl. — 4) *verloren gehen.* — 5) *fehlschlagen, missrathen.* — 6) *los —, freimachen.* — Caus. *zerstören.* — Mit सम् Caus. *abfallen machen, abschiessen von* (Abl.).

2.*च्यु, च्यावयति (हसने, सहने).

1.°च्युत् Adj. 1) *sich bewegend.* — 2) *erschütternd, fällend, tilgend.*

2. च्युत्, च्योतति 1) *träufeln.* — 2) *hinabfallen.* — 3) *träufeln —, ausströmen lassen.* — Caus. च्योतयति *auslaugen* Karaka 6,24.

3. °च्युत् Adj. *träufeln —, fliessen lassend.*

1. च्युत Partic. von 1. च्यु.

2. °च्युत Adj. = 3. °च्युत्.

च्युतक in अन्तर° und मात्रा°.

च्युतदत्ताक्षर Adj. (f. आ) *wo eine Silbe ausgefallen oder (und) hinzugefügt worden ist.*

*च्युतपयक m. N. pr. eines Mannes.

च्युतसंस्कार und °संस्कृति (Kâvjapr. 7,2) Adj. *gegen die Grammatik verstossend.*

च्युताक्षर Adj. (f. आ) *wo eine Silbe ausgefallen ist.*

च्युति f. 1) *das Sichentfernen von* (im Comp. vorangehend). — 2) *das Hervorkommen, Herausfliessen, Träufeln* (in जघन° und स°). — 3) *das Fallen, Herabfallen* Gaut. *Gleiten.* गर्भस्य *abortus* Utpala zu Varâh. Brh. 4,9. — 4) *das vom Himmel Herabfallen um als Mensch geboren zu werden* Hem. Par. च्युत्याकार m. Lalit. 32,18. 34,10. — 5) *das Abgehen von, Untreuwerden* (die Ergänzung im Abl.). — 6) *das zu Nichte Werden, Verlust.* — 7) *das Sterben, Tod.* — 8) *Fall* in übertr. Bed. — 9) **die weibliche Scham.* — 10) **After.*

*च्युप m. *Mund.*

*च्युष् oder *च्युस्, च्योषयति oder च्योसयति (हसने, सहने, हनेि).

*च्यूत m. *After.*

*च्योत m. Nom. act. von 2. च्युत्.

च्यौत्नै 1) Adj. *anfeuernd, fördernd.* — 2) n. a) *Erschütterung.* — b) *Unternehmung, Bemühung, Veranstaltung, ein kühnes Werk.*

*छ 1) Adj. a) *rein.* — b) *zitternd, beweglich.* — 2) m. *das Abschneiden, Abschnitt.* — 3) *f. आ *das Verdecken.* — 4) n. *Zeichen, Abzeichen* Viçva.

*छग m. *Bock.*

छगण und °क m. (*n.) *trockener Kuhmist, Kuhfladen überh.* Pańkad.

छगलै 1) m. a) *Bock.* — b) N. pr. α) eines Muni. — β) *einer Oertlichkeit.* — 2) *f. आ und ई *Argyreia speciosa* oder *argentea.* — 3) *f. आ N. pr. einer Frau gaṇa बाह्वादि. — 4) f. ई *Ziege.* °पयस् n. Karaka 1,3. — 5) *n. *blauer Zeug.*

*छगलक m. *Bock.*

*छगलाङ्घ्री f. v. l. für छगलान्त्री 1).

छगलाण्ड 1) n. N. pr. eines Tîrtha. — 2) f. ई v. l. für छगलान्त्री 1).

*छगलान्त्रिका f. = छगलान्त्री Râgan. 3,105.

*छगलान्त्री f. 1) *Argyreia speciosa* oder *argentea.* — 2) *Wolf.*

*छगलिन् m. N. pr. eines Lehrers.

छच्छिका f. *Buttermilch* Bhâvapr. 2,47.

छज्जू m. N. pr. eines Mannes.

छटा f. 1) *eine zusammenhängende Masse, Klumpen, Menge.* धूलि° Prasannar. 146,8. — 2) *Lichtmasse, Glanz.* — 3) **eine Art Palme.* — 4) Titel eines Commentars zum Mugdhabodha.

छटाच्छोटा onomatop. Pańkad. Richtig wohl छटाच्छटा.

*छटाफल m. *Betelnussbaum.*

*छटाभा f. *Blitz.*

*छडी = छटा 3).

छडुलिका f. *ein best. Metrum.*

छत्त्र 1) *m. a) *Pilz.* — b) *Andropogon Schoenanthus* Râgan. 8,121. — c) *ein besonders gestalteter Bienenstock.* — 2) f. आ a) *eine best. in Kâçmira wachsende Pflanze.* — b) **Anethum Sowa.* — c) **Asteracantha longifolia.* — d) **Rubia Munjista* Râgan. 6,194. — e) **Pilz.* — 3) n. a) *Sonnenschirm* (unter den Insignien eines Fürsten), *Regenschirm.* Am Ende eines adj. Comp. f. आ. — b) *eine best. Constellation.* — c) **das Verhüllen der Schwächen des Lehrers* (wegen छात्त्र).

छत्त्रक 1) *m. a) *ein in Form eines Sonnenschirms gestalteter Çiva-Tempel.* — b) *ein so gestalteter Bienenstock.* — c) *Asteracantha longifolia.* — d) *Pilz.* — e) *Eisvogel.* — 2) f. छत्त्रिका a) *Sonnenschirmchen* Kâd. 2,12,16. *Sonnenschirm* Hemâdri 1,433,15. 558,12. — b) * *Pilz.* — c) **Kandiszucker* Nigh. Pr. — 3) n. *Sonnenschirm* Hemâdri 1,428,1.

*छत्त्रगुच्छ m. *Scirpus Kysoor* Râgan. 8,143.

छत्त्रगृह n. *das zur Aufbewahrung der fürstlichen Sonnenschirme dienende Gemach.*

छत्त्रग्राहिणी f. *Sonnenschirmträgerin* Kâd. 164,10. 169,21.

छत्त्रचक्र n. *ein best. astrologisches Diagramm.*

*छत्त्रधान्य n. *Koriander* Râgan. 6,36.

छत्त्रधार m. *Sonnenschirmträger.* Nom. abstr. °त्व n.

छत्त्रधारण n. *das Tragen —, Gebrauchen eines Sonnenschirms.*

छत्त्रधारिन् m. 1) Adj. *einen Sonnenschirm tragend* Mrkkh. 82,18. — 2) N. pr. eines Mannes.

छत्त्रपति m. *ein Beamter, dem die fürstlichen Sonnenschirme anvertraut sind,* Ind. St. 15,398.

*छत्त्रपत्त्र m. 1) *Hibiscus mutabilis.* — 2) *Betula Bhojpatra* Nigh. Pr.

*छत्त्रपर्ण m. *Alstonia scholaris* Râgan. 12,35.

छत्त्रपुष्पक m. *ein best. Baum,* = तिलक.

*छत्त्रभङ्ग m. 1) *der Untergang eines Fürsten.* — 2) *Anarchie.* — 3) *Wittwenstand.*

छत्त्रमुखा f. N. pr. einer Nâga-Jungfrau Kârand. 4,8.

छत्त्रवत् 1) Adj. *mit einem Sonnenschirm versehen.* — 2) f. °वती N. pr. einer Stadt.

छत्त्रवृन्त m. *Pterospermum suberifolium.*

छत्त्रसाल m. N. pr. eines Mannes.

छत्त्रसिंह n. N. pr. eines Tîrtha.

छत्त्राक 1) *m. *eine der Acacia arabica ähnliche Pflanze* Râgan. 8,39. — 2) *f. ई *die Ichneumonpflanze.* — 3) n. *Pilz.*

*छत्त्रिक m. *Sonnenschirmträger.* — छत्त्रिका s. u. छत्त्रक.

छत्त्रिण (!) m. N. pr. eines Mannes.

छत्त्रिन् 1) *mit einem Sonnenschirm versehen;* insbes. von einem Fürsten. — 2) *m. *Barbier.*

छत्रिन्यायेन Instr. *in der Art, wie man einen Fürsten auch* छत्रिन् *nennt*, als Rechtfertigung der Häufung tautologischer Beiwörter.

छत्त्री Adv. mit कर् *zum Sonnenschirm machen, als S. gebrauchen* Kâd. 111,12.

*छत्त्रोपानह n. Sg. *Sonnenschirm und Schuhe.*

*छत्वर m. 1) *Haus.* — 2) *Laube.*

1. छद्, *छदति. Vom einfachen Stamme nur छन्न 1) *zugedeckt, um —, verhüllt, über —, bedeckt.* — 2) *beschattet, verdunkelt.* — 3) *verborgen, versteckt, unbemerkt, in fremder Gestalt umhergehend* °म् und छन्न° Adv. *im Verborgenen, insgeheim; in der Stille, leise.* — Caus. छादयति (episch auch Med.; छदयति einmal in Ait. Br. verdächtig), *छन्दयति 1) *zudecken, um —, verhüllen, überdecken.* — 2) *als Decke breiten.* — 3) *sich zudecken, — umhüllen.* — 4) *beschatten, verdunkeln.* — 5) *verbergen, verstecken, dem Auge entziehen, geheim halten.* — 6) *schützen* Pâr. Gṛhj. 3,9,6 = Kâṭh. Gṛhj. 47. — *Desid. vom Caus. चिच्छादयिषति. — Mit अनु in अनुच्छादँ. — Mit अप Caus. 1) *abdecken, abheben* Âpast. Çr. 1,17,9. — 2) *geheim halten* in अनपच्छादयमान. — Mit अभि Caus. *bedecken.* — Mit समभि, °च्छन्न *bedeckt mit* (Instr.). — Mit अव, °च्छन्न 1) *zugedeckt, überdeckt* 218,1. *bedeckt mit* (Instr.) Kâd. 11,3. — 2) *erfüllt von* (Zorn u. s. w.). — Caus. 1) *zudecken, überdecken* Lâṭj. 1,7,15. — 2) *verdecken, verhüllen* Kâd. 119,10. *verbergen, verheimlichen.* — 3) *verdunkeln, im Dunkeln lassen.* — Mit समव, °च्छन्न *verdeckt, verhüllt.* — Caus. *verdecken, verhüllen, überdecken.* — Mit आ, आच्छन्न 1) *bedeckt mit* Vaitân. 29,5. — 2) *bekleidet.* — Caus. 1) *be —, zudecken, verhüllen, überdecken.* — 2) *bekleiden.* — 3) *mit Kleidern beschenken.* — 4) Act. und Med. *ein Gewand* (Acc.) *umnehmen, sich bekleiden.* Med. auch ohne Object. — 5) *verbergen, verstecken* zu Spr. 2597. — Mit समा Caus. *bedecken, verhüllen.* — Mit उद्, उच्छन्न Suçr. 2,395,10. Mudrâr. 130,12 (193,9) fehlerhaft oder prâkritisch für उत्सन्न. — Caus. *entkleiden* oder *einreiben, einsalben* (also für उत्सादयति). — Mit अपोद् Caus. *aufdecken.* — Mit समुद्, समुच्छन्न = समुत्सन्न *zu Nichte geworden.* — Mit उप, °च्छन्न 1) *bedeckt,* — 2) *versteckt, verborgen, geheim gehalten.* — Mit *समुप in *°च्छाद. — Mit परि, °च्छन्न 1) *umhüllt, bedeckt, überdeckt.* — 2) *erfüllt von.* — 3) *verkleidet in, unkenntlich gemacht durch.* — Caus. *umhüllen, bedecken.* — Mit प्र, प्रच्छन्न 1) *bedeckt, zugedeckt, umhüllt, verhüllt.* °त्तल n. so v. a. *in einem Gefäss eingeschlossen.* — 2) *verborgen, versteckt, in fremder Gestalt umhergehend, unbemerkt, geheim.* °म् und प्रच्छन्न° Adv. — Caus. 1) *bedecken, zudecken, um —, verhüllen* Pâr. Gṛhj. 1,16,24. Med. *sich bedecken* 2,6,22. Çat. Br. 14,1,1,33. — 2) *Jmd den Weg verlegen, im Wege stehen;* mit Acc. — 3) *verbergen, verstecken, geheim halten.* — Mit विप्र, °च्छन्न *verborgen, geheim.* — Mit प्रति, °च्छन्न 1) *überdeckt, umkleidet, bekleidet, umgeben, verhüllt, überzogen* MBh. 8,81,3. — 2) *versteckt, verborgen, unerkannt.* — Caus. *überdecken, umkleiden.* — Mit वि Caus. *entkleiden.* Die Lesart ist zweifelhaft. — Mit सम्, संछन्न 1) *zugedeckt, überdeckt, umhüllt.* — 2) *versteckt, verborgen, unbekannt.* — Caus. 1) *zudecken, überdecken, umhüllen.* — 2) * ein Gewand *umlegen.*

2. छद् Adj. *verhüllend, versteckend.*

3. छद् (nur चच्छद्यात् und छदयति, °ते) und छन्द् (zweimal छन्दति, sonst nur Aor. und छन्दयति, °ते) 1) *scheinen, dünken, gelten für.* — 2) *gut scheinen, gefallen;* mit Dat. oder Acc. (einmal im MBh.). — 3) Med. *sich gefallen lassen, Gefallen finden an* (Acc. oder Loc.). — 4) * = अर्चतिकर्मन्. — 5) छन्दयति *a*) (*sich gefällig machen*) *Jmd* (Acc., ausnahmsweise Gen.) *Etwas* (Instr.) *anbieten.* Sehr häufig in Verbindung mit वरेण oder वरैस्. — *b*) *Jmd* (Acc.) *zu verführen suchen.* — Mit अव, (°च्छन्दति) *begehren, erstreben.* — Mit उप (°च्छन्दयति) 1) *Jmd* (Acc.) *Etwas* (Instr.) *anbieten.* — 2) *Jmd zureden, zu verführen suchen;* mit Acc. — Mit *वि (°च्छन्दयति) *die Achtung erwiedern.* — Mit सम् (संछन्दयति) *Jmd* (Acc.) *Etwas* (Instr.) *anbieten.*

4. °छद् Adj. 1) *erscheinend als.* — 2) *Gefallen findend an.*

5. *छद्, छदति (ऊर्जने).

छद 1) Adj. am Ende eines Comp. *verhüllend.* — 2) m. (adj. Comp. f. आ) *a*) *Decke, Bedeckung, Hülle.* — *b*) *Flügel.* — *c*) *Blatt.* — *d*) * *Xanthochymus pictorius* und * *eine andere Pflanze.* — 3) n. *Gefieder* Bâlar. 122,6.

छदन n. (adj. Comp. f. आ) 1) *Decke, Bedeckung.* — 2) *Flügel.* — 3) *Blatt.* — 4) * *das Blatt der Laurus Cassia* Râǵan. 6,175.

*छदपत्त्र m. *eine Art Birke.*

°छदि 1) Adj. *verhüllend* Bhâg. P. 7,14,13. — 2) *Decke, Dach.*

°छदिन् 1) Adj. *verhüllend.* — 2) *Blätter habend.*

छर्दिस् n. *Decke, Verdeck eines Wagens; Dach.*

छद्मगति f. *Beschleichung* Comm. zu Njâjam. 9,1,9.

छद्मट्कर Bhâg. P. 3,18,26 fehlerhaft für छम्बट्कर.

छद्मन् n. 1) *Dach.* — 2) *eine angenommene äussere Hülle, ein trügerisches Gewand, eine angenommene Gestalt, Maske, trügerischer Schein, Betrug, Hinterlist, Verstellung.* Am Ende eines Comp. *der trügerische Schein —, die Maske von* Kâraka 1,11 (छद्म° st. छन्द° zu lesen). 29. Am Anf. eines Comp. *dem blossen Scheine nach, auf eine hinterlistige Weise.* — 3) in der Dramatik *eine lügenhafte Nachricht.*

*छद्मवल्लभ m. *ein best. Parfum,* = चोरक Nigh. Pr.

छद्मवेषिन् Adj. *sich ein falsches Aussehen gebend.*

छद्मस्थ Adj. *nur so erscheinend, nicht vollbürtig, angehend.*

°छद्मस्थित Adj. *Etwas heuchelnd* Spr. 3251.

*छद्मिका f. *Cocculus cordifolius* Râǵan. 3,2.

°छद्मिन् Adj. *in der angenommenen Gestalt von — auftretend.*

*छद्वर m. 1) *Zahn.* — 2) *Laube.*

छनच्छनिति (onomatop. mit इति) Adv. *zischend* Spr. 2497.

1. *छन्द् s. 1. छद्.

2. छन्द् s. 3. छद्.

3. *छन्द्, छन्दति und छन्दयति (संदीपने).

छ॑न्द und छन्द॑ 1) Adj. *a*) *gefällig, anlockend, einladend.* — *b*) * = छन्न. — 2) m. *a*) *Erscheinung, Aussehen, Gestalt.* — *b*) *Lust, Gefallen an Etwas, Verlangen, Wille.* छन्देन, आत्मच्छन्देन, छन्देन स्वेन und छन्दतस् *nach eigenem Gutdünken, nach Belieben.* छन्देन, छन्दात् und छन्दतस् mit einem Gen. oder am Ende eines Comp. *nach dem Willen von.* — *c*) * *Gift.* — *d*) N. pr. eines Fürsten.

छन्दःकल्प m. = कल्प 2) *d*) Âpast.

छन्दःकल्पलता f. und छन्दःकौस्तुभ Titel von Werken.

छन्दःपुरुष m. *das personificirte Metrum* Ait. Âr. 346,8.11.

छन्दःप्रकाश m. Titel eines Werkes.

छन्दःप्रशस्ति f. = छन्दप्रशस्ति.

छन्दक 1) Adj. *einnehmend, gewinnend* in सर्वच्छन्दक. — 2) m. N. pr. des Wagenlenkers von Çâkjamuni.

छन्दकनिवर्तन n. N. pr. eines Kaitja Lalit. 277,16.

*छन्दकपातन m. *ein heuchelnder Frommer.*

छन्दगति f. *Erklärung des Veda.*

छन्दचारिन् Adj. *Jmd* (Gen.) *willfahrend.*

छन्दज Adj. *nach eigenem Belieben entstehend, sich selbst erzeugend.*

छन्दन Adj. *einnehmend, für sich gewinnend.*

*छन्दपातन m. = छन्दकपातन.

छन्दप्रशस्ति f. Titel eines Werkes.

छन्दमृत्यु Adj. *den Tod in seiner Gewalt habend.*

छन्दश्चित् Adj. *aus Liedern geschichtet* Çulbas. 2,81.

छन्दश्चूडामणि m. Titel eines Werkes.

छन्दःशास्त्र n. *Metrik* Vâmana 1,3,7. Insbes. die Piñgala's.

1. छन्दस् n. 1) *Dach* in बृहच्छन्दस्. — 2) **Betrug.*

2. छ॑न्दस् n. 1) *Lust, Verlangen, Wille.* — 2) *Zauberlied, heiliges Lied;* insbes. *ein Lied, welches nicht* Ṛk, Sâman *oder* Jagus *ist.* — 3) *heiliger Liedertext,* Veda-*Text.* Pl. Gaut. — 4) = छन्दोग्रन्थ Comm. zu Njâjam. 9,2,6. — 5) *Metrum, die Lehre vom Metrum, Metrik.*

छन्दसिका (छा°?) f. Bez. *des 4ten Theils der* Sâmasaṁhitâ Weber, Lit. 69.

छन्दस्क am Ende eines adj. Comp. (f. आ) *Metrum* Comm. zu Njâjam. 9,2,5. 8.

छन्दस्कृत Adj. *metrisch abgefasst.*

छन्दस्त्व n. Nom. abstr. zu 2. छन्दस् 2) oder 5) Khând. Up. 1,4,2.

छ॑न्दस्पक्ष Adj. (f. आ) *von Verlangen beflügelt.*

छन्दस्य (छन्दसिअ॑) 1) Adj. *in Liedform sich bewegend, dem Lied angemessen, das L. betreffend* u. s. w. — 2) f. आ॑ Bez. *bestimmter Backsteine.*

छ॑न्दस्वत् Adj. *verlangend.*

छन्दःसंख्या f. Titel eines Werkes.

छन्दःसंग्रह m. Titel einer *Metrik.*

छन्दःसुधाकर m. Titel eines Werkes.

छन्दःसूत्र n. Piñgala's Sûtra *über* Metra.

छन्दःस्तुत् und °स्तु॑भ् Adj. *in Liedern preisend.*

छन्दानुगामिन् Adj. *willfährig, gehorsam* Spr. 5382.

छन्दानुवर्तिन् Adj. 1) *seinem eigenen Willen folgend.* — 2) *folgsam, gehorsam;* mit Gen.

छन्दानुवृत्त n. *das Willfahren.*

छ॑न्दु Adj. *gefällig, lieblich.*

छन्दोग॑ m. *Sänger der* Sâman-*Lieder, ein Anhänger des* Sâmaveda.

छन्दोगपद्धति f., °गपरिशिष्ट n. und °गब्राह्मण n. Titel von Werken.

छन्दोगमाहकि m. N. pr. eines Mannes.

छन्दोगवृषोत्सर्गतत्त्व n., °गशाखा f., °गश्राद्धतत्त्वप्रमाण n., °गश्रुति f., °गसोपान n., °गाह्निकपद्धति f., छन्दोगोविन्द n., छन्दोग्रन्थ m. (*der 4te Theil der* Sâmasaṁhitâ Comm. zu Njâjam. 9,2, 6. und छन्दोदीपिका f. Titel von Werken.

छन्दोदेव 1) m. N. pr. eines Mannes. — 2) f. ई *die Göttin der Metra, d. i. die* Gâjatrî Hemâdri 1,799,16. 17.

छन्दोनाम॑ Adj. *was Metrum heisst* VS. 4,24. °नामन् dass. Mahîdh.

छन्दोऽनुवृत्त n. *das Willfahren.*

छन्दोऽनुशासनवृत्ति f. und छन्दोपह्नारावलि f. (Cat. Wilmot 176) Titel von Werken.

छन्दोबद्ध Adj. *metrisch abgefasst.*

छन्दोभाषा f. *die Sprache des* Veda TS. Prât.

छन्दोभाष्य n. Titel eines Werkes.

छन्दोम॑ m. Bez. *des 8ten, 9ten und 10ten Tages in der Zwölftagefeier* (vgl. jedoch Âçv. Çr. 8,7,18) *und der dabei gesungenen drei* Stoma (Tâṇḍja-Br. 10,1,19. 19,9,3).

छन्दोमञ्जरि und °री f. Titel einer *Metrik.*

छन्दोमत्रिककुद्, °मदशरात्र, °मदशाह (Vaitân.) und °मपवमानातिरात्र m. Bez. *best. Feier.*

छन्दोम॑य Adj. *aus heiligen Liedern bestehend, die h. L. enthaltend, — darstellend, liederartig.*

छन्दोमवत्पराक m. *ein best.* Trjaha Vaitân.

छन्दोमवत् Adj. *von einem* Khandoma *begleitet.*

छन्दोमान n. *eine Silbe als metrische Einheit.*

छन्दोमार्तण्ड m., छन्दोमाला f. und छन्दोरत्नाकर m. Titel von *Metriken.*

छन्दोहस्तोम m. *ein best.* Shaḍaha.

छन्दोरूप n. *eine Form des Metrums* Çâñkh. Br. 20,2 u. s. w.

छन्दोवती f. *eine best.* Çruti S. S. S. 23.

छन्दोविचिति f. *Sichtung der Metra, Metrik* Vâmana 1,3,7. Auch Titel einer best. Schrift (ein Vedâñga) Âpast.

छन्दोविवृति f. *Aufhellung der Metra.* Auch Titel von Piñgala's *Metrik.*

छन्दोवृत्त n. *Metrum.*

(छन्द्य) छ॑न्दिअ Adj. *wohlgefällig* ṚV. 8,90,5.

छन्न 1) Adj. s. u. 1. छद्. — 2) *f. आ *eine best. Pflanze* Gal. — 3) n. a) *Decke.* — b) *ein versteckter, verborgener Ort* Hariv. 8686.

*छम्, छमति (अदने).

छमच्छमिकारत्न n. Titel eines Werkes.

छमच्छमित n. *das Knistern, Prasseln.*

*छमण्ड m. *ein vaterloses Kind, ein alleinstehender Mensch.*

*छम्प्, छम्पयति (गत्याम्).

छम्पण m. N. pr. eines Mannes VP.^{2} 3,322.

छम्बंकारम् Absol. = छम्बट्कारम्.

छम्ब॑ट् Adv. mit कर् *es mit Etwas verfehlen, um Etwas kommen.*

छम्बट्कर Adj. (f. ई) *zu Grunde richtend* Bhâg. P. ed. Bomb. 3,18,26.

छम्बट्कार m. in अ॑°.

छम्बट्कारम् Absol. in अ॑°.

छर्द् 1) छृणत्ति॑ a) *begiessen.* — b) *ausbrechen, ausspeien.* Nur चच्छर्द. — c) *दीप्तिदेवनयोः. Auch Med. — 2) *छर्दति (संदीपने). — Caus. छर्दयति 1) Act. *überlaufen machen* Çat. Br. — 2) Act. Med. (älter) *ausspeien, sich erbrechen.* Act. *Etwas ausbrechen,* mit Acc. 101,23. — 3) Act. *ausspeien machen, vomiren lassen* Karaka 1,13. — 4) *संदीपने. — *Desid. चिच्छर्दिषति und चिच्छृत्सति. — *Desid. vom Caus. चिच्छर्दयिषति. — Mit आ (आच्छृणत्ति) *übergiessen, vollgiessen* Taitt. Âr. 4,3,3. — Mit प्र Caus. Act. *sich erbrechen, Etwas ausbrechen.* प्रच्छर्दित *ausgespien* Ârjav. 46,10.

*छर्द n. *Erbrechen.*

छर्दन 1) Adj. *Erbrechen bewirkend* Karaka 6,32. — 2) m. a) **Azadirachta indica* Râgan. 9,9. — b) *Vangueria spinosa* Bhâvapr. 1,173. — c) * = अलम्बुषा. — 3) n. *das Erbrechen, Ausbrechen* Gaut.

छर्दनीय und छर्दयितव्य Adj. *zum Vomiren zu bringen* Karaka 6,32.

*छर्दापनिका f. *eine Gurkenart* Râgan. 7,199.

छर्दि f. 1) *Uebelkeit, Erbrechen* Gaut. Chr. 217, 9. 220,14. — 2) *das Ausstossen* (des Athems).

*छर्दिका f. 1) *Erbrechen.* — 2) *Clitoria ternatea* Râgan. 3,87.

*छर्दिकारिपु m. *kleine Kardamomen.*

*छर्दिघ्न m. *Azadirachta indica.*

छर्दिष्पा॑ Adj. *die Heimat* oder *in der Heimat schützend.*

1. छर्दि॑स् n. *Schirm, Schutzwehr; sichrer Wohnort.*

2. छर्दिस् (*f.) n. *Erbrechen,* Pl. *Arten des Erbrechens* Karaka 1,19. 25. 6,20. 8,2.

*छर्द्यापनिका und *छर्द्यापनी f. *eine Gurkenart* Nigh. Pr.

*छर्प्, छर्पति und छर्पयति (संदीपने).

छल 1) m. (ausnahmsweise) und n. (adj. Comp. f. आ) a) *Betrug, List, Trug, Täuschung, Schein.* Am Anfange eines Comp. so v. a. छलेन *auf hinterlistige Weise.* Am Ende eines Comp. α) *ein an Jmd verübter Betrug.* — β) *Vorspiegelung von, das Thun als wenn es sich handelte um.* — γ) *das Umgehen —, Verletzung von.* धर्म° MBh. 13,20,13. — δ) *eine durch — bewirkte Täuschung.* — b) in der Dialektik *unehrliche Disputation, Wort- und Sinnverdrehung.* — c) MBh. 13,7257 fehlerhaft für स्थल. — 2) m. N. pr. eines Mannes. — 3) f. आ am Ende verschiedener Sâman-Schriften oder -Kapitel.

छलक Adj. *betrügend, hintergehend.*

छलद्यूत n. *falsches Spiel* Pańkad.

छलन n. 1) *das Betrügen, Hintergehen, Ueberlisten.* — 2) in der Dramatik *an den Tag gelegte Geringachtung.*

छलय्, °यति *täuschen, hintergehen, überlisten* Naish. 7,100. Infin. छलितुम्. छलित Harshak. 119, 23. — Mit उप dass.

छलाक्षरसूत्र n. Titel eines Werkes.

छलिक n. *ein mit Gesticulation vorgetragenes Lied.*

छलित n. *ein von Männern aufgeführter Tanz* Kâvjâd. 1,39.

छलितक 1) m. N. pr. eines Mannes. — 2) n. = छलिक.

छलितकयोग m. Pl. Bez. einer der 64 Kalâ Comm. zu Bhâg. P. 10,45,36.

छलितराम n. Titel eines Schauspiels.

छलितस्वामिन् m. N. pr. eines Heiligthums.

*छलिन् m. *Betrüger.*

छलोक्ति f. *lügnerische Worte.*

*छल्लि f. 1) *Rinde, Haut.* — 2) *Mantel.* — Vgl. छल्ली.

छल्लित n. in अस्थिच्छल्लित.

*छल्ली f. 1) *Rinde.* — 2) *eine kriechende Pflanze.* — 3) *eine best. Blume.* — 4) *Nachkommenschaft* (संतान).

छवि und छवी (nur in der älteren Sprache) 1) *Fell, Haut.* — 2) *Farbe.* — 3) *Schönheit, Glanz.* — 4) **Strahl.*

छविल्लाकर m. N. pr. eines Mannes.

*छष्, छषति und °ते (हिंसार्थ).

1. छा, छ्यति *abschneiden, zerschneiden* (Bhatt.). *Partic. छात und छित *abgeschnitten;* छात auch *mager, schwach.* — *Caus. छापयति. — Mit अनु *aufschneiden* (die Haut). — Mit अव *die Haut abziehen, schinden.* Partic. अवच्छित und अवच्छात, letzteres auch *abgemagert* Gaut. — Mit आ 1) dass. — 2) *abschneiden, abschaben.* — Mit प्र (प्रच्छ्येत् Karaka 6,13 und प्रच्छायित्वा Suçr.) *kleine Einschnitte in die Haut machen, schröpfen, wund machen überh.* Partic. प्रच्छित.

2. *छा m. (Nom. छास्) *ein Junges.* Das f. s. u. छ.

1. छाग 1) m. *a) Bock.* — *b) der Widder im Thierkreise.* — *c)* *N. pr. eines Wesens im Gefolge Çiva's. — 2) f. छागा und छागी *Ziege.*

2. छाग Adj. *vom Bock —, von der Ziege stammend* Karaka 6,2.

*छागक 1) n. *Ziegenheerde* Gal. — 2) °गिका *Ziege.*

*छागकर्ण m. *Tectona grandis* Nigh. Pr.

*छागण m. *Feuer von trockenem Kuhmist.*

*छागनाशन m. *Wolf* Gal.

छागप m. N. pr. eines Mannes Ind. St. 14,126. 135.

*छागभोजिन् m. *Wolf* Râgan. 19,10.

*छागमित्र m. N. pr. eines Mannes.

*छागमित्रिक Adj. (f. आ und ई) von छागमित्र.

*छागमुख m. *ein* Kimpurusha Gal.

*छागरथ m. *der Gott des Feuers, Feuer.*

छागल 1) Adj. *a) vom Bock —, von der Ziege kommend.* — *b)* **aus* Khagala *gebürtig, — herstammend.* — 2) m. *a) Bock.* — *b)* **ein best. Fisch.* — *c)* *Patron. von छगल. — *d)* N. pr. eines Berges.

*छागलक m. *ein best. Fisch.*

छागलक्षण n. Titel eines Werkes.

छागलाण्ड n. v. l. für छगलाण्ड 1).

*छागलान्त्र m. *Wolf* Râgan. 19,10.

*छागलान्त्रिका f. = छगलान्त्रिका.

*छागलान्त्री f. = छगलान्त्री.

छागलि m. Patron. von छगल und *Metron. von छगला.

छागलेय 1) *Adj. von छगल. — 2) m. *a)* N. pr. des Verfassers eines Gesetzbuches. — *b)* Pl. *eine best. Schule.*

छागलेयिन् m. Pl. *die Schüler des* Khagalin.

*छागवाहन m. *der Gott des Feuers, Feuer.*

*छागशत्रु m. *Wolf* Nigh. Pr.

*छागक्षीरनाश m. *Trophis aspera* Nigh. Pr.

छागेय m. Pl. *eine best. Schule* Hemâdri 1,519,1 v. u.

*छागायनि m. Patron. von छाग.

छाचिक्का f. N. pr. eines Tîrtha.

छाटा f. Titel eines Commentars zum Mugdhabodha.

छात्र 1) m. *Schüler.* Nom. abstr. °ता f. — 2) n. *eine Art Honig* Bhâvapr. 2,61.

*छात्रक n. 1) Nom. abstr. von छात्र 1). — 2) = छात्र 2) Râgan. 14,116.

*छात्रगण्ड m. *ein schlechter Schüler.*

*छात्रदर्शन n. *frische Butter.*

*छात्रनिलय m. *Schule, Collegium* Gal.

छात्रमित्र m. N. pr. eines Grammatikers.

*छात्रि m. P. 6,2,86. °शाल n. (Kâç.) und °शाला f. ebend.

*छात्रिक्य n. Nom. abstr. von छात्रिक.

*छाद् n. (!) *Dach.*

छादक 1) Adj. *verdeckend, verhüllend* Prij. 7,2. — 2) m. *der verfinsternde Körper.*

छादन 1) *m. *Barleria caerulea* Râgan. 10,137. — 2) *f. ई *Haut.* — 3) n. *a) Bedeckung, Decke, Kleidung, Hülle.* — *b)* **Blatt.* — *c) Verhüllung, Verfinsterung.* — *d)* in der Dramatik *das ruhige Ertragen von Beleidigungen* u. s. w., *wenn dadurch die Sache gefördert wird.*

छादिन् 1) am Ende eines Comp. Adj. *verdeckend, verhüllend.* — 2) *f. °नी *Haut* Gal.

*छादिषेय Adj. *zu einem Wagendeck —, zu einem Dach bestimmt, dazu dienend.*

छाद्मिक Adj. *Betrug —, Hinterlist anwendend*

छाद्य 1) Adj. *zu schützen* Ind. St. 13,408. — 2) m. *der verfinstert werdende Körper.*

छान्द Adj. = छान्दस 1).

छान्दड m. N. pr. eines Brahmanen.

छान्दस Adj. (f. ई) 1) *den heiligen Text zum Gegenstand habend, ihm eigenthümlich, zu ihm in Beziehung stehend, ihm entsprechend, vedisch.* — 2) *vedisch,* so v. a. *archaistisch.* — 3) *den heiligen Text studirend, damit vertraut.* — 4) *das Metrum betreffend.*

*छान्दसक n. Nom. abstr. zu छान्दस 3).

छान्दसता f. Nom. abstr. zu छान्दस 1) Njâjam. 9,3,9.

छान्दसत्व n. Nom. abstr. zu छान्दस 1) (Njâjam. 9,3,9) und 2).

छान्दसीय Adj. *mit den Metren vertraut, Metriker.*

छान्दोग Adj. *zu den* Khandoga *in Beziehung stehend.* °ब्राह्मण n. und °सूत्र n.

छान्दोगिक n. = छान्दोग्य Bhadd. 6,22.

छान्दोग्य n. *die Lehre der* Khandoga, *ein* Sâmabrâhmaṇa, zu dem auch die Khândogjopanishad gehört (283,4). Auch °ब्राह्मण n. und °वेद m. °भाष्य n. Titel eines *Commentars dazu,* °मन्त्रभाष्य n. desgl.

छान्दोग्योपनिषद् f. Titel einer Upanishad.

*छान्दोभाष Adj. von छन्दोभाषा.

छान्दोम Adj. *aus den* Khandoma *entlehnt.*

*छान्दोमान Adj. von छन्दोमान.

छान्दोमिक Adj. *zu den* Khandoma *gehörig.*

*छान्दोविचित Adj. von छन्दोविचिति.

छाय 1) Adj. *beschattend, Schatten verleihend* (Çiva). — 2) f. छाया (adj. Comp. f. आ) *a) Schatten, schattiger Ort.* एतस्य भुजच्छायायाम् *im Schatten seiner Arme,* so v. a. *unter seinem Schutze* 157,5. Daher = पालन bei den Lexicographen. — *b) Schatten, Abbild, Widerschein.* — *c) Lichtschattirung, Farbenspiel, Lichtglanz, Schimmer, Farbe;* insbes. *Gesichtsfarbe* und *die durch den Schatten hervortretenden Gesichtszüge.* — *d) Schönheit, Anmuth* 107,26. 134,30. Megh. — *e) Reihe, Menge* Spr. 345. — *f) ein Weng.* सलिल° Venis. 91,18.

92,7. — *g*) * *Bestechung.* — *h*) * *Alpdrücken.* — *i*) *das Abbild der* Samgńâ und wie diese Gattin der Sonne und Mutter des Planeten Saturn 100,8. als Çakti Hemâdri 1,197,2 v. u. — *k*) * *die Sonne.* — *l*) *ein best. Metrum.* — *m*) *eine best. rhetorische Figur.* — *n*) *ein best.* Râga S. S. S. 93. — *o*) *die einem* Prâkrit-*Texte beigefügte Sanskrit-Uebersetzung.* — *p*) * Bein. der Kâtjâjanî. — 3) n. am Ende eines Comp., insbes. nach einem im Gen. aufzufassenden Worte = 2) *a*) *b*) (Naish. 6,34), *c*) und *d*).

छायक Adj. etwa *Alpdrücken verursachend.*

*छायाकर m. *Sonnenschirmträger.*

छायाग्रह m. *Spiegel* oder *Sonnenuhr.*

छायाग्राह Adj. (f. ई) *den Schatten raubend* R. 4, 41,28.

*छायाङ्क m. *der Mond.*

*छायातनय m. Metron. *des Planeten Saturn.*

छायातरु m. *ein Baum, der reichlichen Schatten bietet.*

छायातोडी f. *ein best.* Râga S. S. S. 101. 105.

*छायात्मज m. = छायातनय.

छायाद्रुम m. = छायातरु.

छायाद्वितीय Adj. *einen Schatten werfend* MBh. 3,57,25.

छायानट m. *ein best.* Râga S. S. S. 107.

छायानाटक n. *eine Art Schauspiel.*

*छायापथ m. *der Luftraum.*

*छायापिण्ड m. *der Mond* Gal.

छायापुरुष m. *der als Schatten erscheinende* Purusha.

*छायाभर्तर् m. *die Sonne* Gal.

*छायाभृत् m. *der Mond.*

छायामय Adj. 1) *schattenartig.* — 2) *wiedergespiegelt* Naish. 6,30.

*छायामान n. *Schattenmesser.*

*छायामित्र n. *Sonnenschirm.*

*छायामृगधर m. *der Mond.*

छायायन्त्र n. *Sonnenuhr.*

छायालग m. *ein best.* Râga S. S. S. 118,1.

छायावन्त् Adj. *schattig, Schatten bietend.*

*छायावृन्त m. *Hibiscus populneoides* Nigh. Pr.

छायाव्यवहार m. *Messung des Schattens vermittelst des Sonnenzeigers.*

छायासंज्ञा f. *die* Khâjâ *als* Samgńâ 100,12.

छायासुत m. = छायातनय Utpala zu Varâh. Bṛh. 2,3.

*छाल m. n. gaṇa अर्धर्चादि. m. *Cyprinus Rohita* Gal.

छालिक्य n. *eine Art Gesang.*

*छि m. *Tadel.*

छिक्कन 1) *n. *das Niesen.* — 2) f. ई *Artemisia sternutatoria* Bhâvapr. 1,223.

छिक्कर m. *ein best. Thier.*

छिक्का f. *das Niesen.* °कारक Adj. *Niesen bewirkend* Comm. zu Karaka 1,4. Vgl. चिक्का 3) *c*).

छिक्कार m. *eine Art Antilope* Dhanv. 6,69. Madanav. 124,31.

छिक्किका f. = छिक्कन 2) Bhâvapr. 1,223.

छित Partic. von 1. छा.

*छित्ति f. 1) Nom. act. von 1. छिद्. — 2) *Pongamia glabra.*

*छित्वर Adj. 1) *zum Abschneiden* u. s. w. *dienend.* — 2) *feindlich.* — 3) *betrügerisch, schelmisch.*

1. छिद्, छिनत्ति, छिन्ते (छिन्देत् Kshurikop. 14. 19) 1) *abschneiden, — hauen, — schlagen, — reissen, — nagen, — beissen, zerschneiden, — hauen, — reissen, spalten, durchbohren.* संधिम् *ein Loch in die Mauer schlagen.* Pass. *zerbrechen, — reissen* (intrans.). छिन्न *abgeschnitten* u. s. w.; *aufgerissen, — schnitten; eingeschnitten*, d. h. *mit Einschnürungen versehen* 217,6. — 2) *scheiden, trennen, — von* (Abl., ausnahmsweise Instr.). छिन्न *unterbrochen, nicht zusammenhängend.* °छिन्न auch *begrenzt —, eingeschlossen von* Spr. 1229. — 3) *ablösen, — sondern, herausnehmen.* — 4) *unterbrechen, stören.* — 5) *vernichten, zu Grunde richten, zerstören, entfernen.* ऋणम् so v. a. *eine Schuld tilgen.* Pass. *verschwinden* 287,26. छिन्न *verschwunden, nicht mehr da seiend.* किं नश्छिन्नम् so v. a. *was büssen wir dabei ein? was machen wir uns daraus?* — 6) *theilen, dividiren.* — 7) * छिन्न am Ende eines Comp. *herabgekommen —, entkräftet —, ermüdet durch* oder *von.* — Caus. छेदयति 1) *abschneiden —, abhauen —, zerhauen lassen.* — 2) *abschneiden, abhauen.* — Desid. in चिच्छित्सु. — *Intens. चेच्छिद्गीति und चेच्छिद्यते. — Mit अति, °च्छिन्न *zu stark aufgeschnitten* Suçr. 2,19,1. *zu stark zerhauen, — verwundet* MBh. 12,96,15. — Mit अन्तर् *abschneiden, intercludere* 28,7. — Mit अप *abspalten, abtrennen.* — Mit समप *abschneiden* Çulbas. 3,72. — Mit अव *Jmd von sich weisen, zurückstossen* Kâd. 2,87,8. Pass. *getrennt —, geschieden werden von* (Abl.). — अवच्छिन्न 1) *unterbrochen.* — 2) *begrenzt —, eingeschlossen von* (im Comp. vorangehend) 260,30. 261,5. — 3) *bestimmt, präcisirt, begrifflich definirt.* — Mit पर्यव *rings abtrennen.* — Mit व्यव 1) *abschneiden.* — 2) *abschneiden, abtrennen, scheiden, — von* (Abl.). — 3) *von einander reissen, aus e. thun.* — 4) *unterbrechen.* — 5) *abgrenzen, genau bestimmen* Bhâg. P. 4,29,45. — 6) *sich entscheiden zu* (प्रति). — Mit आ 1) *abreissen, — schneiden, zerschneiden, — brechen.* — 2) *herausnehmen.* — 3) *abschneiden —, abziehen —, entfernen —, ausschliessen von* (Abl.). — 4) *entreissen* Kâd. 2,88,14. *wegnehmen, rauben.* — 5) *unterbrechen.* — 6) *entfernen, zu Nichte machen.* — 7) *nicht beachten, keine Rücksicht nehmen auf.* — Mti अवा *entreissen aus* (Abl.). — Mit उपा *mit sich fortziehen, entreissen.* — Mit समा dass. — Mit उद् 1) *ausschneiden, abschneiden, — von* (Abl.) AV. Paipp. 20,2,2. — 2) *ausrotten, zu Grunde richten, vernichten, Jmd den Untergang bereiten.* उच्छिन्न von einem Menschen so v. a. *verloren, erbärmlich.* — 3) *störend in Etwas eingreifen, hemmen, unterbrechen.* Pass. *gehemmt —, unterbrochen werden, aufhören, ausgehen, mangeln.* — Caus. *ausrotten, vernichten* oder — *lassen.* — Mit व्युद् Pass. mit den Personalendungen des Act. *zu Nichte werden, eine Unterbrechung erleiden, aufhören.* व्युच्छिन्न *zu Ende gegangen.* — Mit समुद् 1) *ausreissen, zerreissen.* — 2) *ausrotten, vernichten, zu Nichte machen.* समुच्छिन्न *verloren gegangen.* — Mit परि 1) *auf beiden Seiten abschneiden, beschneiden;* — Getraide *schneiden* Kârand. 71,7. — 2) *nach allen Seiten abgrenzen, genau bestimmen, — angeben, richtig abschätzen, sich Gewissheit verschaffen über.* परिच्छिन्न *begrenzt.* — 3) परिच्छिन्न *zersplittert*, so v. a. *mannichfach erscheinend.* — Mit विपरि *rings abschneiden, beschneiden, zerschneiden.* — Mit प्र 1) *abreissen, — schneiden, zerschneiden, — hauen, spalten, durchbohren.* — 2) *entreissen, entziehen.* — Caus. *abschneiden lassen.* — *Caus. vom Intens. प्रचेच्छिद्यय. — Mit संप्र *zerschneiden, — hauen, spalten.* — Mit प्रति 1) *abreissen, — schneiden.* — 2) *mit Zerhauen, Spalten* u. s. w. *Jmd* (Acc.) *antworten.* — Mit वि 1) *zerreissen, — brechen, spalten.* — 2) *auseinanderreissen, trennen.* विच्छिद्य *getrennt von* (Abl.). Pass. *sich abtrennen* AV. Prâjaçk. 6,5. विच्छिन्न *auseinandergerissen, getrennt, nicht zusammenhängend.* — 3) *stören, unterbrechen.* विच्छिद्य *mit Unterbrechungen.* विच्छिन्न *unterbrochen.* — 4) *zu Grunde richten, zu Nichte machen.* विच्छिन्न *nicht mehr vorhanden.* — 5) *sich spalten.* — 6) विच्छिन्न *a*) * *krumm.* — *b*) * *gesalbt* (समालब्ध). — Mit सम् 1) *abschneiden, — hauen, zerschneiden, spalten, durchbohren.* संछिद्यन्तौ (v.

1. संछिन्दन्तौ च गात्राणि *sich gegenseitig Glieder abhauend.* — 2) *lösen* (einen Zweifel), *erledigen* (eine Frage).

2. छिद् 1) Adj. am Ende eines Comp. *a) abschneidend, zerschneidend, — brechend, — reissend, spaltend, durchbohrend. — b) zu Grunde richtend, vernichtend, entfernend.* — 2) m. *Divisor, Nenner eines Bruchs.* — 3) f. *a) das Abschneiden, Abhauen.* शिरसाम् Bâlar. 249,12. — *b)* am Ende eines Comp. *das zu Nichte Machen.*

°छिद 1) Adj. = 2) छिद् 1) *a)* in *मातृक°. — 2) f. आ *das Abhauen.*

*छिदक m. Indra's *Donnerkeil* oder *Diamant.*

*छिदि *Axt.*

*छिदिर m. 1) *Axt.* — 2) *Schwert.* — 3) *Feuer.* — 4) *Strick.*

छिदुर Adj. (*f. आ) 1) *leicht reissend* Harshaḱ. 163,18. — 2) *abnehmend, geringer werdend.* — 3) am Ende eines Comp. *vernichtend.* — 4) **feindlich.* — 5) **betrügerisch, schelmisch.*

छिदुरेतर Adj. *nicht leicht zerreissend, stark* Naish. 7,64.

छिद्र 1) Adj. (f. आ) *zerrissen, durchlöchert, leck.* — 2) n. (adj. Comp. f. आ) *a) Loch, Oeffnung. — b) Zugang, Eintritt.* छिद्रं दा *Eintritt gewähren.* — *c) Unterbrechung, Mangel.* °वर्जित Adj. *ununterbrochen.* — *d) Gebrechen, Blösse, Schwäche.* सर्वछिद्रेषु so v. a. *in allen Nöthen.* — *e)* in der Astrol. *das achte Haus.* — *f)* Bez. der *Zahl neun* (wegen der *neun Oeffnungen* im Körper). — *g)* **die Unterwelt* Gal.

छिद्रता f. *das Offensein, die Eigenschaft allen Dingen Platz zu geben.*

छिद्रदर्शन m. N. pr. eines Ḱakravâka. — Vgl. अच्छिद्र°.

छिद्रदर्शिन् 1) Adj. *Schwächen gewahrend.* — 2) m. = छिद्रदर्शन.

*छिद्रपिप्पली f. *Scindapsus officinalis* Gal.

छिद्रय्, °यति *durchlöchern* Kâd. 2,34,7. छिद्रित Adj. *durchlöchert, ein Loch habend* Kâd. 256,5.

*छिद्रवैदेही f. *Scindapsus officinalis.*

*छिद्रांश m. *Schilfrohr* Gal.

छिद्रात्मन् Adj. *der sich Blössen zu geben pflegt.*

*छिद्रान्त m. *Rohr* Râǵan. 9,103.

*छिद्रापय्, °यति = छिद्रय्.

*छिद्राफल n. *ein Gallapfel* Râǵan. 6,262.

छिद्रिन् Adj. *löcherig, hohl* (Zahn).

छिद्रोदर n. *eine best. Unterleibskrankheit* Ḱaraka 6,18.

छिद्रोदरिन् Adj. *an* छिद्रोदर *leidend* ebend.

*छिद्वर Adj. = छित्वर.

छिन्दक m. N. pr. eines fürstlichen Geschlechts.

छिन्न 1) Adj. s. u. 1. छिद्. — 2) f. आ *a)* **Hure.* — *b) Cocculus cordifolius* Râǵan. 3,1. Bhâvapr. 1,196.

*छिन्नक Adj. *ein wenig abgeschnitten* u. s. w. Compar. °तर.

*छिन्नकर्ण Adj. *beschnittene Ohren habend.*

*छिन्नग्रन्थिनिका f. *ein best. Knollengewächs* Râǵan. 7,112.

*छिन्नतरक Adj. = छिन्नकतर (unter छिन्नक).

छिन्ननास m. N. pr. eines Mannes Ind. St. 14,135.

छिन्नपक्ष Adj. *dessen Flügel abgerissen sind.*

*छिन्नपत्त्री f. *Hibiscus cannabinus* Râǵan. 4,80.

छिन्नन m. N. pr. eines Dichters.

छिन्नमस्तका u. °मस्ता f. *eine Form der* Durgâ.

छिन्नरुह 1) *m. *Clerodendrum phlomoides* Râǵan. 10,42. — 2) f. आ *a) Cocculus cordifolius* Bhâvapr. 1,196. — *b)* **Boswellia thurifera.* — *c)* **Pandanus odoratissimus* Râǵan. 10,70.

*छिन्नवेषिका f. *Clypea hernandifolia.*

1. छिन्नश्वास m. *eine Form des Asthma* Bhâvapr. 4,85.

2. छिन्नश्वास Adj. *in unregelmässigen Intervallen athmend.*

छिन्नहस्त m. N. pr. eines Mannes Ind. St. 14, 126. 135.

छिन्नान्त्र Adj. als Bez. *einer Art von Unterleibsbruch* (कोष्ठभेद) Çârṅg. Saṁh. 1,7,57.

छिन्नापारिजात m. und छिन्नारहस्य n. Titel von Werken.

छिन्नोद्भवा f. *Cocculus cordifolius* Râǵan. 3,1. Bhâvapr. 1,196.

छिप्पिका f. wohl *ein best. Vogel.*

छिलिहिण्ड m. *eine best. Schlingpflanze* Madanav. 33,342. Bhâvapr. 1,219.

छिस्मक m. N. pr. eines Fürsten VP.[2] 4,195.201.

छुच्छु m. *ein best. Thier* Varâh. Bṛh. S. 86,37.

छुच्छुन्दर m., °रि m., *°री f., छुच्छून्दर m. und °री f. *Moschusratte.* Nom. abstr. छुच्छुन्दरित्व n.

छुट्, *छुटति (बन्धने), *छोटयति (छेदने). — Mit आ Caus. आच्छोटित 1) *gezerrt* Kâd. 2,83,13. — 2) *abgerissen* Harshaḱ. 142,20.

छुड्, *छुडति (संवरणे). — Mit प्र Caus. प्रच्छोडयति *ausrecken* Kârand. 55,15.16. 56,19. 58,7.8.

छुड N. pr. 1) m. verschiedener Männer. — 2) f. आ einer Frau.

*छुद्र m. 1) *Abwehr.* — 2) *Strahl.*

*छुप्, छुपति (स्पर्शे). — Intens. चोच्छुप्यते.

*छुप m. 1) *Berührung.* — 2) *Staude, Busch.* — 3) *Wind.* — 4) *Kampf.*

छुबुक n. *Kinn.*

छुर्, *छुरति (छेदने, लोपे). — Caus. 1) छुरयति und छोरयति (buddh.) *bestreuen —, bepudern —, überziehen mit* (Instr.) Kâd. 207,9. छुरित *bestreut —, bepudert —, besetzt mit* (Instr. oder im Comp. vorangehend) Veṇîs. 1. Naish. 6,42. Kâd. 77,9. 123, 22. — 2) छोरयति *a) schleudern in* (Loc.) Kârand. 31,24. — *b) ausstossen* (einen Seufzer) ebend. 57, 15.16. — *c) verlassen* Lalit. 284,7. — Mit *अव in *अवच्छुरित und *°क. — Mit आ, आच्छुरित *bekleidet mit* (Instr.) Kathâs. 17,35. — Mit वि, °च्छुरित *bestreut —, bepudert —, überzogen —, besetzt mit* (Instr. oder im Comp. vorangehend) Kâd. 136,10.

°छुरण n. *das Bestreuen —, Bepudern mit* Viddh. 20,4.

*छुरा f. *Kalk.*

छुरिका f. 1) *Messer.* *°फल n. *Messerklinge* Med. ǵ. 25. — 2) *Beta bengalensis* Bhâvapr. 1,282.

छुरित 1) Adj. s. u. छुर् Caus. — 2) n. *das Zucken* (des Blitzes) MBh. 3,17,4.

*छुरी f. *Dolch, Messer.*

छूरिका f. 1) *Messer* Hemâdri 1,645,4. — 2) *Kuhschnauze* M. 8,325.

*छूरिकापत्त्री f. *Andropogon aciculatus.*

*छूरी f. *Dolch, Messer.*

छेक 1) Adj. (f. आ) *a) geschickt, gewandt, verschmitzt* Hem. Par. 2,447. — *b)* **zahm, gezähmt.* — 2) m. *a)* **Biene.* — *b) eine Art Alliteration: eine einmalige Wiederkehr zweier oder mehrerer Consonanten in verschiedenen Wörtern* Kâvjapr. 9,2 (S. 227). Vollständig छेकानुप्रास m.

*छेकल (Gal.), *छेकाल und *छेकिल Adj. = छेक 1) *a).*

छेकोक्ति f. *Anspielung, doppelsinnige Rede* Ind. St. 15,295. 327. Viddh. 40,9.

छेत्तर् Nom. ag. 1) *Abschneider, — hauer, Holzhauer.* — 2) *Vernichter, Entferner.*

छेत्तव्य Adj. *abzuschneiden, — hauen, zu zerschneiden* Comm. zu Njâjam. 9,3,13.

छेद m. 1) = यश्छिनत्ति *a)* am Ende eines Comp. *Abhauer.* — *b) Divisor, Nenner eines Bruchs.* — 2) = यच्छिद्यते oder यत्र छिद्यते *a) Abschnitt, ein abgeschnittenes, abgebrochenes Stück, Bruchstück, Theil.* — *b) Einschnitt, Schlitz.* — *c) Abschnitt,* so v. a. *Ende* Hemâdri 1,76,21. 77,4.7. — 3) Nom. act. *a) Schnitt, das Abschneiden, — hauen, Zerschneiden, — hauen, — beissen* u. s. w. Ausnahmsweise nicht mit dem Objecte, sondern mit dem Werkzeuge componirt. — *b) Trennung, Absonderung,* insbes. von Silben oder Wörtern Nilak.

zu MBh. 12,101,5. — c) *Unterbrechung, Störung.* — d) *Vernichtung, Tilgung* (z. B. einer Schuld), *das zu Ende Gehen, Aufhören, Nachlassen, Verlust, Mangel.* — e) *genaue Bestimmung,* — *Angabe.* — f) *Entscheidung, Schlichtung eines Streites.*

°छेदक Adj. *abschneidend, zerschneidend.*

छेदन 1) Adj. a) *zerschneidend,* — *hauend, spaltend.* — b) *vernichtend, entfernend.* — 2) n. a) *Schneidewerkzeug* Hemâdri 1,657,21. — b) **Abschnitt.* — c) *das Schneiden, Abschneiden,* — *hauen, Zerschneiden,* — *hauen,* — *reissen,* — *brechen, Spalten.* — d) *das Abschneiden eines Gliedes, Verstümmelung.* — e) *das Zerbrechen, Zerreissen* (intrans.). — f) *das Vernichten, Entfernen.* — g) *Division.* — h) *ein auf Entfernung der Humores drastisch wirkendes Mittel* Bhâvapr. 1,154.

छेदनीय Adj. 1) *aufzuschneiden, zu zerschneiden* Comm. zu Njâjam. 1,4,56. — 2) *m. *Strychnos potatorum* Râǵan. 11,200.

*छेदि 1) Adj. *zerhauend* u. s. w. — 2) m. *Zimmermann.*

छेदिन् 1) Adj. a) am Ende eines Comp. α) *abschneidend,* — *reissend, zerreissend.* — β) *vernichtend, entfernend.* — b) in der Med. *drastisch wirkend.* Nom. abstr. °दित्व n. Káraka 1,27. — 2) *m. *Strychnos potatorum* Nigh. Pr.

छेदोपस्थापनीय n. bei den Ǵaina *prevention of evil, as of the destruction of animal life.*

छेद्य 1) Adj. *zu schneiden, abzuschneiden, abzuhauen, zu zerhauen,* — *spalten,* — *verstümmeln; wobei gespalten, abgeschnitten, abgehauen wird.* — 2) n. *das Zerschneiden,* — *beissen,* — *kratzen.*

छेद्यक n. *Riss, Projection.*

*छेप्य *Schwanz.*

*छेमण्ड m. *eine Waise.* *छेमुण्डा f. Gal.

छेलक 1) m. *Bock* Madanav. 123,20. Bhâvapr. 2,9. Vgl. चेलक. — 2) f. छेलिका *Ziege* Bhâvapr. 2,9.

*छेलु *Vernonia anthelminthica.*

*छैदिक 1) Adj. = छेदं नित्यमर्हति. — 2) m. *Rohr.*

छोज्ञ m. N. pr. eines Mannes.

*छोटि oder *°टिन् m. *Fischer.*

छोटिका f. *ein mit Daumen und Zeigefinger geschlagenes Schnippchen* Bhâvapr. 2,123.

*छोरण n. *das Aufgeben, Verlassen.*

*छोलङ्ग m. *Citronenbaum.*

छौतु m. N. pr. eines Mannes.

*छ्यु, छ्यवते (गतौ).

1. ज 1) Adj. (f. आ) am Ende eines Comp. a) *geboren* —, *erzeugt von, geboren* —, *entstanden* —, *hervorgegangen aus, verursacht durch.* — b) *geboren in, entstanden in, an, auf* oder *bei, wohnend* —, *befindlich an.* — c) *geboren, entstanden* in Verbindung mit einem Adv. oder einem adverbial aufzufassenden Worte. — d) *bereitet* —, *zubereitet* —, *gemacht aus* Hemâdri 1,413,11. 416,18. 455,16. — e) *gehörig zu, in Verbindung stehend mit, eigenthümlich.* — f) in der Bed. *geboren* bisweilen tautologisch: अपकृष्टज = अपकृष्ट. — 2) m. a) am Ende eines Comp. *Sohn.* — b) * *Vater.* — c) * *Geburt.* — 3) f. जा a) *Stamm* Av. 5,11,10. — b) am Ende eines Comp. *Tochter.* — Vgl. ज्ञा.

2. *ज 1) Adj. a) *eilend, rasch.* — b) *siegreich.* — c) *gegessen.* — 2) m. a) *Eile.* — b) *Genuss.* — c) *Glanz.* — d) *Gift.* — e) *ein* Piçâka. — f) Bein. α) Vishṇu's. — β) Çiva's. — 3) f. आ *des Mannes Bruders Frau.*

*जंस्, जंसति und जंसयति (रत्तणे, मोत्तणे).

जंहस् n. *Schwinge, Flügel.*

जक m. N. pr. eines Brahmanen.

*जकुट 1) m. n. *die Blüthe der Eierstaude.* — 2) m. a) *Hund.* — b) *das Gebirge* Malaja. — 3) n. *Paar.*

जक्करी f. *eine Art Tanz* S. S. S. 272.

1. जत्, जत्तिति (Bhâg. P. auch Med.) 1) *essen wollen, hungrig sein* Bhâg. P. — 2) *verzehren, essen.* *जत्तिवंस् ved. 240,6. जग्ध a) *verzehrt, gegessen.* — b) *aufgezehrt,* so v. a. *erschöpft durch* (Instr.) Harshaḱ. 123,20. — Mit *अप in *°जग्ध. — Mit *परि in *°जग्ध. — Mit *प्र, °जग्ध्य Absol. — Mit प्रति, प्रतिजग्ध *genossen* Maitr. S. 1,4,10 = Kâth. 32,7. — Mit वि, °जग्ध *aufgefressen.*

2. जत् nur Partic. जंत्तत् *lachend.*

*जत्त m. = यत्त.

*जत्तण n. *das Verzehren, Essen.*

*जत्म und *°न् m. = यत्मन्.

जग n. angeblich = जगत् *Welt* Kaush. Up. 1,3.

जगच्चतुस् n. *das Auge der Welt, die Sonne.* Vgl. जगदेकचतुस्.

जगच्चन्द्र m. N. pr. eines Mannes B. A. J. 1,97.

जगच्चन्द्रिका f. Titel eines Commentars.

जगच्चित्र n. 1) *ein Wunder der Welt.* — 2) *die Welt als Gemälde.*

जगच्छन्दस् Adj. *dem das Metrum* Ǵagatî *gehört, sich darauf beziehend* u. s. w.

जगज्जीव m. *ein lebendes Wesen auf dieser Welt.*

जगज्झम्प m. *ein best. Tact* S. S. S. 233.

जगणमञ्च m. desgl. S. S. S. 227.

जंगत् 1) Adj. a) *beweglich, lebendig.* — b) *im Metrum* Ǵagatî *abgefasst.* — 2) m. a) Pl. *die Menschen* Spr. 4812. — b) * *Wind.* — 3) f. जंगती a) *ein weibliches Thier.* — b) *die Erde.* — c) **der Platz, auf dem ein Haus steht.* — d) **die Menschen, der Fürst mit seinen Unterthanen.* — e) *die Welt, Weltall.* — f) *ein best. Metrum von* 4 × 12 *Silben.* — g) *jedes aus* 4 × 12 *Silben bestehende Metrum.* — h) Bez. *der Zahl* 48. — i) *ein best. Backstein.* — k) **ein mit* Ǵambû *bestandenes Feld.* — 4) n. a) *das Bewegliche, Lebendige, Menschen und Thiere;* oft von den *Thieren allein im Unterschied vom Menschen,* aber auch von den *Menschen allein.* जगतो मध्ये so v. a. *vor aller Augen.* — b) *die Welt,* insbes. *diese Welt, die Erde.* — c) Du. *Himmel und Unterwelt.* — d) = 3) f).

जगतीचर m. *Erdbewohner, Mensch.*

जगतीजानि m. *Fürst, König.*

जगतीतल n. *der Erdboden* 176,9.

जगतीधर m. 1) *Berg.* — 2) *N. pr. eines Bodhisattva.

जगतीपति (°कन्यका *Prinzessin* Kâd. 2,32,17), °पाल, °भर्तर् und °भुज् m. *Fürst, König.*

जगतीरुह् m. *Baum.*

जगतीवराह् n. Name eines Sâman.

*जगत्कर्तर् Nom. ag. *Schöpfer der Welt,* Bein. Brahman's.

जगत्कारण n. *die Ursache der Welt* 259,2.

जगत्तुङ्ग m. N. pr. eines Mannes B. A. J. 1,217. 4,111.

जगत्त्रय (113,25. Spr. 7696) und जगत्त्रितय n. *die drei Welten: Himmel, Erde und Unterwelt.*

जगत्पति m. *Herr der Welt, die höchste Gottheit.* Bein. a) Brahman's 56,7. — b) Vishṇu's oder Kṛshṇa's. — c) Çiva's. — d) Agni's 80,29. — e) der Sonne 102,9. — 2) * *Fürst, König.*

जगत्प्रकाश 1) Adj. *weltbekannt* Ragh. 3,48. — 2) m. *das Licht der Welt* Ind. St. 14,368.

जगत्प्रथित Adj. *weltberühmt* Ind. St. 15,282.

जगत्प्रधान n. *das Haupt der Welt,* Beiw. Çiva's MBh. 7,202,12.

जगत्प्रभु m. *Herr der Welt.* Bein. 1) Brahman's. — 2) Vishṇu's. — 3) *Çiva's. — 4) *eines Arhant bei den Ǵaina.

जगत्प्रसिद्ध Adj. *weltberühmt* Ind. St. 15,290.

जगत्प्राण m. 1) * *Wind.* — 2) Bein. Râma's (*der Hauch der Welt*).

जगत्प्रासाद् Adj. (f. आ) *meist aus* Ǵagatî-*Versen bestehend* Ait. Br. 6,12.

जगत्प्रीति f. *die Freude der Welt,* Beiw. Çiva's MBh. 7,202,12.

*जगत्य्, °त्यति Denom. von जगत्.

*जगत्य Adj. von जगती.

*जगत्साक्षिन् m. *der Zeuge der Welt, die Sonne.*

जगत्सिंह m. N. pr. eines Fürsten.

जगत्सेठ m. N. pr. eines Mannes.

जगत्स्रष्टर् Nom. ag. *Schöpfer der Welt.* Bein. 1) Brahman's Bhâg. P. 3,9,44. — 2) *Çiva's.

जगत्स्वामिन् m. 1) *Weltherrscher.* Nom. abstr. °मित्व n. 327,26. — 2) *Herr des Weltalls, die höchste Gottheit.* Bein. Vishṇu's oder Nârâjaṇa's. — 3) Name eines Bildes des Sonnengottes.

जगद् m. *Begleiter, Hüter.*

जगदण्ड n. *das Weltei, Weltall* Spr. 7837.

जगदण्डक n. dass. Çiç. 9,9.

जगदन्तक m. *der Zerstörer alles Lebenden, der Tod.*

जगदन्तरात्मन् m. *die Weltseele,* Bein. Vishṇu's.

जगदम्बा und जगदम्बिका f. *die Mutter der Welt,* Bein. der Durgâ.

जगदात्मन् m. *der Hauch der Welt,* Beiw. des Windes.

जगदादिज m. *der Erstgeborene der Welt,* Beiw. Çiva's.

जगदाधार m. 1) *die Stütze der Welt* Ind. St. 15,365. Beiw. der Zeit, Râma's und des Gina Vira. — 2) *Wind.*

जगदायु und °स् n. *der Lebensquell der Welt,* Beiw. des Windes.

जगदीश m. *Herr der Welt.* 1) Bein. *a)* Brahman's. — *b)* Vishṇu's. — *c)* Çiva's. — 2) N. pr. verschiedener Männer. Auch °तर्कालंकारभट्टाचार्य.

जगदीशतोषिणी f. Titel eines Commentars.

जगदीशशतक n. Titel eines Werkes.

जगदीशितर् m. *Herr der Welt,* Bein. Çiva's Ind. St. 15,227.

जगदीश्वर m. 1) *Herr der Welt,* insbes. Bein. Çiva's und Indra's (44,25). — 2) *Fürst, König.* — 3) N. pr. eines Dichters Hâsj. 3.

जगदेकचतुस् n. *das einzige Auge der Welt* (die Sonne) Ind. St. 15,376.

जगदेकनाथ m. *Alleinherrscher.*

जगद्गुरु m. *Vater der Welt.* Bein. 1) Brahman's. — 2) Vishṇu's. — 3) Çiva's. — 4) Râma's (als Incarnation Vishṇu's).

जगद्गौरी f. Bein. der Göttin Manasâ.

जगद्दल m. N. pr. eines Fürsten.

जगद्दीप m. *die Leuchte der Welt, die Sonne.*

जगद्देव m. N. pr. eines Mannes B. A. J. 10,56.

जगद्धर m. N. pr. eines Scholiasten.

जगद्धातर् 1) m. *Schöpfer der Welt.* Bein. *a)* Brahman's. — *b)* Vishṇu's. — 2) f. °त्री Bein. *a)* der Sarasvatî. — *b)* *der Durgâ.

*जगद्बल m. *Wind.*

जगद्बिम्ब n. *das Weltall* Çaṁk. zu Bâdar. 2,1,32. 33.

जगद्बीज n. *der Same der Welt.* Beiw. Çiva's MBh. 7,202,13.

जगद्भूषणकोष्ठक n. Titel eines Werkes.

जगद्योनि f. 1) *die Quelle der Welt.* Bein. *a)* Brahman's. — *b)* Vishṇu's oder Kṛshṇa's. — *c)* Çiva's. — *d)* der Prakṛti. — 2) **der Mutterschooss alles Lebenden, die Erde.*

जगद्वञ्चक m. N. pr. eines *Betrügers.*

जगद्वन्द्य Adj. *von der Welt zu preisen,* Beiw. Kṛshṇa's.

*जगद्वहा f. *die Erde.*

जगद्विधि m. *Ordner der Welt.*

*जगद्विनाश m. *Weltuntergang.*

जगद्वैद्यक m. N. pr. eines *Arztes.*

जगद्व्यापार m. *Weltgeschäft,* so v. a. *Erschaffung und Erhaltung der Welt* Bâdar. 4,4,17.

*जगनु m. 1) *ein lebendes Wesen, Thier.* — 2) *Feuer.*

जगन्नाथ 1) m. *Beschützer der Welt.* *a)* Bein. α) Vishṇu's oder Kṛshṇa's. — β) Râma's und Dattâtreja's, zweier Incarnationen Vishṇu's. — γ) Du. Vishṇu's und Çiva's. — *b)* N. pr. eines heiligen Ortes (पुरुषोत्तमक्षेत्र), wo Vishṇu als Gagannâtha verehrt wird. Vollständig *°क्षेत्र n. — *c)* N. pr. verschiedener Männer. Auch °पण्डित, °पण्डितराज, °मिश्र, °सरस्वती, °नाथानन्द und °नाथाश्रम. — 2) f. आ Bein. der Durgâ.

जगन्नाथवल्लभनाटक n. Titel eines *Schauspiels.*

जगन्नाथविजय m. Titel eines Gedichts.

जगन्निधि m. *Behälter der Welt,* Bein. Vishṇu's Hemâdri 1,638,6.

जगन्निवास m. dass. Bein. 1) Vishṇu's oder Kṛshṇa's. — 2) Çiva's.

*जगनु m. = जगनु.

जगन्नेत्र्, °त्रति *das Auge der Welt sein* (vom Monde) Prasannar. 149,2.

जगन्नेत्र n. *das Auge der Welt,* Beiw. des Mondes, Du. der Sonne und des Mondes.

जगन्मय Adj. *die ganze Welt in sich bergend* Hemâdri 1,620,12.

जगन्मातर् f. *Mutter der Welt.* Bein. 1) der Durgâ. — 2) der Lakshmî.

जगन्मुख Adj. *mit dem Metrum Gagatî beginnend* TS. 7,2,8,2.

जगन्मोहन n. Titel eines Werkes.

जगन्मोहिनी f. N. pr. einer Surâṅganâ Ind. St. 15.

*जगर n. *Rüstung.*

जगल 1) *Adj. *betrügerisch, schelmisch.* — 2) m. *a) ein best. berauschendes Getränk* Madanav. 6, 61. Bhâvapr. 2,82. — *b)* *Vanguería spinosa.* — *c)* **Rüstung.* — 3) *n. *Kuhmist;* vgl. कृगण.

*जगलु m. (?).

जगुरि Adj. *führend* (von einem Wege).

जग्गिक m. N. pr. eines Mannes.

जग्ध 1) Adj. s. u. 1. जत्. — 2) *n. *der Ort, wo Jmd gegessen hat.*

जग्धपाप्मन् Adj. *dessen Sünde verzehrt ist* AV. 9,6,25.

जग्धि f. 1) *das Verzehren, Essen; Genuss.* ताम्बूल° Harshak. 132,24. — 2) *das Verspeistwerden von* (Instr.).

जग्ध्वाय Absol. von 1. जत् 20,8.

जग्मि Adj. *gehend, in steter Bewegung befindlich, gehend —, eilend zu* (Acc. oder Loc.).

जघन 1) m. (nur in der älteren Sprache) und n. (adj. Comp. f. आ) *Hinterbacke, Hintertheil; Schamgegend* (bei Menschen und Thieren). — 2) n. *a) Hintertheil eines Altars* Çulbas. 3,52. — *b) Nachzug, Hintertreffen eines Zuges, — Heeres.*

*जघनकूपक m. Du. = कुकुन्दर 1) Râgan. 18,46.

जघनचपला f. 1) *ein geiles Weib.* — 2) *ein best. Metrum.*

जघनच्युति Adj. f. *cujus cunnus humorem stillat* TBr. 2,4,6,4. Âçv. Çr. 2,10,14.

जघनतस् Adv. *auf der Rückseite, hinterher.*

जघनविपुल 1) Adj. (f. आ) *starke Hinterbacken habend* Ind. St. 8,301. — 2) f. आ *ein best. Metrum.*

जघनार्ध m. 1) *der hintere Theil.* — 2) *Nachzug, Hintertreffen eines Heeres.*

जघनिन् Adj. *starke Hinterbacken habend.*

जघनेन Instr. Adv. 1) *hinter,* mit folgendem Gen. oder Acc., ausnahmsweise mit vorangehendem Acc. — 2) *mit dem Rücken gekehrt zu* (Acc.).

*जघनेफला f. *Ficus oppositifolia.*

जघन्य 1) Adj. (f. आ) *a) der hinterste, letzte, späteste.* जघन्यतस् *von hinten* R. 6,7,35. 45,22. 29. जघन्यम्, जघन्यतस् und जघन्ये *hinterher, zuletzt.* जघन्ये (v. l. पृष्ठतः) कर् *im Rücken lassen.* — *b) der geringste, niedrigste, gemeinste, unbedeutendste, schlechteste; von niederer Herkunft, Einer aus dem gemeinen Volke.* जघन्यतर *niedriger, geringer.* — 2) m. N. pr. des Dieners des Mâlavja (eines der fünf Wundermenschen). — 3) *n. *penis.*

*जघन्यक m. *Motte* Nigh. Pr.

जघन्यकारिन् Adj. *äusserst ungeschickt verfahrend* Suçr. 1,95,14.

जघन्यज 1) *zuletzt geboren, der jüngste.* — 2)

m. a) *ein Çûdra. — b) N. pr. eines Sohnes des Pradjota Hall in der Einl. zu Vâsavad. 53.

जघन्यभाव m. das Niedrigerstehen.

जघन्यरात्र Ende der Nacht. Nur Loc.

जघन्यशायिन् Adj. am spätesten sich schlafen legend.

जघन्यसंवेशिन् Adj. dass. Âpast.

जघ्नि 1) Adj. erschlagend, mit Acc. — 2) *m. Angriffswaffe.

जघ्निवत् Adj. eine Form der Wurzel हन् enthaltend.

*जघ्नु Adj. tödtend, erschlagend.

जघ्रि Adj. ausschüttend, umhersprühend.

*जङ्, जङ्गति (गतिदानयोः).

जङ्ग m. N. pr. eines Mannes.

*जङ्गपूग (!) m. wickedness, sin.

जङ्गम 1) Adj. (f. आ) beweglich, lebendig; Subst. (adj. Comp. f. आ) das Bewegliche, Lebendige. विष n. Gift lebender Wesen. — 2) m. Pl. eine best. Çiva'itische Secte. — 3) Harshak. 147,14 fehlerhaft für जनंगम.

*जङ्गमकुटी f. Sonnenschirm.

जङ्गमत्व n. Beweglichkeit.

जङ्गमन n. Lauf Durga zu Nir. 5,19.

*जङ्गमेतर Adj. unbeweglich AK. 3,2,23.

*जङ्गल 1) Adj. wasserarm oder menschenleer; m. eine solche Gegend. — 2) m. n. Fleisch. — 3) n. Gift Trik. 1,2,5 (wohl जङ्गमं विषम् zu lesen).

*जङ्गलपथ m. eine öde Gegend.

जङ्गह् Intens. (nur जङ्गहे) zappeln, sich bewegen RV. 1,126,6. — Mit अभिवि zucken AV. 5,19,4.

जङ्गारि m. N. pr. eines Mannes MBh. 13,4,57. जङ्घारि v. l.

*जङ्गाल m. Damm.

जाङ्गिड m. eine best. Pflanze.

*जङ्गुल n. Gift. Vgl. जङ्गल 3).

जङ्घ 1) m. N. pr. eines Rakshas. — 2) f. जङ्घा (adj. Comp. f. आ und *ई) a) der untere Theil des Beines vom Knöchel bis zum Knie (bei Menschen und Thieren); Bein überh. — b) ein best. Theil des Bettstollens und Wagens. — c) als Längenmaass so v. a. 2½ Fuss Ind. St. 13,239.

*जङ्घाकर und °करिक (Daçak. 43,1) Adj. schnell auf den Beinen; m. Läufer.

जङ्घाजघन्य Adj. durch die Beine der schlechteste. कर्माणि so v. a. die Werke der Beine sind die schlechtesten 180,8.

*जङ्घात्राण n. Beinharnisch.

*जङ्घापिण्डी f. Wade Gal.

*जङ्घाप्रहृत, *°हृत (Kâç.) und *°हृत n. gaṇa अक्षद्यूतादि.

जङ्घाबन्धु m. N. pr. eines Mannes.

जङ्घाबल n. die Kraft der Beine, so v. a. schnelles Laufen, Flucht Mâlav. 40,13 (im Prâkrit).

जङ्घामात्र Adj. (f. ई) $2^1/_2$ Fuss lang Ind. St. 13, 239.

*जङ्घारथ m. N. pr. eines Mannes. Pl. sein Geschlecht.

जङ्घारि m. desgl. v. l. जङ्गारि.

जङ्घाल Adj. gewandt auf den Füssen, schnellfüssig; m. eine best. Thierklasse Bhâvapr. 1,293. Auch *eine best. Antilopenart Râǵan. 19,47.

*जङ्घिका f. Demin. von जङ्घा.

*जङ्घिल Adj. = जङ्घाल.

*जज्, जजति (युद्धे).

जज m. Kämpfer. जजौजस् n. Tapferkeit Çiç. 19,3.

जञ्ज 1) Adj. schnell (einer Etymologie wegen). — 2) m. N. pr. eines Mannes.

जञ्जल m. N. pr. eines Mannes.

जञ्जला Adv. mit कर् so v. a. im Nu Etwas machen.

जज्ञान 1) Adj. Partic. Perf. von ज्ञा. — 2) m. N. pr. eines Mannes Ârsh. Br.

जज्ञि 1) Adj. keimfähig. — 2) *f. Same.

जञ्झ्, Partic. f. Pl. जञ्झतीस् etwa plätschernde Gewässer, Wasserfall. Nach Benfey (Gött. Nachr. 1876, No. 13, S. 324. fgg.) lachend.

जञ्ज् 1) Partic. f. जञ्जती = जझती. Nach Sâj. = अभिभवन्ती — 2) *जञ्जति (युद्धे).

जञ्जणा Adv. mit भू etwa flimmernd. °भवत्.

जञ्जपूक Adj. eifrig Gebete hermurmelnd Harshak. 91,10.

*जट्, जटति (संघाते).

जट 1) *Adj. Flechten tragend. — 2) m. (metrisch) = 3) a). — 3) f. आ (adj. Comp. f. आ) a) Flechte (die Haartracht der Asketen, daher auch die Çiva's und der Trauernden). — b) eine faserige Wurzel; Wurzelstock Bhâvapr. 1,140. — c) Bez. verschiedener Pflanzen. Nach den Lexicographen: Nardostachys Jatamansi, Mucuna pruritus, Flacourtia cataphracta, Asparagus racemosus und = रुद्रजटा (Râǵan. 3,68). — d) eine best. Art den Veda zu recitiren. — 3) *f. ई 1) eine best. Feigenart. — b) Nardostachys Jatamansi.

जटमल्ल m. N. pr. eines Autors. °विलास m. Titel eines von ihm verfassten Werkes.

जटाकलाप m. Haarzopf.

*जटाचीर m. Bein. Çiva's.

जटाजाल n. Haarzopf Daçak. (1925) 2,129,5. 133,12.

जटाजिनिन् Adj. Flechten tragend und in ein Fell gehüllt MBh. 1,126,21.

जटाजूट m. (adj. Comp. f. आ) die wulstartig auf dem Scheitel aufgebundenen Haarflechten Hemâdri 2,a,83,4. 88,8. 124,16.

*जटाज्वाल m. Lampe.

*जटाटङ्क und *जटाटीर m. Bein. Çiva's.

जटाधर 1) Adj. Flechten tragend. — 2) m. a) Asket. — b) Bein. Çiva's. — c) N. pr. a) eines Wesens im Gefolge Skanda's. — b) eines Buddha. — c) eines Lexicographen. — d) Pl. eines Volkes. — 3) f. ई = रुद्रजटा Bhâvapr. 3,120.

जटाधारिन् Adj. Flechten tragend. °शिवमत n. Govindân. zu Bâdar. 2,2,37.

*जटाला f. 1) Nardostachys Jatamansi Nigh. Pr. — 2) Flacourtia cataphracta ebend.

जटापटल n. Titel eines Werkes über जट 3) d).

जटाभार m. eine Wulst von Haarflechten 92,12. 94,1. 15.

जटामण्डल n. in einen Kranz auf dem Scheitel aufgebundene Haarflechten.

*जटामांसी f. Nardostachys Jatamansi Râǵan. 12,97.

जटामालिन् m. N. pr. eines Muni.

*जटामूला f. Asparagus racemosus Râǵan. 4,120.

जटायु und °युस् m. 1) N. pr. a) eines mythischen Geiers. — b) eines Berges. — 2) *Bdellion.

जटाल 1) Adj. a) Flechten tragend Kândak. 30,8. — b) am Ende eines Comp. erfüllt von, voller. — 2) *m. a) Bdellion. — b) Gelbwurz Râǵan. 6,119. — c) Schrebera Swietenioides Râǵan. 11,211. — d) der indische Feigenbaum Râǵan. 11,118. — 3) *f. आ Nardostachys Jatamansi Râǵan. 12,98. 102.

जटालक 1) Adj. Flechten tragend. — 2) f. °लिका N. pr. einer der Mütter im Gefolge Skanda's MBh. 9,46,23.

*जटावत् 1) Adj. Flechten tragend; m. Bein. Çiva's Gal. — 2) f. °वती Nardostachys Jatamansi.

जटावल्कलिन् Adj. Flechten und ein Gewand aus Bast tragend.

*जटावल्ली f. 1) eine Art Valeriana. — 2) = रुद्रजटा Râǵan. 3,68.

जटाशंकर n. N. pr. eines Tirtha.

जटासुर m. N. pr. 1) eines Rakshas. — 2) Pl. eines Volkes.

*जटि f. 1) Haarflechte. — 2) Masse, Menge. — 3) Ficus infectoria.

*जटिक m. N. pr. eines Mannes. Vgl. जाटिकायन.

जटिन् 1) Flechten tragend. — 2) m. a) Asket, ein frommer Bettler. — b) Bein. Çiva's. — c) N. pr. eines Wesens im Gefolge Skanda's. — d) *ein best. zu den* Pratuda *gezählter Vogel.* — e) **ein 60jähriger Elephant.* — f) **Ficus infectoria.*

जटिल 1) Adj. (f. आ) a) *Flechten tragend.* — b) *stark behaart* (Gesicht) MBh. 7,93,47. — c) *verworren* (Haar). — d) am Ende eines Comp. *erfüllt von, voller.* — 2) m. a) *Asket.* — b) Bein. Çiva's. — c) *ein Bock mit bestimmten Merkmalen.* — d) **Löwe.* — e) N. pr. eines Mannes. — 3) f. आ a) *Nardostachys Jatamansi.* — b) **langer Pfeffer.* — c) **eine Artemisia* Râǵan. 10,47. — d) **Acorus Calamus* Râǵan. 6,52. — e) = उच्चटा. — f) N. pr. einer Frau.

जटिलक N. pr. 1) *m. eines Mannes. Pl. *sein Geschlecht.* — 2) f. °लिका einer Frau Lalit. 331,19.

जटिलय्, °यति *verwirren.*

जटिलस्थल n. N. pr. einer Oertlichkeit.

जटिली Adv. mit कर् *erfüllen —, überdecken mit* Harshak. 200,1.

जटिलीभाव m. *das Sichverwickeln, Sichverwirren.*

*जटुल m. *Leberfleck, Muttermal.*

जटेश्वरतीर्थ n. N. pr. eines Tîrtha.

जटोच (Conj. für जटोच्छ्र) m. N. pr. eines *Hügels.*

1. जठर (*m.) n. (adj. Comp. f. आ) 1) *Bauch, Magen, Leib, Mutterleib*; übertr. *Höhlung, Inneres, Schooss.* — 2) *gewisse krankhafte Affectionen des Unterleibes* Karaka 6,1. — 3) im Gegensatz zu पृष्ठ *Vorderseite des Körpers.* Instr. so v. a. *mit zugewandtem Gesicht* 148,25.

2. ज॑ठर etwa *das Schaukeln, Schwanken* (des Wagens).

3. जठर 1) Adj. (f. आ) a) *hart* (auch in übertr. Bed.). — b) *alt.* Richtig जरठ. — c) *= बद्ध. — d) R. 2,98,24 fehlerhaft für जवन. — 2) m. N. pr. a) Pl. eines Volkes. — b) eines Gebirges.

जठरगद m. *eine best. krankhafte Affection des Unterleibes.*

*जठरज्वाला f. *Leibschmerz, Kolik.*

*जठरनुद् m. *Cathartocarpus fistula.*

*जठरयन्त्रणा f. *die Schmerzen des Kindes im Mutterleibe.*

जठररोग m. = जठरगद.

*जठरव्यथा f. *Kolik.*

जठराग्नि m. 1) *die verdauende Feuerkraft im Leibe* Hemâdri 1,716,21. — 2) Name Agastja's in einer früheren Geburt.

*जठरामय m. *Bauchwassersucht* Râǵan. 20,22.

जठरिन् Adj. *an Leibesanschwellung leidend* Karaka 5,6. 6,18.

जठरी Adv. mit कर् *in seinen Bauch thun.*

ज॑ठल etwa *das Schaukeln* (von Wellen) RV. 1,182,6.

जड 1) Adj. (f. आ) a) *kalt, kühl* 249,12. — b) *starr, apathisch, empfindungslos, betäubt.* — c) *stumpf, dumm, einfältig, geistesschwach* 249,12. m. *Idiot* Gaut. Am Ende eines Comp. nach einem Nom. act. *aus Dummheit nicht vermögend* Spr. 7779. — d) *unbeseelt, intelligenzlos* Kap. 6,50. — e) *stumm.* — 2) m. Bein. Sumati's. — 3) f. आ (am Ende eines adj. Comp. f. आ) *eine best. Pflanze* Karaka 6,2. Nach den Lexicographen *Mucuna pruritus* und *Flacourtia cataphracta.* — 4) n. a) *Wasser.* — b) **Blei.*

*जडक्रिय Adj. *saumselig.*

जडता f. 1) *Starrheit, Regungslosigkeit, Empfindungslosigkeit, Apathie.* — 2) *Stumpfheit, Geistesschwäche.* — 3) *Unbeseeltheit, Intelligenzlosigkeit.*

जडत्व n. = जडता 1) und 2) (314,4).

जडधी Adj. *dumm von Verstande, einfältig.*

जडप्रकृति Adj. dass. 304,32.

जडबुद्धि Adj. dass. Compar. °तर.

जडभरत m. N. pr. eines sich *dumm* stellenden Mannes.

जडभाव m. *Kühle, Frische.*

जडमति Adj. *dumm von Verstande, einfältig* Venîs. 37.

जडय्, °यति *apathisch machen, aller Kraft berauben* 323,23. *stumpf machen für* (Loc. eines Nom. act.). जडित *leblos geworden* (Auge) Bâlar. 21,4.

जडांशु m. *der Mond* zu Spr. 2655.

जडात्मक Adj. 1) *kühl.* — 2) *einfältig.* — 3) *intelligenzlos.*

जडात्मन् Adj. 1) *kühl.* — 2) *einfältig.*

जडाय्, °यते *sich als stumm erweisen,* mit Infin. 187,2.

जडाशय Adj. *einfältig, dumm* Ind. St. 14,379.

जडिमन् m. 1) *Kälte* Kâd. 198,11. 2,42,7. — 2) und 3) = जडता 1) und 2).

1. जडी in गड्गाराम°.

2. जडी Adv. 1) mit भू *dumm werden.* — 2) mit कर् a) *starr —, regungslos —, empfindungslos machen* 308,23. *betäuben.* — b) *dumm machen, verschleiern* (die Einsicht).

*जडीभाव m. = जडता 1).

*जडुल m. *Leberfleck, Muttermal.*

ज॑ढु s. ज॑ळ्हु.

जतु 1) n. *Lack, Gummi.* — 2) f. जतू॑ *Fledermaus.*

जतुक 1) *n. a) *Lack, Gummi.* — b) *Asa foetida.* — 2) f. आ a) **Lack.* — b) *eine roth färbende Oldenlandia* Râǵan. 3,114. Bhâvapr. 1,194. — c) **Fledermaus.*

*जतुकारी f. 1) = *rother Lack* Râǵan. 6,209. — 2) = जतुक 2) b) Râǵan. 3,114.

जतुकृत् und जतुकृष्णा f. = जतुक 2) b) Bhâvapr. 1,194.

जतुगृह und जतुगेह n. *ein mit Lack und andern brennbaren Stoffen bestrichenes und angefülltes Haus.* °गृहपर्वन् n. Titel eines *Abschnitts* im MBh.

*जतुनी f. *Fledermaus.*

*जतुपुत्रक m. *Stein —, Figur in einem Brettspiele.*

जतुमणि m. *Muttermal* oder *ein ähnlicher Fleck.*

जतुमय Adj. *voller Lack.* °शरण n. = जतुगृह Venîs. 142.

जतुमुख m. *eine Reisart.*

जतुवेश्मन् n. = जतुगृह.

जतूकर्ण m. N. pr. eines Mannes Weber, Lit. 284.

जतूका f. 1) *Fledermaus* Karaka 6,9. — 2) **ein best. wohlriechender Stoff.*

जत्रु॑ 1) m. Pl. (nur in der älteren Sprache und Varâh. Brh. S.) Bez. best. *Knochen* (deren 16 angenommen werden). — 2) n. *Schlüsselbein.*

*जत्रुक n. *Schlüsselbein.*

*जत्वश्मक n. *Erdharz* Râǵan. 13,70.

जन् 1) Trans. ज॑नति, °ते, जन॑यति, °ते, जा॑यते (episch auch जायति) und *जजन्ति. a) *zeugen, — mit* (Loc.), *gebären, — von* (Abl.); *erzeugen, hervorbringen, verursachen, gignere.* — b) Caus. *geboren werden lassen.* — c) *bestimmen —, machen zu* (Dat.). — d) *erzeugen als, bewirken dass ist;* mit doppeltem Acc. 329,6. — e) *schaffen, verschaffen.* — 2) Intrans. जनिते, जा॑यते (episch auch जायति), *जन्यते. Episch auch जज्ञुस् und जनिष्यति. a) *erzeugt —, geboren —, hervorgebracht werden, wachsen, entstehen.* — b) *geboren werden als, von Geburt* oder *Natur sein;* mit doppeltem Nom. 51,9. Spr. 5643. — c) *geboren werden —, von der Geburt an bestimmt sein zu* (Acc.). — d) *wiedergeboren werden.* — e) *werden, sein,* das Prädicat im Nom. — f) **werden zu, verwandelt werden in* (Dat.) 229,3. — g) *erfolgen, eintreten, Statt finden.* — h) *möglich —, zulässig sein.* — 3) Partic. जा॑त a) *geboren, — von* (Loc.), *erzeugt von* (Instr. oder Abl.), *— mit* (Loc.), *neugeboren, gewachsen, entstanden, — aus* (Abl.), *zum Vorschein gekommen.* Am Ende eines Comp. α) *geboren vor so und so langer Zeit, so und so alt.* — β) *entstanden —, sich zeigend an.* — b) *geboren —, von Natur bestimmt zu* (Dat.) RV. 4,20,6. 9,94,4. — c) *gewor-*

den. n. impers. mit doppeltem Instr. — d) geworden —, gereichend zu (Dat.) Spr. 2932. — e) erfolgt, eingetreten, geschehen, verstrichen (Zeit Ind. St. 15,314). — f) da seiend, vorhanden, gegenwärtig. — g) versehen mit (Instr.). — h) häufig am Anfange eines adj. Comp. in den Bedeutungen a) c) e) und f). Nicht selten auch mit Umstellung der beiden Glieder. — *Desid. जिजनिषति. — *Intens. जञ्जन्यते, जाजायते, जञ्जन्तम्, जाजातम्, जञ्जनति und जञ्जन्ति. — Mit *व्यति Med. कर्मव्यतिहारे. — Mit अधि 1) geboren werden —, entstehen aus (Abl.), erzeugt werden von (Instr.). — 2) entstehen auf oder über (Acc.). — 3) werden zu (Nom.), sein. — Mit अनु 1) später —, hinterher geboren werden, — zur Welt kommen, — entstehen, nach Jmd (Acc.) geboren werden. — 2) Jmd (Acc.) ähnlich geboren werden. अनुजात von einem Sohne so v. a. dem Vater an Vorzügen gleichend. — 3) अनुजात der die zweite Geburt erfahren hat, d. i. in die Lehre aufgenommen worden ist. — 4) MBh. 13,48,19 ist in Unordnung; vgl. M. 10,31.32. — Mit समनु Jmd (Acc.) ähnlich geboren werden. — Mit अप, °जात aus der Art geschlagen, missrathen (Sohn). — Mit अपि in अपिजे. — Mit अभि 1) für Etwas oder Jmd geboren werden, von Geburt an bestimmt sein zu, durch die Geburt angewiesen sein —, — Ansprüche haben auf (Acc.). °जात mit act. Bed. — 2) geboren werden gemäss, — entsprechend; mit Acc. Spr. 3338. — 3) zu Etwas (Nom. des Partic. fut. pass.) da sein. — 4) geboren —, erzeugt werden, — von (Abl.), — mit (Loc.), entstehen, — aus (Abl.), zum Vorschein kommen mit (Instr.). — 5) wiedergeboren werden, von Neuem entstehen. — 6) werden 102,13. — zu (Nom.). — 7) अभिजात a) von edler Herkunft. — b) reizend, lieblich. — c) *gelehrt. — d) *schicklich, passend, angemessen. — Caus. von Neuem hervorrufen, beleben. — Mit समभि entstehen. — Mit अव falsche Lesart; vgl. Spr. 5960. — Mit आ geboren werden, entstehen. — Caus. 1) erzeugen. — 2) Jmd geboren werden lassen. — 3) fruchtbar machen, Zeugungskraft schaffen. — Mit उदा hervorgehen aus (Abl.). — Mit प्रत्या (°जायते) wiedergeboren werden Kâraṇḍ. 42,9. °जायेयम् Sâmav. Br. 3,8,1. — Mit उद् 1) zeugen, hervorbringen. — 2) geboren werden, entstehen, — aus (Abl.). — Mit उप 1) hinzukommen, — treten. °जात neu hinzugetreten. — 2) als Folge entstehen. — 3) geboren werden, entstehen, sich einstellen, zum Vorschein kommen, sich zeigen Kap. 5,50. Spr. 7222. °जात entstanden, zum Vorschein gekommen, sich eingestellt habend. — 4) wiedergeboren werden. — 5) sein Spr. 3056. — उपजातम् MBh. 9,3482 fehlerhaft für उपयातम्. — Caus. 1) erzeugen, verursachen, veranlassen. — 2) Etwas versuchen. — Mit समुप 1) entstehen, sich einstellen, zum Vorschein kommen. — 2) wiedergeboren werden. — Caus. erzeugen, verursachen. — Mit निस्, निर्जात zum Vorschein gekommen, da seiend; am Ende eines Comp. in verstellter Ordnung. — Mit परि, परिजात 1) erzeugt von (Abl.) AV. 3,6,1. — 2) vollkommen ausgebildet; s. अ°. — Mit प्र 1) geboren werden, entstehen, — aus (Abl.), in (अधि oder Loc.), erzeugt werden von (Instr. oder Abl.) mit (Loc.) मातापितृभ्याम् von Mutter und Vater. — 2) zu einem lebenden Wesen sich entwickeln. — 3) wiedergeboren werden. — 4) sich fortpflanzen, — durch (Instr.). — 5) zeugen, gebären, zeugen mit (Loc. oder Instr.). प्रजाता mit act. Bed. — 6) zu einem lebenden Wesen werden lassen. — Caus. 1) Jmd (Acc.) sich fortpflanzen lassen durch (Instr.), fortpflanzen, entstehen lassen. — 2) zeugen. प्रजननयामकः Maitr. S. 1,6,10. 8,5. — 3) zu einem lebenden Wesen werden lassen. — Desid. प्रजिजनिष्यमाण in's Leben treten wollend. — Desid. vom Caus. प्रजिजनयिषति zu einem lebenden Wesen werden lassen wollen. — Mit अनुप्र nach Etwas geboren werden. प्रजाम् so v. a. sich immer weiter und weiter fortpflanzen Bhâg. P. 3,32,20. — Caus. nach Etwas geboren werden lassen. — Mit अपप्र, °जाता die eine Fehlgeburt gemacht hat. — Mit अभिप्र gebären RV. 5,19,1. — Caus. für Etwas erzeugen. — Mit उपप्र hinzugeboren werden zu (Acc.). — Mit प्रप्र stets auf's Neue entstehen RV. 5,58,5. — Mit संप्र 1) entstehen, zum Vorschein kommen, — aus (Abl.). — 2) da sein. — 3) wiedergeboren werden. — 4) संप्रजाता gekalbt habend. — Mit प्रति wiedergeboren werden, von Neuem entstehen. — Mit वि 1) geboren werden, — von (Loc.), erzeugt werden, — von (Abl.), entstehen, — aus (Abl.). — 2) sich verwandeln in, werden zu (Nom.). — 3) sich fortpflanzen. — 4) zeugen, gebären, — von (Abl.), Kinder —, Junge zur Welt bringen. विजाता die geboren hat. — Mit सम् 1) geboren werden —, zugleich erscheinen mit (Instr.). — 2) geboren werden, — von (Loc.), erzeugt werden, — von (Abl.), wachsen, entstehen, — aus (Abl.), sich einstellen, zum Vorschein kommen, sich ereignen. — 3) werden; verfliessen (von der Zeit). — 4) gebären. — Caus. 1) zeugen, — mit (Loc.), gebären, — von (Abl.); bilden, bauen; erzeugen, hervorbringen, verursachen. — 2) bei sich hervorbringen, erlangen Lalit. 340,3. — Mit अभिसम्, °संजात entstanden. — Mit उपसम् sich einstellen, zum Vorschein kommen Paribh. 64. — Mit प्रतिसम्, °संजात entstanden.

1. जन 1) Adj. (f. ई) erzeugend in पुरं°. — 2) m. (adj. Comp. f. आ) a) Geschöpf, Mensch, Person; Geschlecht, Stamm; das Volk, die Unterthanen. Sg. auch mit collectiver Bed. Sg. mit महन्त् und सुमहन्त् viele —, sehr viele Leute. Häufig in Comp. mit einer anderen Personenbezeichnung (प्रेष्य° Dienerschaft, सखी° Freundin, Freundinnen), auch mit Völkernamen. अयं जनः so v. a. Unsereins, wir, ich (im Prâkrit 297,13 so v. a. mein Geliebter hier). एष जनः dass. 251,30. असौ जनः so v. a. mein Geliebter hier. Bisweilen, ohne nähere Bezeichnung durch ein Pronomen, α) so v. a. die im Augenblick Jmd zunächst stehende Person, diese Person hier, dieser —, diese hier (auch in collectiver Bed.). — β) Einer aus dem grossen Haufen, ein gewöhnlicher —, ein gemeiner Mensch. — b) die jenseits des Maharloka gelegene Welt. — 3) f. जना Geburt, Entstehung.

2. जन m. N. pr. eines Mannes.

जनंसह Adj. die Geschöpfe bewältigend.

जनक 1) Adj. zeugend, erzeugend, hervorbringend, verursachend, bewirkend Spr. 7759. Bhâvapr. 1,52. — 2) m. a) Erzeuger, Vater Spr. 7680. — b) ein best. Tact S. S. S. 212. 237. — c) N. pr. verschiedener Fürsten und anderer Personen. Pl. Ǵanaka's Geschlecht. — 3) *f. जनिका a) Mutter. — b) Schwiegertochter.

जनककाण m. N. pr. eines Mannes.

जनकचन्द्र m. N. pr. verschiedener Männer.

जनकतनया f. Patron. der Sîtâ.

जनकता f. Nom. abstr. zu जनक 1) und 2) a).

जनकत्व n. Nom. abstr. zu जनक 1).

जनकनन्दिनी f. Patron. der Sîtâ.

जनकभद्र m. N. pr. eines Mannes.

जनकराज m. desgl.

*जनकारी f. = जनकारिन्.

जनकल्प 1) Adj. (f. आ) Menschen ähnlich. — 2) f. आ Pl. Bez. der Verse AV. 20,128,6—11.

जनकसप्तरात्र m. ein best. Saptâha.

जनकसिंह m. N. pr. eines Mannes.

जनकसुता und जनकात्मजा f. Patron. der Sîtâ.

*जनकारिन् m. rother Lack.

*जनकाह्वय m. Mesua Roxburghii Gal.

*जनकीय Adj. von 1. जन.

जनकेश्वरतीर्थ . . N. pr. eines Tîrtha.

*जनगत् Adj. Pat. zu Vârtt. 14 zu P. 1,4,2.

*जनगत्य्, °त्यति Denom. von जनगत् ebend.

जनंगम m. *ein Kaṇḍâla* Harshak. 147,14 (जनंगमाङ्गनाम् zu lesen). Kâd. 2,128,15. Râǵat. 7,965. f. आ 8,1957.

जनचतुस् n. *das Auge der Geschöpfe* (die Sonne).

जनत् Indecl. ein Ausruf in Litaneien.

जनता f. *Genossenschaft von Leuten, Gemeinde, religiöse —; das Volk, die Unterthanen; die Geschöpfe, die Menschheit.*

*जनत्रा f. *Regenschirm.* Richtig जलत्रा.

जनदाहस्थान n. *Leichenverbrennungsstätte* Daçak. (1925) 2,127,11.

जनदेव m. *Fürst, König.*

जनद्वत् Adj. *eine Form von* जन् *enthaltend, damit bezeichnet* Maitr. S. 1,8,9.

जनधा Adj. etwa *die Geschöpfe nährend.*

जनधाय Adj. dass.

जनधायस् Adj. dass. Maitr. S. 1,3,12. 27.

जनन 1) Adj. (f. ई) am Ende eines Comp. *zeugend, gebärend, erzeugend, hervorrufend, verursachend.* — 2) m. *Erzeuger, Schöpfer.* — 3) f. जननी *a) Gebärerin, Mutter.* — *b) *Fledermaus.* — *c) *rother Lack* Râǵan. 6,209. — *d) *Jasminum auriculatum, *Rubia Munjista* (Râǵan. 6,193), = *जनी und *कटुका. — *e) *Mitleid.* — 4) n. *a) Geburt.* — *b) Geburt,* so v. a. *Leben.* — *c) Entstehung, das Sichzeigen.* — *d) das Erzeugen, Hervorbringen, Verursachen.* — *e) eine best. mit Zaubersprüchen vorgenommene Handlung.* — *f) *Stamm, Geschlecht.*

जननान्तर n. *ein früheres Leben* Spr. 5715.

जननि f. 1) metrisch st. जननी *Mutter.* — b) **Geburt.* — c) **eine best. wohlriechende Pflanze.*

जननीय्, °यति *Jmd* (Acc.) *für seine Mutter halten.*

*जनंतप m. N. pr. eines Mannes. Vgl. जानंतपि.

जनपति m. *Fürst, König* Daçak. 9,8.

जनपद m. (adj. Comp. f. आ) Sg. und Pl. *Volksgemeinde, Völkerschaft, das Volk* (Gegens. *Fürst*), *Landvolk;* Sg. *Reich, Land.*

जनपदमण्डल n. *Landesbezirk* Karaka 3,3.

जनपदमहत्तर m. *der Angesehenste eines Landes* Daçak. 90,19.

जनपदाधिप und *जनपदिन् m. *Fürst, König.*

जनपदोद्ध्वंसनीय Adj. *über die Epidemie eines Landes handelnd* Karaka 3,3.

जनपान Adj. *den Menschen zum Trunke dienend* ṚV. 9,110,5.

जनपालक m. *Hüter der Menschen* Ind. St. 14,386.

जनप्रवाद m. Sg. u. Pl. *Gerede der Leute* 149,19.

जनप्रिय 1) *den Menschen lieb* (Çiva). — 2) *m. *a) Koriander.* — *b) Moringa pterygosperma.*

*जनप्रियफला f. *die Eierpflanze* Gal.

जनबान्धव m. *Menschenfreund* Ind. St. 14,389.

*जनबालिका f. *Blitz* Gal.

जनभक्ष Adj. *Menschen verschlingend.*

जनभृत् Adj. *Leute erhaltend.*

जनमरक m. *Epidemie, Pestilenz.*

जनमार m. und °री f. dass.

जनमारण n. *das Tödten der Menschen* Spr. 7696.

जनमारीमय Adj. *pestilenzartig, Pestilenz bedeutend.*

जनमेजय m. N. pr. 1) verschiedener Männer, insbes. Fürsten. — 2) eines Schlangendämons.

जनमोहिनी f. N. pr. einer Surâṅganâ Ind. St. 15,241.

जनयन्ति f. *das Zeugen.*

*जनयन्त Adj. *zeugend* u. s. w.

जनयितर् Nom. ag. 1) m. *Erzeuger, Vater; Hervorbringer* Çaṁk. zu Bâdar. 2,3,9. — 2) f. °त्री *Mutter.*

जनयितवै Dat. Infin. (abhängig von ईश्वर) *zu erzeugen* Çat. Br. 14,9,4,13.

जनयितव्य Adj. *zu zeugen, — von* (Instr.) *mit* (Loc.), *zu erzeugen, hervorzubringen.*

जनयिष्णु m. *Erzeuger.*

जनयोपन Adj. *die Leute störend, — irre machend, — plagend.*

जनर् s. जनस् 2).

जनरव m. *Gerede der Leute.*

जनराज् und जनराजन् m. *Menschenherrscher.*

जनलोक m. *eine über dem* Maharloka *gelegene Welt.*

जनवत् Adj. *wo Leute sich befinden.* Loc. *an einem solchen Orte* Karaka 1,8.

*जनवल्लभ m. *eine best. Pflanze.*

जनवाद m. *Gerede der Leute, Geschwätz, Geklatsch* MBh. 14,37,13.

जनवादिन् m. *Schwätzer, Neuigkeitskrämer.*

जनविद् Adj. *Leute besitzend.*

जनश्री Adj. *zu den Menschen kommend.*

*जनश्रुत N. pr. 1) m. eines Mannes. — 2) f. आ eines Weibes.

जनश्रुति f. *Gerücht* Râǵat. 7,133.

जनस् 1) n. *Geschlecht, genus.* — 2) Indecl. (जनर् vor tönenden Lauten) = जनत्. Gedeutet als *die jenseits des* Maharloka *gelegene Welt.*

जनस्थ Adj. 1) *unter den Menschen lebend.* — 2) *in der* Ǵana *genannten Welt weilend.* Könnte auch जनःस्थ sein.

जनस्थान n. N. pr. eines Theiles des Daṇḍaka-Waldes.

*जनाधिनाथ m. 1) *Fürst, König.* — 2) Bein. Vishṇu's.

जनान्त m. *eine Gruppe —, eine Mehrheit von Menschen* Sâh. D. 425. — 2) **Land, Gegend.* — 3) Bein. Jama's.

जनान्तिकम् Adv. *leise zu Jmd* (Etwas sagen), *so dass es die Andern nicht hören,* 114,30.

जनान्तिके Loc. Adv. *in der Nähe von Menschen.*

जनापवाद m. *üble Nachrede,* Pl. 239,1.

जनायन Adj. *zu den Menschen führend* (Weg).

जनारव m. *Gerede der Leute* 117,31.

जनार्णव m. *Karavane.*

जनार्दन m. 1) Bein. Vishṇu's oder Kṛshṇa's. — 2) N. pr. *a)* verschiedener Männer. Auch °विबुध, °व्यास und शुक्ल°. — *b)* einer Oertlichkeit.

जनालय m. *ein Bewohner der Welt* Ǵana Bhâg. P. 3,11,31.

*जनाव् (Nom. जनास्) Adj. *Menschen schützend.*

जनाश्रय m. *Karavanserai.*

जनाषह् (Nom. °षाट्) Adj. *Menschen bewältigend.*

जनि und जनी f. 1) *Weib, Gattin* (in dieser Bed. Gen. जन्युस् Kuhn's Z. 25,289). Pl. bildlich von den *Fingern.* — 2) *जनि *Mutter.* — 3) *जनी *Schwiegertochter.* — 4) *Geburt, Entstehung.* — 5) जनि *Geburt,* so v. a. *Leben* Agni-P. 38,1. — 6) जनि *Geburtsstätte.* — 7) जनि *die Wurzel* जन् Çaṁk. zu Bâdar. 3,1,24. Könnte auch m. sein. — 8) **eine best. wohlriechende Pflanze.*

जनिकर्तर् Nom. ag. 1) *entstehend* 222,12. — 2) *entstehen machend, erzeugend, bewirkend;* f. °कर्त्री Naish. 5,63.

जनिकाम Adj. *ein Weib wünschend.*

जनितर् und जनितर् Nom. ag. 1) m. *Erzeuger, Vater.* — 2) f. जनित्री *Gebärerin, Mutter.*

जनितव्य Adj. *was geboren werden —, was entstehen soll.*

जनितोस् Abl. Gen. Inf. von जन् ṚV. 4,6,7. Ait. Br. 1,25. 2,7. Çat. Br. 3,2,1,31.

जनित्र n. 1) *Geburtsstätte, Heimat, Herkunft.* — 2) Pl. *Eltern* oder *Blutsverwandte* überh. — 3) *Zeugungsstoff.* — 4) Name eines Sâman. वसिष्ठस्य जनित्रे द्वे Ârsh. Br. जनित्राद्य und जनित्रोत्तर n. desgl. जनित्रमुत्तरम् Lâṭj. 7,2,1.

1. जनित्व 1) Adj. = जनितव्य. — 2) * m. *Vater* *f. आ *Mutter,* *m. Du. *die Eltern.*

2. जनित्वं n. *der Stand der Ehefrau.*

जनित्वनँ n. dass.

जनित्वी Absol. von जन् RV. 10,65,7.

जनिदा Adj. *ein Weib verleihend.*

जनिधँ oder °धा von unbekannter Bed.

*जनिनीलिका f. *eine best. Pflanze.*

जनिपद्धति f. Titel eines Werkes Verz. d. B. H. No. 877. °दर्पण m. desgl.

जनिमन् n. 1) *Geburt, Entstehung, Ursprung.* — 2) *Nachkommenschaft, progenies.* — 3) *Geschöpf, Wesen.* — 4) *Geschlecht, Art, gens, genus.*

जनिमत् Adj. 1) *beweibt, weiberreich.* — 2) *eine Entstehung habend, entstanden* Çaṅk. zu Bâdar. 3,2,32. 4,2,8.

जनिय्, °यँति = जनीय्.

जनिवत् Adj. *beweibt.*

जनिष्ठ Adj. *überaus zeugungsfähig* Maitr. S. 1,3,20.

जनिष्य Adj. *der noch geboren werden —, der noch entstehen soll.*

जनिष्यमाणत्व n. *ein bevorstehendes Geborenwerden* Karaka 4,3.

जनी s. जनि.

जनीय्, °यँति *ein Weib wünschen.*

*जनीय (?) Adj. von जन्या.

*जनु f. 1) *Geburt.* Auch *जनू. — 2) *Seele* Gal.

जनुःपद्धति f. Titel eines Werkes Verz. d. B. H. No. 876.

जनुस् m. n. 1) *Geburt, Ursprung, Herkunft.* — 2) *Nativität.* — 3) *Geburtsstätte.* — 4) *Geschöpf, Wesen.* — 5) *Schöpfung, Hervorbringung.* — 6) *Art, genus.* — 7) जनुषा Instr. *von Geburt an, naturaliter, von Hause aus, dem Wesen* oder *der Bestimmung nach, eigentlich, wesentlich, nothwendig.* *जनुषान्ध Adj. *blindgeboren* wird als Comp. angesehen.

जनूवासस् n. *das natürliche, angeborene Gewand* Çat. Br. 5,3,5,25.

जनेन्द्र m. *Fürst, König.*

*जनेवाद m. = जनवाद.

जनेश (Harshak. 138,24) und जनेश्वर m. *Fürst, König.*

*जनेष्ट 1) m. *eine Art Jasmin* Râgan. 10,79. — 2) f. आ a) *Gelbwurz* Râgan. 6,198. — b) = जतुक 2) b) Râgan. 3,114. — c) *ein best. Heilmittel* (वृद्धि) Râgan. 5,29. — d) *die Blüthe von Jasminum grandiflorum* Râgan. 10,76

*जनोदाहरण n. *guter Ruf.*

जनोलोक m. *die Welt* Ganas.

*जनौ s. जनाव्.

जन्तु m. 1) *Kind, Nachkomme* 135,26. — 2) *Geschöpf, Wesen, Mensch, Person.* Sg. auch in collectiver Bed. सर्वो जन्तुः *Jedermann.* अयं जन्तुः so v. a. *der Mensch.* — 3) *Angehöriger, Diener.* — 4) *Gewürm, Ungeziefer, Eingeweidethier.* कर्कटी° so v. a. *ein winziges Krebsweibchen.* Ausnahmsweise n. — 5) * *Baum* Gal. — 6) N. pr. verschiedener Männer VP.[2]

*जन्तुक 1) m. N. pr. eines Mannes. Pl. *sein Geschlecht.* — 2) f. आ a) *rother Lack.* — b) = जतुक 2) b) Râgan. 3,114.

*जन्तुकम्बु n. *eine Muschel mit dem lebenden Thiere* Râgan. 13,127.

*जन्तुकारी f. = जतुक 2) b) Râgan. 3,114.

जन्तुघ्न 1) Adj. *Würmer tödtend.* — 2) *m. *Citrone.* — 3) *f. ई und n. *Embelia Ribes.* — 4) *n. *Asa foetida.*

जन्तुजातमय Adj. *voller Ungeziefer.*

*जन्तुनाशन n. *Asa foetida* Râgan. 6,74.

*जन्तुपादप m. *Mangifera sylvatica* Râgan. 11,14.

*जन्तुफल m. *Ficus glomerata.*

जन्तुमत् Adj. *mit Gewürm —, mit Ungeziefer versehen.*

जन्तुमातर् 1) m. *ein best. Eingeweidewurm* Karaka 1,19. 3,7. — 2) * *rother Lack* Nigh. Pr.

*जन्तुमारिन् m. *Citrone* Râgan. 11,176.

*जन्तुरस m. *rother Lack* Râgan. 6,209.

*जन्तुला f. *Saccharum spontaneum.*

*जन्तुहन्त्री f. *Embelia Ribes* Râgan. 6,50.

(जन्त्व) जन्तुग्र Adj. *was geboren werden —, was entstehen soll* RV. 8,89,6.

जन्म m. (*n.) = जन्मन् *Geburt.*

जन्मक = जन्मन् in °नाथ m. = जन्मप Ind. St. 14,354.

°जन्मकर Adj. *die Geburt von — bewirkend.*

जन्मकाल m. *Geburtszeit, — stunde* 52,17.

*जन्मकील m. Bein. Vishṇu's.

जन्मकृत् m. *Erzeuger, Vater.*

जन्मकृत Adj. *schon durch die Geburt bewirkt, schon mit der G. gegeben* Kâd. 2,110,24.

जन्मक्षेत्र n. *Geburtsstätte.*

जन्मचिन्तामणि m. Titel eines Werkes.

जन्मगृह n. = जन्मनक्षत्र Varâh. Jogaj. 4,44.

जन्मजन्मन् n. Loc. °नि *in jeder Geburt,* so v. a. *in jedem Leben* Mon. d. B. A. 1880, S. 35.

जन्मजन्मान्तर n. *jedes zukünftige Leben* Spr. 692.

जन्मजातक n. Titel eines Werkes.

जन्मतस् Adv. 1) *der Geburt nach* Âpast. — 2) *nach dem Lebensalter* 196,4. 6.

जन्मतार (*m.) *das Sternbild, unter dem Jmd geboren ist,* Hemâdri 1,810,10.

जन्मतिथि (*m. *f.) *Geburtstag.*

जन्मद 1) Adj. am Ende eines Comp. *die Geburt von — bewirkend.* — 2) m. *Erzeuger, Vater.*

जन्मदिन n. *Geburtstag.*

जन्मन् n. 1) *Geburt, Entstehung, Ursprung.* महज्जन्मन् *hohe Geburt* Spr. 7825. कृतजन्मन् Adj. *gepflanzt.* शूद्रजन्मन् m. *ein von einem Çûdra Erzeugter,* = शूद्र. — 2) *Geburt,* so v. a. *Leben.* — 3) *Nativität.* — 4) *Wiedergeburt.* — 5) *Geburtsort, Heimat.* — 6) *Geburtsstätte,* so v. a. *Erzeuger, Vater.* — 7) *Geburtsstern.* — 8) *das erste astrologische Haus.* — 9) *Geschöpf, Wesen.* — 10) *Angehörige, Sippschaft, Leute.* — 11) *Geschlecht, Art, gens, genus.* Unter *beiden Geschlechtern* sind *Götter und Menschen* oder *Menschen und Thiere* gemeint. — 12) *Natur, Beschaffenheit, Art und Weise.* प्रत्नेन जन्मना *nach alter Art, nach altem Herkommen.* दूतजन्मना *nach Botenart.* — 13) * *Wasser.*

जन्मनक्षत्र n. *das Sternbild, unter dem Jmd geboren wird,* Hemâdri 1,612,2

जन्मप m. *der Regent des Sternbildes, unter dem Jmd geboren wird.*

जन्मपत्रपद्धति f. Titel eines Werkes.

*जन्मपथ m. *Geburtsweg, vulva* Gal.

जन्मपादप m. *ein Baum der Heimat.*

जन्मप्रतिष्ठा f. *Mutter.*

°जन्मप्रद Adj. = °जन्मकर.

जन्मप्रदीप m. Titel eines Werkes.

जन्मभ n. = जन्मनक्षत्र Varâh. Jogaj. 9,10.

जन्मभाज् m. *Geschöpf, Wesen* Ind. St. 14,388.

जन्मभू (Spr. 7824. Bhâvapr. 1,70) und °मि f. *Geburtsland, Heimat.*

जन्मभृत् Adj. *im wahren Besitz der Geburt seiend, Vortheil und Genuss vom Leben habend.*

जन्मराशि m. *das Zodiakalbild, unter welchem Jmd geboren wird.* °राश्यधिप m. *der Regent eines solchen Zodiakalbildes* Ind. St. 14,354.

जन्मर्क्ष n. 1) = जन्मनक्षत्र Varâh. Jogaj. 9,1. — 2) *das erste Mondhaus.*

जन्मलग्न n. = जन्मराशि.

जन्मवंश m. *leibliche Verwandtschaft.*

जन्मवत् Adj. *was geboren wird, alles Lebende.* Nom. abstr. °वत्ता f. *das Geborenwordensein, Leben, Existenz* Kâd. 92,17.

जन्मवर्त्मन् n. *Geburtsweg, vulva.*

जन्मवसुधा f. *Geburtsland, Heimat.*

जन्मशय्या f. *das Lager, auf dem Jmd geboren ist.*

जन्मसमुद्र m. Titel eines Werkes.

जन्मस्थान n. *Geburtsstätte, Heimat.*

जन्माधिप m. 1) *Herr über die Geburt* (Çiva).

— 2) = जन्मप.

जन्मान्तर n. 1) ein vorangegangenes Leben 254,4. — 2) ein zukünftiges Leben. °गत so v. a. wieder —, neugeboren 135,9.

जन्मान्तरित, जन्मान्तरीण und जन्मान्तरीय Adj. aus einem vorangegangenen Leben stammend.

जन्मान्ध Adj. blind geboren. Nom. abstr. °त्व n. Bhâvapr. 1,125.

जन्माष्टमी f. der achte Tag in der dunkelen Hälfte des Bhâdra, an dem Kṛshṇa geboren ist. °तत्त्व n. Titel eines Abschnittes im Smṛtitattva. °निर्णय m. Titel eines Werkes.

जन्मास्पद n. Geburtsstätte.

जन्मिन् m. Geschöpf, Mensch.

जन्मेजय m. = जनमेजय 1).

जन्मेश m. = जन्मप Varâh. Jogaj. 4,12.

जन्मोदयर्क्ष n. der Geburtsstern oder das erste astrologische Haus Varâh. Jogaj. 4,43.

1. जन्य 1) Adj. was erzeugt —, hervorgebracht wird. Am Ende eines Comp. entspringend —, hervorgehend aus. Nom. abstr. °ता f. und °त्व n. — 2) *m. Vater. — 3) n. a) Körper. — b) *a portent, one occurring at birth; vgl. अ°.

2. जन्य (जनिअ) 1) Adj. gentilis, zum Stamm —, zum Geschlecht u. s. w. gehörig, von demselben herrührend, landsmännisch. — b) vulgaris, von den Leuten (Fremden) herrührend, denselben gehörig u. s. w. — 2) m. a) (Landsmann) Brautführer. — b) *Schwiegersohn Gal. — c) der gemeine Mann. — 3) *m. n. Gerede der Leute, Geklatsch. — 4) f. आ a) Brautführerin. — b) *eine Freundin der Mutter. — c) *Freude. — 5) n. a) Leute, Gemeinde, Volksstamm. Auch जन्यै. — b) Pl. feindliche Geschlechter oder — Haufen. — c) feindlicher Zusammenstoss von Menschen, Kampf, Schlacht Gaut. — d) *Marktplatz.

3. जन्य m. N. pr. eines alten Weisen.

जन्यक (Conj.) m. Brautführer Pańkad. 52.

*जन्यीय (?) Adj. von जन्या.

जन्यु m. 1) Geburt (?). — 2) *Geschöpf. — 3) *Feuer. — 4) *Bein. Brahman's. — 5) N. pr. eines Rshi im 4ten Manvantara. जङ्घु v. l.

जप्, जपति, जपते (seltener); Partic. जपित und जप्त. 1) halblaut —, flüsternd hersagen, hermurmeln (Gebete). जपतां वरः der Beste unter den stillen Betern 73,15. — 2) beflüstern, mit halblauter Stimme besprechen. — 3) halblaut ein Gebet an Jmd richten, halblaut Jmd anrufen. — Intens. जञ्जप्यते, *जञ्जपीति beständig flüstern. Nach den Grammatikern soll ein Tadel darin liegen. — Mit अनु nachher murmelnd hersagen. — Mit अभि beflüstern, besprechen. — Mit आ hineinflüstern. कर्णे in's Ohr. — Mit उप 1) zuflüstern, mit Loc. oder Acc. des Ohres. — 2) Jmd durch Zuflüsterungen auf seine Seite bringen. — Mit परि beflüstern, besprechen Gobh. 2,3,18. 4,5,19. Varâh. Bṛh. S. 48, 74. — Mit प्र herflüstern. — Mit प्रति erwiedernd flüstern. — Mit सम् ausplaudern, weitererzählen, mittheilen.

जप 1) Adj. flüsternd, raunend. — 2) m. das halblaute Aufsagen eines Gebets, Liedes u. s. w.; ein auf diese Weise hergesagtes Gebet.

जपता f. der Zustand dessen, der nur Gebete hermurmelt. Nilak. fasst जपताम् (= गायत्रीमात्रसेविनाम्) als Gen. und ergänzt dazu कुले जन्म.

जपन n. das Hermurmeln von Gebeten.

जपनीय Adj. flüsternd herzusagen.

जपमाला f. Rosenkranz.

जपयज्ञ m. ein im Hermurmeln von Gebeten bestehendes Opfer.

जपहोम m. 1) Sg. und Pl. eine im Hermurmeln von Gebeten bestehende Spende. MBh. 12,102,4 ist wohl °होमाग्न्य zu lesen. — 2) Du. ein herzumurmelndes Gebet und eine Spende Verz. d. Oxf. H. 103,a,10.

जपहोमक m. = जपहोम 1).

जपा f. Hibiscus rosa sinensis Varâh. Bṛh. S. 28,14.

*जपाकुसुमसंनिभ m. eine best. Pflanze, = हिङ्गुल Nigh. Pr.

*जपाख्या f. = जपा Râgan. 10,124.

जपिन् Adj. leise Gebete hersagend.

जपिल N. pr. einer Oertlichkeit.

जप्तव्य Adj. flüsternd herzusagen.

जप्य 1) Adj. dass. — 2) m. (nur Bhâg. P.) n. ein flüsternd herzusagendes Gebet.

जप्यक m. N. pr. eines Mannes.

जप्यकर्मन् n. das Hermurmeln eines Gebetes Âpast.

जप्येश्वरतीर्थ n. N. pr. eines Tîrtha.

जबारु nach Durga n. = मण्डल.

जबाल N. pr. 1) *m. eines Mannes. — 2) f. आ einer Frau.

*जब्धर् Nom. ag. von जभ्.

1. जभ्, जम्भ्, *जभते und *जम्भते schnappen nach (अपि), mit dem Maule packen. Zu belegen nur जम्भिषत्. — Caus. जम्भयति zermalmen, vernichten. — Intens. जञ्जभ्यते, *जञ्जभीति, जञ्जभान und जञ्जभत् den Rachen aufreissen, schnappen. जञ्जभ्यमान den Mund weit aufthuend Njâjam. 3,4,17. Comm. zu Gaim. 3,4,14. — Mit अभि Intens. den Rachen aufreissen gegen Jmd (Acc.).

2. जभ्, *जम्भ्, *जभति, *°ते, *जम्भति = यभ् futuere. जभितुम् (ed. Bomb. यभितुम्) Bhâg. P. 3,20,26.

जभ्य m. ein best. (dem Getraide schädliches) Thier AV.

जम्, *जमति = गतिकर्मन् und अदने, जमत् = ज्वलत्. Intens. जाजमत् beständig verzehrend. Nur in Etymologien von जमदग्नि.

*जमज Adj. = यमज.

जमदग्नि m. N. pr. eines Rshi.

जमदग्नितीर्थ n. N. pr. eines Tîrtha.

जमदग्निदत्त Adj. von Gamadagni gegeben.

जमदग्न्यजप m. Hall in der Vorrede zu Daçar. 30 wohl fehlerhaft für जा°.

*जमन n. = जेमन.

जमश्च m. = यमश्च Kap. S. 32,10.

जमालिन् m. N. pr. eines Mannes.

*जंपती Nom. Du. m. = दंपती Mann und Frau.

जम्पान n. etwa Bahre Verz. d. Oxf. H. 156,a,30. 36.

*जम्ब m. Sumpf, Schlamm.

जम्बाल 1) (*m. n.) a) Sumpf, Schlamm Râgat. 8,2853. Kâd. 2,98,13. Bâlar. 195,1. — b) Blyxa octandra. — 2) *m. Pandanus odoratissimus.

*जम्बालिनी f. Fluss.

*जम्बिर m. = जम्बीर 1).

जम्बीर m. 1) Citronenbaum; n. Citrone. — 2) ein best. Küchengewächs, eine Art Ocimum Râgan. 10,157. 160.

जम्बीरक m. = जम्बीर 2).

जम्बीरनगर n. N. pr. einer Stadt Ind. St. 15,239.

जम्बु und जम्बू f. 1) Eugenia Jambolana und auch andere Species. *f. und n. (जम्बु) die Frucht. — 2) *ein best. Strauch, = नागदमनी. — 3) N. pr. a) eines Dvipa. — b) eines mythischen Flusses.

जम्बुक 1) m. a) Schakal. — b) verächtlicher Bein. eines gemeinen Menschen Spr. 7382. — c) *Eugenia Jambos. — d) *eine Art Bignonia. — e) *Bein. Varuṇa's. — f) N. pr. α) eines Wesens im Gefolge Skanda's. — β) eines Çûdra MBh. 12,153, 67. — 2) f. आ f. zu 1) a).

जम्बुकेश n. Name eines Liñga.

जम्बुकेश्वरतीर्थ n. N. pr. eines Tîrtha.

जम्बुद्वीप m. N. pr. eines der 7 grossen Continente. Bei den Buddhisten Indien, bei den Gaina eine der 5 Abtheilungen von Bhârata.

जम्बुद्वीपवरलोचन m. ein best. Samâdhi Kâraṇḍ. 93,6.

जम्बुध्वज m. N. pr. 1) = जम्बुद्वीप Lalit. 32,4. — b) *eines Schlangendämons.

जम्बुपर्वत m. N. pr. = जम्बुद्वीप.

जम्बुप्रस्थ m. N. pr. eines Dorfes.

*जम्बुमत् 1) m. *a) Berg.* — *b) Affe.* — 2) f. °मती *eine* **Apsaras.**

जम्बुमालिन् m. N. pr. eines **Rakshas.**

जम्बुहृद m. N. pr. eines Schlangendämons.

जम्बुल m. 1) *eine best. Krankheit des äussern Ohres.* — 2) **Eugenia Jambolana.* — 3) **Pandanus odoratissimus.*

जम्बुवनज n. *die Blüthe der weissen chinesischen Rose.*

जम्बुसर N. pr. einer Stadt.

जम्बूक 1) m. *a) Schakal.* — *b) *ein gemeiner Mensch.* — *c)* *Bein. **Varuṇa's.** — *d)* N. pr. eines Wesens im Gefolge **Skanda's.** — 2) *f. आ *eine Art Weintraube ohne Kerne* Râǵan. 11,106. — 3) f. ई N. pr. eines Wesens im Gefolge der **Durgâ.**

जम्बूखण्ड m. n. = जम्बुद्वीप.

जम्बूद्वीप m. dass. °प्रज्ञप्ति f. Titel eines Ǵaina-Werkes Ind. St. 9,448.

जम्बूनदप्रभ m. fehlerhaft für जा°.

जम्बूनदी f. N. pr. eines *Flusses.*

जम्बूप्रस्थ m. = जम्बुप्रस्थ R. ed. Bomb. 2,71,11.

जम्बूमार्ग m. n. N. pr. eines **Tirtha** VP. 2,13,33.

जम्बूल 1) m. *a) Pandanus odoratissimus.* — *b) *Eugenia Jambolana.* — 2) n. *die Reden der weiblichen Anverwandten des Bräutigams bei der Hochzeit.*

जम्बूलमालिका f. *das verklärte Gesicht von Braut und Bräutigam* oder *die mannichfachen Reden der weiblichen Anverwandten des Bräutigams bei der Hochzeit.*

जम्बूस्वामिन् m. N. pr. eines Ǵaina-Sthavira Hem. Par. 4,38.

जम्ब्वोष्ठ n. = जाम्बवोष्ठ.

जम्भ् s. 1. und 2. जभ्.

जम्भ 1) m. *a)* parox. α) *Zahn, Fangzahn; Pl. Gebiss.* — β) *Rachen.* — γ) *das Schlucken* ṚV. 1,37,5. — *b)* oxyt. *der Zermalmer, Verschlinger* (von Unholden). Später N. pr. verschiedener Unholde. — *c)* *Indra's *Donnerkeil* Gal. — *d)* etwa *Zauber* MBh. 5,64,20. — *e)* **Citronenbaum.* — *f)* **Köcher.* — *g)* **Theil.* — 2) *f. आ *das Aufsperren des Mundes.* — 3) f. ई N. pr. einer Gottheit Kâlaḱ. 3,132.

जंभक 1) Adj. am Ende eines Comp. *zermalmend, verschlingend.* — 2) m. *a)* etwa *Zauber* MBh. 5,64,16. — *b) Unhold* oder *ein best. Unhold* VS. 30,16. — *c)* Bein. **Gaṇeça's.** — *d)* N. pr. α) eines Unholds, eines Krankheitsdämons Hariv. 9557. Agni-P. 40,19. — β) eines von **Kṛshṇa** besiegten Dämons. — γ) verschiedener in mythischen Waffen hausender Geister. — δ) *eines Wesens im Gefolge **Çiva's.** — *e) ein un 2) d) γ) gerichteter Spruch.* — *f)* **Citronenbaum.* — 3) *f. जम्भका *das Aufsperren des Mundes.* — 4) f. जम्भिका N. pr. einer buddh. Gottheit.

जम्भकुण्ड n. N. pr. eines **Tirtha.**

जम्भग m. Pl. Bez. *best. Unholde.*

*जम्भद्विष् m. (Nom. °द्विट्) Bein. **Indra's.**

*जम्भन am Ende einiger Comp. = जम्भ 1) *a)* α).

1. जंभन 1) Adj. (f. ई) *zermalmend, vernichtend, Zermalmer* u. s. w. — 2) *m. *Calotropis gigantea* Râǵan. 10,27.

2. *जम्भन n. Nom. act. von 2. जभ्, जम्भ्.

जम्भभेदिन् m. Bein. **Indra's** Dhûrtan. 18.

*जम्भर m. *Citronenbaum.*

जम्भल 1) m. *a)* *dass. — *b)* N. pr. α) eines Geistes bei den Buddhisten. — β) eines **Mannes.** — 2) f. आ N. pr. einer **Rakshasi.**

जम्भलदत्त m. N. pr. eines Autors.

जम्भलिका f. *eine Art Gesang.*

जम्भारि m. 1) Bein. **Indra's.** °भुजस्तम्भन n. eine der Grossthaten **Çiva's** Bâlar. 29,15. — 2) *Indra's *Donnerkeil.* — 3) **Feuer.*

*जम्भिन् m. *Citronenbaum.*

*जम्भीर m. 1) dass. — 2) *eine Art Ocimum.*

जम्भीरनगर n. v. l. für जम्बीर Ind. St. 15,239.

जंभ्य m. *Schneide — oder Backenzahn.* Pl. *Kinnbacke* TS. Prât.

जय 1) Adj. am Ende eines Comp. *ersiegend, erbeutend, gewinnend, besiegend.* — 2) m. *a)* oxyt. *Gewinn, Gewinnung, Sieg, Besiegung* (im Kampf, Spiel, Streit, Process). — *b)* parox. Pl. *best. zum Sieg verhelfende Sprüche* (als Gottheiten personificirt Verz. d. Oxf. H. 56,*b*) Njâjam. 3,4,24. Maitr. S. 1,4,14. TS. 3,4,4,1. 6,1.2. Nom. abstr. जयत्वँ n. ebend. — *c)* **Premna spinosa* oder *longifolia.* — *d)* **eine gelbe Varietät von Phaseolus Mungo.* — *e) das dritte Jahr im 6ten Lustrum des Jupitercyclus.* — *f) eine Art Flöte* S. S. S. 196. — *g) ein best. Tact* S. S. S. 208. — *h)* Bein. α) *der Sonne.* — β) *Indra's — γ) **Arǵuna's** (des **Pâṇḍu**-Sohnes) MBh. 3,266,7. 4,5,35. — *i)* N. pr. α) eines Genius Varâh. Bṛh. S. 53,48. Hemâdri 1,632,5. 634,23. — β) eines Sohnes des **Indra.** — γ) eines Dieners des **Vishṇu.** — δ) eines Schlangendämons. — ε) eines **Dânava.** — ζ) verschiedener Männer. — 3) f. आ *a)* Bez. *verschiedener Pflanzen.* Nach den Lexicographen: *Sesbania aegyptiaca, Premna spinosa* oder *longifolia, Terminalia Chebula* und = नीलदूर्वा. Auch mit जपा verwechselt. — *b)* **ein best. berauschender Stoff.* — *c)* Bez. *bestimmter Tage* Hemâdri 1,63,4. — *d)* Bez. *eines der sieben kleinen Flaggenstöcke neben* **Indra's** *Banner.* — *e)* Bez. der गौरा धर्माः Verz. d. Oxf. H. 30,*b*,18. — *f)* Bein. der **Durgâ.** — *g)* N. pr. α) verschiedener göttlicher Wesen. — β) einer **Jogini** Hemâdri 2,*a*,94,11. लया v. l. — γ) einer **Çakti** Hemâdri 1,198,5. — δ) einer vertrauten Dienerin der **Durgâ** und Gattin **Pushpadanta's.** — ε) *der Mutter des 12ten **Arhant's** der gegenwärtigen **Avasarpiṇi.**

जयक 1) *Adj. *siegreich.* — 2) m. N. pr. eines Mannes.

जयकर्ण m. N. pr. eines Fürsten Paṅkad.

*जयकारिका f. *Mimosa pudica* Nigh. Pr.

जयकाशिन् Adj. *ein Siegesgeschrei erhebend.*

जयकीर्ति m. N. pr. eines Mannes B. A. J. 9,286.

जयकुञ्जर m. *ein Elephant, der andere Elephanten besiegt hat,* 323,15.

जयकृत् Adj. *Sieg verleihend.*

जयकेशि m. N. pr. eines Mannes B. A. J. 9,280.

*जयकोलाहल m. 1) *Siegesgeschrei.* — 2) *ein best. Würfel.*

जयक्षेत्र n. N. pr. einer Oertlichkeit.

जयगत Adj. *siegreich* Varâh. Bṛh. S. 17,10.

जयगुप्त m. N. pr. verschiedener Männer.

जयघण्टा f. *eine Art Cymbel* S. S. S. 178. 198.

जयघोष m. (Hemâdri 1,709,9), °षा n. oder °षा f. *Siegesruf.*

जयघोषा N. pr. einer **Suraṅganâ** Ind. St. 15.

जयचन्द्र m. N. pr. verschiedener Männer.

जयचर्या f. Titel eines Werkes.

*जयढक्का f. *Siegespauke.*

जयदामन् m. N. pr. eines Mannes B. A. J. 8,235.

जयतश्री f. *ein best.* **Râga** S. S. S. 108.

जयति m. *die Wurzel* 1. जि 221,23.

जयतीर्थ m. N. pr. eines Autors. Auch °भिक्षु und °यति.

जयतुङ्ग N. pr. eines Autors oder Titel eines Werkes. °तुङ्गोद्देश m. T. e. W.

जयत्सेन 1) m. N. pr. verschiedener Männer. Auch ein angenommener Name eines der **Pâṇḍu**-Söhne. — 2) f. आ N. pr. einer der Mütter im Gefolge **Skanda's.**

जयद 1) Adj. *Sieg verleihend* Varâh. Bṛh. S. 17,7. — 2) f. आ N. pr. einer Gottheit.

जयदत्त m. N. pr. verschiedener Männer.

जयदुर्गा f. *eine Form der* **Durgâ.**

जयदेव m. N. pr. eines Dichters. Auch °तर्कालंकारमिश्रमहामहोपाध्याय (wohl verschieden).

जयदेवक 1) m. = जयदेव. — 2) n. *ein best.* Muhûrta.

जयद्बल m. ein angenommener Name eines der Pâṇḍu-Söhne.

जयद्रथ m. N. pr. verschiedener Männer.

*जयद्रुम m. *Vanda Roxburghii* Nigh. Pr.

जयधर् m. N. pr. eines Mannes.

जयधर्मन् m. desgl.

जयध्वज m. 1) *Siegesbanner.* — 2) N. pr. eines Sohnes des Arǵuna Kârtavîrja.

जयध्वजाय्, °यते *ein Siegesbanner darstellen* Daçak. 2,6.

जयन 1) Adj. (f. ई) *allvermögend* Ḱaṇḍak. 77,6. Vielleicht जयिनी zu lesen. — 2) *f. ई N. pr. einer Tochter Indra's. — 3) *n. *a) das Ersiegen, Besiegen.* — *b) Rüstung eines Pferdes* u. s. w.

जयनीराजन n. *eine best. Ceremonie* Ind. St. 14, 157.

जयनृसिंह m. *eine Form* Vishṇu's.

जयन्त 1) m. *a)* *der Mond.* — *b) ein best.* Dhruvaka. — *c)* *Bein. α) Çiva's. — β) Skanda's Gal. — *d)* N. pr. α) eines Sohnes des Indra. — β) eines Rudra. — γ) eines Gandharva. — δ) eines Sohnes des Dharma. — ε) *Pl. einer Klasse von Göttern bei den Ǵaina. — ζ) verschiedener Männer. — η) eines Gebirges. — *e)* ein angenommener Name Bhîmasena's. — 2) f. ई *a)* **Fahne.* — *b)* **Sesbania aegyptiaca* Râǵan. 4, 133. — *c)* **blades of barley planted at the commencement of the* Daçaharâ, *and plucked at its close.* — *d) Bez. einer best. Nacht, in der* Kṛshṇa's *Geburt gefeiert wird.* Auch *die 9te Nacht im* Karmamâsa. — *e)* Bein. der Durgâ und Dâkshâjaṇî. — *f)* N. pr. α) *einer Tochter Indra's. — β) einer Joginî Hemâdri 2,a,101,19. — γ) einer Surâñganâ Ind. St. 15. — δ) der Gattin Ṛshabha's. — ε) eines Flusses. — ζ) eines Landes. — η) einer Stadt Ind. St. 14,113. — 3) n. N. pr. einer Stadt VP.² 3,331.

जयन्तक 1) m. N. pr. eines Ministers Daçaratha's. — 2) f. °न्तिका *a) Sesbania aegyptiaca* Bhâvapr. 4,176. — *b)* **Curcuma longa* Râǵan. 6,200.

जयन्तपुर n. N. pr. einer *Stadt.*

जयन्तस्वामिन् m. N. pr. eines Autors.

जयन्तीपुरी f. N. pr. einer *Stadt.*

जयन्तीसप्तमी f. *der 7te Tag in der lichten Hälfte des* Mâgha.

जयपताका f. *Siegesfahne* Bâlar. 170,2. *ein Fähnchen, das der Sieger in einem Wettstreit als Auszeichnung erhält,* Lalit. 164,10.

जयपत्त्र n. 1) *das niedergeschriebene gerichtliche Urtheil, welches dem Gewinner eines Processes eingehändigt wird.* — 2) **ein an der Stirn eines Pferdes befestigtes Blättchen, welches dasselbe als ein für ein* Açvamedha *bestimmtes bezeichnet.*

जयपराजय m. Du. (216,6) und n. Sg. *Sieg oder Niederlage, Gewinn oder Verlust* (im Streit, Process).

जयपाल m. 1) **Fürst, König.* — 2) *Bein. *a)* Brahman's. — *b)* Vishṇu's. — 3) *Croton Jamalgota* Râǵan. 6,165. Bhâvapr. 1,213. — 4) N. pr. verschiedener Fürsten.

*जयपुत्रक m. *ein best. Würfel.*

जयपुर n. N. pr. verschiedener *Städte* Hem. Par. 2,166.

जयप्रिय N. pr. 1) m. eines Kriegers. — 2) f. आ einer der Mütter im Gefolge Skanda's.

जयभट m. N. pr. eines Mannes B. A. J. 10,25.

जयभेरी m. N. pr. eines Mannes Ind. St. 14.

जयमङ्गल 1) m. *a)* **ein königlicher Elephant.* — *b) ein best. Fiebermittel* Mat. med. 58. — *c) ein best. Tact* S. S. S. 210. — *d) ein best.* Dhruvaka. — *e)* N. pr. α) eines Scholiasten. — β) eines Elephanten. — 2) f. आ N. pr. des von Ǵajamañgala verfassten Commentars. — 3) n. *ein Lebehoch.*

*जयमति m. N. pr. eines Bodhisattva.

जयमती f. N. pr. verschiedener Frauen.

जयमल्ल m. *siegreicher Ringer,* — *Bekämpfer von* (im Comp. vorangehend) Venis. 95,18.

जयमाधव m. N. pr. eines Dichters.

*जययज्ञ m. *Siegesopfer,* = अश्वमेध.

जयरथ (?) m. N. pr. eines Autors.

जयराज m. N. pr. verschiedener Männer.

जयरात m. N. pr. eines Kriegers.

जयराम m. N. pr. verschiedener Männer. Auch °न्यायपञ्चानन.

जयलक्ष्मी f. 1) *Siegesglück,* — *göttin.* — 2) N. pr. einer Frau. — 3) Titel eines Werkes.

जयलेख m. *eine Urkunde über einen errungenen Sieg.*

जयवती f. N. pr. einer Surâñganâ Ind. St. 15.

जयवन n. N. pr. einer Oertlichkeit Vikramâñkać. 18,70.

जयवर्धन m. N. pr. eines Dichters.

जयवर्मन् m. N. pr. verschiedener Männer 321, 14. Auch °वर्मदेव.

जयवाराहतीर्थ n. N. pr. eines Tîrtha.

जयवाहन m. *ein best.* Samâdhi Kâraṇḍ. 52,15.

*जयवाहिनी f. N. pr. der Gattin Indra's.

जयशङ्ख m. *eine bei Siegen geblasene Muschel* Daçak. 2,8.

जयशब्द m. *Siegesruf, ein Lebehoch.*

जयशर्मन् m. N. pr. eines Autors.

जयशेखर 1) m. N. pr. eines Fürsten Ind. St. 15, 359. — 2) *f. आ *eine best.* Mûrkhanâ Gal.

जयश्री 1) f. *a) Siegesgöttin.* — *b) ein best. Tact* S. S. S. 210. — *c)* N. pr. α) einer Nâga-Jungfrau Kâraṇḍ. 3,22. — β) einer Frau Hem. Par. 2,83. — 2) m. *a)* **Schwert* Gal. — *b)* N. pr. eines Gelehrten.

जयसिंह m. N. pr. verschiedener Männer Hem. Par. 6,44. 89. Auch °देव.

जयसिंहकल्पद्रुम m. Titel zweier Werke.

जयसेन N. pr. 1) m. verschiedener Männer. — 2) f. आ α) einer Surâñganâ Ind. St. 15. — β) verschiedener Frauen Hem. Par. 2,82.

जयस्कन्ध m. N. pr. eines Mannes.

जयस्तम्भ m. *Siegessäule.*

जयस्थल N. pr. eines Dorfes.

जयस्वामिन् m. 1) vielleicht Bein. Çiva's. — 2) N. pr. eines Scholiasten.

जयस्वामिपुर n. N. pr. einer *Stadt.*

जयस्वामिविरोचन wohl N. pr. eines Heiligthums Râǵat. 5,448.

जयाकर m. 1) *die Quelle* —, *die erste Bedingung des Sieges.* — 2) N. pr. eines Mannes.

जयाजय m. Du. und n. Sg. (Varâh. Jogaj. 6,29) *Sieg oder Niederlage.*

जयात्मज m. Patron. Abhimanju's.

जयादित्य m. N. pr. verschiedener Männer.

जयादेवी f. N. pr. 1) einer buddh. Göttin. — 2) einer Frau.

जयानन्द und °वार m. N. pr. zweier Männer.

जयानीक m. N. pr. eines Kriegers.

जयापीड m. N. pr. eines Fürsten.

जयाभट्टारिका f. N. pr. einer Oertlichkeit.

*जयाय्य Adj. von 1. जि.

जयार्णव m. Titel eines Werkes.

जयावघोष m. *Siegesruf, ein Lebehoch.*

जयावती f. N. pr. 1) einer der Mütter im Gefolge Skanda's. — 2) einer Surâñganâ Ind. St. 15.

जयावह 1) m. *eine Art Pavillon* Vâstuv. 830. 836. — 2) *f. आ *eine Art Croton* Râǵan. 6,163.

जयाशिस् f. *Siegeswunsch, ein Lebehoch.*

*जयाश्रया f. *eine Grasart* Râǵan. 8,131. जलाश्रया v. l.

जयाश्व m. N. pr. eines Kriegers.

जयासिंह m. N. pr. eines Mannes.

*जयाह्वा f. *eine Art Croton* Râǵan. 6,163.

जयितर् Nom. ag. (f. °त्री) *siegreich.*

जयिन् Adj. 1) *ersiegend, erobernd, besiegend, Eroberer, Besieger;* mit Gen. oder am Ende eines Comp. — 2) *siegend, siegreich, Sieger;* mit Loc. — 3) *Sieg verleihend.* — 4) am Ende eines Comp. *vertreibend, wegschaffend* Bâlar. 28,12.

जयिष्णु und जयु॑स् Adj. *siegreich.*

जयेन्द्र m. N. pr. verschiedener Männer.

जयेन्द्रसेना f. N. pr. einer Frau.

जयेश्वर m. 1) *eine Form* Çiva's. °माहात्म्य n. — 2) Name eines von Ǵajâdevî errichteten Heiligthums.

जयोल्लासनिधि m. Titel eines Werkes.

जे॑य्य Adj. *zu ersiegen, — gewinnen, — besiegen.*

1. जर्, 1) ज॑रति (nur in der ältesten Sprache) *a) gebrechlich —, alt machen.* — *b) alt werden lassen.* — *c)* *न्यक्कारे. — *d)* ज॑रत् (auch klassisch; f. ज॑रती) *α) gebrechlich, alt, greis, dürr* (Reis), *verfallen, nicht mehr im Gebrauch seiend;* m. *Greis.* — β) *früher, ehemalig.* — 2) जी॑र्यति (seltener Med.) *a) gebrechlich werden, in Verfall kommen, sich abnutzen, — aufzehren, morsch werden, dahingehen, altern.* जीर्यत् und जीर्यमाण (ausnahmsweise) *alternd.* जागार *ist alt geworden* AV. 5,19,10. जीर्ण॑ *gebrechlich, abgelebt, abgenutzt, zer —, verfallen, dürr, morsch, dahingegangen, alt geworden, zu Nichte gemacht durch* (Instr.), *alt* (auch als Gegensatz von *neu, frisch* Káraka 1,27). संप्रदाय m. *eine alte Ueberlieferung* Comm. zu Kâtj. Çr. 9,4,28. 10,1,13. 19,1,21. 26,4,14. — *b) sich auflösen, verdaut werden* Káraka 1,27. जीर्ण *verdaut.* मानसे सुखदुःखानि so v. a. *zurückgehalten* Spr. 6254. — 3) *जृणाति (वयोहानौ). — Caus. 1) जर॑यति (episch auch Med.) *a) aufreiben, abnutzen, zerzehren, altern machen.* — *b) verdauen* Káraka 1,21. — *c) machen, dass Etwas verdaut wird.* — 2) *जारयति (वयोहानौ). — Mit *अनु *mit Jmd* (Acc.) *altern.* °जीर्ण mit act., pass. und impers. Bed. — Mit निस् Caus. (°जरयति) *zerreiben, zermalmen.* — Mit परि 1) °जीर्यत् *alternd.* °जीर्ण *ganz abgenutzt* (Kleider Lalit. 332,9), *welk, alt* (Gemüse). — 2) °जीर्यति, °ते *verdaut werden.* — Mit प्र, °जीर्यति *verdaut werden.* °जीर्ण *verdaut* Káraka 1,15. — Mit सम्, संजीर्यति *zusammen alt werden* Maitr. S. 1,8,4.

2. जर्, ज॑रते *wach —, lebendig werden* (vgl. 3. गर्); *sich in Bewegung setzen, sich nähern, herbeikommen;* mit Acc. R̥V. 8,2,12. — Caus. जर॑यति und जा° (Padap. ज°) *in Bewegung setzen, lebendig machen* R̥V. 1,48,5. 124,10. 7,75,5.

3. जर्, ज॑रते 1) *knistern, rauschen* (vom Feuer). — 2) *sich hören lassen, rufen, anrufen.* — Mit प्रति *entgegenrauschen, zurufen, begrüssen.* — Mit सम् *ertönen.*

जर 1) Adj. *alternd* in अ°. जरं च (जरच्च) Comm. zu AV. Prât. 4,53 fehlerhaft für जरच्च. — 2) ज॑र m. *Abnutzung, Aufreibung.* — 3) f. ज॑रा *a)* dass. Spr. 236 fg. *das Altwerden, Alter.* Pl. Spr. 1103, v. l. wohl fehlerhaft. Personificirt als *Tochter des Todes.* — *b) das Verdautwerden* Káraka 3,1. 3. 6, 26. — *c)* **eine Art Dattelbaum.* — *d)* N. pr. einer Râkshasî.

*जरक n. *Asa foetida* Nigh. Pr.

*जरटी f. = जरडी Râǵan. 8,131.

जरठ 1) Adj. *a) alt, bejahrt.* — *b)* **gelblich.* — *c) hart.* Richtig जठर. — *d) stark, heftig, intensiv* Harshak. 32,18. Vikramâñkak. 12,78. Nom. abstr. °त्व n. 11,44. — 2) *m. *Alter.*

जरठित Adj. *stark —, heftig —, intensiv geworden* Bâlar. 126,9.

*जरडी f. *eine Grasart* Râǵan. 8,131.

जर॑ण 1) Adj. *a) hinfällig, alt.* — *b) auflösend, Verdauung befördernd.* — 2) *m. n. *a) Kümmel* und *Nigella indica* Râǵan. 6,57. — *b) Asa foetida* Râǵan. 6,75. — *c) eine Art Salz.* — 3) *m. *a) der Mond* Gal.; vgl. जर्ण. — *b) Cassia Sophora* Râǵan. 4,174. — 4) f. आ *a) Alter.* — *b)* **Nigella indica.* — 5) n. *a)* **Alter.* — *b) Auflösung.* — *c) Verdauung* Káraka 3,17. °शक्ति f. *Verdauungskraft* 4. — *d) eine der 10 angeblichen Weisen, auf welche eine Eklipse endet.* — *e)* **Costus speciosus* oder *arabicus.*

*जरणद्रुम m. *Vatica robusta* Râǵan. 9,83.

1. जर॑णा f. s. जरण 4).

2. जर॑णा f. etwa *Dürres* R̥V. 1,141,7 (121,6 scheint entstellt zu sein).

जरणाप्रा Adj. vielleicht *mit Geräusch daherziehend.*

जरणीय Adj. *zur Verdauung beitragend* Káraka 1,27.

*जरण्ड Adj. *gebrechlich, alt.*

जरण्या॑ f. *Gebrechlichkeit.*

जरण्यु॑ Adj. *laut rufend, zurufend.*

जरतिका f. *ein altes Weib.*

*जरतिन् m. N. pr. eines Mannes.

जरत्कर्त॑ m. *altes, dürres Gestrüpp.*

जरत्कर्ण m. N. pr. eines Hymnendichters.

जरत्कार m. N. pr. eines Mannes.

जरत्कारु N. pr. 1) m. eines R̥shi. — 2) f. der Gattin von 1).

जरत्कारुप्रिया f. = जरत्कारु 2).

जरत्कार्वाश्रम m. N. pr. einer Oertlichkeit Bhâvapr. 2,61.

जरत्पित्तशूल n. *eine Form der Kolik* Çârṅg. Saṁh. 1,7,34.

जर॑दष्टि 1) Adj. *langlebig.* — 2) f. *Langlebigkeit.*

जरद्गव m. 1) *ein alter Stier.* — 2) N. pr. eines Geiers.

जरद्गववीथि f. *eine best. Strecke der Mondbahn.*

जरद्वि॑ष् Adj. *Dürres aufzehrend.*

*जरद्वृत्त m. *ein alter Baum* Mahâbh. 4,88,a. Vgl. जारद्वृत्त.

जर॑ध्यै Dat. Inf. von 3. जर्.

*जरन्त m. 1) *Greis.* — 2) *Büffel.*

*जरन्तक m. *Schwiegervater* Gal.

*जरमाण m. N. pr. eines Mannes.

*जरयितर् Nom. ag. *Aufzehrer.*

जरयु Adj. *alternd* in अ°.

जर॑स् 1) f. *das Altwerden, Absterben, Gebrechlichkeit, Alter.* — 2) m. N. pr. eines Sohnes des Vasudeva.

जरस = जरस् 1) am Ende eines Comp.

*जरसान m. *Mensch.*

1. जरा॑ f. s. जर 3).

2. जरा॑ f. *das Rauschen* u. s. w.; *Ruf, Gruss.*

जराकास m. *Altershusten* Bhâvapr. 4,76.

*जराट = पार्पर H. an. 3,575. Med. r. 184.

*जराटक = महावीर H. an. 4,274.

*जरापुष्ट m. = जरासंध 1).

जराबोध Adj. *auf den Ruf merkend* R̥V.

जरांबोधीय n. Name verschiedener Sâman.

*जराभीत (Gal.) und *जराभीरु m. *der Liebesgott.*

1. जरामृत्यु m. Sg. (!) und Du. *Alter und Tod.*

2. जरा॑मृत्यु Adj. *an Altersschwäche sterbend.*

*जरायणि m. Metron. des Ǵarâsaṁdha 1).

जरा॑यु 1) n. *a) die abgestreifte Haut einer Schlange.* — *b) eine vergängliche Hülle* überh. — 2) (*m.) f. (ausnahmsweise) und n. *die äussere Eihaut des Embryo, Chorion* und *der daran sich bildende Fruchtknoten;* daher gewöhnlich *Mutterkuchen, Nachgeburt.* इन्द्राण्या उल्बजरायुणी Name zweier Sâman. — 3) *m. *a) ein best. aus dem unterseeischen Feuer entstandener schaumartiger Stoff auf dem Meere* Râǵan. 6,79. — *b)* = जटायु. — 4) f. N. pr. einer der Mütter im Gefolge Skanda's.

जरायुक n. = जरायु 2).

जरायुज॑ Adj. *aus Geburtshüllen —, aus einem Mutterschooss geboren werdend, lebendig zur Welt kommend.*

*जरालक्ष्मन् n. *graue Haare* Nigh. Pr.

जरावत् Adj. *alt, bejahrt.*

जरासंध m. N. pr. 1) eines Fürsten der Magadha und Ḱedi. — 2) eines Sohnes des Dhṛtarâshṭra.

*जरासंधजित् m. Bein. Bhîma's.

*जरासंधपुर n. N. pr. einer *Stadt*, = गया Gal.

जरित 1) Adj. Partic. vom Caus. von 1. जर्. — 2) f. आ N. pr. einer Çârṅgikâ. Vgl. जरितर्.

जरितर् Nom. ag. 1) *Anrufer, Vorsprecher, Sänger; Verehrer.* — 2) N. pr. eines Hymnendichters mit dem Patron. Çârṅga; vgl. जरित 2).

जरितारि m. N. pr. des ältesten Sohnes der Ǵaritâ.

*जरिन् Adj. *alt, bejahrt.*

जरिमन् m. *Alter, Altersschwäche, Tod durch A.*

जरूथ 1) m. N. pr. eines von Agni *besiegten Unholdes.* — 2) *n. *Fleisch.*

जर्गुर् s. 2. गर् mit अप Intens.

*जर्च्, जर्चति (परिभाषणभर्त्सनयोः, °संतर्जनयोः).

*जर्झ्, जर्झति dass.

*जर्ज्, जर्जति dass. — जर्जित fehlerhaft für जर्जरित.

जर्जर 1) Adj. *hinfällig, gebrechlich, zerfallen, zersetzt, löcherig, gespalten, zersplittert, geborsten, zerschlagen, hart mitgenommen.* Nom. abstr. °त्व n. — b) *gespalten,* so v. a. *in Zwiespalt seiend.* — c) *dumpf* (Ton) Varâh. Jogaj. 8,12. Kâd. 14,24. — 2) m. a) *ein gespaltenes Bambusrohr, Klapper* Ḱaraka 6,23. — b) **ein alter Mann* Râǵan. 18,16. — 3) *f. आ *eine alte Frau* Gal. — 4) *n. a) Indra's *Fahne.* — b) *Blyxa octandra.* — c) *Benzoin.*

जर्जरक m. = जर्जर 2) a).

जर्जरानना f. N. pr. einer der Mütter im Gefolge Skanda's.

जर्जरित Adj. *hinfällig —, gebrechlich —, zerfetzt worden, durchbohrt, — brochen, hart mitgenommen* 146,9. Kâd. 63,13. 64,6. Pańkat. ed. Bomb. 3,62,13.

जर्जरी Adv. 1) mit भू *zersetzt —, zersplittert —, hart mitgenommen werden.* — 2) mit कर् *zerschlagen, — fetzen, — splittern, hart mitnehmen.*

*जर्जरीक Adj. 1) *alt, abgelebt.* — 2) *durchlöchert.*

जर्जल्प in निर्जर्जल्प.

*जर्क्, जर्कति = जर्च्.

*जर्ण 1) Adj. *alt, hinfällig.* — 2) m. a) *der Mond;* vgl. जरण. — b) *Baum.*

*जर्णु m. *der Mond;* vgl. जर्ण.

*जर्त m. = जर्तु.

जर्तिक m. Pl. N. pr. eines Volkes.

जर्तिल m. *wilder Sesam.*

*जर्तु m. 1) *vulva.* — 2) *Elephant.*

*जर्त्स्, जर्त्सति = जर्च्.

जर्भरि Adj. etwa *nahrend.*

जर्भुर् s. भुर् Intens.

जर्य in अजर्य.

जर्वर m. N. pr. eines Schlangenpriesters Tâṇḍja-Br. 25,15,3.

*जर्हिल m. = जर्तिल.

1.*जल्, जलति (घातने, धान्ये, अपवारणे, तैदण्ये, अतैदण्ये), जालयति (अपवारणे).

2. जल्, जलति *zu Wasser werden.*

जल 1) Adj. = जड *dumm, einfältig.* — 2) m. N. pr. eines Mannes. — 3) f. आ N. pr. eines Flusses. — 4) n. जलं (Naigh.) a) *Wasser, Nass.* Auch Pl. Am Ende eines adj. Comp. f. आ. — b) *eine Art Andropogon* Bhâvapr. 3,116. 119. 4,94. — c) *das vierte astrol. Haus* Varâh. Jogaj. 4,26. — d) = *गोकलल oder °कलन.

*जलक n. *Muschel.*

*जलकण्टक m. 1) *Krokodil.* — 2) *Trapa bispinosa.*

*जलकपि m. *Delphinus gangeticus.*

*जलकपोत m. *ein best. Vogel.*

*जलकरङ्क m. 1) *Muschel.* — 2) *Kokosnuss.* — 3) *Lotusblüthe.* — 4) *Wolke.* — 5) *Welle, Woge.*

*जलकल्क m. *Sumpf.*

जलकल्मष m. *eine giftige Flüssigkeit* Bhâg. P. 8,7,43.

*जलकाक m. *eine Hühnerart.*

*जलकाङ्क und *काङ्क्षिन् m. *Elephant.*

*जलकान्त m. *Wind.*

*जलकान्तार m. Bein. Varuṇa's.

*जलकामुका f. *eine best. Pflanze* Râǵan. 5,76.

*जलकिराट m. *Haifisch* oder *ein anderes im Wasser lebendes Raubthier.*

जलकुक्कुट 1) m. *ein best. Wasservogel.* — 2) *f. ई *Larus ridibundus.*

*जलकुक्कुभ m. *Parra jacana oder goensis.*

*जलकुन्तल m. *Blyxa octandra.*

*जलकुब्जक m. *Trapa bispinosa.*

जलकुमारक m. *eine best. Frauenkrankheit.*

जलकुम्भ m. *Wasserkrug* Pańkat. 238,16.

*जलकूपी f. *Brunnen, Quelle; Teich.*

*जलकूर्म m. *Delphinus gangeticus.*

जलकृत् Adj. *Regen bringend.*

जलकेतु m. *ein best. Komet.*

जलकेलि m. f. *Spiel im Wasser, Herumhüpfen und gegenseitiges Besprützen im W.*

*जलकेश m. *Blyxa octandra.*

जलक्रिया f. *die einem Verstorbenen dargebrachte Wasserspende.*

जलक्रीडा f. = जलकेलि.

जलतालनविधि m. Titel eines Werkes.

जलखग m. *Wasservogel.*

जलगन्धेभ m. *ein best. mythisches Thier.*

जलगम्भ m. N. pr. eines Sohnes des Sonnengottes VP.[2] 5,382.

जलगर्भ m. N. pr. eines Mannes.

*जलगुल्म m. 1) *Schildkröte.* — 2) *ein viereckiger Teich.* — 3) *Strudel.*

*जलगृह n. *ein auf dem oder am Wasser stehendes Haus.*

जलघटी f. *Wasserkrug* Bhâvapr. 3,156.

*जलंग m. *eine Gurkenart.*

*जलंगम m. *ein Kaṇḍâla.*

जलचक्र n. N. pr. *einer mythischen Region* Ind. St. 14,137.

*जलचञ्चल m. *ein best. Fisch.*

*जलचत्वर n. *ein viereckiger Teich.*

जलचर m. *Wasserthier; Fisch.*

जलचराजीव m. Pl. N. pr. eines Küstenvolkes.

जलचराजीव m. *Fischer.*

जलचारिन् Adj. *am oder im Wasser lebend;* m. *ein solches Thier, Fisch.*

जलज 1) Adj. *im Wasser entstanden, dort lebend, — wachsend; aus dem W. hervorgehend, ihm eigenthümlich.* — 2) m. a) *Wasserthier* (Gaut.), *Fisch.* — b) **Barringtonia acutangula* Râǵan. 8, 154. — c) **Seesalz.* — d) *zusammenfassende Bez. mehrerer zum Wasser in Beziehung stehender Zodiakalbilder.* — 3) m. (*n.) *Muschel.* — 4) *f. आ *eine Glycyrrhiza* Râǵan. 6,149. — 5) n. a) *Perlen und andere aus dem Meere gewonnene Dinge.* — b) *eine am Tage sich öffnende Lotusblüthe.* — c) *eine Art Ebenholz* Bhâvapr. 1,243. जलद v. l. — d) **Blyxa octandra.* — e) **Calamus Rotang.*

जलजकुसुम n. *Lotusblüthe.* °योनि m. Bein. Brahman's.

जलजद्रव्य n. *Perlen und andere aus dem Meere gewonnene Dinge.*

जलजन्तु m. *Wasserthier.*

*जलजन्तुका f. *Blutegel.*

*जलजन्मन् n. *Lotusblüthe.*

जलजम्बुका f. *eine* Ǵambu-*Art* Bhâvapr. 1,243.

जलजम्बुलता f. *eine best. Wasserpflanze.*

*जलजमुमना f. *Andropogon aciculatus* Nigh. Pr.

*जलजाती f. *eine Lotusängige* Laghuk. 1042.

जलजाजीव m. Pl. N. pr. eines Küstenvolkes.

*जलजात m. = जलवेतस Nigh. Pr.

जलजासन m. Bein. Brahman's.

जलजिनी f. *eine am Tage blühende Lotuspflanze.*

जलजिनीबन्धु m. *die Sonne* Gaṇit. 1,1.

*जलबिम्ब m. *Krokodil.*

जलजीविन् 1) Adj. *im, am oder vom Wasser lebend* Spr. 7707. — 2) m. *Fischer*. — 3) *f. °नी *Blutegel* Rāǵan. 19,79.

जलजेक्षणा f. *eine Lotusäugige*.

जलज्ञान n. Titel eines Vedânta-Tractats.

*जलडिम्ब m. *eine zweischalige Muschel*.

जलतण्डुलीय n. *eine best. Gemüsepflanze* Bhâvapr. 1,282.

जलतरंग m. *Welle* Ind. St. 15,395.

जलता f. Nom. abstr. zu जल *Wasser*.

*जलतापिक m. *Clupea alosa* und auch *ein anderer Fisch*.

*जलतापिन् und *जलताल m. *Clupea alosa*.

*जलतिक्तिका f. *Boswellia thurifera* Rāǵan. 11,197.

जलतुम्बिकान्याय m. Instr. *nach Art des Wassers und der Flaschengurke*.

*जलतुरग m. *ein best. Wasserthier*.

*जलत्रा f. *Regenschirm*.

जलत्रास m. *Wasserscheu*.

जलत्रासिन् Adj. *mit Wasserscheu behaftet*.

जलद् 1) m. *a) Regenwolke*. — *b)* **Meer* Gal. — *c)* **Cyperus rotundus*. — *d)* Pl. *eine best. Schule des* AV. — *e)* N. pr. α) eines Fürsten VP. 2,4,60. — β) eines Varsha im Çâkadvîpa ebend. — 2) n. *eine Art Ebenholz* Bhâvapr. 1,243. जलज v. l.

जलदक्षय m. *Herbst*.

जलदर्दुर m. *ein best. musikalisches Instrument*.

जलदसमय m. *Regenzeit* Prij. 15,6.

जलदागम m. dass. 180,17.

जलदात्यय m. *Herbst* Karaka 7,7.

जलदान n. *Wasserspende* (ein best. Fest in Uǵǵajinî).

*जलदाशन m. *Shorea robusta*.

जलदेव n. *das Mondhaus* Ashâḍhâ.

जलदेवता f. *eine Wassergottheit*.

*जलदैवत्य n. *das Mondhaus* Svâti Gal.

जलद्रव्य n. *Perlen und andere aus dem Meere gewonnene Dinge*.

*जलद्रोणी f. *Eimer*.

जलद्विप m. *ein best. Wasserthier* Vikramâṅkak. 9,124.

जलद्वीप m. N. pr. einer *Insel*. v. l. यवद्वीप.

जलधर् m. 1) *Regenwolke*. — 2) **Meer*. — 3) **Cyperus rotundus*. — 4) **Dalbergia ougeinensis*. — 5) *ein best. Metrum*.

जलधरगर्जितघोषसुस्वरनक्षत्रराजसंकुसुमिताभिज्ञ m. N. pr. eines Buddha.

जलधरमाला f. 1) *Wolkenreihe*. °लीला Adj. f. Ind. St. 8,419. — 2) Bez. zweier *Metra*.

जलधराभ्युदय m. *Regenzeit*.

जलधार् m. N. pr. 1) eines Berges. — 2) eines Varsha im Çâkadvîpa.

*जलधारण n. *Graben* Gal.

जलधारा f. *Wasserstrom, — guss*.

जलधि m. 1) *Ocean, Meer*. Nom. abstr. °ता f. — 2) *hundert Billionen*.

*जलधिगा f. *ein in's Meer sich ergiessender Fluss*.

*जलधिजा f. Bein. der Lakshmî.

जलधिरसना Adj. f. *meerumgürtet* (die Erde).

*जलनकुल m. *Fischotter*.

*जलनर् m. wohl dass.

जलनिधि m. 1) *Ocean, Meer*. °वचांसि = सामुद्रिकशास्त्र. — 2) N. pr. eines Mannes.

*जलनिर्गम m. *Quelle, Fontaine*.

*जलनीलिका und *°नीली f. *Blyxa octandra*.

जलंधम N. pr. 1) m. *a)* eines Wesens im Gefolge Skanda's. — *b)* eines Dânava. — 2) f. आ einer Tochter Kṛshṇa's.

जलंधर m. 1) *eine best.* Mudrâ. — 2) N. pr. *a)* eines Asura. — *b)* eines Mannes.

जलंधरपुर n. N. pr. einer *Stadt*.

जलपक्षिन् m. *Wasservogel*.

*जलपति m. Bein. Varuṇa's.

जलपत्तन n. *Inselstadt* Çilâṅka 1,379.

जलपत्र Hariv. 2,89,43 fehlerhaft für °पत्त्र.

जलपथ m. *Seereise*.

*जलपद्वी (Gal.) und *जलपद्धति f. *Abzugsgraben, Kanal*.

*जलपर्णिका f. *eine best. Pflanze* Gal.

*जलपर्याय m. *eine Art Andropogon* Gal.

जलपाद (जाल°?) m. N. pr. eines Froschkönigs.

*जलपारावत m. *eine Taubenart* Rāǵan. 19,108.

*जलपित्त m. n. *Feuer*.

*जलपिप्पली f. *Commelina salicifolia* und auch *andere Species* Rāǵan. 4,108. Dhanv. 4,36.

*जलपीन m. *ein best. Fisch* Gal.

*जलपुष्प n. *Wasserblume*.

जलपूर m. 1) *ein volles Wasserbett*. — 2) N. pr. einer mythischen Person Ind. St. 14,124. 142.

जलपूरुष m. *ein best. im Wasser lebendes mythisches Wesen*.

जलपूर्वकम् Adv. *mit vorangehender Wasserausgiessung* Hemâdri 1,342,10.

*जलपृष्ठजा f. *Blyxa octandra*.

*जलप्पिका f. *Fisch*.

जलप्रदान n. *Wasserspende*.

जलप्रदानिक Adj. *auf die Wasserspende bezüglich*.

जलप्रपात m. *Wasserfall*.

जलप्रवाह m. *Strömung* Spr. 2336.

*जलप्रसरण n. *Oel* Gal.

जलप्रान्त m. *Ufer*.

*जलप्राय Adj. *wasserreich*.

जलप्रिय 1) *m. *a) Fisch*. — *b) der Vogel* Kâtaka. — *c) Eber* Gal. — 2) f. आ Bein. der Dâkshâjaṇî.

जलप्लव m. 1) *Sintfluth*. — 2) **Fischotter*.

*जलप्लावन n. *Wasserfluth*.

जलफल n. *die Nuss der Trapa bispinosa* Bhâvapr. 1,245.

*जलफेन m. *os Sepiae* Nigh. Pr.

*जलबन्धक m. *Damm*.

*जलबन्धु m. *Fisch*.

*जलबिडाल m. *Fischotter*.

जलबिन्दु 1) m. *a) Wassertropfen*. — *b)* N. pr. eines Tîrtha. — 2) f. N. pr. einer Nâga-Jungfrau Kâraṇḍ. 4,2.

*जलबिन्दुजा f. *aus* Javanâla *gewonnener Zucker*.

*जलबिम्ब = डिम्बिका.

*जलबिल्व m. 1) *Pistia Stratiotes*. — 2) *Schildkröte*. — 3) *Krebs*. — 4) *ein viereckiger Teich*.

जलबुद्बुद (Mon. d. B. A. 1880, S. 35) und °बुद्बुद m. *Wasserblase*.

*जलब्राह्मी f. *Hingcha repens*.

जलभाजन n. *Wassergefäss*.

*जलभू m. 1) *Wolke*. — 2) *eine Commelina*.

*जलभूषण m. *Wind*.

*जलभृत् m. *Regenwolke*.

जलभेद m. Titel eines Werkes.

*जलमक्षिका f. *Wasserfliege*.

*जलमधूक m. *ein best. Baum* Rāǵan. 11,94.

जलमय Adj. (f. ई) *aus Wasser gebildet, — bestehend, mit W. gefüllt* Hemâdri 1,419,10. *unter W. stehend*.

*जलमर्कट m. *ein best. Wasserthier* Gal.

*जलमसि m. *eine dunkle Regenwolke*.

जलमानुष 1) m. = जलपूरुष Harshak. 185,9. — 2) (*n.) *Fischotter* Daçin. 1,123. Kâd. 140,12. Bâlar. 186,14.

*जलमार्ग m. *Kanal*.

जलमुच् 1) Adj. *Regen gebend*. — 2) m. *Regenwolke*.

जलमूर्ति m. Çiva *in der Form des Wassers*.

*जलमूर्तिका f. *Hagel*.

*जलमोद n. *die Wurzel von Andropogon muricatus* Râǵan. 12,161. जलामोद v. l.

*जलम्बल (!) n. 1) *a stream*. — 2) *collyrium*.

जलयन्त्र n. 1) *Sprütze*. — 2) *Wasseruhr*.

जलयन्त्रक n. *Sprütze*.

जलयन्त्रगृह n. *ein Badehaus mit darin angebrachten Sprützen* Bhâvapr. 3,59.

जलयन्त्रचक्र n. *Schöpfrad.*

*जलयन्त्रनिकेतन und °यन्त्रमन्दिर n. = जलयन्त्रगृह.

जलयान m. *Boot, Schiff.*

*जलरङ्क, *°रङ्कु und *°रञ्ज m. *eine Hühnerart.*

*जलरण्ड m. 1) *Strudel.* — 2) *Staubregen.* — 3) *Schlange.*

*जलरस m. *Seesalz.*

जलराक्षसी f. N. pr. eines Ungeheuers.

जलराशि m. *Gewässer* 237,22. *See, Meer.*

*जलरुण्ड m. = जलरण्ड.

जलरुह् m. *eine am Tage sich öffnende Lotusblüthe* Bâlar. 84,4.

जलरुह 1) m. a) *Wasserthier.* — b) *Wasserpflanze.* °कुसुम n. Varâh. Jogaj. 7,7. — 2) n. *Lotusblüthe.*

*जलरूप und *°क (Gal.) m. *ein best. Meerthier,* = मकर.

जलरेखा f. *eine auf Wasser gezogene Linie* Spr. 2361.

*जललता f. *Welle.*

जललेखा f. = जलरेखा Spr. 7524.

*जललोहित m. *ein* Rakschas.

जलवत् Adj. *wasserreich.*

*जलवरण्ट m. *Wasserpocken.*

*जलवर्तिका f. *ein best. Vogel* Gal.

*जलवल्कल n. *Pistia Stratiotes.*

*जलवल्ली f. *Trapa bispinosa* Râǵan. 7,45.

जलवादित्र n. *eine Musik, bei der Wasser eine Rolle spielt.*

जलवाद्य n. *ein musikalisches Instrument, bei dem Wasser eine Rolle spielt.*

*जलवायस m. *Seerabe.*

*जलवालक 1) m. Bein. des Vindhja. — 2) f. °लिका *Blitz.*

*जलवालुक m. = जलवालक 1) Gal.

1. जलवास m. *Aufenthalt im Wasser.*

2. जलवास 1) Adj. *im Wasser wohnend, — sich aufhaltend.* — 2) *m. *ein best. Knollengewächs* Râǵan. 7,89. — 3) *n. *die Wurzel von Andropogon muricatus* Râǵan. 12,160.

जलवासिन् 1) Adj. *im Wasser lebend.* Nom. abstr. °सिता f. — 2) *m. *ein best. Knollengewächs* Gal.

जलवाह 1) Adj. *Wasser führend.* — 2) *m. *Wolke.*

जलवाहक m. *Wasserträger.*

जलवाहन m. N. pr. eines Mannes.

जलविषुव n. 1) **Herbstaequinoctium.* — 2) *ein best. Diagramm.*

जलवीर्य m. N. pr. eines Mannes.

*जलवृश्चिक m. *Seekrabbe.*

*जलवेतस m. *Calamus Rotang* Râǵan. 9,107. Madanav. 57,21.

*जलव्यथ und *°व्यध m. *Esox Kankila.*

*जलव्याल m. *Wasserschlange* Nigh. Pr.

*जलशय und *°शयन m. Bein. Vishṇu's.

जलशय्या f. *das Liegen im Wasser* (als Kasteiung).

जलशर्करा f. *Hagel.*

जलशायितीर्थ n. N. pr. eines Tîrtha.

जलशायिन् m. Bein. Vishṇu's.

*जलशुक्ति f. *eine zweischalige Muschel* Râǵan. 13,132.

*जलशुनक m. *Fischotter* Gal.

जलशूक m. *ein best. im Schlamm lebendes Thierchen* Suçr. 1,57,18. Bhâvapr. 6,15.

जलसंध m. N. pr. eines Sohnes des Dhṛtarâshṭra.

*जलसमुद्र m. *das Meer mit süssem Wasser.*

*जलसंभव m. *Calamus Rotang* Râǵan. 9,107.

*जलसंरस n. संज्ञायाम्.

*जलसर्पिणी f. *Blutegel.*

जलसात् Adv. *zu Wasser* (werden).

*जलसूकर m. 1) *Krokodil.* — 2) *Wildschwein* Nigh. Pr.

*जलसूचि m. 1) *Delphinus gangeticus.* — 2) *Krähe.* — 3) *Esox Kankila.* — 4) *Blutegel.* — 5) *Trapa bispinosa.*

जलसूर्य und °क m. *der Widerschein der Sonne im Wasser* Çaṁk. zu Bâdar. 2,3,50. 3,2,18. 19.

जलस्तम्भ m. und °न n. *Verwandlung des Wassers in einen festen Körper* (eine übernatürliche Kraft).

जलस्थ 1) Adj. *im Wasser stehend, — befindlich.* — 2) *f. आ *eine Grasart* Râǵan. 8,116.

जलस्थान n. und °स्थाय m. *Wasserbehälter, Teich, See.*

जलस्नान n. *Bad* Spr. 2362.

जलस्राव m. *eine best. Augenkrankheit* Suçr. 2,305,6. Çârṅg. Saṁh. 1,7,88.

*जलह n. *ein kleines* जलयन्त्रगृह.

जलहरण n. *ein best. Metrum.*

जलहस्तिन् m. *Dugong* oder *Krokodil* Harshaḱ. 185,13.

जलहार m. *Wasserträger.* f. °री.

जलहारिणी f. *Wassergraben, Kanal.*

*जलहास m. *Meerschaum.*

*जलह्रद m. N. pr. eines Mannes.

जलांशु m. = उडांशु *der Mond.*

*जलाकर m. *Wasserbehälter.*

*जलाकाङ्क्ष m. *Elephant.*

*जलाक्नी f. *eine Commelina.*

*जलाखु m. *Fischotter.*

जलागम m. *Regen* 313,10.

*जलाञ्चल n. 1) *Quelle.* — 2) *Blyxa octandra.*

जलाञ्जलि m. *zwei Handvoll Wasser zu Ehren eines Verstorbenen, ein Lebewohl auf immer* (auch bildlich). Am Ende eines adj. Comp. °क.

*जलाटन 1) m. *Reiher.* — 2) f. ई *Blutegel.*

*जलाणुक n. *Fischbrut.*

*जलाण्टक m. *ein best. Wasserraubthier.*

*जलाण्डक n. *Fischbrut.*

*जलात्मिका f. 1) *Blutegel.* — 2) *Brunnen.*

जलात्यय m. *Herbst.*

जलाधार m. 1) *Wasserbehälter, Teich, See.* — 2) N. pr. eines Gebirges VP. 2,4,62.

1. *जलाधिदैवत n. Bein. Varuṇa's.

2. जलाधिदैवत n. *das Mondhaus* Ashâḍhâ.

जलाधिप m. *das Oberhaupt der Gewässer* (Varuṇa) und zugleich — *der Dummen* Naish. 9,23.

जलाध्वन् m. *Seereise.* Instr. *zur See* Ind. St. 15, 332.

*जलानिल m. *eine Art Krabbe* Gal.

1. जलान्तक m. N. pr. eines Sohnes des Kṛshṇa.

2. जलान्तक Adj. *Wasser enthaltend.*

जलान्तम् Adv. *bis man auf Wasser kommt* (graben) Agni-P. 40,30.

*जलामोद n. = जलमोद.

जलाम्बर m. N. pr. eines Mannes.

*जलाम्बिका f. *Brunnen.*

जलाम्बुगर्भा f. ein Frauenname.

जलाय्, °यते *zu Wasser werden, wie W. erscheinen.*

जलायुका f. *Blutegel.*

जलार्क m. *die im Wasser sich abspiegelnde Sonne.*

*जलार्णव m. 1) *Regenzeit.* — 2) *das Meer mit süssem Wasser.*

जलार्थिन् Adj. *durstig* Mâlav. 41.

जलार्द्र 1) Adj. *durchnässt, nass.* — 2) (*m.) und f. आ *ein nasses Gewand* Deçin. 1,54. Bâlar. 125, 19. 135,2. 281,18. Vikramâṅkaḱ. 4,24. *ein angefeuchtetes Tuch, das zur Kühlung hinundher bewegt wird.*

जलार्द्रिका am Ende eines adj. Comp. f. = जलार्द्र 2) Kâd. 2,49,24.

जलालदीनाक्कबरसाह m. = جلال الدين اكبر شاه.

जलालपुर n. N. pr. einer *Stadt.*

*जलालु m. *ein best. Knollengewächs* Râǵan. 7,76.

*जलालुक 1) n. *eine essbare Lotuswurzel.* — 2) f. श्रा *Blutegel.*

*जलालूक n. = जलालुक 1) Râǵan. 10,194.

*जलालोका f. *Blutegel.*

*जलावतार m. *ein Stieg zum Wasser.*

1. जलाशय m. (adj. Comp. f. श्रा) *Wasserbehälter, Gewässer, Teich, See, Meer.* °शयारामोत्सर्गमयूख m., °शयोत्सर्गतत्त्व n. und °शयोत्सर्गविधि m. Titel von Werken oder Abschnitten darin.

2. जलाशय 1) Adj. *a) im Wasser ruhend, — liegend. — b) dumm, einfältig.* — 2) *m. *a) Fisch. — b) Trapa bispinosa.* — 3) *f. श्रा *ein best. Wassergras* Râǵan. 5,129. — 4) *n. *die Wurzel von Andropogon muricatus.*

जलाशयप्रतिष्ठा f. Titel eines Werkes.

1. जलाश्रय m. fehlerhaft für 1. जलाशय.

2. *जलाश्रय 1) m. *Wolf* Gal. — 2) f. श्रा *a) eine Kranichart* Râǵan. 19,104. — *b) eine Grasart* Râǵan. 8,131 (v. l. जयाश्रया); *eine Schilfart* 10,150.

1. जलाष Adj. *lindernd, beruhigend, heilend.*

2. *जलाष n. 1) = उदक. — 2) = सुख.

जलाषभेषज Adj. *lindernde Heilmittel habend.*

*जलाषह् (stark °षाह्) Adj.

*जलाष्ठीली f. *Teich.*

*जलासाह् Adj. = जलाषह्.

*जलासुका f. *Blutegel.*

जलाहति f. *ein heftiger Regenguss* Spr. 2364.

*जलाह्वय n. *Lotusblüthe.*

*जलिका, *जलुका und जलूका (Râǵan. 19,89. = तृणा° *Raupe* Çaṁk. zu Bâdar. 3,1,1) f. *Blutegel.*

जलेचर 1) Adj. (f. ई) *im Wasser lebend.* — 2) m. (adj. Comp. f. श्रा) *Wasserthier.*

*जलेच्क्वया f. *eine Art Heliotropium.*

*जलेजात n. *Lotusblüthe.*

*जलेन्द्र m. 1) Bein. Varuṇa's. — 2) *Meer, Ocean.* — 3) N. pr. eines Ǵina.

*जलेन्धन m. *das unterseeische Feuer.*

जलेभ m. *ein best. Wasserthier.* *f. ई.

जलेयु m. N. pr. eines Sohnes des Raudrâçva.

*जलेरुह् 1) m. N. pr. eines Fürsten. — 2) f. श्रा *ein best. Strauch* Râǵan. 5,77.

जलेला f. N. pr. einer der Mütter im Gefolge Skanda's.

जलेवाह् m. *Taucher.*

जलेश m. 1) Bein. Varuṇa's. — 2) *Meer, Ocean.*

जलेशय 1) Adj. *im Wasser ruhend, — sich aufhaltend.* — 2) m. *a)* **Fisch.* — *b)* Bein. Vishṇu's.

जलेश्वर m. 1) Bein. Varuṇa's. — 2) **Meer, Ocean.* — 3) N. pr. eines Heiligthums.

जलेश्वरतीर्थ n. N. pr. eines Tîrtha VP.[2] 5,118.

जलोक 1) m. N. pr. eines Fürsten. — 2) *f. श्रा *Blutegel.*

*जलोकिका f. *Blutegel.*

*जलोच्क्वास m. *Abzugsgraben.*

जलोदर n. *Wasserbauch, — sucht* Ind. St. 14,375.

जलोद्धतगति 1) Adj. *sich im Wasser heftig bewegend* Ind. St. 8,379. — 2) f. *ein best. Metrum.*

जलोद्भव 1) Adj. *aus dem Wasser hervorgegangen, — entstanden.* — 2) m. *a) Wasserthier.* — *b)* N. pr. α) eines Wasserdämons. — β) einer Gegend. — 3) *f. श्रा *a) eine Art Raute* Râǵan. 5,65. — *b) Benzoeharz.*

*जलोद्भूता f. *ein best. Wassergras* Râǵan. 5,129.

*जलोन्नाद m. N. pr. eines Wesens im Gefolge Çiva's.

जलोपल m. *Hagel.*

*जलौरगी f. *Blutegel.*

जलौक m. (ausnahmsweise) und f. श्रा dass.

जलौकस् 1) Adj. *im oder am Wasser wohnend.* — 2) m. *a) Wasserbewohner, Wasserthier.* — *b)* N. pr. eines Fürsten. — 3) f. *Blutegel.*

*जलौकस m. f. n. *Blutegel.*

जलौकावचारणीय Adj. *über die Anwendung von Blutegeln handelnd* 216,17.

1. जल्गुल् s. Intens. von 2. गर् mit श्रव.

2. जल्गुल् mit नि TS. 7,4,19,3 = गल्गल् mit नि (s. u. 1. गल्).

जल्प्, जल्पति (episch auch Med.) 1) *halbverständlich reden, murren.* — 2) *reden, sprechen, sagen, sich unterhalten, — mit* (Instr. oder साधम्). — 3) *Jmd anreden, mit Jmd sprechen:* mit Acc. — 4) *reden —, sprechen über* (Acc.). — 5) *erschallen lassen.* — 6) *श्रर्चतिकर्मन्. — *Caus. जल्पयति *Jmd reden lassen.* — Mit *व्यति *mit einander plaudern.* — Mit श्रनु 1) *hinterher reden.* — 2) mit श्रन्योऽन्यम् *zu einander sprechen.* — Mit श्रभि 1) *die Rede richten an* (Acc.). — 2) *Jmd* (Acc.) *erwiedern.* — 3) *Etwas* (Acc.) *mit einer Anrede begleiten.* — 4) *einer Sache das Wort reden, rathen zu* (Acc.). — 5) *Etwas* (Acc.) *besprechen.* — Mit उप *sprechen, reden.* — Mit परि 1) *schwatzen.* — 2) *sprechen über* (Acc.) — Mit प्र 1) *sprechen.* — 2) *mittheilen, verkünden, bekannt machen.* — 3) प्रजल्पित *der zu sprechen begonnen hat.* — Mit प्रति *antworten, erwiedern;* mit Acc. der Person. — Mit वि *aussprechen, sprechen.* — Mit सम् *reden, sprechen.*

जल्प m. 1) *Gerede, Gespräch, gesprochene Worte, Unterhaltung.* Pl. auch *Geschwätz.* Als n. fehlerhaft für जल्प्य. — 2) *eine Disputation, bei der man kein Mittel scheut um seine Behauptung dem Gegner gegenüber aufrecht zu erhalten,* Karaka 3,8. — 3) N. pr. eines Ṛshi VP.[2] 3,8.

जल्पक 1) Adj. *geschwätzig.* — 2) m. *Disputant* Karaka 3,8.

जल्पन 1) *Adj. *redend, sprechend.* — 2) n. *das Reden, Sprechen.*

जल्पाक Adj. *geschwätzig* Harshaḱ. 185,11.

जल्पि f. 1) *undeutliches Reden, Murren.* — 2) *halblaute Unterredung.*

जल्पित 1) Adj. Partic. von जल्प्. — 2) n. *Gerede, gesprochene Worte.*

°जल्पितर् Nom. ag. *redend, sprechend.*

°जल्पिन् Adj. dass.

जल्प्य n. *Geschwätz* MBh. 1,129,34.

जल्लाकिन् in श्रच्युत°.

जल्लालदीन्द्र m. = جلال الدين.

जळ्हु Adj. wohl *gleichgültig, stumpf.*

जव 1) Adj. *eilend, rasch.* — 2) m. (adj. Comp. f. श्रा) *Eile, Raschheit, Schnelligkeit, Hast, Drang.*

जवात् *eiligst, alsbald* Vikramâṅkaḱ. 12,15.

1. जवन 1) Adj. (f. ई) *a) treibend.* — *b) schnell, rasch* Kâd. 2,24,21. — 2) m. *a)* **Pferd* Râǵan. 19,33. — *b)* **eine Hirschart* Râǵan. 19,47. — *c)* N. pr. eines Wesens im Gefolge Skanda's. — 3) *f. ई *a) Vorhang.* — *b) eine best. Pflanze.* — 4) (*m.!) n. *Raschheit, Schnelligkeit.*

2. जवन m. Pl. N. pr. eines Volkes. Richtig यवन.

*जवनाल n. = यवनाल.

जवनिका f. 1) *Vorhang.* — 2) Bez. *der Acte im* Saṭṭaka.

जवनिकान्तर n. = जवनिका 2).

*जवनिमन् m. *Raschheit, Schnelligkeit.*

जवयुक्त Adj. *rasch, schnell* (Pferd).

जववत् Adj. *rasch, schnell.*

जवस् n. *Raschheit, Schnelligkeit.*

*जवस m. n. = यवस.

जवा f. 1) *Hibiscus rosa sinensis* Râǵan. 10,124. Auch *°पुष्प n. Die besseren Ausgg. जपा. — 2) **Safran.*

*जवाग्रज = यवाग्रज.

*जवादि n. *Zibeth* Râǵan. 12,72.

जवाधिक Adj. (f. श्रा) *schneller laufend* Kathâs. 67,7. **überaus rasch, — schnell.*

*जवानिल m. *Sturm, Orkan.*

*जवाल m. = स्थाग.

जविन् 1) Adj. *eilend, rasch, schnell, — laufend.* — 2) *m. *a) Pferd* Râǵan. 19,34. — *b) Kamel* Râ-

ǴAN. 19,21.

जविन 1) Adj. = जविन् (buddh.). — 2) *m. *der indische Fuchs* RÂǴAN. 19,51.

जविष्ठ 1) Adj. *der schnellste, rascheste.* — 2) m. N. pr. eines Dânava. Richtig यविष्ठ.

जवीयंस् Adj. *schneller —, rascher als* (Abl.).

*जशस् n. = यशस् GAL.

*जष्, जषति, °ते (हिंसायाम्).

जषं m. *ein best. Wasserthier* GOP. BR. 2,2,5 (झष gedr.).

जस् 1) जसते *erschöpft, todmüde sein.* *जस्त als Erklärung von जसुरि. — 2) *जसति (गतिकर्मन्). — 3) *जस्यति (मोक्षणे). — Caus. जासयति 1) *erschöpfen, entkräften, ausgehen machen.* — 2) *हिंसायाम्, *ताडने, *अनादरे. — Mit उद् Caus. *vernichten, ausrotten;* mit Gen. und Acc. 236,13. 19. — Mit *प्रोद् Caus. in *प्रोज्जासन. — Mit नि (जस्यति) *verschwinden, vergehen.* — Caus. *zur Erschöpfung bringen, matt —, elend machen.*

*जसद n. *Zink* MADANAV. 51,13.

जसु f. 1) *Erschöpfung, Schwäche.* — 2) etwa *Versteck.*

जसुरि 1) Adj. *erschöpft, matt.* — 2) *m. *Indra's Donnerkeil.*

जस्त्र in अजस्त्र.

जस्वन् Adj. *armselig, Hungerleider.*

जह्सराज m. N. pr. eines Mannes.

*जह्क 1) Adj. in *शर्धञ्जह्क. — 2) f. आ *eine best. Pflanze.*

जहक 1) *Adj. *der Etwas verlässt, aufgiebt.* — — 2) *m. *a) Zeit.* — *b) Knabe.* — *c) eine abgestreifte Schlangenhaut.* — 3) f. जहका *Igel.*

जहत्स्वार्थ Adj. (f. आ) *seine ursprüngliche Bedeutung aufgebend.* f. = जहल्लक्षणा.

जहन in सर्वसत्त्वपाप°.

जहल्लक्षणा f. *eine Etwas mittelbar ausdrückende Bezeichnungsweise mit Aufgabe der ursprünglichen Bedeutung des Wortes* 278,6. 11.

जहा Interj. *bah!* ṚV. 8,45,37. — जहा f. s. u. जह.

जहाक Adj. *der Andere zu meiden pflegt* TAITT. ÂR. 1,3,1; vgl. jedoch ṚV. 8,45,37.

*जहानक m. *Weltende.*

*जहिजोड m. gaṇa मयूरव्यंसकादि.

जहित Adj. *verlassen, arm* 8,16.

जहिन m. N. pr. eines Mannes.

*जहिस्तम्ब m. gaṇa मयूरव्यंसकादि.

जहु m. 1) *das Junge eines Thieres.* Vgl. यह्व. — 2) N. pr. eines Sohnes des Pushpavant.

जह्नावी f. *das Geschlecht des* Ǵahnu.

जह्नु m. 1) N. pr. *a)* verschiedener Männer (VP.[2]), unter andern eines Fürsten, der die Gaṅgâ als Tochter annahm. Pl. *sein Geschlecht.* — *b)* einer Höhle im Himâlaja, aus der die Gaṅgâ hervorbricht. KÂD. 46,23. HARSHAK. 75,13. — 2) *Bein. Vishṇu's.

जह्नुकन्या (252,9), *जह्नुतनया und *जह्नुप्रजा (GAL.) f. Patron. der Gaṅgâ.

*जह्नुसप्तमी f. *der 7te Tag in der lichten Hälfte des* Vaiçâkha.

जह्नुसुता f. Patron. der Gaṅgâ.

*जह्लन n. = उदक.

जह्लू m. N. pr. eines Mannes.

1. जा 1) Adj. am Ende eines Comp. = 1) ज 1). — 2) m. f. (Nom. जास्) *Nachkomme;* Pl. *Nachkommenschaft.*

2. *जा, जायति (जये).

जांहगिरि m. N. pr. = جهانگیری.

जाँहगीर und °नगर n. = N. pr. einer Stadt, = Dakka.

जागत 1) Adj. *im Metrum* Ǵagatî *abgefasst, aus demselben bestehend, der* Ǵ. *entsprechend, die* Ǵ. *eigenthümlich habend, mit Hymnen in* Ǵ. *gefeiert u. s. w.* — 2) *m. *eine Gottheit.* — 3) n. *das Metrum* Ǵagatî VAITÂN.

जागदीशी f. Titel eines von Ǵagadîça verfassten Commentars.

जागर् s. 3. गर्.

1. जागर 1) m. *a) das Wachen.* — *b) ein Gesicht im wachen Zustande.* — 2) *f. आ *das Wachen.*

2. *जागर m. = जगर *Rüstung.*

जागरक m. *das Wachen.*

जागरण 1) Adj. *wach.* — 2) n. *a) das Wachen.* °णं कर् mit Gen. der Person *für Jmd wachen.* — *b) das Fortbrennen des Feuers* VAITÂN.

*जागरम् Absol. von जागर् P. 7,3,85, Sch.

जागरित 1) Adj. *gewacht habend, durch Wachen angegriffen.* — 2) n. *das Wachen.*

*जागरितर् Nom. ag. *wach, wachsam.*

जागरितवन्त् Adj. = जागरित 1).

जागरितस्थान Adj. *im wachen Zustande sich befindend.*

जागरितान्त m. *der wache Zustand* Comm. zu NJÂJAS. 4,2,33.

*जागरिन् Adj. *wachend.*

जागरिष्णु Adj. *viel wachend.*

जागरूक Adj. (f. आ) 1) *wach, wachsam.* Nom. abstr. जागरूकत्व n. — 2) am Ende eines Comp. *a) zuschauend, beobachtend* PRASANNAR. 106,16. — *b) Sorge tragend für, beschäftigt mit* HARSHAK. 121,23.

जागरोत्सव m. *ein unter Wachen begangenes Fest.*

जागर्तव्य n. impers. *zu wachen.* Loc. *während gewacht werden sollte.*

*जागर्ति und *जागर्या f. *das Wachen.*

जागुड 1) m. Pl. N. pr. eines Volkes, Sg. des Landes. — 2) *n. *Safran* RÂǴAN. 12,40.

जागृतव्य n. impers. *zu wachen.*

जागृवि 1) Adj. *a) wachsam, aufmerksam.* Auch als Adv. — *b) fortbrennend, nicht verlöschend.* — *c) ermunternd, aufregend* (geistiges Getränk). — 2) *m. *a) Fürst, König.* — *b) Feuer.*

जाग्रत् 1) Adj. *wachend.* — 2) m. *der wache Zustand* 266,12. 21. 269,8. 288,16.

1. जाग्रत्स्वप्न m. Du. *der wache Zustand und der Schlaf.*

2. जाग्रत्स्वप्न Adj. *im Wachen und im Schlafen vorkommend.*

जाग्रद्दुःष्वप्न्य n. *übler Traum im wachen Zustande.*

जाग्रन्मिश्र Adj. *halb wachend halb schlafend* GOBH. 1,6,6.

*जाग्रिया f. *das Wachen.*

जाघनी f. *Schwanz.* जाघनीगुद n. Sg. *Schw. und After.* — Vgl. पृथुजाघन.

जाङ्गल 1) Adj. *a) trocken, eben, spärlich bewachsen aber dabei fruchtbar* (Gegend). — *b) in einer solchen Gegend sich vorfindend, — lebend.* — *c) vom Wilde, das in einer solchen Gegend lebt, kommend.* — *d) aus trockenem Holze gemacht* (= काष्ठज) HEMÂDRI 1,215,18. 19. — 2) m. *a) Haselhuhn* Ind. St. 15,412. — *b)* N. pr. α) Pl. eines Volkes. — β) eines Mannes. — 3) *f. ई *a) Mucuna pruritus.* — *b)* = जाङ्गुल 3) *a).* — *c)* Bein. der Gaurî GAL.; vgl. जाङ्गुल 3) *b).* — 4) n. *a) Wildpret.* — *b) Fleisch* BÂLAR. 34,3. — *c)* fehlerhaft für जाङ्गुल 1) *b)* MED. l. 94.

*जाङ्गलपथिक Adj. von जङ्गलपथ.

*जाङ्गलि m. *Schlangenfänger.*

*जाङ्गलिक und *जाङ्गलिन् (GAL.) m. *Giftarzt, — beschwörer.* — Vgl. *ऋषिजाङ्गलिकी.

जाङ्गुल 1) *n. *a) Gift.* — *b) die Frucht der* Ǵâlinî. — 2) f. आ *die Lehre von den Giften.* — 3) *f. ई *a)* dass. — *b)* Bein. der Durgâ.

*जाङ्गुलि m. *Giftarzt, — beschwörer.*

जाङ्गुलिक 1) Adj. LALIT. 121,4 fehlerhaft für जालाङ्गुलिक. — 2) m. = जाङ्गुलि.

*जाङ्घनी f. fehlerhaft für जाघनी.

*जाङ्घप्रहतिक Adj. von जङ्घाप्रहत.

*जाङ्घप्रकृतिक Adj. von जङ्घाप्रकृत gaṇa अन्तर्यूतादि in der KÂÇ.

*जाङ्गप्रकृतिक Adj. von जाङ्गप्रकृत.

जाङ्गलायन m. Patron. von जाङ्गल.

*जाङ्गि m. Patron. oder Metron.

जाङ्घिक 1) Adj. *schnell auf den Füssen, Läufer* Ind. St. 15,292. विद्रुः (so zu lesen) — जाङ्घिकाः so v. a. *liefen eiligst davon* Rāǵat. 7,1348. — 2) *m. a) *Kamel* Rāǵan. 19,21. — b) *eine Art Hirsch* Rāǵan. 19,47.

जाजनाग m. N. pr. eines Mannes.

जाजल m. Pl. *die Schule des* Ǵāǵalin.

जाजलि und °न् m. N. pr. eines Lehrers.

जाजिन् m. *Kämpfer.*

*जाटलि m. f. *eine best. Pflanze.*

जाटालिका f. MBh. 9,2641 fehlerhaft für जटालिका.

जाटासुरि m. Patron. von जटासुर.

जाटिकायन m. Patron. N. pr. eines Liedverfassers des AV.

*जाटिलिक m. Metron. von जटिलिका.

*जाट्य Adj. = जटावत्.

जाठर 1) Adj. (f. ई) *am oder im Bauch befindlich, den B. betreffend.* अग्नि m. *die verdauende Feuerkraft im Leibe; Hunger.* — 2) m. a) *Leibesfrucht, Sohn.* — b) N. pr. eines Wesens im Gefolge Skanda's.

जाठर्य n. *eine krankhafte Affection des Unterleibes.*

*जाडार von जड.

जाड्य n. 1) *Empfindung von Kälte, Schauder* Kap. 1,84. — 2) *Stumpfheit, Unempfindlichkeit, Apathie.* — 3) *Dummheit, Geistesschwäche.* — 4) *Unbeseeltheit, Intelligenzlosigkeit* 263,6.

*जाड्यारि m. *Citronenbaum* Rāǵan. 11,178.

जाण्डक m. *ein best. Thier* Karaka 6,19. Vgl. शाण्डिक.

जात 1) Adj. s. u. जन्. — 2) m. a) *Sohn.* — b) *ein Geborener,* so v. a. *ein lebendes Wesen.* — c) N. pr. α) eines Sohnes des Brahman VP.² 2,200. — β) Pl. eines Stammes der Haihaja (?). — 3) n. a) *ein lebendes Wesen, Geschöpf.* — b) *Geburt, Ursprung.* — c) *Wesen.* — d) *Geschlecht, Art, genus; eine Gesammtheit zusammengehöriger Dinge.* Am Ende eines Comp. oft so v. a. *Alles was — heisst, irgend ein —, allerhand —.* जाते *im Allgemeinen.* — e) = जातकर्मन्. — f) * = व्यक्त.

जातक 1) Adj. am Ende eines Comp. *erzeugt von, geboren unter* (einem Stern). — 2) m. a) *ein neugeborenes Kind.* — b) * *Bettler.* — 3) n. a) = जातकर्मन्. — b) *Nativität, Nativitätslehre.* °योगेन *in Folge seiner Nativität* Rāǵat. 7,1730. — c) bei den Buddhisten *eine frühere Geburt* Çâkjamuni's und *eine darüber handelnde Erzählung.* — d) am Ende eines Comp. nach einem Zahlwort *ein Aggregat von — gleichartigen Dingen.*

जातककलानिधि m., °कल्पलता f., °कौमुदी f., °कौस्तुभ n., °चन्द्रिका f., °चिन्तामणि m., °तन्त्र n., °तरंगिणी f., °दीपिका f., °पद्धति f., °पद्मकोश m., °मञ्जरी f., °माला f., °मुक्तावली f. und °रत्नाकर m. Titel von Werken.

जातकर्मन् n. *eine best. Ceremonie nach der Geburt eines Kindes* Gaut. 8,14.

जातकसंग्रह m., °सार, °सेन, °काभरण n., °कामृत n., °काम्भोनिधि m. und °कार्णव m. Titel von Werken.

*जाततोका Adj. f. *Kinder geboren habend.*

जातदोष Adj. *schuldbeladen* Mṛkkh. 127,15.

जातनष्ट Adj. *erschienen und sogleich wieder verschwunden.*

जातप्राय Adj. *beinahe erfolgt* Sāh. D. 79,5.

जातबल Adj. *gekräftigt* Karaka 6,2.

जातभी f. N. pr. eines Frauenzimmers.

जातमात्र Adj. (आ) *kaum —, eben geboren* 74,9. 194,29. *kaum —, eben entstanden.*

जातरूप 1) Adj. a) *schön, prächtig.* — b) *golden* Hemâdri 1,775,4. fgg. — 2) n. a) oxyt. *Gold* Vaitân. MBh. 14,8,11. Nom. abstr. °ता f. — b) * *Stechapfel.*

*जातरूपप्रभ n. *Auripigment* Nigh. Pr.

जातरूपमय Adj. (f. ई) *golden* Harshak. 170,12

जातरूपशिल m. N. pr. *eines goldenen Berges.*

जातवत् Adj. 1) *geboren.* — 2) *eine von* जन् *abgeleitete Form enthaltend.*

जातवासक und °वासगृह n. *Wohnstube.*

जातविद्या f. *Wissen von dem was ist oder von den Ursprüngen, vom Wesen der Dinge.*

जातविनष्ट Adj. = जातनष्ट

जातवेद Adj. *Lohn verleihend* (Comm.) Bhâg. P. 5,7,13.

जातवेदस् Adj. *die Wesen kennend.* m. Bez. Agni's und Name verschiedener Agni. In der späteren Sprache auch *Feuer* überh. 82,25. Nom. abstr. जातवेदस्त्व n.

जातवेदस 1) Adj. *dem* Ǵâtavedas *gehörend, ihn betreffend* u. s. w. — 2) f. ई Bein. der Durgâ.

जातवेदसीय n. *eine best. Hymne.*

जातवेदस्य Adj. = जातवेदस 1).

जातवेदःकल्प m. Titel eines Werkes.

जातवेदादिनवदुर्गामनु m. *ein best. Zauberspruch.*

जातवेश्मन् n. *Wochenstube.*

जातशिला f. *ein wirklicher, massiver Stein* Gobh. 3,9,6.

*जातसारा f. *Odina Wodier* Nigh. Pr.

*जातसेन m. N. pr. eines Mannes.

*जातसैन्य m. Patron. von जातसेन.

जातहारिणी f. N. pr. einer Hexe, *die neugeborene Kinder forträgt.*

जातायन m. Patron. von जात. Pl. *sein Geschlecht.*

जातापत्या Adj. f. *Kinder habend* Spr. 7841.

जाति und जाती (seltener) f. 1) *Geburt, Ursprung.* जात्या, जातितस् und जाति° *von Geburt —, von Anfang an, von Haus aus.* — 2) *Wiedergeburt* 91, 5. Kâraṇḍ. 95,21. — 3) *die durch Geburt bestimmte Daseinsform* (Mensch, Thier u. s. w.), — *Stellung im Leben, Stand, Rang* (Brahman, Krieger u. s. w.). जातितस् im Sinne eines Abl. oder Instr. — 4) *Familie, Stamm, Geschlecht.* — 5) *Gattung* (Gegens. *Art*), *Art* (Gegens. *Individuum*); *das Allgemeine.* — 6) *Art, Anlage* Karaka 2,1. — 7) *der Charakter der Gattung, Aechtheit, normale Beschaffenheit eines Dinges.* अभ्रजातयः so v. a. *wirkliche Wolken.* — 8) *Zurückführung von Brüchen auf einen gemeinschaftlichen Nenner.* — 9) *eine auf blosse Gleichartigkeit oder Ungleichartigkeit sich stützende —, eine in sich selbst einen Widerspruch enthaltende Einwendung.* — 10) *eine best. Redefigur.* — 11) *eine best. Klasse von Metren.* — 12) *Sangweise.* — 13) * *Ofen.* — 14) *Jasminum grandiflorum.* — 15) *Muskatbaum, — nuss.* — 16) * *Emblica officinalis.* — 17) * = कम्पिल्ल. — 18) bisweilen mit जाति verwechselt.

जातिकोश 1) m. (Dhanv. 3,51) n. (Bhâvapr. 1,187) *Muskatnuss.* — 2) * f. ई *Muskatblüthe* Rāǵan. 12,78.

जातिजानपद Adj. *die Stände und das Land betreffend* M. 8,41.

जातित्व n. *Abstraction.*

जातिदीपक n. *eine Art von Vergleichung, bei der von einem Gattungsbegriff zweierlei ausgesagt wird.*

जातिंधर m. N. pr. eines Arztes.

जातिपत्तनावाद m. Titel eines Werkes.

जातिपत्री f. *Muskatblüthe* Rāǵan. 12,78. Dhanv. 3,21. Bhâvapr. 1,188.

जातिपरिवृत्ति f. *Wechsel —, Aufeinanderfolge von Geburten* Âpast.

*जातिपर्णी f. *Muskatblüthe* Nigh. Pr.

*जातिफल n. *Muskatnuss* Rāǵan. 12,81.

जातिब्राह्मण n. *ein Brahman der Geburt* (nicht den Kenntnissen) *nach.*

जातिभाज् Adj. *Alles was geboren wird.*

जातिभ्रंश m. *Verlust des Ranges, — der Kaste.*

जातिभ्रष्ट Adj. *seines Ranges —, seiner Kaste verlustig gegangen.*

जातिमत् Adj. 1) *von edler Geburt, eine hohe Stellung einnehmend.* — 2) *eine Gattung habend, was einem allgemeinen Begriff untergeordnet werden kann.* Nom. abstr. °मत्त्व n.

*जातिमह m. *Geburtsfest.*

जातिमात्र n. *die blosse Geburt, die Stellung im Leben, welche man einzig nur der Geburt zu verdanken hat.* *°जीविन् und °मात्रोपजीविन् Adj. *der nur von seiner G. lebt, sich nur auf seine G. berufen kann.*

जातिमाला f. Titel eines Werkes.

जातिवचन m. *Artbegriff.*

जातिविचार und °विवेक m. Titel zweier Werke.

*जातिवैर n. *eine unter einen allgemeinen Begriff fallende Feindschaft.*

जातिशब्द m. *ein einen Artbegriff ausdrückendes Wort.*

*जातिशस्य n. *Muskatnuss* Râǵan. 12,80. °सस्य v. l.

जातिसंपन्न Adj. *aus einer guten Familie, aus einem edlen Geschlecht.*

*जातिसस्य n. v. l. für °शस्य.

जातिसांकर्यवाद m. Titel eines Werkes.

*जातिसार n. *Muskatnuss* Râǵan. 12,80.

जातिस्मर 1) Adj. (f. आ) *seines frühern Daseins sich erinnernd* 103,21. 174,27. Nom. abstr. °ता f. (Hemâdri 1,476,21) und °त्व n. — 2) N. pr. eines Tîrtha.

जातिस्मरण n. *das Sicherinnern des frühern Daseins.*

जातिस्मरह्रद m. N. pr. eines Sees.

जातिहीन Adj. *von niedriger Geburt, niedriger Herkunft, eine niedrige Stellung im Leben einnehmend.*

जाती f. s. जाति.

जातीकोश m. (*n.) *Muskatnuss.*

*जातीपत्त्री f. und जातीफल n. (Pańkad.) = जाति°.

*जातीफला f. *Emblica officinalis* Râǵan. 11,160.

°जातीय Adj. *zu der und der Klasse, Familie, Geschlecht, Art gehörig.* पटु° *ziemlich geschickt.*

°जातीयक Adj. (f. आ) dass. Çaṁk. zu Bâdar. 4,2,13.

*जातीरस m. *Myrrhe.*

*जातीरसफला f. *Emblica officinalis* Nigh. Pr.

जातु und जातु (Çat. Br. einmal) Adv. 1) *überhaupt.* — 2) *möglicher Weise, vielleicht.* — 3) *eines Tages, einst, irgend ein Mal.* — 4) mit न *überhaupt nicht, durchaus nicht, auf keinen Fall, niemals.* Auch mit folgendem चिद् und कदा चिद्.

जातुक m. *die Pflanze, welche die Asa foetida liefert,* Karaka 1,27 (यातुक gedr.). *n. *Asa f.*

जातुधान m. = यातुधान Kâd. 34,5.

जातुष Adj. (f. ई) *aus Lack —, aus Gummi gemacht, damit bestrichen.*

जातू in °भर्मन् und °ष्ठिर = अशनि Sâj.

जातूकर्ण 1) m. a) N. pr. eines alten Lehrers, Arztes und Verfassers eines Gesetzbuches. — b) Bein. Çiva's. — 2) f. ई N. pr. der Mutter Bhavabhûti's. — 3) *Adj. (f. ई) von जातूकर्ण्य.

जातूकर्णीपुत्र m. Metron. Bhavabhûti's.

जातूकर्ण्य m. Patron. von जातूकर्ण. Pl. *sein Geschlecht.*

जातूभर्मन् Adj. *je und je —, stets pflegend, — schützend.*

जातूष्ठिर Adj. *je und je fest, niemals weichend.*

जातेष्टि f. *ein Opfer bei der Geburt eines Kindes* 254,24.

*जातोक्ष m. *ein junger Stier.*

जातोदक Adj. *mit Wasser angefüllt.* उदर Bhâvapr. 5,83.

जात्य Adj. 1) am Ende eines Comp. *zu dem und dem Geschlecht, Stande u. s. w. gehörig.* — 2) *zur Familie gehörig, verwandt.* — 3) *zu einem edlen Geschlecht gehörig, edel.* — 4) *ächt,* γνήσιος. Ueber den *ächten* Svarita s. Whitney, Gr. 84, b. — 5) *rechtwinkelig.* — 6) **lieblich, reizend.*

जात्यन्ध Adj. *blindgeboren* Spr. 2391. fg.

जात्यन्धबधिर Adj. Du. *von Geburt blind oder taub* 200,27.

जात्युत्कर्ष m. *eine höhere Kaste* Jâǵn. 1,96.

*जात्युत्पल *eine weiss und roth gefärbte Lotusblüthe* Nigh. Pr.

1. जान n. *Entstehung, Ursprung; Geburtsstätte.*

2. जान m. Patron. des Hymnendichters Vṛça Ârsh. Br. Vgl. वैजान.

जानक 1) m. Patron. verschiedener Männer. — 2) f. ई a) Patron. der Sîtâ. — b) *ein best. Metrum.*

जानकि (जानकिं einmal im Çat. Br. 14) m. 1) Patron. verschiedener Männer. — 2) *Pl. N. pr. eines Volkstammes Kâç. zu P. 5,3,116.

जानकीगीता f. und जानकीचरण n. Titel zweier Werke.

जानकीदेहभूष m. Bein. Râma's.

जानकीनाथ m. desgl.

जानकीनाथचूडामणिभट्टाचार्य m. N. pr. eines Autors.

जानकीनाथलिङ्ग n. Name eines Liṅga.

जानकीनाथशर्मन् m. N. pr. eines Mannes.

जानकीपरिणय m. Titel eines Schauspiels Hall in der Einl. zu Daçar. 30. Cat. Gujar. 2,116.

जानकीमन्त्र m. *ein an die Sîtâ gerichteter Spruch.*

*जानकीय m. *ein Fürst der Gânaki.*

जानकीराघव n. Titel eines Schauspiels.

जानकीरामचन्द्रविलास m. Titel des 2ten Acts im Mahânâṭaka.

जानकीवल्लभ und जानकीश m. Bein. Râma's.

जानकीसहस्रनामस्तोत्र n. Titel eines *Lobgesanges.*

जानकीस्वयंवर m. Titel des 1ten Actes im Mahânâṭaka.

जानकीहरण n. Titel eines Werkes.

जानंतपि m. Patron. des Atjarâti.

जानन्ति m. N. pr. eines Lehrers.

जानपद 1) Adj. a) *auf dem Lande wohnend;* m. *Landbewohner* (Gegens. *Städter*). — b) *ein Land —, die Landbewohner betreffend, für sie bestimmt.* — 2) m. *ein Reichsangehöriger, Unterthan.* — 3) f. जानपदी a) *ein volksthümlicher Ausdruck.* — b) N. pr. α) einer Apsaras. — β) *einer Oertlichkeit.

जानपदिक Adj. *das Reich —, die Unterthanen betreffend.*

जानपाद Hariv. 8610 fehlerhaft für जाल°.

जानराज्य n. *Oberherrschaft* Maitr. S. 2,6,6. 9.

*जानवादिक Adj. *mit dem Gerede der Leute vertraut.*

जानश्रुति m. Patron. von जनश्रुत.

जानश्रुतेय m. Patron. des Aupâvi.

*जानायन m. Patron. von जन.

जानि am Ende eines adj. Comp. *Ehefrau* 132,29.

1. *जानी f. *Mutter.*

2. जानी Verstümmelung von याज्ञिक.

जानु 1) m. (ausnahmsweise) und n. *Knie* (auch bei Thieren). जानु दा Jmd (Gen.) *das Knie auf den Leib setzen.* जानुभ्यामवनीं गम् *sich auf die Knie werfen.* — 2) als *Längenmaass* = 32 Aṅgula Çulbas. 1,13.

जानुक 1) n. *Knie.* Insbes. am Ende eines adj. Comp. (f. आ) Hemâdri 1,436,20. — 2) m. N. pr. eines Mannes Çâk. 75,18.

जानुका Adj. *gebärend,* mit Acc. Maitr. S. 1,4,8. Âpast. Çr. 1,10,11.

जानुचलन n. *das Sichschaukeln auf Jmds Knien.*

जानुजङ्घ m. N. pr. eines Fürsten.

जानुदघ्न Adj. (f. ई) *bis zum Knie reichend* Taitt. Âr. 1,25. °दघ्नाम्भस् Adj. Râǵat. 8,3186. Loc. *in der Höhe des Knies* Âpast. Çr. 15,13,3.

जानुप्रचलन n. = जानुचलन Pańkat. ed. Bomb. 5,68,17.

*जानुप्रह्नुत gaṇa अन्तमूताटि in der Kâç. Davon

*°तिक Adj. ebend.

*जानुप्रहृत und *°प्रहृतिक Adj. v. l. für °प्रहृत und °प्रहृतिक.

*जानुफलक und जानुमण्डल (Kâraṇḍ. 17,2. 38,14) n. Kniescheibe.

1. जानुमात्र॑ n. Höhe des Knies Çat. Br. 12,8,3,20.

2. जानुमात्र Adj. bis zum Knie reichend, knietief.

जानुविजानु Hariv. 15978 fehlerhaft für (सव्य)-जानु वि°.

*जानेवादिक und *जानोवादिक Adj. = ज्ञानवादिक.

जान्धित॑ Adj. worüber man übereingekommen ist, herkömmlich, gebräuchlich.

जान्य m. N. pr. eines alten Weisen. जन्य v. l.

जान्वाक्न॑ Adj. mit gebogenem Knie.

जाप m. das Flüstern. Auch fehlerhaft für जाप्य und जप.

जापक 1) Adj. a) Etwas (im Comp. vorangehend) flüsternd hersagend, flüsternd Gebete hersagend Bhâg. P. ed. Bomb. 9,6,10. m. ein solcher Priester Hemâdri 2,a,68,9. 11. — b) zu 1) a) in Beziehung stehend. — 2) *n. ein best. wohlriechendes Holz.

*जापन n. = निरसन und निर्वर्तन.

°जापिन् Adj. flüsternd hersagend.

जाप्य 1) Adj. a) flüsternd herzusagen. — b) = जापक 1) b). — 2) n. ein flüsternd herzusagendes Gebet R. ed. Bomb. 1,29,32.

1. जाबाल॑ m. 1) Metron. verschiedener Männer. Auch Pl. — 2) Pl. eine best. Schule.

2. *जाबाल m. = अजापाल Ziegenhirt.

जाबालश्रुति f. Titel eines Werkes.

जाबालायन m. N. pr. eines Lehrers.

जाबालि m. Patron. N. pr. verschiedener Männer.

जाबालिन् m. Pl. die Schule Gâbâla's.

जाबालेश्वर n. Name eines Liñga.

जाबालोपनिषद् f. Titel einer Upanishad.

जामदग्न॑ 1) Adj. (f. ई) von Ǵamadagni oder Ǵâmadagnja herrührend u. s. w. — 2) m. a) Patron. von जमदग्नि. Auch Pl. — b) ein best. Katuraha.

जा॑मदग्निय m. Patron. von जमदग्नि TS. 7,1,9,1.

जामदग्नेय m. desgl.

जामदग्न्य 1) Adj. dem Ǵamadagni oder dem Ǵâmadagnja 2) a) gehörig, sie betreffend u. s. w. — 2) m. a) Patron. von जमदग्नि. Auch Pl. — b) ein best. Katuraha.

जामदग्न्यक m. = जामदग्न्य 2) a) Agni-P. 42,24.

जामदग्न्यजय m. Titel eines Schauspiels Wilson, Sel. Spec. I,xxviii; vgl. jedoch Hall in der Einl. zu Daçar. 30.

जामदग्न्यद्वादशी f. der 12te Tag in der — Hälfte des Vaiçâkha.

जामदग्न्यवत् wie Ǵâmadagnja, d. i. wie Paraçurâma verfahren. °यित n. so v. a. ein Morden in der Weise Paraçurâma's Râǵat. 7,1506.

(जामर्य) जा॑मार्य Adj. als Beiw. der Milch.

जामल n. schlechte Schreibart für यामल 2).

जामा f. Tochter (nach Nilak.).

जा॑मातर् m. 1) Eidam. Nom. abstr. जामातृत्व n. — 2) Schwestermann, Schwager R. 7,24,30. 34. — 3) *Gatte. — 4) *Scindapsus officinalis.

जामातृक m. Eidam. v. l. जामातर्.

जामि॑ 1) Adj. a) leiblich verschwistert; seltener vom Bruder, häufig von der Schwester mit und ohne स्वसर्. Du. und Pl. Geschwister. Bildlich von den Fingern und den Andachtsübungen oder Gebetsformen beim Soma-Werk. — b) verwandt überh., angehörig, eigen, heimisch, gewohnt; Verwandter. — 2) f. a) in der nachvedischen Sprache eine weibliche Verwandte des Hausvaters, insbes. die Schwiegertochter, auch wohl Schwester. Auch जामी. — b) N. pr. α) einer Göttin. — β) जामी einer Apsaras Hariv. 3,69,16. — γ) einer Gattin Dharma's. Auch जामी VP.² 2,21. — 3) n. a) Geschwisterschaft, Blutsverwandtschaft. — b) in der Sprache der Grammatik und Liturgie das Gleichförmige, Wiederholung, Tautologie. — c) * Wasser.

जामिकृ॑त् Adj. Verwandtschaft schaffend.

जामित्र n. διάμετρον, das 7te astrol. Haus.

जामित्व॑ n. Verwandtschaft, Angehörigkeit.

जामिव॑त् Adj. wie eine Schwester, wie ein Bruder.

*जामिवत् Adj. = जामि.

जामिशंस॑ m. Bruder —, Verwandtenfluch.

*जामुनदेश m. N. pr. einer Oertlichkeit.

*जामेय m. Schwestersohn.

*जाम्ब von जम्ब.

जाम्बव 1) Adj. von der Eugenia Jambolana kommend. — 2) m. = जाम्बवन्त्. — 3) *f. ई Artemisia vulgaris oder Alpinia nutans Râǵan. 5,82. — 4) n. a) die Frucht der Eugenia Jambolana. — b) *Gold. — c) *N. pr. einer Stadt.

*जाम्बवक N. pr. einer Oertlichkeit.

*जाम्बवत und *°क gaṇa अरीहणादि. v. l. जाम्बवन्त.

*जाम्बवतीपति m. Bein. Kṛshṇa's Gal.

जाम्बवतीविजय m. Titel eines Schauspiels.

जाम्बवन्त् 1) m. N. pr. eines Fürsten der Affen. — 2) f. °वती a) N. pr. der Tochter Ǵâmbavant's und Gattin Kṛshṇa's. — b) *= जाम्बव 3) Râǵan. 5,82.

*जाम्बवन्त und *°क gaṇa अरीहणादि in der Kâç. v. l. जाम्बवत.

जाम्बवोष्ठ und °वौष्ठ n. Sonde, Senknadel.

जा॑म्बिल n. Kniehöhle Maitr. S. 3,15,3. Aus जानुबिल (wie अन्वर्तितर् aus अनुव°). Vgl. जा॑म्बील.

*जाम्बीर n. Citrone.

जा॑म्बील n. 1) = जा॑म्बिल Kâth. 5,13,1. Nach Mahîdh. Kniescheibe. — 2) Speichel.

जाम्बुक Adj. vom Schakal kommend.

जाम्बुद्वीपक Adj. in Ǵambudvîpa wohnend Kâraṇḍ. 13,2. 3. 46,11. 57,17. 87,7.

जाम्बुनद und °मय fehlerhaft für जाम्बूनद und °मय.

जाम्बुवन्त् N. pr. 1) *m. = जाम्बवन्त् 1). — 2) f. °वती = जाम्बवन्त् 2) a). Die Bomb. Ausg. des Bhâg. P. überall richtig जाम्बवती.

1. जाम्बूनद 1) Adj. vom Flusse Ǵambû kommend als Beiw. einer best. Art Gold und als n. solches Gold und Gold überh. — 2) *n. Stechapfel.

2. जाम्बूनद 1) Adj. (f. ई) aus dem Ǵâmbûnada genannten Golde gemacht, golden überh. — 2) m. N. pr. a) eines Sohnes des Ganameǵaja. — b) eines Berges. Auch °पर्वत m. — 3) f. ई N. pr. eines Flusses. — 4) n. a) ein goldener Schmuck. — b) N. pr. eines Sees.

जाम्बूनदप्रभ 1) Adj. einen goldenen Glanz habend. तस° R. 1,38,19. — 2) m. N. pr. eines Buddha Lot. de la b. l. 93 (जम्बु° gedr.).

जाम्बूनदमय Adj. (f. ई) golden.

*जाम्बेय m. Metron. von जम्बू.

जाम्बोष्ठ und जाम्बौष्ठ n. = जाम्बवोष्ठ.

*जाम्भ m. Patron. von जम्भ.

*जायक n. ein best. wohlriechendes Holz.

जायद्रथ Adj. dem Ǵajadratha gehörig.

जायन्त m. Patron. Bharata's.

जायन्तीपुत्र m. N. pr. eines Lehrers.

जायन्तेय m. Metron. von जयन्ती.

जायंपती Kâth. 6,4 wohl nur fehlerhaft für जायापती; s. u. जाया 1).

जायल m. Pl. = जाजल Ind. St. 3,277. Ârjav. 47.

जाया॑ f. 1) Eheweib. जायापती॑ Nom. Du. m. Mann und Weib Kap. S. 4,3. Nom. abstr. जायात्व n. — 2) das 7te astrol. Haus.

*जायाघ्न Adj. Mörder des Eheweibes, den Tod des Eheweibes herbeiführend.

*जायाजीव m. Schauspieler, Tänzer.

*जायानुजीविन् m. 1) dass. — 2) der Mann einer Hure. — 3) ein armer Teufel. — 4) Ardea nivea. — 5) = आश्विन.

जा॑यान्य m. eine best. Krankheit.

जायिन् 1) Adj. am Ende eines Comp. besiegend,

bekämpfend. — 2) m. ein best. Dhruvaka.

जायु 1) Adj. siegreich; zu gewinnen suchend. — 2) *m. a) Arzenei. — b) Arzt.

जैत्रुक Adj. siegreich Maitr. S. 3,1,9.

जायेन्य m. = जायान्य.

1. जार Adj. alternd.

2. जार m. Buhle. In der alten Sprache nicht nothwendig mit schlimmer Nebenbedeutung. Auch Vertrauter überh. In der späteren Sprache der Buhle einer verheiratheten Frau, Nebenmann. Am Ende eines adj. Comp. f. आ 155,24.

जारगर्भ m. ein Kind von einem Nebenmanne Spr. 4155.

जारगर्भा Adj. f. schwanger von einem Buhlen Spr. 4155, v. l.

जारघ्नी Adj. f. den Buhlen tödtend.

जारज Adj. von einem Buhlen gezeugt.

जारजात m. 1) Adj. von einem Buhlen gezeugt, m. ein solcher Sohn Varâh. Jogaj. 4,47. — 2) Plagiarius.

जारजातक 1) Adj. von einem Buhlen gezeugt. — 2) m. Plagiarius.

जारण 1) n. a) das Oxydiren. — b) *Verdauungsmittel. — 2) f. आ = 1) a). — 3) *f. ई eine Art Kümmel Râǵan. 6,64.

जारता f. ein Buhlerverhältniss mit (im Comp. vorangehend).

*जारतिनेय m. Patron. von जारतिन् und Metron. von जारती.

जारत्कारव m. Patron. von जरत्कारु.

जारद्गव Adj. (f. ई) in Verbindung mit वीथि f. eine best. Strecke der Mondbahn. °गवं स्थानम् VP.² 2,264.

*जारद्दत्त Adj. von जरद्दत्त.

*जारभर gaṇa पचादि. f. आ Ehebrecherin.

जारमाण n. eine Art Tanz S. S. S. 258.

*जारमाण्य m. Patron. von जरमाण.

जारयन्मख Adj. Freude weckend.

जारासंधि m. Patron. Sahadeva's.

जारिणी Adj. f. einen Buhlen habend, eine Verliebte.

जारूज Adj. = जरायुज.

*जारूत्थ fehlerhaft für जात्रूथ्य.

जारूथी Hariv. 9136 und R. 6,109,30 fehlerhaft für जात्रूथी.

जारूधि m. N. pr. eines Gebirges.

जात्रूथी f. N. pr. eines Flusses oder einer Stadt.

जात्रूथ्य Adj. als Beiw. von अश्वमेध nach den Erklärern = त्रिगुणदक्षिण, मांसमय oder मांसादिदानप्रधान, d. i. पुष्ट.

जार्तिक m. Pl. N. pr. eines Volkes. v. l. जर्तिक.

(जार्य) जारिय n. Vertraulichkeit. Liebe. Nach Sâj. Adj. = स्तुत्य.

जार्यक m. Spr. 3322 vielleicht fehlerhaft für जाहक Igel.

1. जाल 1) n. (adj. Comp. f. आ) a) Netz, Geflechte, Fanggarn, Vogelnetz, Fischernetz, Haarnetz; Netz, Schlinge in übertragener Bed. von Allem, was den Menschen in seiner Freiheit beschränkt. — b) Netz in anat. Sinne, omentum. — c) ein aus Draht geflochtenes Netz, Panzerhemd, Haube aus Draht. — d) Gitter. — e) Gitterfenster. — f) Schwimmhaut, ein Ansatz zur Schw. (an den Fingern und Zehen göttlicher Wesen und aussergewöhnlicher Menschen). — g) Mähne eines Löwen 112,16. — h) *ein Bündel junger Knospen. — i) Netz, so v. a. Verbindung, eine zusammenhängende —, dichte Menge. — k) Betrug, Hinterlist, Blendwerk Daçak. 79,15. — l) bisweilen fehlerhaft für जात. — 2) *m. a) Nauclea Cadamba. — b) eine kleine Gurke, ein kl. Kürbis. — 3) *f. ई eine Gurkenart.

2. जाल Adj. wässern.

जालक 1) n. a) Netz, Geflechte, Gewebe (eig. und übertr.). — b) Gitter. — c) Gitterfenster. Angeblich *m. — d) ein Bündel junger Knospen. — e) eine Art Perlenschmuck Bhâg. P. 8,20,17. — f) *Nest. — g) Menge Çâk. 29. — h) *Banane. — i) *Betrug. — 2) m. ein best. Baum. — 3) f. जालिका a) Netz, Fanggarn. — b) Schleier. — c) Panzerhemd. — d) *Spinne. — e) *Banane. — f) Menge Kâd. 161,11. — g) *Wittwe. — h) * = कोमासिका.

जालकगर्दभ m. = जालगर्दभ Karaka 6,17.

जालकमालिन् Adj. mit einem netzartigen Perlenschmuck versehen Bhâg. P. 8,20,17.

जालकर्मन् n. Fischfang.

जालकार und °क m. Spinne.

*जालकि m. Pl. N. pr. eines Volksstammes. जानकि v. l.

°जालकित Adj. netzartig überzogen mit Harshak. 202,13.

*जालकिनी f. Schafmutter.

*जालकीट m. N. pr. eines Dorfes.

*जालकीय m. ein Fürst der Ǵâlaki. v. l. जानकीय.

जालक्षीर्य n. eine best. Pflanze mit giftigem Milchsaft.

जालगर्दभ m. ein best. Ausschlag.

जालगवाक्ष m. Gitterfenster. °क dass. Varâh. Bṛh. S. 56,22.

*जालगोणिका f. ein best. zum Buttermachen dienendes Gefäss.

जालदण्ड m. Stab am Netz oder Fanggarn.

जालंधर 1) m. a) eine best. Fingerstellung oder — verbindung. — b) N. pr. α) eines Asura; vgl. जलंधर. — β) eines Arztes; vgl. जालंधरि. — γ) der 12 zu menschlicher Geburt verfluchten Âditja Ind. St. 14,140. — δ) *Pl. eines Volkes, = त्रिगर्त. °देश m. °पुर n. — 2) wohl n. N. pr. einer Oertlichkeit (eines Tîrtha).

*जालंधरायण m. Patron. von जलंधर. *°क Adj. von solchen Personen bewohnt.

जालंधरि m. N. pr. eines Arztes.

*जालपद् (stark °पाद्) m. Gans.

*जालपद N. pr. einer Oertlichkeit (davon ein gleichlautendes Adj.) gaṇa वरणादि in der Kâç. v. l. °पदी. Dieses auch *Adj. f. eine Schwimmhaut an den Füssen habend.

जालपाद m. 1) Schwimmfüssler, Schwimmvogel, Gans u. s. w. Gaut. Daçak. 40,16. — 2) N. pr. eines Zauberers.

जालपादभुज Adj. an Füssen und Händen einen Ansatz zur Schwimmhaut habend. Nîlak.: जालपादा हंसाः। तदङ्कितभुजः। हंसपादाङ्कितभुजः.

जालपाश m. der einzelne Faden eines Netzes (Spinnengewebes).

जालपुर n. N. pr. einer Stadt.

*जालप्राया f. Panzerhemd.

जालबन्ध m. Fanggarn, Schlinge Kandak. 20,4.

*जालमानि m. Pl. N. pr. eines Volksstammes.

*जालमानीय m. ein Fürst der Ǵâlamâni.

जालमाला f. Netz Spr. 7618.

जालवन्त् Adj. 1) mit einem Netz versehen. — 2) mit einem Panzerhemd versehen. — 3) mit Gitterfenstern versehen Ragh. 7,5. — 4) zu täuschen verstehend.

*जालवर्वूरिक und *°वर्वूरक m. eine Acazienart Râǵan. 8,39.

*जालसरस n.

जालहासिनी f. N. pr. einer Gattin Kṛshṇa's Hariv. 9179. चारुहासिनी v. l.

*जालह्रद m. Patron. von जलह्रद.

जालाक्ष Gitterfenster.

जालाङ्गुलिक Adj. zwischen den Fingern (Zehen) einen Ansatz zur Schwimmhaut habend Lalit. 121, 4 (जाङ्गुलिक gedr.).

जालामुख Gitterfenster.

जालाय्, °यते ein Netz darstellen.

जालाषं n. Linderungsmittel oder ein best. Heilmittel.

जालिक 1) *Adj. (f. ई) betrügerisch zu Werke gehend. — 2) m. a) Vogelsteller Kandak. 20,4. — b) *Spinne. — c) *Gouverneur eines Districts.

जालिनी f. 1) *ein best. Abscess* oder *Ausschlag* KARAKA 1,17. — 2) *Netzmelone* oder *Netzgurke.* — 3) * *ein bemaltes oder mit Bildern ausgeschmücktes Gemach.*

जालिनीमुख m. N. pr. eines Berges KÂRAṆḌ. 91,15.

*जालीदेश m. N. pr. einer *Gegend.*

जालूक Adj. in Verbindung mit श्लोकाः.

जालोर m. N. pr. eines Agrahâra.

जाल्म Adj. (f. ई) *verworfen, verächtlich, gemein* (Lebensunterhalt); m. *ein verworfener —, verächtlicher Mensch, Schurke.* f. ई HARSHAK. 149,13.

जाल्मक Adj. dass. (von einem Menschen).

जाल्य Adj. *der Gefahr eines Netzes ausgesetzt.*

जावड m. N. pr. eines Mannes.

जावन् in पूर्वजावन्.

जावनिका f. = जवनिका *Vorhang* HEM. PAR. 9,45.

जावत् Adj. *an Nachkommenschaft reich, der N. geben kann.*

*जावन्य n. *Raschheit, Schnelligkeit.*

जावादि Adj. *mit* Açvajugâu *beginnend.*

*जावायनि von जव.

जावित्रीपाक m. *ein best. Decoct.*

*जापक n. v. l. für जायक.

जाष्कमद m. *ein best. Thier.*

जासट m. N. pr. verschiedener Männer.

जास्पति m. *Hausvater, Familienvater.* जास्पति RV. 7,38,6 wohl fehlerhaft.

जास्पत्य n. *Hausvaterschaft.*

°जाह n. *Wurzel* (eines Körpertheils).

जाहक m. 1) *Igel* HARSHAK. 192,15. — 2) * *Katze.* — 3) * *Chamäleon* RÂGAN. 19,62. — 4) * *Blutegel.* — 5) * *Bettstelle.*

जाहुष m. N. pr. eines Schützlings der Açvin.

जाह्नव 1) m. *a)* Patron. verschiedener Männer. — *b) ein best.* Katuraha. — 2) f. ई Patron. der Gaṅgâ.

जाह्नवि (metrisch) f. = जाह्नव 2).

जाह्नवीय Adj. *der* Gaṅgâ *gehörig, sie betreffend* u. s. w.

1. जि, जयति und °ते (episch जय्यात्) 1) *Etwas gewinnen, ersiegen, erbeuten* (im Kampfe oder Spiele), *erwerben, sich* (sibi) *unterwerfen, erobern.* — 2) *besiegen* (im Kampfe, Spiele, Process). जिततर MBH. 10,10,13. *überwinden, — treffen, — flügeln.* — 3) die Sinne, Leidenschaften, Leiden, Krankheiten u. s. w. *besiegen, überwinden, abwenden, ihrer Herr werden.* पिपासाम् *den Durst stillen,* विवादान् *Streit aufgeben, — vermeiden.* — 4) *Jmd siegreich vertreiben aus* (Abl.). — 5) *Jmd um Etwas bringen, in Etwas besiegen, Jmd Etwas im Spiele abnehmen;* mit doppeltem Acc. — 6) ohne Object *siegen, siegreich sein, den Sieg davontragen, gewinnen* (im Spiele). — 7) *oben auf sein, hoch leben.* Häufig Praes. st. Imperat. in der Bed. *es lebe hoch!* जितमुडुपतिना so v. a. जयतूडुपतिः 290,13. — Caus. 1) जापयति *Jmd Etwas gewinnen machen,* mit doppeltem Acc. अजीजपत Med. ÇAT. BR. 5,1,5,11. 12. — 2) Aor. अजीजपत् in der Bed. *besiegen* MBH. 7,66,6. — Desid. जिगीषति, °ते *gewinnen —, erlangen —, erobern —, besiegen —, siegen wollen, auf Beute ausgehen.* — *Intens. जेजीयते. — Mit अति *den Sieg davontragen über* (Acc.). — Mit व्यति Med. *übertreffen* BHAṬṬ. — Mit अधि *hinzugewinnen zu* (Loc.) — Mit अनु *sich* (sibi) *unterwerfen, — unterthan machen.* v. l. अभ्यजापत् st. अन्वजापत्. — Desid. Med. *sich unterthan machen wollen.* — Mit अप *abhalten, abwenden.* — Desid. Med. *abzugewinnen —, wiederzugewinnen suchen* ÂPAST. 1,24,21. — Mit अभि 1) *gewinnen, ersiegen, erwerben.* — 2) °जयन्ते PRAÇNOP. 1,9. 10 wohl fehlerhaft für °जायन्ते. — Desid. *gewinnen —, überwinden wollen, angreifen.* — Mit प्रत्यभि, °जित GOP. BR. 2,2,7 fehlerhaft für °चित. — Mit अव 1) *abgewinnen, abnehmen* GAUT. — 2) *abhalten, abwenden.* — 3) *besiegen* 105,24. — Desid. *abgewinnen —, wiedergewinnen wollen.* — Mit आ *gewinnen, erwerben.* — Desid. Med. *zu erlangen suchen.* — Mit उद् 1) *erwerben, gewinnen, unterwerfen.* — 2) *siegreich sein* TBR. 2,4,2,7. — Caus. 1) *siegen machen.* — 2) *Jmd Etwas gewinnen lassen,* mit doppeltem Acc. — Mit अनूद् *nach Jmd* (Acc.) *siegreich sein.* — Mit अभ्युद् *erobern, erwerben* GOP. BR. 2,1,17. — Mit उप dass. GOP. BR. 2,2,16. — Mit निस् 1) *gewinnen, ersiegen, erwerben, sich unterwerfen, erobern.* — 2) *besiegen, überwinden, übertreffen* 112,25. — Mit अभिनिस् *besiegen, überwinden.* — Mit परिनिस् dass. — Mit प्रतिनिस् *sich aneignen, — zu Nutze machen.* — Mit विनिस् 1) *gewinnen, ersiegen, erobern.* — 2) *besiegen, überwinden, — treffen* 297,17. — Mit परा gewöhnlich Med. 1) *Etwas verlieren, um Etwas gebracht werden;* mit Acc. MBH. 2,65,30. — 2) *besiegt werden, unterliegen.* पराजित. — 3) * *einer Sache unterliegen, Etwas nicht überwinden —, Etwas nicht ertragen können;* mit Abl. — 4) *besiegen, überwinden* (im Kampfe, Spiele, Processe). पराजित *besiegt, überwunden, überwältigt.* पुत्रशोक° *von Kummer.* — Mit परि *besiegen, überwinden.* — Mit प्र 1) *gewinnen, ersiegen.* — 2) *besiegen.* — Mit प्रति *besiegen* (im Kampfe, Spiele). — Desid. *besiegen wollen, angreifen.* — Mit वि gewöhnlich Med. 1) *gewinnen, ersiegen, erobern.* — 2) *besiegen, überwinden* (im Kampfe oder Spiele), *übertreffen* 292,18. Spr. 7686. — 3) die Sinne, den Geist *besiegen, Herr werden über.* विजितासन Adj. *der mit dem Sitz bald fertig geworden ist,* so v. a. *dem es einerlei ist, worauf er sitzt.* — 4) ohne Object *siegen, einen Kampf zur Entscheidung bringen.* — 5) *einen Kampf mit Jmd* (Instr.) *siegreich beendigen, obsiegen.* — 6) *siegen,* so v. a. *die Oberhand haben.* — 7) *siegen,* so v. a. *hoch leben.* Praes. st. Imperat. so v. a. *es lebe hoch!* — 8) *sich hervorthun —, excelliren durch* (Instr.) BÂLAR. 305,6. — 9) *dem Siege entgegen gehen, siegen wollen.* — Caus. Aor. व्यजीजपत् in der Bed. *erobern* MBH. 7,62,9. — Desid. gewöhnlich Med. 1) *gewinnen —, ersiegen wollen.* — 2) *besiegen wollen.* — 3) *eine siegreiche Entscheidung herbeiführen —, siegen wollen, sich um den Sieg bemühen, angreifen.* — Mit सम् 1) *zusammen gewinnen, — erwerben, zusammenbringen.* — 2) *zusammen besiegen.* — 3) *überwältigen.* — 4) die Sinne *besiegen, Herr werden über* HEMÂDRI 1,728,19.

2. जि, जिनाति s. 1. ज्या.

3. *जि 1) Adj. *siegend.* — 2) m. *ein* Piçâka.

जिकन m. N. pr. eines Mannes.

जिगत्नु 1) Adj. *eilend, beweglich.* — 2) *m. *Athem.*

*जिगमिषा f. *das Verlangen zu gehen.*

जिगमिषु Adj. *im Begriff stehend zu gehen, — fortzugehen.* तत्र, वनम्.

जिगर्ति m. *Verschlucker, Verschlinger.*

जिगीषा f. 1) *der Wunsch Etwas zu erlangen, Erwartung.* — 2) *das Verlangen zu besiegen, — zu siegen, — die Oberhand zu gewinnen, Ehrgeiz.*

जिगीषु 1) Adj. *a) Etwas zu erlangen —, zu erreichen wünschend, auf Etwas ausgehend.* — 2) *zu besiegen —, zu übertreffen —, zu siegen wünschend, ehrgeizig.* Nom. abstr. जिगीषुता f.

जिगीषोत्साहवत् Adj. *mit Ehrgeiz und festem Willen verbunden* H. 321.

जिग्यु Adj. *siegreich.*

जिघत्नु Adj. *zu verletzen bestrebt.*

जिघत्सा f. *das Verlangen, die Absicht* 1) *zu essen, Hunger.* — 2) *zu verzehren.*

जिघत्सु 1) Adj. *a)* * *hungrig.* — *b) zu verzehren verlangend,* mit Acc. Ind. St. 14,373. — 2) f. *eine gefrässige Unholdin.*

*जिघांसक Adj. *zu tödten beabsichtigend.*

जिघांसा f. *das Verlangen, die Absicht* 1) *zu schlagen, — tödten, — erlegen.* — 2) *zu Grunde zu richten, zu zerstören.*

°जिघांसिन् Adj. *zu tödten beabsichtigend.*

*जिघांसीयस् Adj. *sehr begierig zu tödten.*

जिघांसु 1) Adj. *a) zu tödten —, zu erlegen beabsichtigend;* mit Acc. — *b) zu zerstören —, zu Grunde zu richten begierig;* das Object im Acc. oder im Comp. vorangehend. — 2) *m. *Feind.*

जिघृक्षा f. *das Verlangen —, die Absicht zu ergreifen, zu fassen, zu packen.*

जिघृक्षु Adj. (die Ergänzung im Acc. oder im Comp. vorangehend) 1) *zu ergreifen —, zu fassen —, zu packen beabsichtigend.* — 2) *zu rauben —, zu entziehen b.* — 3) *zu schöpfen b.* — 4) *zu pflükken b.* — 5) *zu erlernen b.*

जिघ्र Adj. 1) **riechend.* — 2) am Ende eines Comp. *wahrnehmend, errathend.*

जिङ्गिणी (KARAKA 3,8) und जिङ्गिनी f. *Odina Wodier* MADANAV. 60,49. BHÂVAPR. 1,234. Vgl. किङ्गिनी.

जिङ्गी f. 1) *Rubia Munjista* BHÂVAPR. 1,176. — 2) *Odina Wodier* MADANAV. 60,49. BHÂVAPR. 1,234.

जिजीविषा f. *das Verlangen am Leben zu bleiben.*

जिजीविषु Adj. *zu leben —, am Leben zu bleiben wünschend.*

जिजीषु Adj. dass. und daraus entstanden MBH. 3,241,25.

*जिज्ञापयिषु Adj. *Etwas* (Acc.) *an den Tag zu legen begierig.*

जिज्ञासन n. *das Verlangen kennen zu lernen, das Prüfen.*

जिज्ञासा f. *der Wunsch zu wissen, — zu kennen, — zu erkennen, Untersuchung, Nachforschung, Prüfung.* कृतजिज्ञास Adj. *Jmd* (Gen.) *erprobt habend.*

जिज्ञासादर्पण m. Titel eines Werkes OPP. Cat. 1.

जिज्ञासाप्रस्ताव m. Titel eines Werkes KUMÂRASV. zu PRATÂPAR. 342,8.

जिज्ञासाभाष्यभावप्रकाशिका f. desgl. OPP. Cat. 1.

जिज्ञासितव्य Adj. *was man kennen zu lernen wünschen muss, zu untersuchen, zu prüfen.*

*जिज्ञास्थि (?) gaṇa राजदन्तादि.

जिज्ञास्य Adj. = जिज्ञासितव्य.

जिज्ञु (!) Adj. = जिज्ञासु.

जिडधन m. N. pr. eines Mannes.

°जित् Adj. 1) *gewinnend, erwerbend.* — 2) *besiegend.* In der Med. *entgegenwirkend, vertreibend.*

जितकालिन् HARIV. 10170 (11070) fehlerhaft für °काशिन्.

जितकाशिन् Adj. *sich als Sieger gebarend, siegesbewusst* MBH. 1,2,309. Wird durch जयश्लाघिन् und जिताहव erklärt. °काशि (!) soll = दृढमुष्टि sein.

*जितनेमि m. *ein Stab vom Holze der Ficus religiosa.*

जितंते oder °स्तोत्र n. Titel eines Stotra OPP. Cat. 1.

जितमनस् Adj. *der sein Herz besiegt hat* MAITR. S. 1,10,16 (KÂTH. 10,10).

जितलोक Adj. *der den Himmel gewonnen hat.*

पितर् *eine best. Klasse von Manen.*

जितवती f. N. pr. einer Tochter Uçînara's.

जितव्रत m. N. pr. eines Sohnes des Havirdhâna.

जितशत्रु m. N. pr. 1) eines Buddha. — 2) verschiedener Fürsten HEM. PAR. 3,45. 13,181. — 3) *des Vaters des Arhant Agita.

जितश्रम Adj. *an Anstrengungen gewöhnt* HARIV. 4344 (nach NILAK. = कदा चिदपि न श्रमवान्). Spr 7295. *der sich in Etwas* (Loc.) *geübt hat* 6841. Nom. abstr. °त्व n.

जितहस्त Adj. *der eine sichere Hand hat.* Nom. abstr. °ता f. KARAKA 3,8.

जिताक्ष Adj. *der seine Sinne bezwungen hat* Spr. 2587.

जिताक्षर Adj. *die Schrift in seiner Gewalt habend, gut schreibend* Spr. 6634.

जितात्मन् 1) Adj. *der seiner selbst Herr geworden ist.* — 2) m. N. pr. eines der Viçve Devâs.

*जितामित्र Adj. *der seine Feinde überwunden hat.* m. Bein. Vishṇu's.

जितारि 1) *Adj. dass. — 2) m. *a)* **ein Buddha.* — *b)* N. pr. verschiedener Männer.

जिताश्व m. N. pr. eines Fürsten VP.[2] 3,335.

*जिताष्टमी f. = जीमूताष्टमी.

*जिताहव Adj. *der einen Kampf siegreich bestanden hat.*

जिताहार Adj. *Herr über die Speise, d. i. mässig* TEGOB. UP. 3.

जिति f. *Erwerb, Gewinn, Sieg.* अजितस्य जितिः und जिती Namen von Sâman ÂRSH. BR.

जितुम m. = δίδυμοι, *die Zwillinge im Thierkreise.*

जितेन्द्रिय 1) Adj. *der seine Sinne bezwungen hat.* Nom. abstr. °त्व n. Spr. 2416. — 2) m. N. pr eines Mannes.

*जितेन्द्रियाह्व m. *ein best. Strauch* RÂGAN. 4,200.

*जित्तम und जित्म m. = जितुम.

जित्य 1) *m. f. (आ) = हलि. — 2) f. आ am Ende eines Comp. *Gewinn, Sieg.*

जित्वन् 1) *Adj. *siegreich.* Vgl. सत्रजित्वन्. — 2) m. N. pr. eines Mannes.

जित्वर 1) Adj. (*f. ई) *siegreich.* Am Ende eines Comp. *besiegend, überwindend* KARAKA 6,5. Vgl. सत्रजित्वरी. — 2) *f. ई Bein. der Stadt Benares.

जिन्, जिनति (aus ज्या, जिनाति) *besiegen;* vgl. जिनन. — Mit निस् dass. (im Spiele) PANKAD. 20.

जिन 1) *Adj. *a) siegreich.* — *b) sehr alt* UGGVAL. — 2) m. *a) ein* Buddha. — *b) ein* Arhant, *ein Heiliger der* Gaina. — *c) Bez. der Zahl 24* HEMÂDRI 1,134,16. 17. — *d)* metrisch = जैन. — *e)* Bein. α) *Vishṇu's. — β) Hemakandra's (?). — *f)* N. pr. α) *eines Bodhisattva. — β) eines Sohnes des Jadu VP.[2] 4,53.

जिनकल्प m. *die Observanz der Gina* 2) *b)* HEM. PAR. 11,3.

जिनचन्द्र m. N. pr. verschiedener Männer.

जिनज्या f. *der Sinus von 24°* GOLÂDHJ. 8,71.

*जिनत्रात m. N. pr. eines Mannes.

जिनदत्त m. N. pr. verschiedener Männer HEM. PAR. 13,182. Auch °सूरि.

जिनदत्तकथासमुच्चय m. (BÜHLER, Rep. No. 719) und जिनदत्तरायचरित्र n. Titel zweier Werke.

जिनदास m. N. pr. verschiedener Männer HEM. PAR. 1,270. 2,614. 3,46.

जिनदेव m. *ein* Arhant *der* Gaina PANKAD.

जिनधर्म m. *die Lehre* 1) Buddha's. — 2) *der* Gina 1) *b).*

जिनन n. *das Besiegen* PANKAD.

*जिनपुत्र m. N. pr. verschiedener Männer.

जिनप्रतिमास्थापनविधि m. Titel eines Werkes.

जिनप्रभसूरि (Ind. St. 14,151), *जिनबन्धु, जिनभक्तिसूरि und जिनभद्रसूरि m. N. pr. von Männern.

जिनमहाशास्त्र तोत्रादि n. Titel eines Werkes BÜHLER, Rep. No. 588.

जिनमित्र m. N. pr. eines Mannes.

जिनयज्ञकल्प m. und °यज्ञादिविधान n. Titel zweier Werke BÜHLER, Rep. No. 584. fg.

जिनरक्षित und जिनराजसूरि m. N. pr. zweier Männer.

जिनर्षि m. *ein* Gaina-*Mönch.*

जिनलाभसूरि m. N. pr. eines Mannes.

जिनवक्त्र m. N. pr. eines Buddha.

जिनवृत्त n. *ein mit einem Radius von 24° gezogener Kreis, der die Pole der Ekliptik zum Centrum hat,* GOLÂDHJ. 8, 60.

जिनशतपञ्जिका f. Titel eines Werkes BÜHLER, Rep. No. 586.

जिनशासन n. Buddha's *Lehre.*

जिनश्री m. N. pr. eines Fürsten.

*जिनसद्मन् n. *ein* Gaina-*Kloster.*

जिनसहस्रनामस्तोत्र n. Titel eines Werkes BÜH-

LER, Rep. No. 587.

जिनसेन m. N. pr. eines Mannes.

जिनांशज्या f. = जिनज्या GOLÂDHJ. 8,71.

*जिनाङ्कुर und *जिनाधार m. N. pr. zweier Bodhisattva.

जिनाभिगम m. fehlerhaft für जीवाभिगम.

जिनेन्द्र m. 1) *ein* Buddha. — 2) *ein Heiliger der* Ǵaina. — 3) N. pr. eines Grammatikers. Auch °सूरि.

जिनेन्द्रबुद्धि m. N. pr. eines Grammatikers.

जिनेन्द्रभूति (?) m. = जिनेन्द्रबुद्धि.

जिनेश m. *ein* Arhant *der* Ǵaina Ind. St. 14, 382. PAŃKAD.

जिनेश्वर m. 1) dass. Ind. St. 14,378. — 2) *N. pr. eines solchen Arhant.

जिनोत्तम m. *ein* Arhant *bei den* Ǵaina.

*जिनौरस m. N. pr. eines Bodhisattva.

जिन्दुराज und °राज्य (!) m. N. pr. eines Mannes.

जिन्व्, जिन्वति (ausnahmsweise auch Med.), (प्र) जिनोषि. 1) *sich regen, frisch —, lebendig sein.* — 2) *anregen, in rasche Bewegung setzen, erregen, incitare.* — 3) *erquicken, beleben, erfrischen.* — 4) *fördern, kräftigen, begünstigen.* — 5) *Jmd zu Etwas* (Dat.) *verhelfen, — bringen.* — 6) *befriedigen, erfüllen, erhören.* — *Caus. जिन्वयति (भाषार्थ). — Mit आ *erfrischen.* — Mit प्र 1) *erquicken, beleben.* — 2) *fördern, verhelfen zu* (Dat.). — Mit उपप्र *antreiben, anreizen.*

जिन्व Adj. in धियंजिन्व und विश्वजिन्व.

*जिम्, जेमति (अदने).

जिम्भजिह्वता f. *eine best. Krankheit der Zunge.*

*जिरण m. *Kümmel.*

*जिरि, जिरिणोति (हिंसायाम्, जिघांसायाम्).

जिर्वि Adj. = जिव्रि 1) AV. 14,1,21 (Hdschrr.).

जिल्लिक m. Pl. N. pr. eines Volkes. किल्लिक v.l.

*जिवाजीव m. *eine best. Hühnerart,* = जीवंजीव.

जिव्रि 1) Adj. *gebrechlich, alt, greis.* — 2) *m. *a) Zeit.* — *b) Vogel.*

*जिष्, जेषति (सेचने).

जिषे Dat. Inf. zu 1. जि ṚV. 1,111,4. 112,12.

जिष्णु 1) Adj. *siegreich, überlegen, gewinnend.* — *b)* mit Acc. *besiegend, überwindend, — treffend* Spr. 5896. Am Ende eines Comp. *gewinnend, besiegend.* — 2) m. *a)* **die Sonne.* — *b)* Bein. α) Vishṇu's. — β) *Indra's — γ) Arǵuna's, des Pâṇḍu-Sohnes. — *c)* N. pr. verschiedener Männer.

*जिष्णुक m. *Held* GAL.

जिष्णुगुप्त m. N. pr. eines Mannes Ind. Antiq. 9,172.

जिष्णुज m. Patron. Brahmagupta's GAṆIT. 187,26.

*जिहानक m. *Weltuntergang.*

जिहासा f. *das Verlangen Etwas aufzugeben, — sich von Etwas zu befreien* SARVAD. 42,7.

जिहासु Adj. *zu verlassen —, sich von Etwas zu befreien wünschend;* mit Acc.

जिह्निति m. N. pr. eines Mannes. Pl. *sein Geschlecht.*

जिहीरिषा f. = जिहीर्षा *das Verlangen zu packen.*

जिहीर्षा f. *das Verlangen* 1) *zu tragen.* — 2) *zu rauben.* — 3) *zu entfernen.* — 4) *mit sich fortzureissen, zu entzücken.*

जिहीर्षु Adj. mit Acc. *verlangend, im Begriff stehend* 1) *zu bringen.* — 2) *fortzutragen, zu rauben, an sich zu reissen.* — 3) *zu entfernen.*

*जिहीर्ष्य Partic. fut. pass. vom Desid. von हर्.

जिह्म 1) Adj. (f. आ) *a) nach unten* oder *seitwärts abfallend, schräg, schief; schielend* (vom Auge). Mit इ, गम्, निस्-अर्छ् und अस् *seitwärts gehen, das Ziel verfehlen, vom rechten Wege abkommen;* mit Abl. des Gegenstandes, den man *verfehlt* oder dessen man *verlustig geht.* जिह्मं (Adv.) चर् *in die Irre gehen, das Ziel verfehlen.* जिह्मप्रेक्षिन् Adj. *seitwärts sehend, schielend.* — *b) krumme Wege —, hinterlistig zu Werke gehend, falsch, unwahr, unredlich.* जिह्म° *auf eine unehrliche, hinterlistige Weise.* — *c) langsam, träge, faul* NAISH. 2,102. — 2) n. *a) Falschheit, Unehrlichkeit* 53,10. — *b)* **Tabernaemontana coronaria* RÂǴAN. 10,145.

जिह्मग 1) Adj. *a) in Windungen gehend* (Schlange) 49,18. — *b)* **träge —, langsam gehend.* — 2) m. *Schlange.*

जिह्मगति Adj. = जिह्मग 1) *a).*

जिह्मता f. *Falschheit, Hinterlist.*

जिह्मबार Adj. *dessen Oeffnung seitwärts geneigt ist.*

जिह्ममीन m. *ein Fisch zum blossen Schein, kein wirklicher F.*

*जिह्ममोहन m. *Frosch.*

*जिह्मशल्य m. *Acacia Catechu* DHANV. 1,8. RÂǴAN. 8,22 (जिह्वशल्य).

जिह्मशिरस् Adj. *schiefköpfig* AIT. ÂR. 353,4.

जिह्मशी Adj. *quer —, am Boden liegend.*

जिह्माय् 1) जिह्मायति *schief gehen* NIR. 1,11. — 2) जिह्मायते *a) schief sein* VAITÂN. — *b) sich träge —, sich lässig verhalten, zögern;* mit Infin. HEMÂDRI 1,1,6.

*जिह्माशिन् m. N. pr. eines Mannes. °न KÂÇ.

जिह्मित Adj. 1) *gewunden, gebogen.* — 2) *verdunkelt, verschleiert* KÂD. 29,1.

जिह्मी Adv. 1) mit कर् *verdunkeln* LALIT. 139, 15. 375,18. — 2) mit भू *in den Hintergrund gerathen, in den Schatten gestellt —, verdunkelt werden* LALIT. 139,20.

जिह्मीकरण Adj. *schwächend, verdunkelnd* in चन्द्रसूर्यजिह्मीकरणप्रभ.

जिह्मेतर Adj. *nicht träge, — stumpf* NAISH. 3,63.

*जिह्नु m. Pl. N. pr. eines Volkes.

जिह्व 1) Adj. als Beiw. Agni's MAITR. S. 1,3,35. यह्व Padap. und ṚV. 3,2,9. — 2) m. (ausnahmsweise) *Zunge.* — 3) f. जिह्वा *a)* dass. Am Ende eines adj. Comp. f. आ HEMÂDRI 1,402,17. — *b) die Zunge* oder *Zungen* Agni's, so v. a. *Flamme.* — *c) die Zunge an der Wage* HEMÂDRI 1,192,3. 193,11. fgg. — *d) Rede* ṚV. 3,57,5. — *e)* **die Wurzel der Tabernae montana coronaria.*

जिह्वक 1) am Ende eines adj. Comp. (f. °जिह्विका) *Zunge* HEMÂDRI 1,429,1. Vgl. अजिह्विका. — 2) *eine Art Fieber.* — 3) f. जिह्विका Demin. von जिह्वा *Zunge* am Ende einiger Compp.

जिह्वल Adj. *gefrässig.*

*जिह्वाकात्य m. N. pr. eines Mannes.

जिह्वाग्र n. *Zungenspitze.*

जिह्वाछेदन n. *das Abschneiden der Zunge* ÂPAST.

जिह्वातल n. *die Oberfläche der Zunge.*

जिह्वानिर्लेखन und *°निर्लेखनिक *Zungenschaber.*

*जिह्वाप m. 1) *Hund.* — 2) *Katze.* — 3) *Tiger.* — 4) *Panther* oder *Leopard.* — 5) *Bär.*

जिह्वामय m. *Zungenkrankheit* ÇÂRṄG. SAṂH. 1,7,77.

*जिह्वामल n. *der Belag auf der Zunge.*

जिह्वामूल n. *Zungenwurzel.*

जिह्वामूलीय Adj. *zur Zungenwurzel gehörig* (von bestimmten Lauten).

*जिह्वारद m. *Vogel.*

जिह्वाल Adj. *mit einer Zunge versehen* HARSHAK. 33,23.

जिह्वालता f. *eine lange Zunge* HARSHAK. 142,23. 214,18.

*जिह्वालिह् m. *Hund.*

जिह्वालौल्य n. *Gefrässigkeit.*

जिह्वावत् m. N. pr. eines Lehrers.

*जिह्वाशल्य m. fehlerhaft für जिह्मशल्य.

जिह्वाशोधन n. *das Reinigen der Zunge,* so v. a. *das Hersagen best. mystischer Silben.*

जिह्वास्तम्भ m. *Zungenschlag* ÇÂRṄG. SAṂH. 1,7,70.

*जिह्वास्वाद m. *das Lecken.*

*जिह्वु fehlerhaft für जिह्नु.

*जिह्वोद्भव m. = जिह्वामल GAL.

*जिह्वोल्लेखन 1) n. *das Schaben der Zunge.* — 2)

f. ई *Zungenschaber*.

*जिह्वोल्लेखनिका f. *Zungenschaber*.

°जी m. nach Personennamen ein Ausdruck der Verehrung.

जीक m. 1) dass. — 2) **eine best. Pflanze* Gal.

जीगर्त in अजीगर्त.

जीत s. u. ज्या.

जीति f. in अँजीति.

जीन 1) **Adj. alt, bejahrt*. — 2) *Schlauch*; vgl. जील.

जीमूत m. 1) *Gewitterwolke*. — 2) **Berg*. — 3) Bein. *a) der Sonne*. — *b)* *Indra's. — 4) **Brodherr*. — 5) *Lepeocercis serrata*. — 6) **Luffa foetida* oder *eine verwandte Pflanze*. — 7) **Cyperus rotundus* Rāǵan. 6,140. — 8) *ein best. Metrum*. — 9) N. pr. verschiedener Männer.

जीमूतक m. 1) *Lepeocercis serrata*. — 2) **eine Gurkenart* Rāǵan. 3,46.

जीमूतकेतु m. 1) Bein. Çiva's. — 2) N. pr. eines Vidjâdhara.

*जीमूतमूल n. *Curcuma Amhaldi* oder *Zerumbet*.

जीमूतवर्षिन् Adj. *aus einer* (vorübergehenden) *Gewitterwolke Regen entsendend* Ait. Br. 2,19.

जीमूतवाह m. N. pr. eines Mannes.

जीमूतवाहन m. 1) *Bein. Indra's. — 2) N. pr. *a)* eines Vidjâdhara Bālar. 89,12. — *b)* verschiedener Männer.

जीमूतवाहनीय n. Titel eines Werkes Opp. Cat. 1.

*जीमूतवाहिन् m. *Rauch*.

जीमूतस्वन m. *Donner*.

*जीमूताष्टमी f. *der 8te Tag in der dunkelen Hälfte des* Âçvina.

जीरँ 1) Adj. (f. श्रँ) *a) rasch, lebhaft, thätig*. — *b) treibend*. — 2) m. *a) rasches Bewegen, Schwingen* (der Soma-Steine). — *b)* **Schwert*. — *c)* **Panicum miliaceum*. — *d)* **Kümmel* Rāǵan. 6,57.

जीरक 1) m. n. *Kümmel*. — 2) *f. °रिका *eine best. Grasart* Rāǵan. 8,134.

*जीरण m. *Kümmel*.

जीरँदानु Adj. *träufelnd, rieselnd, sprühend, reichlich fliessen lassend*.

जीरँाध्वर Adj. *dessen Ceremonien lebhaft, frisch sind*.

जीरँाश्व Adj. *lebhafte —, muntere Rosse habend*.

1. जीरिँ m. oder f. *lebendiges —, fliessendes Wasser*.

2. जीरि f. *Alter* Tāṇḍja-Br. 25,17,3.

जीर्ण 1) Adj. s. u. 1. जर्. — 2) *m. *a) Baum*. — *b) Kümmel* Rāǵan. 6,57. — 3) *f. आ *grober Kümmel*. — 4) n. *a) Gebrechlichkeit, Alter*. — *b) Verdauung*. — *c)* **Erdharz* Rāǵan. 6,64.

*जीर्णक Adj. *ziemlich alt* u. s. w.

जीर्णज्वर m. *ein langwieriges, schleichendes Fieber*.

*जीर्णज्वरकर m. *eine best. Pflanze* Gal.

जीर्णज्वरिन् Adj. *am Fieber* जीर्णज्वर *leidend*.

जीर्णटीका f. Titel eines Werkes.

जीर्णता f. *Alter*.

जीर्णताजिक n. Titel eines Werkes.

जीर्णत्व n. *Alter*.

*जीर्णदारु m. *Argyreia speciosa* Rāǵan. 3,106.

जीर्णपत्त्र m. *eine Art* Lodhra Bhāvapr. 1,178.

*जीर्णपत्त्रिका f. *eine best. Grasart* Rāǵan. 8,134.

*जीर्णपर्ण m. n. *Nauclea Cadamba*.

*जीर्णपर्णक n. und *जीर्णपुष्पक n. *Cyperus rotundus* Dhanv. 3,35.

*जीर्णफञ्जी f. *Argyreia speciosa* Rāǵan. 3,106.

*जीर्णबुध्न m. *eine Art* Lodhra Rāǵan. 6,213.

*जीर्णबुध्नक n. *Cyperus rotundus* Rāǵan. 8,152.

जीर्णमत n. *eine alte, veraltete Ansicht*.

*जीर्णवज्र m. *ein dem Diamant ähnlicher Edelstein* Rāǵan. 13,210.

जीर्णविष m. N. pr. eines Schlangenbändigers Mudrār. 32,6 (57,2).

जीर्णशक्ति f. *die Fähigkeit Etwas* (Loc.) *zu verdauen* Spr. 5400.

जीर्णशतखण्डमय Adj. (f. ई) *aus hundert abgenutzten Stücken bestehend* Spr. 4583, v. l.

जीर्णामयज्वर m. = जीर्णज्वर.

जीर्णिँ 1) Adj. *durch Alter hinfällig*. — 2) f. *a)* **Gebrechlichkeit, Altersschwäche*. — *b) Verdauung*; vgl. अ°.

जीर्णोद्धार m. *das Herausnehmen des Verfaulten, Ausbesserung eines Gebäudes* Hemâdri 1,125,15. Ind. St. 15,286.

*जीर्णोद्धृत Adj. *ausgebessert, aufgefrischt*.

जीर्ति f. in अजीर्ति.

जील m. *Schlauch* Gaut. Vgl. जीन.

जीव्, जीँवति (metrisch auch Med.) 1) *leben, am Leben sein, — bleiben*. जीव जीव *mögest du lange leben!* Auch mit dem Acc. जीविकाम्. जीँवत् und जीवित (ausnahmsweise) *lebend, lebendig, noch am Leben seiend*. जीवन्गच्छति so v. a. *bleibt am Leben* 57,2. — 2) *aufleben*. Mit पुनर् dass. जीवित *wieder aufgelebt*. — 3) *seinen Lebensunterhalt haben, leben von* (Instr., ausnahmsweise Loc.). — Caus. जीवँयति (episch auch Med.) 1) *lebendig machen, beleben*. जीवित *belebt, lebendig gemacht* 63,11. 125,1. — 2) *Jmd am Leben lassen, Jmds Leben erhalten*, so v. a. *Jmd nicht sterben lassen* und *Jmd nicht tödten*. — 3) *Jmd leben lassen*, so v. a. *ernähren, aufziehen*. — 4) *leben lassen*, so v. a. जीव *rufen*. — Desid. 1) जिजीविषति, °ते (Bhâg. P.) *a) leben wollen, zu leben wünschen*. — *b) seinen Lebensunterhalt zu finden suchen, leben wollen von* (Instr.). — 2) जुँज्यूषति *sein Leben zu fristen suchen mit* (Instr.). — 3) जिज्यूषित *der sein Leben zu fristen sucht mit* (Instr.). — Mit अति 1) *überleben*. — 2) *besser leben als* (Acc.) Âpast. 2,25,10. — Mit अनु 1) *Jmd nachleben*, so v. a. *so leben wie* —; mit Acc. — 2) *für Jmd leben, sich Jmd ganz hingeben, Jmd zugethan sein*; mit Acc. — 3) *leben von, bestehen durch, erhalten werden von*; mit Acc. — 4) *sich in Etwas* (Acc.) *fügen, Jmd Etwas gönnen*. v. l. अनुजानीमम् st. °जीवामस्. — Caus. *Jmd wieder zum Leben bringen*. — Mit आ *leben von, bestehen durch, Nutzen ziehen aus, benutzen*; mit Acc. — Mit उद् *wieder aufleben*. Auch mit पुनर्. — Caus. *beleben*. — Mit अभ्युद् *sich am Leben zu erhalten suchen, sich nähren*. — Mit प्रत्युद् *wieder aufleben* 326,15. प्रत्युज्जीवित *aufgelebt* Kād. 2,137,22. 139, 1. — Mit उप 1) *seinen Lebensunterhalt haben* 33, 7. *leben von, bestehen durch, erhalten werden von, Nutzen ziehen aus, benutzen, gebrauchen*; mit Acc., ausnahmsweise mit Gen. oder Instr. (Spr. 7865). उपजीव्य Absol. *in Abhängigkeit von* — *wegen*; mit Acc. Comm. zu Njâjam. 9,4,6. 10,1,11. 2,14. — 2) *leben von oder für*, so v. a. *betreiben, üben*. वृत्तिम् *einen Lebensunterhalt erwählen* M. 4, 200. जीविकाम् dass. मानुष्यम् *als Mensch leben, die Menschennatur erwählen*. — Caus. *Nutzen von Jmd ziehen, Jmd ausbeuten*; mit Acc. — Mit प्र in प्रजीवन, प्रजीविन्. — Mit प्रति in प्रतिजीवन. — Mit वि *aufleben, in's Leben zurückkehren*. — Mit सम् 1) *zusammen leben*. — 2) *leben*. — 3) *leben von* (Instr.). — 4) *zum Leben zurückkehren, wieder lebendig werden*. — Caus. 1) *beleben*. — 2) *Jmd am Leben erhalten, ernähren*. — Mit प्रतिसम् *aufleben*.

जीवँ 1) Adj. (f. आँ) *a) lebend, lebendig*. — *b)* von Blut so v. a. *gesund* Kāraka 8,6. — *c)* am Ende eines Comp. *lebend von*. — *d) Leben verleihend*. — 2) m. n. *a) der —, das Lebendige, ein lebendes Wesen*. — *b) das Leben* (*m.). Am Ende eines adj. Comp. f. आ. — 3) m. *a) das Lebensprincip, die individuelle Seele* Ṛv. 1,164,30. Am Ende eines adj. Comp. f. आ. — *b)* am Ende eines adj. Comp. *Lebensunterhalt, Gewerbe*. — *c)* **eine best. Pflanze*. — *d)* Bein. α) Bṛhaspati's, *der Planet Jupiter* — β) *Karṇa's. — *e)* N. pr. eines Marut. — 4) f. जीवा *a)* **das Leben*. — *b)* Pl. *das lebendige oder Leben bringende Element, Wasser* Vaitān. — *c)* **die Erde*. — *d)* **Bogensehne*. — *e)* in der Geom.

die Sehne. — f) der Sinus eines Bogens. — g) eine best. Pflanze. Nach den Lexicographen = जीवन्ती und वचा. — h) * das Klingen metallischer Schmucksachen. — 5) n. ein best. Metrum. — जीवात् MBh. 5,1109 fehlerhaft für बीजात्.

जीवक 1) Adj. a) lebend, so v. a. lebend gefangen Harshaḱ. 183,8. — b) am Ende eines Comp. (f. जीविका) α) lebend. — β) lebend von. — γ) Leben verleihend, erzeugend. — c) * (f. जीवका) der lange lebt, dem ein langes Leben gewünscht wird. — 2) m. a) * ein lebendes Wesen. — b) * Diener, Untergebener. — c) * Wucherer. — d) * Schlangenfänger. — e) * Baum. — f) eine best. Heilpflanze. Nach den Lexicographen Terminalia tomentosa und Coccinia grandis. — g) * N. pr. eines Mannes. — 3) f. जीविका a) Pl. Wasser. — b) das Leben, die Art und Weise zu leben Kâraṇḍ. 46,12. — c) Lebensunterhalt. * °कर् zum Lebensunterhalt erwählen. Am Ende eines adj. Comp. f. °जीविका. — d) * eine best. Pflanze, = जीवन्ती.

जीवकोश m. das Gehäuse der Seele Bhâg. P. 4,22,26. 23,11. 10,82,47.

जीवकोषणी f. Kauç. 26. Ind. St. 13,151.

जीवगृभ् Adj. Lebende greifend, so v. a. Nachsteller.

जीवग्रहे m. Füllung (des Bechers) mit lebendigem Soma, d. i. mit der nicht zerquetschten, noch unversehrten Pflanze.

जीवग्राँहम् Absol. mit ग्रह् Jmd lebendig gefangen nehmen Maitr. S. 2,2,12.

जीवघन m. Nichts als Lebendiges, alles Lebende in sich enthaltend Praçnop. 5,5.

जीवघातिन् Adj. Lebendes tödtend (Raubthier).

जीवघात्या f. Vernichtung des Lebendigen oder des Lebens.

जीवघोषस्वामिन् m. N. pr. eines Grammatikers.

जीवच्छ्राद्धप्रयोग m. und °च्छ्राद्धविधि m. Titel zweier Werke.

जीवज Adj. lebendig zur Welt kommend. — Hariv. 4484 fehlerhaft für जीवक.

* जीवजीव m. = जीवजीवक 1).

जीवजीवक m. 1) eine Hühnerart. — 2) * ein buddhistischer oder Ǵaina-Bettler Gal.

* जीवंजीव m. 1) eine Hühnerart. — 2) ein fabelhafter Vogel mit zwei Köpfen. — 3) ein best. Baum.

जीवंजीवक m. eine Hühnerart Kâd. 2,86,17. Lalit. 342,15. 377,10. 416,4.

जीवँतण्डुल Adj. von frischem Reis Maitr. S. 1,4,13. 6,11. 12. Mân. Çr. 1,1,2. 5,6. 6,1,5.

* जीवतोका Adj. f. deren Kind oder Kinder am Leben sind.

जीवत्क्रिया f. Titel eines Werkes.

* जीवत्तोका und * जीवत्तोकी Adj. f. = जीवतोका.

* जीवत्पति, °का und * जीवत्पत्नी f. eine Frau, deren Mann am Leben ist.

जीवत्पितर् Adj. dessen Vater am Leben ist.

जीवत्पितृक Adj. 1) dass. — 2) bei Lebzeiten des Vaters geschehend.

जीवत्पितृकनिर्णय m. und °पितृविवरण n. Titel zweier Werke.

जीवत्याग m. Hingabe des Lebens, das Sterben.

जीवत्व n. Nom. abstr. zu जीव 3) a) Kap. 6,63.

* जीवथ 1) Adj. a) lange lebend. — b) tugendhaft. — 2) m. a) Lebensathem. — b) Schildkröte. — c) Pfau. — d) Wolke. — e) Tugend.

1. जीवद 1) m. Arzt. — 2) * f. आ eine best. Pflanze, = जीवन्ती Râǵan. 3,25.

2. जीवद m. Feind.

* जीवदत्त m. N. pr. eines Mannes. Auch °क m.

* जीवदात्री f. eine best. Heil- und Gemüsepflanze Râǵan. 3,25. = वृद्धि 5,29. Coelogyne ovalis oder Hoya viridiflora Mat. med. 301.

जीवदान n. Titel eines Werkes.

जीवँदानु Adj. angeblich Leben gebend, aber nur fehlerhaft für जीरदानु.

जीवदामन् m. N. pr. eines Fürsten.

जीवदायक Adj. das Leben gebend.

जीवदेव m. N. pr. eines Autors.

* जीवधन n. Besitz an Lebendigem, — Vieh.

जीवँधन्य Adj. (f. आ) reich an Lebendigem, — Lebenskräften.

जीवधानी f. der Behälter alles Lebenden (die Erde).

जीँवन 1) Adj. (f. ई) belebend, Leben gebend, lebendig machend 122,6. — 2) m. a) * ein lebendes Wesen. — b) * Wind. — c) * Sohn. — d) * Bez. zweier Pflanzen, = जीवक und क्षुद्रफलक. — e) N. pr. eines Autors. — 3) * f. आ eine best. Heilpflanze. — 4) f. ई eine best. Pflanze Râǵan. 3,25. Nach den Lexicographen = जीवन्ती, काकोली, डोडी, मेदा, महामेदा und यूथी. — 5) n. a) das Leben, Existenz. — b) Lebensweise. — c) das Leben von (Instr. oder im Comp. vorangehend); Lebensunterhalt, Existenzmittel. Am Ende eines adj. Comp. so v. a. lebend von. वृष्टि° durch Regen Subsistenzmittel bietend (eine Gegend). — d) das Beleben, Lebendigmachen 122,14. Auch das Beleben eines Zauberspruches. — e) Wa[illegible] Spr. 7617; zugleich in Bed. 5) c). — f) * frische Butter. — g) * Milch Gal. — h) * Mark Râǵan. 18,69.

* जीवनक 1) n. Speise. — 2) f. °निका Terminalia Chebula Râǵan. 11,221.

जीवनद m. N. pr. eines Mannes.

जीवनयोनि Adj. aus dem Leben entspringend, im Leben wurzelnd Bhâshâp. 150.

जीवनवत् Adj. Leben enthaltend, auf das L. sich beziehend Gop. Br. 2,1,25.

जीवनँश् Adj. (Nom. °नँट् und * °नक्) wobei Lebendes verloren geht Maitr. S. 1,4,13. Nach der Kâç. = जीवस्य नाशः.

जीवनस्या f. Lebenslust Maitr. S. 2,3,4.

जीवनाथ m. N. pr. verschiedener Männer. Auch °महामहोपाध्याय m.

जीवनाथ und °क m. N. pr. eines Dichters.

* जीवनार्घ n. 1) Milch Nigh. Pr. — 2) Korn ebend.

* जीवनावास m. Bein. Varuṇa's.

* जीवनाशम् Absol. mit नश् mit Tode abgehen.

जीवनि in * अजीवनि.

जीवनिकाय m. ein lebendes Wesen.

जीवनीय 1) Adj. a) belebend, das Leben verlängernd, Bez. einer Klasse von Arzeneien Karaka 1,1. — b) aus 3) b) bereitet. — 2) * f. आ eine best. Gemüsepflanze Râǵan. 3,25. — 3) n. a) impers. vivendum. — b) eine best. Form von Milch. — c) Wasser.

* जीवनेत्री f. eine Art Pfeffer Râǵan. 6,18.

जीवन्त 1) * Adj. lange lebend. — 2) * m. a) das Leben. — b) Arzenei. — c) eine best. Gemüsepflanze, eine Art Portulak Râǵan. 7,150. — d) N. pr. eines Mannes. — 3) f. ई a) eine best. officinelle Pflanze, die auch als Gemüse genossen wird, Râǵan. 3,25. — b) * Cocculus cordifolius. — c) * Prosopis spicigera oder Mimosa Suma. — d) * Terminalia Chebula Râǵan. 11,222. — e) * Schmarotzerpflanze. — f) * = डोडी.

* जीवन्तक 1) m. eine Art Portulak Madanav. 76,36. — 2) a) f. °न्तिका f. a) Schmarotzerpflanze. — b) eine best. Gemüsepflanze. — c) Cocculus cordifolius Râǵan. 3,2. — d) Terminalia Chebula.

जीवन्तस्वामिन् m. N. pr. eines Ǵaina-Heiligen Hem. Par. 11,24.

जीवन्ति 1) m. N. pr. eines Mannes. Pl. sein Geschlecht. — 2) f. (metrisch) = जीवन्त 3) a).

* जीवन्तिक m. = जीवान्तक Vogelsteller.

जीवन्मरण n. ein Tod bei lebendigem Leibe Daçak. (1925) 2,117,11.

जीवन्मुक्त Adj. bei Lebzeiten schon erlöst.

जीवन्मुक्ति f. eine Erlösung bei Lebzeiten. °प्रकरण n. und °विवेक m. Titel eines Werkes.

जीवन्मृत Adj. lebend und doch todt, halbtodt. Nom. abstr. °त्व n.

जीवन्मृतक Adj. dass. 106,7. Vgl. अति°.

जीवन्म्रियमाण Adj. lebend, aber im Begriff zu

sterben.

जीवन्विमुक्त Adj. = जीवन्मुक्त Ind. St. 15,383.

जीवपति m. *ein Gatte, der am Leben bleibt.*

*जीवपत्त्रप्रचायिका f. *ein best. Spiel.* v. l. जीवपुत्र°.

जीवपत्नी Adj. f. *deren Gatte lebt.*

जीवपितर् und °पितृक Adj. *dessen Vater noch lebt.*

जीवपीतसर्ग Adj. *dessen Ströme (Strahlen) von Lebendigen getrunken werden.*

जीवपुत्र 1) Adj. (f. आ) *dessen Sohn* oder *Kinder leben* R. ed. Bomb. 4,19,11 (Gorr. fälschlich °पुत्रि st. पुत्रे). — 2) m. *a)* *wohl = °क in जीवपुत्रप्रचायिका. — *b)* N. pr. eines Ṛshi und Bez. *eines von ihm verfassten Liedes.*

*जीवपुत्रक m. 1) *Terminalia Catappa.* — 2) *Putranjiva Roxburghii.*

*जीवपुत्रप्रचायिका f. *ein best. Spiel* Kâç. zu P. 6,2,74.

जीवपुरी f. *Wohnsitz der Lebendigen (Menschen).*

*जीवपुष्टा f. *eine best. Pflanze.* v. l. °पुष्पा.

जीवपुष्प 1) n. *a) eine best. Pflanze.* Nach H. an. = दमनक und फणिज्झक (*Majoran*). — *b) bildliche Bez. des Kopfes.* — 2) *f. आ *eine best. Pflanze.* v. l. °पुष्टा.

*जीवपुष्पा f. *eine best. Pflanze* Râǵan. 5,26.

जीवप्रजा Adj. (f. आ) *lebende Kinder habend.*

*जीवप्रिया f. *Terminalia Chebula* Râǵan. 11,221.

जीवबर्हिस् Adj. *eine lebendige, ganz frische Opferstreu habend.*

*जीवभद्रा f. *eine best. Gemüsepflanze* Râǵan. 3,25. Auch = वृद्धि 5,29.

जीवभूत Adj. *das Leben seiend.* —, d. L. *ausmachend von* (Gen.) R. 1,4,23. Bhâg. P. 5,24,19.

जीवभोजन 1) *die Lebendigen ergötzend, die Lust von* Gen.) *seiend.* — 2) *Genuss —, Ergötzung der Lebendigen.*

*जीवमन्दिर n. *der Körper.*

जीवमय Adj. *beseelt, mit Leben begabt.*

जीवमिश्र m. N. pr. eines Autors.

जीवयाज m. *Opfer von Lebendigem.*

जीवयोनि Adj. *aus Lebendigem entspringend* oder m. *die Quelle alles Lebendigen.*

जीवरक्त n. *das Menstrualblut.*

जीवराजदीक्षित m. N. pr. eines Autors.

जीवल 1) Adj. (f. आ) *lebensvoll, belebend.* — 2) m. *a) eine best. Pflanze.* — *b)* N. pr. eines Mannes. — 3) f. आ *a) Odina Wodier.* — *b)* **eine Pfefferart* Râǵan. 6,18.

जीवलोक m. *die Welt der Lebenden, die lebenden Wesen, die Menschen* Harshaḱ. 101,12. Vikramâṅkaḱ. 9,28.

जीवलौकिक Adj. *den Menschen eigen.*

जीववध m. *Tödtung eines lebenden Wesens* Ind. St. 15,425.

जीववत् 1) Adj. *a) beseelt, lebend.* — *b)* = जीवन्वत् Âpast. Çr. 8,14. — 2) *f. °वती = जीववल्ली Nigh. Pr.

*जीववर्धनी f. *eine best. Pflanze* Madanav. 9,87.

*जीववल्ली f. *eine best. Knolle* Râǵan. 3,17.

जीवविचार m. Titel eines Ǵaina-Werkes. Auch °प्रकरण n. und °प्रकरणवृत्ति f.

जीवविनय m. Titel eines Werkes.

जीवविषय m. *Lebensdauer* Pańkat. ed. orn. 1,19.

जीवविषाण n. *das Horn eines lebenden Thieres* Pâr. Gṛhj. 3,7,2.

*जीववृत्ति f. *Viehzucht.*

जीवशंस m. *Gemeinschaft der Lebenden.*

जीवशर्मन् m. N. pr. eines Astronomen.

*जीवशाक m. *eine Art Portulak* Râǵan. 7,151.

*जीवशुक्ला f. *eine best. Knolle* Râǵan. 3,17.

जीवशेष 1) Adj. *der nur das Leben gerettet hat.* — 2) *m. = जीवशाक Râǵan. 7,150.

जीवशोणित n. *lebendiges, d. i. gesundes Blut.*

*जीवश्रेष्ठा f. *eine best. Heilpflanze,* = ऋद्धि Râǵan. 5,28.

जीवसाक्षिन् m. *Zeuge des Lebens.* धमनी °साक्षिणी *Pulsader.*

*जीवसाधन n. *Reis, Korn* Râǵan. 16,1.

जीवसिद्धि m. N. pr. eines Mannes Mudrâr. 36,4 (63,10).

जीवसुत Adj. (f. आ) *dessen Kinder am Leben sind.*

जीवसू Adj. f. 1) *ein lebendes Kind gebärend.* — 2) *deren Kinder am Leben bleiben, — lange leben* MBh. 1,199,7 (nach Nilak.).

जीवसे Dat. Inf. zu जीव् RV. VS. MBh. 1,732.

*जीवस्थान n. *eine Stelle des Körpers, deren Verletzung lebensgefährlich ist,* Râǵan. 18,57.

जीवहिंसा f. *das Leidanthun lebenden Wesen* Ind. St. 15,423. fg.

*जीवागार n. = जीवस्थान Râǵan. 18,57.

*जीवाजीवाधारक्षेत्र n. *die Welt des Lebenden und Unbelebten.*

जीवातु (*m. *n.) f. 1) *das Leben.* Dat. जीवातवे Maitr. S. 2,3,4. — 2) *Belebungsmittel* Hem. Par. 13,189. — 3) **Lebensmittel, Speise.* — 4) Titel eines Commentars Opp. Cat. 1.

जीवातुमत् Adj. = जीवनवत्.

जीवात्मन् m. *die individuelle Seele.*

जीवादान n. *Leblosigkeit, Ohnmacht* oder *Athemnoth* Karaka 1,15. 20. 8,6. 10.

जीवादित्य m. *die beseelte Sonne* Ind. St. 15,375.

*जीवान्तक m. *Vogelsteller.*

जीवापय्, °यति *wieder lebendig machen.*

जीवाभिगमसूत्र n. Titel eines Ǵaina-Werkes.

*जीवाला f. *eine Pfefferart* Râǵan. 6,18.

जीवाश Adj. (f. आ) *am Leben hängend* Spr. 2292.

जीवाशङ्किन् Adj. *Jmd für lebend haltend* 111,23.

जीवास्तिकाय m. *die Kategorie Seele* Çaṁk. zu Bâdar. 2,2,35.

जीविका s. u. जीवक.

जीविकामात्रता f. *das Nichts als Lebensunterhalt Sein.*

जीवित 1) Adj. s. u. जीव् Simpl. und Caus. — 2) n. *a) ein lebendes Wesen.* — *b) das Leben.* Am Ende eines adj. Comp. f. आ. — *c) Lebensdauer.* — *d) Lebensunterhalt, Mittel zur Existenz.* जीवन v. l.

*जीवितकाल m. *Lebensdauer.*

जीवितक्षय m. *Verlust des Lebens, Tod* 94,5.

जीवितगृध्नुता f. *grosse Lebenslust* Kathâs. 78,87.

*जीवितज्ञा f. *Arterie, Ader.*

जीवितद Adj. *lebengebend* Bhâvapr. 3,98.

जीवितनाथ m. *Lebensbeschützer, Gatte.*

जीवितप्रिय Adj. *lieb wie das Leben* Spr. 4288.

जीवितभूत Adj. *gelebt habend, so v. a. todt.* Kâd. 2,85,10.

जीवितयोपन Adj. *den Lebendigen zur Last fallend.*

जीवितवे Dat. Inf. zu जीव् AV. 6,109,1.

जीवितव्य n. 1) impers. *zu leben, vivendum* 160, 16. — 2) *eine Möglichkeit zu leben.* — 3) *das bevorstehende, abzulebende Leben, ein fortgesetztes Leben, die bestimmte Lebensdauer.* Auch Pl. — 4) *ein mögliches, bevorstehendes Aufleben.*

जीवितव्यविषय m. *Lebensdauer.*

जीवितव्यसंदेह m. *Lebensgefahr.*

जीवितसम Adj. *eben so lieb wie das Leben* 177,26.

जीविताकाङ्क्षिन् Adj. *am Leben zu bleiben wünschend.*

जीवितात्यय m. *die Gefahr das Leben einzubüssen* M. 10,104.

जीवितान्त m. *Lebensende, Tod.*

जीवितान्तक Adj. *dem Leben ein Ende machend* R. 3,25,5. 4,6,10. Auch Bein. Çiva's.

जीवितान्तकर und °न्तग Adj. *das Leben bedrohend.*

जीविताशा f. *der Wunsch —, die Hoffnung zu leben, — das Leben zu erhalten* 151,13. Spr. 2436. Ind. St. 14,375.

जीवितुकाम Adj. *zu leben wünschend* Gâr. Up. 1.

जीवितेश 1) m. *a*) **Herr des Lebens*. — *b*) **der Geliebte, Gatte*. — *c*) Bein. Jama's. — *d*) **die Sonne*. — *e*) **der Mond*. — *f*) **Belebungsmittel*. — 2) f. आ *die Geliebte* 316,9.

जीवितेश्वर m. Bein. Çiva's.

जीविन् 1) Adj. *a*) am Ende eines Comp. *lebend* (eine best. Zeit, zu einer best. Z., auf eine best. Weise). — *b*) *lebend von*, — *durch* (Loc. oder im Comp. vorangehend). — 2) m. *ein lebendes Wesen*.

जीवेन्धन n. *brennendes Holz*.

जीवोत्सर्ग m. *das Aufgeben des Lebens, Sterben* Prab. 89,2.

जीवोपाय m. = जीव्योपाय Hariv. 3,71,93. v. l. जीव्यो°.

जीवोर्णा f. *Wolle von einem lebenden Thiere*.

जीव्य 1) n. *a*) impers. *zu leben, vivendum*. — *b*) *das Leben, Existenz*. — 2) *f. आ *a*) *Terminalia Chebula* Râǵan. 11,222. — *b*) = गोरक्षदुग्धा Râǵan. 5,143. — *c*) = जीवन्ती Râǵan. 3,25.

जीव्योपाय m. *Mittel zum Leben, Subsistenzmittel*.

जु s. 1. जू.

*जुकुट 1) m. *a*) *Hund*. — *b*) *das Gebirge* Malaja. — 2) n. *die Eierpflanze*

जुगुपिषु Adj. *zu schützen beabsichtigend*, mit Acc.

*जुगुप्सन 1) Adj. *Abscheu* —, *Widerwillen habend*. — 2) n. *Abscheu, Widerwille*.

जुगुप्सा f. *Abscheu, Widerwille, Ekel*.

जुगुप्सित n. 1) *eine Abscheu erregende That* Bhâg. P. 1,5,15. — 2) *Abscheulichkeit*. कर्म° = 1) Bhâg. P. 1,7,42. — 3) *Abscheu, Widerwille*.

जुगुर्वणि Adj. *preislustig*, — *kundig*.

*जुङ्गक m. = जुङ्ग Râǵan. 3,105.

*जुङ्ग्, जुङ्गति (वर्जने). जुङ्गित Adj. Subst. *outcaste, deserted, injured, abandoned; a man of degraded caste*.

*जुङ्ग m., *जुङ्गक m. (Gaṭâdh. im ÇKDr.) und *जुङ्गा f. *Argyreia speciosa* oder *argentea*.

*जुञ्च्, जुञ्चति und जुञ्चयति (भाषार्थ).

*जुट्, जुटति (बन्धने)

जुटक 1) *n. *Haarflechte*. — 2) f. °टिका *Büschel* Harshak. 200,1.

*जुड्, जुडति (बन्धने, गतौ), जोडयति (प्रेरणे).

जुडी f. N. pr. einer Oertlichkeit.

*जुत्, जोतते (भासने).

*जुन्, जुनति (गतौ).

जुमर und °नन्दिन् m. N. pr. eines Grammatikers.

जुम्बक m. Bein. Varuṇa's.

1. जुर् 1) जुरति, जूर्यति, *जूर्यते *in Verfall kommen, gebrechlich werden, altern, vergehen*. जुजुर्वंस् und जूर्ण *hinfällig* —, *alt geworden, alt*. — 2) जुरति *aufreiben* ṚV. 1,182,3.

2. जुर् in अ°, अमा°, ऋत°, धिया° und सना°.

जुर्य in अजुर्य.

*जुल्, जोलयति (पिषि).

जुवस् n. *Raschheit, Lebendigkeit*.

1. जुष्, जुषति, जुषते, जोषति, जुजोषति 1) *befriedigt* —, *günstig* —, *vergnügt sein*. — 2) *gern haben, lieben, Gefallen finden an, sich einer Sache erfreuen, sich munden lassen, gern hören, geniessen*; mit Acc. oder Gen. तन्वम् oder तन्वस् *sich erfreuen* ṚV. 3,1,1. 10,8,3. जुष्ट und जुष्ट *beliebt, erwünscht, wohlgefällig, gewohnt*; mit Dat., Gen. oder Instr. जुष्टतर und जुष्टतम. — 3) *Jmd* (Loc.) *Etwas* (Acc.) *gern erweisen*. — 4) *Belieben haben* —, *sich entschliessen zu* (Dat., insbes. Infin. auf ध्यै). — 5) *Jmd* (Loc.) *gefallen*. — 6) *bestimmen* —, *erwählen zu* (Dat.). — 7) *sich einer Sache hingeben, üben; erleiden*; mit Acc. — 8) *an einem Orte Gefallen finden, seinen Sitz an e. O. nehmen, aufsuchen, besuchen, bewohnen; heimsuchen*; mit Acc. जुष्ट *besucht* —, *bewohnt* —, *heimgesucht* —, *bestrichen von* (einem Winde), *umgeben von, versehen* —, *verbunden mit* (Instr. oder im Comp. vorangehend). — Caus. जोषयते (ausnahmsweise Act.) 1) *gern haben, lieben, sich zärtlich erweisen gegen, liebkosen*; mit Acc. — 2) *Gefallen finden an, zufrieden sein mit, gutheissen*; mit Acc. — 3) *billigen, erwählen*. — Mit अनु 1) *Jmd* (Acc.) *aufsuchen*. — 2) *sich einer Sache* (Acc.) *hingeben, fröhnen*. — Mit अभि 1) *sich belieben lassen, gern haben*. — 2) *aufsuchen, besuchen*. — Mit अव fehlerhaft MBh. 13,645 (ed. Bomb. 13,14,55 सदा च जुष्टम्). — Mit समा fehlerhaft Hariv. 7431 (स मा जुष्यात् die neuere Ausg. 2,72,42). — Mit उप *Jmd* (Acc.) *erfreuen* ṚV. 8,23,9. Vgl. °जोष und °जोषण. — Mit निस्, निर्जुष्ट *besucht* —, *bewohnt von* (Instr.). — Mit प्र, °जुष्ट *Gefallen findend an* (Loc.). — Mit प्रति 1) *Jmd Liebe erzeigen, sich zärtlich erweisen*; mit Acc. — 2) *gern annehmen, sich freuen an, zufrieden sein mit* (Acc.). — Caus. *Jmd schmeicheln, liebkosen*; mit Acc. — Mit सम्, संजुष्ट *besucht* —, *bewohnt* —, *erfüllt von* (Instr. oder im Comp. vorangehend).

2. जुष् Adj. am Ende eines Comp. (mit Acc. nur Bhâg. P.) 1) *Gefallen findend* —, *hängend an, sich hingebend*. — 2) *sich aufhaltend* —, *wohnend in* Harshak. 185,11. *aufsuchend, sich hinbegebend zu oder auf*. — 3) *habend, zeigend* Bâlar. 93,7. 261,11. Spr. 7179. Ind. St. 15,296. 364. — 4) *ähnlich, gleichend* Harshak. 3,14.

3. *जुष्, जोषति und जोषयति (परितर्कणे) fehlerhaft für °तर्पणे, wie v. l. hat; also = 1. जुष्.

जुष in अलंजुष und *प्रीतिजुषा.

जुषाण m. *ein best. Opferspruch, der das Wort* जुषाण (Partic. von 1. जुष्) *enthält*.

जुष्क m. N. pr. eines Fürsten.

*जुष्कक m. *Brühe*.

जुष्कपुर n. N. pr. einer *Stadt*.

जुष्ट 1) Adj. s. u. 1. जुष्. — 2) *n. *die Ueberbleibsel einer Mahlzeit*.

जुष्टि f. *Liebe, Liebeserweisung, Gunst, Befriedigung*.

जुष्ट्वी Absol. zu 1. जुष्.

*जुष्य Partic. fut. pass. von 1. जुष्.

*जुह्वाण m. 1) *Feuer*. — 2) *ein dienstthuender Priester*. — Richtig जुह्राण.

*जुह्वान m. 1) *Feuer*. — 2) *Baum*. — 3) *ein hartherziger Mensch*.

जुहू f. 1) *Zunge*. Insbes. *von der Zunge* oder *den Zungen* Agni's, *Flamme*. Personificirt als *Gattin* Brahman's. — 2) *der gewöhnliche Butterlöffel, mit dem die Butter in's Feuer geschüttet wird*. Nom. abstr. जुहूत्व n. Maitr. S. 3,1,1. — 3) Bez. *der nach Osten gerichteten Seite des Gehäuses der Weltseele*.

जुहूमयीय m. Titel des 1ten Prapâṭhaka des 3ten Buches in Maitr. S.

*जुह्राण m. 1) *Feuer*. — 2) *ein dienstthuender Priester*. — 3) *der Mond*.

*जुह्वत् m. *Feuer*.

जुहूषु Adj. mit Acc. *zu opfern beabsichtigend* Hemâdri 1,138,12. Ind. St. 15,313.

जुहोति m. technischer Ausdruck für *diejenigen Opferhandlungen, die im Ritual mit dem Zeitwort* जुहोति (nicht mit यजति) *bezeichnet werden*.

(जुह्वास्य) जुह्वआसिम्र Adj. *dessen Mund voller Zungen (Flammen) ist*.

1. जू, *जवति, जवते und जुनाति; Partic. जूत. 1) *vorwärts drängen, rasch* —, *rege sein*. जूजुवंस् und जूजुवान *eilend, rasch*. — 2) *in rasche Bewegung setzen, antreiben*. — 3) *wegtreiben, scheuchen*. — 4) *betreiben, urgere*. — 5) *anregen, drängen; fördern, begeistern*. — *Caus. Aor. अजीजवत्. — *Desid. vom Caus. जिजावयिषति. — Mit अपि in अपीजू. — Mit प्र 1) *vorwärts eilen* ṚV. 3,33,1 (wenn प्र aus dem ersten Stollen ergänzt wird). — 2) प्रजवित *a*) *zur*

Eile angetrieben, rasch dahineilend. — b) angetrieben —, angestachelt durch (im Comp. vorangehend). — Caus. प्रजावयति in schnelle Bewegung setzen, schnellen (Pfeile).

2. जू 1) Adj. rasch, behend. Subst. Ross. — b) drängend, treibend. — 2) *f. a) Eile. — b) der Aether, Luftraum. — c) eine Piçâkî. — d) Bein. der Sarasvatî. — e) ein Fleck auf der Stirn (?) von Pferden und Stieren.

जूक m. ζυγόν, die Wage im Thierkreise Varâh. Bṛh. 1,7. 8.

जूट m. (adj. Comp. f. आ) Haarflechte.

जूटक (*n.) und जूटिका f. dass.

जूति 1) f. a) das Vorwärtsdrängen, Raschheit, Behendigkeit, ununterbrochenes Fliessen. — b) Antrieb, Aufmunterung; Drang, Trieb, Energie. — c) angeblich = प्रज्ञान. — 2) m. N. pr. eines Hymnendichters.

*जूतिका f. eine Art Kampher.

जूमरनन्दिन् m. N. pr. = जुमर°.

1. जूर् s. 1. जुर्.

2. *जूर्, जूर्यते 1) हिंसायाम्. — 2) Jmd (Dat.) zürnen Bhaṭṭ.

3. *जूर् Adj. oder Subst. von ज्वर्.

*जूरी f. Speichel.

जूर्ण Partic. 1) von 1. जुर्. — 2) *von ज्वर्.

*जूर्णाख्य m. Saccharum cylindricum.

जूर्णाह्व m. eine best. Pflanze Karaka 1,21.

*जूर्णाह्वय m. Andropogon bicolor.

1. जूर्णि 1) f. a) Glut, Lohe. — b) Feuergeschoss. — c) *Zorn. — d) *Eile, — e) *Fieber, Krankheit. — f) *Körper. — 2) *m. a) *die Sonne. — b) Bein. Brahman's.

2. जूर्णि Adj. preiskundig, anrufend.

जूर्णिन् Adj. glutumgeben, glühend.

जूर्णी f. eine best. Schlange AV.

*जूर्ति f. Fieber, Krankheit.

(जूर्य) जूरिअ Adj. alt, greis.

जूर्व्, जूर्वति 1) durch Glut verzehren, versengen, verbrennen. — 2) *हिंसायाम्. — Mit नि niederbrennen, versengen. — Mit सम् verbrennen.

*जूष्, जूषति (हिंसायाम्).

*जूष n. = यूष.

*जूषण n. Grislea tomentosa.

जृङ्ग oder जृङ्गि m. Pl. N. pr. eines Volkes Varâh. Bṛh. S. 14,21.

जृम्भ 1) m. f. (आ) und (*n.) a) das Gähnen. — b) das Aufblühen 300,25 (am Ende eines adj. Comp. f. आ). — 2) m. a) *das Schwellen, Anschwellen. — b) ein best. Vogel.

जृम्भक 1) m. a) eine Art Gespenst, ein best. böser Genius Hemâdri 1,655,22. — b) ein best. Zauberspruch zur Bannung der in Waffen hausenden Geister. — 2) f. जृम्भिका a) das Gähnen Kâd. 230, 6. — b) Erschlaffung.

जृम्भण 1) Adj. gähnen machend. — 2) n. a) das Gähnen. — b) das Aufblühen. — c) Erschlaffung.

*जृम्भावत् Adj. gähnend.

जृम्भित 1) Adj. s. u. जम्भ्. — 2) n. a) das Gähnen. — b) das zu Tage Treten, Erscheinen. — c) *Anstrengung, Bemühung. — d) *quidam coeundi modus.

जेज्जट m. N. pr. eines med. Autors. Vgl. जैज्जट.

जेत m. N. pr. = जेतर् in जेतवन, जेतसाह्वय.

जेतर् Nom. ag. 1) Gewinner, Besieger, Sieger. — 2) N. pr. verschiedener Männer.

जेतवन n. N. pr. eines Waldes.

जेतवनीय m. Pl. eine best. buddhistische Secte.

जेतवे Dat. Infin. zu जि TBr. 2,4,3,2.

जेतव्य Adj. zu besiegen, besiegbar. Auch n. impers. vincendum.

जेतसाह्वय Adj. nach Geta genannt. वन n. = जेतवन.

जेतुकाम Adj. siegesbegierig MBh. 3,133,22.

जेत्व (जेतुअ) Adj. zu gewinnen, zu erbeuten.

जेन्ताक m. eine Art Schwitzbadstube.

(जेन्य) जेनिअ Adj. 1) von edler Abkunft, γενναῖος. — 2) ächt, wahr.

(जेन्यावसु) जेनिअवसु Adj. ächten, wahren Reichthum habend RV.

1. जेमन् Adj. etwa überlegen.

2. जेमन् m. Ueberlegenheit.

जेमन n. das Essen, Verspeisen.

जेय Adj. zu besiegen.

जेलक m. N. pr. eines Mannes.

*जेष्, जेषते (गतौ).

जेष m. Gewinnung, Erlangung, Erwerbung.

जेह्, जेहते 1) den Mund aufsperren, schnauben, lechzen. — 2) gähnen, klaffen. — 3) *गतौ. — 4) *प्रयत्ने. — Mit वि den Rachen aufsperren.

जैगट m. N. pr. = जैयट.

जैगीषव्य m. Patron. N. pr. eines alten Rshi.

*जैगीषव्यायणी f. zu जैगीषव्य.

जैगीषव्येश्वर n. Name eines Liñga.

जैज्जट m. = जेज्जट Bhâvapr.

जैत्र 1) Adj. (f. ई) a) überlegen, siegreich, triumphirend. — b) zum Siege führend. — 2) m. N. pr. eines Sohnes des Dhṛtarâshṭra. — 3) *f. जैत्री Sesbania aegyptiaca. — 4) n. Ueberlegenheit, Sieg, Triumph.

जैत्रयात्रा f. Siegeszug Spr. 7707.

जैत्ररथ m. Triumphwagen Daçak. 2,11. 30,2.

*जैत्रायणि von जैत्र.

जैत्रिय n. Sieg, Triumph Âpast. Çr. 6,20,2.

जैल Adj. = जेल Tâṇḍja-Br. 20,3,4.

*जैलायनि von जिलन्.

1. जैन 1) Adj. (f. ई) zu den Gina in Beziehung stehend. — 2) m. ein Anhänger Gina's, ein Gaina. — 3) f. ई die Lehre der Gaina Harshak. 212,2.

2. जैन m. pr. = زين.

जैनतरंगिणी f. Titel eines Werkes.

जैननगर n. N. pr. einer Stadt.

जैनपाल m. N. pr. eines Mannes.

जैनमतपुस्तक Titel eines Werkes Opp. Cat. 1.

*जैनाश्रम m. ein Gaina-Kloster Halâj.

जैनेन्द्र 1) m. N. pr. eines Grammatikers; vgl. जिनेन्द्र. — 2) n. die Grammatik Ginendra's Pischel, de Gr. pr. 35.

जैनेन्द्रव्याकरण n. Titel eines Werkes. °पञ्चवस्तु n., °महावृत्ति f. und °वृत्ति f. desgl. Bühler, Rep. No. 589. fgg.

जैनोल्लाभदीन oder °देन m. N. pr. = زين العابدين

जैन्य Adj. von 1. जैन 2).

जैपाल m. = जयपाल 3) Bhâvapr. 3,33. 66. °क m. 34.

जैमत्त m. Patron. जैमत्तायन m. desgl.

जैमिनि m. N. pr. eines alten Lehrers Bâdar. 3, 4,2. 4,4,5. 11.

जैमिनिकोशसूत्र, जैमिनिब्राह्मण (Opp. Cat. 1), जैमिनिभागवत, जैमिनिभारत und जैमिनिसूत्र (Bühler, Rep. No. 531) n. Titel verschiedener Werke.

जैमिनीय 1) Adj. zu Gaimini in Beziehung stehend. — 2) m. ein Anhänger Gaimini's. Pl. eine best. Schule. — 3) n. Gaimini's Werk.

जैमिनीयन्यायमालाविस्तर m. Titel eines Werkes.

जैमूत Adj. zu Gimûta 9) in Beziehung stehend.

जैयट oder जैय्यट m. N. pr. eines Mannes.

जैव 1) Adj. (f. ई) a) der individuellen Seele gehörig Çaṁk. zu Bâdar. 2,3,47. — b) zu Jupiter in Beziehung stehend. — 2) m. Donnerstag Vishṇus. 77,5.

जैवन्तायन m. Patron. von जीवन्त.

*जैवन्तायनि von जीवन्त.

*जैवन्ति m. Patron. von जीवन्त.

जैवल und जैवलि m. Patron. von जीवल.

जैवातृक 1) Adj. a) lange lebend, dem man langes Leben wünscht. — b) *dünn, mager. — 2) *m. a) der Mond. — b) Kampher. — c) Ackerbauer. — d) Heilmittel. — e) Sohn.

*जैवि von जीव.

*जैवेय m. Patron. von जीव.

*जैष्णव Adj. von जिष्णु.

जैंह्म n. fehlerhaft für जैह्म्य.

जैह्माति (!) m. Patron. Pl. *sein Geschlecht*.

जैह्माकनि (!) m. desgl. Pl. *sein Geschlecht*.

*जैह्माशिनेय m. Patron. von जिह्माशिन् oder °न.

जैह्म्य n. *Falschheit, Betrug*.

*जैह्लवक m. *ein Fürst der* Gihlu.

जै॑ह्व Adj. *auf der Zunge befindlich, zur Z. in Beziehung stehend* Suparn. 17,1. Bâlar. 9,6.

*जैह्ववक m. fehlerhaft für जैह्लवक.

*जैह्वाकात Adj. von जिह्वाकात्य.

जैह्व्य n. *Zungengenuss*.

जो॑गू Adj. *lobsingend*.

*जोङ्ग und °क (Bhâvapr. Hdschr. 1,185) n. *Aloeholz*.

*जोङ्गट m. *die Gelüste einer schwangeren Frau*.

*जोङ्गल m. = जोङ्ग Nigh. Pr.

*जोड *Kinn*.

*जोतिक m. N. pr. eines fürstlichen Geschlechts.

जोनराज m. N. pr. eines Autors.

*जोत्ताला und *जोन्नाला f. *Andropogon bicolor*.

जोल m. *eine best. Mischlingskaste*. f. आ in Verbindung mit जाति.

जो॑ष 1) m. *a) Zufriedenheit, Billigung, Genüge*. Mit अ॑नु und nachstehendem आ॑ *zur Genüge, zur Zufriedenheit, nach Lust, freudig*. — *b) das Schweigen* Naish. 3,78. — 2) जो॑षम् Adv. *a) nach Belieben*. — *b) froh*. — *c)* in Verbindung mit आस्, अस् (Naish. 6,107) und स्था *sich ruhig —, sich still verhalten, stillschweigen*.

जोषक in काल°.

जोषण 1) n. am Ende eines Comp. *a) das Gefallenfinden an*. — *b) das Auswählen*. — 2) f. आ *der Ausdruck der Befriedigung* u. s. w. *durch das Wort* जुष्.

जो॑षयितर् Nom. ag. = जोष्टर्. °तृतम Superl. Çat. Br. f. जोषयित्री.

जोषयितव्य Adj. *womit man zufrieden sein muss*, so v. a. *worüber man nicht weiter nachdenken soll*.

जोषवाक॑ m. *beliebiges, leichtes* oder *sinnloses Geschwätz*.

जोषस् in वि° und स°.

*जोषा f. = योषा *Weib*.

*जोषिका f. *ein Bündel junger Knospen*.

*जोषित् und *°ता f. = योषित् *Weib*.

जोष्टॄ॑ und जो॑ष्टर् Nom. ag. *liebend, hegend, pflegend*. दे॑वी जो॑ष्ट्री Du.

जोष्य, जो॑षित्र Adj. *woran man Gefallen findet, willkommen, befriedigend*.

जोहू॑त्र Adj. *laut rufend, — rauschend, hell wiehernd*.

जौमर 1) m. Pl. *die Anhänger* Gumara's. — 2) n. Gumara's *Grammatik*.

*जौलायन m. gaṇa ऐषुकार्यादि. °भक्त Adj. *von solchen bewohnt*.

जौह्व Adj. von जुहू *Opferlöffel*.

जौहोत्यादिक Adj. *zur 3ten Klasse gehörig* (Wurzel).

1. ज्ञ॑ 1) Adj. (f. आ) *a) kundig, Etwas kennend, vertraut mit, sich verstehend auf, ein Verständniss habend für*; die Ergänzung im Gen. oder Loc., gewöhnlich aber im Comp. vorangehend. — *b) intelligent, Selbstbewusstsein* — (Bâdar. 2,3,18), *Einsicht habend, verständig*. — *c)* * = ज्ञा देवतास्य. — 2) m. *a) die denkende Seele* Comm. zu Njâjas. 3,2,20. — *b) der Planet Mercur*. — *c)* **der Planet Mars*. — *d)* *Bein. Brahman's. — 3) *f. आ ein Frauenname Mahâbh. 6(4),46,*b*.

2. ज्ञ *Knie* in *ऊर्ध्वज्ञ.

*ज्ञक Adj. (f. ज्ञका und ज्ञिका) Demin. von 1. ज्ञ.

ज्ञता f. 1) *Intelligenz* Comm. zu Njâjas. 3,2,32. *Erkenntniss*. — 2) am Ende eines Comp. *das Kennen, Vertrautsein mit*.

ज्ञत्व n. *Intelligenz* Comm. zu Njâjas. 3,2,32.

ज्ञप् s. Caus. von 1. ज्ञा.

ज्ञप्ति f. 1) *das Kennenlernen, Gewissheit über Etwas Erlangen*. — 2) *Intelligenz, Erkenntniss*.

ज्ञप्तिक am Ende eines adj. Comp. von ज्ञप्ति 1). Nom. abstr. °त्व n.

ज्ञप्तिप्रामाण्यवाद m. Titel eines Werkes.

ज्ञंमन्य Adj. *sich für klug haltend*.

ज्ञशक्ति f. *Denkvermögen* Bâdar. 2,2,9.

1. ज्ञा, जाना॑ति, जानी॑ते (episch auch जान° st. जानी°); ज्ञ = जानीहि Bhâg. P. 1) ohne Object oder mit Acc. *a) kennen, wissen, bekannt —, vertraut sein, Kenntniss haben von, erkennen, — an* (Instr. 235,19), *in Erfahrung bringen, forschen nach, inne werden, merken, kennen lernen, erfahren*. जाने (eingeschoben) *das weiss ich* 133,29. क एवं जानीते mit folgendem Fut. *wer weiss, ob nicht* Spr. 546. Mit einer Negation *Nichts wissen von* auch so v. a. *keine Rücksicht nehmen auf* und *nicht theilhaftig werden*. ज्ञात॑ *bekannt, gekannt, von dem* oder *wovon man Etwas weiss, erkannt, bemerkt, kennen gelernt, erfahren*. — *b) anerkennen, gutheissen, billigen*. — *c) als das Seinige anerkennen, in Besitz nehmen* (buddh.). — *d) kennen —, erkennen als, wissen —, inne werden —, merken, dass*; mit doppeltem Acc. — *e) Etwas annehmen, supponiren, meinen* (मया ज्ञातम् *ich war der Meinung* Kâd. 2,60,3), *ansehen —, halten für*; mit doppeltem Acc. मृषा *Etwas für unwahr halten* 308,13. ज्ञात *gehalten für* (Nom.), — *von* (*Gen.). — *f) Jmd vertraulich aufsuchen*. — 2) mit Gen. *a) kennen, — lernen*. — *b) sich erinnern*. — *c)* *Med. wohl *es zu thun haben —, sich abgeben mit* 235,15. fgg. शंभोर्मुकुन्दे जानीते soll = शंभुना साधनेन मुकुन्दे प्रवर्तते sein. — 3) mit Infin. *verstehen zu*. — Caus. ज्ञापयति, °ते und ज्ञप°; Partic. ज्ञप्त॑ und ज्ञापित. 1) Act. *a) unterweisen, belehren*. — *b) in Kenntniss setzen, benachrichtigen* Âçv. Gṛhj. 4,7,2. — *c) zu wissen —, kund thun, mittheilen, verkünden, lehren*. — *d) Jmd mit Etwas bekannt machen*, mit doppeltem Acc. — *e) Jmd* (Gen.) *berichten, dass*; mit doppeltem Acc. — 2) Med. *angehen, bitten, zusprechen*; mit Acc. der Person. — Desid. जिज्ञासते (episch auch Act.) 1) *zu kennen —, zu wissen —, Kenntniss zu haben von —, zu erkennen —, kennen zu lernen wünschen, untersuchen, prüfen, auf die Probe stellen*. जिज्ञास्यामस् wohl fehlerhaft für जिज्ञासामस्. — 2) *sich erkundigen nach, sich Gewissheit verschaffen über*. — 3) *vermuthen*. — Desid. vom Caus. *जिज्ञपयिषति, *जिज्ञाप° und ज्ञीप्सति *Jmd mit Etwas bekannt machen wollen*; mit doppeltem Acc. — Mit अति scheinbar Bhâg. P. 12,3,28, wo aber इति जानीहि zu lesen ist. — Mit अनु 1) *Etwas verstatten, gewähren, vergönnen, zugestehen, zusagen, gutheissen, billigen*. — 2) (logisch) *anerkennen* Comm. zu Njâjas. 1,1,40. — 3) *befolgen, zur Richtschnur nehmen*. — 4) *Jmd* (Gen.) *Etwas nachsehen, verzeihen*. — 5) *Jmd* (Acc.) *ermächtigen, eine Erlaubniss ertheilen* (mit Dat. eines Nom. act. oder mit *प्रति und Acc. eines Nom. act.). अनुज्ञात *ermächtigt, der eine Erlaubniss erhalten hat*. — 6) *Jmd* (Acc.) *erlauben fortzugehen, verabschieden, entlassen*. रथम् *einen Wagen entlassen*, so v. a. *fortfahren heissen*. — 7) *Etwas verabschieden*, so v. a. *Lebewohl sagen, verzichten auf* R. 2,42,8. — 8) *sich Jmd* (Acc.) *gnädig erweisen, seine Gewogenheit an den Tag legen*. — 9) scheinbar *Jmd bitten, beschwören* R. 2,21,28, wo aber mit der ed. Bomb. साहं नानुजानामि zu lesen ist. — Caus. 1) *um Erlaubniss bitten, Jmd* (Acc.). — 2) *Jmd um Erlaubniss bitten fortzugehen, sich verabschieden bei* (Acc.). — *Desid. 1) *gewähren —, zugestehen wollen*. — 2) *Jmd* (Acc.) *eine Erlaubniss zu ertheilen beabsichtigen*. — Mit अभ्यनु 1) *Etwas* (Acc.) *Jmd* (Gen.) *zugestehen, gestatten* (mit Infin. 40,15), *zulassen, zugeben, gutheissen, billigen, einräumen, concedere* Comm. zu

Njâjas. 2,1,11. — 2) *ermächtigen, eine Erlaubniss ertheilen.* °ज्ञात *ermächtigt, der eine Erlaubniss erhalten hat.* — 3) *entlassen, beurlauben.* — 4) *sich Jmd* (Acc.) *gnädig erweisen, seine Gewogenheit an den Tag legen.* — 5) *sich verabschieden von* (Acc.) 81,20. — Caus. *sich beurlauben bei, Abschied nehmen von* (Acc.). — Mit प्रत्यभ्यनु *einen sich Verabschiedenden entlassen.* — Mit प्रत्यनु *Etwas zurückweisen.* — Mit समनु 1) *Etwas zugestehen, gutheissen, billigen.* — 2) *Jmd* (Gen.) *Etwas nachsehen, verzeihen.* — 3) *ermächtigen, eine Erlaubniss ertheilen, auffordern.* — 4) *entlassen, beurlauben* 57,27. — 5) *sich Jmd* (Acc.) *gnädig erweisen.* — Caus. 1) *sich Etwas* (Acc.) *zusagen lassen, ausbitten von* (Abl.). — 2) *Jmd* (Acc.) *um Erlaubniss bitten.* — 3) *sich beurlauben bei, sich verabschieden von* (Acc.). — 4) *Jmd freundlich begrüssen.* — Mit *अप Med. 1) *ableugnen, verheimlichen.* — 2) *unkenntlich machen.* — Mit अभि 1) *erkennen, merken, wahrnehmen, kennen, wissen, sich verstehen auf; erkennen als, wissen, dass* (mit doppeltem Acc.). °ज्ञात *bekannt als* (Nom.). — 2) *halten für,* mit doppeltem Acc. — 3) *anerkennen, gutheissen, einräumen, zugeben; anerkennen als,* mit doppeltem Acc. — 4) **sich erinnern, dass* 241,9. 13. 16. fgg. — Caus. in अभिज्ञापक. — Mit प्रत्यभि 1) *wiedererkennen, erkennen, merken, verstehen* 301,30. — 2) *wieder zusichkommen, die Besinnung w. erhalten.* — Caus. *wieder in's Gedächtniss zurückrufen* Çaṁk. zu Bâdar. 3,3,19. — Mit समभि *erkennen.* — Mit अव 1) *geringachten, verachten.* °ज्ञात auch *wobei man eine Geringachtung an den Tag legt.* — 2) *geringschätzig herabsehen auf,* so v. a. *übertreffen* 251,3. — 3) *verneinen, verkennen* Çaṁk. zu Bâdar. 4,1,13. — Mit आ 1) *merken auf, bemerken, inne werden, erfahren, vernehmen, hören; kennen, verstehen; bemerken, dass* (mit doppeltem Acc.) Kâraka 3,7. — 2) *halten für* (°वत् oder Acc.) Spr. 7273 (wohl अज्ञायि für आ° zu lesen). — 3) आजज्ञतुस् Hariv. 2929 fehlerhaft für आजग्मतुस्. — Caus. 1) *befehlen, anbefehlen, über Etwas befehlen, Jmd anweisen, an Jmd* (Acc.) *einen Befehl richten zu* (Dat. oder Loc.). यथाज्ञापयति देवः *wie der Fürst befiehlt,* so v. a. *w. d. F. sagt, ja* 328,11. — 2) *Jmd* (Gen.) *versichern, betheuern.* — Mit अभ्या in अभ्याज्ञायै३. — Mit समा *erkennen, kennen lernen, bemerken, gewahr werden, dass* (mit doppeltem Acc.). °ज्ञात *bekannt —, anerkannt als* (Nom.); am Ende eines Comp. dass. (Comm. zu Njâjas. 1,1,22) und *wobei Etwas erkannt wird.* — Caus. *befehlen, anbefehlen, Jmd anweisen, Jmd einen Befehl* oder *die Erlaubniss ertheilen.* — Desid. in आजिज्ञासेन्या. — Mit उप *ersinnen, ausfindig machen, auf Etwas verfallen.* — Desid. in उपजिज्ञास्य. — Mit समुप *ersinnen, ausfindig machen, bedacht sein auf* (Acc.). — Mit प्रणि *bedenken* Bhaṭṭ. — Mit निस् *unterscheiden, bestimmen, herausfinden, auffinden* ṚV. 3,31,4. — Mit विनिस् dass. — Mit परि *bemerken, erkennen, kennen lernen, in Erfahrung bringen, sich vergewissern, genau wissen; erkennen als* (mit doppeltem Acc.). °ज्ञात *bekannt;* am Ende eines Comp. *bekannt als.* — Mit प्र *erkennen, unterscheiden, verstehen;* insbes. *den Weg, die Richtung* oder *die Art und Weise eines Verfahrens erkennen, Etwas zu finden —, Bescheid wissen, sich orientiren; gewahr werden, wissen —, erfahren von, ausfindig machen.* Mit der Negation *Nichts wissen von* auch so v. a. *die Bedeutung von — nicht kennen.* प्रज्ञात *bekannt, gewöhnlich, bekannt als* (Nom.). — Caus. 1) *den Weg zu Etwas zeigen.* — 2) *verrathen.* — 3) *anweisen* (einen Sitz) Lalit. 6,16. 361,10. 11. — Mit अनुप्र 1) *nach Jmd sich zurechtfinden, — den Weg finden.* — 2) *auffinden.* — Mit अभिप्र *denken an, sorgen für* (आवाभ्याम्). — Mit प्रतिप्र *wieder auffinden.* — Mit संप्र *unterscheiden, erkennen, genau kennen.* — Mit प्रति 1) *anerkennen, gut aufnehmen, gutheissen, genehmigen, billigen.* प्रतिज्ञात *angenehm, erwünscht.* — 2) *Jmd* (Dat., Gen. und ausnahmsweise Loc.) *Etwas zusagen, versprechen.* Das Object im Acc., ausnahmsweise im Dat., im Acc. mit प्रति oder im Infin. वाक्यम् so v. a. *versprechen, dass man Jmds* (Gen.) *Worte erfüllen wolle.* सत्यम् so v. a. *heilig versprechen.* — 3) Med. *bestätigen, bejahen, antworten.* — 4) *behaupten* (Med. Çaṁk. zu Bâdar. 2,3,41. 46. 4,3,1. Bâlar. 18,13), *aussagen, statuiren, annehmen.* शब्दं नित्यत्वेन *dass* शब्द नित्य *sei.* — 5) Med. *Etwas vorbringen, vorführen, zur Sprache bringen* Comm. zu Njâjam. S. 3, Z. 18. — 6) *erkennen, erfahren, gewahr werden.* — 7) *mit Wehmuth zurückdenken an.* — Caus. *verrathen.* — Mit संप्रति *zusagen, versprechen.* — Mit वि 1) *erkennen, kennen lernen, ausfindig machen, in Erfahrung bringen, bemerken, wahrnehmen, inne werden, vernehmen, — dass* (mit doppeltem Acc. oder mit यद्), *erfahren —, lernen von* (Gen.), *eine richtige Erkenntniss erlangen* oder *haben, unterscheiden, Gewissheit haben, Etwas in Etwas* (Loc.) *erkennen, — sehen, wissen, dass* (mit doppeltem Acc.). Mit न und Inf. *nicht wissen, was — heisst, nie in den Fall kommen zu.* विज्ञायते *es ist bekannt, — anerkannt, es wird gelehrt.* मा विज्ञायि mit einem vorangehenden Nom. bei Grammatikern *es werde darunter nicht — verstanden,* so v. a. *man sehe dieses nicht als — an.* — 2) *zu wissen thun, verkünden* Bhâg. P. — Caus. 1) *Etwas kund thun, verkünden, berichten, seine Meinung aussprechen, verkünden —* (Râǵat. 3,241), *erklären —, sagen, dass* (mit doppeltem Acc.). — 2) mit Acc. der Person *es Jmd begreiflich machen, belehren, zu wissen thun, in Kenntniss setzen, sprechen —, sagen zu, mit einer Bitte* oder *Frage angehen, — in Betreff von* (°अर्थम्, प्रति oder Dat.). — 3) *offenbar werden* in der ungrammatischen Form व्यज्ञापिष्यत्. — Desid. *zu erkennen —, kennen zu lernen wünschen.* — Mit अभिवि *inne werden, erfahren, wahrnehmen.* — Mit प्रवि *im Einzelnen —, genau kennen.* — Mit प्रतिवि *erkenntlich sein* Spr. 7256. fg. — Mit संवि 1) *einverstanden sein;* f. असंविज्ञात. — 2) *Jmd* (Gen.) *zusprechen, rathen.* — 3) *begreifen* Brahmop. S. 230. — 4) °ज्ञात *allgemein bekannt.* — Caus. *kund thun, hersagen.* — Mit सम् 1) Med. *eines Sinnes —, einträchtig sein, sich einigen, sich vertragen mit* (Loc., *Instr. oder *Acc.). — 2) Med. *Jmd* (Dat.) *gehorchen* Ait. Br. 8,25. — 3) Med. *Etwas anweisen, bestimmen* °संज्ञात *bestimmt zu.* — 4) Med. *Jmd erkennen.* — 5) *Jmd* (Acc.) *anweisen, einen Befehl ertheilen;* nur संज्ञाप Hariv. 2,66,13. — 6) *Med. *eine Schuld anerkennen.* — 7) Act. *als das Seinige anerkennen, in Besitz nehmen* (buddh.). — 8) *Act. *gedenken, mit Wehmuth sich erinnern;* mit Acc. oder Gen. — 9) Med. *kennen lernen, verstehen.* — 10) Med. *aufpassen* Bhaṭṭ. — Caus. 1) *einig machen, zusammenbringen.* — 2) *Jmd beruhigen, zufriedenstellen.* — 3) *machen, dass Jmd sich beruhigt, sich in Etwas ergiebt,* euphemistisch vom *Tödten* des *Opferthiers.* — 4) *begreiflich machen, zur Anerkennung bringen.* — 5) *Jmd ein Zeichen geben, Jmd* (Acc.) *durch einen Wink bedeuten* (Harshak. 217,6), *sich durch Zeichen verständigen.* — 6) *Jmd* (Acc.) *einen Befehl ertheilen.* — Mit अभिसम् *einverstanden sein in Bezug auf* (Acc.), *sich gern gefallen lassen, Jmd anerkennen* (Maitr. S. 2,2,6), — *in einer Würde* (Dat.). — Mit प्रतिसम् *freundlich gesinnt sein.*

2. °ज्ञा Adj. *kennend, kundig.*

3. ज्ञा f. = आज्ञा mit elidirtem Anlaut nach ए oder ओ.

*ज्ञातक Adj. *bekannt* u. s. w.

ज्ञातता f. *das Erkanntsein, Gekanntsein.*

ज्ञातृ Nom. ag. 1) *Erkenner, Kenner, der Etwas versteht.* Nom. abstr. ज्ञातृत्व n. — 2) *Bekannter*, daher wohl *Beistand* oder *Bürge* (vgl. γνώστηρ). — 3) *Zeuge.*

*ज्ञातल m. N. pr. eines Mannes. Davon *Patron. °लेय.

ज्ञातव्य Adj. 1) *kennen zu lernen, in Erfahrung zu bringen, zu erforschen, ausfindig zu machen.* — 2) *wahrnehmbar, bemerklich.* — 3) *anzusehen als* (Nom.).

*ज्ञातसिद्धान्त Adj. *mit einer Wissenschaft vollkommen vertraut.*

ज्ञाति 1) m. *ein naher Blutsverwandter, Verwandter* überh. Nach den Erklärern *ein V. von väterlicher Seite.* — 2) f. ein Frauenname.

ज्ञातिकर्मन् n. *die Sache —, das Geschäft eines Verwandten.*

ज्ञातिकार्य n. *die Obliegenheit eines Verwandten.*

ज्ञातित्व n. *Blutsverwandtschaft, nahe Verwandtschaft.*

ज्ञातिदासी f. *Haussclavin* R. 2,7,1.

ज्ञातिपुत्र m. 1) **der Sohn eines Verwandten.* — 2) Bein. Pûrṇa's.

ज्ञातिप्रभुक Adj. (f. आ) *eine hohe Stellung unter den Verwandten einnehmend* 213,18.

ज्ञातिप्राय Adj. *zunächst für die Blutsverwandten bestimmt* M. 3,264.

ज्ञातिभाव m. *Verwandtschaft* Spr. 4501.

ज्ञातिभेद m. *Verwandtenzwist.*

ज्ञातिभेदविवेक m. Titel eines Werkes Cat. N. W. Pr. 4,46.

ज्ञातिमन्त् Adj. *nahe Blutsverwandte habend.*

ज्ञातिमुख Adj. *Verwandten gleichend.*

ज्ञातिविद् Adj. *Blutsverwandte habend* oder *schaffend.*

*ज्ञातेय n. *Verwandtschaft.*

ज्ञात्र n. *die Fähigkeit des Erkennens, Einsicht* Maitr. S. 4,2,8.

ज्ञान 1) n. (adj. Comp. f. आ) a) *das Erkennen, Kennenlernen, Kennen, Verstehen, Kunde, Kenntniss, Wissen, Wissenschaft;* insbes. *die Erkenntniss der höheren Wahrheiten auf dem Gebiete der Religion und Philosophie.* Auch Pl. 79,11. — b) *das Wissen um Etwas, das Bewusstsein, mit dem man bei einer That zu Werke geht.* — c) *das Annehmen, Statuiren.* — d) *Besinnung, Bewusstsein.* — e) *Erkenntniss —, Sinnesorgan.* — f) *vielleicht *das Zuthunhaben —, Sichabgeben mit* (Gen.). — g) *ein best.* Çakti. — 2) f. आ *eine best.* Çakti.

ज्ञानऋषिभास्कराचार्य m. N. pr. eines Autors.

ज्ञानकन्द m. N. pr. eines Schülers des Çaṁkavâkârja.

ज्ञानकाण्ड n. *der über die höhere Erkenntniss handelnde Theil in der* Çruti.

*ज्ञानकीर्ति m. N. pr. eines buddh. Lehrers.

ज्ञानकेतु m. N. pr. eines Mannes Lalit. 201,8.

ज्ञानकेतुध्वज m. N. pr. eines Devaputra Lalit. 25,2.

ज्ञानक्रियाद्वयशतक n. Titel eines Werkes Bühler, Rep. No. 128.

ज्ञानक्रियासंवाद m. desgl. ebend. No. 592.

ज्ञानगम्य Adj. *der Erkenntniss zugänglich* (Çiva).

*ज्ञानगर्भ m. N. pr. 1) eines Bodhisattva. — 2) eines Gelehrten.

ज्ञानगर्भस्तोत्र n. und ज्ञानगीता f. Titel zweier Werke.

ज्ञानगूह Adj. (f. आ) *die Erkenntniss verhüllend* Bhâg. P. 3,26,5.

ज्ञानघन m. *reine Erkenntniss, Nichts als E.* Bhâg. P. 8,3,12. 9,8,23.

ज्ञानघनाचार्य m. N. pr. eines *Lehrers.*

1. ज्ञानचक्षुस् n. *das Auge der Erkenntniss, das innere A., der Geist.*

2. ज्ञानचक्षुस् Adj. *mit dem inneren Auge schauend* Kâlikop. 16.

ज्ञानचन्द्र m. N. pr. eines Mannes.

ज्ञानतिलक m. Titel eines Werkes.

ज्ञानतीर्थ n. N. pr. eines Tîrtha.

ज्ञानत्व n. *das Erkenntnisssein.*

*ज्ञानदत्त m. N. pr. eines Gelehrten.

*ज्ञानदर्पण m. Bein. des Mañǵuçrî.

ज्ञानदर्शन m. N. pr. eines Bodhisattva Kâraṇḍ. 1,8.

ज्ञानदीपिका f. Titel eines Werkes Opp. Cat. 1.

ज्ञानदीर्घ Adj. *durch die Erkenntniss weitsichtig* (Auge) MBh. 12,180,53.

ज्ञानदेव m. N. pr. eines Mannes.

ज्ञानद्वयकारणतावाद (Opp. Cat. 1) und °कारणताविचार m. Titel zweier Werke.

*ज्ञानपत Adj. (f. ई) von ज्ञानपति.

ज्ञानपति m. N. pr. eines Mannes.

ज्ञानपात्र n. *ein durch Wissen würdiger Mann* Ind. St. 15,317.

ज्ञानपावन n. N. pr. eines Tîrtha.

ज्ञानपुञ्ज f. Titel eines Werkes.

ज्ञानपूर्व Adj. *wohlüberlegt* Kâraka 1,18.

ज्ञानप्रकाशिका f. (Opp. Cat. 1), °प्रदीप m., °प्रदीपिका f. (Opp. Cat. 1) und °प्रबोधमञ्जरी f. Titel von Werken.

*ज्ञानप्रभ m. N. pr. verschiedener Männer.

*ज्ञानप्रवाद n. Titel eines Ǵaina-Werkes.

ज्ञानप्रस्थान n., ज्ञानबोधिनी f., ज्ञानभास्कर m. und ज्ञानमञ्जरी f. Titel von Werken.

ज्ञानमण्डप N. pr. eines Heiligthums.

ज्ञानमय Adj. (f. ई) *in Erkenntniss bestehend, aus E. hervorgegangen* u. s. w. मुद्रा *eine best. Fingerstellung.*

ज्ञानमयूख m. Titel eines Werkes Opp. Cat. 1.

ज्ञानमार्ग m. *der Weg zur Erkenntniss* Spr. 2453.

ज्ञानमाला f. und ज्ञानमाहात्म्य n. Titel von Werken.

ज्ञानमुद्रा f. 1) *eine best. Fingerstellung* Hemâdri 2,a,103,6. — 2) Titel eines Werkes Opp. Cat. 1. °परिणय m. desgl. ebend.

ज्ञानमूर्ति f. *die leibhaftige Erkenntniss* VP. 6,4,42.

ज्ञानमेरु m. N. pr. eines Mannes Lalit. 202,1.

ज्ञानयज्ञ m. Titel von Werken Weber, Lit. 100.104.

ज्ञानयाथात्म्यवाद m. Titel eines Werkes Opp. Cat. 1.

ज्ञानयोग m. *der theoretische* Joga VP. 6,4,42. °खण्ड Titel eines Werkes Opp. Cat. 1.

ज्ञानरत्नकोश m. und °रत्नावली f. Titel von Werken.

ज्ञानराज m. N. pr. eines Autors. Auch °पण्डित m.

ज्ञानलक्षणवादार्थ m. Titel eines Werkes.

ज्ञानलक्षणा f. in der Logik *die unmittelbare Erkenntniss eines speciellen, im Moment nicht wahrgenommenen Gegenstandes.*

*ज्ञानवज्र m. N. pr. eines buddh. Autors.

ज्ञानवन्त् 1) Adj. a) *Etwas wissend.* — b) *mit Kenntnissen ausgestattet, reich an Wissen, gelehrt. eine höhere Erkenntniss besitzend, intelligent.* — c) *wo sich Erkenntniss findet.* — 2) *m. N. pr. eines Bodhisattva.

ज्ञानवर्मन् m. N. pr. eines Dichters.

ज्ञानवापी f. N. pr. eines Tîrtha.

ज्ञानवासिष्ठ Titel eines Werkes Opp. Cat. 1.

*ज्ञानविभूतिगर्भ m. N. pr. eines Bodhisattva.

ज्ञानविलासकाव्य n. Titel eines *Gedichts.*

ज्ञानशक्तिमन्त् Adj. *ein Erkenntnissvermögen besitzend* 265,23.

ज्ञानशतक n. Titel eines Werkes.

ज्ञानशास्त्र n. *Wahrsagerkunst* LA. 30,20.

ज्ञानश्री f. N. pr. eines buddh. Autors.

ज्ञानसंतति f. (Mând. Up. 10) und °संतान m. *fortlaufende Erkenntniss, Gedankenlauf.*

ज्ञानसंदर्भदीपिका f. Titel eines Commentars Pischel, de Gr. pr. 23.

ज्ञानसंभार m. eine Fülle von Wissen Lalit. 39,5.

ज्ञानसाधन n. und ज्ञानसार Titel von Werken.

ज्ञानसिद्धि m. N. pr. eines Mannes.

ज्ञानहस्तिक m. desgl.

ज्ञानाकर m. N. pr. verschiedener Männer (buddh.).

ज्ञानात्मन् m. die Seele des Erkennens, der erkennende Geist VP. 6,4,42.

ज्ञानानन्द m. N. pr. eines Autors.

ज्ञानानन्दसमुच्चय m. Titel eines Werkes.

ज्ञानामृत n. Titel verschiedener Werke.

ज्ञानार्णव m. 1) ein Meer von Kenntnissen, ein überaus kenntnissreicher Mann. — 2) Titel verschiedener Werke. Auch °तन्त्र n.

ज्ञानावरण n. Verhüllung der richtigen Erkenntniss, Irrthum.

ज्ञानावरणीय Adj. aus Irrthum hervorgehend.

*ज्ञानावलीकालंकार m. Titel eines buddh. Werkes.

ज्ञानिन् 1) Adj. Etwas wissend, — verstehend, mit Erkenntniss begabt, gelehrt, weise; insbes. die höheren Wahrheiten kennend. — 2) m. Wahrsager, Astrolog. Nom. abstr. °नित्व n.

*ज्ञानीय्, °यति sich nach Erkenntniss sehnen.

ज्ञानेच्छाक्रियाशक्तिमत् Adj. mit dem Vermögen der Erkenntniss, des Wollens und des Handelns ausgestattet 266,7.

ज्ञानेन्द्रसरस्वती m. N. pr. eines neueren Grammatikers.

ज्ञानेन्द्रिय n. ein wahrnehmendes Organ, Sinnesorgan 263,19. 22. 264,6.

ज्ञानोत्तम m. N. pr. eines Autors.

ज्ञानोत्तर n. Titel eines Werkes.

ज्ञानोदतीर्थ n. N. pr. eines Tîrtha.

ज्ञानोपदेश m. Titel eines Werkes.

ज्ञानोल्का f. ein best. Samâdhi.

ज्ञापक 1) Adj. (f. ज्ञापिका) zu wissen thuend, lehrend, zu verstehen gebend, andeutend. Nom. abstr. °त्व n. — 2) m. ein Beamter, der die Bittschriften in Empfang nimmt, Pañkat. ed. Bomb. 3,59,1. — 3) n. Lehre, ein Etwas kundthuender, belehrender Ausspruch. Bei den Grammatikern eine implicite ausgesprochene Regel.

ज्ञापन n. das Kundthun, Zuverstehengeben, Andeuten.

ज्ञापनीय Adj. kund zu thun als (Nom.) Kâd. 2,54,1.

*ज्ञाप्ति f. angeblich = ज्ञापन.

ज्ञाप्य Adj. kund zu thun, mitzutheilen, mittheilbar.

ज्ञास् m. ein naher Blutsverwandter.

*ज्ञिका Adj. f. Demin. von 1. ज्ञ.

ज्ञीप्सा f. Erkundigung, Frage.

ज्ञु n. = जानु Knie.

ज्ञुबाध् Adj. die Kniee beugend.

ज्ञेय 1) Adj. a) zu erkennen, kennen zu lernen, zu erforschen, in Erfahrung zu bringen, ausfindig zu machen, zu verstehen. — b) anzunehmen, anzusehen, zu halten für (Nom.). — 2) n. impers. sciendum, mit Infin.

ज्ञेयज्ञ m. der Geist.

ज्ञेयता f. und ज्ञेयत्व n. Erkennbarkeit, Fassbarkeit.

ज्ञेयमल्लक m. Pl. N. pr. eines Volkes.

*ज्ञौदनीय्, °यति den Reis der Gña wünschen. *Desid. जुज्ञौदनीयिषति.

ज्मन् Bahn. Nur im gleichlautenden Loc.

ज्मय Adj. die Bahn verfolgend.

ज्मा f. die Erde. Nur ज्मा Instr. und ज्मस् Abl. Gen.

ज्मायन्त् Partic. zur Erde strebend.

°ज्य Adj. unterdrückend, schindend.

ज्यका f. Sehne (geom.).

1. ज्या 1) जिनाति a) überwältigen, unterdrücken, schinden, um die Habe —, Jmd um Etwas bringen (mit doppeltem Acc.). — b) *altern. — 2) जीयते und जीयते unterdrückt —, geschunden werden. सर्वज्यानिम् um Alles gebracht werden. Partic. जीत und *जीन. — Desid. जिज्यासति überwältigen —, unterdrücken wollen. — *Intens. जेजीयते. — Mit अधि überwältigen (Acc.) Bhatt. — Mit *उप, °ज्याय. — Mit परि (°जिनाति) = Simpl. 1) a). — Mit *प्र, °ज्याय.

2. ज्या, जिया f. 1) Uebergewalt. — 2) übermässige Zumuthung, Ueberlast.

3. ज्या, जिया f. 1) Bogensehne. — 2) Sehne (geom.). — 3) Sinus.

4. *ज्या f. 1) die Erde. — 2) Mutter.

(ज्याका) जियाका f. Bogensehne.

ज्याकार m. Sehnenmacher.

ज्याकृष्टि f. das Spannen der Bogensehne Spr. 2463.

ज्याघोष m. das Klingen der Bogensehne.

ज्यान n. Bedrückung.

ज्यानि f. 1) dass. Maitr. S. 2,2,10. — 2) Schwund, Verlust. — 3) *Gebrechlichkeit, Altersschwäche. — 4) *Fluss.

*ज्यापय्, °यति von Jmd berichten, dass er alt sei.

ज्यापाश m. Bogensehne.

ज्यापिण्ड und °क ein in Zahlen ausgedrückter Sinus.

*ज्याबाणीय m. Pl. N. pr. eines Kriegerstammes. Sg. ein Fürst dieses Stammes; f. ई. v. l. मावाणीय.

ज्यामघ m. N. pr. des Vaters von Vidarbha.

ज्याय्, °यते eine Bogensehne darstellen.

ज्यायंस्, जियायंस् Adj. 1) überlegen, mächtiger, vorzüglicher, grösser, höher, stärker. *वचन° in der Rede überlegen. — 2) älter. — 3) der vorzüglichste, ausgezeichnetste.

ज्यायस Adj. grösser an Zahl.

ज्यायस्त्व n. Nom. abstr. zu ज्यायंस् 1) Çaṁk. zu Bâdar. 3,3,57.

ज्यायस्वन्त् Adj. einen Ueberlegenen —, Mächtigern habend, — anerkennend.

ज्यायिष्ठ Adj. der vorzüglichste, vornehmste, erste, beste.

ज्यार्ध m. der Sinus eines Bogens.

ज्यार्धपिण्ड ein in Zahlen ausgedrückter Sinus.

(ज्यावाज) जियावाज Adj. die Schnellkraft der Sehne habend.

ज्याह्रोड m. 1) ein eigenthümlicher, zum Schiessen sich nicht eignender Bogen Tâṇḍja-Br. 17,1,14. — 2) Du. Name zweier Sâman Ârsh. Br.

*ज्यु, ज्यवते (गतौ).

ज्युत्, ज्योतते (Naigh.) und *ज्योतति leuchten. — Caus. ज्योतयति beleuchten. त्रिष्टुब्ज्योतिषा = त्रि° ज्योतिष्मती. — Mit अव beleuchten (mit einem Lichte, einer Fackel u. s. w.).

ज्युति f. Licht.

ज्युतिमन्त् Adj. leuchtend.

*ज्यैय Adj. 1) der bedrückt —, ausgebeutet werden kann. — 2) der vorzüglichste, oberste, beste.

ज्येष्ठ und ज्येष्ठ (insbes. in der Bed. der älteste; auch dreisilbig) 1) Adj. a) der vorzüglichste, vornehmste, praecipuus, obenan stehend, der oberste, erste, beste, grösste, schlimmste; Subst. princeps, primores. Mit पद oder मूल greatest root, the square-root which is extracted from the quantity so operated upon. — b) vorzüglicher als (Abl.). — c) der älteste; m. der älteste Bruder. — 2) m. a) (sc. घट) der aufsteigende Eimer an einem Brunnenrade Spr. 2429. — b) ein best. Monat (richtiger ज्यैष्ठ). — c) N. pr. eines Mannes. — 3) f. ज्येष्ठा a) die älteste Ehegattin 195,29. 196,1. Auch *die am meisten bevorzugte Gattin oder Geliebte. — b) Sg. und Pl. das 16te (18te) Mondhaus. — c) das achte Jahr im zwölfjährigen Jupitercyclus. — d) *Mittelfinger. — e) *eine kleine Hauseidechse. — f) ein best. Saiteninstrument S. S. S. 185. — g) die ältere Schwester der Lakshmî. — h) Elend, Unglück. — i) eine best. Çakti Hemâdri 1,611,5. — k) *Bein. der Gaṅgâ Râǵan. 14,17. — 4) n. a) das Oberste, Erste, Haupt. — b) *Zinn. — c) Name eines Liṅga. — d) In Verbindung mit पुष्कर = ज्येष्ठपुष्कर. — 5) ज्येष्ठम् Adv. am meisten, sehr.

ज्येष्ठकलश m. N. pr. des Vaters des Bilhaṇa

Vikramâṅkak. 18,79.

ज्येष्ठघ्नी f. = ज्येष्ठ 3) b).

ज्येष्ठतम Adj. der allerbeste, allererste.

ज्येष्ठतर 1) Adj. einer der Aelteren. — 2) f. आ Wärterin, Aufseherin über ein junges Mädchen.

ज्येष्ठतरिका f. = ज्येष्ठतर 2).

ज्येष्ठतस् Adv. von oben herab, vom Aeltesten an Âpast. Çr. 6,7,8.

ज्येष्ठता f. Vorrang, Erstgeburtsrecht.

*ज्येष्ठतात m. des Vaters älterer Bruder.

ज्येष्ठताति f. 1) Oberherrschaft. — 2) Oberherr.

ज्येष्ठत्व n. = ज्येष्ठता.

ज्येष्ठपाल m. N. pr. eines Mannes.

ज्येष्ठपुष्कर n. N. pr. eines Wallfahrtsortes.

*ज्येष्ठबला f. Sida rhomboidea Râǵan. 4,100.

ज्येष्ठब्राह्मण Adj. das älteste Brâhmaṇa habend Tâṇḍja-Br. 7,6,7.

ज्येष्ठयज्ञ m. 1) das Opfer des Aeltesten. — 2) das vorzüglichste Opfer.

ज्येष्ठराज m. Oberherr Maitr. S. 1,3,11.

ज्येष्ठलक्ष्मी f. Hauptzeichen, ein angeborenes Zeichen (vgl. AV. 7,115,3) Maitr. S. 1,8,1. TBr. 2,1,2,2. Nach dem Comm. zu TBr. die ältere Schwester der Lakshmî als Sinnbild der Armuth.

ज्येष्ठललिता f. eine best. Begehung.

ज्येष्ठवयस् Adj. älter an Jahren als (im Comp. vorangehend) 133,30.

ज्येष्ठवर m. Hauptwerber.

*ज्येष्ठवर्ण m. ein Brahman.

ज्येष्ठवृत्ति Adj. der sich wie ein ältester Bruder benimmt.

*ज्येष्ठश्वश्रू f. der Frau ältere Schwester.

1. ज्येष्ठसामन् n. Name eines Sâman. °ग Adj. Âpast. Gaut.

2. ज्येष्ठसामन् Adj. der dieses Sâman singt.

ज्येष्ठस्तोम m. ein best. Ekâha.

ज्येष्ठस्थान n. N. pr. eines Wallfahrtsortes.

ज्येष्ठानुज्येष्ठता f. Reihenfolge dem Alter nach, so dass der Aeltere stets vorangeht.

ज्येष्ठापूजाविलास m. Titel eines Werkes.

ज्येष्ठामलक m. Azadirachta indica Râǵan. 9,8.

ज्येष्ठामूल (VP. 6,8,33. 37. 38) und *°मूलीय m. der Monat Ǵjaishṭha.

*ज्येष्ठाम्बु n. Schleim von gekochten Körnern.

ज्येष्ठाव्रत n. eine Begehung zu Ehren der Ǵjeshṭhâ Comm. zu TBr. 2,1,2,2.

ज्येष्ठाश्रम Adj. im Hausvaterstande lebend.

*ज्येष्ठिनी f. eine Frau, die einen ältern Bruder hat.

ज्येष्ठिला f. N. pr. eines Flusses.

ज्येष्ठेश्वर n. Name eines Liṅga.

ज्यैष्ठ 1) m. ein best. Sommermonat, in welchem der Vollmond im Sternbilde Ǵjeshṭhâ steht. — 2) f. ई a) der Vollmondstag im Monat Ǵjaishṭha Vaitân. — b) *eine kleine Hauseidechse.

*ज्यैष्ठसामन् Adj. fehlerhaft für ज्येष्ठ°.

ज्यैष्ठसामिक Adj. von 1. ज्येष्ठसामन् Gobh. 3,1,28.

ज्यैष्ठिनेय m. ein Sohn der ersten Frau des Vaters Gaut. Auch *°नेयक m. Gal.

ज्यैष्ठ्य n. principatus, Vorrang, erste Stelle, Obergewalt, Erstgeburtsrecht.

*ज्यो, ज्यवते (नियमे, व्रतादेशे, उपनीतौ).

ज्योक्, ज्योग् Adv. lange, noch —, schon —. Mit कर् zögern. ज्योक्तमाम् Adv. am längsten.

ज्योगामयाविन् Adj. seit lange krank.

ज्योग्जीवातु f. langes Leben.

ज्योडि in *कर° und *हस्त°.

ज्योतयमामक (vielleicht von ज्योतय माम्) m. etwa eine Art Irrlicht. AV. Paipp. st. dessen गन्धर्व.

ज्योता f. die Glänzende, Leuchtende als mystischer Name der Kuh VS.

ज्योति = °स्. Nur Loc. ज्योतौ und in °दर्शन (Garga in der N. zur Uebers. von Varâh. Bṛh. S. 30,2), दश°, शत°.

ज्योतिक m. N. pr. eines Schlangendämons.

ज्योतिरग्र Adj. (f. आ) dem Licht (Leben) vorangeht.

ज्योतिरथा (Hariv. 9511) und °रथ्या f. N. pr. eines Flusses.

ज्योतिरनीक Adj. dessen Angesicht Licht ist.

*ज्योतिरिङ्ग und *°ण m. Elater noctilucus.

ज्योतिरीश und °रीश्वर m. N. pr. eines Autors.

ज्योतिर्गर्ग m. Garga der Astronom.

ज्योतिर्जरायु Adj. mit einer Lichthülle umgeben.

ज्योतिर्ज्ञ m. Astronom.

*ज्योतिर्ज्वलनार्चिश्रीगर्भ m. N. pr. eines Bodhisattva.

ज्योतिर्धामन् m. N. pr. eines der 7 Weisen unter Manu Tâmasa.

ज्योतिर्निबन्ध (Cat. Gujar. 4,138) und ज्योतिर्निबन्ध m. Titel eines Werkes.

*ज्योतिर्बीज n. ein leuchtendes fliegendes Insect.

*ज्योतिर्भासमणि m. eine Art Edelstein.

ज्योतिर्भासिन् Adj. lichtglänzend.

ज्योतिर्मन्त्र m. ein best. Zauberspruch.

ज्योतिर्मय Adj. aus Licht gebildet, — bestehend, licht.

ज्योतिर्मुख m. N. pr. eines Affen.

ज्योतिर्मेधातिथि m. Medhâtithi der Astronom.

*ज्योतिर्लता f. Cardiospermum Halicacabum Râǵan. 4,70.

ज्योतिर्लिङ्ग n. N. pr. verschiedener Çiva-Tempel mit einem Liṅga.

ज्योतिर्लेखा f. N. pr. der Tochter eines Jaksha.

ज्योतिर्लोक m. die Lichtwelt.

1. ज्योतिर्विद् Adj. sternkundig; m. Astronom zu Spr. 6288.

2. ज्योतिर्विद् Adj. Licht schaffend.

ज्योतिर्विद्शृङ्गार m. und ज्योतिर्विदाभरण n. Titel zweier Werke.

*ज्योतिर्विद्या f. Astronomie.

ज्योतिर्विवरण n. Titel eines astronomischen Werkes.

ज्योतिर्हस्ता f. Bein. der Durgâ.

ज्योतिश्चक्र n. der Zodiakus.

ज्योतिश्चन्द्रार्क m. Titel eines Werkes.

ज्योतिःशास्त्र n. Sternkunde.

ज्योतिष 1) m. a) *Astronom. — b) *die Sonne Gal. — c) ein best. Zauberspruch zur Bannung der in Waffen hausenden Geister. — 2) f. आ N. pr. eines Flusses Vishṇus. 85,33. — 3) f. ई N. pr. einer Familie. — 4) n. die Lehre vom Lauf der Gestirne und der darauf beruhenden Eintheilung der Zeit. Auch Titel verschiedener Werke, insbes. eines Vedâṅga Âpast.

ज्योतिषकल्पतरु m., °केरलीय n. (Opp. Cat. 1), °ग्रन्थ m. (ebend.), °चिन्तामणि m. (ebend.), °तत्त्व n., °प्रकाश m., °फल n. (Opp. Cat. 1), °मानस n. (ebend.), °रत्न n., °रत्नमाला f. und °सार (Opp. Cat. 1) Titel von Werken.

ज्योतिषसंग्रह m. die gesammte Astronomie.

ज्योतिषार्णव m. Titel eines astr. Werkes.

ज्योतिषिक (Utpala zu Varâh. Bṛh. 13,3. Ind. St. 15,406) und *°षीक (Gal.) m. Astronom, Astrolog.

ज्योतिषीमत् 1) Adj. = ज्योतिष्मत् 1) a). — 2) m. eine best. Sonne.

ज्योतिष्क 1) m. a) *Pl. eine best. Gruppe von Göttern bei den Ǵaina. — b) Premna spinosa. — b) *Plumbago zeylanica. — c) *der Same von Trigonella foenum graecum. — d) N. pr. α) eines Schlangendämons. — β) eines Mannes. — 2) *f. आ Cardiospermum Halicacabum. — 3) n. a) eine best. gegen die Finsterniss geschleuderte leuchtende Waffe Arǵuna's. v. l. ज्योतिष. — b) N. pr. einer glänzenden Spitze des Meru. — c) scheinbar = ज्योतिष 4) Pańkad., wo aber °ज्योतिष्क ein verlesenes ज्योतिष्षु ist. °विद् Ind. St. 15,406 wohl auch fehlerhaft.

ज्योतिष्कण m. Funke.

*ज्योतिष्कर m. eine best. Blume.

ज्योतिष्करण्ड (Bühler, Rep. No. 720), °क n. und

°ष्कल्पलता f. Titel verschiedener Werke.

ज्योतिष्कृत् Adj. *Licht schaffend.*

ज्योतिष्केदार m. und ज्योतिष्कौमुदी f. Titel zweier Werke.

ज्योतिष्टम Adj. (f. आ) *das hellste Licht verbreitend* Bhaṭṭ.

ज्यौतिष्टोम s. ज्यौतिःष्टोम.

ज्योतिष्ट्व n. *das Lichtwerden, Verklärung.*

ज्यौतिष्पक्ष Adj. (f. आ) *lichtgeflügelt.*

ज्योतिष्पराशर m. Parâçara *der Astronom.*

ज्योतिष्पितामह m. Brahman *als ältester Astronom.*

ज्योतिष्प्रकाश m. und ज्योतिष्प्रदीपिका f. Titel zweier Werke.

ज्योतिष्प्रभ m. 1) * *eine best. Blume.* — 2) N. pr. *a)* eines Buddha. — *b)* eines Bodhisattva. — *c)* eines Fürsten.

ज्योतिष्प्ररोह m. Pl. *Strahlen* Kumâras. 3,49.

ज्योतिष्प्रक्षीण Adj. *des Augenlichts beraubt, blind* MBh. 1,178,27.

ज्यौतिष्मन्त् 1) Adj. (f. °ष्मती) *a) lichtvoll, licht, leuchtend, der Lichtwelt angehörend, himmlisch.* — *b) lichtvoll, so v. a. rein geistig.* — 2) m. *a) die Sonne* Daçak. 84,11. — *b) eine best. Sonne.* — *c)* Bez. *des dritten Fusses von* Brahman. — *d)* N. pr. α) verschiedener Männer. — β) eines Gebirges. — 3) f. °ष्मती f. *a)* * *Nacht* Râǵan. 21,44. — *b) ein best. Backstein.* — *c) eine best. Form der* Trishṭubh. — *d) Cardiospermum Halicacabum* Râǵan. 3,70.

ज्योतिष्य Adj. *unter Beleuchtung befindlich* TS. 6,4,2,2; vgl. Comm. 1,554,8. fgg.

ज्यौतिःष्टोम m. *eine best.* Soma-*Feier.*

ज्यौतिःष्टोमिक Adj. von ज्यौतिःष्टोम.

ज्यौतिस् 1) n. *a)* Sg. und Pl. *Licht, Helle, Schein, Feuer* (Megh.); त्रीणि ज्योतींषि *die drei Lichter,* d. i. *die Erscheinung des Lichtes in den drei Weltgebieten.* Personificirt als *Feuer, Wind* und *Sonne.* ज्यौतिष्कर् *beleuchten.* — *b) Mondschein* RV. 3, 34,4. AV. 4,18,1. — *c) Augenlicht.* — *d) Auge.* — *e)* Pl. *die Gestirne.* Du. *Sonne und Mond.* — *f) das Licht der himmlischen, ewigen Welt, diese Lichtwelt selbst.* — *g) das Licht als das himmlische Lebensprincip in den Geschöpfen, die Intelligenz in den vernünftigen Wesen.* पर *das höchste Licht,* so v. a. *die höchste Intelligenz, der höchste Geist, die höchste Wahrheit.* — *h) das Licht als Bild für ungehemmtes Leben, Freiheit, Freude; Hülfe, Heil, Sieg.* — *i)* Bez. *verschiedener* Ekâha. — *k)* Bez. *bestimmter Sprüche, welche das Wort* ज्योतिस् *enthalten.* — *l) ein best. Metrum.* — *m)* = ज्योतिष 4). — *n)* mystische Bez. *des Lautes* र. — 2) m. *a)* * *Feuer.* — *b)* * *die Sonne.* — *c)* * *Trigonella foenum graecum.* — *d)* N. pr. α) eines Marut. — β) eines Sohnes des Manu Svârokisha. — γ) eines Praǵâpati VP.[2] 3,5.

ज्योतिस्तत्त्व n. Titel eines *astr.* Werkes.

ज्योतिःसागर m. Titel eines *astr.* Werkes.

ज्योतिस्सात् Adv. mit कर् *erhellen.*

ज्योतिःसामन् n. Name eines Sâman.

ज्योतिःसिद्धान्त m. Titel eines *astr.* Werkes.

*ज्योतीरत m. N. pr. eines Schlangendämons.

ज्योतीरथ 1) Adj. *auf Licht einherfahrend.* — 2) m. *a)* * *der Polarstern.* — *b) eine best. Schlangenart.* — 3) f. ज्योतीरथा N. pr. eines Flusses.

ज्योतीरस 1) m. *ein best. Edelstein.* — 2) Adj. *aus diesem Edelstein verfertigt* MBh. 4,1,25. Nîlak. giebt eine sehr künstliche Erklärung.

ज्योतीरूपस्वयंभू m. Brahman *in der Form von Licht.*

ज्योतीरूपेश्वर n. Name eines Liṅga.

ज्योत्पत्ति f. *Sinus-Berechnung* Golâdhj.

ज्योत्सी f. N. pr. einer Familie.

ज्यौत्स्ना f. 1) *eine mondhelle Nacht.* — 2) *Mondschein.* Am Ende eines adj. Comp. f. आ. — 3) Pl. *Licht, heller Schein.* — 4) Bez. *eines der Körper* Brahman's. — 5) Name *einer der 16* Kalâ *des Mondes.* — 6) Bein. der Durgâ. — 7) * *eine Gurkenart* und * = घोषातकी. — 8) Titel eines Commentars.

ज्योत्स्नाकाली f. N. pr. einer Tochter des Mondes.

ज्योत्स्नापतत्तन्त्र n. Titel eines Tantra.

*ज्योत्स्नाप्रिय m. *der Vogel* Ḱakora.

ज्योत्स्नामय Adj. *aus Mondschein bestehend* Kâd. 244,15. Harshaḱ. 41,13.

ज्योत्स्नावन्त् Adj. 1) *mondhell.* — 2) *licht, leuchtend.*

*ज्योत्स्नावृक्ष m. *Lampengestell.*

ज्योत्स्निका f. 1) * *eine best. Pflanze,* = कृतवेधन Comm. zu Karaka 1,1. — 2) N. pr. einer Sängerin Mâlav.

ज्योत्स्नी (richtig ज्यौ°) f. 1) *eine mondhelle Nacht.* — 2) * *eine Gurkenart.* — 3) * *ein best. Arzeneistoff.*

*ज्योत्स्नेश m. *der Mond.*

ज्यो (Nom. ज्यौस्) m. Ζεύς, *der Planet Jupiter.*

ज्योतिष n. 1) = ज्योतिष 4). — 2) *eine best. gegen die Finsterniss geschleuderte leuchtende Waffe* Arǵuna's MBh. 7,30,24. v. l. ज्योतिष्क. — 3) Name zweier Sâman Ârsh. Br.

ज्यौतिषिक m. *Astronom, Astrolog.*

ज्यौत्स्न 1) m. *die lichte Hälfte eines Monats.* — 2) *f. ई *a) Vollmondsnacht.* — *b) eine Gurkenart.*

*ज्यौत्स्निका f. *eine mondhelle Nacht*

ज्रम्भ्, ज्रृम्भते (metrisch auch Act.); Partic. ज्रृम्भित. 1) *den Mund aufsperren, gähnen.* — 2) *sich öffnen* (vom Munde oder Rachen), *aufblühen.* — 3) *sich spannen* (vom Bogen). — 4) *spannen* (den Bogen). — 5) *schwellen, sich ausbreiten,* — *verbreiten,* — *ausdehnen, an Umfang gewinnen.* — 6) *sich erheben, ein —, hervor —, ausbrechen* Bâlar. 99,20. *entstehen.* — 7) *frei aufathmen, in eine behagliche Stimmung gerathen, sich behaglich fühlen* zu Spr. 1600. — Caus. ज्रृम्भयति (Partic. ज्रृम्भित) *Jmd gähnen machen.* — Intens. जरीज्रृम्भते *sich stark ausbreiten* Dhûrtan. Prol. — Mit अव *gähnen.* — Mit अभि *den Rachen aufsperren gegen.* — Mit व्या *sich öffnen* (vom Rachen) Prasannar. 153,16. — Mit उद् 1) *sich öffnen, — weit aufthun.* — 2) *sich entfalten, hervorbrechen, ausbrechen, sich erheben, zum Vorschein kommen.* उज्ज्रृम्भित n. impers. Spr. 4462. — Mit समुद् 1) *sich ausbreiten, — ausdehnen.* — 2) *sich erheben, hervorbrechen. ausbrechen.* — 3) *sich anschicken,* mit Infin. — Mit परि *ringsumher sich verbreiten* Prasannar. 118,8. — Mit प्र *zu gähnen anfangen.* Mit वि 1) *den Rachen —, den Mund aufsperren, gähnen.* विज्रृम्भित *gähnend;* auch n. impers. — 2) *sich öffnen, aufblühen.* विज्रृम्भित *aufgeblüht.* — 3) *sich ausdehnen* (vom männlichen Gliede, den Augen und vom Bogen). — 4) *sich entfalten, — erheben, hervorbrechen, ausbrechen, anbrechen, zur Erscheinung kommen.* — 5) *frei aufathmen, in eine behagliche Stimmung gerathen, sich wohl fühlen* Hariv. 3,26,29. — Mit प्रवि *sich ganz öffnen, aufblühen und zugleich sich in voller Kraft zeigen* Bâlar. 185,22. — Mit सम् *sich entfalten, anbrechen. zur Erscheinung kommen.*

ज्रय in पृथुज्रय.

ज्रयस् n. *Fläche, Strecke, Raum, Umfang.*

ज्रयसान Adj. *sich ausbreitend, Raum einnehmend.*

1. ज्रि, ज्रयति 1) *गतिकर्मन्. — 2) *अभिभवे. — Mit उप *hingehen zu* (Acc.). — Mit परि in परिज्रि.

2. ज्रि Adj. in उरुज्रि.

3. *ज्रि und *ज्री, ज्रयति, ज्रिणाति und ज्रायति (वयोहानौ).

ज्वर्, ज्वरति * *fiebern.* — Caus. ज्वरयति *Jmd in Fieberhitze versetzen* Karaka 6,23. ज्वर्यते Pass. *in Fieberhitze versetzt werden, Fieber bekommen* 3. — Mit प्र in प्रज्वार. — Mit सम् *sich betrüben, — härmen.* — Mit अनुसम् 1) *mit einem Andern* (Acc.) *betrübt* sein. — 2) *sich betrüben, neidisch sein.* — Mit अभिसम् *sich betrüben über, beneiden;* mit Acc.

ज्वर 1) m. (adj. Comp. f. आ) *a) Fieber. Bildlich von Allem, was an Jmd oder Etwas zehrt.* Personificirt in den mannichfachsten Formen. — *b) das an der Seele zehrende Fieber, Seelenschmerz, Betrübniss, Trauer.* — 2) f. आ Hariv. 10918 fehlerhaft für जरा. — 3) Adj. scheinbar MBh. 13, 3464, wo die v. l. भृशज्वर hat.

ज्वरतय m. *Costus speciosus* Cit. bei Utpala zu Varâh. Bṛh. S. 78,1.

ज्वरघ्न 1) Adj. *Fieber vertreibend* Karaka 6,3. — 2) *m. *a) Cocculus cordifolius* Râǵan. 3,6. — *b) Melde, Chenopodium* Râǵan. 7,127.

ज्वरधूमकेतु m. *eine best. Mixtur gegen Fieber* Bhâvapr. 3,32.

*ज्वरनाशिनी f. *Rubia Munjista* und *Cocculus cordifolius* Nigh. Pr.

ज्वरनिर्णय m. Titel eines Werkes.

ज्वरप्रलाप m. *das Phantasiren im Fieber* Kâd. 168,19.

ज्वरब्रह्मास्त्र n. *eine best. Mixtur gegen Fieber* Mat. med. 39.

*ज्वरहन्त्री f. *Rubia Munjista* Râǵan. 6,194.

ज्वरहर Adj. *Fieber vertreibend* Karaka 6,3.

ज्वराङ्कुश m. 1) *ein Mittel gegen Fieber.* — 2) **Andropogon Jwarancusa.* — 3) Titel eines Werkes.

*ज्वराङ्गी f. *eine Art Croton* Râǵan. 6,163. वराङ्गी v.l.

ज्वरातीसार m. *Diarrhoe mit Fieber* Bhâvapr. 3,151.

*ज्वरान्त m. *eine* Nimba-*Art* Gal.

*ज्वरान्तक m. 1) dass. Râǵan. 9,17. — 2) *Cathartocarpus fistula* Râǵan. 9,45.

ज्वरापह 1) Adj. *Fieber vertreibend* Karaka 6,3. — 2) *f. आ *eine best. Pflanze.*

*ज्वरारि m. *Cocculus cordifolius* Râǵan. 3,1.

ज्वराशनि m. *ein best. gegen Fieber angewandtes Mittel* Mat. med. 77.

ज्वरित und ज्वरिन् (Hemâdri 1,432,15) Adj. *fieberisch, fieberkrank* Karaka 6,3.

ज्वल्, ज्वलति (episch auch Med.) 1) *hell brennen, flammen, brennen* (intrans. auch von Wunden), *glühen.* ज्वलित *flammend, glühend.* तृणेषु ज्वलितं त्वया so v. a. *du hast leichtes Spiel gehabt.* — 2) *leuchten.* ज्वलित *leuchtend.* — Caus. ज्वलयति und ज्वालयति 1) *in Flammen setzen, anzünden, glühend machen.* ज्वालित MBh. 3,1719 fehlerhaft für ज्वलित (vom Simpl.). Med. Gop. Br. 2, 5,5. — 2) *erleuchten.* — Intens. जाज्वलति und जाज्वल्यते (100,23) 1) *heftig flammen.* — 2) *stark leuchten, — glänzen.* Partic. जाज्वलित. — Mit अप, °ज्वलितम् Adv. *bei Licht* Âpast. Çr. 15,20,14. — Mit अभि *leuchten.* — Caus. °ज्वलयति und °ज्वालयति *beleuchten* Vaitân. 7,3. *erleuchten, erhellen.* — Intens. °जाज्वलीति *heftig lodern, — flammen* (uneig.). — Mit अव Caus. (°ज्वलयति und °ज्वालयति) *beleuchten.* — Mit अभ्यव Caus. °ज्वालयति *beleuchten* Gop. Br. 1,3,11.12. — Mit उद् *in Flammen herausschlagen, aufflammen.* — Caus. उज्ज्वलयति und उज्ज्वा° (ausnahmsweise) 1) *in Flammen setzen, anzünden.* — 2) *erglänzen machen, erleuchten* Naish. 4,53. — Mit प्रोद् *hell aufglänzen, stark leuchten.* — Mit समुद् dass. — Caus. (°ज्वलयते) *in Flammen setzen* Gop. Br. 2,5,5. — Mit उप Caus. (°ज्वलयति) *anzünden.* — Mit प्र 1) *in Flammen gerathen, zu brennen anfangen, aufflammen.* प्रज्वलित *in Flammen stehend, brennend, leuchtend.* प्रज्वलिते *wenn es hell brennt.* — 2) *zu leuchten beginnen, aufglänzen.* — Caus. प्रज्वलयति und प्रज्वालयति 1) *anzünden, in Flammen setzen.* — 2) *aufklären.* — Mit अतिप्र *stark flammen, — leuchten* MBh. 7,166,41. — Mit अभिप्र *in Flammen gerathen.* — Mit संप्र dass. °ज्वलित *flammend.* — Caus. °ज्वालयति *anzünden.* — Mit प्रति *flammen, leuchten.* अतिप्रजज्वाल v. l. st. प्रतिजज्वाल. — Mit अभिवि *entgegenflammen.* — Mit सम् *flammen.* — Caus. संज्वालयति 1) *anzünden.* — 2) *erleuchten, erhellen.*

ज्वल m. *Flamme.* ज्वलानन Adj.

*ज्वलका f. *eine grosse Flamme.*

ज्वलत्त्व n. *das Leuchten* Ind. St. 9,155.

*ज्वलत्प्रभा f. *schwarzer Senf* Nigh. Pr.

ज्वलन॑ 1) Adj. *a) brennend, brennbar.* — *b) leuchtend.* — 2) m. *a) Feuer.* — *b)* Bez. *der Zahl drei.* — *c) Aetzkali.* — *d) *Plumbago zeylanica.* Nach Nigh. Pr. *die Wurzel.* — 3) f. ज्वलना N. pr. einer Tochter Takshaka's. — 4) n. *das Flammen, in Flammen Stehen.*

ज्वलनकण m. *Funke* Mudrâr. 1,12 (3,4).

ज्वलनभू m. Patron. Kârttikeja's und Bein. Kumârila's.

*ज्वलनाश्मन् m. *der Stein* Sûrjakânta Râǵan. 13,207.

ज्वलन्त् 1) Adj. *brennend, leuchtend* u. s. w. — 2) m. *brennendes Feuer* Spr. 609. — 3) *f. °न्ती *schwarzer Senf* Nigh. Pr.

ज्वलन्तशिखरा f. N. pr. einer Gandharva-Jungfrau Kâraṇḍ. 5,11.

ज्वलमुखी f. N. pr. einer Gottheit.

ज्वलित 1) Adj. s. u. ज्वल्. — 2) n. *das Leuchten* Ragh. 8,53.

ज्वलितर् Nom. ag. *leuchtend.*

*ज्वलिनी f. *Sanseviera zeylanica* Râǵan. 3,8.

ज्वार in नवज्वार॑.

ज्वाल 1) m. *a) Licht, Fackel.* — *b) Flamme.* — 2) f. आ *a) Beleuchtung.* — *b) Belebung einer Flamme* Njâjam. 10,1,22. — *c) Flamme, helles Licht.* — *d) *angebrannter Reis.* — *e)* N. pr. einer Tochter Takshaka's.

ज्वालन n. *das in Flammen Setzen* Comm. zu Kâtj. Çr. 2,7,29.

ज्वालमाला॑कुल Adj. *ganz von Licht umgeben, hell strahlend* Taitt. Âr. 10,11,2.

*ज्वालाखरगद m. und *ज्वालागर्दभक m. *ein best. Ausschlag* Râǵan. 20,30.

ज्वालाजिह्व 1) Adj. *eine Flamme als Zunge habend.* — 2) m. *a) *Feuer.* — *b)* N. pr. α) *eines Wesens im Gefolge Çiva's. — β) eines Dânava. — γ) eines Krankheitsdämons Hariv. 9559.

ज्वालाध्वज m. *Feuer.*

ज्वालानल Adj. रस m. *eine best. Mixtur* Bhâvapr. 4,31.

ज्वालामालिन् Adj. *mit Flammen bekränzt, von Fl. umgeben.*

ज्वालामुख 1) m. *a) eine Art Gespenst.* — *b)* N. pr. eines Brahmarâkshasa. — 2) f. ई *a) brennendes Erdöl* oder *Gasströmungen aus dem Boden* Bhâvapr. 2,84. — *b) eine Form der* Durgâ und N. pr. einer Oertlichkeit, wo dieselbe verehrt wurde und wo *Gas ausströmt,* Cunningham, Arch. Surv. 5,170. fgg. — *c) ein best. Zauberspruch.*

ज्वालामुखीमालिनी f. Verz. d. Oxf. H. 94,*a*,9.

ज्वालामुखीस्तोत्र n. Titel eines Werkes.

*ज्वालारासभकामय m. *ein best. Ausschlag* Râǵan. 20,30.

ज्वालालिङ्ग n. N. pr. eines Heiligthums des Çiva.

ज्वालावक्त्र m. N. pr. eines Wesens im Gefolge Çiva's.

ज्वालिन् 1) Adj. *flammend* (Çiva). — 2) f. °नी mystische Bez. *des Lautes* व.

ज्वालेश्वर und °तीर्थ n. N. pr. eines Tîrtha.

*क 1) Adj. *schlafend.* — 2) m. *a) ein best. Laut.* — *b) playing a tune, beating time.* — *c) ein von Regen begleiteter Wind.* — *d) ein Verirrter, eine verlegte Sache.* — *e)* Bein. Bṛshaspati's. — *f)* N. pr. eines Daitja-Fürsten. — *g)* = कएटीश. — 3) f. आ *Wasserfall.*

कगकगाय्, °यते *funkeln, blitzen.*

कगिति Adv. = कटिति Prasannar. 5,15. 56,23.

78,15 (v. l. झटिति). 154,12.

झंकार m. (294,31. Kâd. 141,11) und °कारित n. *Geklirre, Gesumme, Geriesel* u. s. w.

झंकारिन् Adj. *klirrend, rieselnd, summend* u. s. w. Kâd. 17,24.

झंकृत n. Pl. = झंकार Kaitanj. 76,10.

*झञ्झन n. *das Klirren, Rasseln.*

झञ्झा f. *Gebrause* (des Windes u. s. w.). °मरुत् (Spr. 4711), °निल, °मारुत und *°वात m. *ein brausender Windstoss.*

झट्, *झटति (संघाते). — Mit उद्, उज्झटित *in Verwirrung gebracht.*

*झटि m. *ein kleiner Brunnen.*

झटिति Adv. *sofort, sogleich, auf der Stelle* 291,6.

झण्, झणति *klingen* Harshaḱ. 99,20.

झणज्झणित Adj. *klingend, klirrend* Hem. Par. 4,4.

झणझणाय्, °यते *klingen, klirren, rasseln* Kâd. 7,15. Harshaḱ. 40,17. 99,19. °यित Adj. *klingend, rasselnd* 22.

झणझणारव m. Pl. *Geklingel.*

झणझणा Adv. mit भू *rasseln* u. s. w.

झणक्झणिति Viddh. 41,10 fehlerhaft für झणज्झणित.

झणत्कार m. *Geklingel, Gerassel.*

झणिति (onomatop. mit इति) Adv. *kling!* Kâd. 2,133,23.

झण्टि in *क्विम°.

*झण्टी f. *eine Grasart* Râǵan. 8,119.

*झण्टीश m. = झ.

*झण्डी f. v. l. für झण्टी.

*झण्डुक m., *झण्डू f. und *°क m. *Gomphrena globosa* Râǵan. 5,142.

झनज्झना f. v. l. für झलज्झला.

झनत्कार m. = झणत्कार.

*झम्, झमति (अदने).

झम्प 1) m. und झम्पा f. (Vikramâṅkaḱ. 16,24) *Sprung.* झम्पं und झम्पां (Hem. Par. 2,199. 418. 420. Râǵat. 7,479. 1495. Ind. St. 15,365. 388) दा *einen Sprung thun.* — 2) m. *ein best. Tact* S. S. S. 237.

झम्पड n. *eine Art Composition* S. S. S. 165.

*झम्पाक m. *Affe.*

झम्पाताल m. 1) *ein best. Tact* S. S. S. 212. — 2) *eine Art Cymbel* S. S. S. 198.

झम्पानृत्य n. *eine Art Tanz* S. S. S. 266.

*झम्पारु m. *Affe.*

*झम्पाशिन् m. *Eisvogel.*

*झम्पिन् m. *Affe.*

झर्, Partic. झरत् *herabfliessend, — stürzend.* Ćatr. 1,44 vermuthet Stenzler गिरिर्झरन्निर्झराम्बु°.

II. Theil.

झर 1) (*m.) und f. (आ und ई) *Wasserfall.* — 2) *f. ई *Fluss.*

*झरणोदक n. *Wasser eines Falles* Nigh. Pr.

झरवान्हला f. N. pr. eines Flusses B. A. J. 1,218.

*झरसी f. *eine best. Gemüsepflanze* Nigh. Pr.

*झर्च्, झर्चति, *झर्ज्झ्, झर्ज्झति und *झर्झ्, झर्झति (परिभाषणतर्जनयोः, भर्त्सोक्त्योः, हिंसायाम्).

झर्झर 1) m. a) *eine Art Trommel* oder *ein anderes musik. Instrument.* — b) *Seihe, Sieb* Bhâvapr. 2,25. — c) **das vierte Zeitalter.* — d) N. pr. α) eines Daitja. — β) *eines Flusses. — 2) *f. आ *Hure.* — 3) f. ई a) *eine Art Trommel.* — b) *Kuchen* oder *Klösse von Bohnenmehl* Bhâvapr. 2,17.

झर्झरक 1) *m. *das vierte Zeitalter.* — 2) f. °रिका *Kuchen* oder *Klösse aus Bohnenmehl* Bhâvapr. 2,17.

झर्झरित Adj. *zerschlagen, zerschossen* Prij. 10,3. *mitgenommen, welk geworden, verdorrt* Chr. 87,3.

झर्झरिन् Adj. *mit einer Trommel versehen.*

*झर्झरीक 1) m. n. *Körper.* — 2) m. a) *Gegend.* — b) *Gemälde.*

*झलज्झा f. *eine grosse Flamme.*

झलज्झला f. Bez. *eines best. Geräusches.*

झलझलाय् v. l. für झणझणाय्; vielleicht nur fehlerhaft.

*झलरी f. 1) *eine Art Trommel.* — 2) *Haarlocke.*

*झला f. 1) *Mädchen.* — 2) *Sonnenglut.* — 3) *Grille, Heimchen.*

*झलि f. *Arecanuss.*

झल्ल 1) m. *ein mit einer Keule kämpfender Athlet.* Im System *der Nachkomme eines ausgestossenen* Kshatrija. — 2) *f. ई *eine Art Trommel.*

झल्लक 1) n. *eine Art Cymbel.* — 2) *f. ई *eine Art Trommel.* — 3) *f. झल्लिका a) *ein zum Einreiben des Körpers dienendes Tuch.* — b) *die beim Einreiben des Körpers sich absondernde Unreinigkeit.* — c) *Licht, Sonnenschein.*

*झल्लकण्ठ m. *Haustaube.*

झल्लना f. *ein best. Metrum.*

झल्लरी f. 1) *ein best. musikalisches Instrument* Hariv. 3,52,2. Kâd. 17,14. Am Ende eines adj. Comp. °क Harshaḱ. 99,19. — 2) **Haarlocke.* — 3) **Feuchtigkeit.* — 4) **a ball, etc. of perfumed substances used for cleaning the hair.* — 5) * = शुङ्ग.

झल्लीषक *ein best. musikalisches Instrument.*

*झल्लोल m. *ein Schälchen, in welches die Spindel gesteckt wird.*

*झष् 1) झषति und °ते (आदानसंवरणयोः). — 2) झषति (हिंसायाम्).

झष 1) m. a) *ein best. grosser Fisch* Ćat. Br. — b) *Fisch* überh. — c) *die Fische im Thierkreise.* — d) **Wald, ein mit Gras bewachsener Wald.* — e) **Sonnenhitze.* — 2) *f. झषा *Uraria lagopodioides.* — 3) *n. *Oede, kahles Land.*

झषकेतन m. 1) *der Liebesgott, Geschlechtsliebe* 314,6. — 2) *das Meer.*

झषध्वज m. *der Liebesgott, Geschlechtsliebe.*

झषपित्त n. *Fischgalle* Varâh. Bṛh. S. 50,24

झषराज m. *ein best. Meerthier,* = मकर.

झषश्रेष्ठ m. *der Fisch* Rohita Bhâvapr. 2,12.

*झषाङ्क m. Bein. Aniruddha's Richtig ऋश्याङ्क.

*झषाशन m. *Delphinus gangeticus.*

*झषोदरी f. Bein. der Satjavatî, der Mutter Vjâsa's.

*झांकृत n. *eine Art Fussschmuck.*

*झाट 1) m. n. *Wald.* — 2) m. a) *Laube.* — b) *das Reinigen von Wunden* u. s. w. — 3) f. आ a) *Flacourtia cataphracta.* — b) *eine Jasminart.*

*झाटल m. *Bignonia suaveolens.*

*झाटलि *ein best. Baum.*

*झाटामला f. *Flacourtia cataphracta.*

*झाटाम्रक m. *Wassermelone.*

*झाटिका und *झाटीका f. *Flacourtia cataphracta.*

झाङ्कारिन् Adj. *pfeifend, sausend.*

*झाबुक m. *Tamarindenbaum.*

*झामक n. *ein gebrannter Ziegelstein.*

*झार्झर und *झार्झरिक m. *Trommelschläger.*

*झाला f. *Grille, Heimchen.*

झालि f. *ein aus unreifen Mangofrüchten zubereiteter Trank* Bhâvapr. 2,28.

*झावु m., *°क m. und *झावू f. *Tamarix indica.*

झिङ्गाक m. *Luffa acutangula.*

झिङ्गिनी f. 1) *Odina Wodier* Madanav. 60,49. Bhâvapr. 1,234. Vgl. जिङ्गिनी. — 2) **Feuerbrand.*

झिङ्गी f. = झिङ्गिनी 1) Bhâvapr. 1,234.

*झिज्झी f. *Grille, Heimchen.*

*झिञ्झरिष्टा f. *ein best. Strauch.*

*झिञ्झिम m. *Waldbrand.*

*झिञ्झिरा, *°रिटा und *°रीटा f. *ein best. Strauch* Râǵan. 4,205.

*झिञ्झी f. *Grille, Heimchen.*

झिण्टि, *°का und *झिण्टी f. *Barleria cristata* Râǵan. 10,139.

*झिरिका, *झिरी und *झिल्लरी f. *Grille, Heimchen.*

*झिल्लि f. 1) dass. — 2) *ein best. musikalisches Instrument.* — 3) *Membrane.*

झिल्लिक 1) m. Pl. N. pr. eines Volkes MBh.

6,9,59. झिञ्जिक v. l. — 2) f. ग्रा a) *Grille, Heimchen.* — b) **das Gezirpe der Grille.* — c) *eine Art Fahrzeug* Hariv. 2,88,63. — d) **Sonnenschein.* — e) **ein zum Einreiben des Körpers gebrauchtes Tuch.* — f) **die beim Einreiben des Körpers sich absondernde Unreinigkeit.* — g) **Barleria cristata.* — h) **membrane, thin skin, parchment*

किञ्जिन् m. N. pr. eines Vṛshṇi.

किल्ली f. 1) *Grille, Heimchen.* — 2) **Lampendocht.* — 3) **ein zum Einreiben des Körpers gebrauchtes Tuch.* — 4) **Sonnenschein.* — 5) **am Kessel angebrannter Reis.* — 6) **Cymbel.* — 7) **Häutchen.*

किल्लीक 1) m. *Grille, Heimchen.* — 2) *f. ग्रा = किञ्जिक 2) a) d) und f).

*किल्लीकण्ठ m. *Haustaube.*

*कीरिका und *कीरुका f. *Grille, Heimchen.*

*कुण्ट m. *Strauch.*

कुमरि f. *eine best.* Rāgiṇī.

कुम्बरी f. *eine Art Laute* Hem. Par. 8,359. fgg.

*कूणि f. 1) *eine Art Arecanuss.* — 2) *das Vernehmen einer unglückverheissenden Stimme, böses Omen.* — 3) = कठिन.

*कूष्, कूषति (हिंसायाम्).

*कोड m. *Arecanuss.*

कोम्बक Adj. *beim Singen Grimassen schneidend* S. S. S. 117.

कौलिक *Säckchen.*

*क्यु, क्यवति (गतौ).

*ञ m. 1) *Sänger.* — 2) *Geknister, Gerassel.* — 3) *ein Heretiker.* — 4) *Stier.* — 5) *der Planet Venus.*

*ट 1) m. a) *ein best. Laut.* — b) *Zwerg.* — c) *Viertel.* — 2) f. टा a) *die Erde.* — b) *an oath, confirming an assertion by ordeal, etc.* — 3) n. = करङ्क

टक्क m. wohl *Geizhals, Filz.*

टक्कदेश m. N. pr. eines *Landes.*

*टक्कदेशीय m. *Melde, Chenopodium.*

टक्करा f. *Kopfnuss* Deçin. 2,77.

टक्किबुद्ध m. N. pr. eines Mannes.

*टक्व m. Pl. N. pr. eines Volkes.

टगर 1) *Adj. *schielend.* — 2) n. a) *Borax.* — b) * = हेलाविभ्रमगोचर.

टङ्क 1) (*m. n.) a) *Haue, Brecheisen, Meissel oder ein ähnliches Werkzeug.* — b) *eine brecheisenähnliche Bergspitze, ein hervorragender Felsblock* R. 7,5,24. — c) **Bein.* — d) **Borax.* — e) **Hochmuth, Uebermuth.* — 2) m. a) **Schwert.* — b) **Degenscheide.* — c) *ein best. Gewicht.* — d) *eine best. Münze.* — e) *Feronia elephantum; n. die Frucht.* — f) **Zorn.* — g) *ein best. Tact* S. S. S. 237. — h) Bez. *eines Mannes aus einer best. Kaste oder eines Volkes* Rāgat. 7,1003. — 3) f. ग्रा *eine best.* Rāgiṇī S. S. S. 65.

टङ्कक 1) *m. *gestempeltes Silber, Silbergeld; eine best. Münze.* — 2) f. टङ्किका *Meissel* Vikramāṅkaḱ. 10,32.

*टङ्कपति m. *Münzmeister.*

*टङ्कशाला f. *Münze, Münzstätte.*

*टङ्कटीक m. Bein. Çiva's.

टङ्कण m. 1) *Borax.* Auch °त्तार Rāgan. 6,241. Bhāvapr. 1,282. — 2) Pl. N. pr. eines Volkes.

*टङ्कन m. *Borax.*

*टङ्कपति m. *Münzmeister.*

टङ्कय्, °यति 1) *zuschliessen, zudecken* Comm. zu Kātj. Çr. 4,2,34. 10,4,11 (७°). — Mit उद्, उट्टङ्कित *gestempelt, gekennzeichnet; Eindrücke zeigend von* (im Comp. vorangehend) Vikramāṅkaḱ. 18,53. — Mit निस् *sich ausdrücken, ausdrücken* (in Worten). Nur निरटङ्कि (निरा° Sarvad. 53,12 fehlerhaft). — Mit वि, °टङ्कित *gestempelt —, gekennzeichnet —, geschmückt mit* (Instr. oder im Comp. vorangehend).

टङ्कवत् Adj. *mit brecheisenähnlichen Spitzen versehen.*

*टङ्कशाला f. = टङ्कशाला.

*टङ्कानक m. *der indische Maulbeerbaum.*

टंकार 1) m. a) *Geheul, Geschrei, Gesumme, Gerassel, Getön, Klang* Kād. 100,11. °रव m. 110,20. — b) **Berühmtheit.* — c) **Staunen, Verwunderung.* — 3) f. ई *ein best. Strauch* Bhāvapr. 1,207.

टंकारवत् Adj. *von einem Krach begleitet* Bālar. 81,8.

टंकारित n. *Gesumme.*

टंकृत n. *Geklinge, Klang* Kād. 128,8.

टङ्ग 1) *m. n. a) *Spaten.* — b) *Schwert oder eine bes. Art Schwert.* — c) *Bein.* — 2) m. a) **Borax.* — b) *ein best. Gewicht.*

*टङ्गण m. n. *Borax.*

*टङ्गिनी f. *Clypea hernandifolia.*

टट्टरीसूर्य m. wohl *eine Form der Sonne.*

*टट्टनी f. *eine kleine Hauseidechse.*

*टट्टरी f. 1) *ein best. musikalisches Instrument.* — 2) *Lüge, Unwahrheit.*

*टट्टर m. *der Laut einer Trommel.*

टण्टन m. N. pr. eines Fürsten.

टनत्कार m. Pl. *Geklingel* Hem. Par. 1,44.

टल्, टलति *sich verwirren.*

*टल = टाल.

*टलन n. *Verwirrung.*

टवर्ग m. *die Cerebralen* TS. Prāt.

टवर्गीय Adj. *zu den Cerebralen gehörig;* m. *ein cerebraler Laut* Comm. zu TS. Prāt.

टसत् Interj. *krach!*

टसिति (onomatop. mit इति) Interj. dass. Bālar. 40,18.

टाक m. N. pr. eines Geschlechts.

टाङ्क n. *ein aus der Frucht der Feronia elephantum bereitetes berauschendes Getränk.*

*टाँकर m. *Heirathsstifter.*

टाँकार m. (Bālar. 22,7. 23,15) und °कृत n. Pl. *Getön, Klang.*

टात् (onomatop.) mit कर *klingen —, rasseln machen* Prasannar. 14,5.

*टार m. 1) *Pferd.* — 2) = लङ्ग oder रङ्ग.

*टाल = टल.

*टिक्, टेकते (गतौ).

टिक्क m. N. pr. eines Mannes.

टिक्किका f. *Blässe* (an der Stirn).

*टिट्टिभक m. = टिट्टिभ 1) a).

*टिट्टिल m. *eine best. hohe Zahl* (buddh.).

टिट्टिभ 1) m. a) *Parra jacana oder goensis* Gaut. — b) N. pr. α) eines Daitja und Dānava. — β) einer Wanze. — 2) f. ई f. zu 1) a). — 3) *n. *eine Art Aussatz* Gal.

*टिट्टिभक m. = टिट्टिभ 1) a).

टिण्ढिव, टिण्टिण oder टिण्टिण्ण m. N. pr. eines Mannes.

टिण्टिणीका und *टिण्टिणीका f. *eine best. Pflanze.*

टिण्ठा f. *Spielhaus, — bank.* v. l. ठिण्ठा.

टिण्ठिन m. v. l. für टिण्ढिव u. s. w.

टिण्डिणिका f. *eine best. Pflanze* Madanav. 62, 70 Bhāvapr. 1,236.

टिण्डिश m. *eine best. Pflanze.* Vgl. डिण्डिश.

*टिप्, टेपयति (क्षेपे).

टिपण्याचप m. Titel eines Werkes.

टिप्पण (s. u. गुणशिरोमणि), °क, °णी f., टिप्पनी f. und *टिप्पितक *Commentar.*

टिरिटिरा f. in *कर्ण°.

टिल्ला f. N. pr. einer Göttin.

टीक्, टीकते *trippeln.* — Caus. टीकयति *erklären, deutlich machen.* — Mit ग्रा in *ग्राटीकन. — Mit उद् in उट्टीकित.

टीका f. *Commentar.* °सर्वस्व n. Titel eines *Commentars.*

टीट in *ग्रवटीट.

टीटिभ 1) m. = टिट्टिभ 1) a). — 2) f. ई = टिट्टिभ 2).

टीम्भिसरस् n. N. pr. eines Tîrtha.

टीत्कार m. Gekrach Bâlar. 81,21.

*टु m. 1) Gold. — 2) ein Proteus, Einer der alle Gestalten annehmen kann. — 3) der Liebesgott, Geschlechtsliebe.

टुक्करी f. eine Art Trommel S. S. S. 177.

*टुटुक m. eine best. Gemüsepflanze Madanav. 78,57.

टुण्टुक 1) *Adj. a) klein, winzig. — b) grausam, hart. — 2) m. a) Calosanthes indica Karaka 6,23 (टुण्टूक gegen das Metrum). — b) *eine Acacienart. — c) *Sylvia sutoria. — 3) *f. आ Clypea hernandifolia.

*टुनाका f. Curculigo orchioides.

टुप् in घाटोप.

टुप्टीका oder डुब्डुषी f. ein Gesammtname für die acht letzten Bücher des Tantravârttika.

टुल्ल m. N. pr. eines Mannes.

टेकारी f. eine best. Pflanze Bhâvapr. 4,175.

*टेण्टुक m. eine der Bignonia verwandte Pflanze.

*टेरक und *टेराल Adj. schielend.

*टोट und f. *टोटी gaṇa गौरादि.

टोडरल्लमापति und टोडरमल्ल m. N. pr. eines Ministers des Akbar Schâh.

टोडराज m. Titel eines Werkes.

टोडरानन्द m. Titel eines Werkes.

टोडरेन्द्र m. = टोडरल्लमापति.

टोपर Säckchen Dhûrtas. ed. Calc. 16,3; vgl. 14,10.

टोलकमाहात्म्य n. Titel eines Werkes.

*टौक्, टौकते (गतौ).

टौटेश m. N. pr. eines Kshetrapâla.

*ट्वल्, ट्वलति (वैक्लव्ये).

*ट्वल und *ट्वाल gaṇa ज्वलादि.

ठ m. 1) *lautes Geräusch. Zu belegen ठठं ठठं ठं ठठठं ठठं ठः als Nachahmung des Tones eines die Treppe herunterfallenden Topfes. — 2) *Mondscheibe. — 3) *Scheibe, Kreis überh. — 4) *Null. — 5) *ein allgemein besuchter oder zugänglicher Ort. — 6) *Bein. Çiva's.

ठंसरी f. ein best. Saiteninstrument S. S. S. 185.

ठकार m. der Laut ठ. Davon *Denom. °रयति und davon *Desid. टिठकारयिषति.

ठक्कन m. N. pr. eines Fürsten.

ठक्कुर m. Gottheit, ein Gegenstand der Verehrung, als Ehrentitel nach dem Namen ausgezeichneter Persönlichkeiten Râǵat. 7,290. तद्देश° 8,550.

ठात्कार m. = टात्कार Bâlar. 81,14.

ठार m. Reif, pruina.

ठिण्ठा f. 1) Spielhaus, Spielbank; vgl. टिण्ठा. — 2) N. pr. einer Frau.

ठिण्ठाकराल m. N. pr. des Inhabers eines Spielhauses.

*ठुठुक v. l. für टुटुक.

ठौण्ठपद्धति f. Titel eines Werkes.

*ड 1) m. a) Laut. — b) eine Art Trommel. — c) Furcht. — d) das unterseeische Feuer. — e) Bein. Çiva's. — 2) f. आ a) eine Ḍâkinî. — b) a basket, etc. carried by a sling.

डकर in मंक्षा°.

*डक्कारी f. die Laute der Kaṇḍâla.

डङ्कपुरमाहात्म्य n. Titel eines Werkes.

*डङ्गर 1) m. a) = डिङ्गर. — b) das Werfen, Schleudern oder ein Ausdruck des Tadels. — 2) f. ई eine Gurkenart Râǵan. 7,194.

*डङ्गारी f. = डङ्गर 2).

*डप्, डापयते (संघाते).

डम्, डमति tönen (von einer Trommel).

डम m. eine best. verachtete Mischlingskaste.

डमर m. (*n.) Schlägerei, Tumult.

डमरिन् m. eine Art Trommel.

डमरु (*m.) 1) eine Art Trommel. — 2) *Erstaunen, Ueberraschung.

डमरुक m. (Deçîn. 2,86) f. आ und *n. = डमरु 1) Hemâdri 2,a,127,3. Bâlar. 22,6. 229,14.

डमरुपल्ल n. ein Tiegel von best. Art Bhâvapr. 2,87.

*डम्प्, डम्पयते (संघाते).

डम्ब्, डम्बयति (नोदे). — Mit वि 1) °डम्बते nachahmen, mit Acc. — 2) °डम्बयति mit Acc. a) nachahmen, es Jmd worin nachthun, Jmd gleich kommen 231,4. — b) verdrehen, einem Dinge ein fremdes Aussehen geben. — c) verspotten, verhöhnen, lächerlich machen. — d) zum Narren halten, täuschen, hintergehen.

डम्बर m. 1) Lärm, Spektakel. — 2) Wortgeklingel, Wortschwall, Bombast. — 3) Gewirre, Menge, Masse. — 4) Pracht, Schönheit Viddh. 64,7. — 5) N. pr. eines Wesens im Gefolge Skanda's.

डम्बरनामन् Adj. einen hochklingenden Namen führend.

डम्बार (!) in उड्डित°.

डम्बुर (?) Hemâdri 1,638,10.

*डम्भ्, डम्भयते (संघाते).

डम्भ m. N. pr. eines Mannes.

*डयन n. 1) das Fliegen. — 2) eine Art Sänfte, Palanquin, Hängekorb, Hängematte zum Tragen von Sachen.

*डलक m. = डल्लक 1).

डलन m. N. pr. = डल्लन.

डल्लक 1) n. Hängekorb, Hängematte zum Tragen von Sachen. — 2) m. N. pr. eines Mannes.

डल्लन m. N. pr. eines Scholiasten des Suçruta.

डवित्थ m. 1) N. pr. eines Mannes. — 2) *eine hölzerne Gazelle.

*डक्क und *डह्रु m. Artocarpus Locucha.

डाक m. zu डाकिनी 1).

डाकिनी f. 1) eine Art weiblicher Unholde im Gefolge der Kâlî, die sich von Menschenfleisch nähren. Nom. abstr. °त्व n. — 2) N. pr. einer Oertlichkeit.

डाकुरमाहात्म्य n. Titel eines Werkes.

डागिनी f. = डाकिनी 1).

डागिनेय und °क m. N. pr. eines Spielers.

डाकृति f. Getön, Klang.

*डाङ्गरी f. eine Gurkenart.

डात्कृति f. Geheul Mâlatîm. 79,17 (176,8).

*डाभी f. N. pr. eines fürstlichen Geschlechts.

डामर 1) Adj. aussergewöhnlich, Staunen erregend Git. 12,23. Nom. abstr. °त्व n. Mâlatîm. 74, 16 (159,1). — 2) m. a) Staunen, Bewunderung. — b) *Schlägerei, Tumult. — c) etwa so v. a. Bojar, Baron, Ritter Râǵat. 7,577. 8,458. — d) Bez. einer Art von Werken, die Çiva zugeschrieben werden. Auch °तन्त्र n. — e) N. pr. eines Wesens im Gefolge Çiva's.

डामरतन्त्र und डामरभैरवतन्त्र n. Titel eines Werkes.

डामरव Adj. von einer Trommel herrührend.

डाम्भिट्ट m. ursprünglich wohl N. pr. eines Mannes und als Appell. ein Mann von der Art Dâmbhiṭṭa's. Nom. abstr. °ता f. und °त्व n.

डाल्ल m. Pl. N. pr. eines Volkes. डाल्लाधीश m. Vikramâṅkak. 18,95. *Sg. des Landes.

डाहाल m. Pl. = डाल्ल Vikramâṅkak. 18,93. Vgl. उक्काल = दृशार्ण im Prâkrit Bâlar. 68,13.

*डाह्लिक m. eine Hühnerart.

*डिक्करी f. fehlerhaft für दिक्करी.

*डिङ्गर m. 1) Diener. — 2) Bösewicht, Schelm. — 3) = डङ्गर. — 4) das Werfen, Schleudern oder ein Ausdruck des Tadels.

डिडका f. Suçr. 2,120,18 fehlerhaft für पिडका.

डिडिमाणक m. ein best. Vogel. Vgl. डिण्डिमाणव.

*डिडिव m. v. l. für डिण्डिम.

डिण्डिक m. N. pr. einer Maus.

*डिण्डिभ m. Wasserschlange Madanav. 130,99.

डिण्डिम 1) m. f. (ई) und n. eine Art Trommel. Am Ende eines adj. Comp. f. आ. — 2) m. a) Gebrumme Bâlar. 50,4. 90,11. Kâd. 70,9. मदडिण्डिमत्व n. Vikramâṅkak. 9,124. इति श्रुतिस्मृतिडिण्डिमः so v. a. so verkünden laut die Veda und die Gesetzbücher. वाग्डिण्डिमाडम्बर m. so v. a. lauter Wortschwall Ind. St. 15,292. — b) *Carissa Carandas.

— c) Abkürzung von शंकरविजयडिण्डिम. — 3) Adj. *summend* Kâd. 28.22.

डिण्डिमाणव m. *ein best. zu den* Pratuda *gezählter Vogel.* Vgl. डिण्डिमाणक.

डिण्डिमेश्वरतीर्थ n. N. pr. eines Tîrtha.

*डिण्डिर m. *os sepiae.*

*डिण्डिरमोदक n. *Knoblauch.*

डिण्डिश m. *eine best. Pflanze* Madanav. 76,32. Bhâvapr. 1,288. *Hibiscus esculentus* Mat. med. 321.

डिण्डीर (*m.) *os sepiae* Vikramâñkak. 4,4. 13, 39. 16,25. Am Ende eines adj. Comp. f. आ.

डित्थ m. 1) N. pr. eines Mannes. Als Appell. *ein Mann von der Art* Ḍittha's. Nom. abstr. °ता f. und °त्व n. — 2) **ein hölzerner Elephant.* — 3) **ein wohl aussehender, dunkelfarbiger, mit allen Wissenschaften vertrauter Mann.*

*डिप्, डेपयते (संघाते).

*डिम् (wird nicht flectirt) *verletzen.*

डिम m. 1) *eine Art von Schauspielen.* — 2) *eine best. Mischlingskaste.*

*डिम्प्, डिम्पयते und *डिम्ब्, डिम्बयते (संघाते).

डिम्ब 1) (*m. n.) *Angstgeschrei, panischer Schreck, Gefahr, Noth, Plage, Tumult, Auflauf.* — 2) m. a) *Ei.* — b) **ein Embryo im ersten Stadium.* — c) **Puppe eines Insects.* — d) **ein neugeborenes Kind, Kind* überh. — e) *ein einfältiger Mensch* Râǵat. 7, 1074. — f) *Kugel.* — g) *Brummkreisel.* — h) *Leib, Körper.* — i) **Lunge.* — k) **Milz.* — l) **Uterus.* — m) **Ricinus communis.*

डिम्बाहव m. *Aufstand, Auflauf, Tumult.*

*डिम्बिका f. 1) *ein wollüstiges Weib.* — 2) = जलबिम्ब *a bubble.* — 3) = शोणाक *a kind of waterfly.* — 4) = शोणाक *Bignonia indica.*

*डिम्भ्, डिम्भयते (संघाते).

डिम्भ 1) m. a) *ein neugeborenes Kind, Kind, Knabe* Naish. 5,97 (नर°). 9,38. Bâlar. 61,1. 107, 8. 108,18. *Junges* 196,17. — b) *ein Ignorant.* — c) *ein junger Schoss* Naish. 8,2. — d) *Ei.* — 2) *f. आ zu 1) a).

डिम्भक m. 1) * = डिम्भ 1) a). Auch f. — 2) N. pr. eines Heerführers des Ǵarâsaṁdha.

डिम्भचक्र n. *ein best. mystischer Kreis.*

डिम्भाडिम्भि wohl = डिम्बाहव Hemâdri 1,386,21.

डिल्लि (Ind. St. 14,399) und डिल्ली f. N. pr. einer Stadt (Delhi).

डी, डयते und *डीयते *fliegen.* — Mit अति in °डीन. — Mit अभि in °डीन. — Mit अव in °डीन. — Mit उद् *auffliegen* 302,22. उड्डीन *aufgeflogen.* — Caus. उड्डापयति *aufscheuchen.* — Mit प्रोद् *auf- und davonfliegen.* प्रोड्डीन *davongeflogen.* — Mit नि in °डीन. — Mit निस् in निर्डीन. — Mit परा in °डीन. — Mit परि in °डीन. — Mit प्र *auffliegen.* °डीन *aufgeflogen.* — Mit वि in °डीन. — Mit सम् in संडीन. — Mit अवसम् in अवसंडीन.

डीनर Adj. *rasch aufeinanderfolgend.*

डीन n. *Flug.*

डीनडीनक und डीनविडीनक n. Bez. *zweier Arten zu fliegen* MBh. 8,41,28.

*डुडुभ m. und *डुण्डु f. = डुण्डुभ.

*डुण्डुक v. l. für टुटुक.

डुण्डुभ m. (adj. Comp. f. आ) *eine Eidechsenart ohne Füsse.*

*डुण्डुल m. *eine kleine Eulenart.*

*डुन्डुक m. = डाङ्कक.

डुम्ब m. = डोम्ब 1) a).

डुम्बर m. N. pr. eines Gandharva Hariv. 2, 69,14. v. l. डम्बर.

*डुल gaṇa बलादि.

*डुलि f. = डुलि.

*डुलिका f. *ein der Bachstelze ähnlicher Vogel.*

*डुली f. *eine best. Gemüsepflanze.*

*डुल्य von डुल.

डूलूवैश्वानर n. N. pr. eines Tîrtha.

डेरिका f. *Moschusratte* Âpast.

डोड 1) in *नुपडोडमुष्टि von unbekannter Bed. — 2) *m. N. pr. eines fürstlichen Geschlechts. — 3) f. ई *Hoya viridiflora* Râǵan. 4,187. Pañkad.

डोडक्की f. *eine Art Flöte* S. S. S. 193.

*डोडीया f. N. pr. eines fürstlichen Geschlechts.

डोम m. = डोम्ब 1) a).

डोम्ब 1) m. a) *ein Mann niedriger Kaste, der sich mit Gesang und Musik abgiebt.* — b) N. pr. eines Mannes. — 2) f. ई *eine Art Schauspiel.*

डोम्बुली f. *ein best. Tact* S. S. S. 211.

डोर m. n. und °क n. *Schnur.*

*डोरडी f. *eine Art Solanum.*

डोला f. wohl = दोला *Schaukel* Bâlar. 206,16.

डौण्डुभ Adj. von डुण्डुभ.

डुल्, mit आ Caus. आडुलयति *mischen.*

*ढ 1) Adj. = निर्गुण. — 2) m. a) *Laut* oder *ein best. Laut.* — b) *eine grosse Trommel.* — c) *Hund.* — d) *Hundeschwanz.* — e) *Schlange.*

ढक्क 1) m. a) vielleicht *ein Gebäude* oder *eine Anstalt eigenthümlicher Art.* — b) N. pr. einer Oertlichkeit. — 2) f. आ a) *eine grosse Trommel.* — b) **coveting, disappearance.*

ढक्कदेशीय Adj. *dem Lande* Dhakka *eigenthümlich.*

ढक्कन oder ढक्कम m. N. pr. eines Mannes.

ढक्कारी f. Bein. der Göttin Târâ.

ढङ्क m. N. pr. eines Berges.

ढङ्कय्, °यति Comm. zu Kâts. Çr. 10,4,11 fehlerhaft für टङ्कय्.

ढड्डर m. N. pr. eines Mannes Hem. Par. 13,60.

ढण्टी f. ein वाक्यविशेष.

ढामरा f. *Gans.*

ढाल n. *Schild.*

ढालिन् Adj. *mit einem Schilde bewaffnet.*

ढिढिपि m. N. pr. v. l. für टिटिवि.

ढिण्ढिणिका f. *eine best. Pflanze* Madanav. 62, 70. Bhâvapr. 1,236.

ढुण्ढि m. = ढुण्ढि Verz. d. B. H. 146,b.

ढुण्ढ् *suchen.* Wird nicht flectirt.

ढुण्ढि m. Bein. Gaṇeça's.

ढुण्ढिराज m. N. pr. eines Mannes. Auch °भट्ट.

ढेङ्क 1) m. *ein best. Vogel.* — 2) f. ई *eine Art Tanz* S. S. S. 261.

ढेङ्किका f. und °ताल m. *ein best. Tact* S. S. S. 151. 210.

ढेव्वुका f. *Münze.*

ढोरसमुद्र N. pr. einer Oertlichkeit.

ढोल m. *Pauke.*

ढोलसमुद्रिका f. *Leea macrophylla* Mat. med. 297.

ढोलासमुद्र N. pr. einer Oertlichkeit.

ढोल्लरी f. *eine Art Composition* S. S. S. 168.

ढौक्, ढौकते *sich nähern,* mit Acc. इतो ढौकस्व *komm her* Kâd. 2,114,3. डुढौके *er kam, erschien* Harshak. 20,23. — Caus. ढौकयति *nahe —, in die Nähe von* (Gen.) *bringen, herbeibringen, — schaffen, — kommen lassen, Jmd* (Dat.) *darreichen.* — *Desid. डुढौकिषते. — *Intens. डोढौक्यते. — Mit उप Caus. 1) *herbeischaffen, darbringen, darreichen* Kâraṇḍ. 79,11. — 2) *vorbereiten.*

ढौकन n. *Darbringung, Darreichung, Geschenk.*

*ण m. 1) *Kenntniss.* — 2) *Beschluss, Entschluss.* — 3) *Schmuck.* — 4) *Wasserhaus.* — 5) *ein der Vorzüge entbehrender Mann.* — 6) Bein. Çiva's oder N. pr. einer buddh. Gottheit. — 7) *a kind of sound, the sound of negation.* — 8) *gift, giving.*

णत्वखण्डन n., णत्वचन्द्रिका f., णत्वदर्पण m. und णत्वसमर्थन n. Titel von Werken Opp. Cat. 1.

णि (225,21) und णिच् (226,22) m. *der Charakter des Causativs.*

णय m. N. pr. eines Meeres im Brahmaloka.

णयन्त Adj. *mit dem Charakter des Causativs versehen* 225,23.

णवुल् *das Suffix* अक (in भोजक u. s. w.) 229,9.

Nachträge und Verbesserungen.

अंशुमद्भेदसंग्रह m. Titel eines Werkes Opp. Cat. 1.

अकपिलच्छवि Adj. *nicht bräunlich* Daçak. (1925) 113,9.

अकम्प्र Adj. *nicht schwankend* Çobh. 36.

अकर्णधार Adj. (f. आ) *ohne Steuermann.*

अकर्त m. *Nichtunterscheidung.*

अकर्दम Adj. (f. आ) *ohne Schlamm.*

अकर्मकृत् Adj. *unthätig* Bhag. 3,5.

अकर्मण्यत्व n. *Unthätigkeit* Sarvad. 163,19.

अकर्मवत् Adj. *der den Werken entsagt hat* MBh. 14,19,8.

अकर्मश्रान्त Adj. *durch keine* (vorgeschriebene) *Handlung ermüdet* Âçv. Gṛhj. 3,7,2.

अकर्मिन् Adj. *unfähig zu arbeiten* Baudh. in Dâj. 163,19.

अकलुष Adj. *nicht trübe, hell* Varâh. Bṛh. S. 8,53.

अकल्प m. *das nicht im Stande Sein* Bhâg. P. 10,84,63. Adj. mit न und जातु *stets bereit zu* (Loc. eines Nom. act.) MBh. 5,33,5.6 (v. l. अकल्य).

अकल्य Adj. mit न und जातु *stets bereit zu* (Loc. eines Nom. act.) MBh. 5,975. fg. अकल्प v. l.

अकातर Adj. *nicht feige, beherzt.*

अकामिन् Adj. *nicht verliebt* Spr. 3786.

अकारणक Adj. *keine Ursache habend* Sarvad. 120,7.

अकारादिनिघण्टु m. Titel eines Werkes Opp. Cat. 1.

अकार्पण्य Adj. *ohne Jammern, — Selbsterniedrigung* Spr. 5256.

अकालक्षेपम् Adv. *unverzüglich.*

अकालज्ञ Adj. *keine Rücksicht auf Zeit nehmend.*

अकालनियम m. *keine Beschränkung in Bezug auf Zeit* Gaut. 15,5.

अकालसंयमम् Adv. *ohne sich an eine Zeit zu binden* VP. 2,13,45.

अक्लिन Adj. *nicht feucht, — nass* Gobh. 4,7,8.

अकीर्तनीय Adj. *nicht auszusprechen, unsagbar* Daçak. (1925) 2,131,2.

अकुटिल Adj. *gerade* (eig.) und *redlich* Spr. 351.

अकुण्डलिन् Adj. *nicht mit Ohrringen geschmückt.*

अकुतस् mit चिद् *ohne irgend eine Absicht* MBh. 12,219,26.

अकुतोमृत्यु Adj. *dem von keiner Seite der Tod droht* Bhâg. P. 3,17,19.

अकुत्सयत् Adj. *nicht schmähend, — tadelnd.*

अकुथित Adj. *nicht stinkend.*

अकुपित Adj. *nicht erzürnt* Ind. St. 13,404.

अकुप्य n. impers. *haud irascendum* MBh. 15,30,3.

अकुल 1) m. Bez. *des Sonntags, Montags, Donnerstags und Sonnabends.* — 2) m. f. (आ) *der 1ste, 3te, 5te, 7te, 9te, 11te, 13te und 15te Tag in einem Halbmonat.* — 3) n. Bez. *bestimmter Mondhäuser.*

अकुलक Adj. *ausgekernt* Karaka 6,1.

अकुलज Adj. *aus niedrigem Geschlecht* Spr. 4341, v. l.

अकुलीन, lies = अकुल.

अकुहक Adj. *nicht betrügerisch, ehrlich* R. 2,109,27.

अकूज Adj. *lautlos* MBh. 1,126,20.

अकूटक Adj. *nicht falsch* (Münze).

अकूर्मपृषत् Adj. *nicht wie eine Schildkröte gesprenkelt* Âpast. Çr. 2,11,3.

अकृच्छ्रिन् Adj. *keine Mühe bei Etwas habend.*

अकृतक Adj. *natürlich, naturalis.*

अकृतलक्षण Adj. *ohne besondere Kennzeichen.*

अकृतविद्य Adj. *ununterrichtet, ungelehrt.*

अकृतश्रम Adj. *der sich keinen Beschwerden, keinen Mühen unterzogen hat.*

अकृतसंज्ञ Adj. *der keine Unterweisung erhalten hat* MBh. 14,19,56.

अकृताग्र Adj. (Speise) *von der die Erstlingsbissen nicht* (dem Ehrengaste) *dargereicht worden sind,* Hariv. 11168.

अकृत्स्नविद् Adj. *nicht Alles wissend, mangelhaftes Wissen habend* Bhag. 3,29.

अकृपण, °म् Adv. *nicht kläglich thuend.*

अकृमिपरिसृप्त Adj. *worauf kein Ungeziefer umherkriecht* Gobh. 2,6,6.

अकृशलक्ष्मी Adj. *reich an Schönheit* Kir. 5,52.

अकॢप्त Adj. *unvollkommen, ungültig.*

अकेतन Adj. *obdachlos* Bhâg. P. 3,4,6.

अकोप Adj. *frei von Zorn* Çobh. 61.

अकोपयत् Adj. *Jmd nicht aufregend* 213,24.

अकोपिता f. *das sich nicht dem Zorn Hingeben.*

अकोश Adj. 1) *ohne Degenscheide, aus der Scheide gezogen, entblösst* (Schwert) MBh. 4,8,1. — 2) *ohne Samenbehälter* R. 6,111,46.

अकोषधावन Adj. (f. ई) etwa *nicht aus dem Rahmen laufend* TBr. 3,6,2,2.

1. अक्रम m. auch *Nichtallmählichkeit, Plötzlichkeit* in क्रमाक्रम.

अक्रिय Adj. *faul, lässig* Hariv. 4546.

अक्रियक Adj. dass. Suçr. 1,257,8.

अक्षकितव MBh. 2,77,26.

अक्षग्लह m. *Würfelwurf, — spiel* MBh. 2,59,8.

अक्षम 3) *unpassend, unangemessen* Bhâg. P. 1,14,43.

अक्षमता f. *Unvermögen,* mit Infin. Sâh. D. 34,6.

अक्षमिन् Adj. *unbarmherzig* Spr. 2425.

अक्षय m. N. pr. eines Berges Hariv. 2,98,13.

अक्षरकर m. *ein best.* Samâdhi Kâraṇḍ. 52,10.

अक्षरच्युतक (wohl n.) *Ergänzung einer ausgefallenen Silbe* (ein best. Spiel) Kâd. 7,21.

अक्षरान्तर m. *ein best.* Samâdhi Kâraṇḍ. 93,9.

अक्षवाप m. = अक्षावाप Kâṭh. 15,4.

अक्षसूत्रवलयिन् Adj. *einen Rosenkranz als Armband habend* Kandak. 30,8.

अक्षारमद्यमांसाद् Adj. *nichts Aetzendes, nichts Gegorenes und kein Fleisch essend* Varâh. Jogaj. 9,15.

अक्षारलवण, lies *nichts Aetzendes und nichts Gesalzenes;* vgl. क्षार°.

अक्षारलवणाशिन्, lies *nichts Aetzendes und nichts Gesalzenes essend.*

अक्षालित Adj. *ungewaschen.*

अक्षिणवत् Adj. *nicht übel mitnehmend.*

अक्षीरक्षारलवण n. Sg. *keine Milch, nichts Aetzendes und nichts Salziges* Âpast. 1,28,11.

अक्ष्युपनिषद् f. Titel einer Upanishad Opp. Cat. 1.

अखण्डार्थनिरूपण n. Titel eines Werkes ebend.

अखण्ड्यमान Adj. *dessen Selbstgefühl nicht zu brechen ist* Bhaṭṭ. 12,17.

अगतश्री Adj. *nicht auf der Höhe des Glücks stehend.*

अगतार्थ Adj. *dessen Sinn man nicht verstanden hat* Sâh. D. 289.

अगदित Adj. *unaufgefordert* Çiç. 9,57.

अगम्य 5) *unpassend, ungeeignet* Spr. 1791.

अगर्तस्कन्द्य Adj. *wobei man über keine Grube zu springen hat, ohne Hinderniss* Çâṅkh. Br. 11,4. 28,1. 4.

अगस्त्यनिघण्टु und अगस्त्यसंपात m. Titel zweier Werke Opp. Cat. 1.

अगाधबुद्धि Adj. *von tiefem Verstande* MBh. 3,4,1.

*अगार्दभरथिक Adj. *nicht für einen von Eseln gezogenen Wagen geeignet.*

अगालित Adj. *nicht durchgeseiht.*

2. अगुण 3) *ohne besondere Beigabe, — Epitheton* Kâtj. Çr. 6,7,23.

अगुणवत् auch *ohne Vorzüge, schlecht, böse* Spr. 2122.

अगुणशील Adj. *keine Vorzüge besitzend* Spr. 2149.

अगुणिन् auch गुण 1) r) *erfordernd* Comm. zu Kât. 3,5,8, wo अगुणिन्यपि zu lesen ist.

अगुरुगवी f. *nicht eine Kuh des Lehrers* Âçv. Gṛhj. 2,10,8.

अगृध्न Adj. *nicht gierig, — habsüchtig.*

अगृह्णत् Adj. *nicht fassend* (von einem Blutegel) 217,32.

अगृह्य auch **nicht von Andern abhängig* Bhaṭṭ.

6,61.

अगोअर्घ Adj. *kein Rind werth* TS. 6,1,10,1.

अगोचर m. *Nichtbereich.* °रं नयनयोर्याता *dem Gesichtskreis entrückt* VIKR. 72. °रेण *hinter dem Rücken von-*(Gen.) HIT. 60,11.

1\. अगोपाल m. *kein Hirt, ein fehlender Hirt* 238,4.

2\. अगोपाल Adj. (f. आ) *ohne Hirten* Spr. 5159.

*अगोष्पद Adj. *nicht von Rindern besucht.*

अग्निखदा f. *Höllenpfanne* oder *Höllenofen* KÂRAṆḌ. 10,12. 37,4. 98,5.

अग्निघट m. *eine best. Hölle* KÂRAṆḌ. 18,13.

अग्निचयन auch Titel eines Werkes OPP. Cat. 1.

अग्निजननविधि m. Titel eines Werkes ebend.

अग्निदग्ध n. *Cauterium actuale* (in der Chirurgie).

अग्निपक्व Adj. *auf Feuer gar gekocht* M. 6,17.

अग्निपद्, lies *dessen Tritt auf dem Feuerplatz geruht hat* und vgl. KÂTJ. ÇR. 4,9,14. 16.

अग्निशौचवस्त्र n. etwa *ein Gewand von Byssus* oder *Nesseltuch* KÂRAṆḌ. 78,23.

अग्निष्टोमयागविधि m. Titel eines Werkes OPP. Cat. 1.

अग्निष्ठ 1) *c) ein das Feuer führender Wagen* ÂPAST. ÇR. 1,2,10. 6,28,7. — Statt 2) ist *b*) zu lesen.

अग्निहोत्रप्रायश्चित्त n. Titel eines Werkes OPP. Cat. 1.

अग्रदातर् Nom. ag. *das Beste* oder *die Erstlingsbissen* (den Göttern) *reichend* MBH. 13,98,63.

अग्रभोगिन् Adj. *das Beste geniessend* ebend.

अग्रस्त Adj. *nicht verschluckt* (Laute) ḰHÂND. UP. 2,22,5.

अग्रहण n. auch *das Nichtwahrnehmen* Comm. zu KAP. (BALL.) 1,109.

अग्रहण Adj. *von keiner Krankheit heimgesucht* MAITR. S. 1,4,7. 5,14. 8,4.

*अग्राम्यकन्द m. *ein best. Zwiebelgewächs.*

अग्राम्यत्व n. *Urbanität* VÂMANA 3,2,12.

अग्रेगू auch = अग्रणी 1) HEM. PAR. 1,164. 2,42.

अग्रेदधिषु m. = 1) अग्रेदिधिषु 1) und अग्रेदधुस् KAP. S. 47,7.

अघटित auch *unmöglich* BHÂG. P. 6,16,44. PAŃḰAT. 203,4.

अघदीपिका f., अघपञ्चविवेचन n., अघपञ्चषष्टि f., अघविवेचन n., अघषट्क n., अघसंशयतिमिरादित्यसूत्र n. und अघसंग्रह m. Titel von Werken OPP. Cat. 1.

अघासक Adj. *ohne Futter, — Nahrung* MBH. 1, 140,78.

अघृणिन् Adj. 1) *nicht weich, — zu mitleidig* Spr. 310. — 2) *Nichts verachtend, mit Allem zufrieden* MBH. 1,167,19. = लज्जाहीन NÎLAK.

अङ्कनशास्त्र n. Titel eines Werkes OPP. Cat. 1 (अङ्कणा° gedr.).

अङ्गकषाय m. *der Lebenssaft des Körpers* (vom männlichen Samen) ÇAT. BR. 14,9,4,8.

अङ्गक्रमलक्षण n. Titel eines Werkes OPP. Cat. 1.

अङ्गघटना f. *Körperbewegung.*

अङ्गत्वनिरुक्ति f. Titel eines Werkes OPP. Cat. 1.

अङ्गमर्द m. auch *Gliederreissen* ḰARAKA 6,9.

अङ्गराज m. N. pr. eines Prâkrit-Dichters HÂLA 31.

अङ्गारकृत् m. *Köhler* HEM. PAR. 2,442.

अङ्गारधूमवत् Adj. *Kohlen und Rauch zeigend* MBH. 3,39,60.

अङ्गारनाडि f. Titel eines Werkes OPP. Cat. 1.

अङ्गारावक्षेपण *Kohlenzange* NÎLAK. zu MBH. 4,8,1.

अङ्गारित 1) *angebrannt* (Speise) ÇÎLÂṄKA 1,377.

अङ्गुलिवेष्टक (wohl m.) und °वेष्टन n. etwa *Handschuh.*

अच् mit उद्, उदञ्चित *emporgehoben* HEM. PAR. 1,47. 2,559. 585.

अचक्रवर्त Adj. (f. आ) *nicht auf der Töpferscheibe gedreht* ÂPAST. ÇR. 6,3,7.

अचक्रवृत्त Adj. *nicht kreisrund* KÂṬH. 6,3.

अचक्षण Adj. *nicht sehend, — gewährend.*

अचक्षुष्य Adj. *der Sehkraft nicht zuträglich, den Augen nicht heilsam.*

अचङ्क्रमणशील Adj. *umherzugehen nicht gewohnt.*

अचञ्चल Adj. (f. आ) *unbeweglich, nicht wankend* SÂH. D. 135.

°अचर Adj. *unzugänglich für* HARIV. 12302.

अचरमवयस् n. *Jugend* UTTARAR. 95,18 (125,1).

अचर्वयत् Adj. *nicht kauend.*

अचलपुर HEM. PAR. 12,69.

अचाक्रिक Adj. *ohne Genossen beim Complot.* Nom. abstr. f. °ता.

अचाक्षुष auch *zum Gesichtssinn nicht in Beziehung stehend.*

अचिर, °तस् = अचिरात्.

अचिररुचि f. *Blitz* ÇOBH. 73.

अचोक्ष Adj. (f. आ) *unreinlich.*

अचोद्य Adj. *nicht anzutreiben zu* (Loc.).

अचौक्ष्य Adj. *unrein.*

अचौर Adj. (f. आ) *frei von Dieben, — Räubern.*

अच्छदिर्दर्श m. *das Nichtsichtbarsein von Dächern* ÂPAST. ÇR. 15,20,2.8.21,3.10. Vgl. ÂÇV. GṚHJ. 4,8,12.

अच्छन्द m. Instr. *gegen den Willen, — von* (Gen.). Abl. *unwillkührlich.*

अच्छन्दस्कृत Adj. *nicht metrisch.*

अच्छम्बट्कारम् Absol. *so dass man es nicht fehlen lässt.*

अच्छर्दनीय Adj. *den man nicht vomiren lassen darf* ḰARAKA 8,2.

अच्छिद्रदर्शन Adj. (f. आ) *vollkommen sichtbar, — deutlich.*

अच्छिद्राश्वमेध m. Titel eines Werkes OPP. Cat. 1.

अच्छुप्ता f. auch N. pr. einer Ǵaina-Gottheit Z. d. d. m. G. 32.524.

अच्छूरी f. *Diskus* BHÂG. P. 5,3,3.

अच्युत 3) f. आ N. pr. einer Ǵaina-Gottheit ÇOBH. 56.

अच्युतकृष्णदीक्षित m. N. pr. eines Autors. °तीय n. Titel seines Werkes OPP. Cat. 1.

अच्युतक्षिति f. *eine best. Personification* TAITT. ÂR. 10,67,1.

अच्युतराजाभ्युदय m. und अच्युतशतक n. Titel von Werken OPP. Cat. 1.

अजगत् Adj. *unbeweglich* MBH. 12,329,40.

अजग्धपाप्मन् Adj. *dessen Sünde nicht verzehrt ist* AV. 9,6,26.

अजङ्घाल Adj. *ungewandt auf den Füssen.* Nom. abstr. °त्व n.

अजठर Adj. *za.:.* Nom. abstr. °त्व n.

अजन्मन् n. *das Nichtwiedergeborenwerden* RAGH. 18,32.

अजन्य Adj. *nicht erzeugt werdend.* Nom. abstr. °त्व n. SARVAD. 119,22.

अजरस् Adj. MBH. 13,5862 fehlerhaft für अरजस्.

अजरामर Adj. *nicht alternd und nicht sterbend* MBH. 12,308,13.

अजल्पत् Adj. *nicht sagend* 129,10.

अजवृष m. *Ziegenbock.*

अजाति f. *unächte —, schlechte Waare* JÂǴN. 2, 246.

अजायमान Adj. *nicht entstehend* VS. 31,19.

अजिगीष Adj. *frei von Ehrgeiz* KATHÂS. 15,7.

अजिज्ञास्य Adj. *nicht zu untersuchen.* Nom. abstr. °त्व n.

अजितमनस् Adj. *der sein Herz, seine Gelüste nicht besiegt hat* KÂṬH. 10,10.

अजिह्मचारिन् Adj. *ehrlich zu Werke gehend* MBH. 5,128,5.

अजिह्मशठ Adj. *nicht unehrlich und nicht heimtückisch* MBH. 2,59,11.

अजिह्व Adj. *zungenlos* LA. 85,6.

अजीर्णामृतमञ्जरी f. Titel eines Werkes OPP. Cat. 1.

अजीर्यत् Adj. *nicht alternd* KAṬHOP. 1,28.

अजुगुप्स Adj. = °गुप्सु MBH. 13,61,14.

अजुगुप्सित Adj. *vor dem man keinen Abscheu hat, tadellos* M. 3,209. MBH. 3,200,17.

अज्ञेयत्व n. *Unerkennbarkeit, Unfassbarkeit.*

अञ्जलिवैभव n. Titel eines Werkes OPP. Cat. 1.

अणिक, nach Andern *Geld verleihend.*

अणिकाषम् Absol. etwa *ohne abzureiben* Âpast. Çr. 2,11,3. पाकारम्छान्दसः Comm.

अणुवादिन् m. *ein Anhänger der Atomistik* Çaṁk. zu Bâdar. 2,1,19.

अणू Adv. mit भू *klein werden* Bhaṭṭ. 8,24.

अषादीतित m. N. pr. eines Autors. °तीय n. Titel seines Werkes Opp. Cat. 1.

अतज्जातीय und °क Adj. *nicht von derselben Art.*

अतज्ज्ञ Adj. *dieses nicht wissend, darin unerfahren.*

अतद् Nom. Acc. Sg. n. *nicht das, — es* Bhâg. P. 7,7,23.

अतदर्ह Adj. *dieses nicht verdienend.*

अतदात्मन् Adj. *nicht identisch dem Wesen nach* Sarvad. 155,9.

अतद्रूप Adj. auch *von verschiedener Beschaffenheit* Vâmana 4,3,9.

अतन्तुमत् Adj. *nicht fadenziehend* (Milch).

अतन्द्री Adj. (Nom. °स्) = अतन्द्रिन्.

अतप्ततपस् Adj. *der sich nicht kasteit hat* MBh. 3,42,17.

अतमिस्र Adj. *nicht dunkel* Çiç. 9,12.

अतर Adj. *nicht zu passiren* (Fluss) Bhaṭṭ. 7,55.

अतरित्र Adj. *ohne Ruder* (*ohne Steuermann u. s. w.* Nilak.) MBh. 5,63,8. अनरित्र v. l.

अतरुच्छाय Adj. (f. आ) *ohne Baumschatten* Kathâs. 63,9.

अतर्षुल Adj. *nicht gierig.* °म् Adv.

अतात्त्विक Adj. *nicht wirklich, — real.* Nom. abstr. °त्व n.

अतात्पर्यविद् Adj. *die beabsichtigte, wahre Bedeutung einer Rede nicht kennend* Kathâs. 62,212.

अतान्तव Adj. *nicht gewebt.*

अतार्य Adj. *nicht zu überwinden, mit dem man nicht fertig werden kann.*

अतिकार्यकर Adj. *sehr wirksam.*

अतिकार्श्य n. *grosse Magerkeit.*

अतिकीटक Adj. *viele Läuse habend* VP. 3,12,6.

अतिकुटिल Adj. *überaus gewunden* Ind. St. 8, 420.

अतिकुणप Adj. *stark in Verwesung übergegangen.*

अतिकुतूहल n. *grosse Neugier* Kathâs. 4,80.

अतिकृच्छ्र 1) Adj. als Beiw. Vishṇu's MBh. 12, 338,60. — 2) °म् Adv. *mit grosser Mühe* Bhâg. P. 5,13,10.

अतिक्रमे Dat. Inf. von क्रम् mit अति ṚV.

अतिक्रुद्ध Adj. *sehr aufgebracht, — in Wuth versetzt.*

अतिक्रुध् f. *heftiger Zorn* Kathâs. 1,56.

अतिगर्जिन् Kathâs. 60,105 fehlerhaft für अभि°.

अतिगर्ध m. *grosse Gier, — Habgier* Kathâs. 104,117.

अतिगार्ध्य n. dass.

अतिगृद्ध Adj. *sehr habgierig.*

अतिघस्मर Adj. *sehr gefrässig* Bâlar. 222,15.

अतिचपल Adj. *sehr —, zu beweglich.*

अतिचिक्कण Adj. (f. आ) *sehr schlüpfrig* Comm. zu Kâtj. Çr. 26,1,4.

अतिचित्रम् Adv. *auf sehr mannichfache Weise* Daçak. (1925) 2,104,15.

अतिचिरस्य Gen. *seit sehr langer Zeit* Spr. 5256. °चिरात् Abl. *nach l. Z., spät, endlich.*

अतिच्छत्त्रक 1) *Andropogon Schoenanthus* Râǵan. 8,121.

अतिच्छेद्य Adj. *zu stark zu verwunden* MBh. 12, 96,15.

अतिजठर Adj. (f. आ) *sehr hart* und *— alt* Çiç. 4,29.

अतिजड Adj. *überaus dumm* Hem. Par. 12,188.

अतिजरठ Adj. *sehr alt.*

अतिजरत् Adj. (f. °ती) dass.

अतिजवन Adj. (f. आ) *überaus schnell* Daçak. (1925) 2,107,11.

अतिज्वलन n. *heftiges Aufwallen im Zorn* Nilak. zu MBh. 3,274,13.

अतितर्ष m. *heftiges Verlangen.*

अतितितिक्षमाण Adj. *Etwas nicht ertragen können* Çat. Br. 2,3,3,1.

अतितितिक्षा f. *Ungeduld* MBh. 14,36,20.

अतितिग्म Adj. *überaus scharf.*

अतितीव्र Adj. *überaus heftig* (Kampf) MBh. 7, 136,164.

अतिदग्ध n. *zu starkes Brennen* (in der Chirurgie).

अतिदर्पित Adj. *worauf man sehr stolz ist, — stark pocht* Mṛkkh. 77,2.

अतिदुर्जन m. *ein grosser Bösewicht* Uttarar. 3,1.

अतिदुर्विषह Adj. *sehr schwer zu ertragen* Bhâg. P. 5,9,18.

अतिदोषम् Adv *nachdem es dunkel geworden ist* Âpast. Çr. 15,21,7. अभिदोषम् v. l.

अतिद्वय Adj. (f. ई) *seines Gleichen nicht habend* Kâd. 4,18.

अतिनिर्घृण Adj. (f. आ) *überaus grausam* Daçak. (1925) 2,80,22.

अतिनिर्विण्ण Adj. *an Allem verzagend.*

अतिनिषेवितर् Nom. ag. *zu sehr hingegeben*, mit Acc. Suçr. 1,69,21.

अतिपिङ्ग Adj. *dunkelbraun.*

अतिप्रविष्ट Adj. *tief eingedrungen in* (Loc.) MBh. 3,186,21.

अतिप्रीत Adj. *überaus befriedigt, — erfreut.*

अतिमानुषस्तव m. Titel eines Werkes Opp. Cat. 1.

अतिमेचकित Adj. *sehr verdunkelt* Çobh. 76.

अतिरूढ Adj. *stark zusammengeklebt, nicht mehr auseinanderzubringen.* Nom. abstr. °त्व n. Râǵat. 6,272.

अतिरोषण Adj. *sehr zum Zorn geneigt.*

अतिविक्रम Adj. *sehr heldenmüthig* MBh. 3, 271,56.

अतिविघट्टित Adj. *stark angestossen, — berührt.*

अतिवितथ Adj. *ganz unnütz* Gît. 7,5.

अतिविपर्यय m. *grosse Verkehrtheit* Kathâs. 52, 355.

अतिविषा *Aconitum heterophyllum* Mat. med.

अतिविह्वल Adj. (f. आ) *sehr ergriffen, überaus bestürzt* Daçak. (1925) 2,79,22.

अतिशोभन R. 2,30,41.

अतिसंहर्ष m. *grosse Freude* Hariv. 2439.

अतिसंतत Adj. *ununterbrochen* Ragh. 8,85.

अतिसमुत्क्रुष्ट Adj. *laut erhoben* (Geschrei) R. 6,111,29.

अतिस्थौल्य n. *zu grosse Dickleibigkeit.*

अतीचार in अनतीचार.

अतीव्र Adj. *nicht heftig, mild.* Nom. abstr. °ता f. Râǵat. 1,41.

अतुङ्ग Adj. *nicht hoch* Âpast. Çr. 1,25,4.

अतुच्छ Adj. *nicht nichtig* Sarvad. 149,20.

अतृप्ति f. = अतृप्तता R. 1,13,12. Saṁhitopan. 32, (अतृप्तिं कुर्वन् zu lesen).

*अतृप्तिकृत् Adj. = असेचन Hâr. 220.

अतोद्य n. *die indische Laute* Bhâg. P. ed. Bomb. 4,12,40. आ° v. l.

अत्यतिमात्रम् Adv. *in sehr hohem Grade* MBh. 3,12737. न्यतिमात्रम् besser ed. Bomb.

अत्यन्त 3) füge *ganz* und Mahâbh. (K.) 2,25. 220, 21. 329,21 hinzu.

अत्यय 8) *Sündenbekenntniss, Beichte* Lalit. 491, 5. fgg.

अत्यसित Adj. *überaus schwarz* Daçak. (1925) 2,112,4.

अत्याग m. *Nichthingabe.* °गे तनोः so v. a. *bei Lebzeiten* Spr. 4021.

अत्याज्य Adj. 1) *nicht im Stich zu lassen, nicht zurückzuweisen, nicht zu verstossen.* — 2) *nicht hinzugeben, nicht aufzugeben.*

अत्यारूढ Adj. *hoch gestiegen, einen hohen Grad erreicht habend* Ragh. 12,33.

अत्यासङ्ग m. *heftige Neigung zu* (Loc. oder im

Comp. vorangehend) Daçak. (1925) 2,83,15. 101,14.

अत्रपुँ, so zwei Hdschrr. der Maitr. S. Kâth. 6, 3 und Kap. S. 4,2 st. अत्रपुस्.

अत्रस्त Adj. *unerschrocken.*

अत्राण Adj. (f. आ) *schutzlos* Kâraṇḍ. 45,17.

अत्रिवर्ष Adj. *noch nicht drei Jahre alt.*

अथ 2) अथापि *oder* nach यद्येव *ob nun* Mahâbh. (K.) 6,14. 58,14. 258,22. — 13) अथ वैतर्हि *dennoch* im Nachsatz nach यद्यपि *obgleich* Mahâbh. (K.) 14,4. 39,6. 49,13. 101,15. 163,12.

अथर्वणचन्द्रकालितत्त्व n., अथर्वणशिखा f., अथर्वणशीर्षोपनिषद् f. und अथर्वणोपनिषद् f. Titel von Werken Opp. Cat. 1.

अदण्ड Adj. (f. आ) *ohne Stiel* Âpast. Çr. 15,3,10.

अदण्डन n. *das Nichtbestrafen.*

अदभ्र auch *stark, intensiv.* °म् Adv. *nicht wenig, sehr* Vikramâñkaḱ. 13,25.

अदम्भिन् Adj. *aufrichtig, ehrlich* Spr. 7353. Nom. abstr. °म्भित्व n.

अदरणीय Adj. *nicht zu spalten.*

अदरिद्र (Nachtr.) *nicht arm an* (Instr.).

2. अदरिद्र Adj. (f. आ) *ohne Arme* (*Bettler*).

अदित्सा f. *das Nichtgebenwollen* Hem. Par. 5,10.

अदिवा Adv. *nicht am Tage, bei Nacht.*

अदीप्तिमन्त् Adj. *nicht leuchtend, — strahlend* Sûrjas. 7,20.

अदुःख n. *kein Leid, — Weh* Saṁhitopan. 35,10.

अदृढ Adj. *nicht fest haftend* Spr. 6749.

अदृष्टचर Adj. (f. आ) *früher nicht gesehen.* Nom. abstr. °त्व n.

अदेशकालज्ञ Adj. *weder dem Orte noch der Zeit entsprechend* Spr. 198.

अदेशिक Adj. *heimatlos* MBh. 4,47,23.

अद्भुतदर्पण m. Titel eines Werkes Opp. Cat. 1.

अद्वीप Adj. (f. आ) *ohne Retter in der Noth* Kâraṇḍ. 45,17.

अद्वैतदीपिकासान्तिविवेक m., अद्वैतनिर्णय m., अद्वैतपञ्चपदी f., अद्वैतपञ्चरत्न n., अद्वैतपरिभाषा f., अद्वैतवहिष्कार m., अद्वैतबोध m., अद्वैतमङ्गल n., अद्वैतमुखर, अद्वैतरत्नकोश m., अद्वैतरहस्य n., अद्वैतविद्याविजय m., अद्वैतविद्याविलास m., अद्वैतव्याख्या f. und अद्वैतसंग्रह m. Titel von Werken Opp. Cat. 1.

अधरलक्ष्मन् Adj. *unten gezeichnet* Kap. S. 32,8.

अधँस्ताल्लक्ष्मन् Adj. dass. Maitr. S. 3,2,7.

अधार्ष्ट्य n. *Feigheit* Dhâtup. 10,18. Vgl. आ°.

अधिकरणचिन्तामणि m., °करणशास्त्र n. und °करणसारावलि f. Titel von Werken Opp. Cat. 1.

अधिकर्ण m. N. pr. eines Schlangendämons Hariv. 9504.

अधिकारसंप्रदाय m. Titel eines Werkes Opp. Cat. 1.

अधिजरायु Adj. *die Nachgeburt* (*Theile derselben*) *noch in sich habend* (Kuh) AV. Paipp. 11,1,5.

°अधिजिगांसु Adj. *zu lernen wünschend* Hem. Par. 13,75.

अधिनिष्क्रमणोत्सव m. *der der* प्रव्रज्या *vorausgehende Aufzug* Hem. Par. 3,281.

अधिपश्य m. *Aufseher* AV. Paipp. 10,1,6.

अधिरोपण, vgl. चापाधि°.

अधिवर्तन n. *das Hinrollen* Âpast. Çr. 1,21,3.

अधीलोधकर्णी Adj. TS. 5,6,16,1. Vgl. अधिरूढकर्णी und अध्यालोहकर्णी.

अध्यात्मोपनिषद् f. Titel einer Upanishad Opp. Cat. 1.

अध्युद्धि f. Âpast. Çr. 7,22,6. 27,7. = उपस्थीयं मांसम् Comm. Vgl. अध्यूध्नी.

अध्वगति f. *das Reisen* Sâh. D. 173.

अध्वदर्शिन् m. *Wegweiser* Daçak. (1925) 2,102,1.

अध्वरश्रौत n. Titel eines Werkes Opp. Cat. 1.

अनग्रंभावुक Adj. (f. आ) Kap. S. 39,2. 41,4.

अनङ्गतिलक m. und अनङ्गशेखर m. Titel zweier Werke Opp. Cat. 1.

अनडुत्क Adj. am Ende eines adj. Comp. = अनडुह् *Stier* Comm. zu Âpast. Çr. 1,17,5.

अनतिप्रौढ Adj. *nicht ganz entwickelt* (Blume) Daçak. (1925) 2,113,3.

अनतिभङ्गुर Adj. *nicht sehr gelockt* (Haar) Daçak. (1925) 2,113,8.

अनतीचार Adj. *was nicht übertreten wird* Hem. Par. 6,198.

अनत्यार्द्र Adj. *nicht zu nass* Daçak. (1925) 2, 114,3.

अननुकूल Adj. *ungünstig* Daçak. (1925) 2,108,3.

अननुगम m. *das Nichtbegleiten, Nichtverbundensein mit Etwas* Comm. zu Çâṇḍ. S. 5, Z. 13. 15.

अननुज्ञात n. *das Mangeln der Erlaubniss, — der Einwilligung* R. 5,58,7.

अननुसर्ग m. *das Nichtloslassen* Kâṭh. 33,7.

अनन्तकीर्ति m. N. pr. eines Mannes Daçak. (1925) 2,121,11.

अनन्तच्छदिन् Adj. *eine unendliche Anzahl von Felgen habend* Bhâg. P. 3,21,18.

अनन्तव्रतकल्प m., °व्रतविधि m., अनन्तार्यदशक n. und अनन्तोपनिषद् f. Titel von Werken Opp. Cat. 1.

अनन्यजानि Adj. *kein anderes Eheweib habend* Ragh. 15,61.

अनन्यनाथ Adj. *keinen andern Beschützer habend* Daçak. (1925) 2,126,11.

अनन्यशरण Adj. *keine andere Zuflucht habend* ebend. 2,124,14.

अनन्याधीन Adj. (f. आ) *von keinem Andern abhängig* ebend. 2,117,18.

अनन्यापत्य Adj. *keine andere Nachkommenschaft habend* ebend. 2,126,8.

अनन्वीक्षमाण Adj. *nicht hinschauend* Âpast. Çr. 15,11,7.

अँनपचाय्यमान Adj. *nicht geehrt werdend* TBr. 2,7,18,1.

अनपरोँध्य Adj. *nicht aus seinem Besitz zu vertreiben* Taitt. Âr. 6,5,2.

अनपहत Adj. *nicht ausgehülst.*

अनपाकृष्ट Adj. *nicht herabgezogen, — erniedrigt* Spr. 4766.

अनपूपाकृति Adj. *nicht kuchenförmig* Âpast. Çr. 1,25,4.

अनभिख्यातदोष Adj. *dessen Verbrechen nicht bekannt ist* Jâǵn. 3,301.

अनभिजल्पित Adj. सान्त्वेन *nicht von freundlichen Worten begleitet* MBh. 12,84,7.

अनभिजात auch *unhöflich, unmanierlich* Harshaḱ. 211,17.

अनभिधून्वन्त् Adj. *nicht befächelnd* Âpast. Çr. 15,8,14.

अनभिप्राणन्त् Adj. *nicht darüber einathmend* Âpast. Çr. 15,2,11.

अनभिप्रेत Adj. *unerwünscht, unlieb* Bhâg. P. 3, 31,25.

अँनभिमानुक Maitr. S. 1,4,13.

अनभिशङ्क Adj. *ohne Argwohn* Daçak. (1925) 2, 97,2.

अनभिशङ्कित Adj. *keine Scheu habend, unbesorgt* Kshurikop. 14. °म् Adv. *ohne Scheu, unbesorgt.*

अनरित्र Adj. *ohne Ruder* MBh. 5,63,8, v. l.

अनवक्रामम् Absol. *ohne zu betreten* Âpast. Çr. 2,13,7.

अनववृष्ट Adj. *nicht beregnet* Âpast. Çr. 15,21,8.

2. अनवस्थान 1) Bhâg. P. 5,6,2.

अनश्नुवान Adj. *nicht gelangend zu* (Acc.) Ragh. 18,47.

अनस्थि auch *ohne Kern, — Stein* (Frucht) Karaka 6,1.

अनाकस्मिक Adj. *nicht zufällig* Daçak. (1925) 2,93,16.

अनाकुल 1) °ला वृत्तिः Titel eines *Commentars* Bühler, Âpast. Transl. XLIII.

अनाकृत्स्नगता f. N. pr. einer Nâga-Jungfrau Kâraṇḍ. 4,4.

अनाक्रोशक Adj. *nicht schmähend, — schimpfend* Çâṅkh. Gṛhj. 4,12.

अनाक्षारित Adj. *unbescholten* M. 8,355.

अनाचरत् Adj. R. 2,39,19 nach dem Comm. = दुष्टाचारहीन.

अनाचरित Adj. *nicht geübt, unterlassen* MBh. 2, 44,24.

2. अनाचार Adj. *ungesittet* Daçak. (1925) 2,125,3.

अनाच्छृष Adj. *nicht übergossen* TS. 5,1,7,4.

अनादर्शक m. N. pr. eines fabelhaften Berges Kâraṇḍ. 91,14.

अनादर्शना f. N. pr. einer Gandharva-Jungfrau Kâraṇḍ. 4,16.

अनादित्य Adj. *sonnenlos, bewölkt* Varâh. Bṛh. S. 2,9.

अनादिबोधायन Titel eines Werkes Opp. Cat. 1.

अनाप्नुवत् Adj. *nicht gelangend zu, — theilhaftig werdend* Ragh. 2,73.

अनाप्लवमान n. *sich nicht badend, — waschend* Lâṭj. 9,2,18.

अनाभव Adj. = अनाभू Kap. S. 4,6.

अनामगृहीत Adj. (ein Piṇḍa) *bei dem der Name* (des Ahnen) *nicht ausgesprochen worden ist* Âpast. Çr. 1,9,5.

अनामयस्तव m. Titel eines Werkes Opp. Cat. 1.

अनायतिक्षम Adj. *nicht erspriesslich für die Folge* Spr. 198.

अनालम्भुक Kap. S. 48,16.

अनासादित Adj. *nicht erreicht, wozu man nicht gekommen —, nicht gelangt ist* MBh. 1,95,59. Spr. 6908.

2 अनाहुत Adj. *nicht geopfert* R. 1,13,10.

अनिकृति f. *Ehrlichkeit* MBh. 5,90,102.

अनिक्षिप्तधुर, auch Kâraṇḍ. 1,12 °धूर.

अनिङ्ग्य und °शिता f. Titel von Werken Opp. Cat. 1.

अनिमन्त्रित Adj. *uneingeladen* MBh. 13,104,143.

अनिरुद्धसंहिता f. Titel eines Werkes Opp. Cat. 1.

अनिर्भिन्न auch *nicht durchschossen, — verwundet* MBh. 6,81,43.

अनिर्वचनीयवाद m. Titel eines Werkes Opp. Cat. 1.

अनिर्विण्ण Adj. *unverzagt, gutes Muths.* °म् Adv. *unverdrossen* Hem. Par. 2,376.

अनिवर्तिन् 1) *b*) *unabänderlich* MBh. 14,32,26.

अनिषु Adj. *ohne Pfeil* Lâṭj. 3,6,8.

अनिष्कधृक् Adj. *nicht einen* Nishka *genannten Schmuck tragend* R. 1,6,9.

अनिष्कासिन् Adj. *woran kein Speiserest haftet* Âpast. Çr. 2,7,2.

अनि[:]ष्टुब्ध Adj. *unausgehöhlt* Âpast. Çr. 15,5, 9. 9,2.

अनीक m. N. pr. eines Prâkrit-Dichters Hâla 10.

अनीकिनी Ragh. 18,9.

अनुगन्तव्य *wonach man sich zu richten hat* Hit. 116,17. *aufzusuchen, ausfindig zu machen* P. 6,1, 7, Sch.

अनुगमनविधान n. Titel eines Werkes Opp. Cat. 1.

अनुगर्जित n. *Widerhall* Kumâras. 6,40.

अनुगायस् Adj. *dem Gesang nachtönt* RV. 3,5,34.

अनुगीत n. *ein nachahmender Gesang* 294,31.

अनुगुणित zu streichen; s. गुणय् mit अनु.

अनुगोदम् Adv. *am Flusse* Godâ Ragh. 13,35.

अनुग्रहित Adj. *beschäftigt mit* (Instr.) R. 1,7,15.

अनुचरित n. *Wandel, Begebenheit, Geschichte.*

अनुच्चित Adj. *nicht abgepflückt* Kathâs. 18,277.

अनुच्छिन्दत् Adj. *nicht verletzend* Çâṅkh. Br. 2, 8,13.

अनुज्ञाप्य Adj. *zu gewähren* Pańkad. 26,7.

अनुतर्षुल auch MBh. 11,7,20.

अनुत्तर m. *ein best.* Samâdhi Kâraṇḍ. 52,3.

अनुद्धत m. *ein nicht hervorragender Platz* TBr. 2,7,6,2.

अनुद्वार Adj. *von hinten den Eingang habend* Gobh. 4,7,19.

अनुनिनीषा f. *der Wunsch Jmd* (Gen.) *für sich zu gewinnen, — es Jmd recht zu thun* Hem. Par. 2,154.

अनुपचित Adj. *nicht recht von Statten gehend* Bhâg. P. 3,20,47.

अनुपज्वलित Adj. *nicht angezündet* Çat. Br. 11, 8,3,7.

अनुपध्मात Adj. *nicht angeblasen* ebend.

अनुपमसंस्कारिग्रन्थ m. Titel eines Werkes Opp. Cat. 1.

अनुपरिक्रामम् Absol. *der Reihe nach umhergehend* TS. 5,5,10,6.

अनुपरिचारम् Absol. *der Reihe nach umwandelnd* Kap. S. 32,7.

अनुपलब्धिवाद m. Titel eines Werkes Opp. Cat. 1.

अनुपविशत् Adj. *sich nicht setzend* Âçv. Gṛhj. 3,7,1.

अनुपिण्डम् Adv. *bei jedem Kloss* Âpast. Çr. 1,9,14.

अनुप्रिय Adj. *beliebt* MBh. 2,5,73.

अनुभवसूत्र n. Titel eines Werkes Opp. Cat. 1.

अनुभाविन् nach den Erklärern *ein Jüngerer* (als der Verstorbene), *ein Trauernder* oder = समानोदक.

अनुभ्रष्टतेजस् Adj. *dessen Glanz geschwunden ist* (Agni) Kap. S. 29,4.

अनुमान n., °खण्ड, °निरूपण n., °प्रकाशिका f., °प्रवेश m., °मणि m. und °वाद m. Titel von Werken Opp. Cat. 1.

अनुमार्जन n. *das Glattstreichen* Comm. zu Kâtj. Çr. 2,6,11.

अनुमिति f., °मानसत्वविचार m. und °रहस्य n. Titel von Werken Opp. Cat. 1.

अनुयाज, Nom. abstr. °त्व n. Kap. S. 41,7.

अनुयियासु Adj. *Jmd* (Acc.) *zu folgen wünschend* Hem. Par. 1,121.

अनुराग 5) N. pr. eines Prâkrit-Dichters Hâla 33.

अनुलापिन् Adj. *nachsprechend* Hem. Par. 8,334.

अनुलेपण Âpast. fehlerhaft für °लेपन.

अनुष्टुभ् auch Titel eines Werkes Opp. Cat. 1.

अनुसंचर Adj. *nachgehend, begleitend;* mit Acc. TBr. 3,7,4,9.

अनुसर्ग m. s. oben अननुसर्ग.

अनृतवद Adj. *lügend* VP. 3,12,6.

अनेकशतभौम Adj. *viele Hunderte von Stockwerken habend.*

अनेकान्त, Z. 3 lies अनेकार्थः.

अन्त 4) Z. 4. अकृपान्तम् ist Adj.

अन्तःपरिचारिका f. *Dienerin im Harem.*

अन्तःपुरवास Adj. (f. आ) *im Harem wohnend* Hem. Par. 3,240.

अन्तकपुर n. *die Stadt des Todesgottes.* °रं गमयितुम् so v. a. *umbringen* Daçak. (1925) 2,76,12.

अन्तकानन n. *der Rachen des Todesgottes* ebend. 2,81,2.

अन्ततरम्, तृणमन्ततरः कर् so v. a. *Jmd* (Acc.) *auf das Höchste verachten* MBh. 3,281,17. R. 3,62,1.

अन्तरपतित Adj. *verschwunden, so v. a. nicht in Betracht kommend* Kâd. 2,111,14.

अन्तराय m. *Hinderniss* Âpast. Çr. 9,16,9. 10.

अन्तर्जलेशय Adj. *im Wasser liegend* MBh. 1,29,27.

अन्तर्भावप्रकाशिका f. und °भाववाद m. Titel zweier Werke Opp. Cat. 1.

अन्तःसुषिरिन् Adj. *im Innern hohl* Hem. Par. 2,195.

अन्तितर Adj. *dicht vor Jmd stehend* MBh. 3,269,10.

अन्त्रकूजन n. *Kollern im Leibe.*

अन्धकाल m. *eine best. Hölle* Kâraṇḍ. 18,14.

अन्धंभविष्णु Hem. Par. 6,244.

अन्धव्यूह m. *ein best.* Samâdhi Kâraṇḍ. 92,21.

अन्नचिकित्सा f., अन्नपानविधि m. und अन्नंभट्टीय n. Titel von Werken Opp. Cat. 1.

अन्निका f. N. pr. einer Frau Hem. Par. 6,45. 83.

1. अन्य 7) अन्यद् Adv. *als* (mit Abl.) nach einem vorangehenden अन्य Mahâbh. (K.) 88,9. को ऽन्यो ऽभिसंबन्धो भवितुमर्हत्यन्यदतः स्थानात् 119, 22. 175,21.

अन्यशृङ्ग n. *das eine Horn* Maitr. S. 1,4,15.

अन्यादृश auch *ungewöhnlich, fremd, nicht wie es sein sollte* Kâd. 2,78,23. 106,15.

अन्यापदेश m. Titel eines Werkes Opp. Cat. 1.

अन्याय, °वृत्ति Adj. = °वर्तिन् Daçak. (1925) 2, 79,10.

अन्यायधन्यचरित n. und अन्यायपञ्चक n. Titel zweier Werke Opp. Cat. 1.

अन्योऽन्यकृत्य n. Pl. *gegenseitige Dienstleistungen* Çâk. 193.

अन्वग्ज्येष्ठ Adj. *der nächstälteste* Âpast. Çr. 9,20,7.

अन्वग्रम् Adv. *von unten nach oben* ebend. 2,13,1.

अन्वत्रस्त Adj. MBh. 5,48,3 (5,1811) fehlerhaft für अवित्रस्त.

अन्वाकर्षीयम् Absol. *der Reihe nach hersagend* Maitr. S. 1,9,8.

अन्विच्छा f. *das Suchen* Dhâtup. 16,13.

अपकरुण Adj. *grausam* Bhâg. P. 5,26,13.

अपकर्षणीय Adj. *zu anticipiren* Nilak. zu MBh. 3,170,21 (शरैः st. शरीरैः zu lesen).

अपक्षिगणसंघात Adj. *wo keine Vögel zusammenkommen* Hariv. 3,31,25.

अपक्षिगणसंपात Adj. *wo sich keine Vögel zeigen* Hariv. 12302.

अपगतरश्मिवत् Adj. *strahlenlos geworden* Ind. St. 10,318 (अव° fehlerhaft; vgl. Comm. zu Sûrjas. 7,20. fg.).

अपचित n. *Vergeltung*, *Genugthuung* MBh. 9, 3620. °चिति v. l.

अ॑पचेतस् Adj. *Jmd* (Abl.) *abgeneigt* TBr. 3,3,11,1.

अपतन्त्र st. आपतन्त्र॑ (Nachtr.) Mân. Çr. 9,1,2.

अपत्यदुःखैकमय Adj. *einzig und allein im Schmerz über die Kinder bestehend* Kathâs. 78,79.

अपत्यस्नेहकृपामय Adj. *erfüllt von Liebe und Mitleid zu den Kindern* Kathâs. 67,84.

अपनोदक Adj. *vertreibend*, *entfernend* Vishnus. 55,7.

अपमद Adj. *frei von Hochmuth* Çobh. 70.

°अपमानक Adj. *verachtend*, *geringschätzend* Monatsb. d. B. A. 1880, S. 46, Z. 20.

अपरकर्मन् n. und अपरक्रिया f. Titel zweier Werke Opp. Cat. 1.

*अपरचानराट n. N. pr. einer Oertlichkeit Kâç. zu P. 6,2,103.

अपरविधि m. und अपरसूत्र n. Titel zweier Werke Opp. Cat. 1.

अ॑परागत TS. 6,6,7,2.

अपरायण Adj. (f. आ) *keine Zuflucht habend* Kârand. 43,16.

अपरिचलित Adj. *unbewegt*, *unbeweglich* Çiç. 11,13.

°अपरिच्युत Adj. *nicht abgefallen von*, — *untreu geworden* Kathâs. 56,169.

अपरिणामिन् Adj. *sich nicht verändernd* Sarvad. 133,3. Nom. abstr. °मित्व n.

अपरितर्कित Adj. 1) *unerwartet*. — 2) *nicht gerichtlich verhört*, — *vernommen*.

अपरितुष्ट Adj. *nicht erfreut* Jâǵn. 3,53.

अपरिवर्गम् auch *ohne Unterbrechung*, *durchgängig* Âpast. Çr. 2,11,3.

अपरिषिञ्चत् Adj. *nicht besprengend* Âpast. Çr. 15,14,4.

अपरोक्षानुभूति f. und अपरोक्षानुभुति f. Titel zweier Werke Opp. Cat. 1.

अपरोध्य Adj. in अनपरो॑ध्य oben.

अपर्वत Adj *ohne Berge* R. 4,63,23.

अपव्याहार m. *profane Worte* Comm. zu Kâtj. Çr. S. 250, N. 3.

अपशकुन n. *ein ungünstiges Omen* Vâstuv. 1,82.

°अपहृत् Adj. *fortnehmend*, *verscheuchend* Çobh. 63.

अपहेलन n. *Geringschätzung* Mon. d. B. A. 1880, S. 37. Vgl. अवहेलन.

अपाणि, Nom. abstr. °त्व n. MBh. 12,180,13.

अपाणिग्रहणा Adj. f. *unverheirathet* Kathâs. 67,85.

अपानीय Adj. *ohne Trinkwasser* MBh. 1,140,78.

अपापद् Adj. *frei von Unglück* Çobh. 70.

अपापद Adj. *Heil verleihend* ebend.

अपापाय Adj. *frei von Gefahren* ebend. 47.

अपामार्जन n. Titel eines Werkes Opp. Cat. 1.

अपारिजात Adj. *frei von Feindesschaaren* Çobh. 62.

अपालि Adj. *ohne Ohrläppchen*.

अपिशुन Adj. *nicht verleumderisch* Çâṅkh. Gṛhj. 4,12.

अपीडयत् 3) *nicht quälend*, — *peinigend* MBh. 13,37,3.

अ॑पुण्यशील Adj. (f. आ) *unglückselig* MBh. 2,66,1.

अ॑पुनराभाव m. *das Nichtwiedererscheinen* Maitr. S. 3,8,4.

अपुष्कल, lies *nicht inhaltsvoll*, *seicht*, *matt* und füge Harshak. 138,7 hinzu.

अपूर्वमणि m. Titel eines Werkes Opp. Cat. 1.

अपृथग्भूत Adj. *nicht verschieden*, *identisch* Daçak. (1925) 2,74,10.

अप्पकवि m. N. pr. eines *Dichters* und °कवीय n. Titel seines Werkes Opp. Cat. 1.

अप्रगीत Adj. *nicht singend hergesagt* Sarvad. 169,17.

अप्रचरणीय Adj. *nicht im Gebrauch befindlich*, *zur Reserve bestimmt* Âpast. Çr. 15,6,11.

अप्रचेतित Adj. *unbemerkt* Bhaṭṭ. 8,24.

अप्रच्छादयत् Adj. *nicht verbergend* Sarvad. 118,22.

अप्रतप्त Adj. *nicht erhitzt*, *kalt* (Eisen) Bhâg. P. 6,16,24.

अ॑प्रतिदग्ध Adj. *nicht verzehrt*, — *verschlungen* Maitr. S. 1,4,10 (Kâth. 32,7).

अप्रतिजल्पत् Adj. *nicht antwortend* R. 6,98,12.

अप्रतितर्कित Adj. *unerwartet* oder *wovon man sich keine Vorstellung zu bilden vermag*.

अप्रतिबोधवत् Adj. *ohne Bewusstsein*, — *Intelligenz* VP. 1,5,6.

अ॑प्रतिविद्ध Adj. *unverwundet*.

अप्रतिशङ्कमान Adj. *kein Bedenken tragend*.

अप्रतिसंक्रम Adj. (f. आ) *worauf sich Nichts abspiegelt* Sarvad. 155,3.

अप्रतीघात Adj. *auf keinen Widerstand stossend* Ragh. 17,68.

अप्रतीहारम् Absol. *ohne darauf zu tupfen* Kauç. 28.

अप्रत्युत्थायिक (falsch) und अप्रत्युत्थायुक (v. l. richtig) Adj. *sich vor Jmd nicht erhebend* Gop. Br. 1,3,19.

अप्रवृत्त Adj. *schlecht verfahrend* MBh. 13,145,13.

अप्रान्त 7) hierher wohl °दमक *unerwachsene* (Thiere) *zähmend* MBh. 13,23,79. = अदान्त Nilak.

अप्रार्थनीया Adj. f. *um die man sich nicht bewerben darf* MBh. 4,14,36.

अप्रासुक Adj. = सचित्त Çilâṅka 2,4.

अप्रीत Adj. *unbefriedigt*, *unzufrieden*.

अ॑प्सस् (?), यदप्सश्चकृमा वयम् parallel mit यदेनश्चकृमा वयम् Maitr. S. 1,10,2 (Kâth. 9,4. अप्स्वस् Kap. S. 8,7). Man könnte अ॑हस् oder आ॑गस् vermuthen.

अफलीकृत Pl. *unenthülste Reiskörner* Âpast. Çr. 15,5,20.

अबद्ध 3) *noch nicht hervorgetreten*, *noch fehlend* Ragh. 18,47.

अबलिमन् m. *Entkräftung*.

अबिभ्रत् Adj. *nicht unterhaltend*, — *ernährend* MBh. 12,10,22.

1. अबीज n. Nom. abstr. °त्व n. MBh. 12,320,33.

अब्दुर्ग Adj. *durch Wasser unzugänglich* M. 7,70.

अब्रह्मचर्य n. *Verletzung der Enthaltsamkeit* Âpast. Çr. 15,21,7.

अब्रह्मविद् Adj. *den Veda nicht kennend* MBh. 3,186,18.

अभक्ष्यभक्ष्यप्रकरण n. Titel eines Werkes Opp. Cat. 1.

1. अभय 4) *c*) (Nachträge) an den angeführten Stellen *ein die Sicherheit der Person andeutendes* oder *versprechendes Symbol*. Vgl. z. B. Ward, a View of the History u. s. w. III, S. 11 «and with the fourth (hand) he (Çiva) forbids fear»

अभयडिण्डिम, °मं दा so v. a. *unter Trommelschlag Sicherheit der Person verkünden* Kathâs. 118,104.

अभिक्लूयम् Absol. *befeuchtend* Çat. Br. 14,1,2,14.

अभिगर्जित n. = अभिगर्जन R. 4,14,1.

अभिग्रह 5) *Gelübde* Hem. Par. 8,110. 116. 131.

190. 192.

अभिजात 3) n. *Nativität* Bhâg. P. 1,16,1.

अभिज्वलन n. in चित्ताभि°.

अभिडीन n. *eine Art Flug* MBh. 8,41,27.

अभित्ति auch *eine fehlende Wand* Kathâs. 6,50.

अभित्वमान (!) m. *swift messenger* J. A. S. Beng. 47,405,35.

अभिदोषम् Adj. *gegen Abend* Âpast. Çr. 15,21,7. अतिदोषम् v. l.

अभिदोह्न n. *das Daraufmelken* Âpast. Çr. 15,2,3.

अभिनति f. *das Sichzuwenden* Kap. S. 7,6. Kâṭh. 8,10.

अभिनमिता f. N. pr. einer Gandharva-Jungfrau Kârand. 4,22.

अभिनयदर्पण m. und अभिनवकावेरीमाहात्म्य n. Titel zweier Werke Opp. Cat. 1.

अभिनिनर्तम् Absol. *einzeln wiederholend* Çâṅkh. Br. 17,8.

अभिन्ननिमित्तोपादान n. und °समर्थन n. Titel zweier Werke Opp. Cat. 1.

अभिन्नपरिवारा f. N. pr. einer Nâga-Jungfrau Kârand. 4,7.

अभिप्लव auch *Wasserhuhn* Vishnus. 44,16.

अभिमुखी Adv. mit कर् *vorwärts treiben* Daçak. (1925) 2,71,16.

अभिरामीय n. und अभिलषितार्थचिन्तामणि m. Titel zweier Werke Opp. Cat. 1.

अभिविक्षेप m. *das Schwingen der Flügel über Jmd* oder *Etwas* Comm. zu Âpast. Çr. 15,18,9.

अभीतिस्तव m. Titel eines Werkes Opp. Cat. 1.

अभीसार m. *Angriff* MBh. 7,191,31.

अभूमिद् Adj. *kein Land verschenkend* MBh. 3, 200,127.

अभेदखण्डन n. Titel eines Werkes Opp. Cat. 1.

अभ्यग्र 3) *mit der Spitze zugewandt zu* (Acc.) Âpast. Çr. 2,9,6.

अभ्याघारम् Absol. in पुनरभ्याघारम्.

अभ्यादाह्य m. *Feuer von einem Hausbrande* Âpast. Çr. 9,3.

अभ्यायुक्त Adj. *kommend zu* (Acc.) Kap. S. 44,2.

अभ्युद्धरण n. *Errettung* MBh. 11,6,3.

अभ्युपगम 4) lies 223,26.

अभ्रमुप्रिय, °तम Vikramâṅkak. 5,16.

अमनस्विन् Adj. *betrübt* R. 2,48,1.

अमनुष्यनिषेवित Adj. *von Menschen nicht besucht, — bewohnt* MBh. 3,64,129.

अमरकोशपञ्चिका f., °कोशपदपारिजात m. und °कोशबृहद्वृत्ति f. Titel von Commentaren zu AK. Opp. Cat. 1.

अमरराज m. N. pr. eines Prâkrit-Dichters Hâla 7.

अमरशेष m. und अमररूक Titel zweier Werke Opp. Cat. 1.

अमरुपरिक्षित Adj. *nicht von einer Sandöde umgeben* Gobh. 4,7,8.

अमृत m. N. pr. eines Prâkrit-Dichters Hâla 43.

अमृततरंगिणी f. Titel eines Werkes Opp. Cat. 1.

अमृतपलाश Adj. (f. आ) *mit unvergänglichem Laube* Âpast. Çr. 6,7,1.

अमृतबिन्दु m. *ein best.* Samâdhi Kârand. 51,22.

अमृतबिन्दुस्कन्दोपनिषद् f. Titel einer Upanishad Opp. Cat. 1.

अम्बरीष 4) R. 5,3,5.

अम्बास्तव m. Titel eines Werkes Opp. Cat. 1.

अयज्ञीय Adj. = अयज्ञिय 1) Kap. S. 39,4.

अयनचयनादिगणित n. Titel eines Werkes Opp. Cat. 1.

अयःशर्फ Adj. *erzhufig* Taitt. Âr. 6,5,2.

अयाचितृ Nom. ag. *nicht bittend, — werbend* Kumâras. 1,53.

अयूथिक Adj. *vom Schwarm getrennt* (Taube) Kâṭh. Gṛhj. 44,a = Mân. Gṛhj. 2,17.

अयोध्यामाहात्म्य n. Titel eines Werkes Opp. Cat. 1.

अयोऽशन Adj. *von Eisenfeil sich nährend* Hariv. 6164.

अरज Adj *staublos, rein* (Gewand) R. ed. Bomb. 3,72,4.

अरजस्क Adj. auch *staublos* Hem. Par. 3,62.

अरडा f. N. pr. einer Göttin Gobh. 4,4,29.

1. अरणि 1) lies (*m.). Bildlich so v. a. *Mutter* Hariv. 7022 nach Nîlak.

अरहित Adj. *nicht aufgegeben, — fehlend* Çiç. 17,21.

अरिक्त 1) Nom. abstr. °ता f. Âpast. Çr. 15,14,18.

अरुज् auch *gesund* J. A. S. Beng. 48,42.

अरुणाधिकरणमञ्जरी f. und अरुणामोदिनी f. Titel zweier Werke Opp. Cat. 1.

अरूढ Adj. *unbekannt, unverständlich.*

अरूढमूल Adj. *noch keine Wurzeln geschlagen habend.* Nom. abstr. °त्व n. Spr. 90.

अरूपविशेष Adj. *wo keine besonderen Formen bestehen* Kârand. 18,19.

अरोचुक Adj. *kein Gefallen erweckend* Maitr. S. 1,4,12.

अरोम Adj. (f. आ) *unbehaart.*

अरोष m. *kein Zorn* MBh. 10,15,26.

अरोषण Adj. *nicht zum Zorn geneigt.*

अर्कमय Adj. *von der Calotropis gigantea* Âpast. Çr. 15,3,11.

अर्गलपाशक m. *der zur Aufnahme eines Riegels bestimmte Ring* Çilâṅka 2,11.

अर्गलाय्, °यते *einen Riegel bilden* Hem. Par. 13,58.

अर्चनानवनीत n. Titel eines Werkes Opp. Cat. 1.

अर्चा 3) *Reliquie* Çilâṅka 1,377.

अर्चाविभव n. Titel eines Werkes Opp. Cat. 1.

अर्थकार्श्य n. *Dürftigkeit, Armuth* Ragh. 5,21.

अर्थकिल्बिषिन् Adj. *sich am Gelde vergehend* M. 8,141.

अर्थचर्या f. *Verrichtung eines Geschäfts* Âçv. Gṛhj. 3,7,8.

अर्थतृष् Adj. *nach Geld begierig* Bhâg. P. 11,8,31.

अर्थदीपिका f. und अर्थपञ्चक n. Titel zweier Werke Opp. Cat. 1.

अर्थपारुष्य n. *in Geldangelegenheiten an den Tag gelegte Härte* Pañkat. ed. orn. 38,23.

अर्थमनस् Adj. *einen Zweck sich vorstellend* Gobh. 4,5,8.

अर्धकार्षिक Adj. *einen halben* Karsha *wiegend* Suçr. 2,88,10.

अर्धकुण्डलकार्षिन् Adj. *einen halben Ohrring tragend* MBh. 13,14,293.

अर्धद्विचतुरश्रक m. *eine best. Stellung* Vikr. 64,3.

अर्धभग्न Adj. *halb zerbrochen* Pañkat. 217,21.

अर्धमण्डित Adj. *halb geschmückt* Hem. Par. 1,318.

अर्धराज m. N. pr. eines Prâkrit-Dichters Hâla 26.

अर्धाध, Loc. *auf halbem Wege* Âpast. Çr. 15,13,9.

अर्यपत्नी, lies Adj. f. Pl. *Arier zu Herren habend.*

अर्हत्तिका f. N. pr. einer buddh. Nonne Daçak. (1925) 2,121,18.

अलक्ष्मन् Adj. *Böses verkündend* MBh. 6,112,12.

अलंकर्मीण mit Loc. Hem. Par. 1,126.

अलंकार 4) *ein best.* Samâdhi Kârand. 51,12.

अलंकारनिकर्ष m., °कारमयूख m., °काररहस्य n. und °कारराघव n. Titel von Werken Opp. Cat. 1.

अलङ्घ्यत्व Adj. *nicht übertretend* (einen Befehl) Ragh. 9,9.

अलमेलमङ्गास्तोत्र n. Titel eines Werkes Opp. Cat. 1.

अलिक m. N. pr. eines Prâkrit-Dichters Hâla 107.

अलिवन्द m. neben बलिवन्द (बलिवर्द) Kâṭh. 5,12,1.

अलोभवत् Adj. *frei von Begierde* Çobh. 77.

अल्पकाय Adj. *hager, mager* MBh. 3,133,9. Nom. abstr. °त्व n. Suçr. 1,175,17.

अल्पकृच्छ्र n. Instr. *mit geringer Mühe.*

अल्पजीविन् Adj. *nicht lange lebend* Hariv. 9320.

अल्पदर्शिन् Adj. *von geringer Einsicht.*

अल्पराधस् Adj. *dem Weniges gelingt, unglücklich.*

अल्पातङ्क Adj. *wenig Leiden habend, gesund.* Nom. abstr. °ता f. Kârand. 18,8. 89,12.

अल्पाबाध Adj. dass. Nom. abstr. °ता f. Kârand. 89,12.

अल्पीभाव m. *Verringerung* Dhâtup. 9,39. 32,24.

अवकुण्ठन, °कृताव° Adj. (f. आ) *eingehüllt in* Harshak. 147,13.

अवकुत्सित n. *Tadel* Nir. 1,4.

अवकोशिन् Hem. Par. 2,11.

अवगतरश्मिवत् Ind. St. 10,318 fehlerhaft für अपगत°.

अवगध eher m. Pl. N. pr. eines Volkes.

अवगन्तोस् Abl. Inf. zu गम् mit अव TS. 2,3,1,4.

*अवगीत n. *Tadel, üble Nachrede.*

अवघ्र 1) Adj. *küssend*, so v. a. *unmittelbar berührend* Âpast. Çr. 2,13,10. — 2) m. = अवघ्राण ebend. 15,11,14.

अवघ्रापण n. *das Beriechenlassen* Âpast. Çr. 15,2,3.

अवच्छेदकतत्त्वनिरुक्ति f., °च्छेदकतानिरुक्ति f., °च्छेदकतामाला f., °च्छेदकतालेश m., °च्छेदकतावाद m. und °च्छेदकतासार Titel von Werken Opp. Cat. 1.

अवतपन n. *Mittel zur Bekämpfung* (einer Krankheit) Karaka 3,6.

अवज्वलन, lies *das Beleuchten.*

अवटङ्क m. N. pr. eines Prâkrit-Dichters Hâla 37.

अवडीन m. *eine Art Flug* MBh. 8,41,26. 28.

अवधूत und °क n. Titel einer Upanishad.

अवन 1) m. *Retter* Çobh. 45. 93. — 2) f. ई N. pr. eines Flusses Hariv. 2,109,21.

अवन्तिसुकुमाल m. N. pr. eines Mannes Hem. Par. 11,134. Vgl. अवन्ती° (Nachtr.).

अवबोधनीय, lies *zu rügen, zu tadeln.*

अवमोहन n. *Betäubungsmittel* Karaka 6,12.

अवयव m., °क्रोड, °ग्रन्थ m., °टिप्पणी f. und °शिरोमणि m. Titel von Werken Opp. Cat. 1.

अवरतस् *wenigstens* Mahâbh. (K.) 118,4. 234,3. 21. 246,4.

अवर्णि und °शिक्षा f. Titel von Werken Opp. Cat. 1.

अवर्षिष्यत् Adj. (f. °न्ती) *nicht nach Regen aussehend* (Himmel) Kâth. 25,10.

अवलगन n. *das Gewinnen Jmds* Hem. Par. 8,12.

अवलोकितलक्ष्मी f. N. pr. einer Kiṃnara-Jungfrau Kârand. 6,3.

अवसंडीन n. *eine Art Flug.*

अवसभ, lies *in Gesellschaft* (von Männern) *gerathen.*

अवस्वापनिका und °स्वापिनी f. *die Zauberkunst* (विद्या) *der Einschläferung* Hem. Par. 2,173. 182. 184. 186.

अवाग्र Adj. *mit der Spitze abgewandt* Âpast. Çr. 2,9,6.

अविकल्पित Adj. *keinem Zweifel unterliegend* Sarvad. 146,6.

अविकूणित Adj. *nicht zugehalten* (Nase) Hem. Par. 8,80.

अविकृत 2) Gaut. 1,18 so v. a. *ungefärbt.*

अविखण्डित Adj. *nicht gestört*, — *in Unordnung gebracht* Mârk. P. 16,70.

अविगलित Adj. *unversieglich* Bhâg. P. 5,1,27.

अविचेष्टत् Adj. *sich nicht rührend, unbeweglich* MBh. 13,40,58.

अवितर्कित Adj. *wovon man keine Ahnung gehabt hat.*

अवितृप्त Adj. *nicht satt, unbefriedigt;* die Ergänzung im Gen. oder Loc. °काम Adj. *dessen Wünsche unbefriedigt sind.*

अवित्रस्त Adj. *unerschrocken.*

अविदित, °तः पित्रोः *ohne Wissen der Eltern*, °ते पितुः *o. W. des Vaters*, °तं (Adv.) तस्य *o. sein W.*

अविद्विष् Adj. *keine Feinde habend* Çobh. 62.

अविनिपातित Adj. *nicht verfehlt, gelungen* MBh. 12,89,14.

अविपक्व auch *nicht vollkommen zu Nichte geworden* Bhâg. P. 1,6,22.

अविप्रहृत Adj. *unbetreten.*

अविभाव्य Adj. *nicht wahrnehmbar*, — *vernehmbar*, — *erkennbar*, — *fassbar.*

अविमुक्तोपनिषद् f. Titel einer Upanishad Opp. Cat. 1.

अविराग m. N. pr. eines Prâkrit-Dichters Hâla 123.

अवी Hem. Par. 7,28.

अवीचिसंशोषण m. *ein best.* Samâdhi Kârand. 51,21. 93,9. 94,9.

अव्यतिषङ्गम् Absol. *ohne zu vertauschen* Âpast. Çr. 15,8,10.

अव्यथिष्यै Kap. S. 2,14.

अव्यन्त Adj *nicht weit entfernt von, in der Nähe von* (Abl.) *wachsend* Âpast. Çr. 2,15,1.

अव्यभिचरित Adj. *wogegen nicht gefehlt worden ist* Comm. zu TS. Prât. 2,25.

अव्यापकविषयताशून्यत्वपत्त्र n. Titel eines Werkes Opp. Cat. 1.

अव्रण *ohne Scharten* (Schwert) MBh. 4,8,1.

अशान्तिकृत् Adj. *der keine Ceremonie zur Verhütung übler Folgen vollbracht hat* Âpast. Çr. 15, 21,12.

अशास्त्रविद्वंस् Adj. *ungelehrt* Hariv. 1159.

अशीतिकापर Adj. *über 80 Jahre alt* MBh. 7,125, 73, v. l.

अशीतिपञ्चक Adj. *85jährig* MBh. 7,125,73. Nach Nilak. *400jährig.*

अशोकश्री m. N. pr. eines Sohnes des Bindusâra Hem. Par. 9,14.

अशोकी Adv. mit कर् *von Kummer befreien* und zugleich *zu einem* Açoka-*Baum machen* Z. d. m. G. 27,81.

अश्वकुणप n. *Pferdeleiche* TS. 7,2,10,2.

*अश्वगोष्ठ n. *Pferdestall.*

अश्वपादातसारमेयमय Adj. (f. ई) *aus Reitern, Fussgängern und Hunden bestehend* Kathâs. 27,150.

अश्वलक्षण n. Titel eines Werkes Opp. Cat. 1.

अश्वीय 2) oder *Pferdeschaar.*

अष्टक 4) Bez. des Ṛgveda Opp. Cat. 1. °त्रयभट्टभास्कर, °भाष्य n. und °वर्गप्रयोग m. Titel von Werken ebend.

अष्टगव Adj. *mit acht Ochsen bespannt* MBh. 8, 20,30.

अष्टपद 2) auch Titel eines Gedichtes Opp. Cat. 1.

अष्टपद auch *aus 8 Worten bestehend* Comm. zu Mâlatim. ed. Bomb. S. 8 und Notes S. 1.

अष्टपदमूलिका f., अष्टब्रह्मविवेक m., अष्टभुजाष्टक n., अष्टमङ्गल्य n. und अष्टमहामन्त्र Titel von Werken Opp. Cat. 1.

अष्टवंशवत् Adj. *acht* (schöngeformte) *Röhrknochen* (d. i. *lange Körpertheile*) *habend* R. 5,32,14.

अष्टश्लोकी f., अष्टस्थानपरीक्षा f., अष्टाङ्गनिघण्टु m., अष्टाङ्गहृदयदीपिका f., °हृदयसंहिता f. und °हृदयसंग्रह m. Titel von Werken Opp. Cat. 1.

*अष्टादंष्ट्र auch Adj. *acht Spitzzähne habend* AV. Prât.

अष्टादशपुराणसार Titel eines Werkes Opp. Cat. 1.

अष्टादशर्च *eine Strophe* oder *Lied von 18 Versen* AV. 19,23,15.

अष्टादशवाद m., °दशस्मृति f., °स्मृतिसार und °दशार्थवाद m. Titel von Werken Opp. Cat. 1.

अष्टिक Adj. *die Länge von Achten habend* Çulbas. 1,49.

अष्टोत्तरशतदिव्यदेशनिरूपण n., °देशस्थलमाहात्म्य n., °स्थलश्लोक m. und °शतोपनिषद् f. Titel von Werken Opp. Cat. 1.

2. अस् mit अधिनि *darüber werfen* Kap. S. 32,4.

असंयत 4) *nicht geschlossen.* °कवाट Adj. R. 2, 71,34.

असंशारुक Adj. *nicht zusammenbrechend* Kap. S. 44,9.

असंस्थिति f. *das Nichtruhen in* (im Comp. vorangehend) Çând. 4.

असंकल्पनीय Adj. *wonach man nicht streben soll.*

असंकुचित Adj. 1) *nicht gerunzelt.* — 2) *ungeschmälert.*

असंकृत Adj. *nicht begehrt* MBh. 14,46,19.

असंगत 1) *nicht zusammentreffend.* ध्रुवौ R. 6, 23,11.

असंचलत् Adj. *sich nicht entfernend von* (Abl.).

असंजात Adj. *nicht erstanden, — zum Vorschein gekommen* Spr. 2135.

असंज्ञान n. *Uneinigkeit, Zwietracht mit* (Instr.) TS. 5,3,2,4.

असत्वरम् Adv. *langsam, gründlich* Bhâg. P. 4,9,5.

असदृश m. N. pr. eines Prâkrit-Dichters Hâla 58.

असद्धर्म auch *Ungerechtigkeit* R. 2,35,28; vgl. ed. Bomb.

असनाभि Adj. *nicht verwandt* Kap. S. 2,5.

असमर Adj. *nicht kämpfend, friedfertig* Çobh. 50.

असंपत्ति (Nachtr.) auch *das Misslingen* M. 12,36.

असंप्रेषित Adj. *unaufgefordert* Âpast. Çr. 13,1,6.

असंभवपत्त्र n. Titel eines Werkes Opp. Cat. 1.

असंभिन्दत् auch *nicht untereinander mengend* TBr. 3,7,5,6.

असर्वगोचर Adj. *nicht Allen zugänglich, für Andre verschlossen* AK. 3,4,14,68.

असाधारणग्रन्थ m. Titel eines Werkes Opp. Cat. 1.

असिचर्या f. *Handhabung des Schwertes, Fechtkunst* MBh. 1,132,29.

असिधर m. N. pr. eines Mannes Râgat. 7,1003.

असुतृप् in Bhâg. P. nach dem Comm. = असुतृप.

असुरसंचोदन m. *ein best.* Samâdhi Kâraṇḍ. 52,7.

असुरेन्द्रा f. N. pr. einer Kiṁnara-Jungfrau Kâraṇḍ. 6,21.

अस्खल Adj. *nicht wankend;* m. *Bez. eines best. Feuers* Pâr. Gṛhj. 2,6,10.

2. अस्तम्भ Adj. (f. आ) auch *ohne Pfeiler* Ragh. 1,41.

अस्तृणात् Adj. *nicht streuend* Âpast. Çr. 8,14,4.

अस्थिच्छल्लित, so zu lesen.

अस्पन्दन n. *Unbeweglichkeit* in गर्भास्पन्दन.

1. अस्र 2) *b*) Ragh. 16,15. Kaṇḍak. 70,9.

अस्वरूप Adj. *gestaltlos.*

अस्वाध्यायपर Adj. *dem Studium des* Veda *nicht obliegend* MBh. 13,94,17.

अस्वामिक, f. आ Kâraṇḍ. 45,16.

अहर्दल n. *Mittag* Sûrjas. 3,22.

अहल्यासंक्रन्दन n. Titel eines Werkes Opp. Cat. 1.

अहस्त्रियाम n. Sg. *Tag und Nacht.*

अहिर्बुध्न्यसंहिता f. und अहीन Titel zweier Werke Opp. Cat. 1.

*आकर्षकारिका, lies *eine best. Pflanze* Râgan. 8,65.

*आकष m. *Probirstein.*

आकारकर m. *ein best.* Samâdhi Kâraṇḍ. 51,9. 92,20.

आकालिकातीरम् Adv. *bis zum Ufer der* Kâlikâ Râgat. 4,145.

आकाशप्लवा f. N. pr. einer Kiṁnara-Jungfrau Kâraṇḍ. 5,24.

आकाशभैरव n. und °कल्प n. Titel von Werken Opp. Cat. 1.

आकाशरक्षिता f. N. pr. einer Kiṁnara-Jungfrau Kâraṇḍ. 6,8.

आकाशाधिकरणवाद m. Titel eines Werkes Opp. Cat. 1.

आकिंचन्यायतन n. *Nihilismus* Lalit. 293,10.

*आकृष्टिमन् m. und *आकृष्य n. Nom. abstr. von आकृ॰ gaṇa दृढादि in der Kâç.

आक्ताक्ष Adj. *dessen Büchse geschmiert ist* Taitt. Âr. 4,4,1.

आक्रन्दित n. 1) *Gebrüll.* — 2) *klägliches Geschrei.*

आक्रीडगिरि m. = आक्रीडपर्वत Daçak. (1925) 2,73,6.

आक्रुष्ट n. *lautes Geschrei* Suçr. 1,108,17.

आक्षेप्तर् auch *der Jmd Etwas entzieht* J. A. S. Beng. 47,406,48.

आक्ष्वेडित n. *Gebrumme* R. 6,35,2. 37,43.

आख्यातशिरोमणि m. Titel eines Werkes Opp. Cat. 1.

आगमनगमना f. N. pr. einer Gandharva-Jungfrau Kâraṇḍ. 5,10.

आगमप्रामाण्य n. und आगमसारसंग्रह m. Titel zweier Werke Opp. Cat. 1.

आग्नेय 1) *a*) Bez. einer Form des विसर्प Karaka 6,11. — 4) *h*) Titel eines Werkes Opp. Cat. 1.

आग्र्याधेयिक, f. आ Gop. Br. 1,2,21.

आग्रायणसूत्र n. Titel eines Werkes Opp. Cat. 1.

आघोषिणी f. Pl. *bestimmte dämonische Wesen* Ind. St. 15,144.

आचन्द्रम् Adv. *so lange der Mond bestehen wird* Ind. St. 15,317.

आचन्द्रार्कक्षितिसमकालम् Adv. *so lange Mond, Sonne und Erde bestehen werden* J. A. S. Beng. 47,406,43.

आचारकाण्ड, आचारदर्शन n., आचारदाय m., आचारनवनीत n., आचारप्रशंसा f., आचार्यचम्पू f., आचार्यप्रपत्ति f., आचार्यप्रार्थना f., आचार्यमङ्गल n., आचार्यमहिमन m., आचार्यशिक्षा f. und आचार्यसप्तति f. Titel von Werken Opp. Cat. 1.

आच्छेदनी f. Âpast. Çr. 1,5,5 Bez. der Worte अपां मेध्यम् *u. s. w. bis* शरदः शतम् TBr. 3,7,4,9. 10.

आजिशोभिन् Adj. *im Wettkampf sich auszeichnend* MBh. 1,198,12.

आज्यायंस् TBr. 3,7,5,6 fehlerhaft für ज्यायंस्.

आञ्जनेयपुराण n. und आञ्जनेयस्तव m. Titel von Werken Opp. Cat. 1.

*आढ्यचर Adj. (f. ई) *früher reich gewesen.*

आण्डकोश Adj. *im Ei eingeschlossen* Bhâg. P. 2,1,25.

आण्डपिल्ले m. N. pr. eines Autors Opp. Cat. 1.

आतस् (1. आ + अतस्) Adv. mit angefügtem च *und zwar aus folgendem Grunde* Mahâbh. (K.) 12, 27. 81,4. 95,16. 96,26. 176,6.

आतिपात्रिक (Nachtr.), lies अतियात्रा.

*आतिष्ठद्गु Adv. *bis nach Sonnenuntergang* Bhaṭṭ. 4,14.

आत्मज्ञानोपदेश m. Titel eines Werkes Opp. Cat. 1.

1. आत्मतन्त्र auch *das eigene Lehrbuch* Gṛhjâs. 2,91.

आत्मतत्त्वज्ञातिसिद्धिवाद m., आत्मप्रकाशिकाविवरण n. und आत्मप्रिया f. Titel von Werken Opp. Cat. 1.

आत्मभवायन Adj. Beiw. Nârâjaṇa's Hariv. 8819. 12608.

आत्मविद्याविलास m. Titel eines Werkes Opp. Cat. 1.

आत्मशक्तितापन Adj. Beiw. Nârâjaṇa's Hariv. 12608.

आत्मार्पण n. und °स्तुति f. Titel von Werken Opp. Cat. 1.

आत्मोपज्ञात्य Adj. *des eigenen Geschlechts, seines Gleichen* Pañkat. 63,24.

आत्मोल्लास m., आत्रेयशिक्षा f., आत्रेयसंहिता f., आदिकुण्डलीय n. und आदिकेशवस्थलमाहात्म्य n. Titel von Werken Opp. Cat. 1.

आदित्यज्योतिस् Adj. *der Sonne Licht habend* Çat. Br. 14,7,1,2.

आदित्यस्तोत्र n. Titel eines Stotra Opp. Cat. 1.

आदित्सा f. *das Verlangen zu nehmen* Hem. Par. 1,85.

आदिभरतप्रस्तार m. Titel eines Werkes Opp. Cat. 1.

आदिवराह m. N. pr. eines Prâkrit-Dichters Hâla 85.

आदिविमानजीर्णोद्धार m. Titel eines Werkes Opp. Cat. 1.

आधाकर्मन् n. *eine best. sündhafte Handlung* Çilâñka 2,12.

आधान n., °पञ्चक n. und °पञ्चकप्रयोग m. Titel von Werken Opp. Cat. 1.

आधार्ष्ट्य n. *Feigheit* Dhâtup. 10,18. Vgl. अधार्ष्ट्य.

आनन्दगिरीय n., आनन्दताण्डववर्णन n., आनन्दतारतम्यखण्डन n., आनन्दतिलक m., आनन्दतीर्थीय n., आनन्दराघव, आनन्दवर्धीय n., आनन्दविलास m., आनन्दसागरस्तव m., आनन्दसारतारतम्यखण्डन n. und आनिमित्त Titel von Werken Opp. Cat. 1.

आनुग्राहिक (auch अनु°) Adj. *über* अनुग्रह 1) *handelnd* Mân. Çr. 8 in den Unterschrr.

आनुडावर 1) °तर Compar. Kâth. 27,9.

आनुयाजिक Adj. (f. ई) *zum Nachopfer gehörig* Mân. Çr. 1,3,4. 8,6.

आपतत्तॅ (Nachtr.), अॅपतत्त Mân. Çr.

आपदेवीय n., आपस्तम्बगृह्य n., °स्तम्बधर्म m., °स्तम्बपूर्वप्रयोग m., °स्तम्बप्रयोग m., °स्तम्बश्रौत n. °स्तम्बसामान्यसूत्रभाष्य n., °स्तम्बसूत्र n., °स्तम्बस्मृति f. und °स्तम्बापरसूत्र n. Titel von Werken Opp. Cat. 1.

आपस्तम्भ und °स्तम्भीय = °स्तम्ब und °स्तम्बीय Bühler, Intr. to Âpast. Transl. XXXIII.

आपिशलिशिक्षा f. Titel eines Werkes Opp. Cat. 1.

आपोलुप Adj. = उपोलपॅ Kap. S. 8,3.

आप्तकृत् Adj. *zuverlässig* (Person) MBh. 3,133,18.

आप्तोर्यामस्तोत्र n. Titel eines Werkes Opp. Cat. 1.

आप्येयॅ m. Pl. und आप्येयत्वॅ n. Nom. abstr. = आप्य und °त्व Kap. S. 47,7.

आप्लुत auch *ein Sprung gegen Jmd hin, — auf Jmd.*

आभियोगिक Adj. 1) *wobei Sachkenntniss an den Tag gelegt wird, schlau, raffinirt* Hem. Par. 3,126. — 2) *mit Sachkenntniss zu Werke gehend* ebend. 6,132.

आभिशस्य n., lies *ein Verbrechen, durch welches man* अभिशस्त *wird.*

आभीर 3) *a)* Hem. Par. 7,120.

आभोग m. Titel eines Werkes Opp. Cat. 1.

आॅम् Maitr. S. 1,4,1 (Kâth. 5,3. 32,3).

3. आम Adv. *ja* (Bejahung). आमेति Hem. Par. 3, 93. 95.

आमकोशिन् Adj. etwa *dessen Inneres noch wund ist* (Ohr) Suçr. 1,38,8.

आमपेषॅ (Nachtr.), lies m. Pl. *roh (ungedörrt) zerstampfte Körner.* Auch Âpast. Çr. 8,5,40.

आमुक्त etwa *Rüstung* Hem. Par. 1,40. 8,267.

आम्नायक्रियार्थत्वादिसूत्रविचार m. und आम्नायषट्क n. Titel von Werken Opp. Cat. 1.

आयति auch *Nachkomme, Sohn* Daçak. (1925) 2, 142,16.

आयवापूर्व्य n. = आयवापुर्य ebend. 2,76,15. 18.

आयुष्कृत् Adj. *langes Leben verleihend* Âpast. Çr. 6,21,1.

आरटित n. *Geräusch* Daçak. (1925) 2,136,13.

आरण्यकभट्टभास्कर, आरण्यकभाष्य n., आरण्यकोपनिषद् f., आरण्यभाष्य n., आरण्यमहाप्रस्तानिका (lies °प्रस्थानिका) f., आरण्यशिक्षा f., आरण्योपनिषद् f., आराधनक्रम m. und आरुणशिक्षा f. Titel von Werken Opp. Cat. 1.

आरूढ m. *ein best.* Samâdhi Kâraṇḍ. 52,2.

आरूढज्ञातक n. Titel eines Werkes Opp. Cat. 1.

आर्कायण m. *eine best. Begehung* MBh. 13,103,32.

आर्द्रीभाव m. *das Nasswerden* Dhâtup. 26,16.

आर्यदासी f. N. pr. einer Frau Daçak. (1925) 2,74, 11. 13.

आर्यबुद्धि Adj. *edelmüthig* ebend. 2,111,9.

आर्यवत् m. N. pr. eines Mannes Hem. Par. 1, 288.

आर्याद्विशती f., आर्यापञ्चाशत् f., आर्यास्वर्गारोहणपर्वन् n. (MBh.) und आलवन्दारस्तोत्र n. Titel von Werken Opp. Cat. 1.

आलाप und °क m. *Lection* Hem. Par. 12,189.186.

आवक m. oder °का f. Pl. *eine best. Art den* Veda *zu recitiren* Hemâdri 1,519,7.

आवर्णी f. und °शिक्षा f. Titel von Werken Opp. Cat. 1.

आवश्यक n. und आवश्यिकी f. *religiöse Pflicht* Hem. Par. आवश्यकसूत्र n. Titel eines Gaina-Sûtra.

आव्रस्क m. *ein abgeschnittenes Holzstück* Âpast. Çr. 15,5,11.

आशातना f. *Versuchung* Hem. Par. 8,167.

आशीर्वचनमाला f., आशौचकाण्ड, आशौचचन्द्रिका f., आशौचदीपिका f., आशौचविधि m., आशौचशतक n., आश्रमवासपर्वन् n. (MBh.), आश्रयवाद m., आश्वलायनदीपिका f., आश्वलायनधर्म m., आश्वलायनपूर्वप्रयोग m., आश्वलायनप्रायश्चित्त n., आश्वलायनश्रौत n., °सूत्र n., आश्वलायनसूत्र n., आश्वलायनस्थालीपाक m. und आश्वलायनस्मृति f. Titel von Werken Opp. Cat. 1.

आश्वासनी f. N. pr. einer Kiṁnara-Jungfrau Kâraṇḍ. 6,16.

आसक्तभाव Adj. *verliebt in* (Loc.) Daçak. (1925) 2,92,2.

आसक्तिवाद m. und आसनाध्याय m. Titel von Werken Opp. Cat. 1.

आसन्नकालिक Adj. *der Zeit nach nahe bei einander liegend* P. 5,4,20, Sch.

आसुरकाण्ड Titel eines Werkes (MBh.) Opp. Cat. 1.

आसेचनवत् Adj. *einen Bauch habend* (Gefäss) Âpast. Çr. 15,14,13.

आस्कॅन्दम् Absol. *hüpfend.*

आस्यदघ्न, Loc. *in der Höhe des Mundes* Âpast. Çr. 15,13,3.

आहवशोभिन् Adj. *im Kampfe sich auszeichnend.*

आहिताग्निब्राह्मण n., °ग्निविधान n. und आह्निकभास्कर Titel von Werken Opp. Cat. 1.

आह्लादयितर् Nom. ag. *Erquicker.* Nom. abstr. °तृत्व n. Çaṅk. zu Bâdar. 2,3,25.

3. इ mit समुद्, °देत 1) am Ende eines Comp. *hervorragend in* Âpast. 1,1,11. — 2) *im Besitz aller guten Eigenschaften* Âpast. 2,5,7. 17,5. 18,10. 20, 2. — Mit पत्या *umherwandern* Kap. S. 5,6. — Mit अतिपरि *herumgehen vorbei an* (Acc.) Âpast. Çr. 15,17,8.

इङ्गितमरण n. *eine best. Todesart für* Gaina *im letzten Stadium* Çilâṅka 1,381. 387. 390. 392.

इङ्गरत्न n. und इङ्ग्यशिक्षा f. Titel von Werken Opp. Cat. 1.

इतिक्रम m. Instr. *auf solche Weise* Ragh. ed. Calc. 7,39.

इतिप्रभृति Adj. *so anfangend.*

इतिहाससमुच्चयसंग्रह m. und इतिहासोत्तम Titel zweier Werke Opp. Cat. 1.

इतिहेति Adj. *Neuigkeiten erzählend, klatschend* Çâṅkh. Gṛhj. 4,12.

इत्वर 4) n. = इङ्गितमरण Çilâṅka.

इदंफल Adj. (f. आ) *mit diesem Lohn verbunden* Çaṅk. zu Bṛh. Âr. Up. S. 72.

1. इध्, Caus. इन्धित *angezündet, angefacht* Káraka 6,18.

इध्मबर्हिस् n. *Streu zum Brennen* (?) Z. d. d. m. G. 9,lxxx.

इध्माबर्हिस् n. Sg. und Du. Kâtj. Çr. 2,2,11. 6, 44. 8,2,24.

इन्दिरापरिणय m. und इन्दुरत्नेश्वरप्रसाद m. Titel zweier Werke Opp. Cat. 1.

इन्द्रपट n. *Luftgewand, so v. a. Nacktheit* Kâraṇḍ. 81,6.

इन्द्रपुच्छ Titel eines Werkes Opp. Cat. 1.

इन्द्रमघश्री f. N. pr. einer Gandharva-Jungfrau Kâraṇḍ. 5,9.

इन्द्रमति m. *ein best.* Samâdhi Kâraṇḍ. 94,3.

इन्द्रराज m. auch *ein best.* Romavivara Kâraṇḍ. 85,10.

इन्द्रश्री f. N. pr. einer Gandharva-Jungfrau Kâraṇḍ. 5,9.

इन्द्रियपरिमोचन m. *ein best.* Samâdhi Kâraṇḍ. 92,24.

1. इष् mit उप *hinstreben zu* (Acc.) Maitr. S. 1, 2,14 (Kâth. 3,3. Kap. S. 2,10. Mân. Çr. 1,8,2).

इष्टिनिर्णय m. Titel eines Werkes Opp. Cat. 1.

इष्टिविध Adj. *in die Kategorie der* इष्टि *gehörig* Âpast. Çr. 7,28,1.

इष्टिविषय m. Titel eines Werkes Opp. Cat. 1.

इहमनस् Adj. *hierher den Sinn gerichtet habend* Âpast. Çr. 3,10,2.

3. ई (Nom. ई) soll nach Nilak. MBh. 13,17,107 in चक्री enthalten sein.

ईन् mit निरभ्यव *durchsuchen, durchstöbern* Kâraṇḍ. 44,1.

ईलारण्यमाहात्म्य n. Titel eines Werkes Opp. Cat. 1.

ईड्य MBh. 7,9438 fehlerhaft für ईड्य.

ईरपाद्, eher चेरपाद als ein Wort und als N. pr. eines Volkes zu fassen. ईरपाद wird übrigens auch als Asura gedeutet.

ईर्य 2) zu ईर्यापथ vgl. ऐर्यापथिकी.

ईशावास्यखण्डन n. Titel eines Werkes Opp. Cat. 1.

ईश्वर 4) *d)* N. pr. einer Frau Hem. Par. 13,182.

ईश्वरदीक्षित m. N. pr. eines Autors. °तीय n. Titel seines Werkes Opp. Cat. 1.

ईश्वरसुखवाद m. Titel eines Werkes Opp. Cat. 1.

उक्तभाव Adj. *dem Inhalt nach schon ausgedrückt* Comm. zu Hâla 683.

उक्तार्थ Adj. *dem Sinne nach schon ausgedrückt* Vâmana 2,2,11.

उन्द् mit प्रति *besprengen* Âpast. Çr. 2,8,3.

उग्रमय m. *ein best. Krankheitsdämon* Hariv. 9561.

उचितोपायसंग्रह m. Titel eines Werkes Opp. Cat. 1.

उच्चतुम् Daçak. (1925) 2,125,1.

उच्चारप्रस्रावस्थान n. *Abtritt, Abort* Kâraṇḍ. 46,15.

उच्चित्रण n. *das Ausschmücken, Ausstaffiren* Vikramâñkak. 10,9.

उच्चूली Adv. mit कर् *in nach oben stehende Büschelchen verwandeln* Hem. Par. 2,135.

उच्छोदर्त्रि und °र्त्री f. Titel eines Werkes Opp. Cat. 1.

उञ्छादिस्तम्ब ist mit * zu versehen.

उज्जिहीर्षु Adj. *herauszuziehen —, zu retten wünschend* MBh. 8,80,1.

उज्ज्वला f. Titel eines Werkes Opp. Cat. 1.

उट्टीकित n. *das Aufspringen, Aufhüpfen* Râǵat. 8,722 (तट्टीकित gedr.).

उडुदशापाल n. Titel eines Werkes Opp. Cat. 1.

उड्डाह m. *Verunglimpfung* Hem. Par. 8,405.

उणादिनिघण्टु m. Titel eines Werkes Opp. Cat. 1.

उत्कचकुमुदगणवत् Adj. *von einer Menge aufgeblühter Lotuse umgeben* Bhâg. P. 3,23,38.

उत्कूजित n. = उत्कूज. Pl. Ṛtus. 6,32.

उत्कोचिन् Adj. *bestechlich* MBh. 7,73,32.

उत्क्रुष्ट n. *das Aufschreien.*

उत्तमगाय Adj. *hoch gerühmt* (Vishṇu) Bhâg. P. 4,12,21.

उत्तमपदिन् Adj. *die höchste Stelle von* (Gen.) *bildend, — darstellend* Kap. S. 32,9.

उत्तमश्लोकचन्द्रिका f., उत्तरगार्ग्य, उत्तरचम्पू f., उत्तरपरिच्छेद m., उत्तरप्रायश्चित्त n., उत्तरराघवीय n. und उत्तररामायण n. Titel von Werken Opp. Cat. 1.

उत्तरलक्ष्मन् Adj. *oben gezeichnet* Kap. S. 32,8.

उत्तरश्री f. N. pr. einer Gandharva-Jungfrau Kâraṇḍ. 5,18.

उत्तरसंहिता f., उत्तरसारस्वादिनी f. und उत्तराथर्वण n. Titel von Werken Opp. Cat. 1.

उत्तरोत्तरवक्तर् Nom. ag. *Jmd* (Gen.) *keine Antwort schuldig bleibend* MBh. 2,5,5.

उत्तर्य in चन्द्रोत्तर्य.

1. उत्तार 4) *das Hinaufsteigen* Hem. Par. 12,142.

उत्तिङ्ग m. *ein best. Insect* Çîlâñka 1,379. Kalpas. 124.

उत्त्रासन n. *das Erschrecken* (trans.) Dhâtup. 9,15.

उत्पर्याणित Adj. *abgesattelt* Hem. Par. 12,142.

उत्पाद auch *das Abgeschnittenwerden* Hem. Par. 2,141.

उत्पातिक Adj. (f. ई) *übernatürlich.* भाषा Hem. Par. 8,52. Wohl fehlerhaft für औत्पातिक.

उत्पुप्लुषा f. *das Auffliegenwollen* Hem. Par. 12, 382.

उत्सूत्र Adj. *was nicht im* Sûtra *steht* Mahâbh. (K.) 12,27.

उत्स्रोतस् Adj. *hinaufstrebend* (Pflanzen) Bhâg. P. 3,10,18.

उत्स्वेदन n. *das Wässern* Çîlâñka 2,61.

उदककृत्य n. *eine mit Wasser zu vollziehende Handlung* Âpast. Çr. 15,2,9.

उदकशान्ति f. Titel eines Werkes Opp. Cat. 1.

उदक्कूल Gobh. 4,5,16 fehlerhaft für उदक्तूल.

उदक्तूल Adj. *mit dem Büschel nach Norden gerichtet* (Gras).

उदरताडम् Absol. *sich auf den Bauch schlagend* Spr. 3994.

उदरस्थ auch Adj. *im Mutterleibe befindlich* MBh. 3,132,11.

उदायिन् 2) des Kûṇika Hem. Par. 6,22.

उदिङ्गन n. *das Schwingen* Comm. zu Kâtj. Çr. 2,3,35.

उदितानुदित Adj. *halbaufgegangen* (Sonne) Âpast. Çr. 15,18,13.

उदेतोस्, पुरा सूर्यस्योदेतोः Kap. S. 6,8.

उद्गमदोष m. *ein best. Vergehen* Kalpas. 123.

उद्गूर्ण n. *das Erheben einer Waffe, das Drohen mit e. W.* Jâǵṅ. 2,215.

उद्ग्रन्थन n. *das Durchstecken, Durchschlingen* Comm. zu Kâtj. Çr. 2,7,2.

उद्गोरण n. = उद्गूर्ण Mit. zu Jâǵṅ. 2,215.

उद्घुष्ट n. *Geräusch, Getön.*

उद्घृष्ट n. *ein best. Fehler der Aussprache.*

उद्द्योत 2) *d)* Titel eines Werkes Opp. Cat. 1.

उद्भवकोशक n. *Uterus* Mârk. P. 11,5.

उद्भावन 3) *Entfaltung, Manifestation.* गुणो° Kâraṇḍ. 24,10. °ना f. dass. 14,17. 20. 18,10. 24 13. 48,17.

उद्भूततद्रूपकारणतावाद m. und उद्यापनविधान n. Titel zweier Werke Opp. Cat. 1.

उद्यापनिका f. *Heimkehr von einer Reise* Hem. Par. 4,10.

उद्वदितोस् Gen. Inf. zu वद् mit उद् Maitr. S. 1,4,10.

उन्मत्तराघव n. und उन्मादचिकित्सापटल Titel zweier Werke Opp.

उन्मीनकेतन Adj. *wo der Liebesgott obenan steht* Hem. Par. 8,146.

उपकाश m. 1) *Frühroth* Âpast. Çr. 15,18,13. — 2) *Aussehen.* नीलोप° Adj. *schwarz aussehend* ebend. 6,9,1.

उपच्यवम् m. *das Heranziehen* Ṛv. 1,28,3.

उपजिज्ञास्य Adj. etwa *von Allem in Kenntniss zu setzen* MBh. 13,59,14.

उपजिह्विका f. *Zäpfchen im Halse* Karaka 4,7.

उपतपत् ist n. TBr. 3,9,17,1.

उपतुला f. etwa *Nebengebälk* Varâh. Bṛh. S. 53,30.

उपदिदित्सु Adj. *Etwas* (Acc.) *zu lehren beabsichtigend* Einl. zu Gṛhjâs.

उपदेशकर्णिका f. Titel eines Ǵaina-Werkes Bühler, Rep. 1872—73, S. 10.

उपदेशसूत्र n., °देशविवरण n. und °देशसहस्रक्रतुव्याख्या f. Titel von Werken Opp. Cat. 1.

उपनिग्राह्म् Absol. *in die Nähe von* (Loc.) *bringend* Âpast. Çr. 12,25,1.

उपन्यास 2) *h)* Titel eines Werkes Opp. Cat. 1. °श्लोक m. desgl. ebend.

उपबिलम् Adv. *an der Oeffnung* Âpast. Çr. 15,3,3.

उपमध्यमा f. *Ringfinger* Âpast. Çr. 3,1,2.

उपयम auch *Untersatz* Âpast. Çr. 15,9,10.

उपयमन 3) auch *Untersatz* ebend. 15,9,10. 10, 6. 11,2. 6. 9.

उपयोग 3) *Berechnung.* °गं दा *berechnen* Hem. Par. 3,81.

उपरिष्टात्काल m. *ein späterer Zeitpunct* Âpast. Çr. 15,4,13. 5,5.

उपरिष्टाल्लक्ष्मन् (Nachtr.) bedeutet *oben gezeichnet.*

उपलक्षितवैशिष्ट्यज्ञान n. Titel eines Werkes Opp Cat. 1.

उपविन्ध्याद्रि Adv. *am Gebirge* Vindhja Hem.

Par. 2,166.

उपसंहारविजय m. Titel eines Werkes Opp. Cat. 1.

उपसंपदा f. *der Eintritt in den geistlichen Stand, die Weihe zum Mönch* Kâraṇḍ. 90,24.

उपस्थायुक Adj. *hinzutretend zu* (Acc.) Kâṭh. 7,4.

उपाङ्गिरःस्मृति f., उपादानत्वसमर्थन n., उपाधिमण्डन n. und उपाधिवाद m. Titel von Werken Opp. Cat. 1.

उपानस्यक Adj. als Beiw. Indra's Âpast. Çr. 3,10,2.

उपोति f. Maitr. S. 1,3,5 scheinbar Nom. act. von अव mit उप, aber wohl fehlerhaft für उपोति (उप + इति).

उभयग्रासराहृदय m. Titel eines Werkes Opp. Cat. 1.

उभयचिह्न Adj. *von zweierlei Zeichen, von doppelter Art* Bhâg. P. 3,32,35.

उमेश्वर m. die Göttin Umâ als künftiger Buddha Kâraṇḍ. 90,20.

उरुक्रम n. *der weite Schritt* (Vishṇu's) Maitr. S. 1,3,9 (Kap. S. 3,2. Kâṭh. 4,2).

उरोग्रीव n. Sg. *Brust und Hals* Suçr. 1,208,8.

*उलभीय m. *ein Fürst der* Ulabha Kâç. zu P. 5,3,116.

उल्लिखित n. *Furche, Streifen.*

उषापरिणय m. Titel eines Werkes Opp. Cat. 1.

उष्णीषकुण्डल m. *ein best.* Samâdhi Kâraṇḍ. 51,17 (उल्मीष° gedr.).

ऊनद्विवार्षिक Adj. *noch nicht zwei Jahre alt* M. 5,68.

ऊरी mit कर् *auf sich nehmen, sich unterziehen;* mit Acc. Hem. Par. 6,148.

ऊर्णाम्रदस् Adj. *wollenweich* Âpast. Çr. 2,9,2.

ऊर्ध्वकम्प m. *ein Sprung nach oben.* °म्पं दा *einen S. n. o. thun* Kathâs. 61,91.

ऊर्ध्वपुण्ड्रधारण n. und °पुण्ड्रवचन n. Titel zweier Werke Opp. Cat. 1.

ऊर्ध्वशकल (Kap. S. 41,1) und ऊर्ध्वशल्क (Maitr. S. 3,9,2) *mit aufwärts gerichtetem Spahn.*

ऊर्ध्वशाख Adj. *mit aufwärts gerichteten Zweigen* Kap. S. 41,1.

ऊर्वस्थि n. *Schenkelknochen* Âpast. Çr. 1,3,17.

ऊवध्य, °गोहे Maitr. S. 4,13,4.

1. ऊह् mit अनुप्र *einschieben* Âpast. Çr. 1,21,7. 14,19.

1. ऊह 3) Titel eines Werkes Opp. Cat. 1.

ऋग्वेदपद n., °वेदप्रकृतिपद n., °वेदप्रमाण n., °वेदप्रयोग m., °वेदप्रातिशाख्य n., °वेदब्राह्मण n., °वेदविधान n., °वेदशिवमल्ल, °वेदारण्यक n., ऋजुविवरण n., ऋजुवृत्ति f. und ऋणविमोचनशान्ति f. Titel von Werken Opp. Cat. 1.

ऋतव्य 2) Nom. abstr. °व्यात्व n. Kâṭh. 21,3.

ऋतश्री f. *wahre Schönheit* Âpast. Çr. 2,3,7.

ऋतसधस्थ Adj. *richtig stehend* ebend. 2,3,13.

ऋतुसमाहार m. Titel eines Werkes Opp. Cat. 1.

ऋत्व auch = 2. ऋत्विय 2) Âpast. 2,5,17; vgl. Bühler, Intr. to Apast. Transl. XIV.

ऋत्व्य, Âpast. 2,5,17 hat der Text ऋत्व.

ऋल्लीसक *ein best. musikalisches Instrument* Nilak. zu Hariv. 2,89,68.

ऋषभचर्म *Rindshaut* TBr. 2,7,3,2.

ऋषभदत्त m. N. pr. verschiedener Männer Hem. Par. 1,270. 2,2.

ऋषिमण्डलप्रकरण n. Titel eines Gaina-Werkes Bühler, Rep. 1872—73, S. 10.

एककर्मन् Adj. *dasselbe Geschäft wie* (Instr.) *habend* Daçak. (1925) 2,70,4.

*एकयक्त m. = असङ्ख 2) H. an. 2,87.

एकत्र्यावर्गविकल Titel eines Werkes Opp. Cat. 1.

एकतेजन Adj. (f. आ).

एकतोमुख Adj. (f. आ) *nur nach einer Seite hin gerichtet* TBr. 3,7,5,6.

एकत्वसिद्धिवाद m. Titel eines Werkes Opp. Cat. 1.

एकदमन Adj. *einen Wagenlenker habend.*

एकदृच (!) *ein aus einem oder zwei Versen bestehendes Lied* AV. 19,23,22.

एकनाथार्यभागवत n. Titel eines Werkes Opp. Cat. 1.

एकपुष्कर m. *eine Art Trommel* MBh. 5,94,21.

एकबेरप्रतिष्ठाविधि m. und एकमाला f. Titel zweier Werke Opp. Cat. 1.

एकरश्मि Adj. *einen Zügel habend.*

एकवृष Adj. *einen Stier habend* AV. 5,16,1.

एकव्यूहविभाग Adj. als Beiw. Vishṇu's, *wenn er sich nur als* Vâsudeva *manifestirt*, MBh. 12, 348,57.

एकशास्त्रवाद m. Titel eines Werkes Opp. Cat. 1.

एकशीर्षा f. N. pr. einer Nâga-Jungfrau Kâraṇḍ. 4,3.

एकशूल Adj. (f. आ) *nur einen Spiess habend*, so v. a. *unverästet, ungegabelt.*

एकश्लोकीव्याख्या f. Titel eines Werkes Opp. Cat. 1.

एकसर Adj. (f. आ) *einschnürig* Âpast. Çr. 15,5,7.

एकसामि Titel eines Werkes Opp. Cat. 1.

एकसृक, lies *eine Art Schakal.* Auch Âpast. Çr. 15,19,2.

एकस्रक्तिम् Adj. *nur mit einem* स्रक्तिम् *versehen* Çâṅkh. Çr. 2,3,14.

एकाक्षर 3) a) °निघण्टु m. und °रत्नमाला f. Titel zweier Werke Opp. Cat. 1.

एकादशप्रयोग m. und °दशभाषाव्याख्या f. Titel zweier Werke Opp. Cat. 1.

एकादशर्च *ein Lied von eilf Versen* AV. 19,23,8.

एकादशव्यूह Adj. *in eilf Formen erscheinend* (Rudra) Bhâg. P. 5,25,3.

एकादशीमाहात्म्य n. und °दशीव्रतकल्प m. Titel von Werken Opp. Cat. 1.

एकाभिभाव s. एकोतिभाव.

एकैकत्र Adv. *einzeln* Comm. zu Âpast. Çr. 6,16,12.

एकैकवत् Adj. *nur eines von mehreren Dingen besitzend* Comm. zu Âpast. Çr. 1,14,9.

एकोतिभाव m. *das nur auf ein Ziel Gerichtetsein, Concentration.* चेतसः Lalit. 436,6. एकाभिभाव fehlerhaft 147,8

एकोनविंशतिमुख Adj. *mit 19 Mündern versehen* Mâṇḍ. Up. 3.

एड 1) Hem. Par. 1,318.

एणक 2) f. एणिका N. pr. einer Frau Hem. Par. 8,25.

एतत्काल m. *diese Zeit, Gegenwart* 267,8. 32.

*एतत्तृतीय Adj. *dieses zum dritten Male thuend* P. 6,2.162, Sch.

एरक m. nach Nilak. zu MBh. 3,134,17 = उपदेष्टर्. Es ist aber wohl im Text दशेरकाः zu lesen.

एवंवर्ण Adj. *aus solcher Kaste* Lalit. 441,7.

एवंविदुस् Adj. = एवंविद्वस् Kâṭh. 33,1. 3.

एवंशील Adj. *von solchem Charakter* MBh. 1, 197,24.

एवंशीलसमाचार Adj. *von solchem Charakter und solchem Benehmen* MBh. 13,145,34

एवंसुखदुःखप्रतिवेदिन् Adj. *solche Freuden und Leiden erfahrend* Lalit. 441,7.

एवंगोत्र Adj. *aus solcher Familie* Lalit. 441,6.

एवंचिरस्थितिक Adj. *so lange bestehend* Lalit 441,7.

एवंजाति Adj. *solchen Standes* ebend.

एवंदर्शिन् Adj. *so sehend, so urtheilend* Çik. 58,4.

एवमायुष्प्रमाण Adj. *von solcher Lebensdauer* Lalit. 441,7.

ऐडादध m. = इडादध Âpast. Çr. 3,17,12.

ऐडादधीय Adj. von ऐडादध Comm. ebend.

ऐतरेयारण्यक n. Titel eines Âraṇjaka.

ऐन्द्रियावत Adj. *an* Indra Indrijâvant *gerichtet* Comm. zu Âpast. Çr. 3,15,9.

ऐर्यापथिकी f. *das vorschriftsmässige Eintreten* Hem. Par. 1,452. 13,61.

ऐहलौकिक Adj. = ऐहलौकिक Hem. Par. 3,184.

ओगण, vgl. Pâli ओगण *gewaltig,* — *gross.*

ओंकारवाद m., औत्तरपत्र n. und औद्गात्रप्रयोग m. Titel von Werken Opp. Cat. 1.

औद्देशिक *von einem Almosen, das mit specieller Rücksicht auf einen Mönch bereitet wird*, Çilâṅka.

ग्रीह्व 1) m. Pl. *die beim Ausbreiten der Opferstreu übrig gebliebenen Halme* ÂPAST. ÇR. 8,14,4. — 2) Adj. *aus solchen Halmen bestehend* ebend. 5.

ग्रीह्वमय Adj. = ग्रीह्व 2) Comm. zu ÂPAST. ÇR. 8,14,5.

ग्रीपासनमन्त्र, ग्रीमापत n. und ग्रीषधप्रयोग m. Titel von Werken OPP. Cat. 1.

कवाल, so zu lesen st. कक्काल.

कतिमालिकोपनिषद् f. und कत्यमाला f. Titel zweier Werke OPP. Cat. 1.

*कङ्कपृष्ठी f., so zu lesen st. °पृष्ठिन् m.

कङ्कमय Adj. (f. ई) als Beiw. eines Dolches HEM. PAR. 6,204 vielleicht so v. a. कङ्कमुख.

कञ्चुकोपानह्िन् Adj. *ein Wamms und Schuhe tragend* ÂPAST. 1,8,2, v. l.

2. कँट् Interj. TAITT. ÂR. 4,27.

कटक्कटिति (onomatop. mit इति) *knack!* HEM. PAR. 11,156.

*कटप्र m. *Menge* DEÇIN. 2,13.

कटाभ m. N. pr. eines Daitja HARIV. 3,40,13. घटाभ v. l.

कटिह्ल m. N. pr. eines Prâkrit-Dichters HÂLA 80.

कटीकतरुणा, so zu lesen st. कटीतरुणा.

कटुतिक्त Adj. *beissend und bitter* SUÇR. 2,546,4.

*कठशाठ nach KÂÇ. zu P. 4,3,106 Du. Katha und Çâṭha.

कणमूटक oder °मूडक *Korn* HEM. PAR. 2,713.

कणादन्यायभूषण n. Titel eines Werkes OPP. Cat. 1.

कण्ठतटिनी f. *Gurgel* Ind. St. 15,441.

कण्ठभूषण n. auch Titel eines Werkes OPP. Cat. 1.

*कण्ठमणि bedeutet *Schildknorpel.*

कण्ठसूत्र auch *Halsschmuck* MBH. 7,115,33.

कण्डीरपुष्पी f. *eine best. Pflanze* KARAKA 3,8.

कण्डेलगच्छ, lies *Geschlechts* st. *Mannes.*

कथासार Titel eines Werkes OPP. Cat. 1.

कनककुशल m. N. pr. eines Mannes Ind. St. 14,363.

कनकलेखा f. N. pr. einer Prinzessin DAÇAK. (1925) 2,128,19.

कनकवल्लीपरिणय m. Titel eines Werkes OPP. Cat. 1.

कनकश्री f. N. pr. einer Frau HEM. PAR. 2,83.

कनकसेना f. desgl. ebend. 2,80.

कन्थारिका f. wohl = कन्थारी ebend. 11,152.

कन्दुकावती f. N. pr. einer Prinzessin DAÇAK. (1925) 2,100,17.

कन्दुकोत्सव m. *Ballfest* ebend. 2,100,14.

कन्य 2) ε) N. pr. eines Flusses HEM. PAR. 12,69.

कन्यागार und कन्यागृह n. *Frauengemach* DAÇAK. (1925) 2,130,16. 128,19.

कन्यामाधव Titel eines Werkes OPP. Cat. 1.

कपर्दिस्वामिन्, lies 2) *b)* γ).

कपिञ्जलसंहिता f. Titel eines Werkes OPP. Cat. 1.

कफगुल्म m. *eine vom Phlegma herrührende Anschwellung im Unterleibe.*

3. कमल 2) *e)* γ) eines Prâkrit-Dichters HÂLA 115.

कमलवल्ली f., कमलाकर्णी f., कमलाचलमाहात्म्य n. und कमलिनीकलहंस m. Titel von Werken OPP. Cat. 1.

कम्बलिन् auch Adj. *eine wollene Decke gebrauchend* KALPAS. 123.

कम्र 3) f. आ *ein best. Schlaginstrument* S. S. S. 178.

1. कर् mit प्रत्यप *sich rächen an* (Gen.) DAÇAK. (1925) 2,75,3. — Mit उद् 1) lies MAITR. S. 1,5,13.

करक 9) *b)* **eine best. Pflanze* RÂGAN. 8,65. NIGH. PR. कारिका v. l.

करगृहीति f. *das Ergreifen der Hand* und zugleich *das Erheben von Tribut* HARSHAK. 89,20.

करणीय n. *Geschäft* RAGH. 9,69.

करतलताल *Händegeklatsch* Git. 1,43.

करताल 2) ist m.

करविन्दीय n. *das Werk des* Karavinda OPP. Cat. 1.

करुणाकन्दली f. Titel eines Werkes OPP. Cat. 1.

कर्कटशृङ्ग 2) lies *Galläpfel auf Rhus.*

*कर्णचिक्कट्क, lies 79, Sch.

कर्णताल in Comp. mit कुञ्जर° und गजयूथ° Pl. RAGH. 7,36. 9,71.

कर्णपुत्र m. N. pr. eines Prâkrit-Dichters HÂLA 122.

कर्णाट 1) *b)* Nom. abstr. °त्व n. KANDAK. 3,3.

कर्त्तिका f. *Dolch* HEM. PAR. 6,204.

कर्दन m. N. pr. eines Fürsten DAÇAK. (1925) 2, 128,18.

कर्पूरक 2) f. °रिका N. pr. einer Zofe Ind. Str. 1,386.

कर्पूरप्रकरकथा f. Pl. Titel eines Werkes Z. d. d. m. G. 33,480.

कर्पूरवर्त्तिका f. Titel eines Werkes OPP. Cat. 1.

कर्मकोश m. *der Vorrath an Werken, die im Leben angesammelten Werke* MBH. 3,183,74.

कर्मदण्ड m. *vollständige Herrschaft über die Handlungen* MÂRK. P. 41,22.

कर्मबुद्धि, so zu lesen.

कर्मविपाकमहार्णव m., °विपाकमाधवीय n. und कर्मान्तव्याख्या f. Titel von Werken OPP. Cat. 1. S. 30, Sp. 3, Z. 3 v. u. lies कर्ष् st. कर्ब्.

1. कर्ष् mit सम् 3) *ebnen, glatt machen* ÂPAST. ÇR. 15,13,2.

कर्षि Adj. = कार्षि 1) KAP. S. 2,16.

कलङ्ककला Git. 1,7.

कलशपोत N. pr. eines Dorfes J. A. S. Beng. 47, 406,38.

कलहकण्टक m. N. pr. eines Mannes DAÇAK. (1925) 2,120,18.

कलाकेलि Adj. *der eine Kunst als Spiel betreibt* Git. 7,11.

कलानिधि auch Titel eines Werkes OPP. Cat. 1.

कलावतीकामरूप Titel eines Werkes OPP. Cat. 1.

कलिका 8) N. pr. einer Zofe Ind. Str. 1,386.

कलिराज m. N. pr. eines Prâkrit-Dichters HÂLA 21.

कलिविडम्बन n. Titel eines Werkes OPP. Cat. 1.

कल्प 3) richtig कल्य (कल्या), wie sich aus der Prâkritform कल्ला DEÇIN. 2,2 ergiebt. — MBH. 7, 1626 fehlerhaft für तल्प.

कल्पक 2) *a)* vielleicht KÂM. NITIS. 12,45 so zu lesen st. तल्पक. — *d)* N. pr. eines Mannes HEM. PAR. 7,18. 8,1.

कल्पचूर्णि f. Titel eines *Commentars* KALPAS. 115.

कल्पतरुपरिमल m. Titel eines Werkes OPP. Cat. 1.

कल्पपाल 2) richtig कल्यपाल.

कल्पान्तर्वाच्य n. Pl. Titel eines Werkes Z. d. d. m. G. 33,480.

कल्पौषधसेवादिप्रकार m., कल्याणघृत n. und कल्याणपुरीमाहात्म्य n. Titel von Werken OPP. Cat. 1.

कल्याणलक्षण Adj. (f. आ) *mit glückverheissenden Zeichen versehen* DAÇAK. (1925) 2,83,20.

कल्याणसौगन्धिका f., °निबन्धन n. und कल्याणीपरिणय m. Titel von Werken OPP. Cat. 1.

कल्लाट wohl N. pr. eines Stammes J. A. S. Beng. 47,405,36.

कविकण्ठपाश m., कविकर्णपाश m., कविदीपिकानिघण्टु m., कविरहस्यीय n., कविसंजीविनी f., कविसेवादिनिघण्टु m. und कविस्मृति f. Titel von Werken OPP. Cat. 1.

कश 1) *c)* Pl. N. pr. eines Volkes BHÂG. P. ed. Bomb. 9,20,29.

कश्यपोत्तरसंहिता f. Titel eines Werkes OPP. Cat. 1.

कद्रू LÂTJ. 8,6,12 fehlerhaft für कद्रु.

कांस्यनील 1) lies Adj. *dunkel wie Messing* R. 4,39,23. Die ed. Bomb. hat als Beiw. des Affen Nila नीलाञ्जनचयाकार.

काकपेय, lies *bis an den Uferrand voll Wasser, so dass eine Krähe daraus trinken kann.* Im Pâli MAHÂPARIN. in J. R. A. S. 1875. S. 64, Z. 23.

काञ्ज, nach dem Comm. zu R. *Korb.*

काञ्चनक 4) *b)* f. °निका N. pr. einer Zofe Ind. Str. 1,386.

काञ्चनप्रभ Adj. *goldglänzend* R. 2,44,90.

काणय्, °यति *ausstechen* (ein Auge) HEM. PAR. 3,38.

काणादसंग्रह m. Titel eines Werkes OPP. Cat. 1.

काणभट्ट m. N. pr. eines Autors. °भट्टीय n. Titel seines Werkes Opp. Cat. 1.

काण्डेर m. *Amaranthus polygonoides* Bhâvapr. 1,282. Vgl. कीडेर.

काण्वोपनिषद् f., कात्यायनगृह्य n. und कात्यायनोपनिषद् f. Titel von Werken Opp. Cat. 1.

काननद्वीप m. N. pr. einer Inselstadt Çilâṅka 1,379.

1. कात्त m. auch *Anas Casarca Gal

कात्तालीय n., °खण्डन n. und °खण्डनमण्डन n. Titel von Werken Opp. Cat. 1.

कान्वशिर m. Pl. N. pr. eines Volkes MBh. 13, 35,17. कोन्त्र° v. l.

कामकलासूत्र n. und कामदोग्घ्री f. Titel zweier Werke Opp. Cat. 1.

कामसमृद्ध m. N. pr. eines Kaufmanns Hem. Par. 1,425.

कामाक्षीस्तव m. und कामासिकाष्टक n. Titel zweier Werke Opp. Cat. 1.

कायचिन्ता f. *Nothdurft des Leibes* Hem. Par. 2,506.

कारकवादार्थ m. und कारकार्थन्याय m. Titel zweier Werke Opp. Cat. 1.

कारयितर् Z. 2 lies °यितृत्व.

कारिकादर्पण m., कारिकारत्न n., कारिकावलि f., कारिकाव्याख्या f., कार्तवीर्यार्जुनकवच n. und °वीर्यार्जुनदीपाराधनविधि m. Titel von Werken Opp. Cat.

*कार्मुक und *कार्मुत n. *eine Art Honig* Kâç. zu P. 4,3,117. Vgl. गार्मुत.

कार्ष 1) vgl. कार्ष oben.

1. कालक m. auch *Bock Madanav. 123,20. v. l. छेलक.

कालकाचार्य m. N. pr. eines Gaina-Heiligen Z. d. d. m. G. 34,247.

कालकूट auch *Adj. von कालकूट 2) *a*) β) gaṇa पलद्यादि in der Kâç. zu P. 4,2,110.

कालचक्र 4) auch Titel eines Werkes des Varâhamihira Opp. Cat. 1.

कालदीपिका f., कालनिर्णयशिक्षा f., कालनेमिपुराण n. und कालप्रकाशिका Titel von Werken Opp. Cat. 1.

1. *कालवाल, das Sternchen zu streichen; vgl. MBh. 8,63.11.

कालविधानपद्धति f. Titel eines Werkes Opp. Cat. 1.

कालशेय Daçak. (1925) 2,115,14.

कालसार 2) *c*) N. pr. eines Prâkrit-Dichters Hâla 25.

कालसिंह m. desgl. Hâla 109.

कालाधिपर m. desgl. Hâla 68.

कालामृत n. und कालिकुलामृत n. Titel zweier Werke Opp. Cat. 1.

कालित m N. pr. eines Prâkrit-Dichters Hâla 63.

कालिदासचन्द्रिका f. und कालिदासपञ्चाशत् f. Titel zweier Werke Opp. Cat. 1.

कालिशंकर m. N. pr. eines Autors Opp. Cat. 1. °रीय n. Titel seines Werkes ebend.

कावेरीमाहात्म्य n., काव्यकौमुदी f., काव्यदर्पण m., काव्यदीपिका f., काव्यपञ्चक n., काव्यप्रकाशिका f., काव्यलक्षण n., काव्यसंग्रह m., काव्यादर्शिका f. und काव्यालंकारकामधेनु f. Titel von Werken Opp. Cat. 1.

काश् mit निस् Caus. *hinausschaffen* Comm. zu Kâty. Çr. 2,6,11.

काशीकारिका f., काशीदासप्रहसन n., काशीधर्मसभा f., काश्यपसंहिता f. und काश्यपसूत्र n. Titel von Werken Opp. Cat. 1.

किंचिन्मात्र n. *ein Weniges, Bischen* Pañkat. 96,5.

किरि 4) *= गिरि 1) *d*) v. l. in der Kâç. zu P. 6,2,2.

*किरिकाण Adj. = गिरिकाण ebend.

किरिड Adj. Kap. S. 27,6 statt विक्रिड Maitr. S. 2,9,9.

किलिन Adj. *feucht, nass* (Boden) Cit. im Comm. zu Gobh. 4,7,8.

किशोरक 3) f. आ N. pr. einer Zofe Ind. Str. 1,386.

किशोरराजीय n. Titel eines Werkes Opp. Cat. 1.

*कीकसक n. *Knochen* Râǵan. 18,68.

कीर्तिराय m. N. pr. eines Prâkrit-Dichters Hâla 135.

कील 3) कीला सुरत उरःप्रहणनविशेषः Deçin. 2,64.

*कुक्कुस *Spreu* (?) Çilâṅka 2,71.

कुचेलवृत्त n. und कुचेलोपाख्यान n. Titel zweier Werke Opp. Cat. 1.

कुठरव m. N. pr. eines Mannes Comm. zu Ait. Âr. 342.

कुण्डमाण्डहोमविधि m. Titel eines Werkes Opp. Cat. 1.

कुण्डाशिन् 1) nach Harad. zu Gaut. auch *der aus einem* Kuṇḍa *genannten Topfe isst;* nach Nandap. zu Vishṇus. 45,24 auch *der so viel isst als ein* Kuṇḍa *fasst.*

कुण्डिकोपनिषद् f. Titel einer Upanishad Opp. Cat. 1.

कुण्डार्थीय n. *eine Lage —, ein Zustand, wie wenn man einen Krug auf den Kopf stellt,* Maitr. S. 1,6,10.

कुतर्कखण्डन n. Titel eines Werkes Opp. Cat. 1.

कुतीर्थिक m. *ein schlechter Lehrer* Hem. Par. 13,88.

कुतूहलवृत्ति f. Titel eines Werkes Opp. Cat. 1.

कुन्तलिका 3) N. pr. einer Zofe Ind. Str. 1,386.

कुन्दपुत्र m. N. pr. eines Prâkrit-Dichters Hâla 136.

कुपन्थन् Adj. *auf Irrwegen sich befindend* Mon. d. B. A. 1880, S. 46, Z. 27.

कुबेर 1) *b*) abgekürzt für कुबेरदत्त Hem. Par. 1, 472. Statt des zweiten *a*) Z. 1 ist α), st. *b*) — β), st. *c*) — *b*) und st. *d*) — *c*) zu setzen.

कुबेरदत्त N. pr. 1) m. verschiedener Männer Hem. Par. 2,78.223.237. — 2) f. आ einer Frau ebend. 2,237.

कुबेरसेन N. pr. 1) m. eines Kaufmanns Hem. Par. 2,81. — 2) f. आ einer Hetäre 2,224.

कुब्जक wird R. ed. Bomb. 2,15,39 durch दास erklärt; eher *die Blüthe von Rosa moschata.*

कुब्जि m. etwa *Versteck —, Lager eines Tigers.* नैकः कुब्जिर्द्वौ व्याघ्रौ विव्याच Maitr. S. 1,8,8.

कुमारजाति f. *eine best. Gesangsweise* Hariv. 2, 89,78.

कुम्भकृत् m. *Töpfer* Hem. Par. 2,328.

*कुम्भग्रीव m. *eine Art Gefäss* Deçin. 2,20.

कुम्भघोणमाहात्म्य n. Titel eines Werkes Opp. Cat. 1.

कुरार m. = कुलाल *Töpfer* Kâth. 17,13.

कुरुकापुरीमाहात्म्य n. und कुलतत्त्वनिरूपण n. Titel zweier Werke Opp. Cat. 1.

कुलिक 7) *c*) eines Stammes J. A. S. Beng. 47, 405,36.

कुल्मि auch *Kuhhaar.* °मात्र Adj. Âpast. Çr. 1, 3,17.

कुल्लूकभट्टीय n. Kullûka's *Werk* (Commentar zu Manu) Opp. Cat. 1.

कुवलयामोदिनी f. Titel eines Werkes Opp. Cat. 1.

कुशचीरिन् Adj. *ein aus* Kuça *verfertigtes Gewand tragend* MBh. 7,17,23.

कुशलवोपाख्यान n. Titel eines Werkes Opp. Cat. 1.

कुष् mit अनु wohl *entlang streichen.*

कुसुमबाणविलास m. Titel eines Werkes Opp. Cat. 1.

कुसुममाला f. Titel eines Werkes Bühler, Rep. 1872—73, S. 10.

कुहकाराव m. *Gewieher* Hem. Par. 2,560.

कुहरिन् Adj. *Höhlungen —, Löcher habend* Kâṇḍak. 27,6.

कूचिमारसंहिता f. und कूटाघटित n. Titel zweier Werke Opp. Cat. 1.

कूटी Adv. mit कर् *aufhäufen, haufenweise hinlegen* Nîlak. zu MBh. 5,48,24.

2. कूड्, कूडयति Kap. S. 4,2. — Mit नि (°कूड्य) *anbrennen* Âpast. Çr. 7,19,6.

कूण् mit नि, °कूणित *geschlossen* (Auge) Deçin. 1,88. — Mit वि, °कूणित *zugehalten* (Nase) Hem. Par. 8,80.

कूणिक m. N. pr. eines Fürsten von Kampâ Hem. Par. 6,22. कूनिक VP.[2] 5,391.

कूपादिजलस्थानलक्षण n. und कूरेशविजय m. Titel zweier Werke Opp. Cat. 1.

कूर्मपुत्रकथा f. und °पुत्रकेवलिचरित्र n. Titel zweier Werke Z. d. d. m. G. 33,481.

कूर्ममाहात्म्य n., कूर्माकृतिमुद्रालक्षणग्रन्थ m. und कूष्माण्डदीतानुक्रमणिका f. Titel von Werken Opp. Cat. 1.

कृतचिह्न Adj. *gekennzeichnet* MBh. 3,280,35.

कृतज्ञशील m. N. pr. eines Prâkrit-Dichters Hâla 83.

कृतबुद्धि f. *voller Verständniss* Kap. 5,50.

कृत्तिकामाहात्म्य n. und कृदन्ततत्त्वबोधिनी f. Titel zweier Werke Opp. Cat. 1.

कृमितन्तुजाल n. *Spinngewebe* Ragh. 16,20.

कृष्णचरित n. und कृष्णचूर्णिका f. Titel zweier Werke Opp. Cat. 1.

कृष्णताम्र Adj. *dunkelroth* Sûrjas. 6,23.

कृष्णतूष Adj. *mit einer schwarzen Einfassung* oder *mit schwarzen Fransen versehen.*

कृष्णनामाष्टोत्तर n. Titel eines Werkes Opp. Cat. 1.

कृष्णपण्डितीय n. Krshnapandita's *Werk* Opp. Cat.

कृष्णपदी auch Titel eines Werkes Opp. Cat. 1.

कृष्णयामल n. Titel eines Tantra.

कृष्णललाम Adj. *mit einem schwarzen Fleck versehen.*

कृष्णवाल Maitr. S. 3,7,4. = Kap. S. 37,2.

कृष्णविजय m., कृष्णविलास m. und कृष्णव्रतमाहात्म्य n. Titel von Werken Opp. Cat. 1.

कृष्णशफ Adj. *mit schwarzen Hufen* Maitr. S. 3, 7,4 = Kap. S. 37,2.

कृष्णस्तुति f., कृष्णानदीमाहात्म्य n., कृष्णाचन n., कृष्णार्जुनीय n., कृष्णावतारचरित n., कृष्णाष्टक n., कृष्णाष्टमीव्रत n. und कृष्णोदन्त m. Titel von Werken Opp. Cat. 1.

केदारभट्टीय n. Kedârabhatta's *Werk* Opp. Cat. 1.

केदारेश्वरव्रत n., केरलचिन्तामणि m., केरलीयद्वादशभाव m. und केरलोत्पत्ति f. Titel von Werken Opp. Cat. 1.

केवल 6) *a*) bei den Gaina *die höchste und letzte Stufe des Wissens* Hem. Par. 1,261. °ज्ञान n. dass. 262. °ज्ञानिन् Adj. *der diese Stufe erreicht hat* 253.

केवलान्वयिकेवलव्यतिरेकिग्रन्थ m. und केवलान्वयिन् m. Titel von Werken Opp. Cat. 1.

केवलिन् 2) = केवलज्ञानिन् bei den Gaina Hem. Par. Kalpas. 114. Nom. abstr. °लित्व n. ebend.

केसरिका f. etwa *Wisch* in पात्र° Hem. Par. 1,249.

कैयटप्रदीप m., कैयटभाष्यप्रदीपिका f. und कैयटीय n. Titel von Werken Opp. Cat. 1.

कैरवकोरकीय्, °यति *einer Lotusknospe gleichen* Z. d. d. m. G. 27,61.

कैरातक, lies Kirâta.

कोटिविरह m. Titel eines Werkes Opp. Cat. 1.

कोव्य m. Pl. N. pr. eines Volkes R. 2,82,7. Vgl. कोव्य.

कोश 3) f. आ N. pr. einer Hetäre Hem. Par. 8,8.

कोशदास m. N. pr. eines Mannes Daçak. (1925) 2,101,13.

*कोष्टितु m. *eine Art Zuckerrohr* Râgan. 14,78. Madanav. 100,8.

कौमार m. **Jungfernsohn* Deçîn. 1,81.

कौमारतीय n., कौमारव्याकरण n., कौमुदीप्रकाश m., कौमुदीव्याख्या f., कौशिकपुराण n., कौस्तुभभूषण n. und कौहलीयशिक्षा f. Titel von Werken Opp. Cat. 1.

क्रम् mit प्रतिसम्, प्रतिसंक्रान्त = प्रतिबिम्बित Sarvad. 135,4. 6.

क्रान्ति 1) *Durchschreitung.* नभः° (der Sonne) Hem. Par. 7,3.

क्रियाकैरवचन्द्रिका f., क्रियागोपन n., क्रियादीप m., क्रियानिघण्टु m. und क्रियाप्रदीप m. Titel von Werken Opp. Cat. 1.

क्रीड् mit परि Med. *spielen, scherzen* Daçak. (1925) 2,104,16.

क्रूरप्रकृतिक Adj. *von roher Natur* Prab. 83,1.

क्रोडपत्त्र auch Titel eines Werkes Opp. Cat. 1.

क्लीब 1) *c*) von einer Wolke so v. a. *wasserlos* Daçak. (1925) 2,109,11.

क्षण 2) क्षणेषु *sogleich, alsbald* R. 6,53,19.

क्षणिकराङ्कसिद्धान्त m. und क्षत्त्रियजपविधान n. Titel zweier Werke Opp. Cat. 1.

क्षपक wohl = क्षपणक 1) Hem. Par. 6,167.

क्षमाश्रमण m. *ein* Gaina-*Bettelmönch* ebend. 2, 311. 6,5.

क्षारदग्ध n. *Cauterium potentiale, Anwendung von Aetzmitteln* (in der Chirurgie).

*क्षारपत्त्रिका f. *eine best. Gemüsepflanze* Râgan. 7,125. v. l. चीरप°.

क्षितिप्रतिष्ठ n. N. pr. einer Stadt Hem. Par. 2, 651. 3,128. 149.

1\. क्षिप् mit अभिवि *die Flügel schwingen über* Âpast. Çr. 15,18,9.

क्षीणाधि Adj. *von Noth erlöst* Daçak. (1925) 2,129,7.

क्षेत्रकर m. J. A. S. Beng. 47,406,46.

क्षेत्रनिर्माणविधि m. Titel eines Werkes Opp. Cat. 1.

क्षेत्रप 3) *ein Aufseher über die Felder* J. A. S. Beng. 47,405,34.

क्षेत्रानुक्रमणी f. Titel eines Werkes Opp. Cat. 1.

क्षेमक 2) *c*) eines Krankheitsdämons Hariv. 9561.

क्षोभ 1) auch so v. a. *aufgeregtes Wasser, starke Strömung.* Am Ende eines adj. Comp. f. आ MBh. 12,250,13.

क्षौणीधर m. *Berg* Daçak. (1925) 2,108,11.

खड्गलक्षण n. Titel eines Werkes Opp. Cat. 1.

खटीन oder °परिडीनक n. *eine Art Flug* MBh. 8,1900.

खण्डत्रय n. Titel eines Werkes Opp. Cat. 1.

खण्डरक्ष n. *superintendent of wards* J. A. S. Beng. 47,405,34.

खण्डिक 5) = छात्त्र *Schüler* Kalpas. 112.

खरतुरगीय Adj. संपर्क m. *eine geschlechtliche Verbindung zwischen Esel und Pferd* Kull. zu M. 1,2.

खानम् Absol. *grabend* Hem. Par. 2,376.

गगनगिरिमुनीन्द्रचरित n. Titel eines Werkes Opp. Cat. 1.

गगनवल्लभ n. N. pr. einer Stadt der Vidjâdhara Hem. Par. 2,644.

गङ्गारामभट्ट m. N. pr. eines Autors Opp. Cat. 1. °ट्टीय n. *sein Werk* ebend.

गङ्गास्तव m. Titel eines Werkes Opp. Cat. 1.

गजभट्ट m. N. pr. eines Autors Opp. Cat. 1. °ट्टीय n. *sein Werk* ebend.

गजदेव m. N. pr. eines Prâkrit-Dichters Hâla 91.

गजलक्षण n., गजवैद्य n. und °शास्त्र n. Titel von Werken Opp. Cat. 1.

गजसिंह m. N. pr. eines Prâkrit-Dichters Hâla 15.

गजसूत्रवाद m., °सूत्रार्थवाद m., गजावर्तलक्षण n. und गजेन्द्रमोक्ष m. Titel von Werken Opp. Cat. 1.

गञ्जाकिनी, lies *Hanfspitzen.*

गणकानन्द m., गणचतुर्थीचन्द्रदर्शनकथा f., गणनिघण्टु m., गणपतिपुराण n., °प्रतिविधान n., गणफलविवेक m., गणितचन्द्रिका f., गणितभास्कर, गणितसंग्रह m. und गणितामृत n. Titel von Werken Opp. Cat. 1.

गणेश्वरदीक्षित m. N. pr. eines Autors Opp. Cat. 1. °तीय n. *sein Werk* ebend.

गण्डभेरुण्डनृसिंहमन्त्र Titel eines Mantra Opp. Cat. 1.

गतलज्ज m. N. pr. eines Prâkrit-Dichters Hâla 57.

गदा f., गदाधरीय n., गद्यटीका f., गद्यभाष्य n. und गद्यव्याख्या f. Titel von Werken Opp. Cat. 1.

गन्धकारी f. *Bereiterin von Wohlgerüchen* Hem. Par. 2,142.

गन्धराज 1) *c*) N. pr. eines Prâkrit-Dichters Hâla 121.

गन्धर्वलोक m. Pl. *die Welten des* Gandharva 1) *a*) α) Çat. Br. 14,6,6,1.

गमागमिक m. *Unterhändler, Botschafter* J. A.

S. Beng. 47,405,35.

6. गर् = बर्. अगार *wurde alt* AV. 5,19,10.

गरुडदण्डक, गरुडनामाष्टोत्तरशत n., गरुडपञ्चाशत् f. und गरुडश्रीरङ्गमाहात्म्य n. Titel von Werken Opp. Cat. 1.

गर्गत्रिरात्र, das Sternchen davor zu streichen.

गर्भ 4) तौ अत्रे॒व गर्भः सन्ता अवदताम् Maitr. S. 1,6,12.

गर्भचिकित्सा f. und गर्भपुरीमाहात्म्य n. Titel zweier Werke Opp. Cat. 1.

गर्हनेष्ठ Adj. (f. आ) *in der Tiefe befindlich* Maitr. S. 4,2,7 = Kap. S. 2,3 = Kâṭh. 2,8.

गल्ह Adj. Bez. eines Agni TS. 5,5,9,2.

गानीय (wohl n.) *Gesang* R. Gorr. 1,3,70.

गोदोहनेजन *das Spülwasser eines Melkgeschirrs* Maitr. S. 1,8,3.

गायत्रीकल्प m., गायत्रीकवच n., गायत्रीतत्त्वदर्पण m., गायत्रीतात्पर्य n. und गायत्रीहृदय n. Titel von Werken Opp. Cat. 1.

गारुडोपनिषद् f. Titel einer Upanishad.

5. गिर् m. = गिरि *Berg* RV. 5,41,14. 7,39,5.

गिरिसुत m. *Gebirgssohn, ein best. göttliches Wesen* Maitr. S. 2,9,1.

गीतागूढार्थदीपिका f., गीतातात्पर्य n., °चन्द्रिका f., °बोधिका f., गीताप्रतिपद् n., गीतार्थसंग्रह m., °रत्न f., गीताविवृति f., गीतासमङ्गलाचारपद्धति f., गीतासार, गीर्वाणश्लोक m. und गुणपाठ m. Titel von Werken Opp. Cat. 1.

गुणसुन्दर m. N. pr. eines Daçapûrvin Z. d. d. m. G. 34,252.

गुण्ड्, परिगुण्डित *bestäubt* Çilâñka 2,4.

गुण्डुभट्ट m. N. pr. eines Autors Opp. Cat. 1. °ट्टीय n. *sein Werk* ebend.

गुरुचन्द्रिका f., गुरुज्ञानवासिष्ठ, गुरुनाडि f., गुरुतरंगिणी f., गुरुदीपिका f., गुरुभावप्रकाशिका f., गुरुविधिविजय m., गुरूपसत्तिविजय m. und गुर्वर्थदीपिका f. Titel von Werken Opp. Cat. 1.

गूह Adj. (f. आ) in ज्ञान°.

गृहगुप्त m. N. pr. eines Mannes Daçak. (1925) 2,116,18.

गृहपीठिका f. Titel eines Werkes Opp. Cat. 1.

गृह्ये zu streichen, da die richtige Lesart गृह्ये (Maitr. S. 1,9,5) = गृह्यते ist.

गृह्यपीठिका f., गृह्यप्रश्न m., गृह्यरत्न n., गृह्यायनप्रयोग m. und गृह्याण्डपिछे Titel von Werken Opp. Cat. 1.

गैरिक 3) m. *eine Art* Çramaṇa Çilâñka 2,13.

गोचर 1) *b*) Pl. so v. a. *Aussenwelt* (Gegensatz वेश्मन्) MBh. 12,250,6.

गोचरभाषामुहूर्तविधि m. Titel eines Werkes Opp. Cat. 1.

गोत्रिक auch m. *Geschlechtsgenosse* Kalpas. 112.

गोद N. pr. eines Stammes J. A. S. Beng. 47,405,36.

गोदापरिणय m., गोदास्तुति f., गोपव्रत n., गोपालरत्नाकर m., °पालविंशति f., गोपीचन्दनमाहात्म्य n., गोपीनाथीय n., °परिभाषा f., गोविन्दगीता f., °विन्दार्णवीय n., °विन्दविरुदावलि f., गोविष्णुशास्त्र n., गोशास्त्र n. und गोष्ठीपुरीमाहात्म्य n. Titel von Werken Opp. Cat. 1.

गौच्य m. *ein best. göttliches Wesen* Maitr. S. 2,9,1.

गौडब्रह्मानन्द m. N. pr. eines Autors Opp. Cat. 1. °न्दीय n. *sein Werk* ebend.

गौतमधर्म m., गौतमप्रश्न m., गौतममाहात्म्य n., गौतमशिक्षा f., गौतमसंहिता f., गौतमसूत्र n., गौतमस्मृति f., गौरीकान्तीय n., गौरीपञ्चाङ्ग n., गौलालीय n. und गौलीफल n. Titel von Werken Opp. Cat. 1.

ग्रभ् 4) Pass. *ergriffen* —, so v. a. *krank werden an* einem Körpertheile (Gen.) Maitr. S. 1,9,5.

ग्रहगोचरफल n., ग्रहचेष्टाविधान n. und ग्रहणक्रियाक्रम m. Titel von Werken Opp. Cat. 1.

ग्रहत्व auch Nom. abstr. zu ग्रह 2) *b*) β) Kâṭh. 9,16.

ग्रहमर्द m. = ग्रहमर्दन.

ग्रहविचार m., ग्रहार्चनविधि m., ग्रहार्चनप्रोक्षण n. und ग्रहाष्टक n. Titel von Werken Opp. Cat. 1.

ग्रामकूट m. N. pr. eines Prâkrit-Dichters Hâla 88.

*ग्रावणेय m. Pl. N. pr. eines Kriegerstammes. Sg. *ein Fürst desselben* gaṇa यौधेयादि in der Kâç.

1. घर् mit अभ्या in पुनरभ्याघारम्.

घटिकाचलमाहात्म्य n. Titel eines Werkes Opp. Cat. 1.

घृतत्व n. Nom. abstr. zu घृत 2) *a*) Kap. S. 37,8.

चकारसमर्थन n. und चक्रन्यास m. Titel zweier Werke Opp. Cat. 1.

चक्रीवत् 3) n. *Wagen* Âpast. Çr. 15,20,18.

चण्डभास्कर, चण्डिकाकीलक m., चण्डिकार्गल, चण्डिकासप्तति f., चतुर्दशतत्त्वार्थसारसंग्रह m., °दशलक्षणी f., °क्रोड m., °जगदीशीय n., °दशीस्तोत्र n. und °दशोपनिषद् f. Titel von Werken Opp. Cat. 1.

चतुर्द्वारमुख Adj. (f. ई) *vier Thore zu Mäulern habend* Ragh. 15,60.

चतुर्मततात्पर्यसंग्रह m. Titel eines Werkes Opp. Cat. 1.

चतुर्विंशतिकृत्वस् Adv. *24mal* Âpast. Çr. 15,12,5.

चतुर्वेदतत्त्वार्थसारसंग्रह m., °वेदतात्पर्य n., °संग्रह m. und °सारसंग्रह m. Titel von Werken Opp. Cat. 1.

चतुःश्लोकी f. Titel eines Werkes Opp. Cat. 1

*चतुष्पथकृताशय m. *eine Art Gespenst* Gal.

चतुःसूत्रीभाष्यप्रकाश m. Titel eines Werkes Opp. Cat. 1.

चन्द्रकला 6) auch eines gramm. Commentars ebend. Auch °निर्णय m. ebend.

चन्द्रकान्तीय्, °यति *dem Mondstein gleichen* Z. d. d. m. G. 27,61.

चन्द्रचूडीय n. Kandrakûḍa's *Werk* Opp. Cat. 1.

चन्द्रनाडि f., चन्द्रनारायणभट्टीय n., चन्द्रनारायणीय n., चन्द्रिकाखण्डन n. und चन्द्रिकाज्ञानमेत्रप Titel von Werken Opp. Cat. 1.

*चन्द्रिकातुल्य m. *ein best. Fisch* Gal.

चन्नभट्टीय n., °निरुक्तिविवरण n. und चमकभाष्य n. Titel von Werken Opp. Cat. 1.

*चमराकृति m. *ein best. Thier*, = सृमर Gal.

चयनकारिका f., चयनपुराणभाष्य n., चयनप्रयोग m., चयनमन्त्रपाद m. und चयनानन्दपिछे Titel von Werken Opp. Cat. 1.

चर् mit अनुपरि in °चारम्.

चरकसंदेश m., चरमश्लोकचन्द्रिका f., °श्लोकटिप्पणी f. und चरविक्रमचरित n. Titel von Werken Opp. Cat. 1.

चरित्र 1) *a*) m. Maitr. S. 1,2,16.

*चर्मचटी f. *Grille, Heimchen* Gal.

चर्यापाद m., चलाक्षर, °सूत्र n., चलितराम, चातुर्षीयनीतिशास्त्र n., चाटुश्लोक m. und चाणक्यसूत्र n. Titel von Werken Opp. Cat. 1.

*चाणूरमर्दन m. Bein. Kṛshṇa's Gal.

चातुर्धाकारणिक Adj. *was oder wobei in vier Theile getheilt wird* Âpast. Çr. 2,21,4.

चातुर्मासिक Adj. *alle vier Monate stattfindend* Kalpas. 117.

चातुर्मास्यत्व n. Nom. abstr. zu चातुर्मास्य 1) *b*) Kâṭh. 36,2.

चातुर्मास्यविधान n., °मास्यव्रतविधि m. und °मास्यहोत्र n. Titel von Werken Opp. Cat. 1.

*चारटी f. *Hibiscus mutabilis* Gal.

*चारुगुच्छा f. *Weinstock* Gal.

चारुचर्य n. Titel eines Werkes Opp. Cat. 1.

चारुरूप Adj. *schön, hübsch* (Person) MBh. 1,197,39.

1. चि mit प्रत्यभि *zur Vertheidigung aufbauen* Gop. Br. 2,2,7 (°चित st. °नित zu lesen).

चिकित्सातन्त्र n., °त्सादीपिका f. und °त्सासारसंग्रह m. Titel von Werken Opp. Cat. 1.

चित्रपट auch Titel eines Werkes ebend.

चित्रपद्धति f., चित्ररत्नकपट, चित्ररत्नाकर m, चिदम्बरनटन n., चिदम्बरमाहात्म्य n., चिन्तामणिप्रत्यक्ष, °मणिव्याप्तिवाद m., °मणिशब्दखण्ड und चिन्मयदीक्षाविधि m. Titel von Werken ebend.

चुश्रुषा, die dem Mânava entsprechende Stelle in der Paddh. zu Maitr. S. S. 53 lautet: व्युन्मर्शं कार्योजनं सर्वे भक्षयन्ति चुश्रूषाकारं (भक्षयन्तः शुश्रुषाकारं Mân. Çr. 2,5,4 Hdschr.) धानाः संदश्य रथ्यै

त्वा पोषाय त्वेत्युत्तरवेद्यां निवपति.

चूडाचन्द्रविजय m., चूडामणिनाटक n., °मणिमीमांसा f., चोरपञ्चाशत् f., चोलचरित n. und चोलप्पराजीय n. Titel von Werken Opp. Cat. 1.

छन्द 2) *e*) = छन्दक 2) Lalit. 285,9.10.15.18.288,7.

छन्दीकल्प m., छन्दःश्लोक m., छन्दोगान n., छन्दोदर्पण m., छन्दोऽम्बुधि m., छन्दोरत्नहलायुध, छन्दोविवेक m., छायापुरुषावबोधन n., छुरिकालक्षण n. und जगत्सूत्रवादार्थ m. Titel von Werken Opp. Cat. 1.

जगदानन्द m. N. pr. eines Autors ebend. °न्दीय n. *sein Werk* ebend.

जगदीशीय n. Gagadîça's *Werk* ebend.

जगद्वल्लभ, जगन्नाथतर्कपञ्चानन, °न्नाथमाहात्म्य n., °न्नाथीय n., जटादर्पण m., °मूल n., जटामणि m. und °शिक्षा f. Titel von Werken ebend.

जटावल्ली 3) Titel eines Werkes ebend. Auch °मूल n. ebend.

जटासिद्धान्तचन्द्रिका f. und जटिशिलामाहात्म्य n. Titel zweier Werke ebend.

जन् 1) जजँनत् Maitr. S. 1,3,20. 9,1 (Kâṭh. 9,8).

जन्मवर्षादिफल n., जयन्तीनिर्णय m., जयन्तीव्रतकल्प m., जयरामीय n., जल्लोदनपञ्चक n., जातककिरणावलि f., जातकपारिजात m., जातकफलविचार m., जातकमुक्ताफल n., जातकरत्न n., जातकविषय m., जातकसरली f., जातकसारसंग्रह m., जातकादिप्रयोग m., जातकावलिदीपिका f., °वलिप्रदीपिका f., जातकालंकार m., °चिन्तामणि m., जातिखण्डन n. und जातिचन्द्रिका f. Titel von Werken Opp. Cat. 1.

जान्वस्थि n. *Schienbein* Âpast. Çr. 1,3,17.

जीवतण्डुल als m. oder n. (sc. ओदन) *Mus von frischem Reis.* दक्षिणाग्नौ जीवतण्डुलं श्रपयति Âpast. Çr. 1,7,12. यथा इषत्तण्डुला जीवन्ति तथा Comm., also als Adv. (!) gefasst.

1. ज्ञा mit अनु *Desid. Med. सर्पिषो ऽनुजिज्ञासते P. 1,3,58, Sch.; vgl. Simpl. 2) *c*).

SANSKRIT-WÖRTERBUCH

IN KÜRZERER FASSUNG

BEARBEITET

VON

OTTO BÖHTLINGK.

DRITTER THEIL.

त — न.

VORWORT.

Auch das Vorwort zu diesem Theile eröffne ich mit dem Ausdruck tiefen Bedauerns über den Hingang eines Gelehrten, der zum grossen Wörterbuch zwar nicht Vieles, aber Gediegenes beigesteuert hat. Die grossen Verdienste unseres verstorbenen Freundes ADALBERT KUHN um die Wissenschaft hat JOHANNES SCHMIDT im Eingange zum 26ten Bande der vom Hingeschiedenen gegründeten Zeitschrift ausführlich und, wie ich glaube, in sehr treffender Weise geschildert. Was das Wörterbuch den gelehrten Arbeiten KUHN's verdankt, kann nicht einzeln hergezählt werden, wohl aber möchte ich hier nicht unerwähnt lassen, dass der Verstorbene im Jahre 1855, als das Wörterbuch sich noch, so zu sagen, in den Kinderschuhen befand, dasselbe gegen einen auf das Leben des Kindes angelegten Angriff mit Liebe und Wärme in seiner Zeitschrift vertheidigt hat. Die Bearbeiter des grossen Wörterbuchs werden diesen Dienst, den er ihrem Werke damals erwiesen, stets dankbar im Gedächtniss bewahren.

Möge der Himmel es so fügen, dass ich nicht in den Fall käme einen dritten Todesfall zu verzeichnen!

Aeltere und jüngere Gelehrte bemühen sich die eingetretenen Lücken auszufüllen. Mit Dank führe ich folgende bisher von mir nicht verzeichnete Namen von Männern auf, die mir Beiträge zum dritten und auch schon zu den folgenden Theilen haben zukommen lassen: MAX MÜLLER, GEORG BÜHLER, MAURICE BLOOMFIELD, P. VON BRADKE und FRIEDRICH KNAUER. Der zuletzt Genannte hat sich die grosse Mühe gegeben, das neue Wörterbuch mit dem alten zu vergleichen, wobei er auf manche Versehen gestossen ist, die in den Nachträgen zu diesem Theile verbessert werden. Die Augen, die auch in der Jugend nicht stark waren, werden im Alter noch wiederspänstiger.

Verzeichniss der in diesem Theil neu hinzugekommenen Citate von Werken nebst Angabe derjenigen Gelehrten, denen ich die Mittheilungen aus diesen Werken verdanke:

APARÂRKA (JOLLY).
BHÂM. = BHÂMATÎ in der Bibl. ind. (STENZLER).
BṚHANM. = BṚHANMANU, nach Citaten in verschiedenen juristischen Büchern (JOLLY).
BṚHASP. = BṚHASPATI, nach Citaten in verschiedenen juristischen Büchern (JOLLY).
Cat. ALLAH. = A Catalogue of Sanscrit Manuscripts in Oudh (ROTH).
Cat. KIELH. = Cat. C. PR.
ÇRUT. = ÇRUTABODHA in der Zeitschrift für die Kunde des Morgenlandes, Bd. IV.
ÇUKRAN. = ÇUKRANÎTI in OPPERT, On the army organization of the Ancient Hindus S. 107 (WEBER).
DEVALA nach Citaten in verschiedenen juristischen Schriften (JOLLY).
DONNER, PIṆḌ. = PIṆḌAPITṚYAJNA, von Dr. O. DONNER. Berlin, 1870.
EITEL, Chin. B. = Hand-Book for the Student of Chinese Buddhism, by Rev. E. I. EITEL. London, 1870.
GAṆITA, MADHJAM(ÂDHJÂJA) (KERN).
GOBH. ÇRÂDDHAK. = GOBHILA's ÇRÂDDHAKALPA in der Bibl. ind.
HAEB. Anth. = HAEBERLIN's Anthology, Calcutta 1847.
HILLEBR. N. = HILLEBRANDT's altindisches Neu- und Vollmondsopfer.
KÂD. Die eingeklammerten Zahlen verweisen auf die Calc. Ausg. 1872.
KAIVALJOP. = KAIVALJOPANISHAD in der Bibl. ind.
KAṬHOP(ANISHAD) in der Bibl. ind.
KÂTJ(ÂJANA) nach Citaten in verschiedenen juristischen Werken (JOLLY).
KÂTJ. ÇRÂDDHAK. = KÂTJÂJANA's ÇRÂDDHAKALPASÛTRA (STENZLER).
ḰAURAP. (A.) = ḰORAPAṄḰÂÇAT, herausgegeben von M. ARIEL im Journal asiatique, 4me série, Bd. XI, S. 469. fgg. (CAPPELLER).
KUHN's Z. = Zeitschrift für vergleichende Sprachforschung auf dem Gebiete der indogermanischen Sprachen.
KUMÂRAS. 8. fgg. findet man im 1ten Bande des Pandit und besonders herausgegeben von TÂRÂNÂTHA TARKAVÂCHASPATI, Calcutta 1868.
LIA. = LASSEN's Indische Alterthumskunde.

MBh. ed. Vardh. ist die auf Kosten des Fürsten von Vardhamâna (Burdwan) gedruckte Ausg. des Mahâbhârata. Sie enthält nur die 12 ersten Parvan.

Medhât. = Medhâtithi, ein Scholiast des Manu (Jolly).

Müller, SL. = A History of Ancient Sanskrit Literature. By Max Müller. 1859.

Muṇḍ. Up. = Muṇḍakopanishad in der Bibl. ind.

Old. Buddha = Buddha. Sein Leben, seine Lehre, seine Gemeinde. Von Hermann Oldenberg. Berlin 1881.

Pragâpati, nach Citaten in verschiedenen juristischen Werken (Jolly).

Pr. P. = Prakaṇḍapâṇḍava, ein Schauspiel. Hdschr. (Cappeller).

Râmapûrvat. Up. = Râmapûrvatâpanîjopanishad in der Bibl. ind.

Rasar. = Rasaratnâkara, Calcutta 1878 (Roth).

Rasendrak. = Rasendrakintâmaṇi, Calcutta 1878 (Roth).

Somakarmapr. = Somakarmapradîpa des Râma, Hdschr. (Roth).

Sukhâv. = Sukhâvatîvjûha nach der nocht nicht erschienenen Ausg. von F. Max Müller.

Svapnak. = Svapnakintâmaṇi (Pischel).

Vagrakkh. = Vagrakkhedikâ, herausgegeben von F. Max Müller.

Vasishṭha, nach der Ausg. von Benares (Jolly).

Vet. (U.) = Vetâlapankavimçatikâ, herausgegeben von Heinrich Uhle.

Vjutp. = Vjutpatti, ein Sanskrit-Tibetisches Wörterbuch aus dem Tangur (Schiefner).

Vṛshabh. = Vṛshabhânugâ im 3ten und 4ten Bande des Pandit (Cappeller).

Weber, Râmat. = Weber's Ausg. der Râmatâpanîjopanishad.

Wind. Sanc. = Friderici Henr. Hug. Windishmanni Sancara sive de theologumenis Vedanticorum.

Jena. den 3ten April / 22sten März 1882.

O. Böhtlingk.

1. त Pronomialstamm der 3ten Person in allen Casus und Zahlen mit Ausnahme des Nom. Sg. m. und f. Am Anfange eines Comp. तद्. 1) Adj. Subst. *der* (als Correl. von य, das in das Regel vorangeht), *dieser*, *er*. Nicht selten in Verbindung mit dem Pron. oder einem Verbum fin. der 1ten oder 2ten Person, mit einem andern Demonstr. und dem Relat. (in demselben Satze). Nach einem Substantiv hebt es dieses in irgend einer Beziehung hervor. MBH. 3, 67, 10 ist तस्य मन्दस्य so v. a. मम म°. Wiederholt *dieser und jener*, *mannichfach*, *jeglich*, *respective dieser oder jener*. तेनैव तेनैव पथा *ganz auf demselben Wege*. In Verbindung mit dem Relat. in demselben Satze (mit oder ohne वा nach jedem Pron.) *welcher immer*, *der erste beste*, *jeglich*. Wiederholt in Correl. mit dem einfachen oder wiederholten Relat. *welcher immer*, *wer immer — der*. Statt des zweiten Relativs auch 1. क mit चिद्, in welchem Falle auch ein einfaches त folgt. तद्यथा *damit verhält es sich wie folgt*, *nämlich*. — 2) n. तद् *a*) *dieses*, so v. a. *die Welt*. — *b*) im künstlich zerlegten तत्त्वम् (असि) als *das* **Brahman** gedeutet.

2. त in der enklitischen Form ते Gen. Dat. Instr. (VÂMANA 5,2,11) zu त्वम्.

3.*त 1) m. *a*) *Schwanz*, — *eines Schakals*, *jeglicher Schwanz mit Ausnahme des vom Bos Gaurus*. — *b*) *Brust*. — *c*) *Mutterleib*. — *d*) *Kämpfer*. — *e*) *Dieb*. — *f*) *Bösewicht*. — *g*) *ein* **Mlekkha**. — *h*) *ein* **Buddha**. — *i*) *Edelstein*. — *k*) *Nektar*. — 2) f. आ *Bein*. der **Laksmî**. — 3) f. n. *a*) *das Ueberschiffen*, *Uebersetzen*. — *b*) *das Gute*, *Rechte*.

तंस्, तस् 1) nur (उप) अतसत् und ततस्रे 1) *ausschütten* (einen Wunsch). — 2) *तंसति (अलंकारे). — Caus. तंसयति 1) *schütteln*, *hinundher ziehen*. — 2) *अलंकारे. — Mit अभि *berauben*, *rauben*. — Mit आ Caus. *ausschütten*. — Mit उप *ruckweise anstossen*, — *eintreiben*, *subigere*. — Mit निस् Caus. (अतततंसतम्) *herausschütteln*. — Mit परा in °तंस. — Mit परि Caus. *rühren in* °तंसयध्यै. — Mit वि *erschüttern*, *bestürmen*. — Intens. (°तंतसैते) *ringen*, *sich bekämpfen* RV. 6, 25, 6.

तंसु und °राध m. N. pr. eines Fürsten.

तक् 1) तक्ति und *तकति *schiessen*, *stürzen*. तक्त *schiessend*. — 2) *तकति (हसने oder सहने). — Mit निस् Med. *losschiessen* —, *sich stürzen auf*, *anfallen*; mit Acc. — Mit परि in °तकन. — Mit प्र in सर्गप्रतक्त. प्रतक्वन् und प्रतङ्कम्.

तक Demin. von 1. त 1).

तकरि (KÂṬH. 13,9. 10) und तकरी f. *ein best. Theil der weiblichen Genitalien*. तगरी AV. PAIPP.

तकवान Adj. *rasch hineilend*. Nach SÂJ. *strauchelnd*.

तकारविपुला f. *ein best. Metrum*.

*तकिल 1) Adj. *schelmisch*, *betrügerisch*. — 2) f. आ *a*) *eine best. Pflanze*. — *b*) *Arzenei*.

तकु Adj. *dahinschiessend*, *eilend*.

तक्कोल m. *Pimenta acris* R. ed. Bomb. 3,35,22.

1. तक्मन् m. *eine best. Krankheit* oder *eine ganze Klasse von hitzigen Krankheiten*, *welche von Hautausschlägen begleitet sind*.

2.*तक्मन् n. *Abkömmling*, *Kind*.

तक्मनाशन Adj. *den* **Takman** *vertreibend*.

*तक्य Partic. fut. pass. von तक्.

तक्र 1) n. *Buttermilch zur Hälfte mit Wasser gemischt* (nach den Lexicographen *drei Theile Buttermilch mit einem Theile Wasser*). तक्रे शक्रस्य दुर्लभम् Spr. 7670. — 2) *f. आ *eine best. Staude*.

तक्रकूर्चिका f. *Milch mit Buttermilch gekocht*.

तक्रपिण्ड m. *ausgepresster Quark* BHÂVAPR. 2,43.

*तक्रभक्ता f. *eine best. Staude*.

*तक्रभिद् *die Frucht von Feronia elephantum*.

तक्रमांस n. *gebratenes Fleisch mit Buttermilch*.

*तक्रसार n. *frische Butter*.

*तक्राट m. *Butterstössel*.

*तक्राह्वा f. *eine best. Staude*.

तक्व Adj. *rasch*, *schnell*.

तक्वन् m. 1) *Vogel*, *Raubvogel*. Nach SÂJ. *ein rasches Pferd*. — 2) * *Dieb*.

तक्ववी m. *Vogel*, *Raubvogel*.

तक्ववीय etwa *rascher Flug*.

1. तक्ष्, तक्षति, °ते und तक्ष्णोति; Partic. तष्ट. 1) *behauen*, *schnitzen*, *bearbeiten* (Holz). — 2) *schneiden* HARSHAK. 125,9. *durchschneiden*, *abhauen*, *abspalten*, *zerhauen*, *zerspalten*. — 3) *verfertigen*, *ausarbeiten* (insbes. aus Holz); *machen*, *schaffen* überh. Im Veda häufig von den *künstlichen Arbeiten* der **Ṛbhu**. — 4) *geistig schaffen*, *erfinden*. — 5) *machen zu* (mit doppeltem Acc.), *zurechtmachen zu*, *zubereiten*, *hinwirken auf* (Dat.). — 6) *durch Dividiren reduciren* GOLÂDHJ. 13,14. fgg. Comm. zu GAṆIT. GRAH. 9. COLEBR. Alg. 114. — 7) *त्वचने, त्वचो ग्रहणे. — *Caus. तक्षयति. — Mit अनु *Jmd Etwas zur Hülfe verschaffen* TṢ. 5,6,8,6. — Mit अप *abspalten*, *abschnitzen*. — Mit अव in °तक्षण. — Mit आ *verschaffen*. — Mit उद् *herausbilden aus* (Abl.). — Mit निस् *bilden*, *schaffen*, — *aus* (Abl.). — Mit प्र *verfertigen*. — Mit वि 1) *abspalten*. — 2) वितष्ट *bearbeitet*, *geschnitzt*. — Mit सम् 1) *behauen*, *bearbeiten*. — 2) *zusammen* —, *zerhauen*. — 3) * *verletzen* (durch Worte). — 4) *zusammen verfertigen* VAITÂN. *verfertigen*, *bilden*.

2. °तक्ष् Adj. *behauend*, *bearbeitend* in *काष्ठ°.

तक्ष 1) Adj. *zerhauend*, *zu Nichte machend* in *तपस्तक्ष. — 2) m. *a*) am Ende eines Comp. *Zimmermann*. — *b*) N. pr. α) eines Schlangendämons. — β) eines Sohnes des **Bharata**. — γ) eines Sohnes des **Vṛka**.

तक्षक m. 1) *Hauer*, *Abhauer* in वृक्ष°. — 2) **Zimmermann*. — 3) *Bein. **Viçvakarman**'s. — 4) **der* **Sûtradhâra**, *Sprecher des Prologs im Schauspiel*. — 5) * *ein best. Baum*. — 6) N. pr. *a*) eines Schlangendämons. — *b*) eines Sohnes α) des **Prasenaǵit**. — β) des **Bharata** VP.[2] 3,319.

तक्षकर्मन् n. *Zimmerarbeit*, — *handwerk*.

*तक्षकीया f. N. pr. einer Oertlichkeit.

तक्षण 1) n. *a*) *das Behauen*, *Beschnitzen*, *Abschaben* (GAUT.), *Bearbeiten*. Wird unter den 64 Künsten aufgeführt. — *b*) *das Dividiren um eine Quantität zu reduciren* LÎLÂV. 99. COLEBR. Alg. 114. —

2) *f. ई *ein Werkzeug zum Behauen, — Schnitzen* u. s. w.

तक्षन् m. 1) *Holzhauer, — arbeiter, Zimmermann.* *f. तक्ष्णी. — 2) N. pr. eines Lehrers.

तक्षरथकारौ m. Du. *ein Zimmermann und ein Wagner* Maitr. S. 4,3,8.

तक्षवत् Adj. MBh. 2,23,18 vielleicht fehlerhaft für क्षतवत् *verwundet habend.* Nîlak.: तक्षस्तनूकरणं गात्रसंकोच इत्यर्थः । तद्वान्.

तक्षशिल 1) m. Pl. *die Bewohner von* 2). — 2) f. आ Ταξιλα, N. pr. einer Hauptstadt der Gandhâra. °तम् 45,24.

*तक्षशिलावती f. N. pr. einer Oertlichkeit.

*तक्षायस्कार n. Sg. *Zimmermann und Schmied.*

*तक्षिणी f. = तक्षणा 2).

*तक्षितर् Nom. ag. von 1. तक्ष्.

(तक्ष्य) तक्षिय Adj. *zu bilden.*

*तगडवल्ली f. *Cassia auriculata.*

तगर 1) (*m.) n. *Tabernaemontana coronaria* und *ein daraus bereitetes wohlriechendes Pulver.* — 2) f. ई = तकारि, °री AV. Paipp. — 3) n. N. pr. einer Stadt. Auch °पुर n.

तगरक = तगर 1) Varâh. Bṛh. S. 51,15.

*तगरपादिक n., *°का f. und *°पादी f. dass.

*तगरिक Adj. (f. ई) *mit Tagara 1) handelnd.*

तङ्क्, *तङ्कति (कृच्छ्रजीवने, दोःस्थ्ये). — Mit प्र in प्रतङ्कम् = तक्.

*तङ्क 1) *Haue, Brecheisen, Meissel.* — 2) *Trauer über die Trennung vom Geliebten.* — 3) *Furcht.*

*तङ्ग्, तङ्गति (स्खलने, कम्पे, गतौ).

तङ्गण m. Pl. N. pr. eines Volkes.

तङ्गन m. Pl. desgl. als v. l. für टङ्कण.

(तङ्गल्व) तङ्गलुव m. *ein best. Unhold.*

तच्छील Adj. *dessen Gewohnheit* oder *Character der Art ist.* Als Synonym von सदृश *gleich, ähnlich* 251,8.

तज्जघन्य Adj. (f. आ) *der schlechteste —, hässlichste darunter* TS. 7,1,6,4.

तज्जलान् Adj. *darin entstehend, darin aufgehend und darin athmend.*

तज्जातीय und °क in अ°.

तज्ज्ञ Adj. 1) *dieses kennend, Sachkenner.* — 2) am Ende eines Comp. *vertraut mit.*

*तञ्ची f. *eine best. Pflanze* Râgan. 6,72. तन्वी Hdschr.

1. तञ्च्, तनक्ति *zusammenziehen.* — Mit आ *gerinnen machen.* — Mit अन्या *zu einem Andern gerinnen machen.* — Mit उपा in उपातञ्च.

2.*तञ्च्, तनक्ति (गतौ).

*तञ्ज्, तनक्ति = 1. तञ्च्.

*तञ्जल m. *der Vogel Kâtaka* Gal.

तट्, तटति 1) *dröhnen.* — 2) *उच्छ्राये. — *Caus. ताटयति = ताडयति *schlagen.*

तट m. f. (ई) und (*n.) *Abhang, ein abhängiges Ufer, Gestade.* Ueberaus häufig von den *abhängigen Theilen des menschlichen Körpers.* — Auch fehlerhaft für तल्प.

तटक n. *Ufer.* — Auch fehlerhaft für तटाक.

तटतट onomat. *unter Gedröhn.* °स्वन Adj. (f. आ) *dröhnend, donnernd.*

तटद्रुम m. *ein am Ufer stehender Baum* Spr. 7790.

तटस्थ Adj. 1) *am Abhange —, am Ufer stehend* Naish. 3,55. — 2) *unbetheiligt, gleichgültig* Naish. 3,55. Wer an *einem Abhange steht,* hat den Gipfel über — und das Thal unter sich, ist also मध्यस्थ. — 3) *sich nähernd, nur in gewisser Beziehung zutreffend* (von einer Definition).

तटस्थित Adj. *gleichgültig, indifferent* (Gespräch).

तटाक (*m.) n. *See, Teich.*

तटाकिनी f. *ein grosser See* MBh. 3,279,44. = सरसी Nîlak.

तटिनी f. *Fluss* Spr. 7790.

तटिनीपति m. *der Ocean.*

तट्य Adj. *zu Abhängen in Beziehung stehend* (Çiva).

1. तड्, vom Simplex nur (वि) ताढि oder ताळ्हि und तताड (Bhâg. P.) *schlagen.* — Caus. ताडयति 1) *schlagen, — auf* oder *an, mit Schlägen züchtigen, klopfen auf.* — 2) mit Pfeilen u. s. w. *auf Jmd losschlagen,* so v. a. *treffen, verwunden.* — 3) ein musikalisches Instrument *schlagen, spielen.* — 4) Pass. von einer Wunde so v. a. *klopfen.* — 5) in der Astr. *anstossen an, berühren,* so v. a. *theilweise verfinstern.* — 6) *multipliciren.* °ताडित *multiplicirt.* — Mit अभि Caus. 1) *schlagen —, stossen gegen, zerstossen, verwunden.* — 2) in der Astr. *grösstentheils verfinstern.* — Mit अव Caus. *nach unten schlagen.* — Mit आ Caus. आताडयत Pañkat. 235,23 fehlerhaft für अता°. — Mit परि Caus. *mit Etwas Jmd unsanft berühren.* — Mit प्र Caus. *niederschlagen, zu Boden werfen.* — Mit वि *zerstossen, zermalmen.* — Caus. 1) *zerschlagen, verwunden.* — 2) *schlagen gegen* (Loc.). — Mit सम् Caus. 1) *schlagen, Jmd einen Schlag versetzen, schlagen auf,* mit einem Geschosse *treffen.* — 2) ein musikalisches Instrument *schlagen.*

2.*तड्, ताडयति (भासार्थे oder भाषार्थे).

*तडग m. = तडाग.

तडतडिति (onomatop. mit इति) *krach!* Bâlar. 250,8.

तडत्कारिन् Adj. *krachend, knackend* Bâlar. 112, 21. 121,3.

*तडाक 1) m. n. = तडाग 1). — 2) f. आ a) *Schlag.* — b) *Ufer.* — c) *Glanz.*

तडाकिनी f. v. l. für तटाकिनी.

तडाग (*m.) n. 1) *Teich, See.* — 2) **Falle.*

तडागद Adj. *einen Teich anlegend* MBh. 13,2987. तडागे यस्य st. तडागदस्य ed. Bomb.

तडागभवनोत्सर्ग m. und °तत्त्व n. Titel eines Abschnittes im Smṛtitattva.

तडागभेदक Adj. *der einen Teich durchsticht, so dass das Wasser abläuft,* 205,23.

तडागवत् Adj. *der einen Teich anlegt* (nach Nîlak.).

तडागोत्सर्ग m. Titel eines Werkes.

तडाघात (!) m. *ein Schlag mit dem Elephantenrüssel.*

*तडि von unbekannter Bed.

1. (तडित्) तळित् Adv. *anstossend, nahe.*

2. तडित् f. 1) *Blitz.* — 2) *तळित् = वधकर्मन्.

तडित 1) am Ende eines adj. Comp. *Blitz.* — 2) m. N. pr. eines Gottes Hem. Par. 12,355.

(तडितम्) तळितम् Adv. *anstossend, nahe.*

तडिति (onomatop. mit इति) *krach!* Bâlar. 108, 10. 176,20. 244,17. 258,19. Vikramâñkak. 13,40.

*तडित्कुमार m. Pl. *eine best. Klasse von Göttern* bei den Gaina.

तडित्प्रभा f. N. pr. einer der Mütter im Gefolge Skanda's.

तडित्वत् 1) Adj. *mit einem Blitzstrahl versehen, einen Bl. entlassend.* — 2) m. a) *Gewitterwolke* Comm. zu Vâmana 5,1,10. — b) **eine Cyperus-Art.*

तडिद्गर्भ m. *eine Wolke, die Blitze mit sich führt.*

तडिद्वासस् Adj. *blitzartige Gewänder tragend.*

तडिन्मय Adj. *blitzartig* Harshak. 210,3.

तडिन्माला (Spr. 2473), तडिल्लता und तडिल्लेखा f. *Blitzstrahl.*

*तण्ड्, तण्डते (ताडने, आहतौ).

तण्ड 1) *m. N. pr. eines Mannes. °वतण्डाः *die Nachkommen* Taṇḍa's *und* Vataṇḍa's. — 2) f. आ von unbekannter Bed. in °प्रचर m., °प्रतर m., °लक्षण n. und °लक्षणसूत्र n.

*तण्डक 1) m. n. a) *das Zubereiten, Ausrüsten, Ausschmücken.* — b) *eine an Zusammensetzungen reiche Rede.* — c) *Hauspfosten.* — 2) m. a) *Gaukler.* — b) *Baumstamm.* — c) *Schaum.* — d) *Bachstelze.*

तण्डि m. N. pr. eines Mannes.

तण्डिन m. N. pr. eines Autors über Metrik.

तण्डिपुत्र m. N. pr. eines Lehrers.

*तण्डिवाह m. *Barbier* Gal.

तण्डु m. N. pr. eines Dieners des Çiva.

*तण्डुरीण m. 1) *ein nicht zum Staatsverband Gehöriger, Barbar.* — 2) *Wurm, Insect.* — 3) *Reiswasser.*

तण्डुल 1) m. *a) Fruchtkorn,* insbes. *Reiskorn.* — *b) ein Reiskorn* als *best. Gewicht* Karaka 7,12. — *c) *Amaranthus polygonoides.* — *d) *Embelia Ribes.* — 2) *f. आ *Embelia Ribes* Râgan. 6,49. — 3) *f. ई *a) eine Gurkenart* Râgan. 7,218. — *b) Amaranthus polygonoides* Râgan. 5,71. — c) = यवतिक्ता Râgan. 3,65.

तण्डुलकण m. *Reiskorn.*

तण्डुलकण्डन n. *Kleie* 218,3.

*तण्डुलकिण्व n. gaṇa राजदन्तादि.

*तण्डुलकुसुमबलिप्रकार oder *°बलिविकार m. Pl. *eine best. Kunst die Ohren zu schmücken.*

तण्डुलदेव m. N. pr. eines Dichters.

*तण्डुलफला f. *langer Pfeffer.*

तण्डुलाम्बु n. *Reiswasser von ungekochten Körnern* Mat. med. 269.

*तण्डुलिक und *तण्डुलिन् Adj. von तण्डुल.

*तण्डुलीक m. *Amaranthus polygonoides.*

तण्डुलीय m. 1) dass. — 2) *Embelia Ribes.* — 3) **Schwefelkies.*

तण्डुलीयक 1) m. *Amaranthus polygonoides* Râgan. 5,71. — 2) *m. f. (°यिका) *Embelia Ribes* Râgan. 6,49.

*तण्डुलु m. *Embelia Ribes.*

*तण्डुलेर m. *Amaranthus polygonoides.*

*तण्डुलोत्थ und तण्डुलोदक n. *Reiswasser.*

*तण्डुलौघ m. *Bambus spinosa.*

तण्डुलिकाश्रम m. N. pr. einer *Einsiedelei.* v. l. तन्दुलिकाश्रम.

*°तत Adj. von 1. तन्.

1. तत m. 1) *Vater.* — 2) Voc. auch *mein Sohn* 23,12.

2. तत 1) Adj. s. u. 1. तन्. — 2) *m. *Wind.* — 3) n. *a) *Saiteninstrument.* — *b) ein best. Metrum.*

*ततव n. = तत्त्व *der langsame Tact.*

ततद्रुह् Adj. *der dem Vater ein Leid zugefügt hat* Bhâg. P. 1,18,37.

ततनुष्टि Adj. *putzsüchtig.*

*ततपत्त्री f. *Musa sapientum.*

ततम Adj. 1) **der unter Vielen.* — 2) *talis* Ait. Up. 3,12,13. Nach Çaṁk. für तततम = व्याप्ततम.

*ततर Adj. *der unter Zweien.*

ततवत् Adj. *eine Ableitung von* 1. तन् *enthaltend.*

ततस् Adv. 1) in der Bed. des Abl. Sg. (Spr. 3276), Du. und Pl. von 1. त. — 2) *von da her, — aus.* — 3) *an der Stelle, dort.* — 4) *dahin.* — 5) *darauf, alsdann, dann.* Liegt auf dem *zuerst* irgend ein Nachdruck, so wird dieses durch अग्रे, पुरस्, पूर्वम्, प्रथमम् (auch प्रथमम् — ततस् — ततस् 147,16) oder प्राक् (auch प्राक् — ततस् — ततस् — अतः परम्) ausgedrückt. Auch in Correlation mit यद्, यत्र, यदा, यदि und चेद्. Häufig müssig, indem die Folge schon auf andere Weise (insbes. durch einen vorangehenden Absol., durch तदा oder अथ) angedeutet ist. Fragend so v. a. ततः किम् und ततस्ततः *was dann? erzähle weiter.* — 6) *daher, darum, deshalb.* — 7) ततः कथम् so v. a. *wie kommt es aber dann, dass* 183,10. — 8) ततः किम् *a) was dann?* so v. a. *erzähle weiter.* — *b) was hätte man davon?* Spr. 4327. Zwei Gegensätzen nachgesetzt so v. a. *ist es nicht gleich, ob — oder* 2426. — *c) was kann daraus entstehen?* so v. a. *was kann es schaden?* — 9) ततः क्षणात् und ततः क्षणम् *sogleich darauf.* — 10) ततः परः *darüber hinausliegend.* ततः परम् Adv. *ausser diesen, ausserdem, ferner; darnach, alsdann, nachher, später.* ततश्च परम् dass. 108,6. — 11) ततः पश्चात् *darauf, alsdann.* — 12) ततः प्रभृति *von dann an.* — 13) ततस्ततः *a) von hier und von dort, hier und da, hierhin und dorthin, von allen Seiten, allerwärts, überallhin.* — *b)* fragend *was dann? was dann?* so v. a. *erzähle weiter* 320,29. Vgl. auch 20). — 14) ततो ऽनु *darauf* Spr. 4142 (könnte auch ततो नु sein). — 15) ततो ऽन्यतः *anderswohin* 173,18. — 16) ततो ऽन्यत्र = तस्मादन्यस्मिन् 227,4. — 17) ततो ऽपरम् *später, nachher, ein anderes Mal* 23,17. — 18) इतस्ततः *von hier und von da, hier und dort, hierhin und dorthin, hin und her.* — 19) यतस्ततः *a) von wem es auch sei, vom ersten Besten.* — *b) von wo es auch sei, wo immer.* — 20) यतो यतः — ततस्ततः *woher immer, wohin i., wo i.* — *von dorther, dahin, dort.*

*ततस्त्य Adj. *von dorther kommend, — rührend.*

ततामह m. *Grossvater.*

ततायुधकलापवत् Adj. *Bogen und Köcher oder alle Waffen in Bereitschaft haltend* MBh. 1,49,25.

ततायुधकलापिन् Adj. dass. MBh. 4,5,1, v. l.

1. तति Adj. Pl. (Nom. Acc. तति) *tot, so viele.*

2. तति f. 1) *Menge, grosses Maass, hoher Grad* Naish. 7,64. zu Spr. 7200. *Gesammtheit* LA. 88,10. — 2) *Opferhandlung, Ceremonie.* — 3) *ein best. Metrum.*

ततिथ Adj. (f. ई) *der sovielte.*

ततिधा Adv. *so vielfach.*

ततुरि Adj. *überwindend.*

*ततोभवत् m. *der Herr da.*

*तत्कर Adj. (f. आ) *eine bestimmte Arbeit thuend, best. Dienste leistend.*

तत्करिका f. Kull. zu M. 5,7 fehlerhaft für उत्करिका.

तत्कर्तव्य n. *die den gegebenen Verhältnissen entsprechende Handlungsweise.*

तत्कर्मकारिन् Adj. *dasselbe betreibend* 204,19.

तत्कारिन् Adj. *dasselbe thuend* 248,14.

1. तत्काल m. 1) *der betreffende Zeitpunkt, die in Rede stehende Zeit.* — 2) *jene Zeit, die damalige Zeit* 276,7. 32. — 3) °म् *a) zu der Zeit, zur selben Z., während der Z.* LA. 77,7. Chr. 122,17. 127, 7. 129,5. 214,4. — *b) sofort, unverzüglich, alsbald, sogleich* Spr. 7636.

2. तत्काल Adj. 1) *zur selben Zeit —, sogleich vor sich gehend, gleichzeitig.* — 2) *von solcher Zeitdauer* Brahmavaiv. P. im ÇKDr. u. दण्ड.

*तत्कालधी Adj. *Geistesgegenwart habend.*

*तत्काललवण n. *eine Art Salz.*

तत्कालीन Adj. 1) *derzeitig, damalig* Daçak. 20, 12. — 2) *gleichzeitig.*

*तत्कालोत्पन्नधी Adj. = तत्कालधी.

*तत्क्रिय Adj. *bestimmte Arbeiten thuend, best. Dienste leistend.*

तत्क्षण m. 1) *derselbe Augenblick.* °णम्, °णात्, °णे und °ण° *in demselben A., sofort, sogleich, alsbald.* — 2) **ein best. Zeitmaass.*

तत्तद्देशीय Adj. *zu dieser oder jener Gegend gehörig* Comm. zu Njâjam. 8,3,7.

*तत्तृतीय Adj. *dieses zum 3ten Mal thuend* P. 6, 2,162, Sch.

तत्त्रिभागक Adj. (f. °गिका) *ein Drittel davon ausmachend* Varâh. Brh. S. 58,11.

तत्त्व n. (adj. Comp. f. आ) 1) *das Verhältniss wie es ist, das wahre V., — Wesen, die wahre Natur, Wahrheit.* तत्त्वेन, तत्त्वतम् und तत्त्व° *dem wahren Verhältniss entsprechend, wie es sich in Wahrheit verhält, in W., der W. gemäss, genau, sorgfältig.* Im philosophischen Sinne *Wahrheit,* so v. a. *Realität, Grundprincip,* deren nach den verschiedenen Systemen eine verschiedene Anzahl (gewöhnlich 25 oder 24) angenommen wird. Einmal m. — 2) Bez. der Zahlen *25* und *24.* — 3) *das Dasein.* — 4) **der langsame Tact.* — 5) **ein best. musikalisches Instrument.*

तत्त्वकौमुदी f., तत्त्वकौस्तुभ n. (Opp. Cat. 1), तत्त्वगुरुकाशीय n. (ebend.), तत्त्वचन्द्र m., °चन्द्रिका f., तत्त्वचिन्तामणि m., °मणिप्रकाश m., °मणिप्रभा f. und °मणिव्याख्या f. Titel von Werken, insbes. Commentaren.

तत्त्वज्ञ 1) Adj. am Ende eines Comp. *Etwas gründlich kennend.* — 2) *m. *ein Brahman.*

तत्त्वज्ञान n. 1) *Erkenntniss der Wahrheit, — der*

Realitäten, wahre Erkenntniss. — 2) Titel eines Werkes.

तत्त्वटीका f. Titel eines *Commentars* Opp. Cat. 1.

*तत्त्वता f. *Wahrheit, Realität.*

तत्त्वत्यज् Adj. *das wahre Verhältniss verkennend* Viddh. 71,16.

तत्त्वत्रयगीर्वाणप्रतिपद् und तत्त्वत्रयचुलुक Titel zweier Werke Opp. Cat. 1.

तत्त्वत्रयमय Adj. *aus den drei Realitäten bestehend* Hemâdri 1,827,6.

तत्त्वदर्श m. N. pr. eines Rshi unter Manu Devasâvarṇi.

तत्त्वदर्शिन् 1) Adj. *die Wahrheit schauend, — kennend* 164,3. — 2) m. N. pr. verschiedener Männer.

तत्त्वदीप m., °न n., °दीपिका f. (Opp. Cat. 1) und °दीपिनी f. (ebend.) Titel von Werken.

तत्त्वदृश् Adj. = तत्त्वदर्शिन् 1) 288,28.

तत्त्वनवनीत n., तत्त्वनिरूपण n. und तत्त्वनिर्णय m. Titel von Werken Opp. Cat. 1.

तत्त्वनिश्चय m. *richtige Erkenntniss.*

तत्त्वनिष्ठता f. *Wahrheitstreue* H. 67.

तत्त्वन्यास m. 1) *eine best. dem* Vishṇu *geltende Ceremonie.* — 2) Titel eines Werkes Opp. Cat. 1.

तत्त्वपदवी f. (Opp. Cat. 1), तत्त्वपरिशुद्धि f., तत्त्वपाद (Opp. Cat. 1), तत्त्वप्रकाश m., °प्रकाशिका f. (Opp. Cat. 1), तत्त्वप्रदीपिका f., तत्त्वबिन्दु m. und °बिन्दुयोग m. Titel von Werken.

तत्त्वबोध m. 1) *Erkenntniss der Wahrheit, — des Richtigen.* — 2) Titel zweier Werke.

तत्त्वबोधन n. (Opp. Cat. 1), °बोधप्रकरण n. (ebend.), °बोधिनी f., °बोधिनीकारकप्रकरण n. (Opp. Cat. 1) und °बोधिनीतद्धितप्रकरण n. (ebend.) Titel von Werken.

तत्त्वभाव m. *das wahre Sein, — Wesen.*

तत्त्वभूत Adj. *Wahrheit seiend, wahr.*

तत्त्वमातृका f. (Opp. Cat. 1), तत्त्वमानस n. (ebend.), तत्त्वमार्तण्ड m. (ebend.), तत्त्वमुक्ताकलाप m. (ebend.), °मुक्तावली f., तत्त्वमुद्राविलास m. (Opp. Cat. 1), तत्त्वयाथार्थ्यदीपन n., तत्त्वरत्नावलि f. (Opp. Cat. 1) und °रत्नावलिसंग्रह m. (ebend.) Titel von Werken.

तत्त्ववत् Adj. *im Besitz der Wahrheit, der Realitäten seiend.*

तत्त्ववादरहस्य n. Titel eines Werkes.

तत्त्वविद् Adj. *Etwas* (Gen. oder im Comp. vorangehend) *genau kennend.*

तत्त्वविवेक m. 1) *Kritik der Wahrheit.* — 2) Titel verschiedener Werke. Auch °टिप्पणी f. (Opp. Cat. 1), °टीका f. (ebend.), °टीकाविवरण n., °दीपन n., °दीपनव्याख्या f. und °विवरण n. (Opp. Cat. 1).

तत्त्वविवेचन n. Titel eines Werkes Opp. Cat. 1.

तत्त्वशम्बर n., °क n. (Ârjav. 160,15), तत्त्वशारदी f. und तत्त्वशिलोपन्यास m. Titel von Werken.

तत्त्वशुद्धि f. *genaue Kenntniss der Wahrheit* 120,20.

तत्त्वसंख्यान n. (Opp. Cat. 1), तत्त्वसंग्रह m., °संग्रहरामायण n. (Opp. Cat. 1), °संग्रहव्याख्या f. (ebend.), *तत्त्वसंचय m., तत्त्वसत्यशास्त्र n., तत्त्वसमास m., तत्त्वसमीक्षा f., तत्त्वसागर m., तत्त्वसार und °सारव्याख्या f. (Opp. Cat. 1) Titel von Werken.

तत्त्वाख्यानोपमा f. *ein durch Aussprechen einer Wahrheit ausgedrücktes Gleichniss* (z. B. dein Mund ist keine Lotusblüthe) 249,16.

तत्त्वानुसंधान n. Titel eines Werkes Bühler, Rep. No. 413.

तत्त्वापह्नवरूपक n. *eine durch Läugnung der Wahrheit ausgedrückte Metapher* (z. B. wenn man von den Augen einer Schönen sagt, dass es nicht Augen, sondern zwei Bienen seien) 253,6.

तत्त्वाभरण n. Titel eines Werkes Opp. Cat. 1.

तत्त्वाभियोग m. *eine Anklage auf Grund von Thatsachen* 212,11. fgg.

तत्त्वामृतप्रकाशिनी f. und तत्त्वार्णव m. Titel zweier Werke.

तत्त्वार्थ m. 1) *die Wahrheit.* — 2) am Ende eines Comp. *der wahre Sinn —, die wahre Bedeutung von.* °विद् Adj. *diese kennend.* — 3) Titel eines Werkes.

तत्त्वार्थदीपिका f. (Opp. Cat. 1), तत्त्वार्थवार्त्तिकालंकार m. (Bühler, Rep. No. 594), तत्त्वार्थवृत्ति f. (ebend. No. 595. fg.), तत्त्वार्थसूत्र n., तत्त्वालोक m., तत्त्वावबोध m., तत्त्वोद्योतपञ्जिका f. (Opp. Cat. 1), तत्त्वोद्योतप्रमाणलक्षण n. (ebend.), तत्त्वोद्योतविवरण n. (ebend.) und तत्त्वोपदेश m. (ebend.) Titel von Werken.

1. तत्पद n. 1) *dessen Stelle.* — 2) *das Wort* तद्.

2. *तत्पद m. *Ficus religiosa.*

1. तत्पर 1) Adj. *a) darauf folgend.* — *b) nachstehend.* Nom. abstr. °त्व n. — 2) *m. *the thirtieth part of the time of the twinkling of the eye.* — 3) f. आ $^{1}/_{60}$ *der Secunde eines Kreises* Comm. zu Ârjabh. 3,2

2. तत्पर Adj. (f. आ) 1) *nur mit dem oder damit beschäftigt, ganz dem ergeben, nur auf den oder darauf gerichtet.* — 2) *ganz womit beschäftigt, ganz Jmd oder einer Sache ergeben;* die Ergänzung im Loc. oder im Comp. vorangehend. Nom. abstr. °ता f.

*तत्पाणिनि Adv. = इतिपाणिनि Kâç. zu P. 2,1,6.

तत्पुरुष m. 1. *eine der fünf Formen* Îçvara's. — 2) *dessen Diener.* — 3) *eine best. Klasse von Compositis.* — 4) *ein best.* Kalpa 2) *h)* VP.² 1,LXXII.

तत्पुरुषवक्त्र m. = तत्पुरुष 1).

तत्पुरुषविचार m. Titel eines Werkes Opp. Cat. 1.

तत्पूर्व Adj. *zum ersten Mal stattfindend, — geschehend.*

*तत्प्रथम Adj. *dieses zum ersten Mal thuend* P. 6,2,162, Sch.

तत्प्रभाते Loc. *den Morgen darauf.*

तत्प्रभृति Adj. *damit anfangend* Lâṭj. 2,5,24. 7,4,15. 9,5,7.

तत्प्रवरवत् Adj. *dessen oder deren Ahnenreihe habend* Ind. St. 10,90.

तत्प्रेप्सु m. *eine best. Desiderativform.*

*तत्फल m. 1) *die blaue Wasserlilie (die Blüthe).* — 2) = कुष्ठ 1). — 3) *ein best. Parfum.*

तत्र und तत्रा (ved.) 1) = Loc. von 1. त 1) in allen Zahlen und Geschlechtern. — 2) *da, dort, daselbst.* — 3) *dahin, dorthin.* — 4) *bei dem Anlass, bei der Gelegenheit, in dem Falle, dann.* तत्र मासः so v. a. *der Monat, von dem die Rede war.* Auch in Correlation mit यद्, यदा, यदि und चेद्. — 5) तत्र तत्र *a)* तस्मिंस्तस्मिन् u. s. w. — *b) hier und da, allerwärts.* — *c) hierhin und dorthin, überallhin.* — 6) यत्र तत्र *a)* = यस्मिंस्तस्मिन् u. s. w. — *b) wo immer, am ersten besten Orte.* — *c) wohin immer, wohin es sich trifft, an den ersten besten Ort.* — *d) bei jedem Anlass, bei jeder Gelegenheit.* — 7) यत्र तत्रापि *wohin immer* 182,32.

तत्रचतुर्मनस् Adj. *Augen und Gedanken auf diesen richtend* Gaut.

तत्रत्य Adj. *dortig.*

तत्रभवत् Adj. Subst. (f. °ती) *verehrungswürdig, der Herr —, die Dame da.* Im Drama mit einer einzigen Ausnahme nur als Bez. von *abwesenden* Personen. Ausnahmsweise auch im Epos, z. B. R. 2,26,19. Einmal auch als Bez. der *angeredeten Person* mit der 2ten Person des Verbums verbunden.

तत्रस्कन्ध m. N. pr. einer Gottheit.

तत्रस्थ Adj. *dort befindlich, — weilend.*

तत्व s. तत्त्व.

तत्संख्याक Adj. *in der Anzahl* 215,2.

तत्सत् N. pr. einer Familie.

तत्सम Adj. *gleich, gleichbedeutend mit* (im Comp. vorangehend).

तत्स्थतदञ्जनता f. *das Annehmen der Färbung von Allem, worauf Etwas gerichtet ist,* Jogas. 1,41.

तत्स्पर्शिन् Adj. *diese berührend* Gaut.

तथा Adv. 1) *so, auf die Weise, in dem Grade, — Masse.* तन्न तथा क्रियते so v. a. *das wird zu einer Unwahrheit gemacht* 219,15. *So* in Correlation mit यथा *wie, in welcher Weise, in welchem Grade, — Masse, dass, da* (291,25. Spr. 2634), इव

wie, येन dass, य und यादृश. सो ऽपि नास्ति यथा तथा so v. a. *und auch der ist so gut wie nicht da* 66,17. — 2) *ja, gut, so ist es, so soll es geschehen.* — 3) *so wahr* (bei Schwüren). Im correlativen Satze यथा (48,16), यदि (?) oder keine Partikel. — 4) *so auch, desgleichen.* Müssig in देवाः सर्षिगणास्तथा (= देवा ऋषिगणास्तथा). — 5) *ja* (unbetont), *nämlich.* — 6) तथा च *in gleicher Weise, in demselben Sinne, im Einklange damit.* So v. a. तथा चोक्तम् 143,13. — 7) तथा — च durch ein Wort getrennt *so auch, desgleichen.* — 8) तथापि *a) so auch, desgleichen* 288,17. — *b) dessenungeachtet, nichtsdestoweniger, dennoch.* जानन्नपि — तथापि Spr. 2965. Im correlativen Satze यद्यपि, अपि यदि, कामम्, वरम् oder keine Partikel. तथापि तेषां दुःखेन परीतानाम् — हर्षः समभवन्महान् *ungeachtet dessen, dass sie von Schmerz erfüllt waren, empfanden sie eine grosse Freude.* Statt तथापि auch तथापि तु. — 9) तथा हि *denn so, so zum Beispiel, nämlich,* hinweisend auf das, was das eben Gesagte begründet, erklärt oder weiter ausführt. — 10) तथैव *a) eben so, auf dieselbe Weise, desgleichen, nicht anders* 163,18. 177,14. — 11) तथैव च *desgleichen* 57,31. 162,13. — 12) तथैव — अपि dass. — 13) अथो — तथा dass. — 14) च nach einem Adj. und तथा nach dessen Subst. dass. MBh. 3,64,109. — 15) तथा तथा — यथा *so — dass, so lange — bis* 106,33. — 16) यथा तथा *auf welche Weise immer, auf diese oder jene Weise.* यथा तथा नाम गिरः किरन्तु ते *die mögen noch so viele Worte fallen lassen* Naish. 9,29. — 17) यथा यथा — तथा तथा *wie immer, auf welche Weise es auch sei — so; in welchem Grade — in demselben Grade; je mehr — desto mehr.*

*तथाकारम् Adv. *auf die Weise, so.*

तथाक्रतु Adj. *einen dem entsprechenden Vorsatz habend.*

तथागत 1) Adj. *sich in solcher Lage —, sich in solchem Zustande befindend, sich so benehmend* 57,17. *derartig, so beschaffen.* — 2) m. *a) ein Buddha.* — *b) ein Buddhist.* — *c)* *N. pr. eines Fürsten.

*तथागतकूप m. N. pr. eines *Brunnens.*

तथागतकोशपरिपालिता f. N. pr. einer Kiṁnara-Jungfrau Kâraṇḍ. 6,12.

*तथागतगर्भ m. 1) Titel eines buddh. Sûtra. — 2) N. pr. eines Bodhisattva.

*तथागतगुणज्ञानाचिन्त्यविषयावतारनिर्देश m. Titel eines buddh. Sûtra.

*तथागतगुप्त m. N. pr. verschiedener Männer.

तथागतगुह्यक n. Titel eines buddh. Werkes.

*तथागतभद्र m. N. pr. eines Schülers des Nâgârǵuna.

तथागुण Adj. (f. आ) *mit solchen Vorzügen ausgestattet.*

तथाजातीय und °क Adj. *derartig.*

*तथाता f. und तथात्व n. *das Sosein, Sobeschaffensein, die richtige Beschaffenheit, das wahre Verhältniss, die wahre Natur.*

तथाप्रभाव Adj. *von solcher Macht.*

तथाभवितव्य Adj. *so und nicht anders sein sollend.* Nom. abstr. °ता f. Kâd. 161,3.

तथाभाव m. *das Sosein* Comm. zu TS. Prât. Ind. St. 15,315.

तथाभाविन् Adj. *so beschaffen —, ein solcher in der Zukunft.*

तथाभाव्य Adj. wohl nur fehlerhaft für ताथा°.

तथाभूत Adj. *so beschaffen, derartig, in dieser Lage* oder *in diesem Zustande befindlich* 118,29. 124,1. 125,17.

तथामुख Adj. *nach derselben Gegend das Gesicht richtend* Gobh. 4,2,5.

तथायतम् Adv. *nach derselben Richtung hin* Gobh. 4,2,4.

*तथाराज m. *ein* Buddha oder Ǵina.

तथारूप (f. आ) und °रूपिन् Adj. *so geformt, so gestaltet, so aussehend.*

तथार्थ Adj. *real.* Nom. abstr. °त्व n. Çaṁk. zu Bṛh. Âr. Up. S. 73.

तथाविध Adj. (f. आ) *derartig, in der Lage —, in dem Zustande befindlich, so beschaffen.* तथाविधम् Adv. *so, auf diese Weise.*

तथावीर्य Adj. *von der Kraft* 30,22.

तथाव्रत Adj. *ein solches Verfahren beobachtend.*

तथाशील Adj. *sich so benehmend, — betragend.*

तथाशीलसमाचार Adj. *einen solchen Charakter und ein solches Benehmen habend* MBh. 5,73,14.

तथास्वर Adj. *mit demselben Accent gesprochen.*

तथोचित in अतथोचित.

तथोपम Adj. *dem ähnlich.*

तथ्य 1) Adj. *wahr.* — 2) n. *Wahres, Wahrheit.* तथ्येन und तथ्यतस् *der Wahrheit gemäss.*

तद् 1) Nom. Acc. Sg. n. von 1. त und als Thema am Anfange eines Comp. — 2) Adv. *a) da, dort, dahin.* In Correlation mit यत्र und यतस्. यतो यतः — तत्तत् *wohin immer — dahin.* — *b) da, damals, dann, in dem Falle.* In Correlation mit यत्र, यदि und चेद्. — *c) da, auf diese Weise, damit, in Bezug darauf.* — *d) darum, deshalb, demnach, also, so.* In Correlation mit यतस् (138,11), यद् und येन *da, weil.* — *e) nun* (als Uebergangspartikel). — *f) so auch, desgleichen, ebenso, und.* — 3) तदपि *a) auch —, sogar dieses* statt des einfachen अपि, da das vorangehende neutrale Subst. allein genügen würde, 139,26. — *b) auch dann* in Correlation mit चेद् 215,30. — *c) dessenungeachtet, dennoch* Spr. 7772. Ind. St. 15,334. In Correlation mit यद्यपि. — 4) तच्चापि *und zwar.* — 5) तद्यथा *so zum Beispiel* 241,31. Mahâbh. (K.) 5,2. 8,23 u. s. w.

*तद (°म्) am Ende eines adv. Comp. = तद् = 1. त.

तदनन्तर 1) Adj. (f. आ) *Jmd* (Gen.) *am Nächsten stehend.* — 2) °म् Adv. *unmittelbar darauf, darauf, alsdann.* प्राक् oder प्रथमम् (176,19) — तद°, प्रथमम् — तद° — तृतीयम् — अतः परम्.

तदनु Adv. *darauf, alsdann, hierauf* 311,26. Megh. 13. Çrut. 38 (Br. 39). Spr. 4039. 6522. 7728 (आदौ — तदनु). zu 2083.

तदनुकृति Adv. *dem entsprechend* 21,13.

तदन्त Adj. *dadurch sein Ende erreichend* TBr. 1,5,9,3.

तदन्न Adj. *an diese Speise gewohnt.*

तदपत्य Adj. *von diesem Nachkommen habend.* Nom. abstr. °ता f. M. 3,16.

तदपत्यमय Adj. *in seinen (ihren) Kindern aufgehend, nur an diese denkend.*

तदपस् 1) Adj. *gewohnt dieses zu thun.* — 2) Adv. *in gewohnter Weise.*

तदपेक्ष Adj. *darauf Rücksicht nehmend* Gaut.

1. तदर्थ m. *dessen oder deren Bedeutung* 276,32.

2. तदर्थ Adj. 1) *dazu bestimmt.* Nom. abstr. °ता f. — 2) *dieselbe Bedeutung habend* 236,27.

तदर्थक Adj. (f. तदर्थिका) *dieses besagend* Naish. 4,52.

तदर्थम् Adv. *daher, in Folge dessen, zu dem Endzweck, dazu, deshalb* 106,22. 225,16. 232,12.

तदर्थीय Adj. *für ihn —, dazu bestimmt, zu dem Endzweck unternommen* Âpast.

तदर्धिक Adj. *halb soviel* M. 3,1.

तदर्ह in अतदर्ह.

तदवस्थ Adj. (f. आ) 1) *in dieser Lage —, in diesem Zustande sich befindend* MBh. 3,69,31. Chr. 291,15. — 2) *in demselben Zustande sich befindend,* so v. a. *unversehrt* 326,10.

तदह्न, Loc. तदह्ने *an diesem Tage* H. 314.

तदा Adv. *zu der Zeit, damals* (Gegensatz इदानीम्), *alsdann, dann, in dem Falle.* Im Epos oft müssig, insbes. nach ततस् (49,22. 61,19. 69,28) oder पुरा und vor अथ. तदा प्रभृति *von der Zeit an.* In Correlation mit यद्, यत्र, यदा, यदि, यर्हि (neben यस्मिन्नहनि), यतस् (*seitdem — von der Zeit an*) und चेद्. तर्हि तदा in Correl. mit यदि, तदा प्रभृति

mit यदा प्रभृति und यदा. यदा यदा — तदा तदा *so oft — so oft* 149,12. Einfacher यदा und तदा mit wiederholtem Verbum fin. dass. 147,29. 30. यदा तदा *zu jeder beliebigen Zeit, stets* NAISH. 8,39.

*तदाकारपरिज्ञान *eine best. Kunst* GAL.

तदात्मक (KĀRAKA 6,12) und तदात्मन् (in अ°) Adj. *in der Art —, in dem Wesen davon liegend, dieselbe Natur habend, identisch dem Wesen nach.*

तदाव n. *Gegenwart, der gegenwärtige Zustand.* Nur im Gegensatz zu आयति *Zukunft.*

तदानींदुग्ध Adj. *zu der in Rede stehenden Zeit —, eben gemelkt.*

तदानीत्तन Adj. *damalig, in jener Zeit lebend.*

तदानीम् Adv. *damals, alsdann, dann.* In Correlation mit यदा, यत्र und यदि.

*तदामुख n. *Beginn, Anfang.*

तदिदर्थ Adj. *auf den bestimmten Zweck gerichtet, intentus.*

तदिष्टि Adj. *von solchen Opferungen begleitet* AV. 11,7,19.

तदीय Adj. 1) *dem, der oder denen gehörig, von dem, von der oder von denen kommend u. s. w., sein, ihr.* °सङ्ग m. *ein Zusammentreffen mit ihr.* — 2) *ein solcher.* तदीयमणवपि *auch nicht so viel, auch nicht das geringste.*

तदेवोपनिषद् f. Titel einer Upanishad.

तदोकस् Adj. *daran Gefallen —, daran Behagen findend.*

तदोजस् Adj. *mit solcher Kraft ausgerüstet.*

तद्गत Adj. 1) *auf den, die, ihn, sie oder darauf gerichtet.* — 2) am Ende eines Comp. *gerichtet auf.*

1. तद्गुण m. 1) *dessen oder deren Eigenschaft.* — 2) *dessen oder deren Vorzug.*

2. तद्गुण 1) Adj. *diese Eigenschaften besitzend.* — 2) m. in der Rhet. *ein bildlicher Ausdruck, bei welchem die Eigenschaften eines Gegenstandes auf einen andern übertragen werden.*

तद्देवत्य Adj. *die Gottheit habend* LĀṬJ. 4,4,21.

*तद्वितीय Adj. *dieses zum zweiten Male thuend* P. 6,2,162, Sch.

*तद्धन Adj. *geizig.*

तद्धर्मन् Adj. 1) *den und den —, einen bestimmten Beruf habend, eine bestimmte Obliegenheit vollbringend.* — 2) *dessen Obliegenheit vollbringend* GAIM. 6,3,26.

तद्धर्मिन् Adj. *dessen —, seine Gesetze befolgend.*

*तद्धारण n. *eine best. Kunst* GAL.

तद्धित 1) *Adj. *dem gut, — heilsam.* — 2) m. *ein Suffix, welches aus schon abgeleiteten Wörtern neue bildet* und *ein auf diese Weise gebildetes Wort.* °कलाप m., °चन्द्रिका f., °तत्त्वबोधिनी f. und °विचार m. Titel von Werken OPP. Cat. 1. — 3) n. *dessen u. s. w. Heil, — Wohlergehen* ĀPAST. (Pl.). — Auch fehlerhaft für तद्धित.

तद्बन्धु Adj. *zu dieser Genossenschaft gehörig.*

*तद्बल m. und *°ला f. (?) *eine Art Pfeil.*

*तद्भक्ष Adj. *dieses oft thuend* P. 6,2,162, Sch.

तद्भव Adj. *daraus* (d. i. aus dem Sanskrit) *entstanden* (von Wörtern im Prâkrit und in den südindischen Sprachen) MEDHÂTITHI zu M. 4,232.

तद्भाव m. 1) *das dazu Werden.* — 2) am Ende eines Comp. *das Werden zu.*

तद्भूत Adj. *darin befindlich* GAIM. 1,1,25.

तद्राज m. *ein Suffix, welches zur Bezeichnung eines Fürsten oder Häuptlings an den Namen eines Volkstammes gefügt wird.*

तद्रियच् und *तद्र्यञ्च् Adj. *dahin gerichtet.*

तद्रूप Adj. (f. आ) *so gestaltet, so beschaffen, so aussehend; von derselben Beschaffenheit.* Nom. abstr. °त्व n. KAP. 5,19. GAIM. 6,5,3.

तद्वत् Adv. 1) *auf diese Weise, so.* In Correlation mit यद्वत् und यथा. — 2) *gleichfalls, ebenfalls, desgleichen, auch.*

तद्वत्ता f. *Uebereinstimmung.*

*तद्वन् m. Pl. *eine bestimmte Klasse von Ṛshi* MAHÂBH. (K.) 11,13.

तद्वत् Adj. *damit versehen, das enthaltend, das besitzend* KAP. 1,151. 5,101.

तद्वयस् Adj. *in demselben Alter stehend.*

तद्वश Adj. *darnach verlangend.*

तद्वा Adv. = तद्वत् 1).

तद्विद् 1) Adj. *das wissend, darin eingeweiht;* m. *Sachkenner, Fachmann.* — 2) f. *die Erkenntniss davon.*

तद्विद्य m. *Fachgenosse, Sachkenner* NJĀJAS. 4,2,47. KĀRAKA 1,25.3,8 (hier und da fehlerhaft तद्विद्या°).

तद्विध Adj. (f. आ) *derartig, dem entsprechend.* Nom. abstr. °त्व n.

तद्विषय Adj. (f. आ) 1) *zu dieser Kategorie gehörend* P. 4,2,66. — 2) *dieses zum Object habend* ÇAṂK. zu BṚH. ĀR. UP. S. 73.

तद्वृत्ति Adj. *darnach lebend* GAUT.

तद्व्रत Adj. *die Pflichten gegen ihn oder sie erfüllend.* — 2) *dieselbe religiöse Observanz begehend* GAUT.

1. तन्, तनोति, तनुते; Partic. तत. 1) *sich dehnen, — erstrecken, — ausdehnen, — über, reichen über oder bis* (insbes. vom Licht); mit Acc. तत *überzogen —, überdeckt mit* (Instr. oder im Comp. vorangehend). — 2) *sich ausbreiten* vom Licht, so v. a. *weithin scheinen.* — 3) *sich in die Länge ziehen, dauern. anhalten.* — 4) *dehnen, strecken, spannen, breiten, aus —, aufziehen* (ein Gewebe). पथस् *Pfade breiten*, so v. a. *bahnen.* तन्तुम् *den Geschlechtsfaden ausbreiten*, so v. a. *auf Nachkommenschaft bedacht sein.* तनूस् *die Personen ausbreiten*, so v. a. *sich vermehren.* गतिम् so v. a. *den Gang richten auf* (इक्). प्रियवचनानि *liebe Worte ausbreiten*, so v. a. *sprechen.* तत *ausgedehnt, — gestreckt.* — 5) *in die Länge ziehen* (in der Zeit). — 6) ein Opfer oder Gebet (wie ein Gewebe) *zusammenfügen, ausführen; einer Opferhandlung obliegen, Etwas* (Acc.) *opfern.* — 7) *ausbreiten, verbreiten, vermehren* RAGH. 3,25. Spr. 2503. KATHÂS. 104,89. PRAB. 30,13. BHÂG. P. 1,8,6. 17,34. 3,21,20. 4,17,22. DHÛRTAS. 66,10. BHAṬṬ. 2,17. Pass. तायते *sich ausbreiten, zunehmen.* तत *ausgebreitet, weit.* — 8) *zurecht machen* in ततायुधकलापवत् und °कलापिन्. — 9) *ausarbeiten, verfassen* MBH. 1,63,127. — 10) *machen zu, reddere;* mit doppeltem Acc. Spr. 1470. — *Desid. तितनिषति, तितंसति und तितांसति. — *Intens. तन्तन्यते und तन्तनीति. — Mit अति, °तत *der sich sehr breit macht, sehr übermüthig.* — Mit व्यति Med. *um die Wette ausdehnen* BHAṬṬ. — Mit अधि *beziehen* (den Bogen mit der Sehne). °तत *überdeckt mit* (Instr.). — Mit अनु 1) *sich ausdehnen nach oder entlang.* — 2) *fortsetzen, fortführen, keine Unterbrechung erleiden lassen, aufrecht erhalten.* — 3) *weiter vermehren.* — Mit अप in °तानक. — Mit अभि 1) *sich ausbreiten vor oder über, hinreichen über* (Acc.). — 2) *vor Etwas herspannen, — aufstellen.* — Mit अव 1) *sich herabsenken, sich ziehen nach* (Acc.). — 2) *sich hinziehen über, überdecken;* mit Acc. °तत *überdeckt —, bedeckt mit* (Instr. oder im Comp. vorangehend) HARIV. 3612. — 3) *abspannen, schlaff machen* (den Bogen); *abnehmen* (die Sehne vom Bogen). — 4) अवतत als Beiw. Çiva's *wohl mild, gnädig gestimmt.* — Mit अभ्यव *überziehen.* Pass. *sich hinziehen über* (Acc.). — Mit आ 1) *sich ausbreiten über, durchdringen, überziehen;* insbes. vom Licht, daher *bescheinen.* पदम् *Platz greifen, sich breit machen.* — 2) *sich richten nach Etwas hin, zustreben auf* (Acc.). आतत *gerichtet auf, haftend an* (Loc.). — 3) *warten auf* (Acc.) — 4) *Jmd aufhalten, morari* ṚV. 1,91,23. — 5) *ausbreiten, ausdehnen, anspannen, aufziehen* (ein Gewebe). आतत *verbreitet, ausgedehnt, gespannt* (Bogensehne), *lang* (Weg KHAND. UP. 8,6,2). — 6) *verbreiten. effundere, verleihen.* — 7) *bewirken, her-*

vorbringen Hariv. 4635. — 8) *an den Tag legen, zeigen, verrathen* 300,26. — Caus. आ तानयति *anspannen, straff machen.* — Mit अन्वा 1) *sich ausbreiten —, hinreichen über* (Acc.); von der Sonne so v. a. *bescheinen.* — 2) *ausspannen, ausbreiten.* — Mit अभ्या *bestricken, in seine Gewalt bekommen.* — Mit उदा *sich ausbreiten.* — Mit पर्या *rings umgeben, umbreiten.* — Mit प्रत्या 1) *sich ausbreiten gegen, bescheinen.* — 2) *scheinen —, glühen gegen* (Acc.) Ṛv. 4,4,4. — Mit व्या *verbreiten, bewirken, hervorbringen.* — Mit समा 1) *spannen* (den Bogen) MBh. 8,82,26. — 2) *bewirken, hervorbringen.* — Mit उद्द *sich nach oben strecken, hinaufstreben.* — Mit नि 1) *durchdringen.* — 2) *nach unten treiben, eindringen —, wurzeln machen.* — Mit अतिनिस् *zertheilend durchdringen, durchleuchten, überstrahlen.* — Mit परि *sich herstrecken um, umspannen, umschlingen, umgeben.* — Mit प्र 1) *sich ausbreiten, — über, überziehen, bedecken, erfüllen.* प्रतत *überzogen* u. s. w. *mit* (Instr. oder im Comp. vorangehend). — 2) *ausbreiten, entfalten, verbreiten, fortführen, weiter ausführen, ausführlich besprechen.* Pass. *sich ausbreiten —, seinen Anfang nehmen von* (Abl.). — 3) *entfalten, an den Tag legen.* — 4) *auszuführen beginnen, beginnen* (ein Opfer). — 5) *bewirken, verursachen.* — 6) *machen zu, reddere;* mit doppeltem Acc. Spr. 7620. — Mit अभिप्र *sich ausbreiten über* (Acc.) Kaush. Up. 4,19. — Mit वि 1) *sich ausbreiten, sich verbreiten, — über, überziehen, bedecken, erfüllen.* वितत *überzogen* u. s. w. *mit* (Instr. oder im Comp. vorangehend). — 2) *ausspannen, ausstrecken, aufziehen* (eine Bogensehne, ein Gewebe u. s. w.), *beziehen* (mit der Sehne), *spannen* (einen Bogen). — 3) *vorstecken* (das Joch). — 4) einen Weg *breiten,* so v. a. *bahnen.* — 5) Schritte *breiten,* so v. a. *schreiten.* — 6) *ausbreiten, verbreiten in, durch* oder *an,* (eine Salbe) *auftragen auf* (Loc.). वितत *ausgebreitet, verbreitet, ausgedehnt, weit, breit.* विततम् Adv. — 7) den Leib *breit machen,* so v. a. *sich drohend entgegensetzen.* — 8) Opfer, Gebete, Ceremonien, Feste (139,15), Kasteiungen u. s. w. *in's Werk setzen, veranstalten, beginnen, ausführen.* — 9) *opfern.* — 10) *an den Tag legen.* — 11) *bewirken, hervorbringen.* — 12) *machen zu, reddere;* mit doppeltem Acc. Prasannar. 53,4. — Mit अनुवि *sich ausdehnen über* (Acc.). — Mit अभिवि 1) *beziehen* (mit der Sehne). — 2) *überziehen, zudecken.* — Mit आवि *sich allseits verbreiten über* (Acc.), von Strahlen. — Mit प्रवि, °तत 1) *ausgedehnt, sich weithin verbreitend, weit.* — 2) *in's Werk gesetzt, begonnen.* — 3) *zahlreich, mannichfach.* — Mit सम् 1) *sich verbinden mit* (Instr.), *sich anschliessen an* (Acc.). संतत *sich befindend in* (Loc.). — 2) *überziehen, bedecken.* संतत *überzogen —, bedeckt mit* (Instr. oder im Comp. vorangehend). — 3) *zusammenfügen, in ununterbrochener Verbindung erhalten, fortlaufend machen.* संतत *zusammengehalten durch* (Instr.), *geschnürt,* (mit Stricken) *bezogen* Tâṇḍja Br. 15,10,6. *zusammenhängend, fortlaufend, ununterbrochen.* संततम् und संतत° Adv. — 4) *anschliessen* Vaitân. — 5) *in's Werk setzen.* — 6) *an den Tag legen.* — Caus. संतानयति *in's Werk setzen —, ausführen lassen.* — Mit अनुसम् 1) *anschliessen, folgen lassen.* — 2) *fortsetzen* Vaitân. — 3) अनुसंतत a) *überzogen —, bedeckt —, erfüllt mit* (Instr.). — b) *nach allen Seiten verbreitet, ausgebreitet.* — Mit अभिसम् 1) *hinüberreichen lassen* (von einer Seite zur anderen), *zur Verbindung machen, anreihen* Tâṇḍja-Br. 4,7,7. — 2) अभिसंतत *überzogen —, überdeckt mit* (im Comp. vorangehend). अभिसंवृत v. l. — Mit उपसम् *in unmittelbare Verbindung setzen mit* (Instr.) Vaitân. — Mit परिसम् in परिसंतान.

2. तन् (nur Dat. und Instr.) 1) *Ausbreitung, Fortdauer, ununterbrochene Folge.* — 2) *Nachkommenschaft.* — 3) तना (तना Ṛv. 10,93,12) Instr. Adv. *in ununterbrochener Dauer, nach einander, anhaltend, continuo* Ṛv. 8,25,2.

3. तन्, तन्यति *erschallen, laut tönen, rauschen* Ṛv.

4. *तन्, तनति und तानयति (श्रद्धोपकरणयोः, श्रद्धोपतापयोः, श्रद्धाघाते).

तन n. und तना f. *Nachkommenschaft, Kind.*

तनक (वेतनक?) *Lohn* (buddh.).

तनबाल m. Pl. N. pr. eines Volkes.

तनय 1) Adj. *das Geschlecht fortpflanzend, zum eigenen Geschlecht gehörig.* — 2) m. a) *Sohn.* Du. auch *Sohn und Tochter.* Im Comp. *Kind* überh. Am Ende eines adj. Comp. f. आ. — b) *das fünfte astrol. Haus.* — c) N. pr. α) Pl. eines Volkes. — β) eines Vâsishṭha. v. l. अनघ. — 3) f. तनया a) *Tochter.* — b) **eine best. Pflanze.* — 4) (*m.) n. *Nachkommenschaft, Geschlecht, Stamm; Kind, Nachkommen.* Nach den Commentatoren *Enkel.*

तनयभवन n. *das fünfte astrol. Haus.*

तनयित्नु Adj. *rauschend, donnernd.*

तनयी Adv. mit कर् *zum Sohne machen.*

तनस् n. *Nachkommenschaft.*

तनिका f. *Strick, Schnur* Çiç. 5,61.

तनिमन् 1) m. *tenuitas, Dünne* Kâd. 195,8. *Seichtheit* Vikramâñkak. 13,6. *Schwäche* Bâlar. 108,16. — 2) n. *Leber.*

तनिश्लोकी f. Titel eines Werkes Opp. Cat. 1

तनिष्ठ Adj. Superl. zu तनु 1).

तनीयस् Adj. Compar. zu तनु 1).

तनु 1) Adj. (f. तनु, तनू und तन्वी) *tenuis, dünn, flach, schmal, fein, schmächtig, schlank, klein, schwach, unbedeutend, spärlich, wenig.* Compar. तनुतर (295,31) und तनीयस्, Superl. तनिष्ठ. — 2) m. N. pr. eines überaus *abgemagerten* Ṛshi. — 3) f. तनु und तनू a) *Leib, Körper, Gestalt.* तनुं त्यज् oder हा (119,27) *den Körper fahren lassen,* so v. a. *das Leben aufgeben.* — b) *Person.* स्वका *die eigene P.* इयं तनुर्मम (320,10) so v. a. *ich hier.* — c) *die eigene Person, das Selbst* (häufig die Stelle des Pron. reflex. vertretend). — d) *Wesen, Daseins-* oder *Erscheinungsform.* रराट्यां (wohl so zu lesen) तनूर्मन्योः so v. a. *ein Zeichen des Grimmes auf der Stirn* Pâr. Gṛhj. 3,13,5. — e) *तनु *Haut.* — f) तनु *das erste astrol. Haus.* — 4) f. तन्वी a) *ein schlankes, feingegliedertes Frauenzimmer.* — b) **Desmodium gangeticum.* — c) **Balanites Roxburghii* Râǵan. 6,72. — d) *ein best. Metrum.* — e) N. pr. einer Gattin Kṛshṇa's.

तनुक 1) Adj. *dünn* Karaka 6,2. *klein; dünn,* so v. a. *schwach* (Brühe u. s. w.) Karaka 8,6. — 2) *m. a) *Grislea tomentosa.* — b) *Terminalia bellerica.* — c) *der Zimmtbaum.* — 3) *f. आ *Diospyros embryopteris.*

*तनुकूप m. *Schweissloch.*

तनुकेश 1) Adj. (f. ई) *feinhaarig* Varâh. Laghuǵ. 2,13. — 2) *f. ई Pl. Bez. der Weiber der Kshemavṛddhi.

*तनुक्षीर m. *Spondias mangifera.*

तनुगृह n. *das erste astrol. Haus.*

*तनुच्छद Vop. 26,70.

तनुच्छद m. 1) *Feder,* Pl. *Gefieder* R. 4,63,2. — 2) *Panzer, Harnisch.*

*तनुच्छाय m. *eine Art Acacie* Râǵan. 8,40.

तनुज 1) m. *Sohn.* — 2) f. आ *Tochter.*

तनुता f. Nom. abstr. zu तनु 1) und 3) a).

तनुत्यज् Adj. *den Leib hingebend, das Leben wagend, muthig dem Tode entgegengehend* Âpast. *sterbend.*

1. तनुत्याग m. *Hingabe des Leibes, muthiges Einsetzen des Lebens.*

2. तनुत्याग Adj. *wenig spendend.*

तनुत्र n. *Panzer, Harnisch.*

तनुत्रवत् Adj. *gepanzert, geharnischt.*

तनुत्राण n. *Panzer, Harnisch.*

तनुत्व n. Nom. abstr. zu तनु 1).

तनुवक्क Adj. *dünnhäutig* Suçr. 1,264,2.

तनुवच् m. 1) *der Zimmtbaum* Bhâvapr. 1,188. — 2) **Cassia Senna*.

*तनुवच m. *Premna spinosa* Râǵan. 9,23.

तनुदग्ध Adj. als Bez. eines Kleça im Joga = तनु 1).

तनुदान n. *Hingabe des Leibes* (beim coitus) und zugleich *eine spärliche Gabe* Spr. 7723.

तनुधी Adj. *von geringer Einsicht* Ind.St. 14,365.

*तनुंपत्त्र m 1) *Terminalia Catanna*. — 2) *blättriges Auripigment*.

तनुपादत्तपाटन n. *eine best. feierliche Handlung, die an einer Feuergrube vorgenommen wird.*

*तनुबीज m. *Judendorn* Râǵan. 11,143.

तनुभव m. *Sohn*.

*तनुभस्त्रा f. *Nase*.

तनुभाव m. Nom. abstr. zu तनु 1).

*तनुभूमि f. *ein best. Stadium im Leben des* Çrâvaka.

तनुभृत् m. *ein mit einem Körper versehenes Wesen*, insbes. *Mensch*.

1. तनुमध्य n. *Leibesmitte, Taille*.

2. तनुमध्य 1) Adj. (f. आ) *eine schmale Taille habend*. — 2) f. आ *ein best. Metrum*.

तनुमध्यम Adj. (f. आ) *eine schmale Taille habend* 47,30.

तनुमन्त् Adj. *mit einem Körper versehen*.

तनुमूर्ति Adj. *schmal, schmächtig* Varâh. Bṛh. S. 4,20.

*तनुरस m. *Schweiss*.

*तनुरुह् und *°रुह n. *das Haar auf dem Körper*.

*तनुल Adj. *ausgedehnt*.

तनुलता f. *ein schlanker Körper* Prasannar. 37,14.

*तनुवात m. *ein dünner Wind* darin eine Hölle).

*तनुवारभस (?) m. *ein gepanzerter Krieger*.

*तनुव्रण m. *Elephantiasis*.

तनुशिरस् f. *ein best. Metrum*.

तनुस् n. *Person*. आत्मनः तनुः (Acc.) so v. a. *sich*.

तनुसंगम m. *das Zusammensein der Körper, leibliche Nähe* Spr. 7714.

*तनुसंचारिणी f. *ein junges Mädchen*.

तनुस्थान n. *das erste astrol. Haus* Verz. der Oxf. H. 330,a,27.

*तनुह्रद m. *After*.

1. तनू f. s. u. तनु.

2. तनू Adv. 1) mit कर् a) *dünn machen, behauen; schmal machen* Naish. 7,82. — b) *verringern, abschwächen, ablegen* (die Scham). — 2) mit भू *geringer werden, abnehmen*.

तनूकरण n. 1) *das Dünnmachen, Behauen*. — 2) *das Verringern, Schwächen*.

तनूकृत् Adj. 1) *Leib und Leben erhaltend*. — 2) *die Erscheinungsform von Etwas* (Gen.) *bildend*. — 3) *selbstvollbracht, — verschuldet* Ṛv. 8,79,3.

तनूकृथ *Erhaltung des Leibes und Lebens*.

तनूज 1) Adj. a) *an oder aus dem Leibe entstanden*. — b) *zur Person gehörig*. — 2) m. a) *Sohn*. — b) N. pr. eines Sâdhja. — 3) f. तनूजा *Tochter*. — 4) n. *Gefieder, Flügel* MBh. 5,113,4.

*तनूजनि und तनूजन्मन् m. *Sohn*.

*तनूतल m. *die ausgestreckten Arme als Maass, ein Faden*.

तनूत्यज् Adj. *Leib und Leben hingebend, — wagend*.

तनूदर Adj. (f. ई) *dünnleibig* Hem. Par. 2,421.

तनूदूषि Adj. *Leib und Leben schädigend*.

तनूदेवता f. *die Gottheit einer Erscheinungsform* (des Agni).

तनूदेश m. *Körpertheil*.

तनूद्भव m. *Sohn* Hem. Par. 13,39.

*तनून m. *Wind*.

*तनूनप n. *geschmolzene Butter*. Ein wegen तनूनपात् erfundenes Wort.

तनूनपात् m. 1) *Sohn seiner selbst*, ein heiliger Name Agni's; *Feuer* überh. Harshać. 161,24. Auch unter den Beinamen Çiva s. — 2) **Plumbago zeylanica*.

तनूनपात्वन्त् Adj. *das Wort* तनूनपात् *enthaltend*.

तनूनप्तर् m. = तनूनपात् 1).

तनूपा (auch viersilbig) Adj. *Leib und Leben schirmend*.

तनूपान 1) Adj. (f. ई) dass. — 2) n. *Schirm des Leibes und Lebens*.

तनूपावन् Adj. = तनूपा.

तनूपृष्ठ m. *ein best.* Soma-*Opfer* Vaitân.

तनूबल n. *Körperkraft, eigene Kraft*.

तनूभव m. *Sohn* Spr. 7774. Verz. d. Oxf. H. 323, a, No. 765, Çl. 4.

तनूरुच् Adj. *dessen Person leuchtet, im Waffenschmuck glänzend*.

तनूरुह् 1) (*m.) n. a) *das Haar auf dem Körper*. — b) *Gefieder, Flügel*. — 2) m. *Sohn*.

तनूर्ज m. N. pr. eines Sohnes des 3ten Manu.

तनूवशिन् Adj. *über die Person gebietend, beherrschend*.

तनूशुभ्र Adj. *sich herausputzend, eitel auf seine Person*.

तनूहविस् n. *ein an die* Tanû *des* Agni *gerichtetes* Havis.

*तनूह्रद m. *After*.

*तनोनु *eine Reisart*.

*तन्तस्य्, °स्यति (दुःखे, दुःखक्रियायाम्).

तन्ति 1) f. a) *Strick, Strang, Leine*; insbes. *ein langer Strick, an den die Kälber einzeln vermittelst anderer kürzerer Stricke angebunden werden*. Auch तन्ती f. Gobh. 3,6,7. 9. वत्स° Gaut. — b) **Ausdehnung*. — c) *N. pr. einer Frau. — 2) *m. *Weber*.

तन्तिचर Adj. *an der Leine gehend* TBr. 3,3,[illegible],5.

तन्तिज m. N. pr. eines Sohnes des Kanavaka Hariv. 1,34,38.

तन्तिपाल m. N. pr. 1) so nennt sich Sahadeva beim Fürsten Virâṭa MBh. 4,3,9.10,10. — 2) eines Sohnes des Kanavaka Hariv. 1,34,38.

*तन्तिपालक m. Bein. Nakula's (soll heissen Sahadeva's).

तन्ती f. s. u. तन्ति 1) a).

तन्तु m. 1) *Faden, Schnur, Strang, Draht, Saite*. — 2) *Aufzug eines Gewebes*. — 3) *Faden, Ausläufer, Faser*. — 4) *Faden* in übertr. Bed. a) von Opferhandlungen, *die ununterbrochen wie ein Faden sich hinziehen*. — b) von Personen, *die das Geschlecht durch Fortpflanzung in ununterbrochener Reihe erhalten, Stammhalter* Âpast. पैतामह so v. a. *das Geschlecht des Grossvaters* Chr. 25,9. — c) von Affecten, die den Menschen *fesseln* und *hemmen*. — 5) Name eines Sâman Ârsh. Br. — 6) **Haifisch*. — 7) *N. pr. eines Mannes.

तन्तुक 1) am Ende eines adj. Comp. *Schnur, Strang*. — 2) m. a) *eine Schlangenart*. — b) **Sinapis dichotoma*. — 3) *f. ई *Ader*.

तन्तुकार्य n. *Gewebe* Sarvopan. S. 401.

*तन्तुकाष्ठ n. *die Bürste der Weber*.

*तन्तुकीट m. *Seidenraupe*.

तन्तुजाल in कृमि°.

*तन्तुण m. *Haifisch*.

तन्तुत्व n. *das Fadensein, Bestehen aus Fäden*.

*तन्तुनाग m. *Haifisch*.

तन्तुनाभ m. *Spinne* Çaṁk. zu Bâdar. 2,1,23.

*तन्तुनिर्यास m. *Weinpalme*.

तन्तुपर्वन् n. Bez. *des Vollmondtages im Monat* Çrâvaṇa.

*तन्तुभ m. 1) *Sinapis dichotoma*. — 2) *Kalb*.

तन्तुभूत Adj. *Stammhalter seiend* MBh. 3,258,11.

तन्तुमध्या Adj. f. *eine fadendünne Taille habend* Prij. 50,10.

तन्तुमन्त् 1) Adj. a) *fadenziehend, fadenförmig* Karaka 6,11. 7,8. — b) als Beiw. eines Agni wohl so v. a. *ununterbrochen wie ein Faden* AV. Prâjaçč. 2,1. — 2) f. °मती N. pr. der Mutter Murâri's.

*तन्तुर n. *Wurzelschoss des Lotus*.

तन्तुल 1) Adj. *fadenziehend* (Schleim) Bhâvapr. Hdschr. (fehlt in der Ausg. 3,12). — 2) *n. *Wurzelschoss des Lotus.*

तन्तुवर्धन Adj. *den Faden verlängernd*, Beiw. Vishṇu's (MBh. 13,149,97) und Çiva's.

तन्तुवान n. *das Weben* Comm. zu Njâjam. 7,3,21.

*__तन्तुवाप__ m. 1) *Weber.* — 2) *das Weben, Weberei.*

तन्तुवाय m. 1) *Weber.* — 2) **Spinne.* — 3) **das Weben, Weberei.*

*__तन्तुवायदण्ड__ m. *Weberstuhl.*

*__तन्तुवायशाला__ f. *Weberwerkstatt* Gal.

*__तन्तुविग्रहा__ f. *Musa sapientum.*

*__तन्तुशाला__ f. *Weberwerkstatt.*

*__तन्तुसंतत__ Adj. 1) *gewebt.* — 2) *genäht.*

*__तन्तुसंतति__ f. *das Nähen.*

तन्तुसंतान m. *das Weben* Comm. zu Kaush. Up. 1,3.

*__तन्तुसार__ m. *Arecapalme.*

तन्त्र 1) n. (adj. Comp. f. आ) a) *Webestuhl.* — b) *Zettel, Aufzug eines Gewebes.* — c) *das Sichhindurchziehende, Durchlaufende, immer wieder zur Geltung Kommende, Sichgleichbleibende, Maassgebende, Vorwaltende, Wesentliche, Grundlage, Grundform, Norm, Hauptsache, das worum* (im Comp. vorangehend) *es sich bei Etwas* (Gen. MBh. 13,48,6, oder im Comp. vorangehend) *vor Allem handelt, das wovon etwas Anderes abhängt.* तन्त्रेण *durchlaufend, ein für alle Male gültig.* Am Ende eines adj. Comp. *bei dem es sich um — handelt, bei dem — vorwaltet, abhängig von.* देह° Adj. so v. a. *der sich zu verkörpern liebt* Bhâg. P. 3,33,5. — d) (*eine zusammenhängende*) *Lehre, Doctrin, Lehrbuch, ein Abschnitt in einem solchen Werke.* — e) *der erste Theil eines* Gjotiḥçâstra. — f) *eine Klasse von Werken, in denen Magie und Mystik die Hauptrolle spielen.* — g) *Beschwörungsformel.* — h) Name eines Sâman. Auch विरूपस्य Ârsh. Br. — i) *Heer.* — k) am Ende eines Comp. *eine geordnete Menge, Reihe, series* Bâlar. 30,18. 175,15. *Trupp* 54,15. — l) = राज्य° *Regiment, Regierung.* परं तन्त्रम् *die höchste Autorität.* — m) *Mittel, Kunstgriff* Hariv. 2,1,31. — n) *Arzenei*, insbes. *ein Specificum* Çiç. 2,88. — o) **Reichthum.* — p) **Haus.* — q) *= परिच्छद. — r) *= अन्त. — 2) f. तन्त्री (Nom. °स् und *तन्त्री) a) = तन्ति 1) Gṛhjâs. 3,6,7, v. l. Im Bhâg. P. ed. Bomb. तन्त्या st. तन्त्र्या. Die richtige Form wird तन्ति und तन्ती sein. — b) *Saite* MBh. 12,120,14. *Saitenspiel.* — c) **Sehne, Ader.* — d) Pl. bildlich *von den Saiten des Herzens.* v. l. तन्त्रैः st. तन्त्रीः. — e) **Cocculus cordifolius.* — f) **ein junges Mädchen von besonderer Beschaffenheit.* — g) *N. pr. eines Flusses.

तन्त्रक 1) *Adj. *vom Webstuhl kommend, ganz neu* (Zeug, Kleid). — 2) am Ende eines adj. Comp. = तन्त्र 1) *d*). — 3) f. तन्त्रिका a) *Cocculus cordifolius* Bhâvapr. 1,196. Dhanv. 1,1. — b) *Ohrenklingen* Çârṅg. Saṁh. 1,7,81.

तन्त्रकार m. *Verfasser eines Lehrbuchs.*

*__तन्त्रकाष्ठ__ n. = तन्तुकाष्ठ.

तन्त्रकोश m., **तन्त्रकौमुदी** f., **तन्त्रगन्धर्व** n., **तन्त्रगर्भ** m., **तन्त्रचन्द्रिका** f., **तन्त्रचूडामणि** m. und **तन्त्रजीवन** Titel von Werken.

तन्त्रटीका f. ein Gesammtname für die 4 ersten Bücher des Tantravârttika und auch gleich diesem.

तन्त्रण n. *das Unterhalten einer Familie.*

तन्त्रता f. Nom. abstr. zu तन्त्र 1) *c*).

°तन्त्रत्व n. *Abhängigkeit von.*

तन्त्रदर्पण m. (Opp. Cat. 1), **तन्त्रदीपिका** f. (ebend.), **तन्त्रप्रकाश** m., **तन्त्रप्रदीप** m., **तन्त्रभेद** m. und **तन्त्रमन्त्रप्रकाश** n. Titel von Werken.

तन्त्रय् 1) °यति a) *befolgen, sich richten nach* MBh. 12,215,21. — b) *sorgen für Jmd* (Acc.) Çâk. 102, v. l. — c) *besorgen, ausführen.* — d) तन्त्रित α) *abhängig von* (im Comp. vorangehend). — β) *fehlerhaft für तन्द्रित Med. dh. 3. — 2) °ते a) *in der gehörigen Ordnung erhalten, regeln* Káraka 4,1. 6,26. — b) **eine Familie unterhalten.*

तन्त्ररत्न n., **तन्त्रराज** m. und **तन्त्रराजक** m. Titel von Werken.

*__तन्त्रवाप__ 1) m. *Weber.* — 2) m. n. *das Weben, Weberei.*

तन्त्रवाय m. 1) *Weber.* — 2) **Spinne.*

तन्त्रवार्त्तिक n., **तन्त्रविलास** m. (Opp. Cat. 1), **तन्त्रशास्त्र** n. (Kumârasv. zu Pratâpar. 342,21), **तन्त्रशिखामणि** m. (Opp. Cat. 1), **तन्त्रसद्भाव** m., **तन्त्रसमुच्चय** m. (Opp. Cat. 1), **तन्त्रसार** m., °**सारसंग्रह** m. (Opp. Cat. 1), °**सारावलि** f. (ebend.) und **तन्त्रहृदय** n. Titel von Werken.

तन्त्रा f. fehlerhaft für तन्द्रा.

तन्त्राधिकारनिर्णय m. (Opp. Cat. 1) und **तन्त्रामृत** n. Titel zweier Werke.

तन्त्रायिन् Adj. *ein Gewebe aufziehend.*

तन्त्रालोक m. Titel eines Werkes.

तन्त्रि f. 1) metrisch für तन्त्र 2) *b*). — 2) fehlerhaft für तन्द्रि.

तन्त्रिज m. N. pr. v. l. für तात्तज.

तन्त्रिता f. fehlerhaft für तन्द्रिता.

तन्त्रिन् m. *Soldat.*

तन्त्रिपाल m. fehlerhaft für तन्तिपाल 1) und v. l. zu 2).

*__तन्त्रिपालक__ m. Bein. Ǵajadratha's. Vgl. तन्ति°.

तन्त्रिल Adj. *sich um die Regierung kümmernd* Comm. zu Mṛkkh. 101,21.

तन्त्रिछलक m. N. pr. eines Mannes.

तन्त्रीभाण्ड n. *die indische Laute.*

तन्त्रीमुख m. *eine best. Stellung der Hand.*

तन्त्रोत्तर n. Titel eines Werkes.

*__तन्त्वग्र__ n. *Fadenende.* Davon *Adj. तन्त्वग्रीय.

*__तन्थी__ Adv. mit कर्, भू und अस्. तस्थी v. l.

तन्द्, तन्दते *nachlassen, ermatten* RV. 1,58,1 (नु तन्दते zu lesen nach Aufrecht).

तन्दुलिकाश्रम m. N. pr. einer *Einsiedelei* MBh. 3,82,43. तण्डुलिका° v. l.

तन्द्र्, *तन्द्रति = सीदति Mahîdh. zu VS. 15,5. Nur in der Verbindung नेॅ (मा) तन्द्रत् *es komme keine Ermattung über mich.* — Caus. तन्द्रयते *matt —, müde werden, — zu* (Infin).

तन्द्र n. *Reihe.*

तन्द्रयु Adj. *lässig, träge.*

*__तन्द्रवाय__ m. = तन्त्रवाय.

तन्द्रा f. *Mattigkeit, Erschlaffung, Abspannung, Trägheit.*

तन्द्राय्, °यते *matt —, müde werden.*

तन्द्रालु und **तन्द्राविन्** Adj. *matt, abgespannt, müde.*

तन्द्रि m. oder n. (nur तन्द्रिणा Bhâg. P.) und **तन्द्री** f. (Nom. °स् und तन्द्री) = तन्द्रा. Am Ende eines adj. Comp. तन्द्री (Nom. °स् und तन्द्री).

तन्द्रिक 1) m. *eine Art Fieber.* — 2) *f. आ = तन्द्रा.

तन्द्रिज m. N. pr. v. l. für तन्तिज.

तन्द्रित Adj. = मूढ. Zu belegen auf अ°.

तन्द्रिन् 1) Adj. in अ°. — 2) m. *eine Art Fieber* Bhâvapr. 3,76.

तन्द्रिपाल m. N. pr. v. l. für तन्तिपाल 2).

तन्नामिक Adj. *des Namens.*

*__तन्नि__ und *__तन्नी__ f. *Hemionitis cordifolia.*

तन्निमित्तत्व n. *das die Ursache davon Sein* Gaim. 1,1,25.

तन्मनस् Adj. *mit darauf gerichtetem Geiste, darin vertieft* Káraka 1,1.

तन्मय Adj. *daraus bestehend, darin aufgehend, damit Eins seiend, ganz erfüllt davon* 186,4. Nom. abstr. °ता f. (Kâd. 2,2,5) und °त्व n. (Çiç. 10,46).

तन्मयीभाव m. *das Aufgehen darin.*

तन्मात्र 1) Adj. a) *nur so viel, nur so wenig.* — b) *atomartig.* — 2) n. a) *eine Kleinigkeit.* Abl. *einer Kl. wegen* (erzürnt); am Anfange eines Comp. *in ganz geringem Maasse.* — b) *Atom, Urstoff, ein in sich noch ununterschiedenes feines Element, aus* welchem ein in sich schon unterschiedenes gröberes Element hervorgeht. Nom. abstr. °ता f. und °त्व n.

तन्मात्रिक Adj. atomartig.

तन्मानिन् Adj. dafür geltend.

तन्मूल Adj. darin wurzelnd, dadurch veranlasst Daçak. 56,4.

तन्यता f. das Donnern, Tosen. Nur im gleichlautenden Instr.

तन्यतु m. 1) das Dröhnen, Tosen. — 2) Donner, Donnerwetter. — 3) * Wind. — 4) * Nacht.

तन्यु Adj. tosend, rauschend.

तन्व 1) m. N. pr. eines Mannes. — 2) (wohl n.) Körpertheil Çulbas. 2,37.

तन्वङ्ग 1) Adj. feingliederig, zart gebaut. f. ई ein solches Frauenzimmer. — 2) m. N. pr. eines Mannes. Auch °राज.

*तन्वि f. = तन्नि, तन्नी.

तन्विन् m. N. pr. eines Sohnes des Manu Tâmasa.

1. तप् 1) तपति (metrisch auch Med.) a) Wärme von sich geben, warm —, heiss sein, scheinen (von der Sonne). — b) erwärmen, erhitzen, glühend machen, bescheinen (von der Sonne). यो मूर्धानं ततपते wer sich den Kopf heiss werden lässt. तप्त (einmal तपित) erwärmt, erhitzt, glühend gemacht, geglüht (Gold und anderes Metall), glühend, heiss, geschmolzen. तप्तम् Adv. — c) durch Glut verzehren, verbrennen. — d) Schmerz empfinden, leiden. — e) freiwillig Schmerz empfinden, sich kasteien; häufig mit dem Acc. तपः. तप्त geübt (Kasteiung). — f) Schmerz verursachen, schmerzen, quälen, peinigen, betrüben, hart mitnehmen. तताप impers. mit Acc. es schmerzt. तप्त gequält, gepeinigt, hart mitgenommen. — 2) तप्यते, तप्यति (auch तप्यते und तप्यत्) a) sich erhitzen, verbrennen, erhitzt werden. — b) geglüht —, geläutert werden. — c) Schmerz empfinden, leiden, sich abhärmen, Schaden nehmen; Reue empfinden Spr. 5649. Mit पश्चात् dass. MBh. 3,39,15. — d) freiwillig Schmerz leiden, sich kasteien, harten Uebungen sich unterwerfen; häufig mit dem Acc. तपः. तप्त der sich kasteit hat. — 3) तपन्ति MBh. 1,2037 fehlerhaft für पतन्ति. — Caus. तापयति und °ते 1) erwärmen, erhitzen. — 2) versengen, durch Hitze verzehren. — 3) quälen, peinigen, in Unruhe versetzen, Jmd zusetzen, hart mitnehmen. — 4) sich kasteien, — harten Uebungen aussetzen. — Intens. तातप्यते heftigen Schmerz empfinden, heftig leiden, sich in grosser Unruhe befinden. — Mit अति 1) heftig brennen, eine grosse Glut von sich geben. — 2) erwärmen, stark erhitzen. — 3) stark mitnehmen. °तप्त (von der Stimme). — Caus. stark erwärmen, — erhitzen. — Mit अनु 1) erhitzen. — 2) Jmd zusetzen. — 3) sich grämen um (Acc.) MBh. 11,182 (अनुतप्य Absol.). — 4) Pass. °तप्यते (episch auch °तप्यति) a) Schmerz empfinden, sich grämen, — abhärmen, insbes. über eine selbstverübte That, Reue empfinden. — b) mit Acc. sich grämen um, — sehnen nach. — c) bereuen. — Caus. Jmd Schmerz bereiten, betrüben. — Mit प्रत्यनु Pass. Reue empfinden. — Mit समनु Pass. dass. — Mit अभि 1) erwärmen, erhitzen, bescheinen (von der Sonne). — 2) schmerzen. — 3) quälen, peinigen, hart mitnehmen. — 4) Pass. a) Schmerz empfinden, leiden. °तप्त sich grämend um (Acc.). — b) = 1)(?). — Caus. versengen. — Mit अव Wärme herabstrahlen, herabscheinen. — Caus. von oben herab erwärmen, — bescheinen. — Mit आ 1) Wärme ausstrahlen, scheinen. आतपति Loc. bei Sonnenschein. — 2) erhitzen, glühen. आतप्त durch Glühen geläutert (Gold). — 3) Pass. a) Schmerz empfinden, leiden. — b) mit dem Acc. तपः sich kasteien. — Mit अभ्या es Jmd heiss machen, quälen. — Mit उद् 1) erwärmen, erhitzen, glühen. Med. a) sich wärmen. Mit *Acc. des Körpertheils. — b) *brennen (intrans.). उत्तप्त erhitzt, glühend 165,1? geglüht, so v. a. geläutert (Metall). दुःखोत्तप्तं वचः so v. a. von Schmerz erfüllte Worte. — 2) Schmerz verursachen, quälen, peinigen, hart zusetzen. — Caus. 1) erwärmen. — 2) erhitzen, erregen. — Mit उप 1) erhitzen, erwärmen. °तप्त erhitzt, erwärmt. — 2) Schmerz empfinden, unwohl werden. °तप्त unwohl. — 3) über Jmd kommen (von einem Unwohlsein), Jmd zustossen, — schmerzen; mit Gen. oder Acc. der Person. Auch impers. — 4) Pass. °तप्यते a) heiss werden. — b) Schmerz empfinden, unwohl —, gequält werden, leiden. — c) mit dem Acc. तपः kasteit werden. — Caus. 1) anzünden, verbrennen. — 2) Schmerz bereiten, kasteien, es Jmd heiss machen, hart zusetzen; mit Acc. — Mit समुप Pass. Schmerz empfinden. — Mit नि 1) Glut herabstrahlen. नितपति es brennt. — 2) niederbrennen. — Mit निस् 1) निष्टपति u. s. w. a) versengen. निष्टप्त versengt. — b) ausglühen (Gold), bähen (Holz). निष्टप्त ausgeglüht, geläutert (Gold). — c) gar braten, rösten. — d) erwärmen. — e) निष्टप्तम् MBh. 7,9458 fehlerhaft für निष्पतन्तम्. — 2) *निस्तपति auszuglühen pflegen. — Mit विनिस्, विनिष्टप्त gar gebraten, geröstet. — Mit परि 1) mit Glut umgeben, umglühen. परितप्त umglüht. — 2) in Flammen setzen. — 3) anschüren (ein Feuer). परितप्त angeschürt. — 4) Schmerz empfinden, leiden. — 5) mit dem Acc. तपः sich kasteien. — 6) Schmerz bereiten. °तप्त Schmerz empfindend. — 7) Pass. auch mit den Personalendungen des Act.) a) ausgeglüht —, geläutert werden Sarvad. 154,19. — b) Schmerz empfinden, leiden, sich abhärmen. — c) sich kasteien. — Caus. Schmerz bereiten, leiden machen, peinigen. — Mit विपरि Pass. starken Schmerz empfinden, heftig leiden. — Mit प्र 1) Act. (nicht Med.) a) Gluth ausstrahlen, heiss sein, brennen, scheinen (von der Sonne). — b) seinen Machtglanz entfalten 290,14. — c) Schmerz empfinden, leiden. — d) sich kasteien. — e) wärmen, erhitzen, warm machen, bescheinen. प्रतप्त heiss (auch von einem Kampfe). — f) braten, rösten. — g) ausglühen. प्रतप्त ausgeglüht, geläutert (Gold). — h) erhellen (die Finsterniss). — i) durch Glut peinigen, es Jmd heiss machen, zusetzen, quälen. प्रतप्त geplagt, gequält, mitgenommen. — 2) Pass. Schmerz empfinden, leiden. — Caus. 1) wärmen, erhitzen. — 2) erhellen, in Flammen setzen. — 3) durch Glut verzehren, — peinigen, es Jmd heiss machen, zusetzen, bedrängen, peinigen. — Mit अभिप्र, °तप्त 1) gedörrt. — 2) Schmerz empfindend, vor Schmerz vergehend. — Mit संप्र, °तप्त Schmerzen leidend, in schlimmer Lage sich befindend. — Caus. wärmen TBr. Comm. 2,379,3. — Mit प्रति Act. 1) Glut ausstrahlen gegen (Acc.). — 2) warm machen, bähen (Holz) Vaitân. — Mit वि 1) Act. a) heftige Glut ausstrahlen TBr. 3,10,1,2. — b) auseinanderdrängen, durchdringen, zerreissen. — 2) *Med. a) brennen (intrans.). — b) sich einen Körpertheil (Acc.) wärmen. — Mit प्रवि, °तप्त durchglüht. — Mit सम् 1) erhitzen. संतप्त erhitzt, ausgedörrt, ausgeglüht (Metall). — 2) Schmerz empfinden, Reue fühlen. — 3) durch Glut quälen, Schmerz bereiten, quälen, peinigen. संतप्त gequält u. s. w. — 4) einklemmen, drücken, bedrängen. संतप्तवक्षस् Adj. Brustbeklemmungen habend. — 5) Pass. a) (im Epos auch mit den Personalendungen des Act.) Schmerz —, Leid empfinden, leiden, sich abhärmen. — b) sich kasteien. — c) impers. α) es Jmd (Gen.) heiss werden (bei sinnlicher Aufregung). — β) es eng werden in (उरसा in der Brust). — Caus. 1) erhitzen, erwärmen, bähen. — 2) Glut ausstrahlen, brennen (von der Sonne). — 3) durch Glut versengen, verbrennen, in Flammen setzen. — 4) durch Glut quälen, Schmerz bereiten, quälen, peinigen, in Unruhe versetzen. — 5) आत्मानम् sich kasteien. — Mit अतिसम्, अतिसंतप्त überaus betrübt. — Mit अभिसम् 1) rings bedrängen. — 2) अभिसंतप्त Schmerz leidend,

gequält, gepeinigt. — Mit परिसम् 1) *sich abquälen, — abhärmen.* — 2) *durch Glut quälen.*

2. °तप् *sich wärmend an in* अग्नितप्.

3. *तप्, तप्यते (ऐश्वर्ये).

तप 1) Adj. am Ende eines Comp. *a) brennend, durch Glut quälend.* — *b) quälend, peinigend, bedrängend.* — *c) gequält —, gepeinigt werdend* Hariv. 1,45,37. — *d) in seiner Gewalt habend, lenkend.* Nom. abstr. °तपता f. Bhâg. P. 4,22,37. — 2) m. *a) Glut, Hitze.* — *b) die heisse Jahreszeit.* — *c) *die Sonne.* — *d) Kasteiung.* — *e) ein best.* Agni, *der die sieben Mütter* Skanda's *erzeugt.* — *f)* *Bein. Indra's Gal. — *g)* *N. pr. eines Wesens im Gefolge Çiva's. — 3) f. आ N. pr. einer der 8 Göttinen des Bodhivṛksha Lalit. 421,16.

*तपआतङ्क m. Bein. Indra's Gal. Vgl. तपस्तङ्क.

*तपःकर m. *Polynemus risua* oder *paradiseus* (ein Fisch).

तपःपात्र n. *ein durch Askese würdiger Mann* Ind. St. 15,317.

तपतिसंवरण n. Titel eines Werkes Opp. Cat. 1.

तपती f. N. pr. 1) einer Tochter des Sonnengottes von der Khâjâ. — 2) eines Flusses.

तपन 1) Adj. *a) erwärmend, brennend, scheinend* (von der Sonne). — *b) Weh bereitend, plagend.* — 2) m. *a) die Sonne.* — *b) *Hitze, Glut.* — *c) *die heisse Jahreszeit.* — *d) eine best. heisse Hölle.* — *e) ein best.* Agni. — *f)* *Bein. Agastja's. — *g)* **Semecarpus Anacardium.* — *h)* **Calotropis gigantea* und *eine weisse Varietät derselben* Râgan. 10,29. — *i)* **Premna spinosa* Râgan. 9,24. — *k)* **Cassia Senna.* — *l)* **Zibethkatze* Gal. — *m)* **der Sonnenstein* (सूर्यकान्त). — *n)* N. pr. α) eines Jaksha (nach Nilak.) MBh. 1,32,18. — β) eines Rakshas. — 3) f. तपनी *a) Glut.* — *b)* **die Wurzel der Bignonia suaveolens.* — *c)* N. pr. α) einer Joginî Hemâdri 2,a,100,14. 16. — β) *eines Flusses. — 4) n. तपन *a) das Heisssein, Glühen, Glut, Hitze.* — *b) das Schmerzleiden, Sichabhärmen, Büssen.*

*तपनच्छद m. *Calotropis gigantea.*

*तपनतनय 1) m. Bein. Karṇa's. — 2) f. आ *a)* Bein. der Jamunâ. — *b) Prosopis spicigera.*

*तपनतनयेष्टा f. *Prosopis spicigera* Râgan. 8,33.

*तपनद्युति f. *Sonnenschein* Râgan. 21,40.

*तपनमणि m. *der Sonnenstein* (सूर्यकान्त) Râgan. 13,207.

तपनसुता (Prasannar. 96,18) und *तपनात्मजा f. Bein. der Jamunâ.

तपनीय 1) m. *eine Art Reis* Karaka 1,27. — 2) n. *durch Glühen geläutertes Gold, reines Gold.*

*तपनीयक n. = तपनीय 2).

तपनीयमय Adj. (f. ई) *golden* Hemâdri 1,219,6.

*तपनेष्ट n. *Kupfer* Râgan. 13,18.

तपनोपल m. *der Sonnenstein* (सूर्यकान्त).

तपन्तक m. N. pr. eines Mannes.

तपर Titel eines Werkes Opp. Cat. 1.

तपर्तु m. *die heisse Jahreszeit* Naish. 1,41.

तपश्चरण n. und तपश्चर्या f. *Selbstpeinigung, Askese, Kasteiung.*

तपश्चित् Adj. *Askese häufend.* देवाः *eine Klasse von Göttern.* तपश्चितामयनम् *eine best. Feier.*

तपस् n. 1) *Wärme, Hitze, Glut.* Die fünf Tapas sind *vier nach den vier Weltgegenden angezündete Feuer und die von oben brennende Sonne.* — 2) *Weh, Plage.* — 3) *freiwillig übernommener Schmerz, Selbstpeinigung, Askese und die damit verbundene und durch dieselbe angestrebte Verinnerlichung, Versenkung in das Uebersinnliche, Beschaulichkeit.* Auch personificirt. — 4) *ein best. kühler Monat, der erste Monat zwischen Winter und Frühling* TS. 1,4,14,1. Nach den Lexicographen m., welches auch *die kühle Jahreszeit, den Winter* und *die heisse Jahreszeit* bezeichnen soll. — 5) *die über* Ganas *gelegene Welt.* — 6) *das 9te astrol. Haus.* — 7) *ein best.* Kalpa 2) *h*).

*तपस m. 1) *der Mond.* — 2) *Vogel.*

तपसीवरी Adj. f. vielleicht *Schmerzen bereitend.*

तपसोमूर्ति m. N. pr. eines Ṛshi im 12ten Manvantara.

*तपस्तक्ष und *तपस्तङ्क (vgl. तपआतङ्क) m. Bein. Indra's.

तपस्तनु Adj. *durch Kasteiungen mager* Ait. Âr. 459,8.

तपस्तीर्थ n. N. pr. eines Tîrtha.

तपस्पति m. *Herr der Askese.*

तपस्य्, तपस्यति (Çat. Br. 14) *sich kasteien.* Auch mit dem Acc. तपः. यत्तपस्यसि *was du als Kasteiung übst;* st. des Acc. auch Loc. Med. MBh. 13,10,13 nach Nilak.

तपस्य 1) Adj. (f. आ) *aus Hitze entstanden.* — 2) m. *a) ein best. kühler Monat, der zweite nach dem Winter; der erste Frühlingsmonat* Karaka 8,6. — *b)* *Bein. Arguna's. — *c)* N. pr. eines Sohnes des Manu Tâmasa. — 3) f. आ *Askese, ein asketisches Leben* Harshak. 28,3. — 4) n. *a) Askese* MBh. 13,10,13. Nilak. fasst तपस्ये als Verbum fin. (= तपः करिष्ये) auf. — *b)* **die Blüthe von Jasminum multiflorum* oder *pubescens.*

*तपस्यामत्स्य m. *ein best. Fisch,* = तपःकर.

तपस्वत् Adj. 1) *glühend, heiss.* — 2) *asketisch, fromm.* — 3) fehlerhaft für तपस्यत् von तपस्य्.

तपस्विता f. *Askese.*

तपस्विन् 1) Adj. *a) der Leiden zu tragen hat, gequält, geplagt, vom Schicksal heimgesucht, arm.* °स्वितर *schlimmer daran.* — *b) asketisch, fromm.* Compar. °स्वितर, Superl. °स्वितम. — 2) m. *a) Asket, ein frommer Büsser.* — *b)* **ein best. Fisch,* = तपःकर. — *c)* **eine* Kaṭaṅga-*Art* Râgan. 9,63. — *d)* *Bein. Nârada's. — *e)* N. pr. α) eines Sohnes des Manu Kâkshusha. — β) eines Ṛshi im 12ten Manvantara. — 3) f. तपस्विनी *a) eine fromme Büsserin.* — *b) eine best. Pflanze,* = महाश्रावणिका. — *c)* **Nardostachys Jatamansi.* — *d)* **Helleborus niger.*

*तपस्विपत्त्र m. *eine Artemisia* Râgan. 10,148.

*तपस्वीष्टा f. *Prosopis spicigera* Gal.

*तपःसुत m. Bein. Judhishṭhira's Gal.

तपःस्थल 1) n. *Stätte der Askese* Hâsj. 19. — 2) *f. ई Bein. der Stadt Benares.

तपागच्छनायक m. Bein. Somasundara's.

तपात्यय m. (84,9.16) und तपान्त m. *die Regenzeit.*

तपिष्ठ Adj. *überaus heiss, glühend.*

तपिष्णु Adj. *erwärmend, brennend.* देव m. *die Sonne.*

तपीयस् Adj. *überaus asketisch, vor Andern* (Gen.) *fromm.*

तपु Adj. *glühend, heiss.*

तपुरग्र Adj. (f. आ) *mit glühender Spitze versehen.*

तपुर्जम्भ Adj. *mit glühendem Gebiss versehen.*

तपुर्मूर्धन् Adj. *dessen Haupt glüht.*

तपुर्वध Adj. *glühende Waffen habend.*

तपुषि 1) Adj. *glühend.* — 2) m. oder f. *eine glühende Waffe.*

*तपुषी f. *Zornglut.*

तपुष्पा Adj. *Warmes trinkend.*

तपुस् 1) Adj. *glühend, heiss.* — 2) *m. *a) Feuer.* — *b) die Sonne.* — *c) Feind.* — 3) n. *a) Glut, Hitze.* — *b) Qual.*

तपोगच्छ m. N. pr. eines *Geschlechts* Ind. St. 14,363.

तपोज Adj. = तपोजा 2) Maitr. S. 4,9,6.

तपोजा Adj. 1) *aus Glut geboren.* — 2) *dessen Element Askese, Frömmigkeit ist.*

तपोद m. N. pr. eines Tîrtha Hariv. 9524.

तपोदान n. desgl.

तपोद्युति m. N. pr. eines Ṛshi im 12ten Manvantara VP.[2] 3,27.

तपोधन 1) Adj. (f. आ) *dessen Besitz in Askese besteht, asketisch, fromm.* — 2) m. *a) Asket, ein* frommer Mann MBh. 13,52,12. Hariv. 2,69,62. — b) *eine Artemisia Râǵan. 10,147. — c) N. pr. α) eines Sohnes des Manu Tâmasa Hariv. 1,7,23. — β) eines Muni. — 3) *f. आ Sphaeranthus mollis.

तपोधर्म m. N. pr. eines Sohnes des 13ten Manu. °भृथ m. Hariv., 1,7,82.

तपोधामन् n. N. pr. eines Wallfahrtsortes.

तपोधृति m. N. pr. eines Ṛshi im 12ten Manvantara.

तपोनित्य 1) Adj. ununterbrochen der Askese, der Frömmigkeit sich befleissigend. — 2) m. N. pr. eines Mannes.

तपोनिधि m. eine Schatzkammer der Askese, ein überaus asketischer, frommer Mann.

तपोभृत् Adj. asketisch, fromm; m. Asket, ein frommer Mann.

तपोमय Adj. (f. ई) aus Askese—, aus Frömmigkeit bestehend, dieselbe in sich schliessend, ihr ganz ergeben Hemâdri 1,25,15. 17. 21.

तपोमूर्ति 1) f. die leibhaftige Frömmigkeit. — 2) m. N. pr. eines Ṛshi im 12ten Manvantara.

तपोमूल 1) Adj. in der Askese—, in der Frömmigkeit wurzelnd. — 2) m. N. pr. eines Sohnes des Manu Tâmasa.

तपोयुक्त m. ein asketisch, frommer Mann.

तपोरत Adj. an der Askese seine Freude habend, fromm 55,1.

तपोरति 1) Adj. dass. 67,2. — 2) m. N. pr. eines Sohnes des Manu Tâmasa.

तपोरवि m. N. pr. eines Sohnes des Manu Tâmasa.

*तपोराज m. der Mond.

तपोराशि n. ein überaus frommer Mann.

तपोर्थीय Adj. zur Askese bestimmt.

तपोलोक m. Name einer über Ǵanas gelegenen Welt.

*तपोवट m. Bein. Brahmâvarta's.

तपोवन n. ein Wald, in welchen Asketen sich kasteien.

तपोवत् Adj. asketisch, fromm.

तपोवास m. die Stätte der Askese.

तपोवृद्ध Adj. überaus asketisch, — fromm 69,7.

तपोऽशन m. N. pr. 1) eines Ṛshi im 12ten Manvantara. — 2) eines Sohnes des Manu Tâmasa.

तप्तँ 1) Adj. s. u. 1. तप्. — 2) n. heisses Wasser Çat. Br. 14,1,1,29.

तप्तक n. Bratpfanne.

तप्तकुम्भ m. 1) ein glühender Topf. — 2) eine best. Hölle.

तप्तकूप m. eine best. Hölle.

तप्तकृच्छ्र m. n. eine best. Kasteiung, bei der man nur Heisses geniesst.

तप्तजाम्बूनदमय Adj. (f. ई) aus geglühtem (reinem) Golde gemacht R. 1,15,8.

तप्ततप्त Adj. wiederholt heiss gemacht Bhâvapr. 2,83. 87.

तप्तपाषाणकुण्ड n. eine best. Hölle mit glühenden Steinen.

तप्तमुद्रा f. bei den Vaishṇava der mit einem glühenden Eisen auf der Haut eingebrannte Name Vishṇu's VP.[2] 1,xxxiv. °धारणावाद m., °धारणाविधि m., विचार m., °विद्रावण und °विलास m. Titel von Werken Opp. Cat. 1.

तप्तर् Nom. ag. Erwärmer, Erhitzer.

*तप्तरक्स n. P. 5,4,81.

*तप्तरूप und *°क n. Silber.

*तप्तलोमश grüner Vitriol.

तप्तलोह eine best. Hölle VP. 2,6,11.

तप्तवालुक 1) Adj. mit heissem Sande versehen. — 2) m. eine best. Hölle.

तप्तवालुका f. Pl. heisser Sand.

तप्तव्य Adj. als Kasteiung zu üben.

तप्तसुराकुण्ड m. eine best. Hölle.

तप्तसूर्मि f. eine best. Hölle. Auch °कुण्ड n.

तप्ताभरण n. ein Schmuck aus geläutertem Golde R. 3,58,19.

तप्तायन Adj. (f. ई) dem Geplagten, Leidenden zum Aufenthalt dienend.

तप्ति f. Hitze, Glut Çaṁk. zu Bâdar. 2,2,10 (S. 517).

तप्तोदकस्वामिन् m. N. pr. eines Tîrtha.

तप्य Adj. 1) was geglüht—, geläutert werden muss. Nom. abstr. °त्व n. Çaṁk. zu Bâdar. 2,2,10 (S. 519). — 2) der sich kasteit (Çiva) = सत्त्वमय Nilak.

तप्यतिँ f. Glut. v. l. तप्यतुँ.

तप्यतुँ 1) Adj. heiss, glühend. — 2) f. Glut TS. (ed. Weber) 1,4,35,1. v. l. तप्यतिँ.

*तबलकृति eine best. kriechende Pflanze.

*तभ m. Bock

तम्, ताँम्यति (metrisch auch Med.), Partic. तान्तँ. 1) den Athem verlieren, ersticken; betäubt—, ohnmächtig werden, exanimari, erschöpft sein, vergehen, ausser sich sein, sich nicht zu helfen wissen, aus der Haut fahren mögen. नँ मा तमत् impers. — 2) stocken, unbeweglich—, starr—, hart werden (vom Körper, seinen Gliedern und Functionen). — 3) *काङ्क्षायाम्. — Caus. तमँयति ersticken (trans.), der Luft berauben. — Mit अव, अँवतान्त ohnmächtig. — Mit आ 1) exanimari, vergehen, ausser sich sein, sich nicht zu helfen wissen Kâd. 2,13,10. — 2) unbeweglich—, starr werden Bâlar. 83,15. — Mit उद् = आ 1). — Mit नि, °तान्त ausserordentlich, bedeutend; °म् und नितान्त° Adv. in hohem Grade, überaus, sehr, heftig, ganz und gar, durchaus. — Caus. ersticken (trans.) Âpast. Çr. 5,17,8. — Mit परि beklommen werden. — Mit प्र athemlos—, beklommen—, betäubt werden, sich erschöpft fühlen, vergehen, ausser sich sein. — *Caus. Absol. प्रतमय्य. — Mit अतिप्र = प्र verstärkt. — Mit सम् sich aufreiben,— verzehren.

तम 1) Adj. am meisten erwünscht. — 2) m. a) = तमस्. Zu belegen in der Bed. Râhu. — b) *Xanthochymus pictorius. — c) *Phyllanthus emblica. — 3) *f. आ a) Nacht Râǵan. 21,43. — b) = 2) b). — 4) *n. a) Finsterniss. — b) Fussspitze.

*तमःप्रभ m. und *°भा f. eine best. Hölle.

तमक 1) m. Beklommenheit, eine best. Form des Âsthma. — 2) *f. आ Phyllanthus emblica.

*तमङ्ग und *°क m. ein flaches hervortretendes Dach, Plattform, eine Art Balcon.

*तमत Adj. begierig nach Etwas.

तमन n. das Athemloswerden.

तमप् das Suffix des Superlativs तम 224,3.

तमप्रभ m. und *°भा f. eine best. Hölle.

*तमम् Absol. von तम् P. 6,4,93.

*तमर n. Zinn.

*तमराज m. eine Art Zucker.

तँमस् n. 1) Sg. und Pl. Finsterniss, Dunkel. तँमः प्रँणीतः so v. a. des Augenlichtes beraubt ṚV. 1,117,17. — 2) das Dunkel der Hölle, Hölle und eine best. Hölle VP. 2,6,4. — 3) Bein. Râhu's, des Sonne und Mond verfinsternden Dämons. Nach den Lexicographen auch m. — 4) die über den Geist ausgebreitete Finsterniss, Irrthum, Verblendung, Wahn. — 5) Finsterniss, Irrthum, Unwissenheit als eine der drei Grundeigenschaften alles Seienden. — 6) im Sâṁkhja eine der fünf Formen der Avidjâ. — 7) *Sünde. — 8) *Trauer. — 9) N. pr. eines Sohnes des Çravas, des Pṛthuçravas (VP. 4,12,2) und des Daksha (VP.[2] 1,103).

तमसँ 1) Adj. dunkelfarbig. — 2) *m. a) Finsterniss. — b) Brunnen. — 3) f. तमसा N. pr. eines Flusses. — 4) n. a) Finsterniss. Zu belegen nur am Ende eines Comp. — b) *Stadt.

*तमसाकृत Adj. P. 6,3,3, Sch.

तमस्क am Ende eines adj. Comp. = तमस् 1) (Saṁhitopan. 24,1) und 5).

*तमस्काण्ड m. gaṇa कस्कादि.

*तमस्तति f. dichte Finsterniss.

तँमस्वत् 1) Adj. (f. °स्वती) dunkel. — 2) *f. त-

मस्वती *Nacht.*

तँमस्वरी Adj. f. *dunkel.*

तमस्विनी f. 1) *Nacht* Kâd. 2,53,15. 126,19. — 2) **Gelbwurz.*

तमःस्पृश् Adj. *mit Finsterniss —, mit Dunkel verbunden* Kâd. 1,2.

तमाम् Adv. *in hohem Grade, sehr, ganz* Naish. 8,57. In der älteren Sprache wird es Adverbien angefügt, in der späteren einem Verbum finitum.

तमाल 1) m. *a) Xanthochymus pictorius.* — *b) *eine Art* Khadira. — *c) *Crataeva Roxburghii* Râǵan. 9,143. — *d) *Sectenzeichen auf der Stirn.* — *e) *Schwert.* — 2) *m. n. *Bambusrinde.* — 3) *f. ई *a) Phyllanthus emblica.* — *b) Crataeva Roxburghii.* — *c)* = ताम्रवल्ली Râǵan. 3,110. — 4) *n. = तमालपत्त्र Râǵan. 6,176.

तमालक 1) (*m. n.) *a) Xanthochymus pictorius.* Zu belegen am Ende eines adj. Comp. — *b) *Bambusrinde.* — 2) *f. तमालका, °की und °लिका *Phyllanthus emblica.* — 3) f. °लिका *a)* * = ताम्रवल्ली Râǵan. 3,110. — *b)* N. pr. α) eines Landes. — β) eines Frauenzimmers. — 4) *n. *a) das Blatt der Laurus Cassia* Râǵan. 6,175. — *b) Marsilea quadrifolia.*

तमालपत्त्र n. 1) *das Blatt a) des Xanthochymus pictorius.* — *b) *der Laurus Cassia* Râǵan. 6.175. — 2) **Xanthochymus pictorius.* — 3) *Sectenzeichen auf der Stirn* in श्रीखण्डतमालपत्त्र.

तमालपत्त्रचन्दनगन्ध m. N. pr. eines Buddha.

*तमालिनी f. 1) *eine mit* तमाल *bestandene Gegend.* — 2) N. pr. eines Landes. — 3) *Phyllanthus emblica.*

*तमाह्वय m. = तालीशपत्त्र.

तमि f. 1) *Nacht.* Zu belegen mit Sicherheit nur तमी (Golâdhj. 7,10. Naish. 7,45). — 2) **Gelbwurz.*

तँमितोस् Abl. Inf. zu तम्. ग्रा तँ° *bis zur Erschöpfung* TBr. 1,4,4,2. Tâṇḍja-Br. 12,11,17. Lâṭj. 3,9,15. Âpast.

*तमिन् Adj. von तम्.

तँमिषाची Adj. f. *beklemmend, betäubend, verwirrend.*

तमिस्र 1) n. *a) Dunkel, eine dunkle Nacht.* Pl. LA. 92,16. — *b) eine dunkle Hölle, Hölle* überh. — *c) *Zorn.* — 2) f. तँमिस्रा = 1) *a).*

तमिस्रपत्त m. *die dunkle Hälfte eines Monats, die Zeit vom Vollmond bis zum Neumond* Ragh. 6,34.

तमुष्टुक्भिाष्य n. Titel eines *Commentars zu* R̥V. 6,18 Opp. Cat. 1.

तमुष्टुकीय *die Hymne* R̥V. 6,18.

तमेरु in ग्रतमेरु.

तमोगाँ Adj. *im Dunkel wandelnd.*

तमोघ्न 1) Adj. *das Dunkel verscheuchend.* — 2) m. *a) die Sonne.* — *b) *der Mond.* — *c) *Feuer.* *d) *Bein.* α) Vishṇu's. — β) Çiva's. — *e) *ein* Buddha.

*तमोज्योतिस् m. *ein fliegendes leuchtendes Insect.*

तमोनुद् 1(Adj. *das Dunkel verscheuchend.* — 2) m. *Alles was Licht heisst.* नष्ट° Adj. so v. a. *finster.* Nach den Lexicographen *die Sonne, der Mond, Feuer* und *Lampe.*

तमोनुद 1) Adj. (f. ग्रा) *das Dunkel verscheuchend.* — 2) m. *a) die Sonne.* — *b) der Mond.*

तमोऽन्तकृत् m. N. pr. eines Wesens im Gefolge Skanda's.

तमोऽन्त्य m. *eine der 10 Weisen, auf welche eine Eklipse stattfinden kann.*

तमोऽन्धकार N. pr. einer fabelhaften Oertlichkeit Kâraṇḍ. 39,11. °वासिन् Adj. 42,13. °भूमि f. 40,21. Auch °कारा भूमिः 39,20. 43,5.

तमोऽपह 1) Adj. *a) das Dunkel —, die Unwissenheit verscheuchend* Daçak. 40,4. — 2) m. *a) *die Sonne.* — *b) der Mond.* — *c) *Feuer.* — *d) *ein* Buddha.

*तमोभिद् m. *ein fliegendes leuchtendes Insect.*

तमोभूत Adj. 1) *dunkel, in Finsterniss gehüllt.* — 2) *dumm, einfältig.*

*तमोमणि m. 1) *eine Art Edelstein.* — 2) *ein leuchtendes fliegendes Insect.*

तमोमय 1) Adj. (f. ई) *aus Dunkel gebildet, daraus bestehend, darin gehüllt.* — 2) m. im Sâṁkhja *eine der fünf Formen der* Avidjâ.

तमोमयी Adv. mit कर् *in Dunkel hüllen* Naish. 8,65.

तमोऽरि m. *die Sonne* Râǵan. 21,40.

तमोऽरिविवर *Fenster* Râǵat. 7,775.

तमोरूप Adj. (f. ग्रा) *aus Finsterniss —, aus Verblendung bestehend* Nṛs. Up. 227. °रूपिन् dass. Comm. 228.

*तमोलिप्ती f. N. pr. eines Landes.

तमोवत् Adj. *finster, dunkel.*

तमोवासस् n. *das Dunkel als Kleid, die Finsterniss als Hülle* Kâd. 2,142,5.

*तमोविकार m. *Krankheit.*

तमोवृध् Adj. *am Dunkel sich erfreuend.*

*तमोवैरिन् m. *Feuer* Gal.

तमोहन् 1) Adj. *das Dunkel niederschlagend.* — 2) *m. *a) Feuer* Gal. — *b)* Bein. α) Vishṇu's Gal. — β) Çiva's Gal.

*तमोहर m. *der Mond.*

*तम्पा f. *Kuh.*

*तम्ब्, तम्बति (गतौ).

*तम्बा f. *Kuh.*

तम्बीर = تنبور *der 14te astrol.* Joga.

तम्र Adj. (f. ग्रा) *beengend, erstickend* oder *verdunkelnd.*

तय्, तयते 1) *sich fortbegeben aus* (Abl.), *sich hinbegeben zu, auf* (Acc.); nur Bhaṭṭ. — 2) *रत्तणे.

*तय m. gaṇa वृषादि.

1. तर्, तँरति, °ते, तिरँति, °ते, तरुते, तुर्याम, तितर्ति (Bhâg. P.), Partic. Pl. तितँत्रतस्, तुतुर्वात्, Partic. तीर्णँ. 1) *über ein Gewässer setzen, überschiffen, überschreiten, hinübergelangen über* oder *zu* (Acc.). Ohne Object *übersetzen.* तीर्ण *a) der übergesetzt —, hinübergeschifft ist;* ohne oder mit Object (Acc.). — *b) worüber man geschifft ist, — gelangt ist, überschritten.* — 2) *sich auf der Oberfläche des Wassers erhalten, schwimmen, nicht untergehen.* — 3) *an's Ende gelangen, Etwas durchmachen, zurücklegen* (einen Weg), *durchleben* (einen Zeitraum), *durchstudiren;* mit Acc. Ohne Object *hinfliegen, hinschiessen.* तीर्ण mit act. (व्याकरणम् *die Grammatik durchstudirt habend* Çaṁk. zu Bâdar. 3,2,32) und pass. Bed. — 4) *vollführen, vollbringen, ausführen, erfüllen.* तीर्ण mit pass. Bed. — 5) *die Oberhand bekommen —, Herr werden über, bemeistern, überwinden, glücklich entgehen;* mit Acc. MBh. 3,193,35. तीर्ण mit act. Bed.; ausnahmsweise mit Abl. st. mit Acc. — 6) *sich bemächtigen, in den Besitz gelangen von* (Acc.). — 7) ohne Object *glücklich davonkommen, sich retten.* — 8) Med. *sich bekämpfen, wettstreiten.* — 9) mit caus. Bed. *a) Jmd hinüber —, hindurchbringen, retten; hinüberhelfen über* (Acc.). — *b) treiben zu* (Dat.) R̥V. 10,76,2. — तर्यमाण Hariv. 3943 fehlerhaft für चर्यमाण. — Caus. तारयति, °ते 1) *Jmd übersetzen, hinüberführen, — über* (Acc.). — 2) *weiter leiten, gelangen lassen zu* (Acc.). — 3) *Jmd glücklich hinüberführen, retten, erlösen, — von, aus* (Abl.). — Desid. तितीर्षति, °ते, *तितरिषति, *तितरीषति *übersetzen —, durchschiffen wollen, hinüberschiffen wollen zu;* mit Acc. — Intens. तर्तरीति, तरीतर्ति, तँरित्रत् Partic., *तातर्ति. 1) *hindurchdringen, durchlaufen, — fliegen, — leben.* — 2) *über Alles glücklich hinwegkommen, sich glücklich fühlen, oben auf sein* Spr. 7625. — Mit ग्रति 1) *übersetzen über, hinübergelangen zu;* mit Acc. — 2) *glücklich hinübergelangen, überwinden, glücklich entgehen;* mit Acc. — °तरसे MBh. 12, 5003 fehlerhaft für °चरसे. — Desid. *übersetzen —, hinübergelangen wollen;* mit Acc. — Mit व्यति *glücklich hinübergelangen, überwinden.* — Mit ग्रनु

bis an's Ende nachgehen, mit Acc. — अन्वतीर्यन्त MBh. 7,8721 fehlerhaft für अन्वकीर्यन्त. — Mit अप AV. 6,6,3 wohl fehlerhaft für अव. — Mit अभि 1) *herbeikommen zu* (Acc.). — 2) *einholen, erreichen*. — Mit अव 1) *hinabsteigen, sich herablassen*, — *in* (Loc. oder Acc.), — *von* (Abl.). अवतीर्यती wohl *einsinkend*. अवतीर्ण *hinabgestiegen auf* oder *in* (Acc.), — *von* (Abl. oder im Comp. vorangehend 134,20). — 2) महीं स्वर्गात् *vom Himmel zur Erde herabsteigen* (von göttlichen Wesen). Gewöhnlich ohne diesen Beisatz. अवतीर्ण auch in Comp. mit einem im Abl. (in Folge von) oder Instr. (in der Gestalt von 139, 2) gedachten Worte. — 3) *gelangen zu* oder *in, pervenire ad* oder *in* (Acc.). दर्शनपथम् Harshaċ. 203,19. यौवनम् 103,12. सिद्धिपथम् *in Erfüllung gehen*, प्रमाणपथम् mit न *keinen Beweis zulassen*, प्रमाणान्तरगोचरताम् mit न *keinen andern Beweis zulassen*. — 4) *zur Erscheinung kommen, sich einstellen, stattfinden, sich zeigen* Prasannar. 30,16. — 5) *am Platze sein* TS. Prât. — 6) *gehen* —, *sich machen an* (Acc.). — 7) *überwältigen, überwinden, überstehen* (eine Krankheit); mit Acc. अवतीर्ण mit act. Bed. — Caus. 1) *hinabsteigen* —, *herabsteigen lassen, hinabführen*, — *leiten, herabholen*; das Wohin im Acc. oder Loc., das Woher im Abl. अवतारित in Comp. mit dem Woher. — 2) *ab* —, *wegnehmen, ablegen* (Kâd. 111,16), *abgiessen, entfernen, abwenden* (das Auge), — *von* (Abl.). — 3) *hinleiten auf* oder *zu* (Acc.). — 4) *in Gang bringen, verbreiten, einführen*. — 5) *in's Werk setzen, vollbringen*. — 6) *in Anwendung bringen*. — 7) *anführen, erwähnen* Comm. zu Jogas. 1,5. — 8) *herabkommen* (?). — Mit समव Caus. *herabsteigen lassen von* (Abl.). — Mit आ 1) *hinübergelangen über, durchziehen*. — 2) *bewältigen*. — 3) *ausdehnen, vermehren, verherrlichen*. — Mit अभ्या *herbeikommen zu* (Acc.). — Mit उद् 1) *steigen aus* (insbes. aus dem Wasser, welches oft zu ergänzen ist), *hervorkommen aus*; mit Abl. उत्तीर्ण auch in Comp. mit seiner Ergänzung. — 2) einem Ungemach *entrinnen, sich retten aus* (Abl.). उत्तीर्ण auch in Comp. mit seiner Ergänzung. — 3) *hinabsteigen*. — 4) *absteigen*, so v. a. *einkehren in* (Loc.). — 5) *übersetzen über, hinübergelangen zu*; mit Acc. उत्तीर्ण mit pass. Bed. — 6) *hinüberkommen über, hinter sich lassen, überwinden*; mit Acc. उत्तीर्ण mit act. (MBh. 3,52,30. Dh. V. 6,7) und pass. Bed.; auch *der alles Schwierige hinter sich hat* MBh. 4,45,15 (Nilak. ergänzt आपद्भ्यः). — 7) *erheben, erhöhen, stärken, vermehren*. — Caus. 1) *hinaussteigen lassen, hinaushelfen, herausholen, hinauslassen*; das Woher im Abl. — 2) *befreien, erlösen, retten*; das Woher im Abl. — 3) *herabsteigen lassen von* (Abl.). — 4) *abnehmen, ablegen* (ein Gewand, Schmucksachen) Kâraṇḍ. 53,14. *aus* —, *abladen* (Waaren). — 5) *Jmd übersetzen, hinüberbringen*. — Mit अभ्युद् 1) *überschreiten*. — 2) *hindurchgelangen zu* (Acc.). — Mit प्रोद् 1) aus dem Wasser (Abl.) *steigen*. — 2) *übersetzen, schiffen über* (Acc.). — Mit प्रत्युद् 1) *heimkehren* R. 2,103,31. — 2) *sich begeben zu* (Acc.). — Mit समुद् 1) aus dem Wasser (welches auch zu ergänzen ist) *steigen, herauskommen, hinaustreten*, — *aus* (Abl.). — 2) *glücklich herauskommen, sich retten aus, frei kommen von*; mit Abl. समुत्तीर्ण auch in Comp. mit seiner Ergänzung. — 3) *übersetzen, hinübergehen über*; mit Acc. समुत्तीर्ण mit act. Bed. — 4) *hindurchdringen durch, durchbrechen* (ein Heer). समुत्तीर्ण mit pass. Bed. — Caus. *abziehen, abstreifen* Naish. 7,31. — Mit उप Caus. in °तारक. — Mit नि 1) *niederwerfen, erniedrigen, überwinden*. — 2) *hemmen*. — Mit निस् 1) *herauskommen, sich retten aus* oder *von* (Abl.). निस्तीर्ण in Comp. mit seiner Ergänzung. — 2) *übersetzen über, hindurchgelangen durch*. निस्तीर्ण mit pass. Bed. Spr. 6613. — 3) *zu Ende bringen, durchleben* (einen Zeitraum). — 4) *vollführen*, — *bringen, erfüllen*. — 5) *fertig werden mit, die Oberhand bekommen über, bemeistern, besiegen, überwinden*. निस्तीर्ण mit pass. Bed. — 6) *von sich abwälzen* (eine Beschuldigung). — 7) *Etwas gut machen, für Etwas leiden, abbussen*; mit Acc. — Caus. 1) *retten, befreien*. — 2) *überwinden, besiegen*. — Desid. *zu durchschiffen* —, *hinüber zu gelangen wünschen*; mit Acc. — Mit परि Caus. in °तारणीय. — Mit प्र 1) *sich zu Wasser begeben, übersetzen, hinüberschiffen über*; mit Acc. प्रतीर्ण *abgefahren* (Schiff); *gedrungen über* (Acc.). — 2) *aufbrechen, sich auf den Weg machen*. — 3) *vorwärts kommen, emporkommen, zunehmen*. — 4) *vorwärts bringen, leiten, führen, fördern, vermehren, vergrössern, erhöhen* u. s. w. — 5) *ausdehnen, verlängern*. आयुः *das Leben v., länger leben lassen*; Med. *länger leben*. — Caus. 1) *ausdehnen, ausbreiten, verlängern* (das Leben). — 2) *Jmd in die Irre leiten, anführen, betrügen*. — 3) *Jmd zu Etwas verführen, verleiten, bereden zu* (Dat. oder Loc.). — Mit अभिप्र in °तारिन्. — Mit उपप्र *hinüberführen* (mit einem Schiffe). — Mit विप्र Caus. *Jmd anführen, betrügen*. — Mit सप्र *hinüberschiffen über* (Acc.) Naish. 5,8. — Mit प्रति in °तर. — Mit वि 1) *durchlaufen, durchziehen, durchdringen*. वितीर्ण *gedrungen über* (Acc.). — 2) *weiterbringen, von einem Ort zum andern bringen, wegbringen, wegschaffen*, — *von* (Abl.) RV. 10,68,3. वितीर्णतर *ferner liegend*. — 3) *durchkreuzen, vereiteln* (einen Wunsch) RV. 10,34,6. 54,5. — 4) *verlängern* (das Leben). — 5) *gewähren, verleihen, geben, verschenken*, eine Tochter *zur Ehe geben* 131,10. आसनम् *einen Sitz anbieten*, द्वारम् so v. a. *Einlass gewähren*, उत्तरम् *eine Antwort ertheilen*, दृष्टिम् oder दर्शनम् *Jmd seinen Anblick gewähren, Jmd vor sich lassen*, अवसरम् *Gelegenheit geben*. वितीर्ण mit pass. Bed. — 6) in der Med. *ver… sich … eingeben; anwenden* (ein Verfahren). — 7) *vollbringen, vollführen, bewirken, hervorbringen*. वितीर्ण mit pass. Bed. — Caus. 1) *durchfahren, durchziehen* (mit einem Kamme). — 2) *aus* —, *vollführen*. — Intens. °तर्तूर्यते, वितर्तुराण, वितर्तिरत् 1) *sich hierhin und dorthin wenden, mannichfach verfahren*. — 2) *auf mannichfache Weise verfolgen* (ein Ziel). — Mit प्रवि *verleihen, schenken*. — Mit सम् 1) *übersetzen, durchschiffen, hinübergelangen* (eig. und übertr.) *über* oder *zu* (Acc.). Ohne Object *übersetzen, glücklich hinübergelangen*. — 2) *herausgelangen* —, *sich retten aus* (Abl.). Nur संतीर्ण. — 3) *gemeinschaftlich zurücklegen* (einen Weg) RV. 1,42,1. — 4) *Jmd übersetzen, glücklich hinüberbringen, retten*. — संतरमाण MBh. 12,8657 fehlerhaft für संवरमाण. — Caus. *Jmd übersetzen, glücklich hinüberbringen*, — *über* (Acc.), *retten*, — *von* (Abl.), *über alle Gefahren hinüberführen* Spr. 4707. — संतर्पमाण MBh. 14,2310 fehlerhaft für संतर्प्यमान. — Mit अनुसम् *bis an's Ende führen, fortspinnen*. — Mit अभिसम् *übersetzen nach* (Acc.).

2. तर् m. *Stern*. Nur Nom. Pl. तारस् RV. 8,55,2.

तर 1) Adj. als Beiw. von Çiva etwa *rettend*. Am Ende eines Comp. *übersetzend, hinübergelangend; überwindend, besiegend*. — 2) m. a) *das Uebersetzen*. — b) *Fährgeld*. — c) **Floss*. — d) **Weg*. — e) *ein best. Zauberspruch zur Bannung von Geistern, die in Waffen hausen*. — f) **Feuer*. — g) N. pr. eines Mannes. — 3) तरम् Adv. mit न *durchaus nicht*. Als Steigerung in der älteren Sprache Adverbien, in der späteren Sprache einem Verbum finitum angefügt.

तरक्ष m. 1) *Hyäne* Varâh. Bṛh. S. 6,12. — 2) **Wolf*.

तरक्षु (Maitr. S. 3,14,21) und *तरक्षुक m. *Hyäne*.

तरंग्, तरंगति, °ते *Wellenformen zeigen* Kâd. 2,98,9. *wogen, sich hinundher bewegen*. Vgl. उत्तरङ्ग

und तरंगय्.

तरंग m. (adj. Comp. f. आ) 1) *Welle, Woge.* — 2) *Welle* als Bez. von *Unterabtheilungen* oder *Abschnitten*, insbes. solcher Werke, die im Titel ein Wort wie *Meer* oder *Fluss* enthalten. — 3) *springende Bewegung, Galopp.* — 4) *das Wogen, Sichhinundherbewegen.* अश्व° (v. l. भू°) HARIV. 2,24,26. — 5) **Zeug, Gewand.*

तरंगक 1) m. *Welle, Woge.* — 2) f. तरंगिका N. pr. einer Zofe VIDDH. 32,4.

तरंगाणि (°म्) MBH. 6,3326 fehlerhaft für तरङ्गिणाम्.

तरंगभीरु m. N. pr. eines Sohnes des 14ten Manu.

तरंगमालिन् m. *das Meer* PRASANNAR. 130,21. 131,7.

तरंगय्, °यति *wogen —, schwanken machen, hinundher bewegen* (die Augen) BÂLAR. 63,10. VIDDH. 76,10. — तरङ्गित 1) Adj. *wogend, schwankend, sich hinundher bewegend* PRASANNAR. 49,22. KÂṆḌAK. 16,3. — 2) n. *das Wogen, Sichhinundherbewegen.*

तरंगवती f. 1) *Fluss* VIKRAMÂÑKAK. 6,72. — 2) N. pr. einer Zofe Ind. Str. 1,386.

तरंगिणीनाथ m. *das Meer* BÂLAR. 188,19. VIKRAMÂÑKAK. 13,41. 44.

तरंगिणीभर्तर् m. dass. VIKRAMÂÑKAK. 13,53.

तरंगिन् 1) Adj. *wogend, sich hinundher bewegend* MBH. 6,76,15. — 2) f. °णी a) *Fluss.* — b) N. pr. eines Flusses. — c) Titel verschiedener Werke, insbes. am Ende eines Comp.

*तरट 1) (wohl m.) *eine best. Arzeneipflanze.* — 2) f. ई *eine best. stachlige Pflanze* RÂGAN. 8,73.

तरण 1) *m. a) *Floss, Boot.* — b) *der Himmel.* — 2) n. a) *das Uebersetzen, Durchschiffen* 177,22. — b) *glückliches Hinüberkommen über, das Ueberwinden.* — c) vielleicht *Ruder.* — तरणी s. u. तरणि.

तरणि 1) Adj. a) *die Bahn durchlaufend, vorwärts dringend, rasch, unverdrossen, energisch.* — b) *hinüberbringend, rettend, hülfreich.* — 2) m. a) *die Sonne.* — b) **Calotropis gigantea.* — c) **Strahl.* — 3) f. °णि und °णी a) *Boot, Schiff* HARIV. 14078. — b) **Aloe perfoliata.* — 4) *f. °णी a) *Hibiscus mutabilis.* — b) *Rosa glandulifera* RÂGAN. 10,129.

तरणित्व n. *Eifer, Ausdauer.*

तरणिधन्य Adj. als Beiw. Çiva's.

*तरणिरत्न n. *Rubin.* Vgl. तरुणिरत्न.

तरणीय Adj. *transeundus, zu passiren.*

*तरणीवल्ली f. *Rosa glandulifera.*

*तरण्ड 1) m. f. (आ und ई) und n. *Floss, Schiff.* — 2) m. n. a) *Flosse an einem Fischernetze.* — b) *Ruder.* — 3) m. N. pr. einer Gegend.

तरण्डक n. N. pr. eines Tîrtha.

*तरण्डपादा f. *Boot, Schiff.*

*तरण्य्, °ण्यति (गतौ).

तरतमतस् Adv. *mehr oder minder.*

*तरत्सम m. = तृणाग्नि GAL. Vgl. तरत्सल und वत्सल.

तरत्समन्दी f. Pl. (GAUT.) und °य n. *die Hymne* RV. 9,58.

*तरत्सल m. = तरत्सम.

तरथ in देव°.

*तरद् f. 1) *Floss.* — 2) *eine Art Ente.*

*तरदी f. = तरटी.

तरद्द्वेषस् Adj. *die Feinde besiegend.*

तरध्यै Dat. Inf. zu 1. तर् RV. 9,110,1.

तरन्त 1) m. a) **Meer.* — b) **Regenschauer.* — c) **Frosch.* — d) N. pr. eines Mannes. — 2) *f. तरन्ती *Boot, Schiff.*

तरन्तुक n. N. pr. eines Tîrtha.

*तरपण्य n *Fährgeld.*

*तरपण्यक m. *Fährgeldempfänger.*

तरम्बुज n. *Wassermelone* Mat. med. 320.

तरल 1) Adj. (f. आ) *sich hinundher bewegend, zuckend, zitternd.* — b) *funkelnd.* — c) *unstät, unbeständig, vergänglich.* — d) **liederlich, wollüstig.* — e) **flüssig.* — f) **hohl.* — 2) m. a) *Woge, Welle.* — b) *der Mittelstein in einem Halsschmucke.* — c) **Rubin* RÂGAN. 13,148. — d) **Halsschmuck.* — e) **Eisen.* — f) **Fläche.* — g) **Stechapfel.* — h) N. pr. α) Pl. eines Volkes. — β) eines Autors BÂLAR. 8,20. — 3) f. (आ) oder n. *Reisschleim, Reisbrühe* VARÂH. BṚH. S. 76,11. — 4) f. आ a) **ein geistiges Getränk.* — b) **Biene.* — c) N. pr. einer Jogini HEMÂDRI 2,a,96,20. 97,1.

तरलता f. 1) *das Zucken, Zittern.* — 2) *ein unstätes Wesen.* — 3) *Vielthuerei* KÂD. 121,3

तरलत्व n. *ein unstätes Wesen.*

तरलनयनी f. *ein best. Metrum.*

तरलय्, °यति 1) *in eine zitternde Bewegung versetzen, hinundher bewegen* HARSHAK. 127,9. — 2) *wogen, flattern, sich hinundherbewegen.* तरलितम् impers. तरलित Adj. *wogend, flatternd; sich hinundherbewegend, bewegt* (vom Herzen).

तरललेखा f. N. pr. eines Frauenzimmers.

तरलाय्, °यते *sich hinundherbewegen* HEMÂDRI 2,a,96,19.

तरलिका f. N. pr. einer Zofe.

*तरवट *Cassia auriculata* RÂGAN. 4,202.

तरवारि (*m.) (Ind. St. 14,387. PAÑKAD.) und *°वालिका f. *Schwert, ein bes. Schwert.*

तरवी = تربيع *Geviertschein.*

1. तरस् n. 1) *rasches Vordringen, — an's Ziel Kommen, durchdringende Kraft, Energie, Wirksamkeit, Nachdruck.* — 2) *Fähre, Fahrzeug.* — 3) angeblich = स्तोम bei den Göttern. — 4) **Ufer.* — 5) * = प्लवग. — 6) तरसा Instr. a) *durch Gewalt* Spr. 2500. — b) *eilends, rasch, flugs, ohne Weiteres.*

2. तरस् Adj. *durchdringend, rach, energisch.*

तरस m. n. Sg. und Pl. *Fleisch.*

तरसन्त् Partic. = त्रसन्त्.

तरसपुरोडाश Adj. *der einen Opferkuchen von Fleisch darbringt.*

तरसमय Adj. *aus Fleisch bestehend.*

*तरसान m. *Boot.*

*तरस्थान n. *Landungsplatz.*

तरस्मन्त् m. HARIV. 495 fehlerhaft für तरस्वन्त् 2).

तरस्वन्त् 1) Adj. *energisch.* — 2) m. N. pr. eines Sohnes des 14ten Manu HARIV. 1,7,87. — 3) *f. Pl. तरस्वत्यः *die Eilenden* unter den Synonymen von *Fluss.*

तरस्विन् 1) Adj. *rasch, ungestüm, energisch, muthig.* — 2) *m. a) *Wind.* — b) *Falke* GAL. — c) Bein. Garuḍa's.

*तरान्धु m. *ein Boot von bes. Bauart.*

तराम् s. u. तर 3).

*तरालु m. = तरान्धु.

तरि f. 1) तरि und तरी (Nom. तरी und *°स्) a) *Boot, Schiff.* — b) **Kleiderkorb.* — c) **Saum eines Gewandes.* — 2) *तरी a) *ein Geräthe zum Ausschöpfen des Wassers in einem Schiffe.* — b) *Keule.* — c) *Rauch,* richtig स्तरी.

तरिक 1) m. a) *Fährmann.* — b) **Floss, Boot.* — 2) f. आ a) *Boot.* — b) *die Haut auf der Milch.*

*तरिकिन् m. *Fährmann.*

*तरिण्य्, °ण्यति v. l. für तरण्य्.

*तरितर् Nom. ag. von 1. तर्.

तरितव्य n. impers. *überzusetzen.*

तरिता f. 1) **Zeigefinger.* — 2) *eine Art Knoblauch.* — 3) wohl *eine Form der* Durgâ.

तरित्र n. *Ruder* in अतरित्र. Nach NILAK. m. *Steuermann* u. s. w.

तरिन् 1) Adj. in der verdorbenen Stelle AV. 5,27,6. — 2) f. तरिणी *Boot, Schiff* HARIV. 3,65,39. तरणी v. l.

*तरिरथ m. *Ruder.*

तरी s. u. तरि.

तरीक in *निस्तरीक.

*तरीतर् Nom. ag. von 1. तर्.

तरीतु in दुस्तरीतु.

तरीप in *दुस्तरीप und *निस्तरीप.

तरीयंस् Adj. *leicht durchdringend*, mit Acc.

*तरीष 1) m. *a) Boot, Schiff. — b) Meer. — c) ein Etwas vermögender Mann. — d) eine schöne Erscheinung. — e) Beschluss, Entschluss. — f) Himmel.* — 2) f. ई N. pr. einer Tochter Indra's

तरीषणि Infin. *debendi zu durchdringen*, mit Acc.

1. तरु Adj. *rasch.*

2. तरु m. 1) *Baum.* Noch nicht bei Manu. — 2) N. pr. eines Sohnes des Manu Kâkshusha.

*तरुकूणि m. *ein best. Vogel.*

तरुकोटर n. *Baumhöhle* 145,7.

तरुक्त m. N. pr. eines Mannes.

*तरुखण्ड m. n. *Baumgruppe.*

तरुगह्नन n. *Waldesdickicht* 172,6.

तरुच्छाया f. *der Schatten eines Baumes* 134,14.

*तरुजीवन n. *Baumwurzel.*

तरुण 1) Adj. (f. ई) *a) jung, neu, frisch, angehend* (eine Krankheit), *vor Kurzem aufgegangen* (Sonne), *eben begonnen* (86,24), *zunehmend* (Mond). — *b) zart* (Mitgefühl). — 2) m. *a) Jüngling. — b)* *Ricinus communis. — c)* *grober Kümmel* Râǵan. 6,64. — *d)* Bez. *eines der 7* Ullâsa *bei den* Çâkta. — *e)* N. pr. α) eines mythischen Wesens MBh. 2, 7,22. — β) eines Ṛshi im 11ten Manvantara. — 3) *m. n. *die Blüthe von Trapa bispinosa.* — 4) f. तरुणी *a) Jungfrau, ein junges Mädchen, eine junge Frau* Spr. 2836. — *b) eine best. Gemüsepflanze. — c)* *Aloe perfoliata. — d)* *Rosa glandulifera oder alba* (Mat. med. 320). — *e) Croton polyandrum oder Tiglium.* — 5) n. *a) Knorpel. — b) Schössling, Halm.*

तरुणक 1) m. N. pr. eines Schlangendämons. — 2) n. *Schössling. Halm.*

तरुणज्वरारि m. *eine best. Mixtur gegen ein angehendes Fieber* Mat. med. 32.

तरुणता f. *Frische, vigor* Kâd. 2,132,16.

*तरुणपीतिका f. *rother Arsenik.*

तरुणय्, °यति *jung—, frisch machen.*

तरुणवाचस्पत्य n. Titel eines Werkes Opp. Cat. 1.

*तरुणाभास m. *eine Gurkenart.*

तरुणाय्, °यते *jung—, frisch werden, — bleiben.*

तरुणास्थि n. *Knorpel* Suçr. 1,35,1. 2,370,2.

तरुणिमन् m. *das jugendliche Alter* Maitr. S. 1,10,10. Prasannar. 33,18.

1. तरुणी f. s. u. तरुण.

2. तरुणी Adv. mit भू *zum Jüngling— zur Jungfrau heranreifen* Harshak. 107,16.

तरुणीकटाक्षकाम (Râǵan. 10,43) und *°कटाक्षमाल m. *Clerodendrum phlomoides.*

*तरुणीरत्न n. *Rubin* Gal. Vgl. तरणिरत्न.

तरुणेन्दु m. *der zunehmende Mond* Spr. 4775. 7770.

1. तरुतर Nom. ag. mit Acc. *gewinnend, erringend* Ṛv. 1,27,9. 129,2.

2. तरुतर Nom. ag. mit Gen. 1) *Ueberwinder, Besieger.* — 2) *Förderer, zur Eile antreibend.*

तरुतल n. *der ebene Platz unter einem Baume* 152,17. 154,4. zu Spr. 1193.

तरुता f. Nom. abstr. von तरु *Baum.*

*तरुतूलिका f. *eine Art Vampyr.*

तरुत्र Adj. 1) *hinüberbringend.* — 2) *siegreich.* — 3) *Sieg verleihend.*

*तरुदूलिका f. = °तूलिका.

*तरुनख m. *Dorn.*

*तरुभुज् m. *Vanda Roxburghii.*

तरुमण्डप *Laube.*

तरुमूल n. *Baumwurzel* 137,4.

*तरुमृग m. *Affe.*

*तरुराग m. n. *ein junger Schoss.*

तरुराज m. *die Fächerpalme* Râǵan. 9,87. Hemâdri 2,a,49,3.

तरुराजन् m. *der König der Bäume*, Beiw. des Pârigâta.

*तरुरुहा und *°रोहिणी f. *Vanda Roxburghii.*

तरुवल्ली f. 1) *Schlingpflanze.* — 2) **eine roth färbende Oldenlandia* Râǵan. 3,116.

*तरुश Adj. *baumreich.*

*तरुशायिन् m. *Vogel.*

तरुष्, तरुषति, °ते *überwinden, besiegen* Ṛv. 1,132,5. 7,48,2. — Mit आ *hinübergelangen über, durchziehen* Ṛv. 5,59,1.

तरुष 1) m. *Bekämpfer, Ueberwinder.* — 2) f. ई *siegreicher Kampf.*

तरुषण्ड n. *Baumgruppe.*

तरुष्य्, Partic. तरुष्यन्त् *bekämpfend.*

तरुस् n. 1) *Kampf, Wettstreit.*—2) *Ueberlegenheit.*

तरुसार (*m.) 1) *Kernholz.* — 2) **Kampfer.*

तरुसारमय Adj. *aus Kernholz bestehend.*

*तरुस्था f. *Vanda Roxburghii.*

तरूट m. *Lotuswurzel.*

तरूणक n. wohl nur fehlerhaft für तरुणक *Schössling.*

*तरूतर Nom. ag. von 1. तर्.

तरूषस् Adj. *überlegen.*

तर्क्, तर्कयति, °ते (metrisch) 1) *vermuthen, eine Vermuthung aufstellen.* — 2) *sich in Vermuthungen ergehen über, zu kommen suchen hinter, sich eine Vorstellung machen von*; mit Acc. — 3) *halten für*, mit doppeltem Acc. — 4) *nachsinnen, in Gedanken sich vorführen, im Sinne haben, denken an* (Acc.). — 5) *im Sinne haben —, gedenken zu*; mit Infin. — 6) *in's Klare kommen.* — 7) *भाषार्थ oder भासार्थ. — Mit अनु 1) *in Gedanken sein bei* (Acc.). — 2) *halten für*, mit doppeltem Acc. — Mit निस् in निष्टर्क्य. — Mit परि 1) *hinundher sinnen, sich in Gedanken beschäftigen.* — 2) *Jmd gerichtlich verhören, vernehmen.* — Mit प्र 1) *in's Klare kommen über, erschliessen*; mit Acc. — 2) *halten für*, mit doppeltem Acc. — Mit संप्र *halten für*, mit doppeltem Acc. — Mit प्रति in अप्रतितर्कित. — Mit वि 1) *vermuthen, in Vermuthungen sich ergehen, glauben.* — 2) *Vermuthungen anstellen über* (Acc.). — 3) *halten für*, mit doppeltem Acc. — 4) *nachdenken, nachsinnen, erwägen, nachsinnen über* (Acc.). — 5) *in's Klare kommen, erschliessen.* — Mit संवि *nachdenken über* (Acc.). — Mit सम् *halten für*, mit doppeltem Acc.

तर्क 1) m. *a) Vermuthung. — b) Erwägung, geistige Betrachtung, Raisonnement, Speculation* Gaut. — *c) eine auf Speculation, freier Forschung beruhende Lehre, ein philosophisches System. — d)* Bez. *der Zahl sechs. — e) Widerlegung, reductio ad absurdum. — f)* **Wunsch, Verlangen. — g)* **das Erfordern einer Ergänzung. — h)* **Ursache, Motiv.* — 2) f. आ = 1) *b).* Nach Nilak. = काङ्क्षा. — 3) n. = 1) *c)* Hemâdri 1,514,2.

तर्कक m. *Bettler.* Nach Nilak. = प्राश्निक.

तर्ककर्कश m. N. pr. eines Geschlechts Dhûrtan. Prol.

तर्ककर्मन् n. wohl nur fehlerhaft für तर्क°.

तर्ककारिका f., तर्ककुतूहल n., तर्ककौमुदी f., तर्ककौस्तुभ m. n. (Opp. Cat. 1) und तर्कखण्डनव्याख्या f. (ebend.) Titel von Werken.

तर्कग्रन्थ m. *Denklehre, Lehrbuch der Logik.*

तर्कचन्द्रिका f. und तर्कचूडामणि m. (Opp. Cat. 1) Titel von Werken.

तर्कज्ञान n. *eine auf philosophischem Wege erlangte Kenntniss* Çaṁk. zu Bâdar. 2,1,11.

तर्कज्वाला f. Titel eines buddh. Werkes.

तर्कण n. *das Vermuthen, Ahnen.*

तर्कणीय Adj. *verdächtig.*

तर्कतरंगिणी f. und तर्कदीपिका f. Titel zweier Werke.

तर्कपञ्चानन m. Bein. verschiedener Autoren über den Njâja.

तर्कपरिभाषा f., तर्कपाद m. (Opp. Cat. 1), तर्कप्रकाश m., तर्कप्रतिबन्धकतारहस्य n., °प्रतिबन्धकरहस्य n., तर्कप्रदीप m., तर्कभाषा f., °टिप्पणी f. (Opp. Cat. 1), °प्रकरण n. (ebend.), °प्रकाश m.,

°प्रकाशिका f., °भावप्रकाशिका f., °व्याख्या f. (Opp. Cat. 1), °सारमञ्जरी f., तर्कमञ्जरी f. und तर्कमणिदीपिका f. (Opp. Cat. 1) Titel von Werken.

तर्कमुद्रा f. *eine best. Stellung der Hand.*

तर्कयुक्त Adj. 1) *in blossem Verdacht stehend* R. Gorr. 2 109,16. — 2) *verbunden mit —, nebst den philophischen Systemen* MBh. 2,11,35.

तर्करत्न n. und तर्करहस्य n. Titel zweier Werke.

तर्कवागीश m. Bein. verschiedener Autoren über den Njâja.

तर्कविडम्बन n. Titel eines Werkes.

तर्कविद् m. *Dialektiker, Philosoph* Çaṁk. zu Bâdar. 2,1,11.

तर्कविद्या f. und तर्कशास्त्र n. *Denklehre.*

तर्कसंग्रह m., °चन्द्रिका f., °तत्त्वप्रकाश m., °तत्त्वोपन्यास m., °दीपिका f., °दीपिकाव्याख्या (Opp. Cat. 1) und °व्याख्या f. (ebend.) Titel von Werken.

*तर्कसाध्य n. *eine der 64 Künste* Gal. Vgl. तर्कुकर्मन्.

तर्कसार (Opp. Cat. 1), तर्कसुधाप्रकाश m. und तर्कसूत्रभाष्य n. Titel von Werken.

*तर्काट m. *Bettler.*

तर्कानुभाषा f. Titel eines Werkes.

तर्काभास m. *eine scheinbare, trügerische Widerlegung.*

तर्कामृत n., °चषक, °चषकतात्पर्यटीका f. und °तरंगिणी f. Titel von Werken.

तर्कारि (metrisch) f. = तर्कारी 1).

तर्कारी f. 1) *Sesbania aegyptiaca.* — 2) *Premna spinosa.* — 3) **eine Kürbisart.*

तर्कालंकार m. Bein. verschiedener Philosophen.

*तर्किण m. *Cassia Tora.*

तर्कित 1) Adj. in अ°. — 2) n. *Vermuthung* Hariv. 9467.

तर्किन् Adj. 1) *vermuthend, muthmaassend.* — 2) *vertraut mit der Speculation.* — *Philosophie.*

*तर्किल m. v. l. für तर्किण.

तर्कु (*m. f.) *Spindel.*

तर्कुक m. *Bettler.*

तर्कुकर्मन् n. Pl. *eine best. Kunst.*

*तर्कुट n. 1) *das Spinnen.* — 2) f. ई *Spindel.*

*तर्कुपाठी f., *तर्कुपिण्ड m., *तर्कुपीठ m. und *°पीठी f. *verticillus, Spinnwirbel.*

*तर्कुलासक m. *ein Schälchen, in welches die Spindel gesteckt wird.*

*तर्कुशाण (richtig °शान) m. *ein zum Zuspitzen der Spindel gebrauchter Schleifstein.*

तर्क्य in अतर्क्य.

*तर्ज्, तृजति (गतौ).

*तर्त्तु m. = तरत्तु *Hyäne.*

*तर्द्य m. *Salpeter.*

तर्ज्, तर्जति, °ते (metrisch) 1) *drohen.* — 2) *Jmd hart anfahren, schmähen.* — Caus. तर्जयति, °ते (metrisch) 1) *Jmd* (Acc.) *drohen.* — 2) *Jmd hart anfahren, schmähen.* — 3) *Jmd erschrecken, in Angst versetzen.* — 4) *verhöhnen, verspotten.* — 5) तर्जयसे MBh. 4,567 (4,33,1) fehlerhaft für तर्कयसे. — Mit अभि Caus. *Jmd hart anfahren, schmähen.* — Mit समभि Caus. dass. — Mit आ Caus. dass. Kâd. 2,131,13. — Mit उद् in उत्तर्जन. — Mit परि Caus. *drohen.* — Mit वि Caus. *Jmd hart anfahren, schmähen.* — Mit सम् Caus. 1) *Jmd* (Acc.) *drohen* 317,22. — 2) *Jmd hart anfahren, schmähen.* — 3) *Jmd erschrecken, in Angst versetzen* 179,22.

तर्जक Adj. *bedrohend.*

तर्जन 1) n. *a) das Drohen.* — *b) das Schmähen, Schmähung.* — 2) f. आ *das Schmähen.* — 3) f. ई *a) Zeigefinger.* — *b)* wohl *eine best. Waffe* Hemâdri 2,*a*,127,5. 11. 16. 128,8. 13. 18. 129,1. 6. 11.

तर्जनिका f. = तर्जन 3) *b)* Hemâdri 2,*a*,128,2.

*तर्जिक m. Pl. N. pr. eines Volkes.

तर्जित 1) Adj. Partic. von तर्ज् Caus. — 2) n. *das Drohen.*

तर्ण्, तृणोति, *तृणुते, *तर्णोति, *तर्णुते *essen.*

*तर्ण m. *Kalb.*

तर्णक m. 1) *Kalb* Hemâdri 1,439,2. Kâd. 2,39,7. Am Ende eines adj. Comp. Harshaḱ. 32,2. — 2) *Thierjunges* überh. Dhûrtan. 19.

*तर्णि m. 1) *Floss, Boot.* — 2) *die Sonne.*

*तर्तरीक 1) Adj. *hinüberzuschiffen* u. s. w. *pflegend.* — 2) n. *Boot, Schiff.*

तर्तव्य Adj. *transeundus, zu passiren.*

तर्द्, तृणत्ति, तन्त्ते, *तर्दति; Partic. तृष्ण. 1) *spalten, durchbohren, öffnen.* — 2) *erbohren, freimachen.* — 3) **zu Grunde richten.* — Desid. तितृत्सति und *तितर्दिषति. — Mit अति 1) *spalten, trennen.* — 2) *durchdringen.* — Mit अनु *eröffnen, freimachen.* — Mit अभि 1) *spalten, durchbohren, öffnen.* — 2) *durch Oeffnen frei machen, sich eröffnen, sich verschaffen.* — Desid. *zu eröffnen suchen.* — Mit अव 1) *zerspalten, durchlöchern.* कर्णाववितर्देन *die Ohren durch Mittheilung von Wahrheiten* (gleichsam) *zersprengen* Saṁhitopan. 35,10; vgl. 32,1 und Spr. 4992. — 2) *verstummen machen* (eine Trommel). — Mit आ 1) *spalten, durchbohren, durchlöchern, verwunden.* — 2) Med. *sich lostrennen von* (Abl.). — Mit उद् *aufspalten, durchschneiden.* — Desid. *aufzuspalten —, durchzuschneiden wünschen.* — Mit उप *anstechen, spalten.* — Mit नि *durchstechen, spalten.* — Mit परि *durchstechen, anspiessen.* — Mit प्र *anspiessen, anstecken.* Vgl. प्रतृण्ण. — Mit संप्र in °तर्दन. — Mit वि *einbohren, öffnen, durchbrechen, aushöhlen.* — Caus. वितर्दयति. — Mit सम् 1) *durch eine Oeffnung verbinden, verbinden, an einander befestigen.* — 2) *aushöhlen.*

तर्द m. *ein best. Käfer* oder *anderes Insect.*

तर्दन n. 1) *Oeffnung, Loch* Sâj. zu Çat. Br. 3,2. 1,2. — 2) *Befestigung* (*durch Stiche*) Comm. zu Ait. Âr. 367.

तर्दपति m. *der Herr der* Tardâ AV. 6,50,3.

*तर्दू f. *ein hölzerner Löffel.*

तर्म am Ende eines adj. Comp. = तर्मन्.

तर्मन् n. *Loch, Oeffnung, Spalte.*

तर्मवन्त् Adj. *mit Oeffnungen versehen* Ait. Âr. 364,11. *fest zusammengebunden* Comm.

तर्मसमुत Adj. *durch Oeffnungen* (d. i. *Stiche*) *zusammengenäht.*

तर्प् 1) तृपति, तृम्पति, तृप्णोति, तृप्नोति, तृप्यति und °ते (metrisch); Partic. Perf. तातृपाणा. *a sich sättigen, satt —, befriedigt werden;* mit Gen., Instr. oder Loc. तृप्त *satt, befriedigt;* die Ergänzung im Gen., Instr. oder im Comp. vorangehend. तृप्तम् Adv. *satt, befriedigt.* — *b) geniessen von* (Abl.). — *c)* **sättigen, laben, erfreuen.* — 2) तर्पति *a)* *= संदीपने. — *b)* तर्पत्ति MBh. 14,1040 fehlerhaft für तर्पयन्ति. — Caus. तर्पयति, °ते 1) *sättigen, laben, befriedigen, durch Labungsmittel stärken* (einen Kranken) Karaka 6,5. — 2) Med. *sich sättigen, Befriedigung erhalten.* — 3) *= संदीपने. — Desid. तितृप्सति *sich zu sättigen verlangen an* (Acc.). — Desid. vom Caus. तितर्पयिषति *zu sättigen —, zu laben —, zu befriedigen verlangen.* — Mit अति (°तृप्यति) *sich vollständig sättigen an* (Instr.). — Mit अनु (°तृप्यते) *durch Jmd* (Abl.) *satt —, befriedigt werden.* — Mit अप Caus. *aushungern, fasten lassen* Karaka 1,10. — Mit अभि, °तृप्त *satt, befriedigt, gelabt;* die Ergänzung im Instr. oder im Comp. vorangehend. — Caus. *sättigen, laben, erquicken.* — Mit अव in °तर्पण. — Mit आ (तृपति) *satt —, befriedigt werden.* — Caus. *sättigen.* — Mit नि (तृम्पति) RV. 8,70,10. Vielleicht ist नि st. नि zu lesen. — Mit परि, °तृप्त *vollkommen befriedigt.* — Caus. *vollkommen sättigen, — laben.* — Mit प्र Caus. *sättigen, laben, stärken.* — Mit वि (°तृप्यति) *satt —, befriedigt werden;* mit Loc. °तृप्त *gesättigt durch* (Instr.). — Mit सम् (°तृप्णोति und °तृप्यति) *zusammen sich sättigen an, sich laben an* (Gen.). — Caus. 1) *sättigen, befriedigen, erquicken, laben, erfreuen.* — 2) *sich nähren von* (Instr.) Karaka 1,23.

°तर्पक Adj. *sättigend, befriedigend.*

तर्पण 1) Adj. (f. ई) *sättigend, labend.* — 2) m. oder n. wohl *eine best. Pflanze.* — 3) *f. ई *eine best. Pflanze.* — 4) n. *a) das Sattwerden, Sattsein.* — *b) das Sättigen, Laben, Befriedigen* (insbes. der Götter und Ahnen durch Libationen). Im Comp. mit dem Object oder mit dem Labungsmittel. — *c) das Sättigen der Augen,* so v. a. *das Anfüllen derselben mit Oel oder flüssigem Fette.* — *d) eine best. Ceremonie, welche mit einem Zauberspruche vorgenommen wird.* — *e) etwas Erquickendes, Imbiss, Nahrung, Stärkungsmittel* 229,12. MBh. 18, 6,60.66. Kâraka 6,3. Am Ende eines adj. Comp. f. आ Hemâdri 1,457,1. — *f)* **Brennholz.*

तर्पणीय Adj. *zu sättigen, zu befriedigen mit* (Instr.).

*तर्पणेच्छु m. Bein. Bhîshma's.

तर्पयितव्य Adj. = तर्पणीय.

*तार्पिणी f. *Hibiscus mutabilis.*

*तार्पिलि und *°का f. gaṇa कपिलकादि.

*तर्फ्, तृफति, तृम्फति (तृप्तौ).

*तर्ब्, तर्बति (गतौ).

*तर्बट m. 1) *Jahr.* — 2) *Cassia Tora;* vgl. तरवट.

1. तर्मन् n. *Ueberfahrt* in सु°.

2.*तर्मन् m. n. *Spitze des Opferpfostens.*

तर्य m. N. pr. eines Mannes.

*तर्वन् schlechte Aussprache für तद्धन.

तर्ष्, तृष्यति, Med. तृषाणं und तातृषाणं; *dürsten, lechzen.* तृषित (तर्षित s. bes.) *durstig, nach einer Beute lechzend, gierig, gierig verlangend zu* (Infin.). — Caus. तर्षयति *dürsten lassen.* — Mit *अनु in *°तर्ष und *°तर्षण. — Mit परि, °तृषित *heftig schmachtend nach.* धर्म° Kârand. 80,13. — Mit वि *dürsten, schmachten.* — Caus. *schmachten lassen.*

1.*तर्ष m. 1) *Floss, Boot.* — 2) *Meer.* — 3) *die Sonne.*

2. तर्ष 1) m. *a) Durst; Begierde, Verlangen, — nach* (im Comp. vorangehend). — *b)* personificirt als Sohn Arka's von der Vâsanâ. — 2) f. आ = 1) *a)* Bhâg. P.

तर्षचेतस् Adj. *begierig verlangend nach* (°अर्थे).

तर्षण n. *Durst; Begierde, Verlangen.*

*तर्षम् Absol. von तर्ष्. द्व्यहं तर्षम् *nachdem man Jmd zwei Tage hat dürsten lassen.*

तर्षित (von तर्ष) Adj. *durstig, lechzend —, heftig verlangend nach* (im Comp. vorangehend).

*तर्षुक Adj. *durstig* Gal.

तर्षुल in अ°.

(तर्ष्यावत्) तर्षिअावत्त Adj. *durstig.*

*तर्स n. Mahâbh. 8,59,*a.*

तर्ह्, तृणेढि, *तृंहति (Partic. तंर्हत् und °तृंहाणं), *तृहति; Partic. तृढ, तृळ्ह; *zerschmettern, zermalmen, zerquetschen.* — Mit *निस् in *निस्तर्हण. — Mit वि = Simpl.

तर्ह् in शततर्ह्.

तर्हण Adj. (f. ई) *zerschmetternd, zermalmend.*

तर्हि Adv. *zu der Zeit, damals, in dem Augenblicke, dann, alsdann, in dem Falle.* In der Bed. *dann, in dem Falle* besonders beliebt in Verbindung mit einem Imperat. oder einem Pron. interr. (243,11). Die Correlativa sind यद्, यदा, यर्हि, यत्र, यदि (einmal तर्हि तदा) und चेद्.

तल 1) m. n. *a) Fläche, Ebene, Plan.* Der Begriff der Fläche wird häufig auch da hervorgehoben, wo wir es nicht zu thun pflegen. *m. Am Ende eines adj. Comp. f. आ. — *b)* mit *Hand* oder *Fuss* verbunden, *Handfläche, Fusssohle.* — *c) Handfläche, die flache Hand.* अन्योऽन्यस्य oder परस्परं तलं oder तलान् दा *einander in die Hände klatschen.* — *d) Fusssohle.* *n. — *e) die unter einem Gegenstande* (Gen. oder im Comp. vorangehend) *ausgebreitete Fläche, — Stelle.* *m. — 2) m. *a)* **Vorderarm.* — *b)* **Spanne.* — *c)* **Schwertgriff.* — *d) Fächerpalme* Viddh. 44,9. — *e)* **das Anschlagen der Saiten mit der linken Hand.* — *f) eine best. Hölle.* — *g)* Bein. Çiva's MBh. 13,17,130. — *h)* *N. pr. eines Lehrers. — 3) (*f.) n. *ein Leder, welches der Bogenschütze am linken Arme trägt, um diesen vor der abprallenden Bogensehne zu schützen.* — 4) f. आ N. pr. einer Tochter Raudrâçva's VP.[2] 4,129. — 5) *n. *a) Mitte der Fusssohle.* — *b) Wald.* — *c) Teich.* — *d)* = आलवाल 1) oder *Grube.* — *e) die Veranlassung —, das Motiv einer Handlung.*

तलक 1) m. N. pr. eines Fürsten. — 2) *f. तलिका *Futtersack, aus dem ein Pferd frisst.* — 3) m. oder n. *ein irdener Topf* Hem. Par. 2,473. — 4) *n. *a) Teich.* — *b) eine Art Salz* Gal.

तलकीट *eine best. Pflanze* Suçr. 2,501,4. बलाङ्कोटस्य मूलेषु v. l.

तलगत Adj. *in der Hand befindlich.* °तं कर so v. a. *heranziehen, um sich versammeln* Vikramâñkak. 14,11.

तलघात m. *ein Schlag mit der flachen Hand* Hariv. 16027.

तलताल m. *Händegeklatsch.*

तलत्र (wohl n.) *eine Art Handschuh bei den Bogenschützen.*

तलत्रवत् Adj. *mit einem* तलत्र *versehen.*

तलत्राण (wohl n.) = तलत्र.

तलनिष्पेष m. *das Anprallen* (der Bogensehne) an तल 3) MBh. 5,48,52.

तलपुष्पपुट n. *eine best. Stellung beim Tanzen* S. S. S. 241.

तलप्रहार m. 1) *ein Schlag mit der flachen Hand, — mit der Tatze.* — 2) N. pr. eines Mannes Ind. St. 14.

*तलभ n. Siddh. K.

*तलमीन m. v. l. für नलमीन.

*तलबद्ध Adj. *der das* तल 3) *umgebunden hat.*

तलमुख m. *eine best. Stellung der Hände beim Tanzen.*

तलयुद्ध n. *Prügelei.*

तललोक m. *die Unterwelt.*

तलवं m. *Musiker.*

तलवकार m. Pl. *eine best. Schule des SV.* °कल्प m. Comm. zu Âpast. Çr. 1,20,13. °कारोपनिषद् f. Titel einer Upanishad.

*तलवारण n. *Schwert.*

तलशब्द m. *Händegeklatsch* Hariv. 15742.

तलसंपात m. dass. R. 6,70,44.

तलसारक n. *Futtersack, aus dem ein Pferd frisst.* Harshak. 173,11.

*तलसारण n. dass. Gal.

*तलहृदय n. *die Mitte der Fusssohle.*

तलाङ्गुलित्रवत् Adj. *mit einem* तल 3) *und einem* अङ्गुलित्र *versehen* R. 2,87,23.

*तलाचो f. *Rohrmatte.*

तलातल n. *eine best. Hölle.*

तलातलि Adv. *so dass man handgemein wird* (bei einem Kampfe) Bâlar. 285,2.

तलांशा f. *ein best. Baum.*

*तलाक्षय n. *Flacourtia cataphracta* Râgan. 6,188.

तलित Adj. *geschmort.*

तलिन् Adj. *mit einem* तल 3) *versehen.*

तलिन 1) Adj. (f. आ) *a) dünn, fein* Vikramâñkak. 11,80. *schlank; klein, wenig.* — *b)* **durchsichtig, klar.* — *c) bedeckt mit* (im Comp. vorangehend) Vikramâñkak. 14,61. — 2) *n. *Lager, Bett.*

तलिनोदरी f. *eine Schlankleibige* Vikramâñkak. 10,88.

तलिम n. 1) *Fussboden, Estrich* Viddh. 49,6. — 2) **Lager, Bett.* — 3) **eine offene, nur von oben gedeckte Halle.* — 4) **Schwert.*

तलीय n. *ein best. Theil des Körpers.*

*तलुन m. N. pr. eines Mannes.

*तलुन 1) Adj. *jung.* — 2) m. *a) Jüngling.* — *b) Wind.* — 3) f. ई *Jungfrau.*

*तलेक्षण m. *Schwein.*

तलोत्तम Hariv. 4643 fehlerhaft für तल्पोत्तम.

*तलोदर 1) Adj. (f. आ und ई). — 2) *f. ई *Gattin.*

*तलोदा f. *Fluss.*

*तल्क n. *Wald.*

तल्प m. (*n.) 1) *Lager, Bett, Ruhesitz, Sopha.* °तल्पम् आ–वस् Jmds (Gen.) *Bett durch Ehebruch entweihen,* °तल्पम् अधि–गम् *sich fleischlich vermischen mit* (einem Weibe). Einmal तल्पा f. Am Ende eines adj. Comp. f. आ. — 2) *Wagensitz* MBh. 7,38,5. — 3) *ein zur Vertheidigung dienender Thurm.* — 4) = गुरुतल्प 2) Gaut. 23,12. — 5) **Boot, Floss.* — 6) **Gattin.* — 7) **Vertheidiger, Wächter.*

तल्पक m. Kâm. Nîtis. 12,45 vielleicht fehlerhaft für कल्पक **Barbier.*

*तल्पकीट m. *Bettwanze.*

°तल्पग Adj. 1) *fleischlich beiwohnend* (einem Weibe) Gaut. — 2) *Jmds Bett durch Ehebruch entweihend* 94,4. Gaut.

तल्पगिरि m. N. pr. eines *Berges.* °माहात्म्य n. Titel eines Werkes.

तल्पज Adj. *in Jmds Ehebett —, von Jmds Ehefrau geboren.*

*तल्पन und तल्पल (Çiç. 18,6) m. (Comm. zu Çiç.) *das fleischige Polster auf dem Rücken eines Elephanten.*

तल्पशीवरी Adj. f. *auf dem Lager ruhend.*

तल्पसद्य n. *das Sitzen auf einem Ruhebette* TBr. 1,2,6,5. 6.

तल्पी Adv. mit कर् *zum Lager machen.*

तल्पेशय Adj. (f. आ) *auf dem Lager ruhend.*

तल्प्य Adj. 1) *zum Bett gehörig.* — 2) *des Ruhesitzes* oder *Lagers würdig.* — 3) *im Ehebett gezeugt.*

*तल्ल (Vâmana 2,1,7) 1) m. *ein kleiner Teich.* — 2) f. ई a) *ein junges Weib.* — b) *Boot.* — c) N. pr. der Gattin Varuṇa's. — 3) n. = आलवाल 1) oder *Loch, Höhle.*

तल्लक्षणा n. *eine best. hohe Zahl* Lalit. 169,5.

*°तल्लज m. *ein Ausbund —, ein Musterstück von.*

*तल्लिका f. *Schlüssel.*

*तल्व n. *ein durch Reiben wohlriechender Substanzen hervorgebrachter Wohlgeruch.*

*तवक wegen तावक angenommen.

*तवत्तीर 1) n. *Tabaschir.* — 2) f. ई *eine Art Curcuma.* एकपच्चिका *C. Zedoaria.*

*तवप्रिय n. *die Rinde von Laurus Cassia* Gal.

*तवर *eine best. hohe Zahl* (buddh.).

*तवराज m. *Tabaschir.* °राजोद्भवखण्ड m. *ein daraus bereiteter Stückzucker* Râgan. 14,103.

तवर्ग m. *die Dentalen* TS. Prât.

तवर्गीय Adj. *zu den Dentalen gehörig* TS. Prât.

तवश्रवीय n. Name eines Sâman.

तवस् 1) Adj. *thatkräftig, tüchtig, kraftvoll, muthig.* Compar. तवस्तर, Superl. तवस्तम. — 2) m. *Kraft, Stärke, Muth.*

तवस्यं n. *Thatkraft, Muth.*

तवस्वत् Adj. *kräftig, stark* (Soma).

तवागा Adj. etwa *kräftig* (Stier).

तविपुला f. *ein best. Metrum.*

तविष 1) Adj. = तवस् 1). — 2) *m. a) *Meer.* — b) *Himmel.* — 3) f. तविषी a) Sg. und Pl. *Kraft, Stärke, Ungestüm, Muth.* Instr. Pl. *mit Macht, ungestüm.* — b) **die Erde.* — c) **Fluss.* — d) **eine göttliche Jungfrau.* — e) *N. pr. einer Tochter Indra's. — 4) n. *Kraftthat, Kraft.*

तविषीमत् Adj. *kräftig, ungestüm.*

तविषीय्, °यते (Partic. °यत् und °यमाण) *kräftig —, ungestüm —, muthig sein, sich anstrengen.*

तविषीयु Adj. *muthig* (Ross), *ungestüm* (die Marut).

तविषीवत् Adj. = तविषीमत्.

तविष्य्, °ष्यते = तविषीय्.

तविष्या f. *Ungestüm, Heftigkeit.*

तवीयंस् Adj. Compar. zu तवस् 1).

*तवीष 1) m. a) *Ocean.* — b) *Himmel.* — c) *Gold.* — 2) f. ई N. pr. einer Tochter Indra's.

तव्य und तव्य Adj. *kräftig, stark.*

तव्यंस् Adj. = तवीयंस्.

तस्री = تثليث *Gedrittschein.*

तष्टर m. 1) *Werkmeister, Zimmermann, Wagner.* — 2) *Bein. Viçvakarman's. — 3) N. pr. eines Âditja.

1.*तस्, तस्यते (उपक्षये, उपक्षेपे, उत्क्षेपे).

2.*°तस् Adj. *werfend in* *सुखतस्.

तसर (*m.) n. *Weberschiff.* Nach TBr. Comm. 2, 670 *das Tuch im Webstuhl.*

तसीर astr. = تسيير.

तस्कर 1) m. a) *Räuber, Dieb.* Am Ende eines adj. Comp. f. आ. — b) Pl. Bez. *bestimmter* Ketu 8). — c) *Trigonella corniculata.* — d) **Vangueria spinosa.* — e) vielleicht **Ardisia humilis* Râgan. 3, 95. — f) **Ohr.* — 2) *f. तस्करी a) *ein leidenschaftliches Weib.* — b) *eine Mimose.*

तस्करता f. und तस्करत्व n. *Dieberei, Diebeshandwerk.*

तस्करवृत्ति m. *Beutelschneider* Bhâvapr. 3,114.

तस्कराय्, °यते *einen Räuber* oder *einen Dieb spielen, sich wie ein R.* oder *D. betragen.*

तस्तुव n. *ein best. Mittel gegen Gift* (?). Auch तस्तुव geschrieben.

*तस्थी Adv. mit कर्, भू und अस् Siddh. K. ed. Târ. 1,371. Vgl. तन्थी.

तस्थु Adj. *stehend, den Ort nicht verändernd.*

तस्दी = تسديس *Gesechstschein.*

तस्मात् Abl. Sg. m. n. von 1. त 1). Als Adv. *daher, darum, deshalb.* In Correlation mit यद् und यस्मात्.

तस्याशितीय Adj. Bez. eines Adhjâja Káraka 1,6.

तस्तुव s. तस्तुव.

ता Nebenform von 1. तन् vor य.

*ताक्षक Adj. von तक्षकीया.

*ताक्षण्य m. *der Sohn eines Zimmermanns.*

*ताक्षशिल Adj. (f. ई) *aus* Takshaçilâ *stammend.*

ताक्ष्ण्य 1) Adj. (f. ई) *einem Zimmermann zukommend.* — 2) *m. *der Sohn eines Zimmermanns.*

ताच्छब्द्य n. *das diese Wortform Haben* Mahâbh. 4,66,*b*.

ताच्छीलिक Adj. *in der Bedeutung* «*die Neigung* oder *Gewohnheit habend*» *zur Anwendung kommend* (Suffix).

ताच्छील्य n. *das Gewohntsein an Etwas, regelmassiges Betreiben einer Sache.*

ताजक् Adv. *plötzlich, jählings, sofort* Maitr. S. 1,7,3. 9,6. 2,3,2. 4,8,9.

ताजक n. Bez. *der von der arabischen oder persischen Astronomie abhängigen astronomischen Lehrbücher.* °कल्पलता f., °केशवी f., °कौस्तुभ, °चिन्तामणि m., °तत्व n., °तिलक, °दीपक m., °पद्धति f., °भाव m., °भूषण n., °मुक्तावली f., °योगसुधाकर m., °रत्नमाला f., °शास्त्र n., °सर्वस्वसार, °सार, °सुधानिधि m. und ताजककालंकार m. Titel bes. Werke.

ताजत् Adv. = ताजक् AV. 8,8,3.

ताजिक 1) m. *ein Perser.* — 2) n. = ताजक. °ज्योतिर्मणि m., °प्रश्नाध्याय m., °शास्त्र n. und ताजिकालंकार m. Titel bes. Werke.

ताटकेय m. Bâlar. 56,4 fehlerhaft für ताडकेय.

ताटङ्क (*m.) n. *eine Art Ohrschmuck* Prasannar. 28,10.

ताटङ्किन् Adj. *mit* ताटङ्क *geschmückt* Prasannar. 48,8.

*ताटस्थ्य n. 1) *Nähe.* — 2) *das Unbetheiligtsein, gleichgültiges Zusehen.*

ताड 1) Adj. *schlagend* in घाटा°. — 2) m. a) *Schlag.* — b) **Laut, Geräusch.* — c) *eine Handvoll Gras u. s. w.* — d) **Berg.* — e) **Lipeocercis serrata.* — ताडी s. u. ताडि.

ताडक 1) m. *Todtschläger* Vikramâñkak. 18,57. — 2) f. आ a) N. pr. einer Jakshiṇî, die in eine Râkshasî verwandelt und von Râma erschlagen wird. — b) **eine Kürbisart.*

*ताडकाफल n. *grosse Kardamomen.*

ताडकायन m. N. pr. eines Ṛshi.

ताडकेय m. Metron. von ताडक 2) *a)* Bâlar. 60, 22. ताटकेय 56,4.

*ताडघ m. vielleicht *Schmied.*

*ताडघात Adj. (nicht शिल्पिन्) Kâç. zu P. 3,2,55.

ताडङ्क m. = ताटङ्क Râǵat. 7,750.

ताडङ्की Adv. s. तालङ्की.

ताडन 1) Adj. *schlagend, treffend, verwundend.* — 2) *f. ई *Peitsche.* — 3) n. *a) das Schlagen, Hauen, Strafen mit Schlägen, Schlag, das Hämmern* (des Goldes als Probirmittel). Gewöhnlich in Comp. mit dem Werkzeug, selten mit dem Object. Am Ende eines adj. Comp. s. आ (s. मर्म°). — *b)* in der Astron. *das Anstossen, Berühren, partielles Verfinstern.* — *c) eine best. feierliche Handlung, die an einer Feuergrube* und *mit einem Zauberspruch vorgenommen wird.*

ताडनीय Adj. *zu schlagen.*

*ताडपत्त्र n. = ताटङ्क.

ताडयितर् Nom. ag. *der Jmd* (Gen.) *schlägt.*

ताडवक्र N. pr. eines Landes LIA. 2,952.

ताडाग Adj. *in Teichen befindlich, daher kommend.*

ताडावचर n. *ein best. musikalisches Instrument* Lalit. 93,15. 110,17. 135,9. 187,5.

*ताडि und ताडी f. 1) *Corypha Taliera.* — 2) *ताडी *eine Art Schmuck.*

*ताडिका f. *der mittlere Theil eines Schwertgriffes* Gal.

ताडीदल n. *eine Art Ohrschmuck* Vikramâñkak. 12,12.

ताडीपुट 1) *Palmblatt* Kâd. 142,42. — 2) *eine Art Ohrschmuck;* s. तालीपुट.

*ताडुल Adj. *der da schlägt, mit Schlägen straft.*

ताड्य 1) Adj. *zu schlagen, mit Schlägen zu strafen.* — 2) *n. *Urinblase* Gal.; vgl. ताम्य.

ताण्ड 1) *m. angeblich N. pr. eines alten Weisen. — 2) n. *ein Abschnitt in einem* Brâhmaṇa Comm. zu Lâṭj. 7,10,17.

ताण्डक n. = ताण्ड 2) Comm. zu Lâṭj. 7,10,17.

ताण्डव (*m. n.) 1) *ein wilder Tanz* (auch von dem eines Pfauen). — 2) *Tribrachys.* — 3) **Saccharum procerum.*

*ताण्डवतालिक m. Bein. Nandin's, des Thürstehers des Çiva.

*ताण्डवप्रिय m. Bein. Çiva's.

ताण्डवब्राह्मण n. Ind. St. 1,470 fehlerhaft für ताण्ड्यब्राह्मण.

°ताण्डवयितर् Nom. ag. (f. °त्री) *zum Tanzen bringend* Viddh. 39,15.

ताण्डविन Adj. *sich stark hinundher bewegend* Prasannar. 1,15.

*ताण्डि n. angeblich Titel eines Lehrbuches der Tanzkunst.

ताण्डिन् m. 1) N. pr. eines Lehrers der Metrik. — 2) Pl. *eine best. Schule.* ताण्डिब्राह्मण n.

ताँण्ड्य 1) m. Patron. Nom. pr. eines Lehrers. — 2) Titel eines Brâhmaṇa. Auch °ब्राह्मण n. und °महाब्राह्मण n. (Opp. Cat. 1).

ताण्ड्यायन 1) m. Patron. von ताण्ड्य 1) Prasannar. 68,15. fgg. — 2) *f. ई f. zu ताण्ड्य 1).

ताँत् Adv. *so, auf diese Weise.* Vgl. ताँवत्तात्.

तात m. 1) *Vater.* — 2) mit dem Voc. ताँत wird sowohl *ein Sohn, Schüler, Jüngerer,* als auch *der Vater, ein Aelterer* oder *Höherstehender* angeredet. Auch mehrere Personen werden mit dem Sg. angeredet, obgleich hier auch der Pl. ausnahmsweise vorkommt.

*तातगु 1) Adj. *dem Vater angenehm, — erspriesslich.* — 2) m. *des Vaters Bruder.*

*साततुल्य 1) Adj. *väterlich gesinnt.* — 2) m. *des Vaters Bruder.*

*तातन m. *Bachstelze.*

*तातल 1) Adj. *erhitzt.* — 2) m. *a) ein väterlich gesinnter Mann.* — *b) ein eiserner Hammer.* — *c) Krankheit.* — *d) das Kochen, Reifen.* — *e) Hitze.*

तातार्य m. N. pr. eines Fürsten.

*ताति m. *Sohn.*

ताँतृपि Adj. *befriedigend, ergötzend.*

तात्कर्म्य n. *Gleichheit der Beschäftigung.*

तात्कालिक Adj. (f. ई und *आ) 1) *eine gleich lange Zeit andauernd.* — 2) *sogleich —, ohne Verzug erfolgend, — sich zeigend, sich einstellend.* — 3) *zu der Zeit gehörig, — stattfindend, derzeitig* Sûrjas. 7,12. Comm. zu R. 7,36,45. Nom. abstr. °त्व n. Golâdhj. 7,27. — 4) *zeitgemäss* MBh. 3,22,20.

तात्काल्य n. *Gleichzeitigkeit.*

तात्त्विक Adj. 1) *wirklich, real.* Nom. abstr. °त्व n. Nilak. zu MBh. 12,308,1. — 2) *der die* Tattva (der Ǵaina) *anerkennt, die wahre Lehre besitzt.*

1. तात्पर्य n. 1) *anhaltende Beschäftigung mit Etwas, das Sichhingeben einer Sache* 234,1. — 2) *das Hinzielen —, Abgesehensein auf* (Loc.). °तम् *in dieser Absicht.* — 3) *das eigentliche Ziel —, die beabsichtigte, wahre Bedeutung einer Rede, eines Werkes.*

2. तात्पर्य Adj. (f. आ) *bezweckt, beabsichtigt.*

तात्पर्यक Adj. dass.

तात्पर्यचन्द्रिका f. तात्पर्यदर्पण m. und तात्पर्यदीपिका f. Titel von Werken Opp. Cat. 1.

तात्पर्यनिर्णय m. 1) *die Bestimmung des Abgesehenseins auf Etwas* 282,33. — 2) Titel eines Werkes.

तात्पर्यपरिशुद्धि f., तात्पर्यप्रकाश m., तात्पर्यबोधिनी f., तात्पर्यवाद m. (Opp. Cat. 1), तात्पर्यविचार m. und तात्पर्यसंग्रह m. (Opp. Cat. 1) Titel von Werken.

तात्र्यँ Adj. (f. आ) *väterlich.*

तात्स्तोम्य n. *das in diesem* Stoma *Gebildetsein.*

तात्स्थ्य n. *das Enthaltensein —, das Sichbefinden darin.*

ताथाभाव्य Adj. Bez. *des* Svarita, *welcher am Ende eines* Avagraha *zwischen zwei* Udâtta *steht.*

*तादयनि m. Patron. von तद् *dieser.*

तादर्थिक Adj. *für diesen Zweck bestimmt.*

तादर्थ्य n. 1) *das Bestimmtsein dazu, Dazudienen* Ǵaim. 6,1,12. 2,5. Chr. 228,33. — 2) *Rücksicht, Bezug auf Etwas.* Instr. *in dieser Absicht.* — 3) *das diese Bedeutung Haben, Gleichheit der Bedeutung.*

तादवस्थ्य n. *das Verbleiben in demselben Zustande.*

तादात्मक Adj. (f. °त्मिका) Adj. *die Einheit des Wesens bezeichnend.*

तादात्म्य n. *Wesenseinheit, Identität,* — mit (Instr., Loc. oder im Comp. vorangehend).

तादी॑त्ना Adv. *alsdann.*

तादुरी Adj. als Beiw. eines Frosches AV. Nach den Erklärern *schwimmfertig* oder *nur aus einem Bauch bestehend.*

तादृत Adj. *ein solcher, derartig* Vikramâñkak. 16,53. Kâraṇḍ. 30,7.

तादृग्गुण Adj. (f. आ) *von solchen Eigenschaften, derartig* 189,22.

तादृग्भाव m. *eine solche Beschaffenheit* MBh. 5,44,22.

तादृग्रूप Adj. (f. आ) *so aussehend, — beschaffen.*

तादृग्रूपवन्त् Adj. (f. °वती) *von solcher Schönheit.*

तादृ॑श् Adj. (Nom. m. f. तादृङ् und तादृक्, n. तादृक्) *ein solcher, derartig.* तादृक् Adv. *auf solche Weise.*

तादृ॑श Adj. (f. ई) *ein solcher, derartig.*

तादृक्धर्म्य n. *Analogie.*

ताद्धित Adj. *der* Taddhita-*Bildung angehörig.*

ताद्रूप्य n. 1) *Gleichheit der Form, Identität.* — 2) *Richtigkeit, Wahrheit.*

ताद्विध्य n. *Derartigkeit* Çaṁk. zu Bâdar. 3,3,52.

तान 1) m. *a) Faden, Faser.* — *b) ein musikalischer Ton.* — *c) ein einförmiger Ton* Vaitân. Ind. St. 10,422. fg. Njâjam. 9,2,15. — 2) n. *a) Ausdehnung* Kâd. 2,87,2. Eher m. — *b) *Object der Erkenntniss.*

तानभट्ट m. N. pr. eines Mannes.

तानव n. *tenuitas*, *Magerkeit*, *Schmächtigkeit*. °तानवकृत् Adj. *vermindernd; verkleinernd*, so v. a. *übertreffend* Bâlar. 27,21.

*तानव्य m. Patron. von तनु.

*तानव्यायनी f. zu तानव्य.

तानस्वर Adj. *eintönig gesprochen* Ind. St. 10,438.

तानुक in स्त्रीतानुकरोग.

तानूनपात Adj. (f. ई) *den* Tanûnapât *betreffend*, *an ihn gerichtet*.

तानूनप्त्र 1) n. *eine Schwurhandlung, bei welcher unter Anrufung des* Tanûnaptar *das* Âģja *vom Opfernden und von den Priestern berührt wird*. °पात्र n. Vaitân. Nom. abstr. °नप्त्रत्व n. Kap. S. 38,2. — 2) Adj. *bei dieser Handlung gebraucht*.

तानूनप्त्रिन् m. *ein Genosse bei dem* Tânûnaptra-*Gelöbniss* Âpast. Çr. 11,1,11. Vgl. स°.

*तानूर m. *Strudel*.

तान्त 1) Adj. s. u. तम्. — 2) m. mystische Bez. *des Lautes* थ.

तान्तव 1) Adj. (f. ई) *aus Fäden gemacht*, *aus F. von* (im Comp. vorangehend) g. — 2) n. *Gewebe*, *ein gewebter Stoff* Gaut.

*तान्तव्य m. Patron. von तन्तु.

*तान्तव्यायनी f. zu तान्तव्य.

तान्तान्त m. mystische Bez. *des Lautes* द.

*तान्तुवाय्य m. *der Sohn eines Webers*.

तान्त्र 1) Adj. (f. ई) *normirt*, *ad hoc vorgeschrieben*. दक्षिणा Âpast. Çr. 14,12,5, 6. — 2) (wohl n.) *Saitenspiel*.

तान्त्रिक Adj. (f. आ und ई) Subst. 1) *mit einer Disciplin vollkommen vertraut*, *Fachgelehrter*. — 2) *in einem Lehrbuch gelehrt*, — *vorgetragen*. °की संज्ञा *eine technische Benennung*. — 3) *in einem mystischen* Tantra *gelehrt*, *mystisch*, *geheim*. — 4) *ein Anhänger der mystischen* Tantra.

*तान्दन (!) m. *Wind*.

1. (तान्व) तानुअ m. *ein leiblicher Sohn*.

2. तान्व, तानुअ 1) m. Patron. von तन्व. — 2) n. Name zweier Sâman Ârsh. Br.

3. (तान्व) तानुअ Adj. *geflochten*, *gewebt*.

तान्वङ्ग m. Patron. von तन्वङ्ग.

ताप 1) m. (adj. Comp. f. आ) a) *Hitze*, *Glut*. — b) *Erwärmung*, *Erhitzung* Nâjam. 10,1,22. *das Glühen* (des Goldes als Probirmittel). — c) *Schmerz*, *Weh*, *Qual* (des Körpers oder der Seele). — 2) f. ई N. pr. eines Flusses Hariv. 2,109,30. Angeblich auch = यमुना.

तापक 1) Adj. *brennend*, *glühend*, *läuternd*. — 2) *m. *Fieber*. — 3) *f. तापिका etwa *Kochtopf* Deçîn. 1,163. 2,46.

तापक्षेत्र n. *Lichtfeld* Ind. St. 10.279. fg.

तापत्य 1) Adj. *die* Tapatî *betreffend*, *von ihr handelnd*. — 2) m. Metron. von Tapatî.

°तापद Adj. *Jmd Schmerz* —, *Weh verursachend*.

तापन 1) Adj. (f. ई) am Ende eines Comp. a) *erhellend*, *erleuchtend*. — b) *peinigend*, *quälend*, *brennend*. — 2) m. a) *die Sonne*. — b) **die heisse Jahreszeit*. — c) **der Sonnenstein* (सूर्यकान्त). — d) *einer der Pfeile des Liebesgottes*. — 3) f. आ *Kasteiung* Hem. Par. 1,68. — 4) f. ई a) *eine bes. Art von* Upanishad. — b) N. pr. eines Flusses Râģan. in VP.² 2,147. — 5) n. a) *das Brennen*. — b) *das Peinigen*, *Kasteien*. — c) in der Dramatik *Pein*, so v. a. *Rathlosigkeit*. — d) *eine best. Hölle*. — e) **Gold*.

तापनीय 1) Adj. (f. आ) *von reinem Golde*, *golden*. — 2) m. Pl. *eine best. Schule der* VS.

तापनीयोपनिषद् f. Titel verschiedener Upanishad.

तापयितर् Nom. ag. *der in Glut versetzt*, *quält*, *peinigt* Vikramâṅkak. 9,22.

तापयिष्णु Adj. *brennend*, *quälend*.

तापश्चित 1) n. *eine best. langdauernde Feier*. — 2) Adj. Beiw. *des zur Feier des* Tâpaçkita *aufgesetzten* Agni.

तापस 1) Adj. a) *Askese übend*. — b) *zur Askese oder zu den Asketen in Beziehung stehend*. — 2) m. a) *Asket*, *Büsser*, *Anachoret*. — b) **der Mond* Gal. — c) **Ardea nivea* Râģan. 19,97. — d) *eine Art Zuckerrohr*. — e) **Artemisia indica*. — f) Patron. verschiedener Personen. — 3) f. ई a) *Büsserin*, *Anachoretin*. — b) **Curcuma Zedoaria*. — c) **Nardostachys Jatamansi*. — 4) *n. *das Blatt der Laurus Cassia* Râģan. 6,175.

*तापसज n. *das Blatt der Laurus Cassia*.

*तापसतरु und *तापसद्रुम m. *Terminalia Catappa* oder *Putranjiva Roxburghii*.

*तापसद्रुमसंनिभा f. *ein best. Strauch* Râģan. 4,161.

*तापसपत्त्र m. und *°पत्त्री f. *Artemisia indica* Râģan. 10,148.

*तापसप्रिय 1) m. *Buchanania latifolia* Râģan. 11, 65. — 2) f. आ a) *eine Art Zuckerrohr*. — b) *Weinstock* Râģan. 11,101.

तापसवृक्ष m. = तापसतरु.

*तापसायनि m. Patron. wohl von तापस.

तापसेक्षु m. *eine Art Zuckerrohr* Bhâvapr. 2,64.

तापसेष्ट m. *Buchanania latifolia* Bhâvapr. 1,245.

तापस्य n. *der Stand eines Asketen*, — *Büssers*.

तापस्वेद m. *Schweisserzeugung durch trockene Hitze*.

तापहरी f. *ein best. Gericht* Bhâvapr. 2,15.

तापायन m. Pl. *eine best. Schule der* VS.

°तापिक in *जलतापिक. — तापिका s. u. तापक.

तापिच्छ und तापिञ्छ m. *Xanthochymus pictorius* Râģan. 9,99.

*तापिञ्ज 1) m. dass. — 2) n. *Schwefelkies* Râģan. 13,84.

तापितट wohl fehlerhaft für तापीतट.

तापिन् 1) Adj. am Ende eines Comp. *Schmerz bereitend*. — 2) *m. *ein* Buddha (*Schmerz empfindend*). — 3) f. °नी a) Titel verschiedener Upanishad. — b) mystische Bez. *des Lautes* व. — c) *N. pr. eines Flusses VP.² 2,147.

तापीज 1) Adj. *an der* Tâpî *sich erzeugend*, *dort vorkommend*. — 2) *(wohl m.) *ein best. Edelstein*. — 3) (wohl n.) *Schwefelkies* oder *eine andere mineralische Substanz* Bhâvapr. 2,94.

तापीतट und °देश m. N. pr. einer Oertlichkeit.

तापीमाहात्म्य n. Titel eines Werkes.

*तापीसमुद्भव (wohl n.) = तापीज 3).

तापेश्वरतीर्थ n. N. pr. eines Tîrtha.

ताप्य (Karaka 6,18. 24) m. n., °क n. (Râģan. 13, 84. Bhâvapr. 2,99) und *ताप्युत्थसंज्ञक n. *Schwefelkies*.

ताबुव n. *ein best. Mittel gegen Gift* (?).

ताम m. 1) *Sehnsucht* Kâd. 248,2. — 2) * = भीषण. — 3) * = दोष. — 4) **anxiety*, *distress*.

*तामम् Absol. von तम् P. 6,4,93.

*तामर n. 1) *Wasser*. — 2) *geschmolzene Butter*.

तामरस 1) n. a) *eine am Tage sich öffnende Lotusblüthe* Varâh. Jogaj. 4,9. Am Ende eines adj. Comp. f. आ. — b) **Gold*. — c) **Kupfer*. — d) *ein best. Metrum*. — 2) *m. *Ardea nivea*. — 3) f. ई *Lotusteich*.

तामल (तामाल?) Adj. (f. ई) *aus der Rinde von* Tamâla *verfertigt* Âpast.

तामलकी f. *Flacourtia cataphracta*.

तामलिप्त 1) m. Pl. N. pr. eines Volkes. — 2) f. ई (Hem. Par. 2,315. Pańkad.) und n. N. pr. einer Stadt.

तामलिप्तक n. = तामलिप्त 2).

तामस 1) Adj. (f. ई) a) *finster*. — b) *zum* Guṇa Tamas —, *zum Irrthum* —, *zur Unwissenheit in näherer Beziehung stehend*. — c) *zum* Manu Tâmasa *in Beziehung stehend*. — 2) m. a) **Bösewicht*. — b) **Schlange*. — c) **Eule* Râģan. 19,91. — d) *ein best. Krankheitsdämon* Hariv. 9562. — e) N. pr. α) des 4ten Manu. — β) *eines Wesens im Gefolge Çiva's. — γ) eines Mannes. Pl. *sein Geschlecht*. — 3) f. ई a) **Nacht*. — b) **Schlaf*. — c) **Nardostachys Jatamansi*; richtig तापसी. — d)

*Bein. der Durgâ. — e) N. pr. eines Flusses. — 4) *n. *Finsterniss* in *ग्रन्ध°.

तामसकीलक m. Pl. Bez. *bestimmter* Ketu 8).

*तामसतपःशील m. *ein* Daitja Gal.

तामसलीना f. *eine best. Art des Nichtbefriedigtseins* (im Sâm̃khja).

*तामसवन n. N. pr. eines *Waldes.*

तामसिक Adj. = तामस 1) b) Satja im Comm. zu Varâh. Bṛh. 2,7.

*तामालेय Adj. von तमाल.

तामि oder °मी f. 1) *Einhaltung des Athems bis zur Erschöpfung.* — 2) *f. तामी *Nacht;* vgl. तमी.

तामिस्र 1) Adj. in Verbindung mit पत्त oder m. ohne पत्त *die dunkele Monatshälfte, die Zeit vom Vollmond bis zum Neumond.* — 2) m. n. (ausnahmsweise) im Sâm̃khja *der Unmuth, Aerger* (eine der fünf Formen der Avidjâ). — 3) m. a) *ein* Râkshasa. — b) *eine best. Hölle.*

*तामु m. = स्तामु = स्तोतृ.

ताम्बल 1) m. *eine Hanfart* Comm. zu Gobh. 2, 10,10. Vgl. ताम्बूल 2). — 2) Adj. (f. ई) *hänfen* Gobh. 2,10,10.

ताम्बूल 1) n. *Piper Betle, das Blatt des Betelpfeffers, Betel.* — 2) *m. *eine Hanfart;* vgl. ताम्बल. — 3) f. ई *Piper Betle.* °दल n. *Betelblat* Kâd. 237,12.

ताम्बूलकरङ्क m. *Betelbüchse* Vikramâñkak. 9,82. °वाह्न m. *ein Diener, der sie dem Herrn nachträgt,* 81. 84. Harshak. 23,14. °वाहिनी f. *eine solche Dienerin* Kâd. 16,1. 68,3. 113,1. 167,3. 247,9.

*ताम्बूलद, °दायक, °दायिन् (°दायिनी f. Kâd. 219, 13) und °धर m. *Betelreicher, Betelträger.*

1. ताम्बूलपत्त्र n. *Betel.*

2.*ताम्बूलपत्त्र m. *Dioscorea globosa* Râǵan. 7,69.

*ताम्बूलपेटिका f. *Betelbüchse.*

*ताम्बूलराग m. *Linsen, Ervum lens.*

*ताम्बूलवल्लिका und वल्ली f. *Piper Betle.*

ताम्बूलवाहक m. *Betelträger.*

ताम्बूलवाहिनी f. *Betelträgerin* Harshak. 221,13.

ताम्बूलवीटिका f. *eine in ein Betelblatt gewickelte Arecanuss in Kugelform* Kâd. 215,20. 224,4. 261,12.

ताम्बूलाधिकार m. *das Amt den Betel vornehmen Personen nachzutragen.*

ताम्बूलिक m. *Betelverkäufer* Kâd. 102,5.

ताम्बूलिन् m. dass. und *Betelträger.*

*ताम्य n. *Urinblase;* vgl. ताडा.

1. ताम्र॑ 1) Adj. (f. ग्रा) *dunkelroth, kupferroth* 294, 24. — 2) m. a) *eine Art Aussatz mit kupferrothen Flecken.* — b) N. pr. α) eines Sohnes des Naraka Bhauma. — β) einer Insel. — γ) einer Oertlichkeit. — 3) f. ग्रा (sc. त्वच्) a) *die vierte unter den 7 Häuten am entstehenden Embryo.* — b) *Rubia Munjista.* — c) *rother Abrus.* — d) *eine Art Pfeffer.* — e) * = सूक्ष्मवल्ली Râǵan. 3,110. — f) N. pr. α) einer Tochter Daksha's. — β) eines Flusses. — 4) n. a) *dunkle Röthe.* — b) *Kupfer.* — c) *ein kupferner Behälter* MBh. 2,61,29. — d) *dunkelrothes Sandelholz.*

2. ताम्र 1) Adj. (f. ई) *kupfern.* — 2) f. ई *eine Art Wasseruhr.*

ताम्रक 1) *m. N. pr. eines Gandharva Gal. — 2) *f. ताम्रिका a) *eine Art Wasseruhr.* — b) *Abrus precatorius* Râǵan. 3,101. — 3) n. *Kupfer.*

*ताम्रकण्टक m. *eine Acacienart.*

*ताम्रकर्णी f. N. pr. des Weibchens des Weltelephanten Áńgana oder Çesha.

*ताम्रकार m. *Kupferschmied.*

*ताम्रकिलि m. *ein kleiner Wurm von rother Farbe.*

ताम्रकुट m. fehlerhaft für °कुट्ट.

ताम्रकुट्ट m. *Kupferschmied;* f. ई.

*ताम्रकुट्टक m. 1) dass. — 2) *Toback.*

*ताम्रकुण्ड n. *ein kupfernes Becken.*

*ताम्रकूट m. oder n. *ein best. Strauch;* nach Einigen *Toback* Mat. med. 320.

*ताम्रकृमि und *°क्रमि m. *Coccinelle.*

*ताम्रगर्भ n. *Kupfervitriol* Râǵan. 13,104.

ताम्रगुहा f. N. pr. einer mythischen *Höhle* Kârand. 31,8. 32,6.

*ताम्रचतुस् m. *eine Taubenart.*

ताम्रचूड 1) Adj. *einen rothen Kamm habend* (Hahn). — 2) m. a) *Hahn.* °युद्ध n. *Hahnenkampf* Daçak. (1925) 2,92,14. — b) *Blumea lacera.* — c) *eine best. Stellung der Hana.* — d) wohl *eine Form* Çiva's. — e) N. pr. eines Mannes. — 3) f. ग्रा N. pr. einer der Mütter im Gefolge Skanda's.

ताम्रचूडक m. = ताम्रचूड 2) c).

ताम्रचूडभैरव m. *eine Form* Bhairava's.

ताम्रज Adj. (f. ग्रा) *kupfern* Varâh. Jogaj. 6,4.

ताम्रजात m. N. pr. eines Sohnes des Kṛshṇa.

ताम्रतप्त m. desgl.

ताम्रता f. *Kupferröthe* Kâd. 2,70,15.

*ताम्रतुण्ड m. *eine Affenart.*

*ताम्रत्रपुज *Messing.*

ताम्रत्व n. *die dunkelrothe Farbe.*

*ताम्रदुग्धा und *°दुग्धी f. *ein best. kleiner Strauch* Râǵan. 5,143.

*ताम्रद्रु *rothes Sandelholz.*

ताम्रद्वीप m. *die Insel Ceylon.*

ताम्रधातु m. *Röthel.*

ताम्रधूम्र॑ Adj. (f. ग्रा॑) *schwarzroth.*

ताम्रध्वज m. N. pr. eines Mannes.

ताम्रपत्त N. pr. 1) m. eines Sohnes des Kṛshṇa VP.[2] 5,107. v. l. ताम्रवर्ण und प्रपत्त. — 2) f. ग्रा einer Tochter Kṛshṇa's. ताम्रपर्णी v. l.

ताम्रपट्ट m. *eine kupferne Platte, auf der die Urkunde über eine Schenkung u. s. w. eingegraben ist.*

1.*ताम्रपत्त्र n. *Kupferplatte.*

2.*ताम्रपत्त्र m. *eine best. Gemüsepflanze.*

*ताम्रपत्त्रक m. 1) *Bauhinia tomentosa.* — 2) *Capparis aphylla.*

ताम्रपर्णा 1) n. N. pr. eines Theiles von Bhârata Varsha Golâdhj. Bhuv. 41. — 2) f. ई a) *Rubia Munjista.* — b) *eine Art Teich.* — c) N. pr. α) einer Tochter Kṛshṇa's Hariv. 2,103,8. ताम्रपत्ता v. l. — β) eines Flusses Varâh. Bṛh. S. 14, 16. — γ) *einer Stadt auf Ceylon*

ताम्रपर्णि (metrisch) f. = ताम्रपर्णा 2) c) β) Varâh. Bṛh. S. 81,1.

ताम्रपर्णीतिटाक N. pr. einer Oertlichkeit.

ताम्रपर्णीमाहात्म्य n. Titel eines Abschnitts in einem Purâṇa Opp. Cat. 1.

ताम्रपर्णीय m. *ein Bewohner von Ceylon,* insbes. *ein Buddhist.*

*ताम्रपल्लव m. *Jonesia Asoka* Râǵan. 10,55.

*ताम्रपाकिन् m. *Thespesia populneoides.*

ताम्रपात्र n. *ein kupfernes Geschirr.*

ताम्रपात्रमय Adj. *aus kupfernen Geschirren gebildet* Hemâdri 1,413,18.

*ताम्रपादी f. *Cissus pedata.*

ताम्रपुष्प 1) Adj. etwa *aus Kupferblumen oder aus Kupferkalk bestehend.* — 2) *m. a) *Bauhinia variegata.* — b) *Kaempferia rotunda.* — 3) *f. ई a) *Bignonia suaveolens* Râǵan. 10,49. — b) *Grislea tomentosa* Râǵan. 6,211. — c) *Ipomoea Turpethum.*

*ताम्रपुष्पक 1) m. *Bauhinia variegata.* — 2) f. °ष्पिका a) *Bignonia suaveolens.* — b) *Grislea tomentosa.* — c) *Ipomoea Turpethum* Râǵan. 6,170.

*ताम्रफल m. *Alangium hexapetalum* Râǵan. 9,75.

*ताम्रबीज m. *Dolichos uniflorus* Râǵan. 16,64.

ताम्रमय Adj. (f. ई) *kupfern.*

*ताम्रमूला f. 1) *Rubia Munjista.* — 2) *Alhagi Maurorum* Dhanv. 1,6. — 3) *Mimosa pudica.*

*ताम्रमृग m. *eine Antilopenart.*

ताम्रमृष्टानुलेपिन् Adj. etwa *mit dunkelrothen Stoffen gesalbt* R. 2,83,17.

ताम्ररजस् n. *Kupferfeil* Káraka 6,23.

ताम्ररथ Adj. *einen dunkelrothen Wagen habend* Taitt. Âr. 1,12,4.

ताम्रसा f. N. pr. einer Tochter Raudrâçva's VP.[2] 4,129.

*ताम्रसायनी f. *ein best. milchsaftiger Strauch*, = ताम्रदुग्धी Râǵan. 5,143.

ताम्रलिप्त 1) m. a) Pl. N. pr. eines Volkes. — b) *ein Fürst dieses Volkes.* — 2) f. आ (?) und ई N. pr. der Hauptstadt dieses Volkes.

ताम्रलिप्तक 1) m. Pl. = ताम्रलिप्त 1) a). — 2) f. °प्तिका = ताम्रलिप्त 2).

ताम्रलिप्तर्षि m. N. pr. eines Fürsten Ind. St. 15,252

ताम्रवर्ण 1) Adj. *dunkelroth* Taitt. Âr. 1,12,4. Chr. 64,23. — 2) m. a) * *eine best. Grasart.* — b) N. pr. α) eines Sohnes des Kṛshṇa VP.² 2,129. — β) eines Theiles von Bhârata Varsha VP. 2,3,6. — 3) * f. आ *die chinesische Rose.* — 4) * f. ई *Sesamblüthe.*

*ताम्रवर्णक m. = ताम्रवर्ण 2) a).

ताम्रवल्ली f. 1) *Rubia Munjista* Bhâvapr. 6,183. — 2) * = सूक्ष्मवल्ली Râǵan. 3,110.

*ताम्रवृन्त m. 1) *Dolichos uniflorus.* — 2) *rothes Sandelholz.*

*ताम्रवृत्त 1) m. *Dolichos uniflorus.* — 2) f. आ *eine andere Species von Dolichos.*

ताम्रशाटीय m. Pl. *eine best. buddhistische Schule.*

ताम्रशासन n. *ein in Kupfer eingegrabenes Edict.*

*ताम्रशिखिन् m. *Hahn.*

ताम्रसागर m. N. pr. eines Mannes.

*ताम्रसार n. *rothes Sandelholz* Râǵan. 12,21.

*ताम्रसारक 1) m. *roth blühender* Khadira Râǵan. 8,26. — 2) n. *rothes Sandelholz* Râǵan. 12,21.

ताम्रसेन m. N. pr. eines Fürsten.

*ताम्राकु m. N. pr. eines Upadvipa.

ताम्राक्ष 1) Adj. (f. ई) *rothe Augen habend.* — 2) m. a) *Krähe.* — b) * *der indische Kuckuck.*

ताम्राख्य Adj. *nach dem Flusse* Tâmraparṇî *benannt, daher kommend* (Perlen).

*ताम्राभ n. *rothes Sandelholz.*

ताम्रायण oder °णि m. N. pr. eines Schülers des Jâǵńavalkja.

ताम्रायस n. *ein best. Gewicht.*

ताम्रारि m. Pl. N. pr. eines Volkes. Statt °गण liest eine Hdschr. मल्लारिगण VP.² 4,68.

ताम्रारुण 1) * m. *eine kupferrothe Morgenröthe.* — 2) f. आ N. pr. eines Flusses. — 3) n. N. pr. eines Tîrtha.

*ताम्रार्ध n. *Messing.*

ताम्रावती f. N. pr. eines Flusses.

ताम्राश्व Adj. *dunkelrothe Rosse habend* Taitt. Âr. 1,12,4.

ताम्रिक 1) Adj. *kupfern.* — 2) * m. *Kupferschmied.* — ताम्रिका f. s. u. ताम्रक.

*ताम्रिमन् m. *dunkle Röthe.*

ताम्री Adv. mit कर् *dunkelroth färben.*

ताम्रोपजीविन् m. *Kupferschmied.*

1. ताम्रोष्ठ m. Du. *rothe Lippen.*

2. ताम्रोष्ठ 1) Adj. *rothe Lippen habend.* — 2) m. N. pr. eines Jaksha.

*ताम्र्य n. *dunkele Röthe.*

ताय्, *तायते (संतानपालनयोः). — Mit वि *aus —, verbreiten* Bhaṭṭ. — Mit सम्, संताय्यमान *sich ausbreitend, — darauf legend.*

*ताय m. gaṇa वृषादि.

तायन n. *das von Statten Gehen, Gutanschlagen.*

तायादर Adj. von unbekannter Bed.

*तायिक m. Pl. N. pr. eines Volkes.

तायु m. *Dieb.*

तार 1) Adj. Subst. a) *überall durchdringend, Alles überwindend;* m. *Retter.* Bein. Rudra's und Vishṇu's. — b) *hoch, laut, laut tönend, gellend;* m. n. *ein hoher, lauter, gellender Ton.* तारम्, तारतरम् und तारतमम् Adv. — 2) Adj. a) *funkelnd, flimmernd* Spr. 1316. Megh. Sâh. D. 55,20. — b) * *good, excellent, well flavoured, etc.* — 3) m. a) *das Uebersetzen* in दुस्तार und सुतार. — b) *die heilige Silbe* ओम् oder *eine andere mystische Silbe in einem* Tantra. — c) * *Andropogon bicolor.* — d) Bein. Manirâma's. — e) N. pr. α) eines von Vishṇu erlegten Daitja. — β) eines Affen. — γ) Pl. einer Klasse von Göttern im 12ten Manvantara VP.² 3,27. — 4) m. (* f. आ und n.) *das reine Wasser einer Perle, eine Perle von reinem Wasser.* — 5) (* m. n.) f. आ a) *Sternbild, Fixstern.* Am Ende eines adj. Comp. f. आ. — b) *Augenstern.* — 6) * m. n. *Kampfer.* — 7) f. आ a) *ein best. Meteor, vielleicht eine Art Sternschnuppe.* — b) *eine best.* Siddhi *im* Sâṁkhja. — c) *ein best.* Râga *von sechs Tönen* S. S. S. 93. 99. — d) * *ein best. Parfum.* — e) *eine Form der* Dâkshâjaṇî. — f) *eine best.* Çakti. — g) N. pr. α) verschiedener Gottheiten. — β) einer Joginî Hemâdri 2,a,97,2. fgg. — γ) der Gattin Bṛhaspati's Harshaḱ. 218, 16. 24. — δ) der Gattin Amoghasiddha's. — ε) einer Aeffin. — 8) n. a) *Abstieg zum Wasser, Ufer.* — b) *Silber* Bhâvapr. 2,87.

तारक 1) Adj. (f. तारिका) a) *übersetzend, hinüberbringend über, erlösend aus, rettend* Ind. St. 14,380. 390. Auch als Beiw. Çiva's. ब्रह्मन् n. *ein best. Erlösung bringendes Gebet.* — b) oxyt. *den Sternen gehörig.* — 2) m. a) * *Steuermann.* — b) N. pr. eines von Indra mit Hülfe Skanda's besiegten Âditja (auch * eines Feindes des Vishṇu). Pl. *die Kinder des* Târaka. — 3) * m. n. *Floss, Boot.* — 4) f. तारका und n. a) *Stern.* Am Ende eines adj. Comp. f. आ. — b) *Augenstern.* Am Ende eines adj. Comp. f. आ. — c) * *Auge.* — 5) f. तारका a) *Meteor, Sternschnuppe.* — b) * *Koloquinthengurke* Râǵan. 3,57. — c) * = लघुवृन्दावन (?). — d) N. pr. α) der Gattin Bṛhaspati's VP. 4,6,9. — β) einer Tochter Sunda's. — 6) f. तारिका *Palmensaft.* — 7) n. *ein best. Metrum.*

*तारकजित् m. Bein. Skanda's.

तारकतीर्थ n. N. pr. eines Tîrtha.

तारकत्व n. Nom. abstr. zu तारक 1) a) und 4) a) (TBr. 1,5,2,5).

तारकद्वादशी f. *ein best. zwölfter Tag.*

*तारकवैरिन् (Gal.) und तारकसूदन (Prasannar. 72,5) m. Bein. Skanda's.

तारकाक्ष 1) Adj. *Sterne zu Augen habend.* — 2) m. N. pr. eines Daitja, eines Sohnes des Târaka.

तारकाख्य m. MBh. 8,1411 fehlerhaft für तारकाक्ष 2).

तारकान्तक m. Bein. Skanda's.

तारकामय 1) Adj. (in Verbindung mit einem Worte für *Kampf*) oder Subst. (mit Ergänzung eines solchen Wortes) *der Kampf der Götter mit den Ungöttern um* Târâ (die Gattin Bṛhaspati's, welche Soma geraubt hatte). — 2) als Beiw. Çiva's so v. a. *sternenvoll* nach Nîlak.

तारकामान n. *Sternmaass, Sternzeit.*

तारकायन m. Pl. N. pr. eines Geschlechts.

तारकाराज m. *der Mond* Kâd. 200,17. Harshaḱ. 137,15. 218,15.

*तारकारि m. Bein. Skanda's.

तारकासुरवध m. Titel eines Werkes Opp. Cat. 1.

*तारकिणी f. *Nacht* Râǵan. 21,44.

*तारकित Adj. *besternt* Naish. 4,49.

तारकेश्वर m. *der Mond* Harshaḱ. 91,16.

तारकोपदेशव्यवस्था f. Titel eines Werkes.

तारकोपनिषद् f. Titel einer Upanishad.

तारक्षिति (wohl f.) N. pr. eines Landes.

तारचन्द्रोदय m. Titel eines Werkes Bühler, Rep. No. 129.

तारज 1) Adj. *silbern* Hemâdri 1,302,14. 15. — 2) * *eine Art Schwefelkies.*

*तारटी f. = तारटी.

तारण 1) Adj. *glücklich hinüberbringend, errettend* (von Çiva und Vishṇu). — 2) * m. *Floss, Boot.* — 3) n. a) *das Hinübersetzen über, Durchschiffen, glückliches Hinübergelangen über, das Ueberwinden.* — b) *glückliches Hinüberbringen, das Erretten.* — c) Name eines Sâman. — d) *das 3te*

Jahr in 4ten Jupiter-Cyclus. — *e*) MBh. 14,2668 fehlerhaft für तारण. — तारणाम् Kathâs. 59,3 fehlerhaft für तारणाम्.

*तारणि f. *Boot, Schiff.*

तारणेय Adj. nach Nilak. *von einer Jungfrau geboren.* Diese Erklärung beruht auf einer falschen Auffassung von कुमारी Med. n. 50.

*तारतण्डुल m. *eine Art Sorghum.*

तारतम्य n. *Gradation, Abstand, grosse Verschiedenheit.* Instr. *je in verschiedenem Grade.*

तारतार n. *eine der acht* Siddhi *im* Sâmkhja.

*तारदी f. *eine best. Pflanze.*

तारदीर्घ Adj. *laut und lange anhaltend* (Ton) Kathâs. 101,57.

तारनाथ m. N. pr. eines Gelehrten am Anfange des 17ten Jahrh.

*तारपट्टक m. *eine Art Schwert* Gal.

तारपाल m. N. pr. eines Lexicographen.

*तारपुष्प m. *Jasmin.*

तारमाक्षिक n. *eine Art Schwefelkies* Râgan. 13,87. Bhâvapr. 1,257. 2,94.

तारमूल n. N. pr. einer Oertlichkeit.

तारयन्ती f. *eine der acht* Siddhi *im* Sâmkhja Tattvas. 41.

*तारयितर् Nom. ag. *Beförderer, Beschleuniger.*

*तारल Adj. *liederlich, wollüstig.*

तारल्य n. *Wankelmuth* Kâd. 2,29,14.

तारव Adj. (f. ई) *arboreus* Bâlar. 164,13.

तारवर्ष (wohl तारावर्ष) n. *Sternschnuppe* Ind. St. 1,41,2.

*तारविमला f. *ein best. Mineral.*

*तारशुद्धिकर (Râgan. 13,25) und *°कृत् (Gal.) n. *Blei.*

तारसार m. und °सारोपनिषद् f. (Opp. Cat. 1) Titel einer Upanishad.

*तारहेमाभ n. *ein best. Metall* Gal.

ताराकल्प m. und °लता f. Titel von Werken.

ताराक्ष m. N. pr. 1) eines Daitja, = तारकाक्ष. — 2) eines Oheims des Dhûmrâksha.

तारागण m. 1) *eine Menge von Sternen.* — 2) *eine mit Sternen verzierte Schabrake* (für Pferde und Elephanten) Hemâdri 1,589,19. 20. 632,11. 13.

तारागुरु m. Pl. Bez. *best. Autoren von* Mantra *bei den* Çâkta.

ताराग्रह m. *Planet* (im Gegensatz zu Sonne und Mond).

ताराचक्र n. *ein best. mystischer Kreis.*

ताराचन्द्र m. N. pr. verschiedener Männer.

ताराज् f. *ein best. Metrum.* Nach anderer, wohl richtigerer Trennung राज्.

तारातीर्थ n. N. pr. eines Tîrtha.

ताराधर्म m. N. pr. eines Fürsten.

ताराधिप und *°ति m. *der Mond.*

ताराधीश m. N. pr. eines Fürsten.

तारापञ्चाङ्ग Titel eines Werkes.

तारापति m. 1) *Herr der Sterne, der Mond* Ind. St. 9,31. — 2) *Gemahl der* Târâ, Bein. *a*) Bṛhaspati's. — *b*) Çiva's. — *c*) des Affen Vâlin (nicht Sugrîva). — 3) N. pr. eines Fürsten.

तारापथ 1) m. *a*) *der Himmelsraum* Bâlar. 253, 7. — 2) N. pr. eines Landes. कारापथ v. l.

तारापीड m. 1) *der Mond.* — 2) N. pr. verschiedener Fürsten.

तारापुर n. N. pr. einer *Stadt.*

तारापूजा f. Titel eines Werkes.

ताराप्रमाण n. *Sternenmaass, Sternzeit.*

*ताराभ m. *Quecksilber.*

ताराभक्तिसुधार्णव m. Titel eines Werkes Opp. Cat. 1. Richtig ताराभक्ति° Cat. Willmot.

*ताराभूषा f. *Nacht* Râgan. 21,44.

*तारार्भ m. *Kampfer.*

*तारामण्डल m. *ein Çiva-Tempel von best. Form oder Verzierung.*

तारामय Adj. (f. ई) *aus Sternen bestehend, Sterne bildend,* — *darstellend.*

तारामृग m. *das Mondhaus* Mṛgaçîrsha.

तारायण m. *Ficus religiosa* Lalit. 493,8. 499, 8. 514,18.

ताराराम m. *der Mond* Kâd. 2,133,7.

तारारहस्य n. Titel eines Werkes.

*तारारि m. *Schwefelkies.*

तारावती f. 1) *eine Form der* Durgâ. — 2) N. pr. verschiedener Fürstinnen.

तारावर्ष n. s. तारवर्ष.

तारावली 1) *eine Menge von Sternen.* — 2) *eine best. rhetorische Figur.* — 3) *eine best. musikalische Composition* S.S.S. 138. — 4) N. pr. verschiedener göttlicher und menschlicher Frauen.

तारावलोक m. N. pr. eines Fürsten.

ताराविलास m. und तारासहस्रनामस्तोत्र n. Titel zweier Werke.

तारिक (wohl n.) *Fährgeld.* — तारिका s. u. तारक.

तारिणीतन्त्र n. Titel eines Tantra.

तारितर् Nom. ag. von 1. तर् Caus. als Fut. *er wird erretten, erlösen* Hemâdri 1,483,16.

तारिन् 1) Adj. *glücklich hinüberbringend, errettend* (Beiw. der Durgâ). — 2) f. °णी *a*) *eine Form der* Durgâ. — *b*) *N. pr. einer buddh. Göttin.

*तारिष m. und *°षी f. fehlerhaft für ताविष, °षी.

*तार्क्ष्यायणि m. Patron. von तृक्ष्.

तार्क्ष्य m. desgl. Ait. Âr. 327,5. fgg.

*तार्क्ष्यायणी f. zu तार्क्ष्य.

*तारुण Adj. von तरुण.

तारुण्य n. (adj. Comp. f. आ) *Jugend, Jugendfrische* Harshak. 155,9.

तारेन्द्र m. N. pr. eines Fürsten.

तारेय m. Metron. des Affen Aṅgada.

*तार्कव Adj. von तर्कु.

तार्किक m. *ein Skeptiker, Dialektiker, Philosoph* überh. °चूडामणि und °शिरोमणि ehrender Beiname von *Philosophen.*

तार्किककारिका f. Titel eines Werkes.

तार्किकत्व n. *Skepsis, Philosophie* Prasannar. 6,19.

तार्किकरक्षा f. Titel eines Werkes. °लघुदीपिका f. desgl. Bühler, Rep. No 382.

तार्क्ष 1) m. *a*) *ein best. Vogel.* — *b*) *Vatica robusta* Suçr. 2,498,19. v. l. तार्क्ष्य. — *c*) Bein. α) Garuḍa's. — β) Kaçjapa's. — 2) *f. ई *eine best. Schlingpflanze* Râgan. 3,90. — Die richtige Form wird überall तार्क्ष्य sein.

तार्क्षक am Ende eines adj. Comp. *die Frucht der Vatica robusta* Karaka 1,27,50.

तार्क्षज n. fehlerhaft für तार्क्ष्यज.

तार्क्षपुत्र und तार्क्षसुत fehlerhaft für तार्क्ष्य°.

*तार्क्षाक m. Patron. von तृक्षाक.

तार्क्ष्य 1) m. *a*) N. pr. eines mythischen Wesens, welches in der älteren Zeit als *Ross*, später als *Vogel* aufgefasst wird. Vom Epos an = गरुड. Hier und da erscheint er als ein älterer Bruder Garuḍa's (als Vater Garuḍa's, d. i. Kaçjapa Bhâg. P. ed. Bomb. 6,6,2.21), als ein Jaksha (VP.² 2,285) und auch als Muni. Pl. *die Nachkommen* Târkshja's. — *b*) Bez. *des dem* Târkshja Arishṭanemi *zugeschriebenen Liedes* ṚV. 10,178. — *c*) *Pferd.* — *d*) *Wagen.* — *e*) *Vogel.* — *f*) *Schlange.* — *g*) *Vatica robusta* Suçr. 2,498,19, v. l. — *h*) *ein best. Gegengift.* — *i*) *Gold als m. !). — *k*) *नेत्राञ्चे केशे (?). — *l*) Pl. N. pr. eines Volkes. — 2) *f. तार्क्ष्यी *eine best. Schlingpflanze.* — 3) n. *eine Art Collyrium* Suçr. 2,69,13. — Vgl. तार्क्ष.

तार्क्ष्यज n. *eine Art Collyrium* Bhâvapr. 1,177.

*तार्क्ष्यध्वज m. Bein. Vishṇu's.

*तार्क्ष्यनायक und *तार्क्ष्यनाशक m. *eine Falkenart* Râgan. 19,85.

तार्क्ष्यपुत्र m. Patron. Garuḍa's Suparn. 30,1. Bhâg. P. ed. Bomb. 3,2,24. Suparṇa als Hymnendichter.

*तार्क्ष्यप्रसव m. *Vatica robusta* Râgan. 9,83.

तार्क्ष्यरत्न n. *ein best. dunkelfarbiger Edelstein.*

तार्क्ष्यरत्नमय Adj. *aus einem solchen Edelstein bestehend.*

तार्क्ष्यलक्षण m. Bein. Krshṇa's MBh. 12,43,8.

तार्क्ष्यशैल n. *eine Art Collyrium.*

तार्क्ष्यसामन् n. Name eines Sâman.

तार्क्ष्यसुत m. Patron. Garuḍa's Bhâg. P. ed. Bomb. 7,8,26.

*तार्क्ष्यायण 1) m. Patron. von तार्क्ष्य. °भक्त Adj. *von den T. bewohnt.* — 2) f. ई f. zu तार्क्ष्य.

तार्ण 1) Adj. a) *aus Gras gemacht.* — b) **von Gras erhoben* (Abgabe). — 2) *m. Patron. von तृण; f. ई.

*तार्णक Adj. zu तृणकीया.

*तार्णकर्णि m. Patron. von तृणकर्ण. f. °कर्णी in °पुत्र.

*तार्णबिन्दवीय Adj. von तृणबिन्दु.

*तार्णायन m. Patron. von तृण.

तार्तीय 1) Adj. *zum Dritten gehörig.* — b) *der dritte.* — 2) n. *Drittel.*

तार्तीयिक Adj. *zum Dritten gehörig, im dritten* (Kâṇḍa) *erwähnt.*

तार्तीयसवन Adj. *zum dritten* Savana *gehörig.*

तार्तीयसवनिक Adj. (f. ई) dass. Âpast. Çr. 14,19.

तार्तीयाह्निक Adj. *zum dritten Tage gehörig.*

तार्तीयिक (?) Ind. St. 2,248.

तार्तीयीक Adj. *der dritte.* Nom. abstr. °ता f. Naish. 3,136.

तार्प्य und तार्प्यं (AV.) n. *ein aus einem best. Pflanzenstoffe gewebtes Gewand.*

तार्य 1) Adj. a) *transeundus, zu passiren.* — b) *zu überwinden, mit dem man leicht fertig wird.* — 2) n. *Fährgeld.*

तार्ष्टाघ 1) m. *ein best. Baum.* — 2) Adj. (f. ई) *von diesem Baume kommend.*

ताल 1) m. a) *Weinpalme, Borassus flabelliformis.* Sieben *Weinpalmen* mit einem Schusse zu durchbohren gilt für eine grosse That R. 1,1,64. Agni-P. 8,2. Häufig als *Höhenmaass* und als *Banner* erwähnt. — b) *Geklatsch* (insbes. der Ohren des Elephanten), *Händegeklatsch.* — c) *Tact.* °शील Adj. *den Tact zu schlagen pflegend* Gaut. — d) *Tanz.* — e) **Cymbel.* — f) *Trochäus.* — g) *die Spanne des Daumens und Mittelfingers* Hemâdri 1,121,7. 369,20. 370,1. — h) **Handfläche.* — i) *Thürschloss, Riegel.* — k) **der Griff eines Schwertes.* — l) **Goldschmied* Gal. — m) Bein. Çiva's. — n) Pl. N. pr. eines Volkes. — 2) m. n. a) **Auripigment.* — b) *eine best. Hölle* VP. 2,6,2. 10. — 3) f. ई a) *ein best. Baum.* Nach den Lexicographen *Corypha Taliera, C. umbraculifera, Flacourtia cataphracta* (Râǵan. 3,110) und *Curculigo orchioides.* — b) *Palmwein.* — c) *Händegeklatsch* Viddh. 42,3. — d) **eine best. Erdart.* — e) **eine Art Schlüssel.* — f) *ein best. Metrum.* — 4) n. a) *die Nuss der Weinpalme.* °पतन n. Ind. St. 13,486. — b) Bez. *des Thrones der* Durgâ. — 5) Adj. (*f. ई) *aus der Weinpalme bereitet.*

तालक 1) m. a) *ein best. giftiges Insect.* — b) N. pr. eines Lehrers. — 2) f. तालिका a) *Händegeklatsch.* — b) *Handfläche.* — c) wohl *ein Zeichen mit der Hand* Bâlar. 80,22. — d) **Curculigo orchioides.* — e) *= ताम्रवल्ली Râǵan. 3,110. — 3) *f. तालकी *Palmwein.* — 4) n. a) *Auripigment* Râǵan. 13,68. Bhâvapr. 2,87. 105. — b) *eine best. Erdart.* c) **Thürschloss.* — d) **eine Art Schmuck.*

*तालकाभ Adj. *grün.*

तालकेतु m. 1) Bein. a) Bhîshma's. — b) Balarâma's VP. 4,1,37. — 2) N. pr. a) eines von Krshṇa erlegten Gegners. — b) eines Dânava.

तालकेश्वर m. *eine best. Salbe gegen Hautkrankheiten* Bhâvapr. 6,36; vgl. Mat. med. 43.

*तालक्षीर und *°क n. *Tabaschir* Râǵan. 6,182.

तालगर्भ *Palmwein.*

तालङ्की (= ताडङ्की) Adv. mit कर् *zu einem Ohrschmuck machen* Kâd. 241,17.

तालचर m. Pl. N. pr. eines Volkes.

तालज 1) Adj. *von der Weinpalme kommend* Suçr. 1,213,1. Bhâvapr. 1,242. — 2) *n. *Palmwein.*

तालजङ्घ 1) a) *Weinpalmen gleiche*—, d. i. *sehr lange Beine habend* R. 5,12,35. — b) *zum Stamme der* Tâlaǵangha *gehörig.* — 2) m. a) *ein* Rakshas Varâh. Jogaj. 3,21. — b) N. pr. α) Pl. eines Kriegerstammes 105,23. — β) des angeblichen Ahnherrn von 2) b) α). — γ) eines Rakshas. — δ) eines Daitja Hariv. 3,47,11. — ε) eines Fürsten der Kobolde. — c) *ein Fürst der* Tâlaǵanghâ 2) b) α).

*तालजटा f. *die unter der äusseren Rinde liegenden Fibern der Weinpalme.*

*तालती f. *Palmwein.*

तालद्रुम m. *Weinpalme* Râǵan. 9,86. Spr. 7630.

तालध्वज 1) m. a) Bein. Balarâma's. — b) N. pr. eines Berges. — 2) f. आ N. pr. einer Stadt. — 3) f. ई N. pr. eines Flusses.

तालन n. *das Klatschen mit den Händen* Âpast.

तालनवमी f. *der 9te Tag in der lichten Hälfte des* Bhâdra.

1. तालपत्त्र n. 1) *das Blatt der Weinpalme.* — 2) *eine Art Ohrschmuck* Kâd. 21,22 (mit Anspielung auf 1).

2. तालपत्त्र 1) **Trigonella foenum graecum.* — 2) f. ई *eine best. Pflanze.* Nach den Lexicographen *Salvinia cucullata, Anethum graveolens* und *Curculigo orchioides.*

*तालपर्णी 1) n. f. (ई) *ein best. Parfum.* — 2) f. ई *Anethum graveolens.*

*तालपुष्पक n. *eine best. Pflanze.*

तालप्रलम्ब m. = तालजटा.

तालप्रस्तार m. Titel eines Werkes Opp. Cat. 1.

तालफल n. *die Nuss der Weinpalme* 187,17.

*तालमर्दक und *°मर्दल m. *Cymbel.*

तालमूलिका und *°मूली f. *Curculigo orchioides.*

तालयन्त्र n. 1) Bez. *best. chirurgischer Instrumente, Zange, Pincette.* — 2) **Schloss, Schloss und Schlüssel.*

*तालरेचनक m. *Tänzer.*

*काललक्ष्मन् m. Bein. Balarâma's.

तालवन 1) n. *ein Wald von Weinpalmen.* — 2) m. Pl. N. pr. eines Volkes.

तालवली f. *eine best. musikalische Composition* S. S. S. 121.

तालवाद्य n. *Händegeklatsch* Kathâs. 25,136.

तालवृन्त 1) n. *ein als Fächer gebrauchtes Palmblatt, Fächer* überh. — 2) m. *eine best.* Soma-*Pflanze.*

*तालवृन्तक n. = तालवृन्त 1).

तालवृन्तनिवासिन् m. N. pr. eines Scholiasten.

तालवृन्ती Adv. mit भू *zu einem Fächer werden* Bâlar. 59,14.

*तालवेचनक = तालरेचन.

तालव्य Adj. *den Gaumen betreffend, palatal* (Laut).

तालशब्द m. 1) *das durch herabfallende Palmnüsse hervorgebrachte Geräusch.* — 2) *Händegeklatsch.*

तालस्वन m. *Händegeklatsch* Hariv. 3715.

तालाक (तालक?) m. *Riegel* Verz. d. B. H. 337.

तालाकट N. pr. eines Landes.

*तालाख्या f. *ein best. Parfum.*

*तालाङ्क m. 1) Bein. a) Balarâma's. — b) Çiva's. — 2) *ein Mann mit Grosses verkündenden Zeichen.* — 3) *Buch.* — 4) *Säge.* — 5) *ein best. Gemüse.*

*तालाङ्ग m. *Cyprinus Rohita.*

तालापचर m. *Tänzer, Schauspieler* R. 2,3,17. = तालजीविन् Com.

तालार्धचरण n. fehlerhaft für तालावचरण.

तालावचर und °ण m. *Tänzer, Schauspieler.*

*तालि f. 1) *Corypha Taliera.* — 2) *Flacourtia cataphracta.*

तालिक m. 1) *Handfläche. — 2) Deckel—, Umschlag einer Handschrift. — 3) N. pr. eines Lehrers. — 4) Pankat. II, 137 fehlerhaft für तालिका (s. u. तालक) Händegeklatsch.

तालिकट m. Pl. N. pr. eines Volkes Varâh. Bṛh. S. 14,11.

*तालित n. 1) = तुलितपट (dyed or coloured cloth Wilson). — 2) Schnur. — 3) ein musikalisches Instrument.

तालितनगर n. N. pr. einer Stadt.

तालिन् 1) Adj. mit Cymbeln versehen (Çiva).— 2) *m. Pl. die Schüler des Tala.

*तालिश m. Berg.

1. ताली f. s. u. ताल.

2.*ताली Adv. gaṇa ऊर्यादि.

तालीपट्ट und तालीपुट (= ताडी°) eine Art Ohrschmuck Kâd. 211,12. 110,15.

तालीपत्त्र n. 1) das Blatt der Tâlî. — 2) * = तालीशपत्त्र Râǵan. 6,185.

तालीपुट s. u. तालीपट्ट.

तालीयक Cymbel.

*तालीरसज m. Zucker aus Palmensaft Gal.

तालीश 1) m. Flacourtia cataphracta. — 2) *n. = तालीशपत्त्र Râǵan. 6,185.

*तालीशक = तालीश 1).

तालीशपत्त्र n. 1) das Blatt der Flacourtia cataphracta. — 2) * = तालीपत्त्र und तालीश Râǵan. 6,185. Pinus Webbiana Mat. med. 245.

तालु n. (m. ausnahmsweise) Gaumen.

तालुक 1) n. a) Gaumen. Am Ende eines adj. Comp. (f. आ) Hemâdri 1,681,16. — b) *eine Gaumenkrankheit. — 2) f. आ a) Du. die zwei den Gaumen durchziehenden Arterien. — b) *Gaumen.

*तालुकपटक eine best. Gaumenkrankheit der Kinder.

*तालुद्य m. Patron. von तलुक्त.

*तालुद्यायणी f. zu तालुद्य.

तालुगलप्रशोष m. krankhafte Trockenheit des Gaumens und der Kehle Suçr. 1,288,19.

*तालुजिह्व m. 1) Krokodil. — 2) das Zäpfchen im Halse (m.!).

तालुजिह्विका f. N. pr. einer Joginî Hemâdri 2,a,98,2. 4.

*तालुन Adj. von तलुन.

*तालुनाश m. Kamel Gal.

तालुपाक m. Eiterbildung am Gaumen.

*तालुपात m. das Einfallen des Gaumens (eine best. Kinderkrankheit).

*तालुपीडक eine best. Gaumenkrankheit der Kinder.

तालुपुप्पुट m. Anschwellung des Gaumens.

*तालुर m. = तालूर.

तालुविद्रधी f. Anschwellung des Gaumens Karaka 6,17.

तालुविशोषण n. das Trockenwerden des Gaumens (von vielem Reden).

तालुशोष m. krankhafte Trockenheit des Gaumens.

तालुस्थान Adj. palatal (Laut).

तालूर m. Strudel. Nur im Prâkrit belegt.

तालूषक Gaumen.

तालोद्घाटिनी f. die Zauberkunst —, ein Zauberspruch Riegel zu eröffnen Hem. Par. 2,173. 182.

तालोपनिषद् f. Titel einer Upanishad.

तात्प Adj. im Ehebett gezeugt.

ताव् mit वि in वितावति AV. vielleicht fehlerhaft für °धावति.

तावक Adj. (f. ई) dein Spr. 7714.

तावकीन Adj. dass.

तावच्छत Adj. (f. ई) eben so viele Hunderte umfassend M. 1,69. MBh. 3,188,23. Hariv. 511. 11309.

तावच्छस् Adv. so vielfach.

तावज्ज्योक् Adv. so lange 29,24.

*तावतिक Adj. für soviel gekauft, soviel werth u. s. w.

तावत्कालम् Adv. so lange 155,14.

तावत्कृत्वस् Adv. so viele Male. Mit कर् zum Quadrat erheben. तावत्कृत्वस् Çat. Br. 9,1,2,41.

तावत्तात् (तावत् Acc. n. + तात्) so viel gerade Maitr. S. 3,8,3 (mit Gen.).

तावत्प्रिय Adj. in dem Maasse lieb Maitr. S. 1,6,3.

तावत्फल Adj. gerade so vielen Gewinn (Lohn) bringend Çâk. 137.

तावत्सूत्र n. Sg. so viele Fäden Jâǵn. 2,103.

तावद्गुण Adj. so viele गुण 1) m) habend M. 1,20.

तावद्गुणित Adj. zum Quadrat erhoben.

*तावद्द्वयस Adj. so gross, so viel u. s. w.

तावद्धा Adv. in der —, in solcher Anzahl Bâlar. 273,10.

तावद्वर्ष Adj. eben so alt Lâṭj. 9,12,12.

तावद्वीर्यवत्त् Adj. eben so wirksam Çat. Br. 1,2,3,7.

तावत् 1) Adj. a) so gross, so weit reichend, so lange dauernd, so viel, eben so viel, in der Anzahl. In Correlation mit यावत्त् und ausnahmsweise mit य und यथोक्त. — b) in der Algebra (allein oder mit यावत्त् verbunden) eine unbekannte Grösse. — 2) तावत् Acc. Adv. a) in Correlation mit यावत् α) so weit, so sehr, so viel, in solcher Menge, — Anzahl. यावद्यावत् — तावत्तावत् in dem Maasse wie — in dem Maasse 28,7. — β) so lange, während dessen, in der Zeit, da (entsprechend einem in dem Augenblick als). — γ) = 2) b). — b) in Correlation mit यावत् und einer Negation (न oder ein prädicatives Adj. mit अ priv.) so lange, während dessen, in der Zeit, bis dahin (entsprechend einem so lange nicht, bevor bis) 33,12. Zum Ueberfluss kann dem यावत् ein पुरा vorangehen und dem तावत् ein चिरम् folgen. — c) in Correlation mit यावता न = 2) b). — d) in Correlation mit पुरा = 2) b) R. 1, 28,21. — e) mittlerweile, inzwischen 117,10. — f) zuvörderst, zunächst, zuvor. Es folgt ततस्, तदनु, पश्चात्, अनन्तरम् (152,22), इदानीम्, अपरम्, तु, पुनर्, अपि, च, उत oder वा. तावत् — च auch so v. a. kaum — so. Sehr häufig mit einem Imper. als Aufforderung zu dem, was zunächst zu thun ist (mit hinzugefügtem प्राक् 136,17). Statt des Imper. auch Potent. (selten) und eine 1te Pers. Praes. oder Fut. (ich will zunächst, — zuvörderst). अर्हसि mit einem Infin. = Imper. Nicht selten ist ein Imper. zu ergänzen. — g) mit einer Negation (न oder ein Adj. mit अ priv.) noch nicht. न तावत् — यावत् noch nicht — während. तावन्न — अपि न nicht nur nicht — sondern auch nicht Kâd. 2,55,19. — h) wohl, allerdings. — i) schon, sogar (gegenüber einem wie viel mehr oder wie viel weniger) Kâd. 2,58,14. — k) genug! schon gut! Harshak. 187,5. — l) hebt wie एव einen Begriff mit Nachdruck hervor (148, 14. Spr. 4435) und ist bisweilen mit jener Partikel verbunden. — m) मा तावत् als Ausruf so v. a. ja —, um des Himmels Willen nicht. — 3) Instr. तावता a) in demselben Umfange, eben so weit, — tief. — b) in der Zeit, inzwischen, unterdessen. — 4) Loc. तावति a) so weit. — b) so lange, in der Zeit.

तावन्मात्र Adj. (f. ई) so viel. Loc. in eben solcher Entfernung.

तावन्मान Adj. von dem Maasse, — Gewicht TS. 2,3,11,5.

*तावर n. Bogensehne.

*ताविष 1) m. a) Meer. — b) Himmel. — c) Gold. — 2) f. ई = तविषी.

*तावीष 1) m. a) Meer. — b) Himmel. — b) Gold. — 2) f. ई N. pr. einer Tochter a) Indra's. — b) des Mondes.

तावुर, °रि und °रू m. ταῦρος, der Stier im Thierkreise.

तासीर astr. = तसीर.

तासून 1) m. eine Art Hanf Comm. zu Gobh. 2, 10,10. — 2) Adj. (f. ई) hänfen Gobh. 2,10,10, v. l.

तास्कर्य n. Raub, Diebstahl.

तास्पन्द्र 1) m. N. pr. eines Ṛshi Ârsh. Br. —

2) n. Name zweier Sâman ebend.

तास्यिन्द्र n. Name zweier Sâman Ârsh. Br.

तास्यन्द्र v. l. für तास्पन्द्र Ârsh. Br.

तास्विन्द्र n. v. l. für तास्पिन्द्र Ârsh. Br.

1. ति (!), तिनाति mit सम् *zerquetschen, zerdrücken* Mantrabr. 2,7,2. Vgl. तिक्, तिक्नोति und तिग्, तिग्नोति.

2. ति = इति nach कौ *welche?*

*तिक्, तेकते (गतौ), तिक्नोति (ग्रास्कन्दने, गतौ, जिघांसायाम्, हिंसायाम् oder वधे, ग्राह्वाने).

तिक m. N. pr. eines Mannes. °कितवाः *die Nachkommen des* Tika *und* Kitava.

*तिकीय Adj. von तिक.

तिक्त 1) Adj. (f. ग्रा) *a) bitter.* — *b) wohlriechend* Megh. — 2) *m. *Wrightia antidysenterica, Capparis trifoliata, Agathotes Chirayta, Melia Azadirachta, Terminalia Catappa* und *eine bittere Gurkenart.* — 3) f. ग्रा *Artemisia sternutatoria, Helleborus niger, Clypea hernandifolia, Wassermelone* und = यवतिक्ता. Zu belegen, aber nicht näher zu bestimmen. — 4) *n. *a) eine best. Arzeneipflanze.* — *b) eine Art Salz.*

तिक्तक 1) Adj. *bitter*; n. *etwas bitter Schmeckendes.* — 2) m. *Terminalia Catappa*, **Trichosanthes dioeca*, **Agathotes Chirayta* und **eine* Khadira-*Art.* — 3) *f. तिक्तका *Cardiospermum Halicacabum, eine wilde Gurkenart* und = काङ्गवल्ली. — 4) f. तिक्तिका *eine wilde Gurkenart.*

*तिक्तकन्दका und *°कन्दिका f. *Curcuma Zedoaria.*

*तिक्तगन्धा f. 1) *Senf.* — 2) *Lycopodium imbricatum* (?).

*तिक्तगुञ्जा f. *Pongamia glabra.*

तिक्तघृत n. *eine best. Zubereitung von Ghee mit bittern Pflanzenstoffen.*

*तिक्ततण्डुला f. *langer Pfeffer* Râgan. 6,11.

*तिक्ततुण्डी f. *eine best. Pflanze* Râgan. 3,52.

*तिक्ततुम्बी f. *eine wilde Gurkenart.*

*तिक्तदुग्धा f. *Odina pinnata*, = तोरिणी und स्वर्णक्षीरी Râgan. 9,32.

*तिक्तधातु m. *Galle* Râgan. 21,5.

*तिक्तपत्त्र m. *Momordica mixta.*

*तिक्तपर्वन् f. *Cocculus cordifolius, Hingcha repens, Panicum Dactylon* und *Süssholz.*

*तिक्तपुष्पा f. *Clypea hernandifolia* (Râgan. 6,122) und *Bignonia suaveolens.*

*तिक्तफल 1) m. *Strychnos potatorum.* — 2) f. ग्रा *Wassermelone*, = यवतिक्ता und वार्ताकी.

*तिक्तबीजा f. *eine wilde Gurkenart* Râgan. 3,42.

*तिक्तभद्रक m. *Trichosanthes dioeca.*

*तिक्तमरिच m. *Strychnos potatorum* Râgan. 11,201.

*तिक्तयवा f. *Andrographis paniculata* Râgan. 3,65.

*तिक्तरोहिणिका und °रोहिणी f. *Helleborus niger* Râgan. 6,132.

*तिक्तवल्ली f. *Sanseviera Roxburghiana.*

तिक्तशाक 1) n. *ein bitteres oder wohlriechendes Küchengewächs.* — 2) *m. *Capparis trifoliata* (Râgan. 9,143), *Acacia Catechu* und = पत्त्रसुन्दर.

*तिक्तसार 1) m. *Acacia Catechu.* — 2) n. *ein best. wohlriechendes Gras* Râgan. 8,101.

*तिक्ताख्या f. *eine best. Pflanze* Râgan. 3,52.

*तिक्ताङ्गा f. *eine best. Schlingpflanze* Râgan. im ÇKDr. Hdschr. 3,90 und Nigh. Pr. विक्रान्ता.

*तिक्तामृता f. *Menispermum glabrum.*

तिक्ताय्, °यते *bitter schmecken.*

तिक्तायन Adj. (f. ई) *die Schärfe* (*den Strahl*) *des Feuers erlangend.*

तिक्तास्य Adj. *einen bitteren Geschmack im Munde habend.* Nom.abstr. °ता f. Çârṅg. Saṁh. 1,7,71.

*तिग्, तिग्नोति = तिक्, तिक्नोति.

तिगल (?) m. N. pr. eines Mannes.

तिगित Adj. *scharf, spitzig.*

तिग्म 1) Adj. *a) scharf, spitzig.* — *b) stechend, heiss, glühend.* — *c) scharf,* so v. a. *heftig, intensiv.* — 2) m. *a)* *Indra's *Donnerkeil.* — *b)* N. pr. eines Fürsten. — *c)* Pl. *Bez. der* Çûdra *in* Krauṅkadvîpa VP. 2,4,53. तिष्य v.l. — 3) *n. *Glut.*

तिग्मकर m. 1) *die Sonne.* — 2) *Bez. der Zahl zwölf* Lîlâv. 194.

तिग्मकेतु m. N. pr. eines Sohnes des Vatsara.

तिग्मग Adj. *hinschiessend* (Pfeil, Schlange).

तिग्मगति Adj. *scharf—, grausam zu Werke gehend* Bhâg. P. 4,10,28.

तिग्मगु Adj. *heissstrahlig.*

तिग्मजम्भ Adj. *ein scharfes Gebiss habend.*

तिग्मता f. *Schärfe.*

तिग्मतेजन Adj. *scharfspitzig* (Pfeil) MBh. 6,72,26.

तिग्मतेजस् 1) Adj. *a) scharfschneidig, — spitzig.* — *b) heftig, ungestüm, energisch* 57,23. — 2) m. *die Sonne* Kathâs. 29,121.

तिग्मदीधिति m. *die Sonne* Kâd. 2,22,21.

तिग्मधार Adj. *scharfschneidig* (Pfeil) MBh. 7,47,15.

तिग्मनेमि Adj. *mit scharfer Felge* Bhâg. P. 10,57,21.

तिग्मभृष्टि Adj. *scharfzackig.*

तिग्ममन्यु Adj. *heftig zürnend* (Çiva) MBh. 13,17,47.

तिग्ममयूखमालिन् m. *die Sonne* Varâh. Jogaj. 4,7.

तिग्ममूर्धन् Adj. *mit scharfen Spitzen versehen.*

तिग्मयातन Adj. *mit heftigen Qualen verbunden.*

तिग्मरश्मि m. *die Sonne* Varâh. Jogaj. 4,11.

*तिग्मरुच् 1) Adj. *a) heiss.* — *b) glänzend.* — 2) m. *die Sonne.*

तिग्मरुचि m. *die Sonne* Ganit. Pratjabd. 13.

तिग्मरोचिस् m. dass. Prasannar. 82,5.

तिग्मवत्त Adj. *das Wort* तिग्म *enthaltend.*

तिग्मवीर्य Adj. (f. ग्रा) *heftig, stark, intensiv* 53,20. MBh. 3,171,5.

तिग्मवेग Adj. (f. ग्रा) dass.

तिग्मशृङ्ग Adj. *spitze Hörner habend.*

तिग्मशोचिस् Adj. *scharfstrahlend.*

तिग्महेति Adj. *scharfes Geschoss führend, — bildend.*

तिग्मांशु m. 1) *die Sonne.* — 2) *Feuer* 81,3. 23. — 3) Bein. Çiva's.

तिग्मात्मन् m. N. pr. eines Fürsten.

तिग्मानीक Adj. *scharfe Spitzen habend.*

तिग्मायुध Adj. *scharfe Waffen führend, — bildend.*

तिग्मेषु Adj. *scharfe Pfeile führend.*

*तिघ्, तिघ्नोति (घातने).

तिङ् *eine Personalendung* 226,26.

तिङन्तकाण्डशेष n., तिङन्तकौमुदी f., तिङन्तमञ्जरी f., तिङन्तविचार m., तिङन्तशिरोमणि m., तिङन्तशेषसंग्रह m. und तिङन्तसंग्रह m. Titel von Werken Opp. Cat. 1.

*तिङ्वाक्तचय m. *Redesatz* Gal.

तिज्, (*तेजति) तेजते 1) *scharf sein, — werden.* — 2) *schärfen.* — Caus. तेजयति 1) *schärfen.* तेजित *geschärft, zugespitzt.* — 2) *anstacheln, anregen.* — 3) °तेजित *reich gesegnet mit, voller* Lalit. 115,19. 257,6. — Desid. तितिक्षते (metrisch auch Act.) (*sich scharf zu machen suchen gegen*) *mit Muth und Ausdauer tragen, aushalten.* *तितिक्षित *geduldig.* — Intens. तेतिक्ते, तेतिज्ञान 1) *schärfen.* — 2) *scharf sein, — werden.* — Mit उद् Caus. *aufstacheln, anfeuern.* — Mit नि, नितिक्त *concitatus.* — Mit प्रति *mit der Hitze* (des Feuers) *sich wenden gegen* (Acc.). प्रति तिग्धि und तितिग्धि Maitr. S. 1,5,2 (Kap. S. 4,8). Statt dessen प्रति तित्यग्धि (!) Kâth. 6,9 und प्रति तिड्ढि (!) Âpast. Çr. 6,21,1. — Mit सम् Caus. *aufstacheln, anfeuern, stark reizen* Bâlar. 146,9.

*तिज्जिल m. 1) *der Mond.* — 2) *ein* Rakshas.

*तिटिभ *eine best. hohe Zahl* (buddh.).

तिटिलम्भ n. desgl. Lalit. 168,18.

तिणिश m. = तिनिश.

*तिण्टी f. *Ipomoea Turpethum.*

तितउ (*m. n.) 1) *Sieb oder Getreideschwinge.* — 2) **Sonnenschirm.*

*तितनिषु Adj. *auszubreiten—, zu vermehren ver-*

langend.

तितिन 1) *m. N. pr. eines Mannes. — 2) f. आ a) geduldiges Ertragen —, Aushalten von (im Comp. vorangehend), Ausdauer, Geduld 236,1.15. — b) personificirt als Tochter Daksha's.

तितिनु 1) Adj. geduldig tragend, aushaltend (mit Acc.), geduldig. — 2) m. N. pr. eines Sohnes des Mahâmanas.

*तितिभ m. Coccinelle.

*तितारि m. Rebhuhn.

*तितिल n. 1) Sesamkuchen. — 2) das vierte 2. करण 4) n). — 3) a bowl or bucket.

तितीर्षा f. das Verlangen hinüberzukommen über (im Comp. vorangehend).

तितीर्षु Adj. überzusetzen —, hinüberzugelangen verlangend; mit Acc. oder am Ende eines Comp.

*तितील m. Fledermaus.

*तित्तिड und *तित्तिडीक fehlerhaft für तिन्तिड und तिन्तिडीक.

तित्तिरि m. 1) Rebhuhn Maitr. S. 3,14,17. Chr. 101,25. — 2) Pl. N. pr. eines Volkes. °रा अश्वाः.

*तित्तिरवह्लर m. eine Art Schwert Gal.

तित्तिराङ्ग n. eine Art Stahl.

तित्तिरि und तित्तिरि 1) m. a) Rebhuhn. Nom. abstr. तित्तिरित्व n. — b) eine best. Gangart S. S. S. 253. — c) *die Schule der Taittirîja. — d) N. pr. α) eines alten Lehrers. — β) eines Schlangendämons. — 2) *f. ई das Weibchen des Rebhuhns.

तित्तिरिक m. Rebhuhn.

तित्तिरीक Suçr. 2,425,6 fehlerhaft für तिन्तिडीक.

*तित्तिरीफल n. Croton Tiglium Râgan. 6,165.

*तिथ m. 1) Feuer. — 2) Liebe. — 3) Zeit. — 4) Herbst.

तिथि m. f. 1) ein lunarer Tag. Auch तिथी f. — 2) Bez. der Zahl fünfzehn.

तिथिक्षय m. 1) die Berührung dreier solarer Tage mit einem lunaren. — 2) Pl. = श्रवम 3). — 3) *der Neumondstag.

तिथिचक्र n. (Opp. Cat. 1), तिथिचन्द्रिका f. (ebend.), तिथिचिन्तामणि m. und तिथितत्त्व n. Titel von Werken.

तिथिदेवता f. die Gottheit eines lunaren Tages Mân. Gṛhj. 1,13. 2,2.

तिथिद्वैधप्रकरण n., तिथिनिर्णय m. (Opp. Cat. 1), °निर्णयसंक्षेप m. und °निर्णयसार Titel von Werken.

तिथिपति m. der Regent eines lunaren Tages.

*तिथिपत्री f. Almanach, Kalender.

*तिथिप्रणी m. der Mond.

तिथिप्रलय m. Pl. = श्रवम 3) Ârjabh. 3,6.

तिथिभादानिक Adj. Weber, Gjot. 74.

तिथिभूषण n., तिथिरत्न n., °माला f., तिथिविवेक m., तिथिसंग्रह m., तिथिसारणिका f., तिथिमारिणी f. und तिथीन्दुशेखर m. Titel von Werken.

तिथीश m. = तिथिपति.

तिथ्यर्क m. Titel eines Werkes.

तिथ्यर्थप्रकाश m. Titel eines Werkes.

तिथ्यर्ध m. n. = 2. करण 4) n).

तिथ्यादिचन्द्रिका f. und तिथ्यादिभास्वती f. Titel von Werken.

*तिनाशक m. = तिनिश.

*तिनिका f. Holcus Sorghum.

तिनिश m. Dalbergia ougeinensis.

तिन्तिड 1) *m. a) die indische Tamarinde. — b) eine saure Brühe, insbes. aus der Tamarindenfrucht. — c) N. pr. eines Daitja. — d) = कालदास. — 2) f. ई a) die indische Tamarinde. — b) *= 1) b). — c) *= डिम्ब.

तिन्तिडिका f. die indische Tamarinde. °फल n. Karaka 1,27.

तिन्तिडीक 1) m. (*f. आ) die indische Tamarinde. — 2) n. a) die Frucht der indischen Tamarinde. — b) *eine saure Brühe, insbes. von der Tamarindenfrucht.

*तिन्तिडीद्यूत n. ein best. Spiel mit Tamarindensamen.

तिन्तिडीफल n. die sauren Schalen der Frucht einer Garcinia Rasendrak. 107. Râgan. 6,125.

*तिन्तिलिका, *तिन्तिली und तिन्तिलीका f. die indische Tamarinde. तिन्तिनीक n. d. i. °लीक die Frucht Karaka 1,26.

*तिन्दिनी f. Diospyros embryopteris Gal.

*तिन्दिश m. eine best. Pflanze Madanav. 76,32.

*तिन्दु m. 1) Diospyros embryopteris. — 2) Strychnos nux vomica.

तिन्दुक 1) m. f. (ई) Diospyros embryopteris. — 2) *m. Strychnos nux vomica. — 3) n. a) die Frucht von Diospyros embryopteris. — b) ein best. Gewicht, = कर्ष सुवर्ण Karaka 7,12.

*तिन्दुकी f. = तिन्दुक 1).

*तिन्दुकिनी f. die Sennapflanze Râgan. 3,123.

तिन्दुबिल्व n. N. pr. einer Stadt.

*तिन्दुल m. = तिन्दुक 1).

*तिप्, तेपते (तरण).

तिप्य m. N. pr. eines Mannes.

तिम्, तिम्यति 1) still werden. तिमित still, unbeweglich. — 2) *nass werden. तिमित durchnässt, nass.

*तिम m. = तिमि 1) a).

तिमि 1) m. a) ein best. grosser Seefisch, ein grosser Raubfisch überh.; auch wohl Walfisch. — b) Fisch überh. — c) die Fische im Thierkreise Sârâvalî. Auch °युग n. Mândavya bei Utpala. — d) eine Fischfigur, die sich beim Schneiden einer Linie durch eine andere in zwei gleiche Theile und unter rechten Winkeln darstellt. — e) *das Meer. — f) N. pr. eines Sohnes des Dûrva. — 2) f. a) तिमि N. pr. einer Tochter Daksha's. — b) *तिमी Fisch.

*तिमिकोश m. das Meer.

तिमिघातिन् m. Fischer.

तिमिंगल m. = तिमिंगिल 1) Ind. St. 14,106 wohl fehlerhaft.

तिमिंगिर m. N. pr. eines Schlangendämons Kâraṇḍ. 2,10.

तिमिंगिल m. 1) ein grosses fabelhaftes Seeungeheuer. — 2) Pl. N. pr. eines Volkes; vgl. तिमिंगिलाशन. — 3) N. pr. eines Fürsten oder ein Fürst der Timiṅgila.

तिमिंगिलगिल m. ein fabelhaftes grosses Seeungeheuer, das den Timiṅgila verschlingt. Bâlar. 196,13.

तिमिंगिलाशन m. Pl. N. pr. eines Volkes Varâh. Bṛh. S. 14,16 (das Wort könnte auch anders getrennt werden).

तिमिज Adj. vom तिमि 1) a) kommend (Perlen).

तिमितिमिंगिल m. ein fabelhaftes grosses Seeungeheuer.

तिमिध्वज m. Bein. Çambara's; nach Andern N. pr. eines Sohnes des Çambara.

*तिमिमालिन् m. das Meer.

तिमिर 1) Adj. (f. आ) a) dunkel, finster. — b) an Trübung der Augen leidend Utpala zu Varâh. Bṛh. 20(18),1. — 2) m. eine best. am Wasser wachsende Pflanze Varâh. Bṛh. S. 55,11. — 3) f. आ N. pr. einer Stadt. — 4) n. a) Sg. und Pl. Finsterniss. Am Ende eines adj. Comp. f. आ. — b) Dunkelheit vor den Augen, eine best. Klasse von Augenkrankheiten. घन° Staar 177,27. — c) *Eisenrost. — d) N. pr. einer Stadt.

तिमिरता f. Trübung der Augen Hâs. 29,9. तिमिराकुलता v. l. besser.

तिमिरदोष m. Trübung der Augen, Staar Spr. 3029.

तिमिरनयन Adj. an Trübung der Augen leidend Varâh. Bṛh. 20(18),1.

तिमिरनाशन m. Bein. der Sonne Hemâdri 1,760,5.

तिमिरनुद् m. Bein. der Sonne und des Mondes.

तिमिरपटल 1) n. 1) der Schleier der Finsterniss Prab. 116,15. — 2) Augenstaar. Pl. Spr. 3936.

तिमिरमय 1) Adj. ganz aus Finsterniss bestehend Kâd. 2,17,22. — 2) m. Bein. Râhu's.

तिमिरय्, °यति verfinstern

*तिमिररिपु m. *die Sonne.*

तिमिराकुल Adj. *geblendet, mit dem Staar behaftet* (Auge) Hâs. 73. Nom. abstr. °ता 29,7. 9, v. l.

तिमिरापह Adj. *Finsterniss verscheuchend.*

तिमिराय्, °यते *als Finsterniss erscheinen.*

तिमिरारि m. *die Sonne.*

तिमिरारिरिपु m. *Eule.*

*तिमिरि m. *ein best. Fisch.*

*तिमिरिन् m. *Coccinelle.*

तिमिरोद्घाट m. Titel eines Werkes.

तिमिर्घ m. N. pr. eines Schlangenpriesters Tâṇḍja-Br. 25,15,3.

तिमिला f. *ein best. musikalisches Instrument* Hemâdri 1,385,22.

तिमिश m. *ein best. Baum* R. ed. Bomb. 3,15,16.

तिमिष m. *eine best. Pflanze* Hemâdri 1,650,2. Nach den Lexicographen *Beninkasa cerifera* und *Wassermelone.*

तिमीर m. *ein best. Baum.*

तिम्मय m. N. pr. eines Mannes Pischel, de Gr. pr. 4.

तिर्, तिरति, °ते s. 1. तर्.

तिरय्, °यति 1) *dem Blicke entziehen, verhüllen, verborgen halten, nicht zum Vorschein kommen lassen* 311,25. Prasannar. 34,10. 52,5. — 2) *hemmen, unterdrücken* 323,22. — 3) *durchdringen, erfüllen* Bâlar. 49,11.

तिरश्च् s. u. तिर्यञ्च्.

तिरश्चं n. *Querbrett eines Bettgestells.* v. l. तिरश्च्यं.

तिरश्चता Adv. *quer durch* Suparṇ. 23,1.

तिरश्चा Adv. *abseits, heimlich.*

तिरश्चाङ्गिरस fehlerhaft für तिरश्च्याङ्गिरस.

तिरश्चिका f. Âçv. Çr. 1,2,1 wohl = तिर्यग्दिश्.

तिरश्चिराजि Adj. *quergestreift.*

तिरश्ची m. N. pr. eines Âṅgirasa. तिरश्ची f. s. u. तिर्यञ्च्.

तिरश्चीन Adj. (f. आ) *in die Quere gerichtet, wagerecht, zur Seite gewandt.*

तिरश्चीननिधन n. Name eines Sâman.

तिरश्चीनपृश्नि Adj. *in die Quere gefleckt.*

तिरश्चीनवंश m. *Bienenstock.*

तिरश्चीनवाय m. *Querband* (in einem Ruhebett) Ait. Br. 8,12. 17.

तिरश्चीनिधन n. Name eines Sâman.

तिरश्च्यं n. v. l. für तिरश्चं.

तिरश्च्याङ्गिरस m. N. pr. eines Âṅgirasa Ârsh. Br. Tâṇḍja-Br. 12,6,12. Vgl. तिरश्ची.

तिरस् 1) Praep. a) mit Acc. (der gewöhnlich folgt) α) *durch, durch — hin, über — hin.* — β) *über — hinüber, an — vorüber.* — γ) *mit Beiseitelassung von, ohne, wider, gegen.* — δ) *sicher vor.* — b) mit Abl. *abseits von, ohne Vorwissen von, geheim vor, clam.* — 2) Adv. a) *in die Quere, seitwärts.* — b) *abseits, aus dem Wege.* — c) *der Wahrnehmung entzogen, verborgen, unbemerkt.* — 3) Adv. in Verbindung a) mit 1. कर् α) *beseitigen, wegschaffen, verdecken, verhüllen, verbergen.* — β) *bei Seite liegen lassen,* so v. a. *in Schatten stellen, überwinden, übertreffen.* — γ) *schmähen, tadeln, gegen Jmd seine Geringachtung an den Tag legen, verachten.* — b) mit धा α) *beseitigen, wegschaffen, zurückdrängen, überwinden.* — β) *verbergen.* Med. *sich verbergen, — vor* (Abl.), *verschwinden.* तिरोहित *verborgen, versteckt, verschwunden;* ***der die Flucht ergriffen hat.* — c) mit भू *beseitigt werden, abhanden kommen, verschwinden, sich verstecken.* Einmal Pass. (!) in derselben Bed. तिरोभूत *verschwunden.* — d) mit dem Caus. von भू *verschwinden machen, vertreiben.* — e) mit dem Intens. von भू *mit Etwas* (Instr.) *geheim thun, Etwas verbergen.*

तिरस्कर Adj. (f. ई) *übertreffend,* mit Gen.

तिरस्करणि f. *Vorhang* R. ed. Bomb. 2,15,20. °करिणाम् v. l. °करणिम्; vielleicht ist °करिणिम् (metrisch für °करिणीम्) zu lesen.

तिरस्करिन् 1) m. *Vorhang;* vgl. u. तिरस्करणि. — 2) °णी f. a) *Vorhang* Harshak. 121,11. Auch auf der Bühne. Mit Gen. *ein Jmd verdeckender V.* — b) *Nebelkappe, Tarnkappe.*

तिरस्कार m. *das Schelten, Schmähen; Geringachtung* 229,28.

तिरस्कारिन् 1) Adj. am Ende eines Comp. *übertreffend* 297,16. — 2) *f. °णी *Vorhang.*

*तिरस्कुड्य Adj. *durch eine Wand gehend.*

°तिरस्कृति f. *das Schelten, Schmähen.*

तिरस्क्रिया f. *Tadel, Schmähung, Geringachtung.*

*तिरस्प्राकार Adj. *durch einen Wall gehend.*

*तिरस्य्, °स्यति *verschwinden.*

तिरिन्तिनि m. Pl. v. l. für तारन्तिनि.

*तिरिगिच्छ m. *eine best. Pflanze* Madanav. 61, 67. Dhanv. 4,117.

*तिरिञ्चिञ्चिक *eine best. Pflanze.*

*तिरिट und *तिरिटि m. *Gelenk am Zuckerrohr.*

*तिरिणीकण्ट = तिरिञ्चिञ्चिक.

तिरिन्दिर m. N. pr. eines Mannes.

*तिरिम und *तिरिय (Râgan. 6,23) m. *eine Art Reis.*

तिरीचीन Adj. = तिरश्चीन Âpast. Çr. 2,18,9.

तिरीट 1) m. *Symplocos racemosa* Râgan. 6,211. Bhâvapr. 4,20. — 2) * n. a) *eine Art Kopfputz, Diadem, Turban.* — b) *Gold.*

तिरीटक m. 1) *ein best. Vogel.* — 2) *Symplocos racemosa* Karaka 7,9.

तिरीटिन् Adj. *mit einem Kopfputz versehen.*

तिरुक्कुरुङ्गुडिमाहात्म्य n. und तिरुमल्लकारिका f. Titel von Werken Opp. Cat. 1.

तिरुमल m. N. pr. eines Mannes.

तिरुवल्लालिनेत्रमाहात्म्य n. Titel eines Werkes Opp. Cat. 1.

तिरोअह्निय (TS. 7,3,13,1) und °अह्न्य Adj. *übertägig,* d. i. *vorgestrig.*

तिरोजनम् Adv. *abseits von Menschen.*

तिरोधा f. *Verborgenheit.*

तिरोधातव्य Adj. *zu schliessen* (die Ohren).

तिरोधान n. 1) **das Verbergen.* — b) *das Schwinden.*

तिरोभवितर् Nom. ag. (f. °त्री) *verschwindend.*

तिरोभाव m. *das Verschwinden.*

तिरोवर्ष Adj. *vor Regen geschützt.*

तिरोहय्, °यति *verstecken, verbergen.*

तिरोहित s. u. तिरस् 3) b) β).

तिरोहितता f. *das Verschwinden, Nichtgesehenwerden.*

तिरोअह्न्य Adj. = तिरोअह्निय.

*तिर्पिरिक n. = तिल्पिञ्जिक.

तिर्य Adj. vielleicht = तिल्य *aus Sesamkörnern bereitet.*

तिर्यक् Adv. s. u. तिर्यञ्च्.

*तिर्यक्कारम् Absol. so v. a. *nach vollbrachter Arbeit* P. 3,4,60.

तिर्यक्क्षिप्त Adj. 1) *quer umgelegt.* — 2) Bez. *einer Form von Dislocation eines Gelenkes.*

तिर्यक्ता f. *der Zustand eines Thieres, thierische Natur.*

तिर्यक्त्व n. 1) *Breite.* — 2) = तिर्यक्ता.

तिर्यक्पातन n. *ein best. mit Mineralien* (insbes. *Quecksilber*) *vorgenommener Process, das Sublimiren.* °यन्त्र n. *Retorte* Mat. med. 25.

तिर्यक्प्रतिमुखागत n. *das Entgegentreten eines Gegenstandes von der Seite oder von vorn* M. 8,291.

तिर्यक्प्रमाण n. *Breite.*

तिर्यक्प्रेक्षण und °प्रेक्षिन् Adj. *Jmd von der Seite anblickend.*

*तिर्यक्फला f. *Oldenlandia herbacea* Râgan. 3,114.

तिर्यक्स्रोतस् 1) Adj. *in wagerechter Stellung sich bewegend* (Thiere) Comm. zu R. ed. Bomb. 2,35, 19. — 2) m. n. *die Schöpfung der Thierwelt* VP. 1,5,8.

तिर्यग m. nach Nilak. = सिद्ध *ein Vollendeter, Glückseliger* (eig. *durch die Luft fliegend*).

तिर्यगन्तर n. *Breite.*

*तिर्यगयन n. *der wagerechte Gang*, so v. a. *der jährliche Sonnenumlauf*.

तिर्यगायत Adj. *quer vor Jmd ausgestreckt* 47,21.

तिर्यगीक्ष Adj. *Jmd von der Seite anblickend*.

तिर्यगीश m. *Herr der Thiere*, Beiw. Kṛshṇa's.

तिर्यग्ग Adj. (f. आ) 1) *in die Quere —, wagerecht gehend*. — 2) *nach Norden oder Süden gehend* (Norden und Süden liegen dem nach Osten Gerichteten *zur Seite*).

तिर्यग्गत Adj. *in wagerechter Stellung sich bewegend* (Thier).

तिर्यग्गति f. *der Zustand als Thier im Kreislauf des Lebens*.

तिर्यग्गतिमतिन् n. *Thier* MBH. 14,42,37.

तिर्यग्गम Adj. *seitwärts gehend*.

तिर्यग्गमन n. *eine Bewegung zur Seite*.

*तिर्यग्गामिन् m. *Krebs* RÂGAN. 19,76.

तिर्यग्गुणन n. *oblique multiplication*.

*तिर्यग्घातिन् Adj. *sich zur Seite biegend um zu stossen* (Elephant) H. 1221.

तिर्यग्ज Adj. *ein Thier zum Vater oder zur Mutter habend*.

तिर्यग्जन m. *Thier, Vieh*.

तिर्यग्जाति m. dass. KÂD. 2,81,7.

तिर्यग्डीन n. *eine Art Flug* MBH. 8,41,26.

*तिर्यग्दिश् f. *eine in horizontaler Richtung gelegene Weltgegend* (im Gegens. zu *Zenith* und *Nadir*).

तिर्यग्धार Adj. *scharfe Seiten habend* (Pfeil). तिग्मधार v. l.

तिर्यग्नास Adj. (f. आ) *eine in die Quere gehende Nase habend*.

तिर्यग्बिल Adj. *die Oeffnung an der Seite habend*.

तिर्यग्भेदा f. *ein länglicher Backstein* ÇULBAS. 3,225.

तिर्यग्यात Adj. *seitwärts gehend* MBH. 7,26,36.

*तिर्यग्यान m. *Krebs*.

तिर्यग्योन m. *Thier*.

तिर्यग्योनि 1) f. *der Mutterleib eines Thieres, der Thierzustand, das Thiergeschlecht* (auch *die Pflanzen* dazu gerechnet). — 2) m. *die Schöpfung der Thiere*.

तिर्यग्योनिगमन n. *Sodomie*.

तिर्यग्वात m. *ein von der Seite wehender Wind* GAUT. °सेवा f. nach HARADATTA = मूत्रपुरीषोत्सर्ग.

तिर्यग्विद्ध Adj. *in die Quere durchgeschlagen* (Ader).

तिर्यग्विसंसर्पिन् Adj. *sich seitwärts verbreitend* RAGH. 6,15.

तिर्यङ्नास Adj. = तिर्यग्नास.

तिर्यङ्निरय m. *die Hölle der Thiere, der Thierzustand als Strafe für böse Thaten*.

तिर्यङ्मानी f. *Breite* ÇULBAS. 1,38. 3,174. Ind. St. 13,246.

तिर्यञ्च् (Nom. m. तिर्यङ्, n. तिर्यक्, f. तिरश्ची und *तिर्यञ्ची 1) Adj. *a) in die Quere —, in die Breite gerichtet, wagerecht, quer im Wege stehend, quer durchfahrend, durchkreuzend*. — *b) in der Mitte gehalten* (Ton). — 2) m. n. *das in wagerechter Stellung gehende Thier*; in engerer Bed. *Amphibie*, in weiterer auch *Vogel, Pflanze* und bei den Gaina auch die *anorganische Welt*. — 3) n. *Breite* ÇULBAS. 1,46. Ind. St. 13,235. — 4) तिर्यक् Adv. *a) in die Quere, — Breite, in horizontaler Richtung, zur Seite, von der Seite* (z. B. ansehen), *seitwärts*. — *b)* *mit 1. कर् *bei Seite legen*, so v. a. *abschliessen, beendigen*. — 5) तिरश्चा Instr. und तिरश्चि Loc. *in die Quere, — Breite, quer durch*.

*तिर्यद्र्यञ्च् Adj. = तिर्यञ्च् 1) a) GAL.

1. तिल्, तिलति, *तेलयति (स्नेहे, स्नेहने). — Mit प्र etwa *coeundi ardore flagrare*.

2.* तिल्, तेलति (गतौ).

तिल m. 1) *Sesamum indicum* (*die Pflanze* und *das Korn*). Mit der Blüthe wird die Nase verglichen; die Körner sollen aus Schweisstropfen Vishṇu's entstanden sein nach HEMÂDRI 1,366,11.12. 367,1.2. — 2) *Körpermal*. — 3) *Körnchen, kleines Stückchen, Partikelchen*. — 4) *die rechte Lunge*.

तिलक 1) m. *a) ein best. schönblühender Baum, Clerodendrum phlomoides*. Nach RÂGAN. 6,212 *Symplocos racemosa*. — *b) Mal, dunkler Fleck unter der Haut*. — *c)* **eine Art Hautausschlag*. — *d) ein best.* Dhruvaka. — *e)* **eine bes. Art von Pferden*. — *f)* N. pr. verschiedener Männer. — 2) m. n. (PAÑKAD.) *ein mit farbigen Stoffen als Zierde oder Sectenzeichen auf der Stirn oder auf andern Körpertheilen aufgetragener Fleck*. Am Ende eines adj. Comp. f. आ. Nom. abstr. °ता f. VIDDH. 42,1. — 3) m. (*f. n.) *die Zierde von* (im Comp. vorangehend) 108,1. Am Ende eines adj. Comp. f. आ RÂGAT. 3,375. — 4) *f. आ *eine Art Halsschmuck*. — 5) n. *a)* **die rechte Lunge*. — *b)* **schwarzes Sochalsalz*. — *c) Alliteration*. — *d) ein best. Metrum*. — *e) eine best. Begehung*.

तिलकक m. N. pr. eines Mannes.

*तिलकट n. *Blüthenstaub der Sesampflanze*.

तिलकण m. *Sesamkorn* Spr. 7226.

तिलकनिज्ञ (!) m. Pl. N. pr. eines Volkes.

तिलकय्, °यति 1) *betüpfeln* HEM. PAR. 8,210. — 2) *kennzeichnen, bezeichnen, angeben* BÂLAR. 4,2 (zugleich *schmücken, verherrlichen*). 163,2. तिलकित 171,6. 172,14. — 3) *zieren, schmücken* VIDDH. 44,6. तिलकित *geziert, geschmückt*.

तिलकराज m. N. pr. eines Mannes.

तिलकलता f. ein Frauenname VÂS.

तिलकल्क m. *Teig aus geriebenen Sesamkörnern*.

*तिलकल्कज *Oelkuchen*.

*तिलकवती f. N. pr. eines Flusses.

तिलकसिंह m. N. pr. eines Mannes.

तिलकाय् *die Zierde von* (Gen.) *bilden*. n. impers. °यित.

तिलकार्षिक Adj. *Sesam bauend* KATHÂS. 61,7.9.

तिलकालक 1) m. *a) Mal, dunkler Fleck unter der Haut* Ind. St. 13,464. — *b) eine Krankheit des männlichen Gliedes, bei welcher die fleischigen Theile schwarz werden und absterben*. — 2) *Adj. *mit einem Mal —, mit Mälern versehen*.

*तिलकाश्रय m. *Stirn*.

तिलकिट्ट n. *Oelkuchen von Sesam* BHÂVAPR. 2,31.

तिलकिन् Adj. *mit einem Stirnzeichen versehen*.

तिलकेश्वरतीर्थ n. N. pr. eines Tîrtha.

तिलकोत्तर m. N. pr. eines Vidjâdhara BÂLAR. 89,13.

तिलखलि m. und °खली f. *Oelkuchen von Sesam* BHÂVAPR. 2,31.

तिलगञ्ज oder °ञ्जिन् n. N. pr. eines Tîrtha.

तिलग्राम m. N. pr. eines *Dorfes*.

तिलचतुर्थी f. *der 4te Tag in der dunkelen Hälfte des* Mâgha.

*तिलचित्रपत्त्रक m. *ein best. Knollengewächs* RÂGAN. 7,110.

तिलचूर्ण n. *zerstossene Sesamkörner*.

*तिलतण्डुलक n. *Umarmung*.

तिलतैलाख्या f. *eine best. Pflanze*.

तिलतैल n. *Sesamöl*.

तिलदेश्वरतीर्थ n. N. pr. eines Tîrtha.

तिलद्रोणमय Adj. *aus einem* Droṇa (*ein best. Hohlmaass*) *Sesamkörnern bestehend* HEMÂDRI 1,608,10.

तिलद्वादशी f. *ein best. 12ter Tag*.

*तिलंतुद m. *Oelmüller*.

तिलपर्णी 1) *m. f. (ई) *das Harz der Pinus longifolia* RÂGAN. 12,158. — 2) f. ई *a) Pterocarpus santalinus*. — *b)* **Olibanum*. — 3) n. *a) Sandelholz* BHÂVAPR. 1,184. — *b)* **das Blatt der Sesampflanze*.

तिलपर्णक 1) *n. *Sandelholz*. — 2) f. °पर्णिका *a) Sandelbaum*. — *b) eine best. Gemüsepflanze*.

तिलपर्णिक n. 1) *Sandelholz*. — 2) **das Harz der Pinus longifolia* GAL. — °का f. s. u. तिलपर्णक.

*तिलपिच्चट *ein aus Sesamkörnern bereiteter Kuchen.*

तिलपिञ्ज 1) *m. *a) unfruchtbarer Sesam. — b) weisser Sesam.* — 2) f. ई *eine best. Pflanze.*

तिलपीड m. *Oelmüller.*

तिलपुष्प n. *Sesamblüthe* als Bez. *der Nase* Spr. 2559.

*तिलपुष्पक m. *Terminalia Bellerica.*

*तिलपेज m. *unfruchtbarer Sesam.*

तिलभार m. Pl. N. pr. eines Volkes.

*तिलभाविनी f. *Jasmin* Râǵan. 10,76.

तिलभृष्ट *geröstete Sesamkörner.* तिलमृष्ट v. l.

तिलमय Adj. (f. ई) *aus Sesamkörnern bestehend, — gemacht* Hemâdri 1,371,1. 402,14.

*तिलमयूर m. *eine Art Pfau.* Vgl. तिलशिखिन्.

तिलमिश्र Adj. (f. आ) *mit Sesam vermischt.*

तिलमिश्र Adj. dass. Mân. Gṛhj. 1,21.

*तिलरस m. *Sesamöl.*

तिलवत्स Adj. (f. आ) *Sesamkörner zu Jungen habend.*

*तिलव्रतिन् Adj. *einem Gelübde zufolge nur Sesamkörner geniessend.*

तिलशस् Adv. *in Stücke so klein wie Sesamkörner, in kleine Stücke.*

*तिलशिखिन् m. *eine Art Pfau* Gal. Vgl. तिलमयूर.

तिलसृष्ट *eine mit Sesam zubereitete Speise* MBh. 13,104,70. तिलभृष्ट v. l.

तिलस्नायिन् Adj. *mit Sesam sich abwaschend* Hemâdri 1,599,5.

*तिलस्नेह m. *Sesamöl.*

तिलहोमिन् Adj. *Sesam opfernd* Hemâdri 1,399,5.

तिलांश m. *ein Fleck* (Landes) *so klein wie ein Sesamkorn* Râǵat. 1,38.

*तिलाङ्कितदल m. *ein best. Knollengewächs* Râǵan. 7,110.

*तिलान्न n. *Reis mit Sesam.*

*तिलापत्या f. *Nigella indica.*

तिलाम्बु n. *Wasser mit Sesam.*

तिलिङ्ग und °देश m. N. pr. eines Landes.

तिलिङ्गिल m. Pl. N. pr. eines Volkes. तिमिंगिल v. l.

*तिलिच्च und *तिलित्स m. *eine Art Schlange.*

तिलेङ्गल m. Pl. v. l. für तिलिङ्गिल.

तिलोत्तमा f. 1) N. pr. einer Apsaras MBh. 1,211,18. Kâraṇḍ. 3,9. — 2) *eine Form der* Dâkshâjaṇî. — 3) ein Frauenname.

तिलोदक n. *Wasser mit Sesam.*

तिलोदकिन् Adj. *Wasser mit Sesam trinkend* Hemâdri 1,599,5.

तिलोदन und तिलौदन n. *Brei aus Sesamkörnern.*

तिल्पिञ्ज m. *eine best. Pflanze.*

*तिल्पिलिक n. = तिर्पिरिक.

*तिल्य 1) Adj. *zum Anbau von Sesam geeignet, mit Sesam bestanden.* — 2) n. *Sesamfeld.*

*तिल्ल्, तिल्लति (गतौ).

*तिल्व m. = तिल्वक 1).

तिल्वक m. 1) *Symplocos racemosa.* — 2) **Terminalia Catappa.*

तिल्विल Adj. (f. आ) *fruchtbar, reich.*

तिल्विलाय्, °यते *sich reich erweisen.*

तिव्य m. N. pr. eines Brahmanen.

*तिष्ठद्गु Adv. *nach Sonnenuntergang.*

तिष्ठद्धोम Adj. (ein Opfer) *wobei die Opferung stehend verrichtet wird.*

तिष्य (तिषिय) und तिष्य 1) m. a) N. pr. eines mythischen Wesens, eines Schützen am Himmel wie Kṛçânu. Zugleich *das 6te* (älter) *oder 8te Mondhaus* Âçv. Gṛhj. 1,13,2. Âpast. 2,18,19. — b) **der Monat* Pausha. — c) **Terminalia tomentosa.* — d) ein häufiger Mannsname. — e) Pl. Bez. der Çûdra *in* Krauńkadvîpa VP.² 2,197. तिग्म v. l. — 2) *m. f. (आ) *Emblica officinalis.* — 3) (*m.) n. *das vierte Weltalter.* — 4) *Adj. *auspicious, fortunate, lucky.*

*तिष्यक m. *der Monat* Pausha.

तिष्यकेतु m. Bein. Çiva's.

*तिष्यपुनर्वसवीय Adj. *zu den Mondhäusern* Tishja *und* Punarvasu *in Beziehung stehend.*

*तिष्यपुनर्वसु m. Du. und n. Sg. *die Mondhäuser* Tishja *und* Punarvasu.

*तिष्यपुष्पा und *तिष्यफला f. *Myrobalanenbaum.*

तिष्यरक्षिता f. N. pr. der ersten Gattin Açoka's.

तिष्यापूर्णमास m. *der Tag, an welchem das Mondhaus* Tishja *mit dem Vollmond in Conjunction steht,* TS. 2,2,10,1.

तिसृ Adj. f. Pl. *drei.* तिस्रस् Nom. Acc. तिसृभिस् u. s. w.

*तिसृका f. N. pr. eines Dorfes.

तिसृधन्व n. *drei Pfeile sammt Bogen.*

*तिस्रा f. *Andropogon aciculatus.*

*तिक्न् m. 1) *Krankheit.* — 2) *das Vorhandensein* oder *Wahrheit.* — 3) *Reis.* — 4) *Bogen.*

*तीक्, तीकते (गतौ).

तीक्ष्ण 1) Adj. (f. आ), तीक्ष्णम् Adv. तीक्ष्णतर und तीक्ष्णीयंस् Compar. (vgl. jedoch तीक्ष्णिष्ठम्). *a) scharf, spitzig. — b) stechend, heiss, brennend* (auch von einem Geschmack). — c) *scharf,* so v. a. *intensiv, heftig.* — d) *scharf,* so v. a. *streng, unwirsch, rauh, verletzend.* तीक्ष्णम् Adv. MBh. 5,4,5. — e) *scharf,* so v. a. *scharfsinnig, fein.* — f) गति f. Bez. *einer best. Planetenbahn.* — g) नक्षत्राणि Bez. *der Mondhäuser* Mûla, Ârdrâ, Gjeshṭhâ *und* Âçleshâ. Angeblich auch m. — 2) m. a) **Salpeter.* — b) **langer* und **schwarzer Pfeffer.* — c) **schwarzer Senf.* — d) **Moringa pterygosperma.* — e) **Dalbergia Sissoo.* — f) **Majoran.* — g) **weisses* Kuça- *oder* Darbha-*Gras.* — h) **das Harz der Boswellia thurifera.* — i) **ein Asket* — k) N. pr. α) verschiedener Männer. — β) *eines Schlangendämons. — 3) f. तीक्ष्णा a) Bez. **verschiedener Pflanzen: Mucuna pruritus, Cardiospermum Halicacabum, schwarzer Senf,* = अत्यम्लपर्णी, महाज्योतिष्मती, वचा und सर्पकङ्कालिका. — b) mystische Bez. *des Lautes* प. — 4) n. *a) scharfe Worte, etwas Scharfes, — Verletzendes. — b) Stahl;* vgl. °वमन्. — c) **Eisen.* — d) **Geschoss.* — e) **Seesalz.* — f) **Salpeter.* — g) **Galmei.* — h) **Gift.* — i) **Bignonia suaveolens.* — k) **Piper Chaba.* — l) **Asa foetida.* — m) **Kampf.* — n) **Seuche.* — o) **Tod.*

*तीक्ष्णक m. 1) *Bignonia suaveolens.* — 2) *schwarzer Senf.* — 3) *langer Pfeffer.*

*तीक्ष्णकण्ट m. *Alhagi Maurorum* Râǵan. 4,45.

तीक्ष्णकण्टक 1) m. a) *Capparis aphylla.* — b) **Stechapfel.* — c) **Terminalia Catappa.* — d) **Acacia arabica.* — e) **Euphorbia tortilis.* — f) * = वर्वूर. — 2) *f. आ *eine Art Opuntia* Râǵan. 8,54.

*तीक्ष्णकन्द m. *Zwiebel.*

तीक्ष्णकर m. *die Sonne.*

1.*तीक्ष्णकर्मन् n. *ein fein ausgesponnenes Werk.* °कर्मकृत् Adj. *fein zu Werke gehend.*

2.*तीक्ष्णकर्मन् m. *Schwert.*

*तीक्ष्णकल्क m. *Koriander.*

तीक्ष्णकान्ता f. *eine Form der* Ćaṇḍikâ.

तीक्ष्णगन्ध 1) *m. a) *Moringa pterygosperma.* — b) *Majoran oder eine ähnliche Pflanze.* — c) *das Harz der Boswellia thurifera.* — 2) f. आ a) Bez. *verschiedener Pflanzen.* Nach den Lexicographen *Moringa pterygosperma, eine Art Opuntia* (Râǵan. 8,54), *Sinapis ramosa,* = जीवन्ती, वचा und श्वेतवचा. — b) **kleine Kardamomen.*

*तीक्ष्णगन्धक m. *Moringa pterygosperma.*

*तीक्ष्णतण्डुला f. *langer Pfeffer* Râǵan. 6,12.

तीक्ष्णता f. 1) *Schärfe.* — 2) *Schärfe,* so v. a. *Herbigkeit.* विषय°.

*तीक्ष्णतैल n. 1) *das Harz der Shorea robusta.* — 2) *der Milchsaft der Euphorbia lactea.* — 3) *ein geistiges Getränk.*

तीक्ष्णत्व n. *brennende Glut.*

तीक्ष्णदंष्ट्र 1) Adj. *scharfzähnig* Taitt. Âr. 10,1,

6. MBh. 1,140,60. — 2) m. *a)* **Tiger* Râǵan. 19,5. — *b)* N. pr. eines Mannes.

*तीक्ष्णदंष्ट्रक m. *Leopard.*

तीक्ष्णदण्ड Adj. *streng strafend* Mudrâr. 28,7 (49,5).

तीक्ष्णधार 1) Adj. *scharfschneidig.* — 2) m. *Schwert.*

*तीक्ष्णधारक m. *eine Art Waffe* Gal.

*तीक्ष्णनासिक Adj. *spitznäsig* Gal.

*तीक्ष्णपत्त्र m. 1) *Koriander.* — 2) *Terminalia Catappa.* — 3) *eine Art Zuckerrohr.*

*तीक्ष्णपुष्प n. *Gewürznelken.*

*तीक्ष्णपुष्पा f. 1) *Pandanus odoratissimus* Râǵan. 10,68. — 2) *Gewürznelkenbaum.*

*तीक्ष्णप्रिय m. *Gerste.*

*तीक्ष्णफल m. 1) *Koriander.* — 2) *schwarzer Senf.* — 3) = तेजःफल Râǵan. 11,216.

*तीक्ष्णमञ्जरी f. *die Betelpflanze.*

तीक्ष्णमार्ग m. *Schwert* Çiç. 18,20. Vgl. तीक्ष्णमार्ग.

तीक्ष्णमूल m. 1) *Moringa pterygosperma* Râǵan. 7,27. — 2) *Alpinia Galanga* Râǵan. 6,56.

तीक्ष्णरश्मि Adj. *heissstrahlig.*

तीक्ष्णरस m. 1) *ein brennender Trank, so v. a. Gift.* — 2) **Salpeter.*

तीक्ष्णरसदायिन् m. *Giftmischer* Mudrâr. 36,1 63,7).

तीक्ष्णरूपिन् Adj. *unwirsch aussehend* Gaut.

तीक्ष्णलोह n. *Stahl* Bhâvapr. 1,147.

तीक्ष्णवर्मन् Adj. wohl *mit einem stählernen Panzer versehen.*

तीक्ष्णविपाक Adj. *bei der Verdauung ein Brennen bewirkend* 40,23.

तीक्ष्णवृषण m. N. pr. eines Stiers.

तीक्ष्णवेग m. N. pr. eines Rakshas.

*तीक्ष्णशस्त्र n. *Eisen* oder *Stahl* Râǵan. 13,46.

तीक्ष्णशिग्रु m. *Moringa pterygosperma* Gal.

*तीक्ष्णशूक m. *Gerste.*

तीक्ष्णशृङ्ग Adj. *spitzhörnig.*

*तीक्ष्णसार 1) m. f. (आ) *Dalbergia Sissoo* Râǵan. 9,132. — 2) m. *Bassia latifolia.* — 3) n. *Eisen.*

तीक्ष्णहृदय Adj. *hartherzig.* Nom. abstr. °त्व n. 43,16.

तीक्ष्णांशु 1) Adj. *heisstrahlig.* — 2) m. *a) die Sonne* Spr. 7853. — *b) Feuer.*

तीक्ष्णांशुतनय m. Patron. *des Planeten Saturn.*

तीक्ष्णांशुदेवप्रभव m. dass. Utpala zu Varâh. Bṛh. 2,12.

तीक्ष्णाग्र 1) Adj. *scharfspitzig.* — 2) *m. *Zingiber Zerumbet.*

*तीक्ष्णायस n. *Stahl.*

तीक्ष्णार्चिस् Adj. *heissstrahlig.*

तीक्ष्णीयस् s. तीक्ष्ण.

तीक्ष्णेषु Adj. *scharfe Pfeile habend.*

*तीम्, तीम्यति (आर्द्रीभावे).

*तीमन n. *Basilienkraut* Deçin. 2,35. 67.

1. तीर n. 1) *Ufer, Gestade.* Am Ende eines adj. Comp. f. आ. — 2) *Rand* (eines Gefässes).

2. तीर 1) *m. *Zinn.* — 2) (*f. ई und n.) *eine Art Pfeil* Pańkad.

तीरग्रह m. Pl. N. pr. eines Volkes.

तीरज 1) Adj. *am Ufer wachsend, — stehend.* — 2) m *ein am Ufer stehender Baum.*

*तीरण m. *Pongamia glabra.*

तीरभाज् Adj. *am Ufer stehend* Kâd. 2,41,18.

*तीरभुक्ति m. N. pr. eines Landes (*Tirhut*).

तीरय्, °यति *Etwas zu Ende bringen.*

तीररुह 1) Adj. *am Ufer wachsend.* — 2) m. *ein am Ufer stehender Baum.*

*तीराट m. *Symplocos racemosa.*

तीरिका f. *eine Art Pfeil* Pańkad.

तीरु Hariv. 14891 fehlerhaft für भीरु.

तीर्ण 1) Adj. s. u. 1. तर्. — 2) f. आ *ein best. Metrum.*

*तीर्णपदी f. *Curculigo orchioides.*

तीर्थ m. (ausnahmsweise) und n. (adj. Comp. f. आ) 1) *Zugang, Strasse;* insbes. *Stieg zum Wasser, Tränke, Badeplatz* (insbes. *ein entsündigender, zu dem man wallfahrtet); Furt durch das Wasser.* — 2) in den Ritualbüchern *der Zugang zum Opferaltar, der zwischen dem* Kâtvâla *und dem* Utkara *hindurchführt.* — 3) *Rinne, Vertiefung.* — 4) *der gangbare Weg, die gebräuchliche —, rechte Weise.* Instr. *in der gehörigen Ordnung, in gebräuchlicher Weise.* — 5) *der rechte Ort, — Augenblick, eine passende Gelegenheit* Bhâg. P. 8,19,4. — 6) *Anweisung, Anleitung;* concret *Führer, Lehrer, Vermittler.* — 7) *gewisse Linien* oder *Theile der Hand, Strasse der Götter* u. s. w. — 8) *ein Gegenstand der Verehrung, ein heiliger Gegenstand.* — 9) *eine würdige Person* Âpast. Ind. St. 15,294. Mit Gen. *eine Etwas zu empfangen w. P.* Mân. Gṛhj. 1,7. — 10) Bez. *bestimmter Personen in der nächsten Umgebung eines Fürsten.* — 11) Name eines der zehn auf Schüler Çamkarâkârja's zurückgeführten Bettelorden, dessen Mitglieder das Wort तीर्थ ihrem Namen beifügen. — 12) **vulva.* — 13) **die monatliche Reinigung.* — 14) **Feuer.* — 15) *= दर्शन. — 16) *= निदान. — 17) *= योग.

तीर्थक 1) Adj. *würdig, heilig, geheiligt.* — 2) m. *a) ein Asket, Sectirer, das Haupt einer Secte.* — *b)* *N. pr. eines Schlangendämons. — 3) n. *ein heiliger Badeplatz.*

तीर्थकमण्डलु m. *ein Topf mit Wasser von einem heiligen Badeplatze* Bhâg. P. 9,10,43.

तीर्थकर 1) Adj. *eine Furt durch's Leben bereitend* (Vishnu und Çiva). — 2) m. *a) Bahnbrecher,* insbes. *auf dem Gebiete der Religion, Religionsstifter, Reformator, das Haupt einer Secte.* Nom. abstr. °त्व n. — *b)* **ein* Arhant *bei den* Ǵaina.

*तीर्थकाक m. *eine Krähe an einem heiligen Badeplatze,* in übertr. Bed. *ein unbeständiger Schüler.*

तीर्थकाशिका f. Titel eines Werkes.

तीर्थकीर्ति Adj. *dessen Ruhm eine Furt durch's Leben bildet* Bhâg. P. 3,1,45. 5,15.

तीर्थकृत् m. = तीर्थकर 2) *a)* und *b).*

तीर्थगोपाल n. N. pr. eines *Wallfahrtortes.*

*तीर्थंकर m. *ein* Arhant *bei den* Ǵaina.

तीर्थचर्या f. *das Besuchen von Wallfahrtsorten.*

तीर्थचिन्तामणि m. Titel eines Werkes.

तीर्थतम n. 1) *ein heiligerer Wallfahrtsort als* (Abl.). — 2) *ein Gegenstand der höchsten Heiligkeit.*

तीर्थदेव m. Bein. Çiva's.

तीर्थदेवमय Adj. (f. ई) *Wallfahrtsorte und Götter in sich bergend* Hemâdri 1,462,11.

*तीर्थध्वाङ्क्ष m. = तीर्थकाक.

तीर्थनिर्णय m. Titel eines Werkes.

तीर्थपति m. *das Haupt der Secte, welche den Ocean verehrt.*

तीर्थपद् (stark °पाद्) und °पद Adj. *dessen Füsse heiligen, entsundigen;* Beiw. und Bein. Vishṇu's oder Kṛshṇa's.

तीर्थपरिभाषा f. Titel eines Werkes.

तीर्थपाद Adj. = तीर्थपद्.

तीर्थपादीय m. *ein Anhänger* Vishṇu's.

तीर्थपूजा f. *ein best. Ceremonie, das Waschen der Statue* Kṛshṇa's *in heiligem Wasser.*

तीर्थभूत Adj. *würdig geworden, geheiligt, heilig.*

तीर्थमञ्जरी f. Titel eines Werkes.

तीर्थमहाह्रद m. N. pr. eines Wallfahrtsortes.

तीर्थमाहात्म्यसंग्रह m. Titel eines Werkes Bühler, Rep. No. 60.

तीर्थयात्रा f. *ein Besuch heiliger Badeplätze, Wallfahrt.* °तत्त्व n. Titel eines Abschnitts im Smṛtitattva. °विधि m. Titel eines Werkes.

तीर्थराज m. Spr. 7628 wohl fehlerhaft für °राजी.

तीर्थराजी f. Bein. von *Benares.* Vgl. u. तीर्थराज.

तीर्थवत् 1) Adj. *mit Stiegen zum Wasser versehen, reich an heiligen Badeplätzen.* — 2) f. °वती N. pr. eines Flusses.

*तीर्थवाक m. *Haupthaar.*

*तीर्थवायस m. = तीर्थकाक.

तीर्थशिला f. *die zum Wasser führenden steinernen Stufen* Spr. 4458.

तीर्थश्रवस् Adj. = तीर्थकीर्ति Bhâg. P. 2,7,15. 8,17,8.

तीर्थसंग्रह m. Titel eines Werkes Bühler, Rep. No. 61.

तीर्थसद् Adj. *an heiligen Badeplätzen sitzend* (Rudra) Mân. Gṛhj. 1,13.

तीर्थसेतु m. Titel eines Werkes.

तीर्थसेनि f. N. pr. einer der Mütter im Gefolge Skanda's.

तीर्थसेवा f. 1) *Besuch heiliger Badeplätze.* — 2) bei den Ǵaina wohl *Verehrung der Heiligen.*

*तीर्थसेविन् 1) Adj. *an heiligen Badeplätzen sich aufhaltend.* — 2) m. *Ardea nivea.*

तीर्थसौख्य n. Titel eines Werkes oder eines Abschnitts in einem Werke.

तीर्थसेवन n. *das Sichaufhalten an heiligen Badeplätzen* Spr. 2575.

तीर्थिक m. *ein Asket, Sectirer, das Haupt einer Secte* Kâraṇḍ. 75,9.

तीर्थी Adv. 1) mit कर् *heiligen.* — 2) mit भू *geheiligt werden.*

तीर्थीकरण Adj. *heiligend.*

तीर्थीय n. Titel eines Werkes Opp. Cat. 1.

तीर्थेन्दुशेखर m. Titel eines Werkes.

तीर्थेश्वर m. *ein* Arhant *der* Ǵaina Ind. St. 14,378.

तीर्थोदक n. *Wasser von einem heiligen Badeplatze* 87,24.

तीर्थ्य 1) Adj. *auf einen Badeplatz —, auf eine Furt u. s. w. bezüglich.* — 2) m. *ein Asket, Sectirer, das Haupt einer Secte.*

*तीव्, तीवति (स्थौल्ये).

तीवर 1) m. a) *Jäger* (eine best. Mischlingskaste). — b) * *Fischer;* richtig धीवर. — c) * *Ocean.* — 2) f. ई f. zu 1) a).

तीव्र 1) Adj. (f. आ) *streng, heftig, stark, scharf, stechend, intensiv, schlimm.* — 2) m. a) *Strenge, Schärfe u. s. w.* — b) * vielleicht = तीवर *Jäger.* — c) * Bein. Çiva's. — 3) f. आ a) * *Helleborus niger.* — b) * *schwarzer Senf.* — c) * *Basilienkraut.* — d) * = गण्डदूर्वा. — e) * = तरटी Râǵan. 8,73. — f) * = महाज्योतिष्मती Râǵan. 3,72. — g) *eine best.* Çruti S. S. S. 23. — h) *eine best.* Mûrkhanâ S. S. S. 30. — i) * N. pr. eines Flusses. — 4) * n. a) *Ufer.* — b) *Zinn.* — c) *Stahl.* — d) *Eisen.*

*तीव्रकण्ठ und *°कन्द m. *eine scharfe Art von Arum.*

1\. तीव्रगति f. *ein beschleunigter Gang* Daçak. 4,21.

2\. तीव्रगति Adj. *in schlimmer Lage sich befindend* Daçak. 8,6.

*तीव्रगन्धा f. *Kümmel oder Ptychotis Ajowan* Râǵan. 6,40.

*तीव्रज्वाला f. *Grislea tomentosa* Râǵan. 6,218.

तीव्रता f. *Strenge, Heftigkeit, Intensität u. s. w.*

*तीव्रदारु m. *ein best. Baum.*

तीव्रद्युति m. *die Sonne* Prasannar. 134,18.

तीव्रमद Adj. *stark berauschend.*

*तीव्रमार्ग m. *Schwert* Gal. Vgl. तीक्ष्णमार्ग.

तीव्रय्, °यति *schärfen, verstärken.*

तीव्ररुज Adj. *heftig schmerzend.* Nom. abstr. °त्व n. Suçr. 1,300,15.

तीव्रविपाक Adj. *bei der Verdauung ein Stechen bewirkend* MBh. 1,716. तीक्ष्णविपाक v. l.

तीव्रसव m. = तीव्रसुत् 2).

तीव्रसुत् 1) Adj. wohl *aus der gährenden Masse gepresst.* — 2) m. *ein best.* Ekâha Vaitân.

तीव्रसोम m. 1) nach dem Comm. *eine Variation innerhalb des* Ukthja. — 2) *ein best.* Ekâha.

तीव्रातितीव्र Adj. *über alle Maassen streng, heftig* Spr. 1253.

तीव्रानन्द m. Bein. Çiva's.

तीव्रात्त Adj. etwa *scharfe Wirkung habend.*

तीव्री Adv. 1) mit कर् *schärfen, verstärken.* — 2) mit भू *heftiger werden, zunehmen.*

तीसट m. N. pr. eines medic. Autors.

1\. तु, तवीति und *तौति *Geltung —, Macht haben, es zu Etwas bringen, valere.* Vom Simplex nur तूताव zu belegen. Nach den Grammatikern वृद्धौ, पूर्त्तौ, वृत्तौ, गतौ und हिंसायाम्. — Caus. (nur तूतोत् und तूतास) *in Kraft —, in Wirkung setzen, zur Geltung bringen.* — Mit उद् *es bringen zu, vermögen;* mit Acc. — Mit सम् Intens. (nur संबोवतत्) *vermögen, durchführen.*

2\. तु (तू) Indecl. (nie am Anfange eines Satzes) 1) auffordernd *doch, nun.* — 2) *aber* (auch mit folgendem एव und वै). — 3) च — न तु *obgleich — dennoch nicht.* — 4) न oder न च — अपि तु *nicht — sondern, wohl aber.* — 5) कामम् oder कामं च (71,28) — तु, किं तु oder परं तु (LA. 34,2) *wenn auch, obgleich, zwar — aber, aber doch, dennoch.* कामम् — न तु *wohl —, nicht aber; lieber — nicht aber; eher — als dass.* Auch in umgekehrter Ordnung न तु — कामम्. — 6) किं तु *aber, jedoch, nichtsdestoweniger.* Auch mit nachfolgendem तथापि oder vorangehendem परम्. — 7) न — परं तु *nicht — jedoch, indessen* LA. 35,5. 37,8. — 8) तु — तु *wohl — aber.* — 9) भूयस् (163,11) oder वरम् (Spr. 3778) — न तु *eher — als.* — 10) häufig erscheint तु als blosses Flickwort im Verse, entweder eine fehlende Silbe ergänzend oder eine vorangehende kurze Silbe verlängernd. Auch mit च und पुनर् verbunden und sogar wiederholt. — 11) bisweilen so v. a. वा *oder* oder च *und.* — 12) nicht selten fehlerhaft für नु: einmal auch für ते.

3\. तु Pronominalstamm der 2ten Person Sg.

तुःखार m. *ein Tocharer.* Vgl. तुखार, तुषार.

तुक् m. *Kind, Knabe* Spr. 7789. Vgl. तुच्.

तुकज्योतिर्विद् m. N. pr. eines *Astronomen.*

तुकातीरी f. = तुगाक्षीरी Káraka 6,16.

तुक्क m. N. pr. eines Mannes.

तुक्खार m. 1) * Pl. = तुखार. — 2) *ein Pferd aus dem Lande dieses Volkes* Vikramâṅkak. 9,116. 18,93.

*तुज gaṇa पत्तादि.

तुखार m. Pl. N. pr. eines Volkes. Die Bomb. Ausgaben तुषार. Vgl. तुक्खार.

*तुगा, °क्षीरि (metrisch) und °क्षीरी f. *Tabaschir.*

तुग्र m. N. pr. 1) *des Vaters von* Bhuǵju. — 2) eines Feindes des Indra.

*तुग्रिय = तुग्र्य.

(तुग्र्य) तुग्रिअ 1) m. Patron. des Bhuǵju. — 2) f. आ a) Pl. *das Geschlecht des* Tugra. — b) * *Wasser.*

(तुग्र्यावृध्) तुग्रिआवृध् Adj. *am* Tugrja *sich freuend, gern bei ihm seiend.*

तुग्वन n. *Furt.*

तुङ्ग 1) Adj. (f. आ) *emporstehend, gewölbt, hoch* (auch in übertr. Bed.). — 2) m. a) *Anhöhe, Berg.* — b) *der Höhestand eines Planeten.* — c) *Höhe* in übertr. Bed. so v. a. *Thron.* — d) *Rottleria tinctoria* (*der Baum und das Holz davon*). — e) * *Cocosnuss.* — f) * *Rhinoceros.* — g) * *der Planet Mercur.* — h) N. pr. eines Mannes. — 3) f. आ a) * *Mimosa Suma.* — b) * *Tabaschir.* — c) *ein best. Metrum* — d) N. pr. eines Flusses. — 4) * f. ई a) *eine Art Ocimum.* — b) *Gelbwurz.* — c) *Nacht.* — d) Bein. der Gaurî Gal. — 5) * n. *Staubfaden der Lotusblüthe.*

तुङ्गक 1) * m. *Rottleria tinctoria.* — 2) n. N. pr eines Waldes. Auch तुङ्गकारण्य n.

तुङ्गकूट N. pr. eines Wallfahrtsortes.

तुङ्गत्व n. *Höhe* (auch in übertr. Bed.).

तुङ्गधन्वन् m. N. pr. eines Fürsten.

तुङ्गनाभ m. *ein best. Insect.*

तुङ्गनास Adj. *eine hohe Nase habend* Pat. zu P. 1,3,2.

तुङ्गप्रस्थ m. N. pr. eines Berges.

तुङ्गबल m. N. pr. eines Kriegers.

तुङ्गबीज n. *Quecksilber.*

तुङ्गभ n. *das Haus, in welchem der Höhestand*

eines Planeten stattfindet, der Höhestand.

तुङ्गभद्र 1) *m. *ein brünstiger Elephant.* — 2) f. आ N. pr. eines Flusses. °नदीतीर्थ n., °माहात्म्य n.

*तुङ्गमुख m. *Rhinoceros.*

तुङ्गवेणा f. N. pr. eines Flusses.

*तुङ्गशेखर m. *Berg.*

तुङ्गशैल m. N. pr. eines *Berges* mit einem Tempel des Çiva. °माहात्म्य n.

तुङ्गात्मन् Adj. *hochstehend* Spr. 2580.

तुङ्गिन् 1) Adj. *den Höhestand einnehmend* (Planet). — 2) *f. °नी *eine best. Pflanze.*

तुङ्गिमन् m. *Höhe, Erhabenheit* Vikramâñkak. 18, 26. 30.

तुङ्गीनास m. *ein best. Insect.*

*तुङ्गीपति m. *der Mond.*

*तुङ्गीश m. 1) *der Mond.* — 2) *die Sonne.* — 3) Bein. *a)* Çiva's. — *b)* Kṛshṇa's.

तुङ्गेश्वर m. N. pr. eines Tempels des Çiva.

तुङ्गेश्वरापण m. N. pr. eines *Marktes.*

तुच् (nur Dat. तुचे॑) *Kinder, Nachkommenschaft.*

तुच्छ 1) Adj. *leer, nichtig* Ind. St. 9,162. Subst. *ein nichtiges Ding* Chr. 169,31. — 2) f. आ *a) die Indigopflanze.* — *b) kleine Kardamomen* Bhâvapr. 1,188. — *c) der 14te lunare Tag* Ind. St. 10,297. — 3) *n. *taubes —, leichtes Korn.*

*तुच्छक 1) Adj. = तुच्छ 1). — 2) f. तुच्छिका *eine Bachstelzenart* Gal.

तुच्छत्व n. *Leere, Wesenlosigkeit, Nichtigkeit.*

तुच्छदय Adj. *unbarmherzig* Naish. 8,24.

*तुच्छद्रु m. *Ricinus communis.*

*तुच्छधान्य und *°क n. *taubes —, leichtes Korn.*

तुच्छप्राय Adj. *ziemlich nichtssagend* Prasannar. 150,14. fgg.

तुच्छय्, °यति *leer —, arm machen.*

तुच्छी Adv. mit कर् *als nichtig betrachten, geringschätzen.*

(तुच्छ्य) तुच्छ्य॑ 1) Adj. *leer, nichtig.* — 2) n. *Leere.*

1. तुज् 1) तुज॑ति, °ते, तुञ्ज॑ति, °ते, तुजा॑ने, तुञ्जा॑न (einmal) und तु॑ञ्जमान. *a) schlagen, stossen, schnellen,* überh. *in rasche, heftige Bewegung versetzen;* Med. auch *an einander schlagen* oder *in heftige Bewegung gerathen.* तूतुजा॑न und तू॑तुजान *eilig, rasch, eifrig.* — *b) ausdrücken, hinausschnellen, ausspritzen;* Med. *sich ergiessen.* — *c) anstossen,* so v. a. *anreizen, antreiben, fördern, instigare* ṚV. 1,143,6. Pass. *aufgebracht sein.* — 2) *तुञ्जति (दानकर्मन्, पालने, बलने, बले, प्राणे, हिंसायाम्). — 3) *तोजति (हिंसायाम्). — Caus. 1) तुज॑यति *in rascher Bewegung —, im Lauf sein.* — 2) *तुञ्जयति (भाषार्थे oder भासार्थे). — 3) *तुञ्जयति und *तोजयति (हिंसायाम्, बले, आदाने, दाने, निकेतने). — Mit आ in आतुजि॑ und आतु॑जे.

2. तुज् 1) Adj. etwa *drängend, treibend.* — 2) Subst. (nur तुजा॑ und तुजे॑) *Anstoss, Antrieb, Andrang, Angriff.*

3. तुज् (nur तुज॑म् und तुजे॑) *Kinder, Nachkommenschaft.*

*तुज = तुञ्ज = वज्र.

तुज॑से Dat. Inf. zu 1. तुज्.

1. तुजि॑ (nur तुज॑ये) *Zeugung, Fortpflanzung.*

2. तु॑जि m. N. pr. eines Schützlings des Indra.

(तुज्य) तुजिष्य॑ Adj. *zu stossen, zu schnellen, anzutreiben.*

तुञ्ज॑ m. 1) *Ruck, Anstoss, Anlauf.* — 2) * = वज्र.

तुञ्जीन m. N. pr. verschiedener Fürsten.

*तुट्, तुटति (कलहकर्मणि). — तोटयति Râgat. 6, 248 fehlerhaft für त्रोटयति.

तुटि (*m. f.) *kleine Kardamomen* Utpala zu Varâh. Bṛh. S. 78,1.

तुटितुट Adj. als Beiw. Çiva's (= क्लिष्ट Nîlak.).

*तुटुम m. *Maus* oder *Ratte.*

*तुड्, तुडति und तोडति (तोडने, वधे, भेदे, उपहरणे, उपहनने). — Caus. तोडयति.

तुडिग m. N. pr. eines Fürsten.

तुडी f. *eine best.* Râgiṇî S.S.S. 35.

*तुड्ड्, तुड्डति (अनादरे).

*तुण्, तुणति (कौटिल्ये).

*तुणि und *°क m. *Cedrela Toona.*

*तुण्ड्, तुण्डते (तोडने, निष्पीडने). — उत्तुण्डित und अनुत्तुण्डित s. bes.

तुण्ड 1) n. (adj. Comp. f. आ) *a) Schnabel* (Gaut.), *Rüssel, Schnauze.* — *b) Mund, Maul* (verächtlich) Çaṁk. zu Bâdar. 2,2,28 (S. 570, Z. 4). — *c) Spitze* in अयस्तुण्ड und धूस्तुण्ड Bâlar. 232,8. — *d) Anführer* Dhûrtan. 4. — *e)* = तुन्द *Schmerbauch* Ind. St. 15, 399. — 2) m. *a)* **Cucumis utilissimus.* — *b)* **Beninkasa cerifera.* — *c)* Bein. Çiva's; nach Nîlak. = मुख = सर्वभक्षक. — *d)* N. pr. eines Rakshas. — 3) f. ई *eine Gurkenart* Spr. 6773.

*तुण्डकेरिका f. *die Baumwollenstaude.*

तुण्डकेरी f. dass. Bhâvapr. 1,209.

*तुण्डदेव m. N. pr. eines Volksstammes oder *einer best. Klasse von Menschen.* °भक्त Adj. *von solchen bewohnt.*

तुण्डि 1) *m. *Schnabel, Schnauze.* — 2) f. *a) Luftgeschwulst des Nabels* (bei Säuglingen). — *b)* **Nabel.* — तुण्डी s. u. तुण्ड.

तुण्डिक 1) Adj. *mit einem Rüssel versehen.* — 2) *f. तुण्डिका *a) Nabel.* — *b) Momordica monadelpha.* — *c) Coccinia grandis.*

तुण्डिकेर 1) m. Pl. N. pr. eines Volkes MBh. 7, 17,19 (die ältere Ausg. Sg. *ein Fürst dieses Volkes*). — 2) f. ई *a) Momordica monadelpha.* — *b)* **die Baumwollenstaude.* — *c) ein best. Abscess am Gaumen.*

तुण्डिकेरि (metrisch) f. = तुण्डिकेर 2) *c).*

*तुण्डिकेरिका f. *die Baumwollenstaude* Râgan. 4,191.

तुण्डिकेरिन् m. *ein best. giftiges Insect.*

*तुण्डिकेशी f. *Momordica monadelpha.*

*तुण्डिचेल n. *eine best. kostbare Kleidung* (buddh.).

तुण्डिभ Adj. *einen hervorstehenden Nabel habend* Harshak. 200,3.

तुण्डिल Adj. 1) dass. Çâñkh. Gṛhj. 4,19. — 2) **plauderhaft, geschwätzig.*

तुण्डै॑ल m. *ein best. schädliches* oder *gespenstisches Wesen.*

तुतात oder *तुतातित m. (vgl. तौतातित) Bein. Kumârila's.

तुतुर्व॑णि Adj. *herbeizubringen —, zu gewinnen strebend.*

तुत्थ 1) (*m.) n. *a) blauer Vitriol* (auch als Collyrium gebraucht). — *b)* **Feuer.* — 2) *f. आ *a) die Indigopflanze.* — *b) kleine Kardamomen.* — 3) *n. *a) Collyrium.* — *b) Stein, Felsblock.*

तुत्थक n. *blauer Vitriol.*

*तुत्थय्, °यति (आवरणे).

*तुत्थाञ्जन n. *ein Collyrium von blauem Vitriol.*

तुथ॑ m. in einer Formel Maitr. S. 1,3,12. Nach Mahîdh. = ब्रह्मरूप. तुथ Kap. S.

1. तुद्, तुद॑ति, (वि) तुदते (einmal), Partic. तुन्न॑; *stossen, stacheln, stechen, geisseln, zerstossen.* Pass. *stechen* (intrans.) von Wunden Kâraka 6,13. Bisweilen mit नुद् verwechselt. — Caus. तोदयति *stacheln.* — Intens. तोतुद्यते *gestachelt werden.* — Mit अनु, °तुन्न *wiederholt gestossen.* — Mit अव, °तुन्न *abgestossen* Kâraka 2,1. — Mit आ *stossen gegen, anstacheln, aufstossen, anpicken, aufreizen.* — Mit उद् *aufstossen, aufreissen,* Taitt. Âr. 4,39,1. — Mit नि *einstossen, einbohren.* — नि॑ तुन्दते ṚV. 1,58,1 nach Aufrecht fehlerhaft für नु॑ तन्दते. — Mit अनुनि *einstossen, einbohren.* — Mit निस् *zerstechen.* Pass. *stechen* (intrans.) Kâraka 1,17. — Mit परि 1) *ringsum stechen* Kâraka 1,18. — 2) *zerstampfen.* — Mit प्र *einhauen auf, stacheln.* — Caus. *stacheln, antreiben.* — Mit प्रति in प्रती॑तोद. — Mit वि 1) *zerstechen, stechen, geisseln, aufreissen* (den Erdboden). — 2) ein musikalisches Instrument *schlagen, — spielen* Bhâg. P. ed. Bomb. 4,8,38. 12,40. — Caus. (वि तुदाय॑सि) *stechen.* — Mit सम् 1) *ste-*

chen, geisseln. — 2) प्ररोक्तान् *Keime treiben, hervorbrechen.*

2.°तुद्द Adj. *stechend.*

तुद 1) Adj. *stossend, anstossend an* (im Comp. vorangehend). — 2) *m. N. pr. eines Mannes.

तुंन v. l. für तुंन Nachkommenschaft.

*तुन्द्, तुन्दति (चेष्टायाम्). Zu नि तुन्दते vgl. unter 1. तुद्द mit नि.

तुन्द 1) *m. f. (ई) *Nabel.* — 2) n. *a) Schmerbauch* Spr. 4596 (Conj. für तुद्); vgl. Ind. St. 15, 399. — *b) Bauch.* — 3) * Adj. *schmerbäuchig.*

*तुन्दकूपिका und *°कूपी *Nabel.*

*तुन्दपरिमार्ज Adj. *der sich den Bauch zu streichen pflegt.*

*तुन्दपरिमार्जक Adj. *dumm, einfältig* Gal.

*तुन्दपरिमृज Adj. *träge, indolent.*

*तुन्दवत् Adj. *schmerbäuchig.*

*तुन्दि 1) m. N. pr. eines Gandharva. — 2) f. *a) Nabel.* — *b) Luftgeschwulst des Nabels.*

*तुन्दिक 1) Adj. *schmerbäuchig.* — 2) f. आ *Nabel.*

*तुन्दिकर m. *Nabel.*

*तुन्दित und *तुन्दिन् Adj. *schmerbäuchig.*

*तुन्दिभ Adj. 1) dass. — 2) *einen hervorstehenden Nabel habend.*

तुन्दिल 1) Adj. *a) dickbäuchig* Çâṅkh. Gṛhj. 4, 19 (तुण्डिल v. l.). Mân. Gṛhj. 2,10. Harshak. 200,3. — *b)* = तुन्दिभ 2). — 2) * m. Bein. Gaṇeça's Gal.

*तुन्दिलफला f. *Cucumis utilissimus.*

तुन्दिलित Adj. *dickbäuchig geworden* Naish. 4,56.

तुन्न 1) Adj. s. u. 1. तुद्. — 2) *m. *Cedrela Toona.*

तुन्नक m. = तुन्न 2) Bhâvapr. 1,234.

तुन्नवाय m. *Schneider.*

तुन्नसेवनी f. 1) *Wundnath* (in der Chirurgie). — 2)**a suture of the skull.* तून्नसेविनी (!) Bhâvapr. 1,62.

*तुप्, तुपति und तोपति (हिंसायाम्).

*तुफ्, तुफति und तोफते dass.

तुबर 1) Adj. *a) adstringirend.* — *b)* *bartlos. 2) * m. *eine best. Kornart.* — 3) * f. ई *a) Cajanus indicus.* — *b) Koriander.* — *c) alaunhaltiger Thon* und *Alaun.* — *d) Hündin.*

तुबरक 1) m. *a) eine best. Kornfrucht geringerer Art.* — *b) ein best. Baum.* — 2) * f. °रिका *a) Cajanus indicus.* — *b) alaunhaltiger Thon* und *Alaun.*

*तुबरयावनाल m. *eine best. Kornart.*

*तुबरीशिम्ब m. *Cassia Tora.*

तुभ्, *तोभते, *तुभ्यति und तुभ्नाति (Bhatt.) *durch einen Schlag verletzen, tödten.*

*तुभ m. = स्तुभ *Bock.*

तुमल fehlerhaft für तुमुल.

तुमिञ्ज m. N. pr. eines Mannes.

तुमुन् Bez. der *Infinitivendung* तुम् 229,9.

*तुमुर = तुमुल.

तुमुल 1) Adj. (f. आ) *geräuschvoll, lärmend, von einem Geräusch, Geschrei* oder *Lärm begleitet.* — 2) m. (nur MBh. 7,154,21; v. l. n.) und n. *Lärm, verworrenes Geschrei, tumultus.* — 3) * m. *Terminalia Bellerica.*

*तुमूल = तुमुल.

*तुम्प्, तुम्पति (हिंसायाम्). — Mit प्र, °स्तुम्पति *mit den Hörnern stossen.*

*तुम्फ्, तुम्फति (हिंसायाम्).

*तुम्ब्, तुम्बति (अर्दने). — Caus. तुम्बयति (अर्दने, अदर्शने).

तुम्ब 1) m. f. (ई) *Flaschengurke, Lagenaria vulgaris* (*die Pflanze* und *die Frucht*) Ind. St. 14,397. — 2) * f. आ *Milcheimer.* — 3) * f. ई *Asteracantha longifolia.*

*तुम्बक 1) m. = तुम्ब 1). — 2) f. तुम्बिका *a)* dass. — *b) eine wilde Gurkenart* Râǵan. 3,42.

तुम्बर 1) *ein best. Baum.* *n. *die Frucht* Madanav. 69,72. — 2) m. N. pr. *a)* Pl. eines Volkes Hariv. 1,5,20. तुम्बुर v. l. — *b)* eines Gandharva Pañkad.; vgl. तुम्बुरु. — 3) * f. ई *a) alaunhaltiger Thon.* — *b) Hündin.* — *c) eine best. Körnerfrucht* Madanav. 107,46.

*तुम्बरक m. *ein best. Baum* Madanav. 69,72.

तुम्बरु m. N. pr. eines Gandharva. Richtig तुम्बुरु.

तुम्बवन N. pr. einer Oertlichkeit.

तुम्बवीणा Adj. Beiw. Çiva's.

*तुम्बि f. = तुम्ब 1).

*तुम्बिनी f. *eine wilde Gurkenart* Râǵan. 3,42.

तुम्बीवीणा f. *eine Art Laute.* °प्रिय Adj. Beiw. Çiva's.

तुम्बक = तुम्ब 1) (*m.) *die Pflanze*, (*n.) *die Frucht* S. S. S. 117.

तुम्बुकिन 1) Adj. *der beim Singen die Backen aufbläst* S. S. S. 117. — 2) m. *eine Art Trommel* S. S. S. 177.

तुम्बुम m. Pl. N. pr. eines Volkes.

तुम्बुर 1) m. Pl. N. pr. eines Volkes. तुम्बर v. l. — 2) * f. ई *a) Koriander.* — *b) Hündin.*

तुम्बुरु 1) m. N. pr. *a)* eines Schülers des Kalâpin Cit. in der Kâç. zu P. 4,3,104. — *b)* eines Gandharva. — *c)* *eines Dieners des 5ten Arhant der gegenwärtigen Avasarpiṇî. — 2) (*n.) *Koriander* oder *die Frucht von Diospyros embryopteris* (*Xanthoxylon hastile* Mat. med. 132). Auch °रू (metrisch).

तुम्बूरु Mârk. P. 21,60. fehlerhaft für तुम्बुरु 1) *b*).

तुम्र Adj. *feist, kräftig.*

1. तुर् 1) तुरति, °ते *eilig sein, vorwärts dringen, rennen.* — 2) तूर्यति *überwinden* Ṛv. 8,99,5. — 3) *तूर्यते (गतित्वरणहिंसयोः). — 4) *तुतोर्ति (त्वरणे). — Caus. तुरयति und °ते *eilig sein, vorwärts dringen, rennen.* — Desid. तुतूर्षति *vorwärts zu dringen suchen.* — Intens. तर्तुराण *sich vorwärts stürzend, sich überstürzend.* — Vgl. 1. तर्.

2. तुर Adj. *wettlaufend, wettkämpfend, obsiegend.*

3.*तुर Adj. oder Nom. act. von तुर्व्.

1. तुर Adj. *fördernd, Förderer.*

2. तुर Adj. *rasch, bereitwillig, willfährig, promptus.* — Kathâs. 10,108 ist चतुराणि zu schreiben st. च तुराणि.

3. तुर 1) Adj. *a) vermögend, kräftig, stark, überlegen, validus.* — *b) vermögend, reich.* — *c) reich, reichlich, nachhaltig.* — 2) m. N. pr. eines Lehrers und Priesters.

4. तुर Adj. *beschädigt, wund.*

तुरक m. Pl. *die Türken.*

तुरकिन Adj. *türkisch.*

तुरष्क m. Pl. = तुरक.

तुरग 1) m. *a) Pferd* 54, 2. 18. — *b)* Bez. *der Zahl sieben.* — *c)* *Geist, Gedanke.* — 2) f. ई *a) Stute.* — *b)* * *Physalis flexuosa.*

तुरगक्रियावत् Adj. *der mit Pferden zu thun hat* Dhûrtas. in LA. 70,9.

*तुरगगन्धा f. *Physalis flexuosa.*

तुरगदानव und तुरगदैत्य m. *der Dânava (Daitja) in Gestalt eines Pferdes*, Bein. des Keçin.

तुरगनीलताल m. *ein best. Tact.*

तुरगपरिचारक m. *Pferdeknecht* Kâd. 241,2.

*तुरगप्रिय m. *Gerste* Râǵan. 16,34.

*तुरगब्रह्मचर्यक n. *geschlechtliche Enthaltsamkeit aus blossem Mangel an einem Weibe.*

तुरगमुख m. *ein* Kiṃnara 1) *a*) Kâd. 139,9. 148,13.

तुरगमेध m. *Rossopfer.*

तुरगरक्ष m. *Pferdeknecht, Stallmeister.*

तुरगरथ m. *ein mit Pferden bespannter Wagen* Hemâdri 1,282,20.

तुरगलीलक m. *ein best. Tact.*

तुरगसिद्धि f. Titel eines Werkes Opp. Cat. 1.

तुरंगात Adj. *rasch gehend.*

तुरगानन m. Pl. N. pr. eines Volkes.

तुरगारोह und *तुरगिन् m. *Reiter zu Pferde.*

तुरगोपचारक m. *Pferdeknecht, Stallmeister.*

तुरंग 1) m. *a) Pferd.* — *b)* Bez. *der Zahl sieben.* — *c)* * *Geist, Gedanke.* — 2) * f. ई *a) Stute.* — *b) Physalis flexuosa.* — *c) ein dem Judendorn ähnlicher Strauch* Râǵan. 8,61.

*तुरंगक 1) m. *Luffa foetida.* — 2) f. तुरंगिका *eine best. Cucurbitacee* Râǵan. 3,47.

तुरंगगन्धा f. *Physalis flexuosa.*

*तुरंगद्वेषणी f. *Büffelkuh* Râǵan. 19,22.

तुरंगनाथ m. N. pr. eines Mannes.

*तुरंगप्रिय m. *Gerste.*

तुरंगम 1) m. *Pferd.* Nom. abstr. °त्व n. Kâd. 2,91,18. — 2) f. ई *Stute.*

तुरंगमरथ m. *ein mit Pferden bespannter Wagen* Hemâdri 1,283,6.

तुरंगमशाला f. *Pferdestall.*

तुरंगमेध m. *Rossopfer.*

तुरंगलील m. *ein best. Tact* S. S. S. 209.

*तुरंगवक्त्र und *तुरंगवदन m. *ein* Kiṁnara 1) *a*).

*तुरंगस्कन्ध m. *Pferdetrupp.*

तुरंगस्थान n. *Pferdestall.*

तुरंगारि m. 1) *Büffel.* — 2) *Nerium odorum.*

*तुरंगाह्वा f. *Brustbeere* Gal.

तुरंगिन् 1) *m. *a*) *Reiter zu Pferde.* — *b*) *Pferdeknecht.* — 2) f. तुरंगिणी *eine best. Gangart* S. S. S. 253.

1. तुरंगी f. s. तुरंग 2).

2. तुरंगी Adv. mit भू *in ein Pferd verwandelt werden* Kâd. 2,92,2.

तुरण्य Adj. (f. आ) *eilig, behende.*

तुरण्य्, °ण्यति 1) *eilig —, behende sein, sich beeilen.* — 2) *beeilen.*

तुरण्य m. N. pr. eines Rosses des Mondgottes VP.[2] 2,299.

तुरण्यसद् Adj. *unter den Raschen sitzend,* so v. a. *zu den Raschen gehörend.*

तुरण्यु Adj. *eilig, rasch, eifrig.*

तुरम् Adv. *rasch.*

तुरया Adj. *eilig gehend.*

तुरश्रवस् m. N. pr. eines Mannes Tâṇḍja-Br. 9,4,10.

तुरस्क m. N. pr. 1) eines Landes. — 2) eines fürstlichen Geschlechts. — Vgl. तुरुष्क.

तुरस्पेय n. *Eiltrunk.*

तुरायण 1) m. N. pr. eines Mannes. — 2) n. *a*) *ein best. Opfer* oder *Begehung.* — *b*) **schnelles Durchlesen, Durchfliegen* Gal.

तुराषाह् (Nom. °षाट्, vor Vocalen °षाळ्) 1) Adj. *Mächtigen überlegen oder rasch überwindend* (Indra). — 2) m. Bein. Indra's. — Vgl. धरा°

तुरि f. 1) *überlegene Kraft.* Nur Dat. तुर्ये RV. 10,106,4. — 2) *die Bürste des Webers.*

तुरी f. 1) *die Bürste des Webers.* Hierher oder zu 2) Çaṁk. zu Bâdar. 2,1,19. 3,7. — 2) *Weberschiff.* — 3) N. pr. einer Gattin Vasudeva's. Nach Nîlak. = चतुर्थी = शूद्रा.

तुरीप 1) n. *Samenflüssigkeit.* — 2) Adj. *etwa spermaticus.*

*तुरीय्, °यति (गतिकर्मन्).

1. तुरीय (Çat. Br. 14 auch तुरीय und तुरीय) 1) Adj. *a*) *der vierte.* — *b*) *aus vier Theilen bestehend.* — *c*) *im Zustande* 2) *n*) *sich befindend* Ind. St. 9,126. 133. Nom. abstr. °त्व n. 134. — 2) n. *der vierte Zustand der Seele, der magische, in welchem dieselbe mit* Brahman *völlig eins wird,* Ind. St. 9,131.

2. तुरीय 1) Adj. *der vierte* (Theil), *ein Viertel ausmachend.* °यन्त्र n. *Quadrant.* — 2) n. *Viertel.*

तुरीयक Adj. *der vierte* (Theil).

तुरीयकवच n. Titel eines Werkes.

तुरीयभाग m. *Viertel* Bhâg. P. ed. Bomb. 5,16,30. तुरीयमान v. l.

तुरीयभाज् Adj. *theilhabend an einem Viertel,* — von (Gen.).

तुरीयमान n. = तुरीयभाग (v. l.).

तुरीययन्त्र n. Titel eines Werkes.

*तुरीयवर्ण m. *ein* Çûdra.

तुरीयातीत und °तोपनिषद् f. (Opp. Cat. 1) Titel einer Upanishad.

तुरीयादित्य Vâlakh. 4,7 und VS. 8,3 = तुरीयम् आदित्य.

तुरीयार्ध m. n. *Achtel.*

*तुरुरु m. *ein best. Fruchtbaum* gaṇa प्लक्षादि in der Kâç. रुरु v. l.

तुरुष्क 1) m. *a*) Pl. N. pr. eines Volkes, *die Türken.* — *b*) *ein Türke.* — *c*) **ein Fürst der Türken.* — *d*) **das Land der Türken.* — 2) (*m. n.) *Olibanum* Varâh. Bṛh. S. 77,9. 23. 26. 30.

तुरुष्ककर्पूर Adj. *aus Olibanum und Kampfer bestehend* Hemâdri 1,416,20 (तुरुष्कर्पूर gedr.).

तुरुष्कगौड m. *ein best.* Râga S. S. S. 101. 106.

तुरुष्कदत्त m. N. pr. eines Mannes B. A. J. 1,286.

तुर्फरि Adj. = क्षिप्रहन्तर् Nir.

तुर्फरीतु Adj. = हन्तर् Nir.

तुर्य 1) Adj. *a*) *der vierte.* — *b*) *ein Viertel ausmachend.* *°भिक्षा f. *ein Viertel des Almosens.* °यन्त्र n. *Quadrant.* — *c*) = सर्वसाक्षिन् (Comm.) Bhâg. P. 6,5,12. — 2) n. *a*) *Viertel.* — *b*) = 1. तुरीय 2).

तुर्यवह् (stark °वाह्, Nom. °वाट्) Adj. *im vierten Jahre stehend* (Rind), m. *ein solches Rind* Maitr. S. 3,11,11. 13,17. f. तुर्यौही *eine solche Kuh.*

तुर्या f. *überlegene Kraft.*

तुर्याश्र Adj. *viereckig* Hemâdri 1,131,6.

तुर्यौही s. u. तुर्यवह्.

तुर्व्, तुर्वति, *Partic. तूर्ण. 1) *überkommen, überwältigen, überholen.* — 2) *überkommen machen, zum Sieg verhelfen, erretten.* — Mit प्र *retten* RV. 5,65,4.

तुर्व m. N. pr. = तुर्वश.

तुर्वणि Adj. *überlegen, überwältigend* (mit Acc.), *siegreich.*

तुर्वणे Dat. Inf. zu तुर्व् 1). Mit Acc. RV. 6,46,8. mit attrahirtem Dat. 8,12,19.

तुर्वश m. N. pr. eines arischen Stammhelden, gewöhnlich in Verbindung mit यदु. Pl. *sein Geschlecht.* तुर्वशा यदू Du. Turvaça und Jadu.

तुर्वसु m. N. pr. eines Sohnes des Jajâti und Bruders des Jadu.

तुर्वीति m. N. pr. eines Mannes.

तुल्, *तोलति, तोलयति (ausnahmsweise in übertragener Bed.), तुलयति, °ते (metrisch). 1) *aufheben.* — 2) *durch Aufheben eines Dinges sein Gewicht bestimmen, wägen, abwägen, mit etwas Anderm zusammenhalten und genau prüfen, mit prüfendem Misstrauen ansehen.* गुरुलाघवतस्तोलयेत (°येत्?) Ḱaraka 3,8. — 3) *im Gewicht gleich machen mit, gleichschätzen, gleichstellen, vergleichen;* mit Instr., Gen. (nur Spr. 1713) oder einem Adv. auf °वत्. — 4) *Jmd die Wage halten, sich messen können mit, gleichen, in gleichem Maasse besitzen, erreichen;* mit Acc. — Mit आ *aufheben.* — Mit उद् 1) *aufheben.* — 2) *aufrichten, errichten.* — 3) *wägen.* — 4) *erregen.* कोपम् Dhûrtan. — Mit सम् *abwägen, gegen einander abwägen.*

तुल 1) m. = 2) *c*) Utpala zu Varâh. Bṛh. 11, 2. fgg. 18,5. 25 (23),8. Ind. St. 14,355. — 2) f. आ *a*) *Wage, Wagschale; Gewicht.* Acc. mit अधि-रुह्, आ-रुह् oder समा-रुह् *sich auf die Wagschale stellen, sich messen können mit* (Instr.) 251,6. Acc. oder Loc. (ausnahmsweise) mit dem Caus. von अधि-रुह् u. s. w. *auf die Wagschale legen, abwägen; auf die Wage —,* so v. a. *auf's Spiel setzen* (vgl. संशयतुला) Spr. 1682. Instr. mit धर् *auf der Wage halten, abwägen, Jmd oder Etwas* (Acc.) *vergleichen mit* (Instr.) Spr. 7641. कपोततुलया धर् *mit der Taube abwägen.* तुला मे सर्वभूतेषु समा तिष्ठति *bei mir haben alle Wesen gleiches Gewicht,* so v. a. *ich mache keinen Unterschied unter ihnen.* — *b*) *gleiches Gewicht, Gleichheit, Aehnlichkeit,* — mit (Instr.). Acc. mit कर् *Etwas* (Acc.) *an Gewicht gleich machen mit* (Gen.). Mit इ, गम् (Bâlar. 258,20), आ-या oder आ-लम्ब् (Prasannar. 111,18) *gleichkommen, Aehnlichkeit haben mit* (Instr. oder in Comp. mit तुलाम्). Mit धा *Etwas* (mit तुलाम्

componirt) *gleichen*. Mit न भू *mit Nichts verglichen werden können, seines Gleichen nicht haben* PRASANNAR. 16,13. Mit dem Pass. von नी *Jmd* oder *Etwas* (Gen.) *ähnlich werden*. तुला देवदत्तस्य नास्ति so v. a. D. *hat nicht seines Gleichen*. — c) *die Wage im Thierkreise, das 7te Zeichen in einem nach Art des Zodiakus eingetheilten Kreise*. — d) *ein best. Gewicht*, = 100 Pala. — e) *Querbalken* (?) VARÂH. BRH. S. 53,30.

तुलकुचि m. N. pr. eines Fürsten.

तुलन 1) n. a) *das Aufheben*. — b) *das Abwägen, Abschätzen*. — c) * *eine best. hohe Zahl* (buddh.). — 2) f. ग्रा *Gleichheit mit* (Instr. oder im Comp. vorangehend) Spr. 7743. PRASANNAR. 36,9.

*तुलभ m. N. pr. eines Kriegerstammes. उलभ v. l.

*तुलभोय m. *ein Fürst der* Tulabha.

*तुलसारिणी f. *Köcher*.

तुलसि (metrisch), °का und तुलसी f. *Basilienkraut*. °सीमाहात्म्य n. OPP. Cat. 1.

*तुलसीद्वेषा f. *eine Art Basilienkraut*.

*तुलसीपत्त्र n. *ein Blatt des Basilienkrauts als Ausdruck einer geringen Gabe*.

*तुलसीविवाह m. *ein best. Festtag am 12ten Tage in der lichten Hälfte des* Kârttika.

*तुलसीवृन्दावन n. *ein kleiner Altar*, — *eine viereckige Erhöhung vor dem Hausthor, worauf Basilienkraut gepflanzt wird*.

तुलाकावेरीमाहात्म्य n. Titel eines Werkes OPP. Cat. 1.

तुलाकोटि m. (*f.) 1) *das Ende des Wagebalkens* Spr. 842. — 2) *Fussreif* (als Schmuck) VIKRAMÂṄKAK. 10,65. KÂD. 64,4. Auch *°कोटी f. — 3) * *ein best. Gewicht*. — 4) * *zehn Millionen*.

तुलाकोष m. *das Wägen auf der Wage* VARÂH. BRH. S. 26,10.

तुलागुड m. *eine Art Kugel* (als Geschoss).

*तुलाघट m. 1) *Wagschale*. — 2) *Ruder*.

तुलाधर m. *die Wage im Thierkreise*.

तुलाधार 1) Adj. *die Wage tragend*. — 2) m. a) * *der Strick, an dem die Wage hängt*. — b) * *Kaufmann*. — c) * *die Wage im Thierkreise*. — *) N. pr. eines Kaufmannes.

तुलाधारण n. *das Wägen* JÂGN. 2,100.

तुलाधिरोह m. *Wagniss* PRASANNAR. 140,15.

°तुलाधिरोहण Adj. *sich messen könnend mit, gleichend* RAGH. 19,8.

तुलापद्धति f. Titel eines Werkes.

तुलापुरुष m. 1) *Gold oder andere Kostbarkeiten im Gewichte eines Mannes* HEMÂDRI 1,157,6. 251,1. — 2) Bein. Vishṇu's oder Kṛshṇa's HEMÂDRI 1,182,23. — 3) *eine best. Kasteiung*.

तुलापुरुषदानप्रकरण n. Titel eines Werkes.

*तुलाप्रग्रह und *°प्रग्राह m. *der Strick, an dem die Wage hängt*.

*तुलाबीज n. *die Beere von Abrus precatorius*.

तुलाभवानी f. und °पुर n. N. pr. einer Stadt.

तुलाभार m. = तुलापुरुष 1) HEMÂDRI 1,250,21. 251,1.

तुलायष्टि f. *Wagebalken* Spr. 842, v. l.

तुलायोग m. Pl. *die verschiedenen Anwendungen der Wage* 208,30.

तुलावन्त् Adj. *mit einer Wage versehen*.

तुलावरार्ध und °र्ध्य Adj. *mindestens eben so viel an Gewicht* SÂMAV. BR. 2,7,9.

*तुलासूत्र n. *der Strick, an dem die Wage hängt*.

*तुलि f. 1) *die Bürste der Weber*. Auch *तुली. — 2) *Pinsel*.

*तुलिका f. *eine Art Bachstelze*.

*तुलिनी und *तुलिफला f. *die Baumwollenstaude*. Richtig तू°.

तुलिम Adj. *wägbar, was gewogen wird* NÂR. 8,3.

तुल्य 1) Adj. (f. ग्रा) a) *einer Person oder Sache das Gleichgewicht haltend, gleich*, — *viel*, — *bedeutend*, — *artig, von gleichem Stande, entsprechend*. Das womit verglichen wird, im Instr., Gen.. Instr. mit सह (ausnahmsweise) oder im Comp. vorangehend: das Tertium comparationis im Instr., Loc. oder im Comp. vorangehend (ausnahmsweise). तुल्यम् und तुल्य° Adv. *in gleicher Weise*, — *wie* (Instr. oder im Comp. vorangehend). — b) *geeignet zu* (Instr.). — c) *gerade*. — 2) n. *eine Art Tanz* S. S. S. 259.

°तुल्यकन्त Adj. *gleich* VENIS. 79. Spr. 7782.

तुल्यकर्मक Adj. *dasselbe Object habend* P. 3,4,48, Sch.

तुल्यकाल Adj. *gleichzeitig*, — *mit* (Instr.) MBH. 3,134,24. Nom. abstr. °त्व n.

तुल्यकालीय Adj. dass.

तुल्यकुल्य Adj. *von gleicher Familie*; m. *ein Verwandter* Spr. 4102.

तुल्यगुण Adj. *von gleichen Eigenschaften, gleich gut* ÂPAST.

तुल्यजातीय Adj. *gleichartig, ähnlich* 244,2.

तुल्यतर्क m. in der Dramatik *eine gegründete Vermuthung*.

तुल्यता f. 1) *Gleichheit*, — *mit* (Instr. oder im Comp. vorangehend), — *an* (Instr.). — 2) *Gleichheit des Ortes, Conjunction* (astron.)

तुल्यत्व n. *Gleichheit*, — *mit* (Instr. oder im Comp. vorangehend).

तुल्यदर्शन Adj. *der auf Alles mit gleichem, gleichgültigem Auge sieht*.

तुल्यनामन् Adj. *gleichnamig* MBH. 1,101,7.

तुल्यनिन्दास्तुति Adj. *dem Tadel und Lob gleich viel gelten* BHAG. 12,19.

*तुल्यपान n. *gemeinschaftliches Trinken, Trinkgelage*.

तुल्यभावना f. *the combining of like sets*.

तुल्ययोगिता f. *eine best. rhetorische Figur* KÂVJAPR. 10,18.

तुल्ययोगोपमा f. in der Rhetorik *Gleichstellung ungleichartiger Gegenstände in Bezug auf eine Handlung*.

तुल्यलक्षण SÂH. D. 744 fehlerhaft für °लक्ष्मण.

तुल्यलक्ष्मन् Adj. *dasselbe Merkmal habend* SÂH. D. (1828) 360,7.

तुल्यवयस् Adj. *von gleichem Alter* PÂR. GṚHJ. 3,8,17.

तुल्यशस् Adv. *gleichmässig, zu gleichen Theilen*.

तुल्यशुद्धि f. *equal subtraction* BÎGAG. 159.

तुल्यश्रुति Adj. *gleichlautend, in gleichem Casus stehend*. Nom. abstr. °त्व n. GAIM. 2,1,10.

तुल्यान्तरम् Adv. *in gleichen Pausen* MṚKKH. 48,22.

तुल्यार्थ Adj. *gleich reich* Spr. 2584.

तुल्यावस्थ Adj. *sich in gleicher Lage befindend mit* (Gen.) RAGH. 12,80.

*तुल्वल m. N. pr. eines Mannes; s. तौल्वलि.

तुवि॑ 1) Adj. = बहु. Nur in den folgenden Zusammensetzungen. — 2) *f. *Flaschengurke*.

तुविकू॒र्मि॑ und °कूर्मिन् (RV.) Adj. *mächtig im Thun, thatkräftig*.

तुविक्रतु Adj. *viel vermögend* RV.

तुविक्ष॑ Adj. vielleicht *höchst verderblich*. Nach NIR. = बहुविक्षेप oder महाविक्षेप.

तुविक्षत्र॑ Adj. (f. ग्रा) *mächtig herrschend*.

तुविग्र॑ Adj. *viel verschlingend*.

तुविग्राभ॑ Adj. *mächtig erfassend*.

तुविग्रि॑ Adj. = तुविग्र॑.

तुविग्री॑व Adj. *starknackig*.

तुविजात॑ Adj. *mächtig geartet, gewaltig, herrlich* (von Göttern).

तुवि॑देष्ण Adj. *reichliche Gaben habend*.

तुविद्युम्न॑ Adj. *hochherrlich, viel vermögend*

तुविनृम्ण॑ Adj. *sehr tapfer*, — *muthig*.

तुविप्रति॑ Adj. *mächtig widerstehend, kräftig zum Widerstand*.

तुविबाध॑ Adj. *Viele bedrängend*, — *peinigend*.

तुवि॑ब्रह्मन् Adj. *sehr andächtig*, — *fromm*.

तुविमघ॑ Adj. = तुवीमघ॑.

तुविमन्यु Adj. *sehr eifernd. — grimmig* RV.

तुविमात्रे Adj. *sehr wirksam.*

तुविम्रक्ष Adj. *sehr verderblich.*

तुविराधस् Adj. *reichlich gewährend.*

तुविवाज Adj. (f. आ) *nahrungsreich, stärkend.*

तुविशग्म Adj. *viel vermögend* RV.

तुविशुष्म Adj. *überaus muthig.*

तुविश्रवस् Adj. *hochberühmt.*

तुविष्टम Adj. *der überlegenste, stärkste, validissimus.*

तुविष्मणीम् TS. 3,3,11,2 fehlerhaft für °ष्वणीस्.

तुविष्मत् Adj. *kraftvoll, mächtig, vermögend.*

तुविष्वणस्, °ष्वणि und °ष्वन् Adj. *mächtig rauschend, stark tönend, laut rufend.*

तुविस् in तुविष्टम und तुविष्मत्.

तुवी f. *eine Art Composition* S. S. S. 165.

तुवीमघ Adj. *reich spendend.*

तुवीरव Adj. *mächtig brüllend, dröhnend.*

तुवीरवस् Adj. (Nom. °वान्) wohl dass.

(तुव्योजस्) तुविग्रीजस् Adj. *sehr stark, übermächtig.*

1. तुश्, तोशते *träufeln* (intr.). Nach den Erklärern = पीयते, अभिषूयते oder हन्यते. — Mit नि 1) *herabträufeln* (intr.) — 2) *träufeln* (trans.), *spenden.* — 3) *वधकर्मन्. — Caus. तोशयति 1) *spenden.* — 2) *वधकर्मन्.

2. तुश्, तोशते 1) *befriedigt sein, sich erlaben an* (Instr.). — 2) *beschwichtigen.*

तुष्, तुष्यति (metrisch auch Med.) 1) *sich beruhigen, sich zufrieden geben, sich zufrieden fühlen, seine Freude haben, — an Jmd* (Gen., Dat., Instr., Loc. oder Acc. mit प्रति) oder *Etwas* (Instr. oder ausnahmsweise Adv. auf तस्). तुष्ट *zufriedengestellt, befriedigt, zufrieden;* Construction wie beim Verbum fin. oder mit der Ergänzung componirt. — 2) *Jmd zufrieden stellen, Jmd zu Gefallen sein;* mit Acc. — Caus. 1) तोषयति und °ते (metrisch) *beschwichtigen, zufriedenstellen, Jmd zu Gefallen sein;* mit Acc. der Person und Instr. der Sache. आत्मानम् *sich zufrieden geben.* तोषित *zufriedengestellt, befriedigt, erfreut, — von* oder *durch* (Instr. oder im Comp. vorangehend). — Mit अभि *sich zufrieden fühlen, seine Freude haben.* — Mit उप Caus. (°तोषयति) *zufriedenstellen durch* (Instr.). — Mit परि *sich vollkommen zufrieden geben mit* (Instr.), — *fühlen, sich sehr freuen, grosse Freude haben an* (Loc. 170,1. ते *an dir*). परितुष्य Absol. *aus Freude.* परितुष्ट *vollkommen befriedigt, — zufriedengestellt durch* (Instr.), — *zufrieden, — froh.* परितुष्टार्थ Hariv. 6518 fehlerhaft für परिदृष्टार्थ. — Caus. (°तोषयति) *Jmd vollkommen beschwichtigen, — zufriedenstellen, Jmd überaus zu Gefallen sein, — mit* (Instr.). — Mit प्र *Gefallen finden an* (Instr.). — Caus. (प्रतोषयति) *Jmd zufriedenstellen durch* (Instr.). — Mit संप्र *sich zufrieden fühlen.* — Mit सम् *sich beruhigen, sich zufrieden fühlen, zufrieden sein mit* (Instr.), *seine Freude haben an* (Instr.). संतुष्य *aus Freude.* संतुष्ट *zufriedengestellt, befriedigt, zufrieden, — mit* (Instr. oder im Comp. vorangehend), *genügsam.* — Caus. (संतोषयति und metrisch °ते) *Jmd zufriedenstellen, zu Gefallen sein, erfreuen durch* (Instr.), *beschenken mit* (Instr.).

तुष m. 1) *Hülse des Reises, Getraides* u. s. w., *Spelze.* — 2) **Terminalia bellerica.*

तुषखण्डन n. *das Zermalmen von Hülsen,* so v. a. *ein nutzloses Bemühen* Spr. 677.

*तुषग्रह m. *Feuer.*

*तुषज Adj. *aus Hülsen entstanden.*

*तुषजक m. N. pr. eines Çûdra.

तुषधान्य n. *Spelzfrucht.*

तुषपक्व Adj. (f. आ) *an Spreufeuer getrocknet* Maitr. S. 3,2,4 (Kap. S. 32,4). TS. 5,2,4,2. Çat. Br. 7,2,1,7. Kâtj. Çr. 17,1,23.

तुषय्, तुषयति *sich zufrieden fühlen* RV. 10,27,16.

*तुषसार m. *Feuer.*

तुषस्प m. N. pr. eines Mannes.

तुषाग्नि und तुषानल m. *Spreufeuer.*

तुषाम्बु n. *saurer Reis — oder Gerstenschleim.*

तुषार 1) Adj. (f. आ) *kalt.* — 2) m. *a)* Sg. und Pl. *Frost, Kälte; Nebel, Thau, Reif, Schnee; Staubregen.* — *b) Kampfer* Bhâvapr. 4,94. — *c)* Pl. N. pr. eines Volkes VP. 4,24,14 (einer Dynastie). तुखार die schlechteren Ausgaben.

तुषारकण m. *Schneeflocke.*

तुषारकर (Vikramâṅkak. 14,41. Prasannar. 148, 20. Dhûrtan. 44) und तुषारकिरण (Kâd. 2,18,2) m. *der Mond.*

तुषारगिरि m. der Himâlaja.

तुषारगौर m. *Kampfer* Râgan. 12,61. Rt. 1,6.

तुषारद्युति m. *der Mond.*

तुषारपतन n. *Schneefall* 87,1.

तुषाररश्मि m. *der Mond.*

तुषारर्तु m. *die kalte Jahreszeit, Winter.*

तुषारवर्ष m. *Schneefall.*

तुषारवर्षिन् Adj. *schneiend, Schnee bringend.*

तुषारशिखरिन् m. der Himâlaja Harshak. 143,17.

तुषारशैल m. dass. Vikramâṅkak. 13,7.

तुषारस्रुति f. *Schneefall.*

तुषारांशु m. *der Mond.*

तुषाराद्रि m. der Himâlaja.

तुषित 1) m. *a)* Pl. *eine best. Gruppe von Göttern* (12 und *36 an der Zahl). °पुर n. *ihre Stadt.* — *b)* Bein. Vishṇu's Vishṇus. 98,47. — 2) f. आ N. pr. der Gattin des Vedaçiras.

तुषितकायिक Adj. *zur Gruppe* Tushita *gehörig* Lalit. 43,3.

*तुषोत्थ m. und तुषोदक n. (Râgan. 15,92. Bhâvapr. 2,56) *saurer Reis- oder Gerstenschleim.*

तुष्ट 1) Adj. s. u. तुष्. — 2) m. N. pr. eines Fürsten VP.[2] 4,99.

तुष्टि f. 1) *Befriedigung, Zufriedenheit.* Im Sâmkhja werden 9 Arten derselben angenommen. Personificirt Hariv. 9498. als Tochter Daksha's und Mutter Samtosha's oder Muda's, als Tochter Paurṇamâsa's (VP.[2] 1,153), als eine aus den Kalâ der Prakṛti hervorgegangene Göttin, als eine Mâtṛkâ und als eine Çakti (Hemâdri 1,197,21). — 2) *ein best. Sechzehntel des Mondes.* — 3) * *eine best. Pflanze,* = वृद्धि Râgan. 5,29.

तुष्टिमत् 1) Adj. *zufrieden* Nilak. zu Hariv. 3,86, 16. — 2) m. N. pr. eines Fürsten.

*तुष्ठ m. *ein am Ohr getragener Edelstein.*

तुष्य Adj. als Beiw. Çiva's nach Nilak. = तुष्टिमत्.

*तुस्, तोसति (शब्दे).

*तुस्त m. n. *Staub.*

*तुह्, तोहति (अर्दने).

तुहण्ड Hariv. 1,3,87 fehlerhaft für तुहुण्ड 1).

तुहर und तुह्वार m. N. pr. zweier Wesen im Gefolge Skanda's.

तुहिन 1) n. *a) Kälte; Nebel, Thau, Reif, Schnee.* Auch Pl. — *b)* **Mondlicht.* — *c)* **Kampfer.* — 2) *f. आ *ein best. Baum,* = शुकनास.

तुहिनकण m. *Schneeflocke.*

तुहिनकर m. *der Mond* Kâd. 2,87,2.

तुहिनकरसुता f. Patron. des Flusses Narmadâ Viddh. 97,8.

तुहिनकिरण m. *der Mond.*

तुहिनकिरणपुत्र m. *der Planet Mercur.*

तुहिनक्ष्माभृत् und तुहिनगिरि (Kâd. 17,20) m. Himâlaja.

तुहिनगिरिमय Adj. *vom* Himalaja *gebildet* Prasannar. 59,5.

तुहिनगु, तुहिनद्युति, तुहिनदीधिति (Vikramâṅkak. 11,37), तुहिनमयूख (104,19) und तुहिनरश्मि m. *der Mond.*

तुहिनशर्करा f. *Eisscholle, Eis.*

तुहिनशैल m. der Himâlaja Harshak. 199,19.

तुहिनांशु m. 1) *der Mond.* — 2) **Kampfer.* °तैल n. *Kampferöl.*

तुहिनाचल und तुहिनाद्रि m. der Himâlaja.

तुङ्कुण्ड m. N. pr. 1) eines Dânava. — 2) eines Sohnes des Dhṛtarâshṭra.

तुख m. N. pr. eines Mannes. Pl. *sein Geschlecht.*

*तूड्, तूडति (तोडने, अनादरे).

*तूण्, तूणयति (संकोचने), °ते (पूरणे).

तूण 1) m. f. (ई) *Köcher.* Häufig im Du. — 2) f. ई *a) eine best. Nierenkrankheit. — b)* *die Indigopflanze.*

तूणक 1) am Ende eines adj. Comp. *Köcher* Khandom. 77. — 2) n. *ein best. Metrum.*

*तूणधार m. *Köcherträger.*

तूणव m. *Flöte* Âpast. Çr. 5,8,2.

तूणवध्म m. *Flötenbläser.*

तूणवन्त् Adj. *mit einem Köcher versehen.*

तूणि m. 1) *Köcher.* — 2) N. pr. eines Fürsten.

*तूणिक m. *Cedrela Toona* Râgan. 12,76.

तूणिन् 1) Adj. *mit einem Köcher versehen.* — 2) *m. *Cedrela Toona.*

1. तूणी f. s. u. तूण.

2. तूणी Adv. mit कर् *zu einem Köcher machen.*

*तूणीक (Râgan. 12,76) und *तूणीकान्त (Gal.) m. *Cedrela Toona.*

तूणीर m. *Köcher.* Statt तूणीरारण्यथ MBh. 6,2288 liest die ed. Bomb. 6,54,55 तूणीरानघ.

तूणीरवन्त् Adj. *mit einem Köcher versehen.*

तूणीराय्, °यते *einen Köcher darstellen.* पुष्पबाणबाणातूणीरायमाण *einen Köcher für die Pfeile des Liebesgottes darstellend* Daçak. 34,22.

तूणीशय Adj. *im Köcher steckend.* एक° MBh. 8,40,6.

तूत m. *Maulbeerbaum* Madanav. 69,68. Bhâvapr. 1,246.

*तूतक n. *blauer Vitriol.*

1. तूतुजि Adj. *rasch, behende.*

2. तूतुजि Adj. *fördernd,* mit Gen. ṚV. 10,22,3.

*तूतुजिन् Adj. v. l. für 1. तूतुजि.

तूतुम Adj. etwa *ausgiebig.*

तूथ v. l. für तुथ Kap. S. 3,3.

*तूद 1) m. *a) die Baumwollenstaude. — b) Maulbeerbaum* Mat. med. 321. — *c) Thespesia populneoides* Râgan. 9,97. — 2) f. ई N. pr. einer Gegend.

तूनसेविनी (!) f. s. तुनसेवनी 2).

तूपर Adj. 1) *ungehörnt* (als anomale Erscheinung); m. *eine hornlose Ziege.* — 2) *abgestumpft* (यूप) Âpast. Çr. 18,1.

*तूबर 1) Adj. *adstringirend.* — 2) m. *a) ein ungehörnter Stier. — b) ein bartloser Mann. — c) Eunuch. — d) Andropogon bicolor* Gal. — 3) f. ई *alaunhaltiger Thon.*

तूबरक 1) m. *Castrat* (als Schimpfwort). — 2) *f. रिका *alaunhaltiger Thon.*

*तूबरीका f. *alaunhaltiger Thon.*

तूय 1) Adj. *kräftig, stark.* — 2) तूयम् Adv. *schnell, geschwind.* — 3) *n. *Wasser.*

1. तूर्, तूर्यति und °ते s. 1. तुर्.

2. तूर् 1) *Adj. *eilend.* — 2) f. *Eile, Geschwindigkeit, rasche Bewegung.* Instr. *eiligst, alsbald* MBh. 2,72,10.

तूर 1) *m. *ein musikalisches instrument.* — 2) f. ई *Stechapfel* Bhâvapr. 1,203.

तूर्घ्न n. N. pr. des nördlichen Theils von Kurukshetra.

तूर्ण Partic. 1) * von तुर्व्. — 2) von त्वर्; s. daselbst.

तूर्णक m. *eine Reisart* Karaka 1,27.

तूर्णग Adj. *schnell laufend.*

तूर्णाश n. etwa *Wassersturz.*

तूर्णि 1) Adj. *eilig, behende; gewandt, eifrig.* — 2) *m. *a) der Geist. — b) ein* Çloka. — *c) Flecken, Unreinigkeit.* — 3) *f. *Hast, Eile.*

(तूर्णार्थ) तूर्णिमर्थ Adj. *zum Ziele eilend, seinen Zweck verfolgend.*

1. तूर्त in अतूर्त.

2. तूर्त Adj. *eilig, schnell.*

तूर्ति in विश्वतूर्ति.

1. °तूर्य n. Nom. abstr. zu 2. तुर्.

2. तूर्य (*m.) n. (adj. Comp. f. आ) *ein musikalisches Instrument.*

3. तूर्य Adj. *der vierte.*

4. तूर्य m. N. pr. einer Familie.

*तूर्यखण्ड und *तूर्यगण्ड m. *eine Art Pauke.*

तूर्यमय Adj. *Musik bildend,* — *seiend.*

*तूर्यमाण oder *°मान.

*तूर्यांश m. *Viertel.*

तूर्व् s. तुर्व्.

तूर्वयाण 1) Adj. etwa *überwältigend.* — 2) m. N. pr. eines Mannes.

तूर्वि Adj. *überlegen.*

*तूल्, तूलति, तूलयति (निष्कर्षे, इयत्तापरिच्छेदे), तूलयते (पूरणे). — *अनुतूलय् s. bes.

तूल 1) n. *Rispe, Wedel, Büschel am Grashalm, — Schilf* u. s. w. P. 3,1,25. मूलं तूलं वृहति *reisst Wurzel und Rispe ab, so v. a. vernichtet Vorfahren und Nachkommen* Âpast. — 2) (*m.) n. *Baumwolle.* — 3) *m. *Stechapfel.* — 4) *f. आ *a) Docht. — b) die Baumwollenstaude.* — 5) f. ई *a)* *Docht.* — *b)* *Pinsel. — c) Baumwolle. — d) eine mit Baumwolle gestopfte Matratze. — e)* *die Indigopflanze.* — 6) *n. *a) Maulbeerbaum. — b) Luft.*

तूलक 1) n. *Baumwolle.* — 2) f. तूलिका *a)* *Rispe, Wedel. — b)* *Pinsel. — c)* *Docht. — d) eine mit Baumwolle gefüllte Matratze. — e)* *eine Form zum Giessen von Metall. — f)* Titel eines Werkes Opp. Cat. 1.

*तूलकण n. *Baumwollenflocke.*

तूलकणाय्, °यते *eine Baumwollenflocke darstellen, werthlos erscheinen* Dh. V. 4,7.

*तूलकार्मुक n. und *तूलचाप m. *ein bogenförmiges Werkzeug zum Auseinanderzupfen von Baumwolle.*

*तूलनाला, *°नालिका und *°नाली f. *Spinnrocken.*

तूलपटी f. *eine mit Baumwolle gefüllte Matratze.*

*तूलपिचु m. *Baumwolle.*

*तूलपीठी f. *Spindel* Gal.

*तूलफल m. *Calotropis gigantea* Râgan. 10,28.

तूलमूल N. pr. einer Oertlichkeit.

*तूललासिका f. *Spindel* Gal.

तूलवती f. *eine mit Baumwolle gestopfte Decke* Bhâvapr. 3,117.

*तूलवृक्ष m. *die Baumwollenstaude.*

*तूलशर्करा f. *der Same der Baumwollenstaude.*

*तूलशोधन n. und *°शोधिनी f. = तूलकार्मुक Gal.

*तूलसेचन n. *das Spinnen.*

*तूलि f. *Pinsel.* Vgl. तूली u. तूल.

तूलिक m. *Baumwollenhändler.* — तूलिका f. s. u. तूलक.

तूलिनी f. 1) *die Baumwollenstaude.* — 2) *ein best. Knollengewächs* Râgan. 7,114.

*तूलिफला f. *die Baumwollenstaude.*

*तूष्, तूषति (तुष्टौ).

तूष m. n. *Zipfel, Einfassung* oder *Franse eines Gewandes.*

तूषाधान n. *die Stelle, wo die Fransen angesetzt werden,* TS. 6,1,1,3.

तूष्णींशंस m. *ein schweigend zu recitirender Spruch.*

*तूष्णींशील Adj. *schweigsam.*

तूष्णींस्थिति n. *das Stillsein, Schweigen.*

तूष्णींहोम m. *eine schweigend dargebrachte Spende* TS. 6,3,7,2.

तूष्णीक Adj. *schweigend* 135,30. Mâlatim. ed. Bomb. 37. Comm. °कम् (Mân. Çr. 1,7,3) und °काम् Adv.

तूष्णींगङ्ग n. N. pr. eines Tîrtha.

तूष्णींजप m. *ein schweigend gesprochenes Gebet* Ind. St. 13,276.

तूष्णीभाव m. wohl fehlerhaft für तूष्णींभाव.

तूष्णीम् Adv. *stille, schweigend.*

तूष्णींभाव m. *das Stillsein, Schweigen.*

*तूष्णींभावम् Absol. *stille, schweigend* P. 3,4,63.

*तूष्णीशील Adj. wohl fehlerhaft für तूष्णींशील.

तूस्त n. 1) Staub. — 2) *Sünde. — 3) *Atom. — 4) *Flechte.

*तृंहण n. Nom. act. von तर्ह्.

*तृंहणीय Partic. fut. pass. von तर्ह्.

*तृक्त m. N. pr. eines Mannes.

*तृक्तस् n. v. l. für त्वक्तस् Naigh. 2,9.

*तृक्ताक m. N. pr. eines Mannes.

तृक्षि m. N. pr. eines Fürsten.

*तृख n. Muskatnuss.

तृच m. n. eine aus drei Versen bestehende Strophe. °कॢप्त Adj. in solche Strophen getheilt. Nom. abstr. °त्व n. Sâj. zu Ait. Br. 3,43.

तृचभागा f. der erste Vers des ersten, der mittlere des zweiten und der dritte des dritten Parjâja eines Tṛka Lâṭj. 6,5,1. 4. 5. 7. 7,4.

तृचभास्कर m. Titel eines Rechtsbuchs Cat. Kielh. 175.

तृचिन् Adj. einen Tṛka enthaltend Ait. Br. 3.43.

तृढ Partic. von तर्ह्.

तृण 1) (*m.) n. (adj. Comp. f. आ) Gras, Kraut, ein halmartiges Gewächs, Grashalm, Stroh. Häufig als Bild der Winzigkeit und Werthlosigkeit. तृणेषु ज्वलितं त्वया im Grase hast du dein Feuer brennen lassen, so v. a. du hast leichtes Spiel gehabt. तृणवत् oder तृणमत्सरतः (MBh. 3,281,17) कर् so v. a. Jmd (Acc.) auf das Tiefste verachten. तृणं मन् (Vikramâṅkak. 15,6), समर्थय् (ebend. 16,13), तृणाय न मन् (ebend. 10,52) und तृणबुद्धिं धा (mit Loc. ebend. 17,37) den geringsten Werth auf Etwas legen, geringschätzen. — 2) m. N. pr. eines Fürsten.

तृणक 1) n. ein werthloser Grashalm. — 2) m. N. pr. eines Mannes.

*तृणकर्ण m. N. pr. eines Mannes. Pl. sein Geschlecht.

*तृणकाण्ड n. ein Haufen —, eine Menge Gras.

*तृणकीया f. ein grasreicher Ort.

*तृणकुङ्कुम n. kaschmirischer Crocus Râǵan. 12,42.

तृणकुटि f. (Sâj. zu Sâmav. Br. 3,9,1), *°कुटी f., °कुटीर (Spr. 1772) und °कुटीरक Gras —, Strohhütte.

तृणकूट m. n. ein Haufen Gras.

*तृणकूर्चिका f. Besen.

*तृणकूर्म m. Flaschengurke.

*तृणकेतकी f. eine Art Tabaschir.

*तृणकेतु und *°क (Râǵan. 7,34) m. Bambusrohr.

*तृणगड m. eine Art Seekrabbe.

तृणगणना f. das keinen Werth Legen auf (Loc.) Vikramâṅkak. 6,2.

तृणगणाय्, °यते einen Haufen Gras darstellen, nicht den geringsten Werth haben.

*तृणगन्धा f. Batatas paniculata.

*तृणगोधा f. eine Art Eidechse, Chamäleon.

*तृणगौर n. = तृणकुङ्कुम Râǵan. 12,42.

*तृणग्रन्थि f. eine best. Pflanze Râǵan. 3,80.

*तृणग्राहिन् m. Sapphir oder ein anderer Edelstein Râǵan. 13,183.

*तृणचर m. eine Art Edelstein.

*तृणजम्भन् Adj. grasähnliche Zähne habend oder Gras fressend.

तृणजलायुका und °जलूका f. Raupe.

तृणतन्तु m. Grashalm MBh. 12,261,21.

1.*तृणता f. Nom. abstr. zu तृण 1).

2.*तृणता f. Bogen.

*तृणत्व n. Nom. abstr. zu तृण 1).

*तृणत्वच m. eine Grasart Gal.

*तृणद्रुम m. Palme.

*तृणधान्य m. wilder Reis.

तृणध्वज m. Bambusrohr Bhâvapr. 1,204.

*तृणनिम्बा f. eine in Nepal wachsende Nimba-Art Râǵan. 9,17.

तृणप m. N. pr. eines Gandharva.

*तृणपञ्चमूल n. eine Zusammenstellung von fünf Wurzeln grasartiger Pflanzen Mat. med. 266.

*तृणपत्त्रिका f. eine Schilfart Râǵan. 8,127.

*तृणपत्त्री f. ein best. Gras Râǵan. 8,148.

*तृणपदी f. grashalmähnliche Beine habend.

*तृणपर्णी f. = तृणपत्त्री Gal.

तृणपाणि m. N. pr. eines Ṛshi.

तृणपीड n. eine Art Handgemenge.

तृणपुरुषक m. Strohmann Kâd. 252,1.

तृणपुलक (am Ende eines adj. Comp. Harshak. 180,7) und °पुली f. (Kâd. 251,15) Grasbüschel.

*तृणपुष्प 1) n. = तृणकुङ्कुम Râǵan. 12,42. — 2) f. ई eine best. Pflanze Râǵan. 10,73.

*तृणपूलक = तेजनी.

तृणपूलिक eine best. menschliche Missgeburt.

*तृणपूली f. Matte, Rohrwerk.

तृणप्राय Adj. grasreich.

*तृणबल्वजा f. Eleusine indica Râǵan. 8,97.

तृणबिन्दु m. N. pr. eines alten Weisen und Fürsten.

तृणबिन्दुसरस् n. N. pr. eines Sees.

तृणबीज, *°क und *°बीजोत्तम (Râǵan. 16,85) m. Panicum frumentaceum.

तृणभुज् Adj. Gras fressend; m. Grasfresser.

तृणभूत Adj. 1) dünn geworden wie ein Grashalm. — 2) schwach geworden wie ein Grashalm, um alle Macht gekommen.

*तृणमणि m. eine Art Edelstein.

*तृणमत्कुण m. fehlerhaft für *ऋण°.

तृणमय Adj. aus Gras bestehend, — gemacht zu Spr. 5602.

तृणय्, °यति so gering anschlagen wie einen Grashalm, mit Acc. Naish. 9,70.

तृणराज् m. die Weinpalme.

तृणराज m. 1) dass. Râǵan. 9,86. Mat. med. 248. — 2) *Cocosnussbaum. — 3) *Bambusrohr. — 4) Zuckerrohr. — Bhâvapr. 1,91 (eingeschoben) werden sieben Bäume dieses Namens aufgezählt.

तृणराजन् m. die Weinpalme.

तृणलव m. Grashalm 169,26. Spr. 2388.

तृणवत् Adj. grasreich.

*तृणवृक्ष m. 1) Fächerpalme. — 2) Dattelpalme. — 3) Cocosnussbaum. — 4) Arecanussbaum. — 5) Pandanus odoratissimus.

*तृणशीत 1) n. ein best. wohlriechendes Gras. — 2) f. आ Commelina salicifolia und auch andere Species Râǵan. 4,109.

तृणशून्य 1) m. Jasminum Sambac. — 2) *m. f. n. die Frucht von Pandanus odoratissimus.

तृणशूली f. eine best. Pflanze.

*तृणशोणित n. = तृणकुङ्कुम Râǵan. 12,42.

तृणशोषक m. eine best. Schlangenart.

*तृणशौण्डिका f. eine Achyranthes-Art.

*तृणषट्पद m. Wespe.

*तृणस Adj. grasreich.

तृणसंवाह Adj. das Gras in Bewegung setzend (Wind) Âpast.

तृणसार 1) Adj. schwach —, weich wie Gras. — 2) *f. आ Musa sapientum.

तृणसारी Adv. mit कर् schwach —, weich wie Gras machen.

*तृणसिंह m. Axt.

तृणसोमाङ्गिरस् m. N. pr. eines der 7 Opferpriester Jama's.

तृणस्कन्द m. N. pr. eines Mannes.

*तृणहर्म्य m. eine aus Gräsern geflochtene Laube auf einem Hause.

*तृणांह्रिप m. ein best. Gras. Richtig तृणाधिप.

तृणाग्नि m. ein durch Gräser genährtes (schnell verlöschendes) Feuer.

तृणाङ्कु m. N. pr. eines alten Weisen.

तृणाङ्कुर m. junges Gras 183,4.

*तृणाङ्घ्रिप m. तृणांह्रिप. Richtig तृणाधिप.

*तृणाञ्जन (Gal.) und *तृणाञ्जन m. Eidechse, Chamäleon.

*तृणाटवी f. ein grasreicher Wald.

*तृणाढ्य m. ein best. Gras.

तृणाद Adj. Gras fressend.

*तृणाधिप m. *ein best. Gras* Râǵan. 8,135.

*तृणान्न *wilder Reis.*

तृणामच्छ N. pr. eines Heiligthums.

*तृणाम्ल n. *ein best. Gras.*

*तृणारि m. *eine Art Mollugo.*

तृणावर्त m. N. pr. eines Daitja.

तृणावल्लीतीर्थ n. N. pr. eines Tîrtha.

तृणाश (Spr. 2591), तृणाशन und तृणाशिन् Adj. *Gras fressend; m. Grasfresser, Wiederkäuer.*

*तृणासृज n. *ein best. Parfum.*

तृणी Adv. mit कर् *einem Grashalm gleich achten, auf Nichts anschlagen* Naish. 3,54. Spr. 7629. 7659.

*तृणीय von तृण.

*तृणेतु m. *ein best. Gras* Râǵan. 8,97.

तृणेन्द्र m. *die Weinpalme.*

*तृणोत्तम m. *eine Art Crocus* Râǵan. 8,126.

*तृणोत्थ m. *ein best. Parfum* Râǵan. 12,42.

तृणोदक n. Sg. *Gras und Wasser* 33,6. MBh. 5,42,30, v. l.

तृणोदकभूमि n. Sg. *Gras, Wasser und ein Platz* (zum Sitzen) Gaut. 5,35.

*तृणोद्भव 1) m. *wilder Reis.* — 2) *ein best. Parfum.*

तृणोलप n. Sg. *Gras und Buschwerk* MBh. 5,42,30. Kâd. 136,18.

तृणोल्का f. *ein brennender Grasbüschel.*

*तृणौकस् n. *Gras —, Strohhütte.*

*तृणौषध n. *die wohlriechende Rinde von Feronia elephantum.*

तृण्ण Partic. von तर्द्.

तृण्मन् n. (तृण्म) AV. 6,102,2 fehlerhaft für तृण्या (तृण्यां).

*तृण्या f. *ein Haufen —, eine Menge Gras.*

तृतय Kathâs. 10,107 fehlerhaft für त्रितय.

1. तृतीय 1) Adj. (f. आ) *der dritte.* °म् Adv. *drittens, zum dritten Mal* 37,12. 38,9. तृतीयेन *beim dritten Male.* — 2) m. a) *der dritte Consonant in einem* Varga, *die unaspirirte Media.* — b) *ein best. Tact* S. S. S. 207. — 3) f. तृतीया a) *der dritte Tag im Halbmonat.* — b) *die Endungen des 5ten Casus, der dritte Casus, Instrumental* 209,23. 210,20.

2. तृतीय 1) Adj. *den dritten Theil bildend.* — 2) n. *Drittel* 66,1.

तृतीयक 1) Adj. a) *jeden dritten Tag wiederkehrend, tertianus.* — b) **zum dritten Mal erfolgend.* — c) *der dritte.* — 2) f. तृतीयिका *der dritte Tag im Halbmonat.*

तृतीयकरणी f. *die Seite eines Quadrats, dessen Flächeninhalt* = 1/3 *eines gegebenen Quadrats ist,* Çulbas. 1,47.

तृतीयता f. Nom. abstr. zu 1. तृतीय 2) a).

तृतीयत्व n. Nom. abstr. zu 1. तृतीय 1) Comm. zu TS. Prât.

तृतीयदिवस m. *der dritte Tag.* Loc. *übermorgen* 157,6.

*तृतीयप्रकृति f. 1) *Eunuch.* — 2) *ein Neutrum.*

तृतीयसवन n. *die dritte Soma-Kelterung* (am Abend).

तृतीयस्वर n. Name eines Sâman.

1. तृतीया f. s. u. 1. तृतीय.

2. *तृतीया Adv. mit कर् *zum dritten Mal pflügen.*

1. तृतीयांश m. *Drittel.*

2. तृतीयांश Adj. *ein Drittel als Antheil erhaltend.*

तृतीयासमास m. *ein Compositum, in welchem das vordere Glied als Instrumental zu fassen ist.*

*तृतीयिक Adj. von तृतीय.

तृतीयिन् Adj. 1) *im dritten Rang stehend.* — 2) *ein Drittel als Antheil erhaltend* Comm. zu Njâjam. 3,7,26.

तृत्सु m. Sg. und Pl. N. pr. eines Volksstammes.

तृदिल Adj. *löcherig, porös.*

तृन् *die Endung des Nom. ag. auf* तृ (तर्), *wenn das Nomen den Accent auf der Wurzel hat,* 238,23. 32. 33.

तृप in असु°, पशु° und शिश्नोदर°.

तृप 1) Adj. in अ° und असु°. — 2) *f. आ *eine best. Pflanze.*

तृपत् 1) Adv. *mit Behagen, zur Genüge.* — 2) *m. *der Mond.* — 3) *m. oder n. *Sonnenschirm.*

तृपल 1) Adj. *unruhig, ängstlich.* °म् Adv. — 2) *f. तृपला a) *Schlingpflanze.* — b) *die drei Myrobalanen;* richtig त्रिफला.

तृपलप्रभर्मन् Adj. etwa *unruhig vorwärts drängend.*

*तृपाय्, °यते Denom. von तृपत्.

*तृपु m. *Dieb.*

तृप्त 1) Adj. s. u. तर्प्. — 2) n. *ein best. Metrum.*

तृप्तता f. *das Sattsein, Befriedigtsein.*

तृप्तांशु Adj. *schwellende Stengel habend* (Soma).

*तृप्ताय्, °यते *sich satt —, sich befriedigt fühlen.*

तृप्ति und तर्प्ति 1) f. *Sättigung, das Gesättigtsein, Genüge, Befriedigung; das Sattsein, Ekel.* n. (!) Spr. 3273. — 2) *m. N. pr. eines Gandharva Gal.

तृप्तिकर und °कारक (165,18) Adj. *befriedigend.*

तृप्तिघ्न Adj. *Appetitlosigkeit vertreibend* Mat. med. 2.

तृप्तिदीप m. Titel eines Prakarana in der Pañkadaçî.

*तृप्तिन् Adj. *gesättigt, befriedigt.*

तृप्तिमत् Adj. *befriedigt, Befriedigung findend an* (Loc.).

तृप्तियोग m. *Sättigung, Befriedigung* Spr. 2594.

तृप्ती Adv. mit कर् *befriedigen, erfreuen* Naish. 8,30.

तृप्र 1) Adj. (f. आ) *unruhig, hastig, ängstlich.* °म् und तृप्र° Adv. — 2) m. = चरु, पुरोडाश u. s. w. RV. 8,2,5 nach Sâj.

तृप्रदंशिन् Adj. *hastig beissend* AV. 7,56,3.

*तृप्रालु Adj. = तृप्रं न सहते.

*तृफला f. = त्रिफला.

*तृफु f. *eine Schlangenart.*

तृंभि m. *Strahl* Taitt. Âr. 1,11,3.

*तृम्फण n. Nom. act. von तर्फ्.

*तृम्फणीय Partic. fut. pass. von तर्फ्.

तृवृत् f. = त्रिवृत् *Ipomoea Turpethum.*

तृष् 1) Adj. *begierig nach* in अर्थ°. — 2) f. a) *Durst.* — b) **heftiges Verlangen, Begier.* — c) *personif. als *Tochter des Liebesgottes.*

*तृषम Adj. = ह्रस्व.

तृषा f. 1) *Durst* 168,30. — 2) *heftiges Verlangen, Begier.* — 3) *personif. als *Tochter des Liebesgottes.* — 4) **Methonica superba.*

*तृषाभू f. *Urinblase.*

तृषारोग m. *eine best. Krankheit.*

तृषार्त Adj. 1) *von Durst geplagt* 153,8. Ind. St. 15,329. — 2) *heftig verlangend, Begier em findend* Spr. 5887.

*तृषाह्व 1) n. *Wasser.* — 2) f. आ *eine Art Fenchel.*

तृषित 1) Adj. s. u. तर्ष्. — 2) *n. *Durst.*

*तृषितोत्तरा f. *eine best. Pflanze.*

तृषु Adj. *gierig, avidus, heftig auf Etwas zufahrend, flink.* Auch als Adv.

तृषुच्यवस् und तृषुच्युत् Adj. *sich gierig hinbewegend.*

तृष्ट Adj. (f. आ) (*dürr, trocken*) *rauh, kratzend; holperig; heiser, rauh* (Stimme).

तृष्टजम्भ Adj. *ein rauhes Gebiss habend* AV.

तृष्टदंशमन् Adj. *einen rauhen Biss habend.*

तृष्टधूम Adj. *einen scharfen, beissenden Hauch habend* (Schlange).

तृष्टवन्दन Adj. (f. आ) *einen rauhen Ausschlag habend, schäbig* AV.

तृष्टामा f. N. pr. eines Flusses.

तृष्टिका Adj. f. *rauh, schäbig, widerlich.*

*तृष्णक Adj. *begierig, heftig nach Etwas verlangend.*

तृष्णज् Adj. *durstig.*

तृष्णा f. 1) *Durst.* — 2) *Begier, Habsucht, heftiges Verlangen nach* (im Comp. vorangehend). —

3) personif. als Mutter des Dambha, als Tochter des Todes u. s. w.

*तृष्णाक्षय m. *das Verschwinden des Verlangens, Gemüthsruhe.*

तृष्णाघ्न Adj. *den Durst löschend.*

तृष्णामार् m. *das Verschmachten, Verdursten.*

*तृष्णारि m. *eine best. Pflanze.*

*तृष्णावृत्री f. gaṇa वनस्पत्यादि.

तृष्यावत् Adj. *durstig.*

तोदिष्ठम् Adv. *am stechendsten, am heissesten* TBr. 1,5,3,2. 6,6,3. Taitt. Âr. 2,13,1.

तेग m. Pl. (nach Mahîdh. तेगा f. Sg.) VS. 25,1 von unbekannter Bed. Es könnte auch स्तेग gemeint sein.

*तेज्, तेजति (पालने).

तेज 1) m. *a) Nom. act. von* तिज्. — *b)* N. pr. eines Mannes. — 2) f. आ *die 13te Nacht im* Karmamâsa.

*तेजःपत्र n. *das Blatt der Laurus Cassia* Mat. med. 224.

तेजःपाल m. N. pr. eines Mannes B. A. J. 1,100.

तेजःप्रभ n. *ein best. mythisches Geschoss.*

*तेजःफल m. *ein best. Fruchtbaum* Râǵan. 11,217.

तेजन 1) n. *a) das Schärfen. — b) das Entzünden. — c) Pfeilschaft. — d) Rohr, Rohrstab. — e)* *Saccharum Sara und *andere Species.* — 2) f. तेजनी *a) ein Geflecht —, ein Gebund von Schilf, Stroh u. s. w.; Bündel, Bausch, manipulus. — b)* *Sanseviera Roxburghiana. — c)* *Cardiospermum Halicacabum.* — Vgl. तेजन.

*तेजनक m. *Saccharum Sara.*

*तेजनिन् Adj. = विकट Comm. zu Lâṭj. 9,2,27.

तेजनीदन्त m. *ein ungewöhnlich grosser, hervorstehender Zahn* (?) Lâṭj. 9,2,27.

*तेजपत्र n. = तेजःपत्र.

तेजवत् 1) *Adj. fehlerhaft für तेजोवत्. — 2) f. °वती fehlerhaft für तेजोवती.

तेजवल्कल m. *Zanthoxylon Rhetsa* Bhâvapr. 1,174.

तेजस् n. 1) *Schärfe, Schneide.* — 2) Sg. und Pl. *Feuer, Glanz, Licht, Glut, Hitze.* तेजोद्वय n. *Sonne und Mond.* — 3) *das glänzende, gesunde Aussehen des menschlichen Körpers, Glanz, Schönheit.* — 4) *die feurige und Farbe erzeugende Kraft im menschlichen Organismus, welche in der Galle ihren Sitz hat.* — 5) *Kraft, Wirksamkeit, Energie, Lebenskraft, das Wirksame —, der wesentliche Gehalt einer Sache, Blüte, Zierde.* — 6) *heftiges Wesen, energische Abwehr jedes Angriffes auf die Persönlichkeit.* — 7) *geistige und moralische, auch magische Kraft, — Wirkung; Einfluss, Ansehen, Hoheit, Würde, imponirendes Wesen.* — 8) *eine glanzvolle, würdevolle Erscheinung, eine bedeutende Persönlichkeit.* — 9) *der männliche Same.* — 10) in der Philosophie = रजस् *die den Geist verdüsternde Leidenschaftlichkeit;* vgl. तैजस 1) *d*). — 11) **Mark.* — 12) **Galle* Râǵan. 21,8. — 13) **frische Butter.* — 14) **Gold* Râǵan. 13,9. — 15) mystische Bez. *des Lautes* र. — 16) तेजसे Dat. Inf. zu तिज् RV. 1,55,1. 3,2,10.

°तेजस n. = तेजस् 7) oder 8).

तेजसामधीश m. *die Sonne* Harshaʼ. 139,9.

तेजःसिंह m. N. pr. eines Mannes.

तेजस्कर Adj. *Kraft —, Lebenskraft u. s. w. verleihend.*

तेजस्काम Adj. 1) *nach Kraft, nach Lebenskraft strebend.* — 2) *nach Einfluss, Ansehen, Wirksamkeit, Hoheit strebend.*

तेजस्काय Adj. *dessen Körper Licht ist* Âpast.

तेजस्त्व n. 1) *das Wesen des Feuers oder Lichts.* — 2) *der Gattungsbegriff* तेजस्.

तेजस्पद n. *das Zeichen hoher Würde.*

तेजस्य Adj. *ansehnlich, herrlich.*

तेजस्वत् 1) Adj. *a) brennend, leuchtend, glänzend. — b) prächtig, herrlich, schön.* — 2) f. तेजस्वती N. pr. einer Prinzessin.

तेजस्विता f. *energisches, würdevolles, majestätisches Wesen* Harshaʼ. 140,15.

तेजस्वित्व n. 1) *leuchtendes Wesen, Leuchtkraft* MBh. 5,181,7. — 2) = तेजस्विता.

तेजस्विन् 1) Adj. *a) scharf. — b) brennend, leuchtend, glänzend. — c) kräftig, energisch. — d) heftig, auffahrend. — e) Achtung gebietend, würdevoll. — f) Kraft* u. s. w. *verleihend.* — 2) m. N. pr. eines Sohnes des Indra. — 3) *f. तेजस्विनी *Cardiospermum Halicacabum* und = महाज्योतिष्मती.

तेजस्विनितमा und तेजस्विनीतमा Adj. f. *die glänzendste, herrlichste.*

*तेजःसंभव m. *Lymphe.*

तेजःसिंह m. N. pr. eines Astronomen.

तेजःसेन m. N. pr. eines Mannes.

तेजाउर N. pr. einer Oertlichkeit.

तेजाह्वा f. *Scindapsus officinalis* Suçr. 2,26,1.

*तेजिनी f. 1) *eine best. heilkräftige Wurzel.* — 2) *Sanseviera zeylanica.*

तेजिष्ठ Adj. *überaus* 1) *scharf.* — 2) *heiss, leuchtend.* तेजिष्ठम् Adv. — 3) *kräftig, heftig.*

तेजीयंस् Adj. 1) *schärfer* (Geist), *klüger.* — 2) *höher stehend, hoch angesehen.*

तेजेयु m. N. pr. eines Sohnes des Raudrâçva.

*तेजोज n. *Blut* Gal.

तेजोजल n. *Linse des Auges.*

तेजोनाथतीर्थ n. N. pr. eines Tîrtha.

तेजोबिन्दूपनिषद् f. Titel einer Upanishad.

*तेजोबीज n. *Mark.*

तेजोऽभिभवन m. N. pr. eines Dorfes.

*तेजोभीरु f. *Schatten* Râǵan. 21,42.

तेजोमण्डल n. *Feuer —, Lichtscheibe.*

*तेजोमन्थ m. *Premna spinosa.*

तेजोमय Adj. (f. ई) *aus Feuer, Licht oder Glanz bestehend, leuchtend, glanzvoll* 266,17. *klar* (Auge).

तेजोमूर्ति Adj. *ganz aus Licht bestehend.*

तेजोऽमृतमय Adj. *aus Glanz und Nektar bestehend* Hemâdri 1,378,15.

तेजोराशि m. *ein Berg von Glanz u. s. w., lauter Glanz.*

तेजोरूप Adj. *aus lauter Glanz u. s. w. bestehend.*

तेजोवत् 1) Adj. *glänzend.* — 2) f. °वती *a) Scindapsus officinalis. — b)* *Piper Chaba. — c)* *= महाज्योतिष्मती Râǵan. 3,71. — *d)* **eine best. officinelle Wurzel.* — *e)* N. pr. einer Fürstin.

तेजोविद् Adj. *Licht, Glanz u. s. w. besitzend.*

*तेजोवृक्ष m. *Premna spinosa* Râǵan. 9,25.

तेजोवृत्त n. *ein glanzvolles, würdevolles, hohes Benehmen.*

तेजोऽह्वा f. 1) *Zanthoxylon Rhetsa* Bhâvapr. 1,174. — 2) *Cardiospermum Halicacabum.*

*तेड m. v. l. für तेर.

तेदनि und तेदनी f. *Blut oder geronnenes Blut.*

1. तेन Instr. von 1. त. Als Adv. 1) *in der Richtung, dahin;* in Correl. mit येन *in welcher Richtung, wo.* — 2) *in der Weise, so;* in Correl. mit येन *in welcher Weise, wie.* — 3) *in Folge dessen, daher, deshalb;* in Correl. mit येन, यद् (28,19), यस्मात् und यतस् (148,17) *weil.* तेन हि *so — denn.*

2. तेन m. *eine Note oder Cadenz, die einen Gesang einleitet.*

*तेप्, तेपते (क्षरणार्थः; nach Andern *zittern und fallen*).

*तेम m. *das Nasswerden.*

*तेमन 1) n. *a) Feuchtigkeit. — b) das Nassmachen. — c) Brühe, Sauce.* — 2) f. ई *eine Art Ofen.*

तेमिष in *राज°.

*तेर (Râǵan. 5,129) und *तेरण m. *Impatiens balsamina.*

*तेल m. *eine best. hohe Zahl* (buddh.).

*तेलु gaṇa राजन्यादि.

*तेव्, तेवते (देवने; nach Andern *weinen*).

*तेवन n. 1) *Spiel.* — 2) *Vergnügungsgarten.*

*तैकायन und *तैकायनि m. Patron. von तिक.

*तैकायनीय m. *ein Abkömmling* und *ein Schüler des* Taikâjani.

तैदण n. MBH. 5,68 fehlerhaft für तीदणाम् Adv.

*तैदणायन m. Patron. von तीदण.

तैदण्य n. 1) *Schärfe* Spr. 7627. — 2) *Schärfe, brennender Geschmack.* — 3) *scharfes, rauhes Wesen, Strenge.* — 4) *Qual* PRIJ. 5,20 (तैदण्यमव° zu lesen).

*तैग्म्य n. Nom. abstr. von तिग्म.

तैजन Adj. *von der Pflanze* तेजन *oder* तेजनी *kommend* ÂPAST. ÇR. 17,14 (= KÂTH. 21,10).

तैजनिवच् *eine Art Laute.*

तैजसँ 1) Adj. (f. ई) *a) aus Licht —, Glanz entsprungen, — bestehend, glanzvoll* 266,30. — *b) aus glänzendem Stoff, Metall bestehend, metallen* GAUT. — *c) Bez. des bereits gefärbten Speisesaftes.* — *d) mit Drang, Leidenschaftlichkeit behaftet.* — 2) *f. तैजसी *a) Scindapsus officinalis* RÂGAN. 6,14. — *b) langer Pfeffer* GAL. — 3) n. *a)* * *Metall.* — *b)* N. pr. eines Tirtha.

*तैजसावर्तनी und *°वर्तिनी f. *Schmelztiegel.*

*तैतल m. N. pr. eines Mannes.

*तैतलायनि m. Patron. von तैतल.

*तैतिन Adj. 1) *geduldig.* — 2) *zu* Taitikshja *in Beziehung stehend.*

तैतिलव m. Patron. von तितिलु.

*तैतिन्य m. Patron. von तितिन.

तैतिरि m. N. pr. eines Mannes Verz. d. Oxf. H. 55,3 v. u. Vgl. तैतिलि und तैत्तिरि.

तैतिल 1) m. *a)* * *Rhinoceros.* — *b) ein Gott.* — *c)* * = कलिङ्ग. — 2) n. *a) Kopfkissen* KSHURIKOP. 17. 19. *m. VIÇVA im Comm. daselbst. — *b) das 4te* 2. करण 4) *n).*

*तैतिलकद्रू P. 6,2,42.

तैतिलि und *°न् m. N. pr. eines Mannes.

*तैत्तिडीक Adj. = तैत्तिडीक.

तैत्तिर 1) Adj. (f. ई) *a) vom Rebhuhn kommend.* — *b) von* Tittiri (N. pr.) *stammend.* — 2) *m. *a) Rebhuhn.* — *b) Rhinoceros.* — 3) *n. *eine Kette von Rebhühnern.*

तैत्तिरि m. N. pr. verschiedener Männer VP.[2]

तैत्तिरिक m. *Fänger* oder *Züchter von Rebhühnern.*

तैत्तिरीय m. Pl. *eine best. Schule des* Jagurveda 101,25.

तैत्तिरीयक 1) Adj. *zur Schule der* Taittirtja *gehörig* TS. PRÂT. — 2) m. Pl. = तैत्तिरीय.

तैत्तिरीयकसारार्थचन्द्रिका f. Titel eines Werkes.

तैत्तिरीयप्रातिशाख्य n. *das* Prâtiçâkhja *der* Taittirtja.

तैत्तिरीयब्राह्मण n. Titel eines Brâhmaṇa.

तैत्तिरीययजुर्वेद m. *der* Jagurveda *der* Taittirtja. °व्याख्या f. OPP. Cat. 1.

तैत्तिरीयवार्त्तिक n. Titel eines Werkes.

तैत्तिरीयवेद m. *der* Veda *der* Taittirtja.

तैत्तिरीयव्याख्या f. Titel eines Werkes.

तैत्तिरीयशाखा f. *die Schule der* Taittirtja.

तैत्तिरीयशाखिन् Adj. *zur Schule der* Taittirtja *gehörig.*

तैत्तिरीयसंहिता f. *die* Saṁhitâ *der* Taittirtja.

तैत्तिरीयसूत्र n. *ein* Sûtra *der* Taittirtja.

तैत्तिरीयारण्यक n. *ein* Âranjaka *der* Taittirtja.

तैत्तिरीयोपनिषद् f. Titel einer Upanishad. °षट्टीका f., °षत्खण्डार्थ m., °षद्भाष्य n., °षद्भाष्यवार्त्तिक n. und °षद्व्याख्या f. Titel von Werken über diese Upanishad OPP. Cat. 1.

*तैत्तिडीक Adj. (f. ई) *mit einer sauren Brühe von Tamarinden zubereitet.*

तैन्दुक Adj. (f. ई) *von Diospyros embryopteris kommend.*

तैभ n. Name eines Sâman. Richtig तौभ.

*तैमित्य n. *Stumpfsinn, Dummheit* GAL.

तैमिर Adj. रोग m. *Dunkelheit vor den Augen.*

तैमिरिक Adj. *an der Krankheit* तिमिर *leidend* KÂD. 120,13.

तैमिर्य n. *Verfinsterung, Trübung* (der Augen) HÂSJ. 39.

*तैर m., तैरण m. und *तैरणी f. *eine best. Staude.*

तैरभुक्त Adj. von तीरभुक्ति.

तैरश्च (fehlerhaft) und तैरश्च्य n. Name eines Sâman.

तैरोव्यञ्जन Adj. Bez. *eines best.* Svarita.

तैरोऽह्न्य Adj. = तिरोऽह्न्य.

*तैर्थ und *तैर्थक Adj. (f. ई) von तीर्थ.

तैर्थिक 1) Adj. *ketzerisch.* °दृष्टि f. *Heterodoxie* KÂRAND. 29,21. — 2) m. *eine würdige Person, Autorität* PRAB. 25,19. — 3) n. *a) Wasser von einem Wallfahrtsorte* (Gen.). — *b)* vielleicht *eine einer würdigen Person geltende fromme Handlung* MBH. 13,127,12.

*तैर्थ्य gaṇa संकाशादि.

तैर्यगयनिक Adj. *nach dem Sonnenumlauf berechnet.*

तैर्यग्योन Adj. 1) *thierischen Ursprungs*; m. *Thier.* — 2) *zu den Thieren in Beziehung stehend.*

तैर्यग्योनि Adj. = तैर्यग्योन 1) (MBH. 5,97,6) und 2).

तैर्यग्योन्य Adj. dass. VP. 1,5,21.

तैलँ n. 1) *Sesamöl, Oel* überh. Am Ende eines adj. Comp. f. आ. — 2) * *Olibanum.*

*तैलक n. *ein Bischen Oel.*

*तैलकन्द m. *ein best. Knollengewächs* RÂGAN. 7,110.

*तैलकल्कज m. *Oelkuchen.*

तैलकार m. *Oelmüller.*

*तैलकिट्ट n. *Oelkuchen.*

*तैलकीट m. *ein best. Insect* RÂGAN. 19,125.

तैलकुण्ड n. *Oelkrug.*

*तैलक्य n. von तिलक (भावे und कर्मणि).

तैलङ्ग 1) Adj. *zu Carnatic in Beziehung stehend.* — 2) m. Pl. *die Bewohner von Carnatic.*

*तैलचौरिका f. *eine Art Schabe.*

तैलत्व n. *die Oelnatur.*

तैलद्रोणी f. *eine mit Oel angefüllte Badewanne.*

तैलधार n. *Oelguss* DHJÂNAB. UP. 18.

तैलप 1) m. N. pr. eines Mannes B. A. J. 1,117. 10, 54. — 2) *f. आ *eine Art Schabe.*

तैलपक m. *ein best. Vogel.*

*तैलपर्ण 1) m. *Kampfer* GAL. — 2) f. ई *a) Sandelbaum.* — *b) Terpentin.* — *c) Olibanum.*

तैलपर्णिक n. 1) *eine best. wohlriechende Pflanze* BHÂVAPR. 1,192. — 2) * *Sandelholz.*

तैलपर्णिक m. *eine Art Sandelbaum* BHÂVAPR. 1, 184. *n. *das Holz davon.*

तैलपाक m. *mit Arzeneistoffen gekochtes Oel* Mat. med. 15.

तैलपात्र n. *Oelgefäss.*

तैलपायिका f. *eine Art Schabe.*

तैलपायिन् 1) m. *a)* dass. — *b)* vielleicht *Schwert.* — 2) *f. °नी *eine Art Schabe.*

*तैलपिञ्ज *weisser Sesam.*

*तैलपिपीलिका f. *eine Art Ameise* RÂGAN. 19,67.

*तैलपीत Adj. *der Oel getrunken hat.*

तैलप्रदीप m. *Oellampe* 137,7.

*तैलफल m. 1) *die Sesampflanze.* — 2) *Terminalia Catappa* RÂGAN. 8,46. — 3) *Terminalia Bellerica* RÂGAN. 11,237.

*तैलबीज m. *Semecarpus Anacardium* RÂGAN. 11,67.

*तैलभाविनी f. *Jasmin.* Richtig तिल°.

*तैलमालिन् m. oder *°ली f. *Lampendocht.*

*तैलंपाता f. P. 6,3,71.

तैलयन्त्र n. *Oelmühle.* °चक्र n. *das Rad einer Oehlm.*, °यन्त्र m. *die Achse einer Oehlm.*

*तैलवक Adj. *von* Telu *bewohnt.*

*तैलवल्ली f. *eine Art Asparagus* RÂGAN. 4,121.

*तैलशालिका f. *Oehlmühle* GAL.

*तैलसाधन n. *ein best. Parfum.*

*तैलस्पन्द f. 1) *Cucurbita Pepo.* — 2) *Clitoria ternatea.* — 3) = काकोली.

*तैलस्फटिक m. vielleicht *Bernstein.*

*तैलाख्य m. *Olibanum* TRIK. 2,6,37.

*तैलागुरु n. *eine Art Agallochum* RÂGAN. 12,95.

*तैलाटी f. *Wespe.*

*तैलाम्बुका f. *eine Art Schabe.*

तैलिक m. *Oelmüller* Ind. St. 14,119. 134. f. ई.

*तैलिन् 1) m. dass. — 2) f. °नी a) *Lampendocht.* — b) *ein best. Insect* Râǵan. 19,125.

*तैलिशाला f. *Oelmühle.*

*तैलीन Adj. *zum Anbau von Sesam geeignet;* n. *Sesamboden* Râǵan. 2,12.

तैल्वक Adj. *von der Symplocos racemosa herrührend, daraus gemacht.*

*तैव्रक Adj. *von* Tîvra *bewohnt.*

*तैव्रदारव Adj. *aus dem Baume* Tîvradâru *gemacht, daher kommend.*

तैष 1) Adj. (f. ई) *mit dem Mondhause* Tishja *in Verbindung stehend* Âpast. — 2) m. *ein best. Monat, in welchem der Vollmond im Mondhause* Tishja *steht.* — 3) f. ई *der Vollmondstag im Monat* Taisha.

*तैसृक Adj. *in* Tisṛkâ *verfertigt* Comm. zu Kât. 2,5,14.

तोक 1) n. *Nachkommenschaft, Kinder, Stamm, Brut* u. s. w.; *Kind, Nachkomme.* Ausnahmsweise auch Pl. — 2) m. a) *ein neugeborenes Kind.* — b) *das Junge eines Thieres.*

तोकता f. *die erste Kindheit.*

तोकवत्त् Adj. *mit Nachkommenschaft verbunden, Kinder habend.*

तोकसाति f. *das Erlangen von Nachkommenschaft.*

तोकाय्, °यते *ein neugeborenes Kind darstellen.*

तोकिनी Adj. f. *Kinder habend, — bekommend* Mân. Gṛhj. 2,18.

तोक्म 1) m. a) *ein junger grüner Halm von Getraidepflanzen,* namentlich *Gerste; Malz.* Auch *ein junger Schoss* überh. — b) **die grüne Farbe.* — 2) *n. a) *Ohrenschmalz.* — b) *Wolke.*

तोक्मन् n. 1) = तोक्म 1) a). — b) **Nachkommenschaft.*

तोटक 1) Adj. *zänkisch, streitsüchtig.* — 2) m. a) *ein best. giftiges Insect.* — b) N. pr. eines Schülers des Çaṁkarâkârja. — 3) n. a) *eine heftige, zornige Rede.* — b) *ein best. Metrum.* — c) *eine Art Schauspiel.*

तोटकव्याख्या f. Titel eines Werkes.

*तोड्, तोडते (अनादरे).

तोडन n. Nom. act. von तुड् Dhâtup.

तोडरानन्द und तोडलतन्त्र n. Titel zweier Werke.

तोडिका und तोडी f. *eine best.* Râgiṇî S.S.S. 37. 42. 65. 82.

तोतल N. pr. 1) m. eines Autors. — 2) f. आ einer Göttin.

तोताद्रि m. N. pr. eines *Berges.* °माहात्म्य n. Opp. Cat. 1.

तोतिला f. *eine Form der* Durgâ Pańkad.

तोते (TS.) und तोतो (VS.) fehlerhaft für तव तव (Maitr. S. und Kâṭh.).

तोत्तला f. = तोतल 2) zu vermuthen Verz. d. Oxf. H. 19,a,18.

तोत्तायन m. Pl. *eine best. Schule des* AV.

तोत्त्र n. (adj. Comp. f. आ) *ein Stachel zum Antreiben des Viehes.* Statt तोत्त्राश्चैवाङ्कुशैः MBh. 6, 2289 liest ed. Bomb. 6,54,55 तोत्त्राणि चाङ्कुशैः.

तोद m. 1) *Stachler, Lenker* (der Rosse u. s. w.) — 2) *der rosselenkende Sonnengott* oder *die stechende Sonne.* — 3) *Stich, die Empfindung des Stechens.* — 4) गोतमस्य तोदः Name eines Sâman.

तोदन n. 1) * = तोत्त्र. — 2) *das Stechen.* — 3) *ein best. Baum* (wohl m.) und *dessen Frucht* Madanav. 69,70.

तोदपर्णी f. *eine best. geringere Körner* — oder *Hülsenfrucht.*

तोद्य n. *eine Art Cymbel* S.S.S. 198.

तोमर 1) m. n. *Spiess, Wurfspiess.* — 2) m. N. pr. a) Pl. eines Volkes. — b) eines Mannes. — 3) n. *ein best. Metrum.*

*तोमरग्रहक m. 1) *Spiessträger.* — 2) *das Werfen eines Spiesses.*

*तोमरधर m. 1) *Spiessträger.* — 2) *Feuer.*

तोमराण m. N. pr. eines Mannes.

*तोमरिका f. *alaunhaltiger Thon.*

तोय 1) n. *Wasser.* Zuerst in Naigh. Pl. 185,30. तोयं कर् *einem Verstorbenen* (Gen.) *die Wasserspende darbringen.* — 2) f. तोया N. pr. zweier Flüsse VP.[2]

तोयकण m. *Wassertropfen.*

तोयकर्मन् n. *eine mit Wasser vollbrachte religiöse Ceremonie, Abwaschungen einzelner Theile des Körpers, die einem Verstorbenen dargebrachte Wasserspende.*

*तोयकाम m. *Calamus fasciculatus.*

*तोयकुम्भा f. *Blyxa Saivala.*

तोयकृच्छ्र m. n. *eine best. Kasteiung, bei der man nur Wasser geniesst.*

तोयकृत् Adj. *Wasser —, Regen bringend.*

तोयक्रीडा f. *Spiel im Wasser, Herumhüpfen und gegenseitiges Besprützen mit Wasser.*

*तोयगर्भ *Cocosnuss.*

तोयचर Adj. *im Wasser sich bewegend;* m. *Wasserthier.*

तोयज 1) Adj. *im oder am Wasser lebend.* — 2) *Lotusbluthe.* °ाक्षी f. *eine Lotusäugige* Daçak. 26,13.

*तोयडिम्ब und *°डिम्भ m. *Hagel.*

तोयद 1) m. a) *Regenwolke.* — b) **Cyperus rotundus.* — 2) *n. *Opferschmalz.*

तोयदात्यय m. *Herbst.*

तोयधर 1) Adj. *Wasser tragend, — enthaltend.* — 2) *m. a) *Regenwolke.* — b) *Cyperus rotundus.* — c) *Marsilea quadrifolia.*

तोयधार m. und °रा f. *Wasserstrom.*

तोयधि m. *Meer, Ocean.*

*तोयधिप्रिय n. *Gewürznelke.*

*तोयनिधि m. *Meer, Ocean.*

तोयनीवी Adj. f. *meerumgürtet* (die Erde).

*तोयपाषाणजमल n. *Galmei.*

*तोयपिप्पली f. *Jussiaea repens.*

*तोयपुष्पी und *तोयप्रष्ठा f. *Bignonia suaveolens.*

*तोयप्रसादन m. *Strychnos potatorum.*

*तोयफला f. *Cucumis utilissimus* Râǵan. 7,204.

*तोयम् Adv. v. l. für तूयम्.

तोयमय Adj. (f. ई) *aus Wasser gebildet, — bestehend* Hariv. 1,40,19.

*तोयमल n. *Meerschaum.*

तोयमुच् m. *Wolke.*

तोययन्त्र n. *Wasseruhr.*

तोयरस m. *Nass, Wasser.*

तोयराज् m. *der Fürst der Gewässer, Meer.*

तोयराशि m. *See, Teich; Meer* Kâd. 118,9.

तोयवत्त् 1) Adj. *mit Wasser versehen, von W. umgeben.* — 2) *f. वती *Cocculus cordifolius.*

*तोयवल्लिका f. *Cocculus cordifolius.*

*तोयवल्ली f. *Momordica Charantia* Râǵan. 3,112.

तोयवाह m. *Regenwolke* Bâlar. 265,2.

*तोयवृक्ष m. *Blyxa Saivala.*

*तोयवृत्ति m. *Achyranthes aquatica.*

तोयवेला Hariv. 12014 fehlerhaft für तोयं वेला.

*तोयशुक्तिका f. *eine zweischalige Muschel, Auster* Râǵan. 13,132.

*तोयसूक m. *Blyxa Saivala.*

*तोयसर्पिका f. und *तोयसूचक m. *Frosch.*

तोयाग्नि m. *das unterseeische Feuer.*

तोयाञ्जलि m. *zwei Handvoll Wasser zu Ehren eines Verstorbenen* Mudrâr. 80,12 (135,1).

*तोयादिवासिनी (fehlerhaft) und *तोयाधिवासिनी f. *Bignonia suaveolens.*

तोयाधार m. *Wasserbehälter, Teich* u. s. w.

*तोयापामार्ग m. *Achyranthes aquatica.*

तोयाम्बुधि m. *das Meer mit süssem Wasser* VP.[2] 2,200.

तोयालय m. 1) *Meer.* — 2) *eine best. Constellation.*

तोयाशय m. *Wasserbehälter, Teich, Fluss u. s. w.*

तोयेश m. Bein. Varuṇa's VP. 5,18,56.

*तोयोद्भवा f. *Achyranthes aquatica.*

तोरण 1) (*m.) n. (adj. Comp. f. आ) *Bogen, ein bogenförmiges Thor*, insbes. *ein bei festlichen Gelegenheiten errichteter Bogen.* — 2) m. Bein. Çiva's. — 3) *n. *Hals, Nacken.* — 4) MBh. 6,3155 fehlerhaft für तोमर.

तोरणमाल N. pr. eines Wallfahrtsortes.

तोरणोत्तर s. कपाट°.

तोरमाण m. N. pr. eines Mannes.

तोरश्रवस् m. N. pr. fehlerhaft für तुर°.

*तोल 1) Adj. *sich wiegend* in घन°. — 2) m. n. *ein best. Gewicht.* — 3) f. आ Nom. act. von तुल्.

तोलक 1) (*m. n.) *ein best. Gewicht,* = 20 Çaṇa. — 2) f. = तोलिका *die Mauer um einen Wachtthurm.*

तोलकेशि m. N. pr. eines Mannes.

तोलन n. 1) *das Aufheben* Spr. 7677. — 2) *das Wägen, — mit* (सह).

तोल्य Adj. *zu wägen* Hemâdri 1,183,18.

तोशं Adj. 1) *träufelnd, strömend, fliessend.* तोशंतम Superl. — 2) *spendend.*

तोशल und °क m. v. l. für तोसल 2).

तोशंस् Adj. *spendend.*

तोष m. 1) *Befriedigung, Zufriedenheit, Freude, — an, über* (Loc., Gen. oder im Comp. vorangehend). — 2) personif. als *ein Sohn* Bhagavant's.

तोषक Adj. *erfreuend* in *सुर°.

तोषण 1) Adj. (f. ई) *beschwichtigend, zufriedenstellend, erfreuend.* — 2) n. *das Beschwichtigen, Zufriedenstellen, Erfreuen.*

तोषणीय Adj. *zur Befriedigung dienend, erfreuend* Lalit. 59,10.

°तोषयितर् Nom. ag. *Erfreuer.*

तोषयितव्य Adj. *zu beschwichtigen, zufrieden zu stellen, zu erfreuen.*

तोषल und °क m. v. l. für तोसल 2).

तोषिन् Adj. am Ende eines Comp. 1) *zufrieden seiend mit, Gefallen findend an* Kumâras. 5,7. — 2) *zufriedenstellend, erfreuend.*

तोष्य Adj. = तोषयितव्य.

तोसल m. N. pr. 1) Pl. eines Volkes. — 2) eines Ringers Hariv. 2,30,50. °क 48. 55.

तोसलिपुत्र m. N. pr. eines Gaina-Lehrers Hem. Par. 13,38.

तोसुन् *die Infinitivendung* तोस् 238,29.

*तौतायण von तुत.

तौक्षिक m. τοξότης, *der Schütze im Thierkreise.*

(तौग्र्य) तौग्रिय m. Patron. Bhuǵju's.

तौच्छ्य n. Nom. abstr. von तुच्छ.

तौण्डिकेर m. Pl. N. pr. eines Volkes.

तौत m. Pl. v. l. für तौत्तायन.

तौतातिक Adj. *von* Tutâta (Kumârila) *herrührend.*

तौतातित m. *ein Anhänger* Tutâtita's (Kumârila's).

*तौतिक 1) m. *Perlmuschel.* — 2) n. *Perle.*

तौत्तायन m. Pl. v. l. für तौतायन.

तौद 1) n. Name eines Sâman. — 2) f. तौदी wohl *eine best. Pflanze.*

तौदादिक Adj. *zu der mit* तुद् *beginnenden* (d. i. *zur 6ten*) *Klasse gehörig* (Wurzel).

*तौदेय m. N. pr. eines Brahmanen.

*तौदेय 1) Adj. *aus* Tûdî *gebürtig.* — 2) m. Patron. von Tuda.

तौबरक Adj. *von der Pflanze* तुबरक *kommend* u. s. w.

तौभ n. Name eines Sâman Ârsh. Br.

तौम्बुरव n. *die Geschichte* (Çiva's) *mit* Tumburu Bâlar. 29,14.

*तौम्बुरविन् m. Pl. *die Schule des* Tumburu.

तौर 1) Adj. *zu* Tura *in Beziehung stehend.* — 2) n. *ein best.* Sattra.

तौरयाण Adj. *eilend.*

तौरश्रवस n. Name eines Sâman.

*तौरायणिक Adj. *der das* Turâjaṇa *vollbringt.*

*तौरुरव n. *die Frucht von* Tururu gaṇa प्रज्ञादि in der Kâç.

*तौर्य n. *Musik.* °त्रय n. *Instrumentalmusik, Gesang und Tanz.*

तौर्वश m. Bez. *best. Pferde.*

*तौल n. *Wage.*

तौलकेचिन् m. N. pr. eines Mannes. Pl. *sein Geschlecht.*

1.*तौलिक m. *Maler.*

2. तौलिक m. *ein best. Gewicht* in उद°, दश°, विंशति°.

*तौलिकिक m. *Maler.*

तौलिन् m. *die Wage im Thierkreise* Varâh. Jogaj. 4,50.

तौल्य n. *Gewicht* Hemâdri 1,117,4. 2,55,17.

*तौल्वलायन m. Patron. von तौल्वलि.

तौल्वलि m. Patron. N. pr. eines Lehrers.

तौविलिका f. vielleicht *ein best. Thier* AV.

तौषार Adj. *aus Schnee entstanden.*

°त्त Adj. = दत्त (von 1. und 3. दा).

°त्ति f. *Gabe* in भगत्ति.

त्मन् 1) m. *a) Lebenshauch.* — *b) die eigene Person, selbst.* — *c)* Instr. त्मना und Loc. त्मन् (nur am Ende eines Stollens) zu einer Partikel herabgesunken in der Bed. von *doch, wirklich, sogar, wenigstens, gewiss, auch sogar, auch.* Es legt den Nachdruck auf ein vorangehendes, selten auf ein nachfolgendes Wort. Oesters nach einer Präposition vor dem Verbum, aber auch beim Verbum selbst. Besonders beliebt sind die Verbindungen उत —, — च (*und auch, — gewiss*), इव —, — न (*gerade wie*) und अध — (*und gar, — zwar*). — 2) f. त्मनी nur im Instr. त्मन्या = 1) *c*).

त्मूत in यावत्त्मूतम्.

त्य und तिम्र Pron. *jener, jener bekannte;* öfters abgeschwächt zum Artikel. Wird durch चिद् hervorgehoben; beliebt ist die Stellung nach उत am Anfange eines Satzes; auch mit andern Demonstrativen verbunden. त्यस्य so v. a. मम. Neben सच्च त्यच्च auch संच्च त्यं च (wegen सत्यम्, das in सत् + त्यम् zerlegt wird). Vgl. auch त्यद्.

त्यक्तर् Nom. ag. 1) *der Jmd* (Gen.) *verlässt, im Stich lässt.* — 2) *der Etwas* (Acc.) *hingiebt, aufopfert.*

त्यक्तव्य Adj. 1) *zu verlassen, im Stich zu lassen, seinem Schicksal zu überlassen.* त्यक्तव्यो नैवात्मा so v. a. *man darf nicht an sich selbst verzweifeln.* — 2) *zu entfernen, fern zu halten von* (Abl.). — 3) *hinzugeben, aufzuopfern.*

त्यक्तात्मन् Adj. *der an sich selbst verzweifelt* Gaut.

त्यग्रायिस् Name eines Sâman.

1. त्यज्, त्यजति (metrisch auch Med.), तित्याज und तत्याज; Partic. त्यक्त und त्यजित (nur Hariv. 2,2,22). 1) *Jmd verlassen, im Stich lassen, seinem Schicksal überlassen, seinen Weg gehen lassen, sich lossagen von, verstossen, aussetzen.* — 2) *einen Ort verlassen, sich fortbegeben von.* — 3) *Jmd meiden.* दूरात् *schon von fern* Spr. 7622. — 4) *Jmd in Ruhe lassen, verschonen* 105,6. — 5) *ent —, loslassen, entsenden, abschiessen.* — 6) *fahren lassen, aufgeben, sich einer Sache begeben, ablegen, verzichten auf, entsagen.* तनुम् u. s. w. *den Körper fahren lassen,* so v. a. *sterben.* प्राणान्, श्वासम्, जीवितम् *sein Leben fahren lassen,* so v. a. — *daransetzen* oder *sterben.* — 7) *hin —, weg —, fortgeben.* — 8) *von einem Uebel los werden, sich befreien von.* — 9) *fortlassen, bei Seite liegen —, unbeachtet lassen, vernachlässigen.* त्यक्त्वा *mit Nichtbeachtung von,* so v. a. *mit Ausnahme von.* — 10) Pass. *verlassen werden von* (Instr.), so v. a. *Etwas los werden.* — Caus. त्याजयति 1) *Jmd veranlassen Jmd im Stich zu lassen,* mit doppeltem Acc.

Bei passiver Construction steht die Sache im Acc. — 2) *Jmd veranlassen Etwas aufzugeben, Jmd Etwas entziehen, Jmd um Etwas bringen;* mit doppeltem Acc. — 3) *Jmd* (Acc.) *um Etwas* (Instr.) *bringen* Bhaṭṭ. — 4) *Jmd fortjagen* Pañkad. Mit बहिस् *Jmd hinausstossen auf* (Loc.). — 5) *bewirken, dass Etwas* (Acc.) *nicht beachtet wird.* — 6) त्याज्यते impers. *cacatur* Bhâvapr. 4,5. — 7) त्याजित Hariv. 3233 fehlerhaft für त्यजित = त्यक्त. — Desid. तित्यक्षति *im Begriff stehen fahren zu lassen.* प्राणान् Karaka 5,10.12. Beide Male fehlerhaft तितिक्ष°. — Mit अभि *Jmd verlassen* R. ed. Bomb. 2,47,5. — Mit समभि *aufgeben, verzichten auf.* जीवितम् *sein Leben hingeben, — daransetzen, — wagen.* — Mit नि, निँत्यक्त *verscheucht, verdrängt.* — Mit निस् *heraustreiben, verjagen.* — Mit परि 1) *Jmd verlassen, im Stich lassen, seinem Schicksal überlassen, ziehen lassen, verstossen.* — 2) einen Ort *verlassen* 65,10. — 3) *Etwas fahren lassen, aufgeben, sich einer Sache begeben, ablegen, verzichten auf, entsagen.* देहम् *seinen Körper aufgeben,* so v. a. *sterben.* प्राणान्, जीवितम् *dem Leben entsagen.* — 4) *nach —, übrig lassen.* — 5) *hinter sich lassen.* परित्यज्य so v. a. *in einer Entfernung von* (Acc.). — 6) *fort —, weglassen, bei Seite liegen lassen, nicht beachten.* परित्यज्य *mit Ausschluss —, mit Ausnahme von* (Acc.). — 7) Pass. *um Etwas* (Instr.) *kommen, — gebracht werden.* परित्यक्त *beraubt, carens.* संख्या° *unzählbar.* उद्यमपरित्यक्तम् Adv. *ohne Anstrengung.* — Mit संपरि 1) einen Ort *verlassen.* — 2) जीवितम् *sein Leben hingeben, — daransetzen.* — Mit वि in *अवित्यज. — Mit सम् 1) *Jmd verlassen, im Stich lassen, seinem Schicksal überlassen, seiner Wege gehen lassen, sich lossagen von, verstossen.* — 2) einen Ort *verlassen, sich fortbegeben von.* — 3) *meiden.* दूरेण *schon von fern.* — 4) *Etwas fahren lassen, aufgeben, sich lossagen von, entsagen.* संत्यजत् *sich von einer übernommenen Verpflichtung lossagend, zurücktretend.* — 5) *hingeben, überlassen.* — 6) *bei Seite liegen lassen, nicht beachten.* संत्यज्य *mit Ausnahme von* (Acc.). — 7) संत्यक्त *beraubt, entblösst, carens;* die Ergänzung im Instr. oder im Comp. vorangehend). — Caus. 1) *Jmd um Etwas bringen,* mit doppeltem Acc. — 2) *Jmd* (Acc.) *von Jmd* (Instr.) *befreien* Bhaṭṭ. — Mit अभिसम् *verlassen, abstehen von, aufgeben.*

2. °त्यज् Adj. *verlassend, hingebend, darbringend.*

त्यज in दुस्त्यज.

त्यजन n. *das Verstossen* AV. Paipp. 19,12,4.

1. त्यजस् n. 1) *Verlassenheit, Noth, Gefahr.* — 2) *Entfremdung, Abneigung, Missgunst.* = क्रोध Naigh.

2. त्यजस् m. *Sprössling.*

*त्यत्र Adv. *dort.*

*त्यत्रत्य Adj. *dortig.*

त्यद् 1) Nom. Acc. Sg. n. von त्य. — 2) Adv. (stets mit vorangehendem ह oder यस्य) *bekanntlich, nämlich, ja.*

*त्यद् 1) m. *ein Sohn Jenes.* — 2) °म् am Ende eines adv. Comp. = त्यद्.

*त्यदायनि m. = त्यद् 1).

त्याग m. 1) *das Verlassen, im Stich Lassen, Verstossen* (einer Person). — 2) *das Meiden.* — 3) *das Verlassen* (eines Ortes). — 4) *das Entlassen, Vonsichgeben.* — 5) *das Aufgeben, Verzichten, Entsagung, Hingabe.* वाससाम् *das Ablegen —, Wechseln der Kleider.* — 6) *Hingabe des Lebens, Aufopferung.* — 7) *Hingabe eines Gutes* (im Opfer). — 8) *Freigebigkeit.* °युत Adj. *freigebig.*

त्यागगता f. N. pr. einer Nâga-Jungfrau Kârand. 4,6.

त्यागशील Adj. *freigebig.* °ता f. *Freigebigkeit* Spr. 3862.

त्यागिता f. *Freigebigkeit.*

त्यागिन् Adj. 1) *verlassend, im Stich lassend, verstossend.* — 2) am Ende eines Comp. *von sich werfend, — abweisend* 185,6. — 3) *aufgebend, verzichtend auf* (im Comp. vorangehend), *der entsagt hat.* — 4) *hingebend, aufopfernd.* आत्मनः *der sich selbst aufopfert, freiwillig in den Tod gehend.* 5) *freigebig* 168,23. 176,6. — 6) **heldenmüthig.*

*त्यागिम Adj. von त्याग.

त्याजक Adj. *der Jmd verlässt, zurückweist, abweist.*

त्याजन n. *das Aufgeben, Entsagen.*

त्याज्य Adj. 1) *zu verlassen, im Stich zu lassen, zu verstossen, zu entfernen.* — 2) *zu meiden.* — 3) *aufzugeben.* — 4) *hinzugeben, zu verschenken.*

*त्यादृश् und *°श Adj. *ein solcher wie jener.*

त्युग्र m. N. pr. Taitt. Âr. 1,10,2 fehlerhaft für तुग्र.

1. °त्र Adj. *Etwas* oder *vor Etwas schützend.*

2. °त्र Adj. = त्रि in द्वित्र.

*त्रंस्, त्रंसति und त्रंसयति (भाषार्थ oder भासार्थ).

*त्रख्, त्रखति, *त्रङ्क्, त्रङ्कति und °त्रङ्ग्, त्रङ्गति (गतौ).

*त्रङ्ग m. und *त्रङ्गा f. *eine bes. Art von Stadt* oder N. pr. einer Stadt.

त्रटत्त्रटिति (onomatop. mit इति) *knack! krach!* Hem. Par. 4,463.734. 11,156. त्रटत्त्रट oder °टा Pañkad.

त्रद् m. *Eröffner, Freimacher.*

*त्रन्द्, त्रन्दति (चेष्टायाम्).

त्रप्, त्रपते (metrisch auch Act.) *verlegen werden, sich schämen.* — Caus. 1) त्रपयति *verlegen machen, mit Scham erfüllen* Spr. 2062. — 2) *त्रपयति und त्रापयति = Simpl. — Mit अप *sich verlegen abwenden, verlegen werden, sich schämen.* — Mit व्यप dass.

त्रप 1) m. = 2) a) nur Pañkat. 84,8. ed. Bomb. 1,90,19 त्रपा. — 2) f. त्रपा a) *Verlegenheit, Scham.* Am Ende eines adj. Comp. f. आ. — b) **eine untreue Frau.* — c) **Geschlecht, Familie.* — d) **Ruhm.*

*त्रपाक m. Pl. N. pr. eines Volkes.

*त्रपारण्डा f. *Hure.*

*त्रपिष्ठ Superl. und *त्रपीयंस् Compar. zu तृप्र.

त्रपु n. 1) *Zinn* Kap. S. 28,10. — 2) **Blei.*

*त्रपुकर्कटी f. Bez. *verschiedener Gurkenarten.*

त्रपुकर्णिन् Adj. *zinnerne Ohrgehänge habend;* m. Bein. Bhavanandin's.

*त्रपुटी f. *kleine Kardamomen.* Vgl. त्रिपुटा und °पुटी.

*त्रपुपट्ट m. und *°पट्टिका f. *ein best. Ohrschmuck* Deçin. 6,89. 5,23.

*त्रपुल n. *Zinn.*

त्रपुष 1) m. N. pr. eines Kaufmanns Lalit. 493,9. 499,10. 508,17. — 2) *f. ई = त्रपुस 2). — 3) *n. a) = त्रपुस 1). — b) *Zinn.*

त्रपुस् n. *Zinn* TS. 4,7,5,1.

त्रपुस 1) n. a) *die Frucht von* 2). — b) **Zinn* Râgan. 13,20. — 2) f. ई *die Koloquinthengurke* und *andere Gurkenarten.*

*त्रप्र n. v. l. für वप्र *Blei.*

*त्रप्स्य n. = द्रप्स्य n. *flüssige saure Milch.*

त्रय 1) Adj. (f. ई) *dreifach, — getheilt, dreierlei.* त्रयी विद्या *die dreifache Wissenschaft* ist ursprünglich *das Wissen des heiligen Wortes in seiner dreifachen Gestalt als Lied, Opferspruch und Gesang;* später *das Wissen der 3 Veda, welche jene dreifache Form darstellen.* In der späteren Sprache steht त्रयाणाम् für das ältere त्रीणाम्. — 2) f. त्रयी a) *Dreizahl.* — b) *die drei* Veda Gaut. — c) *die buddhistische Trias:* Buddha, Dharma *und* Saṁgha Harshak. 204,12. — d) *Gipfel* Bâlar. 15,4. — e) **eine Frau, deren Mann und Kinder am Leben sind.* — f) **Vernonia anthelminthica.* — g) *= सुमति. — 3) n. *Dreizahl.*

त्रयःपञ्चाशत् f. *dreiundfünfzig* Çat. Br. 12,3,5,12.

*त्रयधा Adv. Grassmann's Vermuthung für त्रेधा 3,2.

(त्रयाय्य) त्रयायिय Adj. *zu behüten, zu beschützen.*

त्रयश्चत्वारिंश Adj. (*f. ई) *der 43ste.*

*त्रयश्चत्वारिंशत् f. *dreiundvierzig.*

*त्रयःषष्टि f. *dreiundsechzig.*

त्रयस्त्रिंश 1) Adj. (f. ई) a) *der 33ste.* Du. *der*

32ste und 33ste. — b) mit 33 verbunden, plus 33. — c) aus 33 bestehend, 33 zählend. — d) mit dem 33theiligen Stoma *verbunden, denselben enthaltend* u. s. w. — 2) m. *ein 33theiliger* Stoma.

त्रयस्त्रिंशत् f. *dreiunddreissig.* Ausnahmsweise auch Pl. Das Gezählte in gleichem Casus. त्रयस्त्रिंशत् (vgl. त्रिंशत्) auch als Acc. त्रयस्त्रिंशदक्षर Adj. (f. आ) *33silbig,* त्रयस्त्रिंशद्रात्र n. *eine 33tägige Feier.*

त्रयस्त्रिंशति f. *eine Anzahl von 33.*

त्रयस्त्रिंशत्संमित n. प्रजापतेस्त्र° Name eines Sâman.

*त्रयस्त्रिंशपति m. Bein. Indra's.

त्रयस्त्रिंशस्तोम Adj. *den 33theiligen* Stoma *enthaltend* u. s. w.

त्रयस्त्रिंशिन् Adj. *33 enthaltend.*

*त्रयःसप्तति f. *dreiundsiebzig.*

त्रयिविदे Adj. TBr. 1,2,1,26 fehlerhaft für त्रयी°.

त्रयीतनु m. 1) Bein. *a) der Sonne* Hemâdri 1,613, 15. — *b)* Çiva's. — 2) **ein Brahman* Gal.

त्रयीदेह m. Bein. *der Sonne* Hemâdri 1,760,6.

त्रयीधामवत् Adj. *dessen Licht die drei* Veda *bilden,* Beiw. der Sonne 101,32.

त्रयीमय Adj. (f. ई) *aus den drei* Veda *bestehend, diese enthaltend, auf diesen beruhend* u. s. w. Ind. St. 15,376.

*त्रयीमुख m. *ein Brahman.*

त्रयीमूर्तिमत् Adj. *dessen Leib die drei* Veda *bilden,* Beiw. Vishṇu's Agni-P. 31,12. Hemâdri 1,737,4.

त्रयीविदे Adj. *die Dreiheit des heiligen Wortes kennend.*

त्रयोदश 1) Adj. (f. ई) *a) der 13te.* — *b) mit 13 verbunden, plus 13.* — *c) aus 13 bestehend.* — 2) f. ई *der 13te Tag im Halbmonat.*

त्रयोदशक n. *Dreizehnzahl.*

त्रयोदशद्वीपवती Adj. f. *aus 13 Inseln bestehend* (मही) MBh. 3,3,52. 134,20.

त्रयोदशधा Adv. *in 13 Theilen, — Theile.*

त्रयोदशन् und त्रयोदशन् Adj. *dreizehn.* त्रयोदशाक्षर Adj. *dreizehnsilbig,* त्रयोदशारत्नि Adj. *13 Ellen lang,* त्रयोदशरात्र n. (Comm. zu Kâtj. Çr. 12, 1,3) und त्रयोदशाह m. *eine 13tägige Feier.*

त्रयोदशम Adj. *der dreizehnte.*

त्रयोदशमासिक Adj. *aus 13 Monaten bestehend* Kâraṇḍ. 72,19.

त्रयोदशर्च Adj. *13* Ṛk *enthaltend;* Subst. *ein aus 13 Versen bestehendes Lied* AV. 19,23,10.

त्रयोदशवर्ष्यसप्तमी f. *ein best. siebenter Tag.*

त्रयोदशवार्षिक Adj. *13jährig* MBh. 7,197,7.

त्रयोदशविध Adj. *von 13 Arten* Karaka 6,3.

त्रयोदशिक Adj. *am 13ten Tage eines Halbmonats stattfindend.*

त्रयोदशिन् Adj. *13 enthaltend.*

*त्रयोनवति f. *dreiundneunzig.*

त्रयोविंश Adj. (f. ई) 1) *der 23ste.* — 2) *aus 23 bestehend.*

त्रयोविंशत् f. *dreiundzwanzig* Bhâg. P.

त्रयोविंशति f. dass. त्रयोविंशतिरात्र n. *eine 23-tägige Feier.* Ausnahmsweise auch Pl. und als Adj. am Anfange eines Comp.

त्रयोविंशतिक Adj. *aus 23 bestehend.*

त्रयोविंशतितम Adj. *der 23ste.*

त्रयोविंशतिधा Adv. *in 23 Theilen, — Theile.*

त्रय्यन्त m. = वेदान्त.

त्रय्यारुण und °णि m. N. pr. verschiedener Männer.

त्रवाडिलघु m. N. pr. eines Mannes.

1. त्रस्, त्रसति, त्रस्यति (episch auch Med.) *erzittern, erbeben, erschrecken vor* (Abl., Gen. oder Instr.). त्रस्त *zitternd, bebend, erschrocken;* in der Tonkunst *das schnelle Tempo.* — Caus. त्रासयति (episch auch Med.) 1) *Jmd schütteln* Mṛkkh. 48,20. — 2) *erzittern machen, erschrecken, in Furcht setzen, scheuchen* 301,21. — Mit अप *aus Angst sich zurückziehen, fliehen* MBh. 12,67,31. *अपत्रस्त in Comp. mit einem Abl. — Mit अव, °त्रस्त *erschrocken.* v. l. अपध्वस्त. — Mit उद्, उत्त्रस्त *erschrocken.* — Caus. *erschrecken, in Angst versetzen, aufscheuchen* 302,22. — Mit व्युद् Caus. *auseinander scheuchen* Âpast. Çr. 13,5,11. — Mit समुद्, समुत्त्रस्त *erschrocken.* — Caus. *erschrecken, in Angst versetzen.* — Mit निस् *sich flüchten.* — Mit परा Caus. *verscheuchen.* — Mit परि, °त्रस्त *erschrocken.* — Mit प्र *aus Angst sich flüchten.* — Caus. *verjagen, verscheuchen.* — Mit वि *erbeben, erschrecken.* °त्रस्त *erschrocken.* — Caus. *erschrecken, in Angst setzen.* — Mit सम् *erzittern, erschrecken.* संत्रस्त *erschrocken.* — Caus. *erschrecken, in Angst versetzen.* — Mit अभिसम्, °संत्रस्त *erschrocken.*

2. *त्रस्, त्रासयति (धारणे, ग्रहणे, वरणे) Dhâtup. 33,67.

त्रस 1) Adj. *was sich bewegt;* n. *das Bewegliche, Lebendige, die Thiere, Thiere und Menschen.* — 2) *m. *das Herz.* — 3) *n. *Wald.*

त्रसदस्यु und त्रसद्दस्यु (Bhâg. P.) m. N. pr. eines Fürsten.

त्रसन n. *etwa eine bewegliche, zitternde Verzierung.*

त्रसर m. *Weberschiff* Bâlar. 84,6 (?).

त्रसरेणु 1) m. *ein feines Staubkörnchen, wie man es in den durch eine Fensteröffnung einfallenden Sonnenstrahlen zittern sieht (ein best. Körper- und Zeitmaass).* — 2) *f. N. pr. einer Gemahlin des Sonnengottes.

*त्रसुर Adj. = त्रसु.

त्रसु Adj. *furchtsam, scheu.*

1. त्रा, त्राति, त्राते und त्रायते; Pass. त्रायते, Partic. त्रात und *त्राण; *behüten, beschützen, retten vor* (Gen. oder Abl.). — Mit परि dass. परित्रायताम् impers. so v. a. *Hülfe!* — Mit सम् dass.

2. त्रा m. *Beschirmer, Beschützer.*

त्राटक n. Bez. *eines best. starren Blickes bei Asketen.*

त्राण 1) *Adj. Partic. von 1. त्रा. — 2) *f. आ und n. *Ficus heterophylla.* — 3) n. *a) das Schützen, Beschützen, Schutz, Hülfe;* concret *Rettungsmittel, Rettungsanker.* In Comp. mit dem *was,* mit dem *wovor geschützt wird* und mit dem *von dem der Schutz, die Hülfe ausgeht.* — *b) Schutz für den Körper, Harnisch, Helm* u. s. w.

त्राणन n. *das Schützen, Behüten.*

त्राणसारिन् Adj. *mit einem vorzüglichen Helm versehen.*

त्रात 1) Adj. Partic. von 1. त्रा. — 2) m. N. pr. eines Mannes. — 3) n. *Schutz.* इन्द्रस्य Name eines Sâman Ârsh. Br. v. l. त्रात्र.

त्रातर् Nom. ag. *Beschirmer, Behüter, Retter von* (Gen.) oder *vor* (Abl.).

त्रातव्य Adj. *zu schützen, zu hüten.*

त्रात्र 1) Adj. *an* Indra Trâtar *gerichtet* Comm. zu Âpast. Çr. 3,15,10. — 2) n. *Schutz.* इन्द्रस्य Name eines Sâman Ârsh. Br.

त्रापुष 1) Adj. *zinnern* Kâd. 253,16. — 2) *n. *a) Zinn.* Gal. — *b) Silber.*

त्रापुस Adj. (f. ई) *von der Pflanze* त्रपुसी *herrührend.*

*त्राप्य Partic. fut. pass. von त्रप्.

त्रामन् n. *Schirm, Schutz.*

त्रायति m. Bez. *der Wurzel* 1. त्रा 221,19. 20.

त्रायन्ति (metrisch Karaka 6,17), °का und त्रायन्ती f. *Ficus heterophylla.*

त्रायमाण 1) Adj. (त्रा°) Partic. von 1. त्रा. — 2) f. त्रायमाणा f. *Ficus heterophylla.* m. oder n. Varâh. Bṛh. S. 44,10.

*त्रायमाणिका f. *Ficus heterophylla* Râgan. 5,55.

*त्रायोदश Adj. *zum 13ten eines Halbmonats in Beziehung stehend.*

त्रास 1) Adj. MBh. 7,9476 fehlerhaft für त्रस. — 2) m. *a) Schreck, Angst.* In Comp. mit dem *der in Angst geräth* und auch mit dem *vor dem,* wovor man Angst hat. — b) *ein Fehler in einem Edelstein.

त्रासकृत् Adj. Schreck —, Angst bewirkend.

त्रैसदस्यव 1) m. Patron. von Trasadasju. — 2) n. Name eines Sâman.

त्रासन 1) Adj. (f. ई) Jmd (Gen. oder im Comp. vorangehend) erschreckend, in Angst jagend. — 2) n. a) das Erschrecken, in Angst Versetzen, Aufscheuchen. — b) Schreckmittel.

त्रासनीय Adj. Schreck zu verbreiten geeignet.

त्रासिन् Adj. furchtsam.

त्रि Adj. Pl. m. n. drei. त्रिषु so v. a. trium generum. Ungenau für तृतीय der dritte 221,3. Vgl. तिसृ.

त्रिंश 1) Adj. (f. ई) a) der 30ste. — b) den 30sten Theil bildend. — c) mit 30 verbunden, plus 30. — d) aus 30 bestehend. — e) mit einem 30theiligen Stoma verbunden. — 2) m. a) 1/30 eines Zodiakalbildes, ein Grad. Richtig त्र्यंश. — b) ein 30-theiliger Stoma.

त्रिंशक 1) Adj. a) aus 30 Theilen bestehend. — b) *für 30 gekauft, 30 werth u. s. w. — 2) f. त्रिंशिका Titel eines Werkes. — 3) n. Dreissigzahl.

त्रिंशकतत्त्वविवरण n. Titel eines Werkes.

त्रिंशच्छत n. hundertunddreissig.

त्रिंशच्छ्लोकी f. Titel eines Werkes.

त्रिंशत् f. dreissig, ein Dreissig. Ausnahmsweise Pl. Das Gezählte in demselben Casus oder im Gen. (später). त्रिंशत् (vgl. त्रयस्त्रिंशत्) als Acc. Hemâdri 1,592,7. Nom. abstr. त्रिंशत्त्व n. Maitr. S. 1,10, 16 (Kâth. 36,10). त्रिंशदक्षर Adj. (f. आ) 30silbig, त्रिंशदङ्ग 30theilig, त्रिंशदर Adj. 30 Speichen habend, त्रिंशद्विक्रम Adj. (f. आ) 30 Schritte lang Çat. Br. 3,5,1,7. त्रिंशद्वर्ष Adj. 30jährig, त्रिंशद्रात्र n. eine 30tägige Feier.

त्रिंशतध्यान n. Titel eines Werkes. Wohl त्रिंशद्ध्यान zu lesen.

त्रिंशति f. dreissig, ein Dreissig. Râgat. 1,348 त्रिंशत्याङ्काम् zu lesen.

त्रिंशती (wohl त्रिशती) f. Titel eines Werkes Cat. Gujar. 4,224.

त्रिंशत्क n. ein Verein von 30.

त्रिंशत्तम Adj. (f. ई) der 30ste.

*त्रिंशत्पत्त्र n. die Blüthe der Nymphaea esculenta.

त्रिंशत्प्रश्नोत्तर n. Titel eines Werkes Opp. Cat. 1.

त्रिंशत्साहस्र Adj. (f. आ) Pl. dreissigtausend R. Gorr. 2,100,44.

त्रिंशद्योगावलि f. Titel eines Werkes Opp. Cat. 1.

त्रिंशद्विंश Adj. Pl. zwischen 20 und 30 Râgat. 8,1084.

त्रिंशांश und °क m. ein Dreissigtel, 1/30 eines Zodiakalbildes, ein Grad.

त्रिंशिन् Adj. 30 enthaltend.

त्रिःप्रतिहारम् Absol. dreimal darauf tupfend Kauç. 29. 58.

त्रिःप्रसुतमद Adj. bei dem der Brunstsaft an drei Stellen hervorquillt MBh. 1,151,4. Vgl. त्रिप्रसुत.

त्रिःस्रता f. v. l. für त्रिस्रुत.

त्रिक 1) Adj. a) zu drei zusammengehörig, dreifach, eine Dreiheit bildend, aus drei bestehend Çulbas. 1,40. — b) *zum dritten Mal erfolgend. — c) in Verbindung mit oder mit Ergänzung von शत drei vom Hundert, drei Procent. — 2) m. (*n.) ein dreieckiger Platz, — Hof Hariv. 6301. — 3) *m. a) Asteracantha longifolia. — b) Trapa bispinosa. — 4) *f. आ eine best. Vorrichtung am Brunnen. — 5) n. a) Dreizahl, τριάς 227,1. — b) regio sacra, Kreuzbein; auch die Hüften. In Suçr. auch die Gegend zwischen den Schulterblättern.

त्रिककुद् 1) Adj. dreigipfelig, dreispitzig, mit drei Hörnern versehen. त्रिककुदेवं समानानाम् so v. a. dreifach Seinesgleichen überragend. — 2) m. a) Bein. α) Vishṇu's oder Kṛshṇa's MBh. 12,342, 93. — β) Brahman's. — b) ein best. Daçâha Vaitân. — c) N. pr. α) eines Berges im Himavant. — β) eines Fürsten VP.[2] 4,43.

त्रिककुद Adj. = त्रिककुद् 1).

त्रिककुभ् 1) Adj. = त्रिककुद् 1). त्रिककुप्समानानाम् so v. a. dreifach Seinesgleichen überragend. — 2) m. a) der Donnerkeil. — b) Bein. Indra's. — c) eine best. zehntägige Feier. — d) N. pr. eines Berges.

*त्रिकट m. Asteracantha longifolia.

त्रिकटु und °क n. die drei scharfen Stoffe: Ingwer, schwarzer und langer Pfeffer.

1.*त्रिकण्ट n. die drei stacheligen Pflanzen, ein Collectivname für 3 Arten von Solanum Râgan. 22,15.

2.*त्रिकण्ट m. 1) Asteracantha longifolia. — 2) = पत्त्रगुप्त. — 3) ein best. Fisch.

त्रिकण्टक m. 1) Asteracantha longifolia. — 2) ein best. giftiges Insect. — 3) *ein best. Fisch, ein Silurus. — 4) eine best. Waffe.

*त्रिकत्रय n. = त्रिफला, त्रिकटु und त्रिमद.

त्रिकद्रुक 1) m. Pl. a) drei best. Soma-Gefässe. — b) die drei ersten Tage der sechstägigen Abhiplava-Feier. — 2) Adj. das Wort त्रिकद्रुक enthaltend (RV. 2,22,1 nach dem Comm.).

त्रिकद्रुकीय Adj. das Wort त्रिकद्रुक enthaltend. f. आ mit Ergänzung von ऋच्.

त्रिकपर्दिन् Adj. drei aufgewundene Haarflechten tragend Gṛhjâs. 2,40.

त्रिकपाल Adj. auf drei Schüsseln vertheilt.

त्रिकरणी f. die Diagonale eines Rechtecks, dessen kürzere Seite der Seite, die längere der Diagonale eines gegebenen Quadrats gleich ist, welches also ein dreimal so grosses Quadrat giebt. Culbas. 1,46.

त्रिकर्ण Adj. (f. ई) dreiohrig R. 5,17,24.

त्रिकर्मकृत् und त्रिकर्मन् Adj. die drei Haupthandlungen eines Brahmanen (Opfer, Studium der heiligen Schriften und Spenden) vollbringend.

*त्रिकर्ष n. = त्रिकार्षिक.

त्रिकला f. N. pr. einer Göttin.

त्रिकलिङ्ग m. Pl. N. pr. eines Volkes.

त्रिकवेदना f. Kreuzweh Suçr. 1,251,10.

त्रिकश Adj. mit drei Peitschen versehen.

त्रिकसार Titel eines Werkes.

*त्रिकस्थान n. = कटीर Halâs.

त्रिकहृदय n. Titel eines Werkes.

त्रिकाग्निकाल m. Bein. Rudra's.

त्रिकाण्ड 1) Adj. (f. आ) aus drei Absätzen oder Abschnitten bestehend. इषु Bez. eines solchen Pfeils und eines Sternbildes. — b) *drei Kâṇḍa (ein best. Flächenmaass) gross. — 2) n. Titel eines Werkes Comm. zu Kâtj. Çr. 3,2,1. eines Wörterbuchs, = अमरकोश. °चिन्तामणि m. und °विवेक m. Titel von Commentaren dazu. °शेष m. Titel eines Supplements dazu.

त्रिकाण्डमण्डन n. Titel eines Werkes.

*त्रिकाय m. ein Buddha.

*त्रिकार्षिक n. die drei zusammenziehenden Stoffe: trockener Ingwer, Aconitum ferox und Cyperus rotundus (oder Senf).

1. त्रिकाल n. 1) die drei Zeiten: a) Vergangenheit, Gegenwart und Zukunft. — b) Morgen, Mittag und Abend. — 2) °म् Adv. a) zu drei Zeiten, drei Mal. — b) Morgens, Mittags und Abends.

2. त्रिकाल 1) Adj. zur Vergangenheit, Gegenwart und Zukunft in Beziehung stehend. — 2) *m. ein Buddha.

त्रिकालज्ञ 1) Adj. die drei Zeiten kennend, allwissend. — 2) *m. ein Buddha.

त्रिकालज्ञानरचिन्तामणि m. und °ज्ञानान्तरी f. Titel zweier Werke.

त्रिकालदर्शिन् 1) Adj. = त्रिकालज्ञ 1). — 2) *m. ein Ṛshi.

त्रिकालनाथ m. N. pr. eines Jogin Ind. St. 15,382.

त्रिकालरूप Adj. in der Form der drei Zeiten erscheinend (die Sonne) 102,8.

त्रिकालविद् 1) Adj. = त्रिकालज्ञ 1). — 2) *m. *a) ein* Buddha. — *b) ein* Arhant *der* Gaina.

त्रिकालस्नायिन् Adj. *Morgens, Mittags und Abends sich abwaschend.* Nom. abstr. °यिता f.

त्रिकुण्डेश्वर n. Titel eines Tantra.

त्रिकुमारीक Adj. *wo die drei Jungfrauen* (Umâ, Ekaparṇâ und Ekapâṭalâ) *sich befinden* Hariv. 948.

त्रिकुला f. *eine best. Pflanze,* = यवतिक्ता Kâraka 7,11.

त्रिकूट 1) Adj. *drei Kuppen, Erhöhungen, Buckel habend.* — 2) m. N. pr. verschiedener Berge. — 3) *n. *Steinsalz.*

त्रिकूटरहस्य n. Titel eines Werkes.

*त्रिकूटलवण n. *eine Art Salz* Râgan. 6,104.

त्रिकूटवन्त् m. N. pr. eines Berges.

त्रिकूर्चक n. *ein dreischneidiges Instrument, Trocar.*

त्रिकृत्वस् Adv. *dreimal* Hemâdri 1,706,20.

त्रिकैक m. *ein best.* Ekâha.

त्रिकोण 1) Adj. (f. आ) *dreieckig* MBh. 14,88,32. *ein Dreieck bildend.* — 2) *f. आ *Trapa bispinosa.* — 3) n. *a) Dreieck.* — *b)* in der Astrol. *das 5te und 9te Haus.*

त्रिकोणक n. *Dreieck.*

*त्रिकोणफल n. *Trapa bispinosa.*

त्रिकोणभवन n. in der Astrol. *das 5te und 9te Haus.*

त्रिकौशेय n. *ein best. Gewand* MBh. 13,93,71.

त्रिक्रम m. *ein dreigliedriger* Krama 11).

*त्रिक्रन् m. = स्तेन Naigh. 3,24, v. l.

त्रिक्षार n. *die drei ätzenden Stoffe: Natrum, Salpeter und Borax* Râgan. 22,8. Pl. Bhâvapr. 2,107.

*त्रिक्षुर m. *Asteracantha longifolia.*

त्रिक्षेप्तर m. Bein. Çiva's Bâlar. 82,17.

*त्रिख n. *Gurke.*

*त्रिखट्व n. und *°ट्वी f. *drei Bettstellen.*

त्रिखण्ड *die dreitheilige Erde.*

त्रिखण्डिकासूत्र n. Titel eines Werkes.

त्रिखर्व 1) m. Pl. *eine best. Schule.* — 2) n. *eine best. hohe Zahl.*

त्रिगङ्ग n. N. pr. eines Tîrtha.

*त्रिगण m. = धर्म, काम *und* अर्थ.

त्रिगत n. in der Dramatik *verschiedene Deutung gleicher Laute.*

*त्रिगन्धक n. = त्रिजात.

त्रिगम्भीर Adj. (f. आ) *einen tiefen Nabel, eine tiefe Stimme und einen tiefen Charakter habend.*

त्रिगर्त 1) m. (adj. Comp. f. आ) *a)* Pl. N. pr. eines Volkes. — *b) ein Fürst der* Trigarta. — *c) das Land der* Trigarta. — *d)* **eine best. Art zu rechnen.* — 2) f. आ *a)* **ein verliebtes Weib* und *Weib* überh. — *b)* **eine Art Grille.* — *c)* **Perle.* — *d)* N. pr. einer Stadt.

त्रिगर्तक m. Pl. = त्रिगर्त 1) *a).*

त्रिगर्तषष्ठ m. Pl. Bez. *sechs* verschiedener Kriegerstämme Kâç. zu P. 5,3,116.

*त्रिगर्तिक m. *das Land der* Trigarta.

1. त्रिगुण m. Pl. und n. S. *die 3* Guṇa 1) *n).*

2. त्रिगुण Adj. (f. आ) 1) *aus drei Schnüren oder Fäden bestehend.* — 2) *dreifach, dreimal so gross, — viel.* सप्त त्रिगुणानि दिनानि *21 Tage.* °म् Adv. *auf dreifache Weise.* — 3) *die drei* Guṇa 1) *n) enthaltend.* Nom. abstr. °त्व n.

*त्रिगुणा Adv. mit कर् *dreimal pflügen.*

*त्रिगुणाकर्ण Adj. *mit zwei Einschnitten im Ohr.*

त्रिगुणाढ्य Adj. als Bez. *verschiedener Mixturen* und *eines Oels* Rasendrak. 122. Rasar. 408. 534.

त्रिगुणात्मक Adj. *die drei* Guṇa 1) *n) besitzend* 258,11.

त्रिगुणी Adv. mit कर् 1) *dreifach zusammenlegen* Agni-P. 33,5. — 2) **dreimal pflügen.* v. l. °गुणा.

त्रिगूढ und °क n. *ein Tanz von Männern in Frauenkleidung.*

त्रिग्रामी f. N. pr. einer Oertlichkeit.

त्रिग्राहिन् Adj. *die Grösse von drei* (Padja) *einnehmend.*

त्रिघन m. *drei zur dritten Potenz, siebenundzwanzig.*

*त्रिङ्ख्, त्रिङ्खति *gehen, sich bewegen.*

त्रिच m. n. = तृच.

त्रिचक्र Adj. *dreirädrig;* m. *ein solcher Wagen.*

त्रिचक्षुस् Adj. *dreiäugig.*

त्रिचतुर Adj. Pl. *drei oder vier.*

त्रिचतुर्दश Adj. Du. *der 13te und 14te.*

त्रिचत्वारिंश Adj. (f. ई) *der 43ste.*

*त्रिचत्वारिंशत् f. *dreiundvierzig.*

त्रिचित् und त्रिचितीक (TS. 5,2,3,6) Adj. *aus drei Schichten bestehend.*

त्रिजगत् n. Sg. und Pl. und °ती f. *die drei Welten: Himmel, Erde und Unterwelt.* °ज्जननी f. *die Mutter der Dreiwelt,* Beiw. der Pârvatî. °न्मोहिनी f. *Sinnesverwirrerin der Dr.,* wohl *eine Form der* Durgâ. °गदीश्वर m. Bein. eines Gina Ind. 13,367.

त्रिजट 1) Adj. (f. आ) *drei Flechten tragend.* — 2) m. N. pr. eines Brahmanen. — 3) f. आ *a) Aegle Marmelos.* — *b)* N. pr. α) einer Râkshasî. — β) einer Nâga-Jungfrau Kâraṇḍ. 3,23.

त्रिजात und °क (Daçak. [1925] 2,115,13) n. *Zimmt, Kardamomen und Muskatnuss.*

त्रिजीवा und त्रिज्या f. *der Sinus von 3 Zeichen oder 90 Grad, Radius.*

त्रिण n. = तृण *Gras.*

त्रिणत 1) Adj. *an drei Stellen eingebogen* (Bogen). — 2) *f. *Bogen.*

त्रिणयन v. l. für °नयन.

त्रिणव Adj. 1) *aus dreimal neun* (Gliedern) *bestehend.* — 2) *mit einem 27theiligen* Stoma *verbunden.*

त्रिणवन् Adj. *dreimal neun, siebenundzwanzig.* Nur am Anf. eines Comp. त्रिणवात्मक *27fach,* त्रिणवरात्र Adj. *27tägig,* त्रिणवसाहस्र Adj. Pl. (f. ई) *27tausend.*

त्रिणाक n. = त्रिनाक Bhâg. P. ed. Bomb. 6,13,16.

त्रिणाचिकेत 1) Adj. *der dreimal das* Nâkiketa *genannte Feuer angelegt hat* oder *der den ebenso genannten Theil des* Kâṭhaka *studirt hat* Âpast. — 2) m. Pl. Bez. *dreier* Anuvâka *im* Kâṭhaka VP.² 3,173.

त्रिणामन् Adj. *dreinamig* als Bez. eines Gottes, vielleicht Agni's AV.

त्रिणामछ्र v. l. für तृणामछ्र.

त्रिणिधन n. Name eines Sâman Tâṇḍja-Br. 7,3,17. Shaḍv. Br. 3,1. Lâṭj. 7,8,11. अग्नेः desgl. Ârsh. Br. Vgl. °निधन.

*त्रिणीता f. *Weib.*

त्रित 1) m. *a)* N. pr. α) eines vedischen Gottes. — β) Pl. einer Klasse von Göttern. — γ) verschiedener Ṛshi. — *b)* Bez. *des* Soma *bereitenden Priesters.* — 2) n. *ein Wurf von Dreien.*

त्रितकूप m. N. pr. eines Tîrtha.

*त्रितक्ष n. und *°तक्षी f. *ein Verein von drei Zimmerleuten.*

त्रितन्त्रि Adj. *dreisaitig* (Laute).

त्रितन्तु m. *dreifacher Aufzug* RV. 10,30,9.

त्रितन्त्रिका Adj. f. *dreisaitig* (Laute) S. S. S. 177

त्रितय n. *Dreizahl,* τριάς.

त्रिता f. *Dreiheit.*

त्रिताम्र Adj. *an drei Stellen* (des Körpers) *kupferroth* R. ed. Bomb. 5,35,17.

त्रित्रिक Adj. als rühmliche Eigenschaft Râma's R. 5,32,13.

त्रित्रिकोण n. *das 9te astrol. Haus.*

त्रित्व n. *Dreiheit.*

त्रिदण्ड 1) n. *a) die drei in Eins verbundenen Stäbe eines Brahmanen, der der Welt entsagt hat.* — *b) die dreifache Macht: die Beherrschung der Rede, der Gedanken und der Handlungen.* — 2) *f. ई Titel eines Werkes.

त्रिदण्डक n. = त्रिदण्ड 1) *a*).

त्रिदण्डिन् Adj. 1) *die drei in Eins verbundenen Stäbe eines brahmanischen Bettlers tragend;* m. *ein br. B., der der Welt entsagt hat.* — 2) *der seine Rede, seine Gedanken und seine Handlungen vollkommen beherrscht.*

*त्रिदत् Adj. (f. °दती) *dreizähnig* (als Bez. des Alters eines Thieres).

त्रिदन्त 1) *Adj. *dreizähnig.* — 2) f. ई *eine best. Pflanze,* = महामेदा Bhâvapr. 1,170.

*त्रिदला f. *Cissus pedata.*

*त्रिदलिका f. *Mimosa abstergens.*

त्रिदश 1) Adj. Pl. (f. आ) *a*) *dreimal zehn, dreissig.* — *b*) *göttlich;* vgl. 2). — 2) m. *a*) Pl. *die dreimal zehn,* vereinfachte Bez. *für die dreimal eilf Götter* (12 Âditja, 8 Vasu, 11 Rudra und die beiden Açvin); *Gott* überh. (daher auch im Du. gebraucht). — 3) n. *der Wohnort der Götter, der Himmel.* Wohl fehlerhaft für त्रिदिव, wie MBh. ed. Bomb. liest.

त्रिदशगुरु m. Bein. *des Planeten Jupiter.*

त्रिदशगोप und *°क m. *Coccinelle.*

त्रिदशता f. (Bâlar. 33,13) und त्रिदशत्व n. *das Gottsein, göttliche Natur.*

*त्रिदशदीर्घिका f. Bein. der Gaṅgâ.

*त्रिदशन् fehlerhaft für त्रयोदशन्.

त्रिदशपति m. Bein. Indra's 322,27. °शस्त्र n. *seine Waffe,* d. i. *der Donnerkeil.*

त्रिदशपुंगव m. Beiw. Vishṇu's.

*त्रिदशमञ्जरी f. *Basilienkraut.*

*त्रिदशवधू und त्रिदशवनिता f. *eine* Apsaras.

त्रिदशशैल m. Bein. des *Berges* Kailâsa.

त्रिदशश्रेष्ठ Adj. Beiw. 1) Brahman's. — 2) Agni's.

*त्रिदशसर्षप m. *eine Art Senf.*

*त्रिदशाङ्कुश m. *der Donnerkeil.*

त्रिदशाङ्गना f. *eine* Apsaras Ind. St. 13,367.

*त्रिदशाचार्य m. = त्रिदशगुरु.

त्रिदशाधिप m. *ein Fürst der Götter* Ind. St. 13,386.

त्रिदशाधिपति m. Bein Çiva's (eig. Indra's).

त्रिदशायन Adj. wohl *zu dem die Götter hinstreben.*

त्रिदशायुध n. 1) *Regenbogen.* — 2) **der Donnerkeil.*

त्रिदशारि m. *ein Feind der Götter, ein* Asura. °राजन् m. Bein. Râvaṇa's.

1. त्रिदशालय m. *der Götter Wohnort:* 1) *der Himmel.* — 2) *Bein. des Berges Sumeru.

2. त्रिदशालय m. *ein Himmelsbewohner, ein Gott.*

*त्रिदशावास m. = 1. त्रिदशालय.

*त्रिदशाहार m. *Nektar.*

त्रिदशी Adv. mit भू *zu einem Gotte werden.*

त्रिदशेन्द्र m. Bein. Indra's. °शत्रु m. Bein. Râvaṇa's.

त्रिदशेश m. Bein. Indra's. °द्विष् m. *ein* Asura.

त्रिदशेश्वर 1) m. Bein. Indra's, Agni's, Varuṇa's und Jama's. °द्विष् m. Bein. Râvaṇa's. — 2) f. ई *a*) Bein. der Durgâ. — *b*) N. pr. eines Wesens im Gefolge der Durgâ.

*त्रिदालिका f. fehlerhaft für त्रिदलिका.

त्रिदिनस्पृश् m. *das Zusammentreffen dreier lunarer Tage an einem Sonntage.*

त्रिदिव 1) n. *der dritte,* d. i. *höchste Himmel.* Im Veda stets in Verbindung mit dem Gen. दिवस्. Später *der Himmel* überh. Auch *m. — 2) f. त्रिदिवा *a*) **Kardamomen.* — *b*) N. pr. zweier Flüsse VP. 2,4,11. — 3) f. त्रिदिवी N. pr. eines Flusses Hemâdri 1,314,11.

त्रिदिवगत Adj. *in den Himmel eingegangen, im H. weilend, verstorben* Vikramâṅkak. 6,62.

त्रिदिवस Adj. *dreitägig* (Fieber) Agni-P. 31,18.

*त्रिदिवाधीश, *°दिवेश und *°दिवेशान (Gal.) m. *ein Gott.*

त्रिदिवेश्वर m. Bein. Indra's.

*त्रिदिवोद्भवा f. *grosse Kardamomen* Râǵan. 6,85.

त्रिदिवौकस् m. *ein Gott* Vikramâṅkak. 15,72.

*त्रिदृश् m. Bein. Çiva's.

1. त्रिदोष am Anf. eines Comp. *ein gestörter Zustand der drei Flüssigkeiten des Körpers.* °कृत्, °घ्न, °ज und °शमन Adj.

2. त्रिदोष Adj. *die drei Flüssigkeiten des Körpers afficirend.*

त्रिदोषकारिन् Adj. als Bez. *einer best. Mixtur* Rasendrak. 83.

त्रिधन्वन् m. N. pr. eines Fürsten.

त्रिधर्मन् m. 1) Bein. Çiva's. — 2) Hariv. 716 fehlerhaft für त्रिधन्वन्.

त्रिधा Adv. *in dreifacher Weise, in drei Theilen, — Theile, an drei Orten, zu drei Malen, trifariam.* Mit कर् *verdreifachen.*

त्रिधातु 1) Adj. *dreitheilig* (eine Composition S. S.S. 120), *dreifach, dreifältig;* überhaupt verstärkend wie *dreifach* und *triplex.* — 2) m. *a*) *eine best. Darbringung.* Nom. abstr. त्रिधातुत्व n. TS. 2,3,6,1. — *b*) *Bein. Gaṇeça's. — *c*) *N. pr. eines Mannes Comm. zu Tâṇḍja-Br. 13,3,12 (त्रिधातोः oder त्रिधातु st. त्रिधातुः zu lesen). — 3) n. *die dreitheilige Welt.*

त्रिधातुक 1) Adj. *aus drei Elementen bestehend.* — 2) *m. Bein. Gaṇeça's.

त्रिधातुशृङ्ग Adj. *dreifache Hörner habend.*

त्रिधात्व n. *Dreitheiligkeit.* Loc. so v. a. *in drei Fällen.*

1. त्रिधामन् n. = त्रिदिव 1).

2. त्रिधामन् 1) Adj. *a*) *dreitheilig* MBh. 13,159,22. — *b*) *in allen drei Welten erglänzend* Bhâg. P. 3,8,31. VP. 2,8,54 (hier vom Comm. anders erklärt). — 2) m. *a*) Bein. α) Vishṇu's. — β) Brahman's. — γ) *Çiva's. — *b*) **Feuer, Gott* Agni. — *c*) **Tod.* — *d*) N. pr. eines Vjâsa (= Vishṇu).

त्रिधामूर्ति f. *ein dreijähriges Mädchen, welches bei der* Durgâ-*Feier diese Göttin vertritt.*

त्रिधार 1) Adj. (f. आ) *dreiströmig* (गङ्गा) Hariv. 3189. — 2) *f. आ *Euphorbia antiquorum* Gal.

*त्रिधारक m. 1) *Scirpus Kysoor.* — 2) *Euphorbia antiquorum.*

*त्रिधारस्नुही f 1) *Euphorbia antiquorum.* — 2) = धारास्नुही.

त्रिनगरीतीर्थ n. N. pr. eines Tîrtha.

त्रिनयन 1) Adj. *dreiäugig.* — 2) m. Bein. Rudra-Çiva's. — 3) f. आ Bein. der Durgâ. — 4) n. N. pr. einer Stadt.

त्रिनवत Adj. *der 93ste.*

त्रिनवति f. *dreiundneunzig.*

त्रिनवतितम Adj. *der 93ste.*

त्रिनवाह (metrisch) n. Pl. *siebenundzwanzig Tage.*

त्रिनाक n. = त्रिदिव 1).

त्रिनाभ Adj. *der die drei Welten in seinem Nabel birgt.*

त्रिनाभि Adj. *drei Naben habend.*

त्रिनिधन n. = त्रिणिधन Tâṇḍja-Br. 7,3,17, v. l.

त्रिनिवित्क Adj. *drei* Nivid-*Verse enthaltend* Ait. Âr. 119,3 v. u.

*त्रिनिष्क Adj. *drei* Nishka *werth.*

त्रिनेत्र 1) Adj. *a*) *dreiäugig.* — *b*) als Bez. *verschiedener Mixturen* Rasendrak. 57. 87. Bhâvapr. 3,88. — 2) m. *a*) Bein. Rudra-Çiva's. — *b*) *das Mondhaus* Çiva's d. i. Ârdrâ Varâh. Bṛh. S. 15 29. — *c*) N. pr. eines Fürsten. — 3) *f. आ (Gal.) und ई *Yamswurzel.* — 4) f. आ Bein. der Durgâ.

*त्रिनेत्रचूडामणि m. *der Mond.*

*त्रिनेत्रफल m. *Cocosnussbaum* Gal.

*त्रिनैष्किक Adj. = त्रिनिष्क.

त्रिपक्ष n. *drei Monatshälften,* 1½ *Monate* Çâṅkh. Gṛhj. 4,3 (vgl. jedoch Comm). Chr. 221,3.

*त्रिपत्रक m. *Butea frondosa.*

त्रिपच्छस् Adv. *immer zu drei Stollen.*

त्रिपञ्चाश Adj. (f. ई) 1) *der 53ste.* — 2) *aus 53*

bestehend.

त्रिपञ्चाशत् f. dreiundfünfzig.

त्रिपञ्चाशत्क्रियाकथानक n. Titel eines Werkes Bühler, Rep. No. 597.

त्रिपञ्चाशत्तम Adj. der 53ste.

*त्रिपटु n. die drei salzigen Stoffe: Steinsalz, Vid-lavaṇa und schwarzes Salz.

त्रिपतत् am Anf. eines Comp. Bein. der Gaṅgâ.

त्रिपताक Adj. 1) in Verbindung mit कर u. s. w. eine Hand mit drei ausgestreckten Fingern (Zeigefinger, Mittelfinger und kleiner Finger) Bâlar. 54,19. Dieses Zeichen giebt man, wenn man auf der Bühne Etwas जनान्तिकम् sagen will. — 2) *in Verbindung mit ललाट u. s. w. eine Stirn mit drei feinen Falten.

त्रिपताकाकर m. = त्रिपताककर; s. u. त्रिपताक 1).

त्रिपती f. N. pr. eines Wallfahrtsortes.

त्रिपत्त्र m. 1) Aegle Marmelos. — 2) *ein best. Knollengewächs.

*त्रिपत्त्रक m. Butea frondosa.

त्रिपथ 1) n. a) Himmel, Luftraum und Erde oder Himmel, Erde und Unterwelt. — b) *ein Ort, wo drei Wege zusammenkommen. — 2) Adj. (f. आ) als Beiw. von Mathurâ.

त्रिपथक m. eine Art Composition S.S.S. 165.

त्रिपथगा 1) Adj. f. und Subst. Beiw. und Bein. der Gaṅgâ. — 2) Titel eines Commentars zum Paribhâshenduçekhara Opp. Cat. 1.

त्रिप॑द्‌ und त्रि॑पद्‌ (stark °पाद्‌) 1) Adj. (*f. wie *m. und °पे॑दी) a) dreifüssig. — b) drei Schritte thuend. — c) aus drei Stollen bestehend. — d) trinomisch. — e) zu drei Vierteln RV. 10,90,4. Subst. Dreiviertel 3. — 2) m. a) Bein. Vishṇu's. — b) N. pr. eines Daitja. — 3) f. त्रिपदी a) *Elephantengürtel. — b) ein best. Gang des Elephanten Kâd. 94,10. Vikramâṅkak. 15,29. — c) *Cissus pedata. — d) Bez. der Gâjatrî und eines best. Metrums im Prâkrit. — e) eine best. Composition S.S.S. 164.

त्रिपद 1) Adj. (f. त्रि॑पदा und त्रिप॑दा) a) dreifüssig. — b) drei Felder einnehmend Hemâdri 1,651, 11. 652,21. — c) aus drei Stollen bestehend. — d) drei Pada als Maass habend. — e) drei Wörter enthaltend Comm. zu AV. Prât. 4,114. Nom. abstr. °त्व n. zu 4,98. °प्रभृति Adj. aus drei und mehr Worten bestehend TS. Prât. — 2) *f. आ a) Cissus pedata. — b) das Metrum Gâjatrî Gal. — 3) n. drei Wörter.

त्रिपदिका f. ein dreifüssiges Gestell.

त्रिपद्य Adj. dreitheilig Weber, Ǵjot. 32.

*त्रिपन्न m. N. pr. eines der 10 Rosse des Mondgottes.

त्रिपरिक्रान्त Adj. der drei (Klippen glücklich) entgangen ist.

त्रिपरिवर्तम् Absol. mit dreimaliger Umdrehung Lalit. 183,19.

त्रिपर्ण 1) *m. Butea frondosa Râǵan. 10,36. — 2) *f. आ wilder Hanf. — 3) f. ई a) Desmodium gangeticum Bhâvapr. 3,52. — b) die wilde Baumwollenstaude Bhâvapr. 1,198. — c) *wilder Hanf. — d) *Sanseviera zeylanica Râǵan. 3,7. — e) *ein best. Knollengewächs Râǵan. 7,112.

*त्रिपर्णिका f. 1) ein best. Knollengewächs Râǵan. 7,112. — 2) Carpopogon pruriens. — 3) Alhagi Maurorum Râǵan. 4,46.

त्रिपर्याय Adj. drei Wendungen habend (ein Stoma).

त्रिपर्वत N. pr. einer Oertlichkeit Ind. Antiq. 1878,33.

त्रिपशु Adj. mit drei Opferthieren verbunden.

(त्रिपस्त्य) त्रिपस्तिअ॑ Adj. drei Wohnsitze habend.

त्रिपाजस्य॑ Adj. drei Bäuche habend.

त्रिपाट m. intersection of a prolonged side and perpendicular (in a quadrangular figure), the figure formed by such intersection.

*त्रिपाटिका f. Schnabel Gal.

त्रिपाठिन् f. Adj. die drei Veda studirend, — kennend. °ठिशिवराम m. N. pr. eines Scholiasten.

त्रिपाण Adj. aus der Pflanze Triparṇî gemacht.

त्रिपाद् 1) *Adj. (ein Sternbild) von dem drei Viertel in ein Zodiakalbild fallen; *m. ein solches Sternbild. — 2) ein dreifüssiges Gestell. — 3) *f. ई eine Art Mimose.

त्रिपादक 1) Adj. (f. °दिका) dreifüssig. — 2) *f. °दिका a) Cissus pedata. — b) eine Art Mimose.

त्रिपादीसूत्र n. Titel eines gramm. Tractats.

त्रिपाद्विभूतिकथन n. Titel eines Kapitels im Padmapurâṇa Verz. d. Oxf. H. 13,b,47.

त्रिपाद्विभूतिमहानारायणोपनिषद् f. Titel einer Upanishad Opp. Cat. 1.

त्रिपिटक n. die drei Piṭaka, d. i. Sûtra—, Vinaja— und Abhidharmapiṭaka.

त्रिपिण्डक Adj. mit drei Opferklössen verbunden.

त्रिपिण्डी f. die drei Opferklösse.

त्रिपिब Adj. mit drei Körpertheilen (den Ohren und der Zunge) trinkend.

त्रिपिष्टप (*m.) n. 1) die Himmelswelt, Indra's Himmel. — 2) *der Luftraum.

*त्रिपिष्टपसद् m. ein Himmelsbewohner, ein Gott.

*त्रिपु॑ m. Dieb.

त्रिपुट 1) *Adj. dreifach zusammengelegt. — 2) m. a) eine Erbsenart. — b) *Asteracantha longifolia. — c) *ein best. Längenmaass. — d) ein best. Tact S.S.S. 237. — e) *Ufer. — 2) *f. आ und ई a) Convolvulus Turpethum Râǵan. 6,170. — b) *grosse Kardamomen Râǵan. 6,85. — 3) f. आ a) *eine Art Jasmin Râǵan. 10,87. — b) eine Form der Durgâ.

त्रिपुटक 1) Adj. dreieckig (Wunde.) — 2) m. eine Erbsenart.

*त्रिपुटिन् und *°पुटिफल m. Ricinus communis.

त्रिपुण्ड्र, °क und °पुण्ड्र (?) n. drei auf verschiedenen Theilen des Körpers, insbes. auf der Stirn (bei den Çiva-Verehrern) mit Asche aufgetragene Striche.

त्रिपुण्ड्रमाहात्म्य n. Titel eines Werkes.

त्रिपुण्ड्रिन् Adj. mit dem Tripuṇḍra versehen.

त्रिपुर f. Pl. = त्रिपुर 1).

त्रिपुर 1) n. a) oxyt. dreifache Wehr, — Burg. Im Epos (vgl. TS. 6,2,3,1) drei von Maja für die Asura erbaute Burgen aus Gold, Silber und Eisen, die Çiva verbrannte. — b) Titel einer Upanishad. — c) N. pr. einer Stadt. — 2) m. a) eine Form Çiva's. — b) Bein. des Asura Bâṇa VP.² 5,118. — 3) f. आ a) *eine Art Kardamomen Gal. Vgl. त्रिपुटा und °टी. — b) *eine Reisart Gal. — c) eine best. Zauberkunst. — d) Titel einer Upanishad. — e) eine Form der Durgâ Pańkad. — f) N. pr. einer Stadt. °पुरी v. l. — 3) f. ई a) Titel einer Upanishad. — b) N. pr. der Hauptstadt der Ḱedi MBh. 3, 254,10. Bâlar. 68,7.

त्रिपुरकुमार m. N. pr. eines Schülers des Çaṁkarâkârja.

त्रिपुरघातिन् und त्रिपुरघ्न m. Bein. Çiva's.

त्रिपुरदहन 1) *m. Bein. Çiva's. — 2) n. Titel eines Gedichts Bühler, Rep. No. 130. Opp. Cat. 1.

त्रिपुरदाह m. 1) die Verbrennung Tripura's. — 2) Titel eines Schauspiels Hall in der Einl. zu Daçar. 30.

त्रिपुरद्रुह् (Bâlar. 95,1) und °पुरद्विष् m. Bein. Çiva's.

त्रिपुरप्रमाथिन् m. desgl. Dh. V. 15,3.

त्रिपुरभैरव 1) m. eine best. Mixtur Bhâvapr. 3, 53. — 2) f. ई eine Form der Durgâ.

*त्रिपुरमल्लिका und *माली f. eine Art Jasmin.

त्रिपुरविजयिन् m. Bein. Çiva's Mudrâr. 1,13 (3,5).

त्रिपुरसिद्धान्त m. Titel eines Werkes Opp. Cat. 1.

त्रिपुरसुन्दरी f. eine Form der Durgâ. °तन्त्र n., °दिव्यमहालंकृत und °मानस n. Titel von Werken Opp. Cat. 1. महात्रिपुरसुन्दरीकवच n. Verz. d. Oxf. H. 94,a,41. b,5.

त्रिपुरहन् und त्रिपुरहर (PRASANNAR. 43,11. HÂSJ. 17,14) m. Bein. Çiva's.

त्रिपुरातपन n. (Ind. St. 3,325,6) und °तापनी f. (OPP. Cat. 1) Titel einer Upanishad.

त्रिपुराधिपति m. Bein. Maja's.

त्रिपुरान्तक, °रान्तकर und °रान्तकृत् (ÂBJAV. 78, 7) m. Bein. Çiva's.

त्रिपुरभैरवी f. *eine Form der* Durgâ.

त्रिपुरारति und त्रिपुरारि m. Bein. Çiva's.

त्रिपुरारिनाटक n. Titel eines *Schauspiels* OPP. Cat. 1.

त्रिपुरार्णव m. Titel eines Werkes.

त्रिपुरार्दन m. Bein. Çiva's.

त्रिपुरासार und °समुच्चय m. Titel zweier Werke.

त्रिपुरीतीत्र n. N. pr. einer Oertlichkeit VP.² 5,118.

त्रिपुरीप्रकरण n. Titel eines Werkes.

1. त्रिपुरुष n. Sg. *drei Männer*, so v. a. *drei Generationen* GAUT. °म् Adv. *drei Gen. hindurch.*

2. त्रिपुरुष Adj. 1) *das Maass von drei Mannslängen habend.* — 2) *drei Gehülfen habend.*

त्रिपुरेशाद्रि m. N. pr. eines *Berges.*

त्रिपुरेश्वर N. pr. einer Oertlichkeit und eines Heiligthums.

त्रिपुरोपनिषद् f. Titel einer Upanishad OPP. Cat. 1.

*त्रिपुषा f. *dunkel blühender Convolvulus Turpethum.*

त्रिपुष्कर 1) Adj. *mit drei Lotusblüthen verziert.* — 2) N. pr. *a)* Pl. eines Tîrtha. — *b)* m. eines Mannes Ind. St. 15,336.

त्रिपूरुष Adj. = 2. त्रिपुरुष 1) *a)* TBR. 1,5,10,1.

त्रिपृष्ठ 1) Adj. *drei Rücken, Höhen* oder *Flächen habend* oder *einnehmend.* — 2) m. *a)* Bein. Vishṇu's. — *b)* *N. pr. des ersten der schwarzen Vâsudeva bei den Ǵaina. — 3) n. *der oberste der drei Himmel, der höchste Himmel.*

त्रिपौरुष Adj. (f. ई) *auf drei Generationen sich erstreckend.*

त्रिप्रतिष्ठित Adj. *dreifachen Halt habend* AV. 10,2,32.

त्रिप्रलम्ब (R. ed. Bomb. 5,35,17) und °म्बिन् Adj. *drei herabhängende Körpertheile habend.*

त्रिप्रसूत HARSHAK. 176,23 fehlerhaft für °प्रस्रुत.

त्रिप्रस्रुत Adj. *bei dem der Brunstsaft an drei Stellen hervorquillt* (Elephant).

त्रिप्लक्ष m. Pl. und °प्लक्षावहरण n. N. pr. einer Oertlichkeit.

त्रिफल 1) Adj. *drei Früchte habend.* — 2) f. आ *a) die drei Myrobalanen: die Früchte von Terminalia Chebula, T. Bellerica und Phyllanthus Emblica.* — *b)* **die drei wohlriechenden Früchte: Muskatnuss, Arecanuss und Gewürznelke.* Auch *f. ई. — *c)* **die drei süssen Früchte: Weintraube, Granatapfel und Dattel.*

त्रिबन्धन m. N. pr. eines Sohnes des Aruṇa. निबन्धन v. l.

त्रिबन्धु Adj. *dreifach verbunden, — verwandt.*

त्रिबर्हिस् Adj. *mit dreifacher Opferstreu versehen.*

त्रिबाहु 1) Adj. *dreiarmig.* — 2) m. *eine best. Art zu fechten.*

*त्रिबीज m. *Panicum frumentaceum.*

त्रिबलीक n. *After.* Vgl. त्रिवलीक und कबुलि.

त्रिब्रह्मन् Adj. *mit drei* Brahman (d. i. Brahman, Vishṇu und Çiva) DHJÂNAB. UP. 17.

त्रिभ 1) Adj. *drei Zodiakalbilder umfassend.* — 2) n. *drei Zodiakalbilder, Quadrat eines Kreises, neunzig Grad.*

त्रिभङ्गि 1) m. *ein best. Tact* S. S. S. 209. — 2) f. °ङ्गी *ein best. Metrum.*

त्रिभङ्गीसार Titel eines Werkes.

त्रिभज्जीवा und त्रिभज्या f. = त्रिज्या.

त्रिभाण्ड (metrisch) und °ण्डी f. *Convolvulus Turpethum.*

त्रिभमौर्विका f. = त्रिज्या.

त्रिभव Adj. als Bez. *einer Art von Fieber* BHÂVAPR. 3,78.

त्रिभाग m. 1) *der dritte Theil.* Bei besondern Seitenblicken soll *ein Drittel* des Auges betheiligt sein. KÂD. 223,22. 225,10. 239,6. HARSHAK. 176,15. BÂLAR. 72,1. — 2) *ein Drittel eines Zodiakalbildes.*

त्रिभाज् Adj. *drei Antheile erhaltend.*

त्रिभाण्डी f. = त्रिभण्डी KARAKA 7,7.

त्रिभानु m. N. pr. eines Fürsten.

*त्रिभाव, davon त्रैभाव्य.

त्रिभाष्यरत्न n. Titel eines *Commentars* zu TS. PRÂT.

त्रिभिन्न m. *ein best. Tact* S. S. S. 208.

त्रिभुक्तिराज m. N. pr. eines Tîrtha.

त्रिभुज् Adj. *dreifältig, dreifach.*

त्रिभुज Adj. *dreiarmig, dreiseitig;* m. *Dreieck* ÂRJABH. 2,11.

त्रिभुवन 1) n. *a) die drei Welten: Himmel, Luft und Erde* oder *Himmel, Erde und Unterwelt.* — *b)* N. pr. einer Stadt. — 2) m. N. pr. verschiedener Männer.

त्रिभुवनगुरु m. Bein. Çiva's.

त्रिभुवनपति m. Bein. Vishṇu's.

त्रिभुवनपालदेव m. N. pr. eines Fürsten.

त्रिभुवनप्रभा f. N. pr. der Tochter eines Dânava.

त्रिभुवनमल्लदेव m. Bein. des Fürsten Vikramâṅkadeva VIKRAMÂṄKAK. in den Unterschriften der Sarga.

त्रिभुवनराज m. N. pr. eines Fürsten.

त्रिभुवनाभोग m. *der weite Weltraum* PRASANNAR. 4,17.

त्रिभुवनेश्वर m. Bein. 1) Indra's. — 2) Çiva's.

त्रिभुवनेश्वरलिङ्ग n. Name eines Liṅga.

*त्रिभूम Adj. *dreistöckig.*

त्रिभानलग्न n. *der höchste Punkt der Ekliptik über dem Horizont.*

त्रिभौम Adj. *dreistöckig* HEMÂDRI 1,672,2.

त्रिमण्डला f. *eine giftige Spinnenart.*

त्रिमद 1) m. (!) *die drei narkotischen Stoffe: Cyperus rotundus, Plumbago zeylanica und Embelia Ribes.* — 2) am Anf. eines Comp. *der dreifache Stolz: Ahnen-, Geld- und Gelehrtenstolz.*

त्रिमदाण्डिक m. N. pr. eines Mannes LALIT. 295,5.

त्रिमधु 1) Adj. *der die drei mit* मधु *beginnenden Verse* (RV. 1,90,6—8) *kennt* oder *hersagt* GAUT. — 2) *n. = त्रिमधुर.

त्रिमधुर n. *die drei süssen Stoffe: Zucker, Honig und Ghee.*

त्रिमन्तु Adj. *dreifachen Rath habend* oder m. N. pr. eines Mannes.

त्रिमल्ल N. pr. einer Oertlichkeit.

त्रिमल्लचन्द्र m. N. pr. eines Fürsten.

त्रिमातृ Adj. *drei Mütter habend.* Nach SÂJ. m. *der Werkmeister der drei Welten.*

त्रिमात्र Adj. *drei Moren enthaltend, einen Laut von d. M. von sich gebend.*

त्रिमात्राकाल Adj. *drei Moren enthaltend* Ind. St. 10,421.

त्रिमात्रिक m. Bez. *der Silbe* ओम्.

त्रिमारिका f. *Mörderin von Dreien.*

1. त्रिमार्ग 1) am Anf. eines Comp. = त्रिपथ 1) *a).* — 2) *f. ई *drei Wege.*

2. त्रिमार्ग Adj. *mit drei Wegen* DHJÂNAB. UP. 17.

त्रिमार्गगा f. Bein. der Gaṅgâ ÇIÇ. 12,23.

*त्रिमुकुट m. N. pr. eines Berges.

*त्रिमुख 1) m. N. pr. des 3ten Arhant's der gegenwärtigen Avasarpiṇî. — 2) f. आ Bein. der Mutter Çâkjamuni's.

त्रिमुनि 1) Adj. *von drei* Muni *herrührend.* — 2) *n. Sg. *die drei* Muni.

त्रिमूढक n. *ein best. Tanz,* = त्रिगूढक.

त्रिमूर्त Ind. St. 9,10 fehlerhaft für त्रिमूत्र.

त्रिमूर्ति 1) Adj. *drei Gestalten —, drei Formen habend.* — 2) am Anf. eines Comp. Collectivbezeichnung Brahman's, Vishṇu's und Çiva's Ha-

MÂDRI 1,782,9. — 3) m. a) Bein. der Sonne HEMÂDRI 1,591,8. — b) ein Buddha. — c) N. pr. eines der 8 Vidjeçvara HEMÂDRI 1,611,9. 823,6. 2,a, 126,11.

त्रिमूर्तिक m. = त्रिमूर्ति 3) b).

*त्रिमूर्ध Adj. = त्रिमूर्धन्.

त्रिमूर्धन् 1) Adj. dreiköpfig RV. 1,146,1. — 2) m. N. pr. eines Rakshas UTTARAR. 32,12.

त्रियत्त Adj. dreiäugig (Çiva). v. l. त्रियत्त.

त्रियत्त Adj. angeblich = त्रिभिर्वेद् इष्यते, यज्ञेश.

त्रियम्बक m. Bein. Çiva's KAP. S. 8,10.

त्रियव Adj. das Gewicht von drei Gerstenkörnern habend.

त्रियवस्थ Adj. drei Zustände habend.

त्रियवि = त्र्यवि MAITR. S. 3,11,11.

*त्रियष्टि m. vielleicht Oldenlandia biflora.

त्रियान n. die drei Vehikel (buddh.).

त्रियाम 1) Adj. (f. आ) drei Nachtwachen —, 9 Stunden enthaltend. — 2) f. आ a) Nacht. — b) *ein Convolvulus mit dunklen Blüthen. — c) *die Indigopflanze. — d) *Gelbwurz. — e) *Bein. der Jamunâ.

*त्रियामक n. Sünde.

1. त्रियुग n. eine Periode von drei Generationen. Nach Andern Frühling, Regenzeit und Herbst oder die drei letzten Weltalter.

2. त्रियुग Adj. in den drei ersten Weltaltern erscheinend MBH. 12,43,6. Wird auch ähnlich wie त्रियुगम erklärt.

त्रियुगम Adj. drei Paare (यशोवीर्ये, ऐश्वर्यश्रियौ und ज्ञानवैराग्ये Comm.) besitzend.

*त्रियूह m. ein kastanienbraunes Pferd.

त्रियोजन n. eine Strecke von drei Jogana.

त्रियृच = त्र्यृच = तृच.

त्रिरक्षर Adj. aus drei Lauten bestehend DHJÂNAB. UP. 17.

त्रिरत्न n. die drei Kleinode: Buddha, das Gesetz und die Versammlung.

त्रिरश्रि Adj. dreieckig.

त्रिरसक n. ein berauschendes Getränk.

1. त्रिरात्र n. Sg. und Pl. (MBH. 3,82,18) ein Zeitraum von drei Nächten (Tagen). °त्रम् drei Tage lang, °त्रात् und °त्रेण nach drei Tagen, °त्रैस्त्रिभिः nach neun Tagen. °रात्रावरम् wenigstens drei Tage GAUT. 23,24.

2. त्रिरात्र 1) Adj. drei Tage dauernd. — 2) m. eine dreitägige Feier.

त्रिराव m. N. pr. eines Sohnes des Garuḍa MBH. 5,101,11. v. l. त्रिवार.

त्रिरुन्नत Adj. mit drei emporgestreckten Körpertheilen ÇVETÂÇV. UP. 2,8.

त्रिरूप Adj. 1) dreigestaltig. — 2) dreifarbig. — 3) drei Moren habend Comm. zu TS. PRÂT.

त्रिरूपकोश m. Titel eines Wörterbuchs OPP. Cat. 1.

त्रिरेख 1) Adj. (f. आ) drei Streifen habend. — 2) *m. Muschel. Nach GAL. ein anderes Thier, = पुच्छलोमन् u. s. w.

*त्रिरेखाङ्कित m. ein best. Fisch GAL.

त्रिरेखापुट Sechseck.

त्रिर्व्यूह Adj. dreifach erscheinend MBH. 12,348,57.

त्रिलव m. der dritte Theil LILÂV. S. 10.

*त्रिलवण n. = त्रिपटु RÂGAN. 22,7.

त्रिलिङ्ग 1) Adj. a) die drei गुण 1) n) besitzend. — b) dreigeschlechtig, adjectivisch. — 2) f. ई die drei grammatischen Geschlechter. — 3) n. das Land Telinga.

त्रिलिङ्गक Adj. = त्रिलिङ्ग 1) b).

त्रिलोक 1) n. (nur °लोके), f. (ई) Sg. und m. Pl. die drei Welten: Himmel, Luftraum und Erde oder Himmel, Erde und Unterwelt. एतदखिलं °लोकीतलम् so v. a. dieser ganze Erdboden PRASANNAR. 66,4. — 2) m. ein Bewohner einer der drei Welten.

त्रिलोकदर्पणकथा f. Titel eines Werkes BÜHLER, Rep. No. 598.

त्रिलोकनाथ m. Bein. 1) Indra's. — 2) Çiva's.

त्रिलोकवशंकर m. N. pr. eines Lokeçvara.

त्रिलोकवीर m. N. pr. einer buddh. Gottheit.

त्रिलोकसार Titel eines Werkes BÜHLER, Rep. No. 599.

त्रिलोकात्मन् m. Bein. Çiva's.

त्रिलोकीकृति m. die Schöpfung der drei Welten DHÛRTAN. 59.

त्रिलोकीजित् Adj. die drei Welten besiegend DH. V. 3,4.

त्रिलोकीनाथ Adj. und m. Beiw. und Bein. Vishṇu's.

त्रिलोकीपति m. dass. Ind. St. 15,351.

*त्रिलोकीराज m. Bein. Indra's GAL.

त्रिलोकेश m. Bein. 1) Vishṇu's Spr. 2643. — 2) Çiva's. — 3) *der Sonne.

त्रिलोचन 1) Adj. a) dreiäugig. — b) als Bez. einer best. Mixtur RASAR. 521. — 2) m. a) Bein. Çiva's. — b) N. pr. verschiedener Männer. — 3) f. आ a) *ein untreues Weib. — b) N. pr. einer Göttin. — 4) f. ई Bein. der Durgâ.

त्रिलोचनतीर्थ n. N. pr. eines Tîrtha.

त्रिलोचनदास m. N. pr. eines Grammatikers.

त्रिलोचनदेवन्यायपञ्चानन m. N. pr. eines Gelehrten.

त्रिलोचनपाल m. N. pr. eines Fürsten.

त्रिलोचनाष्टमी f. der achte Tag in der dunklen Hälfte des Ǵjaishṭha.

त्रिलोचनेश्वरतीर्थ N. pr. eines Tîrtha.

1. त्रिलोह n. die drei Metalle: Kupfer, Messing und Glockengut HEMÂDRI 1,765,14. 15.

2. त्रिलोह Adj. (f. ई) aus einem von den drei Metallen verfertigt.

*त्रिलोहक n. die drei Metalle: Gold, Silber und Kupfer RÂGAN. 22,42.

त्रिलौह Adj. (f. ई) = 2. त्रिलोह.

त्रिल्लक und त्रिल्लसेन m. N. pr. zweier Männer.

त्रिवक्रा f. N. pr. einer Frau.

त्रिवणसंज्ञिका und त्रिवणी f. eine best. Râgiṇî S. S. S. 110.37.

त्रिवत्स Adj. (f. आ) dreijährig (Rind).

त्रिवत् Adj. das Wort त्रि enthaltend.

त्रिवन्धुर Adj. dreisitzig.

त्रिवयस् Adj. etwa dreifaches Gewebe habend RV. 2,31,5.

त्रिवरूथ Adj. dreifach schirmend.

त्रिवर्ग m. eine Zusammenstellung von drei Dingen. Insbes. धर्म, काम und अर्थ Verdienst, Vergnügen und Nutzen; क्षय, स्थान und वृद्धि Verlust, status quo und Gewinn; सत्त्व, रजस् und तमस् und die drei oberen Kasten.

त्रिवर्ण Adj. dreifarbig.

त्रिवर्णक 1) *m. n. Asteracantha longifolia. — 2) n. a) *die drei Myrobalanen (त्रिफला). — b) die drei scharfen Stoffe (त्रिकटु) SUÇR. 1,161,5.

*त्रिवर्णकृत् m. Chamäleon.

त्रिवर्णाचारप्ररूपण n. und °चारसंहिता f. Titel zweier Werke BÜHLER, Rep. No. 600. fg.

त्रिवर्तु Adj. dreifach.

त्रिवर्त्मगा f. Bein. der Gangâ.

त्रिवर्त्मन् Adj. auf drei Pfaden wandernd.

1. त्रिवर्ष n. ein Zeitraum von drei Jahren.

2. त्रिवर्ष Adj. dreijährig.

त्रिवर्षक Adj. (f. °र्षिका) dass.

त्रिवर्षपूर्व Adj. seit weniger als drei Jahren bekannt PAST.

त्रिवर्षीय Adj. drei Jahre herhaltend.

त्रिवलि (nur am Anf. eines Comp.) und °वली f. 1) drei Falten oberhalb des Nabels (etwas Reizendes beim Weibe). — 2) °ली a) *After. — b) eine Art Trommel S. S. S. 177.

त्रिवलीक 1) Adj. am Bauche oder am Nacken drei Falten habend. — 2) *n. After.

त्रिवलीवत् Adj. = त्रिवलीक 1) R. 5,35,18.

त्रिवार 1) m. N. pr. eines Sohnes des Garuḍa. त्रिराव v. l. — 2) °म् Adv. dreimal.

त्रिवार्षिक Adj. *drei Jahre alt* Pańkat. 167,2.

1. त्रिविक्रम n. *die drei Schritte* (Vishṇu's). Am Anf. eines Comp. Kumâras. 6,71.

2. त्रिविक्रम 1) Adj. *der die drei Schritte gethan hat* (Vishṇu). — 2) m. *a)* Bein. Vishṇu's. — *b) eine best. Mixtur* Rasendrak. 136. — *c)* N. pr. verschiedener Männer.

त्रिविक्रमक m. Bein. Vishṇu's Agni-P. 25,38.

त्रिविक्रमतीर्थ n. N. pr. eines Tîrtha.

त्रिविक्रमदेव m. N. pr. eines Autors Pischel, de Gr. pr. 28. Rasaratn. 300.

त्रिविक्रमभट्ट m. desgl. Pischel, de Gr. pr. 28.

त्रिविक्रमवृत्ति f. Titel eines Werkes Opp. Cat. 1.

त्रिविक्रमसेन m. N. pr. eines Fürsten.

त्रिविक्रमाचार्य m. N. pr. eines Astronomen.

त्रिवितस्त॑ Adj. *drei Spannen lang.*

त्रिविद्य Adj. *die drei* Veda *in sich bergend.*

*त्रिविद्या f. *die drei* Veda Ind. 13,452.

त्रि॑विध Adj. *von drei Arten, dreierlei, dreifach.*

त्रिविधनामावली f. Collectivname für *drei* best. Werke.

त्रिविधा Adv. *in drei Theile.*

त्रिविनत Adj. *drei gesenkte Körpertheile habend.* त्र्यवनत v. l.

त्रिविबुधी f. *ein Verein von drei Göttern* Naish. 5,72.

त्रिविष्टप n. 1) = त्रिपिष्टप *die Himmelswelt,* Indra's *Himmel.* — 2) Name eines Liṅga. — 3) Saṁnj. Up. 4,1 fehlerhaft für त्रिविष्टब्ध.

*त्रिविष्टपसद् m. *ein Himmelsbewohner, ein Gott.*

त्रिविष्टब्ध und °क n. = त्रिदण्ड 1) *a).*

त्रिविष्टि॑ Adv. *dreimal.*

त्रिविष्टि॑धातु Adj. *dreifach.*

*त्रिविस्त Adj. *drei* Vista *wiegend.*

त्रिवृच्छिरस् Adj. Beiw. eines Wagens MBh. 13, 139,26. = ऊर्ध्वमध्याधोगतिफल Nilak.

त्रिवृ॑त् 1) Adj. *a) dreifach, aus drei Theilen zusammengesetzt, in drei Formen bestehend, dreifach gewunden, — geschichtet, dreischichtig* u. s. w. In Verbindung mit स्तोम = 2) *a).* — *b) mit dem* trivṛt Stoma *verbunden.* — 2) m. *a) ein* Stoma, *bei welchem von den drei* Tṛka *des Liedes* ṚV. 9,11 *je die drei ersten* Ṛk *jedes* Tṛka, *dann die zweiten und endlich die dritten aneinander gereiht werden.* — *b) eine dreifache Sehnur.* — *c) ein dreifach gewundenes Amulet.* — 3) f. *Ipomoea Turpethum.*

त्रिवृता f. *Ipomoea Turpethum.*

त्रिवृत्करण n. *das Dreifachmachen* 267,21.

त्रिवृ॑त्ता f. *Dreifachheit.*

त्रिवृत्ति f. *der Lebensunterhalt durch drei Dinge* (Opfer, Lehre und Empfangnahme von Almosen).

*त्रिवृत्पर्णी f. *Hingcha repens.*

त्रिवृत्सोम Hariv. 7435 fehlerhaft für त्रिवृत्स्तोम.

त्रिवृत्स्तोम Adj. *mit* त्रिवृत् 2) *a) verbunden.* Vgl. Nilak. zu Hariv. 2,72,46.

*त्रिवृत्त m. *Butea frondosa.*

*त्रिवृत्तिका f. *Ipomoea Turpethum.*

त्रिवृ॑ष 1) Adj. *drei Stiere habend* AV. 5,16,3. — 2) m. N. pr. des Vaters von Trjaruṇa und des Vjâsa im 11ten Manvantara VP.[2] 3,34. 37.

त्रिवृषन् m. N. pr. = त्रिवृष 2).

*त्रिवेणि und °णी f. *der Ort, wo die* Gaṅgâ *mit der* Jamunâ *und* (nach einer mythischen Vorstellung) *auch mit der* Sarasvatî *sich verbindet.* Auch N. pr. eines andern Ortes.

त्रिवेणिका f. Titel einer Grammatik.

त्रिवेणु 1) Adj. *mit drei Fahnen versehen* (Wagen). — 2) *ein best. Theil des Wagens.* n. = युगकूबरयोः संधानार्थं त्रिशिखं दारु Nilak. zu MBh. 3, 175,4.

त्रिवेणुक (wohl m.) = त्रिवेणु 2).

1. त्रिवेद् am Anf. eines Comp. und °वेदी f. *die drei* Veda.

2. त्रिवेद Adj. 1) *mit den drei* Veda *vertraut.* — 2) *die drei* Veda *in sich bergend* (die Sonne) Hemâdri 1,591,9.

त्रिवेदिन् Adj. = 2. त्रिवेद 1) und 2).

त्रिवेदीतनु = 2. त्रिवेद 2). देव *der Sonnengott* Bâlar. 84,4.

*त्रिवेला f. *Ipomoea Turpethum* Râǵan. 6,168.

*त्रिवैस्तिक Adj. = त्रिविस्त.

*त्रिशकल m. = त्रीणि शकलान्यस्य Kâç. zu P. 6,2,47.

त्रिशक्ति f. N. pr. einer Göttin, = त्रिकला.

त्रिशङ्कु m. 1) N. pr. eines alten Weisen und eines alten Königs von Ajodhjâ. Am Himmel leuchtet er als *das südliche Kreuz.* — 2) **Katze.* 3) **Zibethkatze.* — 4) **der Vogel* Ḱâtaka. Vgl. त्रिशङ्ग. — 5) **Heuschrecke.* — 6) **ein leuchtendes fliegendes Insect.*

*त्रिशङ्कुक m. *Bachstelze* Gal.

*त्रिशङ्कुज m. Patron. Hariçḱandra's.

त्रिशङ्कुतिलक Adj. (f. आ) *mit dem südlichen Kreuz geschmückt.* दिश् f. so v. a. *der Süden* Kâd. 133,18.

*त्रिशङ्कुयाजिन् m. Bein. Viçvâmitra's.

*त्रिशङ्ग m. *der Vogel* Ḱâtaka Gal. Vgl. त्रिशङ्कु 4).

त्रिशत॑ 1) Adj. *a) hundertunddrei.* — *b) dreihundert.* — *c) der 300ste.* — *d) aus 300 bestehend.* f. ई Hariv. 512. — 2) f. ई *a) dreihundert.* — *b)* Titel eines Stotra (Opp. Cat. 1) und eines med. Werkes. — 3) n. *dreihundert.*

त्रिशतक Adj. (f. °तिका) *aus 300 bestehend.*

त्रिशततम Adj. 1) *der 103te.* — 2) *der 300ste.*

त्रिशतीगणितसार Titel eines Werkes.

1. त्रिशरण n. *die drei Zufluchtsstätten:* Buddha, *das Gesetz und die Versammlung.*

2.*त्रिशरण m. *ein* Buddha.

त्रिशरणतभीम m. N. pr. eines Mannes.

त्रिशरीर Adj. *einen dreifachen Leib habend* Ind. St. 9,125.

त्रिशरीरभैरव Titel eines Werkes.

त्रिशरीरिन् Adj. *drei Körper habend.*

*त्रिशर्करा f. *drei Arten Zucker* Râǵan. 22,11.

त्रिशल॑ 1) Adj. *die Länge von drei Schweinsborsten habend.* — 2) *f. °ला N. pr. der Mutter eines Arhant's bei den Ǵaina.

त्रिशलाकापुरुषचरित n. Titel eines Werkes.

त्रिशस् Adv. *zu drei.*

त्रिशाख Adj. (f. आ) 1) *dreiästig.* — 2) *aus drei Runzeln bestehend* (भ्रुकुटी).

*त्रिशाखपत्त्र m. *Aegle Marmelos.*

*त्रिशाण und *°शाणय Adj. *drei* Çâṇa *wiegend.*

त्रिशानु m. N. pr. des Vaters von Karaṁdhama Hariv. 1,32,117. Vgl. त्रिभानु.

त्रिशाल 1) n. *ein Haus mit drei Hallen.* — 2) f. आ N. pr. der Gattin Siddhârtha's.

त्रिशालक n. *ein Haus mit drei Hallen.*

त्रिशिख 1) Adj. (f. आ) *dreizackig, dreispitzig, dreiflammig* (Hariv. 12292), *aus drei Runzeln bestehend* (भ्रुकुटी). — 2) m. *a)* **Aegle Marmelos.* — *b)* **ein* Rakshas. — *c)* N. pr. des Indra im Manvantara des Tâmasa. — 3) f. ई Titel einer Upanishad. — 4) n. *a) Dreizack.* — *b)* **ein Diadem mit drei Spitzen.*

त्रिशिखर Adj. *dreispitzig.* शैल m. N. pr. *eines Berges.*

*त्रिशिखिदला f. *ein best. Knollengewächs.*

*त्रिशिखिन् Adj. = त्रिशिख 1) in °शिखिदला.

त्रिशिखीब्राह्मण n. und °णोपनिषद् f. (Opp. Cat. 1) Titel einer Upanishad.

त्रिशिर 1) Adj. als Beiw. eines Wagens. v. l. चतुरस्र. — 2) m. N. pr. eines Rakshas, = त्रिशिरस्. — 3) *f. आ *Clypea hernandifolia* Râǵan. 6,122.

त्रिशिरगिरि m. N. pr. eines Berges.

त्रिशिरस् 1) Adj. *a) dreiköpfig.* — *b) dreispitzig.* — 2) m. *a)* N. pr. α) eines Hymnendichters, mit dem Patron. Tvâshṭra. — β) eines von Vishṇu getödteten Asura. — γ) eines von Râma getödteten Rakshas. In Verbindung mit रक्षस् n. auch n. — b) *ein Rakshas. — c) *Bein. Kubera's.

त्रिशिल n. ein Haufen von drei Steinen Kauç. 36.

त्रिशीर्ष Adj. dreiköpfig.

*त्रिशीर्षक n. Dreizack.

त्रिशीर्षगुहा und °शीर्षाख्यगुहा f. N. pr. einer Höhle im Kailâsa.

त्रिशीर्षन् Adj. dreiköpfig.

त्रिशीर्षवन्त् Adj. drei (Haarwirbel) auf dem Kopfe habend R. ed. Bomb. 5,35,18.

त्रिशुक्र Hemâdri 1,14,19. 21. 22. 27,7 fehlerhaft für त्रिशुक्र.

त्रिशुक्र und त्रिशुक्रिय Adj. in drei Beziehungen rein. Vgl. Ind. St. 10,85. 113.

त्रिशुच् Adj. dreifach leuchtend.

1. त्रिशूल n. Dreizack, insbes. als Waffe Çiva's. m. fehlerhaft.

2. त्रिशूल 1) Adj. mit dem Dreizack versehen (Çiva). — 2) m. N. pr. eines Gebirges.

त्रिशूलखात n. N. pr. eines Tîrtha.

त्रिशूलगङ्गा f. N. pr. eines Flusses.

त्रिशूलपुरी f. N. pr. einer Stadt.

त्रिशूलाङ्क m. 1) Bein. Çiva's. — 2) N. pr. eines Lehrers.

त्रिशूलाय्, °ये dem Dreizack Çiva's gleichen.

त्रिशूलिका f. Dreizäckchen Kâd. 252,11.

त्रिशूलिन् Bein. 1) *m. Çiva's. — 2) f. °नी der Durgâ.

त्रिशृङ्ग 1) Adj. dreihörnig, — spitzig. — 2) m. a) Dreieck. — b) N. pr. eines Berges. — 3) das männliche Glied beim Menschen Comm. zu Mantrabr. 1,1,4.

*त्रिशृङ्गिन् m. Cyprinus Rohita.

त्रिशोक 1) Adj. dreifach leuchtend. — 2) m. N. pr. eines Ṛshi.

त्रिश्येत Adj. (f. आ) = त्रिःश्वेत Mân. Çr. 1,7,2.

त्रिश्रुत् Âçv. Çr. 5,13,6 fehlerhaft für त्रिशुच्.

त्रिश्रुति Adj. drei Intervalle umfassend S.S.S. 26.

त्रिःशुक्ल Adj. drei weisse Streifen habend Kauç. 29.

त्रिःश्रावण n. Bez. eines best. Textes Âpast.

त्रिःश्वेत Adj. (f. आ) an drei Stellen weiss Çâṅkh. Gṛhj. 1,22. Mân. Gṛhj. 1,12.15.

त्रिषंयुक्त Adj. zu drei verbunden. n. mit Ergänzung von हविस् oder कर्मन्.

त्रिषंवत्सर Adj. drei Jahre dauernd.

त्रिषत्य Adj. dreifach (in Gedanken, Worten und Werken) wahrhaft Maitr. S. 1,4,3.

त्रिषधस्थ 1) Adj. an drei Stellen befindlich, dreifachen Stand habend. — 2) n. dreifacher Ort.

त्रिषंधि 1) Adj. aus drei Stücken zusammengesetzt. — 2) m. ein best. dämonisches Schlangenwesen. — 3) n. Name eines Sâman.

त्रिषप्त Adj. Pl. dreimal sieben, einundzwanzig; auch für eine unbestimmte grössere Zahl gebraucht.

त्रिषप्तीय n. Bez. des Liedes AV. 1,1.

*त्रिषम Adj. = ह्रस्व.

त्रिषवण 1) Adj. a) mit drei Soma-Kelterungen verbunden. — b) in Verbindung mit स्नान n. dreimalige Abwaschung am Tage. — 2) m. N. pr. eines Mannes. — 3) n. a) Pl. die drei Soma-Kelterungen am Tage. — b) dreimalige Abwaschung am Tage. — 4) °म् Adv. Morgens, Mittags und Abends Âpast. Mân. Gṛhj. 1,23.

त्रिषवणस्नायिन् Adj. sich dreimal am Tage abwaschend.

त्रिषष् Adj. Pl. dreimal sechs, achtzehn.

त्रिषष्ट Adj. (f. ई) der 63ste.

त्रिषष्टि f. dreiundsechzig.

त्रिषष्टितम Adj. der 63ste.

त्रिषष्टिधा Adv. in 63 Theile, 63fach.

त्रिषष्टिलक्षणमहापुराण n. (Bühler, Rep. No. 602), °महापुरुषसंग्रह m. und त्रिषष्टिशलाकापुरुषचरित n. Titel von Werken.

त्रिषाहस्र Adj. aus 3000 bestehend TS. 5,6,8, 2. 3. Çulbas. 2,81. Vgl. त्रिसाहस्र.

त्रिषुवर्चक m. N. pr. eines Mannes MBh. 3,220,1. v. l. त्रिसु°

त्रिष्टुक्, °ग् Nom., im Comp. und vor consonantisch anlautenden Casusendungen in TS. und TBr. statt त्रिष्टुप्, °ब्.

त्रिष्टुमुख Adj. mit einer Trishṭubh beginnend TS. 7,2,8,3.

त्रिष्टुप्छन्दस् Adj. das Trishṭubh-Metrum habend Maitr. S. 2,3,3.

त्रिष्टुभ् f. 1) ein best. Metrum von 4×11 Silben; in der späteren Metrik jedes Metrum von 4×11 Silben. त्रिष्टुभामर्कौ Name zweier Sâman. — 2) Titel eines Werkes Opp. Cat. 1.

त्रिष्टोम 1) Adj. drei Stoma zählend. — 2) m. ein best. Ekâna.

त्रिष्ठ 1) Adj. dreisitzig (Wagen). — 2) m. N. pr. eines Priesters der Dämonen (त्रिष्ट Hdschr.).

त्रिष्ठिन् Adj. auf dreifachem Grunde stehend.

त्रिस् Adv. dreimal. अह्नः (Gen.) dreimal des Tages.

त्रिसरण m. N. pr. eines Scholiasten Hall in der Einl. zu Daçar. 6.

त्रिसंवत्सर Adj. = त्रिषंवत्सर 1).

*त्रिसंधि 1) Adj. = त्रिषंधि 1). — 2) f. Hibiscus rosa sinensis Râgan. 10,122. Auch ई.

त्रिसंधिक Adj. an den drei Tagesabschnitten stattfindend.

1. त्रिसंध्य n. (*f. ई und आ) die drei Tagesabschnitte: Sonnenaufgang, Mittag und Sonnenuntergang. °म् Acc. zur Zeit der 3 Saṁdhjâ.

2. त्रिसंध्य 1) Adj. zu den drei Tagesabschnitten in Beziehung stehend. °ध्या दाक्षायणी eine Form der Durgâ. — 2) *f. आ Hibiscus rosa sinensis Râgan. 10,122.

*त्रिसंध्यकुसुमा f. Hibiscus rosa sinensis Râgan. 10,122.

त्रिसप्त Adj. Pl. = त्रिषप्त.

त्रिसप्तकृत्वस् Adv. 21 mal. v. l. त्रिःस°

त्रिसप्तत Adj. (f. ई) der 73ste.

त्रिसप्तति f. dreiundsiebzig.

त्रिसप्ततितम Adj. der 73ste.

त्रिसप्तन् Adj. Pl. dreimal sieben, einundzwanzig Hemâdri 1,386,20.

त्रिसम 1) Adj. drei gleiche (Seiten) habend (Viereck), drei gleiche Körpertheile habend R. ed. Bomb. 5,35,17 (= समत्र्यवयव Comm.). — 2) *n. eine Mischung zu gleichen Theilen aus gelber Myrobalane, Ingwer und Melasse (oder Menispermum glabrum).

त्रिसमृद्ध Adj. mit drei guten Eigenschaften versehen, von einer Kuh so v. a. fromm, milchreich und fruchtbar Hemâdri 1,457,1. 11.

त्रिसर 1) *m. n. = कृसर. — 2) eine Art Perlenschmuck Pañkad. — 3) f. ई ein best. Saiteninstrument S.S.S. 185.

त्रिसरक n. dreimaliger Genuss berauschender Getränke.

त्रिसर्ग m. die Schöpfung der drei गुण 1) n).

त्रिसवन Adj. und n. = त्रिषवण.

त्रिसांवत्सर Adj. dreijährig Çâṅkh. Br. 13,28,4.

त्रिसाधन Adj. (f. आ) durch drei Dinge vermittelt, — bedingt 96,16.

त्रिसामन् Adj. drei Sâman singend.

त्रिसामा f. N. pr. eines Flusses.

त्रिसाम्य n. ein gleiches Verhältniss der drei गुण 1) n).

त्रिसाहस्र 1) Adj. (f. ई) aus 3000 bestehend. Vgl. त्रिषाहस्र. — 2) n. drei Tausend Bhâg. P. 10,58,50.

त्रिसाहस्रमहासाहस्र mit oder ohne लोकधातु m. eine best. Welt Lalit. 345,10. 375,17. 19. °साहस्राधिपति m. der Beherrscher dieser Welt 342,19.

त्रिसाहस्रमहासाहस्रिक Adj. über die Welt त्रिसाहस्रमहासाहस्र herrschend Lalit. 345,9.

*त्रिसिता f. drei Arten weissen Zuckers Râgan. 22,11.

*त्रिसीत्य Adj. dreimal gepflügt.

त्रिसुगन्ध m. n. (Hemâdri 2,44,7. 8), °गन्धि (*n.) (Bhâvapr. 1,189) und °गन्धिक *die drei wohlriechenden Stoffe.*

त्रिसुन्दर m. *eine best. Mixtur* Rasendrak. 97.

त्रिसुपर्ण 1) m. n. Bez. *der Verse* RV. 10,114,3—5 oder *der* Anuvâka 48—50 *in* Taitt. Âr. 10 (vgl. VP.² 3,173) Taitt. Âr. 10,48. fgg. — 2) Adj. *der diese Sprüche studirt oder hersagt* Gaut. MBh. 13,90,26.

त्रिसुपर्णक Adj. = त्रिसुपर्ण 2).

त्रिसुवर्चक m. N. pr. eines Mannes. v. l. त्रिषु°.

त्रिसूत्र 1) Adj. *drei Fäden habend* Kûlikop. 1. Maitrjup. 6,35 (S. 185). — 2) f. ई *eine Dreizahl von* Sûtra Comm. zu Njâjas. 3,1,69.

त्रिसूत्रीकरण n. *eine best. feierliche Handlung, die an einer Feuergrube vorgenommen wird.*

त्रिसूत्रीविवरण n. Titel eines Werkes.

त्रिसौगन्ध्य n. = त्रिसुगन्ध.

त्रिसौपर्ण Adj. *zu* त्रिसुपर्ण 1) *in Beziehung stehend* MBh. ,284,138.

त्रिसौवर्ण MBh. 12,10413 fehlerhaft für त्रिसौपर्ण.

त्रिस्कन्ध Adj. *aus drei* Skandha *bestehend;* n. *das a. dr.* Sk. *bestehende* Ǵjotiḥçâstra Sûrjad. in der Vorrede zu Ârjabh. VII,11.

*त्रिस्कन्धक Titel eines buddh. Sûtra.

त्रिस्तन Adj. 1) *aus drei Zitzen gemolken.* — 2) f. ई a) *dreibrüstig.* — b) *dreizitzig* Hemâdri 1,449,5.

*त्रिस्तावा Adj. f. *drei Mal so gross* (वेदि).

त्रिस्थली f. *die drei heiligen Orte.* °सेतु m. Titel eines Werkes.

1. त्रिस्थान n. in Verbindung mit महेश्वरस्य N. pr. eines Tîrtha MBh. 13,25,15. Nîlak. erklärt °स्थाने durch स्वर्गमृत्युपाताले (!).

2. त्रिस्थान Adj. 1) *drei Standorte habend* Dhjânab. Up. 17. — 2) *durch die drei Weltgebiete reichend.*

त्रिस्थूण Adj. *von drei Pfeilern* (den humores) *getragen.*

त्रिस्रोतस् f. Bein. der Gaṅgâ und *N. pr. eines andern Flusses.

त्रिस्रोतसी f. N. pr. eines Flusses.

त्रिःसप्तकृत्वस् Adv. *21 mal* Hariv. 3,112,10. v. l. त्रिसप्त°.

त्रिःसहवचन n. Bez. eines best. Textes Âpast.

त्रिःसामन् (?) n. Name eines Sâman.

त्रिःस्नान n. *dreimaliges Baden am Tage.*

त्रिहलिकाश्रम m. N. pr. eines Tîrtha Vishṇus. 85,24.

*त्रिहल्य Adj. *dreimal gepflügt.*

त्रिहविष्क Adj. (f. आ) = त्रिहविस् Comm. zu Âçv. Çr. 2,14,6.

त्रिहविस् Adj. *mit drei Opfergaben verbunden* Çat. Br. 13,3,8,6. Âçv. Çr. 2,14,6.

त्रिहायण Adj. (f. ई) 1) *dreijährig* Jâǵn. 3,271. MBh. 7,1546. 4,17,11. — 2) etwa *in drei Weltaltern erscheinend.*

त्रिहायन Adj. (f. ई) fehlerhaft für त्रिहायण MBh. 4,512. 7,36,9.

त्रीन्द्रिय Adj. *drei Sinnesorgane habend* H. 21.

*त्रीरावतीक Adj. *drei* Irâvatî (Flüsse dieses Namens) *besitzend.*

त्रीशट m. N. pr. eines med. Autors.

त्रीषु und °क Adj. *mit drei Pfeilen versehen.*

त्रीष्टक Adj. *mit drei Backsteinen versehen.*

त्रुट्, त्रुटति und त्रुट्यति *zerreissen* Bâlar. 80,8. *zerbrechen, bersten, auseinanderfallen.* त्रुटित *zerrissen, zerbrochen, geborsten, auseinandergefallen.* — Caus. त्रोटयति und *°ते *Etwas zerreissen, sprengen* Pańkad. *zerbrechen.* — Mit उद् = Simpl. उत्त्रुटित Kâd. 2,129,14.

त्रुटि und *°टी f. 1) *ein kleines Bischen, Atom.* Im System = *7 Staubkörner.* — 2) *ein best. sehr kleiner Zeitabschnitt* (die Bestimmungen variiren). — 3) *kleine Kardamomen.* — 4) **ein best. Baum,* = कट्फल. — 5) **Zweifel.* — 6) **cutting, breaking; loss, destruction; breaking a promise, etc* — 7) N. pr. einer der Mütter im Gefolge Skanda's.

त्रुटित 1) Adj. s. u. त्रुट्. — 2) n. = मृणालिका und बाहुरक्षिका Çilâńka 102.

त्रुटिपत्र n. (?) Kap. S. 30,7.

*त्रुटिबीज m. *Arum Colocasia.*

त्रुटिशस् Adv. *in —, nach den* Truṭi *genannten kleinen Zeitabschnitten.*

त्रुट्यवयव m. *die Hälfte einer* Truṭi.

त्रुड्, त्रुडति mit वि *zerkratzen, schinden.*

*त्रुप्, त्रोपति; *त्रुफ्, त्रोफति; *त्रुम्प्, त्रुम्पति; *त्रुम्फ्, त्रुम्फति (हिंसार्थाः).

त्रेणी Adj. f. = त्र्येणी Âpast. Çr. 8,4,1.

त्रेता f. 1) *Dreizahl.* — 2) *die drei heiligen Feuer.* — 3) *derjenige Würfel* oder *diejenige Würfelseite, welche mit drei Augen bezeichnet ist.* — 4) *das zweite Weltalter* (*das mit den Dreizahlen*).

त्रेताग्नि m. Sg. *die drei heiligen Feuer.*

त्रेताग्निहोत्र n. dass. MBh. 12,162,25.

त्रेताछन्दस् n. Pl. *eine best. Klasse von Metren.*

त्रेतात्व n. Nom. abstr. zu त्रेता 2) Hariv. 11863.

*त्रेताय m. *der* Tretâ-*Würfel.*

त्रेतायुग n. *das zweite Weltalter* Spr. 7728.

त्रेतास्तोम m. Pl. Bez. *bestimmter* Stoma

त्रेतिनी f. *die dreifache Flamme der drei Feuer des Altars.*

त्रेधा (auch dreisilbig) Adv. *dreifach, in drei Theilen, — Theile, an drei Orten, zu drei Malen, trifariam.*

त्रेधाविहित und त्रेधास्थित Adj. *dreigetheilt.*

*त्रैंश n. *ein aus 30* Adhjâja *bestehendes* Brâhmaṇa.

त्रैंशिक Adj. (f. आ) *aus 30 bestehend.*

त्रैककुद Adj. *vom Berge* Trikakud *stammend.*

त्रैककुभ 1) Adj. *vom Berge* Trikakubh *stammend* Mân. Gṛhj. 1,11. — 2) n. Name eines Sâman.

*त्रैकण्टक Adj. *von der Pflanze* Trikaṇṭaka *kommend.*

त्रैकालिक Adj. (f. ई) *auf die Vergangenheit, Gegenwart und Zukunft bezüglich.*

त्रैकाल्य n. 1) *Vergangenheit, Gegenwart und Zukunft.* — 2) *Sonnenaufgang, Mittag und Sonnenuntergang.* — 3) *das Werden, Bestehen und Vergehen.*

*त्रैकुत्तक *ein best. Schmuck.*

त्रैगर्त 1) Adj. *den* Trigarta *gehörig, Trigartisch.* — 2) m. a) *ein Fürst der* Trigarta. — b) Pl. N. pr. = त्रिगर्त. — 3) f. ई *eine Prinzessin der* Trigarta.

त्रैगर्तक Adj. = त्रैगर्त 1).

*त्रैगर्तायन Adj. von त्रैगर्त.

*त्रैगर्तायनि von त्रैगर्तायन.

*त्रैगुणिक Adj. von त्रिगुण.

त्रैगुण्य 1) n. a) *Dreischnürigkeit, Dreifachheit.* — b) *drei Eigenschaften.* — c) *die drei* Guṇa 1) n). — 2) Adj. *mit den drei* Guṇa 1) n) *behaftet.*

त्रैगुण्यवत् Adj. = त्रैगुण्य 2).

*त्रैचीवरिक Adj. *drei Bettlergewänder habend.*

त्रैत 1) m. *Drilling* Maitr. S. 2,5,1. — 2) n. Name eines Sâman.

त्रैतन m. N. pr. eines göttlichen Wesens.

त्रैदशिक Adj. *zu den Göttern in Beziehung stehend.*

त्रैध 1) *Adj. *dreifach.* — 2) °म् Adv. = त्रेधा.

त्रैधातवी f., °वीय n., °वीया f. (Comm. zu Njâjam. 9,1,5) und °व्या f. (Maitr. S. 2,4,3) *eine best. liturgische Schlussceremonie.*

त्रैधातुक n. *die drei Welten* (buddh.).

त्रैधात्व m. Patron. Trjaruṇa's. Nach dem Comm. त्रिधातुः पुत्रः, wonach man त्रैधात्र erwartet hätte.

*त्रैनिष्किक Adj. *drei* Nishka *werth.*

त्रैपथ n. *eine best. Art zu sitzen.*

त्रैपद n. *Dreiviertel.*

*त्रैपारायणिक Adj. *der dreimal Etwas durchstudirt hat.*

त्रैविष्टप Adj. *zum Himmel —, zu* Indra's *Himmel in Beziehung stehend.*

त्रैपुर 1) Adj. *zu* Tripura *in Beziehung stehend.* — 2) m. *a)* Pl. *die Bewohner der drei Burgen der* Asura. — *b)* Pl. *die Bewohner von* Tripurî. — *c. ein Fürst von* Tripurî. — 3) n. *die Grossthat* Çiva's *in Bezug auf* Tripura Bâlar. 29,16.

त्रैपुरीय n. Titel einer Upanishad.

त्रैपुरुष Adj. *durch drei Generationen hindurchgehend.*

त्रैफल Adj. *von den drei Myrobalanen herkommend* u. s. w.

त्रैबलि m. N. pr. eines Mannes MBh. 2,4,13.

*त्रैभाव्य n. *dreifaches Wesen.*

*त्रैमातुर Adj. *drei Mütter habend.*

त्रैमासिक Adj. *dreimonatlich, drei Monate alt, — dauernd.*

त्रैमास्य n. *ein Zeitraum von drei Monaten.*

त्रैयक्ष Adj. *dem dreiäugigen* (Çiva) *gehörig* Bâlar. 187,9.

त्रैयम्बक 1) *zu* Trjambaka *in Beziehung stehend, ihm gehörig, — geweiht.* — 2) m. *ein dem* Trjambaka *geweihter Kuchen.*

*त्रैयलिन्द Adj. von त्र्यलिन्द.

*त्रैरात्रिक Adj. *dreitägig.*

त्रैराशिक Adj. 1) *auf drei Zahlen sich beziehend.* °कर्मन् n., °गणित n. und त्रैराशिक n. *Regeldetri.* — 2) *zu drei Bildern im Thierkreise in Beziehung stehend.*

त्रैराश्य n. Sg. *die drei Gruppen* Njâjas. 4,1,3.

त्रैरूप्य n. *Dreifachheit der Form, ein dreifacher Wechsel der Form.*

*त्रैलाट m. *eine Art Bremse.*

त्रैलिङ्ग Adj. *dreigeschlechtig.* v. l. °लिङ्ग्य.

त्रैलिङ्ग्य n. *Dreigeschlechtigkeit* MBh. 12,305,25.

त्रैलोक MBh. 12,10106 fehlerhaft für त्रैलोक्य.

त्रैलोक्य 1) n. *a) die drei Welten* MBh. 12,281,9. — *b)* mystische Bez. *eines best. Theils des Körpers.* — 2) m. N. pr. eines Mannes.

त्रैलोक्यकर्तर् m. Bein. Çiva's.

त्रैलोक्यचिन्तामणिरस m. *eine best. Mixtur.*

त्रैलोक्यडम्बर Titel eines med. Werkes. Vgl. त्रैलोक्योडुम्बर.

त्रैलोक्यदीपिका f. Titel eines Gaina-Werkes.

त्रैलोक्यदेवी f. N. pr. einer Fürstin.

त्रैलोक्यनाथ m. 1) Bein. Râma's als Incarnation Vishṇu's. — 2) *eine best. Mixtur.*

त्रैलोक्यप्रकाश m. Titel eines astr. Werkes.

त्रैलोक्यप्रभव m. Bein. Vishṇu's.

त्रैलोक्यप्रभा f. N. pr. der Tochter eines Dânava.

त्रैलोक्यबन्धु m. Bein. *der Sonne* Prasannar. 122,13.

त्रैलोक्यमालिन् m. N. pr. eines Daitja.

त्रैलोक्यमोहनकवच Titel eines Werkes.

त्रैलोक्यराज m. N. pr. eines Mannes.

त्रैलोक्यराज्य n. *die Herrschaft über die drei Welten* Spr. 4498.

त्रैलोक्यविक्रमिन् m. N. pr. eines Bodhisattva.

*त्रैलोक्यविजया f. *eine Art Hanf.*

त्रैलोक्यसागर m. Titel eines Werkes.

त्रैलोक्यसार desgl. Hemâdri 1,137,3.

त्रैलोक्यसुन्दर m. *eine best. Mixtur* Rasar. 508.

त्रैलोक्याधिपतित्व und °पत्य n. *die Herrschaft über die drei Welten* Spr. 4498.

त्रैलोक्योडुम्बर m. *eine best. Mixtur* Rasendrak. 140. Vielleicht त्रैलोक्यडम्बर zu lesen.

त्रैलोचन Adj. *zu* Çiva *in Beziehung stehend.*

त्रैवर्गिक Adj. (f. ई) *zum* Trivarga धर्म, अर्थ *und* काम *in Beziehung stehend.*

त्रैवर्ग्य Adj. *zum* Trivarga धर्म, अर्थ *und* काम *gehörig.*

त्रैवर्ण (Hemâdri 1,29,11) und त्रैवर्णिक (Sûrjad. in der Vorrede zu Âryabh. VII,21) m. *ein Mitglied der drei oberen Kasten.*

त्रैवर्षिक Adj. 1) *dreijährig.* — 2) **für drei Jahre ausreichend.*

त्रैवार्षिक Adj. *für drei Jahre ausreichend, drei Jahre andauernd* Gaut.

त्रैविक्रम 1) Adj. *dem* Vishṇu *gehörig.* — 2) m. *quidam coeundi modus* Hâla 411, Comm. — 3) f. ई *Titel eines von* Trivikrama *verfassten Werkes.* — 4) n. *das Thun der drei Schritte* (Vishṇu's).

त्रैविद् Adj. v. l. für त्रयीविद्.

त्रैविद्य 1) Adj. *die drei* Veda *studirend, mit ihnen vertraut* Lâṭj. 8,6,29. — 2) n. *a) die drei* Veda, *das Studium —, die Kenntniss der drei* Veda Âpast. Gaut. — *b) eine Versammlung von Brahmanen, die mit den drei* Veda *vertraut sind.*

त्रैविद्यक 1) Adj. *von denjenigen beobachtet, welche die drei* Veda *studiren* Âpast. — 2) n. = त्रैविद्य 2) *a)* Mân. Gṛhj. 1,23.

त्रैविद्यवत् Adj. = त्रैविद्य 1) Comm. zu Lâṭj. 8,6,29.

त्रैविध्य 1) n. *Dreiartigkeit, Dreierleiheit.* — 2) Adj. *dreifach* Bhâg. P. 6,3,4.

त्रैविष्टप (329,7) und °पेय m. Pl. *die Götter.*

त्रैवृत Adj. *von der Ipomoea Turpethum herkommend.*

त्रैवृष्ण m. Patron. des Trjaruṇa.

त्रैवेदिक Adj. (f. ई) *zu den drei* Veda *in Beziehung stehend.*

त्रैशङ्कव 1) Adj. *dem* Triçaṅku *gehörig* u. s. w. Bâlar. 55,11. Harshak. 81,16. — 2) m. Patron. Hariçkandra's.

त्रैशब्द्य n. *drei Wortformen, — Ausdrucksweisen.*

*त्रैशाण Adj. (f. ई) *drei* Çaṇa *wiegend.*

त्रैशानि m. Patron. von त्रिशानु Hariv. 1,32,118.

त्रैशाम्ब m. N. pr. des Vaters von Karamdhama.

त्रैशीर्ष Adj. (f. आ) *zum dreiköpfigen* Viçvarûpa *in Beziehung stehend.* ब्रह्महत्या *ein an* V. *verübter Brahmanenmord.*

त्रैशृङ्ग Adj. आज्य n. so v. a. *der männliche Same* Mantrabr. 1,1,4.

त्रैशोक n. Name eines Sâman Njâjam. 9,2,7.

त्रैष्टुभ 1) Adj. (f. ई) *zur* Trishṭubh *in Beziehung stehend.* — 2) n. *die* Trishṭubh-*Weise.*

*त्रैसमिक Adj. *dreijährig.*

त्रैसानु m. N. pr. des Vaters von Karamdhama. v. l. त्रिशानु.

त्रैस्रोतस Adj. *zur* Gaṅgâ *in Beziehung stehend.*

त्रैस्वर्य n. *die drei Accente* Njâjam. 9,2,15.

त्रैहायण n. *ein Zeitraum von drei Jahren.*

त्रोट in *कङ्कत्रोट.

त्रोटक 1) Adj. *zerreissend, brechend.* — 2) m. *a) ein best. giftiges Insect.* — *b)* N. pr. eines Schülers des Çaṃkarâkârja. — 3) *f. ई *eine best.* Râgiṇî. — 4) n. *a) eine heftige, zornige Rede.* — *b) eine Art Schauspiel.*

*त्रोटि f. 1) *Schnabel.* — 2) *Fischmaul.* — 3) *ein best. Vogel.* — 4) *Esox Kankila.* — 5) *ein best. Baum,* = कट्फल.

*त्रोटिहस्त m. *Vogel.*

त्रोतल und त्रोतलोत्तर n. Titel zweier Tantra.

*त्रोत्र n. 1) *Waffe.* — 2) *ein Stachel zum Antreiben des Viehes.* — 3) *eine best. Krankheit.* — 4) = आत्रूपक्रिया (!).

*त्रौक्, त्रौकते (गतौ). — Caus. Aor. अतुत्रौकत. — Desid. तुत्रौकिषते. — Intens. तोत्रौक्यते.

1. त्र्यंश m. 1) Sg. *drei Theile.* — 2) *Drittel.* — 3) *ein Drittel eines Zodiakalbildes,* = द्रक्काण. °नाथ m. *Regent eines* Dṛkâṇa.

2. त्र्यंश Adj. *drei Antheile habend.*

त्र्यक्ष 1) Adj. (f. ई und आ Hemâdri 1,329,11) *dreiäugig.* — 2) m. *a)* Bein. α) Rudra-Çiva's. — β) *Kaçjapa's Gal. — *b)* N. pr. eines Asura.

त्र्यक्षक und त्र्यक्षन् m. Bein. Rudra-Çiva's.

त्र्यक्षपत्नी f. Bein. der Pârvatî.

त्र्यक्षर 1) Adj. *aus drei Lauten* oder *Silben bestehend.* — 2) *m. *Kuppler.* — 3) f. त्र्यक्षरी *drei Laute* oder *Silben.* °भाष्य n. Titel eines Werkes Opp. Cat. 1. — 4) n. *ein aus drei Lauten oder Silben bestehendes Wort.*

*त्र्यङ्कट n. 1) *ein Schulterjoch mit drei von jedem*

Ende herabhängenden Stricken zum Tragen von Lasten. — 2) eine Art Collyrium.

1. त्र्यङ्गं n. Pl. das Oberstück des rechten Vorderfusses, ein Abschnitt des linken Schenkels und ein Theil des Gedärmes an einem Opferthiere Mân. Gṛhj. 2,4.

2. त्र्यङ्ग n. ein dreigliedriges Heer: Wagen, Reiterei und Fussvolk MBh. 8,32,7.

*त्र्यङ्गट 1) m. Bein. Çiva's. — 2) n. = त्र्यङ्कट 1) und 2).

1. त्र्यङ्गुलं n. das Maass von drei Daumenbreiten Çat. Br. 3,7,1,25. *°ल उत्कर्षम्, *°लेनोत्कर्षम् und *त्र्यङ्गुलोत्कर्षम् Absol. P. 3,4,51, Sch.

2. त्र्यङ्गुल Adj. (f. आ) das Maass von drei Daumenbreiten habend Çat. Br. 1,2,5,9. Kâtj. Çr. 2, 6,2. 6,1,30.

त्र्यङ्गं Adj. zu den 1. त्र्यङ्ग gehörig.

*त्र्यञ्जन n. die drei Arten von Collyrium.

*त्र्यञ्जल und *°लि n. drei Handvoll.

त्र्यधिपति m. der Gebieter über die drei गुण 1) n) oder über die drei Welten. v. l. अधिपति.

त्र्यधिष्ठान Adj. drei Standörter habend.

त्र्यधीश m. = त्र्यधिपति.

त्र्यनीक, त्रिअनीकं Adj. (*f. आ) 1) drei Gesichter habend. — 2) *aus drei Zügen bestehend (Heer).

त्र्यन्त Adj. त्वाष्ट्रीसामन् n. Name eines Sâman.

त्र्यम्बक, त्रिअम्बक 1) m. a) Bein. Rudra's, später Çiva's. त्र्यम्बकवृषभ m. Çiva's Stier Kâd. 138, 17. — b) N. pr. eines Rudra. — c) Pl. die dem Rudra Trjambaka geweihten Kuchen. — d) die Opferhandlung, bei welcher diese Kuchen vorkommen. — e) N. pr. eines Gelehrten Opp. Cat. 1, No. 7472. — 2) f. त्र्यम्बका Bein. der Pârvatî. — 3) n. Name eines Liṅga. — 4) Adj. Tegob. Up. 6 nach dem Comm. = त्रयाणां वेदानामम्बको वक्ता oder त्रयाणां लोकानां गन्ता.

त्र्यम्बकपत्त्र n. Titel eines Werkes Opp. Cat. 1.

त्र्यम्बकपर्वत m. N. pr. eines Berges.

त्र्यम्बकमाहात्म्य n. Titel eines Werkes.

त्र्यम्बकशास्त्रिन् m. N. pr. eines Autors. °शास्त्रीय n. Titel seines Werkes Opp. Cat. 1.

*त्र्यम्बकसख m. Bein. Kubera's.

त्र्यम्बकीय n. Titel eines Werkes Opp. Cat. 1.

त्र्यम्बकेश्वरपुरी f. N. pr. einer Stadt.

*त्र्यम्बुक (!) eine Art Fliege.

(त्र्यर) त्रिअर Adj. drei Radspeichen habend.

त्र्यरुण, त्रिअरुण m. N. pr. eines Mannes.

(त्र्यरुष) त्रिअरुष Adj. (f. ई) an drei Stellen röthlich gezeichnet.

*त्र्यलिन्द N. pr. eines Dorfes.

त्र्यवनत Adj. an drei Stellen des Körpers eine Vertiefung habend R. ed. Bomb. 5,35,18.

त्र्यवर Adj. Pl. wenigstens drei. °म् Adv. wenigstens dreimal Gaut.

त्र्यवरार्ध्यम् Adv. wenigstens dreimal Âpast. Çr. 3,16,9.

त्र्यवि, त्रिअवि m. ein achtzehn Monate altes Kalb Maitr. S. 3,13,17. f. त्र्यवी.

त्र्यशीत Adj. (f. ई) der 83ste.

त्र्यशीति f. dreiundachtzig.

त्र्यशीतितम Adj. der 83ste.

त्र्यश्र 1) Adj. dreieckig. — 2) m. a) *eine dem Jasmin ähnliche Pflanze Râǵan. 10,87. — b) ein best. Tact S. S. S. 208. — 3) n. Dreieck. — 4) m. oder n. Triplett.

*त्र्यश्रफला f. Boswellia thurifera Râǵan. 11,197.

त्र्यष्टक 1) Adj. drei Ashṭakâ 3) a) enthaltend. — 2) n. eine Art Gefäss.

त्र्यष्टवर्ष Adj. 24 Jahre alt.

1. त्र्यहं m. ein Zeitraum von drei Tagen Gaut. 19,17. °हे गते Chr. 115,19. Acc. während dreier Tage. Abl., Loc. (227,33) und Instr. nach drei Tagen. त्र्यहवृत्त vor drei Tagen geschehen 241,27.

2. त्र्यह 1) Adj. drei Tage dauernd. — 2) m. eine dreitägige Feier.

त्र्यहस्पर्श m. und °स्पृश n. das Zusammenstossen dreier lunarer Tage mit einem solaren.

त्र्यहीन Adj. drei Tage dauernd.

त्र्यहैहिक Adj. für drei Tage Nahrungsmittel habend.

*त्र्यह्न Adj. nach drei Tagen erfolgt.

*त्र्यालायण m. wohl ein Çiva-Verehrer. v. l. त्र्यायण.

*त्र्यायण m. gaṇa रैवुकार्यादि in der Kâç.

त्र्यायुषं n. dreifache Lebensdauer oder Lebenskraft; nach Mahidh. Kindheit, Jugend und Alter.

त्र्यारुणि m. Patron. des Vjâsa im 15ten Dvâpara.

त्र्यार्षेय 1) Adj. drei Ṛshi-Stammbäume in sich schliessend Mân. Çr. 11,8,4. 7. 8. — 2) *m. Pl. ein Blinder, ein Tauber und ein Stummer.

त्र्यालिखितं Adj. an drei Stellen geritzt, drei Marken tragend Çulbas. 2,33.

त्र्यालिखितंवत् Adj. aus Backsteinen mit drei Marken bestehend.

त्र्यावृत् Adj. in drei Abtheilungen verlaufend, aus drei Reihen bestehend.

(त्र्याशिर) त्रिआशिर Adj. mit drei Milchproducten gemischt.

त्र्याहल m. Huhn (die ganze Gattung) Suçr. 1, 201,2.

*त्र्याहाव Adj. drei Tränken habend.

त्र्याहिक Adj. 1) dreitägig, tertianus (Fieber). — 2) auf drei Tage mit Nahrungsmitteln versehen.

त्र्युत्तरीभाव m. eine Progression mit drei.

(त्र्युदाय) त्रिउदायं m. das dreimalige Hinzutreten zum Altar.

त्र्युद्धि ein Gestell mit drei Aufsätzen TS. 5,1, 6,4. Maitr. S. 1,6,8.

(त्र्युधन्) त्रिउधन् (त्रिऊधन् wäre metrisch besser) Adj. drei Zitzen —, drei Euter habend.

त्र्युन्नत Adj. drei Erhöhungen habend TS. 6,2, 6,2. 3.

त्र्युपसत्क Adj. drei उपसद् 3) d) enthaltend Âpast. Çr. 15,12,5.

*त्र्युषण und त्र्यूषण n. Ingwer, schwarzer und langer Pfeffer.

त्र्यृच n. eine aus drei Versen bestehende Strophe.

त्र्येणी und त्र्यैनी (Çat. Br.) Adj. f. an drei Stellen bunt, — gesprenkelt.

त्र्यैहिक Adj. v. l. für त्र्याहिक 2).

1. त्वं, तुअं Pronominalstamm der 2ten Person Sg.

2. (त्व) तुअ Adj. dein.

3. त्व, तुअ 1) Adj. der eine, mancher. त्व — त्व der eine — der andere. — 2) त्वद् Adv. theils. त्वद् — त्वद् theils — theils. Ein Relativum vor dem zweiten त्वद् bedeutet so v. a. irgend ein Anderer, — Anderes.

*त्वकत् am Anfange eines Comp. schmeichelndes Demin. von त्वत्° dein.

*त्वकम् Demin. von त्वम् du Pat. in Mahâbh. 1,1,29.

त्वक्क am Ende eines adj. Comp. = 1. त्वच् Haut in तनु°. सान्द्रत्वक्क Çiç. 18,6 nach dem Comm. = सान्द्रवर्मन्, also fehlerhaft für सान्द्रत्वक्र.

*त्वक्पुर m. Wunde.

*त्वक्क्षीरा und °री f. Tabaschir Râǵan. 6,187.

*त्वक्छद m. Lepeocercis serrata.

*त्वक्तरंगक m. Runzel.

त्वक्तोबिल Adj. (f. आ) die Oeffnung an der Rindenseite habend (Löffel) Âpast. Çr. 1,15,12. Vgl. त्वग्बिल.

त्वक्त्र n. Rüstung.

त्वक्त्राण n. Schutz der Haut.

त्वक्पत्त्र 1) m. ein best. Baum, wohl Laurus Cassia. — 2) *f. ई = हिङ्गुपत्त्री und Malabathron. — 3) n. die Rinde oder das Blatt der Laurus Cassia.

त्वक्पत्त्रक n. = त्वक्पत्त्र 3) Bhâvapr. 3,30.

*त्वक्पर्णी f. = त्वक्पत्त्र 2).

*त्वक्पलित n. Aussatz Gal.

त्वक्पाक m. eine best. Hautkrankheit.

त्वक्पारुष्य n. Rauhheit der Haut Suçr. 2,37,15.

*त्वक्पुष्प 1) n. *das Starren der Haare auf dem Körper.* — 2) n. und f. (ई) *Hautausschlag, Blattern u. s. w.*

*त्वक्पुष्पिका f. = त्वक्पुष्प 2).

त्वक्शून्य Adj. *kein Gefühl in der Haut habend.* Nom. abstr. °ता f. Bhâvapr. 1,145.

त्वच्, *त्वचति = करोति, तनूकरणे (*त्वष्ट = तष्ट). त्वचने, त्वचो ग्राह्ये. — Mit प्र, प्रत्वचाण॑ *überwiegend kräftig* oder *überlegen.*

त्व॑क्षस् n. *Wirksamkeit, Thatkraft, Rüstigkeit.*

त्व॑क्षीयंस् Adj. *sehr rüstig.*

त्वक्सार 1) Adj. *bei dem die Haut* (*Rinde*) *das Vorwaltende ist, eine ausgezeichnete, vollkommen gesunde Haut habend.* — 2) m. *a*) *Rohr.* n. R. 3,49,41 (aber ed. Bomb. 3,43,33 liest तत्सारम्). — *b*) * *Laurus Cassia* (*die Pflanze* und *die Rinde*). — *c*) * *Bignonia indica.* — 3) * f. आ *Tabaschir* Râǵan. 6,188.

*त्वक्सारभेदिनी f. *eine best. Pflanze* Râǵan. 4,150.

त्वक्सारव्यवहारवत् Adj. *mit Rohrarbeit sich beschäftigend.*

*त्वक्सुगन्ध 1) m. *Orange.* — 2) f. आ *die Rinde von Feronia elephantum.*

*त्वक्स्रज n. Sg. *Haut und Kranz* L. K. 1062.

*त्वक्स्वादी f. *Orange.*

*त्वगङ्कुर m. *das Starren der Haare auf der Haut.*

*त्वगक्षीरी f. *Tabaschir.*

त्वगुत्तरासङ्गवत् Adj. *mit einem Obergewand von Rinde bekleidet* Kumâras. 5,16.

*त्वगुत्था f. *Chylus* Gal.

त्वगेल n. Sg. *Cassia-Rinde und Kardamomen* Suçr. 1,162,14.

*त्वग्गन्ध m. *Orange.*

*त्वग्ज n. 1) *die Haare auf dem Körper.* — 2) *Blut.*

*त्वग्जल n. *Schweiss* Gal.

त्वग्दोष m. *Hautkrankheit, Hautausschlag* Hemâdri 1,492,1. 617,16.

*त्वग्दोषापहा f. *Vernonia anthelminthica.*

*त्वग्दोषारि m. *ein best. Knollengewächs* Râǵan. 7,81.

त्वग्दोषिन् Adj. *mit einer Hautkrankheit —, mit einem Hautausschlage behaftet.*

त्वग्बिल Adj. (f. आ) = त्वक्तोबिल Kâtj. Çr. 1,3,37.

त्वग्भेद m. *das Aufspringen der Haut.*

त्वग्भेदक Adj. *der einem Andern die Haut ritzt.*

*त्वग्वत् Adj. *mit Haut* oder *Rinde versehen.*

त्वंकार m. *das Duzen.*

त्वङ्ग्, त्वङ्गति *galoppiren, springen, hüpfen, sich hinundher bewegen* Bâlar. 250,8. *flackern* Vikramâñkak. 18,81.

त्वङ्नियोगस्य ज्ञानत्वावच्छिन्नं प्रति कारणत्वखण्डनम् Titel eines Werkes.

*त्वङ्मन्य Adj. *für Haut u. s. w. geltend.*

*त्वङ्मय Adj. *aus Haut gemacht, — bestehend.*

*त्वङ्मल n. *die Haare am Körper.*

त्वङ्मांसास्थिमय Adj. *aus Haut, Fleisch und Knochen bestehend* Spr. 3838.

1. त्व॑च् (zweisilbig nach Çat. Br. 10,4,1,17) f. 1) *Haut, Fell.* कृष्णा॑ *die schwarze Haut,* so v. a. *der schwarze Mann.* — 2) *Haut,* so v. a. *Schlauch* RV. 5,33,7. Auch bildlich von der *Wolke.* — 3) *Rinde* (von Pflanzen und Gebäck). — 4) *Cassia-Rinde.* — 5) * *Zimmet* und *Zimmetbaum* Râǵan. 6,172. — 6) *Decke* überh. (z. B. *Pferdedecke*), *Oberfläche* (der Erde). — 7) कृष्णा॑ oder असि॑क्नी *die schwarze Decke,* so v. a. *Finsterniss, Dunkel.*

2.*त्वच्, त्वचति (संवरणे, वृत्याम्).

त्वच 1) n. *a*) *Haut.* Insbes. am Ende eines adj. Comp. (f. आ). — *b*) *Zimmet.* Sg. auch *Zimmetbaum* in collectiver Bed. Râǵan. 6,172. — *c*) * *Cassia-Rinde.* — 2) * f. आ *Haut.*

त्वचन n. *das Abziehen der Haut.*

त्वचय्, °यति *die Haut* oder *die Rinde abziehen.* त्वचित *von der Rinde entblösst* Hem. Par. 2,23.

त्वचस् in त्वचस्य und am Ende einiger Comp. = 1. त्वच्.

त्वचस्य॑ Adj. *in der Haut befindlich.*

*त्वचापत्त्र n. *Cassia-Rinde.*

*त्वचायनि m. Patron.

*त्वचिष्ठ Adj. *eine vorzügliche Haut habend.*

त्वचिसार m. *Rohr* Bhâvapr. 1,209.

*त्वचीयंस् Adj. *eine vorzüglichere* oder *vorzügliche Haut habend.*

त्वच्य Adj. *der Haut zuträglich.*

*त्वञ्च्, त्वञ्चति (गतौ), त्वनक्ति (= 1. तञ्च्).

त्व॑त् oder त्व॑द् Abl. zu तु, त्व *du* und am Anf. eines Comp. Stellvertreter des einfachen Stammes. Mit *भू *du werden.*

*त्वत्क am Anf. eines Comp. = त्वकत्.

त्वत्कृत Adj. 1) *von dir gemacht.* — 2) *nach dir gemacht* (Name).

त्वत्तन *dein Bereich.* Abl. so v. a. त्वत्तस्.

*त्वत्तर Compar. zu त्वत्.

त्वत्तस् Adv. = त्वत् *von dir u. s. w.*

त्व॑त्पितृ Adj. (Nom. Pl. °तारस्) *dich zum Vater habend* TS. 1,5,10,2.

त्व॑त्प्रसूत Adj. *von dir angetrieben* Çat. Br. 4,1,4,4.

त्व॑द् s. त्व॑त्.

त्वदीय Adj. *dein, der deinige.*

त्वद्देवत्य Adj. *dich zur Gottheit habend, dir als G. geweiht* Çat. Br. 8,4,1,7.

*त्वद्य्, त्वद्यति Denom. von त्वद्.

(त्वद्यो॑नि) तुद्र्यो॑नि Adj. *aus dir stammend.*

त्वद्र्य॑क् Adv. *auf dich zu, zu dir hin.*

त्वद्विध Adj. *deines Gleichen, dir ähnlich.*

त्व॑द्विवाचन Adj. *dich zum Schiedsrichter habend.*

त्वन्मय Adj. *aus dir hervorgegangen, — bestehend, nur dich enthaltend* Vikramâñkak. 9,28. Nom. abstr. °ता f. °ताम् अव-आप् *in dir aufgehen* Naish. 3,106.

त्व॑म्, तुव॑म् Nom. Sg. *du.* त्वं कर् *Jmd* (Acc.) *duzen.*

त्व॑यत Adj. *von dir dargereicht.*

त्वर्, त्व॑रते (episch auch Act.) *eilen, schnell bei der Hand sein, eilen zu* (Dat. oder Loc. eines Nom. act. oder Infin.). त्वरित, तूर्त॑ (Çat. Br.) und तूर्ण॑ (selten) *eilend, schnell, geschwind, schnell bei der Hand, eilend zu* (Loc. eines Nom. act. oder Infin.). त्वरितम् und तूर्णम् Adv. *eilends, schnell.* त्वरितं त्वरितम् Kâraṇḍ. 58,3. त्वरितोदित und तूर्णोदित *schnell ausgesprochen.* Compar. Adv. त्वरिततरम् und तूर्णतरम्. — Caus. 1) त्वर॑यति (episch auch Med.) *zur Eile antreiben* AV. 12,3,31. *antreiben zu* (Acc. mit oder ohne प्रति, Dat. eines Nom. act. oder Infin.). — 2) त्वारयति (!) *rasch befördern zu.* दधिभावाय so v. a. *schnell in saure Milch verwandeln* Çaṁk. zu Bâdar. 2,1,24 (S. 476, Z. 5). — Mit अति *sehr eilen, — zu* (Infin.). — Mit अभि *eilen.* °त्वरित *eilend, schnell bei der Hand.* — Mit परि *herumeilen.* — Mit प्र *eilen zu* (Dat. eines Nom. act.). प्र॑तूर्त und प्रतूर्ण (Harshak. 16,1) *überaus rasch.* — Mit सम् *eilen.* संत्वरित *eilend,* °म् *eilends, schnell.* — Caus. संत्वरयति *eilen heissen, zur Eile antreiben.* प्राणाः संत्वरयन्ति माम् so v. a. *mir bleibt nicht viel Zeit zum Leben übrig.*

त्वर m. (nur Bhâg. P.) und त्वरा f. *Eile, Hast.* त्वरेण und त्वरया *eiligst, rasch, schnell.* विवाहकृते *in Betreff der Hochzeit.* In der Regel steht die Ergänzung im Loc. oder Infin. oder geht im Comp. voran. त्वरां कर mit Gen. *eilen mit.*

त्वर॑णि 1) Adj. (f. ई॑) *eilend,* so v. a. *durch Eile* oder *Anstrengung, von Schweiss entstanden.* — 2) *n. *das Eilen.*

त्वरणीय Adj. *wobei mit Eile zu Werke zu gehen ist.*

*त्वरायण n. neben तुरायण als v. l. von परायण.

*त्वरायस्, °स्यति *eilen.*

*त्वरारोह m. *Taube.*

त्वरावत् Adj. *eilend, mit Eile zu Werke gehend.*

*त्वरि f. *Eile, Hast.*

त्वरित 1) Adj. s. u. त्वर्. — 2) f. आ wohl *eine Form der* Durgâ und *eines an sie gerichteten Zauberspruches.* — 3) n. *Eile.*

त्वरितक m. und *°का f. *eine früh reifende Reisart.*

त्वरितगति f. *ein best. Metrum.*

*त्वलग m. *Wasserschlange.* Richtig wohl जलग.

त्वष्टर् (auch dreisilbig) m. 1) *Werkmeister, Zimmermann, Wagner.* — 2) *der Schöpfer lebendiger Wesen, Bildner, Künstler als ein bes. Gott.* त्वष्टुरातिथ्यम् Name von Sâman Ârsh. Br. — 3) *die Sonne oder eine Form derselben.* — 4) Bez. *des 12ten* Muhûrta Ind. St. 10,296. — 5) N. pr. *a)* eines Âditja. — *b)* eines Rudra. — *c)* eines Sohnes des Manasju oder Bhauvana.

त्वष्टि f. *Zimmerhandwerk.*

त्वष्टीमती fehlerhaft für त्वष्ट्रीमती.

त्वष्टुमन्त् Adj. Âpast. Çr. 10,23,8 fehlerhaft für त्वष्टृमन्त्.

त्वष्टृदेवत्य Adj. *Tvashṭar zum Gott habend.*

त्वष्टृमन्त् Adj. *mit dem Gott* Tvashṭar *verbunden, von ihm begleitet.* Vgl. त्वष्ट्रीमती.

त्वष्टिमन्त् Adj. fehlerhaft für त्वष्टृमन्त् Maitr. S. 1,2,4. 3,7,7. Kap. S. 1,18.

त्वष्ट्रीमती Adj. f. zu त्वष्टृमन्त् Taitt. Âr. 4,7,5. 5,6,12. त्वष्टीमती ते सपेय spricht die Gattin des Jagamâna, dieser dagegen त्वष्टुमन्तस्त्वा सपेम nach Âpast. Çr. 10,23,7. 8. Richtig त्वष्ट्रीमती und त्वष्टृमन्तम्. Da sonst keine Göttin त्वष्ट्री erwähnt wird, wird wohl die Form als eine Spielerei gedeutet werden müssen.

त्वाकाम Adj. *dich begehrend.*

*त्वात्पुत्र m. Pl. *die Schüler deines Sohnes.*

त्वादत्त, तुआदत्त Adj. *von dir gegeben.*

त्वादात Adj. dass.

त्वादूत, तुआदूत Adj. *dich zum Boten habend.*

त्वादृश्, °श (f. ई) und °शक Adj. *dir ähnlich, von deines Gleichen.*

(त्वानिद्) तुआनिद् Adj. *dich hassend.*

त्वामाहुति Adj. *dir Opferspenden bringend* TS. 1,5,10,2.

त्वायन्त्, तुआयन्त् Adj. *dich verlangend, — suchend, — liebend.*

त्वाया, तुआया Instr. *aus Liebe zu dir, zu deinem Besten.*

त्वायु, तुआयु Adj. *nach dir verlangend, dich liebend.*

त्वावे Zusammenrückung von तु आवे.

त्वावन्त्, तुआवन्त् Adj. *dir ähnlich, so reich, mächtig, gross u. s. w. wie du, deiner würdig.*

(त्वावसु) तुआवसु Adj. *dich zum Besitz habend.*

त्वावृध, तुआवृध Adj. *dich zum Förderer habend, von dir begünstigt.*

त्वाष्टी (!) f. Bein. der Durgâ.

त्वाष्ट्र (auch dreisilbig) und त्वाष्ट्र (nur Çat. Br. 14) 1) Adj. *dem Gotte* Tvashṭar *gehörig, von ihm herrührend, unter ihm stehend u. s. w.* — 2) m. *a) der Sohn* Tvashṭar's, Bez. Viçvarûpa's, Âbhûti's, Vṛtra's und Triçiras'. — *b) eine Art Eklipse.* — 3) f. त्वाष्ट्री *a)* Patron. der Saraṇjû, der Gattin Vivasvant's. Pl. Bez. *best. weiblicher Wesen göttlicher oder dämonischer Art.* त्वाष्ट्र्याः साम Name eines Sâman. — *b)* * *ein kleiner Wagen.* — 4) (*f.) und n. *das Mondhaus* Kitrâ. — 5) n. *die Kraft —, Energie* Tvashṭar's, *Schöpferkraft, Zeugungskraft.*

त्वाष्ट्रीसामन् n. Name verschiedener Sâman.

त्विट् am Ende eines adj. Comp. von 2. त्विष्.

*त्विट्पति m. *die Sonne* Gal.

1. त्विष्, *त्वेषति, *°ते. Zu belegen nur अत्विषुस्, अत्विषन्त, तित्विषे, अतित्विषन्त, तित्विषाणा, त्विषिते und त्विष्यन्त् (Bhâg. P.) 1) *in heftiger Bewegung sein, erregt sein, leidenschaftlich aufgeregt —, bestürzt sein.* — 2) *anregen, aufregen, in's Leben rufen.* — 3) *funkeln, glänzen, flammen.* — Mit *आ 1) *nehmen.* — 2) *geben.* — 3) *leuchten, glänzen.*

2. त्विष् f. 1) *heftige Aufregung, Ungestüm, Wuth; Bestürzung.* — 2) *Strahl, Licht.* — 3) *Glanz, Pracht, Schönheit.* — 4) *Glanz —, Ansehen der Person.* — 5) *Farbe* 294,24. 306,4. — 6) * *Rede.*

त्विषा f. 1) * *Licht, Glanz.* — 2) N. pr. einer Tochter Paurṇamâsa's VP.[2] 1,153.

*त्विषामीश und *त्विषांपति m. *die Sonne.*

त्विषि f. 1) *Ungestüm, leidenschaftlicher Trieb, Energie, innere Kraft.* — 2) *Glanz, Licht, Strahl.* — 3) *Ansehnlichkeit, Pracht, Schönheit.* — 4) *ein best.* Ekâha Vaitân.

त्विषिमन्त् (Çat. Br.) und त्विषीमन्त् Adj. 1) *heftig erregt, ungestüm, energisch.* — 2) *glänzend, funkelnd, flammend.* — 3) *prächtig, ansehnlich.*

त्वे Adv. *gut! ja!* TS. 2,4,12,6.

त्वेष Adj. (f. आ und ई RV. 7,60,10) 1) *ungestüm, heftig.* — 2) *hehr, ehrfurchtgebietend, erschütternd, furchterregend.* — 3) *funkelnd, schimmernd.*

त्वेषथ m. *das Toben, Ungestüm.*

त्वेषद्युम्न Adj. *von ungestümer Kraft.*

त्वेषनृम्ण Adj. *dessen Muth heftig oder gereizt ist.*

त्वेषप्रतीक Adj. (f. आ) *von funkelndem Aussehen.*

त्वेषयाम Adj. *ungestümen Laufes.*

त्वेषरथ Adj. *mit heftig dahinfahrendem Wagen.*

त्वेषस् n. *ungestüme Gewalt.*

त्वेषसंदृश् Adj. *von hehrem Aussehen.*

त्वेषित (dreisilbig) Adj. *von dir geheissen.*

(त्वेष्य) त्वेषिय Adj. *erschütternd.*

त्वे Zusammenrückung von तु वे.

त्वैषीरथि m. Patron. Kuçika's.

त्वोत (auch drei- und viersilbig) Adj. *von dir gefördert, — geliebt.*

त्वोति (dreisilbig) Adj. *deine Förderung —, deine Liebe geniessend.*

त्सर्, त्सरति *schleichen, heranschleichen an, Jmd beschleichen* (um seiner habhaft zu werden). — Mit अभि *Jmd abfangen.* — Mit अव *beschleichen.* — Mit उप *heranschleichen an.*

त्सरा f. *Beschleichung* Comm. zu Njâjam. 9,1,9.

त्सरु m. 1) *ein schleichendes Thier* oder *ein best. Thier der Art.* — 2) *Stiel eines Blattes, Gefässes u. s. w.* Çulbas. 3,221. *Griff eines Schwertes* und *eines Pfluges* (in सुमति°). — 3) *Schwertgriff, so v. a. Schwert* MBh. 1,134,30.

*त्सरुक Adj. *Griffe verfertigend.*

त्सरुमन्त् Adj. *mit einem Stiele versehen* Âpast. Çr. 12,2,8.

त्सरुमार्ग m. *Kampfweise mit dem Schwerte.*

त्सारिन् Adj. *schleichend, anschleichend, heimlich kommend, versteckt.*

त्सारुक Adj. *geschickt in der Handhabung des Schwertes.*

*थ 1) m. *a) Berg.* — *b) ein Schützer vor Gefahren.* — *c) Anzeichen einer Gefahr.* — *d) eine best. Krankheit.* — *e) das Essen.* — 2) n. *a) das Schützen, Bewahren.* — *b) Furcht.* — *c) ein Gebet für Jmds Heil.*

थक्कन, थक्किप und थक्कियक m. N. pr. von Männern.

थरथराय्, °यते *schwindeln, taumeln* Kâraṇḍ. 33,24.

*थर्व्, थर्वति = चरति.

थल्योरक m. N. pr. eines Dorfes.

*थुड्, थुडति (संवरणे).

*थुत्कार m. *der Laut* थुत् *beim Ausspeien, lautes Ausspeien.*

*थुत्थुकारक Adj. etwa *schmatzend* (beim Essen).

*थुथु = थूथू.

*थुथुकृत् m. *ein best. Vogel.*

थुर्व्, थूर्वति (हिंसार्थ). थूर्वन्त् als Beiw. Agni's Maitr. S. 2,10,1. Vgl. तुर्व्.

थूत् onomat. vom *Geräusch beim Ausspeien.* थूत्कृत्य Râgat. 7,1116.

थूत्कार m. und थूत्कृत n. = थुत्कार Râgat. 7,1096. 1116. 8,341. 352.

थूथू Nachahmung des *beim Ausspeien entstehenden Lautes.*

थैथै Nachahmung *des Lautes eines musikalischen Instruments.*

*थोडन n. Nom. act. von थुड्.

थोणेय und °क n. *eine best. Pflanze*, = स्थौ° Karaka 6,23. 26. 7,1.

1. द् 1) Adj. (f. आ) am Ende eines Comp. *Etwas gebend, schenkend, verleihend, gewährend, mittheilend, bewirkend, hervorbringend.* पितृदो तिथि° MBh. 13,6606 fehlerhaft für पितृदेवातिथि°. — 2) (*m., f. (आ) und (*n.) *Gabe, Verleihung*; vgl. आशीर्दा.

2. द् 1) Adj. am Ende eines Comp. *abschneidend, vernichtend, zerstörend.* — 2) *m. f. (आ) und n. *das Abschneiden, Zertheilen.*

3. द् Adj. *bindend, fangend* in अश्वदं.

4. द् = दत् *Zahn* in अपन्नद, पन्नद und बोड.

5.*द् 1) m. *Berg.* — 2) f. दा *Hitze, Schmerz.* — 3) n. *Weib.*

1. दंश्, दश्, दंशति (nur 176,22), दंशति (episch auch Med.) *beissen, beissen in.* दष्ट und दंशित (nur LA. 13,4) *gebissen* (auch von einer best. tadelhaften Aussprache der Laute). — Caus. 1) दंशयति *a) beissen lassen, — von* (Instr.). — *b) bepanzern, mit einem Harnisch versehen* Çiç. 17,21. — 2) *दंशयते (दंशने). — Intens. *दन्दश्यते, *दन्दशीति, *दन्दष्टि (भावगर्हायाम्). दन्दशान *nach einander beissend, — schnappend* RV. 10,95,9. — Caus. vom Intens. दन्दशयति *gehörig beissen lassen.* — Mit अव in अवदंश. — Mit आ *anbeissen, beissen in.* — Mit उद् in *उद्दंश. — Mit उप in उपदंश fgg. — Mit निस् *zerbeissen.* दन्तान् *die Zähne aneinander schlagen.* — Mit परि *zerbeissen.* — Mit वि 1) dass. — 2) *auseinanderquetschen.* — Mit सम् 1) *beissen, mit den Zähnen pakken.* — 2) *zusammenkneifen, aneinander drücken.* — 3) *drücken, quetschen, dicht auf Etwas liegen.* संदष्ट *angedrückt, fest anliegend.* — Mit अभिसम्, अभिसंदष्ट *zusammengebunden, zusammengeschnürt.*

2.*दंश्, दंशति (?) und दंशयते (दर्शने).

3.*दंश्, दंशति und दंशयति (भाषार्थ oder भासार्थ).

दंश 1) Adj. *beissend* in *मृगदंश. — 2) m. *a) Biss, die gebissene Stelle.* दंशं दा *Jmd* (Gen.) *beissen, stechen* (von einer Wanze). — *b) *Riss, Fehler in einem Edelstein u. s. w.* — *c) *Zahn.* — *d) Bremse. e) Harnisch.* — *f) *Gelenk am Körper.* — *g)* N. pr. eines Asura. — *h)* MBh. 9,2582 fehlerhaft für शश. — 3) *f. ई *eine kleine Bremsenart.*

दंशक 1) Adj. *beissend* in *दृढ° und *मृग°. — 2) m. *a) Zahn* in *पुरु°. — *b) *Bremse.* — *c) *Hausfliege.* — *d)* N. pr. eines Fürsten. — 3) *f. दंशिका *eine Art Bremse.*

दंशन n. 1) *das Beissen, Biss.* — 2) *Harnisch, Rüstung.* Am Ende eines adj. Comp. f. आ Çiç. 17,21.

*दंशनाशिनी f. *ein best. Insect.*

*दंशभीरु und *°क *Büffel.*

दंशमशक n. Sg. *Bremsen und Mücken.*

*दंशमूल m. *Hyperanthera Moringa.*

*दंशवदन m. *Reiher.*

दंशित Adj. 1) *geharnischt, gerüstet.* — 2) *gerüstet, gewappnet, geschützt durch* (Instr.). — 3) *gerüstet —, bereit zu* (Loc.). — 4) *schön gekleidet, geputzt.* — 5) *nahe anliegend, dicht bei einander stehend, dicht gedrängt.* — 6) = दष्ट *gebissen.*

दंशिन् 1) Adj. *beissend* in तृप्रदंशिन्. — 2) *m. *a) Hund.* — *b) Wespe.*

दंशुक Adj. *beissend*, mit Acc.

*दंशेर Adj. *bissig.* Richtig दशेर.

दंशोद्धार m. Titel eines Werkes.

दंश्मन् n. *Biss, die gebissene Stelle.*

दंष्टर् Nom. Ag. *Beisser.*

दंष्ट्र m. und दंष्ट्रा f. *Spitzzahn, Fangzahn.*

दंष्ट्रानिवासिन् m. N. pr. eines Jaksha.

दंष्ट्रायुध 1) Adj. *die Spitzzähne als Waffe gebrauchend.* — 2) *m. *Wildschwein.*

दंष्ट्राल 1) Adj. *mit grossen Spitzzähnen versehen.* — 2) m. N. pr. eines Rakshas.

दंष्ट्राविष Adj. *Gift in den Fangzähnen habend.*

*दंष्ट्रासेन m. N. pr. eines buddh. Gelehrten.

*दंष्ट्रिक 1) Adj. *mit Fangzähnen versehen.* — 2) f. आ *a)* = दाढिका. — *b) ein best. Pflanze.*

दंष्ट्रिन् 1) Adj. *mit Spitzzähnen —, mit Fangzähnen versehen.* Auch als Beiw. Çiva's. — 2) m. *a) ein solches Thier, Raubthier.* — *b) *Wildschwein.* — *c) *Hyäne.* — *d) Schlange.* Unterschieden von नाग und सरीसृप Hariv. 12496.

1. दंस्, nur दंसयस् *sich wunderkräftig (hülfreich) erweisen.*

2.*दंस्, दंसति (?) und दंसयते (दर्शनदंशनयोः), दंसति (?) und दंसयति (भाषार्थ oder भासार्थ).

दंसन n. und दंसना f. *wunderbare That, — Wirkung, — Geschicklichkeit, Wunderkraft.*

दंसनावत् Adj. *wunderkräftig, wunderbar geschickt.*

*दंसयितर् Nom. ag. *Vertilger.*

दंसस् n. = दंसन.

*दंसि m. oder f. = कर्मन्.

दंसिष्ठ Adj. *sehr wunderkräftig.*

दंसु Adj. (nur im Comp.) *wunderkräftig.* Adv. *auf wunderbare Weise, erstaunlich.*

दंसुजूत Adj. *erstaunlich rasch.*

दंसुपत्नी Adj. f. *einen wunderkräftigen Herrn habend, sich in der Gewalt eines solchen befindend.* RV. 6,3,7 wohl दंसुपत्नी st. दं सुपत्नी zu lesen.

*दक्, दक्षयति (दीप्तौ, दाहे). — Mit अति, °दक्षः zur Erklärung von अति धक्.

दक n. = उदक *Wasser.*

*दकलावणिक Adj. *mit Wasser und Salz zubereitet.*

दकाण wohl nur fehlerhaft für द्रेकाण.

दकोदर n. *Wasserbauch.*

दक्ष्, दक्षति, °ते 1) Act. *es Jmd* (Dat.) *recht —, zur Genüge machen.* — 2) Med. *a) taugen, tüchtig —, bei Kräften sein.* — *b)* *वृद्धौ, *शीघ्रार्थे, *गतिहिंसयोः. — Caus. दक्षयति *tauglich —, tüchtig machen.*

दक्ष 1) Adj. (f. आ) *a) tüchtig, tauglich, geschickt, anstellig, rührig, fleissig, gescheit.* Das Wozu, Wobei oder Worin im Loc. oder im Comp. vorangehend. — *b)* vom Soma so v. a. *kräftig, geistig, die geistigen Fähigkeiten steigernd.* — *c)* von der Gaṅgâ so v. a. *passirbar* (Nilak.). — *d) angemessen, entsprechend, geeignet zu* (im Comp. vorangehend) von Sachen. — *e) recht* (nicht *link*). — 2) m. *a) Tüchtigkeit, Tauglichkeit, Fähigkeit.* — *b) geistiges Vermögen, Geisteskraft, Fähigkeit, Anlage.* — *c) Willenskraft, Wille, Gesinnung.* — *d) böse Gesinnung, Anschlag.* — *e) eine best. Tempelform* Hemâdri 2,58,11. — *f) *ein allen Geliebten genügender Mann.* — *g) Hahn* Karaka 1,27.6,2.9. — *h)* *eine best. Pflanze.* — *i)* *Feuer.* — *k)* *Çiva's Stier.* — *l)* N. pr. α) eines Âditja, der auch mit Pragâpati identificirt wird. — β) eines best. Pragâpati, dessen Opfer von Çiva zu Nichte gemacht wird. Hierher wohl दक्षस्यायनम् als Bez. *eines best. Opfers* M. 6,10 (Hdschr.). — γ) eines Sohnes des Garuḍa. — δ) verschiedener Männer. — 3) *f. आ *die Erde.*

दक्षकन्या f. 1) *eine Tochter von* Daksha 2) *l)* β). — 2) *Patron. der Durgâ.

1. दक्षक्रतू m. Du. *Wille und Verstand* TBr. 1,3,4,2. Âçv. Gṛhj. 3,6,7.

2. दक्षक्रतु Adj. *tüchtige Einsicht habend.*

*दक्षजा f. Patron. der Durgâ.

*दक्षजापति m. 1) *der Mond.* — 2) Bein. Çiva's.

दक्षणिधन n. Name eines Sâman.

दक्षता f. *Geschicklichkeit, Gewandtheit; Rührigkeit* Spr. 2678.

दक्षताति f. *geistige Fähigkeit.*

दक्षनिधन n. = दक्षणिधन.

दक्षपति m. *Herr der Fähigkeiten.*

दक्षपितर् (stark auch °पितार्) Adj. Pl. nach den Comm. 1) *den* Daksha *zum Vater habend.* — 2) *Fähigkeiten bewahrend, — besitzend, — verleihend.*

दक्षपुत्र m. Patron. des 9ten Manu VP.[2] 3,24.

दक्षमथन m. Bein. Çiva's Harshak. 71,11.

दक्षयज्ञप्रबन्ध m. Titel eines Werkes Opp. Cat. 1.

दक्षयज्ञप्रभञ्जन m. Bein. Çiva's.

*दक्षयज्ञविनाशिनी f. Bein. der Durgâ.

दक्षविहिता f. Bez. *eines best. Gesanges.*

दक्षवृ॑ध् Adj. *der Tüchtigkeit* u. s. w. *sich erfreuend.*

द॑क्षस् Adj. = द॑क्ष 1) *a*).

दक्षसा॑धन Adj. *Tüchtigkeit zuwegebringend, Muth machend.*

दक्षसावर्णि (VP. 3,2,20) und ०वर्णि m. N. pr. des 9ten Manu.

दक्षसुत 1) m. *ein Sohn* Daksha's, so v. a. *ein Gott* nach dem Comm. zu R. ed. Bomb. 5,48,15. — 2) f. आ *eine Tochter* Daksha's; Pl. *die Weiber des Mondes.*

दक्षस्थ Adj. (f. आ) *zur Rechten—, im Süden befindlich* Hemâdri 1,137,8. 18.

दक्षस्मृति f. Titel eines Werkes Opp. Cat. 1.

दक्षाण्ड n. *Hühnerei* Bhâvapr. 2,157. 6,117.

दक्षात्मजा f. *eine Tochter* Daksha's. ०पति m. *der Mond* Vâmana.

*दक्षाध्वरध्वंसक, *०ध्वंसकृत् und ०ध्वंसन m. Bein. Çiva's.

दक्षा॑य्य, दक्षा॑यित्र 1) Adj. *dem man es recht* oder *geschickt machen muss, dem man sich gefällig erweisen muss.* — 2) *m. *a*) *Geier.* — *b*) Bein. Garuḍa's.

दक्षारि m. Bein. Çiva's.

दक्षि Voc. *o Flammender!* ṚV.

द॑क्षिण und दक्षिण॑ 1) Adj. (f. आ) *a*) *tüchtig, geschickt,* — *zu* (im Comp. vorangehend). — *b*) *recht, auf der rechten Seite befindlich.* दक्षिणं परि-इ *Jmd so umwandeln, dass man ihn zur Rechten hat.* दक्षिणं कर् *Jmd zu seiner Rechten nehmen, Jmd seine rechte Seite zukehren* (als Zeichen der Achtung). — *c*) *südlich, im Süden befindlich, nach Süden gerichtet, von Süden kommend* (Wind). — *d*) *gerade, rechtschaffen, offen.* — *e*) *liebenswürdig, gefällig, zuvorkommend.* — *f*) आम्नाय m. Bez. *eines der heiligen Texte der* Tântrika. — 2) m. *a*) *die rechte Hand, der rechte Arm.* — *b*) *das Ross rechts von der Deichsel.* — 3) m. oder n. *a*) *die rechte Seite.* दक्षिणम् *nach rechts.* — *b*) *Süden.* — 4) f. आ *a*) *die tüchtige,* d. h. *fruchtbare Milchkuh.* — *b*) *ein dem dienstthuenden Priester gereichter Lohn* (ursprünglich eine *Kuh*). Häufig personificirt. — *c*) *Lohn* überh. — *d*) *Darbringung, Gabe, Geschenk* überh. — *e*) *Süden.* — *f*) **eine Form* oder *Darstellung der* Durgâ *mit hervorstehender rechter Seite.* — *g*) *=प्रतिष्ठा. — 5) n. *die Lehre* oder *das Ritual der* Çâkta *von der rechten Hand.*

*दक्षिणकालिका f. *eine Form der* Durgâ *bei den* Tântrika.

दक्षिणकालीमाहात्म्य n. Titel eines Werkes.

दक्षिणजान्वक्न Adj. *mit gebogenem rechten Knie* Gobh. 1,3,1.

दक्षिणतउपवीतिन् Adj. *die heilige Schnur nach rechts hin tragend* Âpast. Çr. 3,17,1.

दक्षिणत॑स् Adv. 1) *von rechts her, auf der rechten Seite, rechts,* — *von* (Gen.). Mit अस् oder भू *rechts von Jmd* (Gen.) *stehen,* so v. a. *als Helfer zur Seite stehen.* Mit कर् *Jmd zur Rechten nehmen, Jmd die Rechte zukehren* (als Zeichen der Achtung). — 2) *von Süden her, nach Süden, im Süden von* (Gen.). दक्षिणत॑ः पुर॑स्तात् und दक्षिणतः पुरः *südöstlich.*

दक्षिणत॑स्कपर्द Adj *das Haar an der rechten Seite aufgewunden* oder *geflochten tragend.*

दक्षिणत्रा॑ Adv. *rechts.*

दक्षिणत्व n. *Geradheit, offenes Wesen* oder *Liebenswürdigkeit.*

दक्षिणदघ् Adj. (Nom. ०धक्) Lâṭj. 5,7,3 v. l. für दक्षिणसद्.

दक्षिणद्वारकामाहात्म्य n. Titel eines Werkes Opp. Cat. 1.

दक्षिणद्वारविचार m. desgl. Cat. Kirlh. 1,92.

दक्षिणद्वारिक Adj. *einem kriegerischen Auszuge nach Süden günstig* Ind. St. 14,356.

*दक्षिणधुरीण Adj. *rechts von der Deichsel angespannt.*

दक्षिणपश्चात् Adv. *südöstlich,* — *von* (Gen.) Vaitân.

दक्षिणपश्चार्ध m. *Südwestseite.*

दक्षिणपश्चिम Adj. (f. आ) *südwestlich.*

*दक्षिणपाञ्चालक Adj. *zu den südlichen* Pańkâla *in Beziehung stehend.*

दक्षिणपूर्व 1) Adj. (f. आ) *südöstlich.* ०पूर्वेण *südöstlich von* (Acc.). — 2) f. आ *Südost.*

दक्षिणपूर्वार्ध m. *Südostseite.*

दक्षिणप्राक्प्रवण (दक्षिणा०?) Adj. *nach Südost abfallend,* — *geneigt* Çâṅkh. Çr. 4,14,6.

दक्षिणप्राची f. *Südost.*

दक्षिणमानस n. N. pr. eines Wallfahrtsortes.

दक्षिणमार्ग m. *die südliche Bahn* (am Himmel) Varâh. Jogaj. 4,49.

दक्षिणराढा und ०रारा (wohl fehlerhaft) f. N. pr. einer Gegend.

दक्षिणलिपि f. *eine Schriftart* Lalit. 143,19. v. l. दक्षिणा०.

दक्षिणस॑द् Adj. *rechts* oder *südlich sitzend.*

दक्षिणसव्यौ॑ Adj. Du. *recht und link* AV. 12,1,28.

*दक्षिणस्थ m. *Wagenlenker.*

1. दक्षिणा f. s. u. दक्षिण.

2. दक्षिणा॑ (द॑क्षिणा AV. 18,1,42. 19,13,9) Adv. mit Abl. 1) *rechts.* — 2) *südlich.*

दक्षिणाकपर्द Adj. = दक्षिणतस्कपर्द Gṛhjâs. 2,40.

दक्षिणाकाल m. *die Zeit der Empfangnahme des Opferlohnes.*

दक्षिणाग्नि॑ m. *das südliche Altarfeuer.*

दक्षिणा॑ग्र Adj. *dessen Spitzen nach Süden gerichtet sind.*

*दक्षिणाचल m. *das Gebirge* Malaja.

दक्षिणाचार Adj. 1) *einen geraden, rechtschaffenen Wandel führend.* — 2) *das Ritual der* Çâkta *von der rechten Hand befolgend.* ०तन्त्र n. und ०तन्त्रराज m. Titel von Werken.

दक्षिणाचारिन् Adj. = दक्षिणाचार 2). ०रितन्त्रराज m. Titel eines Werkes.

द॑क्षिणाज्योतिस् Adj. *durch den Opferlohn Glanz empfangend.*

दक्षिणाञ्च् Adj. (f. ०णाची) *nach Süden gerichtet.*

दक्षिणात् Abl. Adv. 1) *von rechts, rechts.* — 2) *von Süden her, südlich.*

दक्षिणात्व॑ n. Nom. abstr. zu दक्षिणा 4) *b*) Maitr. S. 4,8,3.

दक्षिणात्स॑द् Adj. *im Süden sitzend* Maitr. S. 2,6,3.

दक्षिणाद्वात॑ m. *Südwind* Maitr. S. 2,7,20.

1. दक्षिणाद्वार n. *eine Thür nach Süden* Mân. Gṛhj. 2,11.

2. दक्षिणाद्वार Adj. *die Thür südlich habend.*

दक्षिणाधिपति m. *Gebieter des Dekhans* LA. 29,16.

दक्षिणान्तिका f. *ein best. Metrum.*

दक्षिणान्याय Adj. *wobei die Richtung nach Süden als Regel gilt.*

दक्षिणापथ m. 1) *der Weg der den Opferlohn bildenden Kühe* u. s. w. (zwischen der Çâlâ und dem Sadas). — 2) *der Dekhan.*

दक्षिणापथिक Adj. *dekhunisch.*

दक्षिणापर Adj. (f. आ) *südwestlich* Âpast.

दक्षिणापवर्ग Adj. *im Süden aufhörend* Kauç. 87.

दक्षिणाप्रत्यगपवर्ग Adj. *in Südwesten aufhörend* Kauç. 1.

दक्षिणाप्रत्यञ्च् 1) Adj. (f. ०तीची) *südwestlich.* दिश् f. *Südwest* Comm. zu Mân. Gṛhj. 2,1. ०त्यक् Adv. *nach Südwest* Mân. Gṛhj. 2,1. — 2) f. ०तीची f. *Südwest* Gaut.

दक्षिणा॑प्रवण Adj. (f. आ) *nach Süden abfallend* (Ort) Mân. Gṛhj. 2,11.

दक्षिणाप्रष्टि॑ m. *das Seitenpferd rechts neben den Jochpferden.*

दक्षिणाबन्ध m. im Sâṅkhja *eine der drei Gebundenheiten, die durch den Opferlohn* oder *Lohn* überh. *bedingte.*

दक्षिणाब्धि m. *das im Süden gelegene Meer* VP.[2] 5,53.

दक्षिणाभिमुख Adj. (f. आ) *mit dem Gesicht nach Süden gerichtet* Hemâdri 1,721,1. *nach Süden gerichtet, — fliessend.* °स्थित Adj. *mit dem Gesicht nach Süden gewandt stehend.*

दक्षिणामुख Adj. (f. ई) *mit dem Gesicht nach rechts* oder *Süden gewandt.* °म् Adv. *südwärts* 111,11. Nom. abstr. °त्व n. Hemâdri 1,352,18.

दक्षिणामूर्ति m. *eine Form* Çiva's *bei den* Tântrika. °संहिता f., °स्तव m., °स्तोत्र n., °स्तोत्रवार्त्तिक n., °मूर्त्यष्टक n. (Opp. Cat. 1) und °मूर्त्युपनिषद् f. Titel von Werken.

दक्षिणायन 1) Adj. *auf dem Wege liegend, welchen die Sonne auf ihrem Gange von Norden nach Süden geht.* — 2) n. a) *der Weg nach Süden, — zum Reich der Todten.* °म् अनु-या so v. a. *sterben.* — b) *der Gang der Sonne nach Süden; das Halbjahr, in dem die Sonne sich von Norden nach Süden bewegt,* Gaut. °संक्रान्ति f. Pañkat. ed. Bomb. 2,17,15.

दक्षिणायुग्य m. *das rechte Jochpferd.*

दक्षिणारण्य n. N. pr. eines *Waldes.*

*दक्षिणारुस् Adj. *an der rechten Seite verwundet.*

दक्षिणार्ध m. *die rechte, südliche Seite.*

दक्षिणार्धपश्चार्ध m. *Südwestseite* Mân. Çr. 6,2,5.

दक्षिणार्धपूर्वार्ध m. *Südostseite* Mân. Çr. 1,1,2. 7,6.

दक्षिणार्धपरार्ध m. *Südwestseite* Çâṅkh. Çr. 18, 24,18.

दक्षिणार्ध्य Adj. *auf der rechten, südlichen Seite befindlich.*

दक्षिणार्ध्यपूर्वार्ध्य Adj. *auf der Südostseite befindlich* Lâṭj. 1,10,3.

*दक्षिणार्ह Adj. *eines Opferlohnes würdig.*

दक्षिणालिपि f. v. l. für दक्षिणालिपि.

दक्षिणावचर Adj. *es stets mit der rechten Seite zu thun habend* Lalit. 63,5.

दक्षिणावत् Adj. 1) *tüchtig.* — 2) *reichlichen Opferlohn gebend, fromm* (im Sinne der Priester). — 3) *wobei reichlicher Lohn gegeben wird.*

दक्षिणावर्त 1) Adj. (f. आ) a) *von links nach rechts sich windend* (Muschel, Frucht Bhâvapr. 1,171). — b) *nach Süden gewandt, auf dem Gange nach Süden sich befindend* (die Sonne). — 2) m. *der Dekhan.*

दक्षिणावर्तक 1) Adj. (f. °र्तिका) *nach rechts* oder *nach Süden gerichtet* Hemâdri 1,144,2. Agni-P. 40. 28. — 2) *f. ई *Tragia involucrata* Râǵan. 9,48.

दक्षिणावह् (stark °वाह्) Adj. *rechts fahrend, rechts um das Feuer gehend.*

दक्षिणावृत् Adj. *nach rechts gewandt, rechts herum gehend.*

दक्षिणावृत्त Adj. *von links nach rechts geflochten* Âpast.

*दक्षिणाशापति m. Bein. Jama's.

दक्षिणाशिरस् Adj. *mit dem Kopfe nach Süden gewandt* Kâtj. Çr. 22,6,4. 15. Gobh. 3,10,27.

दक्षिणाश्रोणि f. *die rechte Hinterbacke* Kâtj. Çr. 17,8,24.

दक्षिणासंचर m. = दक्षिणापथ 1) Vaitân.

दक्षिणासद् Adj. = दक्षिणसद्.

*दक्षिणाहि Adv. *weit rechts, weit im Süden, — von* (Abl.).

दक्षिणित् Adv. *rechts, mit der rechten Hand.*

दक्षिणी Adv. mit कर 1) *Jmd* (Acc.) *zu seiner Rechten nehmen, so umwandeln, dass man ihn zur Rechten hat* (als Zeichen der Achtung). — 2) *Etwas* (Acc.) *als Opferlohn geben* Bâlar. 38,1.

दक्षिणीय Adj. 1) *des Opferlohnes werth, zum Opfergeschenk passend.* — 2) *ehrwürdig* Lalit. 328, 14. Kâraṇḍ. 96,16. 21.

दक्षिणेतर Adj. *nicht recht, link.*

दक्षिणेति f. *der Gang der Sonne nach Süden.*

दक्षिणेन Instr. Adv. mit Acc. 1) *rechts, zur Rechten, — von.* — 2) *im Süden, südlich, südwärts, — von.*

*दक्षिणेर्म Adj. *auf der rechten Seite zerbrochen* (z. B. Karren).

दक्षिणेर्मन् Adj. *auf der rechten Seite verwundet* Bâlar. 181,12.

दक्षिणैस् Instr. Pl. Adv. *rechts.*

दक्षिणोत्तर Adj. (f. आ) *recht und link* (Âçv. Gṛhj. 3,2,3), *südlich und nördlich, nach Süden und Norden gerichtet.* °पार्श्व Hemâdri 1,128,23.

दक्षिणोत्तरायत Adj. (f. आ) *von Süden nach Norden sich erstreckend* Hemâdri 1,123,9. 129,1. 651,2.

दक्षिणोत्तरायाम Adj. dass. ebend. 1,296,6.

दक्षिणोत्तरिन् Adj. *rechts überstehend, — überragend.*

दक्षिणोत्तान Adj. 1) *die rechte Hand mit der inneren Fläche nach oben haltend* Kâtj. Çr. 8,2,9. — 2) Du. in Verbindung mit पाणी *von denen die rechte mit der inneren Fläche nach oben gerichtet ist* Ind. St. 9,221. Gobh. 4,3,18. 20.

दक्षिणोदग्द्वार Adj. (f. आ) *eine Thür nach Süden und nach Norden habend* Âpast.

दक्षिण्य Adj. = दक्षिणीय.

दक्षु (RV. 2,4,4) und दक्षुस् (RV. 1,141,7) Adj. *brennend, flammend.*

दक्षेश्वरलिङ्ग n. Name eines Liṅga.

दगार्गल n. *die Untersuchung des Bodens zur Auffindung einer Wasserquelle und die darüber handelnde Lehre.*

*दगु m. N. pr. eines Mannes.

दग्ध 1) Adj. s. u. 1. दह्. — 2) f. आ a) **die Gegend, wo die Sonne gerade steht.* — b) *Bez. gewisser unheilvoller lunarer Tage.* — c) **eine best. Pflanze* Râǵan. 9,127. — 3) n. *das Brennen* (in der Chirurgie). अग्नि° *cauterium actuale,* क्षार° *c. potentiale.* Auch in Comp. mit dem *gebrannten* Theile.

*दग्धकाक m. *Rabe.*

दग्धजठर n. *der verfluchte Magen* Spr. 2813.

दग्धपुत्र Adj. (f. आ) *dessen Sohn verbrannt ist* Suparṇ. 9,2.

दग्धमत्स्य m. *auf dem Feuer gerösteter Fisch* Bhâvapr. 2,13.

दग्धमरण m. N. pr. eines Autors.

दग्धर् (mit Acc.) und दग्धर् (mit Gen.) Nom. ag. *Brenner, Verbrenner.*

दग्धरथ m. N. pr. eines Gandharva.

*दग्धरुह् 1) m. *Clerodendrum phlomoides* Râǵan. 10,42. — 2) f. आ *eine best. Pflanze* Râǵan. 9,127.

*दग्धवर्णक *eine best. Grasart.*

दग्धव्य Adj. *zu verbrennen.*

दग्धव्रण m. *Brandwunde.*

*दग्धिका f. 1) *angebrannter Reis.* — 2) *eine best. Pflanze* Râǵan. 9,127.

*दग्धेष्टका f. *ein gebrannter Ziegelstein.*

दग्धोदर n. *der verfluchte Magen* zu Spr. 804.

1. दघ् 1) दघ्नोति a) *reichen bis an, erreichen.* Mit पश्चा oder पश्चात् *zurückbleiben, zu kurz kommen.* Mit अधस् *nicht die gehörige Höhe erreichen.* — b) *घातने, पालने, ताडने. — 2) *दघ्यति = गतिकर्मन् und स्रवति. — Mit अति *über* (ein Ziel) *hinausreichen, — hinausschiessen; an Jmd vorübergehen.* — Mit आ 1) *Jmd anhalten, Jmd Etwas anthun.* — 2) *abschlagen* (einen Wunsch). — 3) impers. *es widerfährt Jmd* (Loc.) *ein Leid.* — Mit प्र in प्रदघस्.

2. दघ् in उश° und दक्षिणा°.

°दघ्न Adj. (f. आ und ई) *reichend bis an.* अश्व° *von der Höhe eines Pferdes.*

दघ्वन् in अपश्चाद्दघ्वन्.

दङ्क्ष्णु Adj. *bissig* Maitr. S. 2,8,10.

*दङ्ग्, दङ्गति (पालने, वर्जने).

दच्छद m. (adj. Comp. f. आ) (*Zahndecke*) *Lippe.*

*दटी f. *eine best. Pflanze* und *ihre Frucht* gaṇa हरीतक्यादि in der Kâç.

दण्ड 1) m. und (ganz ausnahmsweise) n. (adj. Comp. f. आ) a) *Stock, Stab, Prügel, Keule.* दण्डवत् प्र-नम् *sich wie ein Stock verneigen,* so v. a. *sich* der Länge nach auf die Erde werfen. वेतसं Rohrstäbchen euphemistisch so v. a. die männliche Ruthe. Der Rüssel des Elephanten, die Hauer des Ebers (Du. V. 1,4) und Arme und Schenkel des Menschen werden häufig Stäbe genannt. — b) Stengel, Stamm. — c) Stiel (an einem Löffel, einer Pfanne, einem Fliegenwedel, Sonnenschirm u. s. w.). — d) Fahnenstock auf einem Wagen. — e) *Deichsel am Pfluge. — f) der Stab an der Laute, durch welchen die Saiten durchgelassen sind. — g) *ein Werkzeug zum Schlagen der Laute. — h) *Butterstössel. — i) Stab als best. Längenmaass. — k) ein best. Zeitmaass. — l) eine best. stabähnliche Lichterscheinung am Himmel. — m) *ein best. Planet. — n) eine best. Constellation. — o) *eine stabähnliche Aufstellung der Truppen, Heersäule. Vgl. °व्यूह. — p) Zeile; s. °पात. — q) eine Art Krampf Bhâvapr. 4, 159. — r) der Stock als Symbol der Gewaltthätigkeit, offene Gewalt, thätlicher Angriff. — s) Macht —, vollständige Herrschaft über (Gen. oder im Comp. vorangehend). — t) (die physische Gewalt in concreto) Heer. — u) der Stock als Symbol der richterlichen Gewalt und Strafe, Strafe überh., sowohl körperliche als auch Zurechtweisung und Geldbusse. गुप्त oder गूढ eine geheime Geldbusse, so v. a. erpresstes Geld. — v) *Hochmuth, Dünkel. — 2) m. a) *Pferd. — b) die Strafe personificirt als Sohn Dharma's von der Krijâ, als *Jama und als Çiva. — c) N. pr. α) eines Wesens im Gefolge des Sonnengottes. — β) eines Rakshas. — γ) verschiedener Männer. — 3) *f. श्रा Hedysarum lagopodioides. — 4) wohl n. N. pr. einer Oertlichkeit, = दण्डक 3).

दण्डक 1) m. (*n.) a) Stiel. — b) Deichsel. — c) Fahnenstock auf einem Wagen. — d) eine best. Pflanze. — e) eine ununterbrochen fortlaufende Reihe, Zeile. — f) eine Gattung von Metren. — g) eine Art Composition S. S. S. 165. — h) eine Art Krampf Bhâvapr. 4,166. Karaka 6,26. — i) Titel eines Werkes. — 2) m. a) Pl. die Bewohner von दण्डक 3). — b) N. pr. α) eines Asura Ind. St. 14, 127. — β) eines Fürsten. — 3) f. (श्रा) und n. (Pl. Prasannar. 153,7) N. pr. einer Wildniss im Dekhan. — 4) f. दण्डिका a) Stock, Stab. — b) Linie, Strich. — c) *Strick. — d) *eine Art Perlenschnur.

*दण्डकन्दक m. ein best. Knollengewächs Râgan. 7,91.

दण्डकपालिन् Adj. einen Stock und einen Schädel tragend Hemâdri 2,a,96,3.

दण्डकर्मन् n. Bestrafung.

दण्डकल n. ein best. Metrum.

*दण्डकाक m. Rabe.

दण्डकारण्य n. = दण्डक 3).

दण्डकालसक m. eine Art Dysenterie Karaka 6, 10. Râgat. 7,1456. 1458. Vgl. दण्डालसिका.

दण्डकावन n. = दण्डक 3).

दण्डकाष्ठ n. ein hölzerner Stab.

दण्डकासन n. eine best. Art zu sitzen.

दण्डकुश und दण्डकूल m. Pl. N. pr. eines Volkes.

दण्डकेतु m. N. pr. eines Mannes.

दण्डगौरी f. N. pr. einer Apsaras.

दण्डग्रहण n. das Ergreifen des Stabes, so v. a. das Uebergehen in den Stand des त्रिदण्डिन्.

*दण्डग्राह m. gaṇa रेवत्यादि.

दण्डघटना f. das Hantiren mit dem Stocke, a Umsichhauen mit dem Stocke und zugleich d sich der Länge nach auf die Erde Werfen (v einer Gottheit) Ind. St. 15,269.

दण्डघ्न Adj. sich thätlich an Jmd vergreife

दण्डचक्र n. 1) Heeresabtheilung, Detachement. — 2) eine best. mythische Waffe.

*दण्डच्छदन n. Geschirrgemach (buddh.).

*दण्डढक्का f. eine Art Pauke, auf der die Stunden angeschlagen werden.

दण्डताडन n. das Züchtigen mit einem Stocke Âpast.

*दण्डताम्री f. = 2. ताम्र 2).

दण्डत्व n. Nom. abstr. zu दण्ड Stock.

दण्डदास m. Sclave in Folge einer nicht abgetragenen Geldstrafe.

दण्डदेवकुल Pańkat. 128,25 fehlerhaft für खण्डदेवकुल ein verfallener Tempel, wie ed. Bomb. 2, 27,20 liest.

दण्डधर 1) Adj. den Stock tragend, — schwingend, so v. a. die richterliche Gewalt ausübend, züchtigend, strafend; mit Gen. तीक्ष्ण° strenge strafend. — 2) m. a) Fürst, König Râgat. 7,1458. — b) Richter, die oberste Gerichtsperson. — c) Anführer einer Heeresabtheilung Daçak. 90,20. — d) Bein. Jama's.

दण्डधराधिपति m. der oberste Gewalthaber, Fürst, König.

दण्डधार 1) Adj. den Stock tragend, so v. a. die richterliche Gewalt ausübend. — 2) m. a) *Fürst, König. — b) *Bein. Jama's. — c) N. pr. α) eines von Arguna erschlagenen Fürsten. — β) eines Sohnes des Dhṛtarâshṭra. — γ) Pl. eines Volkes.

दण्डधारक Adj. = दण्डधार 1) Spr. 3753.

दण्डधारण n. 1) das Tragen eines Stabes Pâr. Gṛhj. 2,5,11. — 2) das Schwingen des Stockes, so v. a. Anwendung von Gewalt 31,14. Züchtigung, Bestrafung.

दण्डधारिन् Adj. den Stock tragend, so v. a. züchtigend, strafend.

°दण्डधृक् Adj. die Herrschaft ausübend über.

दण्डन 1) m. Rohr (?). — 2) n. das Schlagen, Züchtigen, Strafen.

दण्डनविधि m. gesetzliche Strafe, Strafrecht Bâlar. 138,23.

दण्डनायक m. 1) Richter. — 2) Anführer einer Heeressäule, — einer Kolonne. — 3) *N. pr. eines Wesens im Gefolge des Sonnengottes.

दण्डनायकपुरुष m. Polizeidiener, Scherge.

दण्डनिधान n. das Niederlegen des Stockes, so v. a. Nichtanwendung von Gewalt, Milde.

दण्डनिपातन n. das Niederfallenlassen des Stokkes, so v. a. Züchtigen, Strafen; mit Gen.

दण्डनीति f. 1) die Führung des Stockes, so v. a. Gerechtigkeitspflege, die Lehre von der gerechten Anwendung der Strafe. — 2) Titel eines Werkes. — 3) Bein. der Durgâ.

दण्डनीतिमत् Adj. mit der Gerechtigkeitspflege vertraut.

दण्डनीय Adj. zu bestrafen, strafbar Bâlar. 141,16.

दण्डनेतर् Nom. ag. Stockführer, so v. a. Richter. Nom. abstr. °तृत्व n. Richteramt, Gerechtigkeitspflege.

*दण्डप m. N. pr. eines Mannes.

दण्डपक्षक m. eine best. Stellung der Hände

दण्डपरायण Adj. eines Stabes bedürfend, sich auf einen Stab stützen müssend Kârand. 48,12.

*दण्डपांसुल m. Thürsteher.

दण्डपाणि 1) Adj. einen Stab —, einen Stock in der Hand haltend Kathâs. 54,203. — 2) m. a) Polizeibeamter Hâsj. 31,1. — b) Bein. Jama's. — c) N. pr. α) des Anführers zweier Schaaren Çiva's. — β) verschiedener Männer (eines Arztes Bhâvapr. 3,86).

दण्डपात m. 1) Bestrafung, Züchtigung VP. 5,22, 17. — 2) eine Art Fieber Bhâvapr. 3,79. — 3) der Ausfall einer Zeile (in Handschriften).

दण्डपातन n. das Niederfallenlassen des Stockes, so v. a. Züchtigen, Strafen.

दण्डपातनिपात m. eine best. Stellung der Füsse beim Tanze VP. 5,7,46, v. l.

दण्डपाता f. ein best. Pas beim Tanze Citat im Comm. zu VP. 5,7,46.

दण्डपातिन् Adj. Strafe verhängend über (Loc.).

दण्डपारुष्य n. 1) eine thätliche Beleidigung Gaut. körperliche Züchtigung, harte Strafe. — 2) Du. Beleidigung in Thaten und Worten, körperliche Züchtigung und Verweis.

दण्डपारुष्यवत् Adj. thätliche Beleidigungen verübend, harte Strafen verhängend.

दण्डपाल m. 1) Wahrer der Strafe, Richter. — 2) *Thürsteher. — 3) *ein best. Fisch.

दण्डपालक m. = दण्डपाल 1), *2) und *3).

दण्डपाशक m. Polizeidiener, Nachtwächter. Vgl. दाण्डपाशिक.

दण्डपिङ्गलक m. Pl. N. pr. eines Volkes.

*दण्डपोण n. eine Seihe mit einem Stiele (buddh.).

दण्डप्रणाम m. eine stockähnliche Verneigung, so v. a. das sich der Länge nach auf die Erde Werfen.

दण्डप्रदान n. das Ueberreichen des Stabes (beim Upanajana) Çâñkh. Gṛhj. 2,11.

दण्डबाहु m. N. pr. eines Wesens im Gefolge Skanda's.

दण्डभङ्ग m. Vereitelung —, Unterbleibung einer Strafe.

दण्डभाज् Adj. in Strafe verfallend, straffällig 213,31. bestraft werdend von (Gen.).

दण्डभृत् 1) Adj. einen Stock tragend. — 2) m. a) *Töpfer. — b) Bein. Jama's Varâh. Jogaj. 6,21.

दण्डमत्स्य m. ein best. Fisch Bhâvapr. 2,13,3.

दण्डमाणव n. ein noch unter dem Stock stehender Brahmanenschüler.

*दण्डमातङ्ग Tabernaemontana coronaria.

*दण्डमाथ (माथशब्दः पथिपर्यायः) Kâç. zu P. 4,4,37.

दण्डमानव m. R. 2,32,18 fehlerhaft für °माणव.

*दण्डमुख m. Anführer einer Heeressäule, — einer Kolonne.

दण्डय्, °यति züchtigen, strafen; mit Acc. der Person und Strafe. गुप्तेन दण्डेन so v. a. von Jmd Geld erpressen.

दण्डयात्रा f. 1) *eine feierliche Procession, insbes. eine hochzeitliche. — 2) Kriegszug, Aufbruch zum Kriege Harshaç. 178,3. 18. 198,14. °चिह्न n. ein Signal zum A. 161,1. °पथ m. Militärstrasse 89, 11. °लग्न n. der von den Astrologen für günstig erklärte Zeitpunkt zum Aufbruch 170,8.

*दण्डयाम m. 1) Tag. — 2) Bein. a) Jama's. — b) Agastja's.

दण्डयोग m. Anwendung von Strafe.

*दण्डरी f. eine Gurkenart. Wohl fehlerhaft für डङ्गरी.

दण्डवध m. Tod durch die Strafgewalt, Todesstrafe.

दण्डवत् Adj. 1) einen Stab tragend Hemâdri 1, 785,2. — 2) mit einem Stiele versehen. — 3) ein grosses Heer habend.

दण्डवाचिक Adj. real oder verbal (Injurie) 212,23.

*दण्डवादिन् 1) Adj. einen Verweis ertheilend. — 2) m. Thürsteher.

दण्डवार्तासन n. eine best. Art zu sitzen.

*दण्डवालधि m. Elephant.

*दण्डवासिक m. Thürsteher.

दण्डवासिन् m. 1) Dorfältester. Vgl. अदण्डवासिक (Nachtr. 1). — 2) *Thürsteher.

दण्डवाहिन् m. Polizeidiener, Nachtwächter.

दण्डविकल्प m. eine beliebige Strafe, — Bestrafung; mit Gen. 202,18.

दण्डविधान n. MBh. 12,9964 fehlerhaft für °निधान.

दण्डविषय m. N. pr. einer Oertlichkeit, = दण्डक 3) R. 7,81,18.

*दण्डविष्कम्भ m. der Pfosten, an dem der um den Butterstössel sich windende Strick befestigt wird.

दण्डवीर्य m. N. pr. eines Fürsten.

*दण्डवृन्तक m. Tithymalus antiquorum.

दण्डव्यूह m. eine Aufstellung der Armee in Heeressäulen oder Kolonnen.

दण्डव्रतधर Adj. die richterliche Gewalt ausübend, Strafe verhängend.

दण्डशत्रु m. N. pr. eines Fürsten Hariv. 1,38,3. दन्तशत्रु v. l.

दण्डशर्मन् m. desgl. ebend. दन्तशर्मन् v. l.

दण्डश्री m. desgl. VP.² 4,199.

दण्डसेन m. desgl.

दण्डहस्त 1) Adj. einen Stab in der Hand haltend. — 2) *m. Thürsteher. — 3) f. ई (*आ und *n.) Tabernaemontana coronaria Bhâvapr. 1,185.

दण्डाख्य 1) Adj. a) nach dem Stock benannt. — b) den Namen Daṇḍa führend. — 2) n. a) eine Doppelhalle, von der die eine nach Norden, die andere nach Osten gerichtet ist. — b) N. pr. eines Wallfahrtsortes.

दण्डाघात m. Pl. Stockschläge Kathâs. 54,203.

*दण्डाजिन n. Sg. Stab und Fell als blosse äusserliche Zeichen der Frömmigkeit, Heuchelei, Betrug.

*दण्डादण्डि Adv. Stock gegen Stock (bei einem Kampfe).

दण्डाधिप und °ति m. Oberrichter.

दण्डानीक n. Heeresabtheilung, Detachement.

दण्डापतानक m. Starrkrampf, Tetanus rectus Bhâvapr. 4,159.

दण्डापूपन्याय m. Abl. nach der Art des Stockes und des Kuchens (hat die Maus den Stock verzehrt, so hat sie gewiss auch den Kuchen verzehrt), so v. a. wie es sich aus dem Vorangehenden von selbst versteht.

दण्डापूपाय्, °यित Adj. aus dem Vorangehenden sich von selbst ergebend.

दण्डापूपिका f. = दण्डापूपन्याय.

दण्डामित्रा f. N. pr. einer Oertlichkeit.

*दण्डायाम m. = दण्डयाम.

*दण्डार m. 1) Wagen. — 2) Floss, Boot. — 3) Töpferscheibe. — 4) Bogen oder ein anderes Werkzeug zum Schleudern von Pfeilen. — 5) ein Elephant in Brunst.

दण्डारक am Ende eines adj. Comp. etwa Brunnenstange Kâd. 243,3.

दण्डार्त N. pr. eines Wallfahrtsortes.

*दण्डालसिका f. die Cholera. Vgl. दण्डकालसक.

दण्डालु n. Dioscorea alata Mat. med. 296.

दण्डावयव m. = दण्डानीक Daçak. 77,13.

दण्डासन 1) n. eine best. Art zu sitzen Comm. zu Jogas. 2,46. — 2) eine Art Pfeil.

दण्डास्त्र n. eine best. mythische Waffe.

दण्डाह्वत n. Buttermilch Bhâvapr. 2,44.

दण्डिक 1) Adj. a) *einen Stab tragend. — b) züchtigend, strafend. — 2) m. a) ein Polizeibeamter Gaut. — b) *ein best. Fisch. — दण्डिका f. s. u. दण्डक.

दण्डिन् 1) Adj. einen Stock —, einen Stab tragend. — 2) m. a) ein Brahman im vierten Lebensstadium. — b) eine best. Secte religiöser Bettler. — c) ein best. Beamter, Platzmacher Kâd. 16,13. — d) Bein. α) Jama's. — β) *Mañguçrî's. — e) *Artemisia Abrotanum Râǵan. 10,147. — f) N. pr. α) eines Thürstehers des Sonnengottes. — β) eines Sohnes des Dhṛtarâshṭra. — γ) eines Autors.

दण्डिनीरहस्य n. Titel eines Werkes.

*दण्डिमन् m. Nom. abstr. von दण्ड.

*दण्डिमत् Adj. mit Stabträgern versehen.

दण्डिमुण्ड Adj. einen Stab tragend und ein kahles Haupt habend (Çiva).

दण्डिमुण्डीश्वर m. N. pr. eines Ṛshi.

*दण्डेश m. Heerführer Gal.

*दण्डोत्पल m. f. (आ) und n. eine best. Pflanze.

दण्डोद्यम m. 1) das Aufheben eines Stockes gegen Jmd, das Bedrohen Jmds (im Comp.) mit einem Stocke. — 2) Pl. Anwendung von Gewaltmitteln.

*दण्डोपघातम् Absol. unter Stockhieben P. 3,4, 48, Sch.

दण्ड्य Adj. zu strafen, strafbar, eine Strafe erhaltend Âpast. Gaut. Mit dem Acc. der Strafe.

दत्क in अदत्क zahnlos.

दत्त॑ 1) Adj. s. u. 1. दा. — 2) m. a) N. pr. eines Schlangenpriesters, eines Ṛshi im 2ten Manvantara und verschiedener anderer Männer. — b) Hypokoristikon der auf दत्त auslautenden Personennamen. — 3) *f. दत्ता ein Frauenname. — 4) n. *das Geben, Spenden.*

दत्तक 1) Adj. in Verbindung mit पुत्र *ein von andern Eltern überlassener Sohn.* — 2) m. *a)* N. pr. verschiedener Männer. — *b)* *Hypokoristikon der auf दत्त auslautenden Personennamen.

दत्तककुठार m., दत्तकचन्द्रिका f., दत्तकदर्पण m., दत्तकदीधिति f., दत्तकपुत्रविधान n., दत्तकमयूख m. und दत्तकमीमांसा f. Titel von Werken Opp. Cat. 1.

दत्तकर्ण Adj. *horchend auf* (im Comp. vorangehend) Kâd. 98,16.

दत्तक्षण Adj. *dem Gelegenheit* oder *ein Fest gegeben worden ist* Bhâg. P. 3,3,21.

दत्तगीता f. Titel eines Werkes.

*दत्ततीर्थकृत् m. N. pr. eines Arhant der Gaina.

दत्तदृष्टि Adj. *sein Auge auf Jmd* oder *Etwas richtend, beobachtend* 127,13. Mit Loc. Çâk. 7, v. l.

दत्तपूर्वोक्तशापभी Adj. *mit dem vorhin ausgesprochenen Fluche drohend* 131,18.

दत्तभुजंगस्तोत्र n. und दत्तमाहिमन् m. Titel zweier Werke.

दत्तयोगशास्त्र n. Titel eines Werkes.

दत्तवर Adj. (f. आ) 1) *dem von Jmd* (im Comp. vorangehend) *gewährt worden ist sich Etwas zu erbitten* Hariv. 8652. 8657. — 2) *in Folge eines ausgesprochenen Wunsches als Geschenk gewährt.*

दत्तशत्रु m. N. pr. eines Fürsten. दण्डशत्रु v. l.

दत्तशर्मन् m. desgl. दण्डशर्मन् v. l.

दत्तशुल्का Adj. f. *für die ein Kaufpreis gezahlt worden ist* (um sie zur Ehe zu erhalten) 194,11.

°दत्तहस्त Adj. *der Jmd die Hand gereicht hat, sich stützend auf.*

दत्तहोमानुक्रमणिका f. Titel eines Werkes Opp. Cat. 1.

दत्ताक्ष Adj. (f. ई) = दत्तदृष्टि. Mit Loc. Sâh. D. 59,6.

दत्ताक्षर Adj. (f. आ) *wo eine Silbe hinzugefügt worden ist.*

दत्तातङ्क Adj. *Jmd* (Gen.) *in Angst versetzend* 299,23.

दत्तात्मन् 1) Adj. in Verbindung mit पुत्र *ein elternloser oder von seinen Eltern verstossener Sohn, der sich selbst als Sohn andern Eltern angeboten hat.* — 2) m. N. pr. eines der Viçve Devâs.

दत्तात्रि m. v. l. für दम्भोलि 2) VP.[2]

दत्तात्रेय m. N. pr. eines Sohnes des Atri.

दत्तात्रेययोग m. (Opp. Cat. 1) und °शास्त्र n. Titel eines Werkes.

दत्तात्रेयीय n. *die Geschichte von* Dattâtreja.

दत्तात्रेयोपनिषद् f. Titel einer Upanishad.

दत्ताप्रदानिक Adj. *auf die Nichtablieferung einer geschenkten Sache bezüglich.*

दत्तामित्र N. pr. 1) m. eines Fürsten. — 2) f. आ einer Oertlichkeit.

दत्तालि m. v. l. für दम्भोलि 2) VP.[2]

दत्ति f. *Gabe, Darbringung.*

*दत्तिक, *दत्तिय und *दत्तिल m. Hypokoristika der auf दत्त auslautenden Personennamen.

*दत्तेय m. Bein. Indra's. Vgl. दत्तेय.

दत्तैरण्डपल्लक N. pr. einer Oertlichkeit.

दत्तोक्ति m. v. l. für दम्भोलि 2) VP.[2]

दत्तोत्तर Adj. *worauf man eine Antwort gegeben hat.* Nom. abstr. °त्व n.

दत्तोत्ति, दत्तोत्रि und दत्तोनि m. v. l. für दम्भोलि 2) VP.[2]

दत्तोपनिषद् f. Titel einer Upanishad. Vgl. श्रीमद्दत्तो°.

दत्तोभि, दत्तोश्वि, दत्तोरि und दत्तोलि m. v. l. für दम्भोलि 2) VP.[2]

दत्त्रिम, दत्रिम Adj. *durch Schenkung erhalten* (Sohn, Sclave).

दत्त्वाय Absol. zu 1. दा RV. 10,85,33.

दत्र (wohl von दय्) n. *Vermögen, Habe; Pl. Güter.*

दत्रवत् Adj. *vermöglich.*

दत्वत् Adj. *mit Zähnen versehen, beissend.* दत्वती रज्जुः so v. a. *Schlange.*

1. दद् s. 1. दा.

2. दद् Adj. *gebend, verleihend* in आयुर्दद्.

दद 1) Adj. (f. आ) dass. in अभयंदद und धनंददा. — 2) m. N. pr. eines Fürsten B. A. J. 10,25.

दर्दस् onomatop. vom *Rollen des Donners.*

*ददन n. *das Geben.*

ददरि N. pr. eines Flusses.

ददातिवादर m. Pl. N. pr. eines Geschlechts VP.[2] 4,28.

ददायुध Adj. *die Zähne als Waffe gebrauchend* Bhâg. P. 10,17,6.

ददि Adj. *gebend, Etwas* (Acc.) *gebend.*

ददितर् Nom. ag. *Bewahrer, Besitzer.* Nach Mahidh. *Geber.*

*ददत्तेण्य P. 3,4,14, Sch. fehlerhaft für दिदृक्षेण्य.

*ददृत् Vârtt. zu P. 3,2,178.

ददृशानपवि Adj. *dessen Radspur man sieht.*

दद्रु und दद्रू f. 1) *eine Gattung von Hautausschlägen, namentlich eine Form von Aussatz.* — 2) *दद्रु *Schildkröte.*

*दद्रुक m. = दद्रु 1).

दद्रुकुष्ठ n. desgl.

*दद्रुघ्न 1) Adj. *Aussatz vertreibend.* — 2) m. *a)* *Cassia Tora* (— *alata* Mat. med. 295). — *b)* *Psoralea corylifolia.*

दद्रुण Adj. *mit Aussatz behaftet* Hemâdri 1,617,4.

दद्रुरोग m. = दद्रु 1) ebend. 1,617,3. 747,3.

दद्रुरोगिन् Adj. *mit Aussatz behaftet* ebend. 1, 616,1. 745,19. 747,1.

दद्रू s. दद्रु.

*दद्रूघ्न m. = दद्रुघ्न 2) *a)*.

*दद्रूण Adj. = दद्रुण.

*दध्, दधते (धारणे, दाने). — Intens. दादद्धि.

दध Adj. *verleihend* in इडादध, इलादध.

दधन् s. 2. दधि.

दधन in *अत्तदधन.

दधन्वत् Adj. *saure Milch enthaltend.*

1. दधि 1) Adj. *a)* *gebend, verleihend.* — *b)* **erhaltend* (Gegens. *vernichtend*), mit Acc. — 2) *n. *Haus.*

2. दधि und दधन् (in den schwachen Casus) n. 1) *saure Milch.* — 2) **Terpentin.* — 3) **das Harz der Shorea robusta.*

*दधिक am Ende eines adj. Comp. = 2. दधि 1).

दधिकर्ण m. N. pr. 1) eines Schlangendämons. v. l. अधिकर्ण. — 2) einer Katze 149,10.17.

*दधिकूर्चिका f. *süsse Milch mit saurer Milch gekocht* Madanav. 89,74.

दधिक्र m. N. pr. eines Mannes.

दधिक्रा m. N. pr. eines zur Sonne in Beziehung stehenden mythologischen Wesens.

दधिक्रावती f. Bez. *des Verses* दधिक्राव्णो अकारिषम् u. s. w. Maitr. S. 1,5,13.

दधिक्रावन् m. = दधिक्रा.

दधिघट m. *ein Becher mit saurer Milch* Gaim. 4,4,8.

*दधिघन m. *gepresster Quark* P. 3,3,77, Sch.

दधिघर्म m. *heisser Opfertrank aus saurer Milch.* °घर्महोम m. Vaitân.

*दधिचार m. *Butterstössel.*

दधिज 1) Adj. *auf* oder *aus saurer Milch entstanden.* — 2) *n. *frische Butter.*

दधित्थ m. *Feronia elephantum.* °रस m. *das Gummi dieses Baumes.*

*दधित्थाख्य m. n. *das Gummi von Feronia elephantum.*

दधिद्रप्स m. Sg. und Pl. *Molken von saurer Milch.*

दधिधानी f. *ein Behälter für saure Milch* Âpast.

दधिनदी f. N. pr. *eines Flusses.*

दधिपर्ण m. N. pr. eines Mannes.

*दधिपिण्ड m. *gepresster Quark* Gal.

दधिपुच्छ m. N. pr. eines Schakals.

*दधिपुष्पिका f. *Clitoria Ternatea* Râgan. 3,75.

*दधिपुष्पी f. *eine dem Carpopogon pruriens ähnliche Pflanze* Râgan. 7,176.

*दधिपूपक m. *ein best. Gebäck* Madanav. 113,67.

*दधिपूरण m. N. pr. eines Schlangendämons.

दधिपूर्वमुख m. N. pr. eines Affen, = दधिमुख.

*दधिफल m. *Feronia elephantum.*

दधिभक्त m. *eine aus saurer Milch bereitete Speise* Lâṭj. 2,11,23. 12,15.

दधिभाण्ड n. *ein Topf mit saurer Milch* 154,15.

दधिमण्ड m. *saurer Rahm* Rasar. 318.

दधिमण्डोद und °क Adj. *sauren Rahm an Stelle des Wassers habend* (ein Meer).

दधिमन्थ m. *ein Rührtrank von saurer Milch.*

दधिमुख m. 1) *eine Schlangenart.* — 2) N. pr. *a)* eines Schlangendämons Hariv. 9503. — *b)* *eines Jaksha. — *c)* eines Affen.

दधिवक्त्र m. N. pr. eines Affen, = दधिमुख.

दँधिवत् Adj. *mit saurer Milch zubereitet.*

दधिवामन m. N. pr. einer mythischen Person.

दधिवारि Adj. *saure Milch an Stelle des Wassers habend* (ein Meer).

दधिवाहन m. N. pr. zweier Fürsten. VP.[2]

दधिविदर्भ m. Pl. N. pr. eines Volkes.

*दधिशर m. *saurer Rahm.*

*दधिशोण m. *Affe.*

*दधिषाय्य n. *geklärte Butter.* Richtig दिधि°.

दधिषुँ m. = दिधिषु *Bewerber, Freier.*

दधिषूपति m. = दिधिषूपति *der Gatte einer zum zweiten Male verheiratheten Frau* Kap. S. 47,7.

दधिसक्तु m. Pl. *Grütze in saurer Milch.*

दधिसंभव 1) Adj. *aus saurer Milch entstehend* M. 5,10. — 2) *n. *frische Butter* Gal.

*दधिसार n. *frische Butter.*

दधिस्कन्द n. N. pr. eines Tîrtha.

*दधिस्नेह m. *saurer Rahm.*

*दधिस्य्, °स्यति *nach saurer Milch verlangen.*

*दधिस्वेद m. *geronnene Milch, welche nach Abguss des Wassers mit dem Rahm verrührt wird.*

दधीच und दधीचि m. = दध्यञ्च्.

दधीचिमाहात्म्य n. Titel eines Werkes.

*दधीच्यस्थि n. 1) *Donnerkeil.* — 2) *Diamant.*

दधीमुख (metrisch) m. N. pr. eines Affen, = दधिमुख.

दधीय्, °यति *nach saurer Milch verlangen* Âpast. Çr. 10,16,12.

दधृष् 1) Adj. (Nom. दधृक्) *kühn, verwegen.* — 2) दधृँक् Adv. *herzhaft, fest, tüchtig, fortiter.*

दधृषँ Adj. *tapfer, siegreich kämpfend.*

दँधृषि Padap. st. दाँधृषि.

दधृष्वँणि Adj. = दधृषँ.

*दध्र m. Bein. Jama's.

*दध्यग्र n. *saurer Rahm.*

दध्यँञ्च्, दधिग्रँञ्च् (schwach दधीच्) m. N. pr. eines mythischen Wesens, eines Sohnes des Atharvan (auch anderer Väter). Mit seinen Gebeinen, die er freiwillig hergiebt, erschlägt Indra seine Feinde.

दध्यन्न n. *mit saurer Milch bereiteter Reis.*

*दध्यस्य्, °स्यति *nach saurer Milch verlangen.*

*दध्याकर m. *das Meer von saurer Milch.*

*दध्यानी oder *दध्याली f. *eine best. Pflanze.*

(दध्याशिर्) दँधिश्राशिर् Adj. *mit saurer Milch gemischt.*

*दध्याह्व und *°ह्वय m. *das Harz der Pinus longifolia.*

दध्युत्तर 1) n. *saurer Rahm.* — 2) *f. ग्रा *Knollenmilch* Gal.

*दध्युत्तरग n. *saurer Rahm.*

*दध्युद Adj. *saure Milch statt des Wassers habend* (ein Meer).

दध्यौँदन m. *mit saurer Milch bereitetes Mus.*

1. दँन् nur in der Verbindung पँतिर्दँन् und पती दँन् (Du. RV. 1,120,6) am Ende einer Trshṭubh-Zeile. Der Bed. nach so v. a. दंपति und दंपती.

2. दन्, nur in den Formen दँनस् und दँन्. 1) *gerade werden, sich aufrichten.* — 2) *corrigere, zurechtbringen, — weisen.* — *Desid. दीदांसते (ग्रार्जवे).

दनायुस् f. N. pr. einer Tochter Daksha's.

दनायू (!) m. N. pr. des Vaters der Dânava.

*दनीधंस Adj. vom Intens. von धंस्.

दँनु N. pr. 1) m. eines Sohnes der Çrî. — 2) f. einer Tochter Daksha's und Mutter der Dânava.

दनुज m. *ein Dânava.* °ज्ञेन्द्र m. *ein Fürst der* D. Vikramâṅkać. 17,17.

*दनुजद्विष् und *दनुजारि m. *ein Feind der Dânava, ein Gott.*

दनुसंभव und *दनुसूनु m. *ein* Dânava.

दँन्त् (nur in den schwachen Casus) m. *Zahn.* Am Ende eines adj. Comp. f. दती.

दँन्त 1) m. *a) Zahn.* Einmal n. Am Ende eines adj. Comp. f. ग्रा und ई. — *b)* Bez. *der Zahl 32* Ganit. 1,21. — *c) Fangzahn des Elephanten, Elfenbein.* — *d) Pfeilspitze.* — *e)* * *Berggipfel, — rücken.* — *f)* * *Thal.* — 2) f. दन्ती *a) Croton polyandrum.* — *b) eine Art Composition* S.S.S. 168.

दन्तक 1) am Ende eines adj. Comp. *Zahn.* — 2) *m. *a) eine in horizontaler Richtung zahnartig hervortretende Felsspitze.* — *b) ein zahnartig vorspringender Pflock.* — 3) *f. दन्तिका *Croton polyandrum.* — 4) *Adj. *Sorgfalt auf seine Zähne verwendend.*

*दन्तकर्षण m. *Citronenbaum, Citrone.*

दन्तकलह Ind. St. 15,390 wohl fehlerhaft für दन्तकलह.

दन्तकार m. *ein Künstler, der in Elfenbein arbeitet.*

दन्तकाष्ठ 1) n. *a) ein Stückchen Holz von bestimmten Bäumen, welches zum Reinigen der Zähne gekaut wird,* Varâh. Jogaj. 2,20. — *b) das Reinigen der Zähne auf diese Weise.* — 2) *m. *a) Flacourtia sapida* Râǵan. 9,162. — *b Asclepias gigantea.* — *c) Ficus indica.* — *d) Acacia Catechu.* — *e) Pongamia glabra.* — *f) Terminalia alata.*

*दन्तकाष्ठक m. *Tabernaemontana coronaria.*

दन्तकुमार m. N. pr. eines Mannes.

दन्तकूर MBh. 7,23,24. 48,76 wohl N. pr. einer Oertlichkeit. Nach Nilak. dieses oder *eine Schlacht mit Zähneknirschen.*

दन्तक्रूर m. N. pr. eines Fürsten (nach Nilak.) MBh. 7,70,5. Es ist wohl दन्तकूरे zu lesen st. दन्तक्रूरं.

दन्तग्राहिन् Adj. *die Zähne angreifend.* Nom. abstr. °हिता f.

दन्तघर्ष m. *Zähneknirschen.*

दन्तघाट und °क m. *ein Künstler, der in Elfenbein arbeitet.*

दन्तघात m. 1) *Biss.* — 2) LA. 6,20 wohl fehlerhaft für दन्तघाट; vgl. Chr. 113,20.

दन्तचाल m. *das Wackeln der Zähne.*

दन्तच्छद 1) m. *Lippe.* — 2) *f. ग्रा *Momordica monadelpha.*

*दन्तच्छदन n. *Lippe* Gal.

*दन्तच्छदोपमा f. *Momordica monadelpha.*

दन्तच्छेदन n. *das Zerbeissen* Bhâvapr. 2,29.

दन्तजन्मन् n. *das Wachsen der Zähne* Ǵâǵn. 3,23.

दन्तजात Adj. *schon Zähne habend.*

*दन्तजाह n. *Zahnwurzel.*

दन्तदर्शन n. *das Blecken der Zähne.*

दन्तद्युत् f. *Glanz der Zähne* Bâlar. 140,16.

दन्तधाव m. *Reinigung der Zähne.*

दन्तधावन 1) n. *a) das Reinigen der Zähne* Gaut. — *b) Mittel zum Reinigen der Zähne,* insbes. *ein Holzstückchen, welches zu diesem Endzweck gekaut wird,* Gaut. — 2) *m. *a) Acacia Catechu.* — *b) Mimusops Elengi.* — *c) eine* Karanǵa-*Art* Râǵan. 9,70.

दन्तधावनक m. *ein best. Baum.*

दन्तपत्त्र्, °त्त्रति *ein* Dantapattra *darstellen* Prasannar. 148,23.

दन्तपत्त्र n. *eine Art Ohrschmuck* Kâd. 11,5. 99,3. 232,9. 263,23. Harshać. 22,19. Bâlar. 144,4.

*दन्तपत्त्रक n. *eine Art Jasmin.*

दन्तपवन n. *ein Hölzchen zum Reinigen der Zähne* Karaka 1,5.

दन्तपात m. *das Ausfallen der Zähne.*

*दन्तपालि f. *Schwertgriff aus Elfenbein* Gal.

दन्तपाली f. *Zahnfleisch.*

दन्तपावन n. *das Reinigen der Zähne* Pañkad.

दन्तपुप्पुट und °क m. *Zahngeschwulst.*

दन्तपुर n. N. pr. der Hauptstadt der Kaliñga.

*दन्तपुष्प n. *die Frucht von Strychnos potatorum* und *die Pflanze selbst* (?).

दन्तप्रक्षालन n. 1) *das Reinigen der Zähne* Âpast. — 2) *Mittel z. R. d. Z.* Âpast.

*दन्तफल 1) m. *Feronia elephantum.* — 2) f. आ a) *langer Pfeffer* Râǵan. 6,12. — b) *eine Gurkenart* Gal. — 3) n. = दन्तपुष्प.

*दन्तबीज 1) m. f. (आ) *Granatapfel.* — 2) f. आ *eine best. Gurkenart.*

*दन्तबीजक m. *Granatapfel.*

दन्तभङ्ग m. *das Brechen —, Springen der Zähne.* °भङ्गं कर् *Jmd die Zähne zerbrechen* Pañkad.

*दन्तभाग m. *Vordertheil des Kopfes beim Elephanten.*

*दन्तमध्य n. *der Raum zwischen den beiden Fangzähnen des Elephanten* Gal.

दन्तमय Adj. *elfenbeinern.*

*दन्तमल n. *Unreinigkeit der Zähne.*

दन्तमांस n. *Zahnfleisch.*

दन्तमूल n. 1) *Zahnwurzel.* — 2) * *Zahngeschwulst* Râǵan. 20,9.

*दन्तमूलिका f. *Croton polyandrum* oder — *Tiglium.*

दन्तमूलीय Adj. *zur Zahnwurzel gehörig, dental* (Laut).

दन्तरचना f. *das Reinigen der Zähne.*

दन्तरजस् n. *Unreinigkeit der Zähne.*

दन्तरोग m. *Zahnkrankheit, — weh.*

दन्तरोगिन् Adj. *kranke Zähne habend, an Zahnweh leidend.*

*दन्तलेखक m. *der vom Bemahlen der Zähne lebt.*

*दन्तलोक m. N. pr. eines Berges.

दन्तवक्त्र und दन्तवक्र m. N. pr. eines Fürsten der Karûsha. Letztere Form wohl richtiger, da dieser Fürst auch वक्रदन्त und वक्र genannt wird.

*दन्तवत् Adj. *mit Zähnen versehen.*

दन्तवर्ण Adj. *zahnfarbig, blendend weiss* MBh. 8,63,11.

दन्तवल्क n. *Schmelz der Zähne.*

*दन्तवस्त्र (*m. n.) *Lippe.*

दन्तवाणिज्य n. bei den Ǵaina *Handel mit Zähnen, Haaren u. s. w.*

दन्तवासस् (*m. n.) *Lippe.*

दन्तविघात m. *Biss.*

दन्तविद्रधि f. *Zahnabscess* Karaka 6,18.

दन्तवीणा f. *Zahncither.* °णां वादय् so v. a. *mit den Zähnen klappern.*

दन्तवेष्ट m. 1) *Zahnfleisch.* Du. *Zahnfleisch der oberen und unteren Kinnlade.* — 2) *ein Reif um den Fangzahn eines Elephanten.* — 3) = दन्तवेष्टक 2).

दन्तवेष्टक m. 1) = दन्तवेष्ट 1). Du. Karaka 4,7. — 2) *Zahngeschwür.*

दन्तवैदर्भ m. *das Lockerwerden der Zähne in Folge äusserer Verletzung.*

दन्तव्यापार m. *künstliche Bearbeitung von Elfenbein* Kâd. 84,18.

दन्तशङ्कु n. *Zange zum Ausziehen der Zähne.*

*दन्तशट schlechte v. l. für °शठ.

दन्तशठ 1) * Adj. *sauer;* m. *Säure.* — 2) m. Bez. *verschiedener Bäume* und n. *ihrer Früchte.* Nach den Lexicographen: *Citronenbaum, Citrus Aurantium, Averrhoa Carambola* und *Feronia elephantum.*

दन्तशर्करा f. *Weinstein der Zähne.*

*दन्तशाण m. *Zahnpulver.*

*दन्तशिरा f. 1) *Backenzahn.* — 2) *Zahnfleisch.*

दन्तशुद्धि f. *das Reinigen der Zähne.*

दन्तशूल m. n. *Zahnweh.*

दन्तशोधन 1) n. *Reinigung der Zähne.* °चूर्ण n. *Zahnpulver* Bhâvapr. 1,96. — 2) * f. ई *Zahnstocher.*

*दन्तशोफ m. *Zahngeschwulst.*

दन्तसंघर्ष m. *Zähneknirschen.*

*दन्तसद्मन् n. *Mund* Gal.

दन्तस्कवन n. *das Reinigen der Zähne* Âpast.

दन्तहर्ष m. *krankhafte Empfindlichkeit —, Stumpfheit der Zähne.*

*दन्तहर्षक und *हर्षण m. *Citronenbaum.*

दन्तहस्तिन् Adj. *mit Fangzähnen und Rüssel versehen* R. 1,6,24.

दन्ताग्र n. *Zahnspitze.*

*दन्ताग्रीय Adj. von दन्ताग्र.

*दन्ताघात m. 1) *Biss.* — 2) *Citronenbaum.*

दन्ताञ्जि Adj. *die Zähne blekend* Mantrabr. 2,4,6.

दन्ताद Adj. *die Zähne anfressend.*

दन्तादन्ति Adv. *so dass (zwei Kämpfende) mit den Zähnen aneinander kommen.*

दन्तान्तर n. *Zwischenraum zwischen den Zähnen.* °गत und °धिष्ठित Adj. *zwischen den Zähnen stecken geblieben.*

*दन्तायुध m. *Eber, Schwein.*

*दन्तार्बुद m. n. *Zahngeschwulst.*

*दन्तालय m. *Mund.*

दन्तालि f. 1) *Zahnreihe* Spr. 5936. — 2) *°ली *Zügel.*

दन्तालिका f. *Zügel.*

दन्तावघात m. *Biss* Sâh. D. 71,3.

दन्तावल m. 1) *Elephant.* — 2) N. pr. eines Mannes.

दन्तावली f. *Zahnreihe* Spr. 2103.

दन्ति Taitt. Âr. 10,1,5 fehlerhaft für दन्तिन्, wie Maitr. S. 2,9,1 liest.

*दन्तिका f. *Croton polyandrum.*

दन्तिदन्त m. *Elephantenzahn.*

दन्तिदन्तमय Adj. *elfenbeinern.*

दन्तिदुर्ग m. N. pr. eines Mannes B. A. J. 1,270. 2,375.

दन्तिदैत्य m. N. pr. eines Daitja Bâlar. 288,18.

दन्तिन् 1) Adj. *mit Zähnen —, mit Fangzähnen versehen.* Als Beiw. Gaṇeça's Maitr. S. 2,9,1. — 2) m. a) *Elephant.* — b) * *Berg.* — 3) *f. °नी *Croton polyandrum* Râǵan. 6,160.

*दन्तिमद m. *der Brunstsaft eines Elephanten.*

दन्तिल m. N. pr. eines Mannes.

दन्तिवक्त्र m. Bein. Gaṇeça's Bâlar. 92,18.

दन्तुर Adj. (f. आ) 1) *hervorstehende Zähne habend, — zeigend.* — 2) *uneben.* Nom. abstr. °ता f. Naish. 7,13. — 3) am Ende eines Comp. *dicht besetzt mit, voller* Kathâs. 18,47. Kâd. 5,22. 15,40. 30,15. 61,7. 63,20. 142,22. 2,49,10. 135,12. Harshak. 7,21. 43,11. Vikramâñkak. 18,32. Nom. abstr. °ता f. Kâd. 147,7. — 4) *hässlich.* Nom. abstr. °ता f. Kâd. 254,23.

दन्तुरक 1) Adj. = दन्तुर 1). — 2) m. Pl. N. pr. eines Volkes.

दन्तुरय्, °यति *dicht besetzen —, erfüllen mit* (Instr.) Harshak. 57,10. दन्तुरित am Ende eines Comp. *dicht besetzt mit, voller* Kâd. 126,10. 243,7.

*दन्तुरच्छद m. *Citronenbaum.*

*दन्तूल Adj. *mit Zähnen versehen.*

दन्तोच्छिष्ट n. *Speiserest zwischen den Zähnen* Gṛhjâs. 2,89.

दन्तोभि und दन्तोलि m. v. l. für दम्भोलि 2) VP.[2]

दन्तोलूखलिक und °खलिन् (Bâlar. 298,12) Adj. *seine Zähne als Mörser gebrauchend,* so v. a. *ungemahlenes Korn essend.*

*दन्तोष्ठक Adj. *auf Zähne und Lippen Sorgfalt verwendend.*

दन्त्य Adj. (f. आ) 1) *an den Zähnen befindlich, — entstehend, dental* (Laut). — 2) *den Zähnen zuträglich.*

दन्त्योष्ठ्य und दन्त्यौष्ठ्य Adj. *dentilabial* (der Laut व).

*दन्दश m. *Zahn.*

दन्दशूक 1) Adj. a) *bissig* (von Schlangen, Gewürm u. s. w.). — b) *bissig, boshaft* Karaka 3,8. —

2) m. a) *Schlange und eine best. Art von Schlangen.* — b) *eine best. Hölle.* — c) **ein* Rakshas.

*दन्द्रमण Adj. vom Intens. von द्रम्.

दन्धन m. *eine Rohrart* MBh. 12,86,14.

*दन्व्, दन्वति (गतौ).

1. दभ्, दम्भ्, दभति, दभ्नोति 1) *Jmd Etwas anhaben, anthun, beschädigen, versehren, benachtheiligen, verletzen.* Pass. *Schaden nehmen.* — 2) *täuschen, im Stich lassen, hintergehen.* — 3) *दभ्नोति = गतिकर्मन्. — Caus. दम्भयति, °ते *abwenden, niederschlagen.* — Desid. दिप्सति, *धिप्सति, *धीप्सति und *दिदम्भिषति *Jmd Etwas anhaben —, Schaden zufügen —, verderben wollen.* — Mit अभि Desid. in अभिदिप्सु. — Mit आ = Simpl. 1). — Mit उप Caus. *schmälern, zu Nichte machen.*

2. *दभ्, *दम्भ्, दाभयति und दम्भयति (नोदे), दम्भयते (संघाते).

दभ 1) Adj. *Jmd täuschend* ṚV. 5,19,4. — 2) m. Dat. दभाय als Infin. *um zu täuschen.*

दभीति m. 1) *Beschädiger, Feind.* — 2) N. pr. eines Mannes.

दभ्र in दुरदभ्र.

(दम्य) दभिअ Adj. 1) *den man täuschen kann.* — 2) *auf Täuschung berechnet* ṚV. 10,61,2.

दभ्र 1) Adj. (f. आ) *wenig, gering, dürftig.* दभ्रम् Adv. दभ्रे ऽपररात्रे Âpast. 1,9,23, v. l. für दह्रे ऽप°; s. u. दह्र. — 2) *m. *Meer, Ocean.* — 3) n. *Dürftigkeit, Noth* ṚV. 7,104,10.

दभ्रचेतस् und दभ्रबुद्धि Adj. *von geringer Einsicht.*

1. दम्, दाम्यति 1) *zahm —, sanft sein.* दान्त *gezähmt, zahm, sanft, in seinen Leidenschaften gezügelt.* — 2) *zähmen, bändigen, bezwingen.* — Caus. दमयति *bezwingen, bewältigen.* दमित *gezähmt, bezwungen.* — Mit आ nach Sâj. ṚV. 6,3,7, wo aber दंसुपत्नी zu lesen ist. — Mit उद्, उद्दम्य MBh. 12,6596 fehlerhaft für उद्यम्य. — Mit प्र Caus. *bezwingen, überwältigen* Bhaṭṭ.

2. दम् *Haus.* Nur Gen. Pl. दमाम्. Könnte auch auf 1. दम zurückgeführt werden.

1. दम m. oder n. *Haus, Wohnung, Heimat.*

2. दम 1) Adj. am Ende eines Comp. *bändigend, bewältigend.* — 2) m. a) *Selbstzähmung, Selbstbeherrschung.* — b) **das Zähmen, Bändigen.* — c) *Züchtigung, Strafe,* insbes. *Geldbusse.* — d) N. pr. eines Bruders der Damajantî und verschiedener anderer Personen.

°दमक Adj. *zähmend, bändigend.*

दमघोष m. N. pr. eines Fürsten.

दमत्र in मह्नादमत्र.

*दमथ und *दमथु m. 1) *Selbstzähmung Selbstbeherrschung.* — 2) *Züchtigung, Strafe.*

*दमदमाय् (onomatop.), °यति und °ते.

दमन 1) Adj. (f. ई) a) am Ende eines Comp. *zähmend, bändigend, überwältigend.* — b) **zur Ruhe gelangt, leidenschaftslos.* — 2) m. a) *Bändiger der Pferde, Wagenlenker.* — b) *Artemisia indica* Râǵan. 10,147. — c) *ein best.* Samâdhi Kâraṇḍ. 52,4. — d) N. pr. verschiedener Männer. — 3) f. ई a) **Solanum Jacquini.* — b) *eine best.* Çakti Hemâdri 1,611,6. — 4) n. *das Zähmen, Bändigen, Züchtigen* 139,3.

दमनक 1) m. a) *Artemisia indica.* — b) N. pr. α) eines Mannes. — β) eines Schakals. — 2) wohl n. Bez. *zweier Metra.*

दमनभञ्जिका f. *ein best. Spiel.*

दमन्य्, दमन्यति *bändigen, bezwingen* ṚV.

दममय Adj. *dessen Wesen in Selbstbeherrschung besteht.*

दमयन्तिका f. ein Frauenname.

दमयन्ती f. 1) N. pr. der Gattin Nala's. — 2) **eine Jasminart* Râǵan. 10,82. — 3) MBh. 12,8604 fehlerhaft für मदयन्ती.

दमयन्तीकथा f., °न्तीकाव्य n. und °न्तीपरिणय m. Titel von Werken.

दमयितर् Nom. ag. *Zähmer, Bändiger, Züchtiger.*

दमस्वसर् f. Bein. der Damajantî Naish. 8,70. 9,61.

दमाय्, °यति 1) *sich zähmen, — beherrschen.* — 2) *bändigen, bezwingen.*

दमितर् Nom. ag. *Bezähmer, Bändiger.*

दमिन् 1) Adj. a) *gezähmt, seine Leidenschaften beherrschend.* — b) *zähmend, bändigend* in कामदमिनी. — 2) m. Pl. Bez. *der Brahmanen in* Kuçadvîpa VP. 2,4,39. — 3) n. N. pr. eines Tîrtha.

*दमुनस् m. *Feuer, der Feuergott.*

दमूनस् 1) Adj. *zum Hause —, zur Familie gehörig, eigen, dem Hause ergeben, häuslich, hausfreundlich.* — 2) m. *Hausfreund, Hausgenosse.*

दम्पति m. 1) *Herr des Hauses, Hausherr.* — 2) Du. *Mann und Frau, Männchen und Weibchen* 151,29.

दम्भ् s. दभ्.

दम्भ m. 1) *Betrug, Verstellung, Heuchelei.* Personificirt als Sohn Adharma's. — 2) *Indra's *Donnerkeil.* — 3) N. pr. eines Fürsten VP.² 4,30.

°दम्भक Adj. *betrügend, hintergehend.*

*दम्भचर्या f. *Betrug, Heuchelei.*

दम्भन 1) Adj. am Ende eines Comp. *in Nachtheil versetzend, schädigend.* — 2) n. *das Betrügen, Hintergehen.*

दम्भमुनि m. *ein heuchlerischer* Muni Kathâs. 72,263.

दम्भयज्ञ m. *ein in heuchlerischer Weise dargebrachtes Opfer.*

दम्भिन् Adj. *betrügerisch zu Werke gehend;* m. *Betrüger, Heuchler, ein unwahrer Mann.*

दम्भोद्भव m. N. pr. eines Fürsten.

दम्भोभि m. v. l. für दम्भोलि 2) VP.²

दम्भोलि m. 1) Indra's *Donnerkeil* Spr. 7616. Prasannar. 69,21. 105,17. Bâlar. 105,16. 274,9. °पात m. 195,17. — 2) N. pr. eines Sohnes des Pulastja VP. 1,10,9.

दम्भोलिपाणि m. Bein. Indra's Bâlar. 292,7.

दम्भोलिपाताय्, °यते *wie* Indra's *Donnerkeil niederfallen* Râǵat. 8,1615.

1. दम्य 1) Adj. *zum Zähmen bestimmt, abzurichten.* — 2) m. und (ausnahmsweise) n. *ein junger ausgewachsener Stier, der aber noch gezähmt, abgerichtet werden muss.*

2. (दम्य) दमिअ Adj. *im Hause befindlich, häuslich, heimisch.*

*दम्यसारथि m. Bein. eines Buddha.

दय्, दयते 1) *theilen, ertheilen, zutheilen;* mit Acc. oder *Gen. — 2) *als seinen Theil haben, besitzen.* — 3) *zertheilen,* so v. a. *zerstören, vernichten.* — 4) *Antheil nehmen an, Mitgefühl haben mit* (Acc. oder Gen.). — 5) *bereuen.* — 6) *गतौ. — 7) दयित *geliebt, lieb, theuer.* m. *der Geliebte, Gatte.* f. आ *die Geliebte, Gattin.* — Caus. दययति *Mitgefühl haben mit* (Gen.) Bhâg. P. — *Intens. दन्दय्यते und दादय्यते. — Mit अव und निरव (TBr. 3,2,5,11) *Jmd* (Acc.) *um seinen Theil befriedigen, Jmd* (Acc.) *mit Etwas* (Acc. oder Instr.) *von Etwas* (Abl.) *abfertigen.* — Mit वि 1) *zertheilen, zertrennen, zerstören.* — 2) *vertheilen, zutheilen.* — 3) *freigebig sein mit* (Instr.), so v. a. *Etwas zutheilen.*

दया f. (adj. Comp. f. आ) *Antheilnahme, Mitleid, — mit* (Loc., Gen. oder im Comp. vorangehend). दयां कर् *M. haben mit* (Loc. oder Gen.). Personificirt als eine Tochter Daksha's.

दयाकर Adj. *Mitleid übend.*

*दयाकूर्च m. *ein* Buddha.

दयाराम m. N. pr. eines Mannes. Auch °वाचस्पति.

दयालु Adj. *mitleidig, — mit* (Loc.). Nom. abstr. °लुता f. (Kâd. 188,16) und °लुत्व n. *Mitleid, — mit* (Loc.).

दयावन्त् 1) Adj. *mitleidig, — mit* (Loc. oder Gen.). — 2) f. °वती *eine best.* Çruti S.S.S. 23.

दयावीर m. *ein Held im Mitleid, ein Muster von M.*

दयाशंकर m. N. pr. eines Mannes.

दयाशतक n. Titel eines Werkes Opp. Cat. 1.

दयित m. und °ता f. s. u. दय्.

दयितामय Adj. *in der Geliebten aufgehend, nur an sie denkend.*

दयिन्नवे Lâṭj. 7,10,13 wohl fehlerhaft für दयित्नवे, Dat. von दयित्नु.

*दयू Adj. von देवयू.

दैव्योंपाति m. = दैवोंपाति.

1. दर्, दृणाति (auch Med.) 1) *bersten, zerfahren, zerfallen.* — 2) *bersten machen, sprengen, zerreissen, zerpflücken.* — 3) *भये. In dieser Bed. auch *दरति. — 4) Pass. दीर्यते (metrisch auch दीर्यति) a) *sich spalten, bersten, aufbrechen.* दीर्ण *gespalten, geborsten.* — b) *auseinander stieben* (von Kämpfern in der Schlacht). सेना दीर्णा *ein zersprengtes Heer.* — c) दीर्णा *der den Kopf verloren hat, in Verzweiflung seiend, von Angst ergriffen.* — Caus. दरयति, दारयति und °ते 1) *sprengen, zerreissen, zerspalten, aufbrechen.* बिलम् *durch Spalten, Graben eröffnen.* — 2) *zersprengen, auseinanderlaufen machen, verscheuchen.* — Intens. दर्दरीमि, दर्दर्षि, दर्दरीति, दर्दह्वि, दादर्ह्वि, दर्दर्तु, दर्दिरत्, अदर्दर्, दर्दर्, अदर्दतम्, अदर्दिरुस्, दर्दृत् Partic. = Caus. 1) mit Acc. oder Gen. — Mit अनु Pass. 1) *hinterher durchbrechen,* — *sich einen Weg öffnen.* — 2) *nach Jmd* (Acc.) *auseinander stieben* oder *den Kopf verlieren.* — Mit अप Intens. *sprengen, aufreissen.* — Mit अव 1) *spalten, aufreissen, zersprengen.* Pass. *bersten, sich spalten, aufspringen, sich öffnen, sich voneinander thun.* अवदीर्ण *geborsten* u. s. w. — 2) अवदीर्ण a) **geschmolzen.* — b) *der den Kopf verloren hat.* भयावदीर्ण *vor Angst.* — Caus. 1) *bersten machen, zerspalten.* — 2) *schmelzen lassen* Karaka 6,10. — Mit व्यव, °दीर्ण *geborsten, zersprungen* (मनस्). — Mit आ 1) *sich spalten, Risse bekommen.* — 2) *spalten, aufbrechen, öffnen, erschliessen, zugänglich machen, zum Vorschein bringen.* — Intens. = आ 2). — Mit उद्ध्, उद्दीर्ण Benfey, Chr. 185,2 fehlerhaft für उदीर्ण; vgl. Daçak. (1925) 2,22,7. — Mit नि Caus. °दार्य Pańkat. 121,2 fehlerhaft für विदार्य. — Mit निस् *zerreissen, spalten.* — Caus. 1) *zerreissen, zerspalten, aufwühlen.* — 2) *aufwühlen lassen.* — Mit परि 1) Med. *ringsum durchbrechen.* — 2) Pass. *an einer Ablösung der Haut leiden, wassersüchtig werden.* पैरिदीर्ण *wassersüchtig.* — Mit प्र 1) *zerbrechen, zerreissen.* — 2) Pass. a) *sich spalten, sich aufthun.* — b) *auseinander fahren, gesprengt werden* (ein Heer). — 2) Pass. *auseinander stieben.* — Mit प्रति Caus. in *प्रतिदारणा. — Mit वि 1) *zerspalten, zerreissen, zerfleischen.* — 2) *zerspalten, so v. a. eröffnen.* — 3) Pass. विदीर्यते (metrisch auch °ति) a) *auseinander bersten, zerspringen.* विदीर्ण *geborsten, zersprungen, zerbröckelt, zerschossen, aufgerissen, wund.* — b) *sich aufthun, sich öffnen.* विदीर्ण *aufgesperrt* (Mund, Rachen). — c) *vor Angst bersten, den Kopf verlieren.* — Caus. 1) *auseinander bersten machen, zersprengen, spalten, zerreissen, zerschmettern, zerfleischen, zersägen, aufwühlen.* — 2) *aufreissen, öffnen.* — 3) *durchbrechen, auseinander stieben machen, — drängen.* — 4) *fortschieben.* — Intens. *zerspalten, eröffnen.* — Mit उद्वि Caus. *aufreissen, aufwühlen.* — Mit प्रवि in °दार und °दारण.

— Caus. *auseinander sprengen, zerreissen.* — Mit अभिप्र 1) *durch Bersten zum Vorschein bringen* 7,13.

2. दर्, द्रियते (आदरे). Das Simplex nicht zu belegen. — Mit आ, आद्रियते und °ति (metrisch) 1) *Rücksicht nehmen, beachten, sich Etwas angelegen sein lassen;* mit Acc. der Sache oder mit Infin. Gewöhnlich in Verbindung mit einer Negation oder mit einer gleichwerthigen Fragepartikel. — 2) *Jmd mit Rücksicht behandeln, auszeichnen.* — 3) *in Achtung stehen* Spr. 6100. Weber möchte द्वितीया ध्रियते lesen. — 4) आदृत a) *alle Rücksicht beobachtend, aufmerksam, Bedacht habend, bedacht auf* (Loc. oder im Comp. vorangehend). कस्यां नाद्रायामादृतम् n. impers. Kâd. 188,2. — b) *beachtet, hoch angeschlagen, worauf man einen Werth legt, für gut befunden, geehrt, in Ansehen stehend.* आतिथ्यादृतस्त्वया *gastfreundlich von dir aufgenommen.* — 5) आदृतवती f. st. des Verb. fin. in der Bed. von 1) und 2) Daçak. 81,10. Kathâs. 26,48. — Mit अत्या *grosse Rücksicht nehmen auf* (Acc.). °दृत mit act. und pass. Bed. — Mit प्रत्या *gegen Jmd* (Acc.) *Rücksicht bezeigen.* — Mit समा, °दृत 1) *ganz bei einer Sache seiend, eifrig beschäftigt.* — 2) *alle Rücksicht beobachtend, seine ganze Achtung bezeigend.*

दर 1) Adj. a) am Ende eines Comp. *spaltend, sprengend, zerbrechend; erschliessend, eröffnend.* — b) am Anf. eines Comp. *wenig.* दरम् und दर° *ein wenig.* — 2) m. f. (ई) (*n.) *Loch in der Erde, Höhle.* — 3) m. (*n.) *Muschel.* — 4) m. a) *Erguss* in असृग्दर. — b) *Furcht, Angst.* — c) **Nabel* Gal. — d) N. pr. eines Berges VP.[2] 2,196. — 5) f. ई *eine Art Trommel* S.S.S. 192. Könnte auch दर्प m. sein. — 6) *n. *Gift* Râgan. 6,224. धर v. l.

*दरकपिटका f. *Asparagus racemosus.*

*दरकर m. *Stab* Gal.

दरण n. 1) *das Bersten, Springen, Zerbrechen.* — 2) *das Aufspringen, Abfallen* (des Fleisches).

*दरणि m. f. *Brandung.*

दरणीय in अदरणीय (Nachtr. 2).

*दरथ m. 1) *Höhle.* — 2) *das Reissausnehmen.*

दरद् 1) m. a) Pl. N. pr. eines Volkes. दरत्पुर n. und दरत्पुरी f. *die Stadt der* Darad. — b) *ein Fürst der* Darad. — 2) *f. a) *die Stadt der* Darad. — b) *Herz.* — c) *Ufer.* — d) *Berg.* — e) *Abgrund.* — f) *Furcht.*

दरद 1) m. a) Pl. N. pr. eines Volkes. °लिपि f. *eine best. Schriftart* Lalit. 143,20. — b) *ein Fürst der* Darada. — c) **Furcht.* — 2) n. *Mennig* Bhâvapr. 2,92. 3,33.

*दरमान m. = घोष (!).

*दरहार m. *eine Art Judendorn.*

*दराय्य Adj. von 1. दर्.

दरि 1) Adj. *spaltend, eröffnend* in गोदरि. — 2) m. N. pr. eines Schlangendämons. — 3) f. metrisch für दरी *Höhle.*

*दरित Adj. *furchtsam, feig.*

दरिद्र (Çat. Br.) und दरिद्र (TS.) Adj. (f. आ) 1) *unstät, umherschweifend.* — 2) *bettelhaft, arm,* — *an, entbehrend* (die Ergänzung im Instr. oder im Comp. vorangehend). निद्रा° so v. a. *wach* Bâlar. 231,2. m. *ein Armer, Bettler* (am Ende eines adj. Comp. f. आ).

दरिद्रता f. und दरिद्रत्व n. *Armuth,* — *an* (im Comp. vorangehend).

दरिद्रा s. u. द्रा.

*दरिद्राण n. *das Armsein, Armuth.*

*दरिद्रायक, दरिद्रित, *दरिद्रितर und दरिद्रिन् (Spr. 7648. Ind. St. 15,389) Adj. *arm.*

दरिद्री Adv. 1) mit कर् *unstät machen, umherschweifen lassen* Çat. Br. 11,3,2,5. — 2) mit भू *arm werden.*

*दरिन् Adj. von 1. दर्.

1. दरीमुख n. 1) *ein Maul wie eine Höhle.* — 2) *Oeffnung einer Höhle.* — 3) *eine einen Mund darstellende Höhle.*

2. दरीमुख m. N. pr. eines Affen.

दरीमन् *Zerstörung.*

दरीवत् Adj. *höhlenreich.*

*दरोदर m. 1) *Würfelspieler.* — 2) *Einsatz beim Spiele.* — 3) *Würfelspiel.*

दर्तर् (mit Acc.) und दर्तर् (mit Gen.) Nom. ag. *Zerbrecher, Zerspalter, Aufbrecher.*

दर्तु m. dass.

दर्दर 1) *Adj. *geborsten, zerbrochen.* — 2) m. a) **Berg.* — b) **eine Art Trommel.* — c) N. pr. eines

Gebirges; richtig दर्दुर.

*दर्दराम्र m. *eine Art Brühe.*

*दर्दरीक 1) m. *a) Frosch.* — *b) Wolke.* — *c) ein best. musikalisches Instrument.* — 2) n. *ein musikalisches Instrument.*

दर्दुर 1) m. *a) Frosch.* — *b) Flöte.* — *c) *der Laut einer Pauke.* — *d) *Wolke.* — *e) eine Art Reis* Káraka 1,27. — *f)* N. pr. α) eines Gebirges. — β) verschiedener Männer. — 2) *f. (आ und ई) Bein. der Durgâ. — 3) n. *a) eine Art Talk.* — *b) *ein Verein von Dorfschaften, District, Provinz.*

दर्दुरक m. N. pr. eines Mannes.

*दर्दुरच्छदा und *दर्दुरपर्णी f. *eine best. Pflanze.*

*दर्दुराम्र m. = दर्दराम्र.

*दर्दू f. = दद्रु 1).

दर्दु m. 1) *ein best. Vogel* Káraka 1,27. — 2) *= दद्रु 1). Auch *दर्दू f.

*दर्दुघ्न m. *eine best. Pflanze,* = दद्रुघ्न.

*दर्दुण Adj. = दद्रुण.

*दर्दुनाशिनी f. *ein best. Insect.*

*दर्दुरोगिन् Adj. = दद्रुरोगिन्.

*दर्दूण Adj. = दद्रुण.

*दर्दूरोगिन् Adj. = दद्रुरोगिन्.

1. दर्प्, दृप्यति und दर्पति (nur Âpast. 1,13,4) 1) *toll werden, den Verstand verlieren, von Besinnung kommen.* दृप्त *toll geworden* u. s. w. — 2) *ausgelassen sein, vor Uebermuth gleichsam toll sein, übermüthig sein* Bâlar. 78,2. दृप्त *ausgelassen, übermüthig.* °तर Compar. — Caus. दर्पयति *toll —, übermüthig machen.* दर्पित *ausgelassen, übermüthig gemacht, übermüthig, pochend auf* (im Comp. vorangehend). — Mit अति *vor Uebermuth vergehen.* °दृप्त *sehr übermüthig.* — Mit समुद्, समुद्दृप्त *übermüthig.* — Mit प्र in प्रदृप्ति und अप्रदर्पित.

2.*दर्प्, दर्पति (उत्क्लेशे).

3.*दर्प्, दर्पति und दर्पयति (संदीपने).

दर्प m. 1) *ausgelassenes Wesen, Uebermuth, Frechheit, das Stolzsein —, Pochen auf* (Instr. 314,8 oder im Comp. vorangehend). R. 1,54,16 scheinbar n., es ist aber mit der ed. Bomb. यत्नं ना° st. यत्नन्ना° zu lesen. Wird mannichfach personificirt. — 2) *Moschus* Hemâdri 1,545,4. 5.

दर्पक m. *der Liebesgott* Naish. 9,19.

दर्पण 1) m. *a) Spiegel.* Nom. abstr. °त्व n. Bâlar. 59,12. — *b)* am Ende eines Comp. in Titeln von Werken und auch allein als abgekürzter Titel verschiedener Werke S.S.S. 20,3. — *c) ein best. Tact* S.S.S. 207. — *d)* N. pr. eines Berges. — 2) n. *a) *Auge.* — *b) das Wiederholen* Utpala zu Varâh. Bṛh. S. 48,11. — *c) *das Anzünden.*

दर्पणमय Adj. *aus Spiegeln bestehend* Harshak. 90,15.

दर्पणिका f. *Spiegel* Naish. 5,106.

दर्पनारायण m. N. pr. eines Mannes.

*दर्पपत्त्रक *ein best. Gras.*

दर्पनार m. N. pr. eines Mannes.

दर्पितपुर n. N. pr. einer *Stadt.*

°दर्पिन् Adj. *übermüthig durch.*

*दर्फ्, दर्फति (उत्क्लेशे).

1. दर्भ्, दृभति, *दर्भति und *दर्भयति *zu Büscheln machen, zu Ketten bilden.* *दृब्ध *verknüpft.* — Mit अनु *zu Büscheln* oder *Ketten bilden.* — Mit पि (d. i. अपि) *fest hängen an, — hoffen auf* (Acc.). Nur पिदृभ्मस् (!). — Mit सम् *zusammenstellen, verfassen* Deçin. S. 1, Z. 3. — संदृब्ध 1) *zu einem Büschel gebunden.* — 2) *zusammengefügt,* so v. a. *verfasst.* — 3) *bekräftigt, bestätigt.* Nom. abstr. °त्व n. Çaṅk. zu Bâdar. 3,4,39. — Caus. संदर्भित *zusammengestellt, verfasst* Deçin. S. 1, Z. 2.

2.*दर्भ्, दर्भति und दर्भयति (भये).

दर्भ m. 1) *Grasbüschel, Buschgras;* Bez. *verschiedener bei den Ceremonien zur Streu, als Wische und sonst gebräuchlicher Gräser,* insbes. des Kuça-*Grases.* Nach Mat. med. 296 *Saccharum cylindricum.* — 2) N. pr. verschiedener Männer VP.[2]

दर्भक m. N. pr. eines Fürsten.

दर्भकुण्डिका f. *ein Topf mit* Darbha-*Gras.*

दर्भकुसुम *ein best. parasitischer Wurm* Bhâvapr. 4,38. Çârṅg. Saṁh. 1,7,10.

दर्भचीर n. *ein Gewand von* Darbha-*Gras.*

*दर्भट n. *ein geheimes Gemach.*

दर्भतरुणक n. *ein Schössling von* Darbha-*Gras.*

*दर्भपत्त्र m. *Saccharum spontaneum.*

दर्भपिञ्जूल (Maitr. S. 4,8,7 = Kap. S. 46,8), °पिञ्जूल (Mân. Çr. 1,1,1) und °पुञ्जील n. *Grasbüschel.*

दर्भपुष्प m. 1) *eine Schlangenart.* — 2) *ein best. Wurm* Káraka 1,19.

*दर्भपूतीक n. Sg. Darbha-*Gras und das Kraut* Pûtika.

दर्भबटु m. *eine Puppe aus* Darbha-*Gras* Gobh. 1,6,21.

दर्भमय Adj. (f. ई) *aus* Darbha-*Gras gemacht, — geflochten.*

दर्भमुष्टि m. f. *eine Handvoll* Darbha-*Gras.*

*दर्भमूली f. *eine best. Pflanze.*

दर्भर m. *Perdix chinensis* Bhâvapr. 2,7.

दर्भरज्जु f. *ein Seil aus* Darbha-*Gras* Mân. Gṛhj. 1,11.

दर्भलवण n. *ein Werkzeug zum Grasschneiden* Kauç. 8.

दर्भशयनमाहात्म्य n. Titel eines Werkes Opp. Cat. 1,5853.

*दर्भशर n. Sg. Darbha- *und* Çara-*Gras.*

दर्भसंस्तर m. *eine Streu von* Darbha-*Gras.*

दर्भसूचि oder °ची f. *die scharfe Spitze des* Darbha-*Grases* Çâṅkh. Gṛhj. 1,22.

दर्भस्तम्ब m. *ein Büschel* Darbha-*Gras* Mân. Çr. 9,5,1. 10,2,3.

*दर्भानूप gaṇa लुभादि.

*दर्भाह्वय m. *Saccharum Munja.*

दर्भि oder दर्भिन् m. N. pr. eines Mannes.

दर्भेषीका f. Darbha-*Halm* Mân. Gṛhj. 1,11.

दर्मे und दर्मन् m. *Zerbrecher.*

दर्य m. *eine Art Trommel* S. S. S. 192. Könnte auch दरी f. sein.

दर्यक m. N. pr. eines Mannes.

दर्व 1) m. *a) Löffel.* — *b) * die Haube einer Schlange.* — *c) * ein* Rakshas. — *d) * Raubthier.* — *e)* N. pr. α) Pl. eines Volkes. v. l. दार्व. — β) eines Sohnes des Uçînara VP.[2] 4,121. — 2) f. आ N. pr. der Gattin Uçînara's

*दर्वट m. *Thürsteher.*

*दर्वरीक m. 1) *ein best. musikalisches Instrument.* — 2) *Wind.* — 3) Bein. Indra's.

दर्वि und दर्वी f. 1) *Löffel.* — 2) *die Haube einer Schlange.* — 3) दर्वी N. pr. eines Landes.

*दर्विक 1) m. f. (आ) *Löffel.* — 2) f. आ *eine Art Collyrium.*

दर्विदा f. *ein best. Vogel* Maitr. S. 3,14,13.

दर्विहोम m. *eine Spende aus dem Löffel.*

दर्विहोमिन् Adj. *eine Spende aus dem Löffel darbringend.*

दर्वीकर m. *Haubenschlange.*

दर्वीप्रलेप m. *eine best. Salbe* Káraka 1,3.

दर्वीसंक्रमण n. N. pr. eines Tîrtha.

दर्वीहोम m. = दर्विहोम.

दर्व्य m. dass. Çat. Br. 14,6,8,9. Besser fasst man दर्व्यम् als Acc. von दर्वि oder दर्वी. Vgl. विदर्व्य.

दर्श् 1) ददर्श, ददृशे, ददृशे u. s. w. ohne Präsensformen (vgl. पश्). *a) sehen, erblicken, wahrnehmen, bemerken.* — *b) Jmd sehen,* so v. a. *Jmd seine Aufwartung machen.* — *c) ansehen, betrachten.* — *d) erkennen an* (Instr.) 230,23. — *e) mit dem geistigen Auge schauen, erkennen, sich vertraut machen mit, Kenntniss nehmen von, sich Einsicht verschaffen in.* — *f) sein Auge richten auf, sich kümmern um, untersuchen, prüfen.* — *g) erschauen, ersinnen von der Intuition übersinnlicher, religiöser Dinge;* insbes. *ein heiliges Lied erfinden.* — 2) Pass. दृश्यते (im Veda st. dessen gewöhnlich Perf.

Med.) und Med. *a) gesehen werden, zu Gesicht —, zum Vorschein kommen, sichtbar werden, — sein.* — *b) aussehen, erscheinen, scheinen, sich erweisen als* (Nom.), °आकारेण *erscheinen in der Gestalt von.* — *c) in Augenschein genommen —, betrachtet werden.* — *d) allgemein angenommen werden für* (Nom.), *gelten in der Bedeutung von* (Loc.). — 3) Partic. दृष्ट *a) gesehen, erblickt, wahrgenommen, bemerkt.* — *b) sichtbar, wahrnehmbar.* — *c) angeblickt, angeschaut, betrachtet.* — *d) erkannt* 113, 16. — *e) angeblickt,* so v. a. *behandelt.* — *f) erschienen, sich eingestellt —, sich offenbart habend, sich findend, da seiend.* — *g) gesehen,* so v. a. *erfahren, erlebt, erlitten, zu Theil geworden.* — *h) im Geiste erschaut, ausgesonnen.* — *i) eingesehen, wovon man Kenntniss genommen hat.* — *k) vorhergesehen, im Voraus bestimmt* (von den Göttern) 53,29. — *l) geoffenbart.* — *m) entschieden* (ein Rechtshandel). — *n) festgesetzt, feststehend, anerkannt, geltend.* — Caus. दर्शयति 1) *Jmd* (Acc., Gen., Dat. oder *Instr.) *Etwas* oder *Jmd* (Acc.) *sehen lassen, Jmd Etwas* oder *Jmd vor Augen führen, sichtbar machen, zeigen, vorzeigen, vorweisen.* आत्मानम् *sich zeigen, erscheinen* (meist Act.). द्वे अङ्गुल्यौ दिशि तस्याम् so v. a. *mit zwei Fingern nach dieser Gegend zeigen.* Med. metrisch oder wenn das Object am Subject haftet (in diesem Falle aber auch Act.). — 2) *zeigen —, hinweisen auf* (Acc.). — 3) *Jmd sichtbar machen,* so v. a. *vor Gericht vorführen.* — 4) *offenbaren, kund machen, zu erkennen geben, — als* (Acc.) 209,21. 22. 210,22. 211, 16. 212,31. वैष्णवत्वम् so v. a. *sich als* Vaishṇava *bekennen.* — 5) *aufzeigen,* so v. a. *beweisen.* — 6) Act. Med. *sich vor Jmd* (Acc., ausnahmsweise Gen. und *Instr.) *sehen lassen, sich Jmd zeigen.* — Desid. दिदृक्षते und दिदृक्षति *sehen wollen, gern sehen.* दिदृक्षित *gern gesehen.* — Desid. vom Caus. दिदर्शयिषति *zeigen wollen* Çaṁk. zu Bâdar. 3,3,7. — Intens. दरीदृश्यते *immer gesehen werden* Bhoga-Pr. 68,12. — Mit अति in अनतिदृश्य. — Mit अधि Caus. *offenbaren, kund machen* Lalit. 314,3. — Mit अनु 1) *schauen auf* ṚV. 10,130,7. — 2) *erblicken, gewahr werden.* — 3) मनसा *mit dem Geiste beschauen.* — 4) Pass. Med. *gesehen werden, sich zeigen* ṚV. 8,1, 34. — Caus. 1) *Jmd Etwas sehen lassen* (mit doppeltem Acc.), *offenbaren, an den Tag legen.* — 2) *Jmd Etwas zu wissen thun, Jmd anweisen, belehren, Jmd Etwas vorstellen, ermahnen* MBh. 1,75, 22, v. l. *Jmd Etwas vortragen,* mit doppeltem Acc. — Mit व्यप Pass. *deutlich zu sehen sein.* v. l. प्रापततत्र st. व्यपदृश्येत. — Mit अभि 1) *anblicken.* °दृष्ट *angeblickt.* — 2) *sehen, zu Gesicht bekommen.* Pass. *gesehen werden* M. 9,308. *zu Gesicht kommen.* °दृष्ट *erblickt, zu Gesicht gekommen* Varâh. Bṛh. S. 11,61, v. l. — Caus. 1) *sehen lassen.* — 2) *Jmd anzeigen, verrathen* MBh. 1,212,29. — Mit अव *zurückschliessen auf* (Acc.). — Mit आ Med. *erscheinen* ṚV. 10,111,7. — Caus. *zeigen.* — Mit प्रत्या, °दृश्यन्ते Ind. St. 8,343 fehlerhaft für °दिश्यन्ते. — Mit व्या Pass. *deutlich zu sehen sein.* — Mit उद् Caus. *zum Vorschein kommen, sich zeigen.* उद्दर्शितम् n. impers. — Mit अभ्युद्, अभ्युद्दृष्ट *darüber sichtbar geworden.* — Mit उप 1) *ruhig zusehen* (ohne thätig einzugreifen). — 2) *bemerken, wahrnehmen.* Pass. Med. *sichtbar sein, bemerkbar werden, erscheinen.* — Caus. 1) *sehen lassen, zeigen, vorführen.* — 2) *sehen lassen,* so v. a. *darstellen.* — 3) *fälschlich sehen lassen, vorgaukeln, vorspiegeln.* — 4) *zeigen,* so v. a. *auseinandersetzen, erläutern.* — Mit समुप Caus. *sehen lassen, zeigen, vorführen* Kâraṇḍ. 63,12. — Mit नि Caus. 1) *sehen lassen, zu Gesicht bringen, zeigen, vorführen* 248,2. — 2) *hinzeigen.* — 3) *hinweisen auf, anweisen* (einen Sitz). — 4) *aufführen, einführen.* — 5) *Etwas mittheilen, lehren.* — 6) *Jmd unterweisen, anweisen, belehren, Jmd zusprechen.* — 7) *ankündigen, voraussagen.* — 8) *Jmd* (Acc.) *erscheinen.* — Mit संनि Caus. *zu Gesicht bringen, zeigen.* — Mit परा *erscheinen, ansichtig werden.* — Mit परि 1) *besehen,* so v. a. *besuchen.* — 2) *ansehen.* — 3) *erschauen, ansichtig werden.* — 4) *im Geiste anschauen, — ansehen, sich Etwas denken* 164,3. — 5) *im Geiste schauen, erkennen, ausfindig machen* Hariv. 2,58, 25. — 6) Pass. *wahrgenommen werden, sich zeigen.* — Caus. *zeigen, darlegen.* — Mit प्र Pass. Med. *sichtbar —, wahrgenommen werden, aussehen, erscheinen.* — Caus. 1) *sichtbar machen, zeigen, vorzeigen, an den Tag legen.* — 2) *kenntlich machen, bezeichnen.* — 3) *klar machen, auseinandersetzen, lehren.* — Desid. Med. *sehen wollen* Bhaṭṭ. — Mit उपप्र Caus. *hinweisen auf* (Acc.) Çaṁk. zu Taitt. Up. S. 14 und zu Bâdar. 4,3,11. — Mit संप्र *erblicken* MBh. 5,181,8. Pass. *erblickt —, wahrgenommen werden, sich zeigen, erscheinen.* °दृश्यताम् impers. *man sehe.* — Caus. 1) *sehen lassen, zeigen, an den Tag legen.* आत्मानं मृतवत् *sich todt stellen.* — 2) *anzeigen, angeben.* — Mit प्रति 1) *erschauen, gewahren.* — 2) Pass. Med. *a) vor Augen kommen, sichtbar —, wahrnehmbar werden, erscheinen.* — *b) erscheinen als* (Nom.), so v. a. *sein.* — 3) °दृष्ट nach dem Comm. = प्रख्यात *bekannt, berühmt* Bhâg. P. 4,26,6. — Caus. *sehen lassen, zeigen.* — Mit वि Pass. Med. *deutlich sich wahrnehmen lassen, zum Vorschein kommen, erscheinen.* — Caus. 1) *sehen lassen, zeigen, an den Tag legen.* — 2) *zeigen,* so v. a. *lehren.* — Mit अभिवि Caus. *Jmd* (Gen.) *Etwas* (Acc.) *sehen lassen, zeigen* Âpast. Çr. 15,20,8. — Mit सम् 1) Act. Med. *erblicken, gewahr werden.* Pass. *gesehen werden von.* संदृष्ट *erblickt.* — 2) Pass. Med. *a) gleichzeitig* oder *beisammen gesehen werden, — erscheinen mit* (Instr.). तदिदमेकमेवं रूपं समदृश्यताप एव *hatte ein gleichartiges Aussehen, nämlich das des Wassers.* — *b) gleich aussehen, gleichen.* — *c) vor Augen kommen, sichtbar —, wahrnehmbar werden, erscheinen.* — 3) संदृष्ट *in den Lehrbüchern vorgeschrieben, gestattet, erlaubt* R. 2,1,19. — Caus. 1) *sehen lassen, zeigen, an den Tag legen.* आत्मानं मृतवत् *sich todt stellen.* — 2) *zeigen,* so v. a. *darstellen.* — 3) *sich Jmd* (Acc.) *zeigen, zum Vorschein kommen.* — Mit अनुसम् *der Reihe nach erwägen.*

दर्श und दर्श 1) am Ende eines Comp. *a)* Adj. *blickend auf, schauend, hinsehend —, ein Absehen habend auf.* — *b)* m. *α) das Sichtbarsein* in अचक्रदिदर्श (Nachtr. 2) und आत्मदर्श. — *β) Aussehen.* — 2) m. und (ausnahmsweise) n. *der eben sichtbar werdende neue Mond, der Tag desselben* und *die Feier des Tages.* Du. = दर्शपूर्णमासौ Cit. im Comm. zu TS. 1,284,18. Personificirt als ein Sâdhja (VP.[2] 2,22), als Sohn Dhâtar's und Kṛshṇa's.

दर्शक 1) Adj. *a) sehend, zu Gesicht bekommend;* mit Gen. 239,8. — *b) schauend, Zuschauer.* — *c) schauend —, spähend nach* (im Comp. vorangehend). — *d) prüfend, untersuchend* in *अन्त°. — *e) zeigend, weisend;* die Ergänzung im Gen. oder im Comp. vorangehend. — *f) sehen lassend,* so v. a. *bewirkend.* लोहितस्य so v. a. *zu Blute schlagend.* — *g) Etwas* (Gen. oder im Comp. vorangehend) *sehen lassend,* so v. a. *aufdeckend, offenbar machend* Spr. 332. — 2) m. *a) *Thürsteher.* — *b)* N. pr. *α)* eines Volkes. — *β)* eines Fürsten VP.[2] 4,182.

दर्शत 1) Adj. (f. आ) *a) sichtbar.* — *b) auffallend, ansehnlich, schön, conspicuus.* — 2) *m. *a) die Sonne.* — *b) der Mond.*

दर्शतर्पणप्रयोग m. Titel eines Werkes Opp. Cat. 1.

दर्शतश्री Adj. *ausgezeichnet schön.*

दर्शन 1) Adj. (f. ई) am Ende eines Comp. *a) sehend, schauend, hinschauend nach, zu sehen bekommend.* — *b) sehend,* so v. a. *kennend.* — *c) zeigend, angebend, lehrend* Bhâg. P. 5,4,11. — 2) f.

दर्शनी a) Bein. der Durgâ. — b) * *ein best. Insect.* — 3) n. (adj. Comp. f. आ) a) Nom. act. mit act. Bed. α) *das Sehen, Erblicken, Wahrnehmen, Wahrnehmung mit den Augen, das zu Gesicht Bekommen, Hinsehen, Anblick, das Zusammenkommen mit* (Gen., Instr. mit und ohne सह, oder im Comp. vorangehend), *Besuch.* — β) *Sehkraft.* — γ) *das Besehen, Besichtigen, in Augenschein Nehmen.* — δ) *das Sehen*, so v. a. *Erfahren, Erleben, Theilhaftwerden.* — ε) *das Sehen im Geiste, Voraussehen.* — ζ) *das Beschauen im Geiste, Prüfen, Untersuchen* 209,12. — η) *das Auffassen einer Sache, Urtheilen.* — ϑ) *das Einsehen, Erkennen, Verstehen, Einsicht, Erkenntniss, Verständniss.* — ι) *das Anerkennen.* — κ) *Ansicht, Meinung.* — λ) *Absicht.* — μ) *Anschauungsweise, Lehre, Doctrin, ein philosophisches System.* — b) Nom. act. mit pass. Bed. α) *das Sichtbarwerden, Sichtbarsein, zum Vorschein Kommen, Erscheinen.* दर्शनं दा *sich sehen lassen, sich zeigen* Kâd. 65,9. 87,1. — β) *das Erscheinen vor Gericht.* — γ) *das Vorkommen, Erwähntwerden* (insbes. in einem kanonischen Buche). — δ) *Erscheinung im Schlafe, Traumgesicht* 158,6. — c) Nom. act. mit caus. Bed. *das Zeigen* 184,15. — d) mit concr. Bed. α) *Auge.* — β) * *Farbe.* — γ) * *Spiegel.* — δ) * *Opfer.* — ε) * *Tugend, Verdienst.*

दर्शनगोचर (310,13) und दर्शनपथ m. *Gesichtskreis.*

दर्शनपाल m. N. pr. eines Mannes.

*दर्शनभूमि f. *ein best. Stadium im Leben des Çrâvaka.*

दर्शनविवेक m. Titel eines Werkes.

दर्शनविषय Adj. *in Jmds* (Gen.) *Gesichtskreise liegend, was einer sehen* oder *gesehen haben könnte* 240,29. 30.

दर्शनसंग्रह m. Titel eines Werkes.

दर्शनाग्नि m. *das Feuer im Körper, welches das Sehen vermittelt,* Garbhop. 5.

दर्शनान्तरगत Adj. *dem Auge zugänglich, sichtbar* Mṛkkh. 47,2.

दर्शनार्थं 1) Adj. *Jmd zu sehen beabsichtigend* Âpast. — 2) °म् Adv. *zum Besuch* Kâd. 114,23.

दर्शनावरण n. *Verhüllung der sinnlichen Wahrnehmung.*

दर्शनावरणीय Adj. *aus dem* दर्शनावरण *hervorgehend* Govindân. S. 582, Z. 11.

दर्शनीय 1) Adj. (f. आ) a) *sichtbar, den Augen zugänglich.* — b) *sehenswerth, ansehnlich, hübsch, schön.* — c) *zu zeigen, vor Augen zu bringen.* — d) *vor Gericht zu stellen.* — 2) * m. *Asclepias gigantea.*

*दर्शनोज्ज्वला f. *grosser weisser Jasmin.*

दर्शनोपनिषद् f. Titel einer Upanishad Opp. Cat. 1.

दर्शप Adj. *den Neumond* oder *das Neumondsopfer trinkend.* m. Pl. Bez. *einer best. Klasse von Göttern.*

दर्शपूर्णमासौ m. Du. *Neumond und Vollmond, die Tage und die Feier.* °देवता f. Çânkh. Gṛhj. 1,3. °मासायन n. Vaitân. Titel von Werken: °प्रयोग m., °महाभाष्य n., °क्षेत्र n., °मासादिकारिका f. und °मासादिसूत्र n. Opp. Cat. 1.

दर्शपूर्णमासयाजिन् Adj. *ein Neumonds- und Vollmondsopfer darbringend.*

दर्शपूर्णमासिन् Adj. dass. Maitr. S. 1,5,13.

दर्शपूर्णमासेष्टि f. *ein Neumonds- und Vollmondsopfer.* Auch Titel eines Werkes; desgl. °प्रयोग m. Opp. Cat. 1.

दर्शपौर्णमास m. Du. = दर्शपूर्णमासौ. °प्रायश्चित्तविधि m., °विधि m. und °क्षेत्र n. Titel von Werken.

दर्शपौर्णमासेष्टि f. = दर्शपूर्णमासेष्टि. °प्रयोग m. Titel eines Werkes.

दर्शपौर्णमास्यक्षेत्रप्रयोग m. Titel eines Werkes.

दर्शम् Absol. wiederholt *bei jedesmaligem Erblicken* Kathâs. 67,85.

दर्शयाग m. *Neumondsopfer* Verz. d. B. H. No. 139.

*दर्शयामिनी f. *Neumondsnacht.*

दर्शयितर् Nom. ag. 1) *Zeiger, Anweiser.* — 2) *Wegweiser, Führer.* — 3) * *Thürsteher.*

दर्शयितव्य Adj. *zu zeigen* Çaṁk. zu Bâdar. 3,2,21.

*दर्शविपद् m. *Neumond.*

दर्शश्राद्ध n. *ein Todtenmahl am Neumondstage* Comm. zu VP. 3,14,3.

दर्शसंचिका f. Titel eines Werkes Opp. Cat. 1.

दर्शापय्, °यति *sehen lassen, zeigen* Ind. St. 15,302.

*दर्शितद्वार् m. *Thürsteher* Gal.

दर्शिन् Adj. am Ende eines Comp. 1) *sehend, gewahr werdend, ansehend, gesehen habend.* — 2) *mit dem Geiste schauend, kennend, Einsicht habend in.* — 3) *sehend*, so v. a. *erfahrend, erfahren habend.* — 4) *sehend*, so v. a. *erhaltend, empfangend.* — 5) *schauend*, so v. a. *dichtend, gedichtet habend.* Nom. abstr. °र्शित्व n. — 6) *ein best. Aussehen habend.* — 7) *sehen lassend, zeigend.* — 8) *erfahren —, erleiden lassend, zufügend.*

दर्शिवंस् Adj. am Ende eines Comp. (nur im Nom. und am Ende eines Çloka) *der gesehen hat, sieht, kennt, Einsicht hat in.*

(दर्श्य) दर्शिग्र Adj. *zeigenswerth, sehenswerth, ansehnlich.*

दर्ह् 1) दृंहति *festmachen, befestigen, feststellen, unbeweglich —, dauerhaft machen.* — 2) दृंहते a) *fest stehen, fest sein.* — b) = 1). — 3) दृंह्यति, °ते *fest sein.* — 4) *दर्हति (वृद्धौ). — 5) दृढ, दृळ्हे a) *fest, feststehend, nicht leicht zerbrechend, keinen Schwankungen unterworfen, Widerstand leistend, nicht nachgebend, hart, stark* (von Sachen und Personen). — b) *wohlverschlossen.* — c) *dauerhaft.* — d) *ganz* (Gegens. *zerbrochen*). — e) *heftig stark, intensiv, bedeutend.* — f) bei den Mathematikern *durch den gemeinschaftlichen Divisor bis zur äussersten Grenze zurückgeführt.* — g) zuweilen mit गूढ verwechselt. — 6) दृढम् Adv. a) *fest.* दृढतरम् *recht fest.* — b) *sehr, gehörig, in hohem Grade.* ईक्ष् so v. a. *mit unverwandtem Auge ansehen.* — Caus. 1) दृंहयति *festmachen, feststellen.* दृंहित und *दृंहित *befestigt, fest.* — 2) Med. a) *festhalten.* — b) *fest werden, fest sein.* — Mit उद् (उद्दृंह) *fest aufrichten.* — Mit अनूद् (अनूद्दृंह्येयुस्) *hinhalten —, hinziehen bis* (आ).

दल्, दलति *bersten, aufspringen* (auch von einer Knospe). — Caus. दलयति und दालयति 1) *bersten —, aufspringen machen.* — 2) *zersprengen, vertreiben.* — Partic. दलित vom Simpl. und Caus. 1) *geborsten, gespalten, auf —, auseinandergerissen.* — 2) *aufgesprungen, aufgeblüht.* — 3) *halbirt.* — 4) *eingetheilt, in Grade getheilt.* — 5) *auseinandergeworfen, vertheilt, zerstreut, weggeschafft, vernichtet.* — 6) *eröffnet, vor Augen gelegt, zur Erscheinung gebracht.* — Mit अव *bersten, aufspringen.* — Mit उद् Caus. *aufspringen machen, spalten.* — Mit निस् in निर्दलन. — Mit वि 1) *auseinander bersten, — springen.* — 2) *zersprengen, zerreissen, aufreissen.* — 3) विदलित a) *zerschmettert.* — b) *aufgesprungen, aufgeblüht.* — Mit सम्, संदलित *durchbohrt.*

दल 1) (* m.) n. (adj. Comp. f. आ) a) *ein abgerissener Theil, Stück* Naish. 7,31. — b) *Theil*, so v. a. *Grad.* — c) *Hälfte.* अधर° *Lippe* Spr. 1953. — d) *Blatt, Blüthenblatt.* — e) * *Zimmetblatt* Râǵan. 6,175. — f) *unreines Gold* Bhâvapr. 2,83. — g) * *Klumpen, Masse, Haufe.* — h) * = उत्सेधवद्वस्तु, उत्सेध, अवद्रव्य (अपद्रव्य). — i) * *dividing, tearing, cutting, splitting etc.* — k) Hemâdri 1,291,13. 20 fehlerhaft für कुल. — 2) m. N. pr. eines Fürsten.

*दलकोमल *Lotus, Nelumbium.*

*दलकोश m. *eine Art Jasmin.*

*दलज Adj. als Bez. einer Art Honig.

*दलतर (!) gaṇa अरीहणादि.

*दलतरु m. *Corypha Taliera.*

दलन 1) Adj. (f. ई) *bersten machend, zerreissend, auseinander treibend.* — 2) * f. ई *Erdscholle.* — 3)

n. *a) das Bersten, Zerspringen.* — *b) das Zunichtewerden* 112,10. Naish. 4,116. — *c) das Berstenmachen, Spalten, Zersprengen.*

*दलनिर्मोक m. *Betula Bhojpatra.*

*दलप m. 1) *Waffe.* — 2) *Gold.*

दलपति m. N. pr. eines Fürsten.

*दलपुष्पा und *°पुष्पी f. *Pandanus odoratissimus* Râǵan. 10,69.

*दलमालिनी f. *Blätterkohl.*

*दलमोदक m. *eine Art Honig* Gal.

दलयितर् Nom. ag. *Zersprenger* Bâlar. 272,13.

दलयोग m. Pl. *eine best. Klasse von Constellationen.*

दलशस् Adj. *in Stücke.* या *in Stücke zerfallen.*

*दलशालिनी f. *eine best. Gemüsepflanze.*

*दलसायसी (!) f. *weisses Basilienkraut.*

*दलसारिणी f. *Colocasia antiquorum.*

*दलसूचि m. *Dorn.*

*दलस्नसा f. *Blattgefäss Blattader.*

दलाढ्य m. *eine best. Constellation.*

*दलाम्लोचित *eine Art Spinat.*

*दलाढक m. 1) *Pistia Stratiotes.* — 2) *Jasminum multiflorum* oder *pubescens.* — 3) *wilder Sesam.* — 4) *Mesua ferrea.* — 5) *Acacia Sirissa.* — 6) *Röthel.* — 7) *Schaum* oder *Meerschaum.* — 8) *Aeltester, Oberhaupt.* — 9) *Elephantenohr.* — 10) *Sturmwind.*

*दलाच्य m. *Schlamm.*

दलादित्व n. *das Sein des Blattes u. s. w.* 251,19.

*दलामल m. Bez. *verschiedener Pflanzen,* = दमनक, मरुवक und मदन (दमन?).

*दलाम्ल n. *Sauerampfer* Râǵan. 6,129.

*दलि f. *Erdscholle.*

*दलिक n. *Holzstück.*

*दलिन् Adj. von दल.

दली Adv. mit कर् *halbiren.*

*दलेगन्धि m. *Alstonia scholaris.*

दलोद्भव Adj. als Bez. einer Art Honig.

*दल्भ m. 1) *Rad.* — 2) *Betrug.* — 3) *Sünde.* — 4) N. pr. eines Ṛshi.

दल्भ्य m. N. pr. eines alten Lehrers.

*दल्मि m. 1) Indra's *Donnerkeil.* — 2) Bein. Indra's.

*दल्मिमत्त् Adj. *mit dem Donnerkeil versehen.*

*दल्य Adj. von दल.

दव m. 1) *Waldbrand.* — 2) **Feuer.* — 3) *Brand, Hitze* Kâraka 1,20. — 4) **Wald.*

दवथु m. 1) *Brand, Schmerz* Dhûrtan. 14. — 2) *Entzündung* (der Galle, der Augen u. s. w.) Kâraka 1,20.

*दवदग्धक *eine best. Grasart.*

दवदहन m. *das Feuer eines brennenden Waldes* Prasannar. 136,5. Auch °क m. 118,14.

दवदान n. *Ansteckung eines Waldes.*

दवय्, °यति *entfernen* Bhatt.

दवाग्नि m. *das Feuer eines brennenden Waldes.*

दवानल m. (adj. Comp. f. आ) dass.

दविष्ठ Adj. Superl. *der entfernteste, entlegenste* Spr. 543. दविष्ठम् Adv. *sehr weit hinweg* RV. 6, 51,13.

दवीयंस् Adj. *recht fern,* — *lang* (Weg) Spr. 6643. Mit दूरात् so v. a. *über alle Begriffe weit entfernt.* दवीयस् Adv. *weiter hinweg, ferner.* Mit दूरात् so v. a. *in die weiteste Ferne.* दवीयसि परः *weiter hinaus, in fernerer Zeit.*

1. दश 1) Adj. Pl. = दशन् *zehn* nur MBh. 3,10667, wo aber ed. Bomb. eine andere Lesart hat. Häufig am Ende eines Comp. — 2) m. Pl. bei den Ǵaina Bez. *bestimmter aus 10 Büchern bestehender Schriften* H. 244.

2. दश am Ende eines adj. Comp. = दशा.

दशक 1) Adj. *a) aus 10 bestehend, zehntheilig.* — *b)* in Verbindung mit शत *zehn vom Hundert, zehn Procent.* — 2) n. *Zehnzahl, Dekade.*

(दशकक्ष्य) दशकक्षिय Adj. *zehn Gurte habend* ṚV. 10,94,7.

दशकण्ठ m. Bein. Râvaṇa's Bâlar. 32,15. *°जित् und °कण्ठारि n. Bein. Râma's.

दशकण्ठाय्, °यते *sich wie* Râvaṇa *gebärden* Bâlar. 68,1.

दशकंधर m. Bein. Râvaṇa's Bâlar. 21,19.

दशकन्यातीर्थ n. N. pr. eines Tîrtha.

*दशकमासिक Adj. *auf 10 Monate gemiethet.*

दशकर्मपद्धति f. Titel eines Werkes.

दशकुमारचरित und °चरित्र n. Titel eines Romans.

दशकोटिगर्भ m. Titel eines buddh. Sûtra.

दशक्षीर 1) Adj. *mit zehn Theilen Milch gemischt.* — 2) n. *ein Quantum von zehn Theilen Milch* (auf einen Theil eines andern Stoffes).

दशगणी f. *die zehn Klassen der Wurzeln* P. 1, 3,1, Sch.

*दशगार्ग्य Adj. = दशभिर्गार्ग्यैः क्रीतः Ind. St. 13, 412.

दशगीति f., °गीतिका f. und °गीतिसूत्र n. Titel eines Werkes.

दशगु Adj. *zehn Kühe besitzend* MBh. 13,78,11.

दशगुण Adj. *zehnfach, zehn Mal grösser,* — *mehr.* °म् Adv. Ǵâǵñ. 1,141.

दशगुणित Adj. *verzehnfacht* Bâlar. 275,2.

*दशगोणि Adj. *zehn Säcke habend* P. 1,1,52, Sch.

दशग्रामपति m. *ein Oberhaupt von zehn Dörfern.*

*दशग्रामिक Adj. gaṇa कुमुदादि.

*दशग्रामिन् m. = दशग्रामपति.

दशग्रामी f. *ein Verein von zehn Dörfern* MBh. 12,87,3.

दशग्रीव m. 1) Bein. Râvaṇa's. — 2) N. pr. *a)* eines Dämons. — *b)* eines Sohnes des Damaghosha.

दशग्व Adj. *aus 10 bestehend;* m. *Zehner.*

दशग्विन् Adj. *zehnfach* RV. 8,1,9.

दशचतुष्क n. *ein best. Spiel* Ind. St. 15,419.

दशचन्द्र Adj. *mit zehn mondähnlichen Flecken versehen* Bhâg. P. 4,15,17.

दशचिन्तामणि m. Titel eines Werkes Opp. Cat. 1.

दशच्छदिन् Adj. *zehnblättrig* Bhâg. P. 10,2,27.

दशज्योति und °स् m. N. pr. eines Sohnes des Subhrâǵ.

दशटीकासर्वस्व n. Titel eines Werkes Kumârasv. zu Pratâpar. 180,1. 271,2.

दशत् 1) f. *Zehnzahl, Dekade* Maitr. S. 1,5,3. — 2) *Adj. *zehntheilig.*

दशतय 1) Adj. (f. ई) *aus zehn Abtheilungen bestehend, zehnfach.* — 2) f. ई *a)* Pl. *die überlieferten Texte der in 10* Maṇḍala *eingetheilten* Ṛksamhitâ. — *b)* Titel eines Commentars.

दशतस् Adv. = दशभ्यस्.

दशति f. 1) *Zehnzahl, Dekade.* Nom. दशति (!) in den Unterschriften im SV. — 2) *ein Hundert.*

दशतोलिक m. *ein best. Gewicht* Suçr. 2,83,20. Vgl. उद्तोलिक und विंशतितोलिक.

दशत्या f. v. l. für दशति 1).

दशत्व n. Nom. abstr. von दशन् *zehn* Gaim. 3,7,27.

दशदशावयव Adj. *je zehn Theile enthaltend* Kâraka 1,4.

दशदर्शिन् Adj. *aus sich wiederholenden Dekaden bestehend.*

दशदाश (MBh. 3,10667) oder दशदास (MBh. 3, 134,17) m. Pl. wohl N. pr. eines Volkes.

दशदिग्व्यवलोकन m. *ein best.* Samâdhi Kârand. 51,13.

दशदिश् f. Sg. *die zehn Himmelsrichtungen* LA. 10,22. Pańkad.

दशदोपनिषद् m. Titel eines Werkes Opp. Cat. 1

दशदृष्टान्तकाव्य n. Titel eines Werkes.

दशद्यु m. N. pr. eines Mannes.

*दशधनुस् m. N. pr. eines Vorfahren Çâkjamuni's.

दशधर्मगत Adj. *der sich den zehn Eigenthümlichkeiten (Schwächen) hingegeben hat, der seine eigene Natur aufgegeben hat, in einem schwachen*

Augenblick sich vergisst.

दशधा॑ Adv. *in zehn Theilen, — Theile, zehnfach.*

*दशधीव Adj. (f. ग्रा) = दशभिर्धीवरीभिः क्रीतः Ind. St. 13,412.

द॑शन् und द॑शन् Adj. Pl. *zehn.*

दशन 1) m. *a) Zahn.* Auch *n. Am Ende eines adj. Comp. f. ग्रा. — *b) eine mit den Zähnen bewirkte Verletzung.* — 2) *m. *Bergspitze.* — 3) *n. *Harnisch, Rüstung.*

दशनक *Zähnchen* Harshak. 102,8.

दशनच्छद m. *Lippe.*

दशनपद n. *Spur der Zähne, Biss.*

*दशनबीज *Granatapfel.*

दशनवसन n. *Lippe* Prasannar. 33,3. °वसनाङ्गराग m. Pl. *eine der 64 Künste.*

*दशनवासस् n. *dass.*

दशनव्यय m. *Verlust der Zähne* zu Spr. 2883.

दशनांशु m. Pl. *der Glanz der Zähne.*

*दशनाङ्क m. = दशनपद.

*दशनाख्या f. *Oxalis corniculata.*

दशनिर्णय m. Titel eines Werkes Opp. Cat. 1.

*दशनोच्छिष्ट m. 1) *Kuss.* — 2) *Lippe.* — 3) *Seufzer.*

दशं॑दर्शिन् Adj. = दशदशिन्.

दशप m. *das Oberhaupt von zehn Dörfern.*

द॑शपत्त्व Adj. (f. ग्रा) *mit zehn Seitenpfosten versehen* AV. 9,3,21.

*दशपटु Adj. = दशभिः पटीभिः क्रीतः Mahâbh. (K.) 153,15.

दशपद्म (R. ed. Bomb. 5,35,20) und °पत्त्र (R. Gorr. 5,32,11) Adj. *zehn lotusähnliche Körpertheile habend.*

दशपरीक्षा f. Titel eines Werkes.

दशपर्वी f. Titel eines Werkes Hem. Par. 1,5.

दशपल n. Sg. *zehn* Pala M. 8,397.

दशपशु Adj. *für zehn Stück Vieh bestimmt.*

दशपादी f. Titel eines Werkes.

*दशपारमिताधर m. *ein* Buddha.

दशपार्श्व m. Pl. N. pr. eines Volkes.

दशपुर n. 1) N. pr. verschiedener Städte Hem. Par. 12,208. 13,1. Auch °पुरी f. Kâd. 2,26,17. — 2) * *eine dem Cyperus rotundus verwandte Grasart.*

दशपुरंदर N. pr. einer Oertlichkeit Ind. St. 15,231.

दशपुरुषराज्य n. *eine durch eine Reihe von zehn Ahnen vererbte Herrschaft.*

दशपुरुषम् Adv. *durch eine Reihe von zehn Ahnen hindurch.*

*दशपुरुषानूकम् Adv. *zehn Generationen hinauf* Ind. St. 13,457.

*दशपूर n. = दशपुर 2).

दशपूरुष Adj. *im zehnten Gliede Etwas seiend.*

दशपूर्वरथ m. Umschreibung von दशरथ 2).

दशपूर्विन् m. Pl. Bez. bestimmter Heiliger bei den Gaina Z. d. d. m. G. 34,252.

दशपेय m. *ein best.* Soma-*Opfer.*

द॑शप्रमति scheinbar RV. 1,141,2, wo aber दश प्रमतिम् zu lesen ist.

दशफलव्रत n. *eine best. Begehung.*

दशबन्ध m. *Zehntel* M. 8,107.

*दशबल m. *ein* Buddha.

दशबलकाश्यप m. N. pr. eines Schülers des Çâkjamuni.

*दशबाहु Adj. *zehnarmig;* m. Bein. Çiva's.

दशबृहत् Adj. (Nom. Sg. m. eben so!) *zehn grosse Körpertheile habend* R. ed. Bomb. 5,35,20.

दशभक्तिपद्यस्तुति f. Titel eines Werkes.

दशभुजा f. *eine Form der* Durgâ.

द॑शभुजि Adj. *zehnfach, zehnmal so gross.*

*दशभूमि und *°क Titel eines buddh. Sûtra.

*दशभूमिग m. *ein* Buddha.

*दशभूमिसूत्र n. Titel eines buddh. Sûtra.

*दशभूमीश m. 1) *ein* Buddha. — 2) *ein* Gina Gal.

दशभूमीश्वर m. Titel eines buddh. Sûtra.

दशम॑ 1) Adj. (f. ई) *der zehnte.* दशमम॑हः und दशम n. (Lâṭj. 3,6,17) *der zehnte Tag als best.* Ekâha.

दशमम् Adv. *zum zehnten Mal.* — 2) f. ई *a) der zehnte Tag in einem Halbmonat.* — *b) der zehnte Tag nach der Geburt.* दशम्युत्तरकालम् Adv. *spätestens am z. T. n. d. G.* Ind. St. 13,457. — *c) die zehnte Altersstufe, das Alter von 90 bis 100 Jahren.* °स्थ Adj. *in diesem Alter stehend* Galt. — 3) n. *Zehntel.*

दशमभाव m. *Culminationspunkt* oder *der Punkt wo der Meridian einen gegebenen Kreis schneidet.*

दशमस्कन्धकथासंग्रह m. Titel eines Werkes Opp. Cat. 1.

*दशमहाविद्या f. Bein. der Durgâ.

दशमान m. Pl. N. pr. eines Volkes.

द॑शमाय Adj. *zehn listige Anschläge zur Hand habend* RV. 6,20,8.

दशमारिका f. *Mörderin von Zehnen,* Bein. eines *Weibes.*

*दशमाल n. und *°माली f. *zehn Kränze.*

दशमालिक m. Pl. N. pr. eines Volkes.

द॑शमास्य (°मासिग्र) Adj. 1) *zehn Monate alt.* — 2) *zehn Monate lang frei einhergehend (Pferd).*

दशमिन् Adj. *zwischen 90 und 100 Jahre alt.*

1. दशमुख n. Pl. und f. ई (Bâlar. 16,21. 123,10) *zehn Münde.*

2. दशमुख m. Bein. Râvaṇa's. °रिपु und *°मुखान्तक m. Bein. Râma's.

दशमुखवध m. Titel eines Werkes Opp. Cat. 1.

*दशमूत्रक n. *der Urin von Elephant, Büffel, Kamel, Kuh, Ziege, Schaf, Pferd, Esel, Mann und Weib.*

दशमूल n. und f. ई (Karaka 6,20) *eine Zusammenstellung von zehn Wurzeln.*

द॑शयन्त्र Adj. *mit zehn Bändern oder Streifen versehen, zehnfach eingespannt.*

द॑शयोक्त्र Adj. *mit zehn Gurten versehen, von den Fingern umspannt.*

दशयोगभङ्ग m. *eine best. Fixirung des Standes eines Mondhauses.*

1. दशयोजन n. *eine Entfernung von zehn* Jogana R. 1,1,63.

2. द॑शयोजन Adj. *zehn Gespanne habend.*

द॑शरथ 1) *zehn Wagen zählend, — enthaltend.* — 2) m. N. pr. verschiedener Fürsten. — 3) *n. *Körper.*

दशरथतन्त्र n. Titel eines Werkes.

दशरथललितव्रत n. *eine best. Begehung.*

दशरश्मिशत m. *die Sonne.*

1. दशरात्र m. n. *ein Zeitraum von zehn Tagen.*

2. दशरात्र॑ 1) Adj. *zehntägig.* — 2) m. *a) eine zehntägige Feier.* — *b) eine best. zehntägige Feier.* — 3) m. oder n. Titel eines Werkes Opp. Cat. 1.

दशरात्रपर्वन् n. Name eines Sâman.

दशरामचम्पू f. Titel eines Werkes Opp. Cat. 1.

दशरूप n. Sg. 1) *die zehn Gestalten* Vishṇu's. — 2) *die zehn Arten von Schauspielen.* — 3) Titel eines Lehrbuchs der Rhetorik.

दशरूपक n. = दशरूप 2) (Vâmana) und 3).

*दशरूपभृत् m. Bein. Vishṇu's.

दशरूपालोक und °रूपावलोक m. = दशरूप 3) Hall in der Einl. zu Daçar. 4.

दशर्च॑ m. *ein Lied von zehn Versen.*

द॑शर्षभ Adj. (f. ग्रा) *aus zehn Stieren bestehend* TS. 2,1,4,1.

दशलकारविचार m. Titel eines Werkes.

दशलक्षणक Adj. *von zehnfachem Character, zehnfach.*

दशलक्षणोदयमाला f. Titel eines Werkes Bühler, Rep. No. 605.

दशलक्षणी f. Bez. der Sûtra Kaṇâda's.

दशवक्त्र m. *ein best. Zauberspruch gegen böse Geister, die in Waffen hausen.*

दशवदन m. Bein. Râvaṇa's.

दशवर्मन् m. N. pr. eines Fürsten.

दशवर्ष (Âpast.) und °वर्षीय Adj. *zehn Jahre alt.*

*दशवाजिन् m. *der Mond.*

दशवार्षिक Adj. (f. ई) 1) *zehn Jahre alt* R. 4,48, 12. — 2) *zehn Jahre während* Spr. 4822. — 3) *nach* zehn Jahren erfolgend.

दशविध Adj. von zehn Arten, zehnfach.

दशविधगणित n., °विधमहाविद्या f., °शैवलतणा n. und °विधसामसूत्र n. Titel von Werken Opp. Cat. 1.

दशविधस्नानमन्त्र m. Pl. Bez. bestimmter Hymnen.

दशवीर Adj. zehn Männer gewährend.

दशवृक्ष m. ein best. Baum AV. 2,9,1.

दशवृष Adj. zehn Stiere besitzend AV. 5,16,10.

दशवैकालिक Titel eines Werkes Hem. Par. 5, 85. °सूत्र n. Bühler, Rep. No. 721.

दशव्रज m. N. pr. eines Mannes.

दशशत 1) Adj. zehn Hundert zählend. — 2) f. ई Tausend Râġat. 6,38. Naish. 5,19. — 3) n. a) Hundert und zehn. — b) Tausend.

दशशतकरधारिन् Adj. tausend Strahlen besitzend (der Mond) 141,13.

दशशततम Adj. der tausendste.

दशशतनयन m. Bein. Indra's.

*दशशतरश्मि m. die Sonne.

दशशताक्ष Adj. tausendäugig (Indra).

*दशशताङ्घ्रि m. Asparagus racemosus.

दशशल eine Entfernung von zehn Çala.

दशशाख Adj. zehn Zweige, d. i. Finger habend RV. 10,137,7.

दशशिप्र m. N. pr. eines Mannes.

दशशिरस् 1) Adj. zehnköpfig, — spitzig. — 2) m. a) *Bein. Râvaṇa's. — b) N. pr. eines Berges.

दशशीर्ष 1) Adj. zehnköpfig. — 2) m. a) Bein. Râvaṇa's. — b) ein best. Zauberspruch gegen Geister, die in Waffen hausen

दशश्लोकी f. und °वेदान्त m. Titel eines Werkes.

दशसनि Adj. Zehn gewinnend Mantrabr. 1,7,6.

दशसप्ता f. eine best. Vishṭuti des Saptadaçastoma.

दशसहैक Adj. eilf.

दशसाहस्र 1) Adj. aus zehn Tausend bestehend, z. T. bildend. — 2) n. zehn Tausend.

दशसाहस्रिक Adj. = दशसाहस्र 1).

दशसूत्री f. Titel eines Werkes Bühler, Rep. No. 606. fg.

दशस्तोभ n. Name eines Sâman.

दशस्य्, दशस्यति 1) Dienste leisten, verehren, colere, Jmd (Acc.) gefällig —, hülfreich sein. — 2) Jmd (Dat.) zu Gefallen thun, gewähren. — Mit आ 1) in Ehren halten. — 2) gewähren. — Mit सम् erlassen, verzeihen.

दशस्या f. im gleichlautenden Instr. Jmd (Dat.) zu Gefallen.

दशहरा f. Bein. der Gaṅgâ und Name einer Feier ihr zu Ehren (zu Ehren der Durgâ VP.² 4, 336). °कथा f. und °स्तोत्र n. Titel zweier Werke.

दशहल Adj. (f. आ) aus zehn Pflügen bestehend Hemâdri 1,291,12.

दशहोतर् m. ein best. liturgischer Abschnitt Mân. Çr. 1,4,1. 5,3. 6,1. 2.

दशा f. 1) die am Ende eines Gewebes hervorragenden Zettelfäden; Fransen, Verbrämung eines Gewandes. — 2) Lampendocht. — 3) Lebenslage, — schicksal, — alter, Lage, Zustand überh. In der Astrol. das von den Sternen abhängige Schicksal eines Menschen und die ein solches Schicksal hervorrufende Stellung der Sterne. — 4) *der Geist.

दशांश m. Zehntel Hemâdri 1,700,8. 731,21. 732,2.

*दशाकर्ष und *°कर्षिन् m. Lampe.

दशाक्ष m. ein best. Zauberspruch gegen Geister, welche in Waffen hausen.

दशाक्षर Adj. (f. आ) zehnsilbig 36,26.

*दशाग्नि Adj. zehn Agnâjî verehrend Mahâbh. (K.) 153,22.

1. दशाङ्गुल n. eine Länge von zehn Fingern.

2. दशाङ्गुल 1) Adj. zehn Finger lang. — 2) n. Wassermelone.

दशादशिन् Adj. = दशदशिन्.

दशाधिपति m. ein Befehlshaber über zehn Mann.

दशानन m. Bein. Râvaṇa's.

*दशानिक m. Croton polyandrum oder Tiglium.

*दशानीकिनी f. ein vollständiges Heer AK. 2, 8,2,49.

दशानुगान n. Name verschiedener Sâman Ârsh. Br.

दशान्त m. 1) das Ende eines Lampendochts. — 2) Lebensende, das hohe Greisenalter.

दशान्तरुष्य n. eine Entfernung von zehn Stationen 16,21.

दशापति m. der die Daçâ 3) beherrschende Planet Utpala zu Varâh. Bṛh. 22,5.

दशापवित्र n. ein mit Fransen oder dergl. versehenes Seihtuch für den Soma Lâṭj. 1,9,21. 23.

दशाफल n. 1) das zukünftige Schicksal eines Menschen Varâh. Bṛh. S. 70,26. — 2) Titel eines Werkes Opp. Cat. 1.

दशाभीशु Adj. zehn Zügel habend RV. 10,94,7.

दशारित्र Adj. zehn Ruder habend.

*दशारुहा f. eine best. Pflanze. Richtig द्रुमारुहा.

दशार्ण 1) Adj. zehnsilbig. — 2) m. a) Pl. N. pr. eines Volkes. — b) ein Fürst der Daçârṇa. — c) das Land der Daçârṇa. — 3) f. आ N. pr. eines Flusses.

दशार्णक MBh. 5,7418 fehlerhaft für दाशार्णक.

दशार्णेयु m. N. pr. eines Sohnes des Raudrâçva.

दशार्ध Adj. Pl. fünf. °वयस् Adj. fünfjährig Bhâg. P. 5,15,30.

दशार्धबाण m. der Liebesgott Naish. 8,73.

दशार्ह 1) m. a) N. pr. α) Pl. eines Volkes. — β) des Ahnen dieses Volkes. — b) Bein. α) Kṛshṇa's. v. l. दाशार्ह. — β) *jedes Buddha. — 2) *f. ई eine Prinzessin der Daçârha.

दशार्हक m. Pl. = दशार्ह 1) a) α).

दशालंकारमञ्जरी f. Titel eines Werkes.

दशावतार n. 1) eine best. Begehung. Auch °व्रत n. — 2) Titel eines Werkes. Auch °स्तव m. und °स्तोत्र n. Opp. Cat. 1. °चरित n. desgl. Bühler, Rep. No. 132.

दशावर 1) Adj. (f. आ) zum Mindesten zehn, — aus zehn bestehend Gaut. — 2) m. N. pr. eines Unholden.

दशावर्त Adj. zehn Haarwirbel habend R. 5,32,12.

दशाश्व m. 1) *der Mond. — 2) N. pr. eines Sohnes des Ikshvâku.

दशाश्वमेध und °तीर्थ n. N. pr. eines Tîrtha.

दशाश्वमेधिक n. desgl. Hariv. 9522.

दशास्य, दशास्यिम 1) Adj. zehnmündig. — 2) m. Bein. Râvaṇa's. *°जित् und दशास्यान्तक m. Bein. Râma's.

दशाह m. 1) ein Zeitraum von 10 Tagen. — 2) eine best. zehntägige liturgische Ceremonie.

दशिन् 1) Adj. zehntheilig. — 2) m. ein Oberaufseher über 10 Dörfer.

दशीविदर्भ m. Pl. N. pr. eines Volkes.

*दशेन्द्र Adj. zehn Indrâṇî verehrend Mahâbh. (K.) 153,22.

*दशेन्धन m. Lampe.

*दशेर 1) Adj. a) bissig, zu Leibe gehend. — b) im Schlafe überfallend. — 2) m. Raubthier.

दशेरक m. 1) Pl. N. pr. eines Volkes. — 2) Esel (nach Nîlak.).

दशेरुक m. N. pr. 1) Pl. eines Volkes. — 2) *eines Mannes. दासेरक Kâç. — 3) *eines Landes.

दशेश m. ein Oberaufseher über zehn Dörfer.

*दशैकादशिक Adj. (f. ई) Geld auf zehn Procent ausleihend.

दशैरक m. Pl. vielleicht fehlerhaft für दशेरक 1) MBh. 3,134,17.

दशोणि und (दशोण्य) दशोण्यिम्र m. N. pr. eines Mannes.

दशोनसि m. eine Schlangenart.

दशोपनिषद् f. Titel einer Upanishad.

दष्ट 1) Adj. s. u. 1. दंश्. — 2) n. Biss 217,10.

1. दस्, दस्यति, दसमान 1) Mangel leiden, verschmachten. — 2) *उपदेसे (wohl उपदसे). — Caus.

दसयते 1) verschmachten machen, erschöpfen. — 2) Jmd mürbe machen TS. 4,2,5,4. — Mit अप versiegen. — Mit उप 1) ausgehen, mangeln, sich erschöpfen, versiegen. — 2) bei Jmd (Gen. oder Abl.) ausgehen, Jmd fehlen TS. 1,6,3,3. Gop. Br. 2,1,7 (Vaitân.). Partic. in अनुपदस्त (Nachtr. 2). — 3) Mangel leiden an, kommen um (Instr.). — Caus. °दासयति ausgehen —, aufhören machen, exstinguere. — Mit अनूप nach Etwas (Acc.) ausgehen. — Mit प्र versiegen. — Mit वि 1) ein Ende nehmen, mangeln, fehlen. — 2) sich Jmd (Abl.) entziehen, Jmd fehlen. — Mit सम्, संददस्वंस् verlöschend.

2. दस् Adj. in द्रविणोदस्.

दस m. ein feindlicher Dämon.

दसाराम m. N. pr. eines Mannes.

दस्म 1) Adj. wunderkräftig, wunderbar, ausserordentlich. Superl. दस्मतम. — 2) *m. a) Veranstalter eines Opfers. — b) Feuer. — c) Dieb. — d) Bösewicht, Schurke.

दस्मत् Adj. = दस्म 1).

दस्मवर्चस् Adj. von wunderbarer Kraft.

(दस्म्य) दस्मिय Adj. wunderbar, ausserordentlich.

दस्यवेवृक und दस्यवेसह (wenn RV. 1,36,18 °सह्म् gelesen wird) m. N. pr. zweier Männer.

दस्यु m. 1) Feind, insbes. ein übermenschlicher, ein böser Dämon und, im Gegensatz zum Ârja, ein Götterfeind, ein Ungläubiger. Später Bez. von Volksstämmen, welche ausserhalb des brahmanischen Staatsverbandes stehen. — 2) Räuber.

दस्युजूत Adj. von einem Dämon getrieben.

दस्युतर्हण Adj. Dämonen zermalmend.

दस्युसात् Adv. mit भू Räubern zur Beute werden.

दस्युहत्य n. Kampf mit den Feinden, — Dämonen.

दस्युहन् Adj. Feinde —, Dämonen vernichtend. *Superl. °हन्तम.

दस्र 1) Adj. wunderthätig, wunderbar helfend. — 2) m. a) N. pr. eines der beiden Açvin. Du. die beiden Açvin. — b) Bez. der Zahl zwei. — c) das Mondhaus Açvinî. — d) * Räuber, Dieb. — e) * Esel; vgl. दशेरक. — 3) *n. die kalte Jahreszeit.

*दस्रदेवता f. das Mondhaus Açvinî.

*दस्रसू f. Bein. der Saṁgńâ, der Mutter der Açvin.

1. दह् 1) दहति (episch auch Med.) a) verbrennen, durch Feuer verzehren, brennen (auch in medic. Sinne). धक्ष्यत् 78,8. — b) verbrennen, versengen, so v. a. vollständig vernichten. अधाक्षम् MBh. 7,62,65. — c) brennen, so v. a. in heftige Glut —, in Wallung versetzen, aufregen (श्रोत्रं पुत्रवृत्तान्तेन Daçak. 78,9. 10), am Herzen nagen. — 2) Pass. दह्यते (episch und Mân. Gṛhj. 2,15 auch °ति) verbrannt werden (MBh. 4,23,7), verbrennen, brennen (auch von Wunden), in Flammen stehen. — b) durch Feuer entfernt werden, getilgt werden, zu Nichte werden überh. — c) von innerer Glut verzehrt werden, — vergehen, geplagt —, gequält werden, sich abhärmen. — 3) Partic. दग्ध a) verbrannt, angebrannt. — b) in Glut versetzt, verzehrt, gemartert, gequält. — c) von Gram verzehrt, betrübt Spr. 4648. — d) verbrannt, so v. a. ohne Saft und Kraft. — e) unheilvoll. — f) nichtsnutzig, elend, verdammt, verflucht Kâd. 187,12. 194,5. 2,22,19. 92,11. Benf. Chr. 193,15. — Caus. दाहयति 1) verbrennen lassen, — heissen. — 2) braten lassen. — 3) brennen Spr. 339. — Desid. दिधक्षति, °ते im Begriff stehen 1) zu verbrennen. — 2) zu Grunde zu richten, zu vernichten. — Caus. vom Desid. दिधक्षयति Jmd antreiben, dass er zum Verbrennen sich anschicke. — Intens. 1) दन्दहीति (Prasannar. 118,14. 126,3), दन्दग्धि, दन्दह्यते vollständig verbrennen, — versengen, — zu Grunde richten. — 2) दन्दह्यते vollständig in Feuer aufgehen, vor Glut vergehen. — Mit अति 1) übermässig brennen. — 2) ganz ausdörren Çat. Br. 1,4,1,14. — 3) mit der Flamme nicht erreichen Âpast. Çr. 1,25,9. — 4) es Jmd (Acc.) überaus heiss machen. — Mit अनु 1) aufbrennen, ganz verbrennen. — 2) aufbrennen, entbrennen (intrans.) RV. 2,1,10. — 3) hinterher verbrennen (intrans.) MBh. 12,224,20. — Mit अप 1) durch Glut vertreiben. — 2) anbrennen. v. l. उपदग्ध st. अपदग्ध. — Mit अपि anbrennen. — Mit अभि 1) anbrennen, verbrennen Âpast. 1,28,15. — 2) erhitzen, erwärmen Âpast. 1,17,10. — Mit अव abbrennen, zusammenbrennen. अवदग्ध auch durch Feuer beschädigt Káraka 5,12. — Mit आ in आदहन. आदग्धा Pańkat. I,392 fehlerhaft für अदग्धा. — Caus. Pass. sich verbrennen. — Mit अभ्या in अभ्यादाह्य (Nachtr. 2). — Mit उप anbrennen MBh. 7,211,17. Feuer anlegen an (Acc.). — Mit नि niederbrennen, durch Feuer verzehren. Pass. verbrannt werden. — Mit निस् ausbrennen, verbrennen, durch Feuer verzehren, vollständig vernichten. Pass. auch zusammenschrumpfen, welk werden. तुषारेण पद्मिनी Vikramâṅkak. 16,14. — Caus. verbrennen lassen. — Mit अनुनिस् nacheinander —, der Reihe nach verbrennen. — Mit विनिस् verbrennen, durch Feuer verzehren, vollständig vernichten. — Mit परि umbrennen, umglühen, verbrennen. Pass. brennen, glühen. — Mit संपरि Pass. (°दह्यति) verbrennen, vor Glut vergehen. — Mit प्र verbrennen, versengen, vernichten. Pass. in Flammen gerathen, brennen, verbrennen. प्रदग्ध verbrannt, vernichtet. — Caus. verbrennen lassen. — Mit संप्र verbrennen, vernichten. — Mit प्रति 1) entgegenbrennen, mit den Flammen begegnen; mit Acc. — 2) Pass. (°दह्यति) verbrennen (intrans.). — Mit वि 1) Act. a) ausbrennen (eine Wunde u. s. w.). — b) durch Brand beschädigen, anbrennen. — c) verbrennen, versengen, durch Feuer vernichten. — d) zersetzen, verderben Káraka 6,18. — 2) Pass. a) verbrennen (intrans.). — b) brennen (von Wunden). — c) an innerlicher Glut leiden. — d) sich innerlich verzehren, sich abgrämen. — e) sich aufblähen, wichtig thun. विकत्थसे v. l. st. विदह्यसे. — 3) Partic. विदग्ध a) verbrannt. — b) entzündet. — c) von innerlichem Feuer, von der Galle, welche die Speisen im Magen kocht, verarbeitet, verdaut. — d) reif (Geschwür) Bhâvapr. 5,117. — e) zersetzt, verdorben Káraka 6,10. sauer geworden. — f) durch Erfahrung klug geworden, klug, verständig, verschmitzt, verschlagen. — Mit सम् 1) Act. zusammenbrennen, verbrennen, vernichten. — 2) Pass. a) verbrannt werden. — b) brennen, glühen. — c) sich abhärmen. — Caus. verbrennen lassen. — Mit व्यतिसम् durcheinander —, in Bausch und Bogen verbrennen. — Mit अनुसम् der Länge nach zusammenbrennen.

2. °दह् Adj. brennend.

*दह् Indecl.

दहति m. N. pr. eines Wesens im Gefolge Skanda's.

दहदहा f. N. pr. einer der Mütter im Gefolge Skanda's.

दहन 1) Adj. (f. ई) a) brennend, verbrennend, versengend, zu Grunde richtend; gewöhnlich in Comp. mit dem Object. — b) *bösgesinnt. — 2) m. a) Feuer, Gott Agni. Am Ende eines adj. Comp. f. आ. — b) Bez. der Zahl drei. — c) eine der fünf Formen des Feuers beim Svâhâkâra. — d) *Taube Râgan. 19,106. — e) *Plumbago zeylanica Râgan. 6,44. — f) *Anacardium officinarum. — g) N. pr. α) eines Rudra. — β) eines Wesens im Gefolge Skanda's. — 3) f. आ eine best. Strecke der Mondbahn VP.[2] 2,276. fg. — 4) *f. ई Sanseviera Roxburghiana Râgan. 3,7. — 5) n. a) das Verbrennen, Brennen (auch in medic. Sinne). — b) *saurer Reisschleim.

दहनकर्मन् n. das Brennen, Verbrennen Spr. 3418.

*दहनकेतन m. Rauch.

दहनगर्भ Adj. (f. आ) Feuer in sich bergend, von Zornglut erfüllt (Auge) Daçak. 41,9.

दह्नता f. Nom. abstr. von दह्न *Feuer.*

*दह्नप्रिया f. *Agni's Gattin.*

दह्नर्त n. *das Mondhaus* Krttikâ.

*दह्नागुरु n. *eine Art Agallochum.*

दह्नात्मक Adj. *dessen Wesen im Brennen, im Verursachen von Kummer besteht* Spr. 7694.

दह्नात्मन् Adj. dass. Nom. abstr. °त्मता f.

*दह्नाराति m. *Wasser.*

*दह्नीय Adj. *zu verbrennen.*

*दह्नोपल m. *der Stein* Sûrjakânta.

*दह्नोल्का f. *Feuerbrand.*

दह्र 1) Adj. *a) klein, fein.* दह्रे ऽपररात्रे = दह्रे ऽप° Âpast. 1,9,23, v. l. — *b) jung an Jahren* Lalit. 93,13. — 2) m. *a) *ein jüngerer Bruder.* — *b) Maus* oder *Bisamratte* Gaut.

दह्रक Adj. *kurz* (Tag).

दह्रपृष्ठ n. Titel eines Abschnittes im Taittirîjaveda.

दह्रसूत्र n. Titel eines buddh. Sûtra.

1. दभ्र 1) *klein, fein.* दभ्रे ऽपररात्रे so v. a. *im zweiten (kürzeren) Theile der zweiten Hälfte der Nacht* Âpast. 1,9,23. दभ्रम् Adv. *wenig.* — 2) *(wohl n.) *die Höhlung im Herzen.*

2.*दभ्र m. 1) *Waldbrand.* — 2) *Feuer.*

दह्राग्नि m. Name Agastja's in einer früheren Geburt.

1. दा, Präsensstämme: ददा (Act.), दद् (Act. Med.), दद (Act. Med.), दा, दाय (nur म्रादायमान MBh. 1, 187,25) und ददाय (nur Partic. म्राददायन्त् Mund. Up., Partic. दत्त, °दात, °दित (s. u. व्या) und °त्त. 1) *geben, schenken, hingeben;* mit Acc. oder partitivem Gen. der Sache und Dat., Gen. oder Loc. der Person. कन्याम् *eine Tochter Jmd zur Frau* (भार्याम्, das jedoch gewöhnlich fehlt) *geben.* दत्त von einem Sohne, so v. a. *von andern Eltern überlassen.* — 2) *hergeben, abtreten* (mit Instr. des Preises). पन्थानम् oder मार्गम् *Jmd den Weg abtreten,* so v. a. *freien Durchgang geben, aus dem Wege gehen.* — 3) *fortgeben, verkaufen.* — 4) *zahlen* (eine Geldbusse), *abtragen* (eine Schuld), *als Lohn geben.* — 5) *heraus —, wiedergeben* (= पुनर्दा) 101,23. — 6) *darbringen* (eine Spende, ein Opfer u. s. w.). म्रात्मानम् *sich opfern,* म्रात्मानं खेदाय so v. a. *sich der Betrübniss hingeben.* — 7) *zu wissen geben, mittheilen, lehren, hören —, sehen lassen, aussprechen.* — 8) *gewähren, bewilligen, gestatten.* प्राणान् oder जीवितम् *gestatten, dass Jmd am Leben bleibt.* दर्शनम् *Jmd seinen Anblick gewähren, sich sehen lassen, sich zeigen. Jmd* (Dat.) *gestatten* (vom Weibe gesagt) so v. a. *den Beischlaf gestatten.* Mit einem Infin. *lassen,* mit न und einem Infin. *nicht gestatten zu.* — 9) *geben,* so v. a. *reichen, zu halten geben, übergeben.* हस्ते *einhändigen* 109,25. 110,7. — 10) *legen —, stellen —, setzen auf, an* oder *in* (Loc.), *anlegen* (auch in medic. Sinne), *anbringen* Bhâvapr. 2,89. *beifügen* (bei Ausführung eines Receptes) ebend. und 92. करे कपोलम् *die Wange auf die Hand legen,* so v. a. *die W. mit der H. stützen* Kâraṇḍ. 64,1. म्रर्गलम् *einen Riegel vorschieben,* पावकम् *Feuer anlegen an* (Loc.), म्रग्निम् *an Jmd* (Loc.) *das Feuer anlegen,* so v. a. *verbrennen,* शारम् so v. a. *eine Figur* (im Spiele) *ziehen,* गरम् oder विषम् *Jmd* (Gen. 105,24. 25 oder Acc.!) *Gift eingeben.* — 11) seine Schritte, sein Auge, sein Ohr, seine Gedanken *richten auf* (Loc.). — 12) *hinzufügen, hinzuthun, addiren.* — 13) *thun, bewirken, verursachen, vollbringen, veranstalten, unternehmen, Etwas mit Etwas* (Acc.) *vornehmen.* उपमाम् so v. a. *mit Jmd* (Gen.) *vergleichen,* पटहम् so v. a. *die Trommel rühren lassen, durch Trommelschlag ausrufen lassen,* म्रन्योऽन्यस्य (परस्परं) तलान् (तलम्) so v. a. *einander in die Hände klatschen.* — 14) Med. *a) empfangen.* — *b) bei sich führen, bewahren, tragen, halten.* — *c) bewahren vor* (Abl.). — 15) Partic. दत्त ausser *gegeben* u. s. w. auch **beschützt* (vgl. 3. दा) und **geehrt.* — Caus. दापयति mit doppeltem Acc. oder mit Weglassung des sich von selbst verstehenden Acc. *bewegen, zwingen, heissen, auffordern* 1) *zu geben, zu schenken, hinzugeben.* — 2) *herzugeben, abzutreten.* — 3) *zu zahlen.* *दापित = दापित. Mit Abl. *einfordern von.* — 4) *zurückzugeben, wiederzuverschaffen* Râǵat. 6,50. Auch so v. a. *zurückfordern.* — 5) *mitzutheilen, zu hören zu geben, auszusprechen, zu sprechen* 216,15. — 6) *hinzustellen, vorzuschieben* Kathâs. 12,160. *aufzulegen —, aufzutragen auf* (Loc.). — 7) *zu thun, zu vollbringen, auszuführen, zu veranstalten.* Auch so v. a. *Jmd* (Gen.) *Etwas* (Acc.) *auftragen* und *Etwas erzwingen.* — Desid. दिदासति, दित्सति und *दित्सते *geben wollen, zu geben bereit sein.* कन्याम् *eine Tochter zur Frau geben wollen.* दिदासिथ Perf. — *Intens. देदीयते. — Mit म्रति 1) *Jmd* (Acc.) *im Geben übertreffen.* — 2) *Jmd* (Acc.) *beim Geben übergehen.* — Mit म्रनु (*Partic. म्रनुदत्त) 1) *Jmd* (Dat.) *Etwas zugestehen, zulassen, überlassen.* — 2) *Jmd* (Dat.) *nachgeben.* — 3) *Jmd Etwas nachsehen, erlassen.* — 4) *Jmd* (Dat.) *nachstehen —, weichen in* (Acc.). — 5) vielleicht *Jmd* (Acc.) *nachträglich eins versetzen.* v. l. म्रनुत्रनामि st. म्रनुददामि. — Mit म्रभि *geben.* — Mit *म्रव Partic. °दत्त. — Mit म्रभ्यव *hineinlegen in* (Loc.) Karaka 3,7. — Mit म्रा gewöhnlich Med., Partic. म्रात्त, म्रादत्त nur Hariv. 11811. 1) *in Empfang nehmen, erhalten, in Besitz nehmen, empfangen von* (Loc., Instr. oder Abl.). गर्भम् *eine Leibesfrucht empfangen.* — 2) *nehmen, sich zueignen, an sich ziehen. Jmd* (Abl.) *wegnehmen, entziehen, entreissen, rauben.* — 3) *zurücknehmen, zurückfordern.* — 4) *abnehmen von* (Abl.) 132,8. *herausnehmen, herausziehen aus* (Abl.) 162,10. 164,22. *trennen —, sondern von* (Abl.), *abwenden* (das Auge). — 5) *mit sich nehmen, — fortziehen.* म्रादाय *in Begleitung von, mit* (Acc.) 24,5. 30,29. — 6) *ergreifen, fassen, packen.* स्कन्धेन *auf die Schulter nehmen,* बाहुभ्याम् *in die Arme nehmen* 121,32. — 7) *anthun, anlegen.* — 8) *zu sich nehmen, geniessen* 64,19. Mit oder ohne दशनैः *benagen* 65,19. 25. — 9) *ergreifen,* so v. a. *erwählen.* मार्गम् oder पद्धतिम् *einen Weg einschlagen.* — 10) *mit den Sinnen fassen, gewahr werden, fühlen, empfinden.* — 11) *dem Gedächtniss einprägen, sich merken, behalten.* — 12) *annehmen, gutheissen, billigen.* — 13) *auf sich nehmen, unternehmen, sich einer Sache hingeben* (290,7. 12), *sich an Etwas machen.* वचनम्, वाक्यम् oder वचस् *das Wort ergreifen, zu reden beginnen.* म्राकृतयः = म्राकृतीः so v. a. *darbringen.* — 14) *ansetzen, anheben* (zu sprechen u. s. w.). — Caus. *nehmen lassen.* — Desid. म्रादित्सते 1) *Jmd* (Gen.) *Etwas wegzunehmen beabsichtigen.* — 2) *zu ergreifen im Begriff stehen.* — 3) *zu sich zu nehmen im Begriff stehen* Harshaḱ. 123,22. — Mit म्रन्वा Med. *wieder an sich nehmen.* — Mit म्रपा Med. *von einem Andern abtrennen und aufnehmen, abnehmen.* Partic. म्रपात्त. — Mit म्रभ्या Med. (Act. ausnahmsweise) 1) *an sich nehmen, sich aneignen.* — 2) *anthun, aufsetzen.* — 3) वाक्यम् *das Wort ergreifen, zu reden anfangen.* — 4) म्रभ्यात्त *umfassend.* — Mit समभ्या Med. *zusammenfassen.* — Mit उदा *erheben.* Nur उदादाय. — Mit उपा Med. (Act. einmal Bhâg. P.), Partic. उपात्त. 1) *in Empfang nehmen, erhalten, erlangen, erwerben.* — 2) *nehmen, sich zueignen, fort —, weg —, abnehmen, rauben.* — 3) *mit sich nehmen.* उपादाय *in Begleitung von, mit;* mit Acc. — 4) *ergreifen, in die Hand nehmen, fassen, auffangen* (Feuer); *pflücken, lesen, auflesen* MBh. 7,23,22. Chr. 121, 25. *schöpfen* (Wasser). शूलाग्रे so v. a. *stecken auf* R. 3,7,7. — 5) *anlegen, annehmen* (einen Körper). — 6) *ergreifen,* so v. a. *erwählen.* मार्गम् *einen Weg einschlagen.* — 7) *sich anschliessen an* (Acc.). — 8) *erwähnen, aufführen.* — 9) *auffassen, betrach-*

ten. उपाधत्स्व v. l. für उपादत्स्व. — 10) *hinzunehmen, einschliessen, einrechnen.* उपादाय *mit Einschluss von, zugleich mit, ausser, nächst;* mit Acc. R. ed. Bomb. 1,5,1. Káraka 4,8. गर्भशय्याम् *schon von dem Augenblicke an, dass man im Mutterleibe liegt.* नदीं नैरञ्जनाम् *vom Flusse N. an* Lalit. 341,12. Könnte also auch zu 12) gezogen werden. — 11) *in Anwendung bringen, verwenden, brauchen* Çañk. zu Bâdar. 2,1,18 (S. 461). उपादाय *mit Hülfe von, vermittelst;* mit Acc. — 12) *gehen —, sich machen an, beginnen.* Mit einem Infin. *anheben zu.* उपादाय *von — an;* vgl. u. 10). — 13) sich einem Gefühl, einer Stimmung *hingeben.* शोकम् (MBh. 7,9,8), कृपम्, अनुकम्पाम्. — 14) *abthun, abschliessen.* उपात्त *abgethan* Âpast. 1,12,5. — Caus. Act. *anwenden —, brauchen heissen.* — Desid. °दित्सति *zu erlangen suchen.* — Mit अभ्युपा *auflesen.* v. l. तान्युपादाय st. अभ्युपादाय. — Mit समुपा Med. 1) *erwerben, erlangen.* — 2) *entziehen, rauben.* — 3) *zusammenscharren.* — 4) *anthun, aufsetzen.* — 5) *brauchen.* समुपादाय *mit Hülfe von, vermittelst;* mit Acc. R. 2,25,25. — Mit पर्या 1) *in seine Gewalt bringen, Jmd* (Abl.) *Etwas* (Acc.) *abnehmen.* — 2) *abnehmen, abschöpfen* Káraka 3,7. — 3) *ergreifen, fassen.* — 4) *sich aneignen, lernen.* — Mit प्रा 1) *geben, übergeben.* Nur प्रादाय und प्रादातुम् (v. l. प्रदातुम्). — 2) Act. *darbringen.* नॆम: Ṛv. 5,49,5. — Mit प्रत्या Med. 1) *wiederempfangen, —erhalten.* — 2) *zurücknehmen,* so v. a. *widerrufen.* — 3) *hervorziehen aus* (Abl.). — 4) *wiederholen, erwiedern* AV. 10,1,27. — Mit व्या Act. Med. mit und ohne मुखम् *den Mund auseinanderthun, aufsperren, öffnen.* Act. auch* *eine Oeffnung bewirken in, öffnen* überh. Med. * *den Mund eines Andern öffnen, bewirken, dass Jmd den Mund öffnet.* व्यात्त und व्यादित *geöffnet* (Mund). — Mit अपव्या *öffnen.* Nur °दाय. — Mit अभिव्या *gegen Jmd* (Acc.) *den Rachen aufsperren.* — Mit समा 1) Act. *a) geben, schenken.* — *b) wiedergeben.* — 2) Med. *a) zusammenfassen, mit einander nehmen, mit sich nehmen.* — *b) fort —, wegnehmen, heraus —, entziehen.* — *c) ergreifen, fassen, packen.* स्कन्धै: *auf die Schultern nehmen* (von Mehreren gesagt). Auch Act. Bhâg. P. समादत्त *ergriffen, gepackt.* — *d) zusammenlesen.* — *e) herausbringen, erkennen.* — *f) zu Herzen nehmen, beherzigen.* — *g) gehen —, sich machen an.* वाक्यम् *eine Rede beginnen.* — Mit उद् *herausnehmen, entreissen.* — Mit उप 1) *neben Jmd aufstellen.* उपदद्यमान Ṛv. 6,49,13. — 2) *auf sich nehmen* (als Last). Nur उपदॆय. — Mit *नि, Partic. नीत्त und निदत्त. — Mit *परिणि, °ददाति. — Mit *प्रणि, °ददाति. — Mit *निस्, Partic. निर्दत्त. — Mit परा, *Partic. परात्त. 1) *hingeben, überliefern.* — 2) *Jmd preisgeben* 34,6. — 3) *Etwas preisgeben,* so v. a. *zu Grunde gehen lassen.* — 4) *hingeben für* (Dat.), *umtauschen.* — 5) *Jmd von Etwas aussschliessen.* — Mit परि 1) *übergeben, überantworten, anvertrauen, niederlegen bei* oder *in* (Dat., Loc. oder Gen.). Partic. परीत्त 82,5. — 2) *verleihen.* — Caus. *übergeben lassen.* — Mit प्र Act. Med. (selten), Partic. प्रत्त und प्रदत्त. 1) *hingeben, geben, schenken,* zur Frau (mit oder ohne भार्याम्) *geben.* प्रददेत् Hemâdri 1,310,18. — 2) *übergeben, darbringen, darreichen, anbieten* 68,24. युद्धम्, द्वंद्वयुद्धम् *Jmd* (Dat.) *einen Kampf, Zweikampf anbieten, mit — zu kämpfen sich bereit erklären.* — 3) *abtragen, bezahlen* (eine Schuld). — 4) *weggeben,* so v. a. *verkaufen,* mit Instr. des Preises. — 5) *wiedererstatten.* — 6) *hingeben,* so v. a. *abschaffen.* — 7) *Etwas mittheilen, lehren, zu wissen geben, bekannt machen.* प्रतिवच: *Jmd eine Antwort ertheilen.* — 8) *gewähren, bewilligen, gestatten.* — 9) *hineinthun —, hineinlegen in* (Loc.). हुताशनम् *Feuer an Etwas* (Loc.) *legen.* — Caus. 1) *zu geben veranlassen.* — 2) *zu zahlen veranlassen, sich zahlen lassen.* — 3) *zurückzugeben zwingen.* — 4) *hineinthun —, hineinlegen lassen in* (Loc.), *anbringen lassen* (मुद्राम् *einen Stöpsel* Bhâvapr. 2,101). — 5) *hineinthun —, hineinlegen in* (Loc.) Káraka 6,27. वस्तिम् *Jmd* (Dat.) *ein Klystier setzen* 8,7. — Desid. Med. *zur Frau geben wollen.* — Mit अतिप्र *hinübergeben.* — Mit अनुप्र 1) *übergeben, überlassen, geben, schenken* (buddh.) Kâraṇḍ. 27,19. 33,15. 57,23. — 2) *hinzufügen* Taitt. Prât. Comm. — Mit उपप्र = अनुप्र 1). — Mit प्रतिप्र 1) *wieder herausgeben.* — 2) *überantworten.* — Mit संप्र 1) *übergeben, abtreten, überlassen, geben, zur Ehe geben.* — 2) *mittheilen, lehren.* — 3) *gewähren, bewilligen.* — Caus. *zu geben befehlen.* — Desid. *geben wollen.* — Mit प्रति 1) *zum Ersatz geben, heim —, zurückgeben.* — 2) einen Auftrag *Jmd* (Gen.) *überbringen.* — 3) *auf Etwas* (Acc.) *antworten.* शापम् *Jmd* (Dat.) *einen Fluch erwiedern.* — 4) *geben.* — Caus. *dafür sorgen, dass Etwas zurückgegeben werde.* — Mit वि *vertheilen.* *Partic. विदत्त. — Mit सम् 1) *gemeinsam geben, — schenken.* — 2) *gewähren, bewilligen.* — 3) *zusammenhalten.* — 4) Pass. Med. *sich versammeln.*

2. दॆा m. *Geber.* Häufig am Ende eines Comp. Adj. *gebend, verleihend.*

3. दा, दॆाति, द्यॆति; Partic. दिनॆ, दित, *दात, °त्त; *abschneiden, mähen.* दित Bhâg. P. 6,6,23 = खण्डित (Comm.) *zerstückelt, verkleinert.* °दिन *getheilt in.* — Pass. दीयते wohl *wehmüthig gestimmt sein* Bhoǵa-Pr. 51,5. Râǵat. 8,492. — *Desid. दित्सति. — *Intens. देदीयते. — Mit अपि *abschneiden.* — Mit अव 1) *abschneiden, abtrennen, abtheilen;* häufig vom *Abtheilen* des Opferkuchens und anderer Gegenstände der Darbringung. — 2) *zerschneiden, zerstückeln.* — 3) *Jmd abfertigen.* — Caus. अवदापयते *abtheilen lassen.* — Mit अभ्यव *dazu hin abtheilen.* — Mit निरव *Jmd seinen Theil geben, Jmd mit Etwas abfertigen;* mit doppeltem Acc. Partic. निरॆवत्त. — Mit पर्यव *ringsum Stücke abtrennen von* (Acc.). — Mit प्रत्यव *je weiter abtheilen* TBr. 3,7,5,5. — Mit व्यव *vertheilen.* — Mit समव *zertheilen und die Stücke sammeln, stückweise sammeln, — zusammenlegen* (auch Med.). Particip. समॆवत्त. — Mit आ *zerstücken, zerkleinern, zermalmen.* — Mit *परिणि, °द्यति. — Mit *प्रणि, °द्यति. — Mit निस् in निर्दातर्. *Partic. निर्दित. — Mit परि, परीत्त *beschnitten,* so v. a. *begrenzt* (buddh.). — Mit वि 1) *zerstücken, zerkleinern, zermalmen.* — 2) *abtrennen —, ablösen —, befreien von* (Abl.) — 3) *zerschneiden,* so v. a. *einer Sache ein Ende machen.* v. l. विचित्त्य st. विदित्य. — Mit सम् 1) *schneidend sammeln.* — 2) *zusammenschneiden, zerkleinern.*

4. दा, द्यॆति *binden.* Zu belegen vom Simplex nur दीष *lass dich binden.* — Mit आ *anbinden, fesseln.* — Mit उद् in उद्दान. *Partic. उद्दित *gebunden* Comm. zu AK. 3,2,44. — Mit नि *anbinden.* Partic. निॆदित 1) *angebunden.* — 2) *verwahrt, versteckt.* — Mit वि *lösen.* — Mit सम् *zusammenbinden, anbinden, fesseln.* सॆदित *zusammengebunden, gebunden, gefesselt; an den Ort gefesselt, unbeweglich.*

5.*दा, दयते *beschützen.* Desid. दित्सते. — Mit परिणि, °दयते. — Mit प्रणि, °दयते.

6.*दा f. *Schutz.*

7. दा, *दायति *reinigen.* — Mit अव, °दात 1) *glänzend —, blendend weiss* 134,13. — 2) *geläutert, lauter, rein* in übertr. Bed. — Mit पर्यव, °दात 1) *durch und durch lauter* Kâd. 107,18. 213,12. — 2) *wohlerfahren in* (Loc.) Káraka 1,15. — 3) *womit man vollkommen vertraut ist* Káraka 1,29. 3,8. — Mit व्यव, °दायते *sich hell verbreiten.* °दात (f. ई) *glänzend weiss* Taitt. Âr. 1,9,1. 17,1. 2. — Mit आ. Hierher zieht Nîlak. आदायमान (= परीक्षमाण *prüfend, untersuchend*) MBh. 1,187,25. Wir haben die Form zu 1. दा gestellt.

8.*दा f. *das Reinigen.*

*दाक m. 1) *Opferer.* — 2) *ein freigebiger Mann.*

दाक्ष 1) Adj. *a) südlich, im Süden wohnend.* — *b) in Beziehung stehend* α) *zu* **Daksha**. — β) **zu* **Dâkshi**. — 2) m. *a)* दाक्षस्यायनम् *ein best. Opfer.* v. l. दक्षस्या°. — *b)* *Pl. *die Schule des* **Daksha**.

*दाक्षक 1) Adj. *von* **Dâkshi**'s *bewohnt.* — 2) n. *ein Verein von Nachkommen des* **Daksha**.

दाक्षायण 1) Adj. (f. ई) *vom Stamme des* **Daksha** *kommend, — bereitet* u. s. w., *zu* **Daksha** *in Beziehung stehend.* — 2) m. Patron. von **Daksha**. Auch Pl. *दाक्षायणभक्त Adj. *von ihnen bewohnt.* — 3) m. n. *ein best. Opfer.* — 4) f. ई *a)* Patron. von **Daksha**. *Pl. *die Gattinnen des Mondes, die Mondhäuser.* — *b)* **Croton polyandrum.* — 5) n. *a) die Nachkommenschaft des* **Daksha**. — *b) eine Art Goldschmuck.* दाक्षायणहस्त Adj.

दाक्षायणयज्ञ m. *ein best. Opfer.*

दाक्षायणयज्ञिक Adj. *zum* दाक्षायणयज्ञ *gehörig.*

दाक्षायणयज्ञिन् Adj. *einen* दाक्षायणयज्ञ *darbringend.*

दाक्षायणि m. Patron. von दाक्षायण.

दाक्षायणिन् Adj. *einen goldenen Schmuck tragend.*

*दाक्षायणीपति und *°णीरमण m. *der Mond.*

दाक्षायण्य m. Metron. des Sonnengottes. v. l. दाक्षायण्याः Abl. von दाक्षायणी.

दाक्षायिणी f. wohl nur fehlerhaft für दाक्षायणी.

*दाक्षायिणेय m. 1) *der Mond.* — 2) Bein. Çiva's.

*दाक्षाय्य m. *Geier.*

*दाक्षि 1) m. Patron. von **Daksha**. Auch Pl. — 2) f. दाक्षी desgl. °पुत्र m. Metron. Pâṇini's.

*दाक्षिकर m. P. 6,2,85, Sch.

*दाक्षिकन्था f. N. pr. eines Dorfes.

*दाक्षिकन्थीय Adj. von दाक्षिकन्था.

दाक्षिकर्ष N. pr. eines Dorfes.

*दाक्षिकर्षीय Adj. von दाक्षिकर्ष.

*दाक्षिकर्षुक Adj. von दाक्षिकर्षू Mahâbh. 4,73,*a*.

*दाक्षिकर्षू f. N. pr. einer Oertlichkeit.

*दाक्षिकूल n. N. pr. eines Dorfes.

*दाक्षिग्राम m. desgl.

दाक्षिग्रामीय Adj. von दाक्षिग्राम.

*दाक्षिघोष m. N. pr. einer Oertlichkeit.

दाक्षिण 1) Adj. *zum Opfergeschenk gehörig, darauf bezüglich.* — 2) n. Pl. Bez. eines **Kâṇḍa** in TS.

*दाक्षिणशाल Adj. *zu der nach Süden gelegenen Halle in Beziehung stehend.*

दाक्षिणहोम m. *die mit der Austheilung des Opferlohnes verbundene Spende* Vaitân. Ind. St. 10,383.

दाक्षिणाग्निक Adj. *im südlichen Feuer vollzogen* Mân. Çr. 1,7,6. Comm. zu Gaim. 5,1,28.

दाक्षिणाज 1) m. *ein Bewohner des Dekhans* Nir. 6,9. — 2) f. ई Nir. 3,5.

दाक्षिणात्य 1) Adj. (f. आ) *zum Süden —, zum Dekhan gehörig, dort wohnend, — gelegen, — gesprochen* (Sprache); *vom Süden kommend* (Wind) Vikramâñkak. 7,9. 67. — 2) m. oder n. *Süden.* दक्षिणादिक् v. l. für दाक्षिणात्यात्. — 3) m. Pl. *die Bewohner des Dekhans.*

*दाक्षिणात्यक Adj. (f. °त्यिका) wohl = दाक्षिणात्य 1).

*दाक्षिणापथक Adj. von दक्षिणापथ.

*दाक्षिणार्धिक Adj. = दक्षिणार्ध्य.

दाक्षिणिक Adj. *mit dem Opfergeschenk in Zusammenhang stehend.*

*दाक्षिणीय Adj. = दक्षिणीय.

दाक्षिण्य 1) Adj. *a) zum Opfergeschenk gehörig, darauf bezüglich.* — *b)* **eines Opfergeschenkes würdig.* — 2) n. *a) ein rücksichtsvolles, liebenswürdiges, freundliches, zuvorkommendes Wesen* oder *Benehmen, Pietät, — gegen* (Loc., Gen. oder im Comp. vorangehend). — *b) Süden* Spr. 1217. — *c) das Ritual der* **Çâkta** *von der rechten Hand.* — *d)* Titel eines **Tantra**.

दाक्षिण्यवन्त् Adj. *liebenswürdig, freundlich, rücksichtsvoll.* °वद्दार Adj. *eine solche Frau habend.* Nom. abstr. °ता f.

*दाक्षिनगर n. N. pr. einer *Stadt.*

*दाक्षिनगरीय Adj. von दाक्षिनगर.

*दाक्षिपलद N. pr. einer Oertlichkeit.

*दाक्षिपलदीय Adj. von दाक्षिपलद.

*दाक्षिप्रस्थ m. N. pr. einer Oerlichkeit.

*दाक्षिह्रद m. N. pr. eines *Sees.*

*दाक्षिह्रदीय Adj. von दाक्षिह्रद.

दाक्षेय 1) *m. Metron. Pâṇini's. — 2) f. ई Metron. der Urmutter der Papageien.

दाक्ष्य n. 1) *Rührigkeit, Fleiss.* — 2) *Geschicklichkeit, Anstelligkeit, Gewandtheit; Verschlagenheit* Kâraka 1,29. कर्मणाम् *an Werken bewiesene Geschicklichkeit.*

*दागव्यायनि m. Patron. von दगु.

*दाटक m. *Zahn.*

1. दाडिम 1) m. f. (ई) und (*n.) *a) Granatbaum* Kâd. 19,20. 100,15. 142,11. 207,13. 254,4. Hem. Par. 2,35. 7,4. — *b)* **kleine Kardamomen.* — 2) n. *Granatapfel.*

2. दाडिम Adj. (ई) *am Granatbaum befindlich* u. s. w.

*दाडिमपत्त्रक m. *Soymida febrifuga* oder *Amoora Rohituka.*

1. दाडिमपुष्प n. *Granatblüthe* Suçr. 2,153,7.

2.*दाडिमपुष्प und *°क m. = दाडिमपत्त्रक.

*दाडिमप्रिय und *दाडिमभक्षण m. *Papagei.*

*दाडिमीवन्त् Adj. *mit Granatbäumen besetzt.*

*दाडिमीसार m. (Râgan. 11,74) und *दाडिम्ब m. *Granatbaum.*

*दाडी f. *eine best. Pflanze und ihre Frucht.*

*दाढा f. 1) *Fangzahn.* — 2) *Verlangen.* — 3) *Menge.*

दाढिका f. 1) vielleicht *Backenbart.* — 2) **Fangzahn.*

*दाण्ड 1) m. Patron. von दण्ड. — 2) f. आ *ein Spiel mit Stöcken.* — 3) n. *a)* Nom. abstr. von दण्ड. — *b)* Nom. coll. von दण्डिन्.

दाण्डक m. N. pr. eines **Bhoga**. दाण्डक्य v. l.

*दाण्डकि m. Pl. N. pr. eines Volkes.

*दाण्डकीय m. *ein Fürst der* **Dâṇḍaki**.

दाण्डक्य m. N. pr. verschiedener Fürsten.

*दाण्डग्राहिक m. Patron. von दण्डग्राह.

दाण्डपाशिक Adj. *einem Polizeibeamten gehörig* u. s. w. Comm. zu Hâla 536.

*दाण्डपाता f. *ein best. Festtag, an welchem Stöcke geschwungen* oder *geworfen werden.*

*दाण्डपायन m. Patron. von दण्डप.

*दाण्डपाशिक m. = दण्डपाशक Deçîn. 2,99.

*दाण्डमाथिक Adj. (f. ई) = दण्डमाथं धावति.

*दाण्डाजिनिक Adj. (f. ई) *Stab und Fell* (als blosse äusserliche Zeichen der Frömmigkeit) *tragend, Heuchler.*

*दाण्डायनस्थलक Adj. von दाण्डायनस्थली.

*दाण्डायनस्थली f. N. pr. eines Dorfes.

दाण्डिक Adj. *Strafe verhängend, strafend.*

*दाण्डिक्य n. Nom. abstr. von दण्डिक.

*दाण्डिन् m. Pl. *die Schule des* **Daṇḍa**.

*दाण्डिनायन m. Patron. von दण्डिन्.

दात 1) Adj. Partic. von 1. 3. und 7. दा. — 2) m. Pl. Name einer Schule des AV.

1. दातर् (mit Acc.) und दातर् mit Gen. oder ohne Object; ṚV. 4,31,7 दातर् ohne Obj. und Chr. 30,25 दातारस् als Verbum fin. mit Acc.) Nom. ag. 1) *Geber, Schenker, freigebig;* der eine Tochter (Gen. oder im Comp. vorangehend) *zur Ehe giebt.* Ohne Obj. auch *ein Vater* oder *Bruder, der seine Tochter* oder *Schwester verheirathet,* Mân. Gṛhj. 1,8. — 2) *der da hergiebt, abtritt;* mit Gen. des Obj. — 3) *der da zahlt.* Auch so v. a. *Gläubiger.* — 4) *mittheilend, lehrend;* das Obj. im Comp. vorangehend. — 5) *der da gewährt, bewilligt, gestattet;* das Obj. im Gen. oder im Comp. vorangehend. — 6) *der Etwas bewirkt, verursacht, veranstaltet.* कुटुम्बानाम् *Gründer eines Haushalts.* एषां दातारः *diese* (d. i. Bettler) *schaffend* MBh. 12, 88,24. Ohne Obj. *Veranstalter eines Mahles.*

2. दातर् Nom. ag. *Schnitter, Mäher;* mit Acc.

दाँतवै und दाँतवै Dat. Inf. von 1. दा RV.

दातव्य Adj. 1) *zu geben, zur Ehe zu geben* 130, 22. — 2) *zu bezahlen, wiederzuerstatten.* — 3) *mitzutheilen, zu lehren.* — 4) *aufzulegen auf* (Loc.). — 5) *zu machen, anzustellen* Bhâvapr. 4,30.

1. दाति (von 1. दा) in कव्यदाति.

2.*दाति (von 3. दा) f. *Sichel, Sense* Gal.

दाँतिवार Adj. *gern gebend, freigebig.*

दाँतु n. *Theil—, Antheil an* (Loc.).

दातृता f. und दातृत्व n. *das Gebersein von* (Gen. oder im Comp. vorangehend), *Freigebigkeit.*

दातृपुर n. N. pr. einer *Stadt.*

दाँतोस् Gen. Inf. zu 1. दा RV. 7,4,6.

*दात्त m. *ein von* Datta *angelegter Brunnen* Kâç. zu P. 4,2,74. दात्त v. l.

*दात्तामित्री f. N. pr. einer von Dattâmitra gegründeten Stadt.

*दात्तामित्रीय Adj. von दात्तामित्री.

*दात्तेय m. Metron. von दत्ता.

दात्यूह 1) m. *a) eine Hühnerart.* — *b) Cuculus melanoleucus.* — *c)* **Wolke.* — 2) f. ई f. zu 1) *a)* Bâlar. 159,13.

दात्यूहक m. Hypotoristikon von दात्यूह 1) *a).*

दात्यौहँ m. = दात्यूह 1) *a)* Maitr. S. 3,14,6.

1. दाँत्र n. *Vertheilung; Zugetheiltes, Antheil; Loos, Eigenthum, Besitz.*

2. दाँत्र n. *Sichel, Sense* Âpast.

दात्रेय m. Patron. Ind. St. 4,373 fehlerhaft für दार्तेय.

*दात्व 1) m. *Geber.* — 2) n. *Opferhandlung.*

दाद MBh. 9,2117. 2269 fehlerhaft für दाय.

*दादद (!) Adj. *gebend.*

दादाख्यभट्ट oder दादाभाइ m. N. pr. eines Mannes.

*दादिन् (!) Adj. *gebend.*

दादीराय m. N. pr. eines Fürsten.

दाधिक 1) n. (adj. Comp. f. आ) *eine aus saurer Milch und andern Stoffen zubereitete Speise.* — 2) *N. pr. eines fürstlichen Geschlechts.

दाधिक्र 1) Adj. (f. ई) *zu* Dadhikrâ *in Beziehung stehend.* — 2) n. आद्यं: N. eines Sâman.

दाधित्थ Adj. (*f. ई) *von der Feronia elephantum kommend; n. die Frucht dieses Baumes.*

दाधीच 1) Adj. *von* Dadhîki oder Dadhjañk *kommend, ihm gehörig.* — 2) m. Patron. des Kjavana.

दाँधृवि Adj. *einer Sache gewachsen, vermögend zu* (Infin. भँरध्यै).

दाँधृषि Adj. *herzhaft, kühn.*

दाध्रेयक m. Patron. Auch Pl.

*दान्, दानति, °ते und दानयति *abschneiden.* — Desid. दिदांसति, °ते (ऋजूकरणे).

1. दाँन n. 1) *das Geben, Schenken, Spenden,* — *von* (Gen. oder im Comp. vorangehend), — *an* (Loc. oder im Comp. vorangehend Spr. 7836), *das Geben einer Tochter zur Ehe; Gabe, Spende, Geschenke* (auch so v. a. *Bestechung*). — 2) *das Hingeben* (des Lebens u. s. w.). — 3) *das Bezahlen, Abtragen einer Schuld.* — 4) *das Darbingen* (eines Opfers u. s. w.). — 5) *das Mittheilen, Lehren.* — 6) *das Gewähren, Bewilligen.* — 7) *das Hinzufügen, Addition.*

2. दाँन m. 1) *das Austheilen* insbes. *von Speise;* insbes. *Mahl, Opfermahl.* — 2) *das Vertheilen, Mittheilen, Freigebigkeit.* — 3) *Theil, Antheil, Eigenthum, Besitz.* — 4) *Austheiler, Spender.*

3. दाँन n. 1) *das Zerhauen, Spalten.* — 2) *Weide.*

4. दाँन m. wohl Bez. *des Wagenpferdes.* Nach Sâj. = दत्त, देयभूत.

5. दान n. *die beim Elephanten zur Brunstzeit aus den Schläfen quellende wohlriechende Flüssigkeit.*

6.*दान n. *das Beschützen.*

7.*दान n. *das Reinigen.*

8.*दान *eine Art Honig.*

दानक 1) *n. *eine elende, erbärmliche Gabe.* — 2) f. आ *eine best. Münze,* = 4 Paṇa Bṛhaspati im Comm. zu Vishṇus. 4,9.

दानकमलाकर m. und दानकल्पतरु m. Titel zweier Werke.

दाँनकाम Adj. (f. आ) *schenklustig, freigebig.*

दानकुसुमाञ्जलि m., दानकेलिकौमुदी f., दानकौमुदी f., दानकौस्तुभ und दानक्रियाकौमुदी f. Titel von Werken.

दानखण्ड n. Titel des 1ten *Abschnittes* in Hemâdri's Werke.

दानचन्द्रिका f. Titel eines Werkes Opp. Cat. 1.

*दानच्युत m. N. pr. eines Mannes. Am Ende eines copul. Comp. *seine Nachkommen.*

दानदर्पण m. und दानदिनकर m. Titel zweier Werke.

दानधर्म m. *die Pflicht des Spendens* M. 4,227. Chr. 140,7. °कथन n. und °धर्माध्याय m. (Opp. Cat. 1) Titel eines Abschnittes im 13ten Buche des MBh.

दानंददा f. N. pr. 1) einer Apsaras Kâraṇḍ. 3, 17. — 2) einer Gandharva-Jungfrau Kâraṇḍ. 5,6.

दानपति m. 1) *ein Meister der Freigebigkeit, ein überaus freigebiger, mildthätiger Mann.* — 2) Bein. Akrûra's. — 3) N. pr. eines Daitja.

दानपद्धति f. Titel eines Werkes.

दानपर Adj. *freigebig.* °ता f. *Freigebigkeit* Nâgân. 106 (107.)

दानपरिभाषा f. Titel eines Werkes Opp. Cat. 1.

दानपारमिता f. *die höchste Stufe der Freigebigkeit* Kâraṇḍ. 50,17. 82,6. 87,9. Naish. 5,11.

दानपारिजात m., दानप्रकरण n., दानप्रकाश m., दानप्रदीप m., दानभागवत n., दानमञ्जरी f., दानमनोहर m. und दानमयूख m. Titel von Werken.

दानयोग्य Adj. *einer Gabe—, eines Geschenkes würdig* Daçak. 19,9.

1. दानवँ 1) m. (adj. Comp. f. आ) Bez. von *Dämonen.* Nach einer späteren Vorstellung sind die Dânava, die unversöhnlichen Feinde der Deva, Kinder der Danu und des Kaçjapa. — 2) f. दानवी f. zu 1).

2. दानव Adj. (f. ई) *den* Dânava *eigen, ihnen eigenthümlich* u. s. w.

दानवगुरु m. *der Lehrer der* Dânava, *der Planet Venus.*

दानववज्र Adj. *dessen Donnerkeil die Freigebigkeit ist* (von den Vaiçja).

दाँनवत् Adj. *gabenreich, freigebig* RV. 8,32,12.

दानवपति m. Bein. Râhu's Spr. 6803.

दानवपूजित m. *der Planet Venus.*

*दानवप्रिया f. *die Betelpflanze.*

दानवर्मन् m. N. pr. eines Kaufmanns.

दानववैरिन् m. Bein. Çiva's Ind. St. 15,392.

दानवार n. *Wassergabe,— spende* Spr. 7826.

दानवारि m. *ein Feind der* Dânava. 1) Sg. Bein. *a)* Indra's. — *b)* Çiva's. — 2) Pl. **die Götter.*

दानविधि m. Titel eines Werkes Opp. Cat. 1.

दानवीर m. *ein Held in der Freigebigkeit, ein Muster von Fr.*

दानवेय m. = 1. दानव 1).

दानव्रत m. Pl. Bez. *der* Vaiçja *in* Çâkadvîpa.

दानशाला f. *ein Gemach, in dem Almosen vertheilt werden.*

दानशालिन् Adj. *freigebig* und zugleich *reich an Brunstsaft* Ind. St. 15,269.

दानशील 1) Adj. *freigebig, mildthätig.* — 2) m. N. pr. eines Mannes.

दानशूर m. 1) *ein Muster von Freigebigkeit, ein überaus freigebiger Mann.* — 2) N. pr. eines Bodhisattva Kâraṇḍ. 15,16. 93,17 (°सूर).

दानशौण्ड Adj. *überaus freigebig.*

दानसागर m. Titel eines Werkes.

दानस्तुति f. Bez. einer Klasse von Hymnen.

दानहेमाद्रि m. Bez. des 1ten Abschnittes in Hemâdri's Werke.

दानाधिकार m. Titel eines buddh. Sûtra.

दानौँकस् (viersilbig) Adj. *eine Fülle von Spenden habend.*

दानिन् Adj. *spendend, Mildthätigkeit übend.*

*दानीय 1) Adj. *a) der Gaben,— Spenden empfängt. — b) der Spenden würdig. — 2) n. Gabe.*

1. दानु m. f. Bez. von *Dämonen.*

2. दानु f. n. *jede träufelnde Flüssigkeit, Tropfen, Thau.*

3.*दानु 1) Adj. *a) freigebig. — b) muthig.* — 2) m. *a) Wohlbehagen, Glückseligkeit. — b) Wind.*

दानुचित्र Adj. (f. आ) *thauglänzend, in Feuchtigkeit schimmernd.*

दानुद Adj. *träufelnd.*

दानुपिन्व Adj. *tropfenschwellend.*

दानुमत् Adj. *tropfbar, träufelnd.*

दानोद्योत m. Titel eines Werkes.

दानौकस् Adj. *am Opfermahl Behagen findend.*

1. दान्त 1) Adj. *a) gezähmt* u. s. w.; s. u. 1. दम्. — *b) *freigebig.* — 2) m. *a) ein gezähmter Stier. — b) *Ficus indica* und *= दमनक. — c) N. pr. α) eines Sohnes des Bhīma. — β) eines Stiers. — *d)* Pl. *eine best. Schule des* AV. — 3) f. आ N. pr. einer Apsaras.

2. दान्त Adj. 1) *elfenbeinern.* — 2) *m. *ein von* Danta *angelegter Brunnen.* v. l. दात्त.

3. दान्त Adj. *auf* दा *auslautend* Mân. Gṛhj. 1,18. Gobh. 2,8,16.

*दान्ति f. *Selbstbezähmung.*

दान्तिक Adj. *elfenbeinern.*

दापक in अग्नि° R. 2,75,32 fehlerhaft für °दायक.

*°दापन n. *das Wiedergeben—, Bezahlenlassen.*

दापनीय Adj. 1) *der Etwas* (Acc.) *zu zahlen angehalten werden muss.* — 2) *zu gewähren, zu veranlassen, auszuwirken.*

दापयितव्य Adj. = दापनीय 1).

°दापिन् Adj. *zu geben veranlassend.*

दाप्य Adj. = दापनीय 1).

दाभ Adj. (f. ई) *schädigend, verletzend.*

दाभ्य Partic. fut. pass. von दभ्. S. अ°.

दाम n., दामा f. und दामक n. (Kâd. 94,21) *Band, Schnur, Guirlande.* Am Ende eines adj. Comp. f. आ. — S. auch दामा.

*दामकण्ठ m. N. pr. eines Mannes. Pl. *sein Geschlecht.*

*दामकपुत्र m. Kâç. zu P. 6,2,132. दाशकपुत्र v. l.

दामकीर्त्ति m. N. pr. eines Mannes B. A. J. 9, 236. Ind. Antiq. 7,36.

दामग्रन्थि m. ein angenommener Name Nakula's.

दामचन्द्र m. N. pr. eines Mannes.

दामचरित und °चरित्र n. Titel eines Schauspiels.

दामजानश्री m. N. pr. eines Fürsten.

दामतूष Adj. *Schnüre zu Fransen habend.*

दामदृश Adj. dass. Lâṭj. 8,6,21.

दामधि m. N. pr. eines Kaufmannes.

1. दामन् m. *Geber, ein freigebiger Mann* MBh. 12, 92,17.

2. दामन् n. *das Geben, Gabe.*

3. दामन् m. oder f. *das Zugetheilte, Antheil.*

4. दामन् (*f.) n. 1) *Band, Fessel, Schnur, Strick, Guirlande.* Am Ende eines adj. Comp. f. दामन् und *दाम्नी. — 2) *eine best. Art von Verband.* — 3) *eine best. Constellation.*

5. दामन् m. N. pr. eines Gefährten Kṛshṇa's.

दामनपर्वन् n. *der 14te Tag in der lichten Hälfte des* Kaitra.

*दामनि m. Pl. N. pr. eines Kriegerstammes.

दामनी f. *ein langer Strick, an den die Kälber einzeln vermittelst anderer kürzerer Stricke angebunden werden.* Am Ende eines adj. Comp. °क.

*दामनीय m. *ein Fürst der* Dâmani.

1. दामन्वत् Adj. *mit Gaben versehen.*

2. दामन्वत् Adj. *mit Stricken versehen.*

दामरुकगर्भागारमाहात्म्य n. Titel eines Werkes Bühler, Rep. No. 62.

दामलिप्त N. pr. 1) m. Pl. eines Volkes VP.² 2, 177. — 2) f. आ und n. einer Stadt.

*दामलिह् Adj. 1) *den Strick beleckend.* — 2) = यो दामलिहमिच्छति.

*दामलिह्य, °ह्यति = दामलिहमिच्छति.

दामसिंह m. N. pr. eines Fürsten.

दामा f. N. pr. einer der Mütter im Gefolge Skanda's MBh. 9,46,5. — S. auch u. 1. दाम.

दामाञ्चन und दामाञ्चल (!) n. *Fussfessel beim Pferde.*

दामिनी f. *eine best. Constellation.*

दामोद m. Pl. *eine best. Schule des* AV. Ârjav. 47.

दामोदर m. 1) Bein. Kṛshṇa's oder Vishṇu's. — 2) Bez. *des 12ten Monats.* — 3) N. pr. *a)* verschiedener Männer. Auch भट्ट° und °भट्ट B. A. J. 4,113. — *b)* eines Flusses.

दामोदरगुप्त m. N. pr. eines Dichters.

दामोदरतत्त्व n. Titel eines Werkes.

दामोदरदत्त und दामोदरदेव m. N. pr. zweier Männer.

दामोदरपद्धति f. Titel eines Werkes.

दामोदरभूति m. N. pr. eines Mannes B. A. J. 11,345.

दामोदरमिश्र m. N. pr. des Verfassers von Hanumannâṭaka.

दामोदरारण्य n. N. pr. eines *Waldes.*

दामोदरीय Adj. *dem* (Fürsten) Dâmodara *gehörig.*

दामोष्णीष m. N. pr. eines alten Weisen MBh. 2,4,13.

*दामोष्णीषि m. Patron. von दामोष्णीष.

*दामोष्णीष्य m. Patron. von दामोष्णीषि.

दाम्नी f. = दामनी Kauç. 34.

दाम्पत्य n. *das eheliche Verhältniss.*

दाम्भिक 1) Adj. *Betrug—, Heuchelei übend, betrügerisch;* m. *Betrüger, Heuchler.* — 2) *m. *Ardea nivea.*

दाम्भोल in अ°.

*दाय्, दायते (दाने).

1. दाय 1) Adj. *gebend, schenkend.* Zu belegen nur am Ende eines Comp. — 2) m. *a) Gabe, Geschenk. — b) *Hochzeitsgeschenk. — c) Uebergabe, Einhändigung.* — 3) n. *Partie, Spiel* Pañkad.

2. दाय m. 1) *Antheil, Erbtheil, Erbschaft.* दायम् उप-इ *das Erbe antreten.* दायादुपागत: *durch Erbschaft zugefallen.* — 2) im Comp. nach einem Zahlwort *Theil.* — 3) **das Zertheilen, Zerstückelung.* — 4) ** Untergang.*

3.*दाय 1) *Ironie.* — 2) *Ort, Platz.*

1. दायक Adj. (f. दायिका) gewöhnlich in Comp. mit seinem Obj. 1) *gebend, schenkend, Geber, Schenker.* — 2) *gewährend, erfüllend.* — 3) *zu wissen gebend* Hemâdri 2,a,90,6. *hören lassend, aussprechend.* — 4) *legend, anlegend* (Feuer), *eingebend* (Gift). — 5) *bewirkend, bereitend, verursachend.* Nom. abstr. °ता f.

2. दायक m. *Erbe, Verwandter.*

दायकाल m. *die Zeit der Erbtheilung.*

दायक्रमसंग्रह m., दायतत्त्व n. und दायनिर्णय m Titel von Werken.

*दायबन्धु m. *Bruder.*

दायभाग m. *Erbtheilung.* Auch Titel eines Werkes.

दायरहस्य n. Titel eines Werkes.

दायहर m. *Erbe, Verwandter* Comm. zu Gṛhjâs. ब्रह्म° *die heiligen Schriften als Erbtheil von Jmd* (Abl.) *empfangend* M. 3,3.

दाया f. Kathâs. 71,191 fehlerhaft für दया.

दायाद 1) m. *a) Erbe,— *von Etwas* (Gen., Loc. oder im Comp. vorangehend). — *b) Sohn* oder auch *ein entfernterer Nachkomme. — c) Bruder — d) Verwandter* 132,20. — 2) f. आ und *ई *Tochter* Agni-P. 41,23. 24. दायादा Saddh. P. 4,28,a fehlerhaft für दायाद्य.

दायादवत् Adj. *einen Erben habend.*

दायाद्य n. *Erbschaft.*

दायाद्यता f. *ein nahes Verwandtschaftsverhältniss.* °ता समा-चर् *sich wie ein Verwandter benehmen gegen* (Loc.).

दायाधिकारक्रमसंग्रह m. Titel eines Werkes.

दायापवर्तन n. das Entziehen des Erbtheils 193,8.

*दायित Partic. vom Caus. von 1. दा.

दायिन् Adj. 1) am Ende eines Comp. a) gebend, schenkend, verleihend. — b) hergebend, abtretend. — c) gewährend, bewilligend, gestattend. — d) übergebend, überreichend. — e) thuend, bewirkend, verursachend, vollbringend Bâlar. 109,14. — 2) *mit Acc. zu zahlen verpflichtet, schuldig.

1. दार 1) Adj. aufwühlend in भू°. — 2) m. Riss, Spalte, Loch. — 3) f. दारी Riss, Schrunde.

2. दार 1) m. Sg. (Âpast. 1,14,24. 26,11) und Pl., f. आ (Bhâg. P.) und n. Pl. (nur Spr. 4805, v. l.) Eheweib. दारान् कर् oder प्र-कर् (67,13) ein Weib nehmen. — 2) das 7te astrol. Haus Utpala zu Varâh. Bṛh. 1,20.

1. दारक 1) Adj. (f. °रिका) am Ende eines Comp. zerreissend, zerspaltend. — 2) *m. Schwein. — 3) f. °रिका Riss, Schrunde.

2. दारक 1) m. Knabe, Sohn; Thierjunges. Du. zwei Knaben und auch ein Knabe und ein Mädchen. — 2) f. दारिका und दारकी (Bhâg. P.) Mädchen, Tochter. — 3) *f. दारिका Hure.

3.*दारक m. N. pr. = दारुक 1) a).

दारकर्मन् n. das Nehmen eines Weibes, Heirath 71,26.

दारकाचार्य m. Schulmeister Lalit. 166,9.

दारक्रिया f. = दारकर्मन् Karaka 1,11.

*दारगव n. Sg. Weib und Kühe.

दारग्रहण n. = दारकर्मन्.

दारण 1) Adj. (f. ई) bersten machend, zerspaltend, zerreissend; das Obj. im Gen. oder im Comp. vorangehend. — 2) f. ई Bein. der Durgâ. — 3) n. a) das Berstenmachen, Zerreissen, Oeffnen. — b) das Bersten, Aufspringen. — c) ein Mittel zum Oeffnen. — d) *Strychnos potatorum.

दारद 1) *Adj. (f. ई) aus Darad stammend. — 2) m. a) *ein best. Gift. — b) *Quecksilber. — c) *Meer. — d) *Metron. von दरद्. — e) Pl. N. pr. eines Volkes. — 3) *m. n. Mennig.

*दारदिका f. Metron. von दरद्.

दारपरिग्रह m. das Nehmen eines Weibes, Heirath.

*दारपरिग्रहिन् Adj. ein Weib nehmend, heirathend.

*दारबलिभुज् m. fehlerhaft für द्वार°.

दारव Adj. (f. ई) 1) hölzern Gaut. — 2) von Holz kommend (Geruch).

दारवीय Adj. 1) hölzern. — 2) von Holz kommend, dem Holze entsprungen (Flamme) Bâlar. 41,10.

दारसंग्रह m. = दारपरिग्रह.

दारसुत n. Sg. Weib und Kind.

दाराधिगमन n. das Nehmen eines Weibes, Heirath M. 1,112.

दारि 1) Adj. bersten machend, zerspaltend in वेणु°. — 2) *f. = विदारक.

दारिद्र (wohl fehlerhaft) und दारिद्र्य n. Armuth, Noth.

दारिन् Adj. bersten machend, zerspaltend; zerreissend, zu Nichte machend; das Obj. im Gen. oder im Comp. vorangehend.

1. दारु Adj. zerbrechend.

2. दारु n. 1) Holzscheit, Holzstück, Pflock. Einmal Acc. दरुम्. — 2) Pinus Deodora. — 3) *Erz.

3.*दारु 1) Adj. freigebig. — 2) m. Künstler, Handwerker.

दारुक 1) m. N. pr. a) des Wagenlenkers von Kṛshṇa. — b) einer Incarnation Çiva's. — 2) *f. आ Holzfigur, Puppe. — 3) *n. Pinus Deodora.

*दारुकच्छ N. pr. einer Oertlichkeit.

*दारुकच्छक Adj. von दारुकच्छ.

*दारुकदली f. eine wilde Pisang-Art.

दारुकर्णिन् m. Bein. Bhavila's.

दारुकर्मन् n. Holzschnitzerei Kâd. 84,7.

*दारुकावन n. N. pr. eines Waldes.

दारुकि m. Patron. des Wagenlenkers Pradjumna's.

दारुकृत्य n. die Bestimmung —, der Zweck des Holzes Spr. 1461.

दारुकेश्वरतीर्थ n. N. pr. eines Tîrtha.

*दारुगन्धा f. ein best. Harz Râgan. 12,33.

*दारुगर्भा f. Holzfigur, Puppe.

दारुज 1) Adj. hölzern Hemâdri 1,649,19. Agni-P. 38,32. — 2) *m. eine Art Trommel.

दारुण und दारुण 1) Adj. (f. आ und einmal ई) a) hart. — b) rauh (Wind). — c) hart, rauh, unwirsch, streng, unbarmherzig; von Personen, vom Gemüth, von Reden und Befehlen. — d) hart, streng, heftig, intensiv, bedeutend; von Schmerzen, Leiden und Erscheinungen aller Art. — e) hart, so v. a. mit Leiden verknüpft, Leiden im Gefolge habend, schmerzhaft. — f) schrecklich, fürterlich, Grauen erregend. — g) *am Anfange eines Comp. und दारुणम् Adv. vor einem Verbum fin. als Ausdruck des Lobes. — 2) *m. Plumbago zeylanica. — 3) n. Härte, Hartherzigkeit, Strenge.

दारुणक m. eine Krankheit des Haarbodens.

दारुणकर्मन् n. energisches, Schmerzen verursachendes Einschreiten (bei Krankheiten).

दारुणता f. 1) hartes, rauhes, unfreundliches Wesen. — 2) grauenvoller Zustand, Fürchterlichkeit.

दारुणात्मन् Adj. hartherzig, grausam.

दारुणाय्, °यते sich hart —, sich unbarmherzig zeigen.

दारुण्य n. Härte.

दारुतीर्थ n. N. pr. eines Tîrtha.

दारुनिशा f. Curcuma aromatica oder eine andere Species Râgan. 6,203. Karaka 6,6.

*दारुपत्त्री f. Balanites Roxburghii Râgan. 6,72.

दारुपर्वत m. N. pr. eines Palastes Venîs. 27,14.

दारुपात्र n. Holzgefäss Mân. Çr. 1,1,3.

*दारुपीता f. = दारुनिशा Râgan. 6,203.

दारुपुत्रिका und *°पुत्री f. Holzpuppe, Holzfigur.

*दारुफल Pistacie (Baum und Nuss).

दारुफलक n. Fensterladen Hem. Par. 2,553.

दारुब्लसम m. eine best. Arzenei, die viel Arsenik enthält, Mat. med. 40.

*दारुमत्स्याह्वया f. Eidechse Râgan. 19,60.

दारुमय Adj. (f. ई) hölzern. योषा, स्त्री, नारी Holzpuppe. चिति f. ein Scheiterhaufen von Holz.

*दारुमुख्याह्वया oder *°ख्याह्वा f. Eidechse. Richtig wohl दारुमत्स्याह्वया.

दारुमुच weisser Arsenik Mat. med. 39.

दारुमूख (wohl °मूष) f. wohl dass. Bhâvapr. 3,25.

दारुयन्त्र n. eine hölzerne Puppe, deren Glieder durch Fäden in Bewegung gesetzt werden.

दारुवर्मन् m. N. pr. eines Mannes Mudrâr. 43, 11 (73,11).

*दारुवह Adj. Holz führend.

दारुशैलमय Adj. (f. ई) hölzern oder steinern Agni-P. 38,44.

दारुषट्क n. eine best. Mixtur Bhâvapr. 4,34.

दारुसिता f. Zimmet Bhâvapr. 1,188.

*दारुस्त्री f. Holzpuppe.

दारुहरिद्रा f. = दारुनिशा Râgan. 6,202.

*दारुहस्त (Gal.) und *°क m. ein hölzerner Löffel.

दारोदर Adj. mit dem Spiel in Verbindung stehend.

*दार्घसत्र Adj. mit einem langwährenden Opfer in Verbindung stehend.

दार्ढच्युत 1) m. Patron. von दृढच्युत. — 2) n. Name eines Sâman.

दार्ढ्य n. 1) Festigkeit. — 2) Kräftigkeit. — 3) Festigkeit des Charakters, Standhaftigkeit. — 4) Festigkeit, so v. a. Befestigung (des Ruhmes z. B.). — 5) Befestigung, so v. a. Bekräftigung, Bestätigung Kap. 6,23.

दार्तेय 1) *Adj. दृतौ भवः. — 2) m. Patron. von दृति.

दार्दुर 1) Adj. (f. ई) a) froschartig. — b) von einem Frosche herrührend (Biss) Karaka 6,23. — c) zum Gebirge Dardura gehörig R. 2,15,33. — 2) *n. a) eine sich von links nach rechts wendende Muschel. — b) Lack. — c) Wasser. — d) = दर्दुरधर्म.

दार्दुरक Adj. (f. रिका) einem Frosche gehörig.

*दार्दरिक Adj. = दर्दरं करोति. — दार्दरिका s. u. दार्दरक.

दार्द्र (wohl दार्दर) n. *ein best. Gift* RASENDRAK. 42.

दार्भ Adj. (f. ई) *aus* Darbha-*Gras gemacht.*

दार्भायण m. Patron. von दर्भ. Auch Pl.

*दार्भि m. Patron. von दर्भ.

दार्भ्य (दार्भिय) und दार्भ्य m. desgl.

दार्व 1) Adj. (f. ई) *hölzern.* — 2) m. Pl. N. pr. eines Volkes. Gewöhnlich in Verbindung mit den Abhisâra genannt. — 3) *f. आ gaṇa नद्यादि. — 4) f. ई *a) Curcuma aromatica* oder *xanthorrhiza.* Auch *ein daraus bereitetes Collyrium.* — *b)* * = गोजिह्विका. — *c)* *Pinus Deodora.*

दार्वक 1) * Adj. von दार्व 2). — 2) f. दार्विका *a)* **eine best. Pflanze,* = गोजिह्वा. — *b)* **ein Collyrium aus Curcuma aromatica* oder *xanthorrhiza.* — *c)* N. pr. eines Flusses VP. 4,24,18.

*दार्वट n. دربار, *Berathungssaal.*

*दार्वण्ड m. *Pfau.*

दार्वाघाट und *°घात m. *Baumhacker, Specht.*

दार्वाहार m. *Holzsammler.*

*दार्विपत्त्रिका f. = दार्वक 2) *a).*

*दार्विया ved. Instr. f. Adv. MAHÂBH. 7,66,*b*. Nach KÂÇ. = दारुणा (!).

दार्विहोमिक Adj. = दार्वीहोमिक Comm. zu NJÂJAM. 8,4,2.

*दार्वीक्वाथोद्भव m. = दार्वक 2) *b).*

दार्वीहोमिक Adj. *zu der Spende aus dem Löffel in Beziehung stehend.*

*दार्वेय Adj. von दार्व 3).

दार्श 1) Adj. (f. ई) *auf den Neumond —, auf das Neumondsopfer bezüglich.* — 2) m. *Neumondsopfer.*

*दार्शनिक Adj. *einen weiten Blick habend, mit den philosophischen Systemen vertraut.*

दार्शपूर्णमासिक (ÂPAST. ÇR. 2,11,6) und °पौर्णमासिक (MÂN. ÇR. 1,5,5. Comm. zu ÂPAST. ÇR. 6,3,6) *auf das Neumonds- und Vollmondsopfer bezüglich.*

दार्शिक Adj. (f. ई) *zum Neumond —, zum Neumondsopfer in Beziehung stehend* Comm. zu ÂPAST. ÇR. 10,21,6.

दार्शेयी f. HARIV. 1,18,46 fehlerhaft für दाशेयी.

दार्श्य Adj. = दार्शिक.

दार्षद Adj. *auf einem Stein gemahlen.*

दार्षद्वत n. *ein best.* Sattra.

*दार्ष्टान्त Adj. *durch ein Beispiel, ein Gleichniss erläutert, was erläutert wird.*

दार्ष्टान्तिक Adj. 1) dass. ÇAṂK. zu BÂDAR. 2,3,24. — 2) *der sich der Beispiele, der Gleichnisse als Beweises bedient.*

दार्ष्टिविषयिक Adj. *dem Auge zugänglich.*

दाल 1) m. in रज्जु°. — 2) *n. *eine Art von wildem Honig.* — 3) f. आ *Koloquinthengurke.* — 4) *f. ई *eine best. Cucurbitacee* RÂGAN. 3,47. S. auch u. दालि.

दालक 1) m. in रज्जु°. — 2) f. °लिका *Koloquinthengurke.*

दालकि m. N. pr. eines Lehrers.

*दालत्रक Adj. von दलतर.

दालन m. *das Abbröckeln, Abschiefern* (der Zähne).

दालभ्य m. = दाल्भ्य.

*दालव m. *ein best. Gift.*

दालि f. 1) *gespaltene Hülsenfrucht, Graupe* RÂGAN. 16,108. — 2) *दालि und *°ली *Brühe* GAL.

दालिन् in यकृद्दाल्युदर.

दालिम m. *Granatbaum.*

*दाल्भ Adj. (f. ई) von दाल्भ्य.

दाल्भि m. Patron. von दल्भ.

दाल्भूषी f. etwa *Rohr, Halm.*

दाल्भ्य m. Patron. von दल्भ. °परिशिष्ट n. Titel eines Werkes.

दाल्भ्यक m. N. pr. eines alten Weisen.

दाल्भ्यघोष m. desgl.

दाल्मायणि (!) m. Patron. Plaksha's, das sonst दय्यांपाति und दैयांपाति lautet.

*दाल्मि m. Bein. Indra's.

दाल्य n. in यकृद्दाल्य.

*दाल्वा f. gaṇa नद्यादि in der KÂÇ.

*दाल्वेय Adj. von दाल्वा ebend.

दाव 1) m. *a) Brand,* insbes. *Waldbrand.* — *b)* * = उपताप. — 2) m. n. *Wald.*

दावदहन m. *Waldbrand.*

दावदहनज्वालाकलापय्, °यते *der Flammenmasse eines Waldbrandes gleichen.*

1. दावन्, nur im Dat. दावने *zum Geben, zum Spenden und zum Empfangen.* Sowohl substantivisch als auch wie ein Infin. construirt.

2. °दावन् Adj. *gebend, spendend.*

दावत् Adj. = 2. दावन् in प्राण°.

दावप m. *Waldbrandwächter.*

दावरी f. zu 2. दावन् in गो°.

दावसु m. N. pr. eines Âṅgirasa. °निधन n. Name eines Sâman.

दावाग्नि und दावानल m. *das Feuer in einem Waldbrande.*

*दाविक Adj. *vom Flusse* Devikâ *stammend.*

दाव्य in नव° und विश्व°.

1. दाश् 1) दाशति, दाष्टि und दाश्नोति. *a) einen Gott* (Dat.) *mit Etwas* (Instr.) *dienen, huldigen, verehren.* — *b) verehrend Etwas* (Acc.) *darbringen.* — *c) weihen, so v. a. hingeben* (वधाय). — *d) gewähren, verleihen.* — 2) *दाश्नोति (हिंसायाम्, जिघांसायाम्). — Caus. दाशयति *darbringen.* — Mit अति *überbieten im Spenden, mehr geben als.* — Mit वि *zurückweisen, verläugnen.*

2. दाश् f. *Verehrung, Ehrfurcht* RV. 1,127,7. — Vgl. दूडाश् und पुरोडाश्.

1. दाश (von 1. दाश्) in पुरोडाश.

2. दाश 1) m. *Fischer, Fährmann, Seemann.* — 2) f. दाशी f. zu 1). — Häufig fehlerhaft दास geschrieben, wie statt dieses auch दाश.

दाशक m. N. pr. eines Sohnes des Bhagamâna HARIV. 1,37,5. दासक v. l.

दाशकण्ठ Adj. *dem* Râvaṇa *gehörig* BÂLAR. 268,17.

*दाशकपुत्र m. P. 6,2,132, Sch. दासकपुत्र KÂÇ.

*दाशग्रामिक Adj. (f. आ und ई) von दशन् + ग्राम.

दाशत् f. *Zehnzahl* MBH. 6,2700 wohl fehlerhaft für दशत्. त्रिंशत् ed. Bomb. 6,21,21.

दाशतय Adj. (f. ई) 1) *zehnfach.* — 2) *dem zehntheiligen Texte des* ṚV. *angehörig.* Pl. f. so v. a. दशतयी.

दाशत्व n. Nom. abstr. zu 2. दाश 1).

*दाशनन्दिनी f. Patron. der Mutter Vjâsa's.

दाशपति m. *das Oberhaupt von Fischern* KATHÂS. 52,337 (दास° gedr.).

दाशपुर und °पूर n. *eine best. Grasart* BHÂVAPR. 1,194.

*दाशफली f. P. 4,1,64, Sch. दासीफली KÂÇ.

दाशमूलिक Adj. *von dem* दशमूल *kommend* KARAKA 6,5.

दाशरथ 1) Adj. *a) vielleicht für zehn Wagen Raum bietend* (Weg). — *b) dem* Daçaratha *gehörig, ihm eigen u. s. w.* — 2) m. Patron. Râma's.

दाशरथि m. 1) Patron. Râma's, Lakshmaṇa's und Katuraṅga's. Du. Bez. Râma's und Lakshmaṇa's. — 2) *N. pr. des 8ten schwarzen Vâsudeva bei den Gaina.

दाशरथीतन्त्र n. Titel eines Werkes.

दाशराज्ञ n. *der Kampf mit den zehn Königen.*

दाशरात्रिक Adj. *nach Art des* दशरात्र *gefeiert.*

*दाशरूप्य n. N. pr. eines Dorfes MAHÂBH. 4,72,*b* (दास° gedr.).

*दाशरूप्यक Adj. von दाशरूप्य ebend. (nicht दास°).

दाशर्म (!) m. N. pr. eines Mannes.

दाशवाज n. Name zweier Sâman ÂRSH. BR.

*दाशस्पति m. *Herr der frommen Darbringungen, ein Mann, der viel spenden kann,* Comm. zu TÂṆḌJA-BR. 13,5,27.

दाशस्पत्य 1) Adj. *viel Milch spendend* (Kuh). — 2) n. Name verschiedener Sâman ÂRSH. BR.

दाशार्ण 1) *Adj. *das Wort* दशार्ण *enthaltend.* —

2) m. a) *ein Fürst der* Daçârṇa MBh. 5,191,12. — b) Pl. N. pr. eines Volkes, = दशार्ण.

दाशार्णक Adj. (f. °र्णिका) *zum Volke der* Daçârṇa *gehörig, über sie herrschend* u. s. w.

दाशार्ह 1) Adj. a) *dem* Daçârha, d. i. Kṛshṇa *gehörig.* — b) **das Wort* दशार्ह *enthaltend* — 2) m. a) *ein Fürst der* Daçârha, Bein. Kṛshṇa's MBh. 13,149,67. Auch ein Fürst von Mathurâ wird so genannt. — b) Pl. N. pr. eines Volkes, = दशार्ह. — 3) f. ई *eine Prinzessin der* Daçârha.

दाशार्हक m. Pl. = दाशार्ह 2) *b*).

दाशाश्वमेध m. °धे: Hariv. 14737 fehlerhaft für दशा°, wie die andere Ausg. liest.

दाशिवँस् Adj. = दाश्वँस्.

दाशु in अदाशु.

दाशुर m. N. pr. eines Monats. दाशूर und दासुर v. l.

दाँशुरि Adj. *den Göttern huldigend, — darbringend, fromm.*

दाशूर m. v. l. für दाशुर.

दाशेय 1) *m. *der Sohn einer Fischerin.* — 2) f. ई *die Tochter einer Fischerin,* Metron. der Satjavatî.

*दाशेर m. 1) *Fischer.* — 2) *Kamel;* vgl. दासेर.

दाशेरक m. 1) *Fischer.* — 2) Pl. N. pr. eines Volkes, = दशेरक.

*दाशौदनिक Adj. (f. ई) von दशन् + ओदन.

*दाश्य (?) Adj. von दश (?).

*दाश्र Adj. *freigebig.*

दाश्वँस्, दाशुश्वँस् Adj. 1) *den Göttern huldigend, — dienend, — darbringend, fromm.* — 2) *huldvoll, gnädig* (von Göttern). — 3) *gebend, gewährend;* das Obj. im Acc. oder im Comp. vorangehend.

(दाश्वध्वर) दाशुँअध्वर Adj. *dem heiligen Dienst fromm obliegend.*

1. दास् 1) दाँसति (nur mit अभि), *दासते (दाने). — 2) *दास्नोति (हिंसायाम्). — Mit अभि *Jmd Etwas anhaben wollen, anfeinden, verfolgen.*

2. दास् in सुदाँस्.

1. दाँस 1) m. a) *Feind,* insbes. *ein übermenschlicher, ein böser Dämon;* im Gegensatz zu Ârja *ein Götterfeind, ein Ungläubiger.* — b) *Sclave, Knecht.* Am Ende eines Çûdra-Namens VP. 3,10,9. *दासस्यकुल (Comp.) n. so v. a. *gemeines Gesindel.* — 2) f. दासी a) *Sclavin, Magd.* दास्याः पुत्रः, दास्याः सुतः *der Sohn einer Sclavin,* दास्याः पुत्री *die Tochter einer Sclavin.* Als Schimpfworte sollen es Composita sein. Am Ende eines adj. Comp. °क (f. °का). — b) **Hure.*

2. दाँस 1) Adj. (f. ई) *feindselig, dämonisch;* im Gegensatz zu Ârja *ungläubig, unfromm.* — 2) m. *Feind, ein böser Dämon, ein Götterfeind, ein Ungläubiger.* — 3) f. दाँसी f. zu 2).

3. दास m. *Fischer* u. s. w. fehlerhaft für दाश.

4. *दास m. 1) *eine Person, die würdig ist Gaben zu empfangen.* — 2) = वित्तार्थ. — 3) = ज्ञातात्मन्.

दासक 1) m. N. pr. eines Sohnes des Bhagamâna. दाशक v. l. — 2) *f. दासिका *Sclavin, Magd.*

दासकर्मकर m. *ein Sclave, der seine Arbeit verrichtet* (Comm.), Âpast. Eher n. Sg. *Sclave und Diener.*

दासकायन m. Patron. von दासक. Auch Pl.

दासकेतु m. N. pr. eines Sohnes des Manu Dakshasâvarṇa VP. 3,2,23.

दासजन m. *Sclave, Diener, Dienerschaft.*

दासता f. *Sclaverei, Knechtschaft* Veṇîs. 173.

1. दासत्व n. 1) dass. — 2) *Abhängigkeit* (von Gott), *demüthiges Abhängigkeitsgefühl.*

2. दासत्व n. Kathâs. 52,343 fehlerhaft für दाशत्व.

दासदासी f. *die Sclavin eines Sclaven* M. 9,179.

दासदासीजन m. Sg. *ein Sclave und eine Sclavin* Varâh. Bṛh. S. 51,25.

*दासनन्दिनी f. fehlerhaft für दाश°.

दासनीय m. Pl. N. pr. eines Volkes.

दासनु m. N. pr. eines übermenschlichen Wesens.

दासपत्त्र n. *ein Schriftstück, durch welches man sich als Sclave verschreibt,* Jolly, Schuld. 317.

दासँपत्नी Adj. f. Pl. *feindliche Dämonen zu Herren haben, in dämonischer Gewalt stehend.* अश्विनौ दासपत्नी MBh. 1,3,63 fehlerhaft.

*दासपूर n. = दाशपूर.

दासँप्रवर्ग Adj. *mit einer Schaar von Knechten versehen.*

दासभार्य n. Sg. *Knechte und Frauen.*

दासभाव m. *Sclaverei, Knechtschaft.*

*दासमित्र m. N. pr. eines Mannes.

*दासमित्रायण und *°मित्रि m. Patron. von दासमित्र. °भक्त Adj. *von solchen Personen bewohnt.*

*दासमित्रिक Adj. (f. आ und ई) von दासमित्र.

दासमीय m. Pl. N. pr. eines Volkes.

दासमेय m. Pl. desgl.

*दासरूप्य s. दाशरूप्य.

दासवर्ग m. *Dienerschaft.*

दासँवेश m. wohl N. pr.

दासशर्मन् m. N. pr. eines Scholiasten.

दासशिरस् n. Name zweier Sâman Ârsh. Br.

दाससरस n. desgl. ebend.

दासाय्, *°यति und °यते *Jmds* (Gen.) *Sclave werden.*

*दासायन m. Patron. von दास.

1. दासी f. 1) **eine Art Barleria,* **Leea hirta* (Râǵan. 4,144) und * = नीलाम्लान. — 2) * = वेदी. — 3) N. pr. eines Flusses. — Vgl. auch u. 1. und 2. दास.

2. दासी Adv. 1) mit कर् *zum Sclaven —, zur Sclavin machen.* — 2) mit भू *Jmds* (Gen.) *Sclave werden* Naish. 8,71.

दासीत्व n. *der Zustand einer Sclavin.*

दासीदास n. Sg. *Sclavinnen und Sclaven.*

*दासीपदी Adj. f. gaṇa कुम्भपद्यादि.

*दासीपाद Adj. gaṇa हस्त्यादि.

दासीपुत्र m. *Sohn einer Sclavin.* Auch als Schimpfwort.

*दासीफली f. Kâç. zu P. 4,1,64. दाशफली v. l.

*दासीभार m. P. 6,2,42.

दासीभाव m. *der Zustand einer Sclavin* 53,6. 54,24.

*दासीमाणवक n. Sg. *Sclavinnen und Knaben.*

*दासीश्रोत्रिय m. *ein gelehrter Brahman, der einer Sclavin nachgeht.*

*दासीसभ n. *eine Gesellschaft von Sclavinnen.*

दासीसुत m. = दासीपुत्र.

दासुर m. N. pr. eines Mannes. दाशुर v. l.

1. *दासेय m. *der Sohn einer Sclavin, Sclave.*

2. *दासेय m. und *यी f. fehlerhaft für दाशेय.

*दासेर m. 1) *der Sohn einer Sclavin, Sclave.* — 2) *Fischer* (richtig दाशेर). — 3) *Kamel.*

दासेरक 1) m. a) **der Sohn einer Sclavin, Sclave.* — b) **Fischer* (richtig दाशेरक). — c) *Kamel,* insbes. *ein junges* Pańkat. 228,15. 20. — d) N. pr. α) Pl. eines Volkes; vgl. दाशेरक. — β) *eines Mannes Kâç. zu P. 2,4,68. अग्निवेशदासेरकाः *die Nachkommen des* Agniveça *und* Dâseraka ebend. — 2) f. ई *Kamelweibchen* Pańkat. 87,8.

*दासेरकि m. Patron. von दासेरक. Auch Pl. Kâç. zu P. 2,4,68.

दास्य n. 1) *Knechtschaft, Sclaverei, Dienst.* — 2) *demüthiges Abhängigkeitsgefühl.*

दास्र Adj. *zum* Açvin Dasra *in Beziehung stehend.*

दाँस्वत् (in der Regel dreisilbig) Adj. 1) *gabenreich.* — 2) *freigebig.*

दाह m. 1) *das Verbrennen; in Brand Stecken, Brennen* (auch in medic. Sinne). — 2) *das Verbrennen* (intrans.), *das Verbranntwerden* 78,11. *Verbranntsein* 325,1. दिशाम् *ein ungewöhnliches brandähnliches Glühen des Horizonts.* — 3) *die Empfindung des Brennens, innere Glut, — Hitze, Fieberhitze.* हृदय° Spr. 7701. — 4) Pl. N. pr. eines Volkes.

दाहक 1) Adj. (f. °हिका) *verbrennend, in Brand steckend, brennend.* — 2) *m. *Plumbago rosea* Râ-

Ǵan. 6,47.

*दाहकाष्ठ n. *eine als Räucherwerk gebrauchte Art Agollochum* Râǵan. 12,95.

दाहज्वर m. *hitziges Fieber.*

*दाहदा f. *Piper Betle* Dhanv. 3,12.

दाहन 1) n. *das Verbrennenlassen.* — 2) *f. ई *Grislea tomentosa* Râǵan. 6,216.

*दाहनागुरु m. fehlerhaft für दहनागुरु.

दाहमय Adj. *im Brennen, in innerer Hitze bestehend.* Nom. abstr. °त्व n.

*दाहसर m. oder *°सरस् n. *ein Ort, wo Leichen verbrannt werden.*

*दाहहरण n. *die Wurzel von Andropogon muricatus.*

*दाहागुरु n. = दाहकाष्ठ Râǵan. 12,95.

दाहात्मक und दाहात्मन् Adj. *die Natur des Brennens habend, brennend, versengend.*

दाहिन् Adj. 1) *verbrennend, in Brand steckend.* — 2) *brennend, in Flammen stehend.* — 3) *brennend, — heiss.*

दाहुक 1) Adj. *Etwas* (Acc.) *verbrennend* (अग्नि) TBr. 1,1,2,2. *eine Feuersbrunst bewirkend* (अग्नि) Âpast. Çr. 5,3,4. — 2) m. *Feuersbrunst* Âçv. Gṛhj.

दाह्य Adj. *zu verbrennen, was verbrannt wird.*

दि Adj. in सदंदि.

*दिकम् Indecl.

1. दिक्क am Ende eines Comp. = 2. दिश्.

2.*दिक्क m. = करभ.

दिक्कन्या f. *eine Himmelsgegend als Mädchen.*

दिक्कर 1) m. a) **Jüngling.* — b) *Morgenröthe.* — c) = शंभु. — 2) *f. ई *Jungfrau.*

दिक्करवासिनी f. *eine Form der* Devî VP.² 5,88.

दिक्करिक 1) am Ende eines adj. Comp. (f. आ) a) = दिक्करिन्. — b) = 2. दिश् + करिका *Biss- und Nagelwunde.* — 2) f. आ N. pr. eines Flusses.

दिक्करिन् m. *ein mythischer, in einer der 4 oder 8 Himmelsgegenden stehender Elephant, der die Erde tragen hilft,* Hemâdri 1,233,7.

दिक्कान्ता und दिक्कामिनी f. = दिक्कन्या.

दिक्कुञ्जर m. = दिक्करिन्.

*दिक्कुमार m. Pl. *eine best. Klasse von Göttern bei den* Ǵaina.

दिक्चक्र n. 1) *Horizont* 311,13. — 2) *Windrose.*

दिक्चक्रवाल n. *der ganze Gesichtskreis, die ganze Umgebung* Kâd. 94,7. 96,6. 127,11. 132,11.

दिक्छब्द m. *ein eine Richtung bezeichnendes Wort* 231,26.

दिक्तट m. *der abfallende Horizont, Gesichtskreis, weiteste Ferne.*

दिक्तस् = Abl. von 2. दिश्.

दिक्तुल्य Adj. *gleiche Richtung habend* Sûrjas. 7,12. Nom. abstr. °ता f. 18.

दिक्पति m. 1) *der Regent einer Himmelsgegend.* — 2) Bein. Vishṇu's Vishṇus. 98,25. — 3) N. pr. eines Rudra.

दिक्पथ m. *Horizont, weiteste Ferne.*

दिक्पाल m. *Hüter einer Himmelsgegend.*

दिक्प्रविभाग m. *die Richtung nach einer Himmelsgegend.*

दिक्प्रेक्षण n. *ein Umhersehen nach allen Himmelsrichtungen* (in der Angst).

दिक्शूल n. Bez. best. *Tage, an denen man nach einer best. Himmelsgegend hin nicht gehen darf.*

दिक्सम Adj. *gleiche Richtung habend* Sûrjas. 4,25.

दिक्साधनयन्त्र n. Titel eines Werkes.

दिक्साम्य n. *Gleichheit der Richtung* Sûrjas. 3,17. 5,4. 12.

दिक्सुदृश् (LA. 89,10) und दिक्सुन्दरी f. = दिक्कन्या.

दिक्स्रक्ति Adj. *dessen Ecken nach den vier Himmelsgegenden gerichtet sind.*

दिक्स्वामिन् m. *der Regent einer Himmelsgegend.*

दिगङ्गना f. = दिक्कन्या.

दिगधिप m. *der Regent einer Himmelsgegend* Naish. 6,112.

1. दिगन्त m. *Ende des Horizonts, — der Welt, weiteste Ferne.* नानादिगन्तसमागत *von verschiedenen Enden der Welt zusammengekommen* Prasannar. 10,12. 62,23.

2. दिगन्त Adj. *am Ende der Welt weilend.* Vielleicht ist aber दिगन्ते *am Ende der Welt* st. दिगन्तं zu lesen.

दिगन्तर 1) n. *eine andere Gegend* Ind. St. 15,287. — 2) *die Fremde.* — 3) *eine best. Himmelsgegend.* पश्चिमेतर *Osten* Kâd. 180,20. Pl. *alle Himmelsgegenden* 191,10. 201,22.

दिगम्बर 1) Adj. (f. आ) *die Himmelsgegenden zum Kleide habend, splitternackt.* Nom. abstr. °त्व n. — 2) m. a) *ein nackt einhergehender Bettelmönch,* insbes. *ein* Ǵaina-*Mönch eines best. Ordens.* — b) *Bein. α) Çiva's. — β) Skanda's. — c) **Finsterniss.* Man hätte n. *Gewand —, Hülle der Himmelsgegenden* erwartet. — 3) f. ई Bein. der Durgâ.

*दिगम्बरक m. = दिगम्बर 2) a).

*दिगवस्थान n. *Luft* Gal.

दिगिन्द्र m. = दिक्पाल Naish. 9,62.

दिगिभ m. = दिक्करिन्.

दिगीश (Varâh. Jogaj. 4,45. 5,5) und दिगीश्वर m. *der Regent einer Himmelsgegend.*

दिग्गज m. = दिक्करिन् 219,10.

दिग्ग्रहण n. *Beobachtung und Bestimmung der Himmelsgegenden.*

दिग्जय m. *eine Landeroberung nach allen Himmelsrichtungen, Welteroberung.*

दिग्ज्या f. *der Azimuthcosinus eines Ortes* Ganit. Tripr. 45. fgg. Golâdhj. 13,26.

दिग्दन्तिन् m. = दिक्करिन्.

दिग्दाह m. *ungewöhnliches brandähnliches Glühen des Horizonts.*

दिग्देवता f. *die Gottheit einer Himmelsgegend.*

दिग्देश m. 1) *entfernte Gegenden, weite Ferne.* — 2) *Ort, Raum.*

दिग्दैवत f. = दिग्देवता.

दिग्ध 1) Adj. s. u. दिह्. — 2) m. a) *ein vergifteter Pfeil* R. 2,30,23. — b) **Feuer.* — c) * = स्नेह. — d) * = प्रबन्ध oder प्रवृद्ध.

दिग्धविद्ध Adj. *von einem vergifteten Pfeile getroffen* Çat. Br. 14,9,4,8.

*दिग्धसहशय Adj. = दिग्धेन सह शेते Kâç.

दिग्धहत Adj. *von einem vergifteten Pfeile getroffen* R. Gorr. 2,114,33.

दिग्धहस्त Adj. *einen vergifteten Pfeil in der Hand haltend, ein Jäger, der solche Pfeile gebraucht,* MBh. 5,39,27.

दिग्बन्ध m. *Fixirung —, Bestimmung der Himmelsgegenden.*

दिग्भाग m. *Himmelsrichtung.*

दिग्भेद m. *Verschiedenheit der Richtung* Sûrjas. 2,58. 3,16. 18.

दिग्भ्रम m. = दिङ्मोह Vikramâṅkak. 5,66.

दिग्यात्रा f. *ein Zug nach verschiedenen Himmelsrichtungen* Ind. St. 15,267.

दिग्वक्त्रसंस्थ Adj. (f. आ) *von der erforderlichen Richtung abseits stehend* Varâh. Jogaj. 8,1.

दिग्वधू f. = दिक्कन्या Kâd. 9,24.

1. दिग्वसन n. *Nacktheit.*

2. दिग्वसन m. *ein* Ǵina.

*दिग्वस्त्र 1) Adj. = दिगम्बर 1). — 2) m. Bein. Çiva's.

दिग्वारण m. = दिक्करिन्.

दिग्वासस् 1) Adj. = दिगम्बर 1). — 2) m. a) * = दिगम्बर 2) a). — b) Bein. Çiva's.

दिग्विजय m. 1) = दिग्जय. — 2) Titel eines Werkes.

दिग्विभाग m. *Himmelsrichtung* Ǵaim. 3,4,10. Vikr. 5,14. Chr. 321,2.

दिग्विरति f. bei den Ǵaina *das Nichtüberschreiten der Grenze, nach welcher Himmelsgegend es auch sei.*

दिग्विलोकन n. = दिक्प्रेक्षण.

दिग्व्याघारण n. *das Besprengen der Himmelsgegenden* Pâr. Gṛhj. 3,8,9.

दिग्व्रत n. = दिग्विरति.

*दिङ्क m. 1) *eine junge Wanze.* — 2) *Niss.*

दिङ्नाग m. 1) = दिक्करिन्. — 2) N. pr. verschiedener Männer.

दिङ्नाथ m. *der Regent einer Himmelsgegend* Varâh. Jogaj. 6,9. 19.

दिङ्मण्डल n. 1) *Horizont.* — 2) *Windrose.*

दिङ्मातङ्ग m. = दिक्करिन् Spr. 7686.

दिङ्मात्र n. *ein blosser Hinweis, ein blosses Beispiel* 253,8.

दिङ्मुख n. (adj. Comp. f. आ) 1) *Himmelsgegend.* — 2) *Platz, Standort.*

दिङ्मुखमण्डल n. Pl. *die nach allen Himmelsgegenden gelegenen Länder.*

दिङ्मूढ Adj. 1) *in den Himmelsgegenden irre, sich in den Himmelsgegenden nicht zurecht finden könnend.* — 2) *über dessen Richtung* oder *Lage man im Zweifel ist.*

दिङ्मोह m. *das Irrewerden in den Himmelsgegenden* Vikramâṅkak. 7,13.

दिण्ड oder दिण्डिन् m. N. pr. eines Wesens im Gefolge des Sonnengottes.

दिण्डीय m. N. pr. eines Mannes.

*दिण्डीर m. v. l. für डिण्डीर.

*°दित्त = दत्त in देव°.

दित Partic. von 3. und 4. दा.

1.*दिति m. 1) N. pr. eines Fürsten. — 2) *Fürst, König.*

2. दि॑ति f. 1) *Vertheilung, Austheilung; Freigebigkeit* oder *das Haben, Besitzen.* Auch personificirt. — 2) **das Zertheilen.*

3. दि॑ति f. N. pr. einer neben Aditi genannten Genie, ohne festen Begriff und, wie es scheint, nur als Gegenstück aufgestellt. Vom Epos an N. pr. einer Tochter Daksha's, Gattin Kaçjapa's und Mutter der Daitja.

दितिज m. *ein Sohn der* Diti, *ein* Daitja.

दितिजाराति m. *Feind der* Daitja, Bein. Vishṇu's.

दितितनय, दितिनन्दन, दितिसुत m. = दितिज.

दितिसुतगुरु m. *der Planet Venus* Varâh. Bṛh. 23,6. Jogaj. 6,7.

*दित्य (!) m. = दितिज.

दित्यवा॑ह् 1) m. (Nom. °वा॑ट्, Acc. °वा॑हम्) *ein zweijähriger Stier.* — 2) f. दित्यौ॑ही *eine zweijährige Kuh.*

दित्यौ॑ही s. दित्यवा॑ह् 2).

दित्सा f. *das Verlangen —, die Absicht zu geben.*

दित्सु॑ Adj. mit Acc. *bereit* 1) *zu geben, zur Ehe zu geben* (eine Tochter). — 2) *zu gewähren.* — 3) *zu bewerkstelligen, zu veranstalten.*

*दित्स्य Adj. *was man zu geben bereit ist.*

दिदम्भिषु Adj. *Jmd zu hintergehen beabsichtigend* Bhaṭṭ.

दिदित्सु Adj. mit Acc. *hinzugeben —, zu opfern bereit.*

*दिदिवि = दीदिवि *Himmel.*

दिदी s. 1. दीदि.

*दिदीवि = दीदिवि *gekochter Reis.*

दिदृक्षा f. (adj. Comp. f. आ) *das Verlangen zu sehen.*

दिदृक्षित 1) Adj. s. u. दर्श् Desid. — 2) n. *das Verlangen zu sehen.*

दिदृ॑क्षु (Accent!) Adj. mit Acc. 1) *zu sehen begierig.* — 2) *zu untersuchen —, zu prüfen verlangend.*

दिदृक्षे॑ण्य Adj. *was man gern sehen mag, ansehnlich, anziehend* Kâç. zu P. 3,4,14.

दिदृक्षे॑य Adj. dass.

दिदेविषु Adj. *zu spielen verlangend* Bhaṭṭ. 9,32.

दिद्दा f. N. pr. einer Fürstin der Kâçmîra.

दिद्दाक्षेम m. Bein. Kshemagupta's.

दिद्दापाल m. N. pr. eines Mannes.

दिद्दापुर n. N. pr. einer *Stadt.*

दिद्दास्वामिन् m. N. pr. eines Heiligthums.

दिद्दिभ m. Comm. zu Âpast. Çr. 15,19,4 wohl fehlerhaft für टिट्टिभ.

दिद्यु॑ m. *Geschoss.*

दिद्यु॑त् 1) Adj. *blitzend, blinkend* Ṛv. 8,6,7. — 2) f. *a*) *Geschoss.* — *b*) Indra's *Donnerkeil.* — *c*) *Flamme* Ṛv. 6,66,10. — *d*) N. pr. einer Apsaras.

दिद्यो॑त् TS. 1,8,14,1. TBr. 1,7,8,2 so v. a. दिद्यो॑स् (Abl. von दिद्यु॑). Vgl. विद्यो॑त्.

दिद्योतिषु Adj. *zu glänzen —, an Umfang zu gewinnen wünschend* Bhaṭṭ.

*दिधक्ष् Adj. *zu verbrennen beabsichtigend.*

दिधक्षा f. *das Verlangen zu brennen, — verbrennen.*

दिधक्षु Adj. *zu verbrennen —, zu vernichten beabsichtigend.*

*दिधि (!) f. *firmness, fixed state of mind or being.*

*दिधिक्ष् Adj. *zu beschmieren beabsichtigend.*

(दिधिषाय्य) दिधिषा॑य्य Adj. *den man zu gewinnen suchen muss.* = धारयितर् Sâj.

दिधिषु॑ 1) Adj. *zu erlangen —, zu gewinnen suchend, werbend, erstrebend.* — 2) m. *a*) *Bewerber, Freier.* — *b*) *Gatte.* — *c*) **der Mann einer schon vorher verheirathet gewesenen Frau.* Auch दिधिषू. — 3) f. °षु und °षू *a*) *eine zum zweiten Mal verheirathete Frau.* — *b*) *eine ältere unverheirathete Schwester, wenn die jüngere schon verheirathet ist.*

दिधिषूपति m. 1) *der Gatte einer Wittwe, insbes. der des Bruders* Kâṭh. 31,7. — 2) *der Mann einer älteren Schwester, wenn diese nach einer jüngeren heirathet,* Gaut. Âpast. MBh. 12,34,4.

दिधिषूपपति m. = दिधिषूपति 2).

दिधीर्षा f. *die Absicht zu halten, — stützen* Bâlar. 23,9.

*दिधीषू f. = दिधिषु 3) *a*).

1. दिन॑ Partic. von 3. दा.

2. दि॑न (accentuirt nur Naigh.) (*m.) n. *Tag.* दिनानामधिपतिः *die Sonne.* Neben तिथि (*lunarer Tag*) *Wochentag* Varâh. Jogaj. 4,3. Am Ende eines adj. Comp. f. आ.

दिनकर 1) m. *a*) *die Sonne.* — *b*) N. pr. α) eines Âditja. — β) verschiedener Männer. Auch मिश्र°. — 2) f. ई mit oder ohne टीका Titel verschiedener Commentare.

दिनकरटिप्पणी f. Titel eines *Commentars* Opp. Cat. 1.

दिनकरतनय m. *der Planet Saturn.*

दिनकरदेव m. N. pr. eines Dichters.

दिनकरभट्ट m. N. pr. eines Autors. °भट्टीय n. Titel seines Werkes Opp. Cat. 1.

*दिनकरात्मजा f. Patron. der Jamunâ.

दिनकरीय n. *das Werk des* Dinakara Opp. Cat. 1.

दिनकरोद्योत m. Titel eines Werkes.

दिनकर्तर् m. *die Sonne.*

दिनकर्तव्य und °कार्य n. *Tagesverrichtung, die täglich zu einer bestimmten Zeit zu verrichtenden Ceremonien.*

दिनकृत् m. *die Sonne.*

दिनकृत्य n. = दिनकर्तव्य Kathâs. 52,410 (दिव° gedr.).

दिनकृत्सुत m. *der Planet Saturn* Varâh. Jogaj. 4,33.

दिनकृद्दिवस m. *Sonntag* Varâh. Jogaj. 5,26.

*दिनकेशव und *दिनकेसर m. *Finsterniss.*

दिनक्षय m. 1) *Neige des Tages, Abend.* — 2) = तिथिक्षय Hemâdri 1,76,10 (n.!). 16. 17. 19.

दिनगण m. = अहर्गण 2) Gaṇit. Grah. 3.

दिनगणित n. Titel eines Werkes Opp. Cat. 1.

दिनग्रह m. *Tagesplanet* Hemâdri 1,548,11.

दिनचर्या f. *Tagesverrichtung.*

दिनच्छिद्र n. *Mondwechsel am Anfange oder am Ende eines Halbtages, eines Tages, einer Constellation oder eines Mondhauses* Hemâdri 1,76,10. 20. 77,1. 23. 244,3.

*दिनज्योतिस् n. *Tageslicht, Sonnenschein* Râgan. 21,39.

*दिनदुःखित m. *Anas Casarca* (चक्रवाक).

दिननक्तम् Adv. *Tag und Nacht.*

दिननाथ m. *die Sonne* Vikramâñkak. 14,64.

दिनप m. *der Regent eines Wochentages* Ârjabh. 3,16.

दिनपति m. 1) *die Sonne.* — 2) *der Regent eines Wochentages* Gaṇit. Grah. 18.

दिनपाकिन् Adj. *binnen eines Tages verdaut werdend* Bhâvapr. 4,23.

*दिनप्रणी m. *die Sonne.*

*दिनप्रभा f. *Tageslicht, Sonnenschein* Râǵan. 21,39.

*दिनबन्धु m. *die Sonne.*

दिनबल n. *das 5te, 6te, 7te, 8te, 11te und 12te Zodiakalbild.*

दिनभर्तर् m. *die Sonne* Vikramâñkak. 11,1. 12.

दिनमणि m. *die Sonne* Bâlar. 174,20.

दिनमणिसारथि m. *der Wagenlenker der Sonne, Aruṇa* Bâlar. 176,13.

दिनमुख m. *Tagesanbruch* Daçak. 80,1.

*दिनमूर्धन् m. = उदय 3).

*दिनरत्न n. *die Sonne.*

दिनराशि m. = अहर्गण 2).

दिनव्यासदल n. = अहर्व्यास.

दिनसंचय m. = दिनराशि.

दिनस्पृश् n. *ein mit drei Wochentagen zusammenstossender lunarer Tag* Hemâdri 1,77,16.

*दिनांश und *°क m. *Tageszeit* Râǵan. 21,36.

दिनागम m. *Tagesanbruch.*

*दिनाण्ड (!) n. *Finsterniss.*

*दिनात्यय m. *Abend.*

*दिनादि m. *Tagesanbruch.*

दिनाधिनाथ m. *die Sonne* Daçak. (1925) 2,135,20.

दिनाधीश m. *die Sonne, der Sonnengott.*

दिनान्त m. *Abend* Râǵan. 21,42. Chr. 119,29.

*दिनान्तक m. *Finsterniss.*

*दिनारम्भ m. *Tagesanbruch.*

दिनार्ध 1) *Mittag* Spr. 7813. — 2) *die halbe Zeit der Tage* Ind. St. 15,323.

दिनावसान n. *Abend* Vikr. 37,10.

दिनास्त्र n. *eine best. Zauberformel.*

*दिनिका f. *Tagelohn.*

दिनी Adv. mit कर् *auf Tage reduciren.*

दिनेश m. 1) *die Sonne.* — 2) *der Regent eines Tages.*

- दिनेशात्मज m. *der Planet Saturn.*

दिनेश्वर m. *die Sonne.*

दिनोदय m. *Tagesanbruch* 173,29.

दिनोपवासिन् Adj. *am Tage fastend* Hâsj. 17.

दिनौघ m. = दिनराशि.

दिन्दिम und दिन्नसूरि m. N. pr. zweier Männer.

दिन्नाग्राम m. N. pr. eines *Dorfes.*

*दिन्व्, दिन्वति (प्रीणने).

*दिप्, देपते (क्षरणे).

दिप्स् Desid. von दभ्.

दिप्सु Adj. *zu schaden beabsichtigend.*

*दिम्प्, दिम्पयते (संघाते).

*दिम्भ्, दिम्भयति (नोदे), दिम्भयते (संघाते).

दियँ nach den Erklärern = देय oder दानार्ह. Wohl verdorben.

दिर् in कलशादिर्.

*दिरिपक *Spielball.*

दिलीप m. N. pr. verschiedener Fürsten.

*दिलीर *Pilz.*

दिल्लह m. N. pr. eines Mannes.

1. दिव्, दीव्यति, °ते 1) *schleudern, werfen* Bhaṭṭ. — 2) *strahlen* Bhâg. P. दीव्यति = द्योतते Sâj. zu Ṛv. 1,1,1 (S. 44, Z. 13). — 3) Würfel (*Acc.) *werfen*, mit Würfeln (Instr.) *spielen, würfeln mit Jmd* (Instr.), — *um* (Acc. Maitr. S. 1,6,11. Instr., Dat. oder *Gen.) — 4) *mit* (सार्धम्) *Jmd wetten auf* (Dat.). — 5) *spielen, scherzen, tändeln, — mit* (Acc. Bhaṭṭ.). — 6) *mit Jmd spielen*, so v. a. *Jmd* (Acc.) *zum Besten haben.* — 7) *Etwas* (Gen.) *auf's Spiel setzen* Bhaṭṭ. — 8) *freies Spiel haben, sich frei bewegen können, ausgelassen sein, sich freuen.* — 9) * *Jmd* (Acc.) *loben.* — 10) **schlafen.* — 11) **gehen, sich bewegen.* — Caus. देवयति 1) *Jmd* (Acc.) *würfeln lassen.* — 2) *spielen —, tändeln lassen* (nach dem Comm.) Bhâg. P. 3,20,22. — *Desid. दिदेविषति und दुद्यूषति Kâç. zu P. 7,2,49. — Caus. vom Desid. दुद्यूषयति *Jmd zum Spielen anreizen* Bhaṭṭ. — *Intens. देदिवीति, देद्योति, देदेति. — Mit अति 1) *höher würfeln.* — 2) *Etwas* (Acc.) *auf's Spiel setzen.* — Mit अधि in °देवन. — Mit अभि in °देवन. — Mit आ in आदेवन. — Mit प्र 1) *werfen, schleudern* Bhaṭṭ. — 2) *würfeln, spielen um*; mit Acc. (Pat. zu P. 2,3,60) und *Gen. — Mit प्रति 1) **entgegenwerfen.* — 2) *gegen Jmd* (Acc.) *würfeln.* — 3) **beim Würfeln Etwas* (Gen. oder Acc.) *dagegensetzen* 236,32. — Mit वि 1) *würfeln —, spielen um*; mit Acc. Kap. S. 7,4. — 2) *spielen, tändeln.*

2. दिव्, देवति, °ते; Partic. द्यून *geplagt, gequält* Bhoǵa-Pr. 87,7. — Caus. देवयति (अर्दने), °ते (परिकूजने). Ohne Präposition nicht zu belegen. — Mit आ in आद्यून. — Mit परि Act. und Med. (Bhaṭṭ.) *jammern, wehklagen.* परिद्यून *in Elend versetzt, in einer jämmerlichen Lage sich befindend.* — Caus. °देवयति und °ते *jammern, wehklagen, Jmd* (Acc.) *bejammern, — beklagen.* परिदेवित *kläglich.*

3. दिव्, द्युँ, दिउँ (Nom. Sg. von द्यो) 1) m. f. *der Himmel.* दिवं गम् oder या *zum Himmel gehen*; auch so v. a. *sterben.* — 2) m. n. (spät) *Tag.* अनु द्यून् *Tag für Tag, täglich*; अभि द्यून् *im Laufe der Tage, lange Zeit*; द्युभिः und उप द्युभिः *bei Tage* und *im Laufe der Tage, lange Zeit.* Nach den Lexicographen Nom. द्युस्. — 3) m. *a) Helle, Glanz.* Nur Instr. Pl. द्युभिस्. — *b) Feuersglut.* Nur Instr. Pl. द्युभिस्. Nach den Lexicographen *Feuer* (Nom. द्युस्). — 4) f. als Personification *eine Tochter* Pragâpati's.

दिवे n. 1) *der Himmel.* — 2) *Tag.* Nur in der Verbindung दिवे दिवे *Tag für Tag, täglich.*

दिवकृत्य n. Kathâs. 52,410 fehlerhaft für दिन°.

दिवक्षस् Adj. *im Himmel wohnend, himmlisch.*

दिवंगम Adj. *zum Himmel gehend, — führend, — sich erhebend.*

दिवदर्श m. Pl. *eine best. Schule des* AV.

*दिवन् m. *Tag.*

दिवःश्येनी f. Bez. *bestimmter* Ishṭi.

दिवस m. (*n.) 1) *der Himmel.* — 2) *Tag.*

दिवसकर und दिवसकृत् m. *die Sonne.*

दिवसक्रिया f. = दिनकर्तव्य.

दिवसक्षय m. *Neige des Tages, Abend* 39,33.

दिवसचर Adj. *am Tage wandelnd* (Thier).

दिवसच्छिद्र n. = दिनच्छिद्र Hemâdri 1,76,22.

दिवसतिथि m. *der Tagtheil eines lunaren Tages.*

दिवसनाथ m. *die Sonne.*

दिवसनिरीक्षक m. *eine Art Asket* Kâraṇḍ. 81,7.

दिवसभर्तर् m. *die Sonne.*

दिवसमुख n. *Tagesanbruch* 292,16. Ragh. 5,76.

दिवसमुद्रा f. *Tagelohn.*

दिवसवार m. *Wochentag.*

दिवसविगम m. *Neige des Tages.*

दिवसव्यापार m. *Tagewerk* (das Sichwaschen u. s. w.) Kâd. 52,17.

दिवसान्तर Adj. *am erstem Tage seines Lebens stehend.*

दिवसी Adv. mit कर् *zum Tage machen* (die Nacht).

दिवसेश्वर m. *die Sonne.*

दिवस्पति m. 1) Bein. *a)* Indra's. — *b)* Vishṇu's. — 2) N. pr. *a)* des Indra im 13ten Manvantara. — *b)* eines Mannes.

दिवस्पृथिवी f. Du. *Himmel und Erde.* Zu belegen nur °पृथिव्योस्.

दिवस्पृश् Adj. *den Himmel berührend, an den H. streifend, bis zum H. reichend, — dringend.*

दिवा Adv. *am Tage.* Nicht selten als Subject (184,25) oder am Anf. eines Comp. so v. a. *Tag* im Gegensatz zur *Nacht.*

दिवाकर् 1) m. *a) die Sonne.* — *b) ein* Âditja. — *c)* **Krähe.* — *d)* **eine best. Blume* und **Calotro-*

pis gigantea. — e) N. pr. α) eines Âditja. — β) eines Rakshas VP.² 2,293. — γ) verschiedener Männer. Auch °भट्ट. — 2) f. ई Titel eines Werkes.

दिवाकरमित्र m. N. pr. eines Mannes Harshaḱ. 201.

दिवाकरवत्स m. N. pr. eines Autors.

दिवाकरवरलोचन m. ein best. Samâdhi Kâraṇḍ. 93,2.

दिवाकरसुत Patron. 1) m. des Planeten Saturn. — 2) f. आ der Jamunâ.

दिवाकरोद्योत m. Titel eines Werkes.

दिवाकीर्ति m. 1) ein Kaṇḍâla. — 2) *Barbier. — 3) *Eule.

दिवाकीर्त्य 1) Adj. a) was bei Tage herzusagen, auszusprechen ist; n. Bez. bestimmter Recitationen oder Gesänge. — b) mit einer bei Tage stattfindenden Recitation versehen. — 2) m. ein Kaṇḍâla in अन्तर्दिवा°.

दिवागण m. = अर्कगण 2) Gaṇit. Grah. 8.

दिवाचर und °चारिन् (Mân. Gṛhj. 2,12) Adj. bei Tage wandelnd.

*दिवाटन m. Krähe.

दिवातन Adj. (f. ई) diurnus.

दिवातर Adj. dass.

दिवातिथि m. ein bei Tage kommender Gast.

दिवादि m. der erste Theil des Tages, der Morgen Gaut.

दिवानक्तम् (in der ältern Sprache दिवा नक्तम्) Adj. bei Tage und bei Nacht 176,16. Als Nominativ Tag und Nacht Bhâg. P. 5,22,5.

दिवानिद्रा f. das Schlafen am Tage.

दिवानिशम् Adv. bei Tage und bei Nacht 121,18.

दिवान्ध 1) Adj. bei Tage blind. — 2) m. Eule. — 3) *f. आ ein best. Nachtvogel.

दिवान्धकी f. Moschusratte.

दिवापति m. der 13te Monat.

*दिवापुष्ट m. die Sonne.

*दिवाप्रदीप m. eine Lampe am hellem Tage, bildlich von einem Menschen, der verdunkelt wird.

दिवाभीत m. 1) Eule Comm. zu Âpast. Çr. 15,19,4. — 2) *Dieb. — 3) eine am Tage sich schliessende Blüthe.

*दिवाभीति m. Eule.

दिवाभूत Adj. hell wie der Tag geworden, — seiend, hell erleuchtet.

*दिवामणि m. die Sonne.

*दिवामध्य n. Mittagszeit.

*दिवामन्य Adj. (f. आ) für Tag gehalten werdend, wie T. erscheinend.

दिवामैथुनिन् Adj. bei Tage den Beischlaf verübend.

दिवारात्रम् Adv. bei Tage und bei Nacht. Als Nominativ Tag und Nacht.

दिवार्क m. N. pr. eines Fürsten.

*दिवावसान n. wohl fehlerhaft für दिनावसान.

दिवावसु Adj. vielleicht am Tage herrlich ṚV.

दिवाशय 1) Adj. am Tage schlafend. Nom. abstr. °ता. — 2) m. das Schlafen am Tage.

दिवासंचर Adj. = दिवाचर.

दिवास्वपन n. und °स्वप्न (Gaut.) m. n. das Schlafen am Tage.

दिवास्वाप m. dass.

*दिवास्वापा f. ein best. Nachtvogel.

*दिवि m. = *किकीदिवि, किकिदीवि.

दिविक्षय und दिविक्षित् Adj. im oder am Himmel wohnend.

दिविगत Adj. im Himmel weilend; m. ein Himmelsbewohner, ein Gott.

दिविगमन m. Planet, Gestirn.

दिविंचर Adj. am Himmel wandelnd.

दिविचारिन् Adj. dass.; m. ein Himmelsbewohner.

दिविज Adj. im Himmel geboren; m. ein Himmelsbewohner, ein Gott.

दिविजा Adj. im oder am Himmel geboren.

दिवित् Adj. zum Himmel gehend.

दिवित्मत् Adj. am Himmel —, zum H. gehend, himmlisch. Instr. himmelwärts.

दिवियज् Adj. zum Himmel flehend.

दिवियोनि Adj. im Himmel den Ursprung habend.

दिविर m. 1) *= देवर des Mannes Bruder Gal. — 2) دبير, Schreiber Utpala zu Varâh. Bṛh. S. 87,12. Râǵat. °पति Ind. Antiq. 6,10.

दिविरकिशोर m. N. pr. eines Dichters.

दिविरथ m. N. pr. verschiedener Männer.

दिविश्रित् Adj. im Himmel den Aufenthalt nehmend.

दिविषद् 1) Adj. im Himmel wohnend Mân. Çr. 1,1,2. — 2) m. ein Himmelsbewohner, ein Gott Bâlar. 220,20. Prasannar. 133,18. — 3) Planet Gaṇit. Pratjabd. 27.

दिविषद्धन् m. der Luftraum Daçak. 3,10.

दिविष्टम्भ Adj. auf den Himmel sich stützend.

दिविष्टि f. Andacht, Andachtsübung, Feier. Gewöhnlich Loc. Pl.

दिविष्ठ 1) Adj. (f. आ) im Himmel seinen Aufenthalt habend. — 2) m. ein Himmelsbewohner, ein Gott.

दिविसद् Adj. = दिविषद् 1).

दिविस्थ Adj. = दिविष्ठ 1).

दिविस्पृश् und °स्पृशत् Adj. an den Himmel rührend, — streifend, zum H. dringend.

*दिवी f. eine Ameisenart.

दिवीलक m. N. pr. eines Sohnes des Lambodara VP. 4,24,12. इवीलक v. l.

दिवीश m. Herr im Himmel. Pl. Bez. der Âditja, Vasu und Rudra Hemâdri 1,350,10. 11.

*दिवोकस् m. = दिवौकस् 1) 3).

दिवोजा Adj. vom Himmel stammend.

दिवोदास m. N. pr. verschiedener Männer. Auch Pl.

दिवोदासेश्वर n. Name eines Liṅga.

दिवोदुह् Adj. vom Himmel milchend.

*दिवोद्भवा f. Kardamomen.

दिवोरुच् Adj. vom Himmel leuchtend.

दिवौकःपति m. Bein. Indra's Prasannar. 144,16.

दिवौकस् m. 1) ein Himmelsbewohner, ein Gott. — 2) Planet Gaṇit. Bhagrah. 3. — 3) *Cuculus melanoleucus. — 4) *Biene. — 5) *Antilope. — 6) *Elephant.

दिवौकस m. = दिवौकस् 1).

*दिव्य्, दिव्यति nach dem Himmel ein Verlangen haben.

दिव्य, दिविअ 1) Adj. (f. आ) a) himmlisch (Gegensatz irdisch), den Himmel —, die himmlischen Erscheinungen betreffend MBh. 5,48,99. — b) göttlich (Gegensatz menschlich). — c) wunderbar, magisch MBh. 3,287,19. 290,7. — d) himmlisch schön, prachtvoll, prächtig 131,15. — 2) m. a) ein best. Thier Varâh. Bṛh. S. 88,9. — b) *Gerste. — c) *Bdellion. — d) N. pr. verschiedener Männer. — 3) f. दिव्या a) *Emblica officinalis. — b) *Terminalia Chebula. — c) *Asparagus racemosus. — d) *grober Kümmel. — e) *weisses Dûrvâ-Gras. — f) *= ब्राह्मी, महामेदा und वन्ध्याकर्कोटकी. — g) *ein best. Parfum. — h) N. pr. α) einer buddh. Göttin. — β) *einer Apsaras. — 4) n. a) das Himmlische, himmlisches Gut; Pl. die himmlischen Räume. — b) Gottesurtheil 215,22. — c) Schwur, eidliches Versprechen. — d) *Gewürznelken. — e) *eine Art Sandelholz. — f) Titel einer Grammatik.

दिव्यक m. 1) eine Schlangenart. — 2) ein best. Thier, = दिव्य und धन्वन Varâh. Bṛh. S. 88,18.

दिव्यकट n. N. pr. einer Stadt.

दिव्यकुण्ड n. N. pr. eines Sees in Kâmarûpa.

दिव्यक्रिया f. Anwendung eines Gottesurtheils.

*दिव्यगन्ध 1) m. Schwefel Râǵan. 13,71. — 2) f. आ a) grosse Kardamomen Râǵan. 6,86. — b) eine best. Gemüsepflanze Râǵan. 4,148. — 3) n. Gewürznelken.

*दिव्यगायन m. ein Gandharva.

1. दिव्यचक्षुस् n. ein himmlisches, über Raum und Zeit hinwegsehendes Auge.

2. दिव्यचक्षुस् 1) Adj. a) ein himmlisches, über Raum und Zeit hinwegsehendes Auge habend, — für Etwas (im Comp. vorangehend). — b) *ein prächtiges Auge habend. — c) *blind. — 2) *m. a) Affe. — b) ein best. Parfum.

दिव्यज्ञान Adj. eine göttliche, übermenschliche Einsicht besitzend 63,30.

दिव्यतत्त्व n. Titel eines Werkes.

दिव्यता f. göttliche Natur Naish. 9,42.

*दिव्यतुम्बी f. eine best. Pflanze Gal.

*दिव्यतेजस् f. eine best. Pflanze.

दिव्यत्व n. göttliche Natur.

दिव्यदर्शिन् Adj. ein himmlisches, über Raum und Zeit hinwegsehendes Auge habend.

1. दिव्यदृश् Adj. eine Kenntniss von den himmlischen Erscheinungen habend; m. Astrolog.

2. दिव्यदृश् Adj. = दिव्यदर्शिन्.

दिव्यदृष्टि f. = 1. दिव्यचक्षुस्.

दिव्यदेवी f. N. pr. einer buddh. Göttin.

*दिव्यदोहद n. ein Verlangen der Götter.

दिव्यनदी f. ein himmlischer Strom.

दिव्यनारी f. eine Apsaras 322,28.

*दिव्यपञ्चामृत n. Milch, saure Milch, geschmolzene Butter, Honig und Zucker.

दिव्यपाटल m. ein best. Baum.

दिव्यपुरुष m. ein göttliches Wesen, Halbgott, Geist Uttarar. 31,11 (43,3).

*दिव्यपुष्प 1) m. Nerium odorum Rāǵan. 10,12. — 2) f. आ eine best. Pflanze.

*दिव्यपुष्पिका f. eine Art Calotropis.

दिव्यप्रज्ञानशालिन् Adj. = दिव्यज्ञान 116,32.

दिव्यप्रश्न m. Befragung der Himmelserscheinungen, Augurium coeleste. दिव्याः प्रश्नाः v. l. MBh. 5,48,99.

दिव्यमन्त्र m. die Silbe ओम् Amṛt. Up. 20.

दिव्यमान n. das Messen der Zeit nach Tagen und Jahren der Götter.

दिव्यमानुष m. = दिव्यपुरुष.

दिव्ययमुना f. N. pr. eines Flusses in Kāmarūpa.

*दिव्यरत्न n. = चिन्तामणि 1) a).

दिव्यरथ m. Götterwagen.

*दिव्यरस m. Quecksilber Rāǵan. 13,102.

दिव्यरसेन्द्रसार Titel eines Werkes.

दिव्यरूप Adj. (f. आ) 1) göttlich gestaltet 129,4. — 2) schöngestaltet, schön Pañkad.

*दिव्यलता f. Sanseviera zeylanica.

*दिव्यवस्त्र m. eine best. Blume.

दिव्यविज्ञानवत् Adj. = दिव्यज्ञान 123,27.

दिव्यश्रोत्र n. ein göttliches, Alles vernehmendes Ohr.

दिव्यसंकाश Adj. von himmlischem Aussehen, an den Himmel erinnernd 87,6.

दिव्यसंग्रह m. Titel eines Werkes.

दिव्यसानु m. N. pr. eines der Viçve Devās.

*दिव्यसार m. Shorea robusta Rāǵan. 9,81.

दिव्यसूरि m. N. pr. eines Mannes. °चरित n. und °प्रभावदीपिका f. Titel zweier Werke Opp. Cat. 1.

दिव्यस्त्री f. eine Apsaras.

दिव्यस्रगनुलेपिन् Adj. mit prachtvollen Kränzen und Salben geschmückt Hemādri 1,593,2 (°लेपिनं zu lesen).

दिव्यांशु m. die Sonne (?).

दिव्याकृति Adj. von himmlischer Gestalt, überaus schön 112,22.

दिव्याङ्गना f. eine Apsaras Daçak. 17,10.

दिव्यादिव्य Adj. halb göttliche, halb menschliche Natur habend.

दिव्यावदान n. Titel eines buddh. Werkes.

दिव्येलक m. eine Schlangenart.

*दिव्योदक n. Regenwasser.

दिव्योपपादुक Adj. auf übernatürliche Weise entstehend.

दिव्यौघ m. Pl. eine Klasse von Mantra-Verfassern bei den Çākta.

दिव्यौषध n. Wundermittel, Zaubertrank 172,10.

दिव्यौषधि f. rother Arsenik Bhāvapr. 4,55.

1. दिश्, दिदेष्टि, दिशति; selten Med. 1) zeigen, vor —, aufweisen, sehen lassen Ṛv. 8,82,15. vorführen (einen Zeugen). — 2) Jmd (Dat.) Etwas (Acc.) anweisen, zuweisen, assignare, gewähren. करम् so v. a. Tribut zahlen. — 3) anordnen, anbefehlen R. ed. Bomb. 2,82,22. Mit einem Infin. heissen. — 4) Partic. दिष्ट a) auf den hingewiesen worden ist. — b) angewiesen, zugewiesen, vorgezeichnet, festgesetzt, bestimmt. — c) angewiesen, so v. a. der eine Anweisung erhalten hat. — Caus. देशयति (ausnahmsweise Med.) 1) Etwas zeigen, anweisen. — 2) mittheilen, lehren (buddh.). — 3) bekennen, beichten (buddh.). — 4) Jmd anweisen. — Intens. देदिष्टे, देदिशती Partic. 1) aufweisen. — 2) erweisen, darthun, bewähren. Pass. (देदिश्यते) sich zeigen, — erproben. — 3) dringend anweisen, heischen. — Mit अति 1) hinüberweisen, übertragen, — auf, ausdehnen auf (Gen.). — 2) Etwas anweisen, zuweisen. — 3) speciell angeben Çaṁk. zu Bādar. 2,1,3. Comm. zu Njājam. 7,2,1. — Mit अधि überweisen Ṛv. 10,93,15. — Mit अनु 1) hinweisen auf (Acc.). — 2) Jmd (Dat. oder Loc.) Etwas (Acc.) anweisen, zuweisen Āçv. Gṛhj. 4,7,23. — 3) Jmd anweisen, auffordern. — 4) anweisen, so v. a. lehren Saṁhitopan. 29,5. — Mit समनु Jmd (Dat.) Etwas (Acc.) anweisen, zuweisen. — Mit अप 1) dass. — 2) anzeigen, angeben. — 3) fälschlich angeben, vorgeben, vorschützen Kathās. 26,92. Prasannar. 14,18. — Mit व्यप 1) darstellen, bezeichnen, nennen. — 2) fälschlich bezeichnen, vorgeben, vorschützen Prasannar. 22,10. — Mit अभि hinweisen auf (Acc.). — Mit अव erweisen. — Intens. (अवदेदिशम्) Jmd Etwas berichten, mit doppeltem Acc. — Mit समव hinweisen, in Bezug auf Etwas erklären. — Mit आ 1) zielen auf, es auf Jmd abgesehen haben, Jmd bedrohen; mit Acc. Ṛv. 9,32,4. 10,133,4. 134,2. AV. 6,6,2. — 2) Jmd treffen; vgl. आदिश्. — 3) Jmd (Dat.) Etwas (Acc.) anweisen, zuweisen. Statt des Dat. auch Instr. Bhāg. P. — 4) Etwas anzeigen, mittheilen, verkünden, lehren. — 5) bestimmen, bezeichnen, benennen. — 6) von Jmd (Acc.) aussagen, vorhersagen 327,33. — 7) die Weisung geben, Etwas vorschreiben, anbefehlen. यानम् so v. a. den Wagen bestellen, — kommen lassen. — 8) Jmd (Acc.) anweisen, Jmd den Befehl geben, Jmd abordnen; das Wozu im Loc., Dat., Infin. oder mit °अर्थम्. मा स्मैवमादिश so v. a. geruhe nicht so zu reden Kathās. 60,118. — 9) Jmd verweisen in oder nach (Loc.). — 10) sich Etwas vorschreiben, sich unterziehen; mit Acc. — 11) es mit Etwas (Acc.) versuchen. — Caus. 1) zeigen, anweisen (den Weg) 300,31. — 2) Jmd anzeigen, angeben. — Intens. (आदेदिशान) zielen —, es abgesehen haben auf (Acc.). — Mit अन्वा wieder erwähnen, — nennen. — Mit अभ्या auf Jmd zielen, es abgesehen haben auf (Acc.). — Mit उपा 1) anweisen, zuweisen. — 2) anzeigen, mittheilen, verkünden. — 3) Jmd anweisen, Jmd einen Befehl ertheilen. — Mit निरा, °दिष्ट ausbezahlt. — Mit प्रत्या 1) eine Anweisung geben, vorschreiben, anbefehlen. — 2) Jmd (Acc.) Etwas wiederberichten. — 3) Jmd vorladen. — 4) zurückweisen, abweisen. — 5) Jmd zurückweisen, so v. a. überwinden, besiegen. — 6) besiegen, so v. a. übertreffen 112,25. — Mit व्या 1) einzeln anweisen, — zuweisen, — zutheilen, zutheilen überh. — 2) anweisen, anzeigen. — 3) anweisen, auseinandersetzen, lehren. — 4) die Weisung geben, Etwas vorschreiben, anbefehlen. — 5) Jmd anweisen, Jmd einen Befehl, einen Auftrag ertheilen, abordnen (das Wozu im Loc., Dat. oder mit °कारणात्, das Wohin im Loc.), absenden zu (प्रति oder Dat.).

— 6) von Jmd (Acc.) aussagen, vorhersagen. — Mit समा 1) anweisen, zuweisen, zutheilen. — 2) Etwas aussagen, verkünden, Jmd (Dat. oder Gen.) zu wissen thun Pańkat. 231,6. lehren. — 3) bestimmen, bezeichnen, nennen. — 4) Jmd bezeichnen als, von Jmd aussagen, voraussagen; mit doppeltem Acc. oder eine directe Rede mit इति st. des zweiten Acc. — 5) Jmd anweisen, Jmd einen Befehl ertheilen, Jmd auffordern, beauftragen, abordnen (das Wozu im Dat., Infin. oder mit °अर्थम्, das Wohin im Loc.), absenden zu (प्रति), befehlen (ohne Obj.). — Caus. befehlen (ohne Obj.). — Mit प्रतिसमा 1) entgegnen, erwiedern. — 2) Jmd anweisen, Jmd einen Befehl ertheilen. — Mit उद् 1) hinausstrecken, — gegen (Acc.). — 2) anzeigen, bezeichnen, angeben, bestimmen. — 3) hinweisen auf, so v. a. sprechen von, meinen. — 4) bezeichnen als, unter Etwas Etwas meinen; mit doppeltem Acc. उद्दिष्ट bei den Lexicographen gemeint in der Bedeutung von (Loc.). — 5) von Jmd (Acc.) aussagen, verkünden, vorhersagen. — 6) hinweisen auf, so v. a. vorschlagen —, anbieten als; mit doppeltem Acc. — 7) anweisen, auseinandersetzen, lehren. — 8) Absol. उद्दिश्य mit Acc. mit Hinweisung auf, so v. a. (schleudern) gegen, auf (auch mit Hinzufügung von लक्ष्यम् Ziel), (legen, setzen) auf, (sich begeben) nach, zu, (sprechen) zu, (die Rede richten) an, (Rede) von, (einladen) zu; für, wegen, in Rücksicht auf, in Anbetracht —, in Betreff —, im Namen von. अलंकाराग्रज्ञान् u. s. w. उद्दिश्योद्दिश्य सर्वेभ्यो ददौ so v. a. dem Einen dieses, dem Andern jenes. — Mit अभ्युद् in Bezug auf Etwas hinaufzeigen Mân. Gṛhj. 1,9.17. — Mit समुद् 1) vollständig mittheilen, mittheilen, angeben, aufführen, erwähnen. — 2) bezeichnen als, nennen; mit doppeltem Acc. — 3) sich in eine Erörterung einlassen mit (Instr.) Ait. Âr. 469,14. — 4) Absol. समुद्दिश्य mit Acc. mit Hinweisung auf, so v. a. (schleudern) gegen, auf; für, wegen, in Berücksichtigung —, zu Ehren von. त्वया गन्तव्यम् — वनवासं समु° so v. a. वनवासाय um im Walde zu leben, दत्ता — अभिमन्युं समु° so v. a. अभिमन्यवे. — Mit उप 1) hinweisen —, zeigen auf (Acc.). — 2) anzeigen, anweisen, angeben, auseinandersetzen, lehren. — 3) erwähnen, aufführen, reden von (Acc.). — 4) anrathen, rathen zu (Acc.). — 5) festsetzen, vorschreiben. — 6) Jmd anweisen, unterweisen, belehren 140,7. 237,31. Jmd Etwas beibringen (mit doppeltem Acc.). — 7) befehlen —, herrschen über (Acc.). — उपदिष्ट Hariv. 8438 fehlerhaft für उपविष्ट. — Mit प्रत्युप 1) einzeln auseinandersetzen. — 2) Jmd (Dat.) Etwas (Acc.) zurücklehren. — Mit समुप 1) zeigen, hinweisen auf (Acc.). — 2) Jmd Etwas lehren, so v. a. theilhaftig werden lassen; mit doppeltem Acc. — Mit नि in निदेश. निदिष्ट Pańkat. 235,21 fehlerhaft für निर्दिष्ट. — Mit निस् 1) hinweisen —, zeigen auf (Acc.) 308,1. — 2) Jmd (Dat. oder Gen.) Etwas oder Jmd (Acc.) anweisen, zuweisen, bestimmen. निर्दिष्ट Jmd (Gen.) zugewiesen, so v. a. unter seinem Schutz stehend 219,5. — 3) bezeichnen, angeben, näher bestimmen, nennen. — 4) erklären für, ansehen —, annehmen als; mit doppeltem Acc. — 5) verkünden, ankündigen, voraussagen. — 6) von Etwas (Acc.) auf Etwas (Dat.) aussagen, von Etwas aussagen, dass es Etwas bewirken werde. — 7) Jmd Etwas anrathen, mit doppeltem Acc. — 8) निर्दिष्ट = *पण्डित Gal. — Desid. निर्दिदिक्षति angeben —, näher bestimmen wollen. — Mit अभिनिस् 1) bezeichnen, hindeuten auf. — 2) bezeichnen als, erklären für, nennen; mit doppeltem Acc. — 3) festsetzen, einsetzen, bestimmen. — Mit प्रतिनिस् zurückweisen TS. Prât. Comm. — Mit विनिस् 1) überweisen, bestimmen für (Loc.). — 2) bezeichnen, angeben, als vorhanden bezeichnen, annehmen. — 3) bezeichnen als, erklären für; mit doppeltem Acc. — 4) verkünden, ankündigen. — 7) bestimmen, beschliessen. — 8) Jmd zu Etwas (Loc.) anweisen, mit Etwas beauftragen. — Mit परा wegsprechen. — Mit परि 1) anzeigen, angeben, als vorhanden bezeichnen, annehmen. — 2) ausersehen TBr. 3,2,2,4. — Mit प्र 1) anzeigen, bezeichnen, angeben, anweisen, kundthun. — 2) anordnen, vorschreiben. — 3) Jmd anweisen, auffordern, antreiben. — 4) zuweisen, zutheilen, zukommen lassen, gewähren MBh. 1,170,37. — Caus. Jmd auffordern, antreiben. — Intens. (प्रदेदिशत्) aufmuntern. — Mit अभिप्र Caus. auffordern, antreiben. — Mit संप्र 1) anzeigen, bezeichnen, angeben. °दिष्ट so v. a. bekannt als (Nom.). — 2) mit Bestimmtheit angeben, nachweisen. — 3) Jmd anweisen, unterweisen. — संप्रदिश्य MBh. 5,7208 fehlerhaft für °दृश्य. — Mit प्रति Caus. 1) anzeigen, bezeichnen, angeben MBh. 12,363,9. — 2) gestehen, beichten Kâraṇḍ. 31,5. — Mit सम् 1) Jmd (Dat.) Etwas (Acc.) anweisen, zuweisen. — 2) zuweisen, so v. a. für Jmd bestimmen, zu geben versprechen. — 3) erklären, einen Ausspruch thun, eine Anweisung —, einen Auftrag geben, Jmd (Dat. oder Gen.) Etwas (Acc.) auftragen. अभिदूति Adv. einer Botin einen Auftrag geben. — 4) Jmd (Acc.) anweisen, Jmd einen Befehl ertheilen, Jmd beauftragen, Jmd eine Anweisung geben in Betreff von (प्रति). — 5) Jmd Etwas anbefehlen, auftragen; mit doppeltem Acc. 60,27. — 6) Jmd mit einem Auftrage zu Jmd (Dat.) abordnen. — Caus. Jmd auffordern eine Erklärung zu geben, sich über Etwas auszusprechen. v. l. (MBh. 14,17,5) संचोदित st. संदेशित. — Mit अनुसम् überweisen. — Mit प्रतिसम् 1) Jmd (Acc. oder हस्ते mit Gen. Kâd. 2,29,3) einen Rückauftrag geben, — an Jmd (Gen.). — 2) Jmd anweisen.

2. दिश् f. 1) Richtung, Himmelsrichtung, Himmelsgegend. दिशि दिशि allerwärts, nach allen Richtungen hin 172,8. Pl. so v. a. alle Himmelsgegenden und die ganze Welt (LA. 89,13). Von einem Erschrockenen heisst es, dass er nach allen Himmelsgegenden aussehe, 320,14. दिशो ऽन्तात् so v. a. vom Ende der Welt 291,5. Es werden 4, 5, 6, 7, 8, 9 (Suparṇ. 28,3) und 10 Himmelsrichtungen angenommen. एता दश दिशः elliptisch so v. a. alle Wege stehen dir offen, gehe wohin es dir beliebt. दिशां व्रतं दशानुगानम् Name eines Sâman. — 2) Bez. der Zahl zehn. — 3) Gegend, Ort 113,32. — 4) Raum (neben काल Zeit) Kap. 2,12. — 5) die Fremde. — 6) Andeutung, Hinweis, Anweisung, Beispiel. — 7) Art und Weise. — 8) die Spur eines Bisses. — 9) N. pr. a) eines Flusses. — b) Pl. = दिश 2) b) VP. 1,8,9.

3.*दिश् volksthümlich = दृश् sehen Mahâbh. (K.) 259,14.

दिश 1) am Ende eines adv. Comp. (°म्) = 2. दिश् 1). — 2) f. आ a) Richtung, Himmelsrichtung. — b) N. pr. der Gattin des Rudra Bhîma Hemâdri 1,799,3; vgl. 2. दिश् 9) b).

*दिशस् f. = 2. दिश् 1).

दिशस्य्, °स्यति v. l. des SV. statt दशस्य् des ṚV.

दिशागज m. = दिक्करिन्.

दिशाचक्षुस् m. N. pr. eines Sohnes des Garuḍa.

दिशापाल m. 1) = दिक्पाल. — 2) = दिक्करिन्.

*दिशोदण्ड m. wohl eine best. Himmelserscheinung.

दिशोभाग Adj. Pańkat. 232,16. 18 fehlerhaft für दिशोभाज्.

दिशोभाज् Adj. das Weite suchend Pańkat. ed. Bomb. 4,43,17. 19.

दिशोयायिन् Adj. sich nach allen Richtungen verbreitend Kâd. 2,46,19.

दिश्य 1) Adj. auf die Himmelsgegenden, den Horizont bezüglich, denselben gehörig, dort befindlich. — b) dem Raum eigen. — c) der Fremde angehörig, ausländisch (Waare) Çiç. 3,76. — 2) f. आ Bez. bestimmter Backsteine.

दिष्ट 1) Adj. s. u. 1. दिश्. — 2) m. a) *Zeit. —

b) N. pr. eines Sohnes des Manu Vaivasvata. — 3) n. a) *der angewiesene Ort.* — b) *Anweisung, Befehl, Beschluss.* — c) *Bestimmung, Fatum. Lebensziel.* — d) *Ziel* überh. — e) in der Dramatik *die Schilderung eines Naturereignisses.*

दिष्टकारिन् Adj. *einen Befehl ausführend* oder *dem Fatum gemäss verfahrend* Bhâg. P. 4,28,1.

दिष्टदृश् Adj. *das Fatum —, die früheren Werke schauend* Bhâg. P. 4,21,22.

दिष्टपर Adj. *der sich auf das Schicksal verlässt, Fatalist* Spr. 3323.

दिष्टभाव m. *Vorherbestimmung,* so v. a. *Tod* Spr. 6311.

दिष्टभुज् Adj. *geniessend, was einem bestimmt worden ist, den Lohn seiner Werke erntend* Bhâg. P. 7,13,39.

दिष्टान्त m. *das vorherbestimmte Ende, Tod.*

दिष्टि f. 1) *Anweisung, Vorschrift.* — 2) *glückliche Fügung.* Nur Instr. दिष्ट्या als Ausruf der Freude so v. a. *o die glückliche Fügung! dem Himmel sei Dank!* — 3) *ein best. Längenmaass.*

दिष्टिवृद्धि f. *Beglückwünschung* Kâd. 61,19 (दिष्ट° gedr.). 78,17. Harshak. 97,13.

*दिष्णु Adj. = देष्णु *freigebig.*

1. दिह्, देग्धि, देहति, °ते, दिहान; *bestreichen, verstreichen, verkitten, salben.* दिग्ध 1) *bestrichen, besalbt, beschmiert, besudelt, — mit* (Instr. oder im Comp. vorangehend). — 2) *bestrichen,* so v. a. *gestreift —, berührt von* (Instr.). — Mit अनु, °दिग्ध *überzogen —, belegt mit* (im Comp. vorangehend) Karaka 6,18. — Mit अभि 1) *umwinden* Âpast. Çr. 15,17,8. — 2) अभिदिग्ध *geglättet,* so v. a. *blank, scharf.* — Mit अव *bestreichen, beschmieren.* — Mit आ, आदिग्ध *bestrichen —, besalbt —, beschmiert mit* (im Comp. vorangehend). — Mit उद् *aufwerfen, aufschütten.* — Mit उप, उपदिग्ध 1) *beschmiert —, belegt mit* (im Comp. vorangehend). — 2) *fett* (Gegensatz *mager*) Varâh. Bṛh. S. 67,1. — Mit नि, निदिग्ध *klebend an* (Loc.). — Mit *परिणि und *प्रणि. — Mit *निस्, निर्दिग्ध *fett* (Gegensatz *mager*). — Mit परि *belegen, überziehen.* — Mit प्र *beschmieren, bestreichen, salben.* प्रदिग्ध *beschmiert —, bestrichen —, besalbt —, befleckt —, überzogen mit* (Instr. oder im Comp. vorangehend). — Mit सम् 1) *beschmieren, bestreichen, überziehen.* — 2) Med. (संदिग्धे Bhâm. 2,10. संदिहान und संदेहमान) und Pass. *in Zweifel —, in Ungewissheit sein, — über* (Loc.) Ârjav. 37,12. *dem Zweifel unterliegen, zweifelhaft sein* Çaṅk. zu Bâdar. 4,3,15. — 3) Pass. *verwechselt werden mit* (Instr.). — 4) Partic. संदिग्ध a) *beschmiert —, bestrichen —, überzogen mit* (Instr. oder im Comp. vorangehend). — b) *verwechselt mit* (Instr. oder im Comp. vorangehend). — c) *zweifelhaft, ungewiss, unsicher* (Schiff Gaut.). — d) *zweifelhaft* von einer Person, so v. a. *bescholten* Jolly, Schuld. 306. — e) *zweifelhaft,* so v. a. *undeutlich, nicht recht verständlich.* — f) *in Zweifel —, in Ungewissheit sich befindend, verzweifelnd an* (im Comp. vorangehend; der Commentar nimmt eine Verstellung der Worte, also Bed. c) an). — Caus. 1) संदेहयति *für Jmd* (Gen.) *Etwas* (Acc.) *verwirren,* so v. a. *Jmd irre machen in.* — 2) Med. *in Zweifel —, in Ungewissheit sein.* संदेहमान v. l. für संदेहयान. — 3) संदेहित *in Frage gestellt, bedroht* Dhûrtan. 14. — Mit अभिसम् in अभिसंदेह.

2. दिह् in सुदिह्.

दिह्ना (दिल्हा?) f. N. pr. eines Frauenzimmers.

1. दी, दीयति, दयमान *schweben, fliegen.* — Intens. *enteilen, davonfliegen.* — Mit निस् *entfliegen.* — Mit परि *umherfliegen, umschweben, umfliegen.*

2. दी *scheinen* u. s. w. s. 1. दीदि.

3. दी mit अच्छ s. 3. दीदि.

4. *दी, दीयते (क्षये). — Caus. दापयति. — Desid. दिदीषते und दिदासते. — Mit उप, °दाय. — Mit प्र, °दाय.

5. *दी f. *Vernichtung, Untergang.*

दीक्ष्, दीक्षते (मौण्ड्येज्योपनयननियमव्रतादेशेषु) *sich weihen zur Begehung einer Feier,* insbes. *des Soma-Opfers;* mit Instr. (Bhâg. P.) oder Loc. des Opfers (Bhatt.). Perf. Act. दिदीक्षुस् mit caus. Bed. Bei den Buddhisten *sich zum Mönche weihen* für einen best. Orden (Loc.) Kârand. 81,6. fgg. — Caus. दीक्षयति und °ते *Jmd* (Acc.) *weihen, — zu;* mit Dat. oder Instr. (Bhâg. P.). मरणाय *dem Tode weihen.* — दीक्षित s. bes. — Desid. दिदीक्षिषते *sich weihen lassen wollen.* — Mit अभि *sich weihen um* (Acc.) Tândja-Br. 5,9,4.5. — Mit उप Caus. *hinzuweihen.* — Mit सम्, संदीक्षित *zusammen —, mit Andern sich geweiht habend.*

दीक्षक m. N. pr. eines Fürsten Ind. St. 14,99.

दीक्षण 1) n. a) *das Sichweihen, Sichweihenlassen.* — b) *das Weihen.* — 2) f. आ *religiöse Vorbereitung zu* (im Comp. vorangehend).

दीक्षणीय 1) Adj. *auf die Weihe bezüglich, dazu gehörig* u. s. w. — 2) f. आ *Weihefeier.*

दीक्षणीयेष्टि f. *Weihefeier.*

दीक्षयितर् Nom. ag. *der da weiht.*

दीक्षा f. 1) *Weihe zu einer religiösen Feier, Uebernahme religiöser Observanzen zu einem best. Zwecke, die zu einem best. Zwecke unternommenen religiösen Observanzen selbst;* auch *ernstliche Vorbereitung* überh. Das Wozu im Comp. vorangehend. दीक्षातपसी Du. — 2) *das Sichweihen einer Person* oder *Sache, völlige Hingabe, das Aufgehen in* (im Comp. vorangehend). शाकदीक्षाभिः *dadurch, dass man einzig nur von Gemüse lebt.* — 3) *erste Bekanntschaft mit Etwas* (im Comp. vorangehend) Vikramâñkak. 9,11.18,4. — 4) personificirt als Gattin des Soma, des Rudra Ugra (Hemâdri 1,799,3) oder Vâmadeva.

दीक्षाकरण n. *das Weihen.*

दीक्षाकारिन् Adj. *die Weihe verleihend.*

दीक्षाक्रमरत्न n. Titel eines Werkes.

दीक्षागुरु m. *ein in Etwas* (im Comp. vorangehend) *einweihender Lehrer* Bâlar. 293,5.

दीक्षातत्त्व n. Titel eines Werkes.

दीक्षापति f. *Herr der Weihe.*

दीक्षापत्त्र n. Pl. Titel eines Werkes Bühler, Rep. No. 434.

दीक्षापय्, °यति *weihen.*

दीक्षापाल m. *Beschirmer der Weihe.*

दीक्षामय Adj. *in der Weihe bestehend.*

दीक्षामहोत्सव m., दीक्षारत्न n., दीक्षाविधान n., दीक्षाविनोद m., दीक्षाविवेक m. und दीक्षासेतु m. Titel von Werken.

दीक्षित 1) Adj. 1) *der die Weihen erhalten hat, geweiht zu* (Dat., Loc., Instr. oder im Comp. vorangehend). f. दीक्षिती Gop. Br. 1,5,24. Nom. abstr. दीक्षितत्व n. Gaim. 6,5,39. — 2) *vorbereitet —, bereit zu* (Dat., Instr. oder im Comp. vorangehend) Râgat. 8,1503. दीक्षितं कर् *Jmd einweihen, vertraut machen.* — 3) häufig am Anf. und Ende von Personennamen; der Kürze wegen auch mit Weglassung des eigentlichen Namens.

दीक्षितढुण्ढिराज m. N. pr. eines Mannes.

दीक्षितबालकृष्ण m. desgl.

दीक्षितयज्ञदत्त m. desgl.

*दीक्षितर् Nom. ag. von दीक्ष्.

दीक्षितवसन n. *das Gewand eines Geweihten.*

दीक्षितवाद m. *der Ausspruch, dass Jmd geweiht sei.*

दीक्षितविमित n. *die für den zu Weihenden errichtete Hütte.*

दीक्षितसामराज m. N. pr. des Autors des Dhûrtanartaka.

दीक्षितावेदन n. *das Erklären, dass Jmd geweiht sei,* Vaitân.

दीक्षितीय Adj. *von einem Dikshita verfasst;* n. *ein solches Werk* Opp. Cat. 1.

दीति f. *Schein, Glanz* in सुदीति.

*दीद Adj. *Untergang bereitend.*

1. दीदि, दीद्यति 3te Pl., दीद्यत्ते, दीदयत्ते (Conj.), दीदिहि und दिदीहि, अदीदेत्, Partic. दीद्यत् und दीद्यान. 1) *scheinen, glänzen, leuchten.* दीदिहि दीदिदासि (lies दीद्यदसि) दीदयेत्येषो ऽग्न्युपसमिन्धनः (sc. मन्त्रः) Âpast. Çr. 6,13,16. — 2) *Jmd* (Dat. oder Loc.) *Etwas* (Acc.) *zustrahlen.* — 3) *leuchten,* so v. a. *sich bemerklich machen.* — 4) *scheinen,* so v. a. *wohlgefallen.* दीद्यान *wohlgefällig, bewundert.* — Mit अभि *Etwas herbeistrahlen.* — Mit आ *bescheinen.* — Mit नि *Jmd* (Dat. oder Loc.) *Etwas* (Acc.) *herniederstrahlen.* — Mit प्र *hervorleuchten.* — Mit सम् 1) *zusammen scheinen.* — 2) *Etwas herbeistrahlen.*

2. दीदि Adj. *scheinend* in दीद्यग्नि.

3. दीदि, दीद्ये, Partic. दीद्यत् und दीद्यान. Nur mit अच्छ *sich innerlich zuwenden, den Sinn richten auf* (Acc.).

दीदिति f. *Schein, Glanz* in सुदीदिति.

दीदिवि 1) Adj. a) *scheinend, leuchtend.* — b) **aufgegangen* (Gestirn). — 2) *m. a) Bein. Bṛhaspati's, *der Planet Jupiter.* — b) *der Himmel.* — c) *die letzte Befreiung der Seele.* — 3) (*m. f. n.) *gekochter Reis, Speise.* — 4) *m. n. = अर्थ.

(दीद्यग्नि), दीद्यग्नि Adj. *leuchtende Feuer habend.*

दीधि, दीध्ये, अदीधेत्, Partic. दीध्यत् und दीध्यान. 1) Act. *scheinen, videri.* — 2) *wahrnehmen.* — 3) *das Augenmerk richten auf.* — 4) mit und ohne मनसा *denken, nachsinnen, nachtrachten.* — 5) *wünschen.* — Mit अनु *den Sinn richten auf, beobachten.* — Mit अभि *betrachten, bedenken.* — Mit अव *Jmd* (Dat.) *auflauern.* — Mit आ 1) *gedenken, verlangen, sich Sorge machen um, achten auf.* — 2) *bedenken, sich vorsehen.* — Mit अन्वा *Jmds gedenken.* — Mit उद् *verlangend hinaufschauen zu* (Acc.). — Mit नि, निदीध्यत् VS. 6,20 (vgl. Kâç. zu P. 6,1,119) = निहित (!) nach Mahîdh. Statt dessen निदेध्यत् TS. 1,3,10,1; vgl. auch Maitr. S. 1,2, 17. — Mit प्र 1) *sich nachsehnen, nachstreben.* — 2) *hervorschauen, auflauern.* — Mit प्रति *erwarten, erhoffen.* — Mit वि *zögern, zaudern, unentschlossen sein.*

1. दीधिति f. *andächtige Aufmerksamkeit, Andacht.* — 2) *religiöses Erkennen, Ahnung.* — 3) * *Finger.*

2. दीधिति (Acc. nach Nigh.) f. 1) *Schein, Glanz* (249,31. 251,17), *Strahl.* — 2) *Glanz,* so v. a. *imposantes Wesen* Spr. 2027. — 3) Titel verschiedener Werke, insbes. am Ende eines Comp. Opp. Cat. 1. °प्रत्यक्षटीका f. ebend. Auch °प्रकाश m., °माथुरी, °रौद्री und °व्याख्या.

दीधितिमत् 1) Adj. *scheinend, strahlend.* — 2) m. a) *die Sonne.* — b) N. pr. eines Muni.

*दीधी Adj. von दीधि (दीधी nach dem Dhâtup.).

दीन 1) Adj. (f. आ) a) *spärlich* (Wasser), *gering* (Verstand), *schwach* (von Zugthieren Vishnus. 63, 15). — b) *niedergeschlagen, traurig, betrübt, in einem kläglichen Zustande —, in Noth sich befindend, kläglich* (Reden 166,26. 185,7). दीनम् Adv. *kläglich* (reden), त्रास° *vor Angst* Daçak. (1925) 83,2. — 2) *f. आ *das Weibchen einer Maus.* — 3) n. a) *Niedergeschlagenheit, Betrübtheit.* — b) **die Wurzel von Tabernaemontana coronaria.*

दीनक Adj. *recht kläglich.* °म् Adv.

दीनचित्त und दीनचेतन Adj. *betrübten Herzens, niedergeschlagen, kleinmüthig.*

दीनता f. *Spärlichkeit, Schwäche.*

दीनदत्त Adj. *von schwachem Verstande.*

दीनदास m. ein Çûdra-Name.

दीनदीन Adj. *in schlimmster Lage sich befindend* Spr. 7734.

दीनमनस् und °मानस Adj. = दीनचित्त.

दीनरूप Adj. *traurigen Aussehens, betrübt* 65,21.

*दीनलोचन m. *Katze.*

दीनवदन Adj. (f. आ) *mit traurigem Gesicht* Daçak. 25,10. Spr. 7685.

दीनवर्ण Adj. *entfärbt, bleich* (Gesicht) MBh. 3, 269,11.

दीनसत्त्व Adj. *kleinmüthig* 94,13.

दीनाक्रन्दनस्तोत्र n. Titel verschiedener Stotra Bühler, Rep. No. 134. fgg.

दीनार m. *denarius, eine best. Goldmünze,* = सुवर्ण = 12 दानका Comm. zu Vishnus. 4,9. Nach den Lexicographen = निष्क, सुवर्णाभरण und मुद्रा.

दीनारक m. (Hariv. 2,55,39) und दीनारिका f. dass.

दीनास्य Adj. (f. आ) *mit traurigem Gesicht.*

दीन्नार m. = दीनार.

दीप्, दीप्यते und दीप्यते (TBr.); episch auch Act. *flammen, brennen* (auch vor Zorn), *strahlen, glänzen* (auch in übertr. Bed.); *in vollem Glanze —,* so v. a. *in Ehren stehen, volle Geltung haben.* दीप्त 1) *flammend, brennend, heiss, strahlend, glänzend, glanzvoll* (auch in übertr. Bed.). — 2) als Auguralausdruck *wo die Sonne gerade steht* (Himmelsgegend, auch आदित्य°), *von der Sonne beschienen und daher Unglück verkündend, Unglück verheissend* überh. In Comp. mit dem, woher das Unglück droht, Varâh. Bṛh. S. 86,15. Von einer *Unglück bringenden* Thierstimme wohl so v. a. *hell, schrill.* — Caus. दीपयति (selten Med.) 1) *in Flammen setzen, anzünden.* — 2) *erhellen, erleuchten.* — 3) *einen Glanz verbreiten über Jmd* (Acc.). — 4) *anfachen, erwecken, erregen, aufregen.* — Intens. देदीप्यते *in hellen Flammen stehen, stark leuchten, — glänzen* (auch in übertr. Bed.). Statt देदीप्यमान einmal auch देदीप्यत् (°न्ती f.) — Mit अति, °दीप्त *stark flammend, heftig brennend.* — Mit अभि *entgegenflammen.* — Caus. *Helle verbreiten, erhellen, heller leuchten lassen.* यशस् *den Ruhm* Kâraka 3,8. — Mit अव *in Flammen gerathen.* — Caus. *anzünden* Mân. Gṛhj. 1,6,1. — Mit आ, आदीप्त *flammend, in Brand stehend, strahlend.* — Caus. *in Flammen setzen, anzünden.* — Mit उपा, उपादीप्त *flammend, brennend.* — Mit व्या Caus. *ganz erhellen, — erleuchten.* — Mit उद् *aufflammen.* *उद्दीप्त *leuchtend, strahlend, glänzend.* — Caus. 1) *in Flammen setzen, entzünden.* — 2) *erhellen.* — 3) *anfachen, anfeuern, reizen.* — Mit प्रत्युद् *entgegenflammen.* — Mit समुद् Caus. *anfachen.* — Mit उप Caus. *in Flammen setzen* (Feuer), *Feuer anlegen an* (Acc.). — Mit परि 1) *aufwallen gegen Jmd* (Dat.) — 2) *in vollem Glanze stehen.* — Mit प्र *aufflammen, brennen* 65,9. प्रदीप्त = दीप्त 1) (*angefacht* 260,17) und 2). — Caus. *anzünden, in Flammen —, in Glut versetzen, anfachen* (in übertr. Bed.). — Mit संप्र, °दीप्त *in Flammen stehend.* — Caus. *in Flammen —, in Glut versetzen.* — Mit प्रति, °दीप्त *entgegenflammend.* — Mit वि *flammen, hell leuchten* MBh. 7,164,6. विदीप्त *glänzend, strahlend.* — Caus. *in helle Flammen setzen, hell erleuchten.* — Statt अभिवि Caus. *vollständig in Flammen setzen.* — Mit सम् *flammen.* संदीप्त *flammend, in Flammen stehend, lodernd* (auch in übertr. Bed.). — Caus. *in Flammen setzen, anfachen, anfeuern.*

दीप m. (adj. Comp. f. आ) 1) *Leuchte, Lampe.* — 2) in der Astr. *der leuchtende Körper* (in Bezug auf den Gnomon) Comm. zu Âryabh. 2,15. Lîlâv. S. 95; vgl. Colebr. Alg. 108. — 3) Bez. *bestimmter erleuchteter Zustände eines* Jogin.

दीपक 1) Adj. a) *entflammend, anfachend.* — b) *erleuchtend, erhellend.* — c) *das Feuer der Verdauung anfachend, reizend.* — d) **in der Handhabung einer Lampe geschickt.* — 2) m. a) *Leuchte, Lampe.* — b) = दीप 2) Lîlâv. S. 95. — c) * *Ptychotis Ajowan.* — d) * *Celosia cristata.* — e) * *Raubvogel.* — f) *ein best.* Râga S. S. S. 65. — g) *ein best. Tact* S. S. S. 210. — h) * Bein. Kâma's. — i) N. pr. α) eines Sohnes des Garuḍa. — β) verschiedener Männer. — 3) m. oder n. * *Saffran.* — 4) f. दीपिका a) *Leuchte, Lampe.* Am Ende eines adj. Comp. f. आ. — b) * *Mondlicht.* — c) *Ptychotis Ajowan.* — d) * *Cal-*

muswurzel. — e) eine best. **Râgiṇî S. S. S. 55.** — *f)* Titel eines Werkes. °प्रकाश m., °प्रकाशिका f. (Opp. Cat. 1), °विवरण n. und °व्याख्या f. (Opp. Cat. 1) Titel von *Commentaren* dazu. — 5) n. *a) eine best. Klasse von rhetorischen Figuren* Kâvjapr. 10,17. — *b) ein best. Metrum.*

दीपकमाला f. *ein best. Metrum.*

*दीपकर्पूरज m. *eine Art Kampfer* Gal.

दीपकलिका f. Titel eines Commentars zu Jâǵṅ.

दीपकव्याकरण n. Titel eines Werkes.

*दीपकिट्ट n. *Lampenruss.*

*दीपकूपी und *दीपखोरी f. *Lampendocht.*

दीपंकर m. N. pr. eines **Buddha.**

*दीपंकरज्ञान m. N. pr. eines Mannes.

दीपदानपद्धति f. und °दानरत्न n. Titel zweier Werke.

*दीपध्वज m. *Lampenruss.*

दीपन 1) Adj. (f. ई) *a) in Flammen setzend, anfachend* (auch in übertr. Bed.) — *b) das Feuer der Verdauung anfachend, reizend.* — 2) *m. *a) Cassia Sophora.* — *b) Zwiebel.* — *c) Achyranthes triandra.* — *d) eine best. Staude,* = मयूरशिखा. — 3) f. ई *a) Trigonella foenum graecum* Bhâvapr. 1,167. — *b)* **Ptychotis Ajowan* Râǵan. 6,39. — *c)* **Clypea hernandifolia* Râǵan. 6,122. — *d) eine best. Composition* S. S. S. 121. — *e)* vielleicht *eine best. mystische Formel.* — *f)* N. pr. eines Wesens im Gefolge der **Devî.** — 4) n. *a) das Anzünden.* — *b) das Erleuchten, Erhellen.* — *c) das Anfachen des Feuers der Verdauung, das Befördern der V.* — *d) ein best. Process, dem Mineralien* (insbes. *Quecksilber*) *unterworfen werden.* — *e) ein best. Verfahren mit einem Zauberspruche.* — *f) Digestiv.* — *g)* **Saffran.* — *h)* **die Wurzel von Tabernaemontana coronaria;* richtig दीन.

दीपनीय 1) Adj. *auf die Beförderung der Verdauung bezüglich, dazu behülflich u. s. w.* Karaka 1,1. — 2) *m. *Ptychotis Ajowan* Râǵan. 6,40. — 3) n. *Digestiv.*

दीपपादप m. *Lampengestell, Lampe.*

*दीपपुष्प m. *Michelia Champaka.* Vgl. दीर्घपुष्प.

दीपप्रकाश m. Titel eines Werkes Opp. Cat. 1.

दीपभाजन n. *Lampe.*

*दीपमल्ली f. dass. Gal.

दीपमाला und °मालिका f. *eine Reihe von Lampen.*

दीपमालिकोत्सव m. *eine best. Feier.*

दीपवती f. N. pr. eines Flusses.

दीपवर्ति f. *Lampendocht* Daçak. 85,11.

दीपवृक्ष m. 1) *Lampengestell, eine Leuchte auf einem Gestell, Laterne.* — 2) **Pinus longifolia* oder *Deodora.*

दीपव्याकरण n. Titel eines Werkes.

*दीपशत्रु m. *Nachtschmetterling, Motte.*

दीपशिखा f. 1) *die Flamme einer Lampe.* — 2) *die Spitze von* दीप 2) Lîlâv. S. 93. — 3) *Lampenruss.*

*दीपशृङ्खला f. *eine Reihe von Lampen.*

दीपश्राद्धविधि m. Titel eines Werkes.

दीपाङ्कुर m. *die Flamme einer Lampe.*

दीपान्विता f. *ein best. Festtag.*

दीपालिककल्प m. Titel eines Werkes Bühler, Rep. No. 722.

*दीपाली f. 1) *eine Reihe von Lampen.* — 2) *ein best. Festtag.*

दीपालोक m. *Lampenlicht, eine brennende Lampe* MBh. 13,57,22. Chr. 172,8.

दीपावलि f. *eine Reihe von Lampen.*

दीपासुर m. N. pr. eines **Asura** Ind. St. 14,127.

दीपिकाधारिणी f. *Lampenträgerin* Kâd. 2,5,18.

*दीपितर् Nom. ag. von दीप्.

दीपिन् 1) Adj. am Ende eines Comp. *entflammend, anfachend.* — 2) f. ई *wohl eine best. mystische Formel.*

*दीपीय Adj. von दीप.

*दीपोच्छिष्ट n. *Lampenruss* Gal.

दीपोत्सव m. *Lampenfest.*

दीप्त 1) Adj. s. u. दीप्. — 2) m. *a)* **Löwe.* — *b)* **der Citronenbaum.* — *c) eine best. Krankheit der Nase.* — *d) eine best. Personification* Gaut. — 3) f. आ *a)* **Methonica superba.* — *b)* **Cardiospermum Halicacabum.* — *c)* * = सातला *eine best. Pflanze.* — *d)* **rother Arsenik.* — *e) eine best. Tonfarbe* S. S. S. 23. — *f) eine best.* **Çakti** Hemâdri 1,198,5. — 4) *n. *a) Asa foetida.* — *b) Gold.*

*दीप्तक 1) *eine best. Krankheit der Nase.* — 2) n. *Gold.*

दीप्तकिरण Adj. *heissstrahlig.*

दीप्तकीर्ति Adj. *einen glänzenden Ruf habend* (**Skanda**).

दीप्तकेतु m. N. pr. zweier Männer.

*दीप्तजिह्वा f. *Fuchs.*

दीप्ततपस् Adj. *heissen, strengen Kasteiungen hingegeben* LA. 51,11.

दीप्ततेजस् Adj. *von brennendem Machtglanze* LA. 50,14.

दीप्तत्व n. *das Flammen, Strahlen.*

दीप्तनयन m. N. pr. einer Eule.

*दीप्तपिङ्गल m. *Löwe.*

*दीप्तपुष्पा f. *Tragia involucrata* (?).

दीप्तरस 1) Adj. *mit heftigen Affecten verbunden.* Nom. abstr. °त्व n. — 2) *m. *eine Art Raupe* (*mit brennendem Safte*).

दीप्तरूपिन् m. *eine best. Personification* Gaut.

दीप्तरोमन् m. N. pr. eines der **Viçve Devâs.**

*दीप्तलोचन m. *Katze.*

*दीप्तलोह n. *Messing.*

दीप्तवर्ण Adj. *feuerfarbig* (**Skanda**).

दीप्तशक्ति Adj. *einen flammenden Speer habend* (**Skanda**).

दीप्तशिख 1) Adj. *eine strahlende Flamme habend.* — 2) m. N. pr. eines **Jaksha.**

दीप्तांशु m. *die Sonne* Prasannar. 155,4.

दीप्ताक्ष 1) Adj. (f. ई) *flammende Augen habend.* — 2) m. *a)* **Katze.* — *b)* N. pr. α) Pl. eines Volkes. — β) einer Eule.

1. दीप्ताग्नि m. *hellflammendes Feuer.*

2. दीप्ताग्नि 1) Adj. *gut verdauend* Hemâdri 1,131, 20. 152,22. Nom. abstr. °ता f. — 2) *m. Bein. **Agastja's.**

*दीप्ताङ्ग m. *Pfau.*

दीप्तात्मन् Adj. *feurigen Geistes, heissblütig* MBh. 5,178,15.

दीप्तास्य Adj. *mit flammendem Rachen* (Schlange) MBh. 5,180,7.

दीप्ति f. 1) *das Flammen, heller Glanz.* — 2) *glänzende Anmuth.* — 3) **der blitzschnelle Flug eines Pfeils.* — 4) **Lack.* — 5) **Messing.* — 6) N. pr. eines der **Viçve Devâs;** vielleicht m.

दीप्तिक 1) am Ende eines adj. Comp. = दीप्ति 1). — 2) *m. *eine best. Pflanze.*

दीप्तिकेतु m. N. pr. eines Sohnes des **Manu Dâkshasavarṇa** VP.[2] 3,25.

दीप्तिकेश्वरतीर्थ n. N. pr. eines **Tîrtha.**

दीप्तिमन्त् 1) Adj. *leuchtend, glänzend, strahlend.* — 2) m. N. pr. *a)* eines **Ṛshi** im 8ten **Manvantara** VP. 3,2,17. — *b)* eines Sohnes des **Kṛshṇa.** — 3) f. °मती *eine best.* **Çruti** S. S. S. 24.

दीप्तोद n. N. pr. eines **Tîrtha.**

*दीप्तोपल m. *der Sonnenstein* (सूर्यकान्त).

दीप्तौजस् Adj. *von brennender Energie, heissblütig* 220,7.

*दीप्त्य Adj. von दीप्त.

*दीप्य 1) Adj. *die Verdauung fördernd.* — 2) m. *a) Celosia cristata.* — *b) Ptychotis Ajowan* Râǵan. 6,39. — *c) Kümmel* Râǵan. 6,57. — 3) n. *weisser Kümmel.*

दीप्यक 1) m. *eine best. Pflanze* Suçr. Nach den Lexicographen m. *Kümmel,* m. n. *Ptychotis Ajowan* und *Celosia cristata,* n. *Apium involucratum.* — 2) *n. *eine best. rhetorische Figur.*

दीप्र 1) Adj. *flammend, leuchtend, glänzend.* — 2) *m. *Feuer.*

दीर्घ 1) Adj. (f. आ) *a) lang, weitreichend* (im Raume). दीर्घम् Adv. — *b) lang, lange dauernd.* दीर्घम् und दीर्घतमम् Adv. — *c) prosodisch lang.* — 2) m. *a)* **Kamel* Râǵan. 19,21. — *b)* **Sacharum Sara* oder *eine verwandte Grasart.* — *c)* **Shorea robusta.* — *d) ein langer Vocal.* — *e)* Bez. *des 5ten, 6ten, 7ten und 8ten Zodiakalbildes.* — *f)* mystische Bez. *des Lautes* अ. — *g)* N. pr. eines Fürsten. — 3) f. आ *a) ein länglicher See.* — *b)* **eine der Hemionitis cordifolia verwandte Pflanze.* — *c)* mystische Bez. *des Lautes* न. — 4) n. *a)* **eine best. Grasart* Râǵan. 8,101. — *b)* Name eines Sâman. प्रजापतेर्दीर्घे Du. Ârsh. Br.

*दीर्घकणा f. *weisser Kümmel.*

*दीर्घकण्ट und *°क m. *eine best. Pflanze mit langen Stacheln.*

दीर्घकण्ठ m. N. pr. eines Dânava.

*दीर्घकण्ठक m. *Ardea nivea.*

*दीर्घकन्दक 1) n. *eine Art Rettig.* — 2) f. °कन्दिका *Curculigo orchioides.*

*दीर्घकंधरा f. *Ardea nivea* Râǵan. 19,104.

दीर्घकर्ण m. N. pr. einer Katze.

दीर्घकर्षण n. *ein best.* Svara Saṁhitopan. 17,5. Pushpas. 4,5,7.

*दीर्घकाण्ड 1) m. *die Wurzel von Scirpus Kysoor.* — 2) f. आ *eine best. Schlingpflanze* Râǵan. 3,91.

दीर्घकालम् Acc. Adv. *lange Zeit* M. 8,145. MBh. 1,209,9.

*दीर्घकील und *°क m. *Alangium hexapetalum.*

*दीर्घकूरक n. *eine Reisart.*

दीर्घकूर्च Adj. *langbärtig.*

दीर्घकेश 1) *Adj. *langhaarig.* — 2) m. *a)* **Bär* Râǵan. 19,7. — *b)* Pl. N. pr. eines Volkes.

*दीर्घकोशा, *°कोशिका und *°कोशी f. *Wendeltreppe* (*eine Art Muschel*).

*दीर्घगति m. *Kamel* Râǵan. 19,21.

दीर्घगामिन् Adj. *weithin fliegend* (Pfeil).

*दीर्घग्रन्थि m. *Scindapsus officinalis* Râǵan. 6,14.

दीर्घग्रीव 1) *Adj. *langhalsig.* — 2) m. *a)* **Kamel.* — *b)* **eine schwarze Reiherart* Râǵan. 19,96. — *c)* Pl. N. pr. eines Volkes.

*दीर्घघाटिक m. *Kamel.*

*दीर्घचञ्चु m. *ein best. Vogel.*

दीर्घचतुरस्र 1) Adj. *oblong* Sâj. zu Çat. Br. 3,1, 1,6. — 2) m. *Rechteck* Çulbas. 1,36.

*दीर्घच्छद m. 1) *Tectona grandis.* — 2) *Zuckerrohr.*

*दीर्घजङ्गल m. *ein best. Fisch.*

दीर्घजङ्घ 1) *Adj. *langbeinig.* — 2) m. *a)* **Kamel.* — *b)* **Ardea nivea.* — *c)* N. pr. eines Jaksha.

*दीर्घजानुक m. *Ardea sibirica.*

दीर्घजिह्व 1) *Adj. (f. आ) *langzüngig.* — 2) m. *a)* **Schlange.* — *b)* N. pr. eines Dânava. — 3) f. आ N. pr. *a)* einer Râkshasî. — *b)* einer der Mütter im Gefolge Skanda's. — 4) f. ई N. pr. einer Unholdin.

(दीर्घजिह्व्य) दीर्घजिह्विअ Adj. *langzüngig.*

दीर्घजीरक m. *Kümmel* Bhâvapr. 1,166.

दीर्घजीविन् Adj. *lange lebend, ein hohes Alter erreichend* zu Spr. 2081.

दीर्घतन्तु Adj. *einen langen Faden —, eine lange Reihe bildend.*

*दीर्घतन्वी f. *eine best. Aroidea.*

दीर्घतपस् 1) Adj. *der sich langdauernden Kasteiungen hingiebt* Hariv. 14332. — 2) m. N. pr. verschiedener Ṛshi; auch = दीर्घतमस्.

दीर्घतमस् m. N. pr. eines Ṛshi. Pl. *sein Geschlecht.* दीर्घतमसो ऽर्कः und दी° व्रतम् Name zweier Sâman.

*दीर्घतरु m. *die Weinpalme.*

दीर्घता f. *Länge* (im Raume).

*दीर्घतिमिषा f. *Cucumis utilissimus.*

दीर्घतीक्ष्णमुख Adj. (f. ई) *ein langes und spitzes Maul habend* 217,14.

दीर्घतुण्ड 1) Adj. *eine lange Schnauze habend;* f. आ MBh. 9,2649. ई 9,46,31. — 2) *f. आ *Moschusratte.*

*दीर्घतृण n. *eine Schilfart* Râǵan. 8,136.

दीर्घत्व n. Nom. abstr. zu दीर्घ 1) *b)* und *c)*.

दीर्घदण्ड 1) Adj. *langstielig* Kauç. 15. — 2) m. *a) Ricinus communis* Bhâvapr. 1,201. — *b)* **die Weinpalme.* — 3) *f. ई *ein best. kleiner Strauch* Râǵan. 5,94.

*दीर्घदण्डक m. *Ricinus communis.*

दीर्घदन्त Adj. (f. ई) *langzähnig* MBh. 9,46,31.

दीर्घदर्शन Adj. = दीर्घदर्शिन् 1).

दीर्घदर्शिता f. und °दर्शित्व n. Nom. abstr. zu °दर्शिन् 1).

दीर्घदर्शिन् 1) Adj. *weitsichtig, einen weiten Blick habend* (in übertr. Bed.). — 2) m. *a)* **Bär* Râǵan. 19,7. — *b)* **Geier.* — *c)* N. pr. α) eines Ministers. — β) eines Affen.

दीर्घदर्शिवंस्, °दृश्वन् und *°दृष्टि Adj. = दीर्घदर्शिन् 1).

*दीर्घद्रु m. *die Weinpalme.*

*दीर्घद्रुम m. *Salmalia malabarica* Râǵan. 8,8.

दीर्घनख 1) Adj. (f. ई) *lange Nägel habend* MBh. 9,46,31. — 2) m. N. pr. eines Mannes. — 3) *f. ई *Diospyros embryopteris.*

*दीर्घनाद 1) Adj. *dessen Geschrei, Ton* u. s. w. *weit reicht.* — 2) m. *a) Hund.* — *b) Hahn.* — *c) Muschel* Râǵan. 13,125.

*दीर्घनाल 1) m. *a) Andropogon bicolor.* — *b) eine Grasart,* = वृत्तगुण्ड. — 2) n. *ein best. wohlriechendes Gras* Râǵan. 8,102.

दीर्घनिद्रा f. 1) *ein langer Schlaf.* — 2) *Todesschlaf* Harshak. 124,1.

दीर्घनीथ m. N. pr. eines Mannes.

दीर्घनेत्र m. N. pr. eines Sohnes des Dhṛtarâshṭra MBh. 7,127,60.

*दीर्घपत्त m. *der gabelschwänzige Würger.*

*दीर्घपटोलिका und *°पटोली (Gal.) f. *eine best. Cucurbitacee.* Nach Mat. med. 297 *Luffa cylindrica.*

दीर्घपत्त्र 1) *Adj. *langblätterig.* — 2) m. *a) eine Art Zuckerrohr.* — *b) eine Art Ebenholzbaum* Bhâvapr. 1,243. — *c)* **die Weinpalme* Râǵan. 9,87. — *d)* **eine Art Zwiebel.* — *e)* **ein anderes Knollengewächs,* = विष्णुकन्द. — *f)* **eine best. Grasart* Râǵan. 8, 119. — *g)* **eine Art* Kuça-*Gras* Râǵan. 8,94. — 3) *f. आ *a) eine der Hemionitis cordifolia verwandte Pflanze.* — *b) Pandanus odoratissimus* Râǵan. 10,69. — *c) Hoya viridiflora* Râǵan. 4,187. — *d) eine Art Curcuma.* — *e) eine* Ǵambû-*Art.*

दीर्घपत्त्रक 1) m. *a) eine Art Zuckerrohr.* — *b)* **eine Art Knoblauch.* — *c)* **Ricinus communis.* — *d)* **Barringtonia acutangula.* — *e)* **Calamus Rotang* Râǵan. 9,110. — *f)* **Capparis aphylla* (!). — *g)* **eine best. Wasserpflanze,* = जलजमधूक. — 2) *f. °पत्त्रिका *a) Desmodium gangeticum.* — *b) Aloe indica.* — *c) eine best. Schlingpflanze.*

*दीर्घपर्ण 1) Adj. *langblätterig.* — 2) f. ई *eine der Hemionitis cordifolia verwandte Pflanze.*

*दीर्घपर्वन् m. *Zuckerrohr.*

*दीर्घपल्लव m. *Cannabis sativa* oder *Crotolaria juncea.*

*दीर्घपद् (stark °पाद्) 1) Adj. *langbeinig.* — 2) m. *Reiher.*

*दीर्घपवन 1) Adj. *langathmig.* — 2) m. *Elephant.*

दीर्घपाठ m. *eine best. Recitation der* VS. *mit vielen Verdoppelungen der Consonanten.*

*दीर्घपाद 1) Adj. *langbeinig.* — 2) m. *Reiher.*

*दीर्घपादप m. 1) *die Weinpalme* Râǵan. 9,86. — 2) *die Arecapalme* Râǵan. 11,240.

दीर्घपाश्वा f. *eine Art Backstein* Çulbas. 3,177.

*दीर्घपुष्प m. 1) *Michelia Champaka* Râǵan. 10,59. Vgl. दीप्तपुष्प. — 2) *Calotropis gigantea* Râǵan. 10,33.

*दीर्घपृष्ठ 1) Adj. *einen langen Rücken habend.* — 2) m. *Schlange.*

दीर्घप्रज्ञ 1) Adj. *einen weitreichenden Verstand habend.* — 2) m. N. pr. eines Fürsten.

दीर्घप्रयज्यु Adj. *anhaltend im Gebet* oder *Opfer, unermüdlich fromm.*

दीर्घप्रसद्मन् Adj. *fern wohnend.*

दीर्घप्राण Adj. *langathmig* ÂPAST. ÇR. 6,20,2.

दीर्घप्रेक्षिन् Adj. = दीर्घदर्शिन् 1) MBH. 7,133,13.

*दीर्घफल 1) Adj. *lange Früchte habend.* — 2) m. a) *Cathartocarpus fistula* RÂǴAN. 9,44. — b) *Butea frondosa.* — c) *Asclepias gigantea.* — 3) f. आ a) *eine roth färbende Oldenlandia* RÂǴAN. 3,116. — b) *Weinstock mit röthlichen Trauben.* — c) *Odina pennata.* — d) *eine Gurkenart.*

*दीर्घफलक m. *Agati grandiflora* RÂǴAN. 10,46.

दीर्घबाहु 1) Adj. *langarmig.* — 2) m. N. pr. a) eines Wesens im Gefolge Çiva's. — b) eines Dânava HARIV. 3,47,11. — c) verschiedener Männer LALIT. 390,13.

*दीर्घबीजा f. *eine best. Pflanze* GAL.

दीर्घभुज 1) *Adj. *langarmig.* — 2) m. N. pr. eines Wesens im Gefolge Çiva's.

*दीर्घमारुत 1) Adj. *langathmig.* — 2) m. *Elephant.*

दीर्घमुख 1) Adj. (f. ई) *langmäulig, langschnabelig.* — 2) *m. N. pr. eines Jaksha (!). — 3) f. ई a) *Parra jacana* oder *goensis* (nach dem Comm.) ÂPAST. ÇR. 15,19,4. — b) **Moschusratte.*

1.*दीर्घमूल n. *die Wurzel von Andropogon muricatus.*

2. दीर्घमूल 1) *Adj. *lange Wurzeln habend.* — 2) *m. a) *eine Art* Bilva. — b) *eine best. Schlingpflanze* RÂǴAN. 3,80. — 3) f. आ *eine best. Pflanze.* Nach den Lexicographen *Desmodium gangeticum* und *Ichnocarpus frutescens.* — 4) *f. ई a) *Alhagi Maurorum* DHANV. 1,5. — b) *Leea hirta.* — c) *Solanum indicum.*

*दीर्घमूलक 1) n. *Rettig* RÂǴAN. 7,14. — 2) f. °लिका *Desmodium gangeticum.*

दीर्घयज्ञ m. N. pr. eines Fürsten.

दीर्घयशस् Adj. *weitberühmt.*

दीर्घयाथ *eine lange Bahn.*

*दीर्घरङ्गा f. *Gelbwurz.*

*दीर्घरत m. *Hund.*

*दीर्घरद m. *Eber.*

*दीर्घरसन m. *Schlange.*

*दीर्घरागा f. *Gelbwurz* RÂǴAN. 6,198.

दीर्घरात्रम् Adv. *lange Zeit hindurch, auf l. Z.* LALIT. 123,15. 128,16. 181,1. 184,2.

दीर्घरात्रिक Adj. *anhaltend* (Fieber) BHÂVAPR. 3,130.

दीर्घराव m. N. pr. eines Schakals.

दीर्घरोम m. N. pr. eines Sohnes des Dhṛtarâshṭra.

दीर्घरोमन् m. 1) *Bär.* — 2) N. pr. eines Wesens im Gefolge Çiva's.

दीर्घरोष Adj. (f. आ) *dessen Zorn lange anhält, nachtragend* BHAR. NÂṬJAÇ. 34,119. Nom. abstr. °ता f. MÂLAV. 44,16.

दीर्घरोषण Adj. dass.

*दीर्घरोहिषक m. *ein best. wohlriechendes Gras.*

दीर्घलोचन 1) Adj. *langäugig.* — 2) m. N. pr. eines Sohnes des Dhṛtarâshṭra.

*दीर्घलोहितयष्टिका f. *rothes Zuckerrohr.*

*दीर्घवंश m. *Amphidonax Karka.*

*दीर्घवक्त्र m. *Elephant.*

*दीर्घवर्ष्मिका oder *°वर्त्किका f. *Krokodil.*

*दीर्घवर्षाभू f. *eine weiss blühende* Punarnavâ.

*दीर्घवाला f. *Bos grunniens.*

*दीर्घवृन्त m. *die Weinpalme.*

*दीर्घवृत्तफला (दीर्घवृत्त°?) f. *eine Kürbisart* RÂǴAN. 7,162.

दीर्घवृन्त 1) m. *Calosanthes indica.* — 2) *f. आ *Koloquinthengurke* RÂǴAN. 3,82.

*दीर्घवृन्तक 1) m. *Calosanthes indica* und *eine Varietät davon* RÂǴAN. 9,27. — 2) f. °वृन्तिका *Mimosa octandra.*

दीर्घव्याधि Adj. *an einer langwierigen Krankheit leidend.*

*दीर्घशर m. *Andropogon bicolor.*

*दीर्घशाख 1) Adj. *lange Aeste habend.* — 2) m. a) *Shorea robusta.* — b) *Cannabis sativa* oder *Crotolaria juncea.*

*दीर्घशाखिका f. *ein best. Strauch* RÂǴAN. 4,171.

*दीर्घशिम्बिक m. *schwarzer Senf.*

*दीर्घशिर m. *ein best. Vogel.*

दीर्घशूक und *°क m. *eine Reisart mit langen Grannen.*

दीर्घशृङ्ग Adj. *langhörnig* Spr. 7541.

दीर्घश्मश्रु Adj. *langbärtig.*

दीर्घश्रवस् 1) Adj. *weitbekannt.* — 2) m. N. pr. eines Mannes.

दीर्घश्रुत् Adj. 1) *weithin hörend.* — 2) *weithin hörbar, weitbekannt.* Superl. °श्रुत्तम.

*दीर्घसक्थ Adj. *lange Schenkel habend* L.K. 1042.

*दीर्घसक्थि Adj. *mit langen Gabeldeichseln versehen* P. 5,4,113, Sch.

1. दीर्घसत्त्र n. *eine langdauernde* Soma-*Feier.*

2. दीर्घसत्त्र Adj. = दीर्घसत्त्रिन्. — 2) n. N. pr. eines Tîrtha.

दीर्घसत्त्रिन् Adj. *mit einer langdauernden Feier beschäftigt.*

दीर्घसंध्य Adj. *dessen Gebete zu den verschiedenen Tageszeiten lange dauern.* Nom. abstr. °त्व n.

*दीर्घसस्य m. *Diospyros embryopteris.*

*दीर्घसुरत m. *Hund.*

दीर्घसूत्र Adj. (f. आ) *langsam zu Werke gehend, sich lange bedenkend, saumselig.* Nom. abstr. °ता f. und *°त्व n. (GAL.).

दीर्घसूत्रिन् Adj. dass. Nom. abstr. °त्रिता f.

*दीर्घस्कन्ध m. *die Weinpalme* RÂǴAN. 9,86.

दीर्घाङ्घ्रि m. *Desmodium gangeticum* BHÂVAPR. 1,198.

दीर्घाक्ष Adj. *langäugig* Spr. 2823.

दीर्घागम m. Titel eines buddh. Sûtra.

दीर्घाङ्ग्याम m. N. pr. eines *Dorfes.*

दीर्घाङ्घ्री f. (BHÂVAPR. 1,198, Hdschr.) und *दीर्घाङ्घ्रि m. *Desmodium gangeticum.*

दीर्घाधी Adj. *dessen Sorge weithin reicht.*

दीर्घाध्व m. *ein langer Weg, eine lange Reise.*

*दीर्घाध्वग m. 1) *Kamel.* — 2) *Briefträger, Bote.*

दीर्घानल m. mystische Bez. *der Silbe* रा.

दीर्घापेक्षिन् Adj. *überaus rücksichtsvoll.* v. l. दीर्घप्रेक्षिन्

दीर्घाप्सस् Adj. *ein langgestrecktes Vordertheil habend* (Wagen).

दीर्घामय Adj. = दीर्घव्याधि.

दीर्घायु Adj. *langlebig* ṚV.

दीर्घायुत्व n. *Langlebigkeit.*

1.*दीर्घायुध m. (!) *Speer, Lanze.*

2.*दीर्घायुध m. *Eber.*

दीर्घायुशोचिस् Adj. *lebenslang für Jmd* (Gen.) *scheinend* (Feuer).

दीर्घायुष्क Adj. *langlebig* BHÂVAPR. 2,105.

दीर्घायुष्ट्व n. *Langlebigkeit, langes Leben.*

1. दीर्घायुष्य n. dass. HEMÂDRI 1,366,17. प्रजापतेर्दीर्घायुष्यम् Name eines Sâman.

2.*दीर्घायुष्य m. *Calotropis gigantea.* Richtig दीर्घपुष्प.

दीर्घायुस् 1) Adj. *langlebig, dem man ein langes Leben wünscht.* — 2) *m. a) *Krähe.* — b) *Salmalia malabarica.* — c) *eine best. Pflanze,* = जीवक. — d) Bein. Mârkaṇḍeja's.

दीर्घारण्य n. *eine weite Strecke wilden Landes.*

*दीर्घालर्क m. *ein best. Baum.*

दीर्घास्य 1) Adj. *ein langes Gesicht habend.* — 2) m. Pl. N. pr. eines *Volkes.*

*दीर्घाह्न् Adj. (f. °ह्नी) *lange Tage habend.*

दीर्घिका f. 1) *ein länglicher See,* — *Teich.* — 2) **Balanites Roxburghii* RÂǴAN. 6,72.

दीर्घी Adv. 1) mit कर् a) *verlängern.* — b) *in weite Ferne führen.* — 2) mit भू *lang werden* (von einem Vocal).

दीर्घीभाव m. Verlängerung (eines Vocals).

*दीर्घवारु m. eine Gurkenart Râgan. 7,194.

दीर्घोच्छ्वासम् Adv. unter langem, d.i. tiefem Seufzen 177,8. Megh. 99.

दीर्घोत्कण्ठमनस् Adj. dessen Herz seit lange von Sehnsucht erfüllt ist Bhâg. P. 4,9,43.

1. दीव् s. 1. दिव्.

2. दीव् f. Würfelspiel. Nur Dat. दीवे und Loc. दीवि (10,15).

दीवन n. das Spielen mit Würfeln.

*दीवि m. der blaue Holzheher.

दीवितर् Nom. ag. Würfeler.

दीव्यत् Partic. m. ein Spieler von Profession Sâh. D. 173,5.

1. दु 1) intrans. दुनोति (Med. mit आ und वि) und दूयते (episch auch दूयति) brennen, vor innerer Hitze vergehen, sich verzehren, vor Kummer —, vor Trauer vergehen, Gewissensbisse empfinden. — 2) trans. दुनोति und *दवति brennen, durch Brand Schmerzen verursachen, in innere Glut —, in Feuer —, in Trauer versetzen, hart mitnehmen. — 3) Partic. दून und दुत (nur Çiç.) gebrannt, in Glut —, in Unruhe versetzt, mitgenommen, gequält. — Caus. दावयति = 2). — Mit अभि brennen, durch Brand Schmerzen verursachen. — Mit आ sich verzehren, sich abhärmen. *Partic. आदून. — Mit परि heftig brennen, sich verzehren, sich abhärmen. — Mit प्र 1) verbrennen (intrans.). — 2) quälen, beunruhigen, zusetzen. — Mit वि 1) sich verzehren, sich abhärmen MBh. 1,58,6. — 2) durch Brand beschädigen, — zerstören.

2. दु = 1. दिव् würfeln. Nur in der Form दुविषाणि.

3. *दु, दवति (गतौ). Partic. दून.

दुःक° s. u. दुष्क°.

दुःख्, दुःखति schmerzen.

दुःख 1) Adj. (f. आ) unbehaglich unangenehm, widerwärtig, mit Ungemach verbunden 91,28. Mit einem Infin. unangenehm zu. दुःखतर unbehaglicher, mit mehr Ungemach verbunden. — 2) n. (adj. Comp. f. आ) Unbehagen, Schmerz, Leid, Beschwerde. दुःखं कर् Leid verursachen und sich über Etwas (Loc.) betrüben. दुःखतर n. ein grösseres Leid, — Ungemach. Das personificirte Duhkha ist ein Kind des Naraka und der Vedanâ. — 3) दुःखम् und दुःख° mit Mühe, schwer, schwerlich, ungern. Mit आस् betrübt dastehen 327,14. Prädicativ mit einem Infin. schwer zu. — 4) दुःखेन und दुःखात् vor Schmerz und mit Mühe, schwer, schwerlich, ungern.

दुःखकर Adj. Jmd (Gen.) Leid verursachend MBh. 1,157,29. Spr. 96.

दुःखगत n. Widerwärtigkeit, Unglücksfall.

दुःखग्रह Adj. (f. आ) schwer zu begreifen 324,25.

दुःखच्छेद्य Adj. schwer zu Grunde zu richten Spr. 3146.

*दुःखजात (f. आ) den Unheil getroffen hat.

दुःखता f. Unbehaglichkeit, Zustand des Leides, — Schmerzes.

दुःखदुःख n. Instr. mit grosser Mühe Megh. 90.

दुःखदुःखता f. die Unbehaglichkeit bei Schmerzen Saddh. P. 4,26,b.

दुःखदुःखिन् Adj. Schmerz über Schmerz erfahrend.

*दुःखदोह्या Adj. f. schwer zu melken.

दुःखनिर्वह 1) Adj. (f. आ) Leiden herbeiführend, — nach sich ziehend. — 2) m. eine Menge von Leiden.

दुःखपात्र n. ein Gefäss des Leids Ind. St. 14,389.

दुःखबोध Adj. schwer zu verstehen. — begreifen Comm. zu Njâjas. 1,1,37.

दुःखभागिन् und °भाज् (Çâk. Pisch. 84. Venis. 65,23). Adj. unglücklich.

दुःखम s. दुःषम.

दुःखमय Adj. dessen Wesen Unbehagen, Leid ist. Nom. abstr. °त्व n.

दुःखमोह m. Verzweiflung Daçak. 91,13.

दुःखय्, °यति Jmd (Acc.) Weh verursachen, betrüben Kâd. 77,24.

दुःखयन्त्र n. Marter Daçak. 6,17.

दुःखलब्धिका f. N. pr. einer Prinzessin.

दुःखलव्य Adj. schwer zu durchbohren, — treffen (Ziel) Bâlar. 90,24.

*दुःखलोक m. die Welt der Leiden, das Leben mit allen seinen Leiden.

दुःखवास m. ein schwerer Aufenthalt. °वासं वस् so v. a. ein schweres Leben führen MBh. 12,228,78.

दुःखवेग m. ein heftiger Schmerz 163,11.

दुःखव्याभाषित Adj. schwer auszusprechen.

दुःखशील Adj. einen schwierigen Character habend, schwer zufriedenzustellen, grosse Ansprüche machend 68,15. 69,19. 30. Nom. abstr. °त्व n.

दुःखसंस्पर्श Adj. (f. आ) dessen Berührung Unbehagen, Leiden verursacht.

दुःखसंचार Adj. unbehaglich verstreichend.

दुःखस्पर्श Adj. dessen Berührung unangenehm ist.

दुःखा Adv. mit कर् Jmd (Acc.) Weh verursachen, betrüben.

दुःखाकर m. eine Fülle von Leiden.

दुःखाकुल Adj. von Schmerz erfüllt 117,31.

दुःखाचार Adj. (f. आ) mit dem schwer umzugehen ist, grosse Ansprüche machend. Nach Nilak. soll दुःखाचारा = दुःखा च आरा (= सिंही) sein!

दुःखात्मक Adj. dessen Wesen Leid ist, leidvoll. Nom. abstr. °त्व n. Sarvad. 13,20.

दुःखान्त m. Ende der Leiden. Bei den Mâheçvara die allendliche Erlösung Govindân. zu Bâdar. 2,2,37.

दुःखाय्, °यते Schmerz empfinden Çañk. zu Bâdar. 2,3,46. sich betrüben.

दुःखार्त Adj. betrübt 68,13.

दुःखित Adj. Schmerz empfindend, betrübt, niedergeschlagen, unglücklich. °दुर्गत unglücklich und arm Ind. St. 15,391.

दुःखिता f. und दुःखित्व n. (262,6) Nom. abstr. von दुःखिन्.

दुःखिन् Adj. = दुःखित.

दुःखीय्, °यति Schmerz empfinden, sich abquälen.

दुःखोच्छेद्य Adj. schwer auszurotten, — zu Nichte zu machen.

दुःखोदर्क Adj. Leiden im Gefolge habend Bhâg. P. 11,20,28.

दुःखोपघात m. ein heftiger Schmerz Spr. 2834.

दुःखोपचर्य Adj. (f. आ) schwer zu behandeln, — zufriedenzustellen.

*दुःख्य्, दुःख्यति Schmerz bereiten.

दुःप° und दुःफ° u. s. w. s. u. दुष्प° und दुष्फ° u. s. w.

दुकूल 1) m. eine best. Pflanze. — 2) n. (adj. Comp. f. आ) eine Art Zeug und ein Gewand aus solchem Zeuge Vikramâñkak. 18,105.

*दुगूल n. = दुकूल 2).

दुग्ध 1) Adj. s. u. 1. दुह्. — 2) *f. ई eine Asclepias. — 3) n. Milch (auch Milchsaft von Pflanzen).

दुग्धकूपिका f. ein Kuchen aus Reismehl, mit dicker Milch gefüllt, Bhâvapr. 2,26.

*दुग्धचरु m. Milchspeise Gal.

*दुग्धतालीय n. Schaum auf der Milch, Rahm.

*दुग्धतुम्बी f. eine Kürbisart Râgan. 7,162.

दुग्धद Adj. (f. आ) 1) Milch gebend. — 2) Milch mehrend Bhâvapr. 1,209.

दुग्धदोह Adj. ausgemolken Ait. Âr. 352,6.

दुग्धपदी Adj. f. deren Fussspur Milch ist Suparn. 9,4.

*दुग्धपाषाण n. Kalkspath Râgan. 13,136.

*दुग्धपेया f. eine Art Curcuma.

*दुग्धफेन 1) m. Schaum auf der Milch. — 2) f. ई ein best. kleiner Strauch Râgan. 5,98.

*दुग्धबन्धक m. Verpfändung der Milch.

*दुग्धबीजा f. 1) gequetschter Reis Râgan. 16,100.

— 2) *eine Kürbisart* Râǵan. 7,162.

दुग्धभृत् Adj. *Milch tragend* (उर्वरी) Maitr. S. 1,6,1 = Âpast. Çr. 5,8,7.

दुग्धवटी f. *eine best. Mixtur gegen Durchfall* Mat. med. 112.

*दुग्धसमुद्र und दुग्धसिन्धु (Ind. St. 14,366) m. *das Milchmeer.*

*दुग्धाक्ष m. *eine best. Steinart.*

*दुग्धाग्र n. *Rahm.*

दुग्धाब्धि m. *das Milchmeer.* °तनया f. Patron. der Lakshm ̂.

दुग्धाम्बुधि m. dass.

*दुग्धाम्र n. = दुग्धफेन.

*दुग्धाश्मन् m. *Kalkspath.*

दुग्धिका f. 1) *eine weisse Asclepias* Bhâvapr. 1,220. Madanav. 27,268. — 2) *Oxystelma esculentum* Mat. med. 297.

*दुग्धिन् m. *Kalkspath* Râǵan. 13,136.

*दुग्धिनिका f. *roth blühender* Apâmârga Râǵan. 4,94.

दुग्धीका f. = दुग्धिका 1) Karaka 6,11.

दुग्धोदधि m. *das Milchmeer* Naish. 12,106.

1. दुघ् = 1. दुह् in दुघान = दुहान RV. 1,100,8.

2. °दुघ् Adj. *milchend* Âçv. Çr. 12,8,34.

दुघ 1) Adj. (f. आ) am Ende eines Comp. *milchend, gewährend.* — 2) f. दुघा *Milchkuh.*

*दुच्छक m. *eine Art Gemach.*

दुच्छुना f. 1) *Unheil, Unglück.* — 2) *ein Unheil bringendes Wesen, Unholdin.*

दुच्छुनाय्, दुच्छुनायते *Jmd Leid zufügen wollen.*

*दुडि f. *eine kleine Schildkröte.*

*दुण्डुक Adj. *bösgesinnt.*

दुण्डुभ m. *eine Eidechsenart.* Richtig डुण्डुभ MBh. 7,156,175.

दुण्डुभि m. *Wassermolch* oder *ein ähnliches Thier.*

दुण्ढा f. N. pr. einer Râkshasî.

दुत्थोत्थदवीर *der 13te astrol.* Joga.

दुद m. N. pr. eines Gebirges MBh. 13,7658. Die richtige Lesart st. दरुर्दरस्तथा ist दर्दुरस्तथा 13,166,32.

दुदुह m. N. pr. eines Fürsten.

*दुहालि = ग्रन्थि.

दुद्यूषु Adj. *zu spielen verlangend mit* (Acc.), so v. a. *zu schleudern v.* Bhaṭṭ. 9,32.

दुद्रुक्षु Râǵat. 7,900. 1015 fehlerhaft für दुध्रुक्षु.

*दुद्रुम m. *eine grüne Zwiebel.*

दुद्दर (!) etwa *Strickleiter* Pańkad.

दुध्, *दोधति (क्रुध्यतिकर्मन् und हिंसाकर्मन्) Nagh. 2,12. Zu belegen nur Partic. दोधत् *ungestüm, wild, tobend* und दुधित *verworren, turbidus* (तमस्).

दुधि Adj. *ungestüm, wild, tobend.*

दुधुक्षु Adj. mit Acc. *zu melken beabsichtigend.*

दुध्र Adj. = दुधि.

दुध्रकृत् Adj. *aufregend.*

दुध्रवाच् Adj. *aufgeregt* —, *verworren redend.*

दुध्रुक्षु Adj. *Schaden zuzufügen beabsichtigend, feindlich gesinnt, auf Verrath sinnend* Râǵat. 7,1267.

*दुन्दम m. *Trommel.*

*दुन्दु m. 1) dass. — 2) Bein. Vasudeva's.

दुन्दुनाभ m. *ein best. über Waffen gesprochener Zauberspruch.*

दुन्दुभ m. 1) *eine ungiftige Wasserschlange* (Comm.), *Wassermolch.* — 2) **Trommel.* — 3) Bein. Çiva's. — 4) Pl. *eine best. Schule des schwarzen* Jagus Ârjav. 44. Hemâdri 1,519,21.

दुन्दुभि 1) m. f. *Pauke, Trommel.* Auch °भी f. — 2) m. *a)* **Gift.* — *b) das 56te Jahr im 60jährigen Jupitercyclus.* — *c)* Bein. α) Kṛshṇa's. — β) *Varuṇa's. — *d)* N. pr. α) verschiedener Asura. — β) eines Rakshas. — γ) eines Jaksha. — δ) verschiedener Männer. — ε) zweier Gebirge VP. 2,4,7. 51. — 3) f. N. pr. einer mythischen Person Ind. St 14,125. einer Gandharvî Kâraṇḍ. 4,21. — 4) f. °भी Bez. *gewisser Würfe im Würfelspiel* oder *ein beim Würfelspiel gebrauchtes Geräthe.* — 5) n. N. pr. eines nach einem Dundubhi benannten Varsha in Krauńkadvîpa VP. 2,4,47. 48.

दुन्दुभिक m. *ein best. giftiges Insect.*

दुन्दुभिग्रीव Adj. *einen trommelähnlichen Hals habend* (Stier) MBh. 8,33,25. Nach Nîlak. = दुन्दुभिस्वनकण्ठ.

*दुन्दुभिदर्पहन् m. Bein. Vâlin's Gal.

दुन्दुभिनिर्ह्राद m. N. pr. eines Dânava.

दुन्दुभिविमोचनीय Adj. *auf das Abspannen der Trommeln bezüglich* (होम) Âpast. Çr. 18,5.

*दुन्दुभिषेवण n. gaṇa सुषामादि.

दुन्दुभिस्वन m. *ein best. über Waffen gesprochener Zauberspruch.*

दुन्दुभिस्वर m. N. pr. 1) eines Fürsten der Gandharva Kâraṇḍ. 2,17. — 2) wohl = °राज Lalit. 201,1 (°भिस्वराव ते zu lesen).

दुन्दुभिस्वरराज m. N. pr. verschiedener Buddha.

दुन्दुभ्य Adj. von दुन्दुभि *Trommel.*

दुन्दुभ्याघात m. *Trommelschläger* 34,10.

दुन्दुमायित n. *das Dröhnen* (einer Trommel).

*दुन्दुमार m. = धुन्धुमार.

*दुमती f. N. pr. eines Flusses.

*दुमेल n. *eine best. hohe Zahl* (buddh.).

दुम्बक m. *das fettschwänzige Schaf* Bhâvapr. 2,10.

दुम्मदुमाक m. N. pr. eines Dorfes.

1. दुर् f. *Thür.* Nur दुरस् (Acc. Pl. und einmal Nom. Pl.) und दुरस् (einmal Acc. Pl.).

2. दुर्° = दुष्°, दुस्° und δυς-.

1. दुर m. *Eröffner, Erschliesser, Verleiher von* (Gen.).

2. दुर = 1. दुर् in दुरदभ्न und शतदुर.

1. *दुरक्ष m. *ein böser, betrügerischer Würfel.*

2. दुरक्ष Adj. *schwach auf den Augen.*

दुरक्षर n. *ein böses Wort* Naish. 9,63.

*दुरंगमा f. = दूरंगमा.

दुरतिक्रम 1) Adj. (f. आ) *worüber man schwer hinüberkommt,* — *hinwegkommt, schwer zu überwinden, dem schwer zu entrinnen ist.* — 2) m. *a)* Bein. Çiva's. — *b)* N. pr. eines Brahmanen.

दुरतिक्रमणीय Adj. = दुरतिक्रम 1) Bâlar. 156,4.

दुरत्यय Adj. (f. आ) 1) = दुरतिक्रम 1). — 2) *wohin schwer zu gelangen ist, schwer zu erreichen.* दुरन्वय v. l. — 3) *schwer zu ergründen.*

दुरत्येतु Adj. = दुरतिक्रम 1).

दुरदभ्न Adj. (f. आ) *Thore täuschend,* so v. a. *durch Schloss und Riegel nicht zu halten.* Wohl verdorben.

दुरदृष्ट n. *Missgeschick.*

दुरश्ननी f. *schlechte Kost, Hungersnoth* Âpast. Çr. 6,20,2.

दुरधिग Adj. *schwer zu erlangen.*

दुरधिगम Adj. 1) *schwer zu erlangen,* — *erreichen.* — 2) *schwer zu erforschen.*

दुरधिष्ठित 1) Adj. *schlecht gehandhabt,* — *ausgeführt.* — 2) n. *ein ungehöriges Verbleiben an einem Orte.*

दुरधीत Adj. *mangelhaft erlernt.*

दुरधीयान Adj. *schlecht lernend* Gop. Br. 1,1,31.

दुरध्यवसाय m. *ein thörichtes Unternehmen* Spr. 6148.

दुरध्येय Adj. *schwer zu studiren,* — *lesen.* Nom. abstr. °त्व n.

दुरध्व m. *ein schlechter Weg* Naish. 9,33.

दुरनुज्ञात Adj. *mangelhaft gewährt.*

दुरनुपालन Adj. *schwer zu bewahren.*

*दुरनुबोध Adj. *schwer zum Bewusstsein zu bringen.*

दुरनुष्ठित Adj. 1) *übel gethan,* — *gehandelt.* — 2) *schlecht gehandelt, nicht in der gehörigen Zucht gehalten.*

दुरनुष्ठेय Adj. *schwer auszuführen.*

दुरन्त Adj. (f. आ) 1) *dessen Ende schwer zu finden ist, kein Ende nehmend, unendlich.* — 2) *ein trauriges Ende nehmend.* Nom. abstr. °ता f.

दुरन्तक Adj. = दुरन्त 1) Hemâdri 1,626,20.

दुरन्तकृत् Adj. *dessen Arbeit nie ein Ende nimmt.*

दुरन्तदेव m. *der Gott der schwer zu Ende zu führenden Dinge* (Gaṇeça) Spr. 4801.

दुरन्तपर्यन्त Adj. *ein schlechtes Ende nehmend* Prasannar. 103,18.

दुरन्वय Adj. 1) *schwer zugänglich* MBh. 13,102, 38. — 2) *schwer auszuführen.* — 3) *wenig —, nicht entsprechend.*

दुरन्वेष्य Adj. *schwer zu durchsuchen.*

दुरपवाद m. *üble Nachrede.*

दुरपास Adj. *schwer abzuwerfen* Naish. 5,130.

दुरफ v. l. für दुरुःफ.

*दुरभिग्रह m. 1) *Achyranthes aspera.* — 2) f. आ a) *Mucuna pruritus.* — b) *Alhagi Maurorum.*

दुरभिप्राय Adj. *eine böse Absicht habend.*

दुरभिभव Adj. *schwer zu überwältigen, — übertreffen* Kâd. 49,14.

दुरभिमानिन् Adj. *unangenehm hochmüthig.*

दुरभिरक्ष Adj. *schwer zu bewachen.* Nom. abstr. °ता f. Daçak. (1925) 2,96,10.

दुरभिसंधि m. *eine böse Absicht* Cit. im Comm. zu Mṛkkh. 83,25.

*दुरय् s. u. 3. इ mit दुस्.

दुरर्मण्री f. AV. 16,2,1 wohl fehlerhaft für दुरम्नी.

दुरवगम Adj. *schwer verständlich.*

दुरवग्रह 1) Adj. *schwer zurückzuhalten, — aufzuhalten, unwiderstehlich.* — 2) m. *eine tadelnswerthe Hartnäckigkeit.*

दुरवग्राह (Bhâg. P. ed. Bomb. 7,1,19) und °ग्राह्य Adj. *schwer zu erreichen.*

दुरवच्छद Adj. *schwer zu verhüllen.*

दुरवतार Adj. *wohin schwer hinabzusteigen ist.*

दुरवधारक Adj. *schlecht entscheidend, ein schlechtes Urtheil fällend.*

दुरवधारण Adj. *schwer —, nicht zu bestimmen* Sarvad. 7,12.

दुरवधार्य Adj. *schwer zu begreifen.*

दुरवबोध Adj. *schwer verständlich.* Nom. abstr. °ता f.

दुरवरोह Adj. *wohin schwer hinabzusteigen ist.*

दुरवलेप m. *tadelnswerther Hochmuth* Prasannar. 68,5.

दुरववद n. impers. *schwer Uebles nachzureden.*

दुरवसित Adj. *worüber schwer Gewissheit zu erlangen ist, unergründet.*

दुरवस्था f. *eine schlimme Lage.*

दुरवस्थित Adj. *nicht fest stehend.*

दुरवाप Adj. (f. आ) *schwer zu erlangen, — erreichen, — sich zu eigen zu machen, — zu verwirklichen.*

दुरवेक्षित n. *ein unpassender, verbotener Blick.*

दुरस्य्, दुरस्यति *Böses zufügen —, beschädigen wollen.*

दुरस्यु Adj. *Böses zufügen wollend* Âpast. Çr. 6,21,1.

*दुरह्न m. *ein böser Tag.*

*दुराक m. Pl. N. pr. eines Volkes.

दुराकृति Adj. *verunstaltet, garstig, hässlich.*

दुराक्रन्द Adj. *schlechte —, keine Freunde habend.*

दुराक्रम Adj. 1) *schwer zu erklimmen.* — 2) *dem schwer beizukommen ist.*

दुराक्रोशम् Adv. *arg schmähend.*

दुरागत m. N. pr. eines Mannes.

दुरागम m. 1) *unredlicher Erwerb, — Besitz* Hemâdri 1,50,5. — 2) *eine schlechte Ueberlieferung.*

दुराग्रह m. *eine tadelnswerthe Hartnäckigkeit, thörichte Grille, fixe Idee.*

दुराचर Adj. (f. ई) 1) *schwer zu üben, dem sich hinzugeben schwer fällt.* — 2) *schwer zu behandeln, — heilen.*

दुराचरित n. *ein übles Ergehen.*

1. दुराचार m. *ein schlechter Wandel, schlechtes Betragen, schlechte Sitte.*

2. दुराचार Adj. (f. आ) 1) *schlechte Sitten habend, schlechtgeartet, frevelhaft.* — 2) R. Gorr. 2,117,8 fehlerhaft für दुरावार oder दुरावर.

दुराचारिन् Adj. = 2. दुराचार 1).

*दुराढ्यंकर Adj. *schwer reich zu machen.*

*दुराढ्यंभव Adj. *schwer reich werdend.*

दुरात्मता f. *Schlechtigkeit, Niederträchtigkeit.*

दुरात्मन् Adj. *schlecht, niederträchtig, frevelhaft;* von Personen.

दुरात्मवत् Adj. dass.

दुरादान Adj. *schwer —, nicht anzufassen.*

दुरादृष्टि Adj. *etwa übel aussehend.*

दुरादेय Adj. *schwer fortzunehmen, — zu rauben.*

दुराधन m. N. pr. eines Sohnes des Dhṛtarâshṭra.

दुराधर 1) Adj. a) *schwer anzuhalten, unaufhaltsam, unwiderstehlich.* — b) *schwer zu erlangen.* — c) *schwer zu halten, — behüten, — bewachen* MBh. 5,42,46. — 2) m. N. pr. eines Sohnes des Dhṛtarâshṭra.

दुराधर्ष 1) Adj. (f. आ) *dem man Nichts anhaben kann, vor Angriffen sicher, dem schwer beizukommen ist, unantastbar, dem man nicht ungestraft nahen darf, gefährlich.* — 2) *m. *weisser Senf.* — 3) *f. आ *eine best. Pflanze* Râǵan. 5,76.

दुराधार Adj. *schwer im Sinne zu behalten* (nach Nîlak.).

दुराधी Adj. *Uebles sinnend.*

दुरानम Adj. *schwer zu spannen.*

दुराप 1) Adj. (f. आ) a) *schwer einzuholen.* — b) *schwer zu erlangen, — erreichen.* — c) *dem schwer beizukommen ist.* — 2) m. N. pr. eines Dânava.

दुरापन Adj. (f. आ) *schwer —, nicht einzuholen.*

दुरापादन Adj. *schwer zu Stande zu bringen.*

दुरापूर Adj. *schwer zu erfüllen, — befriedigen.*

दुराबाध Adj. *den man nicht ungestraft belästigen darf.*

दुरामोद m. *Gestank.*

दुराम्नाय Adj. *schwer zu überliefern.*

दुराय्य Adj. v. l. für दुरावी.

दुरारक्ष (R. ed. Bomb. 2,52,72) und °रक्ष्य Adj. *schwer zu hüten.*

दुराराध Adj. (f. आ) = दुराराध्य 1) Bâlar. 12,12.

दुराराध्य Adj. 1) *schwer für sich zu gewinnen, — günstig zu stimmen, — zu verehren.* — 2) *schwer zu bezwingen.*

दुरारिहन् Adj. Beiw. Vishṇu's.

दुरारुह 1) Adj. *schwer zu erklimmen.* — 2) *m. a) *Cocospalme* Râǵan. 11,48. — b) *Aegle Marmelos* Râǵan. 11,192. — 3) *f. आ *Phoenix sylvestris* Râǵan. 11,56.

दुरारोप Adj. *schwer mit der Sehne zu beziehen* (Bogen) Bâlar. 22,10.

दुरारोह 1) Adj. (f. आ) *schwer zu erklimmen.* Nom. abstr. °ता f. Kâd. 26,12. — 2) *m. *Palmbaum, Dattelpalme.* — 3) *f. आ a) *Salmalia malabarica.* — b) *Acacia concinna* Râǵan. 8,75.

दुरालक्ष्य Adj. *schwer wahrzunehmen.*

दुरालभा f. *Alhagi Maurorum.*

दुरालम्ब Adj. (f. आ) *worauf festen Fuss zu fassen schwer ist.*

दुरालम्भ 1) Adj. (f. आ) *schwer anzufassen.* — 2) f. आ *Acacia concinna* Kâraka 6,20. 7,7.

*दुरालाप m. *Fluch, Verwünschung.*

दुरालोक Adj. (f. आ) *schwer wahrzunehmen* Bâlar. 42,2. Kândak. 28,4.

दुरावर Adj. *schwer zu schliessen, — vor einem Andrang zu schützen.*

दुरावर्त Adj. *schwer zu gewinnen, — von einer Meinung abzubringen.*

दुरावह Adj. (f. आ) *schwer hinzuführen, — hinzuleiten zu* (im Comp. vorangehend).

दुरावार Adj. 1) = दुरावर. — 2) *schwer zu hemmen, — zurückzuhalten.*

दुरावासिन् Adj. *eine schlechte Wohnung habend.*

दुरावी Adj. *schwer zu passiren* RV. 9,41,2. v. l. दुराय्य.

1. दुराश m. *ein best.* Ekâha.

2. दुराश Adj. (f. आ) *mit dessen Aussichten es schlimm bestellt ist.*

दुराशङ्क Adj. *fälschlich vermuthend.* Nom. abstr. °त्व n. Comm. zu Âpast. Çr. 2,19,6.

1. दुराशय m. Bez. *des feinen Körpers, der durch den Tod nicht vernichtet wird* (Comm.).

2. दुराशय Adj. (f. आ) *böse Gedanken habend.*

दुराशा f. 1) *eine schlechte, tadelhafte Erwartung, eitle, falsche Hoffnung* Kâd. 192,23. — 2) *Verzweiflung, — an* (Loc.).

दु॑राशिर् Adj. *schlecht gemischt.*

दुराशिस् Adj. *schlechte Wünsche —, schlechte Absichten habend.*

दुराश्रय Adj. *schwer zu üben* Tejob. Up. 2.

दुरासद 1) Adj. (f. आ) a) *dem schwer zu nahen, beizukommen ist, dem zu nahe zu kommen Gefahr bringt.* — b) *schwer anzutreffen, — zu finden, unerhört.* — c) *schwer auszuführen* MBh. 12,173,58. — 2) m. a) mystische Bez. *des Schwertes.* — b) N. pr. eines Mannes.

दुरासह 1) Adj. *schwer auszuführen.* v. l. दुरासद. — 2) *m. = दुरासद 2) a) Gal.

दुरासित Adj. *schlechte, unschickliche Art zu sitzen.*

दुरासेव Adj. (f. आ) *mit dem es schwer ist zu verkehren, unangenehm im Verkehr.*

दुराहर Adj. *schwer darzubringen* (Opfer) MBh. 2,16,5.

दुरा॑हा Indecl. *Unheil!*

दुरि॒त (दु॑रित RV. 1,125,7) 1) n. a) *Schwierigkeit, Gefahr, Noth, Schaden.* — b) *Uebelbefinden.* — c) *Verfehlung, Böses, Sünde.* Auch personificirt. — 2) Adj. a) *schwierig, schlimm.* — b) *schlecht, böse.*

दुरितक्षय m. 1) *das Zunichtewerden der Sünden.* — 2) N. pr. eines Mannes.

*दुरितदमनी f. *Mimosa Suma.*

दुरितात्मन् Adj. *bösgesinnt.*

*दुरितारि f. N. pr. einer Ǵaina-Gottheit.

दु॑रिति f. *Noth.*

1. दुरिष्ट n. *Verwünschung, zum Schaden Anderer geübte Zauberei.*

2. दु॑रिष्ट Adj. *was im Opfer verfehlt ist* Hemâdri 1,497,19.

दु॑रिष्टि f. *Fehler im Opfer.*

*दुरिष्ठ Superl. zu 2. दुर्.

दुरीश m. *ein böser Herr.*

*दुरीषणा f. *Verwünschung.*

दुरीह Adj. *böse gemeint.*

दुरु m. N. pr. eines Gebirges MBh. 13,7658. Die richtige Losart st. दुरुर्दुस्तथा ist दर्दुरस्तथा 13,166,32.

दुरुःफ der *15te astrol.* Joga.

दुरु॑क्त Adj. 1) *falsch —, verkehrt —, unüberlegt —, verletzend gesagt;* n. *ein solches Wort.* — 2) *mit harten Worten angefahren.*

दुरुक्ति f. *ein hartes, verletzendes Wort.* Auch personificirt.

दुरुक्तोक्त Adj. *übel beleumdet* Ait. Br. 2,17,6.

दुरुच्छेद Adj. *schwer auszurotten, zu vernichten.*

दुरुच्छेद्य Adj. 1) *schwer zu zerhauen.* — 2) = दुरुच्छेद.

*दुरुत Adj. *schlecht gewebt.*

दुरुत्तर Adj. *schwer zu überwinden.* Häufig im Prâkrit und vielleicht aus दुस्तर entstanden; s. Kuhn's Z. 23,595.

दुरुत्सह Adj. (f. आ) 1) *schwer zu tragen.* — 2) *schwer zu ertragen.* — 3) *dem schwer zu widerstehen ist* MBh. 9,22,1.

दुरुत्साह Adj. v. l. für दुरुत्सह 3).

दुरुदय Adj. *schwer zur Erscheinung kommend, sich Jmd* (Gen.) *nicht manifestirend.*

दुरुदर्क Adj. *schlechte* oder *keine Folgen habend* Naish. 5,41.

*दुरुदाहर Adj. (f. आ) *schwer auszusprechen.*

दुरुद्वह Adj. (f. आ) *schwer zu* 1) *tragen.* — 2) *ertragen.*

दुरुधरा f. δορυφορία, *eine best. Mondstellung.*

*दुरुपक्रम Adj. (f. आ) 1) *dem schwer zu nahen ist.* — 2) *schwer ärztlich zu behandeln, schwer zu heilen* Karaka 6,26.

दुरुपचार Adj. (f. आ) 1) *dem schwer zu nahen ist, dem man nicht ungestraft nahen darf.* — 2) *schwer zu behandeln, dem man es nicht leicht recht machen kann, sehr empfindlich.* — 3) *schwer ärztlich zu behandeln, — heilen* Suçr. 1,83,13.

दुरुपदिष्ट Adj. *schlecht unterwiesen.*

दुरुपदेश m. *eine schlechte Unterweisung.*

दुरुपपाद Adj. (f. आ) 1) *schwer zu Stande zu bringen, — besorgen* Kâd. 177,5. — 2) *schwer darzuthun, — zu beweisen.*

दुरुपयुक्त Adj. *unrichtig angewandt* Daiv. Br. 4.

दुरुपलक्ष Adj. *schwer zu bemerken.*

दुरुपसर्पिन् Adj. *unvorsichtiger Weise hinzutretend.*

*दुरुपस्थान Adj. (f. आ) *dem schwer zu nahen ist.*

दुरु॑पाप Adj. *schwer zu erlangen.*

दुरुफ = दुरुःफ.

दुरूळ्हत्व n. fehlerhaft für दूळ्ह°.

दुरूह Adj. *schwer zu erschliessen, — begreifen, — verstehen.* Nom. abstr. °त्व n.

दुरे॑व Adj. (f. आ) *übelgeartet, schlimm, bösartig;* m. *Uebelthäter.*

दुरे॑वकम् Adv. *in einer Weise, welche nicht bequem ist.*

दुरे॑वकशोचिस् Adj. *unbequem* (allzu heiss und hell) *glühend.*

दुरोण॑ n. *Wohnung, Heimat.*

दुरोणयु॑ Adj. *das Haus liebend.*

दुरोणसद् Adj. *im Hause weilend.*

दुरोदर 1) m. *Würfeler, Würfelspieler.* — 2) *Würfel* MBh. 8,74,15. — 3) (*m.) n. *Würfelspiel.* Oft wird eine *Schlacht* mit dem *Würfelspiel* verglichen. — 4) *m. *Einsatz beim Würfelspiel.*

दुरो॑ष und दुरो॑षस् Adj. *langsam, träge.* Nach Sâj. *dessen Grimm schwer zu beseitigen ist.*

दुर्ग॑ 1) Adj. (f. आ॑) a) *wo schwer zu gehen ist, wohin schwer zu gelangen ist, schwer zu passiren, unwegsam, unzugänglich, — für* oder *wegen* (im Comp. vorangehend), *wohin man ungern geht* 133,2. — b) *unzugänglich,* so v. a. *schwer verständlich.* — 2) m. a) **Bdellion.* — b) N. pr. α) eines Asura. — β) verschiedener Männer. Auch abgekürzt für दुर्गदास u. s. w. — 3) m. n. (älter) a) *ein schwieriger Weg, eine schwere Stelle, ein wegen Etwas* (im Comp. vorangehend) *schwer zugänglicher Ort, ein ungern besuchter Ort* 134,6. — b) *Schwierigkeit, Widerwärtigkeit, Gefahr.* — 4) f. आ a) **die Indigopflanze.* — b) **Clitoria Ternatea.* — c) **ein best. Vogel.* — d) N. pr. α) einer *Göttin,* einer Tochter des Himavant und Gattin Çiva's. — β) verschiedener Frauen. — γ) zweier Flüsse. — 5) n. a) *Unebenheit, Höhe.* — b) *Feste, Burg.*

दुर्गकर्मन् n. *die Befestigung eines Ortes.*

*दुर्गकारक m. *ein best. Baum.*

दुर्गगुप्त m. N. pr. eines Grammatikers.

दुर्गघात N. pr. einer Festung.

दुर्गघ्न Adj. (f. आ) *Widerwärtigkeiten entfernend* (Durgâ) Hariv. 9426.

दुर्गटीका f. Titel eines *Commentars.*

दुर्गत 1) Adj. *dem es schlimm geht, in Noth sich befindend, arm.* — 2) n. *eine schlimme Lage, Elend, Armuth* Hâsj. 21. Es ist aber wohl दुर्गतेर्दुर्मतेर्वृद्धिः zu lesen.

दुर्गतता f. *Elend, Armuth.*

दुर्गतरणी und °तरिणी (Hariv. 3,65,39) f. *ein Boot an schwierigen Stellen,* Bez. der Sâvitrî: vgl. दुर्गासावित्री.

दुर्गता f. *Schwierigkeit des Hinüberkommens über* (Gen.).

1. दुर्गति f. 1) *Noth, Elend, Armuth.* °नाशिनी Beiw.

der Durgâ. कामुक° so v. a. *Mangel an Liebhabern* Vikramâṅkak. 17,63. — 2) * *Hölle.*

2. दुर्गति Adj. = दुर्गत 1).

दुर्गदेश m. *eine unwegsame Gegend* Spr. 2843.

दुर्गनाग m. N. pr. eines Mannes B. A. J. 10,365.

1. दुर्गन्ध m. *ein übler Geruch, Gestank.*

2. दुर्गन्ध 1) Adj. (f. आ) *übel riechend, stinkend.* — 2) m. *a) Zwiebel.* — *b)* * *der Mangobaum.* — 3) * n. *Sochal-Salz.*

दुर्गन्धकार m. *After* Karaka 8,21.

दुर्गन्धता f. *übler Geruch, Gestank.*

दुर्गन्धि Adj. *übel riechend, stinkend.*

दुर्गपति und दुर्गपाल m. *Befehlshaber einer Festung.*

दुर्गपिशाच m. N. pr. eines Mâtaṅga.

*दुर्गपुष्पी f. *eine best. Pflanze.*

दुर्गम 1) Adj. (f. आ) *a) schwer zu gehen, unwegsam, schwer zu passiren, wohin man schwer gelangt, unzugänglich, — wegen* (Instr. oder im Comp. vorangehend). — *b) schwer zu erreichen* (in übertr. Bed.), — *zu finden, — nachzuweisen* Madanav. 2,5. — 2) m. oder n. *eine schwierige Lage.* — 3) m. N. pr. verschiedener Männer VP. 4,17,1.

दुर्गमनीय Adj. *schwer zu gehen, — betreten.*

दुर्गम्य Adj. *unwegsam.*

दुर्गल m. Pl. N. pr. eines Volkes. दुर्गाल v. l.

*दुर्गलङ्घन m. *Kamel.*

दुर्गवाक्यप्रबोध m. Titel eines Werkes.

दुर्गवास m. *ein Uebernachten an unwegsamen Orten* MBh. 3,177,6.

दुर्गवृत्ति f. Titel eines Werkes.

दुर्गशैल m. N. pr. eines *Berges.*

*दुर्गसंचर und *°संचार m. *ein schwerer Durchgang, Defilé.*

दुर्गसह Adj. *Gefahren zu überwinden vermögend* Hariv. 5018.

दुर्गसिंह 1) m. N. pr. eines Astronomen und eines Grammatikers. — 2) f. ई Titel eines von Durgasiṁha verfassten Commentars.

दुर्गसेन m. N. pr. eines Autors.

दुर्गह 1) n. *a) eine unsichere Stelle, ein unsicherer, gefährlicher Weg.* — *b) Gefahr.* — 2) m. N. pr. eines Mannes.

दुर्गाकवच Titel eines Werkes.

दुर्गाकुण्ड n. N. pr. eines Teiches.

दुर्गाचार्य m. N. pr. eines Scholiasten des Nirukta.

दुर्गाढ Adj. *schwer zu ergründen.*

दुर्गातत्त्व n. Titel eines Werkes.

दुर्गादत्त m. N. pr. eines Autors.

दुर्गादास m. N. pr. verschiedener Männer.

दुर्गाध Adj. *unergründlich.*

*दुर्गाधिकारिन् und दुर्गाध्यक्ष m. *Befehlshaber einer Feste.*

*दुर्गानवमी f. *der neunte Tag in der lichten Hälfte des* Kârttika.

दुर्गापञ्चाङ्ग n. Titel eines Werkes.

दुर्गापूजा f. *ein Fest zu Ehren der* Durgâ VP.[2] 1,lvii.

दुर्गाभक्तितरंगिणी f. und दुर्गामहत्त्व n. Titel zweier Werke.

दुर्गामाहात्म्य n. = देवीमाहात्म्य.

दुर्गामृतरहस्य n. Titel eines Werkes.

दुर्गाराम m. N. pr. eines Autors.

दुर्गारोहण Adj. *schwer zu besteigen, — erklimmen.*

दुर्गार्चनमाहात्म्य n. Titel eines Werkes.

दुर्गाल m. Pl. N. pr. eines Volkes MBh. 6,9,52. दुर्गल v. l.

दुर्गावती f. N. pr. einer Fürstin.

*दुर्गावल्लभ m. *eine Art Räucherwerk* Gal.

दुर्गाविलास m. Titel eines Gedichts.

दुर्गाष्टमी f. *ein best. achter Tag.*

दुर्गासंदेहभेदिका f. Titel eines Werkes.

दुर्गासावित्री f. Bez. *des Verses* ṚV. 1,99,1 Vishṇus. 56,9. Vgl. दुर्गतरणी.

दुर्गास्तव m. Titel eines *Lobliedes* Ind. St. 2,206.

दुर्गास्तोत्र n. Titel eines *Lobgesangs* Opp. Cat. 1.

दुर्गाह्य Adj. *schwer zu ergründen.* Nom. abstr. °त्व n.

*दुर्गाह्लाद m. *eine Art Räucherwerk* Gal.

*दुर्गाह्व m. *Bdellion.*

दुर्गि *eine best. Gottheit* Taitt. Âr. 10,1,7. Nach dem Comm. m. (!) = दुर्ग 4) *d) α).*

दुर्गिला f. ein Frauenname Hem. Par. 2,447.

दुर्गृभि Adj. *schwer zu fassen, — festzuhalten.*

दुर्गृभिश्वन् Adj. *etwa unaufhaltsam anschwellend.*

दुर्गृभीय्, °यते *schwer zu fassen sein* RV.

दुर्गोत्सवतत्त्व n. Titel eines Werkes.

दुर्गोष्ठी f. *eine schlechte Gesellschaft, ein geheimer Bund, Verschwörung.*

1. दुर्ग्रह m. 1) *ein böser Krankheitsdämon.* — 2) *ein böser, Unheil bringender Planet* Naish. 9,41. — 3) *ein ungerechtfertigtes hartnäckiges Bestehen auf Etwas* (Loc.), *eine thörichte Grille, eine fixe Idee* Naish. 9,41. Am Ende eines adj. Comp. f. आ.

2. दुर्ग्रह Adj. (f. आ) 1) *schwer zu fassen, — festzuhalten* Sâj. zu ṚV. 1,140,6. — 2) *schwer einzunehmen, — zu erobern.* — 3) *schwer für sich zu gewinnen.* — 4) *schwer zu vollziehen.* — 5) *schwer zu begreifen.*

दुर्ग्राह्य Adj. 1) *schwer zu ergreifen, — zu fassen, — festzuhalten, — festzunehmen, — gefangen zu nehmen.* — 2) *schwer sich zu eigen zu machen, schwer für sich zu gewinnen.* — 3) *schwer zu fassen, — begreifen, — ergründen.* Nom. abstr. °त्व n.

दुर्घट 1) Adj. *schwer zu Stande zu bringen, schwierig.* — 2) Titel eines Werkes.

दुर्घटघातन (wohl n.) und दुर्घटवृत्ति f. Titel zweier Commentare.

दुर्घण in सु° MBh. 10,455 wohl fehlerhaft. सुनिर्घृण ed. Bomb.

*दुर्घर्षा f. v. l. für दुर्धर्ष 3) *a).*

*दुर्घोष m. *Bär.*

दुर्जन m. *ein schlechter, boshafter Mann, Bösewicht.* Auch Adj., insbes. in Verbindung mit einem zweiten जन.

दुर्जनमल्ल m. N. pr. eines Fürsten.

दुर्जनमुखचपेटिका f., °मुखपद्मपादुका f. und °मुखमहाचपेटिका f. Titel von Werken VP.[2] 1,xlvii. lxxxviii.

दुर्जनाय्, °यते *für einen bösen Menschen gelten.*

दुर्जनी Adv. mit कर् *Jmd (zum schlechten Menschen machen, so v. a.) beleidigen, Jmd zu nahe treten* 316,16. 327,21. An beiden Stellen im Prâkrit.

दुर्जय 1) Adj. (f. आ) *a) schwer zu gewinnen, — zu erlangen.* — *b) schwer zu besiegen, — bewältigen, mit dem oder womit man schwer fertig wird, dessen man sich nicht erwehren kann* 329,9. — 2) m. N. pr. *a)* eines Dânava und einer Dânava-Schaar. — *b)* eines Rakshas. — *c)* verschiedener Helden. — 3) f. आ N. pr. *a)* einer Joginî Hemâdri 2,*a*,102,2. fgg. — *b)* einer Stadt.

दुर्जयन्त m. N. pr. eines Gebirges.

दुर्जर 1) Adj. (f. आ) *a) nicht verfallend, — morsch werdend.* — *b) schwer verdaulich* (auch in übertragener Bed.). — 2) N. pr. einer Oertlichkeit.

दुर्जल n. *verdorbenes —, schädliches Wasser* Bhâvapr. 3,124.

दुर्जात 1) Adj. (f. आ) *a) elend, unglücklich.* — *b) schlechtgeartet, schlecht.* — *c) nicht ächt, falsch.* भर्तर् so v. a. *Buhle.* — 2) n. *Unglück.*

1. दुर्जाति f. *Unglück.*

2. दुर्जाति Adj. *schlechtgeartet, böse.*

दुर्जातीय Adj. dass.

दुर्जीव n. impers. *schwer zu leben für* (Instr.) und Subst. n. *ein schweres Leben.*

दुर्जेय Adj. *schwer zu besiegen.*

दुर्ज्ञान Adj. (f. आ) *schwer zu wissen, — erkennen, — kennen zu lernen, — ausfindig zu machen, — ergründen.* Nom. abstr. °त्व n.

दुर्ज्ञेय Adj. dass.

दुर्णाय schlechte Schreibart für दुर्नय.

दुर्णश Adj. *unerreichbar, unzugänglich.*

दुर्णामचातन Adj. *die* Durṇâman *genannten Dämonen verscheuchend.*

दुर्णामन् 1) m. Bez. *dem Menschen feindlicher, dämonischer Geschöpfe, von welchen Krankheiten und anderes Unheil kommen.* Nach Nir. *ein best. Gewürm.* — 2) f. °म्नी f. zu 1).

दुर्णामहन् Adj. *die* Durṇâman *schlagend, — vernichtend.*

दुर्णिहितैषिन् Adj. *schlecht Verwahrtes aufspürend.*

दुर्णीति schlechte Schreibart für दुर्नीति.

दुर्दग्ध n. *schlechtes Brennen* (in der Chirurgie) Suçr. 1,36,21.

*दुर्दत्त Adj. *schlecht gegeben.*

दुर्दम 1) Adj. *schwer zu bändigen.* — 2) m. N. pr. verschiedener Männer.

दुर्दमन m. N. pr. eines Fürsten.

दुर्दम्य Adj. *schwer zu bändigen.*

*दुर्दर 1) Adj. *a) tearing.* — *b) distressing.* — 2) m. *a) Schlacht* Gal.; vgl. दुरोदर. — *b) a kind of drug.*

दुर्दर्श Adj. (f. आ) 1) *schwer zu sehen, — erblicken von* (Instr. oder Gen.), *schwer zu Gesicht zu bekommen* Âpast. — 2) *ungern gesehen.* — 3) *unangenehm anzusehen, widerlich.*

दुर्दर्शन Adj. 1) *schwer zu sehen, — erblicken von* (Gen.). — 2) *unangenehm anzusehen, übel aussehend.*

दुर्दश Adj. MBh. 10,83 fehlerhaft für दुर्दृश.

दुर्दशा f. *ein schlimmes Loos, Unglück* Kathâs. 20,39 (दुर्दशा zu lesen).

दुर्दान्त 1) Adj. *schlecht gebändigt, ungezähmt, ungezügelt.* — 2) m. *a)* **Kalb.* — *b)* **Streit, Zank.* — *c)* N. pr. eines Löwen 151,8.

दुर्दारु n. *schlechtes Holz* Karaka 1,27.

दुर्दिन 1) n. (adj. Comp. f. आ) *ein trüber, regnichter Tag, Regenwetter, Unwetter, ein bezogener Himmel, Regen.* जलबिन्दु° *Regenschauer* Kâd. 243,10. — 2) Adj. (f. आ) *mit Regenwolken bezogen, bewölkt, trübe.*

*दुर्दिनाय्, °यते *sich mit Wolken beziehen.*

दुर्दिवस m. *ein trüber, regnichter Tag.*

*दुर्दुरूट m. ein Ausdruck des Tadels; auch = नास्तिक und काट.

दुर्दोहा Adj. f. *schwer zu melken.*

दुर्दूराल Adj. *sehr lang* (Weg).

दुर्दृश् Adj. *schlecht sehend.*

दुर्दृश Adj. (f. आ) 1) *schwer zu sehen, — zu erblicken, — anzutreffen, — zu Gesicht zu bekommen.* — 2) *unangenehm anzusehen, widerlich.*

दुर्दृशीक Adj. *übel aussehend.*

दुर्दृष्ट Adj. *schlecht geprüft, ungerecht entschieden.*

दुर्देश m. *eine unwirthliche Gegend* 213,32. *eine ungesunde G.* °ज Adj. *daher stammend* (Wasser) Bhâvapr. 2,39.

दुर्दैव n. *Missgeschick.*

दुर्दैववत् Adj. *vom Missgeschick verfolgt.*

दुर्द्यूत n. *ein böses, verbrecherisches, falsches Spiel.* °देविन् Adj. *ein solches Spiel spielend.*

*दुर्द्यूतवेदिन् (°देविन्?) m. Bein. Çakuni's Gal.

*दुर्द्रिता f. *eine best. Schlingpflanze.*

*दुर्द्रुम m. *eine grüne Zwiebel.*

दुर्धर 1) Adj. (f. आ) *a) schwer zu tragen, — halten, — ertragen, dessen Andrang schwer zu widerstehen ist, unaufhaltsam, unhemmbar.* दण्ड m. (*Stock, Strafe*) *schwer zu halten,* so v. a. *schwer zu führen, — auszuüben.* — *b) schwer im Gedächtniss zu behalten.* — *c) schwer zurückzuhalten,* so v. a. *unumgänglich, nothwendig.* — 2) m. *a)* **Quecksilber.* — *b)* **eine best. auf dem* Himavant *wachsende Knolle.* — *c)* **Semecarpus Anacardium.* — *d)* **eine best. Hölle.* — *e)* N. pr. verschiedener Männer. — 3) f. आ *a) eine best. Constellation.* — *b)* N. pr. der Gattin Kandragupta's Hem. Par.

दुर्धरीतु und दुर्धर्तु Adj. *unaufhaltsam, unhemmbar.*

दुर्धर्म Adj. *schlechten Gesetzen folgend.*

दुर्धर्ष 1) Adj. (f. आ) *a) dem man Nichts anhaben kann, vor Angriffen sicher, unantastbar, dem schwer beizukommen ist, dem man nicht in die Nähe kommen mag, gefährlich.* — *b) grässlich, schrecklich.* — 2) m. N. pr. *a)* eines Sohnes des Dhṛtarâshṭra. — *b)* eines Berges in Kuçadvipa. — 3) *f. आ *a) eine Art Opuntia* Râǵan. 8,54. — *b) ein best. Strauch,* = नागदमनी.

*दुर्धर्षकुमारभूत m. N. pr. eines Bodhisattva.

दुर्धर्षण Adj. = दुर्धर्ष 1) *a).*

दुर्धर्षता f. und दुर्धर्षत्व n. Nom. abstr. zu दुर्धर्ष 1) *a).*

दुर्धा f. *Unordnung.*

दुर्धार्य Adj. 1) *schwer zu tragen, — ertragen.* — 2) *schwer im Gedächtniss zu behalten.*

दुर्धाव Adj. *schwer zu reinigen.*

दुर्धित Adj. *ungeordnet, unordentlich.*

दुर्धी Adj. 1) *dumm, einfältig.* — 2) *schlechte Absichten habend, boshaft.*

दुर्धुर Adj. *schlecht eingespannt.*

दुर्धुरूट m. *ein Schüler, der nicht von selbst auf des Lehrers Worte achtet.*

दुर्नय m. Sg. und Pl. *ein schlechtes oder unkluges Benehmen.*

दुर्नरेन्द्र m. *ein elender Zauberer, — Beschwörer* Harshak. 83,1. 155,5.

*दुर्नष्ट Adj.

*दुर्नामक n. *Hämorrhoiden.*

दुर्नामन् 1) m. N. pr. eines Jaksha. — 2) *f. *Wendeltreppe (eine Art Muschel).* Auch *दुर्नाम्नी. — 3) n. *Hämorrhoiden.*

*दुर्नामारि m. *die Knolle des Amorphophallus campanulatus* Râǵan. 7,62.

दुर्निग्रह Adj. *schwer niederzudrücken, — zu bezwingen.*

दुर्निमित Adj. *schlecht gemessen, unregelmässig.*

दुर्निमित्त n. *ein böses Omen.*

दुर्नियन्तु Adj. *schwer festzuhalten, — zurückzuhalten.*

दुर्निरीक्ष (fehlerhaft für °क्ष्य), °क्षण und °क्ष्य Adj. *schwer anzuschauen, — zu sehen für* (Instr. oder Gen.).

दुर्निरूप Adj. *schwer festzustellen, — zu bestimmen.* Nom. abstr. °त्व n.

दुर्निवर्त्य Adj. 1) *schwer zur Umkehr zu bringen* (ein fliehendes Heer). — 2) *von wo die Rückkehr schwer ist.*

दुर्निवार Adj. (f. आ) *schwer zurückzuhalten, — zurückzudrängen, — abzuwehren.* Nom. abstr. °त्व n.

दुर्निवार्य Adj. dass.

दुर्निवृत्त Adj. *von wo die Rückkehr schwer ist.*

दुर्निषेध Adj. *schwer abzuwehren* Bâlar. 42,3.

दुर्निष्क्रमण n. *ein schweres Herauskommen.*

दुर्निष्प्रपतर n. Khând. Up. 5,10,6 fehlerhaft für °पतन n. = दुर्निष्क्रमण.

दुर्निःसरण n. = दुर्निष्क्रमण.

दुर्नीत 1) Adj. *schlecht geleitet, — ausgeführt.* — 2) n. *eine schlimme Lage.*

दुर्नीतिभाव m. *ein schlechtes oder unkluges Benehmen.*

दुर्नृप m. *ein schlechter Fürst.*

दुर्बद्ध Adj. *schlecht befestigt.*

दुर्बन्ध Adj. *schwer zu erfassen.* Nom. abstr. °त्व n.

दुर्बल 1) Adj. (f. आ) *schwach, schwächlich, machtlos, schmächtig, mager, kränklich, unwohl, krank* (Kâtj. Çr. 25,7,1), *kärglich, schwach an* (im Comp. vorangehend). Nom. abstr. °ता f. — 2) m. *a) ein best. Vogel* Varâh. Bṛh. S. 88,28, v. l.; richtig दुर्बलि. — *b)* N. pr. eines Fürsten VP.² 4,165. — 3) f. आ *eine best. Pflanze.* — 4) f. ई Titel eines Werkes Opp. Cat. 1.

दुर्बलाग्नि Adj. *eine schwache Verdauung habend.* Nom. abstr. °ता f.

दुर्बलि und °क m. *ein best. Vogel* Varâh. Bṛh.

S. 88,28. 7.

दुर्बलित Adj. *geschwächt, um seine Wirksamkeit gekommen*

दुर्बली Adv. mit भू *schwach werden, um seine Wirksamkeit kommen.*

दुर्बलीभाव m. *das Schwachwerden.* स्वरस्य *der Stimme* Karaka 5,9.

दुर्बलीयंस् Adj. *schwächer, schwächlich.*

दुर्बोरिण Adj. *struppig* (Bart).

1. दुर्बुद्धि f. *Thorheit.* Am Ende eines adj. Comp. *thörichter Weise glaubend an.*

2. दुर्बुद्धि Adj. *schlechten oder verkehrten Sinnes, Böses im Sinne führend; thöricht, einfältig* (gewöhnlich in dieser Bed.).

दुर्बुध Adj. *thöricht, einfältig.*

दुर्बोध Adj. (f. आ Deçîn. S. 1, Z. 2) *schwer zu verstehen, — ergründen.* Nom. abstr. °ता f. Çaṁk. zu Bâdar. 2,1,6.

दुर्बोधपदभञ्जिका f. Titel eines Werkes.

दुर्बोध्य Adj. = दुर्बोध Comm. zu Mṛkkh. 61,22.

दुर्ब्राह्मण m. *ein schlechter Brahman.*

*दुर्भक्ष Adj. (f. आ) *schwer zu essen.*

दुर्भग 1) Adj. (f. आ) a) *widerwärtig, widerlich, hässlich, unangenehm.* छायासलिलदुर्भगा दिवसाः so v. a. *Tage, an denen man am Schatten und am Wasser (Baden) kein Behagen findet,* 86,4. Insbes. f. (auch Subst.) *den Männern nicht gefallend, Männern unangenehm.* — b) *unglücklich.* — 2) f. आ personificirt als *das von Allen gemiedene Alter.*

दुर्भगत्व n. *das Unglücklichsein, Unglück.*

दुर्भग्न Adj. *schlecht gebrochen.*

दुर्भङ्ग Adj. *schwer zu brechen, — auseinanderzubringen* (Faust).

दुर्भण Adj. *schwer anzugeben.* Nom. abstr. °त्व n.

दुर्भर Adj. 1) *schwer zu tragen, — ertragen.* — 2) *schwer beladen mit* (im Comp. vorangehend). — 3) *schwer zu ernähren.* — 4) *schwer zu sättigen, — befriedigen* 175,28.

दुर्भर्तर् m. *ein schlechter Gatte.*

दुर्भाग्य Adj. *unglücklich.*

दुर्भार्या f. *eine schlechte Gattin.*

दुर्भाव्य Adj. *schwer dem Geiste zu vergegenwärtigen, — im Bewustsein zu erhalten.*

दुर्भाष 1) Adj. (f. आ) *schlechte Worte im Munde führend* Agni-P. 243,5. — 2) m. *Schmähworte.*

दुर्भाषित Adj. (f. आ) mit वाच् f. *böse —, beleidigende Worte.*

दुर्भाषिन् Adj. *übel redend, mit Worten beleidigend.*

दुर्भिक्ष m. (selten) und n. 1) *Hungersnoth* Taitt. Âr. 1,4,3. Nom. abstr. °त्व n. — 2) *Noth* überh., — *an* (im Comp. vorangehend). भर्तृ° *Mangel an Gatten* Vikramâṅkak. 17,58.

दुर्भिक्षव्यसनिन् Adj. *der mit Hungersnoth zu kämpfen hat* Spr. 2872.

*दुर्भिक्षशमन m. *Fürst, König* Nigh. Pr.

दुर्भिद् Adj. (f. आ) *schwer zu spalten, — sprengen.*

दुर्भिषज्य n. *schwere Heilung.*

दुर्भूत n. *Uebel, Schaden.*

दुर्भृति f. *spärlicher Unterhalt.*

दुर्भेद Adj. (f. आ) *schwer zu spalten, — sprengen, — trennen, — auseinanderzubringen.*

दुर्भेद्य Adj. dass.

*दुर्भोगा f. = भिक्षुकी *Bettlerin* Gal.

दुर्भ्रातर् m. *ein schlechter Bruder.*

दुर्मख in अदुर्मख.

दुर्मङ्गल in अदुर्मङ्गल.

1. दुर्मति f. 1) *üble Gesinnung, Missgunst, Hass;* zuweilen in die concrete Bedeutung überspielend. — 2) *falsche Meinung, — Begriffe.*

2. दुर्मति 1) Adj. *thöricht* oder *übelgesinnt* (selten); m. *Thor* oder *Bösewicht* (selten). Einmal f. °ती. — 2) m. a) *das 55ste Jahr im 60jährigen Jupitercyclus.* — b) N. pr. α) eines *bösen Dämons* Lalit. 388,4. — β) eines *dummen Tölpels.*

दुर्मती Adv. mit कर् *schlecht walzen, — festschlagen.*

1. दुर्मद m. *falscher Stolz, übertriebener Dünkel* 104,29. In Comp. mit dem *Worauf.*

2. दुर्मद 1) Adj. (f. आ) *trunken, ausgelassen, von einem tollen Wahn ergriffen, ungestüm* Bâlar. 24, 5. Am Ende eines Comp. *ganz in der Gewalt stehend —, ganz ergriffen von, wie toll versessen auf.* — 2) m. N. pr. verschiedener Männer.

दुर्मदिन् m. *Säufer, Trunkenbold.*

1. दुर्मनस् n. *Verkehrtheit des Gemüthes, Verblendung.*

2. दुर्मनस् Adj. *entmuthigt, betrübt, traurig.* Nom. abstr. °स्ता f. *Traurigkeit* Çaṁk. zu Bâdar. 2,2,19.

दुर्मनस्क Adj. = 2. दुर्मनस्. Nom. abstr. °ता f.

दुर्मनाय्, °यते *betrübt werden, — sein* Mâlatîm. 50,1. Hem. Par. 1,99. दुर्मनायत 98. *verdriesslich werden* Prasannar. 34,2.4. *gram sein* 83,3. *sich entmuthigt fühlen* Harshak. 121,19. — अति *überaus betrübt sein.* — Mit परि, °दुर्मनायित *überaus betrübt.*

दुर्मनुष्य m. *Bösewicht.*

दुर्मन्तु Adj. *schwer zu begreifen.*

दुर्मन्त्र m. *ein schlechter Rath* Spr. 2991, v. l.

दुर्मन्त्रित 1) Adj. *unklug angerathen.* — 2) n. *ein unkluger Rath.*

1. दुर्मन्त्रिन् m. *ein schlechter Minister.*

2. दुर्मन्त्रिन् Adj. *einen schlechten Minister habend.*

दुर्मन्मन् Adj. *übel gesinnt.*

दुर्मर 1) Adj. *dem Tode nicht leicht anheim fallend.* n. impers. *es stirbt sich nicht so leicht,* mit Instr. der Person. — 2) *f. आ a) Dûrvâ- oder weisses Dûrvâ-Gras Râǵan. 8,111. — b) *Asparagus racemosus* Râǵan. 4,121.

दुर्मरण und दुर्मरत्व n. *ein schweres Sterben.*

दुर्मरायु Adj. *nicht leicht zum Tode zu bringen.*

दुर्मर्याद Adj. *keine Schranken kennend.* Nom. abstr. °ता f.

दुर्मर्ष 1) Adj. (f. आ) a) *unvergesslich.* — b) *unerträglich, unleidlich.* — c) *sich Nichts gefallen lassend, aufsässig gegen* (प्रति) Bhâg. P. 4,4,30. 6,14, 43. 10,38,53. — 2) m. Bein. des Asura Bali.

दुर्मर्षण 1) Adj. a) *mit dem man schwer fertig wird, sich Nichts gefallen lassend.* Auch als Beiw. Vishṇu's. — b) Compar. °तर *dem nicht so leicht verziehen wird, — werden würde von* (Instr.). — 2) m. N. pr. eines Sohnes a) des Dhṛtarâshṭra. — b) des Sṛńgaja.

दुर्मर्षित Adj. *aufsässig gemacht, aufgehetzt.*

दुर्मल्लिका und दुर्मल्ली f. *eine Art Schauspiel.*

दुर्मात्सर्य n. *böser Neid.*

दुर्मायिन् und दुर्मायु Adj. *böse Künste anwendend.*

दुर्मित्र 1) Adj. *unfreundlich.* — 2) m. N. pr. verschiedener Männer. — 3) *f. आ ein Frauenname.

दुर्मित्रिय Adj. *unfreundlich.*

दुर्मिला und दुर्मिलिका f. Name *verschiedener Metra.*

दुर्मुख 1) Adj. (f. ई) a) *ein garstiges, entstelltes Gesicht habend.* — b) *ein böses Maul —, eine böse Zunge habend.* — 2) m. a) **Pferd.* — b) **Schlange.* — c) *das 29ste* oder *30ste Jahr im 60jährigen Jupitercyclus.* — d) N. pr. α) eines Rakshas. — β) eines Schlangendämons. — γ) eines Jaksha. — δ) eines Affen. — ε) eines Heerführers des Asura Mahisha. — ζ) verschiedener Männer. — 3) *f. आ *weisser Abrus* Madanav. 28,286.

दुर्मुहूर्त *eine unheilvolle Stunde.*

*दुर्मूल्य Adj. *theuer* (Gegensatz *wohlfeil*).

दुर्मेध (f. आ) und दुर्मेधस् Adj. *von geringem Verstande, dumm, einfältig.*

दुर्मेधस्त्व n. *Mangel an Verstand, Einfältigkeit.*

दुर्मेधाविन् Adj. = दुर्मेध.

दुर्मैत्र Adj. *feindselig.*

*दुर्मोक्षा f. *Capparis sepiaria* Râǵan. 3,98.

दुर्य, दुर्य्य 1) Adj. *zur Thür* —, *zum Hause gehörig.* — 2) m. f. (आ) Pl. *Wohnung.*

*दुर्यवनम् Adv. *schlimm mit den* Javana L. K. 972.

दुर्यशस् n. *Unehre* Naish. 9,63.

दुर्यामन् m. N. pr. eines Fürsten.

दुर्युग n. *ein schlimmes Weltalter* zu Spr. 3092.

दुर्युज Adj. *schwer anzuspannen.*

दुर्योग m. *Hinterlist.*

दुर्योण n. *Behausung.*

*दुर्योध Adj. *schwer zu bekämpfen.*

दुर्योधन 1) Adj. dass. Nom. abstr. °ता f. — 2) m. N. pr. *a)* des ältesten Sohnes des Dhṛtarâshṭra. — *b)* eines Sohnes des Sudurǵaja.

*दुर्योधनवीर्यज्ञानमुद्रा f. *eine best. Stellung der Hände.*

*दुर्योधनावरज m. Bein. Duḥçâsana's Gal.

दुर्योनि Adj. von *von schlechter, unreiner Herkunft.*

1. दुर्लक्ष्य n. *ein schlechtes, unsicheres Ziel* 310,6.

2. दुर्लक्ष्य Adj. *schwer wahrzunehmen, kaum sichtbar.*

दुर्लङ्घन Adj. *worüber man mit Mühe hinübergelangt, schwer zu überwinden.*

दुर्लङ्घ्य Adj. 1) dass. Nom. abstr. °ता f. Daçak. 145,5. — 2) *schwer zu übertreten, dem man sich fügen muss* (Befehl).

दुर्लभ 1) Adj. (f. आ) *a) schwer zu erlangen, — finden, — anzutreffen, — zu Gesicht zu bekommen, wozu man nicht leicht gelangt, selten.* °जीवित n. so v. a. *schwer zu retten.* Mit einem Infin. *schwer zu.* °तर Compar. *überaus schwer zu erlangen, — anzutreffen.* — *b) theuer, werth, carus* Kâraṇḍ. 66,22. 67,2. — 2) m. *a)* **Curcuma Amhaldi* oder *Zerumbet* Râǵan. 6,119. — *b)* N. pr. eines Mannes. — 3) *f. आ *a) Alhagi Maurorum* Râǵan. 4,54. — *b) eine weiss blühende* Kaṇṭakârî Râǵan. 4,35.

दुर्लभक 1) Adj. = दुर्लभ 1) *b)* Kâd. 2,105,8. 115,2. — 2) m. N. pr. eines Fürsten.

दुर्लभता f. und दुर्लभत्व n. *Seltenheit.*

दुर्लभवर्धन m. N. pr. eines Fürsten.

दुर्लभस्वामिन् m. Name eines von Durlabhavardhana errichteten Heiligthums.

दुर्लम्भ in *अति°.

दुर्ललित 1) Adj. *a) verwöhnt* (Bâlar. 134,6. Prasannar. 162,2), *ungezogen, unartig* (Bâlar. 35,7). — *b)* am Ende eines Comp. *verwöhnt durch,* so v. a. *keinen Gefallen mehr findend an, überdrüssig.* — 2) n. *Unart, ein schlimmer Streich, Schabernack.*

दुर्ललितक Adj. = दुर्ललित 1) *a).*

दुर्लसित Adj. dass.

दुर्लाभ Adj. = दुर्लभ 1) *a).*

दुर्लिपि f. *schlimme, verhängnissvolle Schriftzüge* (die das Schicksal auf die Stirn eines Menschen schreibt) Spr. 7637.

दुर्लेख m. dass. Glosse zu Spr. 7637.

दुर्लेख्य n. *ein falsch geschriebenes Actenstück.*

*दुर्व्, दूर्वति (हिंसायाम्).

दुर्वच Adj. 1) *was man nicht gern sagt, hart* (Worte). — 2) *was sich schwerlich sagen lässt, schwer zu behaupten.* Nom. abstr. °त्व n. — 3) *worauf* oder *worüber es schwer ist Etwas zu sagen, schwer zu beantworten.*

दुर्वचक Adj. wohl *schwer zu beantworten.* °योग: *eine best. Kunst.* v. l. दुर्वाचक°.

दुर्वचन n. Pl. *böse, harte Worte, Schmähung* 313,27 (im Prâkrit).

1. दुर्वचस् n. 1) dass. — 2) *schlechte, dumme Worte.*

2. दुर्वचस् Adj. 1) *schlechte, harte Reden führend.* — 2) *worauf es schwer ist zu antworten.* Nom. abstr. °स्त्व n.

दुर्वणिज् m. *ein Bösewicht von Kaufmann.*

दुर्वदक Adj. *schlecht redend, im Reden anstossend* u. s. w.

दुर्वराह m. vielleicht *Wildschwein.*

1. दुर्वर्ण m. *eine schlechte Farbe, Unreinigkeit.*

2. दुर्वर्ण 1) Adj. (f. आ) *a) eine schlechte, garstige Farbe* —, insbes. *Hautfarbe habend.* — *b) von niedriger Kaste.* — 2) n. *a) Silber* Râǵat. 7,1085. — *b)* **die wohlriechende Rinde von Feronia elephantum* Râǵan. 4,126.

*दुर्वर्णक n. *Silber.*

दुर्वर्तु Adj. *schwer abzuwehren, unüberwindlich.*

दुर्वल Adj. *hautkrank* (Kull.) M. 3,151. दुर्वाल v. l.

दुर्वस 1) n. impers. *schwer zu wohnen.* — 2) Adj. (f. आ) *a) schwer zuzubringen* (Zeit). — *b) durch seine Gegenwart Unheil bringend.*

दुर्वसति f. *ein schweres Wohnen, ein mit Leiden verbundener Aufenthalt.*

दुर्वह Adj. (f. आ) 1) *schlecht tragend,* so v. a. *zum Reiten schlecht* Sâj. zu ṚV. 4,2,14. — 2) *schwer zu tragen.* — 3) *dem man sich nicht leicht hingiebt, schwer auszuführen.*

दुर्वाग्भव MBh. 13,2259 fehlerhaft für °भाव.

दुर्वाग्भाव m. *Schmähsucht* MBh. 13,40,13.

1. दुर्वाच् f. *harte Worte, Schelte.*

2. दुर्वाच् Adj. 1) *eine üble Stimme habend.* — 2) *den Leuten Böses nachredend.*

दुर्वाचकयोग m. Pl. v. l. für दुर्वचक°.

दुर्वाचिक n. *ein schlimmer Auftrag* Naish. 9,62.

दुर्वाच्य 1) Adj. *schwer auszusprechen, hart* (Worte). — 2) n. *a) böse* —, *beleidigende Worte.* — *b) eine böse Nachricht.*

*दुर्वात m. *Farz.*

दुर्वातय्, °यति *Jmd* (Acc.) *befarzen.*

1. दुर्वाद m. *Tadel* Spr. 5621, v. l.

2.*दुर्वाद Adj. *schlecht redend.*

दुर्वान्त Adj. (f. आ) *der nicht gehörig vomirt hat* 218,7 (von einem Blutegel, *der das eingesogene Blut nicht vollständig von sich gegeben hat*).

दुर्वार Adj. (f. आ) *schwer zurückzuhalten, — zu hemmen, — zurückzuweisen, unwiderstehlich.* Nom. abstr. °त्व n. Comm. zu Çânt. 1,2.

दुर्वारण 1) Adj. dass. — 2) m. Pl. N. pr. eines Stammes der Kâmboǵa MBh. 7,112,43. दुर्वारि.

दुर्वारणीय Adj. = दुर्वार.

दुर्वारि m. Pl. v. l. für दुर्वारण 2).

दुर्वारित Adj. = दुर्वार.

दुर्वार्त्ता f. *eine schlechte Nachricht.*

दुर्वार्य Adj. = दुर्वार. Nom. abstr. °ता 71,29.

दुर्वाल Adj. *kahlköpfig* Gaut. M. 3,151, v. l. Nach einem Comm. auch *hautkrank* oder *rothhaarig.*

दुर्वासउपाख्यान n. Titel einer *Erzählung.*

दुर्वासना f. *eine falsche Vorstellung.*

दुर्वासस् 1) Adj. *schlecht bekleidet, entblösst* MBh. 12,303,9. Auch als Beiw. Çiva's. — 2) m. N. pr. eines wegen seines Jähzornes verrufenen Brahmanen.

दुर्वासस Adj. Verz. d. Oxf. H. 80,a,4 fehlerhaft für दौर्वासस. °पुराण n. Titel eines Purâṇa.

दुर्वासाचार्य m. N. pr. eines *Lehrers.*

दुर्वासेश्वर n. Name eines Liṅga.

दुर्वासोद्दिशती f. (Opp. Cat. 1), दुर्वासोपनिषद् f. und दुर्वासोमततन्त्र n. Titel von Werken.

दुर्वाहित n. *eine schwere Last.*

दुर्विकत्थन Adj. *auf eine unangenehme Weise prahlend.*

1. दुर्विकल्प m. *eine unbegründete Unentschlossenheit* Daçak. 84,4.

2. दुर्विकल्प Adj. *überaus unsicher, — gewagt* Nīlak. zu MBh. 2,66,2.

दुर्विगाह 1) Adj. *a) worin sich zu tauchen —, worin einzudringen —, worin sich hineinzubegeben schwer fällt, tief, unergründlich.* — *b) misslich, schlimm* Prasannar. 23,23. — 2) m. N. pr. eines Sohnes des Dhṛtarâshṭra.

दुर्विगाह्य Adj. = दुर्विगाह 1) *a).*

1. दुर्विचार m. *ein übel angebrachtes Bedenken* Comm. zu Daçak. 84,4.

2. दुर्विचार Adj. *schlimmes Bedenken habend, sehr unentschlossen.* Nom. abstr. °त्व n. HEMÂDRI 1,752,8.

दुर्विचिन्तित Adj. *übel gedacht, — ausgedacht* AV. PARIÇ. 40,6. VARÂH. BṚH. S. 2,23.

दुर्विचिन्त्य Adj. *mit den Gedanken schwer zu verfolgen.*

दुर्विचेष्ट Adj. *von schlechtem Betragen.*

1. दुर्विज्ञान n. *ein schweres Erkennen.*

2. दुर्विज्ञान Adj. *schwer zu begreifen.*

दुर्विज्ञेय Adj. *schwer zu erkennen.*

दुर्वितर्क und °तर्क्य Adj. *worüber schwer nachzudenken ist. — man schwer in's Klare kommt.*

दुर्विद् Adj. (f. आ) *schwer zu wissen, — kennen.*

दुर्विदग्ध Adj. *verdreht, verschroben.*

दुर्विदत्र Adj. *missgünstig, ungnädig.*

दुर्विद्य Adj. *ununterrichtet, ungebildet.*

दुर्विदंस् Adj. *übelgesinnt.*

दुर्विध Adj. 1) *gemein, niederträchtig.* — 2) * *dem es schlecht geht, arm.* — 3) * *dumm, einfältig.*

दुर्विधि m. *ein böses Geschick.*

दुर्विनय m. *ein unkluges Benehmen.*

दुर्विनीत 1) Adj. *schlecht gezogen, ungezogen, sich schlecht betragend.* — 2) m. a) * *Füllen* RÂGAN. 19,38. — b) N. pr. α) eines Weisen. — β) eines Fürsten Ind. Antiq. 5,136.

दुर्विनीतक Adj. = दुर्विनीत 1).

1. दुर्विपाक m. *schlimme Folgen.*

2. दुर्विपाक Adj. *schlimme Folgen habend* UTTARAR. 22,4 (29,8).

दुर्विभाग m. Pl. N. pr. eines Volkes.

दुर्विभाव Adj. *schwer zu begreifen* KÂD. 2,8,2 (4).

दुर्विभावन Adj. *schwer wahrzunehmen* NAISH. 2,68.

दुर्विभाव्य Adj. 1) *schwer wahrzunehmen, nicht deutlich zu sehen* KÂD. 2,12,16 (13,17). 36,8 (42,12). — 2) *schwer zu begreifen.*

दुर्विभाष Adj. *überaus unsicher, — gewagt.*

दुर्विमर्श Adj. *schwer zu untersuchen, — prüfen.*

दुर्विमोचन m. N. pr. eines Sohnes des Dhṛtarâshṭra.

दुर्विरेच्य Adj. *schwer zu laxiren* SUÇR. 2,455,19.

दुर्विरोचन m. N. pr. eines Sohnes des Dhṛtarâshṭra.

दुर्विलसित n. *Unart, ein böser Streich* BÂLAR. 408,18.

दुर्विवक्तर् Nom. ag. *der eine Frage schlecht beantwortet* ÂPAST.

दुर्विवाह m. *Missheirath.*

दुर्विवेचन Adj. *schwer richtig zu beurtheilen* ÇAṂK. zu BÂDAR. 3,2,4. 9.

III. Theil.

दुर्विश Adj. (f. आ) *schwer zu betreten.*

दुर्विष Adj. als Beiw. Çiva's nach NILAK. = दुःखेन वेष्टुं व्याप्तुं प्रवेष्टुमशक्यः.

दुर्विषह 1) Adj. (f. आ) a) *schwer zu ertragen, — bewältigen, unwiderstehlich.* — b) *schwer zu vollbringen.* — 2) m. N. pr. eines Sohnes des Dhṛtarâshṭra.

दुर्विषह्य Adj. (f. आ) = दुर्विषह 1) a).

1. दुर्वृत्त n. *ein schlechtes, gemeines Betragen, Schlechtigkeit, Gemeinheit.*

2. दुर्वृत्त Adj. (f. आ) 1) *sich schlecht, gemein betragend*; m. *ein schlechter Mensch.* — 2) *arm* Spr. 2881.

दुर्वृत्ति f. 1) *Noth, Elend.* — 2) *Schlechtigkeit, Gemeinheit.* v. l. दुर्वृत्त.

*दुर्वृषल m. *ein schlechter* Çûdra Ind. St. 13,342.

*दुर्वृष्टि f. *ungenügender Regen, Dürre.*

1. दुर्वेद Adj. 1) *schlechte Kenntnisse habend, ungelehrt.* — 2) *schwer zu kennen.*

2. दुर्वेद Adj. *schwer zu finden.*

दुर्वैर Adj. *in arger Zwietracht lebend.*

दुर्व्यवसित n. *ein schlechtes Vorhaben* MUDRÂR. 62,6 (100,6).

दुर्व्यवस्थापक Adj. *schlecht entscheidend, ein schlechtes* oder *ungünstiges Urtheil fällend.*

दुर्व्यवहार m. *eine schlechte Entscheidung einer Streitsache.*

दुर्व्यसन n. *eine schlechte Leidenschaft, Laster.*

दुर्व्याहृत Adj. *schlecht, unpassend gesprochen*; n. *eine unpassende Aeusserung.*

दुर्व्रजित n. *eine schlechte, unpassende Art zu gehen.*

दुर्व्रत Adj. anzunehmen wegen दौर्व्रत्य.

दुर्हणा f. *Unheil.*

दुर्हणाय्, Partic. °यन्त् *auf Unheil sinnend.*

दुर्हणायु Adj. dass.

दुर्हणावन्त् Adj. *unheilvoll.*

दुर्हणु Adj. (f. उ und ऊ) *unheilvolle Kinnbacken habend* ṚV.

*दुर्हल und *दुर्हलि Adj.

दुर्हार्द् Adj. *bösgesinnt.*

दुर्हित Adj. 1) *in übler Lage befindlich.* — 2) *lästig.*

दुर्हुत n. *ein übel angebrachtes Opfer.*

दुर्हृणाय्, Partic. °यन्त् *wüthend.*

दुर्हृणायु Adj. dass.

दुर्हृत Adj. *mit Mühe —, kaum entfernt* KARAKA 6,11.

दुर्हृद् 1) Adj. *ein böses, hartes Herz habend.* — 2) m. *Feind.*

*दुर्हृदय Adj. = दुर्हृद् 1).

दुर्हृषीक Adj. *mangelhafte Sinnesorgane habend* oder *seine Sinne schlecht im Zaume haltend.*

दुल्, दोलयति *in die Höhe heben, schwingen, aufwirbeln* (Staub). दोलित *in Schwingung versetzt, schwankend gemacht.*

*दुलय्, दुलयते s. u. 3. इ mit दुस्.

दुला f. *die Schwankende,* Name einer der 7 Kṛttikâ.

*दुलि 1) m. N. pr. eines Weisen. — 2) f. *Schildkrötenweibchen* oder *eine kleine Schildkrötenart.* Auch *दुली.

दुलिदुह m. N. pr. eines Fürsten.

*दुल्लल Adj. = रोमश.

दुवन्यसद् Adj. nach SÂJ. *unter den Verehrenden wohnend.*

1. दुवस् n. *Verehrung, Ehre, Ehrenbezeugung.* Insbes. mit कर् und धा.

2. दुवस् Adj. *rumorend.*

3. दुवस् n. nach SÂJ. = 1. दुवस्.

दुवसन Adj. *hinausstrebend.*

दुवस्य्, दुवस्यति 1) *ehren, anerkennen, belohnen.* — 2) *zur Belohnung geben.*

दुवस्यु Adj. 1) *verehrend, ehrerbietig.* — 2) m. N. pr. eines Liedverfassers.

दुवस्वन्त् Adj. 1) *verehrend.* — 2) *Verehrung geniessend, — empfangend.*

दुवोया f. *Verehrung.* Nur im gleichlautenden Instr.

दुवोयु 1) Adj. *ehrend.* — 2) Adv. a) *verehrend, reverenter.* — b) *aus Anerkennung, zum Lohn.*

दुश्चक्षस् Adj. *ein böses Auge habend.*

दुश्चर 1) Adj. (f. आ) a) *wo sich schwer gehen lässt, schwer zu betreten, unzugänglich.* — b) *schwer zuzubringen, — zu durchleben.* — c) *schwer zu üben, — vollziehen.* Nom. abstr. °त्व n. — 2) * m. a) *Bär* RÂGAN. 19,7. — b) *eine zweischalige Muschel.*

1. दुश्चरित n. *übles Benehmen, Uebelthat; Thorheit.*

2. दुश्चरित Adj. *Uebelthaten begehend, sich schlecht betragend* DEÇIN. 5,45.

दुश्चरितिन् Adj. dass.

*दुश्चर्मक n. *Aussatz.*

दुश्चर्मन् Adj. 1) *hautkrank.* — 2) * *keine Vorhaut habend.*

दुश्चारित्र und दुश्चारिन् Adj. *einen schlechten Wandel führend.*

दुश्चिकित्स Adj. *schwer zu heilen.*

दुश्चिकित्सा f. *falsche ärztliche Behandlung.*

दुश्चिकित्सित Adj. *schwer zu heilen.*

दुश्चिकित्स्य Adj. dass. KARAKA 2,1. Superl. °तम Nom. abstr. °त्व n.

दुश्चिक्य n. *das dritte astrol. Haus.*

दुश्चिंत् Adj. *übel denkend.*

दुश्चित Adj. *traurig, betrübt* Kârand. 43,16.

दुश्चित्त n. *ein dummer Gedanke.*

दुश्चित्तचित्तिन् m. N. pr. eines Mâraputra Lalit. 396,6.

दुश्चित्य Adj. *worüber schwer in's Klare zu kommen ist.*

दुश्चेतस् Adj. *bösgesinnt.*

दुश्चेष्टा f. und दुश्चेष्टित n. *schlechtes, verkehrtes Benehmen, böses Treiben.*

दुश्च्यवनं 1) Adj. *schwer zu Fall zu bringen, unerschütterlich.* — 2) *m. Bein. Indra's Pratâpar. 248,14.

दुश्च्याव Adj. = दुश्च्यवन 1).

दुष्छद Adj. (f. आ) *mangelhaft* (den Körper) *bedeckend.*

दुष्छाय Adj. *eine schlechte Gesichtsfarbe habend, schlecht aussehend* Káraka 1,17.

दुश्छिद् Adj. *schwer zu vernichten.*

दुश्छिन्न Adj. *schlecht ausgezogen* (Dorn).

दुःशंस Adj. *übel redend, schmähend* Taitt. Âr. 2,4,1. *übelwollend.*

दुःशक Adj. *schwer auszuführen* Comm. zu Njâjam. 4,2,6. *unmöglich.* Nom. abstr. °त्व n. Comm. zu Âpast. Çr. 6,12,4.

*दुःशक्त und *दुःशक्ति Adj. *unvermögend.*

दुःशल N. pr. 1) m. eines Sohnes des Dhṛtarâshṭra. — 2) f. आ einer Tochter Dhṛtarâshṭra's.

दुःशस्त 1) Adj. *schlecht recitirt.* — 2) n. *schlechte Recitation.*

*दुःशाकम् Adv. *schlimm um das Gemüse!*

*दुःशास Adj. = दुःशासन 1).

दुःशासन 1) *Adj. *schwer zu beherrschen, — im Zaume zu halten.* — 2) m. N. pr. eines Sohnes des Dhṛtarâshṭra.

दुःशीमुस् Adj. *böswillig, bösartig.*

दुःशिक्षित Adj. *schlecht unterrichtet* Kâd. 255,6. 2,7,3. *unerzogen, ungebildet, ungezogen, unverschämt* Bâlar. 37,17.

दुःशिष्य m. *ein schlechter Schüler.*

दुःशीनतनु Adj. Âpast. Çr. 9,6,2 fehlerhaft für दुःशीर्तनु.

दुःशेम 1) Adj. *worauf sich schlecht liegen lässt.* — 2) m. N. pr. eines Mannes.

दुःशीर्ततनु Adj. *einen unzerstörbaren Körper habend* (Agni) Maitr. S. 1,8,6. Mân. Çr. 3,2.

दुःशील 1) Adj. (f. आ) *schlechte Neigungen —, schlechte Gewohnheiten —, einen schlechten Charakter habend.* Nom. abstr. °ता f. — 2) f. आ N. pr. eines Frauenzimmers.

दुःशीलचित्त Adj. (f. आ) *ein böses Herz habend.*

*दुःशृङ्गी f. *eine untreue Frau.*

दुंःशृत Adj. *unvollständig durchgekocht, nicht durchgebacken* Maitr. S. 1,4,13. Âçv. Çr. 3,14,1.

दुःशेव Adj. *missgünstig.*

दुःशोध Adj. *schwer zu reinigen.*

दुःशोष Adj. *schwer auszutrocknen.*

दुःश्रव 1) Adj. *unangenehm zu hören;* s. अति°. — 2) n. *Kakophonie.*

दुःश्रवत n. *Kakophonie.*

दुःश्रुत Adj. *schlecht —, falsch gehört.*

1. दुष् Indecl. = δυς-.

2. दुष् (= 1. दुष्) दुष्यति (episch auch Med.) erst im Ait. Br. 1) *verderben, schlecht werden, Schaden nehmen, zu Schanden werden.* — 2) *vom Uebel —, fehlerhaft —, mangelhaft sein.* — 3) *verunreinigt werden, sich verunreinigen.* — 4) *einen Fehltritt —, eine Sünde begehen, sich vergehen* (vom Weibe), *Schuld haben* 120,15. — 5) Partic. दुष्ट (erst bei M.) *a) verdorben* 216,19. *mitgenommen, in einem schlechten Zustande befindlich.* — *b) fehlerhaft* (auch von gezähmten Thieren), *mangelhaft, falsch.* — *c) böse,* so v. a. *von woher Gefahr droht.* — *d) der sich vergangen hat, schuldig;* häufig in Comp. mit dem womit sich Jmd vergangen hat. दुष्टा f. **liederlich.* — *e) feindlich gesinnt, böse auf, feindliche Absichten habend gegen, grollend auf* (Gen.). — *f) schlecht, böse in moralischem Sinne;* m. *ein schlechter Mensch, Bösewicht* 209,11. 12. — *g) schlimm, arg.* Compar. °तर. — *Caus. दोषयति *beflecken* (die Seele). — दूषय् s. bes. — Mit अनु *in Folge von Etwas untreu werden, — von Jmd abfallen.* — Mit अभि, °दुष्ट *verunreinigt.* — Mit उप *einen Fehltritt begehen, moralisch sinken.* — Mit प्र 1) *sich verschlimmern.* — 2) *verunreinigt werden.* — 3) *einen Fehltritt begehen, moralisch sinken.* — 4) *sich vergehen an* (प्रति) *Jmd.* — 5) *untreu werden, abfallen.* — 6) प्रदुष्ट *a) wild geworden* (Pferde), *ausgelassen* (die Sinnesorgane). — *b) schlecht* in moralischem Sinne, *sündhaft;* m. *ein schlechter Mensch, Bösewicht.* — *c) ausschweifend, liederlich* (Weib). — Mit विप्र, °दुष्ट 1) *böse* in moralischem Sinne. — 2) *ausschweifend, liederlich* (vom Weibe). — Mit संप्र 1) *sich verschlimmern, schlecht werden.* — 2) °दुष्ट *verunreinigt.* — Mit वि *eine Sünde begehen, sich vergehen* Vishnus. 24,41. — Mit सम् 1) *sich verunreinigen.* — 2) संदुष्ट *a) schlecht, böse* (Person). — *b) feindlich gesinnt gegen, grollend auf* (Gen.).

दुष्कन्त m. N. pr. = दुष्मन्त Hariv. 1,32,8. fgg.

दुष्कर 1) Adj. (f. आ) *a) schwer zu thun, — vollbringen, womit man nicht leicht fertig wird, schwer zu überwinden, — ertragen.* दुष्करं क्रियते oder दुष्करम् allein mit यद् *es ist keine leichte Sache, dass.* Mit Infin. *schwer zu.* — *b) was selten geschieht, — angetroffen wird, ungewöhnlich, ausserordentlich* MBh. 10,7,5. Chr. 137,11. — *c)* दुष्करं यदि mit Infin. oder Potent. *schwerlich.* — 2) n. **Luft, Luftraum.*

दुष्करकर्मन् und °कर्मकारिन् (v. l.) Adj. *Schwieriges vollbringend, überaus geschickt* Daçak. 45,5.

दुष्करकारिता f. *das Thun von etwas Ungewöhnlichem* (als Untugend) MBh. 12,158,10.

दुष्करकारिन् Adj. *etwas schwer zu Vollbringendes —, etwas Ungewöhnliches thuend* (als Lob).

दुष्करचर्या f. *Pönitenz* Lalit. 323,1. 326,17.

दुष्करण n. *ein elendes Machwerk.*

दुष्करसाधन n. *ein Mittel Schwierigkeiten zu überwinden* Daçak. (1925) 2,109,4.

दुष्कर्ण m. N. pr. eines Sohnes des Dhṛtarâshṭra.

1. दुष्कर्मन् n. *Uebelthat.*

2. दुष्कर्मन् Adj. Subst. *Uebles thuend, Uebelthäter.*

दुष्कलेवर n. *der elende Leib.*

दुष्कायस्थकुल n. *die elende Kaste der Schreiber.*

दुष्काल m. 1) *eine böse Zeit* Hem. Par. 8,377. — 2) *die böse, Alles vernichtende Zeit.* Auch als Bein. Çiva's.

1. दुष्कीर्ति f. *Unehre, Schande.*

2. दुष्कीर्ति Adj. *übel berufen, ehrlos.*

1. दुष्कुल n. *ein niedriges, verachtetes Geschlecht.*

2. दुष्कुल Adj. *niedrigen, verachteten Geschlechts.* Nom. abstr. °ता f.

दुष्कुलीन 1) Adj. (f. आ) dass. — 2) *m. *ein best. Parfum.*

दुष्कृंत् Adj. *Uebles thuend,* Subst. *Uebelthäter.*

1. दुंष्कृत Adj. 1) *schlecht gethan, — gemacht, — organisirt.* In Verbindung mit कर्मन् = 2. दुष्कृत MBh. 3,78,12. — 2) *übel angebracht.*

2. दुष्कृतं n. *Uebelthat, Sünde.*

दुष्कृतकर्मन् Adj. Subst. *Uebles thuend, Uebelthäter.*

दुष्कृतकारिन् Adj. dass. Daçak. (1925) 2,111,10.

दुष्कृतात्मन् Adj. *von böser Gesinnung, böse, schlecht.*

दुष्कृति und °न् Adj. Subst. *Uebles thuend, Uebelthäter.*

दुष्कृष्ट Adj. *schlecht gepflügt, — angebaut.*

दुष्क्रम Adj. *in falscher Reihenfolge stehend, versetzt, verstellt* Kâvjapr. 7,7. Nom. abstr. °ता f.

दुष्क्रीत Adj. *schlecht —, zu theuer gekauft.*

*दुष्खदिर m. *ein der Acacia Catechu verwandter Baum.*

दुष्ट 1) Adj. s. u. 2. दुष्. — 2) m. *ein schädliches Thier* VISHNUS. 12,2. — 3) n. *a) Vergehen, Schuld.* — *b)* **Costus speciosus* oder *arabicus.* —

दुष्टचरित्र Adj. Subst. *Uebles thuend, Uebelthäter* PAÑKAT. 41,14.

दुष्टचारिन् Adj. Subst. dass.

दुष्टचेतस् Adj. *übelgesinnt* M. 3,225. R. 3,52,20.

दुष्टता f. 1) *Schlechtigkeit.* — 2) *das Verunreinigtsein.*

दुष्टत्व n. 1) *Schlechtigkeit.* — 2) *Verkehrtheit, Falschheit.*

दुष्टदमनकाव्य n. Titel eines *Gedichts.*

दुष्टदुर्जन m. *Bösewicht, Schuft* Spr. 2888.

दुष्टनाशिनी f. N. pr. einer Göttin.

दुष्टतनु Adj. *einen hässlichen Leib habend, hässlich* AV.

दुष्टबुद्धि 1) Adj. *Böses im Sinn habend gegen, grollend auf* (उपरि). — 2) m. N. pr. eines *Bösewichts.*

दुष्टभाव Adj. *eine böse Absicht habend, übelgesinnt* ÂPAST. MBH. 1,152,26. 3,62,15. R. 3,49,56. Nom. abstr. °ता f. 1,3,11.

दुष्टयोनिप्राप्तिविचार m. Titel eines Werkes.

दुष्टर Adj. (f. आ) 1) *unüberwindlich, unwiderstehlich, dessen man nicht Herr wird, unübertrefflich.* — 2) *unentreissbar.* — 3) *schwer auszuhalten, — zu ertragen.*

दुष्टरीतु 1) Adj. *unüberwindlich, unwiderstehlich.* — 2) m. N. pr. eines Mannes.

दुष्टलाङ्गल n. *eine best. Gestalt des Mondes.*

दुष्टवाच् Adj. *böse Reden führend* M. 8,386.

दुष्टहृदय Adj. *ein böses Herz habend* DAÇAK. 26,3.

दुष्टातुर m. *ein schlechter, ungehorsamer Patient.*

दुष्टात्मन् Adj. *übelgesinnt* MBH. R.

दुष्टान्तरात्मन् Adj. dass. 46,7.

दुष्टि f. 1) *Verderben, Verderbniss.* — 2) *das Schlimmsein, Bösartigkeit.* व्रणानाम् KARAKA 2,5.

*दुष्टीय्, °यति Denom. von दुष्ट.

दुष्टुत, दुष्टुति und दुष्टु s. दुःष्टुत, दुःष्टुति, दुःष्टु.

*दुष्पच Adj. *schwer zu verdauen.*

*दुष्पतन n. *ein schlimmes Fallen, Sturz.*

*दुष्पत्त्र m. *ein best. Parfum.*

दुष्पद Adj. (f. आ) *unergründlich* oder *unzugänglich* (Flüsse) RV. 1,53,9.

दुष्पराजय m. N. pr. eines Sohnes des Dhṛtarâshṭra.

दुष्परिग्रह Adj. (f. आ) *schwer im Besitz zu behalten.*

दुष्परिणाम Adj. fehlerhaft für दुष्परिमाण.

दुष्परिमाण Adj. *von unbestimmtem Umfange* KAUÇ. 139.

दुष्परिहन्तु Adj. *schwer zu entfernen.*

दुष्परिहर Adj. *schwer zu vermeiden.* Nom. abstr. °त्व n. Comm. zu NJÂJAM. 2,1,26.

दुष्परीक्ष्य Adj. (f. आ) *schwer zu prüfen, — untersuchen.*

*दुष्पान Adj. *schwer zu trinken.*

दुष्पार Adj. 1) *schwer zu durchschiffen, worüber schwer hinüberzugelangen ist, schwer zu durchdringen.* — 2) *schwer zu vollbringen.*

दुष्पार्ष्णिग्रह und °ग्राह Adj. *einen schlimmen Feind im Rücken habend.*

*दुष्पीत Adj. *schlecht getrunken.*

दुष्पुत्र m. *ein schlechter Sohn.*

*दुष्पुरुष m. *ein schlechter Mensch.*

दुष्पूर Adj. (f. आ) *schwer zu füllen, — sättigen, — befriedigen.*

दुष्पेषण Adj. *schwer zu zerstampfen.* Nom. abstr. °त्व n. Comm. zu ÂPAST. ÇR. 8,5,40.

दुष्प्रकम्प und °कम्प्य Adj. *schwer zum Zittern, zum Wanken zu bringen.*

1. दुष्प्रकृति f. *eine gemeine Natur, ein gemeiner Charakter* KÂD. 116,7.

2. दुष्प्रकृति Adj. *eine gemeine Natur habend, niederträchtig* KÂD. 2,60,7.

दुष्प्रज und *°स् Adj. *schlechte Kinder habend.*

दुष्प्रज्ञ Adj. (f. आ) *unverständig.* Nom. abstr. °त्व n.

1. दुष्प्रज्ञान n. *Unverstand.*

2. दुष्प्रज्ञान Adj. *unverständig, ungeschickt.*

दुष्प्रणीत 1) Adj. *a) schlecht —, irre geleitet.* — *b) missrathen.* दुष्प्रणीतेन मनसा दुष्प्रणीततराकृतिः MBH. 13,144,30. — 2) n. *ein schlechtes, unkluges Benehmen.*

दुष्प्रतर Adj. (f. आ) *worüber man schwer hinwegkommt* (eig. und übertr.).

दुष्प्रतिग्रह Adj. (f. आ) *schwer zu fassen, — greifen.*

दुष्प्रतिवारण Adj. *schwer abzuwehren.*

दुष्प्रतिवीक्षणीय und °वीक्ष्य Adj. *schwer anzusehen, dessen Anblick man nicht ertragen kann.*

दुष्प्रत्यभिज्ञ Adj. *schwer wiederzuerkennen* KÂDAK. 88,15.

दुष्प्रधर्ष 1) Adj. (f. आ) *dem man Nichts anhaben kann, vor Angriffen sicher, dem man sich nicht nahen darf, unantastbar.* — 2) m. N. pr. eines Sohnes des Dhṛtarâshṭra. — 3) *f. आ *a) Alhagi Maurorum* RÂGAN. 4,54. — *b) Phoenix sylvestris* RÂGAN. 11,56.

दुष्प्रधर्षण 1) Adj. = दुष्प्रधर्ष 1). — 2) m. N. pr. eines Sohnes des Dhṛtarâshṭra. — 3) *f. ई *Melongena incurva.*

दुष्प्रधर्षिणी f. Bez. *verschiedener Eierpflanzen* RÂGAN. 4,30. BHÂVAPR. 1,198.

दुष्प्रधृष्य Adj. = दुष्प्रधर्ष 1).

दुष्प्रपदन Adj. *sshwer zu betreten* SÂJ. zu RV. 1,59,3.

दुष्प्रबोध Adj. *schwer aufwachend* BHÂVAPR. 6,43.

*दुष्प्रमय Adj. (f. आ) *schwer zu messen.*

दुष्प्रयुक्त Adj. *schlecht—, falsch angewandt, — gebraucht.*

दुष्प्रलम्भ Adj. (f. आ) *schwer zu betrügen* ÂPAST.

दुष्प्रवाद m. *eine böse Nachrede.*

दुष्प्रवृत्ति f. *eine böse, traurige Nachricht.*

दुष्प्रवेश 1) Adj. (f. आ) *a) wohin der Eingang erschwert ist, schwer zu betreten.* — *b) schwer hineinzubringen.* — 2) *f. आ *eine Art Opuntia* RÂGAN. 8,54.

दुष्प्रसह 1) Adj. (f. आ) *a) schwer zu ertragen, unwiderstehlich.* — *b) dessen Anblick man nicht ertragen kann, grauenvoll.* — 2) m. N. pr. eines Lehrers.

दुष्प्रसाद Adj. *schwer zu besänftigen* 57,24.

दुष्प्रसादन Adj. dass.

दुष्प्रसाधन und °साध्य Adj. *mit dem schwer fertig zu werden ist.*

दुष्प्रसाह fehlerhaft für दुष्प्रसह.

दुष्प्रसू Adj. f. *es schwer zu einer richtigen Geburt bringend* SUÇR. 2,397,2.

दुष्प्रहर्ष m. N. pr. eines Sohnes des Dhṛtarâshṭra.

दुष्प्राप (f. आ) und °प्य Adj. *wohin oder wozu man schwer gelangt, schwer zu erreichen, — erlangen.*

दुष्प्राप्त MBH. 12,12642 fehlerhaft für दुष्प्राप.

दुष्प्राप्य Adj. = दुष्प्राप.

दुष्प्रावी Adj. *unaufmerksam, unfreundlich.*

दुष्प्रीति f. *Missvergnügen.*

दुष्प्रेक्ष Adj. 1) *schwer zu Gesicht kommend.* — 2) *unangenehm anzuschauen.*

दुष्प्रेक्षणीय Adj. = दुष्प्रेक्ष 2).

दुष्प्रेक्षित Adj. *schlecht —, mangelhaft angesehen* VARÂH. BRH. S. 2,23.

दुष्प्रेक्ष्य Adj. = दुष्प्रेक्ष 1) und 2).

दुष्फालिकुतय *der 12te astrol.* Joga.

दुष्मन्त m. fehlerhaft für दुष्यन्त.

दुष्यन्त m. N. pr. des Vaters der Çakuntalâ. दुःषन्त die ältere Form.

*दुष्या f. = दूष्या *Leibgurt eines Elephanten* GAL.

दुष्वन्त m. fehlerhaft für दुष्यन्त.

*दुःषन्त m. die ältere Form von दुष्यन्त. Vgl.

दाःषत्ति.

*दुःषंधि gaṇa सुषामादि.

1. दुःषम m. *ein best. Gewicht*, = 6 Dhânaka Ḱaraka 8,1 (दुःखम gedr.).

2. दुःषम 1) n. *ein schlechtes Jahr* Çat. Br. 3,2,1,30. Ait. Br. 2,29. — 2) f. दुःषमा Bez. *zweier unglücklicher Speichen im Zeitenrade* Ârjabh. 3,9.

*दुःषमसुषमा f. bei den Ĝaina Bez. *zweier zum Theil unglücklicher, zum Theil glücklicher Speichen im Zeitenrade.*

*दुःषंह Adj. *unwiderstehlich.*

*दुःषामन् gaṇa सुषामादि.

*दुःषुप्त Adj. *unruhig schlafend, böse Träume habend.*

*दुःषूति P. 8,3,88.

*दुःषेध gaṇa सुषामादि.

दुःष्टुत n. *fehlerhafte Behandlung des* Stotra.

दुःष्टुति und दुःष्टुति f. *ein fehlerhaftes* oder *schlechtes Loblied.*

*दुःष्ठु 1) Adj. *sich schlecht betragend.* — 2) Adv. *schlecht.*

*दुःस्पर्श m. = दुःस्पर्श 2) a).

दुःषंत्त MBh. 5,3974 fehlerhaft für दुष्यन्त.

दुःष्वप्न्य und दुःष्वप्निय n. *ein böser Traum, unruhiger Schlaf.*

दुस् ° = 1. दुष् °, ८०८-.

दुस्तप Adj. *schwer zu vollbringen* (तपस् *Kasteiung*).

दुस्तर Adj. (f. आ) *schwer zu passiren, worüber schwer hinüberzukommen ist* (eig. und übertr.), *dessen man schwer Herr wird, unüberwindlich.*

दुस्तरण Adj. (f. ई) *schwer zu passiren.*

*दुस्तरीप gaṇa निरुदकादि.

दुस्तर्क m. *ein falsches Raisonnement.*

दुस्तर्क्य Adj. *schwer zu errathen, — herauszufinden.*

दुस्तार Adj. (f. आ) = दुस्तर.

दुस्तिथि m. *ein unglücklicher lunarer Tag.*

दुस्तीर्ण Adj. = दुस्तर.

दुस्तीर्थ Adj. (f. आ) *eine schlechte Furt —, einen schlechten Zugang habend.*

दुस्तोष Adj. *schwer zufriedenzustellen.*

दुस्त्यज Adj. (f. आ) *schwer zu verlassen, — aufzugeben, — im Stich zu lassen* Kâd. 2,9,3. Nom. abstr. °ता f. 11,12.

दुस्त्याज्य Adj. dass.

दुस्थ, दुस्थित, दुस्थिति, दुस्थेय, दुस्पृश und दुस्पृष्ट s. दुःस्थ, दुःस्थित, दुःस्थिति, दुःस्थेय, दुःस्पृश und दुःस्पृष्ट.

दुःसंरक्ष्य Adj. *schwer zu bewachen* Nîlak. zu MBh. 5,42,46.

दुःसंलक्ष्य Adj. *schwer wahrzunehmen, — zu erkennen.*

दुःसंस्कार m. Pl. *schlechte Sitten.*

दुःसंस्थित Adj. *missgestaltet* R. Gorr. 2,8,40.

*दुःसक्थ und *°सक्थि Adj. *hässliche Schenkel habend.*

दुःसङ्ग m. *eine schlechte Neigung.*

दुःसचिव m. *ein schlechter Minister.*

दुःसंचार Adj. (f. आ) *ungangbar* Bâlar. 164,6.

दुःसंचिन्त्य Adj. *wovon man sich schwer einen Begriff machen kann.*

दुःसत्त्ववत् Adj. *von bösen Thieren erfüllt.*

*दुःसद्म (!) m. *Hahn* oder *Hund.*

दुस्सनि m. N. pr. eines Mannes.

दुःसंदर्भ Adj. (f. आ) *schwer zusammenzustellen, — zu verfassen* Deçîn. S. 1, Z. 2.

दुःसंधान Adj. *schwer zusammenzufügen, — zu vereinigen, — versöhnen.*

दुःसंधेय Adj. *schwer zu vereinigen, — wieder zusammenzufügen* (ein durchbrochenes Heer).

*दुःसम Adj. *nicht richtig, unpassend.*

*दुःसमतिक्रम Adj. *worüber man schwer hinwegkommt.*

दुःसमर्थ Adj. *schwer zu begreifen.*

दुःसमीक्ष्य Adj. *schwer zu Gesicht zu bekommen.*

दुःसंपाद Adj. 1) *wozu schwer zu gelangen ist.* — 2) *schwer —, nicht auszumachen* Çaṁk. zu Bâdar. 3,2,9.

दुःसंपाद्य Adj. = दुःसंपाद 1). Nom. abstr. °त्व n.

दुःसर्प m. *eine böse Schlange.*

दुःसह 1) Adj. (f. आ) *schwer zu ertragen, unerträglich, unwiderstehlich.* Compar. °तर 173,14. — 2) m. N. pr. *a)* eines bösen Dämons. — *b)* eines Sohnes des Dhṛtarâshṭra. — *c)* eines Sohnes des Purukutsa. — 3) f. आ *a)* Bein. der Çrî. — — *b)* **ein best. Strauch.*

दुःसहाय Adj. *schlechte Gefährten habend, von Allen verlassen.*

दुःसाक्षिन् m. *ein falscher Zeuge.*

*दुःसाधिन् m. *Thürsteher.*

दुःसाध्य Adj. 1) *schwer zu vollbringen* Spr. 7699. — 2) *schwer zu erfüllen* (Wunsch). — 3) *mit dem man schwer fertig wird* MBh. 7,33,27. — 4) *schwer herzustellen, — zu heilen.* — 5) *schwer zu versöhnen.*

दुःसेव्य Adj. *schwer zu gebrauchen, — handhaben, — behandeln.*

*दुःस्त्री f. *ein böses Weib.*

दुःस्थ Adj. (f. आ) 1) *dem es schlimm geht, worum es schlimm steht, sich in übler Lage —, sich in Noth befindend, elend, unglücklich, traurig.* दुःस्थं (Adv.) स्था *unwohl —, krank sein.* — 2) **thöricht.*

दुःस्थित 1) Adj. = दुःस्थ 1) 134,23. 166,16. 303,17. — 2) n. *a) eine unpassende Art zu stehen* MBh. 3,233,21. — *b)* = दुःस्थिति.

दुःस्थिति f. *eine üble Lage, schlimme Verhältnisse.*

दुःस्थेय n. impers. *schwer zu stehen.*

दुःस्नान n. *ein schlimmes, unheilvolles Baden.*

दुःस्पर्श 1) Adj. *a) schwer zu berühren, — anzufassen.* — *b) unangenehm zu berühren, für das Gefühl unangenehm.* — 2) * m. *a) Alhagi Maurorum.* — *b) Guilandina Bonduc.* — 3) f. आ *Solanum Jacquini, Alhagi Maurorum, Mucuna pruritus* und *Cassyta filiformis.* Zu belegen, aber nicht näher zu bestimmen. Dhanv. 1,6. Râǵan. 3,39. 44. 4,53. Bhâvapr. 1,198. 207. 3,46. 92.

दुःस्पर्शक m. *Alhagi Maurorum* Ḱaraka 6,9.

दुःस्पृश Adj. *unangenehm zu berühren, — anzufassen.*

दुःस्पृष्ट 1) n. *geringe Berührung.* In der Grammatik *die Thätigkeit der Zunge, durch welche die Laute* य, र, ल *und* व *hervorgebracht werden.* — 2) m. *ein durch diese Thätigkeit hervorgebrachter Laut.*

*दुःस्फोट m. *eine Art Waffe.*

दुःस्मर Adj. *dessen man sich ungern erinnert.*

दुःस्वन Adj. (f. आ) *übel tönend.*

दुःस्वप्न m. *ein böser Traum* Mân. Gṛhj. 2,14. °दर्शन n. *ein böses Traumgesicht.*

दुःस्वप्नप्रतिबोधन Adj. *schwer aus dem Schlafe zu erwecken.*

1. दुह्, दोग्धि, दुग्धे, दुहैति, °ते, दौहति, °ते, दुह्यति und °ते. 1) *melken* (auch vom *Ausziehen des Saftes* aus der Soma-Pflanze), übertr. *ausbeuten, Nutzen —, Vortheil ziehen aus;* mit Acc. — 2) *Etwas herausmelken, herausziehen aus;* mit doppeltem Acc. — 3) *milchen, Milch geben,* den Samen *entlassen,* überh. *etwas Erwünschtes spenden;* mit Acc. oder Gen. (selten). कामान् so v. a. *Wünsche erfüllen, — gewähren* Spr. 7816. Gewöhnlich Med. — 4) Pass. *gemolken —, herausgemolken —, ausgezogen werden.* दुग्धे *gemolken, herausgemolken, ausgezogen, ausgesogen, ausgebeutet, verbraucht* (Bhâg. P. 5,14,12). — Caus. दोहयति, °ते 1) *melken lassen* Vaitân. — 2) *melken, herausmelken, herausziehen.* — Desid. दुदुक्षति und दुधुक्षति *melken wollen.* — Mit अभि *dazu melken* TBr. 1,4,3,4. — Caus. Act. *dazu milchen lassen* Âpast. Çr. 15,2,2. — Mit अव Med. *Jmd* (Dat.) *Etwas* (Acc.)

spenden. — Caus. *mit* (Milch) *übergiessen* Káraka 6,2. — Mit अभ्यत्र, °दुग्ध *worauf Milch gemolken ist* Kauç. 32. — Mit आ Act. Med. *herausmelken, hineinmelken in* (Loc.). — Mit उप in उपदोह् und °दोहन. — Mit निस् Act. Med. *herausmelken, herausziehen.* — Mit प्र in सव्यप्रदुग्धा *nur in der linken Brust Milch habend* Káraka 4,2. Vgl. अप्रदुग्ध, प्रदोहन und सुप्रदोहा. — Mit वि — प्र (durch das Verbum fin. getrennt) Act. *aussaugen, vollständig ausziehen.* — Mit प्रति 1) Act. *hinzumelken.* — 2) Act. Med. *hinzumilchen, — spenden* R̥V. 2,11,21. 10,133,7. — Mit वि Act. *ausmelken, leer melken, aussaugen.* — Mit सम् 1) Act. Med. *zusammen melken, — saugen, melken.* — 2) Med. *zusammen milchen, — spenden.* — Caus. *zusammenmelken lassen.*

2.°दुह् Adj. *melkend, milchend, spendend.*

3.*दुह्, दोहति (अर्दने).

°दुह 1) Adj. (f. आ) = 2. °दुह्. — 2) Nom. act., in दुडुहा.

दुहध्यै Dat. Inf. zu 1. दुह् R̥V. 10,61,17.

दुहितर् f. *Tochter.* Acc. Pl. auch दुहितरम् (metrisch).

दुहिता f. dass. Nur Acc. Sg. (metrisch).

दुहितामातर् f. Du. *Tochter und Mutter* 135,18.

*दुहितुःपति m. *Tochtermann.*

दुहितृत्व n. *das Tochtersein, das Verhältniss einer Tochter.*

*दुहितृपति m. *Tochtermann.*

दुहितृमत् Adj. *eine Tochter habend* Âpast.

दुह्यु MBh. 1,3160. 3162. 3433 fehlerhaft für द्रुह्यु.

1. दू s. 1. दु.

2.*दू f. *Leid, Schmerz.* दूद Adj. *Schmerz verursachend.*

3. दू = 1. दुवस्. Nur Nom. Pl. दूवस् R̥V. 1,37,14. Vgl. अदू.

(दूडभ) दूळभ Adj. *schwer* oder *nicht zu täuschen.*

दूडाश Adj. *nicht huldigend, unfromm.*

दूढी und *दूढ्य (fehlerhaft) Adj. *übelgesinnt.*

दूणाश Adj. *unerreichbar, unzugänglich.*

1. दूणाश 1) Adj. (f. आ) dass. — 2) m. *ein best.* Ekâha.

2. दूणाश Adj. *unvergänglich, unzerstörlich, nicht aufhörend, fortwährend.*

दूत 1) m. *Bote, Abgesandter, Gesandter eines Fürsten, Unterhändler.* — 2) f. ई a) *Botin, Unterhändlerin* (insbes. in Liebesangelegenheiten). — b) * *Predigerkrähe.* — c) N. pr. eines Wesens im Gefolge der Durgâ.

III. Theil.

1. दूतक 1) m. = दूत 1). — 2) f. दूतिका = दूत 2) a). °दूतिका वाक् *eine Rede, die — verkündet, verräth.*

2. दूतक m. Bez. Agni's als *Waldbrand.*

दूतकर्मन् n. *Botenamt.*

*दूतघ्नी f. *eine best. Pflanze.*

दूतत्व n. *das Amt eines Boten, — Abgesandten* 173,7.

दूतय्, °यति *Jmd* (Acc.) *als Boten verwenden* Naish. 9,22.

दूतलक्षण n., दूतवाक्य n. und °प्रबन्ध m. Titel von Werken Opp. Cat. 1.

दूताङ्गद Titel 1) m. eines Actes im Mahânâtaka. — 2) n. eines Schauspiels.

दूति (metrisch) f. = दूत 2) a). दूति Hariv. 8641 fehlerhaft für दूत्ये.

दूतिव (wohl fehlerhaft) n. = दूतीव LA. 37,5.

1. दूती f. s. दूत 2).

2. दूती Adv. mit भू *zum Boten* oder *zur Botin werden* Hem. Par. 2,471.

*दूतीका f. = दूतक 2).

दूतीत्व n. *der Dienst einer Unterhändlerin.*

दूत्यं, दूतिग्र n. und दूत्या f. *der Dienst* oder *das Amt eines Abgesandten, Botschaft.*

दून s. u. 1. दु.

*दूप्र (!) Adj. *stark.* Vgl. दृप्र.

दूपन n. *Glut, Hitze im Körper* Káraka 6,24.

दूर Bez. des Prâna *als Gottheit.*

दूर 1) Adj. (f. आ) *fern, entfernt, weit, — von* (Abl. oder Gen.); n. *Ferne, Entfernung* (im Raume und in der Zeit). दूरमेतत् so v. a. *darauf kann man aber noch lange warten* Spr. 7750. — 2) दूरम् a) *fernhin, weit weg, fern, fern von.* Zeitlich Çat. Br. 14,4,1,10. दूरादूरम् als Verstärkung, eben so दूरतरम् und दूराद्दूरतरम् (Kârand. 27,4). — b) *weit nach oben, hoch* 86,20. — c) *weit nach unten, tief.* — d) *weit,* so v. a. *bedeutend, in hohem Grade, sehr, ganz und gar* Mr̥kkh. 114,5. — e) mit कर *übertreffen,* mit Acc. — 3) दूरेण a) *fern, aus der Ferne.* Verstärkt दूरतरेण 104,25. 105,6. — b) *bei Weitem.* — 4) दूरात् a) *aus der Ferne, von fern, fern, — von* (Abl.). Mit त्यज् und andern Verben von ähnlicher Bed. *von fern meiden* auch so v. a. *sich auf das Entschiedenste hüten vor.* — b) *weithin,* so v. a. *nach allen Seiten hin, genau* (prüfen). — 5) दूरे *in der Ferne, fern, weit weg.* Mit भू *sich auf und davon machen,* mit कर so v. a. *fahren lassen, aufgeben;* mit त्यज् u. s. w. so v. a. दूरात्. तिष्ठतु *bleibe fern,* so v. a. *möge unerwähnt bleiben;* mit गत so v. a. *wovon nicht mehr die Rede sein kann.* दूरतरे *in einiger Entfernung von* (Abl.). — 6) दूर° = दूरम् a) b) (Spr. 7790), c) und d) und *aus der Ferne.*

दूरआदिश् Adj. *weithin verkündend, — schallend.*

दूरआधी Adj. *in die Ferne sinnend, sich hinaussehnend.*

दूरउपब्दस् Adj. *weithin klappernd.*

दूरक n. *Ferne.* Nur °कम् *in die Ferne* und °के *in der F.*

*दूररक्त Adj. *schlecht gefärbt.*

दूररक्ष्य Adj. *schwer zu hüten.*

दूरखातोदक Adj. *wo man erst nach tiefem Graben auf Wasser stösst* Cit. im Comm. zu Gobh. 4,7,8.

दूरग Adj. 1) *weithin gehend, — sich verbreitend.* — 2) *in der Ferne seiend, entfernt.*

दूरगत Adj. *weit fortgegangen.*

दूरगमन n. *das Gehen —, Ziehen in die Ferne* Spr. 7686.

दूरगा Adj. = दूरग 1) Tâṇḍya-Br. 1,5,18.

दूरगामिन् Adj. *in weite Ferne gehend* Spr. 7633.

दूरगृह Adj. *dessen Haus in der Ferne ist, fern von Hause* R. 4,30,6.

दूरग्रहण n. *das Ergreifen der Dinge in der Ferne* (eine übernatürliche Kraft).

*दूरंकरण Adj. (f. ई) *entfernend.*

दूरंगम 1) Adj. *in die Ferne gehend.* — 2) *f. आ *ein best. Stadium im Leben der* Çrâvaka.

दूरचर Adj. *fern wandelnd, in der Ferne sich befindend.*

दूरज Adj. *in der Ferne geboren, — lebend.*

दूरतस् Adv. *aus der Ferne her, von fern, weit weg, in der Ferne, fern* (im Raum und in der Zeit), *fern,* so v. a. *nicht bei der Hand* 215,22. Mit भू *sich fern halten* 168,2. Mit त्यज् und andern Verben von ähnlicher Bed. *von fern meiden* auch so v. a. *sich auf das Entschiedenste hüten vor.*

दूरत्व n. *das Entferntsein, Entfernung.*

दूरदर्शन 1) Adj. *was Jmd* (Gen.) *nur in der Ferne zu sehen bekommt.* — 2) *m. *Geier* (*in die Ferne sehend*).

दूरदर्शिन् 1) Adj. *in die Ferne sehend, einen weiten Blick habend* (in übertr. Bed.). — 2)* m. *Geier.*

*दूरदृश् Adj. und m. = दूरदर्शिन् 1) und 2).

दूरपथ m. *ein weiter Weg.* °थं गतः *in der Ferne weilend* 44,7.

1. दूरपात m. 1) *ein Flug in weite Ferne.* — 2) *ein Fall von einer grossen Höhe.*

2. दूरपात Adj. (f. आ) *in die Ferne schiessend, aus der Ferne treffend.*

दूरपातन n. *das Schiessen in die Ferne, Treffen*

aus der F.

दूरपातिन् Adj. 1) *weit —, in die Ferne fliegend, lange Wege zurücklegend.* — 2) *in die Ferne schiessend, aus der F. treffend.* Nom. abstr. °तिता f. und °तित्व n.

दूरपात्र Adj. (f. आ) *ein weites Bette habend* (Fluss).

दूरपार 1) Adj. (f. आ) a) *dessen anderes Ufer weit entfernt ist, breit* (Fluss). — b) *wozu man schwer gelangt.* — 2) m. *ein breiter Fluss, über den man schwer hinüberkommt.*

दूरप्रसारिन् Adj. *weit reichend* Bhâvapr. 2,26.

दूरबन्धु Adj. *fern von seinen Angehörigen* MBh. 13,149,125. Megh. 6.

दूरभाव m. *das Fernsein, Entfernung.*

*दूरभेद m. *das Treffen in der Ferne.*

*दूरमूल m. 1) *Saccharum Munjia* Râǵan. 8,86. — 2) *Alhagi Maurorum* Dhanv. 1,5.

*दूरंभविष्णु Adj. *in die Ferne rückend.*

दूरय्, °यति *fern sein von* (Abl.).

दूरवर्तिन् Adj. 1) *in der Ferne befindlich, weit entfernt.* — 2) *weit hinausgehend über.*

*दूरवेधिन् Adj. *in der Ferne treffend.*

*दूरशून्य Adj. *durch eine lange Einöde führend* (Weg) Gal.

दूरश्रवण n. *das Hören aus weiter Ferne* Pańkar. 1,1,50.

दूरश्रवस् Adj. *dessen Ruf weithin reicht* AV. 20,135,11. Vgl. दूरेश्रवस्.

दूरसंस्थ Adj. *in der Ferne —, nicht am Orte seiend, entfernt.*

दूरसूर्य Adj. *über den die Sonne steht, von oben beschienen* 86,1.

दूरस्थ Adj. = दूरसंस्थ. Nom. abstr. °त्व n.

दूरस्थित Adj. *dass.* 291,4.

दूरस्वर्ग Adj. *weit vom Himmel, keine Aussicht habend in den Himmel zu kommen* Bhâg. P. 8,21, 33. v. l. दूरे स्वर्गः.

दूरागत *aus der Ferne gekommen* Spr. 2909. fg.

*दूरादागत Adj. *dass.* P. 6,2,144, Sch.

दूराध Adj. *schwer herzustellen.*

दूरापात m. *das Schiessen —, Treffen aus der Ferne.*

*दूरापातिन् Adj. *aus der Ferne schiessend, — treffend.*

दूरापेत Adj. *woran nicht im Entferntesten zu denken ist, wovon gar nicht die Rede sein kann* Kâd. 190,10. Nom. abstr. °त्व n. Comm. zu Njâjam. 10,1,5.

दूरालोक m. *ein Anblick aus der Ferne.* °के स्थिता so v. a. *nur aus grosser Entfernung zu sehen* Vikr. 109.

दूरी Adv. 1) mit कर् *entfernen, weit fortbringen, — forttragen, verbannen, abweisen, zurückweisen.* — 2) mit भू *sich entfernen, — zurückziehen, zurücktreten.*

दूरूढ Adj. *schlecht verwachsen.* Nom. abstr. °त्व n.

दूरेअन्त Adj. (f. आ) *in weiter Ferne endend.*

दूरेअमित्र Adj. *dessen Feinde fern sind.*

दूरेअर्थ Adj. *dessen Ziel fern liegt.*

दूरेगव्यूति Adj. *dessen Gebiet in der Ferne liegt* oder *in die F. reicht.*

दूरेचर Adj. *in der Ferne sich aufhaltend, entfernt.*

दूरेजनान्तनिलय Adj. *fern von Menschen lebend* (Thiere) Suçr. 1,204,5.

*दूरेत्य Adj. *in der Ferne weilend, entfernt.*

दूरेदृश् Adj. *weithin sichtbar.*

दूरेपश्या f. N. pr. einer Apsaras.

*दूरेपाक (f. आ) und *°पाकु Adj. gaṇa न्यङ्क्वादि.

दूरेपानीयगोचर Adj. *in der Ferne die Tränke habend* (Thier) Suçr. 1,204,5.

दूरेबान्धव m. *ein entfernter Verwandter* Vasishtha 15,7.

दूरेभा Adj. *weithin scheinend.*

दूरेयम Adj. *von dem der Todesgott fern bleibt.*

*दूरेरितेक्षण Adj. *schielend.*

दूरेवध Adj. *fern treffend.*

दूरेश्रवस् 1) Adj. *dessen Ruf weithin reicht.* — 2) *m. N. pr.; vgl. दौरेश्रवस.

*दूरेश्रुत m. N. pr.; vgl. दौरेश्रुत.

दूरेषुपातिन् Adj. *die Pfeile aus der Ferne schleudernd, a. d. F. treffend.*

दूरेहेति Adj. *dessen Geschoss in die Ferne reicht.*

दूरोत्सारित Adj. *ganz und gar beseitigt* Sarvad. 1,11. Nom. abstr. °त्व n. 14. 15.

दूरोह Adj. *schwer zu erklimmen.*

दूरोहण 1) Adj. *dass.* — 2) n. *die siebenfache Recitation eines Verses und zwar so, dass derselbe aufsteigend je nach* Pâda, *Halbversen, Drei-*Pâda *und ununterbrochen, eben so von hier an wieder absteigend, vorgetragen wird* Maitr. S. 2,8,7.

दूरोहणीय Adj. *nach Art des* दूरोहण 2) *behandelt.*

*दूर्य n. 1) *Excremente.* — 2) *Gelbwurz.*

दूर्व 1) m. N. pr. eines Fürsten. — 2) f. दूर्वा *Panicum Dactylon.*

*दूर्वाकाण्ड n. *ein Haufen* Dûrvâ-*Gras.*

दूर्वाक्षी f. N. pr. der Gattin Vṛka's.

दूर्वागणपतिव्रत n. *eine best. Begehung.*

दूर्वालोष्ट m. *ein Erdkloss von einem* Dûrvâ-*Felde* Mân. Gṛhj. 1,7.

*दूर्वावण und *°वन n. Dûrvâ-*Wald.*

दूर्वावत् Adj. *mit* Dûrvâ-*Gras verbunden.*

दूर्वाव्रत n. *eine best. Begehung.*

दूर्वाष्टमी f. *ein Festtag am 8ten Tage der lichten Hälfte des* Bhâdra.

दूर्वासोम m. *eine best.* Soma-*Pflanze.*

दूर्वेष्टका f. *bei der Schichtung des Altars verwendete* Dûrvâ.

दूर्श n. *eine Art Gewebe* oder *Gewand.*

दूलाल m. N. pr. eines Autors. दूलालीय n. Titel seines Werkes Opp. Cat. 1.

*दूलास (!) m. *Bogen.*

*दूलिका und *दूली f. *die Indigopflanze.*

°दूष Adj. *verunreinigend.*

दूषक 1) Adj. (f. दूषिका) mit Gen. oder am Ende eines Comp. a) *verderbend, entstellend, fälschend, verführend, verunehrend, schändend.* — b) *Jmd zu nahe tretend, sich an Jmd* oder *Etwas vergehend.* — c) *verunreinigend, so v. a. mit einer Sünde belastend, sündhaft.* — 2) f. दूषिका a) *Unreinigkeit des Auges.* — b) *eine Art Reis.* — c) **Pinsel.*

दूषण 1) Adj. (f. ई) a) *verderbend, vernichtend, schädlich, verunreinigend, besudelnd, entehrend.* — b) *sich vergehend an.* — 2) m. N. pr. a) eines Rakshas. — b) eines von Çiva erschlagenen Daitja. — 3) f. दूषणा N. pr. der Mutter Tvashṭar's. — 4) n. a) *das Verderben, Ruiniren, Besudeln, das mit einem Makel Behaften* 250,14. *Schänden, Verführen* (von beiden Geschlechtern). — b) *das Verunglimpfen, übles Nachsagen, Verdächtigen, Herabsetzen.* — c) *eine gegründete Einwendung, Widerlegung.* — d) *Mangel, Fehler, Vergehen, Schuld, Sünde.*

दूषणता f. *das ein Fehler Sein.*

दूषणवादिन् m. *Opponent* (in einer Disputation) Comm. zu Njâjas. 5,1,41.

*दूषणारि m. Bein. Râma's.

*दूषणीय Adj. = 1. दूष्य 1).

दूषय् (von 1. दुष्), दूषयति (episch auch Med.) 1) *verderben, versehren, verschlechtern, verschlimmern, fälschen, unbrauchbar machen, besudeln, verunehren, schänden;* in der Astrol. *verderben, Unheil über Etwas bringen.* — 2) *für falsch, verkehrt, schlecht, sündhaft erklären, tadeln* 43,6. वाचम् so v. a. *sein Wort brechen.* — 3) *Jmd einer Schlechtigkeit zeihen, bezichtigen, beschuldigen, beschimpfen.* दूषित *einer Schlechtigkeit geziehen, mit einem Makel behaftet, blossgestellt;* oft in Comp. mit dem näher angegebenen Makel. — 4) einschüchtern Spr. 2855. 5737. — 5) Jmd (Gen.) zu nahe treten. — Mit अभि es Jmd anthun, übel einwirken auf, Schaden zufügen; mit Acc. — Mit उप, °दूषित mit einem Makel behaftet. — Mit प्र 1) verderben, angreifen, verunreinigen. — 2) arg machen, so v. a. übertreiben. — 3) Jmd einer Schlechtigkeit zeihen, beschimpfen. — Mit अभिप्र verderben, angreifen. — Mit प्रतिप्र, °दूषित verunreinigt. — Mit वि 1) verderben, verunreinigen, verunglimpfen. उपहसति so v. a. verspotten, verlachen. मातृविदूषित durch die Mutter mit einem Makel behaftet. — Mit सम् 1) verderben, verschlimmern, verunreinigen. — 2) Jmd schlecht machen, so v. a. an den Pranger stellen.

°दूषयितर् Nom. ag. Schänder, Entehrer.

*दूषयित्नु Adj. schändend, entehrend.

दूषि 1) Adj. am Ende eines Comp. verderbend, vernichtend, zerstörend. — 2) f. a) giftiger Stoff. — b) * Unreinigkeit des Auges.

°दूषिन् Adj. verunreinigend, schändend.

दूषी und दूषीका f. Unreinigkeit des Auges.

1. दूषीविष n. Gift, welches alt geworden oder sonst zersetzt ist und dadurch an Heftigkeit der Wirkung verloren hat.

2. दूषीविष Adj. (f. आ) in geringem Grade giftig Karaka 6,23.

दूषीविषारि m. ein best. Antidoton.

1. दूष्य 1) Adj. a) dem Verderben ausgesetzt, was verdorben —, ruinirt — (Kâm. Nîtis. 14,17), verunreinigt werden kann. — b) verdienend beschimpft zu werden; m. ein schlechtes Subject. — 3) * n. a) Eiter — b) Gift.

2. दूष्य 1) n. a) Zelt. — b) * Zeug, Stoff oder eine Art Zeug, Kattun. — 2) * f. आ Leibgurt eines Elephanten.

दूष्युदर n. eine durch giftige Stoffe beigebrachte Krankheit des Abdomen.

*दूष्युदरिन् und दूष्योदरिन् Adj. an Dûshjudara leidend.

°दूस n. Milch in *अवि°.

दृंह् Adj. in भूमिदृंह्.

दृंहण n. 1) das Befestigen. — 2) Befestigungsmittel.

दृंहित 1) Adj. s. u. दृह् Caus. — 2) n. Befestigung.

दृंहितर् Nom. ag. Befestiger.

*दृक n. Oeffnung.

दृकाण m. δεκανος, ein Drittel eines Zodiakalbildes.

*दृक्कर्ण m. Schlange.

दृक्कर्मन् n. ein Verfahren, vermittelst dessen irgend ein Planet, der eine Breite hat, auf die Ekliptik reducirt wird.

दृक्काण m. = दृकाण.

दृक्छत्त्र Râgat. 8,133 wohl fehlerhaft für दृकछत्त्र n. der Sonnenschirm des Auges, d. i. Augenlid.

दृक्क्षेप m. der Sinus der Zenith-Distanz des höchsten oder Central-Punctes der Ekliptik zu einer gegebenen Zeit.

दृक्तुल्य Adj. mit dem beobachteten Orte übereinstimmend Sûrjas. 11,6. Nom. abstr. °ता f. 2,14. 3,11.

दृक्पथ m. Gesichtskreis.

दृक्पात m. Blick Varâh. Brh. S. 78,4.

*दृक्प्रसादा f. in der Medicin und als Collyrium gebrauchter blauer Vitriol Râgan. 13,91.

*दृक्प्रिया f. Pracht, Schönheit.

दृक्शक्ति f. bei den ekstatischen Pâçupata eine übernatürliche Sehergabe.

*दृक्श्रुति m. Schlange.

°दृक्ष Adj. aussehend oder Subst. Aussehen in अमू°, ई°, की° und ता°.

दृक्संगम n. Sg. das Erblicken von und eine Zusammenkunft mit (Gen.) Spr. 3500.

दृगञ्चल m. ein schielender Blick Prasannar. 5,2.

*दृगध्यक्ष m. die Sonne.

दृगन्त m. der äussere Augenwinkel Prasannar. 150,11.

दृगल n. Stückchen, Bröckchen Âçv. Çr. 5,7,2 fehlerhaft für बृगल.

दृग्गति f. der Cosinus der Zenith-Distanz oder der Sinus der Höhe des höchsten oder Central-Punctes der Ekliptik zu einer gegebenen Zeit Ârjabh. 4,34. °जीवा f. dass. Sûrjas. 3,7. °ज्या f. dass. Comm. zu Ârjabh. 4,34.

दृग्गोचर m. Bereich des Gesichts, Gesichtskreis.

दृग्गोल und °क m. Doppelsphäre.

*दृग्जल n. Thräne.

दृग्ज्या f. der Sinus der Zenith-Distanz oder der Cosinus der Höhe.

दृग्दृश्यप्रकरण n. und °दृश्यविवेक m. (Opp. Cat. 1) Titel zweier Werke.

दृग्भक्ति f. Liebesblick.

*दृग्भू f. (!) 1) der Donnerkeil. — 2) die Sonne. — 3) Schlange.

दृग्रुज् f. Augenschmerzen, — krankheit.

दृग्लम्बन n. Parallaxe in Höhe.

दृग्वलय m. n. Vertikalkreis, Azimuth.

दृग्विष Adj. mit dem Blicke schon vergiftend.

*दृग्विहीन Adj. blind Gal.

दृग्वृत्त n. Vertikalkreis.

दृङ्मण्डल n. Vertikalkreis, Azimuth Ârjabh. 4, 21. Comm. zu Golâdhj. 6,6.

*दृडक (!) n. a fire place, or hole made in the ground for cooking.

दृडु m. oder f. ein best. Tanz S. S. S. 261.

दृढ, दृळ्ह 1) Adj. und °म् Adv. s. u. दृह्. — 2) m. a) eine Art Rûpaka. — b) N. pr. eines Sohnes α) des 13ten Manu. — β) Dhṛtarâshṭra's. — 3) f. आ N. pr. einer buddhistischen Göttin. — 4) n. a) ein fester Gegenstand, Unbewegliches. — b) fester Ort, Feste. — c) * Eisen.

*दृढकण्टक 1) m. eine best. Pflanze. — 2) f. आ Phoenix sylvestris.

*दृढकाण्ड 1) m. Bambusrohr. — 2) f. आ eine best. Schlingpflanze Râgan. 3,91. — 3) n. ein best. wohlriechendes Gras Râgan. 8,101.

दृढकारिन् Adj. beharrlich Gaut.

दृढकुट्टक m. ein keine weitere Vereinfachung zulassender Multiplicator.

दृढक्षत्त्र m. N. pr. eines Sohnes des Dhṛtarâshṭra.

*दृढक्षुरा f. Eleusine indica.

*दृढगात्त्रिका f. körniger Zucker.

*दृढग्रन्थि m. Bambusrohr.

दृढग्राहिन् Adj. fest anpackend, so v. a. mit Energie Etwas verfolgend.

*दृढच्छद 1) m. Borassus flabelliformis Râgan. 9, 87. — 2) n. ein best. wohlriechendes Gras Râgan. 8,101.

दृढच्युत, दृळ्ह° m. N. pr. eines Sohnes des Agastja.

दृढतरी Adv. mit कर् bekräftigen, bestätigen Daçak. 81,18.

*दृढतरु m. Grislea tomentosa Râgan. 9,112. Nach Mat. med. Anogeissus latifolia.

दृढता f. 1) Festigkeit. वपुषि so v. a. feste Gesundheit. — 2) festes Halten an (Loc.), Beharrlichkeit, Ausdauer.

*दृढतृण 1) m. Saccharum Munjia. — 2) f. आ Eleusine indica.

दृढत्व n. 1) Festigkeit. — 2) festes Halten an (Loc.).

*दृढत्वच् m. eine Rohrart.

*दृढदंशक m. Haifisch.

दृढदस्यु m. N. pr. eines alten Weisen Kâd. 22,20.

दृढधनुस् m. N. pr. eines Fürsten.

दृढधन्वन् Adj. einen festen, schwer zu spannenden Bogen habend 85,4.

दृढधन्विन् Adj. 1) dass. — 2) mit solchen Bogenschützen versehen.

*दृढधुर Adj. mit gut befestigter Deichsel.

दृढधृति Adj. einen festen Willen habend, entschlossen Âpast.

दृढनाभ m. *ein best. über Waffen gesprochener Zauberspruch.*

*दृढनीर m. *Cocosnussbaum* Râǵan. 11,47.

दृढनेत्र m. N. pr. eines Sohnes des Viçvâmitra.

दृढनेमि m. N. pr. eines Fürsten.

*दृढपत्त्र 1) m. *Bambusrohr.* — 2) f. ई *Eleusine indica.*

दृढपाद 1) Adj. *auf festen Füssen stehend.* — 2) *f. आ *Andrographis paniculata* Râǵan. 3,64. — 3) *f. ई *Phyllanthus Niruri* Râǵan. 5,90.

दृढप्रतिज्ञ Adj. *fest bei seiner Erklärung verharrend, nicht nachgebend.*

*दृढप्ररोह m. *Ficus infectoria* Râǵan. 11,126.

दृढप्रहारिन् 1) *Adj. *tüchtig einhauend.* — 2) m. N. pr. eines Mannes.

*दृढफल n. *Cocosnussbaum* Râǵan. 11,48.

*दृढबन्धिनी f. *eine best. Pflanze.*

दृढबल m. N. pr. eines Arztes.

*दृढबीज m. 1) *Cassia Tora* Râǵan. 4,203. — 2) *Zizyphus Jujuba* Râǵan. 11,140. — 3) *Acacia arabica* Râǵan. 8,38.

दृढबुद्धि m. N. pr. eines Mannes.

दृढभक्ति Adj. *anhänglich, treu ergeben* (mit Loc.). Nom. abstr. °ता f.

दृढभक्तिक und °भक्तिमत् (R. Gorr. 2,111,28) Adj. dass.

दृढमति Adj. *fest entschlossen, es ernsthaft mit Etwas meinend* Bhag. 18,64.

1. दृढमुष्टि m. *eine feste Faust.*

2. दृढमुष्टि 1) Adj. *a) eine feste, schwer zu öffnende Faust habend.* — *b) *geizig.* — 2) m. *a) *Schwert.* — b) N. pr. eines Mannes.

*दृढमूल m. 1) *Cocosnussbaum.* — 2) *Saccharum Munjia* Râǵan. 8,86. — 3) *eine andere Grasart,* = मन्थानक Râǵan. 8,135.

दृढय्, °यति 1) *befestigen* Comm. zu Âpast. Çr. 1,4,6. — 2) *bekräftigen, bestätigen* TS. Prât. Comm.

*दृढरङ्गा f. *Alaun* Râǵan. 13,121.

दृढरथ m. N. pr. verschiedener Männer.

दृढरथाश्रय m. N. pr. eines Sohnes des Dhṛtarâshṭra.

दृढरुचि m. N. pr. eines Fürsten und eines nach ihm benannten Varsha in Kuçadvîpa.

*दृढलता f. *eine best. Schlingpflanze* Râǵan. 3,91.

*दृढलोमन् m. *Schwein.*

*दृढवज्र m. N. pr. eines Fürsten der Asura.

दृढवपुस् Adj. *starken Körpers, kerngesund* zu Spr. 4910.

दृढवर्मन् m. N. pr. 1) eines Sohnes des Dhṛtarâshṭra. — 2) eines Fürsten von Prajâga Prij. 3,13. 4,11. 5,4. 16.

*दृढवल्क 1) m. *Arecapalme* Râǵan. 11,240. — 2) f. आ *Hibiscus cannabinus* Râǵan. 4,79.

*दृढवल्कल m. *Artocarpus Locucha* Râǵan. 9,159.

दृढवीर्य m. N. pr. eines Fürsten der Kiṁnara 1) a) Kâraṇḍ. 3,4.

*दृढवृक्ष m. *Cocosnussbaum.*

दृढवेधन n. *ein Treffen mit dem Pfeile der Art, dass er fest stecken bleibt.*

दृढव्य m. N. pr. eines Ṛshi.

दृढव्रत 1) Adj. (f. आ) *fest am Gelübde haltend, vom einmal gefassten Vorsatze nicht abstehend, fest bestehend auf* (Loc.), *treu ergeben Jmd* (im Comp. vorangehend). — 2) m. N. pr. eines Mannes.

*दृढशक्तिक Adj. = भक्तिमात्रेयोगी.

दृढसंध m. N. pr. eines Sohnes des Dhṛtarâshṭra.

*दृढसंधि Adj. *fest aneinandergefügt, — zusammenhängend.*

दृढसमाधान Adj. *gut aufpassend* Nâgân. 69,8 (89,17).

*दृढसूत्रिका f. *Sanseviera zeylanica.*

दृढसेन m. N. pr. eines Fürsten.

*दृढस्कन्ध m. *eine Dattelart.*

दृढस्यु m. N. pr. eines Ṛshi.

दृढहनु m. N. pr. eines Fürsten.

दृढहस्त m. N. pr. eines Sohnes des Dhṛtarâshṭra.

दृढाक्ष m. N. pr. eines Fürsten. दृढाश्व v. l.

*दृढाङ्ग n. *Diamant.*

दृढायु oder °स् m. N. pr. verschiedener Männer.

दृढायुध 1) Adj. *ein festes, hartes Geschoss habend.* Auch als Beiw. Çiva's. — 2) m. N. pr. eines Sohnes des Dhṛtarâshṭra.

दृढायुस् s. दृढायु.

दृढाश्व m. N. pr. verschiedener Männer Hariv. 2,42,35 (v. l. दृढाक्ष).

दृढिष्ठ Taitt. Up. 2,8 fehlerhaft für द्रढिष्ठ.

दृढी Adv. 1) mit कर् *a) fest machen, befestigen* Pañkad. *fest verschlingen.* — *b) bekräftigen, bestätigen.* — 2) mit भू *fest werden.*

दृढीकरण n. (fehlerhaft द्रढी° Çaṁk. zu Bâdar. 2,1,34) und °कार m. *Bekräftigung, Bestätigung.*

दृढेयु m. N. pr. eines der 7 Ṛshi.

दृढेषुधि m. N. pr. eines Fürsten.

*दृता f. *Kümmel.*

दृति 1) m. f. (ausnahmsweise) *ein als Schlauch zur Aufbewahrung von Flüssigkeiten und anderer Dinge, als Blasebalg und als Spritze verwendeter Balg.* Ein Leck am Schlauch bildet sich am ehesten an einem Beine des Balges. Auch दृती f. — 2) m. a) **Fisch.* — b) N. pr. eines Mannes. दृतिवातवतोरयनम् und दृतिकुण्डतपश्चितामयनम् Namen zweier Sattra.

*दृतिधारक m. *eine best. Pflanze.*

*दृतिहरि und *°हार Adj. *einen Schlauch tragend,* jenes von einem Thiere, dieses von einem Menschen gesagt.

*दृत्य Partic. fut. pass. von 1. दर्.

दृध्र Adj. *festhaltend, — verschliessend.*

*दृन्भू m. 1) *Rad.* — 2) *die Sonne* — 3) *Schlange.*

दृप्तबालाकि m. N. pr. eines Mannes.

*दृप्र Adj. *stark.* Vgl. *दृप्र.

दृब्धि f. *das Winden, Aneinanderreihen.*

दृभीक m. N. pr. eines Dämons.

दृमिचण्डेश्वर n. Name eines Liṅga. कृमिच° v. l.

*दृम्फू m. *eine Art Schlange.*

*दृम्भू m. = दृन्भू.

दृवन् Adj. etwa *zerreissend, sprengend.*

दृश् (Nom. दृक्, *ved. दृङ्) 1) Adj. *sehend, schauend, anschauend, erschauend* (ein Lied, einen heiligen Text). — 2) f. *a) das Sehen, Erblicken* (ṚV. 5,52,12), *Schauen, Erkennen.* दृशे Dat. Inf. zu दर्श्. — *b) Aussehen* in ई°, की°, ता°. — *c) aspectus planetarum.* — *d) Auge.* — *e) Bez. der Zahl zwei.* — *f) Auge,* so v. a. *Anschauungsweise, Theorie* Vikramâṅkaḱ. 18,82. — *g)* in der Astr. *der beobachtete Ort.* — 3) n. *Auge* Bhâg. P. 4,4,24.

दृश 1) m. *das Sehen, Aussehen* am Ende eines Comp. — 2) *f. *Auge.* — 3) *दृशम् am Ende eines adv. Comp.

दृशति f. *das Aussehen.*

*दृशाकाङ्क्ष्य n. *Lotusblüthe.*

दृशान und दृशान 1) Partic. von दर्श्. — 2) m. *a) *Lehrer.* — *b) *ein Brahman.* — c) N. pr. α) eines Ṛshi. — β) *eines Dämons. — 3) *n. *Licht, Helle.*

दृशि f. 1) *das Sehen, Schauen, Schauvermögen* 284,32. 285,1. Auch Bez. der Wurzel दर्श् Ind. St. 13,365. दृशये Dat. als Infin. zu दर्श्. — 2) *Auge.* Auch *दृशी. — 3) **Lehrbuch.*

दृशिमत् Adj. *sehend.*

दृशीक 1) Adj. *ansehnlich, conspicuus.* — 2) n. *Anblick.*

दृशीका f. *Aussehen.*

दृशीकु 1) Adj. am Ende eines Comp. *blickend auf* Âpast. Çr. 11,13,10. — 2) m. *Zuschauer.*

(दृशेन्य) दृशेनिय Adj. *ansehnlich, conspicuus.*

*दृशोपम n. *eine weisse Wasserlilie.*

दृश्न in अनन्तदृश्न Nachtr. 3.

दृश्य, दृशिय 1) Adj. *a) sichtbar, — für* (Instr.,

Gen. oder im Comp. vorangehend). °स्थापित *so hingestellt, dass man es sehen kann.* — b) *anzublicken, anzusehen, anzuschauen* Spr. 7798. — c) *angenehm anzusehen, sehenswerth, schöner als* (Abl.) — 2) n. a) *ein dem Auge zugänglicher Gegenstand.* — b) *die sichtbare, gegebene, bekannte Zahl.* — c) N. pr. einer Stadt.

दृश्यजाति f. *reduction of the given quantity with fractions affirmative or negative.*

दृश्यता f. und दृश्यत्व n. *Sichtbarkeit.*

दृश्यपुर n. N. pr. einer *Stadt.*

दृश्यश्रव्य Adj. *was man sieht und (oder) hört.* Nom. abstr. °त्व n.

दृश्यादृश्य Adj. *sichtbar und auch nicht sichtbar.* f. आ Bein. der Sinîvâlî.

दृश्येतर Adj. *unsichtbar.* Nom. abstr. °ता f. Naish. 8,37.

°दृश्वन् Adj. *der da sieht, gesehen hat, vertraut mit.*

*दृषच्छारद Adj. *so eben vom Mühlstein kommend, frisch gemahlen.*

दृषत्कण m. *Steinchen* 168,28.

दृषत्पुत्र m. *der obere, kleinere Mühlstein.*

*दृषत्सार n. *Eisen* Râǵan. 13,45.

दृषद् f. *Felsen, ein grosser Stein, Mühlstein;* insbes. *der untere der beiden Mühlsteine.*

*दृषदक Mahâbh. (K.) 52,18.

दृषदश्मन् m. *der obere, kleinere Mühlstein.*

*दृषदिमाषक m. *die von Mühlsteinen erhobene Abgabe.*

दृषदुपल n. Sg. und Du. und °ला f. Du. *die beiden Mühlsteine* 36,26.

दृषदोलूखल n. Sg. *Mühlstein und Mörser.*

*दृषद्य्, °द्यते Denom. von दृषद्.

दृषद्वत् 1) *Adj. *felsig, steinig.* — 2) m. N. pr. eines Mannes. — 3) f. °द्वती a) N. pr. α) *eines Flusses.* — β) verschiedener Frauen. — b) *Bein. der Durgâ.

दृषत् Partic. Âçv. Ça. 9,7,12 wohl fehlerhaft für रुषत्.

दृषन्नौ f. *ein Schiff aus Stein* Spr. 2930.

दृष्ट 1) Adj. s. u. दर्श्. — 2) n. a) *Wahrnehmung.* — b) **eine begründete Gefahr.*

दृष्टकर्मन् Adj. 1) *dessen Thaten man kennen gelernt hat, in der Praxis erprobt.* — 2) *der die Praxis* (bei einem Andern) *kennen gelernt hat* Suçr. 1,123,15. Bhâvapr. 1,133.

*दृष्टकूट n. *Räthsel.*

दृष्टचर Adj. (f. ई) *früher gesehen.*

दृष्टतस् Adv. *als etwas Gesehenes* Gobh. 3,5,27.

दृष्टत्व n. 1) *das Gesehenwordensein, das vor Augen Liegen* Kap. 4,4. 5,118. — 2) *das Angesehenwordensein, Gelerntwordensein.*

दृष्टदोष Adj. (f. आ) 1) *bei dem man einen Fehler, einen Schaden wahrgenommen hat.* — 2) *dessen Fehler anerkannt sind, offen zu Tage liegen.* — 3) *als sündhaft anerkannt* (eine Handlung).

दृष्टद्रष्टव्य Adj. *der gesehen hat, was zu sehen war,* Dh. V. 31,14.

दृष्टधर्म m. N. pr. v. l. für दृष्टशर्मन् VP.[2] 4,95.

दृष्टनष्ट Adj. *gesehen* (*erschienen*) *und auch gleich wieder verschwunden.* Nom. abstr. °ता f.

*दृष्टपुष्पा Adj. f. = दृष्टरजस् Gal.

दृष्टपूर्व Adj. (f. आ) *früher gesehen* 308,4. Spr. 3298.

*दृष्टरजस् und *°रजस्का (Gal.) Adj. f. *bei der sich die Regeln schon eingestellt haben, mannbar.*

दृष्टरथ m. N. pr. eines Fürsten MBh. 13,166,50. धृष्टरथ v. l.

दृष्टरूपा f. N. pr. eines Wesens im Gefolge der Devî.

दृष्टवीर्य, °वीरिन् Adj. *von erprobter Kraft.*

दृष्टशर्मन् m. N. pr. eines Fürsten VP. 4,14,2.

दृष्टश्रुत Adj. *gesehen und* (*oder*) *gehört* M. 8,75.

दृष्टसार Adj. *von erprobter Kraft.*

दृष्टादृष्ट Adj. *sichtbar und unsichtbar, dieses und jenes Leben betreffend; n. Sichtbares und Unsichtbares u. s. w.*

दृष्टान्त 1) Adj. *als Muster dienend, maassgebend* R. Gorr. 2,109,37. Am Anf. eines Comp. als Adv. MBh. 13,49,17 (= प्रत्यक्षम् Nîlak.). — 2) m. a) *Muster, Praecedens, Beispiel, Exemplification* Kâvjapr. 10,16. न तु दृष्टान्ततः *nicht aber in Folge eines Praecedens* und auch *nicht aber als Praecedens.* Hariv. 5298 wohl fehlerhaft für वृत्तान्त, wie die neuere Ausgabe liest. — b) **Lehrbuch.* — c) **Tod.* — d) **eine best. grosse Zahl.*

दृष्टान्तकलिका f. Titel eines Werkes.

दृष्टान्तय्, °यति *als Beispiel vorführen* Hemâdri 1,150,6. Partic. दृष्टान्तित.

दृष्टारिष्ट Adj. *bei dem sich Todeszeichen gezeigt haben* Bhâvapr. 1,139.

दृष्टार्थ Adj. 1) *dessen Endzweck deutlich ist.* — 2) *als Muster dienend, maassgebend* Gaut. — 3) *der den Sachverhalt erkannt hat, der in's Reine gekommen ist über* (Gen.).

दृष्टि f. 1) *das Sehen, — auf* (Gen.), *Erblicken, Schauen, Erschauen* (mit dem körperlichen oder geistigen Auge). — 2) *Gesicht, Sehkraft.* — 3) *Sehkraft des Geistes, Verstand.* — 4) *Auge, Blick.* दृष्टिं दा *den Blick richten auf* (Loc.) Spr. 2933. — 5) *Pupille des Auges.* — 6) in der Astrol. *aspectus planetarum.* — 7) *Berücksichtigung.* — 8) *Ansicht;* bei den Buddhisten insbes. *eine irrige A.*

*दृष्टिकृत् m. *Hibiscus mutabilis.*

दृष्टिक्षेप m. *das Herumgehenlassen der Augen.*

*दृष्टिगुण m. *Ziel.*

दृष्टिगुरु m. Beiw. Çiva's.

दृष्टिगोचर m. *der Bereich des Gesichts, Gesichtskreis.*

दृष्टिदान n. *das Sichsehenlassen, das Gewähren seines Anblicks* Daçak. 46,11.

दृष्टिनिपात m. *das Fallen des Auges auf Etwas, Blick.*

दृष्टिप Adj. *mit den Augen trinkend, sich am blossen Schauen ergötzend.*

दृष्टिपथ m. *Gesichtskreis.*

दृष्टिपात m. = दृष्टिनिपात 112,24. 171,14. 290,9. न तस्य °पाते elliptisch so v. a. *tritt dem nicht vor Augen* 105,7.

दृष्टिपूतना f. N. pr. eines bösen Dämons.

दृष्टिप्रदान n. = दृष्टिदान Kumâras. 7,45.

दृष्टिप्रसाद m. *die Gunst des Schauens.* °दं कर् *die Gnade haben, Jmd seinen Anblick zu gewähren,* 147,9.

दृष्टिफल n. Titel eines astr. Werkes.

*दृष्टिबन्धु m. *ein fliegendes leuchtendes Insect.*

दृष्टिमण्डल n. *Pupille* Suçr. 1,118,10. 2,344,4.6.

दृष्टिमत् Adj. *Augen —, Einsicht habend, Sachkenner.*

दृष्टिमार्ग m. *Gesichtskreis.*

दृष्टिरोग m. *Augenkrankheit.*

दृष्टिवाद m. Titel des 12ten Añga der Ǵaina Hem. Par. 9,58. 13,32. fgg.

*दृष्टिविक्षेप m. *Seitenblick.*

दृष्टिविष und दृष्टीविष (metrisch) Adj. *Gift in den Augen habend, durch einen blossen Blick vergiftend.*

*दृष्या f. = दूष्या *Leibgurt eines Elephanten.*

°दृह् Adj. (nur Nom. °धृक्) *befestigend, dauerhaft machend.* Vgl. धृक्.

देउलिय m. N. pr. eines Dorfes.

देङ्गपाल m. N. pr. eines Mannes.

देदीपितवै Dat. Inf. zu 1. दी Intens. Çat. Br. 5,3,2,6.

देय 1) Adj. a) *zu geben, zu verleihen, zu schenken, zur Ehe zu geben* (eine Tochter). अतिथिवित्तेन शक्त्या देयम् (n. impers.) *man gebe nach Kräften in Berücksichtigung des Gastverhältnisses* Jâǵn. 1,107. — b) *abzugeben, wiederzugeben, abzutragen, zu bezahlen, zu zahlen.* — c) *zu übergeben, einzuhändigen.* — d) *zu gewähren, zu bewilligen.* राज्ञः प-

न्था: einem Fürsten soll man den Weg gewähren, so v. a. aus dem Wege gehen. — e) anzulegen (Feuer an) Bhâvapr. 3,89. — 2) n. a) Gabe, Darbringung. — b) Abgabe. — c) Lohn. — d) * Wasser (?).

देयधर्म m. Mildthätigkeit.

देव्, देवते schleudern, werfen. Nur Bhaṭṭ., aber von den Comm. wie im Dhâtup. durch spielen (würfeln) erklärt.

1. देव 1) Adj. (f. ई) himmlisch, göttlich; auch als Ausdruck besonderer Vortrefflichkeit. Superl. देवतम und देवितमा. — 2) m. a) ein Himmlischer, ein Gott; auch von missgünstigen Wesen. Am Ende eines Comp. im Bhâg. P. ein Gott unter —, so v. a. unter — am Höchsten angesehen. Am Ende eines adj. Comp. Jmd zum Gott habend auch so v. a. wie einen Gott verehrend. — b) विश्वे देवा: sämmtliche Götter und eine best. Klasse von Göttern. Vgl. विश्वेदेव. — c) Bez. der Zahl 33 Gaṇit. Bhagaṇ. 33. Madhjam. 22. — d) schlechtweg Gott heisst Indra als Regenspender. Daher bei den Lexicographen die Bed. Wolke. — e) Götterbild, Idol Vishṇus. 9,33. 14,2. 11,60. — f) der Gott auf Erden oder unter den Menschen ist α) ein Priester, ein Brahman. — β) ein Fürst, König, Prinz. — g) *Kind, Dummkopf, Tölpel Ind. St. 13,338. — h) *ein Mann, der einem besondern Geschäft nachgeht. — i) *Lanzenträger. — k) *Schwert Gal. — l) *Wetteifer. — m) *Spiel. — n) N. pr. verschiedener Männer VP.². — o) Hypokoristikon von देवदत्त. — 3) m. (*n.) ein Sinnesorgan. — 4) *f. देवा a) Hibiscus mutabilis. — b) Marsilea quadrifolia. — 5) f. देवी a) Göttin. — b) schlechtweg Göttin heisst α) Sâvitrî, die Gattin Brahman's. — β) Durgâ, die Gattin Çiva's, 290,12. — γ) *die Geliebte des Sonnengottes. — c) die Gemahlin eines Fürsten; auch eine Königstochter, Prinzessin. — d) *ein best. Vogel, = श्यामा. — e) *Bez. verschiedener Pflanzen: Medicago esculenta, Sanseviera Roxburghiana, Linum usitatissimum, eine Cyperus-Art, Clypea hernandifolia, Koloquinthengurke, Glycine debilis, Terminalia Chebula, = लिङ्गिनी und वन्ध्याकर्कोटकी. — f) eine best. übernatürliche Kraft. — g) N. pr. α) einer Apsaras. — β) *der Mutter des 18ten Arhant's der gegenwärtigen Arasarpiṇî.

2. *देव m. = देवृ, देवर.

देवऋषभ m. N. pr. eines Sohnes des Dharma.

देवऋषि m. ein Ṛshi unter den Göttern, ein himmlischer Heiliger.

देवक 1) am Ende eines adj. Comp. = 1. देव Gott. — 2) m. a) Pl. Bez. der Çûdra in Krauñkadvîpa. — b) N. pr. α) eines Gandharva. — β) verschiedener Männer, unter andern des Vaters der Devakî. — c) *Hypokoristikon von देवदत्त. — 3) *f. देवका Hypokoristikon von देवदत्ता. — 4) f. देविका a) Pl. α) Bez. gewisser Göttinnen niederer Gattung. °हविस् n. Vaitân. — β) die Spenden, die diesen Göttinnen dargebracht werden. — b) Stechapfel. — c) N. pr. α) der Gattin Judhishṭhira's. — β) eines Flusses Varâh. Bṛh. S. 11, 35. — 5) f. देवकी N. pr. einer Tochter Devaka's und Mutter Kṛshṇa's. Wird mit Aditi und der Dâkshâjaṇî identificirt.

देवकट m. N. pr. eines Dorfes.

देवकन्यका und °कन्या f. eine göttliche, überirdische Jungfrau.

देवकभोजपुत्री f. Patron. der Devakî Bhâg. P. 3,1,33.

देवकमलपुर n. N. pr. einer Stadt.

*देवकर्दम m. eine wohlriechende Mischung von Sandelholz, Agallochum, Kampfer und Saffran Râǵan. 22,18.

देवकर्मी m. Meister des heiligen Werkes.

देवकर्मन् n. eine den Göttern geltende heilige Handlung. °कर्मकृत् Adj. ein solches Werk vollbringend.

देवकलश m. N. pr. eines Mannes.

*देवकाञ्चन m. Bauhinia purpurea.

*देवकात्मजा f. Patron. der Devakî.

देवकान्त m. Magnet.

देवकाम Adj. (f. आ) nach den Göttern verlangend, fromm.

देवकार्य n. 1) = देवकर्मन्. — 2) eine Angelegenheit der Götter, eine die G. nahe angehende Sache, ein Auftrag der G.

देवकाष्ठ n. Pinus Deodora oder eine andere Species.

देवकिनन्दन (metrisch) m. = देवकी°.

देवकिरी f. eine best. Râgiṇî.

देवकिल्बिष n. ein Vergehen gegen die Götter.

देवकीनन्दन m. Metron. Kṛshṇa's Veṇîs. 89,16.

देवकीपुत्र und देवकीमातृ m. desgl.

*देवकीय Adj. von 1. देव.

देवकीर्ति m. N. pr. eines Astronomen.

देवकीसूनु m. Metron. Kṛshṇa's Veṇîs. 93,9.

*देवकुण्ड n. eine natürliche Quelle.

*देवकुरु m. Pl. N. pr. eines Volkes.

*देवकुरुम्बा f. eine best. Pflanze.

देवकुल n. Tempel. मातृ° der göttlichen Mütter. °कुलावास m. Pl. die zu einem T. gehörigen Gebäude.

देवकुलिका f. ein kleiner Tempel, Kapelle Pañkad.

देवकुल्या f. der Götterfluss, personif. als Tochter Pûrṇiman's.

देवकुसुम n. Gewürznelken Râǵan. 12,85. Bhâvapr. 1,188.

देवकूट m. N. pr. eines Gebirges Vâju-P. 40,1. fgg.

देवकृत 1) Adj. (f. आ) von den Göttern gemacht, — bereitet. — 2) n. Bez. für VS. 8,13 Vishṇus. 56,4.

देवकृति f. ein best. Râga S. S. S. 89.

देवकृत्य n. = देवकार्य 1) und 2).

देवकोश m. Götterkufe.

देवक्षत्र Adj. götterartig, der Zahl der Götter entsprechend.

देवक्री f. (Nom. ohne स्) ein best. Râga S. S. S. 82.

1. देवक्षत्र n. göttliche Herrschaft, Götterreich ṚV. 5,64,7 (vielleicht °क्षेत्रे zu lesen).

2. देवक्षत्र m. N. pr. eines Fürsten.

देवक्षेत्र n. Göttergebiet.

*देवक्षेम m. N. pr. eines buddh. Autors.

देवखात 1) Adj. von den Göttern gegraben, so v. a. von Natur ausgehöhlt. — 2) *f. आ (संज्ञायाम्). — 3) (*n.) ein natürlicher Wasserbehälter VP. 3, 11,24 (m. nach dem Comm.).

*देवखातक n. = देवखात 3).

देवखाततीर्थ n. N. pr. eines Tîrtha.

देवगण m. Götterschaar, — abtheilung. °गणेश्वर m. Bein. Indra's.

देवगणदेव m. N. pr. eines Dichters.

देवगणिका f. eine Apsaras.

देवगन्धर्व 1) m. a) Pl. Götter und Gandharva Âpast. 1,20,6. — b) ein göttlicher Gandharva. — 2) n. eine Art von Gesang Hariv. 8449.

*देवगन्धा f. eine best. Arzeneipflanze.

*देवगर्जन n. Donner.

देवगर्भ m. ein Götterkind.

देवगर्भा f. N. pr. eines Flusses in Kuçadvîpa.

देवगवी f. Pl. 1) die Götterkühe Maitr. S. 1,6,3. — 2) Bez. bestimmter Sprüche Âpast. Çr. 4,10,4.

देवगान्धार 1) wohl n. eine Art von Gesang. — 2) f. ई eine best. Râgiṇî.

*देवगायन m. ein Gandharva.

देवगिरि m. N. pr. 1) eines Gebirges. — 2) einer darin belegenen Stadt.

देवगिरी f. eine best. Râgiṇî S. S. S. 37.

देवगुप्त 1) Adj. von einem Gotte —, von den Göttern beschützt. — 2) m. N. pr. eines Mannes.

देवगुरु m. 1) am Anf. eines Comp. Gott und Lehrer Ind. St. 15,400. — 2) Bein. a) Kaçjapa's. — b) Bṛhaspati's.

देवगुल्की f. N. pr. einer Oertlichkeit.

देवगुह्य n. *ein nur den Göttern bekanntes Geheimniss.*

देवगृह m. n. 1) *Götterhaus.* — 2) *Tempel, Kapelle.* — 3) *der Palast eines Fürsten.*

1. देवगोपा Adj. f. *eine göttliche Hüterin.*

2. देवगोपा Adj. *Götter zu Hütern habend.*

देवग्रन्थ m. Titel eines Werkes.

देवग्रन्थि m. *Götterknoten* Kap. S. 40,1.

देवग्रह m. *ein Krankheitsdämon, der gutmüthigen Wahnsinn hervorbringt.* Auch Pl.

देवघोष m. N. pr. eines Mannes.

देवंगम Adj. (f. श्रा) *zu den Göttern gehend.*

देवचक्र n. 1) *ein göttliches Rad, Götterrad.* — 2) *ein best. Zauberkreis.*

देवचन्द्र m. N. pr. eines Mannes.

देवचर्या f. *ein gottähnliches Benehmen.*

*देवचिकित्सक m. Du. Bez. *der beiden* Açvin.

देवच्छन्द m. 1) *ein Perlenschmuck aus 81 (*100, *103* oder **108) Schnüren* Pańkad. — 2) von unbekannter Bed. Hem. Par. 1,33.

देवच्छन्दस् und °सं n. *Göttermetrum.*

देवज 1) Adj. *gottgezeugt, — geboren.* — 2) m. N. pr. eines Fürsten.

*देवजग्ध und *°क n. *ein best. wohlriechendes Gras.*

देवजन m. Sg. (ausnahmsweise) und Pl. *Göttervolk, göttliche Schaar;* auch von *dämonischen Schaaren,* namentlich *Schlangenwesen.* °जनविद्द Adj. Çat. Br. 10,5,2,20. °जनविद्या f. *die Kenntniss der Schlangenwesen.*

देवजय m. N. pr. eines Vidjâdhara.

देवजय m. N. pr. eines Dichters Bhoǵa-Pr. 71, 2. 7. 11.

देवजा Adj. *gottgezeugt, — geboren.*

1. देवजात Adj. (f. श्रा) dass.

2. देवजात n. *Göttergeschlecht, — klasse.*

देवजानीय n. Titel eines Werkes.

1. देवजामि Adj. *den Göttern eigen, — gewohnt.*

2. देवजामि f. *Götterschwester.* इन्द्रमातरो देवजामयः die angeblichen Liedverfasserinnen von RV. 10,153.

देवजुष्ट Adj. (f. श्रा) *Göttern angenehm.*

देवजूत Adj. (f. श्रा) 1) *gottgetrieben, — begeistert.* — 2) *von Göttern verschafft.*

देवजूति m. N. pr. eines Âditja. Vgl. Kâç. zu P. 6,2,42.

*देवट m. *Künstler.*

*देवटी f. *ein best. Vogel.*

*देवतर m. N. pr. eines Mannes.

देवतरथ und देवतरस् m. N. pr. zweier Lehrer Vaṁçabr. 2.

*देवतरु m. 1) *Götterbaum,* Bez. der Bäume कल्पवृत्त, पारिजात, मन्दार, संतान und हरिचन्दन. — 2) *ein an geheiligter Stätte stehender Feigenbaum.*

देवतर्पण n. *das Laben der Götter* Ind. St. 10,35.36.

देवतल्प m. *ein Ruhesitz der Götter* Tâṇḍja-Br. 10,1,12. 23,4,5. 25,1,10.

1. देवता f. 1) *Gottheit* (abstr.), *Göttlichkeit, göttliche Würde, — Macht* Hemâdri 1,114,16. — 2) *Gottheit* (concr.). — 3) *Götterbild.* — 4) *ein Sinnesorgan* MBh. 12,215,19.

2. देवता Adv. 1) *in der Eigenschaft als Gott, — Götter.* — 2) *unter —, zu den Göttern.*

देवताक am Ende eines adj. Comp. = 1. देवता 2).

देवतागार und देवतागृह n. *Tempel, Kapelle.*

देवताजित् n. N. pr. eines Fürsten.

देवताड 1) m. *a) Lipeocercis serrata* Mat. med. 296. — *b) Luffa foetida* oder *eine ähnliche Gurkenart* Bhâvapr. 1,222. — *c) *Feuer.* — *d) *Bein.* Râhu's. — 2) *f. ई = 1) *a).*

*देवताडक m. = देवताड 1) *a).* Vgl. देवतालक.

देवतात् f. 1) *Gottesdienst.* — 2) *Götterschaar* RV. 1,95,8. 9,97,19. 27.

देवतातस् Adv. *von Seiten der Gottheit* Saṁhitopan. 38,2.

देवताति f. = देवतात् 1) und 2).

देवतात्मन् Adj. *mit einer göttlichen Seele begabt.*

*देवतात्मा f. *die Mutter der Götter.*

देवताल n. Nom. abstr. zu 1. देवता 1) und 2) Njâjam. 9,2,28.

देवतादर्शन n. *die Manifestation einer Gottheit* Ind. St. 9,83.

*देवताधिप m. Bein. Indra's.

देवताध्याय n. Titel eines Brâhmaṇa.

देवतानुक्रम m. und °क्रमणी f. *das Götterverzeichniss zum* Veda.

*देवताप्रणिधान n. *Vertiefung in eine Gottheit.*

देवताप्रतिमा f. *Götterbild.*

देवतामणि m. *eine best. Heilpflanze,* = महामेदा Bhâvapr. 1,170.

देवतामय Adj. (f. ई) *alle Götter in sich enthaltend.*

देवतायतन n. *Tempel, Kapelle* Gaut. 9,66.

देवतायन m. N. pr. eines Mannes. Pl. *sein Geschlecht.*

देवताराधन n. *das den Göttern Huldigen* Ind. St. 15,372.

देवतार्चन n. *Verehrung der Götter* Spr. 7736.

देवतालक m. *Lipeocercis serrata* Karaka 7,2. Vgl. देवताडक.

देवतालय n. und देवतावेश्मन् n. *Tempel, Kapelle.*

देवताश्रय Adj. *auf eine Gottheit sich beziehend* (ein Name) Mân. Gṛhj. 1,18.

देवतास्थापनविधि m. Titel eines Werkes.

देवतास्वरूपविचार m. desgl.

देवतीर्थ n. 1) *ein Badeplatz der Götter* und N. pr. eines Tîrtha. — 2) *der rechte Zeitpunkt für die Götter.* — 3) *die den Göttern geweihten Fingerspitzen.*

देवतीर्थमय Adj. *voller Badeplätze für die Götter.*

देवतीर्थस्वामिन् m. der asketische Name Viçveçvaradattamiçra's.

देवतुमुल n. *Donnerwetter, Gewitter* Mân. Gṛhj. 1,4.

देवतोपदेशन n. *das Namhaftmachen der Gottheit* (welcher die betreffende Handlung gilt) Âpast. Çr. 7,12,9. Comm. zu 13,8.

देवत्त Adj. *gottgegeben.*

देवत्य 1) am Ende eines adj. Comp. — *zur Gottheit habend, — als G. geweiht* u. s. w. — 2) f. श्रा wohl *ein best. Thier.*

देवत्रा Adv. *unter —, bei —, zu den Göttern.*

देवत्रात m. N. pr. eines Scholiasten Weber, Lit. 59.

देवत्व n. *Gottheit* (abstr.), *Göttlichkeit, göttliche Würde.*

देवदत्त 1) Adj. *von einem Gott* oder *von den Göttern gegeben.* — 2) m. *a) die Muschel* Arǵuna's. — *b) ein best., das Gähnen bewirkender Wind des Körpers* 264,33. 265,8. — *c)* N. pr. *α)* verschiedener Männer. Als überaus häufiger Name auch Bez. *einer unbestimmten Person* überh. — *β)* eines Schlangendämons. — *γ)* *eines Dorfes. — 3) f. श्रा ein Frauenname.

*देवदत्तक 1) m. Pl. *eine von* Devadatta *angeführte Schaar.* — 2) f. °त्तिका Hypokoristikon von देवदत्ता.

*देवदत्तमय und *°दत्तरूप्य Adj. Ind. St. 13,423.

*देवदत्तशठ m. N. pr. eines Lehrers gaṇa शौनकादि in der Kâç.

देवदत्ताग्रज m. Bein. Çâkjamuni's.

*देवदत्तीय m. Pl. *die Schule des* Devadatta.

देवदत्तिन् (!) m. wohl Bein. Çiva's.

देवदमनिका und °दमनी f. ein Frauenname Pańkad.

देवदर्श 1) m. N. pr. eines Lehrers. — 2) f. ई *eine best. Schule des* AV. Ind. St. 3,278. Ârjav. 47,16. Vielleicht देव° zu lesen.

देवदर्शन 1) Adj. *die Götter sehend, mit ihnen verkehrend;* Beiw. Nârada's MBh. 13,63,3. 64,3. Bhâg. P. 2,8,1. — 2) m. N. pr. verschiedener Männer. — 3) n. *die Manifestation eines Gottes* Ind. St. 15,274. 413.

देवदर्शनिन् m. Pl. = दैव°.

देवदर्शिन् 1) Adj. *die Götter sehend, mit ihnen verkehrend.* — 2) m. Pl. *eine best. Schule des* AV.

*देवदानी f. *eine dem* Ghoshaka *ähnliche Pflanze.*

देवदारु m. (Hemâdri 1,139,9. 2,*a*,76,3) und n. *Pinus Deodora.* Auch auf *Uvaria longifolia* und *Erythroxylon sideroxyloides* übertragen.

देवदारुमय Adj. (f. ई) *aus dem Holze des* Devadâru *gemacht* Hemâdri 1,435,10.

देवदालिका und °दाली f. *eine best. Cucurbitacee* Râǵan. 3,46. Bhâvapr. 1,122. 154. 3,26.

देवदास 1) m. *a)* **ein Diener in einem buddh. Tempel* oder *Kloster.* — *b)* N. pr. verschiedener Männer. Auch °देव. — 2) *f. ई *a) eine bei einem Tempel angestellte Tänzerin, Hierodule.* — *b) der wilde Citronenbaum.*

*देवदिण m. N. pr. in der Umgangssprache = देवदत्त.

देवदिन्न m. N. pr. des Sohnes eines Devadatta Hem. Par. 2,446.

*देवदीप m. *Auge.*

*देवदुन्दुभि m. 1) *roth blühendes Basilienkraut.* — 2) Bein. Indra's.

देवदुर्ग Adj. (f. आ) *Göttern schwer zugänglich* R. 5,73,6.

देवदूत 1) m. *Götterbote.* — 2) *f. ई *der wilde Citronenbaum.*

देवदूतक m. *Götterbote.*

देवदूति Mahâbh. 6,77,*a*. Vgl. देवहूति.

देवदेव 1) m. *a) der Gott der Götter, der oberste Gott.* Bein. Brahman's, Çiva-Rudra's, Vishṇu's oder Kṛshṇa's und Gaṇeça's; Du. Brahman's und Çiva's. — *b) ein Gott unter den Göttern,* so v. a. *auch bei den Göttern im höchsten Ansehen stehend;* Beiw. der Brahmanen. — 2) f. ई Bein. der Durgâ Hemâdri 1,407,18.

देवदेवेश m. Bein. 1) Çiva's. — 2) Vishṇu's MBh. 12,338,4.

देवदैवत्य Adj. *für die Götter bestimmt, den Göttern geltend* Gobh. 4,4,23. M. 2,189.

देवद्युम्न m. N. pr. eines Fürsten.

देवद्रीच् s. u. देवद्र्यञ्च्.

*देवद्रोणी f. 1) *eine Procession mit Götterbildern.* — 2) *Phlomis ceylanica* Râǵan. 5,141.

देवद्र्यञ्च् (°द्र्यञ्च्, schwach °द्रीच्) Adj. f. (°द्रीची) *den Göttern zugewandt.*

देवधर्मन् m. N. pr. eines Fürsten VP.² 4,190.

देवधानी f. Indra's *Residenz.*

देवधान्य n. *Andropogon saccharatus, Andr. Sorghum, Holcus Sorghum* oder *Sorghum cernuum* Mat. med. 296.

देवधामन् n. *Tempel, Kapelle* Agni-P. 38,1.

देवधिष्ण्य n. *Göttersitz, — wagen.*

देवधूप m. 1) *das Harz der Shorea robusta* Bhâvapr. 1,187. — 2) **Bdellion.*

*देवन् m. = देवृ, देवर.

1. देवन 1) *m. *Würfel.* — 2) *f. आ *a) Spiel.* — *b) Dienst.* — 3) n. *a) das Strahlen, Glänzen.* — *b) das Würfeln, Würfelspiel.* — *c) *Spiel, Scherz, Tändelei.* — *d) *das Loben.* — *e) *das Begehren, Verlangen.* — *f) *das Gehen.* — *g) *Lustgarten.* — *h) *Lotusblüthe.*

2.*देवन n. *das Wehklagen, Jammern.*

देवनक्षत्र 1) n. Bez. *der 14 ersten Mondhäuser, welche südlich umlaufen.* — 2) m. N. pr. eines Fürsten.

देवनदी f. *der Götterfluss,* Beiw. und Bein. verschiedener *heiliger Flüsse* (auch am Himmel) Hemâdri 1,418,5. Vâju-P. 42,1. fgg.

देवनन्दा f. N. pr. einer Surâṅganâ Ind. St. 15, 222. 444.

*देवनन्दिन् m. N. pr. des Thürstehers von Indra.

*देवनल m. *Arundo bengalensis.*

*देवनागरी f. Bez. *der gangbaren Sanskrit-Schrift.*

देवनाथ m. Bein. Çiva's.

देवनाभ m. N. pr. eines Mannes.

1. देवनामन् n. *Göttername* Taitt. Âr. 5,7,1.

2. देवनामन् m. N. pr. eines Fürsten und eines nach ihm benannten Varsha in Kuçadvîpa.

देवनायक m. N. pr. eines Mannes.

देवनायकपञ्चाशत् f. Titel eines Werkes Opp. Cat. 1.

*देवनाल m. = देवनल.

देवनिकाय m. *Götterschaar, Götterversammlung* Kâraṇḍ. 43,16. 45,9.

देवनिन्द Adj. *die Götter hassend, Götterfeind.*

देवनिबन्ध m. Titel eines Werkes.

देवनिर्माल्य n. *ein von einer Opferceremonie übriggebliebener Kranz* Varâh. Jogaj. 7,5.

देवनिर्मिता f. *Cocculus cordifolius* Dhanv. 1,1. Bhâvapr. 1,196.

*देवनीति Mahâbh. 6,77,*a*.

देवनीथ m. liturg. Bez. *eines 17 Pâda zählenden Spruchs* Vaitân.

देवन्यापन fehlerhaft für दैव°.

देवपञ्चरात्र m. *ein best.* Pañkâha.

देवपति m. Bein. Indra's. Pl. *die vornehmsten Götter.*

देवपतिमन्त्रिन् m. Bein. Bṛhaspati's, *der Planet Jupiter.*

देवपत्तन n. N. pr. einer *Stadt.*

1. देवपत्नी f. 1) *die Gattin eines Gottes.* — 2) **eine best. Pflanze mit süsser Knolle.*

2. देवपत्नी Adj. f. *einen Gott zum Gatten habend.*

देवपथ m. 1) *der Götterweg.* — 2) **die Milchstrasse* Trik. 1,1,97. — 3) N. pr. eines Wallfahrtsortes. Auch °तीर्थ n.

देवपथीय Adj. *auf dem Götterwege befindlich.*

देवपद n. *ein den Namen eines Gottes enthaltendes Wort.*

देवपर्ण n. *ein best. heilkräftiges Kraut* Râǵan. 10,175.

देवपल्लीपट्टन n. N. pr. einer *Stadt.*

देवपशु m. *ein für die Götter bestimmtes Thier.*

देवपीयु m. Pl. Bez. *bestimmter* Asura Maitr. S. 1,6,3.

देवपात्र n. *Götterbecher* Tâṇḍja-Br. 6,5,7.

देवपात्रिन् Adj. *des Götterbechers theilhaftig* Tâṇḍja-Br. 6,5,8.

देवपान Adj. *den Göttern zum Trinken* oder *zum Trunke dienend.*

देवपाल m. N. pr. 1) verschiedener Männer, insbes. Fürsten. — 2) eines Berges.

*देवपालित m. N. pr. eines Mannes.

देवपीयु Adj. Subst. *Schmäher —, Verächter der Götter.*

1. देवपुत्र 1) m. *Göttersohn, ein göttliches Wesen* Hariv. 1,37,27 (देवगर्भ v. l.). Kâraṇḍ. 2,5. fgg. 15, 4. 43,14. 89,14 (Çiva). — 2) *f. ई *Trigonella corniculata.*

2. देवपुत्र Adj. (f. आ) *Götter zu Kindern habend.*

देवपुत्रक 1) m. *Göttersohn.* — 2) f. *°त्रिका *Trigonella corniculata.*

*देवपुत्रमार m. Bez. *eines der 4* Mâra (bei den Buddhisten).

देवपुर f. 1) *Götterburg.* — 2) Indra's *Residenz.*

देवपुर 1) n. Indra's *Residenz.* — 2) f. °पुरी *Götterburg.*

देवपुरोहित m. Bein. Bṛhaspati's, *der Planet Jupiter* Javaneçvara bei Utpala zu Varâh. Bṛh. 13,1.

*देवपुष्प n. *Gewürznelken.*

देवपूजा f. 1) *Verehrung eines Gottes* oder *der Götter.* — 2) Titel eines Werkes.

देवपूज्य m. Bein. Bṛhaspati's, *der Planet Jupiter.*

देवपूर्शरात्र m. *eine best. zehntägige Feier* Verz. d. B. H. 73.

देवपूर्व Adj. *dem das Wort* देव *vorangeht.* गिरि m. so v. a. देवगिरि 1) Megh. 42.

देवप्रतिकृति und °प्रतिमा f. *Götterbild.*

देवप्रतिष्ठातत्त्व n. Titel eines Werkes.

देवप्रभा f. N. pr. der Tochter eines Siddha.

देवप्रयाग m. N. pr. eines Tîrtha.

*देवप्रश्न m. *Befragung der Götter, Wahrsagerei.*

देवप्रसाद m. N. pr. eines Mannes.

देवप्रसूत Adj. *von Göttern hervorgebracht.*

देवप्रस्थ m. N. pr. einer Stadt.

देवप्रिय 1) Adj. *a) den Göttern lieb* (Çiva). — *b) *dumm, einfältig* Gal. Vgl. देवानांप्रिय. — 2) *m. *a) eine gelb blühende Verbesina.* — *b) Agati grandiflora.* — 3) f. आ N. pr. einer Apsaras.

देवप्सरस् Adj. *den Göttern zum Genuss dienend.*

देवबन्धु 1) Adj. *mit den Göttern verwandt.* — 2) m. N. pr. eines Rshi.

देवबल 1) m. N. pr. eines Heerführers. — 2) *f. आ *Sida rhomboidea* Rāgan. 4,100.

*देवबलि m. *eine Darbringung an die Götter.*

देवबाहु m. N. pr. verschiedener Männer.

देवबोधि m. N. pr. eines Dichters.

*देवबोधिसत्त्व m. N. pr. eines buddh. Heiligen.

*देवब्रह्मन् m. Bein. Devala's Gal.

*देवब्राह्मण m. *ein von den Göttern geliebter Brahman.*

देवब्राह्मणसात् Adv. mit कर् *den Göttern und Brahmanen schenken* Hemâdri 1,504,6 (°सत् gedr.). 8.

देवभक्त Adj. *von den Göttern zugetheilt.*

देवभक्ति f. *gläubige Verehrung eines Gottes* Ind. St. 15,377.

देवभट्ट m. N. pr. eines Mannes.

देवभवन n. 1) *die Wohnung der Götter, der Himmel* Kāraṇḍ. 43,14. 76,8. — 2) *Tempel, Kapelle.* — 3) **Ficus religiosa.*

1. देवभाग m. 1) *ein Theil —, Bestandtheil der Götter.* — 2) *die nördliche Hemisphäre.*

2. देवभाग m. N. pr. verschiedener Männer.

देवभिषज् m. *Götterarzt* 40,30.

*देवभीति wohl N. pr.

*देवभू 1) m. *ein Gott.* — 2) f. *der Himmel.*

देवभूत Adj. *zu einem Gotte geworden, ein Gott seiend* Spr. 2946.

देवभूति 1) m. N. pr. verschiedener Männer. — 2) *f. *die himmliche* Gaṅgā.

देवभूमि m. v. l. für देवभूति 1).

देवभूय n. *Gottwerdung.* °भूयं गतः so v. a. *verewigt, verstorben* Harshak. 160,13. 194,7.

देवभूरि m. v. l. für देवभूति 1) VP.² 4,192.

*देवभोज्य n. *Götterspeise, Nektar.*

देवभ्राज् m. N. pr. eines Sohnes des Mahja.

*देवमञ्जर n. Vishṇu's *Brustschmuck.*

देवमणि m. 1) *ein göttliches Amulet.* — 2) *Götteredelstein,* insbes. Vishṇu's *Brustschmuck* Çiç. 5,4. — 3) *ein Haarwirbel auf dem Halse eines Pferdes des* Çiç. 5,4. — 4) **eine best. Heilpflanze* Rāgan. 5,26. — 5) *Bein. Çiva's.

देवमण्डल m. *ein best.* Samādhi Kāraṇḍ. 51,22.

देवमत m. N. pr. eines Rshi.

देवमति N. pr. 1) m. eines Mannes. Pl. *sein Geschlecht.* — 2) einer Frau.

देवमनुष्य (AV. 8,10,9) und °ष्य (Çat. Br. 6,3,1,17. 4,2,22) m. Pl. *Götter und Menschen.*

देवमय Adj. *die Götter in sich bergend.*

देवमलिम्लुच् m. *ein Räuber an den Göttern, ein* Asura.

देवमात m. N. pr. eines Mannes.

देवमातर् f. Pl. *die Mütter der Götter.* Sg. Bein. der Aditi und der Dakshâjaṇî.

देवमातृक Adj. (f. आ) *nur vom Regen genährt, — befeuchtet,* d. i. *alles andern Wassers ermangelnd.*

देवमादन Adj. *die Götter ergötzend, — begeisternd.*

देवमान n. *Götterwohnung.*

*देवमानक m. = देवमणि 2).

देवमाय m. N. pr. eines Fürsten.

देवमाया f. *ein von einem Gott* oder *von Göttern geschaffenes Trugbild.*

देवमार्ग m. *Götterweg,* scherzhafte Bez. *des Hintern.* Pañkat. 5,7 kann न nicht richtig sein. Nach Gal. *der Luftraum.*

देवमाला f. N. pr. einer Apsaras.

*देवमास m. *der achte Monat der Schwangerschaft.*

देवमित्र N. pr. 1) m. verschiedener Männer. — 2) f. आ einer der Mütter im Gefolge Skanda's.

देवमिथुन n. *Götterpaarung.*

देवमिश्र m. N. pr. eines Mannes.

देवमीढ 1) Adj. *von Regen befeuchtet.* — 2) m. N. pr. zweier Männer (auch देवमीढुष).

देवमीढक m. N. pr. eines Mannes VP.² 4,100.

देवमीढुष N. pr. 1) m. verschiedener Männer VP.². — 2) f. आ einer Tochter Çûra's VP.² 4,100.

देवमुनि m. 1) *ein himmlischer, göttlicher* Muni. — 2) N. pr. eines Liedverfassers.

देवय्, Partic. देवयन्त् *den Göttern dienend, fromm.* Vgl. auch Caus. von 1. 2. दिव् und देवाय्.

देवयज् Adj. *den Göttern opfernd.*

देवयजन 1) Adj. (f. ई) *a) die Götter verehrend, den Göttern opfernd.* — *b) zum Götteropfer dienend.* — 2) m. N. pr. eines Vināyaka Mān. Gṛhj. 2,14. — 3) n. *Götteropferplatz, Opferstätte.* Nom. abstr. देवयजनत्व n. Maitr. S. 3,8,3.

देवयजनवन्त् Adj. *eine Opferstätte habend.*

देवयजि Adj. *die Götter verehrend, den Göttern opfernd* Bhaṭṭ.

देवयज्ञ m. 1) *Götteropfer, Brandopfer.* — 2) *N. pr. eines Mannes.

देवयज्ञमय Adj. Hariv. 11406 fehlerhaft für देवीय°.

देवयज्य n. und °यज्या f. *Götterverehrung, Götteropfer.*

देवया Adj. *zu den Göttern gehend, nach den G. verlangend, götterfreundlich.* An einigen Stellen wohl Adv. = देवत्रा.

देवयाजिन् 1) Adj. *den Göttern opfernd.* — 2) m. N. pr. *a)* eines *Wesens im Gefolge* Skanda's. — *b)* eines Dânava Hariv. 3,47,14. देवयात्रिन् v. l.

देवयाज्ञिक m. N. pr. eines Autors.

देवयातु (Conj.) m. *ein himmlischer* Jâtu Kaij. in Mahâbh. 4,71,a (देवयातु).

देवयात्रा f. *eine Procession mit Götterbildern.*

देवयात्रिन् m. N. pr. eines Dânava. देवयाजिन् v. l.

देवयान 1) Adj. (f. ई) *a) zu den Göttern gehend, — strebend.* — *b) Göttern zum Wandeln, Verkehr oder Aufenthalt dienend, zu den Göttern führend.* — 2) f. ई N. pr. einer Tochter des Uçanas. — 3) n. *a) Götterweg, der zu den Götter führende oder von ihnen begangene Weg.* — *b) *Götterwagen.*

देवयावन् Adj. *zu den Göttern gehend.*

*देवयितर् Nom. ag. von 2. दिव् Caus.

देवयु und देवयू Adj. (f. ऊ) *a) die Götter liebend, gottergeben, fromm, den Göttern zustrebend.* — *b)* * = लोकयात्रिक. — 2) *m. *ein Gott.* — Vgl. देवायु.

देवयुक्त Adj. *von den Göttern geschirrt.*

देवयुग n. *das Weltalter der Götter, das erste W.*

देवयू s. देवयु.

1. देवयोनि 1) m. f. *Götterschooss, göttlicher Schooss.* — 2) m. *die Stelle des Reibholzes, aus der das Feuer auflodert,* Gṛhjās. 1,81. fg.

2. देवयोनि Adj. *göttlichen Ursprungs;* m. *Halbgott,* f. *Halbgöttin.*

देवयोषा f. *Götterweib.*

देवर m. *des Mannes Bruder, insbes. ein jüngerer.*

1. देवर m. *dass.* Gaut.

2. देवर m. *Geliebter, Gatte.*

*देवरक m. = देवर.

देवरक्तदंशी f. *eine best.* Rāgiṇī S. S. S. 111.

देवरक्षित N. pr. 1) m. N. pr. verschiedener Männer. — 2) f. आ einer Gattin Vasudeva's.

देवरघ्नी Adj. f. *den Schwager tödtend.*

देवरत Adj. *an den Göttern sich erfreuend, fromm.*

देवरति f. N. pr. einer Apsaras.

देवरथ m. 1) *Götterwagen.* °रथाङ्ग n. *die Ta-*

gereise des Götterwagens Ind. St. 9,361. — 2) *ein Wagen, auf dem ein Götterbild umhergefahren wird. — 3) N. pr. eines Mannes.

देवरवती Adj. f. einen Schwager habend Gaut.

देवरहस्य n. ein Geheimniss der Götter.

देवराज् m. 1) Fürst der Götter, Bein. Indra's 220,31. — 2) N. pr. eines Fürsten VP.² 4,68.

देवराज m. 1) ein göttlicher Herrscher. — 2) Fürst der Götter, Bein. Indra's. — 3) N. pr. verschiedener Männer.

देवराजन् m. ein göttlicher Herrscher.

देवराजप्रबन्ध m. Titel eines Werkes Bühler, Rep. No. 723.

देवराजयज्वन् m. N. pr. eines Scholiasten.

देवराज्य n. die Herrschaft über die Götter.

देवरात 1) *Adj. gottgeschenkt. — 2) m. a) N. pr. verschiedener Männer. Auch Pl. — 2) *eine Kranichart.

देवराति m. fehlerhaft für देव°.

*देवराष्ट्र n. N. pr. eines Reiches.

देवरूपा f. N. pr. einer Apsaras.

देवरूपिन् Adj. eine göttliche Gestalt habend.

देवरेतस Adj. aus göttlichem Samen entsprossen Ait. Âr. 52,17.

देवर्षि m. ein göttlicher, unter den Göttern wohnender Rshi. Nom. abstr. °त्व n.

*देवर्षिपितृवल्लभ m. Sesam Gal.

1. देवल m. 1) = देवलक. — 2) N. pr. vieler Männer. Auch Pl.

2. *देवल m. = 1. देवर.

देवलक m. ein Mann, der Götterbilder unter seiner Obhut hat und vom Zeigen und Herumtragen derselben lebt.

देवलक्ष्म n. 1) ein göttliches Merkmal TS. 2,5,11, 1. 5,2,8,3. — 2) *die Brahmanenschnur Gal.

*देवलता f. arabischer Jasmin.

देवलस्मृति f. Devala's Gesetzbuch Opp. Cat. 1.

*देवलाङ्गुलिका f. Tragia involucrata Râǵan. 9,49.

*देवलाति gaṇa दासीभारादि.

देवलिङ्ग n. Götterbild, Götterstatue.

देवलेखा f. N. pr. einer Fürstin.

देवलोक m. Götterwelt. °लोकं गतः so v. a. gestorben. Auch Pl.

देवलोकपाल m. Bein. Indra's.

*देववक्त्र n. der Götter Mund, Bein. Agni's.

देववचना f. N. pr. einer Gandharva-Jungfrau Kâraṇḍ. 5,7.

देववत् Adv. = देवकर्मवत् wie bei einer den Göttern geltenden heiligen Handlung.

देववध m. Götterwaffe.

देववधू f. Götterweib.

देववन्त् 1) Adj. Götter bei oder um sich habend. — 2) m. N. pr. verschiedener Männer. — 3) f. देववती N. pr. der Tochter eines Gandharva.

देववन्द Adj. die Götter preisend.

देववर्णिनी f. N. pr. einer Tochter Bharadvâǵa's.

*देववर्त्मन् n. der Luftraum.

*देववर्धकि m. Bein. Viçvakarman's.

देववर्धन m. N. pr. des Sohnes eines Devaka.

1. देववर्मन् n. Götterrüstung AV. 19,30,3.

2. देववर्मन् m. N. pr. eines Fürsten VP.² 4,189.

देववर्ष N. pr. 1) m. eines Fürsten. — 2) n. eines nach ihm benannten Varsha.

*देववल्लभ m. Rottlera tinctoria.

देववात 1) Adj. (f. आ) den Göttern genehm. — 2) m. N. pr. eines Mannes.

देववायु m. N. pr. eines Sohnes des 12ten Manu.

देववाहन Adj. Götter führend.

देवविद् Adj. die Götter kennend.

देवविद्या f. Götterlehre, angeblich so v. a. Etymologie.

देवविभाग m. die nördliche Hemisphäre.

देवविश् und °विशा (Maitr. S. 2,1,9) f. Göttervolk.

देववी Adj. den Göttern mundend, — angenehm. Superl. °तम. Vgl. देवावी.

देववीति f. 1) Schmaus —, Mahl —, Genuss für die Götter. — 2) N. pr. einer Tochter Meru's.

*देववृक्ष m. 1) Bez. verschiedener fabelhafter Bäume in Indra's Himmel. — 2) Alstonia scholaris. — 3) Bdellion.

देववृत्ति f. Titel eines Commentars.

देववेश्मन् n. Tempel, Kapelle.

देवव्यचस् Adj. Raum für die Götter darbietend, G. aufnehmend.

1. देवव्रत n. 1) religiöse Observanz. — 2) Lieblingsspeise der Götter. — 3) Name verschiedener Sâman.

2. देवव्रत Adj. den Göttern ergeben, fromm; m. Bein. Bhishma's und Skanda's.

देवव्रतिन् Adj. = 2. देवव्रत.

देवशक्ति m. N. pr. eines Fürsten.

देवशतभाष्य n. Titel eines Werkes.

1. देवशत्रु m. ein Feind der Götter, Bez. der Asura und Rakshas.

2. देवशत्रु Adj. die Götter zu Feinden habend.

देवशब्द m. 1) der Name des Gottes Gaim. 8,9, 3. — 2) Donner Dhâtup. 35,8.

देवशर्मन् m. N. pr. verschiedener Männer.

देवशस् Adv. nach den einzelnen Göttern.

देवशाबरतन्त्र n. Titel eines Werkes Opp. Cat. 1.

देवशिल्प n. ein Kunstwerk von Götterhand.

*देवशिल्पिन् m. Bein. Tvashṭar's.

देवशिशु m. Götterkind.

देवशिष्ट Adj. von den Göttern angewiesen.

देवशुनी f. die Hündin der Götter (Saramâ).

देवशूर m. N. pr. eines Mannes.

*देवशेखर m. Artemisia indica.

देवशेष n. Ueberbleibsel von einem Götteropfer.

देवश्रवस् m. N. pr. verschiedener Männer.

देवश्री 1) Adj. der den Göttern verehrend sich nahet. — 2) m. N. pr. eines Rshi VP.² 3,10.

देवश्रीगर्भ m. N. pr. eines Bodhisattva.

देवश्रुत् Adj. den Göttern hörbar, von d. G. erhört.

*देवश्रुत 1) m. a) Herr, Gott (ईश्वर). — b) Bein. Nârada's. — c) N. pr. eines Ǵaina-Heiligen. — 2) n. Lehrbuch.

देवश्रू 1) Adj. den Göttern bekannt. — 2) m. der Bartscherer der Götter (Comm.).

*देवश्रेणी f. Sanseviera ceylanica Râǵan. 3,7.

देवश्रेष्ठ m. N. pr. eines Sohnes des 12ten Manu.

देवसंसद् f. Götterversammlung.

देवसंहिता f. die Saṃhitâ der Götter Saṃhitopan. 6,4.

देवसख m. Göttergenosse VS.

देवसंगीतयोनिन् Adj. Beiw. Nârada's. संगीतस्य योनिर्गान्धर्वशास्त्रं तद्वान् Nilak.

देवसत्त्र n. eine langdauernde Soma-Feier zu Ehren der Götter.

देवसत्त्व Adj. das Wesen eines Gottes habend.

देवसत्य n. eine feste Ordnung der Götter.

देवसद् Adj. unter den Göttern wohnend.

देवसदन Adj. den Göttern zum Sitz dienend.

देवसद्मन् n. Göttersitz.

देवसभ 1) n. N. pr. einer Stadt. — 2) f. आ a) die zu Versammlungen dienende Halle der Götter. — b) *Spielhaus.

*देवसभ्य m. der Inhaber eines Spielhauses.

देवसरस n. N. pr. einer Oertlichkeit.

*देवसर्षप m. ein best. Baum Râǵan. 9,157.

देवसव m. eine best. Opferhandlung.

देवसह 1) m. N. pr. eines Berges. — 2) *f. आ a) eine best. Pflanze, = सहदेवी. — b) = भिन्नामूत्र (?).

देवसाक्ष्य n. das Zeugesein der Götter. Loc. so v. a. vor Göttern als Zeugen.

देवसात् Adv. 1) mit भू zu den Göttern gelangen. — 2) mit कर् den Göttern darbringen.

*देवसायुज्य n. Vereinigung mit den Göttern, Aufnahme unter die Götter.

देवसावर्णि m. N. pr. des 13ten Manu.

देवसिंह m. Bein. Çiva's.

देवसिद्धि m. N. pr. eines Mannes.

देवसुन्द m. N. pr. eines Sees.

देवसुमति f. *Gunst der Götter.*

***देवसुमनस्** n. *eine best. Blume.*

देवसुषि m. *Götterhöhlung* (im Herzen).

देवसू Adj. (in Verbindung mit देव oder m. mit Ergänzung von देव) in der Liturgie Bez. von acht Gottheiten.

देवसूक्ततन्त्र n. N. pr. eines *Gebiets.*

***देवसूद** n. N. pr. eines Dorfes.

देवसूरि m. N. pr. eines Mannes.

देवसृष्ट 1) Adj. *von den Göttern entlassen, — hervorgerufen, — geschaffen.* — 2) *f. आ *ein berauschendes Getränk.*

देवसेन 1) m. N. pr. verschiedener Männer. — 2) f. °सेना a) *Götterheer.* Personificirt als Gattin Skanda's und Mutterschwesterkind (*Tochter) Indra's. Gilt auch als ein Theilchen der Mûlaprakṛti.

देवसेनापति und °सेनाप्रिय m. Bein. Skanda's.

देवसोम und °क m. N. pr. eines Mannes.

देवस्तव m. N. pr. eines Fürsten VP.² 4,101.

देवस्तुत् Adj. *die Götter lobend.*

देवस्थान 1) m. N. pr. eines Ṛshi. — 2) n. Name zweier Sâman (वरुणस्य und बृहद्देव°) Ârsh. Br.

देवस्मिता f. N. pr. einer Kaufmannstochter.

***देवस्यत्वक** Adj. *die Worte* देवस्य त्वा *enthaltend.*

देवस्व n. *Eigenthum der Götter.*

देवस्वामिन् m. N. pr. verschiedener Männer.

देवहविस् n. *Götteropfer.*

देवहव्य 1) n. dass. — 2) m. N. pr. eines Ṛshi.

देवहित Adj. *von den Göttern geordnet, — bestimmt.*

देवहिति f. *göttliche Ordnung.*

देवहू 1) Adj. *die Götter herbeirufend.* °तम Superl. — 2) *m. N. pr. eines Mannes. — 3) f. Bez. *des linken Ohres.*

देवहूति f. 1) *Anrufung der Götter.* — 2) N. pr. einer Tochter des Manu Svâjambhuva.

देवहूती f. *ein best. Zauberspruch, durch den man die Götter herbeizurufen vermag.*

देवहूय n. = देवहूति 1).

देवहेडन, °हेळन n. 1) *Beleidigung der Götter.* — 2) Bez. des *Liedes* AV. 6,114.

देवहेति f. *Göttergeschoss.*

देवहोत्र m. N. pr. des Vaters Jogeçvara's.

देवह्रद m. N. pr. eines Wallfahrtsortes.

देवांश m. *ein Theil eines Gottes, eine partielle Incarnation eines Gottes* Ind. St. 15,443.

देवाक्रीड m. n. *der Spielplatz der Götter.*

देवाक्षर Adj. (f. आ) *dessen Silben göttliche Wesen sind* TBr. 1,5,12,2.

देवागमस्तोत्र n. Titel eines Werkes Bühler, Rep. No. 611.

देवागार m. n. *Gotteshaus, Tempel* Mân. Gṛhj. 1,7.

देवाङ्गपूजा f. Titel eines Werkes Bühler, Rep. No. 612.

देवाङ्गचरित्र n. Titel eines Werkes.

देवाङ्गना f. *ein Götterweib* Ind. St. 15.

देवाचार्य m. N. pr. eines Mannes.

देवाचार्यदिग्विजय m. Titel eines Werkes.

***देवाजीव** und *°विन् m. *ein Mann, der durch die Aufsicht über Götterbilder seinen Unterhalt gewinnt.*

देवाञ्च् Adj. (f. देवाची) *den Göttern zugewandt.*

देवाञ्जन n. *Göttersalbe* AV.

देवाट m. N. pr. eines Wallfahrtsortes.

देवातिथ n. Lâṭj. 7,2,1 fehlerhaft für दैवा°.

देवातिथि m. N. pr. verschiedener Männer.

देवातिदेव m. *ein über alle Götter hervorragender Gott.*

देवात्मन् m. 1) *die göttliche Seele* 258,15. — 2) **Ficus religiosa.*

***देवात्मा** f. *die Mutter der Götter.*

***देवाधिदेव** m. *ein* Arhant *bei den* Ġaina.

देवाधिप m. 1) *Götterfürst,* Bein. Indra's. — 2) N. pr. eines Fürsten.

देवानन्द 1) m. N. pr. eines Mannes. — 2) f. आ a) Bez. *der 15ten Nacht im* Karmamâsa Ind. St. 10,296. — b) N. pr. einer Surâṅganâ Ind. St. 15,444.

देवानांप्रिय m. 1) *ein schlichter, einfältiger Mann* Ind. St. 13,338. Çaṁk. zu Bâdar. 1,2,8. — 2) **Ziege.*

देवानीक 1) n. *Götterheer.* — 2) m. N. pr. a) zweier Fürsten VP.². — b) eines Sohnes des 11ten Manu. — c) eines Berges.

देवानुक्रम m. Titel eines Werkes.

देवानुचर und **देवानुयायिन्** m. *ein Diener im Gefolge eines Gottes.*

देवात्त m. N. pr. eines Sohnes des Hṛdika.

देवान्तक m. N. pr. 1) eines Rakshas R. 6,69,14. — 2) eines Dai[illegible].

***देवान्धस्** n. *Götterspeise, Nektar.*

देवान्न n. 1) *dass. — 2) *die den Göttern dargebrachte Speise.*

देवापि m. N. pr. eines Ṛshi.

***देवाभीष्टा** f. *Piper Betle.*

देवाय्, Partic. देवायत् = देवयत् Maitr. S. 1,2,8. 15. 2,10,6. Kap. S. 2,3. Kâṭh.

देवाभिमुख m. *ein best.* Samâdhi Kâraṇḍ. 52,10.

देवायतन n. *Tempel.*

देवायु oder °यू = देवयु 1) a). Nur Acc. m. f. °युवम् Maitr. S. 1,3,14. Taitt. Âr. 4,7,3. 5,6,7.

देवायुध n. 1) *die Waffe der Götter,* so v. a. *der Vorkämpfer der G.* (Indra) TBr. 2,5,6,4. — 2) **Regenbogen.*

देवायुष n. *Lebenszeit der Götter.*

देवारण्य n. *Götterhain.*

देवारि m. *Götterfeind, ein* Asura.

***देवारिप** m. *das Meer* Nîlak. zu MBh. 4,55,16.

देवारिबलसूदन m. Bein. Vishṇu's Vishṇus. 1,49.

देवार्चन n. *Verehrung eines Gottes* oder *der Götter* Pañkat. ed. Bomb. 2,17,12. Pañkad.

देवार्पण n. Pl. *Alles was an die Götter gerichtet wird, zu ihnen in Beziehung steht.*

***देवार्य** m. N. pr. eines Arhant bei den Ġaina.

देवार्ह 1) m. a) **ein best. heilkräftiges Kraut.* — b) N. pr. eines Fürsten VP.² 4,100. — 2) *f. आ *Sida rhomboidea* Râǵan. 4,101.

देवार्हण m. N. pr. eines Fürsten VP.² 4,100.

देवालय m. 1) **die Wohnung der Götter, der Himmel.* — 2) *Tempel.*

देवालयप्रतिष्ठाविधि m. Titel eines Werkes.

देवालयलक्षण n. desgl. Opp. Cat. 1.

***देवाली** f. *eine best.* Râgiṇî.

***देवावतार** m. N. pr. einer Oertlichkeit.

देवावत् Adj. = देववत् 1).

देवावसथ m. *Tempel.*

***देवा. स** m. *Ficus religiosa.*

देवावी Adj. = देववी.

देवावृत् m. N. pr. eines Berges Hariv. 12855. VP. 2,4,50. Könnte auch देवावृध sein.

देवावृध 1) Adj. *die Götter erfreuend.* — 2) m. N. pr. eines Berges; vgl. देवावृत्.

देवावृध m. N. pr. 1) eines Fürsten. — 2) eines Berges (?).

देवाश्व m. 1) *Götterross.* — 2) *Indra's *Ross* Ukkaiḥçravas.

देवासुर 1) m. Pl. *die Götter und die* Asura. — 2) Adj. in Verbindung oder mit Ergänzung eines Wortes für Kampf: *der Kampf zwischen den Göttern und den* Asura.

देवासुरनमस्कृत, °रमहामात्र, °रमहाश्रय, °रमहेश्वर, °रवरप्रद und °रेश्वर m. Beiwörter und Beinamen Çiva's.

***देवाहार** m. *Götterspeise, Nektar.*

देवाह्वय m. N. pr. eines Fürsten.

***देविक** m. Hypokoristikon von देवदत्त.

देवितर् Nom. ag. 1) *Würfelspieler.* — 2) *Stech-*

apfel Dhanv. 4,4. Bhâvapr. 1,203.

देवितव्य n. 1) impers. *zu würfeln.* — 2) *das Würfeln.*

देविदास m. N. pr. verschiedener Männer.

देविन् Adj. Subst. *würfelnd, Würfelspieler.*

*देविय m. Hypokoristikon von देवदत्त.

*देविल 1) m. desgl. — 2) Adj. = धार्मिक.

देवीक am Ende eines adj. Comp. von देवी *Fürstin, Königin.*

देवीकवच n. Titel eines Werkes Verz. d. Oxf. H. No. 174.

देवीकृति f. N. pr. eines Lusthains.

*देवीकोट m. N. pr. einer Stadt.

देवीक्रीडा f. *der Spielplatz der* Durgâ Bhadd. bei Sâj. zu Ṛv. 10,93.

देवीगर्भगृह n. s. गर्भगृह 2).

देवीगृह n. 1) *ein Tempel der Göttin* Durgâ. — 2) *das Gemach einer Fürstin.*

देवीतन्त्र n. Titel eines Tantra.

देवीत्व n. *die Würde* 1) *einer Göttin.* — 2) *einer Fürstin.*

देवीदत्त m. N. pr. eines Mannes.

देवीधामन् n. *ein Tempel der* Durgâ Râgat. 3,407.

*देवींधियक Adj. *die Worte* देवीं धियं *enthaltend.*

देवीपादद्वय n. N. pr. eines Wallfahrtsortes.

देवीपुराण n. Titel eines Upapurâṇa.

देवीपुराणीय Adj. *zum* Devîpurâṇa *gehörig.*

देवीभवन n. *ein Tempel der* Durgâ.

देवीभागवत (Opp. Cat. 1) und °पुराण n. Titel eines Purâṇa.

देवीभाव m. *die Würde einer Fürstin* Vâmana S. 47, Z. 8.

देवीभेडगिरि oder भेड° m. N. pr. eines *Berges.*

देवीमत n. Titel eines Tantra.

देवीमहादेव n. Titel eines Schauspiels.

देवीमहिमन् m. Titel eines Werkes.

देवीमाहात्म्य n. Titel eines Abschnitts im Mârk. P.

देवीयामलतन्त्र n. Titel eines Tantra.

देवीरहस्य und °पटल (Opp. Cat. 1) n. Titel eines Abschnitts im Rudrajâmalatantra.

*देवीरापक (Gaṇar. 7,435) oder *देवीरापसक Adj. *die Worte* देवीरापः *enthaltend.*

देवीशतक n. Titel eines Werkes Bühler, Rep. No. 137.

देवीसूक्त n. Titel *einer Hymne auf* Durgâ.

देवीस्तोत्र n. Titel verschiedener *Lobgesänge auf* Durgâ Bühler, Rep. No. 138. 455.

देवृकाम Adj. (f. आ) *den Schwager liebend.*

देवृघ्नी Adj. f. in अदेवृघ्नी.

*देवेज् Adj. *den Göttern opfernd, sie verehrend.*

देवेज्य m. Bein. Bṛhaspati's, *der Planet Jupiter.*

देवेद्ध (auch viersilbig) Adj. *von den Göttern entzündet.*

देवेन्द्र m. 1) Bein. Indra's. — 2) N. pr. eines Mannes.

देवेन्द्रकीर्तिदेव m. N. pr. eines Mannes.

*देवेन्द्रबुद्धि m. N. pr. eines buddh. Gelehrten.

देवेश 1) m. *a)* Bein. α) Brahman's. — β) Vishṇu's. — γ) Çiva's. — δ) Indra's. — *b) Fürst, König.* — 2) f. ई Bein. α) der Durgâ. — β) der Devakî, der Mutter Kṛshṇa's.

देवेशतीर्थ n. N. pr. eines Tîrtha.

देवेशय Adj. *im Gotte ruhend* (Vishṇu).

देवेश्वर m. 1) Bein. Çiva's. — 2) N. pr. verschiedener Männer. Auch °पण्डित.

देवेषित Adj. *gottgetrieben, — gesandt.*

देवेषु m. *Götterpfeil* Maitr. S. 1,4,13.

*देवेष्ट 1) m. *a) eine best. Heilpflanze.* — *b) Bdellion.* — *c) das Harz der Shorea robusta* Gal. — 2) f. आ *a) der wilde Citronenbaum.* — *b)* = 1) *a)*

देवैनस् n. *Fluch der Götter.*

*देवोद्यान n. *Götterhain.*

देवौकस् n. Bein. des Berges Meru.

देव्य (देव्य) n. *göttliche Würde, — Macht.*

देव्यागम m. Titel eines Werkes.

देव्यायतन n. *ein Tempel der* Durgâ Râgat. 3,408.

देव्युपनिषद् f. Titel einer Upanishad.

देश 1) m. (adj. Comp. f. आ) *a) Ort, Platz, Gegend* (auch am Körper). देशम् आ-वस् oder नि-विश् *seinen Sitz an einem Orte aufschlagen.* देशे (insbes. mit काले verbunden) *am rechten Orte* 43,4. 140, 31. — *b) Land, Reich.* Mit einem Gen. *Jmds Heimat* 113,28. — *c) Raum.* — *d) Theil.* — *e) Geheiss.* — 2) f. देशी *a) Landessprache, Provincialism.* Pl. Deçîn. 1,37. Nom. abstr. °त्व n. 15. 18. — *b) vulgärer Gesang* S. S. S. 3. 4. — *c) Tanz* (im Gegens. zu *Pantomime*). — *d) eine best.* Râgiṇî S. S. S. 37.

°देशक Adj. Subst. *anzeigend, anweisend, lehrend, Anweiser, Lehrer.*

देशकारी f. *eine best.* Râgiṇî S. S. S. 55.

देशकाल m. Du. *Ort und Zeit.* Sg. *Ort und Zeit für Etwas* (Gen.) Mṛkkh. 49,18.

देशकालज्ञ Adj. *Ort und Zeit kennend.* Nom. abstr. °ता f. Cit. im Comm. zu R. ed. Bomb. 4,54,2. Kâd. 2,28,5. 6.

देशकालविद् Adj. dass. Karaka 1,15.

देशकालविरोधिन् Adj. *auf Ort und Zeit keine Rücksicht nehmend* Spr. 6796.

देशकालव्यतीत Adj. *am unrechten Ort und zur unrechten Zeit erfolgend* Spr. 1812.

देशच्युति f. *Landesflucht* Spr. 5770.

देशज und °जात Adj. *am rechten Orte —, im rechten Lande geboren, von ächter Herkunft* (Pferde, Elephanten).

देशज्ञ Adj. *ortskundig* R. 2,85,6.

देशट m. N. pr. eines Brahmanen.

देशदृष्ट Adj. *im Lande geltend, landesüblich.*

देशधर्म m. *Landesgesetz, — brauch.*

देशना f. 1) *Anweisung, Unterweisung, Lehre.* — 2) Pl. Titel eines Werkes.

देशनिर्णय m. Titel eines Werkes.

देशपाली f. *ein* Râga *von fünf Tönen* S. S. S. 101.

देशभ n. *das über ein Land herrschende Gestirn* Varâh. Jogaj. 9,4.

देशभाषा f. *Landessprache.*

देशमानिक m. Pl. N. pr. eines Volkes.

°देशरक्षिन् Adj. Subst. *das Land — beschützend,* so v. a. *Fürst von* Daçak. 5,1.

देशराजचरित n. Titel eines Werkes.

*देशरूप n. *Schicklichkeit, Angemessenheit.*

देशविध्वंश m. *Verfall eines Landes* Va.. Bṛh. S. 45,7.

देशवृत्त n. *ein Kreis, der von seiner Stellung zum Orte des Beobachters abhängt.*

देशस्वामिन् m. *Landesfürst* Ind. St. 15,409.

देशाक्रमण n. *Einfall in ein Land* Kull. zu M. 7,207.

देशाखी und देशाक्षी f. fehlerhaft für देशाख्या.

देशाख्य 1) m. *ein best.* Râga S. S. S. 81. — 2) f. आ *eine best.* Râgiṇî S. S. S. 65.

देशाख्यिका f. = देशाख्य 2) S. S. S. 111.

देशाग m. fehlerhaft für देशाख्य 1).

देशाचार m. *Landessitte* Jolly, Schuld. 317.

देशाटन n. *das Reisen.*

देशातिथि m. *ein Gast im Lande, Fremdling.*

देशान्तर n. 1) *eine andere Gegend, ein anderes Land, Fremde* 124,24. °स्थ Adj. Mân. Çr. 8,21. — 2) *Erdlänge, die Entfernung vom Hauptmeridian.*

देशान्तरित Adj. *in einem andern Lande lebend* Gaut. Vgl. Spr. 2963.

देशान्तरिन् Adj. Subst. *zu einem andern Lande gehörig, Fremdling.*

देशावकाशिक und °व्रत n. *ein best. Gelübde bei den* Gaina.

देशिक Adj. und Subst. m. 1) *den Weg anzeigend* MBh. 1,89,23. *Wegweiser.* — 2) *Anweiser, Lehrer* Agni-P. 27,12. 25. 88. 61. — 3) **ein Reisender.*

देशिन् 1) Adj. am Ende eines Comp. *angebend, anzeigend.* — 2) f. °नी *Zeigefinger.*

देशीकटृरि f. *ein best. Tanz* S. S. S. 238.

देशीकोश m. *ein Wörterbuch der Provincialismen.*

देशीताल m. Pl. *eine best. Gattung von Tacten* S. S. S. 205.

देशीनाममाला f. Titel eines *Wörterbuchs der Provincialismen* von Hemakandra.

देशीनृत्य n. *Landestanz* S. S. S. 268.

देशीप्रकाश m. Titel eines Wörterbuchs der *Provincialismen* Comm. zu Mṛkkh. 14,5.

देशीय Adj. 1) *zum Lande gehörig, provinciell.* Am Ende eines Comp. *zu dem und dem Lande gehörig, dort ansässig.* — 2) am Ende eines Comp. *angrenzend an, nahe kommend, ähnlich* (250,31), *nicht weit entfernt von.* षड्वर्ष° *ungefähr sechs Jahre alt.* चतुर्विंशाब्द° Râgat. 7,862.

देशीयवराडी und देशीवराडी f. *ein best.* Râga.

देशीशब्दसंग्रह m. Titel einer *Sammlung provincieller Ausdrücke* von Hemakandra.

देशोपसर्ग m. *Landesnoth* AV. 19,9,9.

देश्य 1) Adj. a) *worauf man hinweisen kann, woran Nichts auszusetzen ist, mustergültig* Mahâbh. 5,59,a. — b) *am Orte befindlich, der bei Etwas dabei gewesen ist;* m. *Augenzeuge.* — c) *zum Lande gehörig, im Lande befindlich, landesüblich, provinciell* Daçin. 3,42. 50. Nom. abstr. °त्व n. 2,7. Am Ende eines Comp. *zu dem und dem Lande* oder *Volke gehörig.* — d) am Ende eines Comp. *angrenzend an, nahe kommend, ähnlich* (250,31); *nicht weit entfernt von.* शिशु° *beinahe noch ein Kind,* सप्तवर्ष° *ungefähr sieben Jahre alt,* हुतवह° *fast wie Feuer seiend.* — 2) *n. = पूर्वपक्ष.

देश्यनिदर्शन n. Titel eines Werkes Opp. Cat. 1.

देष्टर् Nom. ag. 1) m. am Ende eines Comp. *Anzeiger, Anweiser.* — 2) f. देष्ट्री *Anweiserin, Unterweiserin im Rechten,* personif. als Gottheit.

देष्टव्य Adj. 1) *zu bezeichnen als* (Nom.). — 2) = देश्य 1) a) Kaijaṭa in Mahâbh. 5,59,a.

देष्ण n. *Zusage.*

देष्ठ (dreisilbig) Adj. Superl. *am meisten gebend.*

देष्ण (auch dreisilbig) n. *Gabe, Spende.*

*देष्णु 1) Adj. a) *freigebig.* — b) *schwer zu bändigen.* — c) *schwer zugänglich.* — 2) m. *Wäscher.*

देह 1) m. n. (Mṛkkh. 172,15) a) *Körper.* Auch von der *Masse* eines Gestirns und einer *Wolke* (220,20). Am Ende eines adj. Comp. f. आ. — b) *Person.* — c) am Ende eines adj. Comp. *Erscheinungsform.* संदेह° so v. a. *sich als Zweifel äussernd* Bâlar. 70,1. — 2) f. देही *Aufwurf, Damm, Wall.*

देहकर m. *Erzeuger, Vater.*

देहकर्तर् Nom. ag. *die Körper schaffend,* Beiw. der Sonne.

देहकृत् 1) Adj. *den Körper bildend, — erzeugend;* Beiw. des Vaters und Çiwa's. — 2) m. *Vater.*

*देहकोश m. 1) *Flügel.* — 2) *Haut.*

*देहक्षय m. *Krankheit.*

देहचर Adj. *am Körper befindlich, körperlich.*

देहचर्या f. *Pflege des Körpers.*

देहज m. 1) *Sohn.* — 2) *der Liebesgott* Daçak. (1925) 2,130,19.

देहत्याग m. *Hingabe des Körpers, Tod.*

देहत्व n. Nom. abstr. von देह *Körper* Âpast.

*देहद m. *Quecksilber.*

*देहदीप m. *Auge.*

देहधातर् m. *ein Hauptbestandtheil des Körpers* (deren sieben angenommen werden: vgl. धातु) Karaka 6,24.

*देहधारक m. *Knochen.*

देहधारण n. *das Tragen des Körpers, das Lebenbleiben, Leben* überh.

देहधारिन् Adj. *einen Körper tragend, mit einem Körper versehen* Daçak. 14,22.

*देहधि m. *Flügel.*

देहधृक् m. *Wind.*

देहपतन n. *das Niederfallen des Körpers, Tod* MBh. 13,26,71.

देहभाज् m. *ein mit einem Körper begabtes Wesen,* insbes. *der Mensch* Spr. 7703.

देहभुज् Adj. *den Körper geniessend* (Çiva).

देहभृत् 1) Adj. *einen Körper tragend, — habend* (Çiva). — 2) m. *ein mit Leben begabtes Wesen,* insbes. *der Mensch.*

देहमध्य n. *Leibesmitte, Taille.*

देहंभर Adj. *auf die Ernährung des Körpers bedacht.*

देहयात्रा f. 1) *Erhaltung des Körpers, Fristung des Lebens.* — 2) **Speise.* — 3) **Hingang des Körpers, Tod.*

*देहलक्षण n. *Körpermal.*

*देहला f. *ein berauschendes Getränk.*

देहली f. *Schwelle* Âpast.

देहलीशस्तुति f. und देहलीशस्तोत्र n. Titel zweier *Lobgedichte.*

देहवत् 1) Adj. *mit einem Körper versehen, leibhaftig.* — 2) m. *ein belebtes Wesen,* insbes. *der Mensch.*

*देहवर्मन् n. *Haut* Gal.

*देहवायु m. *ein Wind des Körpers.*

देहवृत्ति f. *Unterhalt —, Ernährung des Körpers.*

*देहवृन्त n. *Nabel* Gal.

देहशङ्कु m. *Steinpfeiler.*

*देहसंचारिणी f. *Tochter.*

*देहसार m. *Mark.*

देहसुख Adj. *dem Körper angenehm* Varâh. Jogaj. 5,16.

देहस्थस्वरोदय m. Titel eines Werkes Opp. Cat. 1.

देहात्मवाद m. *die Behauptung —, Theorie, dass der Körper auch die Seele sei.*

*देहात्मवादिन् m. *ein Materialist.*

देहान्त m. *Ende des Körpers, Tod* Hemâdri 1,561, 1. Comm. zu Taitt. Âr. 2,17.

देहारि m. *der Feind des Körpers,* Beiw. Çiva's.

देहावरण n. *Rüstung.*

देहावसान n. = देहान्त Ind. St. 15,402.

*देहाष्ठीलधारक n. *Knochen* Gal.

*देहासव m. *Urin* Gal.

देहिका f. *Termite.*

देहिन् 1) Adj. *mit einem Körper versehen;* m. *ein belebtes Wesen,* insbes. *der Mensch.* — 2) m. *Seele.*

देहेश्वर m. *Seele.*

दैन und दैन्य (verdächtig) Adj. *zur Weihe in Beziehung stehend* u. s. w.

दैगम्बर Adj. *zu den nackt einhergehenden* Gaina *gehörig* u. s. w. VP.[2] 5,379.

दैडि m. und दैडी f. Patron. Maitr. S. 4,2,8.

1. दैतेय 1) m. *ein Sohn* oder *ein Abkömmling der* Diti, *ein* Asura; insbes. Bez. Râhu's. — 2) f. ई f. zu 1).

2. दैतेय Adj. (f. ई) *zu einem oder zu den* Daiteja *in Beziehung stehend, daher kommend, ihm* oder *ihnen gehörig.*

1. दैत्य m. = 1. दैतेय 1).

2. दैत्य 1) Adj. = 2. दैतेय. — 2) *f. आ a) Bez. zweier *Pflanzen,* = चण्डौषधि und मुरा. — b) *ein berauschendes Getränk.*

दैत्यगुरु m. Bein. Çukra's, *der Planet Venus* Hemâdri 1,803,1.

*दैत्यदेव m. Bein. 1) Varuṇa's. — 2) des Windgottes.

दैत्यद्वीप m. N. pr. eines Sohnes des Garuḍa.

दैत्यनिषूदन m. Bein. Vishṇu's.

दैत्यप und दैत्यपति m. Bein. Bali's.

*दैत्यपुरोधस्, °पुरोहित (Vâstuv. 386) und दैत्यपूज्य m. = दैत्यगुरु.

दैत्यमातर् f. *die Mutter der* Daitja. Auch Pl.

*दैत्यमेदज 1) m. *eine Art Bdellion.* — 2) f. आ *die Erde.*

*दैत्ययुग n. *ein Weltalter der* Daitja, = 4 W. der Menschen.

दैत्यरिज्य m. Bein. Çukra's, *der Planet Venus* Utpala zu Varâh. Bṛh. 2,3 (दैत्यरिविज् gedr.).

दैत्यसेना f. N. pr. einer Tochter Pragâpati's.

दैत्यहन् m. *Vernichter der* Daitja, Beiw. Indra's Hemâdri 1,818,5.

दैत्यहन्तर् Nom. ag. dass., Bein. Vishṇu's Spr. 7819.

दैत्यान्तक m. dass. 322,26.

दैत्याय्, °यते *einen* Daitja *darstellen.*

दैत्यारि m. *ein Feind der* Daitja, *ein Gott;* insbes. Vishṇu.

*दैत्याहोरात्र m. *ein Tag der* Daitja, = ein Jahr der Menschen.

दैत्येज्य m. Bein. Çukra's, *der Planet Venus.*

दैत्येन्द्र m. *Fürst der* Daitja; insbes. Bein. Pâtâlaketu's.

दैत्येन्द्रपूज्य m. Bein. Çukra's, *der Planet Venus.*

दैधिषव्य m. wohl *ein Sohn aus der zweiten Ehe einer Frau* Vaitân. Âpast. Çr. 12,20,8.

1.*दैन Adj. *auf den Tag bezüglich, täglich.*

2.*दैन n. = दैन्य.

दैनंदिन Adj. *jeden Tag erfolgend* Comm. zu TS. 3,378,2 v. u.

*दैनार Adj. *für einen* Dînâra *gekauft, so viel werth.*

*दैनिक 1) Adj. *auf den Tag bezüglich, täglich.* — 2) f. ई *Tagelohn.*

दैन्य n. *Niedergeschlagenheit, Traurigkeit, Kläglichkeit, klägliche, erbärmliche, traurige Lage.* दैन्यं कर् *kläglich thun, sich erniedrigen.* दैन्यश्च R. 6, 99,19 fehlerhaft für दैन्यञ्च, d. i. दैन्यं च.

दैन्यवन्त् Adj. *niedergeschlagen, betrübt* Daçak. 5,9.

*दैप Adj. *auf eine Lampe bezüglich.*

दैर्घपाति m. Patron. von द्यौपात.

दैर्घ n. *Länge.* Richtig दैर्घ्य.

दैर्घतम m. = दैर्घतमस 2).

दैर्घतमस 1) Adj. *zu* Dîrghatamas *in Beziehung stehend.* — 2) m. Patron. von दीर्घतमस्. — 3) n. Name verschiedener Sâman Ârsh. Br.

दैर्घरात्रिक Adj. *langwierig, lange anhaltend* Ḱaraka 6,3 (दैर्घ्यरा° gedr.).

*दैर्घवरत्र Adj. *wobei ein langer Riemen verwendet wird.* कूप m. so v. a. *ein tiefer Brunnen.*

दैर्घश्रवस 1) Adj. *zu* Dîrghaçravas *in Beziehung stehend.* — 2) n. Name zweier Sâman Ârsh. Br.

दैर्घ्य n. (adj. Comp. f. आ Hemâdri 1,815,9) *Länge.*

दैर्घ्यरात्रिक s. दैर्घरात्रिक.

*दैलीपि m. Patron. von दिलीप.

दैव 1) Adj. paroxyt. und oxyt. (f. ई) *a) den Göttern eigen, ihnen gehörig, zu ihnen kommend, göttlich, es mit Göttern zu thun habend* Spr. 4873. विवाह m. oder धर्म m. = 2) a). तीर्थ n. *der den Göttern geweihte Theil der Hand an den Fingerspitzen* VP.² 3,99. 148. दैवी दिक् *Norden* Râǵan. 11,23. — *b) königlich.* — *c) dem Schicksal eigen, vom Schicksal verhängt* u. s. w. — 2) m. *a) eine Form der Ehe, wobei der Vater nach begonnenem Opfer seine Tochter dem dienstthuenden Priester zur Ehe giebt.* — *b)* nach Çaṁk. *die Kenntniss der Portenta.* — *c)* parox. Patron. des Atharvan. — *d) Pl. das Gefolge der Götter* Tâṇḍja-Br. 17,1, 1. — 3) f. ई *eine nach der* Daiva-*Weise Verheirathete* Vishṇus. 24,30. — 4) n. *a) Gottheit* (concret). — *b) eine den Göttern geltende heilige Handlung.* — *c) göttliche Fügung, Schicksal, Verhängniss.* युक्ते दैवे so v. a. *unter günstigen Adspecten.* दैवं शिक्षयति *das Schicksal lehrt,* so v. a. *Noth lehrt beten* Bâlar. 163,5. — *d) glückliche Fügung.*

दैवक 1) am Ende eines adj. Comp. = दैव *Gottheit.* — 2) *f. ई = देवकी N. pr. der Mutter Kṛshṇa's.

दैवकीनन्दन m. 1) *Metron. Kṛshṇa's. — 2) N. pr. eines Autors.

दैवकृत Adj. *durch göttliche Fügung hervorgebracht,* so v. a. *von der Natur gemacht, natürlich.*

*दैवकोविदा f. *Wahrsagerin.*

दैवतन्त्रि m. Patron. von देवतन्त्र.

दैवगति f. *Schicksalsfügung* Megh. 93. Daçak. 5,5.7.

दैवचिन्तक 1) Adj. *über das Schicksal der Menschen nachsinnend, dasselbe kennend;* Beiw. Çiva's. — 2) m. *a) Astrolog.* — *b) *Fatalist* (?).

*दैवचिन्ता f. *Fatalismus* (?).

*दैवजन Adj. (f. ई) *zum Göttervolk gehörig.*

दैवज्ञ 1) Adj. *schicksalskundig, die Geschicke der Menschen kennend.* — 2) m. *Astrolog* Spr. 7780. — 3) *f. आ *Wahrsagerin.*

दैवज्ञचिन्तामणि m. Titel eines Werkes.

दैवज्ञत n. *das Vertrautsein mit der Astrologie.*

दैवज्ञभूषण n. (Opp. Cat. 1), दैवज्ञमनोहर, दैवज्ञवल्लभ (Kumârasv. zu Pratâpar. 126,23. 128,2. fgg.), दैवज्ञविधिविलास m. (Opp. Cat. 1) und दैवज्ञविलास m. (ebend.) Titel von Werken.

दैवज्ञशर्मन् m. Bein. Viçvanâtha's.

दैवज्ञसन्मुनि m. N. pr. eines *Astrologen.*

दैवज्ञालंकृति f. Titel eines Werkes.

दैवत 1) Adj. (f. ई) *auf eine Gottheit* oder *die Gottheiten,* insbes. *auf die bestimmte Gottheit einer heiligen Handlung, eines Liedes* u. s. w. *bezüglich, derselben gehörig, göttlich.* — 2) m. N. pr. eines Fürsten VP.² 3,247. — 3) (*m.) n. *a) Gottheit,* collect. *Gottheiten;* insbes. *insofern dieselben in einem Liede verherrlicht werden.* Am Ende eines adj. Comp. (f. आ) *Jmd zur Gottheit habend, als Gottheit verehrend.* — *b) Götterbild.*

दैवतपति m. Bein. Indra's.

दैवतपर Adj. *ganz den Göttern ergeben.*

दैवतप्रतिमा f. *Götterbild.*

दैवतरस m. Patron. von देवतरस्.

दैवतस् Adv. *durch eine Fügung des Schicksals, zufällig* 110,1. 125,22.

दैवतसरित् f. *der göttliche Fluss, die* Gaṅgâ Dhûrtan. 61.

*दैवति m. fehlerhaft für दैवलि.

°दैवत्य Adj. *Jmd zur Gottheit habend, an Jmd als Gottheit* (Acc.) *gerichtet, Jmd als Gottheit* (Dat.) *geweiht.*

1. दैवदत्त Adj. *vom Schicksal gegeben, angeboren* Daçak. 44,18.

2.*दैवदत्त 1) Adj. *im Dorfe* Devadatta *befindlich* u. s. w. — 2) m. Pl. *die Schule des* Devadatta.

*दैवदत्तशठिन् m. Pl. *die Schule des* Devadattaçatha gaṇa शौनकादि in der Kâç.

*दैवदत्ति m. Patron. von देवदत्त.

*दैवदत्तिक Adj. (f. आ und ई) *zu* Devadatta *in Beziehung stehend.*

*दैवदत्त्या f. zu दैवदत्ति Mahâbh. 4,35,*b*.

*दैवदर्शनिन् m. Pl. *die Schule des* Devadarçana. Vgl. देवदर्शनिन्.

*दैवदारव Adj. (f. ई) *aus der Pinus Deodora gemacht, daran befindlich.*

*दैवदीप m. *Auge.*

दैवदुर्विपाक m. *eine schlimme Fügung des Schicksals* 143,27.

दैवत्त्यायन m. N. pr. eines Mannes. Pl. *sein Geschlecht.*

दैवपर und °परायण Adj. *der das Schicksal oben-an stellt;* m. *Fatalist.*

*दैवप्रश्न m. *Befragung des Schicksals, Beschäftigung mit der Astrologie.* Nach den Lexicographen *eine nächtliche Stimme, auf deren Ausspruch man lauscht.*

*दैवमति m. Patron. von देवमत.

*दैवमित्रि m. Patron. von देवमित्र.

दैवयज्ञपण्डितसूर्य m. N. pr. eines Autors.

*दैवयज्ञि m. Patron. von देवयज्ञ. f. ई.

*दैवयज्ञ्या f. zu दैवयज्ञि.

*दैवयातव m. Patron. von देवयातु.

*दैवयातवक Adj. *von* Daivajâtava's *bewohnt.*

दैवयानेय m. Metron. von देवयानी.

दैवयुत Adj. *vom Schicksal begünstigt* Varâh. Jogaj. 1,18.

दैवयोग m. *Schicksalsfügung* 124,28.

दैवरक्षित m. Patron. von देवरक्षित. Auch Pl. VP.²

4,220.

दैवरथ n. *Götterwagen.*

*दैवरथायनि m. Patron. von दैवरथ.

दैवराज n. Name eines Sâman.

*दैवराजक = दैवराजेन कृतम् (संज्ञायाम्).

*दैवराजिक Adj. (f. आ und ई) von देवराज.

दैवराति m. Patron. von देवरात.

दैवल m. Patron. von देवल.

*दैवलक m. = देवलक.

*दैवलि m. Patron. von देवल gaṇa तौल्वल्यादि in der Kâç.

*दैवलेखक m. *Astrolog.*

दैववश m. *Schicksalsfügung.* Abl. so v. a. *zufällig.*

दैववात॑ 1) Adj. *zu* Devavâta *in Beziehung stehend.* — 2) m. Patron. von देववात.

दैवविद् Adj. *das Schicksal der Menschen kennend; m. Astrolog.*

*दैवशर्मि m. Patron. von देवशर्मन्.

*दैवशर्मीय Adj. von दैवशर्मि.

दैवसंपन्न Adj. *vom Schicksal begünstigt.* Nom. abstr. °ता f.

*दैवस्थानि m. Patron. von देवस्थान.

दैवहत Adj. = दैवहतक 1).

दैवहतक 1) Adj. *vom Schicksal geschlagen, unglückselig, verwünscht, verflucht.* — 2) n. *das verwünschte Schicksal* 317,32 (im Prâkrit).

*दैवहत्र Adj. (f. ई) von दैवहव्य.

*दैवहव्य m. Patron. von देवहू.

दैवहीन Adj. *vom Glück verlassen* Varâh. Jogaj. 1,19.

*दैवाकरि Patron. 1) m. *Jama's* und *Çani's (des Planeten Saturn).* — 2) f. ई *der* Jamunâ.

दैवातिथ n. Name eines Sâman.

दैवात्यय m. *Gefahr in Folge von ausserordentlichen Naturerscheinungen.*

दैवादिक Adj. *zu der mit* दिव् *beginnenden, d. i. zur 4ten Klasse gehörig* (Wurzel) 236,13. 237,6.

दैवानीक n. Name eines Sâman.

दैवान्वित Adj. *vom Schicksal begünstigt* Varâh. Jogaj. 1,15.

दैवाप॑ m. Patron. von देवापि.

दैवारिप m. *Muschel* (nach Nilak.) MBh. 4,55,16.

दैवावृध n. *eine best. Formel* Vaitân. Vgl. देवावृध.

दैवावृध m. Patron. von देवावृध.

दैवासुर॑ Adj. (*f. ई) 1) *auf Götter und Asura bezüglich, zwischen ihnen bestehend* (Feindschaft). — 2) *das Wort* देवासुर *enthaltend.*

दैविक Adj. *den Göttern eigen, ihnen geltend, ihnen zu Ehren veranstaltet, von ihnen kommend, göttlich.*

दैविकधर्मनिरूपण n. Titel eines Werkes Opp. Cat. 1.

दैवोढा f. *eine nach der* Daiva-*Weise Verheirathete* M. 3,38.

दैवोदास॑ (fünfsilbig im Ṛ̣V.) 1) Adj. *zu* Divodâsa *in Beziehung stehend.* — 2) m. Patron. von दिवोदास. — 3) n. Name verschiedener Sâman Ârsh. Br.

दैवोदासि m. Patron. von दिवोदास.

दैवोद्यान n. *Götterhain, — garten.* Vgl. देवोद्यान.

दैवोपहतक Adj. *vom Schicksal geschlagen, — verfolgt, unglücklich.*

दैव्य॑, दैविअ॑ 1) Adj. (f. आ und दैवी॑) *göttlich.* — 2) m. N. pr. eines Boten der Asura. — 3) n. a) *göttliche Wirkung, — Macht.* — b) **göttliche Fügung, Schicksal.*

दैव्याहोतार (auf दैव्या॑ होतारा zurückzuführen) m. Pl. *die göttlichen* Hotar Âpast. Çr. 3,7,10.

दैशिक Adj. Subst. 1) *auf den Ort bezüglich, örtlich, räumlich.* — 2) *ortskundig, den Weg weisend, Wegweiser.* — 3) *auf geistigem Gebiet den Weg weisend, lehrend, anzeigend, Lehrer* Râgat. 6,303. fg. — 4) *zum Lande gehörig, einem Lande eigenthümlich, Landeskind.* Am Ende eines Comp. *zu dem und dem Lande (Volke) gehörig.*

*दैशेय m. Metron. von 2. दिश्.

*दैष्टिक m. *Fatalist.*

दैहिक Adj. (f. ई) *am Körper befindlich, — stattfindend, körperlich.* Pl. *Alles was den Körper betrifft, alles Sinnliche.*

दैह्य 1) Adj. *im Körper befindlich.* — 2) m. *die Seele.*

*दोग (!) m. *Stier.*

दोग्धर् Nom. ag. 1) m. a) *Melker.* — b) *der Etwas ausbeutet, Nutzen zieht aus* (Acc.). — c) **Kuhhirt.* — d) **Kalb.* — e) **ein aus seiner Dichtkunst materiellen Nutzen ziehender Dichter.* — 2) f. दोग्ध्री a) *Milcherin, Milch gebend* zu Spr. 1748. *viele Milch habend* (Amme). — b) *Etwas* (Acc.) *spendend.* — c) *Milchkuh.* — d) *Melkkübel* Mân. Çr. 4,3.

दोग्धव्य Adj. *zu melken.*

दोग्धुकाम Adj. (f. आ) *zu melken, so v. a. zu plündern begierig;* mit Acc. Daçak. 65,1.

दोग्धो॑स् Abl. Inf. zu 1. दुह् Çat. Br. 1,7,2,15.

दोग्ध्र n. *Melkkübel* Âpast. Çr. 15,3,10. 9,8.

दौग्ध॑ Adj. *milchend* oder m. *Melkung, Milchung.*

*दोडी f. *Hoya viridiflora* (Râǵan. 4,178) und *deren Frucht.*

दोध m. *Kalb* (?). Vgl. 2. दोष 2).

दोधक 1) Adj. *der seinen Herrn bestiehlt.* — 2) n. *ein best. Metrum.* Auch °वृत्त n.

दोमन् n. *Beschwerde* in अदोमद॑ und अदोमध॑.

दोरक n. *Strick, Riemen.*

*दोर्गडु Adj. *lahm am Arm.*

*दोर्ग्रह Adj. *stark, kräftig.*

दोर्ज्या f. *Sinus.*

दोर्दण्ड m. *ein langer Arm.*

दोर्बाहव॑ n. Pl. *Vorder- und Oberarme* Çat. Br. 8,3,2,4. 4,3,10.

दोर्मूल n. *Achselgrube* Naish. 6,20.

दोल 1) m. a) *das Schaukeln, Wogen* MBh. 1,21,10. — b) *eine best. Stellung der geschlossenen Hand.* — 2) m. (ausnahmsweise) und f. आ und *ई a) *Schaukel.* Häufig als Bild der *Unsicherheit* und des *Zweifels.* संदेहदोलाधिरूढ Adj. Bâlar. 88,12. — b) *Sänfte, Palanquin.* — 3) *f. आ *die Indigopflanze.*

दोलपर्वत m. N. pr. eines *Berges* in Nepal Ind. Antiq. 9,165.

दोलयात्रा f. *ein best. Fest.*

दोलाद्रि m. = दोलपर्वत Ind. Antiq. 9,165.

दोलाय्, °यते *wie eine Schaukel hinundher gehen, — schwanken, im Zweifel sein* 248,26. °यित *sich hinundher bewegend.*

दोलायन्त्र n. *Arzeneistoffe in ein Tuch gebunden, in einem Topf aufgehängt und über Feuer ausgesotten* Bhâvapr. 2,86. Mat. med. 25.

दोलिका f. *Schaukel, Sänfte.*

*दोलित m. *Büffel* Gal.

दोलोत्सव m. *Schaukelfest.*

दोःशालिन् Adj. *kräftige Arme habend.*

दोःशिञ्जिनी f. = दोर्ज्या Ganit. Spasht. 23.

*दोःशेखर n. *Schulter.*

1. दोष 1) m. nur. Bhâg. P. *Abend, Dunkel.* Personif. als einer der 8 Vasu und als *Gatte der Nacht.* — 2) दोषा॑ *Abend, Dunkel.* दोषा॑म् und दोषा॑ (Instr.) *am —, bei Abend, im Dunkeln, bei Nacht.* Personif. als Gattin Pushpârṇa's und Mutter Pradosha's.

2. दोष 1) m. und (ausnahmsweise) n. (adj. Comp. f. आ) a) *Fehler, Schaden, Mangel, Gebrechen, Fehlerhaftigkeit, eine fehlerhafte, schlechte, schädliche Eigenschaft, Uebelstand.* — b) *Schlechtigkeit, Sündhaftigkeit.* — c) *Fehler, Verfehlung, Versehen, Vergehen, Verbrechen, Schuld, Sünde.* — d) *Nachtheil, Schaden.* — e) *üble Folge.* दोषेण, दोषात् und दोषतस् *als üble Folge von* und auch *in Folge von* (im Comp. vorangehend) überh. — f) *Alteration, Affection.* — g) *verdorbene Säfte, ein gestörter Zustand* und *eine solche Thätigkeit der drei Flüssigkeiten des Körpers, welche Krankheit erzeugen; krankhafte Affection, Krankheitsstoff, Krankheit.* — h) *die drei flüssigen Grundstoffe des menschlichen Leibes: Luft* (Wind), *Galle und Schleim, welche*

bei gestörtem Zustande Krankheit erzeugen. — 2) m. *Kalb.*

*दोषक m. *Kalb.*

दोषकर Adj. *Schaden verursachend, verderblich für* (Gen.).

दोषगुण n. Sg. *Fehler und Vorzüge* 208,29.

दोषगुणीकरण n. *das aus einem Fehler einen Vorzug Machen* Comm. zu Kuvalaj. 164,a.

दोषग्राहिन् Adj. *das Schlechte aufnehmend,* — *behaltend.*

दोषघ्न Adj. *der Krankheit der Säfte entgegenwirkend.*

दोषज्ञितकार m. Titel eines Werkes Opp. Cat. 1.

दोषज्ञ 1) Adj. *a) mit den Mängeln von* (im Comp. vorangehend) *vertraut* 166,5.6. — *b) wissend was Schaden bringt, klug, verständig.* — 2) *m. *Arzt.*

दोषणिश्रिष् Adj. *in den Arm sich schlingend,* — *sich hängend.*

दोषण्य Adj. *im Arm befindlich.*

दोषत्व n. Nom. abstr. von 2.दोष *Fehler, Mangel.*

दोषदूषित Adj. *mit einem Fehler behaftet.* Nom. abstr. °त्व n. Sarvad. 49,18. 80,14.

दोर्षन् (*m.) n. *Vorderarm, der untere Theil des Vorderfusses bei Thieren, Arm überh.*

दोषपति Gop. Br. 1,1,28 wohl fehlerhaft.

1. दोषफल n. *die Folge einer Sünde* Âpast. 1,29,2. 2,2,5. 12,19.

2. दोषफल Adj. (f. श्रा) *sündhaft* Âpast. 2,2,7.

दोषभक्ति f. *Praedisposition zu einer Krankheit* Karaka 3,8.

दोषभेद m. *eine Modification der Krankheiten der Säfte.*

दोषमय Adj. *aus Fehlern bestehend.*

दोषल Adj. (f. श्रा) *von fehlerhafter Beschaffenheit, verdorben.*

दोषवत्त् Adj. 1) *einen Fehler* —, *einen Mangel* —, *ein Gebrechen habend, fehlerhaft, mangelhaft.* — 2) *eines Vergehens schuldig* Âpast. 2,13,5. — 3) *mit einem Vergehen* —, *mit einer Schuld verknüpft, sündhaft* Gaut. Âpast. — 4) *nachtheilig, schädlich.*

दोर्षस् n. *Abend, Dunkel.*

दोषहर Adj. = दोषघ्न.

1. दोषा f. *Abend* s. 1. दोष 2).

2. *दोषा f. = दोषन्.

1. दोषाकर m. *der Mond.*

2. दोषाकर m. *eine Fundgrube von allerlei Mängeln.*

*दोषाक्लेशी f. *eine best. Pflanze.*

दोषातर n. *Beschuldigung, Vorwurf.*

दोषातन Adj. (*f. ई) *abendlich, nächtlich.*

*दोषातिलक m. *Lampe.*

दोषात्त Adj. *einen Fehler enthaltend* Mahâbh. (K.) 151,21.

*दोषाभूत Adj. *zum Abend geworden, dem Abend gewichen.*

दोषामन्य Adj. *für Nacht geltend, als Nacht angesehen.*

दोषाय्, °यते *zu einem Mangel werden, wie ein M. erscheinen.*

दोषारमण m. *der Mond* Dhûrtan. 56.

दोषावस्तर् Nom. ag. *Erheller des Dunkels* Ṛv.

*दोषास्य m. *Lampe.*

*दोषिक 1) Adj. *fehlerhaft, mangelhaft.* — 2) m. *Krankheit.*

दोषिन् Adj. *eines Vergehens schuldig* Gaut.

दोषीकरण n. in गुण°.

*दोषैकदृश् Adj. *nur Fehler sehend.*

दोषोदक m. *das Wasser der Wassersucht* Suçr. 2,90,18.

दोष्मत्त् Adj. *kräftige Arme habend, tapfer* Hem. Par. 1,84. 173.

दोस् m. (nur R. 6,1,3) n. 1) *Vorderarm, Arm überh.* — 2) *der Theil eines Bogens, welcher seinen Sinus bestimmt.*

*दोस्थ (दोःस्थ) m. 1) *Diener.* — 2) *Dienst.* — 3) *Spieler.* — 4) *Spiel.*

*दोःसहस्रभृत् m. Bein. von Arǵuna Kârtavîrja.

दोह 1) Adj. am Ende eines Comp. *milchend,* so v. a. *spendend, gewährend.* — 2) m. (adj. Comp. f. श्रा) *a) Melkung, sowohl die Handlung als das Ergebniss des Melkens, Milch u. s. w.* — *b) das Melken, so v. a. das Vortheilziehen aus* (im Comp. vorangehend). — *c) Melkkübel* MBh. 13,71,33. Hemâdri 1,404,21. — *d)* मनसो दोहः Name eines Sâman.

दोहक m. und दोहिका f. in गो°.

दोह्यकामा Adj. f. *begierig sich melken zu lassen.*

*दोहज n. *Milch.*

दोहडिका f. *ein best. Metrum.*

दोहद 1) m. (*n.) (adj. Comp. f. श्रा) *a) das Gelüste schwangerer Frauen nach bestimmten Dingen.* — *b) heftiges Verlangen, Gelüste nach* (Loc. oder im Comp. vorangehend) überh. Kâd. 130,13. 139,22. — *c) das Gelüste von Pflanzen besteht in dem unwiderstehlichen Verlangen mit einem Körpertheile einer schönen Jungfrau in Berührung zu kommen, um dadurch die Geburt der Blüthen zu ermöglichen.* — *d) ein best. Räucherwerk, das eine Mannichfaltigkeit in den Früchten bewirken soll.* — 2) m. Pl. N. pr. eines Volkes VP.[2] 2,180.

दोहदक m. = दोहद 1) *a)* Sâh̄v.

दोहददुःखशील Adj. *an den Gelüsten schwangerer Frauen leidend.* Nom. abstr. °ता f. 96,1.

दोहदलक्षण n. 1) *ein Kind im Mutterleibe.* — 2) *der Uebergang von einem Lebensalter zum andern.*

*दोहदवती und *दोहदान्विता f. *Gelüste einer Schwangeren habend.*

दोहदिन् 1) Adj. *ein Gelüste habend* —, *heftig verlangend nach* (Loc. oder im Comp. vorangehend) Kâd. 142,3. — 2) *m. *Jonesia Asoka* Râǵan. 10,55.

दोहदोहीय fehlerhaft für दोहादोहीय.

दोहन 1) Adj. (f. श्रा) *Milch gebend* in बहुदोहना. — 2) f. दोहनी *Melkkübel.* — 3) n. *a) das Melken.* — *b) das Ergebniss der Melkung, das Gemolkene* Ṛv. 1,144,2. 9,75,3. — *c) das Ergebniss einer Melkung.* — *d) Melkkübel* Hariv. 1,455,16. Vgl. कांस्य°.

दोहनक n. und °निका f. *Melkkübel* Hemâdri 1, 252,17. 253,2. 266,14. 710,15.

दोहल m. = दोहद 1) *b)* und *c)*.

*दोहलवती f. = दोहदवती.

*दोहलिन् m. = दोहदिन् 2).

दोहस् n. *Melkung*

दोहसे Dat. Inf. zu 1. दुह्.

दोहादोहीय n. प्रजापतेर्दोहादोहीये Du. Name zweier Sâman Ârsh. Br.

*दोहापनयन m. *Milch.*

*दोहित Adj. von दोह.

दोहिन् Adj. in कामदोहिनी.

*दोहीयसी Adj. *mehr* —, *viel Milch gebend.*

दोह्य 1) Adj *zu melken* Maitr. S. 1,6,1 = Âpast. Çr. 5,8,7. — 2) n. (Comm.) *ein Thier, das Milch giebt.*

दौकूल 1) *Adj. *mit dem* दुकूल *genannten Zeuge bedeckt,* — *überzogen.* — 2) *ein Tuch von* दुकूल Varâh. Bṛh. S. 73,1.

*दौकूलक und *दौगूल Adj. = दौकूल 1).

दौत्य und °क (Pl.) n. *Botschaft, Botenamt.*

दौरात्म्य n. 1) *Schlechtigkeit, Bosheit, Niederträchtigkeit.* Pl. *Schlechtigkeiten, böse Streiche* Bâlar. 153,5. काल° so v. a. *die Tyrannei der Zeit.* — 2) *eine böse, schädliche Wirkung, üble Folgen* Verz. d. Oxf. H. 49,b,17. — 3) *eine falsche Vorstellung.*

दौरात्म्यक Adj. *niederträchtig* (Handlung).

दौराद्धि f. *Misserfolg* (Comm.) TBr. 3,7,11,3. Âpast. Çr. 3,11,3. Zu vermuthen दूराद्धि f. *schwierige Herstellung.*

दौरित्ति n. *Unheil.*

दौरुधर Adj. von दुरुधरा.

दौरेश्रवस m. Patron. von दूरेश्रवस्.

दौरेश्रुत m. Patron. von दूरेश्रुत.

दौर्ग 1) Adj. *zu* Durgâ *in Beziehung stehend.* — 2) n. *ein solches Werk.*

दौर्गत्य n. *Noth, Elend* Bâlar. 30,4. *Armuth.*

*दौर्गन्धि (!) m. = दौर्गन्ध्य.

दौर्गन्ध्य n. *übler Geruch, Gestank.*

दौर्गसिंह Adj. (f. ई) *von* Durgasiṁha *herrührend.*

दौर्गहं m. 1) Patron. des Purukutsa. — 2) *Ross.*

*दौर्गायण m. Patron. von दुर्ग.

*दौर्ग्य Adj. und n. Nom. abstr. von दुर्ग.

दौर्जन Adj. (f. ई) *aus schlechten Menschen bestehend.*

दौर्जन्य n. 1) *Schlechtigkeit, Gemeinheit.* — 2) *Missgunst.* — 3) *eine falsche Vorstellung.*

दौर्जीवित्य n. *ein Zustand kümmerlichen Lebens.*

दौर्बल (nur einmal, und hier v. l.) und दौर्बल्य n. *Schwäche* Gaut.

दौर्भाग्य n. *Unglück,* insbes. *das von der Nichterwiederung der Liebe von Seiten des Mannes herrührende U. eines Weibes.*

दौर्भित n. = दुर्भित *Hungersnoth* Comm. zu Taṇḍja-Br. 2,1,4.

*दौर्भ्रात्र n. *ein schlechtes Verhältniss unter Brüdern.*

*दौर्मद्य n. *Schlacht, Kampf.*

*दौर्मनसायन m. Patron. von दुर्मनस्.

दौर्मनस्य n. *Niedergeschlagenheit, Traurigkeit.*

दौर्मन्त्र्य n. *schlechte Berathung, schlechter Rath.*

*दौर्मित्रि m. Metron. von दुर्मित्रा.

दौर्मुखि m. Patron. von दुर्मुख.

दौर्योधन Adj. *dem* Durjodhana *gehörig.*

दौर्योधनि m. Patron. von दुर्योधन.

*दौर्वचस्य n. Nom. abstr. von 2. दुर्वचस्.

दौर्वास und दौर्वासस Adj. *zu* Durvâsas *in Beziehung stehend.*

*दौर्वीण n. 1) *der ausgepresste Saft von* Dûrvâ-*Gras.* — 2) = मृष्टपर्णा oder इष्टपर्णा.

दौर्व्रत्य n. *Ungehorsam, unordentlicher Wandel.*

*दौर्हार्द n. *böse Gesinnung, Feindschaft.*

दौर्हृद 1) m. *Bösewicht.* — 2) *n. = दोहद 1) *a).*

*दौलेय m. *Schildkröte.*

*दौल्मि m. Bein. Indra's.

दौवारिक 1) m. *a) Thürsteher, Kämmerer.* — *b) ein best. Genius* Varâh. Bṛh. S. 53,44. Hemâdri 1,651,20. 654,10. — 2) f. ई *Thürsteherin.*

दौवालिक m. Pl. N. pr. eines Volkes.

दौश्चर्म्य n. 1) *Hautkrankheit.* — 2) *das *Fehlen der Vorhaut.*

दौश्चर्य n. *schlechte Handlungsweise, Schlechtigkeit.*

दौःशलेय m. wohl Metron. von दुःशला.

दौःशासनि m. Patron. von दुःशासन.

दौःशील्य n. (adj. Comp. f. आ) *Schlechtigkeit des Charakters, Boshaftigkeit* 107,18.

*दौषकगति m. Patron. v. l. im gaṇa तौल्वल्यादि in der Kâç.

*दौष्क Adj. 1) *mit den Armen hinüberschwimmend.* — 2) *auf den Armen gehend.*

दौष्कन्त (Nilak. °न्ति) m. Hariv. 1,32,11 fehlerhaft für दौष्यन्ति.

दौष्कुल und दौष्कुलेय Adj. *aus niedrigem, verachtetem Geschlecht.*

1. दौष्कुल्य Adj. dass. MBh. 3,183,72.

2. दौष्कुल्य n. *eine niedrige Herkunft.*

दौष्कृत्य n. *Bosheit, Niederträchtigkeit.*

दौष्ठ्य n. *Schlechtigkeit, Bosheit.*

*दौष्व n. s. दौःष्व.

*दौष्पुरुष्य n. Nom. abstr. von दुष्पुरुष.

दौष्मन्त und दौष्मन्ति m. fehlerhaft für दौष्यन्ति.

दौष्यन्त 1) Adj. *zu* Dushjanta *in Beziehung stehend.* — 2) m. *eine best. Mischlingskaste* Gaut.

दौष्यन्ति m. Patron. Bharata's MBh. 7,68,1. 12,29,45.

दौषन्ति m. fehlerhaft für दौष्यन्ति.

दौःष्वप्न्य s. दौःष्वप्न्य.

दौःषन्ति m. die ältere Form für दौष्यन्ति.

*दौःष्व n. Nom. abstr. von दुःष्ठु.

दौःष्वप्न्य n. *das Vorhandensein böser Träume.*

दौस्थ्य s. दौःस्थ्य.

दौःसाधिक m. *Thürsteher* Comm. zu Hâla 406. 557.

*दौःस्त्र n. wohl *Zwietracht unter Weibern.*

दौःस्थ्य n. *missliche Lage, schlechter Zustand* Hem. Par. 2,682. 8,378.

दौहृदिक 1) m. *Kunstgärtner* Naish. 6,61. — 2) n. *Gelüste, Verlangen* ebend.

*दौह्निक Adj. = दोहं नित्यमर्हति.

दौहित्र 1) m. *a) Tochtersohn.* — *b)* N. pr. eines Fürsten VP.² 4,212. fg. — 2) f. ई *eine Tochter der Tochter.* — 3) n. *a) Rhinoceros.* — *b) Sesam.* — *c) Ghee von einer bräunlichen Kuh.* — Zu 3) vgl. VP.² 3,187.

दौहित्रक Adj. *zum Tochtersohn in Beziehung stehend.*

दौहित्रवत् Adj. *einen Tochtersohn habend.*

*दौहित्रायण m. *der Sohn eines Tochtersohnes.*

दौहित्र्य m. v. l. für दौहित्र 1) *b)* VP.² 4,213.

दौहृद (adj. Comp. f. आ) *das Gelüste schwangerer Frauen nach bestimmten Dingen.*

दौहृदिनी Adj. f. *das Gelüste Schwangerer habend, schwanger* (im 4ten Monat) Bhâvapr. 1,71.

द्य in अद्यै.

द्यस् in सद्यस्.

1.*द्या, द्यायति (न्यक्करणे, न्यङ्गविधाने).

2. द्या f. = ज्या *Bogensehne* in 2. उच्चै.

*द्यांपात m. N. pr. eines Mannes; s. दैयांपाति.

द्यावन् in वृष्टि°.

*द्यावाक्षमे und द्यावाक्षामा Nom. Du. f. *Himmel und Erde.*

द्यावापृथिवी und द्यावापृथिव्यौ (Suparn. 2,1) Nom. Du. f. dass. Zu belegen ausserdem °वीभ्याम्, °व्योस् und °वीस् (mit der Endung des Pl.). °पृथिव्यो: सामनी द्वे und °पृथिव्यो: विपरीते Ârsh. Br.

द्यावापृथिवीय 1) Adj. *auf Himmel und Erde bezüglich, ihnen geweiht* u. s. w. — 2) n. *eine best. Hymne.*

द्यावापृथिवीवत् Adj. *mit Himmel und Erde verbunden.*

द्यावापृथिव्य Adj. = द्यावापृथिवीय 1).

द्यावाभूमी Nom. Du. f. *Himmel und Erde.* Zu belegen ausserdem द्यावाभूम्योस्.

1. द्यु, द्यौति *losfahren auf, angreifen* Bhaṭṭ. — Mit प्र, °द्यौति als Umschreibung von इयस्यते Sâj. zu Çat. Br. 2,2,3,10.

2. द्यु 1) m. (*n.) *Himmel.* Zu belegen nur द्यौस्, द्यवि, द्यून् und द्युभिस्; die beiden ersten Formen könnten auch zu द्यो gehören. — 2) m. n. *Tag.* Zu belegen dieselben Formen wie bei 1) und द्यूनि. — 3) m. *a) Helle, heller Schein, Glanz, Feuersglut.* Zu belegen nur द्युभिस्. — *b)* N. pr. eines Vasu. Zu belegen nur द्यवे MBh. 1,99,15.

*द्युक m. *Eule* und *द्युकारि m. *Krähe* fehlerhaft für घूक und घूकारि.

द्युकर्पाध m. = अक्रव्यास.

*द्युकाम m. N. pr. eines Mannes; s. द्यौकामि.

द्युक्ष Adj. (f. आ) *himmlisch, licht, glänzend.*

द्युक्षवचस् Adj. *himmlische Worte redend.*

*द्युग m. *Vogel.*

द्युगण m. = अहर्गण 2).

द्युगत् Adv. *durch den Himmel hin, — her.*

द्युचर 1) Adj. *im Himmel —, am H. —, im Luftraum wandelnd, — sich bewegend.* — 2) m. *a) Himmelsbewohner.* — *b) ein* Vidjâdhara. — *c) ein Planet* Golâdhj. 5,26.

द्युचरी Adv. mit भू *zu einem* Vidjâdhara *werden.*

द्युचारिन् m. *ein* Vidjâdhara.

द्युजय m. *Ersiegung —, Gewinnung des Himmels.*

द्युजीवा (Golâdhj. 6,27. 8,61.65) und द्युज्या f. = अहर्व्यास.

1. द्युत्, द्योतते (episch auch Act.), Partic. द्योतमान, द्युतान, द्युतान, द्योतत् und द्युतत्; *blinken, leuchten, glänzen.* — Caus. द्योतयति (Med. Bhaṭṭ.) 1)

erleuchten, in Glanz versetzen MBh. 1,173,30. द्योतित erleuchtet, leuchtend, glänzend. — 2) vor Augen bringen, hervortreten lassen, hervorheben, zu verstehen geben. — *Desid. दिद्युतिषते und दिद्योतिषते. — Intens. देविद्युतति (3te Pl.), देविद्योत्, देविद्युतत् und *देद्युत्यते; hell strahlen, blinken, blitzen. — Mit अभि sein Licht —, seinen Glanz richten auf (Acc.). — Caus. beleuchten, erleuchten, in Glanz versetzen. — Mit अव Caus. vor Augen bringen, erinnern an (Acc.). — Mit आ herleuchten Vaitân. — Mit उद् aufleuchten, erglänzen. — Caus. aufleuchten —, erglänzen lassen. — Intens. stark aufleuchten. — Mit समुद् aufleuchten. — Mit निस् Caus. klar machen. — Mit प्र zu leuchten —, zu glänzen beginnen. — Caus. erleuchten, in hellen Glanz versetzen. — Mit संप्र Caus. dass. Hemâdri 1,490,8. — Mit वि 1) blitzen, blinken, glänzen, erglänzen, so v. a. aufgehen (von der Sonne). विद्योतते es blitzt, विद्योतमाने wenn es blitzt. — 2) wegblitzen, so v. a. blitzend wegschleudern. — 3) erleuchten. — Caus. erleuchten, in Glanz versetzen. Vgl. द्युतय्. — Intens. blitzen, blinken. — Mit संवि zugleich blitzen TS. 7,5,11,1. — Mit सम् zugleich —, in die Wette mit Jmd (Instr.) blinken.

2. द्युत् f. das Blinken, Glanz. Vgl. दत्तद्युत्.

3. द्युत्, द्युत्त gebrochen, zerbrochen. — Caus. द्योतयति erbrechen. — Mit व्यभि (द्योत्) erbrechen RV. 4,4,6. — Mit आ (दिद्योत्) anbrüchig werden.

4. °द्युत् Adj. losgehend auf, angreifend Bhatt.

द्युत n. δυτον, das 7te astrologische Haus.

द्युतद्यामन् Adj. dessen Bahn blinkt, — glänzt.

द्युतय्, °यति mit वि blinken, blitzen RV. 2,34,2.

द्युतरु m. der Himmelsbaum, der Pârigâta.

द्युतान 1) Adj. s. u. 1. द्युत्. — 2) m. a) N. pr. eines Rshi. — b) eine best. diesem Rshi zugeschriebene Litanei.

द्युति 1) f. a) Glanz, Pracht, Schönheit 297,3. 300,28. — b) Würde, Majestät. — c) in der Dramatik eine drohende Haltung. — d) als Göttin personificirt. — 2) m. N. pr. a) eines Rshi unter Manu Merusâvarna. — b) eines Sohnes des Manu Tâmasa.

*द्युतिकर m. der Polarstern.

द्युतिमति Adj. von glänzendem Verstande.

द्युतिमत् 1) Adj. a) glänzend, prächtig, herrlich. — b) würdevoll, imponirend. — 2) m. N. pr. a) verschiedener Männer. — b) eines Berges. — 3) f. °मती ein Frauenname.

*द्युतिला f. Hemionites cordifolia.

द्युदल n. Mittag.

द्युधुनि f. der Himmelsfluss, die Gaṅgâ.

*द्युन n. = द्युत.

द्युनदी f. = द्युधुनि. °संगम m. N. pr. eines Wallfahrtsortes.

द्युनिवास m. ein Himmelsbewohner, ein Gott. °भूय n. Gottwerdung.

द्युनिवासिन् m. dass.

द्युनिश् n. Sg. (nur °निशि) und f. Du. (nur °निशोस्) Tag und Nacht.

द्युनिश n. Sg. (nur °निशम् Nom. und Acc. einen Tag und eine Nacht hindurch, bei Tage und bei Nacht Varâh. Brh. S. 21,3. 25,3. 88,3) und Du. (nur °निशे) dass.

द्युपति m. 1) ein Gott. — 2) *die Sonne. — 3) *Bein. Indra's.

द्युपथ m. Himmelspfad, der Luftraum.

द्युपिण्ड = अर्कगण 2) Golâdhj. 13,16.

द्युभक्त Adj. vom Himmel geschenkt RV. 1,73,6. 4,1,18. 7,40,2.

*द्युम Adj. von 2. द्यु.

द्युमणि m. 1) das Juwel des Himmels, die Sonne Hemâdri 1,578,6. 615,8. — 2) calcinirtes Kupfer Bhâvapr. 3,53.

द्युमत्सेन m. N. pr. eines Fürsten.

द्युमद्गामन् Adj. hell singend SV.

द्युमत् 1) Adj. a) hell, licht, glänzend. द्युमत् Adv. — b) hell, so v. a. laut, weitschallend. द्युमत् Adv. — c) heiter, frisch, kräftig. — d) vorleuchtend, ausgezeichnet. — 2) m. N. pr. verschiedener Männer. — 3) n. Auge Bhâg. P. 4,25,47.

*द्युमयी f. N. pr. einer Gattin des Sonnengottes.

द्युमार्ग m. = द्युपथ Kathâs. 18,389.

द्युमैथुन n. Beischlaf am Tage AV. Pariç. 38,3.

द्युमौर्वी f. = द्युजीवा Ganit. Spasht. 49.

द्युम्न 1) n. a) Glanz, Herrlichkeit. — b) Heiterkeit, Begeisterung. — c) Frische, kraftvolles Wesen, Tüchtigkeit. — d) Besitz, Vermögen. — e) *Speise. — f) Name verschiedener Sâman Ârsh. Br. — 2) m. N. pr. verschiedener Männer.

द्युम्नवत् Adj. 1) begeistert oder helltönend. — 2) kraftvoll.

द्युम्नवर्धन Adj. Kraft mehrend.

द्युम्नश्रवस् Adj. einen kräftigen oder hellen Ton gebend.

द्युम्नसाति f. Gewinnung von Begeisterung oder Kraft.

द्युम्नहूति f. ein begeisterter Ruf.

द्युम्नासह् (stark °साह्) Adj. über Kraft verfügend.

द्युम्नि m. N. pr. eines Fürsten VP.[2] 4,98.

द्युम्निन् Adj. 1) herrlich. — 2) kraftvoll, stark. — 3) begeistert, muthig.

द्युम्नीक m. N. pr. des Verfassers von RV. 8,76.

द्युमोदा (!) Adj. Glanz verleihend.

द्युयोषित् f. ein himmlisches Weib, eine Apsaras.

द्युरात्र n. νυχθήμερον Ganit. 1,19.

द्युरात्रवृत्त n. diurnal circle Golâdhj. 7,1.

द्युराशि m. = अर्कगण 2) Golâdhj. 13,11.

द्युलोक m. die himmlische Welt.

द्युवधू f. ein himmlisches Weib, eine Apsaras.

*द्युवन् m. 1) die Sonne. — 2) der Himmel.

द्युवनी f. der Götterhain.

द्युषद् m. 1) ein Himmelsbewohner, ein Gott. — 2) Planet.

°द्युस् = दिवस् in अन्येद्युस् u. s. w.

*द्युसद् und *द्युसद्मन् m. = द्युषद् 1).

द्युसंभव Adj. am Tage entstehend Varâh. Brh. S. 21,8.

द्युसरस् n. der See des Himmels.

द्युसरित् und द्युसिन्धु (Vikramâṅkak. 18,92) f. der Fluss des Himmels, die Gaṅgâ.

द्युस्त्री f. ein himmlisches Weib, eine Apsaras.

द्यू 1) Adj. am Ende eines Comp. spielend. — 2) f. Würfelspiel. Nur द्युवम् AV. 7,50,9 und द्युवे 109,5.

द्यूत (*m.) n. 1) Würfelspiel, Glücksspiel überh. Häufig uneig. vom Kampfe, dessen Ausgang wie beim Würfelspiel ungewiss ist. Das Worum im Loc. oder im Comp. vorangehend. — 2) Kampfpreis.

द्यूतकर m. Spieler.

द्यूतकार m. 1) dass. — 2) *der Inhaber eines Spielhauses.

*द्यूतकारक m. der Inhaber eines Spielhauses.

द्यूतकृत् m. Spieler.

द्यूतता f. das Spielen mit Würfeln.

द्यूतदास 1) m. ein im Würfelspiel gewonnener Sclave Venîs. 80,21. — 2) f. ई eine solche Sclavin Venîs. 146.

द्यूतधर्म m. Vorschriften in Betreff der Glücksspiele 202,2.

*द्यूतपूर्णिमा und *°पौर्णमी f. der Vollmondstag im Monat Kârttika.

*द्यूतप्रतिपद् f. der erste Tag in der lichten Hälfte des Kârttika.

द्यूतफलक n. Spielbrett Pañkad.

*द्यूतबीज n. Otterköpfchen.

द्यूतमण्डल n. Spielerkreis, Spielhaus MBh. 2, 79,32. Nârada 16,5. 6.

द्यूतवर्त्मन् n. Spielmethode Daçak. 56,11.

द्यूतवृत्ति m. *ein Spieler von Profession* oder *der Inhaber eines Spielhauses.*

द्यूतवैतंसिक m. Pl. etwa *Männer, die sich mit Glücksspielen und Vogelfang abgeben.*

द्यूतशाला f. *Spielhaus.*

द्यूतसद्न n. *Spielhaus.*

द्यूतसमाज m. *eine zum Würfelspiel versammelte Gesellschaft.*

द्यूताध्यक्ष m. *ein Oberaufseher über das Glücksspiel.*

*द्यूतालय m. *Spielhaus.*

द्यूत्य in अद्यूत्य.

1. द्यून Partic. von 2. दिव्.

2. द्यून n. *das 7te astrol. Haus.* Am Ende eines adj. Comp. °क.

द्यो m. f. 1) *der Himmel.* Zu belegen nur द्यौस्, द्यौस् (Voc.), द्याम्, द्यावा (vgl. द्यावातमे fgg.) und द्यवी *Himmel und Erde,* द्यावस् und द्यो mitten in einem copulativen Comp. (MBH. 8,90,32) und am Anf. einiger Compp. — 2) *Tag.* Zu belegen nur द्यौस्, द्याम्, द्यावा (*Tag und Nacht*) und द्यावस्. — Vgl. 2. द्यु.

द्योकार m. nach NILAK. *ein Erbauer himmelsähnlicher Prachtgebäude.* द्याकार v. l.

1. द्योत m. *heller Schein, Glanz.*

2. द्योत m. in वृद्धद्योत.

द्योतक Adj. 1) *leuchtend.* — 2) *erleuchtend, erhellend.* — 3) *vor Augen bringend, darlegend.* — 4) *bezeichnend, ausdrückend, etwas Bestimmtes bezeichnend, bedeutsam.* Nom. abstr. °त्व n.

1. द्योतन, द्योतन, दिद्योतन 1) Adj. (f. आ) *a) blinkend, glänzend.* — *b) erleuchtend, erhellend.* — 2) m. *a)* **Lampe.* — *b)* N. pr. eines Fürsten. — 3) n. *a) das Glänzen, Leuchten.* — *b) das Erhellen, Erleuchten.* — *c) das vor Augen Bringen, Zeigen, Darlegen, Bekunden* SÂJ. zu ṚV. 4,46,1. — *d)* **das Sehen.*

2. द्योतन Adj. in वृद्धद्योतन.

द्योतनि f. *Helle, Schein.*

द्योतनिका f. *Klarmachung, Erklärung.*

द्योतिन् Adj. 1) *glänzend.* — 2) *bezeichnend, bedeutend.*

*द्योतिरिङ्गण m. *ein leuchtendes fliegendes Insect.*

द्योतिष्पथ m. *der Pfad der Gestirne, der obere Luftraum.* v. l. ज्योतिष्पथ.

द्योतिस् n. v. l. für ज्योतिस्.

द्योत्मन् in सुद्योत्मन्.

द्योत्य Adj. *zu bezeichnen, auszudrücken, was bezeichnet —, was ausgedrückt wird* 231,8. 11.

द्योद्रुम m. *der Himmelsbaum,* = कल्पद्रुम.

*द्योभूमि m. *Vogel.*

*द्योषद् m. = द्युषद्.

*द्यौकामि m. Patron. von द्युकाम.

द्यौत n. Name verschiedener Sâman. ÂRSH. BR.

द्यौतान n. Name eines Sâman.

*द्यौत्र n. *Helle, Glanz.*

द्यौर्दा Adj. *den Himmel gebend* ÂPAST. ÇR. 17,5.

द्यौर्लोक m. *die Himmelswelt.*

द्यौसंशित Adj. *vom Himmel getrieben.*

द्रृ m. von unbekannter Bed. AV. 11,7,3. Vgl. उत्तरद्रृ, कृष्णद्रृ und *मधुद्र.

*द्रकट und *द्रगड m. *eine Trommel, mit der man Schlafende aufweckt.*

द्रङ्क्षण n. *ein best. Gewicht,* = तोलक ÇÂRṄG. SAṂH. 1,1,16.

द्रङ्ग m. und द्रङ्गा f. *Stadt.*

द्रढय्, °यति 1) *fest machen, befestigen.* — 2) *kräftigen, stärken.* — 3) *bekräftigen, bestätigen, erhärten* (durch einen Beweis) ÇAṂK. zu BÂDAR. 1,1,2. 2, 4,14. — 4) *fest machen,* so v. a. *hemmen, zurückhalten.* वृद्दि वाचम् Spr. 7669.

द्रढिक m. N. pr. eines Mannes.

द्रढिमन् m. 1) *Festigkeit* BÂLAR. 78,5. — 2) *fester Sinn, Entschlossenheit.* — 3) *Bekräftigung, Bestätigung.*

द्रढिष्ठ Ad.. (Superl. zu दृढ) *überaus fest, ausdauernd.*

द्रढीकरण ÇAṂK. zu BÂDAR. 2,1,34 fehlerhaft für दृढी°.

*द्रढीयंस् Adj. Compar. zu दृढ.

द्रघस् n. *Gewand.*

द्रप्स 1) m. *a) Tropfen.* Häufig vom Soma, *Regen* und *Samen.* — *b) Funke.* — *c) der Tropfen am Himmel, der Mond.* — *d) Banner* ṚV. 4,13,2. — 2) *n. *flüssige saure Milch.*

द्रप्सवत् Adj. 1) *mit Tropfen versehen, beträufelt.* — 2) *das Wort* द्रप्स *enthaltend* ÂPAST. ÇR. 13,20,8.

द्रप्सिन् Adj. 1) *dicke Tropfen gebend, dickflüssig.* — 2) *mit einem Banner versehen* ṚV. 1,64,2.

*द्रप्स्य n. = द्रप्स 2).

*द्रबुद्ध *eine best. hohe Zahl* (buddh.).

द्रम्, द्रमति (NAIGH.) *hinundher laufen, — irren.* — Intens. दन्द्रम्यते dass.

*द्रमिट oder *द्रमित m. N. pr. eines Schlangendämons.

द्रमिल m. N. pr. 1) Pl. eines Volkes HEM. PAR. 11,99. = द्रविड J. R. A. S. 1871,236. — 2) eines Lexicographen. Pl. *seine Schule.*

*द्रम्प्, द्रम्पति und *द्रम्फ्, द्रम्फति (उत्क्लेशे) DHÂTUP. 28,28.

द्रम्म = δραχμή.

द्रव 1) Adj. *a) laufend.* — *b) flüssig.* Am Ende eines Comp. *triefend —, überfliessend von.* — *c) gefühlvoll* Spr. 367, v. l. — 2) m. *a) Lauf, rasche Bewegung, Flucht.* — *b)* **Spiel, Scherz.* — *c) das Flüssigsein, der tropfbare Zustand eines Körpers.* — *d) Flüssigkeit, Saft* 306,19. शातकुम्भ° *flüssiges Gold* 292,19. Spr. 7688. — *e)* in der Dramatik *das Herausfahren gegen einen Höhern.* — *f)* N. pr. eines der VIÇVE DEVÂS HEMÂDRI 1,811,18.

*द्रवक Adj. von 1. द्रु.

द्रवच्चक्र Adj. *mit rasch laufenden Rädern versehen.*

*द्रवज्ञ m. = गुड 1) d).

द्रवण n. 1) *das Laufen.* — 2) *das Flüssigwerden, Schmelzen.*

द्रवत् s. u. द्रवत्.

द्रवता f. *das Flüssigsein, der tropfbare Zustand eines Körpers* KÂD. 137,16.

*द्रवत्पत्री f. *ein best. Strauch.*

द्रवत्पाणि Adj. 1) *rasche Hufe habend.* — 2) *Rosse mit raschen Hufen habend.*

*द्रवत्य्, °त्यति *flüssig werden.*

द्रवत्व und °क n. *das Flüssigsein, der tropfbare Zustand eines Körpers, Schmelzbarkeit.*

द्रवदश्व Adj. *von raschen Rossen geführt.*

द्रवदीड Adj. (f. आ) *mit* इडा *schliessend* TÂṆḌJA-BR. 8,3,7 nebst Comm.; vgl. SV. (Calc. Ausg.) 5,67.129.

द्रवद्रव्य n. *flüssiger Stoff.*

द्रवत् 1) Adj. *laufend.* द्रवत् Adv. *im Lauf, flugs.* — 2) f. द्रवती *a)* **Fluss.* — *b) Anthericum tuberosum.*

द्रवप्राय Adj. *vorwaltend flüssig* SUÇR. 2,46,18.

द्रवमूर्ति f. *flüssiger Zustand* P. 6,1,24.

द्रवय्, °यते *laufen, fliessen* ṚV. 10,148,5.

द्रवर Adj. *rasch laufend.*

*द्रवरसा f. *Lack, Gummi* RÂGAN. 6,207.

द्रववसु n. N. pr. eines Fürsten VP.² 4,70.

*द्रवस्य्, °स्यति (परितापे, परिचरणे).

द्रवस्वेद m. *ein Bad in heissem Wasser* (mit Zuthaten) SUÇR. 2,182,15.

*द्रवाधार m. 1) *ein Behälter für Flüssigkeiten.* — 2) *Handvoll, Mundvoll.*

*द्रवाय्य Adj. von 1. द्रु.

द्रवि m. *Schmelzer.*

द्रविड 1) m. N. pr. *a)* Pl. eines Volkes (auch Bez. *einer grammatischen Schule*); Sg. eines Landes — *b)* verschiedener Männer. — 2) f. ई *a)* in Verbindung mit स्त्री *eine Frau aus dem Volke der*

Dravida. — b) *eine best.* Râgiṇî.

द्रविडगौडक m. *ein best.* Râga S. S. S. 82. Vgl. द्राविड°.

द्रविडोपनिषद् f. Titel einer Upanishad. °षट्केश्वर m., °षत्तात्पर्यरत्नावलि f., °षत्सार und °षत्साररत्नावलिव्याख्या f. Titel dazu gehöriger Werke Opp. Cat. 1.

द्रविण 1) n. a) *bewegliches Gut, Habe, Reichthum, Geld.* द्रविणराशि m. *ein Haufen Geld, eine Menge von Kostbarkeiten* Harshać. 101,24. — b) *Wesenhaftigkeit, Bestand, Vermögen, Kraft.* — c) Name eines Sâman, अग्नेर्द्रविणम् desgl. — 2) m. a) Pl. Bez. *der* Vaiçja *in* Krauńćadvîpa. — b) N. pr. α) eines Sohnes des Vasu Dhara und des Pṛthu. — β) eines Berges.

द्रविणक m. N. pr. eines Sohnes des Agni.

*द्रविणनाशन m. *Moringa pterygosperma.*

द्रविणवन्त् Adj. 1) *Güter mit sich führend, segenbringend.* — 2) *stark, kräftig.*

द्रविणस् 1) n. a) = द्रविण 1) a). — b) concret *Spender von Gütern.* — 2) m. N. pr. eines Sohnes des Pṛthu.

द्रविणस्यु Adj. 1) *nach Gütern verlangend.* — 2) *gern Güter verschaffend.*

द्रविणस्वन्त् Adj. *mit Gütern versehen, segenbringend.*

द्रविणाधिपति m. Bein. Kubera's.

*द्रविणीय्, °यति Denom. von द्रविण.

द्रविणेश्वर m. *Besitzer von Reichthümern* 179,23.

द्रविणोदा, °दस् und °दा Adj. *Güter gebend, — bringend, — verschaffend.*

द्रविणोविद् Adj. dass.

द्रवितर् Nom. ag. *Läufer.*

द्रवित्नु Adj. *laufend, eilend.*

द्रवी Adv. 1) *mit कर् *flüssig machen, schmelzen.* — 2) mit भू *flüssig werden.*

*द्रवीकरण n. *das Schmelzen.*

द्रवीभाव m. *das Schmelzen, so v. a. das Weichwerden, Gerührtwerden.*

द्रवोत्तर Adj. *zum grössten Theil —, recht flüssig.* Nach Kakr. zu Suçr. 1,72,1 = द्रावडत्तरो ऽद्रवो द्रवत्क्लीनः; dieses wäre द्रवेतर.

1. द्रव्य n. 1) *Gegenstand, Ding, Stoff, Substanz.* Die Anhänger des Njâja nehmen neun, die Gaina *sechs Substanzen* an. — 2) *ein einzelnes Ding, Individuum.* — 3) *ein taugliches Subject.* — 4) *Arzeneistoff.* — 5) *Gegenstand des Besitzes, Habe, Gut.* — 6) *Gold.* — 7) **Glockengut.* — 8) **Salbe.* — 9) *ein geistiges Getränk.* — 10) **bescheidenes Benehmen.*

2. द्रव्य 1) Adj. a) *zu einem Baume gehörig.* — b) *baumartig.* — 2) *n. *Lack, Gummi.*

*द्रव्यक Adj. = द्रव्यं हरति, वहति oder आवहति.

द्रव्यकृश Adj. *unbegütert, arm* Âpast.

द्रव्यगण m. *eine Zusammenstellung von Heilstoffen ähnlicher Wirkung.*

द्रव्यगुण, °गुणदीपिका f., °गुणपर्याय m., °गुणसंग्रह m. und °गुणाकर m. (Opp. Cat. 1) Titel von Werken.

द्रव्यजात n. *eine Art von Stoff* 107,18.

द्रव्यत्व n. *Substanzialität.*

द्रव्यदीपक n. *eine Art von Vergleichung, bei der von einem Individuum zweierlei ausgesagt wird.*

द्रव्यदेवता f. *die Gottheit eines Gegenstandes, — Stoffes* Hemâdri 1,95,11. 15.

द्रव्यनिरूपण n. (Opp. Cat. 1), द्रव्यपताका f. (ebend.), द्रव्यपदार्थ m. und द्रव्यप्रकाशिका f. Titel von Werken.

द्रव्यप्रकृति f. Pl. *Minister, Reich, Festungen, Schatz und Heer* Spr. 2997.

द्रव्यभाषा f. und °टीका f. Titel zweier *Commentare.*

द्रव्यमय Adj. *substanziell, stoffhaltig.*

द्रव्ययज्ञ Adj. *substanzielle Opfer darbringend* Bhag. 4,28.

द्रव्यरत्नावलि f. Titel eines Werkes Opp. Cat. 1.

द्रव्यवत्त्व n. *das Begütertsein* Gaim. 6,1,10.

द्रव्यवन्त् Adj. 1) *der Substanz inhärirend.* — 2) *begütert.*

द्रव्यवर्धन m. N. pr. eines Autors.

द्रव्यवृद्धि f. *Vermehrung der Habe* 209,3.

द्रव्यशुद्धि f. *Reinigung verunreinigter Gegenstände* Gaut. 1,29. °दीपिका f. Titel eines Werkes.

द्रव्यसंग्रह m. Titel eines Werkes Bühler, Rep. No. 613.

द्रव्यसमुद्देश m. Titel eines Abschnittes im Vâkjapâdîja.

द्रव्यसारसंग्रह m. Titel eines Werkes.

द्रव्यागम m. *Erwerb einer Habe* Spr. 3950.

द्रव्यात्मक Adj. *substanziell, stoffhaltig.*

द्रव्याश्रित Adj. *an der Substanz haftend* 247,6.

द्रष्टर् Nom. ag. 1) *der da sieht, schaut.* Als 2te Sg. Fut. ohne Copula 58,4. — 2) *der ein geübtes Auge hat* R. 2,80,3. — 3) *der da untersucht, prüft, leitet, ein Erkenntniss fällt* (in gerichtlichen Sachen). Ohne Object *Richter.*

द्रष्टव्य Adj. 1) *wer oder was gesehen werden kann, sichtbar, erblickbar.* — 2) *wer oder was gesehen —, erblickt werden muss* 151,25. 160,5. — 3) *anzublicken.* — 4) *zu erblicken, so v. a. zu erkennen.* — 5) *was noch erkannt werden muss.* — 6) *zu prüfen, zu untersuchen, zu leiten* (ein Process). — 7) *anzusehen, zu betrachten, — als* (Nom.).

द्रष्टृत्व n. Nom. abstr. zu द्रष्टर् 1).

*द्रह m. = ह्रद *See.*

*द्रह्य m. N. pr. eines Mannes. S. द्राह्यायण.

द्रह्यत् Adv. *fest, tüchtig.*

1. द्रा, द्राति *laufen, eilen.* Med. in दद्राणी. — Caus. द्रापयति *Jmd zum Laufen bringen.* — Desid. vom Caus. दिद्रापयिषति *Jmd zum Laufen bringen wollen.* — Intens. दरिद्राति (*hinundher laufen*) *sich in Noth befinden, arm sein.* — *Desid. vom Intens. दिदरिद्रासति und दिदरिद्रिषति. — Mit अप *davonlaufen.* — Mit अभि *ereilen.* — Mit वि *auseinander —, davonlaufen* Râgat. 7,1368 (विद्रुद्रुः zu lesen). विद्राण *davongelaufen, so v. a. verschwunden, dahin seiend* Bâlar. 225,7. Harshać. 141,15. *sich nicht zu helfen wissend, in der grössten Verlegenheit sich befindend* 121,20. 174,1.

2. द्रा, द्राति, द्रायति *schlafen.* — Mit अव *einschlummern.* — Mit नि Act. Med. *einschlummern, schlummern, schlafen* 182,27. निद्राण *eingeschlafen, schlafend* Spr. 7818. *von einer Blüthe so v. a. *noch nicht aufgeblüht.* निद्रित *schlafend,* निद्रितवन्त् statt des Verb. fin. — Desid. निदिद्रासति *zu schlafen verlangen.* — Mit *परिणि und *प्रणि, °द्राति. — Mit वि, °द्राण *aus dem Schlafe erwachend* (?).

द्राक् Adv. *eiligst, alsbald, sogleich.*

द्राक्केन्द्र n. *Excentricität, der Abstand eines Planeten vom Punkte seiner grössten Geschwindigkeit* Ganit. Spasht. 39.

द्राक्प्रतिमण्डल n. *ein zweiter excentrischer Kreis* Golâdhj. 6,21.

द्राक्ष Adj. *aus Weintrauben bereitet.*

द्राक्षा f. *Weinstock, Weintraube.* °रस m. *Traubensaft* Spr. 3000.

द्राक्षाघृत n. *ein best. medicinisches Präparat* Rasar. 598.

*द्राक्षाप्रस्थ m. N. pr. einer Stadt.

*द्राक्षामन्त् Adj. *mit Weinstöcken versehen.*

द्राक्षारिष्ट m. *ein best. medicinisches Getränk* Mat. med. 13. 138.

द्राक्षासव m. *Traubenliqueur* Karaka 1,27.

*द्राख्, द्राखति (शोषणे, अलमर्थे).

*द्राग्भृतक n. *frisch geschöpftes Wasser.*

*द्राघ्, द्राघते (आयामे, आयासे oder श्रमे, कदर्थने, भ्रमे).

द्राघय्, °यति 1) *verlängern, in die Länge ziehen, ausdehnen, verlängern* (einen Vocal). — 2) *lange machen, sich lange bedenken.*

द्राघिमन् m. 1) *Länge* Harshać. 199,20. Comm.

zu Âpast. Çr. 11,13,3. — 2) *Längengrad.*

द्राघिष्ठ 1) Adj. Superl. zu दीर्घ. द्राघिष्ठाभिस् so v. a. *bis in die fernsten Räume* ṚV. 3,62,17. — 2) *m. *Bär* Râǵan. 19,7. — 3) *n. *ein best. wohlriechendes Gras* Râǵan. 8,101.

द्राघीयंस् Adj. Compar. zu दीर्घ.

द्राघुया f. *Länge* TS. 4,7,2,1 entstellt aus द्राघ्मा.

द्राघ्मन् m. = द्राघिमन् 1) Maitr. S. 2,11,2.

द्राघ्मा Adv. *in die Länge* ṚV. 10,70,4.

*द्राङ्, द्राङ्कति (घोरवाशिते, काङ्क्षायाम्).

द्राङ्वध m. N. pr. eines Mannes.

द्राड्, *द्राडते (विशरणे oder शीर्णा, विसरणे). — Mit उद् Caus. उद्द्राडयति *zerbröckeln.*

*द्राप m. 1) *Morast.* — 2) *Luftraum.* — 3) *Thor, Dummkopf.* — 4) Çiva *mit aufgewundenem Haare.* — 5) *Otterköpfchen.*

1. द्रापि m. *Mantel, Gewand.*

2. द्रापि Adj. *laufen machend* VS.

*द्रामिडी f. *kleine Kardamomen* Utpala zu Varâh. Bṛh. S. 78,1. द्राविडी v. l.

*द्रामिल m. Bein. Kâṇakja's.

*द्राव m. Nom. act. von 1. द्रु.

*द्रावक 1) Adj. a) *zum Laufen bringend.* — b) *entzückend, bezaubernd.* — c) *verschmitzt.* — 2) m. a) *eine Steinart.* — b) *Dieb.* — c) *Wollüstling.* — d) *eine best. Mixtur.* Nach Mat. med. 12 *distilled mineral acids.* — 3) f. द्राविका *Speichel.* — 4) n. a) *Wachs.* — b) *ein best. bei Milzkrankheit angewandtes Heilmittel.*

*द्रावकन्द m. *ein best. Knollengewächs* Râǵan. 7,110.

*द्रावकर m. *eine Art Borax.*

द्रावण 1) Adj. *zum Laufen bringend, in die Flucht schlagend.* Statt त्रैलोक्य° hat die v. l. °रावण. — 2) n. a) *das zum Laufen Bringen, in die Flucht Jagen.* — b) *das Flüssigmachen.* — c) *das Weichmachen, Rühren.* — d) *die Frucht von Strychnos potatorum.*

द्रावयत्सख Adj. *seine Genossen —, seine Reiter schnell entführend.*

द्रावयित्नु Adj. *schmelzend.*

द्राविड 1) Adj. (f. ई) *zum Volke der* Draviḍa *gehörig.* — 2) m. a) N. pr. α) Pl. N. pr. eines Volkes, = द्रविड. Sg. Name des Landes. — β) eines Scholiasten. — b) Patron. von द्रविड. — c) **eine best. Zahl.* — d) *Curcuma Zedoaria oder eine verwandte Pflanze* Râǵan. 6,119. Bhâvapr. 1,191. — 3) f. ई a) *eine* Draviḍa-*Frau* Vikramâṅkak. 7,71. — b) *kleine Kardamomen* Râǵan. 6,87. Bhâvapr. 1,188.

*द्राविडक 1) m. *Curcuma Zedoaria.* — 2) n. *eine Art Salz* Râǵan. 6,98.

द्राविडगौडक m. *ein best.* Râga S. S. S. 87. Vgl. द्रविड°.

*द्राविडभूतिक m. *Curcuma Zedoaria.*

द्राविडवेदपारायणप्रमाण n. Titel eines Werkes Opp. Cat. 1.

द्राविणोदस Adj. *von den Güterschenkenden stammend, ihnen gehörig, für sie bestimmt* Vaitân.

°द्राविन् Adj. 1) *in Fluss gerathend.* — 2) **auflösend, vertreibend.*

*द्राविल m. = वात्स्यायन Gal.

*द्राह्, द्राहते (निद्राक्षये oder जागरे, निक्षेपे).

द्राह्यायण m. Patron. N. pr. eines Autors Vaṁçabr. 1. °गृह्य n. Opp. Cat. 1.

द्राह्यायणक n. *das* Sûtra *des* Drâhjâjana.

द्राह्यायणि m. Patron. von द्राह्यायण.

द्राह्यायणीय Adj. *zu* Drâhjâjaṇa *in Beziehung stehend, von ihm verfasst.*

द्रिमिल m. N. pr. = द्रमिल 2).

1. द्रु, द्रवति (metrisch auch Med.) 1) *laufen, eilen, davonlaufen.* द्रुत a) *eilend, rasch, geschwind, rasch gesprochen.* द्रुतम् Adv. *eiligst, schnell, ohne Zögern, sogleich.* द्रुततरम् Adv. *rascher, recht rasch, so schnell als möglich.* — b) *davongelaufen, — laufend, geflohen.* — 2) *losrennen —, einen raschen Angriff machen auf* (Acc.). — 3) *in Fluss gerathen, schmelzen* (auch bildlich) 176,4. Spr. 7770. द्रुत *geschmolzen* (auch bildlich), *flüssig.* अम्बु°, पयो° so v. a. *nass von.* — Caus. द्रावयति (episch auch Med.) 1) *zum Laufen bringen, fliessen lassen, davonlaufen machen, vertreiben, verscheuchen, in die Flucht jagen.* — 2) *in Fluss bringen, schmelzen.* — द्रवय् s. bes. — *Desid. vom Caus. दुद्रावयिषति und दिद्रावयिषति. — Mit अच्छ *herbeilaufen* ṚV. 3,14,3. — Mit अति *vorübereilen bei, hinfahren über* (Acc.). अतिद्रुत *durchgelaufen (per anum).* अतिदुद्राव Çat. Br. 1,8,1,5 fehlerhaft für अधि°, अतिद्रुत MBh. 12,276 fehlerhaft für अभिद्रुत. — Mit अधि 1) *besteigen* (einen Berg) 28,6. — 2) *bespringen, belegen.* — Mit अनु 1) *hinter Jmd* (Acc.) *herlaufen, verfolgen, begleiten.* अनुद्रुत mit pass. und act. Bed. — 2) *durchlaufen,* so v. a. *rasch aufsagen* 21,6. — 3) अनुद्रुत *begleitet von,* so v. a. *verstärkt durch* R. 2,65,26. — Mit समनु *hinter Jmd* oder *Etwas herlaufen,* mit Acc. — Mit अप *weglaufen.* — Mit अभि 1) *herbeilaufen, — eilen, zueilen auf, hineilen zu, losgehen auf* (in feindlicher Absicht); mit Acc. — 2) *überlaufen, kommen über, heimsuchen.* °द्रुत *heimgesucht von* (Instr.) MBh. 12,9,37. — Mit समभि 1) *zusammenlaufen nach, herbeilaufen, hinzueilen, zueilen auf, hineilen zu, losgehen auf* (in feindlicher Absicht); mit Acc. °द्रुत mit pass. und act. Bed. °द्रुतम् Adv. *eiligst.* — 2) समभिद्रुत *belagert —, belästigt durch, heimgesucht von* (Instr.) Karaka 6,4. — Mit व्यव *weglaufen.* — Mit समव *zusammen weglaufen.* — Mit आ *herbeilaufen, — eilen, hineilen zu* (Acc.). — Mit अन्वा *hinter Jmd herlaufen, verfolgen;* mit Acc. — Mit अभ्या *zulaufen —, losgehen auf* (Acc.). — Mit उदा *hinauf —, hinauslaufen.* — Mit पर्या *hinundher laufen.* — Mit प्रा 1) *davonlaufen, fliehen.* — 2) *einer Gefahr glücklich entrinnen und gelangen zu* (Acc.). — Mit संप्रा *zusammen davonlaufen.* — Mit प्रत्या *losrennen auf* (Acc.). — Mit समा *zusammen herbeilaufen, herbeieilen, losfahren auf* (Acc.). — Mit उद् 1) *hinauf —, hinauslaufen.* उद्द्रुत *davoneilend.* — 2) *schnell hersagen* Çâṅkh. Gṛhj. 4,17. — Mit अनूद् *hinter Jmd* (Acc.) *herlaufen.* — Mit अभ्युद् *hinauflaufen zu* (Acc.). — Mit उप 1) *herzu —, hinzueilen, hineilen zu, losfahren —, losgehen auf, anfallen, angreifen.* उपद्रुत *verfolgt —, angegriffen —, bedrängt —, heimgesucht von, befallen mit* (Instr. oder im Comp. vorangehend). Ohne Ergänzung *von Uebeln heimgesucht;* in der Astr. *verfinstert* und daher *Unheil verkündend.* — 2) *den* Upadrava 5) *anwenden* (beim Gesang eines Sâman) Ait. Âr. 223,14. — Mit ओप (ओ उप) *herbeieilen* ṚV. 6,48,16. — Mit प्रत्युप *loseilen —, losstürzen auf* (Acc.). — Mit समुप 1) *hinzueilen, hineilen zu, losstürzen auf;* mit Acc. — 2) समुपद्रुत *angegriffen —, heimgesucht von* (Instr.). — Mit निस् *hinaus —, weglaufen.* — Mit परि *umlaufen.* — Mit विपरि *rings umlaufen.* — Mit प्र 1) *vorwärts laufen, eilen, forteilen, — gehen, — laufen, fliehen.* प्रद्रुत *weggegangen, fortgelaufen, geflohen.* — 2) *hineilen zu, losstürzen auf* (Acc.). — 3) *glücklich einer Gefahr entrinnen und gelangen zu* (Acc.). v. l. प्रा. — Caus. *zum Laufen bringen, in die Flucht schlagen.* — Mit अभिप्र *losstürzen auf, angreifen.* — Mit ओ प्र *herbeilaufen.* — Mit विप्र *auseinander laufen, — gehen, davonlaufen, entfliehen.* °द्रुत *davongelaufen, entflohen.* — Mit संप्र *fortlaufen, — eilen, fliehen.* °द्रुत *geflohen.* — Mit प्रति *hinlaufen zu* (Acc.) Bhaṭṭ. — Mit वि 1) *auseinander —, davonlaufen, fliehen.* विद्रुत *auseinander —, davongelaufen, geflohen.* n. impers. 290,11. — 2) *auseinander gehen, bersten.* विद्रुत *auseinandergegangen,* so v. a. *zerstört.* — 3) *schmelzen.* *विद्रुत *geschmolzen, flüssig.* — 4) विद्रुत a) *fah-*

rig, zerstreut. — b) f. आ (sc. सिरा) *das wegen unruhiger Haltung des Kranken missrathene Schlagen der Ader* Suçr. 1,361,13. 362,5. — Caus. *auseinander laufen machen, in die Flucht schlagen, verjagen, verscheuchen.* — Mit अभिवि, °द्रुत 1) *entgegengerannt.* अन्योऽन्यमभिविद्रुताः *gegen einander gerannt.* — 2) *auseinander gelaufen, geflohen.* — Mit प्रवि, °द्रुत *auseinander gelaufen, geflohen.* — Mit सम् *zusammenlaufen.*

2. द्रु 1) Adj. am Ende eines Comp. *laufend, Läufer.* — 2) *f. *Lauf, Gang.*

3. द्रु, द्रुणोति 1) *Jmd* (Acc.) *Etwas versetzen* Bhaṭṭ. — 2) *अनुतापे.

4. द्रु 1) m. n. *Holz, ein Geräthe aus Holz,* z. B. *Schale, Ruder; ein hölzerner Griff* R̥V. 5,86,3. — 2) *m. a) *Baum.* — b) *Ast.*

*द्रुकिलिम n. *Pinus Deodora.*

द्रुग्ध 1) Adj. s. u. 1. द्रुह्. — 2) n. *Beleidigung, Kränkung* R̥V. 7,86,5.

*द्रुघ m. N. pr. eines Mannes gaṇa शिवादि in der Kâç.

द्रुघण m. 1) *Holzkeule, Keule.* — 2) **Holzaxt.* — 3) **Kaempferia rotunda.* — 4) *Bein. Brahman's.

*द्रुघन m. *Holzaxt.*

द्रुघ्नी f. dass.

*द्रुड्, द्रोडति und द्रुडति (मज्जने).

*द्रुण्, द्रुणति (हिंसागतिकौटिल्येषु).

*द्रुण 1) m. a) *Scorpion.* — b) *Biene.* — c) *Hinterbringer, Verläumder.* — 2) f. आ *Bogensehne.* — 3) f. ई a) *eine kleine Schildkrötenart.* — b) *Hundertfuss, Julus.* — c) *Trog.* — 4) n. a) *Bogen.* — b) *Schwert.*

*द्रुणस Adj. *eine klotzige Nase habend.*

*द्रुणह m. *Degenscheide.*

*द्रुणाम m. *Bogen* Gal.

*द्रुणि und *द्रुणी f. *Trog.*

द्रुत 1) Adj. s. u. 1. द्रु. — 2) *m. a) *Baum.* — b) *Scorpion.* — 3) n. *eine best. fehlerhafte Aussprache der Vocale.*

द्रुतगति Adj. *schnellen Ganges, eilig* Daçak. (1925) 2,124,6.

द्रुतचौर्य n. *ein schnell ausgeführter Diebstahl* Daçak. 1,101.

द्रुततरगति Adj. *beschleunigten Ganges* Megh. 19.

द्रुतत्व n. *das Schmelzen, Zerfliessen, Gerührtwerden.*

द्रुतपद 1) Adv. °म् *schnellen Schrittes, eiligst, alsbald.* — 2) n. *ein best. Metrum.*

द्रुतबोध m. Titel einer Grammatik.

द्रुतबोधिका f. Titel eines neuern Commentars.

द्रुतमध्या f. *ein best. Metrum.*

द्रुतमेरु m. *ein best. Tact* S. S. S. 218.

द्रुतविक्रम Adj. (f. आ) *schnell schreitend* Bhâg. P. 4,4,4.

द्रुतविलम्बित n. 1) *bald ein schneller bald ein langsamer Gang* Khandom. 48. — 2) *ein best. Metrum.* Auch °क n.

द्रुति f. 1) *das Schmelzen, Weichwerden, Gerührtwerden.* — 2) N. pr. der Gattin Nakta's.

*द्रुनख m. *Dorn.*

*द्रुनह m. = द्रुणह.

द्रुपद 1) n. *Holzsäule, Pfosten* (insbes. zur Anfesselung Gefangener; nach dem Comm. zu TBr. 2,6,6,3 *ein hölzerner Klotz mit einem Loche, in welchem der Fuss eines Diebes befestigt wird*), *Säule* überh. — 2) m. N. pr. eines Fürsten der Pañkâla. — 3) f. द्रुपदा सावित्री, ऋक् oder द्रुपदा allein Bez. *der Worte* द्रुपदादिवेन्मुमुचानः (TBr. 2,4,4,9. 6,6,3) Vishṇus. 64,21. Âçv. Gṛhj. Pariç. 1,4. Pariç. 11,19.

द्रुपदपुत्र m. Patron. Dhṛshṭadjumna's.

द्रुपदात्मजा f. Patron. der Kṛshṇâ, = द्रौपदी.

द्रुपदादित्य m. *eine Form des Sonnengottes.*

*द्रुपदी Adj. f. zu द्रुपाद्.

*द्रुपाद् Adj. *klotzige Füsse habend.*

द्रुम 1) m. a) *Baum,* bisweilen auch *Pflanze* überh. Am Ende eines adj. Comp. f. आ. — b) **der mythische Baum* Pârigâta. — c) N. pr. α) eines Fürsten der Kimpurusha Kârand. 3,6 (द्रम gedr.). — β) eines Sohnes des Kṛshṇa. — 2) f. आ N. pr. eines Flusses.

*द्रुमकिंनरप्रभ m. N. pr. eines Fürsten der Gandharva.

द्रुमकिंनरराज m. Druma, *Fürst der* Kimnara. °परिपृच्छा f. Titel eines buddh. Werkes.

द्रुमकुल्य m. N. pr. einer Oertlichkeit R. ed. Bomb. 6,22,29.

द्रुमखण्ड m. n. *Baumgruppe* Hariv. 2,40,15. v. l. °षण्ड.

द्रुमद m. N. pr. eines Mannes MBh. 12,296,15.

*द्रुमनख m. *Dorn.*

*द्रुमत् Adj. *mit Holz versehen.*

द्रुममय Adj. *hölzern.*

*द्रुमर m. *Dorn.*

*द्रुमरत्नशाखाप्रभ m. N. pr. eines Fürsten der Kimnara.

द्रुमवत् Adj. *mit Bäumen versehen.*

द्रुमवल्क m. *Bast.*

*द्रुमव्याधि m. *Gummi, Harz, Lack* Râgan. 6,206.

*द्रुमशीर्ष n. *eine Art Verzierung an einem Gebäude.*

*द्रुमश्रेष्ठ m. *die Weinpalme.*

द्रुमषण्ड m. n. *Baumgruppe.* v. l. °खण्ड.

द्रुमसेन m. N. pr. eines Fürsten.

द्रुमाग्र m. n. *Baumgipfel* R. 5,60,16. Chr. 324,31.

*द्रुमामय m. *Gummi, Harz.*

द्रुमाय्, °यते *für einen Baum gelten.*

*द्रुमारि m. *Elephant* Râgan. 19,16.

*द्रुमाश्रय m. *Eidechse, Chamäleon.*

द्रुमिल m. N. pr. 1) eines Dânava Hariv. 4388. — 2) verschiedener Männer.

द्रुमेश्वर m. 1) *der mythische Baum* Pârigâta. — 2) **die Weinpalme.* — 3) **der Mond.*

*द्रुमोत्पल m. *Pterospermum acerifolium.*

*द्रुम्म्, द्रुम्मति (गतिकर्मन्).

द्रुवय 1) m. *ein hölzernes Gefäss, der Holzkasten der Trommel.* — 2) *n. *ein best. Hohlmaass.*

द्रुषद und द्रुषदन Adj. *in oder auf dem Holze —, — Baume sitzend.*

*द्रुसल्लक m. *Buchanania latifolia.*

1. द्रुह्, द्रुह्यति (episch auch Med.) 1) *Jmd Etwas zu Leide thun, zu schaden suchen;* mit Dat., Gen., Loc. oder Acc. der Person. द्रुग्ध *der Jmd Etwas zu Leide that* oder *thut.* द्रुग्धम् n. impers. — 2) **zu schaden suchen, sich an Jmd reiben,* so v. a. *es aufnehmen können —, wetteifern mit* 251,2. — Desid. in दुध्रुक्षु. — Mit अभि *Jmd Etwas zu Leide thun, zu schaden suchen;* mit Acc. oder Dat. der Person. प्राणेषु so v. a. *nach Jmds* (Gen.) *Leben trachten* Spr. 1373. *Etwas* (Acc.) *schädigen, Etwas* (Acc.) *verbrechen* R̥V. 1,23,22 = 10,9,8. अभिद्रुग्ध 1) *der Jmd Etwas zu Leide that* oder *thut.* — 2) *dem Etwas zu Leide gethan worden ist.* — Desid. अभिदुद्रुक्षत्. — Mit प्र in *प्रद्रुह्. — Mit प्रति in प्रतिद्रुह्. — Mit वि *Jmd* (Dat.) *Etwas zu Leide thun.*

2. द्रुह् (Nom. ध्रुक्, *ध्रुट् und ausnahmsweise द्रुक्) 1) Adj. *beleidigend, schädigend, beschädigend, sich feindselig benehmend gegen* (Gen., gewöhnlich im Comp. vorangehend). Ohne Object in der älteren Sprache m. f. *Beleidiger, Beschädiger; Unhold, Unholdin.* — 2) f. *Beleidigung, Kränkung, Beschädigung.*

द्रुह 1) *m. a) *Sohn.* — b) *See.* — 2) f. द्रुही = 2. द्रुह् 2) R̥V. 7,104,17. — 3) *f. ई *Tochter.*

*द्रुहण m. Bein. Brahman's.

द्रुहंतर Adj. *den Beleidiger oder Unhold überwindend.*

द्रुहिण m. Bein. 1) Brahman's. — 2) Vishṇu's Vishṇus. 98,80. Hariv. 3,68 am Ende. — 3) Çiva's.

द्रुह्विन Hariv. 14120 fehlerhaft für द्रुहिण.

द्रुक्ङ् m. f. = 2. द्रुह् 1).

द्रुह्य m. N. pr. v. l. für द्रुह्यु Hariv. 1,29,6.19. 32. *Pl. *sein Geschlecht.*

द्रुह्यु m. N. pr. 1) Pl. eines Volkes. — 2) eines Sohnes des Jajâti und des Matinâra.

द्रुह्वन् Adj. *beleidigend, beschädigend.*

1. द्रू 1) द्रूणाति *schleudern, hinwerfen* (वधे). नै क्लैनं द्रूणाति (मुरा) Maitr. S. 2,4,2. द्रूणानँ. — 2) *द्रूणोति (वधे, गतौ).

2.*द्रू 1) Adj. *nach Belieben eine Gestalt annehmend.* — 2) *Gold.*

*द्रूघण m. = द्रुघन.

*द्रूड्, द्रूळति (गतिकर्मन्).

*द्रूण 1) m. *Scorpion.* — 2) n. *Bogen.*

द्रेक्, द्रेकते (शब्दोत्साहयो: oder शब्दोत्साहे, श्रीद्धत्ये oder श्रीऽद्धत्ये). — Mit प्र *anfangen zu wiehern u. s. w.* Bhaṭṭ.

द्रेका f. *Melia sempervirens* Bhâvapr. 1,204. 6, 32. 33.

*द्रेक्क und द्रेक्काण m. = दृकाण.

द्रेश्य Adj. *sichtbar.*

द्रेष्कण und द्रेष्काण m. = दृकाण.

द्रोग्धर् Nom. ag. *der Andern Etwas zu Leide thut, zu schaden sucht, übelwollend.*

द्रोग्धव्य n. impers. *Leid zuzufügen Jmd* (Dat. oder Loc.).

द्रोघ in द्रोघाय चिद्वचसे Ṛv. 6,62,9 so v. a. द्रोघवचसे Adj. *kränkende Rede führend.* Vgl. अद्रोघ.

द्रोघमित्र m. *ein arglistiger Feind.*

द्रोघवाच् Adj. *kränkende Rede führend.*

द्रोण 1) m. n. a) *ein hölzerner Trog, Kufe.* *m. — b) *ein best. Hohlmaass.* Am Ende eines adj. Comp. f. आ Hemâdri 1,410,7. — c) *ein best. Flächenmaass beim Feldbau: so viel Land als zur Aussaat eines* Droṇa *Getraides erforderlich ist.* Geschlecht nicht zu bestimmen. — d) *ein Altar in Form eines Troges* Çulbas. 3,216 (n.). — 2) m. a) *eine best. Art von Wolken, aus denen der Regen wie aus einem Troge hervorströmt.* — b) * *Rabe.* — c) * *Scorpion.* — d) *eine best. Pflanze,* vielleicht *Leucas linifolia.* — e) N. pr. α) eines der 8 Vasu. — β) eines Brahmanen, der die Kuru und Pâṇḍava in der Kriegskunst unterrichtet. — γ) eines Sohnes des Mandapâla, der als Vogel zur Welt kommt. Als Hymnendichter mit dem Patron. Çârṅga. — δ) verschiedener anderer Männer VP.². — ε) verschiedener Berge VP. 2,4,26. — 3) f. द्रोणा a) * *ein best. kleiner Strauch.* — b) N. pr. einer Tochter Siṃhahanu's. — 4) f. द्रोणी a) *ein hölzerner Trog, Wanne, Zuber.* कनकमय° *eine goldene Badewanne* Kâd. 16,15. — b) *ein best. Hohlmaass.* — c) * *eine Art Boot.* — d) * *ein hölzernes Haus.* — e) *Thal.* — f) *eine best. Schlingpflanze* Râǵan. 3,82. Bhâvapr. 1,221. 4,177. — g) * *die Koloquinthengurke.* — h) * *eine Art Salz.* — i) *N. pr. α) eines Landes. — β) eines Berges. — γ) eines Flusses.

द्रोणक 1) m. Pl. N. pr. eines Volkes. — 2) f. द्रोणिका a) *Trog.* — b) *die trogförmig zusammengebogene Zunge.* — c) * *die Indigopflanze.*

द्रोणकविन्दि (wohl द्रौ°) m. Patron. Auch Pl.

द्रोणकलश m. *eine grosse hölzerne Kufe für den* Soma.

*द्रोणकाक m. *Rabe.*

*द्रोणक्षीरा Adj. f. *ein* Droṇa *Milch gebend* (Kuh).

*द्रोणगन्धिका f. *eine best. Pflanze,* = रास्ना.

*द्रोणघा Adj. f. = द्रोणक्षीरा.

द्रोणचित् Adj. *in Form eines Trogs geschichtet* Çulbas. 3,215.

द्रोणचिति f. *die Schichtung in Form eines Trogs* Maitr. S. 3,4,7.

*द्रोणदुग्धा und *द्रोणदुघा Adj. f. = द्रोणक्षीरा.

*द्रोणपदी Adj. f. *trogähnliche Füsse habend.*

*द्रोणपर्णी f. *Musa sapientum.*

द्रोणपर्वन् n. Titel des 7ten *Buches* im MBh.

द्रोणपुष्प n. *die Blüthe von* द्रोण 2) d).

द्रोणपुष्पी f. *Phlomis zeylanica und eine andere Pflanze* Râǵan. 5,138. Bhâvapr. 2,101.

द्रोणमय Adj. (f. ई) 1) *aus dem* Droṇa *genannten Hohlmaasse geformt* Hemâdri 1,407,20. — 2) *aus lauter* Droṇa 2) e) β) *bestehend.*

*द्रोणमाना Adj. f. = द्रोणक्षीरा.

*द्रोणमुख n. 1) *ein Hauptort unter 400 Dörfern.* — 2) *der Ausgang eines Thales.*

द्रोणमेघ m. = द्रोण 2) a).

*द्रोणंपच Adj. *ein* Droṇa *genanntes Hohlmaass kochend.*

*द्रोणरिपु m. Bein. Dhṛshṭadjumna's Gal.

द्रोणवृष्टि f. *ein Regen wie aus Trögen.*

द्रोणशर्मपद n. N. pr. eines Tîrtha.

द्रोणसाच् Adj. *mit dem Trog verbunden.*

द्रोणसिंह m. N. pr. eines Fürsten.

द्रोणस्तूप m. N. pr. eines Stûpa.

द्रोणास m. *ein best. Krankheitsdämon.*

द्रोणाह्वाव Adj. *einen Trog zum Eimer habend* (!).

*द्रोणि f. 1) *Trog, Wanne.* — 2) N. pr. eines Landes.

*द्रोणीज n. *eine Art Salz* Râǵan. 6,104.

*द्रोणीदल m. *Pandanus odoratissimus.*

*द्रोणीपदी Adj. f. = द्रोणपदी.

द्रोणीमुख n. 1) *ein Hauptort unter 400 Dörfern.* — 2) * *der Ausgang eines Thales.*

*द्रोणीलवण und *द्रोणेय n. *eine Art Salz* Râǵan. 6,104.

द्रोणोदन m. N. pr. eines Oheims des Çâkjamuni.

(द्रोणय) द्रोणिअ Adj. *am Trog stehend.*

(द्रोणयश्व) द्रोणिअश्व Adj. *Tröge* (d. i. *Regenwolken*) *zu Rossen habend.*

द्रोणयामय m. *eine best. Krankheit.*

*द्रोमिण m. Bein. Kâṇakja's.

द्रोह m. (adj. Comp. f. आ) *Beleidigung, feindseliges Verfahren, Feindseligkeit, Verrath.*

*द्रोहचिन्तन n. *feindselige Gesinnung, böse Absicht.*

द्रोहपर Adj. *voller Feindseligkeit.*

द्रोहभाव m. *feindselige Gesinnung* 189,12.

द्रोहवचन n. *eine kränkende Rede* MBh. 3,198,15.

द्रोहवृत्ति Adj. *feindselig verfahrend, übelwollend.*

*द्रोहाट m. 1) *ein falscher Mensch.* — 2) *Jäger.* — 3) *ein best. Metrum.*

*द्रोहित Adj. *feindselig gestimmt.*

द्रोहिन् Adj. *beleidigend, feindselig verfahrend, Verrath übend,* — *gegen* (Gen. oder im Comp. vorangehend).

*द्रौघ m. Patron. von द्रुघ gaṇa शिवादि in der Kâç.

द्रौघण und *°क Adj. von द्रुघण.

*द्रौण Adj. (f. ई) *ein* Droṇa *genanntes Hohlmaass fassend u. s. w.*

द्रौणकविन्दि s. द्रोणक°.

*द्रौणायन, द्रौणायनि und द्रौणि m. Patron. von Droṇa.

द्रौणिक Adj. (f. ई) = द्रौण. क्षेत्र n. *ein Feld, welches mit einem* Droṇa *Getraide besäet ist.* Zu belegen nur पञ्च°. द्रौणिका Kathâs. 3,33 fehlerhaft für द्रोणिका.

द्रौणी MBh. 3,2191 fehlerhaft für द्रोणी *Trog, Wanne.*

*द्रौणेय n. *eine Art Salz* Râǵan. 6,104.

द्रौपद 1) Adj. von द्रुपद. — 2) f. ई Patron. der Kṛshṇâ.

द्रौपदादित्य m. v. l. für द्रुपदादित्य.

*द्रौपदायनि von द्रुपद.

द्रौपदीवस्त्राहरण n. Titel eines Gedichts.

द्रौपदीस्वयंवर m. desgl. Opp. Cat. 1.

द्रौपदेय m. Pl. *die Söhne der* Draupadî.

*द्रौवय Adj. von द्रुवय 2).

*द्रौहिक Adj. = द्रोहं नित्यमर्हति.

द्रौह्यिणि m. Patron. des Ṛshi Bharata Bâlar. 57,19.

*द्रौह्य m. Patron. von द्रुह्य.

*द्रौह्लव m. Patron. von द्रुह्लु.

(द्रुन्न) द्रुन्नन Adj. *Holz zur Speise habend.*

द्व॑ Adj. Du. (f. ग्रा) *zwei.* द्वयोस् bei den Lexicographen so v. a. *in beiden Geschlechtern*, d. i. *im männlichen und im weiblichen*, und auch *in beiden Zahlen*, d. i. *im Singular und im Plural* (245, 14). Mit folgendem ग्रपि (Ragh. 12,93) und auch ohne dieses (114,26) *beide.*

द्वक॑ Adj. Du. (*f. ग्रा) *paarweise verbunden.*

*द्वंद् n. 1) *Paar.* — 2) *eine Glocke* oder *Platte, an der die abgelaufenen Stunden angeschlagen werden.*

द्वंद्वभूत MBh. 1,1867 fehlerhaft für द्वंद्व°.

द्वंद्व॑ 1) n. a) *Paar*, insbes. *Mann und Weib, Männchen und Weibchen.* द्वंद्वम् und द्वंद्वेन α) *paarweise.* — β) *unter vier Augen* (daher die Bed. *Geheimniss* bei den Lexicographen). — b) *ein Paar entgegengesetzter Zustände, Gegensätze* (Hitze und Kälte, Freude und Leid u. s. w.). — c) *Streit, Zank, Kampf.* — d) *Zweikampf.* — e) *Streit, Wettstreit.* भुजंगद्वंद्वैरिवैः so v. a. *mit schlangenähnlichen Wolken* Bâlar. 188,6. — f) **Feste, Festung.* — 2) m. n. in der Grammatik *eine Zusammensetzung zweier* (dieses das Ursprüngliche) *oder mehrerer einander coordinirter, durch* und *verbunden gedachter Begriffe.* — 3) m. a) *die Zwillinge im Thierkreise* Golâdhj. 8,60. Geschlecht nicht zu bestimmen. — b) Name *verschiedener* Ekâha. — c) *ein best. Tact* S. S. S. 213. — d) **eine durch die Complication zweier Flüssigkeiten des Körpers hervorgerufene Krankheitserscheinung.*

द्वंद्वचर und *°चारिन् m. *Anas Casarca.*

द्वंद्वभाव m. *Zwietracht.*

द्वंद्वभूत Adj. *zweifelnd, zögernd, unschlüssig,* — *in Bezug auf* (Loc.) MBh. 1,46.22. v. l. द्वंद्वीभूत (s. u. द्वंद्वी 3).

द्वंद्वयुद्ध n. *Zweikampf.*

द्वंद्वयोधिन् Adj. Pl. *paarweise kämpfend.*

द्वंद्वलक्षणवाद m. Titel eines Werkes Opp. Cat. 1.

द्वंद्वशस् Adv. *paarweise.*

द्वंद्वाराम Adj. *am Paar seine Lust habend, gern paarweise lebend* MBh. 12,329,24. 331,43.

द्वंद्वालाप m. *ein Gespräch unter vier Augen.*

द्वंद्विन् Adj. 1) *ein Paar bildend.* — 2) *im Gegensatz zu einander stehend, sich widersprechend.*

द्वंद्वी Adv. mit भू 1) *sich zu Paaren verbinden.* — 2) *mit einander handgemein werden.* — 3) *zögern, unschlüssig sein in Bezug auf* (Loc.) 68,27.

द्वय॑ 1) Adj. (f. ई॑) *zweifach, doppelt, zweierlei.* द्वये m. Pl. Kathâs. 70,90 (सितासिता zu lesen). Am Anf. eines Comp. = द्वि Hemâdri 1,191,1. — 2) f. ई *Paar* Naish. 9,67. — 3) n. a) dass. 63,9. 73,6. Am Ende eines adj. Comp. f. ग्रा. — b) *doppeltes Wesen, Falschheit.* — c) in der Grammatik *das männliche und weibliche Geschlecht.*

द्वयत् in ग्रद्वयत्.

द्वयभारती f. ein Frauenname.

द्वयस् in ग्रद्वयस्.

°द्वयस Adj. (f. ई) *die Höhe —, die Tiefe —, die Länge von — habend, reichend bis —* Hemâdri 1, 189,12. 190,17.

द्वयसन Adj. *bei dem alle paarigen Körpertheile gleich sind* (Comm.) Lâtj. 1,1,7. v. l. द्वेसन.

द्वयक्लीव Adj. *sächlichen Geschlechts* AK. 2,6,2, 26. 3,2,9.

*द्वयाग्नि m. *Plumbago zeylanica.*

*द्वयातिग Adj. *der die* Guṇa Râgas *und* Tamas *überwunden hat.*

द्वयात्मक Adj. *von zweierlei Art, auf zw. Weise zur Anwendung kommend.*

द्वयाविन् Adj. *falsch, unredlich.*

द्वयिन् m. *Kumpan.* ग्रसद्वयिन् *ein schlechter K.*

द्वयु॑ Adj. = द्वयाविन्.

*द्वर्, द्वरति (वरणे, संवरणे d. i. स्थगने, ग्रनादरे).

द्वर॑ Adj. *hemmend* (nach Sâj.).

द्वरस् in वृकद्वरस्.

द्वारि॑ oder द्वरि॑न् Adj. = द्वर॑.

द्वा (alter Nom. Du. von द्व) am Anf. einiger Composita.

द्वाचत्वारिंश Adj. (f. ई) *der 42ste.*

द्वाचत्वारिंशत् und °शति f. *zweiundvierzig.*

द्वाज m. *ein Sohn zweier Väter.* Wegen einer Etymologie erdacht.

द्वात्रिंश॑ Adj. (f. ई) 1) *der 32ste.* — 2) *aus 32 bestehend.* — 3) in द्वात्रिंशार = द्वात्रिंशत्.

द्वात्रिंशच्छालभञ्जिका f. Pl. 1) *32 Statuen* Ind. St. 15,294. — 2) Titel eines Werkes Opp. Cat. 1.

द्वात्रिंशत् f. *zweiunddreissig.* Das Gezählte in gleichem Casus. Ausnahmsweise auch Pl. st. Sg. Am Anf. eines Comp. als Adj. 177,1. °शत् als Acc. Hariv. 11048 (S. 791).

द्वात्रिंशति f. dass.

°द्वात्रिंशतिका und °द्वात्रिंशत्का f. = द्वात्रिंशिका Ind. St. 15,185.

द्वात्रिंशत्पत्त्र n. *32 (Blüthen-)Blätter habend* Ind. St. 9,110.

द्वात्रिंशदक्षर Adj. (f. ग्रा) *32silbig.*

द्वात्रिंशदक्षरिन् Adj. dass.

द्वात्रिंशदर Adj. *32speichig* Ind. St. 9,110.

द्वात्रिंशदुपनिषद् f. Titel einer Upanishad Opp. Cat. 1.

द्वात्रिंशद्रात्र n. *eine 32tägige Feier.*

द्वात्रिंशल्लक्षणिक Adj. *mit 32 Merkmalen versehen* Ind. St. 15,253.

द्वात्रिंशार Adj. *mit 32 Speichen versehen.*

°द्वात्रिंशिका f. *ein Verein —, eine Sammlung von 32.*

द्वात्रिंशोपनिषद् f. Titel einer Upanishad Opp. Cat. 1.

द्वादश॑ 1) Adj. (f. ई॑) a) *der zwölfte.* भाग m. *der 12te Theil.* Du. *der eilfte und zwölfte* Tâṇḍja-Br. 4,1,2. Am Ende eines adj. Comp. (f. ग्रा) *mit — zu zwölft.* — b) *aus zwölf bestehend.* — c) *von zwölf begleitet, um zw. vermehrt, + zw.* — d) *zwölf* Agni-P. 41,9. — 2) f. ई॑ *der zwölfte Tag im Halbmonat.* — 3) n. *Zwölfheit, Zwölfzahl* Vishṇus. 4,8.

द्वादशक 1) Adj. a) *der zwölfte.* — b) *zwölf enthaltend, aus zw. bestehend.* — 2) n. *Zwölfzahl.*

द्वादशकपाल Adj. *auf zwölf Schalen vertheilt.*

*द्वादशकर m. Bein. 1) Kârttikeja's. — 2) Bṛhaspati's, *der Planet Jupiter.*

द्वादशगव॑ n. *ein Gespann von zwölf Stieren* TS. 5,2,5,2. Çat. Br. 7,2,2,6.

द्वादशगृहीत॑ Adj. *zwölfmal geschöpft.*

द्वादशज्योतिर्लिङ्गमय Adj. स्तोत्र n. *ein Lobgesang auf zwölf* Liñga Verz. d. B. H. No. 1242.

द्वादशता f. und द्वादशत्व n. *Zwölfzahl.*

द्वादशधा॑ Adv. *zwölffach.*

द्वादशन्, द्वा॑दशन् und द्वादश॑न् Adj. Pl. *zwölf.*

द्वादशनामपञ्जर n. Titel eines Stotra Opp. Cat. 1.

द्वादशनिधन n. Name eines Sâman Ârsh. Br.

द्वादशपत्त्र Adj. *zwölf (Blüthen-)Blätter habend* Ind. St. 9,110.

द्वादशपत्त्रक n. *ein best.* Joga, *bei dem die zwölf Silben* ग्रों नमो भगवते वासुदेवाय *mit den 12 Zeichen des Thierkreises und mit den 12 Monaten in Verbindung gebracht werden.*

द्वादशपद Adj. (f. ग्रा) *aus zwölf Worten bestehend* Mâlatim. ed. Bomb. 4, N.

द्वादशभाव m. und °फल n. Titel zweier Werke Opp. Cat. 1.

द्वादशभुज 1) Adj. *zwölfarmig.* — 2) m. N. pr. eines Wesens im Gefolge Skanda's.

द्वादशम Adj. (f. ई) *der zwölfte.* भाग m. *der zw. Theil* Hemâdri 1,131,22.

द्वादशमहावाक्य n. Titel eines Werkes. °निर्णय m. und °विवरण n. Titel von Commentaren dazu.

द्वादशमहासिद्धान्तनिरूपण n. Titel eines Werkes.

द्वादशमात्र Adj. *zwölf Moren habend* Amṛt.Up. 23.

द्वादशमासिक Adj. *aus zwölf Monaten bestehend* Kârand. 19,12. 72,19.

*द्वादशमूल m. Bein. Vishṇu's.

1. द्वादशरात्र n. *ein Zeitraum von zwölf Tagen.*

2. द्वादशरात्र Adj. *zwölf Tage dauernd.*

द्वादशराशिफल n. Titel eines Werkes

द्वादशर्च Adj. *zwölf* Ṛk *zählend.* Subst. *ein solches Lied* oder *Strophe.*

द्वादशलक्षणी f. *das aus zwölf* Adhjâja *bestehende* Sûtra Ǵaimini's Njâjam. S. 4, Z. 6.

द्वादशलोचन Adj. *zwölfäugig;* m. Bein. Skanda's.

द्वादशवार्षिक Adj. (f. ई) *zwölf Jahre alt, — dauernd.*

द्वादशविध Adj. *zwölffach.*

द्वादशविधपुत्रमीमांसा f. Titel eines Werkes.

द्वादशशत 1) n. *Hundert und zwölf* Lâṭj. 6,7,15. — 2) f. द्वादशशती *Tausend und zwei Hundert.*

द्वादशशततम Adj. *der 112te.*

द्वादशसाहस्र Adj. (ई) *aus 12000 bestehend* Mârk. P. 46,31.

द्वादशस्तोत्र n. Titel eines *Lobgesanges* Opp. Cat. 1.

द्वादशांश und °क m. *ein Zwölftel,* insbes. *eines Sternbildes, eines astrologischen Hauses.*

*द्वादशांशु m. *der Planet Jupiter.*

द्वादशाकृति Adj. *zwölfgestaltig* ṚV. 1,164,12.

द्वादशाक्ष 1) Adj. *zwölfäugig.* — 2) m. *a)* *Bein. Skanda's. — *b)* *ein Buddha. — *c)* N. pr. eines Wesens im Gefolge Skanda's.

द्वादशाक्षर Adj. (f. आ) *zwölfsilbig.* m. (VP. 1,6, 39), mit मन्त्र und °विद्या *der Spruch* ओं नमो भगवते वासुदेवाय.

*द्वादशाख्य m. *ein* Buddha.

*द्वादशाङ्गी f. *die aus zwölf Theilen bestehende Sammlung der heiligen Werke der* Ǵaina.

द्वादशाङ्गुल Adj. *aus zwölf Daumenbreiten bestehend.*

द्वादशात्मन् Adj. *in zwölf Formen erscheinend;* m. Bein. *der Sonne* Hemâdri 1,613,15.

द्वादशादित्यतीर्थ n. N. pr. eines Tîrtha.

द्वादशादित्यमन्त्र m. *der Spruch* यन्नो देवानाम् u. s. w. (TS. TBr.) Hemâdri 1,410,14; vgl. 23.

द्वादशादित्यस्तव m. Titel eines *Lobgesanges* Opp. Cat. 1.

द्वादशादित्याश्रम m. N. pr. einer *Einsiedelei.*

द्वादशाध्यायी f. = द्वादशलक्षणी.

*द्वादशान्यिक Adj. *der beim Aufsagen zwölf Fehler gemacht hat.*

द्वादशाब्द Adj. *zwölf Jahre während, — bestehend* 107,23.

*द्वादशायुस् m. *Hund.*

द्वादशार Adj. *zwölfspeichig* 44,16.

द्वादशारत्नि Adj. *zwölf Ellen lang.*

द्वादशार्चिस् m. Bein. Bṛhaspati's, *der Planet Jupiter* VP.² 2,257. fg.

द्वादशावर्त Adj. *mit einer zwölfmaligen Umdrehung verbunden* (वन्दन) Hem. Par. 1,453. 2,44. 13,99.

द्वादशास्त्रि m. *Dodekagon, Dodekaeder.*

1. द्वादशाह m. *ein Zeitraum von zwölf Tagen.*

2. द्वादशाह 1) Adj. *zwölftägig.* — 2) m. *eine best. zwölftägige Feier.*

द्वादशाह्निक Adj. zu 2. द्वादशाह 2).

द्वादशाह्नीय Adj. dass. Comm. zu TBr. 1,112 und zu Njâjam. 8,3,6.

द्वादशिक Adj. 1) *die Länge von Zwölfen habend* Çulbas. 1,49. — 2) *am 12ten Tage* oder *am 12ten Tage eines Halbmonats stattfindend.*

द्वादशिन् Adj. *aus zwölf bestehend, zwölftheilig.*

द्वादशीव्रत n. *eine best. Begehung.*

द्वादशोद्याम Adj. *zwölf Stränge habend* Kap. S. 32,1.

द्वानवत Adj. *der 92ste.*

*द्वानवति f. *zweiundneunzig.*

द्वाद्विक Adj. *aus der Verbindung zweier Humores entstanden* Karaka 2,1.

द्वापञ्चाश Adj. (f. ई) 1) *der 52ste.* Du. *der 51ste und 52ste.* — 2) *von 52 begleitet, um 52 vermehrt,* + 52.

द्वापञ्चाशत् f. *zweiundfünfzig.* °शदक्षर Adj. *52-silbig.*

द्वापर und द्वापर 1) m. n. *a) derjenige Würfel* oder *diejenige Würfelseite, welche mit zwei Augen bezeichnet ist.* Auch personificirt. — *b) das dritte Weltalter, das Weltalter mit den Zweizahlen* (2000 Jahre das Weltalter selbst, 200 Jahre die Morgen- und eben so viele Jahre die Abendröthe). — *c)* *Zweifel.* — 2) m. N. pr. eines mythischen Wesens MBh. 1,67,78.

द्वापरच्छन्दस् n. Pl. *eine best. Klasse von Metren.*

द्वापरस्तोम m. Pl. Bez. *bestimmter* Stoma.

द्वापू Maitr. S. 1,4,2 (= Çat. Br. 3,7,4,10) fehlerhaft für द्वा पू. Vgl. त्रयो पव: u. s. w. im Comm. zu Kâtj. Çr. 6,4,3.

द्वार् f. 1) *Thor, Thür, Eingang* oder *Ausgang* überh. दक्षिणे द्वारि R. 6,13,27 fehlerhaft für द° द्वारे. — 2) *Hinterthür, Ausweg* (in übertr. Bed.) Mṛkkh. 138,1. — 3) *Weg, Mittel.* °द्वारा *vermittelst, durch.*

द्वार 1) n. (einmal m.; adj. Comp. f. आ) *a) Thor, Thür, Eingang, Ausgang, Oeffnung* (insbes. die verschiedenen des Körpers). — *b) Zugang —, Weg zu, Mittel zur Erreichung von* (Gen. oder im Comp. vorangehend, ausnahmsweise auch Dat.) द्वारेरेतैः *dadurch,* °द्वारेण *vermittelst, durch, zufolge.* Am Ende eines adj. Comp. *vermittelt durch.* — 2) f. द्वारी *Thür.*

द्वारक 1) n. *Thor, Thür.* — 2) am Ende eines adj. Comp. *vermittelt durch.* — 3) f. आ und द्वारिका (ausnahmsweise) N. pr. der Residenz Kṛshṇa's. द्वारकामाहात्म्य n. und द्वारिका° (Bühler, Rep. No. 63).

*द्वारकण्टक m. 1) *Thürriegel.* — 2) *Thürflügel.*

*द्वारकपाट m. n. *Thürflügel*

द्वारकादास m. N. pr. eines Mannes.

द्वारकानाथयज्वन् m. N. pr. eines Commentators des Çulbasûtra.

*द्वारकेश m. Bein. Kṛshṇa's.

द्वारता f. Nom. abstr. von द्वार 1) *b*). °तां गम् *zur Veranlassung werden, V. sein* Kâd. 214,7.

°द्वारत्व n. *das Vermitteltwerden.*

द्वारदर्शिन् m. *Thürsteher.*

द्वारदातु und द्वारदारु m. *Tectona grandis* Bhâvapr. 1,227 nebst v. l.

द्वारनायक m. *Thürhüter, Kämmerer.*

द्वारप m. *Thürhüter.*

द्वारपक्ष m. *Thürflügel, Thür* Âçv. Gṛhj. 4,6,7.

द्वारपक्षक m. dass. उभयतश्च °कयोः so v. a. *an beiden Seiten der Thür* Kâd. 79,9.

द्वारपट्ट m. dass.

द्वारपति m. *Thürhüter, Kämmerer.*

द्वारपाल 1) m. *a) Thür —, Thorhüter* MBh. 2,28, 8. — *b)* Beiw. verschiedener Jaksha und mit solchen in Verbindung stehender heiliger Orte. — 2) *f. ई *Thürhüterin.*

द्वारपालक 1) m. *Thürhüter.* — 2) f. °लिका *Thürhüterin* Kâd. 242,14.

*द्वारपालिक m. Metron. von द्वारपाली.

*द्वारपिण्डी f. *Thürschwelle.*

द्वारपिधान n. *Riegel am Thor, Thürriegel* Mâlav. 32.

द्वारफलक n. *Thürflügel* Çânkh. Gṛhj. 3,3.

द्वारबन्धावरण Adj. *der sich hinter Thür und Riegel verbirgt* Hariv. 3493.

*द्वारबलिभुज् m. *Ardea nivea.*

द्वारबाहु m. *Thürpfosten.* Am Ende eines adj. Comp. °क Hariv. 3,117,21.

*द्वारयन्त्र n. *Thürriegel.*

द्वाररक्षिन् m. *Thürhüter.*

द्वारलक्षणपटल Titel eines Werkes Opp. Cat. 1.

द्वारवंश m. *der Querbalken einer Thür* Mân. Gṛhj. 2,15.

द्वारवती f. N. pr. der Residenz Kṛshṇa's. °माहात्म्य n. Titel eines Werkes.

*द्वारवृत्त n. *schwarzer Pfeffer.*

द्वारशाखा f. und *द्वारस्तम्भ m. *Thürpfosten.*

द्वारस्थ 1) Adj. (f. आ) *an der Thür —, am Thor stehend* 157,31. — 2) m. *Thürsteher.*

द्वारस्थित Adj. = द्वारस्थ 1) Pañkad.

द्वाराधिप und द्वाराध्यक्ष m. *Thürhüter, Kämmerer.*

द्वारापिधान n. = द्वारपिधान.

द्वारावती f. = द्वारवती.

द्वारिक m. 1) *Thürhüter, Kämmerer.* — 2) *N. pr. eines Dieners des Sonnengottes.

द्वारिन् m. *Thürhüter.* Mit einem n. verbunden auch n.

द्वारी Adv. mit कर् *als Vermittler gebrauchen* Mudrâr. 82,7 (136,14).

द्वार्य 1) Adj. (f. आ) *zur Thür gehörig, an der Th. befindlich.* — 2) f. आ *Thürpfosten* Vaitân.

द्वार्वती f. = द्वारवती.

द्वाविंश Adj. (f. ई) 1) *der 22ste.* — 2) *aus 22 bestehend.*

द्वाविंशति f. *zweiundzwanzig.* Das Gezählte im gleichen Casus 24,22.

द्वाविंशतितम Adj. *der 22ste.*

द्वाविंशतिधा Adv. *22fach.*

द्वाविंशतिरात्र n. *eine 22tägige Feier.*

द्वाविंशतिशत n. *hundertzweiundzwanzig.*

द्वाविंशतिशततम Adj. *der 122ste.*

द्वाविंशत्यक्षर Adj. *22silbig.*

द्वाषष्ट 1) *der 62ste.* — 2) *mit 62 verbunden,* + *62.*

द्वाषष्टि f. *zweiundsechzig.*

द्वाषष्टितम Adj. *der 62ste.*

द्वासप्तत Adj. *der 72ste.*

द्वासप्तति f. *zweiundsiebzig.* द्वासप्ततीष्टक Adj. *aus 72 Backsteinen bestehend.*

द्वास्थ und द्वास्थित s. द्वाःस्थ und द्वाःस्थित.

द्वाःस्थ 1) Adj. *am Thor —, an der Thür stehend.* — 2) m. *Thürsteher.*

*द्वाःस्थित und *°दर्शक m. *Thürsteher.*

1. द्वि° *zwei.*

2. द्वि (!) n. Sg. *Tage.*

द्विःपक्व s. द्विष्पक्व.

1. द्विक Adj. 1) *aus zwei bestehend.* — 2) *zwei* 218,18 (= Râgat. 1,56). Ind. St. 8,426. — 3) **zum zweiten Mal erfolgend* (ग्रहण). — 4) *um zwei vermehrt.* शत n. *hundertundzwei, d. i. zwei Procent.*

2. द्विक m. 1) *Krähe zu Spr. 5940.* Vâmana 5,1,15. — 2) **Anas Casarca.*

*द्विकंस Adj. P. 6,2,122, Sch.

*द्विककार m. *Krähe.*

*द्विककुद् m. *das zweihöckrige Kamel.*

द्विकपाल Adj. 1) *auf zwei Schüsseln vertheilt* Çat. Br. 5,3,1,8. — 2) *aus zwei Schädelknochen bestehend* Çat. Br. 10,5,4,12.

*द्विकपृष्ठ m. *das zweihöckrige Kamel.*

*द्विकर Adj. (f. ई) P. 3,2,21, Sch.

द्विकरणी f. *die Diagonale eines Quadrats* Çulbas. 1,46.

द्विकर्मक Adj. *zwei Objecte habend, zwei Accusative bei sich habend* 238,20.

*द्विकाण्ड Adj. 1) (f. ई) *aus zwei Strängen bestehend* (Strick). — 2) (f. आ) *zwei* काण्ड 1) f) *enthaltend.*

*द्विकार्षापण und *°णिक Adj. *zwei* Kârshâpaṇa *werth.*

*द्विकुब्ज Adj. *mit zwei Buckeln versehen.*

*द्विकुलिज (f. आ und ई), *°कुलिजिक (f. ई) und *°कुलिजीन (f. आ) *zwei* Kuliǵa (*ein best. Hohlmaass*) *enthaltend.*

द्विकूबर Adj. *zwei Deichseln habend* Bhâg. P. 4,26,2.

*द्विकौडविक Adj. *zwei* Kuḍava *enthaltend* P. 7,3,17, Sch.

द्विक्रम m. *ein zweigliedriger* Krama 11).

*द्विखारीक Adj. *zwei* Khârî *enthaltend.*

द्विखुर Adj. *zwei, d. i. gespaltene Hufe habend* Comm. zu Taitt. Âr. 3,11,12.

द्विगत m. N. pr. *eines* Bhârgava.

द्विगत Adj. *zweideutig* Ind. St. 13,483.

द्विगव Adj. *mit zwei Rindern bespannt* Pañkâç. 2,3.

द्विगु m. *ein Compositum, dessen erstes Glied ein Zahlwort ist.*

द्विगुण und द्विगुणित Adj. (f. आ) *doppelt, zweifach, zweimal so gross, — viel u. s. w., — als* (Abl. 211, 27. im Comp. vorangehend M. 8,59.139), *zweifach zusammengelegt.* द्विगुणो वल्कलांतर इव *zweimal so dick.* द्विगुणतर = द्विगुण Kâd. 37,1.83,6. द्विगुण° (Chr. 86,14), द्विगुणतरम् (293,10) und द्विगुणतर° (312,4) Adv. द्विगुणता f. und द्विगुणत्व n. Nom. abstr.

द्विगुणय्, °यति *verdoppeln, mit zwei multipliciren.* °गुणित *verdoppelt, doppelt umgelegt* 321,5. Mṛkkh. 1,1.

*द्विगुणा Adv. mit कर् *zweimal pflügen* P. 5,4,59.

*द्विगुणाकर्ण Adj. *ein durch einen Einschnitt doppelt gewordenes Ohr habend* (Vieh).

द्विगुणाय्, °यते *sich verdoppeln* Kâd. 2,31,22.

द्विगुणी Adv. 1) mit कर् *verdoppeln, doppelt umlegen, umschlingen, umschlingen* Çiç. 1,62. Kâd. 112,8. 134,9. 161,16. 230,9. Harshak. 82,12. Comm. zu Mṛkkh. 1,1. — 2) mit भू *verdoppelt —, zweimal so gross —, — heftig u. s. w. werden* Kâd. 187,4. 2,60,21.

द्विगूढ n. *eine Art von Gesang.*

द्विगोत्र Adj. *zwei Familien angehörig* Baudh.

द्विचक्र m. N. pr. eines Dânava. Richtig द्विवक्त्र.

द्विचतुरस्रक m. *eine best. Stellung.*

द्विचवर Adj. Pl. *zwei oder vier.*

द्विचत्वारिंश m. *der 42ste.*

*द्विचत्वारिंशत् f. *zweiundvierzig.*

द्विचत्वारिंशिक Adj. fehlerhaft für द्विचा°.

द्विचन्द्र Adj. *zwei Monde habend* Viddh. 76,13.

द्विचरण Adj. *zweibeinig.*

द्विचात्वारिंशिक Adj. *aus 42 bestehend.*

द्विचूड Adj. (f. आ) *mit zwei Wulsten versehen* (Backstein).

द्विज 1) Adj. *zweimal geboren, — zur Geburt kommend.* — 2) m. a) *ein in die Religionsgemeinde aufgenommener Arier, ein Mitglied der drei oberen Kasten,* insbes. *ein geweihtes* und in engster Bed. *ein geweihter Brahman* und *Brahman* überh. — b) *Vogel.* — c) *Zahn.* — d) **Koriander* oder *Xanthoxylum alatum* Râgan. 11,187. — 3) f. आ a) *Piper aurantiacum* Râgan. 6,113. Bhâvapr. 1,192. — b) **Clerodendrum Siphonanthus.* — c) **Weihrauch.*

*द्विजकुत्सित m. *Cordia latifolia* und *Myxa.*

*द्विजकेतु m. *eine Citronenart.*

द्विजचक्र n. N. pr. *einer Oertlichkeit.*

द्विजन्तर m. N. pr. *eines Brahmanen.*

द्विजत्व n. *der Stand eines Brahmanen.*

*द्विजदास m. *ein* Çûdra.

द्विजदेव m. *ein Brahman, ein* Ṛshi Bhâg. P. 3, 1,23. 5,5,22.

द्विजन्मन् 1) Adj. *eine doppelte Geburt, Geburtsstätte, Beschaffenheit habend.* — 2) m. a) *ein Mitglied der drei oberen Kasten,* insbes. *ein Brahman.* — b) **Vogel.* — c) **Zahn.*

*द्विजपति m. *der Mond.*

*द्विजप्रपा f. = आलवाल 1).

*द्विजप्रिय 1) m. *eine Art* Khadira Dhanv. 1,8. — 2) f. आ *die* Soma-*Pflanze* Râgan. 3,86.

द्विजबन्धु m. *ein nicht geweihtes Mitglied der drei oberen Kasten, der den Namen eines* द्विज *trägt, der That nach es aber nicht ist.*

द्विजब्रुव Adj. *sich fälschlich einen Brahmanen nennend.*

द्विजमय Adj. (f. ई) *aus Brahmanen gebildet, — bestehend.*

द्विजमल्ल m. N. pr. *eines Mannes.*

द्विजमुख्य m. *ein Brahman.*

द्विजराज m. 1) *der Mond* Hemâdri 1,777,18. — 2) **Kampfer.* — 3) **Bein.* a) Garuḍa's. — b) des

Schlangendämons Ananta.

द्विजराजोदय m. Titel eines Werkes.

द्विजरोपणी f. Bez. *gewisser Pillen* Rasendrak. 153.

द्विजर्षभ m. *ein Brahman.*

द्विजर्षि m. *ein priesterlicher Weiser,* = ब्रह्मर्षि VP. 4,11,1.

द्विजलिङ्गिन् 1) Adj. *die äussern Zeichen eines Brahmanen tragend.* — 2) *m. *ein* Kshatrija.

द्विजवर m. *ein Brahman* 48,1.

द्विजवाहन Adj. *auf einem Vogel* (Garuḍa) *reitend;* m. Bein. Vishṇu-Kṛshṇa's.

*द्विजव्रण m. *Zahngeschwür, — geschwulst.*

*द्विजशप्त m. *Dolichos Catjang.*

द्विजश्रेष्ठ m. *ein Brahman* 47,8.

द्विजसत्तम m. dass. 37,30.

*द्विजसेवक m. *ein* Çûdra.

*द्विजस्नेह m. *Butea frondosa.*

द्विजा Adj. *zweimal —, doppelt geboren.*

द्विजाग्र्य m. *ein Brahman.*

*द्विजाङ्गिका und *द्विजाङ्गी f. *eine best. Pflanze.*

द्विजाति 1) Adj. *zwei Geburten habend.* — 2) m. *a) ein Mitglied der drei oberen Kasten,* insbes. *ein Brahman.* — *b) * Vogel.*

द्विजातिमुख्य m. *ein Brahman.*

द्विजातिसात् Adj. mit कर् *Etwas* (Acc.) *Brahmanen schenken.*

*द्विजातीय m. *Maulthier, Maulesel.*

द्विजानि Adj. *zwei Weiber habend.*

द्विजाम्बा f. N. pr. einer Fürstin B. A. J. 4,112.

द्विजाय्, °यते *zu einem Brahmanen werden, als Br. wiedergeboren werden* Hemâdri 1,485,4.

*द्विजायनी f. *die um die Schulter getragene Schnur des geweihten Brahmanen.*

*द्विजालय m. *Baumhöhle.*

द्विजिह्व 1) Adj. *zweizüngig* (eig. und übertr). Nom. abstr. द्विजिह्वता f. und द्विजिह्वत्व n. — 2) m. *a) Doppelzunge* (eine best. Krankheit der Zunge). — *b) Schlange.* — *c)* N. pr. eines Rakshas.

द्विजी Adv. mit भू *sich zum Brahmanen machen* Ind. St. 14,153.

द्विजेन्द्र m. 1) *ein Brahman* 63,13. — 2) *der Mond.* — 3) Bein. Garuḍa's Suparṇ. 7,3.

*द्विजेन्द्रक m. *eine Citronenart.*

*द्विजेश m. *der Mond.*

द्विजेश्वर m. 1) *ein Brahman.* — 2) *der Mond.* — 3) Bein. Çiva's.

द्विजोत्तम m. *ein Brahman.*

*द्विजोपासक m. *ein* Çûdra.

*द्विज्या f. *Sinus.*

*द्विज्यामार्ग m. *eine horizontale Linie.*

द्विट्सेविन् Adj. *mit dem Feinde in geheimem Einverständniss stehend;* m. *Verräther.*

द्विठ m. Bez. *des* Visarga *und der* Svâhâ.

द्वित m. N. pr. 1) eines vedischen Gottes. — 2) eines Ṛshi.

*द्वितक्ष Adj. Mahâbh. 4,67,*b*.

द्वितय 1) Adj. *a) aus zwei bestehend, zweitheilig, zweifach, doppelt.* — *b)* Pl. *zwei* (wenn die beiden Theile als Pl. gedacht werden). — 2) n. *Paar.*

*द्वितवन m. N. pr. eines Mannes. Vgl. द्वैतवन.

द्विता Adv. *ebenso, gleichmässig, so auch.*

1. द्वितीय 1) Adj. (f. आ) *der zweite.* तस्माद्वितीयो वा तृतीयो वा so v. a. *sein Sohn oder sein Enkel.* °यम् Adv. *zweitens, zum zweiten Mal* 37,12. 38,8. — 2) m. *a) Begleiter, Genosse, Gefährte, Freund.* Am Ende eines adj. Comp. so v. a. *begleitet von, verbunden —, versehen mit.* — *b) Feind.* — *c) * Sohn;* vgl. u. 1). — *d) der zweite Laut in einem* Varga, *die dumpfe Adspirata.* — 3) f. आ *a) Begleiterin, Gefährtin* 134,8. — *b) * Gattin.* — *c) der zweite Tag im Halbmonat* 319,16 (im Prâkrit). — *d) die Endungen des zweiten Casus, Accusativ, ein im Accusativ stehendes Wort.*

2. द्वितीय 1) * Adj. *die Hälfte ausmachend.* भाग m. *Hälfte.* — 2) n. *Hälfte.*

द्वितीयक Adj. 1) *der zweite* Agni-P. 27,14. — 2) **zum zweiten Male erfolgend* (ग्रहण). — 3) **jeden zweiten Tag wiederkehrend* (Fieber).

*द्वितीयकुलधारक m. *Sohn* Gal.

द्वितीयतत्त्व n. Titel eines Werkes.

द्वितीयताल m. *ein best. Tact* S. S. S. 207.

*द्वितीयत्रिफला f. *die zweite Verbindung von drei Früchten: Weintrauben, Datteln und die Früchte der Gmelina arborea.*

द्वितीयत्व n. Nom. abstr. zu 1. द्वितीय 1) Maitr. S. 3,6,4.

द्वितीयवत् Adj. *einen Genossen habend, — an* (Instr.).

*द्वितीयवयस् Adj. *im zweiten Lebensalter stehend.*

द्वितीयस्वर 1) Adj. *den zweiten Ton habend* Sâmhitopan. 22,4. — 2) n. Name eines Sâman.

*द्वितीया Adv. mit कर् *zum zweiten Male pflügen.*

*द्वितीयाभा f. *Curcuma aromatica oder eine andere Species.*

*द्वितीयिक Adj. = द्वितीयो व्याधिरस्मिन्दीयते.

द्वितीयिन् Adj. *im zweiten Range stehend, die Hälfte als Antheil empfangend* Comm. zu Nsâjam. 3,7,26.

द्वित्र (f. आ) und द्वित्रि (ausnahmsweise) Adj. Pl. *zwei oder drei.*

द्वित्रयस्त्रिंशत् f. *zweimal dreiunddreissig* Lâṭj. 8,6,19.

द्वित्रिचतुरम् Adv. *zwei-, drei- oder viermal* Benf. Chr. 193,8.

द्वित्रिचतुष्पञ्चक Adj. *um zwei, drei, vier oder fünf vermehrt.* शत n. so v. a. *zwei, drei, vier oder fünf Procent* Jâǵn. 2,37.

द्वित्रिवेणु Adj. *mit zwei* त्रिवेणु *versehen* MBh. 7, 36,31.

द्वित्व n. 1) *Zweizahl.* — 2) *Zweiheit, der Begriff Zwei.* — 3) *Dual* 234,29. — 4) *Verdoppelung, Reduplication.*

द्वित्वत्व n. *das der Begriff Zwei Sein.*

*द्विदण्डि Adv. *Stock gegen Stock* (kämpfen).

*द्विदण्डिन् m. *eine Art Bettler* (buddh.).

*द्विदत्त m. N. pr. eines Mannes. Vgl. द्वैदत्त.

*द्विदत् Adj. (f. °दती) *zweizähnig* (als Bez. des Alters).

*द्विदन्त m. *Elephant* Gal.

द्विदल 1) Adj. *in zwei gespalten* Comm. zu Gobh. 1,7,21. *gabelförmig* Hariv. 15522. 15599. — 2) m. oder n. *a) Gabel* Hariv. 15333. — *b)* wohl *Hülsenfrucht* Hem. Jog. 3,7. — 3) * f. आ *Bauhinia tomentosa.*

*द्विदश Adj. Pl. *zwanzig.*

*द्विदाम्नी Adj. f. *mit zwei Stricken angebunden.*

द्विदिव m. *eine best. zweitägige Feier.*

द्विदेवत 1) Adj. *zwei Gottheiten geweiht, — gehörig.* — 2) n. *das Mondhaus* Viçâkhâ.

द्विदेवत्य 1) Adj. = द्विदेवत 1). — 2) m. *ein solcher Bechervoll.*

*द्विदेह m. Bein. Gaṇeça's.

*द्विदेवत्या f. = द्विदेवत 2).

*द्विद्रोण n. Sg. *zwei* Droṇa *genannte Hohlmaasse.* Instr. *zu je solchem Maasse* 230,9.

द्विध Adj. (f. आ) *gegabelt.*

द्विधा Adv. *zweifach, in zwei Theile, — Theilen, auf zwei Arten.* Mit कर् *in zwei Theile theilen,* mit भू und गम् *sich theilen, — trennen, zerbrechen* Bâlar. 158,17.

द्विधाकरण n. *das Zerlegen in zwei Theile, Spalten.*

द्विधाकार Adj. *von zweierlei Art* Spr. 3022.

*द्विधागति m. *Krebs.*

द्विधातु 1) Adj. *zweitheilig* (eine Composition) S. S. S. 120. — 2) *m. Bein. Gaṇeça's.

*द्विधात्मक n. *Muskatnuss.*

द्विधार Adj. (f. आ) *zwei Strahlen* (Wassers) *bildend* RV. 10,30,10.

*द्विधालेख्य m. *Phoenix paludosa* Râǵan. 9,92.

द्विधूर्वह m. *ein Zugochs, der das zweite Jahr*

Dienste thut, Līlāv. 50.

द्विनयनी f. *die beiden Augen* Naish. 5,126.

द्विनवकृत्वस् Adv. *achtzehnmal.*

द्विनवत Adj. *der 92ste.*

द्विनवति f. *zweiundneunzig.*

द्विनवतितम Adj. *der 92ste.*

द्वैनामन् Adj. (f. द्वैनाम्नी) *zweinamig.*

द्विनाराशंस Adj. *zweimal mit den* Nārāçaṁsa *genannten Bechern versehen* Ait. Br. 2,24,3.

द्विनिधन n. °नमायास्यम् Name eines Sāman.

*द्विनिष्क und *°नैष्किक Adj. *zwei* Nishka *werth.*

द्विनेत्र Adj. *zweiäugig* Pańkad.

द्विनेत्रभेदिन् Adj. *Jmd beide Augen ausschlagend* Jāǵn. 2,304.

द्विप m. 1) *Elephant.* Am Ende eines adj. Comp. f. आ. — 2) Bez. *der Zahl acht* Gaṇit. Bhagaṇ. 5. — 3) **Mesua ferrea* Ratnam. 132.

द्वैपक्ष Adj. (f. आ) *mit zwei Seitenpfosten versehen* AV. 9,3,21.

द्विपञ्चद्वयसाङ्गुल Adj. *zehn Daumenbreiten hoch u. s. w.* Hemādri 1,190,22. 191,2.

द्विपञ्चमूल n. (Ḱaraka 6,13) und °मूली f. = दशमूल.

द्विपञ्चविंश n. Du. *zwei mal fünfundzwanzig.*

द्विपञ्चाश 1) Adj. *der 52ste.* — 2) n. Du. *zweimal fünfzig.*

द्विपञ्चाशत् f. *zweiundfünfzig.*

द्विपञ्चाशत्तम Adj. *der 52ste.*

*द्विपण्य Adj. *zwei* Paṇa *werth.*

*द्विपत्त्रक m. *ein best. Knollengewächs.*

द्विपत्नीक Adj. *zwei Frauen habend* Comm. zu Njājam. 9,3,8.

द्विपथ 1) *m. *ein Ort, wo zwei Wege zusammenkommen.* — 2) f. आ *ein best. Metrum.*

द्विपॅद् und द्वैपद् (stark °पाद्) 1) Adj. a) *zweifüssig;* m. *der Zweifüssige, der Mensch;* n. (Acc. द्विपाँद्) *das Geschlecht der Zweifüssigen, die Menschen.* — b) Adj. (f. द्विपाद् und द्विपॅदी) *zweistollig.* — 2) m. *ein Metrum von zwei* Pada. — 3) f. द्विपदी a) *ein best. Metrum.* — b) *ein Liedchen in diesem Metrum* Kād. 99,9.

1. द्विपद n. Sg. *eine Verbindung von zwei Wörtern.*

2. द्वैपद 1) Adj. (f. आ) a) *zweifüssig.* — b) *zwei Felder einnehmend* Agni-P. 40,6. Hemādri 1,631, 12. 632,19. — c) *zweistollig.* — d) *binomisch.* — e) *zwei Wörter enthaltend.* — 2) m. a) *das zweifüssige Geschöpf, der Mensch.* — b) *ein Backstein von der Länge von zwei* Pada Çulbas. 3,34. 38. — c) Bez. *bestimmter Zodiakalbilder.* — 3) f. आ a) *eine Strophe von zwei Stollen.* — b) **eine Art Jasmin* (!). — 4) n. *ein best. Metrum.*

द्विपदपति m. *Fürst, König* Bhāg. P. 4,31,22.

द्विपदान n. *der Brunstsaft eines Elephanten* Ragh. 13,20.

द्विपदान्तर Adj. रथंतर n. Name eines Sāman.

द्विपदिका f. 1) *= द्वौ पादौ in der Verbindung °कां दण्डितः und °कां व्यवसृजति. — 2) *ein best. Metrum.* — 3) *eine best. Singweise.*

द्विपदीखण्ड m. n. *eine best. Strophenform* 292, 33. 293,20. Kathās. 53,127.

द्विपपति m. *ein stattlicher, ausgewachsener Elephant* 321,8. Spr. 5789.

*द्विपमद m. *der Brunstsaft eines Elephanten.*

*द्विपरि Adv. *mit Ausnahme zweier* (Würfel u. s. w.) P. 2,1,10, Sch.

*द्विपर्णी f. *wilder Judendorn.*

द्विपशु Adj. *wobei zwei Thiere geopfert werden* Āçv. Çr. 12,7,14. Nom. abstr. °त्व n. Comm. ebend.

*द्विपात्र n. Sg. *ein Paar Gefässe.*

द्वैपाद् Adj. (f. ई) *zweifüssig.*

द्विपादिका f. *Duett.*

*द्विपाद्य Adj. *das Doppelte werth, — betragend.*

द्विपायिन् m. *Elephant.*

*द्विपाय्य Adj. P. 6,2,122, Sch.

द्विपारि m. *Löwe.*

द्विपास्य m. Bein. Gaṇeça's.

द्विपितृ Adj. *zwei Väter habend* Baudh.

द्विपितृक Adj. *zwei Vätern geltend.*

*द्विपुट 1) Adj. (f. ई) *doppelt zusammengelegt.* — 2) f. ई *eine Art Jasmin.*

द्विपुरुष 1) Adj. (f. आ) *zwei Manneslängen lang.* — 2) °षम् und °ष° Adv. *zwei Generationen hindurch.*

*द्विपृष्ठ m. N. pr. des 2ten Vāsudeva bei den Gaina.

द्विपेन्द्र m. *ein stattlicher, ausgewachsener Elephant* 97,21.

द्विपेन्द्रदान n. *der Brunstsaft eines Elephanten* Varāh. Bṛh. S. 69,16.

द्विपौरुष Adj. (f. ई) = द्विपुरुष 1) Ind. St. 10,284.

*द्विप्रतिक Adj. *zwei* Kārshāpaṇa *werth.*

द्वैप्रतिष्ठ Adj. *zweibeinig.*

द्विप्रवाचन Adj. *eine Doppelbezeichnung führend.*

द्विप्रव्राजिनी Adj. f. *zwei Männern nachlaufend* Āçv. Gṛhj. 1,5,5.

द्विप्रैष Adj. *zwei Aufforderungen ergehen lassend* Ait. Br. 6,14,3.

द्विबॅन्धु m. N. pr. eines Mannes.

द्विबर्हज्मन् Adj. *einen doppelten Gang —, eine doppelte Bahn habend.*

द्विबर्हस् Adj. (auch n. und Adv. °र्हसम्) *doppelt dicht, — dauerhaft, — stark, — tüchtig, doppelt überh.* und wie dieses und *duplex* im Gegensatz zu *einfach· dick, stark, gross u. s. w.·*

द्विबाणी f. Sg. *zwei Pfeile* Naish. 7,27. 36.

द्विबाहु Adj. *zweiarmig;* m. *der Mensch.*

द्विबाहुक m. N. pr. eines Wesens im Gefolge Çiva's.

द्विबिन्दु m. *das Zeichen für den* Visarga.

द्विभल्लक n. *eine Art von Pfeilspitze.*

द्विभाग m. *die Hälfte* 219,22.

द्विभागधनॅ n. *zweifache Habe* AV. 12,2,35.

द्विभात *Zwielicht.* Nom. abstr. °त्व n. Hem. Par. 13,45.

द्विभार्य Adj. *zwei Frauen habend* Kātj. Varāh. Jogaj. 4,55.

*द्विभाव vgl. द्वैभाव्य.

द्विभुज Adj. (f. आ) *zweiarmig* Hemādri 1,611,15.

*द्विभूम Adj. *zweistöckig.*

द्विभूमित Adj. *zwölf zählend* Rāgan. 9,38.

द्विभौम Adj. *zweistöckig* Hemādri 1,672,2.

*द्विमन्थ Adj. P. 6,2,122, Sch.

*द्विमय Adj. *mit zwei Theilen von* (Gen.) *vermischt.*

द्विमातृ Adj. *zwei Mütter habend.*

*द्विमातृज Adj. dass.

द्विमात्र Adj. 1) *doppelt so gross* Mān. Çr. 1,3,2 = Mān. Gṛhj. 2,2. — 2) *zwei Moren enthaltend.*

द्विमात्रा f. Sg. *zwei Moren.*

*द्विमार्ग m. (Gal.) und °मार्गी f. *Kreuzweg.*

*द्विमाष्य Adj. *zwei* Māsha *wiegend* oder *werth.*

द्विमीढ m. N. pr. zweier Männer VP.[2]

द्विमुख 1) Adj. (f. ई) *zweimäulig.* Eine trächtige Kuh ist °खी, wenn das Kalb schon mit der *Schnauze* heraussteckt, Hemādri 1,82,3. — 2) m. a) *ein best. Wurm.* — b) **eine Schlangenart.* — 3) *f. आ a) *Blutegel.* — b) *ein Krug mit zwei Schnauzen.*

*द्विमुखाहि und *द्विमुखोरग m. *eine Schlangenart.*

*द्विमुनि 1) Adj. *von zwei* Muni *herrührend.* — 2) n. Sg. *die zwei* Muni.

*द्विमुसलि Adv. *Keule gegen Keule* (kämpfen).

*द्विमूर्ध Adj. (f. ई) *zweiköpfig.*

द्वैमूर्धन् 1) Adj. dass. — 2) m. N. pr. eines Asura.

द्वैयजुस् f. *ein best. Backstein.*

द्वियज्ञ m. *ein von zwei Personen dargebrachtes Opfer* Gaim. 6,1,22.

द्वियम n. *Zweitönigkeit* TS. Prāt.

*द्वियमुनम् Adv. *beim Zusammenfluss der beiden* Jamunā.

द्वियामी f. Sg. *zwei Nachtwachen, ein Zeitraum von sechs Stunden* Hem. Par. 2,504.

द्वियोध 1) Adj. *mit beiden Händen kämpfend.* v. l. °योधिन्. — 2) f. ई *ein best. Metrum.*

द्वियोधिन् Adj. = द्वियोध 1) MBh. 2,24,15.

*द्विर m. = द्विरेफ.

द्विरंसक Adj. *zweischulterig.*

*द्विरथ und *द्विरथ्य Adj.

द्विरद 1) Adj. *zweizähnig.* — 2) m. *Elephant.* °पति m. *ein stattlicher, ausgewachsener E.*

द्विरदरत m. *ein best.* Samâdhi Kâraṇḍ. 52,2.

*द्विरदान्तक m. *Löwe.*

*द्विरदाराति m. *das fabelhafte Thier* Çarabha.

*द्विरदाशन m. *Ficus religiosa.*

द्विरदास्य m. Bein. Gaṇeça's Bâlar. 94,2.

द्विरनुगान n. Name eines Sâman Ârsh. Br.

द्विरभ्यस्त Adj. *zweimal wiederholt.*

द्विरभ्यासाकूपार n. Name eines Sâman.

द्विरशन n. *zweimaliges Essen am Tage.*

द्विरसन 1) *Adj. *zweizüngig.* — 2) m. *Schlange* Ind. St. 15,269.

द्विरागमन n. *die Heimkehr einer Neuvermählten in des Gatten Haus vom ersten Besuche des väterlichen Hauses.*

द्विराज्ञ n. *Zweifürstenkampf.*

द्विरात्र 1) Adj. *zweitägig.* — 2) m. *eine zweitägige Feier.*

द्विरात्रीण Adj. *in zwei Nächten zu vollbringen.*

*द्विराप m. *Elephant.*

द्विरामुष्यायण Adj. = द्व्यामुष्यायण Nâr. 13,23.

द्विराषाढ m. *ein eingeschalteter* Âshâḍha-*Monat.*

द्विरिड Adj. *zweimal das Wort* इडा *enthaltend.*

°पत्स्तोभ m. Name eines Sâman.

द्विरुक्त 1) Adj. *zweimal gesagt, wiederholt, verdoppelt, reduplicirt.* Nom. abstr. °त्व n. Comm. zu TS. Prât. — 2) n. *Wiederholung.*

द्विरुक्ति f. 1) *Wiederholung, Verdoppelung.* — 2) *doppelte Schreibweise.* °कोश m. Titel eines Wörterbuchs.

*द्विरुत्तर n. = मधुगुड Gal.

द्विरुदात्त Adj. *doppelt betont.*

द्विरूढा Adj. *zum zweiten Mal verheirathet.*

द्विरूप Adj. (f. श्रा) 1) *zweifarbig.* — 2) *in zwei Formen —, auf zwei Arten erscheinend, zweifach.* Subst. *ein Wort, das auf zweierlei Art geschrieben wird.* °कोश m. *ein Wörterbuch, das solche Wörter verzeichnet.*

द्विरूपता f. *Zweiförmigkeit.*

द्विरेतस् Adj. 1) m. *doppelt besamend* (Esel) Pâr. Gṛhy. 3,15,6. — 2) f. *doppelten Samen aufnehmend* (Stute). — 3) Bez. *einer Art Zwitter* Kâraka 4,20.

द्विरेफ m. (adj. Comp. f. श्रा) *eine Bienenart.*

*द्विरेफगणसंकुला f. *Rosa glandulifera* Dhanv. 5,81.

द्विरोष्ठ्य Adj. *zwei Labiale enthaltend.* Nom. abstr. °त्व n. Comm. zu TS. Prât.

द्विर्भाव m. 1) *Verdoppelung, Reduplication.* — 2) *doppeltes Wesen, List, Verstellung.*

द्विर्वचन n. *Verdoppelung, Reduplication.*

द्विर्व्यूह Adj. *zweifach erscheinend* MBh. 12, 348,57.

द्विलक्ष n. *eine Entfernung von zweimal hunderttausend* (sc. Jogana) 173,2.

द्विलक्षण Adj. *zweifach, von zweierlei Art.*

द्विलय *etwa Doppeltempo.*

द्विवक्त्र 1) Adj. (f. श्रा) *zweimäulig, — gesichtig* Suparn. 28,1. — 2) m. N. pr. eines Dânava.

द्विवचन und °वचस् n. *Dual, die Casus- und Personalendungen des Duals.*

द्विवज्रक m. *eine sechzehneckige Säule.*

द्विवर्ण 1) Adj. *zweifarbig.* — 2) n. *Verdoppelung eines Consonanten.*

द्विवर्णरथ m. N. pr. eines Vorfahren Çâkjamuni's.

द्विवर्ष Adj. (f. श्रा) *zweijährig.*

द्विवर्षक Adj. (f. °र्षिका) dass.

*द्विवर्षीण Adj. (f. श्रा) dass.

द्विवस्त्र Adj. *mit einem Ober- und Untergewand bekleidet* Mân. Gṛhy. 1,2.

द्विवाचिन् Adj. *Zwei bezeichnend, ein Suffix des Duals.*

द्विवार्षिक Adj. *zweijährig.*

*द्विवाह्निका f. *Schwinge, Schaukel.*

*द्विविंशतिकीन Adj. *zwei Zwanziger werth.*

द्विविद m. N. pr. eines Affen.

*द्विविदारि m. Bein. Vishṇu's.

द्विविध Adj. (f. श्रा) *zweifach, zweierlei.*

द्विविधा Adv. *zweifach.*

द्विविवाहिन् Adj. *mit Zweien durch Heirath verbunden.* Nom. abstr. °हिता f.

*द्विविस्त Adj. *zwei* Vista *wiegend.*

द्विवृष Adj. *zwei Stiere habend* AV. 5,16,2.

द्विवेद Adj. *zwei* Veda *studirend, mit zwei* V. *vertraut.*

द्विवेदगङ्ग m. N. pr. eines Mannes.

द्विवेदिन् Adj. = द्विवेद.

*द्विवेसरा f. *ein von zwei Maulthieren gezogener Wagen.*

*द्विवैस्तिक Adj. = द्विविस्त.

द्विव्रणीय Adj. *von den zweierlei Wunden handelnd* Suçr. 2,1,3. 8.

द्विशत 1) Adj. (f. ई) a) *in 200 bestehend, 200 betragend* MBh. 3,188,25. Hariv. 513. — b) *der 200ste.* — 2) f. ई *zwei Hunderte.* — 3) n. a) dass. — b) *hundertundzwei.*

*द्विशतक Adj. *200 werth* u. s. w.

द्विशततम Adj. *der 200ste.*

*द्विशतिका f. *ein Betrag von 200.*

द्विशतोत्तरसाहस्र Adj. (f. ई) *aus 1200 bestehend* Verz. d. Oxf. H. 28,b, N. 2.

*द्विशत्य Adj. = द्विशतक.

द्विशफ Adj. *zweihufig;* m. *ein zweihufiges Thier.*

*द्विशरीर m. Bein. Gaṇeça's.

द्विशस् Adv. *zu Zweien, paarweise.*

द्विशाख Adj. *zweiästig* Kauç. 90.

द्विशाखक Adj. (f. °खिका) *zweiästig, gegabelt* Cit. im Comm. zu Gṛhjâs. 1,28.

*द्विशाण und *°शाणय Adj. *zwei* Çâṇa *wiegend.*

द्विशाल 1) Adj. *zwei Hallen enthaltend.* — 2) n. *ein Haus mit zwei Hallen.*

द्विशिरस् Adj. *zweiköpfig* Pañkat. 251,24.

*द्विशीर्ष Adj. dass.

*द्विशीर्षक 1) Adj. dass. — 2) m. Bein. Agni's.

द्विशुक्ल Adj. = द्विशुक्लवत् R. 5,32,11.

द्विशुक्लवत् Adj. *zu zwei reinen Geschlechtern gehörend, lauter von Seiten des Vaters und der Mutter* (Comm.) R. ed. Bomb. 5,35,20.

*द्विशूर्प Adj. *zwei* Çûrpa *genannte Maasse enthaltend.*

द्विशूल Adj. (f. श्रा) *mit zwei Spiessen, gegabelt* Âpast. Çr. 7,8,3. 19,1. Comm. zu Kâtj. Çr. 6,5,7.

द्विशृङ्ग Adj. (f. श्रा) *mit zwei Hörnern oder Spitzen versehen* Comm. zu Kâtj. Çr. 6,5,7.

*द्विशृङ्गिका f. *eine best. Pflanze.*

*द्विशृङ्गिन् m. *ein best. Fisch.*

द्विश्रुति Adj. *zwei Intervalle umfassend* S.S.S. 26.

द्विःशमी Adj. f. *zwei* Çamjâ *lang* Kauç. 137.

1. द्विष्, द्वेष्टि und द्विष्टे 1) *abgeneigt sein, einen Widerwillen empfinden gegen Jmd oder Etwas, anfeinden, hassen, seinen Hass auslassen gegen;* mit Acc., seltener mit Dat. oder Gen. द्विषन्त् (f. द्विषन्ती und *द्विषती) *abgeneigt, anfeindend, hassend;* m. *Feind.* द्विष्ट a) *verhasst, unangenehm.* — b) *abgeneigt, feindlich.* — 2) *anfeinden,* so v. a. *wetteifern —, es aufnehmen können mit* 251,2. — Mit अनु *seinen Hass auslassen gegen* (Acc.). — Mit परि in पैरिद्विषस्. — Mit प्र *eine Abneigung haben, anfeinden, hassen;* mit Acc. — Mit वि 1) Act. Med. *eine Abneigung haben, anfeinden, sich feindlich verhalten gegen* (Acc.). विद्विषन्त् *feindlich gesinnt,* m. *Feind.* विद्विषाण dass. Gaut. विद्विष्ट a) *verhasst.* — b) *feindselig gesinnt gegen* (Loc.).

— c) *in Feindschaft*, so v. a. *im Widerspruch stehend zu* (im Comp. vorangehend). — 2) Med. *sich gegenseitig abgeneigt sein, sich anfeinden.* — Caus. विद्वेषयति 1) *zu Feinden machen, unter sich verfeinden.* — 2) *Jmds* (Acc.) *Ekel erregen.* — Mit सम्, संद्विष्ट *angefeindet, gehasst.*

2. द्विष् (Nom. द्विट्) 1) f. a) *Anfeindung, Missgunst.* — b) *ein feindliches Wesen, Feind.* — 2) Adj. am Ende eines Comp. *feindlich gesinnt gegen, abgeneigt.* — 3) m. *Feind.*

द्विष 1) Adj. am Ende eines Comp. 1) *anfeindend, hassend.* Nom. abstr. °त्व n. — b) *unangenehm für.* — 2) *m. *Feind.* — द्विषा s. bes.

द्विषंहित Adj. *zu zwei aufeinandergelegt* Tâṇḍja-Br. 17,1,15.

*द्विषाण्टक (!) m. *ein vor Wind und Kälte schützendes Kleidungsstück.*

*द्विपदा (!) f. *Polianthes tuberosa.*

*द्विषंतप Adj. *den Feind bedrängend, ihm zusetzend.*

द्विषंधि Adj. 1) *aus zwei Theilen zusammengesetzt.* — 2) *doppelten* (grammatischen) Saṁdhi *zulassend.*

द्विषष् Adj. Pl. *zweimal sechs, zwölf.*

द्विषष्ट Adj. *der 62ste.*

द्विषष्टि f. *zweiundsechzig.*

द्विषष्टितम Adj. *der 62ste.*

द्विषष्टिवाक्य n. Titel eines Werkes.

*द्विषा f. *Kardamomen.*

*द्विषाष्टिक Adj. *aus 62 bestehend, 62 werth* u. s. w.

द्विषाहस्र Adj. *aus zwei Tausend bestehend* TS. 5,6,8,2.

द्विषूक्त Adj. *zwei* Sûkta *habend.*

द्विषेण्य Adj. in अद्विषेण्य.

द्विष्ट 1) Adj. s. u. 1. द्विष्. Nom. abstr. °त्व n. *das Verhasstsein, Unangenehmsein* Naish. 6,106. — 2) *n. *Kupfer.*

द्विष्ठ Adj. 1) *an zwei Orten stehend, zwei Felder einnehmend* Agni-P. 40,9. Nom. abstr. °ता f. — 2) *zweideutig* Ind. St. 13,483.

द्विष्पक्व Adj. *aufgekocht, aufgewärmt* Gobh. 3,5,8.

1. द्विस् Adv. *zweimal.* *अह्नस्, *अह्ना oder *अह्नि *zweimal am Tage.*

2. द्विस् = दिवस *Tag.*

*द्विसंवत्सरीण Adj. *in zwei Jahren vollbracht* u. s. w. P. 5,1,87, Sch.

द्विसंस्थ und द्विसंस्थित Adj. *auf zwei Feldern stehend* Agni-P. 40,8. 10.

द्विसप्तलक्षण n. Titel eines Werkes Opp. Cat. 1.

*द्विसंधि Adj. = द्विषंधि.

द्विसंध्य Adj. *eine Morgen- und eine Abenddämmerung habend* Suçr. 1,7,16.

द्विसप्तत Adj. *der 72ste.*

द्विसप्तति f. *zweiundsiebzig.*

द्विसप्ततितम Adj. *der 72ste.*

द्विसप्तधा Adv. *in 14 Theile, — Theilen.*

द्विसप्तन् Adj. Pl. *zweimal sieben, vierzehn.*

द्विसप्तसंख्याक Adj. dass. Pañkad.

द्विसम Adj. *aus zwei gleichen Theilen bestehend, zwei gleiche Seiten habend.*

द्विसहस्र 1) *Adj. *2000 werth* u. s. w. — 2) n. *zwei Tausend.*

द्विसहस्राक्ष Adj. *2000 Augen habend*; m. Bein. des Schlangendämons Çesha.

*द्विसांवत्सरिक Adj. = द्विसंवत्सरीण.

*द्विसाप्ततिक Adj. *72 werth* u. s. w.

द्विसाहस्र Adj. (f. ई) 1) *aus 2000 bestehend.* — 2) *2000* Mârk. P. 54,11.

*द्विसीत्य Adj. *zweimal gepflügt.*

*द्विसुवर्ण Adj. *zwei* Suvarṇa *werth* u. s. w.

द्विसूर्य Adj. *zwei Sonnen habend* Kâd. 49,15.

*द्विसौवर्णिक Adj. = द्विसुवर्ण.

द्विस्तना und द्विस्तनी (Comm. zu Kâtj. Çr. 453, 18) Adj. f. *zwei Zitzen (Zapfen) habend.*

*द्विस्तावा Adj. f. *zweimal das gewöhnliche Maass überschreitend* (वेदि).

द्विस्थूण m. *eine best. Truppenaufstellung.*

द्विस्वर Adj. *zweisilbig* TS. Prât.

द्विःस्वर Adj. *doppelt betont.*

*द्विहन् m. *Elephant.*

*द्विहल्य Adj. *zweimal gepflügt.*

द्विहविस् Adv. *mit zwei* Havis *versehen.*

द्विहस्त Adj. (f. आ) *die Länge von zwei Händen habend* Hemâdri 1,782,16. 825,1.

द्विहायन Adj. (f. ई) *zweijährig.* f. *आ von Leblosem.

द्विहिंकार m. Name zweier Sâman Ârsh. Br.

द्विहीन 1) Adj. *sächlichen Geschlechts.* — 2) n. *das sächliche Geschlecht.*

द्विहूतवत् Adj. *eine Herbeirufung von zwei Göttern enthaltend* Ait. Br.

द्विहृदया Adj. f. *schwanger.*

द्विहोतृ m. *ein doppelter* Hotar.

द्वीड n. Name eines Sâman.

1. द्वीन्द्रिय am Anf. eines Comp. *zwei Sinnesorgane.*

2. द्वीन्द्रिय Adj. *zwei Sinnesorgane habend.*

द्वीप 1) m. n. (adj. Comp. f. आ) *Insel, Sandbank im Flusse.* Nach dem kosmographischen System der Inder besteht die Erde aus 4, 7, 13 oder 18 *Inseln*, welche wie die Blätter einer Lotusblüthe um den Meru gelagert sind. अयं द्वीपः so v. a. जम्बूद्वीपः. Bharatavarsha zerfällt in 9 Dvîpa. — 2) m. *eine sichere Zufluchtsstätte, Retter in der Noth* Kâraṇḍ. 43,17. — 3) **Tigerfell.* — 4) **Cubeben.*

*द्वीपकर्पूरक und *°कर्पूरज (Râgan. 12,70) m. *chinesischer Kampfer.*

*द्वीपकुमार m. Pl. *eine Klasse von Göttern bei den* Gaina.

*द्वीपखर्जूरी f. *eine Dattelart* Râgan. 11,91.

द्वीपचक्कन्दिर N. pr. einer Oertlichkeit.

*द्वीपज n. = द्वीपखर्जूरी.

द्वीपराज m. *ein best.* Samâdhi Kâraṇḍ. 32,9.

द्वीपवत् 1) Adj. *inselreich.* — 2) *m. a) *Meer.* — b) *Fluss.* — 3) *f. °वती a) *Fluss.* — b) *die Erde.*

द्वीपशत्रु m. *Asparagus racemosus* Râgan. 4,118. Karaka 3,8.

*द्वीपसंभव 1) m. a) *Cubeben.* — b) *Vernonia anthelminthica.* — 2) f. आ *eine Dattelart.*

द्वीपान्तरवचा f. *Smilax China* Bhâvapr. in Mat. med. 264.

द्वीपिकर्णि m. N. pr. eines Fürsten.

द्वीपिका f. *Asparagus racemosus* Râgan. 4,118. Karaka 7,1.

द्वीपिन् 1) *Adj. *mit Inseln —, inselähnlichen Flecken versehen.* — 2) m. *Panther, Leopard* (**Tiger*). Nom. abstr. °पिता f. und °पित्व n. — 3) f. °नी a) *Strom, Fluss, Meer* Bâlar. 71,11. — b) **eine best. Pflanze.*

*द्वीपिनख m. *Unguis odoratus.*

*द्वीपिशत्रु m. *Asparagus racemosus.*

द्वीप्य 1) Adj. *auf Inseln wohnend* u. s. w. — 2) *m. a) *Cubeben.* — b) *ein Krähenart.* — c) Bein. Vjâsa's. — 3) *f. आ *Asparagus racemosus* Râgan. 4,118.

*द्वीरावतीक Adj. *zwei* Irâvatî (Flüsse dieses Namens) *besitzend.*

द्वृच m. *eine Strophe von zwei Versen.*

द्वेधा Adv. *entzwei, in zwei Theile, — Theilen, zweifach, auf zwei Male.* °कृत *entzweigebrochen* Bâlar. 106,16.

द्वेधी Adv. = द्वेधा in °भूत AV. Pariç. 50,8.

द्वेष m. (adj. Comp. f. आ) *Abneigung, Widerwille, Hass, — gegen* (im Comp. vorangehend). द्वेषं कर् *seinen Hass gegen Jmd* (Dat. oder Loc.) *an den Tag legen.*

द्वेषण 1) Adj. *eine Abneigung —, einen Widerwillen an den Tag legend, hassend, anfeindend.* — 2) *m. *Feind.* — 3) n. *Abneigung, Anfeindung, Hass, — gegen* (Gen. oder im Comp. vorangehend).

द्वेषणीय Adj. = द्वेष्य 1) Comm. zu Njâjam. 10,2,20.

द्वेषपरिमुक्ता f. N. pr. einer Gandharva-Jungfrau Kârand. 5,13.

द्वेषपरिमोचन m. *ein best.* Samâdhi Kârand. 93,1.

द्वेषस् n. 1) *Abneigung, Widerwille, Anfeindung, Hass.* — 2) *ein Böswilliger, Hasser, Feind.*

द्वेषस्थ Adj. (f. आ) *eine Abneigung an den Tag legend* 188,4.

द्वेषिन् 1) Adj. *eine Abneigung —, einen Widerwillen habend, — gegen* (Gen. oder im Comp. vorangehend), *anfeindend, hassend, zu schaden suchend.* — 2) m. *Feind* 177,1.

द्वेषोयवन (Maitr. S. 1,2,10) und **द्वेषोयुत्** Adj. *Anfeindung abwendend.*

द्वेष्टर् Nom. ag. *der eine Abneigung —, einen Widerwillen hat gegen* (im Comp. vorangehend), *Anfeinder, Hasser, Feind.*

द्वेष्टोस् Gen. Inf. zu 1. द्विष् Çat. Br. 2,3,4,6.

द्वेष्य 1) Adj. *wovor oder vor dem man eine Abneigung hat, widerlich, unangenehm, verhasst.* — 2) m. *Feind.* — 3) *n. *Muskatnuss* Gal.

द्वेष्यता f. und **द्वेष्यत्व** n. (Njâjam. 10,2,20. Bhâvapr. 3,40) *das Verhasstsein.*

द्वेष्यपापक Adj. *dem das Böse verhasst ist* MBh. 12,83,44.

द्वैसत Adj. *vom Nabel aufwärts und abwärts gleiches Maass habend* (Comm.)

*द्वै Indecl.

*द्वैकुलिजिक Adj. (f. ई) *zwei* Kuliǵa (*ein best. Hohlmaass*) *enthaltend.*

द्वैगत n. Name eines Sâman.

*द्वैगुणिक 1) Adj. *der sich 100 Procent zahlen lässt.* — 2) m. *Wucherer.*

द्वैगुण्य n. *Verdoppelung, der doppelte Betrag* Gaut. Comm. zu Çiç. 3,76.

द्वैजात Adj. *zu den Zweimalgeborenen gehörend, aus ihnen bestehend.*

द्वैत n. *Zweiheit, Dualität, Dualismus.*

द्वैतधात्त m. N. pr. eines Schülers Çaṁkarâkârja's.

द्वैतनिर्णय m., **द्वैतपरिशिष्ट** n. und **द्वैतभाषण** n. Titel verschiedener Werke.

द्वैतभृत m. Pl. *eine best. Schule.*

1. **द्वैतवन** m. Patron. Dhvasan's.

2. **द्वैतवन** 1) Adj. *zu* Dhvasan Dvaitavana *in Beziehung stehend.* — 2) n. *ein solcher Wald.*

द्वैतवाद m. *Dualismus.*

*द्वैतवादिन् m. *Dualist.*

द्वैतवैतथ्योपनिषद् f. Titel einer Upanishad.

द्वैतसिद्धान्तसंग्रह m. Titel eines Werkes.

द्वैतिन् m. *Dualist* Çaṁk. zu Bâdar. 1,2,3.

*द्वैतीयक Adj. *jeden zweiten Tag wiederkehrend* (Fieber).

द्वैतीयीक Adj. *der zweite.* Nom. abstr. °ता f.

*द्वैदत्ति m. Patron. von द्विदत्त.

द्वैध 1) Adj. *getheilt, zweifach, doppelt.* °म् Adv. *in zwei Theile, — Theilen.* — 2) n. a) *Zweiheit, doppeltes Vorhandensein, das Auseinandergehen, Verschiedenheit, Zweitheilung, Doppelwesen, Spaltung —, Trennung in zwei Theile, Zwiespalt, Streit.* — b) *Theilung der Streitkräfte.*

द्वैधी Adv. mit भू 1) *in zwei Theile auseinander gehen.* — 2) *in Zwiespalt gerathen.*

द्वैधीकरण n. *das Spalten.*

द्वैधीभाव m. 1) *Zweiheit, Doppelnatur.* — 2) *Theilung der Streitkräfte.* — 3) *Doppelwesen, doppeltes Spiel, Falschheit, Hinterlist.* — 4) *Zweifel, Ungewissheit.*

1. **द्वैप** Adj. (*f. ई) *auf einer Insel befindlich, dort wohnend u. s. w.* Comm. zu Çiç. 3,76.

2. **द्वैप** 1) Adj. a) *vom Panther —, vom Leoparden kommend.* — b) **mit einem Panther- oder Leopardenfell überzogen.* — 2) *m. *Panther —, Leopardenfell.*

*द्वैपक Adj. *auf einer Insel wohnend u. s. w.*

द्वैपत und **द्वैपत्य** (MBh. 8,87,60) n. *zwei Parteien.*

1. **द्वैपद** m. 1) *Wortpaar.* — 2) *ein Paar Versfüsse* Vaitân.

2. **द्वैपद** Adj. von 2. द्विपद 3) a).

द्वैपदशस् Adv. *Wortpaarweise.*

*द्वैपदिक Adj. mit 2. द्विपद 3) a) *vertraut.*

द्वैपराक m. *eine best.* Trirâtra.

1. **द्वैपायन** m. *der Insulaner,* Bein. Vjâsa's.

2. **द्वैपायन** 1) Adj. zu 1. Dvaipâjana *in Beziehung stehend.* — 2) f. ई wohl N. pr. eines Flusses.

*द्वैपारायणिक Adj. *der zweimal Etwas durchgeht.*

द्वैप्य 1) Adj. *auf einer Insel wohnend, daher kommend.* — 2) *m. Pl. N. pr. eines Volkes.*

*द्वैभाव्य n. *doppeltes Wesen u. s. w.*

द्वैमत्य m. Patron. Auch Pl.

द्वैमातुर 1) Adj. *zwei Mütter habend.* भ्रातर् *Stiefbruder.* — 2) *m. a) Bein. Gaṇeça's. — b) Ǵarâsaṁdha's.*

*द्वैमातृक Adj. *mit Regen und Flüssen gesegnet* Râǵan. 2,10.

द्वैमास्य Adj. *zwei Monate während* Gaut.

*द्वैमित्रि Adj. *zwei Freunde zu Vätern habend.*

द्वैयक्काल्य n. Nom. abstr. von द्व्यक्काल Ǵaim. 5,4,23.

*द्वैयह्निक Adj. *in zwei Tagen vollbracht u. s. w.* P. 5,1,87, Sch.

*द्वैयाह्लावक Adj. von द्व्याह्लाव.

द्वैयोग्य n. *eine Verbindung mit Zweien, eine Zugehörigkeit zu Zw.*

द्वैरथ 1) Adj. a) in Verbindung mit युद्ध oder n. mit Ergänzung von युद्ध *ein Zweikampf zu Wagen, Zweikampf* überh. — b) *über einen Zweikampf handelnd.* — 2) m. *der Gegner in einem Kampfe.*

द्वैराज्य n. 1) *eine unter zwei Fürsten getheilte Herrschaft.* — 2) *die Grenzen zweier Staaten, Grenze* überh. Naish. 8,59.

*द्वैरात्रिक Adj. *zweitägig, in zwei Tagen vollbracht* u. s. w. P. 5,1,87, Sch.

द्वैरूप्य Adj. *Zweiheit der Form, das Doppelterscheinen, Doppelwesen* Comm. zu Âpast. Çr. 5,11,4.

द्वैलिङ्ग्य n. *Zweigeschlechtigkeit.*

द्वैवचन Adj. *zum Dual gehörig.*

*द्वैवर्षिक Adj. (f. ई) *in zwei Jahren bevorstehend u. s. w.*

द्वैविध्य n. *Zweifachheit, zweifache Art* Kap. 6,9.

*द्वैशाण Adj. (f. ई) *zwei* Çâṇa *wiegend.*

*द्वैषणीया f. *eine Art Betelpfeffer.*

द्वैसंध्य (Conj.) n. *Morgen- und Abenddämmerung.*

*द्वैसमिक Adj. *zweijährig.*

*द्वैहायन n. *ein Zeitraum von zwei Jahren.*

1. **द्व्यंश** 1) m. Sg. *zwei Theile.* — 2) f. ई dass. Gaut.

2. **द्व्यंश** Adj. *zwei Antheile habend.*

द्व्यत 1) Adj. (f. ई) *zweiäugig.* — 2) m. Pl. N. pr. eines Volkes MBh. 2,51,17.

1. **द्व्यंतर** n. Sg. *zwei Silben* TS. 1,6,11,1.

2. **द्व्यत्तर** (TS.) und **द्व्यंतर** (Çat. Br.) 1) Adj. (f. आ) *zweisilbig.* — 2) n. *ein zweisilbiges Wort.*

द्व्यग्नि Adj. *zweimal das Wort* अग्नि *enthaltend* Ait. Br.

द्व्यङ्ग MBh. 9,1388 fehlerhaft für त्र्यङ्ग; व्यङ्ग ed. Bomb.

1. **द्व्यङ्गुल** n. *das Maass von zwei Daumenbreiten.*

*द्व्यङ्गुल उत्कर्षम्, *द्व्यङ्गुलेनोत्कर्षम् und *द्व्यङ्गुलोत्कर्षम् Absol. P. 3,4,51, Sch.

2. **द्व्यङ्गुल** Adj. *das Maass von zwei Daumenbreiten habend.* °शृङ्ग Adj. als Bez. des Alters eines gehörnten Thieres.

*द्व्यञ्जल und *द्व्यञ्जलि n. *zwei Handvoll.*

द्व्यणुक n. *eine Verbindung von zwei Atomen* Çaṁk. zu Bâdar. 2,2,11. Naish. 3,125. **द्व्यणुकोदर** Adj. (f. ई) so v. a. *überaus schmächtigen Leibes* 4,3.

द्व्यधिक Adj. (f. आ) *zwei mehr* Gaut.

द्व्यन्तर Adj. (f. आ) *durch zwei Zwischenglieder getrennt* Gaut. Saṁhitopan. 27,3.

द्व्यभियोग m. *eine Anklage zweierlei Art* 212,12.

द्व्यर्थ Adj. (f. आ) *zwei Bedeutungen habend, doppelsinnig* Daçin. 5,22. 23.

द्व्यर्ध Adj. *anderthalb.*

द्व्यशीत Adj. *der 82ste.*

द्व्यशीति f. *zweiundachtzig.*

द्व्यशीतितम Adj. *der 82ste.*

*द्व्यष्ट n. *Kupfer.*

द्व्यष्टसहस्र° *sechzehn Tausend.*

द्व्यष्टसाहस्र n. dass. Bhâg. P. 10,69,2.

1. द्व्यह्न m. *ein Zeitraum von zwei Tagen.* Acc. *zwei Tage lang* Gaut. Abl. (217,25. 227,33) und Loc. (227,33) *nach zwei Tagen.* द्व्यहवृत्त Adj. *vor zw. T. geschehen* 241,27. *द्व्यहं तर्षम् und *द्व्यहतर्षम् Absol. *nachdem man Jmd zw. T. hat dürsten lassen,* *द्व्यहमत्यासम् und *द्व्यहात्यासम् Absol. *mit Ueberspringung von zw. T.* P. 3,4,57, Sch.

2. द्व्यह्न 1) Adj. *zweitägig.* — 2) m. *eine zweitägige Feier.*

द्व्यहकाल Adj. (f. आ) *auf zwei Tage fallend* Comm. zu Gaim. 5,4,22.

*द्व्यहन् = 1. द्व्यह्. Loc. द्व्याह्नि.

द्व्यहीन Adj. *in zwei Tagen zu vollbringen* Lâṭj. 8,4,3. Nom. abstr. °त्व n. 8.

*द्व्यातायण m. gaṇa रेपुकार्यादि.

द्व्यात्मक Adj. *eine doppelte Natur habend.* Pl. Bez. *der Zodiakalbilder Zwillinge, Jungfrau, Schütze und Fische.*

द्व्याधान n. *das Anlegen des heiligen Feuers durch zwei Personen* Gaim. 6,1,22.

द्व्यामुष्यायण m. *von Zweien abstammend, zu Zweien als* आमुष्यायण *sich verhaltend.*

द्व्यामुष्यायणक Adj. dass. Nâr. 13,23.

द्व्याम्नात Adj. *zweimal erwähnt* Gaim. 3,8,17.

*द्व्यायुष n. *ein doppeltes Lebensalter.*

द्व्याश्रयकोशवृत्ति f. Titel eines Werkes Bühler, Rep. No. 723.

(द्व्यास्य) द्विँआस्य, द्विँआसित्र Adj. (f. आ) *zweimäulig* AV. 5,19,10. 8,6,22.

*द्व्याह्राव Adj. *zwei Tränken habend.*

द्व्याह्निक Adj. *über einen Tag wiederkehrend* (Fieber) Agni-P. 31,18.

द्व्युक्थ Adj. *zwei* Uktha *sprechend* Ait. Br.

द्व्युदात्त Adj. *doppelt betont;* n. *ein solches Wort.*

द्व्युदास m. *zwei in die Höhe gezogene Tonstellen habend* Tâṇḍja-Br. 5,7,4. 11,5,19.

द्व्युरण Adj. (f. आ) *zwei Lämmer habend* 29,26.

द्व्येकान्तर Adj. (f. आ) *durch Zwei oder Eins getrennt.*

द्व्योग m. *Zweispänner.*

द्व्योपश Adj. (f. आ) 1) *mit zwei überschüssigen Silben versehen.* — 2) *mit zwei Hörnern versehen.*

1. °ध 1) Adj. *setzend, legend* u. s. w. — 2) f. °धा Nom. act. in तिरोधा u. s. w.

2. *ध 1) m. *a) Verdienst, Tugend.* — *b)* Bein. *α)* Brahman's. — *β)* Kubera's. — *c) die 6te Note.* — 2) n. *Besitz, Reichthum.*

°धक् Nomin. von 2. °दघ् und 2. °दह्.

*धकित् Indecl. = धिक्.

*धक्क्, धक्कयति (नाशने).

धँनु Adj. = दनु *brennend.*

धगद्धगिति (onomatop. mit इति) *knack!* Hem. Par. 11,136.

धगिति (onomatop. mit इति) *im Nu* Kâd. 2,90,13.

धट 1) m. *a) Wagschale* Hemâdri 1,192,22. 212, 23. 213,2. — *b) die Wage im Thierkreise.* — 2) f. ई *Lappen, ein um die Schamtheile geschlagenes Tuch.*

धटक 1) m. *ein best. Gewicht.* — 2) f. धटिका fehlerhaft für घटिका.

धटिन् m. als Beiw. Çiva's MBh. 12,10419 fehlerhaft für घटिन्.

धटोत्कच m. N. pr. eines Mannes. Wohl fehlerhaft für घटोत्कच.

धडिरव m. N. pr. eines Mannes.

*धण्, धणति (शब्दार्थ).

धत्तूर m. 1) *Datura alba* oder *Stechapfel* überh. Râǵan. 10,17. Bhâvapr. 1,203. Spr. 7716. n. *die Frucht.* — 2) *Gold* Spr. 7716.

धत्तूरका f. = धत्तूर 1).

1. धन्, दधन्ति 1) *in Bewegung setzen, laufen machen.* Zu belegen nur दधॅनत्. — 2) *धान्ये. — Caus. धनॅयति, °ते 1) Act. Med. *in Bewegung setzen.* — 2) Med. *sich in Bewegung setzen, laufen.* — Mit प्र *hervorlaufen, — strömen, quellen.* Nur °दधन्युम् zu belegen.

2. *धन्, धनति *tönen* u. s. w.

धॅन 1) n. (adj. Comp. f. आ) *a) Kampfpreis,* sowohl *der für den Sieger in einem Wettkampfe ausgesetzte Lohn,* als auch *das dem Feinde Abgenommene, Beute.* Auch *Einsatz* und *Gewinn im Spiele.* हितं धॅनम् *der ausgesetzte Kampfpreis* und auch *der eröffnete Kampf.* धॅनम् mit भर् Med. *den Preis* oder *die Beute davontragen.* — *2) Wettkampf.* धॅनम् mit जि Simpl. oder mit सम् *im Kampfe siegen* (aber auch *den Kampfpreis gewinnen*). — *c)* Sg. und Pl. *Werthgegenstand* überh.: *Geld, Gut, Habe, Vermögen, Besitz.* — *d) Lohn, Gabe.* — *e) Kapital* im Gegens. zu वृद्धि *Zinsen.* — *f)* = गोधन *Besitz an Kühen, Kuhheerde.* — *g) eine positive Zahl.* — *h) das zweite astrologische Haus.* — *i)* *= स्नेहपात्र. — 2) m. N. pr. eines Kaufmanns Hem. Par. 12,242. Ind. St. 15,330.

धनक m. 1) **Geldgier.* — 2) N. pr. verschiedener Männer.

धनकपीवत् m. N. pr. v. l. für वन°.

धॅनकाम und धनकाम्यॅ Adj. *geldgierig, habsüchtig.*

*धनकेलि m. Bein. Kubera's.

धनकोश m. *Geldschatz, ein Vorrath an Geld und andern Habseligkeiten* R. 2,36,7.

धनक्षय m. 1) *Verlust des Geldes, — Vermögens.* — 2) N. pr. eines Mannes.

धनगर्व m. N. pr. eines Mannes.

धनगिरि m. desgl. Hem. Par. 12,4.

धनगुप्त Adj. *der sein Geld verwahrt* (d. i. nicht verschenkt und nicht geniesst). Nom. abstr. °ता f. Richtig wäre गुप्तधन und °ता

धनगोप्तर् Nom. ag. *sein Geld verwahrend, — hütend* (d. i. nicht verausgabend) Spr. 4936.

*धनच्छू m. *der numidische Kranich.*

धनजात n. Pl. *alle Arten von Werthgegenständen, Alles was Habe heisst.*

धनजिँत् 1) Adj. *a) Preise oder Beute gewinnend, siegreich.* — *b) Schätze gewinnend.* — 2) m. *ein best.* Ekâha.

धनंजयॅ 1) Adj. (f. ई) *Preise oder Beute gewinnend, siegreich im Kampfe.* — 2) m. *a) Feuer.* — *b) ein best. Wind des Körpers, der die Ernährung bewirken soll,* 264,33. 265,10. — *c)* **Plumbago zeylanica.* — *d)* Bein. Arǵuna's, *des 3ten Sohnes des* Pâṇḍu. — *e)* **Terminalia Arunja* (अर्जुन) Râǵan. 9,121. — *f) der neunte Tag des* Karmamâsa. — *g)* N. pr. *α)* eines Schlangendämons. — *β)* verschiedener Männer. Pl. *die Nachkommen* Arǵuna's Âçv. Çr. 12,14,4.

धनंजयकोश m., °जयनाममाला f. und °जयनिघण्टु m. Titel von *Wörterbüchern.*

धनंजयविजय m. Titel eines Schauspiels Dh. V. 3,11.

धनंजयसंग्रह m. Titel eines Werkes.

धनतम n. *eine überaus reiche Gabe.*

धनतृप्ति f. *Genüge an Geld* Pańkat. 240,16. धनाप्ति v. l.

धनद 1) Adj. (f. आ) *Geld —, Reichthum verleihend, freigebig.* — 2) m. *a)* **Barringtonia acutangula.* — *b)* Bein. Kubera's. — *c)* **ein* Guhjaka. — *d)* N. pr. *α)* eines Schlangendämons. — *β)* eines Dieners des Padmapâṇi. — *γ)* verschiedener Männer Ind. St. 15,330. — *δ)* eines Affen. — *ε)* eines Berges. — 3) f. आ N. pr. einer der Mütter im Gefolge Skanda's. — 4) *n. *eine Art Haus* Gal.

धनदण्ड m. *Geldstrafe.*

धनदतीर्थ n. N. pr. eines Tîrtha.

धनदत्त m. N. pr. verschiedener Männer.

धनदस्तोत्र n. Titel eines *Lobgedichts.*

धनदा Adj. 1) *den Kampfpreis verleihend, Beute gebend.* — 2) *Schätze verleihend.*

*धनदाती f. *Guilandina Bonduc* Râǵan. 8,63.

धनदानुज m. Bein. Râvaṇa's.

धनदायिन् 1) Adj. *Lohn gebend, belohnend* Saṁhitopan. 30,3. — 2) *m. Bein. Agni's.

*धनदावास m. Bein. des Kailâsa.

धनदास्तोत्र n. Titel eines *Lobgesanges.*

धनदेव m. N. pr. verschiedener Männer Hem. Par. 10,4.

धनदेश्वर m. Bein. Kubera's.

धनदेश्वरतीर्थ n. N. pr. eines Tîrtha.

धनधर्म m. = धनधर्मन् 1) VP.² 4,212.

धनधर्मन् 1) m. N. pr. eines Fürsten VP.² 4,212. — 2) n. प्रजापतेर्धनधर्मणी Name zweier Sâman Ârsh. Br.

धनधानी f. *Aufbewahrungsort für werthvolle Gegenstände* Taitt. Âr. 10,67.

धनधान्य *ein best. über Waffen gesprochener Zauberspruch.*

धननाश m. *Verlust des Vermögens* 163,20.

*धननेतर m. *Fürst, König* Gal.

*धनंददा f. N. pr. einer buddh. Gottheit.

धनपति m. 1) *Herr der Schätze, Beute u. s. w.* — 2) *ein reicher Mann.* — 3) * *Fürst, König* Gal. — 4) Bein. Kubera's. — 5) N. pr. eines Mannes. Auch °मिश्र und °सूरि.

धनपर Adj. (f. आ) *auf Geld erpicht* Vâmana 36,16.

धनपाल m. 1) *Schätzehüter.* — 2) * *Fürst, König* Gal. — 3) N. pr. verschiedener Männer Hem. Par. 12,10.

*धनपिशाचिका und *°पिशाची f. *Geldgier, Habsucht.*

*धनप्रिया f. *eine best. Pflanze.* Richtig धनप्रिया.

धनभक्त m. Pl. *Beute und Genüsse.*

धनमद m. *Geldstolz.*

धनमदवत् Adj. *geldstolz* 177,30.

धनमित्र m. N. pr. verschiedener Männer.

1.*धनमूल n. *Kapital.*

2.धनमूल Adj. *im Reichthum wurzelnd, aus dem R. hervorgehend.*

धनमोहन m. N. pr. eines Mannes.

धनयौवनशालिन् Adj. *reich und jung* 126,21.

धनरक्त Adj. *sein Geld hütend* (d. i. *nicht herausgabend*) zu Spr. 4956.

धनरक्षक m. Bein. Kubera's.

धनरूप n. *eine best. Art von Besitz* Gaut. 28,11.

धनर्च und धनर्चि Adj. *etwa von Beute strotzend.*

धनलोभ m. *Geldgier, Habsucht.*

धनवत् 1) Adj. *reich; m. ein reicher Mann.* — 2) m. *das Meer.* — 3) f. °वती *a)* * *das Mondhaus* धनिष्ठा. — *b)* N. pr. α) einer Vidjâdharî. — β) verschiedener Frauen.

धनवर्जित Adj. *arm* 168,11.

धनवृद्ध Adj. *reich an Gelde* Spr. 6866.

धनव्यय m. *Hingabe von Geld, — Schätzen* 110,17.

धनश्री f. N. pr. einer Frau Hem. Par. 2,78.

धनसंचय m. und °न n. (Spr. 7555) *das Sammeln von Reichthümern.*

धनसंचयिन् Adj. *reich; m. ein reicher Mann.*

धनसनि Adj. *Beute —, Gaben —, Schätze gewährend* oder *gewinnend.*

धनसंपत्ति f. *Reichthum.*

धनसा Adj. = धनसनि.

धनसाति f. *das Erwerben von Schätzen u. s. w.*

धनसाधन n. *das Gewinnen von Reichthümern* Ind. St. 15,288.

*धनसू m. *der gabelschwänzige Würger.*

धनस्थ Adj. *wohlhabend, reich.*

धनस्थान n. 1) *Schatzkammer, Geldkasse.* — 2) *das zweite astrol. Haus* Verz. d. Oxf. H. 330,*a*,31.

धनस्थानाधिकारिन् m. *Schatzmeister.*

धनस्पृत् Adj. *den Preis —, die Beute u. s. w. davontragend.*

*धनस्यक m. *Asteracantha longifolia.*

धनस्वामिन् m. *Geldbesitzer, Kapitalist* 223,5.

धनहर 1) m. *eine best. Pflanze.* — 2) f. ई *ein best. Parfum aus Nepal* Bhâvapr. 1,193.

धनहीन Adj. *des Geldes ermangelnd, arm* Spr. 3057. Nom. abstr. °ता f. *Armuth* 7717.

*धनहृत् m. *ein best. Knollengewächs.*

*धनाक m. N. pr. eines Mannes. Vgl. धानाक.

धनागम m. (adj. Comp. f. आ) *Gelderwerb, Geldbesitz.*

धनाढ्य Adj. *reich.* Nom. abstr. °ता *das Reichsein, Reichthum.*

धनाधिक (Conj.) Adj. *reich* Spr. 3062.

*धनाधिकारिन् m. 1) *Erbe.* — 2) *Schatzmeister.*

*धनाधिकृत m. *Schatzmeister.*

धनाधिगोप्तर् Nom. ag. Bein. Kubera's.

धनाधिप m. Bein. Kubera's. Auch auf Çiva übertragen.

धनाधिपति m. Bein. Kubera's.

धनाधिपत्य n. *die Oberherschaft über die Schätze.*

धनाध्यक्ष m. 1) *Schatzmeister.* — 2) Bein. Kubera's.

धनान्वित Adj. *begütert, reich* Varâh. Jogaj. 9,11.

धनाप्ति f. *Erlangung von Schätzen* Pańkat. ed. Bomb. 5,52,15.

धनाय्, धनायति, °ते *als Gut wünschen, verlangen nach* (Dat. oder Gen.).

*धनाया f. *Verlangen, Gier.*

धनायु Adj. *Geld erwerbend* AV. Paipp. 11,1,2.

धनायुस् m. N. pr. eines Sohnes des Purûravas.

धनार्घ Adj. *Lohnes —, Preises werth.*

धनार्थिन् Adj. *nach Geld verlangend, geldgierig* 63,22. 158,5.

धनाशा f. *Hoffnung Geld zu gewinnen* Spr. 7664. *das Verlangen nach Schätzen, Geldgier.*

*धनाश्री f. *eine best.* Râgiṇî.

धनिक 1) Adj. *a) reich.* — *b)* * *gut.* — 2) m. *a) ein reicher Mann.* — *b) Gläubiger.* — *c)* * *Ehemann.* — *d)* N. pr. verschiedener Männer. — 3) *m. n. *Koriander.* — 4) * f. आ *a) ein gutes Weib, ein junges Weib* und *Weib überh.* — *b) Panicum italicum.*

धनिकता f. *das Reichsein, Reichthum.*

धनिन् 1) Adj. *Beute —, Schätze besitzend, reich.* — 2) m. *a) ein reicher Mann.* — *b) Gläubiger.* — *c)* * Bein. Kubera's. — *d)* N. pr. eines Boten der Kapa.

1.धनिष्ठ Adj. (f. आ) *etwa überaus rasch.*

2.धनिष्ठ 1) Adj. *überaus reich.* — 2) f. आ Sg. und Pl. späterer Name für *das Mondhaus* Çravishṭhâ.

*धनीका f. *ein junges Weib.*

*धनीय्, °यति *sich Reichthum wünschen.*

*धनीयक n. *Koriander.*

1.धनु m. 1) *Bogen.* Auch *धनू f. — 2) *ein best. Längenmaass,* = 4 Hasta. — 3) *der Schütze im Thierkreise* Pań. 5,21. — 4) * *Buchanania latifolia.* — 5) * *Semecarpus Anacardium.*

2.धनु und धनू f. *Sandbank, hervorragendes Festland, Gestade, Insel* (auch von den *Wolken*).

*धनुकेतकी f. *eine best. Blume.*

धनुगुप्त m. N. pr. eines Mannes.

धनुतर Nom. ag. *rennend, rinnend, rasch fliessend.*

*धनुराज m. N. pr. eines angeblichen Vorfahren Çâkjamuni's.

धनुरार्त्नी f. *Bogenende* Çat. Br. 5,4,3,10. 14,1,1,7.

धनुराशि m. *der Schütze im Thierkreise.*

धनुरासन n. *eine best. Art zu sitzen.*

*धनुर्गुणा f. *Sanseviera zeylanica.*

धनुर्ग्रह m. 1) *Bogenträger, Bogenschütze.* — 2) *die Kunst den Bogen zu führen.* — 3) N. pr. eines Sohnes des Dhṛtarâshṭra.

धनुर्ग्राह und °ग्राहिन् (Çâk. Ch. 33,2) m. = धनुर्ग्रह 1).

धनुर्ज्या f. *Bogensehne* Vâmana 2,2,13. Chr. 37,6. Hariv. 7315.

धनुर्दुर्ग Adj. *schwer zugänglich wegen einer Wüste; n. ein solcher Ort* M. 7,70. MBh. 12,3332. v. l. धन्वदुर्ग.

*धनुर्द्रुम m. *Bambusrohr* Râǵan. 7,35.

धनुर्धर 1) Adj. *einen Bogen tragend, mit einem B. bewaffnet; m. Bogenschütze.* Auch als Beiw. Çiva's. — 2) m. *a) der Schütze im Thierkreise.* — *b)* N. pr. eines Sohnes des Dhṛtarâshṭra.

धनुर्धारिन् 1) Adj. Subst. = धनुर्धर 1). Auch als Beiw. Çiva's. — 2) m. *der Schütze im Thierkreise* Vâstuv. 835.

धनुर्भृत् Adj. Subst. = धनुर्धर 1).

धनुर्मख m. *die feierliche Einweihung eines Bogens.*

*धनुर्मध्य n. *die Mitte eines Bogens.*

धनुर्मह m. = धनुर्मख.

*धनुर्मार्ग m. *Bogenlinie.*

*धनुर्माला f. *Sanseviera zeylanica.*

धनुर्मासमाहात्म्य n. Titel eines Werkes Opp. Cat. 1.

धनुर्यन्त्र n. *Bogen* Bâlar. 95,15.

धनुर्यष्टि f. *Bogen* Daçak. 86,9. यष्टि hinzugefügt um ein Fem. zu erhalten.

*धनुर्यास m. *Alhagi Maurorum.*

धनुर्योग्या f. *Uebung im Bogenschiessen* Bâlar. 40,21.

धनुर्लता f. 1) *Bogen* Kathâs. 74,217. लता hinzugefügt um ein Fem. zu erhalten. — 2) * *eine* Soma-*Pflanze* Râǵan. 3,86.

धनुर्वक्त्र m. N. pr. eines Wesens im Gefolge Skanda's.

धनुर्वक्र Adj. (f. आ) *krumm wie ein Bogen* Suçr. 1,94,1.

धनुर्वात m. *eine best. Krankheit.*

धनुर्विद्या f. *Bogenkunde.*

धनुर्विद्यादीपिका f. Titel eines Werkes.

*धनुर्वृत्त m. 1) *Bambusrohr.* — 2) *Ficus religiosa.* — 3) *Semecarpus Anacardium.* — 4) *Isora corylifolia* Râǵan. 9,114. — 5) *ein best. Längenmaass.* — 6) in der Geometrie *Bogen.*

धनुर्वेद m. *Bogenkunde, ein über die B. handelndes Lehrbuch.* Gilt als ein Upaveda zum Jaǵurveda. Ein Werk unter diesem Titel von Çârñgadatta Bühler, Rep. No. 558.

धनुर्वेदचिन्तामणि m. Titel eines Werkes.

धनुर्वेदिन् Adj. *mit dem* धनुर्वेद *vertraut* (Çiva).

*धनुश्श्रेणी f. *Sanseviera zeylanica.*

धनुःशाखा f. *Sanseviera zeylanica.*

धनुःशाला f. *Bogenkammer, der Ort wo die Bogen aufbewahrt werden.*

*धनुःश्रेणी f. 1) = धनुश्श्रेणी. — 2) = महेन्द्रवारुणी.

धनुष m. N. pr. eines Ṛshi.

धनुषात m. desgl.

धनुष्क 1) am Ende eines adj. Comp. = धनुस् *Bogen.* — 2) n. *ein kleiner oder geringer Bogen.*

*धनुष्कपाल n. gaṇa कास्कादि.

1.*धनुष्कर 1) m. *Bogenmacher.* — 2) f. ई *eine best. Blume.*

2.*धनुष्कर Adj. *einen Bogen in der Hand haltend, mit einem B. bewaffnet.*

धनुष्काण्ड n. Sg. *Bogen und Pfeil* 153,2. 154,4.

धनुष्कार und धनुष्कृत् m. *Bogenmacher.*

धनुष्कोटि oder °टी f. *das gekrümmte Ende eines Bogens* 57,15.

धनुष्खण्ड n. *ein Stück von einem Bogen* Megh. 15.

*धनुष्खाता f. N. pr. eines Flusses Kâç. zu P. 6, 2,146.

*धनुष्पट m. *Buchanania latifolia.*

धनुष्पाणि Adj. *einen Bogen in der Hand haltend, mit einem B. bewaffnet.*

धनुष्मत्ता f. *Geschicklichkeit im Bogenschiessen.*

धनुष्मत् 1) Adj. *mit einem Bogen versehen, — bewaffnet; m. Bogenschütze.* — 2) m. N. pr. eines Berges. — 3) f. °ष्मती N. pr. einer Gottheit.

1. धनुस् (*m.) n. *a) Bogen.* — *b) ein best. Längenmaass,* = 4 Hasta. — *c) ein geometrischer Bogen.* — *d) Fiedelbogen* S.S.S. 179. — *e) ein bogenförmiges Instrument zur Beobachtung der Sonnenhöhe und Zenith-Distanz.* — *f) der Schütze im Thierkreise.* — *g)* * *Buchanania latifolia.* — *h)* Bein. Çiva's. Nach Nilak. = धनुःस्वरूप. — 2) * Adj. *mit einem Bogen bewaffnet.*

2. धनुस् n. = 2. धन्वन्. Vgl. धनुर्दुर्ग.

धनुस्तम्भ s. धनुःस्तम्भ.

धनुःसंस्थ Adj. *bogenförmig* MBh. 6,6,38.

धनुःस्तम्भ m. *eine best. Krampferscheinung, bei welcher der Körper wie ein Bogen gekrümmt ist.*

धनूकस्ता f. N. pr. eines Wesens im Gefolge der Devî.

*धनू f. *Vorrath an Korn.* Vgl. auch 1. und 2. धनु.

धनेच्छा f. *ein Verlangen nach Geld* Spr. 7726.

*धनेयक n. *Koriander.*

धनेयु m. N. pr. eines Sohnes des Raudrâçva.

धनेश् m. = धनेश 1) Ind. St. 15,333.

धनेश m. 1) *Besitzer von Schätzen, ein reicher Mann.* — 2) Bein. Kubera's. — 3) N. pr. des Lehrers von Vopadeva.

धनेश्वर 1) m. *a)* Bein. Kubera's. — *b)* N. pr. verschiedener Männer. Auch °सूरि. — 2) f. ई *a) Besitzerin von Reichthümern.* — *b)* N. pr. einer Frau Hem. Par. 10,11. — 3) wohl n. N. pr. einer Oertlichkeit.

धनैश्वर्य n. *die Herrschaft über die Schätze* (Kubera's).

धनोष्मन् m. *die brennende Gier nach Schätzen.*

*धन्ध n. = अपाटव. Vgl. Pâli दन्धो *dumm.*

धन्ना m. (sic) N. pr. eines Mannes.

धन्य, धन्निय 1) Adj. (f. आ) *a) Beute —, Besitz habend* oder *bringend, schätzereich.* — *b)* am Ende eines Comp. *reich an, voller* Spr. 7792. — *c) Glück bringend, — verheissend.* — *d) sich im Glück befindend, beglückt, glücklich.* °तर *glücklicher als* (Instr.). — *e) heilsam, gesund* Kâraka 6,27. — *f)* * *ungläubig; m. ein Atheist.* — 2) m. *a)* Bez. der Vaiçja in Krauñkadvîpa VP. 2,4,53. — *b) ein best. über Waffen gesprochener Zauberspruch.* — *c) Vatica robusta* Râǵan. 9,83. — *d)* N. pr. verschiedener Männer. — 3) f. आ *a)* * *Amme.* — *b)* * *Myrobalanenbaum.* — *c)* N. pr. der Gattin Dhruva's VP.[2] 1,178. — 4) *f. (आ) und n. *Koriander.* — 5) n. *Schatz.*

धन्यक m. N. pr. eines Mannes.

धन्यता f. *der Zustand eines Glücklichen.*

धन्यतिथि m. *ein glücklicher* oder *ein best. Tag* Ind. Antiq. 10,157.

धन्यंमन्य Adj. *sich für glücklich haltend.*

धन्यस्तोत्र n. Titel eines *Lobgedichtes.*

*धन्याक n. *Koriander.*

धन्याशी f. *eine best.* Râgiṇî.

धन्योदय m. N. pr. eines Mannes.

धन्व्, धन्वति (auch Med.) 1) *rennen, laufen, rinnen.* दधन्वंस् *rinnend.* — 2) *Etwas durch Rinnen verschaffen.* — 3) *rennen —, rinnen machen.*

दधन्वंस् Ṛv. 10,113,2. — Mit अच्छ *hinlaufen zu* (Acc.) Ṛv. 3,53,4. — Mit अनु dass. Ṛv. 2,5,3. — Mit अभि *herbeirennen, — rinnen.* — Mit प्र 1) *rinnen.* — 2) *zerrinnen, vergehen.* — Mit परिप्र *ringsum rinnen.* — Mit सम् Med. *zulaufen, zusammenlaufen mit* (Instr.).

धन्व 1) n. *Bogen.* Zu belegen nur am Ende eines Comp. — 2) m. N. pr. eines Mannes. — 3) f. आ *Bogen* in der Form धन्वाभिस् Hariv. 7315. Die neuere Ausg. besser धन्वीभिस् metrisch für धन्विभिस्.

धन्वग und धन्वङ्ग (Bhâvapr. 1,239) m. *Grewia elastica.*

धन्वचर Adj. *in dürrem Lande umherstreichend.*

(धन्वच्युत्) धनुश्च्युत् Adj. *den Boden erschütternd.*

धन्वज Adj. *auf trockenem Lande wachsend, dem tr. L. angehörig.*

*धन्वतरु m. *eine best.* Soma-*Pflanze.*

धन्वदुर्ग Adj. und n. = धनुर्दुर्ग M. 7,70, v. l. MBh. 12,86,5.

धन्वधि m. *Behälter für den Bogen.*

1. धन्वन् n. 1) *Bogen.* In der späteren Sprache fast nur am Ende eines adj. Comp. — 2) *der Schütze im Thierkreise.*

2. धन्वन्, धनुत्रन् 1) m. und n. (älter) *trockenes Land, Festland, Strand* (समुद्रस्य); *dürres Land, Wüste.* — 2) *Regenbogen* Mân. Gṛhj. 1,4. — 3) *m. *Alhagi Maurorum.* — 4) N. pr. eines Landes.

धन्वन m. 1) *Grewia elastica* Mat. med. 296. Râǵat. 9,114. n. *die Frucht.* — 2) *ein best. Thier* Varâh. Bṛh. S. 88,9. धन्विन v. l.

धन्वन्तर n. 1) *eine Strecke —, eine Entfernung von einem* Dhanu oder 4 Hasta. — 2) als Bein. Çiva's MBh. 7,202,45 von Nīlak. als *Bogensehne* gefasst (धनुषि अन्तरे मध्ये ऽस्तीति धन्वन्तरं मौर्वी). — 3) धन्वन्तरे MBh. 13,4662 fehlerhaft für धन्वन्तरेः.

धन्वन्तरि m. N. pr. eines göttlich verehrten Wesens Gaut. Mân. Gṛhj. 2,12. MBh. 13,97,12. °यज्ञ m. *ein Opfer an* Dh. Auch als Beiw. der *Sonne.* Später gilt er als Arzt der Götter, der bei der Quirlung des Oceans zum Vorschein kommt. Divodâsa Dhanvantari, König der Kâçi, ist eine Wiedergeburt des Gottes. °ग्रन्थ m., °निघण्टु m. und °पञ्चक n. Titel von Werken Opp. Cat. 1.

*धन्वन्तरिग्रस्ता f. *Helleborus niger.*

धन्वन्तरीय Adj. *von* धन्वन्तरि *verfasst.*

धन्वन्य, धन्वर्निग्न Adj. (f. ग्रा) *auf trockenem Lande befindlich.*

*धन्वपति m. gaṇa ग्रश्वपत्यादि.

*धन्वयवास, *°क, °यास (Ḱaraka 6,4) und °यासक (ebend. 6,3) m. *Alhagi Maurorum* Râǵan. 4,53.

धन्वर्णस् Adj. *den Strand bespülend* oder *trocknes Land überfluthend.*

धन्वाचार्य m. *Lehrer der Bogenkunde* (Çiva) MBh. 7,202,45.

धन्वायन (f. ई), धन्वायिन् und धन्वाविन् Adj. *einen Bogen führend.*

धन्वासह् Adj. *des Bogens mächtig.*

धन्विन् 1) Adj. a) *mit einem Bogen versehen;* m. *Bogenschütze.* — b) **verschmitzt, verschlagen.* — 2) m. a) *der Schütze im Thierkreise.* — b) Bein. α) Çiva's. — β) *Vishṇu's. — γ) *Arǵuna's. — c) **Terminalia Arunja* (ग्रर्जुन) Râǵan. 9,23. — d) **Mimusops Elengi* Râǵan. 10,65. — e) **Alhagi Maurorum* Râǵan. 4,53. — f) N. pr. α) eines Sohnes des Manu Tâmasa. — β) eines Scholiasten.

धन्विन m. *ein best. Thier* Varâh. Bṛh. S. 88,9, v. l.

धम्, धमति, vor Consonanten ध्मा, vor य sowohl धम् als ध्मा; ध्मात् Bhâg. P. st. धमत्; Partic. धमित und ध्मात. 1) *blasen, aushauchen* (mit Acc.). ध्मात *geblasen* als Bez. *einer best. fehlerhaften Aussprache der Vocale.* — 2) *blasen auf* oder *in* (Acc. 44,28. MBh. 14,38,42), *anblasen, anfachen* (Feuer), Jmd (Acc.) *blasen in* (Loc. 41,27), *aufblasen*, ein Blasinstrument (Acc.) *blasen.* धमस्व st. धम 44,27 (in der Prosa). MBh. 14,38,42. — 3) *durch Blasen bearbeiten, schmelzen* (auch bildlich). — 4) *von sich blasen*, so v. a. *schleudern, werfen.* — 5) *Blasen werfen, gähren.* — Caus. ध्मापयति; ध्मापित *verkohlt, zu Zunder verbrannt.* — Intens. *देध्मीयते; दाध्मायमान *laut geblasen werdend* (Muschel). — Mit ग्रनु *besprühen, bespritzen.* — Mit ग्रप *wegblasen.* — Mit ग्रपि *daraufblasen.* — Mit ग्रभि *anblasen*, ein Horn *blasen.* — Mit ग्रव 1) *anfachen, in Thätigkeit versetzen, reizen.* — 2) Pass. *sich schütteln, schaudern* Bhâvapr. 4,86. — 3) ग्रवध्मात *erhitzt* Ḱaraka 3,8. — Mit ग्रा 1) *hineinblasen* (in eine Muschel); Pass. (ausnahmsweise auch Act.) *sich aufblasen, Luft einziehen, sich mit Luft füllen.* ग्राध्मात *aufgeblasen* (auch in übertr. Bed.), *aufgedunsen.* — 2) *laut ausrufen, verkünden.* — 3) ग्राध्मात *erhitzt, gebrannt.* — Caus. *aufblasen.* ग्राध्मापयितात्मन् (sic) in übertragener Bed. — Mit ग्रत्या *heftig nach Luft schnappen.* — Mit उपा *hineinblasen in* (eine Muschel). — Mit प्रत्या in °ध्मान. — Mit समा *hineinblasen in* (eine Muschel), überh. ein musikalisches Instrument *ertönen lassen.* समाध्मात auch *aufgedunsen.* — Mit उद् 1) *ausblasen, aushauchen.* — 2) *durch Blasen verkünden, bekannt machen.* — Mit उप *anblasen, blasen auf* (Acc.) Mân. Çr. 1,5, 3. — Mit निस् *weg —, heraus —, fortblasen.* — Mit परा *wegblasen.* — Mit प्र 1) *vor sich her blasen, zerblasen.* — 2) *wegblasen*, so v. a. *verscheuchen* Ḱaraka 3,3. — 3) *wegblasen*, so v. a. *zu Grunde richten, zerstören.* — 4) *hineinblasen,* — *in* (Acc.) Ḱaraka 6,24. insbes. in eine Muschel. — 5) Med. *laut ausrufen* Khând. Up. 6,14,1. — Caus. Act. und Med. *hineinblasen in* (eine Muschel. Acc.). — Mit वि (ausnahmsweise Med.) *zer —, wegblasen, auseinanderwerfen, zerstreuen, zerstieben machen.* — Caus. *auslöschen.* — Mit सम् 1) *zusammenblasen, — schweissen, — schmelzen.* — 2) *laut verkünden.* — Mit ग्रभिसम् *anblasen.*

धम 1) Adj. am Ende eines Comp. *blasend.* — *in, schmelzend.* — 2) *m. a) *der Mond.* — b) Bein. α) Brahman's. — β) Jama's. — γ) Kṛshṇa's.

*धमक m. *Schmied.*

धमधम N. pr. 1) m. eines Krankheitsdämons. — 2) f. ग्रा einer der Mütter im Gefolge Skanda's.

धमन 1) Adj. a) **mit einem Blasebalg blasend.* — b) am Ende eines Comp. *wegblasend, verscheuchend.* — c) **grausam.* — 2) m. a) *Schilfrohr* Bhâvapr. 1,209. — b) **Azadirachta indica* Râǵan. 9, 8. — 3) *m. oder n. *eine best. hohe Zahl* (buddh.). — 4) n. *das Schmelzen* (von Erz).

धमनि f. 1) *das Gepfeife.* — 2) *Rohr, Pfeife.* — 3) *Röhre* oder *Kanal des menschlichen Körpers, Gefäss* (in anatomischem Sinne), *Ader.* Auch धमनी. धमनिसंतत, सिराधमनिसंतत und धमनीस्नायुसंतत Adj. von ausgemergelten Personen, *bei denen alle Adern stark hervorstehen.* — 4) **Nacken.* — 5) N. pr. der Mutter Vâtâpi's und Ilvala's. — 6) धमनी a) *ein best. wohlriechender Stoff* Bhâvapr. 1, 195. — b) **Gelbwurz.* — c) **Hemionitis cordifolia* Râǵan. 4,37.

*धमनील Adj. *stark hervorstehende Adern habend.*

*धमर *eine best. hohe Zahl* (buddh.).

धमस्कानगर n. N. pr. einer *Stadt.*

*धमात्र *eine best. hohe Zahl* (buddh.)

धमि in *ग्रलंधमि.

धमित्र n. *ein Werkzeug zum Anfachen des Feuers* Somakarmapr. Vgl. धवित्र.

धमिन् in *कार्म° und *कार°.

धमिल्ल fehlerhaft für धम्मिल्ल.

धम्मट m. N. pr. eines Mannes.

*धम्मल m. *the breast ornamented with gold or jewels.*

धम्मिका f. N. pr. einer Frau.

धम्मिल्ल m. 1) *geflochtenes und auf dem Kopfe zusammengelegtes Haar bei Frauen.* Am Ende eines adj. Comp. f. ग्रा und °ल्ला. — 2) N. pr. eines Brahmanen. °चरित्र n. Titel eines Werkes Bühler, Rep. No. 614.

धय Adj. (f. ग्रा) *saugend, saugend an, einsaugend, einschlürfend;* mit Gen. oder am Ende eines Comp.

धयद्वत् Adj. *das Wort* धयति u. s. w. *enthaltend* TBr. 1,4,5,1.

धयन्तिका Adj. f. Demin. von धयन्ती *saugend* AV. Paipp. 9,2,5.

धय्यात्रूपं VS. 19,21 Druckfehler für धा°.

1. धर्, धरति (nur einmal in einer Etymologie), *°ते. Von der einfachen Wurzel im ṚV. nur Perfect (दधर्थ AV. Paipp. 15,1,1) Act. Med.

und Partic. धृतँ; später Futurum, Infin. und Absol. 1) Simpl. und Caus. धारँयति, °ते a) *halten, tragen, stützen, tragen —, halten auf, in* (Instr. oder Loc.) oder *über* (Loc.). मूर्ध्ना (163,9), मूर्ध्नि (155,22), शिरसा oder शिरसि (Spr. 7838) *auf dem Kopfe tragen* eig. und übertr. so v. a. *hoch in Ehren halten*. तुलया *auf der Wage halten, abschätzen*. गर्भम् *eine Leibesfrucht tragen* (73,7), *schwanger sein* oder *werden*. दण्डम् *den Stock tragen*, so v. a. *Gewaltmittel gebrauchen, Strafe verhängen, — über* (Loc.). Hiernach auch दमम् *Strafe verhängen über* (Loc.). — b) Schmucksachen, Kleider u. s. w. *tragen*, so v. a. *gebrauchen, sich einer Sache bedienen*. केशान्, श्मश्रु so v. a. *die Haupthaare, den Bart wachsen lassen*. — c) *fest hinsetzen*. — d) *hintragen an einen Ort* (Loc.), *legen auf* (उपरि) Bhâvapr. 2,24. — e) *festhalten, anhalten, zurückhalten, nicht gehen lassen*. रश्मीन् *die Zügel fest in der Hand halten* Spr. 6617. — f) *behalten, bewahren, verwahren, aufbewahren, bei sich halten, — in* (Loc.). निकटे *Jmd in seiner Nähe* oder *Umgebung halten, — leiden*. — g) *behaupten, bewahren, nicht fahren lassen, nicht aufgeben*. व्रतम् *ein Gesetz, ein Gelöbniss in Kraft erhalten, beobachten, sich demselben unterziehen*. धारणाम् so v. a. *obliegen*. — h) *erhalten, aufrecht-erhalten, am Leben erhalten, nicht zu Grunde gehen lassen* 80,23. धारयध्वं परस्परम् *erhaltet euch —, helfet euch gegenseitig*. Insbes. in Verbindung mit आत्मानम्, जीवितम्, प्राणान् (325,14), गात्रम्, देहम्, स्ववपुस् (88,10) und शरीरम् *seinen Geist, sein Leben, seine Lebensgeister, seinen Körper erhalten*, so v. a. — *nicht aufgeben, fortfahren zu leben, am Leben bleiben*. Pass. vom Caus. *am Leben erhalten werden durch* (Instr.) R. 5,23,28. — i) मनसा *im Herzen bewahren, gedenken, sich Etwas vergegenwärtigen, im Gedächtniss behalten, — haben*. Häufig ohne मनसा dass. तेषां सकाशात् so v. a. *von diesen lernen*. — k) आत्मानम्, चित्तम्, बुद्धिम्, मतिम्, मनस् oder मानसम् *seinen Geist, seine Gedanken, seine Aufmerksamkeit fest gerichtet haben auf* (Loc. oder Dat.), *fest entschlossen sein zu* (Infin.). — l) *ertragen, widerstehen, aushalten*. रात्रिशेषं तमत्युग्रम् MBh. 4,22,6. Mit न *Etwas nicht ertragen*, so v. a. *nicht leiden* Spr. 1332. — m) *verhalten, zurückhalten, unterdrücken, hemmen* (Zorn, Thränen u. s. w.). — n) *Jmd* oder *bei Jmd* (Loc.) *Etwas erhalten, — befestigen, auf die Dauer verleihen, legen in*. कन्ये द्वे *Jmd* (Dat.) *zwei Töchter verleihen*, so v. a. *gebären*. — o) *an sich tragen, in oder bei sich haben, innehaben, besitzen, behalten*. रूपम्, वपुस् *die Gestalt von* (Gen.) *haben*. स्त्रीत्वम् *weibliche Gestalt haben*. — p) *in sich tragen, aufnehmen, enthalten*. — q) Groll, Liebe u. s. w. *an sich haben*, so v. a. *hegen, — gegen* (Loc.). — r) *wiedererlangen* R. 1,48,33. — s) *für Jmd* (Dat.) *bestimmen*; auch so v. a. *Jmd* (Gen.) *Etwas* (Acc.) *schenken* Kâraṇḍ. 56,6. 7. — t) *Jmd* (Dat. oder Gen.) *Etwas schuldig sein*. — u) *aushalten, hinziehen* (in der Aussprache). — v) *sich halten, Stand halten, bleiben, bestehen, dauern, fortleben, nicht sterben* MBh. 14,90,61. Im Epos häufig धारिष्यति in dieser Bed. नरेन्द्रेण प्राकृतेन न धार्यते Pass. impers. *ein gemeiner Fürst bleibt nicht am Leben*. — w) धृत्वा Pañćat. 24,25 fehlerhaft für दृष्ट्वा (so ed. Bomb. 1,24, 20). उपवास — धारयामास MBh. 5,7348 fehlerhaft für उद्वास — पारयामास (so ed. Bomb. 5,186,21). — 2) Caus. Med. a) *sich festhalten an* (Acc.). — b) *für Jmd* (Dat.) *bestimmt sein, Jmd gehören*. — c) *Jmd zu Etwas* (Dat.) *bestimmen*. — d) *sich auf Etwas* (Dat.) *gefasst machen* Çat. Br. 14,6,8,5. — 3) Pass. ध्रियँते (episch auch ध्रियति), दध्रे u. s. w. a) *gehalten —, getragen werden, — auf* (Loc.) 251,18. Mit Ergänzung von तुलया *auf der Wage abgewogen —, in Bezug auf Etwas* (Loc.) *verglichen werden* MBh. 1,1,273. — b) *festgehalten —, zurückgehalten werden*. — c) *fest sein, sich ruhig verhalten, stillhalten, stehen bleiben* Tâṇḍja-Br. 12,10,6. दधिरे = दध्रे RV. 2,25,5. — d) *sich halten, Stand halten, Widerstand leisten*. — e) *verbleiben, sich erhalten, bestehen, am Leben sein* oder *bleiben, fortleben*. — f) *sich anschicken, unternehmen, beginnen*; mit Dat., Acc. oder Infin. — 4) धृतँ a) *gehalten, getragen, gehalten an* (Loc.), *auf* (im Comp. vorangehend 249,5), *mit* oder *mittelst* (Instr. oder im Comp. vorangehend). तुलया *auf der Wage gehalten, abgewogen*; auch so v. a. *verglichen mit* (Instr.) Spr. 7641. कपोततुलया so v. a. *der Taube an Gewicht gleich gemacht*. Auch ohne तुलया *das Gewicht von* (im Comp. vorangehend) *habend*. दण्ड *Stock gehalten*, so v. a. *Strafe verhängt*. Eben so दम. धृतचाप Adj. = चापधर *einen Bogen tragend*. करधृतशर Adj. = शरकर *einen Pfeil in der Hand haltend* Spr. 7618. — b) *getragen* (von Kleidern, Schmucksachen, Haartrachten) Mṛćkh. 46,2. धृतैकवेणि Adj. f. = एकवेणिधरा. °कूर्चक Adj. *einen Bart tragend*, so v. a. *habend* Spr. 7631. — c) *festgehalten, zurückgehalten, nicht gehen gelassen* 141, 2. 159,26. 312,16. करे *an der Hand festgehalten* 157,25. प्रग्रहाः *fest angezogene Zügel*. — d) *fest gerichtet auf* (Loc. oder Dat.). — e) *behauptet, bewahrt, nicht fahren gelassen, beobachtet, geübt* (z. B. Kasteiung). — f) *erhalten, aufrechterhalten, unterhalten* (Feuer), *am Leben erhalten, nicht zu Grunde gehend, fortbestehend, fortlebend*. — g) *ertragen, ausgehalten*. — h) *ausgehalten, hingezogen* (in der Aussprache). धृतम् Adv. — i) *besessen, daseiend, vorhanden*. अन्तरे so v. a. *verpfändet* (विधृत v. l.). — k) *angeführt, citirt, — von* (im Comp. vorangehend). — l) *bereit —, fest entschlossen zu* (Loc. oder Dat.). — m) mit act. Bed. und mit Acc. *tragend* (nur Râmapûrvat. Up. 50). — 5) धृतवन्त् a) Nomin. so v. a. धारयामास *stellte sie auf* (Loc.) 161,9. — b) *bereit —, fest entschlossen zu* (Dat.). — Desid. 1) *दिधरिषते mit intrans. Bed. — 2) दिधीर्षति in दिधीर्षा. — 3) दिधारयिषति *zu tragen —, in Acht zu nehmen suchen* Gobh. 3,5,30. — Intens. दँर्धर्ति und दाधर्ति (3te Pl. दाध्रति) 1) *fest halten, — tragen*. — 2) *befestigen*. — Mit अधि Caus. *zu Jmd* oder *irgendwohin* (Loc.) *bringen, mittheilen, auf Jmd* (Loc.) *bringen*. Pass. दध्रे अँधि. — Mit अभि Caus. 1) *erhalten*. प्राणान् so v. a. *am Leben bleiben*. — 2) *unterstützen, helfen*; mit Acc. der Person Lalit. 115,3. — 3) *Jmd* (Acc.) *widerstehen*. v. l. अभ्यवारयन् st. अभ्यधारयन्. — 4) अभिधारित verwechselt mit अभिघारित. — Mit अव 1) Caus. a) *festsetzen, bestimmen, genau angeben, für gewiss annehmen, für ausgemacht ansehen, mit Bestimmtheit halten für* (mit doppeltem Acc. oder Nom. mit इति st. des präd. Acc.). — b) *vernehmen, hören, erfahren*. — c) *begreifen, verstehen, eine Einsicht erlangen in, sich vertraut machen mit, kennen lernen*. कृपणत्वेनावधारितः *bekannt für seinen Geiz*. — d) *bei sich denken, denken an, bedenken*. — e) *Jmd* (Dat.) *Etwas* (Acc.) *mittheilen*. — 2) Pass. अवध्रियते *feststehen*. — 3) अवधृत a) *feststehend, festgesetzt, bestimmt*. — b) *vernommen, gehört*. — c) *begriffen, verstanden*. — Mit पर्यव in °धारणा. — Mit व्यव Caus. *hinstellen* Âpast. Çr. 1,21,6. — Mit आ 1) Caus. a) *hinsetzen an* (Loc.), *hinbringen zu* (Loc.). — b) *behalten, bewahren*. हृदि *im Gedächtniss bewahren, behalten*. Mit Abl. *bewahren vor* RV. 9, 22,7. — 2) Pass. आध्रियते *enthalten sein —, sich befinden in* oder *an* (Loc.). आधृत *enthalten in* (Loc.). — Mit न्या Pass. (°दध्रे) *gerichtet sein auf* (Loc.). — Mit उद् (उद्धार und उद्दध्रे) *herausziehen, — holen* MBh. 14,65,20. — 2) *in die Höhe —, zu Ehren bringen*. — Viele Formen von धर् mit उद् fallen mit denen von हर् mit उद् zusammen. — Desid. उद्दिधीर्षति *herauszuziehen suchen* Kâraṇḍ. 23,13. — Mit उप Caus. 1) *tragen, stützen*. — 2) vielleicht *darun-*

ter halten. — 3) *dafür halten, betrachten als, ansehen für;* mit doppeltem Acc. — 4) *vernehmen, hören, erfahren, merken, behalten* Kâraka 1,15. — 5) *nachdenken über, erwägen.* — उपधरेरन् Âçv. Çr. 9,11,1 vielleicht fehlerhaft für उपचरेरन्. — Mit अनूप Caus. *dazu hinhalten.* — Mit नि 1) Caus. *a) niederlegen in, bringen in* oder *zu* (Loc.). — *b) bestimmen —, machen zu;* mit doppeltem Acc. — *c) bewahren, behalten.* — 2) Simpl. Med. *sich ducken vor* (Dat.). — Mit विनि Caus. *richten* (den Blick) Amrt. Up. 22. — Mit निस् Caus. 1) *herausheben, aussondern, absondern, vor Andern hervorheben.* — 2) *bestimmen, ermitteln, erschliessen* Comm. zu Tândja-Br. 17,1,8. — 3) *zurückhalten.* — Desid. vom Caus. निर्दिधारयिषति *zu bestimmen —, zu ermitteln suchen.* — Mit परि, °धृत *im Mutterleibe getragen.* — Caus. *stützen, halten* MBh. 5,182,12. *tragen.* — AV. 19,24,1 ist wohl अधापयन् st. अधारयन् zu lesen. — Mit प्र 1) Simpl. Med. mit मनस् *seinen Sinn richten auf* (Dat.), *beschliessen.* — 2) Caus. *a) Strafe verhängen, — über* (Loc.). — *b) im Gedächtniss haben.* — *c) bei sich denken.* — प्रधारयन्तु Âçv. Gṛhj. 3,12,14 fehlerhaft für प्र धारा यन्तु. — Mit संप्र Caus. 1) *übergeben, anvertrauen.* — 2) mit बुद्धिम् *seinen Sinn —, seine Gedanken richten auf* (Loc.), *beschliessen.* — 3) mit oder ohne बुद्ध्या, मनसा, हृदये *im Geiste erwägen, in Betracht ziehen, nachdenken über;* mit Acc. MBh. 13,48,6. Kâraka 3, 8. — 4) *sich entscheiden, einen Beschluss fassen.* — Mit प्रति Caus. 1) *aufrechthalten.* — 2) *aufhalten;* auch Med. — Mit वि 1) Simpl. *halten, tragen.* — 2) विधृत *a) auseinander gehalten, gesondert, getrennt.* — *b) vertheilt, auseinandergebreitet.* — *c) fern gehalten, gemieden.* — *d) fest —, an —, aufgehalten.* — *e) gehalten, getragen* (auch von Schmucksachen). शिरसा, मूर्ध्ना oder मूर्ध्नि (Spr. 7672) *auf dem Kopfe getragen* und *hoch in Ehren gehalten.* स्वोदरेण *im eigenen Leibe getragen.* — *f) besessen, innegehabt* Spr. 6155. — *g) erhalten, bewahrt, gerettet* Bhâg. P. 8,1,29. — *h)* अन्तरे so v. a. *verpfändet* Pańkat. ed. Bomb. 4,11,4. — *i)* mit विधूत verwechselt. — 3) Caus. *a) auseinander halten, — thun, scheiden.* — *b) vertheilen.* — *c) anordnen.* कार्याणि *Angelegenheiten betreiben, — leiten.* — *d) fernhalten von* (Abl.). — *e) Jmd* (Abl.) *Etwas vorenthalten.* — *f) fest —, anhalten.* — *g) zurück —, verhalten, unterdrücken* 314,14. — *h) tragen.* वपूंषि so v. a. *Leiber haben.* — *i) aufrechterhalten, erhalten, bewahren, behüten, in Acht nehmen.* Auch Med. — *k)* मनस् *seinen Sinn —, seine Gedanken richten auf* (Loc.). — *l) zu Werke gehen, verfahren.* — Intens. (विं अदर्धर्) *abtheilen, scheiden.* — Mit सम् 1) Simpl. (ausnahmsweise) und Caus. *a) zusammenhalten, halten, tragen.* — *b) aufrechthalten, erhalten, behaupten, bewahren, nicht aufgeben.* समधारम् = समधारयम्. — *c) im Gedächtniss bewahren, behalten.* — *d) aufhalten, zurückhalten, widerstehen.* — *e) ertragen, erleiden.* — *f) an sich tragen, besitzen, haben.* — *g)* मनस् *seinen Geist fest gerichtet haben auf* (Loc.). — *h) versprechen, verheissen* MBh. 6, 3,71. — *i) am Leben sein, — bleiben.* — *k) Jmd* (Gen.) *mit Etwas* (Instr.) *zu dienen bereit sein* Kârand. 56,4. — 2) Pass. संध्रियते *insgesammt stehen bleiben bei* (Loc.), so v. a. *sich schliesslich wenden an.* — 3) संधृत *fest verbunden.*

2.*धर्, धृणाति (वयोहानौ).

धर 1) Adj. (f. आ) *a) erhaltend* (sc. die Welt), von Kṛshṇa und Çiva. — *b)* am Ende eines Comp. α) *haltend, tragend.* — β) Schmucksachen, Kleider, Bart, Flechten u. s. w. *tragend.* — γ) *aufrechthaltend, erhaltend, behauptend, bewahrend, nicht fahren lassend, nicht aufgebend.* — δ) *im Gedächtniss behaltend, — habend, auswendig wissend.* — ε) *an* oder *in sich tragend, bei sich habend, innehabend, besitzend, habend, versehen mit.* — 2) m. *a)* * *Berg.* — *b)* * *ein Flocken Baumwolle.* — *c)* * *ein leichtsinniger Geselle, Schwindler.* — *d)* * *Schwert* Gal. — *e)* Nom. act. in दुर्धर. — *f)* Nom. pr. α) eines Vasu. — β) verschiedener Männer. — γ) * des Königs der Schildkröten. — 3) f. आ *a) die Erde, der Erdboden.* — *b) Mutterleib* Bhâvapr. 1,56. °द्वार n. *orificium uteri* 21. — *c)* * *Ader.* — *d)* * *Mark.* — *e) eine der acht Formen der* Sarasvatî. — *f)* N. pr. einer Gattin Kaçjapa's, der Mutter der Vögel. v. l. इरा. — 4) * n. *Gift* Râgan. 6,224. v. l. दर.

धरट und °क m. N. pr. eines Bharaṭaka.

धरण 1) Adj. (f. ई) *tragend, erhaltend.* — 2) m. *a)* * *Damm.* — *b)* * *die Welt.* — *c)* * *die Sonne.* — *d)* * *die weibliche Brust.* — *e)* * *Reis, Korn.* — *f)* * *der Fürst der Berge,* wohl der Himavant. — *g)* N. pr. eines Schlangendämons. — 3) m. n. *ein best. Gewicht.* — 4) f. धरणी *a) die Erde, der Erdboden.* — *b)* * *Ader.* — *c)* * *ein best. Knollengewächs* Râgan. 7,91. — *d)* * *Salmalia malabarica.* — *e)* * *Dachsparre.* — *f)* Titel eines Wörterbuchs. — 5) n. *a) das Halten, Tragen.* — *b) das Bringen, Verschaffen* in कामधरण. — *c) Stütze.* — *d)* * *eine best. hohe Zahl* (buddh.).

*धरणप्रिया f. N. pr. einer Gaina-Gottheit.

धरणि f. 1) *die Erde, der Erdboden.* Personificirt als Gattin Dhruva's. — 2) Titel eines Wörterbuchs. Auch °कोश m. — Vgl. धरणी 4) *a)* und *f)*.

धरणिगोपिणि m. N. pr. eines Mannes.

धरणिग्राम m. N. pr. eines *Dorfes* Ind. St. 14,127.

धरणिज m. Metron. *des Planeten Mars.*

धरणितलतिलक m. *ein Gott auf Erden, ein Brahman* Daçak. (1925) 2,137,14.

धरणिधर 1) Adj. *die Erde erhaltend,* Beiw. Vishṇu's oder Kṛshṇa's 105,5. Auch पृथु°. — 2) m. *Berg.*

धरणिपति, धरणिभुज् (Vikramâṅkaḱ. 6,35) und धरणिभृत् m. *Fürst, König.*

धरणिमण्ड N. pr. einer Oertlichkeit Lalit. 480,14.

धरणिसुत m. Metron. *des Planeten Mars* Cit. bei Utpala zu Varâh. Bṛh. 1,7.

*धरणीकन्द m. *ein best. Knollengewächs* Râgan. 7,91.

*धरणीकीलक m. *Berg.*

*धरणीतलश्री f. N. pr. eines Fürsten der Kimnara 1) *a)*.

धरणीधर 1) Adj. *die Erde tragend, — erhaltend.* Auch als Beiw. Vishṇu's oder Kṛshṇa's. — 2) m. *a) Berg.* — *b)* * *Schildkröte* Râgan. 19,75. — *c) Fürst, König.* — *d)* N. pr. verschiedener Männer.

धरणीधृत् Adj. *die Erde tragend.* धरणीभृत् v. l.

धरणीध्र m. *Berg.*

धरणींधर m. N. pr. eines Bodhisattva. Er heisst auch धरणीधर.

*धरणीपूर und *धरणीप्लव m. *Meer.*

धरणीबन्ध m. *Erdkreis* Bâlar. 115,1. Vgl. धराबन्ध.

धरणीभृत् 1) Adj. *die Erde tragend* Hariv. 2,62, 1. — 2) m. *Berg.*

धरणीमण्डल n. *Erdkreis, Erdscheibe.*

धरणीय Adj. *zu tragen.* शिरो° *auf dem Kopfe.*

धरणीरुह् m. *Baum.*

धरणीवराह m. N. pr. eines Fürsten.

धरणीव्रत n. *eine best. Begehung.*

*धरणीश्वर m. Beiw. Çiva's.

धरणीश्वरराज m. N. pr. eines Bodhisattva Lalit. 2,10.

*धरणीसुत Metron. 1) m. *des Planeten Mars.* — 2) f. आ der Sîtâ.

धरणीसुर m. *ein Gott auf Erden, ein Brahman.*

धरपट्ट und धरसेन m. N. pr. verschiedener Fürsten.

*धराकदम्ब m. *Nauclea Cadamba.*

*धराङ्कुर fehlerhaft für धाराङ्कुर.

धरातुराषाह् (vor Vocalen °साह्) m. *Fürst, König* Naish. 3,95.

*धरात्मज m. Metron. *des Planeten Mars.*

धराधर 1) Adj. *die Erde tragend, — erhaltend, Stütze der Erde.* Auch Beiw. Vishṇu's oder Kṛshṇa's. — 2) m. (adj. Comp. f. आ) *Berg.*

धराधव m. *Fürst, König* Rāǵat. 7,337.

*धराधारा f. *die Erde.*

धराधिप m. *Fürst, König.*

धरान्तरचर Adj. R. 2,96,39. 45 fehlerhaft für धारान्तर°.

धरापति m. 1) *Herr der Erde* als Beiw. Vishṇu's. — 2) *Fürst, König* Daçak. 42,13.

धरापुत्र m. Metron. *des Planeten Mars.*

धराबन्ध m. = धरणीबन्ध Bālar. 193,9.

धराभुज् m. *Fürst, König.*

धराभृत् m. *Berg.*

धरामर m. *ein Gott auf Erden, ein Brahman.*

धराशय Adj. *auf dem Erdboden schlafend* M. 6,26.

धरासूनु m. Metron. *des Planeten Mars.*

धरित्री f. 1) *Trägerin.* — 2) *die Erde.* Auch Pl. (?).

धरित्रीपुत्र m. Metron. *des Planeten Mars* Varāh. Jogaj. 4,39.

धरित्रीसुत्रामन् m. *Fürst, König* Dhūrtan. Prol.

धरिमन् m. 1) *Wage.* — 2) **Form, Gestalt.*

धरितु Nom. act. in दुर्धरितु.

धरीमन् m. Nur Loc. °मणि *nach der Satzung, — Vorschrift, nach dem Willen.*

1. धरुण 1) Adj. (f. ई) a) *tragend, haltend, stützend;* Substr. *Träger, Stützer, Bewahrer.* — b) *in sich fassend, geräumig,* oder Subst. f. *Behältniss, Aufbewahrungsort.* — 2) *m. a) Bein. Brahman's. — b) *der Himmel.* — c) *Wasser.* — d) *Meinung, Ansicht.* — 3) *m. n. *Wasser.* — 4) n. a) *Grundlage, Unterlage, Stütze;* Pl. *fester Grund, fundamenta.* — b) *Grund,* so v. a. *der feste Erdboden.* — c) *Behältniss.*

2. धरुण m. *ein saugendes Kalb.*

धरुणह्वर Adj. *im Behälter schwankend.*

धर्कट m. N. pr. eines Mannes.

*धर्ज्, धर्जति (गतौ).

धर्णस Adj. = धर्णसि 1) Āpast. Çr. 17,2.

धर्णसि 1) Adj. *kräftig, stark, rüstig.* — 2) n. *das Halten, Bewahren* ṚV. 1,105,6.

धर्णि m. *Bewahrer.*

धर्तर् Nom. ag. (f. धर्त्री) 1) *Träger, Stützer.* — 2) *Erhalter, Bewahrer.*

धर्तरि Loc. Infin. *beim Halten, — Bewahren* ṚV. 2,23,17. 9,86,42.

*धर्तव्य Partic. fut. pass. von 1. धर्.

धर्तु Nom. act. in दुर्धर्तु.

धर्तूर m. *Stechapfel* Bhāvapr. 1,203,8.

धर्त्र n. 1) *Stütze, Halt.* — 2) **Haus.* — 3) *= धर्म. — 4) *= क्रतु.

*धर्म्, धर्मति *zum Gesetz werden.*

धर्म m. (adj. Comp. f. आ) 1) *Satzung, Ordnung, Gesetz, Brauch, Sitte, Vorschrift, Regel, Bestimmung, — in Betreff von* (Gen. oder im Comp. vorangehend), *Rechtssache, jus; Gerechtigkeit, das Rechte, Gute, Pflicht, Tugend, moralisches Verdienst, gute Werke.* धर्मेण *nach dem Gesetz, nach Recht, auf gerechte Weise, der guten Sitte —, der Pflicht gemäss.* धर्मे स्थित: *am Gesetz sich haltend, pflichtgemäss sich benehmend* 71,2. *die Gerechtigkeit* auch als Synonym von *Strafe.* Bei den Buddhisten oft so v. a. *religio.* Ausnahmsweise n. — 2) *das Recht* oder *Gesetz* wird häufig personificirt, insbes. als Jama (*der Todtenrichter*) und als ein Praǵāpati, Schwiegersohn Daksha's. — 3) *die Natur —, die Art und Weise eines Dinges, eine wesentliche, charakteristische Eigenschaft, ein solches Merkmal, Eigenthümlichkeit, Attribut.* Bei den Buddhisten oft so v. a. भाव *Zustand.* ईर्ष्या° Lalit. 333,17. दश धर्मान्गत: (Hariv. 1,13,15) = दशधर्मगत. Häufig am Ende eines adj. Comp. (Nom. abstr. °त्व n.). — 4) *eine best. Ceremonie* (प्रवर्ग्य). — 5) *das 9te astrol. Haus.* — 6) **Opfer.* — 7) *eine Upanishad. — 8) **Umgang mit guten Menschen.* — 9) *= योग. — 10) = *उपमा. — 11) **Bogen.* — 12) **ein Soma-Trinker.* — 13) N. pr. verschiedener Männer. — 14) mit धर्म्य verwechselt.

धर्मक 1) am Ende eines adj. Comp. = धर्म 3). — 2) m. N. pr. eines Mannes.

*धर्मकथक und *°कथिक m. *Verkünder des Gesetzes* (buddh.)

धर्मकर्मन् n. *ein Werk der Gerechtigkeit, ein gutes Werk.*

धर्मकाङ्क्षिणी f. N. pr. 1) einer Gandharva-Jungfrau Kāraṇḍ. 4,23. — 2) einer Kiṁnara-Jungfrau ebend. 6,14.

धर्मकाण्ड m. n. Titel eines *über Pflichten handelnden Abschnittes* Opp. Cat. 1.

धर्मकाम 1) *das Gesetz —, das Rechte —, die Pflicht liebend.* — 2) m. N. pr. eines bösen Dämons Lalit. 392,11.

1. *धर्मकाय m. *der Körper des Gesetzes, — des abstracten Seins,* Bez. eines der drei Körper eines Buddha.

2. धर्मकाय m. 1) *ein Buddha. — 2) Bein. Avalokiteçvara's. — 3) N. pr. einer Gottheit des Bodhivṛksha Lalit. 522,9.

धर्मकार्य n. *eine Obliegenheit der Pflicht.*

*धर्मकाल (धर्मकाय?) m. *ein Ǵina* Gal.

धर्मकीर्ति m. N. pr. verschiedener Männer.

*धर्मकील m. 1) *ein königliches Edict.* — 2) *Gatte* Gal.

*धर्मकीलक m. *ein auf den Namen von Brahmanen ausgestelltes Schenkungsedict.*

धर्मकूप m. N. pr. eines Tīrtha.

धर्मकृच्छ्र n. *eine Schwierigkeit das Rechte zu treffen* MBh. 3,76,18.

धर्मकृत् Adj. 1) *Ordnung schaffend.* — 2) *seine Pflichten erfüllend, Tugend übend* MBh. 13,149,64.

धर्मकृत्य n. *eine Obliegenheit der Pflicht, eine religiöse Handlung* Āpast.

धर्मकेतु m. 1) *ein Buddha. — 2) N. pr. a) eines Devaputra Lalit. 346,11. — b) eines Buddha und verschiedener anderer Personen.

धर्मकोश m. *die Gesammtheit der Gesetze.* °व्याख्या f. Titel eines buddh. Werkes.

धर्मक्रिया *eine Obliegenheit der Pflicht* Kām. Nītis. 14,44.

धर्मक्षेत्र 1) n. *das Gebiet des Gesetzes,* N. pr. einer Oertlichkeit, = कुरुक्षेत्र. — 2) m. N. pr. eines Mannes VP.[2] 4,175.

धर्मखण्ड m. Titel *eines über Pflichten handelnden Abschnitts* Opp. Cat. 1,6920.

धर्मगञ्ज m. 1) *die Schatzkammer des Gesetzes* Kāraṇḍ. 35,7. — 2) *eine aus heiligen Büchern bestehende Bibliothek* (buddh.).

धर्मगवेष m. N. pr. eines Mannes.

धर्मगह्वनाभ्युद्गतराज m. N. pr. eines Buddha.

धर्मगुप् Adj. *das Gesetz bewahrend, — beobachtend* MBh. 13,149,64.

धर्मगुप्त m. 1) N. pr. verschiedener Männer. Auch °मिश्र. — 2) Pl. *eine best. buddhistische Schule.*

धर्मगुप्तचरित n. Titel eines Werkes.

धर्मगोप m. N. pr. eines Fürsten.

धर्मघट m. *ein bei feierlichen Gelegenheiten gebrauchter Krug mit wohlriechendem Wasser.*

धर्मघोष m. N. pr. eines Autors Ind. St. 14,360.

धर्मघ्न 1) *das Gesetz verletzend, gesetzwidrig.* — 2) *m. *Terminalia Bellerica.*

1. धर्मचक्र n. 1) *das Rad des Gesetzes,* als Symbol des sich weithin verbreitenden Gesetzes. — 2) *eine best. mythische Waffe.*

2. *धर्मचक्र m. *ein Buddha.*

*धर्मचक्रभृत् m. *ein Buddha oder Ǵina.*

धर्मचक्षुस् Adj. *der ein Auge für das Rechte hat* R. 2,111,22.

धर्मचन्द्र m. N. pr. eines Mannes.

धर्मचर m. N. pr. eines Devaputra Lalit. 346,11.

धर्मचरण n. und °चर्या f. (Āpast.) *Erfüllung der*

Pflichten.

धर्मचारिन् 1) Adj. *die Pflichten erfüllend, tugendhaft.* — 2) m. *a)* Bein. Çiva's. — *b)* N. pr. *α)* eines Devaputra Lalit. 249,9. — *β)* einer Gottheit des Bodhivṛksha Lalit. 322,10. — 3) f. °रिणी *eine Gefährtin bei der Erfüllung der Pflichten,* insbes. *die gemeinsam mit dem Gatten die Pflichten erfüllende Gattin, Ehegefährtin.*

धर्मचिन्तक Adj. *der über das Recht nachdenkt, mit dem Rechte vertraut.*

*धर्मचिन्तन n. und °चिन्ता f. (Lalit. 249,18) *das Nachdenken über das Gesetz, — die Pflichten.*

धर्मचिन्तिन् Adj. *über das Gesetz nachdenkend* Lalit. 199,11.

धर्मच्छल n. *Umgehung —, Verletzung des Gesetzes* MBh. 13,20,13.

धर्मज 1) Adj. *aus Pflichtgefühl gezeugt.* — 2) m. Patron. Judhishṭhira's.

धर्मजन्मन् m. Patron. Judhishṭhira's.

धर्मजिज्ञासा f. Titel eines Werkes.

धर्मजीवन Adj. *von der Erfüllung vorgeschriebener frommer Werke lebend.*

धर्मज्ञ Adj. *gesetzeskundig, das Rechte kennend* Gaut. °तम Superl. °ता f. Nom. abstr. Chr. 83,30.

धर्मज्ञान n. *Kenntniss des Gesetzes, — des Rechten* 144,9.

*धर्मण m. 1) *eine Art Schlange.* — 2) *ein best. Baum.* Nach Mat. med. 296 *Grewia elastica.*

धर्मतत्त्व n. *das wahre Wesen des Gesetzes,* °तम् Adv. *in der dem Gesetze vollkommen entsprechenden Weise* MBh. 8,229. — 2) Titel eines Werkes.

°तत्त्वार्थचिन्तामणि m. desgl. Opp. Cat. 1.

धर्मतन्त्र 1) n. Sg. und Pl. *Anfang und Ende des Gesetzes, summum jus* Gaut. 13,11. 18,24. 32. MBh. 1,105,50. 3,183,63. 5,29,21. 12,188,20. — 2) m. N. pr. eines Mannes VP.² 4,54.

धर्मतस् Adv. 1) *dem Gesetze nach, der Regel gemäss, von Rechtswegen.* — 2) *aus Tugend, aus einem edlen Motive.* — 3) am Ende eines Comp. = धर्मात्. न चलति निजवर्णधर्मतो यः *wer nicht weicht von den für seine Kaste geltenden Vorschriften* 104,12.

धर्मता f. Nom. abstr. zu धर्म 3).

धर्मतीर्थ n. N. pr. eines Tîrtha.

धर्मत्रात m. N. pr. eines buddh. Gelehrten.

°धर्मत्व n. s. u. धर्म 3).

धर्मद 1) Adj. *moralisches Verdienst verleihend, — bewirkend.* — 2) m. N. pr. eines Wesens im Gefolge Skanda's.

धर्मदक्षिणा f. *Lohn für Unterweisung im Gesetz* (buddh.) Kâraṇḍ. 35,20.

धर्मदत्त m. N. pr. verschiedener Männer.

धर्मदर्शिन् Adj. *der ein Auge für das Rechte hat* Comm. zu R. ed. Bomb. 2,111,22.

धर्मदान n. *eine nur im Gefühl der Pflicht dargebrachte Gabe, eine fromme Gabe.*

धर्मदार m. Pl. *eine rechtmässige Gattin.*

धर्मदास m. N. pr. verschiedener Männer.

धर्मदिन्ना f. N. pr. einer Frau.

धर्मदीपिका f. Titel eines Werkes.

धर्मदुघा Adj. f. *Milch zu Opfern milchend* Bhâg. P. 1,17,3.

*धर्मदृढाभेद्यसुनिलम्भ m. N. pr. des Fürsten der Garuḍa.

धर्मदृष्टि Adj. = धर्मचक्षुस् 59,25.

धर्मदेव m. *der Gott der Gerechtigkeit* 56,16.

धर्मदेशक m. *Unterweiser im Gesetz.*

धर्मदेशना f. *Unterweisung im Gesetz* Pañkat. ed. Bomb. 3,67,15. Bei den Buddhisten so v. a. *Predigt* Kâraṇḍ. 35,22. Lalit. 34,22.

धर्मदोग्ध्री f. *eine Kuh, deren Milch zu Opfern bestimmt ist,* VP.² 5,218.

*धर्मद्रवी f. Bein. der Gaṅgâ.

*धर्मद्रोहिन् 1) Adj. *das Gesetz —, das Recht verletzend.* — 2) m. *ein* Rakshas.

धर्मद्वार n. Pl. *die Tugenden* oder *Pflichten als Mittel zur Erlangung der höchsten Weisheit* Kâraka 1,11.

*धर्मद्वेषिन् m. *Terminalia Bellerica.*

धर्मधर m. 1) *ein best.* Samâdhi Kâraṇḍ. 51,14. 83,12. — 2) N. pr. *a)* eines Fürsten der Kiṁnara 1) *a).* — *b)* eines Bodhisattva Kâraṇḍ. 1,19.

1. धर्मधातु m. Bez. eines der 18 Dhâtu bei den Buddhisten.

2. *धर्मधातु m. *ein* Buddha.

धर्मधातुपरिरक्षिणी f. N. pr. einer Kiṁnara-Jungfrau Kâraṇḍ. 6,13.

धर्मधातुवागीश्वर m. N. pr. einer buddh. Gottheit.

धर्मधात्री f. *Erhalterin des Gesetzes* u. s. w. (Wasser) Hariv. 2,79,9. Comm. धर्मस्याधाऱ्यः पोषकाः (sic).

धर्मधुर्य Adj. *in der Gerechtigkeit obenan stehend, ein Muster der G.* Kâm. Nîtis. 5,48.

धर्मधृक् m. N. pr. eines Sohnes des Çvaphalka.

धर्मधृत् Adj. *das Gesetz u. s. w. beobachtend.*

धर्मधेनु f. = धर्मदोग्ध्री VP.² 5,218. 220.

धर्मध्वज 1) Adj. *a) das Gesetz zum Banner habend* (die Sonne). — *b) die Tugend zur Schau tragend, heuchlerisch.* — 2) m. N. pr. verschiedener Männer.

धर्मध्वजिक (MBh. 13,163,62) und °ध्वजिन् Adj. = धर्मध्वज 1) *b).*

1. धर्मन् m. 1) *Träger, Erhalter, Ordner.* — 2) N. pr. eines Sohnes des Bṛhadrâga VP. 4,22,3. Richtig धर्मिन्.

2. धर्मन् n. (in der späteren Sprache nur am Ende eines Comp.) 1) *Stütze, Unterlage, Halt.* — 2) *Gesetz, Ordnung, Brauch, Art und Weise.* Instr. Sg. und Pl. *nach der Ordnung, — Reihe, regelmässig, wie es sich gehört, naturgemäss, rite.* धर्मणस्परि *nach der natürlichen Ordnung, nach der Reihe.* — 3) *das Rechte, richtiges Verfahren* Çâk. 40,4. *Pflicht gegen* (Loc.). — 4) *Verfügung, Genehmigung.* धर्मणा *mit Genehmigung von* (Gen). अधि धर्मणि *wider den Willen von* (Gen.). — 5) *die Natur —, die Art und Weise eines Dinges, eine wesentliche, charakteristische Eigenschaft, ein solches Merkmal, Eigenthümlichkeit.* Insbes. am Ende eines adj. Comp. — 6) *Reich, Gebiet.* — 7) स्वाय धर्मणे so v. a. *zu eigener Lust* ṚV. 4,53,3.

धर्मनद m. N. pr. eines heiligen Teiches.

धर्मनन्दन m. *ein Sohn* Dharma's; Pl. *die Söhne* Pâṇḍu's.

धर्मनाथ m. *ein rechtmässiger Beschützer.*

धर्मनाभ m. 1) *Bein. Vishṇu's. — 2) N. pr. eines Fürsten.

धर्मनाशा f. N. pr. einer fingirten Stadt Kautukas.

धर्मनित्य Adj. *beständig die Pflicht vor Augen habend* Spr. 3097.

धर्मनेत्र m. N. pr. verschiedener Männer.

धर्मन्द 1) Adj. *das Gesetz* (buddh.) *schenkend* Kâraṇḍ. 11,9. — 2) f. आ N. pr. einer Gandharva-Jungfrau ebend. 4,23.

धर्मपञ्चविंशतिका f. Titel eines Werkes Bühler, Rep. No. 616.

*धर्मपट m. *die Binde des Gesetzes* (buddh.).

धर्मपट्टन n. Jama's *Stadt.*

धर्मपति m. *Herr —, Hüter der Ordnung, des Gesetzes.*

धर्मपत्तन n. 1) *Bein. der Stadt Çrâvanti (wohl Çrâvastî). — 2) *Pfeffer* Râgan. 6,31. Bhâvapr. 1,163.

*धर्मपत्त्र n. *Ficus glomerata.*

धर्मपत्नी f. *eine rechtmässige Gattin.*

धर्मपथ m. 1) *der Weg der Pflicht, — der Tugend.* — 2) N. pr. eines Kaufmanns.

धर्मपन्थन् m. = धर्मपथ 1).

धर्मपर (Âpast.) und धर्मपरायण (57,21. 90,25) Adj. *dem die Pflicht, die Tugend über Alles geht.*

धर्मपरीक्षा f. Titel eines Werkes Bühler, Rep.

No. 617.

धर्मपर्याय m. Bez. bestimmter buddhistischer Werke Lalit. 8,5. Kâraṇḍ. 23,10. 12. 25,5. 27,17. 79,18.

धर्मपाठक m. ein Lehrer des Rechts, Rechtsgelehrter.

धर्मपाल m. 1) bildliche Bez. a) der Strafe. — b) des Schwertes. — 2) N. pr. verschiedener Männer.

धर्मपाश m. eine best. mythische Waffe.

धर्मपीठ 1) n. N. pr. einer Oertlichkeit. — 2) f. आ N. pr. einer Schlangenjungfrau Kâraṇḍ. 4,9.

धर्मपीडा f. Pflichtverletzung Daçak. 83,17.

धर्मपुत्र m. 1) ein aus Pflichtgefühl erzeugter Sohn. — 2) Schüler. — 3) *Patron. Judhishṭhira's. — 4) Du. Bein. der Ṛshi Nara und Nârâjaṇa. — 5) N. pr. des 11ten Manu VP.² 3,337.

धर्मपुर n. 1) Bein. der Stadt Ajodhjâ. — 2) N. pr. eines Dorfes an der Narmadâ.

धर्मपुरस्कार Adj. zunächst nur die Pflichten vor Augen habend Âpast.

धर्मपुराण n. Titel eines Werkes.

धर्मपूत Adj. tugendrein Daçak. 52,2.

*धर्मप्रचार m. bildliche Bez. des Schwertes.

धर्मप्रदीप m. Titel eines Werkes.

धर्मप्रभास m. N. pr. eines Buddha.

धर्मप्रमाणपरिच्छेद m. Titel eines Werkes.

धर्मप्रवक्तर् Nom. ag. Rechtslehrer.

धर्मप्रवचन n. Verkündigung des Gesetzes.

धर्मप्रवृत्ति f. 1) Tugendübung, eine tugendhafte Handlungsweise. Pl. Râǵat. 6,295. — 2) Titel eines Werkes Opp. Cat. 1.

धर्मप्रश्न m. Titel eines Werkes Opp. Cat. 1. °व्याख्या f. ebend.

धर्मप्रस्थ m. N. pr. eines Wallfahrtsortes.

धर्मप्रह्लादन m. N. pr. 1) eines Fürsten der Gandharva Kâraṇḍ. 2,21. — 2) eines Mannes Âpast.

धर्मप्रिय m. N. pr. 1) eines Gandharva-Fürsten Kâraṇḍ. 2,21. — 2) eines buddh. Gelehrten.

*धर्मबल N. pr. eines Mannes.

धर्मबिन्दु m. Titel eines Werkes Opp. Cat. 1.

धर्मबुद्धि 1) Adj. dessen Geist auf die Tugend gerichtet ist, tugendhaft. — 2) m. N. pr. verschiedener Männer.

धर्मभगिनी f. 1) ein in die Rechte einer Schwester getretenes Frauenzimmer. — 2) eine Mitschwester im Glauben (buddh.). Im Prâkrit zu belegen.

धर्मभागिन् Adj. Tugend besitzend, tugendhaft 155,5.

धर्मभाणक m. Verkünder des Gesetzes, Prediger (buddh.) Kâraṇḍ. 13,12. 27,17. 78,1. Lalit. 215,7. Hier und da fälschlich °भानक.

धर्मभिक्षुक m. ein Bettler aus Tugend.

धर्मभीरु Adj. pflichtscheu Kautukar.

धर्मभृत् 1) Adj. das Gesetz aufrechthaltend, gerecht. Beiw. von Fürsten. — 2) m. N. pr. verschiedener Männer.

धर्मभृत und v. l. धर्मभय (Hariv. 1,7,82) m. N. pr. eines Sohnes des 13ten Manu.

धर्मभ्रातर् m. ein Bruder im Gesetze, Religionsgenosse, durch Erfüllung gleicher Pflichten mit Jmd verbrüdert.

धर्ममति m. N. pr. 1) eines Prinzen. — 2) einer Gottheit des Bodhivṛksha Lalit. 522,10.

धर्ममय Adj. ganz aus Gesetz bestehend, ganz Tugend seiend.

1. धर्ममात्र n. nur die Art und Weise, nur das Wie Gaim. 2,1,9. Chr. 232,21.

2. धर्ममात्र Adj. nur auf dem Wie beruhend, nur attributiv Kâtj. Çr. 1,8,7. 9,5,10. Nom. abstr. °त्व n. 4,12,16. 8,2,19.

धर्ममार्ग m. der Weg der Pflicht, — der Tugend.

*धर्ममित्र m. N. pr. eines Mannes.

धर्ममीमांसासंग्रह m. und °मीमांसासारसंग्रह (Opp. Cat. 1) m. Titel zweier Werke.

धर्ममूल n. die Grundlage des Gesetzes, des Rechts Gaut. 1,1.

धर्ममृज् (Nom. °मृक्!) m. N. pr. v. l. für धर्मधृक् Hariv. 1,34,13.

धर्ममेघ 1) m. ein best. Samâdhi im Joga Jogas. 4,29. — 2) *f. आ Bez. einer der zehn Bhûmi bei den Buddhisten.

धर्ममेघध्यान n. ein best. Geisteszustand bei ekstatischer Meditation im Joga Vjâsa zu Jogas. 1,2.

*धर्मयु Adj. gerecht, tugendhaft.

धर्मयुक्त Adj. 1) gerecht, tugendhaft Âpast. 2,8,6. 14,14. — 2) mit dem Gesetze —, mit dem Rechte im Einklang stehend Âpast. 2,20,15. R. 1,37,7.

धर्मयुग n. das Weltalter des Gesetzes, das Kṛtajuga.

*धर्मयुज् Adj. gerecht, tugendhaft.

धर्मयुद्ध n. ein auf redliche Weise geführter Kampf.

धर्मयोनि m. der Mutterschooss des Gesetzes, Bein. Vishṇu's Vishṇus. 1,54.

धर्मय्यदीक्षित m. N. pr. eines Mannes.

धर्मरक्षिता f. N. pr. einer Frau.

धर्मरत Adj. Freude an der Tugend habend, d. T. ergeben 175,15.

धर्मरति 1) Adj. dass. — 2) m. N. pr. eines bösen Dämons Lalit. 394,6.

धर्मरत्न n. Titel eines Werkes. °मञ्जूषा f. desgl.

धर्मरथ m. N. pr. zweier Männer.

धर्मरथाभिरूढ m. ein best. Samâdhi Kâraṇḍ. 77,12.

धर्मरसायन n. Titel eines Werkes Bühler, Rep. No. 618.

धर्मराज् m. Bein. 1) Jama's. — 2) Judhishṭhira's. — 3) eines Fürsten der Reiher.

धर्मराज m. 1) ein gerechter Fürst. — 2) *Fürst überh. — 3) ein Buddha. — 4) Bein. a) Jama's. Nom. abstr. °ता f. — b) Judhishṭhira's. — 5) der souveräne Dharma (buddh.) Kâraṇḍ. 69,10.

धर्मराजदीक्षित m. N. pr. eines Autors. °दीक्षितीय n. Titel seines Werkes Opp. Cat. 1.

धर्मराजन् m. Bein. Judhishṭhira's.

धर्मराजिका f. ein buddh. Stûpa.

धर्मरात्री f. Hariv. 7794 wohl nur fehlerhaft für धर्मधात्री.

धर्मरुचि 1) Adj. Freude an der Tugend habend, der T. ergeben Âpast. — 2) m. N. pr. a) eines Dânava. — b) einer Gottheit des Bodhivṛksha Lalit. 522,9. — c) eines Mannes.

धर्मलोप m. 1) Pflichtversäumniss 69,31. — 2) das Fehlen des Attributs Sâh. D. 652.

धर्मवत् 1) Adj. a) vom Gesetz begleitet RV. — b) gerecht, tugendhaft. — 2) f. °वती a) *eine best. Mudrâ (buddh.). — b) N. pr. verschiedener Frauen.

धर्मवर्धन 1) Adj. das Rechte —, die Tugend mehrend (Çiva). — 2) m. N. pr. a) verschiedener Männer. — b) eines Dorfes.

धर्मवर्मन् n. der Panzer des Gesetzes (Kṛshṇa).

धर्मवसुप्रद Adj. Tugend und Reichthümer verleihend (Vishṇu) Vishṇus. 98,91.

धर्मवाणिजक und °वाणिजिक m. Tugendkrämer, der die Tugend des Vortheils wegen ausübt.

धर्मवाद m. eine Unterhaltung über das Gesetz, — über die Pflichten.

धर्मवादिन् Adj. über das Gesetz —, über die Pflichten zu reden pflegend.

*धर्मवासर m. 1) Vollmondstag. — 2) der gestrige Tag.

*धर्मवाहन m. Bein. Çiva's.

धर्मविचारशास्त्र n. die Lehre von der Erwägung der Pflichten Comm. zu Njâjam. 1,1,1.

धर्मविचारसंग्रह m. Titel eines Werkes.

धर्मविजय m. 1) der Sieg der Gerechtigkeit, der Tugend Râǵat. 3,329. — 2) Titel eines Schauspiels Hall in der Einl. zu Daçar. 30.

धर्मविद् Adj. mit dem Gesetze vertraut, seiner Pflichten sich bewusst Gaut.

*धर्मविद्या f. Kenntniss des Gesetzes, — des Rechts.

धर्मविधर्मन् n. Pl. प्रजापतेर्धर्म° Name von vier

Sâman Ârsh. Br.

धर्मविवरण n. Titel eines Werkes.

धर्मविवर्धन m. N. pr. eines Sohnes des Açoka.

धर्मविवेकवाक्य n. Titel eines Werkes.

धर्मविवेचन n. *Erörterung der Gesetze, — der Pflichten.*

धर्मवृद्ध 1) Adj. *reich an Tugenden* Spr. 4215. — 2) m. N. pr. verschiedener Männer VP.² 4,30.

धर्मवैतंसिक m. *der der Tugend nachstellt,* so v. a. *Tugenden heuchelnd.*

धर्मव्यतिक्रम m. *Uebertretung des Gesetzes* Âpast. Gaut. 1,3.

धर्मव्यवस्था f. *eine gesetzliche Entscheidung* Gaut. 11,22.

धर्मव्याध m. N. pr. *eines tugendhaften Jägers.*

*धर्मशरीर n. *ein kleiner buddh.* Stûpa.

धर्मशर्मन् m. N. pr. eines Lehrers.

धर्मशाला f. 1) * *Gerichtssaal.* — 2) *ein Asyl für Bettler und Reisende, Hospiz.*

धर्मशासन n. *Gesetz-, Rechtsbuch.*

धर्मशास्त्र n. dass. Gaut. °सर्वस्व n. und °सुधानिधि m. Titel von Werken.

धर्मशास्त्रिन् m. *ein Anhänger der Gesetzbücher.* Pl. *eine best. Schule* Harshak. 204,7.

धर्मशील 1) Adj. *gerecht, tugendhaft.* — 2) m. N. pr. eines Mannes. — 3) f. आ N. pr. einer Frau.

*धर्मश्रेष्ठिन् (?) m. N. pr. eines buddh. Arhant's.

धर्मसंयुक्त Adj. *gesetzmässig* 214,20.

धर्मसंश्रित Adj. *gerecht, tugendhaft.*

धर्मसंहिता f. *Gesetzsammlung.* Auch Titel eines best. Werkes Opp. Cat. 1.

धर्मसंकथा f. Pl. *fromme Gespräche* Kâd. 2,118,9.

धर्मसंगर m. *ein auf redliche Weise geführter Kampf.*

धर्मसंगीति f. 1) *ein buddh. Concil.* — 2) Titel eines Werkes.

धर्मसंग्रह m. Titel eines buddh. Werkes. °निवृत्ति f. Titel eines Gaina-Werkes Bühler, Rep. No. 726.

धर्मसंज्ञा f. *Pflichtgefühl* MBh. 3,260,24.

धर्मसत्यव्रत Adj. *der Pflicht und der Wahrheit ergeben* R. 2,41,6. धर्म्यं सत्यव्रतम् ed. Bomb.

*धर्मसभा f. *Gerichtssaal.*

धर्मसमय m. *eine übernommene Verpflichtung* 205,11.

धर्मसंप्रदायदीपिका f. Titel eines Werkes Bühler, Rep. No. 349.

धर्मसहाय m. *ein Gefährte —, ein Gehülfe bei der Erfüllung religiöser Pflichten.*

धर्मसांकथ्य n. *eine Unterhaltung über das Gesetz* (buddh.) Kâraṇḍ. 16,6. 43,3. 61,20.

धर्मसाधन n. 1) *Erfüllung der Pflichten* Ind. St. 15,395. — 2) *ein nothwendiges Werkzeug zur Erfüllung der Pflichten* Kâm. Nîtis. 6,4.

धर्मसारथि m. N. pr. eines Mannes.

धर्मसावर्णि und °क (VP. 3,2,28) m. N. pr. des 11ten Manu.

*धर्मसिंह m. N. pr. eines Mannes.

धर्मसिन्धु m. Titel verschiedener Werke.

धर्मसुत Patron. 1) m. Judhishṭhira's. — 2) f. आ der Lopâmudrâ Bâlar. 299,20.

धर्मसू 1) Adj. *Ordnung —, Gesetz fördernd.* — 2) * m. *der gabelschwänzige Würger.*

1. धर्मसूत्र n. *ein über Gesetz und Brauch handelndes* Sûtra. °व्याख्या f. Titel eines Werkes Opp. Cat. 1.

2. धर्मसूत्र m. N. pr. eines Mannes.

धर्मसेतु m. 1) *ein Damm zum Schutze des Gesetzes, — des Rechts.* Auch als Beiw. Çiva's. — 2) N. pr. eines Mannes.

धर्मसेन m. N. pr. verschiedener Männer.

धर्मसेवन n. *Erfüllung der Pflichten* 148,21.

धर्मस्कन्ध m. *ein auf die Gesetze sich beziehender Hauptabschnitt* Çaṁk. zu Bâdar. 3,4,17. fgg. Auch Titel eines Werkes.

धर्मस्थ m. *Richter.*

धर्मस्थल n. N. pr. einer Stadt.

धर्मस्थविर m. N. pr. eines Mannes.

धर्मस्थितिता f. *die constante Natur des* Dharma (buddh.).

धर्मस्थूणाराज m. *der Hauptpfosten des Gesetzes* Pâr. Gṛhj. 3,4,18.

धर्मस्मारक m. *Rechtslehrer* Ind. St. 10,131.

धर्मस्वामिन् m. 1) * *der Herr des Gesetzes,* Beiw. eines Buddha. — 2) N. pr. eines von Dharma errichteten Heiligthums.

धर्महन्तर् Nom. ag. (f. °हन्त्री) *das Gesetz —, das Recht verletzend.*

धर्महानि f. *Pflichtversäumniss* Âpast.

धर्महीन Adj. *ausserhalb des Gesetzes stehend* Gaut. 4,25.

धर्माकर m. N. pr. verschiedener Männer, auch eines Buddha.

धर्माक्षेप m. in der Rhetorik *eine Erklärung, dass man die allgemein angenommene Natur eines Dinges nicht gelten lasse.*

धर्माख्यान n. *Auseinandersetzung der Pflichten* Spr. 3108.

धर्मागम m. *ein überliefertes Gesetz.* Vgl. सिद्धान्त°.

धर्माङ्ग 1) Adj. *dessen Körper das Gesetz ist* (Vishṇu) Vishṇus. 1,54. — 2) * f. आ *Reiher.*

धर्माङ्गद m. N. pr. verschiedener Männer.

धर्माचार्य m. *Rechtslehrer.* °स्तुति f. Titel eines Werkes.

धर्मातिक्रम m. *Uebertretung des Gesetzes* Âpast.

धर्मात्मज m. Patron. Judhishṭhira's.

धर्मात्मता f. *Gerechtigkeit, Tugendhaftigkeit.*

धर्मात्मन् 1) Adj. *gerecht, tugendhaft, seiner Pflichten sich bewusst.* — 2) * m. Bein. Kumârapâla's.

धर्मादित्य m. N. pr. eines Fürsten.

धर्मादेशक m. v. l. für धर्मदेशक Pañkat. 166,17.

धर्माधर्मज्ञ Adj. *Recht und Unrecht kennend* (Vishṇu) Vishṇus. 1,54.

धर्माधर्मपरीक्षण n. *das Untersuchen des Rechts oder Unrechts.* Auch *ein best. Gottesurtheil.*

धर्माधर्मप्रबोधिनी f. Titel eines Werkes.

धर्माधात्री f. s. धर्मधात्री.

1. धर्माधिकरण n. *Gericht.* °णाधिष्ठितपुरुष m. *Gerichtsperson.*

2. धर्माधिकरण m. *Richter.*

धर्माधिकरणस्थान n. *Gerichtshof.*

धर्माधिकार m. 1) *Rechtsverwaltung, Rechtspflege.* — 2) Titel eines Werkes.

धर्माधिकारणिक und * °कारणिन् m. *Richter.*

धर्माधिकारिक Adj. *das Kapitel vom Recht betreffend.*

धर्माधिकारिन् m. 1) *Richter* Kâd. 98,19. °रिपुरुष m. *Gerichtsperson.* — 2) *Sittenrichter* (als Amt), *Prediger* Ind. St. 15,368. fgg.

धर्माधिकृत m. *Richter.*

धर्माधिष्ठान n. *Gericht, Gerichtshof.*

धर्माध्यक्ष m. *Oberrichter, Minister der Justiz.*

धर्माध्वन् m. *der Weg des Gesetzes, — der Tugend.*

धर्मानल m. N. pr. eines Mannes Kautukas.

धर्मानुकाङ्क्षिन् Adj. *der Gerechtigkeit nachstrebend, dem es um's Rechte zu thun ist* 94,11.

धर्मानुष्ठान n. *Pflichterfüllung* Âpast.

धर्मानुस्मृति f. *beständiges Denken an das Gesetz* (buddh.) Lalit. 34,21.

धर्मानुस्मृत्युपस्थान n. Titel eines buddh. Werkes.

धर्मान्धु m. N. pr. eines Tîrtha.

धर्माभिजनवत् Adj. *gerecht und von edler Herkunft* R. 2,72,16.

धर्माभिमुख 1) m. *ein best.* Samâdhi Kâraṇḍ. 93,2. — 2) f. आ N. pr. einer Apsaras ebend. 3,15.

धर्माभिषेकक्रिया f. *eine vorgeschriebene Abwaschung.*

धर्मामृत n. und धर्माम्भोधि m. Titel zweier Werke.

*धर्माय्, °यते *zum Gesetz werden.*

*धर्मायतन n. *die Objecte des Sinnesorgans* Manas. Davon * °निक Adj. (buddh.).

धर्मायन n. *Rechtsgang, Rechtshandel* Bhar. Nâṭjaç. 34,73.

धर्मारण्य n. 1) *ein Wald, in welchem Einsiedler ihren Pflichten obliegen.* — 2) N. pr. *a)* eines *heiligen Waldes* in Madhjadeça. — *b)* einer Stadt.

धर्मार्थदुघ Adj. *Gutes und Nützliches milchend* (d. i. *verleihend*) oder f. आ *die drei dieses verleihenden* Veda Bhâg. P. 4,6,44.

धर्मार्थयुक्त Adj. *mit der Pflicht und dem Nutzen in Einklang stehend* Âpast.

धर्मार्थीय Adj. *auf das Gesetz —, auf die Pflicht bezüglich.*

धर्मालोक m. *ein Licht des Gesetzes* Kâraṇḍ. 8,3 (so wird dieses Werk genannt).

धर्मालोकमुख n. *ein Eingang zum Lichte des Gesetzes* (buddh.) Lalit. 252,11. Deren werden 108 angenommen.

धर्माशोक m. Bein. Açoka's.

धर्माश्रित Adj. *gerecht, tugendhaft.*

धर्मासन n. *Richtersitz.*

धर्मास्तिकाय m. bei den Gaina *die Kategorie Tugend* Çaṁk. zu Bâdar. 2,2,33.

*धर्माह्न m. *der gestrige Tag.*

धर्माहृत Adj. *auf gesetzmässige Weise erworben* Âpast.

धर्मिक fehlerhaft für धार्मिक.

धर्मिता f. Nom. abstr. von धर्मिन्. Am Ende eines Comp. *das Behaftetsein mit dem und dem charakteristischen Merkmal.*

धर्मितावच्छेद m. (Opp. Cat. 1), °च्छेदकताप्रत्यासत्तिविचार m., °च्छेदकतावाद m. (Opp. Cat. 1), °च्छेदकतावादार्थ m. (ebend.), °च्छेदकप्रत्यासत्ति f. (Bühler, Rep. No. 383), °निरूपण n. und °च्छेदकवाद m. (Opp. Cat. 1,7714) Titel von Werken.

धर्मित्व n. 1) *Gerechtigkeit, Pflichtgefühl.* — 2) am Ende eines Comp. *a) das Verpflichtetsein zu* Gaut. 10,28. — *b) das Behaftetsein mit dem und dem charakteristischen Merkmal, das Unterworfensein der und der Erscheinung.*

धर्मिन् 1) Adj. *a) das Gesetz kennend, — befolgend, seiner Pflichten sich bewusst* Gaut. 10,52. — *b) mit besonderen Eigenschaften versehen, woran besondere Eigenschaften haften. Subst. Object, Ding* Kap. 5,98. 6,4. — *c)* am Ende eines Comp. α) *Jmdes Gesetze befolgend, — Gesetzen unterworfen, — Rechte habend, — Pflichten erfüllend.* — β) *die Art und Weise —, die Eigenthümlichkeit von Jmd oder Etwas habend, Etwas als charakteristisches Merkmal habend, einer best. Erscheinung unterworfen.* — 2) m. N. pr. *a)* des 14ten Vjâsa. — *b)* eines Fürsten VP 4,22,3. — 3) *f. °णी *ein best. wohlriechender Arzeneistoff* Râǵan. 6,114.

धर्मिष्ठ Adj. (f. आ) 1) *seine Pflichten vollkommen erfüllend, überaus gerecht, — gewissenhaft, — tugendhaft.* Nom. abstr. °ता f. — 2) *dem Gesetze vollkommen entsprechend, mit dem Gesetze —, mit der Tugend ganz in Einklang stehend, gesetzmässig, gesetzlich.*

*धर्मीपुत्र m. *Schauspieler.*

धर्मेन्द्र m. Bein. Jama's.

धर्मेप्सु Adj. *nach moralischem Verdienst trachtend.*

धर्मेयु m. N. pr. eines Sohnes des Raudrâçva.

धर्मेश m. Bein. Jama's.

धर्मेश्वर m. 1) dass. — 2) N. pr. *a)* eines Devaputra Lalit. v. l. धर्मचर. — *b)* verschiedener Männer Lalit. 201,4.

धर्मेश्वरतीर्थ n. N. pr. eines Tîrtha.

धर्मेश्वरलिङ्ग n. Name eines Liṅga.

धर्मोच्चय m. N. pr. eines mythischen Palastes (buddh.).

1. धर्मोत्तर n. *ein Vorwalten der Gerechtigkeit* MBh. 1,100,10.

2. धर्मोत्तर 1) Adj. *ganz der Gerechtigkeit ergeben, nur an seine Pflichten denkend* Gaut. Ragh. 13,7. — 2) m. N. pr. eines buddh. Gelehrten.

धर्मोत्तरीय m. Pl. *die Schule des* Dharmottara.

धर्मोपदेश m. 1) *Unterweisung im Gesetze, in den Pflichten, Lehren in Bezug auf dieselben* Âpast. — 2) *die Gesetze, Gesetzsammlung.* — 3) *die Angabe des Wie* Gaim. 3,3,4. — 4) Titel eines Gaina-Werkes Bühler, Rep. No. 727.

*धर्मोपदेशक m. *Rechtslehrer.*

धर्मोपदेशना f. 1) *Unterweisung im Gesetz.* धर्मदेशना v. l. — 2) Titel eines Werkes Bühler, Rep. No. 619.

धर्मोपमा f. *ein Gleichniss, in welchem zwei Dinge in Bezug auf eine gemeinschaftliche charakteristische Eigenschaft einander gleichgestellt werden.*

धर्म्य 1) Adj. (f. आ) *a) gesetzmässig, gesetzlich, rechtmässig, mit dem Gesetze —, mit dem Rechte, — mit dem Brauche in Einklang stehend, zu derselben in Beziehung stehend, herkömmlich.* — *b) gerecht, rechtschaffen* (von Personen). — *c) mit besonderen Eigenschaften versehen.* — *d) einer Person oder Sache* (Gen.) *entsprechend.* — 2) n. *herkömmliche Abgabe.*

धर्म्याक्षेप m. in der Rhetorik *eine Erklärung, dass man den Träger einer anerkannten charakteristischen Eigenschaft als solchen nicht gelten lasse.*

धर्ष्, धर्षति, धृष्णोति, धृषन्त्, धृषाणं und धृषमाण. 1) *dreist —, muthig sein.* — 2) *den Muth zu Etwas haben, wagen zu* (Infin.), *sich an Jmd* (Acc.) *wagen.* — 3) धृषन्त् *dreist, kühn, muthig.* धृषत् und धृषता Adv. *herzhaft, tüchtig, kräftig.* — 4) धृषित *kühn, muthig, tapfer.* धृषिता Adv. vielleicht fehlerhaft für धृषता. — 5) धृष्ट *keck, frech.* धृष्टम् und धृष्ट° Adv. — 6) *संहतौ und हिंसे. — 7) धृष्यमाण Pańkat. 265,8 fehlerhaft. — Caus. 1) धर्षयति *sich an Jmd* oder *Etwas wagen, Jmd Etwas anthun, sich an Jmd* oder *Etwas vergreifen, über Jmd kommen, Jmd bewältigen, bezwingen, hart mitnehmen, Etwas verderben, zu Grunde richten.* धर्षिता *geschändet.* धर्षितवस्त्र Suparṇ. 27,1. — 2) Med. *überbieten, bezwingen* AV. 3,3,2. — Mit अप *bezwingen.* — Mit अभि Simpl. und Caus. *überwältigen, bezwingen.* — Mit अव in अनवधर्ष्य, अनवधर्ष्य. — Mit आ *sich wagen an, Jmd Etwas anhaben können.* — Caus. *Jmd zu nahe treten, beleidigen, reizen.* — Mit उप *sich wagen an.* — Mit परि Caus. *über Etwas herfallen.* — Mit प्र *sich an Jmd wagen, Jmd zu nahe treten, Jmd Etwas anthun, beunruhigen, bewältigen.* — Caus. dass. und *schänden* (ein Weib), *verderben, verwüsten.* — Mit अभिप्र in °धर्षण. — Mit संप्र Caus. *sich an Jmd wagen, Jmd Etwas anthun.* — Mit प्रति *aushalten, widerstehen.* — Mit वि Caus. *sich an Jmd wagen, Jmd Etwas anthun, Jmd beunruhigen, schänden* (ein Weib), *Etwas verderben.* — Mit सम् Caus. *schänden* (ein Weib), *Etwas verderben.*

धर्ष m. 1) Nom. act. in दुर्धर्ष. — 2) * *Eunuch;* vgl. धर्षवर.

धर्षक 1) Adj. am Ende eines Comp. *über Etwas herfallend, einen Angriff machend auf.* — 2) *m. *Schauspieler.*

धर्षण 1) n. f. (आ) *a) ein Angriff auf Personen* oder *Sachen, Beleidigung, Misshandlung.* — *b)* **Beischlaf* (eher *Schändung, Nothzucht*). — 2) *f. ई *ein freches, liederliches Weib.*

धर्षणात्मन् Adj. *der gern Jmd Etwas anthut* (Çiva).

*धर्षणि f. = धर्षण 2).

धर्षणीय Adj. *derjenige, dem leicht beizukommen ist, einem Angriffe ausgesetzt, leicht unterliegend, — zu Schaden kommend.*

*धर्षवर m. *Eunuch.* Richtig वर्षधर.

धर्षित 1) Adj. s. u. धर्ष् Caus. — 2) *f. आ *ein freches liederliches Weib.* — 3) *n. *Beischlaf.*

धर्षिन् 1) Adj. am Ende eines Comp. *herfallend*

über, beleidigend, misshandelnd. — 2) f. °णी ein freches, liederliches Weib.

*धलण्ड m. eine best. stachelige Pflanze.

*धलिल N. pr. eines Thales.

धव्, धवते rennen, rinnen RV. — Mit नि hinfliessen —, hinlaufen zu (Loc).

1. धव॑ m. Anogeissus latifolia Rāǵan. 9,112. Bhāvapr. 1,235.

2. धव॑ (accentuirt nur in Naigh.) m. 1) Mensch, Mann. — 2) Ehemann, Gatte. — 3) Besitzer, Herr, Herrscher, Gebieter. — 4) *Spitzbube.

*धवनी f. wohl Demodium gangeticum oder eine verwandte Species.

*धवर n. eine best. hohe Zahl (buddh.).

धवल 1) Adj. (f. आ) a) blendend weiss. — b) *hübsch. — 2) m. a) *die blendend weisse Farbe. — b) eine Taubenart Bhāvapr. 2,8. — c) *ein ausgewachsener Stier. — d) *eine Art Kampfer Rāǵan. 12,70. — e) *Anogeissus latifolia Rāǵan. 9,112. — f) ein best. Rāga. — g) N. pr. α) eines Mannes. — β) eines Weltelephanten. — γ) eines Hundes Ind. St. 14,111. — 3) f. (*आ) und ई eine weisse Kuh. Als Zugthier Kād. 2,129,24. — 4) f. ई a) weisses Haar. — b) N. pr. eines Flusses. — 5) n. a) *weisser Pfeffer Rāǵan. 6,34. — b) ein best. Metrum. — c) N. pr. einer Stadt.

धवलगिरि m. der Dolaghir.

धवलगृह n. das oberste, weiss angestrichene Stockwerk eines Hauses Harshaḱ. 125,23.

धवलता f. und धवलत्व n. die weisse Farbe.

धवलनिबन्ध m. Titel eines Werkes.

1. *धवलपक्ष m. die Zeit des zunehmenden Mondes.

2. *धवलपक्ष m. Gans.

धवलपुराणसमुच्चय m. Titel eines Werkes.

धवलमुख m. N. pr. eines Mannes.

*धवलमृत्तिका f. Kreide.

धवलय्, °यति weiss machen, beleuchten Kād. 81,10. 143,19. 144,13. 201,21. 2,34,10. Prasannar. 148,14. धवलित weiss gemacht, beleuchtet.

धवलाय्, °यते eine weisse Farbe annehmen, glänzend weiss erscheinen Kād. 2,37,17. Harshaḱ. 219,21. °यित Partic. 210,10.

धवलाष्टक n. Titel eines Gedichts.

धवलिमन् m. Weisse, die weisse Farbe, nitor Kād. 145,23. 201,21. 227,9. zugleich Reinheit 2,58,3.

धवली Adv. mit भू glänzend weiss werden Harshaḱ. 159,6.

*धवलेतरतण्डुल m. Andropogon bicolor Gal.

*धवलोत्पल n. die Blüthe der weissen Wasserlilie.

*धवाणक m. Wind.

धवितव्य॑ oder धवित॑व्य Adj. anzufächeln Çat. Br.

धवि॑त्र n. Fächer, Wedel von Fell oder Leder Āpast. Çr. 15,3,12. धवित्रदण्ड m. Fächerstiel Mān. Çr. 4,2.

धवी॑यंस् Adj. Compar. schnell rennend.

धस् in *°पयो°, पुरो°, रेतो°, वयो°.

धस्मन् in पुरु°.

1. धा, Präsensstämme: द॑धा (Act.), द॑ध् (Act. Med.), द॑ध (Act. Med.) und धा॑ (Act. Med.); Absol. धित्वा॑ (TS. 7,4,3,1. 2) und हित्वा; Pass. धीय॑ते, °धित (धित Hariv. 7799 verdächtig) und हित॑ (s. bes.). 1) setzen, legen, stellen, einfügen, einbringen, — in oder auf (Loc.). दण्डम् den Stock legen auf, so v. a. Strafe verhängen über (Loc. oder Gen.). तत्पदव्यां पदम् den Fuss auf seinen Weg stellen, so v. a. es ihm nachthun, ihm gleichen 251,7. Meist Act. — 2) hinbringen —, hinschaffen zu (Loc.). आरे॑ weit wegschaffen RV. 10,35,4. Meist Act. — 3) Jmd an einen Ort oder in einen Zustand versetzen, verhelfen zu, bringen in oder zu (Loc. oder Dat.) RV. 2,34,9. 4,17,7. Meist Act. — 4) richten auf (Dat. RV. 7,56,19, oder Loc.), nach oder an (Loc.). चित्तम्, मतिम् oder मनस् seine Gedanken richten auf, denken an (Loc. oder Dat.), beschliessen (mit Dat., Loc., Acc. mit प्रति, Infin., oder directe Rede mit इति). Meist Med. धीयमान (v. l. वर्तमान) und धित (verdächtig) dessen Sinn gerichtet ist auf (Loc. oder Dat.). — 5) Jmd (Dat., Loc. oder Gen.) Etwas bestimmen, verleihen, zutheilen, verschaffen, geben, schenken. Meist Act. Pass. verliehen werden u. s. w., so v. a. zufallen RV. 1,81,3. — 6) festsetzen, feststellen, anordnen, constituere. — 7) einsetzen als, bestimmen —, machen zu, reddere; mit doppeltem Acc. RV. 7,31,12. Spr. 1060. — 8) machen, bewerkstelligen, unternehmen, bewirken, verursachen, schaffen, hervorbringen, erzeugen. चन॑स् Befriedigung gewähren, Jmd (Dat.) Etwas (Acc.) gewähren. Aor. mit पूरयाम्, मन्त्रयाम्, वरयाम् = चकार Ind. St. 14,144. — 9) halten (in der Hand), fassen, tragen, in sich tragen (eine Leibesfrucht). — 10) ein Kleid, einen Schmuck, Blüthe tragen. — 11) tragen, so v. a. erhalten, aufrechthalten. — 12) Med. an sich nehmen, empfangen, erlangen, erhalten RV. 4,32,19. 6,67,7. insbes. eine Leibesfrucht empfangen, concipere. अन्त॑म् ein Ende finden RV. 6,29,5. ओ॑कस् und चन॑स् Gefallen finden —, sich erfreuen an (Loc. oder Dat.). — 13) sich zu eigen machen, annehmen, so v. a. an sich zur Erscheinung bringen, zeigen, sich zuziehen, inne haben, besitzen, behaupten. — 14) अधायत MBh. 4,1347 fehlerhaft für अधारयत्. — Caus. धापयति vom Simplex nicht zu belegen. — Desid. 1) दि॑धिषति a) geben —, verschaffen wollen. Med. sich verschaffen wollen, zu gewinnen suchen. — b) belegen —, beschenken wollen. — c) Med. aufbringen wollen. — 2) धित्सति setzen —, legen wollen auf (Loc.). — *Intens. देधीयते. — Mit अति, अ॑तिहित beseitigt. — Mit अधि 1) Act. a) setzen, anlegen, aufsetzen (auf's Feuer). — b) auf Jmd legen, Jmd (Dat. oder Loc.) verleihen, zutheilen. — 2) Med. an sich nehmen, an sich zur Erscheinung bringen. — Mit अनु Med. 1) darauf hinzulegen. — 2) veranlassen zu (Dat.). — 3) zugestehen, überlassen RV. 6,20,2. — °धास्यति Bālar. 117,21 fehlerhaft für °ध्यास्यति. — Mit व्यनु Med. entfalten, ausbreiten. — Mit अन्तर् 1) Act. Med. a) hineinlegen in (Loc.) RV. 1,62,9. 6,44,23. 10,54,6. — b) dazwischen legen, — setzen. — c) abscheiden, absondern RV. 3,38,3. — d) ausschliessen, beseitigen. — e) zudecken, verhüllen, verbergen, — in (Loc.) RV. 7,71,5. verschwinden —, unsichtbar machen, verdunkeln. — 2) Act. a) in sich aufnehmen, — enthalten. — b) im Innern —, im Herzen zur Erscheinung bringen, — zeigen. — c) Jmd (Abl.) Etwas (Acc.) vorenthalten, entziehen. — 3) Pass. verdeckt —, verhüllt —, unsichtbar werden, verschwinden. — Mit *Abl. oder Gen. der Person sich vor Jmd verbergen, sich Jmds Augen entziehen. — 4) अन्त॑र्हित a) getrennt. — b) bedeckt, — mit (im Comp. vorangehend). — c) verhüllt, verborgen, versteckt, unsichtbar gemacht, verschwunden, — in (Loc. oder im Comp. vorangehend). Mit Abl. der Person verborgen vor, Jmds Blicken entzogen. — Caus. verschwinden machen. — Mit अप Act. wegschaffen, wegnehmen, — von (Abl.), vertreiben RV. 8,85,13. — Mit अपि oder पि (von Manu an häufiger als अपि) 1) hineinstecken, — in (Loc.). — 2) Jmd (Dat.) darreichen, hingeben, Jmd (Loc.) verleihen RV. 10,56,4. — 3) zudecken, verstopfen, verschliessen, schliessen, einschliessen, verhüllen, bedecken, verdecken, verbergen. Pass. verhüllt werden, spurlos verschwinden in (Loc.) MBh. 12,246,18. 19. Partic. अ॑पिहित und पिहित zugedeckt u. s. w., unsichtbar gemacht, in seiner Thätigkeit gehemmt. — Caus. zudecken lassen mit (Instr.), schliessen lassen (mit doppeltem Acc). — Mit समपि ganz zudecken. — Mit अभि 1) Jmdm (Dat.) übergeben, dahingeben, überliefern. — 2) richten, zurichten RV. 2,23,6. 7,

34,9. — 3) *umhüllen, umlegen mit* (Instr.), *umwinden, binden.* Gewöhnlich Med. अभिहित *angebunden, angeschirrt, angespannt.* — 4) *belegen, mit Truppen überziehen.* — 5) *umfassen,* so v. a. *in Schutz nehmen.* — 6) Med. *in sich tragen, — bergen* BHÂG. P. 3,13,30. — 7) Med. *sich verhalten zu* (Acc.). — 8) *bezeichnen, benennen;* Pass. *bezeichnet —, benannt werden, heissen.* अभिहित *bezeichnet, genannt, heissend.* — 9) *angeben, auseinandersetzen, mittheilen, sprechen über, vortragen, Etwas sagen, sprechen, aussprechen.* अभिहित *angegeben, angezeigt* 219,27 *mitgetheilt, vorgebracht, vorgetragen, gesprochen, worüber* oder *über wen gesprochen worden ist.* — 10) *zu Jmd Etwas sagen, — sprechen;* mit doppeltem Acc. अभिहित *zu dem Etwas gesagt worden ist* 107,21. — Caus. Med. *nennen lassen.* — Desid. (°धित्सते) *sich umhüllen wollen* RV. 10,85,30. — Mit प्रत्यभि 1) *wieder an sich ziehen, — in sich zurückziehen.* — 2) *erwiedern, antworten.* प्रत्यभिहित *dem geantwortet worden ist.* — 3) *seine Zustimmung geben.* — Mit समभि *zu Jmd* (Acc.) *sprechen.* — Mit अव 1) *einlegen, einstecken, hineinstellen, einschieben, eintauchen, einschliessen, — in* (Loc.). अवहित *steckend —, eingeschlossen in* (Loc.); *in's Wasser gefallen.* — 2) *wegdrängen, eindrücken.* — 3) *sich versenken in* (Loc.), *aufmerken, Acht geben, die Aufmerksamkeit richten auf.* Vom Verbum fin. nur अवधीयताम् 3te Sg. Imperat. impers. अवहित *aufmerksam, Acht gebend, ganz bei einer Sache seiend.* — Caus. *einlegen —, einstecken lassen in* (Loc.). — Mit अन्वव *der Reihe nach hineinstellen* ÂPAST. ÇR. 15,4,2. — Mit अभ्यव, °हित *niedergeschlagen* (Staub); nach dem Comm. *aufgewirbelt.* — Mit उपाव, उपावहित *daneben gesteckt, — gelegt.* — Mit पर्यव 1) *in der Nähe aufbewahren* ÂPAST. 1,3,40. — 2) *zu sich nehmen, geniessen* ÂPAST. 1, 10,28. — Mit प्रतव *wieder hineinlegen, — stecken.* — Mit व्यव 1) *hier und dort hinlegen.* — 2) *dazwischenstellen.* — 3) Pass. *getrennt werden.* °धीयताम् impers. *man trenne sich von* (Abl.). °हित *getrennt, geschieden, — durch* (im Comp. vorangehend). — 4) *unterbrechen.* Pass. *eine Unterbrechung erleiden.* °हित *unterbrochen, gehemmt.* — 5) *weglassen.* — 6) व्यवहित a) *entfernt, in der Ferne befindlich* BHÂG. P. 1,9,36. — b) *durch etwas Dazwischenliegendes getrennt,* so v. a. *versteckt, der Wahrnehmung entzogen, — durch* (im Comp. vorangehend). — c) *von Etwas entfernt,* so v. a. *zu Etwas nur in Beziehung stehend, nicht unmittelbar betroffen.* — Caus. *trennen* NAISH. 4,109. — Mit संव्यव in असंव्यवहितम् (Nachtr. 3). — Mit समव *zusammenlegen, — stellen* ÂPAST. ÇR. 15,11, 10. 15,1. Vgl. असमवहितम्. — Mit आ 1) *hinstellen, legen —, setzen —, bringen in, an* oder *auf* (Loc.), Leibesfrucht *hineinlegen* in ein Weib (Gen.) 71,9. Tugenden *Jmd* (Loc.) *einimpfen,* den Blick, den Sinn, die Gedanken *richten auf* (Loc.), Sorgfalt *verwenden auf* (प्रतिपात्रम्), eine Schuld *auf Jmd* (Loc.) *wälzen,* Furcht *Jmd* (Loc.) *einjagen.* In der späteren Sprache gewöhnlich Med. आहित *aufgelegt, hineingelegt* (Leibesfrucht 73,6). — 2) Holz *zulegen* (zum Feuer) 37,16. 20. 38,5. — 3) *einsetzen* (im Spiel). — 4) *niederlegen als Pfand.* Nur आहित *verpfändet, versetzt.* — 5) Med. *aufbewahren.* — 6) Med. *sich* Feuer (auf dem Heerde oder Altar) *anlegen.* — 7) *Jmd* (Dat., Loc. oder Gen.) *geben, verleihen, übergeben, darbringen, erzeigen* (Ehre). — 8) *versetzen in* (Loc.), *bringen zu* (Dat.). — 9) *gebrauchen zu, verwenden bei* (Loc.). — 10) Med. *fassen, ergreifen* Spr. 7735. — 11) Med. *nehmen, empfangen, erhalten.* गर्भम् *Leibesfrucht empfangen, concipere.* — 12) Med. Kinder *empfangen* von einer Frau (Instr. oder Loc.). — 13) *zu* oder *in sich aufnehmen,* eine Lehre *annehmen* (buddh.), ein Gelübde *auf sich nehmen, — thun* (आहित *gethan*), einem Gemüthszustande *sich hingeben.* Ausnahmsweise Act. — 14) *hervorbringen, bewirken, verursachen* 324,30. सांमुख्यम् so v. a. *sich wenden an.* Ausnahmsweise Act. — 15) आहित PAÑKAT. 43,4 fehlerhaft für आवृत (so ed. Bomb.); आधात KAURAP. 16 ebenfalls fehlerhaft. — Caus. *hinsetzen lassen.* — Desid. (°धित्सति, °ते) 1) Med. *anlegen wollen* (Feuer). — 2) *zu ergreifen die Absicht haben.* दण्डम् so v. a. *zu strafen sich anschicken* MBH. 12,83,45. — Mit अत्या *voranstellen, erheben über.* Vgl. अत्याहित. — Mit अध्या *darauf setzen.* — Mit अन्तरा Med. 1) *hereinstecken in* (Loc.). — 2) mit हृदि *in seinem Herzen haben.* — Mit अन्वा 1) *darauf legen.* — 2) Holz (zum Feuer) *nachlegen.* — 3) *schüren* (das Feuer). — 4) *weiter übergeben* (ein Pfand). Nur अन्वाहित. — Mit अपा *ablösen von* (Abl.). — Mit अभ्या Act. 1) *hinzulegen, legen auf* oder *in* (Loc.), *hineinlegen* (Holz in's Feuer). — 2) *anlegen* (Feuer). अभ्याहित *angelegt.* — Mit उदा, उदाहिततर *ein wenig erhöht.* — Mit उपा 1) *anlegen an* (Loc.), *setzen auf* (Loc.). *उपाहित *daraufgesetzt.* — 2) Med. *ergreifen* (दण्डम्) MBH. 12,15,4. उपाधाय *mit sich nehmend, mit* (Acc.) Chr. 28,28. — 3) Med. mit आत्मनि *bei sich behalten.* — 4) *Jmd verführen —, verleiten zu;* mit doppeltem Acc. मा — उपादधाः R. 2,35,28. उदादधः v. l. im Comm. der Bomb. Ausg. — 5) उपाहित a) *als Preis ausgesetzt.* — b) *bewirkt, hervorgebracht.* — c) * = संयोजित *verbunden.* — Mit प्रत्युपा Med. *wiedererlangen.* — Mit न्या *einsetzen.* — Mit निरा *heraus —, wegnehmen.* — Mit पर्या 1) *umlegen* (mit Feuer). — 2) पर्याहित *derjenige, dem ein jüngerer Bruder mit der Anlegung des heiligen Feuers zuvorgekommen ist,* ÂPAST. 2,12,22. ÇR. 9,12,11. GAUT. 15,18. — Mit अनुपर्या Act. *der Reihe nach herumlegen.* — Mit अभिपर्या *umlegen* (mit Feuer). — Mit प्रा, प्रे — प्राहितः *hingeführt zu* (Loc.) RV. 9,64,19. — Mit व्या Pass. 1) *getrennt werden, — von* (Instr. oder °तस्). — 2) *sich unbehaglich —, sich unwohl fühlen.* व्याहित *krank.* — Mit समा 1) *zulegen* (Holz zum Feuer). समाहित *zugelegt.* — 2) *anlegen, schüren* (Feuer). — 3) *setzen —, legen —, stecken auf, an* oder *in* (Loc.). अस्त्रम् *den Pfeil auflegen.* गर्भम् *eine Leibesfrucht hineinlegen,* so v. a. *befruchten.* सवितुस् *in die Sonne legen.* दृष्टिम्, चित्तम्, चेतस्, मतिम्, मनस् *den Blick, den Geist, die Gedanken richten auf* (Loc.). मतिम् und मनस् *den Gedanken fassen* (die Ergänzung in directer Rede mit इति). आत्मानम्, मनस् ohne Ergänzung *seinen Geist auf einen Punkt richten, sich sammeln, sich fassen.* Ohne Acc. *sich in ein Gebet vertiefen, beten* BÂLAR. 110,10. — 4) *Jmd* (Loc.) *Etwas auferlegen.* समाहित *auferlegt.* — 5) *Jmd* (Loc.) *übergeben, Jmds Hut anvertrauen.* — 6) *einsetzen in* (Loc.). — 7) *vereinigen, verbinden, zusammenhalten.* समाहित *vereinigt —, verbunden —, versehen mit* (Instr. oder im Comp. vorangehend). Pl. *vereint, versammelt* 68,20. *alle insgesammt.* — 8) *in Ordnung bringen, wieder gut machen.* — 9) *hervorbringen, bewirken.* समाहित *redditus.* — 10) Med. a) *anlegen* (ein Kleid), *annehmen* (eine Gestalt). — b) *als Leibesfrucht empfangen, concipere.* — c) *an sich nehmen, sich zueignen.* — d) *an sich nehmen, an sich zur Erscheinung bringen, an den Tag legen, zeigen.* — e) *seine ganze Aufmerksamkeit auf Etwas richten, sich ganz einer Sache hingeben* (mit Acc.); Act. BHATT. समाहित *ganz bei einer Sache seiend, sich einer Sache ganz hinzugeben vermögend, in Etwas ganz aufgehend* (von Personen und vom Geiste), *seine ganze Aufmerksamkeit auf einen Punkt richtend.* Die Ergänzung im Loc. oder im Comp. vorangehend; häufig ohne Ergänzung (ÂPAST. 1,1,11. 5,7. 13,18). — f) *festsetzen, feststellen, als ausgemacht hinstellen.* *स-

माहित festgestellt, bewiesen. — g) einräumen, zugeben. समाहित gutgeheissen; gebilligt Âpast. 1,20, 8. 2,29,14. Hariv. 11392. übereinstimmend mit (im Comp. vorangehend) 2225. — 11) समाहित zu Ende gegangen, abgelaufen MBh. 1,173,31. — Desid. (°धित्सति) Jmd (Acc.) dahin zu bringen wünschen, dass er sich sammelt, — fasst. — Mit अनुसमा, °हित vollkommen gesammelt, fest auf einen Punkt gerichtet. — Mit अभिसमा, °हित verbunden —, vereinigt mit (Instr.). — Mit उपसमा 1) hinzulegen (Holz zum Feuer) Mân. Çr. 1,3,5. 7,5. Gṛhj. 1,23. 2,6. — 2) anlegen, schüren, entzünden (ein Feuer) Gaut. Âpast. 2,6,1. °हित angelegt, entzündet Sâmhitopan. 44,3. — 3) aufstellen, an seinen Platz stellen. — Mit प्रतिसमा 1) wieder auflegen (den Pfeil). Nur °हित. — 2) wieder an seinen Platz stellen, in Ordnung bringen, wieder herstellen. °हित w. hergestellt. — 3) verbessern, beseitigen (einen Fehler) Çaṁk. zu Bâdar. 2,2,10. — Mit उद् 1) auslegen Ṛv. 10,101,12. — 2) aufstellen, aufsetzen, aufbauen. Nur उँद्धित. — 3) aussetzen. उँद्धित ausgesetzt. — Mit उप 1) auflegen, anlegen, aufsetzen, legen auf (Loc. 37,30. Çulbas. 3,47) oder in (Loc.), stellen (अधस्तात् unter Etwas), stecken —, setzen in (Loc.), auf das Feuer setzen, anlegen, so v. a. anschirren (Rosse). हृदि in's Herz schliessen, so v. a. beherzigen. उपहित gesetzt auf (im Comp. vorangehend), angelegt, angebracht, hineingesteckt, eingefasst (Edelstein) in (Loc.). — 2) Etwas sich unterlegen, sich legen auf (Acc.). — 3) in der Grammatik sich legen auf (Acc.), so v. a. unmittelbar vorhergehen. Nur Pass. und उपहित dem Etwas (Instr. oder im Comp. vorangehend) vorhergeht. — 4) Jmd (Dat.) Etwas übertragen. तदुपहित ihm übertragen. — 5) Jmd (Loc.) Etwas beibringen, lehren. — 6) hinzuthun, hinzufügen, — zu, verbinden mit (Loc.) Çulbas. 1,52. उपहित sich anschliessend an (Loc.), verbunden mit (im Comp. vorangehend) Mâlav. 20. — 7) anwenden. क्रिया वस्तूपहिता auf eine gute Sache verwendete Mühe. — 8) voraussetzen, supponiren. Nur Pass. und उपहित vorausgesetzt, bedingt durch (im Comp. vorangehend) 259,1. 260,1. — 9) उपहित a) herbeigeschafft, — geführt, zugeführt. — b) unternommen MBh. 13, 61,40. — c) verführt, verleitet oder angeführt. — Mit अनूप hinterher anlegen, — auflegen. — Mit अभ्युप 1) hinzusetzen, hinzulegen. — 2) belegen, zudecken. — 3) Med. zugleich mit aufsetzen (auf das Feuer). — Mit प्रत्युप belegen, bedecken. — Mit तिरस् s. u. d. W. — Mit नि 1) niedersetzen, niederlegen, ablegen, hinlegen, hinsetzen, hinstellen, — auf, an oder in (Loc.), hineinlegen, — in (Loc., Loc. mit अन्तर् oder °अन्तर्), Etwas vor Jmd (Dat.) hinlegen. भूमौ oder अवटे (R. 3,8,20) in die Erde, in eine Grube legen, so v. a. begraben; auf den Kopf (Loc., ausnahmsweise auch Instr.) legen auch so v. a. hoch aufnehmen 152,12. मनसि in's Herz legen, so v. a. bei sich denken. Pass. auch ruhen —, enthalten sein in (Loc.), übergehen —, sich auflösen in (Loc.). निँहित niedergesetzt u. s. w., gelagert (ein Heer), steckend —, befindlich in (Loc. oder im Comp. vorangehend) Âpast. 1,22,6. — 2) das Auge richten auf (Loc.), den Sinn, die Gedanken richten auf (Dat.), so v. a. beschliessen. क्रियाम् Mühe wenden an (Loc.). — 3) niederlegen zur Aufbewahrung, aufbewahren in (Loc.). हृदये, मनसि im Herzen bewahren, so v. a. dem Herzen einprägen, im Gedächtniss behalten. Med. auch für sich aufbewahren. — 4) verstecken in (Loc.). मनसा im Herzen verbergen. — 5) Jmd einsetzen als (Acc.), zu (Dat.) oder in (Loc.), anstellen zu (Loc.). — 6) Jmdm (Dat. oder Loc.) übergeben, anvertrauen, schenken. आत्मानम् sich Jmd (Loc.) anvertrauen. हृदयम् Jmd (Loc.) sein Herz schenken. — 7) zurücklassen. — 8) niederlegen, so v. a. niederhalten, zurückhalten, beseitigen, unterdrücken. — 9) absetzen, schliessen. — 10) निहित = निहत tief ausgesprochen. — 11) निधातुम् Bhâg. P. 7,8,18 fehlerhaft für विधातुम्. — Caus. 1) hinsetzen lassen Hemâdri 1,704,20.21. — auf (Loc.) Vaitân. hineinlegen lassen in (Loc.). — 2) aufbewahren lassen. Vielleicht wie Simpl. mit नि aufbewahren Karaka 6,18.27.7,8. — 3) Jmd einsetzen als (Acc.). — Desid. (°धित्सते) niederzusetzen beabsichtigen Naish. 8,24. — Intens. निँदेध्यत् (!) etwa sich festsetzen. VS. 6,20 und Maitr. S. 1,2,17 निँदीध्यत् (s. u. दीधि). — Mit अधिनि 1) niederlegen —, auflegen auf (Loc.). — 2) Jmdm (Loc.) verleihen. — Mit अपनि 1) bei Seite legen, auf die Seite schaffen, verbergen. — 2) bei Seite setzen. — 3) beseitigen, vertreiben von (Abl.). — Mit अभिनि 1) auflegen auf, hineinlegen in (Loc.) Ind. St. 15,165 (°हित). Med. sich Etwas auflegen. — 2) berühren, nahe kommen mit (Instr.), — an (Acc. oder Loc.). अभिनिँहित berührt. — 3) Pass. mit einander verschmelzen (von einem auslautenden ए oder ओ mit einem anlautenden अ, das elidirt wird). अभिनिहित heisst ein solcher Saṁdhi und der darauf ruhende Ton. — Mit उन्नि in die Höhe —, aufgehoben halten. — Mit उपनि 1) daneben setzen, —stellen, Jmd (Dat.) Etwas vorsetzen. — 2) sich nähernd legen auf (Loc.) Âçv. Gṛhj. 1, 15,2. — 3) niederlegen, vergraben (einen Schatz). — 4) zur Verwahrung übergeben, Jmd Jmdm (Loc.) anvertrauen. — 5) herbeiführen, — bringen. — 6) herbeiführen, bewirken. — Mit परिनि (*परिणि) herumlegen. — Mit प्रणि 1) niederlegen, aufsetzen, auflegen, — auf (Loc.), ansetzen, anlegen (ein Messer u. s. w.), hineinstecken in, so v. a. einfassen in (Loc.). प्रणिहित niedergelegt u. s. w., aufgelegt auf (im Comp. vorangehend) Bâlar. 263,3. वेद° im Veda enthalten, so v. a. gelehrt. — 2) ausstrecken Bhag. 11,44. प्रणिहित ausgestreckt. — 3) berühren, nahe kommen mit (Instr.) an (Acc.). — 4) sein Auge, seinen Sinn, seinen Geist heften —, richten auf (Loc.) Hariv. 2,14,16. Mit मनस् und Infin. so v. a. beschliessen. आत्मा प्रणिधीयताम् so v. a. man vergegenwärtige sich. प्रणिहित gerichtet auf (Loc. oder im Comp. vorangehend). सम्यक्प्रणिहिता वाक् eine wohlangebrachte Rede. — 5) Jmd (Dat.) Etwas überlassen, übergeben. Nur प्रणिहित Bâlar. 164,21. — 6) bringen —, versetzen in einen Zustand (Loc.). — 7) aussenden (Später). Nur प्रणिहित ausgesandt. — 8) spähen —, spioniren lassen durch (Instr.) bei (Loc.). — 9) alle seine Gedanken —, seine ganze Aufmerksamkeit auf Etwas richten, Etwas (Acc.) überlegen. Nur प्रणिधाय und प्रणिहित ganz in Etwas (Loc.) vertieft, ganz bei einer Sache seiend, in einem Gedanken ganz aufgehend (von Personen und vom Geist). प्रणिहितात्मन् Adj. Âpast. 1,4,29. — 10) herausbringen, dahinterkommen, — dass ist; mit doppeltem Acc. MBh. 7,35,21. प्रणिहित herausgebracht, an's Tageslicht gebracht. — Mit संप्रणि (nur °धाय) 1) Jmd zurücklassen in (Loc.). — 2) beseitigen, unbeachtet lassen. — Mit प्रतिनि 1) an die Stelle eines Andern setzen, unterschieben, substituiren. — 2) verfügen, befehlen. — Mit विनि 1) weglegen an verschiedene Orte, vertheilen. — 2) ablegen, niederlegen, wegstellen. — 3) aufsetzen, auflegen, stellen —, legen auf oder in, aufspeichern. हृदि Jmd (Acc.) in's Herz schliessen. विनिहित aufgesetzt u. s. w. auf (Loc. oder im Comp. vorangehend). — 4) das Auge, den Geist richten auf. विनिहित gerichtet auf (Loc. oder im Comp. vorangehend). — 5) Jmd einsetzen in ein Amt (Loc.) Râgat. 7,367. विनिहित eingesetzt. — 6) विनिहित, °तात्मन् Adj. mit Jmd auseinandergehend, — nicht übereinstimmend Âpast. 1,8,27. — 7) विनिहित MBh. 6,3678 fehlerhaft für विनिहत. — Mit संनि 1) zusammen niederlegen in oder bei (Loc.), niederlegen, aufheben 218,8. legen in (Loc.), aufspeichern, ansammeln. In der älteren Sprache Med. हृदयसंनिहित in's Herz gelegt, im Herzen wohnend. — 2) in der Nähe —, neben sich hinstellen Gaut. — 3) Med. sich vorfinden —, vorhanden sein bei (Loc.) Daçak. 81,8. — 4) Med. दृष्टिम् das Auge heften auf (Loc.), हृदयम् das Herz auf einen Punkt richten, sich sammeln. — 5) Med. Jmd zu Etwas ansetzen, Jmd Etwas übertragen. — 6) Pass. und Med. in der Nähe —, gegenwärtig sein, bevorstehen. संनिहित in der Nähe befindlich, gegenwärtig —, da —, bei der Hand seiend, anwesend, nahe bevorstehend. Mit Dat. bereit —, gerüstet zu. — Caus. 1) in die Nähe bringen, sich vergegenwärtigen. — 2) Pass. sich Jmd (Gen.) in der Nähe zeigen, sich manifestiren. — Mit निस् herausfinden. — Mit विनिस्, विनिर्धाय Ind. St. 9,32 fehlerhaft für विनिधार्य. — Mit परि 1) Act. Med. herumlegen, — setzen, úmlegen. परिहित herumgesetzt, — gestellt, — stehend. — 2) Act. Med. sich úmlegen, umnehmen (ein Gewand, einen Schmuck) 311,3. 320,11. 12. Ohne Object sich ein Gewand umlegen. परिहित umgelegt. — 3) umlégen, umgében, bekleiden, — mit (Instr.), umzingeln. Gewöhnlich Act. परिहित umlegt, umgeben. — 4) Act. schliessen als Kunstausdruck für den Abschluss einer Recitation in der Liturgie. — 5) परिदधे Hariv. 3743 fehlerhaft für प्रणिदधे, परिदध्यात् Ind. St. 5,335 fehlerhaft für प्रति°. Bisweilen auch mit परिदा verwechselt. — Caus. 1) umnehmen lassen, Jmd kleiden in; mit doppeltem Acc. Hemâdri 1,603,10. — 2) umgében —, bekleiden mit (Instr.). — Desid. (°धित्सते) im Begriff stehen sich Etwas (Acc.) umzulegen. — Mit विपरि vertauschen, wechseln, insbes. ein Gewand. Mit Ergänzung von वासस् so v. a. sich umkleiden. — Caus. umwenden (das Gesicht). — Mit पि s. u. अपि. — Mit पुरस् s. u. d. W. — Mit प्र Med. 1) vorsetzen, darbringen. — 2) aussenden (Späher) ṚV. 7,61,3. — 3) sich einer Sache (Acc.) hingeben Lalit. 499,9. — प्रहित und संप्रहित gehören zu हि. — Caus. प्रधापित MBh. 9,1074 fehlerhaft für प्रधावित. — Mit प्रति 1) ansetzen, wieder ansetzen, einsetzen. — 2) anlegen (den Pfeil), zielen. — 3) ansetzen (zum Trinken). — 4) aufsetzen (die Füsse). सर्वैः पद्भिः mit allen Vieren aufsetzen, so v. a. ausgreifen. — 5) darreichen, anbieten. — 6) geben, wiedergeben. — 7) wieder herstellen, — in Ordnung bringen Çâṅkh. Gṛhj. 1,15, 10. — 8) anwenden. — 9) zurückhalten. — 10) Pass. Med. anheben, anfangen, anbrechen, eintreten. — Mit अनुप्रति nach einem Andern (Acc.) darreichen. — Mit वि 1) vertheilen, austheilen, mittheilen, verleihen, gewähren, Jmd Etwas zukommen lassen, verschaffen. कामान् Jmds Wünsche gewähren, — erfüllen. आत्मनः sich (sibi) Etwas verschaffen, — bereiten. — 2) verbreiten. — 3) eintheilen, ordnen. — 4) zertheilen. — 5) anordnen, vorschreiben, festsetzen, bestimmen. Pass. bestimmt sein für (Gen.) 195,24. gelten für (Nom.). देवैः स मे भर्ता विहितः er ist von den Göttern mir zum Gatten bestimmt worden. — 6) an den Tag legen, zeigen (einen Gemüthszustand, eine Art und Weise des Benehmens) 146,6. 170,12. 176,28. — 7) finden, ausfindig machen (ein Mittel) 48,23. 159,8. MBh. 3,76,38. R. 3,40,33. — 8) schaffen, hervorbringen, bilden, gründen, bauen, errichten, anlegen, verfassen. — 9) zurechtmachen, herbeischaffen 73,25. — 10) vollbringen, verrichten, bewerkstelligen, bereiten, verursachen, einrichten, machen, thun. मन्त्रम् Rath halten; राज्यम् die Herrschaft führen, sich der H. bemächtigen, regieren; सचिवताम् die Würde eines Ministers bekleiden; मैत्र्यम् Freundschaft schliessen; संधिम् Frieden schl.; कलहम् Streit beginnen; संग्रामम् eine Schlacht liefern; चुम्बनम् küssen; किं विधीयतां तेन was fängt man damit an? — 11) machen zu, reddere; mit doppeltem Acc. — 12) mit Etwas oder Jmd (Acc.) es so machen —, dahin bringen, dass (यथा) MBh. 4,29,8. R. 2,38,17. — 13) legen auf (Loc.), hinstellen (अग्रतस्, अधस्), stecken —, legen in (Loc.). हृदये so v. a. dem Herzen einprägen. — 14) richten auf (Loc.). — 15) abordnen, absenden (Späher). — 16) विहित ausgestattet —, versehen mit (Instr.). — 17) MBh. 4,155 fehlerhaft für नि, Mârk. P. 41, 20. Pańkad. 186,8. 237,12 für पि (अपि). — Caus. hinlegen lassen. — 2) Desid. (°धित्सति, °धित्सते) 1) Jmdm (Loc.) zu verleihen beabsichtigen. — 2) festzusetzen versuchen, versuchen Etwas als ausgemacht hinzustellen. — 3) ausfindig machen wollen (ein Mittel). — 4) daran denken sich Etwas zu verschaffen Spr. 212. — 5) beabsichtigen zu vollbringen, — bewerkstelligen, beabsichtigen überh. विधित्समान bestimmte Zwecke verfolgend, selbstsüchtig. — 6) daran denken Jmd zu Etwas zu machen, mit doppeltem Acc. — Mit अतिवि hinaus über (ein Maass) vertheilen. — Mit अधिवि vertheilen über Etwas hin. — Mit अनुवि 1) Med. der Reihe nach anreihen. — 2) Med. in Uebereinstimmung mit (Instr.) vorschreiben. — 3) nach Jmd voranstellen. — 4) nachher bewirken. — 5) bewirken, bewerkstelligen 171,22. — 6) Act. Etwas (Acc.) zur Richtschnur nehmen, sich leiten lassen durch (Acc.) Harshaḱ. 1,8. Pass. sich richten nach (Acc. oder Gen.). °हित sich richtend nach (Gen.). — Mit अभिवि 1) vollständig belegen —, bedecken mit (Instr.). — 2) in die unmittelbare Nähe von Etwas —, zur Berührung mit Etwas stellen, — bringen. — Mit प्रवि 1) abtheilen. — 2) Med. auf Etwas bedacht sein. — 3) Jmd alle mögliche Aufmerksamkeit bezeigen. — Mit प्रतिवि 1) ordnen, zurecht —, bereit machen. — 2) abordnen, absenden (einen Späher). — 3) entgegenarbeiten. अस्य किं प्रतिविधास्यसि was wirst du dagegen thun? Kâd. 77,17. — 4) einer Conclusion entgegentreten Çaṁk. zu Bâdar. 3,4,7. — Desid. in प्रतिविधित्सा. — Mit संवि 1) Med. anordnen, bestimmen, festsetzen. — 2) Jmd beordern. — 3) betreiben, einrichten, Sorge für Etwas tragen, sich Etwas angelegen sein lassen. — 4) मानसम् den Geist aufrecht erhalten, guten Muths sein Spr. 6641. — 5) gebrauchen, anwenden; mit Acc. — 6) Gebrauch von Etwas (Instr.) machen Pańkat. 12,21. — 7) machen zu, mit doppeltem Acc. Naish. 8,16. — 8) aufstellen, auslegen (Schlingen); man hätte संनि erwartet. — 9) MBh. 2, 1510 fehlerhaft für संनि, wie ed. Bomb. liest. — Caus. Jmd Sorge tragen —, walten lassen Kâd. 2,108,19. — Mit सम् 1) zusammensetzen, — reihen, — knüpfen, — nähen, vereinigen, verbinden, — mit (Instr.), schliessen (die Augen, eine Wunde). धनुर्बाणेन den Bogen mit dem Pfeile verbinden; mit Weglassung von «Pfeil» oder «Bogen» (ṚV. 5,54,2) dass. oder zielen. Pass. sich vereinigen, sich verbinden mit (Instr.), so v. a. in den Besitz kommen von. वाचम् Worte wechseln mit (Instr.). मनस् den Geist zusammenfassen, so v. a. sich sammeln. संहित verbunden, — mit, in Verbindung stehend mit, begleitet von, versehen mit (im Comp. vorangehend) Âpast. 1, 22,1. in Beziehung stehend zu, betreffend; übereinstimmend mit, hervorgerufen durch. — 2) herstellen, wieder —, wieder gut machen. — 3) niederlegen in oder bei (Loc.), hinstellen, zusammenlegen auf (Loc.), den Pfeil auf den Bogen (Loc.) legen (mit Dat. der Person, auf die der Pfeil gerichtet wird; oft auch mit Ergänzung von «Bogen»). संधान = संदधान. Ausnahmsweise Act. — 4) Med. das Auge richten auf (ततस्). — 5) zusammen verleihen, vereinigen auf (Loc.), geben, schenken. नाम Jmd (Gen.) einen Namen geben. श्रद्धाम् mit Med. Glauben schenken einer Sache (Loc.). — 6) einen Bund schliessen. — 7) Med. zusammenführen, so

v. a. versöhnen. — 8) übereinkommen, sich verbinden —, sich vertragen —, sich aussöhnen mit (Instr., ausnahmsweise Acc.) MBh. 5,95,23. Ausnahmsweise Act. संहित in freundschaftlichem Verhältniss stehend mit (Instr. oder *Instr. mit सह). — 9) Jmd verwickeln in (Loc.). — 10) Pass. gefasst —, gehalten werden in (Loc.). — 11) Jmd Etwas zufügen. साहाय्यम् Jmd Beistand leisten. — 12) Med. Stand halten gegen Jmd (Acc.), es mit Jmd aufnehmen können 251,4. — 13) Med. Gebrauch machen von (Instr.). — 14) संधाय MBh. 3,15726 fehlerhaft für संयाय. Zu आत्मसंहित Kâm. Nîtis. 9,68 vgl. Comm. — Desid. (°धित्सति) zusammensetzen —, herstellen wollen. — Mit अतिसम् 1) Jmd schmähen Gaut. — 2) Jmd anführen, betrügen. v. l. अभिसम्. — 3) Jmd oder Etwas in Schatten stellen, übertreffen, — in Betreff von (प्रति) Bâlar. 33,2. einer Sache Abbruch thun; mit Acc. — Mit अधिसम् vereinigen auf oder in (Loc.). — Mit अनुसम् 1) anreihen. Nur °संहित angereiht an (Loc.). Am Ende eines Comp. sich anschliessend an, in Einklang stehend mit. — 2) mit seinen Gedanken verfolgen, seine Gedanken —, seine Aufmerksamkeit richten auf, beobachten, nachforschen; mit Acc. Ind. St. 9,125. 137. 143. Bâlar. 34,10. Ausnahmsweise mit Loc. Prasannar. 66,16. — 3) Act. आत्मानम् sich sammeln, sich fassen. अनुसंधाय धिया sich sammelnd. — Desid. (°धित्सति) Etwas zu erweisen suchen, einer Sache nachgehen. — Mit अभिसम् 1) zusammen—, hineinschnappen in (Loc.). — 2) ein Geschoss mit einem Bogen (Instr.) verbinden, auf den Bogen legen. — 3) ein Geschoss richten auf (Dat. oder Loc.), zielen —, gerichtet sein auf (von einem Geschoss); mit Acc. अभिसंहित gerichtet auf (Dat.). — 4) Etwas oder Jmd sich als Ziel setzen, bezwecken, beabsichtigen, vor Augen haben, denken an, es abgesehen haben auf (Acc., ausnahmsweise Dat.) MBh. 9,16,23. तादृशैर्मे ऽभिसंहितम् solche haben es auf mich abgesehen. अभिसंधाय ohne Object in einer selbstsüchtigen Absicht Gaut. — 5) Jmd gemeinsam anerkennen, anerkennen überh. सर्वलोकाभिसंहित von aller Welt anerkannt MBh. 12,132,1. — 6) sich über Etwas vorher verständigen, vorher über Etwas übereinkommen; mit Acc. 191,17. R. 5,82,5 (wo wohl अन्योऽन्येनाभि° zu verbinden ist). — 7) Jmd in seine Gewalt bekommen, sich unterthan machen, in Abhängigkeit halten. — 8) Jmd an sich zu ziehen, zu gewinnen suchen. — 9) sich anschliessen an, sich verbünden mit (Instr.). — 10) Med. Jmd bestimmen zu, einsetzen als; mit doppeltem Acc. — 11) °अभिसंहित verbunden mit, in Beziehung stehend zu. — Mit समभिसम् 1) Med. hineinstecken in (Loc.). — 2) Etwas (Acc.) beabsichtigen. — 3) स्वयं समभिसंधाय MBh. 9,818 fehlerhaft für स्वमंशमभि°. — Mit उपसम् 1) zulegen, zufügen. — 2) vermehren. — 3) verbinden mit (Instr.). — 4) Jmd mit Etwas (Instr.) verbinden, so v. a. theilhaftig werden lassen. उपसंहित verbunden —, versehen mit, begleitet —, umgeben von (Instr. oder im Comp. vorangehend). कृष्णोप° so v. a. schwarz gefärbt. देशकालोप° so v. a. Ort und Zeit entsprechend. — 5) als Ziel vor Augen haben. — 6) Jmd hintergehen, anführen MBh. 4,47,12. — 7) उपसंहित ergeben, zugethan. — Mit प्रसम् den Pfeil auflegen. Vgl. auch प्रसंधान. — Mit प्रतिसम् 1) Act. wieder zusammensetzen Çat. Br. 12,6,1,2. 37. — 2) Med. daraufsetzen, befestigen, den Pfeil auflegen. — 3) Med. wiedergeben, erwiedern. — 4) Act. Med. sich Etwas wieder zum Bewusstsein bringen Comm. zu Njâjas. 1,1,10. 34. 3,1,1. sich erinnern. — 5) Med. eine Einsicht erlangen in (Acc.) Prab. 99,14, v. l. — 6) प्रतिसंहित gerichtet auf oder gegen (Acc. oder im Comp. vorangehend). — Mit विसम् Med. Jmd zu Grunde richten.

2. धा 1) Adj. am Ende eines Comp. in der Bed. eines Nom. ag. von 1. धा. — 2) *m. Bein. a) Brahman's. — b) Bṛhaspati's. — 3) f. am Ende eines Comp. Nom. act. von 1. धा.

3. धा, धयति, धीवै, धीतै; saugen an Etwas oder Etwas (Acc.) trinken; aussaugen (auch in übertr. Bed.), einsaugen, so v. a. ganz sich zu eigen machen. Caus. धापयते säugen, ernähren. — Mit अनु Caus. Act. zum Saugen anlegen. — Mit निरव aussaugen Âpast. Çr. 13,17,5. — Mit उद् in *उद्धय. — Mit उप Caus. Med. aufsäugen. — Mit निस् aussaugen. निर्धीततम. — Mit *परिणि und *प्रणि, °धयति. — Mit प्र Caus. Act. saugen lassen an (Acc.) Mân. Gṛhj. 1,17. — Mit प्रति in °धी.

4. धा Adj. saugend in पयोधा.

*धाक m. 1) Stier. — 2) Behälter. — 3) Speise. — 4) Pfosten.

धाटी f. Ueberfall.

धाटीपञ्चक n. Titel eines Werkes Opp. Cat. 1.

धाडुनृत्य n. ein best. Tanz S. S. S. 260.

धाणक 1) *m. eine best. Münze; (vgl. धानक 1). — 2) f. धाणिका wohl die weibliche Scham. Nach Comm. zu TS. eine Schwangere.

धाणिकी in मण्डूर°.

*धातक n. = धाटी Gal. — धातकी s. u. धातकि.

धातकि 1) m. N. pr. eines Fürsten. — 2) f. ई Grislea tomentosa.

धातकितीर्थ n. N. pr. eines Tîrtha.

*धातकीखण्ड und धातकीषण्ड n. (VP. 2,4,74. 80. 85) N. pr. eines von Dhâtaki beherrschten Varsha in Pushkaradvîpa.

धातर् Nom. ag. 1) m. a) Träger. वसुधा° der Erde. — b) Anordner. — c) Erhalter, Lenker. — d) Anstifter, Urheber. — e) Schöpfer. — f) Schöpfer als eine best. göttliche Person. In der nachvedischen Zeit der Schöpfer der Welt, der Gründer und Erhalter der Weltordnung, = Brahman. — g) das personificirte Schicksal Spr. 7736. — h) einer der 49 Winde. — i) Nebenmann, Buhle. — k) das 10te und 44te Jahr im 60jährigen Jupitercyclus. — l) N. pr. α) eines Âditja. — β) eines Sohnes Brahman's und Bruders des Vidhâtar und der Lakshmî. Diese werden auch Kinder Bhṛgu's von der Khjâti genannt. — γ) eines Ṛshi im 4ten Manvantara Hariv. 1,7,20. धामन् v. l. — δ) eines Autors. — 2) f. धात्री a) Amme. — b) Hebamme. — c) Wärterin. — d) Mutter. — e) die Erde. — f) Emblica officinalis.

1. धातवे Dat. Inf. zu 1. धा AV. 6,81,2.

2. धातवे Dat. Inf. zu 3. धा ṚV.

1. धातु m. 1) Satz, Lage. — 2) Theil, Bestandtheil. Nur am Ende eines adj. Comp. — 3) Element, Urstoff: Aether, Luft, Feuer, Wasser und Erde. Wenn vom menschlichen Körper die Rede ist, versteht man unter धातु sowohl die fünf Urstoffe als auch die ihm eigenthümlichen Hauptbestandtheile: Speisesaft, Blut, Fleisch, Fett, Knochen, Mark und Samen; statt Speisesaft und Samen auch Epidermis und Haut. Bei Annahme von *zehn Dhâtu kommen zu den zuerstgenannten noch Haare, Haut und Sehnen. Unter drei Dhâtu (= दोष) versteht man Wind, Galle und Schleim; unter fünf auch Ohr, Nase, Mund, Herz und Unterleib. Das Manas ist ein चेतनाधातु. Nach den Lexicographen: die fünf Sinnesorgane und die von ihnen wahrgenommenen fünf Eigenschaften der Urstoffe. — 4) ein Grundbestandtheil der Erde, — der Gebirge: Erz, Mineral, Metall; insbes. ein in flüssiger Gestalt hervorquellendes rothes Mineral, Röthel (in dieser Bed. auch *n.). माक्षिको धातुः = धातुमाक्षिक. — 5) der Urstoff der Wörter, Verbalwurzel, auch Verbalstamm überh. — 6) bei den Buddhisten Element, Region, Bereich (= राशि und लोक: der Lexicographen) und Reliquie (der Lexicographen Knochen).

2. धाँतु 1) Adj. etwa *saugbar, zum Saugen geeignet.* — 2) etwa f. *Milchkuh.*

3. धातु n. in Verbindung mit रोहिण Name eines Sâman Ârsh. Br.

धातुक 1) am Ende eines adj. Comp. = 1. धातु. — 2) * *Bitumen.*

धातुकल्प m. Titel eines über *Metalle* handelnden Abschnittes im Rudrajâmalatantra Verz. d. Oxf. H. 90,a,35.

धातुकाय m. Titel eines buddh. Werkes.

धातुकाव्य n. Titel eines Werkes Opp. Cat. 1.

*धातुकासीस n. *eine grüne Art Eisenvitriol* Mat. med. 53.

धातुकी Çatr. 1, 343 fehlerhaft für धातकी.

धातुकुशल Adj. *bewandert in der Behandlung der Metalle, Metallurg.*

धातुक्रममाला f. Titel eines Werkes über *Verbalwurzeln.*

धातुक्रिया f. *Metallurgie.*

*धातुक्षयकास m. *der Husten eines Schwindsüchtigen.*

*धातुगर्भ m. *eine buddh. Reliquienkammer.*

धातुगर्भकुम्भ m. *Aschenkrug* Harshak. 141,9.

*धातुग्राहिन् m. *Galmei.*

धातुघोषा f. Titel eines Werkes über *Verbalwurzeln.*

*धातुघ्न m. *saurer Reisschleim.*

धातुचन्द्रिका f. Titel eines Werkes über *Verbalwurzeln.*

धातुचूर्ण n. *mineralisches Pulver* Suçr. 1,134,12.

धातुज 1) Adj. *von einer Verbalwurzel stammend* Ind. St. 13,396. fg. — 2) * *Bitumen.*

धातुतरंगिणी (Weber, Lit. 336) und धातुदीपिका f. Titel zweier Werke über *Verbalwurzeln.*

धातुद्रावक n. *Borax, Tinkal* Bhâvapr. 1,182.

*धातुनाशन n. *saurer Reisschleim.*

धातुनिदान n. Titel eines medic. Werkes Opp. Cat. 1.

धातुन्यायमञ्जूषा f. Titel eines Werkes über *Verbalwurzeln.*

*धातुप m. *Speisesaft.*

धातुपर्यायदीपिका f. Titel eines Werkes über *Verbalwurzeln.*

धातुपाठ m. *Wurzelverzeichniss.*

धातुपारायण n., °वृत्ति f. (Bühler, Rep. No. 728) und °पाणिय n. Titel von Werken über *Verbalwurzeln.*

*धातुपुष्पिका und °पुष्पी f. *Grislea tomentosa.*

धातुप्रसक्त Adj. *der Alchymie ergeben* Varâh. Jogaj. 5,4.

धातुप्रदीप m. und °दीपिका f. Titel eines Werkes über *Verbalwurzeln.*

धातुप्रिया f. N. pr. einer Kiṁnara-Jungfrau Kâraṇḍ. 6,2.

*धातुभृत् m. *Berg.*

धातुमञ्जरी f. Titel eines Werkes über *Verbalwurzeln.*

धातुमत्ता f. *Metallreichthum.*

धातुमत् Adj. 1) *Elemente —, Grundstoffe enthaltend* in अ° (Nachtr. 3). — 2) *reich an Mineralien, — Metallen.*

धातुमय Adj. (f. ई) *metallen, metallreich.*

धातुमल n. 1) *die unreinen Bestandtheile des Körpers, faeces.* — 2) * *Blei.*

*धातुमाक्षिक n. *Eisenerz.*

धातुमारण n Titel eines med. Werkes.

*धातुमारिन् 1) m. *Schwefel.* — 2) f. °रिणी *Borax.*

धातुमाला f. Titel eines Werkes über *Verbalwurzeln* Opp. Cat. 1.

धातुरत्नमञ्जरि f. desgl.

धातुरत्नमाला f. Titel eines medic. Werkes.

धातुरत्नावली f. Titel eines Werkes über *Verbalwurzeln.*

*धातुराजक n. *der männliche Same.*

धातुरूपावली f. Titel eines Werkes über *Verbalwurzeln* Opp. Cat. 1.

°धातुल Adj. *erfüllt von.* मुद्धातुल Hem. Par. 1,295.

धातुलक्षण n. Titel eines Werkes.

*धातुवल्लभ n. *Borax.*

धातुवाद m. 1) *Probirkunst, Metallurgie.* — 2) *Alchymie* Kâd. 255,10. Kândak. 78,7.

धातुवादिन् m. *Probirer, Metallurg* Spr. 7688.

*धातुविष् f. *Blei.*

धातुविष n. *ein mineralisches Gift* Suçr. 2,252,5.

धातुवृत्ति f. Sâjaṇa's *Commentar zu den Verbalwurzeln.*

*धातुवैरिन् m. *Schwefel.*

*धातुशेखर n. *grüner Vitriol.*

*धातुशोधन *Blei.*

धातुसमास m. Titel eines Werkes über *Verbalwurzeln* Opp. Cat. 1,3795.

*धातुसंभव *Blei.*

धातुस्तूप m. *Reliquien-Tope* Kâraṇḍ. 68,15.

*धातुहन् m. *Schwefel.*

धातूपल m. *Kreide.*

*धातृका f. Med. k. 138 fehlerhaft für धात्रिका.

*धातृपुत्र m. Patron. Sanatkumâra's.

*धातृपुष्पिका und *°पुष्पी f. *Grislea tomentosa.*

धातृभवन n. Brahman's *Himmel.*

1.*धात्र n. *Gefäss.*

2. धात्रँ Adj. *dem* Dhâtar *gehörig* u. s. w.

धात्रि (metrisch) f. = धात्री *Emblica officinalis.*

*धात्रिका f. 1) *Amme.* — 2) *Emblica officinalis.*

धात्री s. u. धातर्.

धात्रीधर m. *Berg* Varâh. Jogaj. 4,48.

*धात्रीपत्त्र n. = तालीशपत्त्र 2) Râǵan. 6,184.

*धात्रीपुत्र m. *Schauspieler.*

धात्रीमोदक m. Bez. *best. medic. Pastillen* Mat. med. 105.

*धात्रीयारी f. *Grislea tomentosa.*

धात्रेयिका f. 1) *Milchschwester* Bâlar. 61,14. — 2) * *Amme.* — 3) * *Sclavin* nach Nilak. zu MBh. 1,104,46.

धात्रेयी f. 1) *Milchschwester.* — 2) * *Amme.*

धात्ववरोपण n. *das Niederlegen von Reliquien* (bei der Gründung einer Tope) Kâraṇḍ. 20,2. 40, 24. 41,1. 77,3. धात्वाव° und ध्यानाव° gedr.

धात्वाकर m. *Mine.* °कराढ्य n. Pl. so v. a *Mineralien.*

1. धाँन viell. *Eintritt.* पैरि धाँनमक्तोः *beim E. der Nacht.* Nach Sâj. Adj. = धारक.

2. धान 1) am Ende eines Comp. *a*) Adj. *enthaltend.* — *b*) n. und f. (ई) *Behälter, Sitz.* — 2) * f. ई *a*) *die Lage einer Wohnung.* — *b*) *Koriander.* — *c*) N. pr. eines Flusses. — धाना s. bes.

धानक 1) m. *eine best. Münze von best. Gewicht* Káraka 7,12. = 4 Kârshâpaṇa Hemâdri 1,116,14. 2,55,4. Vgl. धाणक. — 2) n. *Koriander* Râǵan. 6, 36. Bhâvapr. 1,166. — धानका und धानिका s. bes.

*धानका f. Pl. Demin. von धाना.

धानंजय्य 1) m. Patron. von धनंजय. — 2) Adj. von 1). — धानंजय्य überall Lâṭj. im Druck.

धानद Adj. von धनद = कुबेर.

*धानपत Adj. von धनपति.

धानश्री f. *ein best.* Râga S. S. S. 81.

धानसी f. *eine best.* Râgiṇî S. S. S. 55.

धानाँ f. 1) Pl. (Sg. nur einmal im Bhâg. P.) *Getreidekörner.* Auch von dem *Korne* in der Njagrodha-Frucht. Nach den Lexicographen *geröstete Gerstenkörner* und *Mehl von gerösteter Gerste* Râǵan. 16,94. Bhâvapr. 2,30. — 2) *Koriander* Bhâvapr. 1,166. — 3) * *ein junger Schoss.*

धानाक 1) m. Patron. des Luça. — 2) * f. °का Pl. = धाना 1). — 3) n. Name zweier Sâman Ârsh. Br.

*धानाचूर्ण n. *Mehl von gerösteter Gerste.*

धाँनान्तर्वत् oder धानान्तर्वत् m. N. pr. eines Gandharva.

धानाँरुह Adj. *aus einem Korn wachsend.*

धानाँवत् Adj. *von Getreidekörnern begleitet.*

धानासोमँ m. Pl. *Getreidekörner und Soma*

ÂPAST. ÇR. 13,17,2.

धानिका f. in *ग्रङ्गार॰ Demin. von धानी; s. u. 2. धान 1) b).

*धानिन् m. *Careya arborea* oder *Salvadora persica*.

*धानुर्दण्डिक Adj. *vom Bogen und Stock lebend*.

धानुर्वेद m. = धनुर्वेद HEM. PAR. 8,241.

धानुष्क 1) Adj. *mit einem Bogen bewaffnet*; m. *Bogenkämpfer*, *Bogenträger*. — 2) *f. ग्रा *Achyranthes aspera*.

*धानुष्य m. *Bambusrohr*.

धानेय und ॰क n. *Koriander* RÂGAN. 6,36. BHÂVAPR. 1,166.

धान्त m. mystische Bez. *des Lautes* न.

*धान्धा f. *Kardamomen*.

*धान्द्य n. *Unwohlsein*.

1. धान्य (von धन) *das Reichsein* DHÂTUP. 20,3.

2. धान्य und धानिग्र 1) Adj. *in Gedreidekörnern bestehend*, *daraus bereitet*. — 2) n. a) Sg. Pl. *Getreide*, *Getreideart*. Ausnahmsweise auch m. Am Ende eines adj. Comp. f. ग्रा. — b) *ein best. Gewicht*, = 4 *Sesamkörner*. — c) **Koriander*. — d) **Cyperus rotundus*. — e) **eine Art Haus* GAL. — 3) *f. ग्रा *Koriander*.

धान्यक 1) am Ende eines adj. Comp. = 2. धान्य 2) a). — 2) m. N. pr. verschiedener Männer. — 3) n. *Koriander*.

धान्यकूट *Kornspeicher* VARÂH. BRH. S. 45,6.

धान्यकोश m. 1) *Kornvorrath* R. 2,36,7. — 2) **Kornähre* GAL.

*धान्यकोष्ठक n. *Kornkammer*.

धान्यखल m. *Korntenne* KÂTJ. ÇR. 22,3,44.

*धान्यगव m. *Korn in Gestalt eines Rindes aufgestapelt* P. 6,2,72, Sch.

*धान्यचमस m. *platt gedrückter Reis* u. s. w.

धान्यचारिन् Adj. *Körner fressend* (Vogel) BHÂVAPR. 2,11.

धान्यता f. bei SÂJ. zu ṚV. 10,34,7 wohl fehlerhaft für धन्यता.

धान्यतिल्विल Adj. *reich an Getreide*.

*धान्यत्वच् f. *Hülse*.

धान्यधन n. Sg. *Korn und Reichthümer*. ॰तम् Adv. M. 2,155.

धान्यधनवत्त् Adj. *reich an Korn und Schätzen* HEMÂDRI 1,712,1.

धान्यपञ्चक n. *die fünf Körnerfrüchte* (शालिधान्य, व्रीहि॰, शूक॰, शिम्बी॰ und तुद्र॰).

*धान्यपत Adj. von धान्यपति.

*धान्यपति m. gaṇa ग्रश्वपत्यादि.

धान्यपात्र n. *ein Gefäss für oder mit Korn*. m. LÂṬJ. 8,3,7. 8.

*धान्यपाल m. N. pr. eines Geschlechts.

*धान्यबीज n. *Koriander* RÂGAN. 6,37.

धान्यमय Adj. *aus Korn bestehend*, — *gebildet* HEMÂDRI 1,308,5. 356,17.

*धान्यमातर् m. *Getreidemesser* (*der das Getreide misst*).

धान्यमान n. *so viel Getreide als ein Mann zu einer Zeit essen kann* VP. 3,14,25, v. l.

*धान्यमाय m. 1) = धान्यमातर्. — 2) *Getreideverkäufer*.

धान्यमाष m. *ein best. Gewicht* ĆARAKA 7,12.

*धान्यमिश्रा f. *ein Gemisch verschiedener Kornarten* DEÇIN. 1,134.

*धान्यराज m. *Gerste*.

*धान्यवनि *ein Haufen Getreide*.

धान्यवत्त् Adj. *reich an Getreide*.

*धान्यवर्धन n. *Wucher mit Getreide*.

*धान्यवीर m. *Phaseolus radiatus*.

*धान्यशीर्षक n. *Kornähre*.

*धान्यशूक n. *Granne am Getreide*.

*धान्यश्रेष्ठ n. *eine Art Reis*.

*धान्यसार m. *gedroschenes Korn*.

*धान्यांश m. *Getreidekorn* 247,4.

(धान्याकृत्) धानिग्राकृत् m. *Kornbauer*.

धान्यादै Adj. *Korn fressend*.

धान्याभ्र und ॰क n. *ein best. Praeparat aus Talk* Mat. med. 77. BHÂVAPR. 2,104. fg.

धान्याम्ल n. *saurer Reisschleim*.

*धान्यायन m. Patron. von धन्य.

*धान्यारि m. *Maus*.

धान्यार्घ m. *Kornpreis*.

*धान्यार्थ m. *durch Getreide erworbener Reichthum* L. K. 985.

*धान्यास्थि n. *gedroschenes Korn*.

*धान्येय n. *Koriander* GAL.

*धान्योत्तम m. *Reis*.

धान्वै 1) Adj. = धन्वन ĆARAKA 6,27. 8,6. — 2) m. Patron. Asita's, Hauptes der Asura.

1. धान्वन m. = धान्वै 2).

2. धान्वन Adj. *in einer Wüste gelegen*.

3. धान्वन 1) Adj. *vom Baume* Dhanvana *kommend* u. s. w. — 2) n. *die Frucht von* Dhanvana ĆARAKA 6,21.

धान्वतर Adj. *zu* धन्वन्तरि *in Beziehung stehend*.

धान्वन्तरीय Adj. 1) *von* Dhanvantari *verfasst* Verz. d. Oxf. H. 194,b, No. 451. — 2) *zur Schule des* Dhanvantari *gehörig* ĆARAKA 6,5. — Wohl fehlerhaft für धन्व॰.

धान्वन्तर्य Adj. *dem* धन्वन्तरि *geweiht*.

*धान्वपत Adj. von धन्वपति.

धाम 1) m. Pl. *eine best. Klasse übermenschlicher Wesen* MBH. 5,111,17. — 2) *n. *Wohnstätte*.

धामक m. *ein best. Gewicht*, = माषक.

धामकेशिन् Adj. *Strahlen zum Haupthaar habend* (die Sonne).

धामच्छैद् 1) Adj. *seine Wohnstätte verhüllend*, Beiw. eines Agni und eines Vashaṭkâra. — 2) Bez. *des Verses* VS. 18,76.

धामधौ m. etwa *Gründer der Wohnstätten*.

1. धौमन् 1) n. a) *Wohnstätte*, *Heimat*, *Aufenthalt*, *Reich* (der Götter); insbes. *die Stätte des heiligen Feuers* und *des* Soma. मध्यमं धाम विष्णोः so v. a. *der Luftraum*. — b) प्रियं धौम α) *die gewohnte Heimat*, *Lieblingsstätte*. — β) *Lieblingssache*, *Liebhaberei*, *Lust*. — c) Sg. und Pl. *die Angehörigen*, überh. *eine zusammengehörige Truppe*, *Schaar*; *Geschlechter* oder *Familien* der *Kräuter*. — d) *Gesetz*, *Ordnung*. — e) *Weise*, *Form*, *Erscheinungsform*, *Wesen*; *Weise im Lied*, *Spruch* oder *Opfer*. — f) Sg. und Pl. *Wirkung*, *Kraft*, *Vermögen*, *facultas*; *Macht*, *Majestät*. — g) Sg. und Pl. *Glanz*, *Licht*, *Glanzerscheinung*. — 2) m. N. pr. eines der 7 Ṛshi im 4ten Manvantara. धातर् v. l.

2. धौमन् n. = 4. दामन् 1).

*धामनिका f. *Solanum Jacquini*.

*धामनिधि m. *die Sonne*.

*धामनी f. 1) *Hemionitis cordifolia*. — 2) = धमनी.

धामभाज् Adj. *den Sitz innehabend*.

धाममानिन् Adj. *an eine Stätte* —, so v. a. *an eine materielle Existenz glaubend* BHÂG. P. 3,11,38.

धामशैस् Adv. *je nach der bestimmten Stätte oder je nach der Ordnung*.

धामसैच् (stark ॰साँच्) Adj. *an die bestimmte Stätte sich haltend*.

धामाधिप m. *die Sonne* PRAB. 81,10.

धामार्ग m. *eine best. Pflanze* ĆARAKA 8,10.

धामार्गव m. 1) *Luffa foetida* oder *eine andere Species*. — 2) **Achyranthes aspera*. — 3) Patron. des Vaḍiça.

धाय m. etwa *Lage*, *Schicht* KAUÇ. 18.

*धायक Adj. von 1. धा.

धौयस् 1) Adj. a) *nährend*, *erquickend*. — b) *leckend* (Flamme, Welle). — 3) n. nur धौयसे als Infin. a) *das Saugen*, *Schlürfen*, *Sichsättigen*. — b) *Ernährung*, *Pflege*, *Erhaltung*. — c) etwa *Stillung*, *Befriedigung*. So wohl auch ṚV. 3,38,2.

धाय्यिताय् Pl. VAITÂN.

धायिन् Adj. *schlürfend* in ग्रमृत॰.

1. धौयु Adj. *freigebig*.

2. धार्यु Adj. etwa *edax*.

धाय्य 1) *Adj. von 2) gaṇa दिगादि in der Kâç. — 2) f. धाय्या *Zusatzvers* (in einer Litanei). धाय्याद्रूपं (so zu lesen) n. VS. 19,24.

1. धार 1) Adj. am Ende eines Comp. *haltend, tragend*. — 2) *m. a) Bein. Vishṇu's (*der Erhalter*). — b) *Schuld*.

2. धार 1) m. n. *Strom, Guss* in धारपूत, धारवाक, तैल° und तोय°. — 2) f. धारा a) *Strom, Guss, Regenguss, Strahl, Tropfen* (herabrinnender Flüssigkeit), *etwas wie Regen Niederfallendes* (von Pfeilen, Blumen u. s. w.). वसोर्धारा *Erguss des Gutes* heisst α) *eine best. Libation*. — β) *ein best. Wallfahrtsort*. — γ) Agni's *Gattin*. — b) **Sprung, Leck in einem Wasserkruge*. — c) *Gang eines Pferdes* (deren fünf angenommen werden). परमा *Carrière*. — d) N. pr. α) eines heiligen Badeplatzes. Auch mit dem Beisatz माहेश्वरी. — β) einer Stadt, der Residenz Bhoǵa's.

3. धार Adj. *in Strömen —, als Regen herabfallend* Bhâvapr. 2,32.

4.*धार m. 1) *eine Steinart*. — 2) *Rand, Grenze*. — 3) *Tiefe*.

1. धारक 1) Adj. a) am Ende eines Comp. *haltend, tragend* u. s. w. — b) *im Gedächtniss bewahrend*, mit Gen. Kâraṇḍ. 27,17. — 2) *m. *Wasserkrug*. — 3) f. °रिका *Stütze, Pfeiler* Hemâdri 2,a,58,12. 13. 59,10.

2. धारक am Ende eines adj. Comp. = धारा *Schneide* in *त्रि°.

धारका f. *die weibliche Scheide*.

धारण 1) Adj. (f. ई) mit Gen. oder am Ende eines Comp. a) *tragend, in sich fassend*. — b) *innehabend, besitzend*. — c) *erhaltend, aufrechterhaltend*. Auch als Beiw. Çiva's. — d) etwa *Jmds* (Gen.) *Gestalt annehmend*. — 2) m. a) *Du. *die weiblichen Brüste*. — b) N. pr. eines Sohnes des Kaçjapa und eines Fürsten der Ḱandravatsa. — 3) f. आ a) *das Tragen* (eines Kleidungsstückes). — b) *das Festhalten, Zurückhalten*. — c) *das Erhalten, Aufrechterhalten, Unterstützen, Helfen*. — d) *das Bewahren im Gedächtniss*. — e) *Gedächtniss, ein gutes G*. — f) *Sammlung des Gemüthes, die unverwandte Richtung des Geistes auf einen bestimmten Gegenstand* und auch *das dabei beobachtete Anhalten des Athems*. धारणां गतः *sich gefasst habend*. Am Ende eines adj. Comp. Bhâg. P. ed. Bomb. 2,7,46. — g) *Bestimmung, ein feststehender Satz, eine feststehende Regel*. — h) *Einsicht*. — i) Pl. *der achte, neunte, zehnte und eilfte Tag in der lichten Hälfte des* Ǵjaishṭha. — 4) f. ई a) **ein röhrenartiges Gefäss im Leibe, Ader* u. s. w. — b) **die Erde* Gal. — c) **ein best. Knollengewächs* Gal. — d) *eine magische Formel* (buddh.) Kâraṇḍ. 84,9. — e) **Reihe*. Richtig धोरणी. — f) N. pr. einer Tochter der Svadhâ. — 5) n. धारण a) *das Halten, Tragen*. — b) *das Tragen* eines Kleidungsstücks, einer Kopftracht u. s. w. — c) *das Ansichtragen, Ansichhaben, Besitzen* Hariv. 9834. 9839. — d) *das Ansichbehalten, Aufsichbehalten*. — e) *das Beisichbehalten*. — f) *das Insichfassen, Enthalten*. कोप° so v. a. *das Hegen von Groll, Zürnen*. — g) *das Behalten — Bewahren im Gedächtniss, im G. Haben* Taitt. Âr. 10,7. — h) *das Ertragen, Aushalten*; mit Acc. — i) *das Richten —, Gerichtethaben* des Geistes (im Comp. vorangehend) *auf Etwas* (Loc.). — k) *das Erhalten, Behaupten, Aufrechterhalten, Unterhalten*. — l) *das Festhalten, Zurückhalten, Anhalten*. — m) in der Gramm. *das Zurückhalten* oder *unvollkommene Aussprechen eines Lautes*.

धारणक 1) Adj. am Ende eines Comp. *in sich tragend, enthaltend, bestehend aus*. — 2) m. *Schuldner*.

*धारणपात्र n. *ein best. Gefäss* (buddh.).

धारणमातृका f. *eine der 64 Künste* Comm. zu Bhâg. P. 10,45,36.

धारणयन्त्र n. *eine Art Amulet*.

धारणात्मक Adj. (f. °त्मिका) 1) *dessen Wesen darin besteht, dass es sich selbst trägt*, Sûrjas. 12, 32. — 2) *der sich leicht sammelt, — fasst* Suçr. 1,323,9.

धारणान्वित Adj. *mit einem guten Gedächtniss ausgestattet* Kâm. Nîtis. 4,30.

धारणापारणव्रत n. *eine best. Begehnng*.

धारणामय Adj. (f. ई) *in der Sammlung des Gemüths bestehend*.

धारणावत् Adj. *mit Gedächtniss verbunden*.

*धारणि m. Patron. oder Metron.

*धारणीमति m. *ein best.* Samâdhi.

धारणीमुखसर्वजगत्प्रणिधिसंधारणगर्भ m. N. pr. eines Bodhisattva.

*धारणीया f. *ein best. Knollengewächs* Râǵan. 7,91.

*धारणीराज m. Titel eines buddh. Werkes.

धारपूत Adj. *rein wie ein Wasserstrahl*.

धारय Adj. *Jmd* (Dat.) *Etwas* (Gen.) *schuldend*.

धारयत्कवि Adj. *die Weisen tragend, — hegend*.

धारयत्क्षिति Adj. *die Menschen tragend, — erhaltend*.

धारयद्वत् Adj. *dem die Eigenschaft des Erhaltenden zukommt*.

धारयितर् Nom. ag. 1) m. a) *Halter, Träger*. — b) *der Etwas im Gedächtniss behält* Taitt. Âr. 10, 7. — c) *der Jmd zurückhält, im Zaum hält*. — 2) *f. धारयित्री *die Erde*.

धारयितव्य Adj. 1) *zu tragen*. — 2) *festzuhalten*. — 3) *aufzufassen als* (Instr. eines Nom. abstr.).

धारयिष्णु Adj. 1) **zu tragen pflegend*, mit Acc. — 2) etwa *ein gutes Gedächtniss habend*. Nom. abstr. °ता f. Kâm. Nîtis. = अवधारणाशीलता Comm.

धारयु Adj. *strömend*.

धारवाक Adj. *dessen Lieder sich wie ein Wasserstrahl ergiessen*.

1. धारा f. *Strom* u. s. w. s. u. 2. धार 2).

2. धारा f. 1) *Schneide, Schärfe* (auch des Feuers), *Klinge eines schneidenden Werkzeuges*. — 2) *Radkranz*. — 3) **die Spitze eines Heeres*. — 4) **Ohrläppchen*. — 5) **Zaun, Hecke*. — 6) **Bergrand*. — 7) *Reihe* (in वन°), *fortlaufende Reihe, Geschlechtsreihe*. Diese Bed. hätte auch u. 2. धार 2) gestellt werden können.

3.*धारा f. 1) *das Hervorragen* u. s. w., = उत्कर्ष. — 2) *Gleichheit*. — 3) *Ruhm*. — 4) *Nacht*. — 5) *Gelbwurz*.

धाराकदम्ब m. 1) *Nauclea cordifolia* Mat. med. 296. Râǵan. 9,103. Kâd. 242,22. — 2) N. pr. eines Dichters.

*धाराकदम्बक m. *eine Art* Kadamba.

धारागृह n. *eine Art Badezimmer mit fliessendem* oder *springendem Wasser* Kâd. 56,8. 226,8. Nom. abstr. °त्व n. Vikramâṅkaḱ. 11,94.

*धाराग्र n. *eine breite scharfe Pfeilspitze* Halâj. 2,314.

धाराग्रह m. *ein aus dem fliessenden Soma gefüllter Becher* Kâtj. Çr. 12,5,4. Sâj. zu Ait. Br. 3,1,1.

धाराघोष m. *das Geräusch beim Hereinfliessen der gemolkenen Milch in den Eimer* Âpast. Çr. 1, 12,17.

धाराङ्कुर m. 1) *Hagel* 220,20. — 2) **feiner Regen, herabfallende Tropfen*. — 3) **das Hervortreten aus der Schlachtreihe in der Absicht den Feind zu reizen*.

1.*धाराङ्ग m. *ein heiliger Badeplatz*.

2.*धाराङ्ग m. *Schwert*.

धाराजल n. *von der Klinge —, von der Schneide triefendes Blut* Kâd. 5,22. Prasannar. 21,3. 62,13. 68,14. Vgl. खड्गजल (Nachtr. 3).

धाराञ्चल m. *Schneide* Prasannar. 62,5. 68,6. 76, 11. 15.

*धाराट m. 1) *der Vogel* Ḱâtaka. — 2) *Pferd*. — 3) *Wolke*. — 4) *ein Elephant in Wuth*.

1. धाराधर m. *Wolke*.

2.*धाराधर m. *Schwert.*

धाराधरागम m. *die Regenzeit* Kâd. 2,102,24.

धाराधरात्यय m. *Herbst* Ḱaraka 1,6.

धाराधरोद्यान n. Name eines *Lustgartens* Prij. 14,8.

धाराधिरूढ Adj. *auf der Schärfe stehend*, so v. a. *den Höhepunkt erreicht habend.*

धारानिपात m. *Regenguss.*

धारानुयाज m. *ein mit einer Gussspende verbundenes Nachopfer* Comm. zu Kâtj. Çr. 439,15. 476,18. 485,16.

धारान्तरचर Adj. *zwischen Klingen sich bewegend*, so v. a. *in unverschämter Weise Andern auf den Leib rückend.* v. l. धरा° und क्षारा°.

धारापथ m. *der Bereich einer Klinge.* °थं प्र-आपय् so v. a. *Jmd durch Jmds* (Gen.) *Schwert umkommen lassen* Veṇîs. 62.

धारापयस् n. = धाराजल Vikramâṅkaḱ. 18,33.

धारापात m. *Regenguss.* Nur Pl. zu belegen.

*धाराफल m. *ein best. Baum*, = मदन.

धाराम्भस् n. = धाराजल Prasannar. 71,8.

धाराय्, °यते *einem Strome gleichen.*

धारायन्त्र n. *Springbrunnen.*

धारायन्त्रगृह n. *ein Badezimmer mit Springbrunnen oder Spritzen.*

धारायाज m. *ein mit einer Gussspende verbundenes Opfer* Comm. zu Kâtj. Çr. 616,2.

*धाराल Adj. von धारा.

*धारावनि m. *Wind.*

धारावन्त् 1) Adj. *mit einer Schneide versehen.* — 2) f. °वती N. pr. einer Stadt.

धारावर Adj. *Regengüsse habend,* — *bringend.*

धारावर्त m. Instr. so v. a. *fliessend, schnell* (hersagen) Hemâdri 1,553,21. 554,1.

धारावर्ष m. n. *Regenguss.*

धारावास m. N. pr. einer Stadt Paṅḱad.

*धाराविष m. *Schwert.*

धाराशीत Adj. *nach dem Melken kalt geworden* (Milch) Bhâvapr. 2,42.

धाराश्रु n. *Thränenstrom* Kathâs. 30,27.

धारासंपात m. *Regenguss.*

धारासार m. *ein heftiger Regenguss* 132,17.

धारासूर N. pr. einer Oertlichkeit.

*धारास्नुही f. *eine best. Pflanze.*

धारि 1) Adj. am Ende eines Comp. *tragend.* — 2) m. Bez. *des Caus. von* धरु 223,3.

*धारिका f. *ein best. Zeitabschnitt*, = 1/2 Muhûrta.

*धारित und *°क n. *Trab.* Richtig धोरित, °क.

1. धारिन् 1) Adj. mit Gen. oder am Ende eines Comp. a) *tragend, haltend*, ein Kleid, einen Schmuck, einen Bart u. s. w. *tragend.* — b) *innehabend, habend, besitzend.* — c) *bewahrend, verwahrend.* — d) *im Gedächtniss bewahrend.* — e) *erhaltend, unterhaltend, aufrechterhaltend, beobachtend* (ein Gelübde u. s. w.). Nach Nîlak. = पोषक Hariv. 11986 und als Beiw. der Umâ. — 2) **Careya arborea* oder *Salvadora persica.* — 3) f. °रिणी a) **die Erde.* — b) N. pr. α) einer Tochter der Svadhâ. — β) Pl. allgemeiner Name für *die 14 Götterweiber.* — γ) *einer Gottheit bei den Ǵaina. — δ) der Gattin Agnimitra's und anderer Frauen Hem. Par. 1,93. 2,6. 13,181.

2. धारिन् 1) Adj. *strömend.* f. °रिणी eine der 5 Dhâraṇâ, *die strömende, die des Wassers.* — 2) *n. *Milch* Gal.

3.*धारिन् 1) Adj. *mit einer Schneide versehen.* — 2) f. °रिणी *Salmalia malabarica.*

धारु Adj. *saugend an* (Acc.).

धारेश्वर m. *der Gebieter von* Dhârâ, d.i. Bhoǵa.

धारोर्मि m. f. *eine strömende Woge* MBh. 1,26,4.

धारोष्ण Adj. *kuhwarm* (Milch).

*धार्तराज्ञ 1) Adj. (f. ई) von धृतराजन्. — 2) m. Patron. von धृतराजन्. f. ई.

*धार्तराज्ञक Adj. von धार्तराज्ञ 2).

धार्तराष्ट्र 1) Adj. (f. ई) *dem* Dhṛtarâshṭra *gehörig.* — 2) m. a) Dhṛtarâshṭra's *Sohn*, insbes. Patron. Durjodhana's. Pl. = कुरु Pl. Am Ende eines adj. Comp. f. आ. — b) *eine Gansart.* पाण्डु° Kâd. 138,23. — c) **eine Schlangenart.*

*धार्तराष्ट्रपदी f. *eine best. Pflanze.*

धार्तराष्ट्रि m. *ein best. Schlangenwesen.*

*धार्तेय m. 1) Pl. N. pr. eines Kriegerstammes. — 2) *ein Fürst dieses Stammes*; f. ई.

धार्म Adj. (f. ई) 1) *der Ordnung u. s. w. entsprechend.* — 2) *dem Gotte der Gerechtigkeit eigen.*

*धार्मपत Adj. (f. ई) von धर्मपति.

*धार्मपत्तन n. *schwarzer Pfeffer.*

*धार्मविद्य Adj. *die Rechtskunde studirend, mit ihr vertraut.*

धार्मिक 1) Adj. (f. ई) a) *Recht übend, gerecht, seine Pflichten erfüllend, tugendhaft.* — b) *auf das Recht, auf die Tugend gerichtet, darauf beruhend, damit in Einklang stehend.* — 2) m. a) **Richter.* — b) *Betbruder* Kâd. 256,19. 23. 258,5. — c) *Zauberer* 297,31 (im Prâkrit).

धार्मिकता f., °कत्व n. und *°क्य n. *Gerechtigkeit, Tugendhaftigkeit.*

*धार्मिण n. *eine Gesellschaft von tugendhaften Männern.*

धार्मुक (!) Adj. *gerecht* Mân. Çr. 1,6,1.

धार्म्य Adj. = धर्म्य Âpast. Wohl fehlerhaft.

*धार्म्यायण m. Patron. von धर्म्य.

1. धार्य 1) Adj. a) *zu tragen* (auch von Kleidern, Schmucksachen u. s. w.), *was getragen wird, zu halten.* दण्डः *der Stock zu tragen*, so v. a. *Strafe zu verhängen über* (Dat.). — b) *auf sich zu behalten*, so v. a. *nicht abzulegen.* — c) *zu bewahren.* मनसि (Paṅḱad. 18), चेतसि *im Herzen*, so v. a. *woran man denken soll.* — d) *im Gedächtniss zu bewahren.* — e) *zu halten*, so v. a. *um sich zu haben*, — *dulden.* — f) *aufrechtzuerhalten, zu erhalten, was erhalten wird.* — g) *zu beobachten, zu befolgen* (ein Befehl). — h) *fest gerichtet zu halten* (der Geist) *auf* (Loc.). — i) *zurückzuhalten, aufzuhalten.* — 2) n. *Kleidung*,

2. धार्य n. *Wasser.*

धार्यत्व n. *das Getragenwerden.*

धार्ष्ट und °क (Hariv. 1,10,29) Adj. *von* Dhṛshṭa *stammend.*

धार्ष्टद्युम्न und °द्युम्नि m. Patron. von धृष्टद्युम्न.

धार्ष्ट्य n. *Dreistigkeit, Kühnheit, Frechheit.* Pl. Bhâg. P.

धार्ष्णक (richtig धार्ष्णव) Adj. *von* Dhṛshṇu *abstammend* Hariv. 642. Die neuere Ausg. धार्ष्टक.

1. धाव्, धावति, °ते (selten) 1) *rinnen, hervorströmen, rinnen nach* oder *in* (Loc.), *zu Jmd* (Dat.). — 2) *rennen, laufen, umherlaufen, herbeilaufen* (133,4), *zulaufen zu* (°अभिमुखम् 153,4), *losrennen auf* (Acc. oder °संमुखम्), *laufen in* (Acc.), *nachlaufen* (mit Acc.). आजिम् *einen Wettlauf anstellen*, सर्वं जवम् *so schnell als möglich laufen.* धावितौ in der Bed. des Verb. fin. *fingen an zu laufen.* — 3) *davonlaufen, fliehen.* — 4) *sprengen, reiten, losreiten auf* (प्रति). — 5) *schwimmen* (vom Fisch). — 6) von der Hand *hingleiten über* (Loc.). — 7) *laufen, nachlaufen* (mit Loc.) von Unkörperlichem, insbes. vom Herzen. — Caus. धावयति 1) *laufen lassen, zum Laufen antreiben.* — 2) *fahren, sich fahren lassen*; mit Instr. des Vehikels und Acc. des Weges. — 3) *hüpfen, tanzen* RV. 10,146,2. — Mit अति *hinrinnen über* (Acc.), *vorüberlaufen.* — Mit अनु 1) *zufliessen, durchströmen*; mit Acc. — 2) *nachlaufen, verfolgen* (in freundlicher oder feindlicher Absicht); mit Acc. — 3) *herbeieilen zu, Jmd* (Acc.) *zu Hülfe eilen.* — 4) *einer Sache* (Acc.) *nachgehen.* — 5) *sich verbreiten durch* (Acc.), so v. a. *allgemein bekannt werden in.* — Caus. *durchfahren*, mit Acc. Ait. Âr. 148,15. — Mit समनु *nachlaufen, Jmd* (Acc.) *verfolgen* MBh. 8,79,92. — Mit अप 1) *weglaufen.* — 2) *abgehen von einer früheren*

Aussage. hinterher etwas Anderes aussagen. — Mit अपि *hineinlaufen in* (Acc.) Vaitân. — Mit अभि 1) *hinströmen* —, *hinfliessen zu* (Acc.). — 2) *herbeilaufen, zulaufen, hineilen zu, losrennen auf* (in freundlicher oder feindlicher Absicht), *beispringen, zu Hülfe eilen;* mit Acc. — 3) AV. 6,119,3 vielleicht fehlerhaft für अति *überschreiten, übertreten.* — Mit प्रत्यभि *hineilen zu* (Acc.). — Mit समभि *herbeieilen, losrennen auf, fliegen gegen* (Acc.). — Mit अव *herabrinnen, herabträufeln von* (Abl.). — Mit व्यव 1) *auseinander laufen, sich von einander trennen.* — 2) *weglaufen von* (Abl.). — Mit आ 1) *herbeirinnen, hinströmen zu* (Loc.). — 2) *herbeilaufen, herbeieilen zu, heimkehren; losrennen auf* (Acc.). — Mit अन्वा *nach Jmd herlaufen.* — Mit उपा *hinlaufen zu* (Acc.). — Caus. *hinfahren zu* (Acc.). — Mit समा *zusammen herbeilaufen, heranlaufen.* — Mit उप 1) *herzulaufen, hineilen* —, *die Zuflucht nehmen zu, um Hülfe angehen;* mit Acc. — 2) Med. *laufen, gleiten.* — Mit समुप *heranlaufen an* (Acc.). — Mit निस् 1) *hervorströmen* —, *entspringen aus* (Abl.). — 2) *hinauslaufen,* — *eilen, entfahren* (von Pfeilen), *entrinnen aus* (Abl.). — Mit परा *weglaufen.* — Mit परि 1) *umherfliessen, umherrinnen um* oder *in, durchströmen.* — 2) *herumlaufen.* मृगयाम् *auf der Jagd,* so v. a. *jagen.* — 3) *herumfahren.* — 4) *herumlaufen* —, *sich herumbewegen um, umlaufen;* mit Acc. — 5) *herumlaufen in, durchlaufen;* in übertr. Bed. so v. a. *allgemein bekannt werden in* (Acc.). — 6) *herbeilaufen.* — 7) *nachlaufen,* mit Acc. — Caus. *umringen, umzingeln.* — Mit विपरि *herumlaufen,* — *in* oder *auf, durchlaufen.* — Mit प्र 1) *hervorrinnen, fortrinnen.* — 2) *fortlaufen, sich aufmachen, sich auf den Weg machen.* प्रधावित *davongelaufen, der sich auf den Weg gemacht hat.* — 3) *losstürzen.* — 4) *laufen.* — 5) *laufen* —, *sich begeben zu* (Acc.) 81,31. दूरतरम् *in weite Fernen* (vom Herzen). — 6) *sich verbreiten über, durchdringen.* क्रोशात् *einen* Kroça *weit sich verbreiten* (von einem Geruch). — Caus. 1) *in die Flucht schlagen.* — 2) *wegfahren, fahren.* — Mit अधिप्र *herbeieilen aus* (Abl.). — Mit अनुप्र *nachlaufen,* mit Acc. °धावित mit act. Bed. — Caus. *nachfahren.* — Mit विप्र *auseinanderlaufen.* — Mit संप्र 1) *fortlaufen, forteilen, fliehen.* — 2) *hineilen zu,* so v. a. *sich hingezogen fühlen zu* (Loc.). — Mit प्रति 1) *zurücklaufen.* — 2) *auf Jmd* (Acc.) *losrennen* (in feindlicher Absicht). — Mit वि 1) *hinrinnen durch, durchsickern, sich verlaufen* (vom Wasser) *in* (Loc.). — 2) *auseinanderlaufen, zerstreut laufen, weglaufen.* विधावित *auseinandergelaufen* MBh. 9,20,9. — 3) *laufen* von einem Wege, so v. a. *gehen zwischen* (अन्तरा). — 4) *durchlaufen.* — 5) *auf Jmd losrennen.* — Mit अनुवि 1) *hineinrinnen* —, *einsickern in* (Acc.). — 2) *durchströmen.* — 3) *nach einem Andern* (Acc.) *auseinanderrinnen,* — *sich verlaufen.* — Mit अभिवि *herbeieilen zu* (Acc.). — Mit परिवि *rings durchlaufen.* शाखास् *von Ast zu Ast laufen.* — Mit सम् 1) *zusammenlaufen.* — 2) *losrennen auf.* — 3) *hinlaufen zu,* so v. a. *gelangen zu* (Acc.) MBh. 12,280,45.

2. धाव्, धाँवति, °ते *abreiben, reinigen, waschen, putzen, blank machen.* Med. auch *sich einreiben mit* (Instr.). धौत *gewaschen, gereinigt, rein; blank gemacht, polirt, glänzend; ab-, weggewaschen.* — Caus. धावयति, °ते *waschen.* — Mit अनु in 2. अनुधावन. — Mit आ *kneten, ausdrücken, abspülen.* — Mit व्युद् Caus. *abreiben lassen.* — Mit नि Med. 1) *sich einreiben.* — 2) *sich reiben* —, *sich anschmiegen an* (Loc.). — Mit निस्, निर्धौत *abgewaschen, weggewaschen, gereinigt.* — Mit प्र *abreiben.* — Caus. Act. Med. *waschen.* — Mit वि *abwaschen, wegwaschen.* विधौत *rein gewaschen.* — Mit सम् Med. *sich abreiben,* — *abwaschen.*

°धाव 1) Adj. *waschend, reinigend, blank machend.* — 2) *Reinigung.*

1. धावक Adj. *laufend.* पुरतस् *Vorläufer.*

2. धावक Adj. Subst. *waschend, Wäscher.*

3. धावक m. N. pr. eines Autors.

1. धावन n. 1) *das Laufen, Galoppiren.* — 2) *Anlauf, Angriff.*

2. धावन 1) Adj. *reibend, abreibend* in बिलधावन. — 2) n. a) *das Abreiben, Abwaschen, Abspülen, Einreiben.* — b) am Ende eines Comp. *Wasser, in dem Etwas abgewaschen* oder *hineingethan worden ist.*

3. धावन m. *ein best. über Waffen gesprochener Zauberspruch.*

धावनि f. 1) *Uraria lagopodioides* Bhâvapr. 1,198. Auch *नी. — 2) *°नी a) *Solanum Jacquini.* — b) *Grislea tomentosa.*

1.*धावनिका in पाद°.

2.*धावनिका f. *Solanum Jacquini.*

धावत् m. N. pr. v. l. fur अर्वरीवत् VP.² 3,3.

धावल्य n. *die weisse Farbe.* केश° *weisses Haar.*

धावितर् Nom. ag. *Läufer, Renner.*

1.°धाविन् Adj. *laufend, hinundherlaufend* Naish. 6,102.

2.°धाविन् Adj. *waschend.*

*धासस् m. *Berg.*

1. धासिँ f. *Stätte, Sitz, Heimat.*

2. धासिँ m. *Milchtrank; Trank, Labung, Nahrung überh.*

धास्युँ Adj. *zu trinken* —, *zu essen begierig.*

1. धि, धिनोति 1) *sättigen.* — 2) *ergötzen, erfreuen* Bâlar. 69,6. — 3) *गतौ. — Mit अभि *sättigen.*

2.* धि, धियति (धारणे).

3.°धि m. *Behälter.*

4. धि = 1. अधि in धिष्ठित; s. u. स्था.

धिक् ein Ausruf *der Wehklage, der Unzufriedenheit, des Vorwurfs* oder *der Geringschätzung.* Die Person oder Sache, welcher der Ausruf gilt, steht im Nom., Voc., Gen. oder Acc. (gewöhnlich). Verstärkungen: धिग्धिक्, अहो धिक् (auch durch ein Wort getrennt), हा धिक् (117,32), हा धिक्कष्टम् (122,3), हा हा धिक्, हहा धिक् (326,2). धिगस्तु mit Acc. oder Gen. *Schande komme* —, *pfui über!* Mit कर् 1) *Jmd* (Acc.) *seinen Unwillen zu erkennen geben, Vorwürfe machen.* — 2) *verspotten,* so v. a. *als unbedeutend erscheinen lassen* Daçak. 3, 11. 6,11.

*धिक्क m. = दिक्क *ein 20jähriger Elephant* Gal.

धिक्कार m., धिक्कृत n. Pl. und *धिक्क्रिया f. 1) *Missbilligung, Vorwürfe.* — 2) *Verspottung, Verachtung.*

*धित्, धितते (संदीपनक्लेशनजीवनेषु).

धिग्दण्ड m. *Verweis, Tadel.*

धिग्वण m. *eine best. Mischlingskaste.*

धित Partic. von 1. धा und 1. धि.

धितॅावन् Adj. etwa *gabenreich.*

धिति f. in नेमँ°, मित्रँ°, वनँ° und वँसु°.

*धित्स्य Partic. fut. pass. vom Desid. von 1. धा.

धिप्सु Adj. *zu betrügen beabsichtigend* Bhatt.

*धिप्, °पति Denom. von 2. धि.

धियंजिन्वँ Adj. *Nachdenken* —, *Andacht erregend,* — *belebend.*

धियँध्यै Dat. Inf. zu 1. धा RV. 7,34,24.

धियंधाँ Adj. *nachdenkend, andächtig; verständig.*

धियसानँ Adj. *aufmerkend.*

धियाजुँर् Adj. *in Andachtsübung gealtert.*

*धियांपति m. 1) *die Seele.* — 2) Bein. Mañgughosha's.

धियाय्, °यते und Partic. °यँत् 1) *aufmerken.* — 2) *Andacht üben.*

धियायुँ Adj. *nachdenkend, andächtig.*

धियाँवसु Adj. *an Andacht reich.*

1.* धिष् = 1. धा. दिधेष्टि (शब्दे).

2. धिँष् f. etwa *Aufmerksamkeit.* Nur Instr. धिषाँ, den Grassmann auf धिषाँ f. zurückführt.

धिष in नरँधिष.

धिषँणा 1) Adj. *einsichtig, klug* Hemâdri 1,492,19.

— 2) m. a) ein best. schädliches Wesen. — b) Bein. α) Bṛhaspati's Harshak. 218,16. der Planet Jupiter. — β) eines Nârâjaṇa. — c) N. pr. eines Astronomen. — 3) f. आ a) ein best. bei der Soma-Bereitung und beim Soma-Genuss dienendes Geräthe: Kufe, Becher, Schale. Nach einzelnen Angaben der Comm. Presse. In allen drei Zahlen gebraucht. Häufig metonymisch für den Soma-Saft und dessen Wirkungen. — b) Du. die beiden Schalen, so v. a. Himmel und Erde. — c) Pl. die drei Welten: Himmel, Erde und Luftkreis. — d) Vernunft, Geist. Gewöhnlich am Ende eines adj. Comp. — e) * = वाच् und स्तुति. — f) N. pr. α) einer Genie des Wohlstandes und Gewinnes, die im Epos unter den Weibern der Götter erscheint. Auch Pl. — β) der Gattin Havirdhâna's — γ) der Gattin Kṛçâçva's. — 4) n. a) Standort, Sitz. — b) Vernunft, Geist.

धिषणाधिप m. Bein. Bṛhaspati's.

धिषणय्, nur Partic. धिषणयन्त् aufmerksam, andächtig.

*धिषणय Adj. als Erklärung von धिष्ण्य.

धिष्य und धिष्ठ्य fehlerhaft für धिष्ण्य.

धिष्णिय m. 1) = 2. धिष्ण्य 2). — 2) Pl. N. pr. von Genien, die den Soma hüten, Comm. zu TS. 1,227,16.

धिष्णीय Adj. für die 1. धिष्ण्य 2) bestimmt, dazu gehörig.

1. धिष्ण्य und धिष्णिय 1) Adj. a) etwa nur geistig wahrzunehmen; nach Grassmann freigebig, gern helfend. — b) gedankenreich oder andächtig. — 2) m. f. (आ, nur einmal im ṚV.) und n. (nur einmal im MBh.) Erdaufwurf, welcher oben, wo das Feuer aufgesetzt wird, mit Sand bestreut wird; ein kleiner Neben- oder Seitenaltar, der Sitzplatz der dienstthuenden Priester. Gewöhnlich sind sie acht an Zahl. — 3) *m. der Planet Venus. — 4) f. (आ) und n. Meteor. — 5) n. a) Standort, Sitz, Wohnort. — b) der Sitz eines Gottes, Weltgegend VP. 6,8,24. — c) Sternbild. — d) die Scheibe eines Gestirnes (auf der das Licht desselben zu ruhen scheint) MBh. 1,171,6. VP. 2,12,25. — e) *Macht, Kraft.

2. धिष्ण्य und धिष्णिय 1) Adj. auf einem Erdwurf, der als Altar dient, aufgesetzt; βωμιος. — 2) m. ein solches Feuer. अग्नयो (so ist zu lesen) धिष्ण्या ऐश्वरयः als Ṛshi Ind. St. 3,201,a. Nach den Lexicographen Feuer überh.

धिष्ण्यप m. Hüter einer Himmelsgegend Bhâg. P. 7,8,27. 9,23.

धिष्ण्यवन्त् Adj. ein 1. धिष्ण्य 2) habend Çâṅkh. Çr. 6,13,9. Vaitân.

धिष्ण्यहोम m. eine Spende in 1. धिष्ण्य 2) Vaitân.

धिष्ण्याधिपति m. = धिष्ण्यप VP. 6,8,24.

1. धी = ध्या. Hierhier vielleicht अधायि (könnte aber auch wie sonst zu 1. धा gehören) धीतिः Andacht wurd gedacht, d. i. verrichtet. धीमहि (auch mit अभि und समभि) gehört zu 1. धा, obgleich es hier und da durch ध्यायेम erklärt wird. धीत s. bes. — Mit आ; hierher vielleicht आधीषमाण sich sehnend, verlangend. आधीत s. bes. — Mit नि, निधीत VS. 6,20 dem Sinne nach so v. a. निधित = निहित von 1. धा.

2. धी f. 1) Gedanke, Vorstellung, Meinung, Ansicht. सखीधिया in der Meinung, dass es die Freundin sei, 184,21. पापीर्धियः böse Gedanken. Am Ende eines adj. Comp. so v. a. bedacht auf. — 2) Absicht. — 3) Begriff. — 4) Einsicht, Erkenntniss, Verstand, Intellect, Geist. Personificirt als Gattin Rudra-Manju's Bhâg. P. 3,12,13. — 5) Verständniss, Kenntniss, Kunst. — 6) religiöses Nachdenken, Andacht, Bitte, Gebet. Pl. die heiligen Gedanken auch als Personification.

3.*धी, धीयते (आधारे, अनादरे).

4. धी f. für दी Glanz ṚV. 1,143,7. 3,34,5. 6,3,3.

धीकर्मन् n. das Object der Erkenntniss.

धीक्ष्, धीक्षते vielleicht Desid. von दिह् salben.

धीजड m. N. pr. eines Mannes.

धीजवन und धीजू Adj. begeisternd.

1. धीत Partic. von 3. धा.

2. धीत n. das Gedachte, im Sinn Liegende, Gedanke; Pl. ṚV. 8,8,10. 41,1.

धीतरस Adj. dessen Saft ausgesogen ist Çâṅkh. Br. 16,1. Ait. Br. 3,27. 6,12.

1.*धीति f. das Trinken.

2. धीति f. 1) Gedanke, Vorstellung, Nachdenken. — 2) Wahrnehmung. — 3) Andacht, Gebet. सप्त die sieben, d. h. die vielen Andachtsübungen oder Gebetsformen. Pl. auch personificirt. — 4) Pl. Einsicht, Klugheit. — 5) Absicht ṚV. 2,31,7. — 6) *Finger.

3. धीति f. = दीप्ति Glanz.

*धीतिक m. N. pr. eines buddh. Patriarchen.

धीतिका f. Schicht, Lage.

*धीदा f. 1) Tochter. — 2) Intelligenz.

*धीन्द्रिय n. ein wahrnehmendes Organ.

धीमन्त् 1) Adj. mit Einsicht begabt, verständig, klug, weise. — 2) m. a) *Bein. Bṛhaspati's. — b) N. pr. α) eines Sohnes des Virâǵ. — β) eines Ṛshi im 4ten Manvantara VP.[2] 3,8. — γ) eines Sohnes des Purûravas.

धीमरण (मिश्र°) m. N. pr. eines Mannes.

1. धीर Adj. (f. आ) 1) anhaltend, beständig, fest, unbeweglich. धीरम् Adv. mit विलोकय् ruhigen Auges. — 2) lange nachtönend, tief, dumpf. धीरम् und धीर° Adv. — 3) fest auf Etwas (im Comp. vorangehend) bestehend, beharrlich, standhaft, charakterfest, entschlossen, beherzt (auch von einer bes. Art von Heroine). — 4) * = मन्द und विनीत.

2. धीर Adj. (f. धीरी und धीरा) verständig, klug, weise; geschickt, kunstfertig, sich verstehend auf (Loc. eines Nom. act.). Compar. धीरतर.

3. धीर 1) m. a) *das Meer. — b) *eine best. Arzeneipflanze. — c) *Bein. α) eines Buddha. — β) des Fürsten Bali. — d) N. pr. verschiedener Männer. — 2) f. धीरा a) *ein berauschendes Getränk. — b) Bez. verschiedener Pflanzen, = काकोली, क्षीरकाकोली, महाज्योतिष्मती, मेदा, श्वेतवचा und Rosa glandulifera Râǵan. 3,13. 73. 9,132. Bhâvapr. 1,170. 196. — c) N. pr. einer Frau. — 3) *n. Safran.

धीरगोविन्दशर्मन् m. N. pr. eines Autors.

धीरचेतस् Adj. festen Sinnes, beherzt Kathâs. 18,97. सागर° dessen Geist standhaft ist wie das Meer Ragh. 18,3.

धीरण Adj. andachtsfreudig.

1. धीरता f. Standhaftigkeit, Charakterfestigkeit, Muth.

2. धीरता f. Klugheit Spr. 2713.

धीरत्व n. = 1. und 2. धीरता.

*धीरपत्री f. ein best. Knollengewächs.

धीरप्रशान्त Adj. 1) tief und dabei ruhig (Stimme) Çâk. 27,10. — 2) standhaft und dabei ruhig (ein Held) Bhar. Nâṭjaç. 34,4. Sâh. D. 65. 69.

धीरप्रशान्तक Adj. = धीरप्रशान्त 2) Bhar. Nâṭjaç. 34,6.

धीरभाव m. Standhaftigkeit Daçak. 25,2.

धीरय्, °यति Jmd (Acc.) aufrichten, Jmd Muth zusprechen.

धीरललित Adj. standhaft und dabei von liebenswürdiger Einfalt (ein Held). — 2) f. आ ein best. Metrum.

धीरशान्त Adj. = धीरप्रशान्त 2) Daçar. 2,3.

धीरशिव m. N. pr. eines Mannes.

धीरसत्त्व Adj. charakterfest, standhaft 123,16.

*धीरस्कन्ध m. Büffel.

*धीराज m. N. pr. eines Wesens im Gefolge Çiva's.

धीराधीरा Adj. f. standhaft und auch nicht standhaft (eine Heroine) Sâh. D. 102. fg.

*धीरावी f. eine gelb blühende Dalbergia.

धीरेशमिश्र und धीरेश्वर m. N. pr. zweier Männer.

धीरोदात्त Adj. *standhaft und dabei hochherzig* (ein Held) Bhar. Nâṭjaç. 34,4. 5. Daçar. 2,4. Sâh. D. 65. 66.

धीरोद्धत Adj. *standhaft und dabei hochfahrend* (ein Held) Bhar. Nâṭjaç. 34,4. 5. Daçar. 2,5. Sâh. D. 65. 67.

धीरोष्णिन् m. N. pr. eines der Viçve Devâs.

1. धैर्य Adj. = 2. धीर.

2. (धीर्य) धीर्य॑ n. *Einsicht, Verständigkeit.*

*धीलटी f. *Tochter.*

धीवन् 1) Adj. *geschickt.* — 2) *m. *Fischer.*

धीवत् Adj. *einsichtig; andächtig, fromm.*

धीवर 1) m. a) *ein sehr kluger Mann.* — b) *Fischer.* Als Mischlingskaste Gaut. — 2) f. ई a) *Adj. f. zu धीवन् 1). — b) *Fischerin.* — c) **eine Art von Harpune.* — d) **Fischbehälter, Fischkorb.* — 3) *n. *Eisen.*

धीवरक m. *Fischer.*

धीविभ्रम m. *Sinnestäuschung* Bhâvapr. 4,125.

*धीशक्ति f. *Erkenntnissvermögen.*

धीशोधिनी f. Titel eines Werkes Opp. Cat. 1.

*धीसख und धीसचिव m. *Rathgeber, Minister.*

*धीहरा f. *eine süsse Gurkenart.*

1. धु Verbalwurzel s. 1. धू.

2. *धु f. *das Schütteln, Bewegen.*

3. धु (metrisch) Adj. = दुह् im Acc. सबर्धुम्. Vgl. 2. धु.

*धुक m. und *धुका f. *eine best. Pflanze.*

धुक्का f. *eine Art Flöte* S. S. S. 195.

धुन्, धुनते (संदीपनक्लेशनजीवनेषु). Zu belegen nur mit सम् Simpl. (ausnahmsweise) und Caus. संधुनयति *anzünden, anfachen, entflammen, beleben.* संधुनित wohl Caus.

धुङ्क्षा f. *ein best. Vogel.*

धुन् (aus धुनोति entstanden), nur in der Form निर्धुनेत् *er schüttele aus* (das Gewand) MBh. 13, 104,52.

धुनय्, °यते *dahinstürmen* Ṛv. — Mit आ *herstürmen* Ṛv.

धुनि 1) Adj. *sich schüttelnd, stürmisch bewegt, erregt, mit Getöse dahinfahrend.* — 2) m. N. pr a) eines von Indra bekämpften Dämons. — b) eines Sohnes des Vasu Âpa VP.[2] 2,23. — 3) f. *Fluss.* Zu belegen nur धुनी.

धुनिमत् Adj. = धुनि 1).

धुनिव्रत Adj. *zu toben pflegend.*

धुनी s. धुनि 3).

धुनीचुमुरी Nom. Du. m. Dhuni *und* Kumuri Ṛv. 6,20,13.

*धुनीनाथ m. *das Meer.*

धुनेति Adj. *stürmend oder schleichend.*

धुन्धु m. N. pr. 1) eines von Kuvalajâçva erschlagenen Asura. — 2) v. l. für चुञ्चु.

धुन्धुक n. *ein best. Fehler —, eine durchlöcherte Stelle im Holze.*

धुन्धुमार m. 1) Bein. Kuvalajâçva's. — 2) N. pr. eines Sohnes des Triçaṅku. — 3) **Hauseidechse.* — 4) **Coccinelle.* — 5) **eine best. Pflanze,* = गृहधूम. — 6) * = पाटालिक oder पटालिक.

धुन्धुरि oder °री f. *ein best. musikalisches Instrument.*

धुन्धुहन् m. wohl Bein. Kuvalajâçva's Bhâg. P. 12,3,9.

धुर् f. (m. metrisch MBh. 13,53,32) 1) *derjenige Theil des Joches, welcher auf die Schulter des Zugthieres gelegt wird;* uneig. und übert. *die Einem aufgebürdete Last.* — 2) *die äusserste Spitze der Deichsel;* übertr. *die vorderste, oberste Stelle, Spitze, Ehrenplatz.* — 3) *Zapfen* in अन्त°. — 4) Loc. *in Gegenwart von* (Gen.) Spr. 7712. — 5) **Finger.* — 6) Bez. von *sechs eigenthümlich zu singenden Versen des* Bahishpavamâna. — 7) धुरः शम्ये (Du.), धुरः सामनी und धुरां साम Namen von Sâman Ârsh. Br. — 8) **reflection, recollection.* — 9) **a spark of fire.* — 10) *a part, a portion.* — 11) *wealth.* — 12) *a name of the Ganges.*

धुर 1) m. f. (आ) *Bürde, Last.* — 2) m. *Zapfen* (an der Achse). — 3) f. आ *Deichsel.* — 4) n. etwa *Achse* überh. Ṛv. 5,43,8. — 5) am Ende eines adj. Comp. (f. आ) *worin — als Zierde erscheint, ausgezeichnet durch* Bâlar. 8,4.

धुरंधर 1) Adj. *das Joch tragend, zum Anspannen geeignet, —an* (im Comp. vorangehend). — b) *die ihm aufgeladene Last mit Ergebung tragend.* — c) *Jmd* (Gen.) *aus der Noth helfend.* — 2) m. a) **Zugthier.* — b) *Vordermann,* mit Gen. oder am Ende eines Comp. (Spr. 7697. Bâlar. 52,16). — c) **Grislea tomentosa.* — d) N. pr. α) Pl. eines Volkes. — β) eines Rakshas.

धुरा Adv. *gewaltsam.*

धुरि m. N. pr. eines Sohnes des Vasu Âpa VP.[2] 2,23.

धुरिका f. *Zäpfchen* (an der Achse).

धुरीण 1) *Adj. *zum Anspannen geeignet.* — 2) m. a) **Zugthier.* — b) *Vordermann.*

*धुरीय m. *Zugthier.*

धुर्य 1) Adj. a) *zum Anspannen geeignet, zum Ziehen abgerichtet.* — b) *an der Spitze —, obenan stehend, der beste;* m. *Vordermann;* mit Gen. oder am Ende eines Comp. प्रचरणकर्म° *sich vorzüglich verstehend auf* Bâlar. 53,18. धुर्याणि heissen alle Stotra mit Ausnahme der drei Pavamâna. — 2) m. a) *Zugthier;* in übertr. Bed. so v. a. *ein Mann, der eine grosse Last zu tragen vermag.* — b) **eine best. Heilpflanze.* — 3) n. *Vordertheil der Deichsel.* Statt धूर्यगत (sic) MBh. 8,617 liest ed. Bomb. धुर्येतर.

धुर्यवाह् m. 1) *die Last eines Zugochsen* Âpast. — 2) *Zugthier* MBh. 8,38,10.

धुर्यासन n. *Ehrensitz* MBh. 3,99,5.

धुर्येतर Adj. *nicht die erste Stelle einnehmend, der zweite* (Wagenlenker) MBh. 8,16,8.

धुर्व् s. धुर्व.

धुर्वह und धुर्वोढर fehlerhaft für धूर्वह und धूर्वोढर.

*धुवक 1) m. = गर्भमोचक. — 2) f. आ *der Eingangsvers eines Gesanges, der später immer wiederholt wird.*

*धुवकिन् Adj. von धुवका.

*धुवाकिल Adj. von धुवक.

धुवन 1) *m. *Feuer.* — 2) n. a) *das Schütteln.* — b) *Richtplatz.*

*धुवित्र n. = धवित्र.

धुशल्या (!) f. N. pr. eines Flusses.

*धुस्तुर m. = धुस्तूर.

धुस्तूर m. *Stechapfel.* Am Ende eines adj. Comp. auch °क.

1. धू, धु, धूनोति und धूनुते, धूनाति und धुनुते, धूवति, धुवति (धुवन्ते 3. Pl. Çat. Br. 13,2,8,4 wohl fehlerhaft für धुन्वते), धुनाति und धुनीते, *धवति; Partic. धूत, धुत und *धून. 1) *ausschütteln, abschütteln* (z. B. Früchte von Bäumen, mit doppeltem Acc.), *durchschütteln, schütteln, hinundher bewegen; abschütteln,* so v. a. *entfernen, zu Nichte machen* Bhâg. P. 2,8,5. धूत und धुत *geschüttelt, hinundher bewegt, in Bewegung gesetzt* (168,28); *abgeschüttelt, entfernt.* — 2) *anfächeln, anfachen* (Feuer). धूत *angefacht.* — 3) Med. Act. *von sich schütteln, sich befreien von* (Acc.). — 4) Act. *sich schütteln,* so v. a. *sich sträuben.* — 5) धूत a) (im Wasser) *hinundher bewegt,* so v. a. *abgespült* (vom Soma) Ṛv. 8,2,2. 9,62,5. 107,5. 10,104,2. Çâṅkh. Çr. 8,8,7. धौत SV. — b) * = भर्त्सित und * तर्कित. — *Caus. धावयति. — Intens. दोधवीति, Partic. दोधुवत् und दविधत्; दविधाव; दोधूयते mit dem Partic. दोधूयमान und दोधूयत्; दोधूयुस्. 1) *heftig schütteln* (z. B. den Schweif), *drohend hinundher bewegen* (z. B. die Hörner), *schwingen* (das Banner) Ṛv. 4,13,2. — 2) *abschütteln.* — 3) *anfächeln, be-*

fächeln. — 4) *sich heftig hinundher bewegen, stark schwingen, heftig hinundher bewegt werden.* — Mit अप *abschütteln.* — Mit अभि 1) *schütteln, erschüttern.* — 2) *befächeln* Âpast. Çr. 14,22,1. — Mit अव 1) *herabschütteln, — auf* (Loc.). — 2) *abschütteln, ausschütteln aus* (Abl.). Med. *von sich* oder *von Andern abschütteln.* — 3) *von sich weisen, zurückweisen, nicht beachten.* — 4) *hinundher bewegen* (die Hand) Âpast. 2,19,13. — 5) अवधूत *a*) *abgeschüttelt, verscheucht, vertrieben, entfernt.* — *b*) *ausgestossen, verstossen.* — *c*) *abgewiesen, zurückgewiesen, nicht beobachtet.* — *d*) *angestossen.* — *e*) *hinundher bewegt* 303,14. — *f*) *befächelt, angeweht.* — *g*) *worauf etwas Unreines abgeschüttelt worden ist* M. 5,125. M. 13,23,6. — *h*) *schmutzig, unsauber.* — *i*) *der alles Unreine von sich abgeschüttelt hat, zu einem Philosophen geworden.* — Mit व्यव 1) *abschütteln.* — 2) *von sich weisen, zurückweisen* MBh. 2,67,35. — 3) व्यवधूत *der Allem entsagt hat.* — Mit आ *schütteln, rütteln, hinundher bewegen, umrühren.* आधूत *geschüttelt, hinundher bewegt; beunruhigt, gequält.* — Mit व्या 1) *abschütteln.* — 2) *hinundher bewegen.* व्याधूत *h. bewegt.* — Mit समा, °धूत *auseinander gesprengt.* — Mit उद् 1) *aufrütteln, aufschütteln, aufwirbeln* (Staub), *hindundher bewegen.* उद्धूत und उद्धुत. — 2) *in die Höhe heben, — werfen, schwingen.* उद्धूत und उद्धुत. — 3) *anfachen* (das Feuer). Nur Partic. उद्धूत. — 4) *aufregen, in Aufregung versetzen, erregen.* उद्धूत. — 5) *abschütteln, abwerfen, wegwerfen, ausstossen.* Nur Partic. उद्धूत. — 6) उद्धुत in मेघरवोद्धुत *laut tönend, tosend* Hariv. 9608. मेघरवोपम 2,110,17. — Vgl. उद्धत. — Mit समुद् 1) *aufrütteln, aufschütteln, aufwirbeln* (Staub), *hinundher bewegen.* समुद्धूत. — 2) समुद्धूत *herbeigeschossen, herbeigeflogen* MBh. 12,342,114. समुद्धत Nīlak., समुद्धूत 12,13273. — Mit उप in वातोपधूत. — Mit नि 1) *hinwerfen, hingeben.* — 2) *hinundher bewegen* Hariv. 14650 fehlerhaft für वि. — Mit निस् 1) *herausschütteln, abschütteln, entfernen, fern halten.* निर्धूत und निर्धुत. — 2) Menschen oder Thiere *auseinandertreiben, verjagen, verscheuchen, vertreiben, fortstossen, verstossen.* निर्धूत und निर्धुत. — 3) *schütteln, schwingen, hinundher bewegen.* राजनिर्धूतदण्ड *über dem der Fürst den Stock geschwungen hat, so v. a. vom Fürsten bestraft.* — 4) *bedrängen, quälen, belästigen.* Nur Partic. निर्धूत. — 5) °निर्धूत *entblösst, beraubt von, gekommen um.* — Mit विनिस् 1) *abschütteln.* Nur Partic. विनिर्धूत und विनिर्धुत. — 2) *auseinander blasen, — treiben, fortblasen, fortstossen.* विनिर्धूत MBh. 12,342,113. — 3) *von sich weisen, verschmähen* Vikramâñkak. 9,38. — 4) *hinundher bewegen.* विनिर्धुत. — Mit प्रविनिस्, प्रविनिर्धूत *hingeschleudert.* — Mit परि *abschütteln.* — Mit प्र 1) *vorwärts bewegen.* — 2) *fortblasen.* — 3) *ausblasen* (den Bart) ṚV. 10,26,7. — Intens *ausblasen* (den Bart, Acc.), *hineinblasen in* (den Bart, Loc.). — Mit वि 1) *schütteln, hinundher bewegen, schwingen.* Med. auch *sich schütteln.* विधूत. — 2) *anfachen* (das Feuer). — 3) *vertreiben, verscheuchen, entfernen, zu Nichte machen.* विधूत und विधुत. — 4) Thiere oder Menschen *auseinander treiben, verjagen, forttreiben, vertreiben.* विधुत. — 5) Med. *von sich abschütteln, sich befreien von, aufgeben;* mit Acc. विधूत und विधुत. — 6) हृदयेन विधूयता Sâv. 4, 29 fehlerhaft für हृ° विहूयता. — Mit अनुवि (?) *vertreiben, verscheuchen.* — Mit आवि *ein wenig schütteln* Dhûrtan. 29. — Mit प्रवि 1) *hinundher schwingen.* Nur Partic. °धुत. — 2) *auseinander treiben, verjagen.* — Mit सम् 1) Jmd (Dat.) *Etwas zuschütteln, zuwerfen.* — 2) Med. *zusammenraffen.*

2. *धू f. *das Schütteln.*

*धूःपति m. = धूर्पति.

धूक m. 1) * *Wind.* — 2) * *Schelm.* — 3) * *Zeit.* — 4) *Mimusops Elengi* Karaka 6,30.

*धूण m. *das Harz der Shorea robusta.*

धूत 1) Adj. s. u. 1. धू. — 2) n. * *Sittlichkeit.*

धूतपाप 1) Adj. *der die Sünden von sich abgeschüttelt hat.* — 2) f. आ N. pr. zweier Flüsse VP.[2]

धूतपापक n. N. pr. eines Tîrtha.

धूतपापतीर्थ und °पापेश्वरतीर्थ n. N. pr. zweier Tîrtha.

धूर्ति 1) m. *Schüttler, Erschütterer.* — 2) f. *das Schütteln, Hinundherbewegen, Fächeln.*

धूतकार m. *Gebrüll* Bâlar. 209,15.

*धून Partic. von 1. धू.

*धूनक m. *das Harz der Shorea robusta* oder *Harz* überh.

धूनन 1) * m. *Wind.* — 2) n. *das Schütteln, Hinundherbewegen* Çiç. 14,71. Auch Pl.

धूनय्, धूनयति, °ते *schütteln, hinundher bewegen.* — Mit अव dass. — Mit वि 1) dass. Spr. 7720. — 2) Jmd *durchschütteln,* so v. a. Jmd *hart zusetzen.*

*धूनि f. *das Schütteln.*

धून्वत् Partic. von 1. धू. m. *eine best. Personification* Gaut. 26,12.

धूप m. Sg. und Pl. *Räucherwerk* und *der beim Verbrennen von Räucherwerk aufsteigende Rauch.*

धूपक m. 1) *Räucherwerk,* insbes. am Ende eines adj. Comp. — 2) *Bereiter von künstlich gemischtem Räucherwerk.*

धूपकटच्छुक n. wohl *ein Löffelchen mit Weihrauch* Kâraṇḍ. 74,20. Vgl. कटच्छु.

धूपतृण n. *zu Räucherung dienendes Gras* Âpast. Çr. 15,15,1.

धूपन n. 1) *das Räuchern;* in der Med. *Beräucherung, fumigatio.* — 2) *Räucherwerk.* Auch * m. — 3) *das Umnebeln* (eines Kometen).

धूपनाङ्ग wohl = धूपाङ्ग *Terpentin.*

धूपनेत्र n. *Rauchpfeife* Karaka 1,5. Vgl. धूमनेत्र.

धूपपात्र n. *eine Büchse zum Aufbewahren von Räucherwerk.*

धूपय्, धूपयति 1) *räuchern, beräuchern, beduften, wohlriechend machen.* Partic. धूपित. — 2) in der Astr. *umnebeln,* so v. a. *im Begriff sein zu verfinstern.* — 3) * धूपित *geplagt, gequält.* — Mit अनु, अनुधूपित *aufgeblasen, hochmüthig.* — Mit अव, °धूपित *beräuchert.* — Mit आ *beräuchern.* — Mit उद् in उद्धूपन. — Mit उप 1) *beräuchern, mit Rauch überziehen.* Nur उपधूपित. — 2) *umnebeln, im Begriff sein zu verfinstern.* — 3) * उपधूपित *a*) in Verbindung mit दिश् f. *die Weltgegend, in der die Sonne im Begriff ist unterzugehen.* — *b*) *dem Tode nahe.* — Mit निस्, निर्धूपित *beräuchert* Lalit. 186,11. 226,1. 249,1. — Mit प्र, प्रधूपित 1) *beräuchert.* — 2) * in Verbindung mit oder mit Ergänzung von दिश् f. *die Weltgegend, zu der die Sonne bald hingelangt.* — 3) * *geplagt, gequält* (ein Weib). — Mit वि Pass. *Dampf verbreiten, dampfen.*

धूपयितव्य Adj. *zu beräuchern* Varâh. Bṛh. S. 77,16.

धूपवर्ति f. *eine Art Cigarrette* Kâd. 18,6. Vgl. धूमवर्ति 2).

*धूपवृक्ष und * °क m. *Pinus longifolia.*

*धूपागुरु n. *eine Art Agallochum.*

*धूपाङ्ग m. *Terpentin von Pinus longifolia* Râgan. 12,158.

*धूपाङ्गद m. *eine Art Agallochum* Gal.

धूपाय्, °यति 1) *Rauch von sich geben, rauchen* Âpast. Çr. 6,9,1. 10,3. — 2) *räuchern, beräuchern.* Partic. धूपायित. — 3) * धूपायित *geplagt, gequält.* — Mit वि *Dampf verbreiten, dampfen.*

*धूपार्ह n. *eine Art Agallochum* Râgan. 12,90.

धूपि m. Pl. Bez. *bestimmter Regen bringender Winde* Taitt. Âr. 1,9,5.

°धूपिन् Adj. *beräuchernd, wohlriechend machend.*

धूपिक m. = धूपक 2).

धूप्य 1) Adj. *zu beräuchern mit* (im Comp. vorangehend) Varâh. Bṛh. S. 77,26. 30. — 2) * *Unguis odoratus.*

धूम॑ 1) m *a)* Sg. und Pl. *Rauch, Dampf;* in der Med. *Rauch als Niesemittel* (in fünf Formen). Am Ende eines adj. Comp. f. आ. — *b) ein zum Bau eines Hauses besonders zugerichteter Platz.* — *c)* * *Weizen.* — *d)* * *Weihrauch* oder *ein anderes Räucherwerk.* — *e)* *N. pr. eines Mannes. — 2) *f. आ *eine gelb blühende Dalbergia.*

धूमक 1) am Ende eines adj. Comp. = धूम *Rauch.* — 2) m. *eine best. Gemüsepflanze* Kâraka 1,27. — 3) f. धूमिका *a) Rauch.* — *b)* * *Nebel.* — *c)* Med. k. 134 fehlerhaft für भूमिका.

*धूमकपुष्पा f. *eine best. Nessel.*

धूमकेतन m. 1) *Feuer.* — 2) * *Meteor, Komet.*

धूम॑केतु 1) Adj. *Rauch zum Zeichen habend, am Rauche kenntlich.* — 2) m. *a) Feuer, der Gott des Feuers* 80,15. Ind. St. 14,378. — *b) Komet.* — *c)* Bein. *der Sonne.* — *d)* N. pr. α) eines Jaksha. — β) fehlerhaft für धूम्रकेतु.

धूम॑गन्धि Adj. *nach Rauch riechend.*

धूमगन्धिक n. *eine wohlriechende Grasart* Bhâvapr. 1,210.

धूमग्रह m. Bez. Râhu's.

*धूमघ्न n. *eine Art Aetzkali* Râǵan. 6,256.

धूमता f. Nom. abstr. von धूम *Rauch.*

धूम॑ताल Adj. *vor Rauch erstickend.*

धूमदर्शिन् Adj. *Rauch —, Dunst sehend,* Bez. eines an einer gewissen Krankheit der Augenlinse Leidenden.

धूमध्वज m. *Feuer.*

धूमन n. *das Umnebeln* (eines Kometen).

धूमनिर्गमन *Rauchfang* Hemâdri 1,668,21.

धूमनेत्र n. = धूपनेत्र Kâraka 1,5. 25.

धूमप Adj. *rauchend* (aus einer Pfeife) Kâraka 1,5. 8. *nur Rauch trinkend —, einathmend* (d. i. nichts Anderes geniessend).

धूमपथ m. *Opferhandlung.* = कर्ममार्ग Comm.

धूमपल्लव m. *Rauchstreif* Harshaḱ. 117,24.

धूमपात m. *aufsteigender Rauch,* Pl. 324,32.

धूमपान n. *das Einziehen von Rauch* oder *Dämpfen, Inhalation* Mat. med. 20. Kâraka 1,5. 6,9. * *das Tabakrauchen.*

*धूमप्रभा f. *eine best. Hölle.*

धूमप्राश Adj. *nur Rauch geniessend.*

धूममय Adj. (f. ई) *ganz aus Dunst* oder *Dämpfen bestehend.*

*धूममहिषी f. *Nebel.*

धूमय्, Pass. धूम्यते *umnebelt werden, nahe daran sein verfinstert zu werden* (von einem Gestirn). — धूमित 1) * *nach Rauch schmeckend* Çilâṅka 1,377. — *b)* in Verbindung oder mit Ergänzung von दिश् f. *die Weltgegend, in welche die Sonne zunächst kommen wird.* — Mit आ, आधूमित *umnebelt.* — Mit प्र, प्रधूमित 1) *in Rauch gehüllt.* — 2) mit दिश् f. *die Weltgegend, in welche die Sonne zunächst kommen wird.*

*धूमयोनि m. 1) *Wolke.* — 2) *Cyperus rotundus.*

धूमराजि f. *Rauchsäule* Hariv. 12807.

*धूमल 1) Adj. *rauchfarbig, braunroth.* — 2) m. *ein best. musikalisches Instrument.*

धूमलव m. Pl. *Rauchqualm* Varâh. Jogaj. 8,12.

धूमलेखा f. 1) *Rauchsäule* Dh. V. 20,9. — 2) N. pr. der Tochter eines Jaksha.

धूमवद्गति Adj. *dessen Bewegung der des Rauches gleicht.*

धूमवन्त् Adj. 1) *rauchend, dampfend.* Nom. abstr. °वत्त्व n. — 2) *das Wort* धूम *enthaltend.*

धूमवर्चस् m. N. pr. eines Mannes.

धूमवर्ण m. N. pr. eines Schlangendämons.

धूमवर्ति f. 1) *Rauchsäule* Hariv. 12792. Ind. St. 15,290. — 2) *eine Art Cigarette* Kâraka 1,5. 6,3. 23. Vgl. धूपवर्ति.

धूमवर्त्मन् n. *Opferhandlung.*

धूमशिखा f. 1) *Rauchsäule* AV. 11,9,19. Veṇîs. 19. — 2) *Lohn* Vasishṭha 16,16.

धूमस 1) *m. *Tectona grandis.* — 2) f. ई *Mehl von gebrannten Bohnen.*

*धूमसंहति f. *Rauchwolke.*

धूमाका f. v. l. für धूमीका.

धूमाक्ष॑ Adj. (f. ई) *trübäugig.*

*धूमाङ्ग *Dalbergia Sissoo.*

धूमानुबन्ध m. *eine ununterbrochene Rauchwolke* 325,16.

*धूमाभ Adj. *rauchfarbig.*

धूमाय्, धूमायति und °ते *rauchen, dampfen.* — Caus. धूमाययति *rauchen —, dampfen lassen.*

धूमायन n. *das Dampfen, Qualmen;* in der Med. Bez. *einer Hitzeerscheinung* (*Ausstossung eines Qualms aus der Kehle* Bhâvapr. 3,30) Suçr. 2,2, 13. उरो° Kâraka 6,20.

धूमायित n. *das Rauchen, Qualmen* MBh. 5,133,15.

धूमावती f. N. pr. eines Wallfahrtsortes.

धूमावतीमनु m. und °वतीमन्त्र m. *ein best. Zauberspruch.*

धूमि॑न् 1) Adj. *a) rauchend, qualmend.* — *b)* in Verbindung mit दिश् f. *diejenige Weltgegend, in welche die Sonne zunächst kommen wird.* — 2) f. धूमिनी *a)* Bez. *einer der sieben Zungen* Agni's. — *b)* N. pr. der Gattin Aǵamîḍha's und einer andern Frau.

धूमीका f. *ein best. Raubvogel.*

*धूमोत्थ n. *eine Art Aetzkali* Râǵan. 6,256.

धूमोद्गम m. *hervorbrechender —, aufsteigender Rauch* 326,1. Daçak. 89,4. 6 (धूमोद्गम gedr.).

धूमोद्गार m. 1) dass. — 2) * *eine best. Krankheit.*

धूमोपहत Adj. *durch Rauch mit Erstickung bedroht.*

धूमोर्णा f. N. pr. der Gattin 1) Jama's MBh. 5, 117,9. Vâsavad. 154,2. *°पति m. Bein. Jama's. — 2) Mârkaṇḍeja's.

धूमोत्थयोनि m. *Wolke.*

धूम्या f. *dicker Rauch, Rauchwolke.*

*धूम्याट m. *der gabelschwänzige Würger.*

धूम्र॑ 1) Adj. (f. आ) *a) rauchfarbig, grau;* auch *braunroth.* — *b) trübe, verfinstert* (vom Verstande). — 2) m. *a)* * *Olibanum* Râǵan. 12,105. — *b)* in der Astrol. *der 28ste Joga.* — *c)* N. pr. α) eines Wesens im Gefolge Skanda's. — β) eines Dânava. — γ) verschiedener Männer. — δ) eines Affen. — 3) f. आ N. pr. der Mutter des Vasu Dhara. — 4) *n. *Sünde, Schlechtigkeit.*

*धूम्रक 1) m. *Kamel.* — 2) f. धूम्रिका *Dalbergia Sissoo* Râǵan. 9,132.

धूम्रकेतु m. N. pr. eines Sohnes des Bharata und des Tṛṇabindu.

धूम्रकेश m. N. pr. 1) eines Dânava. — 2) verschiedener Männer.

धूम्रगिरि m. N. pr. eines *Berges.*

*धूम्रजानु Adj. *graue Kniee habend.*

धूम्र॑नीकाश Adj. *graulich.*

*धूम्रपत्त्रा f. *eine best. Staude* Râǵan. 5,32.

*धूम्रमूलिका f. *eine best. Grasart* Râǵan. 8,150.

धूम्रय्, धूम्रयति *grau färben* Mudrâr. 121,17 (184,13).

धूम्र॑रोहित Adj. *grauroth.*

धूम्र॑ललाम Adj. *mit einem grauen Fleck versehen.*

धूम्रलोचन m. 1) * *Taube.* — 2) N. pr. eines Feldherrn des Asura Çumbha.

धूम्रलोहित Adj. *grauroth.*

धूम्रवर्ण 1) Adj. *von grauer Farbe.* — 2) m. *a)* * *Olibanum* Râǵan. 12,105. — *b)* N. pr. α) eines Sohnes des Aǵamîḍha. — β) eines Berges. — 3) f. आ *eine der sieben Zungen* Agni's; vgl. सु°.

*धूम्रवर्णक m. *der indische Fuchs* Râǵan. 19,51.

धूम्रवर्णामनु m. *ein best. Zauberspruch.*

धूम्रविद्या f. *eine best. Zauberkunst.*

*धूम्रवृन्तफला f. *eine Gurkenart* Râǵan. 7,218.

धूम्रशिव m. N. pr. eines Rakshas.

*धूम्रशूक oder *धूम्रशूल m. *Kamel.*

धूम्राक्त 1) Adj. *graue Augen habend.* — 2) m. N. pr. *a)* eines Rakshas. — *b)* eines Sohnes des Hemakandra und eines Fürsten der Nishadha.

*धूम्राक्ति m. *eine Perle von schlechter Farbe.*

*धूम्राट m. *der gabelschwänzige Würger.*

धूम्रानीक m. N. pr. eines Sohnes des Medhâtithi und eines nach ihm benannten Varsha in Çâkadvîpa.

*धूम्राभ m. *Luft, Wind.*

धूम्रायण m. N. pr. eines Autors.

धूम्राश्व m. N. pr. eines Sohnes des Sukandra.

*धूम्राह्वा f. *eine best. Staude* Râgan. 5,32.

धूम्रिमन् m. *dunkle Farbe, Düsterkeit.*

धूम्री Adv. mit कर् *grau färben* Spr. 3778.

धूम्रोर्णा f. N. pr. eines Götterweibes.

*धूर्, धूर्यते (हिंसागत्योः).

धूरूषद् m. TBr. 1,2,1,2 statt धूर्षद् des ṚV.

°धूर्गत Adj. *an der Spitze von — stehend, den ersten Platz einnehmend —, der beste unter* MBh. 1,69,13. 170,73. 6,1,29. 8,12,21. 14,70,21. 15,16,16.

धूर्गृहीत Adj. *am Joch ergriffen* Çat. Br. 5,1,4,4. Kâtj. Çr. 14,3,2.

धूर्जट m. N. pr. eines Wesens im Gefolge Çiva's.

धूर्जटि m. 1) Bein. Rudra-Çiva's Hemâdri 1, 218,3. — 2) N. pr. eines medic. Autors.

धूर्जटिन् m. = धूर्जटि 1).

*धूर्ण m. *das Harz der Shorea robusta.*

धूर्त 1) Adj. (f. आ) *a) schlau, listig, verschlagen, verschmitzt, betrügerisch;* m. *Schlaukopf, Betrüger, Schelm.* — *b) Glücksspiele spielend;* m. *Würfeler u. s. w.* — 2) m. *a) Stechapfel* Spr. 7770. — *b)* **eine best. wohlriechende Pflanze* Râgan. 12,144. — 3) *f. आ *eine Art Nachtschatten.* — 4) *n. *a) Eisenrost.* — *b) schwarzes Salz* Râgan. 6,98.

धूर्तक 1) Adj. Subst. = धूर्त 1) *a).* — 2) m. *a)* **Schakal.* — *b)* N. pr. eines Schlangendämons.

धूर्तकितव m. *Glücksspieler, Würfeler u. s. w.*

*धूर्तकृत् m. *Stechapfel.*

धूर्तचरित n. 1) Pl. *die Streiche der Schelme* 120, 21. — 2) Titel eines Werkes.

*धूर्तजन्तु m. *der Mensch.*

धूर्तता f. und धूर्तत्व n. *Schlauheit, Verschlagenheit.*

धूर्तनर्तक n. Titel eines Lustspiels.

धूर्तमण्डल n. *Spielerkreis* Jâgn. 2,201.

*धूर्तमानुषा f. *eine best. Pflanze,* = रास्ना.

धूर्तरचना f. *der Anschlag eines Schelmes, Schelmerei.*

धूर्तविडम्बन n. Titel eines Lustspiels Hall in der Einl. zu Daçar. 30. Cat. Willmot 70.

धूर्तसमागम n. desgl.

धूर्तस्वामिन् m. N. pr. eines Scholiasten. °मिभाष्य n. Opp. Cat. 1.

धूर्ति f. *angethanes Uebel, Beschädigung.*

धूर्तिल in *अवत°.

धूर्धर m. 1) **Zugthier.* — 2) *Vordermann, Führer* Kâd. 2,82,24.

*धूर्पति m. = धूःपति.

धूर्य fehlerhaft für धुर्य.

धूर्व्, धूर्वति (im Aor. auch Med.) *beugen, zu Fall bringen, beschädigen* überh. — Desid. दुधूर्षति *beschädigen wollen.*

धूर्वन् n. *das Fällen, Beschädigung.*

*धूर्वस् Adj. von धुर्.

*धूर्वह् Adj. *eine Last ziehend;* m. *Zugthier.*

धूर्वा f. = दूर्वा.

*धूर्वी f. = धुर्.

धूर्वोढर् Nom. ag. = धूर्वह् Pańkat. ed. Bomb. 1,6,11.

धूर्षद् m. *Lenker des Wagens, Leiter* überh.

धूर्षह् (stark धूर्षाह्) Adj. *das Joch tragend* VS.

*धूलक n. *Gift.*

धूलन n. *das Bestäuben* Bhâvapr. 3,66.

धूलय्, धूलित *bestäubt, bestreut mit* (Instr.) Bhâvapr. 5,120. — Mit अव, °धूलित dass. ebend. 4,39. — Mit उद् s. उद्धूलय्.

धूलि und धूली f. 1) *Staub; auch so v. a. der staubige Erdboden.* — 2) *Blüthenstaub* Mudrâr. 121,17 (184,13).

धूलिका f. 1) **Blüthenstaub* Râgan. 2,34. — 2) **Nebel.* — 3) *ein best. Spiel* Ind. St. 15,419.

*धूलिकुट्टिम n. und *धूलिकेदार m. *Erdwall.*

*धूलिगुच्छक m. *wohlriechendes Pulver.*

*धूलिध्वज m. *Wind.*

धूलिपटल n. *Staubwolke* Kull. zu M. 4,102.

*धूलिपुष्पिका f. *Pandanus odoratissimus* Râgan. 10,68.

धूलिहस्तय्, °यति *Staub in die Hand bekommen* Naish. 1,81.

धूली s. u. धूलि.

*धूलीकदम्ब m. 1) *Dalbergia ougeinensis.* — 2) *eine Art* Kadamba Râgan. 9,104. — 3) *Capparis trifoliata.*

*धूलीजङ्घ m. *Krähe* Râgan. 19,88.

धूलीमय Adj. (f. ई) *voller Staub.*

धूलीवर्ष m. n. *herabfallender Staub* Kull. zu M. 4,115.

*धूश्र्, *धूष्, धूशयति, धूषयति (कान्तीकरणे).

धूःषड्वह् Adj. *schon sechs Jahre das Joch tragend* (Stier) Lîlâv. 50.

*धूस्, धूसयति = धूश्र्, धूष्.

धूसर 1) Adj. (f. आ) *staubfarbig, grau.* Nom. abstr. °त्व n. — 2) m. *a)* **Esel* Râgan. 19,39. — *b)* **Kamel* Râgan. 19,21. — *c)* **Taube* Râgan. 19,106. — *d)* **Oelmüller.* — *e) eine best. Pflanze* Varâh. Brh. S. 76,6, v. l. *Kichererbse* Gal. — 3) *f. आ *ein best. Strauch* Râgan. 5,132. — 4) *f. ई N. pr. einer Kimnarî.

धूसरक m. N. pr. eines Schakals.

*धूसरच्छदा f. *eine best. Pflanze.*

*धूसरपत्त्रिका f. 1) *Tragia involucrata.* — 2) *Heliophytum indicum Dec.* Râgan. 5,75.

धूसरित Adj. *grau gemacht* Kâd. 65,20.

धूसरिमन् m. *Staubfarbe* Harshak. 202,7.

*धूसी Adv. mit कर्.

*धूस्तरा f. Compar. zu धुर्.

धूस्तुण्ड n. *die äusserste Spitze der Deichsel* Bâlar. 232,8.

*धूस्तूर m. *Stechapfel.*

°धृक् (nur Nom. Sg.) Adj. = धृत् 1) *haltend, tragend.* — 2) ein Gewand, eine Gestalt, einen Leib u. s. w. *tragend, so v. a. habend, im Besitz von Etwas seiend.* बहुवर्षसहस्र° *viele tausend Jahre alt.* — 3) *ertragend.* — Die v. l. hat °धृत् (z. B. MBh. 1,138,31. 3,147,24. 183,41. 227,16. 3,278,16. 17. 300,21. 13,17,62), °भृत् (6,107,17 = 6,4902) und °कृत् (12,248,158 = 12,10432). धृक् hat auch MBh. 23,40,29. 14,78,47. — Vgl. दृक्.

°धृत् Adj. *haltend, tragend, habend, ertragend u. s. w.*

धृत 1) Adj. s. u. 1. धर् 3). — 2) m. N. pr. *a)* eines Sohnes des 13ten Manu. भूय v. l. — *b)* eines Sohnes des Dharma. — 3) n. *eine best. Art zu fechten* Hariv. 15979.

धृतक m. N. pr. 1) v. l. für वृक VP.² 3,289. — 2) *eines buddh. Patriarchen.

धृतकेतु m. N. pr. eines Sohnes des 9ten Manu VP. 3,2,23.

धृतक्लेश Adj. *Beschwerden ertragend* Râgat. 3,213.

धृतगर्भा Adj. f. *schwanger* Kathâs. 7,83.

धृतताल m. *ein* Vetâla.

धृतदत्त Adj. *aufmerksam, gesammelt.*

धृतदण्ड Adj. 1) *den Stock tragend, so v. a. strafend* Bhâg. P. 3,14,34. — 2) *über dem der Stock gehalten wird, gestraft werdend von* (Instr.) Spr. 5736, v. l.

*धृतदीधिति m. *Feuer.*

धृतदेवा f. N. pr. einer Tochter Devaka's. Auch °देवी VP.² 4,110.

धृतद्वैधीभाव Adj. *sich in Zwiespalt befindend*

Çâk. 15,11.

धृतधनुस् m. Bogenträger Vâmana 5,2,67.

धृतनिश्चय Adj. (f. आ) fest entschlossen zu (Dat.) MBh. 5,187,1.

धृतपूर्व Adj. früher getragen (Schmuck) Mudrâr. 118,7. 18. 119,3 (179,14. 180,3).

धृतप्रज्ञ Adj. Nachkommen habend Ragh. 15,87.

*धृतराजन् m. N. pr. eines Mannes.

धृतराष्ट्र 1) m. a) *ein Fürst, dessen Reich von Dauer ist. — b) N. pr. α) eines Schlangendämons. — β) eines Devagandharva. — γ) eines Sohnes des Daitja Bali. — δ) eines Fürsten der Kâçi. — ε) eines blindgeborenen Sohnes des Vjâsa und ältern Bruders des Pâṇḍu. Pl. seine Söhne (100 an Zahl). — ζ) eines Sohnes des Ǵanameǵaja. — c) *ein best. Vogel. — 2) f. धृतराष्ट्री N. pr. einer Tochter der Tâmrâ und Urmutter der Gänse und anderer Vögel.

धृतराष्ट्रज m. Patron. Durjodhana's Pr. P. 111.

*धृतराष्ट्रानुज m. Bein. Pâṇḍu's Gal.

धृतवत् 1) Adj. Partic. von 1. धर्. — 2) f. °वती N. pr. eines Flusses MBh. 6,9,31. Auch v. l. für घृतवती.

धृतवर्मन् m. N. pr. eines Kämpfers auf Seiten der Kuru.

धृतव्रत 1) Adj. (f. आ) a) dessen Gesetz —, dessen Ordnung feststeht. — b) die Ordnung aufrecht erhaltend Gaut. — c) fest entschlossen 49,17. — d) die Gewohnheit habend. — e) treu ergeben, anhänglich. — 2) m. a) Bein. Rudra's. — b) N. pr. eines Sohnes des Dhṛti.

धृतशरीर Adj. dessen Körper fortbesteht, fortlebend Kap. 3,82. Sâṁkhjak. 67.

धृतश्री f. ein best. Metrum.

धृतसंकल्प Adj. (f. आ) fest entschlossen zu (Loc.) MBh. 5,186,10.

धृतसंधि m. N. pr. eines Sohnes des Susaṁdhi.

धृतसिंह m. N. pr. v. l. für धृतिसिंह.

धृतहव्य m. N. pr. v. l. für वीतहव्य VP.² 3,335.

धृतात्मन् Adj. standhaft.

धृतार्चिस् Adj. Beiw. Vishṇu's Vishṇus. 1,59.

धृति 1) f. a) das Festhalten, Stillehalten. Befestigung, Festigkeit 26,19. धृतिं कर् Stand halten. — b) fester Wille, Entschlossenheit. धृतिं बन्ध् seinen Willen richten auf (Loc.). — c) Befriedigung, Zufriedenheit. धृतिं कर् Befriedigung finden 320, 11. — d) Bez. bestimmter Abendopfer beim Açvamedha. — e) ein best. Metrum von 72 Silben, jedes Metrum von 4 X 18 Silben und ein aus Upendravaǵrâ und Indravaǵrâ zusammengesetztes Metrum. — f) Bez. der Zahl 18 Varâh. Bṛh. 8,9. Gaṇit. Kaksh. 6. — g) ein best. astrol. Joga. — h) die Entschlossenheit oder Befriedigung wird mannichfach personificirt. Als eine Çakti Hemâdri 1,197, 21. — i) N. pr. eines mythischen Gartens Golâdhj. Bhuv. 34. — 2) m. a) Begehung. तत्रस्य = तत्रधृति Lâṭj. 9,3,11. — b) N. pr. α) eines der Viçve Devâs. — β) verschiedener Männer. — γ) eines von einem Dhṛti beherrschten Varsha in Kuçadvîpa VP. 2,4,36. fg.

धृतिपरिपूर्ण m. N. pr. eines Bodhisattva.

धृतिमत् 1) Adj. a) entschlossen, standhaft, charakterfest. — b) gutes Muthes, zufrieden. — 2) m. a) eine Form Agni's. — b) N. pr. α) eines der 7 Weisen im 13ten Manvantara, eines Sohnes des Manu Raivata und Sâvarṇa und verschiedener anderer Männer. — 3) f. °मती N. pr. eines Flusses. v. l. धृतवती. = 4) n. N. pr. eines Varsha in Kuçadvîpa.

धृतिमय Adj. (f. ई) aus festem Willen bestehend Spr. 1639.

धृतिमालिन् m. ein best. über Waffen gesprochener Zauberspruch.

धृतियोग m. 1) ein best. astrol. Joga. — 2) ein best. Joga bei den Mystikern.

धृतिसिंह m. N. pr. eines Gelehrten.

धृतोत्सेक Adj. hochmüthig Râǵat. 5,350.

*धृत्वन् m. 1) Bein. Vishṇu's. — 2) ein kluger Mann. — 3) ein Brahman. — 4) Tugend. — 5) Meer. — 6) Luft. — Vgl. धेम°.

*धृत्वरी f. die Erde.

धृषज् m. ein kühner Held.

धृषण m. N. pr. eines Mannes VP.² 4,57.

धृषद् f. = दृषद्.

धृषद्वर्ण Adj. etwa einem Mühlstein gleichend.

धृषद्विन् Adj. kühn, muthig.

धृषत् 1) Adj. s. u. धर्ष्. — 2) m. N. pr. eines Mannes. धृषतो मारुतस्य सामनी Ârsh. Br.

धृषन्मनस् Adj. kühngesinnt ṚV.

*धृषु 1) Adj. a) geschickt. — b) tief. — 2) m. Haufe, Menge.

धृष्ट 1) Adj. s. u. धर्ष्. — 2) m. a) ein best. über Waffen gesprochener Zauberspruch R. 1,30,4. — b) N. pr. verschiedener Männer Hariv. 1,10,29. 37,4. VP.²

धृष्टक m. N. pr. eines Fürsten Hariv. 1,10,24.

धृष्टकेतु m. N. pr. verschiedener Männer.

धृष्टत्व n. Verwegenheit, Frechheit MBh. 1,167,53.

धृष्टद्युम्न m. N. pr. eines Sohnes des Drupada.

धृष्टधी und धृष्टबुद्धि m. N. pr. eines Mannes.

धृष्टमान (R. ed. Bomb. 43 in dem nach 2,98 eingeschobenen Sarga) und °मानिन् Adj. eine hohe Meinung von sich habend.

धृष्टरथ m. N. pr. eines Fürsten. दृष्ट° v. l.

धृष्टवादिन् Adj. kühn in seinen Reden Hariv. 4628.

धृष्टशर्मन् m. N. pr. eines Sohnes des Çvaphalka.

धृष्टि 1) Adj. kühn. — 2) m. a) Sg. und Du. Feuerzange, doppelter Schürhaken. — b) N. pr. α) eines Sohnes des Hiraṇjakaçipu. — β) eines Ministers des Daçaratha. — 3) f. Kühnheit.

धृष्टोक्त m. N. pr. eines Sohnes des Çvaphalka Hariv. 1,30,49.

धृष्ण m. N. pr. fehlerhaft für धृष्ट 2) b).

*धृष्णज् Adj. kühn, dreist, frech.

*धृष्णि m. Lichtstrahl.

धृष्णु 1) Adj. a) kühn, tapfer, muthig. — b) *dreist, frech. — c) tüchtig, kräftig. — 2) Adv. dreist, herzhaft, tüchtig, kräftig, fest, gewaltsam. — 3) m. N. pr. eines Sohnes zweier Manu und anderer Männer. — 4) n. कश्यपस्य धृष्णु Name eines Sâman.

धृष्णुक m. N. pr. eines Fürsten. धृष्टक v. l.

धृष्णुत्व n. Kühnheit, Muth.

धृष्णुया Adv. = धृष्णु 2).

धृष्णुषेण Adj. 1) ein tüchtiges Geschoss führend. — 2) vielleicht ein tapferes Heer führend.

धृष्णोक्त m. N. pr. fehlerhaft für धृष्टोक्त.

(धृष्ण्वोजस्) धृष्णुओजस् Adj. mit tüchtiger Kraft ausgerüstet.

धृष्य Adj. Jmds (Gen.) Angriffen ausgesetzt. स मे धृष्यः so v. a. der hat es mit mir zu thun.

धेन 1) *m. a) Meer. — b) Fluss. — 2) f. धेना a) eine milchende Kuh. — b) Pl. Milchtrank. — c) Stute. — d) *Rede. — e) *Fluss. — f) N. pr. der Gattin Bṛhaspati's Vaitân. — 3) * f. धेनी Fluss.

धेनिका f. Koriander Bhâvapr. 1,166. v. l. धेनुका.

धेनु 1) Adj. milchend. — 2) f. a) eine milchende Kuh, Mutterkuh. In Zusammensetzung mit andern Thiernamen zur Bez. des milchenden Mutterthieres. — b) Pl. Milchtrank, Milch. — c) bildliche Bez. der Erde, des Landes. — d) bildet in Comp. mit असि und खड्ग Schwert ein Deminutiv. — 3) n. Name eines Sâman. Auch महतां धेनु und धेनुपयसी (Du).

धेनुक 1) m. a) quidam coeundi modus. — b) N. pr. α) Pl. eines Volkes MBh. 6,50,51. — β) eines von Kṛshṇa (Balabhadra) erschlagenen Unholds. — γ) eines Sohnes des Durdama VP.² 4,54. — 2) f. धेनुका a) Mutterkuh, Mutterthier überh.; auch vom Weibe. = *दृष्टपुष्पा Gal. — b) bildet in Comp. mit असि Schwert ein Deminutiv. — c) *eine Ader, welche angeschlagen nur in Intervallen das Blut ausströmt.* — d) *Koriander* Bhâvapr. 1,166. v. l. धेनिका. — e) N. pr. α) der Gattin Kîrtimant's. — β) eines Flusses VP. 2,4,36. — 3) n. a) * *eine Heerde milchender Kühe.* — b) * *quidam coeundi modus.* — c) N. pr. eines Wallfahrtsortes.

*धेनुकध्वंसिन् und *धेनुकसूदन m. Bein. Kṛshṇa's.

*धेनुकादुग्ध n. 1) *Kuhmilch.* — 2) *eine Gurkenart.*

*धेनुकारि m. 1) Bein. Kṛshṇa's. — 2) *ein best. kleiner Baum.*

धेनुकाश्रम m. N. pr. einer *Einsiedelei* MBh. 7, 54,8.

*धेनुगोडुह n. Sg. *Milchkuh und Melker* P. 5,4, 106, Sch.

धेनुत्व n. Nom. abstr. von धेनु *Milchkuh* Hemâdri 1,114,8. 15. 16.

धेनुदक्षिण Adj. *wobei eine Milchkuh als Opferlohn geschenkt wird* Kâtj. Çr. 22,1,3. Âpast. Çr. 5,22,8.

*धेनुदुग्ध n. 1) *Kuhmilch.* — 2) *eine Gurkenart* Madanav. 74,15.

*धेनुदुग्धकर m. *Daucus Carota, Möhre* Râǵan. 8,132.

धेनुभव्या f. = धेनुंभव्या Gaut. Âpast.

*धेनुमक्षिका f. *Bremse.*

धेनुमत् 1) Adj. a) *nährenden Trank enthaltend, —gebend.* — b) *das Wort* धेनु *enthaltend.* — 2) f. °मती N. pr. der Gattin Devadjumna's.

धेनुंभव्या Adj. f. *nahe daran seiend eine Mutterkuh zu werden* Maitr. S. 4,4,8.

धेनुष्टरी f. *eine versiegende Kuh* Maitr. S. 2,5,4.

*धेनुष्या f. *eine Milchkuh, deren Milch einem Gläubiger versetzt wurde.*

*धेनुष्यित f. *der die Milch seiner Kuh versetzt hat.*

धेनूक in बक्क°.

धेन्वनडुहौ (*n. Sg.) und m. Du. *Milchkuh und Stier* Çat. Br. 3,1,2,21. Gaut. 17,30.

*धेमात्र *eine best. hohe Zahl* (buddh.).

धेय 1) Adj. *was geschaffen* oder *erhalten wird.* — 2) n. Nom. abstr. *Zutheilung* u. s. w. am Ende eines Comp.

धेष्ठ (dreisilbig) Adj. *am Meisten gebend.*

*धैनव 1) Adj. von धेनु. — 2) m. Metron. von धेनु.

*धैनुक n. 1) *eine Heerde von Milchkühen.* — 2) *quidam coeundi modus.*

1. धैर्य n. (adj. Comp. f. आ) 1) *festes —, ernstes —, ruhiges Wesen; Standhaftigkeit, Ausdauer, Muth.* Die *Standhaftigkeit* eines Fürsten mit der des Meeres verglichen 250,11; vgl. धीरचेतस्. — 2) *Ruhe —, Gemessenheit des Vortrages.*

2. धैर्य n. *Verständigkeit, Besonnenheit.*

धैर्यता f. *Ausdauer.*

धैर्यधर Adj. *Festigkeit —, Ausdauer besitzend* Spr. 7862.

धैर्यपारमिता f. *die höchste Stufe der Ausdauer* Kâraṇḍ. 50,19.

धैर्यमित्र m. N. pr. eines Dichters.

धैर्यवत् Adj. *Festigkeit —, Ausdauer besitzend.*

धैवत n. *die sechste Note der Tonleiter, a.*

*धैवत्य n. Nom. abstr. von धीवन्.

धैवर Adj. von धीवर *Fischer.*

धोईकवि m. N. pr. eines *Dichters.*

*धोड m. *eine Schlangenart.*

धोयिन् oder धोयी m. N. pr. eines Dichters.

*धोर्, धोरति (गतिचातुर्ये).

धोरण 1) *n. a) *Vehikel.* — b) *Trab eines Pferdes.* — 2) f. ई *eine ununterbrochene Reihe* Vikramâñkak. 13,86. 16,42. — Kathâs. 52,350 ist आधोरणा gemeint.

धोरणि (metrisch) f. = धोरण 2) Vikramâñkak. 16,36.

*धोरित und *°क n. *Trab eines Pferdes.*

धौत 1) Adj. s. u. 2. धाव्. — 2) f. ई *Wäsche* Ind. St. 15,232. — 3) n. a) *das Waschen* Spr. 7303. — b) * *Silber.*

धौतक Adj. *aus gereinigter Seide verfertigt.*

*धौतकट m. *ein aus einer Bastmatte zusammengenähter Sack.*

*धौतकुष्ठ n. *eine Art Aussatz* Gal.

*धौतकोशज und *धौतकौशेय n. *gereinigte Seide.*

*धौतखण्डी f. *Zuckerkand.*

*धौतबली f. *eine Art Collyrium.*

धौतमूलक m. N. pr. eines Fürsten der Ḱîna.

*धौतय *Steinsalz.* Vgl. धौतेय.

धौतरी f. nach Sâj. *erschütternd* (sc. वडबा).

*धौतशिल n. *Bergkrystall.*

*धौताञ्जनी und *धौताञ्जली (!) f. *eine Art Collyrium.*

धौती f. 1) *Quelle, Bach.* — 2) *eine best. Selbstqual, bei der man einen vier Finger breiten weissen Zeugstreifen verschluckt und dann wieder herauszieht* (also gleichsam *wäscht*). Auch धौती.

*धौतेय n. *Steinsalz* Gal. Vgl. धौतय.

धौन्धुमार Adj. *über* Dhundhumâra *handelnd.*

धौन्धुमारि m. Patron. von धुन्धुमार.

*धौमक Adj. von धूम.

*धौमत *Myrrhe.*

*धौमतायन gaṇa अरीहणादि. Davon Adj. *°क.

*धौमायन m. Patron. von धूम.

*धौमीय Adj. von धूम.

धौम्य m. Patron. und N. pr. verschiedener Männer. °शिता.

धौम्र 1) m. Patron. Dantâvala's Gop. Br. 1,2,5. N. pr. eines alten Ṛshi MBh. — 2) *n. a) *die graue Farbe.* — b) *ein besonders zugerichteter Bauplatz.*

*धौम्रायण m. Patron. von धूम्र.

*धौर m. *Anogeissus latifolia.*

धौरादित्यतीर्थ n. N. pr. eines Tîrtha.

*धौरितक n. *Trab eines Pferdes.*

धौरेय 1) Adj. *an der Spitze von* — (Gen. oder im Comp. vorangehend) *stehend* Hemâdri 1,4,1. पुरुष° *ein Mann, der höher steht als die grosse Menge.* — 2) m. *Zugthier, Zugstier.*

धौरेयक m. *Zugthier, Pferd* Vet. 39,17.

धौर्जट Adj. (f. ई) *dem Çiva gehörig* Bâlar. 234,11.

*धौर्तक n. Nom. abstr. von धूर्त.

*धौर्तिक 1) Adj. *einem Betrüger eigen.* — 2) n. *Betrug.*

*धौर्तेय m. 1) Pl. N. pr. eines Kriegerstammes. — 2) *ein Fürst dieses Stammes.* — धार्तेय und धार्तेय v. l.

धौर्त्य n. *Betrug, Schelmerei.*

*धौर्य n. *Trab eines Pferdes.*

*धौवकि m. Metron. von धुवका.

धौष्य m. Pl. *eine best. Schule des* Jaǵurveda AV. Pariç. 49.

°ध्म Adj. Subst. *blasend, Bläser* in तूणवध्म und शङ्खध्म.

ध्मा s. धम्.

*ध्माकार m. *Grobschmied.*

*ध्माङ्क्, ध्माङ्क्षति v. l. für धाङ्क्.

ध्माङ्क्ष m. *Krähe.* Wohl nur fehlerhaft für धाङ्क्ष.

ध्मात 1) Adj. s. u. धम्. — 2) n. *eine best. fehlerhafte Aussprache der Vocale.*

ध्मातर् 1) m. parox. *Bläser, Schmelzer.* — 2) n. oxyt. *Schmelze.*

ध्मातव्य Adj. *anzublasen, anzufachen.*

ध्मान n. *das Aufblasen, Anschwellung.*

ध्मापन n. *das Einblasen* (von Pulver), *Mittel zum E.* Ḱaraka 8,9.

*ध्मामन् v. l. für ध्यामन्.

1. ध्या, ध्यायति (episch auch Med.) und ध्याति (episch) 1) *sich vorstellen, im Sinne haben, denken an, nachdenken über;* mit oder ohne Beisatz von मनसा, मनसि, चेतसा, धिया oder हृदये (125,29). Ohne Object *denken, bei sich denken, nachdenken.* ध्यात *an den oder woran man gedacht hat.* — 2) *Böses gegen Jmd* (Acc.) *im Schilde führen* TS. 5,4,3,1. — 3) von einem Thiere so v. a. *den Kopf hängen lassen*

Kâraka 6,23. — Caus. scheinbar Kathâs. 92,62, da अध्यापयामास gemeint ist. — Mit अति in tiefem Nachdenken sich befinden. — Mit अनु 1) nachsinnen, seine Gedanken richten auf, denken an, gedenken. अनुध्यात an den oder woran man gedacht hat. हरेः an den Hari gedacht hat. MBh. 12,4678 अनुध्यातम् fehlerhaft für अनुध्यात्तम्. — 2) an Jmd denken, so v. a. bedauern, vermissen. — 3) Jmd Etwas nachtragen. — Mit समनु nachsinnen, gedenken. — Mit अप gering von Jmd (Acc.) denken und hiermit es Jmd anthun. अपध्यात Hariv. 2,72,64. — Mit समप dass. — Mit अभि 1) den Sinn richten auf, so v. a. beabsichtigen, begehren. ब्रह्म ज्यानाय dem Brahman Gewalt anzuthun. — 2) denken an, seine Gedanken richten auf. मङ्गलान्यभिदध्युषी sinnend auf. Statt des Acc. auch Loc. Ohne Object sich in Gedanken vertiefen. — 3) halten für, mit doppeltem Acc. — 4) es Jmd anthun. अभिध्यासुस्. — Mit समभि 1) nachsinnen. — 2) sein Verlangen richten auf. — Mit अव gering von Jmd (Acc.) denken, seine Verachtung gegen Jmd an den Tag legen, Jmd verwünschen Kâraka 6,1. अवध्यात. — Mit आ 1) Jmd (Gen.) Etwas (Acc.) in Gedanken zukommen lassen, anwünschen. — 2) in Gedanken vertieft sein. — Mit समा sich mit seinen Gedanken ganz vertiefen in (Acc.). — Mit उप 1) Jmds gedenken. Nur उपध्यात. — 2) es Jmd (Acc.) verdenken Lalit. 179,18. — Hariv. 7433 उपध्योता (sic) fehlerhaft für अपध्याता. — Mit नि 1) merken. — 2) sich in Gedanken vertiefen. निध्यात worin man sich vertieft hat Vaǵrakkh. 14,14. — 3) Jmds (Acc.) gedenken Bhaṭṭ. — Desid. निदिध्यासते aufmerksam sein. — Mit अभिनि seine Aufmerksamkeit richten auf (Acc.). — Mit प्रणि nachdenken, seine Aufmerksamkeit richten auf (Acc.). — Mit निस् mit seinen Gedanken Jmd oder Etwas (Acc.) nachgehen, nachsinnen, überlegen. — Mit परि (परी) hinundher sinnen. — Mit प्र 1) nachsinnen, überlegen. — 2) Jmds (Acc. oder Acc. mit प्रति) gedenken, seine Gedanken richten auf, denken an. — 3) ausdenken, auf Etwas kommen. प्रध्यातं मया mit Infin. ich bin auf den Gedanken gekommen zu MBh. 5,113,8. — Mit संप्र nachsinnen, überlegen. — Mit प्रति, प्रतिध्यातं मया mit Infin. ich bin auf den Gedanken gekommen zu. प्रध्यातं v. l. — Mit सम् nachsinnen, überlegen.

2. ध्या f. das Denken, Nachdenken.

ध्यातमात्रागत Adj. der, sobald man nur an ihn denkt, herbeikommt Kathâs. 5,45.

ध्यातमात्रोपगामिन् Adj. dass. Kathâs. 18,110.

ध्यातर् Nom. ag. der über Etwas nachsinnt, Denker. ध्यातृध्यातव्यत्व n. Nom. abstr. = ध्यातृत्व + ध्यातव्यत्व Çaṅk. zu Bâdar. 3,2,27.

ध्यातव्य 1) Adj. woran man denken soll oder darf. Nom. abstr. °त्व n. s. u. ध्यातर्. — 2) n. impers. zu denken Kull. zu M. 4,23.

ध्यातोपनत Adj. der, sobald man nur an ihn denkt, da ist, Kathâs. 18,278.

ध्यातोपस्थित Adj. dass. Kathâs. 18,302.

*ध्यात्व n. das Denken, Nachsinnen.

ध्यान 1) n. a) das Nachsinnen, Vertiefung; insbes. die religiöse Betrachtung, — Beschauung. — b) Gefühllosigkeit, Stumpfheit Bhâvapr. 4,182. — 2) m. der 11te Kalpa 2) h).

ध्यानगोचर m. Pl. eine best. Klasse von Göttern Lalit. 268,9. 314,4.

ध्यानचक्षुस् n. das geistige Auge R. 1,9,64.

ध्यानजप्य m. Pl. N. pr. eines Geschlechts. कर्णजप्य und ध्यानपुष्ट v. l.

ध्यानतत्पर Adj. (f. आ) ganz in Gedanken vertieft MBh. 3,68,26.

ध्यानदीप m. Titel eines Abschnittes in der Paṅkadaçî.

ध्यानदीपिका f. Titel eines Werkes Cat. Allah. 3,122.

ध्यानदृष्टि Adj. mit dem geistigem Auge schauend R. 7,37,2,12.

ध्यानद्युति m. N. pr. eines Mannes.

ध्यानधीर Adj. ganz in Gedanken vertieft Daçak. (1925) 2,134,17.

ध्यानपर Adj. (f. आ) dass. 107,18. MBh. 3,54,3. 12,127,18.

ध्यानपारमिता f. die höchste Stufe der Vertiefung Kâraṇḍ. 50,19. 82,8. 87,11.

ध्यानपुष्ट m. Pl. N. pr. eines Geschlechts Hariv. 1,32,58. ध्यानजप्य v. l.

ध्यानबिन्दूपनिषद् f. Titel einer Upanishad.

ध्यानमय Adj. dessen Wesen in Nachsinnen, Beschauung besteht.

ध्यानयोग m. 1) tiefe Meditation, — religiöse Beschauung. — 2) eine Art Magie.

ध्यानयोगिन् Adj. in tiefer Meditation begriffen Hemâdri 1,458,1.

ध्यानवन्त् Adj. der religiösen Beschauung obliegend.

ध्यानवल्लरी f. Titel eines Werkes.

ध्यानशीला f. N. pr. einer buddh. Göttin.

ध्यानस्थित Adj. in Gedanken vertieft 137,22.

ध्यानाम्बा f. N. pr. einer Frau.

ध्यानालंकार m. ein best. Samâdhi Kâraṇḍ. 77,12.

ध्यानावचर m. Pl. eine best. Klasse von Göttern bei den Buddhisten.

ध्यानावरोपण n. Kâraṇḍ. 20,2 fehlerhaft für धानत्र°.

ध्यानाष्टटीका f. Titel eines Commentars.

ध्यानिक Adj. aus der religiösen Beschauung hervorgehend.

ध्यानिन् Adj. der religiösen Beschauung obliegend.

ध्यानिबुद्ध m. ein aus der Meditation hervorgegangener (kein materieller) Buddha.

ध्यानिबोधिसत्त्व m. ein nicht-materieller Sohn eines Dhjânibuddha.

*ध्यानीय Adj. = ध्येय.

ध्याम 1) *Adj. dunkelfarbig. — 2) n. a) wohlriechendes Gras oder ein best. w. G. — b) *Artemisia indica.

ध्यामक n. eine best. Grasart Bhâvapr. 3,25.

*ध्यामन् 1) m. a) Maass. — b) Licht. — 2) n. Gedanken.

*ध्यामी Adv. mit कर् dunkel färben.

*ध्यामीकरण n. das Dunkelfärben.

ध्यायति m. Bez. der Wurzel ध्या Çaṅk. zu Bâdar. 4,1,8.

ध्यायम् Absol. nachdenkend über (Acc.). Wiederholt Kathâs. 22,147. Verz. d. Oxf. H. 161,b,2 v. u.

ध्यायिन् Adj. in Gedanken vertieft Hemâdri 2,a, 119,15. vertieft —, ganz aufgehend in Jmd (im Comp. vorangehend) 1,438,5.

ध्युषित Adj. blendend weiss Kâraṇḍ. 78,22. 81,7.

ध्युषिताश्व m. N. pr. eines Fürsten.

ध्येय Adj. 1) über den oder worüber man nachzusinnen hat. n. impers. Comm. zu Mṛkkh. 72,1. — 2) den man sich zu denken hat als (Nom.).

°ध्र Adj. (f. ई) tragend.

ध्रज्, ध्रजति, *ध्रञ्जति und *धृञ्जति; hingleiten, streichen, ziehen (vom Winde, Vögeln u. s. w.). — Mit प्र vorwärts eilen ṚV. 1,166,4.

ध्रजति in चित्रध्रजति.

ध्रजस् n. Zug (des Windes).

*ध्रजि wohl = ध्राजि.

ध्रजीमत् Adj. gleitend, streichend.

*ध्रञ्ज् s. u. ध्रज्.

*ध्रण्, ध्रणति (शब्दे).

*ध्रस्, ध्रस्नाति und ध्रासयति (उञ्छे, उत्क्षेपे).

*ध्रा, ध्रैति, ध्राति, ध्रयति (गतिकर्मन्), ध्रायति (तृप्तौ).

*ध्राक्षा f. neben द्राक्षा.

*ध्राक्षामत् Adj. von ध्राक्षा.

*ध्राघ्, ध्राघते (सामर्थ्ये, आयामे, आयासे).

*ध्राङ्क्, ध्राङ्क्ति (घोरवाशिते, काङ्क्षायाम्).

1. ध्राज्, ध्रा॑जते (ध्रा॑जमान, ध्राजिषीय) = ध्रज् MAITR. S. 4,9,5.

2. ध्रा॑ज् f. Pl. etwa *Zugkraft* MAITR. S. 4,9,5.

ध्राज॑ m. *Zieher. Streicher* MAITR. S. 4,9,5.

ध्रा॑जि f. 1) *das Streichen, Zug* (des Windes) MAITR. S. 1,2,17. ध्राजि॑ 4,9,5. — 2) *Zug, Trieb* (einer Leidenschaft). — 3) * *Wirbelwind*.

*ध्राड्, ध्राडते (विशरणे, विसरणे).

*ध्राडि m. *das Blumenpflücken*.

ध्रि in अ॑ध्रि.

*ध्रिज्, ध्रेजति (गतौ).

ध्रिज in अध्रि॑ज.

1.*ध्रु, ध्रुव॑ति (गतिकर्मन्, गतिस्थैर्ययोः), ध्रवति (स्थैर्ये, गतौ). ध्रुवत् *wissend, kennend* BHATT. दुध्राव *er tödtete* ebend.

2. ध्रु (metrisch) Adj. = 2. ध्रुह् im Du. अस्मृतध्रू. Vgl. 3. ध्रु.

ध्रुत Adj. in वरुणध्रु॑त.

ध्रु॑ति f. *Verführung*.

ध्रुपदाख्यनृत्य n. *ein best. Tanz* S. S. S. 272. Vgl. ध्रौपद.

*ध्रुव्, ध्रुवति (गतिस्थैर्ययोः).

ध्रुव॑ 1) Adj. (f. आ॑) a) *am Orte verharrend, stille haltend, bleibend bei* (Loc.), *feststehend, unbeweglich, bleibend, dauernd, beständig, unveränderlich*. ध्रुवाणि नक्षत्राणि heissen *die Mondhäuser* Rohiṇî *und die mit* उत्तर *zusammengesetzten*. स्मृति f. *ein festes, starkes Gedächtniss*. — b) *bestimmt, festgesetzt*. — c) *feststehend*, so v. a. *sicher, gewiss*. — d) * = पाप. Am Ende eines Comp. einen Tadel ausdrückend. — 2) ध्रुव॑म् Adv. a) *bleibend, für die Dauer*. — b) *bestimmt, sicherlich, gewiss, jedenfalls*. — 3) ध्रुवाय Dat. *auf die Dauer*. — 4) m. a) *der Polarstern*. Personificirt als ein Sohn Uttânapâda's. — b) *Himmelspol*. — c) *die (unveränderliche) Länge* (der Fixsterne). — d) *Knoten* (?). — e) * *Pfahl, Pflock* AK. 2,4,1,8. H. an. Med. Verz. d. Oxf. H. No. 414, Çl. 4. — f) * *der indische Feigenbaum*. — g) *Nasenspitze* (künstliche Deutung). — h) * *ein best. Wasservogel*. — i) *der bleibende* d. h. *aufbewahrte* Graha (welcher, Morgens geschöpft, erst Abends geopfert wird) ÇAT. BR. 4,2,3,3. 4,1. 5,1,2,19. KÂTJ. ÇR. 9,5,17. VAITÂN. — k) *der Eingangsvers eines Gesanges, der später immer wiederholt wird*. — l) *der dritte Theil einer Composition* (wohl *ein Allegro*) S. S. S. 120. — m) Bez. *der Silbe* ओम्. — n) *ein best. astrol.* Joga. — o) Bein. α) *Brahman's. — β) Vishṇu's. — γ) Çiva's. — p) N. pr. α) eines Schlangendämons. — β) eines Vasu. — γ) verschiedener Männer. — 5) f. ध्रुवा॑ a) *der grösste unter den drei Opferlöffeln*. — b) * *Desmodium gangeticum*. — c) * *Sanseviera ceylanica*. — d) * *eine tugendhafte Frau*. — e) = 4) k). — 6) n. a) in der Gramm. *ein nach dem tönenden* Abhinidhâna *eintretender Laut*. — b) * *Luft, Luftraum*. — c) * *eine Art Haus* GAL.

ध्रुवक 1) m. a) *die (unveränderliche) Länge* (der Fixsterne). — b) * *Pfosten, Pfahl*. — c) = ध्रुव 4) k). — d) N. pr. eines Wesens im Gefolge Skanda's. — 2) * f. आ a) = ध्रुव 4) k). — b) N. pr. einer Frau.

ध्रुवकभाग m. = ध्रुवक 1) a).

*ध्रुवकिन् Adj. von ध्रुवका.

*ध्रुवकिल Adj. von ध्रुवक.

ध्रुवकेतु m. *ein best. Meteor*.

ध्रुवक्षि॑त् Adj. *fest ruhend*.

ध्रुव॑क्षिति 1) Adj. *eine feste Lage —, einen festen Wohnsitz habend*. — 2) m. *eine best. Personification* TAITT. ÂR. 10,67,1.

ध्रुवक्षेत्र n. N. pr. einer Oertlichkeit.

ध्रुव॑क्षेम Adj. *fest gegründet, Stand haltend*.

1. ध्रुवगति f. *ein fester Standpunct*.

2. ध्रुवगति Adj. *dessen Gang fest, sicher ist*.

ध्रुवगीतनृत्य n. *ein best. Tanz* S. S. S. 266.

ध्रुवगो॑प m. *Hüter der* Dhruva *genannten* Graha.

ध्रुवचक्र n. Titel eines Werkes OPP. Cat. 1.

ध्रुवच्यु॑त् Adj. *Festes bewegend, — zu Fall bringend*.

ध्रुवतारक n. und °तारा f. *der Polarstern*.

ध्रुवताल n. *schnelles Tempo* S. S. S. 120.

ध्रुवदेवी f. N. pr. einer *Fürstin* B. A. J. 10,60.

ध्रुवनाडि f. Titel eines Werkes OPP. Cat. 1.

ध्रुवनृत्य n. *ein best. Tanz* S. S. S. 266.

*ध्रुवपटु m. N. pr. eines Fürsten.

ध्रुवपद Titel eines Werkes.

ध्रुवभाग m. = ध्रुवकभाग.

ध्रुवभ्रमण n. Titel eines Werkes.

ध्रुवमण्डल n. *Polarregion* Ind. St. 14,133.

ध्रुवमानस n. Titel eines Werkes.

ध्रुवयष्टि f. *Achse der Pole*.

ध्रुव॑योनि Adj. *eine feste Heimatsstätte habend*.

ध्रुवरत्ना f. N. pr. einer der Mütter im Gefolge Skanda's.

ध्रुवराज m. N. pr. eines *Fürsten* Ind. Antiq. 5,150.

ध्रुवराङ्क m. *eine Form* Râhu's Ind. St. 10,315.

ध्रुवशील Adj. *am Orte verharrend, den Wohnsitz nicht ändernd* GAUT. 3,13.

ध्रुव॑स्, nur ध्रुव॑से Dat. *zum Stillehalten, zum Platznehmen* RV. 7,70,1.

ध्रुवस॑द् Adj. *auf festem Grunde sitzend*.

ध्रुवसंधि m. N. pr. verschiedener Fürsten.

ध्रुवसिद्धि m. N. pr. eines Arztes.

ध्रुवसेन m. N. pr. zweier Fürsten.

ध्रुवस्थाली॑ f. *der für den* Dhruva *genannten* Graha *dienende Topf* TBR. 1,4,2,5. LÂṬJ. 1,11,1.

ध्रुवाक्षर n. *die Silbe* ओम् als Bein. Vishṇu's MBH. 1,63,101.

ध्रुवाण्डक n. *ein best. Tanz* S. S. S. 259.

ध्रुवावर्त m. *ein best. Haarwirbel*.

ध्रुवाश्व 1) m. N. pr. eines Fürsten. — 2) n. *eine best. Opferhandlung* MÂN. GṚHJ. 2,6.

ध्रुवि॑ Adj. *fest ruhend*.

*ध्रेक्, ध्रेकते (शब्दोत्साहयोः).

ध्रौपद n. *ein best. Tanz* S. S. S. 228. Vgl. ध्रुपदाख्यनृत्य.

ध्रौव Adj. 1) *dem Polarstern gehörig*. — 2) *in dem* Dhruvâ *genannten Löffel befindlich*; Subst. *solches Schmalz* MÂN. ÇR. 1,3,2.3.5. 2,1,3. VAITÂN.

*ध्रौवकि m. Metron. von ध्रुवका.

ध्रौव्य 1) Adj. *Beständigkeit —, Dauer verleihend*. — 2) n. a) *das Verharren am Orte, Unbeweglichkeit, ununterbrochene Ruhe*. — b) *Dauer, Dauerhaftigkeit*. — c) *Gewissheit, Nothwendigkeit*.

ध्वंस्, ध्वस्, ध्वंसति (गतिकर्मन्), °ते (अवस्रंसने, गतौ, चूर्णने); Pass. ध्वस्यते. Act. Med. (seltener) 1) *herabfallen, herabsinken* MBH. 5,169,27. — 2) *zerfallen, zerstieben, zu Grunde gehen* ÂPAST. — 3) *sich scheren, sich packen*; nur Imper. — 4) ध्वस्त a) *zerfallen, auseinandergefallen, ausgefallen, zu Grunde gegangen, zerstört, mitgenommen, vernichtet, verschwunden*. — b) *bestreut —, bezogen —, überzogen mit* (Instr. oder im Comp. vorangehend). — c) in der Astr. *verfinstert durch* (Instr.). — Caus. 1) ध्वंस॑यति a) *streuen* TBR. 1,4,3,6. — b) *fällen, niederreissen, vernichten, zu Grunde richten*. — c) *schänden* (ein Weib). ध्वंसिता *geschändet*. — d) *unterbrechen* (eine Rede). — 2) ध्वस॑यति *spritzen, sprühen*. — *Intens. दनीध्वस्यते, दनीध्वंसीति. — Mit अति (ध्वसति) *Staub erregend durchfliegen* VÂLAKH. 7,5. — Mit अनु (दध्वसे) *fallen auf* (Acc.). — Mit अप 1) *sich scheren, sich packen*. Nur अपध्वंस Imper.; nach NILAK. Voc. so v. a. अपध्वंसक. — 2) *Jmd sich scheren heissen*. Nach NILAK. अपध्वंसेत् = कुत्सयेत्. — 3) अपध्वस्यति *sich überziehen mit* (Instr.). — 4) अपध्वस्त a) *von seiner Macht gestürzt* Spr. 397. HARIV. 1,45,13. — b) *tief gesunken, verkommen*. — c) *zu Nichte geworden* GOP. BR. 1,1,28. Chr. 106,21. — d) * *verachtet*. — e) * *bestreut*. — Caus. (°ध्वंसयति) 1) *abstäuben, wegblasen*. — 2) *bestäuben, bestreuen* ÂPAST. ÇR. 15,15. — Mit उद्,

°ध्वस्त *befallen —, heimgesucht von* (Instr.). — Caus. (°ध्वंसयति) *bestäuben*. — Mit अव 1) *zerstieben, sich zerstreuen*. Nur अवं दध्वसे. — 2) °ध्वंसते *bestäuben, bestreuen*. — 3) अवध्वस्त a) *bestreut*. — b) *staubfarbig* (Comm.) Âçv. Çr. 9,4,6. — c) **verlassen, aufgegeben*. — d) **verachtet*. — Caus. (°ध्वंसयति) *bestäuben, bestreuen*. — Mit आ, आध्वस्त *überzogen, bedeckt*. — Mit उद् Med. *überzogen —, befallen werden von* (Instr.). — Caus. (°ध्वंसयति) *überziehen, befallen*. — Mit समुद्, °समुद्ध्वस्त *überzogen mit*. — Mit उप 1) Pass. *befallen —, heimgesucht werden*. — 2) उपध्वस्त *gesprenkelt*. — Mit नि Caus. (°ध्वसयति) *zerstreuen, zerstören*. — Mit विनि 1) *sich scheren, sich packen*. Nur °ध्वंस. — 2) विनिध्वस्त *zerstört, zu Grunde gerichtet*. — Mit परि, °ध्वस्त 1) *überzogen —, bedeckt mit* (im Comp. vorangehend). — 2) *zerstört, zu Grunde gerichtet, zu Nichte gemacht*. — Mit प्र 1) (प्रध्वंसते) a) *sich verlaufen* (vom Wasser). — b) *zerfallen, zu Fall kommen, zu Grunde gehen*. — 2) प्रध्वस्त *zerstört, zu Grunde gegangen, verschwunden*. — Caus. (प्रध्वंसयति) 1) *ausstreuen, zerstreuen*. — 2) *fallen machen, zu Fall bringen, zu Grunde richten, zerstören*. — Mit प्रति, °ध्वस्त *herunterhängend* MBh. 12,97,26. 100,36. — Mit वि 1) (°ध्वंसते, ausnahmsweise auch Act.) *zerstieben, auseinanderfallen*. विध्वंसिरे MBh. 5,5877 fehlerhaft für दध्वंसिरे. — 2) विध्वस्त a) *aufgewirbelt* (Staub). — b) *auseinandergefallen, zu Grunde gegangen, zerstört, vernichtet*. मित्र° *von einem Freunde zu Grunde gerichtet* Spr. 4854. — c) in der Astr. *verfinstert*. — Caus. (°ध्वंसयति) 1) *zerstieben machen, zerschmettern, auseinander treiben, verwüsten, zu Grunde richten, vernichten*. Absol. विध्वस्य und विध्वंस्य. — 2) *Jmd* (Acc.) *ein Leid anthun*. — Mit प्रवि, °ध्वस्त 1) *abgeworfen*. — 2) *geworfen, geschleudert*.

ध्वंस m. *das Zerfallen, Verfall, das zu Grunde Gehen, zu Nichte Werden, Verschwinden, Aufhören, Untergang*. Pl. TBr.

ध्वंसक 1) Adj. am Ende eines Comp. *zu Grunde richtend, vernichtend, zu Nichte machend*. — 2) m. *eine best. Krankheit in Folge von Trunksucht* Karaka 6,12.

*ध्वंसकला Adv. mit कर्.

°ध्वंसकारिन् Adj. 1) *zu Nichte machend* 141,12. — 2) *schändend* (ein Weib).

ध्वंसन 1) Adj. a) **spritzend*. — b) *zu Fall bringend, vernichtend*. — 2) n. *das zu Grunde Richten, Vernichten*.

ध्वंसि m. $^{1}/_{1000}$ *eines* Muhûrta.

ध्वंसिन् 1) Adj. a) *zu Grunde gehend, vergehend, schwindend* Megh. 109. क्षण° *in einem Augenblicke*. — b) *zu Grunde richtend, vernichtend*. — 2) m. a) = त्रसरेणु 1); vgl. ध्वंसि. — b) **eine auf Bergen wachsende* Pîlu-*Art*.

1.*ध्वज्, ध्वजति (गतौ).

2. ध्वज् = ध्वज in कृतध्वज्.

ध्वज m. (n. nur Hariv. 9245; adj. Comp. f. आ) 1) *Standarte, Feldzeichen, Fahne* (wie solche bei festlichen Gelegenheiten aufgezogen werden), *Flagge* (auf einem Schiffe). — 2) *Abzeichen, Erkennungszeichen* überh., *das Attribut einer Gottheit, Aushängeschild eines Gewerbes, Abzeichen eines Verbrechers*. — 3) *das Aushängeschild einer Brennerei* oder *eines Trinkhauses* und *das Gewerbe selbst*. — 4) *ein Brenner* oder *Verkäufer von gebrannten Getränken*. — 5) am Ende eines Comp. *der Schmuck von*. — 6) *das männliche Glied*, insbes. *das aufgerichtete*. Auch *die Geschlechtstheile* überh. — 7) *ein in besonderer Form zugerichteter Bauplatz*. — 8) *Iambus*. — 9) *ein best. astr.* Joga. — 10) **Hochmuth, Stolz*. — 11) **N. pr. eines Dorfes*.

ध्वजगृह n. *ein Gemach, in dem die Feldzeichen aufbewahrt werden*.

ध्वजग्रीव m. N. pr. eines Rakshas.

1.*ध्वजद्रुम m. *die Weinpalme* Râgan. 9,86.

2. ध्वजद्रुम Adj. (f. आ) *wo Standarten die Bäume bilden* R. 6,73,12.

ध्वजनवमी f. *ein best. neunter Tag*.

ध्वजपट m. (adj. Comp. f. आ) *Fahne* Râgat. 4,535.

ध्वजपताकिन् Adj. *mit Feldzeichen und Fahnen versehen* Hemâdri 1,155,22.

*ध्वजप्रहरण m. *Wind*.

ध्वजभङ्ग m. *Unfähigkeit zur Erection, Impotenz*.

ध्वजयन्त्र n. *die Vorrichtung, in welche ein Fahnenstock eingefügt wird*.

ध्वजयष्टि f. *Fahnenstock*.

ध्वजवत् 1) Adj. a) *mit Fahnen verziert*. — b) *ein* (ein best. Verbrechen anzeigendes) *Abzeichen tragend*. — 2) m. a) *Fahnenträger*. — b) *ein Brenner* oder *Verkäufer von Spirituosen*. — 3) f. °वती N. pr. a) einer Tochter des Harimedhas. — b) der göttlichen Dienerin eines Bodhisattva.

*ध्वजवृक्ष m. *Caryota urens* Râgan. 9,95.

ध्वजसमुच्छ्रय m. *das Aufrichten einer Fahne*.

*ध्वजहृत Adj. = ध्वजाहृत.

*ध्वजांशुक n. *Fahne*.

ध्वजाकार Adj. (f. आ) *mit einer Fahne versehen* (यष्टि) Hariv. 4019.

ध्वजाग्र m. 1) *ein best.* Samâdhi Kârand. 51,12. — 2) *ein best.* Romavivara Kârand. 86,23.

ध्वजाग्रकेयूर m. ein best. Samâdhi.

ध्वजाग्रनिशामणि m. und ध्वजाग्रवती f. *zwei best. Arten zu zählen*.

ध्वजाय m. (?) Hemâdri 1,133,16. 18. 20.

ध्वजारोपण n. *das Aufrichten einer Fahne*.

ध्वजारोह m. *eine Art Verzierung an der Spitze einer Standarte* MBh. 6,619. गजारोहाः (fehlerhaft) ed. Bomb. 6,16,12. ध्वजा राजाम् ed. Vardham.

ध्वजारोहण n. Titel eines Werkes Opp. Cat. 1.

ध्वजाहृत Adj. *bei der Standarte geraubt*, so v. a. *auf dem Schlachtfelde erbeutet*.

*ध्वजि und *ध्वजी f. gaṇa यवादि und बह्वादि.

ध्वजिक in धर्म°.

ध्वजिन् 1) Adj. 1) a) *mit einer Fahne versehen, eine Fahne —, ein Feldzeichen tragend*. — b) *mit einem Kennzeichen versehen, ein* (das begangene Verbrechen anzeigendes) *Abzeichen tragend*. Am Ende eines Comp. *Etwas zum Abzeichen, zum Aushängeschild habend*. — 2) m. a) *Fahnenträger*. — b) *ein Brenner* oder *Verkäufer von Spirituosen*. — c) **Wagen*. — d) **Berg*. — e) **Schlange*. — f) **Pfau*. — g) **Pferd*. — h) **ein Brahman*. — 3) f. °नी *Heer*.

ध्वजिनीपति und ध्वजिनीपाल m. *Heerführer*.

ध्वजिन्युत्सवसंकेत m. Pl. N. pr. eines Volkes MBh. 6,9,61.

ध्वजी Adv. mit कर् *als Aushängeschild brauchen*.

ध्वजोच्छ्राय m. 1) *Aufrichtung einer Fahne*. — 2) *Erection*.

*ध्वजोत्थान n. *Aufrichtung der Fahne, ein best.* Indra-*Fest*.

ध्वजोन्नति f. *Erection* Bhâvapr. 1,23.

*ध्वञ्ज्, ध्वञ्जति (गतौ).

*ध्वण्, ध्वणति (शब्दे).

1. ध्वन्, *ध्वनति 1) **sich verhüllen*. Nur ध्वान्त *dunkel*. — 2) *erlöschen* (vom Grimm). Nur अध्वनीत्. — Caus. (अध्वानयत् und ध्वनयीत्) 1) *einhüllen, zudecken*. — 2) *schwärzen*.

2. ध्वन्, ध्वनति *tönen, Töne von sich geben, ertönen* Spr. 7829. ध्वनित **tönend*. — Caus. 1) ध्वनयति und ध्वा° *ertönen machen*. ध्वानित *zum Tönen gebracht*. — 2) ध्वनयति *anspielen auf* (Acc.) Comm. zu Mṛkkh. 37,12. — Intens. in दन्ध्वन. — Mit अप in °ध्वान्त. — Mit अभि *tönen, pfeifen*. — Mit प्र *ertönen*. — Caus. प्रध्वनयति *ertönen lassen* oder *— machen* Karaka 6,23. — Mit प्रति Caus. *wiedertönen machen*. °ध्वानित Nâgân. 52.

ध्वन m. 1) **Laut, Ton*. — 2) *ein best. Wind*. —

3) *N. pr. eines Mannes.

ध्वनन n. 1) *das Klingen* in कर्ण°. — 2) *das Anspielen, Andeuten.*

*ध्वनमोदिन् m. *Biene.*

ध्वनयत् m. *ein best. Wind.*

ध्वनि m. 1) *Laut, Ton, Schall, Geräusch, Donner.* — 2) *Wort.* — 3) *Andeutung, figürliche Ausdrucksweise.* — 4) Titel eines Werkes. — 5) N. pr. *a)* eines der Viçve Devâs VP.² 3,190. 191. — *b)* eines Sohnes des Vasu Âpa VP. 1,15,112.

ध्वनिक m. N. pr. eines Autors. ध्वनिक v. l.

ध्वनिगाथापञ्जिका f. Titel eines Werkes Bühler, Rep. No. 253.

*ध्वनिग्रह m. *Ohr.*

ध्वनित 1) Adj. s. u. 2. ध्वन्. — 2) n. Sg. und Pl. *Getön, Geräusch, Laut, Donner.* गीत° Kâd. 141, 17. जलधर° 2,72,4.

ध्वनिनाथ m. N. pr. eines Mannes.

*ध्वनिनाला f. Bez. *verschiedener Blaseinstrumente.*

*ध्वनिबोधक m. *ein best. Gras,* = रोहिष.

ध्वनिमत् Adj. *mit einer Anspielung versehen.* Nom. abstr. °मत्ता f.

*ध्वनिविकार m. *Wechsel der Stimme.*

(ध्वन्य) ध्वन्य m. N. pr. eines Mannes.

ध्वन्याचार्य m. Pl. wohl *ein Lehrer der Allegorie* Kumârasv. zu Pratâpar. 37,25. 40,2. 46,19. 49,4. 54,19. 27. 63,8. 197,24. 235,5. 239,2. 263,4. 390,17.

ध्वन्यात्मक Adj. *unarticulirt* (Laut).

ध्वन्यालोक m. Titel eines Werkes Bühler, Rep. No. 254.

ध्वन्यालोचन n. desgl. Ind. St. 14,179.

ध्वर्, ध्वरति (वधकर्मन्, हूर्छने) *beugen, zu Fall bringen.* — *Intens. दाध्वर्यते. — *Desid. दिध्वरिषति und दुधूर्षति.

ध्वरस् f. Bez. *dämonischer Wesen.*

ध्वरा f. *das Beugen, zu Fall Bringen* Maitr. S. 3,10,1.

ध्वर्तव्य Adj. *zu beugen, zu fällen* in अध्वर्तव्य (Nachtr. 3).

*ध्वर्य Adj. wohl = ध्वर्तव्य.

1. ध्वस् s. ध्वंस्.

2. °ध्वस् Adj. *fallen machend, zu Fall bringend* in *पर्ण°.

ध्वसन् m. N. pr. eines Fürsten der Matsja.

ध्वसनि m. *der Sprühende, Spritzende.*

ध्वसन्ति m. N. pr. eines Mannes.

ध्वसिर Adj. *besprengt, bedeckt.*

ध्वस्ति f. 1) *das Verschwinden* Kap. 6,20. Bâlar. 90,7. — 2) *ein best. Zustand des Jogin, in welchem alle Folgen von Handlungen aufhören, und die Seele von allem Schmutze befreit ist.*

ध्वस्मन् m. *Befleckung, Verdunkelung.*

ध्वस्मन्वत् 1) Adj. *verdunkelt, verhüllt.* — 2) *n. *Wasser* Naigh. 1,12.

ध्वस्र 1) Adj. *a) zerfallend, welk.* — *b) abfallend, sich entziehend.* — 2) m. N. pr. eines Mannes.

*ध्वाक्षा f. *eine best. Pflanze und ihre Frucht.* ध्वाङ्क्षा v. l.

ध्वाङ्क्ष 1) m. *a) Krähe.* — *b)* **Ardea nivea.* — *c)* **Bettler.* — *d)* **Haus.* — *e) ein best. astr.* Joga. — *f)* *N. pr. eines Schlangendämons. — 2) *f. आ *eine best. Pflanze und ihre Frucht* gaṇa हरीतक्यादि in der Kâç. — 3) *f. ई *eine best. Arzeneipflanze.*

*ध्वाङ्क्षजङ्घा f. *Leea hirta* Râǵan. 4,144.

*ध्वाङ्क्षजम्बू f. *eine best. Pflanze* Râǵan. 11,28.

ध्वाङ्क्षतीर्थ n. *ein Badeplatz für Krähen.*

*ध्वाङ्क्षतुण्डफल m., *°तुण्डा f. und *तुण्डी f. *Ardisia solanacea* Râǵan. 3,95.

*ध्वाङ्क्षदन्ती und *ध्वाङ्क्षनखी f. *Capparis sepiaria* Râǵan. 3,99.

*ध्वाङ्क्षनामन् 1) m. *eine dunkle Art* Udumbara. — 2) f. °नाम्नी *Ficus oppositifolia* Râǵan. 11,136.

ध्वाङ्क्षनाशनी f. *eine best. Pflanze,* = कृपुषा Râǵan. 4,115.

*ध्वाङ्क्षनासा und *°नासिका f. *Ardisia solanacea* Râǵan. 3,95. 96.

*ध्वाङ्क्षपुष्ट m. *der indische Kuckuck.*

*ध्वाङ्क्षमाची f. *Solanum indicum.*

*ध्वाङ्क्षवल्ली f. 1) *Ardisia solanacea* Râǵan. 3,96. — 2) *Pongamia glabra.* — 3) *Capparis sepiaria.*

*ध्वाङ्क्षादनी f. *Capparis sepiaria* Râǵan. 3,99.

*ध्वाङ्क्षाराति m. *Eule.*

*ध्वाङ्क्षिका, *ध्वाङ्क्षोलिका und *ध्वाङ्क्षोली f. *eine best. Arzeneipflanze.*

ध्वान m. 1) *das Summen, Murmeln* (eine der 7 Stufen der Rede). — 2) *Ton, Laut* überh.

*ध्वानायन m. Patron. von ध्वन.

1. ध्वान्त 1) Adj. s. u. 1. ध्वन्. — 2) n. *Dunkel, Finsterniss.* Pl. 129,22.

2. ध्वान्त m. *ein best. Wind* VS. 39,7. TS. 1,7,7,2 (TBr. 2,7,16,1). Taitt. Âr. 4,24. 25.

*ध्वान्तचित्त m. *ein leuchtendes fliegendes Insect.*

ध्वान्तदीपिका f. Titel eines Werkes.

*ध्वान्तवित्त m. = ध्वान्तचित्त.

*ध्वान्तशात्रव m. *Bignonia indica.*

*ध्वान्ताराति m. *die Sonne.*

*ध्वान्तोन्मेष m. *ein leuchtendes fliegendes Insect.*

*ध्रण्, ध्रणति (शब्दे).

1. न Pronominalstamm in ना und नस्.

2. न Adv. Conj. 1) *nicht.* Vor einem Imper. oder Aor. (in imperat. Bed.) hier und da fehlerhaft für मा. Bhâg. P. 9,18,30 ist wohl शर्मिष्ठा माधास्तल्पे न (verstärkend) कर्हि चित् zu lesen. *In einer Antwort auf eine Frage im Aor. kann bei न statt des Aor. auch das Präsens stehen. एकया न विंशतिः *20 weniger 1,* *एकेन न विंशतिः dass., पञ्चभिर्न चत्वारि शतानि *400 weniger 5,* एकान्न (nicht एका न) त्रिंशत् *30 weniger 1,* एकस्यै न पञ्चाशत् *50 weniger 1.* In aneinandergereihten Sätzen oder Satztheilen wird die Negation einfach wiederholt, oder an zweiter oder fernerer Stelle durch die verbindenden Partikeln उ (vgl. नो), उत, अपि, चापि, वा oder अथ वा verstärkt. Häufig wird die Negation auch nicht wiederholt, und statt ihrer stehen वा, अपि वा oder च. Ein dritter Fall ist, dass die Negation an zwei oder mehr Stellen gesetzt, an einer anderen aber wieder weggelassen wird. Mehr oder weniger beliebt sind die Verbindungen न च, नापि, न चापि, नापि च, नैव, न चैव (auch न — चैव M. 2,56), नोत, न वै (29,9), न वा, न तु (auch न — तु), न त्वेव, न त्वेव तु, न खलु, न चेद्व und न कं (33,2). न कं mit einem *Fut. drückt ein Verbot aus. Zwei Negationen in demselben Satze bilden in der Regel eine verstärkte Bejahung, ausnahmsweise auch eine verstärkte Verneinung. Nicht selten erscheint न statt des अ priv. am Anfange eines Comp. न vor einem Absol. ist stets mit dem folgenden Verbum fin. zu verbinden; eine Ausnahme finden wir in नानुभूय न जानाति Bhâg. P. 6,5,41. — 2) *damit nicht, auf dass nicht;* mit Potent. 71,7. 94,30. 32. — 3) *wie, gleichsam.* Diese Bed. geht der klassischen Sprache ab und taucht erst in späteren Werken wieder auf. — Vgl. Benfey, Behandlung des auslautenden *a* in *ná* «wie» und *ná* «nicht» im Rigveda.

3. *न 1) Adj. *a) dünn, mager, spärlich.* — *b) leer.* — *c) identisch.* — *d) nicht beunruhigt.* — *e) ungetheilt.* — 2) m. *a) Band, Fessel.* — *b) Perle.* — *c) Krieg.* — *d) Gabe.* — *e) Wohlfahrt.* — *f)* ein Name Buddha's und Gaṇeça's. — *g)* = प्रस्तुत. — *h)* = द्विरण्ड. — 3) f. ना *a) Nabel.* — *b) ein musikalisches Instrument.* — *c) Kenntniss.*

नंश् s. 1. und 3. नश्.

नंश m. *Erlangung.* Nach Sâj. = प्राप्ति (zu R̥V. 1,125,12) und नाशन.

नंशन in स्वप्नंशन.

नंशुक Adj. (f. आ) 1) *zu Grunde gehend* Kâṭh. 25,5. — 2) *verderblich.* — 3) * = अणु. — 4) * = वेनुदारक (!).

*नंष्टर् Nom. ag. von 1. नश्.

*नंष्टव्य Partic. fut. pass. von 1. नश्.

*नंहस m. *ein den Verehrern zulächelnder Gott.*

*नःतुद्र Adj. *kleinnasig.*

नँक् (nur im Nom.) Nacht. Der Stamm könnte auch नश् sein.

नक 1) m. N. pr. eines Mannes. — 2) n. Name verschiedener Sâman Ârsh. Br.

नकार m. 1) *der Laut* n TS. Prât. Chr. 238,32. — 2) *die Negation* न, *ein Nein* Naish. 6,92. — 3) *Tribrachys.*

नकारविपुला f. *ein best. Metrum.*

नकिंचन Adj. *Nichts besitzend, bettelarm.*

नकिंचिद् n. *Nichts.*

नकिंचिदपिसंकल्प m. *kein Verlangen nach irgend Etwas* Spr. 5042.

*नकिम् Indecl. = नँकीम्.

नँकिस् Indecl. 1) *Niemand, Keiner.* — 2) *nicht, nimmer.*

नँकीम् Indecl. *nicht, nimmer.*

*नकुच m. v. l. für लकुच.

*नकुट n. *Nase.*

नकुतश्चिद्भय Adj. *dem von keiner Seite her Gefahr droht.*

नकुलँ 1) Adj. Bez. *einer best. Farbe* (*wohl der des Ichneumons*). — 2) m. *a*) *Ichneumon.* Nom. abstr. °त्व n. — *b*) **Sohn.* — *c*) Bein. Çiva's. — *d*) *ein best. musikalisches Instrument* Lalit. 252,1.258, 8. — *e*) N. pr. α) eines Liedverfassers mit dem Patron. Vâmadeva. — β) eines Sohnes der Açvin und der Mâdrî, Zwillingsbruders des Sahadeva. — γ) eines Arztes (neben Sahadeva), Verfassers eines Açvaçâstra. — 3) *f. नकुला Bein. der Gattin Çiva's. — 4) f. नकुली *a*) *das Weibchen des Ichneumons* Mantrabr. 1,7,15. — *b*) **Salmalia malabarica.* — *c*) **Nardostachys Jatamansi.* — *d*) **Saffran.* — *e*) * = शङ्खिनी. — 5) n. mystische Bez. *des Lautes* ह्.

नकुलक 1) **ein Schmuck in Form eines Ichneumons.* — 2) f. °लिका *das Weibchen des Ichneumons* Kâd. 2,86,15.

*नकुलाढ्या f. *Piper Chaba* Râǵan. 6,42.

नकुलान्धता f. und नकुलान्ध्य n. *eine best. Krankheit des Auges.*

नकुलीश m. 1) *eine Form* Bhairava's. — 2) mystische Bez. *des Lautes* ह्. — 3) N. pr. eines Philosophen.

नकुलीशपाशुपत m. Pl. *eine best. Secte.*

नकुलीशयोगपारायण n. Titel eines Werkes.

*नकुलेश m. = नकुलीश 1) und 2).

नकुलेष्टा f. *eine best. Pflanze* Bhâvapr. 1,174.

नकुलोष्ठी f. *ein best. Saiteninstrument* S.S.S. 185.

*नक्क्, नक्कयति (नाशने).

1. नँक्त 1) n. Sg. und f. (आ) Du. *Nacht.* नँक्तम् Adv. *bei Nacht, in der Nacht.* — 2) n. *das nur bei Nacht Essen* Hemâdri 1,181,16. 17. 255,13. — 3) m. N. pr. eines Mannes. — 4) *f. नक्ता *Methonica superba* Râǵan. 4,130.

2. नक्त (नत्त ?) n. in der Astr. Name des 5ten Joga.

नक्तसमय m. *Nachtzeit.*

नक्तँहोमँ m. *eine Spende bei Nacht* TBr. 3,8,15,1.

*नक्तक m. 1) *Lappen.* — 2) *Handtuch.*

*नक्तचारिन् m. 1) *Eule.* — 2) *Katze.* — 3) *Dieb.* — 4) *ein* Rakshas.

नक्तंचर 1) Adj. *in der Nacht wandelnd* Gaut. — 2) m. *ein bei Nacht wandelndes Thier* Gaut. *ein nächtlicher Unhold.* — 3) f. ई *eine nächtliche Unholdin.*

नक्तंचर्या f. *das Wandeln bei Nacht.*

नक्तंचारिन् 1) Adj. *in der Nacht wandelnd* Mân. Grhj. 2,12. — 2) *m. *Katze.*

नक्तंजातँ Adj. (f. आँ) *bei Nacht entstanden.*

नक्तँन् *Nacht.* Nur नक्तँभिस्.

नक्तंदिन n. Sg. *Nacht und Tag.* °म् Adv. *bei Nacht und bei Tage.*

*नक्तंदिवम् Adv. *bei Nacht und bei Tage.*

नक्तप्रभव Adj. v. l. für नक्तंप्रभव.

नक्तभोजन n. *das nur bei Nacht Essen* Hemâdri 1,156,13.

नक्तभोजिन् Adj. *nur bei Nacht essend.* Nom. abstr. °जित्व n.

नक्तमाल und °क m. *Pongamia glabra.*

*नक्तमुखा f. *Nacht.*

नक्तंप्रभव Adj. *bei Nacht entstehend.*

नक्तंभाग Adj. *einen Nachttheil habend.*

नक्तया Adv. *bei Nacht.*

नक्तवत् Adj. *nur bei Nacht essend* Hemâdri 1, 421,19.

नक्तान्ध Adj. *nachtblind.*

नक्तान्ध्य n. *Nachtblindheit* Hemâdri 1,733,21. 735,5.

नक्ताशिन् Adj. *nur bei Nacht essend* Vishnus. 95,5.

नँक्ति f. *Nacht.*

नँक्तोषँस् f. Du. *Nacht und Morgenröthe.*

नक्र 1) m. *a*) *Krokodil.* Am Ende eines adj. Comp. f. आ. — *b*) *der Steinbock im Thierkreise* Golâdhj. 7,32. — 2) *n. und f. आ *Nase.* — 3) *f. आ *ein Zug von Bienen oder Wespen.* — 4) n. *a*) *eine Krankheit der Schneider'schen Haut.* — *b*) **ein nasenartig hervorstehendes Holz über einer Thür.*

नक्रकेतन m. *der Liebesgott* Daçak. (1925) 2,131,2.

नक्रचक्र n. *eine Schaar von Krokodilen* Ind. St. 14,364. 375. Pańkad.

*नक्रमक्षिका f. *eine Art Fliege.*

*नक्रराज्, *°राज und *नक्रहारक m. *Haifisch oder ein anderes grosses Seeraubthier.*

नक्ष्, नँक्षति und °ते *herbei —, hinzukommen zu, sich einfinden bei, erreichen, erlangen;* mit Acc. — Mit अच्छ *losgehen auf.* — Mit अभि *sich nahen —, herbeikommen zu, anlangen bei* (Acc.). — Mit अव *Jmd* (Gen.) *einholen.* — Mit उप *herbeikommen zu* Vâlakh. 6,7. — Mit परि *einnehmen, umfassen.* — Mit प्र *herbeikommen.* — Mit अभिप्र *bemeistern.*

नँक्षत्र n. 1) *Gestirn, Stern; Sg. die Sonne* und *die Sterne* (coll.). Einmal m. als Personification. Am Ende eines adj. Comp. f. आ. — 2) *Mondhaus,* deren in der älteren Zeit 27, später 28 angenommen werden. Personificirt als Töchter Daksha's und Gattinnen des Mondes. — 3) **Perle* Râǵan. 13,154. Vgl. नक्षत्रमाला 3).

नक्षत्रकल्प m. Titel eines Pariçishṭa des AV.

*नक्षत्रकान्तिविस्तार m. *weisser* Jâvanâla.

नक्षत्रकूर्म m., °चार m. und °विभाग m. Titel des 14ten Adhjâja in Varâh. Brh. S.

नक्षत्रग्रामयाजक m. Pl. MBh. 12,2874 = नक्षत्रयाजक Pl. und ग्रामयाजक Pl.

नक्षत्रचक्र n. *ein best. mystisches Diagramm.*

नक्षत्रचूडामणि m. Titel eines Werkes Opp. Cat. 1.

नक्षत्रजाँ Adj. *in den Sternen geboren;* m. *Sternensohn.*

नक्षत्रजातक n. Titel eines Werkes Opp. Cat. 1.

नक्षत्रताराराजादित्य m. *ein best.* Samâdhi.

नक्षत्रदर्शँ m. *Sternschauer.*

नक्षत्रनाथ m. *der Mond* Kâd. 2,63,4.

नक्षत्रनिघण्टु m. Titel eines Werkes Opp. Cat. 1.

नक्षत्रनेमि 1) m. *a*) **der Polarstern.* — *b*) **der Mond.* — *c*) Bein. Vishṇu's. — 2) *f. *das Mondhaus* Revatî.

*नक्षत्रप und नक्षत्रपति m. *der Mond.*

नक्षत्रपतिनन्दन m. *der Planet Mercur* Vâstuv. 385.

नक्षत्रपथ m. *die Sternenbahn, ein besternter Himmel* Harshaḱ. 184,2.

नक्षत्रपाठक m. *Sterndeuter.*

नक्षत्रपात m. Titel eines Werkes Opp. Cat. 1.

नक्षत्रपुरुष m. 1) in der Astrol. *eine die Mondhäuser darstellende menschliche Figur.* — 2) *eine Ceremonie, bei der eine solche Figur verehrt wird.*

नक्षत्रपुरुषक m. = नक्षत्रपुरुष 1).

नक्षत्रपुरुषव्रत n. *eine best. Begehung.*

नक्षत्रफल n. Titel eines Werkes.

नक्षत्रभक्ति f. Titel des 15ten Adhjâja in Varâh. Bṛh. S.

नक्षत्रमण्डल n. *Sterngruppe.*

नक्षत्रमार्ग m. *Sternenbahn.*

नक्षत्रमाला f. 1) *Sternenkranz, Gestirne.* — 2) *alle Mondhäuser insgesammt.* — 3) *eine Perlenschnur von 27 Perlen.* — 4) *ein best. Kopfschmuck bei Elephanten* Kâd. 109,17. — 5) Titel verschiedener Werke Opp. Cat. 1.

नक्षत्रमालाय्, °यते *wie eine* नक्षत्रमाला 4) *aussehen* Kâd. 11,19.

नक्षत्रमालिका f. Titel eines Werkes Opp. Cat. 1.

नक्षत्रयाजक m. *der den Gestirnen opfert.*

नक्षत्रयोग m. *die Conjunction des Mondes mit den Mondhäusern.*

नक्षत्रयोगिन् 1) Adj. *mit den Mondhäusern in Verbindung stehend.* — 2) *f. Pl. *die Hauptsterne in den Mondhäusern.*

नक्षत्रराज m. 1) *König der Sterne* AV. — 2) *der Mond.* — 3) N. pr. eines Bodhisattva.

नक्षत्रराजप्रभावभासगर्भ m. N. pr. eines Bodhisattva.

नक्षत्रराजविक्रीडित m. *ein best.* Samâdhi.

नक्षत्रराजसंकुसुमिताभिज्ञ m. N. pr. eines Bodhisattva.

नक्षत्रलोक m. Pl. *die Welten der Gestirne.*

*__नक्षत्रवर्त्मन्__ n. *der Himmel.*

नक्षत्रवादावलि und °ली f. Titel eines Werkes Opp. Cat. 1.

नक्षत्रविद्या f. *Sternkunde.*

नक्षत्रवीथी f. *Sternenpfad.*

*__नक्षत्रवृक्ष__ m. *ein einem Mondhause geweihter Baum* Râǵan. 2,41. fgg.

नक्षत्रवृष्टि f. *Sternschnuppen.*

नक्षत्रव्यूह m. = नक्षत्रभक्ति.

नक्षत्रशवस् Adj. *an Menge den Sternen gleichend.*

नक्षत्रसंवत्सर m. *eine best. Jahresform* Ind. St. 10,298. fgg.

नक्षत्रसमुच्चय m. Titel eines Werkes.

नक्षत्रसूचक m. *Sterndeuter.*

नक्षत्रस्तोम m. *ein best.* Ekâha.

नक्षत्राधिप m. *der Regent eines Mondhauses.*

नक्षत्राधिपति m. *das Oberhaupt der Mondhäuser,* Beiw. Pushja's Lalit. 256,2.

नक्षत्राश्रय Adj. *auf einen Stern* oder *auf ein Mondhaus sich beziehend* (ein Name) Mân. Gṛhj. 1,18.

नक्षत्रिन् m. Beiw. Vishṇu's.

नक्षत्रिय Adj. *zu den Sternen gehörig, — in Beziehung stehend u. s. w.;* insbes. *die Zahl der Mondhäuser enthaltend.*

नक्षत्रेश m. *der Mond* Kaurap. (A.) 40.

नक्षत्रेष्टका f. Bez. *bestimmter Backsteine* Âpast. Çr. 17,6.

नक्षत्रेष्टि f. *ein Opfer an die Mondhäuser.*

नक्षद्दाभ Adj. *den Nahenden niederschlagend.*

(नक्ष्य) नक्षिय Adj. *dem man nahen muss* ṚV.

*__नख्__, नख्यति und नखति (गतौ).

नख 1) m. n. *a) Nagel am Finger oder an der Zehe; Kralle.* नखानि कर् oder कल्पय् *die Nägel beschneiden.* Am Ende eines adj. Comp. f. ई. — *b)* Bez. *der Zahl zwanzig.* — 2) (*n. und f. ई) *Unguis odoratus* Varâh. Bṛh. S. 77,8. fgg. 104,61. Hemâdri 1,435,12. — 3) *m. *Theil.*

*__नखक__ m. N. pr. eines Schlangendämons.

नखकुट m. 1) **Nägelschneider, Barbier.* — 2) N. pr. eines Autors.

नखखादिन् Adj. *an seinen Nägeln beissend.*

*__नखगुच्छफला__ f. *eine best. Hülsenfrucht* Râǵan. 7,189.

नखच्छेदन n. *das Schneiden der Nägel.*

नखच्छेद्य Adj. *mit den Nägeln aufzuritzen* Bhâvapr. 1,170.

*__नखजाह__ n. *Nagelwurzel.*

*__नखदारण__ m. *Falke.*

नखनिकृन्तन *Nagelscheere.*

नखनिर्भिन्न Adj. *mit den Nägeln auseinandergespalten.*

*__नखनिष्पाविका__ und *°निष्पावी f. *eine best. Hülsenfrucht* Râǵan. 7,188.

नखन्यास m. *das Einsetzen der Krallen* Ragh. 12,73.

नखपद n. 1) *Spur eines Fingernagels, Verletzung mit einem F.* — 2) **Unguis odoratus* Comm. zu Varâh. Bṛh. S. 78.

*__नखपर्णी__ f. *eine best. Pflanze,* = वृश्चिका Râǵan. 5,127.

*__नखपुञ्जफला__ f. *eine best. Hülsenfrucht.*

*__नखपुष्पी__ f. *Trigonella corniculata* Râǵan. 12,135.

*__नखप्रच__ n. gaṇa मयूरव्यंसकादि.

*__नखफलिनी__ f. *eine best. Hülsenfrucht* Râǵan. 7,187.

*__नखमुच__ n. *Bogen.*

नखंपच Adj. (f. आ) 1) *die Nägel verbrennend.* — 2) *karg, winzig* (Wasser).

नखर 1) Adj. *wie eine Kralle gestaltet.* — 2) m. *ein krallenförmig gebogenes Messer* oder *ein solcher Dolch.* — 3) (*m. f. n.) *Nagel, Kralle.* — 4) *eine Verletzung mit einem Fingernagel.* — 5) *f. ई *Unguis odoratus.*

*__नखरजनी__ f. *eine best. Pflanze* und *ihre Frucht.*

नखरञ्जनी f. *Nagelscheere.*

*__नखररजनी__ f. v. l. für नखरजनी gaṇa हरीतक्यादि in der Kâç.

*__नखरायुध__ m. 1) *Löwe* Râǵan. 19,1. — 2) *Tiger* Râǵan. 19,4. — 3) *Hahn* Râǵan. 19,105.

*__नखराह्व__ m. *Nerium odorum* Râǵan. 10,11.

*__नखलेखक__ m. *der sich mit dem Bemahlen von Nägeln abgiebt.*

नखवादन (Âpast.) und *__नखवाद्य__ n. = अाच्छुरित 1).

नखविष Adj. *in den Nägeln, —, in den Krallen Gift habend.*

नखविष्किर m. *Scharrvogel.*

*__नखवृक्ष__ m. *ein best. Baum* Râǵan. 9,78.

*__नखशङ्ख__ m. *eine kleine Muschel.*

नखाग्र n. *Nagelspitze.*

नखाघात m. *eine Verletzung mit den Nägeln.*

नखाङ्क 1) m. *Nägelspur* Spr. 7759. — 2) **Unguis odoratus.*

*__नखाङ्ग__ n. *ein best. Parfum.*

नखाच्छोटनिका f. *das Knipsen mit den Nägeln* (als Zeichen der Ueberzeugung) Hem. Par. 2,576.

नखानखि Adv. *so dass* (zwei Kämpfende) *mit den Nägeln aneinander kommen.*

नखायुध Adj. *die Kralle als Waffe gebrauchend;* m. *ein solches Thier* (insbes. **Löwe* und **Hahn*). Nom. abstr. °त्व n.

*__नखारि__ m. N. pr. eines Wesens im Gefolge Çiva's.

*__नखार्थ__ m. *ein best. wohlriechender Stoff* Gal.

*__नखालि__ m. und *°का f. *eine kleine Muschel.*

*__नखालु__ m. *ein best. Baum* Râǵan. 9,78.

*__नखाशिन्__ m. *Eule.*

नखि fehlerhaft für नखिन् 1).

नखिन् Adj. 1) *mit Krallen versehen;* m. *ein solches Thier* (insbes. **Löwe* Râǵan. 19,1). — 2) *stachelig.*

नग m. 1) *Berg.* Am Ende eines adj. Comp. f. आ. — 2) Bez. *der Zahl sieben.* — 3) *Baum, Pflanze* überh. — 4) **Schlange.* — 5) **die Sonne.*

*__नगकर्णी__ f. *Clitoria Ternatea* Râǵan. 3,76.

*__नगज__ 1) m. *Elephant.* — 2) *f. आ *eine best. Pflanze* Râǵan. 5,43.

*__नगणा__ f. *Cardiospermum Halicacabum* Mat. med. 310.

नगनदी f. N. pr. eines Flusses.

*__नगनन्दिनी__ f. Patron. der Durgâ.

नगनिम्नगा f. *Gebirgsbach.*

*__नगपति__ m. Beiw. des Himâlaja.

*__नगभिद्__ m. 1) *Axt.* — 2) Beiw. Indra's. — 3) *eine best. Pflanze* Râǵan. 5,37.

*__नगभू__ f. *eine best. Pflanze* Râǵan. 5,43.

नँगर (Taitt. Âr.) 1) m. (einmal), n. und नगरी f. *Stadt*. — 2) n. N. pr. verschiedener *Städte*.

*नगरकाक m. *eine Krähe in der Stadt*, ein tadelnder bildlicher Ausdruck.

नगरकोटि N. pr. einer Stadt.

*नगरघात Adj. *eine Stadt zu Grunde richtend* (Elephant).

*नगरघातक n. *Plünderer einer Stadt*.

नगरचतुष्पथ *Kreuzweg in einer Stadt* Mân. Gṛhj. 2,14.

नगरजन m. Pl. *die Bewohner einer Stadt* 149,21.

नगरद्वार n. *Stadtthor* 157,3. *°कूटक n. *eine Art Schutzwehr an einem St.*

*नगरधनविहार oder *°धनसंघाराम m. N. pr. eines buddh. *Klosters*.

नगरन्धकर m. Bein. Kârttikeja's.

*नगरपति m. *Stadthaupt*.

*नगरपुर n. N. pr. einer *Stadt*.

नगरबाङ्क m. N. pr. eines Mannes Ind. St. 14,134.

*नगरमर्दिन् m. N. pr. eines Mannes.

*नगरमुस्ता f. *eine best. Pflanze*.

नगररक्षाधिकृत m. *ein Anführer der Stadtwache*.

नगररक्षिन् m. *Stadtwächter* 127,17.

*नगरवायस m. = नगरकाक.

नगरवृद्ध m. *Stadtältester* Daçak. 91,16.

नगरस्थ Adj. *in einer Stadt lebend* 155,6.

नगरस्वामिन् m. 1) *Stadthaupt* Mediât. zu M. 4,213. — 2) N. pr. eines Mannes.

*नगरहार N. pr. eines Reiches.

नगराधिकृत, नगराधिप (Râgat. 7,581), नगराधिपति und नगराध्यक्ष m. *Stadthaupt, Polizeimeister einer Stadt*.

नगराय्, °यते *den Anschein einer Stadt haben*.

नगरिन् m. 1) *Stadthaupt* M. 4,213 (nach Mediât.). Karaka 1,5. — 2) N. pr. eines Mannes.

*नगरीबक m. *Krähe*.

नगरीय Adj. *zur Stadt gehörig, städtisch*.

नगरीरक्षिन् m. *Stadtwächter*.

*नगरोत्था f. *eine best. Pflanze*.

नगरौकस् m. *Stadtbewohner*.

*नगरौषधि f. *Musa sapientum*.

नगवत् Adj. *mit Bäumen versehen*.

नगवाहन m. Bein. Çiva's.

नगवृत्तिक (metrisch) und °का f. *eine best. Pflanze*.

नगश्रेष्ठ Adj. *der schönste der Bäume* Suparn. 13,5.

नगस्वरूपिणी f. *ein best. Metrum*.

नगाग्र n. *Bergspitze* MBh. 3,65,9.

*नगाटन m. *Affe*.

*नगाधिप m. Bein. des Himâlaja.

नगानिका und नगानी f. *ein best. Metrum*.

नगापगा f. *Gebirgsbach*.

नगारि m. N. pr. eines Mannes.

नगालिका f. = नगानिका.

*नगावास m. *Pfau*.

*नगाश्रय m. *ein best. Knollengewächs* Râgan. 7,81.

नगाह्वय m. N. pr. eines Mannes.

नगेन्द्र m. Bein. der Berge (Gebirge) 1) Himâlaja. — 2) Kailâsa. — 3) Nishadha.

नगेश m. N. pr. eines *Berges*.

नगेश्वर m. Bein. des Himâlaja.

नगोदर n. *Bergschlucht*.

*नगौकस् m. 1) *Löwe*. — 2) *das fabelhafte Thier* Çarabha. — 3) *Vogel*. — 4) *Krähe*.

नग्नँ 1) Adj. (f. आँ) a) *nackt, entblösst, bloss*. — b) *wüst* (Gegend) Kathâs. 18,314. — 2) m. a) *ein nackt einhergehender Bettelmönch*. — b) *ein das Heer begleitender Barde*. — 3) f. आँ a) *ein nacktes* (*unzüchtiges*) *Weib*. — b) *ein noch nicht menstruirendes Mädchen*. — c) **Cardiospermum Halicacabum*. — d) **Rede*.

नँग्नक 1) Adj. (f. नग्निका) *nackt* Hem. Par. 2,627. 634. *unzüchtig*. — 2) m. a) *ein nackt einhergehender Bettelmönch*. — b) **Barde*. — 3) f. नग्निका a) **ein nacktes Weib*. — b) *ein noch nicht menstruirendes Mädchen*.

नग्नक्षपणक m. *ein nackt einhergehender* Gaina-*Mönch* Kâd. 72,5.

*नग्नंकरण Adj. *nackt machend, entblössend*.

नग्नजित् m. N. pr. 1) eines Fürsten der Gandhâra. — 2) eines Autors über Bildhauerei und eines Dichters. — नग्नजितास् MBh. 8,4040 fehlerhaft für नग्नजितस्, नग्नजिती Hariv. fehlerhaft für नाग्न°.

नग्नता f. und नग्नत्व n. *Nacktheit*.

नग्ननीलपटादिक n. spöttische Bez. der Werke Kaṇâda's.

नग्नभूपतिग्रह m. Titel eines Schauspiels Opp. Cat. 1.

*नग्नमुषित Adj. *kahl beraubt*.

*नग्नंभविष्णु Adj. = नग्नंभावुक.

नग्नंभावुक Adj. (f. आ) *nackt werdend, sich schamlos entblössend*.

नग्नवृत्ति f. Titel eines Commentars.

नग्नव्रतधर Adj. *das Gelübde nackt einherzugehen beobachtend* (Çiva).

नग्नश्रमण m. *ein nackt einhergehender Asket* Cit. im Comm. zu Varâh. Bṛh. 15,1.

नग्नश्रवण m. desgl. Kâraṇḍ. 81,8.

नग्नँहु und *नग्नहू m. *Hefe*.

*नग्नाचार्य m. *Barde* Comm. zu Varâh. Bṛh. S.

नग्नाट und °क m. *ein nackt einhergehender* Gaina-*Mönch* Râgat. 7,1094 (नग्नाह gedr.). 1096.

नग्नी Adv. mit कर् *Jmd zu einem nackt einhergehenden Bettelmönch machen* Spr. 7610.

नघमारँ und नघारिषँ m. Bez. *des Costus speciosus* Ind. St. 9,420.

नघुष 1) m. N. pr. = नहुष. — 2) n. (so zu lesen) *Tabernaemontana coronaria* Bhâvapr. 1,185.

*नङ्क्, नङ्कति (गतौ).

नचार्थवाद m. Titel eines Werkes Opp. Cat. 1.

नचिकेत (metrisch) und नँचिकेतस् (TBr. 3,11,8. 1) m. N. pr. eines Mannes.

नचिर Adj. *nicht lang* (Zeit). °कालम् und नचिरम् *nicht lange, kurze Zeit*. नचिरेण, नचिरात् und नचिराय *in Kurzem, bald*.

*नच्युत = अच्युत.

*नज्, नजते (व्रीडायाम्).

नञ् Bez. der *Negation* न. नञर्थ m. *die Bedeutung von* न. नञर्थवाद m., °टीका f. (Opp. Cat. 1), °विवृति f., नञ्वाद m., °टिप्पणी f., °विवेक m. und नञ्शिरोमणि m. (Opp. Cat. 1) Titel von Werken und Commentaren dazu.

नञ्जराजयशोभूषण n. Titel eines Werkes Opp. Cat. 1.

नट्, नटति *tanzen* Spr. 7711. — Caus. नाटयति *als Schauspieler Etwas* (Acc.) *darstellen, aufführen*. — Mit *उद् Caus. vielleicht *Jmd* (Gen.) *einen bösen Streich spielen*.

नट 1) m. a) *Schauspieler*. — b) **Calosanthes indica*. — c) **Jonesia Asoka*. — d) **eine Rohrart*, = किष्कुपर्वन्. — e) *ein best.* Râga. — f) N. pr. eines Mannes. — 2) *f. आ *Caesalpina Banducella*. — 3) f. ई a) *Schauspielerin*. — b) **Hure*. — c) *eine best. wohlriechende Pflanze* Bhâvapr. 1,195. — d) **rother Arsenik*. — e) **eine best.* Râgiṇî.

नटक m. *Schauspieler*.

नटकमेलक n. Titel eines Lustspiels.

नटगति f. *ein best. Metrum*.

नटचर्या f. *das Treiben —, das Spiel eines Schauspielers*.

नटता f. *das Amt eines Schauspielers*.

नटन n. *das Tanzen, Tanz, Mimik* Kautukas. 3.

नटनारायण m. *ein best.* Râga.

नटनीय n. impers. *zu tanzen* Gît. 4,9.

*नटपत्रिका f. *Solanum Melongena*.

*नटपर्णा f. *Haut*.

*नटबटु m. *ein junger Schauspieler*.

नटभटिकाविहार m. und नटभटिका f. N. pr. eines Klosters.

*नटभूषण und *नटमण्डन n. *Auripigment*.

*नटरङ्ग m. *Trugding* (buddh.).

*नटसंज्ञक m. *Auripigment.*

नटसूत्र n. *Regeln —, Anweisung für Schauspieler.*

*नटान्तिका oder *नटान्धिका f. *Verlegenheit, Scham.*

नट्ट m., नट्टक m. und नट्टा f. *ein best.* Râga S. S. S. 82. 110.

नट्टकल्याण m. desgl. ebend. 110.

नट्टनारायण m. desgl. ebend. 37.

नट्टपट्टग्राम m. N. pr. eines *Dorfes.*

नट्टमल्लारिका f. *ein best.* Râga S. S. S. 108.

नट्टवराटिका f. *eine best.* Râgiṇî S. S. S. 111.

नट्टहम्बीरा f. desgl. ebend. 37.

*नट्या f. *Schauspielerbande.*

*नड्, नाडयति (भ्रंशे).

नडै, नळै 1) m. (*n.) *Schilf, Schilfrohr.* — 2) m. N. pr. α) eines Fürsten. — β) *eines Schlangendämons.

नडक n. *Rohr des Knochens.*

*नडकीय Adj. *mit Schilfrohr besetzt.*

नडकूबर m. N. pr. eines Sohnes des Kubera.

नडनेरी f. *ein best. Tanz* S. S. S. 257.

नडत्तिका f. N. pr. eines Flusses Vishṇus. 85,19.

*नडप्राय Adj. *mit Schilfrohr reich besetzt.*

*नडभक्त Adj. *von* Naḍa (?) *bewohnt.* *नदभक्त v. l.

नडमय Adj. (f. ई) *aus Schilf bestehend.*

*नडमीन m. *ein best. Fisch.*

नडवन n. 1) **Rohrdickicht.* — 2) N. pr. einer Oertlichkeit.

*नडस Adj. *mit Schilfrohr besetzt.*

*नडसंहति f. *Röhricht.*

*नडह Adj. *lieblich.* Richtig लडह.

नडागिरि m. N. pr. eines Elephanten.

*नडिनी f. *Röhricht.*

*नडिल Adj. *mit Schilfrohr besetzt.*

*नड्या f. *Röhricht.*

*नड्वत् Adj. *mit Schilfrohr besetzt.*

नड्वल 1) n. f. (°ला) *Röhricht.* Am Ende eines adj. Comp. Kâd. 2,75,1. — 2) f. °ला N. pr. der Gattin des Manu Kâkshusha.

*नड्वाभू (!) f. *Estrich.*

नत 1) Adj. s. u. नम्. — 2) *m. n. *Tabernaemontana coronaria.* — 3) f. आ *zenith-distance at meridian transit.* — 4) n. a) *Senkung, Neigung* Sûrjas. 12,72. — b) *hour-angle, or distance in time from meridian.*

नतकाल m. = नत 4) b) Comm. zu Sûrjas. 3,34.

नतघटिका f. dass. Comm. zu Sûrjas. 3,48. 4,24.

*नतद्रुम m. *Laube* (?).

नतद्विद् Adj. *das nicht wissend* Bhâg. P. 5,4,13.

नतनाडिका und °नाडी f. = नत 4).

नतनासिक Adj. *flachnasig.*

नतभाग m. = नत 3).

नतमाम् (Conj.) Adv. ein verstärktes *nicht* Maitr. S. 1,8,2.

नतराम् Adv. desgl. Çat. Br. 9,1,2,17. *noch viel weniger* Çaṅk. zu Bâdar. 3,3,40. Comm. zu Gaim. 1,3,30.

नतांश m. = नत 3).

नताङ्गी f. *eine Schöne* Vikramâṅkaś. 8,77. 9,65. 12,14.

नति f. 1) *Senkung.* — 2) *Verneigung, Verbeugung.* — 3) *demüthiges, bescheidenes Benehmen.* — 4) *Umbeugung eines dentalen Lautes in einen cerebralen.* — 5) *Parallaxe in Breite.*

नतिनति f. *überaus bescheidenes Benehmen* zu Spr. 7200.

नतिपात्र n. *ein der Umwandlung in einen Cerebralen unterliegender Laut, ein* न.

नत्र n. *ein best. Tanz* S. S. S. 258.

नद्, नदति und ausnahmsweise Med. *ertönen* (von einer Wolke), *brüllen, schreien, summen.* Nicht selten mit den Acc. शब्दम्, स्वनम्, नादम्, नादान् oder रवान्. — Caus. 1) नदयति, °ते *erdröhnen machen, erschüttern.* — 2) नादयति, °ते *ertönen machen, mit einem Geräusch —, mit einem Geschrei u. s. w. erfüllen.* Bisweilen mit zu ergänzendem Object (etwa दिशः). नादित *ertönen gemacht* u. s. w. — Intens. नानदति (3te Pl.), नानदत् und नानद्यमान Partic. *erdröhnen, heftig ertönen, laut rauschen, prasseln, brüllen, wiehern.* — Mit अनु *hintönen zu* (Acc.). — Caus. अनुनादयति *ertönen machen, mit einem Geräusch —, mit einem Geschrei* u. s. w. *erfüllen.* — Mit व्यनु Caus. (°नादयति) dass. — Mit अभि *zu Jmd* (Acc.) *hin ertönen, ertönen, ein Geschrei erheben.* — Caus. (°नादयति) *ertönen machen, mit einem Geschrei* u. s. w *erfüllen.* °नादित und °नदित (metrisch). — Mit आ Caus. (°नादयति) dass. — Mit उद् *ertönen, aufschreien, aufbrüllen.* — Mit प्रोद् dass. — Mit समुद् dass. — Mit उप Caus. (°नादयति) *ertönen machen, mit Geschrei erfüllen.* — Mit नि *ertönen, seine Stimme erheben, aufschreien.* — Caus. (°नादयति) *ertönen machen, mit Geräusch —, mit Geschrei* u. s. w. *erfüllen.* निनादित *ertönen gemacht* u. s. w. — Mit *परिणि und *प्रणि. — Mit परि, *°णादति. यदिदं परिनद्य वै MBh. 6,3256 fehlerhaft für यद्येव मतिरच्य वः. — Mit प्र, °णादति *ertönen, zu brüllen —, zu schreien beginnen.* प्रणादित *summend.* — Mit अभिप्र (°णादति) *zu brüllen —, zu schreien anfangen* Bhaṭṭ. — Mit विप्र Caus. (°णादयति) *ertönen machen, mit einem Geräusch erfüllen.* — Mit संप्र (°णोदिरे) *ein Gebrüll —, ein Geschrei erheben.* — Caus. °णादित *ertönen gemacht.* — Mit प्रति *Jmd* oder *auf Etwas* (Acc.) *mit einem Ton, Gebrüll, Geschrei antworten.* — Caus. (°नादयति) *ertönen machen, mit einem Gebrüll —, mit einem Geschrei erfüllen.* Ohne Object *laut aufschreien.* — Mit वि 1) *ertönen, aufschreien, schreien, hinausbrüllen, brüllen.* Auch mit den Acc. रवम् महास्वनम् (65,1) u. s. w. — 2) *um Jmd* (Acc.) *herum schreien.* — 3) *durchschreien, mit Geschrei erfüllen.* — Caus. (°नादयति) 1) *ertönen machen,* so v. a. *bewirken, dass Etwas ertönt, ein Geschrei erhebt.* — 2) *ertönen machen,* so v. a. *mit einem Geräusch —, mit einem Geschrei erfüllen.* — 3) ohne Object *laut ertönen.* — Mit अनुवि Caus. (°नादयति) *widerhallen machen.* — Mit सम् *ertönen* Ait. Âr. 78,5. *schreien, brüllen.* — Caus. (संनादयति) 1) *ertönen machen, mit einem Geräusch —, mit einem Geschrei erfüllen.* — 2) ohne Object *laut schreien.*

नदै 1) m. a) *der Brüller,* so v. a. *Stier, Hengst* (auch vom *Manne*). — b) Bez. *des Verses* ṚV. 8, 58,2. — c) *Fluss.* — 2) f. नदी a) *fluthendes Wasser, Fluss.* — b) Name zweier *Metra.* — c) *ein auf* ई *oder* ऊ *auslautendes Thema, wenn diese Vocale charakteristische Zeichen des weiblichen Geschlechts sind und in Folge dessen im Nom. Sg. kein Casuszeichen annehmen.*

नदथु m. *Getöse, Gebrüll, Geschrei.*

*नदन Adj. *brüllend.*

नदनदीपति m. *der Fürst der männlich und weiblich gedachten Flüsse:* 1) Beiw. a) des Sindhu. — b) des Meeres. — 2) *das Meer.*

नदनदीभर्तर् m. *das Meer, der Ocean* MBh. 3, 283,33.

नदनिमन् Adj. *summend, brummend.*

नदनु m. 1) *Getöse.* — 2) **Schlacht.* — 3) **Wolke.* — 4) **Löwe.*

नदनुमत् Adj. *tosend.*

नदत् m. N. pr. eines Âṅgirasa Ârsh. Br.

*नदभक्त Adj. *von* Nada (?) *bewohnt* gaṇa ऐषुकार्यादि in der Kâç. *नडभक्त v. l.

नदभर्तर् m. *das Meer* Çiç. 3,77.

*नदर Adj. *von* नद.

नदराज m. *das Meer.* °सुता f. Patron. der Çrî.

*नदाल n. *Scherbe.*

नदि 1) m. etwa *Rufer.* Nach Sâj. = स्तुति. — 2) *am Ende eines adv. Comp. = नदी *Fluss.*

नदिका in कुनदिका und गिरिनदिका (Nachtr. 3).

*नदिज (metrisch) m. *Lablab vulgaris* Râgan. 16,69.

*नदीकदम्ब m. *eine best. Pflanze* Râgan. 5,20.

*नदीकान्त 1) m. a) *das Meer.* — b) *Vitex Negundo.* — c) *Barringtonia acutangula* RÂGAN. 8,154. — 2) f. श्रा a) *Eugenia Jambolana.* — b) *Leea hirta* RÂGAN. 4,144. — c) *Schlingpflanze.*

नदीकाश्यप m. N. pr. eines Mannes.

*नदीकुकुट्टिका f. संज्ञायाम्.

नदीकूल n. *Flussufer* Spr. 3288. fg.

*नदीकूलप्रिय m. *Calamus Rotang.*

नदीज 1) Adj. *an Flüssen lebend* (Pferde). — 2) m. a) Patron. Bhîshma's. — b) **Terminalia Arunja.* — c) **Barringtonia acutangula* RÂGAN. 8,154. — d) **Lablab vulgaris.* — e) **eine Rohrart*, = यावनालशर RÂGAN. 8,80. — f) *Antimon.* — 3) *n. *Lotusblüthe.*

*नदीजात m. *Premna spinosa* RÂGAN. 9,23.

नदीतट m. *Flussufer* VARÂH. JOGAJ. 6,20.

नदीतर 1) Adj. *über den Fluss setzend.* — 2) m. *das Schwimmen über einen Fluss.*

*नदीतरस्थल und *°तरस्थान n. *Landungsplatz.*

नदीतीर n. *Flussufer* Spr. 3290. 7649.

*नदीदत्त m. N. pr. eines Bodhisattva.

*नदीदोह m. *Flusszoll, Flussabgabe.*

नदीधर Adj. *den Fluss* (die Gaṅgâ) *tragend* (Çiva).

1\. नदीन m. 1) *das Meer* KATHÂS. 101,185. — 2) *der Gott des Meeres*, Varuṇa. — 3) N. pr. eines Sohnes des Sahadeva.

2\. नदीन Adj. *nicht gering*, — *unbedeutend.*

नदीनद m. Pl. und n. Sg. *die weiblich und männlich gedachten Flüsse.*

नदीनाथ m. *das Meer* BÂLAR. 191,4. PRASANNAR. 104,6.

*नदीनिष्पाव m. *Lablab vulgaris* RÂGAN. 16,69.

नदीपङ्क *ein morastiges Ufer.*

नदीपति m. 1) *der Herr der fliessenden Wasser.* — 2) Beiw. des Meeres. — 3) *das Meer.* — 4) *Meerwasser.*

नदीपूर m. *ein angeschwollener Fluss* Spr. 5822.

नदीभल्लातक m. *eine best. Pflanze*, = भोजनक KAKR. zu SUÇR. 1,219,19.

*नदीभव n. *Flusssalz.*

नदीमातृक Adj. *durch Flüsse genährt, reichliches Flusswasser habend* RÂGAN. 2,9. Nom. abstr. °ता f. NAISH. 3,38.

1\. नदीमुख n. *Flussmündung* 97,14. VARÂH. JOGAJ. 7,13.

2\. नदीमुख Adj. *durch Flusswasser gedeihend* (Korn) MBH. 2,51,11.

नदीय N. pr. einer Oertlichkeit.

*नदीवक्र n. und *नदीवङ्क m. *Flussbiegung.*

*नदीवट m. *ein best. Baum* RÂGAN. 11,211.

नदीवास m. *Aufenthalt in einem Flusse* (als Kasteiung) Spr. 7736.

नदीवृत् Adj. *die fliessenden Wasser einschliessend.*

नदीश m. *das Meer.*

नदीज्ञ Adj. 1) *mit den Flüssen vertraut* BHAṬṬ. — 2) *geschickt, erfahren, vertraut mit* (Loc.).

नदीसंतार m. *das Hinüberfahren über einen Fluss* 213,32.

*नदीसर्ज m. *Terminalia Arunja* RÂGAN. 9,122.

नदूषितधी Adj. *unverdorbenen Sinnes* BHÂG. P. 7,5,56.

नदृश्य Adj. *unsichtbar.* Nom. abstr. °त्व n.

*नदेयी f. *eine best. Pflanze.* Richtig नादेयी.

नद्ध 1) Adj. s. u. 1. नह्. — 2) n. *Band, Strang.*

नद्धविमोक m. *das Losgehen eines Stranges* PÂR. GṚHJ. 1,10,1. GOBH. 2,4,3.

*नद्धव्य Partic. fut. pass. von 1. नह्.

नद्धि f. *das Binden.*

*नद्ध्री f. *ein lederner Riemen.*

नद्यम्बुजीवन Adj. *durch Flusswasser gedeihend* (Gegend).

*नद्याम्र m. *eine best. Gemüsepflanze* RÂGAN. 4,21.

ननन्द् (!) und *ननन्दृ m. = ननान्दृ.

नना f. 1) *Mütterchen.* — 2) **Rede.*

ननानन्तायिन् (!) Ind. St. 2,28, N.

ननान्दृ f. *des Mannes Schwester.* *ननान्दृपति und *ननान्दुःपति m. (Comp.).

ननु Adv. 1) *nicht, nimmer.* — 2) *nonne, ja* (unbetont), *doch wohl.* Mit einem Imper. oder einem Pron. interr. *doch.* *ननु गच्छामि *ich kann doch wohl gehen?* *अकार्षीः किम्। ननु करोमि *hast du es gethan? Ich habe es ja gethan.* In der Verbindung नन्वस्तु — तथापि und ननु मा भूत् — तथापि gehört ननु zu dem mit तथापि beginnenden Nachsatz. ननु च am Anfange eines Satzes *doch wohl* 228,19 (hier folgt न तु). 232,2.

नन्तर् Nom. ag. *umbeugend* (einen Dentalen in einen Cerebralen).

(नन्त्व्) नन्तुम्र Adj. *zu beugen.*

नन्द्, नन्दति (metrisch auch Med.) *befriedigt sein von, vergnügt sein, sich freuen über* (Instr., seltener Abl.). — Caus. नन्दयति *erfreuen.* — *Intens. नानन्द्यते. — Mit अनु *Freude finden an* (Acc.). — Mit अभि 1) *gefallen.* — 2) *Gefallen finden an, sich freuen über, seine Freude haben an, seine Freude zu erkennen geben über* (Acc.). — 3) *Verlangen haben nach, begehren;* mit Acc. — 4) *Jmd* (Acc.) *freudig begrüssen, willkommen heissen.* Mit न *Jmd unfreundlich empfangen, zurückstossen.* — 5) *sich verabschieden bei* (Acc.). — 6) *Jmd* (Acc.) *beloben, Jmd seine Zufriedenheit zu erkennen geben.* — 7) *Etwas gern annehmen, sich einverstanden erklären mit* (Acc.). Mit Potent. *einwilligen, dass.* Mit न *zurückweisen, verschmähen, Nichts wissen wollen von, nicht zugeben,* — *einräumen.* — Mit प्रत्यभि 1) *Jmds* (Acc.) *Gruss erwiedern.* — 2) *Jmd willkommen heissen.* — Mit समभि 1) *Jmd begrüssen.* — 2) *Jmd beglückwünschen.* — Mit आ *sich freuen.* आनन्दित *entzückt über* (Loc.) PRASANNAR. 4,21. — DRAUP. 7,7 falsche Lesart. — Caus. 1) Act. *erfreuen, beseligen.* — 2) Med. *sich erfreuen* (mit einem Weibe). — Mit समा Caus. *Jmd erfreuen.* — Mit परि Caus. (nur °नन्द्य) *hoch erfreuen.* — Mit प्रति 1) *Jmd freudig begrüssen, gern empfangen, Jmd seinen Gruss* (auch beim Abschiede) —, *seinen Gegengruss entbieten, freundliche Worte richten an, Jmd seine Zufriedenheit, Gewogenheit, Ergebenheit an den Tag legen;* mit Acc. — 2) *Etwas gern annehmen, mit Dank entgegennehmen,* eine Rede, einen Rath *annehmen.* Mit न *Nichts wissen wollen von Etwas.* — Caus. *erfreuen.* — Mit संप्रति *Jmd freudig begrüssen, willkommen heissen.* — Mit वि *sich freuen.*

नन्द 1) m. a) *Lust.* Auch Pl. — b) *Sohn.* — c) *eine Art Flöte* S. S. S. 196. — d) Bein. Vishṇu's — e) *eine Art Eugenia.* — f) Bez. *der Zahl neun.* — g) N. pr. α) einer der beiden Trommeln des Judhishṭhira. — β) eines der 9 Schätze Kubera's. — γ) eines Wesens im Gefolge Skanda's. — δ) einer buddh. Gottheit. — ε) eines Schlangendämons. — ζ) eines Sohnes des Dhṛtarâshṭra. — η) eines Mannes im Gefolge Daksha's. — ϑ) eines Sohnes des Vasudeva. — ι) eines Kuhhirten, des Pflegevaters von Kṛshṇa. Aus seinem Geschlecht stammt Durgâ. — κ) eines Anführers der Sâtvata. — λ) * eines Bruders des Çâkjamuni. — μ) eines Fürsten von Pâṭaliputra HEM. PAR. 6,231. 7,40. 8,1. Pl. *seine Dynastie.* Es werden 9 Nanda angenommen. — ν) verschiedener Gelehrten. — ξ) eines Berges. — 2) f. नन्दा a) * *Glück.* — b) * *ein kleiner Wassertopf.* — c) * *des Mannes Schwester.* — d) Bez. *dreier glücklicher lunarer Tage* (des 1ten, 6ten und 11ten). — e) *der 7te Tag in der lichten Hälfte des* Mârgaçîrsha HEMÂDRI 1,63,8. — f) *eine best.* Mûrkhanâ S. S. S. 31. — g) Bein. der Gaurî HEMÂDRI 1,395,16. 422,1. 533,11. 2,a,22,1. 2. — h) N. pr. α) *der Gattin* Harsha's (also eine Personification der *Lust*). — β) einer Apsaras HARIV.

3,69,19. — γ) einer Tochter Vibhîshaṇa's. — δ) eines mit Çâkjamuni in Berührung gekommenen Mädchens. — ε) *der Mutter des 10ten Arhant's der gegenwärtigen Avasarpiṇî. — ζ) der Gattin Gopâlavarman's. — η) eines Flusses. — 3) f. नन्दी *a) Cedrela Toona. — b) ein best. musikalisches Instrument* oder *eine Art Gesang* (Comm.) Mân. Gṛhj. 1,9. — *c) der 6te Tag in der lichten Hälfte eines Monats* Mân. Gṛhj. 2,13. — *d)* Bein. der Durgâ. — *e)* *N. pr. der Stadt Indra's. — 4) *n. *eine Art Haus* Gal.

नन्दक 1) Adj. am Ende eines Comp. *a) seine Freude habend —, Gefallen findend an. — b) *erfreuend*, insbes. ein Geschlecht, eine Familie. — 2) m. *a) *Freude, Wonne. — b) *Frosch.* — *c)* N. pr. α) von Kṛshṇa's Schwert. — β) eines Schlangendämons. — γ) eines Wesens im Gefolge Skanda's. — δ) eines Sohnes des Dhṛtarâshṭra. — ε) *des Pflegevaters von Kṛshṇa. — ζ) *eines Çâkja. — η) eines Stiers. — ϑ) eines Dorfes. — 3) f. नन्दिका *a) *ein kleiner Wassertopf. — b)* Bez. *des 6ten lunaren Tages* oder **des 1ten, 6ten und 11ten.* — *c)* *N. pr. von Indra's Spielplatz.

*नन्दकि m. *langer Pfeffer.*

नन्दकिन् Adj. *im Besitz des Schwertes* Nandaka *seiend.*

नन्दकिशोर m. N. pr. eines Gelehrten.

नन्दगोप m. *der Kuhhirt* Nanda Hariv. 3316. 3328. 3376. 3383. 10236. °कुल n. *seine Familie.* °कुले जाता ist Durgâ MBh. 4,6,2. °कुलोद्भवा desgl. 6,23,7.

नन्दगोपकुमार m. *der Knabe des Hirten* Nanda, Bein. Kṛshṇa's Bhâg. P. 1,8,21.

*नन्दगोपिता f. *eine best. Pflanze,* = रास्ना.

नन्दति m. Bez. *der Wurzel* नन्द् MBh. 8,42,31.

*नन्दथु m. *Freude.*

नन्दन 1) Adj. (f. आ) *erfreuend.* — 2) m. *a)* am Ende eines Comp. *Sohn, Nachkomme.* — *b)* Bein. α) Vishṇu's. — β) Çiva's; vgl. VP.[2] 1,79. — *c) *Frosch.* — *d) eine best. Pflanze mit giftiger Frucht.* Auch *f. — *e) eine best. Tempel-* oder *Kiosk-Form* Vâstuv. 832. — *f) ein best. Tact* S. S. S. 210. — *g) das 26ste Jahr im 60jährigen Jupitercyclus.* — *h)* N. pr. α) eines Wesens im Gefolge Skanda's. — β) eines Siddha. — γ) einer buddh. Gottheit. — δ) *bei den Gaina des 7ten unter den 9 weissen Bala. — ε) eines Berges. — 3) f. आ *Tochter.* — 4) n. *a) Freude, Wonne. — b) das Erfreuen* Tégob. Up. 8. — *c) ein best. Metrum.* — *d)* N. pr. α) eines Hains der Götter, insbes. Indra's. — β) eines Schwertes.

°नन्दनक m. *Sohn.*

*नन्दनज n. *gelbes Sandelholz* Râgan. 12,25.

*नन्दनन्दन m. Bein. 1) Kṛshṇa's. — 2) f. ई der Durgâ.

नन्दनमाला f. Bez. *eines von* Kṛshṇa *getragenen Kranzes.*

नन्दनवन n. *der Hain* Nandana R. 1,14,33.

*नन्दनोद्भव n. *eine Art Sandel* Gal.

*नन्दन्त 1) Adj. (f. ई) *erfreuend.* — 2) m. *a) Sohn.* — *b) Freund.* — *c) Fürst, König.* — 3) f. ई *Tochter.*

नन्दपण्डित m. N. pr. eines Autors.

नन्दपद्र N. pr. einer Stadt.

नन्दपर्वत m. *der Fürst* Nanda *als Berg* Kâm. Nîtis. 1,4.

*नन्दपाल m. Bein. Varuṇa's.

*नन्दपुत्री m. Patron. der Durgâ.

नन्दप्रभञ्जनवर्मन् m. N. pr. eines Mannes Ind. Antiq. 10,243.

नन्दप्रयाग m. N. pr. des *Zusammenflusses* zweier Flüsse, die in ihrem Namen das Wort नन्द enthalten.

नन्दबला f. N. pr. eines Mädchens.

*नन्दमित्र (?) m. N. pr. eines Mannes.

नन्दयन्त 1) *Adj. *erfreuend.* — 2) f. ई ein Frauenname.

नन्दराम m. N. pr. eines Mannes.

नन्दलाल m. desgl.

नन्दवर्धन m. N. pr. eines Dichters.

नन्दशर्मन् m. N. pr. eines Autors.

नन्दसंज्ञा s. नन्दोपनन्दसंज्ञा.

नन्दसार m. N. pr. eines Fürsten VP.[2] 4,188.

नन्दसूनु m. Patron. Kṛshṇa's Vṛshabh. 259,a,10.

नन्दातीर्थ n. N. pr. eines Tîrtha.

नन्दात्मज Bein. 1) m. Kṛshṇa's. — 2) *f. आ der Durgâ.

नन्दापुराण n. Titel eines Upapurâṇa. Vgl. नन्दीपुराण.

नन्दाप्राची f. N. pr. °माहात्म्य n.

नन्दायनीय m. N. pr. eines Lehrers.

नन्दाश्रम m. N. pr. einer *Einsiedelei.*

नन्दाह्रदतीर्थ n. N. pr. eines Tîrtha.

नन्दि 1) m. *a)* Bein. α) Vishṇu's. — β) Çiva's. — *b)* **der Sprecher des Prologs in einem Schauspiel.* Richtig नान्दिन्. — *c)* N. pr. α) eines Wesens im Gefolge Çiva's. — β) eines Gandharva. — γ) eines Mannes. — 2) (*m.) f. (*n.) *a) Freude* Bâlar. 44,14. — *c) *Wohlfahrt, Glück.* — 3) f. N. pr. einer Tochter des Himmels, einer Gattin Kâma's und Mutter Harsha's. — 4) *n. = द्यूत *Spiel* und = द्यूताङ्ग. — नन्दी s. u. नन्द.

नन्दिक m. 1) **Cedrela Toona.* — 2) N. pr. *a)* eines Wesens im Gefolge Çiva's. — *b)* verschiedener Männer. — नन्दिका s. u. नन्दक.

नन्दिकर 1) Adj. *Jmd* (Gen.) *Freude bereitend.* — 2) m. *a)* am Ende eines Comp. *Sohn.* — *b)* Bein. Çiva's.

नन्दिकाचार्यतन्त्र n. Titel eines medic. Werkes.

नन्दिकावर्त m. *eine best. Pflanze.*

नन्दिकुण्ड n. N. pr. eines Wallfahrtsortes.

नन्दिकेश m. N. pr. eines Heiligthums.

नन्दिकेश्वर m. N. pr. 1) eines Wesens im Gefolge Çiva's. Auch = महाकाल, अधिमुक्तिक. — 2) eines Autors.

नन्दिकेश्वरकारिका f. Titel eines Werkes Bühler, Rep. No. 539.

नन्दिकेश्वरतीर्थ n. N. pr. eines Tîrtha.

नन्दिकेश्वरपुराण n. Titel eines Purâṇa.

नन्दिकेश्वरसंहिता f. Titel einer Saṁhitâ.

नन्दिक्षेत्र n. N. pr. *eines heiligen Gebietes.*

नन्दिगिरि m. N. pr. eines *Berges.*

नन्दिगुप्त m. N. pr. eines Fürsten.

नन्दिग्राम m. N. pr. eines *Dorfes.*

नन्दिघोष m. (adj. Comp. f. आ) 1) *Freudengesang, Freudenmusik.* — 2) *N. pr. des Wagens von Arǵuna.

*नन्दिज n. *Lablab vulgaris* Gal.

नन्दितरु m. *Anogeissus latifolia* Bhâvapr. 1,235.

नन्दितूर्य n. *ein bei freudiger Veranlassung gespieltes musikalisches Instrument.*

नन्दिदेव m. N. pr. eines Mannes.

नन्दिधर्म m. Pl. Nandi's oder Nandin's *Vorschriften.*

नन्दिन् 1) Adj. am Ende eines Comp. *a) Freude habend an.* — *b) erfreuend.* — 2) m. *a)* am Ende eines Comp. *Sohn.* — *b)* Bein. Çiva's. — *c) *der Sprecher des Prologs in einem Schauspiele.* Richtig नान्दिन्. — *d) *der indische Feigenbaum.* — *e) *Thespesia populneoides.* — *f) *Phaseolus radiatus.* — *g) *Achyranthes aspera* Râgan. 4,92. — *h) *eine* Karańga-*Art* Râgan. 9,70. — *i) eine best. Tempelform.* — *k)* N. pr. α) eines Wesens im Gefolge Çiva's, Verfassers eines Kâmasûtra und eines Upapurâṇa. Es werden deren drei angenommen. — β) des Stieres von Çiva. — γ) verschiedener Männer. — 3) f. °नी *a) Tochter.* In der Anrede auch uneig. — *b) *des Mannes Schwester.* — *c)* Bein. α) der Durgâ. — β) des Flusses Bâṇanâçâ. — γ) der Gaṅgâ. — *d) Basilienkraut.* — *e) Gartenkresse* Bhâvapr. 1,167. — *f) *Nardosta-*

chys Jatamansi. — *g) ein best. Arzeneistoff,* = रेणुका Râǵan. 6,113. Bhâvapr. 1,192. — *h) ein best. Metrum.* — *i) eine best. Composition* S. S. S. 121. — *k)* N. pr. α) einer mythischen Kuh. — β) einer der Mütter im Gefolge Skanda's. — γ) *der Mutter Vjâḍi's. — δ) einer Oertlichkeit.

नन्दिनागरक Adj. Bez. *eines best. Schriftcharacters* Hemâdri 1,545,17.

नन्दिनागरी f. *ein best. Schriftcharacter* Ind. St. 13,118. fg.

*नन्दिनीतनय m. Metron. Vjâḍi's.

नन्दिनीतीर्थ n. N. pr. eines Tîrtha.

*नन्दिनीपुत्र m. Metron. Kaṇâda's Gal.

*नन्दिनीसुत m. Metron. Vjâḍi's.

नन्दिपुर m. N. pr. eines Scholiasten Ćakr. zu Suçr. 1,163.

नन्दिपुराण n. Titel eines Abschnitts im Kedârakalpa.

नन्दिमुख m. 1) *eine Art Reis.* — 2) N. pr. eines Mannes.

नन्दिमुखसुघोष wohl m. N. pr. eines Mannes.

नन्दियशस् m. N. pr. eines Fürsten VP. 4,24,17.

नन्दिरुद्र m. wohl *eine Form Çiva's.*

नन्दिवर्ध m. N. pr. eines Fürsten, = नन्दिवर्धन.

नन्दिवर्धन 1) Adj. *Jmd* (Gen.) *Freude machend, — bereitend.* — 2) m. *a) Sohn.* — *b)* **Freund.* — *c)* Bein. Çiva's. — *d)* **das Ende einer Monatshälfte, Vollmond* oder *Neumond.* — *e) eine best. Tempelform.* — *f) ein best. Tact* S. S. S. 234. — *g)* N. pr. verschiedener Männer, insbes. Fürsten. — 3) n. N. pr. einer Stadt Ind. St. 15,359.

नन्दिवर्मन् m. N. pr. eines Mannes Ind. Antiq. 8,278.

नन्दिवारलक m. *ein best. Fisch* Suçr. 1,206,17.

नन्दिविवर्धन Adj. = नन्दिवर्धन 1) R. 5,31,28.

नन्दिवृक्ष und °क m. *Cedrela Toona* Bhâvapr. 1,224.

नन्दिवेग m. Pl. N. pr. eines Volkes.

नन्दिषेणेश्वर n. Name eines Liṅga.

नन्दिसेन m. N. pr. eines Wesens im Gefolge Skanda's MBh. 9,45,24.

नन्दिस्फोट N. pr.

नन्दीचरित n. Titel eines Werkes Cat. NW. Pr. 1,442.

*नन्दीट m. *ein kahlköpfiger Mann.*

नन्दीपुर n. N. pr. einer *Stadt.*

नन्दीपुराण n. Titel eines Purâṇa Hemâdri 1, 533,12. 2,*a*,22,2. Vgl. नन्दापुराण.

नन्दीभल्लातक Suçr. 1,219,19 fehlerhaft für नदी°.

नन्दीमुख 1) m. *a)* Bein. Çiva's. — *b) ein best. Wasservogel* Bhâvapr. 2,5. — *c) eine Reisart.* — *d)* Pl. *eine Art Manen.* Richtig नान्दी°. — 2) *f. ई *Schlaf.*

नन्दीवृक्ष m. *ein best. Baum.* Nach den Lexicographen: *Bignonia suaveolens, Cedrela Toona* und *Odina pennata* Râǵan. 12,76. Bhâvapr. 1,231.234.

नन्दीश m. 1) *eine Form Çiva's.* — 2) N. pr. eines Wesens im Gefolge Çiva's, Verfassers eines Purâṇa. — 3) *ein best. Tact.*

नन्दीश्वर m. 1) Bein. Çiva's. — 2) N. pr. *a)* eines Wesens im Gefolge α) Çiva's. — β) Kubera's. — *b)* einer Oertlichkeit. — 3) *ein best. Tact.*

नन्दीश्वरपुराण n. = नन्दिपुराण.

*नन्दीसरस् n. N. pr. von Indra's *Teich.*

नन्देरी f. *ein best. Metrum.*

नन्दोपनन्दसंज्ञा f. Du. N. pr. zweier Kumârî an Indra's Banner Varâh. Brh. S. 43,39.

नन्द्योपाख्यान n. Titel eines Werkes Bühler, Rep. No. 729.

*नन्ध्, नन्धति *sich freuen.*

नन्ध्यध्ययन n. Titel eines Werkes.

नन्ध्यावर्त 1) m. *a) ein best. Diagramm* Lalit. 122,20. 334,18. 345,12. 556,5. — *b) eine Schüssel* oder *Gefäss von dieser Form.* Vielleicht *ein Gebäck von dieser Form* Mân. Grhj. 2,6. — *c)* **ein best. grosser Fisch.* — *d)* * *Tabernaemontana coronaria.* — *e)* **der heilige Feigenbaum.* — *f)* **Baum.* — *g) eine best. Stellung beim Tanze* S. S. S. 240. — 2) (*m.) n. *ein Palast von best. Bauart.*

नन्नम in कुनन्नमँ.

नपर Titel eines Werkes.

नपराजित् Adj. *nicht unterliegend* (Çiva). Nilak. nimmt अनप° an, das er durch अनात्मप्राणिनः पराजयति erklärt.

नँपात् (nur in den starken Casus) m. 1) *Abkömmling, Sohn,* insbes. *Enkel.* — 2) *Götterpfad* (nach Mahîdh.).

नपात्क Adj. von नपात् 1) als Bez. eines best. Opferfeuers.

नपुंस् s. नपुमंस्.

नपुंस *Eunuch.* Nur Dat. नपुंसाय.

नपुंसक 1) Adj. (f. आ Agni-P. 43,15) und Subst. m. n. *weder Mann noch Weib, hermaphroditisch, Hermaphrodit; entmannt, Eunuch.* — 2) Adj. *sächlichen Geschlechts; n. ein Wort s. G., das sächliche Geschlecht.*

नपुंसकलिङ्ग Adj. *sächlichen Geschlechts.*

नपुंसकी Adv. mit भू *zu einem Eunuchen werden.*

नपुमंस् m. *Eunuch.* Nur Instr. नपुंसा.

नँप्तर् 1) m. *a) Abkömmling, Sohn,* insbes. *Enkel* (nur diese Bed. in der späteren Sprache). In den starken Casus erst in TS. und Ait. Br. Angeblich auch f. *Enkelin.* — *b)* N. pr. eines der Viçve Devâs. — 2) f. नप्त्री *Enkelin.*

नप्ति॑ (einmal im AV.) und नप्त्री॑ f. *Tochter, Enkelin.*

नप्तृका f. *ein best. Vogel.*

नभ् 1) नँभते (वधकर्मन्, हिंसायाम्) *a) bersten, reissen.* — *b)* etwa *bersten machen* ṚV. 1,174,8. — *c) beschädigen, verletzen* Bhaṭṭ. — 2) *नभ्यति und *नभ्नाति (हिंसायाम्). — Caus. नभयति *bersten machen, aufreissen.* — Mit उद् Caus. *aufreissen, öffnen.* — Mit प्र *bersten, sich spalten.*

नभ 1) m. *a)* **Himmelsraum, Luftraum.* — *b) ein best. Monat,* = नभस् Ćaraka 8,6. — *c)* N. pr. α) eines Sohnes des Manu Svârokisha und des 3ten Manu. — β) eines Ṛshi im 6ten Manvantara. — γ) eines Unholds, Sohnes des Viprakitti. — δ) eines Sohnes des Nala. — 2) *f. आ *a) Spucknapf.* — *b)* N. pr. der Stadt des Sonnengottes.

*नभःकेतन m. *die Sonne.*

*नभःक्रान्त und *°क्रान्तिन् m. *Löwe.*

*नभःपान्थ m. *die Sonne.*

नभःप्रभेदन m. N. pr. eines vedischen Dichters.

*नभःप्राण m. *Wind.*

नभकानन m. Pl. N. pr. eines Volkes MBh. 6,9,59.

नभग m. N. pr. eines Sohnes des Manu Vaivasvata.

नभनु॑ m. und नभनू॑ f. *Quell.*

(नभन्य) नभनि॑य Adj. etwa *durchdringend.*

*नभश्चक्षुस् n. *die Sonne.*

*नभश्चमस m. 1) *der Mond.* — 2) *eine Art Gebäck.* — 3) *Zauber.*

नभश्चर 1) Adj. *am Himmel —, im Luftraum sich bewegend.* — 2) m. *a) ein Himmelsbewohner, ein Gott.* — *b) ein* Vidjâdhara. — *c)* **Vogel.* — *d)* **Wolke.* — *e)* **Wind.* — 3) f. ई f. zu 2) *a)* oder *b)* Bâlar. 61,6.

नभःशब्दमय Adj. *aus dem Worte* नभस् *bestehend* Ragh. 18,5.

नभःश्रित् Adj. *bis zum Himmel reichend.*

*नभःश्वास m. *Wind.*

नँभस् 1) n. *a) Nebel, Dunst, Gewölk.* — *b) Duft* (des Soma). — *c) Luftraum, Himmel.* नभस्तस् *vom H. herab.* — *d)* Du. *Himmel und Erde.* — *e) Aether* (als Element). — *f) ein best. Monat in der Regenzeit.* Nach den Lexicographen m. — *g)* **Lebensalter.* — *h)* von unbekannter Bed. VS. 5,9. 32. — 2) m. *a)* **Wolke.* — *b)* **Regenzeit.* — *c)* **Geruch* oder **Nase.* — *d)* **ein Faden aus dem Wurzelschoss des Lotus.* — *e)* **Spucknapf.* — *f)*

N. pr. eines Fürsten.

नभसे 1) Adj. AV. 9,4,22 vielleicht fehlerhaft für रभसे. — 2) m. a) *Luftraum, Himmel. — b) *Regenzeit. — c) *Meer. — d) N. pr. α) eines Ṛshi im 10ten Manvantara. — β) eines Dânava. रभस und रश्मिस v. l. — γ) eines Sohnes des Nala VP. 4,4,47.

*नभसंगम m. Vogel.

नभस्तल n. 1) Himmelszelt, Himmelsgewölbe. — 2) das 10te astrol. Haus.

नभस्मय Adj. dunstig, duftig.

नभस्य 1) Adj. nebelig, dunstig. — 2) m. a) ein best. Monat in der Regenzeit. — b) Bein. Çiva's. — c) N. pr. eines Sohnes des Manu Svârokisha.

नभस्याय् den Monat Nabhasja vorstellen. नभस्यायित n. impers. Du. V. 22,5.

*नभस्वत् Adv. von नभस्.

नभस्वन्त् 1) Adj. a) dunstig, wolkig. — b) *jung. — 2) m. Wind. — 3) f. नभस्वती N. pr. der Gattin Antardhâna's.

नभःसद् m. 1) *Himmelsbewohner, ein Gott. — 2) Planet Gaṇit. Pratjabd. 25. fgg.

नभःसरस् n. das Gewölk.

*नभःसरित् f. die Milchstrasse.

नभःसिन्धु f. die Gaṅgâ. °पुत्र m. Metron. Bhîma's Pr. P. 135.

नभःसेना f. ein Frauenname Hem. Par. 2,83.

1. नभःस्थल n. (zu Spr. 1357) und °स्थली f. (Râǵat. 5,94) Himmelszelt, Himmelsgewölbe.

2. नभःस्थल Adj. dessen Wohnort im Himmel ist (von Çiva).

नभःस्थित Adj. im Luftraum befindlich.

नभःस्पृश् und °स्पृश Adj. den Himmel berührend, bis zum H. reichend.

नभाक 1) m. a) N. pr. eines Ṛshi. °वत् Adv. — b) das Lied des Nabhâka. — 2) *n. a) Luftraum, Himmel. — b) Finsterniss.

नभाग m. N. pr. = नभग.

नभीत Adj. unerschrocken. °वत् Adv.

नभीर m. N. pr. eines Fürsten VP.[2] 4,214.

नभोग 1) Planet Gaṇit. Bhagrah. 10. fgg. — 2) m. N. eines Ṛshi im 10ten Manvantara.

*नभोगज m. Wind.

*नभोगति f. das Fliegen, Flug.

नभोजा Adj. dunstentsprungen Ṛv. 10,123,2.

नभोजू Adj. Gewölk treibend.

नभोद m. N. pr. eines der Viçve Devâs.

*नभोद्रुह, *नभोद्वीप, *नभोधूम und *नभोध्वज m. Wolke.

*नभोनदी f. die Gaṅgâ des Himmels.

नभोनभस्यत्व n. das Wesen der Regenmonate Nabhas und Nabhasja Naish. 9,84.

*नभोमणि m. die Sonne.

नभोमण्डल n. das Himmelsgewölbe. °द्वीप m. der Mond.

नभोमध्य n. Zenith Ârjabh. 4,34.

नभोमुद्रा f. eine best. Fingerstellung.

*नभोऽम्बुप m. der Vogel Ḱâtaka.

नभोयोनि Adj. dessen Geburtsstätte der Himmel ist (von Çiva).

*नभोरेणु n. Finsterniss.

नभोरूप 1) Adj. nebelfarbig. — 2) m. ein best. mythisches Wesen Suparn. 23,5.

*नभोलय m. Rauch.

नभोविन्दु Adj. im Dunst —, in der Luft befindlich.

नभोवीथी f. die Bahn der Sonne.

1. नभ्य Adj. nebelig, wolkig.

2. नभ्य 1) *Adj. zu einer Nabe geeignet. — 2) n. a) Nabe. — b) Mitte.

नभ्यस्थ Adj. 1) in der Nabe befindlich. — 2) in der Mitte stehend.

नभ्राज् (Nom. नभ्राट्) m. 1) N. pr. eines himmlischen Soma-Wächters Maitr. S. 1,2,5. — 2) *Wolke.

नम्, नमति, °ते 1) sich beugen, sich krümmen, sich senken, sich verneigen, — vor; sich unterwerfen, sich hingeben; mit Dat., Gen. oder Acc. (dieser beim Med. nur einmal) der Person. नत gebeugt, gekrümmt, gebogen, gesenkt, sich verneigend vor (Gen. oder Acc.), tief herabhängend, eingefallen, vertieft, nicht hervorstehend. वामनत nach links gekehrt. — 2) sich wegbeugen, ausweichen. — 3) zielen auf Jmd (Gen.) mit (Instr.) Ṛv. 1,165,6. — 4) sich ducken, so v. a. verstummen, sich nicht mehr vernehmen lassen Bâlar. 151,6. — 5) beugen, biegen. — 6) in der Grammatik umbeugen, so v. a. einen Dentalen in einen Cerebralen umwandeln. नत in einen Cerebralen verwandelt. — 7) *शब्दे. — Caus. नमयति 1) sich beugen machen, beugen, biegen, neigen, einsinken machen Ṛv. 7,6,5. नम्यन्ते ऽस्मै कामाः beugen sich vor ihm, so v. a. weichen von ihm Taitt. Up. 3,10,4. धनुस्, चापम् den Bogen biegen, so v. a. spannen. — 2) ablenken, abbiegen. — 3) in der Grammatik umbeugen, so v. a. in einen Cerebralen verwandeln. — 4) mit Gen. der Person = Simpl. 3) Ṛv. 9,97,15. — 5) नाम्यति = नामयति beugen, biegen Mṛkkh. — Intens. (नंनमीति, नंनम्यत, नन्नम्यधम्, नन्नमुस्, नंनमत्, नंनमान) sich beugen, sich neigen; sich zuneigen. — Mit अति bei Seite halten. — Mit अधि Intens. Med. (°नंनमते) sich hinbeugen über (Loc.). — Mit अनु Med. sich Jmd (Dat.) zuneigen. — Caus. (अनुनमयति) sich beugen machen. — अनुनामयत्तम् in der verdorbenen Stelle Çiba-Up. 7,5. — Mit अप ausbiegen, ausweichen; mit Abl. अपनत ausgebogen. — Mit अभि sich zu Jmd hin verneigen, sich Jmd (Acc.) zuwenden. अभिनत geneigt, gebeugt. — Mit अव 1) sich herabbeugen, sich verbeugen. अवनत gebeugt, gebogen, gesenkt, vertieft, nicht hervorstehend. वामावनत nach links gebogen, — gerichte.. — 2) Med. herabbeugen, — biegen. — Caus. (°नामयति und ausnahmsweise °नमयति) herabbeugen, — biegen, Jmd sich verbeugen lassen. धनुर्ग्राम् so v. a. spannen. — Mit अभ्यव Caus. (°नामयति) herabbeugen. — Mit उपाव, °नत eingebogen Âpast. Çr. 7,1,17. — Mit आ 1) sich beugen, sich bücken, sich verneigen vor (Acc.). आनत gebeugt, geneigt, niedergebogen durch (Instr. oder im Comp. vorangehend), sich verneigend vor (Acc.) oder bis zu (im Comp. vorangehend), sich demüthig verneigend, so v. a. unterworfen; eingebogen, vertieft, flach, nicht hervorstehend; gebogen vom Bogen, so v. a. gespannt. — 2) sich herbeineigen zu Jmd, Jmd (Dat. oder Gen.) geneigt sein Ṛv. 6,50,4. — 3) beugen, so v. a. bewältigen, zu Nichte machen. — 4) herbeineigen, — ziehen. — Caus. (आनामयति und आनमयति) niederbeugen, sich beugen machen, unterwerfen. धनुस् den Bogen spannen. — Mit उद् 1) sich in die Höhe richten, sich erheben (eig. und übertr.). उन्नत in die Höhe gerichtet, — gehend, erhöht, hoch, hervorstehend, gewölbt, erhaben; in übertr. Bed. hoch, hochstehend, hervorragend, erhaben, eminent; insbes. in Comp. mit dem Wodurch oder Worin. — 2) aufrichten. — Caus. (उन्नामयति und उन्नमयति) emporrichten, aufrichten, erheben. °उन्नामित und °उन्नमित reichend bis. — Mit अभ्युद्, अभ्युन्नत emporgerichtet, in die Höhe gehend, gewölbt. — Mit समभ्युद्, समभ्युन्नत aufgezogen (Wolken). — Mit प्रोद्, प्रोन्नत stark hervorragend, sehr hoch; überlegen, — an (im Comp. vorangehend). — Caus. (प्रोन्नमयति) in die Höhe richten. — Mit प्रत्युद् in प्रत्युन्नमन. — Mit समुद् sich erheben. समुन्नत in die Höhe gerichtet, hoch, gewölbt, hervorragend; in übertr. Bed. hoch, erhaben. — Caus. (समुन्नामयति und समुन्नमयति) emporrichten, aufheben, in die Höhe heben, auftreiben. — Mit उप 1) kommen zu, sich einstellen bei, zu Theil werden, treffen, zufallen; beikommen, einfallen, in den Sinn kommen; mit Acc. der Person, später auch mit Dat. oder Gen. — 2) mit Acc. der Person und Instr. der Sache Jmd mit Etwas nahen, Jmd mit Etwas aufwarten. — 3) उप-

नत a) hergebogen, einwärts gebogen. — b) unterworfen, der sich in Jmds Gewalt begeben, der sich ergeben hat, der sich unter Jmds Schutz gestellt hat. धर्मोपनत Âpast. — c) zu Theil geworden, zugeführt, zu Wege gebracht, nahe gebracht, da seiend. चिरोपनत seit lange daseiend, schon lange anhaltend. — Caus. (°नामयति) 1) Etwas vor Jmd (Gen.) hinstellen Gobh. 2,1,7. — 2) Jmd vor Jmd (Gen.) hinführen, Jmd Jmdm vorstellen, — vorführen Lalit. 257, 3. — 3) Jmd (Gen.) Etwas hinreichen Lalit. 160,18. — 4) Jmd (Gen.) Etwas anbieten, darreichen Lalit. 74, 10. 334, 4. 335, 16. Kâraṇḍ. 18, 6. — Mit समुप, °नत sich eingestellt habend Harshać. 117,5. — Mit नि 1) sich beugen, sich verneigen vor (Acc.), sich legen, sich niederstrecken, sich niederbeugen, sich erniedrigen. — 2) niederbeugen. — Mit निस्, निर्णत (निर्नत fehlerhaft) 1) auswärts gebogen, hervorstehend. — 2) नर्णततम etwa sich tief verneigend, tief unter Jmd stehend. — Mit अभिनिस् Caus. (°र्णामयति) richten seinen Geist auf (Dat.) Lalit. 439,17. 441, 15. — Mit परि 1) sich zur Seite biegen Bâlar. 94,7. °णत zur Seite gebogen, — sich wendend. — 2) abseits gehen, so v. a. nicht treffen. — 3) sich verändern, sich umwandeln, — in (Instr.). °णत verändert, umgewandelt, verwandelt in (Instr. Kâd. 130,23. oder im Comp. vorangehend). — 4) sich entwickeln, — zu (Instr.), sich vollständig entwickeln, reif werden Bâlar. 258, 23. °णत völlig entwickelt, gereift, reif an (Instr.), reifen—, vorgerückten Alters. Vom Monde so v. a. voll, von der Sonne so v. a. sich dem Untergange zuneigend, von der Zeit so v. a. abgelaufen, verflossen. परिणतं (impers.) वयसा so v. a. das Alter ist da. — 5) verdaut werden. °णत verdaut. — 6) verdorren, verwelken. °णत verdorrt, verwelkt. — 7) seine wahre Bedeutung erhalten, seine eigentliche Anwendung finden. — 8) परिणत so v. a. aufgetaucht, zum Vorschein gekommen Bâlar. 93,16. 177,18. 187,10. — Caus. (°णामयति) 1) reif machen (auch in übertr. Bed.), zeitigen. — 2) zu Ende bringen (eine Zeit). — 3) sich zur Seite biegen. — Mit विपरि, °णत verändert Comm. zu Âpast. Çr. 1,18,5. — Caus. (°णामयति) abändern Comm. zu Âpast. Çr. 6,26,3. umwandeln in (Instr.). — Mit प्र sich beugen, sich verbeugen, — vor (Dat., Gen., Loc. oder Acc.). — प्रणत 1) vorgebeugt, gebeugt, mit gebeugtem Oberkörper stehend, sich verbeugend vor (Gen. oder Acc.), sich unterwerfend, unterworfen. — 2) vor dem oder wovor man sich verbeugt hat Bhâg. P. 10,70,29. — 3) Bez. einer best. Betonung Khandogapariç. bei Sâj. zu Saṁhitopan. 20. — Caus. (°णामयति und °णामयति) 1) Jmd (Acc.) sich verbeugen heissen vor (Dat.). — 2) ehrfurchtsvoll geben, — ertheilen (eine Antwort). — 3) प्रणामित = प्रणत 3) Saṁhitopan. 17,3. — Mit अभिप्र sich verbeugen Prasannar. 127,21. — vor (Dat. oder Acc.). °णत gebeugt, sich verbeugend. — Mit संप्र sich verbeugen vor (Acc.). — Mit प्रति sich Jmd (Acc.) zuneigen. — Mit वि sich neigen, sich biegen, sich bücken, sich verneigen. — विनत 1) gebogen, gekrümmt, geneigt, sich demüthig verneigend, — vor (Gen.), gesenkt, eingedrückt, vertieft. °म् Adv. — 2) in einen cerebralen Laut umgewandelt. — 3) Bez. einer best. Betonung Khandogopariç. bei Sâj. zu Saṁhitopan. 20. — 4) fehlerhaft für वितत. — Caus. (विनामयति und विनमयति) 1) herabbeugen, biegen, neigen. कार्मुकम् den Bogen spannen. — 2) विनामित = विनत 3) Saṁhitopan. 17,3. — Mit सम् 1) sich beugen, sich verbeugen, sich demüthig unterwerfen; mit Dat., Gen. oder Acc. der Person. संनत a) gebeugt, gebogen, gekrümmt, sich verneigend vor (Gen.); eingedrückt, gesenkt, vertieft, verengert Çulbas. 3,113. °तर Compar. — b) wovor man sich verbeugt hat. — 2) Med. sich richten nach, willfahren, gehorchen; mit Dat. सँनत Du. sich nach einander richtend, im Einklang stehend. — 3) Med. zu Stande kommen. — 4) richten nach (Acc.). — 5) Act. Med. gerade biegen, — richten; daher in die rechte Ordnung bringen, zurechtmachen, zurichten für einen bestimmten Zweck Âpast. Çr. 6,26,3. zu Wege bringen. — Caus. (संनामयति und संनमयति) 1) beugen, sinken machen. — 2) abändern, zurichten für einen bestimmten Zweck, zurechtbringen, zu Wege bringen. — Mit अभिसम् abändern. — Mit उपसम् Jmd (Dat.) Etwas zuwenden.

नँम m. etwa Aufenthaltsort, Hof oder Weideplatz (des Viehes) ṚV. 3,39,6.

नँमउक्ति f. Huldigung.

नमकभाष्य n. Titel eines Werkes Opp. Cat. 1.

1.*नमत 1) Adj. gebeugt, gebogen. — 2) m. a) Herr. Gebieter. — b) Schauspieler. — c) Rauch. — d) Wolke.

2.*नमत n. نمد, Filz.

नमन 1) Adj. am Ende eines Comp. beugend Çiç. 6,30. — 2) n. das Biegen, Beugen, Spannen (eines Bogens).

नमनीय Adj. vor dem oder wovor man sich verbeugen muss.

नमयितव्य Adj. zu biegen, zu spannen (Bogen) Prasannar. 14,7.

नमयिष्णु Adj. beugend ṚV.

नँमःशिव (!) Adj. Maitr. S. 2,9,10. Vgl. नँमोनम.

नँमस् 1) n. a) Verbeugung, Ehrenbezeigung (in Gebärde oder Wort), Verehrung. Häufig als Ausruf mit einem Dat. Mit कर् das नमस् aussprechen, mit Dat., Loc. oder Acc. नमस्कृत्य und नमस्कृत्वा (seltener); नँमस्कृत dem man huldigt, den man verehrt u. s. w. — b) *Speise. — c) *der Donnerkeil. — d) *das Spenden, Geben. — 2) *m. (!) unarticulirtes Geschrei.

*नमस Adj. geneigt, günstig.

नमसानँ Adj. huldigend.

नमसित Adj. dem Ehre erzeigt —, dem gehuldigt wird Gop. Br. 2,2,18. Richtig wohl नमस्यित.

नमस्कर्तर् Nom. ag. der da huldigt, verehrt, fromm ergeben.

नमस्कारँ 1) m. a) der Ausruf नमस्, Verneigung, Verehrung, Huldigung. — b) *ein best. Gift. — 2) *f. ई eine best. Pflanze.

नमस्कारवन्त् Adj. den नमस्कार 1) a) enthaltend.

नमस्कारस्तव m. Titel eines Werkes Bühler, Rep. No. 730.

नमस्कार्य Adj. vor dem man sich verneigen muss, vor dem man नमस् auszurufen hat, zu verehren. Auch n. impers. mit Gen. der Person, der man zu huldigen hat.

नमस्कृति f. Verehrung Kâd. 234,9.

नमस्क्रिया f. Verbeugung, Huldigung.

नमस्य्, नमस्यँति (metrisch auch Med.) Ehre erweisen, verehren, sich demüthig zeigen, huldigen; Etwas segnen; mit Acc. नमस्य Absol., *नमस्यित (vgl. नमसित) Partic. — Mit सम् dass., mit Acc.

नमस्यँ, नमसिँअ Adj. 1) dem Ehrfurcht zu erweisen ist, ehrwürdig. — 2) ehrfürchtig, demüthig.

नमस्याँ f. Verehrung, Huldigung ṚV. 10,104,7.

नमस्युँ 1) Adj. a) sich beugend in अँनमस्यु. — b) Ehre erzeigend, huldigend. — 2) m. N. pr. eines Sohnes des Pravîra.

नँमस्वन्त् Adj. 1) ehrfurchtsvoll, verehrend, huldigend. — 2) Ehrfurcht einflössend.

नमस्विँन् Adj. = नँमस्वन्त् 1).

*नमात्र eine best. hohe Zahl (buddh.).

नमामि 1ste Sg. ich verneige mich Ind. St. 9,95. Nom. abstr. °मित्व n. 155.

*नमि m. N. pr. eines Arhant's der Gaina, = नेमि.

नँमी m. N. pr. eines Mannes.

नमुच (?) m. N. pr. eines alten Weisen.

नँमुचि m. 1) N. pr. eines von Indra und den

Açvin bekämpften Dämons. नमुचेरिः, नमुचेर्निहन्ता, नमुचिघ्न, *नमुचिद्विष् und नमुचिसूदन Bein. Indra's. — 2) *der Liebesgott.

नमुचिसूदनसारथि m. Bein. Mâtali's Bâlar. 91,6.

नमुचिहन् m. Bein. Indra's.

नमुर् wohl das Nichtsterben.

नमृत Adj. nicht erstorben, lebendig erhalten (Erinnerung) Bhâg. P. 5,8,26.

नमेरु m. Elaeocarpus Ganitrus Râǵan. 10,35.

नमेय m. N. pr. eines Dichters. नम्मेय Z. d. d. m. G. 27,43.

*नमोगुरु m. ein Brahman.

नॅमोनम (!) Adj. Maitr. S. 2,9,10. Vgl. नॅमःशिव.

नमोवाकॅ m. das Aussprechen von नमस् oder Ehrfurchtsbezeugung überh.

नॅमोवृक्ति f. die zu Ehren der Götter vollzogene Reinigung der Streu.

नमोवृक्तिमन्त् Adj. das Wort नमोवृक्ति enthaltend Âpast. Çr. 9,18,14.

नमोवॅृध् Adj. durch Ehrfurchtsbezeugungen verherrlicht, der Huldigung sich freuend.

नॅमावृधॅ Adj. verehrend, verherrlichend.

*नम्ब्, नम्बति (गतौ).

नम्बिकारिका f. Titel eines Werkes Opp. Cat. 1.

नम्मेय s. नमेय.

नम्य Adj. der Umwandlung in den cerebralen Laut unterliegend.

*नॅम्या f. Nacht.

नम्रॅ 1) Adj. (f. आ) sich biegend, sich neigend, sich senkend, gesenkt, herabhängend, gebogen, gekrümmt, sich verneigend, — zu oder vor (im Comp. vorangehend), unterwürfig, ehrfurchtsvoll ergeben. — 2) f. नम्रा Bez. zweier an Agni gerichteter Verse. नामा v. l.

नम्रक m. Calamus Rotang Bhâvapr. 1,207.

नम्रता f. und नम्रत्व n. das Sichsenken, das Gesenktsein, Herabhängen, demüthige Verneigung, Unterwürfigkeit, ehrfurchtsvolle Haltung Bâlar. 102,17. Demuth, — vor (Loc. oder im Comp. vorangehend). विनीतेनम्रता समाचरेत् Wohlerzogenen gegenüber zeige man Höflichkeit.

नम्रित Adj. niedergebeugt, zum Sinken gebracht.

नम्री Adv. mit कर् niederbeugen, demüthigen.

*नय्, नयते (गतौ, रक्षणे).

नय m. 1) Führung (eines Heeres). — 2) Art und Weise sich zu benehmen, Handlungsweise. — 3) Sg. und Pl. kluge Aufführung, kluges und angemessenes Benehmen, — gegen (Loc.), Lebensklugheit, Staatsklugheit, Politik. नयेषु auf kluge Weise, नयार्थिन auf eine angemessene, höfliche Weise gebeten. — 4) Plan. — 5) leitender Gedanke, Maxime, Grundsatz, Methode, System, Lehre. — 6) *ein best. Spiel oder *eine Figur in einem solchen Spiele. — 7) N. pr. eines Sohnes a) des Dharma und der Krijâ. — b) des 13ten Manu.

*नयक Adj. in der Politik erfahren.

नयकोविद् Adj. lebensklug, sich angemessen zu benehmen verstehend, der Politik kundig.

नयग Adj. sich klug, angemessen benehmend.

1. नयचक्षुस् n. das Auge der Klugheit, das geistige Auge.

2. नयचक्षुस् Adj. mit dem Auge der Klugheit sehend.

नयज्ञा f. ein Frauenname.

नयज्ञ Adj. = नयकोविद्.

नयन 1) m. N. pr. eines Mannes. — 2) *f. आ und ई Augenstern. — 3) n. a) das Hinführen, Fortführen, Hinbringen. — b) *das Ziehen (einer Spielfigur). — c) das Leiten. — d) Pl. kluges Benehmen. — e) das Bestimmen (der Zeit). — f) Auge. Am Ende eines adj. Comp. f. आ und ई (ausnahmsweise). Nom. abstr. °त्व n. Venîs. 107,15.

नयनगोचर Adj. sich im Gesichtskreis befindend. Nom. abstr. °त्व n. Comm. zu Naish. 7,108.

नयनगोचरी Adv. mit कर् erblicken Vâs.

नयनचन्द्रिका f. 1) Mondschein —, eine glänzende Erscheinung für die Augen Daçak. 24,22. — 2) Titel eines Werkes Opp. Cat. 1.

नयनचरित n. Augenspiel Pr. P. 30.

*नयनच्छद m. Augenlid.

नयनजल n. Thränen Kâd. 261,22.

नयनपथ m. Gesichtskreis 261,23.

नयनपदवी f. dass. Spr. 1060. Prasannar. 55,15.

नयनपयस् n. Thränen Kâd. 2,93,24.

नयनपुट Augenlid.

नयनप्रबन्ध m. der äussere Augenwinkel Varâh. Bṛh. S. 58,7.

नयनप्रमादिनी f. Titel eines Werkes.

नयनप्लव m. das Schwimmen der Augen Suçr. 2,401,8.

*नयनवारि n. Thränen.

नयनविषय m. Gesichtskreis.

नयनविषयीभाव m. das im Gesichtskreis Sein Naish. 7,108.

नयनशाण m. eine best. Augensalbe Bhâvapr. 6,117.

नयनसलिल n. Thränen Kâd. 2,116,12.

नयनसुख m. N. pr. eines Autors.

नयनाञ्चल n. Augenwinkel R. 6,98,24 (°ञ्जल gedr.). Auch so v. a. Seitenblick Prasannar. 40,5.

नयनाञ्जन n. Augensalbe.

नयनाञ्जल s. नयनाञ्चल.

नयनानन्द m. 1) Augenweide 314,5. — 2) N. pr. eines Scholiasten.

नयनानन्दशर्मन् m. = नयनानन्द 2).

नयनान्त m. Augenwinkel.

नयनामृत n. eine best. Augensalbe Rasendrak. 153.

नयनेतर् m. ein Meister in der Politik.

*नयनोत्सव m. 1) Augenfest, Augenweide. — 2) Lampe.

नयनोदक n. Thränenstrom Kâd. 261,16.

नयनोदबिन्दु m. Thräne Vikr. 80.

*नयनोपान्त m. Augenwinkel Râǵan. 18,25.

*नयनौषध m. ein best. Kollyrium.

नयपाल m. N. pr. verschiedener Männer.

*नयपीठी f. Spielbrett.

नयबोधिका, नयमणिमालिका, नयमयूखमालिका und नयरत्नमाला f. Titel von Werken Opp. Cat. 1.

नयलोचन n. Titel eines Werkes.

नॅयवत् Adj. 1) mit der Politik vertraut. — 2) eine Form von der Wurzel नी enthaltend.

नयविद् Adj. = नयकोविद् Mudrâr. 158,5. Bâlar. 118,24.

नयविवेक m. Titel eines Werkes. °दीपिका f., °शङ्कादीपिका f. und °विवेकालंकार m. Titel von Commentaren dazu.

नयविशारद Adj. = नयकोविद्.

*नयवेदिन् Adj. = नयकोविद् Gal.

नयशालिन् Adj. Lebensklugheit —, Staatsklugheit besitzend.

नयशास्त्र n. die Lehre von der Politik.

नयसाधन n. staatskluges Verfahren.

नयसार 1) m. Dorfhaupt. — 2) Titel eines Werkes.

नयसाहसोन्नतिमन्त् Adj. einen hohen Grad von Klugheit und rascher Entschlossenheit erfordernd Spr. 6240.

नयितव्य Adj. zu bringen.

नॅयिष्ठ Adj. am Besten führend.

नयुत m. Pl. eine Myriade Lalit. 13,4. 40,6. Saddh. P. 4,42,b.

नॅय्यग्रोध Adj. von न्यग्रोध. v. l. नैयग्रोध.

1. नॅर् m. 1) Mann (auch von Göttern gebraucht), Mensch; Pl. Männer, Leute, Mannschaft, die Menschen. In der Verbindung नॅर्यपांसि (wenn nicht etwa नॅर्यापांसि zu Grunde liegt) wohl Adj. männlich. — 2) ein Masculinum. — 3) Zeiger an der Sonnenuhr.

2.*नर्, नृणाति (नये).

नॅर 1) m. a) = 1. नर् 1). Am Ende eines adj. Comp. f. आ. — b) Ehemann, Gatte 193,1. — c) Held Varâh. Bṛh. S. 4,31. Bâlar. 241,12. — d) *Schachfigur. — e) Zeiger an der Sonnenuhr. — f) in der

Grammatik *Person, Personalendung.* — g) *Manneslänge, ein best. Längenmaass.* — h) *der Urmensch, Urgeist.* Stets in Verbindung mit नारायण. Beide werden bald Götter, bald Ṛshi genannt; sie sind Söhne Dharma's und gelten für Spaltungen eines und desselben Wesens und zwar Vishṇu's. Mit नर wird Arǵuna, mit नारायण Kṛshṇa identificirt. — i) Pl. Bez. *bestimmter mythischer Wesen, eine Art* Gandharva. — k) N. pr. α) verschiedener Männer. — β) *eines der 10 Rosse des Mondgottes. — 2) *f. नरी = नारी *Weib.* — 3) *n. *ein best. wohlriechendes Gras.*

नरक 1) m. n. (seltener) *Unterwelt, Hölle.* अयं भौमो नरकः *die Hölle auf Erden.* नर॑क Nir. नर॑क Taitt. Âr. Die personificirte *Hölle* ist ein Kind des Anṛta. — 2) m. a) * = देवरात्रिप्रभेद. — b) N. pr. α) eines von Kṛshṇa erschlagenen Dämons, eines Sohnes Vishṇu's und der Erde, Bâlar. 64,11. Harshaḱ. 187,8. — β) eines Sohnes des Vipraćitti VP. 1,21,11. — 3) m. oder n. N. pr. eines Wallfahrtsortes (hier v. l. अनरक). — 4) *f. नरिका = नरान्कायति.

नरककुण्ड n. *eine Grube* oder *ein Brunnen in der Hölle* (worin Verbrecher gemartert werden).

नरकजित् m. Bein. Kṛshṇa-Vishṇu's Harshaḱ. 91,4.

नरकतिर्यक्संशोधन n.(!) *ein best.* Samâdhi Kâraṇḍ. 77,8.

*नरकदेवता f. Bein. der Nirṛti.

नरकपाल n. *Menschenschädel.*

*नरकभूमि f. *eine Abtheilung der Unterwelt.*

नरकरिपु m. Bein. Kṛshṇa's Veṇis. 77.

नरकावास m. *ein Aufenthalt in der Hölle* Harshaḱ. 126,2.

नरकस्थ 1) Adj. *in der Hölle befindlich* 155,16. — 2) *f. आ *der Höllenfluss* Vaitaraṇî.

नरकाक m. *eine Krähe von Mensch* Daçak. (1925) 2,129,10.

नरकान्तक m. Bein. Kṛshṇa-Vishṇu's.

*नरकामय m. = प्रेत.

नरकाय्, °यते *die Hölle darstellen, der H. gleichen.*

*नरकारि m. Bein. Kṛshṇa-Vishṇu's.

नरकार्णव m. *das Höllenmeer* Hemâdri 1,644, 13. 645,20.

*नरकावास m. *Höllenbewohner.*

नरकासुरविजय m. und °सुरव्यायोग m. Titel zweier Werke Opp. Cat. 1.

*नरकीलक m. *der Mörder seines Lehrers.*

नरकेसरिन् m. *halb Mensch halb Löwe* (Vishṇu in seinem 4ten Avatâra).

नरकौकस् m. *Höllenbewohner.*

नरग्राह m. *halb Mensch halb Krokodil, eine Art* Kirâta.

*नरङ्ग 1) m. *Ausschlag im Gesicht.* — 2) n. *penis.* — Richtig नराङ्ग.

*नरचिङ्क n. *Schnurrbart* Gal.

नरता f. *das Menschsein, der Zustand als Mensch.*

नरत्रोटकाचार्य m. N. pr. eines Mannes.

नरत्व n. = नरता.

*नरद wohl *Narde.*

नरदत्त N. pr. 1) m. eines Brahmanen Lalit. 115, 13. 123,10. fgg. — 2) f. आ a) einer Gottheit bei den Ǵaina. — b) einer Vidjâdevî.

*नरदिक Adj. *mit Narde (?) Handel treibend.*

नरदन्त m. *der Zahn eines Menschen* 137,26.

नरदेव m. *der Gott unter den Menschen: Fürst, König.* Nom. abstr. °त्व n.

नरदेवदेव m. *ein Gott unter den Fürsten.*

नरद्विष् m. *ein* Rakshas.

*नरनगर n. N. pr. einer *Stadt.*

नरनाथ m. *Fürst, König.*

नरनाथमार्ग m. *Hauptstrasse.*

नरनाथासन n. *Königsthron, Königswürde.*

*नरनामन् m. *ein best. Baum* Râǵan. 9,78.

नरनारायण m. 1) Du. Nara und Nârâjaṇa; s. u. नर 1) h). — 2) Bein. Kṛshṇa's.

नरनारायणानन्दकाव्य n. Titel eines Werkes Bühler, Rep. No. 731.

*नरनारीविलक्षणा f. *Hermaphrodit* Gal.

नर॑धिष Adj. *vielleicht die Menschen beobachtend.*

नरप m. *Fürst, König* Dhûrtan. 58.

नरपति m. 1) dass. — 2) N. pr. a) *eines mythischen Fürsten. — b) eines Mannes.

नरपतिजयचर्या f. Titel eines Werkes.

नरपतिपथ m. *Hauptstrasse.*

नरपतिविजय m. Titel eines Werkes.

नरपशु m. *ein Vieh von Mensch.*

नरपाल m. *Fürst, König.*

*नरपालिनी f. = नरमानिनी Gal.

*नरप्रिय m. *ein best. Baum* Râǵan. 9,78.

नरबलि m. *Menschenopfer* Ind. St. 15,422. fg.

नरब्रह्मदेव m. N. pr. eines Fürsten.

*नरभू und *°मि f. Bez. Bhâratavarsha's.

नरमांस n. *Menschenfleisch* Ind. St. 15,409. 422.

*नरमानिका und *°मानिनी f. *Mannweib.*

नरमाला f. *ein Kranz von Menschenschädeln.*

*नरमालिनी f. wohl nur fehlerhaft für °मानिनी.

नरमेध m. *Menschenopfer.*

नरमोहिनी f. N. pr. einer Surâṅganâ Ind. St. 15.

*नरंमन्य Adj. *sich für einen Mann haltend, für e. M. geltend.*

नरयन्त्र n. *Sonnenuhr.*

नरयाण (!) und नरयान n. *Palankin.*

नररथ m. N. pr. fehlerhaft für नवरथ.

नरराज m. *Fürst, König.*

नरराज्य n. *Fürstenwürde, Königthum.*

नरलोक m. *die Welt der Menschen, die Erde, die Menschen.*

नरलोकपाल m. *Fürst, König.*

नरवर्मन् m. N. pr. eines Fürsten.

नरवर्मनृपतिकथा f. Titel eines Werkes Bühler, Rep. No. 732.

नरवाहन 1) Adj. *von Menschen gefahren, — gezogen;* Beiw. und m. Bein. Kubera's. — 2) m. N. pr. verschiedener Männer.

नरवाहनदत्त m. N. pr. eines Fürsten.

नरवाहनदत्तचरितमय Adj. (f. ई) *die Abenteuer* Naravâhanadatta's *enthaltend* Kathâs. 8,35.

नरवाहनदत्तीय Adj. *dem* Naravâhanadatta *gehörig.*

नरवाहिन् Adj. *von Menschen getragen.* यान n. *Palankin.*

नरविषाण n. *Menschenhorn,* so v. a. *Unding* Njâjam. S. 10, Z. 20.

*नरविष्वण m. *ein* Rakshas.

नरवृत्ताष्टक n. Titel eines Werkes.

नरशृङ्ग n. = नरविषाण.

नरसंवादसुन्दर Titel eines Werkes Bühler, Rep. No. 734.

नरसख m. Bein. Nârâjaṇa's.

*नरसंघाराम (?) m. N. pr. eines buddh. Klosters.

नरसार m. *Salmiak* Mat. med. 90. Vgl. नवसार.

नरसिंह 1) m. *ein Löwe unter den Menschen,* ehrenvolle Bez. *grosser Krieger.* — 2) *halb Mensch halb Löwe* (Vishṇu in seinem 4ten Avatâra). — 3) N. pr. verschiedener Fürsten und Autoren. Auch °कवि (Opp. Cat. 1,6009), °कविराज, °पण्डित und °सूरि.

नरसिंहकल्प m. Titel eines Werkes Opp. Cat. 1.

नरसिंहचूर्ण n. *ein best. Aphrodisiacum* Rasar. 735.

नरसिंहदेव m. N. pr. verschiedener Fürsten.

नरसिंहद्वादशी f. *der zwölfte Tag in der lichten Hälfte des* Phâlguna.

नरसिंहपारिजात m. Titel eines Werkes.

नरसिंहपुराण n. Titel eines Purâṇa.

नरसिंहभट्ट m. N. pr. eines Gelehrten. °भट्टीय n. Titel seines Werkes Opp. Cat. 1.

नरसिंहभूपालचरित्र n. Titel eines Werkes Opp. Cat. 1.

नरसिंहराज m. N. pr. eines Autors. °राजीय

n. Titel seines Werkes Opp. Cat. 1.

नरसिंहर्षभक्षेत्रमाहात्म्य n. Titel eines Werkes Opp. Cat. 1.

नरसिंहवर्मन् m. N. pr. eines Mannes Ind. Antiq. 8,277.

नरसिंहशास्त्रिन् m. N. pr. eines Gelehrten. °शास्त्रिप्रकाशिका f. Titel seines Werkes Opp. Cat. 1.

नरसिंहसरस्वती m. N. pr. eines Scholiasten.

नरसिंहसहस्रनामन् n. Pl. Titel eines Werkes.

*नरस्कन्ध m. *eine Menge von Menschen.*

नरहय Adj. in Verbindung mit युद्ध n. *ein Kampf zwischen Mensch und Pferd.* v. l. नारहय besser.

नरहरि m. 1) *halb Mensch halb Löwe* (Vishṇu in seinem 4ten Avatâra). — 2) N. pr. verschiedener Männer.

नरहरिदेव m. N. pr. eines Fürsten.

नरहरिसूरि m. N. pr. des Verfassers von Rasanirûpaṇa Kumârasv. in Pratâpar. 186,23. 244,26.

1.*नराङ्ग 1) m. n. *penis.* — 2) m. *Ausschlag auf dem Gesicht.*

2. नराङ्ग Adj. *einen menschlichen Körper habend* Hemâdri 1,807,4. °क dass. 7.

नराङ्घ्रि Adj. *menschliche Füsse habend* Hemâdri 1,807,1.

नराच 1) n. *ein best. Metrum.* — 2) f. नराची a) vielleicht *eine best. Pflanze.* — b) N. pr. einer Gattin Kṛshṇa's.

*नराधार 1) m. Bein. Çiva's. — 2) f. आ *die Erde.*

नराधिप m. 1) *Fürst, König.* — 2) *Cathartocarpus Fistula.*

नराधिपति m. *Fürst, König.*

नरान्त m. N. pr. eines Fürsten.

नरान्तक m. N. pr. eines Rakshas R. 6,69,14.

नरायण m. fehlerhaft für नारायण.

*नरालि gaṇa शर्करादि in der Kâç.

नराश m. *ein* Rakshas.

नरा॑शंस m. Bez. Agni's und Pûshan's. च und वा stellen sich dazwischen (नरा॑ च शंसम्, नरा॑ वा शंसम्).

नराशंसपङ्क्ति Adj. Ait. Br. 2,24,3 fehlerhaft für नारा°.

नराशन m. *ein* Rakshas.

नरि॑ष्टा f. *Geplauder, Scherz.*

नरि॑ष्ठा f. dass. VS. 30,6.

नरिष्यन्त m. N. pr. eines Sohnes des Manu Vaivasvata.

नरिष्यन्त m. 1) = नरिष्यन्त. — 2) N. pr. eines Sohnes des Marutta.

नरीय m. N. pr. eines Sohnes des Bhaṅgakâra. v. l. नारेय und तारेय.

नरू॑ण m. Beiw. Pûshan's.

नरेतर m. *ein dem Menschen entgegengesetztes Wesen: 1) ein Gott.* — 2) *ein Thier, Vieh.*

नरेन्द्र m. 1) *Fürst, König.* — 2) *Giftarzt, Beschwörer;* vgl. दुर्नरेन्द्र. — 3) *Cathartocarpus Fistula.* — 4) *ein best. Metrum.* — 5) * = राजिक. — 6) N. pr. eines Mannes.

नरेन्द्रकन्या f. *Prinzessin* 97,24.

नरेन्द्रता f. (Priy. 59,4) und नरेन्द्रत्व n. *Königthum, Königswürde.*

नरेन्द्रदेव m. N. pr. eines Fürsten.

नरेन्द्रपुत्र m. *Prinz.*

नरेन्द्रमार्ग m. *Hauptstrasse.*

नरेन्द्रस्वामिन् m. N. pr. eines von Narendrâditja erbauten Heiligthums.

नरेन्द्रादित्य m. N. pr. zweier Fürsten.

*नरेन्द्राह्व n. *Agallochum.*

नरेश und नरेश्वर m. *Fürst, König.*

नरेश्वरपरीक्षा f. Titel eines Werkes Bühler, Rep. No. 536.

नरेश्वरविवेक m. desgl.

नरे॑ष्ठा Adj. etwa *dem Manne zum Stehen dienend.*

नरोग Adj. (f. आ) *gesund* Hemâdri 1,454,14.

नरोत्तम 1) Adj. *der beste unter den Menschen.* — 2) m. N. pr. eines Scholiasten.

*नर्क n. und *नर्कुट n. *Nase* Gal.

नर्कुटक n. 1) **Nase.* — 2) *ein best. Metrum.*

नर्त्, नृ॑त्यति (metrisch auch Med.) 1) *tanzen.* — 2) *als Schauspieler spielen.* — 3) ein Stück (Acc.) *aufführen,* — *spielen.* — 4) *Jmd* (Acc.) *umtanzen.* — नृतमा॑नो ṚV. 5,33,6 vielleicht fehlerhaft für नृ॑तमा नो. — Caus. नर्त॑यति (metrisch auch Med.) *tanzen —, sich hinundher bewegen lassen.* नर्तित *zum Tanzen gebracht.* — *Desid. निनृत्सति und निनर्तिषति. — Intens. नरिनर्त्ति, नरीनर्त्ति, नरीनृत्यति, °ते, *नर्नर्त्ति, *नर्नृतीति, *नरिनृतीति und *नरीनृतीति. 1) *hinundher tanzen* Spr. 7719. 7755. — 2) *hinundher tanzen lassen,* mit Acc. — Mit अधि *tanzen auf* (Acc.). — Mit अनु 1) *Jmd* (Acc.) *nachtanzen.* — 2) *Jmd* (Acc.) *vortanzen.* — Mit अभि *zu Jmd* (Acc.) *hin tanzen* oder *Jmd nachtanzen.* — Mit आ *herbeitänzeln, — springen.* — Caus. *leise hinundher tanzen lassen, — bewegen.* — Mit अभ्या *herbeitänzeln, — springen.* — Mit उप 1) *Jmd* (Acc.) *vortanzen.* — 2) *vor Jmd* (Acc.) *die Gebärden des Tanzens machen* (als Hohn), *verhöhnen.* — Mit नि *abtanzen,* so v. a. *im Einzelnen wiederholen.* — Mit अभिनि in °नर्तम् (Nachtr. 2). — Mit परि (°नृत्यति) *herumtanzen, umtänzen;* mit Acc. — Mit प्र (°नृत्यति, °ते) 1) *tanzend schreiten, fortanzen, zu tanzen anfangen, tanzen.* प्रनृत्त *der zu tanzen angefangen hat, tanzend.* प्रनृत्तवान् so v. a. *fing an zu tanzen.* — 2) *vor Jmd* (Acc.) *die Gebärden des Tanzens machen* (als Hohn), *verhöhnen.* — Caus. *tanzen lassen, — machen* (uneig.) Kâd. 9,12. — Mit संप्र, °नृत्त *der zu tanzen angefangen hat.* — Mit प्रति *es Jmd* (Acc.) *dadurch entgelten, dass man wieder vor ihm die Gebärden des Tanzens* (als Hohn) *macht, wieder verhöhnen.* — *Intens. प्रतिनर्नृतीति *Jmd* (Acc.) *zutanzen.* — Mit वि *zu tanzen anheben, Gebärden des Tanzens machen.* — Mit सम् *zusammen tanzen.*

नर्त Adj. *tanzend* oder m. *Tanz* in नित्य°.

नर्तक 1) *tanzen machend, in eine tanzende Bewegung versetzend.* — 2) m. a) *Tänzer.* — b) **Pfau.* — c) **Elephant.* — d) **eine Rohrart.* — e) *Tanzlehrer.* — 3) f. ई a) *Tänzerin* 253,1. Nom. abstr. °त्व n. Vikramâṅkač. 10,57. — b) **Pfauhenne.* — c) **Elephantenweibchen.* — d) **ein best. Parfum* Râǵan. 12,163. — 4) n. *eine best. mythische Waffe.*

*नर्तकक m. und *नर्तकिका f. Demin. von नर्तक.

नर्तन 1) m. *Tänzer.* — 2) f. आ (metrisch) und n. *Tanz.*

*नर्तनप्रिय m. *Pfau.*

नर्तनशाला f. *Tanzsaal.*

*नर्तनस्थान n. *Tanzplatz.*

नर्तनागार und नर्तनागृह n. *Tanzsaal.*

नर्तयितर् Nom. ag. 1) *der tanzen macht,* mit Acc. Vikramâṅkač. 9,95. नर्तयितास्मि als Verbum fin. Mâlav. 22,9. — 2) *Tanzlehrer.*

नर्तित 1) Adj. s. u. नर्त् Caus. — 2) n. *Tanz* MBh. 7,7,9.

नर्तितव्य (पाश्चिद्व्य) n. *das Tanzenmüssen, Tanzen* 291,3.

नर्तिन् Adj. *tanzend* in वंशनर्ति॑न्.

*नर्तू f. *Tänzerin, Schauspielerin.*

नर्द्, नर्दति (metrisch auch Med.) *brüllen, schreien, kreischen, tosen;* mit Acc. des hervorgebrachten Lautes. — Intens. नानर्दमान *laut tönend.* — Mit अभि 1) *anbrüllen,* mit Acc. — 2) *brüllen.* — Mit अव in Litaneien etwa *schleifen* oder *trillern.* — Mit आ in आनर्दम् und आनर्दित. — Mit नि wie mit अव. — Caus. निनर्दयति Gop. Br. 2,5,5. — Mit *प्र, °नर्दति. — Mit प्रति 1) *entgegenbrüllen, — schreien;* mit Acc. — 2) *sich nach Etwas sehnend brüllen, — schreien.* — Mit वि *aufbrüllen, brüllen, tosen.* — Mit अनुवि *Jmd* (Acc.) *mit Gebrüll antworten.* — Mit सम् *brüllen* MBh. 8,82,16.

नर्द Adj. *brüllend* in गोनर्द.

नर्दटक n. *ein best. Metrum,* = नर्कुटक.

नर्द्न 1) *m. N. pr. eines Schlangendämons. — 2) n. *Gebrüll, Geschrei.*

नर्दबुद Adj. TS. nach dem Comm. = गर्भस्य शब्दयिता, निशामकः.

नर्दित n. 1) *Gebrüll.* — 2) *ein best. Wurf im Würfelspiel.*

नर्दिन् Adj. *brüllend* in *गोष्ठेनर्दिन्.

*नर्ब्, नर्बति (गतौ).

नर्म m. *Scherz.*

*नर्मकील m. *Gatte.*

नर्मगर्भ 1) Adj. *einen Spass enthaltend, nicht ernstlich gemeint* Bâlar. 38,13. — 2) m. in der Dramatik *eine Action des Helden in unkenntlicher Gestalt.*

*नर्मट m. 1) *Scherbe.* — 2) *die Sonne.*

*नर्मठ m. 1) *Spassmacher.* — 2) *Wüstling, ein liederlicher Geselle.* — 3) *Scherz.* — 4) *Beischlaf.* — 5) *Brustwarze.* — 6) *Kinn.*

नर्मद 1) Adj. (f. आ) *Spass —, Heiterkeit bereitend* Naish. 7,73. — 2) m. a) **Spassmacher, der Gefährte einer vornehmen Person, der für die Erheiterung derselben zu sorgen hat.* — b) N. pr. eines Mannes. — 3) f. आ a) **Trigonella corniculata.* — b) N. pr. α) eines Flusses, Nerbudda heut zu Tage. Häufig und in mannichfacher Weise personificirt. — β) einer Gandharvî.

नर्मदातीर्थ n. N. pr. eines Tîrtha.

नर्मदामाहात्म्य n. Titel eines Werkes (eines Abschnitts im Matsjapurâṇa).

नर्मदालहरी f. Titel eines Werkes.

नर्मदासुन्दरीरास m. Titel eines Werkes Bühler, Rep. No. 733.

नर्मदेश्वर m. wohl *eine Form* Çiva's.

नर्मदेश्वरतीर्थ n. N. pr. verschiedener Tîrtha.

नर्मदेश्वरलिङ्ग n. Name eines Liṅga.

नर्मद्युति f. in der Dramatik *durch Scherze hervorgerufene Befriedigung.*

नर्मन् n. 1) *Scherz, Spass.* नर्मार्थम् *zum Scherz,* नर्मणा *im Scherz.* — 2) in der Dramatik *eine Unterart der* Kaiçikî.

नर्मय्, °यति *Jmd durch Scherze, Spässe erheitern.*

*नर्मरा f. 1) *Höhle* oder *Thal.* — 2) *Blasebalg.* — 3) *ein Frauenzimmer von vorgerücktem Alter, das die Menses nicht mehr hat.* — 4) *eine best. Pflanze.*

नर्मवती f. Titel eines Schauspiels.

नर्मसचिव m. *der Gefährte eines Fürsten, der diesen durch Scherze und Spässe aufheitert.*

*नर्मसाचिव्य n. Nom. abstr. zu नर्मसचिव.

नर्मसुहृद् m. = नर्मसचिव.

नर्मस्फञ्ज (fehlerhaft) und नर्मस्फूर्ज m. in der Dramatik *das erste Zusammentreffen Liebender, das freudig beginnt, aber mit einem Schrecken endet.*

नर्मस्फोट m. in der Dramatik *die ersten Anzeichen von Verliebtheit.*

नर्मायित n. *Scherz, Spielerei* Bâlar. 114,17.

नर्मालाप m. *eine scherzhafte Unterhaltung* Hemâdri 1,490,12.

नर्मोक्ति f. *ein scherzhaftes Wort.*

नर्य, नरिअ 1) Adj. a) *männlich, mannhaft.* — b) *menschlich.* — c) *tüchtig, kräftig.* — d) *Männern dienlich, — angenehm.* — 2) m. a) *Mann, Mensch.* — b) N. pr. eines Mannes. — 3) n. a) *Mannesthat.* — b) *Gabe für Männer.*

नर्यापस्, नरिआपस् Adj. *männliches Werk verrichtend.*

*नल्, नलति (गन्धे, बन्धने). — Caus. नालयति (भाषार्थे oder भासार्थे).

नल 1) m. a) *Rohrschilf, Amphidonax Karka.* — b) *ein best. Längenmaass.* — c) *eine best. Constellation, bei der alle Planeten in Häusern von doppelter Natur stehen.* — d) *das 50ste Jahr im 60-jährigen Jupitercyclus.* — e) N. pr. α) eines neben Jama genannten göttlichen Wesens Karmapr. 2,23. = पितृदेव oder पितृदैव H. an. Med. — β) eines Daitja. — γ) verschiedener Fürsten, insbes. eines Sohnes des Vîrasena, Fürsten der Nishadha und Gatten der Damajantî, und eines Sohnes des Nishadha. — δ) eines medic. Autors. — ε) eines Affen. — 2) f. ई a) *ein best. wohlriechender Stoff* Râgan. 12,163. Mat. med. 311. — b) **rother Arsenik.* — 3) *n. a) *die Blüthe von Nelumbium speciosum.* — b) *Geruch.*

नलक 1) m. n. *Röhrenknochen.* — 2) *ein best. Nasenschmuck* Kândak. 73,12. — 3) f. नलिका a) *Röhre.* — b) *Köcher* Naish. 2,28. — c) *Dolichos Lablab, eine best. Grasart* (Varâh. Bṛh. S. 54,100), **Polianthes tuberosa* und **Daemia extensa.* — d) **ein best. wohlriechender Stoff* Râgan. 12,163.

नलकानन m. Pl. N. pr. eines Volkes.

नलकालक m. Pl. v. l. für नलकानन VP.² 2,178.

*नलकिनी f. *Bein.*

*नलकील m. *Knie.*

नलकूबर m. N. pr. eines Sohnes des Kubera.

नलगिरि m. N. pr. des Elephanten Pradjota's Megh.

नलचम्पू f. Titel eines Werkes.

नलचरित n. desgl. Opp. Cat. 1.

1. नलद 1) n. (*f. आ) *Narde, Nardostachys Jatamansi.* — 2) f. आ N. pr. einer Tochter Raudrâçva's. — 3) f. नलदी N. pr. einer Apsaras AV. 4,37,3. — 4) n. a) *die Wurzel von Andropogon muricatus* Naish. 4,116. — b) *die Blüthe von Hibiscus rosa sinensis.* — c) **Blumensaft.*

2. नलद Adj. *den Fürsten* Nala *verschaffend, — zuführend* Naish. 4,116.

1. नलदत्व n. Nom. abstr. zu 1. नलद 4) a) Naish. 3,90.

2. नलदत्व n. Nom. abstr. zu 2. नलद ebend.

*नलदिक Adj. *mit* 1. नलद 1) *handelnd.*

*नलपट्टिका f. *Rohrmatte.*

नलपुर 1) n. N. pr. einer *Stadt.* — 2) *f. ई Nala's *Stadt.* = निषधा Gal.

*नलप्रिया f. Bein. der Damajantî Gal.

नलमीन m. *ein best. Fisch.*

नलयादवराघवपाण्डवीय n. Titel eines Gedichts Opp. Cat. 1.

नलवर्णन n. Titel eines Werkes.

नलसेतु m. *die vom Affen* Nala *erbaute Brücke, die Adamsbrücke.*

नलसेन m. N. pr. eines Fürsten Ind. St. 14,125.

नलस्तोत्र n. Titel eines *Lobgedichts* Opp. Cat. 1.

नलिकाबन्धपद्धति f. Titel eines Werkes.

नलित m. *eine best. Gemüsepflanze.*

नलिन 1) n. a) *die am Tage sich öffnende Blüthe von Nelumbium speciosum.* Am Ende eines adj. Comp. f. आ. — b) **die Indigopflanze.* — c) **Wasser.* — 2) f. ई a) *Nelumbium speciosum (die Pflanze), eine Gruppe von N. sp., ein damit bewachsener Teich* u. s. w. — b) mystische Bez. *des linken Nasenlochs.* — c) Bez. *einer Art von Frauenzimmern.* — d) **ein best. wohlriechender Stoff.* — e) **ein aus der Milch der Cocusnuss bereitetes berauschendes Getränk.* — f) N. pr. α) der Gemahlin Âgamîḍha's. — β) zweier Flüsse VP. 2,4,65. — 3) m. a) **der indische Kranich.* — b) **Carissa Carandas.* — c) N. pr. eines Mannes.

नलिनदल n. *ein Blüthenblatt von Nelumbium speciosum.* 187,23 ist नलिनिदल zu lesen.

नलिननाभ m. Bein. Vishṇu-Kṛshṇa's Kâd. 26,4.

नलिनासन m. Bein. Brahman's Kâd. 48,17 (°नाशन gedr.).

नलिनिदल (metrisch) n. = नलिनीदल.

1. नलिनी f. s. नलिन 2).

2. नलिनी Adj. f. *den Fürsten* Nala *habend* Naish. 3,80.

नलिनीक 1) am Ende eines adj. Comp. = नलिन 2) a). — 2) f. आ *eine best. Gemüsepflanze.*

*नलिनीखण्ड n. *eine Gruppe von Nelumbium speciosum.*

नलिनीगुल्म n. 1) Bez. *eines best.* Adhjajana

Hem. Par. 11,133. — 2) N. pr. eines Vimâna ebend. 138. fg. — Vgl. °विमानाध्ययन Ind. St. 15,291.

नलिनीदल n. *ein Blatt von Nelumbium speciosum* Spr. 3405. fgg. °मय Adj. *aus solchen Blättern bestehend* Daçak. 33,21.

नलिनीनन्दन n. N. pr. eines Gartens des Kubera.

नलिनीपत्त्र n. = नलिनीदल 186,14. 299,13.

नलिनीपद्मकोश m. *eine best. Stellung der Hände beim Tanzen.*

*नलिनीरुह् 1) m. Bein. Brahman's. — 2) n. *die Fibern am Stengel von Nelumbium speciosum.*

*नलिनेशय m. Bein. Vishnu's.

नलिताङ्ग Adj. *dessen Körper nicht gesalbt ist.*

नलीय Adj. *zum Fürsten* Nala *in Beziehung stehend* Naish. 3,120.

नलेश्वरतीर्थ n. N. pr. eines Tîrtha.

*नलोत्तम m. *Arundo bengalensis.*

नलोदय m. Titel eines Kunstgedichts.

नलोपाख्यान n. Titel einer Episode des MBh.

*नल्य Adj. von नल.

नल्ब MBh. 7,7901 fehlerhaft für नल्व.

नल्व m. *ein best. Längenmaass.*

नल्वण m. *ein best. Hohlmaass.*

*नल्ववर्त्मगा f. 1) *Leea hirta.* — 2) *Orangenbaum.*

1. नव 1) Adj. (f. आ) *neu, frisch, jung.* नव° vor einem Partic. praet. pass. *jüngst, vor Kurzem.* Compar. नवतर. — 2) m. a) **Krähe.* — b) **eine roth blühende* Punarnavâ Râgan. 9,119. — c) N. pr. eines Sohnes α) des Uçînara. — β) des Viloman VP.² 4,97. — 3) f. नवा N. pr. einer Gattin Uçînara's.

2.*नव m. *Preis, Lob.*

3. नव m. *das Niesen* Karaka 8,11.

1. नवक Adj. = 1. नव 1).

2. नवक 1) Adj. *aus neun bestehend.* — 2) m. *Neunzahl* Karaka 7,12. Varâh. Bṛh. 26(24),11.

नवकाण्डिका f. und °सूत्र n. Titel eines Werkes.

नवकपाल Adj. *auf neun Schüsseln vertheilt* Çat. Br. 3,4,1,15.

नवकान्त Adj. *mit den Jungen schliessend.*

नवकारान्तबालबोध m. Titel eines Werkes.

*नवकारिका f. 1) *eine Neuvermählte.* — 2) *eine neue* Kârikâ; s. कारक 2) d).

*नवकालक Adj. (f. °लिका) *aus neuer Zeit stammend.*

नवकालिदास m. *ein neuer* Kâlidâsa.

नवकृत् Adj. *Neues schaffend.* Richtig नवगत्.

नवकृत्वस् Adv. *neunmal.*

नवखण्डयोगसंग्रह n. Titel eines Werkes Opp. Cat. 1.

नवगत् Adj. *erstgebärend.*

नवगुणित Adj. *mit neun multiplicirt.*

1. नवग्रह° *die neun Planeten.* °पूजा f., °प्रश्न m., °मख m., °मन्त्र m. Pl., °याग m., °शान्ति f., °स्तोत्र n. (Opp. Cat. 1), °होम m. Titel von Werken.

2. नवग्रह Adj. (f. आ) *vor Kurzem eingefangen* Kâd. 164,12. 246,13.

नवगव Adj. (f. आ) *neunfältig, aus neun bestehend.* m. Pl. *die Neuner,* Bez. eines mythischen Geschlechts. Auch Sg.

नवघास m. *neues Futter* Vaitân.

नवचक्र n. ein Ausdruck aus dem Joga.

नवचत्वारिंश Adj. *der 49ste.*

नवचत्वारिंशत् f. *neunundvierzig.*

नवच्छदि Adj. *neun Dächer habend* TS. 6,2,10,5.

नवज Adj. *jüngst entstanden, neu, jung, vor Kurzem sichtbar geworden* (Mond).

नवज्ञा Adj. dass.

नवजात Adj. *neugeboren, frisch, neu.*

नवज्वररिपुरस und °ज्वरेभसिंह m. Bez. *bestimmter Medicamente* Rasendrak. 77. 79.

नवज्वार m. *neue Leiden.*

1. नवत Adj. *der 90ste.*

2.*नवत m. *eine wollene Decke.* Vgl. 2. नमत.

नवतत्त्व n., °प्रकरण n., °बालबोध m., °बालावबोध m., °बोध m. und °सूत्र n. Titel von Werken.

नवतन्तु m. N. pr. eines Sohnes des Viçvâmitra.

नवता f. *Neuheit, Frische.*

नवतान्तव Adj. *aus neun Fäden bestehend* Gṛhjâs. 2,48.

नवति f. *neunzig.*

*नवतिका f. *Pinsel zum Malen.*

नवतितम Adj. *der 90ste.*

नवतिधनुस् m. N. pr. eines Vorfahren Çâkjamuni's.

नवतिप्रक्रम Adj. (f. आ) *neunzig Schritte lang* Çat. Br. 10,2,3,4.

नवतिरथ m. N. pr. eines Vorfahren Çâkjamuni's.

नवतिरुपतिमाहात्म्य n. Titel eines Werkes Opp. Cat. 1.

नवतिशत n. *hundertundneunzig.*

नवत्रिंश Adj. *der 39ste.*

नवत्रिंशत् f. *neununddreissig.*

1. नवत्व n. *Neuheit.*

2. नवत्व n. *Neunheit, Neunzahl.*

नवदश Adj. 1) *der neunzehnte.* — 2) *aus neunzehn bestehend.*

नवदशन् und नवदशन् Adj. Pl. *neunzehn.*

नवदाव m. *Neubrand, frisch abgebranntes Weideland.*

नवदाव्य Adj. *auf Neubrand wachsend.*

*नवदीधिति m. *der Planet Mars.*

नवदुर्गा f. Durgâ *in ihren neun Formen.*

*नवदेवकुल n. N. pr. einer Stadt.

1. नवद्वार n. Pl. *die neun Thore* (des Körpers) Spr. 3411.

2. नवद्वार 1) Adj. *neunthorig,* insbes. vom Körper. — 2) n. *der Körper.*

नवद्वीप m. N. pr. einer Oertlichkeit.

नवधा Adv. *neungetheilt, neunfach.*

नवन् und नवन् Adj. Pl. *neun.*

नवन n. (adj. Comp. f. आ) *das Loben, Lob.*

*नवनगर n. N. pr. einer *Stadt.*

नवनलिनदलाय्, °यते *dem Blüthenblatte eines jüngst aufgeblühten Nelumbium speciosum gleichen.*

नवनव Adj. Pl. oder in Comp. mit einem Pl. *stets neu, — sich erneuernd, mannichfaltigst* Kâd. 260,16. Vikramâṅkak. 8,21. Hem. Par. 1,60. 143. 2,504.

नवनी f. und नवनीत n. *frische Butter.*

*नवनीतक n. *geschmolzene Butter.*

नवनीतखोटी f. *ein best. Baum* Comm. zu Karaka 1,3. 4.

नवनीतगणपति m. *eine Form* Gaṇeça's.

*नवनीतज n. *Ghee* (घृत) Gal.

नवनीतबन्ध m. Titel eines Werkes.

नवनीतपृश्नि Adj. *mit buttergelben Flecken gesprenkelt* Tâṇḍja-Br. 21,14,8.

नवनीतमय Adj. (f. ई) *aus frischer Butter hergestellt* Hemâdri 1,417,15.

नवपञ्चाश Adj. *der 59ste.*

नवपञ्चाशत् f. *neunundfünfzig.*

नवपत्त्रिका f. *ein best. Spiel.*

नवपद् Adj. (f. °पदी) *neunfüssig.*

नवपद Adj. *neun Felder einnehmend* Hemâdri 1,651,11.

नवप्राशन n. *das Essen vom neuen Getreide.*

*नवफला f. = नवफलिका 1) Gal.

*नवफलिका f. 1) *ein Mädchen, das vor Kurzem die Menses bekommen hat.* — 2) *eine Neuvermählte.*

नवभाग m. *der neunte Theil,* insbes. *eines Sternbildes, eines astrologischen Hauses.*

1. नवम 1) Adj. a) *der neunte.* — b) *neunartig* Hemâdri 2,38,11. — 2) f. ई *der neunte Tag in einem Halbmonat.*

2. नवम Adj. RV. 5,57,3 = नवतम nach Sâj.

नवमक Adj. *der neunte.*

नवमल्लिका und °मल्ली f. *Jasminum Sambac.*

नवमांश m. = नवांश.

नवमालिका f. 1) *Jasminum Sambac.* — 2) N. pr. einer Fürstin.

नवमालिनी f. *ein best. Metrum.*

*नवमाली f. *Jasminum Sambac.*

नवमुख Adj. (f. ई) *neun Oeffnungen habend.*

नवयज्ञ m. *Erstlingsopfer.*

नवयोगकल्लोल m. Titel eines Werkes.

1. नवयौवन n. *die erste Jugendfrische.*

2. नवयौवन Adj. (f. श्रा) *in der ersten Jugend stehend.*

*नवर *eine best. hohe Zahl* (buddh.).

नवरङ्ग n. 1) **eine Art Gewand.* — 2) *ein best. hochstehendes Geschlecht der Schreiber.*

*नवरङ्गक n. *ein neues Kleid.*

*नवरजस् Adj. f. *seit Kurzem die Menses habend.*

नवरत्न n. 1) *die neun Juwelen: Koralle, Perle, Rubin, Lapis lazuli,* Gomeda, *Diamant, Topas, Sapphir und Smaragd.* — 2) *die neun Perlen am Hofe* Vikramâditja's: Dhanvantari, Kshapaṇaka, Amarasiṁha, Çaṅku, Vetâlabhaṭṭa, Ghaṭakarpara, Kâlidâsa *und* Varâhamihira. — 3) Titel zweier Sammlungen von *neun* Sprüchen. — In den beiden ersten Bedeutungen wohl nur नव रत्नानि.

नवरत्नमाला f. und °रत्नेश्वर m. Titel zweier Werke.

नवरथ m. N. pr. eines Sohnes des Bhîmaratha.

*नवरम् Adv. *nur.*

नवरात्र 1) m. *ein Zeitraum von neun Tagen, insbes. a) ein* Soma-*Opfer mit neun Kelterungstagen.* — *b) neun Tage in der Mitte des* Gavâmajana. — 2) n. *neun, der Verehrung der* Durgâ *geweihte Tage, vom ersten bis zum neunten in der lichten Hälfte des* Âçvina.

नवरात्रनिर्णय m. Titel eines Werkes.

नवरात्रिक n. = नवरात्र 2).

नवराष्ट्र N. pr. 1) m. Pl. eines Volkes. — 2) n. eines *Reiches.*

नवर्च Adj. *neunversig.*

नववधू f. 1) *eine Neuvermählte.* — 2) **Schwiegertochter.*

*नववरिका f. *eine Neuvermählte.*

नववार्षिक Adj. *neunjährig.* °देशीय Adj. *ungefähr n.* Pañkad.

नववास्त्व und °वास्तुत्र m. N. pr. eines mythischen Wesens.

नवविंश Adj. *der 29ste.*

नवविंशति f. *neunundzwanzig.*

नवविध Adj. *neunfach, aus neun Theilen bestehend.*

नवविवेकदीपिका f. Titel eines Werkes Opp. Cat. 1.

नववृष Adj. *neun Stiere habend* AV. 5,16,9.

*नवव्यूह m. Bein. Vishṇu's.

*नवशक्ति m. Bein. 1) Vishṇu's. — 2) Çiva's.

नवशशिभृत् m. Bein. Çiva's.

नवश्राद्ध n. *ein best. Todtenmahl.*

नवषड् Adj. *aus neunmal sechs* (Schnüren) *bestehend.*

नवषष्टि f. *neunundsechzig.*

नवषष्टितम Adj. *der 69ste.*

*नवसंघाराम m. N. pr. eines buddh. Klosters.

नवसप्तति f. *neunundsiebzig.*

नवसप्ततितम Adj. *der 79ste.*

नवसप्तदश m. *ein best.* Atirâtra Vaitân.

नवसर *eine Art Perlenschmuck* Pañkad.

नवसस्य n. *neues Getraide.* °सस्येष्टि f. *Erstlingsopfer.*

नवसार n. und नवसादर n. *Salmiak* Bhâvapr. 2,98. 100. Vgl. pers. نوشادر und नरसार.

नवसाहसाङ्कचरित n. Titel einer Kampû.

नवसाहस्र Adj. *aus 9000 bestehend* Verz. d. Oxf. H. 65,a,36.

नवसू und *नवसूतिका f. *eine Kuh, die kürzlich gekalbt hat.*

नवस्तोभ Adj. in Verbindung mit श्रायुस् n. N. eines Sâman.

*नवस्थान m. *Wind* Râgan. 21,8.

नवस्रक्ति Adj. *neuneckig, so v. a. neungliederig* (Lied).

नवहस्त m. N. pr. eines Scholiasten Weber, Lit. 111.

नवांश und °क m. *der neunte Theil,* insbes. *eines Sternbildes, eines astrologischen Hauses.* नवांशकप m. *der Regent eines solchen Theils.*

नवाक्षर Adj. (f. श्रा) *neunsilbig* Çat. Br. 3,4,1,15.

नवाङ्कुर m. Titel eines Werkes.

*नवाङ्गा f. *eine Art Galläpfel* Râgan. 6,158. लताङ्गी v. l.

नवात्मक Adj. *neuntheilig* Ind. St. 9,143.

नवानगर n. N. pr. einer *Stadt.*

नवान्न n. *neue Frucht.* नवान्नेष्टि f. *Erstlingsopfer.*

नवायस m. *ein best. medicinisches Eisenpräparat* Mat. med. 51. Rasar. 300.

नवारत्नि Adj. *neun Ellen lang* Çat. Br. 3,6,4,21.

नवार्चिस् m. *der Planet Mars* VP.[2] 2,257. fg.

नवार्णवपद्धति f. Titel eines Werkes.

*नवार्म n. N. pr. einer Oertlichkeit.

नवाशीति f. *neunundachtzig.*

नवाशीतितम Adj. *der 89ste.*

नवाश्र Adj. *neuneckig.*

1. *नवाह m. *der erste Tag einer Mondhälfte.*

2. नवाह m. *ein Zeitraum von neun Tagen, insbes. ein* Soma-*Opfer mit neun Kelterungstagen und neun Tage in der Mitte des* Gavâmajana.

*नविका f. = नवशब्दयुक्ता und नवं वादयति.

नविद्वंस् Adj. *unwissend* Bhâg. P. 6,3,30.

नविन् Adj. *aus neun bestehend.*

नविपुला f. *ein best. Metrum.*

नविष्टि f. *Lobgesang.*

नविष्ठ Adj. (f. श्रा) *der neuste, jüngste, letzte.* °म् Adv. *so v. a. jüngst.*

नवी Adv. 1) mit कर् *erneuern, auffrischen, verjüngen, wieder aufleben machen.* — 2) mit भू *sich erneuern, sich auffrischen.*

नवीन Adj. *neu, frisch, jung.* नवीनमिव पातालम् *so v. a. ein anderes* Pât.

नवीननिर्माण n. Titel eines Werkes.

नवीनमतविचार m. desgl.

नवीनवाद m. desgl. Opp. Cat. 1.

नवीभाव m. *das Neuwerden, Jungwerden.*

नवीय Adj. = 1. नव्य 1) RV. 3,36,3.

नवीयंस् 1) Adj. *a) neu, frisch, jung.* — *b) neuerdings seiend, — thuend, — sich erzeigend.* — 2) नवीयम् und नवीयसा Adv. *neuerdings.*

नवेतर Adj. *alt.*

नवेद (einmal) und °स् Adj. *merkend, ahnend; kundig* (mit Gen.).

नवोढा Adj. f. *neuvermählt;* Subst. *eine Neuvermählte.*

नवोदय Adj. *vor Kurzem aufgegangen* (Mond) Ragh. 2,73.

*नवोद्धृत n. *frische Butter.*

नवोनवव्याख्या (!) f. Titel eines Werkes Opp. Cat. 1.

1. नव्य, नविश्र 1) Adj. (f. श्रा) *neu, frisch, jung.* स्त्री f. *eine Neuvermählte.* — 2) *f. नव्या *eine roth blühende* Punarnavâ Râgan. 9,119.

2. नव्य und नव्य (AV. 2,5,2) Adj. *dem man lobsingen muss, preiswürdig.*

नव्यंस् 1) Adj. (f. नव्यसी) = नवीयंस् 1) *a)* und *b)*. नव्यसीनाम् st. नव्यसाम्. — 2) नव्यस् (RV. 1,62,11), नव्यसा und नव्यसे *auf's Neue, neuerdings.*

नव्यधर्मितावच्छेदकवादार्थ m., नव्यनिर्माण n., नव्यमतवाद m. (Opp. Cat. 1), °वादार्थ m., °मतविचार m. und नव्यमुक्तिवादटिप्पणी f. Titel von Werken.

नव्यवत् Adv. *stets von Neuem.*

नव्यवर्धमान m. N. pr. eines Autors.

नव्याकृति m. Bein. Kṛshṇa's Dhûrtan. 2.

1. नश्, नशति und नश्यति; ausnahmsweise auch

Med. 1) *verloren gehen, abhanden kommen, verschwinden, — aus* (Abl.), *unsichtbar werden, entweichen, entwischen, davon laufen, fliehen, sich scheren.* नष्ट *verloren gegangen, abhanden gekommen, verschwunden, nicht mehr zu sehen, Jmd* (Abl.) *aus dem Gesicht gekommen, davon gelaufen, geflohen, — aus* (Abl.). नष्टम् impers. 299,25. नष्टवत् = नष्ट 57,4. — 2) *vergehen, zu Grunde gehen, zu Nichte werden, ohne Nutzen, — vergeblich —, umsonst da sein.* नष्ट *zu Grunde gegangen, zu Nichte geworden, beschädigt, verdorben; zu Nichts da seiend, — nützend, es zu Nichts bringend; gekommen um* (Abl.); *der einen Process verloren hat* Mṛkkh. 137,19. — Caus. नाशयति (seltener Med.) 1) *verschwinden machen, vertreiben, weit wegführen.* — 2) *ausgehen lassen* (das Feuer). — 3) *verlieren, einbüssen.* नाशित *verloren, eingebüsst.* — 4) *aus dem Gedächtniss verlieren, vergessen.* — 5) *zu Grunde richten, vertilgen, zerstören.* — 6) *schänden* (ein Mädchen). — 7) *verschwinden aus* (Abl.) im Aor. नीनशस् (mit मा). — *Desid. निनशिषति und निनङ्क्षति. — Desid. vom Caus. निनाशयिषति *Jmd vernichten wollen* Daçak. 92,2. — Mit अनु in *अनुनाश. — Mit अप *sich scheren, sich packen.* — Mit व्यप Caus. *vertreiben.* — Mit अव *verschwinden, vergehen.* — Mit निस्, निर्नष्ट *verloren gegangen, verschwunden.* — Caus. *austreiben, vertreiben.* — Mit *परि, णश्यति, °नष्ट. — Mit प्र (प्रणश्यति) *verloren gehen, sich verlieren, verschwinden, sich davon machen, entwischen.* प्रनष्ट (प्रणष्ट fehlerhaft) *verloren gegangen, verloren, geschwunden, verschwunden, dahingegangen, davon gelaufen.* — Caus. 1) *verschwinden machen.* — 2) *verloren sein lassen,* so v. a. *unbelohnt lassen.* — 3) *vergehen machen, zu Grunde richten.* — Mit अतिप्र *einer Sache* (Acc.) *verlustig gehen.* — Mit विप्र (°णश्यति) 1) *sich verlieren, verschwinden.* विप्रनष्ट *verloren, verschwunden.* — 2) *verloren sein,* so v. a. *wirkungslos sein, keine Früchte tragen.* — Caus. *verloren gehen lassen.* — Mit संप्र *sich verlieren, verschwinden.* — Mit वि 1) *sich verlieren, verschwinden.* विनष्ट *verloren gegangen, verschwunden.* — 2) *zu Grunde gehen, zu Nichte werden, vergehen, verloren —, eitel —, wirkungslos sein.* विनष्ट *zu Grunde gegangen, verdorben, schlecht geworden, umgekommen, verloren,* so v. a. *nicht zu retten.* — 3) *einer Sache* (Abl.) *verlustig gehen* RV. 9,79,1. — 4) *zu Grunde richten, umbringen* Hariv. 2,22,44. — Caus. 1) *verschwinden machen, vertreiben.* — 2) *sich verlieren machen,* so v. a. *in's Leere gehen lassen* (ein Geschoss). — 3) *vernichten, verderben, zu Grunde richten, in's Verderben stürzen, umbringen.* Einmal mit Gen. st. Acc. — 4) *zugeben, dass Etwas zu Grunde geht.* — 5) *zu Grunde gehen, umkommen* im Aor. — Mit अनुवि *nach oder mit Jmd* (Acc.) 1) *verschwinden.* — 2) *vergehen, — zu Grunde gehen.* — Mit प्रवि 1) *verschwinden.* — 2) *zu Grunde gehen, verderben.* — Mit सम्, संनष्ट *zu Grunde gegangen.*

2. नश् Adj. *verloren gehend* in जीवनश्.

3. नश्, नशति, °ते 1) *erreichen, erlangen.* — 2) *antreffen, finden bei* (Loc.). — 3) *treffen, zu Theil werden.* — Mit अच्छ *herbeikommen.* — Mit अभि *erreichen, erlangen, treffen.* — Mit उद् *erreichen.* — Mit परि dass. — Mit प्र 1) *erreichen, erlangen.* — 2) *treffen, zu Theil werden.* — Mit वि *erreichen.* — Mit सम् dass.

नश m. Nom. act. in दुर्णश und दूणश.

नशक्ति f. *Unvermögen.*

नशन n. *das Verschwinden, Entfliehen, Verlust.*

*नशाक m. *eine Art Krähe.*

नशाय, नशायति vielleicht *erreichen, hingelangen zu* (Acc.) RV. 10,40,6.

*नशितर् Nom. ag. *der verloren geht* u. s. w.

नशुभ Adj. (f. आ) *unerfreulich, unglücklich* MBh. 13,84,2.

नशेष Adj. *ohne Rest, ganz, vollständig, all* Weber, Râmat. 356,12.

*नश्यत्प्रसूति und *°का f. *eine Frau, die ein todtes Kind zur Welt bringt.*

नश्वर Adj. (f. ई) *vergehend, vergänglich.* Nom. abstr. °त्व n.

नष्ट 1) Adj. s. u. 1. नश्. — 2) n. *ein best. Tact* S. S. S. 216.

नष्टक्रिय Adj. *undankbar.*

नष्टगणित n. Titel eines Werkes Opp. Cat. 1.

नष्टचन्द्र m. *der vierte Tag in den beiden Hälften des Monats* Bhâdra.

नष्टचेतन Adj. *besinnungslos geworden* 64,30. Suçr. 1,255,9.

नष्टचेष्ट Adj. (f. आ) *regungslos geworden* 118,4. Nom. abstr. *°ता f. *Starrkrampf, Ohnmacht.*

नष्टजन्मन् n. *die nachträgliche Berechnung der Nativität eines Menschen.*

नष्टजातक n. dass. Titel eines Adhjâja in Varâh. Laghuǵ. °विधान n. Titel eines Werkes Opp. Cat. 1.

नष्टदृष्टि f. *blind geworden* Bhâg. P. 5,26,9.

नष्टधी Adj. *der an Etwas nicht mehr denkt, der eine ihm widerfahrene Beleidigung vergessen hat.*

नष्टनिद्र Adj. *um den Schlaf gekommen* Pańkat. 38,4.

नष्टपिष्ट Adj. *in Pulver aufgelöst* Bhâvapr. 2,99.

नष्टपिष्टी Adv. mit कर् *in Pulver auflösen* ebend.

*नष्टबीज Adj. *zeugungsunfähig geworden.*

नष्टमति Adj. *der den Verstand verloren hat* Bhâg. P. 5,26,9.

नष्टमार्गण n. *das Suchen eines verlorenen Gegenstandes.*

नष्टराज्य n. N. pr. *eines Reiches.*

नष्टरूप 1) Adj. *unsichtbar, unerkannt* MBh. 3,74,15. — 2) f. आ und ई *ein best. Metrum.*

नष्टविष Adj. *dessen Gift verschwunden ist.*

नष्टवेदन Adj. (f. ई) *Verlorenes wiederfindend.*

नष्टसंस्मृति Adj. *nicht mehr gedenkend, vergessen habend;* mit Gen. Bhaṭṭ. 6,58.

नष्टसंज्ञ Adj. (f. आ) *kein klares Bewusstsein mehr habend* 66,23. MBh. 1,75,23. 3,73,16.

नष्टहीनविकलविकृतस्वर Adj. *dessen Stimme verschwunden, schwach, mangelhaft oder verändert ist.* Nom. abstr. °ता f. Suçr. 1,118,8. 9.

*नष्टाग्नि Adj. *dessen Feuer ausgegangen ist.*

नष्टातङ्कम् Adv. *unbesorgt, furchtlos.*

नष्टात्मन् Adj. *keinen klaren Verstand mehr habend* MBh. 3,62,29.

*नष्टाप्तिसूत्र n. *Raub, Plünderung.*

नष्टार्थ Adj. *um seinen Besitz gekommen.*

नष्टाशङ्क Adj. *unbesorgt, furchtlos.* °म् Adv.

नष्टाश्वदग्धरथवत् Adv. *wie Einer, dem das Pferd abhanden gekommen, und ein Anderer, dem der Wagen verbrannt war* (sich gegenseitig aushalfen), Pat. zu P. 1,1,50, Vârtt. 16.

नष्टासु Adj. *dessen Lebensgeister entschwunden sind.*

नष्टि f. *Verderben, Untergang.*

*नष्टेन्दुकला Adj. f. (eine Nacht) *in der die Mondsichel gar nicht zu sehen ist.*

नष्टेन्द्रिय Adj. *zeugungsunfähig geworden.*

नष्टैष und नष्टैषिन् Adj. *Verlorenes suchend.*

नष्टैष्य n. *das Suchen des Verlorenen.*

नष्टोभयलोक Adj. *für den diese und jene Welt verloren sind* Kâd. 2,56,1.

1. नस्, नसते 1) *sich gesellen zu, sich zusammenthun mit, sich umarmen;* mit Acc. — Mit सम् *zusammenkommen, sich vereinigen mit* (Instr.).

2. नस् f. *Nase.* Nur नसा, नसि, नसोस् und am Ende eines adj. Comp.

3. नस् Acc., Dat. und Gen. Pl. des Personalpronomens der 1ten Person.

नस am Ende eines adj. Comp. und *f. आ *Nase.*

नसंविद् f. *das Vergessen von Allem* Spr. 977.

*नसत्त Adj. = असन्न.

नसि vielleicht *Nase* in कुम्भीनसि.

नसुकर Adj. *nicht leicht zu vollbringen.*

नस्त 1) *m. *Nase.* — 2) f. आ *ein durch die Nasenscheidewand des Zugviehes gebohrtes oder gebranntes Loch.* — 3) *n. *Niesemittel.*

नस्तःकर्मन् n. *das in die Nase Stecken, Schnupfen* Káraka 1,7. 2,7.

नस्तक m. *Nasenscheidewand.*

*नस्तकरण (नस्तःकरण ?) n. *ein Geräthe des buddh.* Bhikshu, *mit dem er Etwas in die Nase spritzt oder streut.*

नस्ततम् Adv. *aus der Nase.* Eine anorganische Bildung für नस्तम् wie पत्ततम् für पत्तम्.

नस्तम् Adv. *aus der Nase, in die Nase.*

*नस्तित und *नस्तोत Adj. *dem ein Loch in die Nasenscheidewand gebohrt oder gebrannt ist, an der Nase gefesselt, mit einem Nasenring versehen.*

नस्पर्शन n. *das Nichtberühren.*

नस्य 1) Adj. *in der Nase befindlich.* — 2) f. नस्या a) *der Strick, welcher dem Zugvieh durch die Nase gezogen wird,* Mit. 2,91,a,3 v. u. छिन्ननस्य Adj. — b) **Nase.* — 3) n. a) Pl. *die Härchen in der Nase.* — b) *Niesemittel, Errhinum* überh.

नस्यकर्मन् n. *Anwendung eines Errhinums* 217,10.

नस्यभैरव m. (sc. रस) *ein best. Medicament* Rasendrak. 88.

*नस्यित Adj. = नस्योत GAL.

नस्योत Adj. *an der Nase gefesselt, mit einem Nasenring versehen; m. ein solcher Stier.*

नस्वत्त Adj. *benaset.*

1. नह्, नह्यति (einmal परिणाहेत्) *binden, knüpfen, umbinden, anlegen;* Med. *sich umbinden, sich anlegen* Âçv. Gṛhj. 3,12,11. *sich die Rüstung anlegen, sich rüsten.* नह्यमान auch in pass. Bed. *gebunden, gefesselt.* नद्ध *gebunden, geknüpft, verbunden, befestigt, — an* (im Comp. vorangehend), *umbunden, umwunden, — von* (Instr. oder im Comp. vorangehend), *überzogen, durchzogen, belegt, — mit* (im Comp. vorangehend). ओष्ठाभ्याम् *mit den Lippen gebunden, — geschlossen* (aussprechen). — Caus. नाहयति *zusammenbinden lassen.* — Mit अनु, अनुनद्ध *befestigt mit* (Instr.) Maitr. S. 4,5,7. — Mit अप 1) *zurückbinden.* — 2) *abbinden, abspannen* MBh. 3,198,8. — Mit अपि oder पि (in der späteren Sprache vorzugsweise) 1) *anbinden, befestigen, anlegen;* Med. *sich umbinden, sich anlegen.* Partic. अपिनद्ध und पिनद्ध. — 2) *zubinden, durch Binden verhüllen* 21,15. 16. *unterbinden, verstopfen.* Partic. अपिनद्ध und पिनद्ध. — 3) पिनद्ध *durchzogen mit* (im Comp. vorangehend). MBh. 6,2599 zu lesen खे ऽचिराभापिनद्धः. — Mit अभि, °नद्ध *verbunden, zugebunden* (Auge). — Mit अव *zubinden, zudecken, überdecken, beziehen.* Partic. अवनद्ध. — Mit *पर्यव Partic. पर्यवनद्ध. — Mit *प्राव Partic. °नद्ध. — Mit आ 1) *anbinden.* Partic. आनद्ध. — 2) Med. *sich verstopfen.* आनद्ध *verstopft.* — 3) आनद्ध *bedeckt —, überzogen mit* (Instr. oder im Comp. vorangehend). — Mit उपा scheinbar in उपानह्, da hier Dehnung von उप anzunehmen ist. — Mit *निरा Partic. निराणाद्ध. — Mit पर्या *zubinden, verhüllen.* Partic. पर्याणाद्ध. — Mit प्रा in प्राणाह् (vielleicht für प्रणाह्). — Mit प्रत्या *darauf decken.* — Mit व्या, °नद्ध *eingelegt, eingefügt* Hariv. 2,63,96. — Mit उद् 1) *herausdrängen, heraustreiben.* — 2) *anschirren.* — 3) *hervorbrechen —, hervorkommen aus* (Abl.) MBh. 3,114,22. — 4) उन्नद्ध a) *aufgebunden, in die Höhe gebunden.* — b) *in die Höhe getrieben, aufgetrieben.* — c) *entfesselt, über alle Grenzen hinausgegangen, übermässig.* — d) *hochstehend, hervorragend durch* (Instr. oder im Comp. vorangehend). — e) *hochfahrend, sich hoch dünkend, übermüthig, eingebildet.* — Mit समुद्, समुन्नद्ध 1) **in die Höhe gebunden.* — 2) *in die Höhe gerichtet, hinaufsteigend.* — 3) *in die Höhe gedrängt, herausgedrängt.* — 4) *einen hohen Grad erreicht habend, übermässig.* — 5) *hochfahrend, eingebildet.* — Mit उप *einbinden, einschnüren, in ein Bündel machen; verbinden.* उपनद्ध *überzogen von, eingelegt mit* (im Comp. vorangehend). — Caus. *verbinden* (in ärztlichem Sinne) Káraka 1,14. 6,15. 26. — Mit नि, निनद्ध *festgebunden an* (Loc.). — Mit परि 1) *umbinden, umfangen, umspannen.* परिणाद्ध *umbunden —, umfangen —, umspannt von* (im Comp. vorangehend). — 2) परिणाद्ध a) *von grossem Umfange, breit.* — b) *weit vorgeschritten* (Reise) Prasannar. 135,10. — Mit प्रति in °नाह् und प्रतीनाह्. — Mit वि, विनद्ध *losgebunden.* — Mit सम् 1) *zusammenbinden, überbinden, festbinden.* — 2) *umgürten, ankleiden, bekleiden, ausrüsten;* Med. Act. *sich Etwas anlegen.* — 3) Med. Act. *sich ankleiden, sich gürten, sich rüsten* MBh. 2,23,5. — *zu* (Dat.), *sich anschicken zu* (Infin.). — 4) संनद्ध a) *zusammengebunden, umwunden.* — b) *befestigt, angeheftet, angelegt, umgelegt.* — c) *daran haftend.* — d) *anstossend, angrenzend, in Berührung stehend mit* (im Comp. vorangehend). — e) *gegürtet, gerüstet, schlagfertig, ausgerüstet* (Wagen). — f) *gerüstet,* so v. a. *in Bereitschaft stehend, fertig dastehend;* von einer Wolke so v. a. *im Begriff stehend das Wasser zu entlassen;* von einer Knospe so v. a. *fertig zum Aufblühen.* — Caus. *sich gürten —, sich rüsten lassen* Dh. V. 13,3. — Mit अपिसम् *zusammenknüpfen* Kauç. 90. अभिसम् v. l. — Mit अभिसम् 1) dass. — 2) Med. *wohl sich rüsten gegen, sich an Jmd* (Acc.) *machen* TS. 2,5,6,5 (mit Betonung beider Präpositionen). अभिसंनद्ध *gerüstet.* — Mit उपसम्, उपसंनद्ध *beigebunden, angebunden.*

2. नह् f. *Band.* Nur नह्यम्.

नह् in *दुणाह् und *दुनह्.

नहन n. 1) *das Binden, Umbinden* Viddh. 40,8. — 2) *Fessel* in उन्नहन. — 3) *Riegel, Nagel oder Verbindungsstück in einer Wand.*

नहुस् (?) Suparn. 22,1.

नहि (नहि Maitr. S. und Çat. Br., z. B. 2,4,2,6. 3,1,1,29) Adv. *ja* (unbetont) *nicht, denn nicht; gewiss nicht, durchaus nicht.* Verstärkt durch ein nachfolgendes अङ्ग, नु, स्म und *कम्.

*नहिमात्र *eine best. hohe Zahl* (buddh.).

नहुष m. 1) *prosapia, Geschlechtsfolge, Stamm.* — 2) N. pr. a) verschiedener Männer, insbes. eines Fürsten, der sich zu Indra's Stelle im Himmel erhob, schliesslich aber herabgestossen und in eine Schlange verwandelt wurde. — b) eines Marut. — c) eines Schlangendämons. — 3) Bein. Kṛshṇa-Vishṇu's.

*नहुषाख्य n. *die Blüthe von Tabernaemontana coronaria.*

(नहुष्य) नहुषिअ 1) Adj. *menschlich.* — 2) m. Patron. von नहुष.

नहुस् m. 1) = नहुष 1). — 2) *Stammgenosse.* Compar. नहुष्टर.

ना Adv. = न *nicht* RV. 10,34,8.

नाक 1) m. a) *das Himmelsgewölbe, die Himmelsdecke, der Himmel.* दिवो नाकः *das Himmelsgewölbe.* Auch Pl., insbes. deren drei. — b) *die *Sonne.* — c) N. pr. α) eines Maudgalja. — β) Pl. einer Dynastie VP.[2] 4,218. fg. — 2) n. *ein best. mythisches Geschoss* Arguna's. — 3) Adj. *leidlos.*

नाकचर Adj. *im Himmel wandelnd.*

नाकनदी f. *der Fluss des Himmels, die himmlische* Gaṅgâ Vikramâṅkak. 18,55. Naish. 8,69. *die* Gaṅgâ (auf Erden) 6,69.

*नाकनाथ m. Bein. Indra's.

नाकनायक m. desgl. Bâlar. 89,3.

नाकनायकपुरोहित m. Bein. Bṛhaspati's, *der Planet Jupiter.*

नाकनारी f. *ein himmlisches Weib, eine* Apsaras.

नाकपति m. *ein Gott.*

नाकपाल m. *Hüter des Himmels, ein Gott.*

नाकपुरंध्रि f. *eine* Apsaras Bâlar. 33,15.

1. नाकपृष्ठ n. *Himmelsgewölbe, Himmelsdecke* Âpast. Chr. 44,2.

2.* नाकपृष्ठ m. N. pr. eines Mannes Kâç. zu P. 6,2,114.

नाकपृष्ठ्य Adj. *am Himmelsgewölbe befindlich.*

नाकलोक m. *Himmelswelt* Hemâdri 1,337,1.

*नाकवनिता f. *ein himmlisches Weib, eine* Apsaras.

नाकसद् 1) Adj. *auf der Himmelsfeste ruhend, im Himmel ruhend.* — 2) m. *a) ein Himmelsbewohner, ein Gott.* — *b)* Bez. von *neun* Ekâha. — 3) f. Bez. *bestimmter Backsteine* Çulbas. 2,28. 59. नाकसत्पञ्चचूडाः Çat. Br. 8,6,1,12. fgg. Nom. abstr. नाकसत्त्व n. TS. 5,3,7,1.

नाकस्त्री f. *ein himmlisches Weib, eine* Apsaras.

नाकाधिप m. Bein. Indra's.

नाकापगा f. *die himmlische* Gaṅgâ.

नाकिन् m. *ein Gott.*

नाकिनाथ und नाकिनायक (Ind. St. 15,411) m. Bein. Indra's.

*नाकु m. 1) *Ameisenhaufe.* — 2) *Berg.* — 3) N. pr. eines Muni.

नाकुल 1) Adj. *a) ichneumonartig.* — *b) von* Nakula *herrührend.* — 2) m. *a) eine best. Pflanze* Kâraka 6,23. — *b)* *Patron. von नकुल. — *c)* Pl. N. pr. eines Volkes. — 3) f. ई *a) die Ichneumonpflanze* Mat. med. 310. — *b)* * *Piper Chaba.* — *c)* * *eine weiss blühende* Kaṇṭakârî Râǵan. 4,35. — *d)* *= यवतिक्ता Râǵan. 3,64. — *e)* = सर्पगन्धा Bhâvapr. 3,118. — *f)* * *die Knolle von* Kukkuṭî.

*नाकुलक Adj. Nakula *verehrend.*

नाकुलान्ध्य n. = नकुलान्ध्य.

नाकुलि m. Patron. Çatânîka's.

*नाकेश m. Bein. Indra's.

नाकेश्वर und नाकौकस् (Bâlar. 235,5) m. *ein Gott.*

नाँक्र m. *ein best. Wasserthier.*

नाक्षत्र 1) Adj. *von den Gestirnen kommend, auf die G. bezüglich, siderisch* (Tag, Monat, Jahr). *Sternenjahr ist ein Jahr von zwölf Monaten zu 27 Tagen.* — 2) m. *Sterndeuter* MBh. 12,76,6.

नाक्षत्रिक Adj. (f. ई) = नाक्षत्र 1). नामन् n. Karaka 4,8.

1. नाग 1) m. *a) Schlange.* — *b) ein Schlangendämon, ein mythisches Wesen mit einem menschlichen Gesichte.* Der Sitz dieser Dämonen ist unter der Erde in der Stadt Bhogavatî und in Seen. Acht unter ihnen werden als Fürsten hervorgehoben. — *c)* Bez. *der Zahl acht* Hemâdri 1,77,5. 8. — *d)* * *ein grausamer Mensch.* — *e)* (*Schlange*) *ein best. Wind im menschlichen Körper, der das Erbrechen bewirkt,* 264,33. 265,3. — *f) Elephant.* Sg. auch mit collectiver Bed. Am Ende eines adj. Comp. f. आ. — *g)* *am Ende eines Comp. *ein Elephant von —, so v. a. ein ausgezeichneter —.* — *h)* * *Haifisch.* — *i)* * *Wolke.* — *k) eine best. Pflanze* Pańkad. Nach den Lexicographen: *Mesua Roxburghii, Rottlera tinctoria, Piper Betle, Cyperus rotundus* und *eine best. giftige Pflanze* Râǵan. 6,225. — *l)* N. pr. α) eines Schlangendämons VP.² 2,287. 293. — β) eines Sâdhja. — γ) Pl. einer Dynastie VP. 4,24, 18. VP.² 4,218. fg. — δ) verschiedener Männer. — ε) eines Gebirges VP. 2,2,28. — 2) f. नागी *a)* f. zu 1) *b)* Suparn. 2,1. — *b)* f. zu 1) *f)*. — *c)* N. pr. der Gemahlin Saptamârga's Ind. St. 14,133.

2. नाग 1) Adj. (* f. आ und ई) *a) aus Schlangen gebildet, — bestehend, zu Schlangen —, zu Schlangendämonen in Beziehung stehend.* °आसन n. *eine best. Art zu sitzen.* — *b) vom Elephanten kommend.* — 2) *m. = नागदन्त *ein Pflock in der Wand zum Anhängen von Sachen.* — 3) f. आ *a)* = नागवीथी *ein best. Theil der Mondbahn.* — *b)* N. pr. eines Frauenzimmers. — 4) f. ई *ein best. Metrum.* — 5) n. *a) Blei* Râǵan. 13,24. Bhâvapr. 2,83 (नाङ्ग fehlerhaft). *Zinn.* Angeblich auch m. — *b) eine Art Talk.* — *c) ein best.* 2. करण 4) *n)*. — *d)* * *quidam coeundi modus.* — *e)* N. pr. einer Abtheilung von Bhâratavarsha Golâdhj. Bhuv. 41.

नागक m. N. pr. eines Mannes.

*नागकन्द m. *ein best. Knollengewächs* Râǵan. 7,81.

*नागकन्यका und °कन्या (Kâraṇḍ. 3,20. fgg.) f. *Schlangenjungfrau.*

*नागकर्ण m. *rother Ricinus* Râǵan. 8,58.

नागकिञ्जल्क n. *die Blüthe von Mesua Roxburghii* Râǵan. 6,178.

नागकुण्डलकुण्डलिन् Adj. *eine geringelte Schlange als Ohrring tragend* MBh. 13,14,155.

नागकुमार 1) m. *a) ein Prinz der Schlangendämonen.* — *b)* *Pl. *eine best. Götterordnung bei den* Ǵaina. — 2) *f. ई *a) Rubia Munjista* Râǵan. 6, 194. — *b) Cocculus cordifolius* Dhanv. 1,1.

*नागकुमारिका f. *Cocculus cordifolius* Râǵan. 3, 2. Dhanv. 1,1.

*नागकेश m. N. pr. eines Ministers des Nâgeça.

नागकेसर 1) m. *Mesua Roxburghii* Vâs. 38. — 2) n. *a) die Blüthe von Mesua Roxburghii.* — *b)* * *eine Art Stahl.*

नागखण्ड n. N. pr. einer der *9 Abtheilungen* von Bhâratavarsha.

*नागगन्धा f. *ein best. Knollengewächs* Râǵan. 7,93.

*नागगर्भ n. *Mennig* Râǵan. 13,52.

*नागचम्पक m. *eine Art* Kampaka Râǵan. 10,62.

नागचूड Adj. *dessen Scheitelhaar aus Schlangen besteht* (Çiva).

*नागच्छत्त्रा f. *Tiaridium indicum.*

*नागज n. 1) *Zinn.* — 2) *Mennig* Râǵan. 13,52.

*नागजिह्वा f. *ein best. Schlingstrauch* Râǵan. 3,84.

*नागजिह्विका f. *rother Arsenik.*

*नागजीवन n. *Zinn.*

*नागजीवनशत्रु m. *Auripigment.*

नागतीर्थ n. N. pr. eines Tîrtha. °माहात्म्य n.

नागदत्त 1) Adj. *von den Schlangen geschenkt.* v. l. नागदत्त. — 2) m. N. pr. *a)* eines der 100 Söhne des Dhṛtarâshṭra. — *b)* verschiedener anderer Männer Lalit. 202,1. Hem. Par. 1,306. — 3) f. आ N. pr. einer Apsaras R. ed. Bomb. 2,91,17. नागदत्ता v. l.

1. नागदन्त m. 1) *Elepfantenzahn, Elfenbein.* — 2) *ein Pflock in der Wand zum Anhängen von Sachen.*

2. नागदन्त 1) Adj. *elfenbeinern* MBh. 1,127,72 (anders Nilak.). — 2) f. आ N. pr. einer Apsaras. नागदत्ता v. l. — 3) f. ई *a) Tiaridium indicum.* — *b)* * *Heliotropium indicum* Med. t. 203.

नागदन्तक 1) m. *a) Elfenbein.* — *b) ein Pflock in der Wand zum Anhängen von Sachen.* — 2) *f. °दन्तिका *Tragia involucrata.*

नागदन्तमय Adj. *elfenbeinern* Hemâdri 1,548,17.20.

नागदमनी f. 1) *Schlangenzauber* Ind. St. 14,374. — 2) *Artemisia vulgaris* oder *Alpinia nutans* Mat. med. 310. Râǵan. 5,82.

*नागदलोपम n. *Xylocarpus Granatum.*

*नागदाशक (°दासक?) m. N. pr. eines Prinzen.

*नागदेण्टिका f. *die Betel-Pflanze.*

नागदेव m. 1) *ein Schlangenfürst.* — 2) N. pr. eines Autors.

नागदेवाह्निक n. Titel eines Werkes.

नागदेवीय n. *das von* Nâgadeva *verfasste Werk.*

*नागद्रु m. *eine Art Euphorbia.*

नागद्वीप m. N. pr. eines Dvîpa.

नागधन्वन् m. N. pr. eines Tîrtha MBh. 9,37,30.

नागध्वनि m. *ein best.* Râga S. S. S. 101.

नागनक्षत्र n. *das Mondhaus* Âçleshâ.

नागनाथ 1) m. *a) Schlangenfürst.* — *b)* N. pr. zweier Männer. — 2) n. Name eines Liṅga.

नागनाथेशलिङ्ग n. Name eines Liṅga.

नागनाभ (?) m. N. pr. eines Mannes.

*नागनामक n. 1) *die Blüthe von Mesua Roxburghii* Gal. — 2) *Zinn.*

*नागनामन् m. *Basilienkraut.*

नागनायक m. *Führer —, Haupt der Schlangen.*

नागनासा f. *Elephantenrüssel.*

*नागनिर्यूह m. *ein Pflock in der Wand zum Anhängen von Sachen.*

नागपञ्चमी f. *der fünfte Tag in der lichten Hälfte des* Çrâvaṇa *oder in der dunkelen Hälfte des* Âshâḍha.

नागपति m. *Schlangenfürst* 69,17.

नागपत्त्रा f. = नागदमनी Bhâvapr. 1,122.

नागपद m. *quidam coeundi modus.*

*नागपर्णी f. *die Betel-Pflanze.*

नागपाल m. N. pr. verschiedener Männer.

नागपाश m. 1) *eine bes. Art von Schlinge* oder *Knoten.* — 2) *Varuṇa's *Waffe.* — 3) *eine in Form von Schlangenwindungen geschriebene Strophe.* — 4) **quidam coeundi modus.*

नागपाशक m. *quidam coeundi modus.*

नागपुत्र m. *ein junger Schlangendämon* Pañkad.

नागपुर N. pr. einer *Stadt.* 1) n. = हास्तिनपुर. — 2) f. ई. °पुरीमाहात्म्य n. Titel eines Werkes Opp. Cat. 1.

नागपुष्प 1) m. *eine best. Pflanze.* Nach den Lexicographen *Mesua Roxburghii, Rottlera tinctoria* und *Michelia Champaka.* — 2) f. ई = नागदमनी Bhâvapr. 1,189. 218. 222. — 3) n. *die Blüthe von Mesua Roxburghii.*

*नागपुष्पफला f. *Beninkasa cerifera.*

*नागपुष्पिका f. *gelber Jasmin* Râǵan. 10,98.

नागपैय m. N. pr. eines Dichters.

नागपोत m. *ein junger Schlangendämon* Hariv. 12744. पन्नगेन्द्र v. l.

नागफल 1) *m. *Trichosanthes dioeca* Râǵan. 3, 10. — 2) f. आ *Momordica monadelpha.*

नागबन्ध m. 1) *eine Schlange als Fessel.* — 2) *eine in Form von Schlangenwindungen geschriebene Strophe.*

*नागबन्धक m. *Elephantenfänger.*

नागबल 1) m. Bein. Bhîmasena's. — 2) f. आ a) *Uraria lagopodioides.* — b) *Sida spinosa* Mat. med. 310. — 3) n. *eine best. hohe Zahl* Lalit. 168,17.

*नागबुद्ध m. N. pr. eines buddh. Gelehrten.

नागबुद्धि m. N. pr. eines med. Autors.

नागबोध und °बोधिन् m. N. pr. eines Autors.

नागभगिनी f. Bein. der Göttin Manasâ.

*नागभिद् m. *eine Eidechsenart ohne Füsse.*

नागभूषण Adj. *mit Schlangen geschmückt* (Çiva).

*नागभृत् m. *ein Eidechsenart ohne Füsse.*

नागभोग m. *eine Schlangenart.*

*नागमण्डलिक m. *Schlangenhalter.*

*नागमती f. *Ocimum sanctum.*

नागमय Adj. (f. ई) *aus —, in Elephanten bestehend.*

*नागमल्ल m. Bein. des *Elephanten* Airâvata.

नागमातर् f. 1) *die Mutter der Schlangendämonen,* Bein. der Surasâ. — 2) *Bein. der Göttin Manasâ. — 3) **rother Arsenik.*

*नागमार m. *eine best. Gemüsepflanze.*

*नागमुद्ग m. N. pr. eines Mannes.

नागमौञ्जिन् Adj. *eine Schlange als Gürtel tragend* MBh. 13,14,155.

नागम्मा f. N. pr. einer Dichterin.

नागयज्ञोपवीत, °वीतवन्त् (Hemâdri 1,823,16) und °वीतिन् (MBh. 13,14,155) Adj. *eine Schlange als heilige Schnur tragend.*

*नागयष्टि und *°का f. *Pegel.*

नागर 1) Adj. a) *städtisch, zur Stadt gehörig, — in Beziehung stehend, sie betreffend.* — b) Bez. eines best. Apabhramça-*Dialects* Sâh. D. 262,12. — c) *gewandt, geschickt, gerieben, fein* Dhûrtan. 9. — d) **schlecht, gemein.* — e) **namenlos.* — 2) m. a) *Städter.* — b) Bez. *eines kriegführenden Fürsten unter gewissen Umständen,* übertr. auch auf *feindlich einander gegenüberstehende Planeten.* — c) **des Mannes Bruder.* — d) **Vorleser.* — e) **Beschwerde, Mühseligkeit.* — f) **das Verlangen nach der endlichen Erlösung.* — g) **denial of knowledge.* — 3) *f. ई a) *Euphorbia antiquorum.* — b) *ein best. Schriftcharacter.* — 4) n. a) *getrockneter Ingwer.* — b) **die Wurzel von Cyperus pertenuis.* — c) *ein best. Schriftcharacter* Hemâdri 1,330,17. — d) *quidam coeundi modus.* — e) N. pr. α) einer Oertlichkeit. °देश m. Râǵan. 3,135. 6,146. — β) einer Stadt.

नागरक 1) Adj. (f. °रिका) a) *städtisch, in der Stadt wohnend.* — b) **geschickt, gewandt.* — 2) m. a) *Städter.* — b) = नागर 2) b). — c) *Stadthaupt, Polizeimeister.* — 3) f. °रिका N. pr. einer *Zofe* in Mâlav. — 4) n. a) *getrockneter Ingwer.* — b) *ein best. Metrum.* — Vgl. नन्दिनागरक.

*नागरक्त n. *Mennig.*

नागरखण्ड n. Titel eines *Abschnitts* im Skandapurâṇa.

*नागरघन m. *eine Cyperus-Art* Râǵan. 6,143.

*नागरङ्ग und *°क m. *Orangenbaum* Z. d. d. m. G. 23,518. fg.

नागरट्ट m. N. pr. eines Mannes. नागवट्ट v. l.

नागरता f. *Geschicklichkeit* Dhûrtan.

*नागरमर्दि m. Patron. von नगरमर्दिन्.

नागरमुस्तक n. *das Korn der* नागरमुस्ता Bhâvapr. 1,191.

*नागरमुस्ता f. *eine Cyperus-Art* Râǵan. 6,143.

नागरसेन m. N. pr. eines Fürsten Harshak. 166,13.

नागराज् m. *Schlangenfürst* 43,17.

नागराज m. 1) dass. — 2) *ein Fürst unter den Elephanten, ein grosser, stattlicher E.*

नागराजन् m. *Schlangenfürst.*

नागराजपद्धति f. Titel eines Werkes.

नागराजशतक n. desgl.

नागराजाय्, °यते *zu einem Schlangenfürsten werden.*

नागरावलम्बिका f. wohl ein Frauenname.

*नागराह्व n. *getrockneter Ingwer* Râǵan. 6,26.

नागरिक 1) Adj. a) *städtisch, in der Stadt wohnend.* — b) *höflich, artig.* — 2) m. a) *Städter,* insbes. *ein höflicher, fein gebildeter.* — b) *Stadthaupt, Polizeimeister.* — 3) *n. *Stadtabgabe.*

नागरिकपुर n. N. pr. einer Oertlichkeit.

*नागरिट (?) m. *Wüstling.*

*नागरूक m. *Orangenbaum.*

नागरूपधृक् m. N. pr. eines Verfassers von Mantra bei den Çâkta.

*नागरेणु m. *Mennig* Râǵan. 13,52.

*नागरेयक Adj. *städtisch.*

*नागरोत्था f. *eine Art Cyperus* Râǵan. 6,143.

*नागर्य n. Nom. abstr. von नगर.

नागलता f. 1) **penis.* — 2) *Piper Betle* Bâlar. 302,12. — 3) N. pr. eines Frauenzimmers.

नागलेखा f. N. pr. eines Frauenzimmers.

नागलोक m. *die Welt —, der Aufenthaltsort der Schlangendämonen* 43,25. 44,29. *die Schlangendämonen.* °पति m. *ein Fürst der Schlangenwelt.*

नागवट्ट m. N. pr. eines Mannes. नागरट्ट v. l.

नागवत्मन् m. N. pr. eines Tîrtha. Entweder fehlerhaft für °वर्त्मन् oder für नागधन्वन्, wie die v. l. hat.

नागवध Adj. mit रस m. *ein Mittel gegen Aussatz, zu dessen Bereitung eine Schlange verwendet wird.*

नागवधू f. *Elephantenkuh.*

नागवन n. 1) im Comp. *Elephanten* und *Wälder* oder *Elephantenwald* Vishṇus. 3,16. — 2) N. pr. einer Oertlichkeit.

नागवन्त् Adj. *mit Elephanten versehen.*

नागवर्त्मन् s. नागवत्मन्.

नागवर्धन m. N. pr. eines Mannes B. A. J. 2,12.

नागवर्मन् m. desgl. B. A. J. 9,280. Ind. Antiq. 10,249.

नागवल्लरी f. *Piper Betle* Râǵan. 11,253. Bhâvapr. 1,196.

नागवल्लि und °वल्ली f. 1) dass. Spr. 7805. — 2) °वल्ली Titel eines Werkes Opp. Cat. 1. °कल्प

m. desgl. ebend.

*नागवल्लिका f. *Piper Betle.*

नागवशा f. *Elephantenkuh* Mudrâr. 73,5.

*नागवारिक m. 1) *ein königlicher Elephant.* — 2) *Elephantenführer.* — 3) *Pfau.* — 4) Bein. Garuḍa's. — 5) *Vorsteher einer Versammlung.*

नागवास m. *Aufenthaltsort der Schlangen,* Bez. *des Sees, den das Thal von Nepal ursprünglich gebildet haben soll.*

*नागवीट m. *Heirathsstifter.*

नागवीथी f. 1) *Schlangenreihe.* — 2) *ein best. Theil der Mondbahn, die Mondhäuser* Svâti (oder Açvinî), Bharaṇî *und* Kṛttikâ. — 3) N. pr. einer Tochter Daksha's und der Jâmî oder Kaçjapa's und der Jâminî.

*नागवृत्त m. *ein best. Baum.*

नागशत m. N. pr. eines Berges.

नागशब्दी f. *ein best.* Râga S. S. S. 110.

*नागशुण्डी f. *eine Gurkenart.*

नागशूर m. N. pr. eines Mannes.

नागश्री f. N. pr. einer Fürstin.

*नागसंभव n. *Mennig.*

नागसंभूत Adj. *von den Schlangen kommend* (eine Art Perlen).

नागसाह्वय Adj. *nach den Elephanten benannt,* in Verbindung mit नगर n. *Stadt* so v. a. हास्तिनपुर.

नागसुगन्धा f. *die Ichneumonpflanze* Bhâvapr. 1,174.

नागसेन m. N. pr. verschiedener Männer.

*नागस्तोकक n. *eine best. giftige Pflanze.*

नागस्थल N. pr. eines Dorfes.

*नागस्फोटा f. 1) *Croton polyandrum* Râǵan. 6, 160. — 2) *Tiaridium indicum* Râǵan. 5,84.

नागस्वामिन् m. N. pr. eines Mannes.

*नागहनु m. *Unguis odoratus.*

*नागहल्ली f. *eine best. Pflanze,* = वन्ध्याकर्कोटकी Râǵan. 3,49.

नागह्रद m. *ein von Schlangen oder Schlangendämonen bewohnter See.*

*नागाख्य m. *Mesua Roxburghii.*

*नागाङ्गना f. 1) *Elephantenkuh.* — 2) *Elephantenrüssel* (?).

*नागाञ्चला f. *Pegel.*

*नागाञ्जना f. 1) *Elephantenkuh.* — 2) *Pegel.*

नागाट्टायिक m. N. pr. eines Mannes.

नागादेवी f. N. pr. der Mutter Bilhaṇa's Vikramâñkak. 18,80.

*नागाधिप und *°पति m. *Schlangenfürst.*

नागाधिराज m. *König der Elephanten.*

नागानन m. Bein. Gaṇeça's.

नागानन्द n. Titel eines Schauspiels.

नागानन्दीय n. = नागानन्द Opp. Cat. 1.

*नागान्तक m. Bein. Garuḍa's.

नागाभरण n. Titel eines Werkes Opp. Cat. 1.

नागाभिभु m. N. pr. eines Buddha.

नागाभिभ m. N. pr. eines Mannes Lalit. 202,6.

*नागारातिं m. *eine best. Pflanze,* = वन्ध्याककोटकी Râǵan. 3,49.

नागारि m. Bein. Gaṇeça's.

नागारिगिरिविवरकल्प m. Titel eines Werkes.

नागारितत्त्वहोम m. *ein best. Opfer.*

नागार्जुन N. pr. 1) m. eines alten buddh. Lehrers Harshak. 219,12. — 2) f. ई einer Felsenhöhle.

नागार्जुनचरित n. Titel eines Werkes Ind. St. 14,408.

नागार्जुनतन्त्र n. Titel eines Tantra.

नागार्जुनीय (Conj. für °नीप) Adj. von नागार्जुन 1).

नागालाबु f. *eine Art runder Gurken* Râǵan. 7,160.

नागाशन m. 1) *Pfau* Spr. 164. — 2) *Bein. Garuḍa's.

नागाह्व 1) *n. *die nach den Elephanten benannte Stadt,* = हास्तिनपुर. — 2) f. घ्रा *a) Mesua Roxburghii* Rasar. 609. — *b)* **eine Art* Kampaka Râǵan. 10,62. — *c)* **ein best. Knollengewächs* Râǵan. 7,114.

नागाह्वय 1) Adj. = नागसाह्वय. In Verbindung mit पुर n. *Stadt* = हास्तिनपुर. — 2) m. *a) eine best. Pflanze.* — *b)* *Bein. Tathâgatabhadra's.

नागिन् 1) Adj. *von Schlangen umgeben.* — 2) f. °नी *a) Piper Betle* Bhâvapr. 1,196. — *b)* **ein best. Knollengewächs* Râǵan. 7,114.

नागिल N. pr. 1) m. eines Mannes. — 2) f. घ्रा einer Frau Hem. Par. 1,350.

1. नागी f. s. u. 1. und 2. नाग.

2. नागी Adv. mit भू *sich in einen Schlangendämon verwandeln* Râǵat. 1,268.

*नागीत n. *die Blüthe von Mesua Roxburghii* Râǵan. 6,178.

नागेन्द्र 1) m. *a) Schlangenfürst.* — *b) ein mächtiger, ausgewachsener Elephant* 185,12. — 2) f. ई N. pr. eines Flusses.

नागेश 1) m. *a)* Bein. Patañgali's. — *b)* N. pr. verschiedener Männer. Auch °भट्ट. — 2) n. Name eines Liñga.

नागेशविवरण n. Titel eines Werkes Opp. Cat. 1.

नागेश्वर 1) m. *a) eine best. Pflanze.* — *b)* N. pr. eines Mannes. — 2) f. ई Bein. der Göttin Manasâ. — 3) n. Name eines Liñga.

नागेश्वरतीर्थ n. N. pr. verschiedener Tîrtha.

नागोजि (°जी) und °भट्ट m. N. pr. eines neuern Grammatikers. °जिभट्टीय n. Titel seines Werkes Opp. Cat. 1.

*नागोद n. *ein auf dem Bauch getragener Panzer.*

नागोदर 1) m. N. pr. eines med. Autors. — 2) n. *a) ein best. Fall von Auflösung und Absterben des Fötus im Mutterleibe* Káraka 4,8. — *b)* **Brustharnisch.*

नागोद्भेद m. N. pr. des Ortes, wo die Sarasvatî wieder zum Vorschein kommt.

नागोपवीतिन् Adj. = नागयज्ञोपवीतिन् Hemâdri 2,*a*,124,19.

नाग्नजितं 1) m. *ein Sohn* Nagnaǵit's. — 2) f. ई *eine Tochter* Nagnaǵit's (eine der Gattinnen Krshṇa's) Hariv. 2,60,41. 103,3. 10.

नाग्नजिति (metrisch) f. = नाग्नजित 2).

नाग्निदूषित Adj. *nicht angebrannt* M. 2,47.

नाचिक m. N. pr. eines Sohnes des Viçvâmitra.

नाचिकेतं 1) Adj. *zu* Nakiketa oder Nakiketas *in Beziehung stehend,* insbes. ein solches Feuer. m. so v. a. नाचिकेतो ऽग्निः. — 2) m. N. pr. eines alten Weisen.

*नाचिकेतु m. *Feuer.* Richtig नाचिकेत.

नाचीन m. Pl. N. pr. eines Volkes.

नाञ्जक m. N. pr. eines Mannes.

नाट 1) *m. n. *Tanz.* — 2) m. *a) ein best.* Râga S. S. S. 81. 91. — *b)* N. pr. α) Pl. eines Volkes. — β) *eines Schlangendämons. — 3) f. ई *die von den* Nâṭa *gesprochene Sprache.*

नाटक 1) m. *a) Schauspieler.* — *b) das personificirte Schauspiel.* — *c)* N. pr. eines Berges. — 2) f. नाटिका *a) Schauspiel,* so v. a. *Scheindarstellung* Bâlar. 207,21. — *b) eine Art Schauspiel* 290. 17. Prij. 2,5. — *c) eine best.* Râgiṇî S. S. S. 37. — 3) *f. ई Indra's *Hof.* — 4) n. *a) Schauspiel.* — *b) eine bes. Art Schauspiel.*

नाटकदीप m. Titel eines Prakaraṇa in der Pañkadaçî.

नाटकप्रकाश m. Titel eines Werkes Kumârasv. zu Pratâpar. 96,3.

नाटकरत्नकोश m. desgl.

नाटकाख्यायिकादर्शन n. *eine der 64 Künste* (कला).

नाटकावतार m. Titel eines Werkes.

1. नाटकी f. s. नाटक 3).

2. नाटकी Adv. mit कर् *zu einem Schauspiel verarbeiten* Hariv. 8672.

नाटकीया f. *Schauspielerin* Daçak. 82,17.

नाटकेय m. Pl. N. pr. eines Volkes.

नाटभटिकविहार m. N. pr. eines *buddh. Klosters.*

नट° v. l.

नाटयितव्य Adj. *zu spielen* (ein Schauspiel) 290,19. Bâlar. 6,2.

*नाटाम्र m. *Wassermelone.*

*नाटार m. *der Sohn einer Schauspielerin.*

नाटित n. *mimische Darstellung.* कैतव° so v. a. *falsches Spiel, etwas Erlogenes* Naish. 8,94. भीति° *das Darstellen von Furcht auf der Bühne.*

°नाटितक n. *mimische Darstellung* (eines Gefühls oder einer Handlung) Bâlar. 151,8.

नाटिन् Adj. *tanzend* in *संध्या°.

*नाटेय und *नाटेर m. *der Sohn einer Schauspielerin.*

नाट्य n. 1) *Tanz, Mimik, Darstellung auf der Bühne, Schauspielerkunst.* नाट्येन so v. a. *mimisch* (Etwas darstellen). — 2) *das Costüm eines Schauspielers.*

नाट्यदर्पण m. Titel eines Werkes.

नाट्यधर Adj. *ein Theatercostüm tragend.*

*नाट्यधर्मिका und *°धर्मी f. *Regeln über Mimik* u. s. w.

नाट्यप्रदीप m. Titel eines Werkes Hall in der Einl. zu Daçar. 1.

नाट्यप्रिय Adj. *Mimik* u. s. w. *liebend* (Çiva).

नाट्यरासक n. *eine Art einactiger Schauspiele.*

नाट्यलक्षण n. Titel eines Werkes Opp. Cat. 1.

नाट्यलोचन n. desgl.

नाट्यवेद m. = नाट्यशास्त्र 1) Kandak. 3,9.

नाट्यवेदी f. *Bühne* Kathâs. 110,133.

नाट्यशाला f. *Tanzsaal.*

नाट्यशास्त्र n. 1) *die Lehre vom Tanz, — von der Schauspielerkunst.* °प्रवक्तर् *der Autor eines solchen Werkes.* — 2) Titel eines best. Werkes Opp. Cat. 1.

नाट्यशेखर m. Titel eines Werkes Hall in der Einl. zu Daçar. 1.

नाट्यागार n. *Tanzsaal* Bhar. Nâtjaç. 34,56.

नाट्याचार्य m. *Tanzlehrer* u. s. w.

नाट्याचार्यक n. *das Amt eines Tanzlehrers* Spr. 5782.

*नाट्यालाबु f. *eine Art Gurken* Gal. Vgl. नागालाबु.

नाट्योक्ति f. *ein Ausdruck vom Theater.*

नाड 1) *n. = नाल *ein hohler Stengel.* — 2) f. आ *ein best. Vers* Vaitân.

नाडपित् N. pr. einer Oertlichkeit.

नाडायन m. Patron. von नड. Davon *Adj. °क.

नाडि f. = नाडी *Ader, Gefäss des thierischen Leibes* Bhâg. P. 2,10,29. 3,30,17.

नाडिक 1) am Ende eines adj. Comp. *a*) dass. Bhâg. P. ed. Bomb. 3,30,16. — *b*) = 2) *c*). f. आ Cit. beim Schol. zu Sûrjas. 12,79. — 2) f. आ *a*) *ein hohler Stengel.* — *b*) *Röhre, röhrenartiges Gefäss im Leibe.* — *c*) *ein best. Zeitmaass,* = ½ Muhûrta. — *d*) *ein best. Längenmaass,* = ½ Daṇḍa. — *e*) v. l. für नालिका Spr. 4046. — 3) n. *Ocimum sanctum* Bhâvapr. 1,282.

नाडिकादत्त N. pr. eines Autors.

नाडिकावृत्त n. *Aequinoctialkreis.*

*नाडिकेल m. = नारिकेल *Cocosnusspalme.*

*नाडिचीर n. *Weberschiff.*

नाडिंधम 1) Adj. *die Adern auftreibend, einen starken Pulsschlag bewirkend* Kâd. 2,126,17. Bâlar. 176,20. Bhaṭṭ. 6,94. Vgl. नाडीधम. — 2) *m. *Goldschmied.*

*नाडिंधय Adj. *durch ein Rohr trinkend.*

*नाडिपत्त्र n. *Colocasia antiquorum.*

*नाडिमण्डल n. *Himmelsaequator.*

नाडी f. (Nom. नाडीस् in der ältesten Sprache) 1) *Röhre.* — 2) *Spalte.* — 3) *ein röhrenartiges Gefäss im Leibe, Ader* u. s. w. — 4) *Pfeife, Flöte.* — 5) *Fistel.* — 6) *Büchse am Rade.* — 7) **eine Grasart,* = गण्डदूर्वा. — 8) *Puls.* — 9) *ein best. Zeitmaass,* = ½ Muhûrta. — 10) **Gauklerei.*

नाडीक 1) *am Ende eines adj. Comp. = नाडी. — 2) m. *Corchorus olitorius* und *eine andere Gemüsepflanze* Bhâvapr. 1,282. — 3) f. आ *Luft-* oder *Speiseröhre.*

नाडीकपालक m. *eine best. Pflanze* Bhâvapr. 1,220.

*नाडीकेल m. = नारिकेल *Cocosnusspalme.*

*नाडीच m. *Colocasia antiquorum.*

*नाडीचरण m. *Vogel.*

नाडीजङ्घ m. 1) **Krähe.* — 2) N. pr. *a*) eines mythischen Kranichs. — *b*) eines Muni.

*नाडीतरंग m. 1) = काकोल. — 2) = हिण्डक. — 3) = रतहिण्डक *Weiberverführer.*

*नाडीतिक्त m. *ein* Nimba-*Art* Râǵan. 9,17.

नाडीदत्त m. N. pr. eines Autors.

*नाडीदेह m. N. pr. eines Wesens im Gefolge Çiva's.

*नाडीनक्षत्र n. = जन्मनक्षत्र.

नाडीनिदान n. Titel eines Werkes Opp. Cat. 1.

नाडीधम Adj. fehlerhaft für नाडिंधम 1) Kâd. 2,49,7 (58,11).

नाडीपरीक्षा f. *Untersuchung des Pulses* Bhâvapr. 2,162.

नाडीपात्र n. *eine Art Wasseruhr* Z. d. d. m. G. 30,307.

नाडीप्रकाश m. Titel eines Werkes.

नाडीयन्त्र n. *ein röhrenartiges chirurgisches Instrument.*

नाडीवलय n. *Aequinoctialkreis.*

*नाडीविग्रह m. = नाडीदेह.

नाडीवृत्त n. *Aequinoctialkreis* Comm. zu Golâdhj. 6,16.

नाडीव्रण m. *Fistel.*

नाडीशाक n. *eine best. Gemüsepflanze,* = नाडीक Bhâvapr. 1,182.

नाडीशास्त्र n. Titel eines Werkes Opp. Cat. 1.

नाडीशुद्धि f. desgl.

नाडीसंज्ञान n. desgl. Opp. Cat. 1.

*नाडीस्नेह m. = नाडीदेह.

नाडीस्वेद m. *ein Dampfbad durch Röhren.*

*नाडीहिङ्गु n. *das Harz der Gardenia gummifera* Râǵan. 6,77.

नाडुलेय m. Metron. von नडुला.

नाणक n. *Münze* Hemâdri 1,584,19. °परीक्षिन् m. *Prüfer von Münzen.*

*नातानतिक Adj. von नत + अनत.

नातिकल्याण Adj. *nicht sehr schön, — edel* Daçak. 88,18.

नातिकोविद Adj. *nicht sehr erfahren in* (Loc.) MBh. 4,40,1.

नातिक्रूरमृदु Adj. *nicht zu stark und nicht zu schwach* (Bogen) Vishnus. 12,4.

नातिगाध Adj. *nicht sehr seicht, ziemlich tief.*

नातिचिर Adj. *nicht sehr lang* (von der Zeit). °रे *bald.*

नातिच्छिन्न Adj. *nicht zu stark aufgerissen* Suçr. 2,19,1.

नातितीव्र Adj. *nicht sehr streng, mässig* MBh. 2,22,9.

नातितृप्ति f. *Nichtübersättigung* Jâǵn. 1,114.

नातिदीर्घ Adj. *nicht gar zu lang.* °म् Adv. — *lange* MBh. 3,77,20.

नातिदूर Adj. *nicht allzuweit entfernt.* °म् Adv. *nicht weit weg* 153,10. °रात् (R. 3,1,29) und °रे (R. 3,17,16) *nicht sehr fern, — von* (Abl. oder Gen.).

नातिदूरग Adj. *nicht allzuweit entfernt* 127,15.

नातिदूरनिरीक्षिन् Adj. *nicht allzuweit schauend* R. 5,86,12.

नातिदूरवर्तिन् Adj. *nicht in allzuweiter Ferne weilend* Vṛshabh. 57,a,22.

नातिदूरस्थित Adj. *nicht in allzuweiter Ferne stehend* 106,27.

नातिदोषल Adj. (f. आ) *nicht von sehr schlechter Beschaffenheit* Suçr. 1,172,5.

नातिद्रुतम् Adv. *nicht allzu eilig* Vishnus. 11,6.

नातिधनिन् Adj. *nicht allzureich* Agni-P. 27,60.

नातिनिर्भुग्न Adj. *nicht sehr gebogen, eingedrückt* R. Gorr. 2,8,41. अभिनिविष्ट v. l.

नातिनिर्वृति f. *nicht allzu grosses Wohlbehagen* Kathâs. 119,49.

नातिनीच Adj. *nicht allzuniedrig* Bhag. 6,11.

नातिपरिकर Adj. *mit geringer Dienerschaft* Daçak. 67,7.

नातिपरिस्फुट Adj. *nicht allzusehr hervortretend, ein wenig versteckt* Çâk. 110.

नातिपर्याप्त Adj. *nicht allzureichlich* Ragh. 15,18.

नातिपुष्ट Adj. *nicht allzureich versehen mit* (Instr.) Daçak. 54,12.

नातिप्रकुपित Adj. *nicht gar zu sehr aufgebracht* Daçak. 67,9.

नातिप्रचुरपद्यवन्त् Adj. *nicht allzu viele Verse enthaltend* Sâh. D. 278.

नातिप्रमनस् Adj. *nicht allzugut gelaunt*.

नातिप्रसिद्ध Adj. *nicht ganz bekannt* MBh. 9,23,60.

नातिप्रीत Adj. *nicht sehr erfreut* Bhâg. P. 4,9,27.

नातिभारिक Adj. *nicht allzu gewichtvoll* Mudrâr. 201,1.

नातिभिन्न Adj. 1) *nicht allzusehr aufgeschlitzt* Suçr. 2,19,1. — 2) *nicht gar zu verschieden von* (Abl.).

नातिभोगिन् Adj. *nicht allzusehr den Genüssen fröhnend* Mârk. P. 34,116.

नातिमहन्त् Adj. *nicht sehr gross* Kâraka 1,17. *nicht sehr lang* (Zeit) MBh. 1,39,3.

नातिमात्रम् Adv. *nicht zu sehr* Mudrâr. 62,11 (101,1).

नातिमानिन् Adj. *keine zu hohe Meinung von sich habend*. Nom. abstr. °निता f. Bhag. 16,3.

नातिरमणीय Adj. *nicht gar zu anmuthig*. Nom. abstr. °ता Mudrâr. 132,10 (197,10). Zu lesen ग्रीर्वाणव्यानस्य नातिर°.

नातिरूप Adj. (f. ग्रा) *nicht sehr hübsch* 83,19.

नातिललित Adj. (f. ग्रा) *nicht sehr anmuthig, mittelmässig schön* Verz. d. Oxf. H. 145,a,33.

नातिवत्सल Adj. (f. ग्रा) *nicht sehr zärtlich, unfreundlich* Mârk. P. 71,24.

नातिवातल Adj. *den Wind* (als humor) *nicht sehr befördernd* Suçr. 1,224,12.

नातिवाद m. *Vermeidung harter Worte*.

नातिविलम्बितम् Adv. *nicht allzu langsam* Vishnus. 11,6.

नातिविशदम् Adv. *nicht sehr vernehmlich* (küssen) Daçak. 87,7.

नातिविस्तारसंकट Adj. *nicht zu weit und nicht zu eng* Kâm. Nîtis. 16,2.

नातिव्यक्त Adj. *nicht sehr deutlich* Varâh. Bṛh. S. 11,20.

नातिव्यस्त Adj. *nicht zu weit getrennt* Taitt. Prât. 2,12.

नातिशीतोष्ण Adj. *nicht zu kalt und nicht zu warm* Ragh. 4,8.

नातिश्रान्त Adj. *nicht zu sehr ermüdet* Mârk. P. 61,18.

नातिस्वल्प Adj. *nicht gar zu kurz*.

नातिस्वस्थ Adj. (f. ग्रा) *nicht ganz wohl, recht leidend* MBh. 3,54,7.

नातिहृष्ट Adj. *nicht recht froh* MBh. 12,328,19.

नात्यन्तदूर Adj. *nicht sehr weit entfernt*.

नात्यपचित Adj. *nicht zu mager* Kâraka 4,8.

नात्याकीर्ण Adj. *nicht gar voll, ziemlich leer* (Strasse) R. 2,42,23.

नात्यादृत Adj. *recht vernachlässigt* Benf. Chr. 181,19.

नात्युच्च Adj. *nicht sehr hoch* Ind. St. 2,286.

नात्युच्छ्रित Adj. *nicht zu hoch* Bhag. 6,11.

नात्युपपन्न Adj. *nicht ganz natürlich, — normal* Daçak. 82,13.

नात्युपसंहृत Adj. *nicht zu sehr genähert* Taitt. Prât. 2,12.

*नात्र 1) m. *a) ein Weiser*. — *b)* Bein. Çiva's. — 2) n. *a) Lob, Preis*; vgl. नात्त. — *b) Wunder*.

नाथ्, नाथते und नाथति (selten) (याञ्चोपतापैश्वर्याशीष्षु) *flehentlich bitten, sich bittend wenden an* (Loc.), *bitten —, flehen um* (Gen. oder *Dat.), *Jmd bitten um* (mit doppeltem Acc.). नाथमान *bittend, flehend*. नाथित *hülfsbedürftig, in Noth befindlich, bedrängt*. — Caus. नाथयति *Etwas zu bitten veranlassen*, so v. a. *im Voraus gewähren*, eine Bitte (Acc.) *erhören* Bhâg. P. ed. Bomb. 2,9,25. — Mit ग्रनु Act. *Jmd* (Acc.) *bitten*. — Mit *उप Act. dass. 236,9.

नाथ 1) n. *Zuflucht, Hülfe*. — 2) m. *a) Schutzherr, Beschützer, Gebieter, Herrscher, Besitzer von Etwas* (Gen.). Häufig vom *Gatten*, insbes. im Voc. Am Ende eines adj. Comp. (f. ग्रा) auch so v. a. *im Besitz seiend —, eingenommen von, versehen mit*. — *b)* *das durch die Nase gezogene Seil beim Ochsen*. — *c)* N. pr. eines Autors.

नाथकाम Adj. *Hülfe suchend*.

नाथकुमार m. N. pr. eines Dichters.

नाथत्व n. Nom. abstr. zu नाथ 2, *a*).

नाथवत्ता f. Nom. abstr. von नाथवन्त् 66,24. 67,14.

नाथवन्त् Adj. *einen Schutzherrn habend*; f. ई *einen Gatten habend*.

नाथविद् und °विन्दु Adj. *Schutz besitzend*, — *gewährend*. — *verschaffend*.

*नाथहरि Adj. als Beiw. von पशु.

*नाथहार Adj. = नाथहरि, aber nicht als Beiw. von पशु.

नाथाय्, °यति Bhâg. P. 2,9,25 fehlerhaft für नाथय्; s. नाथ् Caus.

नाथित 1) Adj. s. u. नाथ्. — 2) n. *das Flehen, Bitte*.

नाथिन् Adj. *einen Schutzherrn habend*.

नाद m. (adj. Comp. f. ग्रा) 1) *lauter Ton, Geschall, Gedröhne, das Rauschen, Brüllen, Schreien* u. s. w.; *Laut, Ton überh*. — 2) *der durch den Halbkreis dargestellte nasale Laut*. — 3) * = स्तोतर्.

नादता f. *die Eigenschaft des Tönens*.

नादपुराण n. Titel eines Purâṇa.

नादबिन्दूपनिषद् f. Titel einer Upanishad.

*नादर m. *Nichtachtung*.

नादवन्त् Adj. *mit Ton gesprochen*.

नादि Adj. *rauschend, lärmend*.

*नादिक N. pr. eines Landes.

नादिग m. N. pr. eines Mannes.

नादित 1) Adj. s. u. नद् Caus. — 2) n. *Schall, Geräusch, Geschrei*.

नादिन् 1) Adj. *laut schallend, — tönend, tönend* überh. Am Ende eines Comp. *schallend —, laut tönend —, brüllend —, schreiend wie, lärmend mit, ertönend von*. — 2) m. N. pr. *a)* eines Dânava. — *b)* eines in eine Gazelle verwandelten Brahmanen.

नादेय 1) Adj. *vom Flusse kommend* u. s. w., *fluviatilis*. — 2) *m. *a) Saccharum spontaneum* Râǵan. 8,89. — *b) Calamus Rotang* Râǵan. 9,107. — 3) f. ई *eine best. Pflanze*. Nach den Lexicographen *Sesbania aegyptiaca, Hibiscus rosa sinensis, Premna spinosa, Flacourtia sapida*, ग्रम्बुवेतस, काकजम्बु, जलवानीर, भूमिजम्बू und व्यजुष्ठ. — 4) n. *a) Steinsalz*. — *b)* *eine Salbe von Spiessglanz*.

नाद्य, नादिय Adj. = नादेय 1).

नाध्, नाधते (याञ्चोपतापैश्वर्याशीष्षु). Zu belegen nur नाधमान *Hülfe suchend, flehend, supplex* und नाधित *hülfsbedürftig, in Noth befindlich, bedrängt*.

नाध Adj. in वयोनाध.

नाधस् n. wohl *Zuflucht, Hülfe*.

नाधीत Adj. *der nicht studirt —, Nichts gelernt hat* Spr. 7389.

नान 1) m. N. pr. eines Mannes. Auch °भट्ट. — 2) f. ग्रा *Münze*, = नाणक Hemâdri 1,584,14. 16 (नानानाना° zu lesen). 18. 585,1. 587,1.

नानद n. Name eines Sâman.

नानन्द n. fehlerhaft für नानद Comm. zu Lâṭj. 4,5,7.

1. नाना 1) Adv. *auf verschiedene Weise, mannichfach, verschieden, disparat, an verschiedenen Orten, besonders*. नाना तु विद्या चाविद्या च so v. a. *Wissen und Nichtwissen sind zwei verschiedene*

Dinge. *नानाकृत्य = नानाकारम्. Häufig im Sinne eines Adj. (*verschieden, mannichfach*) gebraucht, insbes. am Anfange eines Comp. *विश्वं न नाना शंभुना *das Weltall ist nicht verschieden von* Çambhu. नारीषु नानासु befremdet in hohem Grade. — 2) *Präp. *ohne*, mit Instr., Abl. oder Acc.

2. नाना f. s. नान 2).

*नानाकन्द m. *ein best. Knollengewächs* Râgan. 7,69.

नानाकर्मन् Adj. *der viele Opferhandlungen vollzogen hat* Âpast.

नानाकामँ m. Pl. *mannichfache Wünsche.*

नानाकार Adj. *verschiedenartig, mannichfach, allerhand.*

*नानाकारम् Absol. = *नानाकृत्य (Absol.).

नानागोत्र Adj. Pl. *zu verschiedenen Familien gehörig* Ind. St. 10,94. Mân. Gṛhj. 1,9.

नानाग्रह m. *das besondere Nehmen* als Erklärung von अवग्रह.

नानाचेतस् Adj. (mit einem Collect.) *verschiedenen Sinnes.*

नानाजन m. Pl. *verschiedene Volksstämme.*

नानाजातीय Adj. Pl. *verschiedenen Stammes.*

नानातनु Adj. *der verschiedene Körper angenommen hat* Bhâg. P. 3,31,12.

नानातन्त्र Adj. *besonders —, separat vollzogen* Âpast. Çr. 5,21,6. 23,8. 6,31,1.

नानात्यय Adj. Pl. *verschiedenartig, mannichfaltig.*

नानात्व n. *Verschiedenheit, Besonderheit, Mannichfaltigkeit.*

नानादिग्देश m., Abl. Sg. *aus Gegenden der verschiedensten Weltrichtungen, aus allen Theilen der Welt* 290,15. 16. Hit. 9,4.

नानादीक्षित m. N. pr. eines Autors.

नानादेवत्य Adj. (f. आ) *an verschiedene Götter gerichtet* Ait. Br. 6,10.

नानादेश m. Sg. *verschiedene Gegenden, Länder* R. 1,13,16. am Anf. eines Comp. MBh. 14,60,4. Kathâs. 18,318.

नानादेशीय Adj. Pl. = नानादेश्य Harshaḱ. 204,2.

नानादेश्य Adj. Pl. *aus verschiedenen Ländern* (Fürsten) MBh. 1,132,11.

नानाधर्मन् Adj. (mit einem Collect.) *verschiedene Sitten habend.*

नानाधी Adj. Pl. *verschiedene Absichten habend.*

*नानाध्वनि m. *ein musikalisches Instrument mit verschiedenen Tönen.*

नानानम् Adv. *verschiedenartig.*

*नानान्द्र m. *der Sohn der Schwägerin.*

*नानान्द्रायण m. Patron. von नानान्द्र.

नानापत्त्रका f. *eine best. Personification* Mân. Gṛhj. 2,13.

नानापद n. Sg. *ein verschiedenes, anderes Wort* AV. Prât. 2,16. 3,79. 4,27. TS. Prât. 20,3. 24,3. °वत् Adv. 1,48.

नानापदीय Adj. *zu einem andern Worte gehörig* TS. Prât.

नानापाठक m. N. pr. eines Autors.

नानाप्रभृति Adj. Pl. *einen verschiedenen Anfang habend.*

नानाप्रस्ताव Adj. Pl. *ein verschiedenes Anfangsstück habend* (Sâman) Çat. Br. 8,7,4,6.

नानाफलमय Adj. *aus verschiedenen Früchten bestehend* Hemâdri 1,399,11.

नानाबीज n. Pl. *verschiedene Getraidearten* Kâtj. Çr. 2,4,10. Âpast. Çr. 6,29,19. Mân. Çr. 1,6,4.

नानाभाव Adj. (f. आ) *mannichfaltig* Vagrakkh. 39,11.

नानाभूत Adj. Du. *verschiedene* TS. Prât. Comm.

नानामनस् Adj. Pl. *verschiedenen Sinnes.*

नानारथम् Adv. *auf verschiedenen —, auf besonderen Wagen.*

1. नानारूप n. Pl. *verschiedene Gestalten.*

2. नानारूप Adj. (f. आ) *verschiedenes Aussehen habend, ungleichartig, verschiedenartig.* Nom. abstr. नानारूपता f.

नानारूपसमुत्थान Adj. *verschiedenen Beschäftigungen nachgehend.*

नानार्थ Adj. 1) *einen verschiedenen Zweck —, ein verschiedenes Ziel habend.* — 2) *etwas Anderes enthaltend;* Subst. *ein neuer Satz.* — 3) *verschiedene Bedeutungen habend;* Subst. ein Wort *mit mehreren Bedeutungen.*

नानार्थकोश m., °र्थध्वनिमञ्जरी f., °र्थरत्नतिलक m. und °र्थरत्नमाला f. Titel von Wörterbüchern.

नानार्थसंग्रह m. 1) *Zusammenstellung der Wörter mit mehreren Bedeutungen.* — 2) Titel eines Wörterbuchs.

नानालिङ्ग Adj. *verschiedenartig.* Nom. abstr. °त्व n. Taitt. Âr. 1,7,6.

1. नानावर्ण m. Pl. oder am Anf. eines Comp. *verschiedene Farben.*

2. नानावर्ण Adj. (f. आ) *vielfarbig, bunt* Hemâdri 1, 457,10. Nom. abstr. °त्व n. MBh. 13,77,22.

नानावर्णाकृति Adj. Pl. *von verschiedener Farbe und verschiedenem Aussehen* Bhag. 11,5.

नानाविध Adj. Pl. oder in Comp. mit einem Pl. *verschieden, mannichfach, mancherlei* Mân. Çr. 11,4.

नानाविधशान्ति f. Titel eines Werkes Opp. Cat. 1.

नानावीर्य Adj. (f. आ) Du. und Pl. *verschiedene Kräfte habend.* Nom. abstr. नानावीर्यता f.

नानावृक्षीय Adj. *von verschiedenen Bäumen herrührend* Âpast. Çr. 5,17,5.

नानावृत्तमय Adj. *in verschiedenen Metren abgefasst.*

नानावेषाकृतिमत् Adj. Pl. *von verschiedener Tracht und verschiedenem Aussehen* MBh. 14,60,4.

नानाव्रत Adj. Pl. *verschiedene Gewohnheiten habend.*

नानाशास्त्रीय Adj. *verschiedenen Lehrbüchern entnommen* Hemâdri 1,274,20.

नानासमुत्थान Adj. Pl. *von verschiedener Dauer* Taitt. Âr. 1,2,2.

नानासामवत् Adv. *wie verschiedene* Sâman Lâtj. 10,9,10.

1. नानासूर्य m. Pl. *verschiedene Sonnen* Taitt. Âr. 1,7,7. Nom. abstr. °त्व n. 6.

2. नानासूर्य Adj. (f. आ) Pl. *von besonderen Sonnen beschienen.*

नानास्त्री f. Pl. *Frauen von verschiedenen Kasten* 197,18.

नानुरक्त Adj. (f. आ) *nicht zugethan, Jmd nicht liebend* Spr. 4741, v. l.

नानु m. N. pr. eines Mannes.

नानोल्ब Adj. Pl. *mit verschiedenen Embryohüllen* Çat. Br. 7,1,1,7.

*नान्त = अनन्त.

नान्तरीयक Adj. *nicht ausserhalb sich befindend, in Etwas enthalten, inhärent.* Nom. abstr. °त्व n.

नान्द Adj. *zu* Nanda *in Beziehung stehend.*

नान्दनँ n. *Freudenort, Paradies.*

नान्दिक n. = नान्दीश्राद्ध.

*नान्दिकर m. = नान्दीकर.

*नान्दिन् m. = नान्दीकर.

नान्दी f. 1) *Freude, Befriedigung* MBh. 12,82,66. — 2) *das Gebet vor dem Beginn eines Schauspiels.* — 3) *ein best. Tact* S. S. S. 211.

*नान्दीक m. *Thürpfosten.*

*नान्दीकर m. 1) *der Sprecher von* नान्दी 2). — 2) N. pr. Kâç. zu P. 6,3,63.

*नान्दीघोष m. Nom. pr.

नान्दीनाद (Mudrâr. 199,7) und नान्दीनिनाद m. *Freudengeschrei.*

*नान्दीपट m. *Brunnendeckel.*

*नान्दीपुर n. N. pr. *einer Stadt.*

*नान्दीपुरक Adj. von नान्दीपुर.

नान्दीमुख 1) Adj. (f. ई) *a) ein fröhliches Gesicht zeigend* (Stier) Ind. St. 15,149. — *b)* in Verbindung mit रात्रि *das Ende der Nacht, der Anbruch des Tages* Lalit. 441,14. 447,11. — 2) m. *a)* Pl. Bez. *bestimmter Manen* Gobh. Çrâddh. 4,8. 9. Hemâdri 1,141,5. 18. fgg. Nach dem Brahma-P. im Prajoga-

RATNA *die drei dem Urgrossvater vorangehenden Vorväter.* Auch °मुखाः पितृगणाः. — b) * *Brunnendeckel.* — 3) f. ई a) *eine best. Körnerfrucht.* — b) *ein best. Metrum.* — 4) n. = नान्दीश्राद्ध HEMÂDRI 1,93,17.

नान्दीरव m. *Freudengeschrei.*

*नान्दीविशाल m. N. pr. KÂÇ. zu P. 6,3,63.

नान्दीश्राद्ध n. *ein den* नान्दीमुख 2) a) *geltendes Todtenmahl.*

नान्तुक m. N. pr. eines Mannes.

नापित 1) m. *Bartscheerer.* — 2) f. नापिती *die Frau eines Bartscheerers.*

नापितगृह n. *Barbierstube* Ind. St. 13,389.

*नापितवास्तु n. *das Haus eines Bartscheerers.*

*नापितवास्तुक Adj. von नापितवास्तु.

*नापितशाला f. *Barbierstube.*

*नापितायनि m. *der Sohn eines Bartscheerers.*

*नापित्य 1) m. dass. — 2) n. *das Geschäft eines Bartscheerers.*

नापुंसक Adj. *neutral* (Geschlecht).

नाभ f. etwa *Oeffnung* oder *Quell.*

नाभ 1) am Ende eines adj. Comp. a) *Nabel.* — b) *Nabe des Rades.* — c) *Mittelpunct.* — 2) Adj. Beiw. Çiva's. — 3) m. N. pr. eines Mannes.

*नाभक m. *Terminalia Chebula.*

नाभस Adj. (f. ई) *am Himmel erscheinend, vom H. kommend* (Stimme). In Verbindung mit योग m. Bez. *bestimmter Constellationen.*

नाभाक 1) Adj. von Nabhâka herrührend. — 2) m. Patron von Nabhâka.

नाभाग m. N. pr. verschiedener Männer. Auch Pl.

नाभागदिष्ट und नाभागनेदिष्ठ m. fehlerhaft für नाभानेदिष्ठ.

नाभागारिष्ट m. N. pr. eines Sohnes des Manu Vaivasvata. Vgl. नाभानेदिष्ठ.

नाभागि m. Patron. des Ambarîsha.

1. नाभानेदिष्ठ m. N. pr. eines Sohnes des Manu Vaivasvata.

2. नाभानेदिष्ठ Adj. von Nâbhânedishtha *herrührend.*

नाभानेदिष्ठीय Adj. dass.

नाभि 1) m. (nicht in der älteren Sprache) und f. (adj. Comp. f. इ und ई VÂMANA 3,49) a) *Nabel, eine nabelähnliche Vertiefung.* Auch नाभी. — b) *Nabe des Rades.* Auch नाभी; *m. — c) *Mittelpunct, die räumliche Mitte* und auch *das die Theile Zusammenhaltende.* *m. — d) *die enge Verbindung zwischen Verwandten: Verwandtschaft, Geschlechtsgemeinschaft;* vom Ort: *Heimat;* concret: *ein Engverbundener, Verwandter, Freund.* *m. — 2) m. a) *Moschusthier.* Geschlecht unsicher. — b) *das Haupt, der Oberste,* insbes. *unter Fürsten.* — c) N. pr. verschiedener Männer. — 3) (*f.) *Moschus.*

नाभिक 1) am Ende eines adj. Comp. a) *Nabel* HEMÂDRI 1,698,8. — b) *Nabe des Rades.* — 2) f. °का a) *eine nabelähnliche Vertiefung.* — b) * *Achyranthes atropurpurea.*

*नाभिकण्टक m. = आवर्त.

नाभिकपुर n. N. pr. einer *Stadt.*

*नाभिकूपिका f. *Anschwellung des Nabels* GAL.

*नाभिगुडक m. *Nabelbruch.*

नाभिगुप्त m. N. pr. eines Sohnes des Hiranjaretas und eines von ihm beherrschten Varsha in Kuçadvîpa.

*नाभिगोलक m. *Nabelbruch.*

नाभिचक्र n. *Nabelkreis* (in der Mystik).

*नाभिज m. 1) Bein. Brahman's. — 2) *Nabelschmutz* GAL.

*नाभिजन्मन् m. Bein. Brahman's.

1. नाभिजात Adj. *aus einem Nabel hervorgegangen.*

2. नाभिजात Adj. *nicht von edler Geburt.*

नाभित्व n. Nom. abstr. von नाभि *Nabel* AIT. BR. 1,20.

नाभिदघ्न Adj. (f. °घ्नी) *bis zum Nabel reichend* ÇAT. BR. 3,3,4,28. NJÂJAM. S. 4, Z. 17.

नाभिधावत् Adj. *nicht zu Hülfe eilend* M. 9,274.

*नाभिनाडी f. *Nabelschnur.* Vgl. गर्भ°.

नाभिनाल n. und °ला f. dass. Zu belegen nur am Ende eines adj. Comp. (f. आ).

नाभिभू m. Bein. Brahman's Ind. St. 15,295.

नाभिमात्र Adj. (f. ई) *bis zum Nabel reichend* Ind. St. 13,273.

नाभिमान m. *Abwesenheit von Hochmuth, Bescheidenheit, Demuth.* अनभिमान v. l.

नाभिमूल n. *die Gegend unmittelbar unter dem Nabel* zu Spr. 3140.

*नाभिल Adj. von नाभि.

नाभिलक्षित Adj. *ungesehen, unbemerkt* JÂÇN. 3, 59. अनभिलक्षित v. l.

नाभिवर्धन n. 1) *das Abschneiden der Nabelschnur.* — 2) * *Nabelschnur.* — 3) * *Wohlbeleibtheit.*

नाभिवर्ष m. n. *der von* Nâbhi *beherrschte* Varsha.

*नाभील n. 1) *die Schamgegend beim Weibe.* — 2) *Nabelbruch.* — 3) *Nabelvertiefung.* — 4) *Beschwerde, Noth.*

नाभु m. von unbekannter Bed. GOP. BR. 2,2,13. VAITÂN.

नाभेय m. Patron. von नाभि.

नाभ्य 1) Adj. a) *aus dem Nabel hervorgekommen.* — b) als Beiw. Çiva's nach NILAK. so v. a. नाभिमर्हति. नाभिस्थानीय. — 2) n. *eine best. Opferhandlung* MÂN. GRHJ. 2,7.

नाम 1) am Ende eines adj. Comp. (f. आ) = नामन् *Name.* — 2) Adv. s. u. नामन्.

1. नामक am Ende eines adj. Comp. (f. °नामिका: नामका wohl fehlerhaft) = नामन् *Name.*

2. °नामक Adj. (f. नामिका) *biegend, beugend.*

नामकरण 1) m. *Nominalsuffix.* — 2) n. *das Belegen Jmds* (Gen.) *mit dem Namen von* (°नाम्ना); *die Ceremonie der Namengebung* GAUT. °णं कर् *mit Jmd* (Gen.) *diese C. vornehmen.*

नामकर्मन् n. *die Ceremonie der Namengebung.*

नामकीर्तन n. *das Nennen des Namens Jmds* (Gen.) 215,13. insbes. *das Hersagen der Namen eines Gottes.*

नामगृह्य Absol. *unter Namensnennung* ÂPAST. ÇR. 3,14,1.

नामगोत्र n. Du. *Personen- und Familienname* GAUT. 2,23. KAUÇ. 55.

नामग्रह m., °ग्रहण n. (KÂD. 169,24) und °ग्राह m. *Erwähnung des Namens, Namensnennung.*

नामग्राहम् Absol. *unter Namensnennung.*

नामचन्द्रिका f., नामचरणभाष्य n. und °चरणवार्त्तिक n. Titel von Werken.

नामचौर m. *Namensdieb, der eines Andern Namen sich zueignet.*

नामजातिग्रह m. (M. 8,271) und °ग्रहण n. (KULL.) *Nennung des Namens und des Standes* (der Kaste).

नामतस् Adv. 1) = नाम्नस् Abl. von नामन्. — 2) *Namens, namentlich, mit Namen.* Mit कर् *Jmd* (Acc.) *mit dem Namen von* (Acc.) *belegen;* mit प्रछ् *nach Jmds* (Acc.) *Namen fragen.* नाम नामतस् und नामतस् — नाम so v. a. नामतस् oder नाम allein.

नामतिक Adj. *in Filz gekleidet.*

नामतीर्थ m. N. pr. eines Mannes.

नामथा Adv. *namentlich.*

नामदेव m. N. pr. eines Mannes B. A. J. 4,46.

*नामद्वादशी f. *eine best. religiöse Ceremonie, bei der* Durgâ *unter ihren zwölf Namen verehrt wird.*

नामधा und °धा m. *Namengeber.*

नामधातु m. *ein denominativer Verbalstamm.*

नामधारक Adj. *nur den Namen von Etwas tragend, nur dem Namen nach Etwas* (Nom.) *seiend.*

नामधारिन् Adj. 1) am Ende eines Comp. *den Namen — führend, heissend.* — 2) = नामधारक GOLÂDHJ. 1,7.

नामधेय n. 1) *Benennung, Name.* नामधेयतस् *dem Namen nach* MUDRÂR. 26,16. — 2) *die Ceremonie der Namengebung.*

नामधेयकरण n. *die Ceremonie der Namengebung.*

नामधेयपादकौस्तुभ Titel eines Werkes Opp. Cat. 1.

नामन् 1) n. (am Ende eines adj. Comp. f. नाम्नी, seltener नामन्) *a) Kennzeichen, Merkmal. — b) Erscheinungsform, Form, Art und Weise, modus. — c) Name, Benennung.* नाम्ना, नाम नाम्ना, नाम — नाम्ना und नाम्ना — नाम *mit Namen, Namens.* नाम ग्रभ् (ग्रह्) *den Namen nennen,* नाम भर् *einen Namen tragen, — haben,* नाम कर्, धा oder दा *einen Namen beilegen,* नाम्ना कर् oder वि-धा (130,12) *Jmd benennen* (mit doppeltem Acc.). तस्य नामापि न ज्ञायते so v. a. *davon ist keine Spur mehr zu erkennen. — d) Personenname* (Gegensatz *Geschlechtsname*). *— e) Name,* so v. a. *Person, Wesen. — f) Name,* so v. a. *Geschlecht, Art. — g)* in der Grammatik *Nomen. — h) ein guter Name, Ruhm, Berühmtheit.* Nur am Ende eines adj. Comp. so v. a. *berühmt durch. — i) *Wasser.* — 2) नाम Adv. *a) Namens, mit Namen.* Zum Ueberfluss mit नाम्ना und नामतस् verbunden. — *b) nämlich, freilich, wirklich, allerdings, gerade. — c) vielleicht, etwa. — d)* nach einem Pron. interr. *doch, wohl. — e)* ग्रपि नाम am Anfange eines Satzes mit Potent. *ob wohl, vielleicht. — f)* ग्रपि नाम nach einem andern Worte hebt dieses noch stärker als ग्रपि hervor. Venis. 38,21. — *g)* मा नाम mit Potent. oder mit Ergänzung desselben *ach wenn doch nicht, wenn nur nicht. — h)* mit einem Imper. *immerhin* Spr. 7696.

नामन 1) Adj. *beugend, demüthigend.* — 2) n. *Depression unter dem Horizont* Golâdhj. 9,2.

नामनामिक Adj. als Beiw. Vishṇu's nach Nilak. = नाम्नि नाम्नि विदितः.

नामनिधान n. Titel eines Wörterbuchs der Nomina.

*नामनियतप्रवेश m. *ein best.* Samâdhi.

नामनौ f. *ein Schiff dem blossen Namen nach, kein wirkliches Schiff.*

नामपद n. *Name* Bhâg. P. 6,2,11.

नामपारायण n. Titel eines Wörterbuchs der Nomina.

नामबिभ्रतिन् Adj. *nur den Namen tragend* AV. 15,13,6. Wohl fehlerhaft.

1. नाममात्र n. *der blosse Name.*

2. नाममात्र Adj. *nur den Namen von Etwas tragend, dem blossen Namen nach Etwas* (Nom.) *seiend.*

नाममात्रावशेषित Adj. *von dem nur der Name übriggeblieben ist, todt.*

नाममाला f. 1) *Wörterbuch der Nomina.* — 2) Titel eines best. *Wörterbuchs* und eines med. Werkes (Bühler, Rep. No. 556).

नाममाहात्म्य n. Titel eines Werkes.

नाममुद्रा f. *ein Siegelring mit einem Namen.*

नामयज्ञ m. *ein Opfer nur dem Namen nach.*

नामरत्नविवरण n. Titel eines Werkes.

नामरूपे n. Du. *Name und Gestalt* Çat. Br. 14,4,2,15. 4,3. Muṇḍ. Up. 3,2,8. Burnouf, Intr. 502.

नामरूपात्मक Adj. Ind. St. 9,134.

नामलिङ्ग n. *das Geschlecht der Nomina, ein darüber handelndes Werk.*

नामलिङ्गानुशासन n. *die Lehre vom Geschlecht der Nomina.*

नामवन्त् Adj. *einen Namen habend* Comm. zu Âpast. Çr. 4,1,8.

*नामवर्जित und *नामविवर्जित (Gal.) Adj. *dumm, einfältig.*

नामव्यूह m. *ein best.* Samâdhi Kâraṇḍ. 52,12.

*नामशुण्डी f. *eine Gurkenart.*

नामशेष 1) Adj. (f. ग्रा) *von dem nur der Name übrig geblieben ist, gestorben, todt* Uttarar. 28,16. 17 (37,19. 20). — 2) *m. *der Name als einziges Ueberbleibsel, Tod.*

नामसंग्रह m. *eine Zusammenstellung —, ein Wörterbuch der Nomina.* Auch °माला f.

नामसारोद्धार m. Titel eines Wörterbuchs der Nomina.

*नामाख्यातिक Adj. *sich auf das Nomen und das Verbum beziehend, diese betreffend.*

नामाङ्क Adj. *mit Jmds Namen bezeichnet.*

*नामादिशम् Absol. *mit Angabe des Namens.*

नामानुशासन n. Titel eines Wörterbuchs der Nomina.

नामावली f. Titel eines Werkes.

नामिक Adj. (f. ई) 1) *den Personennamen betreffend.* — 2) *das Nomen betreffend* Comm. zu Njâjas. 2,2,60. — नामिका s. u. नामक.

1. नामिन् Adj. *umbeugend* (einen Dentalen in einen Cerebralen).

2. नामिन् Adj. *einen Namen habend.*

1. नाम्ब m. *eine best. Körnerfrucht* Ind. St. 13,436.

2. नाम्ब Adj. *aus der Körnerfrucht* Nâmba *bestehend.*

नाम्य Adj. *zu biegen, biegbar, zu spannen* (ein Bogen). — शिवी नाम्यान् Draup. 4,12 fehlerhaft für शिबीनाम्यान्.

नाम्रा v. l. für नम्र 2) Âçv. Çr. 2,14,30.

नाय m. 1) *Führer.* — 2) **Führung, Leitung.* — 3) *kluges Benehmen, Staatsklugheit.*

नायक 1) m. (adj. Comp. f. नायका) *a) Führer, Anführer, Leiter, Chef, Haupt.* Auch von Göttern gebraucht Ind. St. 14,369. Mit und ohne सैन्यस्य *Heerführer. — b) Gebieter,* so v. a. *Gatte. — c) der Held —, der Liebhaber in einem Stücke. — d) der Mittelstein in einer Perlenschnur. — e) Paradigma, Musterbeispiel. — f)* N. pr. eines Mannes. Auch भट्ट°. — 2) f. नायिका *a) eine vornehme Dame. — b) Geliebte. — c) Heroine. — d) eine* Çakti der Durgâ.

नायकत्व n. *Führerschaft.*

नायकरत्न n. Titel eines Commentars.

*नायकाधिप m. *Fürst, König.*

नायकाय्, °यते *den Mittelstein in einer Perlenschnur darstellen.*

नायन Adj. *ocularis* Comm. zu Njâjas. 3,1,36.

नायिकाचूर्ण n. *ein best. Medicament* Rasar. 239. Rasendrak. 94.

नायिन् Adj. *führend* in ग्रयुत°.

नार 1) Adj. *a) vom Menschen kommend, zum M. gehörig* Kâṇḍak. 70,10. 74,1. — *b) *geistig.* — 2) m. *a) Mensch, Mann. — b)* Pl. *Wasser.* Auch *f. ग्रा. — *c)* = 1. नारायण 1) Ind. St. 14,141. — *d) *Kalb.* — 3) f. नारी *a) Weib, Eheweib, ein weibliches oder weiblich benanntes Ding.* Vgl. नारि. — *b)* Bez. *zweier Metra. — c) *Opfer. — d)* N. pr. *einer Tochter* Meru's. — 4) *n. *a) eine Versammlung von Männern oder Menschen. — b) getrockneter Ingwer.*

1. नारक 1) Adj. (f. ई) *zur Hölle in Beziehung stehend, in der H. erfolgend, — befindlich, höllisch.* लोक m. *die Hölle.* — 2) m. *a) Höllenbewohner. — b) der Herr der Unterwelt.*

2. नारक m. *die Unterwelt, Hölle.*

नारकपालकुण्डलवन्त् Adj. *Menschenschädel als Ohrenschmuck tragend* Prab. 65,10.

*नारकिक m. *Höllenbewohner.*

नारकिन् Adj. *der Hölle verfallend, in der H. wohnend;* m. *Höllenbewohner.*

*नारकीट m. 1) *ein best. Wurm.* — 2) *ein Mann, der Hoffnungen, die er zuvor erregt hat, wieder zu Nichte macht.*

*नारकीय m. *Höllenbewohner.*

नारङ्ग 1) m. f. (ई) *Orangenbaum.* — 2) *m. *a) der Saft der Pfefferpflanze. — b) Wüstling. — c) ein lebendes Wesen. — d) Zwilling.* — 3) *n. *gelbe Rübe* Râgan. 7,211.

*नारङ्गपत्त्रक m. *gelbe Rübe.*

नारचन्द्रपद्धति f. Titel eines Werkes.

*नारजीवन n. *Gold.*

1. नारद und नारद 1) m. N. pr. *a)* verschiedener mythischer Personen, insbes. eines Ṛshi, der mit

den Göttern und den Menschen verkehrt und hierhin und dorthin berichtet. — b) verschiedener Männer Lalit. 378,10. Hem. Par. 5,30. — c) eines Berges. — 2) *f. आ *die Wurzel vom Zuckerrohr.*

2. नारद Adj. (f. ई) *zu* Nârada 1) *a) in Beziehung stehend.*

नारदपञ्चरात्र n., नारदपरिव्राजकोपनिषद् f. (Opp. Cat. 1), नारदपुराण n., नारदवचन n. (ebend.), नारदशिक्षा f. (ebend.), नारदसंहिता f. und नारदस्मृति f. (Opp. Cat. 1) Titel verschiedener Werke.

नारदिन् m. N. pr. eines Sohnes des Viçvâmitra.

नारदीय 1) Adj. *zu* Nârada 1) *a) in Beziehung stehend.* — 2) n. Titel verschiedener Werke Kâd. 84,14. 102,14.

नारदीयक Adj. = नारदीय 1).

नारदीयमहास्थान n. N. pr. einer Oertlichkeit.

नारदेश्वरतीर्थ m. N. pr. eines Tîrtha.

नारदोपनिषद् f. Titel einer Upanishad. °पदीपिका Titel eines *Commentars* dazu Opp. Cat. 1.

नारद्वासव n. Name eines Sâman Ârsh. Br.

नारसिंह 1) Adj. (f. ई) *auf* Vishṇu *in seiner Erscheinung als halb Mensch halb Löwe bezüglich, ihm eigen* u. s. w. — 2) m. *a) der 16te* Kalpa 2) *h).* — *b)* = नरसिंह Vishṇu *als halb Mensch halb Löwe.* — *c)* N. pr. eines Mannes. — 3) n. N. pr. einer Stadt.

नारसिंहचूर्ण n. *ein best. Aphrodisiacum.* Vgl. नर°.

नारसिंहतन्त्र n. Titel eines Tantra.

नारहय Adj. *zwischen Mensch und Pferd stattfindend.* युद्ध n. *Kampf* Hariv. 2,24,61. नारहव v. l.

नाराच 1) m. *a) eine Art Pfeil,* angeblich *ein eiserner; Pfeil* überh. — *b)* **ein best. Wasserthier.* — *c)* **Regentag.* — *d) eine best. Mixtur.* — 2) *f. ई *Goldschmiedswage.* — 3) n. *a) ein best. Medicament* Karaka 6,18. Bhâvapr. 5,17. — *b) ein best. Metrum.*

नाराचक 1) n. *ein best. Metrum.* — 2) f. °चिका *a)* **Goldschmiedswage.* — *b) ein best. Metrum.*

नाराचघृत n., नाराचचूर्ण n. und नाराचरस m. Bez. *bestimmter Medicamente* Mat. med. 204. 229. 230.

1. नारायण m. 1) Patron. des personificirten Purusha. Häufig in Verbindung mit नर genannt und mit Vishṇu oder Kṛshṇa identificirt. — 2) *das von* Nârâjaṇa 1) *verfasste* Purusha-*Lied* RV. 10,90. — 3) als Synonym von Vishṇu Bez. *des zweiten Monats.* — 4) mystische Bez. *des Lautes* आ. — 5) N. pr. verschiedener Männer.

2. नारायण 1) Adj. *zu* 1. नारायण 1) *in Beziehung stehend, von ihm kommend, zu ihm gehörend* u. s. w. क्षेत्र n. Bez. *der Ufer der* Gaṅgâ *bis zu einer Entfernung von vier* Hasta *vom Wasser.* तैल n. *ein best. heilkräftiges Oel* Bhâvapr. 3,124. Mat. med. 261. चूर्ण n. *ein best. Heilpulver* Bhâvapr. 4, 150. — 2) f. ई *a)* Bein. *α)* **der* Lakshmî. — *β) der* Durgâ. — *γ)* **der* Gaṅgâ und der Gaṇḍakî. — *b)* Patron. der Indrasenâ. — *c)* **Asparagus racemosus.*

नारायणकण्ठ m. N. pr. eines Autors.

नारायणकल्प m. und नारायणगीता f. Titel zweier Werke.

नारायणगुप्त (?) m. N. pr. eines Fürsten.

नारायणचक्रवर्तिन् m. N. pr. eines Grammatikers.

नारायणतत्त्ववाद m. Titel eines Werkes.

नारायणतार m. N. pr. eines Autors.

नारायणतीर्थ 1) m. desgl. — 2) n. N. pr. eines Tîrtha.

नारायणतीर्थतरंग m. Titel eines Werkes Opp. Cat. 1.

नारायणदासमिद्ध m. N. pr. eines Autors.

नारायणदीक्षित m. N. pr. eines Mannes.

नारायणदेव m. 1) **der Gott* Nârâjaṇa. — 2) N. pr. eines Autors.

नारायणदेवविद्व m. N. pr. eines Mannes.

नारायणपण्डित m. desgl.

नारायणपद्धति f. Titel eines Werkes.

नारायणप्रिय 1) m. Bein. Çiva's. — 2) *n. *gelbes Sandelholz.*

नारायणबलि m. *eine best. Leichenfeier.* °प्रयोग m., °समर्थन n. und °स्वयंप्रयोजनसंचिका f. Titel von Werken Opp. Cat. 1.

नारायणभट्ट m. N. pr. eines Autors.

नारायणमय Adj. *in* 1. Nârâjaṇa 1) *bestehend, ihn darstellend* Agni-P. 37,10.

नारायणवार्त्तिक n., नारायणविलास m., नारायणवृत्ति f. (Opp. Cat. 1) und नारायणशब्दार्थ m. (ebend.) Titel von Werken.

नारायणश्रीगर्भ m. N. pr. eines Bodhisattva.

नारायणश्रुति f. wohl = नारायणोपनिषद्.

नारायणसरस् n. N. pr. eines *Sees.*

नारायणसरस्वती m. N. pr. eines Scholiasten.

नारायणसरोवरमाहात्म्य n., नारायणसारसंग्रह m. und नारायणसूत्र n. (Opp. Cat. 1) Titel von Werken.

नारायणसूरि m. N. pr. eines Mannes.

नारायणस्मृति f. Titel eines Werkes Opp. Cat. 1.

नारायणस्वामिन् m. N. pr. eines Mannes.

नारायणाय्, °यते *zum Gotte* Nârâjaṇa *werden, ihm gleichen.*

नारायणाश्रम m. Nom. pr. 1) einer *Einsiedelei.* — 2) eines Autors.

नारायणाश्रमीय n. *das Werk des* Nârâjaṇâçrama Opp. Cat. 1.

नारायणि m. N. pr. eines Sohnes des Viçvâmitra.

नारायणीय 1) Adj. (f. आ) *zu* Nârâjaṇa *in Beziehung stehend, von ihm handelnd* u. s. w. — 2) n. Titel verschiedener Werke Opp. Cat. 1. °व्याख्या f. und °व्याख्याभक्तिदीपिका f. desgl. ebend.

नारायणीयक Adj. = नारायणीय 1) Agni-P. 39,4.

नारायणेन्द्र m. N. pr. eines Scholiasten.

नारायणोपनिषद् f. Titel einer Upanishad. °पदटीका und °पददीपिका f. Titel zweier Werke Opp. Cat. 1.

*नाराल Adj. = नरालिरिव gaṇa शर्करादि in der Kâç.

नाराशंस 1) Adj. (f. ई) *a) zum Lobe des Mannes oder der Männer dienend.* — *b) dem* Agni Narâçaṁsa *geweiht, denselben betreffend, — enthaltend* u. s. w. — 2) m. *a)* Bez. *gewisser* Soma-*Becher, bei deren Genuss Worte gesprochen werden, in welchen* Narâçaṁsa *erwähnt wird.* — *b)* Pl. Bez. *bestimmter Manen.* — 3) f. ई Pl. Bez. *bestimmter Sprüche* Ind. St. 9,120. — 4) n. *eine Erzählung, die freigebige Männer verherrlicht,* Ind. St. 14,442.

नाराशंसपङ्क्ति Adj. *mit einer Fünfzahl von* Narâçaṁsa *genannten* Soma-*Bechern begangen* (यज्ञ) Ait. Br. 2,24,3 (नरा° gedr.).

नाराशर्य m. N. pr. eines Mannes.

नारि f. = नारी *Weib, Eheweib.*

*नारिक Adj. (f. ई) 1) *wässerig.* — 2) *geistig.*

नारिकेर m. *Cocosnussbaum, Cocosnuss* 179,10.

नारिकेल m. 1) dass. °कुञ्जर Râgat. 7,1126. — 2) N. pr. = °द्वीप.

नारिकेलक्षार m. *ein best. Medicament* Mat. med. 86.

नारिकेलद्वीप m. N. pr. einer *Insel.*

*नारिकेलि und *°ली f. = नारिकेर.

नारिङ्ग m. (Karaka 1,27. Ind. St. 15,326) und °ङ्गी f. (zu Spr. 1159) = नारङ्ग 1).

*नारिङ्गकन्द m. *gelbe Möhre.*

नारिष्ट und °होम (Comm. zu Gaim. 5,2,17) = नारिष्ठहोम.

नारिष्ठ m. Du. nach dem Comm. *das Verdauungsfeuer und der Wind des Athems.* नारिष्ठहोमाः.

नारीक 1) am Ende eines adj. Comp. = नारी *Weib.* — 2) n. im Sâṁkhja *eine der 9 Arten der* Tushṭi.

नारीकवच (*Weiber zum Panzer habend*) m. Bein. Mûlaka's.

नारीकुञ्जर m. von unbekannter Bed. Ind. St. 15, 327. Pañkad.

नारीकेल 1) m. *a*) * *Cocosnussbaum, Cocosnuss.* — *b*) N. pr. einer *Insel.* — 2) * f. ई *a*) = 1) *a*). — *b*) *ein aus der Milch der Cocosnuss bereitetes berauschendes Getränk.*

*नारीच n. *Corchorus capsularis.*

*नारीतरंगक m. *Wüstling.*

नारीतीर्थ n. Pl. N. pr. bestimmter Tîrtha.

नारीपत्तन n. N. pr. einer *Stadt.*

नारीमय Adj. *nur oder ganz aus Weibern bestehend* Kâd. 94,3.

नारीमुख m. Pl. N. pr. eines Volkes.

नारीयान n. *Frauenwagen.*

*नारीष्टा f. *arabischer Jasmin* Râǵan. 10,82.

नारीष्ठ Adj. *auf die Weiber versessen.*

नारुंतुद Adj. *keine wunde Stelle berührend, Niemand verletzend.*

नारेय m. N. pr. eines Sohnes des Bhaṅgakâra.

तारेय v. l.

नारोपायन (?) m. N. pr. eines Mannes. Pl. *sein Geschlecht.*

*नार्कल्पि m. Patron. von नृकल्प.

*नार्कुट Adj. von नृकुटी Kâç. in Mahâbh. 8,49,*a*.

*नार्तिक Adj. von नर्त.

*नार्नमनि m. Patron. von नृनमन.

*नार्पत्य Adj. von नृपति.

*नार्मत m. Patron. von नृमत्.

नार्मद 1) Adj. *zum Fluss* Narmadâ *gehörig.* प्रवाक m. *der Strom der* N. — 2) m. (*Metron. von नर्मदा) N. pr. eines Mannes Hariv. 8019.

नार्मर m. N. pr. eines Dämons.

नार्मिणी (viersilbig) Adj. f. als Beiw. einer Burg.

नार्मेध 1) m. Patron. des Çakapûta. — 2) n. Name eines Sâman.

(नार्य) नारिय m. N. pr. eines Mannes.

*नार्यङ्ग m. = नारङ्ग *der Orangenbaum.*

*नार्यतिक्त m. = अनार्यतिक्त *Gentiana Chiraita.*

नार्षद m. 1) Patron. Kaṇva's. — 2) N. pr. eines Dämons.

नाल 1) Adj. *aus Rohrschilf gebildet,* — *bestehend* (Wald). — 2) (*f. आ und ई) und n. *a*) *ein hohler Stengel,* insbes. *ein Lotusstengel.* — *b*) *Röhre, ein röhrenartiger Gegenstand* überh. Bâlar. 28,3. — 3) f. आ N. pr. eines Flusses. नीला v. l. — 4) f. *ई *a*) *Gemüsestengel.* — *b*) *ein Werkzeug zum Durchbohren der Elephantenohren.* — *c*) *ein Zeitraum von 24 Minuten.* — *d*) *Lotusblüthe.* — *e*) *Hibiscus cannabinus* Mat. med. 311. — 5) n. *a*) *Harnröhre.* — *b*) *Stiel.* Nur am Ende eines adj. Comp. (f. आ) MBh. 7,2,24. — *c*) *eine best. Verzierung an einem Wagen.* — *d*) **Auripigment.*

नालक 1) am Ende eines adj. Comp. *Stengel,* insbes. *ein Lotusstengel;* vgl. चारु°. — 2) *m. *eine Erbsenart* Gal. — 3) f. नालिका *a*) **Stengel, Lotusstengel.* — *b*) *eine best. Gemüsepflanze.* — *c*) *eine best. Pflanze,* = चर्मकशा. — *d*) * *ein Werkzeug zum Durchbohren der Elephantenohren.* — *e*) *ein Zeitraum von 24 Minuten.* — *f*) *eine spöttisch-scherzhafte Räthselrede.* — *g*) *Anspielung, versteckter Wink* Spr. 4046.

*नालकिनी f. *Lotusgruppe, Lotusteich.*

नालन्द m. N. pr. eines Dorfes in der Nähe von Râǵagṛha.

*नालन्दर m. N. pr. eines buddh. Klosters.

*नालवंश m. *Rohrschilf* Râǵan. 8,104.

*नालाण्डा f. = नालन्द.

नालाय्, °यते *den Stiel* (einer Axt) *darstellen.* °यित *einen Stiel darstellend.*

नालायन m. Patron. Auch Pl.

नालास्त्र n. *Muskete, Kanone* Çukran. 4,1035. 1037.

नालि f. 1) **ein röhrenartiges Gefäss im Leibe.* — 2) am Ende eines adj. Comp. *ein Zeitraum von 24 Minuten.*

नालिक 1) Adj. in Verbindung mit आसन *eine bes. Art des Sitzens.* — 2) am Ende eines adj. Comp. *ein Zeitraum von 24 Minuten;* vgl. षण्नालिक. — 3) m. *a*) *ein Händler mit* — (?) Pañkad. — *b*) * *Büffel.* — 4) n. *a*) *Geschützrohr* Çukr. 4,1024. 1026. — *b*) * *Lotusblüthe.* — 5) *m. oder n. *Myrrhe.* — 6) *m., f. oder n. *ein best. Blasinstrument.* — नालिका f. s. u. नालक.

नालिकापुष्प n. *eine best. Blume.*

नालिकेर 1, m. f. (ई Bâlar. 38,3. Pañkad.) *Cocosnussbaum, Cocosnuss.* — 2) m. N. pr. einer Gegend.

नालिकेल 1) m. *Cocosnussbaum.* — 2) n. *Cocosnuss.*

*नालिजङ्घ m. *Rabe.*

*नालिता f. *eine best. Gemüsepflanze.*

नालिनी f. *mystische Bez. des rechten Nasenlochs.*

नालीक 1) m. *a*) *eine Art Pfeil.* — *b*) * *Körper oder Glied des Körpers.* — 2) *m. n. *Lotusblüthe.* — 3) *n. *Lotusgruppe.*

*नालीकिनी f. *Lotuspflanze,* — *gruppe,* — *teich.*

*नालीप m. *Nauclea Cadamba.* Vielleicht ein verlesenes ना नीपः.

*नालीव्रण m. *Fistel.*

*नाल्य Adj. von नल.

1. नाव m. *Jubelruf.*

2. नाव 1) am Ende und am Anf. einiger Comp. = नौ *Schiff.* — 2) f. नावा dass.

नावन n. *Niesemittel.*

नावनीत Adj. (f. ई) 1) *von Butter kommend* Njâjam. 1,4,28. — 2) *weich wie Butter* 43.14. 15.

नावनीय Adj. *gut als Niesemittel* Karaka 1,5.

नावप्रभ्रंशन n. N. pr. einer Oertlichkeit.

नावमिक Adj. *der neunte.*

*नावयज्ञिक Adj. *zum Erstlingsopfer in Beziehung stehend.*

नावर m. N. pr. eines Geschlechts.

नावाज m. *Schiffer, Bootsmann.*

*नावारोह m. dass.

नाविक 1) m. dass. — 2) n. Name eines Sâman.

नाविकनायक m. *Schiffskapitän* Daçak. (1925) 2, 107,7. 18.

नाविकपति m. dass. ebend. 116,18.

*नाविन्, नावोपजीवन und नावोपजीविन् (MBh. 13,48,21) m. *Schiffer, Bootsmann.*

*नाव्य्, नाव्यति *sich ein Schiff wünschen.*

1. नाव्य, नाविअ 1) Adj. (f. आ) *a*) *schiffbar.* — *b*) *für ein Schiff zugänglich.* — 2) f. आ und n. (230,1) *ein schiffbarer Fluss, Strom.*

2.*नाव्य n. *Neuheit.*

नाव्युदक n. *Wasser in einem Schiffe.*

1. नाश m. (adj. Comp. f. आ) *das Verlorengehen, Verlust, das Verschwinden, Zunichtewerden, Zugrundegehen, Untergang, Vernichtung, Verderben.* दुःस्वप्न° Adj. *böse Träume verscheuchend.*

2. नाश m. *Erreichung* in 1. दूणाश.

नाशक Adj. (f. नाशिका) *vertilgend, zerstörend, zu Nichte machend, zu Grunde richtend, Verderben bringend;* mit Gen. oder am Ende eines Comp. Vgl. अर्थ° Nachtr. 3.

नाशन 1) Adj. (f. ई) *vertreibend, vernichtend, zerstörend, verderbend, zu Grunde richtend;* mit Gen. oder am Ende eines Comp. — 2) n. *das Verlorengehenlassen* Âpast. *Verscheuchen, Vertreiben, Vernichten, Verderben, Zugrunderichten.* अधीतस्य *das Entschwindenlassen, Vergessen.* °पातननाशनैः Kathâs. 74,16 fehlerhaft für °पातानशनैः.

°नाशनकर Adj. (f. ई) *zu Nichte machend* Spr. 7853.

नाशयित्री Nom. ag. f. *Vertreiberin.*

*नाशशत (?) m. N. pr. eines buddh. Patriarchen.

नाशिन् Adj. 1) *verloren gehend, verschwindend, vergehend.* — 2) am Ende eines Comp. *vertreibend, vernichtend, zu Grunde richtend.*

नाशिर *ein ausgepresster* Soma-*Stengel* Ârjav. 85,12.

नाशी f. N. pr. eines Flusses bei Benares.

नाशुक Adj. (f. आ) *verschwindend, vergehend.*

नाश्य Adj. 1) *zu verbannen, aus dem Lande zu verweisen.* — 2) *zu Nichte zu machen.* Nom. abstr. °त्व n. Kap. 6,14.

नाष्टिक m. *der Eigenthümer eines verloren gegangenen Gegenstandes.*

नाष्ट्रा f. 1) *Gefahr, Verderben.* — 2) *verderbliche Macht, Unhold.*

1. नास् f. Du. *Nase.*

2. *नास्, नासते (शब्दे).

1. नासत्य (auch viersilbig) 1) Adj. RV. 4,3,6. — 2) m. Du. Bez. *der beiden* Açvin. Später Sg. als N. pr. des einen der beiden Açvin.

2. नासत्य 1) Adj. *zu den beiden* Açvin *in Beziehung stehend.* — 2) *f. आ *das Mondhaus* Açvinî.

नासदासीय Adj. von नासदासीत् (RV. 10,129,1) Çaṁk. zu Bâdar. 2,4,8.

नासा f. 1) Du. und Sg. (128,28) *Nase.* Am Ende eines adj. Comp. f. आ. — 2) *ein nasenartig hervorstehendes Holz über einer Thür.* — 3) *Gendarussa vulgaris* Râgan. 4,48.

नासाग्र n. *Nasenspitze* Gaut. 1,26. Chr. 264,22.

*नासाच्छिन्नी f. *ein best. Vogel.*

नासाज्वर m. *eine best. Krankheit der Nase.*

*नासादारु n. = नासा 2).

नासानाह m. *Verstopfung der Nase.*

नासान्तिक Adj. *bis zur Nase reichend.*

नासापरिशोष m. *Hitze und Trockenheit der Nase.*

नासापरिस्राव m. *flüssiger Schnupfen.*

नासापाक m. *eine best. Krankheit der Nase, wobei sich diese entzündet und wund wird.*

नासापुट m. *Nasenflügel* Hemâdri 1,445,18.

नासाप्रतीनाह m. = नासानाह.

नासामूल n. *Nasenwurzel.*

नासायोनि m. *ein Schwächling, der durch den Geruch der Geschlechtstheile zur Begattung gereizt werden muss,* Bhâvapr. 1,24.

नासारक्तपित्त n. *Nasenbluten.*

नासारन्ध्र n. *Nasenloch* Comm. zu Çiç. 5,54.

नासारोग m. *Nasenkrankheit.*

नासार्बुद und नासार्शस् n. *Nasenpolyp.*

*नासालु m. *ein best. Baum.*

नासावंश m. *Nasenrücken* Hemâdri 1,445,17.

नासावभङ्ग m. *das Einfallen der Nase* Suçr. 2, 261,18.

नासाविरोक n. (nach dem Comm.) *Nasenloch* Çiç. 5,54.

नासाविवर n. dass.

नासावेध m. *das Durchbohren der Nase* (beim Vieh).

*नासासंवेदन m. *Momordica Charantia* Râgan. 3,112.

नासास्राव m. = नासापरिस्राव.

नासिक (Ind. St. 14,111) und °त्र्यम्बक N. pr. einer Oertlichkeit.

*नासिकंधम Adj. *durch die Nase blasend.*

*नासिकंधय Adj. *durch die Nase trinkend.*

नासिकवत् Adj. *benaset.*

नासिका f. 1) Sg. *Nasenloch* und *Nase* (später); Du. *Nase.* Am Ende eines adj. Comp. f. आ und *ई. — 2) * = नासा 2). — 3) *Bein. der Açvinî, der Mutter der beiden Açvin.

नासिकाग्र n. *Nasenspitze.* °तस् Adv. Ind. St. 10,433.

नासिकाच्छिद्र n. *Nasenloch* Mân. Çr. 8,19.

*नासिकाच्छिन्नी f. = नासाच्छिन्नी.

नासिकापाक m. = नासापाक.

नासिकापुट m. = नासापुट.

नासिकामल n. *Rotz* Schol. zu Çâk. 23,21.

नासिकामूल n. *Nasenwurzel.*

नासिकास्रोतस् n. *Nasenloch* Gobh. 2,6,11 (°श्रोतस् gedr.).

नासिक्य 1) Adj. (f. आ) a) *in der Nase befindlich, aus der Nase kommend* Vaitân. — b) *durch die Nase gesprochen, nasal* Hemâdri 1,723,21 (भाषणाम् zu lesen). — 2) m. a) *Nasenlaut.* — b) *ein* (von den Grammatikern angenommener) *dem sogenannten* Jama *verwandter nasaler Zwischenlaut.* — c) *Du. *die beiden* Açvin. — d) Pl. N. pr. eines Volkes. — 3) *n. a) *Nase.* — b) N. pr. einer Stadt.

*नासिक्यक n. *Nase.*

नासिर n. wohl *Vorhut* Kâd. 2,103,14.

नासीर 1) *m. *Vordermann.* — 2) (*n.) wohl *Vorhut* Harshaḱ. 173,9.

*नासोत्थ n. *Rotz* Gal.

नास्तिक Adj. *ungläubig;* m. *ein Ungläubiger, ein Atheist* Gaut. Âpast.

नास्तिकता f. *Unglaube, Atheismus.*

नास्तिकवृत्ति Adj. *die Lebensweise eines Atheisten führend* oder *von einem Atheisten seinen Lebensunterhalt empfangend* Vishnus. 54,15.

नास्तिक्य n. = नास्तिकता. कर्मणाम् *der Nichtglaube an die Folgen der Werke.*

*नास्तिदद m. = नास्तिद.

नास्तिता f. und नास्तित्व (Kap. 6,1) n. *Nichtexistenz.*

*नास्तिद m. *der Mangobaum.*

नास्तिमूर्ति Adj. *körperlos* Naish. 8,29.

नास्तिवाद m. *Unglaube, Atheismus* Kâd. 57,10.

नास्य n. 1) *der dem Zugvieh durch die Nase gezogene Zügel.* — 2) etwa *Niesemittel, Errhinum* in °ग्रासम्.

नास्यग्रासम् Absol. *in den Mund steckend, wie wenn man Etwas in die Nase steckte, so v. a. wie Nichts in den Mund steckend* Hariv. 3,125,9. Nach einer anderen Lesart könnte °ग्रासम् Acc. von °ग्रास sein.

नाह m. 1) *das Binden.* — 2) *Verstopfung* in नासा°. — 3) *Fallstrick, Falle.*

1. नाहुष 1) Adj. (f. ई) *stammverwandt.* — 2) m. *Stammgenosse.*

2. नाहुष m. 1) Patron. Jajâti's. — 2) N. pr. eines Schlangendämons.

*नाहुषि m. Patron. Jajâti's.

1. नि Adv. *niederwärts, hinunter; hinein; rückwärts.* Mit Ausnahme eines Falles nur in Verbindung mit einem Verbum oder am Anfange eines Comp. Hier bisweilen = निस्.

2. नि Adj. in ऋतनि.

3. नि *die 7te Note.*

निंस्, निंस्ते (Bhaṭṭ.) 1) *küssen.* — 2) *begrüssen.* — Zu belegen nur निंसते, निंसत und निंसान. — Mit परि in °णिंसक. — Mit प्र in *प्रणिंसितव्य und प्रनिंसितव्य.

°निंसिन् Adj. *küssend.* नेत्र° *die Augen k.*, so v. a. *sich auf sie herablassend* (Schlaf) Daçak. (1925) 2,128,3.

निःक° u. s. w. s. u. निष्क° u. s. w.

निःक्षत्र Adj. (f. आ) *keine Kriegerkaste habend.* °त्रे *als es keine Kr. gab.* °करण n. *das Bringen um die Kr.*, mit Gen.

निःक्षत्रिय Adj. (f. आ) dass. Bâlar. 99,13.

निःक्षेत्र VP. 4,4,38 fehlerhaft für निःक्षत्र.

निःक्षेप m. *das Wegschicken, Entfernen.* Unbestimmbar Verz. d. Oxf. H. 86,b,21.

निःप° u. s. w. und निःफ° u. s. w. s. u. निष्प° und निष्फ°.

निक n. प्रजापतेः Name eines Sâman Ârsh. Br.

निकक्ष m. *Achselgrube.*

निकट Adj. *zur Seite befindlich, nahe gelegen;* Subst. (*m. n.) *Nähe.* °टम् *in die Nähe von, hin zu* (Gen. oder im Comp. vorangehend); °टे *in der Nähe von, bei* und auch *hin zu* (153,15); °टात् *aus der Nähe —, weg von.*

निकटग, निकटवर्तिन् (Pañkad. 49) und निकटस्थ (Spr. 3697. 7577. Daçak. [1925] 2,129,5) Adj. *in der Nähe stehend, — befindlich.*

निकटी Adv. mit भू *sich nähern. Jmd* (Gen.) *nahe sein* Kâd. 85,23. Harshaḱ. 130,8.

*निकथितिन् Adj. = निकथितमनेन.

निकमस् Infin. zu 4. कम् mit नि Kâṭh. 26,2.

निकर m. (adj. Comp. f. आ) 1) *ein dichter Haufe, Menge.* — 2) *Honorar.* — 3) **Schatz.* — 4) **das Beste von einer Sache.*

निकर्तन 1) Adj. *Jmd schindend*, so v. a. *Jmd das Geld abnehmend* (nach Nilak.) MBh. 5,30,28, v. l. — 2) n. *a) das Abhauen.* — *b) das Schinden Jmds*, so v. a. *das Jmd um sein Geld Bringen* (nach Nilak.) MBh. 5,30,28.

निकर्तर् Nom. ag. *der schlecht —, der gemein verfährt* MBh. 3,35,10.

निकर्तवे Dat. Inf. zu 1. कर् mit नि RV. 8,78,5.

निकर्तव्य n. impers. *schlecht —, gemein zu verfahren gegen* (Gen.).

निकर्ष m. *Abnahme, ein geringeres Maass, Herabsetzung* Çaṁk. zu Bâdar. 3,3,37. Auch fehlerhaft für निकष.

निकष 1) m. *a) das Einreiben, Aufstreichen* Spr. 4714. — *b) Walze* oder *Egge* Âpast. — *c) Probirstein.* — *d)* Titel eines Werkes. — 2) f. आ N. pr. der Mutter Râvaṇa's (Prasannar. 28,17) und *der Rakshas überh. — 3) n. *der auf dem Probirstein aufgetragene Goldstreifen.*

निकषग्रावन् m. *Probirstein.*

निकषण 1) n. *das Abreiben* Comm. zu Âpast. Çr. 2.11,3. — 2) m. oder n. *Probirstein.*

निकषपाषाण m. *Probirstein.*

निकषा Adv. 1) *in der Nähe von*, mit Acc. — 2) **mitten in.*

*निकषात्मज m. *ein Rakshas.*

निकषाय्, °यते *ein Probirstein sein.* °निकषायमाण *ein Pr. für — seiend.*

निकषाश्मन् und निकषोपल (Dh. V. 18,11) m. *Probirstein.*

*निकाणम् Absol. °णमत्ति *mit zugekniffenen Augen.* Vgl. *अत्ति° Nachtr. 1.

1. निकाम m. *Verlangen, Begehren, Wohlgefallen.* निकामम्, निकामतस् und निकाम° *nach Wunsch, zur Genüge, hinlänglich, reichlich, ganz und gar* Spr. 3698.

2. निकाम Adj. *begierig, heftig verlangend, gierig.* Als Bez. eines Agni Çāñkh. Gṛhy. 5,2.

निकामधरण Adj. *nach Wunsch tragend* TBr. 3, 6,13,1.

निकामन् Adj. = 2. निकाम.

निकामन n. *Verlangen.*

निकाय m. 1) *Gruppe, Klasse, Verein.* — 2) **Schule* (buddh.). — 3) *Haufe, Menge.* — 4) *Schlupfwinkel.* — 5) **Wohnort.* — 6) *der Körper.* — 7) *Wind.* — 8) **Zeit.* — 9) **die Allseele.*

*निकायान्तरीय Adj. *zu einer anderen Schule gehörig* (buddh.).

निकायिन् m. *ein best. Opfer.*

*निकाय्य m. n. *Wohnung.*

1. निकार m. 1) *Demüthigung, Beleidigung, Kränkung.* — 2) **Tödtung* Gal.

2.*निकार m. *das Schwingen* — oder *Aufspeichern von Korn.*

*निकारण n. *das Tödten.*

निकारिन् m. *Unterdrücker.*

*निकाल्य m. von unbekannter Bed.

निकावल्गा f. N. pr. einer Frau. Vielleicht sind zwei Namen gemeint.

निकाश m. 1) *Gesichtskreis, Nähe.* °शे मे *mir vor Augen, zu mir.* — 2) am Ende eines adj. Comp. *Schein, Aussehen.* Nom. abstr. °त्व n.

निकाषम् Absol. in अणिकाषम् (Nachtr. 2) und हिरण्य°.

निकिल्बिष n. *Entsündigung.*

*निकुचिति f. Nom. act. von कुच् mit नि.

*निकुच्यकर्णि m. *mit herabhängenden Ohren.*

*निकुञ्च m. *Schüssel* Gal.

निकुञ्चक m. 1) *Calamus Rotang* Bhâvapr. 1,207. — 2) **ein best. Hohlmaass.*

निकुञ्चन n. wohl *das Einschrumpfen* Karaka 6,23.

निकुञ्ज m. (*n.) *Gebüsch.*

*निकुञ्जिकाम्ला f. *eine der Mimosa concinna ähnliche Pflanze* Râǵan. 8,77.

निकुट्टन n. *das Niederschmettern* Varâh. Bṛh. 25(23),6.

निकुब्ज Adj. *gekrümmt* Lalit. 251,18.

निकुम्भ 1) m. (*f. ई) *Croton polyandrum* Râǵan. 6,160. — 2) m. N. pr. *a)* eines Dânava. — *b)* eines Rakshas. — *c)* eines Wesens im Gefolge α) Çiva's. — β) Skanda's. — *d)* eines der Viçve Devâs. — *e)* verschiedener Männer.

*निकुम्भाख्यबीज n. *Croton Jamalgota* Râǵan. 6,166 (hier निकुम्भाख्य बीजम्).

निकुम्भित n. *ein best. Tact.*

निकुम्भिल m. f. (आ) N. pr. einer Oertlichkeit und eines Heiligthums auf Ceylon.

निकुरम्ब, निकुरुम्ब (Viddh. 27,14) und °क m. n. *Menge.*

निकुलीनिका f. *eine Art Flug.* °निका v. l.

निकूल Adj. *bergab gehend* in उत्कूलनिकूल.

निकूलवृत्त m. N. pr. eines *Baumes.*

निकृत 1) Adj. s. u. 1. कर् mit नि. — 2) n. = निकृति 3) Spr. 5173, v. l.

निकृति 1) Adj. *unredlich, unehrlich, gemein.* — 2) m. N. pr. eines der 8 Vasu. निर्ऋति v. l. — 3) f. *Unredlichkeit, unehrliches Verfahren, Betrug, Ueberlistung, Gemeinheit.* Personificirt als Tochter Adharma's und Mutter Lobha's (MBh. 12,271, 13) und als Schwester Lobha's und Tochter Dambha's (Bhâg. P. ed. Bomb. 4,8,3).

निकृतिजीवन Adj. *von Unredlichkeit lebend, sich unredlich betragend* MBh. 12,95,16.

निकृतिजुष् Adj. *am Betruge Gefallen findend.*

निकृतिन् und निकृतिमन्त् Adj. = निकृति 1).

निकृत्या f. = निकृति 3).

निकृत्वन् Adj. *trügerisch.*

निकृन्तन 1) Adj. am Ende eines Comp. *niedermetzelnd, abschneidend.* — 2) m. *eine best. Hölle.* — 3) n. *a) das Niedermetzeln, Abschneiden* (der Haare u. s. w.). — *b) ein Instrument zum Abschneiden* in नख°.

निकृष्ट 1) Adj. s. u. 1. कर्ष् mit नि. — 2) n. *Nähe* Suçr. 1,94,4.

निकृष्टाशय Adj. *eine gemeine Gesinnungsweise habend.* Nom. abstr. °ता f. Benf. Chr. 196,7.

निकृष्टी Adv. mit कर् *übertreffen* Comm. zu Kâvjâd. 2,37.

निकृष्टोपाधि Adj. *von etwas Niedrigerem bedingt.* Nom. abstr. °ता f. 259,31.

निकेत m. n. (ausnahmsweise; adj. Comp. f. आ) 1) *Wohnung, Wohnstätte, Aufenthaltsort.* — 2) in der Med. *Sitz* oder *Behälter eines der den Körper constituirenden Grundstoffe* Karaka 3,5. — 3) vielleicht *Bienenstock* MBh. 11,5,17. — 4) *ein Stadium im religiösen Leben eines Brahmanen* MBh. 3,134, 11. — 5) *Erkennungszeichen.*

निकेतन 1) n. (adj. Comp. f. आ) *Wohnhaus, Wohnstätte* Gaut. — eines Gottes, so v. a. *Tempel; Stätte für* (Gen.) Ind. St. 14,388. — 2) *m. *Zwiebel.*

निकोच m. *das Zusammenkneifen.* अत्ति° Pl. *der Augen.*

निकोचक m. *Alangium decapetalum;* n. *die Frucht* Râǵan. 9,74. Bhâvapr. 1,208.

निकोचन n. = निकोच.

*निकोठक m. = निकोचक.

निकोथक m. N. pr. eines Lehrers.

निकोश्य *ein best. Theil der Eingeweide* (des Opferthiers) in शिङ्गी°.

निक्तहस्त Adj. *reine Hände habend.*

निक्रमण n. 1) *das Auftreten* (mit dem Fusse). — 2) *Ort des Auftretens, Fussstapfe.*

निक्रीड m. *Spiel.* मरुतां निक्रीडाः Name eines Sâman Ârsh. Br.

*निक्वण und *निक्वाण m. *Laut, Ton.*

निन्न्, निंनत्ति 1) *durchbohren.* — 2) **küssen.* — Mit अनु *entlang bohren.* — Mit *प्र *verzehren.* — Mit वि *durchbohren.*

*निन्न 1) Adj. *küssend* in पुष्प°. — 2) f. आ *Nisse;* richtig लिक्षा.

निक्षुभा f. N. pr. der Mutter Maga's.

निक्षेप m. 1) *das Niedersetzen, Hinstellen, Daraufwerfen* Megh. °पक्षनिक्षेप *das Stellen auf die Seite von, das Rechnen zu, das Halten für eine Art von.* — 2) *das Werfen —, Richten* des *Auges* (im Comp. vorangehend) *auf* (Loc.). — 3) *Depositum, ein zur Aufbewahrung anvertrauter Gegenstand.*

निक्षेपचिन्तामणि m. Titel eines Werkes Opp. Cat. 1.

निक्षेपण n. 1) *das Niedersetzen, Hinstellen.* — 2) *Mittel —, Ort der Aufbewahrung.*

निक्षेपदीप m. und निक्षेपरक्षा f. Titel zweier Werke Opp. Cat. 1.

निक्षेपलिपि f. *eine best. Art zu schreiben* Lalit. 144,6.

निक्षेपिन् Adj. *im Besitz eines Depositums seiend.*

निक्षेप्तर् Nom. ag. *Depositor, der Jmd Etwas zur Aufbewahrung anvertraut.*

निक्षेप्य Adj. 1) *niederzulegen.* — 2) *hineinzustecken in* (Loc.).

निखिदस् Gen. Inf. zu 1. खिद् mit नि Maitr. S. 3,2,2.

*निखट्वा f. *eine Art Sessel* Gal.

निखनन n. *das Vergraben, Eingraben* Çaṁk. zu Bādar. 3,3,53. 4,2.

निखर Adj. als Bez. eines Agni.

निखर्व 1) *Adj. *klein von Wuchs, zwerghaft.* — 2) n. *eine best. hohe Zahl.*

निखर्वक *tausend Millionen.*

निखर्वट m. N. pr. eines Rakshas.

निखर्वाद *tausend Millionen.*

निखातक Adj. *ein wenig eingegraben.*

निखाततुषाङ्गारादिमन्त् Adj. *mit eingegrabenen Hülsen, Kohlen u. s. w.* Mit. II,62,b,14.

*निखान m. *das Eingraben.* Vgl. नैखान्य.

निखिल Adj. (f. आ) *vollständig, ganz, sämmtlich.* °लेन Instr. Adv. *vollständig, ganz.*

निखिलार्थ Adj. *alles Erforderliche enthaltend, vollständig* 214,23.

निखुर्यप Adj. als Beiw. Vishṇu's.

निखेय Adj. *hineinzustecken* Vishṇus. 5,25.

निग Adj. etwa *gefesselt.*

निगड 1) (*m.) n. *Fusskette, Fessel* (in übertragener Bed.). — 2) Adj. *am Fusse gekettet, gefesselt.*

निगडन n. *das Anlegen von Fussketten.*

निगडय्, °यति *mit Fussketten belegen.* निगडित *am Fusse gekettet, gefesselt* Kād. 2,44,10.

*निगण m. *Opferrauch.*

1. निगद m. 1) *das Hersagen, Aufsagen, laute Recitation.* — 2) *ein laut recitirter Spruch.* — 3) *Erwähnung, Anführung.* — 4) *das Ausgedrücktwerden.* स्त्रीनिगदभाव m. *ein durch das Femininum ausgedrücktes Nomen abstractum.* — 5) Titel eines Werkes. — 6) N. pr. eines Lehrers.

2. निगद *ein best. Trank* Karaka 1,6. 6,12. 18. 20.

निगदन n. *das Aufsagen aus dem Gedächtniss* Comm. zu Sāmav. Br. 2,7,4.

निगदित n. *Rede* Bhāg. P. 8,21,25.

*निगदितिन् Adj. *der Etwas hergesagt hat.*

निगन्तव्य Adj. *zu studiren* Āpast.

निगम 1) m. a) *Einfügung,* insbes. *der betreffenden Götternamen in eine liturgische Formel.* — b) *Belegstelle.* — c) *die Wurzel, insofern auf dieselbe ein Wort zurückgeführt wird, das Etymon eines Wortes.* Nur am Ende eines adj. Comp. so v. a. *stammend von, zurückzuführen auf.* — d) *vedischer Text, die heilige Schrift.* — e) *eine heilige Verordnung, — Vorschrift, der Ausspruch eines Gottes, — eines Heiligen; Lehre* überh. चाप° Bālar. 78,24. — f) *eine Art Stadt, Marktplatz, — flecken* Āpast. Karaka 3,3. Lalit. 571,19. °चतुष्पथ neben ग्रामचतुष्पथ und नगरचतुष्पथ Mān. Gṛhj. 2,14. — g) **Weg.* — h) *Kaufmannschaft,* auch wohl *Bürgerschaft* überh. Am Ende eines adj. Comp. f. आ. — i) Pl. = °परिशिष्ट. — 2) *n. *eine best. Zahl* (buddh.).

निगमन n. 1) *das Angeführtwerden.* — 2) *Schluss* (im Syllogismus).

निगमपरिशिष्ट n. Titel eines Pariçishṭa zum Jagurveda.

निगमान्त m. = वेदान्त. °मान्तार्थरत्नाकर m. Titel eines Werkes Opp. Cat. 1.

निगरण 1) *m. a) *Kehle.* — b) *Opferrauch.* — 2) n. *das Verschlucken* Çaṁk. zu Bādar. 3,1,7. *Verschlingen* (auch in übertragener Bed.), *Verspeisen, Essen* Rāgan. 20,74.

*निगल m. n. = निगड 1).

*निगलन n. = निगरण 2).

*निगाद m. = 1. निगद.

°निगादिन् Adj. *hersagend, herzusagen vermögend.*

निगाद्य Adj. *mitzutheilen, Jmd* (Loc.) *zu sagen* Naish. 3,93. 9,69.

*निगार m. *das Verschlingen.*

*निगारक Adj. *verschlingend.*

*निगाल m. *der Hals eines Pferdes.*

*निगालक Adj. = निगारक.

निगिरण n. *das Verschlingen.*

निगीर्णत्व n. *das Verschlungensein* (in übertragener Bed.).

*निगु 1) Adj. *lieblich.* — 2) m. a) *der Geist.* — b) *Wurzel.* — c) *Schmutz.* — d) *Malerei.*

निगुत् m. *Feind.*

निगुस्थ von unbekannter Bed.

*निगूढक m. *eine Bohnenart.*

निगूढचारिन् Adj. *im Verborgenen schleichend* 204,18.

निगूढार्थमञ्जूषिका f. Titel eines Werkes Opp. Cat. 1.

*निगूहक Adj. *verdeckend, verbergend.*

निगूहन n. *das Verdecken, Verbergen.* Pl. Spr. 7650.

निगृहीत n. *eine besondere Art die Trommel zu schlagen* S. S. S. 194.

निगृहीतर् fehlerhaft für निग्रहीतर्.

निगृहीति f. *Bewältigung.*

*निगृह्य Adj. *eine Zurechtweisung verdienend.*

निग्राभ fehlerhaft für निग्राभ.

*निग्रन्थन n. *Mord, Todtschlag.*

निग्रन्थम् Absol. in पुनर्निग्रन्थम्.

निग्रन्थि etwa *Umschlag* (um ein Buch) Hemādri 1,549,10.

निग्रभीतर् Nom. ag. *derjenige welcher festhält, — bindet.*

निग्रभे Dat. Inf. zu ग्रभ् mit नि RV. 8,23,3.

निग्रह m. 1) *das Ergreifen, Packen, Festhalten, Festnehmen.* — 2) *das Hemmen, Zurückhalten in seiner Bewegung.* — 3) *das Zurückhalten von* (Abl.), *Bändigen, im Zaume Halten.* — 4) *das Zurückhalten, Verhalten, Einhalten, Unterdrückung, Hemmung, das Einhaltthun* (einer Krankheit). — 5) *Niederdrückung, Zufügung eines Leides, Züchtigung, Bestrafung.* वध° *Todesstrafe* 128,30. — 6) *Zurechtweisung, Tadel.* — 7) *eine Veranlassung —, ein Grund zur Niederlage einer Disputation.* — 8) *Handgriff.* Am Ende eines adj. Comp. f. आ. — 9) **Grenze.* — 10) Bein. Vishṇu-Kṛshṇa's und Çiva's.

निग्रहण 1) am Ende eines Comp. *dämpfend.* — 2) n. a) *Bewältigung, Unterdrückung.* — b) *Züchtigung.* — c) *Kampf* Du. V. 17,12.

निग्रहसाधन n. Titel eines Werkes Opp. Cat. 1.

निग्रहस्थान n. = निग्रह 7).

निग्रहीतर् Nom. ag. 1) *der Jmd ergreift, in seine Gewalt bekommt* Daçak. 75,8. — 2) *Zurückhalter, Abwehrer* Bhāg. P. ed. Bomb. 1,12,26.

निग्रहीतव्य Adj. *zu züchtigen.*

निग्राभ m. 1) *das Herabsinkenlassen, Neigen.* — 2) *Niederdrückung.* — 3) *ein best. Spruch, mit welchem die* Soma-*Pflanzen in die Presse gelegt werden.* — 4) *eine best. Gabe* Hemādri 1,821,15. निग्राभ 820,16. 821,8. 11. 822,6.

निग्राभ्य Adj. (f. आ) in Verbindung mit आपस्

das Wasser, in welchem die Soma-*Pflanzen befeuchtet werden, ehe sie unter die Presse kommen.*

*निग्राह m. *Strafe, Züchtigung.*

निग्राहक Adj. *Jmd unterdrückend, Jmd ein Leid zufügend.* Nom.abstr. °त्व n. Comm. zu Kâvjâd. 2,27.

निग्राह्य Adj. 1) *niederzuhalten, zu züchtigen, zu strafen.* — 2) *der unterdrückt —, dem ein Leid zugefügt wird von* (im Comp. vorangehend) 248,27.

*निघ 1) Adj. *so hoch wie breit.* — 2) m. *Sünde.*

निघण्ट m. 1) *Glossar.* — 2) N. pr. eines Dânava.

*निघण्टि m. = निघण्ट 1).

*निघण्टिका f. *eine best. Knolle.*

निघण्टु m. *Glossar;* Pl. Bez. des vedischen *Glossars.*

निघण्टुक m. = निघण्टु.

निघण्टुकोश m. und निघण्टुखण्डनिर्वचन n. Titel von Werken.

निघण्टुराज m. Titel von Narahari's *Wörterbuche.*

निघण्टुशेष m. Titel eines Werkes Bühler, Rep. No. 735.

निघर्ष m. *Reibung* Çaṁk. zu Bâdar. 1,1,4.

निघर्षण n. *das Reiben.*

*निघस m. *das Essen.*

निघात m. 1) *Schlag* Gaut. — 2) *Tonsenkung.*

*निघाति f. *ein eiserner Hammer* (?).

°निघातिन् Adj. *niederhauend, — streckend, vernichtend.*

निघृष्व 1) Adj. a) nach dem Comm. = नितरां दीप्यमानः. — b) **klein, unansehnlich.* — 2) *m. a) *Huf.* — b) = खुरमार्जन n. — c) *Eber;* vgl. घृष्वि. — d) *Esel* oder *Maulthier.* — e) *Wind.* — f) *Weg.*

निघ्न 1) Adj. a) *abhängig, in der Gewalt stehend —, unter dem Einfluss stehend —, beherrscht von* (im Comp. vorangehend) Kâd. 2,132,13. *erfüllt von, ganz hingegeben* Râgat. 8,3078. Bâlar. 30,16. Nom. abstr. °निघ्नता f. — b) nach einem Zahlwort *multiplicirt mit.* — 2) m. N. pr. verschiedener Männer VP.².

*निघ्नक Adj. = निघ्न 1) a).

*निचक m. N. pr. eines Mannes Mahâbh. 4,60,a (zu lesen निचक । st. निचका).

निचक्नु m. N. pr. eines Fürsten VP. 4,21,3. निचक्नु v. l.

निचक्रया Instr. Adv. *ohne Wagen.*

निचक्नु m. v. l. für निचक्नु VP.² 4,163.

निचक्षुस् m. N. pr. eines Fürsten Hariv. 2,84,9. विचक्षुस् v. l.

निचङ्कुण m. v. l. für निचुम्पुण 1) TS. 1,4,45,2.

निचन्द्र m. N. pr. eines Dânava.

निचमन n. *das Einschlürfen.*

1. निचय m. *Aufschichtung, Aufhäufung, Ansammlung, Haufe, Menge, Vorrath* Gaut. 10,63. षण्मास° Adj. *auf sechs Monate Vorrath habend.* Ausnahmsweise in Verbindung mit lebenden Wesen.

2.*निचय m. = निश्चय.

*निचयक Adj. = निचये कुशलः.

निचयगुल्म m. *eine durch Anhäufung aller drei Humores entstandene Anschwellung des Unterleibes* Karaka 2,3.

निचयोदरिन् Adj. *an einer durch Anhäufung aller drei Humores entstandenen Anschwellung des Bauches leidend* Karaka 6,18.

निचाङ्कुण m. N. pr. v. l. für निचुङ्कुण.

*निचाय्य m. *Haufe* (als Maass).

*निचिकी f. = नैचिकी.

निचित 1) Adj. s. u. 1. चि mit नि. — 2) *m. Pl. N. pr. eines Kriegerstammes. — 3) f. आ N. pr. eines Flusses.

निचिर Adj. *aufmerkend, wachsam.*

निचुङ्कुण m. 1) v. l. für निचुम्पुण 1). — 2) N. pr. eines Vâruṇi.

*निचुदार m. *ein best. Baum.* Vgl. नैचुदार.

निचुदाह m. *ein best. Vogel* Gaut.

निचुम्पुण m. 1) etwa *Schwall, Guss* oder *Spülung* RV. 8,82(93),22. — 2) N. pr. eines Çaunaḥçepa.

निचुल m. 1) **Ueberwurf, Mantel.* — 2) *Barringtonia acutangula.* — 3) **Calamus Rotang.* — 4) N. pr. eines Dichters.

निचुलक m. 1) = निचुल 1). — 2) *Futteral* Bâlar. 163,9 (°चुलुक gedr.).

निचुलित Adj. *in einem Futteral steckend* Bâlar. 106,14. Am Ende eines Comp. *bedeckt mit* Prasannar. 101,21.

*निचूल m. = निचुल 1) und 2).

निचृत् f. *ein defectives Metrum.*

*निचेचाय m. *beständiges Aufschichten.*

निचेतृ (ohne Object) und निचेतृ (mit Acc. und auch ohne Object) Nom. ag. *Aufmerker, Beobachter.*

निचेय Adj. *aufzuschichten, was da verdient aufgeschichtet* oder *angehäuft zu werden.*

निचेरु Adj. 1) *gleitend.* — 2) *schleichend.*

निचोल m. 1) *Ueberwurf, Mantel.* — 2) *Futteral* Vikramâṅkak. 7,2. — 3) *Barringtonia acutangula* Karaka 6,9.

निचोलक 1) *m. n. *Ueberwurf, Mantel.* — 2) *m. *Panzer.* — 3) m. oder n. *Futteral* Harshak. 182,21.

*निच्छवि f. N. pr. eines Landes, = तीरभुक्ति.

निच्छिवि m. *eine best. Mischlingskaste.*

निच्छेद Adj. fehlerhaft für निश्छेद.

निज्, *निङ्क्ते (vom Simplex zu belegen: निनिक्त, °अनिजम्, °निजानं, °अनैक्तीत्, °अनिक्त, °निजे = °निनिजे in Bhâg. P., निक्त्वा, °निज्य, Pass. निज्यते und निक्तं) und Intens. नेनेक्ति, नेनिक्ते. 1) *abwaschen, reinigen;* Med. *sich abwaschen, sich rein machen.* निक्त *gewaschen, gereinigt; besprengt.* — 2) *पोषणे. — Mit अव *abwaschen, reinigen, bespülen;* Med. *sich abwaschen* und *abwaschen* (Bhâg. P.). अवनेनिज्य Gobh. Çrâddh. 2,31. — Caus. अवनेजयति *abwaschen lassen.* अवनेजित angeblich = व्याप्त *erfüllt von* (Instr.). — Mit अभ्यव Act. Med. *abwaschen, reinigen.* — Caus. *abwaschen lassen.* — Mit प्राव *abwaschen.* — Mit प्रत्यव in °नेजन. — Mit निस् 1) Act. *abwaschen,* Med. dass. und *sich abwaschen.* — 2) Med. *sich putzen, sich schmücken.* — 3) निर्णिक्त a) *gewaschen, gereinigt.* — b) *polirt, blank gemacht.* — c) *gereinigt, rein* in übertragener Bed. — d) *weggewaschen* (eine Sünde). — e) *in's Reine —, in's Klare gebracht.* — Mit परिनिस् *vollständig abwaschen.* — Mit प्र *abwaschen, reinmachen.* — Mit वि *wegwischen.*

निज 1) Adj. (f. आ) a) *eingeboren, innewohnend, in der eigenen Person befindlich.* °रिपु m. *ein Feind im eigenen Lande* 156,12. — b) *beständig.* — c) *eigen.* Ist häufig auf eine andere Person als das Subject zu beziehen und, namentlich in der späteren Literatur, so abgeschwächt, dass es durch ein entsprechendes Pron. poss. wiederzugeben ist. — 2) m. a) *ein Angehöriger.* — b) *die eigene Person.* निजार्थम् *für sich,* आहारं तस्य राज्ञो निजोचितम् so v. a. तदुचितम्.

निजघास m. N. pr. eines Dämons.

निजाघ्नि Adj. *niederschlagend, überwältigend.*

निजधृति f. N. pr. eines Flusses in Çâkadvîpa.

निजपक्ष m. *die eigene Partei, die Seinigen.*

निजमुक्त Adj. *für immer erlöst* Kap. 1,86.

निजात्मरमीमांसा f. Titel eines Werkes Opp. Cat. 1.

निजानुका f. etwa *Knieschlottern.*

*निजि gaṇa यवादि.

*निजिमत् Adj. von निजि.

निजुर f. *das Versengen, Verbrennen.*

*निटल n. *Stirn.*

*निटलाक्ष m. Bein. Çiva's.

निटाल und निटिल n. *Stirn.*

*निटिलाक्ष m. Bein. Çiva's.

निटिलेक्षण m. desgl. Daçak. 2,4.

निटूल m. N. pr. einer Brahmanenfamilie.

निडीन n. *eine Art Flug* MBh. 8,41,26.

निर्णीक् Adv. *heimlich.*

*निर्णिडका f. *Ipomoea Turpethum.* Richtig wohl *ति°.

निण्यँ, निणाम्रँ 1) Adj. *innerlich; verborgen, geheim.* °म् Adv. — 2) n. *Geheimniss.*

नितततपम् onomat. als Nachahmung eines Stotternden.

नितत्नी f. Name einer der 7 Kṛttikâ TS. 4,4,5,1.

नितत्नी f. 1) *eine best. Pflanze.* — 2) = नितत्नी Kâṭh. 40,4.

नितम्ब 1) m. (adj. Comp. f. आ) *a) der Hintere, die Hinterbacken* (Du.), insbes. des Weibes. — *b) der Abhang —, die Thalwand eines Berges.* — *c) ein abschüssiges Ufer.* — *d) *Schulter.* — *e) eine best. Stellung beim Tanze.* — 2) f. आ *eine Form der* Durgâ.

नितम्बमय Adj. *von Hinterbacken gebildet* Naish. 7,88.

नितम्बवती f. 1) *eine Frau mit schönen Hinterbacken,* καλλίπυγος. — 2) N. pr. einer Frau.

नितम्बस्थल n. (304,4) und °स्थली f. *der Hintere.*

नितम्बिन् Adj. 1) *mit schönen Hinterbacken versehen, schöne H. verhüllend* (Gewand). °नी f. *eine Frau mit sch. H.* Am Ende eines Comp. nach einem Adj. (wie *schön, breit*). — 2) *mit schönen Bergabhängen versehen.*

नितम्भू m. N. pr. eines Mannes.

नितराम् Adv. 1) *unterwärts.* — 2) *gesenkt* (vom Tone). — 3) *vollständig, ganz.* — 4) *jedenfalls.* — 5) *besonders, vorzüglich, in hohem Grade.* — 6) *ausdrücklich.*

नितल n. *eine best. Hölle.*

नितान m. 1) *ein nach unten gehender Pflanzentrieb.* — 2) N. pr. eines Mannes.

नितान्त s. u. तम् mit नि.

*नितान्तवृक्षीय und *नितान्तावृक्षीय Adj.

*नितान्तीय Adj. von नितान्त gaṇa उत्करादि in der Kâç.

नितिक्ति Adv. *hastig, eilig.*

*नितुण्ड m. N. pr. eines Mannes. Vgl. नैतुण्डि.

नितोद m. *Einstich, Loch.*

नितोदिन् Adj. *stechend, bohrend.*

नितोश anzunehmen wegen नैतोश.

नितोशन Adj. *träufelnd, spendend;* m. *Spender* (mit Gen.).

नित्य 1) Adj. (f. आ) *a) eingeboren, innewohnend.* Spr. 6616. — *b) eigen.* — *c) stetig, immerwährend, ununterbrochen, durchgängig, ewig.* नित्यम् und नित्य° Adv. *stets, ununterbrochen, beständig, immer, unter allen Umständen* 236,31. Mit न *nicht immer und niemals.* — *d)* am Ende eines Comp. *ununterbrochen sich an einem Orte aufhaltend, — in Etwas verharrend, beständig einer Sache sich hingebend, gewohnt an* Kâraka 4,6. — *e) ständig, regelmässig sich wiederholend, gewöhnlich, nothwendig, wesentlich, zur Sache gehörig, unumgänglich.* समास m. *ein nothwendiges Compositum, das sich nicht auflösen lässt, ohne dass die Bedeutung zerfiele.* स्वरित m. *der nothwendige,* so v. a. *primäre* Svarita. — 2) *m. *Meer* Râǵan. 14,7. — 3) f. आ *a) *Pflugschar* Gal. — *b)* Bein. α) der Durgâ. — β) *der Göttin Manasâ. — *c) eine best.* Çakti.

नित्यकर्मन् n. 1) *eine unumgängliche Verrichtung, — Obliegenheit, — heilige Handlung* Comm. zu Ǵaim. 1,659,9. — 2) Titel eines Werkes Opp. Cat. 1.

नित्यकर्मप्रकाशिका f. und °कर्मानुष्ठानक्रम m. (Opp. Cat. 1) Titel zweier Werke.

नित्यकालम् Adv. *immer, unter allen Umständen* M. 2,58. 73.

नित्यकृत्य n. = नित्यकर्मन् 1) 156,27. Râǵat. 1,125.

नित्यक्रिया f. 1) dass. Mârk. P. 31,60. — 2) Titel eines Werkes Bühler, Rep. No. 456.

नित्यगति 1) Adj. *in beständiger Bewegung seiend.* — 2) m. *Wind, der Gott des Windes.*

नित्यग्रन्थविधान n. Titel eines Werkes Opp. Cat. 1.

नित्यजात Adj. *beständig geboren werdend* Bhag. 2,26.

नित्यता f. und नित्यत्व n. 1) *Beständigkeit, das Sichgleichbleiben, stetes Verharren, ewige Dauer.* — 2) am Ende eines Comp. Nom. abstr. zu नित्य 1) *d).* — 3) *Nothwendigkeit, Unumgänglichkeit.*

नित्यदा Adv. *stets, beständig.*

नित्यधृत Adj. *stets unterhalten* (Feuer) Çâñkh. Çr. 2,17,6.

नित्यनर्त Adj. *beständig tanzend* (Çiva) MBh. 13,17,50.

नित्यनाथ m. N. pr. eines Lehrers. °सिद्ध N. pr. des Verfassers des Rasaratnâkara.

नित्यपरिवृत m. N. pr. eines Buddha.

नित्यपाद m. N. pr. = नित्यनाथ.

नित्यपुष्ट Adj. (f. आ) *stets mit Allem gesegnet* Khila 9 zu RV. 5,87 = Taitt. Âr. 10,1,10 = Mân. Gṛhj. 2,13.

नित्यपूजा f. Titel eines Werkes.

नित्यपूजापल्ल n. *ein best. Amulet.*

नित्यप्रयोगरत्नाकर m. Titel eines Werkes.

नित्यबुद्धि Adj. *Etwas* (Loc.) *für beständig haltend* Bhâg. P. 9,18,41.

नित्यभाव m. *Ewigkeit.*

नित्यमय Adj. *aus Ewigem gebildet, — bestehend.*

नित्यमुक्त Adj. *für immer erlöst* Kap. 5,7. Nom. abstr. °त्व n. 1,162.

नित्ययुक्त Adj. *stets einer Sache obliegend, stets bedacht auf* (Loc.) Gaut. 10,29. M. 3,75. 6,8. 9,326.

नित्ययुक्त Adj. *stets gesammelt, — die Gedanken auf einen Gegenstand richtend.*

*नित्ययौवन 1) Adj. *ewig jung.* — 2) f. आ Bein. der Draupadî.

नित्यवत्स 1) Adj. (f. आ) *stets ein Kalb habend.* — 2) f. आ *eine best.* Sâman-*Litanei.* — 3) n. Name verschiedener Sâman.

नित्यवर्षदेव m. N. pr. eines Mannes B. A. J. 4,113.

नित्यवित्रस्त m. N. pr. einer Gazelle.

नित्यवैकुण्ठ m. Bez. eines best. Sitzes Vishṇu's *im Himmel.*

नित्यव्रत n. *eine bleibende, lebenslängliche Observanz* Gobh. 3,2,55.

नित्यशय Adj. *beständig anwesend.*

नित्यशम् Adv. *beständig, stets.*

नित्यसम m. *eine auf die Beständigkeit sich stützende Einwendung.*

नित्यसेवक Adj. *stets Andern dienend* 175,2.

नित्यस्तोत्र Adj. *beständig Lob empfangend.*

नित्यस्नायिन् Adj. *regelmässig sich badend* Vishṇus. 64,42. Hit. 19,1.

नित्यस्वाध्यायिन् Adj. *stets dem* Veda-*Studium obliegend.* Nom. abstr. °यिता f.

नित्यहोतृ Nom. ag. *stets opfernd* ṚV. 10,7,4.

नित्याचारविधि m. Titel eines Werkes Opp. Cat. 1.

नित्यातत्त्व n. Titel eines Werkes.

नित्यानन्द m. N. pr. verschiedener Männer.

नित्यानन्दरस m. *ein best. medicinisches Präparat* Mat. med. 75. Rasar. 542.

नित्यानन्दाश्रम m. N. pr. eines Scholiasten.

नित्यानुगृहीत Adj. *beständig gepflegt* (Feuer) Âçv. Gṛhj. 1,9,2.

नित्यायुक्त m. N. pr. eines Bodhisattva.

नित्याराधन n. und °क्रम m. Titel zweier Werke Opp. Cat. 1.

नित्यारित्र Adj. (f. आ) *eigene Ruder habend,* so v. a. *sich selbst rudernd.*

*नित्योत्क्षिप्तहस्त m. N. pr. eines Bodhisattva.

नित्योत्सव m. 1) am Anfange eines Comp. *beständige* oder *regelmässige Feste* R. 1,5,14. — 2) Titel eines Werkes Opp. Cat. 1. °विधि m. desgl. ebend.

नित्योदक (Kâtj. Çr. 20,4,14) und °किन् (Çâñkh. Gṛhj. 4,11) Adj. *stets mit Wasser versehen.*

नित्योदित 1) Adj. *von selbst aufgegangen* (eine Erkenntniss) Spr. 4498. — 2) m. *a) ein best. me-*

dicinisches Präparat Rasendrak. 101. — b) N. pr. eines Mannes.

नित्योद्युक्त m. N. pr. eines Bodhisattva.

1. निद् (nur in der ältesten Sprache und nur in den Formen निनिदुस्, निदाने und निद्यमान), निन्दू, निन्दति (episch auch Med.). 1) verspotten, schmähen, verachten, schelten, tadeln, schimpfen auf. निदाने verspottet. निन्दित gescholten, getadelt, mit einem Makel behaftet, verrufen, verboten. — 2) verspotten, so v. a. übertreffen 251,3. Bhoga-Pr. 71, 24. — Desid. निनित्सति zu verspotten Lust haben. — निनीत्सेत Âçv. Çr. 9,11,1 vielleicht bezichtigen, beschuldigen. — Mit परिनि (*परिणि) heftig schmähen, — tadeln. — Mit *प्र (प्रनि° oder प्रणि°) schelten. — Mit प्रति tadeln, schmähen auf. — Mit वि tadeln, schmähen, schelten.

2. निद् 1) f. a) Spott, Schmähung, Verachtung. — b) Spötter, Verächter. — 2) am Ende eines Comp. Adj. schmähend, verachtend.

*निद् n. Gift.

*निदण्ड Adj. der den Stock niedergelegt hat.

*निदद्रु m. Mensch.

निदर्शक Adj. 1) eine Einsicht habend in, schauend. — 2) anzeigend, verkündend.

निदर्शन 1) Adj. (f. ई) a) hindeutend auf, zeigend, verkündend, lehrend. — b) zusagend, gefallend. निदर्शिन् v. l. — 2) f. आ die Erweckung des Verhältnisses von Bild und Gegenbild durch eine mögliche oder unmögliche Verknüpfung von Dingen Kâvjapr. 10,11. — 3) n. (adj. Comp. f. आ) a) das Schauen, Sehen. — b) Hinweisung auf. — c) das Zeigen. — d) Beleg, Beispiel. Nom. abstr. °त्व n. Naish. 7,75. — e) ein Beleg für die Unhaltbarkeit einer ausgesprochenen Ansicht. — f) Anzeichen, Symptom, Vorzeichen, Vorbedeutung. प्रीति° Adj. so v. a. zeugend von Freundschaft. — g) Schema, System.

निदर्शयितव्य Adj. zu Gesicht zu bringen, vorzuführen, zu zeigen.

°निदर्शिन् Adj. 1) schauend, eine Einsicht habend in, vertraut mit. — 2) zusagend, gefallend.

निदा f. Schmähung, Verachtung.

निदाघ m. 1) Hitze, die heisse Zeit, Sommer. — 2) N. pr. verschiedener Männer.

*निदाघकर m. die Sonne.

निदाघावधि m. die heisse Jahreszeit.

निदातर् Nom. ag. Anbinder.

निदान n. 1) Band, Strick, Halfter Âpast. Çr. 1, 11,5. — 2) Grundursache, Wesen, Grundform, Ursache überh. — 3) निदानेन Instr. ursprünglich, wesentlich, eigentlich. — 4) = निदानस्थान und ein Abschnitt in dieser Lehre. — 5) bei den Buddhisten eine best. Klasse von Werken Kârand. 81,21. — 6) Titel eines Werkes über Metra und Stoma. — 7) *Ende, Untergang. — 8) *Reinigung; vgl. 7. दा. — 9) *die Forderung des Lohnes für Askese.

निदानवत् Adj. auf einem Grunde fussend oder wesenhaft.

निदानसूत्र n. = निदान 6).

निदानस्थान n. die Lehre von den Ursachen und dem Wesen der Krankheiten, Pathologie.

निदानार्थकर Adj. als Ursache wirkend Bhâvapr. 2,169.

निदिग्ध 1) Adj. s. u. 1. दिह् mit नि. — 2) *f. आ Kardamomen.

निदिग्धिका f. 1) Solanum Jacquini. — 2) *Kardamomen.

निदित Partic. von 4. दा mit नि.

निदिध्यासन n. geistige Betrachtung 282,20. 284,19.

निदिध्यासितव्य Adj. worauf man seine ganze Aufmerksamkeit zu richten hat 34,4.

निदिध्यासु Adj. über Etwas (Acc.) nachzudenken verlangend.

*निदुश m. Fisch.

निदेश m. 1) Befehl. °शे वर्त् oder स्था Jmd (Dat.) zu Befehl stehen, Jmds Befehlen nachkommen. — 2) *Unterhaltung, Gespräch. — 3) Nähe. — 4) *= भाजन.

निदेशकारिन्, निदेशकृत्, निदेशभाज् und निदेशवर्तिन् Adj. Jmds (Gen. oder im Comp. vorangehend) Befehle erfüllend, — Befehlen nachkommend.

*निदेशिन् 1) Adj. hinweisend. — 2) f. °नी Himmelsgegend Râgan. 21,79.

निद्योत fehlerhaft für निर्घात.

निद्रा f. 1) Schlaf. Auch personificirt. Am Ende eines adj. Comp. f. आ. — 2) Schläfrigkeit. — 3) Schlaf der Blumen ist der Knospenzustand.

निद्राकर Adj. Schlaf bewirkend, einschläfernd.

निद्रागम m. das Schläfrigwerden 182,27.

निद्रादरिद्र 1) Adj. an Schlaflosigkeit leidend Vikramânkak. 10,82. — 2) m. N. pr. eines Dichters.

निद्रादरिद्री Adv. mit कर् Jmd um den Schlaf bringen Spr. 2406.

निद्राद्रुह् (Nom. °ध्रुक्) den Schlaf verscheuchend Vâmana 5,2,88.

निद्रान्तरित Adj. eingeschlafen.

निद्रान्ध Adj. vor Schläfrigkeit blind, schlaftrunken.

निद्रामय Adj. im Schlafe bestehend.

निद्राया f. mystische Bez. des Lautes म.

निद्रायोग m. halb Schlaf halb Contemplation, ein Zustand zwischen Wachen und Schlafen.

निद्रालस Adj. (f. आ) schläfrig, schlafsüchtig 157,10.

निद्रालस्य n. 1) Schläfrigkeit. — 2) langes Schlafen.

निद्रालु 1) Adj. schläfrig, schlafsüchtig. Nom. abstr. °त्व n. — 2) *m. Bein. Vishṇu's. — 3) *f. a) Solanum Melongena. — b) = वनबर्बरिका. — c) ein best. wohlriechender Stoff.

*निद्रावृत m. Finsterniss.

*निद्रासंजनन n. Phlegma (als einer der Grundstoffe des menschlichen Körpers).

1. निधन (*m.) n. 1) das Sichfestsetzen, Aufenthalt. — 2) Aufenthaltsort, Lagerstätte, Behälter. — 3) Schluss, Ende. — 4) Tod, Vernichtung. — 5) der Schlusssatz (musik.) am Ende eines Sâman, welcher im Chor gesungen wird. Hierher vielleicht auch AV. 9,7,18. — 6) das achte astrol. Haus. — 7) *Geschlecht, Familie. — 8) *Familienhaupt.

2.*निधन Adj. besitzlos, arm.

निधनकाम n. Name verschiedener Sâman.

निधनक्रिया f. Todtenceremonie.

निधनता f. Besitzlosigkeit, Armuth.

निधनपति m. der Herr des Endes Taitt. Âr. S. 913.

निधनभूत Adj. Schlusssatz-artig.

निधनवत् Adj. mit einem Schlusssatz versehen.

निधनोत्तम Adj. als Beiw. Çiva's.

निधा f. Netz aus Schnüren, Fanggarn.

निधातर् Nom. ag. Aufbewahrer, Berger.

निधातव्य Adj. 1) niederzulegen Hemâdri 1,374, 12.17. — 2) aufzubewahren. — 3) Jmd (Loc.) zu übergeben, anzuvertrauen. — 4) zu richten auf (Loc.).

निधातोस् Abl. Inf. zu 1. धा mit नि 1,9.

निधान 1) n. a) das Niedersetzen, Niederlegen, Einsetzen (des Feuers, eines Topfes in die Erde). — b) das Aufbewahren. — c) Ort des Niedersetzens, — Niederlegens, Behälter. Ausnahmsweise m.; am Ende eines adj. Comp. f. ई. — d) ein verborgener Schatz, Schatz überh. — 2) f. निधानी Bez. der Worte या जाता ओषधयः u. s. w. (TBr. 3,7,4,9) Âpast. Çr. 1,5,5. — 3) Adj. Etwas (Gen.) in sich bergend.

*निधानक Adj. von निधान.

निधानकुम्भ m. ein Topf mit Kostbarkeiten.

1. निधानी f. s. निधान 2).

2. निधानी Adv. mit कर् aufhäufen Harshak. 129,3.

निधानेश m. ein Jaksha.

(निधान्य) निधानिय Adj. zum Niedersetzen u. s. w. geeignet.

निर्धापति m. *Träger des Fanggarns.*

निधायम् Absol. in *घृत°.

निर्धाय्य m. nach dem Comm. = नितरां संपाद्नीयो भागः. Man könnte निधाय्योवायि (निधायि श्रो°) vermuthen und diese als zwei Stobha auffassen; vgl. श्रोवा.

निधार्य Adj. *der Etwas* (Acc.) *eingesetzt hat.*

निधि m. 1) *Aufstellung, Aufwartung* (von Speisen u. s. w.). — 2) *der Untersatz an der* Ukhâ. — 3) *Aufbewahrungsort, Behälter,* in übertragener Bed. so v. a. *Inbegriff.* अपाम् *der Behälter aller Gewässer, das Meer;* auch Name eines Sâman. कलानाम् so v. a. *Vollmond.* — 4) *das Meer.* — 5) nach Çaṅk. *die Kenntniss der Zeitrechnung.* — 6) *eine best. Heilpflanze.* — 7) *ein best. wohlriechender Stoff.*

निधिगोपं m. *Hüter des Schatzes.*

निधिदत्त m. N. pr. eines Kaufmanns.

निधिदीपिका f. Titel eines Werkes Opp. Cat. 1.

*निधिनाथ m. Bein. Kubera's.

निधिप m. *Schatzhüter.*

निधिपति m. 1) *Schätzeherr.* — 2) *ein überaus reicher Mann.* Nom. abstr. °त्व n. — 3) Bein. Kubera's. — 4) N. pr. eines *reichen* Kaufmanns.

निधिपतिदत्त m. N. pr. eines Kaufmanns.

निधिपा und °पाल m. *Schatzhüter.*

निधिपालित m. N. pr. eines Kaufmanns.

निधिमन्त् Adj. *einen Vorrath bildend, in Vorrath vorhanden, reichlich.*

निधिमय Adj. (f. ई) *aus Schätzen bestehend* Harshaé. 90,13.

निधिवाद m. *die Kunst Schätze zu finden* Kâd. 253,10.

निधिवास m. N. pr. einer Stadt Ind. Antiq. 1875, S. 353.

निधीश m. Bein. Kubera's. Nom. abstr. °त्व n.

*निधीश्वर m. desgl.

निधुवन n. 1) *das Hinundherbewegen, Zittern.* — 2) *coitus* Harshaé. 162,6. — 3) *Spiel, Scherz.*

निधृति m. N. pr. eines Fürsten.

निधेय Adj. 1) *hinzusetzen, aufzulegen* Hemâdri 1, 173,7. 9. — 2) *hinzusetzen,* so v. a. *aufzubewahren* Karaka 6,6.

*निध्यान n. *das Schauen, Sehen, Blick.*

निध्रुव m. N. pr. eines Mannes. Pl. *sein Geschlecht.*

निध्रुवि 1) Adj. *beharrend, treu.* — 2) m. N. pr. eines Kâçjapa.

*निधान m. *Laut.*

निनङ्क्षु Adj. *zu Grunde zu gehen —, umzukommen verlangend* Bhatt.

निनद m. n. (Khând. Up.) *Klang, Laut, Ton, Geräusch, Gesumme. Geschrei.*

निनंसे Dat. Inf. zu नम् mit नि RV. 3,56,1.

निनयन n. *das Hingiessen* Comm. zu Gaim. 1, 477,1. Vgl. स्वधा°.

°निनयनीय Adj. in स्वधा°.

निनर्तशत्रु m. N. pr. fehlerhaft für निवृत्तशत्रु.

निनर्तिषा f. *Lust zum Tanzen* Harshaé. 101,22.

निनर्द m. *das Schleifen* oder *Trillern* (des Tones in der Litanei) Vaitân.

निनाद m. und निनादित n. = निनद.

°निनादिन् Adj. 1) *klingend —, tönend —, schallend —, schreiend wie.* — 2) *ertönen machend, spielend* (ein musik. Instrument). — 3) *von einem Klange begleitet.*

निनांह्य oder निनाह्य m. *ein in den Boden eingegrabenes Wassergefäss.*

निनित्सु Adj. *zu schmähen —, zu lästern begierig;* mit Acc.

निनिद्रासु Adj. *schlafen wollend, schläfrig* Râǵat. 8,2130 (विनिद्रासु gedr.).

°निनीषा f. *die Absicht wegzuführen.*

निनीषु Adj. (mit Acc.) 1) *Jmd wegführen wollend* Kâd. 2,44,12. — 2) *zu führen —, zu bringen wünschend nach* (प्रति) einem Orte oder in einen Zustand, eine Lage (Acc.). — 3) *zu verbringen —, durchleben wünschend* (eine Zeit).

निनृत्तवन्त् Adj. *mit dem* निनृत्त (Partic. von नर्त् mit नि) *versehen.*

निनृत्ति f. *Wiederholung.*

निन्द् s. 1. निद्.

निन्दक Adj. Subst. *Spötter, Lästerer.* Gewöhnlich in Comp. mit dem Object.

*निन्दतल Adj. *eine verkrüppelte Hand habend.*

निन्दन n. *das Lästern, Schmähen.*

निन्दनीय Adj. *dem Spott —, dem Tadel Jmds* (Gen.) *unterliegend, schimpflich, verächtlich.*

निन्दा f. 1) *Schmähung, Lästerung.* — 2) *Tadel, Zurechtweisung.* — 3) *Schimpf, Schande* 170, 25. 26.

*निन्दास्तुति f. *ironisches Lob.*

निन्दितर् Nom. ag. *Spötter, Lästerer, Verächter.*

निन्दिताश्व m. N. pr. eines Mannes.

°निन्दिन् Adj. *schmähend, lästernd, tadelnd.*

*निन्दु f. *eine Frau, die ein todtes Kind zur Welt bringt.*

निन्दोपमा f. *ein Gleichniss, in welchem dasjenige, womit Etwas verglichen wird, in gewisser Beziehung als dem Verglichenen nachstehend dargestellt wird.*

निन्द्य, निन्दिय Adj. 1) *zu schmähen, verächtlich, verwerflich, schimpflich, tadelnswerth, woran ein Makel haftet.* — 2) *verboten, untersagt.*

निन्द्यता f. *Tadelnswürdigkeit.*

*निन्व्, निन्वति (सेवने, सेचने).

1. निप 1) Adj. in ग्राकेनिपं von unbekannter Bed. — 2) m. *Herr, Oberhaupt* Ind. St. 14,386.

2. निप m. 1) *Wassertopf* Ind. St. 14,386. — 2) *Nauclea Cadamba.*

निपक्षति f. *die zweite Rippe.*

*निपठ m. *Recitation.*

*निपठितिन् Adj. = निपठितं येन सः.

निपतन n. 1) *das Fallen, Fall, Sturz.* गर्भिण्या गर्भस्य *das Abgehen der Leibesfrucht einer Schwangeren, so v. a. das Niederkommen einer Schw.* — 2) *das Fliegen, Flug.*

*निपत्यरोहिणी f. wohl *das Fallen und Steigen.*

*निपत्या f. 1) *ein schlüpfriger Boden.* — 2) *Schlachtfeld.*

निपरण n. *das Hinlegen* oder *Spenden der Klösse beim Manenopfer.*

निपलाशम् Adv. (so leise) *wie wenn Blätter fallen.*

*निपाक m. *das Reifen.*

*निपाठ m. *Recitation.*

निपात m. 1) *Sturz, Fall, das Fallen, Niederfallen* (auch vom Regen, von Thränen, Geschossen, vom Blick u. s. w.), *das Fallen von* (Abl.), *in* oder *auf* (im Comp. vorangehend). — 2) *das Losstürzen, Anfall, Angriff, — auf* (im Comp. vorangehend). — 3) *das Sichniedersetzen* (eines Vogels). — 4) *Sturz, Fall* in übertragener Bed. — 5) *Todesfall, Tod.* — 6) *gelegentliches Vorkommen, beiläufige Erwähnung.* — 7) *eine unregelmässige, als Ausnahme geltende Erscheinung, Unregelmässigkeit.* — 8) in der Grammatik *Partikel.* — 9) bisweilen fehlerhaft für निपान und am Ende eines Comp. für अतिपात und अनुपात.

निपातक am Ende eines adj. Comp. *eine böse That, Sünde.*

निपातन 1) Adj. am Ende eines Comp. *ausschlagend* (ein Auge). — 2) n. *a) das Niederfallenlassen, Sinkenlassen.* संततास्र° so v. a. *ununterbrochenes Weinen.* — *b) das Darankommenlassen, Berühren mit* (im Comp. vorangehend). — *c) das Tödten, Erlegen, Zerstören, Vernichten.* — *d)* in der Grammatik *gelegentliches Erwähnen —, Gebrauchen eines Wortes,* insbes. *wenn dadurch eine seltene Erscheinung, eine Unregelmässigkeit constatirt wird.* — *e) das Niederfallen.* — *f) das*

Herabfliegen, Herabschiessen (eines Vogels).

निपातनीय Adj. *fallen zu lassen*. दण्डः so v. a. *eine Züchtigung ist vorzunehmen*.

निपाताव्ययोपसर्गवृत्ति f. Titel eines Werkes Bühler, Rep. No. 290.

निपातिन् Adj. 1) *niederfallend*. — 2) *herabfliegend, sich niederlassend auf* (im Comp. vorangehend). — 3) *niederschlagend, zu Grunde richtend, vernichtend, zerstörend*.

निपात्य Adj. *als Unregelmässigkeit zu erwähnen, unregelmässig*.

निपादै m. *niederes Land, Thal*.

निपान n. 1) *das Trinken*. — 2) *ein Wasserbehälter, aus dem man* (insbes. das Vieh) *trinkt; Tränke; Teich, Wasserbehälter* überh. — 3) * *Melkkübel*.

निपानवत् Adj. *mit Tränken, Teichen* u. s. w. *versehen*.

निपानसरस् n. *ein Teich* oder *See, wohin die Thiere zum Trinken kommen*, Kâd. 2,49,10.

*निपारक Adj. von 1. पर् mit नि.

निपीडना f. *Bedrückung*.

*निपीति f. *das Trinken*.

निपीडन (= निपीडन) n. *das Auspressen* Hem. Par. 2,366.

निपु m. N. pr. eines Mannes.

निपुण Adj. (f. आ) 1) *geschickt, gewandt, erfahren* (die Ergänzung im Loc., *Gen., *Instr., Infin. [Spr. 7852] oder im Comp. vorangehend), *von Geschicklichkeit, Gewandtheit, Erfahrenheit zeugend*. °म् Adv. *auf geschickte, feine Weise* MBh. 4,3,9. — 2) am Ende eines Comp. *geeignet zu*, so v. a. *vermögend* Kâd. 71,4. — 3) *vollkommen, vollständig*. °म्, °तरम्, °तस्, निपुणेन und *निपुणा° *vollkommen, vollständig, auf alle Weise, ganz, genau*. — 4) *vielleicht *liebenswürdig gegen* (Loc. oder Acc. mit प्रति).

निपुणता f. 1) *Geschicklichkeit, Gewandtheit*. — 2) *Genauigkeit*. Instr. *genau*.

निपुणिका f. N. pr. einer Zofe 297,25.

निपूर f. nach Mahîdh. und Uvaṭa *der feine Körper*.

निप्रयत Hariv. 2515 fehlerhaft für निष्प्र°, निःप्र°).

निप्रियाय, °यते *im Besitz behalten —, nicht von sich lassen wollen*; mit Acc.

*निफला f. *Cardiospermum Halicacabum*.

*निफालन n. *das Sehen*.

*निफेन n. *Opium*.

निबद्ध 1) Adj. s. u. बन्ध् mit नि. — 2) m. *ein best. musikalisches Instrument* S. S. S. 185.

निबद्धव्य Adj. *nothwendig in Beziehung stehend zu* (Instr.).

निबन्द्दर् Nom. ag. *Verfasser* Bâlar. 8,7 (निबन्द्दर् gedr.).

निबन्ध 1) m. *a) das Anbinden, Festbinden, Bindung, Fesselung*. — *b)* * *festes Hängen an Etwas*. Richtig निर्बन्ध. — *c) Band, Fessel*. — *d) Stiftung*. — *e)* * *Verstopfung*. Richtig विबन्ध. — *f) Composition, literärisches Werk*. — *g)* Titel eines Werkes. — *h)* * *Azadirachta indica*. — 2) *n. *Gesang*. — MBh. 2,2532 fehlerhaft; निबद्ध ed. Bomb.

*निबन्धक Adj. von निबन्ध.

निबन्धचन्द्रोदय m. Titel eines Werkes.

निबन्धन 1) Adj. (f. ई) *bindend, fesselnd* Spr. 3728. — 2) m. N. pr. eines Sohnes des Aruṇa Bhâg. P. ed. Bomb. 9,7,5. त्रिबन्धन v. l. — 3) f. ई *Band, Fessel* (auch in übertragener Bed.). — 4) n. (adj. Comp. f. आ) *a) das Anbinden, Befestigen, Festhalten, Zusammenfügen*. सेतोः so v. a. *das Schlagen einer Brücke*. — *b) Band, Fessel*; in übertragener Bed. *Bande, Verbindungen*. — *c) das worin Etwas befestigt ist, — steckt*. — *d)* * *das obere Ende der Vîṇâ, wo die Saiten befestigt werden*. — *e) Grund, Ursache, Veranlassung, Bedingung*. Häufig am Ende eines adj. Comp. zu übersetzen durch *veranlasst —, bedingt durch, abhängig von* (103,9. 189,32 = M. 9,27), *in Beziehung stehend zu*. — *f) ein Gefüge von Worten, Composition*.

*निबन्धनक Adj. von निबन्धन.

निबन्धनग्रन्थ m. Titel einer Klasse von Werken.

निबन्धनीय n. *ein gutes, freundschaftliches Verhältniss*. °यं कर् *sich gut vertragen mit* (Instr.) Hariv. 2,69,55. v. l. निबं°.

निबन्धसंग्रह m. Titel eines Commentars.

निबन्धिक in अय°.

निबन्धिन् Adj. 1) *bindend, fesselnd* Spr. 3728, v. l. — 2) am Ende eines Comp. *a) verbunden durch* oder *mit, zusammenhängend mit*. — *b) bedingend, verursachend*.

निबर्हण 1) Adj. *vernichtend, vertilgend, beseitigend, vertreibend*. — 2) n. *das Vernichten, Vertilgen*. — Hier und da fehlerhaft für निर्बर्हण.

*निबल *eine best. Zahl* (buddh.).

निबाध m. in अनिबाधँ.

निबिड 1) Adj. (f. आ) *a) niedrig* Kâd. 66,23. — *b) dicht, keinen Zwischenraum darbietend, ununterbrochen, fest* (Umarmung, Zuneigung). — *c) voll von* (Instr. oder im Comp. vorangehend). — *d)* **flachnasig*. — 2) m. N. pr. eines Gebirges. — 3) *n. *Flachnasigkeit*.

निबिडय्, °यति *fest umschlingen* Bâlar. 28,3.

निबिडित 1) *dicht geworden*. — 2) *fest angedrückt* Bâlar. 124,4.

निबिडी Adv. mit कर् *spannen* (einen Bogen) Vikramâṅkak. 16,41.

निबिरीस 1) Adj. *a)* = निबिड 1) *b)*. — *b)* * = निबिड 1) *d)* Kâç. zu P. 5,2,32. — 2) *n. = निबिड 3).

निबुसी Adv. mit कर् *von der Spreu befreien*. Vgl. निर्बुसी.

*निबोद्दर् Nom. ag. *einsichtig, verständig* Gal.

निबोद्धव्य Adj. *zu halten für, anzusehen als* (Nom.).

°निभ 1) Adj. (f. आ) *gleich, ähnlich*. Pleonastisch nach einem Adj. und in Verbindung mit andern Synonymen. Nom. abstr. °ता f. — 2)(*m. n.) *Schein, Vorwand*. Nur im Instr. und Abl.

निँभञ्जन n. *das Zerbrechen* AV. 20,131,2.

निभर्त्सन fehlerhaft für निर्भर्त्सन.

निभसद् Adj. etwa *dessen Hintertheil nach unten gerichtet ist*.

*निभालन n. *das Sehen*.

निभीम Hariv. 13599 fehlerhaft für भीम.

निभूयपै Adj. als Beiw. Vishṇu's.

निभृत 1) Adj. s. u. 1. भर् mit नि. — 2) n. *Verschwiegenheit* Spr. 5319.

निमग्नक Adj. *sich einbeissend, tief in's Fleisch beissend*.

निमज्जथु m. *das Hineingehen in*. तल्पे *das zu Bette Gehen* Bhaṭṭ.

निमज्जन 1) Adj. (f. ई) *Jmd* (Gen.) *hineinzugehen* (in's Wasser) —, *sich hineinzubegeben veranlassend*. — 2) n. *das Hineinsteigen* (in's Wasser) 153,9.

निमद m. *deutliche aber nicht vollkommen laute Aussprache* TS. Prât. 23,5. 8.

निमन्त्रक m. *Einlader*.

निमन्त्रण n. *Einladung*.

निमन्त्र्य Adj. *einzuladen*.

निर्मन्यु Adj. *dessen Groll sich gelegt hat, nicht eifernd*.

निमय m. *Tausch, das Vertauschen von* (Gen.) *gegen* (Instr.) Gaut.

निमर्दक m. *eine best. Speise* Karaka 1,27.

1. निमातव्य Adj. *auszumessen, gemessen werdend*.

2. निमातव्य Adj. *zu vertauschen, vertauschbar gegen* (Instr.).

निमान n. *Maass, Maassverhältniss*.

निमि m. N. pr. 1) verschiedener Fürsten. Ein Sohn Ikshvâku's dieses Namens hat es bewirkt, dass die Menschen die Augen schliessen und öffnen. BHÂG. P. 9,24,64. — 2) eines Dânava. डिम्भ v. l.

निमिति f. *Ansiedelung* ṚV. 5,62,7.

निमित्त n. (adj. Comp. f. आ) 1) *Ziel* (nach dem geschossen wird). — 2) *Zeichen, Anzeichen, Wahrzeichen, Vorzeichen, Omen.* — 3) *Veranlassung, Grund, Ursache, das Bestimmende, causa efficiens, Werkzeug.* °तं या *die Veranlassung sein, die Schuld tragen* KÂD. 214,3. Alle obliquen Casus (Abl., Gen. und Loc. nicht zu belegen) werden adverbialisch in der Bed. *wegen* gebraucht. Am Ende eines Comp. *dieses zur Veranlassung, zum Grunde habend, veranlasst —, hervorgerufen —, bewirkt durch.* — 4) * = आगन्तु, देह, आदेश und पर्वन्.

निमित्तक 1) am Ende eines adj. Comp. *hervorgerufen —, veranlasst durch, abhängig von.* — 2) *n. *das Küssen.*

निमित्तकारण n. *causa efficiens.*

निमित्तकाल m. *eine best. Zeit, die als Veranlassung zu Etwas dient.* Nom. abstr. °ता f.

*निमित्तकृत् m. *Krähe* RÂGAN. 19,58.

निमित्ततस् Adv. *aus besonderer, bestimmter Veranlassung.*

निमित्तत्व n. *das Ursachesein.*

निमित्तनिदान n. Titel eines Werkes.

*निमित्तविद् m. *Astrolog.*

निमित्तवेधिन् Adj. *das Ziel treffend.*

निमित्तसप्तमी f. *ein die Veranlassung angebender siebenter Casus.*

निमित्तहेतु m. *causa efficiens.* Nom. abstr. °त्व n.

निमित्तायुस् Adj. *dessen Lebensalter von Etwas abhängig ist* MBH. 3,135,47.

निमित्तिन् Adj. *das, worauf Etwas als Ursache wirkt,* TS. PRÂT. Comm.

निमित्ती Adv. 1) mit कर् *zur Veranlassung —, zur Ursache machen.* °कृत्य mit Acc. *wegen, in Folge —, durch die Schuld von* KÂD. 247,10. — 2) mit भू *Ursache —, Veranlassung zu Etwas* (Loc.) *werden.*

निमिंधर m. N. pr. eines Fürsten LALIT. 199,10.

*निमिम्र m. N. pr. eines Mannes.

निमिम्र Adj. (f. आ) *sich hingebend, theilnehmend —, hängend an* (Loc.). Superl. f. °तमा.

निमिष् f. 1) *das Blinzeln, Zwinkern der Augen.* — 2) *das Schliessen der Augen, Einschlafen.*

निमिष n. 1) *das Blinzeln, Schliessen der Augen.* Auch als Bez. *eines überaus kurzen Zeitmaasses.* — 2) *krankhaftes Blinzeln* oder *Schliessen der Augendeckel.* — 3) Bein. Vishṇu's. — 4) N. pr. eines Sohnes des Garuḍa.

निमिषनेत्र m. N. pr. eines *Gebietes.*

निमिषम् Gen. Inf. zu मिष् mit नि ṚV. 2,28,6.

निमिषित n. *das Schliessen der Augen* MAHÂBH. 8,25,b. Vgl. अ° (Nachtr. 3).

निमीलक 1) Adj. *die Augen schliessend* (beim Singen) S. S. S. 117. — 2) f. °लिका *das Schliessen der Augen* in *इभ° und गज°.

निमीलन n. 1) *das Schliessen der Augen* 265,5. — 2) *das Sichschliessen* einer Blüthe. — 3) **das Schliessen der Augen, so v. a. Tod.* — 4) in der Astr. *vollständige Verfinsterung bei einer totalen Finsterniss.*

निमीला f. *das Schliessen der Augen.* Am Ende eines adj. Comp. f. आ NAISH. 3,104.

निमीलिन् Adj. *die Augen schliessend.*

*निमीश्वर m. N. pr. des 16ten Arhant's der vergangenen Utsarpiṇî (bei den Ǵaina).

निमुष्टिक Adj. *kleiner als die Faust* AIT. ÂR. 405,6.

*निमूलकाषम् Absol. von कष् *bis zur Wurzel hinab ausrotten.*

*निमूलम् Adv. *bis zur Wurzel hinab.*

निमृग्र Adj. (f. आ) *sich anschmiegend, sich fügend;* mit Loc. und आ.

निमृद m. *Zermalmer* ÂPAST. ÇR. 6,18,2.

1. निमेय Adj. *dessen Maassverhältniss* oder *Werth bestimmt wird, — bestimmt werden kann.*

2.*निमेय m. *Tausch.*

निमेष m. (adj. Comp. f. आ) 1) *das Blinzeln, Schliessen der Augen.* Auch als Bez. *eines bestimmten Zeitmaasses.* निमेषे निमेषम् *jeden Augenblick.* Ausnahmsweise n. — 2) *krankhaftes Blinzeln* oder *Schliessen der Augendeckel.* — 3) N. pr. eines Jaksha (nach NÎLAK.).

*निमेषक m. 1) *das Blinzeln der Augen.* — 2) *Leuchtkäfer.*

*निमेषकृत् f. *Blitz.*

निमेषण 1) Adj. (f. ई) *das Schliessen der Augen bewirkend.* — 2) n. *das Schliessen der Augen.*

निमेषतस् Adv. *in Beziehung auf das Schliessen der Augen.*

*निमेषद्युत् und *निमेषरुच् m. *Leuchtkäfer.*

निमेषान्तरचारिन् Adj. *der in einem Augenblick einen Weg vollbringt* MBH. 5,191,51. HARIV. 9139.

निम्न 1) n. *Tiefe, Niederung, Vertiefung.* निम्नम् *der Tiefe zu, abwärts.* — 2) Adj. (f. आ) *tief liegend, vertieft, eingedrückt.* — 3) m. N. pr. eines Fürsten.

निम्नगत 1) Adj. *in Vertiefungen —, in Niederungen befindlich.* — 2) n. *eine niedrig gelegene Stelle, Niederung.*

निम्नगा f. *Fluss.* Am Ende eines adj. Comp. f. आ 84,24.

*निम्ननल Adj. *eine verkrüppelte Hand habend.*

निम्नदेश m. *eine niedrig gelegene Stelle, Vertiefung.*

निम्नप्रवण Adj. *hinabfliessend.*

निम्नभाग m. = निम्नदेश.

निम्नित Adj. *vertieft, eingefallen* MBH. 7,156,64. 175,4.

निम्ब und *°क m. *Azadirachta indica.*

निम्बकर m. v. l. für निम्बरक.

निम्बतरु m. *Erythrina fulgens* oder *Melia sempervirens* BHÂVAPR. 1,204.

निम्बदेव m. N. pr. eines Mannes.

*निम्बपञ्चक n. *die fünf Dinge* (*Blätter, Rinde, Blüthe, Frucht und Wurzel*) *der Azadirachta indica* RÂGAN. 22,30.

*निम्बबीज m. *Mimusops hexandra* RÂGAN. 11,71.

निम्बमाल m. *eine best. Pflanze* KARAKA 6,18.

निम्बरक m. *Melia Bukayun* BHÂVAPR. 1,204. MADANAV. 14,137.

*निम्बरजस् n. *eine best. hohe Zahl* (buddh.).

निम्बवती f. ein Frauenname.

निम्बादित्य m. N. pr. eines Heiligen und Gründers einer Vishṇu'itischen Secte.

*निम्बू und °क m. *der Citronenbaum* RÂGAN. 11,176.

निम्बूकफलपानक n. *Limonade* BHÂVAPR. 2,28.

निम्रुक्ति f. *Untergang der Sonne, Abend.*

निम्रुच् 1) f. dass. — 2) Adj. *schlaff, welk, marcidus.*

निम्रोचन n. *das Untergehen der Sonne* Comm. zu ÂPAST. ÇR. 5,29,13.

निम्लुक्ति f. *das Verschwinden in* (Loc.).

निम्लोच 1) m. *Untergang* (der Sonne). — 2) f. आ N. pr. einer Apsaras VP.[2] 2,292.

निम्लोचनी f. N. pr. einer Stadt Varuṇa's.

निम्लोचि m. N. pr. eines Fürsten.

नियत 1) Adj. s. u. यम् mit नि. — 2) n. Pl. im Sâmkhja Bez. *der Sinnesorgane.*

नियतकाल Adj. *für eine bestimmte Zeit geltend, temporär* 224,11.

नियतभोजन Adj. *im Essen Beschränkungen sich auferlegend.*

नियतविभक्तिक Adj. *in einem bestimmten, unveränderlichen Casus stehend* P. 1,2,44, Sch.

नियतव्रत Adj. *seinem Gelübde treu bleibend.*

नियतात्मन् Adj. *sich zügelnd.*

नियताप्ति f. in der Dramatik *die sichere Aussicht auf Erreichung eines Zieles durch Ueberwindung eines bestimmten Hindernisses.*

नियताशिन् Adj. *mässig essend.*

नियताहार Adj. = नियतभोजन. श्वमांस° *nur Hundefleisch geniessend.*

नियति f. *die fest bestimmte Ordnung der Dinge,*

Bestimmung, Nothwendigkeit, Schicksal. Auch personificirt.

नियती f. Bein. der Durgâ.

नियतेन्द्रिय Adj. *seine Sinne zügelnd.*

नियन्तर् Nom. ag. 1) *derjenige welcher abhält, aufhält, im Zaume hält, Bändiger.* Nom. abstr. °त्व n. — 2) m. *Pferdebändiger, Wagenlenker.*

नियन्तव्य Adj. 1) *zurückzuhalten, im Zaume zu halten, zu bändigen, zu lenken.* Nom. abstr. °त्व n. Çaṁk. zu Bâdar. 3,2,27. — 2) *zu erzwingen.*

नियन्तु Nom. act. in दुर्नियन्तु.

नियन्त्रण 1) n. a) *das Bändigen, Beschränkung der Freiheit.* — b) *Beschränkung,* so v. a. *Feststellung, nähere Bestimmung.* — 2) f. आ a) *Verschliessung* Hem. Par. 9,3. — b) *Beschränkung, Beschränktheit* in अ° (Nachtr. 3).

नियम m. (adj. Comp. f. आ) 1) *Bändigung, Zurückhaltung, Beschränkung.* — 2) *das Niederhalten, Senken* (des Tones). — 3) *Beschränkung auf* (Loc. oder Acc. mit प्रति), *Einschränkung, Feststellung, genauere Bestimmung.* नियमेन *mit Einschränkungen, unter gewissen Voraussetzungen.* — 4) *feste Regel, Nothwendigkeit, absolute Nothwendigkeit in einem gegebenen Falle, jedoch ohne Beschränkung auf diesen einen Fall.* नियमेन und नियमात् *mit Nothwendigkeit, mit Bestimmtheit, gewiss.* तिथिनियमात् so v. a. *so dass die* Tithi *dabei das Bestimmende sind.* — 5) *Versprechen, Gelübde.* — 6) *eine Beschränkung, die man sich auflegt, eine übernommene besondere Observanz, eine gelegentliche, kleine Pflicht* 285,30. — 7) in der Rhetorik *ein feststehender Vergleich, Gemeinplatz.* — 8) *ein best. mit Mineralien, insbes. mit Quecksilber vorgenommener Process.* — 9) Bein. Vishṇu's. — 10) N. pr. eines Sohnes des Dharma und der Dhṛti. — Auch mit निमय verwechselt.

नियमन 1) Adj. *bändigend, bezwingend.* — 2) n. a) *das Bändigen, Bezwingen* MBh. 12,88,18. — b) *das Beschränken, genauere Bestimmung.*

नियमपाल m. N. pr. eines mythischen Weisen.

नियमवन्त् Adj. 1) *frommen Observanzen obliegend.* — 2) °वती f. *die Regeln —, die monatliche Reinigung habend.*

*नियमस्थिति f. *Askese.*

नियमहेतु m. *eine regulirende Ursache.*

नियमानन्द m. N. pr. = निम्बादित्य.

नियमोपमा f. *ein Gleichniss, bei dem ausdrücklich gesagt wird, dass Etwas nur mit Einem verglichen werden könne.*

नियम्य Adj. 1) *zurückzuhalten, im Zaume zu halten, zu bändigen.* — 2) *zu beschränken, beschränkt —, genauer bestimmt werdend* Çaṁk. zu Taitt. Up. 62,10.

निययिन् Adj. *überfahrend.*

नियव m. *eine geschlossene Reihe.*

*नियाग m. = संयमो मोक्षः Çilâñka 2,116.

*नियातन n. fehlerhafte v. l. für निपातन.

नियान n. *Zufahrt* ṚV. 10,19,4. *Zugang, Weg.*

नियाम 1) *m. a) = नियम. Hem. Jog. 4,34 fehlerhaft für नियम 6). — b) *Schiffer, Steuermann.* — 2) n. (!) = नियम 8).

नियामक 1) Adj. (f. °मिका) a) *zurückhaltend, im Zaume haltend, lenkend, bezwingend.* — b) *beschränkend, feststellend, genauer bestimmend, entscheidend* Hemâdri 1,662,9. Çaṁk. zu Taitt. Up. 62,10. नियामकाभावात् *in Ermangelung eines entscheidenden Moments* Deçin. 1,47. Nom. abstr. °ता f. und °त्व n. — 2) m. a) *Lenker.* — b) **Wagenlenker.* — c) **Schiffer, Steuermann.*

नियामन n. 1) MBh. 12,3319 fehlerhaft für नियमन 2) a). — b) = नियम 8).

नियुक्त 1) Adj. s. u. 1. युज् mit नि. — 2) m. *ein Angestellter, Beamter* Spr. 2513.

*नियुक्तक Adj. *als Haupt erwählt.*

नियुक्ति f. *Beauftragung, Anstellung zu Etwas* (°अर्थम्).

नियुत् f. 1) *Verleihung, Gewährung.* — 2) *Vielgespann* oder *das in demselben gehende Thier;* insbes. von den *Zugthieren* Vâju's. — 3) Pl. *Verse, Gedicht.* — 4) N. pr. einer Gemahlin Rudra's in einer seiner Formen.

नियुत 1) Adj. s. u. 2. यु mit नि. — 2) (*m.) n. *eine best. hohe Zahl,* gewöhnlich *Million.*

नियुत्वतीय Adj. *dem* Vâju nijutvant *gehörig.*

नियुत्वन्त् Adj. 1) *mit einem Vielgespann versehen.* — 2) *gleichsam befestigt, angeheftet,* so v. a. *bleibend, nicht vom Orte weichend* (उत्स). — 3) *das Wort* नियुत् oder नियुत्वन्त् *enthaltend.*

नियुत्सा f. N. pr. der Gattin Prastâva's.

नियुद्ध n. *Kampf,* insbes. *Faustkampf.* *°भू f. *Kampfplatz für Faustkämpfer.*

नियुद्रथ Adj. *der einen Wagen mit Vielgespann hat.*

नियोक्तर् Nom. ag. 1) *Anbinder, Fesseler.* — 2) *Herr, Gebieter.*

नियोक्तव्य Adj. 1) *zu richten auf* (Loc.). आत्मा सुखे so v. a. *man soll sich den Freuden hingeben* Spr. 5942. — 2) *anzuhalten zu, anzustellen bei, zu beauftragen mit* (Loc.) M. 9,64. Jâgn. 2,3. MBh. 1,124,28. 5,177,2. Chr. 211,10. — 3) *zur Rechenschaft zu ziehen* M. 8,186.

नियोग m. 1) *das Anbinden* in °पाश. — 1) *Verwendung.* एककार्य° *Anstellung bei einem und demselben Geschäfte.* Vgl. अ° 1). — 3) *Anweisung, Vorschrift, Geheiss, Befehl, Auftrag, ein aufgetragenes Geschäft.* — 4) *Bestimmtheit, Nothwendigkeit.* नियोगेन *nothwendig, bestimmt, gewiss.* — 5) ἀνάγκη, *Verhängniss, Schicksal.* Am Anfange eines Comp. so v. a. *in Folge des Schicksals* Harshaḱ. 214,8.

नियोगकृत् Adj. *in Jmds Auftrage handelnd* 214,7.

नियोगपाश m. etwa *Wagenstrang.*

नियोगसंस्थित Adj. *im Amte stehend* Spr. 7053.

नियोगस्थ Adj. *unter Jmds* (Gen.) *Befehlen stehend, Jmd gehorchend.*

नियोगार्थ m. *der Gegenstand einer Anweisung, ein aufgetragenes Geschäft.*

नियोगिन् m. *Diener, Beamter.*

नियोग्य 1) Adj. in अ° fehlerhaft für अनियोग. — 2) *m. *Herr, Gebieter.*

नियोजक 1) Adj. in सर्व°. — 2) f. °जिका N. pr. einer Tochter des Dämons Duḥsaha.

नियोजन 1) n. a) *das Anbinden* (des Thieres an den Jûpa u. s. w.) Njâjam. 9,2,21. — b) *das womit angebunden wird, Haft.* — c) *Anweisung, Auftrag, das Anstellen an ein Geschäft* (Loc.). — 2) f. नियोजनी *Halfter.*

नियोजनीय Adj. = नियोक्तव्य 2).

नियोजयितव्य Adj. 1) *zu versehen —, zu strafen mit* (Instr.). — 2) *anzuhalten —, anzutreiben —, hinzuleiten zu* (Loc.) Kâraṇḍ. 42,24.

नियोज्य 1) Adj. a) *zu befestigen.* — b) *zu versehen —, auszustatten mit* (Instr.) Spr. 4116. — c) *anzustellen, mit einem Amte zu betrauen, mit einem Auftrage zu versehen, anzuweisen.* — d) *der angewiesen wird.* — e) *aufzutragen* (ein Geschäft). — f) *anheimzustellen, zu überlassen* Hemâdri 1,487,21. — 2) m. *Diener, Untergebener.*

नियोज्यान्वयनिरूपण n. Titel eines Werkes.

*नियोद्धर् Nom. ag. 1) *Faustkämpfer.* — 2) *Hahn* Râgan. 19,105.

नियोधक m. *Faustkämpfer.*

निरंश Adj. *keine Grade habend.* Nom. abstr. °त्व n.

निरंशक Adj. *keinen Erbtheil erhaltend* Jâgn. 2,140.

निरंशु Adj. *strahlenlos.*

*निरंशुक und *निरंशुल = पिप्पल.

निरक्ष *Aequator* (*keine Breite habend*). °देश m. *Aequatorial-Gegend.*

निरक्षर Adj. *analphabet* Spr. 7664. Hem. Par. 1,119.

*निरक्षिन् Adj. von रक्ष् mit नि.

निरग्नि und °क Adj. *kein eigenes Feuer* (auf seinem Heerde) *habend.*

निरग्र Adj. *ohne Rest, so v. a. dividirbar* Lilâv. 103,7. Comm. zu Ârjabh. 2,33.

निरग्रक Adj. dass. Lilâv. S. 100. fgg. Bîǵag. 58.

निरघ Adj. (f. आ) *tadellos.*

निरङ्कुश Adj. (f. आ) *für den kein Leithaken besteht, der keine Fesseln kennt, vollkommen frei, unbeschränkt* Bâlar. 59,8. Çaṁk. zu Bâdar. 3,3,58. 4, 4,17. *extravagant* zu 2,2,33. °म् Adv., °त्व n. Nom. abstr. Çaṁk. zu Bâdar. 2,1,11. 28. Chr. 211,28.

निरङ्कुशय्, °यति *entfesseln* Kâd. 2,136,5.

निरङ्ग Adj. 1) *unvollständig.* — 2) *kein Hülfsmittel habend, ganz allein auf sich beschränkt.*

*निरङ्गुल Adj. = निर्गतमङ्गुलिभ्यः.

निरङ्गुलि Adj. *fingerlos* Spr. 7706.

निरज m. Nom. act. in मुनिर्ज.

*निरजिन Adj. *mit keinem Fell bekleidet.*

निरजे Dat. Inf. zu अज् mit निस् RV. 3,30,10.

निरञ्छन n. *Marke in der Messschnur.*

निरञ्जन 1) Adj. (f. आ) *ohne Schminke, ohne Falsch, lauter.* — 2) m. *a)* Bein. Çiva's. — *b)* N. pr. α) eines Wesens im Gefolge Çiva's. — β) eines Lehrers der Haṭhavidjâ. — 3) *f. आ *a) Vollmondstag.* — *b)* Bein. der Durgâ.

°निरति f. *Wohlgefallen an, das Hängen an.*

निरतिशय Adj. 1) *worüber Nichts mehr geht, was das höchste Maass erreicht hat.* Nom. abstr. °त्व n. — 2) *ohne unterscheidende Merkmale, keine weitere Specificirung zulassend.* Nom. abstr. °ता f. und °त्व n. Govindân. S. 1046.

निरत्यय Adj. (f. आ) 1) *gefahrlos, sicher, wo Alles gut von Statten geht, dem Misslingen nicht unterworfen, vollkommen gelingend, unfehlbar* Karaka 8, 1. 4. Nom. abstr. °त्व n. 11. — 2) *keine Leiden verursachend* Suçr. 1,353,14. *wo es keine Leiden giebt* Hemâdri 1,642,15.

निरधिष्ठान Adj. 1) *keinen festen Standort habend.* — 2) *haltlos, unhaltbar* Comm. zu Njâjas. 3,2,8. — 3) *unabhängig* Çaṁk. zu Bâdar. 2,2,44.

*निरध्व Adj. *vom Wege abgekommen.*

1. निरनुक्रोश m. *Unbarmherzigkeit.* °तस् Adv. *auf unbarmherzige Weise* Pańkat. ed. orn. 38,23.

2. निरनुक्रोश Adj. (f. आ) *kein Mitgefühl habend, unbarmherzig, — gegen* (Loc.). Nom. abstr. °ता f.

निरनुक्रोशकारिन् Adj. *unbarmherzig zu Werke gehend.*

निरनुग Adj. *kein Gefolge habend.*

निरनुग्रह Adj. *kein Wohlwollen zeigend, kein Mitleid habend.*

निरनुनासिक Adj. *nicht nasal.*

निरनुबन्ध Adj. *ohne* अनुबन्ध 1) *g)* Karaka 6,1.

निरनुबन्धक Adj. *ohne* अनुबन्ध 1) *i).*

निरनुमान Adj. *nicht an Folgerungen gebunden.*

निरनुयोज्य Adj. *woran Nichts zu tadeln ist.* °योज्यानुयोग m. *das Rügen eines untadelhaften Arguments des Gegners.*

निरनुरोध Adj. (f. आ) *rücksichtslos, gleichgültig* Kâd. 230,1. — *gegen* (Loc.) Chr. 320,3. 327,28. Nom. abstr. °त्व n.

निरनुशय Adj. *ohne* अनुशय 1) *e)* Çaṁk. zu Bâdar. 3,1,8.

निरन्तर 1) Adj. (f. आ) *a) durch keinen Zwischenraum getrennt, dicht anstossend, dicht, nirgends unterbrochen, keinen freien Platz darbietend, ununterbrochen auf einander folgend, ununterbrochen, fortwährend, beständig.* — *b) gespickt —, vollgepfropft mit, voll von* (Instr. oder im Comp. vorangehend). — *c) beständig, treu* (Freund). — *d) nicht verschieden, gleich, identisch.* — 2) °म् Adv. *a) dicht, fest* (umschliessen). — *b) ununterbrochen, fortwährend, beständig, regelmässig.* — *c) alsbald* 176,27.

निरन्तरविशेष Adj. Pl. *bei denen kein Unterschied gemacht wird in Beziehung auf* (Loc.), *in Bezug auf Etwas gleich behandelt werdend* MBh. 12,228,67.

निरन्ध, Nom. °म् Bhâg. P. 5,13,6 fehlerhaft für निरन्धाम् oder निरन्नम्.

निरन्धस् Adj. *Nichts zu essen habend.*

निरन्न Adj. 1) *Nichts zu essen habend, keine Nahrung zu sich nehmend, hungernd.* — 2) *keine Nahrung gewährend.* निरन्ने *bei einer Hungersnoth.*

निरन्वय 1) Adj. *a) keine Nachkommenschaft habend.* — *b) in keinem verwandtschaftlichen Verhältniss stehend.* — 2) °म् Adv. *hinter Jmds Rücken.*

निरप Adj. *wasserlos* 92,6.

निरपक्रम Adj. *von wo man nicht entläuft* Gop. Br. 2,4,6.

निरपत्य Adj. *kinderlos* Karaka 4,3. Nom. abstr. °त्वा f. ebend.

निरपत्रप Adj. (f. आ) *schamlos.*

निरपराध Adj. (f. आ) *der Niemand Etwas zu Leide gethan hat, unschuldig.* Nom. abstr. °ता f.

निरपराधवन्त् Adj. dass.

निरपवर्त Adj. *durch einen gemeinschaftlichen Divisor nicht mehr theilbar.*

निरपवर्तन Adj. dass. Golâdhj. 13,24.

निरपवाद Adj. 1) *tadellos.* — 2) *keiner Ausnahme unterworfen.*

निरपवादक Adj. = निरपवाद 2).

निरपह्नव Adj. *nicht versteckt.*

निरपाय Adj. 1) *unvergänglich.* — 2) *keinen Nachtheil bringend, gefahrlos* Karaka 7,6.

निरपायिन् Adj. *unvergänglich.*

निरपेक्ष 1) Adj. (f. आ) *a) keine Rücksicht nehmend auf, sich gleichgültig verhaltend gegen* (Loc. oder im Comp. vorangehend). Ohne Object *rücksichtslos, der sich um Nichts kümmert, sich gleichgültig gegen Alles verhaltend* (als Tadel und auch als Lob). °म् Adv. *ohne alle Rücksicht, ohne sich um Etwas zu kümmern.* — *b)* am Ende eines Comp. *unabhängig von.* — 2) m. N. pr. eines Scholiasten Weber, Ind. Lit. 290.

निरपेक्षक Adj. *unabhängig.*

निरपेक्षता f. *Abwesenheit aller Rücksicht, Gleichgültigkeit gegen* (Loc.).

निरपेक्षत्व n. 1) *Gleichgültigkeit.* — 2) *Unabhängigkeit, Beziehungslosigkeit.*

निरपेक्षा f. *Gleichgültigkeit gegen* (Loc.).

निरपेक्षित Adj. 1) *rücksichtslos gegen* (im Comp. vorangehend). — 2) *auf den man keine Rücksicht nimmt.*

निरपेक्षिन् Adj. *sich gleichgültig gegen Alles verhaltend, Nichts erwartend.*

निरपेक्ष्य Adj. *worum man sich nicht zu kümmern braucht.*

निरभिप्राय Adj. *zwecklos.*

निरभिभव Adj. *mit keiner Erniedrigung verbunden.*

निरभिमान Adj. *frei von Hochmuth.*

निरभिलप्य Adj. *unaussprechlich, durch Worte nicht auszudrücken.*

°निरभिलाष Adj. *kein Verlangen habend nach, nicht bedacht auf, gleichgültig gegen.*

निरभिसंधिन् Adj. *keine eigennützige Absicht habend* Çaṁk. zu Bâdar. 4,1,16.

निरभीमान Adj. 1) *frei von Hochmuth.* — 2) *kein Bewusstsein habend, bewusstlos.*

निरभ्यङ्ग Adj. *ungesalbt* Karaka 5,8.

निरभ्र Adj. *wolkenlos.* निरभ्रे *bei wolkenlosem Himmel.*

1. निरमण Adj. *mitgenommen, abgelebt.*

2. निरमण n. *das zur Ruhe Kommen.*

निरमर्ष Adj. *der Alles ruhig erträgt, — Alles über sich ergehen lässt, apathisch.*

निरमित्र 1) Adj. *frei von Feinden.* — 2) m. N. pr. verschiedener Männer.

निरम्बर Adj. (f. आ) *unbekleidet, nackt.*

निरम्बु Adj. 1) *wasserlos.* — 2) *des Wassers sich enthaltend, nicht trinkend.*

निरय m. *Hölle.* Der Mutterleib mit der *Hölle* verglichen Hemâdri 1,516,15. Personificirt al.

Kind der Furcht und des Todes. — R. 2,28,10 fehlerhaft für निरप.

निरॅयण n. *Ausgang.*

निरयपति m. *Höllenfürst.*

निरयावलिसूत्र n. Titel eines Werkes.

निरयिन् m. *Höllenbewohner.*

निरयु (!) Adj. v. l. für निरम्बु MBh. 3,7,5.

निरर्गल Adj. (f. आ) 1) *ungehemmt, ungezügelt, ungestört, frei.* °म् Adv. *ohne Zwang, frei, ohne Weiteres* Comm. zu TS. Prât. — 2) *unwiderstehlich.*

निरर्गलवाच् Adj. *von ungezügelter Rede* Viddh. 58,15.

निरर्ति Adj. *nicht schmerzhaft* Karaka 6,17.

1. निरॅर्थ m. 1) *Schaden.* — 2) *Unsinn.* Pl.

2. निरर्थ Adj. (f. आ) 1) *zwecklos, unnütz.* — 2) *besitzlos, arm.* — 3) *sinnlos, unsinnig* 215,16.19. — 4) von einem Consonanten so v. a. *ohne nachfolgenden Vocal.*

निरर्थक 1) Adj. (f. °र्थिका; °निरर्थका fehlerhaft) *a) seinen Zweck nicht erfüllend, — erreichend, unnütz, zwecklos, vergeblich.* °म् Adv. *ohne Zweck, unnütz.* — *b) sinnlos, unsinnig.* — *c)* = निरर्थ 4). — 2) n. *eine sinnlose Einwendung* (in einer Disputation).

निरर्थकत्व n. *Zwecklosigkeit, Vergeblichkeit.*

निरर्थता f. *Sinnlosigkeit.*

निरर्बुद *eine best. Hölle* (bei den Buddhisten).

निरलंकार Adj. *schmucklos* Comm. zu R. ed. Bomb. 2,113,24.

निरलंकृति f. in der Rhetorik *Schmucklosigkeit, Unschönheit.*

निरॅव m. 1) etwa *Rufer* ṚV. 1,122,11. Nach Sâj. Adj. *schutzlos.* — 2) **Stimmlosigkeit.*

निरवकाश Adj. (f. आ) 1) *keinen freien Platz bietend, vollgepfropft* (eine Hölle). Nach dem Comm. = निरालम्ब. — 2) *keinen Platz findend, nirgends zum Vorschein kommen könnend.* Nom. abstr. °ता Ind. St. 14,371. — 3) *nicht am Platze seiend, ungelegen* Harshak. 138,17. Nom. abstr. °ता f. Kâd. 2,100,9.

निरवकाशी Adv. mit कर् *von seinem Platz entfernen* Comm. zu Ragh. ed. Calc. 9,28.

निरवग्रह Adj. *ungehemmt, frei, unabhängig.* °हे *an einem Orte, wo man sich frei bewegen kann.*

निरॅवत्तबलि Adj. *woraus eine Spende an die Götter als Abfertigung abgetheilt worden ist* Çat. Br. 2,3,2,11.

निरॅवत्ति f. *Abfertigung, Abfindung.*

निरवदान n. *das Abtheilen* Gaim. 3,4,38. Âpast. Çr. 7,26,1.

निरवद्य 1) Adj. (f. आ) *tadellos.* Nom. abstr. °त्व n. — 2) n. *eine best. hohe Zahl* Lalit. 169,1.

निरवद्यवत् Adv. *tadellos.*

निरवधि Adj. 1) *grenzenlos, unbegrenzt* Spr. 7761. — 2) *unaufhörlich, unendlich.*

निरवधिक Adj. *unbegrenzt.*

निरवयव Adj. *nicht aus Theilen bestehend, untheilbar.* Nom. abstr. °त्व n. Bâdar. 2,1,26. Tattvas. 17.

निरवरोध Adj. *ungehemmt.*

निरवलम्ब Adj. 1) *keine Stütze bietend.* — 2) *der Stütze —, des Haltes entbehrend.*

निरवलम्बन Adj. (f. आ) *jeglicher Stütze entbehrend, herrenlos* (Reichthum) Çâk. Pisch. 140,1. *Niemand zukommend, sich bei N. vorfindend* Harshak. 140,10.

निरवशेष Adj. 1) *von dem kein Rest übrig bleibt.* — 2) *ganz, vollständig.* °शेषेण und °शेषतम् *insgesammt, vollständig.*

निरवसाद Adj. (f. आ) *wohlgemuth.*

निरवस्कृत Adj. etwa *rein.*

निरवस्तार Adj. *mit keiner Streu belegt, bloss* (Erdboden).

*निरवह m. *eine Art Schwert* Gal.

*निरवहालिका f. *Zaun, Hecke, Mauer.*

निरविन्द m. N. pr. eines mythischen Berges.

निरशन 1) Adj. *sich der Speise enthaltend.* — 2) *n. *Enthaltung vom Essen, Fasten.*

निरश्व Adj. *ohne Pferde.*

निॅरष्ट Partic. *entmannt.*

*निरस 1) Adj. = नीरस. — 2) f. आ *eine best. Grasart.*

निरसन 1) Adj. (f. ई) am Ende eines Comp. *a) auswerfend, ausstossend.* — *b) vertreibend, verscheuchend.* — 2) n. *a) das Fortwerfen.* — *b)* **das Auswerfen, Ausspeien.* — *c) das Hinauswerfen, Verjagen, — aus* (Abl.). — *d) das Entfernen, Zerstreuen, Vertreiben* 282,11. — *e) das Aufgeben.* — *f) das Verwerfen, Zurückweisen.* — *g)* **das Vernichten, Zugrunderichten.*

निरसनीय Adj. 1) *hinauszuwerfen, zu verjagen, — aus* (Abl.). — 2) *abzuweisen* Comm. zu Naish. 9,25.

निरस्त 1) Adj. Partic. von 2. अस् mit निस्. — 2) n. *das Ausstossen, eine best. fehlerhafte Aussprache der Vocale* Mahâbh. 1,20,a.

निरस्तसंख्य Adj. *unzählbar* Dh. V. 17,10.

निरस्ति f. *Vertreibung, Entfernung* Karaka 6,23.

निरस्त्र Adj. 1) *unbewaffnet.* — 2) *ohne Waffen ausgeführt.*

निरस्थि Adj. *frei von Knochen.*

निरस्य Adj. *hinausgejagt —, vertrieben zu werden verdienend.*

निरहंस्तम्भ Adj. *frei vom Hemmschuh des Ichs.*

निरहंकार 1) Adj. *frei von Selbstsucht* Bhag. 2, 71. — 2) m. *ein best. Himmel* Hemâdri 1,164,14.165,4.

निरहंकारिन् Adj. *frei vom Gefühl des Ichs.*

निरहंकृत Adj. 1) *keine Persönlichkeit habend, unpersönlich.* — 2) *nicht selbstsüchtig.* — 3) *frei von Hochmuth, anspruchlos* Hemâdri 1,89,7.

निरहंकृति Adj. *frei von Selbstsucht.*

निरहंक्रिय Adj. *keine Persönlichkeit habend, unpersönlich.*

निरहंक्रिया f. *Abwesenheit aller Selbstsucht.*

निरहम् Adj. Nomin. *frei von Selbstsucht.*

निरहंमति Adj. dass.

निरहंमान Adj. *frei vom Gefühl des Ichs.*

*निरह्न m. P. 8,4,7, Sch.

*निराक m. 1) *das Kochen.* — 2) *Schweiss.* — 3) *der Lohn für eine schlechte That.* — Wohl fehlerhaft für निपाक.

निराकरण n. 1) *das Sondern* in अ°. — 1) *das Verjagen, Verscheuchen.* — 3) *das Verstossen einer Frau.* — 4) *das Abweisen, Zurückweisen* Comm. zu Naish. 6,75. — 5) *das Entfernen, Beseitigen.* — 6) *das Beseitigen durch Bestreitung.* — 7) *das Vergessen* in अ° (Nachtr. 1).

निराकरणीय Adj. *durch Bestreitung zu beseitigen* Çaṁk. zu Bâdar. 2,2,1.

निराकरिष्णु Adj. 1) *Jmd* (Acc.) *von sich stossend, abweisend, zurückweisend* Ragh. 14,57. Naish. 6, 75. — 2) *Jmd um Etwas* (Abl.) *zu bringen suchend.* — 3) *vergesslich.* Nom. abstr. °ता f. Suçr. 1,336,9.

निराकर्तर् Nom. ag. 1) *der Nichts wissen will von* (Gen.) Kâtj. in Hemâdri 1,39,10. Ohne Object = 1. निराकृति 1) *c)* MBh. 12,165,61. — 2) *durch Bestreitung beseitigend* Çaṁk. zu Bâdar. 2,3,7.

निराकर्तव्य Adj. = निराकरणीय Çaṁk. zu Bâdar. 2,2,10.

निराकाङ्क्ष Adj. 1) *Nichts erwartend, Nichts für sich wünschend, keine Wünsche mehr habend.* — 2) *keiner Ergänzung bedürftig.*

निराकाङ्क्षिन् Adj. *Nichts erwartend, Nichts für sich wünschend.*

1. निराकार 1) Adj. (f. आ) *a) gestaltlos, körperlos.* — *b) ohne äussere Erscheinung, dessen äussere Erscheinung Nichts verräth, Nichts vorstellend, kein Wesen von sich machend, Nichts bedeutend.* — *c) objectlos, auf ein Nichts sich beziehend.* °लोचन n. *ein in's Leere sehendes Auge* Comm. zu Mṛkkh. 1,4. — 2) m. *a)* Bein. α) Çiva's. — β) *Vi-

shṇu's. — b) *der Himmel. — c) *der göttliche Geist, Gott.

2.* निराकार m. Vorwurf, Tadel.

निराकारज्ञानवाद m. der philosophische Lehrsatz, dass die Erkenntniss der Aussenwelt nicht durch im Geiste sich abdrückende Bilder erfolge.

निराकाश Adj. keinen freien Raum zeigend, vollkommen erfüllt.

निराकुल 1) Adj. a) nicht überfüllt, wenig besucht, — betreten. — b) nicht in Verwirrung gebracht, in gehöriger Ordnung sich befindend. — c) im Kopfe nicht verwirrt, klar sehend. °म् Adv. deutlich, klar. — d) ruhig, unbesorgt. — 2) n. Klarheit, Deutlichkeit.

निराकृतान्योत्तर Adj. wobei die Antwort eines Andern beseitigt worden ist. Nom. abstr. °त्व n. so v. a. Unwiderleglichkeit H. 67.

1. निराकृति 1) Adj. a) formlos, gestaltlos (Vishṇu). — b) = 1. निराकार 1) b) MBh. 12,237,37. — c) der sich seiner religiösen Verpflichtungen entäussert hat, die Götter nicht ehrt, die heilige Schrift nicht studirt u. s. w. Kâtj. bei Hemâdri 1,39,13. Gaut. — d) *hemmend, störend. — 2) m. N. pr. eines Sohnes des ersten Manu Sâvarṇi.

2. निराकृति f. 1) Hemmung, Unterbrechung, Störung. — 2) *Beseitigung durch Bestreitung. — 3) das Vergessen. सर्व° Adj. Alles vergessen machend Bhâg. P. 1,6,4.

निराकृतिन् Adj. 1) der das Gelernte vergessen hat in अ° (Nachtr. 1). — 2) = 1. निराकार 1) b); v. l. निराकृति.

निराक्रन्द 1) Adj. a) keinen Freund —, keinen Beschützer habend. — b) keinen Schutz gewährend. — 2) m. oder n. etwa ein Ort, der keinen Schutz gewährt, MBh. 12,68,1.

निराक्रिया f. 1) Vertreibung, Verjagung. — 2) Beseitigung durch Bestreitung.

निराग Adj. leidenschaftslos.

निरागम Adj. auf keiner überlieferten Lehre beruhend. अनागम v. l.

निरागस् Adj. schuldlos Spr. 7852. Kâd. 2,127,19.

निरागार Adj. obdachlos Ind. St. 9,149.

निराग्रह Adj. nicht mit Hartnäckigkeit auf Etwas bestehend.

निराचार Adj. von schlechtem Betragen Hemâdri 1,750,22.

निराचिकीर्षु Adj. mit Acc. Jmd zu widerlegen beabsichtigend Çaṁk. zu Ait. Up. S. 144, Z. 4.

निराज m. kriegerischer Auszug Kâṭh. 28,3 = Kap. S. 44,3.

निराजीव्य Adj. (f. आ) keinen Lebensunterhalt gewährend.

निराडम्बर° Adv. ohne vieles Reden.

निरातङ्क Adj. (f. आ) 1) kein Leiden —, kein Unbehagen verspürend, sich wohl —, sich behaglich fühlend Jâǵń. 3,245. — 2) keine Leiden —, kein Unbehagen verursachend. Auch als Bein. Çiva's.

निरातप 1) Adj. wohin die Sonnenhitze, der Sonnenschein nicht dringt. — 2) *f. आ Nacht.

निरातपत्र Adj. ohne Sonnenschirm Harshaḱ. 142,4.

निरातिथ्य Adj. unwirthlich (Wald).

निरात्मक (Vaǵrakkh. 43,20), °त्मन् (ebend. 38,4) und °त्मवत् Adj. keine Einzelseele —, keine individuelle Existenz habend. Nom. abstr. निरात्मत्व n. Vaǵrakkh. 41,17. निरात्मक Amrt. Up. 11 nach dem Comm. = प्रापारक्ति.

निरादर Adj. Jmd (Loc.) keine Achtung bezeigend Spr. 7705.

निरादान Adj. 1) Nichts empfangend, — gewinnend. — 2) *Nichts nehmend (Buddha).

*निरादेश m. Ausbezahlung.

निर्राधान Adj. ausgezäumt.

निराधार Adj. keine Stütze habend, auf sich selbst sich stützend, hülflos Ind. St. 15,408. Nom. abstr. °त्व n.

निराधि Adj. sorgenlos.

निरानन्द Adj. (f. आ) keine Freude habend, von wo die Freude verbannt ist, freudlos, traurig.

निरानन्दकर Adj. (f. ई) Kummer —, Trauer verursachend.

निरान्त्र Adj. ausgeweidet oder dessen Eingeweide heraushängen.

1. निरापद् f. kein Ungemach, glückliche Verhältnisse.

2. निरापद् Adj. von keinem Ungemach begleitet.

निराबाध Adj. (f. आ) 1) ungestört, unangefochten. गृह n. ein Haus, in dem man vor allem Störenden sicher ist. °म् Adv. unangefochten, unbestritten. — 2) keinen Schaden —, keine Leiden verursachend, Niemand beeinträchtigend. — 3) frivol, nichtig 215,16. 18.

निराबाधकर Adj. keinen Schaden —, keine Leiden zufügend.

निराभास Adj. ohne falschen Schein Haṁsop. S. 406.

निराम Adj. ausgereift Bhâvapr. 1,31. 3,11. 12. 22. 6,108.

1. निरामय m. Gesundheit, Wohlergehen. Auch n. (!) 239,25.

2. निरामय 1) Adj. a) gesund, wohlauf. — b) gesund, so v. a. wo keine Krankheit angetroffen wird (Stadt, Sommer). — c) Gesundheit verleihend. — d) makellos, fehlerfrei. — e) woran Nichts fehlt, voll. — f) keinem Misslingen unterliegend, unfehlbar. — 2) m. a) *eine wilde Ziege. — b) *Eber. — c) N. pr. eines Fürsten.

निरामर्द m. N. pr. eines Fürsten.

निरामर्ष Adj. = निरमर्ष Spr. 3746.

*निरामालु m. Feronia elephantum.

निरामित्र m. N. pr. fehlerhaft für निरमित्र.

निरामिन् Adj. wartend, lauernd.

निरामिष Adj. 1) fleischlos. — 2) beutelos. — 3) keine sinnlichen Gelüste habend. — 4) keinen Lohn erstrebend Lalit. 215,9.

निरामिषाशिन् Adj. kein Fleisch essend.

निरायति Adj. der keine Zukunft hat.

निरायास Adj. keine Anstrengung —, keine Ermüdung verursachend.

निरायुध Adj. unbewaffnet.

निरारम्भ Adj. Nichts unternehmend, jeglicher Arbeit sich enthaltend.

निरालक m. ein best. Fisch.

निरालम्ब 1) Adj. (f. आ) a) keine Stütze habend, in der Luft schwebend, sich an Nichts lehnend, sich selbst haltend, alleinstehend (eigentlich und bildlich). °म् Adv., °त्व n. Nom. abstr. Harshaḱ. 210,5. — b) keine Stütze bietend. — 2) m. fingirtes N. pr. eines Philosophen, der den leeren Luftraum als Gottheit verehrt. — 3) *f. आ Narde.

निरालम्बन Adj. = निरालम्ब 1) a).

निरालम्बोपनिषद् f. Titel einer Upanishad.

निरालाप Adj. nicht redend.

निरालोक Adj. 1) seinen Blick nicht herumgehen lassend, das Auge nicht bewegend. — 2) des Lichts entbehrend, dunkel. — 3) des Lichts entbehrend, blind, so v. a. keine Einsicht habend Spr. 3747. — 4) am Ende eines Comp. hinausschauend auf.

निरावरण Adj. unverdeckt, offen zu Tage liegend Venis. 30,19.

निरावर्ष Adj. wohin der Regen nicht dringt, vor R. schützend.

निराश Adj. (f. आ) 1) der alle Wünsche, alle Erwartungen, alle Hoffnung aufgegeben hat; die Ergänzung im Loc., Dat., Abl., Acc. mit प्रति oder im Comp. vorangehend. Nom. abstr. °त्व n. Pańkat. ed. Bomb. 3,65,18. — 2) aller Wünsche —, aller Erwartungen bar. आशां निराशीं कर् so v. a. allen Erwartungen entsagen.

निराशक Adj. verzweifelnd an (Abl.).

°निराशकर Adj. die Hoffnung zu Etwas benehmend, Etwas unmöglich machend.

निराशगुटिका f. fehlerhaft für निरास°.

निराशङ्क Adj. (f. आ) *keine Befürchtung habend, sich nicht scheuend zu* (Loc. eines Nom. act.). °म् Adv. *ohne Bedenken.*

निराशङ्क्य Adj. *nicht zu befürchten* Daçak. 84,9.

निराशय Adj. *nicht tief gehend* (Wunde) Suçr. 1, 15,12, v. l.

निराशा f. *das Aufgeben aller Erwartungen.* °शासन्न Adj. *der Verzweiflung nahe* Harshak. 122,1.

निराशिन् Adj. = निराश 1). Nom. abstr. °शित्व n.

निराशिस् Adj. 1) = निराश 1). — 2) *keine Segenswünsche aussprechend* Vishnus. 96,21.

निराशी Adv. mit भू *alle Hoffnung verlieren.*

*निराशीभाव m. *Verzweiflung.*

निराशीस्त्व n. Nom. abstr. zu निराशिस् 1).

निराश्रम Adj. *in keiner der angenommenen vier Lebensstadien eines Brahmanen stehend.*

निराश्रमपद Adj. *keine Einsiedeleien habend.*

निराश्रमिन् Adj. = निराश्रम.

निराश्रय Adj. (f. आ) 1) *obdachlos* R. 1,44,2. — 2) *keinen Halt —, keine Stütze habend, sich an Nichts* oder *Niemand lehnend, — lehnen könnend, auf sich selbst beruhend, schutzlos.* — 3) *keinen Halt —, keine Stütze bietend.* — 4) etwa *nicht tief gehend* (Wunde). Nach Kakr. *an keiner gefährlichen Stelle haftend.* v. l. निराशय. — 5) etwa *offen liegend* Suçr. 2,333,10.

1. निरास m. 1) *das Ausbrechen, Vomiren.* — 2) *das Auswerfen, Fallenlassen* (eines Lautes). — 3) *das Fallenlassen, Aufgeben* LA. 33,15. — 4) *Hinausweisung, Ausschliessung, Zurückweisung, Verwerfung.*

2. निरास Adj. etwa *obdachlos* MBh. 12,269,11. Nach Nilak. = अप्रतिष्ठ, काणत्वादिदोषाद्दाकैर्ग्रह्यं कर्तुमशक्तः.

निरासक Adj. *der Jmd abweist* Comm. zu Naish. 6,109.

निरासगुटिका f. *Brechpille.*

निरासङ्ग Adj. *unbehindert* (im Gebrauch seiner Kräfte) Karaka 8,12.

*निरासन n. = निरसन.

निरासित n. Pańkat. 164,5 fehlerhaft für निराशित (निराशत्व ed. Bomb.).

निरासु (?) Adj. v. l. für निरम्बु MBh. 3,7,5.

निरास्थ Adj. (f. आ) *kein Interesse für Etwas habend, nicht bedacht auf Etwas* (im Comp. vorangehend).

निरास्वाद Adj. 1) *geschmacklos.* — 2) *keinen Genuss gewährend.*

निरास्वाद्य Adj. *keinen Genuss gewährend.*

निराह m. *Ausruf* Tâṇḍja-Br. 11,7,2.

*निराहव m. dass. Comm. zu Tâṇḍja-Up. 11,7,2.

निराहवन्त् Adj. *mit einem Ausruf versehen* Tâṇḍja-Br. 11,2,2. निराहावन्त् v. l.

1. निराहार m. *das Nichtessen, Fasten.*

2. निराहार Adj. (f. आ) *sich des Essens enthaltend, Nichts zu essen habend.* Nom. abstr. °ता f.

निराहावन्त् Adj. s. निराहवन्त्.

निरिङ्ग Adj. *unbeweglich, nicht flackernd.*

*निरिङ्गिनी f. *Schleier.* Vgl. नीरङ्गी.

निरिच्छ Adj. *keinen Wunsch —, kein Verlangen habend.*

निरिन्द्रिय Adj. (f. आ) 1) *ohne männliches Vermögen.* — 2) *unfruchtbar* (Kuh) Hemâdri 1,448,18. — 3) *gebrechlich.* — 4) *keine Sinnesorgane habend* Ind. St. 9,154.

निरिन्धन Adj. *durch keinen Brennstoff genährt.*

निरीक्षक Adj. *sehend, schauend, Etwas* (im Comp. vorangehend) *zu schauen beabsichtigend.*

निरीक्षण 1) Adj. am Ende eines Comp. *sehend auf, anschauend.* — 2) n. a) *das Anblicken, Anschauen, Beschauen, Betrachten* 182,1. Spr. 7747. — b) *Blick.* Am Ende eines adj. Comp. f. आ. — c) *adspectus planetarum.*

निरीक्षा f. *Betrachtung.* °निरीक्षया so v. a. *in Bezug auf.*

निरीक्षितव्य Adj. *anzuschauen* Kâraṇḍ. 38,2.13.

निरीक्ष्य Adj. 1) *anzublicken, anzuschauen.* — 2) *in Betracht zu ziehen.*

निरीति Adj. *nicht heimgesucht von Plagen, — Drangsalen.*

निरीतिक Adj. (f. आ) *keine Plagen —, keine Drangsale verkündend.*

निरीश्वर Adj. *keinen Gott habend, atheistisch.* °सांख्यशास्त्र n. *die Sâmkhja-Lehre in engerem Sinne, mit Ausschluss des* Joga-Sâmkhja.

*निरीष n. *der Körper des Pfluges* oder Adj. *ohne Deichsel.*

निरीह Adj. 1) *regungslos.* — 2) *unthätig, ohne Streben, ohne Verlangen nach Etwas, gleichgültig gegen Alles.* Nom. abstr. °ता f.

निरीहा f. *Gleichgültigkeit gegen Alles.*

निरुक्त 1) Adj. s. u. वच् mit निस्. — 2) n. a) *Deutung eines Wortes, etymologische Worterklärung.* — 2) Titel eines der 6 Vedâṅga, des dem Jâska zugeschriebenen Commentars zu den Nighaṇṭu. °भाष्य n. Ind. St. 14,160.

निरुक्तकार m. N. pr. oder Bein. eines Scholiasten.

निरुक्तकृत् m. Bein. 1) Jâska's. — 2) eines Schülers des Çâkapûṇi.

निरुक्तग Adj. als Beiw. Brahman's.

निरुक्तज Adj. als Bez. einer Art von Söhnen. Nilak.: निरुक्तजः स्वतन्त्रे ऽन्यो रेतःसेकार्थमुक्तस्तज्ञः (!).

निरुक्तवन्त् m. Bein. Jâska's.

निरुक्ति f. 1) *Deutung eines Wortes, etymologische Worterklärung.* — 2) in der Rhetorik *Unterscheidung einer Bedeutung, künstliche* (*dichterische*) *Deutung.* — 3) in der Dramatik *Mittheilung einer geschehenen Sache.* — 4) Titel a) *von Jâska's Commentar zu den Nighaṇṭu. — b) eines Commentars zum Tarkasaṁgraha.

निरुक्तिप्रकाश m. Titel eines Werkes.

निरुक्तिलक्षण n. desgl. Bühler, Rep. No. 415.

1. निरुच्छ्वास m. *das Nichtathmen.*

2. निरुच्छ्वास 1) Adj. (f. आ) *nicht athmend.* — 2) *eine best. Hölle.*

निरुज Adj. *gesund* MBh. 8,89,70. Hemâdri 1,562, 1. 563,6. *saluber.* Vgl. नीरुज.

निरुजी Adv. mit कर् *gesund machen* Hemâdri 1,516,1.

निरुञ्छन n. = नीराजन Kumâras. 13,18. 22. v. l. निर्मञ्छन.

निरुत्तर 1) Adj. a) *der Keinen über sich hat.* — b) *der keine Antwort hat, Nichts zu erwiedern vermag* 214,15. — 2) n. Titel eines Tantra. Auch °तन्त्र n.

निरुत्तरी Adv. mit कर् *Jmd* (Acc.) *das Antworten unmöglich machen, Jmd zum Stillschweigen bringen.*

निरुत्थ Adj. *unwiederbringlich* Bhâvapr. 2,83.84.

निरुत्पात Adj. (f. आ) *keine unglückverheissenden Erscheinungen darbietend.*

निरुत्सव Adj. *ohne Feste.*

1. निरुत्साह m. *Abwesenheit aller Thatkraft, Kleinmuth.*

2. निरुत्साह Adj. (f. आ) *ohne Thatkraft, der Nichts zu unternehmen wagt* (Gaut.), *keinen Muth habend, — zu* (Loc.), *kleinmüthig.* Nom. abstr. °ता f. *Kleinmuth.*

निरुत्सुक 1) Adj. (f. आ) a) *unbesorgt, ruhig.* — b) *kein Verlangen tragend nach* (प्रति). — 2) m. N. pr. a) eines Sohnes des Manu Raivata. — b) eines der 7 Ṛshi unter dem 13ten Manu.

1. निरुत्सेक m. *Anspruchlosigkeit, Bescheidenheit.*

2. निरुत्सेक Adj. *anspruchlos, bescheiden.*

निरुदक Adj. *wasserlos* Hemâdri 1,545,3 (निरुद्रक gedr.).

निरुदर Adj. *keinen Bauch —, keinen Rumpf ha-*

bend Spr. 7826.

निरुद्देशम् Adv. *ohne irgend eine Angabe, ohne Etwas zu sagen* Kâd. 2,75,12.

निरुद्ध 1) Adj. s. u. रुध् mit नि. — 2) m. N. pr. eines Fürsten. अनि° v. l.

निरुद्धगुद m. *Mastdarmverengerung.*

निरुद्धति Adj. *nicht stossend* (Wagen).

निरुद्धपकश Suçr. 1,292,12 fehlerhaft für निरुद्धप्रकाश.

निरुद्धप्रकश m. *Verengerung der Harnröhre.*

निरुद्यम Adj. (f. आ) *der sich nicht anstrengen will, unthätig, der die Hände in den Schooss gelegt hat, träge.*

निरुद्योग Adj. *der sich nicht anstrengt, sich gehen lässt, erschlafft.*

निरुद्विग्न und निरुद्वेग Adj. *unaufgeregt, ruhig, unbesorgt.*

निरुन्माद Adj. *frei von Hochmuth.*

निरुपकारिन् (Conj.) Adj. *der Einem keinen Dienst erwiesen hat* oder *zu erweisen vermag.*

निरुपक्रम Adj. 1) *wozu man Nichts thut, — anwendet.* — 2) *nicht zu behandeln, unheilbar* Karaka 6,13. — 3) *anfangslos.*

निरुपक्रिय Adj. *womit Andern kein Dienst erwiesen wird.*

निरुपद्रव Adj. (f. आ) 1) *der mit keinem Unfall —, mit keiner Widerwärtigkeit zu kämpfen hat, dem es wohlergeht, von keiner Widerwärtigkeit betroffen* (Unternehmen). — 2) *von dem oder von wo aus kein Unfall, keine Widerwärtigkeit ausgeht, Niemand Etwas zu Leide thuend, keine Gefahr darbietend, sicher, kein Unheil bringend.*

निरुपद्रवता f. *Gefahrlosigkeit, Sicherheit.*

निरुपद्रुत Adj. *keine widerwärtigen Erscheinungen zeigend.*

निरुपधि Adj. 1) *ohne Falsch, ehrlich, bieder.* Auch Adv. — 2) *untadelhaft* Bâlar. 179,6.

निरुपधिजीवन Adj. *einen ehrlichen Lebenswandel führend.* Nom. abstr. °ता f.

निरुपधिशेष Adj. *bei dem kein Rest eines störenden Momentes mehr vorhanden ist, bei dem alles Ungehörige verschwunden ist.* Vgl. Old. Buddha 432. fgg.

निरुपपत्ति Adj. *unangemessen.* Nom. abstr. °त्व n.

निरुपपद Adj. *kein begleitendes Wort bei sich habend* Comm. zu Âpast. Çr. 3,16,4.

निरुपप्लव Adj. 1) *keine Störungen erleidend.* — 2) *kein Unheil bringend* (Çiva).

निरुपभोग Adj. *nicht geniessend.*

निरुपम 1) Adj. (f. आ) *seines Gleichen nicht habend.* — 2) m. a) *ein best. giftiges Thier* (निरूपम gedr.). — b) N. pr. eines Mannes B. A. J. 1,217. — 3) f. आ N. pr. einer Surâṅganâ Ind. St. 15,241.

निरुपयोग Adj. *unbrauchbar, nutzlos* Harshak. 140,9.

*निरुपल Adj. *steinlos.*

*निरुपलेप Adj. *nicht beschmiert.*

निरुपसर्ग Adj. *keine widerwärtigen Erscheinungen zeigend.*

निरुपस्कृत Adj. *schlicht, einfach* oder *uneigennützig.*

निरुपहत Adj. *unversehrt, keine widerwärtigen Erscheinungen zeigend.*

निरुपाख्य Adj. (f. आ) *aller Qualification ermangelnd, unbeschreiblich* Naish. 3,3. Nom. abstr. °त्व n. Çaṁk. zu Bâdar. 2,2,18. 24.

निरुपादान Adj. *frei von allen Hemmnissen* Lalit. 459,2. *libre de préoccupation* Lot. de la b. l. 48,11.

निरुपाधि (VP.² 1,25) und °क Adj. *unbedingt, absolut.*

निरुपाय Adj. *zu Nichts führend, vergeblich.*

निरुप्ति f. *Ausstreuung, Vertheilung.*

निरुप्य Adj. *auszustreuen, auszugiessen.*

निरुष्मता f. *Kälte.* °तां नी *erstarren machen, tödten* Daçak. (1925) 2,101,8.

निरुष्णीष Adj. *ohne Kopfbinde, — Turban, mit entblösstem Haupte.*

निरुष्मत्व n. und निरुष्मन् Adj. fehlerhaft für निरू°.

1. निरूढ Adj. s. u. 1. ऊह् mit निस्.

2. निरूढ 1) Adj. s. u. 1. रुह् mit नि. — 2) m. a) *the force or application of words, according to their natural or received meanings (in Rhetoric).* — b) *(in Logic) the implied description of any property in the term designing it (as of redness in the word red, etc.).*

निरूढपशुपद्धति f. und °पशुप्रयोग m. Titel von Werken.

निरूढपशुबन्ध m. *abgesonderte —, selbstständige Darbringung des Opferthieres* Gaut. Ind. St. 10,347.

निरूढशिरस् Adj. *mit apart gelegtem Kopfe* Çat. Br. 10,5,5,8.

निरूढि f. *Berühmtheit.*

निरूदक fehlerhaft für निरुदक.

निरूप 1) *Adj. *unreal, false, non-existent.* — 2) m. = निरूपण 3) a) in दुर्निरूप.

निरूपक Adj. 1) *beobachtend, nachdenkend;* m. *ein solcher Mann* Çaṁk. zu Bâdar. 2,3,26. — 2) *bestimmend, definirend* Comm. zu TS. Prât.

निरूपण 1) Adj. am Ende eines Comp. *bestimmend, definirend.* — 2) f. आ = 3) a). — 3) n. a) *das Bestimmen, Feststellen, Definiren.* — b) *Untersuchung, Betrachtung, Behandlung.* — Nach den Lexicographen = अवलोकन, आलोक, विचार, निदर्शन. — c) *Erscheinung, Gestalt.*

निरूपम fehlerhaft für निरुपम.

निरूपयितव्य Adj. *zu bestimmen, festzustellen.*

निरूपाख्य fehlerhaft für निरुपाख्य.

निरूपित Partic. von रूपय् mit नि. °त्व n. *das Erörtertwordensein* Hemâdri 1,646,4.

निरूपिति f. *Bestimmung, Feststellung eines Begriffes.*

निरूप्य Adj. 1) *zu bestimmen, festzustellen.* — 2) *noch zu bestimmen,* so v.a. *fraglich, nicht sicher.*

निरूष्मन् Adj. *keine Wärme von sich gebend, kalt anzufühlen* Hariv. 1,46,19. Nom. abstr. °ष्मत्व n. MBh. 12,317,16.

1. निरूह m. 1) *ein ausreinigendes Klystier.* — 2) * = निग्रह.

2. *निरूह m. 1) *logick, disputation.* — 2) *a complete sentence, one having no ellipsis.* — 3) *certainty, ascertainement.*

3. *निरूह Adj. 1) = ऊहशून्य. — 2) = निश्चित.

निरूहण n. 1) *das Ausreinigen vermittelst eines Klystieres.* — 2) *ein dazu dienendes Mittel* Karaka 8,11.

निरूहितवै Dat. Inf. zu 1. ऊह् mit निस् Çat. Br. 4,5,2,3. Kâtj. Çr. 25,10,4.

निरृण Adj. *frei von Schulden, schuldlos* Ind. St. 15,278.

1. निरृति 1) f. a) *Auflösung, Verderben, Untergang.* — b) personificirt als *Genie des Todes und der Verwesung.* — c) *Erdgrund, Tiefe.* — 2) m. a) *Tod* Bhâg. P. 1,19,4. — b) *der Genius des Todes.* — c) N. pr. α) eines Rudra. — β) eines der 8 Vasu Hariv. 3,12,49. निकृति v. l.

2.* निरृति Adj. *von keiner Widerwärtigkeit getroffen.*

निरृतिगृहीत Adj. *von der* Nirṛti *ergriffen.*

निरृथ m. 1) *Verderben.* — 2) *Verderber.* — 3) *ein best.* Agni. — 4) **der* Sâmaveda.

1. निरेक m. 1) etwa *bleibender Besitz, Habe.* — 2) Loc. *bleibend, auf die Dauer, für immer.* — Nach den Commentatoren *Armuth, Noth; Gabe* und auch Adj. *nicht leer.*

2. निरेक Adj. *wobei Eins ausgeschlossen ist.*

निरेतवै Dat. Inf. zu 3. इ mit निस् RV. 1,37,9. 8,45,30.

निरोद्धव्य Adj. *einzufassen, zu umzäunen.*

निरोध m. 1) *Einsperrung.* — 2) *Einschliessung, Belagerung.* — 3) *Versperrung, Verschluss, Verdeckung.* — 4) *Hemmung, Zurückhaltung, Verhaltung, Unterdrückung, Bezwingung, Beherrschung.* — 5) *Vernichtung.* — 6) in der Dramatik *Vereitelung* (einer Hoffnung). — 7) *ein best. mit Mineralien* (insbes. *Quecksilber*) *unternommener Process.*

°निरोधक Adj. 1) *versperrend.* — 2) *hemmend.*

निरोधन 1) Adj. am Ende eines Comp. *a) einsperrend.* — *b) versperrend.* — 2) n. *a) das Einsperren.* — *b) das Zurückhalten, Bändigen, Niederhalten.* — *c) das Verweigern.* — *d)* in der Dramatik *das Vereiteln* (einer Hoffnung).

निरोधलक्षण n. Titel eines Werkes.

निरोधिन् Adj. 1) *ganz in Beschlag genommen.* निरोधिकस्तबाङ्क Adj. (von einem Schreiber) Hemâdri 1,548,14. — 2) am Ende eines Comp. *versperrend, hemmend.*

निरोह m. Tâṇḍja-Br. 1,10,10 nach dem Comm. = नितरां रोहकेतुः.

निरौषध Adj. *unheilbar* Pr. P. 97.

*निर्ग m. *Land, Reich.*

*निर्गण्डी f. Schol. zu Hâla 412 wohl nur fehlerhaft für निर्गुण्डी 1).

निर्गताखिलकल्मष Adj. *von dem alle Sünden gewichen sind.* Nom. abstr. °ता f. 254,5.

निर्गन्ध Adj. *geruchlos.* Nom. abstr. °ता f.

*निर्गन्धन n. *Mord, Todtschlag.*

*निर्गन्धपुष्पी f. *Salmalia malabarica.*

निर्गम m. 1) *das Hinausgehen, Hinaustreten, Fortgehen, — aus* (Abl.) 271,6. — 2) *das Weichen, Entschwinden.* — 3) *Ausweg, Ausgang.* — 4) *der Ort, wohin Waare ausgeführt wird.* — 5) *Ende, Schluss.*

निर्गमन n. 1) *das Hinausgehen, Hinaustreten, — aus* (im Comp. vorangehend). — 2) **Ausgang.*

निर्गर्भ Adj. *keinen Schössling in sich habend* Agni-P. 24,27.

निर्गर्व Adj. *frei von Hochmuth.*

निर्गर्ह Adj. (f. आ) *tadellos.*

निर्गवाक्ष Adj. *kein Fensterloch habend.*

निर्गह्वर Adj. *keine Abgründe u. s. w. kennend,* so v. a. *unerschrocken* Vikramâñkak. 15,37. 61.

निर्गुण Adj. (f. आ) 1) *ohne Strick* Spr. 7858. — 2) *ohne Sehne* (Bogen). — 3) *ohne Beiwort, — Attribut* Comm. zu Kâtj. Çr. 5,1,3. — 4) *qualitätslos.* — 5) *keine Vorzüge besitzend, gemein, schlecht* (von Personen) Spr. 7858.

निर्गुणक Adj. *qualitätslos.*

निर्गुणता f. und निर्गुणत्व n. 1) *Qualitätslosigkeit.* — 2) *Mangel aller Vorzüge, Gemeinheit, Schlechtigkeit.*

निर्गुणात्मक Adj. *qualitätslos.*

*निर्गुण्टी = निर्गुण्डि 1).

निर्गुण्डि (metrisch) und °ण्डी f. 1) *Vitex Negundo.* — 2) *°ण्डी *Lotuswurzel.*

निर्गुलिक Adj. *ohne Pille* Kathâs. 89,56.

निर्गुल्म Adj. (f. आ) *strauchlos.*

*निर्गूढ m. *Baumhöhle.*

निर्गृह Adj. (f. ई) *hauslos.*

निर्गौरव Adj. (f. आ) *keine Pietät kennend.* °म् Adv. *ohne die erforderliche Rücksicht.*

निर्ग्रन्थ 1) Adj. *a) der sich von allen hemmenden Banden befreit hat.* — *b) *besitzlos, arm.* — 2) m. *a) ein nackt einhergehender Ǵaina-Mönch.* — *b) *Thor, Narr.* — *c) *Spieler.* — *d) *Mord, Todtschlag* Gal. — *e)* N. pr. eines Mannes.

*निर्ग्रन्थक 1) Adj. *a) ohne Gefolge, — Reisezeug.* — *b) verlassen.* — *c) fruchtlos.* — *d) geschickt, gewandt.* — 2) m. *ein nackt einhergehender Ǵaina-Mönch.*

*निर्ग्रन्थन n. *Mord, Todtschlag.*

निर्ग्रन्थशास्त्र n. Titel eines Werkes.

निर्ग्रन्थि Adj. 1) **knotenlos, ohne Anschwellungen.* — 2) *ohne Fehl, vollkommen.* °रमणीयता Kandak. 27,16.

निर्ग्रन्थिक 1) * Adj. *a) geschickt, gewandt.* — *b)* = हीन. — 2) m. *ein nackt einhergehender Ǵaina-Mönch.*

निर्ग्रह m. *das Herausfinden, Erkennen.*

°निर्ग्राह्य Adj. *herauszufinden —, zu erkennen aus.*

*निर्घट 1) *ein dichtgefüllter Marktplatz.* — 2) *ein abgabenfreier Markt.*

निर्घण्ट und °क m. *Wörtersammlung.*

निर्घर्षण n. *das Zerreiben.*

निर्घर्षणक Adj. *zum Stochern dienend.*

निर्घात m. (adj. Comp. f. आ) 1) *Entreissung, Wegschaffung, Vernichtung* Âpast. — 2) *Windstoss, Wirbelwind, Sturm* Gaut. Gobh. 3,3,19. Wird von den Commentatoren auch als *Donnerschlag* und *portentum* (उत्पात) erklärt.

°निर्घातकर Adj. *Etwas wegschaffend, vertreibend* Karaka 6,1.

निर्घातन n. *das Herausschaffen.*

निर्घात्य Adj. *herauszuschaffen* in अनिर्घात्य.

*निर्घृरिणी (!) f. *Fluss.* Vgl. निर्झरिणी.

निर्घृण Adj. (f. आ) *kein Mitgefühl habend, grausam, hartherzig.* °म् Adv., Nom. abstr. °ता f. und °त्व n.

निर्घृणा f. *Hartherzigkeit* in सनिर्घृण.

1. निर्घोष m. (adj. Comp. f. आ) *Klang, Laut, Getön, Gerassel, Gestampf.*

2. निर्घोष Adj. (f. आ) *klanglos, tonlos, geräuschlos.*

निर्घोषाक्षरविमुक्त m. *ein best.* Samâdhi.

निर्जन Adj. (f. आ) *menschenleer;* Subst. *Einsamkeit, Einöde.* Nom. abstr. °ता f. und °त्व n.

निर्जन्तु Adj. *frei von lebenden Wesen, — Gewürm u. s. w.*

निर्जय m. 1) *Eroberung.* — 2) *Besiegung, Ueberwindung.*

1. निर्जर 1) Adj. *nicht alternd, jung, frisch.* — 2) m. *ein Gott.* — 3) *f. आ *a) Cocculus cordifolius.* — *b) Anethum graveolens.* — 4) *n. *Göttertrank.*

2. निर्जर m. und °रा f. bei den Ǵaina *das allmähliche Zunichtemachen,* insbes. *aller Handlungen.*

निर्जरण n. = 2. निर्जर.

निर्जरपणयोषित् f. *eine* Apsaras Vikramâñkak. 17,44.

निर्जरप्रकरणादि Titel eines Werkes Bühler, Rep. No. 620.

*निर्जरस् Adj. in einigen Casus = 1. निर्जर 1).

*निर्जरसर्षप m. *ein best. Baum* Râǵan. 9,157.

निर्जरायु Adj. *die Haut abgeworfen habend* (Schlange).

निर्जर्जल्प Adj. nach Mahîdh. *zerfetzt.*

निर्जल Adj. (f. आ) 1) *kein Wasser habend, wasserlos;* Subst. *eine wasserlose Gegend.* — 2) **nicht mit Wasser versetzt.*

निर्जलद Adj. (f. आ) *wolkenlos.*

निर्जलैकादशी f. *der 11te Tag in der lichten Hälfte des* Ǵjaishtha, *an dem sogar der Genuss des Wassers untersagt ist.*

निर्जाल्मक Adj. *mähnenlos* (nach dem Comm.).

निर्जिगमिषु Adj. *hinauszutreten —, auszugehen verlangend* Harshak. 106,9. Kâd. 87,18.

निर्जिज्ञास Adj. *zu wissen —, zu erkennen nicht verlangend* Comm. zu Njâjas. 2,1,24.

निर्जितवर्मन् m. N. pr. eines Mannes.

निर्जिति f. *Besiegung, Ueberwindung.*

निर्जिहीर्षु Adj. mit Acc. *herauszunehmen —, wegzuschaffen —, zu nehmen wünschend.*

निर्जिह्व Adj. *zungenlos.*

निर्जीव Adj. (f. आ) *leblos, todt.*

निर्जीवकरण n. *das Todtmachen, Todesschlag für* (Gen.) Kathâs. 17,15 (°कारण gedr.).

निर्जीवित Adj. *leblos, todt* Jaǵñakâh. 38,5. Nom. abstr. °त्व n. 41,18.

निर्जेतर् Nom. ag. *Besieger.*

निर्ज्ञाति Adj. *keine Blutsverwandte habend.*

निर्ज्ञान Adj. (f. आ) *kein Verständniss der Dinge habend, dumm.*

निर्ज्योतिस् Adj. *ohne Lichtschein* Harshak. 126,2.

*निर्ज्वर Adj. *fieberlos, gesund.*

निर्झर 1) m. (*f. ई) und n. (selten; adj. Comp. f. आ) *Wasserfall, — sturz, — schnelle.* — 2) *m. *a) brennende Hülsen.* — *b) Elephant.* — *c)* N. pr. eines der Rosse des Sonnengottes. — 3) f. ई *Fluss.*

निर्झरण n. = निर्झर 1) Pańkad.

निर्झरिन् 1) *m. *Berg.* — 2) f. °रिणी *Giessbach* Kâd. 2,49,17.

निर्डीन n. *eine Art Flug* MBh. 8,41,27.

निर्णतोदर Adj. *einen hervorstehenden Bauch habend.*

निर्णमन n. *Beugung* Comm. zu Çulbas. 3,83.

निर्णय m. 1) *Entfernung, Wegschaffung, Hebung.* — 2) *Entscheidung, Bestimmung, ein entscheidendes Urtheil, Urtheil, Urtheilsspruch.* दीप्त° Adj. *wo die Entscheidung klar zu Tage liegt, keinem Zweifel unterworfen.* — 3) in der Dramatik *Mittheilung eines Erlebnisses.*

निर्णयकमलाकर m., निर्णयकौस्तुभ (Bühler, Rep. No. 350), निर्णयचन्द्रिका f., निर्णयतत्त्व n., निर्णयदर्पण m., निर्णयदीप m. und निर्णयदीपिका f. Titel von Werken.

*निर्णयन n. = निर्णय.

निर्णयपाद m. *der vierte und letzte Theil in einem Processe, der den Urtheilsspruch enthaltende Theil.*

निर्णयबिन्दु m., निर्णयभास्कर m., निर्णयमञ्जरी f., निर्णयरत्न n. (Opp. Cat. 1.), निर्णयरत्नाकर m., निर्णयसंग्रह m., निर्णयसमुदाय m., निर्णयसार, निर्णयसिद्धान्त m., निर्णयसिन्धु f., निर्णयामृत n. und निर्णयोद्धार m. Titel von Werken.

निर्णयोपमा f. *eine auf einen Schluss gegründete Vergleichung* 248,28.

*निर्णार m. N. pr. eines der Rosse des Sonnengottes.

निर्णाम m. 1) *Biegung* Çulbas. 3,83. 84. — 2) *Krümmungen, Windungen* Nir. 2,16. — 3) *Schwunggelenk.*

°निर्णायक Adj. *entscheidend, endgültig bestimmend* Njâjam. 1,1,3. Comm. S. 3, Z. 4 v. u.

*निर्णायन n. *der äussere Augenwinkel beim Elephanten.*

निर्णिज् f. *glänzender Putz, Schmuck, ein schmückendes Gewand, Prachtkleid.*

निर्णिजे Dat. Inf. zu निज् mit निस् RV. 10,49,7.

निर्णेक m. 1) *Reinigung, Abwaschung.* — 2) *Sühnung.*

निर्णेग m. *Abwascher* in पात्रनिर्णेग.

निर्णेजक m. *Wäscher.*

निर्णेजन n. 1) *das Waschen, Abwaschung* Gaut. — 2) *Sühnung einer Schuld.* — 3) *Spülwasser* in पात्रीनिर्णेजन.

निर्णेतर् Nom. ag. *der ein Urtheil spricht, Schiedsrichter.*

निर्णेय und निर्णेयसिन्धु fehlerhaft für निर्णय u. निर्णय°.

निर्णोद m. *Vertreibung.*

निर्दंश m. *das Zerbeissen, Verletzen durch einen Biss.*

निर्दंशिन् Adj *nicht beissend.*

*निर्दग्धिका f. *Solanum Jacquini.* Vgl. निर्दिग्धिका.

*निर्दड Adj. 1) *hartherzig.* — 2) *an den Fehlern Andrer Freude empfindend, tadelsüchtig.* — 3) *unnütz.* — 4) *streng, heftig.* — 5) *betrunken.*

निर्दण्ड Adj. *nicht strafend.*

निर्दन्त Adj. *ohne Zähne, — Fangzähne* (Elephant) Spr. 3757.

निर्दय Adj. (f. आ) 1) *ohne Mitleid, unbarmherzig, grausam.* °म् Adv., Nom. abstr. °त्व n. *Hartherzigkeit* Spr. 3758. — 2) *unbarmherzig,* so v. a. *leidenschaftlich, heftig.* °म् Adv. — 3) *kein Mitleid verdienend.*

निर्दर 1) *Adj. *a) hart.* — *b) schamlos.* — 2) *Adv. °म *stark, heftig.* — 2) *Höhle.* निर्दरि v. l. — 3) *n. *das Beste von Etwas.*

निर्दरण Adj. (f. आ) *frei von Spalten, — Löchern.*

निर्दरि *Höhle* 91,29.

निर्दलन n. *das Spalten, Zerbrechen, Niederhauen* Vikramâñkak. 6,76. Râgat. 8,197.

निर्दश Adj. *über zehn Tage alt, worüber zehn Tage verflossen sind.*

निर्दशन Adj. *zahnlos.*

निर्दशनाक्षिजिह्व Adj. *ohne Zähne, Augen und Zunge.*

निर्दशाक् in अनिर्दशाक्.

निर्दस्यु Adj. *frei von Räubern.*

निर्दहन 1) Adj. (f. ई) *brennend.* — 2) *m. *Semecarpus Anacardium.* — 3) f. आ *Sanseviera Roxburghiana.* — 4) n. *das Brennen.*

निर्दहस् Gen. Infin. zu 1. दह् m. निस् Tâṇḍja-Br. 2,17,3.

निर्दाक्षिण्य Adj. *unhöflich* Kâd. 221,24. 229,20.

निर्दातर् Nom. ag. *Bereiniger eines Feldes* MBh. 12,97,6, v. l.

निर्दारिद्य Adj. *frei von Armuth, wohlhabend.*

निर्दाह 1) Adj. *verbrennend.* — 2) m. *a) ein best. Agni* AV. 16,1,3. — *b) Verbrennung.*

निर्दाहुक Adj. in अनिर्दाहुक (Nachtr. 1).

*निर्दिग्धा (Râgan. 4,30) und *निर्दिग्धिका f. *Solanum Jacquini.* Vgl. निर्दग्धिका.

°निर्दिधारयिषा f. *das Verlangen — zu ermitteln* Comm. zu Çat. Br. 1132,12.

निर्दुःख Adj. 1) *keine Leiden empfindend.* — 2) *keine Leiden bereitend.*

निर्दुःखत्व n. *Schmerzlosigkeit.*

निर्दुर्दिन Adj. *ohne Unwetter, heiter* Dh. V. 3,10.

निर्दैव Adj. 1) *von den Göttern verlassen.* — 2) *ohne Götter, — Götterbilder.*

निर्देश m. 1) *Anweisung, Befehl, — zu* (im Comp. vorangehend). — 2) *Beschreibung, nähere Angabe, — Bezeichnung; die näheren Umstände.* Häufig im Comp. mit einem im Instr. gedachten Begriffe. — 3) *Nähe.* — 4) *eine best. Zahl* (buddh.).

निर्देशक Adj. *näher angebend, — bestimmend* TS. Prât.

निर्देश्य Adj. 1) *näher anzugeben, — zu bestimmen.* — 2) *anzukünden, vorauszusagen.* — Vgl. अ°.

निर्देष्टर् Nom. ag. *näher angebend, bestimmend.*

निर्दैन्य Adj. *wohlgemuth, guter Dinge.*

निर्दोष Adj. (f. आ) 1) *fehlerfrei, makellos.* — 2) *unfehlbar.* — 3) *schuldlos, unschuldig.*

निर्दोषता f. Nom. abstr. zu निर्दोष 1) zu Spr. 3140.

निर्दोषीकरण n. *das Unschädlichmachen* Bhâvapr. 2,39.

निर्द्रव्य Adj. 1) *immateriell.* — 2) *besitzlos, arm.*

निर्द्रुमी Adv. mit कर् *baumlos machen* Vikramâñkak. 4,3.

निर्द्रोह Adj. *nichts Uebles im Sinne führend, freundlich gesinnt.*

निर्द्वन्द्व Adj. (f. आ) 1) *sich gleichgültig verhaltend gegen die Gegensätze* (Hitze und Kälte, Freude u. Leid u. s. w.). — 2) *in keiner Wechselbeziehung stehend, unabhängig von einem Andern.* — 3) *zu keinem Streit Anlass gebend, unbestritten* MBh. 1, 78,38. — 4) *frei von Eifersucht.*

निर्धन 1) Adj. *a) besitzlos, arm.* — *b) ohne Geldmittel unternommen* Spr. 1599. — 2) *m. *ein alter Stier.*

निर्धनता f. und निर्धनत्व n. *Besitzlosigkeit, Armuth.*

निर्धनी Adv. 1) mit कर् *arm machen.* — 2) mit भू *arm werden.*

निर्धर्म Adj. 1) *vom Rechte abgewichen* (Person). — 2) *sündhaft* (Glücksspiel). — 3) *keine Eigenthümlichkeit besitzend.* Nom. abstr. °त्व n. Kap. 5,74.

निर्धर्ममूर्खता f. *Ungerechtigkeit und Thorheit.*

निर्धर्मार्थ Adj. *ungerecht und nachtheilig* MBH. 5,25,13.

*निर्धाटय्, °यति *misshandeln* ÇILÂṄKA 2,135.

निर्धार m. 1) *Hervorziehung, Absonderung, Hervorhebung unter Mehreren.* — 2) * *Bestimmung, Entscheidung, Feststellung.*

निर्धारण n. 1) *das Hervorziehen, Absondern, Hervorheben unter Mehreren.* — 2) *Bestimmung, Entscheidung, Feststellung.*

निर्धारयितर् Nom. ag. *Entscheider* ÇAṀK. zu BÂDAR. 2,2,33.

निर्धार्तराष्ट्र Adj. (f. आ) *keine Abkömmlinge des* Dhṛtarâshṭra *habend, frei von ihnen.*

*निर्धार्य Adj. *muthig zu Werke gehend* (!).

निर्धूतक n. v. l. für निर्धूनन KUMÂRAS. 14,44.

निर्धूतसक्तु Adj. *mit herausgeschütteter Grütze* ÇAT. BR. 1,6,3,16. निर्धूतसक्तुक (f. आ) dass. Comm.

निर्धूनन n. *das Wogen* KUMÂRAS. (1868) 14,44.

निर्धूम Adj. *rauchlos* Ind. St. 14,367. MÂLATÎM. 33,5. Nom. abstr. °त्व n.

निर्धृति m. N. pr. v. l. für निर्वृति VP.² 4,68.

निर्धौत s. u. 2. धाव् mit निस्.

निर्ध्मापन n. *das Herausblasen.*

निर्नतोदर Adj. fehlerhaft für निर्णतोदर.

निर्नमस्कार Adj. (f. आ) 1) *Niemand huldigend.* — *keine Huldigung verdienend, allgemein verachtet.*

निर्नर Adj. *menschenleer.*

निर्नाथ Adj. *keinen Beschützer habend* KÂD. 194, 12. Nom. abstr. °ता f.

निर्नाभि Adj. *bis unter den Nabel reichend.*

निर्नायक Adj. *ohne Führer, — Leiter, wo Niemand das Regiment führt.* Nom. abstr. °त्व n. NILAK. zu MBH. 1,63,5.

निर्नाशन 1) Adj. *vertreibend, verscheuchend.* — 2) n. *das Vertreiben, Verscheuchen.*

°निर्नाशिन् Adj. *vertreibend, verscheuchend.*

निर्निद्र Adj. *schlaflos.* Nom. abstr. °ता f.

निर्निमित्त Adj. 1) *durch Nichts veranlasst* Comm. zu NJÂJAS. 2,2,35. *unmotivirt* (Nom. abstr. °त्व n. ÇAṀK. zu BÂDAR. 2,1,36). °म् und निर्निमित्त° Adv. *ohne Veranlassung, ohne wahrnehmbare Ursache.* — 2) *ganz uneigennützig* KÂD. 215,2.

निर्निमेष Adj. *nicht blinzelnd* (Auge), *das Auge nicht schliessend* NAISH. 3,103.

निर्निरोध Adj. (f. आ) *ungehemmt.*

निर्नीड Adj. *mit keinem Neste versehen.*

निर्बन्ध m. 1) *Einwand* GAUT. — 2) *das Bestehen auf, Beharren bei* (Loc. oder im Comp. vorangehend), *Beharrlichkeit.* °न्धं कर् *in Jmd* (Gen.) *dringen;* निर्बन्धात्, निर्बन्धेन und निर्बन्ध° *dringend;* निर्बन्धात् *ohne davon abzulassen;* °तस् *durch Beharrlichkeit.* — 3) *das Jmd Etwas* (im Comp. vorangehend) *Anhängen, Beschuldigung.* — 4) *härtnäckiges Bestehen auf seiner Meinung Jmd gegenüber* (Instr.).

निर्बन्धनीय n. fehlerhaft für निबन्धनीय.

निर्बन्धिन् Adj. *bestehend auf* (Loc. oder im Comp. vorangehend).

निर्बन्धु Adj. *keine Angehörigen habend.*

*निर्बर्हण n. = निबर्हण.

निर्बल Adj. *machtlos, schwach* 152,1. Spr. 3763.

*निर्बाण Adj. *pfeillos.*

1. निर्बाध m. *Vorsprung* (an einem Körper), *Knauf, Zacke.* °धं कर् (Med.) so v. a. *wegziehen, beseitigen.* Nom. abstr. निर्बाधत्व n. TS. 5,1,10,4.

2. निर्बाध Adj. *frei von aller Belästigung, — Störung, — Beeinträchtigung.*

निर्बाधिन् Adj. *Alles beseitigend.*

(निर्बाध्य) निर्बाधिय Adj. *Alles zu beseitigen vermögend* ÂPAST. ÇR. 3,14,2 (v. l. zu AV. 6,75,1; auch एणं st. एनं, wie TBR.).

निर्बीज 1) Adj. *samenlos, leer, inhaltslos.* Nom. abstr. °त्व n. — 2) * f. आ *eine Traubenart ohne Kerne.*

निर्बुद्धि Adj. *unvernünftig, dumm.*

*निर्बुसी Adv. mit कर् *enthülsen.*

निर्बोध Adj. *dumm.*

निर्भक्त Adj. *ohne Essen genossen, allein für sich genommen* (Arzenei).

*निर्भट Adj. *fest.*

1. निर्भय n. *Gefahrlosigkeit, Sicherheit* HEMÂDRI 1, 810,14.

2. निर्भय 1) Adj. (f. आ) *a) furchtlos, sich nicht fürchtend vor* (im Comp. vorangehend). °म् Adv. Spr. 7760. — *b) von Gefahren frei, sicher.* — 2) m. N. pr. *a)* eines Sohnes des 13ten Manu. — *b)* eines Kriegers.

निर्भर Adj. (f. आ) 1) *heftig, stark, übermässig, tief* (Schlaf). °म् und निर्भर° Adv. *heftig, im Uebermaasse, sehr, fest* (schlafen). — 2) am Ende eines Comp. *voll —, erfüllt von.* °म् Adv. — 3) *voller Intelligenz.*

निर्भरित Adj. *erfüllt von* (Instr.).

निर्भर्त्सन 1) n. f. (आ) *Drohung, Vorwürfe.* — 2) * n. *rothe Schminke, Lack.*

*निर्भल्लक Adj. (f. °का und °ल्लिका).

निर्भाग Adj. *nicht aus Theilen bestehend.* Nom. abstr. °त्व n. KAP. 5,71. 73. 88.

*निर्भाग्य Adj. *unglücklich.*

निर्भाज्य Adj. *bei einer Theilung auszuschliessen von* (Abl.).

निर्भाष s. u. निर्भास.

निर्भास m. *Schein* SARVAD. 161,7 (am Ende eines adj. Comp.; vgl. JOGAS. 3,3). Am Ende eines Comp. (f. आ) = निभ *gleich, ähnlich* KÂRAṆḌ. 17,21. 18,1 (निर्भाष gedr.).

निर्भासन n. *das Klarmachen, Erhellen, Beleuchten, zum Bewusstsein Bringen.*

निर्भी Adj. = निर्भीक KÂRAKA 6,2.

निर्भीक Adj. (f. आ) *furchtlos, sich nicht fürchtend vor* (Abl.). Nom. abstr. °त्व n. Comm. zu ÇIç. 18,41.

निर्भीति Adj. (f. आ) dass.

निर्भुज Adj. (f. आ) als Bez. einer Art Saṁdhi (Saṁhitâ). n. = संहिता AIT. ÂR. 314. fg. 322.

निर्भूति f. *das Vergehen.*

1. निर्भेद m. 1) *das Aufspringen, Zerspringen, Bersten.* — 2) *das Zersprengen, Spalten.* — 3) *das Herausplatzen mit Etwas, Ausplaudern, Verrath* MÂLAV. 44,13.

2. निर्भेद Adj. (f. आ) *ununterbrochen* HARIV. 12017.

निर्भेदिन् Adj. *spaltend, sprengend.*

निर्भेद्य Adj. 1) *keine Spalte habend.* — 2) *das Ziel verfehlend.*

निर्भोग Adj. *keinem Genusse fröhnend.*

निर्मक्षिक n. *Fliegenlosigkeit.* °कं कर् so v. a. *alles unnütze Volk entfernen, den Platz säubern.* Nur im Prâkrit zu belegen.

निर्मग्ना f. vielleicht *Schwemme* RV. 8,4,20. Nach SÂJ. निर्मग्न Adj. = शुद्ध.

निर्मज्ज Adj. *marklos.*

निर्मञ्चन n. = नीराजन Comm. zu NAISH. 7,43.

निर्मञ्छन n. fehlerhaft für निर्मञ्चन KUMÂRAS. (1868) 13,18. 21. v. l. निरुञ्छन.

निर्मत्सर Adj. *nicht neidisch, — missgünstig.*

निर्मत्स्य Adj. *fischlos.* Nom. abstr. °ता f.

*निर्मथ m. *Reibung.* °दारु n. *Reibholz.*

निर्मथन n. 1) *das Reiben,* insbes. *das Aneinanderreiben von Holzstücken zur Gewinnung von Feuer.* — 2) *das Quirlen, Buttern.*

निर्मथित 1) Adj. s. u. मथ् mit निस्. — 2) m. *frisch geriebenes Feuer* KÂTJ. ÇR. 6,10,12.

निर्मथ्य 1) Adj. *frisch zu reiben, frisch gerieben* (Feuer) VAITÂN. Vgl. निर्मन्थ्य. — 2) * f. आ *eine best. wohlriechende Rinde* RÂGAN. 12,163.

निर्मद Adj. 1) *nicht brünstig* (von Elephanten). — 2) *nicht hochmüthig, demüthig, anspruchlos.*

निर्मध्य 1) Adj. *keine Mitte habend.* — 2) f. आ *ein best. wohlriechender Stoff.* Richtig wohl निर्मथ्या.

निर्मनस्क Adj. *ohne geistiges Vermögen.* Nom. abstr. °ता f.

निर्मनुज Adj. *menschenleer.*

निर्मनुष्य Adj. (f. आ) dass. मातङ्ग m. *ein Elephant ohne einen Menschen darauf.*

निर्मनुष्यमृग Adj. *ohne Menschen und ohne Wild.*

निर्मन्तु Adj. *unschuldig.*

निर्मन्त्र Adj. 1) *wobei kein heiliger Spruch gesprochen wird.* — 2) *keine heiligen Sprüche kennend.*

*निर्मन्थ m. *Reibung.* °काष्ठ n. und °दारु n. *Reibholz.*

निर्मन्थन n. 1) *das Reiben*, insbes. des Feuers Vaitân. — 2) *das Quirlen.*

निर्मन्थ्य Adj. 1) **was gerieben wird.* °दारु n. *Reibholz.* — 2) *frisch zu reiben, frisch gerieben* (Feuer) TS. 3,1,3,2. 5,7,5,1. Âçv. Çr. 5,3,15. Gaim. 1,4,12.

निर्मन्यु 1) Adj. *frei von Zorn.* — 2) m. N. pr. eines Jägers.

निर्मम 1) Adj. (f. आ) *der sich nicht kümmert um, gleichgültig gegen* (Loc.). Ohne Ergänzung *der sich um Nichts kümmert, gleichgültig gegen Alles, frei von allen Beziehungen zur Aussenwelt.* — 2) *m. N. pr. des 15ten Arhant's der zukünftigen Utsarpinî.

निर्ममता f. *vollkommene Gleichgültigkeit gegen* (Loc.) Kândak. 27,19.

1. निर्ममत्व n. *vollkommene Gleichgültigkeit gegen Alles.*

2. निर्ममत्व Adj. *gleichgültig gegen* (Loc.).

निर्मर्याद 1) Adj. *a) keine Grenzen habend, unzählig, über alle Maassen gross.* — *b) aus allen Fugen gerückt.* °म् Adv. *so dass Alles drunter und drüber geht.* — *c) keine Schranken kennend, die Grenzen des Rechtes überschreitend, ruchlos, verbrecherisch* (von Personen). — 2) n. *a) Verrückung aller Grenzen, ein Drunter und Drüber.* — *b) eine Art von Gefecht.*

निर्मल 1) Adj. (f. आ) *fleckenlos, rein, klar, glänzend, lauter.* शष्पाग्र° *so v. a. rein grün wie Grasspitzen.* — 2) m. Pl. N. pr. einer Secte. — 3) *n. *a) Talk.* — *b)* = निर्माल्य 3).

निर्मलता f. *Reinheit, Lauterkeit.*

निर्मलतीर्थ n. N. pr. eines Tîrtha.

निर्मलत्व n. = निर्मलता.

निर्मलप्रकाश m. Titel eines Werkes.

निर्मलात्मवत्त् Adj. *von lauterer Gesinnung* Hemâdri 1,741,18.

निर्मली Adv. mit कर् *fleckenlos —, rein —, klar —, glänzend machen.*

*निर्मलोपल m. *Krystall.*

*निर्मशक Adj. *frei von Mücken.*

निर्मा f. *Werth, Aequivalent.*

निर्मांस Adj. 1) *von allem Fleisch befreit* Hemâdri 1,704,15. LA. 4,13. — 2) *fleischlos, so v. a. mager.*

निर्माख्य (!) m. N. pr. eines Mannes.

निर्माण n. 1) *Messung, Maass.* — 2) *das volle Maass.* अन्यक्त° Adj. *so v. a. noch nicht vollkommen ausgewachsen.* — 3) *Strecke.* — 4) *das Bilden, Schaffen, Abfassen; Bildung, Schöpfung, Werk.* खदिर° Adj. *aus Acacia Catechu gemacht,* °भूतमीरिणम् *in eine Wüste umgewandelt* (nach Nîlak. = साररूतम्). — 5) bei den Buddhisten *Umformung, Umwandlung.* — 6) * = सार् und असमञ्जस. — Hariv. 4424 fehlerhaft für निर्याण.

निर्माणकारक m. *Schöpfer* Vishnus. 1,55.

निर्माणरत m. Pl. *eine best. Klasse von Göttern.*

निर्माणरति m. Pl. desgl.

निर्मातर् Nom. ag. (f. °मात्री) *Bildner, Schaffer, Erbauer, Urheber.* Nom. abstr. °तृता f. und °तृत्व (Çaṁk. zu Bâdar. 2,1,34) n.

निर्माथिन् Adj. *zerreibend, zerstampfend.*

निर्माद्य m. N. pr. v. l. für निर्माख्य.

निर्माध्यस्थ्य n. *Interesse für Jemand.*

निर्मान Adj. *ohne Selbstgefühl.*

निर्मानुष Adj. (f. आ) *menschenleer* 134,25. Kâd. 135,17. 2,51,24. °षे *an einem einsamen Orte.*

निर्मानुषी Adv. mit कर् *entvölkern* Prij. 5,7.

निर्माय Adj. *kraftlos.*

1. निर्मार्ग m. 1) *Verwischung* in अनिर्मार्ग (Nachtr. 1). — 2) *was abgestreift —, abgewischt wird, Abfall.*

2. निर्मार्ग Adj. *wegelos.*

निर्मार्गुक Adj. *sich abstreifend —, sich ablösend von* (Abl.).

निर्मार्जन n. *das Wegkehren, Reinigen.*

निर्मार्जनीय Adj. *zu reinigen.*

निर्माष्टि f. N. pr. der Gattin Duḥsaha's Mârk. P. 51,1 (निर्माष्ठि gedr.).

*निर्माली f. = निर्माल्य 2).

निर्माल्य 1) Adj. (*aus einem Kranze ausgeschieden*) *ausrangirt, unbrauchbar, nicht hingehörig* Grhjâs. 2,86 (= Vagras. 235). Nom. abstr. °ता f. 85. — 2) *f. आ *Trigonella corniculata.* — 3) n. *die Ueberbleibsel von einem Opfer, die preisgegeben werden,* insbes. *Blumen, die von einer Opferceremonie übrig geblieben sind.* °ल्यं नयनश्रियः कुवलयम् *so v. a. eine Lotusblüthe ist im Vergleich mit der Pracht ihrer Augen nur eine verwelkte Blume* Bâlar. 19,8.

निर्माष्ठि s. निर्माष्टि.

निर्मित 1) Adj. s. u. 3. मा mit निस्. — 2) m. Pl. *eine best. Klasse von Göttern* Lalit. 260,3. 263,6. 268,6. 299,9.

निर्मिति f. 1) *Bildung, Schöpfung.* — 2) *Beifügung, Hinzufügung* (eines Wortes) Kâvjapr. 7,10.

निर्मिथ्य Adj. *wahr.*

निर्मुक्ति f. 1) *Erlösung —, Befreiung von* (Abl. oder im Comp. vorangehend) AV. 12,3,5. — 2) *Einbusse* oder *Verleihung.*

*निर्मुट 1) m. *a) Baum.* — *b) Freimarkt.* — *c) die Sonne.* — *d)* = खर्पर. — 2) n. *Laube* Gal.

निर्मुण्ड m. *Eunuch.*

निर्मूल Adj. 1) *der Wurzeln beraubt.* — 2) *ohne Grundlage, unbegründet.* Nom. abstr. °ता f.

निर्मूलन n. *das Ausrotten.*

निर्मूलय्, °यति *ausrotten, vernichten* Kâd. 2,136,6.

निर्मृग Adj. *wildlos.*

निर्मृजस् Gen. Inf. zu 1. मर्ज् mit निस् Tâṇḍja-Br. 2,2,3.

निर्मेघ Adj. (f. आ) *wolkenlos.*

निर्मेध Adj. *ohne Verstand.*

निर्मेधाश्रम m. N. pr. eines Mannes.

निर्मोक m. 1) * *Ablösung, Erlösung, Befreiung.* — 2) *eine abgezogene Haut,* insbes. *eine abgestreifte Schlangenhaut.* °पट्ट m. *ein solcher Hautstreifen* Ragh. 16,17. — 3) * *Panzer.* — 4) * *der Himmel.* — 5) N. pr. *a)* eines Sohnes des 8ten Manu. — *b)* eines Ṛshi unter dem 13ten Manu.

निर्मोक्तर् m. *Löser* (von Zweifeln).

निर्मोक्ष m. *Erlösung —, Befreiung von* (Gen. oder im Comp. vorangehend).

निर्मोघ m. v. l. für निर्मोक 2) *a)* VP.² 3,28.

निर्मोचक 1) *Adj. *befreiend, erlösend.* — 2) n. = निर्मोक 2) Karaka 4,8.

निर्मोचन n. *Befreiung.*

निर्मोह 1) Adj. *frei von Wahn* (Çiva). — 2) m. N. pr. *a)* eines Sohnes des 5ten oder 8ten (VP. 3, 2,19) Manu. — *b)* eines Ṛshi unter dem 13ten Manu.

निर्म्लतुक Adj. (f. आ) *zerfallend, verfaulend.*

निर्म्लुक्ति f. fehlerhaft für निम्लुक्ति.

निर्यत्न Adj. *unthätig, unbeweglich.* Nom. abstr. °ता f.

निर्यन्त्रण Adj. 1) *unbeschränkt.* °म् Adv. *ungehemmt, ungestört.* — 2) *wo man sich keinen Zwang anzuthun braucht.*

निर्यशस्क Adj. *ruhmlos.*

निर्या f. *Störung des ordentlichen Ganges, fehlerhafte Erscheinung.*

निर्याण n. 1) *das Hinausgehen, —treten, —fahrt,*

Aufbruch (eines Heeres, eines Helden zum Kampfe), *das auf die Weide Gehen* Hariv. 2,26,36. — 2) *das Fortgehen*, so v. a. *Vergehen, Verschwinden.* — 3) *der Ausgang aus dem Leben, Hingang, Tod.* — 4) * *Erlösung.* — 5) * *eine zur Stadt hinausführende Strasse* Ind. St. 10,280. — 6) *der äussere Augenwinkel beim Elephanten.* — 7) * *Eisen.* — 8) *ein Strick zum Binden der Füsse der Kälber.*

निर्याणिक Adj. *zur Erlösung führend* Lalit. 296,15.

°निर्यातक Adj. *hinaustragend, fortbringend.*

निर्यातन n. 1) *Zurückgabe, Wiederauslieferung, Vergeltung.* — 2) * *Mord, Todtschlag.*

निर्यातृ Nom. ag. *Bereiniger* (eines Feldes).

निर्याति f. *Erlösung* Lalit. 296,16 (निर्यातिः zu lesen).

निर्यात्य Adj. *zurückzugeben, wieder auszuliefern.*

निर्यादव Adj. (f. आ) *von den Jâdava befreit.*

निर्यान n. fehlerhaft für निर्याण.

निर्यापण n. *das Hinaustreiben, Verbannen aus* (Abl.).

*निर्याम m. *Schiffer, Bootsmann.*

निर्यामक m. *Beisteher* Hem. Par. 13,90.

निर्यामणा f. *Beistand* Hem. Par. 13,94.

निर्यास m. (* n.) *Ausschwitzung der Bäume, Harz, Milch u. s. w.* Gaut. *dickflüssige Masse* überh. Am Ende eines adj. Comp. f. आ.

*निर्यासिक Adj. von निर्यास.

निर्यास्या f. *ein gebranntes Getränk* Comm. zu Vishnus. 22,82.

निर्यियासु Adj. *hinauszugehen suchend.*

1. निर्युक्ति f. *eine Erläuterung zu einer heiligen Schrift* (bei den Gaina).

2. निर्युक्ति Adj. *unbegründet, unrichtig* Golâdhj. 7,31.

निर्युक्तिक Adj. dass. Nom. abstr. °त्व n.

निर्यूथ Adj. *von seiner Heerde getrennt.*

*निर्यूष m. = निर्यास.

निर्यूह 1) (* m.) n. *Vorsprung, Spitze, Thürmchen* R. ed. Bomb. 5,9,10. Am Ende eines adj. Comp. f. आ. — 2) *Helm* oder *ein best. Helmzierat.* — 3) * m. *Zelt.* — 4) * m. *ein Pflock in der Wand zum Anhängen von Sachen.* — 5) (* m.) n. *Thor.* — 6) m. *ausgepresster Saft.* — Richtig निर्व्यूह.

निर्योग m. 1) etwa *Verzierung.* — 2) *ein Strick zum Binden der Kühe.*

निर्योल m. *ein best. Theil des Pfluges.*

निर्लक्षण Adj. (f. आ) *keine besondern Merkmale an sich tragend, unbedeutend, zu nichts Edlem geboren, zu Nichts tauglich* Kâd. 194,11.

निर्लक्ष्य Adj. *nicht wahrnehmbar.*

निर्लज्ज Adj (f. आ) *schamlos.* Nom. abstr. °ता f.

*निर्लयनी f. fehlerhaft für निर्ल्वयनी.

निर्लवण Adj. *ohne Anmuth.*

निर्लाञ्छन n. bei den Gaina *das grausame Kennzeichnen der Hausthiere durch Durchbohrung der Nase u. s. w.*

निर्लिङ्ग Adj. *keine Kennzeichen habend, unbestimmbar.*

निर्लिप्त Adj. *unbefleckt* (Krshna).

निर्लुञ्चन n. *das Ausschälen.*

निर्लुण्ठन n. 1) *das Berauben, Plündern.* — 2) fehlerhaft für निर्लुञ्चन.

निर्लून 1) Adj. s. u. 1. लू mit निस्. — 2) * m. *Elephant* Gal.

*निर्लूयनी f. fehlerhaft für निर्ल्वयनी.

निर्लेखन n. *ein Werkzeug zum Abschaben.*

निर्लेप 1) Adj. *a) frei von fettigen Stoffen.* — *b) unbefleckt, sündenlos.* — *c) an Nichts hängend.* — 2) °म् Adv. *bis auf den letzten Rest* Çaṁk. zu Bâdar. 1,3,30.

निर्लोभ Adj. *frei von Habsucht.* Nom. abstr. °त्व n. Ind. St. 15,285.

निर्लोम Adj. *haarlos.*

*निर्लोह n. *Myrrhe* Râgan. 6,116.

*निर्ल्वयनी f. fehlerhaft für निर्ल्वयनी.

निर्वंश Adj. *keine Familie habend, allein stehend* 140,7.

निर्वक्तव्य Adj. *zu deuten, zu erklären.*

1. निर्वचन n. 1) *das Aussprechen.* — 2) *sprüchwörtliche Redensart.* — 3) *Erklärung, Erläuterung, Deutung, Etymologie.*

2. निर्वचन Adj. 1) *nicht redend, stumm.* °म् Adv. *ohne ein Wort zu reden.* — 2) *an dem man Nichts auszusetzen hat.*

निर्वचनीय Adj. in अनिर्वचनीय.

*निर्वण, °णे *auf offenem Felde.* Vgl. निर्वन.

निर्वत्सल Adj. (f. आ) *nicht zärtlich an Jmd* (Loc.) *hängend*, insbes. *an den Kindern* Venîs. 120. 175.

निर्वत्साशिशुपुंगव Adj. *der Kälber und jungen Stiere beraubt.*

निर्वन Adj. *keinen Wald habend.*

निर्वपण 1) Adj. *a) das Ausschütten betreffend* Gṛhjâs. 2,39. — *b) spendend.* — 2) n. *a) das Ausgiessen, Ausschütten.* — *b) das Darbringen, Spenden; insbes. Todtenspende.* — *c) das womit man ausgiesst.*

निर्वपणीय und निर्वप्तव्य *auszuschütten, darzubringen* Comm. zu Njâjam. 6,4,9. 5,6.

*निर्वर 1) Adj. *a) hart.* — *b) schamlos.* — *c) furchtlos.* — 2) n. *das Beste von einer Sache.*

निर्वरुणता f. und निर्वरुणत्व n. *Befreiung aus Varuṇa's Gewalt.*

*निर्वर्णन n. *das Ansehen, Betrachten.*

निर्वर्णनीय Adj. in अनिर्वर्णनीय.

निर्वर्तक Adj. *vollbringend, zu Wege bringend.*

निर्वर्तन n. *das Vollbringen, zu Wege Bringen.*

निर्वर्तनीय Adj. *zu vollbringen.*

निर्वर्तयितव्य Adj. dass. Çaṁk. zu Bâdar. 3,3,41.

निर्वर्ति Adj. *dochtlos* Kâd. 2,54,12.

निर्वर्तितव्य Adj. *zu vollbringen* 294,5 (im Prâkrit).

निर्वर्तिन Adj. 1) *sich ungebührlich betragend* in अति° (Nachtr. 3). — 2) am Ende eines Comp. *vollbringend, thuend.*

निर्वर्त्य Adj. *zu vollbringen, zu Wege zu bringen, was vollbracht —, zu Wege gebracht wird; hervorzubringen*, so v. a. *auszusprechen.* Nom. abstr. °त्व n.

निर्वश Adj. *willenlos, von einem Andern abhängig.* Nom. abstr. °ता f. Harshaé. 138,17.

निर्वषट्कारमङ्गल Adj. *wo kein Opfer und keine festlichen Ceremonien stattfinden.*

निर्वसु Adj. *besitzlos, arm.* Nom. abstr. °त्व n.

निर्वस्त्री Adv. mit कर् *der Kleider berauben.*

*निर्वह Adj. *fest.*

निर्वहण n. *Ausgang, Ende, Schlussact, Katastrophe.*

निर्वहितृ Nom. ag. *ausführend, zu Stande bringend, bewirkend.*

निर्वाक in कर्णनिर्वाक (Nachtr. 3).

निर्वाक्य Adj. (f. आ) *sprachlos.*

निर्वाच् Adj. *stumm.*

निर्वाच्य Adj. *zu erklären, näher zu bestimmen.*

निर्वाह्य Adj. *äusserlich.*

1. निर्वाण Adj. s. u. 2. वा mit निस्.

2. निर्वाण n. 1) *das Erlöschen.* — 2) *das zu Ende Gehen, Verschwinden.* °णं कर् so v. a. *machen, als wenn Etwas nicht geschehen wäre, seinem Worte untreu werden.* — 3) *das Erlöschen des Lebenslichts, Auflösung, Erlösung, die ewige Seligkeit, die Vereinigung mit der Gottheit, das Eingehen in* (im Comp. vorangehend). Bei den Buddhisten *das vollständige Erlöschen des Individuums;* uneigentlich auch schon *die Seelenstimmung des* Arhant. — 4) *vollkommene Zufriedenheit, Seligkeit, die höchste Wonne.* — 5) Titel einer Upanishad. 6) * *das Unterrichten in den Wissenschaften.* — 7) * *das Baden des Elephanten.* — 8) * *der Pfosten an den ein Elephant angebunden wird,* Gal. — 8) * *das Spenden.*

निर्वाणकर m. *ein best.* Samâdhi Kâraṇḍ. 93,4.

निर्वाणकाण्ड Titel eines Werkes Bühler, Rep. No. 621.

निर्वाणतन्त्र n. in बृहन्नि° und महा°.

निर्वाणधातु m. *die Region* Nirvâna (buddh.) Vaǵrakkh. 21,1. 36,1. Kâraṇḍ. 18,19.

निर्वाणपुराण n. *Todtenopfer.*

निर्वाणप्रिया f. N. pr. einer Gandharva-Jungfrau Kâraṇḍ. 5,8.

निर्वाणमण्डप m. N. pr. eines *Tempels.*

निर्वाणमन्त्र n. *eine best. mystische Formel.*

निर्वाणमय Adj. *voller Wonne* VP. 6,7,22.

निर्वाणमस्तक (!) m. *Erlösung.*

निर्वाणयोगोत्तर n. Titel eines Werkes.

निर्वाणरुचि m. Pl. *eine best. Klasse von Göttern unter dem 11ten* Manu.

निर्वाणसंचोदन m. *ein best.* Samâdhi Kâraṇḍ. 52,8.

*निर्वाणसूत्र n. Bez. *bestimmter buddhistischer* Sûtra.

*निर्वाणिन् m. N. pr. des 2ten Arhant's der vergangenen Utsarpiṇî.

*निर्वाणी f. N. pr. einer Ǵaina-Gottheit.

निर्वात Adj. *frei von Wind;* (*m.) *ein Ort, wo kein Wind hinkommt.*

निर्वाद m. 1) *Tadel.* — 2) **Gerede der Leute.* — 3) *= निष्ठितवाद, निश्चितवाद und वादाभाव. — 4) Râǵat. 8,565 fehlerhaft für निर्वाह.

निर्वानर Adj. (f. आ) *frei von Affen.*

1. निर्वाप m. 1) *Ausstreuung* Comm. zu Kâtj. Çr. 92,7. fgg. — 2) *Darbringung, Spendung,* insbes. *an Verstorbene.* — 3) *Almosen.*

2. *निर्वाप m. *Mord, Todtschlag* Gal.

°निर्वापक Adj. *auslöschend* Karaka 6,18. Vishṇus. 43,21.

1. निर्वापण n. 1) *das Ausstreuen, Hinwerfen, Hineinwerfen.* — 2) **das Austheilen, Spenden.*

2. निर्वापण 1) Adj. *kühlend.* — 2) n. *a) das Auslöschen.* — *b) das Abkühlen.* — 3) *das Ergötzen.* — 4) **das Tödten, Morden.*

निर्वापयितर् Nom. ag. *Abkühler.*

निर्वाप्य Adj. *darzubringen.*

निर्वायस Adj. *frei von Krähen.*

*निर्वाराणसि Adj. *der* Vârâṇasî *verlassen hat.*

निर्वार्य Adj. *unwiderstehlich* Kandak. 73,13.

निर्वास m. *das Verlassen seines Wohnortes, Aufenthalt ausserhalb der Heimat, Verbannung aus* (im Comp. vorangehend).

1. निर्वासन n. 1) *das Hinausjagen aus dem Wohnorte, Verbannen.* — 2) *das Hinausführen an einen andern Ort.* — 3) *aus Ermorden, Tödten.*

2. निर्वासन Adj. *keine Einbildungskraft besitzend.*

निर्वासनीय und निर्वास्य Adj. *hinauszujagen, zu verbannen, — aus* (Abl.).

निर्वाह m. 1) *Ausführung, Vollbringung.* — 2) *Ausführung,* so v. a. *Erzählung.* — 3) *das Auskommen, Bestehen, Lebenkönnen, Bestreitung des Lebensunterhalts* Râǵat. 7,145. 1129. 8,565 (निर्वाद gedr.).

निर्वाहक 1) am Ende eines Comp. Adj. (f. °हिका) *ausführend, vollbringend, zu Wege bringend.* Nom. abstr. °ता f. — 2) f. °हिका *Durchfall* Bhâvapr. 3,148.

°निर्वाहिन् Adj. 1) *hinausführend zu,* so v. a. *sich öffnend an.* — 2) *ausführend, vollführend.*

निर्वाह्य Adj. *auszuführen, zu vollenden.* चिर° *was sich nicht schnell abmachen lässt.*

निर्विकल्प Adj. (f. आ) 1) *keine Alternative zulassend, wechsellos, nicht differenzirt* Tejob. Up. 6. — 2) *keine Zweifel habend, nicht schwankend.* °म् Adv. *ohne zu schwanken, ohne sich zu bedenken.*

निर्विकल्पक Adj. = निर्विकल्प 1) (284,22. 285,8. 286,15. 287,1. Çaṁk. zu Bâdar. 3,2,11. 21) und 2) (Bhâg. P. 1,4,4).

निर्विकल्पकविचार m. Titel eines Werkes.

*निर्विकल्पन Adj. = निर्विकल्प.

निर्विकल्पवाद m. Titel eines Werkes Opp.Cat.1.

निर्विकार Adj. (f. आ) *an dem keine Veränderung* (äussere oder innere) *wahrzunehmen ist.* Nom. abstr. °ता f.

निर्विकारवत् Adj. dass.

निर्विकास Adj. *nicht aufgeblüht.* Nom. abstr. °त्व n.

निर्विघ्न Adj. (f. आ) *auf keine Hindernisse stossend, ungestört.* °म् und °घ्नेन *ohne Hindernisse.*

निर्विचार Adj. (f. आ) 1) *wobei keine Ueberlegung mehr nöthig ist* Jogas. 1,44. 47. — 2) *nicht überlegend.* °म् Adv. *ohne lange nachzudenken, ohne sich lange zu besinnen* 120,22.

निर्विचिकित्स 1) Adj. (f. आ) *keinem Zweifel unterliegend.* — 2) °म् Adv. *ohne sich lange zu besinnen.*

निर्विचेष्ट Adj. *regungslos.*

निर्वितर्क Adj. (f. आ) *keinem Zweifel unterworfen.*

निर्विद् f. *Verzweiflung, Verzagtheit, Kleinmuth.*

निर्विद्य Adj. *ungelehrt, ungebildet.*

निर्विधित्स Adj. *keine Wünsche —, kein Verlangen habend.*

निर्विनोद Adj. *keinen Zeitvertreib habend* Vikramâṅkak. 17,8.

निर्विन्ध्या f. N. pr. eines Flusses Varâh. Bṛh. S. 16,9.

निर्विबन्ध Adj. 1) *keine Hindernisse gewährend ganz geeignet zu* (Gen.) Bâlar. 191,24. — 2) *unschädlich, ungefährlich* Bâlar. 275,4.

निर्विमर्श Adj. (f. आ) 1) *nicht weiter überlegend — nachdenkend.* — 2) *unüberlegt.* — 3) *den* Vimarça (*Peripetie*) *genannten* Saṁdhi *nicht habend.*

निर्विवर Adj. *keine Oeffnung —, keinen Riss habend, dicht.* Nom. abstr. °ता *dichtes Zusammenschliessen* (der Brüste) und übertr. *Einverständniss.*

निर्विवाद Adj. 1) *keinen Streit habend, einig.* — 2) *keinem Streit unterliegend.*

*निर्विवादी Adv. mit कर् *versöhnen.*

निर्विवित्सु Adj. mit Acc. *vielleicht zu entzweien —, aneinander zu hetzen suchend.*

निर्विवेक Adj. *ohne Urtheilskraft* Spr. 3768. Nom. abstr. °ता f. (Pañkad.) und °त्व n.

निर्विशङ्क Adj. (f. आ) *unbesorgt, sich keine Gedanken machend, nicht zaghaft.* °म् u. °ङ्केन Adv.

निर्विशङ्कित Adj. dass. °म् Adv.

निर्विशेष 1) Adj. (f. आ) *a) keinen Unterschied machend. — zeigend, ununterschieden, gleich, nicht verschieden von* (im Comp. vorangehend). विशेष m. so v. a. *nicht der geringste Unterschied.* °म् Adv. *ohne Unterschied, ganz gleich* Spr. 7746. Am Ende eines Comp. *nicht verschieden von.* — *b) unqualificirt, absolut.* — 2) n. *Ununterschiedenheit, gleiches Aussehen.* स्वगृहनिर्विशेषेण so v. a. *als wenn es das eigene Haus wäre.*

निर्विशेषण Adj. *ohne Attribute.*

निर्विशेषत्व n. *Ununterschiedenheit.*

निर्विशेषवत् Adj. = निर्विशेष 1) *a).*

निर्विष 1) Adj. (f. आ) *giftlos, ungiftig, von einem Gifte befreit.* — 2) *f. आ und ई *Kyllingia monocephala* Râǵan. 6,221.

निर्विषङ्ग Adj. *an Nichts hängend.*

निर्विषय Adj. 1) *aus seinem Wohnorte verjagt, verbannt, vertrieben, — aus* (im Comp. vorangehend). — 2) *keine Stütze habend, in der Luft schwebend* Hariv. 3645. — 3) *keinem Object zukommend.* Nom. abstr. °त्व n. Çaṁk. zu Bâdar. 2,1,14. — 4) *von den Sinnesobjecten getrennt* (Kap. 6,25), *nicht an ihnen hängend.*

निर्विषयी Adv. mit कर् *verbannen.* Am Ende eines Comp. *verbannen —, entfernen von.*

निर्विषाण Adj. *ohne Fangzähne.*

निर्विषी Adv. mit कर् *vom Gifte befreien* Bâlar. 14,23. Vet. (U.) 69,7.

निर्विसर्ग Adj. *ohne* Visarga (gramm.) Comm.

zu Mṛkkh. 14,5.

निर्विहंग Adj. *ohne Vögel.*

निर्विहार Adj. *keine Unterhaltung —, kein Vergnügen habend.*

निर्वीर Adj. (*f. आ) 1) *der Männer —, der Helden beraubt* Prasannar. 14,5. Vom Weibe so v. a. **keinen Mann und keine Söhne habend.* — 2) f. निर्वीरा N. pr. eines Flusses. — 3) n. N. pr. eines Tīrtha.

निर्वीरुध् Adj. *der Pflanzen beraubt.*

निर्वीर्य Adj. *kraftlos, unmännlich, muthlos;* m. *Schwächling.* Nom. abstr. निर्वीर्यता f. *Kraftlosigkeit* Āpast. Çr. 9,14,7. *Erschöpfung* (eines Feldes), *Wirkungslosigkeit, Unbrauchbarkeit* Comm. zu Gṛhjās. 2,85.

निर्वृक्ष Adj. (f. आ) *baumlos.*

निर्वृक्षतोय Adj. *baum — und wasserlos.*

निर्वृति 1) f. a) *innere Zufriedenheit, Wohlbehagen, Glückseligkeit, Wonne, Entzücken.* — b) *Erlösung.* °पुरी f. Ind. St. 14,385. — c) *das zur Ruhe Kommen.* — d) *das Erlöschen* (einer Lampe) Kād. 59,6. — e) **Untergang, Tod.* — f) *Ungezogenheit;* richtig निर्वृत्ति. — 2) m. N. pr. verschiedener Männer.

निर्वृतिचतुस् m. N. pr. eines Ṛshi.

निर्वृतिमन्त् Adj. *innerlich zufrieden, sich glücklich fühlend* Mālatīm. 38,9.

निर्वृत्तशत्रु f. N. pr. eines Fürsten. Richtig निवृत्त°.

निर्वृत्ति 1) f. a) *das Zustandekommen, Fertigwerden, Ausbildung.* नाम° *Entstehung des Namens.* — b) *ungebührliches Benehmen, Unart.* — c) fehlerhaft für निर्वृति und निवृत्ति. — 2) m. N. pr. eines Mannes VP.² 4,68.

निर्वृष Adj. *der Stiere beraubt.*

निर्वृष्ट 1) Adj. s. u. वर्ष् mit निस्. — 2) wohl n. *ein vorangegangener Regen.*

निर्वृष्टि f. = निर्वृष्ट 2).

निर्वेग Adj. *ohne heftige Bewegung, nicht wogend, ruhig.*

निर्वेतन Adj. *keinen Lohn empfangend.*

निर्वेद m. 1) *Ueberdruss, Ekel, — an* (Loc., Gen. oder im Comp. vorangehend). — 2) *vollkommene Gleichgültigkeit gegen die Welt.* — 3) *Verzweiflung, Verzagtheit, Kleinmuth.*

निर्वेदवन्त् Adj. *gleichgültig gegen Alles.*

निर्वेधिम Adj. als Bez. *einer best. Verunstaltung des Ohres.*

निर्वेपन Adj. *nicht zitternd, — flackernd.*

निर्वेश m. 1) *Ablohnung, Vergeltung, Bezahlung.* — 2) *Sühne* Āpast. 1,18,12. — 3) **Genuss.* — 4) **Ohnmacht.*

निर्वेशन n. scheinbar Āpast. 1,18,1, wo aber गव्यूतिर्निर्वेशनम् zu lesen ist.

निर्वेशनीय Adj. *zu geniessen, was genossen wird.*

निर्वेश्य Adj. *abzutragen, zu bezahlen* MBh. 3,36,16.

निर्वेष्टव्य 1) n. impers. *zu lohnen, zu vergelten.* — 2) Adj. *woran man seine Freude —, seinen Genuss haben kann, geniessbar.*

1. निर्वैर n. *Friedfertigkeit.*

2. निर्वैर Adj. *keine Feindschaft habend, in Frieden lebend, einträchtig, friedfertig.* °म् Adv. *da keine Feindschaft besteht.* Nom. abstr. °ता f. *Eintracht.*

निर्वैरिण n. *das Freisein von Feindschaft, Eintracht.*

निर्वोढर् Nom. ag. 1) Nom. als Verbum fin. *wird wegführen* 27,24. — 2) *ausführend, zu Stande bringend, bewirkend, vollführend* Harshak. 157,12.

निर्व्यग्र Adj. *ruhig, seine Besonnenheit bewahrend.*

निर्व्यञ्जन 1) Adj. *ohne Würze.* — 2) Loc. *ohne Weiteres, gerade heraus.*

निर्व्यथ Adj. 1) *frei von Schmerzen, sich wohl fühlend.* — 2) *keine Bewegung des Herzens fühlend, ruhig.*

निर्व्यथन 1) Adj. *frei von Schmerzen, sich wohl fühlend* Naish. 7,68. — 2) n. *Höhle* ebend.

निर्व्यपेक्ष Adj. (f. आ) *unbekümmert um, gleichgültig gegen* (Loc. oder im Comp. vorangehend).

निर्व्यलीक Adj. 1) *kein Leid verursachend, nicht verletzend.* — 2) *kein Leid verursachend,* so v. a. *gern gethan, vom Herzen kommend* (Gabe). — 3) *kein Leid empfindend, Etwas gern thuend.* °केन चेतसा oder हृदा *mit leichtem Herzen, gern.* °म् und °तम् Adv. dass. — 4) *nicht falsch.* — 5) *nicht entstellt.*

निर्व्यवधान Adj. (f. आ) *unbedeckt, bloss* (Erdboden) Harshak. 140,2.

निर्व्यसन Adj. *keine bösen Neigungen habend.*

निर्व्याकुल Adj. *nicht aufgeregt, ruhig.* Nom. abstr. °ता f. Instr. *in aller Ruhe.*

निर्व्याघ्र Adj. *tigerlos.*

निर्व्याज Adj. (f. आ) 1) *ohne Trug,* so v. a. *unzweideutig, unbestritten* Harshak. 155,13. °म् Adv. *ohne Täuschung, genau, sicherlich, ganz gewiss* Comm. zu Varāh. Bṛh. 6,12. — 2) *ohne Trug,* so v. a. *ehrlich, lauter, aufrichtig gegen* (Loc.) Bālar. 102,22. °म् Adv. *ehrlich.* Nom. abstr. °ता f. *Ehrlichkeit, Geradheit.*

निर्व्याजी Adv. mit कर् *läutern* Spr. 5713.

निर्व्याधि Adj. *gesund, kräftig* Karaka 6,2.

निर्व्यापार Adj. *frei von Beschäftigung, unbeschäftigt, Nichts weiter zu thun habend, sich passiv verhaltend.* * = °स्थिति f. *Musse.* Nom. abstr. °त्व n. Çaṅk. zu Bādar. 2,2,18.

निर्व्यावृत्ति Adj. *mit keiner Rückkehr* (in den Saṁsāra) *verbunden.*

निर्व्यूढ 1) Adj. s. u. 1. ऊह् mit निर्वि. — 2) n. *das Vollbringen, zu Ende Führen.*

निर्व्यूढि f. 1) *Ende, Ausgang.* — 2) *Gipfel, der höchste Grad.*

निर्व्यूह 1) (*m.) n. *Vorsprung, Spitze, Thürmchen* Hariv. 2,42,36. 3,131,38. — 2) *Helm oder ein best. Helmzierat* MBh. 5,19,4. Hariv. 1,20,21. — 3) *m. *ein Pflock in der Wand zum Anhängen von Sachen.* — 4) (*m.) n. *Thor* Hariv. 2,35,47. — 5) **ausgepresster Saft.*

निर्व्रण Adj. 1) *ohne Wunden, unverletzt.* — 2) *nicht schadhaft, ohne Schaden, ohne Sprung* Agni-P. 34,18.

निर्व्रत Adj. *keine religiösen Observanzen beobachtend.*

निर्व्रस्क Adj. *ausgerodet* Āpast. Çr. 10,20,6.

निर्व्रीड Adj. *schamlos.*

निर्ल्वयनी f. *eine abgestreifte Haut* in अहि°.

निर्हरण n. 1) *das Herausnehmen, Herausdrängen, Wegschaffen, Entfernen.* — 2) *das Hinaustragen einer Leiche zum Scheiterhaufen.*

निर्हरणीय und निर्हर्तव्य Adj. *wegzuschaffen, zu entfernen.*

निर्हस्त Adj. *handlos.*

निर्हाद m. 1) *Ausleerung, Excremente.* — 2) fehlerhaft für निर्ह्राद.

निर्हार m. 1) **das Hinausziehen.* — 2) *das Hinaustragen einer Leiche zum Scheiterhaufen.* — 3) *das Herausnehmen aus* (Abl.), *das bei Seite Bringen, das Wegnehmen für sich.* — 4) *das Wegschaffen, Vernichten, Aufheben.* — 5) *Entleerung oder After.* — 6) *Herleitung, Herstellung* Çulbas. 1,54.

निर्हारक Adj. 1) *hinaustragend* (eine Leiche) *zum Scheiterhaufen.* — 2) **reinigend.*

निर्हारण n. *das Hinaustragenlassen einer Leiche zum Scheiterhaufen.*

निर्हारिन् Adj. *sich weit verbreitend* (von einem Geruch) MBh. 14,50,42.

*निर्हिमम् Adv. *über den Winter hinaus.*

निर्हृति f. *das Wegschaffen, aus dem Wege Räumen.*

निर्हृत्य Adj. *auszulassen.*

निर्हेति Adj. *waffenlos.*

निर्हेतु Adj. *keine Ursache habend.* Nom. abstr. °ता f. und °त्व n. *Mangel einer Angabe des Grundes, — der Veranlassung.*

निर्ह्राद m. (adj. Comp. f. आ) 1) *Laut, Ton, Getön, Gebrause.* — 2) fehlerhaft für निर्हाद 1) MBh. 3,312,8.

निर्ह्रादिन् Adj. *schallend, tönend, brausend.*

निर्ह्रास m. *Abkürzung, Verkürzung* (eines Vocals).

निर्ह्री und °क (häufiger) Adj. *schamlos, unverschämt, verwegen, keck.*

*निल्, निलति (गहने).

निलङ्कु m. *ein best. Gewürm* TS. 5,5,11,1 v. l. für नीलङ्कु.

निलय्, °यते s. u. ली mit नि und u. 3. इ mit निस्.

1. निलय m. (adj. Comp. f. आ) 1) *Rast, Ruhe* in अ°. — 2) *Versteck der Thiere, Wohnstätte, Residenz, Aufenthaltsort, Behälter.* Am Ende eines adj. Comp. a) *seine Wohnung habend —, wohnend —, sich aufhaltend in.* — b) *wo der und der seine Wohnung hat, bewohnt von, eine Wohnstätte seiend für.* — 3) verwechselt mit वलय.

2. निलय m. = निरय (so v. l.) *Hölle* Âpast.

निलयन n. 1) *das Sichniederlassen auf* (Loc.). — 2) *Zufluchtsstätte, Wohnstätte, Lager.* Wird fälschlich auf 3. इ (अय्) zurückgeführt.

निलयसुन्दर m. N. pr. eines Mannes.

निलाय्, °यते s. u. ली mit नि.

निलायन n. *das Sichverstecken.* °क्रीडा f. *Versteckspiel.*

निलायम् Absol. *sich versteckend* AV. 4,16,2 (Padap. °यन् Partic.), Taitt. Âr. 2,7,1 (fälschlich ऽनिलायम्).

निलिम्प 1) m. a) Bez. *gewisser Genien* und einer Marut-*Schaar.* — b) *ein Gott.* — 2) *f. आ a) *Kuh.* — b) *Melkkübel* Gal.

निलिम्पनिर्झरी f. Bein. der Gaṅgâ.

निलिम्पपांसुला f. *eine* Apsaras Vikramâṅkaḱ. 13,80.

*निलिम्पिका f. *Kuh.*

*निलीनक 1) Adj. *zusammengefallen* (beim Kochen). — 2) m. N. pr. eines Dorfes.

*निव gaṇa ब्राह्मणादि in der Kâç.

निवक्षस् Adj. *mit eingefallener Brust* (Comm.).

निवचन n. 1) *Ausspruch, Anrede.* — 2) *Sprüchwort, Redensart.* — 3) *निवचने कर् *die Rede hemmen.*

निवत् f. *Tiefe, Thal.* Instr. *zur Tiefe, abwärts.*

निवता Adv. *zu Thal.*

निवपन n. 1) *das Hinwerfen, Wegschütten.* — 2) *eine Darbringung an die Manen.*

निवर 1) m. *Deckung, Schutz* oder *Schützer.* — 2) f. आ *Mädchen.*

निवरण n. *Hinderniss, Bekümmerniss, Last* im Text zu Lot. de la b. l. 48,11. 77,6. Vgl. सर्वनिवरणाविष्कम्भिन्.

निवर्त Adj. *der umkehren macht* RV. — Hemâdri 1,288,11 fehlerhaft für निवर्तन.

निवर्तक Adj. (f. °र्तिका) 1) *umkehrend* in अ°. — 2) *aufhören machend, aufhebend* (TS. Prât. Comm.), *vertreibend.* आदेश m. *ein Befehl nicht zu handeln.* Nom. abstr. °त्व n.

निवर्तन 1) Adj. *umkehren machend.* — 2) n. a) *das Zurückgehen, Rückkehr, Umkehr.* मृत्युं कृत्वा निवर्तनम् *weichen und sterben für Eins haltend, erst mit dem Tode weichend, — vom Kampfe abstehend.* Statt dessen fehlerhaft कृत्वा मृत्युनिवर्तनम्. — b) *das Niederkommen, zur Erde Kommen.* — c) *das Aufhören, Unterbleiben, Nichtgeschehen, Gehemmtwerden.* — d) *das Abstehen —, Sichenthalten von* (Abl.). — e) *das Abstehen vom Handeln, Unthätigkeit.* — f) *das Rückkehrenmachen, Zurückbringen.* — g) *Mittel zur Rückkehr.* — h) *das Zurückschneiden* (der Haare). — i) *das Abwenden —, Zurückhalten von* (Abl.). — k) *ein best. Flächenmaass* 215,11. Hemâdri 1,288,2. 290, 10. 12. 504,15. 505,4. 15. 2,a,52,18. 53,6. — l) fehlerhaft für निर्वर्तन.

*निवर्तनस्तूप m. N. pr. eines Stûpa.

निवर्तनीय Adj. 1) *zurückzuführen.* — 2) *rückgängig —, ungeschehen zu machen, zu hemmen.*

निवर्तयितव्य Adj. *zurückzuhalten.*

निवर्तितव्य Adj. *zurückzuführen.*

निवर्तिन् Adj. 1) *zurückkehrend, umkehrend.* — 2) *sich enthaltend von* (im Comp. vorangehend). — 3) fehlerhaft für निर्वर्तिन्. — Vgl. अ°.

निवर्त्य Adj. 1) *zur Umkehr zu bringen.* — 2) *rückgängig zu machen, für ungültig zu erklären.* — Vgl. दुर्निवर्त्य.

*निवसति f. *Wohnung.*

*निवसथ m. *Dorf.*

1. निवसन n. 1) *das Anziehen* (eines Kleides). — 2) *Kleid, Gewand;* insbes. **Untergewand.*

2.*निवसन n. *Wohnung.*

निवस्तव्य n. impers. 1) *zu wohnen.* — 2) *zu verweilen, sich zu befinden.*

निवह 1) Adj. (f. आ) am Ende eines Comp. *herbeiführend, nach sich ziehend.* — 2) m. a) *Schaar, Schwarm, Masse, Menge.* Sg. und Pl. — b) **Mord, Todtschlag* Gal. — c) Bez. α) *eines der 7 Winde.* — β) *einer der sieben Zungen des Feuers* (?).

*निवाकु m. N. pr. eines Mannes.

1. निवात 1) Adj. (f. आ) *vor dem Winde geschützt, dem W. nicht zugänglich.* — 2) n. *ein vor Wind geschützter Ort, Windstille.*

2. निवात 1) Adj. a) *unangefochten.* — b) **dicht.* — 2) wohl n. *Sicherheit.* — 3) *m. a) *Zuflucht.* — b) *ein undurchdringlicher Panzer.*

*निवातक Adj. von निवात.

निवातकवच m. Pl. *eine best. Klasse von* Dânava oder Daitja.

निवान्यवत्सा und निवान्या f. *eine Kuh, die ein angewöhntes (fremdes) Kalb nährt.*

निवान्यावत्स m. = निवान्याया वत्सः.

निवाप m. 1) *Saat.* Pl. *Getraidekörner.* — 2) *Saatfeld.* — 3) *eine Darbringung an die Manen.* — 4) **Mord, Todtschlag* Gal.

निवापक m. *Säer.*

निवापाञ्जलि m. *Todtenspende* Mudrâr. 81,4 (135,6).

*निवापिन् Adj. von वप् mit नि.

निवार m. *Abhaltung, Abwehr* in दुर्निवार.

निवारक Adj. *abhaltend, abwehrend.*

निवारण 1) Adj. am Ende eines Comp. *abhaltend, abwehrend* zu Spr. 7098. — 2) n. a) *das Abhalten, Abwehren, Zurückhalten, Verhindern.* Das Object ausnahmsweise im Acc. — b) *das Abweisen, Bestreiten.*

निवारणीय Adj. *abzuhalten, zurückzuhalten* 210,27.

°निवारिन् Adj. *abwehrend, zurückhaltend.*

निवार्य Adj. *abzuhalten, — von* (Abl.). Vgl. अ°.

निवावरी Adj. f. in Verbindung mit सिकता Pl. N. pr. eines Ṛshigaṇa.

निवाशा Adj. *brüllend, dröhnend.*

1. निवास m. *Kleidung.* Am Ende eines adj. Comp. *gekleidet in.*

2. निवास m. 1) *das Haltmachen, Uebernachten, Wohnen, Aufenthalt.* — 2) *Nachtlager, Aufenthaltsort, Wohnstätte.* निवासम् उप-या *bewohnt werden.*

*निवासक Adj. von निवास.

1.*निवासन n. *eine Art Gewand.*

2. निवासन n. 1) *das Wohnen, Aufenthalt.* — 2) *Wohnstätte.* — 3) *das Zubringen* (der Zeit).

निवासभवन n. *Schlafgemach.*

निवासभूमि f. *Aufenthaltsort.*

निवासराजन् m. *der König des Landes, in dem*

man wohnt.

निवासाचार्य m. N. pr. eines Scholiasten Pischel, de Gr. pr.

1. °निवासिन् Adj. *gekleidet in.*

2. निवासिन् Adj. *wohnend*, — *in* (Loc. oder im Comp. vorangehend) oder *bei* (im Comp. vorangehend), *seinen Standort habend*, *steckend in* (im Comp. vorangehend); m. *Bewohner.*

निवाह m. 1) *Abnahme* (der Tage). Gegensatz अभ्यारोह. — 2) **Mord, Todtschlag* Gal.

निविच्छंसम् Absol. *nach Art der* Nivid *recitirend* Çâṅkh. Çr. 10,6,20.

निविद् f. 1) *Anweisung, Aufforderung, Vorschrift, Lehre.* — 2) Bez. *gewisser Stücke in der Liturgie, welche, in kurzen Benennungen, Anrufungen oder Einladungen der Götter bestehend, an bestimmten Stellen in die Recitation eingefügt werden.*

निविद्धान 1) Adj. *die* Nivid 2) *in sich enthaltend.* — 2) n. *das Einfügen der* Nivid 2).

निविद्धानीय Adj. = निविद्धान 1).

°निविवृत्सु Adj. *abzustehen* —, *zu entsagen verlangend* Sarvad. 13,21.

निविष्टचक्र Adj. (f. आ) *in Jmds Gebiet eingedrungen* Âçv. Gṛhj. 1,14,7.

निविष्टि f. *das zur Ruhe Gelangen.*

निवीत 1) Adj. s. u. व्या mit नि. Auch fehlerhaft für विनीत. — 2) n. *das Tragen der heiligen Schnur um den Hals* und *die so getragene Schnur selbst.* — 3) *m. f. n. *Ueberwurf, Mantel.*

निवीतिन् Adj. *die heilige Schnur um den Hals tragend.*

निवीर्य Adj. (f. आ) *impotent.*

निवृत् f. fehlerhaft für निचृत्.

निवृत 1) Adj. s. u. 1. वर् mit नि. — 2) *m. f. n. *Ueberwurf, Mantel.* — 3) *n. *das Verdecken, Verhüllen.*

निवृत्त 1) Adj. s. u. वर्त् mit नि. — 2) n. *Rückkehr* in दुर्निवृत्त.

निवृत्तदक्षिणा f. *eine von einem Andern verschmähte Gabe* Çat. Br. 3,5,1,25.

निवृत्तशत्रु m. N. pr. eines Fürsten Hariv. 1,34,32. 2,59,7.

निवृत्ति 1) f. a) *Rückkehr.* — b) *das Verschwinden, Aufhören, Unterbleiben, Aufhören wirksam* —, *gültig zu sein.* — c) *Verderben.* — d) *das Abstehen von* (Abl. oder im Comp. vorangehend) Gaut. 18,16. *Entsagen, Sichenthalten* Chr. 170,30. 224,29. — *das Entrinnen*, mit Abl. 171,8. — f) *das Abstehen vom Handeln, Unthätigkeit.* — g) in der Dramatik *Anführung eines Beispiels.* — h) N. pr. eines Flusses VP. 2,4,28. — i) fehlerhaft für निर्वृति. — 2) m. N. pr. verschiedener Männer.

निवेदक Adj. *mittheilend, kund thuend, berichtend* in अ° (Nachtr. 3).

निवेदन 1) Adj. *ankündigend. verkündigend.* Auch als Beiw. Çiva's. — 2) n. a) *das Bekanntmachen mit, Mittheilen, Berichten über, Ankündigen.* — b) *das Anbieten, Darbringung.* — c) in der Dramatik *das in Erinnerung Bringen einer versäumten Pflicht.*

निवेदयिषु Adj. *zu berichten beabsichtigend über.* v. l. विवेदयिषु.

°निवेदिन् Adj. 1) *berichtend, mittheilend, verkündend.* — 2) *anbietend, darbringend.*

निवेद्य 1) Adj. a) *mitzutheilen, zu berichten, zu verrathen.* — b) *was Jmd* (insbes. dem Lehrer) *angeboten wird* Saṁhitopan. 44,4. — c) *der sich* (der Gottheit) *zur Verfügung zu stellen hat* Hemâdri 1,808,6. — 2) n. *eine Darbringung von Speisen an ein Idol*; vgl. नैवेद्य.

निवेश m. 1) *das Eingehen* —, *Eindringen in.* — 2) *das Sichniederlassen an einem Orte, Haltmachen, Beziehen eines Lagers.* — 3) *Niederlassung, Lager, Wohnstätte.* — 4) *das Beziehen eines Hauses, Begründung eines Haushalts, das Heirathen, Ehestand* Âpast. Gaut. MBh. 14,45,1. — 5) स्थाने *das an seinen Platz* —, *in Ordnung Bringen* Vikramâṅkak. 9,78. — 6) *das Anlegen, Gründen* (einer Stadt). — 7) *Bau, Aufbau* (concret). गृहमुख्यानाम् so v. a. *eine Reihe vorzüglicher Gebäude* R. 5,10,7. — 8) *Abdruck.* विनिवेश v. l.

निवेशदेश m. *Aufenthaltsort.*

निवेशन 1) Adj. (f. ई) a) *hineingehend* —, *eindringend in* (im Comp. vorangehend). — b) *zur Ruhe bringend, in das Haus* —, *auf das Lager legend.* — c) *beherbergend.* — 2) m. N. pr. eines Vṛshṇi. — 3) n. a) (adj. Comp. f. आ) α) *das Hineingehen, Eingang*, — *in* (im Comp. vorangehend). — b) *das Niederstellen, Niedersetzen, Auflegen* Vikramâṅkak. 9,83. — c) *das Einführen, Anbringen, Anwenden.* — d) *das Befestigen, Einprägen.* — e) *das zur Ruhe Gehen, Haltmachen, zur Ruhe Bringen, Beziehenlassen eines Lagers.* निवेशनं करु *Halt machen, ein Lager beziehen.* — f) *das Beziehen eines Hauses, Begründen eines Haushalts, Heirathen.* — g) *das Ansiedeln, Bevölkern.* — h) *Heimat, Lager, Versteck, Nest, Lagerstätte, Wohnstätte, Wohnung* überh. — i) *Stadt.* Nach den Lexicographen *halb so gross wie ein* Nigama.

निवेशनीय Adj. *hinzustellen* Prasannar. 28,14. *aufzustellen, zu errichten* Hemâdri 1,123,10.

निवेशयितव्य Adj. *zu stellen* Çaṅk. zu Bâdar. 4,3,2.

°निवेशवन्त् Adj. *liegend in* oder *auf.*

°निवेशिन् Adj. 1) *befindlich in, liegend an.* °स्थाननिवेशिन् *an Stelle von* — *stehend* Çaṅk. zu Bâdar. 3,3,9. — 2) *ruhend auf, Etwas zur Voraussetzung habend.*

निवेश्य Adj. 1) *zu gründen* (eine Stadt). — 2) *zu verheirathen* (ein Mann). — 3) fehlerhaft für नैवेश्य.

निवेष्यी f. vielleicht *ein best. Knochen* Kauç. 32. Pl. AV. 9,7,4.

निवेष्ट m. *Umhüllung.* वसिष्ठस्य निवेष्टौ द्वौ als Namen von Sâman Ârsh. Br.

निवेष्टन n. *das Umhüllen, Umkleiden.*

निवेष्टव्य 1) Adj. *hineinzustecken.* — 2) n. impers. *zu heirathen* (von einem Manne).

1. निवेष्य m. 1) *Wasserwirbel.* — 2) *Wirbelwind* oder *eine ähnliche Erscheinung.* — 3) **Thau* Mahîdh.

2. निवेष्य Adj. *wirbelnd, zu einem Wirbel gehörig* u. s. w.

निव्याध m. *Fensteröffnung.*

निव्याधिन् Adj. *durchbohrend, öffnend.*

1. *निश्, नेशति (समाधौ).

2. निश् f. *Nacht.* Zu belegen nur निशि, निशस् (Abl.), °निशी und °निशास् (219,22). — Vgl. द्युनिश्.

°निश n. *Nacht.* निशा s. bes.

निशठ 1) Adj. *nicht falsch, es ehrlich meinend.* — 2) m. N. pr. eines Sohnes des Balarâma MBh. 4,72,22. Hariv. 2,127,32. VP. 4,15,14. 5,25,19.

निशब्द Adj. *lautlos.*

*निशमन n. *das Wahrnehmen, Hören.*

°निशमय Adj. *kennen lernend*, so v. a. *in Berührung kommend mit, reichend bis* Prasannar. 14,20.

*निशरण n. *Mord, Todtschlag.*

निशा f. 1) *Nacht.* — 2) *Traumgesicht.* — 3) *Gelbwurz, Curcuma.* — 4) Bez. *der Zodiakalbilder Widder, Stier, Zwillinge, Krebs, Schütze und Steinbock.*

निशाकर m. (adj. Comp. f. आ) 1) *der Mond.* Neben दिवाकर unter den Söhnen Garuḍa's. — 2) Bez. *der Zahl Eins.* — 3) **Hahn.*

निशाकरकलामौलि m. Bein. Çiva's.

निशाकान्त m. *der Mond.*

निशात्यय m. *Ende der Nacht.*

निशागम m. *Anbruch der Nacht* 110,24.

निशागृह n. *Schlafgemach.*

निशाचर 1) Adj. *in der Nacht herumwandernd.* — 2) m. a) *ein nächtlicher Unhold, ein* Rakshas. — b) vielleicht *Schakal.* — b) **Eule.* — d) **Anas*

Casarca. — *e)* * *Schlange.* — *f) eine Art* Granthiparṇa Bhâvapr. 1,193. — *g)* Bein. Çiva's. — 3) f. ई *a) ein weiblicher Unhold.* — *b)* * *ein liederliches Weib.* — *c)* * *Fledermaus* Râǵan. 19,92. — *d)* * *eine best. Pflanze,* = केशिनी.

निशाचरपति m. *Herr der Nachtwandler,* Beiw. Çiva's.

निशाचरेश m. *Herr der* Rakshas, Bein. Râvaṇa's.

*निशाचर्मन् n. *Finsterniss.*

निशाच्छद m. *eine best. Pflanze.*

*निशाजल n. *Thau* Deçîn. 1,164.

*निशाट m. *Eule* Râǵan. 19,91.

*निशाटक n. *Bdellium* Râǵan. 12,108.

निशाटन 1) m. *a)* * *Eule.* — *b)* N. pr. eines Autors. — 2) *f. ई *eine Art Schabe.*

निशाणा fehlerhaft für निशान 1).

निशातन n. *das Vernichten* Çaṁk. zu Taitt. Up. S. 8, Z. 9.

निशात्यय m. *Ende der Nacht, Tagesanbruch.*

*निशाद्न m. = निशावन Nigh. Pr.

*निशादर्शिन् m. *Eule.*

*निशादापुत्र m. *Stössel.*

*निशादारु n. = दारुनिशा Nigh. Pr.

*निशादाशिला f. *Mörser.*

*निशादि m. *Anbruch der Nacht, Abenddämmerung* Râǵan. 21,42.

निशाधीश m. *der Mond.*

निशान n. 1) *das Schärfen.* — 2) * *das Wahrnehmen, Hören.*

निशानाथ m. *der Mond* 297,8.

निशानारायण m. N. pr. eines Dichters.

निशानिशम् Adv. *Tag für Tag* MBh. 3,177,5. 12, 117,6. 13,141,75.

1. निशान्त 1) Adj. s. u. 2. शम् mit नि. — 2) (*m. n.) *Haus, Wohnung.*

2. निशान्त Adj. s. u. 4. शम् mit नि.

3. निशान्त (*m. n.) *Ende der Nacht, Tagesanbruch.*

*निशान्तीय Adj. von निशान्त.

निशान्तोद्यान n. *ein am Hause gelegener Garten* Daçak. 89,7.

निशान्ध 1) Adj. *bei Nacht blind.* — 2) *f. आ *eine roth färbende Oldenlandia* Râǵan. 3,114.

निशापति m. 1) *der Mond.* — 2) * *Kampfer.*

निशापुत्र m. Pl. *Söhne der Nacht,* Bez. *bestimmter Unholde.*

*निशापुष्प n. *die Blüthe einer bei Nacht blühenden Wasserrose.*

निशाप्राणेश्वर m. *der Mond.*

निशाबल n. Bez. *der Zodiakalbilder Widder, Stier, Zwillinge, Krebs, Schütze und Steinbock.*

*निशाभङ्गा f. *eine best. Pflanze.*

निशाम m. *Wahrnehmung.*

*निशामणि m. *der Mond.*

निशामन n. *das Gewahrwerden, Vernehmen.*

निशामयितव्य Adj. *wahrzunehmen, zu vernehmen* Comm. zu Lâṭy. 6,9,5.

निशामुख n. 1) *das Antlitz der Nacht* 169,3. — 2) *Anbruch der Nacht* 40,6 169,3. Râǵan. 21,42.

*निशामृग m. *Schakal.*

*निशायिन् Adj. von शी mit नि.

*निशारण n. *Mord, Todtschlag.*

*निशारत्न m. *der Mond.*

निशारुक m. *eine Art Tact.*

*निशार्थक n. *Schlafgemach.*

निशार्धकाल m. *der erste Theil der Nacht.*

*निशावन m. *Hanf* Râǵan. 4,77.

निशावसान n. *der zweite Theil der Nacht.*

निशाविहार m. *ein* Rakshas.

*निशावेदिन् m. *Hahn.*

*निशाहस m. *die bei Nacht blühende Wasserlilie.*

*निशाह्वा f. *Gelbwurz.*

निशित 1) Adj. s. u. 2. शा mit नि. — 2) *n. *Stahl* Râǵan. 13,46.

नैशिता f. *Nacht.*

नैशिति f. *das Vorsetzen von Speisen u. s. w., Bewirthung.*

निशिथ (metrisch) m. *Mitternacht,* personificirt als einer der drei Söhne der Nacht.

निशिपाल m. *ein best. Metrum.*

*निशिपुष्पा, *°पुष्पिका und *°पुष्पी f. *Nyctanthes arbor tristis.*

निशीथ m. und (ausnahmsweise) n. *Mitternacht, Nacht überh.*

निशीथपर्याय m. Titel eines Werkes Bühler, Rep. No. 736. °सूत्र n. desgl.

*निशीथिका f. = स्वाध्याय Çilâṅka 2,97.

निशीथिनी f. *Nacht* Kâd. 110,10. Harshaḱ. 140, 2. Kandak. 74,5.

*निशीथिनीनाथ und निशीथिनीपति (Vikramâṅkaḱ. 11,83) m. *der Mond.*

*निशीथ्या f. *Nacht.*

निशुम्भ m. 1) *Tödtung, Mord.* — 2) N. pr. eines Dânava. *°मथनी f. und *°मर्दिनी f. Bein. der Durgâ.

निशुम्भक m. = निशुम्भ 2).

निशुम्भन n. *das Tödten* Bâlar. 196,17.

*निशुम्भिन् m. Bein. Vagratika's.

निशृम्भ Adj. etwa *hinabwärts zischend* (Feuer).

निशृम्भ Adj. etwa *sicher auftretend.*

*निशेश m. *der Mond.*

*निशैत m. *Ardea nivea.*

निशोत्रा f. *Ipomoea Turpethum* Bhâvapr. 1,212.

*निशोत्सर्ग m. *Ende der Nacht, Tagesanbruch.*

निशोषित Adj. *über Nacht gestanden* Bhâvapr. 2,75.

निश्चतुस् Adj. *augenlos, blind.*

*निश्चत्वारिंश Adj. Pl. *über vierzig.*

*निश्चप्रच gaṇa मयूरव्यंसकादि.

निश्चय m. (adj. Comp. f. आ) 1) *eine feste Meinung, feststehende Ansicht, Ueberzeugung, Vergewisserung, genaue Kenntniss, sicheres Wissen, Gewissheit, Entscheidung, das Sichverhalten in Wirklichkeit.* नास्ति वयसि निश्चयः so v. a. *in Betreff des Alters lassen sie es dahingestellt sein, um das A. kümmern sie sich nicht.* अनेन निश्चयेन so v. a. *da solches feststand.* निश्चयेन, निश्चयात् und निश्चय° *bestimmt, durchaus, gewiss.* — 2) *Entschluss. Beschluss, bestimmtes Vorhaben.* निश्चयं कर *beschliessen, sich Etwas fest vornehmen* (mit Dat., Loc. oder Infin.), *sich für Jmd* (Loc.) *entschliessen.* — 3) *eine best. rhetorische Figur: Gewissheit. Enttäuschung.*

निश्चयदत्त m. N. pr. eines Mannes.

निश्चयिन् in कृत°.

निश्चर m. N. pr. eines Rshi im 11ten und im 2ten Manvantara.

निश्चल 1) Adj. (f. आ) *a) unbeweglich.* — *b) keiner Schwankung unterworfen, unveränderlich, unwandelbar.* — 2) m. N. pr. eines Rshi im 2ten Manvantara VP.[2] 3,3. निश्चर v. l. — 3) *f. आ *a) die Erde.* — *b) Desmodium gangeticum* Râǵan. 4,18.

*निश्चलाङ्ग m. 1) *Ardea nivea* Râǵan. 19,97. — 2) *Berg, Felsen.*

निश्चामर Adj. *ohne Fliegenwedel* Harshaḱ. 142,4.

निश्चायक Adj. *Gewissheit über Etwas gebend, zur G. erhebend. entscheidend.* Nom. abstr. °त्व n. TS. Prât. Comm.

*निश्चारक m. 1) *Stuhlgang.* — 2) *Wind.* — 3) *Eigenwille.*

निश्चाययितव्य Adj. *kund zu machen* Kâtyâ. 3,8.

निश्चित 1) Adj. s. u. 2. चि mit निस्. — 2) f. आ N. pr. eines Flusses. — 3) n. *Entschluss, Beschluss, bestimmtes Vorhaben* R. 5,15,57.

निश्चिति f. in *पाठ°.

*निश्चित्त m. *ein best.* Samâdhi.

निश्चिन्त Adj. 1) *nicht denkend.* — 2) *gedankenfrei, sorgenlos* 181,22.

निश्चिन्त्य Adj. in अ°.

निश्चिर N. pr. 1) m. eines Rshi im 2ten Manvantara. निश्चर v. l. — 2) f. आ eines Flusses.

*निश्चुक्कण, *निश्चुक्कण und *निश्चुक्कट (Gal.) n. *Zahnpulver.*

निश्चेतन Adj. 1) *bewusstlos* (auch von leblosen Dingen). Nom. abstr. °ता f. Kâd. 2,52,23. — 2) *nicht bei Sinnen seiend, unvernünftig* Kâd. 264,3. 9.

निश्चेतव्य Adj. *zu bestimmen, festzustellen* Comm. zu Njâjam. 1,3,14.

निश्चेतस् Adj. *nicht bei Sinnen seiend, unverständig, dumm.*

निश्चेष्ट Adj. (f. आ) *regungslos.* °म् Adv.

*निश्चेष्टा f. *Regungslosigkeit.* °करण m. *einer der Pfeile des Liebesgottes.*

निश्चेष्टी Adv. mit भू *regungslos werden.*

निश्चौर Adj. *frei von Räubern.*

निश्च्यवन m. 1) *eine Form des Feuers.* — 2) N. pr. eines Ṛshi im 2ten Manvantara.

निश्छन्दस् Adj. *die heilige Schrift nicht studirend.*

*निश्छाय Adj. *schattenlos* Deçîn. 1,164.

निश्छिद्र Adj. 1) *keinen Riss —, keine Oeffnungen —, keine Löcher habend, unverletzt, woran Nichts mangelhaft ist.* — 2) *sich keine Blössen gebend.* — 3) *ununterbrochen.*

निश्छृङ्ग fehlerhaft für निःशृङ्ग.

निश्छेद (Conj.) Adj. *nicht mehr theilbar* (Bruch).

*निश्म (!) gaṇa ब्राह्मणादि.

*निश्मश्रु Adj. fehlerhaft für *निःश्मश्रु.

निश्रम m. *die auf Etwas gewendete Mühe, anhaltende Uebung* MBh. 1,137,25.

निश्रयणी f. *Stiege, Leiter.*

निश्रव fehlerhaft für निस्रव.

निश्रा f. *Beziehung* Hem. Par. 11,4.

निश्राण MBh. 7,202,78 nach Nilak. = निशित *scharf;* man erwartet aber ein Substantiv. v. l. निस्वान und निर्याण (dieses wäre निःशाण).

*निश्राविन् Adj. von श्रु mit नि.

निश्रीक Adj. fehlerhaft für निःश्रीक.

निश्रेणी f. *Stiege, Leiter* Pańkad.

निश्लिष Adj. *sich anheftend* Mantrabr. 2,5,4.

निश्वसित p. *Aushauch* 34,14. 16.

निश्वास m. 1) *das Einathmen.* — 2) *das Ausathmen, Anhauchen* 86,10. — 3) *Seufzer.*

निःशङ्क 1) Adj. (f. आ) a) *frei von Besorgniss, furchtlos, der Nichts zu befürchten hat,* — *von* (im Comp. vorangehend 232,10), *kein Bedenken habend.* °म् und निःशङ्क° Adv. *ohne Zagen, unbesorgt, ohne sich ängstlich zu bedenken, ohne Weiteres.* — b) *wobei man Nichts zu besorgen —, Nichts ängstlich zu bedenken hat.* (व्रणः) रोहति च निःशङ्कं so v. a. (*die Wunde*) *heilt ohne Weiteres.* — 2) m. a) *ein best. Tact* S. S. S. 214. — b) *eine Art Tanz* S. S. S. 260.

निःशङ्कलील m. *ein best. Tact* S. S. S. 207.

निःशङ्का f. *Abwesenheit aller Scheu.* Instr. *ohne alle Scheu, ohne Bedenken.*

निःशङ्कित Adj. = निःशङ्क 1) a) und b).

निःशत्रु Adj. *frei von Feinden.*

निःशब्द Adj. (f. आ) *lautlos, geräuschlos, kein Geräusch verursachend;* Subst. *lautlose Stille.*

निःशब्द° Adv. *lautlos.*

निःशब्दपदम् Adv. *so dass man die Schritte nicht hört.*

*निःशम m. *Kummer.*

निःशरण Adj. (f. आ) *schutzlos.*

निःशर्कर Adj. *ohne Gries, — Kiesel.*

निःशलाक Adj. *nicht mit hohem Grase* (in dem Jmd versteckt sein kann) *versehen.*

निःशल्क und °क Adj. *schuppenlos* (Fische) Râgan. 17,58. 65.

निःशल्य 1) Adj. a) *von der Pfeilspitze befreit, aus dessen Körper die Pfeilspitze herausgezogen ist.* v. l. विशल्य. — b) *keinen fremdartigen Stoff enthaltend.* — 2) °म् Adv. *schmerzlos, ohne Kampf, gern, willig.* — 3) *f. आ *Croton Tiglium* Râgan. 6,160.

निःशंस् f. *Abweisung.*

निःशस्त्र Adj. *unbewaffnet.*

निःशाखी Adv. mit कर् *der Aeste berauben* Kâd. 251,22.

निःशाण *Marsch, Zug.*

निःशुक्र Adj. *glanzlos.*

निःशूक 1) Adj. a) *grannenlos.* — b) *unbarmherzig* Ind. St. 15,289. Harshak. 202,19. 214,8. — 2) *m. *Reis ohne Grannen* Râgan. 16,17.

निःशून्य Adj. *leer.*

निःशृङ्खण n. *das Sichschnäuzen* Âpast.

निःशृङ्ग Adj. (f. आ) *hornlos* Hemâdri 1,449,4 (निश्छृङ्ग gedr.).

निःशेष Adj. (f. आ) *wovon kein Rest übrig ist, alles bis auf das Letzte, alle bis auf den Letzten, gesammt, vollständig abgelaufen.* निःशेषं (Geschlecht und Casus richtet sich nach dem Subst.; aber einmal auch °षं नः करिष्यति) कर् *bis auf den letzten Rest vernichten.* निःशेषेण, निःशेषतस् und निःशेष° *bis auf den letzten Rest, ganz und gar, vollständig.*

निःशेषकृत् Adj. *seine Mahlzeiten ohne jeden Ueberrest aufessend* Vishnus. 68,44.

निःशेषणा f. *eine Vernichtung bis auf den letzten Rest.*

निःशेषय्, °यति *bis auf den letzten Rest vernichten.* °षित *vollständig verzehrt, — zu Ende gebracht, — vernichtet* Vikramâńkak. 13,16.

निःशोक Adj. *vom Kummer befreit.*

*निःशोध्य Adj. *was nicht gereinigt zu werden braucht, rein.*

*निःश्मश्रु Adj. *bartlos.* निश्मश्रु gedr.

निःश्रम MBh. 1,5443 fehlerhaft für निश्रम.

*निःश्रयणी und *निःश्रयिणी f. = निश्रयणी.

निःश्री, °कृत schlechte Lesart für निःस्वी°.

निःश्रीक Adj. 1) *dessen Anmuth —, dessen Schönheit dahin ist, unschön, hässlich* MBh. 14,17,23. — 2) *dessen Glück dahin ist, unglücklich.*

निःश्रेणि f. 1) = निश्रयणी, निश्रेणी. Auch °णी. — 2) *der wilde Dattelbaum.*

*निःश्रेणिका f. *eine best. Grasart* Râgan. 8,130.

*निःश्रेणिपुष्पक m. *eine Species des Stechapfels* Râgan. 10,21.

*निःश्रेयणी f. = निश्रयणी Gal.

निःश्रेयस 1) Adj. (f. ई) *nichts Besseres über sich habend, der allerbeste, vorzüglichste, den grössten Segen bringend.* — 2) n. *Jmds Bestes, Heil, Glückseligkeit, Erlösung, Heilswahrheit.* Nach den Lexicographen auch = अनुभाव und भक्ति.

निःश्वसित n. 1) *Aushauch, der ausströmende Athem.* — 2) *Seufzer.*

निःश्वापद् Adj. *ohne wilde Thiere* Harshak. 116,15.

निःश्वास m. (adj. Comp. f. आ) = निःश्वसित 1) 2) und *Athem, das Athmen.*

निःश्वाससंहिता f. Titel einer Gesetzsammlung.

*निष्, नेषति (सेचने).

निषङ्ग m. 1) **das Hängen an.* — 2) *Köcher.* — 3) *Schwert.*

*निषङ्गथि 1) Adj. *umarmend.* — 2) m. a) *Umarmung.* — b) *Schütze.* — c) *Wagenlenker.* — d) *Wagen.* — e) *Schulter.* — f) *Gras.*

निषङ्गधि m. *Schwertscheide* (nach Mahîdh.).

निषङ्गिन् 1) Adj. *mit einem Köcher versehen.* Nach einem Schol. an einer Stelle *mit einem Schwert bewaffnet.* — 2) m. a) **Krieger* Gal. — b) N. pr. eines Sohnes des Dhṛtarâshṭra.

निषङ्गी Adv. mit भू *zu einem Köcher werden.* अनङ्गशर° *für die Pfeile des Liebesgottes* Daçak. 83,3.

निषज्ञ in कुनिषज्ञ.

निषठ m. N. pr. fehlerhaft für निशठ.

*निषण्णक n. 1) *Sitz.* — 2) *ein best. Gras.*

निषत्ति f. *das Sitzen, Sitz.*

निषत्नु Adj. *festsitzend.*

निषद् 1) Adj. *unthätig sitzend.* — 2) f. a) *das Sitzen,* insbes. *am Altar.* — b) Bez. *einer Art von literärischen Werken.*

निषद् m. 1) **ein best. Note*, = निषाद. — 2) MBh. 2,326 fehlerhaft für निषध.

निषद्न 1) *Adj. zur Erklärung von निषाद. — 2) n. *a) das Niedersitzen. — b) Aufenthalt, Sitz* (in übertragener Bed.).

*निषद्या f. 1) *ein kleines Ruhebett. — 2) Kaufmannshalle, Markt.*

निषद्वर् 1) Adj. *a) sitzend* (am Altar). — *b) lässig sitzend* 23,17. — 2) *m. *a) Sumpf, Koth. — b) der Liebesgott.* — 3) *f. आ und ई *Nacht.*

निषध 1) m. *a)* N. pr. α) eines Gebirges. — β) Pl. eines Volkes. — γ) verschiedener Männer. — *b) *ein Fürst der* Nishadha. — *c) eine best. Stellung der geschlossenen Hand. — d) *Stier* Ind. St. 10,280. — *e) *eine best. Note;* vgl. निषाद. — 2) f. आ N. pr. *a) *einer Stadt. — b)* eines Flusses.

निषधाश्व m. N. pr. eines Sohnes des Kuru.

निषधेन्द्रकाव्य n. Titel eines *Gedichts.*

*निषमम् Adv.

*निषय m. Kâç. zu P. 8,3,70.

निषर्ग MBh. 12,7606 fehlerhaft für निसर्ग.

निषाद 1) m. *a)* Bez. *nichtarischer in wildem Zustande lebender Volksstämme in Indien* (auch als *eine best. Mischlingskaste* betrachtet). Sg. als Bezeichnung *eines Einzelnen* — und als N. pr. *des Urahnen dieses Stammes.* Nom. abstr. निषाद°त्व n. — *b) eine best. Note, b unserer Tonleiter. — c) ein best.* Kalpa 2) *h*). — 2) f. निषादी f. zu 1) *a*). Nom. abstr. °त्व n.

*निषादकर्षू N. pr. einer Gegend.

निषादवत् m. = निषाद 1) *b*).

*निषादिति Adj. = निषादितमनेन.

निषादिन् 1) Adj. *sitzend —, liegend auf* oder *in* (Loc. oder im Comp. vorangehend). — 2) m. *a) Elephantenlenker. — b)* Bein. Ekalavja's VP.[2] 4,113.

निषिक्तपा Adj. *das Eingegossene* (*den Samen im Mutterleibe*) *hütend.*

निषिद्धि f. *Abwehr.*

निषिध m. Pl. = निषध 1) *a*).

*निषूद m. *Tödtung* Gal.

निषूदक Nom. ag. *Mörder, Vernichter.*

निषूदन (so die Bomb. Ausgaben) 1) Nom. ag. *Mörder, Vernichter, beseitigend, entfernend.* — 2) **n. das Tödten, Vernichten.*

निषेक m. 1) *Besprengung, Bespritzung.* — 2) *Einspritzung* (des männlichen Samens). — 3) *Befruchtung und die dabei stattfindende Ceremonie.* — 4) *der eingespritzte Same.* — 5) *was auf die Erde gegossen wird, Spülwasser.* — 6) *herabtriefende Flüssigkeit.*

निषेक्तर् Nom. ag. *Befruchter, Erzeuger.*

निषेक्तव्य Adj. *zu giessen auf* (Loc.).

निषेचन n. 1) *das Ausgiessen.* — 2) *das Begiessen,* — *mit* (im Comp. vorangehend) Spr. 7767.

निषेचितर्-Nom. ag. *Bespritzer, Begiesser.*

निषेद्धर् Nom. ag. *Abhalter, Zurückhalter.* विन्ध्यस्य heisst Agastja Bâlar. 13,1.

निषेद्धव्य Adj. *abzuhalten, zurückzuhalten.*

निषेङ्ग in घनिषेङ्ग.

निषेध m. 1) *Abwehr, Abweisung, Verhinderung, Verbot.* — 2) *Negation* Spr. 7804. — 3) *das Verneinen, Widersprechen.* विवाद v. l. — 4) in Verbindung mit अङ्गिरसाम् u. s. w. Namen von Sâman Ârsh. Br.

निषेधक Adj. *wehrend, verhindernd, verbietend* TS. Prât. Comm.

निषेधन n. *das Abwehren.*

निषेधवाद m. Titel eines Werkes Opp. Cat. 1.

°निषेधिन् Adj. *abwehrend, zurückdrängend,* so v. a. *übertreffend.*

निषेध्य Adj. *zu wehren, zu verhindern, zu verbieten.*

निषेव 1) Adj. am Ende eines Comp. *übend, obliegend, sich hingebend.* — 2) m. *Verehrung.* — 3) f. आ *a) das Ueben, Obliegen. — b) Gebrauch, Genuss. — c) Verehrung.*

°निषेवक Adj. 1) *besuchend.* — 2) *übend, obliegend, sich hingebend.* — 3) *geniessend.*

निषेवण n. 1) *das Besuchen.* — 2) *das Ueben, Obliegen.* — 3) *öfterer Gebrauch, Genuss, usus* 180,29. रजोधूम° *das viele Verweilen in Staub und Rauch.* — 4) *das Verehren.*

निषेवितर् Nom. ag. *der da geniesst, sich einer Sache hingiebt.*

निषेवितव्य Adj. 1) *zu üben, zu beobachten.* — 2) *zu gebrauchen, zu geniessen, dem man sich hinzugeben hat.*

निषेविन् Adj. 1) *übend, obliegend, beobachtend.* — 2) *geniessend, beiwohnend* (einem Weibe).

निषेव्य 1) Adj. *zu besuchen, zu beschreiten, zu wandeln.* — 2) *zu geniessen, zu gebrauchen* (als Heilmittel) Káraka 6,1. — 3) *zu verehren, ehrwürdig.*

निष्क 1) m. und (seltener) n. *a) ein goldener* (auch *silberner*) *Hals* — oder *Brustschmuck. — b) ein solcher Schmuck von bestimmtem Gewicht* (das mit der Zeit variirt), *der die Stelle von Geld vertritt; eine best. Münze* (von variirendem Werthe). — *c) *ein goldenes Gefäss.* — 2) *m. *ein* Kaṇḍâla. — 4) f. आ *ein best. Längenmaass.*

निष्ककण्ठ 1) Adj. (f. ई) *einen goldenen Halsschmuck tragend.* — 2) wohl m. *ein goldener Halsschmuck.* Nach Nilak. soll °कण्ठानां = युद्धे निःतानां राज्ञाम् (!) bedeuten. An einer anderen Stelle st. dessen निष्केककण्ठ.

निष्कग्रीव Adj. = निष्ककण्ठ 1).

निष्कण्टक 1) Adj. (f. आ) *frei von Dornen, — Feinden.* — 2) f. °टिका Titel zweier Commentare.

*निष्कण्ठ m. *Crataeva Roxburghii.*

निष्कनिष्ठ und °ष्ठिक Adj. *mit ausgestrecktem kleinen Finger.*

निष्कन्द Adj. (f. आ) *keine essbaren Wurzeln darbietend.*

निष्कम्प Adj. *nicht zitternd, sich nicht bewegend, unbeweglich, unerschütterlich, keine Miene verziehend.* Nom. abstr. °ता f. und °त्व n.

निष्कम्भ fehlerhaft für विष्कम्भ in वज्र°.

निष्कम्भु m. N. pr. eines göttlichen Wesens. v. l. निकुम्भ und निष्कुम्भ.

*निष्कय, °यते (परिमाणे).

निष्कर s. निष्किर.

निष्करुण Adj. (f. आ) 1) *kein Mitleid zeigend, grausam.* — 2) *wobei kein Mitleid an den Tag gelegt wird.*

निष्करुणी Adv. mit कर् *grausam machen.*

निष्कल्मष Adj. etwa *schmutzlos.* Nach dem Comm. काल्मषम् (sic) = लुन.

निष्कर्तर् Nom. ag. *Zurüster, Anordner.*

निष्कर्मन् Adj. *unthätig.*

निष्कर्ष 1) m. *a) das Herausziehen. — b) Auszug, Kern, Hauptinhalt, Hauptsache, Hauptpunct.* निष्कर्षान्निश्चयात् so v. a. *kurz und bündig.* स्त्रीणां बुद्ध्यर्थनिष्कर्षात् *hauptsächlich wegen des Verstandes der Weiber. — c) das Wägen* (?). — 2) n. *Bedrückung der Unterthanen durch Abgaben* (nach Nilak.).

निष्कर्षण m. 1) *das Herausziehen.* — 2) *das Abziehen, Ablegen.*

निष्कर्षिन् m. N. pr. eines Marut. v. l. निष्कुपित und निष्कुषित.

निष्कल 1) Adj. (*f. आ) *a) ohne Theile, ungetheilt. — b) *zeugungsunfähig;* f. आ *eine Frau, die nicht mehr gebiert, die Regeln nicht mehr hat. — c) gebrechlich;* m. *ein gebrechlicher alter Mann. — d)* MBh. 3,13851 und 12,12521 fehlerhaft für निष्फल. — 2) *m. *a) Behälter. — b) die weibliche Scham.*

निष्कलङ्क Adj. *fleckenlos, makellos* Spr. 7860.

निष्कलङ्कतीर्थ n. N. pr. eines Tîrtha.

निष्कलत्व n. *Ungetheiltheit, der Zustand des absoluten* Brahman.

निष्कलि m. *ein best. über Waffen gesprochener Zauberspruch.*

निष्कल्मष Adj. (f. आ) *fleckenlos, makellos, sündenlos* Hemâdri 1,418,2.

निष्कल्मषी Adv. mit भू *fleckenlos —, sündenlos werden.*

निष्कषाय 1) Adj. *frei von Schmutz, — unreiner Leidenschaft* in अ°. — 2) *m. N. pr. des 13ten Arhant's der zukünftigen Utsarpinî.

निष्कान्त Adj. *unschön, hässlich.*

निष्काम Adj. 1) *frei von Wünschen.* — 2) *uneigennützig* (Werk).

निष्कामचारिन् Adj. *keinen Wünschen hingegeben.*

निष्कामुक Adj. (f. आ) *frei von weltlichen Begierden* Kâd. 2,121,21.

1. *निष्कारण n. *das aus dem Wege Räumen, Mord, Todtschlag.*

2. निष्कारण Adj. (f. आ) *keinen Grund —, keine Ursache habend, grundlos, zwecklos; uneigennützig, aufrichtig, nicht mit eigennützigen Zwecken verbunden.* °णम्, °णात् und °णा° *ohne Grund, ohne besondere Veranlassung, zwecklos; ohne Nebenabsichten, aufrichtig; unbedingt* Vorrede zu Ârjabh. VII,14 (vgl. Müller, SL. 113, N. 1).

निष्कालक m. *ein Büsser mit geschorenem Haar, der sich mit Butter bestrichen hat.*

निष्कालन n. *das Austreiben* (des Viehes).

निष्कालिक Adj. etwa *für den es keine Zeit mehr giebt, dem Tode verfallen.* Nach Nilak. निर्गतः कालयिता जेता यस्य.

निष्कावम् Absol. *lautlos* oder *heimlich* TS. 6,2,1,5.

निष्काश m. 1) *Ausgang, — aus* (Abl.) Hemâdri 1,649,15. — 2) *Ausgang,* so v. a. *Ende.*

निष्कार्ष m. *Abscharrsel, was in der Pfanne anbackt und abgescharrt wird* Maitr. S. 1,10,15. Njâjam. 7,3,9.

निष्कास m. 1) dass. — 2) = निष्काश 2).

निष्कासन n. *das Hinaustreiben, Fortjagen.*

निष्कासनीय Adj. *hinauszutreiben, fortzujagen* Comm. zu Kâtj. Çr. 8,3,32 (°काशनीय gedr.).

*निष्कासिन् 1) Adj. *hinaustreibend.* — 2) f. °नी *eine Sclavin, die von ihrem Herrn nicht beschränkt wird.*

निष्किंचन Adj. (f. आ) *Nichts besitzend, bettelarm.* Nom. abstr. °त्व n.

निष्किन् Adj. *mit einem goldenen Halsschmuck versehen.*

*निष्किर m. N. pr. einer Schule oder eines Geschlechts Comm. zu Tâṇḍja-Br. 12,5,14 (निष्कार gedr.).

निष्किरीय m. Pl. N. pr. einer Schule oder eines Geschlechts.

निष्किल्बिष Adj. *frei von Sünde.*

निष्कुट 1) m. n. (adj. Comp. f. आ) *Hain, Lustwald* Varâh. Jogaj. 6,20. Kâd. 56,2. — 2) m. *a)* *Feld.* — *b)* *Baumhöhle.* — *c)* *Thürflügel.* — *d)* *Gynaeceum.* — *e)* N. pr. eines Berges. — 3) n. *ein Loch von bestimmter Form in einer Bettstelle.*

निष्कुटि und °टी f. *grosse Kardamomen* Bhâvapr. 1,188. *kleine K.* Râgan. 6,87.

निष्कुटिका f. N. pr. einer der Mütter im Gefolge Skanda's.

निष्कुतूहल Adj. *nicht neugierig.*

निष्कुपित m. N. pr. eines Marut Hariv. 3,12,55. निष्कुपित v. l.

निष्कुम्भ 1) m. *a)* *Croton polyandrum.* — *b)* N. pr. eines der Viçve Devâs VP.² 3,192. Hariv. 3,57,1. 8. fgg. — 2) f. आ N. pr. der Mutter der Maga.

निष्कुल Adj. (f. आ) 1) *der Familie entbehrend, ganz allein stehend* 213,20. °लं (Zahl und Geschlecht richtet sich nach dem Subst.) कर् *Jmd der Familie entziehen, Jmd den Garaus machen.* Nom. abstr. °ता f. *das Aussterben, zu Grunde Gehen.* — 2) *geschält* Karaka 6,1. °त्वच् Adj. dass. Bhâvapr. 3,161.

निष्कुला Adv. mit कर् 1) *aushülsen, auskernen.* — 2) *ausweiden.* — Vgl. अकुलक (Nachtr. 2).

निष्कुली Adv. mit कर् *aushülsen, auskernen.*

निष्कुलीन Adj. *aus unedlem Geschlecht stammend.*

निष्कुपित 1) Adj. Partic. von कुप् mit निस्. — 2) m. N. pr. eines Marut. v. l. निष्कुपित.

*निष्कुह m. *Baumhöhle.*

निष्कूज Adj. *lautlos.*

निष्कूट Adj. *wo keine Hinterlist zu besorgen ist.* Nach dem Comm. = गृहारामकल्प.

निष्कृत् Adj. in यज्ञनिष्कृत्.

निष्कृत 1) Adj. Partic. von 1. कर् mit निस्. — 2) n. *a)* *Sühne.* — *b)* *der verabredete Ort, Stelldichein, constitutum.*

निष्कृताहाव Adj. *mit einem Trog ausgerüstet* TS. 4,2,5,5.

निष्कृति 1) f. *a)* *vollkommene Ausbildung* in गर्भ°. — *b)* *Herstellung, Heilung.* — *c)* *Abfindung, Wiedergutmachung, Vergeltung, restitutio, Sühne.* — *d)* = निष्कृत 2) *b).* — *e)* fehlerhaft für निकृति Bhâg. P. 4,8,3. — 2) m. *ein best.* Agni.

निष्कृप Adj. *mitleidslos, unbarmherzig* Prasannar. 118,4.

निष्कृष्यविधान n. *unbedingte —, peremptorische Vorschrift* Vorrede zu Ârjabh. VII,15.

निष्केवल Adj. (f. आ) *Jmd ausschliesslich —, keinem Andern zukommend.*

निष्केवल्य Adj. dass. शस्त्र n. oder उक्थ n. *eine zur Mittagsspende gehörige Recitation, als für* Indra *allein bestimmt.* Mit Ergänzung von शस्त्र Vaitân.

निष्कैतव Adj. *frei von Trug, ehrlich* (Person).

निष्कैवल्य Adj. *bloss, lauter.*

*निष्कोष m. *das Herausreissen, Auskernen, Aushülsen.*

निष्कोषणक Adj. *zum Stochern dienend.*

निष्कोषितव्य Adj. *herauszureissen* Bhatt.

निष्कौरव Adj. (f. आ und ई Bhâg. P.) *von den* Kaurava *befreit* VP. 5,33,27.

*निष्कौशाम्बि Adj. *der* Kauçâmbî *verlassen hat.*

निष्क्रम m. 1) *das Hinausgehen, Hinaustreten, Herauskommen.* — 2) *der erste Ausgang mit einem Kinde* (im vierten Monat nach der Geburt). — 3) *das Herabsinken auf eine niedere Stufe, Verlust der Kaste* u. s. w. — 4) *Intelligenz.*

निष्क्रमण n. 1) *das Hinausgehen, — aus* (Abl. oder im Comp. vorangehend), *Weggehen.* — 2) *der erste Ausgang mit einem Kinde* (im vierten Monat). — 3) *das Weichen, Verschwinden.*

निष्क्रमणिका f. *die Ceremonie des ersten Ausganges mit einem Kinde* (im vierten Monat).

*निष्क्रमणीय Adj. *wohl mit dem die Ceremonie des ersten Ausganges im vierten Monat nach der Geburt vollzogen ist.*

निष्क्रय m. 1) *Loskauf, Auslösung* Suparn. 30,1. — 2) *Ersatz, Aequivalent, der Geldwerth einer Sache* Citat im Comm. zu Gobh. Çrâddh. S. 965, Z. 15. — 3) *Lohn, Bezahlung.* — Nach einem Lexicographen auch = बुद्धियोग, सामर्थ्य und निर्गति.

निष्क्रयण 1) Adj. *loskaufend, auslösend* in आत्म° und पुरुष°. — 2) n. *a)* *das Loskaufen, Auslösen.* — *b)* *Lösegeld.* — *c)* *Sühne* Gaut.

निष्क्रामण n. fehlerhaft für निष्क्रमण.

निष्क्रिय Adj. 1) *unthätig.* — 2) *die religiösen Ceremonien nicht erfüllend, wobei die r. C. nicht beobachtet werden.* — 3) angeblich = समारम्भशून्य.

निष्क्रियता f. *Unthätigkeit, Fahrlässigkeit.*

निष्क्रियात्मन् Adj. *unthätig, faul.* Nom. abstr.

°त्मता f.

निष्क्रीति f. *Loskauf.*

निष्क्रोध Adj. *nicht böse auf* (Gen.).

निष्क्लेश Adj. *frei von den zehn moralischen Gebrechen* (buddh.).

निष्क्लेशलेश Adj. *auch nicht vom geringsten Leiden geplagt, vollkommen glücklich* Spr. 7160.

निष्क्वाथ m. *Decoct* Káraka 6,2. *Brühe, Suppe.*

निष्खिदम् Acc. Inf. zu खिद् mit निस् AV. 5,18,7.

निष्टचारी Adj. f. vielleicht *entlaufend.*

निष्टन m. *das Stöhnen, Seufzen.* निष्ठन gedr.

*निष्टपन n. *das Verbrennen.*

निष्टर्क्य Adj. *was sich aufdrehen, auflösen lässt* Âpast. Çr. 10,22,1. Ait. Âr. 405,11.

निष्टवैश्य (!) m. N. pr. eines Mannes.

निष्टानक 1) Adj. *sich laut äussernd.* Nach der v. l. = 2) *a*). — 2) *a*) m. *Gedröhne, Gemurmel, Gestöne.* v. l. निष्ठानक. — *b*) N. pr. eines Schlangendämons MBh. 1,35,9. निष्ठानक v. l.

निष्टि f. nach den Schol. = ग्रीवाबन्ध.

निष्टिग्री f. N. pr. der Mutter Indra's.

निष्टुर Adj. *zu Boden werfend, fällend.*

निष्ट्य, निष्टित्र 1) Adj. *auswärtig, fremd.* — 2) *m. *ein* Kaṇḍâla. — 3) f. आ *ein best. Mondhaus.*

निष्टुक्त Adj. *ohne Rüstung.*

निष्ठ 1) Adj. (f. आ) *a*) am Ende eines Comp. Nom. abstr. °ता f. α) *gelegen —, befindlich auf.* — β) *beruhend auf, abhängig von, in Beziehung stehend zu, betreffend.* — γ) *einer Sache obliegend, sich e. S. ganz hingebend.* — *b*) selbständig nur an zwei Stellen: निष्ठलोकाः (gedr. तिष्ठ°) *abhängige Leute*, so v. a. *Diener* Râǵat. 7,114. mit Dat. so v. a. *hinführend zu, bewirkend* Bâlar. 135, 7. — 2) f. आ (adj. Comp. f. आ) *a*) *Standpunkt.* — *b*) *das Obliegen, Hingegebensein.* — *c*) *Vollendung, Abschluss, Ende, Gipfelpunkt, Grenzpunkt* Âpast. 2,15,25. 29,11. — *d*) *Ende*, so v. a. *Untergang, Tod.* — *e*) *vollkommenes Wissen, Gewissheit, vollständige Vertrautheit mit* (Loc.). °छिद्रानुसारिन् vielleicht *mit der grössten Sicherheit Spalten (Blössen) suchend* Pañkat. I,74; man könnte aber auch नित्यच्छिद्र° vermuthen. — *f*) *Entscheidung, — über* (Gen.) Râǵat. 7,1412. *ein ausgesprochenes Urtheil* Gaut. 11,25. Âpast. 2,23,9. — *g*) **das Bitten.* — *h*) **Leiden, Beschwerden.* — *i*) *die Endungen* त *und* तवत् *der Participia der vollendeten Handlung, ein solches Participium* 238,23. — In einigen Bedeutungen wohl richtiger निःष्ठा.

निष्ठन s. निष्टन.

निष्ठा (निःष्ठा) Adj. *hervorragend, anführend.* —

निष्ठा f. s. u. निष्ठ.

निष्ठागत Adj. *zur Vollendung gelangt;* m. Pl. *eine best. Klasse von Göttern* (buddh.).

*निष्ठान n. *Brühe, Würze.*

निष्ठानक m. fehlerhaft für निष्टानक 2) *a*) (MBh. 2,81,21. 6,48,70. 83,31; an andern Stellen derselben Ausgabe निष्टानक) und *b*).

निष्ठान्त m. *Ende, Schluss.* v. l. an einer Stelle दिष्टान्त.

निष्ठाव (निःष्ठाव) Adj. *abschliessend, entscheidend.*

निष्ठावन्त् Adj. *vollendet, vollkommen, consummatus.*

*निष्ठीव m. n. *das Ausspucken.*

निष्ठीवन n. 1) *das Ausspucken.* — 2) *Auswurf, Speichel.*

निष्ठीवनशराव m. *Spucknapf.*

निष्ठीविका f. 1) *das Ausspucken* Káraka 6,10. 11. — 2) *Auswurf, Speichel.*

निष्ठीवित n. *das Ausspucken* Gaut.

निष्ठुर Adj. (f. आ) 1) *rauh, hart, roh, hartherzig, harte Worte ausstossend.* Nom. abstr. °ता f. und °त्व n. — 2) **schamlos.*

निष्ठुरक m. N. pr. eines Mannes.

निष्ठुरिक m. N. pr. eines Schlangendämons. निष्ठूरिक v. l.

निष्ठूत und *निष्ठृति fehlerhaft für निष्ठ्यूत und निष्ठ्यूति.

निष्ठूरिक m. N. pr. eines Schlangendämons MBh. 5,103,12. निष्ठुरिक v. l.

निष्ठूरिन् Adj. *roh, grob.*

*निष्ठेव m. f. n. und *°न n. *das Ausspucken.*

निष्ठ्य n. *das Knacken mit den Fingern* Âpast.

निष्ठ्यूत 1) Adj. s. u. ष्ठिव् mit नि. — 2) n. *ausgeworfener Speichel.*

*निष्ठ्यूति f. *das Ausspucken.*

निष्ण Adj. *eingeweiht, geschickt, erfahren.*

निष्णात 1) Adj. s. u. 1. स्ना mit नि. Nom. abstr. °त्व n. *Vertrautheit mit* (प्रति) Kull. zu M. 10,85. — 2) m. Pl. N. pr. eines Geschlechts VP.[2] 4,28.

निष्पक्व Adj. (f. आ) 1) *gar gekocht.* — 2) *ganz reif* Râǵan. 7,198.

निष्पङ्क Adj. (f. आ) *frei von Schlamm, — Schmutz, rein.*

निष्पतन n. *das Hinausstürzen, rasches Hinauslaufen.*

निष्पताक Adj. *ohne Fahne.*

निष्पतिष्णु Adj. *hinausstürzend.*

*निष्पतिसुता Adj. f. *keinen Gatten und keine Söhne habend.*

निष्पत्ति f. 1) *das zu Stande Kommen.* — 2) *das Herkommen —, Abgeleitetsein von.* — 3) *ein best. ekstatischer Zustand.*

निष्पत्त्र 1) Adj. *a*) *federlos.* — *b*) *blätterlos.* — 2) **Gewürznelkenbaum.* — Vgl. अनिष्पत्त्रम्.

निष्पत्त्रय्, °यति *der Blätter berauben.*

निष्पत्त्रा Adv. mit कर् *mit einem Pfeile so verwunden, dass bloss das Gefieder nicht hineindringt.*

*निष्पत्त्राकृति f. *Bereitung eines heftigen Schmerzes.*

*निष्पत्त्रिका f. *Capparis aphylla.*

निष्पथ्य Adj. *krank* Râǵat. 7,1427.

1. निष्पद् f. *excrementum.*

2.*निष्पद् Adj. (f. °दी) *fusslos.*

निष्पद Adj. dass. यान n. *ein Vehikel ohne Füsse.*

1. निष्पन्द m. *Bewegung.* °हीन Adj. *unbeweglich* MBh. 12,335,9. Vielleicht निष्पन्द° zu lesen.

2. निष्पन्द Adj. (f. आ) Vâmana 5,2,89. *unbeweglich.*

निष्पन्द° Adv. Auch fehlerhaft für निष्पन्द (z. B. R. ed. Bomb. 2,94,13). Vgl. निःष्पन्द.

निष्पन्दतरी Adv. mit भू *unbeweglicher —, ganz unbeweglich werden* Naish. 8,13.

*निष्पन्दन n. als Erklärung von सिद्ध.

निष्पन्दी Adv. mit कर् *unbeweglich machen.*

निष्पराक्रम Adj. *kraft —, machtlos.*

निष्परिकर Adj. *der keine Anstalten, — keine Vorbereitungen getroffen hat, der sich nicht mit dem Nöthigen versorgt hat.*

निष्परिग्रह Adj. 1) *ohne Habe und Gut.* — 2) **der sich von Allem losgesagt hat, erlöst.*

निष्परिचय Adj. *nicht vertraulich werdend* Kâd. 250,1.

निष्परिच्छद Adj. *keinen Hofstaat habend.*

*निष्परिदाह Adj. *dem Brande nicht unterworfen.*

निष्परिहार्य Adj. *nicht zu umgehen*, so v. a. *durchaus anzuwenden, probat* Káraka 7,12.

निष्परीक्ष Adj. *Nichts genauer prüfend.*

निष्परीहार Adj. = निष्परिहार्य Káraka 7,7 = Suçr. 1,168,21.

निष्पर्यन्त Adj. *unbegrenzt.*

निष्पर्याय° *ausser der Reihe* Bâlar. 23,19.

निष्पलाव Adj. (f. आ) *ohne Spreu*, so v. a. *von allem Unbrauchbaren befreit* Text zu Lot. de la b. 1. 23,18. 29, Str. 40.

निष्पवण n. *das Worfeln.*

निष्पाण्डव Adj. (f. आ) *von den* Pâṇḍava *befreit* Veṇis. 126.

निष्पात m. *das Zucken, rasche Bewegung.*

निष्पादक Adj. *vollbringend, zu Stande bringend.*

*निष्पादन n. *das Vollbringen, zu Stande Bringen.*

निष्पादनीय Adj. *zu verfertigen* Hemâdri 1,285,13.

निष्पाद्य Adj. *zu vollbringen, zu Stande zu bringen, hervorgebracht —, erzeugt werdend.* Nom. abstr. °त्व n. TS. Prât. Comm.

*निष्पान n. *das Austrinken.*

निष्पाप Adj. (f. आ) *sündenlos.*

निष्पार Adj. *unbegrenzt.*

निष्पालक Adj. *keinen Hüter —, keinen Aufseher habend.*

निष्पाव 1) *Adj. = निर्विकल्प, °क. — 2) m. a) **das Worfeln.* — b) **der vom Worfkorbe herrührende Wind.* — c) *Dolichos sinensis* oder *eine verwandte Species* Bhâvapr. 1,276. — d) **Spreu.* — 3) *f. ई *eine best. Hülsenfrucht,* vielleicht *Dolichos Lablab* Râgan. 7,187. 16,67.

*निष्पावक m. *eine best. Hülsenfrucht.*

*निष्पावल Adj. von निष्पाव.

*निष्पावि f. = निष्पाव 3).

निष्पीड R. Gorr. 2,62,17 fehlerhaft für निष्पीत.

निष्पीडन n. *das Drücken* Mâlatîm. 81,7 (73,1). *das Ausringen* (eines Tuches) AV. Pariç. 42,2.

निष्पुङ्गल fehlerhaft für निष्पुद्गल.

निष्पुत्र Adj. *keinen Sohn habend* 157,20.

निष्पुद्गल Adj. *seelenlos, unpersönlich* Vagrakkh. 38,5. Nom. abstr. °त्व n. 41,18.

निष्पुराण Adj. *was früher nicht dagewesen ist, neu, unerhört.*

निष्पुरीष Adj. *frei von Unrath* Âçv. Çr. 6,10,5. Bhâvapr. 3,147. Comm. zu Âpast. 1,27,3.

निष्पुरीषीभाव m. *Leibesentleerung* Gaut.

निष्पुरुष Adj. *männerlos, menschenleer.*

निष्पुलाक 1) Adj. *frei von tauben Körnern.* — 2) *m. N. pr. des 14ten **Arhant**'s der zukünftigen **Utsarpiṇî**.

निष्पुलाकी Adv. mit कर् *von den tauben Körnern befreien.*

*निष्पेय Adj. *aus- oder abgetrunken werdend* Râgan. 20,72.

निष्पेष m. *Anprall, Anschlag* und *der dabei entstehende Laut.*

निष्पेषण n. *das Anprallen, Anschlagen* (der Bogensehne).

°निष्पेषम् Absol. *wie man — zerreibt* Bâlar. 109,23.

निष्पेष्टवै Dat. Infin. zu पिष् mit निस् Çat. Br. 3,1,2,19.

निष्पोष Adj. etwa *sich nicht nährend* Vagrakkh. 38,5.

निष्पौरुष Adj. *der Männlichkeit entbehrend, unmännlich.*

निष्पौरुषामर्ष Adj. *der Männlichkeit und des Zornes bar.*

निष्प्रकम्प 1) Adj. (f. आ) *unbeweglich.* — 2) m. N. pr. eines **Ṛshi** im 13ten **Manvantara**.

निष्प्रकारक Adj. *frei von Specificationen.*

निष्प्रकाश Adj. *dunkel.*

*निष्प्रगल Adj. *trocken geworden* Çilâñka 2,143.

निष्प्रचार Adj. *sich nicht fortbewegend, am Platze bleibend, nicht weit wegschweifend, sich auf einen Punkt sammelnd* (मनस्).

निष्प्रज्ञ Adj. *der Einsicht ermangelnd, dumm.*

निष्प्रणय Adj. *kein vertrauliches Verhältniss andeutend, ceremoniös.*

निष्प्रताप Adj. (f. आ) *aller Würde bar.*

निष्प्रतिक्रिय Adj. *wogegen Nichts zu thun ist, — kein Heilmittel besteht, unrettbar.* Nom. abstr. °ता f. Kâd. 2,11,12 (2,12,12).

निष्प्रतिग्रह Adj. *keine Gaben annehmend.* Nom. abstr. °ता f.

निष्प्रतिघ Adj. *auf keine Hindernisse stossend.*

निष्प्रतिद्वंद्व Adj. *keinen Gegner —, keinen ebenbürtigen Gegner habend.*

निष्प्रतिपक्ष Adj. *keinen Widersacher habend.* Nom. abstr. °ता f. und °त्व n. (Kathâs. 27,139).

निष्प्रतिबन्ध Adj. *frei von allen Hindernissen* Nîlak. zu MBh. 4,13,6. *ungehemmt, wogegen keine Schwierigkeiten —, keine Einwendungen erhoben werden können.*

निष्प्रतिभ Adj. (f. आ) 1) *glanzlos.* — 2) **dumm.*

*निष्प्रतिभान Adj. *feig.*

निष्प्रतीकार Adj. (f. आ) 1) *wogegen Nichts zu thun ist* Kâd. 177,14. — 2) *auf keinen Widerstand stossend, ungehemmt, ungestört.* °म् und °कार° Adv.

निष्प्रतीप Adj. *dem sich Nichts widersetzt, ungehemmt.*

निष्प्रत्याश Adj. *alle Hoffnung auf* (Loc. oder उपरि) *verloren habend* Kâd. 2,45,15. 127,17.

निष्प्रत्याशी Adv. mit भू *alle Hoffnung auf* (प्रति) *verlieren* 317,6.

निष्प्रत्यूह Adj. *auf kein Hinderniss stossend.* °म् Adv. *ungehemmt.*

निष्प्रदेश Adj. *keine bestimmte Stelle habend* Çaṁk. zu Bâdar. 2,3,53.

निष्प्रधान Adj. (f. आ) *des Hauptes —, der Anführer beraubt.*

निष्प्रपञ्च Adj. 1) *ohne Entfaltung, ganz unentfaltet, keiner Mannichfaltigkeit unterworfen.* — 2) *rein, lauter* (Person).

निष्प्रपञ्चसदात्मन् Adj. *ohne Entfaltung wahrhaftiges Wesen habend.* Nom. abstr. °त्मत्व n. Çaṁk. zu Bâdar. 2,1,6.

निष्प्रपतन und निष्प्रपतर् s. दुर्निष्प्रपतर.

निष्प्रभ 1) Adj. (f. आ) *des Lichtes —, des Glanzes entbehrend* (eig. and übertr.). Nom. abst. °ता f. und °त्व n. — 2) m. N. pr. eines **Dânava**.

निष्प्रभाव Adj. *machtlos.* Nom. abstr. °त्व n.

निष्प्रमाणक Adj. *keine Autorität für sich habend.*

निष्प्रमाद Adj. *nicht fahrlässig* Hemâdri 1,353,5.

निष्प्रयत्न Adj. *sich jeglicher Anstrengung enthaltend, sich unthätig —, sich still verhaltend.*

निष्प्रयोजन Adj. 1) *keinen Motiven folgend, durch kein Motiv sich leiten lassend, unbetheiligt* (Zuschauer) Kâd. 2,117,5. — 2) *zwecklos, unnütz.* °म् Adv.; Nom. abstr. °ता f. und °त्व n. — 3) *harmlos* 215,16. 20.

*निष्प्रवणि und *°प्रवाण Adj. = निष्प्रवाणि.

निष्प्रवाणि Adj. *frisch vom Webstuhl kommend, ganz neu.*

निष्प्राण Adj. *von dem die Lebensgeister gewichen sind, leblos, völlig erschöpft.* Nom. abstr. °ता f.

निष्प्रीति Adj. *keine Freude empfindend, kein Gefallen findend an* (Loc.) Gaut.

निष्प्रीत्युपताप° *ohne Freude und ohne Leid, sine ira et studio* Karaka 3,4.

निष्फल 1) Adj. (f. आ) a) *keine Früchte tragend.* — b) *keinen Nutzen bringend, fruchtlos, nutzlos, vergeblich.* Nom. abstr. °त्व n. — c) *für das Augurium nutzlos, — bedeutungslos.* — d) *der keine Früchte zieht, dem Alles misslingt* Spr. 6622. — e) *f. (आ u. ई) *die Menses nicht mehr habend.* — 2) *f. आ *eine Species von Momordica.*

निष्फलय्, °यति *fruchtlos machen.*

निष्फली Adv. mit कर् 1) *unbelohnt lassen.* — 2) *auskernen.* v. l. निष्कुली richtig.

निष्फार m. *das Aufklaffen.*

निष्फेन 1) Adj. *schaumlos.* — 2) *n. *Opium* (nach 2. अफेन gebildet) Râgan. 6,237.

निष्यन्द und निष्यन्दिन् = निस्यन्द und निस्यन्दिन्.

निःष्यूत s. u. सीव् mit निः.

निःषङ्ग Adj. und °ता f. fehlerhaft für निःसङ्ग und °ता.

*निःषंधि gaṇa सुषामादि.

निःषर्पिन् Adj. *wollüstig.*

*निःषमम् Adv. *zur Unzeit.*

निःषह् (stark. °षाह्) Adj. *bezwingend, gewaltig.*

*निःषाम gaṇa सुषामादि.

निषिध् f. 1) *Zubereitung, Gericht.* — 2) *Spende, Gabe.*

निष्षिध्वरी Adj. f. *gewährend, spendend.*

*निःषूति f. Nom. act. von सू mit निस्.

निःषेचन n. *Ausguss.* °वन्त् Adj. *mit einem Ausguss versehen* Âpast. Çr. 15,6,22.

निःषेध m. v. l. für निषेध.

निःष्ठ, निःष्ठा und निःष्ठाव s. u. निष्ठ, निष्ठा u. निष्ठाव.

निःष्पन्द् Adj. = निष्पन्द्. Nom. abstr. °ता f. *Unbeweglichkeit* 304,5.

निस् Adv. Praep. *hinaus, aus, weg von* (Abl.). Selbstständig nur hier und da im AV. Häufig in Zusammensetzung mit einem Nomen und zwar 1) als Präposition, von der das folgende Wort abhängig gedacht wird. — 2) als Adv. *a*) der folgende Begriff wird einfach negirt: निरपेक्षा f. als Gegensatz von अपेक्षा. — *b*) der folgende Begriff wird an einem andern Begriff negirt: निर्मल Adj. *an dem keine Flecken sind.* — *c*) verstärkt den folgenden Begriff (*durchaus, ganz und gar*) in निष्केवल u. s. w.

*निसंकत wohl fehlerhaft für निःसंकत.

निसंज्ञ MBh. 8,3711 fehlerhaft für निःसंज्ञ.

निसन्दि (!) m. N. pr. eines Daitja.

*निसंपात m. angeblich = निःसंपात.

निसर् m. nach Mahîdh. Nom. ag. von सर् mit नि.

निसर्ग m. 1) *Leibesentleerung.* — 2) *das Fortgeben, aus den Händen Lassen, Verschenken.* — 3) *Schenkung, Verleihung, Gnadenerzeigung.* — 4) *Schöpfung.* — 5) *das angeborene, ursprüngliche Wesen, Natur, Naturell.* केन कार्यनिसर्गेण wohl *durch welche ursprüngliche, eigentliche Veranlassung* MBh. 12,209,3. °गेण, °गात्, °गतस् und °ग° *von Natur, von Haus aus.* °गेण auch so v. a. *von selbst.*

निसर्गज Adj. *angeboren, von Haus aus bestimmt,* — *da seiend, bei der Geburt verliehen von* (im Comp. vorangehend).

*निसर्प anzunehmen für नैसर्प.

*निसार m. 1) = संघ. — 2) = सार. — 3) = न्यायदातव्यवित्त. — Wohl fehlerhaft für निकर.

*निसिन्धु m. *Vitex Negundo.*

निसुन्द m. N. pr. eines Asura.

*निसुसूस् Adj. vom Desid. von सु mit नि.

निसूदक und °सूदन s. निषूदक und °षूदन.

निसृत 1) Adj. s. u. सर् mit नि. — 2) f. आ *a*) **Ipomoea Turpethum.* — *b*) N. pr. eines Flusses.

निसृष्टार्थ Adj. (f. आ) *bevollmächtigt* Mâlatim. 10, 8 (13,1. 2. 32,5). m. *ein bevollmächtigter Bote.*

निस्तत्त्व Adj. *ausserhalb der* (24) Tattva *stehend.*

*निस्तनी f. 1) *Pille, Arzeneikugel.* — 2) *eine Brust im Kleinen* (?).

निस्तनु Adj. *keine Nachkommenschaft habend.*

निस्तन्त्र Adj. Sâh. D. 113,5 fehlerhaft für निस्तन्द्र.

निस्तन्द्र (Nom abstr. °ता f.), °तन्द्रि und °तन्द्री Adj. *nicht träge.*

निस्तमस्क Adj. *frei von Finsterniss, licht.*

निस्तमिस्र Adj. dass. Prasannar. 60,11.

निस्तम्भ Adj. = निःस्तम्भ.

निस्तरंग Adj. (f. आ) *unbewegt, ruhig* Naish. 6,12.

निस्तरण n. 1) **das Herauskommen.* — 2) **das Uebersetzen.* — 3) *das Herauskommen aus einer Gefahr, Rettung.* — 4) **Rettungsmittel.*

निस्तरणीय Adj. *worüber man hinwegkommen kann* Daçak. 44,5.

*निस्तरीक und *निस्तरीप gaṇa निरुदकादि.

निस्तर्क्य Adj. *wovon man sich keine Vorstellung zu machen vermag.*

निस्तर्तव्य Adj. *worüber man zu schiffen hat* (Kâd. 2,60,9), — *hinwegzukommen hat, zu überwinden, zu besiegen.*

*निस्तर्ह m. (Gal.) und *°ण n. *das Zerschmettern, Vernichten.*

निस्तल Adj. 1) *keine Ebene darbietend, rund, kugelförmig.* — 2) **beweglich.*

निस्तान्तव Adj. *kein gewebtes Gewand tragend.*

निस्तार m. 1) *das Hinüberkommen, Hinübergelangen über ein Meer* (eig. und übertr.). — 2) *Abtragung, Bezahlung.*

निस्तारण n. *das glückliche Hinüberkommen über Etwas, Ueberwinden.*

निस्तारबीज n. *ein Mittel zum Hinübergelangen über das brausende Meer des Lebens, ein Mittel zur Erlösung.*

निस्तिमिर Adj. (f. आ) *frei von Finsterniss, hell.*

निस्तुति Adj. = निःस्तुति.

निस्तुष Adj. (f. आ) 1) *ausgehülst.* — 2) *von den unnützen Hülsen befreit, gereinigt, lauter* Râgan. 13,209. Ind. St. 15,345.

*निस्तुषक्षीरिन् m. *Weizen* Râgan. 16,30.

*निस्तुषरत्न n. *Krystall* Râgan. 13,204.

*निस्तुषित Adj. 1) *enthülst.* — 2) *leichter gemacht.* — 3) *aufgegeben.*

निस्तुषी Adv. mit कर् *enthülsen, so v. a. schmälern, verringern* Viddh. 12,7.

निस्तृणकण्टक Adj. (f. आ) *von Gräsern und Dornsträuchern gereinigt.*

निस्तृष् Adj. *befriedigt* Kâd. 2,46,23.

निस्तेजस् Adj. *glanzlos, ohne Energie,* — *geistige und moralische Kraft* 101,18.

निस्तोद m. und °न n. *das Stechen.*

निस्तोय Adj. (f. आ) *des Wassers entbehrend, wasserlos.*

निस्तोयतृणपादप Adj. (f. आ) *ohne Wasser, Gras und Bäume.*

*निस्त्रंश Adj. *furchtlos, unbesorgt* (?). Richtig निस्त्रिंश.

निस्त्रप Adj. *schamlos.*

निस्त्रिंश 1) Adj. *a*) *Pl. *über dreissig.* — *b*) *grausam, unbarmherzig* Kâd. 2,108,5. Nom. abstr. °त्व n. 29,8. Râgat. 8,334. — 2) m. *a*) *Schwert.* — *b*) *ein best. Stadium in der rückläufigen Bewegung des Mars* Varâh. Jogaj. 4,32.

निस्त्रिंशधर्मिन् Adj. *die Eigenthümlichkeiten eines Schwertes habend, einem Schwerte gleichend* Râgat. 6,188.

निस्त्रिंशपत्त्रक m. (Karaka 7,10) und *°पत्त्रिका f. *Euphorbia antiquorum* oder *tortilis* Râgan. 8,50.

निस्त्रिंशमुसल = निस्त्रिंश 2) *b*) v. l. zu Varâh. Brh. S. 6,1.

निस्त्रिंशिन् Adj. *ein Schwert führend.*

*निस्त्रुटी f. *Kardamomen.*

*निस्त्रैणपुष्पक m. *eine Art Stechapfel.* Richtig निःश्रेणिपुष्पक.

*निस्राव m. *the remainder of articles etc. after a sale or market.*

निस्स्नेह Adj. ungenaue Schreibart für निःस्नेह.

1. निस्पन्द् m. = 1. निष्पन्द्. Auch verwechselt mit निस्यन्द्.

2. निस्पन्द und निःस्पन्द Adj. = 2. निष्पन्द. Nom. abstr. °ता f.

निस्पृक् Adj. s. निस्पृक्.

निस्पृशे Dat. Inf. zu स्पर्श् mit नि RV. 10,91,13.

निस्पृह् Adj. (Nom. निस्पृक्) *begehrend nach* (Loc.), *nachstellend* RV. 10,95,9.

निस्पृह Adj. ungenaue Schreibart für निःस्पृह.

निस्यन्द und निष्यन्द 1) Adj. *herabtriefend,* — *fliessend.* — 2) m. *a*) *das Herabtriefen, Herabfliessen; Abfluss, Erguss, Strom, herabfliessende Flüssigkeit.* — *b*) *herabfliessender Schweiss, Schweiss überh.* — *c*) **das Fliessen aus, so v. a. das nothwendige Ergebniss, die nothwendige Folge von Etwas* (buddh.).

निस्यन्दिन् und निष्यन्दिन् Adj. 1) *herabtriefend.* — 2) am Ende eines Comp. *herabträufelnd* (trans.).

निस्रव m. *das Herabfliessen, Strom.*

निस्राव m. 1) dass. — 2) **Schaum auf gekochtem Reis.*

निस्रोतस् Adj. *wasserlos.* Richtig निःस्रोतस्.

1. निस्वन॑ m. *ein best.* Agni. v. l. निस्वर॑.

2. निस्वन, निःस्वन (insbes. in den Bomb. Ausgg.) m. (adj. Comp. f. आ) *Geräusch, Ton, Laut, Stimme.*

निस्वनित, richtiger निःस्वनित n. *Geräusch, Getön, Geschrei.*

निस्वर॑ 1) °म् Adv. *lautlos.* — 2) m. a) *ein best.* Agni. — b) *der* Anudâtta.

निस्वान m. = 2. निस्वन.

निःसंशय Adj. 1) *worüber kein Zweifel besteht, unfehlbar, gewiss.* °म् Adv. *ohne allen Zweifel, unfehlbar, gewiss.* — 2) *sich keinem Zweifel hingebend, nicht ungewiss über Etwas seiend.*

निःसंशयित Adj. *nicht in Frage stehend, ungefährdet* Kâd. 2,97,16.

निःसंस्कार Adj. *ungebildet, unmanierlich.* Nom. abstr. °ता f. Kâd. 256,2.

*निःसंकत्त Adj. *unverwirrt in* (Loc.).

निःसंकल्प Adj. *ohne entschiedene Willensrichtung* Comm. zu Njâjas. 2,1,24.

निःसंख्य Adj. *unzählig.*

1. निःसङ्ग m. *das Hängen an Nichts, vollkommene Vertiefung* Bhâg. P. 4,8,31.

2. निःसङ्ग 1) Adj. a) *nirgends hängen bleibend, in seinem Gange nicht gehemmt* MBh. 5,60,13. — b) *an Nichts hängend, unverbunden, alleinstehend* Kap. 5,13. 6,27. Nom. abstr. °त्व n. 5,65. — c) *nicht hängend an, gleichgültig gegen* (Loc.). Ohne Ergänzung *an Niemand und Nichts hängend, der sich von allen Verbindungen losgemacht hat, gleichgültig gegen Alle und Alles.* Nom. abstr. °ता f. und °त्व n. — d) *uneigennützig.* — 2) °म् Adv. *ohne Weiteres.* Wohl fehlerhaft für निःशङ्कम्. — 3) m. N. pr. eines Mannes.

निःसचिव Adj. *ohne Minister.*

1. निःसंचार m. *das Nichtlustwandeln.*

2. निःसंचार Adj. *nicht ausgehend, das Haus nicht verlassend.*

निःसंज्ञ Adj. *bewusstlos, nicht bei vollem Bewusstsein.*

निःसत्त्व Adj. 1) *ohne Realität.* Nom. abstr. °त्व n. Vaģrakkh. 41,17. — 2) *dem es an Muth, an Festigkeit gebricht, schwach, elend, erbärmlich.* Nom. abstr. °ता f. — 3) *der lebenden Wesen beraubt.*

निःसत्य Adj. *unwahr, lügnerisch.* Nom. abstr. °ता f. *Mangel an Wahrheitsliebe, Lügenhaftigkeit.*

निःसंतति Adj. *keine Nachkommenschaft habend.*

निःसंदिग्ध Adj. *nicht zweifelhaft, worüber keine Ungewissheit besteht.* °म Adv. *ohne allen Zweifel, bestimmt, gewiss.*

निःसंदेह Adj. (f. आ) und °म् Adv. dass.

निःसंधि Adj. *keinen Zwischenraum zeigend, festanschliessend, fest* (Umarmung) Bâlar. 123,9.

निःसपत्न Adj. (f. आ) 1) *keinen Nebenbuhler —, keine Nebenbuhlerin neben sich habend, mit keinem Andern seinen Besitz theilend.* — 2) *keinen Nebenbuhler —, keine Nebenbuhlerin neben dem einen Besitzer habend, auf dessen Besitz kein Anderer Anspruch macht, Jmd ausschliesslich angehörend.* — 3) *seines Gleichen nicht habend.* Nom. abstr. °ता f. Kâd. 215,4.

निःसमा f. N. pr. einer Surâṅganâ Ind. St. 15,232.

निःसंपात 1) Adj. *keinen Durchgang gestattend.* — 2) *m. *Mitternacht.*

निःसंबाध Adj. *frei von Menschengewühl.*

निःसंभ्रम Adj. *nicht in Verlegenheit seiend Etwas zu thun* (Infin.).

निःसरण n. 1) *das Herausgehen, — kommen, — hängen* (der Zunge). — 2) *der Weg auf dem man herauskommt, Ausgang.* — 3) *ein Mittel aus Etwas herauszukommen, sich von Etwas* (Abl. oder im Comp. vorangehend) *zu befreien* MBh. 12,215,8. — 4) **Ausgang aus dem Leben, Tod.* — 5) *die letzte Erlösung.*

निःसॅरणवत् Adj. *ausfliessend, zerfliessend, flüssig* Çat. Br. 1,7,4,10.

निःसरणि Adj. *weglos, unwegsam* Harshak. 178,12.

*निःसरल n. *Gallenkrankheit.*

निःसर्प Adj. *frei von Schlangen* Spr. 3784.

निःसलिल Adj. *wasserlos.*

निःसह Adj. (f. आ) *kraftlos, ohnmächtig.* निःसह° Adv., °ता f. Nom. abstr. Viddh. 83,8.

निःसाण = निःशाण.

निःसाध्वस Adj. (f. आ) *nicht ängstlich, furchtlos, getrost.* °म् Adv., °त्व n. Nom. abstr.

निःसान m. *eine Art Trommel* S. S. S. 177. 183.

निःसामर्थ्य Adj. *unangemessen.*

निःसामान्य Adj. *aussergewöhnlich, ausserordentlich* Vikramâṅkak. 18,88.

1. निःसार m. *das Herauskommen.*

2. निःसार 1) Adj. (f. आ) *saftlos, kraftlos, gehaltlos, werthlos, nichtig, eitel.* Nom. abstr. °ता f. und °त्व n. — 2) m. a) **Trophis aspera.* — b) **eine Art* Çjonâka Râǵan. 9,28. — c) *ein best. Tact* Git. S. 4; vgl. निःसारु und °क. — 3) *f. आ *Musa sapientum* Râǵan. 11,37.

निःसारक m. *eine best. Art von Diarrhoe* Bhâvapr. 3,146.

निःसारण n. 1) *das Hinausgehenlassen, Hinausschaffen.* — 2) *das Hinausjagen, Verjagen.* — 3) **Ausgang.*

निःसारु und °क m. *ein best. Tact* S. S. S. 235. 209.

निःसार्य Adj. *auszustossen, auszuschliessen von* (Abl.).

निःसाल॑ Adj. (f. आ॑) *ausser dem Hause befindlich.*

निःसीमन् Adj. *unbegrenzt, unermesslich, immens, grossartig* Prasannar. 21,9. 35,12.

निःसुख Adj. *freudlos, traurig.*

निःसूत्र Adj. 1) *ohne Schnur* Naish. 7,69. — 2) *haltlos, hülflos* ebend.

निःसूनु Adj. *sohnlos* Viddh. 94,1.

निःसोमक Adj. *mondlos* Venis. 87.

निःस्तम्भ Adj. 1) *nicht mit Pfosten —, nicht mit Säulen versehen.* — 2) *keine Stütze habend, des Haltes entbehrend.*

निःस्तुति Adj. *Nichts lobend.*

*निःस्थामन् Adj. *kraftlos, machtlos* Deçin. 1,164.

निःस्नेह 1) Adj. (f. आ) a) *kein Oel enthaltend, nicht mit fettigen Stoffen überzogen.* — b) *der Feuchtigkeit ermangelnd* (Boden). — c) *lieblos, keine Liebe zu* (प्रति) *Jmd fühlend.* Nom. abstr. °त्व n. — d) *nicht begehrend nach, gleichgültig gegen* (im Comp. vorangehend). — e) *zu dem man keine Liebe hat.* — f) *verhasst, unangenehm.* — 2) m. *das Befreien von Fett.* — 3) *f. आ *Linum usitatissimum.*

*निःस्नेहफला f. *Solanum diffusum* Râǵan. 4,34.

निःस्पन्द Adj. s. निस्पन्द.

निःस्पर्श Adj. *hart* Kâd. 2,130,6.

निःस्पृह Adj. (f. आ) *frei von Gelüsten, kein Verlangen —, keine Wünsche habend, nicht verlangend nach* (Loc. oder im Comp. vorangehend), *sich abwendend von* (Abl.). *°म् Adv.

निःस्यन्द m. = निस्यन्द.

निःस्रव m. *Ueberschuss,* mit Abl.

निःस्राव m. 1) *Ausgabe.* — 2) **der Schaum auf gekochtem Reis.*

निःस्व Adj. *seines Besitzes beraubt, keinen Besitz habend, arm.* Nom. abstr. °ता f. *Besitzlosigkeit, Armuth.*

1. निःस्वन m. s. निस्वन.

2. निःस्वन Adj. (f. आ) *lautlos.*

निःस्वनित n. s. निस्वनित.

1. निःस्वभाव m. *Besitzlosigkeit, Armuth* Spr. 7029.

2. निःस्वभाव Adj. *einer Eigenthümlichkeit ermangelnd* Sarvad. 15,1.

निःस्वाध्यायवषट्कार Adj. *weder die heiligen Schriften studirend, noch Brandopfer darbringend* 106,10.

निःस्वामिका Adj. f. *herrenlos, gattenlos* 135,5.

निःस्वी Adv. 1) mit कर् *Jmd um seinen Besitz bringen.* — 2) mit भू *um seinen Besitz kommen.*

निहन् m. nach Mahidh. = निहन्तर्.

निहतार्थ Adj. dessen Bedeutung ausser Gebrauch gekommen ist. Nom. abstr. °ता f. und °त्व n. Gebrauch eines Wortes in einer obsoleten Bedeutung.

°निहन् m. Tödter, Vernichter.

*निहनन n. das Tödten, Morden.

निहन्तर् Nom. ag. 1) Tödter, Vernichter. — 2) Verscheucher. — 3) Verhinderer.

निहन्तवे Dat. Inf. zu हन् mit नि RV. 2,13,8.

निहन्तव्य Adj. niederzuschlagen, zu tödten, zu vernichten.

निहव m. 1) Herbeiruf. — 2) Name eines Sâman. Vollständig वसिष्ठस्य oder वसिष्ठ°.

निहाका f. 1) eine best. Sturmerscheinung, Wirbelwind oder desgl. — 2) *eine Eidechsenart.

निहार m. 1) = निर्हार die Excremente Vishṇus. 48,16. — 2) * = नीहार 1).

निहारम् Absol. hingebend als Geschenk oder Lohn TS. 1,8,4,1. Nach Mahidh. zu VS. 3,50 Subst.

निहारिन् Adj. fehlerhaft für निर्हारिन्.

*निहिंसन n. das Morden.

निहित s. u. 1. धा mit नि.

निहितभाग Adj. für den man seinen Antheil zurückgelegt hat Maitr. S. 1,10,16.

निहीन s. u. 2. हा mit नि.

निह्नव m. 1) Läugnung. — 2) Verschweigung, Verheimlichung. — 3) Widerspruch. बहु° Adj. viele Widersprüche enthaltend MBh. 11,262,36. — 4) das Verdunkeln, in Schatten Stellen, Uebertreffen. — 5) Sühne. — 6) Entschuldigung, Abbitte als eine best. Ceremonie. — 7) Name eines Sâman. — 8) * = निकृति.

निह्नवन n. = निह्नव 6) Lâṭj. 5,6,10. Gobh. 4,4,44. v. l. निह्नुवन.

निह्नुति f. Läugnung Spr. 1938.

निह्नुवन n. v. l. für निह्नवन.

निह्राद m. = निर्ह्राद Laut, Ton, Getöse R. 7,27,26.

1. नी, नयति. °ते 1) leiten, führen, lenken. अग्रम् Etwas (Gen.) anführen. Auch vom Ross, das den Wagen führt. — 2) abführen, wegführen, fortbringen, fortschaffen; hinführen, hinbringen, hinschaffen, — zu (Acc., Acc. mit प्रति [Pańkat. 96,4], Dat. oder Loc.). — 3) Med. und seltener Act. mit sich führen, — nehmen, heimführen (ein Weib). — 4) heran—, herbeiziehen 311,13. — 5) Jmd oder Etwas (Acc.) in ein Verhältniss, eine Lage, einen Zustand (Acc., einmal auch Loc.) bringen, — versetzen MBh. 5,36,4. Mit °सात् verwandeln in. — 6) दण्डम् den Stock führen, so v. a. Strafe verhängen. — 7) hintragen, wegtragen, forttragen, hintragen zu (Acc., Loc. oder Acc. mit प्रति), Jmdm (Gen. oder °अर्थम्) Etwas bringen. — 8) eine Linie u. s. w. führen, so v. a. ziehen. — 9) Processe, eine heilige Handlung führen, leiten. — 10) hinbringen, zubringen, verbringen (die Zeit). — 11) wegführen, so v. a. ausschliessen von (Abl.). — 12) Etwas herausbringen, hinter Etwas kommen, feststellen MBh. 12,132,21. Mit अन्यथा anders auslegen. — 13) *Med. eine Anleitung geben, einführen in (Loc.). — 14) नेतुम् MBh. 7,9557 fehlerhaft für भेत्तुम्. — Caus. नाययति Jmd oder Etwas durch Jmd (Instr.) wegführen —, wegtragen lassen zu (Acc.). — Desid. निनीषति, निनीषते 1) wegführen—, hinführen wollen nach oder zu (Acc. oder Dat.). — 2) mit sich nehmen wollen. — 3) in einen Zustand bringen wollen, mit doppeltem Acc. — 4) hinbringen —, verbringen wollen (die Zeit) Naish. 9,66. — 5) ausschliessen wollen von (Abl.). — 6) herauszubringen versuchen, nachspüren. — Intens. नेनीयते gefangen führen, in seiner Gewalt haben. Scheinbar mit pass. Bed. MBh. 12,7082 (12,194,17) und 10502 (12,285,18); es ist aber wie 12,8989 (12,248,16) गुणान् st. गुणैस् zu lesen. — Mit अच्छ Jmd hinführen —, leiten zu (Acc.). — Mit अति 1) hinüberführen —, hinausführen —, hinüberhelfen über (Acc.). — 2) verstreichen lassen. — Intens. vorwärts bringen. — Mit अभ्यति bringen auf (Loc.). — Mit व्यति verstreichen lassen. — Mit अधि 1) abführen von (Abl.). — 2) über das gewöhnliche Maass hinausführen, steigern. — Mit अनु 1) geleiten, hingeleiten auf oder zu (Acc.). — 2) Jmdm (Dat.) Etwas (Acc.) zuführen, mittheilen. — 3) (an sich heranziehen) Jmdm freundlich zureden, freundliche Worte an Jmd richten in der Absicht ihn günstig zu stimmen, zu gewinnen, zu versöhnen, Jmd bitten; mit Acc. (einmal auch Gen. oder Dat.). अनुनीत gebeten, — um (Dat.). — 4) अनुनीत ausgesöhnt. — Desid. in अनुनिनीषा (Nachtr. 2). — Mit पर्यनु Jmd (Acc.) viele freundliche Worte geben, sehr bitten. — Mit प्रत्यनु Jmd in Bezug auf Etwas gute Worte geben; mit doppeltem Acc. 41,4. 43,17. Jmd zum Nachgeben bringen. — Mit अप 1) wegführen, abführen, entfernen. — 2) rauben, stehlen, fortnehmen, wegschleppen. — 3) verscheuchen, entfernen, wegnehmen, wegschaffen. हृदयात् sich Etwas aus dem Sinne schlagen. — 4) Fesseln, Kleider, Schmucksachen u. s. w. abnehmen, abziehen, ablegen Kâd. 2,75,22. — 5) weglassen, ausfallen lassen (eine Silbe) Vaitân. — 6) ausziehen, gewinnen aus (Abl.). — 7) ausnehmen, ausschliessen (aus einer Regel). — 8) erkennen Bhâg. P. 5,18,33. — 9) अपनीत ausser weggeführt u. s. w. auch abgeführt von, so v. a. im Widerspruch stehend mit (im Comp. vorangehend) und zu Leide gethan (Lalit. 162,15). Vgl. auch अपणीत. — Desid. zu entfernen wünschen. — Mit व्यप 1) wegführen, abführen. — 2) wegschaffen, entfernen, vertreiben. — 3) abgiessen. — 4) Jmd ein Kleid ausziehen. — 5) ablegen, sich befreien von (Acc.). — Caus. wegschaffen lassen. — Mit अपि 1) hingeleiten zu oder auf (Acc.). — 2) versetzen in (Acc.). — 3) अपिनीत hingeführt, so v. a. dem Tode nahe. — Mit अभि 1) geleiten, hinführen —, herführen zu (Acc.), herbeibringen, — schaffen. — 2) mit Geberden begleiten, durch G. ausdrücken, auf dem Theater ausführen. — 3) verstreichen lassen. — 4) अभिनीत ausser herbeigebracht u. s. w. a) abgerichtet. — b) geeignet, passend, angemessen MBh. 12,8,1.26,1. — c) wahrscheinlich Mahâbh. 3,95,a. — Nach den Lexicographen = अतिसंस्कृत oder संस्कृत, मर्षिन् oder अमर्षिन्. — Mit प्राभि hinführen zu (Acc.) RV. 1,31,18. — Mit अव 1) hinab —, hineinführen in (Acc.), hinabstossen. — 2) abgiessen, herabgiessen, darübergiessen. — 3) einbringen —, stecken in (Loc.) Gobh. 2,6,11. — Mit अभ्यव 1) hinabführen in (Acc.). — 2) eingiessen in, giessen auf (Acc.) Tâṇḍja-Br. 9,9,3. — Mit आ 1) herbeigeleiten, — führen, — bringen, — tragen, — holen, hinbringen zu (Acc. oder Loc.). अङ्कम् auf den Arm nehmen, मुखम् zum Munde führen. — 2) herbeiführen —, herbeibringen lassen durch Jmd (Instr.); insbes. in der Form आनयामास. — 3) mit und ohne पुनर् zurückführen, zurückbringen. — 4) eingiessen, einmengen. — 5) Opfer darbringen. — 6) Jmd (Gen.) Etwas zuführen, so v. a. zutheilen, übertragen auf. — 7) bringen zu Etwas, versetzen in (Acc.). — 8) ableiten, berechnen nach, durch Berechnung finden Bîǵag. 176. — 9) anbringen, anwenden, an den Tag legen, zeigen. v. l. आ-धा. — Caus. (ausnahmsweise Med.) herbeiführen —, herbeikommen —, herbeibringen lassen 130,14. आनापयितुम् fehlerhaft für आनाययितुम्. — Desid. herbeizubringen die Absicht haben. — Mit अन्वा 1) zuführen. — 2) hinterher eingiessen, — einmengen Âpast. Çr. 6,29,22. — Mit अभ्या eingiessen, einmengen. — Mit समभ्या herbeiführen, herführen MBh. 3,134,6. — Mit उदा 1) herauf —, herausführen (insbes. aus dem Wasser). — 2) Med. in die Höhe bringen, erheben (bildlich) Bhaṭṭ. — Mit अभ्युदा 1) = उदा 1) Mân. Gṛhj.

10. Çr. 1,8,4. 9,2,4. — 2) *herausholen* Mān. Çr. 1, 2,4. — Mit समुदा in समुदानय; vgl. समुदानय्. — Mit उपा 1) *herbeiführen, — tragen, — bringen, Jmd Etwas zuführen* (mit doppeltem Acc. oder mit Gen. der Person). — 2) *heranziehen, — an* (Acc.). — 3) *hinführen, wegführen, entführen.* — 4) *hinführen zu,* so v. a. *einweihen in* (Acc.). — Mit समुपा *an einen Ort Viele herbeiführen, versammeln.* — Mit न्या *zurückbringen.* — Mit पर्या 1) *herumführen.* — 2) *herbeiführen, herbeibringen.* — Mit प्रा *zuführen, bringen* ṚV. 8,21,9. — Mit प्रत्या 1) *zurückführen, — bringen, wiederverschaffen.* — 2) *wiedergewinnen.* — 3) *wieder zugiessen, nachgiessen, auffüllen* Gop. Br. 1,3,11. — Desid. Med. *wieder in Ordnung zu bringen versuchen.* — Mit व्या Act. Med. *vertheilend eingiessen.* — Mit समा 1) *an einen Ort Viele herbeiführen, versammeln, vereinigen, zusammenführen, — bringen.* हस्तौ *die Hände zusammenbringen, — aneinander legen.* समानीतं कार्यम् *angehäufte Geschäfte.* — 2) *Jmd mit Jmd* (Instr. oder Instr. mit सह) *zusammenbringen.* — 3) Flüssigkeiten *zusammenbringen, zusammengiessen.* — 4) *herbeiführen, — bringen.* — 5) *heimführen, — bringen.* — 6) ein Opfer *darbringen.* — Caus. 1) *herbeiführen lassen, zusammenberufen, zusammenbringen lassen.* — 2) *herbeikommen —, herbeibringen lassen.* — Mit प्रतिसमा *vollständig zugiessen* Āpast. Çr. 7,14,8. — Mit उद् 1) *hinauf —, heraufführen, in die Höhe bringen, aufheben, auf seine Schulter heben, aufrichten.* — 2) *herausholen.* पूतिम् *den Eiter ausquetschen.* — 3) *heraushelfen, aufhelfen, emporbringen, erretten.* — 4) *aufsetzen, auflegen auf* (Loc.). — 5) *aus —, aufschöpfen, vollschöpfen.* — 6) *wegführen* (das Kalb von der Mutter), *Jmd bei Seite führen.* वधाय *zum Tode abführen.* उन्नीत Adj. Pl. *nach verschiedenen Seiten auseinander geführt, getrennt.* — 7) *auseinander streifen, schlichten.* — 8) *in die Höhe bringen,* so v. a. *in hohem Grade erregen.* — 9) *weiter ausführen* Comm. zu TBr. 1,125,13. — 10) *anstimmen.* — 11) *herausbringen, hinter Etwas kommen, ausspüren* (Bālar. 187,7), *erschliessen.* — Desid. Med. *herauszuführen beabsichtigen.* — Mit अनूद् *nach Jmd schöpfen, — füllen.* होतुश्चमसम् *nach Füllung der Schale des* Hotar *die seinige füllen.* — Mit अभ्युद् *dazuschöpfen, — giessen.* Mit wiederholtem अभि *immer wieder nachschöpfen.* — Mit उपोद् *hinaufführen zu* (Acc.). — Mit प्रोद् *hinaufbringen, erheben, emporheben.* — Mit समुद् 1) *emporheben.* — 2) *aufhetzen, anstacheln* Kām. Nītis. 8,66. — 3) *steigern.* समुन्नीत *gesteigert* (मति). — 4) *herausbringen, erschliessen.* — 5) *abtragen* (eine Schuld). — Mit उप 1) *zuführen, herbeiführen, herbeilenken, hinführen zu* (Acc. oder Loc.), *herbeibringen, Jmd Etwas bringen, darbieten.* — 2) *führen, leiten* (einen Blinden). — 3) *zuführen,* so v. a. *mittheilen.* — 4) *an sich heranziehen.* — 5) *in Besitz nehmen, heimführen.* — 6) *zu sich nehmen, aufnehmen,* vom Lehrer, der einen Schüler zum Unterricht *aufnimmt.* — 7) *Med. *in Dienst nehmen.* — 8) *bringen —, versetzen in* (einen Zustand, eine Lage). संग्रहम् so v. a. *grosse Vorräthe von Etwas* (Acc.) *machen, en gros einkaufen.* — 9) *herbeiführen, bringen,* so v. a. *bewirken, hervorbringen.* — Caus. *dafür sorgen, dass Jmd* (Acc.) *als Schüler bei einem Lehrer aufgenommen wird.* — Mit व्युप *einzeln herbeiführen* (Opferthiere). — Mit समुप 1) *herbeiführen, heranziehen, hinzuziehen zu* (einer Berathung, Acc.), *hinführen zu* (Acc.), *herbeibringen.* — 2) *an sich ziehen, mit sich nehmen.* — 3) *darbringen* (ein Opfer). — 4) *herbeiziehen,* so v. a. *bewirken.* — Mit नि 1) *hinführen —, geleiten zu* (Dat. oder Loc.). — 2) *führen —, veranlassen zu* (Dat. Infin.). — 3) *neigen.* — 4) *niedergiessen, hingiessen, ausgiessen* (einen Topf) Jaim. 3,295. fg. *eingiessen.* — 5) *eingehen lassen in* (Loc.) Bhāg. P. 2,2,16. — 6) *darbringen.* — 7) *vollführen, vollbringen.* — Mit अभिनि *zugiessen.* — Mit अवनि 1) *hineinbringen, einlegen* (in's Wasser). — 2) *niedergiessen auf* (Loc.). — Mit उपनि *begiessen, daraufgiessen.* — Mit संनि *zusammengiessen, mischen.* — Mit निस् 1) *entführen, wegführen, wegnehmen.* — 2) *auf's Reine bringen, Etwas herausbringen, hinter Etwas kommen, Etwas zur Entscheidung bringen, sich für Etwas entscheiden.* निर्णीत *auf's Reine gebracht, entschieden, ausgemacht, feststehend.* — Mit विनिस् *vollkommen auf's Reine bringen.* — Mit परा *weg —, zurückführen.* — Mit प्रतिपरा *zurückführen.* — Mit उपसंपरा *zusammen wegführen zu* (Dat.). — Mit परि 1) *herumführen, — geleiten, — tragen.* — 2) ein Paar oder eine Braut um das Feuer (Acc., auch mit Ergänzung dieses Acc.) *herumführen* (als Hochzeitsceremonie); daher ein Mädchen (Acc.) *heirathen,* sich mit einem Mädchen *vermählen.* परिणीता *verheirathet.* परिणीतभर्तृ wohl *der nur angetraute Gatte, der seine Frau noch nicht heimgeführt hat.* — 3) *entführen.* — 4) *herbeibringen, bringen an* (Acc.). अग्रम् *an die Spitze bringen.* — 5) *herausbringen, ausspüren.* — 6) mit अन्यथा (अन्यार्थेन) und auch allein *anders deuten* Çaṁk. zu Bādar. 2,3,6 (S. 615). 3,2,36. 3,32 (S. 917). — 7) परिणीत *ausgeführt.* — Caus. परिणाययति und परिणापयति *einen Mann* (Acc.) *mit einem Mädchen* (Acc.) *vermählen* Pañkad. — Mit अनुपरि *ringsherum führen, — tragen.* — Mit प्रपरि *herbringen von* (Abl.). — Mit विपरि, °णीत *dessen Platz mit dem eines Andern vertauscht ist.* — Mit प्र 1) *vorwärts geleiten, führen, anführen* (ein Heer), *fördern.* — 2) *hintragen, hinbringen.* Technischer Ausdruck für *das Hintragen* des Feuers auf seine Oerter am Altare und des zu den Handlungen nöthigen Wassers (auch des Soma). — 3) *zuführen;* Med. *sich zuführen.* प्रणीत unter den verschiedenen Arten von Söhnen wohl so v. a. *zugeführt.* — 4) *darbringen, darreichen.* — 5) *entsenden, abschiessen.* — 6) *hinziehen zu, richten auf* (Loc.). — 7) *bringen zu, versetzen in* (einen Zustand). — 8) *bei Seite schaffen, wegschaffen.* — 9) *vorführen,* so v. a. *zum Vorschein bringen, zeigen* Prasannar. 15,19. *darstellen* (नाटकम् Bālar. 302,2). — 10) *anwenden, appliciren* (ein Klystier Ḱaraka 8,4.9). दण्डम् *den Stock anw.* so v. a. *Strafe verhängen* (Āpast. 2,11,1. 29,8), — *über* (Loc.). — 11) *bestimmen, feststellen, einsetzen, lehren, aussprechen.* — 12) *hervorbringen, bewerkstelligen, ausführen* (Ḱaraka 2,3), *vollbringen, vollführen, verfassen.* आरम्भम् *den Anfang machen mit Etwas* Ḱaraka 2,3. — 13) *seine Gewogenheit —, seine Freundschaft gegen Jmd* (Acc.) *an den Tag legen.* — 14) *begehren, wünschen.* मनसा यत्प्रणीतम् *was das Herz begehrt* Mān. Gṛhy. 2,13. मनःप्रणीत dass. MBh. 13,71,19. — Desid. *hinführen wollen zu* (Dat.). — Mit अतिप्र *vorüberbringen* (das Feuer) Āpast. Çr. 1,10,19. Āçv. Çr. 12,4,14. Vaitān. — Mit अभिप्र *hintragen* (Feuer zum Altar) Bhaṭṭ. —, Mit विप्र 1) *den Geist richten auf* (Loc.). — 2) *verstreichen lassen.* — Mit संप्र 1) *zusammentragen, einsammeln.* करान् *Tribut erheben.* — 2) दण्डम् *den Stock anwenden,* so v. a. *Strafe verhängen über* (Loc.). — 3) *abfassen, verfassen.* — Mit प्रति 1) *zurückführen.* — 2) *zuführen.* — 3) *beimengen.* — Mit वि 1) *wegführen.* — 2) *verscheuchen, vertreiben* (eine Krankheit Ḱaraka 6,5.17), *entfernen, ablenken, Jmd Etwas benehmen.* — 3) Med. *heraus —, herablocken von* (Abl.). — 4) *vertheilen, verrühren, umrühren* Ḱaraka 6,1.9.18.26. — 5) *scheiteln.* — 6) *dehnen, ausbreiten.* — 7) *lenken* (Pferde). — 8) *zähmen, abrichten, dressiren.* वि-

नीत *gezähmt, dressirt.* — 9) *züchtigen.* — 10) *erziehen, unterrichten, unterweisen.* विनीत *unterrichtet, bewandert in* (Loc. oder im Comp. vorangehend); *wohlerzogen, gesittet, bescheiden* (auch von Reden und vom Anzuge). वीनीत MBH. 1,5606 fehlerhaft für विनीत. — 11) *anleiten —, veranlassen zu* (Dat. Infin.). — 12) *verbringen* (die Zeit). — 13) *durchführen, ausführen.* — 14) *Med. *abtragen, entrichten.* — 15) *Med. *verausgaben*, insbes. *zu frommen Zwecken.* — Desid. Med. *sich Etwas vertreiben wollen.* — Mit अभिवि, °नीत *unterwiesen, unterrichtet —, bewandert in* (Loc.) GAUT. — Mit प्रतिवि *verrühren* KARAKA 1,15. 6,3. — Mit संवि *verscheuchen, unterdrücken.* — Mit सम् 1) *zusammenführen.* — *schaaren, vereinigen, zusammenfügen,* — *ballen* ÂPAST. 2,19,7. — 2) *vermengen*, insbes. von dem im Ritual häufig vorkommenden *Mengen süsser und saurer Milch.* — 3) *herbeiführen, zuführen, herbeischaffen, verschaffen.* — 4) *Jmd beschenken mit* (Instr.). — 5) den Geist *richten auf* (Loc.). — 6) *erstatten, heimgeben, bezahlen* (eine Schuld). — Mit अभिसम् *hinführen zu* oder *auf* (Loc.).

2. °नी Adj. *führend, leitend* u. s. w.

*नीक 1) m. *ein best. Baum.* — 2) f. आ *Bewässerungskanal.*

नीकर्षिन् Adj. *das Rad schlagend* (Pfau).

नीकार m. *Erniedrigung, Demüthigung, Kränkung* HARSHAK. 161,4.

नीकाश m. 1) am Ende eines adj. Comp. *Schein, Aussehen.* Nach den Lexicographen Adj. *gleich, ähnlich.* — 2) * *Bestimmtheit, Gewissheit.*

नीकुलक m. N. pr. eines Mannes.

*नीक्लेद m. Nom. act. von क्लिद् mit नि.

नीक्षण n. *der zum Untersuchen des Kochenden dienende Stab, Rührlöffel.*

नीच 1) Adj. (f. आ) *a) niedrig, nicht hoch.* — *b) vertieft* (Nabel). — c) *kurz* (Haar, Nägel). — *d) niedrig, gesenkt* (Ton). — *e) zu unterst stehend, der geringste, niedrig, gemein* (in moralischer oder socialer Beziehung, von Personen, Handlungen, Gesinnungen u. s. w.). — 2) *m. *ein best. Parfum* RÂGAN. 12,144. — 3) n. *der Tiefpunkt eines Planeten*, ταπείνωμα, *das 7te Haus vom Höhepunkt.*

नीचक 1) Adj. (f. °चिका) *a) *niedrig, kurz.* — *b) leise* (Gang). — 2) *f. आ, ई und नीचिका *eine schöne Kuh.*

*नीचकदम्ब m. *eine best. Pflanze.*

नीचकर्मन् Adj. *eine niedrige Beschäftigung habend* LA. 15,9.

*नीचकिन् m. *der Kopf eines Stiers.*

*नीचकैस् Adv. Demin. zu नीचैस्.

नीचग 1) Adj. (f. आ) *a) niedrig gelegen.* — *b) zu einem niedrigen Stande gehörig.* — *c) an einem Manne niedrigen Standes befindlich.* — 2) *f. आ *Fluss.* — 3) *n. *Wasser.*

नीचगत Adj. *im Tiefpunkt eines Planeten stehend.*

नीचगामिन् Adj. *dem Niedrigen* (eig. u. übertr.) *nachgehend.*

नीचगृह n. *das Haus, in welchem ein Planet seinen Tiefpunkt hat.*

नीचजाति Adj. *von niedriger Herkunft.*

नीचता f. 1) *eine niedrige, gebückte Stellung.* — 2) *eine untergeordnete Stellung.*

नीचत्व n. 1) *Gesenktheit des Tones* TS. PRÂT. — 2) *eine niedrige Stellung.*

नीचपथ m. *ein hinuntergehender Weg.*

*नीचभोज्य m. *Zwiebel.*

नीचयोनिन् Adj. *von niedriger Herkunft.*

नीचरत Adj. *an Gemeinem Gefallen findend.*

नीचर्क्ष m. = नीचगृह.

*नीचवज्र n. *eine Edelsteinart* RÂGAN. 13,110.

नीचा Adv. *unten, hinunter, nieder.*

नीचात् Adv. *von unten.*

नीचामेढ्र Adj. *dessen Ruthe hängt.*

*नीचायक m. und *°कीय Adj.

नीचावगाह Adj. *worin Niedrige baden* Spr. 6043.

नीचावयस् Adj. *dessen Kraft versagt.*

नीची Adv. mit कर् *herabstimmen, tonlos aussprechen.*

नीचीन Adj. *unten befindlich, nach unten gerichtet, herabhängend,* — *fliessend.*

नीचीनबार Adj. *die Oeffnung —, den Ausgang nach unten habend.*

नीचैःकर Adj. *Senkung des Tones bewirkend.*

*नीचैःकारम् Absol. *leise.*

*नीचैर्मुख Adj. *mit gesenktem Gesichte.*

नीचैस् Adv. 1) *niedrig, unten, nach unten, hinunter, tief, geneigt.* नीचैर्नीचैस्तराम् *tiefer und tiefer.* नीचैरदृश्यत *er erschien niedriger, kleiner.* — 2) *in geneigter Stellung,* so v. a. *ehrerbietig, bescheiden, sich demüthig unterordnend.* — 3) *mit gesenkter Stimme.* नीचैस्तराम् *mit gesenkterer Stimme* TS. PRÂT. — 4) *sanft* (blasen vom Winde) MEGH. 42. — 5) *leise.* *नीचैःकृत्य oder *नीचैः कृत्वा dass. नीचैस्तराम् *leiser.* — 5) N. pr. eines Berges.

नीचोच्चवृत्त n. *Epicykel.*

नीचोपगत Adj. *niedrig am Himmel stehend.*

*नीच्य्, °च्यति *in untergeordneter Stellung sich befinden, Sclave sein.*

नीच्य m. Pl. Bez. von *Völkern im Westen.*

नीडे, नीळे m. n. 1) *Ruheplatz, Lager.* — 2) *Vogelnest.* — 3) *der innere Raum des Wagens.*

नीडक *Vogelnest.*

नीडज m. *Vogel.*

नीडजेन्द्र m. Bein. Garuḍa's.

नीडय्, नीळय्, नीळयते vielleicht *zur Ruhe bringen;* nach SÂJ. *aneinanderbringen, handgemein werden lassen.*

नीडि, नीळि m. vielleicht *Hausgenosse.*

*नीडोद्भव m. *Vogel* RÂGAN. 19,83.

नीत 1) Adj. Partic. von 1. नी. — 2) *n. *a) Wohlstand.* — *b) Korn.*

नीतदक्षिण Adj. *dessen Opferlohn fortgetragen ist* Ind. St. 10,147.

नीतमिश्र Adj. *noch nicht vollständig zu Butter geschlagen.*

नीतार्थ Adj. *verständlich, klar* Comm. zu NJÂJAS. 4,2,48.

नीति f. 1) * *Herbeischaffung.* — 2) * *Darreichung.* — 3) *richtiges, kluges Benehmen,* — *gegen* (im Comp. vorangehend), *Lebensklugheit, Politik, Staatsklugheit, eine Vorschrift des richtigen Benehmens.* Ausnahmsweise Pl. — 4) *Verhältniss* oder *Abhängigkeit.* इतरेतरयोः *des Einen zum Andern* oder *vom A.*

नीतिकमलाकर m. und नीतिकल्पतरु m. (BÜHLER, Rep. No. 351) Titel zweier Werke.

*नीतिघोष m. N. des Wagens des Bṛhaspati.

नीतितरंग m. Titel eines Werkes.

नीतिपटल n. *ein über Politik handelnder Abschnitt, ein solches Buch* DAÇAK. 13,3.

नीतिप्रकाश m., नीतिप्रदीप m. und नीतिमञ्जरी f. Titel von Werken.

नीतिमत् Adj. 1) *der sich zu benehmen versteht, die Regeln des klugen Benehmens kennt.* — 2) *kluges Benehmen schildernd.*

नीतिमयूख m. Titel des 5ten *Abschnitts* im Bhagavadbhâskara.

नीतिमुकुल n. Titel eines Werkes.

नीतियुक्त Adj. *mit der Politik betraut, am Ruder des Staats stehend.*

नीतिरत्न n. und °रत्नाकर m. Titel zweier Werke.

नीतिवर्त्मन् f. *der Pfad der Klugheit* VIKRAMÂNKAK. 14,3 (°वर्तिनी gedr.).

नीतिवाक्यामृत n. Titel eines Werkes.

नीतिविद्या f. *die Kenntniss —, die Wissenschaft vom klugen Benehmen* (insbes. *Regierender*).

नीतिविलास m. und नीतिविवेक m. Titel zweier Werke.

नीतिशतक n. Bhartṛhari's *100 Sprüche vom klugen Benehmen.*

नीतिशास्त्र n. *die Lehre vom richtigen und klugen Benehmen* (insbes. *Regierender*) 120,19.

नीतिसंहिता f. *eine Sammlung von Klugheitsregeln.* भार्गव°.

नीतिसंकलन n. und **नीतिसंग्रह** m. Titel zweier Werke.

नीतिसंधि m. *der Inbegriff aller Politik* Pańkat. ed. Bomb. 2,40.

नीतिसमुच्चय m., **नीतिसार** m. n. und **नीतिसुमावलि** f. (Opp. Cat. 1) Titel von Werken.

नीथ 1) m. *a)* * *Führung.* — *b)* * *Führer.* — *c)* N. pr. eines Mannes. — 2) f. नीथा *Weg, Schlich, List.* — 3) n. नीथ *Weise, Lied.*

नीथाविद् Adj. *der Weisen kundig.*

नीध्य in ग्रामणीध्य.

नीध n. 1) *Dachrand* oder *Dach* Râǵat. 7,1718. — 2) * *Wald.* — 3) * *Radfelge.* — 4) * *der Mond.* — 5) * *das Mondhaus* Revatî.

नीनाह m. *Gurt* oder desgl.

नीप 1) Adj. *tiefliegend.* — 2) m. *a)* * *Fuss eines Berges* Mahîdh. zu VS. 16,37. — *b) Nauclea Cadamba* oder *ein ähnlicher Baum* Râǵan. 9,103. n. *die Frucht* und *die Blüthe* (Megh.). Nach den Lexicographen auch *Ixora Bandhucca* und *eine Art* Açoka. — *c)* Pl. N. pr. eines fürstlichen Geschlechts, das auf Nîpa, einen Sohn Pâra's zurückgeführt wird. Auch ein anderer Nîpa wird erwähnt. — 3) f. आ N. pr. eines Flusses VP.² 2,153.

***नीपराज** *die Frucht* (?) *des* Nîpa.

नीपातिथि m. N. pr. eines Mannes.

नीप्य Adj. *in der Tiefe —, im Grunde befindlich.*

नीमानुज m. N. pr. eines Mannes.

नीर (accentuirt nur in Naigh.) 1) n. *a) Wasser.* Auch Pl. — *b)* * *Saft.* — *c)* * = गृह्; vgl. नीड, नीळ. — 2) m. N. pr. eines Lehrers.

***नीरक्त** Adj. *farblos.*

नीरङ्गिका (Deçîn. 2,20) und °ङ्गी f. (ebend. 2,90. 6,133. Hem. Par. 2,8. 149. 496. Z. d. d. m. G. 14, 569,16) *Schleier.*

1. **नीरज** 1) m. n. *Wasserrose.* — 2) *m. *a) Otter.* — *b) eine best. Grasart* Râǵan. 8,91. — 3) n. *a) eine Art Costus.* — *b)* * *Perle* Râǵan. 13,154.

2. **नीरज** Adj. 1) *staublos.* — 2) *leidenschaftslos.*

नीरजन n. fehlerhaft für नीराजन.

नीरजस् Adj. 1) *staublos.* — 2) * *blüthenstaublos.* — 3) * f. *nicht menstruirend.* — 4) *leidenschaftslos.*

नीरजस्क Adj. (f. आ) 1) *staublos, von keinem Staube begleitet* (Wind). — 2) *wo es keine Leidenschaft giebt.*

नीरजस्तमसा f. *Freisein von Leidenschaft und Finsterniss.*

नीरजाक्षी f. *eine Lotusäugige, eine Schöne* Vikramâṅkak. 9,117.

नीरजात Adj. *aus, im Wasser entstanden.*

नीरजी Adv. mit कर् *staublos machen, vom Staube befreien.*

नीरत Adj. = विरत.

नीरतरंग m. *Welle* Ind. St. 15,369.

***नीरतीरज** m. Kuça-*Gras* Dhanv. 4,94.

1. **नीरद** m. 1) *Wolke* Spr. 7746. — 2) * *Cyperus rotundus* Râǵan. 6,140.

2. **नीरद** Adj. *zahnlos* Spr. 7746.

नीरधि m. *Meer* Prasannar. 153,7.

नीरनिधि m. dass. Prasannar. 49,15. Pańkad.

नीरन्ध्र Adj. (f. आ) 1) *kein Loch —, keine Oeffnung habend.* — 2) *keine Lücke zeigend, dicht, dicht geschlossen* (Bâlar. 67,12), *ununterbrochen.*

नीरन्ध्रता f. *enge Verbindung, festes Zusammenhalten.*

नीरन्ध्रित Adj. *dicht besetzt mit* (im Comp. vorangehend) Prasannar. 135,5. *ununterbrochen* Naish. 3,82.

नीरपतत्रिन् m. *Wasservogel* Ragh. 9,30.

***नीरप्रिय** m. *Calamus Rotang.*

नीररुह n. *Wasserrose.*

नीरव Adj. (f. आ) *tonlos.*

नीरशन Adj. in अनीरशन (Nachtr. 3).

नीरस Adj. (f. आ) 1) *saftlos, ausgetrocknet, verdorrt, dürr.* — 2) *nicht schmackhaft* (Speise) Spr. 3802. — 3) *nicht schmackhaft, so v. a. keine Reize darbietend, langweilig.* Nom. abstr. °ता f. — 4) *gefühllos, keinen Sinn —, kein Verständniss für Etwas habend, geschmacklos* zu Spr. 867. Prasannar. 7,15. ein Sänger S. S. S. 117.

***नीराखु** m. *Otter.*

नीराग Adj. 1) *farblos.* — 2) *leidenschaftslos.* Nom. abstr. °ता f. Ind. St. 14,384.

नीराजन n. und °ना f. *Reinigung,* Bez. *einer Ceremonie, bei der ein Fürst seinen* Purohita, *seine Dienstleute, Pferde, Elephanten u. s. w. unter Hersagen heiliger Sprüche waschen und reinigen lässt, lustratio exercitus.* Wird das Object, das gereinigt wird, hinzugefügt, so steht es im Gen. oder geht im Comp. voran.

नीराजनद्वादशीव्रत n. *eine best. Begehung.*

***नीरिन्दु** (!) m. *ein best. Pflanze.*

***नीरुच्** P. 6,3,116, Sch.

नीरुज् Adj. 1) *schmerzlos.* — 2) *gesund, sich wohl befindend.*

नीरुज 1) Adj. (f. आ) *a) schmerzlos.* — *b) gesund, sich wohl befindend* Hemâdri 1,675,6. 7. — 2) * n. *eine Art Costus.*

नीरूप 1) Adj. *gestaltlos.* — 2) * m. *a) Wind.* — *b) ein Gott.* — 3) * n. *Himmel, Himmelsgewölbe.*

1. **नीरेणुक** Adj. (f. आ) *staublos* Prasannar. 76,12.

2. **नीरेणुक** Adj. *ohne* Reṇukâ (Nom. pr.) Prasannar. 76,16.

नीरोग Adj. *gesund, sich wohl befindend.*

नीरोगता f. *Gesundheit.*

नीरोगदुर्भिक्ष Adj. *nicht von Krankheiten und Hungersnoth heimgesucht.*

नीरोग्यता f. Pańkat. 217,24 fehlerhaft für नीरोगता.

नीरोह m. *Austrieb.*

नील्, नीलति *dunkel erscheinen* Bâlar. 280,4. 296,20.

नील 1) Adj. (f. आ und * ई) *a) dunkelfarbig,* namentlich *blau, dunkelblau, schwarzblau.* — *b)* * *mit Indigo gefärbt.* — 2) m. *a) Sapphir* Râǵan. 13,183. — *b) der indische Feigenbaum* Râǵan. 11,119. — *c)* * = नीलवृक्ष Râǵan. 9,78. — *d)* * *ein best. Vogel.* — *e) ein dunkelfarbiger Stier.* — *f)* * Name eines der 9 Schätze Kubera's. — *g)* Bein. Mańǵuçrî's. — *h)* N. pr. α) eines Schlangendämons. — β) verschiedener Männer. — γ) eines Affen im Gefolge Râma's. — δ) eines Gebirges. — 3) f. नीला *a)* * *die Indigopflanze* Râǵan. 4,82. — *b)* * *eine blau blühende Boerhavia* Râǵan. 5,121. — *c)* * *schwarzer Kümmel* Râǵan. 6,61. — *d)* * *eine blaue Fliegenart* Râǵan. 19,128. — *e)* * Du. *die beiden hervortretenden Schlagadern vorn am Halse.* — *f)* * *Flecken.* — *g)* N. pr. α) einer Göttin. — β) der Gattin des Râga Mallâra. — γ) eines Flusses MBh. 6,9,31. नाला v. l. — 4) f. नीली *a) die Indigopflanze* und *Indigo* (Spr. 5843). — *b)* * *Blyxa octandra.* — *c)* * *eine blaue Fliegenart.* — *d)* * *eine best. Krankheit.* — *e)* N. pr. der Gemahlin Aǵamîḍha's. — 5) n. *a) die dunkle Farbe* TS. 3,1,1,2. Kaush. Up. 3,1. *ein dunkler Stoff* Çat. Br. 14,7,1, 20. 2,12. Khând. Up. 8,6,1. — *b) Indigo.* — *c)* = तालीशपत्त्र 2) Râǵan. 6,185. — *d)* * *schwarzes Salz* Râǵan. 6,95. — *e)* * *blauer Vitriol* Râǵan. 13,104. — *f)* * *eine Salbe von Spiessglanz* Râǵan. 13,89. — *g)* * *Gift.* — *h) eine best. Stellung beim Tanze.* — *i) ein best. Metrum.*

नीलक 1) Adj. *blau.* Auch als Bez. *der dritten unbekannten Grösse, ihres Quadrats* u. s. w. — 2) m.

a) *Terminalia tomentosa Râǵan. 9,138. — b) eine männliche Biene. — c) *Antilope picta Râǵan. 19,46. — d) *ein dunkelfarbiges Pferd, Rappe. — 3) f. °लिका a) Blyxa octandra MBh. 12,283,52. — b) eine best. Arzeneipflanze. — c) *die Indigopflanze Râǵan. 4,82. — d) *Nyctanthes arbor tristis. — e) *Vitex Negundo Râǵan. 4,155. — f) eine best. Krankheit, das Erscheinen blauer Flecken im Gesicht. — g) eine best. Krankheit der Linse des Auges. — h) N. pr. eines Flusses. — 4) *n. blauer Stahl Râǵan. 13,35.

*नीलकणा f. eine Art Kümmel Râǵan. 6,61.

नीलकण्ठ 1) Adj. blauhalsig. — 2) m. a) Pfau. — b) *eine andere Hühnerart, = दात्यूह. — c) *Bachstelze. — d) *Sperling. — e) *der blauhalsige Heher. — f) *Ardea sibirica Râǵan. 19,99. — g) *eine best. Pflanze, = धीतसार. — h) Bein. Çiva's. — i) N. pr. verschiedener Männer. Auch °दीक्षित, °भारती, °मीमांसाशिरोमणि und °शास्त्रिन्. — 3) f. ई Titel eines von einem Nîlakaṇṭha verfassten Commentars. — 4) n. a) *Rettig Râǵan. 7,14. — b) N. pr. eines Tîrtha.

*नीलकण्ठक m. Sperling Râǵan. 19,119.

नीलकण्ठचम्पू f., °कण्ठतत्त्व n., °कण्ठतारक n. und °कण्ठप्रकाशिका f. Titel von Werken Opp. Cat. 1.

नीलकण्ठभट्ट m. N. pr. eines Autors. °भट्टीय n. Titel seines Werkes Opp. Cat. 1.

नीलकण्ठभाष्य n., °कण्ठमाला f. und °कण्ठविजय m. Titel von Werken Opp. Cat. 1.

*नीलकण्ठाक्ष n. die Beere von Elaeocarpus Ganitrus.

नीलकण्ठीय n. Nîlakaṇṭha's Werk Opp. Cat. 1.

*नीलकन्द m. ein best. Knollengewächs Râǵan. 7,78.

*नीलकपित्थक m. eine Mango-Art Râǵan. 11,17.

*नीलकमल n. eine blaue Wasserrose Râǵan. 10,186.

नीलकाच Adj. (f. आ) aus schwarzem Krystall gemacht Varâh. Jogaj. 6,13.

नीलकायिक m. Pl. eine best. Klasse von Göttern Lalit. 495,1 v. u.

नीलकुन्तला f. N. pr. einer Freundin der Durgâ.

*नीलकुरण्टक m. wohl Barleria coerulea Râǵan. 10,140.

*नीलकुसुमा f. dass. ebend.

*नीलकेशी f. die Indigopflanze Râǵan. 4,83.

*नीलक्रान्ता f. Clitoria ternatea Râǵan. 3,78.

*नीलक्रौञ्च m. der blaue Reiher Râǵan. 19,96.

नीलगङ्गा f. N. pr. eines Flusses.

नीलगणेश m. der blaue Gaṇeça.

*नीलगन्धिक n. blauer Rubin Râǵan. 13,153.

नीलगर्भ vielleicht eine junge Blyxa octandra. नलगर्भ v. l.

नीलगलमाल Adj. einen Kranz um den blauen Hals tragend Nîlar. Up. 22. नीला गले माला यस्य सः Comm.

नीलगिरि m. N. pr. eines Gebirges.

*नीलगिरिकर्णिका f. die blau blühende Varietät von Clitoria ternatea Râǵan. 3,78.

नीलग्रीव 1) Adj. blaunackig (Rudra-Çiva). — 2) m. N. pr. eines Fürsten.

*नीलघोर m. = नीलपोर.

नीलङ्गु m. 1) ein best. Gewürm. — 2) *eine Fliegenart. — 3) *Schakal. — 4) *= प्रसून.

नीलचन्द्र m. N. pr. eines Fürsten.

*नीलचर्मन् m. Grewia asiatica.

नीलचोलकवत् Adj. eine blaue Jacke tragend Viddh. 23,3.

*नीलच्छद m. 1) Dattelpalme. — 2) Bein. Garuḍa's.

*नीलच्छविन् m. oder *°वी f. ein best. Vogel.

नीलज 1) *n. blauer Stahl. — 2) f. आ Bein. des Flusses Vitastâ.

*नीलझिण्टी f. wohl Barleria coerulea Râǵan. 10,140.

नीलतत्त्व n. Titel eines Tantra.

*नीलतरु m. die Cocosnusspalme.

नीलता f. die blaue —, dunkle Farbe.

*नीलताल m. 1) Xanthochymus pictorius Râǵan. 9,99. — 2) Phoenix paludosa Râǵan. 9,91.

नीलतोयद m. eine dunkle Wolke Taitt. Âr. 10,11,2.

नीलदूर्वा f. eine Art Dûrvâ-Gras Râǵan. 8,108. Bhâvapr. 1,210.

1. *नीलद्रुम m. ein best. Baum Râǵan. 9,140.

2. नीलद्रुम Adj. aus indischen Feigenbäumen bestehend Ind. St. 14,381.

नीलधन m. 1) *Xanthochymus pictorius Râǵan. 9,99. — 2) N. pr. eines Fürsten.

नीलनखँ Adj. schwarzkrallig (?).

नीलनिचोलिन् Adj. in einen dunklen Mantel gehüllt Râǵat. 1,207.

*नीलनिर्गुण्डी f. eine blau blühende Nirgunḍî Râǵan. 4,156.

*नीलनिर्यासक m. eine Terminalia Râǵan. 9,140.

नीलनीरज n. eine blaue Wasserrose Spr. 7759.

*नीलपङ्क m. n. Finsterniss.

*नीलपङ्कज n. eine blaue Wasserrose Râǵan. 10,186.

नीलपट m. ein dunkles Gewand 152,16.

नीलपटल n. ein dunkles Häutchen (auf dem Auge eines Erblindeten).

*नीलपत्त्र 1) m. a) Scirpus Kysoor Râǵan. 8,143. — b) Granatbaum Râǵan. 11,76. — c) Bauhinia tomentosa Râǵan. 9,39. — d) = नीलासन Râǵan. 9,140. — 2) f. आ Premna herbacea. — 3) *f. ई Indigo Râǵan. 4,82. — 4) n. eine blaue Wasserrose.

*नीलपद्म n. eine blaue Wasserrose Râǵan. 10,186.

*नीलपर्णी 1) m. Grewia orientalis. — 2) f. आ Vanda Roxburghii.

नीलपिङ्गल Adj. (f. आ) dunkelbraun.

*नीलपिच्छ m. Falke Râǵan. 19,86.

*नीलपिट m. Sammlung von Annalen und königlichen Verordnungen (buddh.).

*नीलपिण्ड n. eine Art Stahl.

*नीलपिष्टिण्डी f. ein best. Strauch Râǵan. 4,179.

*नीलपुनर्नवा f. eine blau blühende Punarnavâ Râǵan. 5,121.

नीलपुर n. N. pr. einer Stadt.

नीलपुराण n. Titel eines Purâṇa.

नीलपुष्प 1) *m. a) eine blau blühende Eclipta Râǵan. 4,142. — b) = नीलाम्लान Râǵan. 10,137. — 2) *f. आ Clitoria ternatea Râǵan. 3,87. — 3) *f. ई Convolvulus argenteus. — b) eine blau blühende Varietät von Clitoria ternatea Râǵan. 3,78. — 3) n. eine best. wohlriechende Pflanze Bhâvapr. 1,192.

*नीलपुष्पिका f. 1) die Indigopflanze. — 2) Linum usitatissimum.

नीलपृष्ठ 1) Adj. einen schwarzen Rücken habend. — 2) *m. Cyprinus denticulatus.

नीलपोर und °पौर m. eine Art Zuckerrohr Bhâvapr. 2,64.

*नीलफला f. die Eierpflanze Gal.

*नीलबीज m. eine Terminalia Râǵan. 9,140.

*नीलबुह्ना f. Convolvulus argenteus.

*नीलभ m. 1) der Mond. — 2) Wolke. — 3) Biene.

नीलभू f. N. pr. eines Flusses.

*नीलभृङ्गराज m. eine blau blühende Verbesina.

नीलमक्षा und °मक्षिका f. eine blaue Fliegen- oder Bienenart.

नीलमणि m. Sapphir Dhûrtan. 38.

नीलमत n. Titel eines Werkes. °पुराण n. Bühler, Rep. No. 64.

नीलमय Adj. aus Sapphiren bestehend Hemâdri 1,488,5.

*नीलमल्लिका f. Aegle Marmelos.

नीलमहिष m. ein dunkelfarbiger Büffel Comm. zu TS. 5,5,11,1.

नीलमाधव m. Bein. Vishṇu's.

*नीलमाष m. Dolichos Catjang Râǵan. 16,45.

*नीलमीलिक m. ein fliegendes leuchtendes Insect.

*नीलमृत्तिका f. schwarzer Eisenvitriol Râǵan. 13,82.

नीलमेक m. *die blaue Harnruhr* Káraka 2,4.

नीलमेहिन् Adj. *blauen Harn lassend* Káraka 2,4.

*नीलयष्टिका f. *eine Art Zuckerrohr.*

नीलरत्न n. *Sapphir.* *°क n. Râgan. 13,183.

नीलराजि f. *dunkler Streifen, Dunkel, Finsterniss.*

नीलरुद्रोपनिषद् f. Titel einer Upanishad.

*नीलरूपक m. *Thespesia populneoides.*

नीललोह n. *blauer Stahl* Râgan. 13,35.

नीललोहित 1) Adj. *schwarzblau und roth, dunkelroth.* — 2) m. *a)* Bein. Çiva's. — *b) ein best.* कल्प 2) *h).* — 3) f. आ *a)* * *eine best. Pflanze.* — *b)* N. pr. einer Göttin, angeblich der Gattin Çiva's.

नीललोहिताक्ष Adj. *dunkelrothe Augen habend* (Çiva).

नीललोहितान्तेवासिन् m. *Çiva's Schüler.* Bein. Paraçurâma's Bâlar. 12,6.

नीलवत् Adj. *schwärzlich, dunkel.*

नीलवर्ण 1) Adj. *blaufarbig* 155,27. — 2) *m. oder n. *Rettig.* — 3) *m. *Grewia asiatica* Râgan. 11, 112. — 4) f. आ *die Indigopflanze* Deçîn. 2,26.

*नीलवर्षाभू f. *eine blau blühende* Punarnavâ Râgan. 5,121.

*नीलवल्ली f. *Vanda Roxburghii.*

1. नीलवसन n. *ein blaues Tuch* 110,31.

2. *नीलवसन m. *der Planet Saturn.*

1. नीलवस्त्र n. *ein blaues Gewand.*

2. *नीलवस्त्र Bein. 1) m. Balarâma's. — 2) f. आ der Durgâ.

नीलवासस् 1) Adj. *in ein blaues Gewand gehüllt.* — 2) *m. *der Planet Saturn.*

*नीलवृन्त m. *ein best. Baum* Râgan. 9,78.

नीलवृन्त *Fächer.*

*नीलवृन्तक n. *ein best. Baum* Râgan. 9,97.

नीलवृष 1) m. *ein dunkelfarbiger Stier* Jâén. 3, 271. — 2) *f. आ *Solanum Melongena.*

नीलव्रत n. *eine best. Begehung.*

नीलशिखण्ड Adj. *schwarzbuschig, — lockig* (Rudra-Çiva).

*नीलशिग्रु m. *Moringa pterygosperma* Râgan. 7,28.

नीलशीर्ष्णी f. *ein best. Thier* TS. 5,5,15,1.

नीलषण्ड m. *ein in Freiheit gesetzter dunkelfarbiger Stier.*

नीलसंधानभाण्ड n. *ein Gefäss, in dem Indigo bereitet wird,* 155,25.

*नीलसंध्या f. *die blau blühende Varietät von Clitoria ternatea.*

नीलसरस्वती f. *eine best. Göttin.* °मनु m. *ein best. Zauberspruch.*

नीलसरोरुह n. *eine blaue Wasserrose.* °रुहाक्षी f. so v. a. *eine Schöne* Vikramâñkak. 12,26.

*नीलसार m. *ein best. Baum,* = नीलासन Râgan. 9,140. = तिन्दुक 11,78.

*नीलसिन्दुक m. *Vitex Negundo* Râgan. 4,155.

*नीलस्कन्दा, *°स्कन्धा und *°स्पन्दा f. *eine dunkle* Gokarnî Râgan. 3,78.

नीलस्वरूप n. *ein best. Metrum.*

नीलांशुक n. *ein blauer Ueberwurf* Spr. 7813.

*नीलाङ्ग m. *Gans.*

नीलागलसाला f. AV. 6,16,4.

*नीलाङ्कितदल *ein best. Knollengewächs.* Richtig तिलाङ्कितदल.

नीलाङ्ग 1) Adj. *einen dunkelfarbigen Körper habend.* — 2) *m. *a) der indische Kranich* Râgan. 19, 196. — *b) Coracias indica* Râgan. 19,118.

*नीलाङ्गु m. 1) *ein best. Gewürm.* — 2) *eine Art Fliege.* — 3) *Schakal.* — 4) = प्रसूत.

नीलाचल m. N. pr. eines Landes. Wohl fehlerhaft für लीलाचल.

नीलाञ्जन 1) n. *schwarze Augensalbe* R. 6,20,11. 37,31. Nach den Lexicographen *eine Salbe von Spiessglanz* und *blauer Vitriol* Râgan. 13,104 (नीलाश्मन v. l.). — 2) *f. आ *Blitz.* — 3) *f. ई *ein best. Strauch* Râgan. 4,189.

*नीलाञ्जसा f. 1) *Blitz.* — 2) N. pr. *a)* einer Apsaras. — *b)* eines Flusses.

नीलाद्रि m. *das Gebirge* Nîla. °महोदय m. und °माहात्म्य n. Titel zweier Werke.

*नीलाद्रिकर्णिका und *नीलापराजिता f. *eine blaue Varietät von Clitoria ternatea* Râgan. 3,78. 79.

नीलाब्ज n. *eine blaue Wasserrose* Râgan. 10,186.

नीलाभ 1) *Adj. (f. आ) *bläulich.* — 2) m. *a)* * *Wolke* Râgan. 19,130. — *b)* N. pr. eines Berges.

*नीलाम्बर 1) m. *a) ein* Rakshas. — *b) der Planet Saturn.* — *c)* Bein. Balarâma's. — 2) n. = तालीशपत्त्र 2) Râgan. 6,185.

*नीलाम्बुजन्मन् n. *eine blaue Wasserrose.*

नीलाम्भोज n. dass. 174,5.

*नीलाम्लान m. *eine best. Pflanze* Râgan. 10,137.

*नीलाम्ली f. *ein best. Strauch* Râgan. 4,179.

नीलाय्, °यते *anfangen dunkelfarbig* oder *blau zu werden* Kâd. 179,22. 231,4.

नीलायुध m. Pl. N. pr. eines Volkes MBh. 5,19, 23. लीलायुध v. l.

*नीलारुण m. *die dunkelrothe —, die erste Morgenröthe.*

*नीलालिकुलसंकुल m. *Rosa glandulifera* Dhanv. 5,87.

*नीलालु m. *ein best. Knollengewächs* Râgan. 7,77.

*नीलाशी f. *Vitex Negundo.*

नीलाशोक m. *ein blau blühender* Açoka.

*नीलाश्मन n. s. u. नीलाञ्जन 1).

*नीलाश्मन् m. *Sapphir* Râgan. 13,183.

नीलाश्व N. pr. einer Gegend.

नीलासन m. 1) * *ein best. Baum* Râgan. 9,140. — 2) *quidam coeundi modus.*

नीलासुर m. N. pr. eines Mannes.

नीलिकाकाच m. *eine best. Krankheit der Linse des Auges.*

नीलिनी f. 1) *die Indigopflanze.* — 2) * *ein blau blühender Convolvulus.* — 3) N. pr. der Gattin Agamidha's.

नीलिमन् m. *Schwärze, eine dunkle Farbe* Mâlatîm. 75,22 (68,5). Kandak. 74,10. Vikramâñkak. 14,30.

नीलीभाण्ड n. *ein Gefäss mit Indigo* 155,26.

नीलीरस m. *flüssiger Indigo* Pankat. 62,24.

1. नीलीराग m. *eine Zuneigung, die so unvergänglich ist wie die Indigofarbe.*

2. *नीलीराग Adj. 1) *die Farbe des Indigo habend.* — 2) *beständig in der Zuneigung.*

नीलीरोग m. wohl = नीलिकाकाच.

नीलीवर्ण Adj. *die Farbe des Indigo habend* 156, 16. Pankat. 63,1.

नीलीवस्त्र n. *ein mit Indigo gefärbtes Gewand* Verz. d. Oxf. H. 282,*b*,2 v. u.

*नीलेश्वर N. pr. einer Stadt.

नीलोत्पल 1) n. *eine blaue Wasserrose, die Blüthe von Nymphaea cyanea.* — 2) f. आ *a) ein* Râga *von sechs Tönen* S. S. S. 93. — *b)* N. pr. einer Apsaras Kârand. 3,15.

नीलोत्पलगन्ध m. *ein best.* Samâdhi Kârand. 52,1.

नीलोत्पलमय Adj. (f. ई) *aus blauen Wasserrosen gebildet.*

*नीलोत्पलिन् 1) m. Bein. Mañguçrî's. — 2) f. °नी *ein Teich mit blauen Wasserrosen* Râgan. 10,204.

*नीलोद m. N. pr. eines Sees oder Flusses.

नीलोपकाश Adj. *von schwärzlichem Aussehen* Âpast. Çr. 6,9,1.

*नीलोपल m. *Sapphir* Râgan. 13,183.

*नीव्, नीवति (स्थौल्ये).

नीव m. *ein best. Baum* Gobh. 1,7,15.

*नीवन् (?) m. N. pr. eines Rosses des Mondgottes.

*नीवर 1) m. *a) Handelsmann.* — *b) Einwohner.* — *c) Bettler.* — *d) Sumpf.* — 2) n. *Wasser.*

*नीवाक m. *die bei einer Theuerung gesteigerte Nachfrage nach Getraide u. s. w.*

नीवार 1) m. (adj. Comp. f. आ) *wilder Reis;* Sg.

die Pflanze, Pl. die Körner. नीवारकण m. Reiskorn 160,11. — 2) f. नीवारा N. pr. eines Flusses.

नीवारक m. = नीवार 1).

नीवारप्रसृतिंपच und नीवारमुष्टिंपच Adj. nur eine Handvoll wilden Reises sich kochend, so v. a. äusserst mässig im Essen Bâlar. 298,14. 99,7. 307,6.

नीवाह m. = निवाह Abnahme (der Tage).

नीवि॑ und नीवी f. 1) ein umgebundenes Tuch, Schurz; insbes. der von Frauen dicht am Leibe getragene Schurz. — 2) *ein Band, mit dem ein doppelt zusammengelegtes Kuça-Gras beim Manenopfer eines Çûdra gebunden wird. — 3) Geissel, obses Kâçat. 8,841. 1261. — 4) *Kapital.

नीवि॑द् f. = निवि॑द् 2) AV. 11,7,19.

(नीविभार्य) नीविभार्॑य Adj. im Schurz zu tragen.

*नीवृत् und नीवृति (Hem. Par. 11,86) f. eine bewohnte Gegend, Reich.

नीवेष्य Adj. = 2. निवेष्य Maitr. S. 2,9,8.

(नीव्या) नीवि॑या f. etwa Gewand.

*नीव्र m. 1) der Rand eines Daches. — 2) Dach. — 3) Wald. — 4) Radfelge. — 5) der Mond. — 6) das Mondhaus Revatî.

नीशार m. 1) ein warmer Ueberwurf, eine warme Decke Mahâbh. 3,90,b. — 2) *Schirm, Vorhang (auch als Schutz gegen Mücken).

नीषा॑ह् (stark °षा॑ह्) Adj. bewältigend.

नीहा॑र m. 1) Nebel. Auch Pl.; einmal n. — 2) Entleerung.

नीहारकर m. der Mond.

नीहारचक्षुस् Adj. dessen Augen in Finsterniss gehüllt sind.

नीहारमय Adj. aus Nebel bestehend Kâd. 244,15.

*नीहाराय्, °यते = नीहारं करोति.

नीहारी Adv. कर् in Nebel verwandeln Mahâvîrać. 73,5.

1. नु॑, नू॑ Indecl. 1) nun, jetzt, noch (zeitlich), noch jetzt, noch ferner. — 2) so — nun, so — denn. — 3) noch (steigernd), schon. — 4) allerdings, jawohl, gewiss, eben. Mit einer Negation gewiss nicht. — 5) doch, wohl; insbes. in einer Frage. In zwei- oder mehrgliedrigen Fragesätzen wird नु wiederholt, nur einmal gesetzt oder wechselt mit स्विद् oder यदि वा. Statt des zweiten नु auch अथ वा नु. Nach einem Interr. auch नु खलु. — 6) नु — नु entweder — oder, नु — नु — नु entweder — oder — oder. Statt नु — नु auch वा — नु वा. — 7) nie. — 8) नू॑ चिद् a) von nun an, so v. a. für immer oder alsbald. — b) niemals, nimmermehr.

2. नु, नू, नौति (nur mit प्र), नुवै॑ति (in der älteren Sprache nur नुवै॑न्त्), न॑वति (in der älteren Sprache nur न॑वन्त्) und न॑वते. In der älteren Sprache selten Act. 1) brüllen, schreien, brummen, schallen, jauchzen, jubeln. — 2) Jmd (Acc.) zujauchzen, lobsingen, preisen. नुत gepriesen. — *Desid. vom Caus. नुनावयिषति. — Intens. (नोनुवन्त, न॑वीनोत्, *नोनोति und *नोनूयते) dröhnen, brausen. — Mit अच्छ zurufen, zujauchzen; mit Acc. — Mit अनु (Intens. °अनोनवुस् und °नो॑नुवत् Partic.) nachjubeln. — Mit अभि Jmd (Acc.) zubrüllen, zurauschen, zujauchzen. — Mit आ tönen, ertönen, zwitschern, schreien. — Intens. durchtönen, durchrauschen. — Mit अन्वा Intens. durch — hin tönen, mit Acc. — Mit परि lobpreisen. — Mit प्र 1) brüllen, dröhnen, schallen. — 2) brummen, so v. a. den Ton ओम् ausstossen. — Mit अभिप्र Jmd (Acc.) zutönen, zujubeln, bejubeln. — Mit संप्र Jmd mit Jubel empfangen MBh. 13,122,13. — Mit प्रति Etwas gutheissen. — Mit वि Jmd preisen Spr. 7684. — Mit सम् zusammen brüllen, — blöken u. s. w., — schallen. — Mit अभिसम् zusammen jubeln u. s. w. über oder gegen (Acc.).

3. *नु m. Preis, Lob.

4. नु (नू), न॑वते (गतिकर्मन्) und नौति (mit अप). — Caus. नावयति etwa vom Platze bewegen, beseitigen. — Mit अति Caus. vorüberwenden, abkehren. — Mit अनु, °नूत fraglich, da der Commentar anders trennt (नु उत). — Mit अप weglegen. — Mit अभि sich zuwenden zu (Acc.). — Mit अव sich hinbewegen zu (Acc.). — Mit वि sich nach verschiedenen Seiten wenden. — Mit सम् zusammenkommen bei (Gen.) RV. 10,120,2.

5. नु, नावयति Etwas in die Nase ziehen lassen Karaka 6,13. 20.

6. नु am Ende eines adj. Comp. = नौ Schiff Bhâg. P. 8,11,25.

7. *नु m. 1) Waffe. — 2) Zeit.

*नुट्, नुडति (वधे). — समानोद्य MBh. 3,11477 fehlerhaft für °लोड्य.

नुतमित्र m. N. pr. eines Mannes Daçak. 13,17.

नुति f. Lob, Preis Bâlar. 33,5. Naish. 3,34.

नुत्ति f. Vertreibung, Verscheuchung, Entfernung.

1. नुद्, नुद॑ति, °ते, °नुद्यात् stossen, fortstossen, fortdrängen, rücken, antreiben; vertreiben, austreiben, verscheuchen, entfernen. नुत्त॑ und नुन्न fortgestossen, fortgedrängt, angetrieben; verstossen (Gattin). — Caus. नोदयति antreiben. — Intens. नोनुद्यते wiederholt wegstossen, vertreiben. — Mit अति, अ॑तिनुत्त vorübergetrieben. — Mit अप 1) fortstossen, vertreiben, verscheuchen. — 2) Etwas beseitigen Çaṁk. zu Bâdar. 2,1,14 (S. 447, Z. 14). — Caus. = अप Simpl. 1). — Desid. in अपनुनुत्सु (Nachtr. 3). — Mit व्यप vertreiben, verscheuchen. — Mit अभि, °नुन्न gestossen, gedrängt. — Caus. antreiben. — Mit अव Caus. अवनोदयिष्यस् (तम्) MBh. 7,3069 fehlerhaft für अचोदयिष्यस् (तम्). — Mit पर्यव hinstossen —, so v. a. hinschaffen zu (Acc.). — Mit अपा (metrisch) forttreiben, vertreiben, verscheuchen, entfernen. — Mit व्यपा (metrisch) entfernen, verscheuchen. — Mit उपा dass. Ueberall v. l. — Mit उप, °नुन्न herangetrieben. — Mit निस् 1) ausstossen, wegräumen, austreiben, verscheuchen, entfernen MBh. 14,90,90. — 2) von sich stossen, so v. a. zurückweisen. — Mit अभिनिस् austreiben, verscheuchen, entfernen MBh. 12,293,6. — Mit परा 1) wegstossen, wegdrängen, wegtreiben, entfernen. — 2) Etwas beseitigen Çaṁk. zu Bâdar. 2,2,3. — Mit परि 1) herabstossen von (Abl.). — 2) hineinstossen in, verwunden. — Mit प्र fortstossen, verdrängen, forttreiben, in Bewegung setzen, treiben; verscheuchen. Partic. प्र॑णुत्त, प्रणुन्न (fortgestossen, vertrieben, verscheucht, angetrieben, in Bewegung gesetzt) und प्रणुदित (gestossen, geschlagen). — Mit अतिप्र Jmd stark drängen, Jmd stark zusetzen. — Mit अनुप्र von sich stossen, verscheuchen, in die Flucht jagen. — Mit विप्र verschieben Vaitân. 4,5. — Mit संप्र treiben, drängen, entfernen von (Abl.). Partic. °णुदित. — Mit प्रति zurückstossen, abwehren. — Mit वि 1) auseinandertreiben, wegtreiben, verscheuchen. — 2) verwunden. Nur Partic. विनुन्न. — 3) schlagen, spielen (die Laute). v. l. वि-तुद्. — Caus. 1) vertreiben, verscheuchen. — 2) zubringen (die Zeit). — 3) zerstreuen, aufheitern, erheitern. — 4) sich erheitern —, sich ergötzen an (Instr.). — Mit अभिवि Caus. aufheitern, erheitern. — Mit सम् zusammendrängen, — bringen. — Caus. 1) zusammenbringen, herbeischaffen. — 2) antreiben. — 3) verscheuchen. — Mit उपसम् zusammendrängen, — bringen, herbeischaffen.

2. नुद् Adj. vertreibend, verscheuchend, entfernend.

°नुद Adj. (f. आ) 1) dass. — 2) verwundend, verletzend.

नुनुत्सु Adj. zu verscheuchen —, zu entfernen wünschend Naish. 2,11.

नू s. 1. 2. und 4. नु.

नू॑तन Adj. (f. आ) 1) neu, jung, neuerlich —, eben geschehen, — erschienen, jetzig, gegenwärtig. वयस् n. das jugendliche Alter Harshać. 138,16. — 2) *neu, so v. a. seltsam* Bâlar. 204,17.

नूतनतरि f. Titel eines Commentars Cat. Willmot 100.

नूतनय्, °यति *erneuern.*

नूत्न Adj. (f. आ) = नूतन 1) und auch so v. a. *künftig.*

नूत्नभाव m. MBh. 3,59 fehlerhaft für न्यूनभाव.

नूत्नवयस् Adj. *in der ersten Blüthe der Jugend stehend.*

*नूद् m. *eine Art Maulbeerbaum.* Richtig तूद.

नूनम् Adv. 1) *jetzt, gegenwärtig, eben, gerade.* — 2) *nun (in nächster Zukunft), alsbald, von nun an, künftighin.* — 3) *nun, denn, also* (folgernd, auffordernd, anweisend). — 4) *aller Wahrscheinlichkeit nach, gewiss, sicherlich.*

नूपुर 1) m. n. (adj. Comp. f. आ 322,28) *Fussschmuck, Fussring* (insbes. bei Weibern) 293,10. — 2) *m. N. pr. eines Nachkommen des Ikshvâku.

नूपुरवत् und नूपुरिन् (Prij. 33,4) Adj. *mit einem Fusschmuck versehen.*

नूपुरोत्तमा f. N. pr. einer Kiṁnara-Jungfrau Kâraṇḍ. 6,15.

नृकलेवर *ein menschlicher Leib, — Leichnam* 120,25. 137,23.

*नृकल्प m. N. pr. eines Mannes.

नृकुक्कुर m. *ein Hund von einem Menschen.*

*नृकुटी f. Kaij. in Mahâbh. 8,49,a.

नृकेसरि (einmal) und °न् m. *halb Mensch halb Löwe* (Vishṇu in seinem 4ten Avatâra).

नृग N. pr. 1) m. verschiedener Männer. नृगस्य साम Name eines Sâman Ârsh. Br. — 2) f. आ der Mutter eines Nṛga.

नृगतीर्थ n. N. pr. eines Tîrtha.

नृगमोक्षप्रकरण Titel eines Abschnittes in einem Purâṇa Opp. Cat. 1.

नृचक्षस् 1) Adj. a) *Männer schauend, — beobachtend.* — b) *Männer leitend.* — c) *Männer schauend, so v. a. lebend.* — 2) *m. ein Rakshas.

नृचक्षुष m. = नृचक्षस् 2).

नृचक्षुस् 1) Adj. *mit menschlichen Augen sehend.* — 2) m. N. pr. eines Fürsten.

नृचन्द्र m. N. pr. eines Fürsten.

*नृजल m. *menschlicher Harn.*

नृजित् 1) Adj. *Männer besiegend* oder *fangend.* — 2) m. *ein best.* Ekâha.

नृत् f. *Gebärde.*

नृतम Adj. (f. आ) *männlichst, kräftigst* RV. 6,19,10.

1. नृति f. 1) *Tanz, Spiel.* — 2) *etwa ein anmuthiges* oder *feierliches Auftreten, Erscheinen.*

2. नृति f. AV. 6,18,3 wohl fehlerhaft für दृति. AV. Paipp. त्रितेरिव.

नृतु Adj. etwa *gestuosus, lebhaft, beweglich.*

नृतू 1) *Adj. *lang.* — 2) m. a) *Tänzer, Schauspieler.* — b) * *Wurm.* — c) * *die Erde.*

नृतेतोस् Adj. TBr. 2,8,2,1 fehlerhaft für स्रुतेतोः.

नृत्त n. *Tanz.* मयूरस्य 238,15.

नृत्तप्रयोग m. Titel eines Werkes Opp. Cat. 1.

नृत्तमय Adj. (f. ई) *im Tanz bestehend.*

नृत्य n. *Tanz, Gebärdenspiel, Pantomime.*

नृत्यप्रिय 1) *m. *Pfau.* — 2) f. आ N. pr. einer der Mütter im Gefolge Skanda's.

नृत्यविलास m. Titel eines Werkes Hall in der Einl. zu Daçar. 1.

*नृत्यशाला f. *Tanzsaal.*

नृत्यशास्त्र n. *die Lehre vom Tanze u. s. w.* Hemâdri 2,a,107,8.

नृत्यसर्वस्व n. Titel eines Werkes.

*नृत्यस्थान n. *Tanzplanz.*

नृत्यहस्त m. *die Stellung der Hand beim Tanz;* Du. *die Stellungen der beiden Hände beim T.*

नृदुर्ग Adj. *durch Männer schwer zugänglich, — gut vertheidigt;* n. *ein solcher Ort* M. 7,70.

नृदेव 1) m. *Fürst, König.* — 2) f. ई *Fürstin, Königin.*

*नृधर्मन् m. Bein. Kubera's.

नृधूत Adj. *von Männern geschüttelt, — bewegt.*

*नृनमन 1) Adj. *Männer beugend.* — 2) m. N. pr. eines Mannes.

नृप m. 1) *Fürst, König.* — 2) *der König im Schachspiel* Pañkad. — 3) *ein best. Tact* S. S. S. 237. — 4) *Bez. der Zahl sechzehn* Gaṇit. Spashṭ. 41.

*नृपकन्द m. *eine Zwiebelart* Râǵan. 7,59.

नृपकार्य n. *die Angelegenheit —, der Auftrag eines Fürsten* 213,15.

नृपक्रिया f. *Regierung, Herrschaft.* °यां कारय् *regieren, herrschen.*

नृपगृह n. *Palast.*

*नृपचिह्न n. *ein weisser Sonnenschirm* Gal.

नृपजन m. Sg. *die Fürsten* 297,2.

नृपञ्चानन und नृपञ्चास्य m. = नृकेसरिन्.

नृपंजय m. N. pr. zweier Fürsten.

नृपताल m. *ein best. Tact.*

नृपति m. 1) *Fürst, König, Herrscher.* — 2) *Bein. Kubera's.

नृपतिकन्यका f. *Prinzessin* 135,13.

नृपतिद्वार n. *der Eingang zu einem Palast* Varâh. Jogaj. 7,15.

नृपतिपथ m. *Hauptstrasse.*

*नृपतिवल्लभ m. *eine best. Arzeneipflanze.* Vgl. नृपवल्लभ.

नृपत्नी f. *Fürstin, Herrscherin.*

नृपत्व n. *Herrschaft, Königswürde.* °त्वं कर् *regieren, herrschen.*

नृपदीप m. *ein Fürst als Lampe* Spr. 3809.

*नृपद्रुम m. 1) *Cathartocarpus fistula* Râǵan. 9,44. — 2) *Mimusops hexandra* Râǵan. 11,71.

*नृपपलाण्डु m. = नृपकन्द Râǵan. 7,60.

*नृपप्रिय 1) m. a) *eine Papageienart* Râǵan. 19,113. — b) *Bambusa spinosa.* — c) *eine Varietät von Saccharum Sara* Râǵan. 8,78. — d) *Reis.* — e) *eine Zwiebelart* Râǵan. 7,59. — f) *der Mangobaum* Râǵan. 11,11. — 2) f. आ a) *Pandanus odoratissimus* Râǵan. 10,68. — b) *eine Art Dattelbaum* Râǵan. 11,162.

*नृपप्रियफला f. *Solanum Melongena* Râǵan. 7,193.

*नृपबदर m. *eine Art Judendorn;* n. *die Frucht* Râǵan. 11,143.

*नृपमन्दिर n. *Palast.*

*नृपमाङ्गल्यक n. *Tabernaemontana coronaria* Râǵan. 4,171.

*नृपमान n. fehlerhaft für नृपाभीर.

*नृपमाष m. *Dolichos Catjang* Râǵan. 16,45.

नृपयोग m. *Bez. bestimmter Constellationen* Varâh. Jogaj. 4,52.

*नृपलक्ष्मन् n. *ein weisser Sonnenschirm.*

नृपलिङ्ग n. *ein fürstliches Abzeichen.*

*नृपवल्लभ 1) m. *eine Mangoart* Râǵan. 11,16. — 2) f. आ a) *die Gemahlin eines Fürsten.* — b) *eine best. Blume* Râǵan. 10,118.

नृपवृत m. *ein best. Baum,* = गिरिमालक Glosse zu Suçr. 2,456,8.

नृपवेश्मन् n. *Gerichtshof* Varâh. Jogaj. 8,20.

नृपशु m. 1) *ein als Opferthier dienender Mensch.* — 2) *ein Vieh von einem Menschen* Venis. 100.

*नृपश्रेष्ठ m. *eine Art Judendorn.*

*नृपसभ n. *eine Versammlung von Fürsten* oder *ein fürstlicher Palast.*

नृपसुत 1) m. *Fürstensohn, Prinz.* — 2) f. आ a) * *Prinzessin.* — b) *Moschusratte* Varâh. Bṛh. S. 88,3.

*नृपांश m. *der Fürsten Antheil* (an Getraide u. s. w.).

नृपाकृष्ट n. *eine best. vortheilhafte Stellung im Spiel* Ḱaturañga.

नृपाङ्गण n. *ein fürstlicher Hof.*

नृपाङ्गन 1) n. dass. — 2) f. आ *Fürstin, Königin* Daçak. 80,15.

नृपाण Adj. *den Männern einen Trunk gebend.*

नृपातृ m. *Hüter der Männer.*

नृपात्मज 1) m. a) *Fürstensohn, Prinz* 112,13. 113, 8. 123,29. — b) * *eine Mango-Art* Râǵan. 11,18. — 2) f. श्रा a) *Prinzessin.* — b) * *eine Gurkenart.*

*नृपाध्वर m. *die religiöse Feier der Königsweihe.*

नृपानुचर m. *Minister.*

*नृपान्न n. *eine Reisart* Râǵan. 16,8.

नृपान्यत्व m. *Regierungswechsel.*

*नृपाभीर n. *Musik während der Tafel eines Fürsten.*

*नृपामय m. *Lungenschwindsucht* Râǵan. 20,2.

(नृपाय्य) नृपायिश्र n. *Männer (bergend), Männersaal, Halle, ein grosses und festes Gebäude oder Gemach.*

नृपार्यमन् m. *eine Sonne unter den Fürsten* Râǵat. 8,2554.

नृपाल m. *Fürst, König.*

नृपालय m. *Palast.*

*नृपावर्त m. *eine Art Diamant* Râǵan. 13,216.

नृपासन n. (adj. Comp. f. श्रा) *Thron.*

नृपास्पद n. *Palast* Râǵat. 5,235.

*नृपाह्वय m. *eine Zwiebelart* Râǵan. 7,58.

*नृपोट n. *Wasser.*

नृपीति f. *Schutz der Männer.*

नृपेशस् Adj. nach Sâj. *männergestaltig;* vielleicht *von Männern gebildet, — geschmückt.*

*नृपेष्ट m. *eine Zwiebelart* Râǵan. 7,59.

*नृपोचित m. *Dolichos Catjang* Râǵan. 16,45.

नृबन्धु m. N. pr. eines Fürsten VP.² 4,164.

नृबाहु m. *Mannesarm.*

नृभर्तर् m. *Fürst, König.*

नृभृत m. N. pr. eines Fürsten VP.² 4,175.

नृमणस् Adj. *männerfreundlich* Vaitân.

नृमणस्य्, °स्यते *männerfreundlich sein* RV.

नृमणा f. N. pr. eines Flusses. नृम्णा v. l.

नृमणि m. *ein best. böser Geist.*

*नृमन gaṇa तुभादि.

*नृमस् m. N. pr. eines Mannes.

*नृमर Adj. *Männer tödtend.* Vgl. नार्मर.

नृमांस n. *Menschenfleisch.*

नृमादन Adj. *Männer erheiternd.*

नृमिथुन n. *die Zwillinge im Thierkreise.*

नृमेघ m. *ein als regnende Wolke gedachter Mensch.*

1. नृमेध m. *Menschenopfer.*

2. नृमेध und नृमेधस् m. N. pr. eines Mannes.

नृम्णा 1) n. a) Sg. Pl. *virtus, Mannhaftigkeit, Tüchtigkeit; Muth, Kraft.* — b) * = धन. — 2) Adj. = सुखकर oder n. = धन, सर्वपुरुषार्थनिधि Bhâg. 4,8,46 nach dem Comm. — 3) f. नृम्णा N. pr. eines Flusses Bhâg. P. ed. Bomb. 5,20,4. नृमणा v. l.

नृम्णवर्धन Adj. *Muth mehrend.*

नृम्णायि ein Ausruf in der Litanei Taitt. Âr. 4,40,1.

नृयज्ञ m. *das den Menschen darzubringende Opfer, Gastfreundschaft.*

नृयुग्म n. und नृयुज् (Varâh. Bṛh. 1,11. Hemâdri 1,73,14. 21) *die Zwillinge im Thierkreise.*

नृलोक m. *die Welt der Menschen, die Erde.* °पाल m. *Hüter der Erde.*

नृवत् Adj. *wie es Männern gebührt, tüchtig, nachhaltig, fortiter;* überh. steigernd.

नृवत्सखि Adj. (Nom. °खा) *männerreiche,* d. h. *von Gefolge begleitete Theilnehmer habend.*

नृवत् Adj. *männlich, den Männern gehörig, für die M. passend, aus M. bestehend, von M. begleitet* u. s. w.

नृवर m. *Bester der Menschen, Fürst, König* Mudrâr. 67,9 (110,2).

नृवराह m. *halb Mensch halb Eber* (Vishṇu in einem seiner Avatâra).

नृवाहण und नृवाहस् Adj. *Männer führend.*

नृवाह्य n. *Palankin* Hemâdri 1,159,4.

*नृवेष्टन m. Bein. Çiva's.

1. नृशंस m. *ein best. Gott* (wenn die Lesart richtig sein sollte).

2. नृशंस Adj. (f. श्रा) *den Menschen Schaden bringend, boshaft, gemein, niederträchtig.* Nom. abstr. °ता f.

नृशंसवत् Adj. *gemein, niederträchtig.*

नृशंसवर्ण Adj *gemeine Worte im Munde führend* MBh. 13,11,7.

नृशंसित n. *Bosheit, Gemeinheit, Niederträchtigkeit.*

नृशंस्य 1) Adj. (f. श्रा) *gemein, niederträchtig.* — 2) n. *Gemeinheit, Niederträchtigkeit.*

नृशस्त Adj. *von Männern gepriesen* (Comm.).

नृशृङ्ग n. *Menschenhorn* (als Beispiel eines Undinges).

नृषाच् (stark नृषाञ्च्) Adj. *den Männern zugethan.*

नृषङ्गु m. N. pr. eines Ṛshi. रुशङ्गु v. l.

नृषद् 1) Adj. *unter Männern sitzend.* — 2) m. N. pr. des Vaters von Kaṇva. — 3) (wohl f.) angeblich = बुद्धि *Vernunft.*

नृषदन n. *Männerversammlung, Aufenthalt der Männer.*

नृषद्मन्, नृषद्वन् und नृषद्वर Adj. *unter den Männern wohnend.*

नृषह् (stark नृषाह्) Adj. *Männer bezwingend.*

नृषह्य n. *Männerbewältigung.*

नृषा Adj. *Männer verschaffend.*

नृषाति f. *Männererbeutung.*

नृषाह्य 1) Adj. *Männer bewältigend.* — 2) n. *Männerbewältigung.*

नृषूत Adj. *von Männern angetrieben.*

नृसिंह m. 1) *ein Löwe unter den Menschen, ein grosser Held.* — 2) *halb Mensch halb Löwe* (Vishṇu in seinem vierten Avatâra). Nom. abstr. °त्व n. Ind. St. 9,155. — 3) *ein Gebet zu Vishṇu in seiner Erscheinung als halb Mensch halb Löwe* Agni-P. 43,18. — 4) *quidam coeundi modus.* — 5) N. pr. verschiedener Männer Spr. 7646. Auch °सिंहाचार्य.

नृसिंहक m. = नृसिंह 2).

नृसिंहकरण n., °सिंहकवच n. und °सिंहगणित n. Titel von Werken Opp. Cat. 1.

नृसिंहचतुर्दशी f. *der 14te Tag in der lichten Hälfte des* Vaiçâkha.

नृसिंहचम्पू und नृसिंहजयन्ती f. Titel zweier Werke.

नृसिंहतापनी f. (Opp. Cat. 1,8044), °य n. und °तापिनीयोपनिषद् f. (Opp. Cat. 1) Titel einer Upanishad.

नृसिंहद्वादशी f. *der 12te Tag in der lichten Hälfte des* Phâlguna.

नृसिंहपटल n. und नृसिंहपरिचर्या f. Titel zweier Werke.

नृसिंहपुराण n. Titel eines Upapurâṇa.

नृसिंहपूजापद्धति f. Titel eines Werkes.

नृसिंहपूर्वतापनीय n. Titel einer Upanishad.

नृसिंहप्रसाद m. Titel eines Werkes Bühler, Rep. No. 352.

नृसिंहभट्ट m. N. pr. eines Gelehrten.

नृसिंहभट्टीय n. Nṛsiṁhabhaṭṭa's *Werk* Opp. Cat. 1.

नृसिंहभारत्याचार्य m. N. pr. eines *Lehrers.*

नृसिंहमन्त्र m. Titel eines Mantra Opp. Cat. 1.

नृसिंहमाहात्म्य n. Titel eines Werkes.

नृसिंहमूर्त्याचार्य m. N. pr. eines *Lehrers.*

नृसिंहवज्रपञ्जर n. Titel eines Werkes.

नृसिंहवन n. N. pr. einer Gegend.

नृसिंहशास्त्रिन् m. N. pr. eines Gelehrten Opp. Cat. 1,3265.

नृसिंहशास्त्रिप्रकाशिका f. Titel eines Werkes Opp. Cat. 1.

नृसिंहसरस्वती f. N. pr. eines Scholiasten.

नृसिंहस्तवराज m. Titel eines *Lobgesanges.*

नृसिंहस्तोत्र n. desgl. Opp. Cat. 1.

नृसिंहाश्रम m. N. pr. eines Mannes.

नृसिंहीय n. Nṛsiṁha's *Werk.*

नृसिंहोत्तरतापनी f. (Opp. Cat. 1) und °नीय n. Titel einer Upanishad.

नृसिंहोदय m. Titel eines Werkes Cat. Willmot 212.

*नृसेन n. und *°ना f. *ein Heer von Männern.*

नृसोम m. *ein Mond unter den Männern, ein ausgezeichneter Mann.*

नृहन् Adj. *Männer tödtend.*

नृहरि m. 1) *halb Mensch halb Löwe* (Vishṇu in seinem 4ten Avatâra). — 2) N. pr. eines Mannes.

नॄंःप्रणेत्र Adj. *Männer führend.*

नेक्षण n. *spitzer Stab, Spiess, Gabel* oder *ein ähnliches Kochgeräthe.*

नेग m. Pl. *eine best. Schule des SV.*

नेजक m. *Wäscher.*

नेजन n. *das Waschen.*

नेजमेष m. *ein best. den Kindern gefährlicher Unhold* Einschiebung nach ṚV. 10,184. Mân. Gṛhj. 2,18.

1. नेतर् Nom. ag. mit Acc. 1) *Führer, führend* ṚV. 10,126,6. — 2) *Zuführer, Darbringer.* — 3) Nomin. als 3te Person fut. *er wird führen* 39,5. 16.

2. नेतर् Nom. ag. 1) m. a) (mit Gen. oder am Ende eines Comp.) *Führer, Leiter, Lenker.* दण्डस्य *der den Stock führt,* so v. a. *Strafe verhängt.* *अश्वस्य ग्रामम् oder *ग्रामस्य *der das Pferd in's Dorf führt.* — b) *Heerführer* Varâh. Bṛh. 2,1. — c) *der Held eines Stückes.* — d) **Azadirachta indica* Râǵan. 9,7. — 2) f. नेत्री a) (mit Gen. oder am Ende eines Comp.) *Führerin, Leiterin, Lenkerin.* गृहकृत्यस्य Sâj. zu ṚV. 1,48,5. अम्बुनेत्री (नदी) *Wasser führend.* — b) **Fluss.* — c) **Ader.* — d) *Bein. der Lakshmî.

नेतव्य Adj. 1) *zu führen, wegzuführen, abzuführen, — zu* oder *in* (Acc.) 159,15. 239,13. — 2) *anzuwenden* Çaṁk. zu Bâdar. 2,3,17. 3,3,12. — 3) *zu erforschen* Çaṁk. zu Bâdar. 2,3,15.

नेती f. *das Hindurchziehen eines Fadens durch Nase und Mund* (als Selbstqual).

नेतृत्व n. *das Amt —, das Geschäft des Führers.*

नेतृमत् Adj. *das Wort* नेतर् *enthaltend.*

नेत्र 1) am Ende eines adj. Comp. (f. आ) *Führer, Leiter, Lenker.* — 2) m. N. pr. verschiedener Männer. — 3) n. a) (oxyt.) *Führung, Leitung.* — b) *Auge.* Am Ende eines adj. Comp. f. आ. — c) *Bez. der Zahl zwei.* — d) *der Strick, durch den der Butterstössel* oder *ein Brummkreisel in Bewegung gesetzt wird.* — e) *das Rohr an einer Klystierspritze; Pfeifenrohr* Karaka 1,5. — f) *Schleier* R. 1,35,16. Ragh. 7,36. — g) *Wurzel* Kâd. 21,23. — h) **Wagen.* — i) **Fluss* Viçva.

नेत्रक n. *Auge* Hemâdri 1,828,4.

*नेत्रकनीनिका f. *Augenstern.*

°नेत्रकार्मण n. *ein Zauber für die Augen von* Vikramâṅkak. 8,2.

नेत्रकोश m. *Augapfel.*

नेत्रगोचर Adj. *im Bereich des Auges seiend.*

*नेत्रच्छद m. *Augenlid.*

नेत्रज 1) Adj. *aus den Augen kommend.* — 2) *n. *Thräne.*

नेत्रजल n. *Thränen.*

नेत्रता f. Nom. abstr. von नेत्र *Auge.*

नेत्रत्रिभागपशस्विन् m. N. pr. eines Autors.

नेत्रनिंसिन् Adj. *die Augen küssend, sich auf die Augen legend* (Schlaf) Daçak. (1925) 2,128,3.

*नेत्रपर्यन्त m. *der äussere Augenwinkel* Râǵan. 18,23.

नेत्रपाक m. *Augenentzündung.*

*नेत्रपिण्ड m. 1) *Augapfel.* — 2) *Katze.*

*नेत्रपुष्करा f. *eine best. Schlingpflanze* Râǵan. 3,68.

नेत्रप्रणयिन् Adj. *Jmds* (Gen.) *Augen begehrend,* so v. a. *Jmd zu Gesicht kommend* Vikramâṅkak. 9,90.

नेत्रप्रबन्ध m. = नयनप्रबन्ध.

नेत्रबन्ध m. *das Verbinden der Augen, das Spiel «blinde Kuh».*

*नेत्रभव m. und *नेत्रमल n. *Augenschmalz* Gal.

*नेत्रमीला f. *Andrographis paniculata* Râǵan. 3,64.

नेत्रमुष् Adj. *die Augen stehlend,* so v. a. *die A. fesselnd.*

*नेत्रयोनि m. 1) Bein. Indra's. — 2) *der Mond.*

नेत्ररञ्जन n. *Augensalbe.*

*नेत्ररुज् f. *Augenübel.*

1. नेत्ररोग m. *Augenkrankheit.*

2. नेत्ररोग Adj. *an den Augen leidend.* Nom. abstr. °ता f. *Augenkrankheit.*

*नेत्ररोगहन् m. *Tragia involucrata* Râǵan. 9,48.

*नेत्ररोमन् n. *Augenwimper.*

नेत्रवस्ति m. *eine Klystierspritze mit einem Beutel.*

*नेत्रवस्त्र n. *Schleier.*

नेत्रवारि n. *Thränen.*

नेत्रविष् f. *Augenschmalz.*

नेत्रविष Adj. *in den Augen Gift habend.*

नेत्रस्तम्भ m. *das Starrwerden des Auges.*

नेत्रहारिन् Adj. *die Augen entzückend* Ind. St. 14,367.

नेत्रहित Adj. *den Augen zuträglich* Bhâvapr. 1,205.

नेत्राञ्जन n. *Augensalbe.*

नेत्रातिथि m. *zu Augen gekommen* Dhûrtan. 19.

नेत्राभिष्यन्द m. *das Triefen der Augen.*

नेत्रामय m. *Augenkrankheit.*

*नेत्राम्बु n. *Thränen.*

नेत्राम्भस् n. *dass.*

*नेत्रारि m. *Euphorbia antiquorum* Râǵan. 8,51.

*नेत्रिक n. *Spritze, Klystierspritze* oder *Löffel.*

नेत्रोत्सव m. *Augenfest, Augenweide.*

नेत्रोपमफल m. *Mandelbaum* Bhâvapr. 1,248.

*नेत्रौषध n. *Eisenvitriol* Râǵan. 13,82.

*नेत्रौषधी f. *Odina pinnata.*

नेत्र्य Adj. *den Augen dienlich* Bhâvapr. 1,179. 184.

1. नेद्, नेदति (गतिकर्मन्, कुत्सासंनिकर्षयोः). — Mit अति *überschäumen, überströmen.* v. l. auch Med.

2. नेद् Indecl. 1) *nicht* (verstärkt). नेत्तु *nicht —, keinesfalls aber* Çat. Br. 3,1,4,8. 4,2,1,7. 5,10,8. 6,2,2,39. Tâṇḍja-Br. 2,2,3. — 2) *damit nicht,* mit Conj., Imperat. oder Potent.

नेदय्, °यति *nahe bringen* Bhaṭṭ.

नेदिष्ठ 1) Adj. (f. आ) a) *der nächste, ganz in der Nähe stehend* Kap. 3,101. Abl. *aus nächster Nähe.* °म् Adv. *nächst, ganz nahe; zunächst, zuerst.* — b) *= निपुण. — 2) m. a) **Alangium hexapetalum.* — b) N. pr. eines Sohnes des Manu Vaivasvata.

नेदिष्ठतम Adj. *der allernächste.* °तमम् Adv.

नेदिष्ठिन् Adj. *nächststehend, nächstverwandt.*

नेदीयस् Adj. *näher, ganz nahe.* °यस् Adv.

नेदीयस्ता f. Nom. abstr. zu नेदीयस्.

नेदीयोमरण Adj. *dem der Tod ganz nahe bevor steht.*

नेद्य Adj. in अनेद्य.

*नेप m. 1) *Hauspriester.* — 2) *Wasser.*

नेपथ्य 1) (*m.) n. *Putz, Schmuck, Toilette, das Costum des Schauspielers.* Am Ende eines adj. Comp. f. आ. — 2) n. *Ankleidegemach, der Raum hinter der Bühne.* Loc. *hinter der Bühne.*

नेपथ्यगृह n. *Ankleidegemach.*

नेपथ्यप्रयोग und नेपथ्यसंप्रयोग m. Pl. *Toilettenkunst.*

नेपथ्यसवन n. *ein Fest in vollem Costüm.*

नेपाल 1) m. a) N. pr. eines Volkes (Pl.) und Landes (Sg.). — b) **eine Art Zuckerrohr.* — 2) *f. ई a) *rother Arsenik.* — b) *der wilde Dattelbaum* oder *seine Frucht.* — 3) *n. *Kupfer.*

*नेपालक 1) n. *Kupfer* Râǵan. 13,19. — 2) f. °लिका *rother Arsenik* Râǵan. 13,50.

नेपालजा und °जाता f. *rother Arsenik.*

*नेपालनिम्ब m. *eine* Nimba-*Art* Râǵan. 9,17.

नेपालमाहात्म्य n. Titel eines Abschnitts im Skandapurâṇa.

नेपालमूलक n. *Rettig* Bhâvapr. 1,290.

नेम 1) Adj. *a) der eine, mancher; wiederholt der eine — der andere.* Einmal unbetont im ṚV. — *b)* am Anf. eines Comp. *halb.* — 2) m. *a) *Speise, Reis.* — *b) *Wall, das Fundament eines Walles;* vgl. नेमि 1) *e).* — *c) *Wurzel.* — *d) *die obere Seite.* — *e) *Grube.* — *f) *Grenze.* — *g) *Tanz* u. s. w. — *h) *Schelmerei.* — *i) *Abendzeit.* — *k) *Zeit.* — *l)* N. pr. eines Ṛshi. — 3) *n. *eine best. Zahl* (buddh.).

*नेमचन्द्र m. N. pr. eines Fürsten.

नेमधिति f. (nur Loc. °तौ) 1) *Entzweiung, Streit.* — 2) Loc. *abgesondert, abseits.*

नेमनाथ m. N. pr. eines Mannes.

नेमन्निष् Adj. etwa *der Führung folgend.* Nach Sâj. *unter Verbeugungen gehend* oder *Opfer darbringend.*

नेमशाह m. N. pr. eines Mannes.

नेमादित्य m. desgl.

नेमि 1) f. *a) Radkranz.* An einem radähnlichen Altar Çulbas. 3,197. Auch *नेमी. — *b) Rund, Umkreis* überh. — *c) *Donnerkeil.* — *d) *eine best. Vorrichtung am Brunnen.* Auch नेमी. — *e) *das Fundament eines Walles* Gal.; vgl. नेम 2) *b).* — 2) m. *a) *Dalbergia ougeinensis.* — *b)* N. pr. α) eines Daitja. — β) eines Kakravartin. — γ) des 22ten Arhant's der gegenwärtigen Utsarpiṇî.

नेमिकृष्ण m. N. pr. eines Fürsten VP.² 4,197.

नेमिघोष m. *Rädergerassel.*

नेमिचक्र m. N. pr. eines Fürsten.

नेमिचरित्र n. Titel eines Werkes.

*नेमित m. N. pr. eines Fürsten.

नेमिध्वनि m. *Rädergerassel* Veṇis. 67,22. fg.

*नेमिन् m. = नेमि 2) *a)* und *b)* γ).

नेमिनाथ m. N. pr. wohl = नेमि 2) *b)* γ).

नेमिनिनद m. *Rädergerassel.*

नेमिंधर m. N. pr. eines Gebirges.

नेमिपुराण n. Titel eines Gaina-Werkes Bühler, Rep. No. 622.

नेमिराजर्षिचरित्र n. Titel eines Werkes.

*नेमिवृत्त m. *Acacia Catechu* Dhanv. 1,8. Râgan. 8,24.

नेमिवृत्ति Adj. *in Jmds* (Gen.) *Radspuren sich bewegend, sich ganz nach Jmd richtend* Ragh. 1,17.

नेय Adj. 1) *zu führen, — nach* (Loc.), *zu leiten, zu lenken, der sich belehren lässt.* दण्डः *der Stock ist zu führen,* so v. a. *Strafe ist zu verhängen.* — 2) *zu ziehen* (eine Spielfigur). — 3) *zu bringen —, zu versetzen in* (einen Zustand u. s. w.); mit Acc. — 4) *zuzubringen, zu verbringen* (Zeit). — 5) *zu errathen, was erst errathen werden muss.*

*नेयपाल m. N. pr. eines Fürsten.

नेयार्थ und °क Adj. *dessen Sinn erst errathen werden muss,* ein best. Fehler des Ausdrucks. Nom. abstr. नेयार्थता f. und नेयार्थत्व n.

नेरपितादार्थ m. Titel eines grammatischen Werkes Opp. Cat. 1.

नेरि m. oder f. *eine Art Tanz* S. S. S. 257.

नेरुहल्ल m. N. pr. eines Fürsten.

नेरुल्ल m. N. pr. eines Geschlechts.

*नेल, *नेलु und *नेवल्ल m. *eine best. Zahl* (buddh.).

*नेष्, नेषते (गतौ).

नेष्, nur Instr. Pl. vom Superl. नेषतमैस् so v. a. *mit der besten Führung.*

नेषणि Loc. Infin. debendi zu 1. नी.

नेष्ट Adj. *nicht erwünscht, widerwärtig, ungünstig.*

नेष्टृ Nom. ag. *einer der Hauptpriester beim* Soma-*Opfer; derjenige, welcher die Gattin des Opfernden herbeiführt und die* Surâ *zubereitet.*

नेष्टापोतारौ Nom. m. Du. *der* Neshṭar *und der* Potar.

नेष्टु m. *Erdkloss.* नेष्टुः पांसुपिण्डः Nilak.

*नेष्टोद्गातारौ Nom. m. Du. *der* Neshṭar *und der* Udgâtar.

नेष्ट्र n. 1) *das* Soma-*Gefäss des* Neshṭar. — 2) *das Amt des* Neshṭar.

नेष्ट्रीय Adj. (f. आ) *dem* Neshṭar *gehörig, ihn betreffend* u. s. w.

नैक Adj. (f. आ) *mehr als einer, mancher;* Pl. *verschiedene, zahlreiche.*

नैकचर Adj. *in Schaaren herumziehend, in Gesellschaft lebend* (Thier).

नैकटिक Adj. *in der Nähe wohnend, benachbart* Harshak. 196,21. Bhatt.

नैकट्य n. *Nähe, Nachbarschaft.*

*नैकत 1) Adj. von 2). — 2) f. ई N. pr. eines Dorfes.

नैकदृश m. N. pr. eines Sohnes des Viçvâmitra.

नैकद्रव्योच्चयवत् Adj. *mit einer Fülle verschiedener Güter ausgestattet* MBh. 13,30,17.

नैकधा Adv. *vielfach, in vielfache Theile, nach verschiedenen Seiten.*

नैकपुट Adj. *mehrfache Lücken zeigend, zerrissen* (Wolken) Varâh. Bṛh. S. 28,15.

नैकपृष्ठ m. Pl. N. pr. eines Volkes MBh. 6,9,41.

*नैकभेद Adj. *verschiedenartig.*

नैकमाय Adj. *mannichfache Blendwerke anwendend* MBh. 12,98,58.

नैकरूप Adj. (f. आ) *mannichfache Formen habend.*

नैकर्षि m. N. pr. eines Mannes; Pl. *sein Geschlecht.*

नैकवर्ण Adj. *verschiedenfarbig* MBh. 3,64,37.

नैकविकल्प Adj. *verschiedenartig* Daçak. 51,2.

नैकविध Adj. dass. 220,8.

नैकशस् Adv. *zu wiederholten Malen, oft.*

नैकशस्त्रमय Adj. *aus einer Menge von Geschossen bestehend.*

नैकषी f. N. pr. der Mutter Râvaṇa's Agni-P. 11,2. 3. Vgl. निकष 2).

*नैकषेय m. *ein* Rakshas.

नैकात्मन् Adj. *verschiedene Naturen habend* (Çiva).

नैकिनी f. *eine besondere Art die Trommel zu schlagen* S. S. S. 194.

नैकृतिक Adj. *unredlich, hinterlistig, verworfen, gemein* (Person).

नैकृतिन् Adj. dass. Varâh. Bṛh. 19,2.

नैखान्य Adj. *was dem Eingraben unterliegt.*

नैगम 1) Adj. (f. ई) *a) die vedischen Citate betreffend.* — *b) den* Veda *betreffend, darauf bezüglich, darin vorkommend, vedisch.* — 2) m. *a) ein* Veda-*Erklärer.* — *b) *eine* Upanishad. — *c) Mittel, Weg.* — *d) *kluges Benehmen* (नय). — *e) Städter.* — *f) Handelsmann.* — *g)* N. pr. eines alten Lehrers.

नैगमिक Adj. *dem* Veda *eigenthümlich.*

नैगमेय m. *eine Form des* Skanda, *die aber auch als Sohn und Spielkamerad desselben aufgefasst wird.*

नैगमेष m. *ein best. den Kindern gefährlicher Dämon mit einem Widderkopfe* Hemâdri 1,626,11. 15. 17.

नैगुत्त Adj. *Besieger der* Nigut.

नैगेय m. Pl. *eine best. Schule des* SV. Ârjav. 47,12.

नैघण्टुक 1) Adj. *gelegentlich erwähnt, nebenher gehend.* — 2) n. *Wörterverzeichniss,* insbes. *des bekannten vedischen Glossars* MBh. 12,342,88.

*नैचक्य m. Patron von निचक्र.

नैचाशाख n. 1) *niedriges Gesindel;* nach Sâj. Adj. *niederen Stämmen angehörig.* — 2) *N. pr. einer Stadt.

*नैचिक 1) n. *Stierkopf.* — 2) f. ई *eine schöne Kuh.*

*नैचित्य m. *ein Fürst der* Nikita.

नैचुदार Adj. *aus dem Baume* Nikudâra *gemacht.*

नैचुल Adj. *von der Barringtonia acutangula kommend.*

नैज Adj. *eigen, sein* Comm. zu Njâjam. 5,3,19.

नैजमेष Adj. *dem* Negamesha *geweiht* Mân. Gṛhj. 2,18.

नैतन्धव m. Sg. und Pl. N. pr. einer Oertlichlichkeit an der Sarasvatî.

नैतुण्डि m. Patron.

नैतोशि Adj. etwa *spendsam*.

*नैत्य 1) Adj. *was beständig* oder *regelmässig geschieht*. — 2) n. *Beständigkeit*.

नैत्यक 1) Adj. *was stets* —, *regelmässig* (nicht bloss bei besonderen Veranlassungen) *zu thun ist, stets wiederkehrend, sich stets wiederholend*. — 2) n. *die einem Idol regelmässig dargebrachte Speise* MBh. 3,84,105.

*नैत्यशब्दिक Adj. von नित्य + शब्द.

नैत्यिक Adj. = नैत्यक 1).

नैदाघ 1) Adj. (f. ई) *sommerlich*. — 2) m. *Sommerzeit*.

नैदाघिक und नैदाघीय Adj. *dem Sommer eigenthümlich, sommerlich*.

नैदान m. *Etymolog*.

नैदानिक m. *Patholog*.

नैदेशिक m. *Diener, Bote*.

नैधन 1) Adj. *a) am Ende stehend*. — *b) dem Tode unterworfen, vergänglich*. — *c) zum Tode in Beziehung stehend, einem Todten geltend* (Feuer). °गृह n. in der Astrol. *das Haus des Todes, das 8te Haus*. — *d) Jmd* (Gen.) *den Tod bringend*. — 2) n. *a) Untergang, Tod*. — *b)* in der Astrol. *das 8te Haus*.

नैधान Adj. (f. ई) *durch Hineinlegen verschiedener Gegenstände bezeichnet* (Grenze).

*नैधान्य n. Nom. abstr. von निधान gaṇa ब्राह्मणादि in der Kâç.

*नैधेय m. Patron. von निधि.

नैध्रुव m. Patron. von निध्रुव. Auch Pl.

नैध्रुवि m. desgl.

नैनार् m. N. pr. eines Gelehrten.

*नैप Adj. (f. ई) *von der Nauclea Cadamba kommend*.

नैपथ्यसवन n. v. l. für नेपथ्य°.

नैपातिक Adj. *nur beiläufig erwähnt*.

नैपातिथ n. Name verschiedener Sâman Ârsh. Br.

*नैपात्य n. Nom. abstr. von निपात.

नैपाल 1) Adj. (f. ई) *nepalesisch*. — 2) m. *a) eine Art Zuckerrohr*. — *b)* **eine Nimba-Art* Râgan. 9,17. — 3) f. ई *a) rother Arsenik* Madanav. 32,24. — *b) ein best. Pflanze*. Nach den Lexicographen *arabischer Jasmin, Jasminum Sambac, Nyctanthes arbor tristis* und *die Indigopflanze*.

*नैपालिक n. *Kupfer*. Vgl. नेपालक 1).

नैपालीय Adj. *nepalesisch*. °देवता f. *eine best. Gottheit*, °देवताकल्याणपञ्चविंशतिका f. Titel eines buddh. Werkes.

नैपुण n. 1) *Geschicklichkeit*, — *zu* (Infin.), *Kunstfertigkeit, Erfahrenheit*, — *in* (Gen. oder im Comp. vorangehend). Auch Pl. — 2) *Vollständigkeit, das Ganze*. Instr. *vollständig, ganz genau*.

नैपुण्य n. = नैपुण 1) und 2).

*नैप्य m. Patron. von नीप.

*नैबद्धक Adj. von निबद्ध.

नैबिड्य n. 1) *Dichtigkeit, ein ununterbrochenes Nebeneinanderliegen*. — 2) *eine best. Eigenschaft eines geblasenen Tones*.

नैबुक *die beim Vollmond gebräuchlichen Riten*.

नैभृत्य n. *Verschwiegenheit*. Vgl. अ° (Nachtr. 3).

*नैमग्नक Adj. von निमग्न.

*नैमन्त्रणक n. *Gastgelage*.

*नैमय m. *Handelsmann*.

*नैमित्त 1) Adj. *die Zeichen betreffend*, — *erklärend*. — 2) m. *Zeichendeuter*.

नैमित्तिक 1) Adj. (f. ई) *a) aus einer Ursache entstehend, bewirkt*; Subst. *Wirkung*. — *b) mit einem bestimmten Anlass verbunden, durch eine bestimmte Veranlassung hervorgerufen, eventuell, zufällig*. In Comp. mit काम्य° und नित्य° f. आ. Nom. abstr. °त्व n. — 2) m. *Zeichendeuter, Wahrsager* 223,23.

नैमित्तिकप्रयोग m. Titel eines Werkes.

नैमिश n. = नैमिष 1) einmal Bhâg. P. ed. Bomb.

नैमिशीय m. Pl. = नैमिषीय 2) Tâṇḍja-Br.

*नैमिश्रि m. Patron. von निमिश्र.

नैमिष 1) n. N. pr. einer geheiligten Waldgegend (नैमिषारण्य n.) und der darin gelegenen Badeplätze. — 2) m. Pl. *die Bewohner dieses Waldes*.

नैमिषकुञ्ज m. N. pr. eines Tîrtha MBh. 3,83, 109.

नैमिषायन Adj. *in* Naimisha *lebend*.

*नैमिषि m. Patron. von निमिष.

नैमिषीय 1) Adj. *zu* Naimisha *in Beziehung stehend, dort sich befindend*, — *stattfindend*. — 2) m. Pl. *die Bewohner von* Naimisha. — 3) n. Titel eines Werkes.

नैमिषेय Adj. *in* Naimisha *sich aufhaltend*.

नैमिष्य m. Pl. = नैमिषीय 2).

*नैमेय m. *Tausch*.

नैम्ब Adj. *an der Azadirachta indica befindlich* (Blatt).

नैयग्रोध 1) Adj. *von der Ficus indica kommend, daraus gemacht* u. s. w. — 2) *n. *die Frucht der Ficus indica*.

*नैयङ्कव Adj. *von der Gazelle* न्यङ्कु *stammend*.

नैयत्य n. 1) *das Bestimmtsein, Feststehen* Comm. zu Çând. 36,5. — 2) *Nothwendigkeit, Erforderniss* Râgat. 7,1445 (असाध्यो सो zu lesen). 8,494. — 3) **Selbstbeherrschung*.

नैयमिक Adj. *bestimmt, festgesetzt, vorgeschrieben* Âpast. (fälschlich नैय्यमिक).

*नैयाय Adj. *über den* Njâja *handelnd, ihn erklärend*.

नैयायिक 1) Adj. *zum* Njâja *in Beziehung stehend*. — 2) m. *ein Anhänger des* Njâja.

*नैयासिक Adj. = न्यासमधीते वेद वा.

नैय्यग्रोध Adj. fehlerhaft für नैयग्रोध 1).

नैय्यमिक Adj. fehlerhaft für नैयमिक.

नैय्यायिक Adj. fehlerhaft für नैयायिक.

नैरञ्जना f. N. pr. eines Flusses (Niladjan).

नैरन्तर्य n. 1) *Ununterbrochenheit*. Instr. *ununterbrochen, beständig*. — 2) *unmittelbares Folgen*.

नैरपेक्ष 1) Adj. = निरपेक्ष. — 2) n. = नैरपेक्ष्य 1). — Wohl fehlerhaft.

नैरपेक्ष्य n. 1) *Abwesenheit aller Rücksicht, Gleichgültigkeit*. — 2) *vollständige Unabhängigkeit von etwas Anderm* Njâjam. 1,1,24. Comm. zu 2,1.

*नैरयिक m. *Höllenbewohner*.

नैरर्थ्य n. *Sinnlosigkeit*.

नैराकाङ्क्ष्य n. *das Nichtbedürfen einer Ergänzung* Çaṁk. zu Bâdar. 3,3,58.

नैरात्म n. fehlerhaft für नैरात्म्य Lalit. 178,9 (Gâthâ).

नैरात्म्य n. Nom. abstr. von निरात्मन् Lalit. 10,2.

नैराश्य n. *der Zustand dessen, der sich keiner Hoffnung mehr hingiebt, Hoffnungslosigkeit, Verzweiflung*, — *an* (प्रति oder im Comp. vorangehend).

नैरास्य m. *ein best. über Waffen gesprochener Zauberspruch*.

नैरुक्त 1) Adj. *a) auf der Etymologie beruhend, etymologisch erklärt*. — *b)* **das* Nirukta *betreffend, dasselbe erklärend*. — 2) m. *ein Kenner der Etymologie, der wahren Bedeutung der Wörter*.

*नैरुक्तिक m. = नैरुक्त 2).

नैरुज्य n. *Gesundheit*.

नैरूहिक Adj. *ausreinigend* (Klystier).

नैर्ऋत 1) Adj. (f. ई) *a) der* Nirṛti *gehörig, geweiht* u. s. w. — *b) südwestlich, nach Süden gerichtet*. — *c) den* Rakshas *gehörig*. — *d) auf das Mondhaus* Nairṛta *bezüglich*. — 2) m. *a) ein Kind der* Nirṛti, *Unhold, Dämon*, Rakshas. — *b)* N. pr. α) *des Welthüters im Südwesten*. — β) Pl. *eines Volkes*. — γ) *eines* Rudra. Richtig निर्ऋति. — 3) f. ई *a) Südwest*. — *b)* Bein. der Durgâ. — 4) n. *das Mondhaus* Mûla.

नैर्ऋति m. 1) N. pr. eines Unholdes. — 2) *ein Rakshas.

नैर्ऋतेय Adj. (f. आ) von der Nirṛti abstammend.

नैर्ऋत्य Adj. 1) zur Nirṛti in Beziehung stehend, ihr geweiht Jaim. 3,280 (नैर्ऋत्यं स वि° zu lesen). — 2) südwestlich.

नैर्गन्ध्य n. Geruchlosigkeit, Abwesenheit eines Geruchs.

1. नैर्गुण्य n. 1) Qualitätslosigkeit. — 2) das Nichtbesitzen von Vorzügen.

2. नैर्गुण्य Adj. zu keiner Qualität in Beziehung stehend.

नैर्घृण्य n. Hartherzigkeit.

नैर्झर Adj. an Wasserfällen zu finden, zu einem W. gehörig Bâlar. 168,19.

नैर्दश्य n. das Ueberstehen der kritischen zehn ersten Tage beim Neugeborenen; daher überh. das Ueberstehen einer gefährlichen Zeit oder eines schlimmen Einflusses.

नैर्देशिक Adj. (f. ई) zu निर्देश 2).

नैर्धन्य n. Besitzlosigkeit, Armuth.

(नैर्बाध्य) नैर्बाधिय Adj. = निर्बाध्य.

नैर्भृत्त MBh. 5,1493 fehlerhaft für निभृत.

नैर्मल्य n. Fleckenlosigkeit, Unbeflecktheit, Ungetrübtheit (eig. und übertr.).

नैर्याणिक Adj. (f. ई) 1) über die Art und Weise, wie Jmd seinen Tod findet, handelnd Varâh. Bṛh. 25 (23) in der Unterschr. — 2) zur Erlösung führend Lalit. 362,4.6. Nom. abstr. °ता f. Vgl. निर्याणिक.

नैर्लज्ज्य n. Schamlosigkeit.

नैर्वाणिक Adj. (f. ई) wo das (buddh.) Nirvâṇa stattfindet Kâraṇḍ. 65,3. 66,19. 67,6.

नैर्वाहिक Adj. zum Hinausführen dienend. द्वार n. Schleuse.

नैर्हस्त Adj. für handlose (Dämonen) dienend (ein magisches Geschoss).

नैलकण्ठीय Adj. von Nîlakaṇṭha verfasst MBh. in den Unterschriften am Ende eines Buches.

*नैलायनि m. Patron. von नील.

*नैलीनक Adj. von निलीन.

नैल्य n. das Dunkelblausein.

*नैवकि und *नैवति m. Patron.

नैवसंज्ञानासंज्ञायतन n. der Ort, wo es gar kein Bewusstsein (नैवसंज्ञा) und auch kein Nichtbewusstsein (न-असंज्ञा) giebt Lalit. 306,5. 307,6.

नैवसंज्ञासमाधि m. eine Meditation ohne Bewusstsein.

नैवसंज्ञिनैवासंज्ञिन् Adj. ohne alles Bewusstsein und (oder) nicht ohne alles Bewusstsein Vajrakkh. 20,18. 19 (gedr. नैव संज्ञिनो नासंज्ञिनः).

*नैवाकव Adj. von निवाकु.

*नैवाकवि m. Patron. von निवाकु.

*नैवाकवीय Adj. von नैवाकव.

*नैवातायन Adj. von निवात.

नैवाभिगमन n. gar kein Beischlaf Spr. 3960.

नैवार Adj. in wildem Reise bestehend, daraus bereitet.

नैवासिक Adj. den Wohnort bezeichnend (Suffix).

नैविद Adj. (f. ई) mit einer Nivid 2) versehen.

नैवेद्य n. eine Darbringung von Speisen an ein Idol.

*नैवेश Adj. von निवेश.

नैवेशिक n. was zur Einrichtung eines Hauses gehört, Hausgeräthe.

*नैव्य n. Nom. abstr. von निव gaṇa ब्राह्मणादि in der Kâç.

नैश Adj (ई) nächtlich, in der Nacht geschehend, in d. N. wahrzunehmen, *in d. N. schreiend, *in d. N. studirend.

नैशाकर Adj. (f. ई) vom Monde kommend u. s. w.

नैशिक Adj. (f. ई) in der Nacht erfolgend, *in d. N. schreiend, *in d. N. studirend.

*नैश्चित्य n. 1) Entschlossenheit. — 2) das Beschlossensein, Bestimmtheit. — 3) a fixed festival, as a birth, investiture, marriage etc.

नैश्चिन्त्य n. Freisein von Sorgen.

*नैश्र्य n. Nom. abstr. von निश्र.

नैश्रेयस ungenaue Schreibart für नैःश्रेयस.

नैश्वास Titel eines Werkes.

नैःश्रेयस 1) Adj. (f. ई) zum Heile —, zur Glückseligkeit führend. — 2) n. N. pr. eines Waldes in Vishṇu's Welt.

नैःश्रेयसिक Adj. = नैःश्रेयस 1).

*नैष m. N. pr. eines Landes Mahâbh. 4, 61, a.

नैषदिक Adj. sitzend, d. i. die liegende Stellung vermeidend.

नैषध 1) m. a) eine best. Körnerfrucht. — b) ein Fürst der Nishadha, insbes. von Nala gebraucht. — c) Pl. N. pr. eines Volkes, = निषध. Auch Name einer Dynastie. — 2) n. Titel eines Kunstepos.

नैषधक m. eine best. Körnerfrucht.

नैषधचरित n. = नैषध 2).

नैषधानन्द n. Titel eines Schauspiels Hall in der Einl. zu Daçar. 30.

नैषधीय und °चरित n. = नैषध 2).

नैषध्य 1) Adj. den Nishadha eigenthümlich. — 2) *ein Fürst der Nishadha.

नैषाद 1) Adj. (f. ई) zu den Nishâda gehörig. — 2) m. a) ein Mann vom Volke der Nishâda. — b) Pl. N. pr. = निषाद.

*नैषादक n. = निषादेन कृतम् (संज्ञायाम्).

*नैषादकर्षुक Adj. von निषादकर्षू.

*नैषादकि und *नैषादायन m. Patron. von निषाद.

नैषादि m. ein Fürst der Nishâda.

नैषिधि m. Bein. des Naḍa. Vgl. नैषध 1) b).

नैषेधिकी f. das Sichbemerklichmachen (um Jmd nicht zu überraschen) Hem. Par. 1,452. 12,175. 13,61.

1. नैष्कर्म्य n. Unthätigkeit, das Aufgeben aller Werke.

2. नैष्कर्म्य Adj. (f. आ) zum Aufgeben aller Werke in Beziehung stehend.

नैष्कर्म्यसिद्धि f. Titel eines Werkes.

*नैष्कशतिक Adj. hundert Nishka enthaltend.

*नैष्किक 1) Adj. einen Nishka werth u. s. w. — 2) m. Münzmeister. — 3) f. ई Münzstätte Gal.

नैष्किंचन्य n. Besitzlosigkeit, Armuth.

नैष्कृतिक Adj. M. 4,196. Bhag. 18,28 falsche Lesart für नैकृतिक.

*नैष्क्रमण Adj. was bei der Ceremonie des ersten Ausganges eines Kindes gereicht wird oder zu thun ist.

नैष्ठिक (नैःष्ठिक) Adj. (f. ई) 1) den Schluss bildend, der letzte. — 2) definitiv, entschieden, feststehend, ausgemacht. — 3) den Schluss bildend, so v. a. der höchste, vollendet, vollkommen. n. Pl. das Höchste, das Vollkommenste. °सुन्दर Adv. vollkommen schön. — 4) vollkommen vertraut mit (im Comp. vorangehend). — 5) der ewige Keuschheit gelobt hat.

नैष्ठुर्य n. Rauhheit, Härte (in übertr. Bed.) Spr. 7808.

नैष्क्रिय्य n. das Sichlosmachen, Sichbefreien von (Abl.).

नैष्पुरीष्य n. Leibesentleerung Âpast.

*नैष्पुरुष्य n. Nom. abstr. von निष्पुरुष.

*नैष्पेषिकत्व (नैष्पेषिकत्व?) n. neben नैमित्तिकत्व.

*नैष्पेषिक Adj. von निष्पेष.

नैष्प्रेम्य n. das Fehlen einer Neigung Kâraka 4, 1 (नैष्प्रेम्य gedr.).

नैष्फल्य n. Fruchtlosigkeit, Vergeblichkeit, Wirkungslosigkeit Kap. 3,17.

*नैष्य Adj. von नैष Mahâbh. 4,61,a.

नैःष्ठिक s. नैष्ठिक.

नैसर्ग Adj. natürlich.

नैसर्गिक Adj. 1) angeboren, ursprünglich, natürlich. — 2) *was abgeworfen —, abgelegt wird (buddh.).

नैसर्गिकदशक n. Titel eines Werkes Opp. Cat. 1.

*नैसर्प m. einer der 9 Schätze bei den Gaina.

*नैस्त्रिंशिक Adj. mit einem Schwert bewaffnet.

नैत्नेह्य und नैस्स्व्य n. nachlässige Schreibart für नैःस्नेह्य und नैःस्व्य.

नैःस्नेह्य n. *Mangel an Liebe, — Zuneigung.*

नैःस्पृह्य n. *kein Verlangen nach Etwas* Spr. 7684.

नैःस्वभाव्य n. Nom. abstr. von निःस्वभाव.

नैःस्व्य n. *Besitzlosigkeit, Armuth.*

नैहार Adj. *von Nebel herrührend.*

नो Adv. *und nicht;* später auch einfach *nicht.*

*नोटो f. gaṇa गौरादि.

नोण m. N. pr. eines Kaufmanns.

नोन् Adv. *beinahe, fast.*

नोत्पादित Adj. *nicht erzeugt.* Nom. abstr. °त्व n. VP.[2] 1,31. N., Z. 9.

नोद् m. *das Fortstossen* Vop. in Dhâtup. 32,132.

नोदन 1) Adj. *vertreibend, verscheuchend.* — 2) n. a) *das Stossen, Anstossen.* — b) *das Fortstossen, Forttreiben.* — c) *Anstoss, Impuls.*

°नोदिन् Adj. *vertreibend, verscheuchend.*

नोधस् m. 1) N. pr. eines Ṛshi. — 2) RV. 1,124,4 von unbekannter Bed.

नोधा Adv. *neunfach.*

नोन N. pr. 1) m. eines Mannes. — 2) f. आ einer Frau.

नोनक m. N. pr. eines Mannes.

नोनरथ m. desgl.

नोनव Adj. *tönend, schallend.*

नोपस्थातर् Nom. ag. und नोपस्थायिन् Adj. *sich nicht einstellend* (vor Gericht).

1. नौ Acc., Dat. und Gen. Du. des Pronomens der 1sten Person.

2. नौ f. 1) *Schiff, Boot, Nachen.* — 2) *eine best. Erscheinung am Monde.* — 3) *eine best. Constellation.* — 4) * *Rede.*

3.*नौ Adv. mit भू *zum Schiffe werden.*

नौक 1) am Ende eines adj. Comp. (f. आ) = नौ 1). — 2) f. आ a) *ein kleines Schiff, Nachen* 177,22. — b) *der Roche* oder *Thurm im Schachspiel.* — c) Titel verschiedener *Commentare* Opp. Cat. 1.

नौकर्णधार m. *Steuermann.* Auch uneig. wie *gubernator* Kâd. 62,12.

नौकर्णी f. N. pr. einer der Mütter im Gefolge Skanda's.

नौकर्मन् n. *die Beschäftigung —, das Gewerbe des Schiffers.*

नौकाक्ष Kathâs. 62,188 fehlerhaft für अनोकह.

नौकाकृष्ट n. *eine best. vortheilhafte Stellung im Spiel* Katuraṅga.

*नौकादण्ड m. *Ruder.*

नौकाप m. Pl. *eine best. Schule.* नैगेय v. l.

नौचर Adj. *zu Schiffe gehend;* m. *Schifffahrer.*

नौजीविक m. *Schiffer, Bootsmann.*

*नौतार्य Adj. *schiffbar.*

*नौदण्ड m. *Ruder.*

नौधस 1) m. Patron. des Ekadjû. — 2) n. Name eines Sâman.

नौधसश्यैत n. Name eines Sâman. °योनि n. Du. Name zweier Sâman Ârsh. Br.

नौबन्धन n. N. pr. der höchsten Spitze des Himavant. °माहात्म्य n. Bühler, Rep. No. 69.

नौयान n. *Schifffahrt.*

नौयायिन् Adj. *zu Schiffe —, zu Boote fahrend.*

नौलिक n. und नौली f. *eine best. Selbstqual.*

*नौवाह m. *Schiffsführer, Kapitän, Steuermann.*

नौव्यसन n. *Schiffbruch.*

*नौषेचन n. gaṇa सुषामादि.

(न्य) नित्र्य AV. 11,7,4 von unbekannter Bed.

न्यक् s. u. न्यञ्च्.

*न्यकारका f. fehlerhaft für अन्यकारका.

न्यक्कार m. *Erniedrigung, Demüthigung, Geringschätzung.*

न्यक्कृति f. dass. Bâlar. 38,11. Pañkad.

न्यक्त s. u. अञ्ज् mit नि.

न्यंक्त s. u. अच् mit नि.

*न्यक्ष 1) Adj. a) *niedrig.* — b) *all, sämmtlich.* — 2) m. a) *Büffel.* — b) *Bein.* Paraçurâma's. — 3) n. a) *Gesammtheit.* — b) *Gras.*

न्यग्भाव m. 1) *das Nachuntengehen.* Instr. als Umschreibung von नि. — 2) *das Versunkensein —, Vertieftsein in* (Loc.). — 3) *Geringschätzung.*

न्यग्भावन n. *das Erniedrigen, Demüthigen.*

न्यग्भावयितर् Nom. ag. *Erniedriger, Demüthiger.*

न्यग्रोध, निग्रोध 1) m. a) *Ficus indica.* — b) **Prosopis spicigera* oder **Mimosa Suma,* = *विषपर्णी und *मोहन oder *मोहना. — c) *Faden, das Längenmaass der ausgestreckten Arme.* — d) N. pr. α) eines Sohnes des Kṛshṇa. — β) eines Sohnes des Ugrasena. — γ) *eines Brahmanen, Dorfes und Klosters (buddh.). — 2) f. आ (Karaka 7,12) und *ई *Salvinia cucullata* oder *eine andere Pflanze* Dhanv. 1,86. Râgan. 4,138. — 3) *f. ई a) = विषपर्णी und मोहन oder मोहना.

न्यग्रोधक 1) *Adj. von न्यग्रोध 1) a). — 2) m. N. pr. eines Sohnes des Ugrasena. — 3) *f. °धिका *Salvinia cucullata* Râgan. 3,54.

न्यग्रोधपरिमण्डल 1) Adj. *einen Faden im Umfange habend.* — 2) *f. आ Bez. *eines bes. gebauten Frauenzimmers.*

न्यग्रोधपाद m. N. pr. eines Mannes.

*न्यग्रोधिक und *न्यग्रोधिन् Adj. von न्यग्रोध 1) a).

न्यङ्क m. Du. Bez. *bestimmter Theile des Wagens.*

न्यङ्कु m. 1) *eine Gazellenart.* — 2) = न्यङ्क. — 3) *N. pr. eines Muni und eines Kakravartin.

*न्यङ्कुभूरुह m. *Bignonia indica.*

न्यङ्कुशिरस् Adj. ककुम्मिचृत् *ein best. Metrum.*

न्यङ्कुसारिणी Adj. f. बृहती *ein best. Metrum.*

न्यङ्कुतक m. N. pr. eines Mannes.

न्यङ्ग m. (nach den Commentatoren n. = चिह्न, लिङ्ग) 1) *etwas Anklebendes, hängen Bleibendes* TBr. 3,7,6,20. Uebertr. so v. a. *was sich* (unberechtigt) *anhängt* oder *eindrängt.* सोमन्य so v. a. *ein sogenannter* Soma. Am Ende eines adj. Comp. (f. आ) in der Bed. *wobei beiläufig — erwähnt wird.* — 2) *Anzüglichkeit, Stichelei.* अश्लील न्यङ्गसंयुतम् Nârada 15,3. न्यङ्गमश्लीलम् Comm. zu Vishnus. 5,33; also als Adj. gefasst.

न्यङ्गता f. = न्यङ्ग 2) Vishnus. 5,33.

न्यच्छ n. *Muttermal.*

न्यञ्च्, निअञ्च् 1) Adj. (schwach नीच्, f. नीची) a) *nach unten gerichtet, abwärts gehend, — gewandt.* — b) *gesenkt, tief* (vom Tone). — 2) न्यक्, निअक् Adv. c) *abwärts, hinunter.* Mit कर् *Jmd seine Ueberlegenheit fühlen lassen, demüthigen, mit Geringachtung behandeln, nicht beachten* (Worte) 128,20. *Jmd demüthigen, so v. a. übertreffen, überstrahlen* 130,6. Mit भू *sich erniedrigen, sich demüthigen, sich unterthänig benehmen.* Mit dem Caus. von भू so v. a. mit कर्. — b) *im Süden* RV. 8,4,1. 28,3. 65,1.

न्यञ्चन, निअञ्चन 1) n. a) *Einbiegung, Vertiefung.* — b) *Schlupfwinkel.* — c) *ein bestimmtes an einem Strick angebrachtes Zeichen* Çulbas. 1,33.43. — 2) f. ई *Schooss.*

न्यञ्जलिका f. *ein nach unten gerichteter* Añgali.

न्यन्तेन Instr. Adv. *in der Nähe, in die N.,* — von (Gen. oder im Comp. vorangehend). Nach dem Comm. zu R. *hinter.*

*न्यय m. 1) *Untergang.* — 2) *Abnahme.*

(न्ययन) निअयन n. *Eingang* oder *Sammelplatz.*

न्यर्ण Adj. *wasserlos* Çâṅkh. Çr. 13,29,3.

न्यर्द s. u. अर्द् mit नि.

(न्यर्थ) निअर्थ n. *Verderben, Untergang, das Fehlschlagen.*

न्यर्बुद, निअर्बुद n. *hundert Millionen.*

(न्यर्बुदि) निअर्बुदि m. N. pr. eines göttlichen Wesens.

न्यवग्रह n. *der unbetonte Vocal am Ende des vorderen Gliedes in einem Compositum.*

न्यसन n. 1) *das Stellen, Anordnen* oder *Hinschreiben.* — 2) *das Vorbringen, zur Sprache Bringen* 250,3.

न्यसनीय Adj. *hinzustellen* Agni-P. 41,16.

न्यस्तक Adj. (f. निग्रस्तिका) *eingesteckt* AV. 6, 139,1.

न्यस्तदण्ड Adj. *der den Stock niedergelegt hat*, so v. a. *Niemand zu nahe tretend. — seine Gewalt fühlen lassend, friedlich* 93,27. MBh. 9,50,2.

न्यस्तव्य Adj. *niederzulegen* Vâstuv. 617. *hinzustellen* Hemâdri 1,374,14.

न्यस्तशस्त्र Adj. 1) *der die Waffen niedergelegt hat. — 2) gegen Niemand Gewalt brauchend, Niemand Etwas zu Leide thuend, friedlich.* Beiw. der Manen; daher m. Pl. = *Manen.

न्यस्तार्त्विज्य Adj. *wobei die* Rtviǵ *ihr Amt niedergelegt haben* Çâṅkh. Çr. 5,1,10.

न्यस्तिका s. न्यस्तक.

न्यस्य Adj. 1) *niederzulegen. — 2) hinzustellen* Agni-P. 41,16. — 3) *anzusetzen —, anzustellen an* (Loc.).

(**न्यक्**) निग्रुक् *der sinkende Tag.* Nur Loc.

*__न्याक__ n. *gerösteter Reis.*

*__न्याग्रोधमूल__ und *°मूलिक Adj. *auf den Wurzeln einer Ficus indica wachsend*

*__न्याङ्कव__ Adj. = नैयङ्कव.

न्याचन् Absol. *niedersenkend* Çat. Br. 3,3,2, 14. fgg.

*__न्याद__ m. *Speise, Nahrung* Râǵan. 20,74.

न्याय, निग्राय (25,18) m. 1) *Norm, Regel, Grundsatz, Maxime, Axiom, feste Regel, Methode* 257, 31. — 2) *Art und Weise.* °न्यायेन, °न्यायात् und °न्याय° *nach der Weise von.* — 3) *die rechte, gehörige Art und Weise, Gebühr.* न्यायेन, न्यायतस् und न्याय° *auf rechtmässige —, auf gehörige Weise, wie es sich gebührt.* — 4) *Rechtshandel.* — 5) *Schlichtung eines Rechtshandels, Entscheidung, Urtheilsspruch.* — 6) *logischer Beweis, — Schluss, Syllogismus.* — 7) *die Logik, das* Njâja-*System des* Gotama. — 8) *न्यायम् nach einem Verbum fin. als Ausdruck des *Tadels* oder der *Wiederholung.*

न्यायकणिका f., न्यायकन्दली f. (Bühler, Rep. No. 384), न्यायकरण्ड n., न्यायकलानिधि m., न्यायकलाप m. (Opp. Cat. 1), न्यायकलिका f. (Bühler, Rep. No. 385), न्यायकल्पलतिका f., न्यायकुतूहल n., न्यायकुलि m. oder n. (Opp. Cat. 1), न्यायकुसुमाञ्जलि m. und °कारिका f. (Bühler, Rep. No. 389) Titel von Werken.

*__न्यायकोकिल__ (?) m. N. pr. eines buddh. Lehrers.

न्यायकौमुदी f. (Opp. Cat. 1.), न्यायकौस्तुभ m. oder n., न्यायक्रोड m. (Opp. Cat. 1.), न्यायचन्द्रिका f. (ebend.), न्यायचिन्तामणि m. (Weber, Lit.), न्यायचूडामणि m., न्यायतन्त्र n. (Opp. Cat. 1), °बोधिनी f. und न्यायतरंगिणी f. (Opp. Cat. 1) Titel von Werken.

न्यायता f. *Regelrichtigkeit.*

न्यायदर्पण m. (Opp. Cat. 1), न्यायदीपावली f., °तात्पर्यटीका f., न्यायदीपिका f. (Opp. Cat. 1), न्यायद्वारकारणतावाद m. (ebend.) und *न्यायद्वारतारकशास्त्र n. Titel von Werken.

न्यायन (निग्रायन) n. = न्ययन AV. 6,77,2.

न्यायनिबन्ध m., न्यायनिर्णय m. (Opp. Cat. 1) u. न्यायनिर्माण (richtig °निर्वाण) n. Titel von Werken.

न्यायनिर्वपण Adj. *nach Gebühr spendend* (Çiva) MBh. 13,17,126.

न्यायनिर्वाण n. Titel eines Werkes.

न्यायपञ्चानन m. Bein. verschiedener Philosophen.

न्यायपञ्चाशत् f. Titel eines Werkes Opp. Cat. 1.

न्यायपथ m. Pl. *die verschiedenen philosophischen Systeme.*

न्यायपरिशिष्ट n., °परिशुद्धि f., °प्रकाश m., न्यायपरिभाषा f., न्यायप्रकरण n., न्यायप्रकाश m., न्यायप्रकाशिका f., न्यायप्रवेश m. (Bühler, Rep. No. 738) und *°तारकशास्त्र n. Titel von Werken.

न्यायप्रस्थानमार्ग m. Pl. *die Wege zu den logischen Systemen, darüber handelnde Werke.*

न्यायबिन्दु m., न्यायबोधिनी f., न्यायभाष्य n., न्यायभास्कर m., न्यायभूषण n., न्यायमकरन्द m., °विवृति f., °विवेचनी f., न्यायमञ्जरी f. (Opp. Cat. 1), °ग्रन्थिभङ्ग m., न्यायमाला f., °विस्तर m., न्यायमालिका f. (Opp. Cat. 1), न्यायमुक्तावलि f. (ebend.), °मुक्तावलीप्रकाश m., न्यायरत्नमणि m. (Opp. Cat. 1), न्यायरत्न n., °माला f., न्यायरत्नाकर m., °रत्नावलि (Opp. Cat. 1) oder °ली f., न्यायलीलावती f., °कण्ठाभरण n., °प्रकाश m., °प्रकाशदीधिति f., °प्रकाशदीधितिविवेक m., °भावप्रकाश m. und °विभूति f. Titel von Werken.

न्यायवत् Adj. *der sich beträgt wie es sich gebührt.*

न्यायवर्तिन् Adj. *sich nach Gebühr betragend.*

न्यायवागीश m. Bein. verschiedener Philosophen.

न्यायवादिन् Adj. *gebührlich redend* R. 3,51,34. Spr. 3842.

न्यायवार्त्तिक n. Titel eines Werkes. °तात्पर्यटीका f. u. °तात्पर्यपरिशुद्धि f. Titel von Commentaren dazu.

न्यायविद् m. *Sachkenner* Âpast. Çaṅk. zu Bâdar. 3,4,22.

न्यायविद्या f. *Logik* Comm. zu Njâjas. 1,1,1.

न्यायविवरण n. Titel eines Werkes Opp. Cat. 1.

न्यायवृत्त Adj. *sich nach Gebühr betragend.*

न्यायशास्त्र n. *ein Lehrbuch der Logik,* insbes. das Gotama's.

न्यायशिक्षा f. *Logik.*

न्यायशिखामणि m. Titel eines Werkes.

न्यायसंहित Adj. *geeignet, passend* Âpast.

न्यायसंक्षेप m., न्यायसंग्रह m., न्यायसर्वस्वसंग्रह m. (Bühler, Rep. No. 625), न्यायसार und °पदपञ्जिका f. (Bühler, Rep. No. 391) Titel verschiedener Werke.

*__न्यायसारिणी__ f. *regelrechtes —, gebührliches Benehmen.*

न्यायसिद्धाञ्जन n., °सिद्धान्त (Opp. Cat. 1) m. und °सिद्धान्तदीपप्रभा f. Titel von Werken.

न्यायसिद्धान्तपञ्चानन m. Bein. eines Viçvanâtha.

न्यायसिद्धान्तमञ्जरी f., °दीपिका f., °प्रकाश m., °सार, °सिद्धान्तमणिदीपिका f. (Opp. Cat. 1), °सिद्धान्तमाला f. und °सिद्धान्तमुक्तावली f. Titel von Werken.

न्यायसिद्धान्तवागीश m. Bein. eines Gadâdhara.

न्यायसुधा f. Titel eines Werkes.

न्यायसूत्र n. *ein* Sûtra *logischen Inhalts.*

न्यायाचार्य m. Bein. eines Vallabha.

न्यायानुसारशास्त्र n. Titel eines buddh. Werkes.

न्यायाभास m. *Scheingrund, Sophisma* Comm. zu Njâjas. S. 3, Z. 2 v. u.

न्यायामृत n., °तरंगिणी f., °दीपिका f. (Opp. Cat. 1), न्यायार्थमञ्जूषिका (Bühler, Rep. No. 739) und न्यायार्थलघुबोधिनी f. Titel von Werken.

न्यायालंकार und °भट्ट m. Bein. von Philosophen.

न्यायावक्राक्रमण Adj. *auf die gehörige Art und Weise den richtigen Weg betretend.* Nom. abstr. °ता f. Lalit. 35,1. 37,20.

न्यायावतार m. Titel eines Werkes.

न्यायावलीदीधिति f. Titel eines Commentars.

न्यायिक n. *Logik* VP. 5,1,37.

*__न्यायिन्__ Adj. = न्यायवत्.

न्याय्य Adj. (f. ग्रा) 1) *regelmässig, herkommlich, gewöhnlich, üblich.* — 2) *recht, schicklich, passend, angemessen.* Ein davon abhängiger Infinitiv ist passivisch zu übersetzen. Nom. abstr. °त्व n. — Bisweilen fehlerhaft für न्याय.

न्याय्यदण्ड Adj. *gerecht strafend.* Nom. abstr. °त्व n. Gaut.

न्यास m. 1) *das Niedersetzen, Hinsetzen, Aufsetzen.* — 2) *das Einsetzen, Hineinstecken, — setzen, — legen.* — 3) *das Einsetzen der Krallen.* — 4) *das Niederlegen, Ablegen.* — 5) *das Deponiren.* — 6) *Depositum, ein anvertrautes Gut.* — 7) *das Auftragen, Niederschreiben, Hinzeichnen;*

insbes. *das Auftragen mystischer Zeichen auf verschiedene Theile des Körpers.* — 8) *Niedergeschriebenes, ein niedergeschriebener Text, der niedergeschriebene Wortlaut eines* Sûtra. — 9) *Hingezeichnetes, Zeichnung.* — 10) *Entsagung, Entäusserung.* — 11) *Senkung* (des Tones). — 12) *der Endton eines Musikstückes* S. S. S. 34. — 13) *das Vorbringen, zur Sprache Bringen.* — 14) Titel verschiedener Werke Opp. Cat. 1.

न्यासखण्ड m. oder n., न्यासखण्डन n., न्यासतिलक m. oder n., न्यासतूलिका f., न्यासदशक n., न्यासविंशति f., न्यासविद्यादर्पण m., न्यासविद्याविलास m., न्यासशतक n. und न्यासादेशविवरण n. Titel von Werken Opp. Cat. 1.

*न्यासिक Adj. = न्यासेन चरति.

न्यासिन् Adj. *der Allem entsagt hat.*

न्यासी Adv. mit कर् *Jmd Etwas als treu zu bewahrendes Gut anvertrauen.*

न्यासोद्योत m. Titel eines Werkes.

*न्युङ्ख 1) m. = न्यूङ्ख. — 2) Adj. = मनोज्ञ. — 3) = सम्यक्.

न्युब्ज 1) Adj. a) *umgestürzt, umgewandt, nach unten gekehrt, umgestülpt, auf dem Gesicht liegend.* — b) **einen gekrümmten Rücken habend.* — 2) m. a) Name *der Ficus indica in* Kurukshetra. — b) *= आज्यादिपात्रभेद, दर्भमयस्रुच् oder कुशस्रुच् (H. an. wohl कुशस्रुचि zu lesen).

न्युब्जक Adj. (f. न्युब्जिका) = न्युब्जिमत् Comm. zu Tâṇḍja-Br. 25,10,11.

*न्युब्जखड्ग m. *ein krummer Säbel.*

न्युब्जिमत् Adj. *geknickt, gekrümmt* Tâṇḍja-Br. 25,10,11.

न्यूङ्ख m. *Einfügung des Lautes* o — *in verschiedener Anzahl, Quantität und Betonung — in die Recitation.*

न्यूङ्खनीय Partic. fut. pass. zu न्यूङ्खय् 1).

न्यूङ्खम् Absol. *mit dem* न्यूङ्ख Çâṅkh. Çr. 10,5,20. 11,15,11.

न्यूङ्खमानक Adj. *strauchelnd, stolpernd.*

न्यूङ्खय् 1) °यति *den* Njûṅkha *einfügen.* — 2) न्यूङ्खयते *brummen.* — Mit प्रति Act. *den* Njûṅkha *in der Gegenstrophe einsetzen.*

न्यूङ्ख्य Partic. fut. pass. zu न्यूङ्खय् 1).

न्यून 1) Adj. (f. आ) *woran oder wem Etwas fehlt, unter dem Maasse bleibend, unzureichend, mangelhaft, zu klein, zu wenig, kleiner, weniger, geringer, niedriger, gering, niedrig.* Das Mangelnde steht im Instr. oder geht im Comp. voran, das Verglichene steht im Abl. Sâj. zu Ṛv. 2,33,4. न्यूनतरम् Adv. *noch geringer, — kleiner, — niedriger.* — 2) Subst. *das Vertiefte, Loch;* euphem. so v. a. *vulva.* — 3) n. *das Fehlen —, das Auslassen eines der fünf Glieder in einer förmlichen Disputation.*

न्यूनता f. *das Niedrigerstehen, ein schlechterer Zustand, das Jmd* (Abl.) *Nachstehen; Schwäche.*

न्यूनत्व n. *das Geringersein* Comm. zu TS. Prât. *Unvollständigkeit.*

न्यूनपञ्चाशद्भाव m. *Idiot.*

न्यूनपदता f. und °पदत्व n. *das Fehlen eines Wortes in einem Satze.*

न्यूनभाव m. *das Niedrigerstehen* MBh. 3,2,12.

न्यूनय्, °यति *vermindern.*

न्यूनाक्षर Adj. (f. आ) *eine Silbe zu wenig habend* Çat. Br. 10,3,2,13.

न्यूनाधिक Adj. *zu wenig oder zu viel;* n. substantivisch Çâṅkh. Gṛhj. 6,6. Daiv. Br. am Ende.

न्यूनाधिकविभक्त Adj. *der bei einer Erbtheilung zu wenig oder zu viel bekommen hat* Jâgñ. 2,116.

न्यूनाधिकाङ्ग Adj. *ein Glied zu wenig oder zu viel habend.*

न्यूनाधिक्य n. *das Mangeln oder Zuvielsein eines Gliedes* Hemâdri 1,417,16.

न्यूनाभ्यधिक Hariv. 7960 fehlerhaft; zu lesen न्यूनान्यधिकानि च (2,82,4).

न्यूनाह m. = अवम 3).

न्यूनी Adv. mit कर् *vermindern.*

न्यूनीभाव n. *das Zugeringwerden, Fehlen, Mangeln.*

*न्योक Adj. als Beiw. von शकुन्त und वत्स (also wohl = न्योकस्) Kâç. zu P. 7,3,64.

न्योकस्, निओकस् Adj. *heimisch, angewöhnt, behaglich.*

न्योघस् (निओघस्) in गो°.

(न्योचनी) निओचनी f. vielleicht *ein best. Schmuck des Weibes;* nach Sâj. *Dienerin.*

(न्योचर) निओचर Adj. etwa *gehörig, passend an einen Ort.*

*न्योजस् Adj.

*न्रस्थिमालिन् m. Bein. Çiva's.

*न्रार्थि von नर् + अर्थ.

न्वै (für नु वै) Adv. *nämlich, ja, in der That, fürwahr.*

Nachträge und Verbesserungen.

अंशदायिन् Adj. *ein Erbtheil empfangend* Vishnus. 15,39.

अंशित्व n. *Theilhaberschaft* Bṛhasp.

अंशुकपल्लव *Schärpe* Spr. 2931. 5822. Râgat. 4,578.

अंसपीठ n. *Schulterblatt* Suçr. 1,126,1. 340,18. 350,13. Hariv. 13165.

अंसोच्चल m. Du. *die Schulterknochen* Âpast. Çr. 7,14,2.

अंहस्पत्य n. *die Herrschaft über die Noth* TS. 1,4,14,1. Âpast. Çr. 8,20,8.

अकलितात्मन् Adj. *von unermesslichem Geiste* Mahâvîrak. 124,20.

अकल्याण auch *nicht hübsch* AV. 20,128,8.

अकापुरुषव्रत n. *nicht die Weise eines elenden Wichts* Spr. 398.

अकामयान Adj. *nicht wünschend* MBh. 14,28,4.

अकिंचिन्मय Adj. *aus Nichts gebildet* VP. 4,1,12.

अकिल्बिष, f. ई MBh. 1,63,97.

अकुप्य n. *Edelmetall* Kir. 1,35.

अकुलक (Nachtr. 2), vgl. निष्कुला, निष्कुली, निष्फली und फली mit कर्. कु und फ werden oft mit einander verwechselt.

अकृशलक्ष्मी Adj. *mit Glücksgütern reich versehen* Kir. 5,52.

अकृष्टरोहिन् Adj. *wild wachsend* Ragh. 14,77.

अक्रमोढा f. *eine nicht in der natürlichen Reihenfolge Verheirathete* (eine jüngere Schwester vor der älteren, eine ältere nach der jüngeren) Kâtj.

अक्रीणत् Adj. *nicht kaufend,* so v. a. *Gekauftes nicht annehmend* Vishnus. 5,129.

अक्रोशत् Adj. *nicht schreiend, — wehklagend* MBh. 3,219,14.

अक्षकूट n. *Betrug im Würfelspiel* MBh. 3,33,3.

अक्षतण्डुल m. Pl. *Grütze von unenthülstem Korne* Mân. Gṛhj. 1,11.

अक्षतोदक n. *Wasser, in dem unenthülstes Korn liegt,* Mân. Gṛhj. 1,8.

अक्षदेवितर् Nom. ag. *Würfelspieler* MBh. 4,16,45.

अक्षदेविन् MBh. 5,30,29.

अक्षधर्म m. *Würfelrecht, Spielregel* Pr. P. 32,9.

अक्षधूर्त MBh. 4,20,1. Benf. Chr. 185,17. 196,5.

*अक्षपातन n. *das Werfen der Würfel.*

अक्षमा f. auch *Ungeduld* Kir. 2,42.

अक्षमावत् Adj. *ungeduldig, unnachsichtig* MBh. 3,28,16.

अक्षरन्यास, शोणितेन °सः *mit Blut geschriebene Schrift* Kathâs. 8,15.

अक्षवृत्त Adj. *beim Würfelspiel vor sich gegangen* AV. 6,118,2.

अक्षशिक्षा f. *Würfelkunst* Pr. P. 135.

अक्षार Adj. *nichts Aetzendes enthaltend* Vishnus. 62,5.

अक्षिकूट Vishnus. 96,92. Nach dem Comm. °कूटे

= पद्मपाणी, nach Andern नेत्रनासासंधी.

अक्षिच्छिद्र n. *Augenöffnung* Mân. Çr. 8,19.

अक्षिपथ m. *Gesichtskreis.*

अक्षिरुज् f. *Augenkrankheit* Varâh. Brh. S. 51, 11. 104,16.

अक्षीणबुद्धि Adj. *der nicht den Verstand verloren hat, bei Verstande seiend* MBh. 12,87,19.

अक्षुण्णता f. *Unbetretenheit* (eines Weges) Çiç. 1,32.

अक्षुद्रपरिचारिन् Adj. *keinen niedrigen Diener um sich habend.* Nom. abstr. °रिता f. Kâm. Nitis. 4,7. °परिवारता v. l.

अक्षुद्रपरिवार Adj. *kein niedriges Gefolge habend.* Nom. abstr. °ता f. Kâm. Nitis. 4,7, v. l.

2. अक्षेत्र, Compar. अक्षेत्रतर Çat. Br. 1,4,1,15.

अक्षौहिणी auch *die Zahl 1 mit 20 Nullen* Cantor 1,517.

अखिन्न Adj. *unermüdet in* (Loc.) Kir. 1,22.

अगन्ध, f. आ Gobh. 3,5,15.

अगन्धि oder °न् Adj. *geruchlos* Vishnus. 66,6. 79,5.

अगम्यरूप Adj. (f. आ) *schwer zu wandeln* Kir. 1,9.

अगस्त्यगृहपतिक Adj. *Agastja zum Hausvater habend* Âpast. Çr. 23,11.

अगस्त्यवट m. N. pr. eines Wallfahrtsortes MBh. 1,215,2.

अग्निकण m. Çiç. 1,51.

अग्निज्येष्ठ Adj. *mit Agni an der Spitze* TBr. 3, 7,1,6.

अग्नितनू f. Pl. *Bez. bestimmter Sprüche* Âpast. Çr. 5,13,7.

अग्नितुण्ड m. *ein feuerspeiendes Thier* (in der Hölle) Vishnus. 43,34.

अग्निनेत्र Adj. *Agni zum Führer habend.*

अग्निन्यक्त Adj. *mit Agni vermengt,* so v. a. *worin Agni beiläufig erwähnt wird* TBr. 1,3,1,4. Âpast. Çr. 5,28,14. Vgl. न्यङ्ग.

अग्निपतन n. *das sich in's Feuer Werfen.*

अग्निपिण्ड Adj. *mit glühenden Knöpfchen versehen* (Zange) Bhâg. P. 5,26,19.

अग्निप्रणयन n. Pl. auch *die Geräthe, die zum Herbeibringen des Feuers dienen,* Mân. Çr. 1,5,4. 7,3. 2,2,4.

अग्निसंचय m. *ein grosses Feuer* Mahâvirak. 82,18.

अग्नेर्योनी f. *ein best. Backstein* TS. 4,4,6,2 = Maitr. S. 2,8,13.

2. अग्रणी Adv. mit कर् *voranschicken* VP. 4,20,9.

अग्रतःस्थ Adj. (f. आ) *davor stehend* Vishnus. 99,7.

अग्रभूमि f. auch *das höchste Ziel* Çiç. 1,32.

अग्रयान bei den Buddh. *das zur Erkenntniss führende Hauptvehikel* Vaǵrakkh. 30,6.

अग्राह m. *gar keine Vorstellung* Vaǵrakkh. 12, 13. 45,5.

अघमर्षण 1) n. auch *eine best. Busse* Vishnus. 46,9. Baudh.

अघर्म Adj. *kühl* Çiç. 1,58.

अघशंस auch *Unheil verkündend* Bhâg. P. 5,22,14.

अघूर्ण Adj. *nicht schwankend* Âpast. Çr. 7,1,17.

अघोरघोरतर Adj. *nicht schrecklich und zugleich sehr schrecklich* Maitr. S. 2,9,10.

3. अङ्ग 4) Vishnus. 1,4 nach dem Comm. = क्रिनो वेदाग्रभागः स्नुगादिसंमार्जनार्थः.

अङ्गतस् Adv. *an den Gliedern* Âpast. Çr. 7,12,2.

अङ्गभङ्ग m. (adj. Comp. f. आ) *das Strecken* oder *Dehnen der Glieder* Kaurap. (A.) 92. 93. 103.

अङ्गारधानिका Cit. im Comm. zu Gobh. Çrâddhak. S. 965, Z. 3.

अङ्घ्रिपात m. *das Niedersetzen der Füsse, Fusstritt* Bhâg. P. 3,1,37.

अङ्घ्र्यवनेजन (Nachtr. 1) auch *Jmds Füsse waschend.* Nom. abstr. °त्व n. Bhâg. P. 10,83,12.

अच् mit नि 1) «न्यक्त und» *zu streichen.* न्यक्त TBr. 1,6,1,2 fehlerhaft für न्यंक्त. — Caus. *niederdrücken, eindrücken* Hem. Par. 2,195. *न्यञ्चित *niedergebogen* H. 1482. Hâlâj. 4,83.

अचरम Adj. auch *der beste* Mahâvirak. 45,11.

अचिकित्सनीय Adj. *unheilbar* Mit. zu Jâǵn. 2,50.

*अचिन्त्यज m. *Quecksilber* Râǵan. 13,109.

अच्छिद्रपत्त्र Adj. (f. आ) *mit unversehrten Schwingen* Comm. zu Âpast. Çr. 7,8,8.

अच्छिद्रोपगम् Adj. *mit unversieglichem Wasser* TBr. 3,7,6,11.

अच्छेद्य Adj. *adeundus* Âpast. Çr. 7,1,10.

अच्युतार्चन m. Bein. Vishṇu's Vishnus. 98,71. न च्युतमर्चनं देवासुरमनुष्येभ्यो यस्य सः Comm.

3. अजन m. Pl. *keine Menschen* Vaǵrakkh. 24,15.

अजन्मनाश Adj. *nicht entstehend und nicht vergehend* VP. 4,1,26.

अजनातारि m. Çiç. 2,102.

अजाति m. Du. *eine Ziege und ein Schaf* Mân. Grhj. 1,18.

अजितदेवाचार्य m. N. pr. eines Gelehrten Ganar. 175,16.

अजितेन्द्रियमिश्र m. N. pr. eines Lehrers Kautukar.

अजिनवासस् Adj. *in ein Fell gekleidet* MBh. 3,27,7.

अजीतपुनर्वण्य, lies *das Wiederfordern eines* (in der That) *nicht verlorenen Gutes.*

अज्यानि 2) Pl. *Bez. bestimmter Spenden* TBr. 5,7,2,5. Âpast. Çr. 6,29,12.

अञ्च् mit परिवि, परिव्यक्तम् Adv. *überaus deutlich* Hariv. 4514.

अञ्जलिपुट m. (adj. Comp. f. आ) *die als Zeichen der Ehrerbietung hohl aneinander gelegten und zur Stirn erhobenen Hände.*

अट्टपाल m. etwa *Marktaufseher* Vet. (U.) S. 121 zu 17,2.

अण्डभेदन n. *das Platzen des Eies.* °नं क्रियते so v. a. *das Eis schmilzt* Mahâvirak. 43,14.

1. अतस् Z. 2 stelle das Eingeklammerte nach subst. und vgl. P. 2,4,33.

अतिकपिल Adj. (f. आ) *sehr braun* Vishnus. 24,15.

अतिकल Adj. *überaus lieblich tönend* Mahâvirak. 83,20.

°अतिक्रमण Adj. (f. ई) *sich geschlechtlich vergehend gegen* Vishnus. 5,192. 18. n. auch *Vergehen* Mahâvirak. 49,18.

अतिक्रान्तभावनीय, lies *auf der 4ten und höchsten Stufe.*

अतिक्रूरमृड Adj. in नाति°.

अतिक्षिप्र Adj. (f. आ) *überaus schnell* TS. 2,1,1,1.

अतिक्षुत्परीत Adj. *heftig vom Hunger geplagt* VP. 4,2,6.

अतिखादिन् Adj. *viel essend* MBh. 12,87,19.

अतिगुरु m. *eine besonders verehrungswürdige Person* Vishnus. 31,1.

अतिचतुर (f. आ) auch *überaus geschickt* oder *gescheidt* Kaurap. (A.) 4.

अतितुङ्ग Adj. *überaus hoch* Vrshabh. 239,a,18.

अतितुन्दिल Adj. *sehr dickbäuchig* Bâlar. 285,13.

अतितूर्णम् Adv. *sehr —, allzu rasch* Vishnus. 63,11.

अतितृट्परीत Adj. *heftig vom Durst geplagt* VP. 4,2,14.

अतिदहनात्मक Adj. *von zu brennender Natur* Pankat. 190,3.

अतिदुःख n. *ein grosses Leid* VP. 4,2,24.

अतिदुर्गम Adj. *überaus schwer zu wandeln* Çiç. 1,32.

अतिदुर्बलता f. *überaus grosse Schwäche* Pankat. 224,2.

अतिदुर्मनस् Adj. *sehr betrübt* Kathâs. 71,227.

अतिदुर्ललित n. *grosse Unart.* Pl. *sehr dumme Streiche* Hariv. 8539.

अतिदुर्विषह Adj. *überaus schwer zu ertragen* Vrshabh. 37.

अतिदुष्ट Adj. *sehr böse, — schlimm* Râǵat. 4, 121.

अतिदूर, f. आ Kathâs. 16,47.

अतिदूरवर्तिन् Adj. *weit hinausgehend über* (Gen.) Çâk. Ch. 146,8.

अतिदोषल Adj. in नातिदोषल.

अतिद्रुतम् Adv. in नातिद्रुतम् Vishnus. 11,6

अतिधनिन् Adj. *sehr reich* MBh. 3,99,12.

अतिनदीष्ण Adj. *sehr erfahren in* (Loc.).

अतिननामिन्, lies °नमामि Adj. *über dem* namâmi (*ich verneige mich*) *stehend.*

अतिनर्मन् m. *ein grosser Spass*, — *Scherz* MBh. 2,63,5.

अतिनिर्मथन n. *heftiges Quirlen* MBh. 1,18,41.

अतिनिर्वर्तिन् Adj. *sich sehr ungebührlich betragend* Kathâs. 26,58.

अतिपक्षिन् Adj. *stark gefleckt* (Elephant) MBh. 12,29,33.

अतिपवित्र Adj. *überaus reinigend, grossen Segen bringend* (Ort) Phab. 21,14.

अतिपाण्डुकम्बल Adj. (f. आ) *schöner als der Stein* पाण्डुकम्बल Çatr. 8,34.

अतिपान n. *zu vieles Trinken geistiger Getränke.*

अतिपापिन् Adj. *stark frevelnd* Mârk. P. 58,61.

अतिपीडित auch *zu stark gedrückt.* Nom. abstr. °ता f. Suçr. 2,200,2.

अतिपूर m. *ein heftiger Strom*, — *Erguss* Uttarar. 53,8 (68,12).

अतिप्रत्यासङ्ग m. *allzugrosse Nähe* Mahâvîrak. 74,4.

अतिप्रलाप m. *zu langes Gerede.* Pl. Vrshabh. 33.

अतिभर m. *eine schwere Last* Çiç. 2,103.

°अतिभरित Adj. *voll von.*

अतिभारिक Adj. in नातिभारिक.

अतिभृत् Adj. *schwer tragend* Kir. 5,20.

अतिभोगिन् Adj. in नातिभोगिन्.

अतिमुक्ति 2) Bez. *einer Kategorie von Darbringungen* Âpast. Çr. 7,7,2.

अतिरभस Adj. *sehr wild*, — *ungestüm* Bhâg. P. 5,17,9 (°तर). °म् Adv. Mahâvîrak. 113,9.

अतिरसिक Adj. *sehr geschmackvoll, fein gebildet* Kautukas.

अतिरस्कृतसंभाष Adj. (f. आ) *ohne Schelten sich unterhaltend* MBh. 3,233,27.

अतिरोष m. *heftiger Zorn* MBh. 3,233,29.

अतिवत्सल Adj. (f. आ) 1) *überaus zärtlich am Kalbe hängend* (Kuh) MBh. 13,70,15. — 2) *überaus zärtlich* Kathâs. 18,260.

अतिवर m. *ein überschüssiges Geschenk* Âpast. Çr. 5,11,4.

अतिवात्सल्य n. *übergrosse Zärtlichkeit* Mahâvîrak. 18,4 (°वत्सल्य gedr.).

अतिविपिन Adj. *überaus waldreich* Kir. 5,18.

अतिविप्रकर्ष m. *übergrosse Entfernung* Mahâvîrak. 127,10.

अतिविभीषण Adj. *überaus grausig* VP. 4,2,8.

अतिविलम्बितम् Adv. in नाति°.

अतिवीर m. *ein grosser Held* Mahâvîrak. 10,20.

अतिवीर्यवत् Adj. *überaus wirksam* (Heilmittel) Kir. 2,4.

अतिव्याकुल Adj. *überaus verwirrt.* Nom. abstr. °ता f. Vrshabh. 10,b,26.

अतिव्याहृत n. *langes Gerede* Vrshabh. 256,a,22.

अतिव्युत्पन्न Adj. *sehr unterrichtet* —, *sehr erfahren in* (Loc.).

अतिश्रान्त Adj. *sehr ermüdet* VP. 4,2,6.

अतिश्लाघ्य Adj. *überaus rühmlich* Vrshabh. 76.

अतिसंधारण n. *das Verweigern* Karaka 4,4.

अतिसरस्वती f. *eine best. Personification* Mân. Grhj. 2,13.

अतिसुहित Adj. *ganz satt* Âpast. Çr. 4,2,4.

अतिसौजन्य n. *allzugrosser Edelmuth* Mahâvîrak. 10,16.

अतिह्रास m. MBh. 3,233,29.

अतीर्ण Adj. *endlos.*

अतुलसुन्दर Adj. (f. ई) *unvergleichlich schön* Kautukas.

अतैलपूर Adj. *nicht mit Oel gefüllt werdend* Kumâras. 1,10. Vgl. अपवर्जिततैलपूर Ind. St. 14,367.

अत्यक्षर Adj. *unarticulirt.* शब्दाः Mân. Grhj. 1,4.

अत्यधिक Adj. MBh. 3,1339 fehlerhaft für अभ्यधिक; vgl. 3,33,76.

अत्यापन्न Adj. *überaus unglücklich* Mahâvîrak. 68,8.

अत्यूर्जस्वल Adj. *überaus heldenmüthig* (That) Mahâvîrak. 103,13.

1. अत्र, wann tonlos P. 2,4,33.

अत्रिगोत्रा Adj. f. = 1. आत्रेयि 2) b) Vishnus. 36,1.

अत्वरित Adj. *nicht eilend* Gobh. Çrâddhak. 5,2.

अथर्वमय Adj. *aus dem* Atharvaveda *bestehend, den A. in sich enthaltend* VP. 4,1,12.

1. अद्, Caus. अदयते (!) Âpast. Çr. 5,25,18.

अददत् AV. 12,4,20. 26. 34.

अददिवंस् Adj. *nicht schenkend* AV. 12,4,39.

अदाभ्य 1) auch *nicht zu stören*, — *hemmen* Bhâg. P. 4,23,4.

अदास्यत् Adj. *nicht zu geben beabsichtigend* AV. 6,71,3. 119,1.

अदिप्सत् Adj. *Niemand Etwas anhaben wollend* AV. 4,36,1

अदीनग Adj. *wohlgemuth* Hariv. 15843. 15916.

अदीर्घबोध Adj. *von kurzem Verstande* Bhâg. P. 10,81,37.

अदीव्यत् Adj. *nicht würfelnd* AV. 6,119,1.

अदुःखार्ह Adj. *kein Leid verdienend* MBh. 3,27,6. 20. 27. 34.

अदुर्वृत्त Adj. *sich nicht schlecht betragend* Râgat. 5,293.

अदूरबान्धव und अदूरे° m. *ein naher Verwandter* Vasishtha 15,6.

अदूषक Adj. 1) *Niemand zu nahe tretend* MBh. 4,68,65. — 2) *nicht mit einer Sünde belastend, nicht sündhaft* MBh. 12,34,29.

अदूष्य Adj. *keinen Tadel verdienend, tadellos, makellos* MBh. 12,165,32. R. 1,59,20.

अदृग्गोचर Adj. *nicht im Bereich der Augen befindlich* Kaurap. (A.) 23.

अदृष्टकर्मन् Adj. *unerfahren in* (Loc.) Spr. 5636.

अदेवजुष्ट Adj. *den Göttern nicht angenehm* Ait. Br. 2,5,9.

अदेशज्ञ Adj. *ortsunkundig* Mahâvîrak. 32,9.

अदेशिक (Nachtr. 2), wohl *führerlos* wie MBh. 7,5,10. Nach Nilak. an der alten Stelle = देशाच्च्युतः.

अदेश्य wohl zu streichen, da die besten Hdschrr. und die meisten Commentatoren M. 8,53 अदेश lesen.

अदैतेय m. *ein Gott* Hariv. 11931.

अदैशिक Adj. *wo es keinen Wegweiser giebt* MBh. 12,329,34.

अदोग्धर् Nom. ag. *nicht ausbeutend, keinen Nutzen ziehend aus, sich nicht kümmernd um* (Acc.) Bhâg. P. 3,29,32.

अदोषज्ञ Adj. *nicht wissend, was Fehler sind,* Spr. 7071.

अदोषिन् Adj. *nicht unrein* —, *nicht befleckt werdend* Mârk. P. 35,21.

अद्भुताकार Adj. *wunderbar gestaltet* MBh. 3,27,29.

अद्ययज्ञ m. *das heutige Opfer* Comm. zu Âpast. Çr. 4,1,8.

अद्रेश्य Adj. *unsichtbar* Mund. Up. 1,1,6.

अद्राघ, lies अद्राघम्.

अद्वितीय, auch *ohne Gefährten, ganz allein* (Kathâs. 24,103); *seines Gleichen nicht habend* (Kathâs. 22,90).

अद्विषत् Adj. *Niemand hassend* MBh. 2,54,2.

अद्वेष्टर् Nom. ag. *nicht hassend, wohlwollend gegen* (Gen.) Bhâg. 12,13.

अद्वैध Adj. 1) *ungetheilt* (Vermögen) Kathâs. 62,172. — 2) *durch keinen Zwiespalt getrübt* (Freundschaft) R. 7,36,39. — 3) *nicht zweizüngig, gerade, offen* Kâm. Nitis. 4,67. 68. 70 (s. Comm.).

अद्वैध्य Adj. Kâm. Nitis. 4,67. 68. 70 fehlerhaft für अद्वैध.

अधःखात Adj. *in die Tiefe gegraben*, so v. a. *tief*

(Furche) VISHṆUS. 21,4.

अधरात् auch *im Süden* AV. 12,1,31.

अधराम्बर n. (adj. Comp. f. आ) *Untergewand* ÇIÇ. 1,6.

अधर्मभीरु Adj. *nicht pflichtscheu, pflichttreu* KAUTUKAR.

अधर्मशालिन् Adj. *pflichtvergessen* KAUTUKAR.

अधर्मसंगर Adj. *unredlich kämpfend* MBH. 12,94,15.

अधर्षणीय Adj. auch *unüberwindlich* KATHÂS. 101,339.

अधर्षित Adj. *der nicht duldet, dass man ihm zu nahe kommt,* R. 4,15,3.

अधश्चिकुर m. *Schamhaar* KAUTUKAR.

अधातु m. *keine Region* VAǴRAḰḰH. 29,11.

अधातुमत् Adj. *nicht aus Elementen bestehend* BHÂG. P. 2,8,7.

अधारयमाण Adj. *nicht widerstehend* ÇAT. BR. 12,4,1,11.

अधारा f. *kein Strom, kein ununterbrochener Fluss* VAǴRAḰḰH. 39,12.

अधार्यमाण Adj. *nicht getragen werdend* (Kranz) MBH. 4,14,32.

अधिकंधरम् Adj. *bis zum Nacken* ÇIÇ. 1,54.

अधिदीधिति Adj. *hell leuchtend* ÇIÇ. 1,24.

अधिभू m. MAHÂVÎRAḰ. 113,2. 115,18.

अधिमात्रकाव्य Adj. *wonach man einen starken Zug haben soll* VAǴRAḰḰH. 45,15.

अधिरोह (Nachtr. 1) auch m. *Besteigung* SVAPNAḰ. 1,87. 88.

अधिलङ्कम् Adj. *über Lañkâ* MAHÂVÎRAḰ. 106,17.

अधिवचन VAǴRAḰḰH. 37,3. fgg.

अधीतरस Adj. *dessen Saft nicht ausgesogen ist* AIT. BR. 6,12,5.

अधीनग HARIV. 3,119,4 fehlerhaft für अदीनग.

अधुर् f. *nicht die oberste Stelle* MBH. 8,32,41.

अधृष्य 1) a) Nom. abstr. °ता f. RÂGAT. 3,418.

अधोनीवी Adj. f. *mit heruntergesunkenem Schurze* MBH. 2,67,19.

अधोपह्वास, so zu betonen.

अधौत auch *unrein* SUÇR. 1,297,12.

अध्यारोहण n. *das Besteigen* SPAPNAḰ. 1,95.

अध्वन्, अनागते ऽध्वनि so v. a. *in ferner Zukunft* VAǴRAḰḰH. 22,12. 30,14. 37,1.

अध्वरगुरु m. Beiw. Vishṇu's VISHṆUS. 1,56.

अध्वर्तव्य Adj. *nicht zu beugen, — zu Fall zu bringen* TS. 3,2,8,3.

अध्वलोष्ट m. *ein vom Wege genommener Erdkloss* MÂN. GṚHJ. 1,7.

अध्वस्त Adj. *nicht zerfallen, — zerstört* R. 6,20,22.

अनक्षत्रगण Adj. *sternenlos* R. 4,44,44.

अनक्ष्णया Adv. *nicht in diagonaler Richtung* MÂN. ÇR. 1,3,2. GṚHJ. 2,2.

अनग्न Z. 2, lies अनग्नता.

1. अनग्नि, so accentuirt NIR. 1,18.

अनग्न्युष्ण Adj. *nicht am Feuer gewärmt* VISHṆUS. 62,5.

अनङ्गतरंगिणी f. N. pr. einer Hetäre KAUTUKAR.

अनङ्गीकुर्वत् Adj. *Etwas* (Acc.) *nicht einräumend* SÂH. D. 31,12.

अनडुद्यज्ञ m. *ein den Stieren geltendes Opfer* MÂN. GṚHJ. 2,10.

अनडुह् 1) als Schimpfwort MAHÂVÎRAḰ. 43,4.

अनतिदृश्न Adj. *nicht gar zu durchsichtig, — dünn* (Streu) TS. 2,6,5,2.

अनतिप्रातयत् Adj. *nicht hinüberschiessend* LÂṬJ. 3,10,12.

अनतिलोलम् Adv. *nicht allzu beweglich, — rasch* ÇIÇ. 7,18.

अननुकम्पनीय Adj. *nicht zu bemitleiden* MAHÂVÎRAḰ. 88,13.

अननुतापिन् Adj. *nicht bussfertig* ANUKR. zu VISHṆUS.

अननुध्यायत् Adj. *nicht denkend an* (Gen.) MBH. 12,269,31.

°अननुष्ठातर् Nom. ag. *Etwas nicht ausführend.* Nom. abstr. °तृत्व n. KULL. zu M. 10,58.

अननुष्ठान auch *das Nichtsthun.* Pl. SPR. 7321.

अननुसंधान auch *das Fehlen einer Untersuchung, — Erkundigung* MAHÂVÎRAḰ. 119,15.

अननूत्थान n. *das Nichtnachfolgen* KUMÂRAS. 15,29.

अनन्तगुण Adj. *unendlich mal grösser u. s. w.* Nom. abstr. °ता f. MAHÂVÎRAḰ. 116,9. 115,16.

अनन्यगुरु Adj. *keinen andern Vater habend, vaterlos* ÇIÇ. 1,35.

अनन्यथावादिन् Adj. *nicht fälschlich redend* VAǴRAḰḰH. 32,12.

अनन्यदेवत Adj. *keine andern Götter habend* MBH. 12,341,34.

अनन्यपूर्विका Adj. f. *früher mit keinem Andern vermählt* JÂǴN. 1,52.

अनपगा ÇAT. BR., richtig अनपग TS.

अनपव्ययत्, lies अनपव्ययत्.

अनपस्पृश्, so zu accentuiren.

अनभिगमन n. *das Nichthingehen in* (Loc.) VISHṆUS. 25,10.

अनभिज्ञान n. *Unkenntniss* PRAB. 114,14, v. l.

अनभिधावत् Adj. *nicht zur Hülfe eilend* VISHṆUS. 5,74.

अनभिपन्न Adj. *nicht gepackt, — erfasst* SUÇR. 1,128,2.

अनभिमान m. *kein Selbstgefühl, Demuth, Bescheidenheit* MBH. 12,270,39.

अनभिरति f. *keine Freude an* (Loc.) VISHṆUS. 25,7.

अनभिलप्य Adj. *nicht auszudrücken* VAǴRAḰḰH. 24,8. 45,6.

अनभिसंहित Adj. *keine selbstsüchtigen Absichten habend.*

अनभ्यावृत्तम् Adv. *abgewandt* Comm. zu KÂTJ. ÇR. 8,3,32.

अनमस्कार Adj. *sich nicht verbeugend vor, nicht huldigend;* mit Loc. MBH. 13,93,135.

अनमितपूर्व Adj. *früher nicht gespannt* (Bogen) RAGH. 11,72.

अनर्थना f. *das Nichtbetteln* MBH. 13,60,3.

अनर्मन् Adj. 1) AV. 7,7,1 fehlerhaft für अनर्वन्; vgl. ṚV. 10,65,3. — 2) *nicht im Scherz geschehend, höhnisch, spöttisch* (Lachen) MBH. 3,233,28.

अनर्महासिन् Adj. *höhnisch lachend* MBH. 5,[illegible]1,5.

अनर्ह 3) *unverdient* MBH. 3,249,2.

अनल्पत्व n. *Stärke* ÇIÇ. 2,90.

अनवगुण्ठितशिरस् Adj. *mit unverhülltem Haupte* VISHṆUS. 60,23.

अनवज्ञान n. PRAB. 114,14 fehlerhaft für अवज्ञान oder अनभिज्ञान (so v. l.).

1. अनवधान n. MBH. 3,33,6.

अनवपतित Adj. *nicht belegt* (Stimme) ḰARAKA 3,8.

अनवर्तिमुखिन् Adj. *keinen Hunger im Munde empfindend* ÂPAST. ÇR. 8,11,10.

1. अनवस्थान n. auch *das Nichtstehen —, Sichnichtaufhalten an* (Loc.) VISHṆUS. 25,11.

अनाकर Adj. *ohne Fundort,* so v. a. *nicht nachzuweisen* Comm. zu GṚHJÂS. 2,29.

अनाकर्णन n. *das Nichthören* BÂLAR. 38,13.

2. अनागम Adj. *auf keiner überlieferten Lehre beruhend* MBH. 12,270,4.

अनागामिन् VAǴRAḰḰH. 25,22. Nom. abstr. °मित्व n. 26,3.

अनाजीव्य Adj. *keinen Lebensunterhalt gewährend, todt* (Kapital) BṚHASP.

अनाढ्य Adj. *nicht wohlhabend* ÂPAST. ÇR. 5,20,18.

अनातुर, so betont AV. 12,2,49.

अनात्मज्ञ, Nom. abstr. °ता f. MAHÂVÎRAḰ. 31,4.

अनात्मनीन Adj. *dem eigenen Selbst nicht frommend* KIR. 3,16.

अनाथ 1) *keine Verwandte habend* (von einem Verstorbenen) VISHṆUS. 19,5.

अनादिनिधन Adj. *ohne Anfang und Ende* VISHṆUS. 65,1.

अनादिमध्यनिधन Adj. *ohne Anfang, Mitte und Ende* Vishṇus. 98,13. Suçr. 1,18,19.

अनादिमध्यपर्यन्त Adj. dass. MBh. 13,14,194.

अनादिष्टदेवत Adj. *wo die Gottheit nicht angegeben ist* Mân. Gṛhj. 2,10.

अनादीनव Adj. *tadellos* Çiç. 2,22.

1. अनादेश m. auch *kein Substitut* P. 1,3,29, Sch.

अनाद्यन्त, Nom. abstr. °त्व n. Vishṇus. 20,21.

अनापद्यमान Adj. *nicht zutreffend* Lâṭj. 6,4,5.

अनामरूप Adj. *ohne Namen und Gestalt* VP. 4,1,26. Bhâg. P. 1,10,22.

अनाय Adj. *keine Staatsweisheit besitzend* Spr. 1680.

अनारोक Adj. *ohne Zwischenräume, dicht* (Streu) Mân. Çr. 1,2,6.

अनार्द्रकरमुख Adj. *mit unbenetzten Händen und Gesicht* Vishṇus. 68,35.

अनार्द्रपाद Adj. *mit unbenetzten Füssen* Vishṇus. 68,34.

अनालम्बम् Absol. *ohne zu stützen* Mân. Gṛhj. 2,1.

अनाशी॑र्क Adj. *kein Bittgebet enthaltend* TS. 1,6,10,4. Richtig wäre अनाशी॑ष्क.

अनाहार्य auch *unbestechlich* Vishṇus. 3,74.

अनिकामतस् Adv. *ungern* Bhâg. P. 4,28,10.

अनिचय m. *das Nichtaufbewahren als Vorrath* Gaut. 18,28.

अनिच्छु Adj. *Etwas nicht wollend* Vishṇus. 6,28.

अनिदान Adj. *grundlos* Git. 10,2.

अनिप॑द्यमान, so AV.

अनिपात्य Adj. *nicht als Unregelmässigkeit zu erwähnen* Mahâbh. 7,91,a. 134,a.

अनिमिष् m. *ein Gott* Bhâg. P. 2,2,17. 3,15,25. 5,23,8.

अनिमिष 2) a) insbes. Vishṇu. °नेत्र n. Bhâg. P. 1,1,4.

अनिमिषित Adj. *sich nicht schliessend* (Auge).

अनियन्त्रणम् Adv. *unbeschränkt, frei* Kathâs. 104,34.

अनियन्त्रणा f. *Unbeschränktheit* Spr. 7207.

अनिरीक्षक Adj. *Jmd* (Gen.) *nicht sehend, — besuchend* Râgat. 6,94.

अनिरुद्ध 2) β) eines Fürsten MBh. 1,186,19. निरुद्ध v. l.

अनिरूपित Adj. *nicht geschaut* Çiç. 1,37.

अनिर्णीत Adj. *unentschieden, ungeschlichtet* 129,7.

अनिर्दय° Adv. *auf eine zarte Weise* Çâk. Ch. 39,13.

अनिर्दिष्ट auch *nicht aufgefordert —, befragt* Vishṇus. 8,4. *nicht angewiesen, — ermächtigt* 28,30.

अनिर्देश m., Instr. *ohne in's Einzelne zu gehen* MBh. 12,108,33. Nach Nilak. = विस्तरेण न तु निर्देशमात्ररूपेण संक्षेपेण.

अनिर्वचन n. *kein Deutungsmittel* Nir. 7,24.

अनिर्विधित्सु Adj. *Nichts zu vollbringen beabsichtigend* MBh. 12,269,46.

अनिर्वेदकर Adj. *unverdrossen* (Bemühung) R. 5,15,6.

अनिर्ह्णार्च Adj. *wobei an der Recitation der* (Jâgjâ-) *Verse Nichts fehlt* Ait. Br. 3,7,4.

अनिवृत्तयोधिन् Adj. *im Kampf nicht fliehend* MBh. 7,140,12.

°अनिवेदक Adj. *nicht mittheilend, — kund thuend* MBh. 13,43,9.

अनिशान्त Adj. *nicht erlöscht* Çiç. 15,84.

अनिश्चायक Adj. *keine Gewissheit gebend, nicht entscheidend.* Nom. abstr. °त्व n. Z. d. d. m. G. 7, 310, N. 5.

अनिषुधन्व॑ Adj. *ohne Pfeil und Bogen* Taitt. Âr. 5,1,3.

अनिष्कासित Adj. = अनिष्कासिन् (Nachtr. 2) Âpast. Çr. 8,11,15.

अनिस्तिष्ठत् Adj. *Etwas nicht zu Ende bringend, auf halbem Wege stehen bleibend* Khând. Up. 7,20.

अनीकश॑स् Adv. *reihenweise, zugweise.*

अनीतिशास्त्रज्ञ Adj. *mit den Lehren der Staatsweisheit nicht vertraut* Spr. 1395.

अनीदृगाशय Adj. *nicht von solcher Gesinnungsweise* Kir. 2,28.

अनीरशन Adj. *nicht ohne Gürtel, einen G. habend* Kir. 5,11 (°रसन gedr.).

अनुनक्तम् Adv. *Nacht für Nacht* Kir. 5,14.

अनुजीविसात् Adv. mit कर् *zum Untergebenen machen* Kir. 1,14.

अनुतापिन् Adj. in अननु° oben.

2. अनुत्तर 1) Adj. (f. आ) a) Vagrakkh. 24,2.

अनुत्तरवेदिक Adj. *wobei es keine* Uttaravedi *giebt* Âpast. Çr. 8,1,8.

अनुत्पूत Adj. *nicht ausgereinigt, — geläutert* (घृत) Mân. Çr. 1,1,2. 3,1. Gṛhj. 2,2.

अनुत्साह m. *Mangel an Thatkraft* Kir. 2,22.

अनुपघ्नन्त् auch *nicht berührend* Lâṭj. 1,9,23.

अनुपदस्त Adj. *unerschöpflich* Kauç. 88.

अनु॑पदस्यत् Adj. dass. TS. 5,2,9,2.

अनुपधि (Nachtr. 1) zu streichen und st. dessen zu setzen: अनुपधिशेष Adj. *bei dem kein Rest eines störenden Moments mehr vorhanden ist, bei dem alles Ungehörige verschwunden ist* Vagrakkh. 21,1. 36,1. Vgl. Old. Buddha 432. fgg.

अनुपस्थिताग्नि Adj. *der das* Agnjupasthâna *nicht vollzogen hat* Mân. Çr. 1,6,3.

अनुभव 3) *Sitte, Brauch* Lalit. 179,13.

अनुभवम् Adv. *in jeder Geburt* Bhâg. P. 10,83,12.

अनुमति 3) Du. Bez. *zweier best. Verse* Mân. Gṛhj. 1,11. 2,2.

अनुवत्सरी॑ण Adj. (f. आ) von अनुवत्सर॑ Taitt. Br. 1,4,10,3. Âpast. Çr. 8,21,1.

अनुवत्सरीय Adj. von अनुवत्सर॑ Mân. Çr. 1,6,4.

अनुवनम् Kir. 5,45.

अनुवप्रम् Adv. *am Ufer* Kir. 6,4.

अनुवसु m. *ein noch von der Leidenschaft beherrschter* Sthavira *oder Laie* Çilâṅka 1,312.

अनुव्याध n. *das Durchziehen, Erfüllen.* कृतानु° Adj. *durchzogen —, erfüllt von* (Instr.) Çiç. 2,20.

अनुष्ठायज्ञयज्ञीय fehlerhaft für अनुष्ठायज्ञायज्ञीय.

अनुसरण auch *das Besuchen* Vishṇus. 33,6. 36,8.

अनुहरण n. auch *das Erben* Vishṇus. 16,16.

अनूत्थान n. *das Nachfolgen* in अननूत्थान oben.

अनूनगरिमन् Adj. *von nicht geringerer Würde als* (Abl.) Pr. P. vor 36.

अ॑नूर्ध्वभावुक n. *das nicht zum Himmel Gelangen* TS. 2,6,5,3.

अ॑नृतु, so zu accentuiren.

अ॑नृत, auch अनृत॑.

अनृतसर्वस्व m. N. pr. eines Mannes Kautukas.

अनेकशतसाहस्र Adj. (f. ई) *aus vielen Hunderttausenden bestehend* R. 5,2,1.

अनेकसंख्य Adj. *überaus zahlreich, unendlich viel* Kir. 5,34.

अनेकांश° *mehr als eine Auffassung* Çaṅk. zu Bâdar. 4,1,2.

अनेय Adj. *unleitbar, der sich nicht belehren lässt* MBh. 5,26,15. 8,9,75. 10,5,6. Hariv. 11187.

अ॑नेव (!) Adv. *nicht so, anders* AV. 16,7,4.

अनैतिह्य Adj. *nicht auf der Ueberlieferung beruhend* MBh. 12,270,4.

अनैभृत्य n. *Wandelbarkeit* MBh. 5,43,47. = अदार्ढ्य Nilak.

अनैर्भृत्य n. MBh. 5,1667 fehlerhaft für अनैभृत्य.

अनौद्धत्य n. auch *niedriger Wasserstand* Kir. 4,22.

अनौरस Adj. *nicht leiblich* (Sohn) Vishṇus. 22,43.

अन्त 4) Instr. *schliesslich* Mân. Gṛhj. 1,22.

अन्तकारिन् VP. 4,1,27. 31.

अन्तःपा॑र्श्व = अन्तःपार्श्व्य॑ TS. 1,4,36,1.

अन्तःपूय Adj. *Eiter enthaltend* (Wunde) Suçr. 2,7,1.

अ॑न्तगत 1) ओ॑षधीर॑न्तगता दहति so v. a. *verbrennt die Kräuter bis auf den Grund* TS. 1,5,9,1.

अन्तरकोश॑ m. *ein inneres Gehäuse* TS. 3,4,1,4.

अन्तराशृङ्गीय Adj. *zwischen den Hörnern befindlich* Âpast. Çr. 7,6,1.

अन्तरिक्षदा Adj. *Luft gebend* Âpast. Çr. 17,5.

अन्तरित्त्यौनी f. *ein best. Backstein* TS. 4,4,6,2.

अन्तर्गति f. *das Eintreten* Comm. zu Âpast. Çr. 5,3,20.

1. अन्तर्गोष्ठ m. *das Innere eines Kuhstalls* Mân. Gṛhj. 2,12.

2. अन्तर्गोष्ठ Adj. (f. आ) *im Kuhstall befindlich* Maitr. S. 4,2,11.

अन्तर्जन m. Sg. *die Hausbewohner* Lalit. 179,17.20.

अन्तर्ज्योतिस् n. *inneres Licht* Mahâvîrać. 40,6.

अन्तर्दिश् f. *Zwischengegend* Mân. Gṛhj. 2,5.

अन्तर्धन n. auch *ein verschlossener* oder *vergrabener Schatz* Pragâpati.

अन्तर्धैर्य n. *innere Festigkeit* Mahâvîrać. 49,1.

अन्तर्नाव्य Adj. *in einem Schiffe befindlich* Cit. im Comm. zu Âpast. Çr. 5,25,8.

अन्तर्भाव्य Adj. *darin enthalten sein sollend* Comm. zu Âpast. Çr. 8,22,10.

अन्तर्भेद m. *innere Spaltung* Mahâvîrać. 54,7.

अन्तर्मुख 1) auch *nach innen gekehrt* Mahâvîrać. 79,8.

अन्तर्वास m. auch *das Verweilen in* (im Comp. vorangehend) Çiç. 2,20.

अन्तशस् Adv. *wäre es auch nur, sogar;* mit einer Negation *nicht einmal* Vagrakkh. 25,2. 28,7. 11. 30,1. 46,1. Saddh. P. (Hdschr.) 62,*a*.

अन्धतामिस्र auch *Blindheit* Mahâvîrać. 8,10.

अन्नरस m. *Speisegeschmack* Kaush. Up. 3,5.

अन्यतरान्यतर Adj. *qualiscunque* Vagrakkh. 28,16.

अन्यत्र 5) *ausser, mit Ausnahme von;* mit dem Casus, den die Construction des Satzes erfordert, Mân. Gṛhj. 1,21. 2,1.

अन्यायतस् Adv. *auf unrechtmässige Weise* Bhâg. P. 6,1,66.

अन्यूनातिरिक्ताङ्ग Adj. *kein Glied zu wenig oder zu viel habend* Âçv. Gṛhj. 1,23,1.

अन्येद्युक Adj. = अन्येद्युष्क Karaka 6,3.

अन्योऽन्यापतितत्यागिन् Adj. *Einer den Andern verlassend, ohne dass der Andere aus der Kaste gestossen ist,* Vishṇus. 5,113.

अन्ववपातोस् Gen. Inf. von 1. पा *trinken* mit अन्वव Çâṅkh. Br. 10,2. 17,9.

अपकर्तन n. *das Zerstückeln* Mahâvîrać. 43,8.

अपकषाय Adj. *sündenlos.* Nom. abstr. °त्व n. Mârk. P. 39,22.

अपकृत् Adj. *Andern ein Leid zufügend* Mahâvîrać. 53,20.

अपकृत्य auch Adj. *der es verdient, dass ihm ein Leid zugefügt wird,* ebend.

अपङ्क Adj. *schlammlos, trocken.* Nom. abstr. °ता f. Kir. 4,22.

अपचन n. *das Nichtgarwerden.*

अपचमान Adj. *nicht für sich kochend, keinen eigenen Haushalt habend* M. 4,32. MBh. 3,2,53.

अपचिति 1) auch *Verehrung* Çiç. 1,17.

2. अपथ so v. a. *nicht zugänglich* Kumâras. 6,17.

अपथदायिन् Adj. *Jmd* (Gen.) *nicht aus dem Wege gehend* Vishṇus. 5,91.

अपथहर Adj. *den unrechten Pfad erwählend* Kir. 5,50.

अपदश steht an unrichtiger Stelle.

अपध्यान n. auch *ungehöriges Denken* oder *Besorgtsein um Etwas* Çîlâṅka 1,320.

अपनुति f. Mahâvîrać. 121,2 fehlerhaft für अपनुत्ति.

अपनुनुत्सु Adj. mit Acc. *zu entfernen verlangend* M. 11,101.

अपपयस् Adj. *wasserlos* Kir. 5,12.

अपपिवस् (schwach अपपुस्) Adj. *nicht getrunken habend* AV. 6,139,4.

अपरकार्य, besser Adj. *später zu vollbringen.*

अपरदीक्षिन् Adj. *die spätere Weihe nehmend* Ait. Br. 1,3,21.

अपराक्त n. *Beseitigung der Abwendung* Çâṅkh. Br. 10,4.

अपराङ्मुख Adj. auch in übertr. Bed. *nicht abgeneigt,* mit Loc. LA. 35,1.

अपरातंस m. *das Nichtbeiseitegestossenwerden* Kâth. 24,3.

अपरान्त 2) *a)* = Konkan (कोङ्कण) nach Bühler.

अपरार्ध्य Adj. *ohne Maximum, nach oben hin* (der Zahl nach) *unbegrenzt* Âçv. Çr. 9,9,15.

अपरावाप्य Adj. *durchaus nicht zu beseitigen* TS. 4,1,3,1.

अपरावर्तिन् Adj. *sich nicht umwendend, nicht fliehend* (im Kampfe).

अपरावृत्ति f. *Nichtwiederkehr.* °वर्तिन् so v. a. *verstorben* Hariv. 3138.

अपरिकर्मितमति Adj. *ungeläuterten Sinnes* Çîlâṅka 1,330.

1. अपरिग्रह 3) *Nichtannahme, Zurückweisung* Bhâg. P. 4,22,23. — 4) bei den Gaina *das Sichenthalten von jeglicher Verblendung in Bezug auf alles Unreale* Sarvad. 32,22. 33,9.

2. अपरिग्रह (vgl. Nachtr. 1) Adj. (f. आ) 3) *von Niemand abhängig* R. Gorr. 1,35,42. — 4) *nicht zu umspannen mit* (Instr.) R. 1,13,25.

अपरिच्छेदकर्तर् Nom. ag. *nicht richtig urtheilend* Spr. 3939.

अपरिज्ञान n. *Unkenntniss.*

अपरिज्ञेय Adj. *unbegreiflich.*

अपरिणामिन् (Nachtr. 2) auch *sich nicht entwickelnd.*

अपरिणायक Adj. *keinen Führer habend* R. 2,64,4.

अपरिताप Adj. *keinen Seelenschmerz empfindend* R. 2,22,26.

अपरितुष्यन्त् Adj. *sich nicht befriedigt fühlend* Sarvad. 90,10.

अपरितोष m. *Unzufriedenheit* Spr. 614.

अपरित्यक्त Adj. *nicht beraubt, non carens;* mit Instr. Varâh. Bṛh. S. 5,1.

अपरित्यागिन् Adj. *Jmd nicht verlassend.*

अपरित्याज्य Adj. auch *nicht im Stich zu lassen, — zu verstossen; — zu überlassen Jmd* (प्रति).

अपरिनिष्पत्ति f. *keine Vollkommenheit* Vagrakkh. 40,11.

अपरिभवनीय Adj. *der nicht beleidigt, gekränkt, gedemüthigt werden kann von* (Gen.).

अपरिभाषण Adj. *nicht viel redend* Spr. 4278, v. l.

अपरिभाष्य Adj. *nicht zu lehren, nicht ausdrücklich zu sagen.*

अपरिमाण Adj. *unbegrenzt, unzählig* Vagrakkh. 21,2. 34,2.

अपरिरक्षण n. *das Nichtgeheimhalten, Verrathen.*

अपरिरक्षन्त् Adj. *nicht schonend, daran setzend* MBh. 5,146,15.

अपरिलुप्त Adj. *was keine Einbusse erlitten hat.*

अपरिव्यक्त Adj. *nicht ganz deutlich zu sehen* Hariv. 961.

अपरिश्रम Adj. *nicht müde werdend* R. 2,64,5.

अपरिह्वाण n. *das Nichterleiden einer Einbusse, das Nichtzukurzkommen.*

अपरिह्वारवन्त् Adj. *nicht zu vermeiden.*

2. अपर्तु, zu accentuiren.

अपर्यन्ती, so zu accentuiren.

अपर्यासित Adj. *nicht umgestürzt, — zu Nichte gemacht* Kir. 1,41.

अपर्वतीय Adj. *ohne Erhöhungen, eben* R. 4, 44,106.

अपलक्ष्मण Adj. *ohne* Lakshmaṇa (Râma's Bruder) Bâlar. 115,1.

अपलायन n. *das Nichtfliehen.*

अपवित्र Adj. (f. आ) *verunreinigend, unrein* (eigentlich und übertragen).

अपविद्धक m. *ein verstossener Sohn* Devala.

अपपशुता f. *Mangel an Vieh* Maitr. S. 2,1,8.

अपश्चात्तापिन् Adj. *keine Reue empfindend.*

अपश्यन्त् *nicht gewahr werdend* 127,7 (अपश्यन्ती). 81,29 (अपश्यती); *nicht sehend* in der Astrol. so v. a. *nicht in adspectu stehend von* (Acc.) Varâh. Bṛh. 5,1. *nicht erwägend, — prüfend* Chr. 211,6.

अपसारण n. auch *das Verbannen* Mahâvîrak. 54,10.

अपस्पश Adj. (f. आ) *ohne Kundschafter* Çiç. 2,112.

1. **अपस्पृश्** zu streichen.

अपस्फुर, so zu accentuiren.

अपह्वर m. *der Krümmer, Bez. eines best. Krankheitsdämons* Pâr. Gṛhj. 1,16,24.

अपांसुल Adj. (f. आ) *unbefleckt, rein* (in übertragener Bed.). Subst. f. *eine tugendhafte Frau.*

अपाकृति f. auch *feindliche Gesinnung, Auflehnung* Kir. 1,27.

अपाथेय Adj. *ohne Wegekost, — Reisevorrath.*

अपायसंवर्तनीय Adj. *zum Verderben —, zur Hölle führend* Vağrakkh. 34,18.

अपारणीय Adj. *zu dessen Ende man nicht gelangen kann, mit dem oder womit man nicht fertig werden kann, nicht zu überwinden, — vollbringen.*

अपारमिता f. *keine Vollkommenheit* Vağrakkh. 29,1.

अपारयत् Adj. auch *nicht überwinden könnend* MBh. 4,21,18. *Jmd* oder *Etwas* (Acc.) *nicht zu widerstehen vermögend* 3,167,40. 9,20,9. *nicht erwarten könnend* LA. 20,17, v. l. In der Bed. *nicht vermögend* mit Infin. oder einem Nom. act. im Loc. (Bhâg. P. 8,2,30).

अपारायणीय n. Titel einer Grammatik Uğğval. zu Uṇâdis. 4,102. 158. Vgl. पारायणीय.

अपि 2) h) अपि नु dass. Vağrakkh. 25,22. 39,17. 40,17. 41,10. 42,8.

अपिच्छिल Adj. *nicht schleimig, — schlüpfrig, — schmierig.*

अपिनद्धाक्ष Adj. *mit verbundenen Augen* Maitr. S. 2,1,6.

अपिप्पलाद Adj. *keine Früchte der Ficus religiosa essend* und *nicht den Sinnenfreuden ergeben* Bhâg. P. 11,11,7.

अपीडा, Instr. *nicht ungern, gern.*

अपुण्यकृत् Adj. *nicht rechtschaffen, — tugendhaft* Çiç. 1,14.

अपुनर्निवर्तिन् Adj. *nicht wiederkehrend* Çiç. 1,64.

अपुनर्मार Adj. *ohne wiederholtes Sterben* VP. 2,8,96.

अपुरुषापराध m. *Nichtverschulden der Person* Gaut. 12,42.

अपुरुषार्थ (Nachtr. 1), an den angeführten Stellen Nom. abstr. °त्व n.

अपूप, so zu accentuiren.

अपूर Adj. (f. आ) *nicht zu befriedigen, — stillen* (तृष्णा) Bhâg. P. 7,13,23.

अपूरण 1) Adj. (f. ई) am Ende eines Comp. auch *nicht voll machend*, so v. a. *daran fehlend* Bhâg. P. 10,13,28.

अपूर्य Adj. *nicht zu erfüllen, — befriedigen* MBh. 12,17,4.

अपेलव Adj. *nicht zart, grob* Kathâs. 101,156.

अप्रकर्ष° *nicht in hohem Grade, nicht ganz und gar.*

अप्रगल्भता f. *Aengstlichkeit* Aparârka.

अप्रच्छादित Adj. *unbedeckt, unbelegt* (Erdboden) Vishṇus. 60,3.

अप्रजायन्त् Adj. *nicht zeugend* MBh. 12,34,14.

अप्रणयिन् Adj. *zu dem man sich nicht hingezogen fühlt, den man nicht mag* Spr. 941.

अप्रतिकर्मक्रिया f. *Unterlassung der Schmückung des Körpers* Vishṇus. 25,9.

अप्रतिकार्य Adj. *wogegen sich Nichts thun lässt* Mahâvîrak. 8,20.

अप्रतिक्रुध्यन्त् Adj. *Jmd* (Acc.) *nicht wieder zürnend* MBh. 3,29,9.

अप्रतिद्रुह् Adj. *Jmd nicht wieder* (contra) *zu schaden suchend.*

अप्रतिनन्दित Adj. *zurückgestossen, verstossen von* (Instr.) Bhâg. P. 4,4,8.

अप्रतिनोद्, lies m. st. n.

अप्रतिपूजित Adj. *nicht geehrt* Spr. 2407.

अप्रतिमल्ल Adj. *ohne Nebenbuhler, unvergleichlich* Mahâvîrak. 94,4.

अप्रतिलीना Adj. f. *unverschleiert* Lalit. 179, 18. 19.

अप्रतिशुष्काग्र Adj. (f. आ) *an der Spitze nicht vertrocknet* Âpast. Çr. 1,1,8. 7,1,17. 12,5.

अप्रतिषेकम्, genauer *wobei kein Begiessen stattfindet* Âpast. Çr. 6,6,5. 15,18.

अप्रतिष्ठित 3) *auf Nichts fussend, sich auf Nichts verlassend* Vağrakkh. 21,12. 17. 27,5. 32,5. 6.

अप्रतिसाध्य Adj. *unheilbar.* °रोग Adj. Comm. zu Vishṇus.

अप्रतीकार्य Adj. *wogegen sich Nichts thun lässt* Mahâvîrak. 102,14. 105,15.

अप्रतीत्त Adj. *nicht zurückblickend* Âpast. Çr. 8, 8,18. 18,10.

अप्रददि Adj. *nicht freigebig* AV. 20,128,8.

अप्रदायिन् Adj. *nicht gebend* Vishṇus. 5,178.

अप्रपश्यन्त्, अप्रपश्यंश्च कर्माणि MBh. 12,1219 fehlerhaft für अप्रयच्छंश्च सर्वाणि.

अप्रपाण Adj. *wo es Nichts zu trinken giebt* AV. 20,128,8.

अप्रभिन्न Adj. *nicht brünstig* (Elephant) MBh. 6, 46,9.

अप्रमाण Adj. *unbegrenzt* in °शुभ und °माणाभ.

अप्रयच्छन्त् Adj. *nicht gebend* überh. MBh. 12, 34,12.

अप्रवदत् Adj. (f. °दती) *nicht rauschend* Âçv. Gṛhj. 2,7,7.

अप्रवृत्त (Nachtr. 2) auch *nicht zur Geltung —, nicht zur Anwendung gekommen* Hariv. 11157.

अप्रवृत्ति Adj. *unthätig* Kaush. Up. 4,8.

अप्रसहिष्णु Adj. *Nichts vermögend* Çiç. 1,54.

अप्राकृत Adj. (auch Nachtr. 1) auch *ungewöhnlich, ausserordentlich* Mahâvîrak. 10,21. 34,19. 56,14.

अप्राप्तव्यवहार Adj. *unmündig* Aparârka zu Jâǵn.

अप्रियकृत् Adj. *Unliebes thuend* Mahâvîrak. 53,2.

अॅप्सु Adj. *ohne Lebensmittel.*

अफलवन्त् Adj. *keinen Lohn bringend, nicht mit Folgen verbunden* MBh. 3,31,31.

अफलीकृत (Nachtr. 2) Adj. *unenthülst* Mân. Gṛhj. 2,14.

अफेनिल Adj. *schaumlos* Vishṇus. 62,5.

अबहुव्यक्तिनिष्ठ Adj. *nicht bei vielen Individuen zutreffend* Mahâvîrak. 112,6.

अबुद्धधर्म m. *kein* Buddha-*thum* Vağrakkh. 25,7.

अबुद्धिज Adj. *unbeabsichtigt* MBh. 3,28,28.

अब्लिङ्ग 1) Sg. Name eines Sâman Vishṇus. 56,16.

अभयंकृत्, so zu accentuiren.

अभयनन्दिन् m. N. pr. eines Autors Gaṇar.

अभव्यशेखर m. N. pr. eines Mannes Kautukas.

अभागहारिन् Adj. *nicht erbberechtigt* Vishṇus. 15,32.

अभार्यापितृक Adj. *weder Frau noch Vater habend* Bṛhaspati.

अभावित Adj. *nicht zusammenhaltend, keine feste Masse bildend* MBh. 12,195,18.

अभिगामिन् auch *sich vererbend auf, fallend an* (im Comp. vorangehend) Vishṇus. 17,4.

अभिचार, so zu accentuiren.

अभिजन vielleicht *Geschlechts-* oder *Ortsgenosse* Âçv. Çr. 9,11,1.

अभिदोह्य n. impers. *darauf milchen zu lassen* Âpast. Çr. 9,6,2.

अभिद्यु Adj. 1) *zum Himmel gerichtet, dem Licht zustrebend.* — 2) *himmlisch.*

अभिनिविष्टक n. *Hartnäckigkeit.* °वर्जम् so v. a. *ohne Sträuben* Mân. Gṛhj. 2,13.

अभिपिङ्गल Adj. *röthlich braun* Hariv. 5333.

अभिपीत Partic. von 1. पा mit अभि. Nom. abstr. °त्व n. *das Getränktsein —, Erfülltsein von* (Instr.)

MBH. 12,337,27.

अभिपृष्ठे (Loc.) *hinterdrein* KUMÂRAS. 13,23.

अभिभङ्गिन् Adj. *zerbrechend.*

अभिमानशालिन् Adj. *übermüthig, stolz* KIR. 2,48.

अभिया Adj. *überall hingehend*, so v. a. *überall sein Auge habend* (als Beiw. von Fürsten) MBH. 3, 185,28.

अभिरामता f. *Schönheit, Anmuth* ÇIÇ. 1,16. *das Wohlgefälligsein für* (im Comp. vorangehend) MAHÂVÎRAK. 34,2.

अभिशस्तिकृत् Adj. *beschuldigend* ÂPAST. ÇR. 5, 24,4.

अभिश्रद्धा *an Etwas glauben, Etwas für wahr halten.* °द्धास्यत्ति VAGRAKKH. 41,7.

अभिश्रावे, so zu accentuiren.

अभिषेणय्, *Desid. अभिषिषेणयिषति P. 8,3, 64, Sch.

अभिहस्य Adj. *lächerlich.*

अभ्यर्ध m. *die diesseitige Lage*, mit Abl. °र्धे *diesseits, vor* ÇAT. BR. 11,1,6,30.

अभ्यागारे Loc. *im Hause* ÂÇV. GRHJ. 2,3,3.

अभ्याचर m. *Bereich* MÂN. GRHJ. 2,7. Statt °चरे hat PÂR. GRHJ. अभ्याचारे, ÂÇV. GRHJ. अभ्यागारे.

अभ्यापादम् Absol. mit Acc. *durch — hindurch* NIR. 7,26.

अभ्यासङ्ग m. (Nachtr. 1), lies *ein best.* Pankâha ÂPAST. ÇR. 22,22. fgg.

अभ्युपाय 2) ÂPAST. 2,26,24.

*अभ्रवाटिक, richtig ग्रामवाटिक.

अभ्रातृ (so accentuirt). AV. 1,17,1.

अमन्त्रवर्जम् Adv. *nicht ohne die erforderlichen Sprüche* KUMÂRAS. 7,72.

अमरुमाला f. Titel eines Werkes GAṆAR. °कार m. ebend.

अमर्त्यता f. *Unsterblichkeit* MBH. 3,31,42.

अमांसाशन Adj. *kein Fleisch essend* VISHNUS. 19,15.

अमानव Adj. *übermenschlich* und *nicht von Manu stammend* ÇIÇ. 1,67.

अमाप्य Adj. *unmessbar* VAGRAKKH. 34,2.

अमायु m. *kein Gebrüll* ÂPAST. ÇR. 7,16,6.

अमाष (auch Nachtr. 1) als m. *keine Bohnen* ÂPAST. ÇR. 4,2,5. 3,7.

अमिश्रित Adj. *nicht vermengt* BHÂG. P. 10,33,10.

अमुक्त 2) *von* Râhu *noch nicht befreit, noch verfinstert* VISHNUS. 68,3.

अमुक्तहस्तता f. *Sparsamkeit* VISHNUS. 25,5.

अमुषित Adj. *nicht geplündert* AV. 1,27,4.

अमृतभुज् m. MAHÂVÎRAK. 21,9.

अमृतापिधाने (so zu accentuiren, Nachtr. 1) n. *Decke des Unsterblichkeitstrankes* (STENZLER) ÂÇV. GRHJ. 1,24,28. MÂN. GRHJ. 1,9.

अमृतोपस्तरण (Nachtr. 1) n. *Unterlage des Unsterblichkeitstrankes* (STENZLER) ÂÇV. GRHJ. 1,24,13. MÂN. GRHJ. 1,9.

अमोघदृश् Adj. *dessen Blick unfehlbar ist* BHÂG. P. 1,4,18. 5,13.

अमोतक m. *etwa Weber.*

अमोतकपुत्रक m. *etwa Weberknabe.*

अम्ब Partikel, s. u. अम्बा.

अम्बरपुष्प n. *eine Blume in der Luft*, so v. a. *Unding, Unsinn* KAUTUKAS.

अम्बुजीविन् Adj. *seinen Lebensunterhalt dem Wasser verdankend* (Fischer u. s. w.) VISHNUS. 9,29.

अम्बुनाथ m. *der Ocean* HARIV. 8430.

अम्भोजवदना f. *eine Lotusgesichtige. ein schönes Weib* KAUTUKAS.

अम्ली Adv. mit भू *sauer werden* MIT. 1,24,b,8.

अयज्ञोपवीतिन् Adj. *ohne Opferschnur* MÂN. ÇR. 11,1.

अयथाबलम् Adv. *den Kräften nicht entsprechend* ÇIÇ. 2,94.

अयनक n. *Sitz, Stätte* KARAKA 8,3.

अयनांश, lies *amount of precession.*

अयवस् n. *die dunkele Monatshälfte.*

अयाचमान Adj. *nicht um Etwas bittend* KAUSH. UP. 2,1.

अयात Adj. *nicht gegangen* AV. 10,8,8.

अयाम m. auch *Nichtbahn* TS. 6,3,1,6.

अयुक्त, so zu accentuiren. 1) अयुक्तम् Adv.

अयुग्मच्छद m. KIR. 1,16.

अयुद्धमति Adj. *nicht kampflustig* MÂRK. P. 134,59.

अयुध्यत् Adj. *nicht kämpfend* HARIV. 9834.

अयूप Adj. *ohne Opferpfosten* MÂN. GRHJ. 2,5.

अयोग्य 1) auch *unpassend* VISHNUS. 5,116.

2. अयोनि Adj. auch = अयोनिज MAITR. S. 2,3,3.

अयोनिजन्मन् Adj. *keinem Mutterleibe entsprossen* MAHÂVÎRAK. 10,4.

अरजस् n. *kein Staub* VAGRAKKH. 29,9.

अरणाविहारिन् Adj. *dwelling in virtue* (M. MÜLLER) VAGRAKKH. 26,12. 15. 16.

1. अरणि 1) (Nachtr. 2) *Mutter* in सुरारणि VP. 5, 30,24. पाण्डवारणि VP.[2] 5,96.

अरममाण, so zu accentuiren.

अरर 2) n. MAHÂVÎRAK. 107,4.

अरागद्वेषिन् Adj. *nicht liebend und nicht hassend, sine ira et studio* VISHNUS. 12,3.

अराजदैविक Adj. *nicht vom Fürsten und nicht vom Schicksal verursacht* JÂGÑ. 2,197.

अराजलक्ष्मन् Adj. *ohne königliche Insignien* SPR. 1395.

अरातिनुद् Adj. *die Feinde vertreibend* MBH. 3, 41,38.

अराम Adj. (f. आ) *ohne* Râma BÂLAR. 115,1. MAHÂVÎRAK. 44,21.

अरिक्तकर्ण Adj. *dessen Ohren voll —, d. i. betäubt sind von* (Instr.) PR. P. 119.

अरुग्ण, so zu lesen st. अरुग्न.

अरुणपिशङ्ग Adj. *röthlich braun* TS. 6,6,11,6.

अरुणपुष्प ist Adj. *röthliche Blüthen habend.*

*अर्कात्मज m. *der Planet Saturn* RÂGAN. 13,199.

अर्चा f. (vgl. Nachtr. 2) 4) bei den Gaina *Körper* KALPAS. 111.

अर्द् mit उप *Jmd auf den Leib rücken, Jmd belästigen* TS. 1,5,9,6.

1. अर्ज् mit निस् *herauslassen, — geben* TS. 1,5,9,3.

*अर्णोभव m. RÂGAN. 13,122.

अर्थ, so zu accentuiren.

अर्थनाशक Adj. (f. °शिका) *verschwenderisch* KÂTJ.

अर्थनिवेदन n. *das Anbieten —, Darbringen seiner Habe.*

अर्थपदवी f. *der Weg des Nutzens.* °वीं गम् so v. a. *seinen Vortheil wahrnehmen.*

अर्थपरिग्रह m. *Besitz von Geld* R. 5,43,6.

अर्थय् mit प्र 3) Med. *sich Jmd* (Acc.) *entgegenstellen* KIR. 2,21.

अर्थलाघव n. *das Leichtnehmen einer Sache, schnelles Hinweggehen über eine Sache* NAISH. 9,8.

अर्थसंकृत oder °संकृति. Adj. mit रेखा *etwa Schuldverschreibung* Comm. zu KÂM. NITIS. 9,68.

अर्थहर Adj. *das Vermögen erbend* VISHNUS. 15,40.

अर्थार्थिन् Adj. auch *das Nützliche —, Reichthümer begehrend* MBH. 3,33,25.

अर्धकर्ण Adj. vielleicht *halb hörend* (im Schlafe). Vgl. auch Nachtr. 1.

अर्धखिल m. *halbe Brache, Land das ein Jahr brach liegt* NÂR. 11,26.

अर्धनाराच m. *eine Art Pfeil* MBH. 2,51,35.

अर्धनिष्पन्न Adj. *halb vollendet* RÂGAT. 5,403.

अर्धपञ्चदशन् Adj. Pl. *vierzehnundeinhalb* ÇÂNKH. ÇR. 13,18,5.

अर्धभेदक Adj. mit व्याधि = अर्धभेद m. *Hemiplegie* SUÇR. 2,380,10.

अर्धवशा f. *eine halbe Kuh* MAITR. S. 1,11,7.

अर्धशिरस् n. *der halbe Kopf* ÂPAST. ÇR. 7,13,8.

अर्धहर Adj. *das halbe Vermögen erbend* VISHNUS. 18,32.

अर्धिक Adj. = आर्धिक = अर्धसीरिन् Vishnus. 57,16.

अर्बुद 4) n. *Rippenknorpel* Vishnus. 96,76. वत्समि संध्यस्थीन्यर्बुदान्युभयतो दश दश Comm.

अर्यमन् 4) Çiç. 2,39.

1. अलक्षण auch *kein Kennzeichen* Vaǵrakkh. 29,17.

अलक्षणसंपद् f. *kein Vollauf von Kennzeichen* Vaǵrakkh. 22,3. 5. 40,15.

अलघीयंस् Adj. *nicht unbedeutend, gross, gewaltig* Çiç. 2,58.

अलंकृतिशास्त्र n. *ein Lehrbuch des Stils* Kautukas. 17.

अलज्जाकर Adj. *keine Schande bringend* Spr. 5911.

अलन्तराम् Adv. *in hohem Grade* Kumâras. 14, 16. 15,28. Mit einem Infin. *bedeutend besser* Çiç. 2,106.

अलब्धपद Adj. *keine Stelle gefunden habend in* (Loc.), so v. a. *keinen Eindruck gemacht habend auf* Ragh. 8,90.

अलोकर्त्ता, so zu accentuiren.

अलोष्टक Adj. (f. आ) *frei von Erdklössen.*

अलोष्ठक Adj. v. l. für अलोष्टक.

अलोह् Adj. *nicht von Eisen* MBh. 1,145,22.

अल्पकालिक Adj. *eine kurze Zeit lang stattfindend* Comm. zu Âpast. Çr. 8,1,1.

अल्पनिचय Adj. *einen kleinen Vorrath habend* R. Gorr. 1,6,7.

अल्पनिदान Adj. *aus einer geringfügigen Ursache entspringend* Suçr. 2,443,4.

अल्पपरिकर Adj. *wenige Dienerschaft habend, weniger D. als* (Abl.) *h.*

अल्पफल Adj. (f. आ) *wenig ergiebig* Mân. Gṛhj. 2,14.

अल्पविज्ञान Adj. *von geringer Einsicht* MBh. 3, 29,34.

अवकलन n. *das Ausbrennen mit* Kuça-*Gras* Baudh. 1,6,14,1.

अवचितपूर्व Adj. Çâk. (Pisch.) 116 falsche Lesart für रचितपूर्व.

अवाण्ड Adj. (f. आ) *nicht ungeschwänzt* (Kuh).

अवदानीय als n. *Schnitzel von Fleisch.*

अवनती Adv. mit भू *sich verneigen* R. 7,23,1,60.

अवनेक्तर् Nom. ag. *Wäscher* in पादावनेक्तर्.

अवमार्जन, so zu lesen st. अवमार्जन.

अवर 1) e) als m. so v. a. *Vorfahr.*

2. अवरोधन 4) lies Sg. statt n. — 5) *Erlangung, Erreichung* Kaush. Up. 2,3. — Als Adj. (f. ई) *Jmd Etwas verschaffend* ebend.

अवरोपण, vgl. धावरोपण.

अवशर्धयितर् Nom. ag. *auf Jmd farzend* Vishnus. 5,22.

अवसक्थिका bedeutet *das Sitzen mit untergeschlagenen Beinen.* °कां कर् *sich in der Weise hinsetzen.*

1. अवसान n. auch *Bauplatz* Mân. Gṛhj. 2,11.

अवस्तुपतित Adj. *nicht körperlich geworden* Vaǵrakkh. 32,18. 19.

अवस्रंसन n. *das Herabfallen* Dhâtup. 18,16.

1. अवात, der Udâtta zu tilgen.

अवात्सल्य n. *Mangel an Mutterliebe* Suçr. 1, 372,10.

अवान्तरदीक्षा f. *Zwischenweihe* Âpast. Çr. 15,20, 1. Mân. Çr. 4,7.

अविकार्य Adj. *unwandelbar, unveränderlich.*

अविक्लिन्नाक्ष Adj. *keine triefenden Augen habend* Âpast. Çr. 5,10,10.

अविगान n. *Uebereinstimmung* Deçin. 2,28.

अवितृप्त Adj. (Nachtr. 2), Nom. abstr. °ता f. Kir. 2,29.

अविधिपूर्वकम् Adv. *nicht wie es sich gebührt* Bhag. 9,23. 16,17.

अविधृत Adj. *unaufgehalten, unaufhaltsam* MBh. 1,1,250.

अविपद्यन्त् Adj. *nicht zu Nichte werdend, — sterbend* Bhâg. P. 6,1,8.

अविवेकम् (! Âpast. Çr. 1,7,10) und अविवेचम् (Âçv. Çr. 2,6,7) Absol. *ohne durch Schütteln und Blasen zu sondern.*

अविशोधन n. *das Unentschiedenbleiben* Vishnus. 11,9.

अविश्रान्त Adj. auch *wo man nicht ausruhen kann* MBh. 12,329,34.

अवीरहत्य n. *kein Männermord* Âpast. Çr. 5, 27,1.

अवर्ध, so zu accentuiren.

अवृष्टिकाम Adj. *keinen Regen wünschend* Âpast. Çr. 7,11,7.

3. अव्यय 1) a) Nom. abstr. °ता f. Comm. zu Jogas. 1,25.

2. अव्यवहार Adj. *wofür es keinen Ausdruck giebt* Vaǵrakkh. 45,6.

अव्यवहितता f. *Ununterbrochenheit.* Instr. *ununterbrochen* Vṛshabh. 79.

अव्युष्टि, lies *das Nichthellwerden.*

अव्यूह 3) *kein Complex* Vaǵrakkh. 27,3. 38,8.

अव्रात्य n. *Vernachlässigung der Gelübde* Vishnus. 48,22.

अशक्तभर्तृका Adj. f. *einen schwachen Mann habend* Vishnus. 5,18.

2. अशन, so zu accentuiren.

अशा f. *das Essen* in मीमांसाशा.

अशाखाज Adj. *nicht auf einem Zweige gewachsen* Âpast. Çr. 7,1,17.

अशिशिररश्मि m. *die Sonne* Kir. 5,31.

अशिश्रिषु (Conj.) Adj. *der sich nicht anklammern mag* AV. 20,134,6.

अशीतिसाहस्र Adj. (f. आ) 1) Sg. *aus 80000 bestehend* R. 5,38,23. — 2) Pl. *80000* R. 5,56,118.

अशेषम् (!), so zu betonen.

अशोफयुत Adj. *ohne Geschwülste, — Geschwüre* Suçr. 2,312,13.

अश्रि, so zu accentuiren.

अश्रीवी f. = अस्रीवी (Nachtr. 1) Maitr. S. 1, 11,10.

अश्रुनेत्र Adj. *Thränen in den Augen habend* MBh. 8,94,24.

अश्वपूर्ण Adj. (f. आ) vielleicht fehlerhaft für °पूर्व Einschiebung nach ṚV. 5,87 (Vers 3) = Mân. Gṛhj. 2,13.

2. अश्वपृष्ठ, Anderes vermuthet R. Pischel in Z. d. d. m. G. 35,711. fgg. Das Wort ist aber nicht auf den Stein, sondern auf Vâju zu beziehen.

अश्वप्रथम Adj. *mit dem Rosse — oder den Rossen voran* Mân. Çr. 1,5,4.

अश्ववन्दिन् Adj. *mit Reiterei versehen* MBh. 5, 164,2.

अश्वसनि, so zu accentuiren.

अश्वस्तोमीय Adj. als Bez. eines Homa Âpast. Çr. 20,12. 21.

अश्वानन m. Pl. *ein best. mythisches Volk* Pr. P. 118.

अश्वानृत n. *eine in Bezug auf ein Pferd ausgesprochene Unwahrheit* M. 8,98.

अष्टाशीतिसहस्र Adj. Pl. *88000* Jâǵn. 3,186.

2. अस् mit अधि 1) *werfen auf, in.* अग्नौ *in das Feuer* Mân. Çr. 1,3,4. 7,1. — Mit अन्वधि *hernach werfen auf, in* Mân. Çr. 1,1,2. — Mit प्रतिनिम् *zurückwerfen* Âpast. Çr. 3,10,4.

अस (Nachtr. 1) Çiç. 1,69.

असंयच्छन्त् Adj. *nicht zügelnd, — in der Gewalt habend* MBh. 12,91,42.

असंरक्त Adj. *keine Liebe empfindend* Hariv. 11264. v. l. असंसक्त.

असंवत्सरभृत, so zu accentuiren.

असंविज्ञान Adj. *unverständlich* Mahâvîrak. 33,3.

असंविहित Adj. *wofür man nicht die gehörige Sorge getragen hat* MBh. 12,130,4.

असंव्यवहितम् Adv. *unmittelbar* Bhâg. P. 5,6,6.

असंसक्त auch *nicht mit dem Herzen an Jmd*

hängend Hariv. 3,4,40. °म् Adv. unverbunden, besonders Mân. Çr. 1,1,2. 3,2. Gṛhj. 2,2.

असंस्कृतप्रभावित Adj. unbeschränkt mächtig Vaǵrakkh. 24,9.

असकाशे Loc. nicht in der Nähe von (Gen.) Mân. Gṛhj. 2,5.

असंख्येय 1) Compar. °तर Vaǵrakkh. 34,20.

असंग्रामेण Instr. ohne Kampf Hariv. 1940.

असक्त Adj. nicht hängend an (Loc.) MBh. 12, 248,19 (Bl. 112,a).

असंचय m. keine Anhäufung Vaǵrakkh. 44,20.

असंज्ञा 3) kein Bewusstsein Vaǵrakkh. 23,10. 30, 21. 31,1. 43,17.

असंज्ञिन् Adj. kein Bewusstsein habend (Wesen) Vaǵrakkh. 20,18.

1. असत्त्व m. kein lebendes Wesen Vaǵrakkh. 32,11.

असंनयत् Adj. keine aus süsser und saurer Milch gemischte Spende darbringend Kâtj. Çr. 4,2,36.

असंन्युप्त Adj. nicht zusammengeworfen Âpast. Çr. 9,10,12.

असपिण्ड, lies entfernter verwandt als ein Sapiṇḍa. Auch Vishṇus. 22,46.

असमवक्तितम्, lies Adv.

असमव्रात्रत Adj. mit keinem Mahâvrata-Tage versehen Âpast. Çr. 23,2.

असमायुत Adj. unverbunden Taitt. Âr. 1,12,3.

असाकमेध Adj. ohne Sâkamedha Maitr. S. 1, 10,16.

असाक्षिन् m. kein Zeuge, als Zeuge nicht zulässig Jâǵn. 2,71. Vishṇus. 8,1. 5.

असार्वभौम m. kein Weltherrscher, — Kaiser Âpast. Çr. 20,1.

असितज्ञानु Adj. mit schwarzen Knieen Âpast. Çr. 5,10,10.

असिताक्ष Adj. (f. ई) schwarzäugig Vishṇus. 99,6.

असियष्टि f. Schwertklinge Varâh. Bṛh. S. 50,6.

असुतर Adj. schwer zu passiren Kir. 5,18.

असुतृप्, anders erklärt von F. Kluge in Kuhn's Z. 25,311. fg.

असुरक्ष Adj. (f. आ) schwer zu hüten Kir. 2,39.

असुरद्रुह् m. ein Feind der Asura, ein Gott Çiç. 2,35.

असुषिर Adj. nicht hohl Âpast. Çr. 7,12,5.

असृक्पात auch das Fliessen von Blut. °पाते wenn Blut geflossen ist Jâǵn. 3,293.

असौ Voc. zu असौ Nom. Maitr. S. 1,4,2. 2,4,8. Kaush. Up. 2,4. 11. Âçv. Gṛhj. 1,14,7.

अस्कन्ध m. keine Ansammlung Vaǵrakkh. 24,16.

अस्तृत, auch अस्तृत.

अस्त्रोपनिषद् f. Waffenkunde Mahâvirak. 21,11.

अस्थास्नु Adj. ungeduldig Kathâs. 36,55.

अस्थिर 1) Nom. abstr. °त्व n. Suçr. 1,117,16. 17.

अस्थूरि, so accentuirt TS. 7,1,1,1. 2.

अस्नाविर Adj. ohne Sehnen, — Bänder.

अस्पृष्टमैथुना Adj. f. Jungfrau seiend Mân. Gṛhj. 1,7.

1. अस्मे, zu अस्मे vgl. R. Pischel in Z. d. d. m. G. 35,716.

अस्मृतध्रु, lies = अस्मृतद्रुह् der Hasser nicht gedenkend.

अस्वप 1) Mahâvirak. 106,4. 21.

अस्वाम्य n. kein Eigenthumsrecht, keine freie Verfügung Devala.

अहंयु Adj. nur an sich denkend Kumâras. 15,51.

अहल, vgl. AV. 20,131,9.

अहिकञ्चुक m. Schlangenhaut Svapnak. 2,10.

अहित n. auch eine Art zu fechten Hariv. 3, 124,19. आहित v. l.

अह्निमरीचि m. die Sonne Pr. P. 21.

आर्के, so zu accentuiren.

आकेवलिक Adj. nicht allein bleibend (von Begierden, die andere im Gefolge haben) Çilâñka 1,314.

आकोपवत् Adj. ein wenig erzürnt auf (Loc.) Çiç. 2,99.

आक्रोशयितर् Nom. ag. schmähend, schimpfend Vishṇus. 5,23.

आक्षेपण 2) c) Schmähung Vishṇus. 54,14.

आखण्डलसूनु m. Patron. Arǵuna's Kir. 1,24.

आखर auch ein best. Agni Çâñkh. Gṛhj. 5,2.

आख्या 2) (Nachtr. 1) MBh. 15,23,16.

आख्यातिक, lies ई st. इ.

आगन्तुक 3) von einer Krankheit Vishṇus. 96,28. Nach dem Comm. so v. a. वातपित्तश्लेष्मादयः.

आग्निष्टोमीय Adj. Âpast. Çr. 22,9.

आग्नेन्द्र Adj. = आग्नेन्द्र Mân. Gṛhj. 2,10.

आघट्टना f. Anschlag, Anprall Çiç. 1,10.

आघोष, so zu accentuiren.

आचतुरम्, lies Adv.

आचाम्ल Bez. einer Speise, mit der Ǵaina-Asketen im letzten Stadium ihre Fasten brechen, Çilâñka 1,345.

आचार्यकरण n. Lehrthätigkeit P. 1,3,36.

आचार्यदेव Adj. den Lehrer verehrend Taitt. Up. 1,11,2.

आचार्याणी Mahâvirak. 40,15.

आचार्यी Adv. mit कर् zum Lehrer machen P. 1,3,36, Sch.

आच्छादक auch schützend, vertheidigend Vishṇus. 86,8.

आच्छोटनिका f. in नखाच्छो°.

आजानु Adj. bis an die Kniee Svapnak. 1,61.

आजिशिरस् auch Kopf —, d. i. Ende —, Ziel der Rennbahn Comm. zu TS. 1,1024,3 v. u.

आज्यग्रह m. Pl. auch Bez. einer Kategorie von Sprüchen Âpast. Çr. 4,5,7.

आज्यधन्वन् Adj. das Opferschmalz zum Bogen habend Ait. Br. 1,25,2.

आज्यस्थाली Mân. Çr. 1,2,5. 6. 3,2. 4. 7,1. 4. 8,2. 2,2,1. 4,4. Gṛhj. 2,2.

आञ्जनेय 1) Mahâvirak. 82,11.

आडी f. = आडि 1) Kaṇḍak. 36,3.

आढक 2) b) Bhâvapr. 1,265,24.

आण्डीरतम् Adj. des Samens beraubt TS. 7,1,1,2.

आत्मत्राणपरिग्रह m. Leibwache R. 5,47,27.

आत्मयाजिन्, so zu accentuiren.

आत्मसम nach Nilak. auch so v. a. आत्मसाम्य = आत्मसमता MBh. 5,36,4.

आत्मीयदेश m. Heimat Kathâs. 18,393.

आदित्यदर्शन n. das Zeigen der Sonne (eine best. Ceremonie im 4ten Monat nach der Geburt) Mân. Gṛhj. 1,19. Vishṇus. 27,10.

आदेवयानम् Adv. bis zum Götterweg Hariv. 6806.

आदेश 6) = प्राघूर्णिक Gast Çilâñka 2,1. 3.

आद्यद्वार n. ein altes, früher erbautes Thor Vishṇus. 3,53.

आधित्सु Adj. f. zu empfangen wünschend Comm. zu TBr. 1,58,3.

आनन्तर्य auch kein Dazwischen Mahâvirak. 52,20.

आनन्त्य, so zu accentuiren.

आनन्दपुर = Varnagar (nach Bühler).

आनमम् Acc. Infin. zu नम् mit आ ṚV. 4,8,3.

आनर्त 1) c) = das nördliche Kâṭhiavâḍ (nach Bühler).

आनाभि auch bis zum Nabel Vishṇus. 12,3.

आनिकृत Adj. Maitr. S. 2,9,9. v. l. für आनिर्हत.

आनेतव्य auch hinzuführen zu (Acc.) Pañkad. 43.

आन्तरायिक Adj. in Zwischenräumen wiederkehrend (Begierden) Çilâñka 1,314.

आन्त्र, so zu accentuiren.

आप् mit अनु Desid. einstimmen. इन्द्रेण बाढमित्येवमन्वीप्सितम् (impers.) VP. 4,2,11. — Mit पर्यव Etwas ganz in sich aufnehmen, sich ganz zu eigen machen Vaǵrakkh. 28,14. 30,17. — Mit सम् 4) mit oder ohne आत्मानम् seinem Leben ein Ende machen Âpast. 1,25,2. 7.

2. आपस् n. Paraç. 4,8.

आपाकेस्थ, so zu lesen st. आपाकस्थ.

आपातिक m. Bez. bestimmter Dämonen Mân. Gṛhj. 2,12.

1. आभोग (auch Nachtr. 1 u. 2) etwa *Versuch* Comm. zu Jogas. 1,17.

आमिक्षापयस्य n. *ein best.* Prâtardoha Âpast. Çr. 8,5,33.

आमेष्टका f. zu streichen, da Mṛkkh. 47, 9. 10 आमेष्टक Adj. (*aus ungebrannten Ziegeln bestehend*) anzunehmen ist.

*आम्रवाटक oder *°वाटिक m. *Spondias mangifera* Râgan. 11,172.

आयतपक्ष्मल Adj. *mit langen Federn besetzt* (Pfeil) Kathâs. 74,284.

आयस 2) f. ई *ein eisernes Gefäss* Vishṇus. 43,38.

आयासँ, so zu accentuiren.

आयुँज Adj. *sich verbindend.*

आयुधिन् Adj. *Waffen tragend;* m. *Krieger.*

आयुर्दा m. *ein best.* Homa Âpast. Çr. 8,7,17.

आयुष्यहोम m. Pl. Bez. *bestimmter Spenden* Mân. Gṛhj. 1,17.

आरागय्, °यति 1) *Jmd hoch erfreuen* Vagrakkh. 35,1. fgg. Gegensatz विरागय्. — 2) *erlangen, erreichen* Lalit. 562,5. 6.

आरोँधन, lies *Aufstieg* und vgl. Z. d. d. m. G. 35,717.

आर्तयज्ञ Adj. *dessen Opfer gestört worden ist* Maitr. S. 2,4,1.

आर्त्व्यँ, so zu accentuiren.

आर्द्र 2) a) n. Vishṇus. 54,18.

आर्ष 3) f. ई *eine nach der* Ârsha-*Ehe verheirathete Frau* Vishṇus. 24,31.

आलम्बम् Absol. *haltend, stützend* Kâṭh. 22,8.

आलेखनि m. Patron. N. pr. eines Lehrers Cit. im Comm. zu Âpast. Çr. 7,10,2.

आवसथीय Adj. = आवमध्य 1) TBr. 3,7,4,6.

आवारिधि Adv. *bis zum Meere* Kir. 1,23.

आविष्पृष्ठ Adj. *mit dem oberen Ende* (über das Schmalz) *herausragend* Âpast. Çr. 6,29,21. 8,2,10.

आविस्, आविष्कृत *zum Vorschein gekommen* Bhâg. P. 2,7,36.

आशातना (Nachtr. 2) auch *Verletzung* Çîlâṅka 1,337.

आशास्ति f. *Gebet* Mahâvîrak. 90,6.

आशीर्तँ Adj. = आशितँ *betagt* Maitr. S. 2,9,4.

आश्वपदिक Adj. *mit einem Pferdefuss in Berührung gekommen* Comm. zu Âpast. Çr. 5,22,10.

आश्वमेधिक, f. ई Mân. Gṛhj. 1,23.

आसङ्ग auch *Mantel;* s. चित्रासङ्ग weiter unten.

आसनपट्ट m. *ein flacher Sitz.*

आसपुटँ m. *Aschendüte, d. i. Asche in ein Blatt gewickelt* TBr. 1,3,7,6.

आस्फोटन 1) a) Vishṇus. 71,71. Nach dem Comm. दक्षिणांसात्सव्येपिते वामबाहौ दक्षिणपाणिना शब्दकरणम्.

आहर्तोस् Abl. Infin. zu हर् mit आ Ait. Br. 7,2,6.

आहवनीयतस् Adv. *aus dem* Âhavanîja-*Feuer* Âpast. Çr. 3,9,3.

आह्निक n. *eine Art zu fechten* Hariv. 15979. आह्नित v. l.

आह्रुवैध्यै, so zu accentuiren.

3. इ mit प्रति 6) *annehmen, so v. a. lernen von* (Abl.) Âpast. 2,29,15.

इच्छासदृश Adj. *dem Wunsche entsprechend* Çiç. 1,49.

इडेन्यक्रतु (sic) Adj. *von preisenswerther Kraft* Âpast. Çr. 4,5,5.

इध्मपरिवासन n. *Abschnitzel von Brennholz* Mân. Çr. 1,3,5.

इन्दीवराक्षी f. *eine Lotusäugige* Kaurap. (A.) 60.

इन्दुकान्त Adj. *lieblich wie der Mond* Kautukas.

इन्दुवक्त्रा f. *eine Mondantlitzige* Kaurap. (A.) 72.

इन्दुवर्ण Adj. *mondfarbig* Hariv. 2,63,96.

इन्द्रजालँ, so zu accentuiren.

इन्द्रप्रयाण n. *das Herabsinken von* Indra's *Banner* Vishṇus. 30,6.

इन्द्रयाजिन् Adj. *dem* Indra *opfernd* Mân. Çr. 1,1,1.

इन्द्रवर्ण Hariv. 6884 fehlerhaft für इन्दुवर्ण.

इन्द्रवीरुध् f. Indra's *Schlinge* Pâr. Gṛhj. 3,7,3.

इम, इमेषु Vagrakkh. 22,9. 13. 17. 23,2.

इरण्य Maitr. S. 2,9,8. Kap. S. 27,5 wohl fehlerhaft für इरिण्य.

इरस्य्, so zu lesen st. इरस्य.

इरिणलोष्ट m. *ein Erdkloss von salzhaltigem Boden* Mân. Gṛhj. 1,7.

4. इष् 2) Hariv. 2,72,52 nach Nilak.

इषँवत्त Adj. *kräftig.*

इषुधन्वँ n. Sg. *Pfeil und Bogen* Taitt. Âr. 5,1,2.

इषुधन्वन् n. Sg. dass. Ait. Br. 7,19,2.

इषुधन्विँन् Adj. *Pfeil und Bogen führend* Taitt. Âr. 5,1,3.

इषुनिबन्धन *Köcher* R. Gorr. 2,31,28.

इषुपात m. *Pfeilschussweite* MBh. 4,53,10.

ईषुहस्त Adj. *einen Pfeil in der Hand haltend.*

इष्टिमय Adj. *aus Opfern gebildet* VP. 4,1,12.

*इष्ट्वीनम् Absol. = इष्ट्वा P. 7,1,48, Sch.

ईक्षक 2) f. ईक्षिका *Hinblick.* अतिसूक्ष्मेक्षिका so v. a. *allzugrosse Spitzfindigkeit* Gaṇar. 7,430.

ईदृगवस्थ Adj. *in solcher Lage sich befindend* Vṛshabh. 55,b,25.

ईयक्ष्, ईयक्षमाण = ईयँक्षमाण Maitr. S. 2,10,6.

ईषीका auch so v. a. *Pfeil.* °भूत *ganz von Pfeilen erfüllt* R. 2,96,46.

उक्तिप्रत्युक्तिका f. *Rede und Gegenrede* Mahâvîrak. 59,11.

उक्षवश m. Du. *ein Stier und eine Geltkuh* TS. 2,1,4,4.

*उखर्वल zu streichen.

उग्रकर्मन् Adj. *von gewaltiger That* MBh. 8,82,4. 83,32.

उग्रगन्धि und °न् Adj. *stinkend* Vishṇus. 66,5. 71,11. 79,5.

उग्रघोष Adj. *gewaltig klingend* MBh. 8,82,12.

उग्ररुष् Adj. *heftig zürnend* Kumâras. 4,24.

उग्ररूप Adj. *grausig aussehend* MBh. 8,90,46.

उग्रवीर्य als Adj. *von gewaltigem Muthe* MBh. 8,89,2.

उग्रवेग Adj. *von gewaltiger Schnelligkeit* MBh. 9,17,9.

उचितकारिन् Adj. *thuend was sich schickt.* Nom. abstr. °रिता f. Pr. P. vor 136.

उच्चैस् auch *hoch.* उच्चैरासनतः *vom hohen Sitz* Kir. 2,57. Mit कर् *erheben* 40.

उच्चगोपुर Adj. *hochthorig* Kir. 5,35.

उच्चैर्गति f. *das Aufsteigen* Mahâvîrak. 127,1.

उच्चैर्न्याय Adj. *laut zu recitiren* Çâṅkh. Çr. 1,1,28.

उच्चैँस्, so zu betonen.

उच्छुष्म 1) TS. 1,6,2,2.

उञ्छ् mit निस् in निरुञ्छन.

उञ्छधर्मन् Adj. *von Nachlese lebend* MBh. 3,260,21.

उत्कय्, °यति *sehnsüchtig machen* Çiç. 1,59.

उत्कर्षव n. = उत्कर्ष 2) a) Mahâvîrak. 34,16.

उत्कूलनिकूलँ, so zu accentuiren.

उत्कोशय्, °यति *aus der Scheide ziehen* Vet. (U.) 78,15.

उत्क्षेप m. auch *eine Art Dehnung* (des Vocals) Comm. zu Tâṇḍja-Br. 5,7,4. 11,5,19.

उत्तरपञ्चाल Adj. mit राष्ट्र n. *das Reich der nördlichen* Pañkâla (*mit einer gesuchten Nebenbedeutung*) Bhâg. P. 4,25,51.

उत्तरपूर्वक Adj. *nordöstlich* Hemâdri 1,801,15.

उत्तरवेदिमत् Adj. *eine* Uttaravedi *habend* Comm. zu Âpast. Çr. 8,1,8.

उत्तरांस nach Nilak. zu MBh. 1,194,10 = जत्रु.

उत्तरापरशिरस् Adj. *mit dem Kopf nach Norden oder Westen* Vishṇus. 70,2.

उत्तरार्धपश्चार्ध m. *Nordwest* Mân. Çr. 6,2,5.

उत्तरार्धपूर्वार्ध, lies *Nordost.* Auch Mân. Çr. 1,3,2. 6,2,5. Gṛhj. 2,2.

उत्तराश्रोणि f. *die linke Hinterbacke* Kâtj. Çr. 17,9,16.

उत्तरोत्तरभाव (°भव?) Adj. *wo immer Einer über*

dem Andern ist Mahâvîrak. 84,10.

उत्तानित Adj. *weit aufgesperrt* (Mund) Kâd. (1872) 75,13.

उत्पल्लव Adj. *mit aufspriessenden Schösslingen* Kandak. 53,1.

उत्पिञ्जलक Adj. *wobei es drunter und drüber geht* (Kampf) MBh. 7,25,21. Hariv. 13334.

उदककृच्छ्र m. *eine best. Kasteiung* Vishnus. 46,14.

उदकांस्य n. *ein Messinggefäss mit Wasser* Mân. Çr. 4,7. Gṛhj. 1,8. 2,7,11.

उदक्प्रस्रवणान्वित Adj. (f. आ) *mit einer Neigung nach Norden versehen* MBh. 1,134,9.

उदङ्क 3) f. ई *Schöpfgefäss* Mân. Çr. 1,1,2.

उदधिनेमि Adj. *meerumgrenzt* Ragh. 9,10.

उदायुवन in दर्व्युदायुवन.

उदारचेतस् Adj. *hochherzig* Kir. 3,10.

उदास an der angeführten Stelle *ein hinausgezogener Ton.*

उदासितर् Nom. ag. = उदासीन 1) Çiç. 1,33.

उदाहरणी Adv. mit कर् *als Beispiel wählen* Comm. zu Gaṇar. 7,430.

उदिताधान n. *das Anlegen des Feuers nach Sonnenaufgang* Comm. zu Âpast. Çr. 5,13,2.

उदीचीनपाद Adj. *mit den Füssen nach Norden* Âpast. Çr. 7,16,5.

*उद्गान n. als Erklärung von उद्गीथ 1) Comm. zu Âpast. Çr. 5,16,8.

उद्गूरयितर् Nom. ag. *mit Thätlichkeiten drohend* Vishnus. 5,60.

उद्ग्रहीतव्य Adj. *ausfindig zu machen, zu ergründen* Vagrakkh. 23,15.

उद्दर्प Adj. *hochmüthig* Mahâvîrak. 94,5.

उद्दव m. Pl. = औद्दव (Nachtr. 2) 1) Mân. Çr. 1,1,2. Vielleicht fehlerhaft.

उद्धूत 1) Adj. s. u. 1. धू mit उद्. — 2) n. *das Tosen* (des Meeres) MBh. 1,185,15.

उद्बर्हिस् Adj. *mit einer Streu darauf* Maitr. S. 2,2,3.

उद्बुद्बुद Adj. *hervorsprudelnd* Mahâvîrak. 13,4.

उद्यतहोम m. *die nach dem Erheben des Feuers stattfindende Spende* Âpast. Çr. 7,6,5. 8,6,1.

उद्याव auch = उद्याम 2) *Strang* in द्वादशोद्याव.

उन्मिञ्ज m. *Frage* (nach M. Müller) Sukhâv. 4,3.

उपकान्तम् Adv. *in der Nähe des Geliebten* Kir. 5,19.

*उपकुरङ्ग m. *eine Antilopenart* Râgan. 19,47.

उपग्रामम् Adv. *am Dorfe* Kir. 4,19.

उपचरक m. *Spion* Çilâñka 2,135.

उपजीवितर् Nom. ag. *lebend von* (Gen.) Medhât. zu M.

उपधि 5) *ein Bestandtheil der Ausrüstung eines Gaina-Mönchs* (3 Kleider, 1 Napf, 1 Besen und 1 Mundfilter) Çilâñka 1,367.

उपधेनु Adv. *bei den Kühen* Kir. 4,13.

उपनागरक Adj. (f. °रिका) Bez. *eines best. Stils* (रीति) Kâvjapr. 9,3.

उपनिबन्ध m. *Verpflichtung, Eid* Mahâvîrak. 92,21.

उपनिषद् 4) *an die Seite Stellung* Vagrakkh. 35, 10. 42,7.

उपनीतराग Adj. *harmonisch* oder *sympathisch* (Rede) H. 66.

उपपायन n. *das Tränken* Mân. Çr. 9,4,2. Gṛhj. 2,9.

उ॑पमाति 1) auch *Lockruf, Lockung.*

उपर 2) b) α. Âpast. Çr. 7,9,8. Cit. im Comm. zu 7,10,2.

उपरितन, f. ई (allein richtig) Comm. zu Âpast. Çr. 2,2,4.

उपरिष्टात्स्वाहाकार Adj. = °स्वाहाकृति TBr. 3,9,10,1.

उपरिष्टादुदर्क m. etwa *ein hinten angefügter Refrain* Sâj. zu Ait. Br. 5,2,17.

उपरिष्टाद्धोमभाज् Adj. *später an der Spende Antheil habend* Comm. zu Âpast. Çr. 7,20,9.

उपरिस्पृ॑श्, so zu accentuiren.

उपलक्ष्मी f. *eine neben der* Lakshmî *genannte Gottheit* Mân. Gṛhj. 2,13.

°उपवपन n. *das Aufstreuen.* तुषोप° Âpast. Çr. 6,29,17.

उ॑पवहम् n. = उ॑पवह Çat. Br. in der Kâṇva-Rec.

उपशय 2) a) *Anstand.* °स्थ Adj. *auf dem A. stehend* (Jäger) Çiç. 2,80.

उपशुष्क Adj. *trocken, verdorrt* Comm. zu Âpast. Çr. 5,27,11.

उपश्वस॑, lies m. *das Blasen, Luftzug.*

उपसंजिहीर्षु Adj. *um abzuschliessen zusammenfassend* Çilâñka 1,314.

उपसर्गय्, °यति *Ungemach bereiten* Çilâñka 1, 365. 369.

उपसर्जन 2) उपसर्जनी.

1. उपात्त॑, so zu accentuiren.

उपायास m. *Niedergeschlagenheit, Melancholie* Lot. de la b. l. 99,5 (Hdschr.).

उपासिताविन् Adj. *einer der verehrt hat, Verehrer* Text zu Lot. de la b. l. 136.

उपाहित 2) *Feuersbrunst* Gaut. 16,34.

उपोत्तर Adj. *später* Comm. zu Âpast. Çr. 5,7,1.

उपोन्दन n. *das Benetzen* Comm. zu Âpast. Çr. 8,4,1.

उप्तकेश Adj. *mit geschorenem Haupthaar* Mân. Gṛhj. 1,22.

उभयकालिक Adj. *zu beiden Zeiten stattfindend* Comm. zu Âpast. Çr. 5,24,8.

उभयतःपक्ष auch *in beiden Monatshälften* (Monat) Mân. Gṛhj. 2,13.

उभयतःशिक्य Adj. (f. आ) *mit Wagschalen auf beiden Seiten* Vishnus. 10,3.

उभयतोधार Adj. *auf beiden Seiten Schneiden habend* Bhâg. P. 5,26,15.

उभयबाहु Adj. *auf beiden Seiten Arme habend* Cit. im Comm. zu Âpast. Çr. 8,5,4.

2. उरुधार Adj. *mit breiter Schneide* Bhâg. P. 2,7,22.

उर्वीधर m. *Berg* Kir. 3,59.

उर्वीरुह् Adj. *aus der Erde gewachsen* Çiç. 1,7.

उल्लस Adj. (f. आ) *erglänzend, strahlend* Kandak. 2,7.

उस्रभास् m. *die Sonne* Kir. 3,32.

उस्रमहस् m. *die Sonne* Kautukas.

*ऊखल m. *ein Andropogon* Râgan. 8,126.

ऊढपूर्वा Adj. f. *mit der man sich vorher ehelich verbunden hat* Çâk. 79,15. 110,17.

ऊर = ऊरु 1) im Loc. ऊरे Bhâg. P. 7,8,29.

ऊरुच्छिन्न Adj. *ein zerbrochenes Bein habend* Kaush. Up. 3,3.

ऊर्जस्पति m. Bein. Vishṇu's Vishnus. 98,17.

ऊर्ध्वज्ञुत्व n. Nom. abstr. von ऊर्ध्वज्ञु Comm. zu Âpast. Çr. 5,11,6.

ऊर्ध्वज्वलन n. *das Emporflammen* Çiç. 1,2.

ऊर्ध्वभागहर Adj *nach oben treibend, zum Brechen reizend* Suçr. 1,144,14.

ऊर्ध्वभावुक n. in ग्रैनूर्ध्वभावुक oben.

ऊर्ध्वशुष्क Adj. *oben*, d. i. *am Stamm verdorrt* (Zweige) Vishnus. 61,8.

1. ऊह् mit निर्वि 3) निर्व्यूढ *zu Ende geführt* Hem. Par. 8,133.

ऋग्यजुःसामादिमय Adj. (f. ई) *aus* Ṛk, Jagus, Sâman *u. s. w. gebildet* VP. 4,1,6.

ऋतुगमन n. *das Beischlafen in der richtigen Zeit* Comm. zu Âpast. Çr. 5,25,11.

ऋतुपात्र, lies n. st. Adj.

ऋतुव्यावृत्ति f. *Ende einer Jahreszeit* Âpast. Çr. 7,28,7.

ऋते॑, so zu accentuiren.

ऋत्वीसपक्व Adj. *durch Erdwärme gar geworden* Âpast. Çr. 5,25,6.

एककर Adj. *einhändig* Vishnus. 62,5.

एककरपाद Adj. *einhändig und einfüssig* Vishnus. 5,48. 77.

2. एककार्य, Nom abstr. °त्व n. Ragh. 10,41.

एकक्रिय Adj. *ein und dasselbe Geschäft habend* Mahâvîrak. 71,1.

एकतल्प Adj. (f. आ) *in einem Zuge stattfindend*

Comm. zu Âpast. Çr. 5,22,6. 6,30,12.

एकदीक्षिन् Adj. *als einzelner die Weihen nehmend* Kâtj. Çr. 7,3,12.

एकदेशिन् 1) Nom. abstr. °शित्व n. Comm. zu Âpast. Çr. 8,9,2.

एकदेह Adj. Du. *nur einen Leib habend* Hariv. 3439.

एकदेशस्थ Adj. in der dunklen Stelle MBh. 1, 3,60.

एकद्वार Adj. (f. आ) *nur einen Zugang habend* MBh. 13,93,77.

एकद्व्यन्तरत्र्यन्तराशिन् Adj. *essend nach einem Zwischenraum von einem, von zwei oder drei Tagen* Vishnus. 95,6.

एकधन Kaush. Up. 2,3 nach dem Comm. m. (!) *das höchste Gut.*

एकनिभ Adj. (f. आ) *einförmig* Varâh. Brh. S. 54,90.

एकनिर्माण Adj. Du. *von einerlei Maass, gleich gross* Hariv. 4949 = 3738.

एकनिष्ठ 1) Adj. Pl. *auf dasselbe hinauslaufend* MBh. 12,349,2. — 2) m. N. pr. eines göttlichen Wesens Lalit. 49,7.

एकन्याय Adj. *einartig, nur einen Gegenstand betreffend* H. 255.

एकपर्वन् Adj. *aus einem Absatze* oder *Gliede bestehend* MBh. 4,65,3.

एकपशुक, f. आ.

एकपाक m. *gemeinsames Kochen.* °केन वसन्तः *eine gemeinschaftliche Küche habend.*

एकपातिन् auch *nur auf eine Art fliegend* MBh. 8,41,38.

एकपुत्र auch Adj. *einen einzigen Sohn habend.* Nom. abstr. °ता f. und °त्व n. MBh. 3,127,12.

एकपुष्कल m. *eine Art Trommel* MBh. 5,3350. v. l.

एकपुष्कर (Nachtr. 2).

एकप्रमाण Adj. Du. *von gleicher Autorität* Hariv. 3439.

एकप्रैष Adj. *nur eine Aufforderung ergehen lassend* Ait. Br. 6,14,3.

एकरथ m. *ein Held ersten Ranges* MBh. 3,27,28.

एकवर Adj. *einen Wunsch gewährend* Mân. Grhj. 2,13.

एकव्यूह Adj. *nur in einer Form sich manifestirend* Vishnus. 1,61.

एकशङ्ख Adj. (f. आ) *nur eine Muschel als Schmuck tragend* Hariv. 11164.

एकशय्यासनाशन Adj. Du. *dasselbe Bett, denselben Sitz und dieselbe Speise habend* Hariv. 3438.

एकशाख auch *einästig* Kauç. 90.

एकशिल Adj. *aus einem einzigen Felsen bestehend* R. 2,94,22.

एकशूल (Nachtr. 2), f. आ Âpast. Çr. 7,8,3. 17,6.

एकशृङ्ग als Adj. *einhörnig* Vishnus. 98,78. Als m. auch *Berg* MBh. 4,65,3.

ऐकहोतर् m. *ein einfacher* (kein zweifacher) Hotar Taitt. Âr. 3,7,1.

एकाकृति Adj. Pl. *von gleichem Aussehen* Pr. P. 104.

एकाक्षिपिङ्गलिन् m. Bein. Kubera's R. 7,13,30.

एकातपत्र Adj. *nur von einem Fürsten beherrscht* Pr. P. 111. Vgl. एकच्छत्त्र.

ऐकादशच्छदि Adj. *eilf Dächer habend* TS. 6,2,10,6.

एकादशद्वार Adj. *eilf Thore habend* Kathop. 5,1.

एकायनीभाव m. *Einmüthigkeit* Mahâvirak. 31,14.

एकार्षेय Adj. *mit nur einem heiligen Ahnen.* प्रवर Mân. Çr. 11,8,6. Müller, SL. 386.

एकाष्टकादीक्षिन् Adj. *zur* Ekâshṭakâ *die Weihe nehmend* Lâtj. 4,8,21.

एकोनपञ्चाशद्धा Adv. *in 49 Theile* R. Gorr. 1, 48,1.

एकोल्मुक n. *ein einzelner Feuerbrand* Maitr. S. 1,10,20. TBr. 1,6,10,1. Âpast. Çr. 8,17,8.

एतद्योनि Adj. *dieses Ursprungs* Bhag. 7,6.

एध्, एधित *erfüllt —, voll von* (Instr.) Mahâvirak. 122,4.

एवंलक्षण Adj. *diese Kennzeichen habend* MBh. 12,80,15.

एवंवादिन् Adj. *so redend* Mahâvirak. 81,7.

एवंक्रमक Adj. *diese Reihenfolge habend* Comm. zu Âpast. Çr. 7,5,5.

एवंदेवत Adj. *diese Gottheit habend* Çâñkh. Çr. 6,10,13.

एवम्, एवमेवा *gerade so* (an Schluss eines Abschnittes) Mân. Grhj. 1,23.

ऐकमुख्य n. *Uebereinstimmung* Mahâvirak. 21,17.

ऐकैकश्य Comm. zu Âpast. Çr. 7,27,16.

ऐतन्व्य Adj. = ऐतन्व 1).

ऐरावत् angeblich = इरावत् und dieses = इरा Grhjâs. 2,10.

ऐरेय Mân. Grhj. 2,14.

ऐवमर्थ्य n. *das diese Bedeutung Haben* Comm. zu Gobh. 3,2,55.

ऐशि m. Patron. Skanda's Kumâras. 11,44.

*ओदनभोजिका f. *der Genuss von Mus* Kâç. zu P. 3,3,111.

ओच्चैःश्रवसँ, so zu accentuiren.

ओज्ञस auch N. pr. eines Tîrtha Vishnus. 85, 52. ओमस v. l.

औदरिकशरीर n. *der grobe, mit dem Tode vergehende Körper* Çilâñka 1,296.

औद्दालकि, so zu accentuiren.

औद्भव (Nachtr. 2) 3) Adj. (f. ई) *von* Uddhava *kommend* Çiç. 2,118.

औद्भिद 2) nach Râgan. 14,46 *in einer Grube (Brunnenschacht) durchsickerndes, dort sich sammelndes Wasser.*

औनिद्र्य n. *Schlaflosigkeit* Deçin. 1,117.

औपमन्यविन् Adj. in Verbindung mit पुत्र *der Sohn* des Aupamanjava Baudh. im Comm. zu Âpast. Çr. 5,23,4.

औपवाह्य 2) in Verbindung mit नाग R. 2,69,13.

औपवेशि, so zu accentuiren.

औष्ठान Adj. *an den Lippen befindlich* Kaurap. (A.) 72.

ओमस n. N. pr. eines Tîrtha Vishnus. 85,52. v. l. ओज्ञस.

कंसकृष् m. Bein. Krshna's Çiç. 1,16.

ककुद्मन्त् 1) auch = ककुद्मन्त TS. 1,7,7,2.

ककुद्मिकन्या f. Patron. der Revati Çiç. 2,20.

ककुभ 2) b) Svapnak. 2,21.

ककुभ्वन्त् Adj. = ककुद्मन्त Maitr. S. 4,11,1.

कङ्कण 1) auch = हस्तसूत्र *Hochzeitsschnur* Mahâvirak. 38,5.

कङ्कणधर 1) m. *Bräutigam, junger Ehemann* Mahâvirak. 36,14. — 2) f. आ *Braut, junge Ehefrau* ebend. 68,5.

कटाक्षपात m. *Seitenblick* MBh. 2,67,42.

कटुकभाषिन् Adj. *harte Reden führend* MBh. 3. 40,13.

*कटुङ्कृता, vgl. खटुङ्क weiter unten.

*कटुशृङ्गाट (nicht °शृङ्गाल) Râgan. 7,152.

कण्टकिज Adj. *auf einem dornigen Gewächs gewachsen* (Blume) Vishnus. 66,7. 8. 79,5. 6.

कान्तिशम् Kumâras. 13,4.

कथंरुर् m. N. pr. eines Râgarshi Sâj. zu RV. 4,16,10.

कदाशितर् m. *ein schlechter Herrscher* Kautukas. 8.

कनकधारक m. R. Gorr. 2,90,14 vielleicht fehlerhaft über °धावक *Goldwäscher.*

कनकनन्दिन् m. N. pr. eines Wesens im Gefolge Çiva's Cit. im ÇKDr. u. नन्दिन्.

कनकपत्तन n. *Goldstadt*, N. pr. einer mythischen Stadt.

कनिष्ठप्रथम Adj. Pl. *die Jüngsten voran* Mân. Grhj. 2,7.

*कन्यादर्शम् Absol. *beim Anblick eines Mädchens* P. 3,4,29, Sch.

कन्यादूषयितर् Nom. ag. (Mârk. P. 31,28) und

°दूषिन् Adj. (JÂGN. 1,223) *eine Jungfrau schändend*

कपालविमोचन n. *ein best. Spruch* ÂPAST. ÇR. 4,14,5. Comm. zu 7,23,2.

कापलक 1) als Bez. *der neunten unbekannten Grösse* COLEBR. Alg. 288.

कापिलधूम्र Adj. *bräunlich grau* KATHÂS. 63,162.

कमण्डलु m. oder n. = 3) *b)* ÂPAST. ÇR. 5,13,1.

कम्बलकारक m. *Verfertiger von wollenen Tüchern* R. ed. Bomb. 2,83,14.

कम्बलधावक m. *Wäscher wollener Tücher* R. 2,83,13.

1. कर् mit अभ्या in पुनरभ्याकारम्. — Mit प्रवि (metrisch st. विप्र), °कृत n. impers. *gesündigt* MAHÂVÎRAK. 80,11.

°करङ्काय्, °यते *wie ein Gerippe von — aussehen* KANDAK. 70,10.

कारण्डकनिवाप, auch °क m.

करादिति (onomatop. mit इति) MÂN. GṚHJ. 1,14.

करन्यास m. *das Auftragen mystischer Zeichen auf die Hand* BHÂG. P. 6,8,6.

करपुटाञ्जलि m. = अञ्जलिपुट (s. oben) R. 5,64,5.

करपुटी f. *die hohle Hand* Spr. 346. 3153. 3713.

करहृहपद n. *die Spur eines Fingernagels, eine Verletzung mit einem F.*

कराग्र n. auch *Strahlen- und Fingerspitze* ÇIÇ. 1,58.

करिकुम्भ m. Du. *die beiden Erhöhungen auf der Stirn des Elephanten, die in der Brunstzeit stark anschwellen.* °पीठ n. *das Stirnbein beim Elephanten* Spr. 3603.

करम्भँ, so zu accentuiren.

करीर 2) *a)* °सक्तु MÂN. ÇR. 2,2,6.

*करेन्दुक zu streichen, da es RÂGAN. 8,122 eine Zahlbezeichnung ist.

कर्कन्धूका (wohl so zu betonen) f. von unbekannter Bed. AV. 20,136,3.

कर्करिकँ m. vielleicht *eine Pflanze* AV. 20,132,3.

कर्णाद्घ्न Adj. *bis an die Ohren reichend* ÂPAST. ÇR. 5,14,8.

कर्णनिर्वाक m. N. pr. eines Mannes MBH. 12, 245,18.

कर्मकरीत्व n. *das Amt einer Dienerin* SVAPNAK. 1,71.

कर्मतस् Adv. *von Seiten der Handlung* ÂPAST. ÇR. 3,11,2.

कर्मदायादवन्त् Adj. *Thaten zu Erben habend*, so v. a. *in Folge vergangener Thaten wieder ähnliche Thaten begehend* MBH. 13,1,73.

कर्मदुष्ट Adj. *schlecht handelnd* JÂGN. 1,224.

कर्मपातक n. *eine sündhafte That* Spr. 1665.

1. कर्ष् mit सम् (auch Nachtr. 2) 4) *fortschaffen aus* (Abl.) ÂPAST. 2,4,23.

कलङ्कांश m. *der Mond* KAURAP. (A.) 47.

कलह 1) *a)* personificirt MÂN. GṚHJ. 2,14.

कलहकारिन् Adj. *streitsüchtig* KAUTUKAS.

कलहप्रिय 3) auch N. pr. eines Fürsten KAUTUKAS.

कलामुहूर्तादिमय Adj. *aus Minuten, Stunden u. s. w. bestehend* VP. 4,1,26.

कलिवत्सल m. N. pr. eines Fürsten KAUTUKAS.

कलुषी Adv. mit भू *beschmutzt* —, *verunreinigt werden* ÇIÇ. 1,55.

कल्प् mit सम् 4) संकॢप्त *bestimmt für* (im Comp. vorangehend) ÂPAST. 1,10,16.

कल्प 2) *r) Kleidungsstück* (bei den Gaina-Mönchen) ÇÎLÂÑKA 1,366.

कल्याणकर Adj. (f. ई) *glückbringend* KIR. 3,9.

कल्वोटक oder कल्होठक Adj. als Erklärung von गोरङ्ग ÇÎLÂÑKA 2,170.

कव॑ष, so zu accentuiren.

कव्य॑ता, so zu accentuiren.

कस् mit निस्, निष्कासित ausser *hinausgejagt* nach MED. auch = आकृत und अधिकृत.

काकुद॑, so zu accentuiren.

काणवँ (?) MAITR. S. 2,1,4.

काण्डवस्त्र n. *Vorhang* KAURAP. (A.) 31.

काण्डीर 1) MAHÂVÎRAK. 43,6.

कान्तारमण्डूक m. *Waldfrosch* MAHÂVÎRAK. 79,22.

कान्तीकरण n. *das Schönmachen* DHÂTUP. 32,97.

काबन्ध्य n. *der Zustand eines Rumpfes* MAHÂVÎRAK. 83,9.

कामपाल 1) *c)* Vishṇu's VISHṆUS. 98,11.

कामदुर्घँन्, so zu accentuiren.

कामवर्ष Adj. *nach Wunsch regnend* MAHÂVÎRAK. 137,1.

काम्ययाज्या f. *ein bei der* काम्येष्टि *gesprochener Spruch* Comm. zu TS. 1,1062,1.

काम्येष्टि f. *eine zur Erlangung eines bestimmten Wunsches unternommene Opferhandlung* Comm. zu TS. 1,1062,2; vgl. 2,374.

कायशिरोग्रीव n. Sg. *Körper, Kopf und Hals* BHAG. 6,13.

कार्यतस् Adv. *der That nach* ÇIÇ. 2,36.

कालनिर्माणयोधिन् Adj. HARIV. 4211 nach NÎLAK. = समयानुसारियुद्धकुशल.

कालपक्व auch so v. a. *dem Tode verfallen* MBH. 7,112,71.

कालपरिपाक auch *das Kommen der Zeit, wo sich Etwas erfüllt.* Am Ende eines adj. Comp. Nom. abstr. °त्व n.

कालपर्यायधर्मन् m. = कालधर्मन् MBH. 3,277,36.

कालबन्धन Adj. *an die Zeit gebunden, von der Zeit abhängig* MBH. 3,35,2.

1. कालिक 2) *c)* eines Wesens im Gefolge Skanda's MBH. 9,45,43. पालिक v. l.

कालिय, कालियारि m. Bein. Kṛshṇa's PR. P. 58.

कालीप m. Pl. *eine best. Schule* Ind. St. 3,273.

काश् mit निस् Caus. (Nachtr. 2) auch Comm. zu KÂTJ. ÇR. 2,4,17.

काश्मल्य n. *Kleinmuth, Verzweiflung* MAHÂVÎRAK. 83,12.

किंविस्तार Adj. (f. आ) *von welchem Umfange?* MBH. 2,6,16.

किंहेतु Adj. *welchen Grund habend?* MAHÂVÎRAK. 103,19.

किंचिद्ग = *eine Handvoll* GṚHJÂS. 1,43.

किंद्रव्य Adj. (f. आ) *aus welchem Stoffe bestehend?* MBH. 2,6,16.

किंनिबन्धन Adj. (f. आ) *wodurch veranlasst? worauf beruhend?*

किमायत Adj. (f. आ) *von welcher Länge?* MBH. 2,6,16.

किंपवित्र Adj. *wodurch Läuterung erhaltend?* TS. 6,4,5,3.

किर्मीर Adj. *bunt.*

कीलालोध्नी, so zu accentuiren.

कुकर्मपञ्चानन m. N. pr. eines Mannes KAUTUKAS.

कुचपट्टिका f. *Busentuch.*

कुञ्जरी Adv. mit कर् *zu einem Elephanten* —, so v. a. *zu einem hoch angesehenen Mann machen* HEM. PAR. 1,230.

कुञ्जवन्त् m. N. pr. eines Theiles des Daṇḍaka-Waldes MAHÂVÎRAK. 79,20.

कुटिल 2) *b)* *Seemuschel RÂGAN. 13,122.

कुटुम्बपरिग्रह m. *Hausgesinde, Familie* PAÑKAT. 165,19.

कुट्ट mit नि s. निकुट्टन.

कुतेपनीञ्युत, lies शाकपार्थिवादि.

°कुतूहलिता f. *Neugier, Verlangen nach* KANDAK. 74,3.

कुनय m. *schlechte Aufführung* KAUTUKAS. 21.

कुनयन Adj. *mit bösen (zornigen) Augen* KAUTUKAS. 1.

1. कुप् mit उद् Caus. *erregen, bewirken* (Kopfschmerz) MAHÂVÎRAK. 36,1.

कुपठित Adj. *der schlecht* (seine Rolle) *gelernt hat* Spr. 6284.

कुमतिसागर m. N. pr. eines Mannes KAUTUKAS.

कुमारधारा f. N. pr. eines Sees oder einer Oertlichkeit VISHṆUS. 85,25.

कुमारभुक्ति f. *wovon der Kronprinz den Niess-*

brauch hat, Apanage des Kronprinzen Mahâvîrak. 55,9.

कुम्भीधान्यक Adj. Korn in Krügen habend M. 4,7.

कुम्भीपाक्य Adj. in Topf gekocht Âpast. Çr. 8,6,6.

कुरङ्ग Adj. schlechtfarbig Rágan. 13,190.

कुलपिशङ्गिल, so zu accentuiren.

कुलपालक, lies 1)* n. — Als *Adj. das Geschlecht beschützend, — aufrechterhaltend, — fortpflanzend H. an. 3,55. Med. k. 109.

कुशपवित्र n. Kuça-Halme als Reinigungsmittel Kâtj. Çr. 7,3,1.

कुशलेतर n. Schlimmes, Unheil Bhâg. P. 3,30,32.

कुशवर्तक AV. 20,131,9.

कुशीलव 1) Nom. abstr. °ता f. Vishnus. 37,32.

कुष्ठगल Adj. (f. आ) den Aussatz am Halse habend Kaurap. (A.) 25.

कुसुमनगर n. = कुसुमपुर Kandak. 3,2.

कुसूलधान्यक Adj. eine volle Kornkammer habend M. 4,7.

कूटव्यवहारिन् m. ein betrügerischer Geschäftsmann Vishnus. 54,15.

कूटाक्षोपधिदेविन् Adj. mit falschen Würfeln oder Betrug spielend Jâgn. 2,202.

कृच्छ्रसाध्य Adj. schwer zu bewerkstelligen Mahâvîrak. 54,9.

कृणुष्वपाजवती und °पाजीया f. Pl. Bez. der Verse RV. 4,4,1. fgg. Âpast. Çr. 19,18. Comm. zu 7,13,4.

कृतधार Adj. geschärft, scharf MBh. 7,87,4.

कृतनामक Adj. benannt Hariv. 3436.

कृतलवण n. künstliches Salz Vishnus. 28,11. 79,18.

कृतावसक्थिक, lies mit untergeschlagenen Beinen sitzend.

कृत्रिमता f. Verschlagenheit Mahâvîrak. 108,3.

कृ॑प, so zu accentuiren.

°कृष Adj. hinundher zerrend, peinigend in कंसकृष (s. oben).

कृष्णकर्णी, so zu accentuiren.

कृष्णकेश Adj. schwarzhaarig Comm. zu Âpast. Çr. 5,1,1.

कृष्णदश Adj. mit schwarzen Fransen Lâtj. 8,6, 13. Kâtj. Çr. 22,4,13.

कृष्णलोह auch Eisen Vishnus. 54,19.

*कृष्णालु ein best. Knollengewächs Rágan. 7,77.

कृष्यकार m. Ackerbauer Vet. (U.) 202 zu 60,16.

केनिप, so zu accentuiren.

केलिकमल eine Lotusblüthe zum Spielen Kaurap. (A.) 83.

केलिकृत् Adj. sein Spiel treibend mit (Instr.) Pr. P. 7.

केलिचषक n. Lustbecher Pr. P. 6.

केलिपल्वल n. Lustteich Naish. 1,117.

केशवाप n. das Scheeren des Haupthaares Mân. Gṛhj. 1,21.

कोटवी 1) Nom. abstr. °त्व n. Pr. P. vor 140.

कोटिनियुतशतसहस्रतम Adj. (f. ई) der — (nicht genau zu bestimmen) ste Vagrakkh. 33,9.

कोटिशततम Adj. (f. ई) der 1000,000000 ste ebend.

कोटिशतसहस्रतम Adj. (f. ई) der 1000000,000000 ste ebend.

कोपक Adj. zum Zorn geneigt Mahâvîrak. 54,12.

कोपजन्मन् Adj. zornerzeugt Kir. 2,37.

कोशशोषिन् Adj. Jmds Schatz aussaugend, — ausgesogen habend Rágat. 5,122. 6,211.

कोशीधान्य n. Hülsenfrucht Comm. zu Âpast. Çr. 4,2,5. 3,8.

कोण 2) ist hier (lies 78,3) auch Adj., da अश्रि zu ergänzen ist.

कौतुकरहस्य n. und कौतुकसर्वस्व n. Titel zweier Lustspiele.

कौरवपाण्डवीय Adj. zu den Kaurava und Pândava in Beziehung stehend Pr. P. 138.

क्रम् mit समुद् zusammen hinausschreiten Âpast. Çr. 7,21,6. — Mit प्रति Z. 2, lies 3) st. 2). — 4) °क्रान्त ferner —, von nun an abstehend von (im Comp. vorangehend) Vagrakkh. 19,8.

क्रमोढा f. eine in der natürlichen Ordnung Verheirathete (eine ältere Schwester vor der jüngeren) Kâtj.

क्रयाणक bedeutet Waare; vgl. Vet. (U.) 118,2.

*क्रामिक Adj. den Kramapâtha kennend oder studirend gaṇa उक्थादि in der Kâç.

क्रियागुप्तक wohl n. Titel eines Werkes Gaṇar.

क्रीडाकपित्व n. das im Scherz angenommene Wesen eines Affen Mahâvîrak. 125,11.

क्रीडापरिच्छद m. Spielzeug.

क्रुश् mit परि, °क्रुष्ट öffentlich angeboten (Speise) Âpast. 1,18,17.

क्वण् mit प्र tönen Hem. Par. 6,50.

क्षतजपात m. das Fliessen von Blut Varâh. Bṛh. S. 95,48.

क्षत्रियान्तकर m. Bein. Paraçurâma's Mahâvîrak. 24,19.

क्षम् 3) Etwas ertragen, dulden (mit unpersönlichem Subject) Vagrakkh. 42,7.

क्षयपक्ष m. Kir. 2,37.

क्षययुक्त Adj. in Noth gerathen, untergegangen (Fürst) Kir. 2,11.

क्षययुक्ति f. Untergang Kir. 2,9.

2. क्षल् mit प्र, प्रक्षल्य (!) Vagrakkh. 19,9.

क्षितिक्षित् Çiç. 13,4.

क्षितिपुरुहूत m. Fürst, König.

क्षिप्रहोम m. ein schnell vollbrachtes Opfer, bei dem Mancherlei weggelassen wird, Cit. im Comm. zu Gobh. 1,3,1.

क्षीरिन् m. auch *Kalkspath Rágan. 13,134.

क्षुद्रधमनी f. eine kleinere Ader oder Gefäss des Körpers Vishnus. 96,84.

क्षुल्लकवैश्वदेव m. ein best. kleiner Becher für die Viçve Devâs Maitr. S. 2,11,5.

क्षोणीनाथ m. Fürst, König Kautukas. 24.

क्ष्वेड 3, a) Mahâvîrak. 116,2.

खञ्ज 1) ungenau in der Bed. eines Nom. abstr. Suçr. 1,360,12. 2,43,15.

खटुङ्क Adj. böse Text zu Lot. de la b. l. 162. Vgl. *कटुङ्कता.

खट्वा, °यति zur Bettstelle machen Çiç. 2,77.

खड्गपट्टिशिन् Adj. mit einem Schwerte und einem Paṭṭiça bewaffnet MBh. 13,14,134.

खड्गपात m. Säbelhieb Kathâs. 27,50.

खड्गवारि n. von einem Schwerte triefendes Blut Vikramâṅkak. 5,33.

खण्डपरशु m. auch Bein. Vishṇu's Vishnus. 98,73.

खर्जु, so zu accentuiren

खर्जूर 3, e) *der Kern der Cocosnuss Rágan. 11,52.

खष s. पूति°.

खिल 1) ein drei Jahre brach liegendes Feld Nâr. 11,26.

ख्या mit समा Caus. ermahnen Âpast. 2,29,7 (wohl °ख्यः zu lesen).

गगनपरिधान Adj. splitternackt.

गच्छनिर्गत Adj. (ein Gaina-Mönch) der nicht im Verbande mit Andern lebt Çilâṅka.

गच्छवासिन् Adj. (ein Gaina-Mönch) der im Verbande mit Andern lebt Çilâṅka 1,367.

गच्छान्तर्गत Adj. dass. ebend.

गजनिमीलन n. = गजनिमीलिका 1).

गजपूर्व Adj. der siebente Çrut. 13.

गञ्जुलिका f. = दीर्घा गम्भीराः कुटिलाः सदृणा जलाशयाः Çilâṅka 2,3,3.

गणनापत्त्रिका f. Rechenbuch.

गण्डोपल m. Mahâvîrak. 106,7.

गतपूर्व Adj. früher betreten MBh. 3,296,20.

गन्धक auch wohlriechender Stoff, Wohlgerüche.

°पोषिका f. Hariv. 8394. °पोषिका f. 2,89,12.

गन्धस्रग्दामवत् Adj. mit wohlriechenden Guirlanden versehen Mân. Gṛhj. 2,6.

गन्धोदक n. *wohlriechendes Wasser* MÂN. ÇR. 11,3.

गम् mit अभ्युद् 1) अभ्युद्गत *aufgegangen* (Sonne) VAĠRAKKH. 32,17.

गर्म्भर्, so zu accentuiren.

गर्त्य Adj. *verdienend in eine Grube geworfen zu werden* ÇÂÑKH. BR. 10,2.

गर्भ auch *die Katamenien* VISHNUS. 27,1.

गर्भनिर्हरण n. *das Herausdrängen des Kindes aus dem Mutterleibe* SUÇR. 2,91,19.

गर्भरूपक m. *ein junger Mann* MAHÂVÎRAĆ. 6,10.

गर्भवेदिनी f. = गर्भवेदन MÂN. GṚHJ. 2,18.

1. गल् mit विनिस् *hervorbrechen* PR. P. 108.

गलुन्त (?) m. AV. 6,83,3.

गव, f. गवी *Rede* ÇIÇ. 2,68.

गाङ्गोच्य m. *ein best. göttliches Wesen* MAITR. S. 2,9,1.

गात्र und °युत Adj. *umfänglich, gross* (Edelstein) RÂGAN. 13,161. 166. 171. 183. 194. 149.

गायत्रीयामन् Adj. (f. °याम्नी) *unter Gâjatrî-Versen kommend* ÂPAST. ÇR. 4,7,2.

गार्धपृष्ठ oder °प्रष्ठ Bez. *einer nicht sanctionirten Art des Selbstmordes* (bei den Ǵaina) ÇÎLÂÑKA 1,369.

गावय Adj. *vom Bos Gavaeus* (Fleisch) VISHṆUS. 80,9.

गिरिक 2) *b*) auch eines Wesens im Gefolge Çiva's.

गिरिनदिका f. *Gebirgsbach* KÂD. 251,19.

गिरिशय, so zu accentuiren.

गिरी Adv. mit कर् *zu einem Berge anhäufen* HEM. PAR. 12,4.

गुंकार m. *das Gesumme der Bienen* Z. d. d. m. G. 32,735.

गुडल n. SVAPNAĆ. 2,32.

गुणातस् 3) *von Seiten der lautlichen Eigenschaft* P. 1,1,50, Sch.

1. गुप्तधन n. *verwahrtes Geld* PAÑKAT. ed. Bomb. 2,39,2.

2. गुप्तधन Adj. *der sein Geld verwahrt* ebend. 2, 37,21.

गुरुवार m. *Donnerstag* HEMÂDRI 1,66,7.

गुह्यरुज् f. *eine Krankheit der Schamtheile* VARÂH. BṚH. S. 5,86.

गृहनिर्वाह m. *Besorgung des Hauses, Haushalt* KATHÂS. 57,29.

गृहपात m. *der Einsturz eines Hauses* KATHÂS. 28,149.

गृहस्थ 2) Nom. abstr. °ता f. MAHÂVÎRAĆ. 62,13.

गृहीतदिक्क Adj. *nach allen Himmelsgegenden entflohen* ÇIÇ. 1,64.

*गैरिकाख्य RÂGAN. 11,94.

गोत्रिन् Adj. *zu einem Geschlecht gehörig;* m. *Blutsverwandter* VET. (U.) 39,39. Nom. abstr. °त्रित्व n. BṚHANM.

गोनिहार m. *Kuhmist* VISHNUS. 48,16.

गोप्तमन्त् Adj. *einen Beschützer habend* KAUSH. UP. 2,1.

*गोमेदसंनिभ 2) *Kalkspath* RÂGAN. 13,136.

गोष्ठ m. अपां गोष्ठः geschraubter Ausdruck für *Wassergefäss, Kübel* AV. 11,1,13.

*गोष्पदपूरम् und *°पदप्रम् Absol. *so dass* (nur) *der Eindruck einer Rinderklaue* (mit Wasser) *gefüllt wird* P. 3,4,32, Sch. BHAṬṬ. 14,20.

गौच्य (Nachtr. 2) zu streichen.

गौभिल n. Gobhila's Gṛhjasûtra GṚHJÂS. 2,94.

*गौरिलेय n. *Talk* RÂGAN. 13,144.

ग्रभ् mit अनुपरि *Jmd* (Acc.) *seine Gunst erweisen* VAĠRAKKH. 20,3. 9. — Mit अभिपरि *umfangen, umfassen* MÂN. GṚHJ. 1,10.

ग्रहि m. *Halter, Träger* GṚHJÂS. 2,29.

ग्राम Z. 8, lies 6) st. 5). — 7) bei den Ǵaina = इन्द्रियग्राम

ग्रामकण्टक m. etwa *Dorflümmel* ÇÎLÂÑKA 1,316.

*ग्रामघातक m. *Plünderer eines Dorfes* VJUTP. 97.

ग्रामपालक m. = ग्रामपाल *Dorfhüter* VET. (U.) S. 121 zu 17,2.

ग्रामसद् Adj. *in Dörfern sich aufhaltend* MÂN. GṚHJ. 1,13.

ग्राह् 2) *d*) ε) *die Vorstellung von Etwas* (im Comp. vorangehend) VAĠRAKKH. 23,12. 13. 25,16.

ग्लहन n. *das Würfeln, Werfen der Würfel.*

घट् mit प्रवि, °घटित *abgehauen* MAHÂVÎRAĆ. 26, 12. 37,13. — Caus. *auseinander sprengen* KIR. 2,46.

घट् mit व्या *hinfahren über* (Loc.) VṚSHABH. 56.

घनमुद् Adj. *hocherfreut* ḰAURAP. (A.) 43.

घनास्थिक Adj. (f. आ) *einen dicken Knochen habend* (Nase) VISHṆUS. 96,75. Nach dem Comm. soll घन der Name des *Nasenknochens* sein.

घमघमारव m. *Gerassel* Z. d. d. m. G. 32,735.

घर्मोच्छिष्ट *eine best. Opferhandlung* BAUDH. 1, 6,13,30.

घसि m. *Nahrung.*

°घातित्व n. *das Tödten, Hinrichtung* VISHṆUS. 16,11.

घुष् mit उद् 3) उद्घुष्यमाण VṚSHABH. 259,*a*,38.

घृतधारा f. auch *ein Strom von Schmelzbutter* MBH. 13,26,90.

घृतमिन्व Adj. (f. आ) *Schmelzbutter ausgehen lassend* MAITR. S. 2,13,1.

घृताहुति f. Ghṛta-*Spende.*

घोटपालक ḰAURAP. (A.) 63 fehlerhaft für कोटृपालक.

घोराशय Adj. *von grausamer Gesinnung gegen* (Loc.) MAHÂVÎRAĆ. 49,17.

चक्रदुन्दुभ्य Adj. *auf Rad und Trommel bezüglich* KÂTJ. ÇR. 4,3,13.

चक्रभ्रम auch Adj. *sich wie ein Rad drehend* MAHÂVÎRAĆ. 101,12.

चत् mit परि 2) *verwerfen, so v. a. verbieten, untersagen* ÂPAST. 1,11,25. 17,27. 32,29. 2,10,10. 17,20.

चतुरपेत Adj. *um die Augen gekommen, blind* KAUSH. UP. 3,3.

चञ्चु 3) auch °पुटक Spr. 4462.

चण्डातिक n. wohl nur fehlerhaft für चण्डातक GOBH. ÇRÂDDH. 2,19.

चण्डीपति m. Bein. Çiva's MAHÂVÎRAĆ. 33,15.

चतुरर्थ Adj. (f. आ) *vier Bedeutungen habend* DEÇIN.

चतुरशीतिसाहस्र Adj. *84000 betragend* MÂRK. P. 54,15.

चतुर्द्वार, पुरुष MBH. 12,269,23.

चतुर्निधन Adj. *aus vier Schlusssätzen bestehend* ÇAT. BR. 12,8,3,26.

चतुर्मुष्टि m. Sg. *vier Handvoll* GṚHJÂS. 1,43.

चतुर्विंशतिगव n. *ein Gespann von 24 Stieren* ÇAT. BR. 7,2,2,6.

चतुर्विंशतिसाहस्र Adj. (f. ई) *aus 24000 bestehend* MBH. 1,1,102. R. GORR. 1,4,147.

चतुश्चक्र m. *ein best. Opfer* BAUDH. 1,6,13,30.

चतुष्पथसद् Adj. *an Kreuzwegen sich aufhaltend* MÂN. GṚHJ. 1,13.

2. चतुष्पद 1) *e*) *vier Felder einnehmend* VARÂH. BṚH. S. 53,55.

चत्वर, wohl auch *Kreuzweg.* °तरु m. SVAPNAĆ. 2,40.

चत्वारिंशन्मान Adj. *ein Gewicht von 40 habend* ÂPAST. ÇR. 5,21,3.

चन्द्रसामन् n. Name eines Sâman VISHṆUS. 56,14.

*चन्द्राश्म und *°न् m. *ein best. Edelstein,* = चन्द्रकान्त RÂGAN. 13,213.

चमूक ḰAURAP. (A.) 40 fehlerhaft für चमूरु.

चम्पकलता f. ein Frauenname VṚSHABH. 261. fgg.

चरणालग्न Adj. *zu Jmds Füssen liegend.*

चराचरगुरु m. Bein. Çiva's KAUTUKAR. 84.

चरितपूर्व Adj. *früher vollzogen* ÇÂK. 96.

चर्मार m. auch *weisser Zinnober* BHÂVAPR. 1,261.

*°क m. dass.

चलितेन्द्रिय Adj. *mit aufgeregten Sinnen* R. 5, 23,6.

चातुर्होतृक, f. ई Mân. Gṛhj. 1,23.

चातुष्पथ Adj. *an einem Kreuzwege befindlich* Âpast. Çr. 8,18,1.

चान्द्र 2) c) ist hier (lies 78,2) Adj., da अग्नि zu ergänzen ist.

चापयष्टि, lies *Bogen* st. *Bogensehne* und vergl. धनुर्यष्टि.

चापवेद m. = धनुर्वेद Pr. P. 119.

चामीकरीय Adj. *golden* Kumâras. 13,22. 28.

चारित्तण Adj. Çiç. 2,82.

1. चि Desid. चिचीषति *anhäufen* —, *einsammeln wollen* Kir. 2,19. 3,11. — Mit समभ्युद् *häufen* Âpast. Çr. 9,1,2.

चिकर्तिषु auch *abzuhauen wünschend* Çiç. 1,49.

चित्तधारा f. *Gedankenfluss* Vagrakkh. 39,11.

चित्तभेद m. *Verstimmung* Mahâvîrak. 46,16.

चित्तविक्षेप m. *Zerstreutheit des Geistes, Geistesverwirrung* Vagrakkh. 33,15.

चित्रक Adj. *bunt, scheckig* als Bez. *der achten unbekannten Grösse* Colebr. Alg. 228.

चित्रापूर्णमास m. *der im Mondhause* Kitrâ *stehende Vollmond* TS. 7,4,8,2.

चित्रासङ्ग Adj. *einen bunten Mantel tragend* Baudh. 1,5,12,9.

चिबुक, angeblich = संदंश *Zange* Comm. zu Gṛhjâs. 1,85.

चीवरवत् Adj. *ein Bettlergewand tragend* Pr. P. 85.

चीवीवाच् m. *Grille* Vishṇus. 44,24.

चुञ्चु 1) so v. a. *gewohnt an* Çiç. 2,14.

चुम्बकमणि m. *Magnet* Mahâvîrak. 114,15.

चुलुम्प् mit उद् *einschlürfen* Mahâvîrak. 82,14.

चूचुक 3) Nom. abstr. °ता f. Kautukar. 47.

चैत्रीपक्ष m. *die dunkele Hälfte im Monat* Kaitra Lâṭj. 10,5,18. 20,2.

चोलपट्टक m. *ein um die Schamtheile geschlagenes Tuch* (bei den Gaina) Çilâñka 1,383.

चूतपल्लव Adj. (f. ई) *einem Mangozweige eigen* Çiç. 2,19.

छलन 1) auch f. आ Çiç. 1,69.

*छायापथ, lies *die Milchstrasse* st. *der Luftraum*.

जगत्कारणकारण Beiw. Vishṇu's Vishṇus. 1,61.

जगत्परायण Adj. desgl. ebend. 98,100.

जगर्धँ, so zu accentuiren.

जतुधामन् n. = जतुगृह Pr. P. 71.

जन् mit निस्, निर्जात *entstanden aus* (Abl.) Vagrakkh. 25,4. 6. — Mit प्रत्या Kaush. Up. 1,2.

जननाथ m. *Fürst, König* Kir. 2,13.

*जनपदघातक m. *Plünderer eines Landes* Vjutp. 97.

जनातिग Adj. *übermenschlich* Kir. 3,2.

जनिदिवस m. *Geburtstag* Mahâvîrak. 107,17.

जनिमत् m. *Geschöpf, Mensch* Mahâvîrak. 132,19.

जन्मपत्त्रिका f. *ein Blatt, auf welches Jmdes Nativität eingeschrieben wird.*

जम्भसुत Adj. *mit dem Gebiss gepresst, ausgekaut.*

जर्जर 1) nach Adj. ist a) hinzuzufügen. Nom. abstr. °ता f. Pr. P. 77.

जलधेनु f. *eine aus Wasser dargestellte Kuh* (!) MBh. 13,71,41.

जलपत्त्रचर m. *Wasservogel* Svapnak. 2,21.

*जलमातङ्ग m. *Dugang* oder *Krokodil* H.an. 3,61.

जलवायस m. Svapnak. 2,21.

जवित n. *das Laufen* Lalit. 178,14.

जसुरि 1) lies *ausgehungert.*

जातपुत्र Adj. *einen Sohn habend* Mân. Çr. 1,5,1.

जातमृत Adj. *gleich nach der Geburt gestorben* Vishṇus. 22,26.

जातविद्या, so zu accentuiren.

जात्यपहारिन् Adj. *den Verlust der Kaste nach sich ziehend* Vishṇus. 5,99.

जामिवत्, lies Adv. st. Adj.

जाम्बवतीहरण n. Titel eines Werkes Ganar.

1. जि Caus. अजीजिपत *ihr habt gewinnen lassen* TS. 1,7,8,4.

जिनकल्पिक Adj. *den* जिनकल्प *innehaltend* Çilâñka 1,366.

जीवन्त, जीवन्ती f. auch *ein best. Gestirn* Mân. Gṛhj. 1,14.

जीवातु 3) am Ende eines adj. Comp. *lebend von* Kautukas. 19.

जुषाणवत् Adj. *das Wort* जुषाण *enthaltend* Comm. zu Âpast. Çr. 6,31,12.

जूतिमत् Adj. *drängend, ungestüm.*

जैव 2) ist hier (lies 78,5) Adj., da अग्नि zu ergänzen ist.

जोष्टृ n. und जोष्ट्री (zu जोष्टर्) f. in Formeln, je nachdem das vorangehende Substantiv dieses oder jenes Geschlechts ist. Mân. Gṛhj. 1,4. Vgl. जोष्टर्.

1. ज्ञा mit प्र Caus. 4) Pass. *sich herausstellen als* (Nom.) Vagrakkh. 20,19.

ज्ञातसर्वस्व Adj. *allwissend* Kaurap. (A.) 23.

ज्ञानपूर्वकृत Adj. *mit Ueberlegung vollbracht* R. 2,64,22.

ज्ञानाग्नि m. *das Feuer im Körper, welches die Erkenntniss des Guten und Schlechten vermittelt,* Garbhop. 5.

ज्युत्, ज्योतति Maitr. S. 2,12,4.

ज्येष्ठप्रथम Adj. Pl. *die Aeltesten voran* Mân. Gṛhj. 2,7.

ज्योतिष्पथ m. v. l. für द्योतिष्पथ.

ज्वलित 2) auch *helles Lodern* MBh. 5,133,15.

झंकृति f. = झंकार Kaurap. (A.) 102. 106.

झट् mit निस्, निर्झटित *geborsten* Daçin. 6,27.

झणझणत्कारिन् Adj. *rauschend* Pr. P. 137.

झर 2) Mahâvîrak. 102,8.

झल्लीका f. *Grille* (Insect) Svapnak. 2,23.

झांकारिन् Adj. = झंकारिन् Mahâvîrak. 51,2.

टणत्कार, so zu lesen st. टनत्कार; vgl. auch Z. d. d. m. G. 32,735.

टाल Adj. *zart* (Frucht) Çilâñka 2,179.

ठेत्कृत n. *das Gebrülle eines Stieres* Z. d. d. m. G. 32,735.

डिम्भ 1) e) N. pr. eines Dânava Hariv. 2, 102,10.

ढक्क 2) b) *coveting* bei Wilson in der 2ten Aufl. Druckfehler für *covering.*

ढक्कन n. *das Schliessen* (einer Thür) Çilâñka 2,113.

2. त, ते auch Acc.; s. Pischel in Z. d. d. m. G. 35, 714. fg.

तच्छब्दत्व n. = ताच्छब्द्य Comm. zu Tâṇḍja-Br. 4,8,15.

तण्डुलिकाश्रम m. N. pr. eines Tîrtha Vishṇus. 85,24, v. l.

ततस्त्य (f. आ) Kir. 1,27.

ततोनिदान Adj. *dadurch verursacht, — bewirkt* Vagrakkh. 24,13. 15. 25,3. 28,2. 3.

तथाता Vagrakkh. 37,3.

तथावादिन् Adj. *sagend wie es ist, die Wahrheit redend* Vishṇus. 5,27. Vagrakkh. 32,12.

तदन्वय Adj. *von diesem abstammend* VP. 4,2,2.

तदा wiederholt ohne Correlation *dann und dann* Sâj. zu Ṛv. 1,25,8.

तदादि Adv. *von damals an, damals zuerst* Çiç. 1,45.

तद्देवत Adj. = तद्देवत्य Kâtj. Çr. 24,6,43. Âpast. Çr. 7,22,4.

तद्देश्य Adj. *aus derselben Gegend stammend;* m. *Landsmann* MBh. 12,168,41. Kâm. Nîtis. 13,77.

तद्देवत Adj. = तद्देवत्य Nir. 7,1.

तद्दैवत्य Adj. (f. आ) dass. Varâh. Bṛh. S. 99,3.

तद्धर्म्य Adj. *derartig* Bhâg. P. 5,14,2.

तनूकृत्, so zu accentuiren.

तत्तीयज्ञ m. *ein der* तत्ती *geltendes Opfer* Mân. Gṛhj. 2,10.

तन्निमित्त Adj. (f. आ) *durch ihn* oder *dadurch veranlasst* Gaut. 22,7. *dazu in Beziehung stehend* R. 2,64,5. *sich darnach richtend* MBh. 3,135,48.

तन्मात्रक n. *nur gerade so viel, nicht mehr als*

dieses Mahâvîrak. 79,5.

तप् mit अभि Caus. auch *ein wenig erwärmen* Mân. Çr. 1,6,1.

तपनद्युति auch Adj. *glänzend wie die Sonne* Çiç. 1,42.

तपर Adj. *worauf ein t folgt* P. 1,1,70. °करण n. *das Folgenlassen von t* Sch. zu P. 6,1,91.

तपोयज्ञ Adj. *mit Kasteiungen opfernd* Bhag. 4,28.

तर् mit व्युद् Caus. *hierhin und dorthin ausgiessen* Mân. Çr. 4,3.

तरितव्य Adj. Mân. Gṛhj. 1,13.

2. तरुतर् 2) f. °त्री Mân. Gṛhj. 1,22.

तवस्वन्त्, so zu accentuiren.

तष्टि f. = त्वष्टि *Zimmerhandwerk* M. 10,48, v. l.

तात्तव 3) m. *Sohn* Kumâras. 17,13.

°तापिन् 1) auch *entflammend, erregend* Kir. 2,42.

तारकारिपु m. Bein. Skanda's Mahâvîrak. 33,16.

तारिक m. *Fährmann* Vishṇus. 5,131.

तिरस्कृत n. = तिरस्कृति in अतिरस्कृतसंभाष.

तिरस्पट m. *Vorhang* Kaurap. (A.) 49.

तिर्यगपाङ्ग Adj. *mit den äusseren Augenwinkeln zur Seite gewandt* (Auge) Vṛshabh. 238,b,18.

तिलधेनु f. *eine aus Sesamkörnern gebildete Kuh* MBh. 13,64,35. 71,40.

तिलधेनुका f. dass. MBh. 3,84,87.

तीर्थ, गवां तीर्थम् Vishṇus. 23,61 soll nach dem Comm. *Kuhurin* sein.

तुन्दपरिमार्ज Adj. *sich den Bauch streichend* Hem. Par. 8,281.

तुलाधार, lies 2) *d) der mit dem Wägen Beauftragte* (beim Gottesurtheil mit der Wage) Vishṇus. 10,8. 9. — *e)* *N. pr. u. s. w.

तुल्यगरिमन् Adj. *von gleicher Würde mit* (Instr.) Pr. P. 119.

तुल्यनक्तंदिन Adj. 1) *wobei Tag und Nacht gleich sind* H. 146. — 2) *der keinen Unterschied zwischen Tag und Nacht macht* Kathâs. 101,280.

तुल्यशिख m. Pl. *best. fabelhafte Wesen* Pr. P. 118.

तुल्यार्थ Adj. auch *von gleicher Bedeutung* P. 1,3,42, Sch. Nom. abstr. °ता f. ebend.

तुषारमूर्ति m. *der Mond* Çiç. 1,21.

तुषोपवपन n. *das Aufschütten der Getreidehülsen* Âpast. Çr. 6,29,17.

तूलदाहम् Absol. mit दह् *wie Baumwolle verbrennen* (trans.) Mahâvîrak. 96,18.

तूष्णींदण्ड m. *eine geheime Bestrafung* Mahâvîrak. 54,10.

तृणपञ्चमूल Suçr. 2,490,3.

*तृणपूल und °पूलक m. *Grasbüschel.*

*तैलपेषम् Absol. mit पिष् *mit Oel —, in Oel zerreiben.*

तोयपात m. *Regen* Varâh. Bṛh. S. 89,19.

त्रटत्कार m. *das Knistern* Z. d. d. m. G. 32,736.

त्रयोविंशतिदारु Adj. *aus 23 Scheiten bestehend* Âpast. Çr. 7,7,7.

त्रस् mit उद् *erschrecken.* उत्त्रसन्ति Vagrakkh. 31,5.

°त्रायिन् Adj. *behütend* Pr. P. 19.

त्रास 2) *b) ein matter, unregelmässiger, unvollkommener Schein, den Federn* (d. i. *Risse oder kleine Spalten im Innern der Steine*) *hervorrufen*, Râgan. 13,177. 190. 195. 213.

त्रिंशन्मान Adj. *ein Gewicht von 30 habend* Âpast. Çr. 5,21,9.

त्रिगण m. Kir. 1,11.

त्रिणाभि Adj. *mit drei Radkränzen* Bhâg. P. ed. Bomb. 3,8,20.

त्रिद्वार Adj. (f. आ) *drei Thüren habend*, so v. a. *auf dreierlei Weise zu erreichen* MBh. 3,32,38.

त्रिनालि Adj. *einen Zeitraum von 3×24 Minuten ausfüllend* Sâh. D. 553.

त्रिनेमि Adj. = त्रिणाभि Bhâg. P. 3,8,20.

त्रिपञ्चक Adj. Pl. *von fünfzehnerlei Art.*

त्रिपरुस् Adj. *aus drei Abschnitten bestehend* Bhâg. P. 3,13,30.

त्रिपर्व (Hariv. 12238) und त्रिपर्वन् (MBh. 4,43, 18) Adj. *mit drei Knoten* (Pfeil).

त्रिपल Adj. (f. आ) *drei* Pala *an Gewicht betragend* Jâgñ. 2,179.

त्रिपुराणक (f. °णिका) und त्रिपुराणीय (Kull. zu M. 11,227) *im Werthe von drei* Purâṇa (*eine best. Münze*).

त्रिपुरान्तकृत् Adj. auch als Beiw. von Râma's Bogen Mahâvîrak. 17,5.

त्रिबाहु m. auch N. pr. eines Unholds Hariv. 14852.

त्रिभुवनमाणिक्यचरित n. Titel eines Werkes Ganar.

त्रिवितस्त als Subst. *eine Strecke von drei Spannen* Âpast. Çr. 7,4,2.

त्रिविष्टिधातु, so zu accentuiren.

त्रिशतंषष्टिपर्वन् (metrisch) Adj. *aus 560 Absätzen bestehend* Bhâg. P. 3,21,18.

त्रिःश्वेत, streiche Mân. Gṛhj. 1,12. 15.

त्रिस्थलिकाश्रम, lies °काग्राम.

त्रैलोक्यसुन्दरी f. Titel eines Werkes Ganar.

त्र्यनीक 3) f. आ *eine best. Ceremonie* Âpast. Çr. 21,14.

त्र्यब्दपूर्व Adj. *seit drei Jahren bestehend* M. 2, 134. Vgl. Âpast. 1,14,13.

त्र्यर्थ Adj. (f. आ) *drei Bedeutungen habend* Deçin.

त्र्यार्षेय 1) besser *mit drei heiligen Ahnen.*

त्र्युद्धि Adj. Âpast. Çr. 5,22,6. त्रीणि पर्वाणि पस्याः स्थाल्याः सा त्र्युद्धिः Comm.

दक्षिणपञ्चाल Adj. mit राष्ट्र n. *das Reich der südlichen* Pankâla (mit einer gesuchten Nebenbedeutung) Bhâg. P. 4,25,50.

दक्षिणपूर्वक Adj. *südöstlich* Hemâdri 1,801,16.

दक्षिणापराभिमुख Adj. *nach Süden oder Westen gewandt* Vishṇus. 61,12.

दक्षिणोपक्रम Adj. *von rechts angefangen* Mân. Çr. 1,4,1.

दण्डनियोग m. *Straferkenntniss* Gaut. 12,51.

दण्डवत् Adv. Vishṇus. 25, 5 auf verschiedene dene Weise erklärt.

ददाति m. *Gabe* Gaut.

दधिपुषातक *eine best. Mischung mit saurer Milch* Pâr. Gṛhj. 2,16,3.

दनुकबन्ध m. N. pr. eines Unholds Mahâvîrak. 52,10.

दन्धन, so zu lesen st. दन्धन.

दमघोषज m. Patron. Çiçupâla's Çiç. 2,60.

दर्भपवित्र n. Darbha-*Halme als Reinigungsmittel* Çat. Br. 3,1,3,18.

दर्भपूल m. *Grasbüschel*, insbes. *von* Kuça-*Gras.*

दर्व्युदापुवन n. *der vom Umrühren am Löffel haften bleibende Rest* Âpast. Çr. 8,11,16.

दशनालि Adj. *einen Zeitraum von 10×24 Minuten ausfüllend* Sâh. D. 553.

दशपद् Adj. (f. आ) *zehn Fuss lang und breit* Âpast. Çr. 7,3,10.

दशपद्य Adj. (f. आ) dass. Kâtj. Çr. 5,3,33.

दशपल Adj. (f. आ) *zehn* Pala *an Gewicht betragend* Jâgñ. 2,179.

*दशपूली f. *zehn Bündel* Pat. zu P. 2,1,51, Vârtt. 6.

दशापरिपाक m. *ein Umschlag im Lebensschicksal* Mahâvîrak. 118,14.

दशाब्दाख्य Adj. *seit zehn Jahren bestehend* M. 2,134. Vgl. Âpast. 1,14,13.

3. दा S. 79, Z. 3. fg. दीयते gehört wohl zu 4. दी.

दामोदरदेव, so zu lesen st. दामोरदेव.

दामोदरीय Adj. *dem* Kṛshṇa *gehörig* Pr. P. 70.

दिगम्बर 2) *d)* N. pr. oder Bein. eines Autors Ganar. Vgl. दिग्वस्त्र.

दिग्वस्त्र 3) m. Bein. Devanandin's Ganar.

दिग्वासस् 2) *c)* N. pr. eines Autors Ganar.

दिग्व्यापिन् Adj. *die Weltgegenden erfüllend, sich nach allen Richtungen ausdehnend* Kir. 5,18.

दिनपाटिका f. *Tagelohn* Vet. (U.) 124 zu 18,27.

दिवानिशम् als Acc. (nicht Adv.) *Tag und Nacht* Kumâras. 11,48.

1. दिश् mit समा Z. 3, lies 231,16.

1. दीदि und दीधि bisweilen verwechselt, insbes. in Ableitungen.

दीर्घिका 3) *Schicht, Lage* Kâraka 1,13, v. l. für धीतीका.

दुःखस्पर्श(म्) MBh. 5,3814 fehlerhaft für दुःखं स्पर्श(म्).

दुःखानर्ह Adj. *kein Leid verdienend* MBh. 3,27, 10. Vgl. अदुःखार्ह oben.

दुरःप्रभृति Adj. Pl. *mit den Thoren beginnend* Âpast. Çr. 7,14,9.

दुराशंसिन् Adj. *Böses ahnend* Vrshabh. 10,a,4.

दुरितार्णव m. N. pr. eines Fürsten Kautukar.

दुरुदाहर Adj. Çiç. 2,73.

*दुर्गाह्लाद Râgan. 12,113.

*दुर्गाह्व zu streichen.

दुर्व्यवहृति f. *übles Gerede* Mahâvirak. 48,8.

दुःश्लिष्ट Adj. Bez. *des in* उ *übergehenden* ल oder *des aus* ल *entstandenen* उ TS. Prât. Comm.

दुष्प्रभञ्जन m. *Orkan* Mahâvirak. 124,2.

दूत 1) auf ein n. bezogen auch n. Kaush. Up. 2,1.

दूतमुख Adj. *dessen Mund die Boten sind* Çiç. 2,82.

दूतवत् Adj. *einen Boten habend* Kaush. Up. 2,1.

*दूराह्वि s. u. दौरार्ह्वि.

दूरेहेति m. *ein best.* Agni Comm. zu TS. 1, 1008, 3. 12.

दूषय् mit उद् *Jmd anschwärzen*. उद्दूष्य Çiç. 2,113.

*दृढनुरा, die richtige Form ist दृढनुरा Râgan. 8,97.

दृढप्रहारिन् 1) Nom. abstr. °रिता f. Mahâvirak. 13,6.

°दृष्टिक Adj. *fälschlich glaubend an* Vagrakkh. 34,5. 6.

दृष्टिपन्थन् m. *Gesichtskreis*.

1. देव 2) e) lies 71,60 st. 11,60.

देवनन्दिन् m. auch N. pr. eines Autors Ganar.

देवपुरोहित m. *ein Hauspriester der Götter* Hariv. 13208.

देवयशस् n. *göttliche Herrlichkeit* TS. 3,1,9,1.

देवयशसिन् Adj. *göttliche Herrlichkeit besitzend* ebend.

देश्य 1) b) wohl zu streichen, da M. 8,52 die besten Hdschrr. und die meisten Commentatoren देशे lesen.

देहपात m. = देहपतन Kathâs. 49,96.

*दैवेज्य Adj. *dem Planeten Jupiter geweiht* (Topas) Râgan. 13,199.

दैष्टिक, Nom. abstr. °ता f. Çiç. 2,86.

दोषगुणिन् Adj. *mit Fehlern und Vorzügen behaftet*. Nom. abstr. °णित्व n. Nârâjana zu M. 8,338.

दोषनिर्घात m. *Sühnung, Busse* Âpast. Çr. 9,1,4. Comm. zu 3.

दोषभाज् m. *Schuft* Kautukas. 32.

दौःशासन Adj. Duhçâsana *gehörig* Pr. P. 141.

द्युपुरंध्रि f. *eine* Apsaras Râgat. 1,68.

द्युम्न, vgl. Pischel in Z. d. d. m. G. 35,720. Auch Adj. (f. म्ना) ebend.

द्यूतकिंकरी f. *eine im Würfelspiel gewonnene Sclavin* Pr. P. 131.

द्रमिड m. Pl. = द्रमिल 2) Ganar.

द्वादशपञ्जरिकास्तोत्र n. Titel eines Stotra.

द्वादशपुष्कर Adj. (f. आ) *aus zwölf Lotusblüthen bestehend* Tândja-Br. 18,9,7.

द्वादशवार्षिक Adj. *zwölf Jahre dauernd*.

द्विजत्व n. auch *der Stand der drei oberen Kasten* Vishnus. 28,39.

द्विदल 2) b) wohl *eine best. Hülsenfrucht*.

द्विनिष्ठ Adj. *beiderseitig*. Nom. abstr. °त्व n. Çank. zu Brh. Âr. Up. S. 41.

द्विपरार्धिक Adj. *zweimal fünfzig Jahre* Brahman's *betragend* Mârk. P. 46,7.

द्विपल Adj. (f. आ) *zwei* Pala *an Gewicht habend* Hemâdri 1,477,21.

2. *द्विपात्र Adj. (f. ई) *zwei* Pâtra *genannte Hohlmaasse enthaltend* P. 5,1,54, Sch.

*द्विपात्रिक (f. ई) und *द्विपात्रीण (f. आ) Adj. dass. ebend.

द्विभाद्र Adj. *zwei Monate* Bhâdra *habend* Râgat. 8,35.

द्विर्मूर्धन् 2) AV. 8,10,22.

द्विपद Adj. *zweimal den Ruf* पद *enthaltend* Comm. zu Âpast. Çr. 7,29,2. Nom. abstr. °त्व n. zu 8,3,3.

द्विर्नग्न Adj. *dessen Vorfahren von beiden Seiten drei Generationen hindurch das* Veda-*Studium und die Anlegung des Feuers unterlassen haben* Gobh. Çrâddhak. 1,15.

द्वीपेश m. *Herr über einen* Dvîpa, *Unterkönig* Pr. P. 97.

द्वेधाक्रिया f. *das Zerbrechen, Zerspalten* Mahâvirak. 32,12.

*द्व्याचित (f. आ), *द्व्याचितिक (f. ई) und *द्व्याचितीन (f. आ) Adj. *zwei Wagenlasten enthaltend* P. 5,1,54, Sch.

*द्व्याढक (f. आ), *द्व्याढकिक (f. ई) und *द्व्याढकीन (f. आ) Adj. *zwei* Âdhaka *genannte Hohlmaasse enthaltend* ebend.

द्व्यार्षेय Adj. *mit zwei heiligen Ahnen* Müller, SL. 386.

धनाय् Med. auch *schätzen* (प्राणान्) Mahâvirak. 67,8.

धन्वन्, Z. 1. 2 lies Râgan.

1. धर् mit उप am Ende. Âçv. Çr. 9,11,1 vielleicht *Stand halten, am Orte verbleiben*.

धराधरेन्द्र m. Bein. des Himavant Çiç. 1,5.

2. धर्मकाय als Adj. *das Gesetz* (buddh.) *zum Körper habend* Vagrakkh. 43,8.

धर्मचतुस् n. *ein Auge des Gesetzes* (buddh.) Vagrakkh. 38,19. 20.

धर्मद्रुह् Adj. *das Gesetz —, das Recht verletzend* Mahâvirak. 22,18.

धर्मद्रोण Bez. *der Gesetzbücher* Manu's, Vasishtha's, Jâgńavalkja's *und* Gautama's Kâtj. Çrâddhak. 7. Comm. zu Gobh. Çrâddhak. 7,21.

धर्मपाश m. auch *Fessel —, Band der Pflicht*.

धर्मविप्लव m. *Rechtsverletzung* Kir. 1,13.

1. धा mit वि Act. *sich bemühen um* (Dat.) Kir. 1,3. 42.

धान्यपूल m. *ein Büschel Getraide* Comm. zu Âçv. Çr. 9,7,18.

धामवत् Adj. *mächtig, kräftig* Kir. 1,43.

धुन्धुमत् m. N. pr. eines Sohnes des Kuvala VP. 4,1,19(20). बन्धुमत् v. l.

धुमधुमाय (onomatop.), °यते Comm. zu Kir. 6, fehlerhaft für घुमघुमाय.

धुर्य 1) b) Nom. abstr. °ता f. Çiç. 1,41.

धूम्र m. wohl *Kamel* TS. 1,8,21,1.

धूम्रक Adj. *grau* als Bez. *der elften unbekannten Grösse* Colebr. Alg. 228.

धृष्णुता f. *Kühnheit* Çiç. 1,30.

1. ध्या mit अभि 4) *Jmd* (Loc.) *Etwas* (Acc.) *anthun* Mahâvirak. 8,11.

*नकुलाख्या, lies *नकुलाढ्या f. *die Ichneumonpflanze* Râgan. 7,95.

नड 1) d) = नड *Rohr* RV. 1,32,8; vgl. Pischel in Z. d. d. m. G. 35,717. fgg.

नभःसद् 1) Çiç. 1,11.

नमुचि 1) °द्विष् Çiç. 1,51.

नयनाम्बु n. *Thränen* Kir. 2,24.

नयहीन Adj. *der Klugheit ermangelnd* Kir. 2,49.

नरकपात m. *das Fahren zur Hölle* Pańkat. 108,21.

नवपरिणया Adj. f. *neuvermählt*.

*नवालाबु f. v. l. für नागालाबु Râgan. 7,160. Nigh. Pr.

नाटकीय Adj. *dramatisch* Çiç. 2,8.

नातिजल्पक Adj. *nicht zu geschwätzig* MBh. 12, 134,14.

नानाप्रकार Adj. Pl. *verschiedenartige* R. 1,30, 16. Suçr. 1,24,1.

नायक 2) e) *eine Moschusart* Râgan. 12,51. Vgl. नायिकाचूर्ण.

नारीपुर n. *ein Gynaeceum, ein ganzes Haus mit Weibern* MBh. 13,103,10.

नासापुट auch *Nasenloch*.

निकाष m. *das Kratzen* Mahâvîrak. 87,16.

निदाघधामन् m. *die Sonne* Çiç. 1,24.

निधिगुह्यकाधिप m. Bein. Kubera's Kir. 5,20.

निरश्वपुरुष Adj. (f. आ) *ohne Pferde und Menschen* MBh. 6,1,7.

निरूढपकश Z. 2, lies रूढप्रकश.

निर्यातिक्ति f. *Sühnung* Mahâvîrak. 60,3.

निर्व्यञ्जक Adj. *bezeugend* Mahâvîrak. 94,11.

निवर्तितपूर्व Adj. *früher zurückgewichen, — geflohen* (im Kampfe, also = निवृत्तपूर्व) MBh. 5,185,22.

निषेकविचार m. und **निषेकस्वरा** f. Titel von Werken.

निष्कोश Adj. *aus der Scheide gezogen* Mahâvîrak. 115,4.

1. **नी** 13) Cappeller vermuthet, dass P. 1,3,36 die Bed. *eine Autorität sein* im Auge gehabt hätte.

नैतल wohl Adj. von नितल Mahâvîrak. 77,3.

Helioplandruck von F. A. Brockhaus, Leipzig

SANSKRIT-WÖRTERBUCH

IN KÜRZERER FASSUNG

BEARBEITET

VON

OTTO BÖHTLINGK.

VIERTER THEIL.

प — भ.

VORWORT.

Eine während des Druckes dieses vierten Theiles in Betreff von Sanskrit-Wörterbüchern geführte officielle Correspondenz, über die mich weiter auszulassen ich nicht berechtigt bin, zwingt mich, so zu sagen, zu der hier folgenden öffentlichen Meinungsäusserung, die sonst unterblieben wäre.

Im Jahre 1872 erschien das Sanskrit-Englische Wörterbuch von Monier Williams, im Jahre 1871 der 6te Theil des grossen Petersburger Wörterbuchs. Im letzten Theile dieses Wörterbuchs so wie in dem jetzt im Druck befindlichen Sanskrit-Wörterbuch in kürzerer Fassung konnte das zuerst genannte Werk schon aus dem Grunde nicht benutzt werden, weil hier die Wörter und Wortbedeutungen ohne Belege*) aufgeführt werden. Auf Treu und Glauben wollten wir Nichts herübernehmen, würden wohl auch nicht viel Neues und Wichtiges gefunden haben, wodurch eine derartige Herübernahme gerechtfertigt gewesen wäre. Monier Williams dagegen hat das Petersburger Wörterbuch mit einer Unselbständigkeit benutzt, die uns in Erstaunen setzt. Er selbst drückt sich darüber in der Vorrede folgendermaassen aus: „Indeed, it is impossible for me to express adequately my sense of obligation to the great work of Professors Böhtlingk and Roth. Although I have referred to every other dictionary, glossary, and vocabulary, including those of Professor Benfey and Westergaard and the eight-volumed Encyclopaedia of Rādhākāntadeva, commonly called the Śabda-kalpa-druma, and although I have striven to weigh and verify for myself all the words and meanings given by my fellow lexicographers, yet I have always considered an appeal to the St. Petersburg Wörterbuch as the most satisfactory available means for deciding doubtful questions“.

*) Wenn in dem Werke hier und da einmal ein Citat erscheint, ist man nicht wenig überrascht und frägt unwillkürlich „wozu?“.

Nach diesen Worten müsste man annehmen, dass Monier Williams bei der Compilation seines Wörterbuchs stets kritisch verfahren wäre, niemals aber auf Treu und Glauben abgeschrieben oder übersetzt hätte. Dem ist aber nicht so. Sein Vertrauen zum Petersburger Wörterbuch ging so weit, dass er häufig, ohne nachzuprüfen (was für ihn ein Leichtes gewesen wäre, da wir die Belege zu den Wörtern und Wortbedeutungen stets beifügen) einfach abschrieb oder, genauer gesprochen, übersetzte. Wenn sogar solche Druckfehler, die jeder Anfänger ohne Mühe hätte beseitigen können, in sein Werk hinübergegangen sind, so schliesse ich daraus, dass der Compilator bisweilen ganz gedankenlos zu Werke gegangen ist.

Es folgen hier einige Beweise für das so eben Ausgesprochene. Sie beginnen erst mit घुक und घुकारि, bei welchem Worte ich. wenn ich mich nicht irre, zum ersten Mal bei M. W. Rath suchte, da ich in einem schwachen Augenblicke nicht sogleich darauf kam, was mit घूक und घूकारि gemeint sei.

1) P. W. घुक m. *Eule*, und घुकारि m. *Krähe* bei Wilson fehlerhaft

für द्यूक, द्यूकारि. — M. W. द्युक *dyuka, as* m. an owl. *Dyukāri* (°*ka-ari*), *is*, m. 'the owl's enemy', a crow (wrong forms for *dyūka* and *dyūkāri*). — द्यूक und द्यूकारि im P. W. Druckfehler für घूक und घूकारि. Die Zusätze hätte M. W. sich ersparen können, da ja die Worte falsch sind.

2) P. W. धुर् f. (m. MBh. 13,2876). — M. W. धुर् *dhur, ūr*, f. (m. in Mahā-bh. Anusasanap. 2876. *dhur* is masc.). — 2876 im P. W. Druckfehler für 2786.

3) P. W. नितम्भू m. N. pr. eines Mannes MBh. 13,1765. Viell. fehlerhaft für नित्यंभू. — M. W. नितम्भू *nitambhū, ūs*, m. N. of a person mentioned in Mahā-bh. Anusāsanap. 1765; (perhaps for *nityam-bhū*). — Hier ist Alles, auch das Citat richtig wiedergegeben, ich frage nur, ob M. W. die Conjectur (die übrigens von keinem Werth ist) aufgestellt hat.

4) P. W. नैवसंज्ञानासंज्ञायतन n. *der Ort* (आयतन), *wo es kein* (न + एव) *Denken* (संज्ञान) *und kein Nichtdenken* (असंज्ञा) *giebt* Burn. Lot. de la b. l. 813. — M. W. नैवसंज्ञानासंज्ञायतन (die Umschreibungen und die Angabe des Nomin. lasse ich von nun an weg, wenn Nichts darauf ankommt) n. a place (*āyatana*) where there is no (*na-eva*) thinking (*sanjnāna*) and no (*na*) not thinking (*a-sanjnā*). — Das Wort zerlegt sich bei einiger Aufmerksamkeit in नैव-संज्ञा-नासंज्ञा-आयतन.

5) P. W. पङ्कज 3) f. ई Bein. der Durgâ MBh. 4,188. — M. W. *Pankaja*—, (*ī*), f. an epithet of Durgā. — Das f. von पङ्कज wäre पङ्कजा; पङ्कजी an der angeführten Stelle ist Nomin. von पङ्कजिन्.

6) पदक्रमक n. *der* Pada- *und* Krama-pâṭha P. 2,4,5, Sch. — M. W. *padakramaka, n.* the Pada-paṭha and the Krama-paṭha. — An der angeführten Stelle steht पदकक्रमक. Das Wort bedeutet *ein mit dem* Pada- *und ein mit dem* Krama-pâṭha *vertrauter Mann.*

7) पदात wird im P. W. beanstandet; die Vergleichung neuerer Ausgaben hat den Verdacht als begründet erwiesen. Bei M. W. erscheint पदात als eine ganz berechtigte Form, ohne dass ein Grund dafür angegeben würde.

8) P. W. परिषस्वजीयस् adj. *fester umfassend* AV. 10,8,25. — M. W. *Parishvanjīyas*, Ved. clasping more firmly. — An der angeführten Stelle steht परिषस्वजीयंस् oder, nach der Schreibart von M. W., *pari-shvajīyas.*

9) P. W. परोङ्क adj. f. °ङ्की *aussen —, oben eng* Çat. Br. 3,4,4,26. — M. W. *paro'nhu* (°*as-an*°) Ved. *narrow on the outside or at the top.* — परोङ्क ist eine Conjectur, der Text liest परोऽङ्की.

10) P. W. 2. पस् *Schamgegend.* अभःपसं युवतीम् TBr. 3,1,4,12 in Z. f. d. K. d. M. 7,269. — M. W. पस् 2. the pudenda. — Der Text in der Bibliotheca indica, der schon in den 60er Jahren erschienen war, liest richtig सुभंससं युवतिम्.

11) P. W. पालहरि m. N. pr. eines Mannes Râǵa-Tar. 8,2497. Viell. patron. von पलहर. — M. W. पालहरि m. (probably a patronymic fr. *palahara*) N. of a man. — An der angegebenen Stelle steht पालहरि.

12) P. W. पिस्पृक्षु adj. *zu berühren im Begriff stehend.* जलम् so v. a. *im Begriff stehend in's Wasser zu gehen, sich abzuwaschen* MBh. 12,8338. — M. W. पिस्पृक्षु being about to touch; (with *jalam*) being about to enter the water, being about to perform ablutions. — An der angeführten Stelle steht nicht जलम्, sondern सलिलम्, was dem Sinne nach allerdings dasselbe ist.

13) P. W. 2. प्रकृतिभाव adj. *natürlich, naturgemäss, gewöhnlich* Varâh. Brh. S. 29,22. — M. W. *Prakṛiti-bhava* (*as, ā, am*), natural, usual, common. — Bei der Ausarbeitung dieses Wörterbuchs erschien mir °भाव verdächtig, und ich fand 30,22 die Form प्रकृतिभव, die ich vermuthet hatte.

14) P. W. प्रतिप्रस्थान n. 1) *das Amt* u. s. w. — 2) N. *eines best.* Soma-Graha VS. 18,19. — M. W. *Prati-prasthāna* n. *the office etc.;* N. of a particular Soma-graha (Ved.). — In der zweiten Bed. m., wie man aus der angegebenen Stelle ersehen kann.

15) P. W. प्रतोष m. *Befriedigung*, N. eines der 12 Söhne des Manu Svâjambhuva Bhâg. P. 4,1,7. — M. W. *Pra-tosha* m. 'gratification', N. of one of the twelve sons of Manu Svājambhuva. — Der Bearbeiter dieses Wörterbuchs hat nachgeschlagen und gefunden, dass Pratosha einer der 12 Söhne Vishṇu's und einer der Götter Tushita im Manvantara Svâjambhuva ist.

16) P. W. प्रत्याख्यायम् absolut. TS. 3,1,3,2. Çat. Br. 13,3,4,1. — M. W. *Praty-ākhyājam*, ind., Ved. having refuted or rejected, having denied. — Die hinzugefügte Bedeutung ist eine sehr unglücklich gewählte.

17) P. W. प्रत्यायितव्य adj. *klar zu machen, zu beweisen* Mâlav. 14,11. — M. W. *Praty-ayitavya* to be made clear, to be proved. — प्रत्यायितव्य Druckfehler für प्रत्यापयितव्य.

18) P. W. प्रपञ्चसार m. Titel eines Buches Verz. d. Oxf. H. 95,*a*,40. 108,*a*,27. 110,*b*,7. °विवेक desgl. Hall 94. — M. W. führt *Prapañca-viveka* und *Prapañca-sāra* als Titel auf. Das eine Werk heisst aber nicht प्रपञ्चविवेक, sondern प्रपञ्चसारविवेक, was auch ohne Nachschlagen zu ersehen war.

19) P. W. giebt das f. von प्रभद्रक nicht an, M. W. schreibt *Prabhadraka, as, ā, am.* — Das f. lautet natürlich *prabhadrikā.*

20) P. W. प्रलोलुप m. N. pr. Kunti's, eines Nachkommen des Garuḍa, Mârk. P. 2,2. — M. W. प्रलोलुप m., N. of Kunti (a descendant of Garuḍa). — N. pr. Kunti's Druckfehler für N. pr. eines Sohnes des Kunti.

21) P. W. 2. प्रसूति 4) N. pr. einer Tochter Maru's, die Daksha zur Ehe erhielt, VP. 53. fg. Bhâg. P. 3,12,55 u. s. w. — M. W. *Prasūti* N. of a daughter of Maru and wife of Daksha. — Maru's Druckfehler für Manu's.

22) P. W. प्रिय 1) *b*) *theuer, hoch im Preise stehend:* अन्न Varâh. Brh. S. 8,8. 33,14. प्रियान्न n. *Theuerung* 17,5. °धान्यक *Theuerung bereitend* (Gegens. सुभिक्षकारिन्) 4,20. — M. W. *Priya-dhānyaka*, Ved. (sic!) *) causing dearness of provisions, producing scarcity of corn (opposed to *subhikshakārin*). — °धान्यक Druckfehler für °धान्यकर.

23) P. W. प्लव 1) *b*) *vorzüglich* Muṇḍ. Up. 1,2,7. — M. W. *Plava* superior, excellent (Ved.). — *Vorzüglich* Druckfehler für *vergänglich.*

---

*) Auch u. मातृका wird die Bed. „a wooden peg driven into the ground for the support of the staff of Indra's banner", die im grossen Wörterbuch durch Varâh. Brh. S. belegt wird, als vedisch bezeichnet! Bei मित्रभ wird statt Varâh. Brh. und Varâh. Brh. S. gleichfalls vedisch substituirt. Mit dem Worte vedisch treibt M. W. überhaupt einen ganz unerlaubten Unfug; Varâhamihira aber für einen vedischen Ṛshi zu halten ist doch gar zu arg.

24) P. W. फाण्टाहृतायन m. patron. von फाण्टाहृति P. 4,1,150. — M. W. *Phāṇṭāhṛitāyana* m., a patronymic from *Phāntāhṛiti*. — फाण्टाहृतायन Fehler für फाण्टाहृतायनि.

25) P. W. बाहु 1) *f*) बाहुफल *the result from the base-sine* SÛRJAS. 2, 41. 46. *the sine of an arc of a circle of position contained between the Sun and the Prime Vertical* SIDDHÂNTAÇIR. 257, N. — M. W. giebt u. *Bāhuphala* beide Bedeutungen diesem Worte, während die zweite Bedeutung nur बाहु zukommt.

26) P. W. ब्रह्मदैत्य n. *ein in ein Gespenst verwandelter Brahmane.* — M. W. *Brahma-daitya, am*, n. a Brāhman changed into a Daitya. — n. Druckfehler für m.

27) P. W. ब्रह्मपर्वत n. Brahman's *Berg* (पर्वत), N. pr. einer Localität Verz. d. Oxf. H. 149,*a*,12. — M. W. *Brahma-parvata, am*, n. 'mountain of Brahmā', N. of a place. — n. Druckfehler für m.

28) P. W. ब्रह्मसूत्र 2) — Bâdârâyaṇa oder Vyâsa zugeschrieben. — M. W. *Brahma-sūtra* — ascribed to Bādārāyaṇa or Vyāsa. — Bâdârâjaṇa Druckfehler für Bâdarâjaṇa.

29) P. W. भद्रदेह m. N. pr. eines Sohnes des Kṛshṇa VP. 439. — M. W. *Bhadra-deha* m., N. of a son of Krishṇa. — Kṛshṇa fehlerhaft für Vasudeva.

30) P. W. भरतद्वादशाह n. — M. W. *Bharata-dvādaśāha, am*, n. — n. fehlerhaft für m.

31) P. W. भागापहारजाति f. *assimilation* u. s. w. COLEBR. Alg. 15. — M. W. *Bhāgāpahāra-jāti* f. assimilation u. s. w. — An der angeführten Stelle steht भागापवाहजाति.

32) P. W. भारक n. — M. W. *Bhāraka, am*, n. — n. Druckfehler für m.

33) P. W. भुजगराज. Davon denom. °राजय्, राजयते *zum Schlangenfürsten werden* VÂSAVAD. 239,1. — M. W. *Bhujagarājaya*, Nom. A. *bhujagarājayate*, etc. — °राजय्, राजयते Druckfehler für °राजाय्, °राजायते.

34) P. W. भूरिषाह् oder °षाह् adj. *viel fassend:* रथ ṚV. 9,88,2. — M. W. *Bhūri-shah* or *bhūri-shāh*. Er hat die Stelle nachgeschlagen, da er die Erklärung Sâjaṇa's hinzufügt; der Text hat aber भुरि°.

35) P. W. भोजन 2) m. N. pr. eines Flusses BHÂG. P. 5,20,21. — M. W. *Bhojana* m., N. of a river. — Flusses fehlerhaft für Berges.

Diese Proben mögen genügen. Auch ich habe hier und da abschreiben müssen, weil ich ein Buch oder eine Handschrift, auf die verwiesen wurde oder aus denen die Wörter oder Wortbedeutungen geschöpft waren, nicht selbst einzusehen vermochte; aber in einem solchen Falle habe ich stets angegeben, woher ich das Wort oder die Wortbedeutung entlehnte. Hiermit hatte ich alle Verantwortlichkeit von mir abgewiesen.

Zum Schluss dieses unerquicklichen Themas will ich noch bemerken, dass Herr MONIER WILLIAMS, da er einmal auf das Abschreiben angewiesen war, besser gethan hätte, die Beendigung des Petersburger Wörterbuchs abzuwarten, ehe er an die Vollendung seines Werkes ging. Auch war es eine grosse Unvorsichtigkeit, dass er unter den Verbalwurzeln nicht auch ihre Verbindungen mit den Präpositionen behandelte. Dadurch kam er häufig in die unangenehme Lage, seine Hauptquelle nicht benutzen zu können. Wer diejenigen Artikel, bei welchen Herrn M. W. das P. W. vorlag, mit denjenigen Artikeln vergleicht, bei welchen ihm diese Hülfe abging, wird alsbald gewahr werden, welche Rolle das P. W. in dem Wörterbuch des Herrn M. W. spielt.

Die Frage, ob der Dank für eine derartige, hinter dem Rücken der dabei zunächst betheiligten Personen, handwerksmässig betriebene Ausbeutung eines Werkes, an dessen Herstellung verschiedene Gelehrte, zum Theil im Schweisse ihres Angesichts, gearbeitet haben, mit dem am Anfange des Vorwortes citirten Worten des Herrn MONIER WILLIAMS richtig ausgedrückt war, und ob überhaupt ein Professor des Sanskrit an der Universität Oxford und die Herren Delegirten der Clarendon Press zu ihrer und der Universität Ehre eine solche Arbeit veröffentlicht haben, — diese Frage mögen Unbetheiligte entscheiden. Nun aber zu etwas Anderem.

Unter ब habe ich nur diejenigen Wörter aufgenommen, deren Schreibart mit diesem Laute gut beglaubigt ist. Eine gute Autorität hatte in meinen Augen ein grösseres Gewicht als alle mehr oder weniger wahrscheinlichen Etymologien. Wenn die in Bezug auf Orthographie höchst zuverlässigen und mit der vedischen Schreibart fast ausnahmslos übereinstimmenden Bombayer Ausgaben des Mahâbhârata, Râmâjaṇa und Bhâgavatapurâṇa stets बन्दिन्, aber वन्द्, und stets बन्ध्या, aber बन्ध् schreiben, so folge ich ihnen ohne alles Bedenken. In den wenigen Fällen, dass die besten Autoritäten in der Wahl von ब und व schwanken, bin ich beiden Schreibarten gerecht geworden.

Man hat, wenn ich mich nicht irre, bis jetzt bei Conjecturen ein zu grosses Gewicht auf das Niedergeschriebene gelegt und dabei übersehen, dass manche Fehler auf dem Gehör beruhen können. Auf Verhören beruhen z. B. Verwechselungen von निपच्छति mit निगच्छति, von वर्धते mit वर्तते und umgekehrt, von त्रिविष्टप mit त्रिविष्टब्ध, von पयोपपातम् mit पयोपपादम् u. s. w. Sonst unerklärliche Discrepanzen in derselben Familie von Handschriften wird man sich vielleicht dadurch verständlich machen können, dass man annimmt, mehrere Schüler hätten zu gleicher Zeit einen vom Lehrer vorgesprochenen Text niedergeschrieben. Ich erwähne dieses hier, weil sowohl im grossen als auch in diesem Wörterbuch Conjecturen von diesem Gesichtspuncte aus gemacht worden sind.

Verzeichniss der in diesem Theile neu hinzugekommenen Citate von Werken nebst Angabe derjenigen Gelehrten, denen ich die Mittheilungen aus diesen Werken verdanke:

Bhâm. V. = Bhâminîvilâsa, Ausg. von Abel Bergaigne (Cappeller).
Çaṁk. Viǵ. = Çaṁkaraviǵaja in der Bibl. ind.
Cantor = Cantor, Geschichte der Mathematik (Windisch).
Gaṇita, Grahaǩǩh(âjâdhikâra) (Kern).
Gaṇita, Sûrjagr(ahaṇâdhikâra) (Kern).
Govardh. = Govardhana's Saptaçatî (Weber).
Kaṇṭhaçr. Up. = Kaṇṭhaçrutjupanishad in der Bibl. ind.
Kielhorn, Rep. = Report on the search for Sanskrit Mss. in the Bombay Presidency, during the year 1880—81. By F. Kielhorn (Roth).
Lokapr(akâça) (Jolly).
Pratiǵńâs(ûtra), herausg. von A. Weber.
Râǵan. 13 nach der Ausg. von R. Garbe.
Saddh. P. = Saddharmapuṇḍarîka (Kern).
Svapnaǩ(intâmaṇi) (Pischel).
Vîram. = Vîramitrodaja, Khadirapura 1815 (Stenzler).

Jena, den $\frac{\text{12ten Mai}}{\text{30sten April}}$ 1883.

O. Böhtlingk.

1. प 1) Adj. (*f. पा und पी) am Ende eines Comp. *trinkend*. — 2) *m. f. (पा) *das Trinken*.

2. प 1) Adj. am Ende eines Comp. *hütend, beschützend*. — 2) *f. पा *das Hüten*.

3. प m. Abkürzung von पञ्चम *die fünfte Note*.

4.*प 1) m. *a) Wind*. — *b) Ei*. — *c)* = पूत. — 2) f. पा = पूत und पूरितक.

*पंश्, पंस्, पंशति und पंशयति, पंसति und पंसयति (नाशने).

1.°पक Adj. *trinkend*.

2.°पक Adj. *hütend, beschützend*.

पकथ m. N. pr. fehlerhaft für पक्थ.

*पक्कटी f. *Thespesia populnea*.

पक्कण m. n. *die Hütte eines* Kaṇḍâla, *ein von Wilden bewohntes Dorf* MBh. 12,141,12. 35. Kâd. 2,128,2. 14. 129,8. 130,8.

*पक्तपोड m. *eine best. Pflanze*. Richtig पत्त्रोड.

पक्तर् Nom. ag. mit Gen. 1) *der da kocht, brät, backt*. — 2) *die Verdauung befördernd*. — 3) *das Feuer der Verdauung, Verdauungskraft* Karaka 1,6.

पक्तवे Dat. Inf. zu 1. पच् AV. 11,1,3.

पक्तव्य Adj. *zu kochen, zu backen*.

पक्ति und पङ्क्ति (VS.) f. 1) *das Kochen, Zubereiten von Speisen*. — 2) *ein gekochtes Gericht*. — 3) *Verdauung*. — 4) *Ort der Verdauung*. Auch °स्थान n. — 5) *das Reifwerden* (vorangegangener Werke), so v. a. *das Eintreten der Folgen* Spr. 7703. — 6) *Läuterung* MBh. 12,270,38. — 7) *Entwickelung, Bildung*.

*पक्तिशूल n. *heftige Verdauungsbeschwerden*.

*पक्त्र n. 1) *der Stand des Haushalters, der Besitz eines eigenen Heerdes*. — 2) *das von dem Haushalter unterhaltene Feuer*.

पक्त्रिम 1) Adj. *a) durch Kochen gewonnen*. — *b) reif* Hem. Par. 2,365. — 2) n. *durch Kochen gewonnenes Salz*.

पक्थ m. N. pr. 1) eines Schützlings der Açvin. पक्थस्य सौभरस्य सामनी द्वे Ârsh. Br. — 2) Pl. eines Volksstammes.

पक्थिन् wohl m. N. pr. eines Mannes. Nach Sâj. Adj. *kochend* (das Opfer).

पक्व 1) Adj. (f. आ) *a) gekocht* (im Sinne eines Partic.) Karaka 6,5. *weichgekocht, gar, gebraten, gebacken u. s. w.; überh. fertig zubereitet* (am Feuer). Das *Worin* geht im Comp. voran. — *b)* für *gekocht* gilt auch die Milch im Euter. — *c) fertig gebacken* oder *gebrannt* (von Backsteinen und irdenen Geschirren). — *d) reif* von Früchten und Pflanzen. — *e) reif* von Bäumen und Zweigen *mit reifen Früchten*. — *f) reif* von Geschwüren. — *g) reif* von Haaren, so v. a. *grau*. — *h) reif, vollkommen ausgebildet* vom Verstande, von Kenntnissen u. s. w. — *i) reif*, so v. a. *dem Ende, Vergehen, Tode nahe, — verfallen* Karaka 5,11. — 2) n. *a) fertige Speise, Schüssel, Gericht*. — *b) reifes Getraide*.

पक्वकर्ण m. von unbekannter Bed. AV. 20,130,6.

*पक्वकृत् m. *Azadirachta indica*.

पक्वण m. fehlerhaft für पक्कण.

पक्वता f. 1) *Reife*. — 2) *das Grauwerden* (der Haare).

पक्वरस m. *ein berauschendes Getränk aus dem Saft des Zuckerrohrs* Bhâvapr. 2,58.

*पक्वल Adj. *frisch, stramm*.

*पक्ववारि n. 1) *saurer Reisschleim* oder *Reisschleim* überh. — 2) *kochendes* oder *destillirtes Wasser*.

*पक्वश m. *ein* Kaṇḍâla.

*पक्वसस्योपमोन्नति m. *eine Art* Kadamba.

पक्वहरितलून Adj. *reif, aber noch nicht dürr, geschnitten* (Getraide) Râǵan. 16,104.

पक्वातिसार m. *chronische Dysenterie* Bhâvapr. 3,134.

पक्वाधान n. = पक्वाशय.

पक्वान्न n. *gekochte, auf dem Feuer gar gemachte Speise* Spr. 3848.

पक्वापक्वेति (onomatop. mit इति) vom Geschrei der Vögel.

पक्वाशय m. *der Ort der gekochten*, d. i. *verdauten Speise, Unterleib* Râǵan. 18,44.

पक्वाशिन् Adj. *nur gekochte Speise geniessend* Pr. P. 19.

पक्वेष्टक Adj. *aus gebrannten Ziegeln verfertigt* Mṛkkh. 47,9. Hemâdri 1,664,3.

पक्वेष्टकचित n. *ein Gebäude aus gebrannten Ziegeln* P. 6,3,65, Sch. Jâǵn. 1,197.

पक्वेष्टका f. *ein gebrannter Ziegel* Varâh. Bṛh. S. 53,23.

पक्वेष्टकामय Adj. *aus gebrannten Ziegeln verfertigt* Hemâdri 1,649,19. 665,12.

*पक्ष्, पक्षति und पक्षयति (परिग्रहे).

पक्ष m. (adj. Comp. f. आ und *ई) 1) *Flügel, Fittig, Schwinge*. Einmal n. — 2) Bez. *der Zahl zwei* Hemâdri 1,136,10. — 3) *die Federn an einem Pfeile*. — 4) *Achsel, Seite des Körpers*. — 5) *Seitentheil, Hälfte* überh., *Seitenpfosten* (eines Gebäudes), **Seitengebäude, Flanke* (eines Heeres), *Seitentheil eines Wagens*, so v. a. *Rad*. — 6) *Monatshälfte*. In Comp. mit einem Vollmondstage, *die auf diesen Vollmond folgende dunkle Monatshälfte*. — 7) Sg. und Pl. *Seite, Partei, Anhang, Angehörige, Bundesgenossen*. — 8) *Schaar, Klasse von Wesen*. — 9) *Menge, Masse* in केश°. — 10) *Schaar*, so v. a. *Einige*. °संमत Adj. *von Einigen gebilligt* MBh. 13,93,49. — 11) *Stelle, Statt*. °पक्षनिक्षेप m. *das Stellen —, Rechnen zu*. — 12) *der eine von zwei Fällen, Fall* überh. पक्षे *im andern Falle* 232,30. 233,30. 234,26. अत्र पक्षे *in diesem Falle* 232,21. ताभ्यां मुक्ते पक्षे *in einem andern als in diesen beiden Fällen* 242,28. पक्षमेकतरं कुरु so v. a. *entschliesse dich zu Einem von Beiden*. — 13) *Bezug*. °पक्षे *in Bezug auf* 104,12. — 14) *Ansicht, Idee, Meinung, eine aufgestellte Behauptung, ein aufgestellter Satz*. — 15) bei den Juristen *Klage* 214,30. 215,14. 15. — 16) in der Logik *das Subject eines Schlusses*. — 17) *ein in Rede stehender Gegenstand*. — 18) **die Sonne* Sâj. zu ṚV. 3,53,16. — 19) N. pr. verschiedener Männer VP². — Nach den Lexicographen ausserdem: = गृहभित्ति oder भित्ति. ग्रह, राजकुञ्जर, देहाङ्ग oder देहावयव.

समोप, विह्ग, वलय, प्रुंह, *a primary division* und *side of an equation in a primary division.* Nach Sâj. zu R̥V. 6,47,19 Adj. = पाचक, बाधक.

पत्तक m. 1) *Flügel* am Ende eines adj. Comp. — 2) Bez. *der Zahl zwei* Hemâdri 1,136,7. — 3) * *Fächer, Wedel* Gal. — 4) * *Seitenthür.* — 5) *Seite.* — 6) * *Bundesgenosse, Gehülfe.*

*पत्तत्तय m. *das Ende einer Monatshälfte.*

पत्तत्तेप m. *Flügelschlag* Bhâvapr. 2,11. पत्तोत्त्तेप v. l.

पत्तगम Adj. *mit Flügeln sich fortbewegend, fliegend.*

*पत्तगुप्त m. *ein best. Vogel.*

पत्तग्रहण n. *das Ergreifen der Partei von* (Gen.).

पत्तग्राह् und °ग्राहिन् Adj. *Jmds* (Gen. oder im Comp. vorangehend) *Partei ergreifend.*

पत्तघ्न Adj. in Verbindung mit त्रिशालक n. *ein Haus mit drei Hallen, die nach Osten, Süden und Norden gerichtet sind.*

पत्तंगम Adj. = पत्तगम.

पत्तचर m. 1) *Vogel* in जल° (Nachtr. 3). — 2) *ein von der Heerde abgekommener Elephant* Kâd. 30, 17. — 3) * *der Mond.*

पत्तच्छिद् Adj. *der den Bergen die Flügel abgeschnitten hat,* Beiw. Indra's.

पत्तज m. 1) * *der Mond.* — 2) Bez. *bestimmter Wolken* VP.[2] 2,279.

*पत्तजन्मन् m. *der Mond.*

पत्तता f. 1) *Bundesgenossenschaft.* °तां गम् *Jmds* (Gen.) *Partei ergreifen.* — 2) *das Subjectsein eines Schlusses.* — 3) Titel eines Werkes Opp. Cat. 1. °टिप्पणी f. und °टीका f. ebend.

पत्तताक्रोड m., पत्तताग्रन्थ m. (Opp. Cat. 1,363), पत्ततावाद m. (Opp. Cat. 1), पत्तताविचार m. und पत्ततासिद्धात्तग्रन्थ m. Titel von Njâja-Werken.

पत्तति f. *der Ort, wo die Flügel* oder *die vordern Extremitäten angewachsen sind.* Beim Fisch Bhâvapr. 2,14. — 2) *Gefieder.* Am Ende eines adj. Comp. Bâlar. 171,12. Kâd. 51,10. 14. 218,16 (Nom. abstr. ता f.). — 3) * *der erste Tag in einer Monatshälfte.* Auch * पत्तती.

पत्ततिपुट m. Pl. *ausgebreitete Flügel* Kaṇḍak. 67,1. Vgl. पत्तपुट.

पत्तत्व n. 1) *das ein Bestandtheil Sein von* (im Comp. vorangehend). — 2) *das Klagesein* 215,32. — 3) *das Subjectsein eines Schlusses.*

पत्तद्वार n. *Seitenthür.*

पत्तधर 1) Adj. a) *Jmds* (Gen.) *Partei haltend.* — b) *sich haltend zu Etwas, hängend an* (Loc.). — 2) m. a) *Vogel.* — b) * *ein von der Heerde abgekommener Elephant.* — c) * *der Mond.* — d) Bein. eines Ǵajadeva.

पत्तधरोद्धार m. Titel eines Werkes.

*पत्तनखरा f. *eine Art Fledermaus* Gal.

पत्तनाडी f. *Federkiel.*

पत्तपात m. 1) *die Mause der Vögel.* — 2) *Flug* 303,14. — 3) *Parteinahme, Parteilichkeit, Vorliebe für, Hinneigung zu* (Loc., Gen., Acc. mit प्रति oder im Comp. vorangehend) 303,14. 312,13.

पत्तपातिता f. 1) *das Fliegen.* — 2) *Vorliebe für, Hinneigung zu* (Loc. oder im Comp. vorangehend).

पत्तपातिन् Adj. 1) *fliegend.* — 2) *Partei nehmend, parteiisch, Vorliebe zeigend, begünstigend;* die Ergänzung im Comp. vorangehend.

पत्तपालि f. 1) *Flügel* Kaṇḍak. 71,5. — 2) * *Seitenthür.*

पत्तपुट m. = पत्ततिपुट und auch einfach *Flügel* Kâd. 37,4. 12. 41,18.

पत्तपोषण Adj. *Jmds* (Gen.) *Partei begünstigend.*

पत्तप्रद्योत m. *eine best. Stellung der Hände beim Tanz.*

*पत्तबिन्दु m. *Reiher.*

*पत्तभाग m. *die Flanke eines Elephanten.*

*पत्तमूल n. *Flügelwurzel, der Ort wo die Flügel angewachsen sind.*

पत्तरचना f. *das Bilden einer Partei, das Gewinnen von Bundesgenossen.*

पत्तरात्रि f. *ein best. Spiel.*

पत्तवञ्चितक n. *eine best. Stellung der Hände beim Tanz.*

पत्तवध m. = पत्ताघात Bhâvapr. 4,163. Karaka 6,24.

पत्तवत्त् Adj. 1) *beflügelt, mit Flügeln, Seiten u. s. w. versehen.* — 2) *Verbindungen —, eine grosse Partei habend* 82,11.

पत्तवाद m. *das Aussprechen seiner Meinung, Urtheil.*

*पत्तवाहन m. *Vogel.*

पत्तविकल Adj. *flügellahm* Spr. 3849.

पत्तशस् Adv. *zu halben Monaten.*

पत्तस् n. 1) * *Flügel.* — 2) *Seite.* — 3) *Seitentheil eines Wagens.* — 4) *Flügel eines Thores.* — 5) *Seitenpfosten.* — 6) *Flügel eines Heeres.* — 7) *Hälfte, Abtheilung* überh. — 8) *Hälfte eines Monats.* — 9) *Gestade eines Flusses.*

*पत्तसुन्दर m. *Symplocos racemosa.*

पत्तहत Adj. *an der Seite gelähmt.*

पत्तहर m. *ein Abtrünniger* MBh. 13,32,16.

पत्तहोम m. *ein alle Halbmonate darzubringendes Opfer.*

पत्ताघात m. *einseitige Lähmung, Hemiplegie* Karaka 6,26.

पत्तादि m. *der erste Tag eines Halbmonats* Pâr. Gr̥hj. 1,12,1.

पत्तात्त m. 1) *Flügelende eines in Gestalt eines Vogels aufgestellten Heeres.* — 2) *das Ende —, der letzte Tag eines Halbmonats* AK. 1,1,3,7. H. 148. Gobh. 1,5,5. M. 6,20. Varâh. Br̥h. S. 5,97.

पत्तात्तर n. 1) *ein bestimmter Fall.* Mit °रे wird die Bedeutung von *wenn* erklart AK. 3,5,12. Trik. 3,3,165. H. 1542. — 2) *eine andere Ansicht* Schol. zu Çâk. 42.

पत्ताभास m. *Scheinklage, eine gegenstandslose Klage* 213,15. 17. 30. Nom. abstr. °त्व n. 213,15.

पत्तालिका f. N. pr. einer der Mütter im Gefolge Skanda's.

*पत्तालु m. *Vogel.*

*पत्तावसर (!) m. und पत्तात्रसान n. (Varâh. Br̥h. S. 96,5) *der letzte Tag in einem Halbmonat.*

पत्ताष्टमी f. *der achte Tag in einer Monatshälfte* Pâr. Gr̥hj. 3,3,4.

पत्ताहार Adj. *der in einem halben Monat nur einmal Nahrung zu sich nimmt.*

पत्ति m. *Vogel.* Nur पत्तीन् (metrisch).

पत्तिज्योतिष n. Titel eines Werkes Opp. Cat. 1.

पत्तित्व n. *der Zustand eines Vogels.*

पत्तिन् 1) Adj. a) *geflügelt.* — b) *mit Flügeln* (uneig.) *versehen.* — c) in Verbindung mit रात्रि *eine Nacht mit den beiden angrenzenden Tagen* Gobh. 3,3,10. — d) am Ende eines Comp. *auf Jmds Seite stehend, zu Jmds Partei gehörend.* — 2) m. a) *Vogel, ein geflügeltes Thier* überh. — b) * *der Vogel* Garuḍa *als einer der 18 Diener des Sonnengottes.* — c) Bein. Çiva's. — d) * *ein Tag mit den beiden angrenzenden Nächten.* — e) * *Pfeil.* — f) *eine best. Opferhandlung* Tâṇḍja-Br. 19,10,1. — 3) f. पत्तिणी a) *Vogelweibchen.* — b) * *Vollmondstag.* c) *eine Nacht mit den beiden angrenzenden Tagen* Gaut. — d) * N. pr. einer Çâkinî.

पत्तिपति m. Bein. Sampâti's.

*पत्तिपानीयशालिका f. *ein Wasserbehälter, aus dem die Vögel zu trinken bekommen.*

पत्तिपुंगव m. Bein. 1) Garuḍa's. — 2) Gâtâju's.

पत्तिप्रवर m. Bein. Garuḍa's.

पत्तिमनुष्यालयलत्तण n. Titel eines Werkes Opp. Cat. 1.

*पत्तिमार्ग m. *der Luftraum* Gal.

पत्तिमृगता f. *der Zustand eines Vogels oder eines Thieres des Waldes.*

पत्तिराज् und °राज m. Bein. 1) Garuḍa's. — 2) Ġaṭâju's.

पत्तिल und पत्तिलस्वामिन् m. Bein. Vâtsjâjana's.

पत्तिशार्दूल m. *ein best. Tanz* S. S. S. 261.

*पत्तिशाला f. *Vogelhaus.*

*पत्तिसिंह und पत्तिस्वामिन् (132,9.) m. Bein. Garuḍa's.

पत्ती Adv. mit कर् *sich zu eigen machen, sich Jmds bemeistern* Harshak. 123,18.

पत्तीन्द्र m. Bein. 1) Garuḍa's. — 2) Ġaṭâju's.

°पत्तीय Adj. *stehend auf der Seite —, gehörend zu der Partei von.*

पत्तीश m. Bein Garuḍa's.

पत्तोत्तेप m. *Flügelschlag* Bhâvapr. (Hdschr.) 2, 11. पत्तत्तेप v. l.

*पत्णु Adj. von 1. पच्.

पत्म 1) *Augenlid.* Nur °पत्मणाम् (metrisch) MBh. 4,390. — 2) *n. *Blei* Gal.

पत्मकोप m. *Einwärtskehrung der Augenlider, Entropium.*

पत्मन् n. 1) Sg. und Pl. *die Augenwimpern.* पत्मणो निपातेन so v. a. *in einem Augenblicke.* — 2) *Haar* (am Reh). — 3) **Staubfaden.* — 4) **ein dünnes Fädchen.* — 5) *Blüthenblatt* Kâd. 242, 20. — 6) * *Flügel.*

पत्मपात m. *das Schliessen der Augen* Ragh. 11,36.

पत्मप्रकोप m. = पत्मकोप.

*पत्मयूका f. *eine in den Augenwimpern lebende Laus* Râǵan. 19,132.

पत्मल Adj. (f. श्रा) 1) *mit starken* oder *schönen Wimpern versehen.* °दृश् Adj. f. Viddh. 74,2. — 2) *langhaarig, dichthaarig, rauch* Ind. St. 14,388. *mit Daunen versehen, daunenweich* Kâd. 2,123,6. Bâlar. 74,7. Prasannar. 111,15. — Vgl. श्रायत° (Nachtr. 3).

*पत्मात Adj. *am Entropium leidend.*

पत्य, पत्तिय Adj. f. श्रा 1) *in den Flügeln befindlich.* — 2) wohl *nach Seiten, Hälften, Halbmonaten wechselnd.* Nach Sâj. f. *eine Tochter der Sonne.* — 3) am Ende eines Comp. *auf der Seite von — stehend, zur Partei von — gehörend.*

पत्यवयस् Adj. *dessen Kraft in den Flügeln liegt* Çulbas. 2,20.

*पखोट् und *पखोड m. *Capparis divaricata* Râǵan. 8,44.

पगारा f. N. pr. einer Oertlichkeit.

पङ्क (*m. n.) 1) *Schlamm, Schmutz, Koth, aufgeweichter Lehm* Suparn. 2,4. *schmierige Secretion* (z. B. an den Zähnen) Karaka 5,2. Am Ende eines adj. Comp. f. श्रा. — 2) am Ende eines Comp. *eine Salbe von* Kâd. 70,8. — 3) **moralischer Schmutz, Sünde.*

*पङ्ककर्वट m. *Uferschlamm.*

*पङ्ककीर m. *ein best. Wasservogel.*

*पङ्कक्रीड und *°क्रीडनक m. *Schwein.*

*पङ्कगडक m., *पङ्कगण्डी f. und *पङ्कगति f. *ein best. Fisch.*

*पङ्कग्राह m. *das Seeungeheuer* Makara.

पङ्कच्छिद् m. *Strychnos potatorum.*

पङ्कज 1) n. (adj. Comp. f. श्रा) *die am Abend sich schliessende Blüthe von Nelumbium speciosum.* Des Bildes wegen einmal auch f. श्रा. — 2) m. Bein. Brahman's.

पङ्कजजन्मन् m. Bein. Brahman's.

पङ्कजनाभ Adj. *aus dessen Nabel eine Wasserrose hervortritt* (Vishṇu).

पङ्कजनेत्र Adj. *lotusäugig* (Vishṇu).

*पङ्कजन्मन् n. = पङ्कज 1).

पङ्कजमालिन् Adj. *mit einem Kranze von Wasserrosen geschmückt* (Vishṇu).

पङ्कजलावम् Absol. mit लू *wie eine Lotusblüthe abschneiden* Bâlar. 276,19.

पङ्कजवत् Adj. *mit einer Wasserrose versehen* Nîlak. zu MBh. 4,6,10.

पङ्कजाती f. *eine Lotusäugige* Kautukar. 101.

पङ्कजाङ्घ्रि Adj. *dessen Füsse mit Wasserrosen geschmückt sind* (Vishṇu).

पङ्कजावली f. *ein best. Metrum.*

पङ्कजासनस्थ Adj. *auf einer Wasserrose sitzend* (Brahman).

पङ्कजित् m. N. pr. eines Sohnes des Garuḍa.

पङ्कजिन् 1) Adj. *mit einer Wasserrose versehen* MBh. 4,6,10. — 2) f. °नी *Nelumbium speciosum, eine Lotusgruppe.* °सरस् n. *Lotusteich.*

*पङ्कण m. fehlerhaft für पक्कण.

पङ्कता f. Nom. abstr. zu पङ्क 1).

पङ्कदन्त Adj. *Lehm zwischen den Zähnen habend* Suparn. 16,5.

पङ्कदिग्धशरीर m. N. pr. eines Dânava.

पङ्कदिग्धाङ्ग m. N. pr. eines Wesens im Gefolge Skanda's.

*पङ्कप्रभा f. bei den Ġaina *eine der 7 Abtheilungen der Hölle.*

पङ्कभाव m. Nom. abstr. zu पङ्क 1).

पङ्कमग्न Adj. *in Schlamm versunken* Suparn. 2,3.

*पङ्कमण्डुक (!) m. *eine zweischalige Muschel.*

पङ्कय्, °यति *beschmieren* Harshak. 82,6.

*पङ्करुह् n. und *°रुह n. = पङ्कज 1).

पङ्करुहिणी f. = पङ्कजिनी Vikramâṅkak. 11,30.

पङ्कलग्न Adj. *im Morast steckend* Bhâvapr. 1,138.

पङ्कवत् Adj. *schlammig.*

*पङ्कवारि n. v. l. für पक्कवारि.

*पङ्कवास m. *Krebs, Krabbe* Râǵan. 19,76.

*पङ्कशुक्ति f. *Wendeltreppe* (eine Muschelart).

*पङ्कशूरण n. *die essbare Wurzel einer Wasserrose.*

*पङ्कार m. 1) *Blyxa octandra.* — 2) *Trapa bispinosa.* — 3) *Damm.* — 4) *Leiter, Treppe.*

पङ्कावली f. *ein best. Metrum.*

°पङ्किन् Adj. *Etwas zum Schlamm* u. s. w. *habend.*

पङ्किल 1) Adj. (f. श्रा) a) *schlammig, schmutzig, kothig, beschmiert mit* (Instr.) Bâlar. 258,7. — b) *dick, verdickt.* सुरा Daçak. 3,41. 5,2. — 2) *m. *Boot.*

*पङ्केज n. = पङ्कज 1).

पङ्केरुह् n. dass. Prasannar. 141,9.

पङ्केरुह 1) n. dass. — 2) *m. *der indische Kranich.*

पङ्केरुहवसति m. Bein. Brahman's Vikramâṅkak. 18,76.

पङ्केरुहिणी f. *Nelumbium speciosum* Vikramâṅkak. 13,8.

पङ्केशय Adj. *im Schlamm sich aufhaltend.*

पङ्क्ति und पङ्क्ती (metrisch) f. 1) *Fünfheit, Fünfzahl, eine Reihe von Fünfen.* — 2) *ein fünftheiliges Metrum mit der Grundform von fünf Stollen zu acht Silben.* — 3) *ein Metrum von* 4×10 *Silben.* — 4) *Zehnzahl* Hemâdri 1,291,11. 12. 293,15. — 5) *Reihe, Gruppe, Schaar, Verein, Gesellschaft.* Steht im Comp. bisweilen unlogisch voran. — 6) **die Erde.* — 7) häufig fehlerhaft für पक्ति.

*पङ्क्तिकण्टक m. *eine weiss blühende Achyranthes* Râǵan. 4,92.

*पङ्क्तिकन्द m. *ein best. Knollengewächs* Râǵan. 7,97.

पङ्क्तिका f. 1) *Zehnzahl* Hemâdri 1,291,20. — 2) *Reihe.*

पङ्क्तिक्रम m. *Reihenfolge* 160,4.

*पङ्क्तिग्रीव m. Bein. Râvaṇa's.

*पङ्क्तिचर m. *Meeradler* Râǵan. 19,96.

पङ्क्तिदूष, °क und °दूषण (Âpast.) Adj. *eine Gesellschaft verunreinigend* (Person).

पङ्क्तिदोष m. *ein Schaden für die Gesellschaft, was eine Gesellschaft verunreinigt.*

पङ्क्तिपावन Adj. *eine Gesellschaft reinigend* (Person) Gaut. Âpast. °पावन Adj. *eine Gesellschaft reinigender Personen reinigend* Comm. zu TS. 1, 23,3 v. u.

*पङ्क्तिबीज m. *Acacia arabica* Râǵan. 8,37.

*पङ्क्तिबीजक m. *Pterospermum acerifolium* Râǵan. 9,42.

*पङ्क्तिमाला f. *eine best. Pflanze* Gal.

पङ्क्तिरथ m. N. pr. = दशरथ.

पङ्क्तिराधस् Adj. *fünffache Gaben* — oder *Gruppen von Gaben enthaltend.*

पङ्क्तिविहंगमनामभृत् m. = पङ्क्तिरथ Vâmana.

1. पङ्क्ती f. s. u. पङ्क्ति.

2. पङ्क्ती Adv. mit कर् *zu Gruppen vereinigen.*

*पङ्क्तीहर anzunehmen wegen पाङ्क्तीहरि.

पङ्क्त्युत्तरा f. *ein best. Metrum* RV. Prât. 16,45.

पङ्गु 1) Adj (f. पङ्ग्वी und *पङ्गू) a) *lahm an den Füssen.* — b) Bez. derjenigen Elemente des Körpers, *die an sich unbeweglich sind* (die vom Winde in Bewegung gesetzt werden) Bhâvapr. 3,56. — 2) m. a) *der Planet Saturn.* — b) Bein. Nirgitavarman's.

पङ्गुक Adj. *lahm an den Füssen.*

पङ्गुता f. und पङ्गुत्व n. *Lahmheit an den Füssen.*

*पङ्गुवहारिणी f. *ein best. Strauch.*

पङ्गुभाव m. = पङ्गुत्व Vikramâṅkak. 16,26.

पङ्गुल 1) Adj. *lahm an den Füssen.* Zu belegen in der Bed. eines Nom. abstr. — 2) *m. *ein Pferd von der Farbe des weissen Glases.*

1. पच् 1) पचति, °ते a) trans. α) *kochen, backen, braten.* *Mit doppeltem Acc. *Etwas aus Etwas kochen.* Med. auch *für sich kochen.* — β) *backen, brennen* (Backsteine u. s. w.). — γ) Speise *im Magen gar kochen, machen, dass sie verdaut wird.* — δ) *reifen, zur Reife —, zur Entwickelung bringen, dem Ende zuführen.* *Mit doppeltem Acc. *Etwas zu Etwas entwickeln.* — b) Act. intrans. *reif werden* Bhâvapr. 5,114. — 2) पच्यते *reifen, reif werden.* लोकः पच्यमानः *die heranreifende, sich entwickelnde Welt.* — 3) Pass. पच्यते a) *gekocht —, gebacken —, gebraten werden.* — b) *gar werden.* — c) in der Hölle *braten* (intrans.) Vishṇus. 43,23. — d) *gebacken —, gebrannt werden* (von Backsteinen u. s. w.). — e) *schmelzen* (intrans.). — f) *vom Magen gar gekocht —, verdaut werden.* — g) *reifen, reif werden* (auch von Geschwüren), *zur Entwickelung gelangen, dem Ende zugehen.* — h) mit Acc. Frucht *zur Reife bringen,* so v. a. *tragen* Maitr. S. 1,6,5. 8,1. Kâṭh. 6,1. Kap. S. 3,12. 37,7. — Caus. पाचयति 1) *machen, dass Etwas kocht, kochen* (trans.), *kochen* (trans.) *lassen.* Med. *für sich kochen lassen.* पाचित *gekocht in* (im Comp. vorangehend). — 2) *reifen machen.* — 3) *zur Reife —, zur Entwickelung —, zu Ende bringen, heilen.* — *Desid. पिपक्षति. — Intens. 1) *पापचीति. — 2) पापच्यते intrans. *heftig kochen, — braten* (auch bildlich vom Herzen). — *Desid. vom Intens. पापचिषति, °ते. — Mit अनु *allmählich reif werden lassen.* Pass. *allmählich reif werden* (auch bildlich). — Mit अभि *aufsieden* (trans.). — Mit आ in आपाक. — Mit उद् in *उत्पचनिपचा und *उत्पाचिष्णु. — Mit नि in *उत्पचनिपचा und *निपाक. — Mit *प्रणि und *प्रनि. — Mit निस् in निष्पक्व. — Mit परि Pass. 1) *gekocht —, gebraten werden, braten* (in der Hölle). — 2) *reif werden,* so v. a. *seine Folgen haben.* — 3) *seinem Ende zugehen.* — Caus. 1) *kochen, braten* (trans.). — 2) *zur Reife bringen* Kâraṇḍ. 14,8. 21,21. 63,14. — Mit प्र trans. 1) **zu kochen anfangen.* — 2) *zu kochen pflegen.* — Mit अभिप्र Pass. *gekocht werden, reifen, sich entwickeln.* — Mit संप्र Pass. *völlig reif werden* (von Geschwüren). — Mit वि *verkochen, durch Kochen auflösen.* — Pass. 1) *braten* (intrans.). — 2) *verdaut werden.* — 3) *zur Reife kommen, seine Folgen haben.* — Caus. 1) *verkochen, durch Kochen auflösen.* — 2) *zur vollen Reife —, — Entwickelung bringen* Káraka 8,6. — Mit सम् in संपक्व. — Caus. *zusammenbacken.* — Mit अभिसम् *zu einem best. Zeitpunkt* (Acc.) *reif werden.*

2. पच् Adj. *kochend, bratend.*

3. *पच्, पचति, °ते (व्यक्तीकरणे).

पच 1) Adj. am Ende eines Comp. trans. *kochend, backend, bratend.* — 2) *m. und f. आ Nom. act. von 1. पच्.

*पचक Adj. = पच 1).

पचत 1) Adj. *gekocht, gar.* — 2) *m. a) *Feuer.* — b) *die Sonne.* — c) Bein. Indra's. — 3) n. *gekochte Speise.*

*पचतभृज्जता f. *beständiges Kochen- und Bratenlassen.*

*पचत्पुट m. *Hibiscus phoeniceus.*

(पचत्य), पचतिम Adj. *gekocht, gar.*

पचन 1) Adj. am Ende eines Comp. *kochend, bratend.* — 2) *m. *Feuer.* — 3) f. पचना *das Reifwerden.* — 4) *f. पचनी *der wilde Citronenbaum* Râgan. 11,155. पवनी v. l. — 5) n. a) *Mittel zum Kochen, Feuerung, Kochgeräthe.* — b) *das Kochen, Braten.* — c) *das Garwerden.*

पचनक्रिया f. *das Kochen, Zubereiten der Mahlzeit* Gaut.

*पचनिक *Pfanne* (buddh.).

पचपच Adj. *stets kochend, zur Reife bringend* (Çiva).

*पचप्रकूटा f. gaṇa मयूरव्यंसकादि.

पचंपचा (Râgan. 6,203. Bhâvapr. 1,177. 3,95) und *पचंवचा f. *Curcuma aromatica* oder *xanthorrhiza.*

*पचलवणा f. gaṇa मयूरव्यंसकादि.

पचव in कारपचव.

*पचि m. 1) *Feuer.* — 2) Nom. act. von 1. पच्.

पचेलिम 1) Adj. *schnell gar werdend, — reifend.* — 2) *m. a) *Phaseolus Mungo* oder *eine andere Bohnenart.* — b) *Feuer.* — c) *die Sonne.*

*पचेलुक m. *Koch.*

पच्चनिका und पच्चनी f. *ein best. Theil des Pfluges.*

*पच्छब्द m. *das Geräusch der Fusstritte.*

पच्छःशस्य n. *das Recitiren nach Stollen* Vaitân.

पच्छस् Adv. *stollenweise.*

पच्छौच n. *Reinigung der Füsse.*

पच्य in कृष्टपच्य.

पज् mit अप *zurückweichen.* Nur अप—पीपजे.

*पज्ज m. *ein Çûdra.*

पज्झटिका f. 1) *ein kleines Glöckchen.* — 2) *ein best. Metrum, eine Strophe in solchem Metrum.*

पज्र 1) Adj. (f. आ) *wohlbeleibt, stattlich, feist, derb;* nach den Erklärern *begütert, reich an Lebensmitteln, kräftig.* — 2) m. N. pr. oder Bein. verschiedener Männer. — 3) f. आ Bez. *der Soma-Pflanze.* — 4) n. Name eines Sâman.

पज्रहोषिन् Adj. *etwa feiste Opfer habend* RV.

पज्रिय m. Bein. des Kakshîvant.

*पञ्च्, पञ्चति, °ते (व्यक्तीकरणे). — Caus. पञ्चयति (विस्तारवचने). S. प्रपञ्चय्.

पञ्च 1) Adj. (*f. आ) *ausgebreitet.* — 2) m. *ein best. Tact.* S. S. S. 227.

पञ्चक 1) Adj. a) *aus Fünfen bestehend.* — b) *fünf Tage alt.* — c) **für fünf gekauft.* — d) in Verbindung mit शत n. *fünf Procent.* — e) **fünf Procent nehmend.* — 2) m. a) *eine best. Kaste* VP.^{2} 4,217. — b) N. pr. α) eines Wesens im Gefolge Skanda's. — β) eines Sohnes des Nahusha VP.^{2} 4,46. — 3) f. पञ्चिका a) *ein aus fünf* Adhjâja *bestehendes Buch.* — b) *ein best. Spiel.* — 4) n. a) *Fünfzahl,* πεντάς. — b) **Schlachtfeld.*

पञ्चकपाल Adj. (f. ई) *auf fünf Schüsseln vertheilt* TS. 1,5,1,4. 2,1. m. so v. a. *ein solcher* Puroḍâça.

पञ्चकमाला f. *ein best. Metrum.*

*पञ्चकमासिक Adj. *im Monate fünf erhaltend.*

पञ्चकर्ण 1) **dem eine Fünf in's Ohr gebrannt ist.* — 2) m. N. pr. eines Mannes Taitt. Âr. 1,7,2.

पञ्चकर्पट m. Pl. N. pr. eines Volkes.

*पञ्चकर्म n., °कर्मन् n. und *कर्मी f. *die fünf Handlungen,* insbes. *die vom Arzte mit dem menschlichen Körper vorgenommenen.*

*पञ्चकल्प Adj. *fünf* Kalpa 2) d) *studirend* Ind. St. 13,453.

पञ्चकल्याणक m. *ein Pferd mit weissen Füssen und weisser Schnauze* Hemâdri 1,278,3. 4.

पञ्चकशत *fünf Procent* Bîǵag. 101.

पञ्चकषाय (*m. Sg.) *ein Decoct aus den Früchten von fünf bestimmten Pflanzen* Mat. med. 177.

पञ्चकापित्थ Adj. *mit den fünf Erzeugnissen der Feronia elephantum zubereitet.*

पञ्चकारुकी f. Sg. *die fünf Handwerker* (in einem Dorfe) Ind. St. 13,333. 468.

पञ्चकालपद्धति f. Titel eines Werkes Opp. Cat. 1.

पञ्चकावली f. *ein best. Metrum.*

1. पञ्चकृत्य° n. *die fünf Thätigkeiten, in denen sich die göttliche Macht offenbart.*

2. *पञ्चकृत्य m. *eine best. Pflanze.*

पञ्चकृत्वस् Adv. *fünfmal.*

पञ्चकृष्ण m. *ein best giftiges Insect.*

पञ्चकृष्णल n. Sg. *fünf* Kṛshṇala (*eine best. Münze*) Gaut.

पञ्चकोण m. *Fünfeck.*

पञ्चकोल n. Sg. *die fünf Pfeffer* und dgl. Bhâvapr. 1,164. 3,65. Káraka 6,18. 19. Rasar. 233.

पञ्चकोलक n. Sg. dass. Káraka 6,19.

पञ्चक्रम m. 1) *ein fünfgliedriger* Krama 11). — 2) Titel eines Werkes.

पञ्चक्रोश° und °क्रोशी f. *eine Entfernung von fünf* Kroça oder N. pr. einer Oertlichkeit.

*पञ्चक्रोष्टृ Adj. = पञ्चभिः क्रोष्ट्रीभिः क्रीतः Mahâbh. 7,78,*a*.

पञ्चक्लेशभेद Adj. (f. आ) *mit fünf Arten von Leiden versehen* Çvetâçv. Up. 1,5 nach der Lesart Çaṁkara's.

*पञ्चक्षार n. *die fünf ätzenden Stoffe* Râǵan. 22,44.

*पञ्चखट्व n. und *°खट्वी f. *fünf Bettstellen.*

पञ्चगङ्ग (wohl n.) und °गङ्गा f. Pl. N. pr. einer Oertlichkeit.

*पञ्चगणयोग m. Bez. *fünf bestimmter Pflanzen* Râǵan. 22,37.

पञ्चगत Adj. *zur fünften Potenz erhoben.*

*पञ्चगव n. und *°गवी f. *fünf Kühe.* *°गवधन Adj. *dessen Reichthum in fünf Kühen besteht.*

पञ्चगव्य n. Sg. und Pl. *die fünf Dinge von der Kuh: Milch, saure Milch, Butter, Harn und Koth* Hemâdri 1,201,22. °घृत n. *eine best. Mixtur* Rasar. 377

पञ्चगव्यापानवत् Adj. *dessen After aus dem* Pańkagavja *gebildet ist* Hemâdri 1,436,21.

*पञ्चगार्ग्य Adj. = पञ्चभिर्गार्गीभिः क्रीतः Mahâbh. 2,406,*b*.

*पञ्चगु Adj. *für fünf Kühe erstanden.*

पञ्चगुण Adj. *fünfmal grösser —, mehr betragend als* (Abl.).

*पञ्चगुप्त m. 1) *Schildkröte.* — 2) *das materialistische System des* Kârvâka.

*पञ्चगुप्ति f. *Medicago esculenta* Râǵan. 12,135.

पञ्चगृहीत Adj. *fünfmal geschöpft.*

पञ्चगोणि Adj. *fünf Säcke tragend*, so v. a. *eine schwere Bürde tr.*

पञ्चग्रामी f. *ein Verein von fünf Dörfern.*

पञ्चघात m. *ein best. Tact* S. S. S. 226.

पञ्चचत्वारिंश Adj. *der 45ste.*

पञ्चचत्वारिंशत् f. *fünfundvierzig.*

पञ्चचन्द्र m. N. pr. eines Mannes.

पञ्चचामर m. n. Bez. *verschiedener Metra.*

पञ्चचितिक Adj. *in fünf Lagen geschichtet.*

पञ्चचितीक Adj. dass. Âpast. Çr. 16,15.

*पञ्चचीर m. Bein. Mańǵuçrî's.

पञ्चचूड 1) Adj. (f. आ) *a*) *mit fünf Wülsten versehen.* — *b*) *fünf Haarbüschel habend.* — 2) f. आ *a*) *ein Backstein mit fünf Wülsten* Çat. Br. 8,6,1, 11. fgg. — *b*) N. pr. einer Apsaras.

पञ्चचूडामणि m. Titel eines Werkes.

पञ्चचोडा f. *ein Backstein mit fünf Wülsten* TS. 5,3,7,2. Âpast. Çr. 17,3. Çulbas. 2,28. 59.

पञ्चजन 1) m. *a*) Pl. *die fünf Stämme, — Geschlechter: Götter, Menschen,* Gandharva-Apsaras, *Schlangen und Manen.* — *b*) *Mensch* Harshać. 147,6. 222,20. — *c*) am Anf. eines Comp. *die fünf Elemente* MBh. 13,159,40. — *d*) N. pr. α) eines von Kṛshṇa erschlagenen Unholds. — β) eines Praǵâpati. — γ) verschiedener Männer. — 2) f. °जनी *a*) **ein Verein von fünf Menschen.* — *b*) N. pr. einer Tochter Viçvarûpa's.

पञ्चजनालय Adj. MBh. 16,270 fehlerhaft für पञ्चनदालय.

पञ्चजनीन 1) Adj. *den fünf Geschlechtern bestimmt, — geweiht.* — 2) *m. *Possenreisser.*

पञ्चजनीय Adj. = पञ्चजनीन 1).

पञ्चजितंते Titel eines Stotra Opp. Cat. 1.

*पञ्चज्ञान m. *ein* Buddha.

पञ्चडाकिनी f. N. pr. eines Wesens im Gefolge der Devî.

*पञ्चत् Adj. *fünftheilig.*

*पञ्चतक्ष n. und *°तक्षी f. *ein Verein von fünf Zimmerleuten.*

पञ्चतत्त्व n. 1) *die fünf Elemente.* — 2) bei den Tântrika *die fünf Realitäten;* s. पञ्चमकार.

पञ्चतन्त्र und °क n. Titel der bekannten *aus fünf Büchern bestehenden* Fabelsammlung.

पञ्चतन्मात्र n. Sg. *die fünf feinen Elemente* Kap. 1,62. 2,17.

पञ्चतप (metrisch) Adj. = 2. पञ्चतपस्.

1. पञ्चतपस् n. am Anf. eines Comp. *vier nach den vier Weltgegenden angezündete Feuer und die von oben brennende Sonne.*

2. पञ्चतपस् Adj. *sich den eben genannten Feuern aussetzend.*

पञ्चतय Adj. (f. ई) *fünffach, fünffältig.*

पञ्चता f. 1) *Fünffachheit, der fünffache Betrag.* — 2) *die Auflösung des Körpers in die fünf Elemente, der Tod* 310,12.

पञ्चतिक्त n. *die fünf bittern Stoffe* Bhâvapr. 2,154. Mat. med. 137. °घृत n. *eine best. Mixtur* Rasar. 573. 575. 610.

पञ्चतीर्थी f. 1) *die fünf heiligen Badeplätze.* — 2) N. pr. eines Tîrtha. — 3) **das Baden am Tage der Tag- und Nachtgleiche* (?).

पञ्चत्रिंश Adj. 1) *der 35ste.* — 2) *mit 35 verbunden,* + *35.*

पञ्चत्रिंशत् und पञ्चत्रिंशति f. *fünfunddreissig.*

पञ्चत्रिंशिक Adj. *eine Länge von 35 habend* Çulbas. 1,49.

पञ्चत्रिक Adj. Pl. *fünfmal drei* MBh. 12,219,24.

पञ्चत्व n. 1) **die Fünfheit.* — 2) *die fünf Elemente.* — 3) *die Auflösung des Körpers in die fünf Elemente, der Tod.*

पञ्चथ Adj. *der fünfte.*

*पञ्चथु m. 1) *Zeit.* — 2) *der indische Kuckuk.*

पञ्चदक m. Pl. N. pr. eines Volkes.

पञ्चदण्ड Adj. *mit fünf Stäben* Pańkad.

पञ्चदण्डच्छत्रप्रबन्ध m. Titel einer von A. Weber herausgegebenen Erzählung.

पञ्चदश 1) Adj. (f. ई) *a*) *der fünfzehnte.* — *b*) *mit fünfzehn verbunden,* + *15.* — *c*) *aus fünfzehn bestehend, fünfzehn zählend.* Häufig mit Auslassung des Hauptwortes, z. B. VP. 1,5,54. — *d*) *den* Pańkadaça-Stoma *enthaltend, — darstellend, — nachbildend, damit verbunden* u. s. w. — 2) f. ई *a*) *der 15te Tag in einem Halbmonat.* — *b*) Titel eines Werkes. °व्याख्या f. Opp. Cat. 1.

पञ्चदशकृत्वस् Adv. *fünfzehnmal.*

पञ्चदशच्छदि Adj. *15 Dächer habend* TS. 6,2,10,6.

पञ्चदशधा Adj. *in fünfzehn Theile* oder *Theilen.*

पञ्चदशन् Adj. Pl. *fünfzehn.*

पञ्चदशम Adj. *der fünfzehnte.*

पञ्चदशरात्र m. *ein Zeitraum von 15 Tagen* P. 3,3,137, Sch.

पञ्चदशर्च Adj. *aus fünfzehn Versen bestehend;* Subst. *ein solches Lied* AV. 19,23,12.

पञ्चदशवत् Adj. *mit dem* Pańkadaça-Stoma *versehen.*

पञ्चदशवार्षिक Adj. *fünfzehnjährig* Pańkat. 101,5. Bez. einer Art von Kâturmâsja Âpast. Çr. 8,22, 12. Comm. zu 13.

पैञ्चदशाक्षर Adj. *fünfzehnsilbig.*

पञ्चदशाह् m. *ein Zeitraum von fünfzehn Tagen.*

पञ्चदशाह्निक Adj. *fünfzehntägig* Jâǵn. 3,323.

पञ्चदशिक Adj. *eine Länge von 15 habend* Çulbas. 1,49.

पञ्चदशिन् Adj. *fünfzehntheilig.*

पञ्चदशीप्रकरण n. Titel verschiedener Werke Opp. Cat. 1.

पञ्चदशीसमास m. Titel eines Werkes Verz. d. Oxf. H.

पञ्चदीर्घ n. Sg. *die fünf langen Theile des Körpers.*

पञ्चदैवत Adj. *mit fünf Gottheiten* (*Sinnesorganen*) *versehen* Jogaç. Up. 4. Vgl. 1. देवता 4).

पञ्चदैवत्य n. *ein best. Brahmanen dargebrachtes Geschenk, bei dem fünf Gottheiten eine Rolle spielen*, Hemâdri 1,793,9. fgg.

पञ्चद्रौणिक Adj. *fünf* Droṇa (*ein best. Hohlmaass*) *fassend, — enthaltend* MBh. 2,61,29.

पञ्चधनुस् m. N. pr. eines Fürsten VP.[2] 4,147.

पञ्चधा Adv. *fünfgetheilt, fünffach.*

पञ्चधातु n. Sg. *die fünf Elemente* Jâǵn. 3,72.

पञ्चधातुक Adj. *aus den fünf Elementen bestehend* MBh. 14,36,2.

पञ्चधावन्ध्याप्रकाश (?) m. Titel eines Werkes.

पञ्चधारणक Adj. *durch die fünf Elemente aufrechterhalten werdend, — bestehend* MBh. 12, 186,7.

*पञ्चधीव Adj. (f. आ) = पञ्चभिर्धीवरीभिः क्रीतः Mahâbh. 4,22,*b*.

पैञ्चन् und पञ्चैन् 1) Adj. Pl. *fünf.* — 2) Titel des 14ten Lambaka im Kathâs.

पञ्चनख 1) Adj. *fünf Nägel —, fünf Krallen habend.* — 2) m. *a*) *ein fünfkralliges Thier* Âpast. — *b*) * *Elephant.* — *c*) * *Löwe* Gal. — *d*) * *Tiger.* — *e*) * *Schildkröte.*

*पञ्चनखिन् m. *Tiger* Gal.

पञ्चनद 1) n. *a*) *das Fünfstromland, der Pendschab* MBh. 16,8,17. — *b*) N. pr. eines oder verschiedener Tîrtha. — 2) m. *a*) *ein Fürst von* Pańkanada 1) *a*). — *b*) Pl. *die Bewohner von* Pańkanada 1) *a*). — *c*) Bez. des in den Sindhu sich ergiessenden Flusses, der sich aus der Vereinigung *der fünf Flüsse des* Pańkanada 1) *a*) bildet. — *d*) N. pr. α) eines Asura. — β) eines Lehrers. — 3) f. ई = 1) *a*) Hemâdri 2,53,4.

पञ्चनदतीर्थमाहात्म्य n. Titel eines Abschnittes in einem best. Purâṇa Opp. Cat. 1.

पञ्चनदमाहात्म्य n. desgl. ebend.

पञ्चनलीय n. Titel eines Werkes ebend.

पञ्चनवत Adj. 1) *der 95ste.* — 2) *mit 95 verbunden*, + 95. °ते दिनशते *am 195sten Tage.*

पञ्चनवति f. *fünfundneunzig.*

पञ्चनवतितम Adj. *der 95ste.*

पैञ्चनामन् Adj. (f. °नाम्नी) *fünfnamig.* तुद्रकः पञ्चनामा (sc. गणः) *die sogenannte kleine Reihe der fünf Wurzeln.*

पञ्चनालि Adj. *fünfmal 24 Minuten dauernd* Sâh. D. 553.

पञ्चनिधन n. Name verschiedener Sâman.

पञ्चनिम्ब n. Sg. *die fünf Dinge* (*Blätter, Rinde, Blüthen, Frucht und Wurzel*) *der Azadirachta indica* Râǵan. 22,30. Bhâvapr. 6,29.

पञ्चनिर्ग्रन्थीसूत्र n. Titel eines Werkes.

*पञ्चनी f. *Puppe.*

पञ्चपतिन् m. n. Titel eines Werkes Opp. Cat. 1.

पञ्चपञ्चक (R. 3,53,42) und पञ्चपञ्चन् (Bhâg. P. 6,5,8) am Anf. eines Comp. *fünfmalfünf.*

पञ्चपञ्चाश Adj. *der 55ste.*

पैञ्चपञ्चाशत् f. *fünfundfünfzig.*

पैञ्चपञ्चिन् Adj. *fünftheilig.*

पञ्चपटलिका f. Titel eines Werkes.

*पञ्चपटु Adj. = पञ्चभिः पट्वीभिः क्रीतः Mahâbh. 4,23,*a*.

पञ्चपत्त्र 1) Adj. *fünf Federn habend* R. 3,35,87. — 2) * m. *ein best. Knollengewächs* (*fünfblättrig*).

पैञ्चपद Adj. (f. आ) *fünf Stollen habend.*

पैञ्चपदी 1) Adj. f. *fünfschrittig.* — 2) f. *a*) *fünf Schritte* Spr. 7142. — *b*) *die fünf starken Casus.* — *c*) N. pr. eines Flusses in Çâkadvîpa.

*पञ्चपर्णिका f. *eine best. Pflanze.*

पञ्चपर्व Adj. (f. आ) *fünf Windungen habend* (Fluss) Çvetâçv. Up. 1,5.

पञ्चपर्वत n. Sg. *die fünf Bergspitzen im* Himâlaja.

पञ्चपर्वन् Adj. *mit drei Knoten* (Pfeil) R. 3,35, 87. 43,20.

पञ्चपर्वीमाहात्म्य n. Titel eines Werkes.

पञ्चपल Adj. (f. आ) *fünf* Pala *an Gewicht betragend* Jâǵn. 2,179.

पञ्चपलिक Adj. dass. Comm. zu Kâtj. Çr. 61,7.

पञ्चपली f. *ein Gewicht von fünf* Pala Kathâs. 61,286.

पञ्चपल्लव n. Sg. *Zweige von fünf bestimmten Bäumen.*

1. पञ्चपशु m. (!) Sg. *die fünf Opferthiere* Kâtj. Çr. 16, 3,25.

2. पञ्चपशु Adj. *für fünf Opferthiere bestimmt* Vaitân.

*पञ्चपात्र n. Sg. *fünf Schüsseln und ein best.* Çrâddha, *bei dem f. Sch. verwendet werden.*

पैञ्चपाद 1) Adj. *fünffüssig.* — 2) f. पञ्चपादी Titel verschiedener Werke.

पञ्चपादिका f. Titel verschiedener Werke Opp. Cat. 1. °टीका f., °टीकातत्त्वदीपन n., °विवरण n., °विवरणप्रकाशिका f. und °व्याख्या f. Titel von Commentaren und Subcommentaren dazu.

*पञ्चपित्त n. Sg. *die Galle von fünf best. Thieren.*

पञ्चपुर n. N. pr. einer *Stadt.*

पञ्चपुराणीय Adj. *im Werthe von fünf* Purâṇa (*eine best. Münze*).

पञ्चपुरुषम् Adv. *fünf Generationen hindurch* Verz. d. B. H. 59,33. Comm. zu Âpast. Çr. 5,5,9.

पञ्चपुष्पमय Adj. (f. ई) *aus fünf Blumen gebildet.*

*पञ्चपूली f. *fünf Bündel* Pat. zu P. 2,1,51, Vârtt. 6.

पञ्चप्रकरण n. Titel eines Werkes.

पञ्चप्रस्थ Adj. *mit fünf Bergebenen.*

पञ्चप्रकरण Adj. *mit fünf Wagenkasten* Bhâg. P. 4,26,2.

पञ्चप्रादेश Adj. (f. आ) *fünf Spannen lang* Kâtj. Çr. 16,3,25.

*पञ्चप्रासाद m. *ein Tempel von best. Form.*

पञ्चफुट्टिक Adj. *fünf* Phuṭṭikâ (an einem Tage) *webend;* m. N. pr. eines Mannes.

पञ्चबन्ध n. *der fünfte Theil des Werthes einer Sache* Jâǵn. 2,171.

पञ्चबन्धुर Adj. etwa *mit fünf Wagenriemen* Bhâg. P. 4,26,1.

पञ्चबाण m. *der Liebesgott.*

पञ्चबाणविजय m. und °बाणविलास m. Titel von Werken Opp. Cat. 1.

पञ्चबाणी f. *die fünf Pfeile* (des Liebesgottes) Naish. 8,50.

पञ्चबाहु m. N. pr. eines Unholdes.

पञ्चबिन्दुप्रसृत n. *eine best. Art von Bewegung beim Tanze.*

पैञ्चबिल Adj. *fünf Oeffnungen habend.*

*पञ्चबीज n. Sg. *eine Zusammenstellung von fünf Samenarten.*

पञ्चबोध m. Titel eines Werkes Opp. Cat. 1.

पञ्चब्रह्मन् n. Titel einer Upanishad. Vgl. पञ्चब्राह्मणोपनिषद्.

पञ्चब्रह्ममन्त्र Titel eines Werkes Opp. Cat. 1.

पञ्चब्राह्मणोपनिषद् f. Titel einer Upanishad ebend.

पञ्चभङ्ग m. Pl. *Zweige von fünf bestimmten Bäumen* Hemâdri 2,47,3.

पञ्चभट्टीय n. Titel eines Werkes Opp. Cat. 1

पञ्चभद्र 1) Adj. *a) fünferlei Gutes an sich habend.* — *b) fünf löbliche Male habend* (Pferd) Harshaḱ. 43,22. — *c) aus fünf guten Stoffen bestehend.* — *d)* **lasterhaft.* — 2) m. *eine Art Pavillon* Vâstuv. 831. — 3) n. *eine best. Mixtur* Mat. med. 177. Bhâvapr. 3,63. Çârṅg. Saṁh. 2,2,17.

पञ्चभार Adj. *fünf* Bhâra (*ein best. Gewicht*) *wiegend* Ind. St. 15,278.

*पञ्चभुज m. Bein. Gaṇeça's Gal.

पञ्चभूत n. Pl. *die fünf Elemente* Kap. 2,10.

पञ्चभूतवादार्थ m. Titel eines Werkes Opp. Cat. 1.

पञ्चभूतात्मक Adj. *aus den fünf Elementen bestehend.*

पञ्चभूर्याभिमुखा (!) f. N. pr. einer Apsaras Kâraṇḍ. 3,13.

*पञ्चभृङ्ग Collectivname für *fünf best. Pflanzen.*

पञ्चभौतिक Adj. MBh. 6,186 fehlerhaft für पाञ्च°.

पञ्चम 1) Adj. (f. ई) *a) der fünfte.* °म् Adv. *zum fünften Mal, fünftens.* — *b) den fünften Theil bildend.* °अंश m. *Fünftel.* — *c)* **glänzend, schön.* — *d)* **geschickt.* — 2) m. *a) die fünfte* (*später die siebente*) *Note der indischen Tonleiter.* — *b) ein best.* Râga S. S. S. 37. — *c) ein best. Tact* S. S. S. 207 — *d) der 21ste* Kalpa 2) *h).* — *e) der fünfte Consonant eines* Varga, *ein Nasal.* — *f)* N. pr. eines Muni. — 3) f. ई *a) der fünfte Tag in einem Halbmonat.* — *b) die Endungen des fünften Casus, ein Wort im Ablativ.* — *c) eine Personalendung des Imperativs.* — *d) eine best.* Râgiṇî S. S. S. 35. — *e) eine best.* Mûrḱhanâ S. S. S. 30. — *f) ein Backstein von der Länge eines Fünftels* (eines Purusha) Çulbas. 3,42. — *g)* **Spielfigur.* — *h)* *Bein. der Draupadî. — *i)* N. pr. eines Flusses. — 4) n. *a) Fünftel.* — *b)* bei den Tântrika *die fünfte Realität,* d. i. *der Beischlaf.*

पञ्चमक Adj. *der fünfte.*

*पञ्चमकार n. bei den Tântrika *die fünf mit* म *anlautenden Realitäten:* मद्य, मांस, मत्स्य, मुद्रा und मैथुन.

पञ्चमन्त्रतनु Adj. Beiw. Çiva's bei den Çaiva.

पञ्चमभागीय Adj. (f. आ) *ein Fünftel* (eines Purusha) *lang* Çulbas. 3,31.

पञ्चमय Adj. *aus fünf* (Elementen) *gebildet.*

*पञ्चमवत्स् Adj. *mit der fünften* (Note) *versehen.*

पञ्चमसारसंहिता f. Titel eines Werkes.

पञ्चमस्वर n. *ein best. Metrum* Prasannar. 38,7.

पञ्चमहाभूतमय Adj. *aus den fünf Elementen bestehend* Harshaḱ. 89,16.

पञ्चमाहिष n. *die fünf Dinge von der Büffelkuh.*

पञ्चमार m. 1) bei den Ǵaina *die fünfte Speiche im Zeitenrade.* — 2) *N. pr. eines Sohnes des Baladeva.

पञ्चमारक m. = पञ्चमार 1).

पञ्चमाषक (f. ई! Gaut.) und °माषिक Adj. *fünf* Mâsha *betragend.*

1. पञ्चमास्य Adj. *fünfmonatlich.*

2. *पञ्चमास्य m. *der indische Kuckuck.*

*पञ्चमिन् Adj. *im fünften* (Monat) *stehend.*

पञ्चमीक्रमकल्पलता f., पञ्चमीवरिवस्यारहस्य n., पञ्चमीसुधोदय m. und पञ्चमीस्तवराज m. Titel von Werken.

पञ्चमुख 1) Adj. *a) fünfgesichtig.* — *b) fünfspitzig* (Pfeil). — 2) m. *a)* *Bein. Çiva's. — *b)* **Löwe.* — *c) ein fünfspitziger Pfeil.* — 3) *f. ई *Gendarussa vulgaris.*

*पञ्चमुष्टि und *°मुष्टी f. *Trigonella corniculata.*

पञ्चमुष्टिक m. *ein best. Decoct* Bhâvapr. 3,46.

*पञ्चमूत्र n. Sg. *der Harn einer Kuh, einer Ziege, eines Schafes, einer Büffelkuh und einer Eselin.*

पञ्चमूर्ति Adj. *fünf Erscheinungsformen habend* (Çiva) und *eine darnach benannte Spende an die Brahmanen* Hemâdri 1,789,16. 790,1. °क 792,14.

पञ्चमूल 1) m. N. pr. eines Wesens im Gefolge der Durgâ. — 2) n., f. ई und °मूलक n. *eine Zusammenstellung von fünf verschiedenen Wurzeln* Madanav. 1,59. 72. Râǵan. 22,23. fgg. Bhâvapr. 3,92.

पञ्चमेनि Adj. *fünf Wurfgeschosse habend.*

पञ्चयत्ता f. N. pr. eines Tîrtha.

पञ्चयाम m. N. pr. eines Sohnes des Âtapa.

पञ्चयुग n. *der fünfjährige Cyclus.*

पञ्चयोजन n. *eine Strecke von fünf* Ǵogana.

*पञ्चरक्तक m. *eine best. Pflanze.*

पञ्चरत्ना f. Titel verschiedener Werke Opp. Cat. 1.

पञ्चरत्न n. 1) *die fünf kostbaren Dinge* (Edelsteine und edle Metalle). — 2) Titel verschiedener Werke Opp. Cat. 1.

पञ्चरत्नप्रकाश m. Titel eines Werkes.

पञ्चरत्नमय Adj. (f. आ!) *aus den fünf kostbaren Dingen bestehend* Hemâdri 1,423,20.

पञ्चरत्नस्तव m. Titel eines *Lobgesanges* Opp. Cat. 1.

पञ्चरश्मि Adj. *fünfsträngig.*

*पञ्चराजीफल m. *Trichosanthes dioeca* Râǵan. 3,11.

1. पञ्चरात्र n. *ein Zeitraum von fünf Tagen.*

2. पञ्चरात्र 1) Adj. *fünf Tage während.* — 2) n. *a) ein best. fünftägiger* Ahîna. — *b)* allgemeine Bezeichnung für das heilige Buch verschiedener Vishṇu'itischer Secten. Auch Pl.

पञ्चरात्रक 1) Adj. *fünf Tage während.* — 2) m. = पाञ्चरात्र.

पञ्चरात्ररत्ना f. Titel eines Werkes.

पञ्चरात्रिक Adj. als Beiw. Vishṇu's fehlerhaft für पाञ्च°.

पञ्चराशिक n. *Regula de quinque.*

पञ्चरूपकोश m. Titel eines Werkes Opp. Cat. 1.

पञ्चर्च Adj. *aus fünf Versen bestehend;* m. *ein solches Lied* Ind. St. 13,171.

पञ्चलक्षण Adj. *fünf charakteristische Zeichen habend.*

पञ्चलक्षणी f. Titel eines Werkes Opp. Cat. 1. °क्रोड m. desgl.

*पञ्चलक्ष्मन् m. *Wind* Gal.

पञ्चलम्बक m. Titel des 14ten Lambaka im Kathâs.

पञ्चलवण n. Sg. *die fünf Salze* Râǵan. 22,45.

पञ्चलाङ्गलक n. *ein Geschenk an Land, zu dessen Bearbeitung fünf Pflüge erforderlich sind,* Hemâdri 1,287,18. 21. 23.

*पञ्चलोह n. *eine Mischung von Kupfer, Messing, Zinn, Blei und Eisen* Râǵan. 13,36.

*पञ्चलोहक n. Sg. *die fünf Metalle Gold, Silber, Kupfer, Zinn und Blei* Râǵan. 23,42. 43.

पञ्चवक्त्र 1) Adj. *fünfgesichtig.* — 2) m. *a)* Bein. Çiva's. — *b)* **Löwe.* — *c)* N. pr. eines Wesens im Gefolge Çiva's. — 3) f. आ Bein. der Durgâ.

पञ्चवक्त्ररस m. *eine best. Mixtur* Mat. med. 99. Bhâvapr. 3,89. Rasendraḱ. 88.

1. पञ्चवट 1) n. und f. (ई) N. pr. einer Oertlichkeit. — 2) f. ई *die fünf Feigenarten.*

2. पञ्चवट m. 1) **die über die Schulter getragene Opferschnur.* — 2) N. pr. eines Mannes.

पञ्चवटमाहात्म्य n. Titel eines Werkes.

1. पञ्चवर्ग 1) m. *a) eine Gruppe —, eine Reihe von Fünfen.* — *b) die fünf Hauptbestandtheile des Körpers.* — *c)* so v. a. *das Abece* Karaka 3,8. — 2) f. ई *fünf Reihen.*

2. पञ्चवर्ग Adj. *in fünf Reihen —, in fünf Malen vor sich gehend.*

पञ्चवर्ण 1) Adj. *a) fünffarbig.* — *b) fünfartig.* Nom. abstr. °ता f. Hemâdri 1,534,1. — 2) N. pr *a)* m. eines Berges. — *b)* n. eines Waldes.

*पञ्चवर्धन m. *eine best. Pflanze* Râǵan. 8,44.

पञ्चवर्ष, °क und °वर्षीय Adj. *fünfjährig.*

पञ्चवल्कल n. Sg. *die Rinde von fünf bestimmten Bäumen* Râǵan. 22,22. Rasar. 255.

*पञ्चवल्लभा f. Bein. der Draupadî Gal.

पञ्चवस्तु Titel eines Werkes.

पञ्चवार्तीय Adj. *eine best. an die fünf Winde*

gerichtete Darbringung beim Râgasûja.

पञ्चवाद् m. Titel eines Werkes Opp. Cat. 1.

पञ्चवार्षिक Adj. fünfjährig, alle fünf Jahre wiederkehrend.

पञ्चवाहिन् Adj. mit Fünfen bespannt.

पञ्चविंश 1) Adj. (f. ई) a) der 25ste 138,16. — b) aus 25 bestehend, 25 enthaltend. — c) den Pañkaviṃça-Stoma darstellend, zu ihm gehörig, mit ihm gefeiert u. s. w. — 2) m. ein 25theiliger Stoma.

पञ्चविंशक Adj. 1) der 25ste. — 2) aus 25 bestehend. — 3) 25 Jahre alt.

पञ्चविंशत् (Hemâdri 1,385,16) und पञ्चविंशति f. fünfundzwanzig.

पञ्चविंशतिक 1) Adj. aus 25 (Paṇa) bestehend (Geldstrafe). — 2) f. आ und n. 25-Zahl. — 3) f. आ Titel eines Werkes.

पञ्चविंशतितम und °विंशतिम Adj. der 25ste.

पञ्चविक्रम Adj. auf fünferlei Weise sich bewegend (Wagen) Bhâg. P. 4,26,2.

पञ्चविग्राहम् Absol. unter fünfmaliger Vertheilung Âçv. Çr. 3,1,14.

पञ्चविजय m. Titel eines Werkes Opp. Cat. 1.

पञ्चविध und पञ्च° Adj. fünfartig, fünffach.

पञ्चविधिसूत्र n. und °विधेय n. Titel eines Sûtra des SV.

पञ्चवृत् und °वृतम् Adv. fünffach, fünfmal.

पञ्चवृष Adj. fünf Stiere habend AV. 5,16,5.

पञ्चशत 1) Adj. a) Pl. fünfhundert. — b) in fünfhundert bestehend (Geldstrafe). — c) eine Geldstrafe von fünfhundert (Paṇa) zahlend. — d) der fünfhundertste. °ते काले so v. a. im 500sten Jahre 52,5. — 2) n. a) hundertundfünf. — b) fünfhundert. — 3) f. ई a) fünfhundert. — b) eine Periode von 500 Jahren. पश्चिमायां °शत्याम् Vagrakkh. 22,9. 12. 16.

पञ्चशततम Adj. der 500ste.

पञ्चशतिक Adj. 500 — hoch (Berg) Hemâdri 1,348,12. 380,1.

पञ्चशतीप्रबन्ध m. Titel eines Werkes Pañkad. 2.

पञ्चशर m. der Liebesgott Kâd. 266,10.

पञ्चशरविजय m. Titel eines Gedichts Opp. Cat. 1.

पञ्चशराव Adj. von fünf Çarâva (ein best. Kornmaass) Gaim. 6,4,28.

पञ्चशरी f. Sg. die fünf Pfeile (des Liebesgottes) Naish. 7,70.

पञ्चशल eine Entfernung von fünf Çala.

पञ्चशस् Adv. zu Fünfen.

पञ्चशाख 1) Adj. fünffingerig R. 6,36,33. — 2) m. Hand Dhûrtan.

पञ्चशारदीय m. ein fünf Jahre darstellender Pañkâha.

पञ्चशास्त्र n. = 2. पञ्चरात्र 2) b) Hemâdri 2,a,107,11; vgl. 108,21.

पञ्चशिख 1) Adj. fünf Haarstränge auf dem Kopfe habend (Asket). — 2) m. a) *Löwe. — b) N. pr. α) eines Sâṃkhja-Lehrers. — β) eines Dieners des Çiva. — γ) *eines Gandharva.

पञ्चशिखिन् Adj. = पञ्चशिख 1) AV. Pariç. 40,2.

पञ्चशिरीष m. ein aus Wurzel, Rinde, Blatt, Blüthe und Frucht der Acacia Sirissa zusammengesetztes Heilmittel Karaka 6,23.

पञ्चशिल Adj. (f. आ) aus fünf Felsen bestehend.

पञ्चशीर्ष 1) Adj. (f. आ) a) fünfköpfig Ind. St. 9,28. — b) fünfährig auf einem Halme (यवाः) MBh. 6,3,19. — 2) m. N. pr. eines Berges.

पञ्चशुक्ल m. ein best. giftiges Insect.

*पञ्चशूरण n. Sg. die fünf Çûraṇa genannten Knollengewächse Râgan. 22,36.

*पञ्चशैरीषक n. Blatt, Blüthe, Frucht, Rinde und Wurzel der Acacia Sirissa Râgan. 22,35.

पञ्चशैल m. N. pr. eines Berges.

पञ्चश्लोकी f. Titel eines Werkes Opp. Cat. 1.

पञ्चष Adj. (f. आ) Pl. fünf oder sechs Spr. 7629.

पञ्चषष्ट Adj. der 65ste.

पञ्चषष्टि f. fünfundsechzig.

पञ्चषष्टितम Adj. der 65ste.

पञ्चसंस्कार m., °प्रयोग m. und °विधि m. Titel von Werken Opp. Cat. 1.

पञ्चसत्त्र N. pr. einer Oertlichkeit.

पञ्चसंधि Titel eines Werkes Opp. Cat. 1.

पञ्चसप्तत Adj. der 75ste.

पञ्चसप्तति f. fünfundsiebenzig.

पञ्चसप्ततितम Adj. der 75ste.

पञ्चसप्तन् Adj. (am Anf. eines Comp.) fünfmal sieben, fünfunddreissig.

पञ्चसवन Adj. fünf Savana enthaltend (Opfer) Âpast. Çr. 14,19.

पञ्चसस्य n. Sg. die fünf Kornarten.

पञ्चसहस्री f. Sg. fünf Tausend. Am Ende eines adj. Comp. °क.

पञ्चसांवत्सरिक Adj. fünfjährig, Bez. einer Art von Kâturmâsja Âpast. Çr. 8,22,9. 16. Comm. zu 21,5. 22,1. 14. 15.

पञ्चसायक Titel eines Werkes.

पञ्चसिद्धान्तिका f. Titel eines astron. Werkes.

*पञ्चसिद्धौषधिक Adj. aus fünf best. Heilkräutern bestehend.

*पञ्चसिद्धौषधी f. Sg. die fünf Heilkräuter.

*पञ्चसुगन्धक n. Sg. die fünf wohlriechenden Dinge Râgan. 22,20.

पञ्चसूत्र 1) n. Titel eines Werkes Bühler, Rep. No. 740. — 2) f. ई Sg. die fünf Sûtra.

पञ्चस्कन्धक Titel eines Werkes.

पञ्चस्कन्धी f. Sg. die fünf Skandha (buddh.) Çaṃk. zu Bâdar. 2,2,18.

पञ्चस्तवव्याख्या f. Titel eines Werkes Opp. Cat. 1.

पञ्चस्तवी f. Titel eines Werkes Bühler, Rep. No. 457.

पञ्चस्रोतस् n. nach Nilak. = मनस्.

पञ्चस्वरा f., °स्वरोदय m. und पञ्चस्वस्त्ययन n. Titel von Werken.

पञ्चहविस् Adj. mit fünf Havis versehen.

पञ्चहस्त N. pr. 1) m. des Sohnes eines Manu VP. 3,2,23. — 2) einer Oertlichkeit.

पञ्चहायन Adj. fünfjährig.

पञ्चहोत्र m. N. pr. eines Sohnes des Manu Rohita Hariv. 1,7,63. पञ्चहोत्र v. l.

पञ्चहोतर् 1) Adj. dem fünf Priester dienen. — 2) m. ein best. Spruch, in welchem fünf Gottheiten als Hotar, Adhvarju u. s. w. genannt werden, Mân. Çr. 1,4,2. 7,1.

पञ्चहोत्र m. N. pr. v. l. für पञ्चहाव.

पञ्चह्रदतीर्थ n. N. pr. eines Tîrtha.

पञ्चांश m. Fünftel.

पञ्चाक्षर 1) Adj. fünfsilbig. — 2) f. पञ्चाक्षरी fünf Silben Viddh. 47,7.

पञ्चाक्षरकल्प m. Titel eines Werkes Opp. Cat. 1.

पञ्चाक्षरमय Adj. aus fünf Silben bestehend Hemâdri 1,827,2.

पञ्चाक्षरशस् Adv. zu fünf Silben.

पञ्चाख्यान und °क n. = पञ्चतन्त्र.

पञ्चाख्यानवार्त्तिक n. Titel eines Werkes Bühler, Rep. No. 741.

1. पञ्चाग्नि° die fünf heiligen Feuer.

2. पञ्चाग्नि Adj. 1) die fünf heiligen Feuer unterhaltend. — 2) von fünf Feuern sich braten lassend; vgl. पञ्चतपस्.

पञ्चाग्निक n. eine best. Begehung Mân. Çr. 8,5.

पञ्चाग्निव m. eine Verbindung von fünf Feuern (den Menschen in Brand setzenden Leidenschaften).

पञ्चाग्निविद्या f. die (esoterische) Kenntniss der fünf Feuer Çaṃk. zu Bâdar. 3,3,2. 4,3,14.

पञ्चाग्निविद्याप्रकरण n. Titel eines Werkes.

पञ्चाग्निसाधन n. das Vollführen der fünf Feuer, eine best. Kasteiung, bei der man sich von vier in den vier Weltgegenden angezündeten Feuern und von der Sonne braten lässt.

1. पञ्चाङ्ग n. 1) am Anf. eines Comp. fünf Glieder,

— *Körpertheile*, — *Theile* Kir. 2,12. — 2) **die fünf Theile eines Baumes: Wurzel, Rinde, Blatt, Blüthe und Frucht, gemischt* Rāǵan. 22,36.

2. पञ्चाङ्ग 1) Adj. (f. ई) *fünfgliederig, fünftheilig* Ind. St. 13,220. — 2) *m. *a) Schildkröte.* — *b) ein an fünf Stellen geflecktes Pferd.* — 3) f. ई *a) Gebiss eines Zaumes* Kātj. Çr. 16,2,4. — *b) ein best. Verband.* — 3) n. *Kalender.*

पञ्चाङ्गकौतुक n. Titel eines Werkes Bühler, Rep. No. 537.

पञ्चाङ्गगणित n. desgl. Opp. Cat. 1.

*पञ्चाङ्गगुप्त m. *Schildkröte.*

पञ्चाङ्गरत्नावली f., पञ्चाङ्गविनोद m., पञ्चाङ्गसरली f. (Opp. Cat. 1) und पञ्चाङ्गसाधनसारणी f. Titel von Werken.

पञ्चाङ्गिक Adj. *fünfgliederig.*

पञ्चाङ्गुरि Adj. *fünffingerig.*

पञ्चाङ्गुल 1) m. *die Ricinuspflanze (mit fünflappigen Blättern).* — 2) *f. ई *eine best. Staude* Rāǵan. 4,160.

पञ्चाङ्गुलि Adj. *fünf Finger breit* Kaṇḍak. 69,6.

पञ्चाज n. Sg. *die fünf Dinge von der Ziege.*

पञ्चातपा f. *die Kasteiung mit den fünf Feuern* (s. पञ्चाग्निसाधन).

पञ्चात्मक Adj. *aus den fünf Elementen bestehend* Çvetāçv. Up. 2,12. Nom. abstr. °त्व n.

पञ्चानन 1) *Adj. *überaus grausig* (*fünfgesichtig*). — 2) m. *a)* *Bein. Çiva's. — *b) Löwe* Vikramāñkak. 16,44. — *c)* Bez. *kräftiger medicinischer Präparate* Rasar. 302. 601. Rasendrak. 135. — *d)* am Ende von Gelehrtennamen ursprünglich wohl auch *Löwe.* — *e)* N. pr. eines Helden Ind. St. 14, 100 u. s. w. — 3) f. ई Bein. der Durgā.

पञ्चाननदेश m. N. pr. einer *Oertlichkeit.*

पञ्चानन्दमाहात्म्य n. Titel eines Werkes.

पञ्चानुगान n. Name verschiedener Sāman Ārsh. Br.

पञ्चापञ्चीना f. *ein best. Backstein* Maitr. S. 3,5,2.

पञ्चापूप Adj. *nebst fünf Kuchen.*

पञ्चाप्सरस् und °रस n. N. pr. eines Teiches.

पञ्चाब्जमण्डल n. *ein best. mystischer Kreis.*

पञ्चाब्दाख्य Adj. *fünf Jahre bestehend* M. 2,134.

1. पञ्चामृत n. Sg. und Pl. *die fünf göttlichen Speisen: süsse —, saure Milch, Butter, Honig und Zucker* Rāǵan. 22,28. Hemādri 1,201,15. 22. 218,2. 581,7. 2,44,13.

2. पञ्चामृत 1) *Adj. *aus fünf Species bestehend.* — 2) n. Titel eines Tantra.

पञ्चाम्ल n. Sg. *die fünf sauern Dinge* Rāǵan. 22, 31. Bhāvapr. 1,251.

पञ्चायतनपद्धति f. Titel eines Werkes.

पञ्चायतनाथर्वशीर्ष n. Titel einer Upanishad Cat. Gujar. 1,96.

पञ्चायुधप्रपञ्च m. Titel eines Schauspiels Hall in der Einl. zu Daçar. 30.

पञ्चायुधस्तव m. und पञ्चायुधस्तोत्र Titel zweier *Lobgesänge* Opp. Cat. 1.

पञ्चार 1) Adj. *fünfspeichig.* — 2) m. N. pr. eines Lehrers Ind. St. 15,154.

*पञ्चारी f. *Puppe.*

पञ्चार्चिस् m. *der Planet Mercur* VP.² 2,257.

पञ्चार्थ n. Sg. bei den Pâçupata *die fünf Sachen.*

पञ्चार्थदीपिका f. Titel eines Werkes.

पञ्चाल 1) m. *a)* Pl. N. pr. eines Kriegerstammes und einer Dynastie. — *b)* Pl. *eine best. Schule.* — *c)* **ein Mann vom Volke der* Pańkâla. — *d) ein Fürst der* Pańkâla MBh. 12,13527. Richtig पाञ्चाल. — *e)* Bein. Çiva's. — *f)* N. pr. α) eines Mannes. — β) *eines Schlangendämons. — 2) f. ई *a) Puppe* Kâd. 100,10. — *b)* **eine Art Gesang.* — 3) wohl n. *ein best. Metrum.*

पञ्चालक 1) Adj. *zu den* Pańkâla *in Beziehung stehend.* Richtig पाञ्चालक. — 2) m. *a)* Pl. = पञ्चाल 1) *a).* — *b) ein best. giftiges Insect.* — 2) *f. °लिका *a) Puppe.* — *b) eine Art Gesang.*

पञ्चालचण्ड m. N. pr. eines Lehrers Ait. Âr. 328,4.

पञ्चालपद्वृत्ति f. *eine best. lautliche Erscheinung.*

1. पञ्चावट n. = 1. पञ्चवट 1).

2. *पञ्चावट m. = 2. पञ्चवट 1).

पञ्चावत्त Adj. *fünfgetheilt;* n. *der Fünfschnitt* (eines zu opfernden Gegenstandes) Mân. Çr. 1,3,2. Nom. abstr. °ता f. und °त्व n.

पञ्चावत्तिन् Adj. *der den Brauch hat, das* Havis *in fünf Abtheilungen zu opfern.*

पञ्चावत्तीय Adj. *nach Art der Fünftheilung behandelt.*

पञ्चावदान n. *das Opfern des* Havis *in fünf Abtheilungen* Mân. Gṛhj. 2,2.

पञ्चावयव Adj. *fünfgliederig.*

पञ्चावर्त Adj. (f. आ) *fünf Strudel habend* Çvetâçv. Up. 1,5.

*पञ्चावस्थ m. *Leichnam.*

पञ्चाविक n. *die fünf Dinge vom Schafe.*

पञ्चाश Adj. 1) *der 50ste.* — 2) *mit 50 verbunden,* + *50.*

पञ्चाशक 1) Adj. Pl. *fünfzig.* — 2) f. °शिका *a) eine Zusammenstellung von 50.* — *b)* Titel zweier Werke Opp. Cat. 1. Bühler, Rep. No. 742.

पञ्चाशच्छस् Adv. *zu je fünfzig.*

पञ्चाशत् f. *fünfzig.* Auch Pl. als Adj. construirt Hariv. 1,11,14. °शत् auch als Acc. Ind. St. 14,153.

पञ्चाशत n. und °शति f. dass.

पञ्चाशत्क Adj. (f. आ) 1) *aus fünfzig bestehend* Káraka 1,4. — 2) *fünfzigjährig.*

पञ्चाशत्तम Adj. *der 50ste.*

पञ्चाशत्पणिक Adj. *in 50* Paṇa *bestehend* (Strafe) Jâǵn. 2,233.

पञ्चाशत्पलिक Adj. *50* Pala *wiegend* Jâǵn. 2, 105. Hemâdri 1,456,13. 462,15.

पञ्चाशद्गाथा f. Titel eines Ǵaina-Werkes.

पञ्चाशद्धा Adv. *in 50 Theile.*

पञ्चाशद्भाग m. *der 50ste Theil.*

पञ्चाशद्भेद Adj. (f. आ) Çvetâçv. Up. 1,5 wohl fehlerhaft für पञ्चक्लेशभेद.

पञ्चाशद्वर्ष Adj. *50 Jahre alt.* Nom. abstr. °ता f. Âçv. Çr. 2,7,6.

पञ्चाशा° (angeblich पञ्चन् + आशा *Weltgegend*) f. *fünfzig* Hemâdri 1,111,7. 9.

पञ्चाशीत Adj. *der 85ste.*

पञ्चाशीति f. 1) *fünfundachtzig.* — 2) Titel eines Werkes.

पञ्चाशीतितम Adj. *der 85ste.*

पञ्चाश्र Adj. *fünfeckig* Hemâdri 1,132,9.

पञ्चाश्व m. N. pr. eines Fürsten VP.² 4,145.

पञ्चासुबन्धुर Adj. *bei dem die fünf Lebenshauche die Wagenriemen (?) bilden* Bhâg. P. 4,29,18.

पञ्चास्तिकाय m., °बालावबोध m. (Bühler, Rep. No. 626) und °संग्रहसूत्र n. Titel von Werken.

पञ्चास्य 1) Adj. *a) fünfgesichtig.* — *b) fünfspitzig* (Pfeil). — 2) m. *a) Löwe.* — *b)* Bez. *kräftiger medicinischer Präparate* Rasar. 306.

1. पञ्चाह m. *ein Zeitraum von fünf Tagen.*

2. पञ्चाह m. *ein* Soma-*Opfer mit fünf* Sutja-*Tagen.*

पञ्चाह्निक Adj. *fünf Feiertage enthaltend.*

पञ्चि m. N. pr. eines Sohnes des Nahusha VP.² 4,46.

पञ्चिक Adj. *eine Länge von 5 habend* Çulbas. 1,49.

पञ्चिन् Adj. 1) *fünftheilig.* — 2) *mit einem fünftheiligen* Stoma *versehen.*

पञ्ची Adv. mit कर् *zu fünf machen,* so v. a. *jedes grobe Element in Verbindung mit allen fünf feinen Elementen bringen.*

पञ्चीकरण n. 1) Nom. act. von पञ्ची-कर् 267, 7. 21. — 2) Titel eines Werkes Opp. Cat. 1.

पञ्चीकरणतात्पर्यचन्द्रिका f., °करणप्रक्रिया f., °करणवार्त्तिक n., °करणवार्त्तिकाभरण n. und °करणविवरण n. Titel von Werken.

पञ्चेध्मीय wohl n. *eine Begehung, bei der fünf Feuerbrände angewandt werden*, ÂPAST. ÇR. 18,9. MÂN. ÇR. 9,1,1.

*पञ्चेन्द्र Adj. = पञ्चेन्द्राण्यो देवता ग्रस्य.

1. पञ्चेन्द्रिय n. Pl. Titel eines Werkes OPP. Cat. 1.

2. पञ्चेन्द्रिय Adj. *fünf Sinnesorgane habend.*

पञ्चेन्द्रोपाख्यान n. Titel eines Werkes OPP. Cat. 1.

पञ्चेषु m. *der Liebesgott.*

पञ्चोपाख्यान n. = पञ्चतन्त्र.

पञ्चौदन Adj. *mit dem fünffachen Mus zugerichtet.*

पञ्क्तीक्लि m. N. pr. eines Mannes.

*पञ्ज् (ग्रावरणे).

पञ्जक m. N. pr. eines Mannes.

पञ्जर 1) n. a) *Käfig, Gitterbehälter, ein gitterartiges Netz* BÂLAR. 19,19 (Pl.). Uneigentlich von Allem, was Einen nach Art eines *Käfigs* gefangen hält. Ausnahmsweise im Comp. hinter dem was gefangen gehalten wird. — b) *Gerippe, Skelet* KANDAK. 73,10. Auch *m. — c) wohl *bestimmte Gebete und Formeln, mit denen man eine Gottheit gleichsam gefangen hält.* — 2) (*m.) a) *Körper* Spr. 1238 (zugleich *Käfig*). — b) **das* Kalijuga. — c) **eine mit Kühen vorgenommene Reinigungsceremonie.* — d) **ein best. Knollengewächs* RÂGAN. 7,83. पञ्जल v. l.

पञ्जरक 1) *Käfig.* — 2) f. °रिका wohl = पञ्जर 1) c).

पञ्जरकेसरिन् m. *ein Löwe im Käfig* KÂD. 110,4. 5.

पञ्जरचालनन्याय m. *die Art und Weise, wie* (eilf Vögel ungeachtet ihrer verschiedenen Thätigkeiten im Verein) *den Käfig in Bewegung setzen*, ÇAṄK. zu BÂDAR. 2,4,1.

पञ्जरभाज् Adj. *im Käfig sitzend* KÂD. 59,3.

*पञ्जराखेट m. *ein zum Fischfang dienender durchbrochener Korb.*

*पञ्जल m. *ein best. Knollengewächs* RÂGAN. 7,83.

पञ्जि f. 1) **eine Rolle zum Aufwickeln von Garn.* Auch *पञ्जी. — 2) पञ्जी a) *Almanach, Kalender.* — b) vielleicht *Register.*

पञ्जिका f. 1) **eine Rolle zum Aufwickeln von Garn.* — 2) *ein Commentar, der jedes Wort erklärt und zerlegt.* Auch Titel eines best. *Commentars.* °प्रदीप m. *ein Commentar dazu.* — 3) **Almanach, Kalender.* — 4) **ein Buch, in welches die Einnahmen und Ausgaben eingetragen werden.* — 5) **das vom Todtenrichter* Jama *geführte Register über die Handlungen der Menschen.*

*पञ्जिकाकारक, *पञ्जिकारक und *पञ्जीकर m. 1) *Schreiber.* — 2) *Kalendermacher.*

पट्, पटति (गतौ) *sich spalten, bersten, sich öffnen* HARSHAK. 81,22. — Caus. 1) *पटयति (ग्रन्थे oder वेष्टने). — 2) पाटयति a) *spalten, durchbrechen, aufschlitzen, aufreissen, zerreissen, zerkratzen.* Einmal Med. पाटित *zersplittert* als Bez. einer Form des Beinbruchs SUÇR. 1,301,11. — b) *ausreissen, ausbrechen, auskratzen, auspicken, abreissen, abknikken.* — c) *भाषार्थ oder भासार्थ. — Mit ग्रव Caus. (ग्रवपा°) *zerspalten, zerreissen* KÂD. 2,129,13. 14. Pass. *sich spalten.* — Mit ग्रा Caus. (ग्रापा°) *spalten.* — Mit उद् Caus. (उत्पा°) 1) *abspalten, abschlitzen, abreissen, ausreissen, ausbrechen, ausraufen* GAUT. *aus der Scheide ziehen* (ein Schwert) PRASANNAR. 117,9. — 2) *aufreissen, aufschlitzen* (HARSHAK. 128,2), *aufwühlen.* Pass. *sich spalten.* — 3) *aufreissen,* so v. a. *öffnen* (die Augen, einen Korb). — 4) *verscheuchen, entfernen.* — 5) mit und ohne राज्यात् *von der Herrschaft entfernen, entthronen.* — 6) *vernichten.* — Mit समुद् Caus. (समुत्पा°) 1) *ausreissen, ausziehen, abreissen.* — 2) *von der Regierung ausschliessen, entthronen.* — Mit विनि Caus. (विनिपा°) *zerspalten.* — Mit विनिस् Caus. (विनिष्पा°) dass. — Mit वि Caus. (विपा°) 1) *zerspalten, zerreissen, aufschlitzen* KARAKA 7,10. *zerstieben machen* KÂD. 149,24. विपाटित *zerrissen, auseinandergezogen, klaffend* KARAKA 6,13. — 2) *theilen, dividere* MÜLLER, SL. 238,3. — 3) *ausreissen, entwurzeln.* — 4) *entfernen, verscheuchen* RÂGAT. 3,482.

पट 1) m. (*n.; adj. Comp. f. ग्रा) a) *gewebtes Zeug, ein Stück Zeug, Gewand, Laken.* Auf Zeug wurden Bilder und Urkunden aufgetragen; daher °पट so v. a. *Gemälde, Bild.* कामदेव° *des Liebesgottes* KÂD. 2,86,12. — b) etwa *Ordensgewand* KÂRAṆD. 81,6. fgg. — c) *ein best. Vogel.* — d) **Buchanania latifolia.* — e) *= पुरस्कृत. — 2) f. ई a) *ein Stück Zeug, Streifen, Zipfel* BÂLAR. 25,4. HARSHAK. 131,4. — b) *Vorhang auf dem Theater.* — 3) *n. a) *Dach.* — b) am Ende eines Comp. = विस्तार.

*पटक m. 1) *Baumwollenzeug.* — 2) *ein fürstliches Lager, Lagerzelt.* — 3) *die Hälfte eines Dorfes.*

*पटकार m. 1) *Weber.* — 2) *Maler.*

पटकुटी f. *Zelt* Comm. zu KÂTJ. ÇR. 7,9,9.

पटगत Adj. *auf Zeug gemalt* MBH. 15,32,20.

पटच्चर 1) m. a) *Dieb, Räuber.* Nach NILAK. zu MBH. 7,23,63 *eine Art* Asura. — b) Pl. N. pr. eines Volkes. — 2) (*n.) *ein abgetragenes Kleid, Lappen, Fetzen* BÂLAR. 279,8. KÂD. 2,103,24.

*पटत् onomatop.

*पटत्कर्कन्ध n. N. pr. einer Stadt.

*पटत्पटदिति, *पटत्पटिति und *पटत्पटेति onomatop. mit इति.

*पटपटा onomatop. mit कर्, भू und ग्रस्; auch mit unmittelbarem Anschluss von Personalendungen; *klappern.*

*पटपटाय्, °यति und °यते Denom. von पटपटा.

पटभास m. *ein best. Instrument zum Sehen.*

*पटभेदन n. = पुटभेदन.

पटमण्डप m. und *पटमय m. *Zelt.*

*पटय्, °यति Denom. von पटु.

1. पटर्˜ m. oder n. *Streifen* (des Sonnenlichts).

2. पटर्˜ 1) Adj. als Beiw. Varuṇa's nach SÂJ. *eine zeugartige Haut habend* TAITT. ÂR. 1,2,3. — 2) m. *die dritte unter den sieben Sonnen.*

पटल 1) (*n. und f. ई) *Dach.* — 2) n. und ausnahmsweise f. (ई) *Hülle, Decke, Schleier.* Am Ende eines adj. Comp. f. ग्रा. — 3) n. *Membrane* (am Auge) KÂRAṆD. 38,24. — 4) m. (*n.) *krankhafte Hülle auf dem Auge, Staar u. s. w.* — 5) n. *Korb,* insbes. *Bienenkorb.* f. ई etwa *Lade, Kasten* BÂLAR. 255,6. — 6) m. oder n. *Abschnitzel, Streifen* KÂD. 252,1. — 7) m. n. *Abschnitt, Abtheilung eines Buches.* — 8) n. f. (ई) *Klumpen, Masse, Menge* VIKRAMÂṄKAK. 11,1. — 9) *n. *Gefolge.* — 10) *n. *ein zur Zierde oder als Sectenzeichen mit Farbe aufgetragener Fleck auf der Stirn oder auf andern Theilen des Körpers.* — 11) m. = 2. पटर् 2). — 12) *m. f. *Stiel eines Blattes* u. s. w. oder *Baum.*

पटलक m. oder n. 1) etwa *Hülle, Schirm* KÂD. 76,12. 13. — 2) *Kästchen, Körbchen* KATHÂS. 43,27. KÂD. 112,1. 226,18.

पटवर्धन m. N. pr. eines Geschlechts.

पटवाद्य n. *eine Art Cymbel* S. S. S. 198.

1. *पटवास m. *Zelt.*

2. *पटवास m. *Tuch, Binde.*

3. पटवास m. *wohlriechendes Pulver* 292,27. Nom. abstr. °ता f.

पटवासक m. 1) *dass. — 2) N. pr. eines Schlangendämons MBH. 1,57,18.

*पटवेश्मन् n. *Zelt.*

*पटव्य Adj. von पटु.

*पटशाटक = पारिण.

पटह 1) m. f. (ई nur PAṄKAD.) und ausnahmsweise n. *Trommel, Pauke.* पटहं धमय्, दा und दापय् *durch Trommelschlag Etwas öffentlich bekannt machen, — machen lassen.* Nom. abstr. °ता f. — 2) *m. a) *Beginn, Unternehmung.* — b) *Beschädigung, Verletzung.*

पटहघोषक m. *Einer, der unter Trommelschlag dem Volke Etwas bekannt macht.*

पटहघोषणा f. *eine öffentliche Bekanntmachung unter Trommelschlag.* °णां दा und भ्रमय् *u. Tr. Etwas öff. bekannt machen.*

पटहप्रोद्घोषण n. und पटहभ्रमण n. dass.

पटहवादक m. *Trommelschläger* Pańkad.

*पटाक 1) m. *Vogel.* — 2) f. आ *Fahne.*

पटाक्षेप m. Prasannar. 121,19. Richtig पटीक्षेप.

पटान्त m. *der Saum eines Gewandes* 305,14. 308, 10. 15.

*पटालुका f. *Blutegel.*

पटि f. 1) *eine Art Zeug.* — 2) * = वागुलि. — 3) *eine best. Pflanze.*

पटिका f. *gewebtes Zeug.*

पटिकावेत्रवानविकल्प m. Pl. *eine best. Kunst* (कला) Verz. d. Oxf. H. 217,*a*,11. Vgl. पट्टिकावेत्रबाणविकल्प.

*पटिति onomatop. mit इति.

*पटिमन् m. Nom. abstr. von पटु.

पटिष्ठ Adj. (Superl. zu पटु) in वचन° Adj. *dem das Reden sehr geläufig ist* (Papagei).

पटीक्षेप m. *das Wegziehen des Vorhangs* (auf dem Theater). °क्षेपेण प्र-विश् so v. a. *hastig auftreten* Bâlar. 183,1.

पटीयंस् Adj. (Compar. von पटु) *überaus geschickt in* (im Comp. vorangehend), *trefflich geeignet zu* (Loc. oder im Comp. vorangehend) Çiç. 1,18. 59.

पटीर 1) m. *a) Sandelbaum* Bhâvapr. 4,123. — *b) *Spielball* (v. l. Dorn). — *c) *der Liebesgott.* — 2) n. *a) *Catechu.* — *b) *Bauch.* — *c) Sieb.* Hierher vielleicht पातय पटीरमारुतम् so v. a. *fächle mir Wind zu* Harshaḱ. 127,7. Die zur Abkühlung dienende Vorrichtung Taṭṭi gleicht einem *Siebe.* — *d) *Rettig.* — *e) *Feld.* — *f) *Wolke.* — *g) *Bambusmanna.* — *h) *Höhe.* — *i) *Katarrh.* — *k) *was geraubt werden kann.*

पटु 1) Adj. (*f. पटु und पट्वी), Compar. °तर, Adv. पटु und °तरम्; *a) scharf, stechend* (vom Lichte). — *b) hell* (von Tönen), *hellklingend.* — c) **scharf* (vom Geschmack), *salzig* in त्रि°. — *d) scharf* (von den Sinnesorganen und vom Verstande). — *e) heftig, stark, intensiv.* — *f) geschickt, gewandt, sich verstehend auf, geeignet zu* (Loc. Spr. 7747, oder im Comp. vorangehend). — *g) *grausam, hart.* — *h) *gesund* Râǵan. 20,46. — *i) *beredt.* — *k) *klar, offenbar.* — 2) m. *a) *Trichosanthes dioeca.* — *b) *das Blatt der Trichosanthes dioeca.* — *c) *Momordica Charantia* Râǵan. 3,112. — *d) *Nigella indica* Râǵan. 6,61. — *e) *ein best. wohlriechender Stoff* Râǵan. 12,144. — *f) *eine Art Kampfer* Râǵan. 12,70. — *g)* N. pr. α) eines Mannes. — β) Pl. eines Volkes. — γ) einer Kaste VP.[2] 4,217. — 3) *m. n. *Pilz.* — 4) *n. *Salz, pulverisirtes Salz.*

*पटुक m. *Trichosanthes dioeca.*

पटुजातीय Adj. *ziemlich geschickt, recht gewandt.*

पटुतरगिर् Adj. *dessen Stimme heller ertönt.*

*पटुतृणक n. *eine Grasart* Râǵan. 8,138.

पटुत्व n. 1) *Schärfe* (des Gesichts). — 2) *Gewandtheit, Geschicklichkeit, Schlauheit.*

*पटुपत्त्रिका f. *eine best. Pflanze* Râǵan. 4,150.

*पटुपर्णिका f. desgl. Râǵan. 3,50.

*पटुपर्णी f. *Bryonia grandis.*

पटुमति Adj. *von scharfem Verstande* 175,13.

पटुमन्त् m. N. pr. eines Fürsten.

पटुमित्र m. desgl., Pl. als Name einer Dynastie VP. 4,24,17.

पटुश m. N. pr. eines Rakshas.

पटुस m. N. pr. eines Fürsten.

पटेरक m. *Panicum uliginosum* Mat. med. 169. Bhâvapr. 2,210.

*पटोटज (!) n. 1) *Pilz.* — 2) *Sonnenschein.* — 3) *Zelt.*

पटोल 1) m. *Trichosanthes dioeca;* n. *die Frucht.* — 2) *f. ई *eine andere Gurkenart.* — 3) *n. *eine Art Zeug.*

*पटोलक 1) m. *Muschel.* — 2) f. °लिका *eine Gurkenart.* Vgl. दीर्घ° (auch Râǵan. 7,173).

*पटोकस् n. *Zelt.*

पटोरि m. *ein best. Körpertheil.*

पट्ट 1) m. *a) Tafel, Platte* (auf die ein Bild oder eine Urkunde aufgetragen wird), *lamina* MBh. 7, 147,82. Häufig in Comp. mit einem Worte für *Stirn.* — *b) Binde, Zeugstreifen, Stirnbinde* (ein Ehrenschmuck). Am Ende eines adj. Comp. f. आ. — *c)* = पट *gewebtes Zeug.* — *d) *Kreuzweg.* — *e)* * = विदूषक Gal. — *f)* N. pr. verschiedener Männer. — 2) *f. ई *a) Stirnschmuck.* — *b) Futtersack, aus dem ein Pferd frisst* (तलसारक). — *c) eine Art* Lodhra Râǵan. 6,214. — 3) n. *Stadt* in °निवसन.

पट्टक 1) m. *a) Platte, Brett.* — *b) Binde, Gurt* Hemâdri 1,591,12. — 2) f. पट्टिका *a) Platte, Tafel, lamina.* — *b) Binde, Band, Zeugstreifen, Tuch* Vikramâṅkaḱ. 18,31. — *c) *Seidenzeug.* — *d) *eine Art* Lodhra. — *e)* *N. pr. eines Frauenzimmers. — 3) n. *a) Urkunde auf einer Tafel.* दान° *Schenkungsurkunde* Râǵat. 5,396. — *b) Binde, Band, Zeugstreifen.*

पट्टकर्मकर m. *Weber* Pańkat. 249,21.

पट्टकर्मन् n. *Weberarbeit* Pańkat. 249,22.

पट्टकिल m. etwa *der Pächter eines Landstückes* Ver. (U.) 60,16. fgg.

पट्टज n. *eine Art Zeug.*

पट्टतल्प m. *ein weiches Bett* LA. 20,5.

पट्टदेवी f. *eine mit der Stirnbinde geschmückte Fürstin, die Hauptgemahlin eines Fürsten* Râǵat. 7,1475.

पट्टन n. und *पट्टनी f. *Stadt.*

पट्टनिवसन m. *Städter* Daçak. 46,5.

पट्टबन्ध m. *das Umbinden der Stirnbinde.*

पट्टमहादेवी (B. A. J. 9,242) und *पट्टमहिषी f. = पट्टदेवी.

*पट्टरङ्ग n., पट्टरङ्गक n. (Bhâvapr. 1,184), *पट्टरञ्जन n. (Râǵan. 12, 18) und *पट्टरञ्जनक n. *Caesalpinia Sappan.*

*पट्टराग m. *Sandel* Râǵan. 12,18.

पट्टराज्ञी f. = पट्टदेवी Ind. St. 15,219. 270. 299. 359.

पट्टला f. *Canton, Gemeinde.*

पट्टव *eine Art Zeug.*

पट्टवस्त्र n. desgl. Spr. 2426. Daçak. 87,18.

पट्टवस्त्रान्तरी Adv. mit कर् *in Zeug einwickeln* Suçr. 2,14,20.

पट्टवासस् Adj. *ein aus einem best. Stoff verfertigtes Kleid tragend* MBh. 12,203,13.

*पट्टवासिता f. *eine Art Kopfschmuck* Deçîn. 4,43.

पट्टशाक n. *eine best. Gemüsepflanze* Bhâvapr. 1,282.

*पट्टशाटक = परीरण.

पट्टशाला f. *Zelt* Hemâdri 1,668,3.

पट्टसूत्र n. *Seidenfaden* Ind. St. 15,434. S. S. S. 198.

पट्टसूत्रकार m. *Seidenspinner.*

पट्टसूत्रमय Adj. (f. ई) *aus Seidenfäden gemacht* Hemâdri 1,423,18. S. S. S. 178.

पट्टस्थ Adj. *gemalt* Hariv. 9985.

पट्टांशुक n. *ein Art Gewand* 318,6 (im Prâkrit). Vgl. अंशुपट्ट.

पट्टाभिराम m. N. pr. eines Autors Opp. Cat. 1, 760. fg. 1273. Auch °शास्त्रिन्.

पट्टाभिरामटिप्पणी f., °रामप्रकाशिका f., °रामशास्त्रिपत्त्र n. und °रामीय n. Titel von Werken Opp. Cat. 1.

पट्टाभिषेक m. *Einweihung der Stirnbinde.*

°पट्टाय्, °यते *einer Platte von — gleichen* Kâd. 9,19.

*पट्टार N. pr. einer Gegend.

*पट्टारोहा (!) und *पट्टार्हा (Râǵan. 18,9) f. = पट्टदेवी.

पट्टावलि f. Titel zweier Werke Bühler, Rep. No. 629. 743.

पट्टिकाख्य m. *eine Art* Lodhra Râǵan. 6,214.

Bhâvapr. 1,178.

पट्टिकार m. vielleicht *Seidenspinner;* f. ई.

पट्टिकालोध्र m. *eine Art* Lodhra Râǵan. 6,214. Bhâvapr. 1,178.

पट्टिकावापक m. vielleicht fehlerhaft für °वायक *Weber bestimmter Stoffe.*

पट्टिकावेत्रबाणविकल्प m. Pl. *eine best. Kunst* (कला) Comm. zu Bhâg. P. 10,45,36. Vgl. पट्टिकावेत्रवानविकल्प.

पट्टिन् m. *eine Art* Lodhra Bhâvapr. 1,178.

*पट्टिल m. *Guilandina Bonduc.*

*पट्टिलोध्र und *°क m. *eine Art* Lodhra.

पट्टिश m. *ein Speer mit einer scharfen Schneide* oder *eine Waffe mit drei Spitzen.*

पट्टिशिन् Adj. *mit einem* Paṭṭiça *bewaffnet.*

पट्टीश Hariv. 10658 fehlerhaft für पट्टिश.

*पट्टेरक m. *Cyperus hexastachyus communis.*

पट्टोपाध्याय m. *Ausfertiger von Urkunden.*

*पट्टोलिका f. *Urkunde.*

पट्ट m. N. pr. eines Mannes. Richtig wohl पट्ट.

पठ्, पठति (episch auch Med.) 1) *laut hersagen, vortragen, recitiren.* Mit dem Acc. einer Gottheit *den Namen der Gottheit laut aussprechen;* auch mit zugefügtem नामभिस्. — 2) *für sich hersagen,* so v. a. *studiren, lesen.* — 3) *Etwas vortragen,* so v. a. *lehren, in einem Buche Jmd* oder *Etwas besprechen, erwähnen, aufführen, benennen, bezeichnen als* (Acc.). — 4) *Etwas von Jmd* (Abl.) *lernen.* — Caus. पाठयति 1) *sprechen lehren.* — 2) *lesen lehren, unterrichten;* mit doppeltem Acc. 226,3. — 3) *lesen* 138,23. — Intens. पापठीति, पापठ्यते 1) *oft hersagen.* — 2) *fleissig studiren,* — *lesen.* — Mit अति *hoch preisen.* — Mit *व्यति *sich gegenseitig Etwas vorsagen.* — Mit अनु *nachsprechen, wiederholen.* — Mit अभि *benennen.* — Mit उद्, Caus. उत्पाठयति häufig fehlerhaft für उत्पाटयति. — Mit नि in *निपठ u. s. w. — Mit परि 1) *über Jmd ausführlich reden.* — 2) *aufführen, aufzählen, erwähnen, nennen, bezeichnen als* (Acc.). — Mit प्र *laut hersagen.* — Caus. *lesen, vortragen.* — Mit वि *durchlesen, lesen.* — Mit सम् *lesen.*

पठ m. N. pr. eines Schlangendämons MBh. ed. Vardh. 1,57,17.

पठक m. *Recitirer, Leser.*

पठन n. 1) *das Hersagen.* — 2) *das Studiren, Lesen.* — 3) *das Erwähnen.*

पठनीय Adj. *zu lesen* Comm. zu Mṛkkh. 38,13.

पठमञ्जरी f. *eine best.* Râgiṇî S. S. S. 37.

पठर्वन् m. N. pr. eines Mannes.

पठवासक m. N. pr. eines Schlangendämons. पठवासक und पठवासकी (also 2 Namen) v. l.

*पठसमञ्जरी f. *eine best.* Râgiṇî.

पठहंसिका f. *ein best.* Râga S. S. S. 82.

*पठि f. = पठन.

पठितत्व n. *das Erwähntwerden* Hemâdri 1, 779,10.

पठितव्य Adj. 1) *zu studiren, zu lesen.* Nom. abstr. °त्व n. Comm. zu Njâjam. 9,3,9. — 2) *zu erwähnen.*

पठितसिद्ध Adj. *nur hergesagt und schon wirkend* 122,6.

पठिताङ्ग *eine Art Gürtel.*

पठिति f. *eine best. Wortfigur.*

पड्[3] m. = पद् *Fuss* in पड्भिस् (RV. 4,2,12 wohl zu 2. पश्) neben पड्डिस् und in पड्गृभि fg.

पड und पडु v. l. für पट 1) c).

पड्गृभि m. N. pr. eines Dämons oder eines Mannes.

पड्बीश (RV. TS. AV.), पड्वीश (VS.) und पड्विंश 1) n. *Fussfessel,* insbes. *für das Pferd.* पड्बीशशङ्कु m. Çat. Br. 14. — 2) m. *Ort der Fesselung, Halteplatz.*

1. पण्, पणते (metrisch auch Act.) 1) *einhandeln, eintauschen, kaufen.* — 2) *handeln, feilschen* Âpast. 2,10,8. — 3) *wetten, spielen,* — *um* (Gen.). प्राणानाम् *sein Leben auf's Spiel setzen.* पणित *der gewettet hat.* — 4) *Etwas* (Acc.) *beim Spiel einsetzen.* युद्धम् so v. a. *einen Kampf wagen, sich in einen Kampf wie in ein gefährliches Spiel einlassen.* — 5) *Jmd* (Acc.) *im Spiel um Etwas* (Instr.) *bringen.* — Caus. पणायति *Handel treiben.* — Mit आ in आपण. — Mit प्र in प्रपण. — Mit वि 1) *verkaufen.* — 2) *wetten,* — *um* (Gen.).

2. *पण्, पणते *ehren, preisen.*

पण m. (adj. Comp. f. आ) 1) *ein Spiel —, ein Wettkampf —, Wette um* (Gen., Loc. oder im Comp. vorangehend) Bâlar. 90,20. पणं कर् *wetten,* पणे नि-अस् *auf's Spiel setzen.* — 2) *Vertrag, Pact, Stipulation.* — 3) *Einsatz in einem Spiele, — in einer Wette.* — 4) *der versprochene —, ausbedungene Lohn, das womit man für Etwas einsteht.* परपणे *im Solde eines Andern* Spr. 6117, v. l. — 5) *eine Münze von best. Gewicht.* — 6) **eine Handvoll* (als Maass beim Verkauf). — 7) **Schenkwirth, Branntweinbrenner.* — 8) **Haus.*

पणक्रिया f. *das Einsetzen in einem Spiele, ein Wettkampf um* (im Comp. vorangehend) Bâlar. 67, 21. °यां कर् *Etwas in einem Spiele einsetzen* Kathâs. 56,304.

पणक्रीत Adj. *als Lohn erhalten* Hemâdri 1, 448,1. 4.

*पणग्रन्थि m. *Markt.*

पणच्यूत n. MBh. 6,4090 fehlerhaft für कलच्यूत.

*पणधा (?) f. *Panicum verticillatum* Râǵan. 8,140.

पणन n. 1) *das Einhandeln.* — 2) **Verkauf, Handel mit* (im Comp. vorangehend).

पणफर n. ἐπαναφορά, *das auf ein* Kendra *folgende Haus.*

पणबन्ध m. *das Abschliessen eines Vertrages, Contract.*

पणबन्धन n. dass. Daçak. 63,15.

पणयितर् Nom. ag. *Verkäufer.*

पणव 1) m. (*f. आ) *eine Art Trommel.* — 2) m. *a) ein best. Metrum.* — *b)* N. pr. eines Fürsten VP.[2] 4,72.

पणवाद्य n. Hariv. 2,8,3 schlechte Lesart für पर्ण°.

पणविन् Adj. *mit einer Trommel versehen.*

*पणस m. 1) *Handelsartikel.* — 2) *Artocarpus integrifolia.* Richtig पनस.

पणस्त्री f. *Hure.*

*पणस्य्, °स्यति *ehren.*

*पणाङ्गना f. *Hure.*

1. पणाय् *verkaufen.* °यितुम् Kathâs. 121,53.

3. *पणाय्, °यति und °यते *ehren, preisen.*

*पणाया f. *Handel.*

पणाय्य Adj. *preisenswerth.*

°पणास्थि und *°क n. *Otterköpfchen.*

पणि m. 1) *ein Karger, Knauser, Geizhals;* so werden insbes. diejenigen bezeichnet, *welche im Opfer karg sind,* oder *die Ungläubigen, welche das Ihrige ganz behalten wollen.* — 2) *ein Schätze hütender missgünstiger Dämon.* — 3) *Dieb, ein als* Purohita *auftretender Dieb* Comm. zu Bhâg. P.

पणिक in पञ्चाशत्पणिक.

पणित 1) Adj. s. u. 1. पण्. — 2) n. *a) Wette,* — *um* (Loc.) 54,23. — *b) Einsatz in einem Spiele,* — *in einer Wette* Bâlar. 88,8.

पणितर् Nom. ag. *Händler, Verkäufer.*

*पणितव्य Adj. *käuflich, zum Verkauf bestimmt.*

*पणिन् m. N. pr. eines Mannes.

पणी Adv. mit कर् *im Spiel einsetzen, auf's Spiel setzen.*

*पण्ठ m. Mahâbh. 7,116,b.

*पण्ड्, पण्डति und पण्डयति (नाशने), पण्डते (गतौ), पण्डयति (संघाते).

पण्ड m. 1) *Eunuch, ein Impotenter.* — 2) *f. आ *Verstand, Klugheit, Kenntniss.*

पण्डक m. 1) *Eunuch, ein Impotenter.* Nom. abstr. °त्व n. — 2) N. pr. eines der Söhne des 3ten Manu.

पैण्डग m. wohl = पण्डक 1).

पण्डापूर्व n. *ein Schicksal, das keine Folgen nach sich zieht.*

पण्डित 1) Adj. *unterrichtet, klug, sich verstehend auf* (im Comp. vorangehend); m. *ein unterrichteter —, kluger —, gelehrter Mann.* — 2) m. a) * *Weihrauch.* — b) N. pr. verschiedener Männer. — Auch fehlerhaft für पिण्डित.

पण्डितक 1) Adj. Subst. *klügelnd, Klügling.* — 2) N. pr. eines Sohnes des Dhṛtarâshṭra.

*पण्डितजातीय Adj. *ziemlich klug, recht gelehrt.*

पण्डितत्व n. *Klugheit, das Sichverstehen auf* (im Comp. vorangehend).

पण्डितपीडाविशारद m. N. pr. eines Mannes Kautukas.

पण्डितमानिक, °मानिन् und पण्डितंमन्य (Kâd. 2, 7,14) Adj. *sich für unterrichtet —, sich für klug haltend.*

पण्डितराज m. 1) *ein Fürst unter den Gelehrten.* — 2) N. pr. eines Mannes.

पण्डितराजशतक n. Titel eines Werkes Opp. Cat. 1.

पण्डितशिरोमणि m. Ehrentitel Râmakṛshṇabhaṭṭa's.

पण्डितसर्वस्व n. Titel eines Werkes.

*पण्डिताय्, °यते *unterrichtet —, klug werden.*

*पण्डितिमन् m. Nom. abstr. zu पण्डित 1).

*पण्डु m. = पण्ड. Wohl fehlerhaft.

पण्ड und °क m. *Eunuch, ein Impotenter.*

1. पण्य 1) Adj. *was einzutauschen ist, käuflich.* — 2) *f. आ *Cardiospermum Halicacabum.* — 3) n. a) *Handelsartikel, Waare.* Am Ende eines adj. Comp. f. आ. — b) *Handel.* — c) *Verkaufsladen* Daçak. 1,6.

2. पण्य Adj. *zu preisen* Âpast. Çr. 4,12,6.

3. पण्य in *अध्यर्ध° und *द्वि°.

*पण्यकम्बल m. (संज्ञायाम्).

पण्यजन m. *Händler* 219,29.

पण्यता f. *Preiswürdigkeit* (in beiden Bedeutungen) Spr. 3541.

पण्यदासी f. *Lohndienerin* Daçak. (1925) 2,119,12.

*पण्यंध m. und *°धा f. *Panicum verticillatum.*

पण्यपति m. *ein Besitzer von vielen Waaren, Grosshändler.* Nom. abstr. °त्व n.

पण्यभूमि f. *Stapelplatz für Waaren.* गुण° so v. a. *der Inbegriff aller Tugenden.*

पण्ययोषित् f. *Hure.*

पण्यवन्त् Adj. *viele Handelsartikel habend, reich mit Waaren ausgestattet.*

*पण्यवर्चस् n. Vop. 6,78.

*पण्यविक्रयशाला f. *Kaufhalle.*

पण्यविक्रयिन् m. *Handelsmann.*

पण्यविलासिनी f. 1) *Hure.* — 2) * *Unguis odoratus* Râǵan. 12,129.

पण्यवीथिका und *°वीथी f. *Markt, Kaufhalle.*

*पण्यशाला f. *Kaufbude.*

पण्यस्त्री und पण्याङ्गना f. *Hure.*

*पण्याजिर n. *Markt.*

*पण्याजीव m. *Handelsmann.*

*पण्यान्धा f. *Panicum verticillatum.*

1. पत्, पतति (episch auch Med.) 1) *fliegen, sich in der Luft schnell bewegen* (von Belebtem und Unbelebtem), *wehen* (von Fahnen), *dahineilen, fliehen* (von der Zeit). — 2) *sich herablassen, sich niederlassen, sich senken* (von der Sonne), *sich niederwerfen, sich stürzen, sich werfen auf* oder *in* (Loc. oder Acc.), — *zu Jmds Füssen* (Loc., ausnahmsweise Acc.). मूर्ध्ना *mit dem Kopfe sich Jmd* (Gen.) *zu Füssen werfen.* पादयोः पतितः und पादपतित *sich Jmd zu Füssen geworfen habend.* — 3) *herabfallen, fallen in* (Acc.) oder *auf* (Loc. oder उपरि mit Gen.), *herabstürzen, zusammenstürzen, einstürzen, umfallen, abfallen, ausfallen.* पतित *herabgefallen* u. s. w. Am Ende eines Comp. *gefallen auf* und ausnahmsweise *aus* (149,20). — 4) *vom Himmel niederfahren* (freiwillig oder gezwungen, von Himmelsbewohnern); das Wohin im Loc. oder Acc. *स्वर्गपतित *des Himmels verlustig gegangen.* — 5) zu einer Hölle (Loc.) *niederfahren;* auch mit अधस्. — 6) *fallen* in moralischem Sinne. — 7) *fallen, stürzen* in gesellschaftlicher Beziehung, *seiner Stellung —, seiner Kaste verlustig gehen.* पतित *aus der Kaste gestossen.* — 8) *fallen auf,* so v. a. *sich richten auf, treffen, zu Theil werden, hereinbrechen* (von einem Unglück); mit Loc. — 9) *gerathen in* (Loc.). पतित *gerathen in* (Loc. oder im Comp. vorangehend) 121,4. 135,10. 186,15. मध्य° so v. a. *dazwischen befindlich.* — Caus. पातयति, °ते (metrisch; पतय् s. bes.) 1) *fliegen lassen, schleudern, — auf* (Loc.). — 2) *fallen machen, — lassen,* eine Axt, ein Messer u. s. w. *fallen lassen,* so v. a. damit *einen Schlag —, einen Schnitt verursachen.* Das Worauf im Loc., Gen. oder Gen. mit उपरि. आत्मानम् *sich niederwerfen.* पत्तया — वक्त्रे ऽस्याः स्वाङ्गुल्यो दश पातिताः so v. a. *dass sie mit allen zehn Fingern auf ihr Gesicht schlug* 114,32. दण्डम् auch so v. a. *Strafe verhängen über* (Loc.), जलम् so v. a. *Wasser auf die Erde giessen,* जलं नेत्राभ्याम् so v. a. *Thränen vergiessen,* अश्रूणि so v. a. *Thränen hervorrufen* Spr. 7786. स्थानात् *Jmd von seiner Stelle stürzen.* — 3) *hinabwerfen, abschlagen* (den Kopf), *ausschlagen* (Zähne), *niederwerfen, niederhauen, umwerfen, werfen in* (Acc. oder Loc.). — 4) *zerfallen lassen.* द्वेधा so v. a. *in zwei Theile theilen* (in einer Etymologie) 31,14. — 5) *hineinwerfen,* so v. a. *hineinthun, hineingelangen lassen in* (Loc.). — 6) *auflegen, anlegen, niedersetzen —, legen auf* (Loc.). सूत्रम् *die Messschnur anlegen.* — 7) das *Auge, den Blick werfen —, richten auf* (Loc.). — 8) einen Fluch, eine Beschuldigung, Schande, Feindschaft u. s. w. *schleudern auf, ergehen lassen über* (Loc.). — 9) *Jmd stürzen, zu Fall —, in's Unglück bringen, in eine schlimme Lage versetzen, zur Hölle* (Loc.) *fahren lassen* Mṛkkh. 50,7. 8. — 10) अर्घतस् *eine Sache um ihren Preis bringen, den Preis einer S. verderben.* — 11) *Jmd zu Etwas* (Loc.) *verleiten* 124,21. — 12) *einführen, in Gang bringen.* — 13) *subtrahiren.* — 14) *sich stürzen in* (Loc.). — 15) Med. *dahinfliegen, — eilen.* — Desid. पिपतिषति und पित्सति *im Begriff stehen* 1) *zu fliegen.* दिवम् Maitr. S. 4,1, 10. — 2) *einzustürzen.* — 3) *पित्सत् = प्रतिपन्न. — *Intens. पनीपत्यते und पनीपतीति. — Mit अच्छ *hinfliegen zu* (Acc.). — Mit अति 1) *vorüber —, vorbei —, überfliegen.* — 2) *hinausgehen über, nicht fallen unter* (einen Begriff, eine Kategorie); mit Acc. सर्वकर्मणां विषयमतिपतितः so v. a. *auf keine Weise zu behandeln, — zu heilen* Karaka 6, 11. — Caus. 1) *hinüber schiessen in* अनतिपातयत् (Nachtr. 3). — 2) *wirkungslos machen.* — 3) *umkommen lassen* Âpast. 2,28,5. *hinraffen.* — 4) अतिपातित *ganz gebrochen* Suçr. 1,301,10. 13. — Mit अनु 1) *heranfliegen an* (Acc.). — 2) *durchfliegen.* — 3) *nachfliegen, hinterher laufen, — gehen, nachfolgen, nachgehen* (eig. und übertr.). — Caus. 1) *hinfliegen an* (Acc.). — 2) *Jmd mit sich* (in die Hölle) *hinabstürzen.* — Mit प्र — अनु *hinfliegen* ṚV. 6, 63, 6. — Mit वि — अनु *davonfliegen nach* (Acc.) AV. 7,43,1. — Mit अन्तर् *hineinfliegen in* (Loc.) ṚV. 4,16,17. — Mit अभि 1) *herbeifliegen, — eilen. — springen, zufliegen auf, hinfliegen zu, losstürzen —, losgehen auf* (in freundlicher oder feindlicher Absicht). — 2) *überfliegen, im Fliegen überholen.* — 3) *durchlaufen, zurücklegen.* — 4) *herabfallen, — auf* (Acc.). — 5) *hineinfallen —, gerathen in, sich begeben in* oder *auf* (Acc.). — Caus. 1) *mit Etwas* (Instr.) *nach Etwas werfen* TBr. 3,2,9,10. — 2) *werfen —, schleudern auf* (Dat. oder Loc.) MBh. 3, 101,4. — 3) *hinwerfen, hinabwerfen.* — 4) *zubringen* (die Zeit). — Mit समभि *losstürzen auf* (Acc.). — Mit अव *herabfliegen, — stürzen, — springen, — fallen, — auf* (Loc.). अवपतित am Ende eines Comp. *herabgefallen von* und *worauf Etwas gefal-*

len ist. Vgl. ग्रनवपतित (Nachtr. 3). — Caus. *niederwerfen.* — Mit ग्रभ्यव *herbeifliegen.* — Mit ग्रा 1) *herbeifliegen*, *hinfliegen zu* (Acc.), *herbeieilen*, *heranstürzen*, — *kommen.* ग्रां पपत्यात् Opt. Perf. AV. 6,29,3. — 2) *fallen in* oder *auf* (Acc. oder Loc.). — 3) *unerwartet zum Vorschein kommen*, — *sich einstellen*, — *sich ereignen*; Jmd (Gen.) *zustossen*, *unerwartet zu Theil werden*, — *treffen.* — 4) Jmd (Gen.) *erscheinen*, *dünken*; mit doppeltem Nomin. Kâd. 263,23. — Caus. 1) *fallen machen*, *niederwerfen auf* (Loc.); *niederhauen.* — 2) ग्रस्नम् *Thränen vergiessen.* — Mit ग्रभ्या *herbeieilen*, *hinstürzen zu*, *losstürzen auf* (Acc. oder Acc. mit प्रति). — Caus. *hindehnen* —, *hinziehen* (einen Strick) zu (Acc.) Çulbas. 1,58. — Mit पर्या *forteilen*, *davoneilen.* — Mit समा 1) *herangeflogen kommen*, *herbeieilen*, *losstürzen auf* (Acc.). — 2) *niederfahren.* — 3) *sich geschlechtlich verbinden mit* (सह) einem Weibe. — 4) *gelangen zu*, *theilhaftig werden*; mit Acc. — Mit उद् 1) *auffliegen*, *sich in die Luft erheben*, *aufspringen*, *einen Sprung in die Höhe thun*, *aufschnellen*, *auffahren*, *sich erheben.* — 2) *sich erheben*, so v. a. *vom Schlafe aufstehen.* — 3) *aufschiessen.* — 4) *sich aufmachen*, *schleunig einen Ort verlassen.* — 5) *herauseilen*, — *springen*, — *steigen*, — *treten*, *hervorsprudeln.* — 6) *entkommen*, *entrinnen.* — 7) *sich erheben*, so v. a. *entstehen.* — Caus. 1) *auffliegen* —, *aufsteigen machen.* — 2) *aufheben.* — 3) उद्पातयत् Kathâs. 72,86 fehlerhaft für °पाटयत्. — Desid. *auffliegen wollen.* — Mit ग्रनूद् *nach* Jmd (Acc.) *auffliegen*, — *sich in die Luft erheben*, *hernach aufspringen.* — Mit ग्रभ्युद् *auffliegen zu* (Acc.), *aufspringen*, *losstürzen auf* (Acc.). — Mit प्रोद् *auffliegen* Bhaṭṭ. — Mit समुद् 1) *zusammen auffliegen*, — *aufsteigen*, *auffliegen*, *aufspringen*, *sich erheben.* — 2) *sich nach* Jmd (Acc.) *erheben.* — 3) *sich zum Kampf erheben*, *einen Angriff machen.* — 4) *aufgehen* (von der Sonne), *aufsteigen* (von Wolken). — 5) *hervorspringen*, — *stürzen.* — 6) *sich erheben*, *hervorbrechen*, *entstehen.* — 7) *entfliehen*, *verschwinden.* — Mit उप *hinfliegen* —, *hineilen zu* (Acc. oder Loc.). — Mit ग्रां — उंप *hinzufliegen zu* (Acc.) RV. 5,78,1. — Mit नि 1) *herabfliegen*, *sich niederlassen*, *sich herabstürzen*, *sich herablassen*, — *auf* (Loc.). पादयो: *sich* Jmd (Gen.) *zu Füssen werfen.* नभोनिपतित *vom Himmel herabgeflogen.* — 2) *sich stürzen auf*, *herfallen über* (Acc. oder Loc.) 133,11. 321,4. — 3) *sich hineinbegeben in* (Loc.) 176,18. — 4) *sich ergiessen* —, *münden in* (Loc.). — 5) *gerathen in* (Loc.). — 6) *sich einfügen*, *zu stehen kommen*, *seinen Platz erhalten.* — 7) *niederfallen*, *stürzen auf* (Loc. oder Gen. mit उपरि oder *in* (Acc. oder Loc.), *umfallen*, *fallen.* निपतित vom Busen so v. a. *eingefallen.* — 8) *fallen auf*, so v. a. *sich richten auf* (Loc.). — 9) *herausfallen*, so v. a. *abgehen* (von einer Leibesfrucht). — 10) *einfallen*, *eintreffen*, *sich einstellen*, *eintreten*, *auf* Jmd *fallen*, so v. a. Jmd *zu Theil werden*, *treffen*; mit Loc. 179,22. — 11) *zu Schanden werden*, *zu Nichte gehen.* — Caus. 1) *herabschleudern* —, *fallen lassen auf* (Loc.), *herabstürzen*, — *werfen*, — *in* oder *auf* (Loc.), *niederwerfen*, *umwerfen*, *fällen*, *werfen auf* (Loc.). व्यसने *in's Unglück stürzen.* — 2) *hineindrängen*, *infigere.* दशनानङ्गे *die Zähne in den Leib* 47,24. — 3) *auswerfen*, so v. a. *ausspeien.* — 4) *herabfallen lassen*, so v. a. *tröpfeln.* — 5) den Blick *fallen lassen* —, *richten auf* (Loc.). — 6) Jmd (Gen.) *Etwas anhängen* (uneig.). — 7) *niedermachen*, *tödten*, *um's Leben bringen.* मांसं ग्र°निपातितम् *Fleisch von einem Thiere*, *das ein Hund* u. s. w. *getödtet hat.* — 8) करान् *Tribut erheben von* (Abl.). — 9) in der Gramm. *eine Erscheinung*, *die sich einer allgemeinen Regel nicht fügt*, *fertig hinstellen*, *als Unregelmässigkeit besonders aufführen*, *Etwas als unregelmässig betrachten.* — 10) *niederlegen.* Besser v. l. पद् mit नि Caus. — Mit ग्रभिनि Caus. *nieder* —, *hinunterwerfen.* — Mit उपनि 1) *niederfliegen zu* (Acc.). — 2) *dazu eintreten*, *sich einstellen*, *zur Hand kommen* Çaṁk. zu Bâdar. 3,3,41. — 3) *gelegentlich zur Erwähnung kommen.* — Caus. *sich niederlegen heissen.* Richtig पद् mit उपनि Caus. — Mit *परिणि. — Mit प्रणि *sich niederwerfen*, *sich ehrfurchtsvoll verneigen vor* (Acc., Dat. oder Loc.). — Caus. *machen*, *dass* Jmd *sich niederwirft.* — Mit प्रतिनि in °पात. — Mit विनि 1) *herabfliegen*, *sich herabstürzen*, *sich hinablassen auf* (Loc.), *sich niederwerfen zu* (Loc.), *herabstürzen*, — *fallen*, *hineinfallen in* (Loc.). — 2) *überfallen.* — Caus. 1) *hinabschleudern*, — *werfen*, *niederfallen machen*, *abhauen* (den Kopf). — 2) *niedermachen*, *tödten*, *umbringen*, *um's Leben bringen.* — 3) *zu Fall bringen*, *zu Grunde richten*, *zu Schanden machen.* Vgl. ग्रविनिपातित (Nachtr. 2). — Mit संनि 1) *herabfliegen*, *sich herablassen*, — *auf* (Loc.), *herabfallen auf* (Loc.). — 2) *zusammenkommen*, — *stossen*, — *treffen*, — *fallen* Âpast. 1,11,27. Megh. 28. — mit (Instr. oder Instr. mit सह), *sich* in einer Versammlung (Loc.) *einstellen* Vagrakkh. 19,14. संनिपतित Pl. *zusammengetroffen*, *versammelt* Kâraṇḍ. 2,7. 15. 13,5. — 3) *sich darbieten.* — 4) *zu Grunde gehen*, *umkommen.* v. l. स न्यपतत् st. संन्यपतत्. — Caus. 1) *herabwerfen*, — *schleudern*, — *schiessen*, *abschiessen.* — 2) *zusammenkommenlassen*, *versammeln* Kâraṇḍ. 20,21. *vereinigen*, *zusammenbringen* Mân. Gṛhj. 1,14. — *mit* (Loc.). — 3) *hinziehen* (einen Strick) *zu* (Loc.) Çulbas. 1,56. 57. — Mit निस् 1) *hinausfliegen*, — *stürzen*, *hervorstürzen*, *hinausgehen*, *herauskommen*, *hervorschiessen*, *herausfallen.* — 2) *wegfliegen*, *davoneilen.* — Caus. 1) *ausfallen machen.* — 2) निष्पातित R. 2,75,15 fehlerhaft für निष्पादित; निर्यातित ed. Bomb. — Mit ग्रभिनिस् 1) *ausfliegen zu* (Acc.). — 2) *hervorspringen*, *hinausschiessen.* — Mit विनिस् 1) *herausfliegen*, *hervorfliegen*, *herausspringen*, *hervorstürzen*, — *kommen*, — *treten*, *herausfallen.* — 2) *sich aus dem Staube machen*, *davonlaufen.* — Mit परा 1) *wegfliehen*, *entfliehen*, *fortziehen* (von Wolken). — 2) *vorbeifliegen.* — 3) *hinfliegen*, *hineilen* Harshač. 117,18. Kâd. 2,62, 13. 64,6. 67,9. — 4) *herbeieilen*, *ankommen* Kâd. 2,25,16. 27,15. 31,16. 31,5. 114,22. 128,22. — 5) *entfallen.* — 6) *ausbleiben*, *ermangeln zu kommen.* — Caus. *verjagen.* — Mit ग्रनुपरा *neben* Jmd (Acc.) *fliegen*, — *eilen.* — Mit परि 1) *herumfliegen*, *umfliegen*, *herumlaufen*, *in die Kreuz und in die Quere laufen*, *sich tummeln*, *umlaufen*, *hinundherspringen* (vom Winde); als Trans. mit Acc. — 2) *heruntersspringen von* (Abl.). — 3) *sich stürzen auf* (Loc.). — 4) *fallen auf* (Loc.). — Caus. 1) *niederfallen machen*, *herunter* —, *abschiessen.* — 2) *stürzen* (trans.) *in* (Loc.). — Mit विपरि *umherfliegen* Çaṁk. zu Bâdar. 2,3,40. — Mit प्र 1) *aus* —, *davonfliegen*, *hinfliegen*, *davon* —, *hineilen*, — *zu* (Loc.). — 2) *hinabfliegen*, — *stürzen*, — *fallen*, — *auf* (Loc. oder Acc.), *stürzen*, *fallen.* — 3) *gerathen in* (Loc.). — 4) einer Sache (Abl.) *verlustig gehen.* — Caus. 1) *davonfliegen machen.* — 2) *verfolgen*, *nachsetzen.* — 3) *abwerfen* MBh. 7,36,33. — Desid. (प्रं — पिपतिषति) *davoneilen wollen.* — Intens. (पापतीति प्रं) *hervorschiessen.* — Mit ग्रनुप्र in *गेहानुप्रपातम्. — Mit निष्प्र in डुर्निष्प्र° (u. डुर्निष्प्रपतर). — Mit प्रति *entgegenfliegen*, — *eilen*; mit Acc. — Mit वि 1) *dahinfliegen* RV. 10,96,9. *durchfliegen.* — 2) *sich spalten*, *zerspringen*, *bersten* (vom Kopfe). — Caus. 1) *wegfliegen machen*, *abschiessen* — 2) *spalten*, *zersprengen* (den Kopf). — 3) *niederschiessen*, — *machen*, *tödten.* — Mit सम् 1) *zusammenfliegen*, — *eilen*, *sich zusammenfinden*, *sich vereinigen bei* oder *auf* (Acc.), *zusammenkommen* *mit* (Instr.), *feindlich zusammenstossen.* संपतिता: *zusammengeflossen, — geronnen.* — 2) *hinfliegen, hineilen zu* (Acc.), *herbeigeflogen —, herbeigeeilt kommen, herankommen, hinzukommen, hingehen —, sich begeben —, kommen —, gelangen in* oder *zu* (Acc. oder Loc.), *daherfliegen, — kommen.* — 3) *lustwandeln.* — 4) *hinabfliegen, herabfallen, — auf* (Loc.). — 5) *gerathen in* (Loc.). — 6) *vor sich gehen, geschehen.* — Caus. *schleudern auf, hinabwerfen in* (Loc.).

2. पत् in अतिपत्.

3. पत्, पत्यते s. पत्य्.

1. पत m. *Flug* in पतग, पतंग.

2.*पत Adj. = पुष्ट.

*पतक 1) Adj. *fallend* u. s. w. — 2) m. *eine astronomische Tafel.*

1. पतग Adj. *braun* MBh. 6,11,22 (auch ed. Vardh.). पातंग v. l.

2. पतग m. 1) *ein fliegendes Thier, Vogel.* — 2) *der Vogel am Himmel, die Sonne.* — 3) *eines der fünf Feuer beim* Svadhâkâra.

पतगराज m. Bein. Garuḍa's.

पतगेश्वर m. Bein. 1) Garuḍa's 52,24. — 2) Gaṭâju's.

पतंग 1) Adj. *fliegend.* — 2) m. a) *Vogel.* — b) *ein geflügeltes Insect, Heuschrecke, Schmetterling,* insbes. *Lichtmotte.* पतंग Çat. Br. Nom. abstr. पतंगता f. Prasannar. 9,15. — c) *die Sonne.* — d) *eine der sieben Sonnen.* — e) *Spielball.* — f) *Funke* nach Sâj., *ein* Piçâka nach Mahîdh. — g) *eine Reisart* Karaka 1,27. — h) **ein best. Baum* Râgan. 11,94. — i) **Quecksilber.* — k) als Bein. Kṛshṇa's nach Nîlak. = गरुड. — l) Pl. *Bez. der zweiten Kaste in* Plakshadvîpa. — m) N. pr. α) des Liedverfassers von ṚV. 10,177 und Bez. *dieses Liedes.* — β) eines Sohnes der Devakî. — γ) eines Gebirges. — 3) f. ई N. pr. einer der Frauen des Târkshja, der Mutter *der fliegenden Geschöpfe.* — 4) n. a) **Quecksilber.* — b) *eine Art Sandelholz* Bhâvapr. 1,184.

पतंगक 1) m. N. pr. eines Berges. — 2) f. °गिका a) *Vögelchen.* — b) **eine kleine Bienenart.*

पतंगकान्त m. *der Stein* Sûrjakânta Çiç. 4,16.

पतंगग्राम m. N. pr. eines *Dorfes* Râgat. 8,474.

पतंगम m. 1) * *Vogel.* — 2) *Lichtmotte.*

पतंगर Adj. *vogelähnlich.*

पतंगराज m. Bein. Garuḍa's.

1. पतंगवृत्ति f. *das Benehmen der Lichtmotte,* so v. a. *die grösste Unbesonnenheit* 325,11.

2. पतंगवृत्ति Adj. *sich wie eine Lichtmotte benehmend,* so v. a. *im höchsten Grade unbesonnen* 180,2.

पतंगिनी f. *Vogelweibchen.*

पतञ्चल und पतंचल (!) m. N. pr. eines Mannes.

*पतञ्चिका f. *Bogensehne.*

*पतञ्जल m. N. pr. eines Mannes; Pl. *sein Geschlecht.*

पतञ्जलि m. N. pr. eines Philosophen, Grammatikers u. s. w. °योग m. und °सूत्र n. Titel zweier Werke Opp. Cat. 1.

पतत्प्रकर्ष Adj. in der Rhetorik 1) *an Schwung —, an rhetorischem Schmuck abnehmend, prosaischer werdend* Kâvjapr. 7,5. S. 159, Z. 13. 194,5. Nom. abstr. °ता f. Sâh. D. 575. 598. — 2) *wobei der Vorrang fällt,* so v. a. *gestört ist; Bez. einer unlogischen Aufeinanderfolge.* Nom. abstr. °ता.

पतत्र n. 1) *Schwinge, Fittig, Flügel, Feder.* — 2) * *Vehikel.*

पतत्रि m. 1) *Vogel.* — 2) *ein best. Feuer.* — 3) N. pr. eines Mannes.

पतत्रिकेतन Adj. *einen Vogel zum Attribut habend.* °देव m. so v. a. Vishṇu.

पतत्रिन् 1) Adj. *beschwingt, beflügelt, fliegend.* °पर्णी n. *Schwungfeder* ṚV. 4,27,4. — 2) m. a) *Vogel.* — b) *Pferd* R. ed. Bomb. 1,14,34. 36. — c) *Pfeil.* — d) *ein best. Feuer.* — e) Du. *Tag und Nacht.*

पतत्रिराज und पतत्त्रिराज (Suparn. 31,1. R. 5,42, 18) m. Bein. Garuḍa's.

पतद्ग्रह m. 1) *Almosentopf* Hem. Par. — 2) *Spucknapf* Comm. zu TS. 1,251,1 v. u. zu Njâjam. 4, 2,9. Auch *n. — 3) **der Rückhalt eines Heeres.*

पतद्ग्राह m. *Almosentopf* und *Spucknapf* Cit. im Comm. zu Gobh. Çrâddhak. 2,19 (S. 965, Z. 6).

पतन 1) *Adj. *der da fliegt, zu fallen pflegt.* — 2) m. N. pr. eines Rakshas. — 3) n. a) *das Fliegen* 81,30. — b) *das Herabfliegen, Sichniederwerfen, Sichniederfallenlassen, Sichstürzen, Herabfallen, Abfallen, Umfallen, Sturz, Fall.* Das Woher im Abl., das Wohin im Loc. oder im Comp. vorangehend. — c) *das Herunterfallen,* so v. a. *Schlaffwerden* (der Brüste). — d) *Fehlgeburt* (mit Ergänzung von गर्भस्य). — e) *das Gerathen in* (Loc.). कारागृहे *das in's Gefängniss Kommen* Vikramâñkak. 17,67. — f) *Fall, Sturz* in übertr. Bed. — g) *Vernachlässigung der mit einer Kaste verbundenen Verpflichtungen.* — h) *Subtraction.* — i) **die Breite eines Planeten.*

पतनधर्मिन् Adj. *was abzufallen pflegt* Suçr. 1, 117,19. Nom. abstr. °र्मित्व n. ebend.

पतनशील Adj. *der niederzufallen pflegt* Spr. 7799.

पतनीय Adj. *zum Fall —, zum Verlust der Kaste führend;* n. *ein solches Verbrechen* Âpast. Gaut. °वृत्ति f. Âpast.

पतन्त् 1) Adj. *fliegend* u. s. w. — 2) m. *Vogel* Âpast. 1,31,19.

पतन्तक m. *eine beschleunigte Art des* Açvamedha.

*पतम m. 1) *Vogel.* — 2) *Heuschrecke.* — 3) *der Mond.*

पतय् 1) पतयति a) *fliegen, dahineilen.* — b) *beflügeln.* पतयन्मन्दयत्सखम् ṚV. 1,4,7 nach Grassmann so v. a. पतयत्सखं मन्द्°. — 2) पतयते *in die Flucht treiben* oder *fällen.* — Mit प्रच्छ Act. *hinfliegen zu* (Acc.). — Mit अन्तर् Act. *hindurchfliegen durch* (Acc.) ṚV. 1,135,9. — Mit आ Act. *hinzufliegen zu.* — Mit वि Act. 1) *sich aufthun, sich öffnen.* — 2) *nach verschiedenen Seiten fliegen* (von Wünschen) ṚV. 3,55,3.

पतयालु, पतयिष्णु und पतयिष्णुक Adj. *fliegend.*

पतरु und पतरु Adj. *fliegend, flüchtig.*

*पतस m. 1) *Vogel.* — 2) *Heuschrecke.* — 3) *der Mond.*

पताक 1) m. a) = 2) a). *Verdächtig.* — b) *eine best. Stellung der Hand* oder *der Finger der Hand.* — 2) f. आ a) *Flagge, Fahne, Wimpel, Banner.* In Comp. mit dem, was die Fahne verkünden soll. पताकां लभ् so v. a. *die Palme erringen unter* (Loc.) Vikramâñkak. 9,22. Am Ende eines adj. Comp. f. आ. — b) *eine best. hohe Zahl.* = महापद्म Nîlak. — c) in der Dramatik *ein Zwischenfall, eine Episode.* — d) * *Wohlfahrt.* — e) Titel eines Werkes.

पताकांशुक n. *Fahnentuch, Flagge* Kathâs. 18,121.

पताकादण्ड m. *Fahnenstock.*

पताकास्थान und °क n. in der Dramatik *Andeutung eines Zwischenfalles.*

*पताकिक Adj. *mit einer Fahne versehen, eine Fahne tragend.*

पताकिन् 1) Adj. *mit einer Fahne —, mit einer Flagge versehen, eine Fahne tragend.* — 2) m. a) *Fahnenträger.* — b) *Fahne.* — c) *Wagen* Çiç. 13, 4. — d) **eine best. zum Wahrsagen dienende Figur.* — 3) f. °नी a) *Heer* Kâd. 21,3. Vikramâñkak. 13,73. — b) N. pr. einer Gottheit.

पताकोच्छ्रायवत् Adj. *mit aufgezogenen Fahnen* MBh. 1,128,32.

पतापत Adj. *hinfällig, eine Neigung zum Fallen habend.*

1. पति 1) m. a) *Inhaber, Besitzer, Herr, Gebieter.* — b) *Gemahl, Gatte.* — c) * *Wurzel.* — 2) *f. a)

Besitzerin, Herrin. — b) Gattin.

2.*पति = गति.

पतिंवरा 1) Adj. f. *den Gatten selbst wählend.* — 2) *f. *Nigella indica.*

पतिक am Ende eines adj. Comp. (f. आ) *Gatte.*

पंतिकाम Adj. *einen Gatten wünschend.*

पतिखेचर m. Bein. Çiva's MBh. 13,17,119. Nach Nilak. = गरुड.

पतिगणितटीका f. Titel eines *Commentars* zur Lîlâvatî.

पतिघातिनी f. *Gattenmörderin.*

पतिघ्नी Adj. f. *den Gatten tödtend.*

पंतिजुष्टा Adj. f. *dem Gatten lieb.*

पतित 1) Adj. s. u. 1. पत्. — 2) n. *Flug.*

पतितत्व n. *der Zustand eines aus der Kaste Gestossenen* Aparârka.

पतितवृत्त Adj. *das Leben eines aus der Kaste Gestossenen führend* Spr. 3876.

पतितव्य n. *das Niederfahren zur Hölle.*

पतितसावित्रीक Adj. *der die* Sâvitrî *sich hat entgehen lassen, d. h. das* Upanajana *versäumt hat* Gaut.

पतितस्थित Adj. *auf dem Boden liegend* Kathâs. 36,27.

पतितोत्थित Adj. 1) *gefallen und wieder aufgestanden, versunken* (bei einem Schiffbruch) *und wieder gerettet* 324,25. 26. — 2) *ausgefallen und wiedergewachsen.* °दन्त Adj. Comm. zu Âpast. Çr. 7,12,4.

पतित्वं und पतित्वनं n. *Gattenschaft, Eheverbindung.*

पतिदेवता und पतिदेवा Adj. f. *den Gatten als Gott betrachtend, den G. über Alles verehrend.*

पतिद्विष् Adj. f. *dem Gatten feind* Ṛv. 8,91,4.

पतिधर्म m. *die Pflicht gegen den Gatten.*

पतिधर्मवती Adj. f. *dem Gatten gegenüber ihren Verpflichtungen nachkommend, dem G. treu ergeben.*

पतिन् = 1. पति 1) a) in गृहपतिन्.

पतिप्राणा Adj. *deren Leben der Gatte ist* 146,15.

पतिमती Adj. f. *einen Gatten habend, verheirathet; an Jmd* (Instr.) *einen Herrn* oder *Gatten habend.*

पतियान Adj. *zum Gatten führend* (Weg) Gobh. 2,1,20.

पतिरिप् Adj. f. *den Gatten täuschend.*

पतिलोकं m. *die Welt des Gatten, der Aufenthaltsort des G. im künftigen Leben.*

पतिवंश्य Adj. *zur Familie des Gatten gehörig* Spr. 4076.

पंतिवती Adj. f. *einen Gatten habend.*

पतिवत्नी Adj. f. dass.; Subst. *eine verheirathete Frau.*

पतिवयस् Adj. f. *des Gatten Alter habend*, so v. a. *so angesehen, als wenn sie des G. A. hätte,* Âpast.

पतिविंद्य n. *das Finden eines Gatten.*

पतिविंदन 1) Adj. *einen Gatten verschaffend.* — 2) m. Du. *ein best. Körpertheil* (*der den Gatten anzieht*); wohl *die Schamlefzen.* — 3) n. *das Verschaffen eines Gatten* (Spruch und magische Handlung).

पतिव्रत n. *Treue gegen den Gatten.*

पतिव्रता Adj. f. *dem Gatten gehorsam, — treu;* Subst. *eine solche Gattin.* °माहात्म्य n. Titel verschiedener Erzählungen Opp. Cat. 1. Nom. abstr. °त्व n.

पतिव्रतामय Adj. *in einer treuen Gattin bestehend* Mahâvîrak. 97,10. Bâlar. 282,3.

पतिशुच् f. *Trauer um den* (verstorbenen) *Gatten* Harshak. 139,7.

पंतिष्ठ Adj. *am Meisten —, am Besten fliegend.*

पतीय्, °यति 1) = इषुध्य् Ait. Âr. 78,14. Nach dem Comm. *den Herrn spielen.* — 2) *Gebieter werden*, so v. a. *erstarken* (vom Vieh). — 3) *sich einen Gatten wünschen, sich Jmd* (Acc.) *zum G. w.* Hem. Par. 12,246. *Jmd zum G. nehmen* Pañkad.

पतीय n. *das Herr* oder *Herrin Sein* Mantrabr. 1,2,5.

पतीयस् Adv. mit पत् *besser —, gut fliegen.*

*पतेर 1) Adj. *fliegend.* — 2) m. a) *Vogel.* — b) *Grube.* — c) *ein best. Hohlmaass.*

पत्काषिन् Adj. *sich die Füsse wund reibend, sich mühsam zu Fusse fortschleppend.*

पत्तङ्ग 1) m. (*n.) *rother Sandel.* — 2) n. *Caesalpina Sappan* Mat. med. 313.

पत्ततस् Adv. = पत्तस्.

पत्तन 1) m. Pl. N. pr. eines Volkes VP.[2] 2,180. — 2) f. आ N. pr. einer Gemahlin Vikrama's Ind. St. 14,103. — 3) n. (adj. Comp. f. आ) *Stadt.*

*पत्तनवणिज् m. *ein in der Stadt handelnder Kaufmann.*

पत्तनाधिपति m. N. pr. eines Fürsten.

*पत्तरङ्ग n. = पट्टरङ्ग.

पत्तलक m. N. pr. eines Fürsten VP. 4,24,12.

पत्तला f. *Kanton, Bezirk.*

पत्तली (पत्त्रली?) Adv. mit कर् *zu dünnen Blättchen schlagen* Bhâvapr. 2,83.

पंत्तवे Dat. Inf. zu 1. पद् Ṛv. 4,18,1.

पत्तस् Adv. *von den Füssen aus, zu Füssen* Tâṇḍja-Br. 4,6,15. 6,1,11. Âpast. Çr. 9,11,23.

1. पत्ति 1) m. a) *Fussgänger, Fussknecht.* — b) * *Held.* — c) Pl. N. pr. eines Volkes. पशु v. l. — 2) f. Bez. *der kleinsten Heeresabtheilung: 1 Wagen, 1 Elephant, 3 Reiter und 5 Fussknechte.* Auch *ein Trupp von 55 Fussknechten.*

2.*पत्ति f. *Gang.*

पत्तिक Adj. *zu Fusse gehend.*

*पत्तिकाय m. *Infanterie.*

*पत्तिकार m. fehlerhaft für पट्टिकार.

*पत्तिगणक m. vielleicht *der das Amt hat die Fussknechte zu überzählen.*

पत्तिन् (metrisch) m. = 1. पत्ति 1) a) *Fussknecht.*

*पत्तिसंहति f. und पत्तिसैन्य n. *Infanterie.*

पत्तूर 1) m. *Achyranthes triandra.* — 2) n. *rother Sandel.*

पंत्त्र n. (adj. Comp. f. आ und *ई) 1) *Fittig, Flügel, Feder* (Çulbas. 3,102. 115). — 2) *Feder an einem Pfeil.* — 3) * *Vogel* Med. r. 56. — 4) *Vehikel, Wagen, Pferd, Kamel u. s. w.* — 5) *Blatt, Blüthenblatt.* — 6) *das Blatt einer best. wohlriechenden Pflanze* oder *eine best. Pflanze mit wohlriechenden Blättern; das Blatt der Laurus Cassia* (Râgan. 6,175. Bhâvapr. 1,189) und *Laurus Cassia* nach den Lexicographen. — 7) *ein zum Schreiben zugerichtetes Blatt* 216,8. 10. *ein beschriebenes Blatt, Brief, ein schriftliches Document.* — 8) *Blatt,* so v. a. *ein schmaler dünner Streifen von Metall.* Auch *Platte* überh. ललाट°. — 9) * *Dolch, Messer.* — 10) = पत्त्रभङ्ग.

पत्त्रक 1) am Ende eines adj. Comp. (f. पत्त्रिका) a) *Flügel.* — b) *Blatt.* — 2) m. a) *Blatt* in कर्ण°. — b) * *Achyranthes triandra.* — 3) f. पत्त्रिका a) *ein Blatt zum Schreiben, ein beschriebenes Blatt, Brief, Briefchen* Kâd. 168,8. — b) *Ohrgehänge.* दन्त° Çiç. 1,60; vgl. दन्तपत्त्र. — c) Titel eines Werkes. — 4) n. a) * *Blatt.* — b) *das Blatt der Laurus Cassia* Râgan. 6,178. Bhâvapr. 1,189. — c) * = पत्त्रभङ्ग.

*पत्त्रकाहला f. *das Rauschen der Blätter.*

*पत्त्रकृच्छ्र n. = पर्णकृच्छ्र.

पत्त्रकौमुदी f. Titel eines Werkes.

पत्त्रगुप्त m. 1) *ein best. Vogel.* — 2) * *Asteracantha longifolia.*

*पत्त्रघना f. wohl *eine Cactusart* Râgan. 4,199.

*पत्त्रङ्ग n. *rother Sandel.*

पत्त्रचारिक (buddh.) Adj. von unbekannter Bed.

*पत्त्रच्छेदक m. *Blattschneider* (als Handwerk).

पत्त्रच्छेद्य Adj. *dem die Federn ausgerupft sind.*

*पत्त्रकंकार m. 1) *das Rauschen der Blätter.* — 2) *Strömung eines Flusses.*

*पत्त्रणा f. *das Bestecken eines Pfeiles mit Federn.*

*पत्त्रतण्डुला f. 1) *Andrographis paniculata.* — 2) *Weib.*

*पत्त्रतण्डुली f. *Andrographis paniculata* Râǵan. 3,64.

*पत्त्रतरु m. *ein der Acacia Catechu verwandter Baum* Râǵan. 8,28.

*पत्त्रदारक m. *Säge.*

पत्त्रदेवी f. N. pr. einer buddh. Göttin.

*पत्त्रनाडिका f. *Blattader.*

पत्त्रनामक m. *Zimmetblatt* Bhâvapr. 1.189.

*पत्त्रन्यास m. *das Bestecken eines Pfeiles mit Federn* H. 781.

*पत्त्रपरशु m. *eine feine Feile* oder *Säge.*

*पत्त्रपाक m. *geröstete Arzenei.*

*पत्त्रपाल 1) m. *ein langes Messer, ein langer Dolch.* — 2) f. ई *der Theil des Pfeiles, in dem die Federn stecken.*

*पत्त्रपाश्या f. *eine Art Stirnschmuck.*

*पत्त्रपिशाचिका f. *eine Art Regenschirm* oder *Regenhut aus Blättern.*

पत्त्रपुट m. n. und °पुटिका f. *ein in eine Düte zusammengerolltes Blatt.*

*पत्त्रपुष्प 1) m. *roth blühendes Basilienkraut.* — 2) f. आ *Basilienkraut od. B. mit kleinen Blättern.*

*पत्त्रपुष्पक m. *Betula Bhojpatra.*

पत्त्रप्रकाश m. Titel astronomischer *Tabellen.*

*पत्त्रबन्ध m. *Verzierungen mit Blättern und Blumen.*

*पत्त्रबाल m. *Ruder.*

पत्त्रभङ्ग m. (Kâd. 52,8), *°भङ्गि und °भङ्गी (Naish. 6,69) f. *mit Moschus und andern wohlriechenden Stoffen* (insbes. *auf das Gesicht und andere Theile des Körpers*) *aufgetragene Striche und Zeichen.*

*पत्त्रभद्रा f. *eine best. Pflanze.*

*पत्त्रमञ्जरी f. = पत्त्रभङ्ग.

*पत्त्रमाल m. *Calamus Rotang.*

*पत्त्रमूलक Adj. *wie Blätter und Wurzeln aussehend.*

पत्त्रय्, °यति *mit Federn bestecken.* पत्त्रित (Pfeil).

पत्त्ररथ m. *Vogel* Harshaḱ. 141,5.

पत्त्ररथश्रेष्ठ m. Bein. Garuḍa's.

पत्त्ररथेन्द्र m. desgl.

पत्त्ररथेन्द्रकेतु m. Bein. Vishṇu's.

पत्त्ररथेश्वर m. Bein. Ǵaṭâju's.

पत्त्ररेखा f. = पत्त्रलेखा 1).

पत्त्रल 1) Adj. *blattreich, laubreich* Hem. Par. 3, 62. 6,35. — 2) *n. *dünne saure Milch.*

पत्त्रलता f. 1) = पत्त्रभङ्ग Kâd. 63,22. 76,2. 77, 22. 88,17. 109,3. — 2) **ein langes Messer, ein langer Dolch.* — 3) N. pr. eines Frauenzimmers Harshaḱ. 221,13.

*पत्त्रली Adv. s. पत्तली.

पत्त्रलेखा f. 1) = पत्त्रभङ्ग. Am Ende eines adj. Comp. f. आ. — 2) ein Frauenname.

*पत्त्रवल्लरी f. = पत्त्रभङ्ग.

पत्त्रवल्लि f. 1) = पत्त्रभङ्ग. Auch °वल्ली. — 2) *°वल्ली Name *zweier Schlingpflanzen* Râǵan. 2, 68. 133.

पत्त्रवाज Adj. *mit Federn besteckt* (Pfeil).

*पत्त्रवाह् m. 1) *Vogel.* — 2) *Pfeil.* — 3) *Briefträger.*

पत्त्रविशेषक = पत्त्रभङ्ग.

पत्त्रवृश्चिक m. *ein best. giftiges Thier.*

पत्त्रवेष्ट m. *eine Art Ohrschmuck.*

*पत्त्रशबर m. *ein mit Federn sich schmückender* Çabara (*Wilder*).

पत्त्रशाक n. *Blättergemüse* Bhâvapr. 1,143.

*पत्त्रशृङ्गी und *पत्त्रश्रेणी (Râǵan. 5,133) f. *Anthericum tuberosum.*

*पत्त्रश्रेष्ठ m. *Aegle Marmelos* Râǵan. 11,191.

*पत्त्रसंस्कार m. v. l. für पत्त्रकंकार.

*पत्त्रसिरा f. 1) *Blattader.* — 2) = पत्त्रभङ्ग.

*पत्त्रसुन्दर *eine best. Pflanze.*

*पत्त्रसूचि f. *Dorn.*

*पत्त्रहिम n. *Schneewetter.*

*पत्त्राख्य n. 1) *das Blatt der Laurus Cassia.* — 2) = तालीशपत्त्र Râǵan. 6,184.

*पत्त्राङ्ग n. 1) *rother Sandel.* — 2) *Caesalpinia Sappan.* — 3) *Betula Bhojpatra.* — 4) = पद्मक (*eine best. Pflanze*).

*पत्त्राङ्गुलि und *°ली f. = पत्त्रभङ्ग.

*पत्त्राञ्जन n. *Dinte.*

*पत्त्राढ्य 1) m. *Pfau* Gal. — 2) n. a) *die Wurzel des langen Pfeffers* Râǵan. 6,23. — b) *ein best. Gras* Râǵan. 8,133. — c) *Caesalpinia Sappan* Râǵan. 12,128.

*पत्त्राण्य n. *Caesalpinia Sappan.*

*पत्त्राम्ला f. *Oxalis corniculata.*

पत्त्राय्, °यते *sich in Blätter* (zum Schreiben) *verwandeln.*

पत्त्राली f. = पत्त्रभङ्ग.

*पत्त्रालु m. 1) *eine best. Knolle* Râǵan. 7,73. — 2) *eine Schilfart* Râǵan. 8,127.

पत्त्रावलम्बन n. Titel eines Werkes.

पत्त्रावलि f. 1) *eine Reihe —, eine Anzahl von Blättern.* — 2) = पत्त्रभङ्ग Ḱandak. 15,16. °ली 8,5.

पत्त्रासुर m. N. pr. eines Mannes Ind. St. 14, 117. fg.

*पत्त्रिक m. gaṇa पुरोहितादि in der Kâç.

*पत्त्रिकाख्य n. *eine Art Kampfer.*

पत्त्रिन् 1) Adj. a) *beflügelt.* — b) *befiedert, mit Federn besteckt* (Pfeil). — 2) m. a) *Vogel.* — b) **Falke, Habicht.* — c) *Pfeil.* — d) **Berg.* — e) **Besitzer eines Wagens* oder *Einer der im Wagen fährt.* — f) **Wagen.* — g) **Baum.* — h) **die Weinpalme* Râǵan. 9,86. — i) **eine Achyranthes.* — k) **eine bestimmte Schlingpflanze.* — l) *Artemisia Abrotanum* Râǵan. 10,148. — m) * = गङ्गापत्त्री Râǵan. 10,168. — 3) *f. °णी *ein junger Schoss.*

*पत्त्रिवाह m. *Vogel.*

*पत्त्रीय Adj. von पत्त्र.

पत्त्रेश्वरतीर्थ n. N. pr. eines Tîrtha.

*पत्त्रोपस्कर m. *Cassia Sophora.*

पत्त्रोर्ण 1) m. a) **Calosanthes indica.* — b) Pl. N. pr. eines Volkes. — 2) n. *gebleichte Seide, Zeug —, ein Tuch —, ein Gewand aus solchem Stoffe.* Auch f. आ.

पत्त्रोर्णक n. = पत्त्रोर्ण 2).

*पत्त्रोल्लास m. *Knospe, Auge an einer Pflanze.*

पत्त्रोर्णिक Varâh. Bṛh. S. 16,30 wohl fehlerhaft für पत्त्रोर्णक.

*पत्त्र्य Adj. von पत्त्र.

पत्नि (metrisch) f. = पत्नी *Gattin.*

पत्नी f. 1) *Inhaberin, Herrin.* — 2) *Gattin, Weibchen eines Thieres.* — 3) *das 7te astrol. Haus.* — 4) am Ende eines adj. Comp. f. zu °पति; vgl. जीव° u. s. w.

पत्नीक am Ende eines adj. Comp. von पत्नी *Gattin.*

पत्नीकर्मन् n. *eine Verrichtung der Gattin.*

पत्नीत्व n. *der Stand der Gattin.*

पत्नीमन्त्र m. Pl. Bez. *bestimmter Sprüche* Vaitân.

पत्नीय्, °यति *Jmd* (Acc.) *für die Gattin halten,* (das Weib eines Andern) *als Gattin behandeln* Harshaḱ. 218,16.

पत्नीयूप m. *der Opferpfosten für die Gattinnen der Götter* Çat. Br. 3,7,2,8. Kâtj. Çr. 8,8,41.

पत्नीवत् Adj. *mit einem Weibe —, mit Weibern versehen, von W. begleitet.*

पत्नीशाल n. und °शाला f. *eine am Opferplatz errichtete Hütte, bestimmt für die Weiber und häuslichen Verrichtungen der Opfernden.*

पत्नीसंयाज m. Pl. *die 4 Âǵja-Spenden an* Soma, Tvashṭar, *die Weiber der Götter und* Agni Gṛhapati.

पत्नीसंयाजन n. *Vollbringung der* Patnîsaṁjâga.

पत्नीसंनहन n. 1) *das Umgürten der Gattin.* —

2) *Gürtel eines Weibes.*

*पत्न्याट m. *Gynaeceum.*

पत्मन् n. *Pfad, Bahn.*

पत्मिन् Adj. Suparṇ. 13,2 vielleicht fehlerhaft für पक्ष्मिन् *gefleckt.*

पत्य्, पत्यते 1) *Gebieter —, mächtig —, theilhaftig sein, verfügen über; habhaft werden, innehaben, besitzen, potiri;* mit Acc. oder Instr. — 2) *theilnehmen an, Genosse sein von;* mit Loc. — 3) *taugen für, dienen zu* (Dat.). — 4) *taugen als Etwas, sein.* — Mit अभि *innehaben.*

पत्य n. *das Fallen* in गर्तपत्य.

पत्येकदेवता Adj. f. *nur den Gatten als Gottheit verehrend.*

पत्र defective Schreibart für पत्त्र.

पत्वन् 1) Adj. (f. पत्वरी) *fliegend.* — 2) n. *das Fliegen, Flug.*

पत्वरी s. u. पत्वन् 1).

पत्सङ्गिन् Adj. *am Fuss hängen bleibend.*

*पत्सल m. *Weg.*

पत्सुख Adj. (f. आ) *den Füssen angenehm.*

पत्सुतःशी Adj. *zu Füssen liegend.*

पत्सुतस् Adv. *zu Füssen.*

1. पथ्, पथति *fliegen* (!) Suparṇ. 12,5. 13,2. 15,5. Kauç. 68. — *Caus. पाथयति (प्रक्षेपे). — Mit अपि Caus. (°पाथयति) *Jmd auf einen Pfad* (Acc.) *bringen.* अपिपातयति Comm.

2. पथ्, पथि, पन्थन् und पन्था m. 1) *Pfad, Weg, Bahn* (eig. und übertr.). शिवास्ते पन्थानः सन्तु so v. a. *glückliche Reise!* अन्धस्य पन्थाः *der Weg gehört dem Blinden,* so v. a. *einem Blinden muss man aus dem Wege gehen.* पन्थानं दा *Jmd* (Gen.) *den Weg einräumen,* so v. a. *ausweichen beim Gehen.* पथि auch *unterweges* 135,23. 151,16. पथानेन *auf diesem Wege, auf diese Weise.* पथि नि-अस् *auf den Weg werfen,* so v. a. *Etwas aufgeben.* Nur ganz ausnahmsweise am Ende eines Comp., wo in der Regel पथ erscheint. — 2) *der rechte —, richtige Weg* (eig. und übertr.). — 3) *eine best. Hölle.* — 4) N. pr. eines Lehrers mit dem Patron. Saubhara.

पथ m. (adj. Comp. f. आ) *Pfad, Weg, Bahn* (eig. und übertr.). In der Regel nur am Ende eines Comp.

*पथक Adj. *des Weges kundig.*

*पथकल्पना f. *Betrügerei, Gaukelei.*

*पथत् m. *Pfad, Weg.*

पथन्वत् Adj. *das Wort* पन्थन् u. s. w. *enthaltend.*

पथातिथि m. *Reisender, Wanderer.*

पथि s. 2. पथ्.

पथिक 1) m. *Wanderer, Reisender.* — 2) *f. आ *röthliche Trauben* Rāǵan. 11,104. — 3) *f. ई f. zu 1).

*पथिकसंहति f., *पथिकसंतति f. und पथिकसार्थ m. *eine Reisegesellschaft.*

*पथिकार m. N. pr. eines Mannes.

पथिकृत् Adj. *einen Weg —, Wege bereitend.*

*पथिदेय n. *Wegeabgabe, Wegegebühren.*

*पथिद्रुम m. *Acacia Catechu* oder *eine weiss blühende Species derselben* Dhanv. 1,8. Rāǵan. 8,24.

पथिपा Adj. *die Wege hütend* Maitr. S. 1,3,4.

पथिप्रिय m. wohl *ein angenehmer Reisekamerad.*

पथिमत् Adj. *das Wort* पथि u. s. w. *enthaltend.*

पथिरक्षस् und °रक्षि Adj. *die Wege hütend.*

*पथिल m. *Wanderer, Reisender.*

*पथिवाहक 1) Adj. *grausam, hart.* — 2) m. *a) Vogelfänger.* — *b) Lastträger.*

पथिषद् und °षदि Adj. *am Wege sitzend.*

पथिष्ठ AV. 6,28,1 fehlerhaft für पतिष्ठ.

पथिष्ठा Adj. *am* oder *im Wege stehend.*

पथिस्थ Adj. *auf dem Wege befindlich, — gehend, unterwegs stehend.*

पथी f. in आपथी.

*पथीन्, पथीनति künstliches Denom. zu 2. पथ्.

पथेष्ठा Adj. = पथिष्ठा.

*पथोपदेशक m. *Wegweiser* 325,22 (im Prâkrit).

पथ्य 1) Adj. *a) herkömmlich, regelmässig.* — *b) angemessen.* — *c) förderlich, zuträglich, heilsam* (eig. und übertr.). — 2) m. *a)* **Terminalia Chebula* oder *citrina.* — *b)* N. pr. eines Lehrers. — 3) f. पथ्या, पथिआ *a) Pfad, Weg.* रेवती und स्वस्ति personif. als *Genie der Fülle, des Wohlstandes, der Wohlfahrt.* — *b) Terminalia Chebula* oder *citrina.* — *c)* **eine Gurkenart,* = चिर्भिटा und मृगेर्वारु Rāǵan. 7,208. 211. — *d)* * = वन्ध्याकर्कोटकी Rāǵan. 3,49. — *e)* N. *verschiedener Metra.* — 4) *n. *eine Art Salz* Rāǵan. 6,90.

पथ्यशन n. *Wegekost.*

*पथ्यशाक m. *Amaranthus polygonoides* Rāǵan. 5,72.

पथ्यापथ्यनिघण्टु m., पथ्यापथ्यविधि m. und पथ्यापथ्यविनिश्चय m. Titel verschiedener Werke Opp. Cat. 1.

पथ्योदन m. *Wegekost.*

1. पद्, पद्यते (hier und da auch Act.) 1) *zu Fall kommen, abfallen, ausfallen, dahinfallen, umkommen.* पन्न *ausgefallen.* — 2) *hingehen zu* (Acc.). — 3) *sich wenden zu,* so v. a. *sich halten an, beobachten.* Die Lesart steht nicht sicher. — 4) अभ्यपद्यत MBh. 9,2847 fehlerhaft für अभ्यपद्यत. — Caus. पादयति, °ते *zu Fall bringen.* — Desid. पित्सते vom Simpl. nicht zu belegen. — Intens. पनीपद्यते, *पनीपदीति. Vgl. u. सम्. — Mit अति 1) *hinausgehen über* (Acc.), *überspringen.* — 2) *versäumen, übertreten.* — Caus. *verstreichen lassen.* — Mit अनु 1) *niederfallen, — auf* (Acc). — 2) *Jmd nachgehen, folgen, einem Weibe nachgehen, nachstellen;* mit Acc. — 3) *sich begeben in* oder *zu* (Acc.) 82,28. — 4) *gelangen zu* (Acc.) MBh. 12,126,13. — 5) *Jmd treffen, Jmd zu Theil werden;* mit Acc. — 6) *gehen —, sich machen an* नान्वपद्यत किं च न *that Nichts, verhielt sich ganz ruhig.* — 7) *eingehen auf, sich einverstanden erklären mit* (Acc.) 53,13. — 8) *hinter Etwas kommen, ausfindig machen, finden.* — Mit समनु 1) *eintreten* Spr. 7073, v. l. — 2) *obliegen, befolgen.* Richtig v. l. समनुवत्स्यति st. समनुपत्स्यति. — Mit अप *entrinnen.* — Mit अपि *eintreten —, eingehen in* (Acc.). — Caus. *eintreten lassen* Maitr. S. 1,10,17. — Mit अन्वपि *hinterdrein eintreten* Maitr. S. 1, 10,17. — Mit अभि 1) *herbeikommen, kommen, sich einstellen, sich hinbegeben —, kommen —, gelangen zu, gerathen in* (Acc., ausnahmsweise Loc.). — 2) *sich begeben zu,* so v. a. *Schutz suchend sich wenden an* (Acc.). *अभिपन्न *Schutz suchend.* — 3) *Jmd zu Hülfe kommen, sich auf Jmds Seite stellen, Jmd in Schutz nehmen;* mit Acc. अभिपन्न *beschützt.* — 4) *erfassen, in die Hand bekommen, erwischen, Jmd auf den Leib rücken, sich über Jmd hermachen, über Jmd kommen, sich Jmds bemächtigen;* mit Acc. अभिपन्न *erfasst* u. s. w. — 5) *zu Etwas gelangen, bekommen, in den Besitz von Etwas gelangen;* mit Acc. — 6) *annehmen, entgegennehmen.* — 7) *gehen —, sich machen an, sich hingeben, hängen an;* mit Acc. अभिपन्न mit act. und pass. Bed. — 8) अभिपन्न *a) schuldig, der sich gegen Jmd* (im Comp. vorangehend) *vergangen hat* MBh. 12,68,50. 58. — *b)* **entfernt.* — *c)* **gestorben, todt.* — Mit समभि 1) *kommen, sich einstellen, gelangen zu* oder *in* (Acc.). — 2) *des Lohnes theilhaftig werden.* — 3) *antworten.* — Mit अव 1) *herab —, hinab —, ent —, ausfallen.* अवपन्न *worauf Etwas gefallen ist.* कीटावपन्न *worauf ein Insect g. ist* Kap. S. 48,16. Mân. Çr. 3,2. AV. Prâjaçć. 2,6. 4,1. — 2) *einer Sache* (Abl.) *verlustig gehen.* — 3) *zu Fall kommen, verunglücken.* — 4) *stürzen.* — Caus. *herunter —, hinabfallen machen.* — Mit पर्यव, °पन्न *zusammengestürzt, zu Nichte geworden.* — Mit व्यव *auseinander und herabfallen.* — Mit आ 1) *herankommen, nahen.* — 2) *eintreten in, betreten, gelangen in, sich hinbegeben zu*

(Acc.) Spr. 7734. — 3) *hineingerathen in*, in eine Stimmung, eine Lage, ein Verhältniss, einen Zustand *gerathen*; mit Acc. तस्मादिदमापदि (1te Sg. Aor.) 28,25. आपद्य so v. a. *in diesen Fall kommend* Âçv. Çr. 1,5,38. आपन्न *hineingerathen*, einer Stimmung u. s. w. *theilhaftig geworden, gerathen in* (Acc. oder im Comp. vorangehend, ausnahmsweise Loc.). — 4) *in's Unglück gerathen*. आपन्न *in's U. g., unglücklich*. — 5) *sich finden in* (Loc.). — 6) *zutreffen*. एवमापद्यते so v. a. *so ist es, so verhält es sich*. — 7) *eintreten, geschehen*. आपन्न *eingetreten, geschehen*. — 8) आपन्न fehlerhaft für आसन्न und आवृत्त; vgl. Spr. 3939. 6869. — Caus. 1) *betreten machen, bringen auf, in* oder *zu* (Acc. oder Loc.). — 2) *Jmd* oder *Etwas* (Acc.) in *eine Lage, einen Zustand* (Acc.) *bringen*. — 3) *in's Unglück bringen, zu Grunde richten*. — 4) *herbeiführen, — schaffen, verschaffen, bringen, hervorbringen, veranlassen, verursachen*. Metrisch auch Med. — 5) *für sich herbeischaffen, erlangen, in den Besitz von Etwas gelangen*; mit Acc. — 6) *machen zu, verwandeln in*; mit doppeltem Acc. — Mit अभ्या *sich hineinbegeben —, gerathen in* (Acc.). — Mit प्रत्या *zurück —, wiederkehren*. °पन्न *zurück —, wiedergekehrt*. — Mit व्या 1) *verderben, zu Grunde gehen, umkommen*. °पन्न *in Unordnung gerathen, verdorben, missrathen; zu Grunde gegangen, umgekommen* 45,18. — 2) vom Visarga *eine Veränderung erleiden, in einen* Ûshman *übergehen*. °पन्न *auf diese Weise alterirt*. — Caus. *verderben, verschlimmern, zu Grunde richten, vernichten, umbringen, tödten*. — Mit समा 1) *anfallen, angreifen*; mit Acc. — 2) *gerathen in*, in einen Zustand, ein Verhältniss, eine Lage *gerathen*; mit Acc. °पन्न *gerathen in* (Acc.). — 3) *gehen —, sich machen an* (Acc.) Kâraṇḍ. 93,21. fgg. °पन्न mit act. Bed.; Instr. (!) statt des erwarteten Acc. Kâraṇḍ. 51,3. 5. — 4) *eintreten, zur Erscheinung kommen*. — 5) समापन्न a) *gekommen, genaht*. v. l. समासन्न. — b) am Ende eines Comp. *versehen mit*. — c) **beendigt*. — d) * = क्लिष्ट. — e) * *getödtet*. — Mit अभिसमा *gerathen in* (Acc.) — Mit उद् 1) *hervorgehen, entstehen, — aus* (Abl.), *geboren werden*. उत्पन्न *hervorgegangen aus* (im Comp. vorangehend), *geboren, — von* (Loc.), *erzeugt von* (Instr. oder im Comp. vorangehend) *mit* (Loc.), *zur Welt gekommen in* (Loc. oder im Comp vorangehend), **vor Kurzem zur Welt gekommen*. — 2) *entstehen*, so v. a. *sich ereignen, eintreffen, sich zeigen, zur Erscheinung kommen*. उत्पन्न *entstanden, eingetroffen, zur Erscheinung gekommen, sich darbietend, da seiend, fertig*. — 3) *vor sich gehen, beginnen*. — 4) उत्पन्न a) *auf die Gegenwart gerichtet* (बुद्धि). — b) *ausdrücklich erwähnt* Gaim. 3,5, 10. — Caus. Act. und bisweilen Med. *hervorbringen, herstellen, herbeischaffen, schaffen, verfassen, erzeugen, — mit* (Loc.), *gebären, bewirken, verursachen*. अग्नीन् *Feuer anlegen*, असृक् *Blutvergiessen*. कार्यम् *einen Rechtshandel hervorrufen, — anstiften*, किं चित्कारणम् *eine Ursache schaffen*, so v. a. *eine Veranlassung suchen*. उत्पाद्य भू so v. a. *durch sich selbst Etwas werden*. °संज्ञाम्, °चित्तम्, °मनसिकारम्, °मनसिकारसंज्ञाम्, स्पृहाम् (buddh.) so v. a. *eine Idee* u. s. w. *in sich aufkommen lassen* Vaǵrakkh. 22,10. 18. Kâraṇḍ. 12,16. 27,12. 59,20. Saddh. P. Text zu Burnouf 47,2. 50,22 und Bl. 57,*a*. — Mit उपोद् *sich aufmachen gegen*. — Mit प्रोद्, प्रोत्पन्न *entstanden*. — Caus. *entstehen lassen, hervorbringen, bewirken* MBh. 2,5,101. — Mit प्रत्युद्, प्रत्युत्पन्न 1) *im gegebenen Augenblick da seiend, gegenwärtig* Vaǵrakkh. 39,14. — 2) *durch Multiplication gewonnen*. — Mit व्युद् 1) *entstehen*; in der Gramm. so v. a. *aus einer Wurzel —, aus einem andern Worte hervorgehen, seine Etymologie haben*. — 2) व्युत्पन्न *entwickelt, gelehrt, unterrichtet, erfahren, bewandert in* (Instr.) Comm. zu Njâjam. 1,1,6. — Caus. 1) *hervorbringen, verursachen*. — 2) in der Gramm. *ableiten, auf ein Etymon zurückführen*. — 3) *weiter ausführen, entwickeln, erörtern* Harshak. 204,10. Njâjam. S. 4, Z. 6. S. 10, Z. 13. S. 11, Z. 8. — Mit समुद् *entstehen, geboren werden, — von* (Loc.), *sich ereignen, sich darbieten*. समुत्पन्न *entstanden, geboren, erzeugt von* (Abl.) *mit* (Loc.), *gekommen* (Zeit), *sich darbietend*. कौतूहलसमुत्पन्न = समुत्पन्नकौतूहल Adj. — Caus. *hervorbringen, erzeugen, hervorrufen, verursachen*. — Mit उप 1) *sich an Jmd* (Acc.) *machen, anfallen*. — 2) *gelangen —, kommen zu* oder *in* (Acc. oder Loc.); insbes. in eine Hölle (Loc.) *fahren* Varâh. Bṛh. S. 2, 13. Kâraṇḍ. 18,12. 15. 35,10. 97,7. — 3) *zum Lehrer kommen, sich als Schüler in die Lehre begeben bei* (Acc. oder Gen.). उपपन्न mit act. Bed. — 4) *sich an Jmd wenden, Hülfe suchen*. Nur उपपन्न mit act. Bed. — 5) *einen Weg* (Acc.) *einschlagen*. — 6) *wiederholend einfallen*. — 7) *zu Etwas gelangen, — kommen*, so v. a. *theilhaftig werden*, in *einen Zustand treten, antreten*; mit Acc. oder Dat. उपपन्न mit act. Bed. — 8) *gelangen zu*, so v. a. *Jmd* (Gen.) *zu Theil werden, zufallen*. उपपन्न *zu Theil geworden, zugefallen*. — 9) *statthaben, — finden, zur Erscheinung kommen, sich zeigen —, erscheinen als* (Nom.), *vorkommen, eintreten, sich darbieten, vorhanden —, möglich sein*. उपपन्न *erschienen* (अन्यथा so v. a. *anders gekommen*), *vorhanden, da seiend, zur Verfügung stehend*. — 10) *stimmen, zutreffen, zukommen, passen, angemessen sein, sich ziemen, — für* (Loc. oder Gen.). उपपन्न *zutreffend, passend, angemessen, entsprechend, in aller Ordnung seiend, ganz natürlich*. — 11) *entstehen*. उपपन्न *geboren*. — 12) *werden —, gereichen zu* (Dat.), so v. a. *stiften*. — 13) उपपन्न *im Besitz seiend von, verbunden —, versehen mit* (Instr. oder im Comp. vorangehend). सर्वतस् *mit Allem ausgerüstet*. — Caus. 1) *Jmd zu Etwas bringen*, mit doppeltem Acc. विश्वासम् *bewirken, dass Jmd Vertrauen fasst*. — 2) *Etwas* (Acc.) *zu Jmd* (Dat. und seltener Loc.) *gelangen lassen, zuführen, darreichen, darbringen, schenken*. — 3) *zu Stande —, zur Erscheinung bringen, ausführen, in's Werk setzen* MBh. 12,137,24. — 4) *zurechtmachen, herrichten, in einen angemessenen Zustand bringen, anpassen*. — 5) *medicinisch behandeln* Karaka 3,7. 8. 6,26. Suçr. 1,56,20. — 6) *Jmd* (Acc.) *mit Etwas* (Instr.) *versehen, — ausrüsten, Etwas* (Acc.) *begleitet sein lassen von* (Instr.), *Etwas* (Instr.) *auf Etwas* (Acc.) *folgen lassen*. — 7) *Jmd machen —, erklären für* (Acc.). — 8) *hinter Etwas kommen, ausfindig machen*. — 9) *darthun, beweisen*. — Mit अध्युप, °पन्न *sinnlich* (von Menschen) Çilâñka 1,304. — Mit अभ्युप 1) *Jmd* (Acc.) *zu Hülfe eilen, helfen*. — 2) *Jmd* (Acc.) *um Hülfe angehen*. °पन्न mit act. Bed. — 3) *Jmd versehen —, bedenken mit* (Instr.). — Mit प्रत्युप, °पन्न = प्रत्युत्पन्न *im Augenblick da seiend, gegenwärtig*. — Mit समुप 1) *zu Stande kommen*. — 2) *theilhaftig werden, Etwas erleben*; mit Acc. — Caus. *fertig machen, zubereiten*. — Mit नि 1) *sich niederlegen, ruhen, rasten*. — 2) *sich niederlegen bei Einer* (Acc.) *zum Beischlaf*. — Caus. 1) *niederlegen*. — 2) *niederschlagen, fällen*. — Mit अनुनि *sich niederlegen neben* (Acc. oder Loc.). — Mit अभिनि dass. Kaush. Up. 2,15. — Mit उपनि dass. — Caus. 1) *sich niederlegen heissen neben* (Dat.). — 2) *hinlegen an*. — Mit *परिणि und *प्रणि. — Mit निस् 1) *heraus —, entfallen*. — 2) *hervorgehen, entstehen*. निष्पन्न *hervorgegangen, entstanden, — aus, stammend von* (Abl., metrisch auch Instr.); in der Gramm. *abgeleitet —, kommend von* (Abl.). — 3) *gerathen, reif werden, zu Stande* *kommen, fertig werden.* निष्पन्न *gerathen, reif geworden* (243,24. fgg.), *zu Stande gekommen, vollbracht, vollendet, fertig geworden, zubereitet* (Speise), *fertig.* स्थिरयौवन° so v. a. *in ewiger Jugend verharrend.* — Caus. Act. und ausnahmsweise Med. *hervorbringen, zu Stande —, zu Wege —, zur Reife bringen, bereiten* (Speise), *vollbringen, ausführen, an den Tag legen.* राज्यम् so v. a. *regieren.* — Mit अनुनिस् *hernach* (d. i. *als Folge*) *zu Stande kommen* Comm. zu Njâjam. 4,2,2. — Mit अभिनिस् 1) *gelangen zu* (Acc.). — 2) *eingehen in, werden zu* (Acc.). — 3) *hervortreten, erscheinen.* अभिनिष्पन्न *schon fertig, — daseiend.* — Caus. *hineinbringen in, verhelfen zu;* mit doppeltem Acc. — Mit पा स् 1) *sich umgestalten —, werden zu* (Nom.) Kâraṇḍ. 29,20. — 2) °निष्पन्न *a*) *zur Erscheinung gebracht, da seiend* Çaṁk. zu Bâdar. 2,1,4. — *b*) (buddh.) *vollkommen.* — Caus. *zur Erscheinung bringen, offenbaren* Kâraṇḍ. 39,22 (परिनिष्पादितः zu lesen). — Mit विनिस् Caus. in विनिष्पाद्य. — Mit संनिस् Caus. *zeugen, erzeugen* Âpast. 1,29,9. — Mit परि s. परिपन्न und अपरिपादिन्. — Caus. *in den* Anusvâra *umwandeln.* — परिपाद्या° und परिपाद्य Hem. Par. 9,86 und Comm. zu RV. Prât. 2,1 fehlerhaft für परिपाट्या. — Mit प्र 1) *herabstürzen von* (Abl.). — 2) *sich zu Jmds Füssen* (Acc.) *werfen.* प्रपन्न mit act. Bed. — 3) *antreten an, eintreten in, betreten* (einen Weg), *besuchen, gelangen —, kommen zu, gerathen in, sich aufmachen nach, sich begeben zu* oder *in;* mit Acc., ausnahmsweise Loc. प्रपन्न mit act. Bed. — 4) *Hülfe* oder *Schutz suchend sich einstellen bei, sich flüchten zu* (Acc.). प्रपन्न mit act. Bed. — 5) *Jmd* (Acc.) *anfallen.* — 6) *sich in ein Verhältniss begeben, in eine Lage, eine Stimmung, einen Zustand gerathen;* mit Acc. °निदानपदम् *die Ursache von Etwas werden.* स्वां मतिम् so v. a. *sich sein Urtheil bilden.* प्रपन्न mit act. Bed. — 7) *gelangen zu, erlangen, theilhaftig werden;* mit Acc. 181,26. मां पतिम् *mich zum Gatten erhalten* 131,14. — 8) *eine Lehre, einen Glauben* (Acc.) *annehmen.* प्रपन्न mit act. Bed. — 9) *sich machen —, gehen an* (Acc. oder Loc.). किमियं प्रपद्यते *was wird sie thun?* Spr. 4012 (v. l. मयि किं प्र°). — 10) *anbrechen, eintreten.* प्रपन्न *eingetreten.* — 11) *erscheinen.* — 12) *von Statten gehen.* — 13) *werden, sein* Hariv. 11157. प्रवत्स्यत्ति v. l. für प्रपत्स्यते. अन्यथा *anders werden, sich anders gestalten* Chr. 164,2. — 14) *einwilligen, zugeben.* प्रपन्न *anerkannt.* — 15) प्रपन्न *versehen mit* (Instr.). — प्रँ पदात् AV. 6,28,1 fehlerhaft für प्रँ पतात्. — Caus. Act. Med. *eintreten lassen, einführen in* (Acc. oder Loc.). — Desid. 1) Act. (प्रपित्सति) *eintreten wollen in* (Acc.). — 2) Med. (प्रपित्सते) *an Etwas* (Acc.) *zu gehen im Begriff stehen.* — Mit अतिप्र Caus. *Jmd in die andere Welt befördern* (nach Nîlak.) MBh. 4,55,20. — Mit अनुप्र 1) *nach Jmd* (Acc.) *eintreten, — betreten.* — 2) **der Reihe nach eintreten* in *अनुप्रपादम् und *गेहानुप्रपादम्. — 3) *Hülfe suchend sich an Jmd wenden, sich flüchten zu.* Nur अनुप्रपन्न mit act. Bed. — 4) *hineingelangen in* (Acc.). — 5) *folgen, willfahren;* mit Acc. अनुप्रपन्न mit act. Bed. — 6) *werden zu* (Acc.). Nur अनुप्रपन्न mit act. Bed. MBh. 13,159,10. — Mit अभिप्र 1) *hinzutreten, betreten, gelangen zu* oder *in, sich begeben —, hineilen zu* (Acc.). अभिप्रपन्न mit act. Bed. — 2) *Schutz* oder *Hülfe suchen bei Jmd* (Acc.). Nur अभिप्रपन्न mit act. Bed. — 3) *gehen —, sich machen an* (Acc.) Kâraka 3,8. — Mit संप्र 1) *zusammen betreten, — eintreten in* (Acc.). — 2) *sich begeben auf* (den Weg, Acc.), *sich hineinbegeben in* (Acc.). — 3) *Hülfe u. s. w. suchend sich begeben zu* (Acc.). संप्रपन्न mit act. Bed. — 4) *zu Stande kommen.* — 5) mit einem Adv. auf सात् *werden zu* Bhaṭṭ. — 6) °संप्रपन्न *erfüllt von.* — Mit अभिसंप्र *gelangen zu, theilhaftig werden;* mit Acc. — Mit प्रति 1) *betreten, hinzutreten, antreten, gelangen nach, sich begeben nach, zu* oder *auf, anlangen —, ankommen bei* (Acc., इह). अन्तरेण mit vorangehendem Acc. *treten —, gerathen zwischen.* प्रतिपन्न mit act. Bed. — 2) *wieder anlangen bei* (Acc.), *wieder —, heimkehren.* — 3) *seine Zuflucht nehmen zu* (Acc.). स्वप्रतिपन्न *der zu ihm seine Zuflucht genommen hat* MBh. 3,150,48. — 4) *wandeln* (अनेन पथा). — 5) *kommen, eintreten.* प्रतिपन्न *gekommen* (von einem Zeitpunct). — 6) *in eine Lage kommen, in einen Zustand gerathen;* mit Acc. प्रतिपन्न mit act. Bed. — 7) *erlangen, theilhaftig werden* (Âpast. 2,2,3), *bekommen, empfangen, in sich aufnehmen; in die Hand nehmen.* प्रतिपन्न mit pass. Bed. Kâd. 124,7. 131,6. — 8) *wiedererlangen.* — 9) *Jmd wieder in Gnaden aufnehmen.* — 10) *auf Etwas stossen, antreffen, finden.* — 11) *sich machen an* (mit Acc. Âpast. 1,7,25, v. l. 13,6. mit Dat. 2,11,3. mit Infin. 6,2), *thun, üben, vollbringen, vollführen.* — 12) *Jmd Etwas thun, gegen Jmd Etwas unternehmen, gegen Jmd verfahren, sich gegen Jmd benehmen;* mit Loc., Gen. oder Acc. der Person. प्रतिपत्स्व = प्रतिपद्यस्व. अन्यथा प्रतिपन्नाः *die anders verfahren.* — 13) *machen zu, reddere;* mit doppeltem Acc. — 14) *Statt finden.* — 15) *Jmd* (Acc.) *zu Theil werden* Pâr. Gṛhj. 2,6,21. — 16) *Jmd* (Dat.) *Etwas zukommen lassen.* प्रतिपन्न *gegeben an* (Loc.) Âpast. 2,16,25. — 17) *wieder abgeben.* — 18) *gewahr —, inne werden, hinter Etwas kommen, eine Kenntniss von Etwas erlangen, kennen lernen, erfahren, erkennen, einsehen, begreifen.* अन्यथा *eine falsche Meinung von Jmd* (Acc.) *haben* Spr. 5619. 5651. प्रतिपन्न *a*) *vertraut mit* (Loc.). — *b*) *gekannt.* — 19) *annehmen, dafür halten.* तदभेदेन *Etwas* (Acc.) *nicht für verschieden von diesem halten.* प्रतिपन्न *der Ansicht seiend, überzeugt.* — 20) *eingehen auf, ja* (auch mit beigefügtem तथेति oder तथा) *sagen zu, zusagen, versprechen, sich einverstanden erklären mit, einwilligen, zugeben, anerkennen;* mit Acc. der Sache oder der Person (Bhaṭṭ.). प्रतिपन्न *a*) *der zugesagt hat.* प्रतिपन्नवन्त् dass. — *b*) *was man zugesagt hat, worin man eingewilligt hat, anerkannt.* — *c*) n. impers. 135,16. — 21) *anfangen zu reden, anheben* (mit Acc.), *mit Etwas* (Instr.) *anheben.* — 22) *antworten* (auch mit beigefügtem उत्तरम् *Antwort*), *Etwas* (Acc.) *beantworten.* — 23) *प्रतिपन्न = विक्रान्त. — Caus. 1) *hinführen —, hinschaffen zu* (Acc.), *stellen zwischen* (अन्तरेण). — 2) *herbeischaffen.* — 3) *Jmd gelangen lassen zu,* so v. a. *theilhaftig machen;* mit doppeltem Acc. — 4) *Jmd* (Loc., Dat. oder Gen.) *Etwas zukommen lassen, geben, übergeben, schenken* Âpast. 2,13,3. *zur Gattin geben* 11,17. 19. *verausgaben* 14,15. *geben* mit Gen. des Obj. Bhâg. P. *beschenken mit* (Instr.) Kâraṇḍ. 44,10. — 5) *einsetzen in* (Loc.). — 6) *bewirken, bereiten, verursachen, hervorrufen.* — 7) *zu wissen thun, darlegen, auseinandersetzen, lehren, klar machen.* — 8) *ansehen —, halten für;* mit doppeltem Acc. v. l. वदसि st. प्रतिपादयसि. — Desid. 1) *zu erlangen wünschen* Çaṁk. zu Bâdar. 3,3,24. — 2) *zu erfahren verlangen.* Partic. प्रतिपित्सित Bhâm. 107,16. — Desid. vom Caus. प्रतिपिपादयिषति *darzulegen —, auseinanderzusetzen im Sinne haben.* — Mit अभिप्रति *anheben mit* oder *bei Jmd* (Acc.). — Mit विप्रति 1) *nach verschiedenen Richtungen hin gehen, hierhin und dorthin sich begeben, divagari.* विप्रतिपद्यमानानि — इन्द्रियाणि Kâd. 2,57,21 (69,9). — 2) *hierhin und dorthin sich wenden,* so v. a. *nicht wissen was zu thun ist, mit sich uneins sein.* — 3) *auseinander gehen,* so v. a. *verschiedener Ansicht sein.* — 4) *sich versehen in, eine falsche Auffassung haben von* (Loc.) Kâraka 3,7. —

3) *verkehrt erwiedern* Comm. zu Njâjas. 1,1,60. — 6) विप्रतिपन्न *a) mit sich uneins —, nicht im Klaren seiend* Âpast. 2,10,12. — *b) entgegengesetzter Meinung seiend.* — *c) verkehrt, falsch* (Ansicht). — *d) eine falsche Auffassung habend von, sich irrend in* (Loc.) Kâraka 3,7. — *e) untersagt, verboten* Âpast. 2,27,4. — Mit संप्रति 1) *gelangen zu* Baudh. bei Bühler, zu Âpast. Uebers. 1,29,9 (Âpast. hat eine verdorbene Lesart), *hingehen zu* (Acc.). संप्रतिपन्न *herangetreten, herbeigekommen.* — 2) *sich einer Sache hingeben, fröhnen;* mit Acc. Spr. 6310 (Conj.). — 3) *empfangen.* — 4) *wiedererhalten.* — 5) *in Bezug auf Jmd* (Loc.) oder *Etwas* (Acc.) *einig sein, — sich verständigen, in Etwas* (Acc.) *einwilligen.* संप्रतिपन्न *anerkannt.* — 6) *halten —, ansehen für;* mit doppeltem Acc. — 7) *vollbringen.* — Caus. *Jmd* (Loc. oder Gen.) *Etwas zukommen lassen, geben.* — Mit वि 1) *hindernd in den Weg kommen.* — 2) *verkehrt gehen, missglücken, missrathen, misslingen.* विपन्न *missglückt, missrathen, misslungen.* — 3) *herunterkommen, in eine schlimme Lage gerathen, Schlimmes erfahren, in's Unglück gerathen.* विपन्न *unfähig geworden, geschwächt, in's Unglück gerathen.* — 4) *zu Nichte werden, dahin —, zu Grunde gehen, umkommen, sterben.* विपन्न *zu Nichte geworden, zu Grunde gegangen, umgekommen.* — 5) schlechte Lesart für प्र Spr. 364. — Caus. *umbringen.* — Mit सम् 1) *Jmd* (Dat. oder Gen.) *zufallen, zu Theil werden.* — 2) *gelingen, gerathen, in Erfüllung gehen, zu Stande kommen.* — 3) *voll werden* (von einer Zahl u. s. w.), *zusammen betragen.* — 4) *zusammenfallen, — treffen, sich vereinigen mit, theilhaftig werden, bekommen;* mit Instr. — 5) *eingehen in* (Loc. oder Acc.). — 6) *gerathen in, gelangen zu, theilhaftig werden, bekommen;* mit Acc. MBh. 5, 147,25. Spr. 4021. — 7) *entstehen, geboren werden.* — 8) *werden a)* mit doppeltem Nomin. — *b)* mit Dat. — *zu, sich umwandeln in* 229,3. so v. a. *bewirken, erzeugen* Pañkat. 94,21. — 9) *mit einem Adv. auf सात् *a) zu Etwas werden.* — *b) in Jmds Gewalt kommen.* — 10) *mit einem Adv. auf त्रा *Jmd zufallen.* — 11) *mit einem Onomatop. auf आ *diesen best. Laut bewirken* Vop. 7,87. fg. — 12) संपन्न *a) zu Theil geworden.* — *b) gelungen, gerathen, in Erfüllung gegangen, zu Stande gekommen.* — *c) gut gerathen,* so v. a. *vollkommen, vollendet, überaus tüchtig, im besten Zustande sich befindend* (von Personen und Sachen); mit Loc. oder am Ende eines Comp. *vollkommen vertraut mit.* संपन्नतम *der vollkommenste unter* (Gen.) Ait. Âr. 220,6. — *d) wohlschmeckend, lecker.* Compar. °तर *überaus wohlschmeckend* 85,23. — *e) versehen —, begabt —, ausgerüstet mit, im Besitz von* (Instr., Adv. auf तस् oder im Comp. vorangehend). Superl. संपन्नतम *auf das Reichste versehen mit* (Instr.). — *f) geworden.* मित्र° *zu einem Freunde.* — *g) geworden, entstanden,* so v. a. *da seiend, vorhanden* (am Anfange eines adj. Comp.). — *h)* fehlerhaft für संपत्त. — Caus. Act., selten Med. 1) *Jmd* (Dat. oder Gen.) *Etwas verschaffen, zu Theil werden lassen, zuführen.* — 2) *sich Etwas verschaffen.* — 3) *gedeihen —, gerathen lassen* (Korn) MBh. 12,29,53. *fertig machen, zubereiten* (Speise), *zu Stande bringen, hervorbringen, vollführen, ausführen.* शुश्रूषाम् *Jmd* (Gen.) *Gehorsam erweisen* Spr. 6088. — 4) *vollständig machen.* — 5) *umbilden in, machen zu;* mit doppeltem Acc. — 6) *versehen mit* (Instr.). क्रियया so v. a. *Jmd ein Geschäft auftragen.* — 7) *erwägen* MBh. 5,39,42. — 8) *eins werden, sich vereinigen, übereinkommen.* — 9) *erreichen, gelangen zu* (Acc.). — Desid. vom Caus. संपिपादयिषति *vollständig machen wollen;* s. °पिपादयिषितव्य. — Intens. संपनीपद्यते *gut passen.* — Mit अभिसम् 1) *zu Etwas werden, einem Andern gleich werden, übergehen in* (Acc.). अभिसंपन्न mit act. Bed. und mit Acc. Auch *übereinstimmend mit* (Instr.). — 2) *gelangen auf* (Loc.). — 3) *gelangen zu, erreichen;* mit Acc. — Caus. *gleich machen, umbilden in* (Acc.). — Mit उपसम् 1) *gelangen zu* (Acc.). — 2) *erlangen, erreichen, theilhaftig werden.* — 3) *ausmachen, betragen, geben* Tâṇḍja-Br. 13,10,16. — 4) उपसंपन्न *a)* **erlangt.* — *b)* **fertig, zubereitet, gut zubereitet.* — *c)* **hinreichend.* — *d) versehen mit* (Instr. oder im Comp. vorangehend). — *e) vollkommen vertraut mit* (im Comp. vorangehend). — *f) im selben Hause wohnend* Gaut. 14,22. M. 5,81. — *g)* **heimgegangen, gestorben.* — *h)* **geschlachtet, geopfert.* — Caus. 1) *herbeischaffen, verschaffen, zuführen.* — 2) buddh. *in den Stand der Priester aufnehmen, Jmd der Priesterweihe theilhaftig machen.*

2. *पद्द m. (stark पाद्, am Ende eines adj. Comp. f. पद्द und पदी) 1) *Fuss.* पदा (Spr. 7677), पद्याम् u. पद्भिस् auch *zu Fuss.* Am Ende eines adj. Comp. auch *sich an Jmds Füsse hängend.* — 2) *Schritt.* — 3) *Viertel.*

3. *पद्द, पदति (स्थैर्ये).

पदं n. (ausnahmsweise m.; adj. Comp. f. आ) 1) *Tritt, Schritt.* Acc. mit दा *einen Schritt —, Schritte thun.* पदं कर् in übertragener Bed. so v. a. *sich bemühen um* (प्रति), *sich einlassen mit, es zu thun haben mit* (Loc. im Prâkrit). Vishṇu's *mittlerer* (zweiter) *Schritt* bezeichnet den *Luftraum.* पदे पदे *bei jedem Schritt, auf Schritt und Tritt, überall, bei jeder Gelegenheit.* — 2) *Fussstapfe.* विष्णोस्त्रीणि पदानि urspr. wohl *ein best. Gestirn,* wird als *der Zwischenraum zwischen den Brauen* gedeutet. विष्णोः पदम् als Bez. *einer best. Oertlichkeit.* — 3) *Spur* überh. — 4) *die Spur eines Messers,* so v. a. *Schnitt* Bhâvapr. 5,117; vgl. शस्त्र°. — 5) *Zeichen, Merkmal.* — 6) *Standort, Ort, Stelle, Platz, Stätte.* पदम् आ-तन् so v. a. *sich ausbreiten, sich breit machen.* — 7) *Stellung, Amt, Würde, Rang.* — 8) *Fach, Feld, Parcelle eines Landstückes.* — 9) *Gegenstand* (der Geringachtung, des Staunens, Streites u. s. w.). — 10) *Veranlassung, Grund.* — 11) **ein vorgeschützter Grund, Vorwand.* — 12) *Fuss.* पदेन *zu Fuss;* पदं धा *Fuss fassen,* so v. a. *sich einstellen;* *तत्पदव्यां पदं धा *den Fuss auf seinen Pfad setzen,* so v. a. *sich mit ihm messen können* 251,7. पदं नि-धा *den Fuss setzen auf,* auch so v. a. *Eindruck machen auf* (Loc.); पदं नि-धा पदव्याम् mit folgendem Gen. *den Fuss auf Jmds Pfad setzen,* so v. a. *es Jmd gleich thun wollen* Ragh. 3,50. पदं कर् *den Fuss setzen auf* (Loc.); मूर्ध्नि पदं कर् *den Fuss auf Jmds* (Gen.) *Haupt setzen,* so v. a. *besiegen, übertreffen;* हृदये oder चित्ते पदं कर् *sich des Herzens* oder *Geistes ganz bemächtigen;* पदं नि-बन्ध् so v. a. *auf Etwas eingehen, sich befassen mit* (Loc.). — 13) *Fuss* als *best. Längenmaass.* — 14) **Strahl;* soll m. sein. — 15) *Versglied, Versviertel, Stollen.* — 16) *Cäsur.* — 17) *Wort.* In der Grammatik heisst auch ein Wortstamm पद vor gewissen consonantisch anlautenden Suffixen, weil es vor diesen in Bezug auf den Auslaut wie ein Wort im Satze behandelt wird. — 18) = पदपाठ. — 19) gemeinschaftlicher Name *des* Parasmaipada *und* Âtmanepada. — 20) *die Periode einer arithmetischen Progression.* — 21) *Quadratwurzel.* — 22) *Quadrant.* — 23) * = त्राण *Schutz.*

पदक 1) *Adj. *mit dem* Padapâṭha *vertraut.* — 2) *m. *a) eine Art Schmuck* (निष्क). — *b)* N. pr. eines Mannes; Pl. *sein Geschlecht.* — 3) n. *a) Schritt.* — *b) Stellung, Amt.* — *c) Fuss.* — 4) am Ende eines adj. Comp. in त्रिपदिका und द्विपदिका.

पदकार m. *der Verfasser eines* Padapâṭha.

पदकाल m. = पदपाठ Sâj. zu RV. 3,35,1.

पदकृत् m. = पदकार.

पदकृत्य n. Titel eines Commentars.

पदक्रम m. 1) **eine Reihe von Schritten.* — 2) *Gangart* Çiç. 1,52. — 3) *eine Reihe von Versvierteln.* — 4) *eine eigenthümliche Recitations- und Schreibweise des* Veda. — 5) Pl. *der* Pada- *und die verschiedenen* Krama-Pâṭha.

पदक्रमलक्षण n. Titel eines Werkes.

*पदग Adj. *zu Fusse gehend;* m. *Fussgänger, Fussknecht.*

पदगति f. *Gang, Art und Weise zu gehen.*

पदगोत्र n. *das einer bestimmten Wortklasse vorstehende Geschlecht.*

पदचतुरूर्ध्व n. *ein best. Metrum.*

पदचन्द्रिका f. Titel zweier Commentare.

पदचिह्न n. *Fussspur* Daçak. 88,12.

पदच्छेद m. *Worttrennung* Comm. zu Tâṇḍja-Br. 5,1,12. zu Âpast. Çr. 5,20,12.

पदजात n. 1) *Wortklasse.* — 2) **ein Verein zusammengehöriger Worte, Satz, Periode.*

पदज्ञ Adj. *ortskundig, die Heimat kennend.*

पदज्योतिस् n. Titel eines Werkes.

*पदज्वल m. N. pr. eines Mannes; Pl. *sein Geschlecht.*

पदता f. *die ursprüngliche Wortform.*

पदत्व n. *das Wortsein.*

*पदत्रा (!) f. *Schuh.*

पददेवता f. *die einer bestimmten Wortklasse vorstehende Gottheit.*

पदद्योतिनी f. Titel eines Commentars (zu Gît.) Cat. Willmot 60.

*पदन Adj. von 1. पद्.

पदनिधन Adj. *am Ende jedes Versviertels das* Nidhana *habend* (Sâman).

पदनी Adj. *der Spur nachfolgend.*

पदनीय 1) Adj. *auf dessen Spur man zu kommen hat, auszumitteln.* Nom. abstr. पदनीयत्व n. — 2) n. als Erklärung von पद Nilak. zu MBh. 12,281,2.

पदनुषङ्ग m. *Versviertel-Anhängsel.*

पदन्यास m. (adj. Comp. f. आ) 1) *das Niedersetzen des Fusses, Tritt, Fussspur* Spr. 7840. — 2) *das Niederschreiben von Versvierteln,* — *Versen* Spr. 7840. — 3) **Asteracantha longifolia* oder *Tribulus lanuginosus.*

पदपङ्क्ति f. 1) *eine Reihe von Fusstritten, Fussspuren* 134,10. — 2) *ein aus fünf* Pada *mit je fünf Silben bestehendes Metrum.* — 3) *ein nach dem Metrum benannter Backstein.* — 4) *eine Reihe von Worten.*

पदपञ्चक n. und °पञ्चिका f. Titel eines Werkes Opp. Cat. 1.

पदपद्धति f. *eine Reihe von Fusstritten, Fussstapfen, Fussspuren.*

पदपांसु m. Pl. *der Staub an den Füssen* Sâmav. Br. 2,6,8.

पदपाठ m. *eine eigenthümliche Recitations- und Schreibweise des* Veda, *bei der jedes Wort und Nominalthema* (dieses jedoch nur vor consonantisch *anlautenden Suffixen*) *in seiner ursprünglichen Form recitirt und geschrieben wird;* vgl. पद 17).

पदपूरण 1) Adj. *zur Vollmachung des Verses dienend.* — 2) n. *das Vollmachen eines Verses durch einen Lückenbüsser* Med. avj. 5.

*पदबन्ध m. *Schritt.*

*पदभञ्जन n. *Wortanalyse.*

*पदभञ्जिका f. *ein Commentar, der die zusammengesetzten und zusammengeflossenen Wörter in ihre Bestandtheile zerlegt.*

पदभ्रंश m. *das Verlustiggehen der Stellung,* — *des Ranges* Prasannar. 15,22.

पदमञ्जरी f. Titel verschiedener Commentare Opp. Cat. 1.

पदमाला f. *Zauberworte, Zauberspruch.*

*पदय्, पदयते (गतौ).

पदयोजना f. Titel eines Commentars Opp. Cat. 1. °योजनिका f. desgl.

पदयोपन 1) Adj. (f. ई) *die Fussspur verwischend.* — 2) n. *das Verwischen des Weges.*

पदरचना f. *Zusammenfügung von Worten, eine literärische Composition.*

पदवाक्यरत्नाकर m. Titel verschiedener Werke.

पदवाद्य n. *eine Art Trommel* S. S. S. 192.

पदवाय m. *Anführer, Wegweiser, Vortreter.*

*पदवि f. = पदवी *Weg, Pfad.*

पदविग्रह und पदविच्छेद m. *Worttrennung.*

पदविद् Adj. *vertraut mit Etwas* (Gen.).

पदविराम m. *die Pause nach einem Versviertel* TS. Prât.

पदवी 1) m. (Nom. °स्) *Anführer, Wegweiser, Vortreter.* — 2) f. (Nom. पदवी) a) *Wegspur, Spur* (Kâd. 30,12); *Weg, Pfad, Weg zu* (im Comp. vorangehend). पदं पदव्यां निधा *den Fuss auf den Pfad von Jmd* (Gen.) *setzen,* so v. a. *es ihm nachthun wollen;* *तत्पदव्यां पदं धा so v. a. *sich damit* oder *mit ihm messen können* 251,7; °पदवीम् अभि-इ *den Weg von* — *betreten,* so v. a. *gleichkommen, ähnlich sein;* °पदवीं प्र-आप् *auf den Weg von* — *gelangen* und पदवीं सम-रुह् *den Weg von* — *betreten,* so v. a. *sich einer Sache hingeben;* यौवनपदवीमारूढः so v. a. *in's Jünglingsalter getreten;* °पदवीं या *den Weg des* — *betreten,* so v. a. *zum Gegenstand von Etwas* (z. B. des Gelächters) *werden.* — b) *Bereich* (der Augen, Ohren, der Erinnerung). — c) *Stellung, Amt* Prasannar. 123,2.

पदवीयम् RV. 10,71,3 = पदव्यम्, Acc. von पदवी *Wegspur.*

पदवृत्ति f. 1) *der Hiatus zwischen zwei Wörtern im Satze.* — 2) Titel eines *Commentars* (zu Kâvjapr.) Cat. Willmot 102.

*पदव्याख्यान n. *Worterklärung.*

पदशस् Adv. 1) *Schritt vor Schritt, nach und nach, allmählich.* — 2) *Wort für Wort.*

पदशास्त्र n. *die Lehre von den getrennt geschriebenen Wörtern.*

पदश्रेणि f. *eine Reihe von Fusstritten, Fussspuren.*

*पदष्ठीव n. Sg. *die Füsse und die Knie.*

पदसंहिता f. = पदपाठ TS. Prât.

*पदसंघाट und °संघात m. *das Zusammenrücken der* (in der Saṁhitâ durch refrainartige Wörter) *getrennten Wörter.*

पदसधातु n. *eine best. Singweise.*

पदसंदर्भ m. Titel eines grammatischen Werkes.

पदसंधि m. *die euphonische Verbindung der Wörter.*

पदसमय m. = पदकाल = पदपाठ TS. Prât. Comm.

पदसमूह m. 1) *eine Reihe von Versgliedern* oder *Wörtern.* — 2) = पदपाठ.

पदस्तोभ m. 1) Name verschiedener Sâman Ârsh. Br. — 2) Titel eines Werkes.

पदस्थ Adj. 1) *auf den Füssen stehend,* so v. a. *zu Fusse gehend.* — 2) *in Amt und Würden stehend.*

पदस्थान n. *Fussspur.*

पदस्थित Adj. = पदस्थ 2).

पदाङ्क m. *Fussspur.*

पदाङ्कदूत m. Titel eines Gedichts.

*पदाङ्गी f. *Cissus pedata* Râgan. 3,111.

पदाङ्गुष्ठ m. *die grosse Zehe.* पादाङ्गुष्ठ v. l.

*पदाजि m. *Fussgänger, Fussknecht.*

पदात m. fehlerhaft für पदाति und पादात.

पदाति 1) Adj. *zu Fusse gehend,* — *seiend.* — 2) m. a) *Fussgänger, Fussknecht.* — b) *Bauer im Schachspiel* Pańkad. — c) N. pr. eines Sohnes des Ganameǵaja.

पदातिक m. *Fussknecht.* Am Ende eines adj. Comp. f. आ.

पदातिन् Adj. 1) *mit Fussknechten versehen, aus F. bestehend.* — 2) *zu Fusse gehend,* — *seiend;* m. *Fussknecht.*

पदातिलव m. so v. a. *unterhänigster Diener*

Bâlar. 112,13. 236,3. 240,17. Vgl. भृत्यपरमाणु u. परमाणु 1) *a*).

पदातीय m. *Fussknecht*. v. l. पत्तयश्च st. पदातीयः.

पदात्यध्यत्त m. *ein Oberbefehlshaber über das Fussvolk*.

पदादि m. 1) *der Anfang eines Versgliedes*. — 2) *der Anfang eines Wortes, Anlaut*.

*पदाद्यविद् m. *ein schlechter Schüler*.

पदाध्ययन m. *das Studium des* Veda *nach dem* Padapâṭha.

पदाध्यायिन् Adj. *den* Veda *nach dem* Padapâṭha *studirend*.

पदानुग Adj. 1) *Jmd* (Gen.) *auf dem Fusse folgend; m. Begleiter*. — 2) *entsprechend, angenehm für* (im Comp. vorangehend).

*पदानुराग m. 1) *Diener*. — 2) *Armee*.

पदानुशासन n. *die Lehre von den Wörtern*.

पदानुषङ्ग m. Pada-*Anhängsel*.

पदानुस्वार n. Bez. *bestimmter* Sâman.

1\. पदान्त m. 1) *der Schluss eines Versgliedes*. — 2) *das Ende eines Wortes, Auslaut*.

2\. पदान्त Adj. *auf das Wort* पद् *auslautend*.

पदान्तर n. 1) *ein Zwischenraum von einem Schritte*. °रे स्थित्वा *nach einem Schritt wieder stehen bleibend*. — 2) *ein anderes Wort* 280,3.

पदान्तप्रुद्धाप्रुद्धीय n. Name eines Sâman.

पदान्तीय und पदान्त्य Adj. *im Auslaut stehend, auslautend*.

पदान्वेषिन् Adj. *eine Fussspur verfolgend* Daçak. 20,2.

पदाभिक्व m. *die Ausgiessung des Opfers auf die Fussstapfe* Vaitân. 13,6.

पदाम्नायसिद्धि f. Titel eines Commentars.

*पदायत 1) Adj. *so lang wie der Fuss*. — 2) f. श्रा *Stiefel*.

*पदार m. 1) *Staub der Füsse*. — 2) *Boot*.

पदार्थ m. 1) *die einem Worte entsprechende Sache, Ding, Gegenstand*. — 2) *Gegenstand der Betrachtung, Vorwurf*. — 3) in der Philosophie *Hauptbegriff, Kategorie*. — 4) *Wortbedeutung*. P. 1,4,96 wird das Wort unnöthiger Weise durch *Bedeutung eines nicht beigefügten Wortes* erklärt. *Ding, Gegenstand* genügt.

पदार्थक am Ende eines adj. Comp. *Wortbedeutung* Pat. zu P. 8,2,84.

पदार्थकौमुदी f., पदार्थखण्डन n., °टिप्पण, °टीका f., °व्याख्या f., °शिरोमणि m. (Opp. Cat. 1), पदार्थचन्द्रिका f., °विलास m., पदार्थतत्त्व n., °टीका f. (Opp. Cat. 1), °निरूपण n. (ebend.), °निर्णय m., °विवेचन n., °विवेचनप्रकाश m., पदार्थदीपिका f., पदार्थदीपिनी f., पदार्थधर्मसंग्रह m., पदार्थनिरूपण n., पदार्थपारिजात m., पदार्थप्रकाश m., पदार्थबोध m., पदार्थमणिमाला f., °प्रकाश m., पदार्थमाला f., °दीपिका f., °प्रकाश m., पदार्थरत्नमञ्जूषा f. (Bühler, Rep. No. 393), °रत्नमाला f., पदार्थविवेक m., पदार्थसंग्रह m. (Opp. Cat. 1) und पदार्थादर्श m. Titel von Werken.

पदार्थानुसमय m. *die Verrichtung einer rituellen Handlung an allen Gegenständen in ihrer Reihenfolge, ehe man zur Verrichtung einer zweiten Handlung an alle Gegenstände in derselben Reihenfolge übergeht*, Comm. zu Âçv. Gṛhj. 1,24, 7. zu Kâtj. Çr. 1,5,9. 11. zu Njâjam. 5,2,1. fgg. Vgl. काण्डानुसमय.

पदार्थोद्देश m. Titel eines Werkes.

*पदालिक = धुन्धुमार. v. l. पादालिक.

पदावग्राहम् Absol. *mit einer Pause nach jedem Versviertel* Ait. Br. 6,33,14. 35,22. Vaitân.

पदावली f. 1) *eine Reihe von Versgliedern* oder *Worten*. — 2) Titel einer Grammatik.

पदावृत्ति f. *Wiederholung eines Wortes*. In der Rhetorik *Wiederkehr desselben Wortes, aber in anderer Bedeutung*.

पदास n. वसिष्ठस्य पदासे Name zweier Sâman Ârsh. Br.

*पदासन n. *Fussbank*.

पैदि m. vielleicht *ein best. Thier*. Nach Mahîd. *Vogel*, nach Nir. = गन्तु.

पदिक 1) Adj. (*f. ई) *a*) **zu Fusse gehend; m. Fussgänger, Fussknecht*. — *b*) *nur ein Fach einnehmend* Hemâdri 1,652,18. — *c*) *einen Fuss lang*. — 2) *n. *Fussspitze*.

पदिबद्ध Adj. (f. श्रा) *am Fusse gefesselt*.

पदी Adv. mit कर् *zur Quadratwurzel erheben* Comm. zu Ârjabh. 2,28. °कृतत्व n. ebend.

पदुक oder पदुम m. Pl. N. pr. eines Volkes VP.² 4,221.

*पदेक (!) m. *Habicht*.

पदैकदेश m. *Worttheil* TS. Prât. Comm.

पदोच्चय m. in der Dramatik *eine Fülle von Worten mit entsprechendem Sinne*.

*पदोपहत Adj. P. 6,3,52.

*पद्ग Adj. *zu Fusse gehend; m. Fussgänger, Fussknecht*.

पद्घोष m. *das Geräusch der Fusstritte*. Nur Pl.

पद्धडी f. *eine Art Composition* S. S. S. 167.

पद्धति und *°ती f. 1) *Wegspur, Spur* (Kâd. 30, 9); *Weg, Pfad* (eig. und übertr.). — 2) *Linie, Reihe*. — 3) *Wegweiser, Leitfaden, Texterklärung* als Bez. einer best. Klasse von Werken. — 4) *Beiname* oder vielleicht genauer *das charakteristische, die Kaste, Beschäftigung u. s. w. andeutende Wort in einem zusammengesetzten Personennamen*.

पद्धतिचिन्तामणि m., पद्धतिभूषण n. und पद्धतिरत्न n. Titel von Werken.

*पद्धिम m. *Kälte an den Füssen*.

पद्म 1) m. n. *a*) *die am Abend sich schliessende Blüthe von Nelumbium speciosum*. (*m. n.) Am Ende eines adj. Comp. f. श्रा. — *b*) (*n.) *die Form —, die Figur einer Wasserrose*. Die Tântrika theilen den menschlichen Oberkörper in 6 Padma oder Ḱakra. — *c*) (*m. n.) *ein Mal —, Fleck von best. Gestalt*. — *d*) (*m. n.) *ein best. Theil einer Säule*. — *e*) (*n.) *eine best. Tempelform*. — *f*) (*m. n.) *ein in der Gestalt einer Wasserrose aufgestelltes Heer*. — *g*) (*m.) *eine best. Stellung des Körpers beim Sitzen* (bei religiösen Vertiefungen). v. l. पद्मक. — *h*) (*n.) *quidam coeundi modus*. — *i*) (*n.) *einer der 9 Schätze* Kubera's. Auch personificirt. — *k*) (*n.) *einer der 8 Schätze, die zur Zauberkunst* Padminî *in Beziehung stehen*. — *l*) (*m.) *eine best. hohe Zahl* (*1000 Billionen*). Auch wohl *1000 Millionen* wie श्रब्ज. — *m*) (*n.) *eine best. Constellation*. — *n*) (*m. n.) *eine best. kalte Hölle* (buddh.). — *o*) (*m. n.) *ein best. wohlriechender Stoff*. v. l. पद्मक. — *p*) **die Wurzel von Nelumbium speciosum*. — *q*) *eine Art Bdellion* Bhâvapr. 1,186. — *r*) **Blei*. n. Râǵan. 13,25. — 2) m. *a*) **eine best. Pflanze*. — *b*) *eine Schlangenart*. — *c*) **Elephant*. — *d*) Bein. Râma's, Sohnes des Daçaratha. — *e*) N. pr. α) zweier Schlangendämone. — β) eines Wesens im Gefolge Skanda's. — γ) *eines der 9 weissen Bala bei den Ǵaina. — δ) *des 9ten Ḱakravartin in Bhârata bei den Ǵaina. — ε) verschiedener Männer. — ζ) eines mythischen Elephanten. — η) eines Affen. — ϑ) eines Berges. — 3) f. श्रा *a*) Bein. der Göttinnen Çrî und *Manasâ. — *b*) *eine best. Pflanze*. Nach den Lexicographen *Clerodendrum Siphonanthus* und *Hibiscus mutabilis*. — *c*) **Gewürznelken*. — *d*) **die Blüthe von Carthamus tinctorius*. — *e*) N. pr. α) *eines weiblichen Schlangendämons. — β) einer Tochter des Fürsten Bṛhadratha. — γ) *der Mutter des Arhant Munisuvrata. — 4) Adj. *lotusfarbig*.

पद्मक 1) m. n. *a*) **rothe Flecken auf der Haut eines Elephanten*. — *b*) *das Holz von Cerasus Puddum* MBh. 1,127,23. Nach Râǵan. 12,148 n., nach

Nîlak. m. — 2) m. *a) ein in der Form einer Wasserrose aufgestelltes Heer.* — *b) eine best. Constellation* Hemâdri 1,78,21. — *c)* N. pr. verschiedener Männer. — 3) n. *a)* **Costus speciosus* oder *arabicus* Râgan. 12,123. — *b) eine best. Stellung beim Sitzen* (bei religiösen Vertiefungen) 285,33.

*पद्मकन्दाद् m. *ein best. Vogel* Gal.

1. पद्मकर m. *eine lotusähnliche Hand.*

2. पद्मकर 1) Adj. (f. आ) *eine Lotusblüthe in der Hand haltend.* — 2) *m. *die Sonne.* — 3) f. आ Bein. der Göttin Çrî.

*पद्मकर्कटी f. *Lotussamen* Râgan. 10,191.

पद्मकर्णिक 1) (metrisch) m. oder n. = °का f. *ein in der Form der Samenkapsel einer Lotusblüthe aufgestelltes Heer* MBh. 7,25,27. — 2) f. आ N. pr. einer Surâṅganâ Ind. St. 15,232.

पद्मकल्याणखण्ड n. Titel eines *Abschnittes* in einem Purâṇa Opp. Cat. 1.

पद्मकाष्ठ n. *das Holz von Cerasus Puddum* Râgan. 12,148. Mat. med. 312.

*पद्मकिन् m. *Betula Bhojpatra.*

पद्मकीट m. *ein best. giftiges Insect.*

पद्मकुण्ड n. *eine best. mystische Figur.*

पद्मकूट N. pr. 1) m. eines Fürsten der Vidjâdhara. — 2) n. des Palastes der Subhîmâ.

पद्मकेतन m. N. pr. eines Sohnes des Garuḍa.

पद्मकेतु m. *ein best. Komet.*

पद्मकेसर n. *die Staubfäden der Wasserrose* Râgan. 10,196.

पद्मकोश m. 1) *der Blumenkelch des Taglotuses.* — 2) *eine best. Stellung der Finger, die an einen Blumenkelch des Taglotuses erinnert.* — 3) Titel eines Vedânta-Werkes.

पद्मकोशाय्, °यते *dem Blumenkelch einer Wasserrose gleichen* Bâlar. 170,10.

पद्मक्षेत्र n. N. pr. eines *heiligen Gebietes* in Orissa.

पद्मखण्ड n. 1) *eine Gruppe von Taglotusen.* — 2) Titel eines *Kapitels* im Brahmâṇḍapurâṇa.

पद्मखण्डनगर n. N. pr. einer *Stadt* Ind. St. 15, 359.

*पद्मगन्ध Adj. (f. आ) *den Geruch eines Taglotuses habend.*

पद्मगन्धि 1) Adj. dass. — 2) n. *Cerasus Puddum* Bhâvapr. 1,185.

पद्मगर्भ 1) m. *a)* Bein. α) Brahman's. — β) Vishṇu's. — γ) Çiva's. — *b)* **die Sonne.* — *c)* N. pr. α) eines Buddha Lalit. 201,11. — β) verschiedener Männer. — 2) n. N. pr. eines Sees 160,21.

पद्मगुप्त m. N. pr. eines Dichters.

पद्मगृहा f. Bein. der Lakshmî.

पद्मचरण m. N. pr. eines Schülers des Çaṃkarâkârja.

पद्मचारिणी f. 1) *Hibiscus mutabilis* Mat. med. 312. Râgan. 5,79. Bhâvapr. 6,183. — 2) *eine best. Personification* Mân. Gṛhj. 2,13.

पद्मज m. Bein. Brahman's.

पद्मजाति f. = पद्मबन्ध Haeb. Anth. 291.

*पद्मतन्तु m. *der Flaum am Blumenstiel des Lotus* Râgan. 10,193.

पद्मता f. Nom. abstr. zu पद्म 1) *a)* 251,19.

पद्मदर्शन m. 1) **das Harz der Pinus longifolia.* — 2) N. pr. eines Mannes.

पद्मधर Adj. *eine Wasserrose in der Hand haltend* (Vishṇu) Vishṇus. 98,75.

पद्मधाराधर Adj. *eine Reihe —, einen Kranz von Wasserrosen tragend* (Vishṇu) Vishṇus. 98,76.

पद्मनन्दिन् m. N. pr. eines Autors.

पद्मनन्दिपञ्चविंशतिका f. Titel eines Werkes Bühler, Rep. No. 630.

पद्मनाभ m. 1) Bein. Vishṇu's. — 2) *der 11te Monat* (vom Mârgaçîrsha gerechnet). — 3) *ein best. über Waffen gesprochener Zauberspruch.* — 4) N. pr. α) eines Schlangendämons. — β) eines Sohnes des Dhṛtarâshṭra. — γ) *des 1ten Arhant's der zukünftigen Utsarpiṇî. — δ) verschiedener Männer. Auch °तीर्थ, °भट्ट und °मिश्र.

पद्मनाभदत्त m. N. pr. eines Grammatikers und Lexicographen.

पद्मनाभद्वादशी f. *der 12te Tag in der lichten Hälfte des* Âçvajuga.

पद्मनाभपुरी m. N. pr. eines Gelehrten.

पद्मनाभबीज n. *die Algebra des* Padmanâbha.

*पद्मनाभि m. Bein. Vishṇu's.

*पद्मनाल n. *die röhrige Wurzel des Lotus* Râgan. 10,193.

पद्मनिधि m. *einer der 9 Schätze* Kubera's. Personificirt Pañkat. 235,10. 11.

*पद्मनेत्र m. *ein best. Vogel* Gal.

1. पद्मपत्त्र n. *das Blüthenblatt eines Taglotuses.*

2. पद्मपत्त्र n. *Costus speciosus* oder *arabicus* Râgan. 6,154. Bhâvapr. 1,175.

पद्मपद m. N. pr. eines Schülers des Çaṃkarâkârja.

*पद्मपर्ण n. *Costus speciosus* oder *arabicus.*

पद्मपाणि m. 1) Bein. *a)* Brahman's. — *b)* Vishṇu's. — *c)* Avalokiteçvara's. — 2) **die Sonne.* — 3) *N. pr. eines Buddha.

पद्मपाद m. N. pr. eines Schülers des Çaṃkarâkârja.

पद्मपादाचार्य m. N. pr. eines *Lehrers.*

पद्मपुर m. N. pr. einer *Stadt.*

पद्मपुराण n. Titel verschiedener Purâṇa Bühler, Rep. No. 631. fg.

*पद्मपुष्प m. 1) *Pterospermum acerifolium.* — 2) *ein best. Vogel.*

पद्मप्रभ N. pr. 1) m. *a)* eines zukünftigen Buddha. — *b)* eines Devaputra Lalit. 346,12. — *c)* *des 6ten Arhant's der gegenwärtigen Avasarpiṇî. — 2) f. आ einer Tochter Mahâdaṃshṭra's.

*पद्मप्रिया f. Bein. der Göttin Manasâ.

पद्मबन्ध m. *eine künstliche Schreibweise von Versen, bei der man die einzelnen Silben auf die 8 Blüthenblätter einer eine Wasserrose darstellenden Figur vertheilt und diejenige Silbe, die vor jedem Silbencomplex zu wiederholen ist, in die Samenkapsel stellt.* Kâvjapr. S. 252.

*पद्मबन्धु m. 1) *die Sonne.* — 2) *Biene.*

पद्मबन्धुकुल n. N. pr. eines *Geschlechts.*

*पद्मबीज n. *der Same des Taglotuses* Râgan. 10,191.

*पद्मबीजाभ n. *der Same von Euryala ferox.*

पद्मभव m. Bein. Brahman's.

पद्मभास m. Bein. Vishṇu's. v. l. पद्मनाभ.

पद्मभू m. Bein. Brahman's Dhûrtan. 65.

पद्ममय Adj. (f. ई) *aus Taglotusen gebildet, — bestehend.*

पद्ममालिन् 1) Adj. *mit einem Kranze von Taglotusen geschmückt.* — 2) m. N. pr. eines Rakshas. — 3) f. °नी Bein. der Göttin Çrî.

पद्ममिहिर m. N. pr. eines Geschichtsschreibers.

*पद्ममुखी f. *Alhagi Maurorum.*

*पद्ममूल n. *Lotuswurzel* Râgan. 10,194.

पद्मयोनि m. 1) Bein. Brahman's Gṛhjâs. 1,19. — 2) N. pr. *a)* eines Buddha Lalit. 201,9. — *b)* verschiedener Männer.

पद्मयोनिन् (metrisch) m. = पद्मयोनि 1).

पद्मरति f. N. pr. zweier Fürstinnen.

*पद्मरत्न m. N. pr. des 23sten buddh. Patriarchen Eitel, Ch. B.

पद्मरथ m. N. pr. verschiedener Fürsten Hem. Par. 1,420.

पद्मराग 1) m. *Rubin* Râgan. 13,149. — 2) f. ई *eine der 7 Zungen* Agni's.

पद्मरागक m. *Rubin* Hemâdri 1,273,6.

पद्मरागमय Adj. (f. ई) *aus Rubinen gebildet, — bestehend* Kârand. 83,23.

पद्मराज m. N. pr. verschiedener Männer.

पद्मरूप Adj. (f. श्रा) *lotusfarbig* (Çrî) MBh. 3, 229,3.

*पद्मरेखा f. *eine best. Linie im Innern der Hand, die auf Erlangung grosser Reichthümer hinweist.*

*पद्मलाञ्छन 1) m. *a) Fürst, König.* — *b)* Bein. α) Brahman's. — β) Kubera's. — *c) die Sonne.* — 2) f. श्रा Bein. *a)* der Çrî. — *b)* der Sarasvatî. — *c)* der Târâ.

पद्मलेखा f. N. pr. eines Frauenzimmers.

पद्मवनबान्धव m. *die Sonne.* °वंश m. = सूर्यवंश Prasannar. 56,13.

पद्मवत् 1) Adj. *mit Taglotusen versehen.* — 2) f. °वती N. pr. *a)* einer Gattin Açoka's. — *b)* einer Stadt.

पद्मवर्चस् Adj. *lotusfarbig* 47,32. 63,7. R. Gorr. 2,60,16.

पद्मवर्ण 1) Adj. *lotusfarbig.* — 2) m. N. pr. eines Sohnes des Jadu.

*पद्मवर्णक n. *Costus speciosus* oder *arabicus.*

*पद्मवासा f. Bein. der Göttin Çrî.

पद्मवाहिनी f. Titel eines Werkes.

*पद्मवृत्त m. *Cerasus Puddum* Râgan. 12,148.

पद्मवृषभविक्रामिन् m. N. pr. eines zukünftigen Buddha.

पद्मवेष m. N. pr. eines Fürsten der Vidjâdhara.

*पद्मव्यूह m. *ein best.* Samâdhi.

पद्मशस् Adv. *zu tausend Billionen.*

*पद्मशायिनी f. *ein best. Vogel* Gal.

पद्मशेखर m. N. pr. eines Fürsten der Gandharva.

पद्मश्री 1) Adj. *von der Pracht der Wasserrose* als Beiw. Avalokiteçvara's Kâraṇḍ. 11,3. — 2) m. N. pr. eines Bodhisattva. — 3) f. N. pr. verschiedener Frauen Hem. Par. 2,80.

पद्मश्रीगर्भ m. N. pr. eines Bodhisattva.

पद्मषण्ड n. *eine Gruppe von Taglotusen.*

पद्मसंहिता f. Titel eines Werkes Opp. Cat. 1.

पद्मसद्मन् m. Bein. Brahman's Bâlar. 219, 5.

पद्मसमासन m. desgl.

पद्मसंभव m. 1) desgl. — 2) N. pr. eines buddh. Gelehrten.

पद्मसरस् m. 1) *Lotusteich* Ind. St. 14,380. — 2) N. pr. verschiedener *Seen.*

पद्मसुन्दर m. N. pr. eines Autors.

पद्मसूत्र n. *eine Guirlande von Wasserrosen.*

पद्मसेन N. pr. 1) m. verschiedener Männer. — 2) f. श्रा eines Frauenzimmers Hem. Par. 2,80.

पद्मसौगन्धिक und °वत् Adj. *mit Blüthen von Nelumbium speciosum und der weissen Wasserlilie besetzt* (Teich).

*पद्महस्ता f. Bein. 1) der Gaṅgâ. — 2) der Çrî — 3) der Durgâ.

पद्मस्वामिन् m. N. pr. eines Heiligthums.

पद्महस्तक m. *ein best. Längenmaass* Agni-P. 39,21.

*पद्महास m. Bein. Vishṇu's.

पद्महेममणि m. N. pr. eines Lehrers.

पद्माकर m. (adj. Comp. f. श्रा) *eine Gruppe von Taglotusen* Spr. 3909. *ein Teich mit solchen Lotusen* Ind. St. 14,366.

पद्माकरभट्ट m. N. pr. eines Gelehrten.

पद्माक्ष 1) Adj. (f. ई) *lotusäugig.* — 2) m. *a)* Bein. Vishṇu's. — *b)* N. pr. eines Mannes. — 3) f. ई N. pr. einer Surâṅganâ Ind. St. 15,232. — 4) *n. *der Same der Wasserrose* Râgan. 10,191.

पद्माङ्कमुद्रा f. *eine best.* Mudrâ Kâraṇḍ. 74,8.

पद्माङ्घ्रि m. N. pr. = पद्मपाद.

पद्माट m. *Cassia Tora* Bhâvapr. 1,178.

पद्मादित्व n. Nom. abstr. von पद्मादि *die Blüthe von Nelumbium speciosum u. s. w.* 253,5.

पद्माधीश m. Bein. Vishṇu's Dhûrtan. 62.

पद्मालंकारा f. N. pr. einer Gandharva-Jungfrau Kâraṇḍ. 5,2.

पद्मालय 1) Adj. (f. श्रा) *dessen Wohnsitz eine Wasserrose ist.* — 2) m. Bein. Brahman's. — 3) f. श्रा Bein. der Çrî. — 4) n. N. pr. einer Stadt Ind. St. 15,382.

पद्मावत m. N. pr. eines von Padmavarṇa gegründeten Reiches.

पद्मावती f. 1) **Hibiscus mutabilis* Râgan. 5,80. — 2) *ein best. Prâkrit-Metrum.* — 3) Bein. *a)* der Lakshmî. — *b)* *der Göttin Manasâ. — 4) N. pr. *a)* einer der Mütter im Gefolge Skanda's. — *b)* einer Surâṅganâ Ind. St. 15. — *c)* *einer Ǵaina-Gottheit. — *d)* verschiedener Frauen Hem. Par. 2,75. — *e)* einer Stadt. — *f)* der Stadt Uǵǵajinî im Kṛtajuga. — *g)* *eines Flusses. — 5) Titel des 17ten Lambaka im Kathâs.

पद्मावतीकल्प m. Titel eines Werkes.

*पद्मावतीप्रिय m. Bein. Ǵaratkâru's.

पद्मावभास m. *ein best. Stein der Weisen* Kâraṇḍ. 85,14.

पद्मावलि f. Titel eines Werkes.

1. पद्मासन n. 1) *eine Wasserrose als Sitz.* — 2) *eine best. Art zu sitzen bei den Asketen.* — 3) *quidam coeundi modus.*

2. पद्मासन 1) Adj. (f. श्रा) *a) auf* oder *in einer Wasserrose sitzend.* — *b) auf die* Padmâsana (1. पद्मासन 2) *genannte Art sitzend.* Nom. abstr. °ता f. — 2) m. *a)* Bein. Brahman's. — *b)* **die Sonne.* — 3) *f. श्रा Bein. der Göttin Manasâ.

पद्माह्वय m. *Cerasus Puddum* Bhâvapr. 1,185.

*पद्माह्वा f. *Hibiscus mutabilis* Râgan. 5,78.

पद्मिन् 1) Adj. *gefleckt* (von Elephanten). — 2) *m. *Elephant* Râgan. 19,15. — 3) f. °नी *a) Nelumbium speciosum (die ganze Pflanze), eine Menge von Wasserrosen, Lotusteich.* — *b)* **Elephantenkuh* Râgan. 19,19. — *c) eine best. Zauberkunst.* — *d) ein Frauenzimmer mit bestimmten Eigenschaften.* — *e)* N. pr. α) einer Surâṅganâ Ind. St. 15. — β) eines Frauenzimmers.

पद्मिनीक am Ende eines adj. Comp. von पद्मिन् 3) *a)*.

पद्मिनीकण्टक m. *eine best. Ausschlagskrankheit.*

*पद्मिनीकान्त m. *die Sonne.*

पद्मिनीखण्ड n. 1) *eine Gruppe von Wasserrosen.* — 2) N. pr. einer Stadt Ind. St. 15,359.

पद्मिनीपत्त्र n. *ein Blatt von Nelumbium speciosum.*

*पद्मिनीवल्लभ und *पद्मिनीश m. *die Sonne.*

पद्मिनीषण्ड und °पुर n. N. pr. einer Stadt Ind. 15,359.

पद्मिष्ठा f. N. pr. eines Frauenzimmers.

पद्मेशय m. Bein. Vishṇu's.

पद्मोत्तम m. 1) *ein best.* Samâdhi Kâraṇḍ. 51, 21. — 2) *eine best. Welt* Kâraṇḍ. 70,4. — 3) N. pr. eines in Padmottama lebenden (Kâraṇḍ. 70, 5. fgg. 75,21) und eines zukünftigen Buddha.

पद्मोत्तर m. 1) *Carthamus tinctorius.* — 2) N. pr. *a)* eines Buddha. — *b)* *des Vaters von Padma.

*पद्मोत्तरात्मज m. Patron. des Ćakravartin Padma.

पद्मोत्तरिकाशाक n. *eine best. Gemüsepflanze* Ćaraka 1,26.

पद्मोत्पलकुमुद्वत् Adj. *mit den* Padma, Utpala *und* Kumuda *genannten Lotusblüthen versehen* Bhâg. P. 4,9,64.

पद्मोद्भव 1) Adj. *aus einer Wasserrose hervorgegangen.* — 2) m. *a)* Bein. Brahman's. — *b)* N. pr. eines Mannes. — 3) *f. श्रा Bein. der Göttin Manasâ.

पद्मोपनिषद् f. Titel einer Upanishad.

पैद्य 1) Adj. (f. श्रा) *a) auf den Fuss bezüglich, zum Fusse gehörig.* — *b)* **den Füssen Schmerz verursachend.* — *c)* **Fusstritte zeigend, mit Fussspuren versehen.* — *d) einen Fuss lang und breit* Comm. zu Kâtj. Çr. 17,5,3. 10,1. 3. — *e) aus Versgliedern gebildet.* — *f) final.* — 2) m. *a)* **ein* Çûdra. — b) *Worttheil.* — 3) f. पॅद्या, पॅद्रिया a) Pl. *Fusstritte, Hufschläge.* — b) * *Weg, Pfad.* — c) *ein Fuss als Längenmaass.* — 4) n. a) *Vers.* — b) Titel verschiedener Hymnen.

पद्यपञ्चाशिका f. Titel eines Werkes.

पद्यमय Adj. *aus Versen gebildet,* — *bestehend.*

पद्यमाला f., पद्यरचना f., पद्यवेणी f. und पद्यसंग्रह m. Titel von Werken.

पद्यात्मिका Adj. f. उपनिषद् Titel einer Upanishad.

पद्यामृततरंगिणी f., पद्यामृतसरोवर n. (Cat. Gujar. 2,92) und पद्यामृतसोपान n. (Bühler, Rep. No. 146) Titel von Werken.

पद्यालय m. desgl. Bühler, Rep. No. 744.

पद्यावलि f. desgl. ebend. No. 147.

पद्र m. 1) *Dorf.* Statt पद्रवड, पद्रशण्ड und पद्रसड Hem. Par. 3,112 ist vielleicht पद्रबटु *Dorfjunge* oder पद्रबण्ड *Dorfkrüppel* zu lesen. — 2) * *Dorfweg.* — 3) * *die Erde.* — 4) * = संवेश. — 5) * N. pr. einer Gegend.

पद्रथ m. *Fussknecht.*

पद्व in einer Formel Âpast. Çr. 16,31 (समुद्रे—मध्ये—पद्वे—अत्ते u. s. w.). Nach den Lexicographen m. 1) *die Erde.* — 2) *Weg.* — 3) *Wagen.* — Zu belegen निसर्गपद्व Adj. (f. ई) *von Natur geneigt zu,* — *sich hingezogen fühlend zu* (Loc.).

*पद्वन् m. *Weg.*

पद्वॅत् 1) Adj. *mit Füssen versehen, laufend.* — 2) n. *laufendes Gethier.*

पन्, पॅनते 1) *bewundernswerth sein.* — 2) *bewundern.* — Caus. पनॅयति, °ते 1) *mit Staunen wahrnehmen, bewundern, loben, anerkennen.* पनितॅ *bewundert, gepriesen.* — 2) Med. *sich freuen über, sich Glück wünschen zu;* mit Acc. oder Gen. — Intens., Partic. पॅनिपत् *sich wunderbar beweisend.* — Mit आ *bewundern, loben.* — Mit वि Pass. *sich rühmen.*

पनक m. *eine Art Arum* Çilâñka 1,379. Kalpas. 123.

(पनवाय्य) पनॅयाय्य Adj. *bewundernswerth, staunenswerth.*

पनस 1) m. a) *Brodfruchtbaum, Artocarpus integrifolia* Râǵan. 11,32. — b) * *Dorn.* — c) *eine Art Schlange.* — d) N. pr. eines Affen. — 2) f. ई *eine best. Krankheit,* = पनसिका. — 3) n. *die Frucht des Brodfruchtbaumes* Râǵan. 11,33. पनसास्थि n. *der Kern darin.*

*पनसतालिका oder *पनसनालिका f. = पनस 1) a).

पनसिका f. *Pusteln um die Ohren und im Nacken.*

पनस्य्, पनस्यॅते (*पनस्यॅति Naigh.) *sich erstaunlich erweisen, bewunderswerth sein, sich rühmlich zeigen.*

पनस्यॅु Adj. *sich rühmlich zeigend, grossthuend, gloriosus.*

पनाय्, *पनायॅति, पनायते *als bewundernswerth zeigen.*

(पनाय्य) पनॅयाय्य Adj. *erstaunlich, bewundernswerth.*

पनितॅर् Nom. ag. *mit Lob anerkennend, preisend; begrüssend.*

पनिष्ठम SV. wohl fehlerhaft.

पॅनिष्टि f. wohl *Bewunderung, Lob.*

पॅनिष्ठ Adj. *sehr wunderbar,* — *rühmlich.*

पनिष्पदॅ Adj. *zuckend.*

पॅनीयंस् Adj. *wunderbarer, rühmlicher, sehr wunderbar,* — *rühmlich.*

पनॅु oder पनॅू f. *Bewunderung, Lob.*

*पन्थ्, पन्थति und पन्थयति (गतौ).

पन्थक 1) * Adj. *auf dem Wege geboren,* — *entstanden.* — 2) m. N. pr. eines Brahmanen.

पॅन्थन् s. u. 2. पथ्.

पन्थलिका f. *Weg, Pfad* Kâraṇḍ. 54,13. 21. 55,5.

पॅन्था s. u. 2. पथ्.

पन्थान m. *ein best. über Waffen gesprochener Zauberspruch.* — पन्थानम् Acc. als N. einer Hölle M. 4,90 führen wir auf 2. पथ् zurück.

पन्न 1) Adj. s. u. 1. पद्. — 2) (*m.!) *das Hinschleichen dem Boden entlang.*

पन्नगॅ 1) m. a) *Schlange, Schlangendämon* Suparn. 24,1. Am Ende eines adj. Comp. f. आ. — b) * *Cerasus Puddum.* — 2) f. ई a) *Schlangenweibchen, ein weiblicher Schlangendämon.* °गीतकीर्ति Adj. Bâlar. 188,12. — b) * *ein best. Strauch* Râǵan. 5,127.

*पन्नगकेसर m. *Mesua Roxburghii* Râǵan. 6,179.

पन्नगनाशन m. *Schlangenvernichter,* Bein. Garuḍa's.

पन्नगपुरी f. *die Stadt der Schlangendämone.*

पन्नगभोजन m. *Schlangenverspeiser,* Bein. Garuḍa's 52,21.

पन्नगमय Adj. (f. ई) *aus Schlangen gebildet.*

पन्नगराज m. *ein Fürst der Schlangendämone* 72,26.

पन्नगानि m. v. l. für पन्नगारि 2).

पन्नगारि m. 1) *Schlangenfeind,* Bein. Garuḍa's. — 2) N. pr. eines Lehrers.

*पन्नगाशन m. = पन्नगभोजन.

पन्नगेन्द्र m. *ein Fürst der Schlangendämone* 62, 12. 63,3.

पन्नगेश्वर m. dass. 59,3. 65,2. 72,2.

पन्नद् Adj. *dem die Zähne ausgefallen sind.* = ज्ञातदन्त Comm.

पन्नद्धा f. *Schuh* Hem. Par. 3,254.

*पन्नद्धी f. dass.

पन्नरूप Adj. (f. आ) *entfärbt* (कुमारिका). Davon Adj. °रूपीय *von ihr handelnd.*

*पन्नागार m. N. pr. eines Mannes. Pl. *sein Geschlecht.*

*पन्निष्क m. *ein viertel* Nishka.

पन्नेॅजनी f. Pl. *Fussbad.*

*पन्मिश्र = पादमिश्र.

पॅन्य Adj. *bewundernswerth, erstaunlich.* Superl. पॅन्यतम RV. 3,59,5.

पॅन्यंस् Adj. = पॅनीयंस्.

*पपस्य्, पपस्यति v. l. für पम्पस्य्.

पपॅि 1) Adj. mit Acc. *trinkend.* — 2) * m. *der Mond.*

*पपी m. (Nom. °स्) 1) *die Sonne.* — 2) *der Mond.*

*पपु 1) m. *Beschützer.* — 2) f. *Amme.*

पॅपुरि Adj. 1) *freigebig, spendend.* — 2) *reichlich.*

पपॅतॅन्य Adj. *begehrenswerth.*

1. पॅप्रि Adj. *spendend,* mit Gen. oder Acc. Superl. पॅप्रितम.

2. पॅप्रि Adj. *hinüberführend, rettend.*

*पफक m. N. pr. eines Mannes. °नरकाः *die Nachkommen des P. und* Naraka.

पब्बेक m. N. pr. eines Mannes. पव्येक v. l.

*पमरा f. *ein best. wohlriechender Stoff.*

*पम्पस्य्, °स्यति *Schmerz empfinden.*

पम्पा f. N. pr. eines Flusses und eines Sees.

*पम्ब्, पम्बति (गतौ).

*पय्, पयते (गतौ).

*पयःकन्दा f. *Batatas paniculata* Râǵan. 7,103.

*पयःक्षीर n. *ein best. Extract aus Gerste* Râǵan. 6,181.

*पयःपान n. *das Milchtrinken.*

*पयःपायिका f. dass. Kâç. zu P. 3,3,111.

पयःपारावार m. *das Milchmeer.*

पयःपूर m. *Wassermenge* 292,20.

*पयःफेनी f. *ein best. kleiner Strauch* Râǵan. 5,98.

*पयश्चय m. *Wasserbehälter, See, Teich.*

पॅयस् n. 1) *Saft, Flüssigkeit, Feuchtigkeit.* — 2) *Lebenssaft, Kraft.* — 3) *Milch.* — 4) *Wasser, Regen.* — 5) *der männliche Same.* — 6) *eine Art Andropogon* Bhâvapr. 3,101. — 7) Name eines Sâman. — 8) *eine best.* Virâǵ. — 9) * *Nacht.*

पयसॅ 1) etwa *von Saft strotzend* AV. Wahrscheinlich nur Entstellung aus वायसॅ. — 2) * n.

Wasser.

*पयसिष्ठ Superl. zu पयस्विन् 1).

*पयस्क am Ende eines adj. Comp. = पयस्.

*पयस्कंस m. *ein Becher mit Milch.*

*पयस्कर्णी f. P. 8,3,46, Sch.

*पयस्काम wohl Adj. *nach Milch verlangend.*

*पयस्काम्य्, °म्यति *Milch mögen, nach M. verlangen.*

*पयस्कार P. 8,3,46, Sch.

*पयस्कुम्भ m. *ein Krug mit Milch.*

*पयस्कुशा f. P. 8,3,46, Sch.

पयस्पति m. Bein. Vishṇu's Vishṇus. 98,22.

पयस्पा Adj. *Milch trinkend.*

*पयस्पात्र n. *eine Schale mit Milch.*

*पयस्य्, पयस्यति *fliessen, flüssig werden;* Med. *flüssig sein.*

पयस्य 1) Adj. *aus Milch entstanden, — bereitet.* — 2) m. *a)* **Katze.* — *b)* N. pr. eines Sohnes des Aṅgiras. — 3) f. या *a) Milchknollen.* — *b)* Bez. *verschiedener Pflanzen* Karaka 1,4. Nach den Lexicographen *Gynandropsis pentaphylla*, काकोली, क्षीरकाकोली (Rāǵan. 3,16), कुटुम्बिनी (Rāǵan. 5,76), दुग्धिका, श्वेतविदारिकन्द (Comm. zu Karaka 1,4) und स्वर्णक्षीरी.

पयस्वन्त् 1) Adj. *a) saftig, saftreich, feucht, voller Saft und Kraft.* — *b) milchreich, trankreich.* — *c) Milch haltend.* — *d) samenreich, strotzend.* — 2) *f. °वती *a) Nacht.* — *b)* Pl. *Flüsse.*

पयस्वल 1) Adj. (f. आ) *milchreich.* v. l. पयस्विन्. — 2) *m. *Bock* Rāǵan. 19,41.

पयस्विन् 1) Adj. *a) saftreich.* — *b) milchreich.* — 2) f. °नी *a) eine milchreiche Kuh.* — *b)* Bez. *verschiedener Pflanzen.* Nach den Lexicographen *Batatas paniculata* (Rāǵan. 7,102), *Asteracantha longifolia* (Rāǵan. 7,104), काकोली, क्षीरकाकोली (Rāǵan. 3,16), जीवन्ती (Bhāvapr. 1,200) und दुग्धफेनी (Rāǵan. 5,98).

पयःसामन् n. Name eines Sâman.

*पयाय्, °यते = पयस्य्.

*पयिष्ठ Superl. zu पयस्विन् 1) Mahâbh. 6 (4), 47,*a.*

*पयोगड 1) m. *Hagel.* — 2) m. n. *Insel.*

पयोग्रह m. *Milchspende.*

पयोग्रहसमर्थनप्रकार m. Titel eines Werkes.

*पयोघन m. *Hagel.*

*पयोजन्मन् m. *Wolke.*

पयोद 1) Adj. (f. आ) *a) Milch gebend.* — *b) Wasser spendend.* — 2) m. *a) Wolke.* — *b)* N. pr. eines Sohnes des Jadu. — 3) f. आ N. pr. einer der Mütter im Gefolge Skanda's.

पयोदसुहृद् m. *Pfau.*

पयोदुह् Adj. *milchend* oder *Samen gebend.*

पयोधर m. 1) *die weibliche Brust, Euter.* Am Ende eines adj. Comp. f. आ. — 2) *Wolke.* — 3) **die Wurzel von Scirpus Kysoor.* — 4) **eine Art Zuckerrohr.* — 5) **Cocosnuss.* — 6) **eine Art Cyperus.* — 7) *Amphibrachys.*

पयोधरी Adv. भू *zu einem Euter werden.*

पयोधरोन्नति f. *ein hoher Busen* und zugleich *aufziehende Wolken* Spr. 7864.

*पयोधस् m. 1) *Regenwolke.* — 2) *das Meer.*

पयोधा Adj. *Milch saugend.*

पयोधारा f. 1) *Wasserstrahl.* — 2) N. pr. eines Flusses.

पयोधारागृह n. = धारागृह.

पयोधि m. 1) *Wasserbehälter.* — 2) *das Meer.*

*पयोधिक n. *Meerschaum.*

*पयोधिज n. *Os sepiae* Rāǵan. 6,135.

*पयोधा m. = पयोधर 1) Gal.

पयोनिधन n. Name eines Sâman.

पयोनिधि m. *das Meer.*

*पयोपवसन n. *ein Fasten, wobei man nur Milch geniesst.*

पयोभक्ष Adj. *nur Milch geniessend* Saṁhitopan. 41,3.

पयोमय Adj. *aus Wasser bestehend.*

पयोमुख Adj. *auf der Oberfläche Milch zeigend* 143,2.

पयोमुच् 1) Adj. *Milch entlassend, — gebend* Hemâdri 1,405,15. — 2) m. *Wolke.*

पयोऽमृततीर्थ n. N. pr. eines Tîrtha.

*पयोर m. *Acacia Catechu.*

पयोरय m. *ein reissender Strom.*

पयोराशि m. 1) *das Meer.* — 2) *Bez. der Zahl vier.*

*पयोरुह् n. *Lotusblüthe* Rāǵan. 7,103.

*पयोलता f. *Batatas paniculata* Rāǵan. 7,102.

पयोवाह m. *Wolke.*

*पयोविदारिका f. *Batatas paniculata* Rāǵan. 7,103.

पयोवृध् Adj. 1) *saftreich, strotzend.* — 2) *fluthend.*

1. पयोव्रत n. *der Genuss von blosser Milch als Gelübde.*

2. पयोव्रत Adj. (f. आ) *von blosser Milch sich nährend in Folge eines Gelübdes.* Nom. abstr. पयोव्रतता f.

पयोष्णिका f. = पयोष्णी VP.[2] 2,144.

*पयोष्णिजाता f. Bein. des Flusses Sarasvatî Rāǵan. 14,21.

पयोष्णी f. N. pr. eines Flusses Rāǵan. 14,27.

1. पर् 1) पिपर्ति, पृणाति, पृणाति, पूर्धि, पिपीपृहि (! Bhāg. P.); auch Med. *a) füllen,* Med. *sich anfüllen.* — *b) mit Luft anfüllen, blasen in* (Acc.). — *c) voll machen,* so v. a. *sich ansammeln lassen.* — *d) sättigen, nähren, laben.* — *e)* Jmd (Dat.) *Etwas* (Acc.) *reichlich spenden, — verleihen.* पृणन्त् *reichlich schenkend,* so v. a. *freigebig, uneigennützig.* — *f)* Jmd (Acc.) *beschenken mit* (Instr.). — *g) erfüllen* (einen Wunsch, ein Verlangen). — 2) पूर्यते (पूर्यते Çat. Br. 14,4,2,5. episch auch पूर्यति) *a) sich füllen, —* mit (Instr.), *erfüllt —, voll werden, —* von (Instr.). — *b) voll werden* (von einer Zahl). — 3) पूर्त 1) *gefüllt, voll von* (Gen.) Bhāg. P. ed. Bomb. 3,24,32 (°क्रिया bei Burnouf fehlerhaft). — *b)* **verdeckt, verhüllt.* — *c)* in der Verbindung इष्टश्च पूर्तश्च धर्मो so v. a. इष्टापूर्त. पूर्णधर्मान् Mârk. P. 66,34 wohl fehlerhaft für पूर्त°. — 4) पूर्ण *a) angefüllt, voll* (auch vom Monde), *erfüllt —, voll von* (Instr., Gen. oder im Comp. vorangehend). वेद° *mit dem* Veda *vollständig vertraut* Hemâdri 1,456,20. — *b) vollständig, vollzählig, voll* (von einer Zahl). — *c) in Fülle vorhanden* 86,17. 173,15. — *d)* von einem Bogen oder einem Pfeile so v. a. *vollkommen gespannt, — angezogen.* — *e) abgelaufen* (Zeit). — *f) vollbracht, beendigt* (ein Gelübde). — *g) erfüllt, in Erfüllung gegangen.* — *h) abgemacht, geschlossen* (Vertrag, Verbindung). — *i) befriedigt.* — *k)* in der Auguralkunde vom Geschrei der Vögel und Thiere *volltönend,* so v. a. *Glück bringend* Varâh. Bṛh. S. 88, 10. Auch vom Thiere selbst gesagt, *wenn es solche Töne von sich giebt,* 47. — *l)* **im Stande seiend.* — *m)* * = स्वमुखेच्छावदान्य. — Caus. 1) पारयति 1) **füllen.* — 2) *erfüllen* (einen Wunsch). Nur पीपरत् zu belegen. — 2) पूरयति, °ते *a) füllen, voll machen, anfüllen, —* mit (Instr.). — *b)* mit Geräusch (Instr.) *erfüllen;* auch vom Geräusch selbst gesagt. — *c) einen Laut voll machen,* so v. a. *verstärken.* — *d) mit Luft anfüllen, blasen in* (Acc.). — *e) einen Bogen vollkommen spannen, einen Pfeil — anziehen.* — *f) vervollständigen, ergänzen* (einen Satz, eine Rede). — *g) voll machen,* so v. a. *vollkommen bedecken, überziehen, bestecken, überschütten, —* mit (Instr.). — *h)* mit Gaben (Instr.) *überschütten, — überhäufen, beschenken.* — *i) erfüllen* einen Wunsch, ein Verlangen, eine Hoffnung, ein Versprechen u. s. w. — *k) einen Zeitraum voll machen,* so v. a. *ablaufen lassen.* — *Desid. पुपूर्षति. — Mit अति (°पूर्यति) *sich stark anfüllen, stark anschwellen.* —

Mit अनु Caus. (°पूरयति) *erfüllen* (einen Wunsch u. s. w.). — Mit अभि 1) *voll machen.* Nur पूर्णाहि. — 2) °पूर्यते *sich füllen, voll werden;* mit Gen. Spr. 5270. °पूर्ण *voll, — von* (Instr., Gen. oder im Comp. vorangehend). — Caus. °पूरयति 1) *füllen, anfüllen, voll machen, durch Zugiessen ergänzen* Mân. Çr. 1,2,4. — 2) *beladen.* — 3) *überschütten mit* (Instr.). — 4) *reichlich beschenken, — mit* (Instr.). — 5) *Jmd erfüllen,* so v. a. *sich Jmds ganz bemächtigen* (von einem Schmerze). — 6) *füllen,* so v. a. *vermehren, steigern.* — 7) *vollbringen, ausführen.* — Mit समभि Caus. (°पूरयति) *füllen, anfüllen mit* (Instr.). — Mit अव, °अवपूर्ण *voll von, angefüllt mit.* एवावपूर्यते Bṛh. Âr. Up. 1, 5,14 Druckfehler für एवा (एव-आ) च पू°. — Mit आ 1) आपिपर्ति u. s. w. *a) füllen, ausfüllen, ergänzen;* Med. *sich füllen, sich sättigen, — mit* (Instr.). — *b) erfüllen* einen Wunsch. — 2) आपूर्यते *a) sich füllen, voll werden, sich anfüllen mit* (Instr. oder Gen.). — *b) an Umfang zunehmen* (vom Körper). — *c) ganz gespannt werden* (vom Bogen). — *d) reichlich versehen sein mit* (Instr.). — 3) आपूर्ण *a) gefüllt, voll* (auch vom Monde), — *von, gefüllt mit* (Instr. oder im Comp. vorangehend). — *b)* von einem Geräusch (Instr.) *erfüllt.* — *c) gesättigt.* — Caus. आपूरयति 1) *füllen, anfüllen, voll machen.* — 2) mit Geräusch (Instr.) *erfüllen;* auch vom Geräusch selbst gesagt. — 3) *mit Luft anfüllen, blasen in* (Acc.). — 4) *vollkommen bedecken, bestecken, überschütten, — mit* (Instr.). — *Intens. आपोपूर्यते. — Mit समा, °पूर्यते *sich füllen mit, voll werden von* (Instr.). समापूर्ण *voll, ganz* (Jahr). — Caus. °पूरयति 1) *voll machen mit* (Instr.). — 2) *vollkommen spannen* (einen Bogen). — Mit उद् Caus. (उत्पुपूर्यास्) *auffüllen.* — Mit उप (°पृणाधम्) *auffüllen.* — Mit नि (°पृणाति, °पृणात्) *niedergiessen, — setzen, ausschütten* (technischer Ausdruck beim Manenopfer). Partic. निपूत und *निपूर्त. — *Intens. निपोपूर्यते. — Mit निस्, निष्पूर्त *ausgegossen* MBh. 7,59,16. — Mit परि 1) °पूर्यते *sich füllen, voll werden durch* (Instr.). — 2) परिपूर्ण *a) angefüllt, voll, — von* (im Comp. vorangehend). — *b) überdeckt, überzogen mit* (im Comp. vorangehend). — *c) vollständig, vollzählig* 214,20. Hemâdri 1,592,20. 21. *vollkommen, woran Nichts fehlt* (eig. und übertr.). — *d) der es vollauf hat* Spr. 5911. — *e) erfüllt, in Erfüllung gegangen, erreicht.* — Caus. °पूरयति 1) *füllen, anfüllen, voll machen.* °परिपूरित *erfüllt von.* — 2) mit Geräusch (Instr.) *erfüllen;* auch vom Geräusch selbst gesagt. — 3) *füllen,* so v. a. *verstopfen.* — 4) *voll machen,* so v. a. *vollkommen erfüllen, vollbringen* (Kâraṇḍ. 68,19. 82,9), *vom Anfang bis zu Ende durchmachen.* °पूरित Gît. 2,16. — 5) °पूरित *in reichlichstem Maasse vorhanden.* — Mit संपरि, °पूर्ण 1) *erfüllt, in Erfüllung gegangen, erreicht.* — 2) *vollendet* (Wissen). — Mit प्र 1) °पृणाति *füllen, ergänzen.* — 2) °पूर्यते *a) sich füllen, sich anfüllen, voll werden.* — *b) vollständig werden.* — *c) sich erfüllen, in Erfüllung gehen.* — Caus. प्रपूरयति 1) *füllen, voll machen, anfüllen mit* (Instr.) °प्रपूरित *gefüllt mit, voll von* Hemâdri 1,647,13. — 2) mit Geräusch (Instr.) *erfüllen.* — 3) *vervollständigen.* — 4) *Jmd reich machen, Jmd reichlich beschenken mit.* — Mit अभिप्र (°पूर्यते) *sich füllen.* — Mit प्रति *dagegen schenken* ṚV. 7,65,4. — प्रतिपूर्ण 1) *voll* (auch vom Monde), — *von, angefüllt mit* (Instr. oder im Comp. vorangehend). — 2) *befriedigt.* — Caus. °पूरयति 1) *füllen, anfüllen, voll machen.* — 2) *erfüllen* (von einem Geräusche gesagt). — 3) *satt machen, zufriedenstellen, befriedigen.* — 4) *vollbringen, ausführen.* — Mit सम् 1) (संपूर्यते) *sich füllen, voll werden.* — 2) संपूर्ण *a) gefüllt, voll* (auch vom Monde), *angefüllt mit, voll von, vollständig versehen mit* (Instr., Gen. oder im Comp. vorangehend). — *b) voll,* so v. a. *nicht mager.* — *c) voll, ganz, vollständig, voll der Zahl nach, woran Nichts fehlt.* — *d) in reichlichem Maasse vorhanden.* — *e) vollauf habend.* — *f) erfüllt, in Erfüllung gegangen.* — Caus. संपूरयति 1) *anfüllen, voll machen.* — 2) eine Zahl *voll machen.* — 3) mit Geräusch (Instr.) *erfüllen.* — 4) *erfüllen* ein Verlangen.

2. पर्, पिपर्ति (पीपृहि Bhâg. P.), *पृणाति 1) *hinüberführen, — bringen über* oder *zu* (Acc.). — 2) *hinausführen, erretten aus* (Abl.). — 3) *geleiten, beschützen.* — 4) *vorwärts bringen, fördern, unterstützen.* — 5) *Jmd überbieten, — treffen.* — 6) *vermögen, im Stande sein;* mit Infin. — Caus. पारयति (episch und ausnahmsweise auch in der Prosa Med.) 1) *übersetzen, hinüberführen, hindurchgeleiten.* — 2) *hinausführen, retten, — aus* (Abl.). — 3) *beschützen,* insbes. *am Leben erhalten.* — 4) *über Etwas hinwegkommen, Etwas zu Ende bringen, überwinden.* — 5) *Stand halten, Widerstand leisten;* mit Acc. — 6) *im Stande sein, vermögen, können;* mit Infin. Das Passiv ist durch *können* mit einem Infin. pass. wiederzugeben. — Mit अति 1) *hinüberführen, hindurchgeleiten, übersetzen über* (Acc.). — 2) *übersetzen* (intrans.). — 3) *hinüberkommen über,* so v. a. *erfüllen* (ein Versprechen). — Caus. 1) *hinüberführen, hindurchgeleiten, übersetzen über.* — 2) Med. *erretten —, befreien von* (Abl.). — Mit प्र अति *hinüberschaffen über* ṚV. 1,174,9 = 6,20,12. — Mit अप *wegschaffen.* — Mit आ *helfen zu* (Loc.) ṚV. 10,143,4. — Mit उद् Caus. 1) *hinausführen* (an's Ufer). — 2) *erretten —, befreien von* (Abl.). — Mit निस् 1) *herausschaffen, — helfen aus* (Abl.). — 2) *etwa herauskommen.* — Caus. *herausschaffen, — helfen aus* (Abl.). — Mit सम् Caus. *zum Ende —, zum Ziele führen.*

3. पर्, *प्रियते (व्यायामे). — Mit आ, आपृणोति *sich beschäftigen mit, nachgehen;* mit Dat. आपृत *beschäftigt.* — Mit व्या, °प्रियते und °पृणुते *beschäftigt sein mit* (°अर्थम्). व्यापृत *beschäftigt mit* oder *bei* (Loc., °अर्थम्, कृतास् oder im Comp. vorangehend) 296,13. — Caus. व्यापारयति *Jmd beschäftigen an, bei* oder *mit, Jmd* oder *Etwas gebrauchen bei* oder *zu* (Loc., Instr. oder °अर्थम्). हस्तम् so v. a. *mit der Hand eine Bewegung machen* Bâlar. 142,17. वाणीम् so v. a. *seine Stimme ertönen lassen* Harshak. 212,16.

पर 1) Adj. (f. आ) *a)* örtlich: *weiterhin —, ferner gelegen, — stehend, jenseitig* (Ufer, Welt), *entfernter, — als* (Abl., ausnahmsweise Gen.). Compar. परतर. — *b)* zeitlich: α) *vergangen, früher.* — β) *später, zukünftig, nachfolgend, folgend auf, hinausliegend über* (Abl.). m. so v. a. *Nachkomme.* Compar. परतर. — γ) *der späteste, äusserste, höchste* (Zeit 77,28. Lebensdauer). — *c)* in Bezug auf die Zahl: *hinausgehend über, mehr als* (Abl. oder im Comp. vorangehend) Naish. 12, 106. Auch in Congruenz mit dem Zahlwort: परं शतं *mehr als hundert,* पराः कोटयः Hemâdri 1,2,5. — *d)* in Bezug auf die Reihenfolge: *nachstehend, dahinterstehend, nachfolgend, folgend auf* (Abl. oder im Comp. vorangehend). परः परः *jeder folgende.* — *e)* in Bezug auf den Grad: *vorzüglicher, besser, trefflicher, ärger, — als* (Abl., ausnahmsweise im Comp. vorangehend Spr. 2011. 6439), *der vorzüglichste, beste, trefflichste, ärgste, summus.* Compar. परतर mit Abl. — *f) über Etwas* (Abl.) *hinausliegend,* so v. a. *nicht zu erreichen durch.* विज्ञानात् *jenseits der Erkenntniss gelegen.* — *g)* im Gegensatz zu स्व, स्वयम्, आत्मन् α) *fremd,* m. *ein Fremder, ein Anderer.* — β) *feindlich,* m. *Feind, Widersacher, Opponent* (Karaka 3, 8. — *h) verschieden von* (Abl.). — *i) übriggeblie-

ben. — *k) besorgt um Etwas* (Loc.). — 2) m. *a) ein nachfolgender Laut.* Nur am Ende eines adj. Comp. — *b) ein subsidiärer* Somagraha. — *c) das höchste Wesen, Gott, die Allseele.* — *d)* N. pr. *α)* verschiedener Fürsten. — β) eines Palastes der Mitravindâ. — 3) f. आ *a) die Fremde* (!) Kathâs. 52,189. Kern möchte परप्रिया *über Alles lieb* lesen. — *b)* **eine best. Pflanze,* = वन्ध्याकर्कोटकी Râgan. 3,50. — *c)* Bez. *des Lautes in dem ersten seiner vier Stadien.* — *d) ein best. Zeitmaass.* — *e)* N. pr. eines Flusses. v. l. पारा, वेणा und वेषा. — 4) n. *a) die weiteste Ferne.* पृथिव्याः परं परात् — गत्वा so v. a. *in den entferntesten Winkel der Erde gehend* MBh. 5,107,5. — *b) Höhepunct.* परं गतः *auf der Höhe von* (Gen.) —, *in Bezug auf* (Loc.) *a. d. H. stehend.* — *c) das Höchste in metaphysischem Sinne, der höchste Zustand nach dem Tode, vollkommene Erlösung.* Auch परतरम् und परात्परतरम्. — *d) die Zahl 10,000, 000,000* VP.[2] 5,188. Als Bez. *des vollen Lebensalters* Brahman's VP. 1,3,4. — *e)* Bez. *bestimmter* Sâman Kâth. 33,6. — *f)* am Ende eines adj. Comp. (f. आ) *α) Höhepunct, die äusserste Grenze.* दश° *höchstens zehn.* — β) *Hauptziel, Hauptzweck, Hauptsache, Hauptbeschäftigung.* Wiederzugeben durch *ganz beschäftigt mit, ganz aufgehend in, nur bedacht auf* (सुख° Çâk. 162, v. l.); *vor Allem bestimmt zu, hauptsächlich dienend zu; vor Allem bestehend in, ganz beruhend auf* (Gaim. 1,1,17). — γ) *die weitere Bedeutung eines Wortes.* पाणिशब्दो बाहुपरः so v. a. *das Wort Hand bezeichnet in weiterer Bedeutung den Arm.* — 5) परम् Adv. *a) darauf, später* 176,20. — *b)* mit einem vorangehenden Abl. *hinaus über, jenseits, nach* (zeitlich). नास्मात्परम् (man hätte नास्मा° erwartet) *nicht mehr davon! genug!* अतः परम् (einmal परमतः) *weiter von hier, von hier an, hierauf, darauf, von nun an, ferner, darüber hinaus, noch immer* (291,8). इतः परम् *weiter von hier, von nun an.* ततः परम् *darauf,* ततश्च परम् dass. 108,6. Compar. परतरम्. — *c) in hohem Grade, über die Maassen.* Auch पर°. — *d) höchstens, nur, nur noch, nichts als* MBh. 13,102,15. Spr. 1070. Bâlar. 79,6. 94,19. न परम् — अपि *nicht nur —, sondern auch,* परं न — अपि न (Bâlar. 77,10) *nicht nur nicht — sondern auch nicht,* न परम् — यावत् *nicht nur, sondern sogar auch.* — *e)* न — परम् *nicht — sondern* Prasannar. 16,2. — *f)* यदि परम् *wenn überhaupt, allenfalls.* — *g) jedoch, allein.* परं तु und परं किं तु dass.

परउरु Adj. (f. °उर्वी) *aussen —, hinten breit.*

परउष्णिह् f. *ein best. Metrum.*

परऋक्शतगाथ Adj. *ausser hundert* Veda-*Versen auch* Gâthâ *enthaltend.*

परंशक्ति f., nur Instr. °क्त्या *mit der grössten Kraftanstrengung* M. 7,89. 10,118. MBh. 5,173,15. ed. Calc. 7,7041 (v. l. यथाशक्ति).

परंसहस्र Adj. Pl. *mehr als tausend* MBh. 12,38,24.

परःकृष्ण Adj. *mehr als schwarz, — dunkel, überaus dunkel.*

परःपुंसा Adj. f. *aus dem Kreise der Männer entfernt.*

परःपुरुष Adj. *über Manneshöhe gehend.*

परक am Ende eines adj. Comp. = पर 2) *a).*

परकथा f. Pl. *Reden über Andere* 179,15.

परकरगत Adj. *in den Händen eines Andern befindlich, in fremden Händen seiend* Spr. 1871.

परकर्मन् n. *eine Dienstleistung für Andere.*

परकर्मनिरत m. *Lohndiener.*

परकायप्रवेशन n. *das Hineinfahren in eines Andern Leib* (eine Zauberkraft).

परकार्य n. *die Angelegenheit eines Andern, eine fremde Sache.*

परकाल Adj. *einer späteren Zeit angehörend, später besprochen.*

परकीय 1) Adj. (f. आ) *a) einem Fremden —, einem Andern gehörig, einen A. betreffend, fremd* Spr. 7831. Nom. abstr. °ता f. Kautukas. — *b) feindlich.* — 2) f. आ *eines Andern Weib* und *ein von Andern abhängiges Mädchen.* Nom. abstr. °त्व n.

परकृति f. *die That —, die Geschichte eines Andern, ein analoger Fall, Präcedenzfall, von einem Andern hergenommenes Beispiel* Njâjas. 2,1,63. Gaim. 6,7,26. Kull. zu M. 9,128. Comm. zu Njâjam. 2,1,23.

1. परकृत्य n. *eines Andern Sache, — Angelegenheit* Spr. 7733.

2. परकृत्य Adj. *die Sache des Feindes betreibend, zur feindlichen Partei gehörend* Mudrâr. 63,7. °पक्ष *die feindliche Partei* 36,2 (der älteren Ausg.).

परक्रम m. *die Verdoppelung des zweiten Lautes einer Consonantengruppe.*

परक्राथिन् m. N. pr. eines Helden auf Seiten der Kuru.

परक्रान्ति f. *die grösste Declination, die Neigung der Ekliptik.*

परःक्षुद्रा f. Pl. *die überaus winzigen, kleinen* Veda-*Verse.*

परक्षेत्र n. 1) *ein fremdes Feld.* — 2) *eines Andern Weib.* — 3) *ein Leib in einem andern Leben* P. 5,2,92.

परखातक Adj. *von einem Andern gegraben* AV. Pariç. 42,4.

परगत Adj. *bei einem Andern —, bei seinem Nächsten sich findend, — daseiend.*

परगामिन् Adj. 1) *einem Andern zu Gute kommend.* — 2) *auf einen Andern sich beziehend* (ein Adjectiv).

1. परगुण m. Pl. oder am Anf. eines Comp. *die Vorzüge Anderer.* °ग्राहिन् *d. V. A. anerkennend* Spr. 5692.

2. परगुण Adj. (f. आ) *einem Andern, dem Feinde Vortheil bringend.*

परगुरु m. *der Lehrer eines Lehrers* Comm. zu Mṛkkh. 47,20. 21.

परगेहवास m. *der Aufenthalt in fremdem Hause* Spr. 7717.

*परग्रन्थि m. *Gelenk.*

परचक्र n. *das Feindes Heer* Hemâdri 1,794,17.

परचित्तज्ञान n. *die Kenntniss der Gedanken Anderer.*

परचिन्ता f. *das Denken an —, das Sichkümmern um Andere.*

1. परच्छन्द m. *der Wille eines Andern.*

2.*परच्छन्द Adj. *vom Willen eines Andern abhängig.*

*परच्छन्दवत् Adj. dass.

परच्छिद्र n. *eines Andern Gebrechen, — Blösse.*

परज Adj. 1) *nachstehend* Kâth. 36,7. — 2) *vom Feinde kommend.*

*परजात und *परजित m. *Diener.*

परज्ञानमय Adj. *in der Kenntniss des Höchsten bestehend* VP. 2,14,30.

*परञ्ज 1) m. *a) Oelpresse.* — *b) Schaum.* — *c) Klinge.* — *d) Schwert.* — 2) f. आ *der Schall der Instrumente an einem Feste.* — 3) n. Indra's *Schwert.*

*परञ्जन m. Bein. Varuṇa's.

परंजय m. 1) *Bein. Varuṇa's. — 2) N. pr. eines Fürsten, v. l. für पुरंजय VP.[2] 3,261. 263.

परण 1) Adj. *übersetzend* in अरित्रपरण. — 2) n. *a)* Nom. act. Hariv. 16173 fehlerhaft für पारण. — *b)* N. pr. einer Stadt.

परतःपोष Adj. *von Anderen seine Nahrung erhaltend.*

परतङ्गण m. Pl. N. pr. eines Volkes.

परतत्त्वनिर्णय m. (Opp. Cat. 1) und °तत्त्वप्रकाशिका f. Titel zweier Werke.

1. परतन्त्र n. *die Norm für eine andere heilige Handlung.*

2. परतन्त्र Adj. (f. आ) *von einem Andern abhängig* Vedâs. 44,16. 17. *einem Andern gehorchend, abhängig von* (im Comp. vorangehend). Nom. abstr. °ता f. Comm. zu Mṛkkh. 29,7.

परतन्त्री Adv. mit कर् 1) *Jmd abhängig machen, seiner Selbstständigkeit berauben.* — 2) *Etwas einem Andern abtreten, verkaufen.*

परतर्कक und °तर्कुक m. *Bettler.*

परतल्प m. Pl. *das Weib eines Andern* Âpast.

परतल्पगामिन् Adj. *der das Ehebett eines Andern schändet* Âpast.

परतस् Adv. 1) = Ab.. von पर 1) *e) g)* α) und β). — 2) *hinterdrein, weiter fort, in der Ferne, darauf.* इतस्—परतस् *hier — dort.* सप्त पुरुषानितश्च परतश्च so v. a. *sieben Vorfahren und sieben Nachkommen* Gaut. 23,31. Nach einem vorangehenden Abl. *nach* (zeitlich). — 3) *hoch oben*; mit einem vorangehenden Abl. *hoch über, über* (der Macht, der Würde, dem Range nach).

परतस्त्व n. Nom. abstr. von परतस् *anderswoher, von aussen her.*

परता f. Nom. abstr. zu पर 1) *e)*; am Ende eines Comp. zu 4) *f)* β).

परतापन m. N. pr. eines Marut.

परतीर्थिक m. *Anhänger einer anderen Secte, ein Andersgläubiger* Ind. St. 10,257. 274.

परतोषयितृ Nom. ag. *Andere erfreuend* Spr. 3919.

परत्र Adv. 1) *jenseits, in jener Welt.* भीरु Adj. *um das Jenseits besorgt* 211,12. परत्राय MBh. 13, 7688 fehlerhaft für परत्र च. — 2) *weiter unten, in der Folge* (in einem Buche).

परत्व n. 1) *das Fernsein.* — 2) *das Hinterdreinfolgen, Nachfolgen.* — 3) *das Vorzüglichersein, — als* (Gen.). — 4) *das Fremdsein* Âpast. — 5) Nom. abstr. zu पर 2) *b).* — 6) Nom. abstr. zu पर 4) *e)* Kâth. 33,6. — 7) am Ende eines adj. Comp. Nom. abstr. zu पर 4) *f)* β).

परत्नाकर m. Titel eines Werkes.

परदार m. 1) Sg. (Âpast.) und Pl. *eines Andern Eheweib.* — 2) *Ehebruch* Gaut. 22,29.

परदारपरिग्रह Adj. *Anderer Eheweiber zu Kebsweibern habend* R. 5,14,57.

*परदारिक fehlerhaft für पारदारिक.

परदारिन् Adj. *mit eines Andern Weibe Ehebruch treibend.* Vgl. पारदारिन्.

परदूषण m. *ein Friedensschluss, bei dem der Feind die Einkünfte des ganzen Landes in Beschlag nimmt,* Spr. 4600.

परदेवता f. *die höchste Gottheit* Comm. zu Âpast. Çr. 4,1,6. °स्तुति f. Titel eines *Lobgesanges* Opp. Cat. 1.

परदेश m. 1) *ein anderer Ort.* — 2) *die Fremde, das Ausland.* — 3) *des Feindes Land.*

परदोषज्ञ Adj. *die Fehler Anderer kennend* 166,5.

परद्रव्य n. Pl. *fremdes Gut* 140,25. °द्रव्यापहारक Adj. *fremdes Gut entwendend* 204,9.

परद्रोह m. *Feindseligkeit gegen den Nächsten* Spr. 3922.

परद्रोहकर्मधी Adj. *durch die That oder in Gedanken Feindseligkeit gegen den Nächsten an den Tag legend* M. 2,161. 4,177.

परधन n. *eines Andern —, fremde Habe* 104,28.

परधर्म m. 1) *die Pflichten —, pflichtmässigen Beschäftigungen eines Andern, — einer anderen Kaste.* — 2) *die Eigenthümlichkeit eines Andern.* Nom. abstr. °त्व n. Kap. 6,11.

परनिपात m. *das unregelmässige Hinterhergehen eines Wortes in einer Zusammensetzung.*

परनिर्मितवशवर्तिन् m. Pl. *eine best. Klasse von Göttern bei den Buddhisten.* Vgl. परिनि°.

परनिर्वाण n. *das höchste* Nirvâṇa, *das Nichts* (buddh.).

परंतप 1) Adj. *den Feind peinigend.* — 2) m. N. pr. *a)* eines Sohnes des Manu Tâmasa. — *b)* eines Fürsten der Magadha.

परपक्ष m. 1) *die Partei des Feindes* 156,15. — N. pr. eines Sohnes des Anu. परमेक्षु v. l.

परपत्नी f. *die Gattin eines Andern, — Fremden.*

परपद n. *die höchste Stellung, die letzte Erlösung.*

परपरिग्रह m. 1) *die Habe eines Andern* Âpast. — 2) *das Weib eines Andern* 190,30. 32.

परपरिभव m. *eine von Andern erlittene Kränkung, — Demüthigung* Mṛkkh. 8,18.

परपरिवाद m. *das Tadeln Anderer* Spr. 3931. Tattvas. 20.

परपाक m. *das Mahl —, der Mittagstisch eines Andern.*

परपारभूत Adj. als Beiw. Vishṇu's VP. 1,15, 56. Wird auf mannichfache Weise erklärt.

*परपिण्डाद m. *Diener.*

परपुरंजय 1) Adj. *die Stadt (Städte) des Feindes erobernd.* — 2) m. N. pr. eines Fürsten VP.[2] 4, 210. 212.

परपुरुष m. 1) *ein fremder Ehemann.* — 2) *der *höchste Geist,* Bein. Vishṇu's.

परपुष्ट 1) *Adj. *von einem Andern ernährt.* — 2) m. *der indische Kuckuck.* — 3) f. आ *a) das Weibchen des indischen Kuckucks.* — *b)* **Buhldirne.* — *c)* **eine Parasitenpflanze.* — *d)* N. pr. einer Prinzessin.

परपुष्टमय Adj. (f. ई) *ein vollkommener Kuckuck seiend* Harshak. 90,12.

*परपुष्टमहोत्सव m. *der Mangobaum.*

परपूर्वत्व n. *das Vorangehen dessen, was eigentlich folgen sollte,* Sâj. zu RV. 1,53,9.

परपूर्वा f. *eine Frau, die früher einen andern Mann hatte.* °पति m. *der Gatte einer solchen Frau.*

परपौरवतन्तव m. N. pr. eines Sohnes des Viçvâmitra.

परप्रकाशक m. N. pr. eines Autors von Mantra bei den Çâkta.

*परप्रतिनप्तृ und *परप्रपौत्र m. auf Missverständniss von H. 544 beruhende Formen.

परबलीयंस् Adj. Pl. *der je folgende wichtiger* Gaut. 6,20.

परब्रह्मन् n. 1) *das höchste* Brahman. — 2) Titel einer Upanishad. °ब्रह्मोपनिषद् f. Opp. Cat. 1.

परभाग m. *Obermacht, Oberhand, das Hervorragen über Alle* oder *Alles, der Gipfelpunct der Vorzüglichkeit.* लब्ध° Adj. *hervorragend über* (Abl.), *übertreffend* Kâd. 2,34,23. Davon Nom. abstr. °ता f.

*परभाषा f. *die Sprache der Fremden, eine fremde Sprache.*

परभूत Adj. *nachfolgend* (Wort u. s. w.).

परभूति f. Kathâs. 109,95 fehlerhaft für पराभूति.

परभूप्रकरण n. Titel eines Werkes.

परभूषण m. v. l. für परदूषण.

परभृत् 1) Adj. *Andere ernährend.* — 2) *m. *Krähe.*

परभृत 1) m. *der indische Kuckuck.* — 2) f. आ *das Weibchen dieses Vogels.*

परभृतमय Adj. *ganz aus Kuckucken bestehend* Kâd. 171,24.

परभृत्य Adj. *durch Andere zu ernähren, — erhalten.* Nom. abstr. °त्व n.

परभेदन Adj. *Feinde durchbohrend* Çiç. 2,97.

परम 1) Adj. (f. आ) *a) der fernste, äusserste, letzte.* — *b) der vorzüglichste, ausgezeichnetste, höchste, beste, grösste, ärgste, summus.* परमेण चेतसा (vgl. परमात्मन् 1) so v. a. *mit ganzem Herzen,* परमकण्ठेन so v. a. *aus vollem Halse.* — *c) vorzüglicher —, grösser —, ärger als* (Abl.). — 2) am Ende eines adj. Comp. (f. आ) α) *Höhepunct, die äusserste Grenze.* चतुर्विंशति° *höchstens* 24. — β) *Hauptbestandtheil, das Vorwiegende, Hauptziel, Hauptzweck, Hauptsache.* Wiederzugeben durch *ganz beschäftigt mit, ganz aufgehend in, nur bedacht auf.* — 3) परमम् Adv. *ja wohl, schön, gut* (als Bejahung, Einwilligung). — 4) परम° Adv. *in hohem Grade, überaus, sehr.* — 5) m. N. pr. eines Sohnes des Manu Auttami VP. 3,1,15.

परमक Adj. (f. परमिका) *der vorzüglichste, höchste, beste, grösste, ärgste, summus.*

परमक्रान्ति f. = परक्रान्ति. °ज्या f. *der Sinus der grössten Declination.*

परमक्रोधिन् m. N. pr. eines der Viçve Devâs.

*परमगव m. *ein vorzüglicher Stier.*

परमगुरु m. 1) *ein Haupt-Guru* (wie der Vater oder Lehrer) Âpast. — 2) = परगुरु und auch *der Lehrer des* परगुरु Comm. zu Mṛkkh. 47,20.21.

परमचिकित्सक m. *ein vorzüglicher Arzt.*

परम³णी f. nach dem Comm. = प्रकृति, aber wahrscheinlich entstellt.

परमज्यौ, °ज्यौ Adj. *die höchste Obergewalt habend.*

परमणि m. N. pr. eines Prinzen.

परमत n. *die Ansicht Anderer.*

परमतकालानल m. N. pr. eines Schülers des Çaṁkarâkârja.

परमतखण्डनसंग्रह m. Titel eines Werkes Opp. Cat. 1.

परम³ता f. *die höchste Stellung, oberste Würde, Gipfelpunct.*

परमद m. *die äusserste Stufe des Rausches.*

परमनन्द (परमानन्द?) m. N. pr. eines Lehrers.

*परमन्त्र *eine best. hohe Zahl* (buddh.). परमात्र v. l.

परमन्यु oder परमन्यु m. N. pr. eines Sohnes des Kaksheju. v. l. परमर्त.

परमपदनिर्णायक Titel eines Werkes.

परमपदात्मवन्त् Adj. *dessen Wesen die höchste Stufe* (d. i. *das* Brahman) *ist* VP. 3,17,34.

परमपरम Adj. *der allervortrefflichste, allerhöchste.*

परमपुंस् m. *der höchste Geist,* als Bein. Vishṇu's 105,3.

परमपुरुष m. dass. °पुरुषप्रार्थनामञ्जरी f. und °संहिता f. (Opp. Cat. 1.) Titel zweier Werke.

परमपूरुष m. dass.

*परमब्रह्मचारिणी f. Bein. der Durgâ.

परममहन्त् Adj. *unendlich gross.*

*परमरस m. *Buttermilch mit Wasser gemischt.*

परमरहस्यवाद m. Titel eines Werkes Opp. Cat. 1.

परमरहस्योपनिषद् f. Titel einer Upanishad ebend.

*परमराज m. *Oberkönig* L. K. 1027.

परमर्त m. N. pr. eines Sohnes des Kaksheju Hariv. 1,31,17. Vgl. परमन्यु.

परमर्मज्ञ Adj. *die geheimen Pläne Anderer kennend.*

परमर्मभाषण n. *das Verrathen der Geheimnisse Anderer* Ind. St. 15,408.

परमर्षि m. *ein grosser Weiser.*

परमलघुमञ्जूषा f. Titel eines gramm. Tractats.

परमव्योमिक Adj. *im höchsten Himmel weilend* Ind. St. 9,76.

परमसंहिता f. Titel eines Werkes Opp. Cat. 1.

*परमसर्वत्र Adv. *allüberall.*

परमसिंहपारब्राजकोपनिषद् f. Opp. Cat. 1 fehlerhaft für परमहंसपरि°.

परमहंस m. 1) *ein Asket der höchsten Ordnung.* — 2) *die Weltseele.* — 3) N. pr. eines Mannes.

परमहंसकवच n., °हंसतत्त्वराग m., °हंसधर्मनिरूपण n., °हंसपटल m. oder n., °हंसपद्धति f., °हंसपरिव्राजकोपनिषद् f., °हंसप्रबोध m. (Bühler, Rep. No. 745), °हंसप्रिया f., °हंससंहिता f., °हंससहस्रनामन् n. Pl., °हंसोपनिषद् f. und °निषद्धृदय n. Titel verschiedener Werke.

परमाक्षर n. nach dem Comm. *die Silbe* ओम् oder *das* Brahman 102,4.

परमाख्य Adj. *den Namen des Höchsten führend, für das H. geltend.*

परमागमसार Titel eines Gaina-Werkes.

परमाटिक m. Pl. *eine best. Schule des* Jagus AV. Pariç. 49,2 (neben आटिक). Vgl. परमावटिक.

परमाणु 1) m. *a) ein unendlich kleiner Theil, Atom.* भृत्य° so v. a. *unterthänigster Diener* Harshak. 18,1; vgl. पदातिलव. Nom. abstr. °ता f. — *b) ein unendlich kleiner Zeittheil.* — 2) n. $^1/_8$ *einer* Mora.

परमाणुकारणवाद m. *Atomistik, das* Vaiçeshika-*System* Çaṁk. zu Bâdar. 2,2,10. 12.

परमाणुमय Adj. *aus Atomen bestehend.*

*परमाण्वङ्गक m. Bein. Vishṇu's.

परमात्मक Adj. (f. °त्मिका) *der höchste, grösste, summus.*

परमात्मन् m. 1) *die ganze Seele;* nur Instr. *mit ganzer Seele* MBh. 12,228,10. Vgl. परमेण चेतसा unter परम 1) *b*). — 2) *der höchste Geist, die Weltseele, Allseele.* Nom. abstr. °त्मत्व n.

परमात्मप्रकाश m. Titel eines Werkes. °विवरण n. Bühler, Rep. No. 633.

परमात्ममय Adj. (f. ई) *ganz Weltseele seiend* Harshak. 90,16.

*परमात्र *eine best. hohe Zahl* (buddh.).

परमादीश्वर m. N. pr. eines Scholiasten des Ârjabhaṭîja.

परमाद्वैत 1) m. Bein. Vishṇu's. — 2) *n. *die höchste Einheitslehre.*

परमानन्द m. 1) *die höchste Wonne.* — 2) N. pr. verschiedener Männer. Auch °सरस्वती und °नन्दाश्रम.

परमानन्दतन्त्र n. Titel eines Werkes.

परमान्न n. *Reis in Milch gekocht.*

परमापक्रम m. = परक्रान्ति.

*परमापुष m. *Terminalia tomentosa.*

परमायुस् Adj. *das höchste Alter erreichend.*

परमार m. N. pr. eines Fürsten.

परमार्थ m. *die höchste —, ganze Wahrheit, der wahre Sachverhalt, Wirklichkeit.* °भाज् Adj. *im Besitz der höchsten Wahrheit seiend* Mahâvîrak. 120,8. °र्थात्, °र्थेन, °र्थतस् und °र्थे *in Wirklichkeit.* Nom. abstr. °ता f.

परमार्थदर्शन m. *ein best.* Samâdhi Kârand. 32,11.

परमार्थधर्मविजय m., °र्थनिर्वृतिसत्यनिर्देश m., °र्थप्रकाश m., °र्थप्रदीपिका f., °र्थप्रपा f., °र्थबोध m., °र्थविवेक m., °र्थसंग्रह (Bühler, Rep. No. 459), °र्थसत्यशास्त्र n. (Eitel, Ch. B.), °र्थसार und °र्थस्तुति f. (Opp. Cat. 1) Titel von Werken.

*परमार्हत m. Bein. Kumârapâla's.

परमावटिक m. Pl. *eine best. Schule des weissen* Jagus Ârjav. 46,13. Vgl. परमाटिक.

परमासन m. N. pr. eines Verfassers von Mantra bei den Çâkta.

*परमाह m. *ein vorzüglicher Tag.*

परमिक Brahman. 1,16 fehlerhaft.

परमुखचपेटिका f. Titel eines Werkes Opp. Cat. 1.

*परमृत्यु (!) m. *Krähe.*

परमेक्षु m. N. pr. eines Sohnes des Anu. v. l. परमेषु.

परमेश m. *der höchste Herr* als Beiw. Vishṇu's.

परमेशस्तोत्रावलि f. Titel eines Werkes Bühler, Rep. No. 458.

परमेश्मन् n. fehlerhaft für परवेश्मन्.

परमेश्वर 1) m. *a) ein reicher, vornehmer, hoher Herr, Fürst* Bâlar. 85,9. — *b) der höchste Herr, Gott;* häufig als Beiw. verschiedener Götter und göttlicher Wesen. — *c)* N. pr. eines Autors Opp. Cat. 1,4528. — 2) f. ई *die höchste Frau,* Bein. der Durgâ und der Sîtâ. — 3) n. N. pr. eines Heiligthums des Çiva.

परमेश्वरतन्त्र n. Titel eines Werkes.

परमेश्वरता f. und °त्व n. *Oberherrlichkeit.*

परमेश्वरवर्मन् m. N. pr. eines Mannes Ind. Antiq. 8,277.

परमेश्वरसंहिता f. Titel eines Werkes Opp. Cat. 1.

परमेश्वरीय n. *das Werk des* Parameçvara Opp. Cat. 1.

परमेषु m. N. pr. eines Sohnes des Anu. परमेतु v. l.

परमेष्ठ 1) *Adj. *am Höchsten stehend.* — 2) f. आ *ein best. Metrum.*

परमेष्ठि m. *Oberhaupt* —, *Obergott der* Gaina.

परमेष्ठिगुरु m. *der Lehrer des Lehrers eines Lehrers.*

परमेष्ठिता f. *Oberhauptschaft.*

परमेष्ठिन् 1) Adj. *an der Spitze stehend, der oberste.* — 2) m. a) *Oberhaupt*, Bez. und Bein. verschiedener Götter und göttlicher Wesen. परमेष्ठिनः प्राजापत्यस्य व्रतम् Name eines Sâman. — b) *der Lehrer des Lehrers eines Lehrers.* — c) *ein best. Metrum.* — d) *eine Art Ammonit.* — e) N. pr. verschiedener Männer. — 2) *f. °परमेष्ठिनी *Ruta graveolens* Râgan. 5,63.

परमेष्ठिन (metrisch) Adj. = परमेष्ठिन् 1).

परमेष्वास m. *ein ausgezeichneter Pfeilschütze* Bhag. 1,17. Nom. abstr. °ता f. MBh. 3,309,18.

*__परमैश्वर्य__ n. *Oberherrschaft.*

परमोपासक m. *ein eifriger buddhistischer Laienbruder* Harshak. 204,12.

परंपर 1) Adj. *Einer auf den Andern folgend, einander ablösend.* °म् Adv. *Einer nach dem Andern, in steter Folge.* — 2) *m. a) *des Enkels Enkel oder der Urenkel mit seinen fernern Nachkommen.* — b) *eine Art Gazelle.* — 3) f. आ a) *eine ununterbrochene Reihe,* — *Kette, stete Folge.* — b) *Mittelbarkeit.* Instr. *mittelbar.* — c) **Verlezzung, Beschädigung, Tödtung.*

*__परंपराक__ m. *das Schlachten eines Opferthieres.*

परंपराप्राप्त und °परायात Adj. *überliefert.*

परंपरावाहन n. *ein mittelbares Vehikel* (wie z. B. der Träger einer Sänfte, das an einen Karren gespannte Pferd).

परंपरासंबन्ध m. *eine mittelbare Verbindung.*

परंपरित Adj. *eine ununterbrochene Kette bildend, zusammenhängend* Kâvjapr. 10,9.

परंपरीण Adj. (f. आ) *von den Vorfahren ererbt,* — *überliefert.*

परयुवतिग Adj. = परदारिन् Varâh. Brh. 23(21),5.

परयोषित् f. *das Weib eines Andern* Gaut. 9,48. Ind. St. 15,288.

पररमण m. *ein fremder Liebhaber, ein Nebenmann.*

*__परराण__ n. 1) = पर्वन्. — 2) = पर्णवृत्तरस. — 3) = पर्णसिरा. — 4) = घृतकम्बल.

*__पररु__ m. *eine best. Gemüsepflanze.* v. l. पत्ररु.

पररूप n. *der nachfolgende, an zweiter Stelle stehende Laut.*

परलोक m. *die jenseitige Welt.* °स्थान n. Çat. Br. 14,7,1,9.

परवत् Adv. *wie ein Fremder.*

परवत्ता f. *das Bereitsein Jmd* (Gen.) *zu Willen sein,* — *zu gehorchen.*

परवधू f. *das Weib eines Andern* Ind. St. 15,430.

परवन्त् Adj. *von einem Andern abhängig, zu gehorchen* —, *zu dienen bereit,* — *Jmd* (Loc.), *abhängig von* (Instr. oder Gen.), *ganz in der Gewalt von Etwas* (im Comp. vorangehend) *stehend, einer Sache ganz ergeben.*

परवल्लभ m. Pl. N. pr. eines Volkes VP.[2] 2,176.

परवश Adj. *vom Willen eines Andern abhängig, in der Gewalt eines Andern stehend, übermannt* —, *ganz beherrscht von Etwas* (im Comp. vorangehend) Kâd. 37,5. 199,23. 215,2. 2,26,21. Harshak. 25,22. °वशं कर् *Jmd übermannen* Kâd. 38,12.

परवशाक्षेप m. in der Rhetorik *eine versteckte Erklärung, dass man mit Etwas nicht einverstanden sei, indem man sich als ganz in der Gewalt eines Andern darstellt.*

परवश्य Adj. = परवश. Nom. abstr. °ता f.

1. **परवाच्य** n. *der Fehler eines Andern.*

2. **परवाच्य** Adj. *dem Tadel Anderer unterliegend, dem Gerede Anderer ausgesetzt.* Nom. abstr. °ता f.

*__परवाणि__ m. 1) *Richter.* — 2) *Jahr.* — 3) N. pr. des von Kârttikeja gerittenen Pfaues.

परवाद m. 1) *das Gerede der Andern, Gerücht, üble Nachrede.* — 2) *Einwendung, Einwurf, Controvers.*

परवादिन् m. *ein Andersgläubiger* Ind. St. 14,383.

परवित्त n. *fremde Habe* R. Gorr. 2,109,35 (परिवित्त gedr.).

परविप्रतिषेध m. *ein Conflict zweier Bestimmungen, bei dem die folgende die vorangehende aufhebt.*

परवीरहन् Adj. *feindliche Helden tödtend.*

परवेश्मन् n. 1) *eines Andern Haus* Varâh. Jogaj. 5,11. — 2) *das Haus* —, *der Sitz der Allseele* Ind. St. 2,91 (°मेश्मन् Hdschr.).

परव्याक्षेपिन् Adj. *Feinde zerstreuend* Mahâvîrak. 105,19.

*__परव्रत__ m. Bein. Dhṛtarâshṭra's.

परश n. *eine Art Edelstein.*

परशक्ति m. N. pr. eines Verfassers von Mantra bei den Çâkta.

परशरीरावेश m. = परकायप्रवेशन.

*__परशव__ und *°शव्य Adj. von परशु.

परशिव m. N. pr. eines Verfassers von Mantra bei den Çâkta.

1. **परशु** m. 1) *Beil, Axt des Holzhauers, Streitaxt.* **परशुवृकण** Adj. *mit einem Beile abgehauen.* — 2) **der Donnerkeil.* — 3) N. pr. eines Fürsten. — 4) RV. 3,53,22. Çat. Br. 14,9,4,26 und Âçv. Grhj. 1,15,3 fehlerhaft für पर्शु.

2. **परशु** AV. 7,28,1 = पर्शु.

परशुक m. = 1. परशु 1) Hemâdri 2,a,127,12.

परशुचि m. N. pr. eines Sohnes des Manu Auttama.

*__परशुधर__ m. Bein. Gaṇeça's.

परशुमन्त् Adj. *mit einer Axt versehen.*

परशुराम m. 1) Bein. Râma's, des Sohnes des Gamadagni. — 2) N. pr. eines Fürsten und eines Autors.

*__परशुरामक__ m. = परशुराम 1).

परशुरामजयन्ती f. *der dritte Tag in der lichten Hälfte des* Vaiçâkha Verz. d. Oxf. H. 284,b,5.

परशुरामप्रकाश m. und °रामप्रताप m. Titel zweier Werke.

परशुराममिश्र m. N. pr. eines Mannes.

परशुरामसूत्र n. Titel eines Werkes.

*__परशुल__ Adj. von 1. परशु gaṇa सिध्मादि in der Kâç.

परशुवन n. *eine best. Hölle.*

परशुहस्ता f. N. pr. eines Wesens im Gefolge der Devî.

परश्चत्वारिंश Adj. Pl. *mehr als vierzig.*

परश्री f. *das Glück Anderer* Ind. St. 15,430.

परश्वध m. (adj. Comp. f. आ) *Beil, Axt.*

परश्वधिन् Adj. *mit einer Axt versehen.*

परश्वन् (Comm.) oder °श्वल् m. *eine Art Schlange* (nach dem Comm.). Vgl. पैरस्वन्त्.

परश्वस् Adv. *übermorgen.* Auch °श्वो ऽहनि.

परःशत 1) Adj. (f. आ) a) Pl. *mehr als hundert.* — b) *mehr als 100* (Verse) *enthaltend.* — 2, Pl. (wohl n.) mit Gen. *mehr als 100.*

परःशतग्गाथ Adj. = परऋक्शतगाथ.

*__परःश्वस्__ Adv. = परश्वस्.

परःषष्ट Adj. Pl. *mehr als sechzig.*

परस् 1) Adv. a) *darüber hinaus, weiter, weiterhin, jenseits, weit weg, weg, entfernt.* — b) *in Zukunft, nachher.* — 2) Praep. a) mit Acc. *jenseits, hinaus über, mehr als.* — b) m. Instr. α) *hinaus über, hinwärts von, höher* —, *mehr als.* परो एना

und एनो परः: dass. — β) *ohne*. — c) mit Abl. α) *hinaus über, jenseits von*. एनो परः: dass. — β) *ohne, mit Ausschluss von*. — d) mit Loc. in der Verbindung त्रिंशति त्रयस्परः: *drei über dreissig* RV. 8,28,1.

परसंचारक m. Pl. N. pr. eines Volkes.

*परसंज्ञक m. *die Seele*.

परसवर्ण Adj. *mit dem nachfolgenden Laute homogen*.

परसवर्णी Adv. mit भू *mit dem nachfolgenden Laute homogen werden*.

परसस्थान Adj. (f. आ) = परसवर्ण.

परसात् Adv. mit कर् *einem Andern* (*Mann*) *übergeben, verheirathen* (ein Mädchen).

परसामन् Adj. ungenau für परःसामन्.

परसेवा f. *Fremdendienst*.

परस्तराम् und °तराम् (Âpast. Çr. 9,1,18) Adv. *weiter weg*. परस्तरां परस्तराम् *immer weiter*.

परस्तात् Adv. Praep. (mit Gen.) 1) *jenseits*, — *von, darüber hinaus, weiterhin, hinwärts*. — 2) *vom ferner Liegenden an, von oben, von vorn oder von hinten*. — 3) *weiterhin, abseits*. — 4) *unter* (örtlich). — 5) *in der Folge, nachher, später, nach* (zeitlich). परस्तादवगम्यत एव *was da folgt, erräth man schon*. — 6) *seither* (?). — 7) *über* (dem Range nach).

परस्तात्न Adj. *nachfolgend*.

परस्त्री f. *eines Andern Weib und ein unverheirathetes Mädchen, das von einem Andern* (Vater u. s. w.) *abhängig ist*.

परस्थान n. *die Fremde* 155,1.

परस्प 1) Adj. *schützend*. — 2) n. *Schutz*.

परस्पत्व n. *Schutz*.

परस्पर 1) m. Pl. (nur einmal) *Einer wie der Andere*. — 2) Adj. (f. आ) *beiderseitig* Bhatt. — 3) °परम् Acc. und Adv. *einander, mit —, gegen —, unter —, auf —, zu einander, gegenseitig, beim Einen wie beim Andern* (Bhâg. P. 1,8,9). — 4) °परेण *von —, mit —, durch einander*. — 5) °रात् *von dem Einen und vom Andern*. — 6) °परस्य *Einer des Andern*. — 7) °परतस् *Einer durch den Andern*. — 8) am Anf. eines Comp. in den Bedeutungen 3) 4) 5) und 6) — 9) am Ende eines adj. Comp. अविज्ञात° Pl. *sich gegenseitig nicht kennend*. — 10) f. आ Kathâs. 103,38 fehlerhaft für परंपरा.

परस्परव्यावृत्ति f. *das sich gegenseitig Ausschliessen* Çañk. zu Bâdar. 3,2,21.

परस्परामिषता f. *gegenseitiges Beutesein* Spr. 3943.

1. परस्पराश्रय m. *gegenseitige Abhängigkeit*, so v. a. *ein Schluss von A auf B und von B auf A* Müller, SL. 196. Insbes. Bez. *eines best. Fehlers der Argumentation, wenn man nämlich die Wahrheit einer Behauptung A durch die unerwiesene Behauptung B und die Wahrheit dieser wiederum durch die unerwiesene Behauptung A zu beweisen versucht*.

2. परस्पराश्रय Adj. *gegenseitig* Ragh. 3,24.

परस्पा m. *Beschützer, Beschirmer*. परस्पा Du., परस्पाया (d. i. °पै) इति Âpast. Çr. 15,14,1. Mân. Çr. 4,4. Vgl. परस्पा.

परस्फान AV. 19,15,3 Lesart der Hdschrr. st. गयस्फान.

परस्मैपद n. *die auf einen Andern bezügliche Wortform, die Personalendungen der activen Verbalform*.

परस्मैभाष 1) Adj. = परस्मैपदिन् Mahâbh. 6,87, a. — 2) f. आ = परस्मैपद.

परस्पा m. TBr. 2,8,1,3. 3,7 fehlerhaft für परस्पा.

परस्पायाः Taitt. Âr. 4,11,2. 3 fehlerhaft für परस्पायै.

1. परस्व n. Sg. und Pl. *fremdes Eigenthum*. °हृत् und °स्वादायिन् Adj. *fr. E. entwendend*, °स्वोपजीविन् Adj. *auf Kosten Anderer lebend*, °ग्रह m. und °हरण n. *das Entwenden von fremdem Eigenthum*. °स्वेहा f. *das Begehren nach fr. E.* H. 431.

2. परस्व Adj. (f. ई) Mantrabr. 1,6,28 nach dem Comm. = सर्वस्वभूत.

परस्वत् m. *der wilde Esel* AV. Paipp. 19,13,3. Njâjam. 9,4,18. Vgl. पराश्वत्.

परःसहस्र und परःसहस्र Adj. (f. आ) Pl. *mehr als tausend*.

परःसामन् Adj. *überschüssige Sâman habend*; m. Pl. Bez. *bestimmter Opfertage*.

परहंस m. *ein Asket der höchsten Ordnung*.

परहन् m. N. pr. eines Fürsten.

परहित n. *das Wohl Anderer* 169,23. 24. °ग्रन्थ m. Titel eines Werkes Opp. Cat. 1.

परहितरक्षित m. N. pr. eines Gelehrten.

परा Adv. *weg, ab, fort, hin, per-*. Nur in Verbindung mit Verbalformen und in Zusammensetzungen mit Substantiven.

पराक् s. u. पराञ्च्.

पराक 1) *Ferne*. Nur Loc. *in der Ferne* und Abl. *aus d. F., fern*. — 2) m. a) *ein best.* Trirâtra. — b) *eine best. Kasteiung*. — c) **Schwert*. — d) **eine best. Krankheit*. — e) **ein best. Thier*. — 3) *Adj. *winzig*.

पराकात्तात् Adv. *aus der Ferne*.

पराकाश m. *eine ferne Aussicht, — Erwartung*. Nur in der Verbindung आशापराकाशौ.

पराकृत n. *Nichtwiederkehr*.

*पराकपुष्पी f. *Achyranthes aspera* Râǵan. 4,91.

पराक्रम m. 1) Sg. und Pl. *muthiges, kräftiges Auftreten, Anstrengung, Muth, Macht, Kraft, Gewalt* (auch von einem Bogen). Am Ende eines adj. Comp. f. आ. — 2) **das Hinaustreten*. — 3) N. pr. a) eines Fürsten der Vidjâdhara. — b) eines Helden auf Seiten der Kuru.

पराक्रमकेसरिन् m. N. pr. eines Prinzen.

पराक्रमवत् Adj. *mit Muth —, mit Kraft ausgestattet*.

पराक्रमिन् Adj. *Muth —, Kraft an den Tag legend*.

पराक्रान्त 1) Adj. s. u. क्रम् mit परा. — 2) n. = पराक्रम 1) Bhatt. 8,93.

पराक्रान्तर् Nom. ag. = पराक्रमिन्.

पराग m. 1) Sg. und Pl. *Blüthenstaub*. — 2) *Staub* überh. — 3) **wohlriechender Puder*. — 4) **Sandel*. — 5) **Sonnen- oder Mondfinsterniss*. — 6) **Berühmtheit*. — 7) **Unabhängigkeit*. — 8) *N. pr. eines Berges.

*परागन्तर् Nom. ag. als Erklärung von परायति Sâj. zu RV. 9,71,7.

*परागपुष्प m. *eine Art* Kadamba Râǵan. 9,104.

परागम m. *die Ankunft —, der Einfall eines Feindes*.

पराग्दृश् Adj. *dessen Auge auf die Aussenwelt gerichtet ist*.

परागवसु Adj. *Güter fortnehmend*.

पराघातन n. *Richtplatz, Schlachthaus* Káraka 1,25.

पराङावृत्त Adj. *auf der Flucht begriffen* Âpast.

पराङ्कुशपाड्डुकापञ्चाशत् f. Titel eines Werkes Opp. Cat. 1.

पराङ्ग m. *Hinterkörper*.

*पराङ्गद m. Bein. Çiva's.

पराङ्गना f. Spr. 4915 fehlerhaft für वाराङ्गना.

*पराङ्गव m. *das Meer*.

पराङ्मनस् Adj. *dessen Sinn rückwärts gewandt ist*.

पराङ्मुख 1) Adj. (f. ई) a) *dessen Gesicht abgewandt ist, den Rücken kehrend, — Jmd* (Gen.), *fliehend vor* (Abl.). Adv. °म्. — b) *abgewandt* (Blick). — c) *sich abwendend von*, so v. a. *abgeneigt, Nichts wissend wollend von, sich nicht weiter kümmernd um, meidend*. Die Ergänzung im Loc., Gen., Acc. mit प्रति oder im Comp. vorangehend. — d) *widrig, ungünstig* (Schicksal u. s. w.). — 2) m. *ein best. über Waffen gesprochener Zau-*

bersprueh. — 3) wohl n. *das Sichzurückziehen.*

पराङ्मुखता f. *das Abgewandtsein des Gesichts.*

पराङ्मुखत्व n. *Abgeneigtheit, Widerwille, — gegen* (im Comp. vorangehend).

पराङ्मुखय्, °यति *umwenden.*

1. पराङ्मुखी Adj. f. s. पराङ्मुख.

2. पराङ्मुखी Adv. 1) mit कर् *in die Flucht schlagen.* — 2) mit भू *a) das Gesicht abwenden, den Rücken kehren, fliehen.* — *b) sich von Jmd abwenden, von Jmd* (Gen.) *Nichts wissen wollen.* — *c) sich widrig —, sich ungünstig zeigen* (vom Schicksal).

पराच s. पराचैस्.

*पराचित m. *Sclave, Diener.*

पराचीन 1) Adj. *a) abgewandt, nach der entgegengesetzten Richtung gewandt.* पराचीनपाणि Adj. *die Rückseite der Hand nach unten richtend* Donner, Pind. 21,2. — *b) jenseits befindlich, — gelegen.* — *c) sich nicht kümmernd um, gleichgültig gegen* (Abl.).* — *d) verkehrt, unpassend, ungehörig* Harshak. 143,23. — 2) °म् Adv. *a) darüber hinaus, weg von* (Abl.). — *b) vorzeitig.* — *c) nach* (zeitlich, mit Abl.). — *d) mehr* (der Zahl nach).

पराचीनरात्र n. *die zweite Hälfte der Nacht* Âpast. Çr. 8,11,17.

पराचैस् Adv. *abseits, beiseite, weg.*

पराजय m. 1) *das Kommen um Etwas, Verlust, Einbusse;* die Ergänzung im Abl. oder im Comp. vorangehend. — 2) *Niederlage, das Unterliegen* (im Streite, Processe). — 3) *Besiegung, das Herrwerden —, Sieg über;* das Object im Gen. oder im Comp. vorangehend.

पराजित् m. N. pr. eines Sohnes des Rukmakavaka.

पराजिन् in *आरुण°.

पराजिष्णु Adj. 1) *unterliegend in* श्रै°. — 2) *siegreich.*

पराञ्च् 1) Adj. (f. पराची, Nom. n. पराक् und पराङ्) *a) hinwärts gerichtet, weggekehrt, abgewandt, hinwärts gehend, jenseits gelegen von* (Abl.), *den Rücken bietend, ein Anderes hinter sich habend, hinter einander stehend, sich abwendend von* (Abl.), *sich entziehend.* — *b) verkehrt.* — *c) sich entfernend, nicht wiederkehrend, dahin gegangen, ein für alle Male abgethan, unwiederbringlich.* — *d) nach einander folgend, nachfolgend* (mit Abl.). — *e) auf die Aussenwelt gerichtet* (Sinne). — 2) n. *der Körper* Bhâg. P. 4,11,10. — 3) Adv. *a)* पराक् *α) abgewandt* Kâtj. Çr. 8,3,32. — *β) nach vorn* Bhâg. P. 5,5,31. — *b)* पराङ् *auf die Aussenwelt.*

*पराञ्चन n. *das Abbeugen.*

पराञ्चिन् Adj. *nicht wiederkehrend.*

*पराञ्ज m. 1) *Oelpresse.* — 2) *Schaum.* — 3) *Klinge.*

*पराञ्जन n. Trik. fehlerhaft für पत्त्राञ्जन.

*पराण Adj. P. 8,4,20, Sch.

पराणत्ति f. *Abtreibung, Vertreibung.*

पराणुदे Dat. Infin. zu 1. नुद् mit परा RV. 1,39, 2. 8,14,9.

परातंस in अ° (Nachtr. 3).

परातरम् Adv. *weiter weg.*

परात्परगुरु m. *der Lehrer des Lehrers des Lehrers eines Lehrers.*

*परात्प्रिय m. *eine Grasart.*

1. परात्मन् m. *der höchste Geist, die Allseele.*

2. परात्मन् Adj. *den Körper für die Seele haltend.*

परात्रिंशिका f. Titel eines Werkes Bühler, Rep. No. 460.

परादद्दि Adj. *hingebend, preisgebend;* mit Acc.

*परादन m. *ein persisches Pferd.*

परादान n. *das Hingeben.*

परादेवी f. *eine Form der* Devî.

परादै Dat. Inf. zu 1. दा mit परा RV. 7,19,7.

*पराधि m. *Jagd.*

पराधीन Adj. (f. आ) 1) *von einem Andern abhängig, abhängig von* (im Comp. vorangehend). Nom. abstr. °ता f. — 2) *ganz in Anspruch genommen von, beschäftigt mit, nur bedacht auf* (im Comp. vorangehend) Râgat. 6,9. Kâd. 204,15. Chr. 295,19 (im Prâkrit).

परानन्द m. N. pr. eines Verfassers von Mantra bei den Çâkta.

*परानसा f. *ärztliche Behandlung, Heilung.*

1. परान्त m. *das äusserste Ende, der schliessliche Tod.* °काले.

2. परान्त m. Pl. N. pr. eines Volkes. Auch *°क.

1. परान्न n. *die Speise eines Andern, fremde Speise* zu Spr. 1596.

2. परान्न m. *Diener.*

*पराप n. = परा + अप् *Wasser.*

परापर n. 1) *das Entferntere und Nähere.* — 2) *das Frühere und Spätere (Ursache und Wirkung).* — 3) *das Höhere und Niedere, Bessere und Schlechtere.* — 4) *Grewia asiatica.*

*परापरगुरु m. *ein um mehrere Generationen älterer Lehrer.* Vgl. परात्परगुरु.

परापरण in अपरापरणी.

परापरता f. *der höhere und niedere Grad, Absolutheit und Relativität.*

परापरत्व n. 1) *Priorität und Posteriorität.* — 2) *Absolutheit und Relativität.*

परापरेश m. Bein. Vishṇu's VP.[2] 5,214. Vgl. परावरेश.

परापरैतर् Nom. ag. *der nach dem Andern —, in seiner Reihe hingeht* (in jene Welt).

परापवन n. *das durch Reinigung Beseitigen* Comm. zu Âpast. Çr. 1,20,7.

परापातिन् Adj. *abfliegend, sich ablösend* Âpast. Çr. 7,2,4.

परापातुक Adj. *vor der Zeit abgehend, abortiv.*

परापावम् Absol. *durch Reinigung beseitigend* Âpast. Çr. 1,7,10.

परापुर् f. *ein grosser Leib* (Comm.).

पराप्रज्ञा f. Titel eines Vedânta-Werkes.

पराप्रवेशिका f. Titel eines Werkes Bühler, Rep. No. 461.

पराप्रासादमन्त्र m. *ein best. mystisches Gebet.*

पराबत्र n. Du. Name zweier Sâman. पारबत्र v. l.

पराभव m. 1) *Weggang, Trennung.* — 2) *das Verschwinden, zu Ende Gehen, zu Schanden Werden.* — 3) *Niederlage, eine Demüthigung —, eine Kränkung, die man erleidet, — von Seiten von* (Instr. oder Abl.). — 4) *das 40ste oder 14te Jahr im 60jährigen Jupitercyclus.*

पराभाव m. *Niederlage.*

पराभावन n. *das Unterdrücken* Comm. zu Âpast. Çr. 5,13,3.

पराभावुक Adj. *dem Untergang entgegengehend.*

पराभित्त Hariv. 14533 fehlerhaft für पर्णभित्त.

पराभुवे Dat. Inf. von 1. भू mit परा AV. 1,29,4.

पराभूति f. *Niederlage, eine Demüthigung —, eine Kränkung, die man erleidet, — von Seiten von* (Abl. oder im Comp. vorangehend).

परामर्श m. 1) *das Packen an.* केश° *an die Haare.* — 2) *das Spannen* (eines Bogens). — 3) *Leidzufügung, eine an Jmd verübte Gewalt, Angriff auf Jmd* oder *Etwas* (Loc., Gen. oder im Comp. vorangehend), *Schädigung* Kâd. 118,16. — 4) *das Sichbeziehen —, Hindeuten auf.* — 5) *das sich zur Erinnerung Bringen, das Sichvergegenwärtigen.* — 6) *Reflexion, Betrachtung.*

*परामर्शन n. = परामर्श 5).

परामर्शवाद m. (Opp. Cat. 1), °हेतुविचार m. und °वादार्थ m. (Opp. Cat. 1) Titel von Werken.

°परामर्शिन् Adj. *sich beziehend —, hindeutend auf.* Nom. abstr. °र्शित्व n.

1. *परामृत n. *Regen.*

2. परामृत Adj. *der den Tod besiegt hat, keinem fernern Tode mehr unterworfen* Kaivaljop. 4.

परायण 1) n. a) *das Weggehen, Hingang.* — b) *der Weg des Hinganges.* — c) *das letzte —, höchste Ziel, die letzte Zuflucht, Zuflucht.* स्वर्ग (स्वयं fehlerhaft MBh. 6,3929) कृत्वा परायणम् so v. a. *nur den Himmel vor Augen habend* MBh. 6,88,43. — d) *der Inbegriff von Etwas, Hauptsache, summa.* — e) *das Bestimmende von Etwas* (Gen.) Spr. 3182. — f) in der Med. so v. a. *Haupt —, Wundermittel* Káraka 6,24. — g) am Ende eines adj. Comp. (f. आ) *Hauptziel, Hauptzweck, Hauptsache, Hauptbeschäftigung.* Wiederzugeben durch α) *sich ganz widmend, mit allem Eifer obliegend, sich — angelegen sein lassend, ganz aufgehend in, ganz in Beschlag genommen von.* दण्ड° so v. a. *ganz auf den Stock* (als Stütze) *angewiesen* Lalit. 226,9. Nom. abstr. °ता f. Daçak. 32,8. — β) *sich ganz beziehend auf, nur — betreffend.* — h) *ein best. Werk* 239,1. — i) **a religious order or division.* — 2) Adj. (f. आ; die v. l. statt des Adj. oft n.) a) *heftig, stark* (Schmerz). — b) *die letzte Zuflucht seiend für* (Gen.) 77,8. — c) *die Hauptsache seiend von* (Gen.). — d) *führend zu* (Gen.), *bewirkend.* — e) *abhängig von* (Gen.). — f) *sich ganz in Etwas* (Acc.) *fügend.* — 3) m. N. pr. eines Schülers des Jâǵnavalkja. — Statt गण्डपरायणाकृता Pańkat. 126,2 liest ed. Bomb. 2,24,10. 11 गण्डोपधानवर्तिकृता.

परायणवत् Adj. *den Höhepunkt einnehmend, summus.*

परायत Titel eines Werkes Opp. Cat. 1.

परायैति Adj. nach Sâj. = परागत्वर.

परायत्त Adj. (f. आ) *von einem Andern abhängig, abhängig —, ganz übermannt von* (im Comp. vorangehend) Kâd. 171,10. 173,15. Bâlar. 101,10.

परायुस् m. Bein. Brahman's.

*परारि Adv. *im drittletzten Jahre.*

*परारित्न Adj. von परारि.

परारीक m. oder °का f. *Lauch.*

*पराऱु m. *Momordica Charantia.* Vgl. पवाऱु.

*पराऱुक m. *Stein, Fels.* Vgl. पवारुक.

परार्जुन m. N. pr. eines Mannes.

1. परार्थ m. 1) *der hohe Vortheil, die grosse Bedeutung.* — 2) *eines Andern Sache, — Angelegenheit, — Nutzen.* — 3) euphem. so v. a. *Beischlaf.* — 4) परार्थम्, °र्थे und °र्थं *für einen Andern, für Andere.* — 5) परार्थम् *in Bezug auf das Fernere.* — Wird mit पदार्थ verwechselt.

2. परार्थ Adj. *ein Anderes zum Zweck habend, um eines Andern willen geschehend, für Andere daseiend, durch Anderes bedingt.* Nom. abstr. °ता f. (Mahâvîrak. 10,6) und °त्व n.

परार्थक Adj. = 2) परार्थ. Nom. abstr. °त्व n.

परार्थवादिन् Adj. *für einen Andern redend* (vor Gericht), *Stellvertreter* 214,6. 8.

परार्थिन् Adj. *nach dem Höchsten strebend.*

परार्ध 1) m. *die entferntere —, jenseitige —, andere Seite* oder *Hälfte.* — 2) m. n. a) *die grösste Zahl* (100,000,000,000,000,000) Spr. 7710. — b) *die Hälfte des äussersten Lebensalters* Brahman's, *fünfzig Jahre* Brahman's. — 3) Adj. fehlerhaft für परार्ध्य.

परार्धक *die eine Hälfte von Etwas.*

परार्ध्य 1) Adj. (f. आ) a) *auf der entfernteren —, jenseitigen —, anderen —, folgenden Seite* oder *Hälfte befindlich.* — b) *der Zahl nach am Fernsten stehend, möglichst viel zählend.* — c) *der Würde, der Qualität nach am Höchsten stehend, am Meisten geltend, der vorzüglichste, ausgezeichnetste, schönste, beste.* — d) *vorzüglicher als* (Abl.). — 2) n. *das Maximum.* Nur am Ende eines adj. Comp. — 3) fehlerhaft für परार्ध.

*परार्बुद m. *ein fliegendes leuchtendes Insect.*

परार्वत् f. *die Ferne.*

*परावत m. *Grewia asiatica.*

परावत् Adj. *voller Seligkeit* (Welten) Âpast.

परावपिष्ठ Adj. in अ° (Nachtr. 3).

परावर Adj. (f. आ) 1) *der entferntere und nähere, frühere und spätere, höhere und niedere, Alles umfassend;* n. *das Entferntere und Nähere, Frühere und Spätere, Ursache und Wirkung, Grund und Folge, der ganze Umfang eines Begriffs.* Am Ende eines adj. Comp. f. आ. — 2) *jeder nachfolgende.* — 3) *vom Frühern zum Spätern übergehend, überliefert.*

परावरत्व n. *das höher und niedriger Sein.*

परावरार्ध्य Adj. Pl. *von den kleinsten bis zu den grössten.*

परावरेश m. Bein. Vishṇu's VP. 6,5,85. Vgl. परापरेश.

परावर्त m. *Tausch* Hem. Par. 2,326.

परावर्तन n. *das Sichumwenden.*

परावर्तिन् in अ° (Nachtr. 3).

परावर्ष Hariv. 7202 fehlerhaft für पारावर्ष.

परावसु 1) Adj. *Reichthum abtreibend.* — 2) m. a) *das 40ste Jahr im 60jährigen Jupitercyclus.* — b) N. pr. α) eines Gandharva. — β) eines Sohnes des Raibhja.

परावह m. Bez. *eines der sieben Winde.*

परावाक् m. *Widerspruch.*

*पराविद्ध m. Bein. 1) Vishṇu's. — 2) Kubera's.

परावृक्त m. *ein Verstossener, Auswürfling.*

परावृत् m. N. pr. eines Sohnes des Rukmakavaka.

परावृत्त 1) Adj. s. u. वर्त् mit परा. — 2) n. a) **das Sichwälzen* H. 1245. — b) fehlerhaft für पुरावृत्त Z. d. d. m. G. 7,311, N. 2.

परावृत्ति f. 1) *Wiederkehr* in अ° (Nachtr. 3). — 2) *das Abprallen, Verfehlen der Wirkung.* — 3) *Vertauschung, Verstellung* Spr. 7650.

*परावेदी f. = बृहती.

पराव्याध m. *Wurfweite.*

पराशक्ति f. *eine Form der* Çakti *bei den* Çâkta.

पराशर m. 1) *Zerstörer.* — 2) *ein best. wildes Thier* (°सर geschr.). — 3) N. pr. a) eines Schlangendämons. — b) verschiedener Männer. Pl. *ihr Geschlecht.*

पराशरतन्त्र n., °शरधर्म m. und °शरपुराण n. Titel von Werken Opp. Cat. 1.

पराशरभट्ट m. N. pr. eines Dichters.

पराशरमाधवीय n., °शरवंशवर्णन n., °शरविजय m., °शरसंपात m., °शरस्मृति f. und °संग्रह m. Titel von Werken Opp. Cat. 1.

*पराशरिन् m. = पाराशरिन्.

पराशरेश्वर m. Name eines Liṅga.

पराशरेश्वरतीर्थ n. N. pr. eines Tîrtha.

पराशरोपपुराण n. Titel eines Upapurâṇa Opp. Cat. 1.

पराशस् f. etwa *Verwünschung* TBr. 3,7,12,4.

*पराशातयितर् Nom. ag. als Erklärung von पराशर.

1. पराश्रय m. 1) *die Abhängigkeit von Andern.* — 2) *eine Zuflucht der Feinde.*

2. पराश्रय 1) Adj. *sich an ein Anderes anschliessend, von Andern abhängig.* — 2) *f. आ *Schmarotzerpflanze.*

पराश्रित 1) Adj. = 2. पराश्रय 1). — 2) m. *Diener.*

परास 1) m. *Wurfweite.* — 2) *n. *Zinn.*

परासङ्ग m. *das Anhängen.*

*परासन n. *Blutbad, Metzelei.*

°परासिन् Adj. *werfend, Wurfweiten messend.*

परासु Adj. (f. eben so) 1) *dessen Lebensgeister davongehen, sterbend, moribundus, dem Tode verfallen.* — 2) *dessen Lebensgeister davongegangen sind, leblos, todt.*

परासुकरण Adj. *todt machend, todbringend.*

परासुता f. und परासुत्व n. 1) *Abgespanntheit des Geistes, Apathie.* — 2) *Todesnähe* Harshak. 123,23.

परासेध m. *Haft, Gefängniss.*

*परास्कन्दिन् m. *Räuber.*

परास्तोत्र n. Titel eines Werkes.

परॉस्य oder परास्यॅ Adj. *wegzuwerfen.*

*पराह्न m. *der folgende Tag.*

पराकृति f. *das im Widerspruch Stehen.*

पराह्ण m. *Nachmittag.*

पराह्न fehlerhaft für पराह्ण. Nach den Grammatikern = परागतमहः.

पॅरि 1) Adv. *a) rings, ringsum, umher* zu Spr. 867. — *b) ringsum, hier und dort,* so v. a. *reichlich* Ṛv. 7,3,7. Häufig am Anf. eines Comp. als Ausdruck *der Fülle, des vollen Maasses, des hohen Grades.* — 2) Präp. *a)* mit Acc. α) *um* (örtlich und zeitlich). — β) *gegen, nach — hin, entgegen, gegenüber.* — γ) *hinaus über, mehr als.* — δ) **gegen,* so v. a. *in Bezug auf Jmd.* — ε) **zu Theil.* Mit अस् oder भू *Jmd zu Theil werden.* — ζ) *in distributiver Bed. वृत्तं वृत्तं परि सिञ्चति (nicht परिषिञ्चति) *Baum für Baum.* — *b)* mit Abl. α) *von — her, von — weg, aus — her.* — β) **um — herum,* so v. a. *ausserhalb, mit Ausschluss von, bis auf.* Auch verdoppelt. — γ) *nach Ablauf von.* — δ) *in Folge —, aus Anlass von, wegen.* — ε) *gemäss, nach, secundum* Pār. Gṛhj. 2,11,12 (vgl. Āçv. Çr. 6,12,12). — *c)* *am Anf. und am Ende eines adv. Comp. *ausserhalb, mit Ausschluss von, bis auf.* — *d)* *am Anf. eines adj. Comp. *gegen* (als Ausdruck der Abneigung u. s. w.).

परिंशॅ m. *das Beste von* (Gen.).

*परिकथा f. *eine Art Erzählung.*

परिकन्दल Adj. (f. आ) *strotzend von* (im Comp. vorangehend) Bhogapr. 88,24.

*परिकम्प m. 1) *heftiges Zittern.* — 2) *grosse Furcht.*

परिकम्पिन् Adj. *heftig zitternd.*

परिकर m. (adj. Comp. f. आ) 1) Sg. und Pl. *Gefolge, Dienerschaft* Bālar. 161,4. — 2) Sg. und Pl. *Beistand, Hülfsmittel* 311,12. °भूत Adj. *auxiliaris* Comm. zu Āryabh. S. 2, Z. 5. — 3) *Zubehör, Zuthat* Spr. 7260. Hemādri 1,481,5. — 4) *Menge, Schaar* Bālar. 178,6. — 5) *ein Gürtel, vermittelst dessen das Gewand aufgeschürzt wird.* परिकरं बन्ध् oder कर् *sich gürten zu,* so v. a. *sich anschicken —, Anstalten treffen zu* (Loc. oder Infin.). Daher bei den Lexicographen = आरम्भ, समारम्भ. — 6) in der Dramatik *Andeutungen der kommenden Handlung, die Keime des sogenannten Samens* (बीज) *im Schauspiel.* — 7) in der Rhetorik *die Anwendung spielender Beiwörter* Kāvyapr. 10,32. — 8)* *Untersuchung, Kritik.*

परिकरविजय m. Titel eines Werkes Opp. Cat. 1.

परिकरित Adj. *begleitet von* (Instr.) Vikramāṅkać. 6,92.

परिकर्त m. = परिकर्तन 2) *b)* Bhāvapr. 5,85. Ćaraka 8,11. °र्त्री f. dass. ebend.

परिकर्तन 1) Adj. *zerschneidend.* — 2) n. *a) das Ausschneiden, Ausschälen.* — *b) Schneiden, stechender Schmerz.*

परिकर्तर् Nom. ag. *ein Priester, der an einem jüngern Bruder, während der ältere noch nicht verheirathet ist, die Hochzeitsceremonie vollzieht.*

परिकर्ति f. und °का f. = परिकर्तन 2) *b)* Bhāvapr. 5,85. Ćaraka 8,6. 5,10. 6,3. 26. Am Ende eines adj. Comp. °कर्तिक 3.

1. परिकर्मन् n. 1) *das Herumsein um Jmd, Cult, Verehrung.* — 2) *Pflege des Körpers, das Salben und Schmücken desselben.* — 3) *Reinigung, Reinigungsmittel.* — 4) *Vorbereitungen zu* (im Comp. vorangehend). — 5) *eine arithmetische Operation.* — 6) *bei den Ǵaina *einer der 5 Theile des* Dṛshṭivâda H. 246.

2.*परिकर्मन् m. *Gehülfe, Diener.* Vgl. परिकर्मिन्.

परिकर्मय्, °यति 1) *salben, schmücken.* — 2) *bereiten, in Ordnung bringen.* — Vgl. अपरिकर्मितमति (Nachtr. 3).

परिकर्मिन् m. *Gehülfe, Diener.*

1. परिकर्ष m. *das Herumziehen, Herumschleppen.*

2.*परिकर्ष m. = परि + कर्ष.

परिकर्षण n. 1) = 1. परिकर्ष. — 2) *Kreis* Çulbas. 3,210.

परिकर्षिन् Adj. *Alles mit sich fortreissend.*

परिकलयितर् Nom. ag. *umschliessend* Mahāvīrać. 75,7 (°यिता zu lesen).

*परिकलितिन् Adj. = परिकलितं येन सः.

परिकल्कन n. *das Betrügen.*

*परिकल्प m. 1) *Täuschung* (buddh.). — 2) Med. p. 27 fehlerhaft für परिकम्प.

परिकल्पना f. 1) *Bewerkstelligung.* रूप° so v. a. *das Annehmen einer Gestalt.* — 2) *Berechnung.*

परिकल्प्य Adj. *zu berechnen.*

*परिकाङ्क्षित m. = पारिकाङ्क्षिन्.

परिकायन (!) m. Pl. *eine best. Schule.*

परिकीर्तन n. *das laute Verkünden, Nennen.*

*परिकूट 1) m. N. pr. eines Schlangendämons. — 2) n. *eine Art Schutzwehr an einem Stadtthor.*

*परिकूल n. etwa *am Ufer gelegenes Land.* Vgl. परितीर.

परिकृश Adj. *überaus mager* u. s. w. Nom. abstr. °त्व n. *schlanker Wuchs* Lalit. 28,11.

परिकृष्ट m. N. pr. eines Lehrers.

*परिकेश m. gaṇa निरुदकादि.

परिकोप m. *heftiger Zorn.*

परिक्रम m. 1) **das Lustwandeln.* — 2) *das Umschreiten, Durchwandern;* mit Gen. — 3) *das überall Hindringen.* — 4) *Uebergang* (?) Ṛv. Prāt. v. l. परक्रम. — 5) *Reihenfolge, Ordnung.* — 6) *Mittel* (medic.) Ćaraka 7,10. — परिक्रमाणां Müller, SL. 431 fehlerhaft für परिक्रमणात्.

परिक्रमण n. *das Umhergehen, Herumwandern.*

*परिक्रमसह m. *Ziege.*

परिक्रय m. 1) *das in den Kauf Geben, Hingeben* (des Lebens). — 2) *Miethe.* — 3) *ein mit Geld erkaufter Friede.*

परिक्रयण n. *das Dingen, Miethen.*

परिक्रान्त n. *der Platz, auf dem Jmd umhergeschritten ist, die Fussstapfen* R. 2,100,10. 3,68,46.

परिक्रान्ति f. *Umlauf.*

परिक्रॉमम् Absol. *umherschreitend, herumgehend* Çat. Br. 12,8,2,17. Kātj. Çr. 3,1,13. *umschreitend,* mit Acc. 17,5,20.

परिक्रामितक n. *das Umhergehen.* Nur Instr. als scenische Bemerkung Bālar. 131,17. 140,6. Viddh. 87,5. Pr. P.

परिक्रिया f. 1) **Umschliessung.* — 2) *Pflege* (des Feuers). परिष्क्रिया v. l. — 3) *Ausübung* (der Herrscherwürde). — 4) = परिकर 6).

परिक्री m. *ein best.* Ekâha.

परिक्रोशॅ m. *Schreier;* vielleicht *ein best. Dämon* Ṛv. 1,29,7.

परिक्लिष्ट 1) Adj. s. u. क्लिश् mit परि. — 2) *n. = परिक्लेश H. an. 4,302. Med. v. 57.

परिक्लेद m. *Nässe, Feuchtigkeit.*

परिक्लेदिन् Adj. *nässend, Feuchtigkeit ausscheidend.*

परिक्लेश m. *Beschwerden, Anstrengungen, Leiden, Qual.* Ausnahmsweise Pt.

परिक्लेष्टर् Nom. ag. *Quäler, Peiniger.*

परिक्वणन Adj. *laut tönend.*

परिक्ष m. N. pr. v. l. für परिक्षित् VP.[2] 4,162.

परिक्षय m. *das Schwinden, Verschwinden, Nachlassen, Aufhören, Untergang, Neige* (des Tages).

परिक्षवॅ m. *häufiges Niesen.*

*परिक्षा f. *Koth, Dreck.*

परिक्षाण n. Pl. *Verkohltes.*

परिक्षाम Adj. *ganz abgemagert, ausgemergelt* Kād. 80,12.

परिक्षालन n. *Waschwasser.*

परिक्षि m. N. pr. v. l. für परिक्षित् VP.[2] 4,162.

परिक्षित् 1) Adj. *rings umher wohnend* (Agni), *rings sich ausbreitend* (Du. von Himmel und Erde). — 2) m. N. pr. verschiedener Fürsten.

परिक्षित 1) Adj. Hemādri 1,700,21 fehlerhaft für परिचित. — 2) m. N. pr. v. l. für परिक्षित्

VP.[2] 4,162.

परिक्षेप m. 1) *das Hinundherwerfen, — bewegen.* — 2) *das Umfangen, Umschliessen.* — 3) *Alles was ein Anderes umschliesst, umgrenzt.* — 4) *Umfang.*

परिक्षेपक 1) *Adj. P. 3,2,146. — 2) = परिक्षेप am Ende eines adj. Comp. (f. °पिका), so v. a. *behangen mit* Kâraṇḍ. 30,11.

परिक्षेपिन् m. *eine Art Fistel.*

परिख (metrisch) = परिखा 1) Bhâg. P.

परिखण्डन n. *Verringerung, Schmälerung.* मान° *der Ehre.*

परिखा f. (adj. Comp. f. आ) 1) *ein zur Sicherstellung eines Ortes um diesen Ort gezogener Graben, Stadt —, Festungsgraben.* Von den Meeren, die die Erde umgeben, Spr. 7705. — 2) *N. pr. eines Dorfes.

परिखात m. *Furche, Geleise.*

परिखास्थित Adj. *sicher stehend, keiner Gefahr ausgesetzt.*

परिखी Adv. mit कर् *zu einem umgrenzenden Graben machen.*

परिखेद m. (adj. Comp. f. आ) *Ermüdung, Erschlaffung, Erschöpfung, Mitgenommenheit.*

*परिख्याति f. *Ruhm, Berühmtheit.*

*परिग Adj. *umhergehend.*

*परिगण *Haus.*

परिगणन n. und °ना f. *vollständige Aufzählung, Herzählung, genaue Angabe.*

परिगणनीय Adj. *vollständig aufzuzählen, genau anzugeben.*

*परिगणितिन् Adj. etwa *der Alles wohl erwogen hat* 233,8.

परिगण्य Adj. in अपरिगण्य.

परिगतार्थ Adj. *mit einer Sache vertraut, in Etwas eingeweiht* Çâk. 95,20. Ragh. 7,28.

*परिगदितिन् Adj. = परिगदितं येन सः.

परिगन्तव्य Adj. *zu erlangen, zu erreichen.*

परिगम m. 1) *das Umfassen* Bâlar. 93,6. — 2) *Begegnung, Bekanntschaft* Bâlar. 63,21. — 3) *das Bekanntwerden mit, so v. a. das Sicheinlassen auf, Sichbetheiligen an, Sichbeschäftigen mit* (im Comp. vorangehend) Bâlar. 147,12. 229,6. Pr. P. 126.

परिगर्वित Adj. *sehr hochmüthig.*

परिगर्हणा n. *Tadel.*

*परिगल्न n. gaṇa तुभादि.

परिगीति f. *ein best. Metrum.*

*परिगूढक Adj. gaṇa ऋश्यादि.

परिगृहीत 1) Adj. s. u. ग्रभ् mit परि. — 2) *m. N. pr.

परिगृहीतर् fehlerhaft für परिग्रहीतर्.

परिगृहीति f. *das Zusammenfassen* TS. 7,3,4,2.

परिगृह्यवन्त् Adj. *das Wort* परिगृह्य (Absol.) *enthaltend.*

*परिगृह्या f. *Weib.*

परिग्रह m. (adj. Comp. f. आ) 1) Nom. act. *a) das Umfassen, Umspannen. — b) das Umfassen, Einschliessen* in übertragener Bed. — *c) das Umlegen, Anlegen, Aufsetzen, Annehmen* (einer Gestalt, eines Körpers). — *d) das Zusammenfassen, Zusammenhalten. — e) das Ergreifen, in die Hand Nehmen, Anfassen. — f) das Annehmen, in Empfang Nehmen.* आसनपरिग्रहं कर् *einen Sitz annehmen, Platz nehmen* 327,31. Ohne Ergänzung *Entgegennahme von Gaben. — g) das Entnehmen —, Hinübernehmen aus* (Abl.). — *h) das Erlangen, in Besitz Gelangen, Sichverschaffen, Erwerbung, Besitzergreifung. — i) Aufnahme einer Person* (in sein Haus, in seine Gesellschaft), *freundliche Aufnahme* R. Gorr. 1,46,26. Kâraṇḍ. 79,21. — *k) das Heimführen* (eines Weibes), *Heirath. — l) das Erwählen, Aussuchen. — m) das Auffassen, Darunterverstehen. — n) das Unternehmen, Sichhingeben* (Spr. 4649), *Sichunterziehen, Treiben, Sichbeschäftigen mit* (180,32). — *o) Ehrenbezeigung, Gnadenerweisung, Gunstbezeugung, Gnade, Beistand. — p) Züchtigung, Bestrafung* (Gegens. अनुग्रह). Nur einmal. — *q) Herrschaft.* Am Ende eines adj. Comp. *stehend unter der Herrschaft von —, abhängig von. — r) Ansprüche auf* (Loc.). — *s)* in der Veda-Grammatik *doppelte Aufführung eines Wortes, vor und nach* इति. — *t) *Fluch, Schwur.* — 2) concr. *a) Einfassung* (der Vedi). — *b) Summe. — c) Besitz, Besitzthum.* Am Ende eines adj. Comp. *im Besitz seiend von, versehen mit. — d) Weib, Gattin.* Auch in collectiver Bed. — *e) die Angehörigen, Hausgenossen, Familie, Dienerschaft;* insbes. *die Kebsweiber eines Fürsten. — f) Behausung. — g) Wurzel, Grundlage, das worauf Etwas beruht. — h)* in der Veda-Grammatik *das dem zwischen einem wiederholten Worte stehenden* इति *vorangehende Wort. — i) *Sonnenfinsterniss. — k) *der Rückhalt einer Armee.* v. l. प्रतिग्रह.

*°परिग्रहक Adj. *ergreifend, sich einer Sache hingebend.*

परिग्रहण n. *das Anlegen, Umthun.*

परिग्रहत्व n. *das Heirathen* eines Weibes (Gen.).

परिग्रहमय Adj. *aus der Familie bestehend.*

परिग्रहवन्त् Adj. *im Besitz weltlicher Dinge seiend, an ihnen hängend.*

परिग्रहार्थीय Adj. *die Bedeutung des Zusammenfassens (Verallgemeinerns) ausdrückend* Nir. 1,7.

परिग्रहिन् Adj. = परिग्रहवन्त्.

परिग्रहीतर् Nom. ag. 1) *der Jmd Beistand leistet. — 2) Beherrscher. — 3) Gatte. — 4) Adoptivvater.*

परिग्रहीतव्य Adj. 1) *anzunehmen* Çaṁk. zu Bâdar. 2,3,12. — 2) *was beherrscht wird. — 3) in dessen Besitz man zu gelangen hat* Vagrakkh. 44,3. fgg.

*परिग्रामम् Adv. *um ein Dorf herum.*

परिग्राह m. *Einfassung* (der Vedi).

परिग्राहक Adj. *Jmd eine Gnade erweisend* Bâlar. 45,18.

परिग्राह्य Adj. *freundlich zu behandeln, dem man gute Worte geben muss.*

परिघ m. 1) *ein eiserner Querbalken zum Verschliessen eines Thores.* Damit werden wuchtige Arme und Lenden verglichen. — 2) bildlich so v. a. *Hinderniss. — 3) eine eiserne* oder *mit Eisen beschlagene Keule.* Einmal n. — 4) *das in der Querlage zur Geburt sich stellende Kind. — 5) ein bei Sonnenauf —* oder — *untergang sich quer vor die Sonne stellender Wolkenstreif.* — 6) Du. als Anguralausdruck *zwei zu beiden Seiten eines Reisenden fliegende Vögel. — 7) das Thor eines Palastes, Thor* überh. — 8) **Haus.* — 9) **der 19te astrol.* Joga. — 10) **Topf, Krug, ein gläserner Krug.* — 11) **Schlag, Tödtung, Beschädigung.* — 12) N. pr. *a)* eines Wesens im Gefolge Skanda's. — *b)* eines Kaṇḍâla. — *c)* eines frommen Mannes.

परिघट्टन n. *das Umrühren.*

परिघर्घरम् Adv. *mit lautem Grunzen* VP. 1,4,25.

परिघर्म Lâṭj. 1,6,36 fehlerhaft für °घर्म्य.

परिघर्म्य m. *ein Geräthe, das zur Bereitung des heissen Opfertrankes dient.*

परिघात m. 1) *das aus dem Wege Räumen.* — 2) **Keule.*

*परिघातन n. *Keule.*

°परिघातिन् Adj. *zu Nichte machend, übertretend* (einen Befehl).

परिघुर्घुरम् Adv. wohl nur fehlerhaft für परिघर्घरम्.

परिघृष्टिक Adj. MBh. 14,2852 fehlerhaft für पारिपाट्टिक oder परिपृष्टिक.

*परिघोष m. 1) *Laut, Geräusch. — 2) Donner.* — 3) *eine unpassende Rede.*

परिचक्र 1) m. Titel eines Abschnitts im Dvâviṁçatjavadânaka. — 2) f. आ N. pr. einer Stadt. परिचक्रा v. l.

परिचक्षा f. *Verwerfung, Missbilligung.*

परिचक्षि Loc. Inf. zu चक्ष् mit परि SV. v. l.

परिचक्ष्य, °चक्षाय्य Adj. *zu verschmähen, nicht zu billigen.*

परिचतुर्दश und °न् Adj. *volle —, mehr als vierzehn.*

परिचपल Adj. *überaus beweglich.*

1. परिचय m. *Anhäufung.*

2. परिचय m. *das Kennenlernen, Bekanntwerden mit, Bekanntschaft, vertrauter Umgang, vertrautes Verhältniss, Vertrautheit;* die Ergänzung im Gen., Loc., Instr. (Spr. 7760), Instr. mit समम् oder im Comp. vorangehend. Kâd. 57,9. 151,15. 199,13. 204,7. रति° so v. a. *häufige Wiederholung.*

परिचयवत् Adj. *genau bekannt* (pass.).

परिचयावस्था f. *ein best. ekstatischer Zustand bei den Jogin.*

परिचर 1) Adj. (f. आ) a) *umherstreifend.* — b) *beweglich, rinnend.* — 2) m. a) *Gefährte, Gehülfe, Diener, Wächter.* — b) * *eine herumgehende Wache, Patrouille.* — c) *Bedienung, Huldigung.* — 3) f. परिचरा Bez. von *Versen, welche in den Litaneien, nach einem Schema, bald am Anfange, bald in der Mitte oder am Ende stehen,* Lâṭj. 6,5,3. fgg.

परिचरण 1) m. *Gehülfe, Diener.* — 2) n. a) *das Umhergehen.* — b) *das Bedienen, Behandeln, Pflegen.*

परिचरणीय Adj. 1) *zu bedienen, zu pflegen.* — 2) *zur Anwendung kommend, erforderlich.*

परिचरितर् Nom. ag. *Bediener, Pfleger.*

परिचरितव्य Adj. *zu bedienen, zu pflegen, zu ehren.*

°परिचर्चा f. *das Sichkümmern —, Sorge um* Hâsj. 9.

परिचर्तन n. Pl. *diejenigen Theile des Pferdegeschirres, welche vom Leibgurt zur Brust und zum Schwanz laufen.*

परिचर्मण्य n. *Riemen.*

परिचर्य 1) Adj. *zu bedienen, zu pflegen, zu ehren.* — 2) f. आ *Bedienung, Aufwartung, Pflege, Huldigung.* Ausnahmsweise Pl.

परिचर्यावत् Adj. *bedienend, aufwartend.*

परिचाय्य m. *ein im Kreise aufgeschichtetes Feuer* Çulbas. 3,249.

परिचार m. 1) *Bedienung, Dienst, Huldigung.* — 2) *Spazierplatz.* — 3) MBh. 7,1261 fehlerhaft für परिवार.

परिचारक 1) m. *Gehülfe, Handlanger, Diener* Gaut. तदाज्ञा° so v. a. *der Vollstrecker seiner Befehle.* — 2) f. °रिका *Dienerin, Wärterin.*

परिचारण (metrisch) n. = परिचरण 2) b).

परिचारय् (von परिचार), °यति *sich ergehen, spaziren* Saddh. P. 46,4.

परिचारिक m. 1) = परिचारक 1). — 2) * Pl. *geröstetes Korn.*

परिचारिन् 1) Adj. a) *hierhin und dorthin gehend, beweglich.* — b) *bedienend, pflegend, huldigend.* — 2) m. *Diener, Wärter.*

परिचित् Adj. *rings aufschichtend* Âpast. Çr. 1,22,3.

परिचिति f. *Bekanntschaft, vertrauter Umgang mit* (im Comp. vorangehend).

परिचिन्तक f. Adj. *der über Etwas* (Gen. oder im Comp. vorangehend) *nachsinnt, — nachgedacht hat.*

परिचिन्तनीय Adj. *reiflich zu erwägen.*

परिचुम्बन n. *das Abküssen, Küssen* Bâlar. 123,10.

परिच्छद् am Ende eines adj. Comp. = परिच्छद 2).

परिच्छद m. (adj. Comp. f. आ) 1) *Decke, Ueberwurf.* — 2) *Alles was man um sich herum hat: Hausgeräthe, Geräthe, utensilia, Reisebedarf, Reisezeug; Gefolge, Dienerschaft.* Am Ende eines adj. Comp. auch so v. a. *versehen —, verziert mit.*

* परिच्छन्द m. *Gefolge.*

परिच्छित्ति f. 1) *genaue Bestimmung.* — 2) *Maassbestimmung, Maass.*

परिच्छेत्तव्य n. impers. *zu entscheiden, in's Reine zu bringen.*

परिच्छेद m. 1) *Trennung, Scheidung.* — 2) *genaue Unterscheidung, — Bestimmung, das auf's Reine Kommen mit Etwas, richtiges Urtheil* Spr. 3959. — 3) *Bestimmtheit, Entschiedenheit, Decidirtheit* Kâd. 2,43,9. — 4) *Abschnitt, Kapitel eines Buches.*

परिच्छेदक 1) Adj. *zur Gewissheit —, völlig in's Reine bringend.* — 2) n. *Maassbestimmung, Maass.*

* परिच्छेदकर m. *ein best.* Samâdhi.

परिच्छेद्य Adj. *genau zu bestimmen, zu messen.* Vgl. °अ (Nachtr. 1).

परिच्यवन n. 1) *das Herabfallen vom Himmel um als Mensch geboren zu werden* Hem. Par. — 2) *Verlust, das Kommen um* (Abl.) Comm. zu Âpast. 2,2,7.

परिच्युति f. *das Herabfallen.*

* परिजाघ m. N. pr.

परिजन m. (adj. Comp. f. आ) *Diener, Dienerin;* gewöhnlich in collect. Bed. *Umgebung, Gefolge, Dienerschaft;* insbes. *die weibliche.* Ausnahmsweise Pl.

* परिजन्मन् (!) m. 1) *der Mond.* — 2) *Feuer.*

परिजय्य Adj. *zu besiegen, dessen man Herr werden kann.*

परिजल्पित n. *die versteckten Vorwürfe einer von ihrem Geliebten schlecht behandelten Geliebten.*

परिजा f. etwa *Ort der Entstehung.*

परिजाड्य Adj. Suçr. 2,327,4 wohl fehlerhaft. Bhâvapr. 6,92 liest dafür जालकानीव; man könnte परिजालानि vermuthen.

परिजातक n. Titel eines Werkes.

परिजिहीर्षा f. *der Wunsch Etwas zu vermeiden, — zu beseitigen* Kâd. 52,24. 68,11. Çaṁk. zu Bâdar. 2,1,26. Comm. zu Gaim. S. 217, Z. 18.

परिजिहीर्षु Adj. *Etwas* (im Comp. vorangehend) *zu vermeiden wünschend* Ind. St. 10,413.

परिज्ञप्ति f. *Erkennung.*

* परिज्ञा f. *Kenntniss.*

परिज्ञातर् Nom. ag. *Erkenner, genauer Kenner.*

परिज्ञान n. *das Erkennen, Erkennung, Kennenlernen, Erfahren, Kennen, Kenntniss.*

परिज्ञानमय Adj. *dessen Wesen Erkenntniss ist.*

परिज्ञानिन् Adj. *viele Kenntnisse besitzend.*

परिज्ञेय Adj. *zu erkennen, kennen zu lernen.*

परिज्मन् 1) Adj. a) *herumlaufend, — fahrend, — wandelnd.* — b) *rings befindlich, überall gegenwärtig.* — 2) gleichlautender Loc. *ringsumher, allenthalben.* — 3) * m. a) *der Mond.* — b) *Feuer.*

परिज्यानि f. in अपरिज्यानि.

परिज्रि Adj. *herumlaufend* oder *sich rings ausbreitend.*

* परिज्वन् m. 1) *der Mond.* — 2) *Diener.* — 3) *ein Kenner des Opfers, Liturgiker.*

परिडीन n. *eine Art Flug* MBh. 8,41,27. Auch °क n.

परिणतवयस् Adj. *alt* Venis. 43,18.

परिणति f. 1) *Veränderung, Umwandelung, Wechsel der Form, natürliche Entwickelung.* Auch Pl. — 2) *das Reifwerden, Reife.* — 3) *das reife Alter.* — 4) *die Folgen.* — 5) *Ende, Schluss.* श्रवणपरिणतिं गम् so v. a. *endlich zu Ohren kommen* Bâlar. 43,6. °तिं या *sein Endziel —, seinen Endpunct erreichen.* Am Anfange eines Comp. *am Schluss, schliesslich.* — 6) *Erfüllung* (eines Versprechens) Spr. 4019.

परिणमन n. *das Sichumwandeln in* (Instr.).

परिणमयितर् Nom. ag. *zur Reife bringend.* f. °त्री Viddh. 82,3.

परिणाय m. (adj. Comp. f. आ) *das Herumführen der Braut um's Feuer, Hochzeit, Heirath* Spr. 7738. °विधि m. Vikramâñkać. 18,1.

परिणयन n. 1) *das Herumführen um's Feuer.* — 2) *Heirath.*

परिणाव्हू f. N. pr. einer Oertlichkeit, = परीणाव्हू.

परिणाह्न n. *das Verhüllen* GOBH. 3,2,35. MÂN. ÇR. 4,7.

*परिणाद्क Adj. von नद्ध mit परि.

परिणाम m. 1) *Veränderung, Umwandlung, Wechsel der Form, Entwickelung zu* (Instr.); insbes. *natürliche Entwickelung.* — 2) *Umwandlung der Speise, Verdauung.* — 3) *das Welkwerden.* — 4) *Verlauf, Ablauf* (der Zeit). — 5) *Zunahme* (des Alters). — 6) *Alter, senectus.* — 7) *die Folgen.* — 8) *Ende, Schluss.* परिणामे und परिणाम° *schliesslich, zuletzt;* परिणामे तु *schliesslich jedoch* RÂGAT. 7,425. वयस: परिणामे so v. a. *im Alter.* — 9) *eine best. Redefigur: dichterische Uebertragung der Eigenschaften und Thätigkeiten eines Gegenstandes auf sein Bild.*

परिणामक Adj. *die Veränderungen zu Wege bringend.*

परिणामवत् Adj. *eine natürliche Entwickelung habend* ÇAṂK. zu BÂDAR. 2,1,14. Nom. abstr. °वत्त्व n. ebend.

परिणामवाद m. *die Entwickelungstheorie, die* Sâṁkhja-*Theorie.*

परिणामशूल m. n. *heftige Verdauungsbeschwerden* ÇÂRṄG. SAṂH. 1,7,34. BHÂVAPR. 3,9.

परिणामिक Adj. 1) **durch eine Veränderung entstanden.* — 2) *gut verdaulich.* — Wohl fehlerhaft für पारि°.

परिणामिन् Adj. 1) *sich verändernd, sich umwandelnd, einem Wechsel der Form unterworfen;* insbes. *sich natürlich entwickelnd* ÇAṂK. zu BÂDAR. 2,1,14. Nom. abstr. °मित्व n. ebend. — 2) *reifend, Früchte tragend* (in übertr. Bed.). Nom. abstr. °मित्व n.

*परिणाय m. *Zug im Schachspiel* u. s. w.

परिणायक m. 1) *Führer.* — 2) *Gatte.* — 3) etwa *Gouverneur, Heerführer* (buddh.) LALIT. 156,8. KÂRAṆḌ. 17,20.

परिणायन n. = परिणाय HEM. PAR. 8,321.

परिणाव्ह m. 1) *Umfang, Weite, Peripherie.* — 2) *Bein. Çiva's.* — Vgl. परी°.

परिणाव्हवत् Adj. *einen grossen Umfang habend.*

परिणाव्हिन् Adj. dass. Am Ende eines Comp. *den Umfang von — habend.*

परिणिंसक Adj. *kostend, schmeckend.*

परिणिनंसु Adj. *einen Seitenstoss zu machen im Begriff stehend* (Elephant).

परिणीत 1) Adj. s. u. 1. नी mit परि. — 2) n. *Heirath* UTTARAR. 29,15 (39,3).

परिणीतपूर्वा Adj. f. *vormals geheirathet* ÇÂK. 65,23.

परिणेतर् Nom. ag. *Gatte.*

परिणेतव्य Adj. 1) f. आ *zu heirathen* PAṄKAD. 13. — 2) *umzusetzen in, zu vertauschen mit* (Instr. eines Nom. abstr.) Comm. zu NJÂJAM. 2,2,10.

परिणेय Adj. 1) *herumzuführen.* — 2) f. आ *um das Feuer herumzuführen, zu heirathen.* — 3) *ausfindig zu machen, auszuspüren.* — 4) *umzusetzen in, zu vertauschen mit* (Instr. eines Nom. abstr.) SÂJ. zu AIT. BR. 1,28,16. GOVINDÂN. S. 615.

परितंसयध्यै Dat. Inf. zu तंस् mit परि Caus. ṚV. 1,173,7. 6,22,7.

*परितकन n. *das Umherlaufen.*

(परितकम्य) परितक्मिय 1) Adj. (f. आ) *Angst —, Unruhe verursachend, unsicher, gefährlich.* — 2) f. आ *ängstliche Lage, Schrecken, Gefahr.*

परितत्नु Adj. *umspannend, umschlingend.*

परितप्ति f. *Seelenschmerz, Betrübniss.*

परितर्कण n. *das Erwägen.*

परितर्पण 1) Adj. *befriedigend, zufriedenstellend.* — 2) n. *a) das Befriedigen.* — *b) Labsal, Stärkungsmittel* KARAKA 6,6.

परितस् 1) Adv. *ringsum, von allen Seiten, nach a. S. hin, allerwärts.* न — परितस् *auf keine Weise.* — 2) Präp. *um, um — herum;* mit Acc., einmal mit Gen.

°परिताडिन् Adj. *allerwärts treffend, — verwundend* BÂLAR. 55,8.

परिताप m. 1) *Glut, Hitze.* — 2) *Seelenschmerz, Trauer, Betrübniss.* — 3) *Reue.* — 4) *Schmerzbereitung* zu Spr. 155. — 5) **eine best. Hölle.*

परितापिन् Adj. 1) *brennend heiss.* — 2) *Seelenschmerz —, Trauer —, Betrübniss verursachend.*

परितारणीय Adj. Verz. d. Oxf. H. 90,*a*,6 vielleicht fehlerhaft für परिचारणीय (metrisch) = °चरणीय *zu verehren.*

*परितिक्त m. *Melia Azedarach.*

*परितीर n. wohl = परिकूल.

परितुष्टि f. *Befriedigung, Zufriedenheit.*

परितृप्तत्व n. *vollkommenes Befriedigtsein* WIND. Sanc. 142.

परितृप्ति f. *vollkommene Befriedigung* KAIVALJOP. 12.

परितोष m. 1) *Befriedigung, Zufriedenheit, Freude an* (Loc. oder Gen.). Am Ende eines adj. Comp. f. आ. — 2) N. pr. eines Mannes.

परितोषक Adj. *zufriedenstellend, befriedigend* Ind. St. 15,221.

परितोषण 1) Adj. dass. — 2) n. *das Zufriedenstellen, Befriedigen.*

पारितोषयितर् Nom. ag. *Andere zufriedenstellend, — befriedigend.* परितो° v. l.

परितोषवत् Adj. *zufrieden, froh.*

°परितोषिन् Adj. *zufrieden mit, erfreut über.*

परित्यक्तर् Nom. ag. *der Jmd verlässt, im Stich lässt.*

°परित्यज् Adj. *verlassend, aufgebend, im Stich lassend.* v. l. besser अग्निमातृपितृत्यजाम् st. अग्निमातृपरित्यजाम्.

परित्यज्य Adj. fehlerhaft für °त्याज्य.

परित्याग m. (adj. Comp. f. आ) 1) *das im Stich Lassen, seinem Schicksal Ueberlassen, Ziehenlassen, Verstossen* einer Person. — 2) *das Verlassen* eines Ortes. — 3) *das Fahrenlassen, Aufgeben* (einer Sache), *Aufopfern, Verzichten auf Etwas, Unterlassen, Entsagen.* Pl. *Entsagungen,* so v. a. *Opfer.* — 4) *Trennung von* (°सकाशात्). — 5) Titel eines Werkes.

परित्यागपट्टक n. wohl *Entsagungsurkunde.*

परित्यागसेन m. N. pr. eines Fürsten.

परित्यागिन् Adj. 1) *Jmd verlassend.* — 2) *Etwas aufgebend, verzichtend auf* (im Comp. vorangehend). Ohne Ergänzung *der da entsagt.*

°परित्याजन n. *das Veranlassen zum Aufgeben* von. प्राण° *das Jmd das Leben Nehmen.*

परित्याज्य Adj. 1) *im Stich zu lassen, seinem Schicksal zu überlassen, zu verstossen, zu meiden.* — 2) *aufzugeben, hinzugeben, zu unterlassen, dem man entsagen muss* MBH. 13,8,25. — 3) *wegzulassen.*

परित्राण n. 1) *das Behüten, Beschützen, Retten, Rettung, — von* (Abl.). — 2) *Schutzmittel, — gegen* (Gen.), *Schutz, Zuflucht.* — 3) **Selbstvertheidigung.* — 4) **die Haare auf dem Körper;* **Schnurrbart* GAL. — °परित्राणाम् MBH. 13,6227 fehlerhaft für °पवित्राणाम्.

परित्रात m. N. pr. eines Mannes.

परित्रातर् Nom. ag. mit Gen. und Acc. *Behüter, Beschützer, Retter.*

परित्रातव्य Adj. *zu behüten* (BÂLAR. 46,12), *zu beschützen vor* (Abl.).

परित्रास m. (adj. Comp. f. आ) *Schreck, Angst, Furcht.*

*परित्रिगर्तम् Adv. *um die* Trigarta *herum, überall, nur nicht bei den* Tr. Sch. zu P. 2,1,12. 6,2,33.

परिदंशित Adj. *vollkommen gerüstet, — gewaffnet.*

परिदर m. *eine Krankheit des Zahnfleisches, bei der sich dieses ablöst und blutet.*

परिदा f. *das Sichüberlassen der Gnade, dem Schutze eines Andern, Hingabe.*

परिदान n. 1) dass. — 2) * *Wiederablieferung eines Pfandes.* v. l. प्रतिदान.

परिदाय Adj. nach Nilak. परितो दीयते वित्तं ब्रह्माघ्यं यस्य सः.

परिदायिन् m. *ein Vater oder ein anderer über ein Mädchen verfügender Anverwandter, der seine Tochter oder sein Mündel an einen Mann verheirathet, dessen älterer Bruder noch nicht verheirathet ist.*

परिदारिक Adj. *rissig werdend* (Euter) AV. Pariç. 50,5.

परिदाह m. 1) *das Brennen.* — 2) *Seelenschmerz.*

*परिदाहिन् Adj. *brennend.*

*परिदिग्ध n. *ein mit einem Ueberzug von Mehl u. s. w. bereitete Fleischspeise* Madanav. 118,103.

परिदीन Adj. *überaus niedergeschlagen, — betrübt.*

परिदुर्बल Adj. (f. आ) *überaus schwach, — hinfällig, — elend* zu Spr. 1478.

परिदृंहण n. *das Festmachen* Âpast. Ç. 7,10,11.

*परिदृढ 1) Adj. *überaus fest.* — 2) m. N. pr. eines Mannes; s. पारिदृढ.

परिदृष्टकर्मन् Adj. *eine grosse practische Erfahrung habend* Karaka 3,8. Nom. abstr. °र्मता f. ebend.

परिदेव m. *Wehklage* Lalit. 119,14. Kâraṇḍ. 21,5.

परिदेवित 1) Adj. s. u. 2. दिव् mit परि Caus. — 2) n. *Wehklage.*

परिदेविन् Adj. *wehklagend, jammernd.*

*परिदृढय्, °यति *fest machen.*

परिद्रष्टर् Nom. ag. *Zuschauer, Wahrnehmer, Erkenner.*

परिद्वीप m. N. pr. eines Sohnes des Garuḍa. सरिद्वीप v. l.

परिद्विषस् m. *Hasser, Feind.*

परिधर्षण n. *Angriff, Beleidigung, Misshandlung.*

परिधातवै Dat. Inf. zu 1. धा mit परि AV. 2,13,2.

परिधान und परिधान (Çat. Br. 14) n. 1) *das Herumlegen* (des Holzes). — 2) *das Umwerfen, Umlegen* (eines Gewandes), *Bekleiden.* — 3) *Umwurf, Gewand,* insbes. *Untergewand.* Am Ende eines adj. Comp. f. आ. — 4) *das Abschliessen* (der Recitation).

परिधानवस्त्र n. *Obergewand* Pañkat. 226,17.

परिधानीय 1) *n. *Untergewand.* — 2) f. आ *Schlussvers.*

परिधापन n. *das Umnehmenlassen* (eines Gewandes).

परिधापनीय Adj. *auf das Umnehmenlassen bezüglich.*

*परिधाय m. 1) *Gefolge.* — 2) *die Hinterbacken.* — 3) *Wasserbehälter.*

*परिधायक m. *Gehege, Umzäunung.*

परिधारण 1) n. *das Tragen,* so v. a. *Sichhingeben.* शोकस्य *dem Schmerze.* — 2) f. आ *das Aushalten, Ausdauer* Mahâvîrak. 27,5.

परिधार्य Adj. *zu erhalten, aufrechtzuhalten.*

परिधावन n. *das Ausweichen* (einem Geschosse) MBh. 9,57,18.

परिधाविन् m. *das 46ste (20ste) Jahr im 60jährigen Jupitercyclus.*

परिधि m. 1) *Einschluss, Gehege, Wall.* Auch *vom Meere, das die Erde umschliesst.* — 2) *Umfassung, Schutzwehr.* — 3) *Hülle, Gewand.* — 4) *der Hof um Sonne und Mond, Doppelsonne.* — 5) *Horizont.* — 6) *Umfang, Umkreis; Epicyclus.* — 7) *Umgebung.* — 8) im Opferwesen *die grünen Hölzer* (gewöhnlich drei), *welche, um das Altarfeuer gelegt, dasselbe zusammenhalten sollen.* °संधि m. Mân. Çr. 1,3,1. 3. 2,3,3. 5,2. 8,26. — 9) षडेन्द्राः परिधयः Namen von Sâman Ârsh. Br. — 10) *N. pr. eines Mannes.

परिधिन् (nach Nilak.) Adj. als Beiw. Çiva's MBh. 13,17,119.

परिधिस्थ 1) Adj. *am Horizont stehend.* — 2) *m. *eine im Umkreise aufgestellte Wache.*

परिधी Adv. mit कर् *umhängen* Mahâvîrak. 90,12.

परिधीर Adj. *sehr lange nachtönend, — tief* (Ton).

परिधूपन n. (Suçr. 2,488,13, v. l. Bhâvapr. 4,100), परिधूमन n. und परिधूमायन n. = धूमायन.

परिधूसर Adj. *ganz grau, — bestäubt.* Nom. abstr. °त्व n. Prasannar. 23,22.

परिधेय Adj. = परिधिभव Mahîdh. बार्हिषद v. l.

परिध्वंस 1) m. *a) Verfinsterung* in विधु°. — *b) Ungemach, das Misslingen.* — *c) Verlust der Kaste.* Auch वर्ण° Comm. zu Âpast. 2,2,7. — *d) ein aus der Kaste Gestossener* Âpast. 2,2,7. — 2) f. आ *Verlust* der Kaste (im Comp. vorangehend) Âpast. 2,2,7.

परिध्वंसिन् Adj. 1) *abfallend.* — 2) *Etwas* (im Comp. vorangehend) *zu Grunde richtend, — zerstörend.* Ohne Ergänzung *Alles zu Gr. r.*

*परिनन्दन n. Nom. act. von नन्द् mit परि.

*परिनर्तन n. Nom. act. von नर्त् mit परि.

परिनिन्दा f. 1) *heftiger Tadel, das Tadeln Jmds* (Gen.). — 2) *Tadelsucht.*

परिनिम्न Adj. *stark vertieft.*

परिनिर्मितवशवर्तिन् m. Pl. *eine best. Klasse von Göttern in* Indra's *Welt* Comm. zu Jogas. 3, 25. Vgl. परनि°.

परिनिर्वाण n. 1) *das vollkommene Erlöschen eines Individuums* (buddh.). — 2) *Name *des Ortes, an dem* Çâkjamuni *entschwand.*

परिनिर्वाणवैपुल्यसूत्र n. Titel eines buddh. Sûtra Eitel, Ch. B.

परिनिर्वापयितव्य Adj. *vollkommen zu erlösen durch die Einführung in das* Nirvâṇa Vagrakkh. 21,1. 36,2.

परिनिर्विवप्सु Adj. *in vollem Maasse zu geben die Absicht habend* Bhatt.

परिनिर्वृति f. *vollkommene Erlösung.*

परिनिश्चय m. *eine ganz feststehende Meinung, ein ganz fester Entschluss.* v. l. besser स्वनिश्चय st. सुनिश्चय und प्रतिनिश्चय st. परिनिश्चय.

परिनिष्ठा f. 1) *ein äusserster Grenzpunct, Gipfelpunct.* — 2) *vollkommenes Vertrautsein mit Etwas* (Loc. oder im Comp. vorangehend) Çañk. zu Bâdar. 3,3,57.

परिनिष्ठान in अपरिनिष्ठान.

परिनिष्पत्ति f. *Vollkommenheit* Vagrakkh. 40, 8. fgg.

परिनिष्पन्नत्व n. *das wirkliche Dasein, Vorhandensein* Çañk. zu Bâdar. 2,1,6.

परिनेतर् Nom. ag. fehlerhaft für परिणेतर्.

परिनैष्ठिक Adj. (f. ई) *der allerhöchste, vollendetste, vollkommenste.*

परिन्दन n. (Text zu Lot. de la b. l. 235) und °ना f. = परि°.

परिन्याम m. in der Dramatik *die Anspielung auf die Entwickelung des sogenannten Samens* (बीज).

परिपक्व Adj. 1) *fertig gebrannt* (Backstein u. s. w.). — 2) *ganz reif* von Früchten. — 3) *ganz reif* von Geschwüren. — 4) *ganz reif* vom Verstande und von einem *vollkommen ausgebildeten* Menschen. — 5) *ganz reif,* so v. a. *dem Verfalle, dem Ende, dem Vergehen, dem Tode nahe.*

*परिपण m. n. = नीवी.

परिपतन n. *das Umherfliegen.*

परिपति m. *ein Herrscher ringsum.* Nach Sâj. und Mahîdh. Adj. *umherfliegend.*

परिपद् f. *Falle.*

*परिपदिन् m. *Feind.*

परिपन्थक m. *Widersacher, Gegner, Feind.*

*परिपन्थम् Adv. *am Wege.*

परिपन्थय्, °यति *entgegentreten, widerstehen;* mit Acc.

परिपन्थिक m. *Widersacher, Gegner, Feind.*

परिपन्थित्व n. *das ein Widersacher Sein, Beein-*

trächtigen.

परिपन्थिन् m. Widersacher, Gegner, Feind, Beeinträchtiger, Abbruchthuer. Als Adj. (f. °न्थिनी) im Wege stehend, hinderlich MBh. 12,130,40. Bâlar. 33,18.

परिपन्थी Adv. mit भू Jmds Widersacher werden, sich Jmd (Gen.) widersetzen.

परिपर in श्रेयःपरिपर.

परिपरिन् m. Widersacher, Gegner.

परिपवन n. 1) das Reinigen (des Getraides). — 2) Getraideschwinge, vannus.

पैरिपशव्य Adj. auf das Opferthier bezüglich; आ eine solche Spende.

परिपाक m. 1) das Garwerden. — 2) Verdauung. — 3) das Reifwerden, Reife (eig. und übertr.). सत्त्व° Kârand. 18,16. 25,22. 47,8. Lalit. 217,15. सत्त्वधातोः 216,9. — 4) Reife, so v. a. Erfahrenheit, Vollkommenheit. कवितायाः परिपाकान् Spr. 7627. — 5) die Folgen von Etwas. °कात् und °कतस् so v. a. in Folge von. — 6) das Eintreten (eines Zeitpunctes).

*परिपाकिनी f. Ipomoea Turpethum.

परिपाचन 1) Adj. a) kochend, zur Reife bringend. — b) zur Reife bringend in übertr. Bed. Nom. abstr. °ता f. Lalit. 38,12. 13. — 2) n. das zur Reife Bringen (in übertr. Bed.) Lalit. 219,2. Kârand. 24,21.

परिपाचयितर् Nom. ag. = परिपचन 1) a).

परिपाटल Adj. überaus blassroth Kâd. 80,14.

परिपाटि und °टी f. 1) Reihenfolge Čandak. 39, 9. 70,3. Ind. St. 15,346. Comm. zu Ṛv. Prât. 2,1 (परिपाट्या zu lesen). चैत्य° ein Besuch der — der Reihe nach Kalpas. 120. Hem. Par. 9,86. — 2) Arithmetik.

परिपाठ m. vollständige Herzählung, — Aufzählung. Instr. so v. a. vollständig (kennen).

परिपाठक Adj. vollständig herzählend, den Inhalt angebend.

परिपाण m. n. 1) Schutz, Schirm. — 2) Versteck.

परिपाण्डु Adj. überaus weiss, — bleich 297,9.

परिपाण्डुर Adj. blendend weiss Vikramâñkak. 9, 119. Bâlar. 183,19.

*परिपाद् m. gaṇa निरुदकादि.

परिपान n. Trunk.

परिपार्श्व Adj. zur Seite befindlich Kâtj. Çr. 24, 6,23.

परिपार्श्वचर Adj. zur Seite gehend.

परिपार्श्वतस् Adv. zur Seite, — von (Gen.).

परिपार्श्ववर्तिन् Adj. an der Seite befindlich Comm. zu Kâtj. Çr. 24,6,23. zur S. —, daneben stehend, neben Jmd (Gen.) stehend 300,10.

परिपालक Adj. 1) behütend, beschützend. — 2) bewahrend, aufrecht erhaltend. — 3) das Seinige in Acht nehmend.

परिपालन 1) n. a) das Behüten, Beschützen. — b) das Hegen und Pflegen, gutes Füttern Pañkat. 228,24. — c) das Bewahren, Erhalten, Aufrechterhalten. प्रतिज्ञा° das Worthalten 106,8. — 2) f. आ Schutz, Pflege, Fürsorge Bâlar. 278,3.

परिपालनीय Adj. zu behüten, — bewahren, — erhalten Kâd. 2,88,8.

परिपालयितर् Nom. ag. Behüter, Beschützer.

परिपाल्य Adj. 1) zu behüten, zu beschützen. — 2) zu wahren, aufrechtzuerhalten, zu beobachten.

परिपिच्छ n. ein Schmuck von Pfauenfedern rundherum Bhâg. P. 10,14,1.

परिपिन्न Adj. voll von (Instr.) Kumâras. 13,28.

परिपिञ्जर Adj. (f. आ) braunroth, gelblichroth Vikramâñkak. 10,11. Kâd. 79,13.

परिपिपालयिषा f. der Wunsch zu wahren, aufrechtzuhalten.

*परिपिष्टक n. Blei.

परिपीडन n. 1) das Quetschen, Ausdrücken. — 2) das Beeinträchtigen, Eintrag Thun einer Sache.

परिपीडा f. das Quälen, Peinigen.

*परिपुच्छय्, °यते mit dem Schwanze wedeln.

परिपुटन m. das Sichabschälen.

परिपुटनवत् Adj. sich abschälend.

*परिपुष्करा f. Cucumis maderaspatanus.

°परिपुष्टता f. das Genährtwerden, Sichnähren von.

परिपूति f. vollständige Reinigung Bâlar. 283,3.

परिपूरक Adj. 1) erfüllend. — 2) Fülle —, Gedeihen verleihend.

परिपूरण n. 1) das Füllen, Vollmachen, Vervollständigen Spr. 7641. — 2) vollständiges Erfüllen, — Genügethun Kârand. 69,10. 12.

परिपूरणीय Adj. vollzumachen Hemâdri 1,730,18.

परिपूरयितव्य Adj. vollkommen zu erfüllen (eine Tugend) Kârand. 50,18. 20.

परिपूरिन् Adj. in Fülle beschenkend Çiç. 19,94.

*परिपूर्णचन्द्रविमलप्रभ m. ein best. Samâdhi.

*परिपूर्णता f. und *°पूर्णत्व n. Fülle.

परिपूर्णभाषिन् Adj. sehr vollkommen —, sehr verständig redend R. 3,52,52.

*परिपूर्णसहस्रचन्द्रवती f. Bein. der Gattin Indra's.

परिपूर्णार्थ Adj. 1) der sein Ziel erreicht hat R. 6,103,22. — 2) einen vollen Sinn habend, verständig (Rede) MBh. 1,178,6. R. 5,73,19.

परिपूर्णेन्दु m. der Vollmond.

परिपूर्ति f. 1) das Vollwerden, Sichfüllen mit (im Comp. vorangehend) Bâlar. 67,10. — 2) Vervollständigung.

परिपृच्छक m. Frager.

*परिपृच्छा f. Frage, Erkundigung.

परिपृच्छिक Adj. nach Nilak. derjenige, der nur dann Etwas annimmt, wenn er darum gebeten wird, MBh. 14,92,7, v. l.

परिपृष्टिक Adj. dass. MBh. 14,92,7.

*परिपेल n. Cyperus rotundus Dhanv. 3,35. Râǵan. 8,152.

परिपेलव 1) Adj. sehr fein, — zart, winzig. — 2) n. ein dem Cyperus rotundus verwandtes Gras.

परिपोट und °क m. das Sichabschälen: eine best. Krankheit des Ohres.

परिपोटन n. das Sichabschälen.

परिपोटवत् Adj. sich abschälend.

परिपोष m. volle Entwickelung.

परिपोषक Adj. bestärkend.

परिपोषण n. das Befördern, Hegen und Pflegen.

परिपोषणीय Adj. zu befördern, zu hegen und zu pflegen.

परिप्रश्न m. das Fragen, Frage, Erkundigung, — nach (im Comp. vorangehend).

परिप्रापण n. das Eintreten, Erfolgen.

परिप्राप्ति f. Erlangung.

परिप्राध n. Nähe.

परिप्री Adj. theuer, werth.

परिप्रुष् Adj. sprühend, spritzend.

परिप्रेप्सु Adj. mit Acc. zu gelangen wünschend zu, suchend, verlangend nach.

परिप्रेरक Adj. erregend, bewirkend Sâj. zu Ṛv. 9,85,8.

परिप्रेष्य m. Diener. v. l. परे प्रेष्याः st. परिप्रेष्याः.

परिप्लव 1) Adj. a) schwimmend. — b) sich herumschwingend. — c) hinundher laufend. — 2) m. a) das Hinundherschwanken, ewige Unruhe Bhâvapr. 4,125. — b) Schiff. v. l. पारि°. — c) N. pr. eines Fürsten. — 3) f. आ ein kleiner Schöpflöffel (beim Opfer) Âpast. Çr. 12,20,20. Auch पारि°.

परिप्लाव्य Adj. überzugiessen.

परिप्लुत 1) Adj. s. u. प्लु mit परि. — 2) *f. आ ein berauschendes Getränk.

परिप्लोष m. Brand, brennendes Gefühl Karaka 6,8.

परिबर्ह m. (adj. Comp. f. आ) 1) Alles was man um sich hat, die zum Bedürfniss oder Luxus nöthigen Dinge, Staat u. s. w. Karaka 4,8 (376,8 ed. Calc.). — 2) * die Insignien eines Fürsten.

परिबर्हण 1) n. a) * das Abschneiden, Abhauen. — b) Verehrung, Cult. — c) = परिबर्ह 1). — 2)

*f. आ (als Erklärung von बर्हणा) = परिवृद्धि oder परिहिंसा.

परिबर्हवत् Adj. *mit dem gehörigen Geräthe versehen* (Haus).

परिबाध् f. *Belästiger, Peiniger.* Mit Grassmann auch Ṛv. 8,45,40. 9,105,6 परिबाधः st. परि बाधः zu lesen.

परिबाध 1) m. *ein hemmender Dämon* Mantrabr. 2,3,6. 7. — 2) f. आ *Mühseligkeiten, Beschwerden.*

परिबृंहण n. 1) *Stärkung* Karaka 8,3. — 2) *Wohlfahrt.* — 3) *Anhang, Zusatz* (zum Veda).

*परिबोध m. *Vernunft.*

परिबोधन n. und °ना f. *Ermahnung, admonitio* Kâd. 2,56,16. 100,10. 111,17. 44,6.

परिबोधनीय Adj. *zu ermahnen, admonendus* Kâd. 2,112,12.

परिबोधवत् Adj. *mit Vernunft begabt.* v. l. प्रतिबोधवत्.

परिभक्त m. in अपरिभक्त.

परिभक्षण n. 1) *das Auffressen.* — 2) *das Angefressensein durch* (Instr.).

परिभय m. *Besorgniss, Furcht.*

परिभव m. *eine ehrenrührige Behandlung, Beleidigung, Kränkung, Demüthigung, Erniedrigung, an den Tag gelegte Geringschätzung, — Verachtung, — gegen Jmd* oder *Etwas* (Loc., Gen. oder im Comp. vorangehend) *von Seiten Jmds* (Instr., Abl. oder im Comp. vorangehend). °पद् n. und °भवास्पद n. *ein Gegenstand der Geringschätzung* u. s. w.

परिभवन n. *Demüthigung, Erniedrigung.*

परिभवनीय Adj. *der beleidigt —, gekränkt —, gedemüthigt werden kann* Mâlav. (ed. Boll.) 15, 15, v. l. *zu demüthigen* Kâd. 263,9.

परिभविन् Adj. *beleidigend, kränkend, Geringschätzung an den Tag legend, gering achtend, Jmds* (Gen.) *spottend* (von Belebtem und Unbelebtem).

परिभाग Kârand. 44,17 fehlerhaft für °भोग.

परिभाण्ड n. *Geräthe, Mobilien.*

परिभाव m. *Geringachtung* Pańkat. 56,8. °भव ed. Bomb. 1,59,12.

परिभावन 1) n. *das Zusammenhalten, Bilden einer festen Masse.* — 2) f. आ a) *das Nachdenken.* — b) in der Dramatik *Neugier erregende Worte.*

परिभाविन् Adj. = परिभविन् 312,12. Nom. abstr. °वित्व n.

परिभाषण 1) Adj. *viel redend* in अ° (Nachtr. 3). — 2) n. a) *das Plaudern, Gespräch, Unterhaltung.* — b) *Zurechtweisung, Verweis; Tadel, Vorwurf* Lalit. 217,20. — c) * = नियम.

परिभाषणीय Adj. *zurechtzuweisen, dem ein Verweis zu ertheilen ist.*

परिभाषा f. 1) *Rede, Worte.* — 2) *Tadel, Vorwurf; Beschimpfung* Bâlar. 261,18. Nur Pl. — 3) *eine allgemeine Bestimmung, die durchweg Geltung hat;* insbes. *eine grammatische.* — 4) Titel verschiedener Werke Opp. Cat. 1.

परिभाषाचन्द्रिका f. (Opp. Cat. 1), °भाषाप्रकाशिका f. (ebend.), °भाषाप्रदीपार्चि m., °भाषाभाष्यसूत्र n. (Opp. Cat. 1), °भाषाभास्कर m. (ebend.), °भाषामञ्जरी f., °भाषार्थदीपिका f., °भाषार्थसंग्रह m., °व्याख्याचन्द्रिका f., °भाषावृत्ति f., °भाषाव्याख्या f. (Opp. Cat. 1) und °भाषासंग्रह m. (ebend.) Titel von Werken.

°परिभाषिन् Adj. *redend.*

परिभाषेन्दुशेखर m., °काशिका f., °संग्रह m. (Opp. Cat. 1) und °भाषोपस्कार m. Titel von Werken.

परिभाष्य Adj. in अ° (Nachtr. 3).

परिभू Adj. mit Acc. 1) *umgebend, umfassend, zusammenhaltend.* — 2) *rings sich erstreckend, durchdringend.* — 3) *überlegen, leitend, lenkend.*

परिभूतता f. Nom. abstr. zu परिभूत *gedemüthigt, gekränkt, erniedrigt* Vagrakkh. 34,18.

परिभूति f. 1) *überlegene Kraft.* — 2) *Kränkung, Demüthigung, Erniedrigung, an den Tag gelegte Geringschätzung.* Auch Pl.

परिभूषण m. *ein durch Abtretung aller Landeseinkünfte erkaufter Friede* Spr. 4600, v. l.

परिभेद m. *Verletzung.*

परिभेदक Adj. *durchbrechend.*

परिभोक्तर् Nom. ag. 1) *Geniesser.* — 2) *der einen Andern ausbeutet, auf eines Andern Kosten lebt.*

परिभोग m. 1) *Genuss* (auch *ehelicher*) Kârand. 44,17 (°भाग gedr.). — 2) *Mittel zum Genuss, Subsistenzmittel.*

परिभ्रंश m. *das Entwischen.*

परिभ्रंशन n. *das Verlustiggehen, Kommen um* (Abl.).

परिभ्रम 1) Adj. (f. आ) *umherfliegend* in खे°. — 2) m. a) *das Umherschweifen, Hinundhergehen.* — b) *Umschweife, nicht zur Sache gehörige Reden.*

परिभ्रमण n. 1) *das Umlaufen, Umdrehung.* — 2) *das Hinundhergehen.* — 3) *Umkreis.*

परिभ्रामण n. *das Hinundherdrehen, Hinundherbewegen.*

°परिभ्रामिन् Adj. *umherlaufend auf* Bâlar. 290,18.

*परिमङ्कन n. Nom. act.

1. परिमण्डल n. *Umkreis* Hemâdri 1,305,8.

2. परिमण्डल 1) Adj. (f. आ) *kreisförmig, rund, kugelförmig, kugelrund* Çaṁk. zu Bâdar. 2,2,11. — 2) m. *eine giftige Mückenart.*

परिमण्डलकुष्ठ n. *eine Art Aussatz,* = मण्डलकुष्ठ Karaka 2,5.

परिमण्डलता f. *Kreisförmigkeit* Kâd. 46,5.

परिमण्डलित Adj. *rund gemacht.*

*परिमत् Adj. von मन् mit परि.

परिमन्थर Adj. (f. आ) *überaus langsam, — träge* Kândak. 34,2.

परिमन्थरता f. *Trägheit.* विवेक° Venis. 162.

परिमन्द Adj. *überaus matt* (Auge). Am Anfange eines Comp. Adv. *klein wenig.*

परिमन्दता f. *Abgespanntheit, das Gefühl der langen Weile.*

परिमन्यु Adj. *grollend.*

परिमर 1) Adj. *dessen nächste Umgebung hingestorben ist.* — 2) m. *das Sterben um Jmd her.* ब्रह्मणः °रः heisst *eine auf den Untergang der Widersacher gerichtete magische Handlung.* दैवः °रः *das Hinsterben der Götter* Kaush. Up. 2,12.

परिमर्द m. 1) *Verbrauch.* — 2) *Aufreibung, Vernichtung* (eines Feindes).

परिमर्दन n. 1) *das Einreiben* Karaka 6,11. — 2) *Mittel zum Einreiben* Karaka 6,24.

परिमर्श m. *Erwägung, Betrachtung* MBh. 12, 120,19.

परिमल m. 1) *Wohlgeruch.* Am Ende eines adj. Comp. f. आ. — 2) *ein wohlriechender Stoff.* — 3) **eine Versammlung von Gelehrten.* — 4) *ehelicher Genuss.* — 5) Titel verschiedener Werke Opp. Cat. 1. — 6) N. pr. eines Dichters.

परिमलय्, °यति *wohlriechend machen* Prasannar. 149,7.

परिमल्ल m. N. pr. eines Autors.

परिमा f. *Maass im Umfange* Maitr. S. 1,4,11.

परिमाण n. 1) *das Messen.* — 2) *Maass, Umfang, Grösse, Gewicht, Dauer, Anzahl, Betrag.* Am Ende eines adj. Comp. f. आ.

परिमाणक n. = परिमाण 2).

परिमाणवत् Adj. *messbar.* Nom. abstr. °वत्त्व n.

परिमाणिन् Adj. *was gemessen wird.*

परिमाण्य (?) n. *Umfang* Verz. d. Oxf. H. 48,b,2. Vgl. पारि°.

परिमाथिन् Adj. *hart mitnehmend, aufreibend.*

परिमाद् f. und °माद m. Bez. *von sechzehn* Sâman, *welche zum* Mahâvratastotra *gehören.*

*परिमार्ग्य Adj. von मर्ज् mit परि.

परिमार्ग m. *das Umhersuchen.*

परिमार्गण n. *das Nachspüren, Aufsuchen.*

परिमार्गितव्य Adj. *aufzusuchen.*

°परिमार्गिन् Adj. *nachspürend, aufsuchend; nachgehend* (seiner Obliegenheit).

*परिमार्ग्य Partic. fut. pass. von मर्ज् mit परि.

परिमार्ज und °क Adj. *streichend* in तुन्द°.

परिमार्जन n. 1) *das Abwischen, Reinigen, Scheuern* Gaut. — 2) *das Abstreifen, Entfernen* Hemâdri 1,133,10. — 3) * *eine best. süsse Speise.*

परिमित् f. *Deckbalken, Verbindungsholz oder dergl.*

परिमितायुस् Adj. *dessen Jahre gezählt sind, der nicht lange zu leben hat* R. 3,55,20.

परिमिताहार Adj. *wenig Speise zu sich nehmend* MBh. 3,293,8.

परिमिति f. *Maass, Quantität.*

परिमितिमन्त् Adj. *begrenzt* Spr. 7761.

परिमिलन n. *Berührung.*

*परिमुखम् Adv. *vor Jmds Angesicht, neben Jmd.*

परिमुग्धता f. 1) *Einfältigkeit.* — 2) *Lieblichkeit.*

परिमूढता f. *Verwirrung.*

परिमूर्ण Adj. (f. ई) etwa *abgängig, hinfällig* (Kuh) Çat. Br. 5,3,1,13.

परिमृज Adj. *streichend* in *तुन्द°.

*परिमृज्य Partic. fut. pass. von मर्ज् mit परि.

परिमेय Adj. *messbar, zählbar, gering an Zahl.*

°परिमेह m. *das Umpissen* Pâr. Gṛhj. 3,7,1.

परिमोक्ष m. 1) *Befreiung, das Entgehen;* die Ergänzung im Abl., Gen. oder im Comp. vorangehend. — 2) *Entkleidung.* सर्वतः so v. a. *vollkommene Nacktheit.* — 3) *Entleerung.*

परिमोक्षण n. 1) *das Ablösen.* — 2) *Befreiung, — von* (Gen.).

परिमोटन n. *das Knacken.*

परिमोष m. *Diebstahl, Entwendung, Bestehlung.*

परिमोषक Adj. *stehlend.*

परिमोषण n. *das Fortnehmen* Âpast.

परिमोषिन् Adj. *stehlend;* m. *Dieb, Räuber.*

परिमोहन n. *das Bethören, Bestricken.*

परिमोहिन् Adj. *verwirrt.*

परिम्लायित्व n. *das Einfallen, Einsinken, Schwinden.*

परिम्लायिन् 1) Adj. *fleckig.* — 2) m. *eine best. Krankheit der Augenlinse.*

1. परियज्ञ m. *eine begleitende, vorangehende oder folgende Handlung in der Liturgie, Nebenceremonie* Vaitân.

2. परियज्ञ Adj. *eine begleitende Handlung in der Liturgie —, eine Nebenceremonie bildend.*

परियष्टर् Nom. ag. *ein jüngerer Bruder, der vor einem älteren Bruder ein* Soma-*Opfer darbringt,* Âpast. 2,12,22, v. l.

*परियाण n. Nom. act. von या mit परि.

परियाणि f. in *अपरियाणि.

*परियाणीय Part. fut. pass. von या mit परि.

*परियानिक m. *Reisewagen* Gal.

*परियोग m. = पलियोग.

परियोग्य m. Pl. *eine best. Schule.*

परिरक्षक m. *Hüter.*

परिरक्षण 1) Adj. (f. ई) *hütend, beschützend.* — 2) n. a) *das Hüten, Erhalten, Beschützen, Inachtnehmen, Retten, Rettung.* — b) *das Geheimhalten.* — c) *das Sichhüten, Sichinachtnehmen.*

परिरक्षणीय Adj. *zu hüten, zu erhalten, sorgfältig zu bewahren* Prasannar. 6,12.

परिरक्षा f. *Hütung, Erhaltung.*

परिरक्षितर् Nom. ag. *Hüter, Erhalter, Beschützer.*

परिरक्षितव्य Adj. *geheim zu halten.*

*परिरक्षितिन् Adj. = परिरक्षितं येन सः.

°परिरक्षिन् Adj. *hütend.*

परिरक्ष्य Adj. *geheim zu halten.*

परिरथ्य 1) n. *ein best. Theil des Wagens.* — 2) f. परिरथ्या *Fahrweg* (nach Nîlak.).

परिरम्भ m. *Umarmung.*

परिरम्भण n. *das Umarmen, Umarmung.*

°परिरम्भिन् Adj. *umspannt —, umgürtet von.*

*परिराटक und *°राटिन् Adj. von रट् mit परि.

परिरापृ (Padap. °रपृ) m. Pl. Bez. *beschwatzender Dämonen.*

परिरापिन् Adj. *einflüsternd, beschwatzend.*

परिरोध m. *Hemmung, Zurückhaltung.*

परिरोधम् Absol. *einschliessend* TBr. 3,9,12,3.

*परिल m. N. pr. eines Mannes.

परिलघु Adj. 1) *überaus leicht, — klein.* — 2) *sehr fein, — dünn* Kâd. 17,17. 2,75,23. Nom. abstr. °ता f. 40,19. — 3) *leicht verdaulich.* — 4) *ganz unbedeutend, nichtssagend.*

परिलङ्घन n. *das Hinundherspringen.*

परिलम्ब m. *Gezauder, Verzögerung* Kâd. 2,108, 5. Harshak. 116,1.

परिलम्बन n. *das Zaudern, Zögern* Kâd. 280,24.

परिलिखन n. *das Glattmachen, Poliren.*

परिलेख m. *Umriss* (mit Linien u. s. w.), *Figur, Zeichnung.*

परिलेखन 1) m. *der mit* परिलिखितम् *beginnende Spruch* (TS. 1,2,5,1) Âpast. Çr. 7,9,7. — 2) n. *das Umreissen* (mit Linien u. s. w.).

*परिलेश m. als Erklärung von परिंशे Sâj. zu RV. 1,187,8.

परिलेहिन् m. *eine best. Krankheit des Ohres.*

परिलोप m. *Einbusse, Verkümmerung, Unterbleibung.*

*परिवंश m. gaṇa ऋश्यादि. Hariv. 3,21,19 Druckfehler für परिवत्स. Davon *Adj. °क.

परिवक्रा f. 1) *eine rundliche Grube.* — 2) N. pr. einer Stadt.

परिवत्स m. *ein dazu* (zur Kuh) *gehöriges Kalb* Hariv. 3,21,19 (wo so zu lesen ist st. परिवंश). v. l. पारिवत्स.

परिवत्सक m. *Sohn* (nach Nîlak.).

परिवत्सर m. 1) *ein rundes —, volles Jahr.* Einmal n. — 2) *das zweite Jahr im fünfjährigen Cyclus.*

परिवत्सरीण (f. आ) und °वत्सरीय (Mân. Gṛhj. 2,8. Çr. 1,6,4. 7,4) Adj. von परिवत्सर 1) und 2).

परिवत् Adj. *das Wort* परि *enthaltend* Çat. Br. 6,3,3,25. Tâṇḍja-Br. 12,5,3.

*परिवपण n. Nom. act. von वप् mit परि.

परिवप्य m. *der die Handlungen, welche mit der Netzhaut* (वपा) *vorzunehmen sind, sowohl einleitende als abschliessende* Homa Âpast. Çr. 7,20,9. 21,2. Comm. zu 3,13,3. Fehlerhaft °वाप्य Mân. Gṛhj. 2,4.

परिवर्ग m. 1) *Beseitigung.* — 2) *Abhängigkeit* Varâh. Bṛh. S. 13,32.

परिवर्ग्य Adj. *zu vermeiden.*

°परिवर्जक Adj. *meidend, vermeidend, sich einer Sache begebend.*

परिवर्जन n. 1) *das Meiden, Vermeiden, Sichbegeben einer Sache, Entgehen.* — 2) * *Mord, Todtschlag.*

परिवर्जनीय Adj. *zu meiden.*

परिवर्त m. 1) *Umdrehung, Umlauf* (der Gestirne). — 2) *Umlauf, Ablauf* einer Zeitperiode, insbes. eines Juga. — 3) *Ablauf,* so v. a. *Ende.* — 4) * *Jahr.* — 5) *Hinundherbewegung, das Sichtummeln* Prasannar. 15,17. — 6) * *Umkehr, Flucht.* — 7) *Vertauschung, Tausch, Wechsel.* — 8) *Tummelplatz, Aufenthaltsort, Ort, Platz.* — 9) *Kapitel, Abschnitt* Lalit. 40,1. — 10) N. pr. α) eines Sohnes des bösen Dämons Duḥsaha. — β) *eines Fürsten der Schildkröten.

परिवर्तक 1) Adj. a) *ablaufen machend, zum Ablauf bringend.* — b) *umkehren —, zurückfliessen machend.* — 2) m. a) *die in einer Paronomasie durch Abtrennung eines Consonanten vom folgenden Vocal bewirkte Zerstückelung eines Wortes, wodurch ein anderer Sinn gewonnen wird,* Vâmana 4,1,6. — b) in der Dramatik *Wechsel der Beschäftigung.* — c) N. pr. = परिवर्त 10) a). — 3) f. °र्तिका *Verengung der Vorhaut, Phimosis.*

परिवर्तन 1) Adj. (f. ई) *umkehren machend*. विद्या *eine best. Zauberkunst*. — 2) n. *a) das Sichumdrehen, — um* (im Comp. vorangehend), *das Sichherumwälzen auf* (im Comp. vorangehend) Kâraṇḍ. 55,15. — *b) Umlauf, Ablauf* einer Zeitperiode, *Kreislauf*. — *c) das Umdrehen*. — *d) das Umtauschen, Wechseln*. — *e) das Beschneiden der Haare*. — *f)* angeblich = प्रेरणा.

परिवर्तनीय Adj. *umzutauschen, umtauschbar, — gegen* (Instr.).

परिवर्तिन् 1) Adj. *a) sich herumdrehend, sich herumbewegend*. — *b) sich windend, labyrinthisch* Kathâs. 20,39. — *c) umlaufend, einen Kreislauf machend, sich stets wiedererneuernd, stets wiederkehrend*. — *d) wechselnd, übergehend in* (im Comp. vorangehend als Nom. abstr.). — *e) verweilend an, bei* oder *um, sich aufhaltend bei, sich befindend in* oder *bei* (Loc., Adv. auf तस् oder im Comp. vorangehend). अन्तक° so v. a. *dem Tode nahe* Harshaċ. 124,9. — 2) f. °नी *eine Litanei nach der Formel abc abc abc*.

परिवर्तुल Adj. *ganz rund*.

परिवर्त्मन् Adj. *ringsum gehend*, — *sich erstreckend*.

परिवर्धक m. *Pferdeknecht* Kâd. 2,88,14. Harshaċ. 127,17.

परिवर्धन 1) m. Harshaċ. 173,12 wohl nur fehlerhaft für °वर्धक. — 2) n. *das Vermehren, Vergrössern, Vervielfältigen*.

परिवर्धितक Adj. *aufgezogen* (in sentimentaler Sprachweise).

परिवर्मन् Adj. *gepanzert, gerüstet*.

*परिवसथ m. *Dorf*.

परिवह m. 1) *einer der sieben Winde*. — 2) *eine der sieben Zungen des Feuers*.

परिवाद m. 1) *üble Nachrede, Tadel*; die Ergänzung im Loc., Gen. oder im Comp. vorangehend. Gaut. Âpast. — 2) * *ein Werkzeug zum Spielen der indischen Laute*.

*परिवादक m. *Lautenspieler*.

परिवादकथा f. *üble Nachrede, Tadel*.

परिवादगिर् f. Pl. dass.

*परिवादितिन् Adj. = परिवादितं येन सः.

परिवादिन् 1) Adj. *Böses redend von Andern, Andere tadelnd*. — 2) f. °नी *eine siebensaitige Laute* Kâd. 99,7. 211,6.

परिवाप m. 1) *geröstete Reiskörner*; nach Anderen *saure Milch*. — 2) *Standort, Platz* MBh. 5,111,2. — 3) * *Wasserbehälter*. — 4) * = परिच्छद *Hausgeräthe* u. s. w. — 5) * *das Aussäen*.

परिवापण n. *das Scheeren, Sichscheerenlassen*. °वापन Âpast. Comm. zu Âçv. Çr. 12,8,23.

*परिवापिक und *°वापिन् Adj. von परिवाप.

परिवाप्य 1) Adj. (f. आ) *dem der* परिवाप 1) *gehört*. — 2) m. Mân. Gṛhj. 2,4 fehlerhaft für °वप्य.

परिवार m. (adj. Comp. f. आ) 1) *Decke* (eines Wagens). — 2) *Umgebung, Gefolge, Begleitung*. Ausnahmsweise Pl.; am Ende eines adj. Comp. *umgeben von*. — 3) * *Degenscheide*. — 4) * *Dorfhecke* Gal.

परिवारक (wohl m.) etwa *Decke, Matte* Comm. zu Kâtj. Çr. 8,6,12.

परिवारण n. 1) *Decke*. त्वगस्थि° Adj. *mit Haut und Knochen bedeckt*, so v. a. *nur aus Haut und Knochen bestehend*. — 2) *Gefolge, Anhang*. — 3) *das Abwehren*.

परिवारता f. Nom. abstr. zu परिवार 2) Çiç. 2,90.

परिवारवन्त् Adj. *ein grosses Gefolge habend*.

परिवारी Adv. mit कर् *sich zum Gefolge erwählen, sich umgeben mit* (Acc.).

1. परिवास m. 1) *Aufenthalt, das Verbleiben an einem Orte*. — 2) * bei den Buddhisten *die Entfernung eines Schuldigen aus der Gemeinde*.

2. परिवास m. *Wohlgeruch*.

परिवासन n. *Abschnitzel* Âpast. Çr. 1,6,6. 8.

परिवासस् n. अङ्गिरसामभिवास[ः]परिवाससी Name zweier Sâman Ârsh. Br.

परिवाह m. *das Ueberfluthen eines vollen Wasserbehälters, das Ableiten eines v. W., ein Kanal, der das angesammelte Wasser abführt*. — Vgl. परीवाह.

*परिवाहवन्त् m. *Teich*.

परिवाहिन् Adj. (f. °णी) *überfluthend, überfliessend von* (im Comp. vorangehend).

परिविंशत् f. *volle zwanzig*.

परिविक्रयिन् Adj. *handelnd mit* (Gen.).

परिविक्षोभ m. *Erschütterung*.

परिविघट्टन n. *das Zersprengen, Zunichtemachen*.

परिविण्ण m. = परिविन्न, परिवित्त.

परिवितर्क m. *Gedanke, das Gedachte* Text zu Lot. de la b. l. 164. 184.

परिवित्त und परिवित्ति m. *ein älterer Bruder, dem ein jüngerer im Heirathen zuvorgekommen ist*, Âpast. Çr. 9,12,11. — Âpast. 2,12,22 fehlerhaft für परिवेत्तर्, R. Gorr. 2,109,35 für परिवित्त.

परिवित्ति m. dass. Nom. abstr. °ता f. u. °त्व n.

परिविन्न m. 1) dass. — 2) *ein älterer Bruder, dem ein jüngerer im Empfang seines Erbtheils zuvorgekommen ist* (!), Comm. zu Âpast. 2,12,22.

परिविविदान m. 1) *ein jüngerer Bruder, welcher einem ältern im Heirathen zuvorkommt*. — 2) *ein jungerer Bruder, welcher einem ältern im Empfang seines Erbtheils zuvorgekommen ist* (!), Âpast. (nach dem Comm.).

परिविषे Dat. Inf. zu 1. विष् mit परि RV.

परिविष्टि f. *Dienstleistung, Aufwartung*.

*परिविह्वल Adv.

परिविहार m. *das Lustwandeln*.

परिविह्वल Adj. *überaus verwirrt*, — *bestürzt*.

परिवीत Adj. *umwunden*.

परिवीत 1) Adj. s. u. व्या mit परि. — 2) *n. Brahman's *Bogen*.

परिवृक्त 1) Adj. s. u. वर्ज् mit परि. — 2) f. परिवृक्ता und परिवृक्ती *die Unbeliebte, Verschmähte*, Bez. *einer geringgeschätzten Gattin neben der höher geehrten* (महिषी, वावाता).

परिवृज् f. *Vermeidung, Beseitigung*.

परिवृढ 1) Adj. s. u. बर्ह् mit वि. — 2) m. *Herr, Gebieter, Anführer* Bhâg. P. 5,1,8. 16,16. 6,16,25. Verz. d. Oxf. H. 117,b,5. क्षिति° *Landesherr, Fürst* Vikramâṅkaċ. 18,93.

परिवृढाष्टक n. Titel eines Werkes.

परिवृत 1) Adj. s. u. 1. वर् mit परि. — 2) n. *ein bedeckter Ort, eine als Opferplatz dienende mit Wänden verschlossene Hütte*.

परिवृति f. *das Umgeben, Umstehen*.

*परिवृत्तक Adj. gaṇa ऋश्यादि.

*परिवृत्तफला f. *eine best. Pflanze* Gal.

1. परिवृत्ति f. 1) *das Umherwandern in* (Loc.) MBh. 14,18,29. — 2) *Wiederkehr in diese Welt* Âpast. — 3) *Tausch, Wechsel*. परिवृत्त्या *abwechselnd*. — 4) *eine best. rhetorische Figur* Vâmana 4,3,16. — 5) = परिवर्तिका *Verengung der Vorhaut, Phimosis*. — 6) Titel zweier Werke Opp. Cat. 1.

2.*परिवृत्ति m. schlechte v. l. für परिवित्ति.

परिवृत्ती f. wohl fehlerhaft für परिवृक्ती.

परिवृद्धता f. *das Quellen, Aufschwellen* (der Speise im Magen).

परिवृद्धि f. *Wachsthum, Zunahme* Âpast.

*परिवृस्ति m. schlechte v. l. für परिवित्ति.

परिवेत्तर् m. *ein jüngerer Bruder, welcher vor dem ältern heirathet*, Gaut.

परिवेद m. *vollständige Erkenntniss*.

परिवेदक m. = परिवेत्तर्.

1. परिवेदन n. *vollständiges Erkennen*. v. l. पदवेदन.

2. परिवेदन n. *das Heirathen eines jüngern Bruders vor einem ältern*.

3. परिवेदन n. und °ना f. *das Wehklagen, Jammern*. Richtig परिदेवन, °ना.

परिवेदनीया und *°वेदिनी f. *die Frau eines* Parivettar.

परिवेद्य n. = 2. परिवेदन VP. 4,20,9.

परिवेपिन् Adj. *bebend, zitternd* Çântiç. 47.

परिवेशन n. *Umkreis, Radkranz* MBh. 14,45,1.

परि॑वेशस् m. *Nachbar.*

परिवेष॑ m. 1) *Zurüstung, Aufwartung von Speisen.* — 2) *ein Hof um die Sonne* oder *den Mond* Âpast. MBh. 6,112,10. 7,7,39. 8,24,47. 16,1,5. Hariv. 1,43,38. — 3) *Kreis,* (*Strahlen-*) *Kranz, orbis.* जघन° Viddh. 30,14. — 4) *= परिवृति, परिधान, वेष्टन.

परिवेषक 1) m. *Aufwärter, Aufträger von Speisen* Kâraka 2,6. MBh. 2,49,35. 3,51,26. 7,67,2 (mit Acc. des Bedienten). 14,81,26. — 2) f. °षिका f. zu 1).

परिवे॑षण n. 1) *das Aufwarten, Auftragen von Speisen, Aufwartung.* आचार्यपरिवेषणे *wenn dem Lehrer Speisen aufgetragen werden* Gaut.; vgl. 2). — 2) *ein Hof um die Sonne* oder *den Mond* MBh. 3,224,17. आचार्य° Gaut. soll nach einem Comm. *ein Hof um Jupiter und Venus* (*die Lehrer* der *Götter* und Ungötter) bedeuten.

परिवेषवत् Adj. *mit einem Hofe versehen* (Sonne, Mond) MBh. 8,79,81. 82,20.

परिवेषिन् Adj. dass.

परिवेष्टन 1) n. a) *Decke, Hülle.* — b) *Verband.* — 2) f. आ *das Umbinden, Verbinden.*

परिवेष्टर् Nom. ag. *Aufwärter.* f. °वेष्ट्री Çat. Br. 11,2,3,5. Kaush. Up. 2,1.

परिवेष्टव्य Adj. *aufzutragen* (eine Speise).

परिवेष्टितर् Nom. ag. *Umschliesser.*

परिवेष्ट्रीमत् Adj. *eine Aufwärterin habend* Kaush. Up. 2,1.

परिव्यय m. *Zukost.*

परिव्य॑यण 1) *das Umwinden, Umhüllen.* — 2) *die umhüllte Stelle* Çat. Br. 3,7,1,13; vgl. Kâtj. Çr. 6,3,5.

परिव्ययणीय Adj. (f. आ) *zum Umwinden gehörig.*

परिव्याण n. *das Umwinden* Gaim. 5,2,7. Comm. zu Âpast. Çr. 7,10,5. 11,7.

परिव्याध m. 1) *eine best. Pflanze.* Nach den Lexicographen *Calamus fasciculatus* (Râgan. 9,107. Bhâvapr. 1,207) und *Pterospermum acerifolium* (Râgan. 9,42). — 2) N. pr. eines alten Weisen.

परिव्याधि m. Kâraka 4,8 fehlerhaft für °व्याध 1).

परिव्रज्य 1) n. impers. *in die Fremde zu gehen* MBh. 13,104,44. — 2) f. आ *das Herumwandern von einem Ort zum andern,* insbes. *das herumwandernde Leben eines religiösen Bettlers.*

*परिव्रढय्, °यति Denom. von परिवढ Mahâbh. 7,90,a.

*परिव्रढिमन् m. Nom. abstr. von परिवृढ.

*परिव्रढिष्ठ und °व्रढीयंस् Superl. und Compar. zu परिवृढ.

परिव्राज् m. (Nom. °व्राट्) *ein heimat- und familienloser Asket, ein herumwandernder religiöser Bettler* Çaṁk. zu Bâdar. 3,4,20.

परिव्राज m. dass. Âpast.

परिव्राजक 1) m. dass. *Am Ende eines adj. Comp. f. °व्राजका. — 2) f. °जिका f. zu 1). Am Ende eines adj. Comp. f. °व्राजिका.

*परिव्राजि oder *°जी f. *Sphaeranthus mollis* Râgan. 5,17.

परि॑शक्तवे Dat. Infin. zu 1. शक् mit परि RV. 8,78,5.

परिशङ्कनीय 1) Adj. *den man in Verdacht haben muss, gegen den man misstrauisch zu verfahren hat.* आत्मवत् *für seines Gleichen zu halten von* (Gen.). — 2) n. impers. *Misstrauen an den Tag zu legen.*

°परिशङ्किन् Adj. 1) *Etwas befürchtend.* — 2) *Befürchtungen habend wegen.*

परिशठ Adj. *überaus unehrlich, durch und durch schlecht* Kâraka 3,8.

परिशायन n. *vollständiges Eintauchen* Baudh. 1,6,14,7.

परिशाश्वत Adj. *für die Ewigkeit geltend.*

परिशिष्ट 1) Adj. s. u. शिष् mit परि. — 2) n. *Ergänzung, Supplement, Anhang.*

परिशिष्टपर्वन् n. Titel eines Werkes des Hemakandra.

परिशिष्टप्रकाश m., °प्रकाशस्य सारमञ्जरी f., °शिष्टप्रबोध m. und °शिष्टसिद्धान्तरत्नाकर m. Titel von Werken.

°परिशीलन n. *häufige Berührung mit, Verkehr, Umgang, anhaltende Beschäftigung mit* (Vikramâñkak. 18,75), *Studium.*

परिशुद्धि f. 1) *vollkommenes Reinwerden* (auch in moralischem Sinne), *das an den Tag Kommen der Unschuld eines Menschen* Bâlar. 282,5. °द्धिं कर् *sich reinigen, seine Unschuld beweisen.* — 2) *richtige Beschaffenheit, Correctheit* Kârand. 74,10.

परिशुश्रूषा f. *absoluter Gehorsam.*

परिशुष्क Adj. (f. आ) *vollkommen trocken,* — *getrocknet,* — *vertrocknet.* Vom Gesicht so v. a. *eingefallen,* von einer angeschlagenen Ader so v. a. *kein Blut entlassend.* *मांस n. *auf besondere Art geröstetes Fleisch* Madanav. 118,102.

परिशून्य Adj. *ganz leer,* — *frei von* (im Comp. vorangehend).

*परिशृत *Branntwein.*

परिशेष 1) Adj. *übrig, sonstig.* — 2) m. n. a) *Rest, Ueberrest* Gṛhjâs. 1,113. Instr. auch so v. a. *bis auf den Rest, vollständig.* — b) *Ergänzung, Supplement.* — 3) Abl. °षात् so v. a. *folglich.*

परिशेषण n. *Rest.* v. l. °शेषित.

परिशेषवत् Adj. *mit einem Anhang versehen.*

परिशेषशास्त्र n. *ein Supplement zu einem Werke.*

परिशोधन n. 1) *das Reinigen.* — 2) *das Auszahlen, Bezahlen.*

परिशोभितकाया f. N. pr. 1) einer Apsaras Kârand. 3,11. — 2) einer Gandharva-Jungfrau Kârand. 5,3.

परिशोष m. *vollkommenes Austrocknen, Trockenheit.* °शोषं गम् *trocken werden* und *einschrumpfen, abmagern.*

°परिशोषण 1) Adj. *austrocknend, vertrocknen machend, Kraft und Saft entziehend* MBh. 5,1026. °शोषिन् v. l. — 2) n. *das Ausdörren, Vertrocknen* —, *Abmagernlassen.*

परिशोषिन् Adj. 1) *vertrocknend, einschrumpfend, vollkommen abmagernd.* — 2) = परिशोषण 1) MBh. 5,33,56.

परिश्रम m. *Ermüdung, eine ermüdende Beschäftigung, Anstrengung, anhaltende Beschäftigung mit* (im Comp. vorangehend). Ausnahmsweise Pl.

परिश्रमण Adj. *frei von Ermüdung* (nach dem Comm.).

परिश्रय m. 1) *Umfassung, Einfriedigung* in सं° Adj. — 2) * *Zuflucht.* — 3) * *Versammlung.* — 4) N. pr. eines Fürsten VP.[2] 4,165.

परिश्रयण n. *das Umfassen, Einfriedigen.*

परि॑श्रयितवै Dat. Infin. zu 1. श्रि mit परि Çat. Br. 12,4,2,1.

परिश्रव fehlerhaft für परिस्रव.

°परिश्राम (metrisch) m. *die grosse Mühe, die man sich um* — *giebt.*

परिश्रि॑त् f. Pl. *kleine Steinchen, mit denen die Feuerstelle und andere Theile des aufgeschichteten Altars umlegt werden.* Am Ende eines adj. Comp. परिश्रित्क.

परि॑श्रित 1) Adj. s. u. 1. श्रि mit परि. — 2) n. = परिवृत 2) TS. 2,2,2,3. Çat. Br. 6,4,4,19. Taitt. Âr. 5,3,1.

परिश्रु॑त् f. = परिस्रु॑त् AV. 20,127,9.

परिश्रुत 1) Adj. s. u. 1. श्रु mit परि. — 2) m. N. pr. eines Wesens im Gefolge Skanda's MBh. 9,45,61. 62.

परिश्लथ Adj. *ganz locker,* — *schlaff* Vikramâñkak. 9,78.

*परिषण्ड *ein best. Theil des Hauses* (buddh.).

*परिषण्डवारिक m. *Diener* (buddh.).

परिषत्त्व n. Nom. abstr. von परिषद् 2) *a*).

परिषद्̆ 1) Adj. *umlagernd.* — 2) f. *a*) *consessus, Versammlung, Zuhörerschaft, Rathsversammlung.* Ausnahmsweise Pl. — *b*) *N. pr. eines Dorfes im Nordlande.

परिषद 1) *m. = पारिषद, पार्षद. — 2) n. Titel eines Werkes. पार्षद v. l.

परिषद्य̆ 1) Adj. *a*) *was man umwerben muss, worum man sich Mühe geben muss.* Nach Nir. *zu meiden.* — *b*) *colendus* TBr. 3,1,2,9. Nach den Erklärern *für eine Versammlung geeignet.* — 2) *m. *Mitglied einer Versammlung, Beisitzer, Zuhörer.*

परिषद्̆वन् Adj. *umlagernd, umgebend.*

*परिषद्वल 1) Adj. *a*) *von einem Rath umgeben.* — *b*) *Versammlungen darbietend.* — 2) m. *Mitglied einer Versammlung, Beisitzer.*

*परिषय m. P. 8,3,70.

परिषवण n. *das Zusammenraffen* Âpast. Çr. 1,4,6; vgl. 1,3,6.

परिषहा f. *geduldiges Ertragen aller Widerwärtigkeiten.*

परिषीवण n. *das Umwinden.*

परि̆षूति f. *das Umfangen, Bedrängen.*

परिषेक m. 1) *Begiessung, Uebergiessung, Giessbad.* — 2) *Badeapparat, Giesskanne* u. s. w.

परिषेचक Adj. *begiessend, übergiessend.*

परिषेचन n. 1) *das Begiessen, Uebergiessen.* — 2) *Wasser zum Begiessen der Bäume.*

*परिषेण m. N. pr. eines Mannes.

*परिषेणय्, °यति *mit einem Heere umzingeln.* Desid. परिषिषेणयिषति.

परिषोडश Adj. Pl. *volle sechzehn.*

परिष्कन्द̆ und परिस्कन्द m. 1) *Diener,* insbes. *ein zur Seite des Wagens gehender.* — 2) *Tempel* Gaut. 19,14 (परिष्कन्ध gedr.).

परिष्कन्ध m. Gaut. soll nach Bühler fehlerhaft, nach Stenzler die besser beglaubigte Lesart für परिष्कन्द 2) sein.

*परिष्कन्न 1) Adj. = परिस्कन्न; s. u. स्कन्द् mit परि. — 2) m. = परिष्कन्द 1).

परिष्कर m. nach Nilak. = परिष्कन्द 1).

परिष्कार m. 1) *Schmückung, Schmuck, Verzierung* Prasannar. 30,13. स° Adj. (f. आ) *ausgeschmückt, so v. a. idealisirt* Comm. zu Njâjas. 4,2,3. — 2) etwa *an sich ausgeübte Zucht* Lalit. 217,8. — 3) **Hausgeräthe.*

*परिष्कारचीवर n. *eine Art von Gewand.*

परिष्कृति f. *eine best. rhetorische Figur,* = परिकर 7).

परिष्क्रिया f. 1) *das Verzieren.* — 2) *Pflege* (des Feuers).

*परिष्टवन n. *das Loben, Preisen.*

परिष्टवनीय Adj. *zum Loben —, zum Preisen bestimmt.*

प॒रि॑ष्टि f. 1) *Hemmung, Hinderniss.* — 2) *geklemmte Lage, Klemme, angustiae.*

प॒रि॑ष्टुति f. *Lob, Preis.*

परि॒ष्टुभ् Adj. *umjauchzend.* — ṚV. 9,62,24 vielleicht परि ष्टुभः zu trennen.

परिष्टोभ m. *reiche Verzierung des* Sâman *mit sogenannten* Stobha.

*परिष्टोम m. = परिस्तोम.

परि॒ष्ठा̆ 1) Adj. *hemmend.* — 2) f. *Hemmniss, Schranke.*

परिष्यन्द̆ und परिस्यन्द m. 1) *Strom, Fluss* (von Reden). — 2) **Nässe.* — 3) *eine umflossene Sandbank, Insel.* — 4) *Unterhaltung, Pflege* (des Feuers) MBh. 13,141,106. — 5) **Schmückung des Haares.* — 6) **Gefolge.*

*परिष्यन्दिन् und परिस्यन्दिन् Adj. *fliessend, strömend.*

परिषङ्ग m. 1) *Umarmung.* — 2) *Berührung —, Contact mit* (im Comp. vorangehend) Spr. 3326. 6192. — 3) N. pr. eines Sohnes der Devakî.

परिष्वञ्जन n. *das Umarmen, Umarmung.*

प॒रि॑ष्वञ्जीयस् Adj. *fester umfassend* AV. 10,8,25.

परि॒ष्व॑ञ्जे Dat. Infin. zu स्वञ्ज् mit परि ṚV. 10,40,10.

परिष्वज्य Adj. *zu umarmen.*

परिष्वञ्जन n. *das Umarmen.*

प॒रि॑ष्वञ्जल्य *ein best. zusammenhaltendes Geräthe am Hause.*

*परिष्वष्कित n. *das Umhergehen* oder *-springen.*

1. परिसंवत्सर m. *ein volles Jahr.*

2. परिसंवत्सर Adj. 1) *ein volles Jahr alt.* — 2) *ein volles Jahr wartend* Gobh. 4,10,25. — 3) *alt, eingewurzelt* (Krankheit).

परिसख्य n. etwa *wahre Freundschaft* Pâr. Gṛhj. 2,11,12. Es kann aber auch anders getrennt werden.

परिसंख्या f. 1) *Aufzählung im Einzelnen, Zusammenzählung* (Gaim. 1,2,42), *Gesammtzahl, Gesammtheit, Anzahl* überh. — 2) *erschöpfende Herzählung, so v. a. Beschränkung auf das Aufgezählte, — namentlich Erwähnte.* — 3) *eine best. rhetorische Figur* Kâvjapr. 10,33.

परिसंख्यान n. 1) = परिसंख्या 1). — 2) = परिसंख्या 2) 226,27. 30. — 3) *richtige Beurtheilung.*

*परिसंचक्ष्य Adj. *zu meiden.*

परिसंचर 1) Adj. *sich herumtreibend* Bhar. Nâṭj. 34,41. — 2) m. *ein überaus schwieriger Durchgang, eine schwer zu überwindende Zeit.*

परिसत्य n. etwa *die volle Wahrheit* Âçv. Çr. 6,12,12. Es kann aber auch anders getrennt werden.

परिसंता̆न n. *Sehne, Band.*

*परिसभ्य m. *Mitglied einer Versammlung, Beisitzer.*

*परिसमन्त m. *Umkreis.* Am Ende eines adj. Comp. °क.

परिसमापनीय und °समापयितव्य Adj. *zu vollführen* Comm. zu Gaim. 6,2,16.

परिसमाप्ति f. 1) *Abschluss, Beendigung, Schluss, Ende.* — 2) *das Sicherstrecken auf* (Loc. oder Adv. mit प्रति).

परिसमुत्सुक Adj. *überaus besorgt, — unruhig, — aufgeregt.*

परिसमूहन n. *das Zusammenkehren, Fegen.*

परिसर 1) Adj. *angrenzend* Sâj. zu ṚV. 3,33,2. Am Ende eines Comp. *grenzend an, liegend an* oder *auf.* — 2) m. *a*) *Standort.* — *b*) *Umgebung, unmittelbare Nähe.* — *c*) *Ader.* — *d*) **Tod.* — *e*) *= विधि. — *f*) **ein Gott.*

परिसरण n. *das Umherlaufen.*

परिसर्प m. 1) **das Umhergehen, Lustwandeln.* — 2) *das suchende Umhergehen, Nachgehen.* — 3) * *Umschliessung, Umgebung.* — 4) *eine best. Schlangenart.* — 5) *eine best. Form des sogenannten kleinen Aussatzes.* = विसर्प Karaka 6,11. — Vgl. परीसर्प.

परिसर्पण n. 1) *das Kriechen auf* (im Comp. vorangehend). — 2) *das Umherwandeln, Hinundherlaufen, beständiges Wechseln des Ortes.* — 3) = परिसर्प 5).

प॒रि॑सर्पम् Absol. *sich umherbewegend* Çat. Br. 7,4,1,32. 10,5,5,7.

परिसर्पिन् Adj. *umherstreichend, sich herumbewegend.*

*परिसर्या f. *das Umherlaufen.*

परिसहस्र Adj. Pl. *volle tausend.*

परिसाधन n. 1) *das zu Stande Bringen, Vollbringen.* — 2) *das in Ordnung Bringen einer Sache, das Eintreiben —, Zurückfordern* (einer ausgeliehenen Schuld u. s. w.).

परिसान्त्वन n. *das Trösten.* Pl. *gute Worte, blandimenta* Kâd. 193,21.

परिसामन् n. *ein gelegentlich eingelegtes* Sâman.

परिसारक n. N. pr. einer Oertlichkeit an der Sarasvatî.

*परिसारिन् Adj. *umherlaufend.*

*परिसावकीय्, °यति Denomin.

*परिसिद्धिका f. *eine Art Reisschleim.*

*परिसीरम् Adv.

परिसीर्य n. *Riemen am Pfluge.*

परिसृत 1) Adj. s. u. सर् mit परि. — 2) m. oder n. *ein umschlossener Platz* MBh. 13,90,21.

*परिसौवीरम् Adv. *um die* Sauvîra *herum, überall mit Ausnahme der S.* Mahâbh. 6,82,b.

परिस्कन्द s. परिष्कन्द.

परिस्कन्ध MBh. 14,43,1 wohl = परिस्कन्द 1), wie die v. l. hat. Nach Nîlak. = समूह.

परिस्कन्न 1) Adj. s. u. स्कन्द् mit परि. — 2) m. = परिष्कन्द 1) Mahâvîrak. 31,19.

परिस्तर m. 1) *Streu.* — 2) *etwa Decke.* परिच्छद v. l.

परिस्तरण 1) n. a) *das Umherstreuen, Umstreuen, Bestreuen.* — b) *Streu.* — 2) f. ई *ein best. Spruch* Âpast. Çr. 1,14,13.

परिस्तरणिका f. *eine bei einem Todtenopfer geschlachtete Kuh, mit deren Gliedern der Leichnam Glied für Glied belegt wird.*

परिस्तरणीय Adj. *zum Umstreuen dienend* Comm. zu Âpast. Çr. 1,14,14.

परिस्तरितर् Nom. ag. *rings bestreuend, umlegend* Comm. zu Âpast. Çr. 1,14,12.

परिस्तरीतवै Dat. Infin. zu स्तर् mit परि Maitr. S. 1,4,10.

परिस्तोम m. *Decke, Polster.* Statt परिस्तोमानि चित्राणि MBh. 6,2287 liest ed. Bomb. 6,54,54 परिस्तोमान्विचित्राढ्य.

परिस्थान(म्) MBh. 14,1163 fehlerhaft für परं स्थानम्.

परिस्पन्द m. 1) *Bewegung* 228,23. वक्त्र° MBh. 1,61,3. बुद्धि° so v. a. *das Aufkommen eines Gedankens.* वाक्य° Prasannar. 50,12. — 2) *Unterhaltung, Pflege* (des Feuers). Richtig °स्यन्द. — 3) **Schmückung des Haars.* — 4) **Gefolge.*

*परिस्पन्दन n. *Bewegung.*

परिस्पन्दित n. *das Zucken, Auflodern, Sichäussern* Mahâvîrak. 93,22.

°परिस्पर्धिन् Adj. *wetteifernd mit.*

परिस्पृध् f. *Nebenbuhler.*

°परिस्पृश् Adj. *berührend* Hem. Par. 1,19.

परिस्फुट Adj. (f. आ) 1) *sehr deutlich* zu Spr. 3914. °म् Adv. Kâd. 160,14. — 2) **ganz erfüllt* (buddh.). — Vgl. नाति°.

परिस्फूर्ति f. *das Erhellen, Deutlichwerden, Hervorleuchten.*

परिस्मापन n. *das Ueberraschen.*

परिस्यन्द und °स्यन्दिन् s. °ष्यन्द und °ष्यन्दिन्.

परिस्रज् f. *Kranz* Âpast. Çr. 12,1,11.

परिस्रजिन् Adj. *bekränzt, so v. a. einen mit Haar bekränzten Scheitel habend, glatzköpfig.*

परिस्रव m. 1) *Erguss, das Ueberfliessen, Ablaufen, Fluss.* भूरिव्रणा° Adj. *dem viel Blut aus der Wunde fliesst.* — 2) *das Hinabgleiten.* गर्भ° *eines Fötus* R. ed. Bomb. 1,37,26. — 3) **Rottleria tinctoria.*

परिस्रष्टर् Nom. ag. *in Berührung stehend —, Etwas zu thun habend mit* MBh. 12,248,21 (Bl. 112,a).

परिस्रंसा f. *Schutt, Gerölle.*

परिस्राव m. 1) *Ausfluss, starker Fluss.* — 2) *ein best. Krankheitszustand, welcher aus dem Ueberfliessen der Feuchtigkeiten des Körpers abgeleitet wird.*

*परिस्रावकल्प m. *eine Art Seihe* (buddh.).

*परिस्रावण n. *Seihe, Durchschlag* (buddh.).

परिस्राविन् 1) m. (sc. भगंदर) *eine best. Form der Mastdarmfistel.* — 2) n. (sc. उदर) *eine unheilbare Form von Anschwellung des Unterleibes, Riss im Gedärm* Bhâvapr. 5,81. 82.

परिस्रुत् 1) Adj. *umfluthend, überfluthend, schäumend, gährend.* — 2) f. *ein best. aus Kräutern bereitetes berauschendes Getränk* Râgan. 14,136.

परिस्रुत 1) Adj. s. u. स्रु mit परि. — 2) *f. आ = परिस्रुत् 2).

परिस्रुन्मत् Adj. *mit* परिस्रुत् 2) *versehen.*

परिस्वार m. *eine best. Sangfigur.*

*परिहणन n. Nom. act. von हन् mit परि.

*परिहनु Adv.

परिहन्तु in दुष्परिहन्तु.

परिहर m. v. l. für परिहार *das Verheimlichen, Nichtzuerkennengeben* Çâk. (Pisch.) 19,11.

*परिहरक v. l. für परिहारक.

परिहरण n. 1) *das Herumbewegen, — tragen, — legen.* — 2) *das Vermeiden.*

परिहरणीय Adj. *zu vermeiden.*

परिहर्तव्य Adj. 1) *weiter zu geben, zu übergeben* Comm. zu Njâjam. 10,2,6. — 2) *zu vermeiden* (Çaṁk. zu Bâdar. 2,1,22), *dem man entgehen muss, dessen man sich zu enthalten hat.* — 3) *für sich zu behalten, zu verheimlichen.* — 4) *mit Argumenten zu beseitigen, zu widerlegen* Comm. zu Bâdar. 3,3,36. 4,4,18. — 5) *mit einem dazwischengesetzten* इति *doppelt aufzuführen* Comm. zu AV. Prât. 4,120.fg.

परिहर्षण (f. ई) und °हर्षिन् (MBh. 9,11,54) Adj. *in hohem Grade erfreuend.*

परिहव m. *etwa das Beschreien, Berufen.*

परिहस्त m. *Handring, ein um die Hand gelegtes Amulet, welches die Geburt sichern soll.*

परिहाटक 1) Adj. *ganz von Gold.* — 2) *n. *ein Arm- oder Beinring.*

परिहाण n. in अपरिहाण (Nachtr. 3).

परिहाणि und °हानि f. *Abnahme.*

परिहापणीय Adj. *zu unterlassen* Kâd. 2,117,5.

परिहार m. 1) *das Herumführen.* — 2) *das Weitergeben, Uebergeben* Comm. zu Njâjam. 10,2,5. — 3) *Vermeidung, das Meiden* (279,14), *das Entgehen.* — 4) *das Sichinachtnehmen, Vorsicht, cautio* Karaka 8,1. — 5) *das im Stich Lassen Jmds.* — 6) *das Ausschliessen.* — 7) *das Uebergehen, Nichterwähnen.* Instr. *mit Uebergehung von diesem und jenem,* so v. a. *mit einiger Zurückhaltung.* — 8) *das Verheimlichen, Nichtzuerkennengeben* Çâk. (Pisch.) 19,11, v. l. — 9) *Bestreitung durch Argumente, Widerlegung* Çaṁk. zu Bâdar. 2,1,14. 27. 3,3,53. — 10) **Verachtung, Geringachtung.* — 11) in der Veda-Grammatik *doppelte Aufführung eines Wortes, vor und nach* इति. — 12) in der Dramatik *das Wiedergutmachen eines begangenen Fehlers.* — 13) *ausserordentliche Verwilligung, Erlassung von Abgaben, Ertheilung von Privilegien, Immunität.* — 14) *ein rings um ein Dorf oder um eine Stadt abgegrenztes Gebiet, das als Gemeingut betrachtet wird.*

*परिहारक *ein ganzer Armring* (buddh.).

परिहारम् Absol. *herumbewegend* Ait. Br. 2,27,8. Çat. Br. 4,5,1,1. 9,4,1,14. 15.

परिहारवत् in अ° (Nachtr. 3).

परिहारविशुद्धि f. bei den Gaina *purification by such mortification and penance as are enjoined by the example of ancient saints and sages.*

परिहारस्थान n. = परिहार 14).

°परिहारिन् Adj. *vermeidend, aus dem Wege gehend* Bâlar. 47,22.

परिहार्य 1) Adj. a) *zu meiden* (MBh. 12,111,18), *zu vermeiden, zu unterlassen, dem man zu entgehen vermag.* — b) *auseinander zu bringen, zu trennen.* — c) *mit einer Immunität* (Instr.) *zu versehen* 212,1. — d) *mit einem dazwischengesetzten* इति *aufzuführen.* — 2) *m. = पारिहार्य *ein auf dem Handgelenk getragenes Armband.*

परिहास m. 1) *Scherz, Spass.* अग्राम्य° Kâd. 7,4. — 2) *das Verlachen, Verspotten, Spott.*

परिहासकथा f. *eine komische Erzählung.*

परिहासपुर n. N. pr. *einer Stadt.*

परिहासवस्तु n. *ein Gegenstand des Spottes.* Nom. abstr. °ता f.

परिहासशील Adj. 1) *zu scherzen liebend.* — 2) *zu spotten liebend.* Nom. abstr. °ता f. 303,29 (im Prâkrit).

परिहासकरि m. N. pr. eines Heiligthums des Vishṇu.

*परिहिंसा f. als Erklärung von परिबर्हणा Durga zu Nir. 6,18.

परिहृति f. *Vermeidung.*

परिहृत्य Adj. *weiter zu geben, zu übergeben.*

परिह्रुत् Adj. *zu Fall bringend.*

परिह्वालम् Absol. *stammelnd.*

1. परिह्वृति f. *das Fehlgehen, Fehlen* RV. 8,47,6 (Loc.).

2. परिह्वृति f. *Täuschung, Beirrung.*

परीक्षक m. *Prüfer, Kenner einer Sache.*

परीक्षण n. und °णा f. (ausnahmsweise) *das Prüfen, auf die Probe Stellen, Untersuchen.*

परीक्षणीय Adj. *zu prüfen, zu untersuchen.* Nom. abstr. °त्व n. Comm. zu Njâjam. 1,1,15.

परीक्षा f. 1) *Prüfung, Untersuchung.* — 2) Titel eines Commentars.

परीक्षाक्षम Adj. *die Probe bestehend, stichhaltig.*

परीक्षार्थ Adj. *zu probiren verlangend* Âpast.

परीक्षित् m. N. pr. verschiedener Fürsten.

परीक्षित 1) Adj. Partic. von ईक्ष् mit परि. — 2) m. Nebenform von परीक्षित्.

परीक्षितव्य Adj. *zu prüfen, auf die Probe zu stellen, zu untersuchen.*

परीक्षिति m. Nebenform von परीक्षित् Spr. 6230.

परीक्षिन् Adj. *prüfend, Jmd* (Gen.) *auf die Probe stellend;* m. *Prüfer, Probirer.*

परीक्ष्य Adj. = परीक्षितव्य.

परीचिक्षिषु Adj. mit Acc. *zu prüfen —, zu untersuchen beabsichtigend.*

परीज्या f. = 1) परियज्ञ.

परीणंशे Dat. Inf. zu 3. नश् mit परि RV. 1,54,1.

परीणस् n. *Fülle, Reichthum, copia.* Instr. *reichlich, in Fülle.*

परीणसं n. dass.

परीणह् f. (Nom. °णत्) 1) *Umfassung, Verschlag.* — 2) *Truhe, Kasten* (auf einem Wagen). — 3) N. pr. eines Ortes an der Sarasvatî; vgl. परिणह्.

परीणाम m. = परिणाम *Ablauf, Verlauf* (der Zeit) R. 4,24,8.

*परीणाय m. = परिणाय.

परीणाह m. 1) *Umfang, Weite* MBh. 7,175,19. R. 3,4,34. Suçr. 2,135,18. — 2) *ein rings um ein Dorf oder eine Stadt abgegrenztes Gebiet, das als Gemeingut betrachtet wird,* Jâgn. 2,167. — Vgl. परिणाह.

परीत 1) Partic. von 3. इ mit परि. Nom. abstr. °ता f. *das Umgebensein —, Erfülltsein von.* — 2) m. Pl. N. pr. eines Volkes VP² 2,168.

*परीतत् von तन् mit परि.

परीताप m. *Glut, Hitze* 178,9. Vgl. परिताप.

*परीति *Vitriol als Collyrium.*

°परीतिन् Adj. *erfüllt —, ergriffen von.*

परीतोष m. = परितोष *Befriedigung, Zufriedenheit.*

परीत्त s. u. 1. दा und 3. दा mit परि.

परीत्तशुभ m. Pl. *eine Klasse von Göttern* bei den Buddhisten.

परीत्ताभ m. Pl. desgl.

परीत्ति f. *Uebergabe* TBr. 2,2,5,5.

परीत्य Adj. in अ° (Nachtr. 4).

परीदाह m. = परिदाह *das Brennen* Karaka 6,5.

परीधान n. = परिधान *Umwurf, Gewand* MBh. 3,263,13. 12,303,13. Hemâdri 1,747,17.

परीध्य Adj. *anzuzünden* (Feuer).

परीन्द्ना f. *Gnadengeschenk* Vagrakkh. 20,5. 11. Auch परि°.

परीन्दित Adj. *gnädig beschenkt* Vagrakkh. 20, 4. 10.

परीपाक m. 1) *das Reifwerden, Reife, völlige Entwickelung* Karaka 6,3. सत्त्व° Kâranḍ. 89,7. — 2) *die Folgen von Etwas* Mahâvîrak. 61,7. — Vgl. परिपाक.

परीप्सा f. 1) *der Wunsch zu erlangen.* — 2) *der Wunsch zu retten, — zu erhalten.* — 3) *Hast, Eile.*

परीप्सु Adj. mit Acc. *zu retten —, zu erhalten verlangend.*

*परीभाव m. = परिभाव.

परीमन् *Spende.* Loc. *in reicher Gabe.*

परीमाण n. = परिमाण *Maass, Umfang, Grösse* (Hemâdri 1,578,4), *Gewicht, Dauer, Anzahl, Betrag.*

परीमोष m. Karaka 1,7 vielleicht fehlerhaft für °शोष = परिशोष.

*परीर n. *Frucht.*

*परीरण m. 1) *Schildkröte.* — 2) *Stock.* — 3) = पट्टशाटक. — Nach H. an. = अभीष्ट, तत्पर und आश्रय, welche Bedeutungen nach Med. dem Worte परायण zukommen.

परीरम्भ m. = परिरम्भ *Umarmung* Bâlar. 47,22.

परीवर्त m. 1) *Vertauschung, Tausch, Wechsel* Kâd. 18,3. — 2) N. pr. eines Fürsten der Schildkröten. — Vgl. परिवर्त.

परीवर्तम् Absol. *im Kreislauf, wiederholentlich* Tândja-Br. 2,2,2.

परीवाद m. = परिवाद *üble Nachrede, Tadel* Âpast.

परीवाप m. = परिवाप *geröstete Reiskörner;* nach Andern *saure Milch.*

परीवाप्य Adj. = परिवाप्य 1).

परीवार m. 1) *Umgebung, Gefolge, Begleitung.* — 2) **Degenscheide.* — Vgl. परिवार.

परीवाह m. 1) = परिवाह. — 2) *die königlichen Insignien.*

परीवेत्तर् m. = परिवेत्तर्.

परीवेष m. = परिवेष *ein Hof um die Sonne oder den Mond* Hariv. 1,44,38.

परीशास m. 1) *Ausschnitt.* — 2) Du. *ein beim Opfer dienendes zangenartiges Geräthe, mit welchem der Kessel vom Feuer gehoben wird.*

परीशेष m. = परिशेष *Ueberrest.*

परीषह्वा f. = परिषह्वा.

परीषेक m. = परिषेक 1).

परीष्ट m. *ein älterer Bruder, dem ein jüngerer in der Darbringung eines* Soma-*Opfers zuvorgekommen ist,* Âpast.

परीष्टि f. 1) *Nachforschung.* — 2) **Bedienung, Aufwartung, Huldigung.* — 3) **Belieben.*

परीसर m. *Umkreis, Umgebung* Bâlar. 28,7.

परीसर्प m. 1) *eine Art Wurm, der den Aussatz erzeugt,* Suçr. 2,510,10. Bei der Lesart कुष्ठजाः सपरीसर्पाः (ungenau für सपरिसर्पजाः) = 2). — 2) *eine Art Aussatz,* = विसर्प Karaka 1,1. — Vgl. परिसर्प.

*परीसर्या f. = परिसर्या.

*परीसार m. *das Umhergehen.*

परीहार m. = परिहार 3) 4) (Suçr. 2,412,15. 443,10) *10) 12) und 13).

परीहास m. = परिहास 1) und 2). °परीहासतम Adj. *lächerlich zu machen geeignet,* so v. a. *zu übertreffen* g. Spr. 5896.

परीहासकेशव m. N. pr. eines Heiligthums des Vishṇu.

परीहासशील Adj. = परिहासशील 1).

परु m. 1) *Gelenk, Glied* in यथापरु. — 2) **Berg.* — 3) **Meer.* — 4) **die Himmelswelt.*

परुच्छेप m. N. pr. eines Rshi.

परुत्क Adj. *mit Gelenken —, mit Gliedern versehen* (दर्भ) Âpast. Çr. 5,27,11.

*परुत् Adv. *im vergangenen Jahre.*

*परुत्न Adj. *vorjährig.*

*परुद्वार und *परुल m. *Pferd.*

परुःशस् und परुष्शस् Adv. *gliedweise.*

परुष 1) Adj. (f. आ, in der älteren Sprache परुष्णी) *a) knotig* (Rohr). — *b) fleckig, bunt, ungleichartig.* — *c) schmutzig.* — *d) rauh, uneben.* — *e) struppig, zottig* (Haar). द्रुम so v. a. *von*

Schlingpflanzen umschlungen. — f) rauh, stechend (Wind, Sonne, Feuer). — g) rauh (Ton). °म् Adv. — h) rauh, hart, grob, barsch (Reden und Personen). — 2) m. a) Rohr. — b) Pfeil. — c) * Grewia asiatica (Râǵan. 11,12) oder Xylocarpus granatum. — d) proparoxyt. N. pr. eines Dämons Suparṇ. 23,5. — 3) f. पँरुष्णी a) Wolke. — b) N. pr. eines Flusses im Pendschab, heut zu Tage Ravi. — 4) n. a) Sg. u. Pl. rauhe, harte, barsche Worte. — b) die Frucht von Grewia asiatica oder Xylocarpus granatum. — c) * eine blau blühende Barleria.

परुषवचन und परुषवादिन् (Mahâvîraḱ. 46,16) Adj. barsche, rohe Reden führend.

परुषान्तर Adj. rauh, barsch (von Reden und Personen). °म् Adv.

परुषाक्षेप m. in der Rhetorik eine durch barsche Worte an den Tag gelegte Erklärung, dass man mit Etwas nicht einverstanden sei.

परुषाह्व m. eine best. Rohrart.

परुषित Adj. roh —, barsch —, grob angefahren oder behandelt.

परुषिमन् m. rauhes, verwildertes Aussehen.

परुषी Adv. mit कर् 1) beflecken, schmutzig machen. — 2) roh —, barsch anfahren.

परुषेतर Adj. milde.

परुषोक्ति f. eine barsche, rauhe Rede.

*परुषोक्तिक Adj. barsche, rohe Reden führend.

पँरुष्णी f. s. u. परुषँ.

परुष्मन्त् Adj. als Erklärung von परुषत्क Comm. zu Âpast. Çr. 5,27,11.

परुष्य Adj. bunt, mannichfaltig.

पँरुस् n. 1) Knoten, Stengelglied der Pflanzen. — 2) Gelenk, Glied des Körpers. — 3) Fuge. — 4) Abschnitt, Abtheilung. — 5) * Grewia asiatica Râǵan. 11,112.

परुःस्रंसँ m. Gelenkbruch.

परूष und °क m. Grewia asiatica (Râǵan. 11, 112) oder Xylocarpus granatum. °क n. die Frucht.

परेँ Loc. Adv. später, künftig. मध्ये वाह्नस्ततोऽपि परे um Mittagszeit oder später (d. i. zwischen Mittag und Abend) Spr. 4291. — MBh. 13,2880 fehlerhaft für पुरे.

*परेङ्गणा n. Nom. act. von इङ्ग् oder ईङ्ग् mit परा.

*परेङ्गणा n. Nom. act. von इङ्ग् mit परा.

पँरेण Instr. Adv. Präp. 1) weiterhin, vorüber, — bei (80,20), jenseits, hinaus über; mit Acc. — 2) hernach, nachher, später, nach (zeitlich); mit Abl. oder Gen.

परेत 1) Adj. s. u. 3. इ mit परा. — 2) m. a) ein Verstorbener. — b) * eine Art von Gespenstern.

परेतभर्तर् m. Bein. Jama's Naish. 6,109. Çiç. 1,57.

परेतभूमि f. Leichenacker.

परेतर Adj. nach dem Comm. entweder eigen, Jmd zugethan, zuverlässig oder Gegner verführend, zu sich heranlockend.

*परेतराज् m. Bein. Jama's.

परेतराज m. 1) ein Herrscher über Todte Naish. 9,23. — 2) Bein. Jama's ebend. °सदनद्वार n. Prasannar. 69, 22.

परेतावास m. Leichenacker Daçak. (1925) 73,20.

पँरेति f. Weggang.

परेद्यवि Adv. den folgenden Tag, morgen Naish. 9,65.

*परेद्युम् (?) Adv. dass.

*परेप Adj. von wo sich das Wasser zurückgezogen hat.

परेप्राण Adj mehr als das Leben geltend.

पँरेमन् wohl fehlerhaft für पँरीमन्.

परेश m. Bein. 1) Brahman's. — 2) Vishṇu's.

परेशेश m. Bein. Vishṇu's.

*परेष्टु und *°का f. eine Kuh, die öfters gekalbt hat.

*पँरेधित 1) Adj. von einem Andern grossgezogen. — 2) m. a) Diener. — b) der indische Kuckuck.

परोँऽङ्ग (Conj.) Adj. (f. °ङ्गी) aussen —, oben eng.

परोकुमत्व (!). Verz. d. B. H. No. 903 (XIII).

पँरोऽक्ष 1) Adj. (f. आ) ausserhalb des Gesichtskreises liegend, der Wahrnehmung sich entziehend, unbekannt, unverständlich; nur durch den innern Sinn (मनस्) erkennbar, — vermittelt. Definition des Wortes bei den Grammatikern 241,25. fgg. a) Acc. so dass man es nicht sieht, hinter dem Rücken, ohne Wissen von (Instr., später Gen. oder im Comp. vorangehend). — b) Instr. auf eine dem Auge sich entziehende, geheimnissvolle, versteckte Weise. — c) Abl. α) heimlich vor (Instr.). — β) hinter dem Rücken, — von (Gen.), wenn man nicht zugegen ist oder war 241,24. — d) परोऽक्ष° auf nicht wahrnehmbare Weise. — 2) m. a) * Büsser. — b) N. pr. eines Sohnes des Anu. — 3) f. परोऽक्षा a) eine vergangene, vollendete Handlung. — b) eine Personalendung des Perfects. — c) N. pr. eines Flusses VP.[2] 2,151.

परोँऽक्षकाम Adj. das Versteckte, Geheimnissvolle mögend.

परोऽक्षकृत Adj. (ein Vers) welcher den Gott nicht anredet, sondern nur von ihm aussagt.

परोऽक्षता f. und परोऽक्षत्व n. Nichtwahrnehmbarkeit, das nicht vor Augen Stehen.

परोऽक्षपृष्ठ m. ein best. Pṛshṭhja Çâṅkh. Çr. 10,8,33. 12,7,4. 8. Âçv. Çr. 8,4,23.

परोऽक्षप्रिय Adj. = परोँऽक्षकाम.

परोऽक्षवृत्ति Adj. 1) nicht vor unsern Augen lebend. — 2) auf eine dem Auge sich entziehende, undeutliche Weise gebildet. Nom. abstr. °ता f.

परोगव्यूतिँ Adv. 1) über das Weideland —, über das Weidegebiet hinaus. — 2) entfernter als eine Gavjûti.

परोगोष्ठम् Adv. über den Kuhstall hinaus Maitr. S. 1,10,13. Mân. Gṛhj. 2,1. 17.

परोँच्य Adj. dem man widersprechen darf.

परोढा f. eines Andern Weib.

*परोद्वह m. der indische Kuckuck Gal.

परोपकरण (Conj.) n. das Diensterweisen — Helfen Andern Spr. 3980.

परोपकरणी Adv. mit कर् zum Werkzeug Anderer machen.

परोपकार m. einem Andern erwiesene Dienste, Hülfeleistung Spr. 3981. fgg. 7718.

परोपकारिन् Adj. 1) Andern Dienste erweisend, Andern helfend 180,26. Nom. abstr. °रित्व n. Spr. 5690. — 2) m. N. pr. eines Fürsten.

परोपकृति f. Erweisung von Diensten Andern 181,1. Spr. 2403.

परोपग Adj. sich an Etwas Anderes anschliessend, so v. a. adjectivisch AK. 3,6,8,43.

परोपवास m. das Zusammenwohnen mit einem Andern Âpast.; vgl. Bühler's Uebersetzung.

परोबाहु Adv. über den Arm hinaus, weiter als der Arm reicht.

परोँमात्र Adj. übermässig, ungeheuer.

परोँरजस् Adj. 1) über den Staub —, über den Dunst hinaus liegend. — 2) frei von Leidenschaften.

*परोलक्ष Adj. Pl. mehr als hunderttausend.

परोऽवरँम् Adv. von oben nach unten, der Reihe nach, von Hand zu Hand, nacheinander.

*परोऽवरीण Adj. von परोऽवरम्.

1. पँरोवरीयस् Adj. aussen —, oben breiter.

2. परोवरीयंस् 1) Adj. besser als gut, der allervorzüglichste. Nom. abstr. °यस्त्व n. Bâdar. 3,3,7. — 2) n. das höchste Glück.

परोविंशँ Adj. Pl. mehr als zwanzig.

परोऽशीतँ Adj. Pl. mehr als achtzig.

*परोष्टी f. = परोष्णी 1).

परोष्णिह् f. ein best. Metrum.

परोष्णी f. 1) * eine Art Schabe, Kakerlak. — 2) N. pr. eines Flusses.

परोहविस् Adj. mehr als eine Opfergabe Âpast. Çr. 10,20,5.

पर्वोऽङ्क Adj. Çat. Br. 3,4,1,26 wohl fehlerhaft für पर्वोऽङ्क.

पर्क m. 1) *Mischung* oder *Spende* in मधुपर्क. — 2) गौतमस्य पर्कौ Name zweier Sâman Ârsh. Br.

पर्कट 1) *m. *Reiher.* — 2) f. ई a) *Ficus infectoria* 143,27. — b) * *eine frische Betelnuss* u. s. w. — 3) *n. *Angst, Schmerz.*

*पर्कटि f. = पर्कट 2) a).

पर्च्, पृणक्ति, पृङ्क्ते, पर्चस्, पिपृग्धि, पपृचासि u. s. w. 1) *mengen, mischen, in Verbindung setzen*, — *mit* (Instr. oder ausnahmsweise Loc.). धनुषा शरम् so v. a. *den Pfeil auf den Bogen legen* Bhaṭṭ. पृक्त *gemischt* —, *verbunden* —, *sich berührend mit* (Instr. oder im Comp. vorangehend) Gaut. 11, 27. जल° so v. a. *auf dem Wasser schwimmend.* — 2) *füllen, sättigen*; Med. *sich füllen* (?). पृक्त *erfüllt* —, *voll von* (Instr. oder im Comp. vorangehend). — 3) *in Fülle geben, Etwas* (Acc. oder Gen.) *Jmd* (Dat.) *reichlich schenken.* — 4) *mehren.* — Mit अधि *setzen auf* (Loc.) Baudh. bei Hillebr. N. 41, N. 7. — Mit अनु, °पृक्त *verbunden mit* (im Comp. vorangehend). — Mit अपि *beimischen.* °पृञ्चत्ति AV. 5,2,3 fehlerhaft für °वृञ्चत्ति. — Mit आ 1) *vermischen* —, *durchmengen mit* (Instr.). — 2) *erfüllen, durchdringen.* — 3) Med. *sich sättigen.* — Mit उप 1) *hinzufügen zu* (Loc.). — 2) *mehren.* — 3) *sich nahen zu* (Acc.). — 4) *sich mischen*, so v. a. *sich begatten*, die Begattung (Acc.) *vollziehen mit* (Loc.). — Mit निस्, निष्पृक्त *der sich von Etwas befreit hat, an Etwas nicht hängt* MBh. 3,181,14. — Mit प्र *sich in Berührung setzen mit* (Acc.). — Mit वि 1) *ausser Berührung bringen, trennen von* (Instr.). — 2) *zertheilen, zerstreuen* — 3) *erfüllen, sättigen* Ṛv. 4, 24, 5. — Mit सम् 1) Act. Med. *mengen, mischen, vereinigen, berühren*; Med. und Pass. *sich mengen, sich vereinigen, in Berührung kommen, zusammenstossen.* संपृक्त *vermischt, verbunden, in Berührung gekommen*, — *mit* (Instr., Loc. [ausnahmsweise] oder im Comp. vorangehend). स्तनसंपृक्तं रक्तम् *das in der Brust befindliche Blut.* — 2) *erfüllen, begaben, beschenken mit* (Instr.); Med. und Pass. *erfüllt* —, *begabt werden.* संपृक्त *erfüllt mit* TBr. 3,1,2,10.

*पर्च्, पृञ्क्ते, पृङ्क्ते v. l. für पर्च् und पिन्.

पर्चनी f. *Curcuma aromatica* oder *xanthorrhiza* Bhâvapr. 1,177.

पर्जन्य 1) m. a) *Regenwolke.* — b) *Regen.* — c) *der Regengott, ein Donnerer und Befruchter.* Wird von Indra unterschieden (45,16), aber auch mit ihm identificirt: erscheint unter den 12 Âditja. Am Ende eines adj. Comp. f. आ. — d) N. pr. α) eines Devagandharva oder Gandharva. — β) eines Ṛshi in verschiedenen Manvantara. — γ) eines Pragâpati. — 2) *f. पर्जन्या = *पर्जनी Râgan. 6,203.

(पर्जन्यक्रन्द्य) °क्रन्दि्य Adj. *wie die Regenwolke oder wie der Regengott dröhnend.*

पर्जन्यजिन्वित Adj. *vom Regengott belebt.*

पर्जन्यनिनद m. *Donner.*

पर्जन्यपत्नी Adj. f. *den Regengott zum Gatten habend.*

पर्जन्यप्रयोग m. Titel eines Werkes Cat. NW. Pr. 1,102.

पर्जन्यरेतस् Adj. *aus des Regengottes Samen entstanden.*

पर्जन्यवृद्ध Adj. *durch die Regenwolke genährt.*

पर्जन्यशान्ति f. Titel eines Werkes Opp. Cat. 1.

पर्जन्यसूक्त n. *eine Hymne an den Regengott.*

पर्जन्यात्मन् Adj. *das Wesen des Regengottes habend* TS. 3,5,8,1.

पर्जन्यावात m. Du. *der Regen- und der Windgott.*

पर्ण्, पर्णयति s. u. 1. पर्; पर्णय् s. bes.

पर्ण 1) n. a) *Schwungfeder, Fittig, Feder überh.* — b) *das Gefieder eines Pfeiles.* — c) *Blatt.* Am Ende eines adj. Comp. f. आ und ई (nur bei Pflanzennamen). — d) *Betelblatt* Râgat. 7,946. — 2) m. a) *Butea frondosa.* Nom. abstr. पर्णत्व n. Maitr. S. 4,1,1 (TS. 3,5,7,1). — b) N. pr. α) eines Lehrers. — β) Pl. eines Volkes VP.[2] 2,164. — γ) *einer Oertlichkeit. — 3) f. पर्णी a) Gesammtname für *vier auf* पर्णी *auslautende Pflanzen* Karaka 6,1. — b) * *Pistia Stratiotes.* — b) * *das Blatt der Asa foetida* (?).

पर्णक 1) m. a) nach Mahîdh. = भिल्ल *ein Wilder.* — b) *N. pr. eines Mannes; Pl. *seine Nachkommen.* — 2) f. पर्णिका a) *eine best. Gemüsepflanze* Karaka 1,27. — b) N. pr. einer Apsaras.

पर्णकषायनिष्पक्व (f. आ Çat. Br. 6,5,1,1) und °कषायपक्व (Kâtj. Çr. 16,3,16) Adj. *mit dem ausgekochten Saft der Rinde von Butea frondosa* oder *mit dem ausg. S. von Blättern gar gekocht.*

*पर्णकार m. *ein Verkäufer von Betelblättern.*

*पर्णकुटिका und °कुटी f. *Laubhütte.*

पर्णकृच्छ्र m. *eine best. Kasteiung* Vishṇus. 46,23.

*पर्णखण्ड m. *Baum.*

*पर्णचर m. *eine Hirschart* Dhanv. 6,69.

पर्णचीरपट Adj. *in Blätter und Lumpen gehüllt* (Çiva).

*पर्णचोरक m. *Galläpfel* Râgan. 12,145.

पर्णदत्त m. N. pr. eines Mannes B. A. J. 7,128.

पर्णधि m. *der Theil des Pfeilschafts, in welchem die Federn stecken.*

*पर्णधस् Adj. (Nom. °धत्) *die Blätter fallen machend.*

पर्णनर m. *eine aus Blättern zusammengesetzte Puppe, die an Stelle eines nicht aufzufindenden Leichnams verbrannt wird.*

पर्णनाल n. *Blattstiel.*

पर्णपुट m. n. *ein in eine Düte zusammengerolltes Blatt.*

पर्णप्रातिपक (!) N. pr. einer Oertlichkeit.

पर्णप्राशनिन् Adj. = पर्णभक्ष Bâlar. 298,13.

पर्णभक्ष Adj. *nur von Blättern sich nährend* Hariv. 3,76,3.

*पर्णभेदिनी f. *Fennich.*

*पर्णभोजन m. *Ziege.*

पर्णमणि m. *ein best. Zaubergegenstand.*

पर्णमय Adj. (f. ई) *aus dem Holze der Butea frondosa gemacht.* Nom. abstr. °मयीत n. Comm. zu Njâjam. 3,6,9.

*पर्णमाचाल m. *Averrhoa Carambola.*

*पर्णमुच् Adj. (Nom. °मुट्) *Blätter fallen machend.*

पर्णमृग m. *ein im Laub der Bäume lebendes Thier.*

*पर्णय्, °यति (हरितभावे).

पर्णय m. N. pr. eines von Indra überwundenen Feindes.

पर्णयघ्न Adj. *dem* Parnaja *verderblich.*

*पर्णरुह् Adj. (Nom. °रुट्) *Blätter wachsen machend.*

*पर्णल Adj. *blätterreich.*

*पर्णलता f. *Betelpfeffer* Râgan. 11,253.

*पर्णली Adv. mit भू *sich belauben.*

पर्णवत् Adj. *mit Blättern versehen.*

पर्णवल्क m. 1) Sg. und Pl. *der Bast von der Butea frondosa* TS. 2,5,3,5. TBr. 3,7,1,2. 18. Âpast. Çr. 1,14,1. — 2) *N. pr. eines Mannes.

*पर्णवल्ली f. *eine best. Schlingpflanze* Râgan. 3,133.

पर्णवाद्य n. *Töne, die man durch Blasen in ein Blatt hervorbringt.*

*पर्णविलासिनी f. *ein best. wohlriechender Stoff* Gal.

पर्णवी Adj. *durch Fittige in Bewegung gesetzt.*

पर्णवीटिका f. *eine zerschnittene, mit Gewürzen bestreute und in ein Betelblatt gewickelte Arecanuss.*

पर्णशद m. *Blätterfall.*

पर्णशद्य Adj. *auf den Blätterfall bezüglich.*

पर्णशबर 1) m. Pl. N. pr. eines Volkes. — 2) f.

ई wohl N. pr. einer *Fee*.

पर्णशब्द m. *das Rauschen der Blätter* Spr. 3993.

पर्णशय्या f. *ein Lager aus Blättern*.

पर्णशर m. *Blattstiel* oder *Blattstiel der Butea frondosa* Ait. Br. 7,2,7.

पर्णशाखा f. *ein Zweig von der Butea frondosa* Çat. Br. 1,7,1,1. 11,1,4,2.

पर्णशाद m. *Blätterfall*.

पर्णशाला f. 1) *Laubhütte* Kâd. 2,122,3. — 2) N. pr. einer Brahmanenansiedelung zwischen der Jamunâ und Gañgâ.

पर्णशालाग्र m. N. pr. eines Gebirges.

पर्णशालाय्, °यते *einer Laubhütte gleichen* Naish. 3,128.

*पर्णशुष् Adj. (Nom. °शुट्) *Blätter verdorren machend*.

*पर्णस Adj. von पर्ण.

*पर्णसि m. 1) *ein auf dem oder am Wasser stehendes Haus*. — 2) *Wasserrose*. — 3) *Gemüse*. — 4) *das Schmücken*.

*पर्णाटक m. N. pr. eines Mannes; Pl. *seine Nachkommen*.

पर्णाद m. N. pr. zweier Männer.

*पर्णाल m. 1) *Boot*. — 2) *Spaten*. — 3) *Zweikampf*.

पर्णाश 1) m. *eine best. Pflanze*. Nach den Erklärern *Cedrela Toona* und *eine Art Basilicum*. Auch पर्णास geschrieben Mat. med. 219. — 2) f. आ N. pr. verschiedener Flüsse.

पर्णाशन n. *das Sichnähren von Blättern* Sañhitopan. 41,3.

पर्णाशिन् Adj. *Blätter essend* Vishnus. 95,10.

पर्णास s. u. पर्णाश 1).

पर्णाहार Adj. *von Blättern sich nährend*.

*पर्णिक Adj. (f. ई) *mit* पर्णी *handelnd*.

पर्णिन् 1) Adj. *a) beschwingt, geflügelt*. — *b) Blätter tragend* (Bez. des Soma). — *c) aus dem Holze der Butea frondosa gemacht*. — 2) m. *a) Baum*. — *b)* **Butea frondosa* Râgan. 10,36. — 3) f. पर्णिनी *a) eine best. Pflanze*. — *b)* Gesammtname für *vier best. Pflanzen* Karaka 6,3. — *c)* N. pr. einer Apsaras.

*पर्णिल Adj. *blätterreich*.

*पर्णिलता f. *Betelpfeffer* Râgan. 11,253.

*पर्णीय Adj. von पर्ण.

पर्णोटज (*n.) *Laubhütte*.

पर्णोत्स m. N. pr. eines Dorfes.

पर्ण्य Adj. *auf die Blätter bezüglich*.

पर्तृ Nom. ag. *Retter*. Nur Instr. Pl., auch so v. a. *mit Rettungen*.

*पर्थ्, पर्थयति (प्रक्षेपे) Dhâtup. 32,20.

*पर्द्, पर्दते *farzen*.

*पर्द m. 1) *Farz*. — 2) *starkes Haar*.

*पर्दन n. *das Farzen, Farz*.

*पर्दि m. oder f. N. pr. einer Person Vârtt. in Mahâbh. 4,71,*b*.

*पर्प् (?), पर्पति (गतौ).

*पर्प 1) m. n. *eine Bank* oder dgl. *für Fusslahme*. — 2) n. *a) junges Gras*. — *b) Haus*.

पर्पट 1) m. *a) eine best. Arzeneipflanze*. Nach den Lexicographen *Hedyotis burmanniana* und *Mollugo pentaphylla*. — *b) ein in Schmalz gebratener bröcklicher Kuchen aus Reis- oder Erbsenmehl mit Gewürzen*. — 2) f. ई *a) eine roth färbende Oldenlandia* Bhâvapr. 1,194. — *b)* **eine best. wohlriechende Erdart*.

पर्पटक 1) m. = पर्पट 1) *a)* Karaka 6,3. Bhâvapr. 1,203. Râgan. 5,8. — 2) f. ई *eine best. Arzeneipflanze* Karaka 1,27.

*पर्पटद्रुम m. *eine best. Pflanze* Râgan. 9,109.

*पर्परी f. *Haarflechte*.

*पर्परीक m. 1) *die Sonne*. — 2) *Feuer*. — 3) *Wasserbehälter*.

*पर्परीण 1) m. *a) Blattader*. — *b)* = पर्णचूर्णरस. — *c)* = द्यूतकम्बल. — 2) n. = पर्वन्.

*पर्पिक Adj. (f. ई) von पर्प 1).

पर्फरीक 1) Adj. nach Sâj. *zerreissend* oder *erfüllend*. — 2) *m. *ein junger Schoss*.

*पर्ब्, पर्बति (गतौ).

पर्माडि oder पर्माण्डि m. N. pr. eines Fürsten.

पर्यक् Adv. *rund herum, nach allen Seiten hin*.

°पर्यगु Adj. wird in पर्य (= °परानर्हति, °परानधिकरोति) und गु (= वाच्) oder in परि (= परितस्), अ (= न) und गु (= वाच्) zerlegt.

पर्यग्नि 1) m. *das umwandelnde Feuer*; so heisst im Ritual *der Feuerbrand, welcher um das Opferthier u. dgl. herumgetragen wird* und *die Ceremonie dieses Herumtragens*. — 2) Adv. mit कर् *das Feuer herumtragen um* (Acc.). पर्यग्निकृत *vom Feuerbrand umkreist*. Mit vorangesetztem अभि *auf Etwas hin den Feuerbrand herumtragen*. अभिपर्यग्निकृते देश उल्मुकं निदधाति Âpast. Çr. 7,16,2.

पर्यग्निकरण n. *das Herumtragen des Feuerbrandes um ein Opferthier* Mân. Gṛhj. 2,9. Çr. 5,1,9. 2,8. 6,1,3. 9,2.4. 4,2. Comm. zu Âpast. Çr. 7,15,3. zu Njâjam. 2,3,20. 3,6,13.

पर्यग्निकरणीय Adj. *auf das* Parjagnikaraṇa *bezüglich* Comm. zu TBr. 3,386.

पर्यग्निकर्तृ Nom. ag. *der den Feuerbrand um ein Opferthier herumträgt* Mân. Çr. 6,1,3.

पर्यङ्क m. 1) *Ruhebett*. — 2) *das Sitzen mit untergeschlagenen Beinen*. °ङ्कमाभुज्य *sich auf diese Weise setzend* Vagrakkh. 18,9. Lalit. 362,7. Kâraṇḍ. 85,8. 86,8. °बन्ध m., °ग्रन्थिबन्ध m. und °बन्धन n. *das Unterschlagen der Beine beim Sitzen*. °बद्ध Adj. *mit untergeschlagenen Beinen sitzend* Text zu Lot. de la b. l. 274,22. — 3) N. pr. eines Berges.

*पर्यङ्कपट्टिका (Bhâvapr. 1,288; eine Hdschr. °पादिका) und °पादिका (Râgan. 7,176) f. *eine Art Lupinus*.

पर्यङ्किका f. *Ruhebett* Kâd. 66,23.

पर्यङ्की Adv. mit कर् *zum Ruhebett machen*.

पर्यङ्ग्य Adj. *um die Seite befindlich*.

पर्यट m. Pl. N. pr. eines Volkes. Zu belegen nur अपर°.

पर्यटक (Conj.) m. *Herumstreicher*.

पर्यटन n. *das Herumstreichen, Durchstreichen* (das Obj. im Gen. oder im Comp. vorangehend).

*पर्यध्ययन Adj. *einen Widerwillen gegen das Studium habend* Pat. zu P. 2,2,18, Vârtt. 4.

पर्यनुयोक्तव्य Adj. *zu befragen, aufzufordern zu beantworten* Çaṁk. zu Bâdar. 3,3,54.

पर्यनुयोग m. 1) *das Fragen —, das Suchen nach, Nachforschung* Comm. zu Âpast. Çr. 1,1,3. — 2) *Vorwurf*.

पर्यनुयोज्य Adj. *zu tadeln, zu rügen*. °योज्योपेक्षण n. *das Versäumen Etwas zu rügen, was gerügt werden müsste*.

1\. पर्यन्त m. *Umgrenzung, Grenze, Umkreis, Umgebung, Saum, Rand; Grenze*, so v. a. *Ende* überh. पर्यन्तात्पर्यन्तम् *von einem Ende zum andern*. Am Anfange eines Comp. mit der Function eines Loc. (°देश m. so v. a. *die angrenzende, benachbarte Gegend*). Häufig am Ende eines adj. Comp. (f. आ) nach einem Worte, das *die Grenze, das Ende* angiebt. अनेकगुण° Adj. so v. a. *mit einer endlosen Menge von Vorzügen versehen*. °पर्यन्तम् und °पर्यन्त° *bis an's Ende von, bis auf*. पर्यन्तम् allein so v. a. *summa summarum*.

2\. पर्यन्त Adj. (f. आ) *mit Etwas zu Ende* (*Stande*) *kommend* Lalit. 167,12. — 2) *nach allen Richtungen gelegen*. v. l. पर्यस्त.

*पर्यन्तिका f. *der Verlust aller Vorzüge*.

पर्यन्तीय Adj. *am Ende befindlich* Âpast. Çr. 11,10,6.

पर्यन्य m. fehlerhaft für पर्जन्य.

पर्यय m. (adj. Comp. f. आ) 1) *Umlauf, Ablauf* (einer best. Zeit), *Umlaufszeit* (eines Planeten) Ganit. 2,1. — 2) *Wechsel, Veränderung, Ver-*

rückung. पक्ष्मणो ऽपि निपातेन येषां स्यात्स्कन्धपर्ययः so v. a. *bei denen Alles sich umdreht, auch wenn nur ein Wimperhaar zur Erde fällt.*

पर्ययण n. 1) *das Umschreiten, Umwandeln;* insbes. *die Umwandelung eines besäeten Feldes* Mân. Gṛhj. 2,10 (Comm. = स्वे तेत्रे प्रथमं परिगमनम्). Gobh. 4,4,30 (nach dem Comm. *das Einheimsen des Getraides*). — 2) *was zum Umwinden dient.* — 3) * *Sattel.*

पर्येषण n. *das Umfangen, Befestigen.*

पर्यवदातत्व n. *vollkommenes Vertrautsein mit* (Loc.). Vgl. 7. दा mit पर्यव.

पर्यवदातश्रुत Adj. *mit der Kunst vollkommen vertraut* Karaka 1,29. 3,8. Nom. abstr. °ता 3,8. Vgl. 7. दा mit पर्यव.

पर्यवदान n. *das zu Ende Gehen, gänzliches Verschwinden* Lalit. 253,6. Vgl. पर्यावदान.

पर्यवधारण n. *reifliches Bedenken.*

पर्यवपाद m. *Umgestaltung, Veränderung der Form.*

पर्यवपाद्य Adj. *eine Veränderung der Form bewirkend.*

*पर्यवरोध m. *Hemmung.*

पर्यवसान n. (adj. Comp. f. आ) 1) *Schluss, Ende* Nâgân. 45,4 (61,6). — 2) *das Enden mit, das Herauskommen auf* (Loc.).

पर्यवसानिक Adj. *zum Schluss —, zum Ende sich neigend.* v. l. पार्य°.

पर्यवसाय m. = पर्यवसान 2). Am Ende eines adj. Comp. = पर्यवसायिन् Bâlar. 42,11.

°पर्यवसायिन् Adj. *endend —, abschliessend mit, herauskommend —, hinauslaufend auf* Çaṁk. zu Bâdar. 3,2,21 (S. 815, Z. 10).

पर्यवस्कन्द m. *das Hinabspringen* (vom Wagen) MBh. 7,114,5.

पर्यवस्कन्ध MBh. 7,4444 fehlerhaft für °स्कन्द.

*पर्यवस्था f. *Widersetzung, Opposition.*

पर्यवस्थातर् Nom. ag. *Widersacher, Gegner.*

*पर्यवस्थान n. = पर्यवस्था.

पर्यश्रु Adj. *voller Thränen, in Thränen schwimmend,* (Auge, Gesicht, Person).

पर्यसन n. *das Hinundherwerfen, — bewegen, — geworfenwerden* (eines Wagens).

पर्यस्तमयम् Adv. *um Sonnenuntergang.*

पर्यस्तवत् Adj. *den Begriff des* पर्यस्त (von 2. अस् mit परि) *enthaltend.*

पर्यस्ताक्ष Adj. *verdrehte Augen habend.*

*पर्यस्ति f. = पर्यस्तिका 1).

पर्यस्तिका f. 1) *das Sitzen mit untergeschlagenen Beinen.* — 2) * *Ruhebett.*

*पर्यस्तिकाकृति Adj. *der beide Schultern bedeckt hat.*

*पर्यङ्ग m. Comm. zu AV. Prât.

पर्याकुल Adj. (f. आ) 1) *erfüllt —, voll von* (im Comp. vorangehend). — 2) *in Verwirrung* oder *Unordnung gerathen, aus seinem natürlichen Zustande gebracht, verwirrt* (eig. und übertr.), *aufgeregt.*

पर्याकुलत्व n. *Verwirrung.*

पर्याकुलय्, °यति *in Verwirrung —, in Aufregung versetzen* Çâk. (Pisch.) 26,2, v. l.

पर्याकुली Adv. 1) mit कर् *in Verwirrung —, in Aufregung versetzen* Çâk. (Pisch.) 26,2. — 2) mit भू *sich verwirren.*

*पर्याख्यान n. Nom. act. von ख्या mit पर्या.

*पर्याचित n. gaṇa ग्राचितादि.

पर्याण 1) Adj. *einen Umweg bildend.* — 2) n. *Sattel.*

पर्याणाह्न n. *Umwurf* in सोमपर्याणह्न.

पर्याणित Adj. *gesattelt* Kâd. 2,35,17. 125,13.

पर्याधातर् Nom. ag. *ein jüngerer Bruder, der einem älteren mit der Anlegung des heiligen Feuers zuvorgekommen ist,* Gaut. Comm. zu Âpast. 2,12,22.

पर्यान्तम् (!) = °पर्यन्तम् *bis zu* Âpast. 1,9,21.

पर्याप्तता f. *die Hülle und die Fülle.* Vgl. आप् mit परि.

पर्याप्ति f. 1) *Abschluss.* — 2) *Genüge* MBh. 12,129,1. — 3) *das Gewachsensein* 229,23. *Befähigung zu* (ein im Comp. vorangehendes Nom. act.). — 4) * *Erlangung, Erreichung.* — 5) *erlangte Gewissheit* Nj. K. — 6) * *Vertheidigung, Selbstvertheidigung.*

पर्याप्लाव m. *Kreislauf, Umlauf* TS. 7,5,3,2. Kâth. 33,7.

पर्याय m. 1) *Umgang, Umlauf.* — 2) *Umdrehung, Windung.* — 3) *Ablauf* (einer Zeit), *Wechsel der Zeiten* Spr. 3996. — 4) *regelmässige Wiederkehr, Wiederholung.* चतुर्थे पर्याये *beim vierten Male.* — 5) *Aufeinanderfolge, Reihenfolge.* पर्यायश्चाप्यगस्त्यस्य समपद्यत *die Reihe kam auch an A.* पर्यायेण und पर्याय° *der Reihe nach, abwechselnd.* — 6) *eine regelmässig wiederkehrende Reihe, Wendung, Satz* (in Formeln, liturgischen Handlungen u. s. w.); im Ritual insbes. *die drei Umläufe der nächtlichen Ceremonien mit den Soma-Bechern im* Atirâtra; *Strophe, Satz* (eines Liedes u. s. w.). — 7) *Wechselbegriff, Synonym.* — 8) *Berührungspunct.* — 9) *Art und Weise.* अनेन पर्यायेण *auf diese Weise* Vagrakkh. 33,8. 9. — 10) *Wahrscheinlichkeit.* — 11) *eine best. rhetorische Figur* Kâvjapr. 10,31. — 12) bei den Gaina *der regelmässige Verlauf eines Dinges* und *das Ende dieses Verlaufes* Sarvad. 36,11. — 13) * *Gelegenheit, ein günstiger Augenblick.* — 14) * *Bildung, Schöpfung.* — MBh. 6,3745 fehlerhaft für अनय, was ed. Bomb. 6,84,50 und ed. Vardh. 6,81,50 lesen.

पर्यायता f. *das Synonymsein.*

पर्यायत्व n. Nom. abstr. 1) zu पर्याय 6) Ait. Br. 4,5,3. Tâṇḍja-Br. 9,1,3. — 2) zu पर्याय 7) Comm. zu Njâjam. 10,1,18.

पर्यायपदमञ्जरी f. Titel eines Werkes Opp. Cat. 1.

पर्यायम् Absol. *umschreitend, umwandernd* Ait. Br. 4,5,3. Tâṇḍja-Br. 9,1,3.

पर्यायमुक्तावली f. (Opp. Cat. 1.) und पर्यायरत्नमाला f. Titel zweier Werke.

पर्यायवचन n. *Wechselbegriff, Synonym.*

पर्यायवाक्य n. *ähnliche Worte* Hariv. 9647; vgl. 9652.

पर्यायवाचक Adj. *einen Wechselbegriff bezeichnend.* शब्द m. *Synonym.*

पर्यायशब्द m. *Synonym.*

पर्यायशस् Adv. 1) *periodisch.* — 2) *der Reihe nach.* — 3) *in Wendungen, Sätzen u. s. w.*

पर्यायसूक्त n. *eine Hymne mit regelmässig wiederkehrenden Wendungen.*

पर्यायात्मन् m. *die endliche Natur, Endlichkeit.*

पर्यायान्न n. *für einen Andern bestimmte Speise.*

पर्यायार्णव m. Titel eines *synonymischen Wörterbuchs.*

पर्यायिक Adj. *strophisch.*

पर्यायिन् Adj. 1) *umschliessend, umfassend.* — 2) *feindlich umgehend.* — 3) *periodisch.*

पर्यायोक्त n. *eine best. rhetorische Figur* Kâvjapr. 10,29.

पर्यायोक्ति f. desgl. Vâmana.

पर्यारिन् Adj. *sich lange vergebens abmühend, erst spät zum Ziele gelangend.*

*पर्याली Adv. mit कर्, भू und अस्.

पर्यालोच m. *Ueberlegung* Hem. Par. 2,126.

पर्यालोचन 1) n. *reifliches Ueberlegen, — in Betracht Ziehen.* — 2) f. आ *a)* dass. Comm. zu Njâjam. 1,4,19. zu Âpast. Çr. 7,26,11. — *b) Plan, consilium* 160,24.

पर्यावदान n. = पर्यवदान Kâraṇḍ. 71,1. 72,6.

पर्यावर्त m. 1) *Wiederkehr.* — 2) *Vertauschung, Wechsel* Pañkad.

पर्यावर्तन 1) m. *eine best. Hölle.* — 2) n. *a) das Wiederkehren, Zurückkommen.* — *b) das Umwenden* (transit.) Comm. zu Âpast. Çr. 7,26,11.

पर्याविल Adj. *überaus trübe.*

पर्यासे m. 1) *Umdrehung.* — 2) *Einfassung, Verbrämung.* — 3) *Ende* Gaim. 5,3,8. — 4) *Abschluss, Endstück*; so heissen *bestimmte Schlussstrophen in der Recitation.*

पर्यासन n. *Umwälzung.*

*पर्याहार m. *Bürde, Last.*

पर्याह्राव m. *eine best. Formel, die einem Verse vorangeht und folgt,* Sâj. zu Ait. Br. 3,31,2.

पर्याहित s. u. 1. धा mit पर्या 2).

पर्युक m. N. pr. eines Mannes.

पर्युक्षण 1) n. *das Besprengen, Besprengung.* — 2) f. ई *ein Gefäss zum Besprengen.*

*पर्युत्थान n. *das Aufstehen.*

पर्युत्सुक 1) Adj. (f. आ) 1) *sehr unruhig, aufgeregt* R. 2,65,27. Mâlav. 30,6. — 2) *sehr wehmüthig gestimmt* Çâk. 99, v. l. — 3) *von einem heftigen Verlangen ergriffen, ein h. V. empfindend nach* (Dat.). Nom. abstr. °त्व n.

पर्युत्सुकी Adv. mit भू *sehr wehmüthig gestimmt werden.*

*पर्युदञ्चन n. *Schuld.*

पर्युदयम् Adv. *um Sonnenaufgang.*

पर्युदसितव्य Adj. *auszuschliessen, zu negiren.*

पर्युदस्तत्व n. *das Ausgeschlossensein, Negirtsein* Sâj. zu Ṛv. 1,1,6. Comm. zu Âpast. Çr. 7,14,6.

पर्युदास m. *Ausschluss, Negirung.*

पर्युपवेशन n. *das Ringsherumsitzen.*

पर्युपस्थान n. 1) **das Aufstehen, Erhebung.* — 2) *das Bedienen, Aufwarten.*

पर्युपस्थापक Adj. *führend auf* (Gen.).

पर्युपासक Adj. *Jmd Ehre erzeigend, Verehrer.*

पर्युपासन n. 1) *das Umsitzen* (nur im Prâkrit zu belegen). — 2) *das Umlagern.* — 3) *freundliches, höfliches, liebenswürdiges Benehmen.* — 4) *Entschuldigung.* — 5) *das Verehren* Kâraṇḍ. 63,20. 78,5.

पर्युपासितर् Nom. ag. 1) *der Jmd umwohnt, sich um Jmd herumbewegt.* — 2) *der Jmd Ehre erzeigt, Verehrer.*

*पर्युप्ति f. *das Aussäen.*

*पर्युलूखलम् Adv. gaṇa परिमुखादि.

पर्युषण n. und °णा f. (Hem. Par. 9,85. Kalpas. 120) *das Verbringen der Regenzeit* (buddh.).

पर्युषणादशशतकवृत्ति f. Titel eines Werkes Kielh. Rep. (1881) S. 94.

पर्युषित s. u. 5. वस् mit परि.

पर्युषितव्य n. impers. *die Regenzeit zu verbringen* (buddh.) Kalpas. 120.

पर्युष्ट s. u. 5. वस् mit परि.

पर्यूषणाष्टाह्निका (richtig पर्यु°) f. Titel eines Werkes.

पर्यूहण n. *das ringsum Zusammenkehren, — fegen.*

पर्येतर् Nom. ag. *der sich bemächtigt —, Herr wird über* (Gen.).

पर्येतवे Dat. Infin. zu 3. इ mit परि Ṛv. 8,24,21.

पर्येषण 1) n. a) *das Suchen, Nachforschen.* — b) *das Nachstreben* Njâjas. 4,1,57. — 2) *f. आ a) = 1) a). — b) *das Dienen, Aufwarten.*

पर्येष्टव्य Adj. 1) *zu suchen.* — 2) *wonach man zu streben hat* Karaka 1,11.

पर्येष्टि f. *das Suchen nach* (im Comp. vorangehend).

*पर्येह्वि N. pr. 1) m. eines Mannes. — 2) f. ई einer Frau.

पर्योग *eine Art Geschirr* Karaka 1,15. 3,7.

*पर्योष्ठम् Adv. gaṇa परिमुखादि.

*पर्व्, पर्वति (पूरणे).

पर्व am Ende eines adj. Comp. (f. आ) = पर्वन्.

*पर्वक n. *Kniegelenk.*

पर्वकार Adj. wohl = पर्वकारिन्. Nach Nilak. *Pfeile verfertigend und eine fremde Tracht anlegend.*

पर्वकारिन् Adj. *der aus Habsucht heilige Handlungen, die nur an den* Parvan *genannten Tagen zu verrichten sind, an gewöhnlichen Tagen verrichtet,* VP. 2,6,21.

पर्वकाल m. 1) *die Zeit des Mondwechsels.* — 2) *die Zeit, da der Mond bei seiner Conjunction oder Opposition durch den Knoten geht.* — 3) *Festzeit.*

पर्वकालराशि m. *Festzeit.*

पर्वगामिन् Adj. *der an den* Parvan *genannten Tagen seinem Weibe beiwohnt* VP. 2,6,21, v. l.

पर्वगुप्त m. N. pr. eines Mannes.

पर्वण 1) m. N. pr. eines Unholds. — 2) f. ई a) *Mondwechsel.* — b) *eine best. Gemüsepflanze.* — c) *eine best. Krankheit der sogenannten Verbindungsstellen des Auges.* — °पर्वणी Bhâg. P. 5,17,24 erklärt der Comm. durch पर्वाणि ग्रन्थयः । तानि नयति (= प्रापयति).

पर्वणिका und °णीका f. = पर्वण 2) c).

पर्वत 1) Adj. als Beiwort von गिरि und अद्रि *aus Knoten oder Absätzen bestehend.* — 2) m. *Gebirge, Berg, Höhe, Hügel, Fels.* Den Brahmanen werden *künstliche Berge (Haufen)* von Getraide, Salz, Safran, Zucker, Silber, Gold u. s. w. dargebracht. Ein solches Geschenk heisst पर्वतदान. Häufig personificirt. Am Ende eines adj. Comp. f. आ. — b) *Bez. der Zahl sieben.* — c) *Stein, Felsstück.* — d) *Wolke.* — e) **Baum.* — f) **ein best. Gemüse.* — g) **ein best. Fisch, Silurus Pabda.* — h) N. pr. α) eines Vasu. — β) eines zwischen Göttern und Menschen verkehrenden Ṛshi, Begleiters des Nârada. — γ) eines Sohnes des Paurṇamâsa. Vgl. पर्वस. — δ) eines Ministers des Purûravas und verschiedener anderer Männer B. A. J. 1,100. — ε) eines der zehn auf Çaṁkarâkârja zurückgeführten Bettelorden, deren Mitglieder das Wort पर्वत ihrem Namen beifugen. — ζ) *eines Affen.* — 3) f. पर्वती *Fels, Stein.*

पर्वतक m. 1) *Gebirge, Berg* in एक°. — 2) N. pr. eines Mannes Mudrâr. 76,7 (116,9).

*पर्वतकाक m. *Rabe.*

*पर्वतकीला f. *die Erde* Gal.

पर्वतच्युत् Adj. *Berge erschütternd.*

*पर्वतजा f. *Fluss.*

पर्वतजाल n. *Gebirge* Hariv. 9723. R. 4,40,23. 44,19.

*पर्वततृण n. *eine Grasart.*

पर्वतदुर्ग n. *ein undurchdringliches Gebirge* Spr. 5975.

पर्वतधातु m. *Erz* Amṛt. Up. 7.

*पर्वतनिवास m. *das fabelhafte Thier* Çarabha Gal.

पर्वतपति m. *Gebirgsfürst.*

पर्वतमस्तक m. n. *Berggipfel.*

पर्वतमाला f. *Gebirge* Pańkad.

*पर्वतमोचा f. *eine* Kadalî-*Art* Râgan. 11,42.

पर्वतराज् und °राज m. *Hauptberg, ein hoher Berg* (Kâraṇḍ. 86,9. fgg.); insbes. Bein. des Himavant.

पर्वतराजपुत्री f. Patron. der Durgâ.

पर्वतवासिन् 1) m. *Gebirgsbewohner.* — 2) °नी a) **Narde* Râgan. 12,103. — b) Bein. der Durgâ.

पर्वतशिखर m. n. *Berggipfel* 153,18.

पर्वताग्र n. dass. R. 1,45,31. 6,3,14. Spr. 3335.

पर्वतात्मजा f. Patron. der Durgâ.

*पर्वताधारा f. *die Erde.*

पर्वतायन m. N. pr. eines Kämmerers. v. l. पार्व°.

*पर्वतारि m. Bein. Indra's.

पर्वतावृध् Adj. *der Berge oder der Pressteine sich freuend.*

*पर्वताशय m. *Wolke.*

*पर्वताश्रय m. *das fabelhafte Thier* Çarabha Râgan. 19,3.

पर्वताश्रयिन् m. *Gebirgsbewohner.*

पर्वति f. *Fels, Stein* TS. 1,1,6,1.

1. पर्वती f. s. पर्वत 3).

2. पर्वती Adv. mit कर् *zu einem Berge machen.*

पर्वतीय Adj. *zum Berg gehörig, montanus.*

पर्वतेश्वर m. 1) *Gebirgsfürst.* — 2) N. pr. eines

Mannes Mudrâr. 21,3 (40,4).

पर्वतेष्ठा Adj. *auf Höhen weilend.*

पर्वतोपत्यका f. *am Fusse eines Berges gelegenes Land* 152,15.

पर्वत्यं und पर्वतिय Adj. *zum Berg—, zum Fels gehörig.*

पर्वदिवस m. *ein Tag, an dem ein Mondwechsel stattfindet*, Hemâdri 1,637,17.

*पर्वधि m. *der Mond.*

पर्वन् n. 1) *Knoten am Rohr* oder *an Pflanzen* überh. — 2) *Rohr* oder *Röhre* (eines Knochens). — 3) *Gelenk, Fuge, Glied.* — 4) *Glied der Gliederthiere.* — 5) *Absatz, Abschnitt, Abtheilung* überh., *Glied* in übertragener Bed. — 6) *Abtheilung in einem Texte.* — 7) *ein natürlicher Haltepunct in einer Erzählung* oder *in einem Gespräche.* — 8) *Glied eines Compositums.* — 9) *Zeitabschnitt, ein bestimmter Zeitpunct, Knotenpunct eines Zeitumlaufes;* insbes. *die beiden* oder *vier Mondwechsel* und *die* Kâturmâsja-*Feiertage.* Die 24 Parvan sind *die Monatshälften*, die 360 — *die Tage.* — 10) *ein beim Mondwechsel übliches Opfer.* — 11) *die Zeit, da der Mond bei seiner Conjunction oder Opposition durch den Knoten geht*, Spr. 7813.

पर्वात्यय m. Ragh. 7,30.

*पर्वपुष्पिका und °पुष्पी (Karaka 1,27) f. *Tiaridium indicum.*

*पर्वपूर्णता f. *Zubereitungen zu einem Feste.*

पर्वप्रकाश m. und पर्वप्रबोध m. Titel zweier Werke.

पर्वभेद m. *Reissen in den Gliedern.*

पर्वमाला f. Titel eines Werkes.

*पर्वमूल n. *die Zeit des Neumonds* und *Vollmonds.*

*पर्वमूला f. *eine best. Pflanze.*

पर्वयोनि Adj. *aus Knoten hervorschiessend.*

पर्वरत्नावली f. Titel eines Werkes.

*पर्वरीण 1) m. *a)* = पर्णवृन्तरस. — *b)* = पत्त्रचूर्णरस. — *c)* = पर्णसिरा. — *d)* = द्यूतकम्बल. — *e)* = गर्व. — *f)* = मारुत. — *g)* = मृतक n. — 2) n. = पर्वन्.

*पर्वरुह् m. (Nom. °रुट्) *Granatbaum.*

*पर्ववत् Adj. zur Erklärung von पर्वत und परुत्क (Comm. zu Âpast. Çr. 5,27,11).

*पर्ववल्ली f. *eine Art* Dûrvâ-*Gras* Râǵan. 8,114.

*पर्वविपद् m. *der Mond* Gal.

पर्वशर्करक m. N. pr. eines Mannes.

पर्वशस् Adj. *glied-, stückweise.* कर्त् *zerstückeln.*

पर्वशाक n. *eine best. Gemüsepflanze.*

पर्वस Nom. pr. 1) m. eines Sohnes des Paurnamâsa. Vgl. पर्वत 2) *h*) γ). — 2) f. आ der Gattin des Parvasa.

पर्वसंधि m. *Mondwechsel*, insbes. *die Zeit des Neumonds und Vollmonds* 85,5.

पर्वाङ्गुल n. *ein best. Längenmaass* Amrt. Up. 32; vgl. Comm. S. 99.

*पर्वावधि m. *Gelenk.*

पर्वास्फोट m. *das Knacken mit den Fingern.*

पर्विणी f. *Festtag.*

*पर्वित m. *ein best. Fisch, Silurus Pabda.*

पर्वेश m. *der Regent eines astronomischen Knotens.*

पर्शान m. 1) *Einsenkung, Abgrund, Kluft.* — 2) * *Wolke.*

1. पर्शु 1) f. *a) Rippe.* — *b) ein gebogenes Messer, Hippe, Sichel, falx.* — *c)* **die Seitenwände einer Cisterne.* — *d)* N. pr. eines Weibes. — 2) m. N. pr. *a)* eines Mannes. — *b)* *Pl. eines Kriegerstammes.

2. पर्शु m. = परशु *Beil, Axt.*

पर्शुका f. *Rippe.*

*पर्शुपाणि m. Bein. Gaṇeça's.

पर्शुमय Adj. *hippenartig.*

पर्शुराम m. N. pr. = परशुराम.

*पर्शुल Adj. von पर्शु. v. l. परशुल.

*पर्श्वध m. = परश्वध *Beil, Axt.*

*पर्ष्, पर्षति (सेचने, हिंसासंक्लेशनयोः, दाने), पर्षते (स्नेहने). Vgl. पृषत्, पृषित und पृष्ठ.

1. पर्ष m. *Büschel* oder *Garbe.*

2. पर्ष Adj. = परुष *rauh, stechend* (Wind).

1. पर्षणि Adj. *überführend* (Schiff).

2. पर्षणि Loc. als Infin. debendi zu 2. पर् RV. 10, 126,3.

पर्षद् f. = परिषद् *Versammlung.*

*पर्षद्वल 1) Adj. *a) von einer Versammlung umgeben.* — *b) Versammlungen darbietend.* — 2) m. *Mitglied einer Versammlung.*

*पर्षिक gaṇa पुरोहितादि.

पर्षिन् in इषुपर्षिन्.

पर्षिष्ठ Adj. *am meisten herausführend, — rettend.*

पर्ह्णाण n. = परिह्णाण in अ° (Nachtr. 4).

*पल्, पलति (गतौ). — पालय् s. bes.

पल 1) *m. *Stroh.* — 2) n. *a) ein best. Gewicht* Hemâdri 1,435,5. 477,21. Ausnahmsweise auch m.; am Ende eines adj. Comp. f. आ. पलार्ध n. = 2 कर्ष Karaka 7,12. — *b) ein best. Hohlmaass für Flüssigkeiten.* — *c) ein best. Zeitmaass* Râǵan. 21, 35. Gaṇit. 1,17. = $1/_{60}$ घटी Comm. — *d) Fleisch* Varâh. Jogaj. 7,18. Spr. 7634. zu 2041.

*पलक्या f. *Beta bengalensis* Râǵan. 7,31.

पलत Adj. (f. ई) = बलत *weiss.*

*पलक्षार m. *Blut.*

*पलगण्ड m. *Maurer.*

*पलङ्कट Adj. *schüchtern, furchtsam.*

*पलंकर m. *Galle.*

पलंकष 1) *m. *a)* *ein* Rakshas. — *b) Löwe.* — *c) Meer* Gal. — *d) Bdellium* Râǵan. 12,111. — 2) f. आ *eine best. Pflanze.* Nach den Lexicographen *Asteracantha longifolia, Butea frondosa, Dolichos sinensis* (Râǵan. 16,67), महाश्रावणी (Râǵan. 5,19), मुण्डीरी und रास्ना. — *b)* **Bdellium.* — *c) rother Lack* (लाक्षा) Râǵan. 6,206. Bhâvapr. 1,176. 4,156. — *d)* **Fliege* Râǵan. 19,129.

पलङ्क्या f. *Beta bengalensis* Bhâvapr. 1,282.

पलद 1) m. *ein best. Bestandtheil des Hauses*, vielleicht *die zur Bedeckung und Verkleidung dienenden Stroh-* oder *Rohrbüschel* oder *Schindel.* — 2) *am Ende von Ortsnamen. — 3) *f. ई N. pr. eines Dorfes.

*पलप्रिय m. 1) *ein* Rakshas. — 2) *Rabe.*

पलभा f. *der Aequinoctialschatten zur Mittagszeit.*

पलल 1) *m. *ein* Rakshas. — 2) n. *a) zerriebene Sesamkörner* Râǵan. 16,72. Bhâvapr. 2,30. — *b) Brei, Schmutz.* — *c)* **Fleisch.*

*पललज्वर m. *Galle.*

पललपिण्ड n. *ein Klumpen zerriebener Sesamkörner* Çira-Up. 5,6.

*पललप्रिय m. *Rabe.*

*पललाशय m. *Kropf.*

पललौदन m. n. *ein Brei aus zerriebenen Sesamkörnern* 234,24.

पलव m. 1)* *ein zum Fischfang dienender durchbrochener Korb.* — 2) N. pr. eines Mannes.

*पलविभा f. = पलभा.

पलस m. R. 3,76,3 fehlerhaft für पनस *Brodfruchtbaum;* vgl. ed. Bomb. 3,73,3.

पलस्तिजमदग्नि m. Pl. nach Sâj. *die altersgrauen* Ṛshi Ǵamadagni. Wohl *irgend ein Zweig der* Ǵ.

*पलाक m. n. Siddh. K.

*पलाग्नि m. *Galle.*

पलाग्र(तस्) Hariv. 8463 fehlerhaft für फला°.

*पलाङ्ग m. *Delphinus gangeticus.* Richtig चपलाङ्ग.

पलाण्डु m. (ausnahmsweise n.) *Zwiebel* Spr. 7800.

*पलाण्डुभक्षित Adj. (f. आ und ई) *der Zwiebeln gegessen hat.*

*पलाद und *°न m. *ein* Rakshas.

पलान्न n. *Reis mit Fleisch* Suçr. 2,373,20. v. l. यवान्न.

*पलाप m. 1) *Halfter für einen Elephanten.* — 2) *Elephantenbacke.*

*पलापक्ता f. fehlerhaft für मलापक्ता.

पलाय् s. 3. इ mit पला.

पलायक Adj. *flüchtig, der sich auf der Flucht befindet.*

पलायन n. 1) *das Fliehen, Davonlaufen, Flucht.* — 2) *Sattel.*

पलायिन् Adj. *fliehend.*

पलाल 1) (*m.) f. (ई) und n. *Halm, Stroh.* पलालभार m. *eine Last Stroh* Gaut. — 2) *der Stengel des Sorghum, Moorhirse.* — 3) m. N. pr. eines den Kindern gefährlichen Dämons. पलालानुपलाली. — 4) f. आ N. pr. einer der Mütter im Gefolge Skanda's.

*पलालदोहद m. *der Mangobaum.*

*पलालिन Adj. von पलाल 1).

पलालोच्चय m. *ein Haufen Stroh* 184,30.

पलाव m. Pl. *Spreu, Hülse, palea.*

पलाश 1) n. (adj. Comp. f. ई) a) *Blatt, Laub.* — b) *Blüthenblatt.* — c) *die Blüthe der Butea frondosa.* — d) *= शासन (!). — e) *= परिभाषण (!). — 2) m. a) *Butea frondosa.* Am Ende eines adj. Comp. f. आ. — b) *am Ende eines Comp. als Ausdruck der *Pracht.* — c) **Curcuma Zedoaria.* — d) *ein Rakshas. — e) *ein Name für Magadha. — 3) *f. ई a) *eine best. Schlingpflanze* Rāǵan. 3,133. — b) *Cochenille.* — c) *rother Lack* (लाक्षा) Rāǵan. 6,207. — 4) *Adj. a) *grün.* Richtig पालाश. — b) *grausam.*

पलाशक 1) m. a) **Butea frondosa.* — b) **Curcuma Zedoaria* Rāǵan. 6,229. — c) Pl. N. pr. einer Oertlichkeit. — 2) *f. °शिका *eine best. Schlingpflanze* Rāǵan. 3,133.

पलाशता f. Nom. abstr. zu पलाश *Laub.*

*पलाशन n. ein zur Erklärung von पलाश gebildetes Wort.

पलाशनगर n. N. pr. einer *Stadt* Ind. St. 15,346.

1. पलाशपत्त्र n. 1) *Blatt.* Nach Nilak. soll पलाशपत्त्रार्ध *ein Blatt* oder *ein halbes Blatt* bedeuten. — 2) *ein Blatt der Butea frondosa.*

2. *पलाशपत्त्र m. N. pr. eines Schlangendämons.

*पलाशपर्णी f. *Physalis flexuosa* Rāǵan. 4,112.

पलाशपुट m. n. *ein in eine Düte zusammengerolltes Blatt.*

*पलाशशातन n. *ein Werkzeug zum Abschlagen des Laubes.*

*पलाशाख्य m. *das Harz der Gardenia gummifera* Rāǵan. 6,77.

*पलाशाङ्गा (Rāǵan. 6,233), *पलाशात्ता oder *पलाशाम्भा f. *eine Art Curcuma.*

1. पलाशिन् 1) Adj. *belaubt, stark belaubt.* — 2) m. a) *Baum* Prasannar. 113,1. — b) **ein Milchsaft enthaltender Baum.* — c) *ein Rakshas. — d) N. pr. einer Stadt oder eines Dorfes. — 3) f. °नी N. pr. eines Flusses in Guzerat Ind. Antiq. 7,261.

2. पलाशिन् Adj. *fleischfressend* Bhāvapr. 2,11.

*पलाशिल und *पलाशीय Adj. von पलाश.

पलिक Adj. (f. आ) *ein* Pala *wiegend* Ḱaraka 6,5. Hemādri 1,435,6. Insbes. am Ende eines Comp. nach einem Zahlwort 390,2.

पलिक्नी 1) Adj. f. zu पलित *greis, altersgrau.* — 2) *f. *eine Kuh, die zum ersten Mal trächtig ist.*

*पलिघ m. 1) *Krug, ein gläserner Krug.* — 2) *Wall.* — 3) *Stadtthor.* — 4) *eine eiserne* oder *mit Eisen beschlagene Keule.*

पलित 1) Adj. (*f. आ) a) *greis, altersgrau.* — b) *= पलायितर्. — 2) m. a) *eine Mausart.* — b) N. pr. α) einer Maus. — β) eines Fürsten Hariv. 1,36,12. VP.² 4,64. v. l. पालित. — 3) n. a) *graues Haar.* Auch Pl. — b) **Haarschopf* (!). — c) **Schlamm, Schmutz.* — d) **Hitze, Glut.* — e) **Erdharz* Rāǵan. 12,141. — f) **Pfeffer* Rāǵan. 6,31.

*पलितंकरण Adj. *grau machend.*

*पलितंभविष्णु und *°भावुक Adj. *grau werdend.*

पलितिन् Adj. *graue Haare habend.*

*पलियोग m. = परियोग.

पलीजक m. *ein best. Dämon.*

पलोशिनी (पलाशिनी?) f. N. pr. eines Flusses.

पल्पूलन n. *Lauge,* überh. *ein mit beizenden Zusätzen versehenes Waschwasser.*

पल्पूलय्, °लयति *mit Lauge —, mit beizendem Wasser behandeln, abwaschen* überh. पल्पूलित *gelaugt, gegerbt, gewaschen* Baudh. 1,6,13,15 (nach dem Comm. *mit der Hand auf einem Steine geklopft,* wie noch heut zu Tage gewaschen wird).

पल्य n. 1) *ein Sack für Getraide.* — 2) **eine best. hohe Zahl.*

पल्यकथापुष्पाञ्जलि m. Titel eines Werkes Bühler, Rep. No. 634.

पल्यङ्क m. 1) *Ruhebett, Sitz, Bettstelle* Ind. St. 15,399. 435. Pańkad. — 2) **das Sitzen mit untergeschlagenen Beinen.*

पल्यङ्गय्, पल्यङ्गयते *herumgehen lassen, umrühren;* Pass. *sich drehen.* — Mit वि *umhüllen.* Imperf. विपल्याङ्गयत्त.

पल्यय्, °यते s. 3. इ mit पलि.

*पल्ययन n. 1) *Sattel.* — 2) *Zügel.*

पल्यलिक N. pr. einer Oertlichkeit.

*पल्यवर्चस n. P. 5,4,78, Vârtt.

*पल्याण n. *Sattel;* vgl. die folgenden Wörter.

पल्याणय्, °यति *satteln* Bhoǵa-Kar. 26,3.

*पल्यान n. = पर्याण *Sattel* Gal.

*पल्युलय् und *पल्यूलय् v. l. für पल्पूलय्.

*पल्योपम *eine best. hohe Zahl.* Vgl. पल्य 2).

*पल्ल्, पल्लति (गतौ).

पल्ल 1) m. *ein grosser Behälter für Feldfrüchte* Ḱaraka 6,1.17. — 2) f. ई a) *ein kleines Dorf* (Kâraṇḍ. 98,14), insbes. *eine Ansiedelung wilder Stämme.* °पति (Spr. 7735) und *पल्लीश m. *der Häuptling einer solchen Ansiedelung.* — b) **Hütte.* — c) *ein best. Getraidemaass* Comm. zu Kâtj. Çr. 6,10,37. — d) *eine kleine Hauseidechse* Râǵan. 19,64.

पल्लक in दन्तैरण्ड°.

पल्लल fehlerhaft für पल्वल.

पल्लव्, °वति *junge Schosse treiben.*

पल्लव 1) m. n. a) *Sprosse, ein junger Schoss, — Zweig.* Uneigentlich werden *Finger, Zehen* und *Lippen* so genannt. Am Ende eines adj. Comp. f. आ. — b) *Streifen, Zipfel* Bâlar. 163,21. Kâd. 43,19. 58,21. — c) **Armband.* — d) *rother Lack.* — e) **Ausdehnung.* — f) **Kraft* (बल) oder **Wald* (वन). — g) **Geschlechtsliebe.* — h) **Unbeständigkeit.* — 2) m. a) *eine best. Stellung der Hände beim Tanz.* — b) **Wüstling, ein liederlicher Geselle.* — c) **ein best. Fisch* Râǵan. 19,71. — d) Pl. N. pr α) eines Fürstengeschlechts Ind. Antiq. 1876, S. 50. 8,275. — β) eines Volkes; richtig पह्लव. — Vgl. अंशुक° in Nachtr. 3.

पल्लवक 1) m. a) *Wüstling, ein liederlicher Geselle* Harshaḱ. 104,20. — b) **ein best. Fisch.* — 2) f. °विका a) *etwa *Schärpe.* — b) N. pr. einer Zofe.

पल्लवग्राहिन् Adj. *in die Breite gehend, sich überallhin verbreitend.* °दोष m. *der Fehler der Breite, Weitschweifigkeit.*

*पल्लवद्रु m. *Jonesia Asoka* Râǵan. 10,56.

पल्लवन n. *unnützes Reden, Wortverschwendung* Naish. 9,8.

पल्लवपुर m. N. pr. eines Mannes Ind. St. 14.125.

पल्लवमय Adj. in सुललितलता°.

पल्लवय्, °यति 1) *junge Schosse ansetzen.* पल्लवित *mit jungen Schossen versehen* Spr. 7791. वृत्तैः पल्लवितम् n. impers. — 2) *ausbreiten, ausdehnen. weiter verbreiten* (eine Nachricht) Vikramâṅkaḱ. 8,88. वाचः so v. a. *viele Worte machen.* पल्लवित *weit verbreitet* (Ruhm). — 3) पल्लवित a) am Ende eines Comp. *erfüllt —, voll von* Kâd. 11,2. 61,9. — b) **mit Lack roth gefärbt.*

*पल्लवाङ्कुर m. *Blattknospe.*

*पल्लवाद m. *Gazelle.*

*पल्लवाधार m. *Zweig.*

*पल्लवास्त्र m. *der Liebesgott.*

*पल्लविक m. = पल्लवक 1) c). — पल्लविका s. u. पल्लवक.

पल्लविन् 1) Adj. *mit jungen Schössen versehen.* — 2) *m. *Baum.*

पल्लवी Adv. mit कर् *zu einem jungen Schoss machen.*

पल्लाण (!) n. = पल्याण *Sattel* Pańkad.

पल्लारण्यमाहात्म्य n. Titel eines Werkes Opp. Cat. 1.

*पल्लि f. 1) = पल्ली 2) a). — 2) **Hütte.*

पल्लिका f. = पल्ली 2) a) und *d) (Râǵan. 19,64).

पल्लिपञ्चक m. Pl. N. pr. eines Volkes VP.[2] 2,181.

*पल्लिवाह m. *eine best. Grasart* Râǵan. 8,136.

पल्लीदेश m. N. pr. einer *Gegend.*

पल्लीपतनकारिका f. Titel eines Werkes.

पल्लीविचार m. desgl.

पल्वल (*m.) n. (adj. Comp. f. आ) *ein kleiner Wasserbehälter, Teich, Pfuhl.* — Wird mit पल्लव verwechselt.

पल्वलकर्षक Adj. *einen Pfuhl pflügend.*

*पल्वलावास m. *Schildkröte* Râǵan. 19,75.

पल्वल्य Adj. (f. आ) *paluster.*

*पव्, पवते (गतौ).

पव 1) m. a) **Reinigung* (des Getraides). — b) **Wind.* — c) **Morast.* — d) N. pr. eines Sohnes des Nahusha VP.[2] 4,46. — 2) f. पवा *Läuterung.* — 3) *n. *Kuhdünger.*

पवन 1) m. a) *Wind* (auch in medic. Bedeutung), *der Windgott.* Am Ende eines adj. Comp. f. आ. — b) Bez. *der Zahl fünf.* — c) *Athem.* — d) *das im Hause gepflegte Feuer.* — e) **ein best. Gras* Râǵan. 8,132. — f) N. pr. α) eines Sohnes des Manu Uttama. — β) eines Berges Bhâg. P. 5,16,28. — γ) eines Landes in Bharatakshetra. — 2) *f. पवनी a) *Besen.* — b) *der wilde Citronenbaum* Râǵan. 11,155. पचनी v. l. — 3) n. a) **das Reinigen* (des Getraides). Angeblich auch m. — b) *ein Werkzeug zum Reinigen, Sieb, Seihe, Wedel* und dergl. — c) *das Blasen.* — d) **Wasser.* — 4) (*m. n.) *Töpferofen.* — 5) *Adj. *rein.*

पवनचक्र n. *Wirbelwind.*

पवनज m. Patron. Hanumant's Dhûrtan. 39.

पवनजव m. N. pr. eines Rosses (*windschnell*).

पवनतनय m. Patron. 1) Hanumant's Ragh. 15,103. — 2) Bhîmasena's.

पवनपावन n. Titel eines Werkes.

पवनयोगसंग्रह m. desgl.

पवनरंहस् Adj. *windschnell* Pr. P. 110.

*पवनवाहन n. *Feuer.*

पवनविजय m. Titel eines Werkes.

*पवनव्याधि m. Bein. Uddhava's.

पवनाघात m. *Windstoss* Râǵat. 5,330.

पवनात्मज m. 1) *Feuer.* — 2) Patron. a) *Hanumant's. — b) Bhîmasena's.

*पवनाल m. fehlerhaft für यवनाल.

पवनाशन m. *Schlange.*

पवनाशनाश m. 1) *Pfau.* — 2) *Bein. Garuḍa's.

पवनाशिन् m. *Schlange, Schlangendämon* VP. 5,18,37.

*पवनेष्ट m. *eine* Nimba-*Art.* Richtig यवनेष्ट.

*पवनोम्बुज (!) m. *Grewia asiatica.*

पवमान 1) Adj. s. u. 1. पू. — 2) m. a) *Wind, der Windgott* Bâlar. 89,5. — b) Bez. *eines best.* Agni oder eines Sohnes des Agni. — c) Bez. *gewisser von den* Sâmaga *gesungener* Stotra *bei den drei* Savana *des* Ǵjotishṭoma; °संज्ञे पर्वणि Hariv. 2,95,30. Als Titel eines Werkes Opp. Cat. 1. — d) N. pr. eines Fürsten und des von ihm beherrschten Varsha im Çâkadvîpa Bhâg. P. 5,20,25.

पवमानटिप्पण Titel eines Werkes.

पवमानवत् Adj. *mit dem* Stotra Pavamâna *versehen.*

पवमानहविस् n. *eine Opferspende an* Agni *mit den Bezeichnungen* पवमान, पावक, शुचि.

पवमानेष्टि f. dass.

पवमानोक्थ n. *die Strophenreihe in dem mittägigen* Pavamâna 2) c).

पवयितर् Nom. ag. mit Gen. *Reiniger.*

*पवरु m. *eine best. Gemüsepflanze.* v. l. परुरु.

पवर्ग m. *die Labiale* TS. Prât.

*पवष्टुरिक (!) m. N. pr. eines Mannes.

पवस्त m. etwa *Zeltdecke.* Du. so v. a. *Himmel und Erde.*

*पवाका f. *Sturm, Wirbelwind.*

*पवारु m. *Momordica Charantia.* v. l. परारु.

*पवारुक m. *Fels, Stein.* v. l. परारुक.

पवि m. 1) *Radschiene.* — 2) *metallener Beschlag* am Speer, Pfeil, Soma-*Stein.* — 3) *Donnerkeil* Harshać. 147,9. zu Spr. 7380. — 4) **Diamant* Râǵan. 13,176. — 5) **Rede.* — 6) **Feuer.*

*पवित n. *schwarzer Pfeffer.* Richtig पलित.

पवितर् Nom. ag. *Reiniger.*

पवित्र 1) n. a) *Reinigungsmittel, Läuterungsmittel* überh.; insbes. *Seihe, Sieb, Seihetuch, Durchschlag, colum zur Läuterung von Flüssigkeiten,* insbes. des Soma. Schon zwei Kuça-Halme bewirken symbolisch *Läuterung.* Das Wort wird in eigentlichem und übertragenem Sinne auf die verschiedensten Dinge angewandt. Nach den Lexicographen *geschmolzene Butter* (Râǵan. 15,2), *Honig* (Râǵan. 14,110), *Wasser, Kupfer, Regen* oder *das Reiben* (वर्षण, घर्षण; vgl. Varsma oder Varsama = पवित्र bei den Maga VP.[2] 5,384). — b) *das Gefäss, in dem die Ehrengabe dargebracht wird.* — c) **die heilige Schnur des Brahmanen.* — d) *die sichtende und scheidende Thätigkeit des Geistes.* — e) *ein reinigendes Gebet.* — f) आदित्यानां und देवानां पवित्रम् Namen von Sâman Ârsh. Br. — g) *ein best. Metrum.* — 2) Adj. (f. आ) *reinigend, Segen bringend; rein* (eigentlich und übertragen). — 3) m. a) *ein best. zu dem* Râǵasûja *gehöriges* Soma-*Opfer.* — b) **Sesamum indicum* Râǵan. 16,70. — c) **Nageia Putranjiva* Râǵan. 9,145. — d) N. pr. α) Pl. einer Klasse von Göttern im 14ten Manvantara. — β) eines Mannes. — 4) f. पवित्रा a) **Basilienkraut.* — b) **Gelbwurz* Râǵan. 6,198. — c) **der kleine* Pippala-*Baum* Râǵan. 11,123. — d) N. pr. zweier Flüsse VP. 2,4,43.

पवित्रक 1) n. a) *Siebchen.* — b) **Messing* Gal. — 2) am Ende eines adj. Comp. a) Kuça-*Halme,* insbes. *zwei.* — b) *das Gefäss, in welchem die Ehrengabe dargebracht wird.* — 2) *m. a) *Poa cynosuroides* Râǵan. 8,94. — b) *Artemisia indica* Râǵan. 10,148. — c) *Ficus religiosa* Râǵan. 11,114. — d) *Ficus glomerata* Râǵan. 11,130.

पवित्रगिरि m. N. pr. einer Oertlichkeit.

पवित्रतरी Adv. mit कर् *in hohem Grade läutern, — heiligen* Kâd. 146,23.

पवित्रता f. Nom. abstr. zu पवित्र 2).

पवित्रत्व n. Nom. abstr. zu पवित्र 1) a) und 2) (Hemâdri 1,565,4. Uttararâmać. 125,2 [168,14]).

पवित्रधर m. N. pr. eines Mannes.

*पवित्रधान्य n. *Gerste* Râǵan. 16,33.

पवित्रपति m. *Herr des* Pavitra 1) a) VS.

पवित्रपाणि 1) Adj. Kuça-*Halme in der Hand haltend.* — 2) m. N. pr. eines alten Weisen.

पवित्रपूत Adj. *durch die Seihe geläutert.*

पवित्रय्, °यति *läutern, reinigen;* auch so v. a. *beglücken* Pańkad. पवित्रित *geläutert, gereinigt, beglückt, geheiligt* Mahâvîrać. 130,3. Kandak. 90,6.

पवित्ररथ Adj. *die Seihe zum Wagen habend.*

पवित्रवत् 1) Adj. a) *mit einem Läuterungsmittel —, mit einer Seihe* (oder was dessen Stelle vertritt, z. B. Kuça-*Halme*) *versehen.* — b) *läuternd, reinigend.* — 2) f. पवित्रवती N. pr. eines Flusses.

पवित्रा, °ति Hemâdri 1,499,5 fehlerhaft für परित्राति; vgl. MBh. 13,62,39.

पवित्रारोपण n. *ein best. Festtag* Pañkat. ed. Bomb. 1,36,3.

पवित्रारोहण n. desgl.

पवित्रिन् Adj. *läuternd, reinigend; rein.*

पवित्री Adv. 1) mit कर् *läutern, reinigen.* — 2) mit भू *rein werden.*

पवित्रेष्टिसूत्र n. Titel eines Werkes.

*पविन्द m. N. pr. eines Mannes. °न्दा f. Kâç.

पविमन्त् Adj. als Beiwort verschiedener Sâman Ârsh. Br.

पवीतर् Nom. ag. *Läuterer, Reiniger.*

पवीनस m. N. pr. eines Dämons (*eine Nase wie eine Lanzenspitze habend*).

पवीर n. *eine Waffe mit metallener Spitze.*

पवीरव 1) Adj. *mit metallener Schar versehen* (Pflug). — 2) m. *Donnerkeil.*

पवीरवत् und पवीरवन्त् (AV.) Adj. 1) *mit einem Stachel* (*Speer*) *bewaffnet.* — 2) *mit metallener Schar versehen* (Pflug).

पवीरु m. N. pr. eines Mannes.

पव्या f. *Läuterung.*

1. पश्, nur Präsensstamm पश्य Act. Med. (meist metrisch). 1) *sehen, sehen können, das Augenlicht haben.* Mit न *nicht sehen, blind sein* Spr. 7826. — 2) *sehen, erblicken, wahrnehmen, bemerken, gewahr werden.* — 3) *hinsehen, ansehen, anschauen, betrachten, beschauen.* — 4) *zusehen.* तस्य पश्यतः so v. a. *vor seinen Augen.* — 5) *Jmd sehen,* so v. a. *vor sein Angesicht kommen lassen, empfangen.* — 6) *Jmd sehen,* so v. a. *vor Jmds Angesicht erscheinen, vor Jmd erscheinen, sich Jmd vorstellen, Jmd seine Aufwartung machen.* — 7) in der Astrol. so v. a. *in adspectu stehen.* — 8) *sich umsehen nach, aufsuchen.* — 9) *finden.* — 10) *zu sehen bekommen,* so v. a. *erleben, theilhaftig werden.* — 11) *ansehen für, erkennen als, halten für, betrachten als;* mit doppeltem Acc. Statt des zweiten Acc. auch Adv. auf वत् 140,26; statt des ersten Acc. ausnahmsweise Loc. (v. l. Acc.), statt des zweiten ein Adv. auf वत्. — 12) *mit dem geistigen Auge erschauen* (von Sehern und Dichtern); daher auch *erfinden* (z. B. Opfergebräuche). स्वप्नान् *Traumgesichte sehen.* — 13) mit und ohne (60,10) साधु *einsehen, die richtige Einsicht haben.* — 14) *sehen,* so v. a. *kennen.* — 15) *in Betracht ziehen, erwägen, prüfen.* — 16) *voraussehen.* — 17) पश्यामि, in den Satz eingeschoben, so v. a. *ich sehe es, ich bin davon überzeugt.* — 18) पश्य *sieh* und *पश्यत *sehet* interjectionsartig in den Satz eingeschoben oder vorangestellt, um die Aufmerksamkeit zu erregen. पश्य leitet in prosaischen Schriften häufig einen Vers ein. — Vgl. स्पश्. — Mit अति *hinausschauen über, durchschauen.* — Mit अनु 1) *hinblicken.* पृष्ठतस् *sich umsehen.* देवस्यानुपश्यतः so v. a. *vor den Augen des Gottes.* — 2) *erblicken, wahrnehmen, entdecken, finden.* प्रत्यन्तम् *vor sich sehen.* — 3) *hinterher —, wieder sehen.* — 4) *zurückschauen.* — 5) *erkennen als, ansehen —, halten für;* mit doppeltem Acc. — 6) *mit dem geistigen Auge schauen.* अनृतम् *Etwas falsch ansehen.* — 7) *in Betracht ziehen, erwägen, berücksichtigen.* — Mit समनु 1) *anblicken, hinblicken auf.* — 2) *bemerken, wahrnehmen.* — 3) *halten für,* mit doppeltem Acc. — Mit अन्तर् *dazwischen schauen, hineinschauen.* — Mit अप *Jmd bei Etwas* (Partic. Acc.) *überraschen* Maitr. S. 1,10,16. — Mit अभि 1) *beschauen, hinblicken auf, anblicken, überblicken, beobachten.* — 2) *erblicken, gewahr werden.* — 3) *kennen.* — Mit अव 1) *hinblicken auf, beobachten.* — 2) Med. *erblicken,* so v. a. *erleben.* — Mit आ *anschauen.* — Mit उद् 1) *in der Höhe erblicken.* — 2) *in der Zukunft erblicken, voraussehen, erwarten.* — 3) *erblicken, gewahr werden.* — Mit परा 1) *in die Ferne blicken.* यावदासीनः परापश्यति *so weit man sitzend sehen kann.* — 2) (*in der Ferne*) *erblicken* Maitr. S. 1,10,16. — Mit परि 1) *überblicken, betrachten.* — 2) *erspähen, ansichtig werden, erblicken, bemerken, gewahr werden.* — 3) *seine Gedanken richten auf.* — 4) *kennen, erkennen, — als* (mit doppeltem Acc.). — परिपश्यते Pañkat. 199,10 fehlerhaft für °पच्यते. — Mit प्र 1) *vor sich sehen, hinsehen, hinschauen, hinblicken.* — 2) *ansehen, anschauen.* — 3) *gewahr werden, bemerken.* — 4) *sehen, sehen können, das Augenlicht haben.* — 5) *mit dem geistigen Auge schauen.* स्वप्नान् *Traumgesichter sehen.* — 6) *vorausblicken, voraussehen.* — 7) *erkennen, kennen.* — 8) *ansehen,* so v. a. *beurtheilen.* — 9) *eine Ansicht —, eine Meinung haben.* — 10) *eine richtige Einsicht haben.* — 11) *halten für,* mit doppeltem Acc. Spr. 7764. — Mit अभिप्र (प्र—अभि) *hinausschauen auf, sich umsehen nach.* — Mit संप्र 1) *sehen, gewahr werden, schauen.* — 2) *ansehen, betrachten.* — 3) *wissen, kennen.* — 4) *ansehen —, halten für;* mit doppeltem Acc. — Mit प्रति 1) *entgegenblicken, anblicken.* — 2) *erblicken, sehen, gewahr werden.* — 3) *sehen,* so v. a. *kennen.* — 4) *sehen,* so v. a. *erleben, erfahren.* — 5) Med. (*im eigenen Besitz*) *sehen.* — Mit वि 1) (*an verschiedenen Orten, im Einzelnen*) *sehen, unterscheiden, kennen.* — 2) *erblicken, bemerken, gewahr werden, kennen lernen.* — Mit अनुवि 1) *beschauen.* — 2) *erblicken.* — Mit अभिवि 1) *an —, beschauen* Âpast. Çr. 1,5,8. — 2) *erblicken.* — 3) *herblicken.* — Mit सम् 1) *gleichzeitig erblicken, überblicken.* — 2) *erblicken, gewahr werden, sehen, ansichtig werden, erkennen.* यस्य संपश्यतः *vor wessen Augen.* — 3) *sehen auf, anschauen, besichtigen.* — 4) *Jmd sehen,* so v. a. *mit Jmd zusammenkommen, Jmd vor sich lassen.* — 5) Med. *sich gegenseitig ansehen.* — 6) Med. *sich beisammen sehen, — befinden.* — 7) *seine Aufmerksamkeit richten auf, betrachten, erwägen.* — 8) *überzählen, recapituliren, zusammenzählen.* — 9) *berechnen.* — Mit प्रसम् *gehörig in Erwägung ziehen* Mân. Çr. 1,1,1.

2. पश् f. *Blick* oder *Auge.* Nur पड्भिस् RV. 4,2,12.

3. पश्, पाशयति s. पाशय्.

4.*पश्, Intens. पम्पश्यते, पम्पशीति.

पशव्य 1) Adj. *pecuarius, zum Vieh gehörig, für das V. dienlich, — geeignet, auf die Heerde sich beziehend.* काम m. *Geschlechtsliebe, die Befriedigung des Geschlechtstriebes.* Als Erklärung von पुरीष, पुरीष्य. — 2) n. *Heerde, Viehstand.*

पशव्यवीक्षण Adj. als Erklärung von पुरीषवाहण Çat. Br. 6,4,4,3.

1. पशु und पशु (im Dat. पश्वे neben पशवे) 1) m. a) *Vieh, pecus* (sowohl *das einzelne Stück* als auch *Heerde*); insbes. *das zum Opfer dienende Kleinvieh* und bisweilen auch *Thier* überh. Oefters wird der *Mensch* in der Bez. des mit ihm lebenden *Haus-* und *Opferthieres* mitbefasst; auch in verächtlichem Sinne vom *Menschen.* — b) *Fleisch.* — c) *Thieropfer* Ait. Âr. 220,5. — d) **Esel.* — e) **Bock* Râǵan. 19,41. — f) *ein Vieh in heiligen Sachen,* so v. a. *ein Uneingeweihter.* — g) **ein Kobold im Gefolge Çiva's.* — h) bei den Mâheçvara und Pâçupata *die Einzelseele.* — i) **Ficus glomerata.* — k) Pl. N. pr. eines Volkes MBh. 6,9,67. v. l. पत्ति. — 2) n. पशु und पशु *Vieh* (nur im Acc. vor मन्यते und मन्यमान, so dass an einen Ausfall des Anusvâra gedacht werden kann). पशून्यापि Kathâs. 62,175 fehlerhaft für पशूनपि.

2.*पशु Indecl. *sieh!*

पशुक 1) am Ende eines Comp. = पशु *Vieh* in एक°. — 2) f. आ *Kleinvieh* R. ed. Bomb. 2,32,18.

पशुकर्मन् n. 1) *Thieropferhandlung.* — 2) *Begattung.*

पशुकल्प m. *das Ritual des Thieropfers.*

पशुकाम Adj. *Viehbesitz wünschend.*

पशुकृति f. = पशुकल्प Comm. zu TBr. 1,112,8.9.

पशुक्रिया f. 1) *Thieropferhandlung.* — 2) * *Begattung.*

पशुगण m. *eine Gruppe von Opferthieren* Kâtj. Çr. 19,4,6. Çâñkh. Çr. 6,11,16.

पशुगायत्री f. *ein der heiligen* Gâjatrî *nachgebildeter Spruch, der dem zum Opfer bestimmten Thiere in's Ohr geraunt wird.*

पशुघ्न Adj. *Vieh tödtend.* ग्राम्यारण्यपशुघ्नत्व n. *das Tödten von zahmen und wilden Thieren.*

पशुघ्नी Adj. f. s. पशुहन्.

पशुचर्या f. *das Treiben des Viehes, das Sichgehenlassen wie das Vieh.*

पशुचित् Adj. *aus Vieh geschichtet.*

पशुजात n. *Thierart* Mân. Gṛhj. 2,10.

पशुतन्त्र n. = पशुकल्प.

पशुतस् Adv. in der Bed. des Abl. von पशु *Vieh* Comm. zu Âpast. Çr. 7,17,5.

पशुता f. 1) *der Zustand eines Opferthieres, das Opferthiersein.* — 2) *Viehheit, Bestialität.*

पशुतृप् Adj. *an den Heerden sich gütlich thuend,* so v. a. *dort zugreifend.* Nach Kluge (Kuhn's Z. 25, 311) *Vieh raubend.*

पशुत्व n. 1) *der Zustand eines Opferthieres, das Opferthiersein.* — 2) *Viehheit, Bestialität.* — 3) bei den Mâheçvara und Pâçupata *das Einzelseelesein.*

पशुद् 1) Adj. * *Vieh schenkend.* — 2) f. आ N. pr. einer der Mütter im Gefolge Skanda's MBh. 9, 46,28.

पशुदा Adj. *Vieh schenkend.*

पशुदेवत Adj. (f. आ) *dessen Gottheit* (d. i. *Gegenstand der Anrufung*) *das Vieh ist.*

पशुदेवता f. *die Gottheit des Opferthieres, die G., welcher das Thier dargebracht wird.*

पशुधर्म m. 1) *die Art, wie das Vieh verfährt.* — 2) * *Begattung.* — 3) *die Art, wie man mit dem Vieh verfährt.*

पशुधर्मन् m. *die Art und Weise, wie das Viehopfer vor sich geht,* Çâñkh. Çr. 9,27,6.

पशुधान्यधनर्द्धिमन्त् Adj. *reich an Vieh, Getraide und Habseligkeiten* R. 1,5,5.

*पशुनाथ m. Bein. Çiva's.

पशुप Adj. *das Vieh hütend;* m. *Viehhüter.*

पशुपति m. 1) *der Herr der Thiere,* Bein. des spätern Rudra-Çiva oder N. pr. einer göttlichen Person dieses Kreises. Auch Agni wird so genannt. — 2) N. pr. verschiedener Männer.

पशुपतिनगर n. Bein. der *Stadt* Kâçî.

पशुपतिनाथ m. *eine Form* Çiva's.

पशुपतिशर्मन् m. N. pr. eines Mannes.

पशुपतिशास्त्र n. *das von* Çiva *geoffenbarte heilige Buch der* Pâçupata.

*पशुपल्वल n. *Cyperus rotundus.*

पशुपा m. *Hüter der Heerde, Hirt.*

पशुपाल 1) m. *a*) dass. °वत् Adv. 177,15. — *b*) Pl. N. pr. eines Volkes. — *c*) N. pr. eines Fürsten oder *ein Fürst der* Paçupâla. — 2) n. *das Reich der* Paçupâla (प्रशु° gedr.).

पशुपालक 1) m. *Viehhirt.* — 2) *f. °लिका *die Frau eines Viehhirten.*

पशुपाश m. 1) *der Strick für das Opferthier.* — 2) *die Fesseln, die die Einzelseele gefangen halten, die Sinnenwelt.*

पशुपाशक m. *quidam coeundi modus.*

पशुपुरोडाश m. *der Opferkuchen beim Thieropfer.*

पशुप्रयोग m. und पशुप्रश्न m. Titel zweier Werke Opp. Cat. 1.

*पशुप्रेरण n. *das Hinaustreiben des Viehes.*

पशुबन्ध m. 1) *Thieropfer.* °बन्धवत् Adv. *wie beim Th.* Mân. Gṛhj. 2,4. — 2) *ein best.* Ekâha.

*पशुबन्धक m. *ein Strick zum Anbinden des Viehes.*

पशुबन्धयाजिन् Adj. *ein Thieropfer darbringend* Âpast. Çr. 7,1,1.

पशुबन्धयूप m. *der Pfosten, an den das Opferthier gebunden wird.*

पशुभर्तर् m. Bein. Çiva's.

पशुमन्त् 1) Adj. *a*) *mit Vieh —, mit Thieren verbunden, dazu in Beziehung stehend; viehreich, heerdenreich;* m. *Heerdenbesitzer.* — *b*) *mit einem Thieropfer verbunden.* — *c*) *das Wort* पशु *enthaltend.* — 2) n. *Viehstand.*

पशुमार m., Instr. °मारेण = पशुमारम्.

पशुमारक Adj. *wobei Opferthiere geschlachtet werden.*

पशुमारम् Absol. *wie man das Vieh* (*ein Opferthier*) *tödtet.*

*पशुमोहनिका f. *eine best. Pflanze* Râǵan. 3,127.

पशुयज्ञ m. *Thieropfer.*

पशुयाजिन् Adj. *ein Thieropfer darbringend* Maitr. S. 3,9,5.

*पशुयूका f. *Viehlaus* Gal.

पशुरक्षि und पशुरक्षिन् m. *Viehhüter, Hirt.*

*पशुरज्जु f. *ein Strick zum Anbinden des Opferthieres.*

*पशुराज m. *Löwe.*

पशुरूप n. *eine Form des Opferthieres, etwas das O. Darstellendes* Çat. Br. 9,2,3,40.

पशुवत् Adj. 1) *wie das Vieh* Kap. 3,72. Spr. 4003. — 2) *wie beim Vieh* Gaut. 13,20. — 3) *wie beim Thieropfer.*

पशुवर्धन RV. 9,94,1. Wohl zu lesen: पशुवर्धनाय.

पशुविद् Adj. *Vieh verschaffend.*

पशुवीर्य n. *die dem Vieh eigene Kraft* Tâṇḍja-Br. 7,5,8.

पशुवेदि f. *die* Vedi *beim Thieropfer* Comm. zu Kâtj. Çr. 5,3,13.

पशुव्रत Adj. *wie das Vieh verfahrend* Maitr. S. 1,8,7.

पशुशिरस् n. (Ind. St. 13,251) und पशुशीर्ष n. *Thierkopf.*

1. पशुश्रपण n. *das Kochen des Opferthieres.*

2. पशुश्रपण m. *das Feuer, in welchem das Fleisch des Opferthieres gekocht wird.*

पशुषा und पशुषा Adj. *Vieh schenkend.*

पशुष्ठ Adj. (f. आ) *im Vieh befindlich.*

पशुसख m. N. pr. eines Çûdra.

पशुसनि Adj. *Vieh schenkend.*

पशुसमाम्नाय m. *Aufzählung der Opferthiere für den* Açvamedha.

पशुसमाम्नायिक Adj. *im* Paçusamâmnâja *erwähnt.*

पशुसाधन Adj. (f. ई) *das Vieh lenkend, — leitend.*

पशुसूत्र n. Titel eines Werkes Opp. Cat. 1.

पशुस्तोम m. bildliche Bez. des Pañkadaçastoma Tâṇḍja-Br. 16,2,6.

पशुहन् Adj. (f. पशुघ्नी) *Vieh tödtend.* Vgl. ग्रा°.

*पशुहरीतकी f. *die Frucht von Spondias mangifera.*

*पशुहव्य n. *Thieropfer.*

पशुहौत्र n. *die Verrichtung des* Hotar *beim Thieropfer,* Titel eines Werkes Opp. Cat. 1.

पशू Adv. mit कर् 1) *in ein Stück Vieh umwandeln.* — 2) *zum Opferthier machen.*

पशूखा f. *der Topf, in welchem das Opferthier gekocht* oder *gebraten wird,* Kâtj. Çr. 25,9,14.

*पशूद्वा f. *Viehlaus* Gal.

*पश्च Adj. *darauf* im Gegensatz zu पुरा *zuerst.*

पश्चा Adv. 1) *hinten, hinterdrein.* — 2) *im Westen, westlich.* — 3) *später, nachher.*

पश्चाचर Adj. *hintennach kommend.*

पश्चाच्छ्रमण m. *ein buddhistischer Asket, der hinter einem andern Asketen hergeht, wenn dieser das Haus eines Laien betritt.*

पश्चाज्ज Adj. *nachgeboren.*

पश्चात् 1) Adv. *a*) *von hinten, hinterher, hinten, nach hinten, rückwärts.* Mit गम् *zurückgehen* Ind. St. 15, 387. Mit कर् *hinter sich lassen,* so v. a. *übertreffen.* — *b*) *von Westen, westlich, im Westen* nach W. Megh. 16. — c) *hintennach, hernach, später, zuletzt.* Nach einem Absol. pleonastisch. — 2) Präp. mit Gen. und Abl. a) *hinter, hinter — her.* — b) *westlich von.* — c) *nach* (zeitlich). ततः पश्चात् *darauf, alsdann.*

पश्चातात् Adv. *von hinten.*

पश्चात्कर्णम् Adv. *hinter dem Ohr.*

पश्चात्काल m. *Folgezeit.* Loc. *später, nachher.*

पश्चात्तर Adj. *später nachfolgend* (mit Abl.) Âçv. Çr. 8,13,35. Man könnte aber auch °त्तरां Adv. *etwas später als* st. °त्तरान् vermuthen.

पश्चात्ताप m. 1) *Reue.* — 2) in der Dramatik *Reue über Etwas, das man aus Unverstand von sich gewiesen hat.*

पश्चात्तापिन् Adj. *Reue empfindend* Kâd. 2,73,3.

पश्चात्तिर्यक्प्रमाण n. *die hintere Breite* Comm. zu Kâtj. Çr. 2,6,8.

पश्चात्परिवेष्य n. *Nachtisch, Dessert* Bhâvapr. 2,27.

पश्चात्पादद्विगुण Adj. *durch Einschlagen eines Hinterfusses doppelt gemacht* (Fell) Kâtj. Çr. 7,3,21.

पश्चात्पुरोमारुत m. Du. *West- und Ostwind* Ragh. 7,51.

पश्चात्सद् Adj. *hinten —, westlich sitzend.*

पश्चादक्षम् Adv. *hinter der Achse.*

पश्चादन्ववसायिन् Adj. *sich hinter Jmd* (Dat.) *anschliessend, von Jmd abhängig* TS. 2,1,3,3.

पश्चादपवर्ग Adj. *hinten schliessend* Kâtj. Çr. 2,7,26.

पश्चादह्नस् Adv. *am Nachmittag.*

पश्चादुक्ति f. *Wiedererwähnung, Wiederholung.*

पश्चादोष m. *Spätabend.*

पश्चाद्घाट *Nacken* Karaka 8,9.

पश्चाद्दघ्वन् Adj. *zurückbleibend, zu kurz kommend* Maitr. S. 3,9,4.

पश्चाद्द्वारिक Adj. *einem kriegerischen Auszuge nach Westen günstig* Ind. St. 14,356.

पश्चाद्बद्धपुरुष m. *ein Mann, dem die Hände auf dem Rücken gebunden sind,* Çâk. 73,1.

पश्चाद्बाहुबद्ध Adj. *dem die Hände auf dem Rücken gebunden sind* Mṛkkh. 175,12. Çâk. (Pisch.) 113,1, v. l. Im Text °बन्ध und in der v. l. °बन्धन fehlerhaft.

1. पश्चाद्भाग m. 1) *Hintertheil.* — 2) *Westseite.*

2. पश्चाद्भाग Adj. *dessen Conjunction mit dem Monde am Nachmittage beginnt.*

पश्चाद्वात m. *Westwind.*

पश्चानुताप m. *Reue.*

पश्चानुपूर्वी f. *eine rückkehrende —, umgekehrte Reihenfolge.*

पश्चान्मुखाश्रित Adj. *sich nach Westen wendend* R. 2,55,4.

पश्चायिन् m. *Diener* (Comm.) Tândja-Br. 8,8,17. Man könnte पश्चायिन् *hinterher gehend* vermuthen.

पश्चार्ध m. 1) *die hintere Seite, Hintertheil* Kauç. 64. °र्धे mit Gen. *hinter.* — 2) *Westseite* Çat. Br. 5,5,1,1. Kâtj. Çr. 16,8,12. Âçv. Gṛhj. 1,10,20. Kauç. 120.

पश्चार्ध्य Adj. *auf der Westseite befindlich.*

पश्चासोमप Adj. *hernach zum Genuss des* Soma *zugelassen* Kâth. 13,6.

पश्चिम 1) Adj. (f. आ) a) *der hintere.* °तस् *von hinten.* — b) *westlich, von Westen kommend.* °मे und °मेन (mit Acc. Lâtj. 1,5,5. 13. 11,1. 21) *im Westen, westlich von.* — c) *der letzte.* क्रिया f. so v. a. *Todtenverbrennung,* °दर्शनं द्रष्टुम् *zum letzten Male sehen,* °मा यामिनीः *die verflossenen Nächte.* — 2) f. आ (sc. दिश्) *Westen.* — 3) n. Titel eines Tantra.

पश्चिमजन m. *die Bewohner des Westens.* Nur am Ende eines adj. Comp.

पश्चिमतान n. *eine best. Art zu sitzen.*

पश्चिमदक्षिण Adj. *südwestlich* Hemâdri 1,801,17.

*पश्चिमदिक्पति m. Bein. Varuṇa's Gal.

पश्चिमद्वारिक Adj. = पश्चाद्द्वारिक Ind. St. 14,356.

पश्चिमभाग m. *Westseite* Varâh. Bṛh. S. 48,34.

पश्चिमानूपक m. N. pr. eines Fürsten.

पश्चिमाम्बुधि m. *das Westmeer* Daçak. 83,12.

पश्चिमार्ध n. *Hintertheil.*

पश्चिमाशापति m. Bein. Varuṇa's Hemâdri 1,768,12.

पश्चिमेतर Adj. *östlich* Kâd. 180,20.

पश्चिमोत्तर Adj. (f. आ) *nordwestlich.* °रे (Hemâdri 1,137,8), °रतस् (ebend. 1,801,18) und °रस्याम् (sc. दिशि) *im Nordwesten.*

*पश्चिमोत्तरदिक्पति m. Bein. des *Windgottes.*

पश्चिमोत्तरपूर्व Adj. Pl. *westlich, nördlich oder östlich* M. 5,92.

पश्य Adj. (f. आ) 1) *hinschauend* Naish. 6,38. — 2) *die richtige Einsicht habend.*

*पश्यक Adj. *sehend, schauend.*

पश्यत Adj. *sichtbar, conspicuus* AV.

*पश्यतोहर Adj. *vor Jmds Augen raubend.*

पश्यना f. in अपश्यना.

पश्यन्ती f. 1) * *Hure.* — 2) Bez. *eines bestimmten Lautes.*

पश्विष्टि Adj. *Heerden begehrend.*

पश्वङ्ग n. *etwas zum Opferthier Gehöriges* Mân. Gṛhj. 1,9. Gaim. 4,4,22. Nom. abstr. °ता f. Njâjam. 4,4,13.

पश्वयन n. *eine von Thieropfern begleitete Festfeier.*

पश्वयन्त्र RV. 4,1,14 dem Zusammenhange nach (aber grammatisch nicht zu erklären) so v. a. पशवो ऽ यन्त्रासः.

पश्वाचार m. *eine best. Form der Verehrung der* Devî.

पश्विज्या f. *Thieropfer.*

पश्विडा f. *der* Iḍâ-*Theil wie beim Thieropfer* Ind. St. 10,388.

(पश्विष्) पश्विइष् Adj. *Vieh begehrend.*

पश्विष्टका f. *ein Backstein in Thiergestalt.*

पश्विष्टि f. *eine zum Thieropfer stattfindende* Ishṭi Âpast. Çr. 11,16,3.

पश्वेकादशिनी f. *eine Eilfzahl von Opferthieren* Vaitân.

*पष्, पषति, °ते (बन्धनस्पर्शनयोः), पषयति (बन्धबाधयोः, स्पर्शगत्योः), पाषयति (बन्धने).

पष्ठवाह् 1) m. (Nom. °वाट् und in TS. °वात्) a) *ein vierjähriger Stier.* — b) N. pr. eines Âñgirasa Tândja-Br. 12,5,11. — 2) f. पष्ठौही *eine vierjährige* und überh. *eine zuchtfähige junge Kuh.*

*पस्, पसति, °ते (बन्धनस्पर्शनयोः), पासयति (बन्धने).

पंसस् n. *das männliche Glied,* πέος.

(पस्त्य) पस्तिय 1) n. a) *Behausung, Stall.* — b) Du. wohl *die beiden Stücke der Presse.* — 2) f. आ a) Pl. *Haus und Hof, Wohnsitz; Hausgenossenschaft.* — b) *die Genien der Niederlassung* oder *des Hauswesens.*

(पस्त्यसद्) पस्तिअसद् m. *Hausgenosse.*

(पस्त्यावत्) पस्तिआवत् Adj. 1) *im Stall gehalten* RV. 9,97,18. — 2) *festen Wohnsitz habend;* m. *Hofbesitzer, ein begüterter Mann.* — 3) *einen Wohnsitz bildend, — gewährend.* — 4) *zur* Soma-*Presse gehörig* oder ähnlich.

पस्पशा f. Titel der Einleitung Patañgali's zum Mahâbhâshja.

पह्लाडी f. *eine best.* Râgiṇî S.S.S. 40. 110. Vgl. पाह्लाडिका.

पह्नव m. Pl. häufiger Fehler für पह्लव.

पह्लव m. Pl. *die Parther* oder *Perser.*

*पह्लिका f. *Pistia Stratiotes.*

1. पा, Präsensstämme: पा, पिप् (ganz vereinzelt) und पिब्; Act., seltener Med.; Absol. पीत्वा, *°पाय und °पीय; पीयते Pass. 1) *trinken, einsaugen, einschlürfen;* mit Acc. oder partitivem Gen. (nur in der älteren Sprache) des Trankes; *Blut einsaugen* (vom Schwert und Pfeil gesagt); *saugen an* (232,27); *Staub, Rauch einschlucken, einziehen;*

trinken auch so v. a. geistige Getränke trinken. — 2) einsaugen, so v. a. sich zu eigen machen, geniessen; mit Augen, Ohren (Instr.) einsaugen, so v. a. sich laben an. जगतां मतम् der Leute Meinungen einsaugen, so v. a. ablauschen. — 3) aussaugen, so v. a. erschöpfen (einen Schatz), absorbiren, verschwinden machen. — 4) पीत a) mit pass. Bed. α) getrunken, eingesogen (auch Wasser durch einen Baum 179,9), gesogen (Blut durch ein Schwert, einen Pfeil), eingezogen (Rauch). पीतवत् eingesogen habend 39,9. — β) eingesogen, so v. a. mit den Ohren e. — γ) ausgesogen, so v. a. erschöpft (Schatz), absorbirt Kâd. 257,14. — b) mit act. Bed. α) getrunken habend (gewöhnlich in Comp. mit seinem Obj.). — β) getränkt, in Oel eingetaucht (Waffe). — c) MBh. 12,1722 fehlerhaft für प्रीत; Bhâg. P. 7,9,32 ist °ग्रात्मनिपीतनिद्रः zu verbinden. — Caus. पाययति, °ते (पापयति fehlerhaft) tränken, zu trinken geben; mit doppeltem Acc. (Karaka 6,11) oder mit partitivem Gen. (nur in der älteren Sprache) des Trankes; Jmd (Instr.) saugen lassen an (Acc.). पायित 1) was man zu trinken giebt. — 2) getränkt. — 3) getränkt, so v. a. eingetaucht in (im Comp. vorangehend). — Desid. पिपासति und पिपीषति (nur im RV.) Etwas trinken wollen, durstig sein. पिपासत् (Çâk. 72) und पिपासित durstig. — Desid. vom Caus. पिपाययिषति zu trinken zu geben beabsichtigen. — Intens. पेपीयते 1) gierig —, wiederholt trinken. — 2) gierig —, wiederholt getrunken werden (Spr. 7744), gierig gesogen werden. — Mit ग्रति Caus. in grosser Menge Jmd Etwas zu trinken geben, mit doppeltem Acc. — Mit ग्रनु 1) nachher —, später —, darauf trinken. — 2) trinken an (Acc.). v. l. नि. — Caus. nachher trinken lassen. — Mit ग्रन्तर् in ग्रन्तःपेय. — Mit ग्रभि 1) davon trinken Gobh. 4,10,17. — 2) ग्रभिपीत getränkt —, erfüllt von (Instr.). — Mit ग्रव in ग्रवपान. — Mit ग्रन्वव nach Andern zum Trunke kommen. — Mit ग्रा 1) hineintrinken, einschlürfen, trinken (57,8), — aus (Abl.) oder an (Acc.), austrinken, einsaugen, aussaugen, einziehen (Rauch) Karaka 6,20. — 2) mit Augen, Ohren (Instr.) einsaugen, so v. a. sich laben an. ग्रापीयताम् so v. a. man höre. — 3) absorbiren, verschwinden machen. — Caus. einschlürfen lassen. — Mit समा einsaugen, aussaugen. — Mit उद्, उत्पिबन्ते Çat. Br. 5,2,4,7. 11 fehlerhaft für उत्पिपते; vgl. 5. पा. — Mit ग्रनूद् Med. herfallen über, sich stürzen auf (Acc.) Çat. Br. 3,7,1,29. fgg. Also gleichfalls Verwechselung mit 5. पा. — Mit उप Caus. tränken Mân. Çr. 1,2,5. 8,3. 3,5. Gṛhj. 2,4. — Mit नि 1) hineintrinken, einschlürfen, trinken an. — 2) einsaugen, so v. a. absorbiren, verschwinden machen Bhâg. P. 7,9,32 (°ग्रात्मनिपीत° zu verbinden). — Caus. einschlürfen lassen. — Mit विनि begierig einsaugen, sich laben an Prasannar. 139,13. — Mit निस् trinken aus (Abl.), austrinken, aussaugen. निष्पीत erschöpft Karaka 1,13. — Mit परि 1) vor und nach Jmd (Acc.) trinken. — 2) austrinken, aussaugen, ausrauchen (परिपीतधूपवर्ति Kâd. 18,6). उपनिषदः परिपीताः so v. a. durchstudirt Spr. 7772. — 3) benehmen, entziehen Kâd. 90,13. — 4) परिपीत getränkt mit (im Comp. vorangehend) Suçr. 1,160,5. — Mit प्र sich an's Trinken machen, trinken, einschlürfen. — Mit ग्रनुप्र Act. der Reihe nach Etwas trinken, Med. nach Jmd (Acc.) trinken. — Mit प्रति in प्रतिपान. — Mit वि 1) auf —, sich an —, sich voll trinken. — 2) heraus trinken aus (Abl.) VS. 19,73. — Mit सम् Act. zusammen hineintrinken, Med. zusammen trinken. — Caus. trinken lassen.

2. °पा Adj. trinkend.

3. पा, पाति 1) bewachen, bewahren, schützen, schirmen, hüten, — vor (Abl.); die Erde, das Land schirmen, so v. a. als Fürst regieren. — 2) beobachten, merken —, aufpassen auf, beaufsichtigen, beachten, halten, befolgen. Partic. Praes. पान्त्. — Mit ग्रधि in °प und °पा. — Mit ग्रनु, °पाहि zu Spr. 2597 wohl nur fehlerhaft für °याहि. — Mit ग्रभि 1) behüten. — 2) beobachten. — Mit नि 1) beschützen, behüten, — vor (Abl.). — 2) beobachten, überwachen, wahren. — Mit निस् behüten vor (Abl.). — Mit परि 1) rings behüten, — beschützen, bewahren. — 2) beobachten, wahren, aufrecht erhalten. — Mit प्र behüten —, bewahren vor (Abl.).

4. °पा Adj. bewachend, behütend, schirmend u. s. w.

5. पा, पिपीते (3. Pl. पिपते) mit उद् sich auflehnen, aufbegehren gegen, sich feindlich entgegenstellen. Partic. उत्पिपान. — Mit ग्रनूद् herfallen über, sich stürzen auf (Acc.). Vgl. 1. पा mit ग्रनूद्. — Mit प्रत्युद् sich gegen Jmd (Acc.) auflehnen.

6. *पा, पायति (शोषणे).

पांशुराष्ट्र (sic) n. N. pr. eines Reiches MBh. 2,52,27. 5,4,20. Statt °राष्ट्राः MBh. 6,351 liest ed. Bomb. पाण्डुराष्ट्राः.

पांसन 1) am Ende eines Comp. Adj. (f. ई) besudelnd, verunehrend. f. ग्रा nur im Voc. °पांसने am Ende eines Çloka und wohl fehlerhaft. — 2) *f. ग्रा Verachtung.

पांसव 1) Adj. aus Staub gebildet. — 2) m. Patron. des Asant. — 3) *n. eine Art Salz Râgan. 6,108.

पांसव्य Adj. zu पांसु 1).

°पांसिन् Adj. = पांसन 1) Hem. Par. 2,575. Statt °पांसिनि Voc. f. R. 2,73,5 hat ed. Bomb. °पांसनि.

पांसु m. 1) gew. Pl. zerfallende Erde, Staub, Sand, Sandkörner. — 2) *Dünger. — 3) wohl die Menses (vgl. रजस्) Karaka 1,26. — 4) eine best. Pflanze Râgan. 5,8. Bhâvapr. 3,100. — 5) *eine Art Kampfer Râgan. 12,62. — 6) *Landbesitz.

पांसुक 1) m. Pl. Staub, Sand. — 2) *f. ग्रा a) ein menstruirendes Weib. — b) Pandanus odoratissimus.

*पांसुकासीस n. Eisenvitriol Râgan. 13,80.

*पांसुकुली f. Hauptstrasse.

पांसुकूल n. 1) Kehrichthaufen und die auf Kehrichthaufen aufgelesenen Lumpen, aus denen sich die buddhistischen Mönche ihre Gewänder zusammennähen. — 2) *eine Rechtsurkunde, die nicht auf den Namen einer bestimmten Person geschrieben ist.

*पांसुकूलसीवन n. N. pr. des Ortes, an welchem Çâkjamuni sich sein geistliches Gewand nähte.

पांसुकूलिक Adj. ein aus aufgelesenen Lumpen zusammengenähtes Gewand tragend.

पांसुकृत Adj. bestaubt.

पांसुक्रीडा f. Spiel im Sande Hem. Par. 1,123. 236.

*पांसुक्षार n. eine Art Salz.

पांसुखल m. Sandhaufen (Comm.) Kâtj. Çr. 22, 3,46.

*पांसुचत्वर n. Hagel.

*पांसुचन्दन m. Bein. Çiva's.

*पांसुचामर m. 1) wohlriechendes Pulver. — 2) = दूर्वाञ्चिततटीभू. — 3) = वर्धापक. — 4) = प्रशंसा. — 5) = पुराटि.

पांसुज n. ein Art Salz Karaka 1,27. 3,8.

*पांसुजालिक m. Bein. Vishṇu's.

पांसुधान m. Sand —, Schutthaufen Karaka 1,10.

पांसुनिपात m. herabfallender Staub.

*पांसुपत्त्र n. Melde, Chenopodium.

*पांसुपर्णी f. eine Art Cocculus Dhanv. 1,1.

पांसुपिशाच m. eine Art Kobold Lalit. 322,11.

*पांसुभव n. eine Art Salz.

*पांसुमर्दन m. = ग्रालवाल 1).

पांसुर 1) Adj. staubig. Subst. ein staubiger Ort. — 2) *m. a) Stechfliege. — b) Krüppel.

*पांसुरागिणी f. eine best. Pflanze Râgan. 5,26.

पांसुल 1) Adj. a) staubig, bestaubt, sandig Pan-

Kat. 258,53. Subst. *ein staubiger Ort.* — b) *besudelt, befleckt* (in moralischem Sinne). — c) am Ende eines Comp. *besudelnd, verunehrend.* — 2) *m. a) *Bösewicht.* — b) *Wüstling.* — c) Bein. Çiva's. — d) Çiva's *Keule.* — e) *Guilandina Bontucella.* — 3) f. आ a) *die *Erde.* — b) *ein menstruirendes Weib* Râgan. 18,20. — c) *ein ausschweifendes Weib, Kebsweib* Vikramâñkak. 14,40. — d) **Pandanus odoratissimus* Râgan. 10,69.

पांसुलवण n. *eine Art Salz* Râgan. 6,108. Bhâvapr. 1,145. 181.

*पांसुव m. *Krüppel.*

पांसुवर्ष m. n. *herabfallender Staub.*

पांसुसंचय m. *Sandhaufe* 78,3.

पांसुहर Adj. *Staub aufwirbelnd* Gaut.

पांसूत्कर 1) m. a) *Staubwolke* Varâh. Bṛh. S. 22,4. — b) **Aetzkali* Râgan. 6,258. — 2) n. *eine Art Salz* Bhâvapr. 1,181.

1. पाँक 1) Adj. a) *ganz jung.* — b) *einfältig,* sowohl *unkundig, unwissend,* als auch *redlich, schlicht.* Comp. पाँकतर. — 2) m. a) *Thierjunges.* — b) **Eule.* — c) N. pr. eines von Indra erschlagenen Daitja.

2. पाक m. (adj. Comp. f. ई) 1) *das Kochen, Backen.* — 2) *das Kochen, Sieden* (intrans.). — 3) *das Backen, Brennen* von Ziegeln und irdenen Geschirren. — 4) *das Kochen im Magen, Verdauung.* — 5) *das Reifen, Reifwerden.* — 6) *Entzündung, Eiterung, Geschwür.* — 7) **das Grauwerden der Haare, hohes Alter.* — 8) *das Eintreten der Folgen, das in Erfüllung Gehen.* — 9) *Reife, vollkommene Entwickelung, Vollkommenheit.* — 10) *Umstimmung.* — 11) **Schrecken, grosse Gefahr.* — 12) *Gekochtes, Gebratenes, ein gekochtes Gericht.* — 13) **Hausfeuer.* — 14) **Kochgeschirr.* — 15) *eine That, insofern sie Folgen hat.*

3. *पाक n. Nom. abstr. von 1. पाक.

*पाककुटी f. *Töpferwerkstatt* Gal. Vgl. पाकपुटी.

*पाककृष्ण und *°फल m. *Carissa Carandas.*

पाकक्रिया f. *das Kochen.*

पाकज 1) Adj. *durch Kochen* oder *Braten hervorgebracht.* Nom. abstr. °त्व n. — 2) *n. a) *Verdauungsbeschwerden.* — b) *schwarzes Salz* Râgan. 6,95.

पाकजविचार m. Titel eines Werkes.

पाकत्रा Adv. *in Einfalt, redlich, ohne Falsch.*

पाकदूर्वा f. *eine best. Pflanze.*

*पाकद्विष् und *पाकनिषूदन (Gal.) m. Bein. Indra's.

पाकपण्डित m. *Kochkünstler* Bhâvapr. 2,20.

IV. Theil.

पाकपात्र n. *Kochgeschirr* Bhâvapr. 2,21.

*पाकपुटी f. *Töpferwerkstatt.* Vgl. पाककुटी.

*पाकफल m. *Carissa Carandas.*

पाँकबलि m. wohl = पाकयज्ञ 1) AV. 20,131,15.

पाकभाण्ड n. *Kochgeschirr.*

पाकभेदक Adj. Bez. eines best. Verbrechers Hemâdri 1,479,11.

पाकमत्स्य m. 1) *ein best. Fisch.* — 2) **ein best. Fischgericht.* — 3) *ein best. giftiges Insect.*

पाकयज्ञ m. 1) entweder *ein schlichtes, einfaches, häusliches Opfer* oder *ein Kochopfer.* — 2) N. pr. eines Mannes.

*पाकयज्ञिक Adj. *auf den* पाकयज्ञ 1) *bezüglich* u. s. w.

पाकयज्ञिय Adj. (f. आ) dass.

*पाकरञ्जन n. *das Blatt der Laurus Cassia.*

पाकलै 1) Adj. a) *ganz schwarz* TS. 7,3,18,1. — b) **zum Eitern bringend.* — 2) m. a) *eine Species von Fieber* Bhâvapr. 3,71. 74. **Fieber beim Elephanten.* — b) **Feuer.* — c) **Wind.* — d) *= बोधनद्रव्य (wohl राधनद्रव्य). — 3) *f. आ *Bignonia suaveolens.* — 4) *f. ई *Cucumis utilissimus.* — 5) n. *Costus speciosus* oder *arabicus.* Hierher wohl Karaka 6,7. 23.

*पाकलि f. *eine best. Pflanze.*

पाकवँत् Adv. *redlich.*

पाकवती f. *eine Pause von* $^3/_4$ *einer Mora zwischen zwei Kürzen* Mâṇḍ. Çikshâ 9,2. 3.

पाकशँस Adj. *redlich redend.*

पाकशाला f. *Küche.*

पाकशासन m. Bein. Indra's.

पाकशासनि m. Patron. 1) Ǵajanta's. — 2) Arǵuna's.

पाकशास्त्र n. *Kochkunst.*

*पाकशुक्ला f. *Kreide.*

पाकसंस्था f. *eine Grundform des* पाकयज्ञ 1) Çâñkh. Gṛhj. 1,1.

पाकसुँत्वन् Adj. *redlich den* Soma *kelternd.*

*पाकस्थान n. 1) *Küche.* — 2) *Ofen.*

पाँकस्थामन् m. N. pr. eines Mannes.

पाकहंस m. *ein best. Wasservogel* Karaka 1,25.

पाकहन्तर् m. Bein. Indra's.

पाकागार *Küche.*

पाकातीत Adj. *überreif* Bhâvapr. 1,251.

पाकातीसार m. *chronische Dysenterie.*

पाकात्यय m. *Verdunkelung der Cornea nach einer Entzündung.*

*पाकायन Adj. von पाक.

*पाकारि m. = श्वेतकाञ्चन.

पाकारुँ m. *eine best. Krankheit.*

पाकावलि f. Titel eines Werkes Opp. Cat. 1.

पाकिन् Adj. 1) *verdaut werdend.* — 2) *reifend.* — 3) *die Verdauung befördernd* Karaka 6,1.

पाकिम Adj. 1) *durch Kochen, Eindampfen gewonnen.* — 2) *durch Brennen erhalten, gebrannt* (Topf u. s. w.). — 3) *glühend heiss* Ind. St. 15,292.

*पाकिमन् m. Nom. abstr. zu 1. पाक.

पाकु in *हूरे° und *फले°.

*पाकुक m. *Koch.*

पाक्य 1) Adj. a) *was zum Kochen dient, kochbarer Stoff.* — b) *durch Kochen, Eindampfen gewonnen.* — c) *reifend* in *कृष्ट°. — 2) *m. *Salpeter.* — 3) n. *eine Art Salz.*

(पाक्या) पाकिँया f. *Einfalt.* Nur im gleichlautenden Instr. *in Einfalt, im Unverstand.*

*पाक्ष Adj. von पक्ष.

पाक्षपातिक Adj. *parteiisch* (Rede).

*पाक्षायण Adj. von पक्ष.

1. पाक्षिक Adj. (f. ई) 1) *Jmds Partei haltend, parteiisch.* — 2) *einer Alternative unterworfen, was eintreten aber auch unterbleiben kann, möglich aber nicht nothwendig, erlaubt aber nicht geboten, nur in bestimmten Fällen geltend.* — माघ° MBh. 14,2513 fehlerhaft für माघमासिक.

2. *पाक्षिक m. *Vogelsteller.*

पाक्षिकसूत्रवृत्ति f. Titel eines Werkes.

पाखण्ड s. पाषण्ड.

पागल Adj. *wahnsinnig, verrückt.*

पाँङ्क्त 1) Adj. a) *aus fünf Theilen bestehend, fünffach.* — b) *im Metrum* पङ्क्ति *abgefasst, darauf bezüglich* u. s. w. Auch als Bez. einer Art Soma. — c) *von Vielen angenommen* (Lesart). — 2) n. Name eines Sâman.

पाङ्क्तकाकुभ Adj. *mit einer* पङ्क्ति *endigend und einer* ककुभ् *beginnend.*

पाङ्क्तता f. und पाङ्क्तत्वँ n. *Fünffachheit.*

पाङ्क्तिहरि m. N. pr. eines Mannes.

पाङ्क्तेय und पाङ्क्त्य Adj. *würdig in einer Gesellschaft zu erscheinen, — an e. G. Theil zu nehmen.*

पाङ्क्तँ m. *eine Art Maus.*

पाङ्गुल्य n. *das Hinken.*

*पाङ्गुल्यहारिणी f. *ein best. Strauch* Râgan. 4,167.

पाचक 1) Adj. (f. °चिका) a) *kochend, bratend.* — b) *Verdauung bewirkend.* — c) *zur Reife bringend.* — 2) *m. a) *Feuer.* — b) *Koch.* — 3) *f. °चिका *Köchin.*

*पाचकत्व n. Nom. abstr. zu पाचक 1).

*पाचत Adj. von पचत्.

पाचन 1) Adj. a) *kochen machend, erweichend, auflösend, Verdauung befördernd.* — b) **sauer.*

— 2) *m. *a) Feuer. — b) rother Ricinus.* — 3) *f. ई *Terminalia Chebula.* — 4) n. *a) das Backen, Zusammenbacken* (einer Wunde durch Styptica) und *ein Mittel dazu. — b) das Auskochen* (eines fremden Körpers aus einer Wunde, eines Geschwürs durch Kataplasmen und dergl.) und *ein Mittel dazu. — c) das Reifmachen, Auflösen* und *ein auflösendes Mittel, Digestivum* Ḱaraka 1,22. — *d) *Busse.*

पाचनक 1) *m. *Borax.* — 2) n. = पाचन 4) *c)* Ḱaraka 6,20.

पाचनीय Adj. *auflösend, digestiv* Ḱaraka 6,3.8,6.

*पाचयितर् Nom. ag. vom Caus. von 1. पच्.

*पाचल 1) m. *a) Koch. — b) Feuer. — c) Wind. — d)* = राधनद्रव्य. — 2) n. = पाचन 4) *c).*

पाचिम n. Ḱakradatta's Lesart für पक्त्रिम 2) Suçr. 1,157,8.

*पाची f. *eine best. Pflanze* Rāǵan. 10,168.

*पाचीकटु m. *Plumbago ceylanica.*

पाच्य Adj. 1) **was gekocht werden muss.* — 2) *was zur Reife gebracht werden kann.*

पाज m. N. pr. eines Mannes.

पाजक m. 1) *Küchenkorb* Āpast. Çr. 5,5,1. — 2) N. pr. eines Mannes, = पाज.

पाजस् n. 1) *Helle, Schimmer, Schein.* — 2) Pl. *schimmernde Farben.* — 3) *die schimmernde Fläche des Himmels,* Du. *Himmel und Erde.* — 4) *Heiterkeit, Frische, Regsamkeit, Kraft, vigor, impetus.* — 5) **Speise.*

पाजस्यं, पाजसित्र n. *Bauchgegend beim Thier, die Weichen.*

पाजस्वत् Adj. *schimmernd* oder *kräftig.*

पाजिक m. = प्राजिक *Falke* Utpala zu Varāh. Bṛh. S. 86,38. 88,1.

पाज्य m. Patron. von पज्र Ārsh. Br.

*पाञ्चकपाल Adj. von पञ्चकपाल.

पाञ्चकर्मिक Adj. *anwendbar bei den fünf* (medicinischen) *Verrichtungen* Ḱaraka 1,2.

*पाञ्चकलापिक n. N. pr.

*पाञ्चगतिक Adj. *aus den fünf Daseinsformen bestehend.*

पाञ्चजनी f. Patron. der Asiknī.

*पाञ्चजनीन Adj. von पञ्चजन.

पाञ्चजन्य 1) Adj. (f. आ) *fünf* oder *die fünf Stämme enthaltend, sich darauf beziehend, sich über dieselben erstreckend* u. s. w. — 2) m. *a) die dem Dämon* Pańkaǵana *abgenommene Muschel* Kṛshṇa's. — *b) *Feuer. — c) *Fisch.* — *d)* N. pr. eines der 8 Upadvīpa in Ǵambudvīpa. — 3) f. पाञ्चजन्या Patron. der Asiknī.

पाञ्चजन्यवन n. N. pr. eines *Waldes.*

*पाञ्चजन्यायनि von पाञ्चजन्य.

*पाञ्चदश Adj. *auf den 15ten Tag eines Monats bezüglich.*

पाञ्चदश्य 1) Adj. Bhāg. P. 6,4,27 = पञ्चदशामिधेनीमन्त्रैः प्रकाश्यः nach dem Comm. — 2) n. *eine Anzahl von fünfzehn.*

पाञ्चनख Adj. *aus der Haut eines fünfkralligen Thieres* (*einer Ziege* nach Nīlak.) *verfertigt.*

पाञ्चनद 1) Adj. *im Fünfstromlande geltend.* — 2) m. *a) ein Fürst der Bewohner des Fünfstromlandes. — b)* Pl. *die Bewohner des Fünfstromlandes.*

*पाञ्चनापिति von पञ्चन् + नापित.

पाञ्चप्रसृतिकी f. *ein Gemisch von viererlei Fett, je eine Handvoll, mit Reiskörnern* Ḱaraka 1,13.

पाञ्चभौतिक Adj. *aus den fünf Elementen bestehend, dieselben enthaltend* MBh. 6,5,11. °आदान n. *das Aufnehmen der fünf E.*

पाञ्चमाह्निक Adj. *zu einem fünften Tag gehörig.*

पाञ्चमिक Adj. *im fünften* (Buch, Abschnitt) *behandelt.*

पाञ्चमूलिक Adj. *von den fünf Wurzeln herkommend* Ḱaraka 6,8.

पाञ्चयज्ञिक Adj. *zu den fünf Opfern in Beziehung stehend, zu ihnen gehörig.*

पाञ्चरात्र 1) m. Pl. *eine best.* Vishṇu'*itische Secte.* — 2) n. *die Lehre der* Pāńkarātra.

पाञ्चरात्रक n. = पाञ्चरात्र 2).

पाञ्चरात्ररत्ना f. (Opp. Cat. 1.) und °रात्ररहस्य n. Titel zweier Werke.

1. पाञ्चरात्रिक Adj. *fünftägig.*

2. पाञ्चरात्रिक Adj. als Beiw. Vishṇu's *zum* Pāńkarātra *in Beziehung stehend* MBh. 12,338, No. 67.

पाञ्चरात्र्य n. = पाञ्चरात्र 2).

*पाञ्चलिका f. = पाञ्चालिका *Puppe.*

*पाञ्चलोहितिक (Mahābh. 5,12,*a*) und *°लौहितिक n. N. pr.

पाञ्चवर्ण n. N. pr. eines Waldes. Richtig पञ्च°.

पाञ्चवर्षिक Adj. (f. ई) *fünfjährig.*

पाञ्चवल्किक Adj. *von den fünf Bastarten kommend* Ḱaraka 6,11.

पाञ्चवाज n. Name zweier Sāman Ārsh. Br.

पाञ्चवार्षिक Adj. (f. ई) *fünfjährig.*

पाञ्चविध्य n. Titel eines *über die fünf* Vidhi *des* Sāman *handelnden* Sūtra.

पाञ्चशब्दिक n. *die fünffache Musik.*

पाञ्चशर Adj. (f. ई) *dem Liebesgott gehörig, ihm eigen.*

*पाञ्चार्थिक m. *ein Verehrer des* Çiva Paçupati.

पाञ्चाल 1) Adj. (f. ई) *zu den* Pańkāla *in Beziehung stehend, ihnen gehörig, — eigen* u. s. w. °रीति f. *eine best. Stilart* Vāmana. — 2) m. *a) ein Fürst der* Pańkāla. — *b) *das Land der* Pańkāla. — *c)* Pl. *das Volk der* Pańkāla. — *d) *die Verbindung von fünf Gewerken: Zimmerleute, Weber, Barbiere, Wäscher und Schuhmacher.* — 3) f. ई *a) eine Fürstin der* Pańkāla, insbes. Bez. der Draupadī. — *b) *Puppe.* — 4) n. *die Sprache der* Pańkāla.

पाञ्चालक 1) Adj. (f. °लिका) = पाञ्चाल 1). °रीति f. *eine best. Stilart.* — 2) *m. *ein Fürst der* Pańkāla. — 3) f. °लिका *a) *eine Prinzessin der* Pańkāla. — *b) Puppe.* In collect. Bed. Prasannar. 11,9.

पाञ्चालपुत्रिका f. Bein. der Draupadī Spr. 3865.

पाञ्चालानुयान n. *ein best. Spiel mit Puppen.*

*पाञ्चालायन und *पाञ्चालि m. Patron. von पञ्चाल.

पाञ्चालिक 1) Adj. (f. ई) in Verbindung mit चतुःषष्टि f. Bez. *der 64 Künste.* — 2) m. *a)* Pl. *ein Collegium von Tempelbeamten* (in Nepal) Ind. Antiq. 9,171. — *b)* N. pr. eines Mannes Daçak. 90,16.

पाञ्चालीविवाहकथन n. und पाञ्चालीस्वयंवरवर्णन n. Titel zweier Werke.

पाञ्चालेय m. Metron. von पाञ्चाली nach Nīlak.

पाञ्चाल्य 1) Adj. = पाञ्चाल 1). — 2) m. *ein Fürst der* Pańkāla.

पाञ्चि m. Patron.

पाञ्चिक m. N. pr. 1) eines Anführers der Jaksha. — 2) eines Mannes.

पाञ्चिग्राम m. N. pr. eines *Dorfes.*

*पाञ्चौदनिक Adj. (f. ई) von पञ्चौदन.

*पाञ्जर्य von पञ्जर.

*पाट् Interj. *des Anrufs.*

पाट 1) m. *a) Durchschnitt. — b) *Breite, Ausdehnung.* — *c)* Vikr. 56,17 angeblich = वाद्यतूरोत्कर. — 2) f. आ *a) eine best. Pflanze. — b) Reihenfolge.* — 3) f. ई *a) Arithmetik* Bīǵag. 204. — *b) *eine best. Pflanze* Rāǵan. 4,96.

पाटक 1) m. *a) Spalter, Zerreisser. — b) *die Hälfte eines Dorfes, Theil eines Dorfes* oder *eine Art Dorf. — c) *Ufer. — d) *eine zu einem Wasser führende Treppe. — e) *ein best. musikalisches Instrument. — f) *eine grosse Spanne. — g) *Abnahme des Kapitals. — h) *das Werfen von Würfeln* u. s. w. — 2) f. पाटिका in दिन° (Nachtr. 3).

पाटच्चर m. *Dieb, Räuber.*

पाटन 1) n. *das Spalten, Aufschlitzen, Zerreissen,*

Aufreissen, Sprengen, Zerschneiden, Zerhauen. °क्रिया f. *das Aufschneiden eines Geschwürs.* — 2) f. ग्रा *Einschnitt* Naish. 7,31.

पाटनीय Adj. *zu zerreissen* Kâd. 2,86,12.

1. पाटल 1) Adj. (f. ग्रा) *blassroth.* — 2) m. f. (ग्रा) *Bignonia suaveolens.* — 3) m. a) *blasse Röthe.* — b) *eine Reisart.* — c) **Rottleria tinctoria* Râǵan. 10,40. — d) N. pr. eines Mannes. — 4) f. ग्रा a) **roth blühender* Lodhra. — b) *ein best. Flussfisch.* — c) *eine Form der* Durgâ *oder* Dâkshâjaṇî. — 5) f. (ग्रा) n. *die Blüthe von Bignonia suaveolens.* — 6) *n. *Safran.*

2.*पाटल Adj. (f. ई) *von der Bignonia suaveolens kommend, ihr gehörig* u. s. w. — पाटली f. s. auch u. पाटलि.

पाटलक 1) Adj. *blassroth.* Als Bez. *der 12ten unbekannten Grösse* Colebr. Alg. 228. — 2) f. °लिका in *लवण° und *सित°.

पाटलय्, °यति *blassroth färben* Kâd. 93,3. 181,4. 207,16. Çiç. 2,16.

पाटलाचलमाहात्म्य und पाटलाद्रिमाहात्म्य n. Titel zweier Werke Opp. Cat. 1.

*पाटलापुष्पसंनिभ n. *das Holz von Cerasus Puddum* Râǵan. 12,147.

पाटलावती f. 1) Bein. der Durgâ. — 2) N. pr. eines Flusses.

पाटलि 1) (*m.) f. a) *Bignonia suaveolens.* Auch पाटली. — b) **eine Reisart.* — 2) f. °ली a) **Name zweier Bäume,* = कट्भी und मुष्कक Râǵan. 9,151. 11,211. — b) N. pr. α) einer Stadt. — β) einer Tochter Mahendravarman's.

पाटलिक 1) *Adj. a) *eines Andern Geheimnisse kennend.* — b) = कालदेशिन्. — 2) *m. *Schüler.* — 3) n. N. pr. = पाटलिपुत्र 1).

पाटलिन् Adj. *mit Blüthen der Bignonia suaveolens versehen* Bâlar. 126,2.

पाटलिपुत्र 1) n. N. pr. der Hauptstadt der Magadha. — 2) m. Pl. *die Bewohner von* Pâṭaliputra 234,11.

पाटलिपुत्रक 1) Adj. (f. °त्रिका) *aus —, von —, in* पाटलिपुत्र 1). — 2) n. = पाटलिपुत्र 1).

पाटलिमन् m. *blasse Röthe* Kâd. 8,2.

1. पाटली Adj. f. und Subst. s. u. 2. पाटल und पाटलि.

2. पाटली Adv. mit कर् *roth färben* Kâd. 9,9. 64,2.

*पाटलोपल m. *Rubin.*

*पाटल्या f. *eine Menge Blüthen von Bignonia suaveolens.*

पाटव 1) m. a) Patron. von पटु. — b) *ein Schüler des* Paṭu. — 2) n. a) *Schärfe, Intensität.* — b) *Geschicklichkeit, Gewandtheit,* — *in* (Loc.). — c) am Ende eines Comp. *das schnell bei der Hand Sein bei, das Sichübereilen mit.* — d) **Gesundheit* Râǵan. 20,45.

*पाटविक Adj. *gewandt, schlau.*

*पाटह्निका f. *Abrus precatorius.*

पाटावली f. Titel eines Werkes.

पाटिकावाडि N. pr. eines Dorfes.

पाटिन् 1) Adj. am Ende eines Comp. *spaltend* Hemâdri 2,a,117,4. — 2) m. *ein best. Fisch.*

पाटीगणित n. *Arithmetik.* °लीलावती f. und °सार Titel zweier Werke.

पाटीर m. 1) *Sandelbaum.* — 2) **Rettig.* — 3) **Sieb.* — 4) **Wolke.* — 5) **Feld.* — 6) **Bambusmanna.* — 7) **Zinn.* — 8) **Katarrh.*

*पाटुपट und *पाटूपट Adj. von पटु.

पाटूरु m. *ein best. Theil des Thieres in der Rippengegend.*

*पाट्टारक Adj. von पट्टार.

पाट्य 1) Adj. *aufzustechen* (ein Geschwür) Káraka 6,13. — 2) *n. *eine best. Gemüsepflanze.*

पाठ m. (adj. Comp. f. ग्रा) 1) *Vortrag, Recitation.* — 2) *das Lesen. Studiren.* — 3) *Text* Âpast. — 4) *Lesart.* — 5) = धातुपाठ. — पाठा s. bes.

पाठक m. 1) Nom. ag. (*f. °ठिका) a) *Vorträger, Hersager.* — b) *Leser, Ableser.* — c) *Schüler.* — d) *Gelehrter, Kenner einer Wissenschaft, Lehrer.* — 2) *Text.* — Vgl. पाठिका.

*पाठच्छेद m. *Pause, Cäsur.*

पाठदोष m. *Fehler des Textes, falsche Lesart.*

पाठन 1) *m. und *°नी f. gaṇa गौरादि. — 2) n. *das Unterrichten* Pańkad.

पाठनारम्भपीठिका f. Titel eines Werkes.

*पाठनिश्चय m. und *°निश्चिति f. *wiederholtes Studium, Repetition* H. an. 4,10. Med. k. 185.

पाठप्रणाली f. *Textesrecension* Comm. zu Kaush. Up. S. 129, Z. 1.

*पाठभू f. *der Ort, an dem die heiligen Schriften gelesen werden.*

*पाठमञ्जरी f. *Predigerkrähe.*

पाठवन्त् Adj. *studirt, gelehrt.*

*पाठविच्छेद m. *Pause, Cäsur.*

पाठा f. *Clypea hernandifolia* Râǵan. 6,121.

पाठिक Adj. *dem Text entsprechend.*

पाठिका f. 1) *Nom. ag.; s. पाठक. — 2) *Clypea hernandifolia* Râǵan. 6,121.

पाठिकायन m. Patron.; auch Pl.

पाठिन् 1) Adj. am Ende eines Comp. *der Etwas studirt hat, Kenner, Gelehrter.* — 2) *m. *Plumbago zeylanica.*

*पाठीकुट m. *Plumbago zeylanica.*

पाठीन m. 1) * = पाठक. — 2) *eine Art Wels, Silurus Pelorius* Râǵan. 19,70. Bhâvapr. 2,12. Ind. St. 14,375. — 3) **eine roth blühende Moringa.*

*पाठेय Adj. von पाठा.

पाठ्य Adj. 1) *zu recitiren.* — 2) *der des Unterrichts bedarf.*

*पाडिनी f. *ein irdener Topf, Kochkessel.*

1. पाण m. *Einsatz beim Spiele.*

2.*पाण m. = पाणि *Hand.*

पाणविक 1) Adj. *von einer Trommel herrührend* u. s. w. Kâd. 224,20. — 2) m. a) *Trommelschläger.* — b) *ein best. zu den* Pratuda *gezählter Vogel.*

1. पाणि m. 1) *Hand.* पाणिं ग्रह् und पाणौ कर् *die Hand* (einer Jungfrau) *bei der Hochzeit ergreifen, heirathen;* पाणिं दा *die Hand reichen, heirathen* (von der Jungfrau gesagt). Am Ende eines adj. Comp. in Verbindung mit dem, was man in der Hand hält. — 2) *Huf.* — 3) N. pr. eines Commentators des Daçarûpa.

2.*पाणि f. *Markt.*

1.*पाणिक 1) Adj. von पण. — 2) m. *Kaufmann.*

2. पाणिक 1) am Ende eines adj. Comp. (f. ग्रा) = पाणि *Hand* Hemâdri 1,235,6. 670,6. 746,6. 2,a,90,5. 18. — 2) m. N. pr. eines Wesens im Gefolge Skanda's. कालिक v. l. — 3) f. ग्रा a) *eine Art Gesang.* — b) *eine Art Löffel.*

पाणिकच्छपिका f. *eine best. Fingerverbindung.*

पाणिकर्ण Adj. *Ohren an der Hand habend.* Auch als Beiw. Çiva's.

पाणिकूर्चन् und °कूर्चम् m. N. pr. eines Wesens im Gefolge Skanda's.

पाणिखात n. N. pr. eines Tîrtha.

पाणिगत Adj. *wen oder was man schon so gut wie in der Hand hat* Naish. 9,77.

*पाणिगृहीता und *°गृहीती f. *Gattin.*

पाणिग्रह m. *Ergreifung der Hand* (einer Jungfrau), *Heirath.*

पाणिग्रहण n. (adj. Comp. f. ग्रा) dass.

पाणिग्रहणमन्त्र m. *Hochzeitsspruch.*

पाणिग्रहणिक Adj. *auf die Hochzeit bezüglich, zur Heirath dienend, dabei angewandt* u. s. w.

पाणिग्रहणीय 1) Adj. dass. — 2) f. ग्रा Gobh. 2,2,16 Bez. *der Sprüche* ṚV. 10,85,36. fgg.

पाणिग्रहीतर्, °ग्राह und °ग्राहक (Daçak. [1925] 2,80,4) m. *Bräutigam, Gemahl.*

*पाणिघ m. *Händeklatscher.*

*पाणिघात m. *ein Schlag mit der Hand.*

पाणिघ्न m. *Händeklatscher.*

*पाणिचन्द्र m. N. pr. eines Fürsten.

पाणिचापल n. (Gaut. 9,50) und °चापल्य n. *unbesonnene Bewegungen der Hände.*

पाणिज m. 1) *Fingernagel.* — 2) *Unguis odoratus* Râǵan. 12,129. Bhâvapr. 3,100.

पाणितल n. 1) *Handfläche.* — 2) *ein best. Gewicht.*

पाणिताल m. *ein best. Tact* MBh. 13,19,18.

पाणिधर्म m. *Heirathsform, Art und Weise zu heirathen.*

पाणिन् 1) am Ende eines adj. Comp. metrisch = पाणि *Hand.* — 2) Pl. N. pr. eines zu den Kauçika gezählten Geschlechts.

पाणिन m. Patron. von पाणिन्; angeblich = पाणिनि.

पाणिनि m. N. pr. eines berühmten alten Grammatikers, der auch gedichtet haben soll.

पाणिनीय 1) Adj. *zu* Pâṇini *in Beziehung stehend, von ihm verfasst.* — 2) m. *ein Schüler, Anhänger* Pâṇini's (oder *Pâṇina's) und *seiner Grammatik.* — 3) n. Pâṇini's *Grammatik* Hemâdri 1,517,3.

पाणिनीयमतदर्पण m., °नीयलिङ्गानुशासन n., °नीयशिक्षा f. und °नीयसूत्र n. Titel von Werken Opp. Cat. 1.

पाणिनेय scheinbar Metron.; st. पाणिनेयो ist aber wohl पाणिनग्रे zu lesen.

पाणिंधम Adj. *gedrängt voll* (Strasse), *so dass Einem die Hände schmelzen* Kâç. zu P. 3,2,37. Ind. St. 15,379.

*पाणिंधय Adj. *an den Händen saugend.*

1. पाणिपात्र n. *die Hand als Trinkgeschirr* Arun. Up. 5.

2. पाणिपात्र Adj. *die Hand als Trinkgeschirr brauchend, aus der Hand trinkend.*

पाणिपाद n. Sg. (Âpast.) und m. Pl. *Hände und Füsse.*

पाणिपीडन n. *das Drücken der Hand* (einer Jungfrau), *das Heirathen* Hemâdri 1,686,7. Naish. 5,99.

पाणिपुटक *die hohle Hand* Spr. 4497.

पाणिपूर Adj. *die Hand füllend.* °पूरान्न n. *eine Handvoll Speise* Jâǵn. 3,320.

पाणिप्रणयिन् 1) Adj. *nach der Hand verlangend.* Nom. abstr. °यिता f. यस्य °यितां समुपागतः so v. a. *in die Hand genommen* (Schwert). — 2) f. °यिनी *die Geliebte der Hand, Eheweib.*

पाणिप्रदान n. *das Reichen der Hand* (als Zeichen, dass man ein Versprechen halten wolle).

पाणिबन्ध m. *die Verbindung der Hände,* so v. a. *Ehebündniss.*

*पाणिभुज् m. *Ficus glomerata.*

पाणिमन्त् Adj. *Hände habend.*

*पाणिमर्द m. *Carissa Carandas* Râǵan. 11,214.

पाणिमर्दम् Absol. *durch Reiben mit der Hand* Karaka 3,7.

पाणिमानिका f. *ein best. Gewicht,* = पाणितल 2).

पाणिमित Adj. *mit der Hand* oder *den Händen zu umspannen* Spr. 2823.

*पाणिमुक्त n. *eine aus der Hand geschleuderte Waffe.*

पाणिमुख Adj. *dessen Mund die Hand ist.*

*पाणिमूल n. *Handwurzel.*

*पाणिरुह् m. *Fingernagel.*

*पाणिरुह m. 1) *Fingernagel.* — 2) *Unguis odoratus* Râǵan. 12,129.

पाणिरेखा f. *eine Linie auf der Hand* Mahâbh. 3,66,*a*.

पाणिवाद 1) *m. *Händeklatscher.* — 2) n. *Händegeklatsch.*

पाणिवादक m. *Händeklatscher.*

पाणिसंग्रह m. und °ग्रहण n. *das Ergreifen der Hand* (als Zeichen, dass man ein Versprechen halten wolle).

पाणिसंघट्टन n. = पाणिपीडन Prasannar. 66, 6. 10.

*पाणिसर्ग्य Adj. *mit der Hand gedreht werdend* (Strick).

पाणिस्वनिक m. *Händeklatscher.*

पाणिहता f. N. pr. eines Teiches.

पाणीतक m. Nom. pr. 1) eines Wesens im Gefolge Skanda's. — 2) Pl. eines Volkes.

*पाणीतल n. *ein best. Gewicht,* = पाणितल 2).

पाणीकरण n. *das Heirathen* (von Seiten des Mannes), *Hochzeit* Naish. 9,68.

पाण्ट *Decoct* Vaitân. wohl nur fehlerhaft für फाण्ट.

*पाण्ड m. und *पाण्डी f. gaṇa गौरादि. पाण्ड MBh. 2,119 fehlerhaft für पाण्ड्य, 15,81 für पाण्डु.

पाण्डक m. N. pr. eines Lehrers.

पाण्डर 1) Adj. (f. आ) *weissgelb, weiss, weisslich.* — 2) m. *a*) **eine best. Pflanze.* — *b*) N. pr. α) Pl. einer Secte oder eines Mönchordens. — β) eines Schlangendämons. — γ) eines Berges. — 3) f. आ N. pr. einer buddh. Göttin. — 4) *n. *a*) *Jasminblüthe.* — *b*) *Röthel.*

*पाण्डरक m. N. pr. eines Schlangendämons.

*पाण्डरपुष्पिका f. *eine best. Pflanze,* = शीतला.

*पाण्डरभिक्षु m. wohl = पाण्डर 2) *b*) α).

पाण्डरवायस m. *eine weisse Krähe* (als grosse Seltenheit) Kautukas.

पाण्डरवासस् Adj. *ein weisses Gewand tragend* Çat. Br. 14,5,1,3. 15.

पाण्डरवासिन् Adj. dass. पाण्डुर° v. l.

पाण्डरिन् m. *eine Art Mönch* Harshak. 204,5.

पाण्डरेतर Adj. *dunkelfarbig.* °वासस् Adj. *ein solches Gewand tragend.*

पाण्डलमेघा f. N. pr. einer Schlangenjungfrau Kâraṇḍ. 4,5.

1. पाण्डव m. 1) Patron. von पाण्डु. Pl. *die fünf Kinder* Pâṇḍu's und auch *ihre Partei.* — 2) N. pr. *a*) eines Landes. — *b*) eines Berges.

2. पाण्डव Adj. (f. ई) *den Kindern des* Pâṇḍu *gehörig.*

पाण्डवगीता f. und पाण्डवचरित्र n. Titel zweier Werke Opp. Cat. 1.

पाण्डवनकुल m. N. pr. eines Dichters.

पाण्डवपुराण n. Titel eines Werkes Bühler, Rep. No. 635.

पाण्डवानन्द m. Titel eines Werkes Hall in der Einl. zu Daçar. 36.

*पाण्डवाभील m. Bein. Kṛshṇa's.

*पाण्डवायन m. 1) Pl. = 1. पाण्डव 1) Pl. — 2) Bein. Kṛshṇa's.

*पाण्डविका f. *eine Sperlingsart* Râǵan. 19,124.

पाण्डवीय Adj. *auf die Kinder* Paṇḍu's *bezüglich, sie betreffend.*

पाण्डवेय 1) Adj. = 2. पाण्डव. — 2) m. Sg. und Pl. = 1. पाण्डव 1).

*पाण्डार Adj. Mahâbh. 4,55,*a*.

पाण्डित्य n. 1) *gelehrte Bildung, Gelehrsamkeit, Klugheit.* — 2) *Fertigkeit, Gewandtheit.*

पाण्डिमन् m. *die bleiche Farbe, Bleichheit* Vikramâṅkak. 9,6. 10,89.

पाण्डु 1) Adj. (f. eben so) *a*) *weisslich gelb, weiss, bleich.* — *b*) *gelbsüchtig* Karaka 6,18. — 2) m. *a*) *Gelbsucht* Karaka 6,18. — *b*) **ein weisser Elephant.* — *c*) **Trichosanthes dioeca* Râǵan. 3,9. — *d*) **ein best. Strauch* Râǵan. 5,131. — *e*) N. pr. α) eines Sohnes des Vjâsa (Ǵanameǵaja) und Bruders des Dhṛtarâshṭra. — β) eines Sohnes des Dhâtar. प्राण v. l. — γ) *eines Dieners des Çiva. — δ) *eines Schlangendämons. — ε) Pl. eines Volkes. — 3) *f. *Glycine debilis.*

पाण्डुक 1) *Adj. = पाण्डु 1) *a*). — 2) m. *a*) **Gelbsucht.* — *b*) *eine best. Reisart.* — *c*) **einer der 9 Schätze bei den* Ǵaina. — *d*) *N. pr. = पाण्डु 2) *e*). α). — 3) n. N. pr. eines Waldes.

*पाण्डुकण्टक m. *Achyranthes aspera.*

पाण्डुकम्बल (*m.) 1) *eine weisse wollene Decke.* — 2) *eine best. Steinart.*

*पाण्डुकम्बलिन् Adj. *mit einer weissen wollenen Decke überzogen.*

पाण्डुकरण und पाण्डुकर्मन् n. *das Weissmachen* (ein Heilverfahren).

पाण्डुकिन् Adj. *gelbsüchtig*.

पाण्डुगात्र Adj. *mit bleichfarbigem Körper, bleichfarbig*. Nom. abstr. °ता f. Suçr. 1,263,17.

पाण्डुच्छत्त्र्, °त्त्रति *einen gelben Sonnenschirm darstellen* Prasannar. 148,23.

पाण्डुतरु m. *Anogeissus latifolia* Râǵan. 9,112.

पाण्डुता f. *die weisslichgelbe Farbe, Blässe*.

पाण्डुतीर्थ n. N. pr. eines Tîrtha.

पाण्डुत्व n. = पाण्डुता.

पाण्डुदुकूल n. *ein weisses Leichentuch*.

पाण्डुदुकूलसीवन n. N. pr. einer Oertlichkeit.

*पाण्डुनाग m. *Rottlera tinctoria*.

पाण्डुपत्त्र Adj. *gelbe Blätter habend*. Nom. abstr. °ता f.

*पाण्डुपत्नी (Râǵan. 6,114) und पाण्डुपुत्री (Râǵan. 6,113. Bhâvapr. 1,192) *ein best. wohlriechender Stoff*.

*पाण्डुपृष्ठ Adj. *einen weissen Rücken habend*, so v. a. *von dem nichts Grosses zu erwarten ist*.

*पाण्डुफल 1) m. *Trichosanthes dioeca* Râǵan. 3,9. — 2) f. आ *eine Gurkenart* Râǵan. 7,108. — 3) f. ई *ein best Strauch* Râǵan. 5,131.

पाण्डुभाव m. *das Weissgelbwerden*.

पाण्डुभूम m. *ein Boden mit weisslicher Erde* Râǵan. 2,6. Chr. 215,12.

पाण्डुमृत्तिक° (metrisch) und °का (Râǵan. 13, 134) f. *weisser Thon, Kreide*.

*पाण्डुमृद् f. *Kreide, kreidiger Boden* Râǵan. 13, 134.

पाण्डुर 1) Adj. (f. आ) *weisslich, weiss, bleich*. — 2) m. *a*) **eine Form der Gelbsucht*. — *b*) **Anogeissus latifolia* Râǵan. 9,112. — *c*) **ein weiss blühender Andropogon* Râǵan. 16,26. — *d*) N. pr. eines Wesens im Gefolge Skanda's. — 3) f. आ *a*) **Glycine debilis* Râǵan. 3,19. — *b*) N. pr. einer buddh. Göttin. — 4) **n. der weisse Aussatz*.

पाण्डुरङ्ग 1) *m. *eine best. Gemüsepflanze*. — — 2) f. आ N. pr. einer Göttin (?) Verz. d. B. H. No. 1365; vgl. पाण्डुर 3) *b*).

पाण्डुरङ्गमाहात्म्य n. Titel eines Werkes Cat. Willmot 26.

पाण्डुरता f. *die weisse Farbe*.

पाण्डुरद्रुम m. *Wrightia antidysenterica* Râǵan. 9,53. Bhâvapr. 1,206.

*पाण्डुरपृष्ठ (Conj.) Adj. = पाण्डुपृष्ठ.

*पाण्डुरफली f. *ein best. Strauch* Râǵan. 5,131.

पाण्डुरवासिन् Adj. *weiss gekleidet* MBh. 1,18,35.

*पाण्डुराग m. *Artemisia indica* Râǵan. 10,147.

पाण्डुराष्ट्र m. Pl. N. pr. eines Volkes MBh. 6,9, 44. पौण्ड्रराष्ट्र v. l.

पाण्डुरित Adj. *gelblich weiss gefärbt* Kâd. 253, 15. Bâlar. 216,15.

पाण्डुरिमन् m. *die bleiche Farbe*.

पाण्डुरी Adv. mit कर् *gelblich weiss färben* Kâd. 180,18.

पाण्डुरीकरण n. *das gelblich weiss Färben* Vikramâṅkaḱ. 8,9.

*पाण्डुरेनु m. *eine Art Zuckerrohr*.

पाण्डुरोग m. *Gelbsucht*.

पाण्डुलेख (216,7. 10) und °लेख्य (*n.) *Skizze, Conceptschrift, Nichtreinschrift, mit einem Griffel* oder *Kreide gemacht*.

पाण्डुलोमशपर्णी (Bhâvapr. 1,200), *°लोमशा und *°लोमा f. *Glycine debilis*.

पाण्डुलोह n. *Silber* Daçak. 44,18.

पाण्डुवर्मदेव m. N. pr. eines Fürsten.

पाण्डुशर्करा f. *Blasengries*.

*पाण्डुशर्मिला f. Bein. der Draupadî.

पाण्डुसूदनरस m. *ein best. Quecksilberpräparat* Rasendraḱ. 110. Mat. med. 34.

पाण्डुसोपाक und °सोपाक m. *eine best. Mischlingskaste*.

पाण्डूक m. *eine best. Reisgattung*.

पाण्ड्य m. 1) Pl. N. pr. eines Volkes im Süden. Auch v. l. für पाण्डु in Madhjadeça. — 2) *ein Fürst der* Pâṇḍja. — 3) N. pr. eines Sohnes des Âkriḍa. — 4) N. pr. eines Gebirges.

पाण्ड्यवाट N. pr. einer Gegend Varâh. Bṛh. S. 81,6.

पाण्ड्यवाटक Adj. *in* Pâṇḍjavâṭa *gelegen* Varâh. Bṛh. S. 81,2.

पाण्ड्व 1) n. *ein ungefärbtes wollenes Gewand*. — 2) m. Pl. N. pr. eines Volkes.

पाण्ड्वरिरस m. *ein best. medic. Präparat* Rasendraḱ. 109.

पाण्ड्वामय m. *Gelbsucht*.

पाण्ड्वामयिन् Adj. *gelbsüchtig* Ḱaraka 6,18 (20).

पाण्ड्वाति f. *Gelbsucht* Ḱaraka 6,18 (20).

1. पाण्य 1) Adj. (f. आ) *zur Hand gehörig*. — 2) m. Patron. = कौण्डिन्य.

2. *पाण्य Part. fut. pass. von 2. पण्.

पाण्यास्य Adj. *dessen Mund die Hand ist*.

*पाण्युपकर्षम् Absol. *mit der Hand heranziehend* P. 3,4,49, Sch.

पात m. 1) *Flug, Flugart*. — 2) *das Sichstürzen in* (Loc.). — 3) *Fall, Sturz in* (Loc.) oder *von* (Abl.); *das Niederfallen* auch so v. a. *Schuss, das Auf* — oder *Angesetztwerden* (eines Messers u. s. w.), *Aufgelegtwerden* (einer Salbe), *das Gerichtetwerden* (des Auges, des Blickes). गर्भस्य *Abgang des Fötus*. Am Ende eines Comp. nach dem Subject, dem Ausgangs- oder Endpuncte des *Falles*. — 4) so v. a. देहपात *das Niederfallen des Körpers, Tod* Bâdar. 4,1,14. — 5) *Einfall, Anfall, Ueberfall*. — 6) *Fall*, so v. a. *Möglichkeit*. — 7) *Fall*, so v. a. *Eintritt, Erscheinung*. — 8) *Fehler, Versehen*. — 9) in der Astron. *der Punct, in welchem Mond- und Sonnenbahn* (Ekliptik) *zusammenfallen*, d. i. *sich schneiden*. — 10) in der Astrol. *ein schlimmer Aspect*. — 11) Pl. *eine best. Schule des* Jaǵurveda.

पातक 1) Adj. *zu Fall bringend* in *गर्भ°. — 2) m. (ausnahmsweise) und n. (adj. Comp. f. आ) *ein zur Verlust der Kaste führendes Verbrechen* Gaut. 21,2. 10.

पातकिन् Adj. *frevelnd, sündigend* Ḱaṇḍak. 30, 11. m. *Verbrecher, Frevler*. Nom. abstr. °किव n.

पातंग Adj. (f. ई) 1) *der Lichtmotte eigen*. — 2) *braun*.

पातंगि m. Patron. *des Planeten Saturn* Utpala zu Varâh. Bṛh. 2,3.

पातञ्जल 1) Adj. *von* Patańǵali *verfasst*. — 2) m. *ein Anhänger des* Joga-*Systems des* Pat. — 3) n. *a*) *das* Joga-*System des* Pat. — *b*) *das* Mahâbhâshja *des* Pat.

पातञ्जलतन्त्र n., °ञ्जलभाष्य n., °वार्त्तिक n., °ञ्जलरहस्य n., °ञ्जलसूत्रभाष्यव्याख्या f. u. °सूत्रवृत्तिभाष्यच्छायाव्याख्या f. Titel von Werken.

पातञ्जलि m. v. l. für पतञ्जलि.

पातञ्जलीय Adj. zu पातञ्जल 3) *a*).

*पातत्रिण Adj. *das Wort* पतत्रिन् *enthaltend*.

पातन 1) Adj. (*f. ई) *fällend, niedermachend*. — 2) n. *a*) *das Fallenlassen, Hinabwerfen, — schleudern, Werfen* (der Würfel, des Blickes), *Stürzen, Abschlagen, Niederschlagen*. दण्डस्य *das Fallenlassen des Stockes*, so v. a. *Strafen*. गर्भस्य *das Abtreiben der Leibesfrucht*. जलौकसाम् *das Ansetzen von Blutegeln*. — *b*) *das Fällen* als Bez. *eines best. Processes, dem Mineralien* (insbes. Quecksilber) *unterworfen werden*. — *c*) *das Vertreiben, Wegschaffen*. — *d*) **das Auseinanderfallenmachen, Trennen*.

पातनीय Adj. *zu schleudern auf* (Loc.).

पातयितर् Nom. ag. *Würfelwerfer*.

1. पार्त्तर् (mit Gen.) und पातर् (mit Acc.) Nom. ag. *Trinker*. In unaccentuirten Texten mit Gen. (Bâlar. 298,15) oder in Comp. mit seinem Object.

2. पार्त्तर् (mit Gen.) Nom. ag. *Beschützer, Hüter*.

In unaccentuirten Texten auch mit Acc. und in Comp. mit seinem Object.

3.*पातर् m. *eine Art Ocimum.*

पातल्ये n. Du. *best. Theile des Wagens.*

पातवे und पातवै Dat. Inf. zu 1. पा *trinken* ṚV.

1. पातव्य Adj. *zu trinken* Spr. 7707.

2. पातव्य Adj. *zu behüten, zu schützen.*

पातसाह् m. = پادشاه.

पाताण्डिनीय und °नेय m. Pl. *eine best. Schule des schwarzen* Jagurveda Âṛjav. 44,19.

पाताधिकारोद्दाहरण n. Titel eines Werkes.

पाताल 1) n. *a) Unterwelt, eine unter der Erde gedachte Höhlung oder Stadt, in der Schlangen und Dämonen hausen; auch eine best. Hölle* 268, 4. m. Spr. 4024. Am Ende eines adj. Comp. f. आ. — *b) * Vertiefung, Höhlung in der Erde.* — *c) *das unterseeische Feuer.* — *d)* in der Astrol. *das vierte Haus.* — *e)* N. pr. eines Tîrtha. — 2) m. *a) das Jupiterjahr zu 361 Tagen.* — *b) ein best.* Tact S. S. S. 217. — *c)* *N. pr. des Dieners des 14ten Arhant's der gegenwärtigen Avasarpiṇî.

पातालकेतु m. N. pr. eines Fürsten der Daitja.

पातालखण्ड Titel eines *Abschnittes* im Padma- und Skanda-Purâṇa.

पातालगरुडाह्न m. und °गरुडी f. (Râǵan. 3,90. Bhâvapr. 1,219) *eine best. Schlingpflanze.*

पातालतल n. *der Boden der Hölle.* यात्रा यातु °तलम् so v. a. *lass den Zug zum Teufel gehen, gieb den Z. auf* Harshaḱ. 178,19.

पातालनगरी f. *Höllenstadt.*

*पातालनिलय m. 1) *Höllenbewohner, ein* Asura. — 2) *Schlange* Râǵan. 19,52.

*पातालप्रस्थ n. N. pr. eines Dorfes der Bâhika.

*पातालप्रस्थिक Adj. von पातालप्रस्थ.

पातालयन्त्र n. *ein best. Destillationsapparat.*

*पातालौकस् m. *Höllenbewohner, ein* Asura.

*पाति m. *Herr, Eigenthümer.*

पातित्य n. *Verlust der Stellung, — der Kaste.*

पातिन् Adj. 1) *fliegend.* — 2) *sich niedersetzend auf* (Loc.); wahrscheinlich °निपातिनः zu lesen st. °णि पातिनः. — 3) *fallend, sinkend in* (im Comp. vorangehend). — 4) *einbrechend, aufziehend, erscheinend in* अकाण्ड°. — 5) *sich befindend* in एक° und अन्तःपातिन. — 6) am Ende eines Comp. *fallen lassend, — machend, fällend, niederwerfend.*

*पातिली f. 1) *Schlinge.* — 2) *eine Art Thongefäss.* — 3) *eine Art Weib.*

पातिव्रत्य n. *Gattentreue.*

पातुक 1) Adj. *fallend, seiner Kaste verlustig gehend* oder *zur Hölle fahrend.* — 2) *m. *a) Abgrund.* — *b) Dugang* oder *Krokodil.*

*पात्तिगणक n. Nom. abstr. von पत्तिगणक.

*पात्निक्य n. Nom. abstr. von पत्निक gaṇa पुरोहितादि in der Kâç.

पात्नीवत 1) Adj. *a) dem* Agni patnîvant, d. i. *dem* Agni *sammt den Götterfrauen zugehörig.* — *b) *das Wort* पत्नीवत् *enthaltend.* — 2) m. *ein best.* Graha 2) *b)* β) TS. 6,5,8,1.

पात्नीशाल Adj. *in der* पत्नीशाला *befindlich.*

1. पात्य Adj. *fallen zu lassen, zu schleudern.* दण्डः m. so v. a. *Strafe ist zu verhängen über* (Loc.).

2. पात्य n. *Herrschaft.*

1. पात्र 1) n. (adj. Comp. f. आ) *a) Trinkgefäss, Becher, Schale, Gefäss, Geräthe überh.* Hemâdri 1,456,4 (*Melkkübel*). — *b) Schüssel,* so v. a. *Mahl.* — *c) Flussbett* Kâd. 2,70,13. — *d) Gefäss, Behälter* in übertr. Bed., *Empfänger* 186,27. *Behälter für Etwas* (Gen. oder im Comp. vorangeh.), so v. a. *ein Gegenstand,* insbes. *eine Person, in der sich Etwas concentrirt, zusammenfindet, in hohem Grade zur Erscheinung kommt; Meister in* (Gen.). — *e) eine würdige Person, eine Person, würdig* einer Sache (Gen. oder im Comp. vorangehend), *würdig zu* (Loc. eines Nom. act. oder Infin.); *ein Würdigerer als* (अतस्). m. MBh. 1,774 fehlerhaft. — *f) Schauspieler.* — *g) Schauspielerrolle.* — *h) * Blatt.* — 2) m. n. *a) ein best. Hohlmaass.* — *b) Minister.* *n. — 3) f. पात्री (पात्री Çat. Br. 2,5,2,6) *Gefäss, Topf, Fass, Schüssel.* पात्रीतस् = Abl. Comm. zu Âpast. Çr. 3,8,5.

2. पात्र n. ṚV. 1,121,1 nach Sâj. = 2. पातृ.

पात्रक 1) n. = 1. पात्र 1) *a)* in कु° und *चर्वित°. — 2) f. °त्रिका *Schale, Betteltopf.*

*पात्रकटक *der Ring, an dem der Betteltopf getragen wird.*

*पात्रट 1) Adj. *mager.* — 2) m. *Lappen* (कर्पट) oder *Schale* (कर्पर).

*पात्रटीर m. 1) *ein Exminister.* — 2) *ein metallenes Gefäss.* — 3) *Rotz.* — 4) *Feuer.* — 5) *Reiher.* — 6) *Krähe.* — 7) = पिङ्गाश.

पात्रतर Adj. *würdiger als* (Abl.) Hariv. 5978.

पात्रता f. 1) *das Behältersein für* (Gen. oder im Comp. vorangehend). शीतोष्णयोः so v. a. *das Ertragen —, Erdulden von Kälte und Hitze.* Vgl. पात्र 1) *d).* — 2) *das Würdigsein, Würdigkeit.*

पात्रत्व n. = पात्रता 2).

पात्रनिर्णेग m. *Abwascher der Geschirre* TBr. 3, 4,2,8.

*पात्रपाक m. fehlerhaft für पत्त्रपाक.

पात्रपाणि m. *ein best. den Kindern gefährlicher Dämon.*

*पात्रपाल m. *Ruder.*

पात्रभूत Adj. 1) *würdig —, verdienend Etwas von Jmd* (Gen.) *zu empfangen.* — 2) *eine würdige Erscheinung seiend für* (Gen.).

पात्रय्, °यति *als Trinkgeschirr gebrauchen.*

पात्रयोजन n. *das Zurechtstellen der Gefässe* Kâtj. Çr. 9,2,1.

पात्रवन्दन n. Titel eines Werkes Bühler, Rep. No. 463.

पात्रशुद्धि f. *Reinigung der Gefässe.* Auch Titel eines Werkes.

*पात्रसंस्कार m. 1) *Reinigung der Geschirre.* — 2) *Strömung eines Flusses.*

पात्रसंचार m. *das Herumgehen der Schüsseln.*

पात्रसात् Adv. mit कर् *einem Würdigen zukommen lassen.*

पात्रहस्त Adj. (f. आ) *ein Geschirr in der Hand haltend.*

पात्रार्थ m. *ein als Gefäss dienender Gegenstand.*

पाणिभ्यां °र्थं कर् so v. a. *die Hände als Gefäss gebrauchen* Sâmav. Br. 3,7,5.

पात्रिक 1) *Adj. *mit einem* Pâtra *genannten Hohlmaass besäet, so viel enthaltend* u. s. w. — 2) n. *Geschirr* in कु°.

पात्रिन् Adj. *mit einem Trinkgeschirr —, mit einer Schüssel versehen* MBh. 4,6,10.

पात्रिय Adj. *würdig an einem Mahle Theil zu nehmen.*

1. पात्री f. s. 1. पात्र 3).

2. पात्री Adv. 1) mit कर् *a) zum Behälter für —, zum Gegenstand von Etwas* (Gen.) *machen* Bâlar. 74,20. — *b) würdig machen, zu Ehren bringen.* — 2) mit भू *eine würdige Person werden.*

*पात्रीण Adj. = पात्रिक 1).

पात्रीनिर्णेजन n. *Spülwasser* Çat. Br. 1,1,2,18.

*पात्रीय n. und *पात्रीव m. n. *eine Art Opfergeschirr.*

*पात्रेबहुल und *पात्रेसमित (dieses auch Sg.) Adj. Pl. *nur zum Mahle sich versammelnd, Schmarotzer.*

पात्रोपकरण n. angeblich *Schmucksachen untergeordneter Art.*

*पात्र्य Adj. = पात्रिय.

पाथ 1) *m. *a) Feuer.* — *b) die Sonne.* — 2) n. *a) * Wasser.* — *b)* Name zweier Sâman Ârsh. Br.

पाथस् n. 1) *Stelle, Platz, Ort.* — 2) *Wasser.* —

3) *Speise.* — 4) **Luft.* — पाथंस् ṚV. 2,2,4 fehlerhaft für पथस् (Gen.).

पाथस्पति m. *der Herr des Wassers*, Bein. Varuṇa's.

*पाथिक m. Patron. von पथिक.

*पाथिकार्य m. Patron. von पथिकार.

*पाथिक्य n. Nom. abstr. von पथिक.

पाँथिस् 1) n. *a)* = पौंथस् 1) Kap. S. 25,9. पाथस् Maitr. S. 2,7,18. — *b)* *= कीलाल. — 2) *m. *a) Meer.* — *b) Auge.*

पाथेन m. = पाथोन.

पाथेय n. (adj. Comp. f. आ) 1) *Wegekost, Reisevorrath.* — 2) = पाथोन.

*पाथेयक Adj. von पाथेय.

°पाथेयवत् Adj. — *als Wegekost habend, versehen mit* — Megh. 11.

पाथेयश्राद्ध n. *eine Art Todtenmahl.*

पाथोज (*n.) *Lotusblüthe* Rāǵan. 10,179. Prasannar. 116,3.

पाथोजिनी f. *Lotuspflanze* Prasannar. 129,14.

पाथोद (Vikramāṅkak. 13,63) u. पाथोधर (ebend. 13,65) m. *Wolke.*

पाथोधि m. *das Meer* Vikramāṅkak. 11,92.

पाथोन m. παρθένος, *die Jungfrau im Thierkreise.*

पाथोनाथ (Mahāvīrak. 102,2. 103,16) und पाथोनिधि m. *das Meer.*

पाथोभाज् Adj. *den Raum* —, *den Platz innehabend.*

*पाथोरुह् n. *Lotusblüthe* Rāǵan. 10,179.

पाद्य m. Patron. des Dadhika. Vgl. पाथ्य.

(पाथ्य) पाथिर्थ्र nach Sāj. m. Patron., nach Mahīdh. Adj. = सन्मार्गवर्तिन् oder हृदयाकाशे भवः. Vgl. पान्थ्य.

पाद् s. 2. पद्.

पाँद m. 1) *Fuss* (bei Menschen und Thieren). पादयोः und पादे (ausnahmsweise) पत् *Jmd* (Gen.) *zu Füssen fallen.* पादैस् *zu Fusse* (von mehreren Personen gesagt). दृतेः *der Fuss einer als Schlauch dienenden Thierhaut.* Bisweilen Pl. st. Du., stets Pl. am Ende eines Comp. *die Füsse dessen und dessen* als ehrfurchtsvolle Bezeichnung einer Person. Am Ende eines adj. Comp. f. आ (häufiger) und ई. — 2) *Fuss* bei leblosen Gegenständen (Bettstelle u. s. w.), *Pfeiler, Säule.* — 3) *Fuss als Maass* = 12 Aṅgula. — 4) *der Fuss eines Baumes*, so v. a. *Wurzel.* — 5) *der Fuss eines Gebirges*, so v. a. *Vorberg* Bhāvapr. 1,266. — 6) *Strahl.* — 7) *Viertel* (*der Fuss eines vierfüssigen Thieres*). Pl. *die vier Theile,* — *Stücke.* — 8) *Quadrant* (eines Kreises Comm. zu Ārjabh. S. 17. — 9) *Kapitel in einem viertheiligen Werke* oder *grösserem Abschnitte;* ausnahmsweise auch *Kapitel* überh. — 10) *Versviertel, Stollen, Verstheil* überh. पादवत् Adv. — 11) *Cäsur.*

पादकं 1) *Füsschen.* Am Ende eines adj. Comp. *Fuss;* f. °दिका (°दका fehlerhaft). — 2) Adj. (f. °दिका) *ein Viertel von Etwas ausmachend* Varāh. Bṛh. S. 77,30.

*पादकटक m. n. und *पादकीलिका f. *Fussring.*

पादकुठारिका f. *eine best. Stellung der Füsse* Çāṅkh. Gṛhj. 4,8.

पादकृच्छ्र m. *eine best. Kasteiung,* — *Busse.*

पादक्षेप m. *Fusstritt.*

पादगृंह्य Absol. *am Fusse packend* ṚV. 4,18,12. 10,27,4.

*पादग्रन्थि m. *Fussknöchel.*

पादग्रहण n. *das Anfassen* —, *Umfassen der Füsse Jmds* (ein Zeichen der Ehrerbietung und Unterwürfigkeit).

पादघृत n. *Schmelzbutter zum Einsalben der Füsse.*

*पादचतुर und *°चत्वर m. 1) *ein Mann, der nur Böses von Andern zu erzählen hat.* — 2) *Ziege.* — 3) *Sandbank.* — 4) *Hagel.* — 5) *Ficus religiosa.*

पादचापल (Gaut. 9,50) und °चापल्य n. *unbesonnenes Setzen der Füsse, das Nichthinsehen wohin man den Fuss setzt.*

पादचार 1) Adj. *zu Fusse gehend.* — 2) m. *a) Fusssoldat.* — *b) das zu Fusse Gehen.* Instr. so v. a. *zu Fusse* Ind. St. 15,359.

पादचारिन् 1) Adj. *a) auf Füssen gehend, Füsse zum Gehen habend.* — *b) zu Fusse gehend.* — 2) m. *Fusssoldat.*

पादच्छेदन n. *das Abhauen eines Fusses* M. 8, 280.

पादज m. *ein Çūdra* (*aus* Brahman's *Fuss entstanden*).

1. पादजल n. *Wasser zum Waschen der Füsse.*

2. पादजल Adj. *wobei ein Viertel Wasser ist.* Auch n. mit Ergänzung von तक्र Bhāvapr. 2,47.

*पादजाह n. *tarsus.*

पादतल n. *Fusssohle.* °तले नि-पत् *Jmd* (Gen.) *zu Füssen fallen.*

पादतलाहति f. *Fusstritt* Spr. 5691.

पादतस् Adv. 1) *von* —, *aus* —, *zu* —, *bei* —, *an den Füssen.* Mit कर् *zu den Füssen stellen.* — 2) *dem Stollen nach.* — 3) *schrittweise, stufenweise.*

पादत्र *Fussbekleidung, Schuh.* °धारण n. *das Tragen von Schuhen* Karaka 1,5. Vgl. अप°.

पादत्राण n. *dass.*

पाददारिका und °दारी f. *Fussschrunde.*

पाददाह m. *Brennen in den Füssen.*

पादधावन n. *das Waschen der Füsse.*

*पादधावनिका f. *Sand zum Abreiben der Füsse.*

पादनख m. *Fussnagel.*

*पादनालिका f. *Fussring.*

पादनिकेत m. *Fussbank* Bhāg. P. 1,4,11.

पादनिचृत् Adj. *eine Silbe zu wenig in jedem Stollen habend.*

*पादनिष्क m. *ein viertel* Nishka.

पादन्यास m. 1) *das Niedersetzen der Füsse, Tritt,* — *auf* (Loc.). — 2) *Fussspur* Ind. St. 15, 425. — 3) *das Werfen der Strahlen auf* (Loc.).

1. पादप m. (adj. Comp. f. आ) *Pflanze,* insbes. *Baum.*

2.*पादप 1) m. *Fussbank.* — 2) f. आ *Fussbedekkung, Schuh.*

3.*पादप n. Nom. pr.

पादपक am Ende eines adj. Comp. *Baum.*

*पादपखण्ड m. *Baumgruppe.*

पादपतन n. *Fussfall* 319,4. Kathās. 34,74.

पादपद्धति f. *Fussspuren.* Du. 133,24.

पादपद्म m. 1) *ein Fuss als Lotusblüthe* 290,16. — 2) N. pr. *eines Lehrers,* = पद्मपाद.

पादपरिचारक m. *ein unterthäniger Diener* Mahāvīrak. 69,7.

*पादपरुहा f. *Vanda Roxburghii* Rāǵan. 3,66.

पादपादधावन n. *das Waschen des einen Fusses mit dem andern* Gaut. 9,32.

*पादपालिका f. *Fussring.*

*पादपाश 1) m. f. (ई) *Fussfessel, Fusskette.* — 2) f. ई = खडुका.

पादपीठ n. *Fussbank.*

*पादपीठिका f. 1) *das Gewerbe eines Barbiers* u. s. w. — 2) *Granulit.*

पादपीठी Adv. mit कर् *zur Fussbank machen* Kād. 167,15.

पादपूरण 1) Adj. *ein Versglied füllend.* — 2) n. *das Füllen eines Versgliedes.*

पादपोपगत Adj. *unter einem Baume weilend* (in der Erwartung des Todes) Hem. Par.

पादपोपगमन n. *das Weilen unter einem Baume* (in Erwartung des Todes) Hem. Par. 2,386.

पादप्रकरणसंगति f. Titel eines Werkes Bühler, Rep. No. 292.

पादप्रक्षालन n. *das Waschen der Füsse* Āpast. Gaut. 2,32. Chr. 176,20.

पादप्रतिष्ठान n. *Fussgestell.*

*पादप्रधारण n. *Fussbedeckung, Schuh.*

पादप्रसारण n. *das Ausstrecken der Füsse* Gaut. 2,14. Suçr. 2,145,1.

पादप्रस्वेद m. *Fussschweiss* Hemâdri 1,443,22.

पादप्रस्वेदिन् Adj. *an Fussschweiss leidend* Hemâdri 1,443,23.

पादप्रहार m. *Fussschlag, Fusstritt.*

पादबद्ध Adj. *durch Versviertel zusammengehalten, aus Stollen bestehend.*

पादबन्ध m. *Fussfessel.*

*पादबन्धन n. 1) dass. — 2) *Viehstand.*

पादभट m. *Fusssoldat.*

1. पादभाग m. *Viertel.*

2. पादभाग Adj. (f. ञा) *ein Viertel betragend* Ind. St. 13,239. 254.

पादभाज् Adj. 1) *ein Viertel von Jmd besitzend, nur ein Viertel von Jmd* (Gen.) *seiend in Bezug auf* (Loc.). — 2) *einen Stollen abtheilend.*

पादमध्ययमक n. *Paronomasie in der Mitte der vier Stollen.* Beispiel Bhaṭṭ. 10,5.

1. पादमात्र n. *das Maass —, die Entfernung von einem Fusse* Âçv. Çr. 6,10,6. Kâtj. Çr. 16,7,31.

2. पादमात्र Adj. (f. ई) *einen Fuss lang* Çat. Br. 6,5,3,2. 7,2,1,7. 8,7,2,17. Kâtj. Çr. 17,1,10. 4,12.

*पादमिश्र = पन्मिश्र.

पादमुद्रा f. 1) *Fussabdruck, Fussspur.* °पङ्क्ति f. *Fussspuren* 135,15. — 2) *Anzeichen, indicium.*

पादमूल m. 1) *die Wurzel des Fusses, tarsus.* °मूले नि-पत् *Jmd* (Gen.) *zu Füssen fallen.* In ehrfurchtsvoller Sprechweise ist *Jmds* पादमूल so v. a. *die Person selbst.* — 2) *der Fuss eines Gebirges.*

*पादय्, °यति = पादौ निरस्यति.

पादयमक n. *Paronomasie in den Stollen* Vâmana 4,1,10.

पादरक्ष m. *Fussschützer;* Pl. *bewaffnete Männer, die in der Schlacht zur Seite eines Elephanten gehen, um dessen Füsse vor Verwundungen zu schützen.*

*पादरक्षण n. und *°रक्षिका f. *Fussbedeckung, Schuh.*

पादरजस् n. *der Staub der Füsse.*

*पादरज्जु f. *Fussfessel* (beim Elephanten).

*पादरथी f. *Schuh.*

*पादरोहण m. *der indische Feigenbaum* Râǵan. 11,119.

पादलग्न Adj. 1) *im Fusse steckend* (Dorn). — 2) *zu Jmds Füssen liegend.*

पादलिप्त m. N. pr. eines Gelehrten Daçin. S. 2, Z. 7. Auch °सूरि Ind. St. 15,279. fg.

पादलेप m. *eine Fusssalbe von besonderer Zauberkraft.* °सिद्धि f. Kâdamb. 78,6.

पादवत् Adj. *mit Füssen versehen.*

पादवन्दन n. *Verehrung der Füsse, ehrfurchtsvolle Verehrung.*

पादवन्दनिक Adj. *wobei man eine ehrfurchtsvolle Verehrung bezeigt.*

*पादवल्मीक m. *Elephantiasis* Râǵan. 20,11.

*पादविक m. *Wanderer, Reisender.*

1. पादविग्रह m. Pl. Hariv. 12030 von unbekannter Bed. कामविग्रह v. l.

2. पादविग्रह Adj. *einfüssig.*

पादविधान n. Titel eines Werkes.

*पादविरजस् f. *Schuh.*

पादवृत्त 1) Adj. Bez. *des* Svarita, *welcher vom vorangehenden* Udâtta *durch Hiatus getrennt ist.* — 2) m. Du. *die beiden constitutiven Elemente eines Stollens, die Länge und die Kürze.*

*पादवेष्टनिक *Strumpf.*

*पादव्याख्यान Adj. von पदव्याख्यान.

पादशब्द m. *das Geräusch der Fusstritte.*

पादशस् Adv. 1) *Fuss bei Fuss, fussweise.* — 2) *viertelweise.* — 3) *nach Stollen* Mân. Gṛhj. 1,22.

*पादशाखा f. *Zehe.*

पादशुश्रूषा f. *das den Füssen zu Willen Sein,* ehrfurchtsvoller Ausdruck statt des einfachen शुश्रूषा.

*पादशैल m. *Vorberg.*

पादशौच n. *Reinigung der Füsse* Jâǵn. 1,209.

पादसंहिता f. *die Zusammenfassung mehrerer Wörter in einem Stollen.*

पादस्तम्भ m. *Stützbalken, Pfeiler.*

पादस्थ Adj. Hariv. 2,118,59 angeblich = चित्रफलकस्थ. Richtig v. l. पदस्थ.

*पादस्फोट m. *Blasen an den Füssen* Râǵan. 20,11.

*पादस्वेदन n. *das Schwitzenlassen der Füsse.*

*पादस्वेदनिक Adj. *durch Schwitzenlassen der Füsse erreicht.*

पादहर्ष m. *das Einschlafen des Fusses* Râǵan. 20,11.

*पादहारक Adj. *was man mit den Füssen entwendet.*

पादहीनात् Adv. *ohne Abschnitte* oder *Uebergänge, auf ein Mal.*

पादांशिक Adj. *um einen Theil grösser oder kleiner.*

पादाकुलक n. Name *zweier Metra.*

पादाग्र n. *Fussspitze* 290,1.

पादाघात m. *Fusstritt* Kathâs. 21,75.

*पादाङ्गद n. und *°दी f. *Fussring.*

पादाङ्गुलि und °ली f. *Zehe.*

*पादाङ्गुलीयक n. *ein auf einer Zehe getragener Ring.*

पादाङ्गुष्ठ m. *die grosse Zehe* 107,4. MBh. 5, 105,31.

*पादात् m. *Fussknecht.*

पादात 1) m. dass. — 2) n. *Fussvolk.*

*पादाति und *°क m. *Fussknecht.*

पादादिमध्ययमक n. *Paronomasie am Anfange und in der Mitte eines Stollens.* Beispiel Bhaṭṭ. 10,15.

पादादियमक n. *Paronomasie am Anfange der Stollen.* Beispiel Bhaṭṭ. 10,4.

पादाद्यन्तयमक n. *Paronomasie am Anfange und am Ende der Stollen.* Beispiel Bhaṭṭ. 10,11.

पादानुध्यात und °ध्यान (!) Adj. *an den die Füsse dessen und dessen gedacht haben,* so v. a. *der von dem und dem hohen Herrn designirte Nachfolger.*

पादानुप्रास m. *Alliteration in den Stollen* Vâmana 4,1,10.

पादान्त m. 1) *Fussende,* so v. a. *Kralle* Pańkat. 167,14. पादान्ते so v. a. *zu Jmds Füssen* (niederfallen, sich wälzen) Sâh. D. 48,7. — 2) *Ende eines Stollens.*

पादान्तयमक n. *Paronomasie am Ende der Stollen.* Beispiel Bhaṭṭ. 10,3.

पादान्तर n. *die Entfernung eines Fusses.* °रे so v. a. *unmittelbar neben* (Gen.). °रे स्थित्वा v. l. für पदान्तरे स्थित्वा.

-पादान्तिकम् Acc. Adv. *in die Nähe seiner Füsse,* so v. a. *zu ihm hin.*

पादाभिवन्दन und °वादन n. *Begrüssung der Füsse Jmds* (Gen.), so v. a. *ehrfurchtsvolle Begrüssung.*

पादाम्बु Adj. *wobei ein Viertel Wasser ist.*

पादाम्भस् n. *Wasser zum Waschen der Füsse.*

*पादायन m. Patron. von पाद.

*पादारक m. *Mast oder Rippe eines Schiffs.*

पादार्ध n. *die Hälfte eines Viertels, Achtel.*

पादार्पण n. *das Aufsetzen der Füsse* Ragh. 2,35.

*पादालिक m. = धुन्धुमार.

*पादालिन्द 1) m. *Mast* oder *Rippe eines Schiffes.* — 2) f. ई *Boot.*

पादावनेक्तर् Nom. ag. *der Andern die Füsse wäscht* Âpast.

पादावनेजन 1) Adj. (f. ई) *zum Waschen der Füsse dienend* Ait. Br. 8,27,9. Bhâg. P. 10,48,15. — 2) f. ई Pl. *Wasser zum Waschen der Füsse* Bhâg. P. 10,80,20.

पादावनेज्य m. *das Waschen der Füsse Anderer* Tâṇḍja-Br. 6,1,11.

पादावर्त m. 1) **Tretrad zum Heraufziehen des Wassers.* — 2) *Quadratfuss.*

पादावसेचन n. *das Wasser, mit dem man die Füsse gewaschen hat*, Cit. bei Pat. zu P. 2,3,35, Vârtt. 2.

*पादाविक m. *Fussknecht.*

पादाष्ठील *Fussknöchel.*

*पादासन n. *Fussbank.*

पादाहति f. *Fusstritt* Kathâs. 20,15. — *gegen* (im Comp. vorangehend) Chr. 294,30.

1. पादिक Adj. 1) *den vierten Theil von Etwas betragend, — während.* शत n. so v. a. *25 Procent.* — 2) in Verbindung mit श्रहर् oder n. mit Ergänzung dieses Wortes so v. a. *Tagelohn.*

2.*पादिक Adj. *den* Padapâṭha *kennend oder studirend* gaṇa उक्थादि in der Kâç.

पादिन् Adj. 1) *mit Füssen versehen; m. ein Wasserthier mit Füssen.* — 2) *Ansprüche auf ein Viertel habend, ein V. empfangend* Âpast. Çr. 21,2. Comm. zu Njâjam. 3,7,26.

पादु m. 1) *etwa Fuss* Nir. 4,15. — 2) *etwa Platz* Mân. Gṛhj. 1,10.

पादुक (metrisch) und °का f. *Schuh, Pantoffel.*

पादुकवत् Adj. *beschuhet* Hemâdri 1,711,10.

*पादुकाकार und *पादुकाकृत् m. *Schuhmacher.*

पादुकासहस्र n. Titel eines Stotra Opp. Cat. 1. Auch °परीता f.

पादुकिन् Adj. *beschuhet.*

पादू f. *Schuh, Pantoffel.*

पादूकृत् m. *Schuhmacher.*

पादून Adj. = पादोन *um ein Viertel weniger, — kleiner u. s. w.* Âpast.

*पादेगृह्य Absol. = पादगृह्य.

पादेष्टका f. *Viertelziegel* Çulbas. 3,25.

पादोदक n. *Wasser zum Waschen der Füsse, Wasser, in dem die Füsse gewaschen worden sind.*

पादोदकतीर्थ n. N. pr. eines Tîrtha.

पादोदर m. *Schlange.*

पादोद्धूत n. s. u. उद्धूत. Auch VP. 5,20,55.

पादोन Adj. (f. श्रा) = पादून Âpast. 1,2,13, v. l. Ind. St. 13,253.

पादोपधान n. und °धानी f. *Fusskissen* MBh. 2,10,6. 1,192,10.

पादोपसंग्रहण n. *das Umfassen der Füsse* (des Lehrers) Gaut. 1,52. 6,1.

*पाद्धत n. Nom. coll. von पद्धति.

पाद्म 1) Adj. *zur Wasserrose in Beziehung stehend, über dieselbe handelnd u. s. w.* — 2) m. *a) ein best.* Kalpa 2) *h)* VP. 1,3,26. Bhâg. P. ed. Bomb. 3,4,13 (nach dem Comm.). — *b)* Bein. Brahman's Bhâg. P. 3,1,26. — 3) wohl n. Titel eines Werkes Opp. Cat. 1.

पाद्मपुराण (= पद्म°) n., पाद्मपूर्व n., पाद्मसंहिता f., °प्रयोग m., पाद्मोत्तर n. und °खण्ड n. Titel von Werken oder Abschnitten darin Opp. Cat. 1.

पाद्य 1) Adj. (f. श्रा) *a) zum Fuss gehörig, zum Waschen der Füsse dienend.* — *b) ein Viertel von Etwas betragend* Çulbas. 3,45. 64. — 2) n. *Wasser zum Waschen der Füsse.*

*पाद्यक Adj. = पाद्यप्रकार.

1. पान 1) n. *a) das Trinken, das Trinken geistiger Getränke, Trunk, das Trinken an* (Mund, Lippen). — *b) Trank, Getränk.* — *c) *Trinkgeschirr.* — *d) *Kanal.* — 2) *m. *Branntweinbrenner, — verkäufer, Schenkwirth.*

2. पान Partic. praes. von 3. पा.

3. पान 1) Adj. *schützend* in तनूपान 1). — 2) n. *Schutz, Schirm* in तनूपान 2) und वातपान.

4.*पान m. = श्रपान *der eingezogene Hauch.*

पानक m. n. (adj. Comp. f. श्रा) *Trank, Getränk, Tränkchen.*

पानकरसरागासवयोजन n. Sg. und पानकरसासवरागयोजन n. Pl. *eine der 64 Künste.*

पानकुम्भ m. *Trinkkrug.*

*पानगोष्ठिका und °गोष्ठी f. *Trinkgesellschaft, Trinkgelage.*

पानज Adj. *aus dem Trunk entstanden.*

पानप Adj. *berauschende Getränke trinkend.*

पानपात्र n. *Trinkgeschirr, Becher*, insbes. *ein Becher, aus dem berauschende Getänke getrunken werden.*

*पानभाजन n. *Trinkgeschirr, Becher.*

पानभाण्ड n. *Trinkgeschirr.*

पानभू, °भूमि und °भूमी (metrisch) f. *Trinkplatz, Trinkgemach.*

पानमङ्गल n. *Zechgelage.*

पानमत्त Adj. *von Wein berauscht* 119,13. 127,4.

पानमद m. *Weinrausch* 118,3.

*पानवणिज् m. *ein Verkäufer berauschender Getränke.*

पानवत् Adj. *reich an Tränken.*

पानविभ्रम m. *Weinrausch.*

*पानशौण्ड Adj. *dem Trunk ergeben.*

पानस Adj. *aus der Frucht des Brodfruchtbaumes bereitet.*

*पानसिन्धु P. 7,3,19, Sch.

*पानसैन्धव Adj. von पानसिन्धु.

पानागार *Trinkhaus, Schenke.*

*पानाघात m. und *पानाजीर्णक n. *Katzenjammer* Gal.

पानात्यय m. *übermässiges Trinken, Trunk.*

पानिक m. *Verkäufer von berauschenden Getränken.*

*पानिल n. *Trinkgeschirr.*

पानीय 1) Adj. *zu trinken, trinkbar.* — 2) n. *a) Getränk, Trank.* — *b) Trinkwasser, Wasser* überh.

*पानीयकाकिका f. *Seerabe.*

पानीयकुमाररस m. *ein best. medicinisches Präparat* Rasar. 241.

पानीयगोचर in दूरे°.

*पानीयचूर्णिका f. *Sand* Râǵan. 13,141.

पानीयतण्डुलीय n. *eine best. Gemüsepflanze* Bhâvapr. 1,282.

*पानीयनकुल m. *Fischotter.*

पानीयपल n. *ein best. Zeitmaass,* = पल Comm. zu Gaṇit. 1,17.

*पानीयपृष्ठज m. *Pistia Stratiotes.*

पानीयफल n. *der Same von Euryala ferox.*

*पानीयमूलक n. *Vernonia anthelminthica.*

*पानीयवर्णिका f. *Sand.* Richtig पानीयचूर्णिका.

पानीयवर्ष *Regen* 152,22.

*पानीयशाला und *°शालिका f. *ein Gebäude, in dem Wasser gereicht wird oder zu haben ist.*

*पानीयशीत Adj. *zu kalt zum Trinken.*

पानीयाध्यक्ष m. *ein Aufseher über das Wasser.*

*पानीयामलक n. *Flacourtia cataphracta.*

*पानीयालु m. *ein best. Knollengewächs* Râǵan 7,76.

*पानीयाम्रा f. *Eleusine indica* Râǵan. 8,97.

पौत्त m. *Trank.*

पान्थ m. 1) *Wanderer, Reisender, ein auf Reisen befindlicher Mann.* Nom. abstr. °त्व n. *das Leben eines Wanderers.* — 2) am Ende eines Comp. (f. श्रा) so v. a. *begleitend, nicht weichend* von Naish. 7,6. — 3) **die Sonne.*

पान्थदेवता f. Pl. *eine best. Klasse von Gottheiten* Hemâdri 1,722,7.

*पान्थायन Adj. von पन्थन्.

पान्नग Adj. (f. ई) *aus Schlangen gebildet, wobei Schl. verwendet werden, zum Vorschein kommen.*

*पान्नागार Adj. von पान्नागारि.

*पान्नागारि m. Patron. von पन्नागार

पान्नेजन 1) Adj. (f. ई) *zum Fusswaschen dienend.* — 2) n. *ein Gefäss zum Fusswaschen.*

पार्प (auch पौप Çat. Br. 14) 1) Adj. (f. ई in der älteren Sprache und श्रा in der späteren) *schlimm, übel, bös.* In der Astrol. *unheilvoll, Unglück verheissend, ungünstig.* Adv. पापम् *übel, schlecht, elend;* पापँया *auf üble Weise, schlecht, unrecht;* पापँयामुयाँ *so übel, so hässlich.* Compar. *a)* पाँपीयँस् *übler daran, elender, kränker; geringer, ärmer, schlimmer, der recht übel daran ist, sehr schlimm, — schlecht.* Subst. *ein böser Mann, Bösewicht.* मारः पापीयान् bei den Buddhisten *der böse Dämon, der Teufel.* — *b)* पापतर *schlimmer, schlechter, sehr schlecht.* — *c)* पापीयस्तर dass. — Superl. पाँपिष्ठ *der geringste, schlechteste, überaus schlecht, — schlimm.* पापिष्ठतर *am Uebelsten daran,* पापिष्ठतम *schlimmer als* (Abl.). — 2) m. *a) ein böser Mensch, Bösewicht.* — *b) eine best. Hölle.* — *c)* N. pr. eines *Bösewichts* in einem Schauspiel. — 3) f. पापा *Raubthier* oder *Hexe* HEMÂDRI 1,53, 1. AGNI-P. 40,20. — 4) n. (adj. Comp. f. आ) *a) Uebel, schlimmer Zustand, schlechtes Ergehen, Missgeschick, Unheil, Leid.* शान्तं पापम् so v. a. *der Himmel bewahre uns davor!* — *b) Böses, Unrechtes, Fehler, Fehltritt, Vergehen, Verbrechen, Schuld, Sünde.* ब्रह्महत्याकृतं पापम् *das im Brahmanenmorde bestehende Verbrechen.*

पापक 1) Adj. (f. °पिका und einmal °पकी) *übel, schlecht.* स्वप्न m. *ein übler Traum* ÂPAST. — 2) m. *a) Bösewicht.* — *b) ein Unheil verkündender Planet.* — 3) n. *Uebles, Schlechtes.*

1. पापकर्मन् n. *eine böse That.* °कर्मकृत् *Frevler.*

2. पापकर्मन् Adj. *der böse Thaten vollbringt;* m. *Missethäter, Frevler, Uebelthäter, Sünder.*

पापकर्मिन्, °कारक (KAUTUKAS.), °कारिँन् und °कृत् Adj. Subst. dass. °कृत्तम Superl.

पापकृत n. *Uebelthat, Missethat.*

*पापकृत्य, °त्यति Denomin. von पापकृत्.

पापकृत्याँ f. *Uebelthat, Missethat.*

पापकृँत्वन् m. *Frevler.*

पापक्षयतीर्थ n. N. pr. eines Tîrtha.

पापगति Adj. *dem ein schlimmes Los zu Theil wird.*

पापग्रह m. *ein böser, ungünstiger Planet* VARÂH. JOGAJ. 5,4.

*पापघ्न 1) Adj. *Uebel —, Missethaten vernichtend.* — 2) m. *die Sesampflanze* RÂGAN. 16,70. — पापघ्नी s. u. पापहन्.

*पापचक Adj. vom Intens. von पच् PAT. zu P. 1, 1,4, Vârtt. 6.

पापचर m. N. pr. eines *Bösewicht* in einem Schauspiel.

पापचारिन् Adj. *Böses thuend;* m. *Uebelthäter.*

पापचेतस् Adj. *übelgesinnt.*

*पापचेलिका f. und *°चेली *Clypea hernandifolia* RÂGAN. 6,121.

पापचैल n. *ein schlechtes —*, d. h. *unheilbringendes Gewand* KAUÇ. 63.

पापजीव Adj. *ein böses Leben führend;* m. *Bösewicht.*

*पापठक Adj. vom Intens. von पठ् PAT. zu P. 1, 1,4, Vârtt. 6.

पापता f. Nom. abstr. zu पाप *Unglück verheissend, ungünstig* UTPALA zu VARÂH. BRH. 6,8.

*पापति Adj. vom Intens. von 1. पत्.

पापत्वँ n. *übler Zustand, Elend, Armuth.*

पापद् Adj. *Unheil bringend.*

पापदर्शन Adj. (f. आ) *böse Absichten habend* R. GORR. 2,9,38.

पापदर्शिन् Adj. dass. R. 2,35,25. 73,5. GORR. 2, 6,13. 8,37.

पापधी Adj. *übelgesinnt.*

पापनक्षत्र n. *ein böses Gestirn.*

पापँनामन् Adj. *einen üblen Namen führend.*

पापनाशन 1) Adj. *Böse vernichtend* (Çiva). — 2) N. pr. eines Heiligthums des Vishṇu. °माहात्म्य n.

पापनिश्चय Adj. *Böses im Sinne führend.*

*पापपति m. *Nebenmann.*

पापँपराजित Adj. *schmählich besiegt.*

पापपुरी f. v. l. für अपाप°. Vgl. पापापुरी.

पापपुरुष m. *Bösewicht* KÂṆḌAK. 42,3. 4. Individualisirt als *Prototyp der schlechten Menschen.*

पापपूरुष m. *Bösewicht.*

पापप्रिय Adj. *das Böse liebend, dem Bösen nachgehend* VENÎS. 97.

पापफल Adj. *schlimme Folgen habend.*

पापबन्ध m. *eine ununterbrochene Kette von Missethaten* 104,8. 105,2.

1. पापबुद्धि f. *üble Absicht.*

2. पापबुद्धि 1) Adj. *übelgesinnt.* — 2) m. N. pr. eines *Bösewichts.*

पापभक्षण m. Bein. Kâlabhairava's.

पापभञ्जन m. N. pr. eines Brahmanen.

पापभाज् Adj. *des Unrechts theilhaftig, schuldig* 120,22.

पापमति Adj. *übelgesinnt.*

पापमोचन n. N. pr. eines Tîrtha VP.[2] 1,LXXV.

पापय् eines Vergehens wegen (Abl.) *Jmd in's Unglück gerathen lassen.* Nur in der Form पाँपयिष्ट TS. 3,2,8,3.

पापयक्ष्मँ m. *die böse Auszehrung, Schwindsucht.*

पापयक्ष्मन् m. dass. Personificirt HEMÂDRI 1,651, 21. 654,15.

पापयोनि f. *eine schlechte —, niedrige Geburtsstätte* (vulva).

पापराक्षसी f. *Hexe* ÂÇV. GRHJ. PARIÇ. 4,2. VÂSTUV. 546. HEMÂDRI 1,655,17.

पापरिपु N. pr. eines Tîrtha.

पापरोग m. 1) *eine böse —, schlimme Krankheit.* — 2) **die Blattern.* — 3) **Hämorrhoiden* GAL.

पापरोगिन् Adj. *mit einer bösen Krankheit behaftet.*

पापर्द्धि f. *Jagd* VIKRAMÂÑKAK. 16,31.

*पापर्ल n. *ein best. Maass.*

पापलोकँ m. *die üble Welt, Ort der Leiden oder Bösen.*

पापलोक्य Adj. (f. आ) *zur Hölle führend.*

पापवसीयँस् 1) Adj. *verkehrt.* — 2) n. = पापवसीयस.

पापवसीयस und °वस्यस n. *Verkehrung, verkehrte Ordnung, praeposterum, Wirrwarr.*

पापवादँ m. *unheilbringender Ruf.*

पापविनाशतीर्थ (Ind. St. 15,374) und °विनाशनतीर्थ n. N. pr. eines Tîrtha.

पापविनिश्चय Adj. *Böses im Sinne führend.*

*पापशमनी f. *Prosopis spicigera* RÂGAN. 8,33.

पापशील Adj. (f. आ) *schlechten Charakters* VENÎS. 23,8. Nom. abstr. °त्व n. 22,22.

पापशोधन n. N. pr. eines Tîrtha.

पापसंशमन Adj. *die Fehltritte beseitigend.*

पापसंकल्प Adj. (f. आ) *übelgesinnt.*

पापँसम n. *ein schlimmes Jahr* VAITÂN.

पापसूदनतीर्थ n. N. pr. eines Tîrtha.

पापस्कन्ध n. Pl. *eine angehäufte Sündenmenge* KÂRAṆḌ. 37,16.

पापहन् 1) Adj. *das Böse* oder *die Bösen verscheuchend.* — 2) f. पापघ्नी N. pr. eines Flusses. °माहात्म्य n.

पापहर 1) Adj. *Böses wegnehmend;* n. *ein Mittel dazu.* — 2) f. आ N. pr. eines Flusses.

पापहृदय Adj. (f. आ) *schlechtherzig* VENÎS. 38.

पापाख्या f. *eine der 7 Strecken der Planetenbahnen.*

पापाङ्कुशा f. *der 11te Tag in der lichten Hälfte des Âçvina.*

पापाचार 1) Adj. *einen bösen Wandel führend.* — 2) m. N. pr. eines Fürsten DHÛRTAN. 54.

पापात्मन् Adj. *übelgesinnt;* m. *ein böser Mensch, Bösewicht.*

1. पापानुबन्ध m. *böse Folgen* SPR. 4059.

2. पापानुबन्ध Adj. *Böses im Schilde führend* R. 1, 34,30.

पापान्त n. N. pr. eines Tîrtha.

पापापुरी f. N. pr. einer *Stadt.* Vgl. पापपुरी.

*पापाय्, °यते Denomin. von पाप.

पापावर्क्कीयम् Adv. *Uebles hinter sich lassend.*

*पापाशय Adj. *böse Absichten habend.*

पापाहँ *Unglückstag.*

पापिन् Adj. *Böses thuend; m. Bösewicht, Frevler.*

पाँपिष्ठ, पापिष्ठतर und पापिष्ठतम s. u. पाप 1).

पापीय Adj. = पाँपीयंस्.

पाँपीयंस् und पापीयस्तर s. u. पाप 1).

पापीयस्त्व n. *Schlechtigkeit, Gemeinheit.*

पापोक्त Adj. *derjenige, gegen welchen Unglück bringende Worte gesprochen sind.*

पाप्मँन् (verkürzt aus पापिमन्) m. 1) *Unheil, Schaden, schlimme Lage, Unglück, Leiden.* — 2) *Fehltritt, Vergehen.* — 3) *schädigend, böse.*

*पामघ्न m. *Schwefel.*

*पामघ्नी (f. zu पामहन्) f. *eine best. Pflanze.*

पार्मँन् m. *eine best. Hautkrankheit, Krätze* oder *Flechten.*

पामनँ Adj. *krätzig, grindig.*

पामनंभावुक (f. आ) und पामंभविष्णुँ (Maitr. S. 3, 6,8) Adj. *krätzig werdend.*

पामर 1) *Adj. *krätzig.* — 2) m. a) *ein Mann der niedrigsten Herkunft, der ein verachtetes Gewerbe treibt.* — b) *Bösewicht* Hit. 64,22. — c) *Thor, Dummkopf* Govindân. zu Bâdar. 2,1,34.

*पामरोद्धारा f. *Cocculus cordifolius.*

*पामवत् Adj. *krätzig.*

पामा f. *Krätze.* Pl. Karaka 6,1.

*पामार m. N. pr. eines Geschlechts.

*पामारि m. *Schwefel.*

पामावटिक m. Pl. v. l. für परमावटिक Weber, Pratiǵńâs. 105.

पाम्प Adj. *an der* Pampâ *gelegen.*

*पाम्पाली Adv. mit कर् Gaṇar. 97.

पाय्, पायते *cacare.*

*पाय n. *Wasser.*

पायक Adj. (f. पायिका) *trinkend* 239,7.

पायगुण्ड m. N. pr. eines Mannes.

पायँन 1) n. *das Tränken.* — 2) f. पायना *das Tränken mit, Befeuchten.*

पायम् Absol. पायं पायम् *unter beständigem Trinken, — Saugen an Etwas* 250,2.

पाँययितवै Dat. Inf. zum Caus. von 1. पा *trinken* Çat. Br. 2,3,2,8.

पायस 1) Adj. *mit Milch zubereitet.* — 2) m. n. a) *Milchspeise,* insbes. *in Milch gekochter Reis.* — b) **das Harz der* Pinus longifolia.

*पायसिक Adj. (f. ई) *Milchspeisen mögend.*

*पायिक m. *Fussoldat.*

°पायिन् Adj. *trinkend, — an oder aus, saugend.*

1. पायुँ m. 1) *Hüter, Beschützer;* Pl. insbes. Instr. *schützende Kräfte, Schutzäusserungen.* — 2) N. pr. eines Mannes.

2. पायुँ (पाँयु Çat. Br. 14) m. *After.*

पायुत्तालनभूमि f. *Abtritt.* Nom. abstr. °ता f.

पायुत्तालनवेश्मन् n. dass.

पायुभेद m. Bez. *zweier Weisen, auf welche eine Finsterniss endet.*

पायूपस्थ n. Sg. *der After und die Geschlechtstheile.*

1. पाय्य 1) Adj. a) **zu trinken, getrunken werdend.* — b) *den man Etwas* (Acc.) *trinken lassen soll.* — 2) n. a) *Trunk* in पूर्वपाँय्य. — b) **Wasser.* — Vgl. नृपाँय्य und बहुपाँय्य.

2.*पाय्य n. *Maass.*

3.*पाय्य Adj. *tadelnswerth.*

1. पारँ 1) Adj. *hinüberbringend, übersetzend.* — 2) m. (ganz ausnahmsweise) und n. a) *das jenseitige Ufer, die jenseitige Grenze.* — b) *Ufer* überh. Râǵat. 4,536. 554. Prij. 17,1. — c) *die äusserste Grenze, das Letzte, Aeusserste, Ende, Endziel* überh. — 3) m. a) *das Ueberschiffen* in दुष्पार und सुपारँ. — b) **Quecksilber.* — c) *eine best. Personification* Gaut. — d) N. pr. α) verschiedener Männer. — β) Pl. einer Klasse von Göttern unter dem 9ten Manu. — 4) f. पारा N. pr. eines Flusses. — 5) f. पारी a) *Melkkübel* Çiç. 12,40. *Gefäss überh.* Vikramâṅkak. 11,58. — b) **Blüthenstaub.* — c) **ein Strick zum Binden der Füsse eines Elephanten.* — d) **Wasserfluth* (पूर) oder **Stadt* (पुर).

2. पार m. = पाल *Hüter.*

पारक 1) Adj. (*f. ई) *hinüberführend, errettend* in उद्र°. — 2) m. Pl. N. pr. eines Volkes.

*पारकाङ्क्षिन् m. = पारिकाङ्क्षिन्.

पारकाम Adj. *an's andere Ufer zu gelangen wünschend.*

*पारकुलीन Adj. = परकुले साधुः.

पारक्य 1) Adj. *einem Andern gehörig, für Andere bestimmt, Andern dienend, fremd, feindlich.* — 2) m. *Feind.*

पारक्षुद्र Adj. mit यजुस् Bez. *eines best. Spruchs* Comm. zu Âpast. Çr. 5,15,3. 6,31,12.

पारग 1) Adj. (f. आ) a) *an's jenseitige Ufer gehend, hinübersetzend, — schiffend, überzusetzen beabsichtigend.* — b) *an's Ende von Etwas gelangt, Etwas durchstudirt habend, Etwas durchführend, vollständig vertraut mit Etwas;* die Ergänzung im Gen., Loc. oder im Comp. vorangehend. Ohne Ergänzung *gründlich gelehrt.* — 2) Nom. abstr. *das Vollenden, Halten* (eines Versprechens); man könnte पारण vermuthen.

पारगत 1) Adj. *an's jenseitige Ufer gelangt, glücklich hinübergelangt über* (Gen.) Spr. 1047. — 2) *m. bei den Ǵaina *ein* Arhant.

*पारगति f. *das Durchstudiren, Durchlesen.*

°पारगमन n. *das Gelangen an's jenseitige Ufer, das Hinübersetzen über.*

पारगामिन् 1) Adj. a) *hinüberschiffend* Text zu Lot. de la b. l. 250. — b) *hinübergelangend, landend* Kâraṇḍ. 55,16. 58,9. fgg. — 2) m. MBh. 13, 34,18 nach Nîlak. = परलोकहितं कर्म.

पारग्रामिक Adj. (*f. ई) *feindlich.*

पारचर Adj. *am jenseitigen Ufer wandelnd, für immer erlöst.*

*पारत् (Nom. पारक्) *Gold.*

पारजायिक und °जायिन् Adj. *der zu eines Andern Weibe geht;* m. *Ehebrecher.*

*पारटीट m. = मृन्मरु.

1. पारण 1) Adj. *hinüberschaffend, errettend.* — 2) n. a) *das zu Ende Führen, Vollbringen, Erfüllen.* — b) *das Beschliessen des Gelübdes der Fasten, Fastenbrechen, der erste Genuss von Speise nach vorangegangenem Fasten, breakfast, déjeûner, Frühmahl.* कारय चतुषी °णाम् so v. a. *gewähre den Augen den Genuss* Bâlar 273,17. 299,8. Auch f. आ. शोणितापरणा *ein Frühmahl in Blut.* — c) *das Durchstudiren, Durchlesen, Lesen.* Auch f. आ. — d) *der vollständige Text.*

2.*पारण m. *Wolke.*

*पारणि m. Patron.

पारणिक in महा°.

पारणीय Adj. *zu dessen Ende man gelangen kann, mit dem* oder *womit man fertig werden kann, zu überwinden, zu vollbringen.*

पारत m. 1) *Quecksilber* 162,21. — 2) Pl. N. pr. eines Volkes. — Vgl. पारद.

पारतक m. Pl. N. pr. eines Volkes.

पारतल्प Râǵat. 2,93 fehlerhaft für °तल्प्य.

पारतन्त्रिक Adj. *fremden Lehrbüchern angehörig* Gṛhjâs. 2,91. 92.

पारतन्त्र्य n. *Abhängigkeit.*

पारतल्पिक n. *Ehebruch* Daçak. 92,13.

पारँतस् Adv. *jenseits,* mit Gen.

पारत्रिक Adj. *jenseitig, zum Jenseits in Beziehung stehend, für's J. förderlich.*

पारत्र्य Adj. *zum Jenseits in Beziehung stehend, für's J. bestimmt.*

1. पारद 1) m. n. *Quecksilber.* Nom. abstr. °त्व n. — 2) m. a) *eine best. Personification.* — b) Pl. N. pr. eines Volkes.

2. °पारद Adj. (f. आ) *hinüberführend über* Ind. St. 15,209.

पारदकल्प m. Titel eines Werkes.

*पारदण्डक m. N. pr. eines Landes.

पारदर्शक Adj. *das jenseitige Ufer zeigend.*

पारदर्शन Adj. *auf das jenseitige Ufer hinüberschauend, Alles übersehend.*

पारदारिक Adj. 1) *mit eines Andern Weibe Umgang pflegend;* m. *Ehebrecher.* — 2) *das Weib eines Andern betreffend, darauf bezüglich.*

पारदारिन् Adj. = पारदारिक 1).

पारदार्य n. *der Umgang mit dem Weibe eines Andern, Ehebruch.*

पारंदृश्वन् Adj. (f. °श्वरी Hem. Par. 2,85) *der das jenseitige Ufer gesehen hat, vollkommen vertraut mit;* die Ergänzung im Gen. oder im Comp. vorangehend.

*पारदेशिक Adj. von परदेश.

पारदेश्य Adj. *aus einem fremden Lande herstammend, ausländisch.*

पारदौर्बल्य n. *die je geringere Geltung jedes Nachfolgenden* (पर) Gaim. 3,3,14.

*पारधेनु m. *eine best. Mischlingskaste.*

पारध्वज m. Pl. *jenseits des Meeres* (aus Ceylon) *kommende Standarten, die bei Processionen der Könige herumgetragen werden.*

पारनेतर् Nom. ag. *Jmd* (Gen.) *an's jenseitige Ufer bringend, mit Etwas* (Loc.) *vertraut machend.*

पारपार m. als Beiw. Vishṇu's VP. 1,15,56 auf mannichfache Weise erklärt.

पारबव n. Name zweier Sâman Ârsh. Br.

पारमक Adj. (f. °मिका) = परमक.

*पारमगोपुच्छिक Adj. = परमगोपुच्छेन क्रीतम्.

पारमर्ष Adj. *von einem grossen* Ṛshi *herstammend.*

*पारमस्थ्य n. Nom. abstr. von परम-स्थ.

पारमहंस Adj. (f. ई) *zum* Paramahaṁsa 1)2) *in Beziehung stehend.*

पारमहंस्य 1) Adj. dass. — 2) n. Nom. abstr. von परमहंस 1) 2).

पारमार्थिक Adj. (f. ई) 1) *real, wirklich, wahr.* — 2) *dem es um die Wahrheit zu thun ist.*

पारमार्थ्य n. *die volle Wahrheit.*

पारमिता f. *das Gelangen zum jenseitigen Ufer, die vollkommene Erreichung* einer Tugend, *Vollkommenheit in* (im Comp. vorangehend). षट्पारमितानिर्देशन Kâraṇḍ. 11,9. 35,7. 50,16.

पारमेश्वर 1) Adj. (f. ई) *zum höchsten Herrn, zu* Çiva u. s. w. *in Beziehung stehend, ihm gehörig, ihn betreffend, von ihm kommend.* — 2) Titel eines Werkes.

पारमेश्वरक Adj. (f. °रिका) *von* Parameçvara (= Paramâdiçvara) *verfasst* Unterschr. im Comm. zu Ârjabh.

पारमेष्ठ m. Patron. Nârada's. v. l. *ष्ठ्य.

पारमेष्ठ्य 1) Adj. *zum Oberhaupt —, zum höchsten Gott —, zu* Brahman *in Beziehung stehend, ihm gehörig, — zukommend, von ihm kommend* u. s. w. — 2) Patron. Nârada's MBh. 12,235,5. — 3) n. a) *die höchste Stellung.* — b) Pl. *die königlichen Insignien.*

पारमैश्वर्य n. 1) *Oberherrlichkeit.* — 2) *das Gottsein.*

पारंपर Adj. *jenseitig.* लोक m. *Welt* Kâd. 2,66,4.

पारंपरीण Adj. *von Vater auf Sohn übergegangen, ererbt.*

पारंपरीय Adj. *überliefert.*

पारंपर्य n. 1) *ununterbrochene Folge, Kette, Tradition, das von Mund zu Mund Gehen.* °पर्यक्रमागत und °पर्यागत Adj. *überliefert.* Instr. *nach und nach, allmählich* MBh. 6,120,29 (die ältere Ausg. fälschlich °पर्येषु. — 2) *Vermittelung, Mittelbarkeit.*

*पारय Adj. vom Caus. von 2. पर्.

पारयितर् Nom. ag. vom Caus. von 2. पर्. °यितास्मि als Fut. 27,24. 28,3.

पारयिष्णु 1) Adj. *glücklich durchführend, zum Ziel bringend, siegreich.* Mit Acc. *glücklich zu Ende bringend* Gobh. 3,2,9. Superl. पारयिष्णुतम Chr. 24,24. — 2) m. *eine best. Personification* Gaut.

*पारयुगीण Adj. von पर-युग Comm. zu Gaṇar. 338.

पारलोकिक MBh. 12,12053 fehlerhaft für °लौकिक.

पारलोक्य Adj. *zur jenseitigen Welt in Beziehung stehend.*

पारलौकिक 1) Adj. (f. ई) dass. MBh. 12,321,10. सहाय m. *ein Gefährte auf dem Wege in's Jenseits.* — b) Bez. einer best. Perlengrube und der darin gefundenen Perlen Varâh. Bṛh. S. 81,2. 4. — 2) n. *Dinge —, Angelegenheiten, die die andere Welt betreffen.*

पारवत m. 1) **Turteltaube.* — 2) Pl. N. pr. einer Klasse von Göttern unter Manu Svârokisha.

पारवर्ग्य Adj. *zur Partei eines Andern, — der Feinde gehörig.*

पारवश्य n. *Abhängigkeit, das Beherrschtwerden —, in der Gewalt Stehen von* (im Comp. vorangehend) Nîlak. zu MBh. 12,163,14.

पारविन्द m. *eine best. Personification.*

पारशव 1) Adj. (f. ई) a) *eisern.* Nur in der Verbindung सर्व° *ganz von Eisen,* was von Nîlak. sehr künstlich erklärt wird. — b) Bez. einer best. Perlenfundgrube und der darin gefundenen Perlen. — 2) *m. n. *Eisen.* — 3) m. a) *eine best. Mischlingskaste, der Sohn eines Brahmanen von einer* Çûdrâ Gaut. Angeblich auch *ein uneheliches Kind.* — b) Pl. N. pr. eines Volkes. — 3) f. ई f. zu 3) a). — Wird auch पारसव (auch MBh. ed. Bomb.) geschrieben; die im M. und MBh. vom Worte gegebene, übrigens werthlose Etymologie spricht für पारशव, wenigstens für die Bed. 3) a).

*पारशवायन m. Patron. von पारशव.

पारशव्य m. Patron. des Tirindira.

*पारश्वध und *°श्वधिक Adj. *mit einer Streitaxt bewaffnet.*

पारषद n. v. l. für पारिषद 3).

पारस 1) Adj. (f. ई) *persisch.* — 2) f. ई *die persische Sprache.*

पारसव s. पारशव.

पारसिक 1) m. Pl. *die Perser.* — 2) Adj. *persisch.*

पारसीक 1) m. a) Pl. *die Perser.* — b) *ein persisches Pferd.* — 2) (wohl n.) *Persien* Bhâvapr. 1, 189.

पारसीकतैल n. *Naphtha* Vikramâṅkak. 9,20.

पारसीकयमानी f. *Hyoscyamus niger* Mat. med. 312.

पारसीकेय Adj. *persisch.*

पारसीप्रकाश (पारशी° gedr.) m. und पारसीविवाद m. Titel von Werken.

*पारस्कन्द m. v. l. für परिस्कन्द.

पारस्कर 1) m. N. pr. eines Gelehrten. — 2) *n. N. pr. einer Gegend oder einer Stadt Comm. zu Gaṇar. 150. — 3) Adj. von Pâraskara *herrührend, — verfasst.*

*पारस्त्रैणेय m. *ein mit der Frau eines Andern gezeugter Sohn.*

*पारस्यकुलीन Adj. = परस्य कुले साधुः.

पारस्वत Adj. *dem wilden Esel gehörig* u. s. w.

पारहंस्य Adj. = पारमहंस्य 1).

*पारापत m. *Turteltaube* Râǵan. 19,108.

पारापतक m. *eine Reisart.*

*पारापतपदी f. 1) *Cardiospermum Halicacabum* Râǵan. 3,73. — 2) *Leea hirta* Râǵan. 4,144.

पारापार 1) *m. *Meer.* — 2) n. *das jenseitige und diesseitige Ufer.* °तटे *an beiden Ufern.* v. l. पारावार.

पारायण 1) n. a) *das Durchstudiren, Durchlesen* (Âpast.), *Lesen.* — b) *das Ganze.* — c) *der vollstän-*

dige Text. — *d*) Titel eines Werkes. — 2) *f. ई *a*) *Handlung.* — *b*) *Betrachtung.* — *c*) *Licht.* — *d*) Bein. der Göttin Sarasvatî.

पारायणमाहात्म्य n. Titel eines Abschnittes im Pâdmapurâṇa.

पारायणिक 1) *Adj. *der Etwas durchstudirt, durchliest.* — 2) m. Pl. *eine best. Schule.*

पारायणीय n. Titel einer Grammatik.

*पारारुक m. *Fels.*

पारार्थ्य n. 1) *das Bedingtsein durch Andere oder Anderes.* — 2) *warmes Gefühl für die Sache eines Andern, Uneigennützigkeit.*

पारार्थ्यनिर्णय m. und पारार्थ्यविवेचन n. Titel eines Werkes.

पौरावत 1) Adj. *in der Ferne befindlich, aus d. F. stammend.* Abl. Pl. so v. a. *aus den Fernen.* — 2) m. *a*) *Turteltaube.* Am Ende eines adj. Comp. f. आ. — *b*) *eine Schlangenart.* — *c*) * *Affe.* — *d*) *Diospyros embryopteris.* — *e*) * *Berg.* — *f*) N. pr. α) Sg. und Pl. eines Volksstammes an der Jamunâ. — β) Pl. einer Klasse von Göttern unter Manu Svârokisha. — γ) eines Schlangendämons. — 3) *f. पारावती *a*) *die Frucht der Averrhoa acida.* — *b*) *Hirtengesang.* — *c*) N. pr. eines Flusses. — 4) n. *die Frucht von Diospyros embryopteris.*

पारावतघ्नी Adj. f. *den Fernen* (*Dämon*) *treffend* oder *aus der Ferne —, in die F. treffend.* Nach Nir. *das Ufer diesseits und jenseits zerstörend.*

पारावतदेश m. N. pr. eines *Landes.*

पारावतपदी f. *Cardiospermum Halicacabum* Bhâvapr. 1,174. Karaka 7,1.

पारावतमालाय्, °यते *einem Taubenschwarm gleichen* Kâd. 28,14. fg.

पारावतसवर्णाश्व m. Bein. Dhṛshṭadjumna's.

पारावतान्त m. N. pr. eines Schlangendämons.

*पारावताङ्घ्रि f. *Cardiospermum Halicacabum.*

*पारावताङ्घ्रिपिच्छ m. *eine Art Taube.*

पारावताश्व m. Bein. Dhṛshṭadjumna's.

पारावति m. Patron. des Vasurokis.

पारावद्घ्नी Adj. f. fehlerhaft für पारावतघ्नी.

पारावर्य n. *das Allumfassendsein, Allseitigkeit* Hariv. 2,68,32. Instr. so v. a. *nach allen Seiten hin, vollständig.*

पारावार 1) (*n.) *das jenseitige und diesseitige Ufer.* °तटे *an beiden Ufern,* °तारणार्थम् *um von einem Ufer zum andern überzusetzen.* — 2) m. *Meer* Prasannar. 131,14. न्यायपारावारपारदृश्वन् so v. a. *mit dem Njâja vollkommen vertraut.*

*पारावारीण Adj. von पारावार.

पारावाह्न m. fehlerhaft für परावह्न.

पाराशर 1) Adj. *a*) *von Parâçara herrührend.* — *b*) * *von Pârâçarja herrührend.* — 2) m. *a*) Patron. von पराशर. Auch Pl. — *b*) Pl. *eine best. Schule.* — 3) f. पौराशरी *a*) Patron. von पराशर. — *b*) *ein Werk des Parâçara.* °पद्धति f. Bühler, Rep. No. 538. °मूल n. und °व्याख्या f. Opp. Cat. 1.

*पाराशरकल्पिक Adj. *der den Parâçara-Kalpa studirt.*

*पाराशरि m. Patron. Vjâsa's.

पाराशरिन् m. 1) *ein Mönch aus dem Orden des Pârâçarja* Harshak. 42,10. 148,19. 208,21 (an den beiden letzten Stellen fälschlich परा°). — 2) Pl. *eine bestimmte philosophische Schule.*

पौराशरीकौण्डिनीपुत्र und पौराशरीपुत्र m. N. pr. zweier Lehrer.

पाराशरीय n. *das Werk des Parâçara* Opp. Cat. 1.

पौराशर्य 1) m. Patron. von पराशर. — 2) n. *das Werk des Parâçara* Opp. Cat. 1.

पौराशर्यायण m. Patron. von पाराशर्य.

*पारिकाङ्क्ष und *°काङ्क्षिन् m. *ein Brahman in seinem vierten Lebensstadium, als Bettler.*

*पारिकार्मिक m. *ein Aufseher über die unbedeutenden Geräthschaften.*

पारिकुट m. *Diener, Begleiter.*

पारिक्षि (!) m. N. pr. eines Mannes Weber, Lit. 303.

पारिक्षित् (metrisch) m. = पारिक्षित 1) MBh. 12,150,3. v. l. पारीक्षित्.

पारिक्षित 1) m. Patron. des Ganamegaja. Auch Pl. — 2) f. ई Bez. *der Verse* AV. 20,127,7—10.

पारिक्षितीय m. nach dem Comm. *der Bruder des* Parikshit.

पारिक्षेपक oder °पिक vielleicht *Einwurf.*

*पारिख von परिखा; davon *Adj. पारिखीय.

*पारिखेय Adj. (f. ई) *mit einem Graben umgeben.*

*पारिग्रामिक Adj. *um ein Dorf herum gelegen.*

पारिजात m. 1) *Erythrina indica.* Auch *Holz von diesem Baume.* — 2) *ein best. mythischer Baum,* der bei der Quirlung des Oceans zum Vorschein kam, in Indra's Besitz gelangte und von Kṛshṇa geraubt wurde. — 3) *Wohlgeruch* Varâh. Bṛh. S. 77,27. — 4) Titel verschiedener Werke Opp. Cat. 1,2374. Insbes. am Ende eines Comp. — 5) N. pr. *a*) eines Schlangendämons. — *b*) eines alten Ṛshi. — *c*) eines Autors von Mantra bei den Çâkta.

पारिजातक m. 1) und 2) = पारिजात 1) und 2). — 3) Titel eines Schauspiels, = पारिजातहरण Opp. Cat. 1. — 4) N. pr. verschiedener Männer Harshak. 111,11.

पारिजातमय Adj. (f. ई) *aus den Blumen des* पारिजात 2) *gemacht.*

पारिजातरत्नाकर m. Titel eines Werkes.

पारिजातवन्त् Adj. *mit* पारिजात 2) *versehen.*

पारिजातसरस्वतीमन्त्र m. Pl. Bez. *bestimmter Zaubersprüche.*

पारिजातहरण n. *der Raub des Pârigâta* 2). Auch Titel eines Schauspiels.

पारिज्ञानत m. Patron. Tâṇḍja-Br. 13,4,11. 10,8.

पारिण und °क m. N. pr. eines Mannes.

पारिणामिक Adj. 1) *verdaulich* Spr. 7394 (परि° wohl fehlerhaft). — 2) *der Entwickelung unterworfen.* भाव m. so v. a. *natürliche Anlage* (bei den Gaina) Çaṁk. zu Bâdar. 2,1,6.

पारिणाय्य n. 1) *Hausgeräthe* 188,28. — 2) *Heirathsgut.*

पारिणाह्य n. *Hausgeräthe.*

*पारितथ्या f. *eine Perlenschnur, mit der das Haar gebunden wird.*

पारितवन्त् Adj. *das Wort* पारित *oder andere Formen des Caus. von* 2. पर् *enthaltend.*

पारितोषिक n. *Belohnung, Geschenk* (als *Zeichen der Zufriedenheit*) 311,1. Bâlar. 114,1.

*पारिदृढि m. Patron. von परिदृढ; f. ई.

*पारिधेय m. Patron. von परिधि.

*पारिध्वजिक m. *Standartenträger.*

*पारिन्द्र m. *Löwe.*

पारिपन्थिक m. *Wegelagerer, Räuber* MBh. 12, 321,57.

*पारिपाट्य n. Nom. abstr. von परिपाटी.

पारिपात्र, *°पात्रक und °पात्रिक fehlerhaft für °यात्र, *°यात्रक und °यात्रिक.

पारिपान्थिक MBh. 12,12100 fehlerhaft für पारिपन्थिक.

पारिपार्श्व wohl n. *Nebenpersonen im Schauspiel.* Nach Nîlak. = श्रुतिधरत्व.

पारिपार्श्वक 1) Adj. *zur Seite stehend.* नराः so v. a. *Diener.* — 2) m. *der Gehülfe des Schauspieldirectors* Bhar. Nâṭjaç. 34,103. — 3) f. °र्श्विका *Dienerin.*

पारिपार्श्विक 1) Adj. *zur Seite stehend, zum Gefolge gehörend;* m. *Diener,* Pl. *Gefolge.* — 2) m. *der Gehülfe des Schauspieldirectors.*

पारिपाल्य n. *Statthalterschaft* Râgat. 7,995.

*पारिपेल n. = परिपेलव.

पौरिप्लव 1) Adj. (f. आ) *a*) *umherschwimmend, schwimmend.* — *b*) *sich hinundher bewegend, unstät* Vikramâṅkak. 18,33. — *c*) *unstät, schwankend, unschlüssig* Harshak. 207,14. — *d*) *im Kreislauf sich bewegend*, Bez. einer beim Açvamedha zu recitirenden und ein Jahr hindurch in bestimmten Fristen zu wiederholenden Anzahl von Legenden (°आख्यान) Bâdar. 3,4,23. — 2) m. *a*) *Schiff.* — *b*) *eine best. Gruppe von Göttern im 5ten* Manvantara. — 3) f. पारिप्लवा = परिप्लव 3) Ârjav. 83, 16. fgg. 85,16. — 4) n. N. pr. eines Tîrtha.

पारिप्लवता f. und °प्लवत्व n. *Unstätigkeit, Flatterhaftigkeit* Harshak. 25,2. Râǵat. 7,1130.

पारिप्लवीय n. *eine zur Recitation der* Pâriplava-*Legenden gehörige Spende.*

*पारिप्लाव्य 1) m. *Gans.* — 2) n. Nom. abstr. zu पारिप्लव 1).

पारिबर्ह m. 1) Sg. und Pl. = परिबर्ह 1). — 2) N. pr. eines Sohnes des Garuḍa.

पारिभद्र 1) m. *a*) *Erythrina indica* Bâlar. 90,2. — *b*) **Azadirachta indica.* — *c*) **Pinus Deodora.* — *d*) **Pinus longifolia.* — *e*) N. pr. eines Sohnes des Jaǵñabâhu. — 2) n. N. pr. des von Pâribhadra beherrschten Varsha in Çâlmaladvîpa.

पारिभद्रक 1) m. *a*) *Erythrina fulgens.* — *b*) **Azadirachta indica.* — *c*) Pl. N. pr. eines Geschlechts MBh. 6,51,9. — 2) *n. *Costus speciosus* oder *arabicus.*

पारिभव्य n. = पारिभाव्य 2) Bhâvapr. 1,175.

पारिभाव्य n. 1) *Bürgschaft.* — 2) **Costus speciosus* oder *arabicus.*

पारिभाषिक Adj. (f. ई) *technisch, der Kunstsprache angehörig* Kap. 5,5. Nom. abstr. °त्व n.

पारिमाण्डल्य n. *Kugelrundheit* Çaṁk. zu Bâdar. 2,2,11 (einmal fehlerhaft °णिडल्य).

पारिमाण्य n. *Umfang.*

पारिमित्य n. *das Begrenztsein, Beschränktsein.*

*पारिमुखिक und *°मुख्य Adj. *vor Jmds Angesicht stehend, in Jmds Nähe sich befindend.*

पारियात्र m. N. pr. 1) eines Gebirges, *der westliche* Vindhja. Am Ende eines adj. Comp. f. आ Varâh. Jogaj. 5,21. — 2) eines Mannes.

*पारियात्रक m. = पारियात्र 1).

पारियात्रिक m. *ein Bewohner des Gebirges* Pârijâtra.

*पारियानिक m. *Reisewagen.*

*पारिरक्षक und *°रक्षिक m. *ein Brahman im vierten Lebensstadium, als Bettler.*

*पारिल m. Patron. von पारिल.

पारिवत्स m. *ein dazu* (zu den Kühen) *gehöriges Kalb.* v. l. परिवत्स.

पारिवित्त्य n. *das Unverheirathetsein eines älteren Bruders, während ein jüngerer verheirathet ist.*

*पारिवृढि m. Patron. von परिवृढ; f. °ई.

*पारिवृढ्य n. Nom. abstr. von परिवृढ.

पारिवेत्त्य n. *das Heirathen eines jüngern Bruders vor dem ältern.*

पारिव्रज्य n. fehlerhaft für °व्राज्य.

पारिव्राजक 1) Adj. *für den herumwandernden religiösen Bettler bestimmt.* — 2) *n. *das wandernde Leben des religiösen Bettlers.*

पारिव्राज्य n. = पारिव्राजक 2).

पारिश m. *Thespesia populneoides* Mat. med. 312. Vgl. पारीष.

*पारिशील m. *Kuchen.*

पारिशेष्य n. *Ergebniss, Resultat* Comm. zu TS. Prât. 14,28. Abl. *folglich, ergo* Comm. zu TS. Prât. Auch mit vorangehendem अतस् oder तस्मात्.

*पारिषत्क Adj. = परिषदमधीते वेद वा.

पारिषद 1) Adj. *a*) *in die Gesellschaft passend, anständig, decorus* Karaka 1,5. — *b*) **zum Dorfe* परिषद् *gehörig* u. s. w. — 2) m. *a*) *Beisitzer in einer Rathsversammlung, Theilnehmer an einer Versammlung* Prasannar. 7,3. — *b*) Pl. *das Gefolge eines Gottes.* — 3) n. *die Theilnahme an einer Versammlung.*

*पारिषद्क Adj. परिषदा कृतम्.

पारिषद्य m. *Theilnehmer einer Versammlung, Zuschauer.*

*पारिषेण्य m. Patron. von परिषेण.

*पारिसारक Adj. *das Wort* परिसारक *enthaltend.*

*पारिसीर्य Adj. von परिसीरम्.

*पारिहनव्य Adj. von परिहनु.

पारिहारिक 1) Adj. *privilegirt.* — 2) *m. *ein Verfertiger von Blumenkränzen.* — 3) f. ई *eine Art Räthsel.*

*पारिहारिणी (?) Deçin. 5,56.

पारिहार्य m. *ein auf dem Handgelenk getragenes Armband* Kâd. 64,11.

पारिहास्य n. *Scherz.*

पारीक्षित् (metrisch) m. = पारीक्षित 2). v. l. पारिक्षित्.

पारीक्षित 1) Adj. *zu* Parikshit *in Beziehung stehend, über ihn handelnd, von ihm herrührend.* — 2) m. Patron. des Ǵanameǵaja.

पारीण 1) *Adj. am Ende eines Comp. *vollkommen vertraut mit.* — 2) m. N. pr. eines Mannes.

पारीणाह्य n. *Hausgeräthe.*

पारीन्द्र m. 1) *Löwe* Spr. 4064. — 2) **eine Boa.*

°पारीय Adj. *der — durchstudirt hat* Hemâdri 1, 520,3 = Ind. St. 3,259,2 v. u.

*पारीरण m. = परीरण.

पारीष m. = पारिश Bhâvapr. 1,230. v. l. पलीश.

*पारु m. 1) *die Sonne.* — 2) *Feuer.*

पारुच्छेप 1) Adj. (f. ई) *von* Parukkhepa *herrührend* u. s. w. — 2) f. ई Pl. Bez. *bestimmter Verse* Vaitân. — 3) n. Name zweier Sâman Ârsh. Br.

पारुच्छेपि m. Patron. von परुच्छेप.

*पारुषक *eine best. Blume.*

पारुषेय Adj. *scheckig, fleckig.*

पारुष्ण m. *ein best. Vogel.*

पारुष्य 1) *m. *der Planet Jupiter.* — 2) n. (adj. Comp. f. आ) *a*) *Rauhheit, Ruppigkeit* (der Haare). — *b*) *rauhes —, unfreundliches Benehmen, grobe —, beleidigende Reden.* Ausnahmsweise auch Pl. — *c*) *Indra's *Hain.* — *d*) **Agallochum.*

*पारेगङ्गम् Adv. *jenseits der* Gaṅgâ.

पारेतरंगिणि Adv. *jenseits des Flusses* Prasannar. 108,1.

*पारेधन्व N. pr. einer Oertlichkeit. Davon Adj. °क.

*पारेवडवा f. = पारे वडवेव.

पारेवत m. *eine Dattelart* Râǵan. 11,88.

पारेविशोकम् (°के wohl fehlerhaft) Adv. *jenseits des Gebirges* Viçoka. °काद्रि.

पारेश्मशानम् Adj. *jenseits der Leichenstätte.*

पारेसिन्धु Adv. *jenseits des Indus.*

पारोऽक्ष Adj. *unverständlich, räthselhaft.* v. l. °क्ष्य.

पारोऽक्ष्य 1) Adj. *dem Auge —, dem Verständniss sich entziehend, unverständlich, räthselhaft.* — 2) n. *a*) *Unfehlbarkeit.* — *b*) *eine geheimnissvolle Weise, Mysterium.*

पारोवर्य n. *Tradition.*

*पार्घट n. *Asche.*

पार्जन्य Adj. *dem* Parǵanja *gehörig, an ihn gerichtet* Vaitân.

पार्ण 1) Adj. *a*) **von Blättern erhoben* (Abgabe). — *b*) *aus dem Holze der Butea frondosa gemacht.* — 2) *m. *a*) *Blätterhütte* Gal. — *b*) Patron.

*पार्णवल्क Adj. von पार्णवल्क्य.

पार्णवल्कि m. Patron. des Nigada.

*पार्णवल्क्य m. Patron. von पर्णवल्क.

1. पार्थ 1) m. Patron. von पृथि. — 2) n. *a*) Bez. von *zwölf bei der Salbung im* Râǵasûja *üblichen Spenden und Sprüchen, die dem* Pṛthi Vainja *zugeschrieben werden.* — *b*) Name verschiedener Sâman.

2. पार्थ m. 1) Metron. Judhishṭhira's, Bhîmasena's und Arǵuna's, insbes. des letztern. Pl. Bez. aller fünf Söhne des Pâṇḍu. — 2) N. pr.

eines Fürsten von Kâçmîra und auch eines andern Mannes. — 3) *Terminalia Arunja.*

3.*पार्थ m. *Fürst, König.*

4.*पार्थ Med. th. 9 fehlerhaft für पीथ.

पार्थक्य n. *Besonderheit, Verschiedenheit.*

पार्थगध्य n. *Verschiedenheit des Zweckes, — der Bedeutung* Çaṅk. zu Bâdar. 3,2,21 (S. 815, Z. 6). Comm. zu Gaim. 1,1,25.

पार्थपराक्रम n. Titel eines Schauspiels.

पार्थपुर n. N. pr. einer *Stadt.*

पार्थमय Adj. *ganz aus Söhnen der* Pṛthâ *bestehend.*

पार्थव 1) Adj. (f. ई) *dem* Pṛthu *eigen, ihm gehörig* u. s. w. — 2) m. Patron. von पृथु. — 3) *Weite, grosse Ausdehnung* Comm. zu Âpast. Çr. 1, 25,6.

पार्थवि oder पार्थिवि etwa *Erdstoff.* Vgl. 1. पार्थिव 4) b).

पार्थश्रवस m. Patron. wohl fehlerhaft für पार्थु°.

पार्थसारथिमिश्र m. N. pr. eines Gelehrten.

पार्थस्तुति f. Titel eines Stotra Opp. Cat. 1.

1. पार्थिव 1) Adj. (f. *आ und ई) *irdisch, auf oder in der Erde befindlich, auf die E. bezüglich, der E. eigen, aus E. entstanden, irden.* व्रत n. *die Weise der Erde.* — 2) m. a) *Erdbewohner.* — b) *Fürst, Krieger, König.* — c) *ein best.* Agni. — d) *ein irdenes Geschirr.* — e) *das 19te (53ste) Jahr im 60jährigen Jupitercyclus.* — f) Metron. Pl. auch als Name eines zu den Kauçika gezählten Geschlechts Hariv. 1464. 1771. — 3) f. पार्थिवी a) Metron. α) der Sîtâ. — β) *der Lakshmî. — 4) n. a) Pl. *die irdischen Räume.* — b) *Erdstoff.*

2. पार्थिव Adj. 1) (f. ई) *Fürsten zukommend, ihnen gehörend, fürstlich, königlich.* — 2) *n. *Tabernaemontana coronaria* Râgan. 10,145.

पार्थिवता f. und पार्थिवत्व n. *die fürstliche, königliche Würde, Königthum.*

पार्थिववाचनविधि m. Titel eines Werkes.

पार्थिवि s. पार्थवि.

पार्थिवेश्वरचिन्तामणि m. Titel eines Werkes.

पार्थुरश्म n. Name verschiedener Sâman.

पार्थुश्रवस s. पार्थश्रवस.

(पाथ्य) पार्थिअ m. Patron. von पृथि.

*पार्द 1) m. *ein best. Baum* Comm. zu Ganar. 300. — 2) f. आ N. pr. einer Frau ebend.

*पार्दाकी f. Comm. zu Ganar. 300.

*पार्दायनी f. von पर्दि.

*पार्दावत् Adj. von पार्द 1) Comm. zu Ganar. 300.

*पार्पर m. 1) *ein Mundvoll gekochten Reises.* — 2) *Schwindsucht.* Daneben = गदान्तर. — 3) *ein Staubfaden der Nauclea Cadamba.* — 4) *Asche.* — 5) Bein. Jama's. — 6) = जराट.

पार्य, पारिय 1) Adj. a) *am jenseitigen Ufer oder Ende befindlich.* — b) *der obere.* — c) *der letzte, äusserste,* so v. a. *den Ausschlag gebend, entscheidend.* — d) *zum Ziele führend, durchhelfend, erfolgreich, wirksam.* — 2) n. a) *Ende.* — b) *Entscheidung.*

पार्यवसानिक Adj. *zum Schluss —, zum Ende sich neigend* MBh. 12,339,89. पर्यव° v. l.

*पार्यासिक Adj. *der da sagt „genug“.*

*पार्युलूखल्य Adj. von पर्युलूखलम्.

*पार्योष्ठ्य Adj. von पर्योष्ठम्.

पार्वण 1) Adj. a) *zu einem Zeit- oder Mondesabschnitt (Neu- und Vollmond) gehörig, damit in Verbindung stehend.* — b) *zunehmend oder voll* (vom Monde). पार्वणौ शशिदिवाकरौ *Mond und Sonne zur Zeit des Vollmondes.* — 2) m. a) *Monatshälfte.* — b) *ein Neu- und Vollmondsopfer* Âpast. Gaut. Çâṅkh. Gṛhj. 5,4. — c) **eine Hirschart.*

पार्वत 1) Adj. (f. ई) *im Gebirge wachsend, dort wohnend, — befindlich, von dorther kommend, daraus —, darin bestehend, gebirgig.* — 2) *m. *Melia Bukayun.* — 2) f. पार्वती (nur in Nigh. accentuirt) a) **Gebirgsfluss.* — b) **Boswellia thurifera.* — c) **Grislea tomentosa* Râgan. 6,216. — d) **eine Art Pfeffer* Râgan. 6,17. — e) *= तुद्रपाषाणभेदा (Râgan. 5,43) und *जीवनी. — f) *eine best. wohlriechende Erdart.* — g) *die Tochter des* Himavant, Patron. der Durgâ. — h) N. pr. α) einer Höhle im Berge Meru. — β) eines Flusses VP.[2] 2,147. 340. — γ) verschiedener Frauen. — i) *Bein. der Draupadî; richtig पार्षती.

पार्वतायन m. Patron. von पर्वत, als N. pr. eines Kämmerers (v. l. पर्व°).

पार्वति m. Patron. des Daksha.

*पार्वतिक n. *Gebirge.*

पार्वतीक्षेत्र m. N. pr. eines *heiligen Gebietes* in Orissa.

पार्वतीधर्मपुत्रक m. *der Adoptivsohn der* Pârvatî, Bein. Paraçurâma's Bâlar. 12,6.

*पार्वतीनन्दन m. Metron. Skanda's.

पार्वतीनेत्र m. *ein best. Tact* S. S. S. 234.

पार्वतीपति m. Bein. Çiva's Bâlar. 76,10.

पार्वतीपरिणय n. Titel eines Schauspiels Opp. Cat. 1.

पार्वतीप्राणनाथ m. Bein. Çiva's Bâlar. 88,16.

पार्वतीय 1) Adj. *im Gebirge wohnend, — lebend.* — 2) m. a) *Gebirgsbewohner.* — b) **Juglans regia* Râgan. 11,82. — c) N. pr. α) eines Fürsten. — β) Pl. *eines Gebirgsvolkes.*

पार्वतीलोचन m. *ein best. Tact* S. S. S. 212.

पार्वतीश्वरलिङ्ग n. Name eines Liṅga.

पार्वतीसख m. Bein. Çiva's Ind. St. 14,147.

पार्वतीस्वयंवर n. (wegen नाटक) Titel eines Schauspiels Opp. Cat. 1.

पार्वतेय 1) m. a) **Scindapsus officinalis.* — b) N. pr. eines Fürsten. — 2) f. ई Bez. *des kleineren, oberen Mühlsteins.* — 3) *n. *eine Salbe von Spiessglanz.*

पार्वायणान्तीय (fehlerhaft) und पार्वायनान्तीय Adj. (f. आ) *zu einem Mondesabschnitt (Neu- und Vollmond) und zu den Solstitien gehörig.*

*पार्शव m. *ein Fürst der* Parçu.

*पार्शुका f. = पर्शुका *Rippe.*

पार्श्व, पार्श्व 1) m. (ausnahmsweise) und n. (adj. Comp. f. आ) a) *die Rippengegend, Seite* (eig. und übertr.); Pl. *die Rippen.* पार्श्वयोः *auf beiden Seiten,* पार्श्वम् *zur Seite* (blicken). — b) *Flanke eines Heeres* MBh. 7,20,9. — c) Pl. *die Wände* (eines Kessels). — d) *Seite,* so v. a. *unmittelbare Nähe, — von* (Gen. oder im Comp. vorangehend). पार्श्वम् *hin zu;* पार्श्वे *in der Nähe, — von, — bei* (114,12), *an, hin zu* (Ind. St. 15,403); पार्श्वात् *weg von; von Seiten,* so v. a. *durch, mittels* Pañkat. 231,23. पार्श्व am Anfange eines Comp. so v. a. पार्श्वस्थ. — 2) m. a) *Seitenpferd am Wagen* MBh. 3,198,7. — b) **Du. Himmel und Erde.* — c) N. pr. α) eines alten buddh. Lehrers. Vgl. पार्श्विक. — β) eines Gaina-Arhant und * dessen Dieners. — 3) *n. = a) पार्ष्णि 2). — b) *Seitenwege, unredliche Mittel.*

पार्श्वक 1) m. *Rippe.* — 2) wohl n. *Seitenwege, unredliche Mittel* Hemâdri 1,42,12. 14. पार्श्विक Vishṇus. 58,11. — 3) *Adj. *auf unredliche Weise Geld erwerbend.*

पार्श्वग Adj. *an Jmdes Seite stehend, Jmd begleitend;* m. *Begleiter,* Pl. *Gefolge; in der nächsten Nähe von Etwas* (Gen. oder im Comp. vorangehend) *seiend, — gelegen.* वाम° *zur Linken stehend.*

पार्श्वगत Adj. *zur Seite stehend, begleitend.* सव्य° *zur Linken gerichtet* (Blick).

°पार्श्वगमन n. *das zur Seite Gehen, Begleiten.*

पार्श्वचर m. *Begleiter,* Pl. *Gefolge.*

पार्श्वतस् Adv. *aus —, von —, an der —, zur Seite, seitwärts, abseits;* mit Gen. oder am Ende eines Comp.

*पार्श्वतीय Adj. *zur Seite befindlich, seitwärts gelegen.*

पार्श्वद m. *Begleiter*, Pl. *Gefolge*. v. l. überall पार्षद.

*पार्श्वदाह m. *ein brennender Schmerz in der Seite.*

*पार्श्वदेश m. *Seite.*

पार्श्वनाथ m. N. pr. eines Arhant bei den Gaina. °काव्य n., °गीता f., °चरित्र n., °दशभावविसक्त, °नमस्कार m., °पुराण n. (Bühler, Rep. No. 636), °स्तव m. und °स्तुति f. Titel von Werken.

पार्श्वपरिवर्तन n. *ein best. Festtag am 11ten Tage der lichten Hälfte des* Bhâdra, an dem sich Vishṇu im Schlafe *umdrehen* soll.

°पार्श्वपरिवर्तिन् Adj. *sich befindend an der Seite von.*

पार्श्वपिप्पल n. *eine Art* Harîtakî.

पार्श्वभङ्ग m. *Schmerz in der Seite.*

*पार्श्वभाग m. *Seite, Flanke* (eines Elephanten).

पार्श्वमण्डलिन् m. *eine best. Stellung der Hände beim Tanz.*

पार्श्वमानी f. *die längere Seite eines Rechtecks, Seite eines Quadrats* Çulbas. 1,48. 50. 3,192. Comm. zu Kâtj. Çr. 450,9. 18.

पार्श्वरुज् f. *Seitenschmerz.*

*पार्श्वल Adj. von पार्श्व.

पार्श्ववक्त्र m. N. pr. eines Wesens im Gefolge Çiva's.

पार्श्ववर्तिन् Adj. *an Jmds Seite stehend*; m. *Begleiter*, Pl. *Gefolge.*

पार्श्वविवर्तिन् *an Jmds Seite seiend, bei Jmd* (Gen.) *lebend.*

*पार्श्वशय Adj. *auf der Seite liegend.*

पार्श्वशायिन् Adj. dass. als Bez. eines best. Standes des Mondes.

पार्श्वशूल m. *stechender Schmerz in der Seite.*

पार्श्वसंस्थ Adj. *auf der Seite liegend.*

पार्श्वसंधान n. *das Zusammenlegen* (der Ziegel) *mit den Kanten* Çulbas. 2,23.

पार्श्वस्थ 1) Adj. (f. आ) *an Jmdes Seite* —, *daneben stehend, sich in der Nähe von* — *aufhaltend.* — 2) *m. *der Gehülfe des Schauspieldirectors.*

पार्श्वस्थित Adj. = पार्श्वस्थ 1).

पार्श्वानुचर m. *Begleiter.*

पार्श्वायात Adj. *herangetreten.*

पार्श्वार्ति f. *Seitenweh* Karaka 6,19.

पार्श्वावमर्द m. *Pleuritis* Karaka 1,20.

पार्श्वासन्न Adj. *zur Seite* —, *daneben stehend, anwesend.*

पार्श्वासीन Adj. *zur Seite sitzend.*

पार्श्वास्थि n. *Rippe* Sâj. zu RV. 7,83,1.

पार्श्विक 1) *Adj. *auf unredliche Weise Geld erwerbend.* — 2) m. a) **Gaukler.* — b) N. pr. eines buddh. Lehrers. Vgl. पार्श्व 2) c) α). — 3) n. *Seitenwege, unredliche Mittel* Vishṇus. 58,11. Nârada 3, 49. Nach den Comm. *Dienstleistung*; vgl. jedoch पार्श्वक 2).

*पार्श्वैकादशी f. = पार्श्वपरिवर्तन.

*पार्श्वोदरप्रिय m. *Krebs.*

पार्श्वोपपीडम् Absol. *so dass man sich die Seiten hält* (beim Lachen) P. 3,4,49, Sch. Kathâs. 65,139.

*पार्ष्ठ्य m. Du. *Himmel und Erde.* Vgl. अन्तःपार्श्व्य.

पार्ष MBh. 7,800 fehlerhaft für पार्श्व.

पार्षकि m. Patron.

पार्षत 1) Adj. *von der bunten Gazelle stammend, aus dem Fell d. b. G. gemacht.* — 2) m. Patron. des Drupada und seines Sohnes Dhṛshṭadjumna. — 3) f. ई a) **Boswellia thurifera.* — b) *= जीवनी. — c) Patron. der Draupadî. — d) *Bein. der Durgâ; richtig पार्वती.

पार्षद्द wohl f. **Versammlung*; Pl. *Gefolge* (eines Gottes).

पार्षद 1) m. a) *Begleiter* (insbes. eines Gottes) MBh. 9,45,44. 13,19,17. 19. Suçr. 1,323,7. Pl. und ausnahmsweise auch Sg. *Gefolge.* — b) *Theilnehmer an einer Versammlung, Zuschauer* Prasannar. 2,2. — 2) n. *ein von einer grammatischen Schule anerkanntes Lehrbuch.* °टीका f., °परिशिष्ट n., °वृत्ति f. (Opp. Cat. 1) und °व्याख्या f. Titel von Werken. — 3) Titel eines Werkes über Ceremonial.

*पार्षदंश Adj. von पृषदंश.

*पार्षदक = पारिषदक.

पार्षदता f. *das Amt eines Begleiters, eines Dieners eines Gottes.*

पार्षदश्व m. Patron. von पृषदश्व.

पार्षदीय Adj. *dem von einer grammatischen Schule anerkannten Lehrbuche entsprechend.*

*पार्षद्य m. *Mitglied einer Versammlung, Beisitzer*; Pl. *das Gefolge eines Gottes* (insbes. Çiva's).

पार्षद्वाणि m. Patron.

*पार्षिक 1) m. Metron. von 2). — 2) f. आ N. pr. einer Frau.

*पार्षिक्य n. Nom. abstr. von पर्षिक.

पार्ष्टिक Lâṭj. 8,11,6 und Comm. zu Tâṇḍja-Br. 10,12,1 fehlerhaft für पार्ष्ठिक.

पार्ष्ट्य Adj. *in den Rippen befindlich.*

पार्ष्ठिक Adj. *die Weise des* Pṛshṭhja (Shaḍaha) *habend.*

पार्ष्णि (*m.) f. 1) *Ferse.* Personificirt Pâr. Gṛhj. 2,17,15. Auch पार्ष्णी. — 2) *das äusserste Ende der Vorderachse, an welchem die Seitenpferde eines mit vier Pferden bespannten Wagens ziehen.* वाम° (adj. Comp.) m. *das linke Seitenpferd* MBh. 3,198, 8. — 3) *die* (*der*) *vom Feinde bedrohte Ferse* (*Rücken*). पार्ष्णिं ग्रह् *Jmd* (Gen.) *in den Rücken fallen.* — 4) **ein ausgelassenes Weib.* — 5) **eine best. Pflanze* = कुम्भी oder कुत्ती.

पार्ष्णिक्षेमन् m. N. pr. eines göttlichen Wesens.

पार्ष्णिग्रह Adj. *Jmd von hinten packend*, — *bedrohend.*

पार्ष्णिग्रहण n. *das einem Feinde in den Rücken Fallen.*

पार्ष्णिग्राह Adj. *Jmd auf der Ferse nachfolgend, Jmd in den Rücken fallend*; m. *ein den Rücken bedrohender Feind* (auch von Planeten beim Planetenkampf).

पार्ष्णिघात m. *ein Schlag mit der Ferse.*

*पार्ष्णित्र n. *ein den Rücken deckendes Heer.*

पार्ष्णिप्रहार m. *ein Schlag mit der Ferse.*

पार्ष्णिवह (stark °वाह) oder °वाह m. *Seitenpferd.*

पार्ष्णिसारथि m. Du. *die zwei Wagenlenker, welche die Seitenpferde lenken.*

*पार्ष्णिलि Adj. von पार्ष्णि.

पार्ष्णुवि (!) m. Patron.

पार्ष्ण्यभिघात m. *ein Schlag mit der Ferse.*

1. पाल 1) m. (adj. Comp. f. आ) a) *Wächter, Hüter.* — b) *Hirt* Gaut. 12,20. 21. — c) *Hüter der Erde, Fürst, König.* — d) N. pr. α) eines Schlangendämons. — β) eines Fürsten. — 2) f. ई *Hüterin.* — पाली s. auch u. पालि.

2. पाल m. n. *Almosentopf.*

1. पालक 1) m. a) *Wächter, Hüter.* — b) *Adoptivvater* Bṛhanm. — c) *Regent, Fürst, Beherrscher von.* — d) *Welthüter.* — e) **Pferdeknecht.* — f) *Hüter, so v. a. Aufrechterhalter, Beobachter* (einer guten Sitte u. s. w.). — g) *eine best. Pflanze mit giftiger Knolle.* — h) **Plumbago zeylanica* Râgan. 6,44. — i) **Pferd.* — k) N. pr. verschiedener Fürsten. — 2) f. °लिका f. zu 1) a). — Vgl. auch पालिका.

2. *पालक n. *Almosentopf* Gal.

पालकविराज m. N. pr. eines *Dichters.*

*पालकाप्या f. N. pr. der Mutter Pâlakâpja's.

*पालकाप्य 1) *m. N. pr. eines Autors. — 2) n. Titel seines Werkes.

पालकाव्य n. Titel eines Werkes Kumârasv. zu Pratâpar. 340,5. Richtig °काप्य.

पालक्क N. pr. eines Landes.

पालक्या f. *Bêta bengalensis* Râgan. 7,131. Karaka 1,27.

*पालघ्न m. *Pilz.*

*पालङ्क 1) m. *a) Boswellia thurifera.* — *b) ein best. Vogel.* — 2) m. f. (ई) *Beta bengalensis.* — 3) f. ई *Olibanum.*

पालङ्किका f. *Beta bengalensis* Bhâvapr. 4,36.

पालङ्क्य n. (f. आ) 1) *Olibanum.* — 2) *Beta bengalensis.*

*पालङ्गिन् m. Pl. *eine best. Schule.*

*पालद Adj. von पलद.

पालन 1) Adj. (f. ई) *hütend, pflegend.* माता पालनी so v. a. *Pflegemutter.* — 2) n. *a) das Hüten, Bewachen, Schützen, Bewahren* (von Personen und Sachen). — *b) das Aufrechterhalten, Beobachten, Halten.* — *c)* **die Milch einer Kuh, die vor Kurzem gekalbt hat.*

पालनीय Adj. 1) *zu hüten, zu schützen, zu pflegen, zu bewahren.* — 2) *aufrechtzuhalten, zu respectiren.*

पालय्, पालयति (AV.), पालयते (episch; Gaut. 11,31 ist vielleicht पालयत: zu lesen) 1) *bewachen, bewahren, schützen, schirmen, hüten.* — 2) *hüten,* so v. a. *beherrschen, herrschen über.* — 3) *behüten,* so v. a. *bevormunden.* — 4) *aufrecht erhalten, beobachten, halten* (ein Versprechen u. s. w.). — 5) पालित am Ende eines Comp. auch so v. a. *gesegnet mit.* — Mit अति *zubringen, verbringen.* — Mit अनु 1) *bewachen, bewahren, schützen, schirmen, hüten, in Verwahr halten.* — 2) *hüten,* so v. a. *herrschen, regieren.* — 3) *hüten,* so v. a. *bevormunden* Râgat. 6,188. — 4) *aufrecht erhalten, beobachten, halten* (ein Versprechen u. s. w.), *halten an* Gaut. — 5) *zubringen, verbringen.* — Mit समनु *beobachten, halten* (ein Versprechen u. s. w.). — Mit अभि *behüten, Jmd Beistand leisten.* — Mit समभि *beschützen,* so v. a. *herrschen über.* — Mit नि dass. — Mit परि 1) *bewachen, bewahren, schützen, schirmen, hüten, — vor* (Abl.). — 2) *hüten,* so v. a. *beherrschen, herrschen über.* — 3) *erhalten* (das Leben), *ernähren* Pañkat. 228,21. — 4) *hegen und pflegen, in Ehren halten, ehren* Spr. 4927, v. l. — 5) *aufrecht erhalten, beobachten, halten* (ein Versprechen u. s. w.) 45,32. — 6) *erwarten, abwarten.* — Mit संपरि in °पालन. — Mit प्र *hüten, schützen, schirmen.* — Mit प्रति 1) dass. — 2) *ehren.* — 3) *aufrecht erhalten, beobachten, halten an.* — 4) *warten, warten auf, erwarten.* — Mit संप्रति *erwarten.* — Mit सम् 1) *schirmen, hüten.* — 2) *halten* (ein Versprechen). — 3) *über Etwas hinwegkommen, glücklich überwinden* MBh. 4,71,32.

पालयितर् Nom. ag. *Wächter, Schützer, Schirmer, Hüter;* mit Gen., Acc. oder am Ende eines Comp.

पालल Adj. *aus zerriebenen Sesamkörnern gemacht.*

*पालवणिज् m. fehlerhaft für पानवणिज्.

पालवी f. *eine Art Geschirr.* Nach Nîlak. = कर्पर्दनिर्मितपात्र.

पालव्हारि m. N. pr. eines Mannes.

पालागल 1) m. *Läufer, Bote;* nach Andern *ein lügnerischer Bote.* — 2) f. ई *die vierte Gemahlin eines Fürsten.*

पालाल Adj. Râgat. 8,2496 wohl fehlerhaft für पाल्वल.

पालाश 1) Adj. (f. ई) *a) von der Butea frondosa kommend, aus dem Holze dieses Baumes gemacht.* — 2) m. *Butea frondosa.* Personificirt MBh. 2,8, 32 (hier metrisch für पलाश).

*पालाशक Adj. von पलाश.

*पालाशखण्ड und *पालाशषण्ड m. Bein. von Magadha.

पालाशि m. Patron. von पलाश.

1. पालि m. wohl = पाल *Beschützer* in गो° und प्रज्ञा°.

2. पालि f. 1) *Ohrläppchen,* überh. *das äussere Ohr.* Auch पाली. — 2) *Rand, Kante, Seite* Harshak. 100,24. Auch पाली und so auch am Ende eines adj. Comp. f. — 3) *Reihe.* Auch पाली. — 4) *Damm.* Auch पाली Vikramâñkak. 9,125. — 5) *Kochtopf.* इह विप्रस्य पालिर्लगति वा न वा *kommt hier eines Brahmanen Kochtopf zum Hängen oder nicht?* so v. a. *bekommt er hier Etwas zu essen?* Hem. Par. 8,282. Auch *पाली. — 6) **ein best. Hohlmaass.* — 7) **eine zugemessene Portion.* — 8) **Schooss.* — 9) **Zeichen.* — 10) **Laus.* Auch *पाली. — 11) **ein Weib mit einem Barte.* Auch *पाली. — 12) *= प्रशंसा. पाली am Ende eines Comp. als *Ausdruck des Lobes.* — 13) *= प्रभेद. — 14) पाली *ein länglicher Teich* Varâh. Brh. S. 54,118. — पाली s. auch u. 1. पाल.

पालिंहिर m. *eine best. Schlange.*

1. पालिका f. s. u. 1. पालक.

2. पालिका f. 1) **Ohrläppchen.* — 2) **Rand, Kante.* — 3) *Kochtopf* Hemâdri 1,655,21. — 4) **Käse- oder Buttermesser.*

पालिज्वर (so zu lesen nach Weber) m. *eine Art Fieber* Govardh. 101.

पालित 1) Adj. Partic. von पालय्. — 2) m. *a)* **Trophis aspera.* — *b)* N. pr. eines Fürsten. पलित v. l. — 3) f. आ N. pr. einer der Mütter im Gefolge Skanda's.

पालित्य 1) n. *Altersgrauheit.* — 2) *Adj.

पालिन् 1) Adj. *schützend, schirmend, hütend.* — 2) m. *a)* am Ende eines Comp. *Beherrscher, Fürst.* — *b)* N. pr. eines Sohnes des Pṛthu. — 3) *f. °नी *Ficus heterophylla* Râgan. 5,56.

पालिन्द 1) *m. *a) Olibanum* Râgan. 12,120. — *b) Jasminium pubescens.* — 2) f. ई *a) Ichnocarpus frutescens.* — *b)* *= पालिन्धी.

पालिन्दि (metrisch) f. = पालिन्द 2) *a).*

*पालिन्धी f. *eine Ipomoea mit dunklen Blüthen.*

पालिभङ्ग m. *Dammbruch* Râgat. 8,2901.

पालिशायन m. Patron.

पाली s. u. 1. पाल und पालि.

पालीवत m. *ein best. Baum,* wohl = पारेवत.

पालीव्रत n. *eine best. Begehung.*

*पालेय Adj. von 1. पाल.

पालेवत m. wohl = पालीवत.

पालोक्य (!) m. Patron.

पाल्य Adj. 1) *zu schützen, zu schirmen, zu hüten.* — 2) *unter Jmds* (Gen.) *Schutz, Vormundschaft stehend.* — 3) *aufrecht zu erhalten, zu beobachten, zu halten.*

पाल्यामय m. *eine Krankheit des äussern Ohres.*

*पाल्लक Adj. von पल्ली.

*पाल्लवा f. *ein Spiel mit jungen Schossen.*

पाल्लविक Adj. *abschweifend* Karaka 1,30.

पाल्वल Adj. (f. ई) *aus einem Teich, Pfuhl kommend, dort lebend* Bhâvapr. 2,36.

*पाल्वलतीर Adj. von पल्वल + तीर.

पाव m. *ein best. Blaseinstrument* S. S. S. 177. — पावा s. bes.

पावक 1) Adj. (f. आ) *rein, klar, hell, hellglänzend;* nach den Commentaren gewöhnlich *reinigend, läuternd.* Wurde von den vedischen Dichtern पवाक gesprochen. — 2) m. *a) ein best.* Agni Grhjâs. 1,2. 6, — *b) Feuer überh., der Gott des Feuers.* Am Ende eines adj. Comp. f. आ. — *c)* Bez. *der Zahl drei.* — *d)* Pl. *eine Art* Ṛshi. — *e)* **Premna spinosa.* — *f)* **Plumbago zeylanica* oder *eine andere Species* Râgan. 6,47. — *g)* **Semecarpus Anacardium.* — *h)* **Carthamus tinctoria.* — *i)* **Embelia Ribes.* — 2) f. पाविका *ein best. Blaseinstrument* S. S. S. 177. — 3) *f. ई *Agni's Gattin.*

पावकवत् Adj. 1) Bein. eines Agni. — 2) *das Wort* पावक *enthaltend.*

पावकवर्चस् Adj. *hell glänzend.*

पावकवर्ण Adj. *von reinem, hellen Ansehen* Gaut. 26,12.

पावकशोचि (nur Voc. °चे) und पावकशोचिस् Adj. *hell leuchtend.*

पावकसुत m. Patron. Sudarçana's MBh. 13, 2,59.

पावकात्मज m. Patron. Skanda's.

*पावकारणि m. *Premna spinosa.*

पावकार्चिस् f. *Feuerstrahl* 44,28.

पावकि m. Patron. 1) Skanda's. — 2) Sudarçana's. — 3) Vishṇu's.

पावकीय Adj. *vom Gott des Feuers herrührend* Bâlar. 188,7.

पावकेश्वर n. N. pr. eines Tîrtha.

1.°पावन् Adj. *trinkend.*

2.°पावन् Adj. *schützend.*

पावन 1) Adj. (f. ई) *reinigend, entsündigend, heiligend; rein, heilig.* — 2) m. *a) ein best. Feuer.* — *b)* **Feuer* überh. — *c)* **Olibanum.* — *d)* **eine gelb blühende Verbesina* Râgan. 4,141. — *e)* **ein* Siddha. — *f)* *Bein. Vjâsa's. — *g)* N. pr. α) eines der Viçve Devâs. — β) eines Sohnes des Kṛshṇa. — 3) f. ई *a)* **Terminalia Chebula.* — *b)* **Basilienkraut* Râgan. 10,152. — *c)* **Kuh* Râgan. 19,27. — *d)* N. pr. eines Flusses. — 4) n. *a) das Reinigen, Läutern, Heiligen.* — *b) Reinigungs —, Läuterungsmittel.* — *c)* **Busse.* — *d)* **Wasser.* — *e)* **Kuhmist.* — *f)* **der zu Rosenkränzen verwandte Same von Elaeocarpus Ganitrus* Râgan. 11,189. — *g)* **Sectenzeichen.* — *h)* *= अध्यास.

पावनत्व n. *die Eigenschaft des Reinigens, Läuterns.*

*पावनध्वनि m. *Muschel* Râgan. 13,124.

पावमानं 1) Adj. *auf den sich läuternden, durch die Seihe rinnenden* Soma-*Saft* oder *auf* Agni pavamâna *bezüglich.* — 2) m. Pl. *die Verfasser der* Pâvamânî-*Verse* Çâṅkh. Gṛhj. 4,10. — 3) f. ई Sg. (ausnahmsweise) und Pl. Bez. *bestimmter Lieder* (insbes. in ṚV. 9) Mân. Gṛhj. 2,14. Auch पावमान. — 3) n. Name verschiedener Sâman Ârsh. Br.

पावर *ein best. Würfel,* = द्वापर.

*पावष्टुरिकेय m. Patron. von पवष्टुरिक.

पावा und °पुरी f. N. pr. einer Stadt.

पावित्र n. *ein best. Metrum.* Richtig पवित्र.

*पावित्रायण m. Patron. von पवित्र.

पावित्र्य n. *Reinheit, Lauterkeit* Ind. St. 15,363.

पाविनी Adj. f. MBh. 3,10543 fehlerhaft für पावनी.

*पाविन्दायन m. Metron. von पविन्दा gaṇa अश्वादि in der Kâç.

पावीरव Adj. (f. ई) *vom Blitzgeschoss stammend, dazu gehörig, darauf bezüglich;* f. *des Blitzes Tochter,* so v. a. *Donnerstimme.*

पाव्य Adj. *zu reinigen* Bhaṭṭ.

पाश m. (adj. Comp. f. आ) 1) *Schlinge, Fessel* (auch in übertr. Bed.), *Strick.* Einmal n., aber verdächtig. — 2) bei den Gaina *Alles was die Seele fesselt, die Aussenwelt, die Natur.* Auch °जाल n. Nom. abstr. पाशत्व n. — 3) *Sahl* oder *Leiste am Anfange eines Gewebes.* — 4) *Würfel* Nîlak. zu MBh. 8,74,15. °क्रीडा Ind. St. 15,360. — 5) in der Astrol. *eine best. Constellation.* — 6) am Ende eines Comp. *a)* als *Ausdruck des Tadels.* भिषक्पाश *ein Pfuscher von Arzt* Spr. 7622. — *b)* als *Ausdruck des Lobes.* कर्ण° Kâd. 202,12. 211,13. — *c)* nach Wörtern, die Haupthaar bedeuten, so v. a. *Schopf, Menge.* — पाशी s. bes.

पाशक 1) m. *a)* = पाश 1). — *b) Würfel* Hem. Par. 8,355. — 2) f. °शिका *ein Riemen am Pfluge.*

पाशककेवली f. Titel eines Werkes. Vgl. पाशकावलि und पाशकेवली.

पाशकण्ठ Adj. *mit einer Schlinge am Halse* 127,18.

पाशकपालिन् Adj. *mit einer Schlinge und einem Schädel versehen* Hemâdri 2,a,95,9.

पाशकावलि f. (Cat. Willmot 232) und पाशकेवली f. (Cat. Gujar. 4,158) Titel eines Werkes. Vgl. पाशककेवली.

पाशद्युम्न m. N. pr. eines Mannes.

पाशधर m. Bein. Varuṇa's.

पाशन MBh. 7,5923 fehlerhaft für लासन, 9141 für पांसन.

पाशपाणि Adj. 1) *eine Schlinge in der Hand haltend.* — 2) m. Bein. Varuṇa's.

पाशबन्ध m. *Schlinge, Netz.*

पाशबन्धक m. *Vogelfänger.*

1.पाशबन्धन n. *Schlinge, Fessel* Agni-P. 27,19.

2.पाशबन्धन Adj. *in einer Schlinge hängend.*

पाशभृत् 1) Adj. *eine Schlinge haltend.* — 2) m. Bein. Varuṇa's.

पाशय्, °यति *binden.* पाशित *gebunden, gefesselt* Agni-P. 27,19. — Mit अव, °पाशित *umwunden, umschlungen* R. 7,6,59. — Mit वि *losbinden, lösen* (Bande).

पाशरज्जु f. *Fessel, Strick.*

पाशव 1) Adj. *vom Vieh kommend, dem Vieh eigen, pecuinus.* — 2) *n. *Viehheerde.*

पाशवत् Adj. *mit einer Schlinge versehen.*

*पाशवपालन n. *Futter für's Vieh.*

पाशहस्त 1) Adj. *eine Schlinge in der Hand haltend* 103,31. — 2) m. Bein. Jama's.

पाशान्त *das hintere Ende eines Gewandes* Varâh. Bṛh. S. 71,1.

पाशाभिधाना f. *der zwölfte Tag einer Monatshälfte* Hemâdri 1,70,1. 5.

पाशिक m. 1) *der Thiere mit Schlingen fängt, Vogelfänger* u. s. w. — 2) N. pr. eines Mannes. —

पाशिका s. u. पाशक.

पाशिन् 1) Adj. *mit Stricken —, mit einer Schlinge versehen* 104,9. — 2) m. *a) Vogelfänger* u. s. w. Âpast. — *b)* Bein. Varuṇa's. — *c)* N. pr. eines Sohnes des Dhṛtarâshṭra.

*पाशिल Adj. von पाश.

पाशिवाट m. Pl. N. pr. eines Volkes.

पाशी f. *Stein.* v. l. पासी.

पाशुक 1) Adj. (f. ई) *auf das Vieh* (*Opferthier*) *bezüglich, dazu gehörig* Mân. Çr. 1,8,1. 2,2,4. 3,1. 5,2,4. — 2) n. so v. a. पाशुकं कर्म Kâtj. Çr. 5, 11,20.

पाशुपत 1) Adj. (f. ई) *von* Çiva-Paçupati *kommend, ihm gehörig, ihn betreffend, ihm geweiht.* — 2) m. *a) ein Verehrer des* Çiva-Paçupati. — *b)* **Agati grandiflora.* — *c) Getonia floribunda* Râgan. 10,116; vgl. 5,123. — 3) n. *die Lehre der* Pâçupata 2) *a).* — 4) N. pr. einer dem Çiva-Paçupati geweihten Oertlichkeit.

पाशुपतब्रह्मोपनिषद् f. Titel einer Upanishad Opp. Cat. 1,8085.

पाशुपतव्रतिन् m. *ein Verehrer des* Çiva-Paçupati.

पाशुपतोपनिषद् f. Titel einer Upanishad.

पाशुपाल्य n. *das Hüten des Viehes, Viehzucht* Karaka 1,11.

पाशुबन्धक Adj. (f. °न्धिका) *zur Schlachtung des Opferthieres gehörig.*

पाशुबन्धिक Adj. (f. ई) dass. Mân. Çr. 2,2,5. 5,5. Gṛhj. 2,4. Comm. zu Âpast. Çr. 7,3,10.

पाश्चात्त्य oder पाश्चात्य Adj. 1) *der hintere.* °भाग m. bei einer Nadel so v. a. *das Oehr* 163,25. — 2) *westlich.* — 3) *der letzte.* °रात्रौ *gegen das Ende der Nacht.*

पाश्चात्यनिर्णयामृत n. Titel eines Werkes.

*पाश्चात्याकरसंभव n. *eine Art Salz.*

*पाश्या f. *eine Mehrzahl von Schlingen, Netz.*

पाषक m. *eine Art Fussschmuck.*

पाषण्ड 1) Adj. (f. ई) *ketzerisch.* — 2) m. *Ketzer.* — 3) m. n. *Irrlehre, Ketzerei.*

*पाषण्डक m. *Ketzer.*

पाषण्डखण्डन n. Titel eines Werkes.

पाषण्डता f. *Ketzerthum.*

पाषण्डदलन n. Titel eines Werkes.

पाषण्डमुखचपेटिका f., °मुखमर्दन n. und पाषण्डास्यचपेटिका f. Titel von Werken.

*पाषण्डिक und पाषण्डिन् m. *Ketzer.*

पाषण्ड्य (Conj.) n. *Ketzerthum* Jấǵń. 3,6 (vielleicht zu lesen °ण्ड्यमाश्रिता:).

पाषाण 1) m. (adj. Comp. f. आ) *a) Stein. — b) ein Backwerk in Gestalt von grossen Kieselsteinen.* — 2) *f. ई *ein als Gewicht dienendes Steinchen.*

पाषाणगर्दभ m. *harte Anschwellung am Kinnbackengelenk.*

पाषाणचतुर्दशी f. *der 14te Tag in der lichten Hälfte des* Mârgaçîrsha.

*पाषाणदारक und *°दारण m. *der Hammer eines Steinhauers.*

पाषाणभेद (Râǵan. 5,37. Kâraka 1,4), °क, *°भेदन und *°भेदिन् m. *Plectranthus scutellarioides.* °भेदरस m. Rasar. 478. °भेदन nach Mat. med. *Lycopodium imbricatum,* °भेदिन् nach ders. *Coleus amboinicus.*

पाषाणमय Adj. (f. ई) *steinern.*

पाषाणवज्रकरस m. *ein best. medic. Präparat* Rasar. 477.

पाषाणशिला f. *Steinplatte* Ind. St. 15,346.

*पाषाणसंधि m. *Kluft in einem Felsen.*

पाषाण्ड und °ण्डिन् m. v. l. für पाषण्ड und °ण्डिन् *Ketzer.*

*पाषी f. = शिला oder शक्ति Sâj. zu RV. 1,56,6.

पाष्ठौह n. Name zweier Sâman Ârsh. Br.

(पाष्य) पाष्यि॑ n. 1) Pl. *Gestein, Steinbollwerk.* — 2) Du. *die beiden* Soma-*Steine.* Gen. पाष्यो॑स्, lies पाष्यि॑योस्.

पास 1) *m. v. l. für पाश. — 2) f. ई v. l. für पाशी.

(पास्त्य) पास्त्यि॑ Adj. *zu Haus und Hof gehörig; Subst. Hauswesen.*

पाह्लाडिका f. *eine best.* Râgiṇî S. S. S. 37. Vgl. पह्लाडी und पाह्लिडा.

*पाह्लात m. *der indische Maulbeerbaum.*

पाह्लिडा f. *eine best.* Râgiṇî S. S. S. 55. Vgl. पाह्लाडिका und पह्लाडी.

1. पि *schwellen* s. पी.

2. *पि, पियति (गतौ).

3. पि in Verbindung mit Verben = अपि.

पिंश् und पिंष् s. पिश् und पिष्.

*पिंस्, पिंसति und पिंसयति (भाषार्थ oder भासार्थ).

पिक 1) m. *der indische Kuckuck* Râǵan. 19,109. — 2) f. ई *das Weibchen dieses Vogels.*

*पिकप्रिया f. *die grosse* Ǵambû Râǵan. 11,26.

*पिकबन्धु m. *der Mangobaum.*

*पिकबान्धव m. *Frühling.*

*पिकभक्षा f. = भूमिजम्बू Râǵan. 11,30.

*पिकराग und पिकवल्लभ m. *der Mangobaum* Râǵan. 11,11.

पिकस्वरा f. N. pr. einer Surâñganâ Ind. St. 15,232.

*पिकाक्ष n. = रोचनी.

*पिकाङ्ग m. *ein best. Vogel.*

*पिकानन्द m. *Frühling* Râǵan. 21,64.

*पिकेक्षणा f. *Asteracantha longifolia* Râǵan. 4, 196.

पिक्क 1) *m. *ein zwanzigjähriger* oder *ein junger Elephant* überh. — 2) f. आ *eine Zahl von 15 Perlen, wenn sie ein* Dharaṇa *wiegen,* Varâh. Bṛh. S. 81,17.

पिङ्ग 1) Adj. (f. आ) *röthlich braun.* — 2) m. *a) *Büffel. — b) *Maus.* — c) N. pr. α) oxyt. vielleicht eines göttlichen Wesens. — β) *eines Wesens im Gefolge des Sonnengottes. — γ) eines Mannes. — 2) f. पि॑ङ्गा *a) Bogensehne* nach Sâj. Vgl. पिङ्गलय MBh. 7,145,94. — *b) *Gallenstein des Rindes* Râǵan. 12,58. — *c) *der Stengel der Ferula Asa foetida. — d) *Tabaschir* Râǵan. 6,188. — *e) *Gelbwurz.* — f) N. pr. einer Frau. पिङ्गाया आश्रम: MBh. 13,25,55. — 3) *n. *Auripigment* Râǵan. 13,67.

*पिङ्गकपिशा f. *eine Art Schabe.*

*पिङ्गचक्षुस् m. *Krebs.*

*पिङ्गजट m. Bein. Çiva's.

पिङ्गतीर्थ n. N. pr. eines Tîrtha.

पिङ्गदत्त m. N. pr. eines Mannes.

*पिङ्गदृश् (Gal.) und पिङ्गदेह m. Bein. Çiva's.

*पिङ्गमूल m. *Möhre* Râǵan. 7,24.

पिङ्गल॑ 1) Adj. (f. आ॑ und *ई) *a) röthlich braun, — gelb* (Gold) Vikramâñkak. 17,12. Auch als Bez. *der 10ten unbekannten Grösse* Colebr. Alg. 228. — *b) röthlich braune Augen habend.* — 2) m. *a) *Feuer. — b) *Affe. — c) *Ichneumon. — d) *eine kleine Eulenart* Râǵan. 19,123. — *e) *eine kleine Eidechsenart. — f) eine Schlangenart. — g) *ein best. vegetabilisches Gift.* — h) *bei den Ǵaina *ein best. Schatz.* — *i) das 51ste (25ste) Jahr im 60jährigen Jupitercyclus.* — k) Bein. Çiva's oder eines verwandten Dämons Gaut. — l) N. pr. α) eines Trabanten des Sonnengottes. — β) eines Rudra VP.[2] 2,25. — γ) eines Jaksha. — δ) eines Wesens im Gefolge Çiva's. — ε) eines Dânava. — ζ) eines Schlangendämons, dem das Khandas zugeschrieben wird. — η) verschiedener Männer. — ϑ) Pl. N. pr. eines Volkes. — 3) f. पिङ्गला *a) eine Blutegelart* 217,12. 14. — *b) eine Eulenart.* — *c) *Dalbergia Sissoo.* — d) *= कर्णिका. — *e) *eine Art Glockengut* Râǵan. 13,29. — *f) eine best. Arterie. — g) *Gallenstein des Rindes* Râǵan. 12,58. — h) *Bein. der Lakshmî Gal. — i) N. pr. α) einer später fromm gewordenen Buhldirne. — β) *des Weibchens des Weltelephanten Vâmana. — 4) n. *a) eine röthlich braune Masse.* — *b) *Glockengut.* — *c) *Auripigment.*

पिङ्गलक 1) Adj. (f. °लि॑का) *röthlich braun.* — 2) m. N. pr. *a)* eines Jaksha. — *b)* *eines Mannes; Pl. *seine Nachkommen.* — *c)* eines Löwen. — 3) f. °लिका *a) eine Eulenart. — b) *eine Kranichart. — c) eine Bienenart.* — *d)* N. pr. einer Frau.

पिङ्गलकाण्व m. N. pr. eines Lehres.

पिङ्गलगान्धार m. N. pr. eines Vidjâdhara.

पिङ्गलच्छन्दस् n. (Opp. Cat. 1) und °च्छन्दोग्रन्थ m. Titel von Piñgala's *Metrik.*

पिङ्गलत्व n. *die rothbraune Farbe.*

पिङ्गलनागसूत्र n. (Opp. Cat. 1), पिङ्गलप्रकाश m., पिङ्गलप्रणवोपनिषद् f. (Opp. Cat. 1) und पिङ्गलप्रदीप m. Titel von Werken.

*पिङ्गललोह n. *eine Art Glockengut* Râǵan. 13,28.

पिङ्गलवृत्ति f., पिङ्गलसारविकाशिनी f. und पिङ्गलसूत्र n. (Opp. Cat. 1) Titel von Werken.

पिङ्गलाक्ष Adj. *röthlich braune Augen habend* Citat im Comm. zu TS. Prât.

पिङ्गलातन्त्र n., पिङ्गलामत n., पिङ्गलामृत n. und पिङ्गलार्थ (पिङ्गलार्य! Opp. Cat. 1) und °प्रदीप m. (Bühler, Rep. No. 267) Titel von Werken.

पिङ्गलित Adj. (f. आ) *röthlich braun geworden.*

पिङ्गलिन् Adj. *röthlich braun* in एकान्ति° (Nachtr. 3).

पिङ्गलिमन् m. *die röthlich braune Farbe* Mâlatîm. 1,15. Kâd. 198,5.

पिङ्गलेश्वर 1) n. Name eines Liñga. — 2) f. ई *eine Form der* Dâkshâjaṇî.

पिङ्गलेश्वरतीर्थ n. N. pr. eines Tîrtha.

पिङ्गलोचन Adj. *röthlich braune Augen habend.*

*पिङ्गवर्णवती f. *Gelbwurz* Râǵan. 6,199.

*पिङ्गसार m. *Auripigment* Râǵan. 13,67.

*पिङ्गस्फटिक m. *eine Art Edelstein* Râǵan. 13, 189.

पिङ्गाक्ष॑ 1) Adj. (f. ई) *röthlich braune Augen habend.* — 2) m. *a) Affe.* — *b)* Bein. α) Agni's 81,5. — β) *Çiva's. — *c)* N. pr. α) eines Rakshas. — β) eines Daitja. — γ) eines Wilden. — δ) eines

Vogels, eines der 4 Söhne des Droṇa. — 3) f. ई N. pr. a) einer Familiengottheit. — b) einer Jogini Hemâdri 2,a,93,15. 17. — c) einer der Mütter im Gefolge Skanda's.

*पिङ्गाश 1) m. a) *das Haupt einer Ansiedelung wilder Stämme.* — b) *ein best. Fisch, Pimelodius Pangasius.* — 2) f. ई = नालिका oder नीलिका. — 3) n. *ächtes, reines Gold.*

*पिङ्गास्य m. = पिङ्गाश 1) b).

पिङ्गेत्तण 1) Adj. *röthlich braune Augen habend.* — 2) *m. Bein. Çiva's.

पिङ्गेश m. Bein. Çiva's.

पिङ्गेश्वर m. N. pr. eines Wesens im Gefolge der Pârvatî.

*पिचण्ड 1) m. n. *Bauch.* — 2) m. *ein best. Theil beim Vieh.*

*पिचण्डक 1) Adj. von पिचण्ड. — 2) f. °ण्डिका *Wade.*

*पिचण्डिक, *पिचण्डिन् und विचण्डिल Adj. *dickbäuchig.*

*पिचव्य m. *die Baumwollenstaude.*

*पिचिण्ड m. 1) *Bauch.* — 2) *ein best. Theil beim Vieh.*

*पिचिण्डवन्त् Adj. *dickbäuchig.*

*पिचिण्डिका f. *Wade.*

*पिचिण्डिल Adj. *dickbäuchig.*

*पिचिल (!) m. *Elephant* Gal.

पिचु m. 1) *Baumwolle, Watte* Ḱaraka 4,8. — 2) *Vangueria spinosa.* — 3) **eine best. Getraideart.* — 4) *ein best. Maass.* — 5) **eine Art Aussatz.* — 6) *Bein. Bhairava's. — 7) *N. pr. eines Asura.

पिचुक m. *Vangueria spinosa.*

*पिचुकीय Adj. von पिचुक.

*पिचुतूल n. *Baumwolle, Watte.*

पिचुत्कार m. *der Laut* पिचुत् Lalit. 383,3.

पिचुमन्द und °मर्द m. *Azadirachta indica* Râǵan. 9,7. 20,78. Bhâvapr. 1,204. 3,92.

पिचुल m. 1) *ein best. Baum.* Nach den Lexicographen *Tamarix indica* und *Barringtonia acutangula.* — 2) **Baumwolle, Watte.* — 3) **Seerabe.*

पिचुवक्त्रा f. N. pr. einer Jogini Hemâdri 2,a, 99,17. 100,1.

पिच्च्, *पिच्चयति (कुट्टने). पिच्चित *breitgedrückt, gequetscht.* Vgl. पिच्चन.

*पिच्चट 1) Adj. *breitgedrückt, gequetscht.* — 2) m. *eine best. Augenkrankheit.* — 3) n. a) *eine breitgedrückte Masse, Kuchen* in *तिल°. — b) *Zinn* Râǵan. 13,21? — c) *Blei.*

पिच्चा f. *eine Zahl von 16 Perlen, die ein Dharaṇa wiegen,* Varâh. Brh. S. 81,17.

पिच्चिट und °क m. *ein best. giftiges Insect.*

पिच्छ 1) n. a) *Schwanzfeder,* insbes. *beim Pfau.* Pl. *das Gefieder eines Pfeils.* Nach den Lexicographen m. n. *Schwanz* überh. — b) **Flügel.* — c) **Scheitelhaar,* = चूडा. — 2) f. आ a) *Schleim von Reis und andern Fruchtkörnern* Ḱaraka 3,8. — b) *schleimiger Auswurf* Ḱaraka 1,14. 18. — c) **das Gummi von Bombax heptaphyllum.* — d) **der Speichel der Schlangen.* — e) *Klumpen, Masse, Menge.* — f) *Wade.* — g) **Scheide* (कोश). — h) **Betelnuss.* — i) **Reiher.* — k) **eine best. Krankheit der Füsse bei den Pferden.* — l) **Dalbergia Sissoo,* *= मोचा und *पिच्छिल. — m) **Harnisch.*

पिच्छक 1) m. *Schwanzfeder.* — 2) f पिच्छिका *die zu einem Büschel zusammengebundenen Schwanzfedern eines Pfaues bei Gauklern.*

पिच्छन n. *das Breitquetschen* Ḱarakâ 1,18. Wohl पिच्चन zu lesen.

*पिच्छबाण m. *Falke* Râǵan. 19,86.

पिच्छल 1) Adj. *schleimig, schlüpfrig, schmierig* Kâd. 136,23. v. l. पिच्छिल. — 2) m. N. pr. eines Schlangendämons. — 3) f. आ a) **Dalbergia Sissoo.* — b) **Bombax heptaphyllum.* — c) **Basella lucida* oder *rubra.* — d) N. pr. eines Flusses. पिच्छिला v. l.

पिच्छलतिका f. *Schwanzfeder* Bâlab. 75,17.

*पिच्छलदला f. *Zizyphus Jujuba.*

*पिच्छलाङ्ग m. *Pimelodus Gagora* (गर्गर) Gal.

पिच्छास्राव m. *Schleimauswurf* Ḱaraka 6,9.

*पिच्छितिका (!) f. *Dalbergia Sissoo.*

पिच्छिल 1) Adj. (f. आ) *schleimig, schlüpfrig, schmierig.* Nom. abstr. °त्व n. — 2) *m. a) *Cordia latifolia* Râǵan. 11,205. — b) *Tamarix indica.* — 3) f. आ a) **Dalbergia Sissoo.* — b) **Bombax heptaphyllum* Râǵan. 8,8. — c) **Basella lucida* oder *rubra.* — d) **Linum usitatissimum* Râǵan. 16,74. — e) **Asteracantha longifolia.* — f) **Boerhavia procumbens.* — g) **eine best. Grasart* Râǵan. 8, 150. — h) *= कट्वी. — i) N. pr. eines Flusses MBh. 6,9,29. पिच्छला v. l. — Nach Hâr. ist पिच्छिला = स्फोटिकावात्यारामावाताबुपासवः.

*पिच्छिलक m. *Grewia elastica* Râǵan. 9,114.

*पिच्छिलच्छदा f. *Portulaca quadrifida* Râǵan. 7,135.

*पिच्छिलत्वच् m. 1) *Grewia elastica.* — 2) *Orangenbaum.*

*पिच्छिलबीज n. *die Frucht der Dillenia indica* Râǵan. 11,97.

*पिच्छिलसार m. *das Gummi von Bombax heptaphyllum* Râǵan. 8,12.

पिच्छिली Adv. mit कर् *schlüpfrig machen* Kâd. 253,18.

पिच्छोरा und पिच्छोला (Âpast. Çr. 21,19) f. *Pfeife, Flöte.*

*पिञ्छ्, पिञ्छयति (कुट्टने).

पिञ्जवन m. N. pr. eines Mannes.

*पिञ्जूल m. desgl.

पिञ्चदेव m. desgl.

*पिञ्छ n. *Flügel.*

पिञ्ज 1) Adj. a) **verwirrt.* — b) *voll von;* vgl. परि°. — 2) *m. a) *der Mond.* — b) *eine Art Kampfer* Râǵan. 12,62. — 3) *f. आ a) *das Wehethun, Verletzen.* — b) *Gelbwurz.* — c) *Baumwolle.* — d) *ein best. der Weinpalme gleichender Baum.* — e) *Gerte, Ruthe.* — 4) f. ई in तिलपिञ्जी. — 5) *n. *Kraft, Macht.*

*पिञ्जट m. *Unreinigkeit des Auges.*

*पिञ्जन n. *ein bogenförmiges Werkzeug zum Auseinanderzupfen der Baumwolle.*

पिञ्जर 1) Adj. (f. आ) *röthlich gelb, goldfarben, fahl* (von den Haaren im Alter). — 2) m. a) **ein goldfarbenes Pferd.* — b) N. pr. eines Berges. — 3) n. a) **Gold.* — b) **Auripigment.* — c) **die Blüthe von Mesua Roxburghii* Râǵan. 6,179. — d) *Käfig;* richtig पञ्जर. — e) **Skelet;* richtig पञ्जर.

पिञ्जरक 1) m. N. pr. eines Schlangendämons. — 2) *n. *Auripigment* Râǵan. 13,66.

पिञ्जरता f. *die Goldfarbe.*

पिञ्जरत्व n. dass. (Ḱaraka 1,5. Kâd. 58,8) und *Fahlheit* (der Haare im Alter).

पिञ्जरय्, °यति *röthlich gelb färben* 292,12 (im Prâkrit). पिञ्जरित *r. g. gefärbt* Kâd. 14,18. Ind. St. 15,293. 363.

पिञ्जरिक n. *ein best. musikalisches Instrument.*

पिञ्जरिमन् m. *die röthlich gelbe Farbe* Kâd. 198,2.

पिञ्जरी Adv. mit कर् *röthlich gelb färben* Kâd. 64,1. 79,17.

पिञ्जल 1) *Adj. *überaus verwirrt.* — 2) f. आ N. pr. eines Flusses. — 3) f. ई *Büschel von Halmen, Gras* u.s.w. Gobh. 2,7,5. 9,4. Hemâdri 1,107,1 (= Comm. zu Gobh. 2,7,5). Vgl. पिञ्जुल. — 4) *n. a) dass. — b) *Curcuma Zerumbet.* — c) *Auripigment.*

पिञ्जलक in उत्पिञ्जलक (Nachtr. 3).

*पिञ्जान n. *Gold* Râǵan. 13,9.

*पिञ्जिका f. *Spinnrocken.*

पिञ्जुल (in दर्भपिञ्जुलैं) n., पिञ्जूल n. und °ली f.

Büschel von Halmen, Gras u. s. w. Vgl. पिञ्जल 3) und 4) a).

*पिञ्जूलक m. N. pr. eines Mannes. Pl. seine Nachkommen.

*पिञ्जूष 1) m. Ohrenschmalz. — 2) m. n. Ohr Gal.

*पिञ्जट n. Unreinigkeit des Auges.

*पिञ्जोला f. das Rauschen der Blätter.

पिट्, पेटति (शब्दसंघातयोः).

पिट 1) (*m. n.) Korb. — 2) *n. Dach.

पिटक 1) m. f. (श्रा) n. a) Korb. Am Ende eines adj. Comp. f. पिटिका (!) Mân. Gṛhj. 2,6. — b) Beule Kâraka 1,17 (पिठक gedr.). *f. *n. — 2) *m. N. pr. eines Mannes. — 3) n. ein best. Schmuck an Indra's Banner.

*पिटक्या f. eine Menge von Körben.

*पिटङ्काकी f. die Koloquinthengurke.

*पिटङ्काश m. Silurus Pabda.

*पिटङ्कोकी f. die Koloquinthengurke.

पिट्ट्, °यति feststampfen. *पिट्टित platt gedrückt.

*पिठ्, पेठति (हिंसासंक्लेशयोः).

पिठक fehlerhaft für पिटक 1) b).

पिठन n. vielleicht Unterweisung.

पिठर 1) (*m.) f. (ई) und n. Topf, Kochtopf. — 2) m. a) ein topfähnlicher Aufsatz auf einem Gebäude. — b) ein best. Agni. — c) N. pr. eines Dânava. — 3) f. ई Tiegel Bhâvapr. 2,100. — 4) *n. a) Butterstössel. — b) die Wurzel von Cyperus rotundus.

पिठरक m. 1) Topf, Kochtopf. — 2) N. pr. eines Schlangendämons.

पिठरपाक m. die Verbindung von Ursache und Wirkung vermittelst Hitze.

पिठीनस् m. N. pr. eines Mannes.

*पिडक m. und °का f. Knoten, Beule, Blatter, Bläschen, papula, pustula.

पिडकावत् und पिडकिन् Adj. mit Knoten u. s. w. versehen.

पिडिका f. = पिडका.

पिण्ड् s. पिण्ड्.

पिण्ड 1) m. f. (पिण्डी Âpast. Çr. 19,26) und n. (selten) a) eine runde Masse, Klumpen, Knopf, Kloss, globus, globulus; Ballen. Auswuchs Kâraka 6,17. कुड्यस्य पिण्डः पतति es fällt ein Stück von der Wand Chr. 221,10. — b) Bissen, so v. a. das Brod, von dem man sich nährt, Lebensunterhalt Gaut. 12,27. 22,35. *f. — 2) m. n. (selten) a) Mehlkloss beim Manenopfer. — b) Bissen, Mundvoll. — c) Körper, Leib; Person 276,8. *m. *n. — d) Körper im weitesten Sinne, jedes Ding von bestimmter Dimension Vaiçeshika 45,4. *n. — e) *die Blüthe der chinesischen Rose. — f) *ein best. Theil des Hauses. — g) *Macht, Heer. — 3) m. a) Du. die auf der Achsel über dem Schlüsselbein her liegenden fleischigen Theile. — b) Du. *die beiden Erhöhungen auf der Stirn des Elephanten, die bei der Brunstzeit stark anschwellen. — c) *der Fötus in der ersten Zeit der Schwangerschaft. — d) ein best. Räucherwerk Varâh. Bṛh. S. 77,9. Nach den Lexicographen Myrrhe und Olibanum Râgan. 6,116. — e) *Fleisch. — f) *Vangueria spinosa. — g) *Menge, Haufe. — h) Totalsumme J. A. O. S. 6,558. Comm. zu H. 94. Nur am Ende eines adj. Comp. (f. श्रा). — i) ein in Zahlen ausgedrückter Sinus. — k) Laut, von S. S. S. 5,2. — l) *N. pr. eines Mannes. — 4) *f. श्रा eine Moschusart Râgan. 12,51. — 5) f. पिण्डी a) s. 1) a) b). — b) Pille. — c) *Nabe. — d) ein best. Baum Daçak. 35,8. Nach den Lexicographen Tabernaemontana coronaria oder eine andere Species und eine Art Dattelbaum. — e) *Flaschengurke. — f) *performance of certain gesticulations, accompanying the silent repetition of prayers, etc. in meditation on real or divine knowledge. — g) *N. pr. eines Weibes. — 6) *n. a) Eisen. — b) Stahl Râgan. 13,46. — c) frische Butter.

पिण्डक 1) m. a) Klumpen, Kloss; rundliche Hervorragung, Knöpfchen. मस्तकपिण्डक neben °पिण्डिक (von पिण्डिका) am Ende eines adj. Comp. die Ballen auf der Stirn eines brünstigen Elephanten. पिण्डका f. in der Bed. Klumpen, Ballen Hemâdri 1,433,16 wohl fehlerhaft. — b) Mehlkloss beim Manenopfer. — c) ein best. Knollengewächs Râgan. 7,69 (vgl. 21). — d) *Olibanum Râgan. 6,116. — e) ein in Zahlen ausgedrückter Sinus. — f) ein Piçâka. — 2) f. पिण्डिका a) kugelförmige Anschwellung, Fleischballen (an Schultern, Armen, Beinen u. s. w.) Bâlar. 12,4; insbes. Du. die Waden Vishnus. 96,92. Am Ende eines adj. Comp. पिण्डक (die v. l. meist पिण्डिक) in der Bed. Wade fehlerhaft. — b) Unterlage, Gestell eines Götterbildes oder eines Liṅga Agni-P. 42,10. 43,29. 45,1. fgg. °पीठ Kâd. 253,19. — c) Bank, Erhöhung und dgl. zum Liegen. — d) *Nabe. — e) *eine Moschusart Râgan. 12,52. — f) *Tamarindus indica. Richtig पिच्छिका. — 3) *n. a) Daucus Carota. — b) Myrrhe.

*पिण्डकन्द m. ein best. Knollengewächs, = पिण्डालु Râgan. 7,69.

पिण्डकरण n. = पिण्डदान 2) Pâr. Gṛhj. 3, 10,50.

पिण्डखर्जूर m. (Kâd. 142,21), *°रिका f. und *°री f. eine Art Dattelbaum Râgan. 11,61. Mat. med. 313.

पिण्डतनुक m. Pl. die dem Urgrossvater vorangehenden Ahnen, die an den Ueberbleibseln der Mehlklösse zehren, Gṛhjâs. 2,88. v. l. °तडुक, °तर्कुक und °तर्नुक.

पिण्डता f. Nom. abstr. zu पिण्ड 2) c) Mahâvîrak. 30,4.

पिण्डतैल n. eine als Salbe gebrauchte Oeltinctur Kâraka 6,27. Suçr. 2,40,17.

*पिण्डतैलक m. Olibanum Râgan. 12,106.

पिण्डद 1) Adj. (f. श्रा) der den Manen die Mehlklösse darbringt, — darzubringen berechtigt ist. — 2) m. a) *Sohn Gal. — b) Brodherr, Hausherr. — 3) f. श्रा Mutter MBh. 3,219,9. = शरीरकर्त्री माता Nilak.

पिण्डदातर् Nom. ag. = पिण्डद 1) Kâraṇḍ. 59,5.

पिण्डदान n. 1) das Reichen eines Mehlklosses. — 2) das Darbringen von Mehlklössen beim Manenopfer, das Manenopfer mit Klössen am Abend des Neumondes. — 3) Almosenvertheilung Spr. 7741.

पिण्डन n. 1) das Zusammenballen. — 2) das Bilden von Klössen für ein Manenopfer (?). — 3) *Wall, Damm; vgl. पिण्डल.

पिण्डनिर्युक्ति f. Titel eines Werkes.

पिण्डनिर्वपण n. das Darbringen der Klösse an die Manen, Manenopfer.

पिण्डनिवृत्ति f. das Aufhören des Pindasambandha Gaut. 14,13.

पिण्डपद n. eine best. Berechnung.

पिण्डपात m. Almosenreichung.

पिण्डपात्र n. 1) *das Gefäss, in dem die Mehlklösse den Manen dargebracht werden. — 2) Almosentopf Kâraṇḍ. 19,9. 20,19. 40,16. 73,1. — 3) Almosen Kâraṇḍ. 27,12. 28,3.

*पिण्डपाद m. Elephant.

पिण्डपितृयज्ञ m. ein Manenopfer mit Klössen am Abend des Neumondes Mân. Gṛhj. 2,9. Çr. 1, 1,2. 7,6. 8,24.

*पिण्डपुष्प 1) m. a) Jonesia Asoka. — b) die chinesische Rose. — c) Granatbaum. — 2) n. a) die Blüthe α) von Jonesia Asoka. — β) der chinesischen Rose. — γ) der Tabernaemontana coronaria. — δ) der Wasserrose.

*पिण्डपुष्पक m. Chenopodium album.

पिण्डप्रद Adj. = पिण्डद् 1) Kâd. 2,55,16.

पिण्डफल 1) Adj. *klossähnliche Früchte tragend.* — 2) f. आ *eine wilde Gurkenart* Karaka 7,3.

*पिण्डबीज m. *Nerium odorum.*

*पिण्डबीजक m. *Pterospermum acerifolium.*

पिण्डभाज् Adj. *die beim Manenopfer dargebrachten Klösse empfangend;* m. Pl. *die Manen.* Nom. abstr. °भाक्त्व.

पिण्डभृति f. *Lebensunterhalt.*

पिण्डमय Adj. *aus einem* (Lehm-) *Klumpen bestehend.*

पिण्डमात्रोपजीविन् Adj. *nur von einem dargereichten Bissen lebend.*

*पिण्डमुस्ता f. *eine Cyperus-Art.*

*पिण्डमूल und °क (VP. 3,16,8. = पिण्डाकारमूलकम् Comm.) n. *Daucus Carota* Râgan. 7,21.

पिण्डय्, °यति (angeblich auch पिण्डते) 1) *zusammenthun, vereinigen.* एकत्र so v. a. *zusammenaddiren.* — 2) पिण्डित a) *geballt, massig, klumpig, aufeinandergehäuft, dicht zusammengedrängt.* Am Ende eines Comp. *gemischt mit* Varâh. Bṛh. S. 77,11. — b) Pl. *zusammengenommen, zu einem Ganzen verbunden, unter einander verbunden, vereinigt, alle zusammen.* — c) in Comp. mit einem Zahlwort *sich so und so viele Male wiederholend.* — d) **multiplicirt.* — Mit अव, °पिण्डित *als Kügelchen niedergefallen.* — Mit उद्, उत्पिण्डित *geschwollen* Karaka 2,7 (उत्पिण्टित gedr.). — Mit परि, °पिण्डित *zusammengeballt* Mahâvîraḱ. 79,8. Bhâvapr. 2,152. — Mit सम् *zusammenhäufen, aneinanderreihen.* संपिण्डित *zusammengeballt, — gezogen, vereinigt.*

पिण्डयज्ञ m. *ein Manenopfer mit Mehlklössen.*

*पिण्डरोहिणिक m. *Flacourtia sapida* Râgan. 9, 162.

*पिण्डल m. *Damm, Wall.*

पिण्डलक्षणशिक्षा f. Titel eines Werkes Opp. Cat. 1.

पिण्डलेप m. *das was von den für die Manen bestimmten Klössen an den Händen kleben bleibt.*

पिण्डविशुद्धिदीपिका f. Titel eines Werkes.

*पिण्डशर्करा f. *aus Javanâla gewonnener Zukker* Gal.

पिण्डशीर्ष Adj. *einen klossähnlichen (runden) Kopf habend* MBh. 12,101,17.

*पिण्डस m. *Bettler.*

पिण्डसंबन्ध m. *eine so nahe Verwandtschaft zwischen einem Lebenden und einem Verstorbenen, dass jener beim Manenopfer diesem die Mehlklösse darbringt,* Gaut. 18,6. 28,21.

पिण्डसंबन्धिन् Adj. *in so naher Verwandtschaft mit einem Lebenden stehend, dass man beim Manenopfer Mehlklösse von ihm empfängt.*

पिण्डसेक्तर् Nom. ag. N. pr. eines Schlangendämons.

पिण्डस्थ Adj. *mit Anderm zusammengemischt, — vermengt* Varâh. Bṛh. S. 77,16.

पिण्डस्वेद m. *ein warmer Breiumschlag* Karaka 1,14.

पिण्डहरिताल n. *Auripigment in best. Form* Mat. med. 41. Bhâvapr. 1,283.

पिण्डाक्षर Adj. *eine Doppelconsonanz enthaltend* Vâmana 4,1,7.

पिण्डाग्र n. *ein Stückchen von einem Mehlkloss* M. 3,233.

*पिण्डात m. *Olibanum.*

पिण्डान्वाहार्यक Adj. in Verbindung mit श्राद्ध *das nach dem Manenopfer den Manen zu Ehren gefeierte Mahl.*

*पिण्डाभ्र n. *Hagel.*

*पिण्डायस n. *Stahl* Râgan. 13,46.

पिण्डार 1) m. a) **Bettler.* — b) **Büffel-* oder *Kuhhirt.* — c) *Trewia nudiflora* Mat. med. 313. Varâh. Bṛh. S. 54,50. — d) **ein Ausdruck des Tadels.* — e) N. pr. eines Schlangendämons. — 2) n. *eine best. Gemüsepflanze* Bhâvapr. 1,283.

पिण्डारक 1) m. N. pr. a) eines Schlangendämons. — b) eines Vṛshṇi, eines Sohnes des Vasudeva. — 2) n. N. pr. eines Wallfahrtsortes.

पिण्डालु m. 1) **eine Art Cocculus* Râgan. 3,3. — 2) *Dioscorea globosa* Râgan. 7,69. Mat. med. 313.

पिण्डालुक n. *ein best. Knollengewächs.*

*पिण्डालूक *Batate.*

*पिण्डाश und *°क m. *Bettler.*

*पिण्डाश्म m. संज्ञायाम्.

*पिण्डाह्वा f. *das Harz der Gardenia gummifera* Râgan. 6,77.

*पिण्डि f. *Nabe.*

पिण्डिक n. *penis.*

पिण्डित 1) Adj. s. u. पिण्डय्. — 2) *m. *Olibanum* Râgan. 12,106.

*पिण्डितैलिक m. *Olibanum* Gal. Vgl. पिण्डतैलक.

पिण्डिन् 1) *Adj. a) *mit Mehlklössen versehen.* — b) *Mehlklösse empfangend.* — 2) m. a) **Darbringer von Klössen* (beim Manenopfer). — b) **Bettler.* — c) *ein männliches Geschöpf.* — d) *Vangueria spinosa* Râgan. 8,67. Bhâvapr. 1,173. — 3) f. °नी N. pr. einer Apsaras VP.[2] 2,82.

*पिण्डिपाल m. *eine best. Waffe mit einer Spitze.*

*पिण्डिल 1) Adj. a) *starke Waden habend.* — b) **im Rechnen geübt;* m. *ein guter Rechner, Astronom.* — 2) m. *Damm, Wall.* — 3) f. आ *Cucumis maderaspatanus.*

1. पिण्डी f. s. u. पिण्ड.

2. पिण्डी Adv. 1) mit कर् a) *zu einem Klumpen machen, zusammenballen, — drängen, — fügen, — thun.* — b) *auf einen Punct concentriren.* — c) *identificiren mit* (सह). — 2) mit भू *sich zusammenballen, sich zu einer festen Masse verbinden, sich fest verbinden.*

पिण्डीकरण n. *das Zusammenballen.*

*पिण्डीजङ्घ m. N. pr. eines Mannes. Pl. *seine Nachkommen.*

पिण्डीतक m. 1) *Vangueria spinosa* Râgan. 8, 67. Bhâvapr. 1,173. n. *die Frucht.* — 2) **Tabernaemontana coronaria.* — 3) **eine Art Basilienkraut.*

*पिण्डीतगर m. *eine Species der Tabernaemontana.*

*पिण्डीतगरक n. *Tabernaemontana coronaria* Râgan. 10,145.

*पिण्डीतरु m. *eine dornige Gardenia* Râgan. 9, 147.

*पिण्डीपुष्प m. *Jonesia Asoka.*

पिण्डीभाव m. *das Sichzusammenballen.*

*पिण्डीर 1) Adj. *saftlos.* — 2) m. a) *Granatbaum.* — b) *Meerschaum.*

पिण्डीलेप m. *eine best. Salbe.*

*पिण्डीशूर m. *ein Held bei den Mehlklössen, ein feiger Prahler.*

पिण्डोपजीविन् Adj. *eines Andern Brod essend, von einem Andern ernährt werdend* Mahâvîraḱ. 93,19.

पिण्डोपनिषद् f. Titel einer Upanishad.

पिण्डोल m. N. pr. eines Mannes.

*पिण्डोलि und *°का f. *Speiserest.*

*पिण्या f. *Cardiospermum Halicacabum.*

पिण्याक 1) (*m. n.) a) *Oelkuchen* Âpast. — b) *Asa foetida.* — c) **Olibanum* Râgan. 12,106. — d) **Saffran.* — 2) *f. आ *eine best. Pflanze.*

पित् in अपित्.

पितर् m. 1) Sg. *Vater.* So heissen Bṛhaspati, Varuṇa, Pragâpati u. s. w.; insbes. der Himmel. — 2) Du. *die Eltern.* Auch मातरा पितरा. — 3) Pl. a) *die Väter.* — b) *der Vater und seine Brüder, Vater und Onkel, des Vaters Verwandtschaft.* — c) *die Geister der Vorfahren, die Manen.* Neben पितामह m. Pl. *den entfernteren Manen* 67,18. — 4) *ein best. Kinderdämon.*

*पितरिशूर m. *ein Held dem Vater gegenüber,*

ein feiger Prahler.

पितापुत्रौ m. Du. und am Anfange eines Comp. Vater und Sohn 135,17.

पितापुत्रीय Adj. Vater und Sohn betreffend. संप्रदान n. die Uebergabe (der leiblichen Fähigkeiten und Kräfte) durch den Vater an seinen Sohn. — 2) die Worte पितर् und पुत्र enthaltend.

पितामह 1) m. a) der Grossvater väterlicherseits. — b) Bein. Brahman's. °महस्य सरस् und पितामहसरस् n. N. pr. eines Wallfahrtsortes. — c) Pl. die Manen, insbes. die entfernteren 67,7. 18. — 2) f. °मही die Grossmutter väterlicherseits.

पितु m. n. (dieses nur einmal in Ait. Br.) Saft, Trank, Nahrung überh.

*पितुःपुत्र m. des Vaters Sohn.

पितुकृत् Adj. Nahrung schaffend.

पितुभाज् Adj. Nahrung geniessend.

पितुभृत् Adj. Nahrung bringend.

पितुमत् Adj. 1) von Trank und Speise begleitet. — 2) nahrungsreich. nährend.

पितुषणि Adj. Nahrung spendend.

*पितुःष्वसर् f. des Vaters Schwester.

पितुस्तोम m. Bez. des Liedes RV. 1,187.

*पितुःस्वसर् f. des Vaters Schwester.

पितूय् Nahrung begehren. Nur पितूयतस् Gen. Partic.

पितृक 1) am Ende eines adj. Comp. (f. आ) = पितर् Vater. — 2) *m. Hypokoristikon von पितृदत्त.

पितृकर्मन् n. Manenopfer.

पितृकल्प m. 1) die Vorschriften in Betreff der Manenverehrung. — 2) ein best. Kalpa 2) h), Brahman's Neumondstag.

पितृकानन n. Leichenacker 129,22.

पितृकार्य n. Manenopfer.

पितृकिल्बिष n. ein Vergehen gegen die Manen Çat. Br. 12,9,2,2.

पितृकुल्या f. N. pr. eines Flusses.

पितृकृत Adj. 1) gegen den Vater —, oder vom Vater gethan. — 2) gegen die Manen begangen.

पितृकृत्य n. und पितृक्रिया f. Manenopfer.

पितृगण m. die Schaar der Manen, die Manen VP. 1,8,23. Pl. Reihen —, Gruppen von Manen.

पितृगाथा f. Pl. Bez. bestimmter Gesänge.

पितृगीत n. Pl. desgl. Comm. zu VP. 3,14,21.

*पितृगृह n. Leichenacker.

पितृग्रह m. ein best. Krankheitsdämon.

पितृग्राम m. Friedhof B. A. J. 1,218.

पितृघातक (Kathâs. 26,140), °घातिन् und °घ्न m. Vatermörder.

*पितृचेट (?) m. N. pr. eines Mannes.

पितृतम m. der beste Vater. Mit dem Gen. पितॄणाम् RV. 4,17,17.

पितृतर्पण n. 1) das Laben der Manen, Manenopfer. — 2) *der Theil der Hand zwischen Daumen und Zeigefinger. — 3) *Sesam Râgan. 16,70.

पितृतस् Adv. vom Vater her, väterlicherseits.

*पितृतिथि f. Neumondstag.

पितृतीर्थ n. 1) Bein. der Stadt Gajâ. — 2) der Theil der Hand zwischen Daumen und Zeigefinger.

पितृत्व n. Nom. abstr. von पितर् Vater.

*पितृदत्त m. ein Mannesname. *°क m. Hypokoristikon davon Mahâbh. 5,72,a.

पितृदयिता f. Titel eines Werkes.

*पितृदान und *°क n. Spenden an die Manen, Manenopfer.

पितृदाय m. das väterliche Erbe.

1. पितृदेव m. Pl. 1) die Manen und Götter. — 2) Bez. bestimmter göttlicher Wesen 88,22. 27. 29. Nach dem Comm. = कव्यवाडनलादयः.

2. पितृदेव Adj. 1) den Vater als Gott verehrend Taitt. Up. 1,11,2. — 2) zu den Manen und Göttern führend.

पितृदेवत Adj. die Manen zur Gottheit habend, sie zum Gegenstand der Verehrung habend, ihnen geweiht.

पितृदेवता f. Pl. die Manen und Götter 83,21.

पितृदेवत्य Adj. = पितृदेवत.

पितृदैवत 1) Adj. (f. ई) auf die Verehrung der Manen sich beziehend. °कर्मन् und °कार्य n. — 2) n. a) das am Ashṭakâ genannten Tage gefeierte Manenopfer. — b) das unter den Manen stehende Mondhaus Maghâ.

पितृदैवत्य n. = पितृदैवत 2) a).

पितृद्रोहिन् Adj. dem Vater nachstellend Daçak. 82,13.

1. पितृपक्ष m. 1) die Monatshälfte der Manen, die dunkele Hälfte im gauṇa Âçvina. — 2) die Partei —, die Seite des Vaters MBh. 5,140,10. — 3) Pl. die Väter Hariv. 3374.

2. पितृपक्ष Adj. väterlicherseits Kull. zu M. 2,32.

*पितृपङ्क्तिविधान n. das Ertheilen der Rechte eines Sapiṇḍa Gal.

पितृपति m. 1) der Herr der Manen, Bein. Jama's. — 2) Pl. die Väter und die Pragâpati.

*पितृपाण n. fehlerhaft für पितृयाण.

*पितृपितर् m. des Vaters Vater.

पितृपीत Adj. von den Vätern getrunken.

पितृपूजन n. die Verehrung der Manen.

पितृपैतामह 1) Adj. (f. ई) vom Vater und Grossvater ererbt, — überkommen, ihnen eigen. नामन् n. die Namen des Vaters und Grossvaters 215,7. — 2) m. Pl. und am Anfange eines Comp. metrisch st. °पितामह Väter und Grossväter. Pañkat. 89,18 unmotivirt, und st. dessen °पितामहान् ed. Bomb. 1,97,6.

पितृपैतामहिक Adj. = पितृपैतामह 1).

*पितृप्रसू f. Zwielicht Râgan. 21,41.

*पितृप्रिय m. Eclipta prostrata Râgan. 4,140.

पितृबन्धु 1) m. ein Blutsverwandter väterlicherseits. — 2) n. väterliche Blutsverwandtschaft.

पितृबान्धव m. = पितृबन्धु 1).

पितृभक्तितरंगिणी f. Titel eines Werkes.

पितृभूति m. N. pr. eines Scholiasten.

*पितृभोगीण Adj.

*पितृभोजन m. Phaseolus radiatus Râgan. 16,43.

पितृमन्त् (VS. Çat. Br. TBr.) und पितृमन्त् (AV.) Adj. 1) einen Vater habend. — 2) einen namhaften Vater habend. — 3) von den Manen begleitet, mit d. M. zusammengehörig Mân. Çr. 8,19. Grhj. 2,9.

पितृमन्दिर n. 1) Vaterhaus. — 2) *Leichenacker.

पितृमातृगुरुशुश्रूषाध्यानवन्त् Adj. der nur daran denkt Vater, Mutter und Lehrer zu Willen zu sein Saṁhitopan. 41,3. 4.

पितृमातृमय Adj. nur an Vater und Mutter denkend.

पितृमात्रर्थ Adj. für Vater und Mutter bettelnd M. 11,1.

पितृमेध m. 1) Manenopfer. — 2) Titel eines Werkes Opp. Cat. 1. °सार desgl. ebend. °सूत्र n. desgl. Weber, Lit. 93.

पितृयज्ञ m. Manenopfer.

पितृयज्ञिय (°यज्ञीय?) Adj. auf das Manenopfer bezüglich Weber, Pratigñâs. 103.

पितृयाण und °यान 1) Adj. von den Manen betreten, zu ihnen führend. — 2) m. der von den Manen betretene —, der zu ihnen führende Weg.

1. पितृयान n. der Gang zu den Vätern Bhâg. P. 4,29,13. 7,15,51.

2. पितृयान Adj. und m. s. u. पितृयाण.

पितृराज und °न् m. Bein. Jama's.

पितृरूप 1) Adj. in der Gestalt eines Ahnen erscheinend Âpast. Çr. 1,8,7. — 2) m. N. pr. eines Rudra.

पितृलिङ्ग m. (sc. मन्त्र) ein an die Manen gerichteter Vers.

पितृलोकं m. 1) *Vaterhaus.* — 2) *die Welt —, der Wohnort der Manen.*

पितृवंश m. *die Familie des Vaters* ÂPAST. ÇÂṄKH. GṚHJ. 4,10. MAHÂBH. 4,56,*a.*

पितृवंश्य Adj. *zur Familie des Vaters gehörig* Spr. 4076.

पितृवत् Adv. 1) *wie ein Vater.* — 2) *wie die Manen, wie f. d. M., wie bei den M., wie beim Manenopfer.*

पितृवध m. *Vatermord.*

पितृवन n. *Leichenacker.*

*पितृवनेचर m. 1) *ein* Vetâla. — 2) Bein. Çiva's.

पितृवर्तिन् m. Bein. des Fürsten Brahmadatta.

*पितृवसति f. *Leichenacker.*

पितृवित्त Adj. *von den Vätern erworben.*

पितृवेश्मन् n. *Vaterhaus* Spr. 4077.

पितृव्य m. *Vatersbruder, patruus* GAUT. Uneig. *ein älterer nahestehender Mann.*

*पितृव्यक m. dass. GAL.

*पितृव्यघातिन् m. *Mörder eines Vatersbruders* P. 3,2,86, Sch.

पितृशर्मन् m. N. pr. eines Dânava.

पितृश्रवण Adj. *dem Vater Ruhm verschaffend.*

पितृषद् Adj. 1) *beim Vater —, bei den Eltern —, ledig bleibend.* — 2) *bei den Manen wohnend.*

पितृषदन Adj. *den Manen zum Sitz dienend* TS. 1,3,6,1 (ÂPAST. ÇR. 7,9,10). MÂN. ÇR. 1,8,2.

पितृष्वसर् f. *des Vaters Schwester* MBH. 1,191, 21. °स्वसर् fehlerhaft.

पितृष्वसामातुल° *des Vaters Schwester und Mutterbruder.*

पितृष्वस्रीय m. *der Vaters Schwester Sohn* MBH. 1,111,2. °स्वस्रीय fehlerhaft.

पितृसंहिता f. Titel eines Werkes.

पितृसद्मन् n. *Leichenacker.*

*पितृसंनिभ Adj. *dem Vater ähnlich.*

*पितृसू f. *Zwielicht.*

पितृसूक्त n. *eine best. Hymne.*

पितृस्वसर् und °स्वस्रीय s. °ष्वसर् und °ष्वस्रीय.

पितृहन् m. *Vatermörder* AV. PAIPP. 9,4,3.

पितृहू f. *Bez. des rechten Ohres.*

पितृहूय n. *Anrufung der Väter.*

पित्तं n. *Galle.*

*पित्तकुष्ठ n. *eine Art Aussatz* GAL.

पित्तगदिन् Adj. *gallenkrank.*

पित्तगुल्म m. *eine von der Galle herrührende Anschwellung im Unterleibe.*

पित्तघ्न 1) *der Galle entgegenwirkend.* — 2) n. *ein Mittel gegen gallige Zustände.* — Vgl. पित्तहन्.

पित्तज्वर m. *Gallenfieber.*

*पित्तदाह m. dass. RÂĠAN. 13,205.

*पित्तद्राविन् m. *die süsse Citrone* RÂĠAN. 11,180.

पित्तधर Adj. (f. आ) *gallenhaltig.*

पित्तप्रकृति Adj. *von galligem Temperament.*

*पित्तरक्त n. *Blutsturz* RÂĠAN. 20,16. Vgl. रक्तपित्त.

पित्तरोगिन् Adj. *gallenkrank.*

पित्तल 1) Adj. (f. आ) *gallig, Galle machend.* — 2) *f. आ *Jussiaea repens.* — *b*) *f. ई *Sanseviera Roxburghiana.* — 4) n. *a*) *Glockengut* Mat. med. 75. — *b*) **Betula Bhojpatra.*

*पित्तवत् Adj. *gallig.*

पित्तविदग्ध Adj. *durch* (Uebermaass von) *Galle verbrannt, d. i. — beschädigt, — zerstört.*

पित्तविनाशन und पित्तशमन Adj. *der Galle entgegenwirkend.*

*पित्तशोणित n. *Blutsturz* RÂĠAN. 20,16.

पित्तशोफ m. *eine* (durch Uebermaass) *von Galle herrührende Geschwulst* SUÇR. 1,131,16.

पित्तश्लेष्मल Adj. *Galle und Schleim befördernd* KAṬHAKA 1,27.

*पित्तसारक m. *Azadirachta indica* RÂĠAN. 9,8.

पित्तस्थान n. *der Sitz der Galle* GARBHOP. 2.

पित्तस्यन्द m. *eine gallige Form der Ophthalmie.*

पित्तहन् 1) Adj. (f. °घ्नी) *der Galle entgegenwirkend* SUÇR. 1,142,9. — 2) *f. °घ्नी *Cocculus cordifolius.* — Vgl. पित्तघ्न.

पित्तहर Adj. (f. ई) *der Galle entgegenwirkend.*

पित्तातीसार m. *eine gallige Form der Dysenterie.*

पित्तातीसारिन् Adj. *an* पित्तातीसार *leidend.*

पित्तात्तकरस m. *ein best. medicinisches Präparat* Mat. med. 93.

पित्ताभिष्यन्द m. *eine gallige Form der Ophthalmie.*

*पित्तारि m. Bez. verschiedener *der Galle entgegenwirkender Pflanzen und Stoffe* RÂĠAN. 5,9. 6, 267. 12,23.

*पित्तास्र n. *Blutsturz* RÂĠAN. 20,16.

पित्तोदर n. *eine von Galle herrührende Leibesanschwellung* BHÂVAPR. 5,84.

पित्तोदरिन् Adj. *an einer von Galle herrührenden Leibesanschwellung leidend* SUÇR. 2,86,15.

पित्तोपहत Adj. = पित्तविदग्ध.

पित्थ und °क m. N. pr. eines Mannes.

पित्र्य, पित्रिय 1) Adj. (f. आ) *a*) *vom Vater kommend, väterlich, dem Vater* oder *den Vätern gehörig, beim Vater üblich* u. s. w. — *b*) *den Manen geweiht, unter d. M. stehend, auf ihren Cult bezüglich.* दिश् f. *Süden* ÇÂṄKH. GṚHJ. 4,10. तीर्थ n. *der den Manen geweihte Theil der Hand zwischen Daumen und Zeigefinger.* — 2) m. *a*) **der älteste Bruder.* — *b*) **der Monat* Mâgha. — *c*) nach dem Comm. *das Ritual für das Manenopfer* KHÂND. UP. 7,1,2. 4. — *d*) **Phaseolus radiatus* RÂĠAN. 16, 43. — 3) f. आ *a*) *Manenopfer.* — *b*) *Pl. *das unter den Manen stehende Mondhaus* Maghâ — *c*) **Vollmondstag und die an diesem Tage stattfindende Cultushandlung für die Manen.* — 4) n. *a*) *die Cultushandlung für die Manen.* — *b*) *das Mondhaus* Maghâ. — *c*) **Honig* RÂĠAN. 14,110.

(पित्र्यावत्) पित्रियावत् Adj. *vielleicht väterliches Gut besitzend.* Nach SÂJ. = पितृमत्.

पित्र्युपवीत (!) n. *das Umlegen der Manenschnur* GOP. BR. 1,3,12. VAITÂN.

पित्र्युपवीतिन् (!) Adj. *der die Manenschnur umgelegt hat* VAITÂN.

पित्सत् 1) Partic. vom Desid. von 1. पत्. — 2) *m. *Vogel* RÂĠAN. 19,83.

पित्सरु in सोमपित्सरु.

*पित्सल n. *Weg, Pfad.*

*पित्सु Adj. *zu fliegen* oder *zu fallen im Begriff stehend.*

पिधय्, °यति *verschliessen* (die Thür) LALIT. 280,13. पिधित *verschlossen, verhüllt* 348,2 (ग्रन्थानि पिधितानि zu lesen). 349,1 (gleichfalls zu verbessern). 134,3. Zurückzuführen auf 1. धा mit पि.

पिंदाकु m. MAITR. S. 3,14,14 wohl nur fehlerhaft für पृदाकु, wie Padap. hat.

पिद्वं m. *ein best. Thier.*

पिधातव्य Adj. *zuzudecken, zu verstopfen, zu schliessen* (die Ohren).

पिधान 1) n. *a*) *das Zudecken, Verstopfen, Verschliessen.* — *b*) *Decke, Hülle* Spr. 7826. — *c*) *Deckel.* — *d*) *ein best. Process, dem das Quecksilber unterworfen wird.* — 2) *f. ई *Deckel* DEÇIN. 1, 161.

*पिधानक 1) n. *Hülle, Scheide* in *खड्ग°. — 2) f. °निका *Deckel* DEÇIN. 4,14. 6,111.

°पिधायक Adj. *verhüllend, verdeckend.* Nom. abstr. °ता f. 261,23. 24.

पिधित्सु Adj. mit Acc. *zu verbergen wünschend* NAISH. 5,51.

पिनद्धक nach NÎLAK. m. *Schmuck.* Nur am Ende eines adj. Comp., f. °का HARIV. 2,2,37. °द्धिका v. l.

*पिनस m. v. l. für पीनस.

पि॑नाक 1) (*m.) n. *a) Stab, Stock.* — *b)* in der späteren Literatur *die Keule* und *der Bogen* Rudra-Çiva's. — *c) *herabfallender Staub.* — 2) *f. पिनाकी *ein best. Streichinstrument.* — 3) n. *eine Art Talk.*

पिनाकगोप्तर्, पिनाकधृक् (VP. 5,16,7 nach dem Comm. Bein. Vîrabhadra's), पिनाकपाणि, *पिनाकभृत्, पि॑नाकहस्त, पि॑नाकावस und पिनाकि (metrisch für °न्) m. Beinamen Rudra-Çiva's.

पिनाकिदिश् f. *Nordost* Varâh. Bṛh. S. 28,10.

पिनाकिन् 1) Adj. MBh. 6,684 fehlerhaft für पताकिन्. — 2) m. *a)* Bein. Rudra-Çiva's. — 3) N. pr. eines Rudra. — 4) f. °नी N. pr. zweier Flüsse.

*पिन्यास m. *Asa foetida.*

पिन्व्, पि॑न्वति, °ते 1) Act. Med. *schwellen —, strotzen —, überlaufen —, reichlich machen.* — 2) Med. (im Çat. Br. auch Act.) *schwellen, strotzen, überströmen.* — Caus. पिन्वयति = Simpl. 1). — Mit प्र Act. Med. = Simpl.

°पिन्व Adj. *schwellen —, fliessen machend.*

पि॑न्वन n. *ein best. beim Cultus gebräuchliches Gefäss.*

पिन्वत्यपीय Adj. (f. आ) *mit* पि॑न्वत्यपः (RV. 1,64,6) *anfangend* (Vers).

*पिपक्षत् Adj. vom Desid. von 1. पच्.

*पिपठिष् Adj. vom Desid. von पठ्.

पिपतिषत् 1) Adj. Partic. vom Desid. von 1. पत्. — 2) *m. *Vogel.*

पिपतिषु 1) Adj. *zu fallen im Begriff stehend.* — 2) *m. *Vogel.*

पिपाठक m. N. pr. eines Berges.

पिपासा॑ f. *Durst.*

पिपासवत् Adj. *durstig* 271,21.

पिपासालु Adj. *stets durstig* Ḱaraka 4,8.

पिपासित Adj. *durstig* s. u. 1. पा Desid. Könnte auch auf पिपासा zurückgehen.

पिपासु Adj. mit Acc. oder am Ende eines Comp. *zu trinken verlangend.* Ohne Object *durstig.*

*पिपिली f. *Ameise.*

पि॑पिष्वत् Adj. *schwellend, übervoll, überreich.*

पिपीतक 1) m. N. pr. eines Mannes. — 2) f. ई *der 12te Tag in der lichten Hälfte des* Vaiçâkha.

पिपील॑ m. (Vârâh. Jogaj. 8,3) und *°ली f. (Râǵan. 19,67) *Ameise.*

पिपीलक 1) m. und पिपी॑लिका f. dass. — 2) f. पिपीलिका = पिपीलिकमध्या Weber, Pratiǵnâs.

पिपीलिक 1) m. *Ameise* — 2) n. angeblich von *Ameisen hervorgeholtes Gold.*

पिपीलिकपुट n. *Ameisenhaufe* MBh. 8,23,22.

पिपीलिकमध्य und °म Adj. *in der Mitte schmal wie eine Ameise;* f. आ *jedes Metrum, dessen mittlerer* Pâda *kürzer ist als der vorangehende und folgende,* Tâṇḍja-Br. 15,11,8.

पिपीलिकापरिसर्पण n. *Ameisenlaufen.*

पिपीलिकामध्य n. *Fasten, die am Vollmondstage mit 15 Bissen beginnen, bis zum Neumondstage täglich um einen Bissen abnehmen und dann bis zum zweiten Vollmondstage täglich um einen Bissen wieder zunehmen.*

पिपीलिकावत् Adv. *wie die Ameisen,* so v. a. *im Gänsemarsch* Comm. zu Tâṇḍja-Br. 6,7,15.

*पिपीलिकोत्किरण (Conj. für °कोत्करण) n. und पिपीलिकोद्वाप m. *Ameisenhaufe.*

पिपृच्छिषु Adj. *zu fragen im Begriff stehend.*

पि॑प्पका f. *ein best. Vogel.*

पिप्पल 1) m. *a) Ficus religiosa.* — *b) *ein best. Vogel.* — *c) *Brustwarze.* — *d)* *= निरंश्रुक oder निरंश्रुल. — *e)* Pl. *eine best. Schule des* AV. Richtig wohl पिप्पलाद. — *f)* N. pr. eines Sohnes des Mitra. — 2) f. आ N. pr. eines Flusses. — 3) f. ई॑ *a) Beere.* — *b) Piper longum, die Pflanze und das Korn* Râǵan. 6,11. Mat. med. 243. — 4) n. पि॑प्पल *a) Beere,* insbes. *die der Ficus religiosa.* — *b) sinnliche Freuden* Spr. 7749. — *c) *Wasser.* — *d)* *= वस्त्रच्छेदभेद.

पिप्पलक 1) m. *Stecknadel* Ḱaraka 4,8. — 2) (*n.) *a) Brustwarze.* — *b) *Faden zum Nähen.*

पिप्पलनाथ m. N. pr. einer Gottheit.

पिप्पलमात्र Adj. *beerengross.*

पिप्पलाद 1) Adj. *die Früchte der Ficus religiosa essend* und zugleich *den sinnlichen Freuden ergeben.* — 2) m. N. pr. eines alten AV.-Lehrers. Pl. *seine Schule.*

पिप्पलादि m. N. pr. eines Mannes Hariv. 3,1,12. v. l. पैप्प°.

पिप्पलादोक्तोपनिषद् f. Titel einer Upanishad Cat. Gujar. 1,100.

पिप्पलायन m. N. pr. eines Mannes.

पिप्पलायनि m. N. pr. eines Lehrers. Vgl. पैप्प°.

पिप्पलावती f. N. pr. eines Flusses VP.[2] 2,148.

पिप्पलाशन Adj. = पिप्पलाद 1) Ḱûlikop. 8.

पिप्पलि 1) (*f.) *langer Pfeffer* Âpast. — 2) n. वसिष्ठस्य पि° Name eines Sâman.

पिप्पलिश्रोणि f. N. pr. eines Flusses.

*पिप्पलीका f. *der kleine* Pippala-*Baum* Râǵan. 11,123.

पिप्पलीमूल n. *die Wurzel des langen Pfeffers* Râǵan. 6,22. Bhâvapr. 1,164.

*पिप्पलीमूलीय Adj. von पिप्पलीमूल.

*पिप्पलीय Adj. von पिप्पल.

पिप्पलीवर्धमान (Suçr. 2,417,15) und °क n. *eine best. Kur mit Pfefferkörnern, welche in zu- und abnehmender Anzahl genommen werden.*

*पिप्पल्लु m. N. pr. eines Mannes.

पिप्पलेश m. desgl. Ind. St. 15.

*पिप्पिका f. *Weinstein an den Zähnen.*

पिप्पीक m. *ein best. Vogel.*

*पिप्पटा f. *Zucker.*

पिप्रीषा f. *das Verlangen Jmd* (im Comp. vorangehend) *etwas Liebes zu erweisen* R. 2,16,37. Ḱaraka 6,11.

पिप्रीषु Adj. *Jmd* (Acc.) *zu erfreuen wünschend.*

पि॑प्रु m. N. pr. eines Dämons.

पिप्लु m. *Mal am Körper* Ḱaraka 5,1.

पिप्लुकर्ण Adj. *ein Mal am Ohre habend.*

पिब्, पिबति s. 1. पा.

°पिब Adj. (f. आ) *trinkend,* — aus oder an Naish. 4,58. 6,34. Hem. Par. 6,136.

पि॑बध्यै Dat. Infin. zu 1. पा RV.

पिबवत् Adj. *eine Form des Zeitworts* पिब् (= 1. पा) *enthaltend.*

पिब्द्, nur Partic. पि॑ब्दमान *fest — derb — compact werdend* oder *seiend.* — Mit आ dass.

पिब्दन॑ Adj. *fest, derb, solid.*

*पिम्परि und *°री f. *Ficus infectoria* Râǵan. 11,127.

पिम्पला f. N. pr. eines Flusses Râǵat. 7,1127. Vielleicht पिप्पला zu lesen.

पि॑यारु Adj. *schmähend, höhnend, übelwollend.*

पियाल m. *Buchanania latifolia;* n. *die Frucht.*

*पिल्, पेलयति (क्षेपे, auch *schicken, antreiben*).

पिलि m. N. pr. eines Mannes.

पिलिन्दवत्स m. N. pr. eines Schülers Çâkjamuni's.

पिलिपिच्छ, °पिच्छि, °पिच्छिक und °पिञ्ज m. N. pr. eines Dämons Hemâdri 1,655,23. Agni-P. 40,20. Vâstuv. 547. 596.

पिलिप्पिल॑ Adj. (f. आ॑) nach Mahîdh. *schlüpfrig.* पिल्पिल॑ Maitr. S. 3,12,19 gegen das Metrum und Padap.

पिलु m. und *°क m. *ein best. Baum,* = पीलु.

पिलुपर्णी f. *Sanseviera Roxburghiana* Ḱaraka 6,3.

पिल्पिल॑ 1) Adj. (f. आ॑) s. पिलिप्पिल॑. — 2) *f. आ Bein. der Lakshmî Gal.

*पिल्ल 1) Adj. *triefende Augen habend.* — 2) m. *triefende Augen.*

1. पिश्, पिंश॑ति, °ते, पिशान॑ Partic. *aushauen,* insbes. das Fleisch *aushauen und zurechtschnei-*

den; zubereiten, zurüsten, schmücken, auszieren, putzen; gestalten, bilden; Med. auch *sich schmükken.* पिशित und पिष्ट *geschmückt.* पिष्टतम Superl. — Intens. पेपिशत् (Sternen-)*Schmuck tragend,* पेपिशान *geschmückt mit* (Instr.). — Mit अनु *der Länge nach anbringen, — anheften.* — Mit अभि *mit Schmuck bestecken, ausschmücken.* — Mit आ *verzieren,* (mit Farbe) *schmücken.* — Mit निस् *herausschneiden, — schälen aus* (Abl.). — Mit वि. °पिंशति = विपुष्यति; °पिशित = विकसित oder विनिक्षिप्त *als Schmuck angebracht.*

2. पिश् f. *Schmuck.*

पिश 1) m. *Damhirsch.* — 2) *f. पिशी *Nardostachys Jatamansi* Rāǵan. 12,98.

पिशङ्ग 1) Adj. (f. ई) *röthlich, röthlich braun.* Nom. abstr. पिशङ्गत्व n. Mahāvīrak. 14,12. — 2) m. N. pr. eines Schlangendämons.

पिशङ्गक m. N. pr. eines Trabanten des Vishṇu.

पिशङ्गजट m. N. pr. eines Muni.

पिशङ्गभृष्टि Adj. *rothzackig.* Nach Sāj. *blassröthlich.*

पिशङ्गराति Adj. *röthliche (goldene) Gaben gebend* RV.

पिशङ्गरूप und पिशङ्गसंदृश् Adj. *röthlich—, röthlich gelb aussehend.*

पिशङ्गाश्व Adj. *röthliche Rosse habend.*

पिशङ्गित Adj. *röthlich gelb gefärbt* Kād. 9,22.

पिशङ्गिल Adj. (f. आ) etwa *röthlich.*

1. पिशङ्गी Adj. s. पिशङ्ग.

2. पिशङ्गी Adv. mit कर् *röthlich färben* Mudrār. 63,21 (104,4).

पिशाच 1) m. (adj. Comp. f. आ) a) *eine Klasse dämonischer Wesen,* zu deren Aufstellung die *Irrlichter* Veranlassung gegeben haben mögen. Am Ende eines Comp. so v. a. *ein Teufel —, ein Dämon von* Kād. 235,11 (417,9). — b) N. pr. eines Rakshas. — 2) f. आ N. pr. einer Tochter Daksha's und Mutter der Piçâka. — 3) f. ई a) f. zu 1) a). Am Ende eines Comp. so v. a. *ein Teufel —, ein Dämon von* Bālar. 86,11. — b) **eine Valeriana* Rāǵan. 12,101. — c) N. pr. einer Jogini Hemādri 2,a,100,2. 4.

पिशाचक 1) *Adj. = पिशाचे कुशलः. — 2) m. = पिशाच 1) a). — 3) f. ई = पिशाच 3) a). — b) **die Sprache der* Piçâka. — c) N. pr. eines Flusses. Vgl. पिशाचिका.

पिशाचकपुर n. N. pr. eines Dorfes.

*पिशाचकिन् m. Bein. Kubera's.

पिशाचचातन Adj. *die* Piçâka *vernichtend,* — *vertreibend.*

पिशाचगृहीतक m. *ein Besessener* Kād. 235,14 (418,1).

पिशाचचर्या f. *das Treiben der* Piçâka.

पिशाचचातन Adj. *die* Piçâka *verscheuchend.*

पिशाचजम्भन Adj. (f. ई) *die* Piçâka *zermalmend.*

पिशाचता f. (Naish. 4,83) und °त्व n. (Kāraṇḍ. 41,22) Nom. abstr. zu पिशाच 1) a).

पिशाचदक्षिणा f. *eine Gabe, wie sie bei den* Piçâka *üblich ist.* Vgl. पिशाचभिक्षा.

*पिशाचद्रु m. *Trophis aspera.*

पिशाचपति m. Bein. Çiva's Spr. 7770.

पिशाचभिक्षा f. *Almosen, wie sie bei den* Piçâka *üblich sind,* Āpast. Vgl. पिशाचदक्षिणा.

पिशाचमोचन n. und °तीर्थ n. N. pr. eines Tirtha.

पिशाचवदन Adj. *das Gesicht eines* Piçâka *habend* Mahāvīrak. 76,19.

पिशाचविद्यावेद m. *der Veda der* Piçâka Āçv. Çr. 10,7,6. Vgl. पिशाचवेद.

*पिशाचवृक्ष m. *Trophis aspera.*

पिशाचवेद m. = पिशाचविद्यावेद Gop. Br. 1, 1,10.

पिशाचहन् Adj. *die* Piçâka *schlagend, vernichtend.*

पिशाचालय m. *eine best. Lichterscheinung, Phosphorescenz.*

पिशाचि m. N. pr. eines Dämons. Vgl. पिशाच 1) a).

*पिशाचिका f. N. pr. eines Flusses, = दृषद्वती Gal. Vgl. पिशाचक 3) c).

पिशाचीकरण n. *das Verwandeln in einen* Piçâka.

पिशिक m. Pl. N. pr. eines Volkes.

पिशित 1) Adj. s. u. 1. पिश्. — 2) *f. आ *Nardostachys Jatamansi* Rāǵan. 12,98. — 3) n. a) *ausgehauenes —, zugerichtetes Fleisch; Fleisch* überh. Auch Pl. — b) *Stückchen.*

पिशितपङ्कावनद्धास्थिपञ्जरमय Adj. (f. ई) *aus einem mit schwabbeligem Fleische überzogenen Knochengerüste bestehend* Prab. 70,18.

पिशितपिण्ड m. *ein Stück Fleisch.*

पिशितभुज् m. *Fleischesser.*

पिशितलोचन Adj. *fleischliche Augen habend.*

पिशिताम (wohl n.) *rohes Fleisch* Çāṅkh. Gṛhj. 2,12.

पिशिताश 1) m. *ein fleichfressender Dämon, ein* Piçâka oder Rakshas. — 2) f. आ N. pr. einer Jogini Hemādri 2,a,100,6. 7.

पिशिताशन 1) Adj. *fleischfressend.* — 2) m. a) *Wolf.* — b) *ein fleischfressender Dämon, ein* Piçâka oder Rakshas.

पिशिताशिन् 1) Adj. *fleichfressend.* — 2) m. *ein fleichfressender Dämon.* Auch N. pr. eines best. Dämons Hariv. 9561.

पिशितौदन m. n. *Reisbrei mit Fleisch* Bhāvapr. 3,92.

पिशील und पिशीलक n. *ein* (hölzernes) *Gefäss, Napf.*

पिशीलवीणा f. *ein best. Saiteninstrument.*

पिशुन 1) Adj. a) *der da hinterbringt, verräth, nachtheilig über Andere spricht, verleumdet, verrätherisch, verleumderisch* (Personen und Reden); m. *Hinterbringer, Verräther, Verleumder.* Mit Gen. *Jmd verrathend* u. s. w. Hemādri 1,40,1. Am Ende eines Comp. *Etwas verrathend, an den Tag legend, verkündend* Kād. 125,24. 2,12,22. 121,18. °पिशुनम् Adv. — b) *schlecht, schändlich, niederträchtig, bösartig* Rāǵat. 7,475. — 2) m. a) **Baumwolle.* — b) **Krähe.* — c) *Bein. Nārada's. — d) N. pr. α) eines schwangeren Frauen schädlichen Dämons. — β) eines Brahmanen. — γ) eines Ministers des Dushjanta. — 3) *f. आ *Medicago esculenta* Rāǵan. 12,134. — 4) n. a) *Hinterbringerei.* — b) **Saffran* Rāǵan. 12,40.

पिशुनता f. *Hinterbringerei, Klätscherei.*

पिशुनय्, °यति *verrathen, an den Tag legen, offenbaren.* पिशुनित 324,31. Bālar. 312,13.

पिष्, पिनष्टि (पिणक् 2te und 3te Sg. Conj.; episch auch Med. *zerreiben, zerstampfen, mahlen, zermalmen, vernichten.* In der übertr. Bed. *zermalmen, stark mitnehmen* auch mit Gen. पिष्ट *gemahlen.* — Caus. पेषयति 1) = Simpl. Karaka 6,12. 27. — 2) *हिंसाबलादाननिकेतनेषु; auch दान st. आदान. — Mit अनु *anrühren, anstossen.* — Mit अव *zerreiben.* Mit आ *drücken, anrühren.* — Mit उद्, उत्पिष्ट 1) *zerquetscht, zerdrückt* 321,4. — 2) *herausgequetscht,* eine Form von Gelenksdislocation. — Mit समुद्, समुत्पिष्ट *herausgequetscht.* — Mit नि *zermalmen.* — Mit *प्रनि (nicht प्राणि). — Mit निस् *stampfen, zerstampfen, — quetschen, — malmen* (Bālar. 109,21), — *schmettern, durchwalken.* स्वचरणौ so v. a. *mit den Füssen stampfen,* करं करेण *die Hände aneinander reiben,* दन्तैर्दन्तान् und दन्तान्दन्तेषु *mit den Zähnen knirschen.* — Caus. *zermalmen, vernichten.* — Mit विनिस् *zerstampfen, — quetschen, — klopfen, — malmen, — schmettern.* पाणौ पा-

पिम् die Hände aneinander reiben. — Mit परि zerreiben, — stampfen. — Mit प्र zermalmen. प्रपिष्ट gemahlen, zerrieben. — Caus. mahlen, zerreiben. — Mit प्रति andrücken; zerschmettern, zerschlagen. करे करे, हस्तेहस्तायम् die Hände aneinander reiben. प्रतिपिष्ट zerschmettert; Pl. an einander geschlagen, sich aneinander reibend. — Mit अभिप्रति zer —, ausschlagen. — Mit वि Jmd bewerfen mit (Instr.) 28,24. 27. — Mit सम् zerstossen, — drücken, — reiben, — malmen, — schmettern.

1. पिष्ट 1) Adj. s. u. 1. पिस्. — 2) *n. = त्रपु.

2. पिष्ट 1) Adj. s. u. पिष्. — 2) (*m.) a) Gebäck, Kuchen. — b) *N. pr. eines Mannes; Pl. seine Nachkommen. — 3) f. ई Mehl Bhâvapr. 2,20. 21. — 4) n. a) Mehl. न पिनष्टि पिष्टम् er mahlt kein Mehl, so v. a. thut keine unnütze Arbeit. — b) *Blei.

पिष्टक 1) m. a) Backwerk, Kuchen. — b) eine best. Krankheit des Weissen im Auge. — 2) f. पिष्टिका a) eine Art Grütze Bhâvapr. 2,18. — b) *Tamarindus indica Râgan. 4,178. — 3) n. a) Mehl. — b) *gestampfte Sesamkörner Râgan. 16,72.

पिष्टकसंक्रान्ति f. ein best. Festtag.

पिष्टज Adj. (f. आ) aus Mehl gemacht Hemâdri 2,a,42,4.

पिष्टप m. n. v. l. für विष्टप.

पिष्टपचन n. Pfanne.

पिष्टपशु m. ein aus Mehl geformtes Opferthier.

°खण्डन n. und °मीमांसा f. Titel zweier Werke Opp. Cat. 1.

पिष्टपाक m. Mehlgebäck.

*पिष्टपाचक n. Pfanne.

पिष्टपात्री f. Kuchenschüssel Hillebr. N. 21.

पिष्टपिण्ड m. Mehlkloss Comm. zu TBr. 3.393,8.9.

*पिष्टपूर m. eine Art Gebäck.

पिष्टपेष m. das Mehlmahlen, so v. a. unnütze Arbeit Bhâg. P. 5,10,14.

पिष्टभाजन Adj. Mehl (als Speise) erhaltend (Pûshan) Gop. Br. 2,1,2.

पिष्टभुज् Adj. Mehl essend (Pûshan) Bhâg. P. 4,7,4.

पिष्टमय Adj. (f. ई) 1) aus Mehl gemacht Sâmav. Br. 2,5,1. Hemâdri 1,430,13. — 2) mit Mehl vermischt. जल n. Wasser mit Mehl.

पिष्टमेह m. mehlige Harnruhr.

पिष्टमेहिन् Adj. an mehliger Harnruhr leidend.

पिष्टरस m. Wasser mit Mehl.

पिष्टरात्री f. ein Bild aus Mehl als Symbol einer best. verhängnissvollen Nacht AV. Pariç. im Verz. d. B. H. 90,6.

पिष्टलेप m. Mehlfleck, was von Mehl oder Teig hängen blieb Mân. Çr. 1,2,3. 4. 7,3. 6.

पिष्टवर्ति f. eine Art Gebäck.

*पिष्टसौरभ n. pulverisirtes Sandelholz.

पिष्टस्वेदम् Absol. mit स्विद् Caus. so lange bähen, bis das Mehl (der Teig) aufgeht, Sâmav. Br. 2,5,4.

*पिष्टात und °क (292,16. Kâd. 46,1. Râgat. 8, 2741) (*m.) wohlriechendes Pulver.

पिष्टाद् Adj. Mehl essend (Pûshan) Bhâg. P. 6,6,41.

पिष्टान्न n. Mehlspeise Suçr. 2,135,11.

पिष्टि f. Pulver Rasendrak. 120.

*पिष्टिक n. aus Reis gewonnener Tabaschir.

1. पिष्टी f. s. u. 2. पिष्ट.

2. पिष्टी Adv. mit करु zermalmen Nilak. zu MBh. 1,76,38.

पिष्टीरस m. ein best. medicinisches Präparat Rasendrak. 120.

पिष्टोदक n. Wasser mit Mehl.

पिष्टोद्वपनी f. ein best. Opfergefäss Hillebr. N. 21.

*पिष्टौण्डी f. Tamarindus indica (?) Râgan. 4,178.

पिप्पल fehlerhaft für पिप्पल.

पिस् 1) पिस्यति a) etwa sich ausdehnen. — b) *गतौ. — 2) *पेसति (गतौ). — 3) *पेसयति (गतौ, हिंसाबालादानानिकेतनेषु; auch दान st. आदान).

पिस्पृतु Adj. zu berühren beabsichtigend Comm. zu R. ed. Bomb. 2,12,112. सलिलम् Wasser zu b. b., so v. a. eine Waschung vorzunehmen —, sich den Mund zu spülen u. s. w. beabsichtigend MBh. 12,228,6.

पिहित 1) Adj. s. u. 1. धा mit अपि. — 2) n. in der Rhetorik eine versteckte Andeutung, durch welche man einem Andern zu verstehen giebt, dass man sein Geheimniss kenne.

पिहिति f. das Verstopfen, Verschliessen Tândja-Br. 18,5,4.

पिङ्गलि m. N. pr. eines Schlangendämons Ind. St. 14,136.

1. पी, पीयते trinken. पीयते mit passiver Bed. gehört zu 1. पा.

2. पी, पॅयते, पिँयान, पीपेस्, पीप्यताम्, पीपिहि, पीपॅयत्, अॅपीपयत् u. s. w., पीॅपिवान und पीपिआनॅ; Act. Med. 1) schwellen, strotzen, voll sein, überfliessen. पीपिवॅस् (f. पिप्युॅषी) strotzend, voll, überlaufend, triefend von (Gen. oder Acc.). पीन fett, feist, dick. — 2) schwellen —, strotzen —, überlaufen machen, übersättigen. — प्या s. bes. — *Intens. पेपीयते. — Mit अभि Med. schwellen, strotzen. — Mit आ 1) Med. anschwellen. आॅपीत und आॅपीन schwellend, strotzend, voll. — 2) schwellen —, strotzen machen RV. 1,152,6. — Mit उद्, उत्पीन angeschwollen. — Mit प्र 1) anschwellen, strotzen. प्रॅपीन. — 2) anschwellen machen.

3. पी, पॅयति s. पीय्.

पीठ 1) n. a) Stuhl, Sitz, Bank, Tisch Bhâvapr. 2,24. Auch *f. ई. — b) Thronsessel. — c) Stuhl, so v. a. Amt. — d) Unterlage, Piedestal. Auch *f. ई. — e) Bez. bestimmter Heiligthümer auf Plätzen, an denen der Sage nach die Glieder der bei Dakscha's Opfer von Vishnu in Stücke zerhauenen Pârvatî niedergefallen sein sollen. — f) District, Provinz. — g) eine best. Art zu sitzen. — h) das Complement eines Segments. — 2) m. a) ein best. Fisch Ind. St. 14,375. — b) *die Sonne Gal. — c) N. pr. eines Asura. — किरीटपीठ° Hariv. 8063 fehlerhaft für किरीटापीड.

पीठक 1) (*m. n.) a) Stuhl, Bank. — b) eine Art Palankin Kârand. 28,17. 52,23. 71,8 (an den beiden letzten Stellen fehlerhaft पिठक). — 2) f. °ठिका a) Bank. Am Ende eines adj. Comp. (f. आ) 116,11. — b) Unterlage (Kârand. 13,9, wo so zu lesen ist), Piedestal. — Vgl. पूर्वपीठिका.

*पीठकेलि m. der Gefährte eines Helden bei grösseren Unternehmungen.

पीठग Adj. auf der Bank sitzend, so v. a. sich ruhig verhaltend.

पीठचक्र n. ein Wagen mit einem Sitz.

पीठचिन्तामणि m. Titel eines Werkes.

पीठनायिका f. ein 14jähriges nicht menstruirendes Mädchen, das bei der Durgâ-Feier diese Göttin vertritt.

पीठन्यास m. eine best. mystische Ceremonie.

*पीठभू f. Unterlage, Fundament.

पीठमर्द 1) *Adj. überaus frech. — 2) m. a) Begleiter eines vornehmen Herrn, insbes. der Gefährte eines Helden bei grösseren Unternehmungen (im Schauspiel). — b) *Tanzlehrer von Freudenmädchen.

पीठलक्षण n. Titel eines Werkes Opp. Cat. 1.

पीठसर्प Adj. lahm; m. Krüppel. Nach Nilak. Boa.

पीठसर्पिन् Adj. Subst. dass.

पीठस्थान n. N. pr. einer Stadt, = प्रतिष्ठान Ind. St. 15.

पीठाध्यक्ष m. scholae rector nach Aufrecht.

पीठोपमपालि Adj. *dessen Ohrlappen vollständig abgeschnitten sind (platt wie ein Brett)* Suçr. 1,35,19.

पीड् (vgl. पिष्) *pressen*. Nur Perf. पिपीडे. — Caus. पीडयति (episch auch Med.) 1) *drücken, pressen*. पीडित *gedrückt, gequetscht*. °म् Adv. *fest andrückend* (Jmd umarmen) R. Gorr. 1,71,23. 79, 10. — 2) *quetschen bei der Aussprache*. पीडित *gequetscht, auch so v. a. unterdrückt, nicht laut*. — 3) कालं कालेन *die Zeit durch die Zeit drängen*, so v. a. *Alles der Zeit überlassen*. — 4) *drücken*, so v. a. *bedrängen, belagern* (eine Stadt), *hart zusetzen, mitnehmen, Schaden zufügen, plagen, peinigen, beeinträchtigen, leiden lassen, vernachlässigen;* Pass. *geplagt —, gepeinigt werden, leiden, schmerzen, weh thun* Pañkad. पीड्यमान *Mühe bei Etwas habend* Chr. 79,13. पीडिताहं भविष्यामि so v. a. *ich werde schlimm daran sein*. — 5) in der Astr. so v. a. *verfinstern*. — 6) in der Auguralkunde so v. a. *mit einem unglückverheissenden Gegenstande bedecken*. — Mit अति Caus. *heftig quälen* Pràj. 51,8. Vgl. अतिपीडित. — Mit अभि Caus. 1) *andrücken* (Àpast. 1,3,23), *drücken, pressen, treten*. — 2) *bedrängen, belagern* (eine Stadt), *hart zusetzen, quälen, peinigen, martern*. — Mit समभि Caus. *aneinander drücken*. — Mit अव Caus. 1) *niederdrücken, — schmettern, andrücken, ausdrücken* (eine Wunde). पद्भ्याम् *sich mit den Füssen anstemmen*. — 2) *bedrängen, hart zusetzen*. — Mit समव Caus. *zusammendrücken*. — Mit आ Caus. 1) *ausdrücken, drücken, zerdrücken*. मूर्छापापीडित *belegt mit —*. — 2) *bedrängen, hart mitnehmen, plagen*. — Mit उद् Caus. *hinaufdrücken, — drängen, herausdrücken*. — Mit समुद् Caus. in समुत्पीडन. — Mit उप Caus. 1) *drücken, andrücken*. — 2) *mitnehmen, beschädigen, quälen, peinigen*. — 3) *niederdrücken, unter —, in Zaum halten* Spr. 1107. — 4) in der Astron. *verfinstern*. — Mit नि Caus. 1) *andrücken, drücken, pressen, drücken an*. — 2) *heimsuchen, plagen, mitnehmen*. — 3) in der Astron. *verfinstern*. — निपीडित Pañkat. 1,209 fehlerhaft für निष्पीडित. — Mit प्रणि Caus. 1) *drücken*. — 2) *peinigen, quälen, mitnehmen*. — Mit उपनि Caus. *heimsuchen*. — Mit विनि Caus. *stark mitnehmen*. v. l. च निपीड्य st. त्वविनिपीड्य. — Mit निस् Caus. 1) *herausdrücken, ausdrücken, zerdrücken, heftig drücken, zusammendrücken, — pressen, drücken an*. — 2) *quetschen* (in der Aussprache). — Mit विनिस् Caus. *ausdrücken*. — Mit परि Caus. 1) *ringsum drücken, zusammendrücken, drücken, liegen auf*. — 2) *stark mitnehmen, plagen, peinigen, quälen*. — 3) in der Auguralkunde so v. a. *bedecken*. — Mit प्र Caus. 1) *drücken, pressen*. प्राणान् *den Athem zurückdrängen*. — 2) *bedrängen, belästigen, hart mitnehmen, heimsuchen, plagen, quälen*. — Mit अभिप्र Caus. *heimsuchen, peinigen, quälen*. — Mit संप्र Caus. 1) *gut pressen* Káraka 6,30. — 2) *heimsuchen, peinigen, quälen*. — Mit प्रति Caus. 1) *drücken*. — 2) *bedrängen, belästigen, peinigen*. — Mit वि Caus. °पीडित fehlerh. für निपीडित. — Mit सम् Caus. 1) *zusammendrücken, — pressen, drücken*. — 2) *bedrängen, belästigen, quälen*. संपीड्य *mit Anwendung von Gewalt* Jolly, Schuld. 318. — 3) *zusammenfassen, — zählen, — rechnen*. — 4) in der Astron. *verfinstern*. — 5) °संपीडित *ganz erfüllt von* Kàrand. 25,23.

पीड in तिल° und तृण°.

पीडक in *तालु°.

पीडन 1) Adj. *belästigend, peinigend, unangenehm* in चनु°. — 2) n. a) *das Drücken, Pressen, Quetschen* Spr. 7708. — b) *Mittel zum Pressen*. — c) *das Quetschen*, ein Fehler der Aussprache. — d) *das Bedrängen, Belästigen, Peinigen, Quälen, Anwendung von Gewaltmitteln* Jolly, Schuld. 316. — e) *Calamität*. — f) *Verfinsterung* (eines Gestirns).

पीडनीय Adj. 1) *zum Pressen dienend*. — 2) *zu bedrängen, zu belästigen, zu quälen*.

पीडयितव्य Adj. = पीडनीय 2)

पीडा f. 1) *Schmerz, Pein, Leid*. पीडया so v. a. *ungern* 293,12. — 2) *Schaden, Nachtheil, Beeinträchtigung* Gaut. 13,11. 18,32. — 3) *Einschränkung*. — 4) *Verfinsterung, Bedeckung* (eines Sterns). — 5) * *Mitleid*. — 6) * *ein auf dem Scheitel getragener Kranz;* vgl. आपीड. — 7) * *Pinus longifolia*. — 8) * *Korb*. — 9) verwechselt mit पीठ.

पीडाकर (219,2) und पीडाकृत् Adj. *Leid zufügend, Schaden bringend*.

पीडाकृत n. *das Zufügen eines Schadens, Bringen eines Nachtheils* Gaut. 13,9.

पीडागृह n. *Folterkammer* Sàj. zu Ṛv. 1,116,8.

पीडाय्, °यते *Schmerz fühlen, sich unangenehm berührt fühlen*.

पीडायन्त्रगृह n. *Folterkammer* Sàj. zu Ṛv. 1, 116,8.

पीडास्थान n. in der Astrol. *eine unglückliche Stellung, eine ungünstige Entfernung*.

पीडित 1) Adj. s. u. पीड्. — 2) n. a) *Schaden*. पशु° *durch Vieh verursachter Sch.* Gaut. 12,19. — b) *das Belästigen, Zusetzen, Plagen* MBh. 13, 227. v. l. पीडन. — c) * *quidam coeundi modus*.

पीडितता f. in घ्रति° (Nachtr. 3) und शिथिल°

पीडितत्व n. *das Heimgesuchtsein, Geplagtsein*.

°पीडिन् Adj. *mitnehmend, beschädigend* Naish. 2,10.

पीठ Bhàg. P. 3,3,41 fehlerhaft für पीठ.

1. पीत 1) Adj. *getrunken* u. s. w.; s. u. 1. पा. — 2) * n. *das Trinken* Med. t. 34.

2. °पीत Partic. von 2 पी.

3. पीत 1) Adj. (f. आ) *gelb*. — 2) m. a) * *Topas* Ràgan. 13,171. — b) * *ein aus Kukurin bereitetes gelbes Pigment*. — c) * *Alangium hexapetalum* Ràgan. 9,75. — d) * *Saflor* — e) * *Trophis aspera* Ràgan. 9,129. — f) Pl. Bez. der Vaiçja in Çàlmaladvipa VP. 2,4,31. — 3) f. आ a) * *Curcuma longa und aromatica*. — b) * *eine Varietät von Dalbergia Sissoo* Ràgan. 9,135. — c) *eine Art Musa* Ràgan. 11,44. — d) * *Aconitum ferox*. — e) * *Panicum italicum* Ràgan. 12,45. — f) * = महाज्योतिष्मती. — g) * *Gallenstein des Rindes* Ràgan. 12,59. — h) mystische Bezeichnung *des Lautes* प. — 4) n. a) *gelber Stoff* Khànd. Up. 8,6.1. — b) *Gold*. — c) * *Auripigment* Ràgan. 13,66.

पीतक 1) Adj. (°तिका) *gelb*. Als Bez. *der vierten unbekannten Grösse* Colebr. Alg. 228. — 2) * m. a) *gelber Amaranth* Ràgan. 10,135. — b) *Odina pennata* Ràgan. 12,76. — 3) f. °तिका a) *Saffran*. — b) * *Gelbwurz*. — c) * *gelber Jasmin*. — 4) * n. a) *Auripigment*. — b) *Messing* Ràgan. 13,28. — c) *Honig*. — d) *Saffran*. — e) *gelber Sandel* Ràgan. 12,16. — f) *Aloeholz* Ràgan. 12,93. — g) *Curcuma aromatica*. — h) *Terminalia tomentosa*. — i) *eine Art Çjonàka*.

*पीतकदली f. *eine Art Pisang*.

*पीतकद्रुम m. *Curcuma aromatica*.

*पीतकन्द n. *Möhre* Ràgan. 7,24.

पीतकमाक्षिक n. *Schwefelkies* MBh. 5,64,18. = सुवर्णमाक्षिक Nilak.; vgl. पीतमाक्षिक.

*पीतकरवीरक m. *gelber Oleander* Ràgan. 10,16.

*पीतकावेर n. 1) *Saffran*. — 2) *Glockengut*.

*पीतकाष्ठ n. 1) *gelber Sandel* Ràgan. 12,16. — 2) *Chloroxylon Swietenia* Ràgan. 9,125.

*पीतकीला f. *die Sennapflanze* Ràgan. 3,123.

पीतकुष्ठ n. *gelber Aussatz*.

*पीतकेदार m. *eine Reisart* Gal.

पीतकोश Adj. *der durch einen Trunk ein Bündniss besiegelt hat* Ràgat. 5,421. 8,283.

पीतगन्ध n. *gelber Sandel*.

*पीतघोषा f. *gelb blühendes Anethum*.

*पीतचञ्चु m. *eine Papageienart* Gal.

*पीतचन्दन n. 1) *gelber Sandel* Râǵan. 12,116. — 2) *Saffran.* — 3) *Gelbwurz.*

*पीतचम्पक m. 1) *Lampe.* — 2) *Spiegel* Gal.

*पीततण्डुल 1) m. (Gal.) und f. (श्रा) *Panicum italicum* Râǵan. 16,89. — 2) f. श्रा *eine Art Solanum* Râǵan. 4,26.

*पीततण्डुलिका f. *Panicum italicum.*

पीतता f. *das Gelbsein, die gelbe Farbe.*

*पीततुण्ड m. *Sylvia sutoria.*

*पीततैल 1) Adj. *Oel getrunken habend, voller Oel.* — 2) f. श्रा *Cardiospermum Halicacabum* und *eine andere Species* Râǵan. 3,73.

*पीतदारु n. 1) *Pinus Deodora* und *longifolia.* — 2) *Curcuma aromatica* Râǵan. 6,202. — 3) *Chloroxylon Swietenia* Râǵan. 9,125.

पीतदीप्ता f. N. pr. einer buddh. Göttin.

*पीतदुग्धा f. 1) *eine Kuh, deren Milch verpfändet ist.* — 2) *ein best. Strauch,* = क्षीरिणी Râǵan. 5,51.

*पीतद्रु m. 1) *Pinus longifolia* Râǵan. 12,38. — 2) *Curcuma aromatica* Râǵan. 6,202.

पीतन 1) m. *ein best. Baum.* Nach den Lexicographen *Spondias mangifera, Pentaptera tomentosa* und *Ficus infectoria.* — 2) *n. *a) Auripigment.* — *b) Saffran.* — *c) Pinus Deodora.*

*पीतनक m. *Spondias mangifera* Râǵan. 11,172.

*पीतनील Adj. *grün.*

*पीतपर्णी f. *Tragia involucrata.*

*पीतपादक m. *ein der Bignonia verwandter Baum* Râǵan. 9,29.

*पीतपादा f. *die Predigerkrähe.*

पीतपुर n. N. pr. einer *Stadt* Ind. St. 15,352.

*पीतपुष्प 1) m. *a) Pterospermum acerifolium oder eine andere Species.* — *b) Michelia Champaka* Râǵan. 10,59. — *c) Tabernaemontana coronaria oder eine andere Species.* — *d) eine gelb blühende Barleria.* — 2) f. श्रा *a) Koloquinthengurke.* — *b) ein best. Strauch,* = किङ्करिष्टा Râǵan. 4, 205. — *c) Cajanus indicus* Râǵan. 16,61. — 3) f. ई *a) Andropogon acicularis.* — *b) die Koloquinthengurke* und *andere Gurkenarten* Râǵan. 7,169. 202. — *c) eine gelb blühende Barleria.* — 4) n. *Tabernaemontana coronaria* Râǵan. 4,171.

*पीतप्रसव m. *gelber Oleander* Râǵan. 10,16.

*पीतफल m. 1) *Trophis aspera.* — 2) *Averrhoa Carambola* Râǵan. 11,110.

पीतफलक m. *Trophis aspera.*

*पीतबीजा f. *Trigonella foenum graecum* Râǵan. 6,70.

पीतभस्मन् m. *ein best. Quecksilberpräparat* Mat. med. 30.

*पीतभृङ्गराज m. *eine gelb blühende Eclipta* Râǵan. 4,141.

*पीतमणि m. *Topas* Râǵan. 13,171.

*पीतमण्डूक m. *eine Froschart* Râǵan. 19,78.

*पीतमस्तक m. *Loxia philippensis.*

*पीतमाक्षिक n. *Schwefelkies* Râǵan. 13,84. Vgl. पीतकमाक्षिक.

पीतमारुत m. *eine Schlangenart.*

*पीतमुण्ड m. *Loxia philippensis.*

*पीतमुस्ता f. *eine Art Cyperus* Râǵan. 6,143.

*पीतमूलक n. *Möhre* Râǵan. 7,24.

*पीतयूथी f. *gelber Jasmin* Râǵan. 10,99.

*पीतरक्त 1) Adj. *gelbroth, orangefarbig.* — 2) m. *Topas* Râǵan. 13,171.

*पीतरत्न n. *Topas* Gal.

पीतरत्नक n. *eine best. Edelstein,* = गोमेद Bhâvapr. 1,268.

*पीतरम्भा f. *eine Art Musa* Râǵan. 11,45.

*पीतराग 1) m. oder n. *Staubfaden.* — 2) n. *Wachs* Râǵan. 13,78.

पीतरोहिणी f. *Gmelina arborea.*

*पीतल Adj. *gelb.*

*पीतलक n. (Râǵan. 13,28) und *पीतलोह m. *gelbes Messing.*

पीतवत् 1) Adj. *getrunken habend.* — 2) *das Zeitwort* पा *trinken enthaltend.*

*पीतवर्ण m. *eine Art Papagei* Gal.

*पीतवर्णक m. *Pimelodus Gagora* (गगर).

*पीतवालुका f. *Gelbwurz.*

पीतवासस् 1) Adj. *in ein gelbes Gewand gehüllt.* — 2) m. Bein. Vishṇu's.

*पीतविपीत Adj. gaṇa शाकपार्थिवादि.

पीतवृत्त m. 1) *Pinus longifolia* Bhâvapr. 1,185. — 2) **eine Art* Ćjonâka Râǵan. 9,28.

*पीतशाल und *°क m. *Terminalia tomentosa.*

*पीतसार 1) m. *a) eine Art Edelstein.* — *b) Sandelbaum.* — *c) Alangium hexapetalum* Râǵan. 9, 74. — *d) Citrus medica.* — *e) Olibanum* Râǵan. 12,105. — 2) n. *gelber Sandel.*

*पीतसारक m. 1) *Alangium hexapetalum.* — 2) *Azadirachta indica.*

*पीतसारि n. *Spiessglanz.*

पीतसोमपूर्व Adj. *der ehemals* Soma *getrunken —*, d. i. *ein* Soma-*Opfer dargebracht hat* M. 11,8.

*पीतस्कन्ध m. *Schwein.*

*पीतस्फटिक m. *Topas* Râǵan. 13,171.

*पीतस्फोट m. *Krätze* Râǵan. 20,7.

पीतहरित Adj. *gelblich grün.*

*पीताङ्ग m. 1) *eine Froschart* Râǵan. 19,78. — 2) *eine Art* Ćjonâka Râǵan. 9,29.

*पीताब्धि m. Bein. Agastja's.

पीताम्बर 1) Adj. *in ein gelbes Gewand gekleidet.* — 2) m. *a)* Bein. Kṛshṇa-Vishṇu's. — *b)* **Tänzer, Schauspieler.* — *c)* N. pr. eines Mannes.

*पीताम्लान m. *gelber Amaranth* Râǵan. 10,135.

*पीतारुण 1) Adj. *gelblichroth.* — 2) m. *Bez. der mittleren Morgenröthe.*

पीतावभास Adj. *von gelblichem Aussehen.* Nom. abstr. °ता f. Suçr. 1,49,20.

पीतावशेष Adj. *bis auf einen kleinen Rest ausgetrunken* Spr. 3123.

*पीताश्मन् m. *Topas* Râǵan. 13,171.

पीति f. 1) *Trunk, das Trinken.* Mit Gen. und Acc. des Objects. — 2) *Trank.* — 3) **Schenke.*

2. पीति f. *Schutz* in नृपीति.

3.*पीति m. *Pferd.*

1. पीतिन् Adj. *trinkend* in सोम°.

2.*पीतिन् m. *Pferd.*

पीतिमन् m. *das Gelbsein, die gelbe Farbe.*

*पीतु m. 1) *die Sonne.* — 2) *Feuer.* — 3) *ein einen Trupp anführender Elephant.*

पीतुदारु 1) m. *ein best. Baum.* Nach den Erklärern *Pinus Deodora, Acacia Catechu* oder *ein der Ficus glomerata verwandter Baum.* — 2) n. *das Harz von* 1).

पीत्वा, पितुश्वी und *पीत्वानम् (P. 7,1,48. Sch.; richtig पीत्वीनम्) Absol. zu 1. पा *trinken.*

*पीत्वास्थिरक Adj. *durch einen Trunk ein wenig erfrischt.*

पीत्वी (RV.) und *पीत्वीनम् (Kâç. zu P. 7,1,48) Absol. zu 1. पा *trinken.*

1. पीथ 1) m. am Ende eines Comp. *Trunk.* — 2) *n. *a) Wasser.* — *b) Schmelzbutter.*

2. पीथ m. *Schutz* in 2. गोपीथ.

3.*पीथ m. 1) *die Sonne.* — 2) *Feuer.* — 3) *Zeit.*

*पीथि m. *Pferd.*

पीथिका f. Kâraṇḍ. 13,9 fehlerhaft für पीठिका.

°पीथिन् Adj. *trinkend, aussaugend.*

पीथे m. N. pr. eines Werkmeisters.

पीथ्य in गोपीथ्य (°पीथिम्र).

पीन s. u. 2. पी.

पीनककुद्मत् Adj. *einen fetten Höcker habend* Pañkat. 9,7.

पीनता f. *das Fettsein, Fettigkeit* 184,24.

पीनत्व n. *Dichtigkeit* (einer Finsterniss) 311,26.

पीननितम्बा 1) Adj. *starkhüftig.* — 2) f. *ein best. Metrum.*

*पीनर Adj. von पीन.

पीनस 1) m. *Nasenkatarrh, Schnupfen.* — 2) *f. ग्रा *Cucumis utilissimus* Rāǵan. 7,199.

पीनसित (Varāh. Jogaj. 5,24) und पीनसिन् Adj. *verschnupft.*

पीनायतककुद्मत् Adj. *einen fetten und hohen Höcker habend* Pańkat. 30,19. 20.

पीनोधस् und *पीनोध्नी Adj. f. *ein starkes Euter habend.*

*पीपरि m. *ein der Ficus infectoria verwandter Baum.*

पीबस् und पीबःस्फाक ungenau für पीवस् und पीवःस्फाक AV.

पीयू, पीयति *schmähen, geringschätzig begegnen, höhnen.* — Mit नि und प्रति dass.

°पीय Absol. von 1. पा *trinken.*

पीयक m. *Schmäher,* vielleicht Bez. *dämonischer Wesen.*

पीयत्नु Adj. *höhnisch.*

पीयु 1) Adj. dass. — 2) *m. *a) Eule.* — *b) Krähe.* — *c) Feuer.* — *d) Gold.* — *e) Zeit.*

*पीयूला f. *ein best. Baum.* °वन (von वन) n.

*पीयूक्षिल Adj. von पीयूक्षा.

पीयूष्, °षति *zu Nektar werden.*

पीयूष m. n. 1) *die erste Milch der Kuh eine Woche lang nach dem Kalben, Biestmilch.* — 2) *Rahm, Seim, Saft überh.* — 3) *der beim Quirlen des Milchmeeres gewonnene Unsterblichkeitstrank, Nektar.* *m. Nom. abstr. °ता f. Ind. St. 14,384.

पीयूषद्युति m. *der Mond* Kautukar. 100.

पीयूषधारा f. Titel zweier Werke.

पीयूषधाराकिर् m. *der Mond* Viddh. 66,4.

पीयूषभानु m. dass. Spr. 7641. Prasannar. 145,19.

पीयूषभुज् m. *ein Gott* Bālar. 190,10. Pr. P. 55.

*पीयूषमहस् und *पीयूषरुचि m. *der Mond.*

*पीयूषवर्ण m. *Schimmel* Gal.

पीयूषवर्षाय्, °यते *zu einem Regen von Nektar werden.*

*पील्, पीलति (प्रतिष्टम्भे = रोधे, जडीभावे).

पील MBh. 8,2054 fehlerhaft für पीलु.

*पीलक m. *Ameise.*

पीला f. 1) N. pr. einer Apsaras AV. 4,37,3. — 2) *ein Frauenname.

पीलु m. 1) *Careya arborea* oder *Salvadora persica;* n. *die Frucht* Mat. med. 313. AV. Paipp. 7,4,5. — 2) **eine Gruppe von Weinpalmen* oder *der Stamm einer Weinpalme.* — 3) **Blüthe.* — 4) **die Blüthe von Saccharum Sara.* — 5) **Knochenstück.* — 6) **Pfeil.* — 7) **Wurm, Insect.* — 8) *Elephant.* — 9) *Atom.*

*पीलुक m. *Ameise.* — Vgl. *काक° u. *काल°.

*पीलुकुण m. *die Zeit, in der die Früchte des* Pilu *reif werden.*

*पीलुनी f. und *पीलुपत्त्र m. (Rāǵan. 3,80) *Sanseviera Roxburghiana.*

*पीलुपर्णी f. 1) dass. Rāǵan. 3,7. — 2) *Momordica monadelpha* Rāǵan. 7,185. — 3) *ein best. Heilmittel.*

पीलुपाक m. *eine durch Hitze erfolgende Verbindung von Atomen.*

पीलुमती Adj. f. mit द्यौ *der mittlere Himmel.*

*पीलुवह N. pr. einer Gegend.

*पीलुसार und *°गिरि (Eitel, Chin. B.) m. N. pr. eines Berges.

*पीलुसारस्तूप m. N. pr. eines Stûpa Eitel, Chin. B.

*पीव्, पीवति (स्थौल्ये).

पीव 1) Adj. *fett.* — 2) *f. पीवा *Wasser.*

पीवस् Adj. *feist, fett.* Nur Nom. पीवान्.

पीवन् 1) Adj. (f. पीवरी) *schwellend, strotzend, voll, feist, fett.* — 2) m. *a) **Wind.* — *b)* N. pr. eines Sohnes des Djutimant. — 3) f. पीवरी *a)* **ein junges Weib.* — *b)* **Kuh.* — *c)* N. pr. α) einer geistigen Tochter der Manen Barhishad und Gattin des Vedaçiras. — β) einer Prinzessin der Vidarbha.

पीवर 1) Adj. *a) feist, fett.* — *b)* am Ende eines Comp. *strotzend von, reichlich versehen mit* Kād. 29,17. — 2) m. *a) *Schildkröte.* — *b)* N. pr. α) eines der 7 Weisen unter Manu Tāmasa. — β) eines Sohnes des Djutimant VP. 2,4,48. — 3) f. ग्रा *a) *Physalis flexuosa.* — *b) Asparagus racemosus* Rāǵan. 4,118. Bhāvapr. 1,198. — *c)* N. pr. einer Tochter des Gandharva Huhu. — 4) n. N. pr. des von Pivara 2) *b)* β) beherrschten Varsha in Krauńkadvîpa VP. 2,4,48.

पीवरत्व n. *Fülle, Stärke.*

1. पीवरी f. s. u. पीवन्.

2. पीवरी Adv. mit कर् *mästen.*

पीवस् n. *Fett, Speck.*

पीवस Adj. (f. ग्री) 1) *von Fett strotzend* oder *fett,* so v. a. *reichlich.* — 2) *schwellend, sich blähend, bauschig,* oder *fettig,* so v. a. *glänzend.*

पीवस्वत् Adj. *strotzend.*

पीवःस्फाक Adj. *von Fett strotzend.*

पीविष्ठ Adj. *überaus feist.*

पीवोअन्न Adj. *fette* oder *reichliche Speise habend.*

पीवोअश्व Adj. *fette Rosse habend.*

पीवोपवसन Adj. *in Fett gehüllt* oder *neben breiten (fleischigen) Gliedern befindlich.*

पीवोरूप Adj. *ein fettes Aussehen habend* Ait. Br. 2,3,10.

पीष् = पिष् AV. 4,6,7.

पु Adj. *reinigend, läuternd* in सुपु.

*पुंयान n. etwa = नरयान *Palankin.*

पुंयुज् und पुंयोग m. *der Zusammenhang —, das in Relation Stehen mit einem Manne.*

पुंरत्न n. *ein Edelstein von einem Manne.*

पुंराशि m. *ein männliches Zodiakalbild* (der Widder u. s. w.).

पुंलक्ष्मन् n. *das Kennzeichen eines Mannes, Männlichkeit* Rāǵat. 2,104.

1. पुंलिङ्ग n. 1) dass. — 2) in der Grammatik *das männliche Geschlecht* 234,28.

2. पुंलिङ्ग Adj. (f. ग्रा) 1) *die Kennzeichen des Mannes habend* Agni-P. 43,14. — 2) in der Grammatik *männlichen Geschlechts.* Nom. abstr. °ता f.

पुंवत् Adv. 1) *wie ein Mann, wie beim Manne.* — 2) *wie das Masculinum* (gramm.).

1. पुंवत्स m. *ein männliches Kalb.*

2. पुंवत्स Adj. (f. ग्रा) *männliche Kälber habend, von m. K. umgeben.*

*पुंवृष m. *Moschusratte.*

पुंवेषा Adj. f. *in männlicher Tracht.*

पुंव्यञ्जन n. *ein männliches Kennzeichen* Âpast. Çr. 8,6,2.

पुंशब्द m. *ein Masculinum* Ind. St. 13,390.

पुंश्चली Adj. f. *Männern nachlaufend;* Subst. *Hure.* Unlogisch पुंश्चल m. *Hurer* Varāh. Brh. 23,5.

पुंश्चलीय m. *Hurensohn.*

पुंश्चलू f. *Hure;* m. *Hurer.*

*पुंशिश्न n. *das männliche Glied.*

*पुंश्चोर m. *ein männlicher Dieb.*

पुंस्कोकिला Adj. f. *ein Böckchen als Junges habend* Âpast. Çr. 15,1,6.

1. पुंस् m. s. पुमंस्.

2. *पुंस् पुंसयति (अभिमर्दने).

°पुंस = पुंस्, पुमंस्. Vgl. पुंसवत्त und विपुंसा.

पुंसक in न°.

पुंसवन 1) Adj. *ein männliches Kind zur Geburt bringend, die Geburt eines männlichen Kindes befördernd* Karaka 6,30. व्रत n. oder n. mit Ergänzung von व्रत *eine zur Erzielung eines Sohnes im Beginne der Schwangerschaft übliche Ceremonie.* — 2) n. *a) Fötus.* — *b) *Milch.*

पुंसवत् Adj. *einen Sohn habend.*

*पुंसानुज Adj. wohl *einen ältern Bruder habend.*

पुंसुवन n. *das Zeugen eines männlichen Kindes.*

पुंस्क am Ende eines adj. Comp. (f. आ) = पुंस्, पुमंस्.

*पुंस्कटी f. *die Hüfte beim Manne.*

पुंस्कर्माशय m. *die durch die Werke in einer früheren Geburt bedingte Anlage eines Menschen.*

पुंस्कामा Adj. f. *auf Männer versessen.*

पुंस्कृत्य Absol. *mit Anwendung männlicher Formen* ÇAT. BR. 4,5,2,10.

पुंस्कोकिल m. *das Männchen des indischen Kuckucks.* Nom. abstr. °त्व n.

पुंस्ति n. Name eines Sâman ÂRSH. BR. 1,512.

पुंस्त्रय n. *drei Generationen* HEMÂDRI 1,93,15. 16.

पुंस्त्व n. 1) *das Mannsein* (Gegens. *Weibsein*). — 2) *Mannheit, männliches Vermögen.* — 3) *das Männlichsein, das männliche Geschlecht* (gramm.). — 4) *der männliche Same.*

*पुंस्त्वदोष m. wohl *Impotenz* GAL.

*पुंस्त्वविग्रह m. *Andropogon Schoenanthus* RÂGAN. 8,122.

*पुंस्पुत्र m. *ein männliches Kind.*

पुंस्प्रजनन n. *Zeugungsglied.*

पुंस्प्रवाद m. *irgend eine Masculin-Form, irgend ein Casus eines Masculinum.*

पुंस्वत् Adj. *ein männliches Wesen enthaltend.*

*पुक m. = दान GANAR. 299.

*पुकिन् Adj. von पुक.

पुक्काश m. *eine best. verachtete Mischlingskaste.* Richtig पुल्कस.

*पुक्काष m. v. l. für पुक्काश.

पुक्कस 1) m. v. l. für पुक्काश. — 2) f. ई *a*) f. zu 1). — *b*) *die Indigopflanze.* — *c*) *= कालिका oder कालिका.

पुंखाक m. = पुल्कस MAITR. S. 1,6,11. पुंल्कक v. l.

*पुंकन्दा f. *eine best. Pflanze,* = लक्ष्मणा RÂGAN. 7,114.

*पुंक्षीर n. und *पुंक्षुर m.

पुङ्ख m. 1) *der unterste, mit der Sehne in Berührung kommende Theil des Pfeils, in dem der Schaft und die Federn stecken.* अपाङ्ग° so v. a. *ein pfeilähnlicher Seitenblick.* — 2) **Falke.* — 3) *= मङ्गलाचार.

पुङ्खित Adj. *mit* पुङ्ख 1) *versehen.* सीतया पुङ्खितः कटाक्षः so v. a. *ein von Sitâ geschleuderter Seitenblick* PRASANNAR. 64,11.

पुङ्खिलतीर्थ n. N. pr. eines Tîrtha.

पुंग्रह m. *ein männlicher Planet.*

*पुंध्यान n. SIDDH. K.

*पुङ्ग 1) m. n. *Menge.* — 2) f. ई *eine Art von Frauenzimmern.*

पुङ्गल fehlerhaft für पुद्गल.

पुंगव m. (adj. Comp. f. आ) 1) *Stier.* — 2) am Ende eines Comp. *ein Heros —, der Vorzüglichste unter* (von Belebtem u. Unbelebtem). Ausnahmsweise in der Bed. *ein Heros in Bezug auf.* वेद° HEMÂDRI 1,338,19. — 3) **ein best. Heilmittel,* = ऋषभ RÂGAN. 5,14.

पुंगवकेतु m. Bein. Çiva's.

पुंगुणजन्तुजीव m. *das thierische Lebensprincip mit dem Vorzuge des Menschen verbunden,* so v. a. *die menschliche Seele.*

पुच्छ m. n. *Schwanz, Schweif, Ruthe,* überh. *das äusserste Ende* (z. B. eines Jahres). Am Ende eines adj. Comp. f. आ (218,4. HEMÂDRI 1,402,20) und *ई.

पुच्छक 1) *am Ende eines adj. Comp. (f. पुच्छिका) = पुच्छ. — 2) m. N. pr. eines Mannes.

*पुच्छटी f. *das Knacken mit den Fingern.*

*पुच्छदा f. *eine gegen Unfruchtbarkeit angewandte Knolle.* Vgl. पुत्रदा.

पुच्छधि m. *Schwanzwurzel.*

*पुच्छबन्ध m. *Schwanzriemen* (beim Pferde) GAL.

पुच्छब्रह्मवाद m. Titel eines Werkes OPP. Cat. 1.

*पुच्छमूल n. *Schwanzwurzel.*

पुच्छल in कपुच्छल.

पुच्छलक्षण n. Titel eines Njâja-Werkes.

पुच्छवत् Adj. *geschwänzt.*

पुच्छाग्र 1) n. *Schwanzspitze* 147,27. — 2) (wohl m.) N. pr. eines Berges.

पुच्छाण्डक m. N. pr. eines Schlangendämons.

पुच्छास्यचारिन् Adj. *mit Schwanz und Maul sich bewegend* SUÇR. 1,207,3.

*पुच्छिन् m. 1) *Hahn.* — 2) *Calotropis gigantea* RÂGAN. 10,26.

पुच्छेश्वर N. pr. einer Oertlichkeit.

*पुच्छोटिका f. *Schwanzriemen* (beim Pferde) GAL.

*पुच्छ्, पुच्छति (प्रमादे).

°पुञ्ज m. (adj. Comp. f. आ) *Haufe, Klumpen, Masse, Menge* (auch von immateriellen Dingen). Nom. abstr. °ता f. VIKRAMÂÑKAK. 9,128.

पुञ्जक in हेम°.

पुंजन्मन् n. *die Geburt eines männlichen Kindes.*

पुंजन्मकर und पुंजन्मद Adj. *solches bewirkend.*

पुंजन्मयोग m. *eine Constellation, unter der männliche Kinder geboren werden.*

पुञ्जय्, पुञ्जयति *aufhäufen, zusammendrängen* KÂD. 2,49,3 (पुञ्ज्यमान zu lesen). 51,6. BÂLAR. 58,9. पुञ्जित *aufgehäuft, auf einander gelegt, an einander gedrückt, zusammengeballt* KÂD. 8,23. — Mit अव, °पुञ्जित *auf einen Haufen gebracht, zusammengekehrt.* — Mit उद् *aufhäufen* KÂD. 2,87,15.

पुञ्जराज m. N. pr. eines Grammatikers.

पुञ्जशस् Adv. *haufenweise.*

*पुञ्जातुक (!) n. = फलेलाङ्क (!).

*पुञ्जि f. = पुञ्ज.

पुञ्जिकस्थला, °स्थली, पुञ्जिकास्तना (!) und *पुञ्जिकास्थला f. N. pr. einer Apsaras.

पुञ्जिष्ठ m. *Fischer;* nach Andern *Vogelfänger.*

पुञ्जी Adv. 1) mit कर् *aufhäufen, auf einen Haufen legen.* — 2) mit भू *sich anhäufen, sich zusammenballen* KÂD. 169,15. HARSHAK. 139,23.

पुञ्जीकर्तव्य Adj. *aufzuhäufen.*

पुञ्जील n. = पिञ्जूल in दर्भपुञ्जील.

पुट्, पुटति (संश्लेषणे), *पोटति (संमर्दने), *पुटयति (संसर्गे), *पोटयति (भाषार्थ oder भासार्थ, संचूर्णने, अल्पीभावे). 1) *umhüllen —, verkleiden mit* (Instr.) BHÂVAPR. 2,87. 88. — 2) *zusammenreiben mit* (Instr.) BHÂVAPR. 3,34. — *पुटित = पाटित und स्यूत. — Mit परि, °पुट्यते *sich schälen.* — Mit सम्, संपुटित (könnte auch aus संपुट entstanden sein) *zusammengefügt* Comm. zu BHÂG. P. ed. Bomb. 6,8,6.

पुट 1) m. f. (ई) n. *a*) *Falte, Tasche, ausgebauchter —, hohler Raum, Ritze, Spalte.* Am Ende eines adj. Comp. f. आ. — *b*) **ein um die Schamtheile geschlagenes Tuch.* — 2) *m. n. *Pferdehuf.* — 3) m. *a*) *eine aus einem Blatt gebildete Düte,* = संपुट. — *b*) *Umhüllung eines Gegenstandes* (z. B. *beim Glühen eines Tiegels*), *das Kochen in einer Hülle* (vgl. पुटपाक) BHÂVAPR. 2,84. 85. 91. — *c*) *ein Backwerk mit einer Fülle* BHÂVAPR. 2,25. — *d*) *ein best. Metrum,* = अपुट. — *e*) *N. pr. eines Mannes. — 4) *n. *Muskatnuss* RÂGAN. 12,80.

पुटक 1) m. *a*) = पुट 1) *a*). पुटके पुटके मधु *in jeder Ritze Honig* VP. 1,13,30 und sonst häufig. — *b*) *eine best. Verbindung der Hände.* — 2) m. f. (पुटिका) = पुट 3) *a*). — 3) *f. पुटिका *a*) *eine zweischalige Muschel* RÂGAN. 13,132. — *b*) *Kardamomen.* — 4) *n. *a*) *Muskatnuss.* — *b*) *Wasserrose.*

*पुटकन्द m. *ein best. Knollengewächs* RÂGAN. 7,83.

पुटकिनी f. *Lotuspflanze, eine Gruppe von L.* Nur im Prâkrit zu belegen.

*पुटग्रीव m. 1) *Butterfass.* — 2) *ein kupferner Topf.*

पुटधेनु f. *eine noch nicht ausgewachsene trächtige Kuh* HEMÂDRI 1,448,21. 449,2.

पुटन n. Nom. act. zu पुट् 1) BHÂVAPR. 2,85. RASENDRAK. 65,13.

*पुटन्नट m. *Cyperus rotundus* RÂGAN. 8,152. Vgl. कुटन्नट.

पुटपाक m. *eine best. Art der Zubereitung von Arzeneien, bei welcher die Stoffe in Blätter eingebunden, mit Lehm überzogen und im Feuer geglüht werden.* Mat. med. 11. BHÂVAPR. 2,76. 154. KARAKA 8,9.

पुटभिद्ग Adj. *etwa gespalten* VARÂH. BṚH. S. 54,42.

*पुटभेद m. 1) *Flussbiegung.* — 2) *Flussmündung.* — 3) *Stadt.* — 4) *ein musikalisches Schlaginstrument.*

पुटभेदक Adj. = पुटभिद्ग VARÂH. BṚH. S. 54,7.

पुटभेदन n. *Stadt.*

पुटाञ्जलि m. *die beiden hohl an einander gelegten Hände* HEMÂDRI 2,a,86,17. Comm. zu KÂTJ. ÇR. 3,1,15.

*पुटापुटिका f. gaṇa शाकपार्थिवादि.

*पुटालु m. *ein best. Knollengewächs* RÂǴAN. 7,83.

पुटाह्वय m. = पुटपाक.

*पुटित 1) Adj. s. u. पुट्. — 2) n. = मणिपुट (?) oder कृस्तपुट MED. t. 135.

1. पुटी f. s. u. पुट.

2. पुटी Adv. mit कर् *zu einer Düte machen* BÂLAR. 169,14.

*पुटोत n. *Sonnenschirm.*

*पुटोदक n. *Cocosnuss.*

*पुट्, पुट्यति (अल्पीभावे).

*पुड्, पुडति (उत्सर्गे), पोडति (प्रमर्दने).

*पुण्, पुणाति (कर्मणि शुभे), पोणयति (संघाते).

पुणतामकर m. Bein. Mahâdeva's.

*पुणिक N. pr. 1) m. *eines Mannes* KÂÇ. — 2) f. आ *einer Frau* Ind. St. 13,423.

*पुण्ट्, पुण्टयति (भाषार्थ oder भासार्थ).

*पुण्ड्, पुण्डति (प्रमर्दने).

*पुण्ड m. *Mal, Zeichen.*

*पुण्डरिन् m. *Hibiscus mutabilis.*

पुण्डरिस्रज् f. *Lotusgewinde, — kranz.*

पुण्डरीक 1) n. a) *Lotusblüthe, insbes. eine weisse.* Auch als Bild des menschlichen Herzens. Am Ende eines adj. Comp. f. आ. — b) *am Ende eines Comp. als Ausdruck der *Schönheit.* — c) **ein weisser Sonnenschirm.* — d) **ein best. Heilmittel.* — e) *Stirnzeichen.* — 2) m. a) *ein best. Opfer.* — b) *eine Art Reis.* — c) **eine wohlriechende Mango-Art.* — d) **Artemisia indica* RÂǴAN. 10,147. — e) **eine Art Zuckerrohr.* — f) **Tiger* RÂǴAN. 19,4. — g) *ein best. Vogel* SUÇR. 1,205,13. — h) **eine Schlangenart.* — i) **eine Art Aussatz.* — k) **Fieber beim Elephanten.* — l) **die weisse Farbe.* — m) N. pr. α) eines Schlangendämons. — β) des Weltelephanten im Südosten. — γ) eines alten Königs. — δ) eines Gaṇadhara bei den Ǵaina. — ε) eines Einsiedlers, eines Sohnes des Çvetaketu. — ζ) eines Berges. — 3) f. पुण्डरीका N. pr. a) einer Apsaras. — b) einer Tochter Vasishṭha's. — c) eines Flusses in Krauñkadvîpa VP. 2,4,55.

पुण्डरीकनयन m. 1) Bein. Vishṇu's oder Kṛshṇa's VP. 4,14,14. 15,20. — 2) **ein best. Vogel,* = क्रौञ्च GAL. — Vgl. पुण्डरीकाक्ष.

पुण्डरीकपुर n. N. pr. einer *Stadt.* °माहात्म्य n. OPP. Cat. 1.

पुण्डरीकमुखी f. *eine Art Blutegel* 217,12. 15.

पुण्डरीकवत् 1) Adj. *mit Lotusblüthen versehen* AV. 6,106,1. — 2) m. N. pr. eines Gebirges in Krauñkadvîpa VP. 2,4,50.

पुण्डरीकाक्ष 1) m. a) Bein. Vishṇu's oder Kṛshṇa's. — b) *ein best. Vogel.* — 2) *n. *ein best. Heilkraut.* — Vgl. पुण्डरीकनयन.

पुण्डरीकाक्षस्तोत्र n. Titel eines *Lobgedichts* OPP. Cat. 1.

*पुण्डरीकान्वय m. *ein Elephant aus* Puṇḍarika's 2) m) β) *Geschlecht, ein E. mit besondern Kennzeichen* GAL.

पुण्डरीयक 1) m. N. pr. eines der Viçve Devâs. — 2) n. a) **die Blüthe von Hibiscus mutabilis.* — b) *ein best. Heilkraut* RÂǴAN. 12,149. BHÂVAPR. 1,195.

*पुण्डर्य n. *ein best. Heilkraut* RÂǴAN. 12,149.

पुण्डवर्धन n. fehlerhaft für पुण्ड्र°.

पुण्ड्र 1) m. a) N. pr. α) Pl. eines Volkes im heutigen Bengalen und Bihâr. — β) eines Sohnes des Daitja Bali, des Urahnen der Puṇḍra 1) a) α) MBH. 1,1,234. — γ) eines Sohnes des Vasudeva VP.[2] 4,110. — b) **Zuckerrohr.* Vgl. पुण्ड्रेक्षु. — c) **Gaertnera racemosa* RÂǴAN. 10,95. — d) **Ficus infectoria* RÂǴAN. 11,127. — e) *Clerodendrum phlomoides* RÂǴAN. 10,42. — f) **eine weisse Lotusblüthe.* — g) **Wurm.* — 2) (*m.) n. *Sectenzeichen.* — 3) n. N. pr. einer mythischen Stadt.

पुण्ड्रक m. 1) Pl. = पुण्ड्र 1) a) α). — 2) *ein Fürst der* Puṇḍra 1) a) α). — 3) **Zuckerrohr.* — 4) **Gaertnera racemosa.* — 5) **Clerodendrum phlomoides* RÂǴAN. 10,42. — 6) *Sectenzeichen.* — 7) *ein Mann, der sich mit der Zucht der Seidenraupe abgiebt.*

*पुण्ड्रकेलि m. *Elephant.*

*पुण्ड्रनगर n. N. pr. einer *Stadt.*

पुण्ड्रवर्धन n. desgl.

पुण्ड्रविधि m. Titel eines Werkes OPP. Cat. 1.

पुण्ड्रेक्षु m. *Zuckerrohr* RÂǴAT. 4,500.

पुण्ढ्र fehlerhaft für पुण्ड्र *Mal, Sectenzeichen.*

पुण्य 1) Adj. (f. आ) a) *günstig, glücklich, faustus.* — b) *richtig beschaffen, schön, gut, brav, bonus.* — c) *rein, reinigend, heilig* GOBH. 1,1,18. — 2) m. a) N. pr. α) eines Mannes. — β) eines Sees. — 3) f. पुण्या a) **Basilienkraut.* — b) **Physalis flexuosa* RÂǴAN. 4,112. — c) N. pr. α) einer Tochter Kratu's. — β) eines Flusses. — 4) n. a) *das Gute, Rechte, ein gutes Werk, moralisches oder religiöses Verdienst.* Am Ende eines adj. Comp. f. आ. — b) *eine best. Begehung, die eine Frau unternimmt, um sich die Liebe des Mannes zu erhalten und einen Sohn zu bekommen.* — c) **ein Trog zum Tränken des Viehes.*

पुण्यक n. = पुण्य 4) b).

पुण्यकर्तर् Nom. Ag. *ein Rechtschaffener, Tugendhafter.*

पुण्यकर्मन् Adj. *Gutes thuend, rechtschaffen, tugendhaft.*

पुण्यकाल m. *ein günstiger, glücklicher Zeitpunkt* HEMÂDRI 1,75,23. 76,1. fgg. Nom. abstr. °ता f. °कालविधि m. Titel eines Werkes OPP. Cat. 1.

पुण्यकीर्ति 1) Adj. *einen guten Ruf habend, berühmt.* — 2) m. N. pr. verschiedener Männer.

पुण्यकूट m. *eine grosse Menge guter Werke* KÂRAṆḌ. 78,7.

पुण्यकृत् 1) Adj. *rechtschaffen, tugendhaft.* — 2) m. N. pr. eines der Viçve Devâs.

पुण्यकृत्या und पुण्यक्रिया (ÂPAST.) f. *eine gute Handlung.*

पुण्यक्षेत्र n. *ein heiliges Gebiet, Wallfahrtsort.*

पुण्यगन्ध 1) Adj. (f. आ) *wohlriechend.* — 2) *m. *Michelia Champaka.*

पुण्यगन्धि (f. eben so) und पुण्यगन्धिन् Adj. *wohlriechend.*

पुण्यगृह n. *Wohlthätigkeitshaus, Verpflegungshaus.*

पुण्यगेह n. *ein Haus* —, so v. a. *eine Stätte des Guten* DAÇAK. 16,16.

पुण्यजन m. 1) **ein rechtschaffener Mann.* — 2) Pl. *gute Leute,* Bez. *bestimmter Genien* GOP. BR. 1,3,12. Später Bez. der Jaksha (auch Sg. beim einzelnen Individuum) und *einer Art von* Rakshas (VP. 4,2,1).

पुण्यजनेश्वर m. Bein. Kubera's.

पुण्यजन्मन् Adj. *reinen Ursprungs* MAITR. S. 1, 6,12 (S. 106, Z. 7).

पुण्यजित Adj. *durch gute Worte gewonnen,* — *erreicht.*

पुण्यतरी Adv. mit कर् *reiner —, heiliger machen.*

पुण्यता f. *Reinheit, Heiligkeit.*

1. पुण्यतीर्थ n. 1) *ein heiliger Wallfahrtsort* SPR.

4096. — 2) N. pr. eines Tîrtha.

2. पुण्यतीर्थ Adj. (f. आ) *mit heiligen Badestellen versehen* 85,2.

*पुण्यतृण n. *weisses Kuça-Gras.*

पुण्यत्व n. *Reinheit, Heiligkeit.*

पुण्यदर्शन 1) Adj. (f. आ) *von schönem Aussehen, schön.* — 2) *m. *Coracias indica.*

पुण्यदुह् Adj. *Gutes —, Segen bringend, — verleihend.*

पुण्यनाथ m. N. pr. eines Grammatikers.

पुण्यनामन् m. N. pr. eines Wesens im Gefolge Skanda's.

पुण्यपालराजकथा f. Titel eines Werkes.

पुण्यपावन N. pr.

पुण्यपुण्यता f. *die grösste Heiligkeit.*

पुण्यप्रद Adj. *verdienstlich.*

पुण्यप्रसव m. Pl. N. pr. einer Götterklasse bei den Buddhisten.

1. पुण्यफल n. *der Lohn für gute Werke.*

2. *पुण्यफल m. N. pr. des Gartens der Lakshmî.

पुण्यबल m. N. pr. eines Fürsten.

पुण्यभरित Adj. *überaus gesegnet.*

पुण्यभाज् (Spr. 7712. Kâd. 48,16) und °भाजिन् Adj. *glücklich, glückselig.*

*पुण्यभू und *°भूमि f. Bein. Ârjâvarta's.

पुण्यमन्य Adj. *sich für gut haltend* Maitr. S. 1,6,13 (S. 107, Z. 1).

पुण्यमय Adj. *aus Gutem gebildet.*

पुण्यमहस् Adj. *von schöner Herrlichkeit* Mahâvîrak. 8,18.

*पुण्यमित्र m. N. pr. eines buddh. Patriarchen.

*पुण्यरात्र m. *eine gute —, glückliche Nacht.*

पुण्यराशि m. N. pr. 1) eines Mannes. — 2) eines Berges.

पुण्यर्त n. *ein glückliches Sternbild* Hemâdri 1,347,14.

पुण्यलक्ष्मीक Adj. *glücklich.*

पुण्यलोक Adj. *zur guten Welt gehörig, der guten Welt theilhaftig werdend.*

पुण्यलोकेत्र (Conj.) Adv. *in der guten Welt.*

पुण्यवत् 1) Adj. a) *rechtschaffen, tugendhaft.* — b) *glücklich.* — 2) f. °वती N. pr. eines Landes.

पुण्यवर्जित m. N. pr. eines fingirten Landes Kautukar.

पुण्यवर्धन n. N. pr. einer Stadt.

पुण्यवर्मन् m. N. pr. eines Fürsten.

पुण्यवल्लभ m. N. pr. eines Mannes B. A. J. 3, b,209.

पुण्यवाग्बुद्धिकर्मिन् Adj. *dessen Worte, Gedanken und Thaten rein sind* MBh. 17,3,24.

पुण्यशकुन m. *ein glückverheissender Vogel.*

पुण्यशाला f. *Wohlthätigkeitshaus, Verpflegungshaus.*

पुण्यशील Adj. *rechtschaffen, tugendhaft.*

पुण्यशेष m. N. pr. eines Fürsten Ind. St. 14,113.

पुण्यश्रीक Adj. *glücklich* Mahâvîrak. 7,11.

पुण्यश्रीगर्भ m. N. pr. eines Bodhisattva.

पुण्यश्लोक 1) Adj. (f. आ) *von dem man Gutes redet, einen guten Namen habend.* — 2) m. Bein. a) Nala's. — b) Judhishṭhira's. — c) Kṛshṇa's. — 3) f. आ Bein. a) der Draupadî. — b) der Sîtâ.

पुण्यसम n. *ein gutes Jahr* TS. 3,3,8,5. Vaitân.

पुण्यसंभार m. *eine Fülle guter Werke* Kâraṇḍ. 19,3. 14. 18. 52,19.

पुण्यसार m. N. pr. eines Fürsten.

पुण्यसुन्दर m. N. pr. eines Mannes.

पुण्यसेन m. N. pr. verschiedener Männer.

पुण्यस्कन्ध m. *eine grosse Menge verdienstlicher Werke* Vagrakkh. 23,5. Kâraṇḍ. 19,10. 11. 28,4. 40,8.

पुण्यस्तम्भकर (?) m. N. pr. eines Mannes.

पुण्यस्थान n. *ein geweihter, heiliger Platz.*

पुण्यात्मन् Adj. *rechtschaffen, tugendhaft* 154,5.

पुण्यानगर n. N. pr. einer *Stadt.*

पुण्यालंकृत m. N. pr. eines Dämons.

पुण्याशय Adj. *fromm, harmlos* Harshak. 212,19.

पुण्याह n. *ein guter, glücklicher Tag, das Zurufen —, Wünschen eines glücklichen Tages.*

पुण्याहक n. (Hemâdri 1,322,9) und पुण्याहन n. dass.

पुण्याहवाचन 1) n. *das Wünschen eines glücklichen Tages* — 2) *Adj. = पुण्याहवाचनं प्रयोजनमस्य.

पुण्यैककर्मन् Adj. *nur Gutes thuend* Spr. 2557.

पुण्योदका f. N. pr. eines Flusses im Jenseits.

पुण्योदय m. *der Aufgang des Glückes als Folge vorangegangener Werke.*

पुत् s. पुद्.

पुत m. 1) *Du. *die Hinterbacken.* — 2) *ein best. Metrum;* richtig पुट.

पुत्तल m. und *°ली f. *Puppe, Statuette.* Wenn Jmd in der Fremde stirbt, wird statt seiner eine *Puppe* verbrannt.

पुत्तलक 1) m. und °लिका f. = पुत्तल. — 2) Adj. in Verbindung mit विधि m. *das Verbrennen einer Puppe* (statt eines in der Fremde Verstorbenen).

*पुत्तलीचालन n. *ein best. Spiel mit Puppen* Gal.

पुत्तस् (Conj.) Adv. = Abl. von पुद् MBh. 14,2752.

पुत्तिका f. 1) *Puppe.* — 2) *Termite.* Nach Andern *eine kleine Bienenart* (Râgan. 4,115. Bhâvapr. 2,61), *Mücke* und auch = प्लुषि.

पुत्र 1) m. a) *Sohn, Kind, das Junge eines Thieres.* Du. *zwei Söhne* und auch *Sohn und Tochter.* Im Voc. aller drei Zahlen als Anrede einer jüngern Person. Am Ende eines adj. Comp. f. आ. — b) bildet am Ende eines Comp. Deminutiva. — c) *ein best. kleines, zu den Mäusen gezähltes, giftiges Thier.* — d) in der Astrol. *das fünfte Haus.* — e) N. pr. verschiedener Männer. — 2) f. ई a) *Tochter.* — b) **Puppe.* — c) *bildet am Ende eines Comp. Deminutiva. — d) **eine best. Pflanze.* — e) *Bein. der Pârvatî.

पुत्रक 1) m. a) *Söhnchen, Knabe, Sohn.* Oft als Liebkosungswort. Am Ende eines adj. Comp. f. पुत्रिका. — b) *Puppe, Statuette.* — c) **Schelm.* — d) *ein best. kleines, zu den Mäusen gezähltes, giftiges Thier.* — e) **Heuschrecke.* — f) **Haar.* — g) **ein best. Baum.* — h) *Reibstein* Comm. zu Gobh. 2,6,9. — i) N. pr. α) des angeblichen Gründers von Pâṭaliputra. — β) *eines Berges. — 2) f. पुत्रिका und *पुत्रका a) *Tochter;* insbes. *eine solche, die ein sohnloser Vater insofern an Sohnes Statt annimmt, als er ihren Sohn für sich als Sohn in Anspruch nimmt.* Am Ende eines adj. Comp. f. eben so 135,7. — b) *Puppe, Statuette.* — c) bildet am Ende eines Comp. Deminutiva. — d) * = यावतूलक; nach Wilson *Wolle auf der Tamariske.* — e) Suçr. 1,55,20 von unbestimmbarer Bed.

*पुत्रकन्दा f. *ein best. Knollengewächs* Râgan. 7,114.

पुत्रकर्मन् n. *eine der Erlangung eines Sohnes geltende Ceremonie.*

पुत्रकाम Adj. *Söhne —, Kinder wünschend.*

पुत्रकामकृष्णपञ्चमीव्रत n. *eine best. Begehung.*

पुत्रकामिक Adj. (f. ई) *zum Wunsch einen Sohn zu erlangen in Beziehung stehend, die Erlangung eines Sohnes bezweckend.* इष्टि f. MBh. 13,30,80.

पुत्रकामेष्टि f. *die Darbringung eines Kinder Wünschenden.*

पुत्रकाम्य, °म्यति *sich einen Sohn wünschen.*

पुत्रकाम्या f. *der Wunsch nach einem Sohne, — nach Kindern* 130,2.

पुत्रकार्य n. = पुत्रकर्मन्.

पुत्रकिल्बिष Adj. *dem als Sohne eine Schuld anhängt, kein legitimer Sohn seiend* MBh. 13,49,25.

पुत्रकृतक Adj. *an Sohnes —, an Kindes Statt angenommen.*

पुत्रकृत्य n. *Sohnespflicht.*

पुत्रकृथ m. oder n. *Kindererzeugung.*

पुत्रक्रमदीपिका f. Titel eines Werkes.

पुत्रघ्नी s. u. पुत्रहन्.

*पुत्रघ्राधी f. etwa *Rabenmutter*.

पुत्रजननी f. *eine best. Pflanze*, = लक्ष्मणा Bhâvapr. 1,208.

*पुत्रजात Adj. *einen Sohn habend*.

*पुत्रजीव (fehlerhaft), *पुत्रंजीव und °क m. *Putranjiva Roxburghii* Râǵan. 9,145. Bhâvapr. 1, 234.

पुत्रता f. *Sohnschaft*.

पुत्रतीर्थ n. N. pr. eines Tîrtha.

पुत्रत्व n. *Sohnschaft*.

*पुत्रदा f. 1) *ein best. Strauch*, = गर्भदात्री Râǵan. 4,161. — 2) *ein best. Knollengewächs* Râǵan. 7,114. — 3) = वन्ध्याकर्कोटकी Râǵan. 3,49.

*पुत्रदात्री f. *eine best. in* Mâlava *wachsende Schlingpflanze* Râǵan. 3,131.

पुत्रदार n. Sg. *Sohn und Gattin, Weib und Kind* M. 4,239. 8,114.

पुत्रनामन् Adj. *Sohn heissend* Mân. Çr. 8,4. Gṛhj. 1,17.

*पुत्रपुत्र m. *des Sohnes Sohn, Enkel* Gal.

*पुत्रपुत्रादिनी f. etwa *Rabenmutter*.

पुत्रपुर n. N. pr. einer *Stadt*.

पुत्रपौत्र n. Sg. und m. Pl. *Söhne und Enkel*.

पुत्रपौत्रक n. Sg. dass.

पुत्रपौत्रिन् Adj. *Söhne und Enkel habend*.

*पुत्रपौत्रीण Adj. *auf Söhne und Enkel übergehend*. Nom. abstr. °ता f.

*पुत्रप्रदा f. *eine Art Solanum* Râǵan. 4,26.

पुत्रप्रवर m. *der älteste Sohn* MBh. 13,14,74. Bhâg. P. 9,7,1.

पुत्रप्रिय 1) Adj. *dem Sohne lieb, vom Sohne geliebt* Venis. 43,4. — 2) m. *ein best. Vogel* R. 2, 96,12.

*पुत्रभद्रा f. *eine best. Pflanze* Râǵan. 3,27.

पुत्रभाग m. *das Erbtheil eines Sohnes* 201,24.

पुत्रभाण्ड (wohl n.) etwa *Stellvertreter eines Sohnes, der als Sohn zu betrachten ist* Bâlar. 108, 14. Vgl. भाजन.

पुत्रभाव m. *das Sohnsein, Sohnschaft*.

पुत्रमय Adj. *aus dem Sohn bestehend, durch den S. gebildet*.

पुत्रमरणा f. *das Sterben der Söhne* Âpast. Çr. 5, 26,3.

पुत्रवत् Adv. *wie ein Sohn, wie Söhne* (195,2), *wie bei einem Sohne*.

*पुत्रवधू f. *Schwiegertochter*.

पुत्रवत् 1) Adj. *einen Sohn —, Söhne, —, Kinder habend, im wahren Sinne des Wortes einen Sohn habend* Bâlar. 79,8. — 2) m. N. pr. eines Fürsten VP.² 4,150.

*पुत्रवल Adj. = पुत्रवत् 1).

पुत्रविद्य n. *das Erlangen von Söhnen*.

*पुत्रशृङ्गी f. *Odina pinnata*.

पुत्रश्रेणी f. 1) *Salvinia cucullata*. — 2) * *Odina pinnata* Râǵan. 9,32. — 3) * *Anthericum tuberosum* Dhanv. 1,86.

पुत्रसख m. *Kinderfreund*.

पुत्रसंकरिन् Adj. *Kinder aus gemischter Ehe habend*.

पुत्रसंग्रह m. Titel eines Werkes.

पुत्रसप्तमी f. *der 7te Tag in der lichten Hälfte des* Âçvina.

*पुत्रसू f. *Mutter eines Sohnes*.

पुत्रसेन m. N. pr. eines Mannes Maitr. S. 4,6,6.

पुत्रस्नेहमय Adj. (f. ई) *in der Liebe zum Sohne bestehend*.

पुत्रस्वीकारनिरूपण n. Titel eines Werkes.

पुत्रहत 1) Adj. *dem die Söhne getödtet worden sind*, Beiw. Vasishtha's. — 2) *f. ई etwa *Rabenmutter*.

पुत्रहन् Adj. (f. पुत्रघ्नी) *das Kind tödtend* Ḱaraka 6,30. Suçr. 2,396,12. 397,3.

पुत्राचार्य Adj. *den Sohn zum Lehrer habend*.

*पुत्रादिन् 1) Adj. *die Kinder —, die Jungen fressend*. — 2) f. °नी etwa *Rabenmutter*.

*पुत्रान्नाद Adj. *auf des Sohnes Kosten lebend*.

*पुत्रिक gaṇa पुरोहितादि wohl fehlerhaft für पत्तिक. °वत् Adv. Verz. d. B. H. 59,7 fehlerhaft für पुत्रिकावत्. पुत्रिका s. u. पुत्रक.

पुत्रिकापुत्र m. *der Sohn einer an Sohnes Statt angenommenen Tochter* Comm. zu Çâṅkh. Çr. 4, 4,11.

पुत्रिकापूर्वपुत्र m. *der Sohn einer zuvor an Sohnes Statt angenommenen Tochter* MBh. 13,23,20. अस्यामुत्पन्नः पुत्रो मदीय इति नियमेन या दीयते तस्यां च यो जातः स पुत्रिकापूर्वपुत्रः Nilak.

*पुत्रिकाप्रसू f. *Mutter einer Tochter*.

पुत्रिन् Adj. 1) *einen Sohn —, Söhne habend, reich an Söhnen, — Kindern*; m. *Vater —*, f. *Mutter eines Sohnes*. — 2) von einer *Beule* so v. a. *kleine* (gleichsam *Junge*) *neben sich habend*.

पुत्रिय्, °यति *sich einen Sohn —, sich Kinder wünschen*.

पुत्रिय Adj. (f. आ) *zu einem Sohn in Beziehung stehend*. Vgl. अ°.

1. पुत्री f. s. u. पुत्र.

2. पुत्री Adv. 1) mit कर् *an Sohnes Statt annehmen*. — 2) mit भू *zum Sohne werden*.

पुत्रीकरण n. *das Annehmen an Sohnes Statt*. °मीमांसा f. Titel eines Werkes.

पुत्रीय्, °यति 1) *sich einen Sohn —, sich Kinder wünschen*. — 2) * *als Sohn behandeln*. — *Desid. पुपुत्रीयिषति, पुतित्रीयिषति, पुत्रीयियिषति, पुत्रीयिषिषति, पुपुतित्रीयियिषिषति.

पुत्रीय Adj. (f. आ) *zu einem Sohn in Beziehung stehend, einen Sohn verschaffend*.

*पुत्रीया f. *der Wunsch nach einem Sohne*.

*पुत्रीयितर् Nom. ag. *der sich einen Sohn wünscht*.

*पुत्रेष्टि und *°का f. *ein der Erlangung eines Sohnes geltendes Opfer*.

पुत्रैषणा f. *das Verlangen nach einem Sohne, — nach Söhnen* Çaṁk. zu Bâdar. 3,4,9.

पुत्रोत्सङ्गा Adj. f. *mit einem Sohne schwanger gehend* MBh. 14,68,19.

पुत्र्य Adj. (f. आ) = पुत्रिय, पुत्रीय.

पुत्र्यपशव्य Adj. (f. आ) *für Söhne und Vieh dienlich* Saṁhitopan. 8,2. 4.

पुत्सल in कपुत्सल.

पुथ्, *पुथ्यति (हिंसायाम्). — Caus. पोथयति (metrisch auch Med.) 1) *zerdrücken, zerschmettern, zermalmen, zerhacken* Ḱaraka 6,2. — 2) *niederschmettern*, so v. a. *übertreffen, bewirken, das Etwas nicht gehört —, nicht bemerkt* u. s. w. *wird*. — 3) *भाषार्थे oder भासार्थे. — Mit अभि Caus. *schmettern auf* (Loc.). — Mit अव Caus. *zerschmettern*. — Mit आ Caus. *zerdrücken, drücken; zerhacken* Ḱaraka 6,1. — Mit समा Caus. *zerstampfen* Ḱaraka 6,1. — Mit नि Caus. *niederschmettern*. — Mit प्र Caus. *fortstossen*. — Mit वि Caus. *zerschmettern, zermalmen, fein stampfen, mürbe machen* Ḱaraka 8,1. — Mit सम् Caus. dass. Ḱaraka 6,1.

पुद् *Hölle, eine Art Hölle*. Ein zur Erklärung von पुत्र (पुन्न) erfundenes Wort.

पुद्रक m. Pl. N. pr. eines Volkes VP.² 4,221.

पुद्गल 1) Adj. (f. आ) *schön*. — 2) m. *a) Körper*. Bei den Ǵaina *jedes Ding von bestimmten Dimensionen mit Inbegriff der Atome* Çaṁk. zu Bâdar. 2,2,33. °लास्तिकाय m. ebend. — *b) das Ich, die Seele*. — *c) Mann* Varâh. Bṛh. 4,4 (पुङ्गल gedr.). *Individuum, Subject* (in verächtlichem Sinne) Text zu Lot. de la b. l. 142. — *d)* Bein. Çiva's; nach Nilak. = देह. — *e)* *ein *Pferd von der Farbe des Bergkrystalls* Gal. (पुङ्गल geschrieben).

पुद्गलपति m. *Fürst, König* Varâh. Bṛh. 11,6 (पुङ्गल° gedr.).

*पुद्गल fehlerhaft für पुद्गल.

°पुन Adj. (f. आ) *reinigend*.

पुनःकरण n. *das Ummachen, Umformen, Umgiessen, das Verfertigen von Neuem* Baudh. 1,6,14, 6. Vaitân.

पुनःकर्मन् n. *Wiederholung einer Handlung* Çâñkh. Br. 1,5.

पुनःकाम m. *ein wiederholter Wunsch* Âpast. Çr. 5,29,3.

पुनःक्रिया f. *Wiederholung einer Handlung* Kâtj. Çr. 25,4,15.

1. पुनःपद् n. *Refrain*.

2. पुनःपद् Adj. (f. आ) *mit einem Refrain versehen*.

पुनःपराजय m. in अपुनः°.

पुनःपरिधान n. *das Wiederumlegen* (eines Gewandes) Kâtj. Çr. 15,5,16.

पुनःपाक m. 1) *wiederholtes Kochen*. — 2) *wiederholtes Brennen* (irdener Geschirre).

पुनःपुना f. N. pr. eines Flusses.

पुनःप्रतिनिवर्तन n. *Umkehr, Rückkehr* R. 5,1,81.

पुनःप्रत्युपकार m. *Wiedervergeltung*.

पुनःप्रमाद m. *eine wiederholte Fahrlässigkeit* Âpast. 2,28,8.

पुनःप्रयोग m. *Wiederholung* Vaitân. °प्रयोगरूप Adj. Çat. Br. 2,6,3,12.

*पुनःप्रवृद्ध Adj. *wiedergewachsen*.

पुनःप्राध्येषण n. *wiederholte Aufforderung zum Studiren* Çâñkh. Grhj. 6,2.

पुनःप्रायणीय Adj. *wobei das* Prâjanîja *wiederholt wird* Çâñkh. Br. 22,8.

पुनःप्रेप्सा f. *das Verlangen wieder zu erlangen, — wieder habhaft zu werden*.

पुनर् Adv. 1) *zurück, heim*. Mit इ, गा, गम् u. s. w. *heimkehren, wieder weggehen, entfliehen*; mit दा *zurückgeben, vergelten, herausgeben*; mit भू *sich umkehren, sich wenden*; mit अस् *zurückfallen auf* (Dat.). — 2) *wieder, von Neuem, abermals*. पुनर्भूय dass. Mit भू *wieder entstehen, wieder neu werden; sich wieder verheirathen* (vom Weibe). पुनः पुनः und das einfache पुनर् (Spr. 3914. 7272) *zu wiederholten Malen, immer und immer wieder*. न पुनः पुनः *nimmer wieder* Spr. 4124. 4126. — 3) *hinwiederum, so v. a. ferner* (am Anfange des Satzes Kâraka 2,7. 6,3), *nun, ausserdem, noch* (weiter ausführend oder einfach anreihend). आदौ — पुनर् — पश्चात् *zuerst — dann — später* Spr. 7727. पुनरपरम् *ausserdem, dazu kommt noch dass* Kâd. 180,11. — 4) *dagegen, aber*. — 5) अथ वा पुनः (66, 1. 69,31. M. 8,240), अपि वा पुनः und वा पुनः am Ende eines Verses statt des einfachen वा *oder*. — 6) कदा पुनः *irgendwann, jemals*. — 7) किं पुनः a) *wie viel mehr oder weniger*. — b) *jedoch*. — c) *sondern*. — 8) पुनर् — पुनर् *bald — bald* Spr. 4125. Oefters wiederholt Kâraka 4,1.

पुनरपगम m. in अपुनरपगम.

पुनरभिधान n. *das Wiedererwähnen*.

पुनरभिषेक m. *Wiedersalbung*.

पुनरभ्याकारम् Absol. *unter beständiger Heranlockung* Ait. Br. 3,5,2. पुनरभ्यावारम् st. dessen Gop. Br. 2,3,1.

पुनरभ्यावारम् Absol. Gop. Br. 2,3,1 wohl fehlerhaft für पुनरभ्याकारम्, wie Ait. Br. 3,5,2 hat.

पुनरभ्यावर्तम् Absol. *unter Wiederholung* Tâṇḍja-Br. 5,1,7. 6,8,13.

पुनरभ्युन्नीत Adj. *wieder dazugegossen* Gaim. 3, 2,29.

पुनरर्थिन् Adj. *abermals bittend*. Nom. abstr. °र्थिता f.

पुनरर्वाचिन् Adj. *wieder herwärts gewandt* Kaush. Âr. 2,14.

पुनरसु Adj. *wieder in's Leben tretend*.

पुनरागत Adj. *wiedergekommen, zurückgekehrt*.

पुनरागम m. *Wiederkehr* Âpast. Çr. 6,24,3.

पुनरागमन n. 1) *das Wiederkommen*. — 2) *Wiedergeburt*.

पुनरागामिन् Adj. *wiederkehrend*.

पुनराग्रन्थम् Absol. *wiederholt umschlingend* Ait. Br. 5,15,9.

पुनराजाति f. *Wiedergeburt* Gop. Br. 1,3,22.

पुनरादायम् Absol. *wiederholt ansetzend, — anhebend, wiederholt* Tâṇḍja-Br. 9,1,16. 19.

पुनरादि Adj. *von Neuem beginnend, wiederholt* Tâṇḍja-Br. 9,1,4. 16. 19.

पुनराधान n. *wiederholtes Anlegen des heiligen Feuers*.

पुनराधेय 1) *wieder anzulegen* (das heilige Feuer). — 2) m. *eine best.* Soma-*Feier*. — 3) n. *wiederholtes Anlegen des heiligen Feuers*.

पुनराधेयक n. = पुनराधेय 3).

पुनराधेयिक Adj. (f. ई) *auf das wiederholte Anlegen des Feuers bezüglich*. Vgl. पौनराधेयिक.

पुनरानयन n. *das Zurückführen* MBh. 3,280,14.

पुनराभाव m. in अपुनराभाव (Nachtr. 1).

पुनराम्नान n. *Wiedererwähnung* Lâtj. 9,6,20.

पुनरायन n. *das Wiederkommen*.

पुनरालम्भ m. *das Wiederfassen* Âpast. Çr. 4, 16,12.

पुनरावर्तक Adj. *wiederkehrend* (Fieber) Kâraka 6,3.

पुनरावर्तन n. in अपुनरावर्तन.

पुनरावर्तनन्दा f. N. pr. eines Wallfahrtsortes.

पुनरावर्तिन् Adj. 1) *wiederkehrend* (in das irdische Leben). — 2) *zur Wiederkehr* (in das irdische Leben) *führend*.

पुनरावृत्त Adj. *wiederholt*.

पुनरावृत्ति f. 1) *das Wiederkommen, Sichwiedereinstellen*. — 2) *Wiederkehr* (in das irdische Leben), *Wiedergeburt*. In Çat. Br. 14 als zwei Worte gefasst. — 3) *Wiederholung*. — Vgl. अपुनरावृत्ति.

पुनरासृत Adj. *wieder herbeigelaufen* (Wagen) Maitr. S. 1,11,7. v. l. und Çat. Br. 5,1,5,10 पुनरा°. Das Compositum würde पुनरासृत zu accentuiren sein.

पुनराहार m. *Wiedervornahme*.

पुनरिष्या f. *wiederholtes Opfer*.

पुनरुक्त 1) Adj. (f. आ) a) *von Neuem gesagt, wiederholt, abermalig*. °म् (Kâd. 258,1) und पुनरुक्त° Adv. *wiederholt*. — b) *überflüssig, unnütz* Harshak. 206,6. — 2) n. *Wiederholung, unnütze Wiederholung, Tautologie*. — Vgl. अ°.

*पुनरुक्तजन्मन् m. *ein Brahman*.

पुनरुक्तता f. und °क्तत्व n. *Wiederholung, Tautologie*.

पुनरुक्तवदाभास m. in der Rhetorik *Anschein von Wiederholung, scheinbare Tautologie*.

पुनरुक्ताय्, °यते *sich gleichsam wiederholen* Bâlar. 186,15.

पुनरुक्ति f. 1) *Wiederholung* (210,22), *unnütze Wiederholung, Tautologie*. — 2) *ein leeres Wort* Spr. 1232. — Vgl. अ°.

पुनरुक्तिमत् Adj. *tautologisch*.

पुनरुक्ती Adv. mit कर् *überflüssig —, unnütz machen*.

पुनरुत्पत्ति f. *Wiederentstehung, Wiedergeburt*.

पुनरुत्पादन n. *das Wiedererzeugen* Khând. Up. 3,17,5.

पुनरुत्सृष्ट Adj. *wieder ausgemerzt* (Stier u. s. w.) Mân. Çr. 1,6,5. m. *ein solches Thier*, insbes. *ein Bock*.

पुनरुत्स्यूत Adj. *wieder geflickt* Mân. Çr. 1,6,5.

पुनरुपगमन n. *das Wiederkehren*.

पुनरुपसदन n. *abermaliges Verrichten* Gaut. 1,58.

पुनरुपाकरण n. *Wiederbeginn des Studiums* Gobh. 3,3,16.

पुनरुपागम m. *Wiederkehr*.

पुनर्गमन n. *das sich wieder auf den Weg Machen*.

पुनर्गर्भवती Adj. f. *von Neuem schwanger, — trächtig* 150,26.

*पुनर्गव m.

पुनर्गेय in अपुनर्गेय.

पुनर्यक्षण n. 1) *wiederholtes Schöpfen.* — 2) *Wiederholung.*

पुनर्जन्मन् n. *Wiedergeburt.*

पुनर्जात Adj. (f. आ) *wiedergeboren* 122,29.

पुनर्डीन n. *eine Art Flug* MBH. 8,41,28.

पुनर्णव Adj. (f. आ) *sich erneuernd, sich verjüngend, aufgefrischt, wieder zurecht gemacht* MAITR. S. 1,7,2. MÂN. ÇR. 1,6,5. Vgl. पुनर्नव.

पुनर्त्त Adj. (f. आ) = पुनर्दत्त *wiedergegeben* TÂṆḌJA-BR. 6,5,12.

पुनर्दर्शन n. *das Wiedersehen* 320,13.

पुनर्दातर् Nom. ag. *Vergelter.*

पुनर्दाय Absol. *zurückgebend* ṚV. 10,109,7.

पुनर्दारक्रिया f. *das Nehmen einer zweiten Frau* (nach dem Tode der ersten).

पुनर्दीक्षिमान in अपुनर्दीक्षिमान.

पुनर्द्यूत n. *Wiederholung eines Spiels* MBH. 3,34,8.

पुनर्धेनु f. *eine Kuh, die wieder Milch giebt.*

पुनर्नव 1) Adj. (f. आ) *sich erneuernd, sich erzeugend.* Vgl. पुनर्णव. — 2) *m. *Fingernagel.* — 3) f. पुनर्नवा *Boerhavia procumbens.*

पुनर्नवामण्डूर n. *eine best. Medicin* Mat. med. 358. RASAR. 299.

पुनर्निग्रन्थम् Absol. *wieder einschlingend* AIT. BR. 15,15,9.

पुनर्नितुन Adj. 1) *nochmals eingestossen,-eingebohrt* KÂṬH. 22,6. — 2) = पुनर्निनृत्त KÂṬH. 34,6.

पुनर्निनृत्त Adj. *wieder im Einzelnen wiederholt.*

पुनर्निवर्तम् Absol. in अपुनर्निवर्तम्.

पुनर्निष्कृत Adj. *wieder ausgebessert* ÂPAST. ÇR. 5,29,1.

पुनर्बन्धयोग m. *eine abermalige Fesselung* KAP. 6,17.

पुनर्बाल 1) m. παλίμπαις, *wieder Kind, wieder kindisch geworden.*

पुनर्बाल्य n. *das wieder kindisch Sein, Altersschwäche.*

पुनर्भद्य Adj. in अपुनर्भद्य.

पुनर्भव 1) Adj. *wiedergeboren.* — 2) m. *a) Wiedergeburt.* — *b)* **Fingernagel.* — *c)* **eine roth blühende* Punarnavâ RÂǴAN. 9,119.

*पुनर्भविन् m. *Seele.* Fehlerhaft.

पुनर्भार्या f. *eine zweite Gattin,* so v. a. *Wiederverheirathung.*

पुनर्भाव m. in अपुनर्भाव.

पुनर्भाविन् Adj. in अपुनर्भाविन्.

पुनर्भू 1) Adj. *wiederentstehend, wieder neu werdend, verjüngt.* — 2) f. *eine Wittwe, die wieder geheirathet hat,* MBH. 12,173,17. Nom. abstr. पुनर्भूत्व n. NILAK. zu MBH. 3,71,15. °भुव n. fehlerhaft. — 3) *m. *ein Wittwer, der wieder geheirathet hat.*

पुनर्भोग m. *wiederholter Genuss.*

पुनर्मघ Adj. 1) *habsüchtig.* — 2) *wiederholt Spenden gebend.*

पुनर्मन्य Adj. vielleicht *wieder gedenkend, sich erinnernd.*

पुनर्मार m. in अपुनर्मार (Nacht. 3).

पुनर्मृत्यु m. *ein wiederholtes Sterben* GOP. BR. 1, 3,22.

पुनर्यज्ञ m. *ein wiederholtes Opfer.*

*पुनर्यात्रा f. *eine wiederholte Procession.*

पुनर्यामन् Adj. *wieder brauchbar.*

पुनर्युद्ध n. *Erneuerung des Kampfes.*

पुनर्युवन् m. *wieder Jüngling.* Nom. abstr. पुनर्युवत्व n. KARAKA 6,1.

पुनर्लाभ m. *Wiedererlangung.*

पुनर्लेखन n. *abermaliges Niederschreiben* 214,17.

पुनर्वक्तव्य Adj. *zu wiederholen.* Nom. abstr. °ता f.

पुनर्वचन n. *das Wiedersagen, Wiederholen.*

पुनर्वाय्य n. in अग्नीत° (vgl. Nachtr. 3).

पुनर्वत्स m. 1) *ein abgewöhntes Kalb, das wieder zum Saugen zurückkehrt.* — 2) N. pr. des Liedverfassers von ṚV. 8,7.

पुनर्वत्त Adj. *das Wort* पुनर् *enthaltend.*

पुनर्वरण n. *das Wiederwählen.*

पुनर्वसु 1) Adj. *Güter wiederbringend.* — 2) m. *a)* Du. und Sg. (MAITR. S. 1,7,2) *das fünfte* oder *siebente Mondhaus,* β α *der Zwillinge.* Nom. abstr. पुनर्वसुत्व n. MAITR. S. 1,7,2. — *b)* Bein. α) Vishṇu's oder Kṛshṇa's. — β) *Çiva's. — γ) *Kâtjâjana's oder *Vararuki's. — *c)* **Beginn von Reichthum.* — *d)* **eine best. Welt.* — *e)* N. pr. verschiedener Männer.

पुनर्वाद m. *Wiederholung, Tautologie* KAP. 5,33.

पुनर्विरोह n. *das Wiederausschlagen* (von Pflanzen) KARAKA 6,9.

पुनर्हन् Adj. *wieder vernichtend.*

पुनर्हविस् n. *eine wiederholte Opfergabe.*

पुनश्चन्द्रा f. N. pr. eines Flusses.

पुनश्चरणदीपिका und °श्चरणपद्धति f. Titel zweier Werke OPP. Cat. 1. Richtig पुरश्च°.

पुनश्चर्वण n. *das Wiederkäuen.*

पुनश्चिति f. *Wiederschichtung* MBH. 5,4801. °त्ति fehlerhaft 5,141,46.

पुनस्तति f. *eine abermalige Opferhandlung* ÇÂṄKH. BR. 26,8.

पुनःसंस्कार m. *eine abermalige Weihe.*

पुनःसंस्कृत Adj. *wieder hergestellt, ausgebessert.*

पुनःसंगम m. *das Wiederzusammenkommen.*

पुनःसंदर्शन n. *das Wiedersehen.*

पुनःसंधान n. 1) *das Wiederherstellen* (des erloschenen Hausfeuers). — 2) *Wiedervereinigung* SÂH. D. 45,21.

पुनःसंभव m. in अपुनः°.

पुनःसर Adj. (f. आ) *rückläufig, zurückgeschlagene* (Blüthen) *habend.*

पुनःसिद्ध Adj. *abermals gekocht* GAUT. 17,15.

*पुनःसुख Adj. *wieder angenehm u. s. w.*

पुनःस्तोम m. *ein best.* Ekâha GAUT. VAITÂN.

*पुनाराज m. *zum andern Mal König.*

पुनीत Adj. *gereinigt, geläutert* MBH. 12,300, 38. पुनीतानाम् । न हि ज्ञानेन सदृशं पवित्रमिह विद्यत इति पवित्राणां साङ्ख्यानामित्यर्थः NILAK. Auch die beiden andern Ausgaben lesen पुनीत.

*पुन्थ्, पुन्थति (हिंसासंक्लेशयोः).

*पुंदान n.

*पुंदास m. *ein männlicher Sclave.*

पुंदैवत Adj. *an eine männliche Gottheit gerichtet.*

पुन्द्र MBH. 1,228 fehlerhaft für पुण्ड्र.

*पुंध्वज m. *Männchen.*

पुंनक्षत्र n. *ein Mondhaus männlichen Geschlechts.*

पुंनपुंसक n. *Masculinum und Neutrum* 244,17.

पुंनाग m. 1) *Rottleria tinctoria.* Nach Mat. med. 232 *Calophyllum Inophyllum.* — 2) **eine weisse Lotusblüthe.* — 3) **Muskatnuss.* — 4) *ein Elephant unter den Menschen, ein ausgezeichneter Mensch.* — 5) **ein weisser Elephant.*

पुंनाट und पुंनाड m. 1) *Cassia Tora* RÂǴAN. 4, 202. BHÂVAPR. 1,178. — 2) पुंनाड N. pr. eines Fürsten Ind. Antiq. 5,139.

पुंनामधेय Adj. *einen männlichen Namen tragend, Alles was Mann heisst.*

1. पुंनामन् 1) Adj. *einen männlichen Namen habend.* — 2) *m. *Rottleria tinctoria* RÂǴAN. 10,40.

2. पुन्नामन् Adj. *den Namen* पुद् *führend.* m. mit Ergänzung von नरक MÂRK. P. 75,16.

पुपूतनि ṚV. 10,132,6 von unbekannter Bed.

पुप्पुट m. *Anschwellung an Gaumen und Zahnfleisch.*

*पुप्फुल m. *Blähung.*

*पुप्फुस m. 1) *Lunge.* — 2) *Samenkapsel der Wasserrose.*

पुमंस् (schwach पुंस्) m. 1) *Mann, ein männliches Wesen.* — 2) *ein Masculinum* (grammatisch). — 3) *Mensch.* — 4) *Diener.* — 5) *Seele.* पर und परम (Ind. St. 14,369) *die Weltseele.*

*पुमनुजा Adj. f. wohl *einen ältern Bruder habend.*

पुमपत्य n. *männliche Nachkommenschaft.*

पुमर्थ 1) m. *das Ziel des Menschen*. Nom. abstr. °ता f. — 2) °म् Adv. *der Seele wegen* Kap. 6,40.

*पुमाख्य Adj. *männlich heissend*.

पुमाख्या f. *eine Name für männliche Wesen, ein Wort zur Bezeichnung eines männlichen Wesens*.

*पुमाचार m. *Männerbrauch*.

पुंपशु m. *ein Mensch als Opferthier, Menschenpfer*.

पुंप्रकृति f. *die Natur —, der Charakter des Mannes* Varâh. Bṛh. S. 78,12.

पुंभाव m. *das Mannsein, männliches Geschlecht* Daçak. 27,14.

पुंभूमन् m. *ein Plural masculini generis*.

पुंमन्त्र m. *ein männlicher Zauberspruch*.

पुंमृग m. *Antilopenbock* Mahîdh. zu VS. 24,35.

1. पुर् f. *Fülle*. Nur Instr. Pl. पूर्भिस् *in Fülle*.

2. पुर् f. (Nom. पूर्) 1) *fester Platz, Burg, eine befestigte Stadt, Stadt* überh. — 2) *Leib, Körper* (als *Burg* Purusha's gedacht). — 3) *der Intellect*. — 4) *ein best*. Daçarâtra.

3. *पुर्, पुरति (अग्रगमने).

पुर 1) n. *a) Burg, eine befestigte Stadt, Stadt* überh. Am Ende eines adj. Comp. f. आ. — *b) Gynaeceum*. — *c) Wohnort, Behälter*. — *d) *Söller*. — *e) *Bordel*. — *f) *die Stadt* κατ' ἐξοχήν, Pâṭaliputra. — *g)* = त्रिपुर *die drei Burgen der* Asura. — *h) Leib, Körper*. — *i) *eine Cyperus-Art*. — *k) *Haut*. — *l) eine best. Constellation*. — *m) *eine Blattdüte;* richtig पुट. — *n)* Bez. der *Unterabtheilungen in der* Tripurî. — 2) (*m.) f. (आ) n. *Bdellium*. — 3) m. N. pr. eines Asura, = त्रिपुर. — 4) f. आ *a) Wehr, Burg* in अग्निपुरा und अश्मपुरा. — *b) *ein best. wohlriechender Stoff*. — 5) f. ई *a) Burg, Stadt*. — *b) Leib, Körper*. — *c)* Name eines der zehn auf Schüler Çaṁkarâkârja's zurückgeführten Bettelorden, deren Mitglieder das Wort पुरी ihrem Namen anhängen.

पुरउष्णिह् f. *ein best. Metrum*.

पुरएतर् Nom. ag. *der da vorangeht, Führer, Wegweiser*.

पुरःपाक Adj. (f. आ) *dessen Erfüllung bevorsteht*.

पुरःप्रस्रवण Adj. *vorströmend*.

पुरःप्रहर्तर् Nom. ag. *Vorkämpfer*.

पुरःफल Adj. *dessen Früchte bevorstehen, Früchte verheissend*.

पुरकोट n. *Citadelle*. °पाल m. *der Commandant einer C*.

°पुरग Adj. *geneigt —, gewillt zu*.

*पुरगावण n. N. pr. eines *Waldes*.

पुरजन m. Sg. *die Städter* 291,25. Paṅkad.

पुरज्ञानु m. v. l. für पुरुज्ञानु VP.² 4,144.

पुरजित् m. 1) Bein. Çiva's. — 2) N. pr. eines Fürsten.

*पुरज्योतिस् n. Agni's *Welt*.

पुरंजन 1) m. *a) die als König gedachte Seele*. — *b)* *Bein. Varuṇa's Gal. — 2) f. ई *die als Königin und Gattin* Puraṁgaja's *gedachte Intelligenz*.

पुरंजननाटक n. Titel eines *Schauspiels* Cat. Willmot 70.

पुरंजय m. N. pr. 1) verschiedener Männer. — 2) eines Elephanten.

*पुरञ्जर m. *Achselgrube*.

पुरट n. *Gold*.

*पुरण m. *das Meer*.

पुरण्ड m. Pl. N. pr. einer Dynastie VP.² 4,206. Vgl. पुरुण्ड.

*पुरतटी f. *Marktflecken*.

पुरतस् Adv. 1) *voran, nach vorn, vorn, davor, vor sich*, — *mir* u. s. w. Mit Gen. (Spr. 7023) oder am Ende eines Comp. (7697) *vor, in Gegenwart von*. Mit कर् *voranstellen, vorangehen lassen*. — 2) *vorhin, vorher* Kathâs. 32,134. Spr. 7703. Mit gen. *vor* (zeitlich).

पुरद्वार n. (adj. Comp. f. आ) *Stadtthor* R. ed. Bomb. 2,88,24.

पुरद्विष् m. Bein. Çiva's.

पुरनारी f. *Hetäre* Dhûrtan. 35.

*पुरंद m. = पुरंदर 1) *a)* α).

पुरंदर 1) m. *a)* Bein. α) Indra's. — β) Agni's. — γ) Çiva's. — *b) Dieb*. — *c)* N. pr. eines Mannes Ind. St. 15,350. — 2) *f. आ N. pr. eines Flusses. — 3) *n. *Piper Chaba*.

पुरंदरचाप m. *Regenbogen*.

पुरंदरपुर 1) n. *a)* Indra's *Stadt*. °पुरातिथि m. so v. a. *verstorben* Daçak. 2,23. — *b)* N. pr. einer *Stadt* Ind. St. 13,401. — 2) f. ई N. pr. einer *Stadt* der Mâlava.

पुरंदरहरित् f. Indra's *Weltgegend, Osten* Prasannar. 148,19.

पुरंधि 1) Adj. *hochgemuth, muthvoll, begeistert*. — 2) m. wohl N. pr. eines besondern Gottes. — 3) f. *Hochgefühl, Begeisterung*. Auch Pl.

पुरंधिवत् Adj. *begeisternd*.

पुरंध्रि und °ध्री f. *eine ältere verheirathete Frau, ehrbare Matrone, Weib* überh. Râǵan. 18,3. Spr. 7697. Kâd. 79,23.

पुरपत्त्रिन् m. *ein in der Stadt lebender, zahmer Vogel*.

पुरपाल m. *Hüter einer Burg, — Stadt*.

पुरभिद् m. Bein. Çiva's Prasannar. 116,1.

पुरमथन m. desgl. Bâlar. 249,18.

पुरमथितर् Nom. ag. Bein. Çiva's.

पुरमार्ग m. *Strasse einer Stadt*.

पुरमालिनी f. N. pr. eines Flusses.

पुरय m. 1) N. pr. eines Mannes. — 2) * *Burg, Stadt* Gal.

पुररक्ष und °रक्षिन् (118,26) m. *Stadtwächter*.

पुरलोक m. Sg. *die Städter* Paṅkad.

पुरवधू f. *Hetäre* Ind. St. 15,336.

पुरवासिन् m. *Stadtbewohner, Städter*.

पुरवास्तु n. *ein zur Gründung einer Stadt geeigneter Platz*.

पुरवी f. *eine best*. Râgiṇî S.S.S. 57. Vgl. पुरुवी.

पुरवैरिन् m. Bein. Çiva's Prasannar. 59,13.

पुरशासन m. desgl.

पुरश्चरण 1) Adj. am Ende eines Comp. *Vorbereitungen treffend zu*. Nom. abstr. °ता f. — 2) n. *eine vorgängige Handlung, Vorbereitung* (im Ritual). पुरश्चरणाकर्मन् n. dass. पुरश्चरणातैस् Çat. Br. 4,4,2,11. 6,2,1.

पुरश्चरणकौमुदी f., °श्चरणचन्द्रिका f., °श्चरणदीपिका f. (s. u. पुनश्च°), °श्चरणपद्धति f. (s. u. पुनश्च°), °माला f. und °श्चरणविधि m. Titel von Werken.

*पुरश्छद m. 1) *Imperata cylindrica*. — 2) *Brustwarze*.

पुरःशुक्रम् Adv. *wobei der Planet Venus vor Einem steht* Kumâras. 3,43.

पुरस् 1) Adv. *a) voran, vorn, nach vorn, davor, vor den Augen, vor mir, — dir, — sich* u. s. w. Mit कर् α) *vor sich hinstellen, vornhin —, an die Spitze bringen, — stellen, vorangehen lassen*. — β) *an ein Amt stellen, anstellen bei* (Loc.) — γ) *voranstellen*, so v. a. *ehren, Jmd Ehre erweisen*. पुरस्कृतः सताम् *bei Guten in Ehren stehend*. — δ) *voranstellen, vorangehen lassen*, so v. a. *in den Vordergrund stellen, zur Richtschnur nehmen, vor Augen haben, sich vor Allem angelegen sein lassen*. पुरस्कृत्य kann oft durch *wegen, in Betreff von, über* (Etwas sprechen) wiedergegeben werden. — ε) *vorziehen, erwählen*. — ζ) *vor Augen treten lassen, an den Tag legen, zeigen, verrathen*. — η) °पुरस्कृत *begleitet von, verbunden —, versehen mit, im Besitz von — seiend, beschäftigt mit*. °पुरस्कृतम् Adv. *unter Begleitung von* 69,8.—Nach den Lexicographen soll पुरस्कृत auch = अरात्यभियुक्त oder अग्रियस्त und अभिशस्त sein. — Mit धा α) Med. *vor Jmd hinstellen, — aufstellen, aussetzen* (einen Preis), *an die Spitze —, vornan stellen*. — β) Med. *Jmd bestimmen —, beauftragen zu* (Dat.);

insbes. *mit den geistlichen Verrichtungen.* — γ) Act. *Jmd* (Dat. oder Gen.) *Etwas auftragen.* — δ) Act. *voranstellen*, so v. a. *hochschätzen, ehren.* — ε) *voranstellen*, so v. a. *vor Anderm berücksichtigen*, -- *sich angelegen sein lassen.* — b) *im* —, *nach Osten.* दक्षिणात: पुर: *nach Südosten.* — c) *vorher, zuerst, zunächst* 311,24. स्थित so v. a. *bevorstehend.* — 2) Präp. a) *vor* (örtlich), mit Abl., Acc., Gen. oder am Ende eines Comp. (Hemâdri 1,591, 22). — b) *vor* (zeitlich), mit Gen.

*पुरसंस्कार m. = पुरोटि.

पुरस्कर्तव्य Adj. *voranzustellen, zu ehren.*

पुरस्कार m. 1) *Bevorzugung, Ehrenerweisung.* — 2) *Begleitung.* Am Ende eines Comp. so v. a. *begleitet von, verbunden mit, in sich schliessend.*

पुरस्कार्य Adj. *anzustellen bei* (Loc.), *zu beauftragen mit* (Infin.).

पुरस्क्रिया f. 1) *eine vorangehende Handlung.* — 2) *Ehrenerweisung.*

पुरस्ताज्जप m. *ein vorangehendes halblaut aufgesagtes Gebet* Ind. St. 15,313.

पुरस्ताज्ज्योतिष्मती und पुरस्ताज्ज्योतिस् f. *ein best. Metrum.*

पुरस्तात् 1) Adv. a) *vorn, nach vorn, von vorn, vor dem Angesicht, vor mir, — dir, — sich* u. s. w. — b) *im Osten, von Osten.* — c) *vorn, oben* (in einem Buche). — d) *nach vorn, weiterhin* (in einem Buche). — e) *am Anfange, zuerst, vorher, ehemals, früher.* ब्रह्म° als Adj. (!) *wo die Brahmanen früher* (als die Krieger) *sind.* — 2) Präp. mit Gen., Abl., Acc. oder am Ende eines Comp. a) *vor* (räumlich). — b) *vor* (zeitlich). स्तोत्र° *vor dem* Stotra.

पुरस्तात्क्रतु m. *ein unmittelbar beginnendes Opfer* Çat. Br. 2,1,2,11.

पुरस्तात्तिर्यक्प्रमाण n. *die vordere Breite* Comm. zu Kâtj. Çr. 1,3,13. 2,6,8.

पुरस्तात्त Adj. *vorangehend.*

पुरस्तात्पृष्ठ n. *ein best.* Sattra Tândja-Br. 25, 2,1. 2.

पुरस्तात्प्रवण Adj. *nach vorn geneigt* TS. 5,3,1,5.

1. पुरस्तात्स्तोभ m. *ein vorangehender* Stobha Lâtj. 7,1,10. 4,14.

2. पुरस्तात्स्तोभ Adj. *mit einem vorangehenden* Stobha Lâtj. 7,2,15. 6,22. 7,27.

पुरस्तात्स्वाहाकार (Comm. zu Âpast. Çr. 7,20,9) und पुरस्तात्स्वाहाकृति (TS. 3,1,5,2. Çat. Br. 3, 8,1,16. 13,2,11,2) Adj. *mit vorangehendem* Svâhâ-*Rufe.*

पुरस्तादग्निष्टोम Adj. *mit einem* Agnishṭoma *beginnend* Vaitân.

पुरस्तादपकर्ष m. *Anticipation* 232,3.

पुरस्तादपवाद m. *eine vorausgreifende Ausnahme* Comm. zu VS. Prât. 4,61.

पुरस्तादुच्च Adj. *im Osten hoch* Kâtj. Çr. 7,1,21.

पुरस्तादुद्धार m. *Vorantheil, Voraus.*

पुरस्तादुदर्क Adj. *den Refrain vorn habend* Ait. Br. 5,2,17.

पुरस्तादुपचार Adj. *woran man von Osten herantritt* Kâtj. Çr. 5,8,2.

पुरस्तादुपयाम Adj. *mit vorangehenden* Upajâma-*Sprüchen* TS. 6,5,10,3.

पुरस्ताद्ग्रन्थि Adv. *mit den Knoten nach Osten* Çat. Br. 1,3,3,3.

पुरस्ताद्दण्ड Adj. *mit dem Stiel nach Osten* Lâtj. 4,11,12.

पुरस्ताद्धोम m. *ein einleitender* Homa Vaitân. °भाज् Adj. Comm. zu Âpast. Çr. 7,20,9.

पुरस्ताद्धोमवत् Adj. *mit einem einleitenden* Homa *versehen.*

पुरस्ताद्बृहती f. *ein best. Metrum.*

पुरस्ताद्भाग Adj. (f. आ) *seinen Antheil vor einem Andern* (Gen.) *erhaltend* TS. 5,6,4,2.

पुरस्ताद्वदन n. *Einleitung* Çat. Br. 4,6,8,2.

पुरस्ताल्लक्षण Adj. (f. आ) *vorn das Merkmal habend* Çat. Br. 1,7,2,18.

पुरस्ताल्लक्ष्मन् Adj. *vorn gezeichnet* TS. 2,6,2,3.4.

पुरस्वामिन् m. *Stadthaupt* Pañkad.

पुरःसद् Adj. 1) *praesidens.* — 2) *nach vorn —, nach Osten sitzend.*

पुरःसर Adj. (f. ई) *vorangehend;* m. *Vorgänger, Vorläufer, Diener, Begleiter.* Am Ende eines adj. Comp. (f. आ) *an der Spitze habend, folgend auf, begleitet von, verbunden —, versehen mit.* मनः° so v. a. *wohl überlegt* (Worte) Karaka 3,8. °पुरःसरम् Adv. so v. a. *mit, unter, mittels, nach* (zeitlich) Chr. 280,28. 282,11.

पुरःस्थातर् Nom. ag. *an der Spitze stehend, Führer.*

पुरहन् m. Bein. Vishṇu's.

पुरा 1) Adv. a) *vormals, ehemals, in einer früheren Existenz* (Varâh. Jogaj. 4,58); mit einer Negation *niemals.* — b) mit Präsens *bisher, von jeher, von Alters her;* mit und ohne स्म. Mit einer Negation *bis jetzt nie* (das Präsens durch das Perfectum wiederzugeben). — c) *zuerst.* — d) *bald, in kurzer Zeit;* mit Präs. = Fut. — 2) Praep. mit Abl. a) *vor* (zeitlich). — b) *zum Schutz —, zur Sicherheit vor, sicher vor, unerreicht von.* — c) *mit Ausschluss von, ohne.* पुरा वाचः प्रवदितोः *ohne ein Wort zu reden.* In einem negativen Satz *ausser.* — 3) Conj. *bevor*, mit Praes. (einmal Potent. des Metrums wegen). Mit न (MBh. 4,17,21), mit न यावत् und folgendem तावत्, mit मा und mit यदि dass.

पुराकथा f. *eine Erzählung aus der Vorzeit, eine alte Sage.*

पुराकल्प m. *Vorzeit, eine Erzählung aus der Vorzeit* Njâjas. 2,1,63. Comm. zu Njâjam. 2,1,23. Loc. Sg. (Kathâs. 45,83) und Pl. *vor Zeiten.*

पुराकृत Adj. *früher —, ehemals vollbracht.* n. *eine früher vollbrachte That.*

पुराकृति f. Pl. *die frühere Handlungsweise.*

*पुराग gaṇa कृशाश्वादि.

पुराजा Adj. *vormalig, von früher her —, von jeher seiend.*

पुराटङ्क m. N. pr. eines Lehrers. Vgl. पौराटक.

पुराट्ट m. *ein Wachtthurm der Stadt* R. 6,18,39.

पुराण 1) Adj. (f. ई und *आ) *früher dagewesen, vormalig, längst bestehend, alt;* auch so v. a. *abgelegen, gebraucht, vertrocknet* (Blatt). — 2) m. (*n.) *eine Münze von einem best. Gewicht.* — 3) m. N. pr. eines Ṛshi. — 4) n. *Dinge der Vorzeit, eine Erzählung aus der Vergangenheit, alte Geschichte* (λόγος und μῦθος); *eine best. Klasse von Werken.*

पुराणक am Ende eines adj. Comp. (f. °णिका) = पुराण 2).

पुराणकल्प m. = पुराकल्प.

*पुराणग, *पुराणगिर् (Gal.) und *पुराणगीत (Gal.) m. Bein. Brahman's.

पुराणपुरुष m. Bein. Vishṇu's Ind. St. 15,245.

पुराणप्रोक्त Adj. *von alten Weisen verkündet.*

पुराणरत्न n. Titel eines Werkes.

पुराणवत् Adv. *wie ehemals.*

पुराणविद् Adj. *die Dinge der Vorzeit kennend;* m. *ein Kenner der D. d. V.* Bâlar. 284,20.

पुराणविद्या f. und पुराणवेद m. *die Kunde von den Dingen der Vorzeit.*

पुराणसंहिता f. *eine Sammlung der* Purâṇa 4) Bhâg. P. 8,24,55. Verz. d. B. H. No. 479.

पुराणसंग्रह m. (Opp. Cat. 1), पुराणसमुच्चय m., पुराणसर्वस्व n. und पुराणसार Titel von Werken.

पुराणसिंह m. Bein. Vishṇu's *in seiner Erscheinung als halb Mensch halb Löwe.*

*पुराणान्त m. Bein. Jama's.

पुराणार्कप्रभा f. Titel eines Commentars zum Bhâg. P.

पुराणार्णव m. Titel eines Werkes VP.² 1,xii.

पुराणीय in त्रि° (Nachtr. 3) und पञ्च°.

*पुराण्य्, °ण्यति über die Dinge der Vorzeit erzählen.

पुरातन 1) Adj. (f. ई) aus alter Zeit stammend, ehemalig, alt; alt auch s. v. a. gebraucht. Loc. (so wohl auch 53,29 zu lesen) so v. a. ehemals, in vergangenen Zeiten. — 2) m. Pl. die Alten. — 3) n. eine alte Sage, die Purâṇa 4) Hemâdri 1,514,1.

*पुरातल n. die Region unterhalb der sieben Welten.

पुराधस् m. N. pr. eines Âṅgirasa Ârsh. Br. v. l. प्रराधस्.

पुराधिप m. der Gouverneur einer Stadt, Stadthaupt, Polizeimeister.

पुराध्यक्ष m. der Commandant einer Burg, Gouverneur einer Stadt, Polizeimeister.

*पुरामथनवल्लभ n. eine als Räucherwerk gebrauchte Art Agallochum Râǵan. 12,95.

पुरायोनि Adj. von alter Herkunft als Beiw. von Fürsten.

पुरारति m. Bein. Çiva's.

पुरारि m. Bein. 1) Çiva's. Nom. abstr. °त्व n. — 2) Vishṇu's.

पुरार्धविस्तर Adj. den Umfang einer halben Stadt habend.

पुरावती f. N. pr. eines Flusses.

*पुरावसु m. Bein. Bhîshma's.

पुराविद् Adj. die Dinge der Vorzeit kennend Gop. Br. 1,5,24.

पुरावृत्त 1) Adj. (f. आ) in alter Zeit geschehen, längst verflossen, der in alter Zeit gelebt hat, auf die alte Zeit bezüglich. — 2) n. die Art und Weise wie Jmd ehemals verfahren ist, eine Begebenheit aus alter Zeit.

*पुरासणी f. = पुरासिनी Râǵan. 4,100.

पुरासह् Adj. (Nom. °षाट्) von jeher überlegen.

*पुरासिनी f. eine best. Pflanze Râǵan. 4,100.

*पुरासुहृद् m. Bein. Çiva's (Pura's Feind).

पुराहित Adj. zuerst vorgesetzt Çat. Br. 3,9,1,12.

*पुरि 1) m. Fürst, König. — 2) f. a) Stadt. — b) Fluss.

पुरिका f. N. pr. einer Stadt.

पुरिकाय N. pr. 1) m. eines Fürsten VP.² 4,213. — 2) f. आ einer Stadt (?) ebend.

*पुरितत् fehlerhaft für पुरीतत्.

पुरिशय Adj. in der Burg (im Körper) ruhend Gop. Br. 1,1,39. Ein zur Erklärung von पुरुष erfundenes Wort.

पुरीकय m. ein best. Wasserthier. Vgl. पुलीकय, कुलीकय und कुलीपय.

पुरीकषेण m. N. pr. eines Fürsten VP.² 4,197.

पुरीकाय m. N. pr. eines Fürsten VP.² 4,213.

पुरीतत् m. (Kaush. Up. 4,19) n. Herzbeutel oder ein anderes Eingeweide der Herzgegend, Eingeweide überh. Vgl. पुलीतत्.

पुरीदास m. N. pr. eines Autors.

पुरीन्द्रसेन m. N. pr. eines Fürsten VP.² 4,197. 201.

पुरीमत् m. N. pr. eines Fürsten.

*पुरीमोह m. Stechapfel.

पुरीलोक m. Pl. die Einwohner einer Stadt Ind. St. 15,401.

*पुरीश्रेष्ठा f. Bein. der Stadt Kâçî Gal.

पुरीष 1) n. (adj. Comp. f. ई) das Bröcklige, Feste (im Gegensatz zum Flüssigen); vgl. Kuhn's Z. 26,62. fgg. a) Erde, Land. — b) Schutt, lose Erde, Gerölle, Füllsel. — c) Bez. der Ausfüllstücke in der Recitation der sogenannten Mahânâmnî-Verse. Vollständig °पद n. — d) Unrath, Schmutz, Koth, die Excremente. Am Ende eines Comp. so v. a. der Auswurf von. — e) आथर्वण Name eines Sâman. — 2) f. पुरीषी das Schichten, = चयन Comm.

पुरीषण n. 1) Leibesentleerung, das Scheissen. — 2) *m. a) Unrath, Koth, die Excremente. — b) Mastdarm, After Gal.

पुरीषनिग्रहण Adj. stopfend.

पुरीषपद n. s. पुरीष 1) c).

पुरीषभीरु m. N. pr. eines Fürsten.

पुरीषभेद m. Durchfall Karaka 6,23.

*पुरीषम m. Phaseolus radiatus.

पुरीषमूत्रप्रतीघात m. Verstopfung und Harnverhaltung Verz. d. B. H. No. 949.

*पुरीषय्, °यति scheissen.

पुरीषवत् 1) Adj. mit Schutt, Füllsel, Beiwerk u. s. w. versehen. — 2) f. °वती ein best. Backstein.

पुरीषवाहण und °वाहन Adj. Schutt —, Abfall wegschaffend.

पुरीषविरञ्जनीय Adj. die Farbe der faeces verändernd (Heilmittel) Mat. med. 3.

पुरीषसंग्रहणीय Adj. die faeces consistenter machend (Heilmittel) Mat. med. 3.

पुरीषाधान n. Mastdarm Karaka 1, 20.

*पुरीषित Adj. beschissen.

पुरीषिन् Adj. (vgl. Kuhn's Z. 24,65. fgg.) 1) bodenreich, grossen Grundbesitz habend. — 2) das Land überziehend, darüber sich ausbreitend. — 3) das trockene Land bewohnend. — 4) Geröll —, Erde mit sich führend als Beiw. der Sarajû; könnte als f. auch N. pr. eines Flusses sein. — 5) consistent, fest, körperlich.

पुरीषोत्सर्ग m. Leibesentleerung 154,8.

पुरीष्य, पुरीषिअ Adj. (vgl. Kuhn's Z. 24,64) 1) als Beiw. des Feuers im Erdboden befindlich. — 2) bodenreich, grossen Grundbesitz habend. — 3) kothig.

*पुरीष्यवाहन Adj. wohl = पुरीषवाहन.

पुरु 1) Adj. a) (nur die Formen पुरु, पुरू, पुरूणि, पुरूणाम् und das f. पूर्वी in verschiedenen Casus) viel, reichlich. In der späteren Sprache nur am Anfange einiger Composita. Adv. पुरु und पुरू viel, oft, sehr (auch mit einem Compar. und Superl.). Mit सिमा allenthalben; mit उरु sehr weit, weit und breit; mit तिरस् weithin, weither; mit विश्व durchaus jeder, aller und jeder; vor Zusammensetzungen mit पुरु noch weiter steigernd. — b) Superl. पुरुतम und पुरूतम überaus viel, — häufig, — fleissig (Etwas thuend oder erscheinend), frequentissimus, oft sich wiederholend. Adv. °म् zum vielsten Male, d. h. auf's Neue wieder, wiederholt. — 2) m. a) * Blüthenstaub. — b) * die Himmelswelt. — c) N. pr. (vgl. पूरु) α) eines alten Fürsten, eines Sohnes des Jajâti. — β) eines Sohnes des Vasudeva. — γ) eines Sohnes des Madhu VP.² 4,69. — δ) eines Sohnes des Manu Kâkshusha VP. 3,1,29.

पुरुकारकवत् Adj. viele Factoren habend Bhâg. P. 2,7,47.

पुरुकुत्स m. N. pr. verschiedener Männer VP.².

पुरुकुत्सव m. N. pr. eines Feindes des Indra.

पुरुकुत्सानी f. wohl Gattin Purukutsa's.

पुरुकृत् Adj. 1) viel thuend, wirksam. — 2) mehrend, mit Gen.

पुरुकृत्वन् Adj. = पुरुकृत् 1).

पुरुकृपा f. grosses Mitleid Bhâg. P. 5,25,10.

पुरुक्षु Adj. 1) nahrungsreich. — 2) reichlich spendend, mit Gen. Ṛv. 6,19,5.

पुरुगूर्त Adj. Vielen willkommen.

पुरुचेतन Adj. Vielen sichtbar oder sehr augenfällig.

पुरुज 1) *Adj. viel. — 2) m. N. pr. eines Fürsten.

पुरुजात Adj. vielfach erscheinend.

पुरुजाति und पुरुजानु m. N. pr. zweier Fürsten.

पुरुजित् m. N. pr. verschiedener Männer.

पुरुज्ञ m. Pl. v. l. für पुरुण्ड VP.² 4,206.

पुरुणामन् Adj. vielnamig.

पुरुणीथ n. vielstimmiges Lied, Chorgesang.

पुरुण्ड m. Pl. N. pr. einer Dynastie VP.² 4,206.

*पुरुत् f. Trik. 3,5,1.

पुरुत्मन् Adj. *vielfach existirend.*

पुरुत्रा Adv. *vielfach, nach vielen Seiten, an vielen Orten, in vielerlei Weise, vielmals, oft.*

*पुरुद n. *Gold.*

*पुरुदंशक m. *Gans.*

*पुरुदंशस् m. Bein. Indra's. Vgl. पुरुदंसस्.

पुरुदंस Adj. *reich an wunderbaren Thaten, — Wirkungen.*

पुरुदंसस् 1) Adj. dass. — 2) *m. Bein. Indra's.

पुरुदत्र Adj. *gabenreich* RV.

पुरुदम Adj. *viele Häuser besitzend* oder *aus vielen Häusern stammend.*

पुरुदय Adj. *viel Mitleid habend* Bhâg. P. 3,31,18.

पुरुदस्म Adj. = पुरुदंसस् 1).

पुरुदस्यु Adj. *zumeist aus Räubern bestehend.*

पुरुदिन n. Pl. *viele Tage.*

पुरुद्रप्स Adj. *tropfenreich.*

पुरुद्रुह् Adj. *viel schadend.*

पुरुद्वत्त m. N. pr. eines Fürsten Hariv. 1995. VP.² 4,69. 70.

पुरुध (nur vor Doppelconsonanz) und °धा Adv. *auf vielerlei Weise, vielfach, vielmals.*

पुरुधप्रतीक Adj. *mancherlei Ansehen habend.*

पुरुधस्मन् Adj. *viel scherzend* (Benfey). Wohl fehlerhaft.

पुरुधा s. u. पुरुध.

पुरुनिष्ठ und °ष्ठा Adj. *unter Vielen hervorragend.*

पुरुनिःषिध् und °षिधन् Adj. *viel ausrichtend.*

पुरुनृम्ण Adj. *viel Mannhaftigkeit besitzend.*

पुरुपन्था m. N. pr. eines Mannes.

पुरुपशु Adj. *reich an Heerden.*

पुरुपुत्र Adj. (f. आ) *kinderreich.*

पुरुपेश (f. आ) und °पेशस् Adj. *vielgestaltig.*

पुरुप्रजात Adj. *vielfach sich fortpflanzend.*

पुरुप्रशस्त Adj. *vielgepriesen.*

पुरुप्रिय Adj. (f. आ) *vielbeliebt.*

*पुरुप्रैष und °प्रैष Adj. *Viele antreibend.*

पुरुप्रौढ Adj. *viel Selbstvertrauen besitzend* Bhâg. P. 3,2,9. = अतिशयेन निपुणः Comm.

पुरुभुज् Adj. *vielfach geniessend* RV.

पुरुभू Adj. *an vielen Orten befindlich, — erscheinend* Superl. °तम.

पुरुभूत Hariv. 2453 fehlerhaft für पुरुहूत.

पुरुभोजस् 1) Adj. *viele Genussmittel enthaltend, — gewährend, viel nährend.* — 2) *m. *Wolke.*

पुरुमद्ग m. N. pr. eines Mannes Ârsh. Br.

पुरुमनस् Adj. *zur Erklärung von* पुमंस् *gebildet.*

पुरुमन्तु Adj. *einsichtsvoll.*

पुरुमन्द्र Adj. *Vielen angenehm.*

पुरुमङ्क m. N. pr. fehlerhaft für पुरुमद्ग.

पुरुमाय und °मायिन् Adj. *der viele Künste, Kräfte* oder *Zauberkräfte hat, wunderbar.*

(पुरुमाय्य) °मायिम्र m. N. pr. eines Mannes.

पुरुमित्र m. N. pr. verschiedener Männer Hariv. 2,35,42.

पुरुमीढ und °मीळ्ह m. N. pr. verschiedener Männer.

पुरुमेध und °स् 1) Adj. *weisheitsvoll.* — 2) m. N. pr. eines Mannes.

पुरुरथ Adj. *viele Wagen habend.*

पुरुरवस m. Mârk P. 111,13 fehlerhaft für पुरूरवस.

पुरुरावन् m. N. pr. eines Dämons (*viel bellend, — heulend*).

पुरुरुच् Adj. *sehr glänzend.*

पुरुरुज Adj. *vielen Krankheiten unterworfen* Bhâg. P. 2,7,21.

पुरुरूप Adj. (f. आ) 1) *vielfarbig, vielgestaltig.* — 2) *mancherlei Gestalten bildend.*

पुरुलम्पट Adj. *sehr lüstern* Bhâg. P. 7,15,70.

पुरुवर्त्मन् Adj. *viele Gänge —, viele Pfade habend.*

पुरुवर्पस् Adj. *vielgestaltig.*

पुरुवश m. N. pr. eines Fürsten VP.² 4,69.

पुरुवाज Adj. (f. आ) *kraftreich, kräftig.*

1\. पुरुवार Adj. *einen starken Schweif* (oder *Mähne*) *habend.*

2\. पुरुवार Adj. *schätzereich, gabenreich.*

पुरुवारपुष्टि Adj. *schätzereiche Wohlfahrt habend, — gebend.*

पुरुविश्रुत m. N. pr. eines Sohnes des Vasudeva. Könnte auch zwei Namen enthalten.

पुरुवी f. *eine best.* Râgini S. S. S. 55. Vgl. पुरवी.

पुरुवीर Adj. (f. आ) *männerreich, viele Mannen —, viele Leute habend.*

पुरुवेपस् Adj. *viel erregt* oder *viel erregend.*

पुरुव्रत Adj. *viele Satzungen habend.*

पुरुशक्ति Adj. *viele Kräfte besitzend* Bhâg. P. 2,4,7.

पुरुशाक Adj. *hülfreich.*

*पुरुशिष्ट m. N. pr. eines Mannes; vgl. पौरुशिष्टि.

पुरुश्चन्द्र Adj. *vielschimmernd, glänzend.*

पुरुष 1) m. (metrisch häufig पूरुष; adj. Comp. f. आ, in Bed. *n*) auch *ई) *a*) *Mann.* — *b*) *Mensch;* Pl. *Leute.* — *c*) *Person.* पुंसि पुरुषे *in einer männlichen Person, in einem Manne.* पुरुषो दण्डः so v. a. *die personificirte Strafgewalt.* पुरुषः—पुरुषः mit demselben Verbum fin. (an zweiter Stelle nicht wiederholt) und gleichem Obj. so v. a. *je Einer.* — *d*) *Diener, Beamter.* — *e*) *Mann,* so v. a. *Held.* — *f*) पञ्च पुरुषाः Bez. *von fünf unter bestimmten Constellationen geborenen fürstlichen Personen, Wundermenschen.* — *g*) Pl. Bez. *der Brahmanen in* Krauńkadvipa. — *h*) *vielleicht ein best. Thier* AV. 6,38,4. 19,49,4. Vgl. TBr. 2,7,7,1. — *i*) **ein Kenner des* Sâmkhja. — *k*) **Freund.* — *l*) *Mann, Person,* so v. a. *Glied eines Geschlechts, Generation.* — *m*) *Person des Verbi.* प्रथम unsere *dritte,* मध्यम unsere *zweite,* उत्तम unsere *erste.* — *n*) *Mann als Maass* = 5 Aratni = 120 Añgula Çulbas. 1, 19. — *o*) *Männchen im Auge, Pupille.* — *p*) *das Persönliche und Beseelende im Menschen und in andern Wesen und Körpern: Seele, Geist.* — *q*) *ein gedachtes oberstes Persönliches, der höchste Geist, die Weltseele.* Auch in Verbindung mit पर, परम und उत्तम. Uebertragen auf Brahman, Vishṇu, Çiva und Durgâ. — *r*) *das Urindividuum, aus welchem der Makrokosmus sich entwikkelt.* Auch mit dem Patron. Nârâjana. — *s*) *Geist,* so v. a. *Riechstoff der Pflanzen.* — *t*) *Name eines* Pâda *in den* Mahânâmnî-*Versen.* — *u*) Bez. *des 1ten, 3ten, 5ten, 7ten, 9ten und 11ten Zodiakalbildes.* — *v*) * *Rottleria tinctoria.* — *w*) * *Clerodendrum phlomoides.* — *x*) N. pr. α) eines Sohnes des Manu Kâkshusha. — β) *eines Dieners des Sonnengottes. — 2) f. ई *eine weibliche Person* Tâṇḍja-Br. 25,10,22. Nach den Commentatoren auch *Sclavin.* — 3) *n. (!) Bein. des Berges Meru.

पुरुषक 1) am Ende eines adj. Comp. = पुरुष *Mann* Mahâbh. (K.) 7,2. — 2) n. *die aufrechte Stellung —, das Sichbäumen des Pferdes.*

पुरुषकाम Adj. *Männer wünschend.*

पुरुषकार m. 1) *die That des Menschen, menschliche Anstrengung* (gewöhnlich im Gegensatz zu दैव *Schicksal*); *Heldenmuth* 321,12. क्लीनं °कारेण *worum sich kein Mensch gekümmert hat.* — 2) *Hochmuth, Dünkel.* — 3) N. pr. eines Grammatikers.

पुरुषकारमीमांसा f. Titel eines Werkes Opp. Cat. 1.

पुरुषकुणप n. *ein menschlicher Leichnam* TS. 7,2,10,2.

पुरुषकेसरिन् m. *halb Mensch halb Löwe* (Vishṇu in seinem 4ten Avatâra).

पुरुषक्षेत्र n. *ein männliches, d. i. ungerades Zodiakalbild* oder *astrologisches Haus.*

पुरुषगति f. Name eines Sâman Gaut.

पुरुषगन्धि Adj. *nach Menschen riechend.*

पुरुषगात्र Adj. *mit menschlichen* oder *männlichen Gliedmaassen versehen* Kauç. 11.

पुरुषघ्नी Adj. f. *den Mann getödtet habend.*

पुरुषच्छन्दस n. *ein dem Menschen zugeeignetes Metrum.*

पुरुषजन m. Sg. *Männer* Pañkad.

पुरुषजातक n. Titel eines Werkes.

पुरुषजीवन Adj. (f. ई) *Menschen belebend* AV. 8,7,4. 19,44,3.

पुरुषज्ञान m. *Menschenkenntniss.*

पुरुषतन्त्र Adj. *vom Subjecte abhängig, subjectiv* Çaṅk. zu Bâdar. 3,2,21. Nom. abstr. °त्व n. zu 1, 1,4. 2,1,27.

पुरुषता f. 1) *Mannheit.* — 2) der gleichlautende Instr. *a) in Menschenweise.* — *b) unter den Leuten.*

पुरुषतेजस् Adj. *des Mannes Energie habend.*

पुरुषत्रा Adv. 1) *unter den Leuten.* — 2) *in Menschenweise.*

पुरुषत्व n. *die Mannheit, der Zustand des Mannes.*

पुरुषत्वता Adv. *in Menschenweise.*

पुरुषदत्त m. N. pr. eines Mannes Mudrâr. 30, 10 (53,1). 69,11 (114,11).

*पुरुषदन्तिका f. *eine dem Ingwer ähnliche Wurzel.*

पुरुषदम्यसारथि m. *Lenker der als junge Stiere zu behandelnden Menschen,* Beiw. eines Buddha Kârand. 14,14. 15,14. 24,16. 70,1.

पुरुषधर्म m. *eine Vorschrift für die Person.*

पुरुषनाथ n. *Menschenführer, Fürst, König.*

पुरुषनिष्क्रयण Adj. *die Person loskaufend* TS. 6,1,11,6.

पुरुषन्ति m. N. pr. eines Mannes.

पुरुषपरीक्षा f. Titel eines Werkes.

पुरुषपशु m. 1) *ein Mensch als Opferthier* Ind. St. 10,318. Bhâg. P. 5,9,13. — 2) *ein Vieh von einem Menschen* 105,2. Spr. 826.

*पुरुषपुण्डरीक m. N. pr. des 6ten schwarzen Vâsudeva bei den Gaina.

*पुरुषपुर m. *die Stadt Pêschavêr.*

पुरुषप्रभु m. N. pr. eines Fürsten VP.² 4,70.

1. पुरुषमात्र n. *Mannesgrösse* TS. 5,2,5,1.

2. पुरुषमात्र Adj. (f. ई) *mannesgross* Âpast. Çr. 7, 2,16.

पुरुषमानिन् Adj. *sich für einen Mann* —, *sich für einen Helden haltend.* Nom. abstr. °मानित्व n. 58,3.

पुरुषमुख Adj. *ein Menschengesicht habend.*

पुरुषमृग m. *Antilopenbock.* = नरमुखो मृगविशेषः Comm. zu TS. 5,5,15,1.

पुरुषमेध m. 1) *Menschenopfer.* — 2) N. pr. eines Liedverfassers; vielleicht fehlerhaft für पुरुमेध.

पुरुषयोगिन् Adj. *zur Person in Beziehung stehend* Kâty. Çr. 1,7,21.

पुरुषयोनि Adj. *von einem Manne (Männchen) stammend,* — *gezeugt* Maitr. S. 2,3,3.

पुरुषरक्षस् n. *ein menschenartiger Dämon.*

पुरुषराज m. *ein menschlicher König.*

1. पुरुषरूप n. *Menschengestalt.*

2. पुरुषरूप Adj. *menschengestaltig.*

पुरुषरूपक Adj. dass.

पुरुषरेषण u. °रेषिन् Adj. *Menschen verletzend.*

पुरुषर्षभ m. *ein Stier unter den Menschen, Fürst, König* 74,24. 89,7.

पुरुषवचस् Adj. Purusha *heissend.*

पुरुषवध m. *Menschenmord* Âpast.

पुरुषवत् Adj. *von Leuten begleitet.*

पुरुषवर m. 1) *der beste Mensch* 105,7. — 2) Bein. Vishṇu's. — 3) N. pr. eines Fürsten VP.² 3,237.

पुरुषवाच् Adj. *menschliche Stimmen redend.*

पुरुषवाह m. Vishṇu's *Reitthier,* Bein. Garuḍa's.

*पुरुषवाहम् Absol. mit वह् *von Menschen gezogen fahren.*

पुरुषविध Adj. *menschenartig.* Nom. abstr. पुरुषविधता f.

पुरुषव्याघ्र m. 1) *Menschentiger,* wohl Bez. eines *best. dämonischen Wesens.* — 2) *ein Tiger unter den Menschen, ein aussergewöhnlicher Mensch.* — 3) **Geier.*

पुरुषव्रत n. Name zweier Sâman Ârsh. Br. Vishṇus. 56,15.

पुरुषशिरस् und °शीर्ष n. *Menschenhaupt.*

पुरुषशीर्षक *ein best. Diebswerkzeug.*

पुरुषसंस्कार m. *ein an einem (verstorbenen) Menschen vollzogenes Sacrament* Âpast.

पुरुषसंमित Adj. *menschenähnlich* TBr. 3,7,11,5.

पुरुषसामन् n. Name eines Sâman Âpast. Çr. 15,19,10.

पुरुषसिंह m. 1) *ein Löwe unter den Menschen, ein ausgezeichneter Mensch* zu Spr. 1416. — 2) **halb Mensch halb Löwe,* N. pr. des 5ten Vâsudeva bei den Gaina.

पुरुषसूक्त n. *das* Purusha-*Lied* RV. 10,90. °भाष्य n., °व्याख्या f. und °व्याख्यान n. Opp. Cat. 1. °सूक्तोपनिषद् f. Titel einer Upanishad.

पुरुषहन् Adj. s. पुरुषघ्नी.

*पुरुषांसक m. N. pr. eines Lehrers. पुरुषांसक Kâç.

पुरुषाकार Adj. *in Mannesgestalt.* Nom. abstr. °ता f. Hemâdri 1,765,10.

पुरुषाकृति f. *die Gestalt eines Mannes* Âpast. Çr. 15,15,1. Mân. Çr. 4,4. 8,21.

पुरुषाजान Adj. *von menschlicher Abkunft* Çat. Br. 3,1,3,4.

पुरुषाद् Adj. *Menschen verzehrend.*

पुरुषाद 1) Adj. (f. ई) *Menschen fressend.* — 2) m. *a) Menschenfresser, ein* Rakshas. — *b)* Pl. N. pr. eines Volkes.

पुरुषादक 1) Adj. *Menschen fressend.* — 2) m. *a) Menschenfresser, ein* Rakshas. — *b) ein best. über Waffen gesprochener Zauberspruch.* — *c)* Pl. N. pr. eines Volkes.

पुरुषादत्व n. *der Zustand eines Menschenfressers, eines* Rakshas.

*पुरुषाद्य m. Bein. 1) Âdinâtha's. — 2) Ṛshabha's. — 3) Vishṇu's.

पुरुषानृत n. *eine in Bezug auf einen Menschen ausgesprochene Unwahrheit* 192,24.

1. पुरुषान्तर n. *eine andere, folgende Generation.*

2. पुरुषान्तर m. *eine durch einen Zweikampf zweier erwählter Personen zu Stande gekommene Versöhnung* Spr. 1036.

पुरुषान्तरम् Adv. *durch eine Mittelsperson, mittelbar.*

पुरुषान्तरात्मन् m. *die Seele.*

पुरुषाय्, °यते *sich als Mann gebaren.* Vgl. पुरुषायित.

पुरुषायण Adj. (f. आ) *zur Allseele gehend, sich mit ihr vereinigend.*

पुरुषायत Adj. *von Manneslänge* Hemâdri 1, 606,6.

पुरुषायित 1) Adj. *die Rolle des Mannes übernehmend* (beim coitus). Nom. abstr. °त्व n. — 2) n. *das Benehmen nach Art eines Mannes* (insbes. beim coitus) Daçin. 1,42.

पुरुषायुष und *°क (Gal.) n. *Menschenalter, die Dauer eines Menschenlebens.*

पुरुषार्थ 1) m. *a) die Angelegenheit* —, *das Ziel des Menschen,* — *der Seele.* Nom. abstr. °त्व n. — *b) des Menschen Sache,* so v. a. *des Menschen That, menschliches Bemühen* MBh. 3,79,12. — 2) °म् Adv. *der Seele wegen.*

पुरुषार्थकार m. Titel eines Werkes Opp. Cat. 1.

पुरुषार्थचिन्तामणि m. desgl.

पुरुषार्थत्रयीमय Adj. (f. ई) *nur auf die drei Ziele des Menschen* (धर्म, अर्थ und काम) *bedacht* Ind.

St. 15,269.

पुरुषार्थप्रबोध m., °र्थरत्नाकर m., °र्थसिद्ध्युपाय m., °र्थसुधानिधि m. und °र्थानुशासन n. (Bühler, Rep. No. 637) Titel von Werken Opp. Cat. 1.

पुरुषावतार m. *eine Incarnation als Mensch* Ind. St. 15,365.

*पुरुषाशिन् m. *Menschenfresser, ein* Rakshas.

*पुरुषासक m. N. pr. eines Lehrers gaṇa शौनकादि in der Kâç. पुरुषांसक v. l.

पुरुषास्थि n. *Menschenknochen* AV. 5,31,9.

पुरुषास्थिमालिन् m. Bein. Çiva's.

1. पुरुषी f. s. u. पुरुष.

2. पुरुषी Adv. mit भू *Mann werden.*

पुरुषेषित Adj. *von Menschen angestiftet.*

पुरुषोत्तम m. 1) *der beste der Männer, ein vorzüglicher Mann* Hariv. 1995. Ind. St. 15,276. — 2) *der beste —, ein vorzüglicher Diener.* — 3) *die höchste Person, der höchste Geist* als Bein. Vishṇu's oder Kṛshṇa's. — 4) *ein* Arhant *bei den* Gaina. — 5) N. pr. *a)* einer dem Vishṇu geheiligten Localität in Orissa. Vollständig °क्षेत्र. — *b)* *des 4ten schwarzen Vâsudeva bei den Gaina. — *c)* verschiedener Männer. Auch °दीक्षित, °देव, °देवशर्मन्, °प्रसाद, °भारत्याचार्य, °मिश्र, °सरस्वती, °माचार्य, °मानन्दयति, °माश्रम und °भट्ट.

पुरुषोत्तमक्षेत्र n. = पुरुषोत्तम 5) *a)*

पुरुषोत्तमपुर 1) n. N. pr. einer *Stadt.* — 2) f. ई desgl. °माहात्म्य n. Titel eines Werkes.

पुरुषोत्तमपुराण n., °त्तममाहात्म्य n. und °त्तमवादार्थ m. Titel von Werken.

पुरुषोत्तमशास्त्रिन् m. N. pr. eines Autors Opp. Cat. 1,1276. °शास्त्रीय n. Titel *seines Werkes* ebend.

पुरुषोत्तमसहस्रनामन् n. Titel einer Zusammenstellung *der tausend Namen* Vishṇu's.

पुरुषोत्तमायतन n. *ein Tempel* Purushottama's Prab. 33,5.

पुरुषोपहार m. *Menschenopfer* Harshak. 129,23.

पुरुष्टुत Adj. *vielgepriesen.*

(पुरुष्य) पुरुषिय Adj. *menschlich.*

पुरुसंभृत Adj. *von Vielen zusammengebracht.*

पुरुस्पार्ह und °स्पृह Adj. *vielerwünscht, vielbegehrt.*

*पुरुह Adj. *viel.*

पुरुहन्मन् m. N. pr. eines Liedverfassers.

पुरुहानि f. *ein grosser Verlust* Spr. 7709.

*पुरुहु Adj. *viel.*

पुरुहुत m. N. pr. eines Fürsten.

पुरुहूत 1) Adj. *vielgerufen.* — 2) m. Bein. Indra's. — 3) f. °हूता *eine Form der* Dâkshâjaṇî.

पुरुहूतकाष्ठा f. Indra's *Himmelsgegend, Osten* Dhûrtan. 37.

पुरुहूति f. *vielfache Anrufung.*

पुरुहोत्र m. N. pr. eines Sohnes des Anu.

पूरूची Adj. f. *reichlich, umfassend.* शतं शरदः पूरूचीः *hundert lange Jahre.* AV. 10,2,7 verdorben für उरूची.

पूरूतम s. u. पुरु.

पूरूद्वह m. N. pr. eines Sohnes des 11ten Manu.

पूरूरवस् 1) Adj. *laut* oder *viel schreiend.* — 2) m. N. pr. des Geliebten der Urvaçî und auch anderer Männer VP.².

पूरूरवस (metrisch) m. = पूरूरवस् 2).

पूरूरुच् Adj. *viel leuchtend.*

पूरूरुणा Instr. Adv. *weit und breit.*

पूरूवसु Adj. *güterreich.*

पूरूवृत् Adj. *vielfach sich bewegend.*

पुरोअग्नि m. *vorderer* Agni, *Vorfeuer.*

पुरोअक्षम् Adv. *vor der Achse* Âpast. Çr. 11,11,1. 18,2.

पुरोग Adj. (f. आ) *vorangehend,* Subst. *Führer, Führerin;* in übertr. Bed. *der erste, vorzüglichste, beste.* Am Ende eines adj. Comp. *an der Spitze habend, geführt von, folgend auf, begleitet von, versehen mit.*

पुरोगत Adj. *voranstehend, vor Jmd stehend, — befindlich.*

*पुरोगति m. *Hund.*

पुरोगन्तर् Nom. ag. *ein Bote, der vorangeht.*

पुरोगम Adj. (f. आ) Subst. = पुरोग. Am Ende eines adj. Comp. f. आ.

पुरोगव m. *Vortreter, Führer;* f. °वी *Führerin.*

पुरोगा m. *Führer.*

*पुरोगामिन् 1) Adj. *vorangehend;* m. *Führer.* — 2) m. *Hund.*

पुरोगुरु Adj. *vorn schwer.*

पुरोग्रन्थि Adj. = पुरस्ताद्ग्रन्थि Âpast. Çr. 2,8,1.

पुरोचन m. N. pr. eines Mannes.

पुरोजन्मन् Adj. *früher geboren.* Nom. abstr. °न्मता f.

पुरोजव 1) Adj. *schneller als* (im Comp. vorangehend). — 2) m. N. pr. eines Sohnes *a)* des Medhâtithi. — *b)* des Prâṇa. — 3) n. N. pr. des von 2) *a)* beherrschten Varsha.

पुरोजिति f. *Vorausbesitz, Vorauserwerb.*

पुरोज्योतिस् Adj. *dem Licht vorangeht.*

*पुरोटि = पत्त्रझंकार oder पुरस्कार.

पुरोडाश्, °ळाश् m. (Nom. °ळास्) *aus Reismehl gebackener Opferkuchen, welcher in der Regel, in Stücke getheilt, in einer oder mehreren (bis 13) Schalen* (कपाल) *aufgesetzt wird.*

पुरोडाश m. 1) dass. पुरोडाशबृगल n. Çat. Br. 4,3,1,1. — 2) *Darbringung von* (Gen.). — 3) **Opferrest.* — 4) *Soma-*Saft.* — 5) **das bei Gelegenheit der Darbringung des Opferkuchens hergesagte Gebet.*

पुरोडाशभुज् m. *ein Gott* Çiç. 2,106.

पुरोडाशवत्सा Adj. f. *einen Opferkuchen zum Kalbe habend* AV. 12,4,35.

पुरोडाशस्विष्टकृत् m. *der mit dem Opferkuchen in Verbindung stehende* Svishṭakṛt Ait. Br. 2,9,9. 24,11.

पुरोडाशहृ Adj. *einen Opferkuchen empfangend,* Beiw. Vishṇu's Vishṇus. 98,67.

*पुरोडाशिक Adj. (f. ई) von पुरोडाश.

पुरोडाशिन् Adj. *mit Opferkuchen verbunden.*

पुरोडाशीय Adj. *zum Opferkuchen in Beziehung stehend, dazu bestimmt* Âpast. Çr. 1,17,9. Harshak. 31,14.

पुरोडाशेडा f. *der* Iḍâ-*Antheil am* Puroḍâça Çat. Br. 11,7,2,5.

पुरोडाश्य Adj. = पुरोडाशीय Maitr. S. 1,4,10. 2,2,13. Zum m. Pl. ist etwa तण्डुल zu ergänzen.

पुरोत्सव m. *ein in der Stadt gefeiertes Fest.*

*पुरोद्भव m. oder *°वा f. *eine best. Heilpflanze.*

पुरोद्यान n. *ein zur Stadt gehöriger Lustgarten.*

पुरोध (metrisch) m. = पुरोधस् 1).

पुरोधस् m. 1) *ein beauftragter Priester, Hauspriester eines Fürsten.* — 2) N. pr. eines Mannes.

पुरोधा f. *Würde und Amt eines* Purohita.

पुरोधाकाम Adj. *nach der Würde eines* Purohita *verlangend.*

पुरोधातर् Nom. ag. *den* Purohita *aufstellend.*

पुरोधानीय m. = पुरोहित.

पुरोधिका f. *Favoritin.*

पुरोनिःसरण n. *der Vortritt beim Hinausgehen.*

पुरोऽनुवाक्यावत् Adj. *mit einem Einladungsspruch versehen.*

पुरोऽनुवाक्या f. *ein vor dem* Havis *zu recitirender, einleitender Spruch, Einladungsspruch.*

पुरोबलाक Adj. (nur) *die* Balâkâ *genannten Kraniche vor sich habend,* so v. a. *allen Andern voraneilend* (Parǵanja).

पुरोभाग m. 1) *Vordertheil.* मम °गे *vor mir* Daçak. 22,11. — 2) *das Sichvordrängen, Vorwitz.* °गं मुच् so v. a. *beschämt das Feld räumen* Kâd. 128,5. — 3) *Missgunst.*

पुरोभागिन् Adj. 1) *zudringlich, vorwitzig.* — 2) *missgünstig, tadelsüchtig.*

पुरोभाविन् Adj. *bevorstehend.*

पुरोभू Adj. *überragend*, mit Acc.

पुरोमारुत m. *Ostwind.*

पुरोमुख Adj. *mit der Oeffnung nach vorn*, — *nach Osten* Kauç. 91.

पुरोयावन् Adj. *vorangehend.*

पुरोयुध् und °योध Adj. *vorkämpfend.*

पुरोरथ Adj. *dessen Wagen andern voraus ist;* bildlich so v. a. *Andere überholend, es zuvorthuend, superior.*

पुरोरवस् m. MBh. 3,8504 fehlerhaft für पुरूरवस्.

पुरोरुक्क in अपुरोरुक्क.

पुरोरुक्मन्त् Adj. *mit* पुरोरुच् 2) *versehen.*

पुरोरुच् 1) Adj. *voran* —, *vorleuchtend.* — 2) f. Bez. *bestimmter* Nivid-*Sprüche, welche beim Morgenopfer* Pâda-*weise bei der Recitation des* Âǵja *und* Praüga *vor dem Hauptliede* (सूक्त) *oder dessen Theilen recitirt werden.*

पुरोवत् Adv. *wie früher.*

पुरोवत्स m. N. pr. eines Mannes Ind. St. 14, 120. 126. 139.

पुरोवर्तिन् Adj. 1) *vor Jmds Augen befindlich,* — *seiend.* — 2) *sich vordrängend, vorwitzig.*

पुरोवसु Adj. *vor welchem Reichthum hergeht* TBr.

पुरोवात m. (adj. Comp. f. आ) *der Wind von vorn, Ostwind* (Regen bringend).

पुरोवातसनि Adj. *Ostwind bringend.*

पुरोवाद m. *eine vorangehende Erwähnung* Comm. zu Njâjam. 2,2,16.

पुरोवृत्त Adj. (f. आ) *voran seiend, vorangehend.*

पुरोवृषेन्द्र Adj. *mit dem stattlichen Stier voran* Bhâg. P. 4,4,4.

पुरोरुह्न् Adj. *Burgen zerbrechend.*

पुरोहविस् Adj. *das Opfer vorn* (*im Osten*) *habend.*

पुरोहित Adj. *beauftragt, aufgestellt, bestimmt;* m. (adj. Comp. f. आ) *Beauftragter, Sachwalter;* insbes. *ein aufgestellter, beauftragter Priester, der Hauspriester eines Fürsten.*

पुरोहितत्व n. *die Würde eines* Purohita.

पुरोहिति f. *priesterliche Anwaltschaft.*

*पुरोहितिका f. *Favoritin* oder N. pr. einer Frau.

पुरौकस् m. *Stadtbewohner, Bewohner von* Tripura.

पुर्य Adj. *in einem festen Ort befindlich.*

पुर्यष्ट und °क n. *die acht Bestandtheile des Körpers.* Nom. abstr. °कत्व n.

(पुर्वणीक) पुरुअणीक Adj. *vielerlei Erscheinungen darbietend* RV.

*पुल्, पुलति, पोलति und पोलयति (महत्त्वे, उच्छ्रिती).

पुल 1) *Adj. *ausgedehnt, weit.* — 2) *m. *a)* = पुलक 1) *b).* — *b)* N. pr. eines Wesens im Gefolge Çiva's. — 3) *f. आ *der weiche Gaumen* oder *das Zäpfchen im Halse.* — 4) f. ई *Büschel* in तृणा°. — 5) *n. *Grösse.*

पुलक 1) m. *a) eine best. Körnerfrucht.* — *b)* Pl. *die emporgerichteten Härchen am Körper* (ein Zeichen von Geilheit oder grosser Freude). Nur n. zu belegen. Am Ende eines adj. Comp. f. आ. — *c) Büschel* in तृणा°. — *d) ein best. Edelstein.* — *e)* **ein Fehler in einem Edelstein.* — *f)* **eine Art Ungeziefer.* — *g)* **ein Fladen aus Mehl, den man Elephanten reicht.* — *h)* **Auripigment.* — *i)* **ein* Gandharva. — *k)* * = असुराज्ञी (?). — *l)* N. pr. α) eines Fürsten VP.² 4,197. — β) eines Schlangendämons Ind. St. 14,136. — 2) n. *a)* s. u. 1) *b).* — *b)* **eine best. Erdart* Râǵan. 13,143.

पुलकय्, °यति *ein Sträuben der Härchen am Körper empfinden.* पुलकित *mit sich sträubenden Härchen bedeckt.*

*पुलकाङ्ग m. Varuṇa's *Schlinge.*

*पुलकालय m. Bein. Kubera's.

पुलकित s. u. पुलकय्.

*पुलकिन् m. *Nauclea cordifolia* Râǵan. 9,103.

पुलकी Adv. mit कर् *die Härchen am Körper sträuben machen.* °कृत = पुलकित.

पुलकेशिवल्लभ m. N. pr. eines Mannes B. A. J. 2,12.

*पुलस Adj. von पुल.

पुलस्ति 1) Adj. *schlichtes Haupthaar tragend.* — 2) *m. N. pr. eines Mannes.

पुलस्त्य m. N. pr. eines alten Ṛshi, der unter den geistigen Söhnen Brahman's, unter den Praǵâpati und den sieben Weisen genannt wird. Auch auf Çiva übertragen. Als *Stern* am Himmel 218,22.

पुलह m. N. pr. eines alten Ṛshi, der unter den geistigen Söhnen Brahman's, unter den Praǵâpati und den sieben Weisen genannt wird. Auch auf Çiva übertragen. Als *Stern* am Himmel 218,23. Hariv. 478 ungenau im Sinne des Patron. *ein Sohn* Pulaha's.

पुलहाश्रम m. N. pr. einer *Einsiedelei,* = हरिक्षेत्र (Comm.).

पुलाक m. (*n.) 1) *eine best. Körnerfrucht.* — 2) *taubes* —, *leichtes Korn.* — 3) **ein Klümpchen Reis, in Kugelform gekneteter Reis.* — 4) **Abkürzung.* — 5) **Geschwindigkeit.* °कारिन् Adj. *schnell machend, eilend.*

*पुलाकिन् m. *Baum.*

पुलानिका f. etwa *Rauhwerden der Haut.*

पुलिक 1) m. N. pr. eines Mannes. — 2) *f. आ *gelblicher Alaun.*

पुलिन 1) (*m.) n. *Sandbank, angeschwemmtes Land am Ufer eines Flusses, eine kleine Insel.* Am Ende eines adj. Comp. f. आ. — 2) m. N. pr. eines mythischen Wesens, das mit Garuḍa kämpft.

*पुलिनवती f. wohl N. pr. eines Flusses.

पुलिन्द 1) m. *a)* Pl. N. pr. eines barbarischen Volkstammes. Wird später den भिल्ल und शबर gleichgesetzt. — *b) ein Individuum dieses Volkes.* — *c) ein Fürst der* Pulinda. — *d)* N. pr. eines Fürsten. — *e)* * = पोलिन्द *Mast* oder *Ribbe eines Schiffes.* — 2) f. आ N. pr. einer Schlangen-Jungfrau Kâraṇḍ. 4,7. — 3) f. ई *a)* f. zu 1) *b).* — *b) ein best.* Râga *von fünf Tönen* S. S. S. 101. 106.

पुलिन्दक 1) m. *a)* = पुलिन्द 1) *a).* — *b)* N. pr. *a)* eines Fürsten der Pulinda, Çabara und Bhilla. — *b)* eines Sohnes des Ârdraka. — 2) f. °न्दिका = पुलिन्द 3) *b)* S. S. S. 106.

पुलिन्दसेन m. N. pr. eines Fürsten VP.² 4,197.

पुलिमत् m. N. pr. eines Mannes.

*पुलिरिक m. *Schlange.*

पुलिश m. *Paulus* (Alexandrinus).

पुलीकय m. *ein best. Wasserthier* Maitr. S. 3, 14,2. Vgl. कुलीकय, कुलीपय und पुरीकय.

पुलीका f. *ein best. Vogel* Maitr. S. 3,14,5. Vgl. कुलीका.

पुलीतत् n. = पुरीतत् Maitr. S. 3,15,7.

पुलु Adj. = पुरु in पुलुकाम und पुल्वघ.

पुलुकाम Adj. *begehrlich.*

*पुलुष m. N. pr. eines Mannes. Vgl. पौलुषि.

पुलोम 1) m. = पुलोमन् aus metrischen Rücksichten. — 2) f. आ *a)* N. pr. einer Unholdin, die Puloman liebte, die aber die Gattin Bhṛgu's (Kaçjapa's) wurde. — *b)* **eine best. aromatische Wurzel,* = वचा.

पुलोमजा f. Patron. der Indrâṇî Prasannar. 146,18.

*पुलोमजित् m. Bein. Indra's.

*पुलोमतनया f. Patron. der Indrâṇî Gal.

*पुलोमद्विष् m. Bein. Indra's.

पुलोमन् m. N. pr. 1) eines Unholden, Schwiegervaters des Indra, von dem er erschlagen wurde. — 2) eines Fürsten VP.² 4,199. 202.

*पुलोमनिषूदन m. Bein. Indra's Gal.

पुलोमत् m. N. pr. zweier Fürsten VP.².

*पुलोमहो f. *Opium.*

पुलोमारि m. Bein. Indra's 250,9.

पुलोमार्चिम् m. N. pr. eines Fürsten.

पुलोमारि m. desgl. VP.² 4,200.

पुल्कक m. v. l. für पुल्कक Maitr. S. 1,6,11. Vgl. पुल्कस.

पुल्कस 1) m. *eine best. verachtete Mischlingskaste* Gaut. MBh. 12,180,38. Auch °क Bhâg. P. ed. Bomb. 6,13,8. — 2) f. ई f. zu 1). — Vgl. पौल्कस und पुक्कश.

*पुल्य Adj. von पुल.

*पुल्ल 1) Adj. *blühend.* — 2) n. *Blume.* — Richtig फुल्ल.

पुल्वघ Adj. 1) *viel Uebles thuend.* — 2) **viel essend.*

1. पुष्, पोषति (trans.; nur einmal in Nir.), पुष्यति (intrans. und trans.) und पुष्णाति (trans.; nicht in der älteren Sprache). Metrisch auch Med. 1) *gedeihen, in Zunahme —, in Wohlbefinden —, im Wohlstande sein.* पुष्यति so v. a. *ernährt werden von* (Instr.). — 2) *aufziehen, erziehen, ernähren, unterhalten, zur Entwicklung kommen —, wachsen lassen, heranwachsen sehen.* — 3) *gedeihen machen, — lassen, mehren, fördern, erhöhen, herrlicher machen, augere.* वाञ्छितम् *einen Wunsch fördern,* so v. a. *erfüllen.* — 4) *Zunahme einer Sache* (Acc.) *an sich erfahren, — empfinden, zunehmen an, Etwas sich mehren sehen, in reichlichen Besitz einer Sache gelangen;* überh. *erhalten, bekommen, gewinnen* (z. B. einen Freund), *besitzen, haben, an den Tag legen, entfalten, zeigen.* Mit पोषम्, पुष्टिम् oder वृद्धिम् *an Fülle u. s. w. gewinnen.* ऋचां त्वः पोषमास्ते पुपुष्वान् so v. a. *dem Einen strömt eine Fülle von Liedern zu.* — 5) bisweilen verwechselt mit पुष्प्य्; s. das. — 6) पुष्ट a) *genährt, wohlgenährt, gepflegt, sich in einem gedeihlichen Zustande befindend.* — b) *reichlich.* — c) *reich an, gesegnet mit* (Instr.). — d) *volltönend.* — Caus. पोषयति 1) *aufziehen, auffüttern, ernähren, gedeihen machen, hegen, pflegen.* — 2) *ernähren —, füttern lassen durch* (Instr.). — Mit अनु 1) *fortwährend gedeihen, erblühen.* — 2) *nach Jmd* (Acc.) *gedeihen.* — Mit उद् 1) उत्पुष्णाति *auffüttern, feist machen* Mâlatîm. ed. Bomb. 171,5. — 2) उत्पुष्यन्त् *anschwellend* Mahâvîrak. 102,7. — Mit परि, °पुष्ट 1) *gehegt, gepflegt.* — 2) *gesegnet —, reichlich versehen mit* (Instr. oder im Comp. vorangehend). — 3) *gesteigert.* — Mit प्र *ernähren, füttern, unterhalten.* — Mit वि, °पुष्ट *schlecht genährt, ausgehungert* Spr. 5318.

2.°पुष् Adj. 1) *nährend, gedeihen machend* in विश्वपुष् und विश्वापुष्. — b) *bekommend, an den Tag legend, zeigend* Çiç. 10,32 (zu lesen विभ्रमातिशयपुषि).

3.*पुष्, पुष्यति (विभागे).

*पुष 1) Adj. = 2.°पुष् 1) in *यज्ञपुष. — 2) m. N. pr. eines Lehrers. — 3) f. आ *Methonica superba.*

*पुष्क ein zur Erklärung von पुष्कर erfundenes Wort.

पुष्कर 1) n. a) *eine blaue Lotusblüthe.* Am Ende eines adj. Comp. f. आ. — b) bildliche Bez. *des Herzens.* — c) *der Kopf des Löffels* Kâtj. Çr. 26, 1,20. Am Ende eines adj. Comp. f. आ. — d) *das Fell auf der Trommel.* — e) *die Spitze des Elephantenrüssels.* Auch पुष्कराग्र n. — f) *Wasser.* — g) *Luft, Luftraum.* — h) *eine auf einen Montag, Dienstag oder Donnerstag fallende Neumondsnacht* Hemâdri 1,66,8. — i) **Pfeil.* — k) **Schwertklinge.* — l) **Schwertscheide.* — m) **Käfig.* — n) **Costus speciosus* oder *arabicus.* — o) **Theil.* — p) **Tanzkunst.* — q) **Vereinigung.* — r) **Kampf.* — s) **Berauschung.* — t) Sg. und Pl. N. pr. einer oder mehrerer heiliger Wallfahrtsorte Vishnus. 85,1. 3. Nach dem Comm. zu Vishnus. giebt es deren drei: ज्येष्ठ (Chr. 90,8), मध्यम und कनिष्ठ. — 2) m. n. N. pr. eines Dvîpa. Bei den Gaina* eines der 5 Bhârata. — 3) m. a) *Ardea sibirica.* — b) Pl. Bez. *einer Art Wolken, die Hungersnoth bringen sollen.* — c) Bez. *der Mondhäuser* Punarvasu, Uttarâshâdhâ, Krttikâ, Uttaraphalgunî, Pûrvabhâdrapadâ *und* Viçâkhâ. — d) *in der Astrol. *ein best. Unglück verheissender* Joga. — e) *eine Art Trommel* MBh. 6,43,103. — f) **eine Art Schlange.* — g) **die Sonne.* — h) **Teich, See.* — i) **eine best. Krankheit.* — k) Pl. Bez. *der Brahmanen in* Krâuñkadvîpa VP. 2,4,53. — l) *der Beherrscher von* Pushkaradvîpa; s. 2). — m) Bein. α) Krshna's. — β) Çiva's. — n) N. pr. α) eines Sohnes des Varuna. — β) *eines Heerführers der Söhne und Enkel Varuna's. — γ) eines Asura. — δ) eines Sohnes des Krshna. — ε) eines Buddha. — ζ) verschiedener Männer, insbes. Fürsten. — η) eines Berges. — 4) f. पुष्करी N. pr. einer der acht Frauen Çiva's. Nach Aufrecht richtig पुष्कसी d. i. पुल्कसी.

*पुष्करकर्णिका f. *der Finger am Ende des Elephantenrüssels* Gal.

पुष्करकल्प m. Titel eines Werkes Opp. Cat. 1.

पुष्करचूड m. N. pr. eines der 4 Weltelephanten.

*पुष्करज n. *die Wurzel von Costus speciosus* Râgan. 6,154.

पुष्करद्वीप m. N. pr. eines Dvîpa Ind. St. 10, 269. 283.

*पुष्करनाडी f. *Hibiscus mutabilis* Râgan. 5,80.

पुष्करनाभ m. Bein. Vishnu's.

पुष्करपत्त्र n. *ein Blüthenblatt des blauen Lotus* Spr. 75. °नेत्र Adj. Ragh. 18,29.

पुष्करपर्ण n. 1) *ein Blüthenblatt des blauen Lotus.* — 2) *ein best. Backstein.*

*पुष्करपर्णिका (Râgan. 5,80) und *°पर्णी f. *Hibiscus mutabilis.*

पुष्करपलाश n. = पुष्करपर्ण 1) Lâtj. 1,5,8.

पुष्करपुराण n. Titel eines Purâna.

*पुष्करप्रिय *Wachs.*

1. पुष्करबीज n. *Lotussamen.*

2.*पुष्करबीज n. *Costus speciosus* oder *arabicus.*

पुष्करमालिन् m. N. pr. eines Mannes.

पुष्करमाहात्म्य n. Titel eines Werkes Bühler, Rep. No. 71.

पुष्करमुख Adj. (f. ई) *mit einem* Pushkara 1) c) *versehen* Ârjav. 83,16.

पुष्करमूल n. *die Wurzel von Costus speciosus* oder *arabicus* Râgan. 6,154. Mat. med. 314. Bhâvapr. 3,28.

*पुष्करमूलक n. *die Wurzel von Costus speciosus* oder *arabicus.*

पुष्करवन n. *der Wald im Wallfahrtsorte* Pushkara Comm. zu TBr. 3,564,15. °प्रादुर्भाव m. und °माहात्म्य n. Titel von Werken.

*पुष्करव्याघ्र m. *Alligator.*

पुष्करशायिका f. *ein best. Wasservogel.*

*पुष्करशिफा f. *Costus speciosus* oder *arabicus.*

*पुष्करसद् m. N. pr. eines Mannes. Pl. *seine Nachkommen.*

*पुष्करसागर *Costus speciosus* oder *arabicus.*

पुष्करसाद m. *ein best. Vogel.* Nach dem Comm. zu TS. 5,15,4,1 = पुष्करसर्प oder भ्रमर.

पुष्करसादि m. N. pr. eines Lehrers Âpast. Wohl nur fehlerhaft für पौष्क°.

पुष्करसादिन् m. = पुष्करसाद Mahîdh. zu VS. 24,31.

पुष्करसारिन् m. fehlerhaft für पौष्करसादि.

पुष्करसारी f. *eine best. Art zu schreiben.*

पुष्करस्थपति m. Bein. Çiva's MBh. 13,17,93. Nîlak.: पुष्करस्य ब्रह्माण्डस्य स्थपतिः स्वामी.

1. पुष्करस्रज् f. *ein Kranz von blauen Lotusblumen.*

2. पुष्करस्रज् 1) Adj. *einen Kranz von blauen Lotusblumen tragend.* — 2) *m. Du. Bein. der Açvin.

पुष्कराक्ष 1) Adj. *lotusblaue Augen habend.* — 2) m. N. pr. verschiedener Männer.

*पुष्कराख्य m. *Ardea sibirica.*

*पुष्कराङ्घ्रि *Costus speciosus oder arabicus.*

*पुष्कराच्छादिका f. *ein best. Vogel* Gal.

पुष्कराय्, °यते *eine Trommel darstellen.*

पुष्करारण्य n. = पुष्करवन 55,2. MBh. 2,32,8. 3,82,28. R. 1,61,3.

पुष्करारुणि m. N. pr. eines Fürsten.

पुष्कराव Káraka 1,27 fehlerhaft für पुष्कराह्व.

पुष्करावती f. 1) N. pr. einer Stadt, Πευκελαῶτις. — 2) eine Form der Dâkshâjaṇî.

पुष्करावर्तक m. Pl. Bez. *bestimmter Wolken.*

पुष्कराह्व 1) m. *Ardea sibirica* Káraka 1,27 (पुष्कराव gedr.). — 2) n. *Costus speciosus* oder *arabicus* Káraka 6,19.

*पुष्कराह्वय 1) m. = पुष्कराह्व 1). — 2) n. = पुष्कराह्व 2) Râǵan. 6,154.

पुष्करिका f. 1) *eine Abscessbildung am männlichen Gliede.* — 2) N. pr. einer Frau.

पुष्करिन् 1) Adj. *mit blauen Lotusblumen versehen.* — 2) m. *a) Elephant* Dhûrtan. 41. — *b)* **Schwert* Gal. — *c)* N. pr. eines Fürsten. — 3) f. °रिणी *a) ein Teich mit blauen Lotusblumen, Teich* überh. — *b)* **Costus speciosus* oder *arabicus.* — *c)* **Hibiscus mutabilis* Râǵan. 5,80. — *d)* **Elephantenkuh.* — *e)* N. pr. α) verschiedener Frauen. — β) eines Flusses. — γ) *eines buddh. Tempels.

पुष्करेक्षण Adj. *lotusblaue Augen habend.* पुरुष m. Bez. Vishṇu's R. 2,4,40.

पुष्कल 1) Adj. f. (आ) *a) reichlich, viel.* — *b) reich, prächtig, herrlich.* — *c) in voller Kraft seiend.* — *d) voll tönend, laut.* — *e)* **gereinigt.* — 2) m. *a) eine Art Trommel.* पुष्कर v. l. — *b) ein best. Saiteninstrument* S. S. S. 185. — *c)* Pl. Bez. *der Krieger in* Kraunkadvîpa VP. 2,4,53. — *d)* Bein. Çiva's. — *e)* N. pr. α) *eines Sohnes des Varuṇa. — β) eines Asura. — γ) Pl. eines Volkes. — δ) eines Ṛshi. — ε) eines Sohnes des Bharata. — ζ) eines Buddha. — η) *eines Wallfahrtsortes; eher n. — 3) *f. पुष्कली gaṇa गौरादि. — 4) n. *a) der Kopf des Löffels.* Am Ende eines adj. Comp. f. आ Gṛhjâs. 1,83. पुष्कर v. l. — *b) ein best. Hohlmaass* Comm. zu Âpast. Çr. 5, 20,7. — *c) ein best. Gewicht Gold.* — *d) ein Mundvoll erbettelter Speise.* — *e)* *Bein. des Berges Meru; eher m.

पुष्कलक m. 1) *Bisamthier.* — 2) **Pfahl, Pflock, Keil.* — 3) **ein buddhistischer* oder *Gaina-Bettler.*

पुष्कलावत 1) m. *a) ein Bewohner von* Pushkalâvatî. — *b)* N. pr. eines alten Arztes. पौष्क° v. l. — 2) f. ई N. pr. eines Stadt, = पुष्करावती. — 3) n. N. pr. der Residenz Pushkala's, Sohnes des Bharata.

पुष्कलावतक m. = पुष्कलावत 1) *a).*

पुष्कलावर्तक m. Pl. = पुष्करावर्तक.

पुष्कलेत्र m. N. pr. eines Dorfes.

पुष्कस 1) m. *a) eine best. verachtete Mischlingskaste.* Richtig पुल्कस. — *b)* Pl. N. pr. einer Dynastie. — 2) f. ई f. zu 1) *a).* Richtig पुल्कसी.

पुष्ट 1) Adj. s. u. 1. पुष्. — 2) n. *Erwerb, Besitz, Habe, Wohlstand* (vorzugsweise an Lebendem: Kindern, Vieh u. s. w.).

पुष्टपति m. *Herr des Gedeihens, — des Wohlstandes, — der Mastung* u. s. w.

पुष्टाङ्ग Adj. *wohlgenährt, fett* 141,18. 153,3.

पुष्टावन्त् Adj. (Vieh) *züchtend, pflegend.*

पुष्टि (ṚV.) und पुष्टि f. 1) *Gedeihen, Wachsthum, Fülle, Entwickelung, Wohlergehen, guter Stand, Vermögen, Wohlstand.* Auch Pl. — 2) *Erziehung, Zucht, Pflege* (des Viehes u. s. w.). — 3) *eine das Gedeihen bezweckende Zauberceremonie.* — 4) *das Dickwerden* Bhâvapr. 6,25. — 5) mannichfach personificirt Hariv. 9498. als Tochter Daksha's und Gattin Dharma's, als Tochter Dhruva's (VP.² 1,178), als Tochter Paurṇamâsa's, als eine Çakti (Hemâdri 1,197,21), als eine der 16 Mâtṛkâ, als eine Kalâ des Mondes, als eine Kalâ der Prakṛti und Gattin Gaṇeça's, als eine Form der Dâkshâjaṇî und der Sarasvatî. — 6) **Physalis flexuosa.*

पुष्टिक 1) m. N. pr. eines Dichters. — 2) *f. आ *eine zweischalige Muschel, Auster.* Richtig पुटिका.

पुष्टिकर Adj. *Gedeihen —, Wachsthum verleihend, nahrhaft.*

पुष्टिकर्मन् n. *eine rituelle Begehung, welche Gedeihen u. s. w. zum Zweck hat.*

*पुष्टिकान्त m. Bein. Gaṇeça's.

पुष्टिकाम Adj. *Gedeihen —, Wohlstand* u. s. w. *wünschend.*

पुष्टिगु m. N. pr. eines Mannes.

पुष्टिद 1) Adj. *Gedeihen —, Wohlstand* u. s. w. *verleihend.* — 2) m. *eine best. Gruppe* (गण) *von Manen.* — 3) *f. आ *a) Physalis flexuosa.* — *b) ein best. Heilmittel,* = वृद्धि Râǵan. 5,29.

पुष्टिदावन् Adj. = पुष्टिद 1).

पुष्टिपति m. *Herr des Gedeihens, Wohlstandes* u. s. w.

पुष्टिप्रवाहमर्यादाभेद m. Titel eines Werkes. °विवरण n. Titel eines *Commentars* dazu.

पुष्टिमति m. *ein best.* Agni.

पुष्टिमन्त् 1) Adj. *a) gedeihlich, reichlich, im Wohlstand befindlich, vermöglich* u. s. w. — *b) das Wort* पुष्टि oder *eine andere Ableitung von der Wurzel* पुष् *enthaltend.* — 2) m. N. pr. eines Fürsten VP.² 4,99.

पुष्टिंभर Adj. *Gedeihen bringend.*

पुष्टिवर्धन 1) Adj. *Gedeihen —, Wohlstand fördernd.* — 2) *m. *Hahn.*

पुष्टिश्राद्ध n. *ein best.* Çrâddha VP.² 3,147.

पुष्प् s. पुष्प्य्.

पुष्प 1) n. *a) Blüthe, Blume.* Am Ende eines adj. Comp. f. आ, bei Pflanzennamen häufiger ई. — *b) Menstrualblut, les fleurs.* — *c) eine best. Krankheit des Auges, albugo* Hemâdri 1,745,11. — *d) ein Fleck auf den Nägeln und Zähnen* Káraka 5,1. — *e) Galanterie, Artigkeit, Liebeserklärung, fleurettes.* — *f)* Name eines Sâman. — *g)* **ein best. Parfum.* — *h)* *Kubera's *Wagen.* — *i)* **das Aufblühen.* — 2) m. *a) Topas* R. 2,94,6. — *b)* N. pr. α) eines Schlangendämons. — β) verschiedener Männer. — γ) eines Berges. — 3) *f. पुष्पा Bein. der Stadt Kampâ. — पुष्प und पुष्य bisweilen verwechselt.

पुष्पक 1) m. *a) eine Art Schlange.* — *b)* *Pl. *drei Puncte.* — *c)* **Katze.* — *d)* N. pr. eines Berges. — 2) m. (ausnahmsweise) und n. Kubera's *Wagen.* Auch °विमान n. — 3) *f. पुष्पिका *a) Unreinigkeit an den Zähnen, auf der Zunge* (Gal.) und *zwischen Vorhaut und Eichel.* — *b) die Unterschrift eines Abschnittes in einem Buche.* — 4) n. *a)* **Eisen* — oder *anderer Vitriol als Collyrium.* — *b)* **Armband* oder *ein A. von Juwelen.* — *c)* **ein irdener Ofen auf Rädern.* — *d)* **ein metallenes Gefäss.* — *e)* N. pr. eines Waldes.

पुष्पकरण्ड, *°क und °करण्डकोद्यान n. N. pr. eines Lustgartens bei Uǵǵajinî.

*पुष्पकरण्डिनी f. Bein. der Stadt Uǵǵajinî.

पुष्पकर्णा Adj. *ein blumenartiges Mal am Ohr habend.*

पुष्पकार m. *der Verfasser des* Pushpasûtra.

पुष्पकाल m. 1) *die Zeit der Blumen, Frühling* Varâh. Jogaj. 5,22. — 2) *die Zeit der Menstruation.*

पुष्पकासीस und *°क n. *gelblicher Eisenvitriol* Râǵan. 13,80. fg. Mat. med. 55. Bhâvapr. 1, 265.

*पुष्पकीट m. 1) *ein auf Blumen lebendes Insect.* — 2) *Biene.*

*पुष्पकेतन m. *der Liebesgott.*

पुष्पकेतु m. 1) *ein aus Messingasche bereitetes*

Collyrium Râǵan. 13,92. — 2) *der Liebesgott.* — 3) N. pr. *a)* eines Buddha. — *b)* eines Prinzen.

पुष्पगणिडका f. *eine Art Posse, in welcher Weiber als Männer auftreten.*

पुष्पगृह m. *Blumenhaus, Blumengemach.*

पुष्पग्रन्थन n. *das Winden eines Blumenkranzes,* — *eines Blumengewindes.*

*पुष्पघातक m. *Bambusrohr.*

1. पुष्पचाप m. *ein Bogen aus Blumen, der Bogen des Liebesgottes.*

2. पुष्पचाप m. *der Liebesgott.*

*पुष्पचामर m. 1) *Artemisia indica.* — 2) *Pandanus odoratissimus.*

पुष्पज 1) Adj. *von Blumen kommend.* रजस् n. *Blüthenstaub.* — 2) *m. *Blumensaft* Râǵan. 10, 206. — 3) f. आ N. pr. eines Flusses.

पुष्पजाति f. N. pr. eines Flusses.

*पुष्पद् m. *Baum.*

पुष्पदंष्ट्र m. N. pr. eines Schlangendämons.

पुष्पदन्त 1) m. *a)* Du. *Sonne und Mond.* — *b)* Bein. α) Çiva's. — β) des Berges Çatrumǵaja. — *c)* N. pr. α) eines nicht näher zu bestimmenden Genius Hemâdri 1,651,20. 654,12. — β) eines Wesens im Gefolge Çiva's. — γ) eines Wesens im Gefolge Vishṇu's. — δ) eines Gandharva, Autors des महिम्नः स्तवः. — ε) *eines Vidjâdhara. — ζ) *eines Schlangendämons. — η) des Weltelephanten im Nordwesten Hemâdri 1,233,10. — ϑ) *des 9ten Arhant's der gegenwärtigen Avasarpiṇî. — 2) f. ई N. pr. einer Râkshasî. — 3) n. N. pr. *a)* eines Tempels. — *b)* eines Palastes. — *c)* eines Thores.

*पुष्पदन्तक m. = पुष्पदन्त 1) *c)* δ).

पुष्पदन्ततीर्थ n. N. pr. eines Tîrtha.

*पुष्पदन्तभिद् m. Bein. Çiva's. Wohl fehlerhaft für पूषदन्तभिद्.

पुष्पदन्तवन्त् Adj. *geblümte Zähne habend* Hemâdri 1,233,6.

*पुष्पदन्तान्वय m. *ein Elephant mit besonderen Kennzeichen (aus dem Geschlecht* Pushpadanta's) Gal.

पुष्पदामन् n. 1) *Blumengewinde, Blumenkranz.* — 2) *ein best. Metrum.*

*पुष्पद्रव m. 1) *Blumensaft* Râǵan. 10,206. — 2) *ein Aufguss auf Blumen, Rosenwasser u. s. w.*

*पुष्पद्रुमकुसुमितमुकुट m. N. pr. eines Fürsten der Gandharva.

पुष्पध m. *der Sohn eines ausgestossenen Brahmanen.*

पुष्पधनुस् (Prasannar. 151,9. Vikramâṅkak. 10, 34) und °धन्वन् m. *der Liebesgott.*

पुष्पधारण m. Bein. Kṛshṇa's.

*पुष्पध्वज m. *der Liebesgott.*

पुष्पनाटक m. etwa *Courmacher.*

*पुष्पनिद m. *Biene.*

*पुष्पनिर्यास und *°क m. *Blumensaft* Râǵan. 10,206.

पुष्पनेत्र n. *eine Art von Katheter* Suçr. 2,56, 12. 13.

पुष्पंधय m. *Biene* Râǵan. 19,127.

पुष्पन्यास m. *Darbringung von Blumen.*

पुष्पपट m. *geblümtes Zeug* Comm. zu Mṛkkh. 72,9.

*पुष्पपत्त्र m. *eine Art Pfeil.*

*पुष्पपथ m. und पुष्पपद्वी f. (Hâsj. 27) *vulva.*

पुष्पपाण्डु m. *eine Art Schlange.*

पुष्पपुट m. 1) **eine Düte mit Blumen.* — 2) *die Hände in Form eines Blumenkelchs zusammengelegt.* — 3) *eine best. Stellung beim Tanze* S. S. S. 241.

पुष्पपुर n. (Ind. St. 13,306. Daçak. 2,14) und °पुरी f. (Daçak. 1,8) Bein. der Stadt Pâṭaliputra.

*पुष्पप्रचय m. *das Pflücken von Blumen* (in diebischer Weise).

*पुष्पप्रचाय m. *das Pflücken von Blumen.*

*पुष्पप्रचायिका f. *Blumenlese.* तव पु° *es ist die Reihe an dir Blumen zu lesen.*

1. पुष्पफल n. *Blumen und Früchte* 170,18.

2.*पुष्पफल m. 1) *Feronia elephantum.* — 2) *Beninkasa cerifera.*

पुष्पफलद्रुम m. Pl. *Bäume in Blüthe und mit Früchten.*

पुष्पफलवन्त् Adj. *Blüthen und Früchte tragend* Suçr. 1,4,17.

पुष्पबटुक m. etwa *Courmacher.*

पुष्पबलि m. *eine Darbringung in Blumen.*

पुष्पबाण m. *der Liebesgott.* °विलास m. Titel eines Gedichts Opp. Cat. 1.

पुष्पभद्र 1) m. *eine Art Pavillon mit 62 Säulen* Vâstuv. 830. — 2) f. आ N. pr. eines Flusses.

पुष्पभद्रक m. N. pr. eines Hains.

*पुष्पभव 1) Adj. *in Blumen sich befindend.* — 2) m. *Blumensaft.*

पुष्पभूति m. N. pr. eines Fürsten Harshak. 70, 13. fgg.

पुष्पभूषित n. Titel eines Prakaraṇa.

पुष्पभेरोत्स m. N. pr. eines Mannes.

*पुष्पमञ्जरिका f. *eine best. Schlingpflanze* Râǵan. 3,82.

पुष्पमय Adj. (f. ई) *aus Blumen gebildet,* — *bestehend* Hemâdri 1,404,17.

पुष्पमाथम् Absol. mit मथ् *wie eine Blume zerdrücken* Bâlar. 88,14.

पुष्पमालकथा f. Titel eines Werkes Pańkad. 2.

पुष्पमाला f. 1) *Blumenkranz.* — 2) Titel eines Schauspiels.

पुष्पमालामय Adj. (f. ई) *aus Blumenkränzen gebildet* Hemâdri 1,408,6.

पुष्पमास् und °मास m. *Blumenmonat, Frühling* Râǵan. 21,64.

पुष्पमित्र m. N. pr. zweier Fürsten; Pl. einer Dynastie. Richtig पुष्यमित्र.

पुष्पमेघ m. *eine Blumen regnende Wolke.*

पुष्पमेघी Adv. mit कर् *zu einer Blumen regnenden Wolke machen* Megh. 43.

*पुष्परक्त m. *eine best. Blume.*

*पुष्परचन n. *das Winden von Kränzen u. s. w.* (als eine der 64 Künste) Gal.

*पुष्परजस् n. *Blüthenstaub, insbes. Saffran.*

पुष्परथ m. *Vergnügungswagen* Hemâdri 1,283, 21. 284,2.

*पुष्परस und *°रसाह्वय m. *Honig* Râǵan. 14, 110.

पुष्पराग und *°राज m. *Topas* Râǵan. 13,169.

पुष्परेणु m. *Blüthenstaub.*

*पुष्परोचन m. *Mesua Roxburghii.*

*पुष्पलक m. *Pfahl, Pflock, Keil.*

पुष्पलाव 1) *m. *Blumenleser, Kranzwinder.* — 2) f. ई *Blumenleserin, Kranzwinderin.*

*पुष्पलाविन् m. = पुष्पलाव 1).

पुष्पलिन m. = पुष्पनिन.

पुष्पलिपि f. *eine best. Art zu schreiben.*

*पुष्पलिह् m. (Nom. °लिट्) *Biene.*

पुष्पलीला f. N. pr.

पुष्पवत् Adv. *wie eine Blume.*

पुष्पवन n. N. pr. eines *Waldes.*

पुष्पवन्त् 1) Adj. *a) mit Blüthen versehen, blühend, mit Blumen geschmückt* Spr. 7681. — *b)* f. पुष्पवती α) *die Menses habend* Spr. 7681. — β) *rindernd.* — 2) m. N. pr. *a)* eines Daitja. — *b)* verschiedener Männer. — *c)* eines Berges in Kuçadvîpa. — 3) f. पुष्पवती N. pr. eines Wallfahrtsortes.

पुष्पवन्त m. Du. *Sonne und Mond* Bâlar. 133, 16. Gaṇit. Adhim. 4.

पुष्पवर्त्मन् m. versteckter Name Drupada's Harshak. 135,14.

पुष्पवर्ष 1) m. N. pr. eines Berges. — 2) n. *Blumenregen.*

पुष्पवक्त्रा f. N. pr. eines Flusses.

पुष्पवाटिका und °वाटी f. *Blumengarten.*

पुष्पवाहन m. N. pr. eines Fürsten von Pushkara.

पुष्पवाहिनी f. N. pr. eines Flusses Hariv. 9510.

पुष्पविचित्रा f. *ein best. Metrum.*

*पुष्पवृक्ष m. *ein Baum, der da blüht.*

पुष्पवृष्टि f. *Blumenregen* 294,28.

पुष्पवेणी f. 1) *Blumenkranz.* — 2) N. pr. eines Flusses.

पुष्पशकटिका und *°शकटी f. *eine vom Himmel kommende Stimme.* °शकटिकानिमित्तज्ञान n. und *°शकटीज्ञान n. (Gal.) unter den 64 Künsten.

पुष्पशकलिन् m. *eine Art Schlange.*

पुष्पशकुन m. *Phasianus gallus* MBh. 5,143,18, v. l.

पुष्पशय्या f. *Blumenlager.*

*पुष्पशर, °शरासन (Vikramâṅkak. 9,81) und पुष्पशिलीमुख (Prasannar. 130,11) m. *der Liebesgott.*

*पुष्पशून्य m. *Ficus glomerata.*

पुष्पशेखर m. *Blumenkranz* 113,1.

पुष्पश्रीगर्भ m. N. pr. eines Bodhisattva.

*पुष्पस m. *Lunge.*

*पुष्पसमय und *पुष्पसाधारण m. *Frühling.*

पुष्पसायक m. *der Liebesgott.*

पुष्पसार m. *Blumensaft* Râgan. 10,206.

पुष्पसारा f. *Basilienkraut.*

पुष्पसिता f. *eine Zuckerart* Bhâvapr. 2,66.

पुष्पसूत्र n. Titel eines dem Gobhila zugeschriebenen Sûtra über die Verwandlung der Ṛk in Sâman. °भाष्य n. Opp. Cat. 1.

*पुष्पसौरभा f. *Methonica superba* Râgan. 4,131.

*पुष्पस्वेद m. *Blumensaft* Râgan. 10,206.

*पुष्पहारिन् Adj. *Blumen stehlend.*

पुष्पहास 1) m. a) *Blumengarten.* — b) Beiname Vishṇu's. — c) N. pr. eines Mannes. — 2) *f. आ *ein Frauenzimmer während der Menses.*

*पुष्पहीन 1) Adj. a) *blüthenlos.* — b) f. आ *keine Menstruation mehr habend.* — 2) f. आ *Ficus glomerata* Râgan. 11,130.

पुष्पाकर Adj. *blumenreich.* मास m. so v. a. *Frühling.*

पुष्पाकरदेव m. N. pr. eines Dichters.

पुष्पागम m. *Frühling.*

पुष्पाग्र n. *Staubfaden* Vâmana 5,2,22.

*पुष्पाजीव und *°जीविन् m. *Gärtner, Kranzwinder.*

*पुष्पाञ्जन n. *ein aus Messingasche bereitetes Collyrium* Râgan. 13,92. Madanav. 53,40. Mat. med. 74.

पुष्पाञ्जलि m. 1) *zwei Handvoll Blumen* S. S. S. 241. — 2) Titel eines Commentars.

पुष्पाणनाड m. N. pr. eines Dorfes.

*पुष्पाण्ड und *°क m. *eine Art Reis* Gal.

पुष्पानन m. N. pr. eines Jaksha.

पुष्पानुग n. *ein die Menstruation beförderndes Pulver* Karaka 6,30.

पुष्पान्त Adj. *nach der Blüthe vergehend* (?) Sâmav. Br. 3,8,5.

पुष्पापण m. *Blumenmarkt* Pañkad.

पुष्पापीड m. N. pr. eines Gandharva.

पुष्पाभिकीर्ण 1) Adj. *mit Blumen überschüttet.* — 2) m. *eine Art Schlange* (*geblümt*).

*पुष्पाम्बु n. *Blumensaft* Râgan. 10,206.

पुष्पाम्भस् n. N. pr. eines Tîrtha.

पुष्पायुध m. *der Liebesgott.*

पुष्पाराम m. *Blumengarten* Kathâs. 68,41.

पुष्पार्ण m. N. pr. eines Sohnes des Vatsara.

पुष्पावकीर्ण m. N. pr. eines Fürsten der Kimnara Kâraṇḍ. 3,3.

पुष्पावचायिका f. (*Blumenlese*) *ein best. Spiel.*

पुष्पावन्त् 1) Adj. *mit Blüthen versehen, blühend* TS. 4,1,4,4. — 2) f. पुष्पावती N. pr. einer Stadt.

पुष्पावलिवनराजिकुसुमिताभिज्ञ m. N. pr. eines Buddha.

पुष्पाशिन् Adj. *Blumen essend* Vishṇus. 95,7.

पुष्पासव 1) m. *ein Decoct von Blumen.* — 2) *n. *Honig* Râgan. 14,110.

पुष्पासार m. *Blumenregen.*

पुष्पास्तरक m. und °स्तरण n. *kunstgerechtes Streuen von Blumen* (eine der 64 Künste).

*पुष्पास्त्र m. *der Liebesgott.*

*पुष्पाह्वा f. *Anethum Sowa.*

पुष्पित 1) Adj. f. (आ) a) *mit Blumen versehen, Blüthen tragend, in Blüthe stehend, blühend.* — b) *mit blumenähnlichen Mälern versehen, geblümt, gefleckt* (von krankhaften Zähnen Karaka 5,8). — c) *einen best. auf einen nahen Tod hinweisenden Geruch aus sich ausströmend* Karaka 5,2. — d) *blühend,* so v. a. *zur vollen Erscheinung gekommen.* — e) *blumenreich* in übertr. Bed. वाच् f. so v. a. *schöne Worte ohne inneren Gehalt.* — f) *versehen mit* (Instr. oder im Comp. vorangehend). — g) *f. *menstruirend* Râgan. 18,20. — 2) m. N. pr. eines Buddha.

पुष्पितक m. N. pr. eines Berges.

पुष्पिताक्ष Adj. *Flecken* (*albugo*) *auf dem Auge habend* Utpala zu Varâh. Bṛh. 4,20. Nom. abstr. °त्तित्व (!) n. ebend.

पुष्पिताग्र 1) Adj. *mit Blumen —, mit Blüthen besetzte Spitzen habend.* — 2) f. आ *ein best. Metrum.*

पुष्पिन् Adj. 1) *Blüthen tragend, blühend* Spr. 7760. — 2) *blüthenreich* in übertr. Bed. von einer Rede. — 3) f. a) *menstruirend* Spr. 7760. — b) *nach Begattung verlangend.*

पुष्पेषु m. *der Liebesgott.*

पुष्पोत्कटा f. N. pr. einer Râkshasî, der Mutter Râvaṇa's.

पुष्पोत्तर Name eines Himmels bei den Gaina.

पुष्पोदका f. N. pr. eines Flusses in der Unterwelt.

पुष्पोद्भव m. N. pr. eines Mannes.

पुष्पोपगम Adj. *Blüthen tragend* Vishṇus. 5,56.

पुष्पोपजीविन् m. *Gärtner, Kranzwinder.*

पुष्प्य्, पुष्प्यति *blühen.* Med. पुष्प्यमाण. Bisweilen fälschlich पुष्पति geschrieben (z. B. MBh. ed. Vardh. 12,25,8) und auch mit 1. पुष् verwechselt (z. B. MBh. ed. Bomb. 12,25,8. 58,26. Mâlatim. ed. Bomb. 326,6 = Uttarar. 49,2).

1. पुष्य (पुषिम्र) n. 1) *Nährendes.* Pl. Karaka 6,24. — 2) *Blüthe,* so v. a. *das Oberste* oder *Feinste einer Sache, Schaum, Seim.* — पुष्य AV. 5,4,4 und 19,44,5 fehlerhaft für पुष्प.

2. पुष्य 1) m. a) *das 6te Mondhaus,* früher Tishja genannt. — b) *die Zeit, da der Mond im Sternbilde* Pushja *steht.* — c) *der Monat* Pausha VP.² 3,168. — d) *das* Kalijuga. — e) N. pr. α) verschiedener Fürsten VP.² — β) eines Buddha. — 2) n. Name eines Sâman Ârsh. Br. — 3) f. पुष्या a) *eine best. Pflanze.* — b) **das Mondhaus* Pushja.

पुष्यधर्मन् m. N. pr. eines Fürsten.

*पुष्यनेत्र Adj. *das Mondhaus* Pushja *zum Führer habend.*

पुष्यमित्र m. N. pr. eines Fürsten VP. 4,24,9. Pl. einer Dynastie 17.

पुष्ययशस् m. N. pr. eines Mannes.

पुष्यरथ m. 1) *das Mondhaus* Pushja *als Wagen.* — 2) *Vergnügenswagen;* richtig पुष्परथ.

*पुष्यलक m. fehlerhaft für पुष्कलक.

पुष्यलिपि f. v. l. für पुष्पलिपि.

पुष्यसे Dat. Infin. zu 1. पुष् RV. 5,50,1. 6,13,5. 7,57,5.

पुष्यस्नान n. *eine best. zur Zeit, da der Mond im Sternbilde* Pushja *steht, stattfindende Reinigungsceremonie* Varâh. Bṛh. S. 48,3. 38. 54. 83. 78,22.

पुष्याभिषेक m. dass. Varâh. Bṛh. S. 107,6.

*पुस्, पोसयति (उत्सर्गे).

*पुस्त्, पुस्तयति (आदरानादरयोः, बन्धे).

पुस्त 1) (*n.) *Modelarbeit, Bildnerei.* — 2) m. f.

(ग्रा) (*n.) *Manuscript, Buch* Hemâdri 1,546,12. 14. 15. 16.

पुस्तक 1) *Bosse, Bossage.* — 2) m. f. (पुस्तिका) n. *Handschrift, Buch* Hemâdri 1,546,12. 16. Spr. 4155. fgg. f. auch *Büchelchen* Kâd. 255,9.

पुस्तककार m. *Bossirer* Utpala zu Varâh. Bṛh. 5,12.

पुस्तकास्तरण n. *der Umschlag um eine Handschrift* Hemâdri 1,558,15 (fälschlich पुस्तकस्तरण). 559,20.

पुस्तमय Adj. *modellirt.*

पुस्तवार्त्त Adj. *vom Bossiren lebend* Varâh. Bṛh. S. 87,37.

1. पू, पुनाति, पुनीते, पवते (vom Act. nur einmal ग्रो पव und einmal पवताम् Partic. Gen. Pl.); Partic. पूत und *पून (= विनष्ट); 1) *reinigen, läutern, klären;* überh. *rein machen, sühnen,* καθαίρω. Med. auch *sich reinigen, gereinigt ausfliessen, — abträufeln, sich klären; büssen* (RV. 7,28,4). वर्णं पुनाना: so v. a. *klar erscheinen lassend.* पवमान (s. auch bes.) *sich läuternd, durch die Seihe rinnend* RV. 9,11,9. Pass. auch *abgewaschen werden* (von Sünden), *rein werden,* so v. a. *sich* von einer Sünde (Abl.) *befreien.* — 2) ग्रद्भ्यो हिरण्यम् *Gold aus dem Wasser rein herausholen, Gold waschen.* — 3) *sichten, unterscheiden; ersinnen, dichten;* Med. auch *sich klar darstellen.* — 4) *klären, erhellen* (die Erkenntniss u. s. w.). — 5) Med. *reinigend gehen, — wehen, wehen* überh.; mit Acc. *reinigend durchwehen.* — Caus. पवयति und पावयति *reinigen;* metrisch auch Med. — *Desid. पुपूषति und पिपविषते. — *Desid. vom Caus. पिपावयिषति. — Mit ग्रति *läutern über* oder *durch* (Acc.). Med. *reinigend durchrinnen, durchpurgiren;* insbes. gebraucht von der Wirkung des getrunkenen Soma, der auf dem natürlichen Wege und als laxans durchgeht. Mit Acc. *purgando ejicere.* ग्रतिपूत und ग्रतिपवित (vom Caus.) *purgirt.* — Mit ग्रनु Med. *reinigend entlang strömen, — wehen.* — Mit ग्रभि 1) Med. *sich läutern —, gereinigt ausfliessen in der Richtung auf, zum Zweck von, für Etwas* (Acc.). — 2) *zuwehen auf* (Acc.). — 3) *verklären.* — Caus. °पवयते *von allen Seiten reinigen* Ait. Âr. 198,3.4. — Mit ग्रा Med. 1) *geläutert fliessen zu* (Acc.) oder *in* (Loc.). — 2) *Etwas herströmen zu* (Dat.); einmal Act. — Mit समा *reinigen.* — Mit उद् 1) *ausreinigen, läutern* Gobh. 1,7,24. fg. — 2) *rein herausziehen aus* (Abl.). — Mit समुद् *ausreinigen, läutern* Mân. Gṛhj. 2,10. — Mit नि, निपूत *durchgeseiht, geläutert auf.* — Mit निस् *reinigend abschütteln* (die Spreu), Körner *reinigen* (Ḱakara 3,7), *reinigen* überh. — Mit प्रतिनिस् *wieder reinigen.* — Mit परा *reinigend beseitigen* Âpast. Çr. 1,20,7. Vgl. परापावम्. — Mit परि *durchseihen, läutern;* Med. *rein abrinnen.* °पूत *vollkommen gereinigt, — rein.* — Mit प्र in *प्रपवण fgg. — Mit वि 1) *vollständig läutern, — reinigen* Maitr. S. 1,11,6. — 2) विपुनाति Nir. 12,30 nach dem Comm. = विदारयति. — Mit सम् *läutern, reinigen.* — Caus. dass. — Mit ग्रभिसम् *hinwehen über* (Acc.).

2. °पू Adj. *läuternd, reinigend.*

3. °पू Adj. *trinkend* in ग्रग्रेपू.

*पूःकाम्य्, °म्यति *sich eine Burg* oder *Stadt wünschen.*

पूग m. (adj. Comp. f. ग्रा) 1) *Verein, Körperschaft, Schaar, Menge* überh. Einmal n. — 2) *die Betelpalme, Areca Catechu;* n. *Betelnuss.* In dieser Bed. auch *पूगफल (Râgan. 11,242) und पूगीफल n. Spr. 4157. Kâd. 237,11. Pańkad. — 3) * = कपटकिवृत्त. — 4) * = छन्द oder छन्दस्. — 5) * = भाव.

*पूगतिथ Adj. *vielfach.*

*पूगपात्र n. 1) *Betelbüchse.* — 2) *Spucknapf.*

*पूगपीठ n. *Spucknapf.*

पूगयज्ञ m. *ein für eine ganze Körperschaft vollzogenes Opfer.* °यज्ञिय Adj. *zu einem solchen Opfer in Beziehung stehend.*

*पूगरोट oder *पूगवोट m. *Phoenix paludosa.*

पूगीलता f. *die Betelpalme* Kâd. 42,19.

*°पूग्य Adj. *zur Schaar des — gehörig.*

पूज्, vom Simplex nur einmal पुपूजिरे (MBh. 6, 85,40. ग्रपूजं यथा MBh. 3,1005 fehlerhaft für ग्रपूजयथा[:]; vgl. 3,27,17), sonst nur Caus. पूजयति (metrisch auch Med.). 1) *Jmd Ehrfurcht bezeigen, Jmd ehren, mit Achtung behandeln, mit Ehren empfangen, Jmd mit Etwas* (Instr.) *beehren* auch so v. a. *beschenken; Etwas mit Ehrerbietung entgegennehmen, achten —, Rücksicht nehmen auf Etwas; einweihen* LA. 10,20. पूजित 1) *geehrt —, mit Ehren empfangen von* (Instr.), *dem Ehre erwiesen worden ist; mit Ehrerbietung entgegengenommen; in Ehren stehend bei* (*Gen. oder im Comp. vorangehend) oder *wegen* (im Comp. vorangehend). — 2) *in Ehren stehend,* so v. a. *geschätzt, empfohlen, als gut —, als günstig anerkannt, approbirt* Ḱaraka 6,18. 24. — 3) am Ende eines Comp. *beehrt von,* so v. a. *bewohnt von.* — 4) *eingeweiht* Kathâs. 20,193. — 5) *versehen mit* (im Comp. vorangehend). — Mit ग्रनु Caus. *der Reihe nach ehren, ehren* überh. — Mit ग्रभि Caus. *Jmd ehrenvoll empfangen, — begrüssen, ehren, mit Etwas* (Instr.) *beehren,* so v. a. *beschenken; Etwas beloben.* ग्रभिपूजित auch so v. a. *erwünscht, genehm.* — Mit समभि Caus. *Jmd Ehre bezeigen, Jmd ehren.* — Mit परि Caus. *Jmd hoch ehren.* — Mit संपरि Caus. dass. — Mit प्र Caus. *Jmd Ehre bezeigen, Jmd ehren, Jmd* oder *Etwas beloben, in Ehren halten, Jmd mit Etwas* (Instr.) *beehren,* so v. a. *beschenken* Hemâdri 1,665,21. प्रपूजिरे MBh. 6,3790 fehlerhaft für पुपूजिरे. — Mit संप्र Caus. *Jmd Ehre bezeigen.* — Mit प्रति Caus. *eine Ehre erwiedern, Jmd Ehre bezeigen, ehrerbietig begrüssen, ehren, beehren mit* (Instr.), so v. a. *beschenken; Etwas beloben, mit Beifall aufnehmen.* — Mit संप्रति Caus. *Jmd Ehre bezeigen, Jmd ehrerbietig begrüssen, ehren.* — Mit सम् Caus. *Jmd Ehre bezeigen, Jmd ehrerbietig begrüssen, ehren, beehren mit* (Instr.), so v. a. *beschenken; Etwas beloben.* — Mit ग्रभिसम् Caus. *Jmd Ehre erweisen, Jmd ehren.*

पूजक Nom. ag. (f. पूजिका) *Ehrfurchtbezeuger, Verehrer, Jmd ehrerbietig entgegenkommend, Etwas belobend;* das Object im Gen. oder im Comp. vorangehend.

पूजन 1) n. *a) das Verehren, Ehren, Auszeichnen;* mit Gen. oder am Ende eines Comp. — *b) eine Sache, die Jmd ehrt.* — 2) f. ई N. pr. eines Vogelweibchens, einer Freundin des Fürsten Brahmadatta.

पूजनमालिका f. Titel eines Werkes.

पूजनीय 1) Adj. *dem Ehre erzeigt werden muss, zu ehren von* (Gen.); Compar. °तर *höher zu ehren von* (Gen.); Superl. °तम *überaus hoch zu ehren von* (Instr.). — 2) f. ग्रा = पूजन 2).

पूजयितर् Nom. ag. *Verehrer.*

पूजयितव्य Adj. = पूजनीय 1).

पूजा f. *Ehrenbezeigung, das Ehren, Verehren, Auszeichnung.* Am Ende eines Comp. nach dem verehrten Gegenstande oder nach dem, womit Jmd eine Ehre erwiesen wird (85,21).

पूजाकर Adj. *Ehre erzeigend, Jmd* (im Comp. vorangehend) — Spr. 6984.

पूजाकर्मन् Adj. *die Handlung des Ehrens bezeichnend,* „*ehren*“ *bedeutend* Nir. 2,26. 7,15. 10,16.

पूजाकाण्ड n. Titel eines Werkes Opp. Cat. 1.

पूजाक्रम m. desgl.

पूजाखण्ड Titel eines buddh. Werkes.

पूजागृह n. *Tempel* Dhûrtan.

पूजापट्टक n. *Ehrenurkunde, Ehrendiplom* Lokapr. 2.

पूजाप्रकाश m., पूजाप्रदीप m. und पूजारत्न n. Titel von Werken.

पूजार्ह Adj. (f. आ) *Ehre —, Auszeichnung verdienend* 189,29.

पूजावत् Adj. *Ehre —, Auszeichnung geniessend.*

पूजाविधि m. 1) *Ehrenbezeigung.* — 2) Titel eines Werkes Opp. Cat. 1.

पूजाविकृत्यप्रायश्चित्त n. Titel eines Werkes Opp. Cat. 1.

पूजासत्कार m. *Ehrenbezeigung* 296,17 (im Prâkrit).

पूजित 1) Adj. s. u. पूज्. — 2) *m. *ein Gott.*

*पूजितपत्त्रफला f. *eine best. Pflanze.*

*पूजिल 1) Adj. = पूज्य 1). — 2) m. *ein Gott.*

पूजोपकरण n. *das zu einer Verehrung Erforderliche* 295,20. 296,6 (an beiden Stellen im Prâkrit).

पूज्य 1) Adj. *dem Ehre erzeigt werden muss, zu ehren, ehrenwerth, venerandus, colendus* (das Subj. im Instr., Gen. oder im Comp. vorangehend). Superl. °तम. — 2) m. *a) ein ehrenwerther Mann* Kâraka 3,3. — *b)* * *Schwiegervater.*

पूज्यता f. und पूज्यत्व n. *Ehrwürdigkeit.*

पूज्यपाद m. N. pr. eines Lehrers. °चरित्र n. Titel eines Werkes.

*पूण्, पूणयति (संघाते).

पूत् onomatop. vom Laute des *Pustens* und *Aechzens* (Vikramâṅkak. 8,18). Richtiger फुत्, फूत्.

पूत 1) Adj. s. u. 1. पू. — 2) *m. *a) Seemuschel* Râgan. 13,122. — *b) weisses* Kuça-*Gras* Râgan. 8,92. — *c) Flacourtia sapida* Râgan. 9,162. — *d)* Du. *die Hinterbacken;* vgl. पुत. — 3) *f. आ *a) eine Art* Dûrvâ-*Gras* Râgan. 8,108. — *b)* Bein. der Durgâ.

पूतक्रता f. N. pr. eines Weibes.

*पूतक्रतायी f. *die Gattin* 1) *von* Pûtakratu 1). — 2) Indra's.

पूतक्रतु m. 1) N. pr. eines Mannes. — 2) * Bein. Indra's.

*पूतगन्ध m. *eine best. Pflanze* Râgan. 10,173.

*पूततृण n. *weisses* Kuça-*Gras* Râgan. 8,92.

पूतदक्ष 1) Adj. *von reiner Gesinnung.* — 2) m. N. pr. eines Âṅgirasa.

पूतदक्षस् Adj. = पूतदक्ष 1).

*पूतद्रु m. *Butea frondosa* Râgan. 10,36.

1.*पूतधान्य n. *Sesam* Râgan. 16,70.

2. पूतधान्य Adj. (f. आ) *reines Korn enthaltend* AV. Paipp.

पूतन m. 1) *eine best. Klasse von Unholden, Gespenst* (auch = वेताल) Bâlar. 30,19. Saddh. P. 239. — 2) f. आ *a)* N. pr. einer Unholdin, die eine best. Kinderkrankheit bewirkt. Sie erschien in Vogelgestalt dem Kṛshṇa und säugte ihn, ward aber von ihm getödtet. Sie erscheint auch unter den Müttern in Skanda's Gefolge und als Joginî (Hemâdri 2,*a*,102,15. 16). Nom. abstr. त्व n. Kâṇḍ. 41,23. — *b)* **Terminalia Chebula* Râgan. 11,222. 227. — *c)* **eine Art Valeriana* Râgan. 12,101. — *d)* *fehlerhaft für पूतना.

पूतनस्य n. fehlerhaft für पूतिनस्य.

पूतनाकेश (wohl m.) und °केशी f. *eine best. Pflanze* Kâraka 6,14. 15.

*पूतनादूषण m. Bein. Kṛshṇa's.

पूतनाय्, °यति *die Unholdin* Pûtanâ *darstellen.*

*पूतनारि und *पूतनासूदन m. Bein. Kṛshṇa's.

पूतनिका f. = पूतन 2) *a).*

*पूतपत्त्री f. *Basilienkraut* Râgan. 10,153.

*पूतफल m. *Brodfruchtbaum* Râgan. 11,32.

पूतबन्धन Adj. (f. ई) *am Reinen hängend.*

पूतबन्धु Adj. *von reiner Abkunft, von edler Race.*

पूतभृत् m. *ein best.* Soma-*Gefäss, das den klaren Saft aufnimmt,* Ârjav. 85,22.

पूतमति Adj. *von reiner Denkart* (Çiva).

पूतमूर्ति Adj. *rein geworden, gereinigt* 174,11.

*पूतयवम् Adv. *zur Zeit, wann die Gerste gereinigt ist.*

पूतर m. *ein best. Wasserthier* Ganar. 4,291. Hem. Pr. Gr. (ed. Pischel) 1,170. Bildlich von *einem ganz unbedeutenden Menschen* im Gegens. zu कुञ्जर *Elephant* als Bez. *eines sehr hoch stehenden Mannes* Hem. Par. 1,230. Daher wohl = अधम nach Trivikrama bei Pishel a. a. O. 2, S. 40 (zu 1, 170).

पूतात्मन् Adj. *dessen Person gereinigt ist, geläutert.* Nom. abstr. °त्मता f.

1. पूति f. *Reinigung, Reinheit.*

2. पूति 1) Adj. *faul, stinkend, putidus.* *Nach einem Verbum fin. als Ausdruck des Tadels. — 2) m. *a) Jauche, Eiter.* — *b)* = पूतिक 2) *a).* — *c)* * *Zibeth.* — 3) *n. *ein best. Gras* Râgan. 8,99.

पूतिक 1) Adj. *faul, stinkend.* — 2) m. *a) ein als Surrogat für die* Soma-*Pflanze dienendes Kraut.* — *b) Guilandina Bonduc* Bhâvapr. 1,206. — *c)* * *Zibethkatze* Râgan. 19,14. — 3) f. आ *a)* * *Basella cordifolia.* — *b) Termite* Spr. 4150, v. l. Richtig पुत्तिका.

*पूतिकरञ्ज (!) u. °करञ्ज m. *Guilandina Bonduc* Mat. med. 153. Râgan. 9,69.

पूतिकर्ण m. *eine best. Ohrenkrankheit mit stinkendem Ausfluss.*

पूतिकर्णक m. 1) dass. — 2) * *Guilandina Bonduc* Râgan. 9,69.

पूतिकर्णता f. = पूतिकर्ण.

*पूतिकर्णिक m. v. l. für पूतिकर्णक 2) Râgan. 9,69.

*पूतिकामुख m. *eine zweischalige Muschel.*

*पूतिकाष्ठ n. *Pinus Deodora* und *longifolia.*

*पूतिकाष्ठक n. *Pinus longifolia.*

पूतिकीट m. *ein best. Insect.*

पूतिकुष्माण्डाय्, °यते *einem verfaulten Kürbis gleichen,* so v. a. *nicht den geringsten Werth haben.* °कुष्माण्डायनत्व n. so v. a. *vollkommene Werthlosigkeit.*

पूतिकेश्वरतीर्थ n. N. pr. eines Tîrtha.

पूतिखष m. *ein best. Thier* Âpast. Vgl. पूतिघास.

1. पूतिगन्ध m. *Faulgeruch, Gestank.*

2.*पूतिगन्ध 1) Adj. *stinkend.* — 2) m. *a) Schwefel* Râgan. 13,70. — *b) Terminalia Catappa* Râgan. 8,146. — 3) *f. आ *Vernonia anthelminthica* Râgan. 4,64. — 4) n. *Zinn* Râgan. 13,21.

पूतिगन्धि Adj. *stinkend.*

*पूतिगन्धिक 1) Adj. *stinkend.* — 2) f. आ *Serratula anthelminthica.*

पूतिघास m. *ein best. auf Bäumen lebendes Thier.* Vgl. पूतिखष.

*पूतितैला f. *Cardiospermum Halicacabum.*

पूतित्व n. *das Stinken.*

पूतिधान्य Adj. (f. आ) fehlerhaft für पूतधान्य *reines Korn enthaltend,* wie AV. Paipp. liest.

पूतिनस्य n. und पूतिनासागद m. *eine best. Krankheit der Nase, welche von übelriechendem Athem begleitet ist.*

पूतिनासिक Adj. *eine stinkende Nase habend.*

*पूतिपत्त्र m. *eine Art* Çjonâka Râgan. 9,28.

*पूतिपर्ण m. *Pongamia glabra* Râgan. 9,62.

*पूतिपुष्पिका f. *eine Citronenart mit übelriechender Blüthe.*

*पूतिफला und *°फली f. *Serratula anthelminthica.*

पूतिभाव m. *Fäulniss* Kap. 5,114. 6,60.

*पूतिमयूरिका f. *Ocimum villosum* Râgan. 4,180.

पूतिमाष m. N. pr. eines Mannes.

*पूतिमुक्त *Stuhlgang.*

पूतिमृत्तिक m. *eine best. Hölle.*

*पूतिमेद m. *Vachellia farnesiana* Râgan. 8,42.

पूतिरज्जु f. wohl *eine best. Pflanze.*

पूतिवक्त्र Adj. *aus dem Munde übel riechend.* Nom. abstr. °ता f.

पूतिवय m. v. l. für पूतिघास im Comm. zu Suçr. 1,202,17. Erklärt durch वत्सचूडामणिक oder खट्टास.

पूतिवात m. 1) *Farz.* — 2) * *Aegle Marmelos.*

*पूतिवृक्ष m. *Calosanthes indica.*

*पूतिशारिजा f. *Zibethkatze.*

पूतिसृञ्जय m. Pl. N. pr. eines Volkes.

पूतीक m. 1) *ein als Surrogat für die* Soma-*Pflanze dienendes Kraut.* — 2) * *Zibethkatze.*

*पूतीकरञ्ज m. v. l. für पूतिकरञ्ज.

पूतुदार m. = पूतद्रु *Butea frondosa.*

पूतुद्रु und पूतुद्रु m. *Acacia Catechu* oder *Pinus Deodora* Comm. zu Âpast. Çr. 7,5,6. n. *die Frucht.*

*पूतकारी f. 1) Bein. der Sarasvatî. — 2) N. pr. der Stadt der Schlangen.

पूत्यण्ड m. 1) *ein best. fliegendes stinkendes Insect* Spr. 4150, v. l. — 2) * *Moschusthier.*

पूत्रिम Adj. *geläutert, rein.*

पूर्त्वी Absol. von 1. पू ṚV. 8,91,7.

पूथिका (?) f. *eine best. Gemüsepflanze.* Der Comm. hat an einer Stelle wahrscheinlich पृथुका, an der anderen पृथिका.

*पून s. u. 1. पू.

पूनादेवी f. N. pr. eines Frauenzimmers.

*पूनि f. Nom. act. von 1. पू.

पूप m. *Kuchen.*

*पूपला f. *eine Art Kuchen.*

पूपलिका f. *eine Art kleiner Kuchen* Madanav. 113,46. Karaka 1,27. 6,2.

*पूपली f. *eine Art Kuchen.*

पूपशाला f. *Bäckerwerkstatt.*

पूपालिक m. und °का f. *Kuchen.*

*पूपाली f. *eine Art Kuchen.*

*पूपाष्टका f. *der achte Tag des abnehmenden Mondes nach der* Âgrahâjaṇî.

*पूपिका f. *eine Art Kuchen.*

*पूपीय und *पूप्य Adj. von पूप.

पूय्, पूयति, *पूयते *faul werden, stinken.* — Mit आ *stinkend werden.*

पूय m. n. *stinkender —, fauliger Ausfluss, Jauche, Eiter.*

*पूयन n. dass.

पूयमान 1) Partic. Pass. von 1. पू. — 2) *m. N. pr. eines Mannes.

*पूयमानयवम् Adv. *zur Zeit, da die Gerste gereinigt wird.*

पूयरक्त m. *eine best. Krankheit der Nase mit Ausfluss blutigen Eiters.*

पूयवह m. *eine best. Hölle* VP. 2,6,4. 18.

*पूयाभ n. *eine Art Mutterblutfluss.*

*पूयारि m. *Azadirachta indica.*

पूयालस m. *eine best. Krankheit der sogenannten Verbindungsstellen* (संधि) *im Auge.*

पूयोद m. *eine best. Hölle.*

पूर 1) Adj. am Ende eines Comp. 1) *füllend.* — *b) erfüllend, befriedigend.* — 2) m. (adj. Comp. f. आ) *a) das Füllen, Vollmachen* Ind. St. 14,367. — *b) das Befriedigen, Zufriedenstellen.* — *c) Anschwellung eines Flusses, — des Meeres, ein volles Bette, Fluth, Strom, Erguss, Wassermenge.* Häufig im Zusammensetzung mit einem Worte, das Wasser oder eine andere Flüssigkeit bezeichnet. In übertragener Bed. auch so v. a. *Ueberfluss, hoher Grad von* (im Comp. vorangehend). — *d) Kuchen, Gebäck.* — *e) langsames Einziehen des Athems durch die Nase* (eine asketische Uebung). — *f)* * *Reinigung einer Wunde;* vgl. पूरण 4) *b).* — *g)* * *Citronenbaum.* — 3) f. ई N. pr. eines Frauenzimmers. — 4) n. *a)* * *eine als Räucherwerk gebrauchte Art von Agallochum* Râǵan. 12,95. — *b)* * *Bdellium* Râǵan. 12,108. — *c)* Hariv. 8659 fehlerhaft für पुर *Stadt.*

पूरक 1) Adj. *a) voll machend, füllend, ausfüllend.* *वर्षशतस्य 239,7. — *b) erfüllend, befriedigend.* — 2) m. *a) Strom, Erguss.* — *b) Multiplicator.* — *c)* * *die zur Vollendung eines Manenopfers darzureichenden Mehlklösse;* vgl. पूरकपिण्ड. — *d) langsames Einziehen des Athems durch die Nase* (eine asketische Uebung). — *e) Citronenbaum.* — 3) f. पूरिका *eine Art Gebäck* Bhâvapr. 2,18. MBh. 7,64,7. Jâǵn. 1,287. Hemâdri 1,654,20. Vâstuv. 11,38. Agni-P. 40,12. Dhûrtan. 35.

पूरकपिण्ड m. Pl. *die zur Vollendung eines Manenopfers darzubringenden Mehlklösse* Kull. zu M. 5,88.

पूरण 1) Adj. (f. ई) *a) voll machend, füllend.* — *b) erfüllend, befriedigend, bewirkend* Hariv. 2,72, 52. — 2) m. *a) der Vollmacher einer Zahl,* so v. a. *ein Nomen ordinale* (von द्वितीय an) *masc. gen.* — *b)* * *Damm.* — *c)* * *Meer.* — *d)* N. pr. verschiedener Männer. Auch Pl. als Patron. — 3) f. पूरणी *a)* f. zu 2) *a).* — *b)* * *Bombax heptaphyllum.* — *c) Zettel, Aufzug eines Gewebes.* Du. (!) Râǵat. 8,2934. — 4) n. पूरण *a) das Vollmachen, Ausfüllen, Anfüllen, Aufblähen.* — *b)* in der Med. *das Füllen,* so v. a. *das Einbringen von Flüssigkeit* oder *andern Stoffen* (in's Ohr u. s. w.). — *c) das Vollmachen* eines Bogens, so v. a. *vollkommenes Spannen* desselben. — *d) das Durchlaufen* (einer Bahn). — *e) das Erfüllen, Befriedigen.* — *f) das Versehen mit dem Erforderlichen, das Ausschmücken.* — *g) reichliche Zufuhr von Nahrung* Karaka 3,3. — *h)* * *Regen.* — *i) eine Art Gebäck, Gefülltes* Bhâvapr. 2,21. — *k)* * *Cyperus rotundus.* — *l)* * *Zettel, Aufzug eines Gewebes.*

पूरणक m. N. pr. eines Schlangendämons Hariv. 9502.

पूरणकाश्यप m. N. pr. eines Mannes.

पूरणप्रत्यय m. *ein Suffix, das Nomina ordinalia bildet.*

पूरणीय Adj. 1) *auszufüllen, zu ergänzen.* — 2) *zu erfüllen, zu befriedigen.*

पूरम् Absol. von 1. पर् in उदर°, *ऊर्ध्व°, *गोष्पद° (Nachtr. 3) und स्रुव°.

पूरय्, पूरयति s. Caus. von 1. पर्.

पूरयितर् Nom. ag. 1) *der da füllt, ausfüllt.* — 2) *Erfüller, Befriediger* Spr. 7635.

पूरयितव्य Adj. 1) *zu füllen* (Ârjav. 85,20 fgg.), *voll zu machen.* — 2) *zu befriedigen.*

*पूराम्ल n. *die Frucht der Spondias mangifera* Râǵan. 6,125.

°पूरिन् Adj. *füllend, erfüllend.*

पूरु m. 1) *Mensch, Leute.* — 2) N. pr. *a)* Sg. und Pl. eines Volksstammes. — *b)* eines Asura-rakshasa Çat. Br. 6,8,1,14. — *c)* eines alten Fürsten, eines Sohnes des Jajâti. — *d)* eines Liedverfassers mit dem Patron. Âtreja. — *e)* eines Sohnes des Ǵahnu. — *f)* eines Sohnes des Manu Kâkshusha VP. 1,13,5. — Vgl. पुरु.

पूरुष (metrisch) m. = पुरुष.

पूरुषघ्न Adj. *Leute treffend, — tödtend* ṚV. 1, 114,10.

पूरुषत्वता Adv. = पुरुषत्वता ṚV. 4,54,3.

पूरुषाद् Adj. *Menschen verzehrend* ṚV. 10,27,22.

पूरुषाद m. Pl. N. pr. eines *cannibalischen* Volkes Varâh. Bṛh. S. 4,22.

पूरोत्पीड m. *ein starkes Anschwellen des Wassers* Spr. 4165.

पर्द्दायन n. *Eroberung einer Burg,* Bez. einer best. *Ceremonie* Maitr. S. 3,8,2.

पूर्ण 1) Adj. s. u. 1. पर्. — 2) m. *a) eine Form der Sonne.* — *b) ein best. Tact* S. S. S. 233. — *c)* N. pr. α) eines Schlangendämons. — β) eines Devagandharva. — γ) eines buddh. Religiösen. — 3) f. पूर्णा *a) die 15te* Kalâ *des Mondes.* — *b) die 5te, 10te und 15te* Tithi. — *c)* N. pr. α) verschiedener Frauen. — β) zweier Flüsse VP.[2]. Auch °नदी. — 4) n. *a) Fülle, volles Maass.* — *b)* Bez. der Null Gaṇit. Tripr. 96.

पूर्णक 1) m. a) *ein best. Baum.* — b) *der blaue Holzhäher* MBh. 7,57,4 (nach Nîlak.). — c) *ein best. Geräthe* (bei den Maga) VP.² 5,384. — d) *= धान्यज्वर Gal. — 2) f. पूर्णिका *ein best. Vogel* Mâlatîm. 145,20 (121,21).

पूर्णकंस m. *eine volle Schale.*

*पूर्णककुद् Adj. *einen vollen, ausgewachsenen Höcker habend.*

*पूर्णकाकुद und *°काकुद Adj.

पूर्णकाम Adj. (f. आ) *dessen Wünsche erfüllt sind* Mahâvîrak. 67,20. Nom. abstr. °ता f.

°पूर्णकारण Adj. *erfüllend, befriedigend.*

पूर्णकुट m. *eine best. Klasse von Vögeln.*

पूर्णकुम्भ 1) m. a) *ein voller Krug* Hemâdri 1,170,5. अपाम् *ein mit Wasser gefüllter Krug.* Am Ende eines adj. Comp. f. आ Ragh. 5,63. — b) *eine best. Positur beim Kampfe.* Nach Nîlak. = ग्रथिताङ्गुलिभ्यां हस्ताभ्यां परशिरसः पीडनम् — c) N. pr. eines Dânava. v. l. कुम्भकर्ण. — 2) m. n. *eine Bresche von best. Form* Mṛkkh. 47,12. 15. — 3) Adj. (f. आ) *einen vollen Krug habend.*

पूर्णकूट m. = पूर्णकुट.

पूर्णकोशा f. *eine best. Pflanze* Varâh. Jogaj. 9,14.

*पूर्णकोष्ठा f. *eine Cyperus-Art* Râǵan. 6,144.

पूर्णख Adj. etwa *mit gut geschmierter Büchse* (Wagen) Sâmhitopan. 9,7. पूर्णा च तत्वं च पूर्णखम् Sâj.

पूर्णगभस्ति Adj. *der die Arme voll hat.*

पूर्णगर्भ Adj. (f. आ) *dessen Inneres gefüllt ist* Bhâvapr. 2,18.

पूर्णचन्द्र m. 1) *Vollmond.* — 2) N. pr. a) eines Bodhisattva. — b) eines Autors.

पूर्णता f. *das Vollsein, Fülle.*

पूर्णत्व n. dass. Am Ende eines Comp. *das Vollsein von.*

पूर्णदर्व n. *die Ceremonie mit dem vollen Löffel.* v. l. auch °दर्व्य n.

पूर्णदेव m. N. pr. eines Autors.

पूर्णधर्म m. Mârk. P. 66,34 fehlerhaft für पूर्तधर्म.

पूर्णपात्र 1) m. f. (°पात्री) n. *ein volles Gefäss, ein Geschirr voll, quantum vas capit;* auch als *ein best. Hohlmaass* Cit. im Comm. zu Gobh. 1,9,7. — 2) n. *ein Geschenk,* (Gewänder u. s. w.), *das dem Bringer einer guten Botschaft gereicht wird,* Harshak. 96,14. Kâd. 82,8.

पूर्णपात्रप्रतिभट Adj. *mit einem vollen Gefäss wetteifernd,* so v. a. *überfliessend, auf der höchsten Stufe stehend* (Ruhm).

पूर्णपात्रमय Adj. (f. ई) *aus einem vollen Gefässe —, aus einem* Pûrṇapâtra *genannten Hohlmaasse bestehend, so viel betragend, nur davon handelnd* (Reden).

पूर्णपुरी m. N. pr. eines Gelehrten.

पूर्णप्रज्ञ m. Bein. Madhjamandira's.

*पूर्णबीज m. *Citrone* Râǵan. 11,149.

पूर्णभद्र m. N. pr. 1) eines Schlangendämons. — 2) des Vaters des Jaksha Harikeça. — 3) verschiedener Männer.

*पूर्णभेदिनी f. *Fennich.*

पूर्णमण्डल n. *ein voller Kreis.*

*पूर्णमा f. *Vollmondsnacht, — tag.*

पूर्णमानस Adj. *dessen Herz befriedigt ist.*

पूर्णमास् m. *Vollmond.*

पूर्णमास 1) m. a) *Vollmond und die Feier am Tage des Vollmondes.* — b) N. pr. α) eines Sohnes Dhâtar's und der Anumati. — β) eines Sohnes des Kṛshṇa. — 2) f. पूर्णमासी *Vollmondsnacht, — tag* Bharadvâǵa im Comm. zu Âpast. Çr. 5,3,16.

1. पूर्णमुख n. *ein voller Mund.* Instr. *mit vollen Backen* (blasen) Mân. Çr. 1,5,3.

2. पूर्णमुख m. 1) *ein best. Vogel.* — 2) N. pr. eines Schlangendämons.

पूर्णमुष्टि m. f. *eine Handvoll* Çâñkh. Gṛhj. 4,17.

पूर्णमैत्रायणीपुत्र m. N. pr. eines Mannes.

पूर्णयोग m. *eine best. Kampfart.* Nach Nîlak. *ein Faustschlag auf eine vorher nicht bedrohte Stelle des Körpers.*

पूर्णयौवन Adj. *in voller Jugendkraft* Daçak. (1925) 2,79,4.

पूर्णवन्धुर Adj. *dessen Wagenkasten gefüllt ist.*

पूर्णवपुस् Adj. *vollleibig, voll* (Mond).

पूर्णवर्मन् m. N. pr. eines Mannes Ind. Antiq. 1875, S. 356.

पूर्णविघ्न Adj. *voll, aber nicht steif* (?) Çâñkh. Gṛhj. 1,3.

पूर्णवैनाशिक Adj. *an eine vollständige Vernichtung glaubend;* m. Pl. *Bez. der Buddhisten.*

पूर्णशक्ति f. *die volle, Alles in sich schliessende Energie* (eine Vergeistigung der Râdhâ).

पूर्णशक्तिमत् Adj. *die Energie* पूर्णशक्ति *besitzend* (Kṛshṇa).

पूर्णश्री Adj. *Glücksgüter in Fülle habend* 173,15.

पूर्णसमय m. N. pr. eines Kshapaṇaka.

*पूर्णसौगन्ध m. N. pr. eines Mannes.

पूर्णस्रुव m. *ein voller* Sruva *genannter Löffel* Mân. Çr. 1,2,6. 3,1.

पूर्णहोम m. = पूर्णाहुति.

पूर्णाक्ष und °क्ष्य (!) m. N. pr. eines Maudgalja-Kâraka 1,26.

पूर्णाङ्गद m. N. pr. eines Schlangendämons.

पूर्णाञ्जलि m. *zwei Handvoll.*

पूर्णात्मन् m. Spr. 1402 wohl fehlerhaft.

*पूर्णानक n. 1) *Trommel.* — 2) *der Laut einer Trommel.* — 3) *Gewänder, Kränze u. s. w., die gute Freunde an Festen erbeuten.* — 4) *Gefäss.* — 5) *Mondstrahl.*

पूर्णानन्द m. 1) *vollkommene Wonne.* — 2) N. pr. eines Mannes. Auch °सरस्वती.

पूर्णानन्दप्रबन्ध m. Titel eines Werkes.

पूर्णापूर्ण Adj. *bald voll bald knapp* Spr. 4167.

पूर्णाभिषिक्त m. Pl. *eine best. Abtheilung der* Çâkta.

पूर्णाभिषेक m. *eine best. Ceremonie bei den* Çâkta. °पद्धति f. Titel eines Werkes.

पूर्णाभ्रस m. *ein best. Medicament* Rasendrak. 96.

पूर्णामृता f. *die 16te* Kalâ *des Mondes.*

पूर्णायत n. *ein vollkommen gespannter Bogen.*

पूर्णायुस् m. N. pr. eines Gandharva.

पूर्णार्थ Adj. *der sein Ziel erreicht hat, dessen Wunsch erfüllt worden ist.*

*पूर्णालक n. v. l. für पूर्णानक.

पूर्णाशा f. N. pr. eines Flusses. पर्णाशा v. l. MBh. 6,9,31.

पूर्णाहुति f. *Vollopfer,* so v. a. *die Darbringung eines vollen Löffels.*

पूर्णाहुतिक Adj. *auf die* पूर्णाहुति *bezüglich.*

पूर्णिमन् m. N. pr. eines Sohnes des Marîki.

पूर्णिमा f. *Vollmondsnacht, — tag.* Auch °रात्रि f., °शर्वरी f. (Spr. 6417) und °दिन n.

पूर्णिमामनोरथव्रत n. *eine best. Begehung.*

*पूर्णिमासी f. angeblich = पौर्णमासी.

पूर्णी Adv. mit कर् *vervollständigen.*

पूर्णेच्छ Adj. *dessen Wunsch erfüllt worden ist* 116,22.

पूर्णेन्दु m. *Vollmond* 303,16. Spr. 7860.

पूर्णेन्दुरस m. *ein best. Medicament* Rasar. 772.

पूर्णेश m. N. pr. eines Verfassers — und पूर्णेशी f. N. pr. einer Verfasserin von Mantra bei den Çâkta.

पूर्णोत्कट m. N. pr. eines Berges.

पूर्णोत्सङ्ग 1) Adj. (f. आ) *hochschwanger* MBh. 14,2002. v. l. पुत्रोत्सङ्गा. — 2) m. N. pr. eines Fürsten.

पूर्णोद Adj. (f. आ) *ein volles Bette habend* (Fluss).

पूर्णोदरा f. N. pr. einer Gottheit.

पूर्णोपमा f. *ein vollständiges Gleichniss.*

पूर्त 1) Adj. s. u. 1. पर्. — 2) n. a) *Gewährung, Lohn, Belohnung.* — b) *Lohn, auf den man An-*

spruch hat, Verdienst. — c) *ein verdienstliches Werk, wie Speisung von Brahmanen, Brunnengraben u. s. w.* — d) * *das Hüten, Bewachen.* — e) Titel eines Werkes; vollständig पूर्तकमलाकर.

पूर्तकमलाकर m. Titel eines Werkes.

पूर्तधर्म m. = पूर्त 2) c) Mârk. P. 66,34 (पूर्णधर्म gedr.). Vgl. 1. पर् 3) c).

पूर्तय्, °यति mit dem Obj. धर्मम् *die verdienstlichen Werke* पूर्त 2) c) *vollbringen.*

पूर्ति f. 1) *Füllung, Vollmachung.* — 2) *Vollendung, das zu Ende Gehen* Naish. 1,41. — 3) *Gewährung, Lohn, Belohnung.*

पूर्तिकाम Adj. 1) am Ende eines Comp. *zu vervollständigen —, zu ergänzen wünschend.* — 2) *Gewährung —, Lohn wünschend.*

पूर्तिन् Adj. *der das Verdienst* पूर्त 2) c) *hat.*

पूर्तोद्योत m. Titel eines Werkes.

पूर्वन् Adj. *sich voll gefressen habend* Kâṭh. 19,12.

पूर्देवी f. *die Schutzgöttin einer Stadt.*

*पूर्द्वार f. und *पूर्द्वार n. *Stadtthor.*

पूर्पति m. *Herr der Burg, — Stadt.*

पूर्भिद् Adj. *Wehren —, Burgen brechend.*

पूर्भिद्य n. *das Zerbrechen der Wehren, — Burgen.*

पूर्मार्ग m. *ein zur Stadt führender Weg* Ind. St. 15,320.

पूर्य Adj. in अपूर्य (Nachtr. 3).

पूर्याण Adj. *zur Feste* (d. i. *zur himmlischen Welt*) *führend.*

*पूर्व्, पूर्वति (पूरणे), पूर्वयति (निकेतने, कूर्दे).

पूर्व 1) Adj. (f. आ) a) *der vordere, voranseiend, — stehend.* — b) *östlich, — von* (Abl.). — c) *früher, vorherig, vorangegangen, vorhergehend vor* (Abl. oder im Comp. vorangehend), *alt, herkömmlich, bisherig.* *मासेन पूर्वः oder *मासपूर्व *um einen Monat früher,* स्त्री° *früher Weib gewesen;* besonders beliebt ist diese Stellung des Wortes nach einem Partic. praet. pass. (दृष्ट° *früher gesehen*). पूर्वतर steigernd und auch = पूर्व. — d) *der erste in der Reihenfolge, vorangehend.* दम m. so v. a. *die niedrigste Strafe,* पूर्वे वयसि *in der Jugend* 179,1. गजपूर्व *Elephanten —,* d. i. *der Zahl acht vorangehend, der siebente.* — e) *vorangehend, früher,* so v. a. *vorher erwähnt, zuerst genannt, — aufgeführt, — ausgesprochen, aufgeführt vor* (Abl. AK. 2,6,2,7). पूर्वतर in derselben Bed. — f) * *fehlerhafte Variante für* पूर्ण *voll, ganz.* — 2) Adv. पूर्वम् a) *voran.* — b) *vormals, ehemals, früher* (auch mit Praes. statt Praet.); *zuerst, zuvor, vorher.* अद्य पूर्वम् *bis jetzt.* Mit Abl. *vor* (zeitlich). Ohne Flexionszeichen häufig im Comp. vor einem Adj., insbes. vor einem Partic. praet. pass. पूर्वतरम् *früher.* — c) *vorn, am Anfange einer Rede.* — 3) am Ende eines adj. Comp. (f. आ) — *als Vorangehendes habend,* so v. a. *folgend auf.* °पूर्वम् Adv. *mit Vorangehung von —, so dass — vorangeht.* Häufig ist die Bedeutung des *Früheren, Vorangehenden* so erblasst, dass das Adj. durch *begleitet von, verbunden mit,* das Adv. (st. °पूर्वम् auch °पूर्वेण) durch *mit, unter, gemäss* (bei einer vorangehenden Negation durch *ohne*) wiedergegeben werden kann. — 4) m. a) Pl. *die Alten, Altvordern, Vorfahren.* Auch पूर्वतर (पितामहाः पूर्वतराश्च तेषाम्) in derselben Bed. — b) *ein älterer Bruder.* — c) N. pr. eines Fürsten. — 5) f. पूर्वा a) *Osten.* — b) Bez. *der mit* पूर्व *zusammengesetzten Mondhäuser.* — 6) n. a) *Vordertheil.* — b) * *eine best. grosse Zahl von Jahren.* — c) Pl. Bez. *der 14 ältesten Schriften der Gaina.* — d) Titel eines Tantra.

पूर्वक 1) Adj. (f. पूर्विका) a) = पूर्व 1) c). — b) = पूर्व 1) d). — 2) am Ende eines adj. Comp. (f. °पूर्विका) = पूर्व 3). — 2) m. *Vorfahr, Ahn.*

पूर्वकर्मन् n. 1) *eine frühere, vorangegangene That.* — 2) *Vorbereitung.*

पूर्वकल्प m. 1) *vorangehende Weise, Vorgang.* — 2) *Vorzeit;* nur Loc. Sg. und Pl.

पूर्वकामकृत्वन् Adj. *alte Wünsche erfüllend.*

पूर्वकाय m. *Vorderkörper* (des Thieres), *Oberkörper* (des Menschen).

पूर्वकारिन् Adj. *zuerst thätig.* Kathâs. 117,147 ist अप्रेतापूर्वकारिणा zu lesen.

पूर्वकार्य Adj. *früher zu thun* Spr. 5012.

1. *पूर्वकाल m. *die frühere Zeit.*

2. पूर्वकाल Adj. *aus einer frühern Zeit stammend, früher besprochen.* Nom. abstr. °ता f. *das Vorangehen in der Zeit.*

पूर्वकालिक Adj. *aus einer früheren Zeit stammend.*

पूर्वकालीन Adj. *der Zeit nach vorangehend.* Nom. abstr. °त्व n. Nj. K.

पूर्वकृत्वन् Adj. *längst thätig.*

पूर्वकृत 1) Adj. *früher —, in einem frühern Leben vollbracht.* — 2) n. *eine Handlung aus früherer Zeit, — im frühern Leben.*

पूर्वकृत्वरी Adj. f. *voraushandelnd* AV.

*पूर्वकोटि f. *Anticipation.*

पूर्वक्रमागत Adj. *von den Vorfahren stammend* Jâgn. 2,27.

पूर्वक्रिया f. *Vorbereitung* Ind. St. 15,276.

पूर्वग Adj. 1) *vorangehend.* — 2) *zum Vorhergehenden gehörig.*

पूर्वगङ्गा f. Bein. des Flusses Narmadâ oder Revâ.

पूर्वगत 1) Adj. *vorangegangen.* — 2) n. Titel eines Gaina-Werkes.

पूर्वगत्वन् Adj. *entgegenkommend.*

पूर्वगम am Ende eines adj. Comp. *Vorgänger* Kâraṇḍ. 2,6.

पूर्वग्रामिन् m. N. pr. eines Geschlechts.

पूर्वंगत (Dhûrtan. 8) und *पूर्वंगम Adj. *vorangehend.*

पूर्वचित् Adj. *zuerst schichtend, im Schichten zuvorkommend.*

पूर्वचिती f. MBh. 1,4821 fehlerhaft für °चित्ती.

पूर्वचित्त Adj. AV. 7,82,3 fehlerhaft für पूर्वचित्.

पूर्वचित्ति f. 1) *Vorahnung, praesensio.* Nur Dat. etwa so v. a. *auf den ersten Wink, alsbald.* — 2) etwa *erster Begriff.* — 3) N. pr. einer Apsaras. — 4) VS. 13,43 wohl fehlerhaft für पूर्वचित.

*पूर्वचित्तिका (Gal.) und °चित्ती (metrisch MBh. 1,123,65) = पूर्वचित्ति 3).

पूर्वचिन्तन n. *die früheren Sorgen* Spr. 2093.

पूर्वचोदित Adj. *früher festgesetzt, — bestimmt, — vorgeschrieben* M. 3,26. 8,160. Nom. abstr. °त्व n. Pâr. Gṛhj. 2,17,4.

पूर्वज 1) Adj. a) *vor Andern geboren, — entstanden, vormalig, uralt.* — b) *zuerstgeboren, älter, der älteste* (Sohn, Bruder, Schwester). — c) *vorhergehend vor* (im Comp. vorangehend). — 2) m. a) *Vorfahr, Ahn* 214,27. क्षत्र° *der Ur-Kshatrija.* — b) *der älteste Sohn* Gaut. 28,3. 9. — c) *ein älterer Bruder, der älteste Br.*

पूर्वजदेव m. Bein. Brahman's MBh. 1,197,9.

पूर्वजन m. Pl. *Leute der Vorzeit.*

1. पूर्वजन्मन् n. *eine frühere Geburt, ein früheres Leben.*

2. पूर्वजन्मन् m. *der ältere Bruder.*

पूर्वजाति f. = 1. पूर्वजन्मन्.

पूर्वजा (RV. 8,6,41) und पूर्वजावन् Adj. = पूर्वज 1) a).

*पूर्वजिन m. Bein. Mañguçrî's.

पूर्वज्ञान n. *Kenntniss des frühern Lebens.*

पूर्वतस् Adv. 1) *vorn.* — 2) *nach Osten hin, im Osten.* — 3) *zuerst.*

पूर्वतस्कर m. *ein ehemaliger Dieb* 204,32.

°पूर्वता f. Nom. abstr. zu पूर्व 3) Daçak. 36,21.

पूर्वतापनीय n. *die erste Hälfte einer Tâpanîjopanishad.*

पूर्वतापिनी f. dass. °दीपिका Opp. Cat. 1.

पूर्वत्र Adv. 1) = Loc. पूर्वस्मिन्. जन्मनि *in einem vorangehenden Leben,* दिने *am vorangehenden*

Tage. — 2) *im Voran —, im Vorhergehenden.*

*पूर्वत्रैगर्तक Adj. Ind. St. 13,372.

*पूर्वत्रैयलिन्द Adj. von पूर्वत्र्यलिन्द Mahâbh. 7, 111,*a*.

*पूर्वत्र्यलिन्द N. pr. eines Dorfes ebend.

पूर्वत्व n. *das Vorangehen, Frühersein, Priorität, ein früherer Zustand.*

पूर्वथा Adv. 1) *ehemals, von jeher.* — 2) *wie ehemals.* — 3) *zuerst, zuvor.*

पूर्वदक्षिण Adj. (f. आ) *südöstlich.*

पूर्वदत्त Adj. *zuvor gegeben, — geschenkt* Hemâdri 1,500,8.

पूर्वदर्शन m. N. pr. eines Mannes.

*पूर्वदाविक Adj. von पूर्वदेविका.

*पूर्वदिक्पति und *°दिगीश m. Bein. Indra's.

पूर्वदिश् f. *Osten* Pañkad.

पूर्वदिष्ट Adj. *durch vorangegangene Handlungen bestimmt.*

पूर्वदीक्षा f. *die frühere Weihe* Çat. Br. 6,2,2,39.

पूर्वदीक्षिन् Adj. *die frühere Weihe nehmend* Ait. Br. 1,3,21.

पूर्वदुग्ध Adj. *zuvor ausgesogen, — ausgeplündert* Daçak. 65,2.

पूर्वदृष्ट Adj. 1) *zuvor gesehen* Kathâs. 23,182. — 2) *ehemals erschienen, uralt* MBh. 14,18,28. — 3) *von Alters her angesehen —, geltend als* 193,24.

पूर्वदेव m. 1) *ein Urgott.* — 2) *ein* Asura Ind. St. 15,430.

पूर्वदेवता f. *eine Urgottheit.*

*पूर्वदेविका f. N. pr. eines Dorfes.

पूर्वदेश m. 1) *die östliche Richtung.* Loc. *östlich von* (Abl.). — 2) *das östliche Land.*

पूर्वदेह m. *ein früherer Leib.* Loc. so v. a. *in einem frühern Dasein.*

पूर्वदेहिक und °दैहिक (Karaka 3,3) Adj. *in einem frühern Dasein vollbracht.*

पूर्वद्वार Adj. *im Osten Glück bringend* Ind. St. 10,303.

पूर्वद्वारिक Adj. *einem kriegerischen Zuge nach Osten günstig* Ind. St. 14,336.

*पूर्वनगरी f. N. pr.

पूर्वनडक m. *ein oberer Röhrenknochen.*

पूर्वनिपात m. *unregelmässiges Vorangehen eines Wortes in einem Compositum.*

पूर्वनिमित्त n. *Vorzeichen* Lalit. 334,16.

पूर्वनिवासानुस्मृति f. *die Erinnerung an die frühere Wohnung, — an das frühere Dasein.*

पूर्वनिविष्ट Adj. *früher* (von einem Andern) *angelegt* (Teich) 205,27.

पूर्वन्याय m. *ein vorläufiger Urtheilsspruch.*

पूर्वन्यास m. Titel eines Werkes.

पूर्वपक्ष m. 1) *Vordertheil, Vorderseite.* — 2) *die erste Hälfte eines Monats, die Zeit des zunehmenden Mondes.* — 3) *die erste Hälfte eines Jahres.* — 4) *Klage vor Gericht* 213,28. 216,3. 9. 15. — 5) *die erste Einwendung gegen eine aufgestellte Behauptung.* आक्षेप° *Einwendung.*

पूर्वपक्षय्, °यति *die erste Einwendung gegen eine aufgestellte Behauptung machen* Govindân. zu Bâdar. 2,4,5.

पूर्वपक्षलक्षण n., °पक्षव्याप्तिक्रोड m., °पक्षव्याप्तिलक्षण n., °पक्षव्युत्पत्तिलक्षण n. und °पक्षावलि f. Titel von Werken Opp. Cat. 1.

पूर्वपक्षिन् Adj. *die erste Einwendung gegen eine aufgestellte Behauptung machend* Comm. zu Njâjam. 9,3,10. Govindân. zu Bâdar. 2,4,5.

पूर्वपक्षी Adv. mit कर् = पूर्वपक्षय् Çaṁk. zu Bâdar. 1,1,4 (S. 91).

*पूर्वपक्षीय Adj. von पूर्वपक्ष.

*पूर्वपञ्चाल m. 1) Pl. *die östlichen* Pañkâla. — 2) = पूर्वः पञ्चालानाम् P. 7,3,13, Sch.

पूर्वपथ m. *der frühere, — vorhin gegangene Weg* 117,5.

पूर्वपद n. *das vordere Glied eines Compositums.*

पूर्वपदप्रकृतिस्वर Adj. (*im Compositum*) *den urspünglichen Accent des vordern Gliedes habend.* Nom. abstr. °त्व n. Vârtt. 2 zu P. 2,1,4.

*पूर्वपदिक Adj. = पूर्वपदमधीते वेद वा.

पूर्वपद्य Adj. *zum vordern Gliede eines Compositums gehörig.*

1. पूर्वपरिग्रह m. *die ersten Ansprüche, Vorrecht, Vorrang* MBh. 3,167,23. 312,12. 18. 313,42. 43.

2. पूर्वपरिग्रह Adj. (f. आ) *worauf Jmd* (Gen.) *die ersten Ansprüche hat* R. 7,110,11.

पूर्वपरिच्छेद m. Titel eines Werkes Opp. Cat. 1.

*पूर्वपर्वत m. *der östliche Berg* (hinter dem die Sonne aufgehen soll).

पूर्वपश्चात् Adv. *von Osten nach Westen* Hemâdri 1,308,1.

पूर्वपश्चान्मुख Adj. (f. ई) *nach Osten und nach Westen fliessend.*

पूर्वपश्चायत Adj. *von Osten nach Westen sich verbreitend, — laufend* Hemâdri 1,296,2 = Mârk. P. 54,24.

पूर्वपश्चिम Adj. (f. आ) *von Osten nach Westen gerichtet* Sûrjas. 3,4. °तस् Adv. *von O. nach W.* Hemâdri 1,308,11.

पूर्वपा Adj. *zuerst —, vor Andern trinkend.*

*पूर्वपाञ्चालक Adj. *zu den östlichen* Pañkâla *gehörig.*

*पूर्वपाटलिपुत्र n. N. pr. einer Stadt. Davon *Adj. °क.

*पूर्वपाणिनीय 1) m. Pl. *die im Osten wohnenden Schüler* Pâṇini's. — 2) Adj. *zu diesen in Beziehung stehend.*

पूर्वपाद m. 1) *Vorderfuss.* — 2) N. pr. eines Mannes. v. l. पूज्यपाद.

*पूर्वपान und (पूर्वपाय्य) पूर्वपायित्र n. = पूर्वपीति.

पूर्वपालिन् m. N. pr. eines Fürsten.

पूर्वपितामह m. *Aeltervater, Vorahn.*

पूर्वपीठिका f. *Einleitung* Daçak. Anf. Bühler in der Einl. zu Vikramâñkak. 6.

पूर्वपीति f. *Vortritt im Trinken.*

पूर्वपुरुष m. 1) *Vorfahr, Ahn* Lalit. 25,14. Bâlar. 238,14. Pañkat. 233,11. Pl. *Ahnen, Vorfahren* Kâd. 122,24. — 2) *der Urgeist*, Bein. Brahman's.

पूर्वपूजित Adj. *vorher eingeweiht* Kathâs. 20,193.

पूर्वपूर्णमासी f. *der erste —, der wirkliche Vollmondstag* Weber, Ǵjot. 75.

पूर्वपूर्व 1) Adj. (f. आ) *der je frühere, — vorangehende, der je früher genannte.* Superl. °तम dass. — 2) m. Pl. *die Urahnen.*

पूर्वपूर्वानुगण्डिका f. N. pr. einer *Hügelkette* MBh. 6,7,28. Vgl. अपरगण्डिका.

पूर्वपूर्वोक्त Adj. *der je früher genannte* 272,30.

पूर्वपेय n. 1) *Vortritt im Trinken.* — 2) *Vortritt* überh.

पूर्वप्रज्ञा f. *Wissen des Vergangenen, Gedächtniss.*

पूर्वप्रतिपन्न Adj. *der vorher Etwas zugesagt hat* Kathâs. 32,26.

पूर्वप्रयोग m. Titel eines Werkes Opp. Cat. 1.

पूर्वप्रवृत्त Adj. (f. आ) *schon vorher eingetreten* R. Gorr. 1,70,13.

पूर्वप्रस्थित Adj. *früher aufgebrochen, vorausgeeilt* Vikr. 6,6.

पूर्वप्रायश्चित्त n. Titel eines Werkes Opp. Cat. 1.

पूर्वप्रेत 1) Adj. *früher fortgeflogen* Tâṇḍja-Br. 13,10,13. — 2) m. Pl. *die Manen.* °पूजक Adj. *die M. verehrend* Lalit. 26,11.

*पूर्वफल्गुनी f. *das 11te Mondhaus.*

*पूर्वफल्गुनीभव m. Bein. Bṛhaspati's.

पूर्वबाध m. *die Aufhebung von etwas Vorangehendem* Ind. St. 15,324.

*पूर्वभद्रपद m. und *°पदा f. Pl. *das 25te Mondhaus.*

1. पूर्वभाग m. 1) *Vordertheil, Obertheil.* — 2) *der frühere Theil.* दिन° so v. a. *Vormittag, Morgen.*

2. पूर्वभाग Adj. *dessen Conjunction mit dem Monde am Vormittag beginnt.*

पूर्वभाज् Adj. 1) *den ersten Antheil erhaltend, bevorzugt.* — 2) *vorzüglich.* — 3) *zum Vorangehenden gehörig.*

पूर्वभाद्रपद (*m.) und °पदा f. *das 25te Mondhaus.*

पूर्वभाव m. 1) *das Vorangehen, Frühersein.* — 2) in der Rhetorik *die Entdeckung einer Absicht.*

पूर्वभाविन् Adj. *vorangehend, früher seiend* Comm. zu TBr. 1,77,9. Nom. abstr. °वित्व n.

पूर्वभाषिन् Adj. *zuerst redend, — die Rede an Jmd richtend, zuvorkommend in der Unterhaltung.*

पूर्वभुक्ति f. *ein vorangegangener Niesbrauch* M. 8,252.

पूर्वभूत Adj. *voranstehend, — gehend.*

पूर्वभूभृत् m. 1) *der Berg des Ostens* (hinter dem die Sonne aufgehen soll). — 2) *ein früherer Fürst.*

*पूर्वमगध m. Pl. *die östlichen* Magadha.

*पूर्वमद्र m. Pl. *die östlichen* Madra. Vgl. पौर्वमद्र.

पूर्वमध्याह्न m. *Vormittag.*

*पूर्वमागधक Adj. von पूर्वमगध Ind. St. 13,384.

पूर्वमारिन् Adj. *zuvor sterbend.*

पूर्वमीमांसा f. 1) *das von* Ǵaimini *gegründete, mit der Erörterung des heiligen Textes sich beschäftigende philosophische System.* — 2) Titel eines Werkes des Somanâtha Opp. Cat. 1.

पूर्वमुख Adj. *mit dem Gesicht nach Osten gewandt* Hemâdri 1,103,6. 11. 729,14.

पूर्वय in उपाध्यायपूर्वय.

*पूर्वयक्ष m. Bein. Maṇibhadra's.

पूर्वयाम्य Adj. *südöstlich.* Loc. *im Südosten* Hemâdri 1,137,8.

*पूर्वयायात n. *die ältere Form der Erzählung von* Jajâti *oder die im Osten gangbare E. von J.*

पूर्वयायिन् Adj. *nach Osten sich bewegend* Sûrjas. 1,29. 54.

पूर्वयावन् m. *Vertreter, Anführer.*

पूर्वरङ्ग m. *das Vorspiel in einem Schauspiele.*

पूर्वराग m. *die erste, — eben aufkeimende Liebe.*

पूर्वराज m. *ein Exkönig* Mudrâr. 25,14 (46,3).

पूर्वरात्र m. *der erste Theil der Nacht.*

1. पूर्वरूप n. 1) *Vorzeichen* (AV. 19,9,2), *Vorläufer von* (im Comp. vorangehend), *ein sicheres Anzeichen für* (प्रति 57,3), *ein vorangehendes Symptom* Karaka 2,1. — 2) *der erste von zwei zusammenstossenden Vocalen* oder *Consonanten* Ait. Âr. 322,16. 328,16.. Nom. abstr. °ता f. — 3) *eine Redefigur, wo der gegen alle Erwartung wieder zum Vorschein kommende ursprüngliche Zustand eines Dinges hervorgehoben und erklärt wird.*

2. पूर्वरूप Adj. (f. आ) *die ehemalige Form habend, wie vorher seiend.*

पूर्वलक्षण n. *ein vorangehendes Symptom, Vorzeichen* Karaka 2,5.

पूर्ववत् Adv. *wie früher, wie bisher, wie zuvor, wie oben gesagt.*

पूर्ववत् Adj. 1) *Vorangehendes habend, dem Anderes vorhergeht* Ǵaim. 1,4,17. — 2) *wobei aus einer Ursache ein Schluss auf die Wirkung gemacht wird* Njâjas. 1,1,5. — 3) f. °वती *früher verheirathet gewesen* Âpast. — 4) Compar. °वत्तर *vorangehend, früher.*

पूर्ववयस् Adj. *im ersten Lebensalter stehend, jung.*

पूर्ववयस n. *das erste Lebensalter, Jugend.*

पूर्ववयसिन् Adj. *im ersten Lebensalter stehend.*

पूर्ववर्तिन् Adj. 1) am Ende eines Comp. *vor — stehend.* Nom. abstr. °र्तित्व n. Comm. zu Mṛkkh. 18,6. — 2) *früher gewesen.* Nom. abstr. °र्तिता f.

पूर्ववह् Adj. (stark °वाह्) Adj. *als Vorspann* oder *Leitferd laufend,* oder *zum ersten Mal im Gespann laufend* Âpast. Ćr. 5,14,17. 18.

पूर्ववाक्य n. in der Dramatik *eine Anspielung auf eine frühere Aeusserung.*

पूर्ववाद m. *Klage vor Gericht* 216,13.

पूर्ववादिन् m. *Kläger.*

पूर्ववायु m. *Ostwind* Varâh. Jogaj. 5,22.

*पूर्ववार्षिक Adj. *auf die erste Hälfte der Regenzeit bezüglich.*

पूर्वविद् Adj. *die Dinge der Vorzeit kennend.*

पूर्वविधि m. 1) *eine vorangehende Regel* 225,11. — 2) Titel eines Werkes Opp. Cat. 1.

पूर्ववृत Adj. *vorher gewählt* Kumâras. 7,47.

पूर्ववृत्त 1) Adj. *a) früher geschehen.* — *b) auf ein früheres Ereigniss bezüglich.* — 2) n. *a) ein früheres Ereigniss, eine frühere Begebenheit.* — *b) ein früheres Benehmen.*

पूर्ववैरिन् Adj. *der zuerst Feindseligkeiten begonnen hat.*

*पूर्वशांशप Adj. von पूर्व-शिंशपा.

*पूर्वशारद Adj. *auf die erste Hälfte des Herbstes bezüglich.*

पूर्वशास्त्र n. Titel eines Werkes.

पूर्वशीर्ष Adj. (f. आ) *mit den Spitzen nach Osten gerichtet.*

पूर्वशैल m. 1) *der östliche Berg* (hinter dem die Sonne aufgehen soll). — 2) Pl. *eine best. buddhistische Schule.*

पूर्वशैलसंघाराम m. Name eines buddh. *Klosters.*

पूर्वशैवदीक्षाविधि m. Titel eines Werkes Opp. Cat. 1.

पूर्वसंहिता f. desgl. ebend.

*पूर्वसक्थ m. *Oberschenkel.*

पूर्वसंचित Adj. *vorher eingesammelt* M. 6,15.

पूर्वसंजल्प m. *eine Einleitung in Form eines Dialogs* Karaka 1,30.

पूर्वसद् Adj. *vorn sitzend.*

पूर्वसमुद्र m. *das östliche Meer.*

*पूर्वसर Adj. (f. ई) *vorangehend.*

पूर्वसस्य n. *zuerst gesäetes Korn.*

पूर्वसागर m. *das östliche Meer.*

*पूर्वसार Adj. *nach Osten gehend.*

पूर्वसारस्वादिनी f. Titel eines Werkes Opp. Cat. 1.

पूर्वसारिन् Adj. *vorangehend, über allen Andern stehend.*

पूर्वसिद्ध Adj. *vorher bestimmt* Kap. 5,59.

पूर्वसिद्धान्त m. Titel eines Werkes Opp. Cat. 1.

पूर्वसुप्त Adj. *früher —, schon eingeschlafen* Pańkat. 129,1.

पूर्वसू Adj. 1) f. *erstgebärend.* — 2) *vormalig, uralt.*

पूर्वसूरि m. *ein alter Meister im Fache* S. S. S. 195,3.

पूर्वस्थ Adj. *voranstehend, der vornehmste.*

पूर्वहूति f. *erster —, frühester Ruf, Frühgebet.*

पूर्वहोम m. *Voropfer.*

पूर्वाग्नि m. *das ursprüngliche Feuer,* so v. a. *das Feuer im Hause.*

पूर्वाग्निवहन n. *der Wagen für den* Pûrvâgni.

पूर्वाग्निवाह् (so auch in den schwachen Casus) m. *ein den* Pûrvâgni *fahrender Stier.*

1. पूर्वाङ्ग n. 1) *der frühere Leib.* — 2) *ein Bestandtheil des Vorangehenden.*

2. पूर्वाङ्ग m. *der erste Tag im bürgerlichen Monat.*

पूर्वाचल m. *der östliche Berg* (hinter dem die Sonne aufgehen soll).

पूर्वाचार्य m. *ein alter Lehrer* 227,1.

पूर्वातिथ n. Name verschiedener Sâman Ârsh. Br.

पूर्वातिथि m. N. pr. eines Mannes.

पूर्वादि Adj. *mit* पूर्व *beginnend.*

पूर्वादितस् Adv. *von Osten beginnend* Varâh. Jogaj. 5,1.

पूर्वाद्य Adj. *mit Osten beginnend* 218,23.

पूर्वाद्रि m. = पूर्वाचल 132,27.

पूर्वाधिक Adj. *bedeutender —, grösser als früher* 122,27.

*पूर्वाधिराम n. *die ältere Form der Erzählung von* Râma *oder die im Osten gangbare E. von R.*

पूर्वाध्युषित Adj. *ehemals bewohnt* R. 1,31,21.

पूर्वानुभूत Adj. *ehemals empfunden, — genossen* Kaurap. Einl.

*पूर्वानुयोग m. Titel eines Gaina-*Werkes.*

पूर्वान्त m. 1) *das Ende des vorangehenden Wortes.* — 2) *Anticipation.* °तस् so v. a. *im Voraus* Lalit. 216,17.

पूर्वापकारिन् Adj. *der Einem zuvor ein Leid angethan hat* R. 2,97,25.

पूर्वापर Adj. 1) *vorn und hinten befindlich, nach vorn und hinten gerichtet.* — 2) *östlich und westlich* 215,9. — 3) *der frühere und spätere.* °रात्रि f. *die erste und letzte Hälfte der Nacht,* °दिन n. *der Vor- und Nachmittag* Verz. d. Oxf. H. 10,b, N. 5. — 4) *vorangehend und nachfolgend, auf einander folgend, zusammenhängend.* पूर्वापरम् *nach einander* Bharadvâga im Comm. zu Âpast. Çr. 6,29,16. Nom. abstr. पूर्वापरत्व n. Çaṁk. zu Bṛh. Âr. Up. S. 22.

पूर्वापरदक्षिण Adj. (f. आ) *östlich, westlich und südlich* MBh. 3,254,19.

पूर्वापरायत Adj. (f. आ) *von Osten nach Westen laufend* Comm. zu Kâtj. Çr. 2,6,4.

पूर्वापरी Adv. mit भू *auf einander folgend werden, in Zusammenhang treten.*

पूर्वापरीभाव m. *Aufeinanderfolge.*

पूर्वापर्य n. = पौर्वापर्य. Instr. Adv. *Eines nach dem Andern* Utpala zu Varâh. Bṛh. 7,8.

*पूर्वापहरणा (sic) f. gaṇa अश्वादि in der Kâç. Vgl. अपरापहारणा (sic).

*पूर्वापहाणा f. v. l. für पूर्वापहरणा.

पूर्वायुष् Adj. *zuerst anlangend* ṚV. 8,22,2.

पूर्वाभाद्रपदा f. *das 25te Mondhaus* MBh. 13,64, 31. v. l. पूर्वभा°.

पूर्वाभिभाषिन् Adj. = पूर्वभाषिन्.

पूर्वाभिमुख Adj. (f. आ) *nach Osten gewandt, — fliessend.*

पूर्वाभिरामा f. N. pr. eines Flusses.

पूर्वाभिषेक m. *vorläufige Salbung.*

पूर्वाभ्यास m. *Wiederholung des Früheren.* Instr. *wieder von Neuem.*

पूर्वाम्बुधि m. *das östliche Meer.*

पूर्वायुस् Adj. v. l. für पूर्वायुष्.

पूर्वार्चिक n. *der erste Theil der* Sâmasaṁhitâ.

पूर्वार्जित Adj. *ehemals, — durch vorangegangene Werke erlangt, — gewonnen.*

पूर्वार्ध m. n. (später) 1) *Vordertheil, Obertheil.* — 2) *die Ostseite.* — 3) *die vordere, erste Hälfte.* दिनस्य so v. a. *Vormittag*

पूर्वार्धकाय m. *Oberkörper* 52,9.

पूर्वार्धभाग m. *Obertheil, Spitze* Ragh. 7,42.

पूर्वार्ध्य Adj. *auf der Ostseite befindlich.*

पूर्वावधीरित Adj. *früher verschmäht* Çâk. 172.

पूर्वावेदक m. *Kläger.*

पूर्वाशा f. *Osten* Hemâdri 1,433,7.

पूर्वाशिन् Adj. *vor Andern* (Abl. oder Loc.) *essend.*

पूर्वाषाढा f. *das 18te (20ste) Mondhaus.*

पूर्वासिन् Adj. *zuerst schiessend.*

पूर्वाह्ण m. *Vormittag.* Gewöhnlich im Loc. *पूर्वाह्णकाले und *पूर्वाह्णेकाले, *पूर्वाह्णतरे und *पूर्वाह्णेतरे, *पूर्वाह्णतमे und *पूर्वाह्णेतमे, *पूर्वाह्णेतराम् und *पूर्वाह्णतमाम् Adv.

*पूर्वाह्णक m. N. pr. eines Mannes.

*पूर्वाह्णतन Adj. *vormittägig.*

पूर्वाह्णिक Adj. (f. ई) dass. Subst. so v. a. °क्रिया.

*पूर्वाह्णेगेय Adj. *am Vormittag zu singen.*

*पूर्वाह्णेतन Adj. *vormittägig.*

पूर्वाह्न fehlerhaft für पूर्वाह्ण.

पूर्विक Adj. *früher gemacht, aus alter Zeit stammend* Kâraṇḍ. 13,10. — MBh. 5,7553 fehlerhaft für पूर्वक.

पूर्विण Adj. *alt, herkömmlich.* Vgl. पूर्वीण.

पूर्विन् Adj. in अ°, दृश° und स्त्री°.

पूर्विनेष्ठ Adj. SV. fehlerhaft.

पूर्वी f. zu पुरु.

*पूर्वीण Adj. = पूर्विण.

पूर्वेण Instr. Adv. Praep. (mit Acc. und Gen.) 1) *vorn, vorn an, vor.* — 2) *im Osten von.* ततः पूर्वेण *im Osten davon.*

*पूर्वेतर Adj. (f. आ) *westlich.*

पूर्वेद्युराहृत Adj. *Tags zuvor herbeigeholt* Çat. Br. 3,9,3,29.

पूर्वेद्युर्दुग्ध Adj. *Tags zuvor gemolken.*

पूर्वेद्युस् Adv. *Tags zuvor, gestern.* Wird auch durch *früh am Morgen* erklärt.

पूर्वेन्द्र m. *ein ehemaliger* Indra MBh. 1,191,27; vgl. 35.

*पूर्वेषुकामशमी f. N. pr. eines Dorfes.

*पौर्वेषुकामशम Adj. von पूर्वेषुकामशमी.

पूर्वोक्त Adj. *vorhin gesprochen, — ausgesprochen, — gesagt, — aufgeführt —, erwähnt* M. 2,185. 3,256. 7,200. Chr. 135,28. 209,22. 211,8.

पूर्वोचित Adj. *woran man früher gewohnt war, von früher bekannt, ehemalig* R. 2,35,2.

पूर्वोत्तर Adj. (f. आ) 1) *nordöstlich* Hemâdri 1, 322,11. Loc. *im Nordosten* 170,9. 11. — 2) Du. oder am Anf. eines Comp. im Du. *der vorangehende und nachfolgende.*

पूर्वोत्थायिन् Adj. *zuerst aufstehend* (am Morgen) Gaut. 2,21. MBh. 1,91,2.

पूर्वोत्थित Adj. *vorher aufgestiegen* (Rauch) Ragh. 7,40.

पूर्वोत्पत्ति Adj. *früher entstehend* Kap. 3,8.

पूर्वोत्पन्न Adj. *früher entstanden.* Nom. abstr. °त्व n. = पूर्वभाव.

पूर्वोदक्प्लव Adj. *nach Nordosten geneigt* Varâh. Bṛh. S. 48,15.

पूर्वोपकारिन् Adj. *der Einem früher einen Dienst erwiesen hat* Spr. 4181.

पूर्वोपनिहित Adj. *ehemals vergraben* (Schatz) M. 8,37.

पूर्वोपपन्न Adj. wohl *frühere Anrechte habend* MBh. 13,3,30.

पूर्वोपार्जित Adj. *ehemals in Besitz genommen* Pañkat. 20,7.

पूर्व्य, पूर्विय und (seltener) पौर्विय 1) Adj. (f. आ) *a) vorherig, bisherig, alt. — b) vorangehend, der erste. — c) der erste, so v. a. der nächste. — d) der erste, so v. a. der vorzüglichste.* — 2) पूर्वियम् Adv. *zuvor, zuerst, längst, bisher.*

(पूर्व्यस्तुति) पूर्वियस्तुति f. *vorzüglicher Preis.*

*पूल्, पूलति und पूलयति (संघाते).

पूल m. *Büschel, Bündel* Mân. Gṛhj. 1,23. Pl. *Stroh* Comm. zu Âçv. Çr. 9,7,14. 18.

पूलक 1) m. *Büschel, Bündel.* — 2) *f. पूलिका *eine Art Gebäck.*

*पूलाक gaṇa पलाशादि.

*पूलास n. gaṇa संकलादि und Gaṇar. 81.

*पूलासककारण्ड (Kâç.), *पूलासक्कुरण्ड oder *पूलासकुरण्ड (Gaṇar. 83) n. gaṇa राजदन्तादि.

पूल्य n. *ein eingeschrumpftes oder taubes Fruchtkorn.*

*पूष्, पूषति (पुष्टौ) Dhâtup. 17,24.

पूष 1) *m. *eine Art Maulbeerbaum.* — 2) f. आ *die dritte* Kalâ *des Mondes.*

*पूषक m. = पूष 1).

पूषणा 1) m. = पूषन् 1). — 2) f. पूषणा N. pr. einer der Mütter im Gefolge Skanda's.

पूषण्वन्त् Adj. *von* Pûshan 1) *begleitet.*

*पूषदन्तहर m. Bein. Çiva's.

पूषध्र m. N. pr. eines Sohnes des Manu. Wohl nur fehlerhaft für पृषध्र.

पूषन् m. 1) N. pr. eines vedischen Gottes. Seinem Wesen nach ein Sonnengenius, ein Hüter und Mehrer der Heerden. Nach einer älteren Legende soll er durch das Praçitra, nach einer späteren durch Çiva seine Zähne eingebüsst haben und deshalb Brei essen. Im Epos erscheint er unter den 12 Âditja. Der Du. soll Arjaman mit einschliessen nach dem Comm. zu VP. 5,16,

7. — 2) *die Sonne* 249,27. Kâd. 230,23. Bâlar. 78,16. — 3) **die Erde.*

*पूषभासा oder *°भाषा (!) f. N. pr. der Burg Indra's.

पूषमित्र m. N. pr. eines Mannes Vamçabr. 3.

पूषराति Adj. etwa *Wachsthum schenkend* RV.

(पूषर्य) पूषरिय Adj. *wohlgenährt* RV. 10,106,5.

पूषात्मज oder पूषानुज m. nach Nilak. Bein. Parganja's MBh. 8,20,29.

*पूषासुहृद् m. Bein. Çiva's.

पृंष्कर n. ein zur Erklärung von पुंष्कर erfundenes Wort.

*पृक्का f. *Trigonella corniculata* Rágan. 12,134.

पृक्त 1) Adj. s. u. पर्च्. — 2) *n. fehlerhafte v. l. für पृक्थ.

पृक्तस्वर m. *der Laut* ऋ TS. Prât.

*पृक्थ n. *Besitz, Vermögen.*

पृक्ष् f. *Labung, Sättigung; Nahrung, Speise.*

पृक्ष 1) Adj. etwa *getüpfelt, guttatus.* Nach den Commentatoren *mit Speise versehen* u. s. w. — 2) m. *a) ein solches Ross.* — *b)* *= संग्राम. — c) N. pr. eines Mannes. — पृक्षम् RV. 2,34,3 vielleicht fehlerhaft für पृक्षम्.

पृक्षप्रयज् Adj. nach Sâj. *an welchem* (Morgen) *man Speiseopfer zu bringen beginnt.* Die Stelle scheint verdorben zu sein.

पृक्षयाम Adj. *mit getüpfelten Rossen fahrend* oder m. N. pr.

पृक्षु SV. I,3,1,4,9 wohl fehlerhaft für पृत्सु (von पृत्).

पृक्षुध् Adj. von unbekannter Bed.

पृच् f. *Labung.*

पृच्छक Adj. 1) *der da frägt, sich erkundigend nach* (Gen.). — 2) *nach der Zukunft fragend.*

पृच्छा f. 1) *Frage, — an* (im Comp. vorangehend Spr. 7712), *Erkundigung nach* (im Comp. vorangehend). — 2) *eine Frage nach der Zukunft.*

पृच्छ्य Adj. *wonach man fragen kann oder soll.*

पृड in *उपचाय्यपृड.

पृणध्यै Dat. Inf. zu 1. पर् RV. 6,67,7.

पृणाका f. *Thierjunges* in करिणा°.

पृत् f. *Kampf, Streit.* Nur Loc. पृत्सु und पृत्सुषु.

पृतन 1) n. *feindliches Treffen, Heer.* — 2) f. पृतना *a) Kampf, Treffen, Wettstreit.* — *b) feindliches Treffen, Heer.* Im System *eine aus* 243 *Elephanten,* 243 *Wagen,* 729 *Reitern und* 1215 *Fusssoldaten bestehende Heeresabtheilung.* — c) *Pl. *Menschen.*

पृतनाज् Adj. *in den Kampf ziehend.*

पृतनाजि Adj. v. l. für पृतनाज्.

पृतनाजित् 1) Adj. *im Kampf siegreich, zum Siege im Kampfe verhelfend.* — 2) m. *ein best.* Ekâha.

(पृतनाज्य) पृतनाजिय n. *Wettkampf, Kampf.*

पृतनानी und पृतनापति m. *Feldherr.*

पृतनाय् *feindlich streiten.* Nur Partic. °यन्त्.

पृतनायु Adj. *feindlich;* m. *Feind.*

पृतनाषह् (stark °षाह्) 1) Adj. *feindliche Heere besiegend.* — 2) *m. Bein. Indra's.

(पृतनाषाह्य) पृतनाषाहिय und °साह्य n. *Bewältigung feindlicher Heere, siegreicher Kampf.*

पृतनाह्व m. *Aufforderung zum Kampf, Kampf.*

पृतन्य्, पृतन्यति *feindlich angreifen, bekämpfen.*

पृतन्यु Adj. *angreifend;* m. *Feind.*

पृत्सुति m. f. *feindlicher Angriff.*

पृत्सुतुर् Adj. *siegreich im Kampf.*

*पृत्सुधस् v. l. für पृत्सु (von पृत्).

पृत्सुषु s. u. पृत्.

पृथ् 1) in कंपृथ्. — 2) *f. = पृथ 2).

पृथ 1) m. *a) die flache Hand.* — *b)* als Längenmaass = 13 Angula Çulbas. 1,8. — 2) f. पृथा N. pr. einer der Gattinnen Pându's.

पृथक् 1) Adv. *vereinzelt, einzeln, gesondert, jeder für sich;* daher oft so v. a. *zerstreut, da und dort; je nach der besonderen Art, verschieden, besonders.* Häufig verdoppelt. Mit कर् *a) absondern, trennen.* — *b) ablösen, abhauen.* — *c) abwenden von* (Abl.). — Mit भू *sich sondern.* पृथग्भूत Adj. *gesondert, verschieden.* — 2) Präp. mit Abl., *Instr. oder *Gen. *a) getrennt von, ohne.* — *b) mit Ausnahme von.* — *c)* **verschieden von.*

*पृथकत् Adv. = पृथक्.

पृथक्करण n. *das Absondern* Comm. zu Âpast. Çr. 1,17,10.

पृथक्काम Adj. Pl. *je verschiedene Wünsche habend.*

पृथक्कार्य n. *die Angelegenheit eines Einzelnen, Privatangelegenheit.*

पृथक्कुल Adj. Pl. *zu je verschiedenen Geschlechtern gehörig.*

पृथक्कृति f. *Individuum.*

पृथक्क्रिया f. *Absonderung, Trennung.*

पृथक्क्षेत्र Adj. Pl. *von einem Vater mit verschiedenen Müttern gezeugt.*

पृथक्चेष्टा f. Pl. *verschiedene Thätigkeiten* Bhag. 18,14.

पृथक्ता f. (Comm. zu Njâjam. 2,2,6) und पृथक्त्व n. *Besonderheit, Gesondertsein, Einzelnheit, Individualität.* Instr. so v. a. *einzeln.*

*पृथक्त्वचा f. *Sanseviera zeylanica* Dhanv. 1,3.

पृथक्त्वशस् Adv. *gesondert, einzeln* Cit. im Comm. zu Njâjam. 2,1,22.

पृथक्पद Adj. *aus für sich* (nicht in Zusammensetzungen) *stehenden Wörtern bestehend.* Nom. abstr. °त्व n. Vâmana 3,1,18.

*पृथक्पर्णिका f. *Sanseviera zeylanica* Râgan. 3,7.

पृथक्पर्णी f. 1) *Hemionitis cordifolia* Râgan. 4,38. Karaka 6,16.20. — 2)* = पृथक्पर्णिका Dhanv. 1,3.

पृथक्पिण्ड m. *ein entfernterer Verwandter, der für sich besonders und nicht mit den Andern gemeinschaftlich den Manen Todtenklösse darbringt.*

पृथक्शब्द m. *ein Wort für sich.*

पृथक्शय्या f. *das Alleinschlafen* Spr. 878.

पृथक्शायिन् Adj. Pl. *je gesondert schlafend* Vishnus. 19,17.

पृथक्सहस्रा AV. 19,22,19 fehlerhaft als ein Wort betont.

पृथक्सुख Adj. Pl. *je verschiedene Freuden habend* 50,1.

पृथग m. Pl. v. l. für पृथुग VP.² 3,12.

पृथगर्थ Adj. Pl. 1) *je gesonderte Vortheile habend* 50,1. — 2) *eine je besondere Bedeutung habend.* Nom. abstr. °ता f. Kir. 2,27. — Vgl. पार्थगर्थ्य.

*पृथगात्मता f. *Besonderheit, Gesondertheit.*

*पृथगात्मिका f. *Individuum.*

पृथगालय Adj. Pl. *je eine Wohnung für sich habend.*

पृथगुपादान n. *eine besondere Erwähnung* 210,2.

पृथग्गण m. *eine Schaar für sich.*

पृथग्गोत्र Adj. Pl. *zu je verschiedenen Familien gehörig.*

पृथग्ग्रहण n. *das Absondern, Trennen* Comm. zu Kâtj. Çr. 22,6,23.

पृथग्जन m. 1) *ein Mann aus dem niedrigen Volke;* Sg. und Pl. *der grosse Haufe, plebs.* — 2) bei den Buddhisten *ein gewöhnlicher, noch nicht erleuchteter Mensch.* — 3) **Dummkopf.* — 4) **Bösewicht.* — 5) *Pl. = पृथक्क्षेत्र.

पृथग्जनपद m. *jedes Volk für sich* Lâtj. 1,11,13.

पृथग्जय m. *ein Sieg im Zweikampf.* अ° Gaut.

पृथग्जानपद Adj. Pl. *zu je verschiedenen Völkern gehörig* R. 2,1,30.

पृथग्दृश् Adj. *etwas Anderes sehend als* (Abl.) Bhâg. P. 1,5,14.

पृथग्द्वार n. Pl. *besondere Thore, — Mittel zur Erlangung von Etwas* MBh. 13,113,2.

पृथग्धर्मविद् Adj. Pl. *jeder ein besonderes Ge-*

setz kennend Gaut. 28,49.

*पृथग्बीज m. *Semecarpus Anacardium* Rāǵan. 11,68.

पृथग्भाव m. *Besonderheit, Gesondertheit, Verschiedenheit.*

पृथग्योग Adj. Pl. Kathās. 36,128 vielleicht fehlerhaft für पृथग्भोग *je verschiedene Empfindungen* (von Freude und Leid) *habend* oder पृथग्भाग *je verschiedene Lose habend.*

पृथग्योगकरण n. *das Theilen einer grammatischen Regel* (anstatt die Worte als eine einzige Regel zu fassen).

*पृथग्रूप Adj. *mannichfaltig, verschieden, — artig.*

पृथग्लक्षण Adj. (f. आ) Pl. *je verschiedene Kennzeichen habend.*

पृथग्वर्त्मन् Adj. *mannichfache Bahnen habend* Çat. Br. 10,6,1,7. Khānd. Up. 5,14,1.

पृथग्वर्ष n. Pl. *je ein Jahr* Gaut. 22,28.

पृथग्वादिन् Adj. (mit einem Collectivum) *je etwas Anderes sagend* Çat. Br. 8,7,2,3.

पृथग्विध Adj. 1) Pl. (oder Sg. mit einem Collectivum) *mannichfaltig, verschieden, — artig.* — 2) *verschieden von* (Instr.).

पृथङ्निष्ठ Adj. Pl. *je für sich bestehend, je etwas Anderes seiend* MBh. 12,349,2.

1. पृथमात्र n. *Handbreite.*

2. पृथमात्र Adj. *das Maass einer Handbreite habend.*

पृथवान m. N. pr. eines Mannes.

*पृथवी f. = पृथिवी.

पृथक्कर MBh. 14,210 fehlerhaft für पृथुक्कर.

*पृथाज m. 1) Metron. Arǵuna's. — 2) *Pentaptera Arjuna* Rāǵan. 9,123.

पृथाजन्मन् m. Metron. Judhishṭhira's Pr. P. 97.

पृथात्मज m. desgl. Veṇis. 97.

*पृथापति m. Bein. Pāṇḍu's.

पृथाश्व m. N. pr. eines Fürsten.

पृथाभू m. Metron. Judhishṭhira's Pr. P. 114.

पृथासुत m. Metron. Arǵuna's.

पृथासूनु m. Metron. Judhishṭhira's Veṇis. 91.

पृथि m. N. pr. eines Mannes.

*पृथिका f. *Hundertfuss, Julus.*

पृथिवि f. = पृथिवी *Erde.*

पृथिवित्व n. Nom. abstr. von पृथिवि.

पृथिविदा Adj. *Erde gebend* Āpast. Çr. 17,5.

पृथिविभाग Adj. *auf Erden berechtigt.*

पृथिविमूल m. N. pr. eines Mannes Ind. Antiq. 10,244.

पृथिविलोक m. *die Erde als eine Welt gedacht.*

पृथिविषद् Adj. = पृथिविसद्.

पृथिविष्ठ oder °ष्ठा Adj. *auf dem Erdboden stehend, fest auftretend.*

पृथिविसद् Adj. *auf dem Erdboden stehend.*

पृथिवी f. 1) *die Erde, als die weite und breite, orbis terrarum.* Es wird von *drei Erden* (der von uns bewohnten und zwei darunter liegenden) geredet, von einer zwischen der Menschenwelt und dem umgrenzenden Ocean gelegenen, und schliesslich von einer in allen drei Weltgebieten. Die *Erde* wird auch als Göttin personificirt. — 2) *Land, Reich.* — 3) *Erdboden.* — 4) *Erde als Element.* — 5) **Luftraum.*

पृथिवीकम्प m. *Erdbeben.*

पृथिवीक्षित् 1) Adj. a) *die Erde bewohnend.* — b) *die Erde —, das Land beherrschend.* — 2) m. *Fürst, König.*

पृथिवीग्रन्थ m. Titel eines Werkes Opp. Cat. 1.

पृथिवीचन्द्र m. N. pr. eines Fürsten.

पृथिवीञ्जय m. N. pr. v. l. für °वींजय 1) Hariv. 3,40,10.

पृथिवींजय m. N. pr. 1) eines Dānava MBh. 2,9,12 = Hariv. 12695. — 2) eines Sohnes des Virāṭa MBh. 4,68,7. 69,57.

पृथिवीतल n. *Erdboden,* so v. a. *Welt, Unterwelt* MBh. 5,102,1.

पृथिवीतीर्थ n. N. pr. eines Tīrtha.

पृथिवीत्व n. Nom. abstr. zu पृथिवी 4).

पृथिवीदण्डपाल m. *Polizeimeister des Landes.* Nom. abstr. °ता f. Mṛkkh. 177,19.

पृथिवीदेवी f. N. pr. einer Frau.

पृथिवीद्यावा Nom. Du. *Erde und Himmel* RV. 3,46,5. Vgl. द्यावापृथिवी.

पृथिवीदा f. N. pr. einer Gandharva-Jungfrau Kāraṇḍ. 5,4.

पृथिवीपति m. 1) *Fürst, König.* — 2) *Bein. Jama's. — 3) **eine best. auf dem* Himavant *wachsende Knolle.*

पृथिवीपरिपालक m. *Fürst, König.*

*पृथिवीपार्वतक *Erdöl* (!).

पृथिवीपाल und °क (Mārk. P. 67,5) m. *Fürst, König.*

पृथिवीप्र Adj. *die Erde füllend* AV. 13,2,44.

*पृथिवीप्लव m. *das Meer* Gal.

पृथिवीभुज् und पृथिवीभुजंग (Vikramāñkak. 10,35) m. *Fürst, König.*

पृथिवीभृत् m. *Berg* Çiç. 1,50.

*पृथिवीमण्ड *Erdschaum.*

*पृथिवीमत् Adj. von पृथिवी.

*पृथिवीमय Adj. *aus Erde gebildet, irden.*

*पृथिवीरस m. *Erdsaft.*

पृथिवीराज्य m. *Herrschaft über das Land, Königthum.*

पृथिवीरुह् m. *Pflanze, Baum.*

पृथिवीलोक m. v. l. für पृथिविलोक.

पृथिवीश्वरलोचन m. N. pr. eines Bodhisattva Kāraṇḍ. 2,1.

पृथिवीश, *°वीशक्र und °वीश्वर m. *Fürst, König.*

पृथिवीषद् Adj. *auf der Erde sich aufhaltend* Mān. Çr. 1,1,2. v. l. °सद्.

पृथिवीसंशित Adj. *durch die Erde angetrieben.*

पृथिवीसद् Adj. s. पृथिवीषद्.

पृथिवीसव m. *eine best. Feier* Āpast. Çr. 22,23.

पृथिव्यापीड m. N. pr. zweier Fürsten.

पृथिव्युपसंक्रमणा f. N. pr. einer Kiṃnara-Jungfrau Kāraṇḍ. 6,19.

पृथिसत्र m. *eine best. Feier* TBr. Comm. 2,761.

पृथी m. N. pr. einer mythischen Person.

पृथु 1) Adj. (f. पृथ्वी und पृथु) a) *breit, weit, geräumig, gross, üppig, riesig.* पृथु Adv., Compar. पृथुतर *geräumiger.* — b) *weitreichend, ausgebreitet.* विश्वतः so v. a. *von allen Seiten sichtbar* RV. 8,87,4. दिविः so v. a. *am Himmel erscheinend* 1,46,8. — c) *reichlich, weitreichend, amplus, zahlreich, mannichfach.* Compar. पृथुतर. — d) *ausführlich.* — e) **geschickt.* — 2) m. a) *ein best. Längenmaass,* = पृथु 1) b). — b) **Feuer.* — c) Bein. Çiva's MBh. 13,149,57. 14,8,31. — d) N. pr. α) eines der Viçve Devās VP.² 3,192. — β) eines Dānava. — γ) verschiedener Männer. — δ) eines Affen. — 3) *f. पृथु a) *Nigella indica* Rāǵan. 6,64. — b) = हिङ्गुपत्त्री Rāǵan. 6,72. — c) *Opium.* — 4) f. पृथ्वी a) *die Erde.* — b) *Land, Reich.* — c) *Erdboden.* — d) *Erde als Element.* — e) **Nigella indica* Rāǵan. 6,64. — f) **Boerhavia procumbens.* — g) *= हिङ्गुपत्त्री. — h) **grosse Kardamomen* Rāǵan. 6,85. — i) Name *zweier Metra.* — k) *N. pr. der Mutter des 7ten Arhant's der gegenwärtigen Avasarpiṇī.

पृथुक 1) m. n. *halbreifer* (in der Hülse) *breitgedrückter Reis* Mat. med. 269. Rāǵan. 16,96. Auch पृथुकतण्डुल m. Āpast. 1,17,19. — 2) m. a) *Knabe, das Junge eines Thieres.* — b) Pl. *eine Art Korn* Kāraka 1,27. — c) Pl. v. l. für पृथुग VP.² 3,12. — 3) *f. पृथुका a) *Mädchen* Rāǵan. 18,14. 15. — b) = हिङ्गुपत्त्री.

पृथुकर्मन् m. N. pr. eines Sohnes des Çaçabindu.

*पृथुकल्पिनी f. v. l. für पथकल्पना.

*पृथुकीय Adj. von पृथुक 1).

पृथुकीर्ति 1) Adj. *weitberühmt* R. 3,33,15. — 2) m. N. pr. eines Sohnes des Çaçabindu. — 3) f. N. pr. einer Tochter Çûra's.

पृथुकुचोत्पीडम् Absol. *mit einem Druck an den vollen Busen* Prab. 71,10.

पृथुकृष्णा f. *eine Art Kümmel* Bhâvapr. 1,166,4.

*पृथुकोल m. *eine Art Judendorn* Râǵan. 11,143.

*पृथुक्य Adj. von पृथुक 1).

पृथुग m. Pl. *eine Klasse von Göttern unter* Manu Ćâkshusha.

पृथुगर्मन् Adj. *breitbahnig*, etwa so v. a. *vierschrötig.*

पृथुग्रीव m. N. pr. eines Rakshas.

*पृथुच्छद m. *grünes* Darbha-*Gras* Râǵan. 8,94.

पृथुजघन Adj. (f. आ) *breithüftig.*

पृथुजय m. N. pr. eines Sohnes des Çaçabindu.

पृथुजाघन Adj. (f. आ) *breithüftig* Ṛv. 10,86,8. °जघन Padap.

पृथुज्मन् Adj. *breitbahnig* AV.

पृथुज्रय (f. ई) und °ज्रयस् Adj. *weite Flächen einnehmend, sich breit machend.*

पृथुञ्जय m. v. l. für पृथुजय VP.² 4,62.

पृथुतरी Adv. mit कर् *weiter öffnen* (die Augen) 306,1.

पृथुता f. und पृथुत्व n. (Hemâdri 1,474,12) *Breite.*

पृथुदंष्ट्र Adj. *mit grossen Spitzzähnen* MBh. 9,45,102.

पृथुदर्शिन् Adj. *einen weiten Blick habend* (uneig.).

पृथुदातर् m. N. pr. v. l. für पृथुदान VP.² 4,63.

पृथुदान m. N. pr. eines Sohnes des Çaçabindu.

पृथुधर्म m. N. pr. v. l. für पृथुकर्मन् VP.² 4,62.63.

पृथुधार Adj. *mit breiter Schneide* MBh. 1,227,14. 4,61,39. 64,8. 46. R. 6,92,14.

पृथुपक्षस् Adj. *breite Seiten habend.*

*पृथुपत्त्र m. *Knoblauch* Râǵan. 7,51.

पृथुपर्शु Adj. *breite Hippen tragend.*

*पृथुपलाशिका f. *Curcuma Zedoaria.*

पृथुपाजवत् Adj. *das Wort* पृथुपाजस् *enthaltend* Âpast. Çr. 19,18.

पृथुपाजस् Adj. *weithin scheinend, — schimmernd.*

पृथुपाणि Adj. *breithändig.*

पृथुपीनवक्षस् Adj. *von breiter und fleischiger Brust* Varâh. Bṛh. S. 69,4.

पृथुप्रगाण Adj. *breiten Zugang habend.*

पृथुप्रगामन् Adj. *weit schreitend.*

*पृथुप्रज्ञ Adj. *von weiter Einsicht* Vjutp. 54.

पृथुप्रथ Adj. *weitberühmt* Râǵat. 2,63.

पृथुप्रोथ Adj. *mit weiten Nüstern* MBh. 3,71,13.

पृथुबाहु Adj. *dickarmig* MBh. 1,187,12.

*पृथुबीजक m. *Linsen* Râǵan. 16,56.

पृथुबुध्न und पृथुबुध्न Adj. 1) *eine breite Basis* (*Fuss, Sohle, Untertheil* u. s. w.) *habend, auf breiter Grundlage stehend, — ruhend.* — 2) *breit am hintern Ende* (Wurm) Karaka 3,7.

पृथुमत्त m. N. pr. eines Fürsten VP.² 4,63.

पृथुमुख Adj. 1) **ein breites Maul habend* P. 6,2,168. — 2) *eine dicke Spitze habend* Kâtj. Çr. 7,4,8.

पृथुमृद्वीका f. wohl *Rosine.*

पृथुयशस् 1) Adj. *weitberühmt* Varâh. Bṛh. 11,10. — 2) m. N. pr. verschiedener Männer.

पृथुयामन् Adj. *breitbahnig* Ṛv.

पृथुरश्मि m. N. pr. eines Jati.

पृथुरुक्म m. N. pr. eines Fürsten VP. 4,12,2.

पृथुरोमन् m. *Fisch* Râǵan. 19,70. Bhâvapr. 2,6. °रोमयुग्म n. *die Fische im Thierkreise.*

पृथुल 1) Adj. (f. आ) *breit, gross.* — 2) m. N. pr. v. l. für पृथुलाक्ष VP.² 4,125. — 3) *f. आ *eine best. Pflanze* Râǵan. 8,148.

पृथुललोचन Adj. (f. आ) *grossäugig.*

पृथुलविक्रम Adj. *von grossem Heldenmuth.*

पृथुलाक्ष m. N. pr. eines Fürsten.

पृथुलोचन Adj. (f. आ) *grossäugig.*

पृथुलौजस् Adj. *von grosser Energie.*

पृथुवक्त्रा f. N. pr. einer der Mütter im Gefolge Skanda's.

पृथुवक्षस् Adj. *breitbrüstig.*

पृथुवेग m. N. pr. eines Fürsten.

पृथुव्यंस Adj. *breitschultrig.*

पृथुशिम्ब m. *eine Art* Çjonâka Râǵan. 9,27. Bhâvapr. 1,197.

पृथुशिरस् 1) Adj. *breit —, plattköpfig* 217,6. — 2) f. N. pr. einer Tochter Puloman's Hariv. 1,3,93.

पृथुशृङ्ग m. *eine breithörnige Schafrace* Bhâvapr. 2,10.

*पृथुशेखर m. *Berg.*

पृथुश्रव m. MBh. 9,2564 fehlerhaft für °श्रवस्.

पृथुश्रवस् 1) Adj. *weitberühmt.* — 2) m. N. pr. *a)* verschiedener Männer. — *b)* eines Schlangendämons. — *c)* eines Wesens im Gefolge Skanda's MBh. 9,45,62. — *d)* des Weltelephanten des Nordens J. R. A. S. 1871, S. 274.

पृथुश्री Adj. *überaus glücklich* (Person) MBh. 3,64,46.

पृथुश्रोणि und पृथुश्रोणी Adj. f. *breithüftig.*

पृथुषेण m. N. pr. verschiedener Männer.

पृथुष्टु und °ष्टुका Adj. f. *einen breiten Zopf habend.* Nach Nir. auch = पृथुजघन.

पृथुसत्तम m. N. pr. eines Fürsten VP.² 4,63.

पृथुसंपद् Adj. *überaus reich* Râǵat. 4,226.

पृथुसेन m. v. l. für पृथुषेण.

*पृथुस्कन्ध m. *der wilde Eber* Râǵan. 19,32.

पृथूदर m. Bein. Çiva's MBh. 14,8,31.

पृथूदक 1) n. N. pr. eines Tîrtha. — 2) m. = °स्वामिन्.

पृथूदकस्वामिन् m. N. pr. eines Scholiasten.

पृथूदर m. 1) **Widder.* — 2) N. pr. eines Jaksha.

पृथ्विका f. = पृथ्वीका.

पृथ्वी s. u. पृथु.

पृथ्वीका f. *grosse oder kleine Kardamomen und Schwarzkümmel* Râǵan. 6,64. 66. 72. Bhâvapr. 1,166.

*पृथ्वीकुरबक m. *ein best. Baum* Râǵan. 10,33.

पृथ्वीगर्भ m. 1) * Bein. Gaṇeça's. — 2) N. pr. eines Bodhisattva.

पृथ्वीगृह n. *eine Wohnung in der Erde, Höhle.*

पृथ्वीचन्द्रोदय m. Titel eines Werkes.

*पृथ्वीज n. *eine Art Salz* Râǵan. 6,100.

पृथ्वीतल n. *der Erdboden, das Festland* Pańkad.

पृथ्वीदण्डपाल m., Nom. abstr. °ता f. v. l. für पृथिवी° Mṛkkh. 177,19.

पृथ्वीधर m. 1) *Berg* Naish. 22,44. — 2) N. pr. α) eines Genius Varâh. Bṛh. S. 53,47. Vâstuv. 523. Hemâdri 1,652,7. 655,5. — *b)* verschiedener Gelehrten. Auch °धराचार्य.

पृथ्वीपति m. *Fürst, König.* Nom. abstr. °त्व n.

पृथ्वीपाल m. N. pr. eines Mannes.

पृथ्वीपुर n. N. pr. einer *Stadt.*

पृथ्वीभुज् m. *Fürst, König* Bâlar. 239,12.

पृथ्वीभृत् m. dass. Spr. 7824.

पृथ्वीराज m. N. pr. eines Fürsten.

पृथ्वीराजविजय m. Titel eines Werkes Bühler, Rep. No. 150.

पृथ्वीराज्य n. *Herrschaft über das Land, Königthum* Kathâs. 18,178.

पृथ्वीरूप m. N. pr. eines Fürsten.

पृथ्वीश m. *Fürst, König.* Nom. abstr. °ता f. Hemâdri 1,426,5.

पृथ्वीसारतैल n. *ein best. medicinisches Präparat* Mat. med. 153. Kakr. 349.

पृथ्वीहर m. N. pr. eines Mannes.

पृदाकु 1) m. *a) Natter, Schlange.* — *b)* **Scorpion.* — *c)* **Tiger.* — *d)* **Panther.* — *e)* **Elephant.* — *f)* **Baum.* — 2) f. पृदाकू = 1) *a).*

पृदाकुसानु Adj. *die Oberfläche einer Schlange habend, glänzend wie e. Sch.*

पृशन n. etwa *das Sichanschmiegen.*

पृशनायु Adj. f. = पृशनी.

पृशनी Adj. f. *sich anschmiegend, zuthulich, zärtlich.*

*पृशन्य Adj. = स्पर्शनकुशल Sâj. zu RV. 1,71,5. Es ist aber पृशन्यस् Nom. Pl. von पृशनी.

पृश्नि 1) Adj. *a) gesprenkelt, bunt, scheckig.* — *b)* Pl. *vielartig, vielerlei.* — *c)* **zwerghaft, klein.* — 2) m. N. pr. *a)* Pl. eines Ṛshi-Geschlechts MBh. 12,26,7. 166,25. — *b)* eines Fürsten. — 3) f. पृश्नि *a) eine scheckige Kuh.* — *b) Milch.* — *c) die Erde.* — *d) Wolke.* — *e) der bunte oder gestirnte Himmel.* — *f)* **Lichtstrahl.* — *g)* N. pr. α) der Mutter der Marut. — β) einer Gattin des Savitar. — γ) einer Gattin des Fürsten Sutapas. — 4) *f. पृश्नी *Pistia Stratiotes.* — 5) n. भरद्वाजस्य Name zweier Sâman Ârsh. Br.

*पृश्निका f. *Pistia Stratiotes.*

पृश्निगर्भ Adj. (f. आ) 1) *im bunten Schooss* — oder *im Schooss der Bunten befindlich.* — 2) Beiw. und m. Bein. Vishṇu-Kṛshṇa's Vishṇus. 1,59.

पृश्निगु m. N. pr. eines Mannes.

पृश्निगो Adj. *scheckige Kühe als Gespann habend* RV. 7,18,10.

पृश्नित्व n. Nom. abstr. von पृश्नि.

पृश्निनिप्रेषित Adj. *zur Erde hinabgesandt,* — *hinabeilend.* Nach Sâj. *von der* Pṛçni *gesandt.*

पृश्निपर्णिका und °पर्णी f. *Hemionitis cordifolia.* Nach Mat. med. 147 und Râgan. 4,37 *Uraria lagopodioides.*

पृश्निबाहु 1) Adj. *mit scheckigen Armen (Vorderbeinen) versehen.* — 2) m. *ein best. mythisches Wesen.*

*पृश्निभद्र m. Bein. Kṛshṇa's.

पृश्निमत् Adj. *das Wort* पृश्नि *enthaltend.*

पृश्निमातर् Adj. 1) *die Erde zur Mutter habend.* — 2) *die* Pṛçni 2) *g)* α) *zur Mutter habend.*

पृश्नियोन scheinbar Ind. St. 3,223, b. Es ist zu lesen पृश्नयो ज्ञाः.

पृश्निवत् Adj. = पृश्निमत्.

*पृश्निशृङ्ग m. Bein. 1) Vishṇu's. — 2) Gaṇeça's.

पृश्निसक्थ Adj. *gefleckte Schenkel habend.*

पृश्निहन् Adj. *die bunte* (Schlange) *tödtend.*

*पृश्नी s. पृश्नि 4).

पृश्न्याह्वया f. *Hemionitis cordifolia.*

पृषत 1) *Adj. *gesprenkelt, weiss getüpfelt.* — 2) m. *a) die gesprenkelte Gazelle* Râgan. 19,44. 46. — *b) Wassertropfen.* — *c) Tüpfel, Fleck.* — *d)* N. pr. des Vaters des Drupada. — पृषती s. u. पृषत्.

*पृषताश्व m. = पृषदश्व *Wind.*

पृषत्क m. 1) *Pfeil.* — 2) *Sinus versus* Gaṇita, Grahakkh. 3.

पृषता f. und पृषत्व n. Nom. abstr. zu पृषत् 1).

*पृषदंश gaṇa उत्सादि. पृष । दंशे Kâç.

पृषदश्व 1) Adj. *gefleckte Rosse habend.* — 2) m. *a) Wind, der Gott des Windes* Harshak. 182,17. — *b)* Bein. Çiva's. — *c)* N. pr. verschiedener Männer. Auch Pl. als Bez. *des ganzen Geschlechts.*

पृषदाज्य, °ज्ञिश्र n. *gesprenkelte Butter, Opferschma mit saurer Milch gemischt.*

पृषदाज्यधानी f. *das Gefäss für das* Pṛshadâǵja Âpast. Çr. 7,8,3. 7. 9,2. 5. 26,12.

पृषदाज्यप्रणुत्त Adj. *durch das* Pṛshadâǵja *vertrieben.*

पृषद्र m. feblerbaft für पृषध्र.

पृषद्योनि Adj. etwa so v. a. पृश्निगर्भ 1) RV. 5,42,1.

पृषद्वत्स Adj. *ein buntes Kalb habend* Kâṭh. 12,2.

पृषद्वत् Adj. *gesprenkelt aussehend.*

पृषद्वरा f. N. pr. einer Tochter der Menakâ von einem Vidjâdhara.

*पृषद्वाण m. N. pr. eines Mannes. Vgl. पार्षद्वाण.

पृषध्र m. N. pr. verschiedener Männer MBh. 7,156,183. 13,166,58. Kâraka 6,10.

पृषध्रु MBh. 7,6912 fehlerhaft für पृषध्र.

पृषत् 1) Adj. (f. पृषती) *gesprenkelt, getüpfelt, scheckig, bunt.* — 2) m. *a) die gefleckte Gazelle.* — *b)* *पृषतां पतिः *Wind.* — 3) f. पृषती *a) eine scheckige Kuh.* — *b) eine scheckige Stute.* — *c) das Weibchen der gefleckten Gazelle.* — *d)* Patron. von पृषत्, = पार्षती. — 4) n. *Wassertropfen.*

पृषति m. *Tropfen.*

*पृषभाषा f. = पूषभासा.

*पृषाकरा f. *ein als Gewicht dienender kleiner Stein.*

*पृषात Adj. *gesprenkelt* Gal.

पृषातक 1) m. n. so v. a. पृषदाज्य oder *eine diesem ähnliche Mischung* AV. 20,134,2. Mân. Gṛhj. 2,3. Gṛhjâs. 2,59. — 2) m. *a)* Pl. *eine best. Begehung* Pâr. Gṛhj. 2,16,1. — *b)* Bein. Rudra's Mân. Gṛhj. 2,3. — 3) f. ई *eine best. Krankheit* oder Name der Unholdin, die diese Krankheit erregt.

पृषित n. *Regen* Gobh. 3,3,17.

पृषोक्त m. N. pr. eines Fürsten VP.[2] 4,57.

*पृषोत्थान Adj. gaṇa पृषोदरादि. v. l. पृषोद्वान.

पृषोदर Adj. (f. आ) *einen gefleckten Bauch habend.*

*पृषोद्यान n. *ein kleines Lustwäldchen.*

*पृषोद्वान Adj. gaṇa पृषोदरादि in der Kâç. पृषोत्थान v. l.

1. पृष्ट Partic. von प्रछ्.

2. पृष्ट Adj. *haftend.*

*पृष्टपर्णी f. *Hemionitis cordifolia* Madanav. 1,65. Vgl. पृश्निपर्णी.

पृष्टप्रतिवचन n. *das Beantworten einer Frage* 242,18.

पृष्टबन्धु Adj. etwa *der seine Sippe aufgesucht hat, Gast seiner Verwandschaft* RV.

*पृष्टहायन m. 1) *Elephant.* — 2) *eine best. Kornart.*

पृष्टाभिधायिन् Adj. *antwortend, wenn man gefragt wird,* so v. a. *nie verlegen eine vorgelegte Frage zu beantworten* Varâh. Bṛh. S. S. 3, Z. 2 v. u.

1. पृष्टि f. *Rippe.* — SV. II, 3,1,4,2 wohl fehlerhaft für वृष्टि.

2.*पृष्टि 1) *Berührung.* — 2) *Lichtstrahl.*

3. पृष्टि = पृष्ठ Pańkad. Ind. St. 14,386. 15,378.

पृष्टितस् Adv. *an den Rippen* TS. 5,5,3,2.

पृष्टिवह् Adj. (stark °वाह्) *auf den Seiten (auf dem Rücken) tragend.*

पृष्टी f. = 1. पृष्टि AV. 12,1,34.

पृष्ट्या f. *Seitenpferd (Stute)* AV. 6,102,2. Vgl. प्रष्टि.

(पृष्ट्यामय) पृष्ट्यामय m. *Seitenschmerzen.*

(पृष्ट्यामायिन्) पृष्ट्यामयिन् Adj. *an Seitenschmerzen leidend.*

पृष्ठ n. (adj. Comp. f. आ) 1) *der hervorstehende Rücken der Thiere, Rücken* überh. पृष्ठेन या *reiten auf* (Gen.), पृष्ठेन वह् *auf dem Rücken tragen,* पृष्ठं दा *sich tief verneigen,* पृष्ठे *im Rücken, hinter dem R., hinten, von hinten, hinter* (mit Gen. 184,30). — 2) *Rücken,* so v. a. *die obere Seite, Oberfläche; Anhöhe, Höhe; das Oberste.* — 3) *Rücken,* so v. a. *Rückseite, die hintere Seite.* — 4) *ein best.* Stotra, *welches bei der Mittagsspende Anwendung findet und aus verschiedenen* Sâman *gebildet wird.* Vollständig पृष्ठस्तोत्र (Sâj. zu Ait. Br. 4,28,5). — 5) Name verschiedener Sâman Ârsh. Br.

पृष्ठक n. *Rücken.* पृष्ठके कर् *hintansetzen, verzichten auf.*

पृष्ठग Adj. *reitend auf* (Gen. oder im Comp. vorangehend) 123,21. Kathâs. 42,37.

पृष्ठगालन n. von unbekannter Bed.

पृष्ठगोप m. *der den Rücken eines Kämpfenden deckt.*

*पृष्ठग्रन्थि m. 1) *Buckel.* — 2) *eine Art krankhafter Anschwellung* Râgan. 20,10.

पृष्ठघ्न m. N. pr. eines Mannes.

*पृष्ठचक्षुस् m. *Krabbe, Krebs.*

पृष्ठज m. N. pr. einer Form oder eines Sohnes des

Skanda. Statt dessen wird MBh. 9,44,38 (in allen drei Ausgaben) पृष्ठतस् (= पश्चात् Nilak.) und Hariv. 1,3,44 पृष्ठग्नाः (= कुमारानुग्नाः Nilak.) gelesen.

*पृष्ठग्नाक् n. wohl *os coccygis*.

पृष्ठतप् Adj. *seinen Rücken* (von der Sonne) *brennen lassend* Âpast.

*पृष्ठतल्पन m. *das fleischige Polster auf dem Rücken eines Elephanten*.

पृष्ठतस् Adv. Präp. *a tergo, auf dem Rücken, auf den R., im R., hinten, hinterher, von —, nach hinten, hinter* — (Gen. oder im Comp. vorangehend); *mit dem R.*, so v. a. *mit abgewandtem Gesicht* 148,25. *hinter dem R.*, so v. a. *heimlich*. Mit भू *im Rücken sein*, so v. a. *gleichgültig sein, keinen Eindruck machen*. Mit कर् 1) *auf den Rücken nehmen*. — 2) *hinter sich bringen*. — 3) *fahren —, im Stich lassen, aufgeben, verzichten auf, unberücksichtigt lassen*. — Statt पृष्ठतस् Pańkat. 70,7 liest ed. Bomb. 1,75,10 पश्चात्.

*पृष्ठदृष्टि m. *Bär*.

पृष्ठदेश m. *Hinterseite*. Loc. *hinter* — (Gen.) Pańkat. 232,21.

पृष्ठधारक Adj. *auf dem Rücken tragend*, überh. *eine Last tr.* (Pfeiler) Comm. zu Âpast. Çr. 10,3,4.

पृष्ठपातिन् Adj. *hinter Jmds Rücken seiend*, wohl so v. a. *beobachtend, aufpassend, controlirend*.

पृष्ठपीठी f. so v. a. *der breite Rücken* Bâlar. 172,23.

पृष्ठफल n. *the superficial contents of a figure*.

पृष्ठभङ्ग m. *Rückenbiegung* (eine best. Kampfart).

पृष्ठभाग m. 1) *Rückentheil, Rücken* 163,5. — 2) *Rückseite, hintere Seite* Halâj. 5,6.

पृष्ठभूमि f. *das oberste Stockwerk, der Söller eines Palastes*.

पृष्ठमांस n. *das Fleisch auf dem Rücken*. °सं खाद् oder भक्ष् *Jmds Fleisch auf dem Rücken verzehren*, so v. a. *hinter dem Rücken Böses von Jmd reden*. Daher auch so v. a. *üble Nachrede*.

*पृष्ठमांसाद् und *°मांसादन Adj. *hinter dem Rükken Böses von Andern redend*.

पृष्ठयज्वन् m. *Höhenopferer*.

पृष्ठयान n. *das Reiten*. Am Ende eines adj. Comp. so v. a. *reitend auf*.

°पृष्ठयायिन् Adj. *reitend auf* Comm. zu Kâm. Nitis. 6,36.

पृष्ठरक्ष m. = पृष्ठगोप.

पृष्ठरक्षण n. *das Schützen des Rückens*.

पृष्ठलग्न Adj. *an Jmds* (Gen.) *Rücken hängend, Jmd auf dem Fusse folgend*.

पृष्ठवंश m. 1) *Rückgrat*. — 2) *ein best. Balken am Hause* Comm. zu Âpast. Çr. 5,4,2.

पृष्ठवत् Adj. *mit dem* पृष्ठ 4) *versehen* Maitr. S. 1,4,9.

पृष्ठवह् (stark °वाह्) Adj. 1) *reitend*. — 2) *eine Last auf dem Rücken tragend* Maitr. S. 3,11,11.

पृष्ठवाह m. *Reitthier, Lastochs* Nilak. zu MBh. 13,94,16.

*पृष्ठवाह्य m. *dass*.

पृष्ठशमनीय m. *ein best.* Agnishṭoma. सोमविकृतिः °नामको यागः Comm. zu Njâjam. 10,2,15.

*पृष्ठशय Adj. *auf dem Rücken liegend*.

*पृष्ठशृङ्ग m. *die wilde Ziege*.

*पृष्ठशृङ्गिन् m. 1) *Widder*. — 2) *Büffel*. — 3) *Eunuch*. — 4) *Bein*. Bhîma's.

*पृष्ठश्वेत m. *eine Art Reis* Gal.

पृष्ठस्तोत्र n. s. पृष्ठ 4).

पृष्ठक्षेप m. *Reissen im Rücken* Karaka 6,26.

पृष्ठानुग Adj. *hinterher gehend, nachfolgend* R. 3,17,14.

पृष्ठानुगामिन् Adj. *dass*.

पृष्ठावगुण्ठनपट m. *Pferdedecke* Kâd. 239,5.

पृष्ठाष्ठील *der Rücken einer Schildkröte* Bâlar. 64,21.

*पृष्ठास्थि n. *Rückgrat*.

पृष्ठेमुख Adj. *das Gesicht auf dem Rücken habend*.

पृष्ठोदय Adj. *mit dem Rücken* oder *von hinten aufgehend*, Bez. *der Zodiakalbilder Widder, Stier, Zwillinge, Krebs, Schütze und Steinbock*.

1. पृष्ठ्य, पृष्ठिग्र 1) Adj. *a) auf dem Rücken tragend*. In Verbindung mit ग्रश्व und m. ohne ग्रश्व *Lastpferd* oder *Reitpferd*. — *b) zur Höhe gehörig, von Höhen kommend* u. s. w. — 2) f. पृष्ठ्या *der Grat* oder *Streifen, welcher auf dem Rücken der* Vedi *hinläuft*, Çulbas. 1,35. Vaitân.

पृष्ठोपताप m. *das Scheinen der Sonne auf den Rücken* Sâmav. Br. 1,4,11.

2. पृष्ठ्य 1) Adj. *a) zur Bildung der* Pṛshṭha *genannten* Stotra *dienend*. — *b) mit dem* Pṛshṭha *genannten* Stotra *versehen*; so heisst insbes. *eine best. Gruppe von sechs* Soma-*Opfertagen*; als Subst. m. पृष्ठ्याहन्, पृष्ठ्यच्यह, पृष्ठ्यपञ्चाह, पृष्ठ्यस्तोत्रिय, पृष्ठ्यचतुर्थ, पृष्ठ्यषष्ठ Vaitân. — 2) *m. n. = पृष्ठानां समूहः.

पृष्ठ्यस्तोम m. 1) Name von *sechs* Ekâha. — 2) *eine best. Gruppe von sechs* Soma-*Opfertagen*.

पृष्ठ्यावलम्ब m. *eine best. Gruppe von fünf* Soma-*Opfertagen*.

*पृष्णि 1) Adj. = पृश्नि. — 2) f. *a)* = पार्ष्णि. — *b)* = पृश्नि *Lichtstrahl*.

*पृष्णिपर्णी f. fehlerhaft für पृश्निपर्णी.

पृष्व Adj. (f. ग्रा) *aus Reif* (*pruina*) *entstehend* (Comm.) TS. 7,4,12,1.

पेचक 1) m. *a) Eule*. — *b) die Schwanzwurzel beim Elephanten*. — *c)* **Ruhebett*. — *d)* **Laus*. — *e)* **Wolke*; vgl. मेचक. — 2) f. पेचिका *Eule*.

*पेचकिन् m. *Elephant*.

*पेचु n. *Colocasia antiquorum*.

पेचुक 1) m. *Eule* Hariv. 2.16.37. — 2) *n. = पेचु.

*पेचुली f. = पेचु.

*पेज्ञ 1) m. in तिल°. — 2) f. ग्रा = पेया.

*पेञ्जूषा f. *Ohrenschmalz*.

पेट 1) (*m.) f. (ग्रा und ई) und (*n.) *a) Korb, Kästchen*. — *b)* **Menge*. — *c)* **Gefolge*. — 2) *m. *die Hand mit ausgestreckten Fingern*.

पेटक 1) m. f. (पेटिका) und n. *Körbchen, Kästchen, Korb* Bṛhadd. bei Sâj. zu ṚV. 5,78,5. पेटक zu belegen, aber das Geschlecht nicht zu bestimmen. — 2) *m. n. = द्वंद्व. — 3) n. *Menge, Schaar, Trupp, Bande* Râǵat. 8,1952. कपोत° Harshak. 203,5. कार्पटिक° 73,5. विट° 98, 23. भट° Vikramâṅkak. 17,55. पेटकं कर् so v. a. *sich zusammenthun*.

*पेटकन्दक m. *ein best. Knollengewächs* Gal.

*पेटाक m. *Korb*.

*पेटालु n. = पेटकन्दक Gal.

*पेटू als Erklärung von शिलाटक.

पेटिभट्ट m. N. pr. eines Mannes.

पेडा f. *Korb*.

*पेढाल m. N. pr. des 8ten Arhant's der zukünftigen Utsarpiṇî.

*पेण्, पेणति (गतिपेषणश्लेषणेषु).

*पेण्ड m. *Weg* Gal.

पेत्व, पेतुग्र 1) m. *a) Bock, Schafbock; Hammel*. — *b)* **ein kleiner Theil*. — 2) *n. *a) Nektar*. — *b) Schmelzbutter*.

पेद्व m. N. pr. eines Mannes.

*पेव्, पेवते (सेवने).

पेय 1) Adj. *a) zu trinken, trinkbar; einzunehmen* (Arzenei) Karaka 7,12. — *b) schmeckbar*. — *c) woran sich Etwas* (z. B. das Ohr) *labt*. — 2) m. *Trankopfer*. — 3) f. ग्रा *Reisschleim, Reiswasser; Suppe*. लाज° Karaka 6,3. — 4) n. *a) das Trinken, Trunk* am Ende einiger vedischer Composita. — *b) Getränk*. — *c)* **Reisschleim* Râǵan. 20,68.

पेयूष (*m. n.) 1) *Biestmilch*. — 2) **frische Butter*. — 3) *Nektar*.

*पेरग्न n. = पेरोग्न *Türkis* Râǵan. 13,217.

पेरा f. *ein best. musikalisches Instrument.*

पेरणि m. und °णी f. *ein best. Tanz* S. S. S. 272. 238.

1. पेरु Adj. 1) *durchziehend.* — 2) *durchführend, rettend.*

2. पेरु Adj. *trinkend* (Comm.).

3. पेरु Adj. *gähren machend, schwellend.*

4. पेरु Adj. angeblich *durstig* TS. 3,1,11,8.

5. *पेरु m. 1) *die Sonne.* — 2) *Feuer.* — 3) *Meer.* — 4) *der goldene Berg;* vgl. मेरु.

पेरुक m. N. pr. eines Mannes.

*पेरोज m. n. = فیروزه *Türkis* Rāgan. 13,7. 217.

*पेल्, पेलति und पेलयति (गतौ).

*पेल m. und *°क m. *Hode.*

पेलव Adj. (f. आ) *lose, fein, zart, zu zart für* (im Comp. vorangehend).

पेलवपुष्पपत्त्रिन् Adj. *zarte Blumen zu Pfeilen habend* Kumāras. 4,29.

*पेलि gaṇa छात्त्र्यादि. v. l. *ऐलि.

*पेलिन् m. *Pferd.*

*पेलिशाला f. gaṇa छात्त्र्यादि. *ऐलि° v. l.

*पेव्, पेवते (सेवने).

पेश 1) m. *Schmuck, Zierat.* — 2) f. ई a) *ein Stück Fleisch.* Auch in Comp. mit मांस° oder mit dem Beisatz मांसमयी. — b) Bez. *des Fötus bald nach der Empfängniss* Bhāg. P. 3,31,2. Nom. abstr. °त्व n. — c) *Muskel.* — d) *eine Art Trommel.* — e) * *Degenscheide.* — f) * *Schuh.* — g) * *Vogelei.* — h) * *Narde* Rāgan. 12,96. — i) * *eine vollkommen ausgebildete Knospe.* — k) *N. pr. α) einer Piçâkî. — β) einer Râkshasî. — γ) eines Flusses.

पेशन Adj. (f. ई) 1) *wohlgebildet.* — 2) *verziert.*

पेशल 1) Adj. (f. आ) a) *künstlich gebildet, verziert.* — b) *schön, reizend, lieblich, gefällig.* — c) *zart, fein* (auch von Menschen im Umgange). पेशलम् Adv. — d) *geschickt, gewandt.* — 2) n. *Schönheit, Anmuth, Reiz.*

पेशलत्व n. *Geschicklichkeit, Gewandtheit.*

पेशलाक्ष Adj. *schönäugig.* Nom. abstr. °ता f. Rāgat. 1,286.

पेशली Adv. mit कर् *reizend machen.*

पेशस् n. 1) *Gestalt, Form.* — 2) *künstliche Figur, Zierat, Schmuck;* insbes. in einem Gewebe. — 3) *ein künstliches Gewebe, ein gesticktes Gewand.*

*पेशस्करी f. *eine als Weibchen geltende Biene* Gal.

पेशस्कारिन् m. *Wespe.*

पेशस्कारी f. *Kunstweberin, Stickerin.*

पेशस्कृत् m. 1) *Hand* (*als Bildnerin*). — 2) *Wespe.*

पेशस्वत् Adj. *geschmückt, geziert.*

*पेशि 1) m. fehlerhaft für पेषि. — 2) f. = पेशी *Vogelei.*

पेशिका f. *Schale* (*einer Frucht*). Vgl. बीज°.

पेशितर् Nom. ag. *Zerleger, Vorschneider.*

1. पेशी f. s. पेश 2).

2. पेशी Adv. mit कर् *in Stücke zerschneiden.* Vgl. 3. पेषी.

*पेशीकोश m. *Vogelei.*

*पेश्र Adj. von पिश्.

*पेष्, पेषते (प्रयत्ने).

पेष 1) Adj. (f. ई) *Etwas* (im Comp. vorangehend) *zerreibend, mahlend* Baudh. 1,7,12 bei Hillebr. N. 38, N. 2. — 2) m. *das Zerreiben, Mahlen* in Comp. mit dem Was und Womit. — S. auch पेषी.

°पेषक Nom. ag. (f. °पेषिका) *Zerreiber, Zermahler, Stösser.*

पेषण 1) n. a) *das Zerreiben, Mahlen* (von Körnern) Hemâdri 1,138,1 v. u. — b) *das Zermalmen.* पेषणं या *zermalmt werden.* — c) * *Tenne.* — d) * *Handmühle.* — e) * *Euphorbia antiquorum.* — 2) f. ई *ein zum Zerreiben oder Mahlen dienender Stein.* °पुत्रक m. *ein solcher kleiner Stein.*

*पेषणवत् Adj. zur Erklärung von पिंपिषत्.

*पेषणि f. = पेषण 2).

°पेषम् Absol. von पिष्.

*पेषल Adj. schlechte Schreibart für पेशल.

*पेषाक m. = *पेषणि.

*पेषि m. *Donnerkeil.*

1. पेषी f. etwa *Windel* oder dergl. ṚV. 5,2,2 (Loc.). Nach Sāj. = क्लिशिका, पिशाचिका.

2. पेषी f. zu पेष und fehlerhaft für 1. पेशी.

3. पेषी Adv. mit कर् *zermalmen* MBh. 1,76,38. पेष: पिष्टं पिष्टीकृत्येत्यर्थ: Nilak. पेषी कृत्वा soll archaistisch sein.

पेष्टर् Nom. ag. *Zerreiber, Zermahler.*

पेष्ट्र n. *Knochen.*

पेष्य Adj. *zu zerreiben zu* (im Comp. vorangehend).

*पेस्, पेसति (गतौ).

*पेसल Adj. schlechte Schreibart für पेशल.

पेसुक Adj. etwa *sich ausdehnend.*

*पेस्वर Adj. von पिस्.

पैङ्ग 1) Adj. a) *von dem* पिङ्ग *genannten Thiere herrührend.* — 2) m. N. pr. eines Lehrers MBh. 2,112. Richtig पैङ्ग्य. — 3) n. Titel eines Lehrbuchs.

पैङ्गराज m. *ein best. Vogel.*

*पैङ्गरायण m. Patron. von पिङ्गर.

पैङ्गल 1) m. Patron. von पिङ्गल. Auch Pl. — 2) n. *das von* Piñgala *verfasste Lehrbuch.*

*पैङ्गलकाण्व m. Pl. *die Schüler des* पिङ्गलकाण्व Pat. zu P. 1,1,73, Vârtt. 8.

पैङ्गलायन m. Patron. von पिङ्गल. Auch Pl.

पैङ्गलायनि m. desgl.

पैङ्गलोपनिषद् f. Titel einer Upanishad.

*पैङ्गलोदयनि m. Patron.

पैङ्गल्य 1) *m. Patron. von पिङ्गल. — 2) n. *die braune Farbe.*

पैङ्गल्याबाध m. *eine best. Krankheit* Karaka 4,8.

*पैङ्गाक्षीपुत्र m. wohl Patron.

*पैङ्गाक्षीपुत्रीय Adj. von पैङ्गाक्षीपुत्र.

पैङ्गायनिब्राह्मण n. Titel eines Brâhmaṇa Âpast. Çr. 5,14,18. 29,4.

पैङ्गि m. Patron. Jâska's.

पैङ्गिन् 1) Adj. von Paiñgja *herrührend.* — 2) m. *ein Anhänger des* Paiñgja.

पैङ्गीपुत्र m. N. pr. eines Lehrers.

पैङ्ग्य 1) m. Patron. N. pr. eines Lehrers MBh. 2,4,17. — 2) n. *die Lehre des* Paiñgja.

पैच्छिल्य n. *Schleimigkeit, Schmierigkeit.*

पैज m. N. pr. eines Lehrers.

पैजवन m. Patron. verschiedener Männer.

*पैञ्जूलायन m. Patron. von पिञ्जूल.

*पैञ्जूष m. *Ohr.*

*पैटक m. Patron. von पिटक.

*पैटकिक Adj. = पिटकेन हरति.

*पैटाक m. Patron. von पिटाक.

*पैटाकिक Adj. = पिटाकेन हरति.

पैठकलायन m. Patron. Auch Pl.

पैठर Adj. *im Kochtopf zubereitet, gekocht.*

*पैठरिक m. wohl *ein Musikant auf einem Kochtopfe.*

*पैठसर्प Adj. von पीठसर्पिन्.

पैठिक m. Patron. von पीठ.

पैठीन m. = पैठीनसि.

पैठीनसि m. Patron. N. pr. eines alten Lehrers.

पैठीनस्य m. Patron. Auch Pl.

पैडिक Adj. *Beulen, Pusteln u. s. w. betreffend.*

पैड्व n. fehlerhaft für पैद्व.

*पैण्, पैणति (गतिप्रेरणश्लेषणेषु).

पैण्डपातिक Adj. *von Almosen lebend.*

*पैण्डायन m. Patron. von पिण्ड.

*पैण्डिक्य n. Nom. abstr. von पिण्डिक.

*पैण्डिन्य n. *das Leben von Almosen.*

*पैण्ड्य m. Metron. von पिण्डी.

*पैतदारव Adj. von पीतदारु.

पैतरावण m. Patron.

पैतापुत्रीय Adj. *auf Vater und Sohn sich beziehend, — lautend.*

पैतामह 1) Adj. (f. ई) *a) grossväterlich. — b) von* **Brahman** *kommend, ihm gehörig* u. s. w. — 2) m. **Brahman's** *Sohn.* — 3) n. *das Mondhaus* **Rohiṇî**.

*पैतामहक Adj. *grossväterlich.*

पैतामहतीर्थ n. N. pr. eines **Tîrtha**.

पैतामहभाष्य n. *ein Commentar zum* **Paitâmaha Siddhânta**.

पैतुदारव Adj. *vom Baum* **Pitudâru** *kommend.*

पैतुदारु Âçv. Çr. 6,11,3 fehlerhaft für पीतुदारु oder पैतुदारव.

पैतृक 1) Adj. (f. ई) *a) vom Vater kommend, väterlich. — b) den Manen gehörend, — geweiht, — geltend* u. s. w. — 2) n. *a) das väterliche Haus. — b) das Naturel des Vaters. — c) eine den Manen geltende heilige Handlung.*

पैतृकतिथिनिर्णय m. Titel eines Werkes.

पैतृक्रिया f. Titel eines Werkes Opp. Cat. 1.

पैतृमत्य 1) Adj. *von einem Manne stammend, der einen berühmten Vater hat,* Comm. zu Âpast. Çr. 5,3,9. — 2) m. *der Enkel eines namhaften Grossvaters.*

पैतृमेधिक Adj. *zu einem Manenopfer in Beziehung stehend.* Als Subst. Titel eines Werkes Opp. Cat. 1.

पैतृयज्ञिक und °यज्ञीय Adj. dass.

पैतृष्वसेय 1) Adj. (f. ई) *von des Vaters Schwester abstammend.* — 2) m. *ein Sohn der Schwester des Vaters.*

*पैतृष्वस्रीय Adj. Subst. dass.

पैत्त Adj. (f. ई) *auf die Galle bezüglich, von G. herrührend* (Kâraka 6,20), *gallig.*

पैत्तल Adj. (f. ई) *aus Glockengut gemacht* Hemâdri 1,216,3.

पैत्तिक Adj. (f. ई) = पैत्त; auch so v. a. *ein galliges Temperament habend.*

पैत्र Adj. (f. ई) *zu den Manen in Beziehung stehend, ihnen eigen, — geweiht.*

पैत्रिक Adj. = पैतृक 1) a). Wohl fehlerhaft.

पैत्र्य 1) Adj. *auf die Manen bezüglich.* — 2) n. *das Mondhaus* **Rohiṇî**.

पैद्व m. *das Schlangen tödtende Ross des* **Pedu**.

*पैनद्धक Adj. von पिनद्ध.

पैनाक 1) Adj. **Rudra-Çiva** *gehörig, von ihm kommend.* — 2) m. Patron. von **Pinâka**.

पैप्पल Adj. 1) *aus dem Holz der Ficus religiosa gemacht* Mahâvîrak. 6,7. — 2) so v. a. पैप्पलाद 1) Weber, Lit. 175.

*पैप्पलव Adj. von पैप्पलव्य.

*पैप्पलव्य m. Patron. von पिप्पलु.

पैप्पलाद 1) Adj. *von* **Pippalâda** *herrührend* Garbhop. am Ende. — 2) m. *a)* Patron. von पिप्पलाद. — *b)* Pl. *eine best. Schule des* **AV**.

पैप्पलादक 1) Adj. *den* **Paippalâda** *eigen, von ihnen gelehrt* u. s. w. — 2) n. *das Lehrbuch —, der Text der* **Paippalâda**.

पैप्पलादि m. 1) Patron. N. pr. eines Lehrers. Auch Pl. — 2) Pl. = पैप्पलाद 2) b).

पैप्पलायनि m. Patron. N. pr. eines Lehrers VP.[2] 3,62. Vgl. पिप्पलायनि.

*पैप्पलीकच्छक Adj. Kâç. zu P. 4,2,126.

पैयवन m. fehlerhaft für पैजवन.

*पैयूक्त Adj. von पीयूक्ता.

*पैयूष n. = पीयूष.

पैल m. Metron. N. pr. eines Lehrers. °सूत्र n.

पैलगर्ग m. N. pr. eines Mannes.

पैलमौलि m. Patron. Auch Pl.

पैलव Adj. *aus dem Baume* **Pîlu** *gemacht* Gaut.

*पैलीय m. Pl. *die Schüler des* **Paila**.

*पैलुकुण Adj. von पीलुकुण.

*पैलुमूल Adj. = पीलुमूले दीयते कार्यं वा.

*पैलुवह von पीलुवह. Davon *Adj. °क.

*पैलुशीर्षि m. und *°शीर्ष्या f. Patron.

*पैलेय m. Metron. von पीला.

पैल्य m. v. l. für पैल Ârsh. Br. 1,134.

पैल्य n. *Triefäugigkeit* Kâraka 6,19. 23.

पैल्व m. v. l. für पैल Ârsh. Br. 1,134.

पैल्वकायन m. Patron. Auch Pl.

पैशल्य n. *Freundlichkeit, Leutseligkeit.*

पैशाच 1) Adj. (f. ई) *den* **Piçâka** *eigen* u. s. w. °ग्रह m. so v. a. *Besessenheit.* — 2) m. *a)* = पिशाच 1) a). — *b)* Pl. N. pr. eines Volkes. — 3) wohl n. Titel eines Werkes Opp. Cat. 1. °भाष्य n. Titel eines ausführlichen *Commentars zur* **Bhagavadgîtâ** Cat. NW. Pr. 1,290.

पैशाचिक n. in चूलिका°.

पैशाच्य n. Nom. abstr. von पिशाच 1) a).

पैशुन n. (adj. Comp. f. आ) n. *Zuträgerei, Hinterbringerei, Verrath, Verleumdung* Gaut. Âpast.

पैशुन्य n. 1) dass. °वादिन् Adj. Daçak. (1925) 2,76,5. — 2) * = भिताशिल; wohl eine Verwechselung mit पैण्डिन्य.

पैष्ट 1) Adj. (f. ई) *aus Mehl erzeugt, — bereitet* Hemâdri 1,654,3. 10. 14. — 2) *m. Patron. von पिष्ट. — 3) * f. ई *Kornbranntwein* Râǵan. 14,140. 144.

पैष्टिक 1) Adj. *aus Mehl bereitet.* — 2) *n. *eine Menge Kuchen.*

*पैष्टिका f. *Kornbranntwein* Râǵan. 14,140.

पैसुकायन (!) m. Patron.

*पो Nom. ag. (Nomin. पोस्) vom Denom. पवय्.

पोगण्ड Adj. 1) *unerwachsen;* m. *Knabe.* — 2) **dem ein Glied fehlt.*

पोट 1) *m. *a) Fundament eines Hauses. — b) das Zusammenlegen.* — 2) * f. आ *a) Hermaphrodit. — b) Dienerin.* — 3) f. ई *a) Mastdarm. — b)* **ein grosser Alligator.*

पोटक 1) m. *Knecht.* — 2) * f. पोटिका *eine best. Pflanze* Ratnam. 172.

*पोटगल m. 1) *Schilf, Schilfrohr.* — 2) *Saccharum spontaneum.* — 3) *Fisch.* — 4) = पाञ्चजन्य.

पोटल m. (Kâraka 6,9), °क m. und °लिका f. *Bündel.*

*पोटाय्, °यते = पोटां करोति.

*पोटिक m. *Pustel, Beule.*

*पोट्टल n. (Deçîn. 2,34) und *°ली f. *Bündel.*

पोट्टलक dass. Kâraka 4,8.

1. पोट्टली f. s. u. पोट्टल.

2. पोट्टली Adv. mit कर् *zu einem Bündel vereinigen* Kâraka 6,9.

*पोट्टिल m. N. pr. des 9ten **Arhant's** der zukünftigen **Utsarpiṇî**.

*पोडु m. *Scheitelbein.*

पोत 1) m. *a) Thierjunges.* Zu belegen nur in Comp. mit einem Thiernamen. — *b)* in Comp. mit einem Pflanzennamen *ein junger Schössling, ein junger —. — c)* **Kleid, Gewand. — d)* **Fundament eines Hauses. — e)* **ein Fötus ohne Eihaut.* — 2) m. n. *Schiff, Boot.*

पोतक 1) m. *a)* = पोत 1) a) Râǵan. 18,14. zu Spr. 6067. — *b)* = पोत 1) b). — *c)* * = पोत 1) d). — *d)* N. pr. eines Schlangendämons. — 2) f. °तिका *a) Kleid, Gewand. — b)* **Basella lucida* oder *rubra. — c)* **Anethum Sowa* Râǵan. 4,10. — *d)* * = मूलपोती Râǵan. 7,140. — 3) f. ई *a) Turdus macrourus* Râǵan. 19,124. — *b)* **Basella lucida* oder *rubra* Râǵan. 7,140.

*पोतज Adj. *ohne Eihaut zur Welt kommend.*

पोतत्व n. Nom. abstr. zu पोत *Schiff* Mahâvîrak. 132,7.

*पोतधार (Gal.) und °धारिन् m. *Schiffsherr, Schiffer.*

पोतन n. N. pr. einer Stadt Hem. Par. 1,92.

पोतप्लव m. *Schiffer.*

पोतभङ्ग m. *Schiffbruch.*

पोतर् und पोतॄ Nom. ag. 1) m. *a) Läuterer, Reiniger;* Bez. eines der 16 **Ṛtviǵ** des ausgebildeten Rituals, welcher Genosse des **Brahman** ist. — *b)* *Bein. **Vishṇu's**. — 2) *f. पोत्री Bein. der

Durgâ Gal.; vgl. पौत्री u. 1. पौत्र.

पोतरक N. pr. = पोतल.

*पोतरक्ष m. *Steuerruder.*

पोतल = Πατάλα, N. pr. eines alten Seehafens am Indus; später übertragen auf die Residenz des Dalailama in Lhassa.

*पोतलक 1) m. N. pr. eines Berges, vielleicht = पोतल. — 2) f. °लिका in गो°.

*पोतलकप्रिय m. N. pr. eines Buddha.

पोतवणिज् m. *ein seefahrender Kaufmann.*

*पोतवाह und °क (Pañkad.) m. *Schiffsführer, Schiffer, Kapitän.*

*पोतशालि m. *kleiner Reis* Râǵan. 16,20.

*पोताच्छादन n. *Zelt.*

पोताधान n. *Fischbrut* Vâsavad. 99,2.

*पोताभ m. *eine Art Kampfer* Gal. Vgl. पोतास.

°पोताय्, °यते *ein Schiff sein für* Ind. St. 15,378.

पोताल 1) m. N. pr. eines Brahman. — 2) fehlerhaft für पोतल.

पोतास m. *eine Art Kampfer* Râǵan. 12,62.

पोतिमत्सक m. N. pr. eines Fürsten. v. l. पोतिमत्स्यक (wohl richtig) und पौतिमत्सक.

*पोतु m. = मानभाण्डशोधक.

*पोत्या f. = पोतानां समूहः.

1. पोत्र n. 1) *das* Soma-*Gefäss des* Potar. — 2) *das Amt des* Potar. — 3) *die Schnauze des Ebers* Harshak. 203,4. — 4) **Pflugschar.* — 5) **Kleid, Gewand.* — 6) **der Donnerkeil.*

2.*पोत्र n. fehlerhaft für पोत *Schiff, Boot.*

पोत्रक m. N. pr. eines Mannes.

*पोत्रायुध m. *ein wilder Eber* Râǵan. 19,31.

*पोत्रिदंष्ट्राज m. *ein best. Edelstein.*

पोत्रिन् m. *ein wilder Eber* Râǵan. 19,31. Vikramâñkak. 9,101. आदि° = आदिवराह Bhoǵa-Pr. 60,14.

*पोत्रिरथा f. Bein. der Mâjâ (buddh.)

पोत्रीय Adj. (f. आ) *auf den* Potar *bezüglich, ihm gehörig.*

पोथ m. *Schlag, — mit* (im Comp. vorangehend).

पोथकि (metrisch) und °की f. *best. Geschwüre an den Augenlidern.*

पोनक m. in शतपोनक.

*पोपुव Adj. vom Intens. von 1. पू.

पोया f. *ein best. Blaseinstrument* Kalpas. 102,20.

पोयालह्रद N. pr. eines Teiches.

पोर = पर्वन् in नील° und शत°.

पोरक dass. in शत°.

*पोल 1) m. *Masse, Menge.* — 2) f. ई *eine Art Gebäck.*

पोलिका f. *eine Art Gebäck.*

*पोलिन्द m. *Mast oder Ribbe eines Schiffes.*

पोविय m. N. pr. eines Mannes.

पोष m. 1) *Gedeihen, Wachsthum, Vermehrung; Fülle, copia, Wohlstand.* — 2) *das Aufziehen, Ernähren, Unterhalten, Fütterung* Gop. Br. 2,1,23.

पोषक Adj. (f. °षिका) 1) *ernährend, fütternd, aufziehend, züchtend; Ernährer u. s. w.* — 2) am Ende eines Comp. *sich nährend—, seinen Lebensunterhalt ziehend von* Hariv. 2,89,12.

पोषण 1) Adj. *pflegend, hegend, begünstigend* in पत्त°. — 2) n. *das Ernähren, Füttern, Unterhalten, Züchten, Pflegen* (der Bäume, der Sinne).

पोषणीय Adj. *zu ernähren.*

पोषध m. *Fasten, Fasttag* Lalit. 28,3. 46,6. 63,1.

*पोषधिक Adj. von पोषध.

पोषधेय n. impers *zu fasten.*

*°पोषम् Absol. mit पुष् *gedeihen an.*

*पोषयितर् Nom. ag. vom Caus. von 1. पुष्.

पोषयित्नु 1) Adj. *Wachsthum —, Gedeihen fördernd, nährend;* mit Acc. — 2) **m. der indische Kuckuck.*

पोषयिष्णु Adj. *Gedeihen bringend, zuträglich.*

पोषस् in विश्वायुपोषस्.

पोषितर् Nom. ag. *Ernährer, Aufzieher.*

°पोषिन् Adj. *ernährend, aufziehend.*

पोषुक Adj. *gedeihend.*

पोष्टर् Nom. ag. *Ernährer, Aufzieher.*

पोष्य, पोषिय Adj. 1) *gedeihlich, wohlgenährt.* — 2) *Gedeihen habend, — schaffend.* — 3) *zu ernähren.*

पोष्यपुत्रक m. *Adoptivsohn.*

(पोष्यावत्) पोषियावत् Adj. *Gedeihen schaffend.*

पौंश्चलीय Adj. *zu Huren in Beziehung stehend.*

पौंश्चलेय m. *Hurensohn* Âpast. Çr. 20,3.

पौंश्चल्य n. *das Nachlaufen des Weibes nach Männern.*

*पौंसवन n. = पुंसवन 1).

पौंसायन m. Patron. von पुमंस्, पुंस्.

पौंस्न 1) Adj. *a) menschlich.* — *b) eines Mannes werth, für einen Mann passend.* — 2) n. *Männlichkeit, männliche Kraft.*

पौंस्य, पौंसिय 1) Adj. *männlich, Männern eigen.* — 2) n. *a) Männlichkeit, männliche Kraft, Mannesmuth, — tugend, — that.* — *b)* Pl. *Männerschaaren.*

पौक्कस m. = पौल्कस (so v. l.) Brahmop. 249.

पौगण्ड 1) Adj. *Knaben eigen.* — 2) n. *Knabenalter, das Alter von 5 bis 10 Jahren.*

पौगण्डक n. = पौगण्ड 2).

पौच्छ Adj. *am Schwanze befindlich.*

पौञ्जिष्ठ m. Patron. Auch Pl. Wohl fehlerhaft für पौञ्जिष्ठ.

पौञ्जिष्ट und °ष्ठ m. *Fischer.*

पौटलि m. Patron. Auch Pl.

*पौटायन m. Patron. von पुट.

पौड in *पत्तपौड.

*पौणिकि m. Patron. von पुणिक.

*पौणिकेर m. Metron.

*पौणिक्या f. zu पौणिकि.

पौण्डरीक 1) Adj. *aus Lotusblumen gemacht.* — 2) m. *a) ein best. eilftägiges* Soma-*Opfer* Hemâdri 1,536,14. — *b)* Patron. des Kshemadhṛtvan Tâṇḍja-Br. 22,18,7. — 3) n. *eine best. Art des Aussatzes.*

पौण्डरीकपद्धति f. Titel eines Werkes.

*पौण्डरीय (Râǵan. 12,150), *°क (Dhanv. 3,54) und *पौण्डर्य (ebend.) n. = पुण्डर्य.

पौण्ड्र 1) m. *a) *eine Art Zuckerrohr.* — *b)* Pl. N. pr. eines Volkes. — *c) ein Fürst der* Pauṇḍra. Gilt für einen Sohn Vasudeva's. — *d)* Name *der Muschel* Bhîshma's. — *e)* N. pr. eines Fürsten VP.[2] 4,122. पुण्ड्र v. l. — 2) n. *Mal, Sectenzeichen.*

पौण्ड्रक 1) m. *a) eine Art Zuckerrohr* Bhâvapr. 2, 63. — *b)* Pl. N. pr. eines Volkes, = पौण्ड्र. — *c) ein Fürst der* Pauṇḍra. — *d) eine best. Mischlingskaste.* — *e)* N. pr. eines Fürsten VP.[2] 4,122. पुण्ड्र v. l. — 2) n. am Ende eines adj. Comp. *Mal, Sectenzeichen.*

*पौण्ड्रनागर Adj. von पुण्ड्रनगर.

पौण्ड्रमत्स्यक m. N. pr. eines Fürsten.

पौण्ड्रवत्स m. Pl. *eine best. Schule des weissen* Jaǵus Ârjav. 46,13.

पौण्ड्रवर्धन 1) n. N. pr. einer Stadt. — 2) *m. Bihâr.

*पौण्ड्रवर्धन Adj. oder m. Uǵǵval.

पौण्ड्रिक m. 1) **eine Art Zuckerrohr.* — 2) Pl. N. pr. eines Volkes.

पौण्ढ्र fehlerhaft für पौण्ड्र.

पौण्य Adj. *rechtschaffen, tugendhaft* oder *guter Behandlung werth.*

पौतक्रत m. Metron. von पूतक्रता.

पौतन nach dem Comm. = मथुराप्रदेश 217,17.

*पौतन्य n. Nom. abstr. zu पूतन 2) *a).*

*पौतरीय Adj. von पूतर Gaṇar. 4,291.

*पौतव n. *Gewicht.*

पौतिक 1) *Adj. von पूतिक oder °का. — 2) f. ई *eine best. Gemüsepflanze.*

*पौतिक्य n. Nom. abstr. von पूतिक gaṇa पुरोहितादि in der Kâç.

पौतिनासिक्य n. *das Behaftetsein mit einer stin-*

kenden Nase.

पौतिमत्स्यक m. N. pr. eines Fürsten MBh. 5,4,16. Vgl. पौति°.

*पौतिमाष Adj. von पौतिमाष्य.

पौतिमाषायण m. Patron. Richtig °माष्यायण.

पौतिमाषीपुत्र m. N. pr. eines Lehrers.

पौतिमाष्य m. Patron. N. pr. eines Lehrers. *f. °माष्या.

पौतिमाष्यायण m. desgl. f. *पौतिमाष्यायणी Mahâbh. 4,32,a.

पौतुद्रव Adj. vom Baume Pûtudru kommend u. s. w. Âpast. Çr. 7,5,6. 23,7.

*पौतृक Adj. von पोतर्.

पौत्तिक n. eine Art Honig Râgan. 14,115. Bhâvapr. 2,61.

1. पौत्र 1) Adj. (f. ई) vom Sohn —, von Kindern herrührend, ihnen gehörig, sie betreffend u. s. w. इष्टि f. eine die Geburt eines Sohnes bezweckende Opferhandlung. — 2) m. des Sohnes Sohn, Enkel. — 3) f. पौत्री a) Enkelin. — b) *Bein. der Durgâ; vgl. पोत्री unter पोतर्.

2. *पौत्र n. das Amt des Potar.

पौत्रक m. Enkel Spr. 7676.

पौत्रजीविक (metrisch st. पौत्रं°) n. ein aus Putranjiva Roxburghii gemachtes Amulet.

पौत्रमर्त्य n. Kindersterben Mantrabr. 1,1,13.

पौत्राद्य AV. 12,3,28 vielleicht fehlerhaft für पौत्राघ ein die Kinder treffender Schaden; vgl. 12,3,14.

पौत्रायण m. Patron. von पौत्र Enkel.

पौत्रिक m. Patron. von पुत्रिक oder = पौत्रिकेय.

पौत्रिकेय m. der Sohn einer an Sohnes Statt angenommenen Tochter.

पौत्रिकेयवत् Adj. einen Pautrikeja habend.

*पौत्रिक्य n. Nom. abstr. von पुत्रिक.

पौत्रिन् Adj. einen Enkel habend.

पौदन्य n. N. pr. einer Stadt. बौदन्य v. l.

*पौनःपुनिक Adj. sich öfter wiederholend.

पौनःपुन्य n. öftere Wiederholung.

पौनराधेयिक Adj. (f. ई) auf das wiederholte Anlegen des heiligen Feuers bezüglich Âpast. Çr. 5,29,1.

पौनरुक्त n. eine überflüssige Wiederholung Kâd. 267,6.

*पौनरुक्तिक Adj. = पुनरुक्तमधीते वेद वा.

पौनरुक्त्य n. Wiederholung, Tautologie. वैरूप्य° so v. a. eine abermalige Hässlichkeit.

पौनर्नव Adj. von der Boerhavia procumbens kommend u. s. w. Kâraka 6,16.

पौनर्भव 1) Adj. (f. ई) zu einer wiederverheiratheten Frau in Beziehung stehend, von ihr stammend. भर्तर् so v. a. der zweite Gatte einer Frau. — 2) m. der Sohn einer wiederverheiratheten Wittwe Gaut.

*पौनर्भविक Adj. (f. ई) auf eine Wiedergeburt bezüglich.

पौनर्वसव Adj. zum Arzt Punarvasu in Beziehung stehend. युवन् m. so v. a. ein Student der Medicin Harshaé. 126,14.

पौनर्वाचिक Adj. pleonastisch, überflüssig.

पौनःशिल Adj. Kauç. 66.

पौपिक m. Patron. Auch Pl.

पौम्पा f. N. pr. eines heiligen Teiches °माहात्म्य n.

*पौयमानि m. Patron. von पूयमान.

1. पौर m. 1) etwa Füller, Sättiger als Bez. des Soma. — 2) Mehrer. — 3) N. pr. eines Mannes.

2. पौर 1) m. a) Städter, Bürger Gaut. Âpast. — b) Bez. eines kriegführenden Fürsten unter bestimmten Verhältnissen. Auch von Planeten beim ग्रहयुद्ध. — c) Pl. N. pr. einer Dynastie. — 2) *f. ई das Gerede der Palastdienerschaft. — 3) *n. ein best. wohlriechendes Gras.

*पौरक m. ein in der Nähe einer Stadt gelegener Lustgarten.

पौरकन्या f. Städterin, Bürgermädchen.

पौरकुत्सी f. Hariv. 1430 fehlerhaft für पौरुकुत्सी.

*पौरगीय Adj. von पुरग.

पौरंगन Adj. (f. ई) von Purańgana und Puraṁgaṇi stammend.

पौरण m. Patron. von पूरण. — पौरणी Hariv. 5437 fehlerhaft für पौराणी Adj. f.

पौरपटक und पौरपठक m. N. pr. eines Lehrers.

पौरन्दक m. wohl nur fehlerhaft für पौरपटक.

पौरंदर 1) Adj. (f. ई) Indra gehörig, ihm geweiht, von ihm kommend u. s. w. — 2) n. das Mondhaus Ǵjeshthâ.

पौरंध्र Adj. von einem Weibe herrührend, weiblich Viddh. 23,8.

पौरमुख्य m. Stadtältester Daçak. (1925) 2,121,16 (°मुख gedr.).

पौररुचिदेव m. N. pr. eines Mannes.

पौरलोक m. Sg. und Pl. die Städter, Bürger.

पौरव 1) Adj. (f. ई) dem Pûru gehörig, von ihm abstammend. — 2) m. a) ein Abkömmling Pûru's. Pl. die Nachkommen —, das Geschlecht des P. — b) N. pr. α) eines Fürsten. — β) Pl. eines Volkes. — γ) einer Dynastie VP. 4,19,15. — 3) f. ई a) ein best. Mûrkhanâ S. S. S. 31. — b) ein best. Râga S. S. S. 108. — c) N. pr. einer Gattin α) Vasudeva's. — β) Judhishthira's.

पौरवक m. Pl. N. pr. eines Volkes.

पौरवतन्तव in पर°.

*पौरवीय Adj. dem Fürsten Paurava ergeben.

पौरवृद्ध m. Stadtältester.

*पौरश्चरणिक Adj. von पुरश्चरण.

पौरस्त्य Adj. (f. आ) 1) nach vorn gelegen, der vorderste. — 2) östlich. °पवन Ostwind Kathâs. 122,67 (पौलस्त्य° gedr.). Pl. das Volk im Osten, = गौड.

*पौरागीय Adj. von पुराग.

पौराग्रगण्य m. Stadtältester, Stadthaupt Daçak. (1925) 2,119,15.

पौराङ्गना f. Städterin, Bürgerin.

पौराण Adj. (f. ई) die alte Zeit betreffend, in a. Z. geschehen, aus a. Z. stammend, zur a. Z. gehörig, alt, ehemalig, früher.

पौराणिक Adj. (f. ई) 1) dass. Auch so v. a. mit den Begebenheiten und Sagen der Vorzeit vertraut — 2) einen Purâṇa (eine best. Münze) werth.

पौरिक m. 1) Städter, Bürger. — 2) *Gouverneur einer Stadt. — 3) N. pr. a) Pl. eines Volkes. — b) eines Fürsten der Stadt Purikâ MBh. 12,111,3.

पौरिण m. Patron. fehlerhaft für पौरण.

पौरुकुत्स m. Patron. von पुरुकुत्स. f. ई Hariv. 1,27,18.

पौरुकुत्सि, पौरुकुत्स्य und पौरुकुत्सिम्र m. desgl.

पौरुमद्ग n. Name zweier Sâman Ârsh. Br.

पौरुमङ्ग n. fehlerhaft für पौरुमद्ग.

पौरुमीढ, °मीळ्ह n. Name eines Sâman.

पौरुशिष्टि m. N. pr. eines Lehrers Taitt. Âr. 7,9,1.

पौरुष 1) Adj. (f. ई) a) menschlich. — b) männlich. — c) *eines Mannes Länge habend. — d) Purusha betreffend, ihm geweiht, ihm gehörig u. s. w. — 2) m. a) die Last, die ein Mensch zu tragen vermag. — b) N. pr. eines Râkshasa VP.² 2,289. पौरुषेय v. l. — 3) f. ई a) ein menschliches Weib, Frau. — b) = याम ein Zeitraum von drei Stunden Hem. Par. 9,85. — 4) n. a) Mannheit (Gegens. स्त्रीत्व). — b) Männlichkeit, männliche Kraft, Mannesmuth, Heldenmuth, Mannesthat. — c) Gewalt (Gegensatz Verstand). — d) Manneslänge, Klafter Râgan. 18,56. — e) Generation. — f) *der männliche Same. — g) das männliche Glied. — h) *Sonnenzeiger.

पौरुषमेधिक Adj. zum Menschenopfer in Beziehung stehend Âpast. Çr. 20,25.

पौरुषविधिक Adj. *menschenartig.*

पौरुषांसकिन् m. Pl. *die Schule des* Purushâmsaka. v. l. पौरुषासकिन्.

पौरुषाद Adj. *Menschenfressern eigen.*

*पौरुषासकिन् m. Pl. *die Schule des* Purushâsaka gaṇa शौनकादि in der Kâç. पौरुषांसकिन् v. l.

पौरुषिक m. *ein Verehrer des* Purusha.

पौरुषेय 1) Adj. (f. ई) *a) von Menschen kommend, von M. herrührend, unter M. geschehend, M. treffend u. s. w. — b) von der Seele kommend.* — 2) m. *a) Miethling, Tagelöhner. — b)* angeblich = समूह (संघ), वध und पुरुषस्य पदान्तरम्. — *c)* N. pr. eines Râkshasa. — 3) n. *Menschenthat, Menschenwerk.*

पौरुषेयत्व n. *das Herrühren von Menschen, menschlicher Ursprung* Kap. 5,46.

पौरुष्य 1) Adj. *zum* Purusha *in Beziehung stehend.* — 2) n. *Mannesthat, Heldenmuth.*

पौरुहन्मन n. Name verschiedener Sâman.

पौरुहूत Adj. Indra *gehörig.*

पौरूरवस 1) Adj. *dem* Purûravas *eigen.* — 2) m. Patron. von Purûravas.

*पौरेय Adj. von पुर.

पौरोगव m. *Aufseher in einem fürstlichen Hofhalt, insbes. über die Küche.*

पौरोडाशं m. *ein den Opferkuchen einweihender Spruch.*

*पौरोडाशिक Adj. (f. ई) von पौरोडाश.

पौरोधस 1) m. Patron. von पुरोधस्. — 2) n. *das Amt eines* Purohita.

पौरोभाग्य n. *Missgunst* Spr. 7645.

पौरोरवस m. Patron. fehlerhaft für पौरूरवस.

पौरोहित Adj. (*f. ई) *vom* Purohita *kommend u. s. w.*

*पौरोहितिक m. Metron. von पुरोहितिका.

पौरोहित्य 1) Adj. *zum Geschlecht eines* Purohita *gehörig.* — 2) n. *das Amt eines* Purohita.

पौर्णदर्व n. *die Ceremonie mit dem vollen Löffel.*

पौर्णमासं 1) Adj. (f. ईं) *auf den Vollmond bezüglich, dazu gehörig, dabei üblich, damit versehen.* — 2) m. n. *Vollmondsfeier.* — 3) m. Patron. und N. pr. verschiedener Männer. — 4) f. ई *Vollmondsnacht, — tag.* — 5) n. *Vollmondstag.*

पौर्णमासक m. *Vollmondsopfer* Agni-P. 32,5.

पौर्णमासायन n. *eine Art des Vollmondsopfers.*

पौर्णमासिक Adj. (f. ई) *zum Vollmondsopfer dienend.*

पौर्णमास्य n. *Vollmondsopfer.*

पौर्णमास्यधिकरण (wohl °मास्याधि°) n. Titel eines Werkes Opp. Cat. 1.

*पौर्णमी f. *Vollmondstag.*

पौर्णवत्स m. Pl. *eine best. Schule des* Jagurveda AV. Pariç. 49.

पौर्णसौगन्धि m. Patron. von पूर्णसौगन्ध.

पौर्त Adj. in Verbindung mit कर्मन् n. = पूर्त n. *ein verdienstliches Werk, wie Speisung von Brahmanen, Brunnengraben u. s. w.*

*पौर्ति m. Patron. von पूर्त.

पौर्तिक Adj. *zu einem verdienstlichen Werke, wie Speisung von Brahmanen u. s. w., in Beziehung stehend, dazu gehörend* Hemâdri 1,7,17.

*पौर्य m. Patron. von पुर.

पौर्वक Adj. 1) *von den Vorgängern stammend, ererbt.* — 2) *früher, ehemalig* Vagrakkh. 35,7. 42,6.

पौर्वकाल्य n. *Priorität.*

पौर्वजन्मिक Adj. *in einem frühern Leben vollbracht* Vagrakkh. 34,17.

पौर्वदेहिक (Karaka 4,3) und °देहिक Adj. *zu einem frühern Leben in Beziehung stehend, aus einem fr. L. herstammend, in einem fr. L. vollbracht.*

*पौर्वनगरेय Adj. von पूर्वनगरी.

*पौर्वपञ्चालक Adj. von पूर्वपञ्चाल (d. i. पूर्वः पञ्चालानाम्).

*पौर्वपदिक Adj. *etwa das erste Glied eines Compositums betreffend.* Vgl. औत्तरपदिक.

पौर्वभक्तिक Adj. (f. ई) *vor dem Essen zu sich genommen* Karaka 6,9.

*पौर्वमद्रिक Adj. von पूर्वमद्र.

*पौर्ववर्षिक Adj. = पूर्वासु वर्षासु भवः.

*पौर्वशाल Adj. = पूर्वस्यां शालायां भवः.

पौर्वातिथ 1) m. Patron. von पूर्वातिथि. — 2) n. Name eines Sâman.

पौर्वापर्य n. *das Verhältniss von anterior zu posterior, ein V. wie zwischen einem ersten und zweiten Theil, Aufeinanderfolge* Gaim. 6,5,54. Çaṁk. zu Bâdar. 2,4,19. Njâjam. S. 93, Z. 4.

*पौर्वाधक und *पौर्वार्धिक Adj. *auf der östlichen Seite von* (Gen.) — *wohnend* oder *befindlich.*

पौर्वाह्णिक Adj. (f. ई) *zum Vormittag in Beziehung stehend.* Subst. so v. a. °क्रिया.

पौर्वाह्निक fehlerhaft fur पौर्वाह्णिक.

पौर्विक 1) Adj. (f. ई) *früher, ehemalig, alt, antiquus* Lalit. 215,15. — 2) f. ई *ein weiblicher Vorfahr.*

पौल m. Patron. Auch Pl.

पौलव m. N. pr. eines Volkes.

*पौलस्ती f. Patron. der Çûrpaṇakhâ.

पौलस्त्य 1) Adj. *zu* Pulasti oder Pulastja *in Beziehung stehend, von ihm stammend.* — 2) m. *a)* Patron. von Pulasti oder Pulastja. Bez.: *α)* Kubera's. — *β)* *Vibhîshaṇa's. — *γ)* Pl. der Brüder Durjodhana's. — *δ)* Pl. eines Râkshasa-Geschlechts. — *b) der Mond.* — *c)* N. pr. eines Astronomen. — Kathâs. 122,67 fehlerhaft für पौरस्त्य.

पौलहस्ति m. Patron.

*पौलाक Adj. von पूलाक.

*पौलास Adj. von पूलास.

पौलि m. 1) **halb geröstetes Korn.* — 2) **eine Art Gebäck.* — 3) Patron. Auch Pl.

*पौलिका f. *eine Art Gebäck.*

*पौलिन्य Adj. von पुलिन.

पौलिश 1) Adj. *von* Puliça *herrührend, — verfasst.* — 2) m. fehlerhaft für पुलिश.

पौलिस Adj. fehlerhaft für पौलिश 1).

पौलुषि m. Patron. von पुलुष.

पौलोम 1) Adj. *zu* Pulomâ *in Beziehung stehend, von ihr handelnd, zu* Puloman, Pulomâ oder Paulomî *in B. st., von* Puloma oder Puloman *stammend.* — 2) m. *a)* Pl. *eine best. Klasse von Ungöttern. — b)* N. pr. eines Ṛshi Hariv. 9570. — 3) f. ई Patron. der Gattin *a)* Indra's. — *b)* Bhṛgu's. — 4) wohl n. Titel eines Werkes Opp. Cat. 1.

पौलोमीवल्लभ m. Bein. Indra's Bâlar. 91,6.

पौल्कसं m. angeblich *der Sohn eines* Nishâda (Çûdra) *und einer* Kshatrijâ Âpast.

पौष 1) Adj. (f. ई) *zu der Zeit, da der Mond im Mondhause* Pushja *steht, in Beziehung stehend, in diese Zeit fallend.* — 2) m. *a) ein best. Monat, dessen Vollmond im Mondhaus* Pushja *steht.* — *b) das dritte Jahr im 12jährigen Jupiter-Cyclus.* — 3) f. ई *die Vollmondsnacht* oder *der Vollmondstag im Monat* Pausha. — 4) n. *a)* **Festtag* oder *ein best. F.* — *b)* **Kampf.* — *c)* Name verschiedener Sâman.

पौषध m. *Fasttag* Kalpas. 113. Hem. Par. 6,86. Auch °दिन n. 201. Vgl. पोषध.

पौषमाहात्म्य n. Titel eines Werkes.

पौष्कलाति m. Patron. Auch Pl.

पौष्कर 1) Adj. (f. ई) *a) zur blauen Lotusblüthe in Beziehung stehend, daraus gebildet, — bestehend, — hervorgegangen, darüber handelnd u. s. w.* प्रादुर्भाव m. *die Erscheinung* Vishṇu's *in der Gestalt einer Lotusblüthe.* Auch Subst. mit Ergänzung von प्रादुर्भाव. — *b) zum Costus speciosus* oder *arabicus gehörig, davon kommend u. s. w.* — 2) n. *a) die Frucht von Costus speciosus* oder *arabicus.* — *b)* **die Wurzel dieser Pflanze* (?). — *c)* Titel eines Werkes.

पौष्करक Adj. = पौष्कर 1) *a)*.

पौष्करसादि m. Patron. N. pr. eines Grammatikers.

*पौष्करिणी f. *Lotusteich.*

*पौष्करेयक Adj. von पुष्कर.

पौष्कल 1) m. *eine best. Körnerfrucht.* — 2) n. Name verschiedener Sâman.

पौष्कलावत 1) m. N. pr. eines Arztes. — 2) Adj. *von* 1) *herrührend, — verfasst.*

*पौष्कलेयक Adj. von पुष्कल.

पौष्कल्य n. *vollkommenes Ausgebildetsein, volle Kraft.*

*पौष्कि m. Patron. v. l. in gaṇa तौल्वल्यादि in der Kâç.

पौष्टायत (Conj.) m. Patron. Auch Pl.

पौष्टिक 1) Adj. (f. ई) *das Gedeihen —, das Wachsthum u. s. w. betreffend, dazu dienend, dieses befördernd, zum Gelingen von — (Gen.) dienend.* — 2) *n. *ein bei der Ceremonie des Haarschneidens getragenes Kleidungsstück.*

पौष्टी f. N. pr. der Gattin Pûru's.

पौष्टिमेर (!) m. Patron.

पौष्ण 1) Adj. (f. ई) *a) dem* Pûshan *geweiht, — gehörig, auf P. bezüglich.* — *b) zur Sonne in Beziehung stehend.* — 2) n. *das Mondhaus* Revatî.

पौष्णावत m. Patron. wohl fehlerhaft für पौष्टावत.

पौष्ण्य n. fehlerhaft für पौष्ण 2).

पौष्प 1) Adj. (f. ई) *a) von Blumen kommend, aus Bl. gemacht.* — *b)* MBh. 1,198,5, v. l. nach Nîlak. = पुष्पाय हितं बहुसंततिप्रदम्. Richtig पौष्य. Auch MBh. 1,312 fehlerhaft für 2. पौष्य. — 2) *f. ई N. pr. einer Stadt, = पुष्पपुरी.

पौष्पक 1) Adj. = पौष्प 1) *a)* Hemâdri 1,215,18. — 2) *n. *ein aus Messingasche bereitetes Collyrium* Râgan. 13,92.

पौष्पकेतव Adj. *dem Liebesgott gehörig* Bâlar. 247,13.

पौष्पञ्जि m. Patron. = पौष्पिञ्जि.

*पौष्पायण m. Patron. von पौष्पि.

*पौष्पि m. Patron. von पुष्प.

पौष्पिञ्जि m. Patron. N. pr. eines Lehrers.

पौष्पिञ्जिन् m. dass. oder Adj. zu Paushpiñgi *in Beziehung stehend.*

पौष्पिण्डि m. Patron. Auch Pl.

पौष्पिण्ड्य m. desgl.

पौष्पिन्द्य m. Patron. Wohl fehlerhaft.

*पौष्पीय Adj. von पौष्पि.

1. पौष्य 1) Adj. *zum Mondhause* Pushja *in Beziehung stehend* MBh. 1,198,5. Anders Nîlak. — 2) m. N. pr. verschiedener Fürsten.

2. पौष्य Adj. *zum Fürsten* Paushja *in Beziehung stehend, über ihn handelnd* MBh. 1,2,42.

पौष्यञ्जि m. N. pr. eines Lehrers VP. 3,6,3. 5. Vgl. पौष्पञ्जि.

पौष्यिञ्जि m. v. l. für पौष्पिञ्जि.

पौस्कर fehlerhaft für पौष्कर.

*प्रा f. Çiva's *Haarflechten.*

प्यस in प्रप्यस्.

प्या, प्यायते *schwellen, strotzen, voll sein, überfliessen.* Simplex nur Bhaṭṭ. Partic. *प्यान *dick* (Schweiss). — Mit आ 1) *anschwellen, gähren, steigen* (von Flüssigkeiten); *sich füllen, voll —, kräftig —, reich werden an* (Instr.). Partic. आप्यान nur bei den Grammatikern und Bhaṭṭ. — 2) *voll machen, kräftigen.* — Caus. आप्याययति und °ते *Etwas anschwellen, voll machen, ergänzen, auffüllen, begiessen* (namentlich den Soma mit Wasser); *nähren, kräftigen, beleben, gedeihen machen, erfrischen, erquicken, ermuntern.* आप्यायित von einer Krankheit so v. a. *die man Ueberhand hat nehmen lassen.* — Mit प्रत्या Caus. *wieder voll machen, — füllen* Mân. Çr. 1,3,2. — Mit समा *schwellen, wachsen, zunehmen.* — Caus. *nähren, kräftigen, beleben.* — Mit प्र *anschwellen, strozzen.* Partic. प्रप्यात und *प्रप्यान. — Caus. *anschwellen machen.* — Vgl. 2. पी.

*प्याट् Interj. des Rufens.

प्यायन 1) Adj. *Gedeihen bringend.* — 2) *n. Nom. act. von प्या.

प्युदा *Ueberzug des Bogenstabs aus Sehnen, Schlangenhaut* u. s. w. Nur in der Verbindung प्युदावेष्टित (धनुस्).

*प्युष्, प्युष्यति (दाहे), प्योषयति (उत्सर्गे).

*प्युस्, प्युस्यति (विभागे).

1. प्र Adv. *vor, hervor, vorwärts, voran, fort* in Verbindung mit Zeitwörtern. Auch wiederholt. Hier und da so gebraucht, dass ein Zeitwort der Bewegung aus dem Vorhergehenden zu entnehmen oder sonst hinzuzudenken ist. Selbständig tritt das Wort auch bisweilen in Wortspielen und dergl. auf. Am Anfange eines Comp. vor einem Subst. *fort, weg, weiter weg* (in der Verwandtschaft), vor einem Adj. *steigernd vorzüglich, sehr.*

2. °प्र 1) Adj. *a) füllend, erfüllend, sättigend, nährend* u. s. w. — *b) ähnlich.* — 2) n. *Erfüllung.*

प्रउग 1) n. *a) Vordertheil der Gabeldeichsel am Wagen.* — *b) Dreieck* Çulbas. 1,56. Mân. Gṛhj. 1, 6. — 2) m. n. Bez. *des zweiten* Çastra *der Frühspende* Mân. Çr. 2,4,22. Vollständig प्रउगशस्त्र n. Vaitân. — Hier und da fälschlich प्रेग geschrieben.

प्रउगचित् Adj. *in Form eines Dreiecks geschichtet.*

प्रउगचिति f. *eine Schichtung in Form eines Dreiecks* Maitr. S. 3,4,7.

प्रउगशस्त्र n. s. प्रउग 2).

प्रउगस्तोत्र n. *ein best.* Stotra Vaitân.

प्रउग्य Adj. *am* प्रउग 1) *a) befindlich.*

प्रकङ्कत m. *ein best. schädlicher Wurm* oder dergl.

*प्रकच Adj. vielleicht *abstehende Haare habend.*

प्रकर्, Partic. प्रकटस् *offen zu Tage tretend* Hariv. 15789; vgl. jedoch 3,117,21.

प्रकट 1) Adj. (f. आ) *offen zu Tage liegend, offenbar, offen, sichtbar.* प्रकटम् und प्रकट° Adv. *offenbar, deutlich, sichtbar.* — 2) m. N. pr. eines Mannes.

प्रकटन n. *das Offenbaren, Sichtbarmachen, vor Augen Führen.*

प्रकटय्, °यति *offenbaren, vor Augen führen, an den Tag legen, enthüllen, zeigen.*

प्रकटाय्, °यति *offenbaren, verkünden.*

प्रकटी Adv. 1) mit कर् = प्रकटय् Prasannar. 120,9. — 2) mit भू *offenbar werden, sich zeigen.*

प्रकटीकरण n. *das Offenbaren, Verkünden.*

*प्रकण्व m. N. pr. einer Oertlichkeit.

प्रकथन n. *das Verkünden, Mittheilen.* *°म् enklitisch nach einem Verb. fin.

*प्रकमन n. Nom. act. von 4. कम् mit प्र.

*प्रकमनीय Partic. fut. pass. von 4. कम् mit प्र.

प्रकम्प 1) Adj. *zitternd* R. 2,45,13. — 2) m. (adj. Comp. f. आ) *das Erzittern, Erbeben, Beben, zitternde Bewegung.*

प्रकम्पन 1) m. *a) Wind* Çiç. 1,61. — *b)* *eine *best. Hölle.* — *c)* N. pr. eines Asura. — 2) n. *das Schütteln, Hinundherbewegen.*

*प्रकम्पनीय Adj. *zum Zittern zu bringen.*

प्रकम्पित 1) Adj. s. u. कम्प् mit प्र. — 2) n. *das Erzittern.*

प्रकम्पिन् Adj. *zitternd, sich hinundher bewegend.*

प्रकम्प्य Adj. *zum Zittern —, zum Beben zu bringen.*

प्रकर 1) m. *a) ein ausgestreuter Haufe, Menge überh.* — *b)* **aid, assistance, friendship.* — *c)* **usage, custom, continuance of similar practice.* — *d)* **respect.* — *e)* **seduction, abduction.* — 2) f. ई *a) ein best. Gesang.* — *b) ein zum Verständniss des Folgenden eingeschaltetes kurzes Zwischenspiel in einem Schauspiel. — c) *Kreuzweg. — 3) *n. Aloeholz.

प्रकरण 1) n. a) Hervorbringung, Schöpfung Hariv. 2,19,23. — b) Behandlung, Besprechung, Auseinandersetzung, Charakterisirung (Njâjas. 1,2,48. 5,1,17); Gelegenheit einer solchen Besprechung; ein eine solche Besprechung bildender Abschnitt, Hauptstück, Kapitel, eine Abhandlung über einen speciellen Gegenstand, eine Monographie über einen best. Gegenstand. अस्मिन्नेव प्रकरणे so v. a. in Bezug eben darauf, im Anschluss hieran, bei dieser Gelegenheit. न च प्रकरणं वेत्सि so v. a. auch weisst du nicht, wovon die Rede ist. — c) eine Art Schauspiel, in welchem die Fabel vom Dichter erfunden ist. — d) *treating with respect. — e) *doing much or well. — f) Titel eines Werkes Opp. Cat. 1. — 2) f. ई eine Art Schauspiel.

प्रकरणतस् Adv. bei passender Gelegenheit Suçr. 1,65,16.

प्रकरणत्व n. Nom. abstr. von प्रकरण 1) b) 253, 24.

प्रकरणपञ्चिका f. und प्रकरणपाद m. Titel zweier Werke.

प्रकरणसम m. ein best. Sophisma, wobei der Opponent und Defendent zur Charakterisirung eines Gegenstandes eine Eigenschaft hervorheben, welche pro und contra gleiche Beweiskraft hat, Njâjas. 1,2,48. 5,1,16. Ḱaraka 3,8.

प्रकरणशस् Adv. nach Gattungen, — Arten, Klassenweise.

प्रकरणिका f. = प्रकरण 2).

प्रकरिका f. = प्रकर 2) b).

प्रकरितर् Nom. ag. Bestreuer, vielleicht so v. a. Würzer.

प्रकर्तर् Nom. ag. Bewirker, Veranlasser.

प्रकर्तव्य Adj. 1) zu bereiten. — 2) an den Tag zu legen, zu sagen. — 3) anzustellen bei (Loc.).

प्रकर्ष m. 1) Vorzüglichkeit, das Vorwiegen, Hervorragen, ein aussergewöhnlicher Zustand, ein hoher Grad, Uebermaass Vikramâṅkaḱ. 9,40. काल° so v. a. eine lange —, längere Zeit (Ḱaraka 6,18), अध्व° eine grosse Entfernung, फल° Adj. vorwiegend aus Früchten bestehend. °र्षात्, °र्षेण und प्रकर्ष° so v. a. in hohem Grade, stark, ordentlich. — 2) Dauer Ḱaraka 1,13.

*प्रकर्षक m. der Liebesgott.

प्रकर्षण 1) m. Beunruhiger, Peiniger. — 2) n. a) das Fortziehen. — b) das Vorschieben. — c) Ausdehnung, lange Dauer. — d) *das Erzielen eines Gewinnes durch den Gebrauch eines Pfandes, der die Zinsen des Darlehens übersteigt. — e) etwa Zügel oder Peitsche.

प्रकर्षणीय Adj. fortzuziehen, längs dem Erdboden fortzubewegen.

प्रकर्षवत् Adj. vorzüglich. Am Ende eines Comp. ausgezeichnet durch.

*प्रकर्षित n. ein aus einem Pfande erzielter Gewinn, der die Zinsen des Darlehens übersteigt.

प्रकर्षिन् Adj. anführend (ein Heer) Hariv. 6404. Vgl. अग्रापीड° (Nachtr. 1).

प्रकलविद् nach Nir. m. Kaufmann, nach Sâj. Adj. Nichts von einer Sache verstehend.

*प्रकला f. Theil eines Theils, der allerkleinste Theil.

प्रकल्पक Adj. (f. °ल्पिका) am Platze seiend.

प्रकल्पन 1) n. das Versetzen in, Erheben zu (im Comp vorangehend). — 2) f. आ Festsetzung, Bestimmung. — 3) n. oder f. das Versehen —, Vermischen mit (सह) Ḱaraka 7,1.

प्रकल्पयितर् Nom. ag. Zurüster, Anordner.

प्रकल्पिता f. eine Art Räthsel.

प्रकल्प्य Adj. anzuweisen, festzusetzen, zu bestimmen.

प्रकल्याण Adj. überaus trefflich.

प्रकश m. 1) Peitschenriemen. — 2) *Verletzung, Tödtung.

प्रकाङ्क्षा f. Appetit.

प्रकाण्ड 1) m. n. a) der Stamm eines Baumes von der Wurzel bis zu den Aesten. — b) ein kleinerer Abschnitt in einem Werke (स्कन्ध, काण्ड, प्रकाण्ड). — c) am Ende eines Comp. etwas Ausgezeichnetes in seiner Art Bâlar. 272,13. — 2) *m. Oberarm.

प्रकाण्डक m. am Ende eines Comp. = प्रकाण्ड 1) c).

*प्रकाण्डर m. Baum.

प्रकाम 1) m. Lust, Wollust. Pl. erfreuliche Dinge. — 2) प्रकामम्, प्रकामतस् und प्रकाम° Adv. nach Lust, — Wunsch, zur Genüge, gar wohl (Spr. 6668, gehört nicht zu मन्ये).

प्रकामोद्य n. Geschwätzigkeit.

प्रकार m. Art, Weise. केन प्रकारेण auf welche Weise? wie so? comment? Kâraṇḍ. 14,11. प्रकारैस् auf diese oder jene Weise. रामायणस्य भारतस्य वा eine Art Râmâjaṇa oder Mahâbhârata Râǵat. 7,1740. Am Ende eines adj. Comp. (f. आ) — artig. Nom. abstr. °ता f.

प्रकारक am Ende eines adj. Comp. — artig. Soll auch Adj. von 1. कर् mit प्र sein.

प्रकारवत् Adj. zu einer Art gehörig.

प्रकार्य Adj. an den Tag zu legen.

प्रकालन 1) Adj. treibend, hetzend. — 2) m. N. pr. eines Schlangendämons.

प्रकाश 1) Adj. (f. आ) a) hell, leuchtend, glänzend. — b) zu Tage tretend, offen, öffentlich, offenbar, sichtbar, zu Tage tretend —, hervorzurufen durch (im Comp. vorangehend). नामधेयं प्रकाशं कृत्वा so v. a. den Namen laut aussprechend. — c) allgemein bekannt, berühmt, — durch (Instr. oder im Comp. vorangehend), — in (im Comp. vorangehend). — d) am Ende eines Comp. den Schein von Etwas habend, aussehend wie, ähnlich. — 2) प्रकाशम् und प्रकाश° Adv. a) öffentlich, offen, vor aller Augen Gaut. प्रकाशं नाभ्युदैक्षत er sah nicht offen auf. — b) laut, so dass es Alle hören. — 3) m. a) Helle, Licht. Häufig am Ende von Titeln erklärender Werke; abgekürzt so v. a. नव्यचिन्तामणि°. — b) das zum Vorschein Kommen, Offenbarwerden, Manifestation. — c) Berühmtheit. — d) Helle, so v. a. das Freie, ein freier, offener Platz. — e) प्रकाशे in Gegenwart Aller, so dass es Alle hören, öffentlich. — f) nach Mahîdh. Glanz des Oberkörpers der Thiere. — g) fehlerhaft für प्राकाश. — h) Kapitel, Abschnitt. — i) *Gelächter. — k) N. pr. α) eines Brahmanen, Sohnes des Tamas. — β) eines Sohnes des Manu Raivata. — γ) Pl. der Boten Vishṇu's. — 4) *n. Glokkengut.

प्रकाशक 1) Adj. (f. °शिका) a) hell, leuchtend, glänzend. — b) allgemein bekannt, berühmt. — c) erhellend, erleuchtend. — d) offenbar machend, verrathend. — e) beleuchtend, deutlich machend, zur Anschauung bringend, erklärend. Nom. abstr. त्व n. — f) bezeichnend, ausdrückend. — 2) m. die Sonne. — 3) f. °शिका Titel verschiedener Commentare Opp. Cat. 1. Comm. zu Ârjabh. 1,3. — 4) *n. Glockengut Gal.

*प्रकाशकप्रज्ञातर् m. Hahn.

प्रकाशकर्तर् Nom. ag. Lichtmacher, Beiw. der Sonne.

प्रकाशकर्मन् Adj. dessen Geschäft es ist, Helle zu schaffen (von der Sonne).

प्रकाशकाम Adj. berühmt zu werden wünschend.

प्रकाशता f. 1) das Hellsein, Leuchten, Glanz. — 2) Oeffentlichkeit. °तां गम् an die Oeffentlichkeit gelangen, bekannt werden Mudrâr. 5,10 (16, 1). — 3) Berühmtheit.

प्रकाशत्व n. 1) *das Hellsein, Leuchten, Helle. — 2) das zu Tage Treten, Erscheinen, Berühmtheit.

प्रकाशदेवी f. N. pr. einer Fürstin.

प्रकाशन 1) Adj. erhellend, erleuchtend. — 2) *f. श्रा das Lehren. — 3) n. a) das Erhellen, Beleuchten. — b) das an's Licht Bringen, zum Vorschein kommen Lassen, Manifestiren.

*प्रकाशनवत् Adj. erhellend, erleuchtend.

प्रकाशनारी f. ein öffentliches Mädchen, Hure.

प्रकाशनीय Adj. zu erleuchten Comm. zu Njâjas. 3,1,47.

प्रकाशयितव्य Adj. 1) deutlich zu machen, hervortreten zu lassen Comm. zu Njâjas. 2,1,15. — 2) zu offenbaren Kâd. 2,100,15.

प्रकाशवत् 1) Adj. hell, leuchtend, glänzend. Nom. abstr. °वत्त्व n. — 2) m. Bez. eines Fusses Brahman's.

प्रकाशवर्ष m. N. pr. eines Dichters.

प्रकाशसंहिता f. Titel eines Werkes Opp. Cat. 1.

प्रकाशात्मक Adj. = प्रकाशात्मन् 1). Nom. abstr. °त्व n.

प्रकाशात्मन् 1) Adj. dessen Wesen Licht ist, leuchtend. — 2) m. a) *die Sonne. — b) N. pr. verschiedener Männer.

प्रकाशात्मपति und °त्मस्वामिन् m. N. pr. eines Autors.

प्रकाशानन्द m. desgl.

प्रकाशितविरुद्धता f. und °रुद्धत्व n. eine best. Ungeschicklichkeit im Ausdruck, bei der Etwas zu Tage kommt, das im Widerspruch steht mit dem, was man sagen wollte.

प्रकाशिता f. und °शित्व n. das Hellsein, Helle, Licht.

प्रकाशिन् Adj. 1) hell, leuchtend. — 2) an's Licht bringend, offenbar machend.

प्रकाशी Adv. mit कर् 1) beleuchten, hell machen. — 2) veröffentlichen, allgemein bekannt machen.

प्रकाशीकरण n. das Erleuchten, Erhellen.

प्रकाशीभाव m. das Hellwerden, Morgendämmerung.

प्रकाशेतर Adj. unsichtbar.

1. प्रकाश्य Adj. an's Licht zu bringen, offenbar zu machen, zu manifestiren.

2. प्रकाश्य n. fehlerhaft für प्राकाश्य.

प्रकाश्यता f. das Offenbarsein.

प्रकिरण n. das Ausstreuen, Hinwerfen.

प्रकीर्ण 1) Adj. s. u. 3. कर् mit प्र. — 2) *m. a) Guilandina Bonduc Râǵan. 9,69. — b) Pferd (?) Gal. — 3) n. Allerlei, Vermischtes, Miscellanea.

प्रकीर्णक 1) Adj. a) zerstreut liegend, vereinzelt vorkommend. — b) vermischt, Allerlei enthaltend Utpala zu Varâh. Bṛh. 22 (20),1. — 2) m. (*n.) a) Fliegenwedel MBh. 7,64,13. 8,19,43. 94,20. — b) Haarbüschel als Schmuck der Pferde. — c) *Pferd. — 4) n. a) Allerlei, Vermischtes, Miscellanea. — b) Titel eines Werkes Opp. Cat. 1. — c) eine gerichtliche Entscheidung eines in den Gesetzbüchern nicht vorgesehenen Falles. — d) *Ausdehnung.

प्रकीर्णकेश 1) Adj. (f. ई) mit zerstreutem, aufgelöstem Haar MBh. 3,173,62. Suçr. 1,106,3. Bhâg. P. 5,5,28. 7,2,30. — 2) *f. ई Bein. der Durgâ.

प्रकीर्णसंग्रह m. Titel eines Werkes Opp. Cat. 1.

प्रकीर्णाध्याय m. ein Verschiedenes enthaltendes Kapitel, Titel des 22sten (20sten) Adhj. in Varâh. Bṛh.

प्रकीर्तन 1) n. das Verkünden, lautes Aussprechen, — Preisen. — 2) f. श्रा Erwähnung, Nennung.

प्रकीर्ति f. rühmliche Erwähnung.

प्रकीर्य 1) *Adj. auszustreuen. — 2) (*m.) f. (श्रा) eine best. Pflanze Ḱaraka 1,1. 3,8. Nach den Lexicographen Guilandina Bonduc und eine Karańga-Art Râǵan. 9,62. 63. 73.

प्रकुच m. ein best. Hohlmaass, = पल Ḱaraka 6,2.

प्रकुब्रता f. von unbekannter Bedeutung.

*प्रकुल n. ein schöner Körper.

प्रकूजन n. das Aufstöhnen Ḱaraka 6,3.

*प्रकूटा f. in पच°.

प्रकृत 1) Adj. Partic. von 1. कर् mit प्र. — 2) *m. N. pr. eines Mannes.

प्रकृतता f. das Begonnensein, in Ausführung Stehen.

प्रकृतत्व n. das in Rede Stehen.

प्रकृति f. 1) Voraussetzung; die ursprüngliche, natürliche Form, — Gestalt, ein solcher Zustand, Natur, Wesen, Temperament; Grundform, das Ursprüngliche, Primitive. प्रकृत्या a) von Natur, von Haus aus, an und für sich. Auch प्रकृति°. — b) in dem ursprünglichen Zustande, unverändert. — 2) Grundform, so v. a. Muster, Norm, Schema, Paradigma (insbes. im Ritual). — 3) in der Philosophie a) die Natur (Gegens. Geist). Wird mit der Durgâ identificirt. Pl. die materiellen Grundformen. Âpast. 2,24,14 nach dem Comm. so v. a. Leiber. — b) die acht Ursprünglichen (अव्यक्त, महत्, अहंकार und die fünf Elemente), aus denen alles Andere hervorgeht. — 4) in der Politik die constitutiven Elemente des Staates. a) Fürst, Minister, Festung, Reich (Unterthanen), Schatz, Heer und Bundesgenosse. — b) die vier bei einem Kriege zunächst in Betracht kommenden und acht ferner stehende Fürsten mit ihren fünf Prakṛti (Minister, Reich, Festung, Schatz und Heer). — c) die constitutiven Elemente des eigenen Staates mit Ausschluss des Fürsten. — d) Minister. — e) die Unterthanen, Bürger. — f) *Künstler, Handwerker. — 5) in der Grammatik Thema, Stamm, Wurzel. — 6) Name zweier Klassen von Metren. — 7) Coefficient, Multiplicator. — 8) तृतीया प्रकृतिः die dritte Grundform beim Menschen, so v. a. Eunuch. — 9) Sache, Geschichte Lalit. 163,20. 179,20. 244,16. — 10) Pl. eine best. Klasse von Göttern unter Manu Raibhja. — 11) Titel eines Werkes Opp. Cat. 1. — 12) N. pr. eines Frauenzimmers. — Die Lexicographen kennen noch folgende Bedeutungen: योनि (die weibliche Scham), लिङ्ग (das männliche Glied), शक्ति, योषित्, परमात्मन्, die fünf Elemente, करण, गुह्य, जन्तु und मातर्.

प्रकृतिक am Ende eines adj. Comp. = प्रकृति Çaṁk. zu Bâdar. 2,1,4. Nom. abstr. °ता f. ebend.

प्रकृतिखण्ड n. Titel des 2ten Buches im Brahmavaivarta-Purâṇa.

प्रकृतिज्ञ Adj. angeboren.

प्रकृतित्व n. Nom. abstr. 1) am Ende eines adj. Comp. zu प्रकृति 1) Kap. 5,84. — 2) zu प्रकृति 2) Çulbas. 2,83.

प्रकृतिपाठ m. = धातुपाठ Wurzelverzeichniss.

प्रकृतिपुरुष m. 1) Du. Natur und Geist. — 2) Minister. — 3) ein Mann wie er sein soll Ind. St. 15,365.

प्रकृतिभद्र Adj. natürlich, naturgemäss, gewöhnlich Varâh. Bṛh. S. 30,22.

प्रकृतिभाव m. der ursprüngliche, unveränderte Zustand Âçv. Çr. 12,15,12.

प्रकृतिभोजन n. gewöhnliche Kost Ḱaraka 1,15.

प्रकृतिमञ्जरी f. Titel eines Werkes Opp. Cat. 1.

प्रकृतिमण्डल n. die Gesammtheit der Unterthanen, das ganze Reich.

प्रकृतिमत् Adj. die ursprüngliche, natürliche Form oder Gestalt habend, natürlich, gewöhnlich; in einer natürlichen, gewöhnlichen Stimmung seiend.

प्रकृतिमय Adj. sich im natürlichen Zustande befindend.

प्रकृतिवत् Adv. wie in der ursprünglichen Form.

प्रकृतिष्ठ Adj. = प्रकृतिस्थ Ḱaraka 1,18 (ed. Calc. 116,14).

प्रकृतिसंपन्न Adj. mit einer edlen Natur ausgestattet.

प्रकृतिस्थ Adj. *in natürlichem Zustande sich befindend*, so v. a. 1) *von natürlicher Beschaffenheit, den gewöhnlichen Gang nehmend, keine fremdartigen Erscheinungen zeigend.* — 2) *gesund.* — 3) *in der natürlichen, normalen Stimmung sich befindend.* — 4) *in normalen*, d. i. *guten Verhältnissen sich befindend.* — 5) *natürlich*, so v. a. *nicht erkünstelt.*

प्रकृतिस्थित Adj. = प्रकृतिस्थ 1) 3).

प्रकृतीजन (metrisch) m. Sg. *die Unterthanen.*

प्रकृतीश m. *eine obrigkeitliche Person.*

प्रकृत्पृच् f. Titel eines Werkes Opp. Cat. 1, 4598. 4663.

प्रकर्तृ m. *Zerschneider, Zerreisser.* v. l. विकर्तृ.

प्रकृष्टकेशाख्य m. spielende Bez. *der Koralle.*

प्रकृष्टत्व n. *Vorzüglichkeit.*

प्रकृष्य Adj. 1) *fortzuziehen, längs dem Erdboden fortzubewegen.* — 2) etwa *übertrieben.* °कुत्सित Adj. *in übertriebener Weise getadelt.* प्रकृष्य könnte hier auch Absol. sein.

प्रक्लृप्तत्व n. *das Vorsichgegangensein* Kâtj. Çr. 25,7,10.

प्रक्लृप्ति f. 1) *das Dasein, Vorhandensein* Kâtj. Çr. 1,8,22. — 2) *das am Platze Sein, seine Richtigkeit Haben.*

प्रकेत m. 1) *Erscheinung.* — 2) *Wahrnehmung, Einsicht, Erkenntniss.* — 3) *Kenner.*

*प्रकेतन n. zur Erklärung von प्रकेत.

प्रकोथ m. *Fäulniss.*

प्रकोथोदक n. *fauliges Wasser.*

प्रकोप m. 1) *Aufwallung, Aufregung, das Wüthen, Herrschen* (von Krankheiten, Ungeziefer, Waffen); *Aufruhr, politische Unruhen.* — 2) *Aufwallung, Zorn.* °पं कर् *Jmd* (Gen.) *zürnen.*

प्रकोपण und प्रकोपन 1) Adj. (f. ई) am Ende eines Comp. *reizend, aufregend.* — 2) n. *a) was aufregt, irritans, Reizung.* — *b) das Aufwiegeln, Aufruhr.* — *c) das Erzürnen, in Zorn Versetzen.*

*प्रकोपणीय und *°नीय Partic. fut. pass. vom Caus. von कुप् mit प्र.

प्रकोपन und *प्रकोपनीय s. u. प्रकोपण und प्रकोपणीय.

प्रकोपितृ Nom. ag. *in Aufregung —, in Unruhe versetzend.*

प्रकोपिन् Adj. 1) *aufgeregt* Káraka 6,24. — 2) am Ende eines Comp. *aufregend, reizend* Káraka 1,27.

प्रकोष्ठ m. 1) *Vorderarm.* — 2) *der Raum in der Nähe des Thores eines fürstlichen Palastes.* Auch *n. (*Hof eines Palastes* im Prâkrit Mṛkkh. 68,23. 69,5 u. s. w.).

प्रकोष्ठक m. = प्रकोष्ठ 2).

प्रकोष्ठा (!) f. N. pr. einer Apsaras VP.² 2,298. प्रम्लोचा v. l.

*प्रक्खर n. = प्रखर, प्रक्षर.

*प्रक्रन्तृ Nom. ag. von क्रम् mit प्र in der Bedeutung des Med.

प्रक्रम m. (adj. Comp. f. आ) 1) **das Schreiten, Vorschreiten.* — 2) *Schritt*, auch als *best. Längenmaass* Çulbas. 1,15. Gobh. 3,7,6. °तृतीय n. *ein Drittel eines Quadratschrittes.* — 3) *Anfang, Beginn.* — 4) **Gelegenheit.* — 5) *Verhältniss, Maass.* — 6) *richtige Aufeinanderfolge der Wörter, grammatische Construction.* — 7) Pl. Bez. *best. Spenden, welche den Bewegungen des Opferrosses entsprechen.* — 8) = क्रम 11).

प्रक्रमण n. 1) *das Vorschreiten, Schreiten nach* (im Comp. vorangehend). — 2) *das Ausgehen.*

प्रक्रमभङ्ग m. *das aus der Construction Fallen.* °वत् Adj. *an diesem Fehler leidend.*

*प्रक्रमितृ m. Nom. ag. von क्रम् mit प्र.

*प्रक्रमितव्य Partic. fut. pass. von क्रम् mit प्र.

*प्रक्रय m. = क्लृप्तिक.

प्रक्रान्त 1) Adj. s. u. क्रम् mit प्र. — 2) n. *Aufbruch, Abreise* Jâgñ. 2,198.

प्रक्रान्तत्व n. *das Gemeintsein, das Verstandenwerden unter Etwas* Hemâdri 1,781,3.

प्रक्रिया f. 1) *Hervorbringung.* — 2) *Verfahren, Art, Weise.* — 3) *Ceremonie.* — 4) *Formalität* Râgat. 8,1236. — 5) *Vorrecht, Prärogative, ein Vorzug, den man vor Andern voraus hat, Vorrang* (Râgat. 7,1477), *hohe Stellung.* — 6) *die Insignien eines hohen Ranges* Râgat. 7,935. — 7) *Charakteristik, Charakterisirung* Njâjas. 5,1,16. — 8) *Hauptstück, Kapitel.* — 9) *Recept* Bhâvapr. 3,32.

प्रक्रियाकौमुदी f., प्रक्रियाप्रसाद m., प्रक्रियामञ्जरी f. (Opp. Cat. 1), प्रक्रियारत्न n., प्रक्रियासर्वस्व n. (Opp. Cat. 1) und प्रक्रियासार (ebend.) Titel von Grammatiken.

प्रक्री Adj. *käuflich.*

प्रक्रीड m. 1) *Spiel, Scherz.* मरुतां प्र° Name eines Sâman. — 2) *Spielplatz.*

प्रक्रीडिन् Adj. *spielend, scherzend.*

प्रक्रोश m. *Aufschrei.*

प्रक्लिन्नत्व n. *das Feuchtsein* Suçr. 2,548,15.

प्रक्लिन्नवर्त्मन् n. *eine best. Krankheit des Augenlides.*

प्रक्लेद m. *das Nasssein.*

प्रक्लेदन und प्रक्लेदवत् Adj. *nässend* (intrans.).

प्रक्लेदिन् Adj. 1) dass. — 2) *flüssig machend, auflösend* Káraka 3,1. Nom. abstr. °दित्व n. ebend.

*प्रक्वण (adj. Comp. f. आ) und *प्रक्वाण m. *der Ton einer Laute.* — प्रक्वाण Tâṇḍja-Br. 6,7,10 fehlerhaft für प्रह्वाण.

प्रक्ष् = प्रक्. Mit आ (nur in der Form पृक्षसे) *begrüssen* Ṛv. 10,22,7.

1. प्रक्ष m. einer Etymologie wegen aus प्लक्ष verändert.

2. प्रक्ष Adj. 1) in वनप्रक्ष v. l. für °ऋक्ष. — 2) in नागराजसम° MBh. 7,7997 fehlerhaft; ed. Bomb. 7,175,108 liest नागराडिव दुष्प्रेक्ष्यः, ed. Vardh. 106 नागराडिव न प्रख्यः.

प्रक्षपण n. *das zu Nichte Machen* Râgat. 7,1457.

प्रक्षय m. *Vernichtung, Untergang, das Verschwinden, Ende.*

प्रक्षयण Adj. *vernichtend, zu Grunde richtend* in घट°.

*प्रक्षर m. *ein eiserner Harnisch für Pferde.*

प्रक्षरण n. *das Fliessen* Gop. Br. 2,1,3.

प्रक्षाम Adj. etwa *verbrannt, versengt* (यज्ञ) Âpast. Çr. 9,15,19.

प्रक्षाल in अप्रक्षाल (Nachtr. 4).

प्रक्षालक Adj. Subst. *waschend, Wäscher.*

प्रक्षालन 1) Adj. *häufige Waschungen vollziehend.* — 2) n. *a) das Waschen, Abwaschen, Putzen, Reinigen.* — *b) Waschwasser, Reinigungsmittel.*

प्रक्षालितपाणि Adj. *mit gewaschenen Händen* Mân. Gṛhj. 1,18. 2,16.

प्रक्षाल्य Adj. *zu waschen, zu reinigen.*

प्रक्षिन् Adj. in उपलप्रक्षिन्.

प्रक्षीण 1) Adj. s. u. 3. क्षि mit प्र. — 2) *n. *der Ort, wo Jmd umgekommen ist*, P. 6,4,60, Sch.

प्रक्षेप m. 1) *Wurf.* — 2) *das Daraufwerfen, Aufschütten, Aufstreuen.* — 3) *das Setzen.* पाद° Pl. so v. a. *Schritte* Kâd. 185,18. — 4) *das Zulegen, Mehren, Vergrösserung einer Dosis.* — 5) *das was man hineinwirft* (in Arzeneien u. s. w.) — 6) *Einschaltung, Einschiebung* Comm. zu TBr. 1,127,10 und zu Âpast. Çr. 7,13,10. — 7) *die von den einzelnen Gliedern einer Handelsgesellschaft eingeschossene Summe* Lilâv. S. 32, Z. 9. — 8) *Wagenkasten.*

प्रक्षेपक m. = प्रक्षेप 7) Lilâv. S. 32, Z. 10.

प्रक्षेपण n. 1) *das Aufschütten, Aufgiessen.* — 2) *das Hineinwerfen, Werfen auf* (im Comp. vorangehend) Çaṁk. zu Bâdar. 2,1,23. — 3) *das Bestimmen, Festsetzen* (des Preises).

प्रक्षेपलिपि f. *eine best. Art zu schreiben* Lalit. 144,6.

°प्रक्षेपिन् Adj. *daraufwerfend, aufsetzend.*

प्रत्तेप्तव्य Adj. 1) *darauf zu werfen, — streuen, zu streuen auf* (Loc.) Hemâdri 1,748,12. — 2) *hineinzuwerfen in* (Loc.).

प्रत्तेप्य Adj. *umzuwerfen, umzulegen, anzulegen* (ein Schmuck).

प्रत्तोभण n. *das Aufregen.*

प्रत्वेडन m. (Paṅkad.) und *°ना f. *ein eiserner Pfeil.*

प्रत्वेडा f. *das Brummen u. s. w.*

प्रत्वेडित 1) Adj. Partic. vom Caus. von 1. क्ष्विड् mit प्र. — 2) n. *Gebrumme u. s. w.* R. 6,17,32.

*प्रत्वेदन m. und *°ना f. = प्रत्वेडन.

प्रखर 1) Adj. *überaus hart* Prasannar. 102,13. — 2) *m. a) *ein Panzer für Pferde.* — b) *Maulthier.* — c) *Hund.*

प्रखल m. *ein grosser Bösewicht.*

प्रखादं Adj. *zerkauend, verzehrend.*

प्रख्यँ 1) Adj. a) *sichtbar.* — b) *klar, hell.* — 2) f. प्रख्या a) *Aussehen.* Nur am Ende eines adj. Comp. (f. आ) in der Bed. *das Aussehen von — habend, ähnlich;* nicht selten geht सम *gleich* voran. Wird auch als Adj. *ähnlich* gefasst 250,31. — — b) *Glanz, Schönheit;* nur am Ende eines adj. Comp. — c) *das Bekanntsein, Berühmtheit;* vgl. अप्रख्यता. — d) *Wahrnehmung.* — e) *das Offenbarmachen* Gaim. 1,1,22.

*प्रख्यस् m. 1) = प्रजापति. — 2) *der Planet Jupiter.*

*प्रख्यातवप्तृक Adj. *einen berühmten Vater habend.*

प्रख्याति f. *Wahrnehmbarkeit* in अ° (Nachtr. 4).

प्रख्यान n. 1) *das Wahrgenommenwerden, Bekanntsein.* — 2) *das Bekanntmachen, Berichten, Mittheilen, Bericht über* (im Comp. vorangehend).

*प्रख्यानीय Part. fut. pass. von ख्या mit प्र.

°प्रख्यापन n. *das Bekanntmachen, Berichten, Mittheilen, Bericht über.*

*प्रख्यापनीय Partic. fut. pass. vom Caus. von ख्या mit प्र.

प्रख्यैं Dat. Infin. zu ख्या mit प्र RV. 7,81,4.

*प्रग Adj. *vorangehend.* प्रगे s. bes.

प्रगट Hem. Jog. 2,38 fehlerhaft für प्रकट.

प्रगण्ड 1) *m. *Oberarm.* — 2) f. ई *Thurm, Warte.*

*प्रगण्डक m. *Oberarm* Râgan. 18,35.

*प्रगतजानु und *°क Adj. *auseinanderstehende Kniee habend, säbelbeinig.*

प्रगम m. *der im Verlauf eines Gesprächs an den Tag kommende Beginn einer Zuneigung.*

प्रगमन n. 1) dass. — 2) *eine Rede, die eine andere überbietet, eine vorzügliche Antwort.*

*प्रगमनीय Partic. fut. pass. von गम् mit प्र.

प्रगयण n. *eine vorzügliche Antwort.*

प्रगर्जन n. *Gebrülle.*

*प्रगर्जित n. *Getöse* Vjutp. 80.

प्रगर्धिन् Adj. *vorwärts strebend, vordringend.*

प्रगल्भ्, °ल्भते 1) *sich muthig —, sich entschlossen benehmen.* — 2) *Etwas* (Loc.) *vermögen* (Bâlar. 7,1), *im Stande sein zu* (Infin.). — 3) *sich geltend machen.* — 4) प्रगल्भित *strotzend von* (Instr.).

प्रगल्भ 1) Adj. (f. आ) *muthig, entschlossen, Selbstvertrauen habend, — an den Tag legend, davon zeugend, seiner Kraft sich bewusst.* — 2) m. a) Bez. *des* Agni *beim* Gâtakarman. — b) N. pr. eines Autors. — 3) f. आ a) *eine zuversichtliche, dreiste Heroine.* — b) *Bein. der Durgâ.

प्रगल्भता f. *Entschlossenheit, Zuversicht, Dreistigkeit.*

प्रगह्वण n. v. l. für प्रगाह्वण Âçv. Çr. 12,8,8.

प्रगाढ 1) Adj. s. u. गाह् mit प्र (Nachtr. 4). — 2) wohl n. *Gedränge.*

1\. **प्रगाण** n. *Zugang* in पृथुप्रगाण.

2\. **प्रगाण** n. *Gesang.*

प्रगातर् Nom. ag. *Sanger.*

प्रगाथं m. 1) *Strophe: Verbindung zweier Verse, einer* Bṛhatî *oder* Kakubh *mit einer folgenden* Satobṛhatî, *welche durch Verflechtung der* Pada *zu drei Versen werden.* — 2) Pl. Bez. *des achten* Maṇḍala *des* Ṛ V. — 3) N. pr. eines Liedverfassers.

प्रगाथकारम् Absol. *zu einem* Pragâtha 1) *verbindend* Lâṭj. 1,8,11.

*प्रगाद्य Partic. fut. pass. von 1. गद् mit प्र.

प्रगामन् n. *Gang, Schritt* in पृथुप्रगामन्.

प्रगामिन् Adj. *im Begriff stehend fortzugehen.* प्रागामिन् v. l.

प्रगायिन् Adj. *singend.*

प्रगाह्वण n. *das Eintauchen* (intrans.) *in* (Gen.).

प्रगीत 1) Adj. s. u. 3. गा mit प्र. — 2) n. a) *Gesang.* — b) *singender Vortrag* (ein Fehler der Recitation).

प्रगीति f. *ein best. Metrum.*

प्रगुण Adj. (f. आ) 1) **schnurgerade.* — 2) *richtig* (Weg) Harshak. 119,5. — 3) *in rechter Lage, Ordnung u. s. w. befindlich.* — 4) *vorzüglich, ausgezeichnet* Mâlatîm. ed. Bomb. 339,2.

प्रगुणन Adj. *Alles in die rechte Ordnung bringend.*

प्रगुणय्, °यति 1) *in die gehörige Ordnung bringen, zurechtlegen, — machen, an Ort und Stelle bringen, sorgen für* Dh. V. 6,18. प्रगुणित *in die gehörige Ordnung gebracht, zurechtgebracht, zurechtgelegt* Bâlar. 16,18. 50,6. Paṅkat. 207,23 (vgl. ed. Bomb. 4,4,8). — 2) *entfalten, offenbaren, zeigen* Njâjam. S. 1, Z. 7. S. 3, Z. 1.

प्रगुणरचना f. *das in die gehörige Ordnung Bringen* Daçar. 1,4.

प्रगुणिन् Adj. *gewogen, friedlich, — gegen* (Loc.).

प्रगुणी Adv. 1) mit कर् *in die gehörige Ordnung bringen* (Karaka 6,24), *zurechtlegen, — machen; gefügig machen zu* (Loc.) Mudrâr. 31,9 (54,7). — 2) mit भू *in die richtige Ordnung, Lage u. s. w. kommen;* mit Dat. *sich zu Etwas bereit machen.*

प्रगुणीकरण n. *das in Ordnung Bringen, Zurechtmachen.*

*प्रगुण्य Adj. 1) *more, exceeding.* — 2) *excellent.*

प्रगृह्यीतपद Adj. (f. आ) *wobei die Worte gesondert, — ohne Beobachtung des* Saṁdhi *gesprochen werden.*

प्रगृह्य Adj. (ein Vocal) *der gesondert ausgesprochen wird, den Gesetzen des* Saṁdhi *nicht unterliegt.*

प्रगे Adv. 1) *früh morgens* Lâṭj. 8,3,2. Gobh. 2, 10,7. zu Spr. 5940. — 2) *morgen früh* Ind. St. 15,359.

प्रगेतन Adj. 1) *morgendlich* Bâlar. 172,6. — 2) *morgen erfolgend, künftig* Râgan. 21,29.

प्रगेनिश Adj. *dem Nacht am frühen Morgen ist, der früh morgens noch schläft.*

प्रगेशय Adj. *früh morgens noch schlafend.*

प्रग्रथन n. *das Verknüpfen, Verschlingen* Vaitân. Comm. zu Njâjam. 9,2,8. 9.

प्रग्रथनीय Adj. *zu verknüpfen, zu verschlingen* Comm. zu Njâjam. 9,2,9.

प्रग्रह m. (adj. Comp. f. आ) 1) *das Vorsichhinhalten, Vorstrecken.* Am Ende eines adj. Comp. so v. a. *vorsichhinhaltend, vorstreckend.* — 2) *das Ergreifen, Packen; eine best. Art des Packens beim Kampf* (neben निग्रह) MBh. 2,23,23 (= शत्रोर्हस्तानपातनार्थं पादाकर्षणम् Nilak.). 7,142,42 (= गलहस्तक Nilak.). Hariv. 13289. प्रग्रहं गतः *ergriffen, gepackt, gefangen* MBh. 12,7,32. — 3) *das Packen der Sonne oder des Mondes, der Anfang einer Finsterniss.* — 4) *freundliche Aufnahme, Gunstbezeigung.* — 5) *Hartnäckigkeit, Starrsinn.* प्रग्रहं गतः *hartnäckig, störrisch* MBh. 3,303,26. 5,92,3. — 6) *Zügel.* — 7) *Strick,* insbes. **der, an dem die Wage hängt.* — 8) **Lichtstrahl* (wie alle Wörter für *Zügel*). — 9) *Zügel,* so v. a. *Leiter, Lenker, Führer.* Auch als Bein. Vishṇu-Kṛshṇa's. — 10) *Gefährte, Trabant* 44,6. — 11) **Gefangener.* — 12) **Arm.* — 13) *eine best. Pflanze* Kâraka 7,8. 11. Nach den Lexicographen *Cassia fistula* (कर्णिकार Râǵan. 9,42) und सुवर्णालु. — 14) in TS. Prât. = प्रगृह्य *ein gesondert ausgesprochener Vocal, der den* Saṁdhi-*Gesetzen nicht unterliegt.* Nom. abstr. °त्व n. Comm. zu 1,60. — 15) *eine best. Opferhandlung;* vollständig °होम m. — Angeblich Adj. = ऊर्ध्वबाहु, vgl. jedoch प्राञ्जलिप्रग्रह und अञ्जलिप्रग्रह (Nachtr. 4).

प्रग्रहण 1) m. *Führer, Lenker.* Nur am Ende eines adj. Comp. (f. आ); hier so v. a. *geführt von.* — 2) n. *a) das Ergreifen, Einfangen.* — *b) das Packen der Sonne oder des Mondes, der Anfang einer Finsterniss.* — *c) das Darreichen.* — *d) Bändigungsmittel* MBh. 12,56,5. — *e) Ansehen, Würde* MBh. 12,3912. च ग्रहणं गतः st. प्रग्र° ed. Bomb. 12,105,10. प्रग्रहणं ed. Vardh. — Vgl. सुवप्रग्रहण.

प्रग्रहवन्त् Adj. 1) am Ende eines Comp. *ergriffen habend, haltend.* — 2) *Andere freundlich aufnehmend, zuvorkommend.* Nach dem Comm. *Böse niederhaltend* und *die Sinne zügelnd.*

प्रग्रहिन् Adj. *die Zügel führend.*

प्रग्रहीतव्य Adj. *in seiner Gewalt zu haben* (चित्त) Vaǵrakkh. 20,7. 13. 35,20.

*प्रग्राह m. 1) *das Ergreifen, in die Hand Nehmen.* — 2) *das Einfangen.* — 3) *Zügel.* — 4) *der Strick, an dem die Wage hängt.*

प्रग्राहम् Absol. *die Worte gesondert haltend,* — *nicht den* Saṁdhi-*Gesetzen unterwerfend* Ait. Br. 6,32,9.

प्रग्रीव (*m. n.) 1) *Gitter oder Hecke um ein Haus.* Hierher wohl Râǵat. 8,328. — 2) **Luftloch, ein rundes Fenster.* — 3) **Lustgemach.* — 4) **Pferdestall.* — 5) **eine Art Verzierung an einem Gebäude.*

प्रग्रीवक am Ende eines adj. Comp. mit nicht näher zu bestimmender Bed. Harshak. 121,16.

प्रघटक *Lehrsatz.* Nur am Ende eines adj. Comp. (Nom. abstr. °ता f.).

*प्रघटा f. vielleicht *die Anfangsgründe einer Wissenschaft.* °विद् Adj. = शास्त्रगण्ड.

प्रघट्ट (?) Sâj. zu Ait. Br. 7,13,7.

प्रघट्टक *Lehrsatz.*

*प्रघण m. 1) *der Platz draussen vor der Thür eines Hauses.* — 2) *ein eiserner Hammer, eine eiserne Brechstange.* — 3) *ein kupferner Topf.*

*प्रघन m. 1) = प्रघण 1). — 2) v. l. für प्रथन *Phaseolus Mungo.*

प्रघर्ष m. *Reibung* Kâraka 1,3. 6.

प्रघर्षण 1) Adj. *zerreibend, zermalmend* LA. 101, 6. Besser प्रधर्षण. — 2) n. *das Reiben, Reibmittel* Kâraka 6,7.

प्रघस 1) m. *a) *Fresser.* — *b) *Pl. Bez. der Ungötter.* — *c)* N. pr. α) eines Rakshas. — β) eines Affen im Gefolge Râma's. — 2) f. आ N. pr. einer der Mütter im Gefolge Skanda's.

*प्रघाण m. 1) = प्रघण 1). — 2) = प्रघण 2). — 3) = प्रघण 3). — 4) *Baumstamm.*

प्रघात॑ m. 1) **Schlag* Comm. zu TS. 1,278,8. — 2) **Kampf, Schlacht.* — 3) *Vorstoss am Gewand.*

*प्रघान m. = प्रघाण 1).

प्रघास m. *das Essen* in वरुणप्रघास॑.

प्रघासि॑न् und प्रघास्य॑ Adj. *gefrässig.*

*प्रघुण und *प्रघूर्ण *Gast.* Richtig प्राघुण.

प्रघोष m. 1) *Laut, Klang, Geräusch.* — 2) N. pr. eines Sohnes des Kṛshṇa.

*प्रघोषक m. = प्रघोष 1).

प्रच in अच्युतप्रच (Nachtr. 4) und नवप्रच; निश्चप्रच zerlegt sich in निस्-च und प्र-च.

*प्रचक्र n. *ein Heer in Bewegung.*

*प्रचक्षणम् Adv. nach einem Verbum fin.

प्रचङ्कश in अंप्रचङ्कश.

प्रचण्ड 1) Adj. (f. आ) *überaus heftig,* — *ungestüm,* — *leidenschaftlich,* — *wüthend,* — *grimmig,* — *grausig.* — 2) m. *a) *weiss blühender Oleander.* — *b)* N. pr. verschiedener Unholde. — 3) f. आ *a) *weiss blühendes* Dûrvâ-*Gras* Râǵan. 8,111. — *b) eine Form* oder Çakti der Durgâ.

प्रचण्डक m. *ein best. mythisches Wesen* Agni-P. 42,20.

प्रचण्डचण्डिका f. *eine Form der* Durgâ.

प्रचण्डतरी Adv. mit भू *heftiger auflodern* Kâd. 116,8. 9.

प्रचण्डता f. *grosse Heftigkeit,* — *Leidenschaftlichkeit.*

प्रचण्डदेव m. N. pr. eines Fürsten.

प्रचण्डपाण्डव n. Titel einer Komödie.

प्रचण्डभैरवरस m. *ein best. medic. Präparat* Rasar. 379.

*प्रचण्डमूर्ति m. *Crataeva Roxburghii.*

प्रचण्डवर्मन् m. N. pr. eines Prinzen.

प्रचण्डशक्ति m. N. pr. eines Mannes.

प्रचण्डशेफस् m. desgl. Kautukar.

प्रचण्डसेन m. N. pr. eines Fürsten.

प्रचण्डोग्रा f. N. pr. einer Joginî Hemâdri 2,a, 98,17. 19.

प्रचै॑ता Adv. *verborgen, heimlich.*

प्रचय m. (adj. Comp. f. आ) 1) *das Abpflücken, Lesen, Einsammeln.* — 2) *Anhäufung, tumor, Ansammlung, Menge.* प्रचयकाष्ठागत Adj. *den höchsten Grad der Intensität erreicht habend* Comm. zu Njâjas. 4,2,42. — 3) = प्रचयस्वर Comm. zu Njâjam. 9,2,15.

प्रचयन n. = प्रचय 1).

प्रचयस्वर m. *Häufungston,* d. i. *reihenweise vorkommender Ton, der Ton der nach einem* Svarita *folgenden unbetonten Silben.*

प्रचर m. 1) **Weg, Pfad.* — 2) Pl. N. pr. eines Volkes.

प्रचरण 1) n. *a) das auf die Weide Gehen.* — *b) das an's Werk Gehen* (insbes. des Adhvarju) Mân. Çr. 1,6,4. Bâlar. 33,18. — 2) f. ई॑ Bez. *eines zur Aushülfe dienenden hölzernen Löffels.*

प्रचरणी॑य Adj. *in wirklichem Gebrauch befindlich* Âpast. Çr. 15,14,7.

प्रचरितव्य n. impers. *an's Werk zu gehen.*

प्रचरितोस् Abl. Infin. mit पुरा *bevor er* (der Adhvarju) *an's Werk geht* Gop. Br. 2,2,10. Vaitân. 16,5.

प्रचर्या f. *Handlung.*

प्रचे॑र्षणि AV. 7,110,2 wohl nur fehlerhaft zusammengeflossen aus प्र॑ च°.

प्रचल Adj. *in Bewegung seiend, zitternd, bebend.*

प्रचलक m. *ein best. zu den giftigen Gewürmen gezähltes Thier.*

*प्रचलकिन् fehlerhaft für प्रचलाकिन्.

प्रचलन n. 1) *das Zittern, Schaukeln, Schwanken.* — 2) *das Weichen, Fliehen.* — Vgl. जानु°.

प्रचलाक 1) m. *a) *das Bogenschiessen.* — *b) *Pfauenschweif.* — *c) *Pfauenkamm* Râǵan. 19, 95. — *d) Chamäleon* Âpast. — *e) Schlange.* — 2) f. प्रचलाका *das Aufschnellen* (intrans.) nach dem Comm.

प्रचलाकिन् m. 1) *Pfau* Râǵan. 19,94. — 2) **Schlange.*

प्रचलायन n. *das Nicken mit dem Kopfe* (bei beginnender Trunkenheit) Kâraka 6,12.

प्रचलायित 1) *Adj. *mit dem Kopfe nickend beim Schlaf in sitzender Stellung.* — 2) n. आसीन° *das Nicken m. d. K. b. Schl. in s. St.* Pl. Râǵat. 7,1658.

प्रचलित 1) Adj. s. u. 1. चल् mit प्र. — 2) n. *das Sichfortbewegen* Bhâg. P. 5,22,1.

प्रचषाल n. *eine best. Verzierung am Opferpfeiler.*

*प्रचाय m. *das Pflücken, Lesen, Einsammeln.*

प्रचायिका f. dass. in पुष्प°.

प्रचार m. 1) *das Wandeln.* — 2) *das Ausgehen auf* (im Comp. vorangehend). — 3) *das Hervortreten, Erscheinen, zum Vorschein Kommen, Sichzeigen* Mṛkkh. 46,17. — 4) *das von Statten Ge-*

hen, Vorsichgehen, zur Anwendung Kommen. — 5) *das Vorhandensein, Sichfinden.* — 6) *das Verfahren, Benehmen, Betragen.* — 7) *Anwendung, Verwendung* MBh. 3,233,14. — 8) *Weideland, Weideplatz* 214,3. Bâlar. 172,6. Nach einem Comm. zu Vishnus. 18,44 = M. 9,219 *ein zu oder von einem Hause führender Weg.* — 9) *Tummelplatz.*

प्रचारण n. etwa *das Ausstreuen* Kâd. 2,135,18.

*प्रचारित Adj. von प्रचार.

प्रचारिन् Adj. 1) *umhergehend.* — 2) *nachgehend, sich klammernd an* (Loc. oder im Comp. vorangehend) MBh. 12,205,21. — 3) *verfahrend, sich benehmend.*

*प्रचाल m. *der Hals einer Laute.* Richtig प्रवाल.

प्रचालन n. (?) Pañkat. 248,6; vgl. ed. Bomb. 5,62,17.

*प्रचिक gaṇa पुरोहितादि in der Kâç.

प्रचिकित Adj. *kundig* (Mahîdh.).

प्रचिकीर्षु Adj. *im Sinne habend es Jmd zu entgelten.*

प्रचित 1) Adj. a) s. u. चि mit प्र. — b) *mit dem* प्रचयस्वर *gesprochen.* — 2) m. *ein best. Metrum.*

प्रचितक m. = प्रचित 2).

प्रचितस्वर m. = प्रचयस्वर.

प्रचित्य Adj. *worüber man nachzusinnen hat.*

प्रचिन्वत् m. N. pr. eines Sohnes des Ǵanameǵaja.

प्रचीबल *eine best. Pflanze.*

प्रचीर m. N. pr. eines Sohnes des Vatsaprî.

प्रचुर Adj. (f. आ) 1) *viel, reichlich, häufig.* — 2) am Ende eines Comp. *voll von, reich an.*

प्रचुरता f. *Vielheit, Menge.*

प्रचुरत्व n. 1) dass. — 2) am Ende eines Comp. *das Vollsein von, Reichsein an.*

*प्रचुरपुरुष m. *Dieb.*

प्रचुरी Adv. mit भू *zunehmen, an Umfang gewinnen.*

प्रचृतशिख (so zu lesen) Adj. *mit aufgelöstem Haare* Âçv. Gṛhj. 4,2,9.

प्रचेतन Adj. *erleuchtend, aufklärend.*

*प्रचेतर् Nom. ag. *Wagenlenker.* Richtig प्रवेतर्.

प्रचेतस् 1) Adj. a) *aufmerksam, besonnen, kundig, klug, verständig.* — b) * = हृष्ट und प्रकृष्टहृद्. — 2) m. a) Bein. Varuṇa's. — b) N. pr. α) eines Praǵâpati oder Maharshi. — β) Pl. Bez. der 10 Söhne des Prâkînabarhis von einer Tochter Varuṇa's. — γ) verschiedener Fürsten.

प्रचेतस 1) m. fehlerhaft für प्राचेतस. — 2) *f. ई *Myrica sapida* Râǵan. 9,19.

प्रचेतुन Adj. *Ausblick gewährend.*

*प्रचेल n. *gelber Sandel.*

*प्रचेलक m. *Pferd.*

*प्रचेलुक m. *Koch.* Richtig *पचेलुक.

प्रचोद m. *das Antreiben, Anfeuern.*

प्रचोदन n. 1) *das Antreiben, Anfeuern, Auffordern; Anweisung, Befehl.* वाक्प्रचोदनात् *auf die befehlenden Worte hin.* — 2) *f. ई *Solanum Jacquini.*

प्रचोदिका f. *Anfeurerin*, Bez. der 4 Töchter der Nijoǵikâ.

°प्रचोदिन् Adj. *vor sich her treibend.*

प्रच्छद् f. *Bedeckung* Maitr. S. 2,8,7.

प्रच्छद m., *°पट m. und °वासस् n. *Ueberzug, Betttuch.*

1.*प्रच्छन n. und *°ना f. *das Fragen, Frage.*

2.प्रच्छन n. = प्रच्छान Karaka 6,17.

प्रच्छन्न 1) Adj. s. u. 1. छद् mit प्र. — 2) *n. *eine verborgene Thür.* — Karaka 1,11. 6,13. 17 fehlerhaft für 2. प्रच्छन.

प्रच्छन्नी Adv. mit भू *sich verstecken, sich verborgen halten.*

प्रच्छर्दन n. 1) *das Vonsichgeben, Ausstossen* (des Athems). — 2) *Brechmittel.*

*प्रच्छर्दि f. (Gal.) und *°का f. *Erbrechen, vomitus.*

प्रच्छादक 1) Adj. am Ende eines Comp. *bedekkend, verhüllend.* — 2) m. *ein von der Laute begleiteter Gesang einer von ihrem Gatten treulos verlassenen Gattin, in welchem diese ihre Lage auf versteckte Weise schildert.*

प्रच्छादन 1) Adj. am Ende eines Comp. *verdekkend, verhüllend.* — 2) n. a) *das Verdecken, Verhüllen.* — b) * *Ueberwurf, Obergewand.*

प्रच्छाद्य Adj. *zu verdecken, zu verhüllen, zu verbergen.*

प्रच्छान n. *das Wundmachen, Schröpfen.*

प्रच्छाय (wohl n.) *ein schattiger Ort, Schatten.*

प्रच्छित Partic. von 1. छा mit प्र.

प्रच्छिद् Adj. *abschneidend, zerschneidend.*

प्रच्छेद 1) m. *Abschnitt, Schnitzel.* — 2) n. (!) Karaka 6,7 fehlerhaft für 2. प्रच्छन oder प्रच्छान.

प्रच्छेदक m. *Riss*, Bez. des *Klagegesanges eines Weibes, das den Geliebten für untreu hält.* Hat auch eine andere Bedeutung, die sich aber aus der verdorbenen Stelle nicht näher bestimmen lässt.

प्रच्छेद्य Adj. in अप्रच्छेद्य.

प्रच्यव m. 1) *Fall.* — 2) *Fortgang, das Weichen.*

प्रच्यवन 1) Adj. am Ende eines Comp. *entfernend, vertreibend* Karaka 6,19. Man könnte प्रच्यावन *vermuthen.* — 2) n. a) *das Herabfallen aus dem Himmel um als Mensch geboren zu werden* Hem. Par. 1,265. — b) *das Sichfortbegeben, Weichen.* — c) *das Kommen um* (Abl.).

प्रच्यावन n. 1) *Mittel der Entfernung, — Niederschlagung, — Milderung.* — 2) *das Abbringen von* (Abl.).

प्रच्युतत्व n. *das Gewichensein.*

प्रच्युति f. 1) *Fortgang, Weggang, das Weichen.* — 2) *das um Etwas* (Abl.) *Kommen, Verlustiggehen* Spr. 1443. साम्यावस्थानात् *das aus dem Gleichgewicht Kommen* Çaṁk. zu Bâdar. 2,2,2. — 3) *das Abfallen —, Aufgeben von* (im Comp. vorangehend). प्रव्रज्या° Citat bei Utpala zu Varâh. Bṛh. 15,1. Ohne प्रव्रज्या dass. Varâh. Bṛh. 15,1. — 4) *Hinfälligkeit* in अप्रच्युति.

प्रछ्, पृच्छति, °ते (meist metrisch) 1) *Jmd* (Acc.) *fragen, Jmd fragen nach* (mit doppeltem Acc.), *erfragen, forschen nach, die Zukunft befragen, nach etwas Zukünftigem fragen* (vom Wahrsager). नामतो मातरम् so v. a. *nach dem Namen der Mutter fragen;* mit न *Nichts fragen nach* (Acc.). Das nähere Object steht ausnahmsweise im Loc. (beim Med.). पृच्छ्यते bedeutet nur *er wird gefragt, — nach* (Acc.), पृष्ट nur ausnahmsweise *das wonach gefragt worden ist.* Das entferntere Object (auch beim Passiv) steht ausnahmsweise im Dat. oder Loc., oder in Verbindung mit प्रति, °अर्थे, °हेतोस् (72,8) oder अधिकृत्य. — 2) *suchen, aufsuchen.* — 3) *Jmd bittend angehen.* — Caus. प्रच्छयन्ति nur scheinbar MBh. 5,1226, da hier प्रयच्छन्ति zu lesen ist. — *Desid. पिपृच्छिषति. — *Intens. परीपृच्छ्यते. — Mit अति *darüber hinaus —, weiter fragen.* — Mit अनु *fragen, befragen, fragen nach* oder *um* (mit doppeltem Acc.). अनुपृष्ट *nach dem man sich erkundigt hat.* — Mit अभ्यनु *fragen, befragen.* — Mit समनु *fragen, — nach* (Acc.). — Mit अभि dass. अभिपृष्ट *wonach man gefragt hat.* — Mit आ Med. (metrisch auch Act.) 1) *sich bei Jmd* (Acc.) *verabschieden, Lebewohl sagen.* Auch **sich selbst Lebewohl sagen.* — 2) *anrufen* (einen Gott). — 3) *fragen, — nach.* — Mit उपा Act. (metrisch) *sich bei Jmd verabschieden.* — Mit समा (°पृच्छ्य) dass. — Mit उप *Jmd befragen.* — — Mit परि *fragen, befragen, sich erkundigen nach, Jmd fragen nach* oder *um* (mit doppeltem Acc.). Das entferntere Object steht ausnahmsweise im Loc., Gen. oder im Acc. mit प्रति. — Mit संपरि *befragen.* — Mit प्रति *befragen, Jmd fragen um* (mit doppeltem Acc.). — Mit वि *fragen, befragen;*

erforschen. — Mit सम् 1) Med. *sich befragen, sich unterreden, sich begrüssen.* — 2) *fragen, befragen, Jmd fragen um* (mit doppeltem Acc.); *die Zukunft befragen.* संपृष्ट *gefragt.* — Mit उपसम् *befragen.*

प्रज 1) Adj. f. आ *gebärend* in अप्रज 2). — 2) *m. *Gatte.* — 3) f. प्रजा (adj. Comp. f. आ) a) *Geburt, Zeugung, Fortpflanzung.* — b) *Nachkommenschaft, Kinder und Kindeskinder, Familie; Nachwuchs* (von Pflanzen). — c) *der männliche Same.* — d) *Geschöpf, Creatur;* insbes. *die Menschen.* — e) *Leute, Unterthanen, Volk.*

प्रजङ्घ m. N. pr. 1) eines Rakshas. — 2) eines Affen.

*प्रजङ्घा f. *ein best. Theil des Unterschenkels.*

1. प्रजज्ञि Adj. *zeugungsfähig* in 1. अप्रजज्ञि.

2. प्रजज्ञि Adj. *kundig.* Vgl. 2. अप्रजज्ञि.

प्रजन m. 1) *Zeugung, das Belegen; das Gebären.* Ausnahmsweise auch n. — 2) *Erzeuger.*

प्रजनन 1) Adj. *zeugend, zeugungskräftig, lebenskräftig.* — 2) n. a) *der Act des Zeugens, Gebärens, Zeugung, Geburt, Fortpflanzung; Erzeugung* in übertr. Bed. °कुशल Adj. so v. a. *geschickt in der Geburtshülfe.* — b) *Zeugungskraft, Samen.* — c) *das Zeugende, Zeugungsglied; *die weiblichen Geschlechtstheile.* — d) *das Product der Zeugung, Kinder.* — e) * = प्रगम oder प्रगत.

प्रजननवत् Adj. *zeugungskräftig.*

प्रजनयितर् Nom. ag. mit Gen. *Zeuger.*

*प्रजनिका f. *Mutter.*

प्रजनिष्णु Adj. *zur Zeugung wirkend, zeugend.*

प्रजनु m. f. *Geburtsglied, die weiblichen Geschlechtstheile* TBr. 3,11,4,2.

*प्रजनुक (?) m. *Körper.*

प्रजय m. *Sieg.*

प्रजल्प m. 1) *Unterhaltung.* — 2) *Geschwätz, unbesonnene Worte* (insbes. bei der Begrüssung eines Geliebten).

प्रजल्पन n. *das Reden, Sprechen.*

प्रजल्पित 1) Adj. s. u. जल्प् mit प्र. — 2) n. *Gerede, gesprochene Worte* MBh. 1,151,14.

1. प्रजव m. *Eile, Schnelligkeit.*

2. *प्रजव Adj. *sehr eilig* Gal.

प्रजवन Adj. *überaus schnell laufend.*

प्रजवम् Absol. *eilends.*

प्रजविन् Adj. *eilend, sich rasch bewegend, schnell laufend, schnell* Kâd. 111,11. Harshak. 25,23. 127,19.

प्रजस् 1) f. am Ende eines Comp. = प्रजा *Nachkommenschaft.* प्रजास्तस्य MBh. 13,6062 fehlerhaft für प्रजा तस्य; vgl. ed. Bomb. 13,127,8. — 2) m. N. pr. eines Sohnes des Manu Auttami VP. 3,1,15.

प्रजहित 1) Adj. *aufgegeben, verlassen.* — 2) m. Bez. *eines Feuers, das aufgegeben ist.*

प्रजाकर 1) Adj. R. 7,8,27 wohl fehlerhaft. — 2) *m. bildliche Bez. *des Schwertes* (!).

प्रजाकल्प m. *die Zeit, als die Geschöpfe geschaffen wurden,* Hariv. 2385. Richtig wohl पुराकल्प, wie 1,42,7 gelesen wird.

प्रजाकाम Adj. *Nachkommen wünschend.*

प्रजाकार m. *der Bildner der Geschöpfe.*

प्रजागर 1) Adj. *wachend;* m. *Wächter.* — 2) m. a) *das Wachen, Nichtschlafen, Aufpassen.* Auch Pl. — b) *das Aufwachen, Erwachen.* — 3) f. आ N. pr. einer Apsaras.

प्रजागरण n. *das Wachsein, Schlaflosigkeit.*

प्रजागुप्ति f. *Schutz der Unterthanen* Âpast.

प्रजाघ्नी s. प्रजाहन्.

प्रजाचन्द्र m. *ein Mond für die Unterthanen,* ehrendes Beiw. eines Fürsten.

प्रजातन्तु m. *Fortsetzung des Geschlechts, Nachkommenschaft* Taitt. Up. 1,11,1. Bhâg. P. 1,12,15.

प्रजाति 1) f. a) *Zeugung, das Gebären, Geburt, Fortpflanzung.* — b) *Zeugungskraft.* — c) = उपनयन 4). — 2) m. N. pr. eines Fürsten. v. l. प्रजानि.

प्रजातिकाम Adj. *Fortpflanzung wünschend.*

प्रजातीर्थ n. *der glückliche Augenblick der Geburt* Bhâg. P. 1,12,14.

*प्रजादा f. *ein best. Strauch* Râgan. 4,161.

प्रजादान n. 1) *Kindererzeugung* Âpast. — 2) **Silber.*

प्रजाद्वार n. *das Thor zur Nachkommenschaft,* Beiw. der Sonne.

प्रजाधर Adj. *die Geschöpfe erhaltend* (Vishṇu) Vishṇus. 98,64.

प्रजाध्यक्ष m. *Oberaufseher über die Geschöpfe, Leiter der G.;* Beiw. der Sonne, Kardama's, Daksha's u. s. w.

प्रजाना f. *Ort des Gebärens* Ait. Âr. 103,1.

प्रजानि m. N. pr. eines Fürsten.

प्रजान्तक m. *der Todesgott.*

*प्रजाप m. *Fürst, König.*

प्रजापति 1) m. a) *Herr der Geschöpfe.* — b) *ein der Zeugung vorstehender Genius, ein Beschützer des Lebendigen.* — c) *Herr der Geschöpfe, Schöpfer* als Bez. *eines obersten Gottes über den benannten Göttern der vedischen Periode.* — d) in der nachvedischen Zeit erhalten verschiedene als *demiurgische Wesen* gedachte heilige Männer dieses Prädicat. — e) *die personificirte Zeit.* — f) *Vater.* — g) **Herr des Volkes, Fürst, König.* — h) **Schwiegersohn.* — i) Bez. des 5ten (39ten) Jahres im 60jährigen Jupitercyclus. — k) *der Planet Mars.* — l) *ein best. Stern,* δ *aurigae.* — m) **ein best. Insect.* — n) N. pr. verschiedener Männer. — 2) f. प्रजापती N. pr. der Tante und Amme Çâkjamuni's.

*प्रजापतिक m. Hypokoristikon von प्रजापतिदत्त Mahâbh. 5,72,a.

प्रजापतिगृहीत Adj. *von* Pragâpati *gefasst.*

प्रजापतिचरित n. Titel eines Werkes.

*प्रजापतिदत्त m. N. pr. eines Mannes. Davon *Hypokoristikon °क Mahâbh. 5,72,a.

प्रजापतिनिवासिनी f. N. pr. einer Gandharva-*Jungfrau* Kârand. 5,10.

प्रजापतिपति m. *Herr der Herren der Geschöpfe,* Beiw. 1) Brahman's VP. 1,4,2. 22,8. — 2) Daksha's.

प्रजापतिभक्षित Adj. *von* Pragâpati *genossen.*

प्रजापतियज्ञ m. *das dem* Pragâpati *als dem der Zeugung vorstehenden Genius dargebrachte Opfer,* so v. a. *die durch das Gesetz vorgeschriebene Erzeugung von Kindern.*

प्रजापतिलोक m. Pragâpati's *Welt.*

प्रजापतिशर्मन् m. N. pr. eines Mannes.

प्रजापतिसृष्ट Adj. *von* Pragâpati *geschaffen.*

प्रजापतिस्मृति f. Titel eines Werkes.

प्रजापतिहृदय und प्रजापतेर्हृदय (als ein Wort gefasst) n. Name eines Sâman.

प्रजापत्य Adj. Hariv. 2547 fehlerhaft für प्राजापत्य.

प्रजापयितर् Nom. ag. TBr. 1,7,2,4 fehlerhaft für प्रदापयितर्.

प्रजापाल m. 1) *Hüter der Geschöpfe* (Kṛshṇa). — 2) *Hüter des Volkes, Fürst, König.* — 3) N. pr. eines Fürsten.

प्रजापालन n. *das Hüten —, Beschützen des Volkes* 204,4. 209,11. 21.

प्रजापालि m. Bein. Çiva's.

प्रजापाल्य n. *das Amt eines Hüters des Volkes, — eines Fürsten.*

प्रजामृतत्व n. *Ewigkeit der Nachkommenschaft.*

प्रजायिनी Adj. f. 1) *im Begriff stehend zu gebären.* — 2) am Ende eines Comp. *gebärend, zur Welt bringend, Mutter von.*

प्रजावत् 1) Adj. (f. °वती) a) *von Nachkommenschaft begleitet, Nachwuchs im Gefolge habend, Nachkommenschaft verleihend, kinderreich, fruchtbar.* — b) f. *schwanger.* — c) f. am Ende eines Comp. *gebärend, Mutter von.* — 2) m. N. pr. eines

Ṛshi und Bez. eines von ihm verfassten Liedes. — 3) f. प्रजावती a) des Bruders Frau. Nach Einigen des ältern Bruders Frau. — b) N. pr. α) einer Schutzgottheit der Sumantu. — β) einer Surâṅganâ Ind. St. 15,250. — γ) der Gattin Prijavrata's.

प्रजावरी Adj. f. = प्रजावत् 1) a) Mân. Gṛhj. 1, 12. Çr. 1,1,3 (v. l. प्रजावती).

प्रजाविद् Adj. Nachkommen verschaffend.

प्रजावृद्धि f. reiche Nachkommenschaft Âpast.

प्रजाव्यापार m. das Sichkümmern um das Volk, das Sichangelegenseinlassen des Volkes Ind. St. 15,398.

प्रजाव्यृद्धपशुव्यृद्ध Adj. der Unglück mit seinen Kindern und seinem Vieh hat Âpast. Çr. 5,28,12.

प्रजासनि Adj. Nachkommen verschaffend.

प्रजासृज् m. Schöpfer der Creaturen, Weltschöpfer. Pl. Râǵat. 8,1613 (°स्रज् gedr.). Sg. Beiw. 1) Brahman's. — 2) Kaçjapa's.

प्रजाहन् Adj. (f. प्रजाघ्नी) die Nachkommenschaft tödtend.

प्रजिजनयिषितव्य oder °तव्य Adj. von dem man wünscht, dass er zum Leben gebracht werde, Çat. Br. 7,3,1,12.

*प्रजित् Adj. von 1. जि mit प्र.

प्रजित in तीक्ष्ण° und दण्ड° (Nachtr. 4).

*प्रजिन m. Wind.

प्रजिहीर्षु Adj. im Begriff stehend zu schlagen, — einen Schlag zu versetzen.

*प्रजीन m. Wind.

प्रजीवन n. Lebensunterhalt.

प्रजीविन् m. N. pr. eines Ministers des Krähenkönigs Meghavarṇa.

प्रजेश m. 1) Herr der Geschöpfe, Schöpfer. — 2) der der Zeugung vorstehende Genius. — 3) Herr des Volkes, Fürst, König.

प्रजेश्वर m. 1) Herr der Geschöpfe, Schöpfer. — 2) Fürst, König.

प्रजेहा f. Wunsch nach Nachkommenschaft MBh. 12,180,45.

प्रज्ञ in अवप्रज्ञान.

प्रज्झटिका f. ein best. Prâkrit-Metrum.

प्रज्झि m. N. pr. eines Mannes.

1. प्रज्ञ 1) Adj. (f. आ) Einsicht habend, verständig. Am Ende eines Comp. kundig, sich verstehend auf. Die v. l. (z. B. Spr. 5985. 7048) hat hier und da das gangbarere प्राज्ञ. — 2) प्रज्ञा (adj. Comp. f. आ) a) das Sichzurechtfinden, Auskunft. — b) Unterscheidung, Urtheilskraft, Einsicht, Verstand. — c) Vorsatz, Entschluss. — d) die personificirte Einsicht ist α) *Sarasvatî. — β) eine Çakti Hemâdri 1,197,20. — γ) die Çakti Âdibuddha's.

2.*प्रज्ञ Adj. = प्रज्ञु.

प्रज्ञक am Ende eines adj. Comp. von प्रज्ञ 2) b) in अकृत° (Nachtr. 4).

प्रज्ञता f. Kenntniss, Wissen.

प्रज्ञप्ति f. 1) das Lehren, Mittheilen, Lehre, Mittheilung. — 2) eine best. personificirte Zauberkunst. — 3) *bei den Ǵaina N. pr. einer Vidjâdevî. Auch प्रज्ञप्ती.

प्रज्ञप्तिकौशिक m. N. pr. eines Lehrers, der im Besitz der Praǵñapti 2) war.

प्रज्ञप्तिवादिन् m. Pl. eine best. buddhistische Schule.

प्रज्ञप्तिशास्त्र n. Titel eines buddh. Werkes.

प्रज्ञाकर m. N. pr. 1) eines buddh. Gelehrten Eitel, Ch. B. — 2) eines Scholiasten.

*प्रज्ञाकाय m. Bein. des Mañǵuçrî.

प्रज्ञाकूट m. N. pr. eines Bodhisattva.

प्रज्ञाकोश m. N. pr. eines Mannes.

प्रज्ञागुप्त 1) Adj. durch Einsicht geschützt Spr. 4210. — 2) m. N. pr. eines buddh. Gelehrten Eitel, Ch. B.

प्रज्ञाघन m. Nichts als Erkenntniss, aus lauter Erkenntniss bestehend Bhâg. P. 8,3,12. 9,8,23.

1. प्रज्ञाचक्षुस् n. Verstandesauge Mâlav. 10,4 (11, 1). Vagrakkh. 38,17.

2. प्रज्ञाचक्षुस् 1) Adj. a) mit dem Auge des Verstandes sehend Spr. 4211. — b) bei dem der Verstand die Stelle der Augen vertritt, blind Spr. 7710. — 2) *n. Bein. des blinden Dhṛtarâshṭra.

प्रज्ञाज्योतिस् Adj. als Bez. eines Jogin auf der dritten Stufe Comm. zu Jogas. 3,50.

प्रज्ञाढ्य m. N. pr. eines Mannes.

प्रज्ञातर् Nom. ag. der sich zurechtfindet, Auskunft weiss, Wegweiser.

प्रज्ञातव्य Adj. erkennbar Kaush. Up. 3,7.

प्रज्ञाति f. das Sichzurechtfinden, Erkennen des Weges zu (Gen.).

प्रज्ञात्मन् Adj. dessen Wesen Intellect ist, ganz I. Ait. Âr. 346,11.

प्रज्ञात्र in अप्रज्ञात्र.

प्रज्ञादित्य m. die Sonne der Einsicht als Beiw. eines klugen Mannes.

प्रज्ञादेव m. N. pr. eines buddh. Gelehrten Eitel, Ch. B.

प्रज्ञान 1) Adj. (f. ई) a) *verständig, klug. — b) worinnen man sich zurechtfindet. — 2) n. a) das Sichzurechtfinden, Erkennung. — b) Erkenntniss, Kenntniss, Wissen. — c) Erkennungszeichen, Merkzeichen, Merkmal; Denkmal. दिशां प्रज्ञानम् (so zu lesen; vgl. Sâj. zu Ṛv. 1,124,5) heisst die Sonne, an deren Stand man die Himmelsgegenden unterscheidet, AV. 13,2,2. — d) Organ der Wahrnehmung.

प्रज्ञानघन m. = प्रज्ञाघन.

*प्रज्ञानेत्र m. = 2. प्रज्ञाचक्षुस् 2) Gal.

प्रज्ञापक Adj. kund machend Sâj. zu Ṛv. 4,52,11.

प्रज्ञापन n. das Aussagen Comm. zu Njâjas. 1,1,34.

प्रज्ञापनप्रदेशव्याख्या f. Titel eines Werkes.

प्रज्ञापनीय Adj. auszusagen Comm. zu Njâjas. 1,1,33.

प्रज्ञापयितव्य Adj. dass. Comm. zu Njâjas. 1,1,49.

प्रज्ञापारमिता f. die höchste Stufe der Erkenntniss, — des Wissens, — des Verstandes Kathâs. 72, 318. 361. Kâraṇḍ. 50,19. 82,8. °सूत्र n. Eitel, Ch. B.

प्रज्ञापेत Adj. (f. आ) der Einsicht ermangelnd Kaush. Up. 3,7.

प्रज्ञाप्रतिभासित m. ein best. Samâdhi Kâraṇḍ. 93,8.

प्रज्ञाभद्र m. N. pr. eines buddh. Gelehrten Eitel, Ch. B.

प्रज्ञामय Adj. aus Einsicht gebildet, in Verstand bestehend.

प्रज्ञामात्रा f. ein Element der Erkenntniss, ein Sinnesorgan Kaush. Up. 3,8.

*प्रज्ञाल und प्रज्ञावत्त् Adj. verständig, klug.

*प्रज्ञावर्मन् m. N. pr. eines Mannes.

प्रज्ञावाद m. ein Wort der Vernunft Spr. 722.

प्रज्ञासहाय Adj. die Einsicht zum Gefährten habend, so v. a. verständig, klug.

प्रज्ञासागर m. N. pr. eines Ministers.

प्रज्ञासूक्तमुक्तावली f. Titel eines Werkes.

*प्रज्ञिन् und *प्रज्ञिल Adj. verständig, klug.

*प्रज्ञु Adj. dessen Knie auseinandergehen, säbelbeinig.

प्रज्वलन n. das Aufflammen, Auflodern.

प्रज्वलित 1) Adj. s. u. ज्वल् mit प्र. — 2) n. das Aufflammen, Lodern, Brennen.

प्रज्वार m. Fieberglut; auch personificirt.

प्रज्वालन n. das Anfachen, Entzünden (des Feuers) Vishṇus. 23,45. Comm. zu Njâjam. 10,1,22.

प्रज्वाला f. Flamme.

प्रडीन 1) Adj. s. u. डी mit प्र. — 2) n. eine best. Flugart MBh. 8,41,28.

प्रडीविन् m. v. l. für प्रजीविन्.

प्रण, पर्णाति s. u. 1. पर्.

*प्रण Adj. ehemalig, alt.

प्रणख Nagelspitze.

प्रणत 1) Adj. s. u. नम् mit प्र. — 2) Titel eines Pariçishṭa zum SV.

प्रणति f. *Verneigung, Verbeugung, ehrfurchtsvolle Begrüssung;* das Object im Gen., Loc. oder im Comp. vorangehend.

*प्रणदन n. = प्रणाद.

प्रणपात् m. *Urenkel.*

प्रणप्तर् m. dass. BÂLAR. 214,9. 253,6. KANDAK. 3,7. Vgl. प्रनप्तर्.

प्रणमन n. *das Sichverbeugen vor* (Gen. oder im Comp. vorangehend).

प्रणय m. 1) *Führer.* — 2) *Führung, Leitung.* — 3) *das an den Tag Legen, Zeigen* MÂLAT. ed. Bomb. 284,3. — 4) *Zuneigung, Vertrauen* (VP. 4, 2,22), — *zu* (Loc.), *ein vertrauliches Verhältniss, Vertraulichkeit, Familiarität, das in ein näheres Verhältniss Treten mit* (im Comp. vorangehend VIKRAMÂÑKAK. 9,55), *Zutraulichkeit, die vertrauliche Annäherung Liebender.* प्रणयात्, प्रणयेन, प्रणय° und प्रणयोपेतम् *im Vertrauen, ohne Umstände, ohne Scheu, gerade heraus.* — 5) *das Verlangen, Begehren,* — *nach* (Loc.). मा भूत्ते प्रणयो ऽन्यथा *verlange nicht nach Anderem, gieb dich damit zufrieden.* — Nach den Lexicographen = प्रेमन्, विश्रम्भ, याञ्चा, प्रश्रय, अभिमान, प्रसाद, प्रसर, प्रसव und निर्वाण. Scheinbar Adj. MBH. 3,8584; zu lesen mit der ed. Bomb. तदा सप्रणयं वाक्यम् st. स तदा प्रणयं वाक्यम्.

प्रणयकलह m. *ein Hader in aller Freundschaft* KÂD. 13,3.

प्रणयन n. 1) *das Herbeischaffen, Herbeibringen, Holen* MBH. 1,207,50. KÂD. 2,87,3. — 2) *Mittel* —, *Gefäss zum Herbeischaffen,* — *Herbeiholen;* vgl. अग्नि° Nachtr. 3. — 3) *das an den Tag Legen, Zeigen.* श्रद्धा° *von Gelüsten.* — 4) *das Anführen, Vorbringen.* — 5) *Handhabung.* अव्यवाणशस्त्र ° BÂLAR. 13,19. दण्डस्य प्र° und दण्डप्र° *das Anwenden des Stockes, so v. a. das Anwenden* —, *Verhängen einer Strafe.* — 6) *das Festsetzen, Einführen, Gründen.* — 7) *das Durchführen, Ausführen.* — 8) *das Abfassen, Verfassen.* — 9) *Genüge, Sättigung* (= उदरपूरण Comm.). °नं कर् so v. a. *sich sättigen* R. 6,40,32.

प्रणयनीय Adj. *was zum Herbeibringen, Holen dient, dazu gehört.*

प्रणयभङ्ग m. *Bruch* —, *Täuschung des Vertrauens* VP. 4,2,11.

प्रणयवत्त् Adj. 1) *gerade heraus* —, *ohne Umstände verfahrend, sich keinen Zwang anthuend, sich gebend wie man ist.* — 2) *sich hingezogen fühlend zu* (Loc. oder im Comp. vorangehend). — 3) am Ende eines Comp. *vertraut mit, gewohnt an,* so v. a. *sich gewöhnlich befindend in* BÂLAR. 42,3.

प्रणयिक्रिया f. *Freundesdienst.*

प्रणयिता f. 1) *Liebe, Zuneigung,* — *zu* (Loc.) 175,20. Spr. 1043. — 2) *das Verlangen, Begehren,* — *nach* (Gen. oder im Comp. vorangehend) Spr. 7701.

प्रणयिन् 1) Adj. a) *zu dem oder wozu man sich hingezogen fühlt, geliebt, lieb, Jmd* (Gen.) *lieb* HARSHAK. 112,22. m. *Liebling, ein lieber Freund* HARSHAK. 121,17. — b) *sich zu Jmd* oder *Etwas hingezogen fühlend, liebend, gern habend, begehrend, verlangend nach, hingegeben, Gefallen findend an* (Instr. oder im Comp. vorangehend) BÂLAR. 17,19. HARSHAK. 127,9. — c) *wohnend* —, *weilend* —, *sich befindend* —, *enthalten* —, *steckend in* oder *an* (im Comp. vorangehend) PRASANNAR. 35, 13. 121, 14. KÂD. 2,86,23. BÂLAR. 18,11. 23,14 (प्रणयिभव dass.). 50,16. 54,5. 292,9. VIKRAMÂÑKAK. 6,79. 11,46. 14,6. — d) am Ende eines Comp. *gerichtet auf,* so v. a. *bezweckend* BÂLAR. 112,12. — e) *verbunden* —, *versehen mit* (im Comp. vorangehend) PRASANNAR. 130, 2. BÂLAR. 167,16. VIKRAMÂÑKAK. 18,73. — 2) m. *Geliebter, Gatte.* — 3) f. °नी *Geliebte, Gattin.*

प्रणयी Adv. 1) mit कर् *in nahe Verbindung bringen.* °कृत so v. a. *verbunden mit* (Instr. oder im Comp. vorangehend) VIKRAMÂÑKAK. 12,40. 37. — 2) mit भू *sich wieder zu Etwas* (Loc.) *hingezogen fühlen.*

प्रणव und प्रणव m. (adj. Comp. f. आ) 1) *die heilige Silbe* ओम्. Nom. abstr. प्रणवत्व n. — 2) **eine Art Trommel;* richtig पणव.

प्रणवक am Ende eines adj. Comp. = प्रणव 1).

प्रणवकल्प m. und प्रणवदर्पण m. Titel zweier Werke OPP. Cat. 1.

प्रणवार्चनचन्द्रिका f. Titel eines Werkes.

प्रणवोपनिषद् f. Titel einer Upanishad.

*प्रणस 1) Adj. *mit einer vorstehenden Nase.* — 2) m. संज्ञायाम्.

प्रणाडिका f. und प्रणाडी f. *Kanal.* Instr. so v. a. *durch Vermittelung, mittelbar, auf indirecte Weise, vermittelst von* (im Comp. vorangehend) ÇAṀK. zu BÂDAR. 4,1,16.

प्रणाद m. 1) *Schall, Laut, Ruf, Geschrei, Gewieher, Gebrüll* u. s. w. — 2) *Ohrenklingen.* — 3) *N. pr. eines Kakravartin.

*प्रणादक Adj. *schallend* u. s. w.

प्रणाम m. (adj. Comp. f. आ) *Verbeugung, Verneigung,* — *vor* (im Comp. vorangehend). *ehrfurchtsvolle Begrüssung Jmds.* भुवि oder भूमौ *eine Verneigung bis zur Erde* 136,16.

प्रणाममित्र m. N. pr. eines Mannes HEM. PAR. 3,152.

प्रणामाञ्जलि m. *ehrfurchtsvolles Zusammenlegen der Hände.*

°प्रणामिन् Adj. *sich verbeugend* —, *sich verneigend vor, verehrend.*

प्रणायक m. *Führer* (eines Heeres).

प्रणाय्य Adj. 1) *passend, würdig* (Schüler). — 2) **lieb.* — 3) **tadellos.* — 4) **frei von Verlangen.* — 5) **verworfen.*

प्रणाल 1) m. a) * = 2) a). — b) vielleicht *Reihe* KÂD. (1793) 309,15. 310,16. — 2) f. ई a) *Kanal, Abzugskanal, Wasserrinne* (zum Berieseln) BHÂVAPR. 1,63. — b) in पाठ° so v. a. *Textesrecension* KAUSH. UP. S. 129, Z. 1. — c) *Vermittelung* NAISH. 6, 3.

प्रणालिका f. 1) *Kanal, Abzugskanal.* स्रुक्प्र° so v. a. *die Schnauze eines Löffels.* — 2) *Vermittelung.* Instr. *mittelbar, vermittelst.*

प्रणाश m. 1) *das Ausgehen, Aufhören, Verschwinden, Verlust.* — 2) *Untergang, Tod* 180,2.

प्रणाशन 1) Adj. (f. ई) am Ende eines Comp. *aufhören machend, vertreibend, vernichtend.* — 2) n. *das Vernichten, Zugrunderichten.*

°प्रणाशिन् Adj. = प्रणाशन 1). Nur f. und stets am Ende eines Halbverses.

*प्रणिंसितव्य Partic. fut. pass. von निंस् mit प्र.

*प्रणिक्षण n. Nom. act. von निक्ष् mit प्र.

प्रणिधातव्य Adj. *zu richten auf* (Loc.) KARAKA 3,8.

प्रणिधान n. 1) *das Anlegen, Auftragen, Ansetzen, Anbringen, Anwenden, Anwendung.* Pl. KARAKA 3,6. — 2) *Anstrengung, Bemühung* SADDH. P. 129. — 3) *rücksichtsvolles Benehmen, bewiesene Aufmerksamkeit gegen* (Loc.). — 4) *Ergebung in den Willen.* ईश्वर° *Gottes* 285,30. — 5) *tiefes Nachdenken, Vertiefung.* — 6) *heftiges Verlangen, Gelüste* LALIT. 35, 9. — 7) *Gelöbniss, Gelübde* LALIT. 35,3. 334,9.

प्रणिधायिन् Adj. *anwendend, aussendend* (Spione) PRASANNAR. 29,5.

प्रणिधि m. 1) *das Aufpassen, Spioniren* MBH. 12,59,34. Nach NILAK. = गुप्तचार. — 2) *das Aussenden* (von Spionen). — 3) *Bitte.* — 4) *Aufpasser, Kundschafter, Spion.* — 5) **Begleiter, Diener.* — 6) N. pr. eines Sohnes des Bṛhadratha.

°प्रणिधी Adv. mit भू *zum Späher bei* — *werden* PAṄKAT. 172,6. °प्रणिधिभूत ed. Bomb. 3,73,7.

प्रणिधेय Adj. 1) *anzulegen, anzusetzen* (ein Klystier). — 2) *auf Kundschaft auszusenden.*

प्रणिनीषेण्य Adj. *den Eingang bildend, zum*

Anfang gehörig.

*प्रणिन्दन n. Nom. act. von निन्द् mit प्र.

प्रणिपतन n. *das sich Jmd zu Füssen Werfen.*

प्रणिपात m. (adj. Comp. f. आ) *Fussfall, ehrfurchtsvolle Verneigung, — Begrüssung, demüthige Unterwerfung* (mit Gen.).

प्रणिपातरस m. *ein best. über Waffen gesprochener Spruch.*

प्रणिपातिन् Adj. *sich zu Füssen werfend, sich unterwerfend.*

प्रणी 1) m. *Führer.* — 2) f. *etwa Annäherung, Hingebung.*

प्रणीत 1) Adj. s. u. 1. नी mit प्र. — 2) f. आ *a)* Pl. *das* (am Morgen der Feier) *herbeigeholte Wasser, Weihwasser* Comm. zu Njâjam. 9,2,22. °काले so v. a. प्रणीतानां प्रणयनकाले. — *b)* *= प्रणीताप्रणयन. — *c)* N. pr. eines Flusses.

प्रणीतत्व n. *das Verfasstsein* Sarvad. 127,8. 129,1.

प्रणीताचरु m. *der Topf für das Weihwasser* Çâṅkh. Gṛhj. 3,8.

प्रणीताप्रणयन n. *das Gefäss, in welchem das Weihwasser geholt wird,* Âpast. Çr. 1,15,7.

प्रणीति f. 1) *Führung, Leitung.* — 2) *das Wegführen.*

*प्रणीय Part. fut. pass. von 1. नी mit प्र.

°प्रणुद् Adj. *vertreibend, verscheuchend, verdrängend.*

प्रणुद Adj. dass.

प्रणेजन 1) Adj. (f. ई) am Ende eines Comp. *abwischend.* — 2) n. *a) das Abwaschen, Baden.* — *b) Waschwasser.*

प्रणेतर् Nom. ag. 1) *Leiter, Führer;* mit Gen. oder Acc. (in der älteren Sprache). — 2) *Bildner, Erschaffer.* — 3) *Verfasser.* — 4) *Verbreiter einer Lehre, Lehrer* VP. 3,2,45. 3,31. — 5) **Spieler eines musikalischen Instruments.* — 6) *der Etwas anwendet, applicirt* (ein Klystier) Kâraka 8,5.

प्रणेतव्य Adj. 1) *zu führen, zu leiten.* — 2) *auszuführen, zu vollführen, anzuwenden.*

प्रणेतृमत् Adj. *den Begriff „führen" enthaltend.*

प्रणेनी Adj. *wiederholt —, stets leitend.*

प्रणेय Adj. 1) *zu führen, zu leiten; der sich leiten lässt, sich in den Willen eines Andern fügt, nachgiebig, gehorsam.* — 2) *anzuwenden, zu gebrauchen* Kâraka 8,5. *gebraucht werdend* Bâlar. 258,10. — 3) *auszuführen, zu vollbringen.* — 4) *festzusetzen, zu bestimmen.*

प्रणोत्तव्य Adj. *propellendus.*

प्रणोदम् Absol. *forttreibend.*

प्रणोद्य Adj. in अप्रणोद्य.

प्रतक्वन् Adj. 1) *vorwärts schiessend.* — 2) *etwa abschüssig* TS. 1,3,3,1.

प्रतङ्कम् Absol. *gleitend, schleichend.*

प्रततामह m. *Urgrossvater* AV.

*प्रतति f. 1) *Ausbreitung.* — 2) *eine kriechende Pflanze.* Auch प्रतती.

प्रतद्वसु Adj. *etwa Güter mehrend.* = प्रातवसु Nir.

*प्रतन Adj. *ehemalig, alt.*

प्रतनु Adj. *überaus fein, — schmal, — dünn, — mager, — gering, — klein, — unbedeutend.*

प्रतनुक Adj. *überaus fein.* °म् Adv.

प्रतप m. *Sonnenglut.*

प्रतपत्र n. *Sonnenschirm.*

प्रतपन n. *das Erwärmen.* *°ने करु vielleicht *an's Feuer —, in die Sonne stellen, erwärmen.*

प्रतप्त 1) Adj. s. u. 1. तप् mit प्र. — 2) (wohl n.) *ausgeglühtes, gereinigtes Gold* R. 5,14,4.

प्रतप्तर् Nom. ag. *Verbrenner, Versenger* Çaṁk. zu Bâdar. 2,1,1 (S. 412, Z. 6).

प्रतमक m. *eine besondere Form von Asthma* Kâraka 6,19.

प्रतमाम् Adv. *besonders, vorzugsweise.*

प्रतर m. 1) *das Uebersetzen, Hinüberschiffen* in दुष्प्रतर und सुप्रतर. — 2) Bez. *der Verbindungen an Nacken und Wirbelsäule.*

प्रतरण 1) Adj. (f. ई) *a) vorwärts bringend, weitertragend.* — *b) fördernd, helfend, mehrend.* आयुषः *das Leben verlängernd.* — 2) n. *das Zuschiffegehen, Hinüberschiffen, Uebersetzen, Beschiffen.*

प्रतरम् und प्रतराम् Adv. *weiter, ferner, künftig.*

प्रतरीतर् und प्रतरीतर् (AV.) Nom. ag. *der den Fortgang veranlasst, Förderer, Verlängerer* (des Lebens).

प्रतर्क m. *Folgerung, Vermuthung.*

*प्रतर्कण n. *das Urtheilen.*

प्रतर्क्य Adj. in अप्रतर्क्य.

प्रतर्दन 1) Adj. *etwa durchbohrend, zu Grunde richtend* als Beiw. Vishṇu's Vishṇus. 98,49. — 2) m. N. pr. *a)* eines Fürsten der Kâçi Gop. Br. 2,1,18. — *b)* eines Rakshas. — *c)* einer Klasse (गण) von Göttern unter Manu Auttama.

*प्रतल 1) m. *die ausgestreckte Hand* Râǵan. 18,53. — 2) m. n. *eine best. Hölle.*

प्रतवस् Adj. *kräftig, wirksam.*

*प्रतान् Indecl. Vgl. *प्रताम्.

प्रतान 1) m. *a) Ausläufer einer Pflanze, Ranke.* — *b) eine Pflanze mit Ausläufern.* — *c) Verästung, Verzweigung* in übertr. Bed. — *d) Ausläufer, Ranke* als Bez. eines *Abschnittes* in einem °कल्पलता genannten Werke. — *e) eine weitläufige Behandlung.* — *f)* **Starrkrampf.* — *g)* *N. pr. eines Mannes. Pl. *sein Geschlecht.* — 2) *f. आ oder ई *eine best. Pflanze,* = गोजिह्वा Râǵan. 4,30.

प्रतानवत् Adj. 1) *mit Ausläufern versehen.* — 2) *verzweigt* in übertr. Bed.

प्रतानित Adj. *weitläufig behandelt.*

*प्रतानिन् 1) Adj. *mit Ausläufern versehen.* — 2) f. °नी *eine Pflanze mit Ausläufern.*

प्रताप m. 1) *Glut, Hitze* (auch in übertr. Bed.). — 2) *Machtglanz, Majestät, Hoheit, Würde, Ueberlegenheit* (oft mit der *Glut* der Sonne verglichen), *Macht* (z. B. der Arme). — 3) *Glanz, Pracht.* — 4) **Calotropis gigantea* Râǵan. 10,29. — 5) N. pr. eines Mannes.

प्रतापचन्द्र m. N. pr. 1) eines Fürsten. — 2) eines Ǵaina-Autors.

प्रतापधवल m. N. pr. eines Fürsten.

प्रतापन 1) Adj. *es Jmd heiss machend, bedrängend, peinigend, zusetzend.* — 2) m. *eine best. Hölle.* — 3) n. *das Erwärmen, Erhitzen* Comm. zu Njâjam. 10,1,22.

प्रतापनारसिंह und प्रतापनृसिंह m. Titel zweier Werke.

प्रतापपाल m. N. pr. eines Mannes.

प्रतापपुर n. N. pr. einer *Stadt.*

प्रतापमार्तण्ड m. Titel eines Werkes.

प्रतापमुकुट m. N. pr. eines Fürsten.

प्रतापरुद्र m. N. pr. eines im Pratâparudrija verherrlichten Fürsten von Ekaçilâ. Auch so v. a. °रुद्रीय.

प्रतापरुद्रयशोभूषणालंकारशास्त्र n. und प्रतापरुद्रीय n. Titel eines Werkes des Vidjânâtha.

प्रतापवत् 1) Adj. *voller Machtglanz, — Hoheit, — Würde, majestätisch* (von Personen). — 2) m. N. pr. eines Wesens im Gefolge Skanda's.

प्रतापवेलावली f. *ein best.* Râga *von fünf Tönen* S. S. S. 101. 105.

प्रतापशील m. N. pr. eines Fürsten.

प्रतापशेखर m. *ein best. Tact* S. S. S. 212.

प्रतापस m. *Calotropis gigantea alba* Bhâvapr. 1,201.

प्रतापसेन m. N. pr. eines Fürsten.

प्रतापादित्य m. N. pr. und Beiname verschiedener Fürsten. Nom. abstr. °ता f.

प्रतापालंकार m. Titel eines Werkes.

प्रतापितर् Nom. ag. °ता als 3te Sg. Fut. von 1. तप् mit प्र Caus.

प्रतापिन् Adj. 1) heiss, brennend, versengend; es Jmd heiss machend, bedrängend, peinigend. — 2) voller Machtglanz, — Hoheit, — Würde. — 3) Hoheit —, Würde verleihend.

प्रतापेन्द्र m. Beiw. der Sonne Hemâdri 1,615,9.

*प्रताम् 1) Adj. (Nom. प्रतान्). — 2) Indecl.

प्रतामक n. = प्रतमक Kâraka 1,7.

प्रताम्र Adj. überaus roth.

प्रतार m. 1) das Ueberschiffen, Hinüberfahren über (Gen.). — 2) Betrug.

प्रतारक Adj. hintergehend, betrügend; m. Betrüger Vikramâñkak. 9,54.

प्रतारण 1) n. a) das Hinüberführen (über ein Wasser) Spr. 3839. — b) metrisch = प्रतरण das Hinüberfahren über (Gen. oder im Comp. vorangehend). — c) das Hintergehen, Betrügen Spr. 3839. — 2) f. आ Betrug.

प्रतारणीय Adj. zu hintergehen, zu betrügen.

प्रतारयितर् Nom. ag. Förderer, Mehrer.

1. प्रति 1) Adv. in Verbindung mit Verben und in Comp. mit Substantiven gegen, entgegen, zurück, wieder, re-. Vor Substantiven auch so v. a. jeder. — 2) Praep. a) mit vorangehendem oder folgendem (seltener) Acc. α) gegen, nach, nach — hin, zu, zu — hin, auf, auf — zu (auf die Fragen wohin, nach welcher Richtung hin, zu wem). आत्मानं प्रति zu sich (sc. sprechend) 305, 32. — β) gegen, gegenüber von, angesichts, vor. न बुभुक्षितं प्रति भाति किं चित् so v. a. einem Hungrigen gefällt Nichts 227,7. 8. मां प्रत्यरण्यवत्प्रतिभाति erscheint mir wie ein Wald 154,25. — γ) gegen, so v. a. in der Richtung —, in der Gegend von, an, bei, auf, in. — δ) zur Zeit von, um. चिरं प्रति lange Zeit hindurch, seit lange. भृशं प्रति zu wiederholten Malen Kâraka 2,2. — ε) gegen, so v. a. vor (schützen). — ζ) gegen, so v. a. im Vergleich zu, gegenüber. — η) auf den Antheil —, zu Gunsten von, für. — ϑ) * für, so v. a. zum Ersatz von. — ι) in Beziehung auf, in Betreff von, wegen, aus (z. B. Mitleiden) Kâraka 6,1. — κ) für vor einem praedicativen Acc. (halten u. s. w. für) MBh. 3,134,3. Vikr. 132. — λ) nach, gemäss, zu Folge, secundum Kâraka 6,18. मां प्रति so v. a. nach meiner Meinung, in meinen Augen. — μ) bei, in mit dem Nebenbegriff der stetigen Wiederholung. यज्ञं प्रति (vgl. यज्ञेयज्ञे प्रति TS. 1,6, 5,1) bei jedem Opfer, वर्षं प्रति alljährlich. — b) mit Abl. α) zur Zeit von, um. Nur in der Verbindung प्रति वस्तोः (könnte auch Gen. sein) RV. 2, 39,3. 10,189,2. — β) *gegenüber, so v. a. von gleicher Macht wie. Statt des Abl. auch Adv. auf तस्. — γ) *für, zum Ersatz von. — c) mit Gen. α) in Beziehung auf, in Betreff von. — β) pleonastisch in तच्च वेदयितव्यं ते मम प्रति und das musst du mir mittheilen R. 6,109,33. — d) am Anfange eines adv. Comp. α) gegen (auf die Frage wohin). — β) zur Zeit von, um. — γ) in Bezug auf. — δ) nach, gemäss. — ε) bei, in mit dem Nebenbegriff der stetigen Wiederholung. — e) *am Ende eines adv. Comp. so v. a. ein wenig.

2. प्रति m. N. pr. eines Sohnes des Kuça.

प्रतिकञ्चुक m. ein gegen Alles gepanzerter —, ein hartnäckiger Widersacher Ârjabh. 4,50.

प्रतिकण्ठम् Adv. einzeln, Stück für Stück.

प्रतिकपालम् Adv. in jeder Schale Comm. zu Kâtj. Çr. 2,4,30.

प्रतिकर 1) Adj. (f. ई) am Ende eines Comp. entgegenwirkend. — 2) m. Vergeltung, Ersatz, Entgelt in 1. अप्रतिकर und सुप्रतिकर.

°प्रतिकर्कश Adj. (f. आ) eben so hart wie.

प्रतिकर्तर् Nom. ag. 1) Vergelter. — 2) Widersacher.

प्रतिकर्तव्य 1) Adj. a) zu vergelten (im Guten oder Bösen), — Jmd (Gen.), als Ersatz zu thun. — b) abzutragen (eine Schuld). — c) dem man entgegenarbeiten, — entgegenwirken soll oder kann. — 2) n. impers. a) zu vergelten, — Jmd (Dat. oder Loc.). °व्ये मतिः die Absicht Vergeltung zu üben. — b) zu bezahlen, als Schuld abzutragen Jmd (Dat.). — c) Jmd (Gen.) entgegenzuarbeiten, entgegenzuwirken. — d) Jmd (Gen.) ärztliche Hülfe zu leisten.

प्रतिकर्म Adv. 1) für jede Handlung. — 2) bei jeder Begehung.

प्रतिकर्मक्रिया f. in अप्रतिकर्मक्रिया Nachtr. 3.

प्रतिकर्मन् n. 1) Vergeltung. — 2) Gegenthat, eine entsprechende Handlung in अप्रतिकर्मन्. — 3) Ergreifung von Gegenmaassregeln Kâraka 3,8. 4,1. — 4) Kur, Behandlung. — 5) Anputz, Toilette.

प्रतिकर्ष m. Zusammenrückung, Vereinigung.

प्रतिकलम् Adv. jeden Augenblick, beständig, unaufhörlich Spr. 7669. Vikramâñkak. 8,84.

प्रतिकल्प m. Gegenbild in अ° (Nachtr. 4).

प्रतिकल्पम् Adv. in jeder Weltperiode Nilak. zu MBh. 2,8,23.

प्रतिकल्प्य Adj. zurechtzumachen.

*प्रतिकश Adj. wohl der Peitsche nicht gehorchend.

प्रतिकष्ट Adj. im Vergleich dazu —, so v. a. unverhältnissmässig arg, — schlimm Suçr. 2,443,4.

प्रतिकाङ्क्षितव्य Adj. zu erwarten Vagrakkh. 35,17.

प्रतिकाङ्क्षिन् Adj. mit Acc. (v. l. anders) oder am Ende eines Comp. verlangend nach.

प्रतिकाम Adj. = प्रतिकाम्य AV. 2,36,7. प्रतिकाम AV. Paipp.

प्रतिकामम् Adv. nach Lust, — Wunsch.

प्रतिकामिन् Adj. unerwünscht, widerwärtig.

प्रतिकामिनी f. Nebenbuhlerin.

(प्रतिकाम्य) प्रतिकामिअ Adj. nach Wunsch beschaffen.

प्रतिकाय m. 1) Gegner. — 2) *Abbild. — 3) *Ziel, Zielscheibe. — 4) *Bogen Gal.

प्रतिकार m. Vergeltung (im Guten oder Bösen), Entgelt für (im Comp. vorangehend). — 2) Entgegenwirkung, Anwendung von Gegenmitteln, — Heilmitteln, Abhülfe. — 3) *= सम und भट.

प्रतिकारकर्मन् n. Widerstand, Opposition Râgat. 6,208.

प्रतिकारविधान n. ärztliche Behandlung.

प्रतिकारिन् Adj. in अप्रतिकारिन्.

प्रतिकार्य n. Vergeltung (mit Gen.). Nach Nilak. m. = शत्रु Feind.

*प्रतिकाश m. = प्रतीकाश.

प्रतिकितव m. Gegenspieler.

प्रतिकील m. ein entgegenstehender Pflock.

प्रतिकुञ्जर m. Gegenelephant, ein feindlich gegenüberstehender Elephant.

प्रतिकुण्डम् Adv. wohl in jeder Feuergrube Hemâdri 1,179,14.

*प्रतिकूप m. Graben.

प्रतिकूल 1) Adj. (f. आ) a) *gegen das Ufer angehend, bergauf gehend. — b) widrig (Wind, Schicksal, Gottheit, Gestirn, Vorzeichen). — c) entgegen gerichtet. वाक्य n. so v. a. Gegenrede. — d) verkehrt. — e) widrig, unangenehm. — f) feindselig gesinnt, sich widersetzend, widersetzlich, in Opposition stehend, sich auflehnend gegen (Gen.). — 2) प्रतिकूलम् Adv. entgegen, gegen die natürliche Weise, in umgekehrter Ordnung. — 3) n. a) umgekehrte Ordnung. °लेन in u. O. — b) Opposition. °लेषु स्थितः in O. stehend.

प्रतिकूलकारिन् Adj. sich Jmd (Gen.) widersetzend, Jmd Opposition machend.

प्रतिकूलकृत् Adj. dass. in अ° (Nachtr. 4).

प्रतिकूलता f. 1) Widrigkeit (des Schicksals). — 2) Widersetzlichkeit.

प्रतिकूलदैव Adj. dem das Schicksal nicht hold ist. Nom. abstr. °ता f.

प्रतिकूलप्रवर्तिन् Adj. einen widrigen Lauf nehmend (Schiff) und zugleich sich feindselig beneh-

mená (die Zunge eines Bösewichts) Spr. 3839, v. l.

प्रतिकूलभाषिन् Adj. *widerredend.*

प्रतिकूलय्, °यति *sich widersetzen*, mit Acc. Kâd. 177,6.

प्रतिकूलवचन n. *Widerrede.*

प्रतिकूलवत्त Adj. *widersetzlich.*

प्रतिकूलवर्तिन् Adj. *entgegenhandelnd, sich widersetzend, störend;* mit Gen.

प्रतिकूलवाद m. *Widerrede* in अप्रतिकूलवाद (Nachtr. 4).

प्रतिकूलवादिन् Adj. *widerredend, — Jmd* (Gen.).

प्रतिकूलविसर्पिन् Adj. etwa *gegen den Wind* oder *Strom sich bewegend* (Schiff) und zugleich *feindselig hervorschiessend* (die Zunge eines Bösewichts) Spr. 3839.

प्रतिकूलवृत्ति Adj. *sich Jmd* (Gen.) *widersetzend.*

प्रतिकूलवेदनीय Adj. *als unangenehm empfunden werdend.*

प्रतिकूलाचरित n. *eine widrige Handlung, Beleidigung.*

प्रतिकूलिक Adj. *feindlich gesinnt, feindselig* Mahâvîrak. 91,19. Richtig प्राति°.

प्रतिकूलोक्त n. Pl. *Widerrede.*

प्रतिकृत n. 1) *Wiedervergeltung.* — 2) *Widerstand.*

प्रतिकृति f. 1) *Wiederstand, Abwehr.* — 2) *Nachbildung, Abbild, Bild.*

*प्रतिकृत्तिका f. gaṇa शंख्यादि.

प्रतिकृत्य MBh. 5,1004 fehlerhaft; vgl. Spr. 6635.

प्रतिकोणम् Adv. *nach —, in jeder Himmelsgegend* Hemâdri 1,131,17. 132,1.

प्रतिकोप m. *Zorn, Aerger.*

प्रतिक्रम m. *umgekehrte Ordnung.*

प्रतिक्रमण n. 1) *das Hin —, Herschreiten.* — 2) bei den Buddhisten *das zur Beichte Gehen.*

प्रतिक्रमणविधि m. und °क्रमणसूत्र n. Titel zweier Werke.

प्रतिक्रियम् Adv. *für jede Verrichtung* Kap. 5,120.

प्रतिक्रिया f. 1) *Wiedervergeltung* (im Guten und Bösen). Das sächliche Object im Comp. vorangehend, das persönliche im Gen. (107,12), Loc. oder im Comp. vorangehend. — 2) *Wiedererstattung.* — 3) *Widerstand, Abwehr, Abhülfe.* मन्युप्रतिक्रियां कर् so v. a. *an Jmd* (Gen., aber Loc. zu vermuthen) *seinem Aerger Luft machen.* Am Ende eines adj. Comp. so v. a. *abwehrend, vertreibend* (eine Krankheit); Nom. abstr. °त्व n. — 4) *Schmükkung* (des Körpers) MBh. 12,59,66.

*प्रतिक्रुष्ट Adj. *elend, erbärmlich* (Erdboden).

प्रतिक्रूर Adj. in अप्रतिक्रूर (Nachtr. 4).

प्रतिक्रोध m. *erwiederter Zorn.*

प्रतिक्रोश m. *das Anschreien.*

प्रतिक्षणम् Adv. *in —, mit jedem Augenblick, beständig.*

प्रतिक्षत्र m. N. pr. verschiedener Männer.

प्रतिक्षपम् Adv. *jede Nacht.*

*प्रतिक्षय m. *Wächter.*

*प्रतिक्षिप्त n. *Arzenei.*

प्रतिक्षिप्तत्व n. *das Zurückgewiesensein, Verworfensein* Sarvad. 3,10.

प्रतिक्षेत्र n. *Statt, Stelle.* Loc. *an Stelle von* (Gen.) Gṛhjâs. 2,10.

प्रतिक्षेप m. 1) *Streit* MBh. 7,3958. v. l. व्यतिक्षेप. — 2) *das Bestreiten, Streiten gegen* (im Comp. vorangehend). — 3) *Verwerfung.*

प्रतिक्षेपण n. *das Bestreiten, Streiten gegen* (im Comp. vorangehend).

प्रतिक्षोणिभृत् m. *Gegenfürst, — könig* Vikramâṅkak. 9,108.

प्रतिखुर m. *eine best. fehlerhafte Geburtslage.*

*प्रतिखेटक gaṇa शंख्यादि.

*प्रतिख्याति f. v. l. für प्रविख्याति *Berühmtheit.*

प्रतिगज m. *ein feindlich gegenüberstehender Elephant.*

प्रतिगत 1) Adj. s. u. गम् mit प्रति. — 2) n. *Heimkehr.*

*प्रतिगति f. *Zurückkunft.*

प्रतिगमन n. *Rückkehr.*

प्रतिगर m. *Antwortsruf* (des A d h v a r j u auf die Anrede des H o t a r).

प्रतिगरितर् Nom. ag. *der durch Zuruf Antwortende*

प्रतिगर्जन 1) n. *das Entgegendröhnen, — donnern* (einer Wolke) AV. Pariç. 61,18. 23. — 2) f. आ *das Entgegenbrüllen.*

प्रतिगात्रम्, °गात्र° Adv. *bei jedem Gliede.*

प्रतिगिरि m. *ein gegenüberstehender Berg.*

प्रतिगीर्य n. impers. *durch Zuruf zu antworten.*

प्रतिगुप्य n. impers. *cavendum a* (Abl.) Çat. Br. 3,2,2,27.

प्रतिगृहम् Adv. *in jedem Hause.*

प्रतिगृहीतर् Nom. ag. *Empfänger.* Richtig प्रतिग्रहीतर्.

प्रतिगृहीतव्य Adj. *freundlich aufzunehmen, willkommen zu heissen.* Richtig प्रतिग्रहीतव्य.

प्रतिगृह्य Adj. 1) *anzunehmen, annehmbar, — von* (*Gen.). — 2) *von dem man Etwas annehmen darf* in अप्रतिगृह्य.

प्रतिगेहम् Adv. *in jedem Hause.*

प्रतिग्रह m. 1) *Empfang, Entgegennahme* (von Gaben) Çâṅkh. Gṛhj. 4,7. *Berechtigung zum Empfang von Geschenken* (ein Vorrecht des Brahmanen). Die Person, von der man ein Geschenk empfängt, steht im Gen., Abl., im Gen. mit सकाशात् oder geht im Comp. voran; häufiger wird jedoch das Wort mit dem Object componirt. प्रतिग्रहं कर् *Geschenke empfangen.* — 2) *die freundliche Aufnahme einer Person.* — 3) *Gunstbezeugung, Gnade.* — 4) *das zur Ehe Nehmen.* — 5) *Aufnahme mit dem Gehör, das Anhören.* — 6) *Anfasser.* केश° so v. a. *Haarschneider, Bartscheerer* Gobh. 3,1,9. — 7) *Empfänger.* दान° Saṁhitopan. 46,1. — 8) *Napf und Topf für die verschiedenen Bedürfnisse eines Kranken.* Insbes. **Spucknapf.* — 9) *die empfangene Gabe, Geschenk.* Instr. so v. a. *als Geschenk.* °प्राप्त Adj. *als Geschenk erhalten* Kathâs. 6,51. — 10) Bez. *der den acht* G r a h a *entsprechenden Objecte* oder *Functionen;* vgl. प्रतिग्रह 1). — 11) **der Nachtrab eines Heeres.* — 12) *= क्रियाकार. — 13) *= ग्रहभेद oder ग्रहान्तर.

प्रतिग्रहण 1) Adj. *in Empfang nehmend* Çâṅkh. Gṛhj. 3,7; es ist aber vielleicht °णे *bei der Empfangnahme* st. °णा: zu lesen. — 2) n. *a) das Auffangen, Auffassen, Aufnehmen* Çâṅkh. Gṛhj. 1,28. — *b) das Annehmen, in Empfang Nehmen* (insbes. von Gaben). — *c)* **Gefäss, Behälter.*

1. प्रतिग्रहधन n. *als Geschenk empfangenes Geld* Kathâs. 24,155.

2. प्रतिग्रहधन Adj. *dessen Reichthum nur in Geschenken besteht* Pañkat. 182,9.

प्रतिग्रहिन् (metrisch) Adj. *Empfänger* (von Gaben).

प्रतिग्रहीतर् Nom. ag. 1) dass. Nom. abstr. °ग्रहीतृत्व n. Ind. St. 13.368. — 2) *der ein Mädchen entgegennimmt, Heirather* Mân. Gṛhj. 1,8. °ता als Fut. Chr. 67,33.

प्रतिग्रहीतव्य Adj. *zu empfangen, erlaubt zu empfangen.*

प्रतिग्रामम् Adv. *in jedem Dorfe* Harshak. 166,8.

प्रतिग्राम्यम् Adv. Râǵat. 5,172 fehlerhaft für °ग्रामम्.

*प्रतिग्राह m. *Spucknapf.*

प्रतिग्राहक Adj. *Gaben empfangend.* Zu belegen nur अ°.

प्रतिग्राहिन् Adj. *in Empfang nehmend.* Vgl. अप्रतिग्राहिन् (Nachtr. 1).

प्रतिग्राह्य 1) Adj. *a) anzunehmen, — von* (Abl.). — *b) von dem man Etwas annehmen darf.* — 2) m. Bez. *bestimmter* G r a h a 2) *b*) β).

प्रतिघ m. 1) *Behinderung, Widerstand* in अ°

Adj. (dieses auch Mahâvîrak. 113,4 gemeint); *das Sichsträuben gegen* (im Comp. vorangehend) Karaka 4,2. — 2) *Zorn, Aerger, Groll* Lalit. 36,13. Comm. zu Jogas. 2,8. Mahâvîrak. 112,16. — 3) *= मूर्छा.

प्रतिघात m. *Abwehr, das Wehren, Zurückweisung, Zurückhaltung, Behinderung, Hemmniss, Hinderniss, Widerstand.*

प्रतिघातक 1) Adj. (f. °तिका) *störend.* — 2) am Ende eines adj. Comp. = प्रतिघात; vgl. अ°.

प्रतिघातकृत् Adj. *Jmd* (Gen.) *um Etwas* (Gen.) *bringend* Jaim. 2,236.

प्रतिघातन n. 1) *das Abwehren.* — 2) **das Morden.*

प्रतिघातिन् Adj. *abwehrend, störend, beeinträchtigend* Comm. zu Njâjas. 2,2,36. 37. नेत्र° so v. a. *blendend.*

प्रतिघोषिणी f. Pl. *bestimmte dämonische Wesen.*

*प्रतिघ्न n. *Körper.*

प्रतिङ्गिरा f. N. pr. einer buddh. Göttin.

प्रतिचक्र n. 1) *ein entgegenstehender Discus* in अ°. — 2) nach Nîlak. *ein feindliches Heer.*

प्रतिचक्ष in सुप्रतिच॑क्ष.

प्रतिच॑क्षण n. 1) *das Anschauen.* — 2) *das Ansehen, Aussehen.* — 3) *das Sehen —, Erscheinenlassen.*

प्रतिचक्षिन् Adj. *zuschauend, beobachtend* AV. Paipp. 3,5,2.

प्रतिच॑क्ष्य Adj. (f. आ) *sichtbar.*

प्रतिचन्द्र m. *Nebenmond.*

प्रतिचरणम् Adv. *für jede Schule.*

प्रतिचार m. *Anputz, Toilette* Çîlâñka 1,391.

प्रतिचिकीर्ष् Adj. (Nom. °कीर् vor ब्) *Etwas* (Loc.) *zu vergelten —, an Etwas Rache zu nehmen verlangend* Hem. Par. 8,453.

प्रतिचिकीर्षा f. *das Verlangen es Jmd* (Gen. oder Acc.) *zu vergelten, — an Jmd Rache zu nehmen.*

प्रतिचिकीर्षु Adj. mit Acc. *zu vergelten —, zu erwiedern verlangend.*

प्रतिचिति Adv. *bei jeder Schicht.*

प्रतिचिन्तनीय Adj. *von Neuem zu durchdenken.*

प्रतिचोदनम् Adv. *bei jeder Aufforderung.*

प्रतिचोदना f. *Verbot.* Nach dem Comm. = निषेध (Gegensatz विधि) oder = स्मृति (Gegensatz श्रुति).

*प्रतिच्छदन n. *Decke, ein Tuch zum Bedecken.*

प्रतिच्छन्द m. *Abbild.* स्वर्ग° Pl. so v. a. *himmelähnliche Freuden.* Unter den Wörtern für *gleich* 250,29.

प्रतिच्छन्दक m. *Abbild, Substitut.*

प्रतिच्छाया f. 1) *Abbild, Ebenbild.* — 2) *ein entstelltes Spiegelbild* (eines Kranken als Vorzeichen des Todes) Karaka 5,7. 8.

प्रतिच्छायामय Adj. (f. ई) *aus einem entstellten Spiegelbilde bestehend* Karaka 5,7. 8.

प्रतिच्छायिका f. *Schattenbild* Naish. 6,45.

प्रति॑च्यवीयस् Adj. *sich mehr herandrängend.*

*प्रतिजङ्घा f. *Schienbein.*

प्रतिज॑न m. *Gegner.*

प्रतिजन्मन् n. *Wiedergeburt.*

प्रति॑जन्य Adj. *gegnerisch.*

*प्रतिजल्प m. *Antwort, Entgegnung.*

प्रतिजल्पक m. *eine höflich ausweichende Antwort* (?).

*प्रतिजागर m. *Wachsamkeit, Aufmerksamkeit.*

प्रतिजागरण n. *das Bewachen, Aufpassen auf* (Gen.).

प्रतिजागरणक *District.*

प्रतिजागृवि Adj. *wachsam, aufpassend.*

प्रतिजिहीर्षु Adj. mit Acc. *zu vergelten —, zu erwiedern verlangend.*

*प्रतिजिह्वा und *°जिह्विका f. *das Zäpfchen im Halse* Râgan. 18,31.

प्रतिजीवन n. und °जीवित n. (Bâlar. 97,16) *das Wiederaufleben.*

प्रति॑जूतिवर्पस् Adj. *je nach Antrieb* oder *Anlass eine Gestalt annehmend.*

प्रतिज्ञ 1) Adj. am Ende eines Comp. wohl *anerkennend* Vaǵrakkh. 34,6. — 2) f. आ *a) Einverständniss;* vielleicht *allgemein Anerkanntes* Pratiǵñâs. Instr. wohl *anerkannter Weise.* — *b) Zusage, Gelöbniss, Versprechen.* — *c) Aussage, Erklärung, Behauptung.* — *d)* bei den Juristen *Klage* 214,30. 212,9. — *e)* im Njâja *Verkündigung einer best. Thesis in einer Disputation* Njâjas. 1,1,33.

प्रतिज्ञाति f. Kâṭh. 33,8 wohl fehlerhaft für प्रतिप्रज्ञाति.

प्रतिज्ञान n. 1) *das Zugeben, Anerkennen, Zugestehen.* — 2) *Zusage, Versprechen* 223,26. — 3) *das Behaupten, Behauptung.* — 4) *das zur Sprache Bringen.*

प्रतिज्ञानवाक्य n. Titel eines Pariçishṭa zum Jagurveda Pratiǵñâs. 105.

प्रतिज्ञान्तर n. *Wechsel der Thesis in einer Disputation* Njâjas. 5,2,3.

*प्रतिज्ञापत्त्रक n. *Vertragsurkunde.*

प्रतिज्ञापरिपालन n. *das Treubleiben einem Gelöbniss* 106,8.

प्रतिज्ञापरिशिष्ट n. Titel eines Pariçishṭa zum weissen Jagus.

प्रतिज्ञापारग Adj. *sein Wort haltend* R. Gorr. 2,127,15. 3,53,8.

प्रतिज्ञापारण n. *das Erfüllen eines Gelöbnisses* MBh. 7,80,15.

प्रतिज्ञापालन n. *das Treubleiben einem Gelöbniss* MBh. 13,148,37.

प्रतिज्ञापूर्वक्रम् Adv. *so dass mit der Klage begonnen wird* 216,16.

प्रतिज्ञालक्षणविवरण n. Titel eines Werkes.

प्रतिज्ञावाद m. und °वादार्थ m. Titel zweier Werke Opp. Cat. 1.

प्रतिज्ञाविरोध m. *der Widerspruch zwischen Thesis und Argument* Njâjas. 5,2,4.

प्रतिज्ञासंन्यास m. *das Aufgeben der eigenen Thesis in einer Disputation, nachdem man das Argument des Gegners gehört hat,* Njâjas. 5,2,5.

प्रतिज्ञासूत्र n. Titel eines Pariçishṭa zum weissen Jagus.

प्रतिज्ञाहानि f. *das Aufgeben der aufgestellten Thesis in einer Disputation* Njâjas. 5,2,2. Çaṁk. zu Bâdar. 2,3,6.

*प्रतिज्ञेय m. *Lobredner.*

प्रतितद्विद् f. *die Erkenntniss des Gegentheils davon.*

प्रतितत्त्वदर्पण m. Titel eines Werkes Opp. Cat. 1.

प्रतितन्त्रसिद्धान्त m. *ein Dogma,* das *in diesem oder jenem System, aber nicht in allen, Geltung hat,* Njâjas. 1,1,29. Karaka 3,8.

प्रतितर m. *Matrose, Ruderer.*

प्रतित॑राम् Adv. mit भू *sich mehr zurückhalten, — einziehen.*

प्रतितरु Adv. *bei jedem Baume.*

प्रतिताल 1) m. *eine best. Tact* S. S. S. 210. — 2) *f. ई *eine Art Schlüssel.*

*प्रतितालक *Schlüssel.*

प्रतितूणी f. *eine best. Nervenkrankheit.*

प्रतित्र्यहम् Adv. *je drei Tage hindurch* Gaut.

प्रतिथि m. N. pr. eines Ṛshi und Lehrers Vaṁçabr. 2. Bâlar. 88,18.

प्रतिदण्ड Adj. *widerspänstig.*

प्रतिदर्श m. *Anblick.*

प्रतिदर्शन n. 1) *das Erblicken, Gewahrwerden.* — 2) *das Erscheinen.* — 3) *Anblick, Aussehen.* Am Ende eines adj. Comp. f. आ.

प्रतिदातव्य Adj. *wiederzuerstatten.*

प्रतिदान n. 1) **das Zurückgeben, Wiederabliefern.* — 2) *das Dagegengeben, Gegengabe.*

प्रतिदाप्य Adj. *dessen Wiedererstattung zu erzwingen ist* Âpast.

*प्रतिदारण n. *Schlacht, Kampf.*

प्रतिदिनम् Adv. *jeden Tag, täglich, für jeden Tag.*

*प्रतिदिवन् m. 1) *die Sonne.* — 2) *Tag.*

प्रतिदिवसम् Adv. *jeden Tag, täglich, mit jedem Tage* Kâd. 114,18.

प्रतिदिशम् Adv. *nach —, in jeder Himmelsgegend* Harshaê. 166,8.

प्रतिदीवन् m. 1) *Gegner im Spiel.* — 2) **die Sonne.*

प्रतिदुह् *frisch gemolkene —, kuhwarme Milch.*

प्रतिदूत m. *Gegenbote.*

प्रतिदत्त Adj. Mahâbh. 6,103,*b* fehlerhaft für प्रतिसदत्त.

प्रतिदृश् Adj. *ähnlich* TS. 4,6,5,5. प्रतिसदृश् VS.

प्रतिदृशम् Adv. *in jedem Auge, für jedes A.*

प्रतिदृष्टान्त m. *Gegenbeispiel* Njâjas. 5,1,9. 11.

प्रतिदृष्टान्तसम m. *eine nichtige Einwendung, indem man, ohne das Beispiel des Gegners zu berücksichtigen, ein Gegenbeispiel aufstellt,* Njâjas. 5,1,9.

प्रतिदेवतम् Adv. *für jede Gottheit.*

प्रतिदेवता f. *die entsprechende Gottheit.*

प्रतिदेशम् Adv. *für jede Gegend, in allen Gegenden, — Ländern* Harshaê. 166,9. — Ind. St. 15, 279 ist प्रति देशान् zu trennen.

प्रतिदेहम् Adv. *in jedem Körper.*

प्रतिदैवतम् Adv. *für jede Gottheit.*

प्रतिदोषम् Adv. *gegen Abend.*

प्रतिद्रुह् Adj. in अप्रतिद्रुह् (Nachtr. 3).

प्रतिद्वंद्व m. *Widersacher, Gegner, Nebenbuhler.* Vgl. अ°.

प्रतिद्वंद्विन् m. dass. Am Ende eines Comp. so v. a. *wetteifernd mit, gleichend* 250,27. Nom. abstr. °द्वित्व n.

प्रतिद्वंद्वी Adv. mit भू *als Widersacher auftreten.*

प्रतिद्वादशन् Adj. Pl. *je zwölf* Gaut.

प्रतिद्वारम् Adv. und °द्वारि Loc. *an jedem Thor, an jeder Thür.*

प्रतिद्विरद m. *Gegenelephant, ein feindlich gegenüberstehender Elephant.*

प्रतिद्वीपम् Adv. *in jedem Welttheil* Harshaê. 166,8.

प्रतिधर्तृ Nom. ag. *Aufhaltender, Hemmender.*

प्रतिधा f. *Ansatz zum Trinken, Zug.*

प्रतिधातवे Dat. Infin. zu 1. धा mit प्रति RV. 1,24,8.

प्रतिधातु m. *nachgemachtes Metall* Ind. St. 14, 338.

प्रतिधान n. 1) *das Ansetzen, Anlegen an* (im Comp. vorangehend). — 2) *das Anwenden von Vorsichtsmitteln.*

प्रतिधावन n. *das Losrennen auf Jmd* (Acc.), *Anrennen.* v. l. प्रतिबाधन.

प्रतिधि m. *ein Querholz an der Deichsel.*

°प्रतिधी Adj. *so klug wie —* Pr. P. 16.

प्रतिधुक्त्व n. Nom. abstr. von प्रतिदुह् TS. 2, 5,3,3.

प्रतिधुर m. *Deichselgenosse* Uvaṭa zu VS. 25,44 und in अप्रतिधुर.

प्रतिधुस् Nebenform von प्रतिदुह् in °धुषम् und °धुषा.

प्रतिधृषे Dat. Infin. zu धर्ष् mit प्रति RV. 8,60, 13. 14.

प्रतिधृष्य Adj. in अप्रतिधृष्य.

प्रतिध्वनि m. (Harshaê. 176, 21) und °ध्वान m. *Widerhall.*

प्रतिध्वानिन् Adj. *widerhallend.*

प्रतिनगरम् Adv. *in jeder Stadt* Harshaê. 166,8.

प्रतिनदि Adv. *an jedem Flusse* Bâlar. 60,16.

प्रतिनन्द m. neben आनन्द Ârsh. Br.

प्रतिनन्दन n. 1) *Begrüssung, Gruss.* — 2) *dankbares Entgegennehmen.*

*प्रतिनप्तृ m. *Urenkel.*

प्रतिनमस्कार Adj. *eine Verehrung erwiedernd.*

प्रतिनव Adj. *neu, frisch.*

प्रतिनाग m. *Gegenelephant, ein feindlich gegenüberstehender Elephant.*

प्रतिनाडी f. *Zweigader.*

प्रतिनाद m. *Widerhall* Kâd. 31,1.

प्रतिनाम Adv. *namentlich, mit Nennung des Namens* Veṇîs. 10,22.

प्रतिनामग्रहणम् Adv. *mit Nennung jedes einzelnen Namens* Kâd. 91,18.

प्रतिनामन् Adj. (f. °नाम्नी) *namensverwandt.*

प्रतिनायक m. *Gegenheld, der Gegner eines Helden in einem Schauspiel.*

प्रतिनारी f. *Nebenbuhlerin* Çiç. 10,46.

प्रतिनाह m. *Verstopfung* in कर्ण°.

प्रतिनिग्राह्य Adj. *herauszuschöpfen* Âpast. Çr. 12,20,19. Vgl. प्रतिनिर्ग्राह्य.

प्रतिनिधातव्य Adj. *zu substituiren* Comm. zu Njâjam. 6,3,12.

प्रतिनिधापयितव्य Adj. *substituiren zu lassen* Comm. zu Njâjam. 6,3,9.

प्रतिनिधि m. 1) *Substitution.* — 2) *Substitut.* — 3) *Ebenbild, Gegenstück von* (im Comp. vorangehend) Bâlar. 253,13. Unter den Wörtern für *gleich* Chr. 250,31.

प्रतिनिधी Adv. mit कर् *für Etwas* (Acc.) *etwas Anderes an die Stelle setzen* MBh. 12,165,16. *Etwas* (Acc.) *substituiren für* (im Comp. vorangehend) Ragh. 4,54.

प्रतिनिधेय Adj. *zu substituiren* Njâjam. 6,3,12.

*प्रतिनिनद m. *Widerhall.*

प्रतिनिपात m. *das Niederfallen.*

प्रतिनियम m. *eine Bestimmung für jeden speciellen Fall* Kap. 6,15.

प्रतिनिर्ग्राह्य Adj. *herauszuschöpfen* Comm. zu TS. 3, S. 157. fg. Vgl. प्रतिनिग्राह्य.

प्रतिनिर्देश m. *das Zurückweisen auf, eine abermalige Erwähnung, ein Zurückkommen auf* (Gen.).

°प्रतिनिर्देशक Adj. *zurückweisend auf.*

प्रतिनिर्देश्य Adj. *was abermals erwähnt wird, worauf man wieder zurückkommt.*

प्रतिनिर्यातन n. *das Wiedererstatten, Zurückgeben.* — 2) **das Vergelten.*

प्रतिनिवर्तन n. *das Zurückkehren, Rückkunft* in पुनः°.

प्रतिनिवारण n. *das Abwehren, Fernvonsichhalten.*

*प्रतिनिवासन n. *ein best. Kleidungsstück* (buddh.).

प्रतिनिवृत्ति f. *Rückkehr* Comm. zu Âpast. Çr. 4,15,4.

प्रतिनिशम् Adv. *allnächtlich.*

प्रतिनिश्चय m. *Gegenansicht* MBh. 12,83,53.

प्रतिनिष्क m. oder n. *je ein* Nishka (*ein best. Gewicht*) Hemâdri 1,257,20.

प्रतिनिष्ठ Adj. *auf der Gegenseite stehend.*

*प्रतिनिसर्ग m. *das Aufgeben, Fahrenlassen.* Richtig wäre प्रतिनिःसर्ग.

प्रतिनिःसङ्ग m. fehlerhaft für °निःसर्ग Lalit. 35,2 (zu lesen °सर्गाय).

प्रतिनृपति m. *Gegenfürst, — könig* Dh. V. 19,2.

प्रतिनोद m. *Zurückstossung, — weisung.*

प्रतिन्यायम् Adv. *in umgekehrter Ordnung.*

प्रतिन्यास m. *Gegendepositum* Nâr. 2,8; vgl. Mit. 98,5. fgg.

प्रतिन्यूङ्ख m. Gegen-Njûṅkha.

*प्रतिप m. N. pr. eines Fürsten. Richtig प्रतीप.

प्रतिपक्ष m. 1) *die entgegengesetzte Seite, Gegensatz, Opposition, die feindliche Partei, Nebenbuhlerschaft; Gegner, Widersacher, Nebenbuhler.* जवप्रतिपक्ष इव गरुत्मतः *in der Geschwindigkeit gleichsam ein Nebenbuhler* Garuḍa's Kâd. 89,5 (159, 17). Unter den Synonymen von *gleich* (*wetteifernd mit*) Chr. 250,27. — 2) N. pr. eines Fürsten.

प्रतिपक्षचण्डभैरव m. N. pr. des Hauptes einer best. Secte.

प्रतिपक्षजन्मन् Adj. *von den Feinden bewirkt* Çiç. 1,42.

प्रतिपक्षता f. und °पक्षत्व n. *Opposition, Feindschaft.*

प्रतिपक्षित Adj. *einen Widerspruch enthaltend.*

प्रतिपक्षिन् m. *Gegner, Widersacher.*

प्रतिपण m. 1) *Tausch.* — 2) *Gegeneinsatz im Spiele* Kathâs. 56,303.

प्रतिपत्तर् Nom. ag. 1) *Wahrnehmer, Hörer.* — 2) *der Etwas annimmt, behauptet* Comm. zu Âpast. Çr. 6,4,11. — 3) *der Etwas begreift, auffasst, versteht* Çaṁk. zu Bâdar. 4,1,2.

प्रतिपत्तव्य 1) Adj. *a) zu erlangen, zu empfangen.* — *b) zu geben* (eine Antwort). — *c) zu begreifen, zu verstehen, zu ergründen* Kâraka 3,8. Çaṁk. zu Bâdar. 2,4,7. 3,2,11. 4,1,2. — 2) n. impers. *a) zu verfahren, sich zu verhalten* Âpast. Vagrakkh. 20,6. 13. — *b) anzunehmen, zu statuiren.*

प्रतिपत्ति f. 1) *Erlangung, Gewinnung, das Theilhaftigwerden, Bekommen* Gaut. — 2) *Innewerdung, Wahrnehmung, Erkenntniss, Verständniss, Auffassung; Einsicht, Intelligenz.* नैतद्युक्तं समानप्रतिपत्तिषु सखीषु *das schickt sich nicht für Freundinnen von gleicher Einsicht,* 80 v. a. — *für vernünftige Fr.* 306,26. — 3) *Annahme, Behauptung, Statuirung.* — 4) *Eingeständniss* Jolly, Schuld. 319. — 5) *das Zukommenlassen, Geben;* die Person, der Etwas gegeben wird, steht im Loc. oder geht im Comp. voran. — 6) *das Bewirken.* — 7) *das Gehen an* (im Comp. vorangehend), *Beginnen, Thun, Verfahren,* — *bei* oder *mit* (Loc. oder Gen.). — 8) *ehrenvolles Verfahren gegen Jmd, Ehrenerweisung.* — 9) *Entschlossenheit, Zuversicht, Dreistigkeit;* vgl. अप्रतिपत्ति 3) und 2. अप्रतिपत्ति (Nachtr. 1). — 10) *Mittel gegen* (Gen.), — *zu* (Loc.), *Mittel zum Zweck* Gaim. 3,2,14. 4,2,11. 12. Comm. zu Njâjam. 4,2,9. — 11) *hohe Stellung, Regierung, Herrschaft.* — 12) *Abschluss.*

प्रतिपत्तिकर्मन् n. *Abschlusshandlung* Comm. zu Âpast. Çr. 1,11,1.

*प्रतिपत्तिपटह m. *eine Art Pauke.*

प्रतिपत्तिमन्त् Adj. *die gehörige Einsicht habend, wissend was zu thun ist.*

*प्रतिपत्तूर्य n. *eine Art Pauke.*

*प्रतिपत्त्रफला f. *eine Kürbisart* Râgan. 7,220.

1. प्रतिपत्नि (metrisch) f. *Nebenbuhlerin.* °वत् Adv.

2. प्रतिपत्नि Adv. *für jede Gattin* Comm. zu Âpast. Çr. 2,5,10. 3,10,3.

प्रतिपथ° und °पथम् Adv. 1) *den Weg entlang.* — 2) *rückwärts* Râgat. 5,88. Vikramâṅkak. 14,71.

*प्रतिपथिक Adj. *den Weg entlang gehend.*

प्रतिपद् f. 1) *Zugang, Eingang.* — 2) *Anfang.* — 3) *Anfangsvers, Eingangsstrophe.* — 4) *Anfangstag einer Monatshälfte,* insbes. *des zunehmenden Mondes* Agni-P. 176,1. fgg. — 5) **Intelligenz, Verstand.* — प्रतिपद्भिः MBh. 2,475 fehlerhaft für °पद्भिः.

1. प्रतिपद 1) n. *Titel eines* Upâṅga. — 2) f. आ und ई = प्रतिपद् 4).

2. प्रतिपद° und °म् Adv. 1) *bei jedem Schritt, überall, bei jeder Gelegenheit.* — 2) *Wort für Wort, bei jedem Wort.* — 3) *wörtlich, namentlich, ausdrücklich.* — 4) *je einzeln.*

*प्रतिपद्दर्शिनी f. *Weib* Râgan. 18,6.

प्रतिपद्मम् Adv. *bei jeder Lotusblüthe* Hemâdri 1,821,19.

प्रतिपन्न 1) Adj. s. u. 1. पद् mit प्र. — 2) *सं-ज्ञायाम्.

प्रतिपन्नक m. Bez. *der vier Stufen der* Ârja *bei den Buddhisten.*

प्रतिपन्नत्व n. *das Versprochenwordensein.*

प्रतिपन्नप्रयोजन Adj. *der seinen Zweck erreicht hat* R. 5,8,20.

प्रतिपरिगमन n. *das Wieder-* oder *Zurückherumgehen* Comm. zu Âpast. Çr. 7,15,8.

*प्रतिपर्णशिफा f. *Anthericum tuberosum* Râgan. 5,136.

प्रतिपर्यायम् Adv. *bei jeder Wendung, bei jedem Satz* Mân. Gṛhj. 1,17. Comm. zu Kâtj. Çr. 2,4,23. Vgl. पर्याय 6).

प्रतिपर्व Adv. *bei jedem* Parvan 9) Vikramâṅkak. 17,36.

प्रतिपल्लव m. *Gegenzweig, ein gegenüber stehender Zweig.*

प्रतिपशु Adv. *bei jedem Opferthier* Comm. zu TBr. 3,395,3.

प्रतिपाण 1) Adj. *tauschlustig, feilschend.* — 2) m. *a) der Einsatz des Gegenspielers.* — *b) Revanche im Spiele.*

प्रतिपात्रम् Adv. *bei jeder Rolle, auf jede Rolle* (im Schauspiel).

प्रतिपादक 1) Adj. (f. °दिका) *schenkend, spendend* in अ°. — *b) darlegend, besprechend, behandelnd, vortragend, auseinandersetzend, lehrend.* Nom. abstr. °त्व n. — 2) **eine Schale für Haare* (buddh.).

प्रतिपादन n. 1) *das Hinschaffen zu* (im Comp. vorangehend). — 2) *das Zukommenlassen, Geben, Schenken, Spenden,* — *an* (Loc. oder im Comp. vorangehend). — 3) *das Wiederzukommenlassen, Wiedergeben.* — 4) *das Wiederbringen.* — 5) *das Einsetzen in* (Loc.). — 6) *das Bewirken, Hervorbringen.* — 7) *das Vorführen, Darlegen, Aussagen, Besprechen, Behandeln, Vortragen, Auseinandersetzen, Lehren.* — 8) *Beginn.*

प्रतिपादनीय Adj. 1) *zu geben, zur Ehe zu geben* (im Prâkrit). — 2) *darzulegen, zu besprechen, zu behandeln* Comm. zu Âpast. Çr. 1,1,9.

प्रतिपादपम् Adv. *an jedem Baume.*

प्रतिपादम् Adv. *in jedem Stollen.*

प्रतिपादयितर् Nom. ag. 1) *der Jmd* (Loc.) *Etwas zukommen lässt, Spender* Âpast. — 2) *Darleger, Besprecher, Lehrer.*

प्रतिपादयितव्य Adj. *zukommen zu lassen, zu schenken* Kâd. 2,86,22.

प्रतिपादुका f. *Fussgestell* Kâd. 18,20.

प्रतिपाद्य Adj. *vorzuführen, darzulegen, zu besprechen, zu behandeln, was besprochen wird* u. s. w. Nom. abstr. °त्व n.

प्रतिपान n. 1) *das Trinken* Âpast. 1,28,21, v. l. — 2) *Trinkwasser.*

प्रतिपाप Adj. *wieder böse, Jmd* (Loc.) *mit Bösem vergeltend.*

प्रतिपापिन् Adj. dass. Nilak. zu MBh. 3,207,45.

प्रतिपालन n. 1) *das Bewachen, Schützen, Schirmen, Hüten.* — 2) *das Halten, Unterhalten* (von Thieren) Spr. 7752. — 3) *das Aufrechterhalten, Beobachten, Halten an.* — 4) *das Erwarten* 293, 5 (im Prâkrit).

प्रतिपालनीय und °पालयितव्य Adj. *zu erwarten, abzuwarten, abzupassen.*

प्रतिपालिन् Adj. *hütend, schirmend.*

प्रतिपाल्य Adj. 1) *zu schützen, zu schirmen, zu hüten.* — 2) *abzuwarten, abzupassen.*

प्रतिपिण्डम् Adv. *auf jeden Kloss* Mân. Çr. 1, 1, 2.

प्रतिपित्सा f. *der Wunsch zu erlangen, das Streben nach.*

प्रतिपित्सु Adj. 1) *den Wunsch habend zu erlangen, strebend nach* (Acc. oder im Comp. vorangehend). — 2) *Etwas* (Acc.) *zu erfahren wünschend* Comm. zu Gobh. S. 5, Z. 11.

प्रतिपिपादयिषा f. *der Wunsch vorzuführen,* — *auszusagen,* — *zu besprechen* (mit Acc.) Gobh. Einl. S. 1, Z. 2 v. u. Comm. zu Kâvjâd. 2,37.

प्रतिपिपादयिषु Adj. *im Begriff stehend darzulegen,* — *zu besprechen,* — *zu behandeln,* — *auseinanderzusetzen.*

प्रतिपीडन n. *das Heimsuchen, Mitnehmen* (eines Landes).

प्रतिपुंनियत Adj. *für jede Seele besonders bestimmt.*

*प्रतिपुर gaṇa धूमादि in der Kâç.

1. प्रतिपुरुष m. 1) *ein ähnlicher Mann, Stellvertreter, Genosse.* — 2) *Puppe.*

2. प्रतिपुरुष° und प्रतिपुरुषम् Adv. 1) *je auf —, je durch —, je für einen Mann, männiglich, Mann für Mann* Harshaḱ. 131,12. — 2) *für jede Seele.*

प्रतिपुष्यम् Adv. *jedesmal, wenn der Mond in das Mondhaus* Pushja *tritt.*

प्रतिपुस्तक n. *Copie einer Orginalhandschrift, Abschrift.*

प्रतिपूजक Adj. *Ehre erweisend, ehrend.*

प्रतिपूजन n. *Ehrenerweisung, das Ehren.*

प्रतिपूजा f. dass.; das Object im Gen. oder Loc.

प्रतिपूज्य Adj. *zu ehren.*

प्रतिपूरण n. 1) *das Füllen, Ausfüllen.* — 2) in med. Sinne *das Einbringen* oder *Uebergiessen mit Flüssigkeiten oder andern Stoffen.* — 3) *das Sichfüllen, Vollgegossenwerden mit* (Instr.) Gaut. — 4) *Verstopfung.* शिरसः (beim Schnupfen) Ḱaraka 2,6.

प्रतिपूरुष = 1. प्रतिपुरुष 1) in घ°.

प्रतिपूरुषम् Adv. = 2. प्रतिपुरुष° 1) Âpast. 1,2,1.

प्रतिपूर्ति f. *Erfüllung, Vollendung* Lalit. 36,1. 37,2.

*प्रतिपूर्वाह्णम् Adv. *jeden Vormittag.*

प्रतिपृष्ठा f. *jede Seite eines Blattes.*

प्रतिप्रज्ञाति f. *Unterscheidung, Anerkennung, Statuirung.*

प्रतिप्रणवम् Adv. *bei jedem* ओम्.

प्रतिप्रणवसंयुक्त Adj. *jedes Mal mit* ओम् *verbunden.*

प्रतिप्रणाम m. *Gegenverbeugung* Kâd. 247,5.

प्रतिप्रति Adj. m. n. *das Gegenstück —, Gegengewicht bildend, Jmd gewachsen, aufwiegend;* mit Acc.

प्रतिप्रतिनी Adj. f. zu प्रतिप्रति.

प्रतिप्रतीक° und °म् Adv. 1) *bei jedem Anfangsworte.* — 2) *auf jedem Theil des Körpers, an jeden Th. d. K.* Naish. 7,2. 10.

प्रतिप्रदान n. 1) *das Zurückgeben, Wiederausliefern.* — 2) *das zur Ehe Geben.*

प्रतिप्रभ 1) m. N. pr. eines Liedverfassers. — 2) f. आ Pl. *Widerschein.*

प्रतिप्रभातम् Adv. *jeden Morgen.*

प्रतिप्रयवण n. *wiederholtes Mischen.*

प्रतिप्रयाण n. *Heimkehr.*

प्रतिप्रयोग m. *Gegenausführung, eine parallel laufende Ausführung eines Satzes.*

प्रतिप्रवाद m. R. Gorr. 2,6,20 wohl fehlerhaft für पतिप्रवाद, wie die anderen Ausgaben lesen.

प्रतिप्रवादिन् Adj. *widersprechend* AV. Paipp. 20,4,5.

प्रतिप्रश्न m. 1) *Gegenfrage* Âpast. Çr. 7,23,6. Vaitân. — 2) *Antwort.*

प्रतिप्रश्नम् Adv. *in Betreff der Streitfrage* (nach Sâj.).

प्रतिप्रसव m. 1) *Gegenbefehl, Aufhebung eines Verbots in Betreff von* (im Comp. vorangehend), *eine Ausnahme zu einer Ausnahme* Comm. zu TS. Prât. — 2) *Rückkehr in den Urzustand* Jogas. 2, 10. 4,34.

प्रतिप्रसवम् Adv. *bei jeder Geburt.*

प्रतिप्रस्थातर् Nom. ag. *ein best. Priester, ein Gehülfe des* Adhvarju.

प्रतिप्रस्थान 1) m. *ein best. Bechervoll* Soma. — 2) n. *a) das Amt des* Pratiprasthâtar (anzunehmen für प्रतिप्रास्थानिक). — *b) der Melkkübel des* Pratiprasthâtar Âpast. Çr. 15,3,11.

प्रतिप्रहार m. *Gegenschlag, Erwiederung eines Hiebes, — Schlages.*

*प्रतिप्राकार m. *ein äusserer Wall.*

प्रतिप्राणि Adv. *in jedem lebenden Wesen, für jedes l. W.* Çaṅk. zu Bâdar. 2,4,13. 3,1,8.

प्रतिप्राभृत n. *Gegengeschenk* Harshaḱ. 193,1.

प्रतिप्राश् Adj. *aemulus peni, Jmd den Mundvorrath wegessend.*

प्रतिप्राशितम् Adv. (?) Kauç. 38.

प्रतिप्रास्थानिक Adj. *zum* Pratiprasthâna 2) *a) in Beziehung stehend.* कर्मन् n. *das Amt des* Pratiprasthâtar.

प्रतिप्रिय n. *Gegengefallen, Gegendienst.*

प्रतिप्रेक्षण n. *das Wiederansehen* (Jmd) Âpast. 1,9,11.

प्रतिप्रैष m. *Gegenruf, Gegenanweisung.*

प्रतिप्लवन n. *das Zurückspringen.*

*प्रतिफल n. und °फलन n. (Bâlar. 59,11. Kautukar. 101) *Reflex, Widerschein.*

*प्रतिफुल्लक Adj. *blühend.*

°प्रतिबद्धता f. *das Verbundensein mit* H. 69.

*प्रतिबध्य Adj. *zu hemmen, zu verhindern.*

प्रतिबन्द्धर् Nom. ag. *Hemmer, ein Hinderniss in den Weg legend.* Nom. abstr. °न्द्धृता f. Naish. 9,37.

प्रतिबन्ध m. 1) *Verbindung, Verknüpfung.* — 2) *Umschliessung, Belagerung.* — 3) *Hemmung, Unterbleibung.* — 4) *Hemniss, Hinderniss, Widerstand.* Instr. so v. a. *mit Anwendung von allerlei Hindernissen.* — 5) *ein logisches Hinderniss, Beseitigungsgrund.* — 6) *Stütze* Kâd. 2,61,5.

प्रतिबन्धक 1) Adj. (f. °न्धिका) *hemmend, hindernd, ein Hinderniss bildend, nicht aufkommen lassend* MBh. 5,42,46, v. l. Comm. zu TS. Prât. — 2) m. *a)* * *Ast.* — *b)* N. pr. eines Fürsten.

प्रतिबन्धवत्त् Adj. *mit Hindernissen versehen, wobei man auf Hindernisse stösst.*

*प्रतिबन्धि m. *Widerspruch, Einwurf.*

प्रतिबन्धिकल्पना f. in der Logik *eine Annahme, gegen welche ein gerechter Widerspruch erhoben werden kann.*

प्रतिबन्धिन् Adj. 1) *ein Hinderniss erfahrend, was gehemmt —, was gestört wird.* — 2) am Ende eines Comp. *hindernd, hemmend, nicht aufkommen lassend.* Nom. abstr. °न्धिता f.

प्रतिबन्धु m. *Standesgenosse.*

1. प्रतिबल n. *ein feindliches Heer* Vikramâṅkaḱ. 6,68.

2. प्रतिबल 1) Adj. *gleiche Kraft habend, Jmd* (Gen.) *gewachsen, gleich stark an* (im Comp. vorangehend), *im Stande seiend zu* (Inf. oder Dat. eines Nom. act.). — 2) m. *ein ebenbürtiger Gegner* Daçak. 42,15.

°प्रतिबाधक Adj. *zurückstossend, von sich weisend.*

प्रतिबाधन n. *das Zurückstossen, Abwehren;* mit Acc. MBh. 8,68,27.

प्रतिबाहु m. 1) *Vorderarm.* — 2) *die gegenüberliegende Seite in einem Viereck* oder *Polygon.* — 3) N. pr. verschiedener Männer.

प्रतिबिम्ब m. (ausnahmsweise) und n. 1) *die sich* (im Wasser) *abspiegelnde Sonnen-* oder *Mondscheibe; Spiegelbild, Abbild, Widerschein* überh. Unter den Synonymen für *gleich* 250,29. — 2) Bez. *der Kapitel* im Kâvjaprakâçâdarça.

प्रतिबिम्बक = प्रतिबिम्ब 1).

प्रतिबिम्बन n. 1) *das Sichabspiegeln.* — 2) *das Abspiegeln, in Vergleich Bringen.*

प्रतिबिम्बय्, *°यति Denom. von प्रतिबिम्ब. °बिम्बित *wiedergespiegelt, reflectirt, — in* (im Comp. vorangehend). Nom. abstr. °त्व n.

प्रतिबिम्बी Adv. mit कर् *wiederspiegeln, gleichen;* mit Acc. Daçak. 30,7.

*प्रतिबीज n. *verfaulter Same.*

प्रतिबीजम् Adv. *für jede Kornart* Âpast. Çr. 6, 29,15.

प्रतिबुद्धक Adj. in अप्रतिबुद्धक.

प्रतिबुद्धि f. *das Erwachen* (in übertr. Bed.).

प्रतिबोध m. 1) *das Erwachen.* — 2) *Erkenntniss.* — 3) *N. pr. eines Mannes. — Auch fehlerhaft für प्रतिबोधन. — Vgl. प्रतीबोधं.

प्रतिबोधक 1) Adj. mit Acc. *erweckend.* — 2) m. *Unterweiser, Lehrer* Ind. St. 15,279.

प्रतिबोधन 1) Adj. am Ende eines Comp. *erweckend, erfrischend.* — 2) f. आ *das Erwachen, wieder zum Bewusstsein Kommen* Kâd. 2,45,5. — 3) n. *a) das Erwachen.* — *b) das Erwachen,* so v. a. *das Umsichgreifen, Sichausbreiten.* Pl. MBh. 5, 42,46. — *c) das Wecken* 70,19. — *d) das Aufklären, Belehren.*

प्रतिबोधनीय Adj. *zu wecken* 311,15.

प्रतिबोधवन्त् Adj. *mit Erkenntniss —, mit Vernunft begabt.*

प्रतिबोधिन् Adj. *erwachend.*

प्रतिभ 1) Adj. *verständig, klug.* Nur einmal und auch hier v. l. — 2) f. आ *a) Abbild.* — *b) Licht, Glanz* in निष्प्रतिभ 1). — *c) das Erscheinen, Zumvorscheinkommen* in अप्रतिभा 1). — *d) das Anstehen, Passen* in अप्रतिभा 2). — *e) Verstand, Einsicht.* — *f) grosse Präsenz des Wissens, Geistesgegenwart.* — *g) ein aufleuchtender Gedanke, ein glücklicher Einfall.* — *h) eine gegründete Vermuthung* Naish. 5, 74. — *i) Phantasie, Phantasiegebilde.* — देवता प्रतिभा ऽसि मे MBh. 2,728 fehlerhaft für दे° प्रतिभासि (2. Sg. von भा mit प्रति) मे.

प्रतिभट Adj. *Jmd oder Etwas gewachsen, wetteifernd, — mit* (Gen. oder im Comp. vorangehend) Vikramâñkak. 11,91. 18,52. 95. Kandak. 75,4. m. *Gegner* Râgat. 7,1172. Nom. abstr. °ता f.

°प्रतिभटी Adv. mit कर् *gleichstellen —, gleichsetzen mit* Naish. 5,135.

*प्रतिभण्डितव्य n. impers. *entgegen zu höhnen* Vjutp. 202.

प्रतिभय 1) Adj. (f. आ) *furchtbar, grausig, gefährlich,* °म् Adv. — 2) n. *a) Furcht, — vor* (Abl. oder im Comp. vorangehend). — *b) Gefahr* Âçv. Gṛhj. 1,12,5.

प्रतिभयकर und °भयंकर Adj. *Furcht erregend.*

प्रतिभवम् Adv. *für diese und für alle künftigen Geburten* Ind. St. 14,387.

1. प्रतिभाग m. 1) *Vertheilung.* Richtig प्रविभाग. — 2) M. 8,307 nach Kull. *die dem Fürsten täglich dargebrachten Geschenke an Früchten, Blumen, Gemüse u. s. w.*

2. प्रतिभाग° Adv. *für jeden Grad.*

प्रतिभागशस् Adv. *nach Abtheilungen, klassenweise.*

प्रतिभात n. *etwa eine sinnbildliche Darbringung* Hariv. 3,37,21. v. l. प्रतिभान und प्रतिभाव.

प्रतिभान n. 1) *das Einleuchten* Comm. zu TS. 1,23,10. — 2) *Einsicht.* — 3) *Redegewandtheit* Lalit. 39,12. — 4) v. l. für प्रतिभात Hariv. 11750.

प्रतिभानवन्त् Adj. *einsichtig, im Augenblick das Richtige erkennend.* Nom. abstr. °वत्त्व n.

प्रतिभानु m. N. pr. 1) eines Liederverfassers. — 2) eines Sohnes des Kṛshṇa.

*प्रतिभामुख Adj. *sogleich das Richtige treffend.*

प्रतिभाव m. 1) v. l. für प्रतिभात. — 2) *Gegenstück.* Nom. abstr. °ता f. Prasannar. 7,20.

प्रतिभावन्त् 1) Adj. = प्रतिभानवन्त्. — 2) *m. *a) die Sonne.* — *b) der Mond.* — *c) Feuer.*

प्रतिभाविलास m. Titel eines Werkes.

*प्रतिभाषा f. *Antwort, Erwiederung.*

प्रतिभाष्य n. Titel eines Abschnittes im Bhavishjatpurâṇa Hemâdri 2,23,11.

प्रतिभास m. 1) *das Erscheinen.* — 2) *Schein, Anschein.* — 3) *das Erscheinen vor dem Geiste, das in die Gedanken Kommen, Einfallen.* — 4) *Blendwerk.*

प्रतिभासन n. 1) *das Erscheinen, Erscheinung.* — 2) *Schein, Anschein.*

प्रतिभी f. *Furcht* Bhoǵapr. 62,22.

प्रतिभुग्न m. = प्रतिबाङ्क 2).

प्रतिभू m. 1) *Bürge, — für* (Gen., Dat., *Loc. oder im Comp. vorangehend). — 2) *die Stelle vertretend von,* so v. a. *gleichend* Viddh. 92,7.

*प्रतिभूक m. = प्रतिभू 1) Gal.

प्रतिभूपाल m. 1) *ein feindlicher Fürst* Vikramâñkak. 15,70. — 2) Pl. *jeder einzelne Fürst, alle Fürsten insgesammt* Naish. 1,34.

प्रतिभूभृत् m. *ein feindlicher Fürst* Vikramâñkak. 15,71.

प्रतिभेद m. (adj. Comp. f. आ) 1) *Spaltung, Trennung.* — 2) *Verrath, Entdeckung.*

प्रतिभेदन n. *das Zerspalten, Zerschlagen.*

प्रतिभैरव Adj. (f. आ) *grausig* Varâh. Jogaj. 6,18.

प्रतिभोग m. 1) *Genuss.* — 2) *die bei einer Kur vorgeschriebene Diät* Karaka 1,15.

प्रतिभोजन n. = प्रतिभोग 2) Karaka 6,12. 18. 20. 8,3.

प्रतिभोजिन् Adj. *die bei einer Kur vorgeschriebene Diät beobachtend* Karaka 6,18.

प्रतिम 1) *m. *die Gegend zwischen den Fangzähnen eines Elephanten.* — 2) m. °माँ *Bildner, Schöpfer.* — 3) f. °माँ *a) Abbild, Ebenbild, Bild, Bildniss, Götterbild; Sinnbild.* Am Anf. eines Comp. vor einem Worte für *Mond,* so v. a. *der Widerschein des Mondes.* — *b)* am Ende eines adj. Comp. (f. आ) *die Aehnlichkeit habend von, — ähnlich, — gleich.* — *c) Maass.* — *d)* *= 1). — *e) ein angebliches Metrum von 12 Silben.*

प्रतिमङ्गलवार m. Pl. *jeder Dienstag.*

प्रतिमच्च und °क m. *ein best. Tact* S. S. S. 212.

प्रतिमठक (wohl m.) desgl.

प्रतिमण्डल n. *Gegenscheibe, eine zweite Scheibe.* v. l. सोममण्डल. Nach Colebrooke *an excentric orbit.*

प्रतिमत्स्य m. Pl. N. pr. eines Volkes MBh. 6, 9,52.

प्रतिमन्त्रण n. *Erwiederung.*

प्रतिमन्त्रम् Adv. *mit —, bei —, zu jedem Spruch* Gaut.

प्रतिमन्दिरम् Adv. *in jedem Hause.*

प्रतिमन्यूय्, °यते in अप्रतिमन्यूयमान.

प्रतिमन्वन्तर n. *jedes Manvantara.* °रम् (Mahâvîrak. 72,3) und °रे (Hemâdri 1,225,6. 187,13) *in jedem M.*

प्रतिमर्श m. *ein best. Niesemittel in Pulverform* Mat. med. 17. Bhâvapr. 2,133. Karaka 8,9 (°मर्ष gedr.).

प्रतिमल्ल m. *Gegenringer, Gegenkämpfer; Rival* Vikramâñkak. 9,2.

प्रतिमांस n. *ersetztes Fleisch.*

प्रतिमातृ Adv. *je nach den Müttern* Gaut.

प्रतिमात्रा Pl. *alle Moren.*

प्रतिमादृव्यादिवचन n. Titel eines Werkes Opp. Cat. 1.

प्रतिमान n. 1) *Gegenmaass;* concret *Gegenmann, ein ebenbürtiger —, gewachsener Gegner.* — 2) *Muster.* — 3) * *Bild, Abbild.* — 4) *Vergleichung, Aehnlichkeit, Gleichheit.* °प्रतिमानकल्प Adj. *ähnlich.* — 5) *Gewicht (womit gewogen wird)* Vishnus. 10,5. 6. Spr. 7641. — 6) *die Gegend zwischen den Fangzähnen eines Elephanten.*

प्रतिमानना f. *Ehrenbezeigung* Çiç. 15,35.

प्रतिमाप्रतिष्ठा f. Titel eines Werkes.

प्रतिमाया f. *Gegenzauber.*

प्रतिमार्ग m. *Rückweg* MBh. 4,57,40.

*प्रतिमार्गक m. *die in der Luft schwebende Stadt* Hariçkandra's.

प्रतिमालक्षण n. Titel eines Werkes.

प्रतिमाला f. *eine best. Art Verse herzusagen* (eine der 64 Künste).

प्रतिमास° und °म् Adv. *jeden Monat, allmonatlich.*

प्रतिमासंप्रोक्षणम् Titel eines Werkes Opp. Cat. 1.

प्रतिमास्य m. Pl. N. pr. eines Volkes. Richtig प्रतिमत्स्य.

प्रतिमित् f. *Stütze.*

प्रतिमित्र MBh. 7,3830 fehlerhaft für प्रत्यमित्र.

प्रतिमुकुलम्° Adv. *in —, an jeder Knospe.*

प्रतिमुक्ति f. *Urlaub* Kâd. 2,48,9.

1. प्रतिमुख n. 1) *die Epitasis* (im Schauspiel). Auch °संधि m. — 2) *Entgegnung, Antwort.*

2. प्रतिमुख 1) Adj. (f. आ; ई Vagrakkh.) a) *gegenüberstehend, zugewandt* Vagrakkh. 19,10. — b) *bevorstehend, gegenwärtig.* — 2) f. ई S. S. S. 183 fehlerhaft für प्रतिमुखरी.

3. प्रतिमुख° und °म् Adv. *entgegen* Âpast. Mân. Grhj. 1,17.

प्रतिमुखरी f. *eine Art zu trommeln* S. S. S. 182.

*प्रतिमुखाङ्ग n. *eine fortgesetzte Erzählung der Ereignisse* (im Schauspiel).

प्रतिमुद्रा f. 1) *ein nachgemachtes Siegel.* — 2) *Siegelabdruck.*

प्रतिमुहुस् Adv. *wieder und wiederum, fort und fort* Vikramâṅkak. 16,35 (प्रति मु° gedr.).

प्रतिमुहूर्तम् Adv. *jeden Augenblick, beständig.*

*प्रतिमूर्ति f. *Abbild.*

*प्रतिमूषिका f. *eine Art Ratte.*

प्रतिमेय Adj. in अप्रतिमेय.

प्रतिमै Dat. Infin. zu 3. मा mit प्रति RV. 3,60,4.

प्रतिमोक्ष m. *das die Mönchsregulative enthaltende Formular bei den Buddhisten* Kâraṇḍ. 98, 23. Vgl. प्रातिमोक्ष.

प्रतिमोक्षण n. *das Erlassen* (von Abgaben).

प्रतिमोक्षसूत्र n. Titel eines buddh. Sûtra.

प्रतिमोचन n. *das Lösen, Sichbefreien von* (im Comp. vorangehend).

1. प्रतियत्न m. 1) *die auf Etwas gerichtete Sorge, Bemühung um, Zubereitung, Bearbeitung.* — 2) **Wiedervergeltung.* — 3) *= लिप्सा, उपग्रह, उपग्रहण, निग्रहादि, ग्रहणादि, प्रतिग्रह.

2.*प्रतियत्न Adj. *der sich um Etwas bemüht, — kümmert.*

प्रतियाग m. *ein Opfer in einer Richtung auf Etwas zu* Comm. zu Âpast. Çr. 8,3,12.

प्रतियातन 1) n. *das Erwiedern, Vergelten.* वैर° *das Racheüben.* — 2) f. आ *Abbild, Bild* (eines Gottes) Harshak. 39,15. Am Ende eines Comp. so v. a. *in der Gestalt von — erscheinend* 49,6.

प्रतियान n. *Rückkehr.*

प्रतियामिनि Adv. *allnächtlich.*

प्रतियायिन् Adj. *entgegenkommend, auf Jmd losgehend.*

प्रतियुद्ध n. *Gegenkampf, Erwiderung des Kampfes.*

प्रतियुवति f. *Nebenbuhlerin. Kebsweib* Vikramâṅkak. 12,76.

प्रतियुवन n. *wiederholtes Mischen* Hemâdri 1, 143,2.

प्रतियूथप m. *der Führer einer feindlichen Elephantenheerde.*

प्रतियोग m. *Widersetzung, Widerstand.* Instr. Pl. so v. a. *durch Gegenmittel.*

प्रतियोगम् Adv. *Regel für Regel.*

प्रतियोगिक Adj. *correlativ, gegenüberstehend* (in der Vergleichung), *in einem Gegensatz stehend zu* (im Comp. vorangehend). Nom. abstr. °त्व n.

प्रतियोगिज्ञानकारणतावाद m. Titel eines Werkes.

प्रतियोगिज्ञानस्य हेतुत्वखण्डनम् desgl.

प्रतियोगिन् 1) Adj. = प्रतियोगिक 231,31. Çaṁk. zu Taitt. Up. S. 7. Comm. zu TS. 1,1011,3. zu Âpast. Çr. 1,2,7. Nom. abstr. °गिता f. und °गित्व n. — 2) m. *Widersacher, Gegner* Mahâvîrak. 22,19.

प्रतियोग्यनधिकरणे नाशस्योत्पत्तिनिरासः Titel eines Werkes.

प्रतियोजयितव्य Adj. *mit Saiten zu beziehen.*

प्रतियोद्धर् Nom. ag. 1) *Gegenkämpfer, ein ebenbürtiger —, gewachsener Gegner.* — 2) *der sich in einen Kampf einlässt* M. 11,80, v. l.

प्रतियोद्धव्य Adj. *dessen Angriff man erwiedern muss.*

प्रतियोध m. *Gegenkämpfer, Gegner.*

प्रतियोधन n. *Gegenkampf, Erwiederung eines Kampfes.*

प्रतियोधिन् m. *Gegner, ein ebenbürtiger Gegner* in अ°.

प्रतियोनि Adv. *je nach seiner ursprünglichen Stätte.*

प्रतियोषित् f. = प्रतियुवति Vikramâṅkak. 10,55.

1. प्रतिर॑ Adj. *fördernd, Sieg verleihend.*

2. प्रति॑र Adj. nach dem Comm. *hinüberbringend, helfend* TS. 2,2,12,3. Vgl. aber प्रति॑रम् und RV. 8,48,10.

प्रतिरजनि Adv. *allnächtlich* Naish. 8,106.

प्रतिरथ m. 1) *Gegner im Kampf, ein ebenbürtiger Gegner.* — 2) N. pr. verschiedener Männer.

प्रतिरथ्यम् Adv. *auf jeder Strasse* Spr. 7732.

प्रति॑रम् Infin. *zu verlängern* (das Leben).

*प्रतिरम्भ m. = प्रतिलम्भ. Nach Wilson *passion, rage, violent or passionate abuse.*

प्रतिरव॑ m. 1) *das Anschreien. Streiten.* — 2) Sg. und Pl. *Widerhall.* — 3) wohl = उपरव॑.

प्रतिराज und °राजन् m. *Gegenkönig, ein feindlicher König.*

*प्रतिराजम् Adv. *bei jedem Fürsten.*

प्रतिरात्रम् und °रात्रि (Vikramâṅkak. 11,62) Adv. *allnächtlich.*

प्रतिराध m. Bez. *bestimmter Verse im* AV. Ait. Br. 6,33,19. Vaitân.

1. प्रतिरूप 1) n. a) *Abbild, Ebenbild.* — b) *Muster.* °धृक् Adj. *das Muster von — seiend.* — c) *eine gefälschte Sache, eine Fälschung von* (Gen.) Vishnus. 5,124. — 2) f. आ = 1) a) Kaush. Up. 1,3.

2. प्र॑तिरूप 1) Adj. (f. आ) a) *ähnlich, einem Muster gleich, entsprechend, angemessen.* प्रतिरूपमकुर्वन् so v. a. *es Jmd* (Gen.) *nicht vergeltend.* — b) *schön, hübsch.* — 2) m. N. pr. eines Dânava. — 3) f. आ N. pr. einer Tochter Meru's.

1. प्रतिरूपक n. 1) *Abbild, Bildniss.* — 2) *Fälschung* Nâr. 3,49 = Vishnus. 58,11 = Hemâdri 1,42,12.

2. प्रतिरूपक 1) Adj. (f. °पिका) *ähnlich, entsprechend, den Schein von Etwas habend* 250,26. तत्प्रतिप्रतिरूपक Suçr. 1,23,20 fehlerhaft für तत्प्रतिरूपक. — 2) m. *Quacksalber, Charlatan* Karaka 1,11.

प्रतिरूपचर्या f. *ein angemessenes —, musterhaftes Benehmen.*

प्रतिरोद्धर् Nom. ag. *der Widerstand leistet, sich Jmd* (Gen.) *widersetzt.*

प्रतिरोध m. 1) *Hemmniss, Verstopfung.* °कर Adj. *verstopfend.* — 2) *= व्युत्थान, तिरस्कार, चौर्य.

प्रतिरोधक m. 1) *wer oder was hemmend in den Weg tritt, Störenfried* Kâd. 2,66,9. — 2) *Räuber.*

प्रतिरोधन n. 1) *das Versperren, Hemmen, Hindern.* — 2) *das unnütz verstreichen Lassen* 194,4.

प्रतिरोधिन् m. *Räuber.*

प्रतिरौद्रकर्मन् Adj. *der an Andern grausige Handlungen vollbringt.*

प्रतिलक्षण n. *Anzeichen.*

प्रतिलभ्य Adj. *zu bekommen, zu erlangen, dessen man theilhaftig werden kann.*

प्रतिलम्भ m. 1) *das Erhalten, Finden, Erlangung* Naish. 5,69. — 2) *Wiedererlangung.* जीवित° Kâd. 114,7. 116,4. — 3) *das Fassen, Erfassen, Begreifen.*

प्रतिलाभ m. = प्रतिलम्भ 1).

प्रतिलिङ्गम् Adv. *bei jedem Phallus.*

*प्रतिलिपि f. *Abschrift, schriftliche Antwort.*

प्रतिलेखन n. und °लेखा f. *das vorschriftsmässige Reinigen aller Gebrauchsgegenstände* Hem. Par.

प्रतिलोक m. *jede Welt* Hemâdri 1,187,13.

प्रतिलोम॑ 1) Adj. (f. आ) a) *widerhaarig, widrig, ungünstig, feindlich gesinnt.* — b) *der natürlichen oder vorgezeichneten Ordnung widersprechend,* *verkehrt, umgekehrt.* — 2) °लोमम् und °लोम° Adv. *gegen das Haar, — den Strich;* so v. a. *in umgekehrter Folge, — Richtung, verkehrt.* — 3) *m. N. pr. eines Mannes. Pl. *seine Nachkommen.* — 4) f. ग्रा *ein best. von hinten nach vorn zu lesender Zauberspruch.* — 5) n. Instr. °लोमेन *in unfreundlicher Weise.*

प्रतिलोमक 1) Adj. = प्रतिलोमं 1) *b*). — 2) n. *Verkehrtheit.*

प्रतिलोमतस् Adv. 1) *in Folge der verkehrten Ordnung, — Richtung.* — 2) *in umgekehrter Richtung, — Folge.*

प्रतिलोमरूप Adj. *verkehrt* Kaush. Up. 4,19.

प्रतिलोमानुलोम 1) Adj. *dagegen oder dafür sprechend* R. 6,31,13. — 2) °लोमम् und °लोम° Adv. *in umgekehrter Folge, — Richtung, verkehrt und (oder) in natürlicher Folge, — Richtung.*

प्रतिलोमानुलोमतस् Adv. *auf unfreundliche und freundliche Weise.*

प्रतिवक्तव्य Adj. 1) *zu erwiedern, zu geben* (eine Antwort). — 2) *zu bestreiten* Çaṁk. zu Bâdar. 2,1, 3 (S. 417, Z. 13). — 3) *dem* (Person) *man widersprechen darf.*

प्रतिवक्त्रम् Adv. *auf jedem Gesicht* Hemâdri 1, 234,17.

प्रतिवचन 1) m. *ein als Antwort dienender Spruch* Âpast. 2,3,11. Âpast. Çr. 8,3,14. 12,24,15. 15,11,11. — 2) n. *a*) *Nachsatz.* — *b*) *Antwort, — auf* (Gen. oder im Comp. vorangehend), *Beantwortung.*

प्रतिवचनी Adv. mit कर् *zur Antwort machen, antworten mit* (Acc.).

प्रतिवचस् n. *Antwort.* Auch mit müssigem उत्तर verbunden.

प्रतिवत्सर m. *Jahr.*

प्रतिवत्सरम् Adv. *alljährlich.*

प्रतिवदितव्य Adj. *zu bestreiten* Çaṁk. zu Bâdar. 2,1,18 (S. 468, Z. 4).

प्रतिवनम् Adv. *in jedem Walde.*

प्रतिवन्त् Adj. *das Wort* प्रति *enthaltend.*

प्रतिवर्ण m. *Kaste für Kaste* Hemâdri 1,43,10. 10. °म् Adv. *für jede Kaste* Gaut.

*प्रतिवर्णिक Adj. *eine entsprechende Farbe habend, ähnlich, entsprechend.*

प्रतिवर्तन n. *das Wiederkehren* in ग्र° (Nachtr. 4).

प्रतिवर्त्मन् Adj. *die entgegengesetzte Bahn einhaltend.*

प्रतिवर्धिन् Adj. *Jmd* (Gen.) *gewachsen, überlegen.* Nach Nîlak. = प्रातिकूल्येन वर्धी.

प्रतिवर्मन् in सुप्रतिवर्मन्.

प्रतिवर्ष° und °म् Adv. *alljährlich.*

प्रतिवल्लभा f. = प्रतियुवति Vikramâṅkak. 10,86.

प्रतिवषट्कारम् Adv. *bei jedem Ausruf* vashaṭ Âçv. Çr. 5,5,22.

प्रतिवसति Adv. *in —, auf jedem Hause.*

*प्रतिवसथ m. *Ansiedlung, Dorf.*

प्रतिवस्तु n. *ein einem Andern entsprechendes —, gegenübergestelltes Ding, Aequivalent, Ersatz.*

प्रतिवस्तूपमा f. in der Rhetorik *Parallele, Gegeneinanderstellung* Kâvjapr. 10,13.

*प्रतिवहन n. *das Zurückführen.*

प्रतिवह्निप्रदक्षिणम् Adv. *bei jedem feierlichen Rundgange um das Feuer von links nach rechts.*

प्रतिवाक्य n. *Antwort.*

प्रतिवाक्यम् Adv. *bei jedem Satze.*

प्रतिवाच् f. 1) *das Anschreien, Anbellen.* Pl. — 2) *Antwort* Kâd. 2,6,7.

प्रतिवाचिक n. *Antwort* Naish. 9,11. 16.

प्रतिवाच्य Adj. in ग्रप्रतिवाच्य.

1.*प्रतिवाणि Adj. *unschicklich.*

2.*प्रतिवाणि 1) f. n. *Antwort.* — 2) f. = परिभाषा, ग्रभिप्राय, प्रज्ञप्ति u. s. w. Gal.

प्रतिवात m. *entgegenblasender Wind.*

प्रतिवातम् Adv. *gegen den Wind.*

प्रतिवाद m. *das Abweisen, Zurückweisen.* Vgl. ग्र°.

प्रतिवादिन् 1) Adj. *widersprechend, unfügsam* in ग्रं°. — 2) m. *a*) *Opponent, Gegner* Varâh. Jogaj. 5,20. — *b*) *ein Verklagter.*

प्रतिवाप m. *Einstreuung, Beimischung* Karaka 8,10. Vgl. प्रतीवाप.

प्रतिवार m. *Abwehr* in ग्रप्रतिवार.

1. प्रतिवारण 1) Adj. *abwehrend.* — 2) n. *das Zurückhalten, Abwehren, Abwehr.*

2. प्रतिवारण m. 1) *Gegenelephant, ein feindlicher Elephant.* — 2) *Scheinelephant.* दैत्य m. so v. a. *ein* Daitja *in der Gestalt eines Elephanten.*

प्रतिवार्त्ता f. *Nachricht.*

प्रतिवार्य Adj. in ग्रप्रतिवार्य.

प्रतिवाश्य Adj. in ग्रप्रतिवाश्य.

प्रतिवासरम् Adv. *täglich* Hemâdri 1,573,18 Bhâvapr. 4,23. — *°रे = तद्दिनम्.

*प्रतिवासिन् m. *Nachbar.*

प्रतिवासुदेव m. *ein Gegner* Vâsudeva's (bei den Gaina).

प्रतिवाह्न m. N. pr. eines Sohnes des Çvaphalka. Vgl. प्रतीवाह्न.

प्रतिविघात m. *Abwehr.*

प्रतिविटपम् Adv. *jedem Zweige.*

प्रतिविद्यम् Adv. *bei jeder Lehre* Gaut.

प्रतिविधातव्य 1) Adj. *a*) *anzuwenden.* — *b*) *wogegen Vorkehrungen zu treffen sind* Prasannar. 133,6. — 2) n. impers. *dafür zu sorgen.*

प्रतिविधान n. 1) *das Entgegenarbeiten, Maassregeln gegen* (Gen. oder im Comp. vorangehend). — 2) *Vorsorge* (Prasannar. 133,7), *das Sorgen für, das Treffen von Vorkehrungen für* (im Comp. vorangehend).

प्रतिविधि m. *ein Mittel gegen* (im Comp. vorangehend).

प्रतिविधित्सा f. *das Verlangen —, die Absicht entgegenzuarbeiten.*

प्रतिविधेय 1) Adj. *a*) *dagegen zu thun.* — *b*) *zurückzuweisen, zu verwerfen.* — 2) n. impers. *Maassregeln zu ergreifen* (Kâd. 2,133,16), *dagegen zu verfahren, zu verfahren gegen* (Loc.).

प्रतिविन्ध्य m. N. pr. eines Sohnes des Judhishṭhira. Pl. *seine Nachkommen.*

प्रतिविपरीत Adj. *das entsprechende Gegentheil seiend, gerade entgegengesetzt* Karaka 3,8.

*प्रतिविपाशम् Adv. *längs der* Vipâç L. K. 976.

प्रतिविभाग m. *Vertheilung, Zutheilung.*

1.*प्रतिविरति f. *das Abstehen —, Ablassen von* (Abl.).

2. प्रतिविरति Adv. *bei jedesmaligem Aufhören, — Verschwinden.*

प्रतिविशेष m. *Absonderlichkeit, Eigenthümlichkeit, ein besonderer Umstand.*

प्रतिविशेषण n. *eine Specification in's Einzelne* Comm. zu TS. Prât.

प्रतिविश्व Adj. Pl. *alle.* Loc. so v. a. *in allen Fällen.*

*1. प्रतिविष n. *Gegengift.*

2. प्रतिविष 1) Adj. (f. ग्रा) *ein Gegengift enthaltend* Râǵat. 8,240. — 2) f. ग्रा *Aconitum heterophyllum* (nach Mat. med.) Dhanv. 1,2. Bhâvapr. 1,178. Karaka 6,10. 23.

प्रतिविषय m. Pl. *jedes Sinnesobject.* °विषयम् und °विषय° *in Bezug auf jedes einzelne Sinnesobject.*

*प्रतिविष्णु Adv. *bei jedem* Vishṇu-*Bilde.*

*प्रतिविष्णुक m. *Pterospermum suberifolium.*

प्रतिवीक्षणीय und °वीक्ष्य Adj. in दुष्प्रति°.

प्रतिवीत s. u. 1. व्या mit प्रति.

प्रतिवीर m. *Gegner* (Vikramâṅkak. 15,63. 68), *ein ebenbürtiger Gegner.* Nom. abstr. °ता f.

प्रतिवीर्य n. *das Gewachsensein* in ग्र°.

प्रतिवृत्त n. *ein excentrischer Kreis* Golâdhj. 6,26.

प्रतिवृत्ति Adv. *bei jeder Art der Stimme.*

प्रतिवृष m. Gegenstier, ein feindlich gegenüberstehender Stier.

प्रतिवेदम् Adv. bei jedem Veda, für jeden V. Bâdar. 3,3,55.

प्रतिवेदशाखम् Adv. für jede Veda-Schule.

प्रतिवेदान्तम् Adv. in jeder Upanishad Çaṁk. zu Bâdar. 3,3,1.

प्रतिवेदिन् Adj. in एवंसुखदुःख° (Nachtr. 2).

प्रतिवेलम् Adv. bei jeder Gelegenheit.

प्रतिवेश 1) Adj. (f. आ) a) benachbart; m. Nachbar. — b) adjunctus, auxiliaris, Neben —, Hülfs —. — 2) m. Nachbarhaus, ein Schutz bietendes N. — Vgl. प्रतीवेश.

प्रतिवेशतस् Adv. aus der Nachbarschaft.

प्रतिवेशवासिन् m. Nachbar, °नी f. Nachbarin.

प्रतिवेशिन् Adj. benachbart; m. Nachbar, f. °नी Nachbarin.

प्रतिवेश्मन् n. Nachbarhaus.

प्रतिवेश्य m. Nachbar.

प्रतिवैर n. Erwiederung einer Feindseligkeit, Rache.

प्रतिवोढव्य Adj. heimzutragen.

प्रतिव्याहार m. Antwort Kâṇḍak. 75,8.

प्रतिव्यूह m. 1) Gegenaufstellung eines Heeres. — 2) Widerhall (nach Nîlak.) Hariv. 3605. — 3) N. pr. eines Fürsten.

प्रतिव्योम m. N. pr. eines Fürsten VP. 4,22,2.

प्रतिशङ्का f. das Vermuthen, Halten für (im Comp. vorangehend).

प्रतिशत्रु m. Bekämpfer, Gegner, Feind.

प्रतिशब्द und °क (Kâd. 116,14. 169,17. Harshak. 111,5) m. Widerhall.

प्रतिशब्दग Adj. dem Laute nachgehend, dahin gehend, woher der Laut kommt.

प्रतिशब्दवन्त् Adj. widerhallend.

प्रतिशम m. das Aufhören.

प्रतिशर m. das Zerbrechen (intrans.) in अ°

प्रतिशरण n. das Abbrechen, Abstossen.

प्रतिशरीरम् Adv. in Bezug auf die eigene Person.

प्रतिशशिन् m. Nebenmond.

प्रतिशाखम् Adv. für jede Veda-Schule Çaṁk. zu Bâdar. 3,3,55.

°प्रतिशाखवन्त् (metrisch) Adj. — zu Nebenzweigen habend.

प्रतिशाखा f. 1) Nebenzweig. — 2) Pl. alle Veda-Schulen.

प्रतिशाखानाडी f. Zweigader.

प्रतिशाप m. Gegenfluch, ein erwiederter Fluch Kâd. 2,90,15.

1.*प्रतिशासन n. das Beauftragen, Absenden mit einem Auftrage.

2. प्रतिशासन n. Nebenautorität in अ° (Nachtr. 4).

प्रतिशीवरी Adj. f. zum Lager dienend.

प्रतिशुक्रबुध° Adv. zur Venus oder zum Mercur hin Varâh. Jogaj. 5,11.

प्रतिशुक्रम् Adv. zur Venus hin. Könnte auch प्रति शुक्रम् getrennt werden.

प्रतिशुल्क Lalit. 218,8 fehlerhaft für °श्रुत्का.

प्रतिशृङ्ग n. Instr. so v. a. Horn für Horn Hemâdri 1,257,18.

प्रतिश्या f. (Karaka 1,17. 6,2. 17) und प्रतिश्याय m. (Karaka 6,3) Erkältung, Katarrh.

°प्रतिश्यायिन् Adj. einen — Katarrh habend.

प्रतिश्रय m. (adj. Comp. f. आ) 1) Zuflucht, Hülfe, Beistand. — 2) Zufluchtsstätte, Obdach, Wohnung. — 3) Wohnung, so v. a. Behälter. त्वं हि तस्य प्रतिश्रयः so v. a. du weisst ja dieses. — 4) ein Gaina-Kloster Hem. Par. 5,79.

प्रतिश्रवं 1) Adj. etwa antwortend VS. 16,34. Nach Mahîdh. m. Widerhall. — 2) m. (adj. Comp. f. आ) Zusage, Versprechen. प्रतिश्रवान्ते nach Ablauf des Versprechens.

प्रतिश्रवण m. 1) *das Hinhorchen. — 2) das Antworten Gaut. — 3) das Zusagen, Einwilligen, Jasagen, Versprechen. — 4) *das Behaupten. — 5) wohl ein best. Theil des Ohres.

प्रतिश्रवस् m. N. pr. eines Sohnes des Bhîmasena.

प्रतिश्रिन n. Obdach. v. l. प्रतिश्रय.

प्रतिश्रुत् f. 1) Widerhall. — 2) Zusage Ind. St. 15,142.

प्रतिश्रुत 1) Adj. s. u. 1. श्रु mit प्रति. — 2) m. N. pr. eines Sohnes des Ânakadundubhi Bhâg. P. ed. Bomb. 9,24,50.

प्रतिश्रुति f. 1) Antwort. — 2) Zusage Vaitân. — 3) Widerhall Çiç. 17,42.

प्रतिश्रुत्का f. Widerhall Text zu Lot. de la b. l. 86. Vgl. प्रतिशुल्क.

प्रतिश्रोतम् Adv. fehlerhaft für °स्रोतम्.

प्रतिश्लोक m. Gegen-Çloka Ind. St. 15,287.

प्रतिश्लोकम् Adv. bei jedem Çloka.

प्रतिषिच्य n. impers. zu begiessen Maitr. S. 1,8,3.

*प्रतिषीव्य Adj. P. 3,1,123.

प्रतिषेक m. Begiessung Âpast. Çr. 6,15,2.

प्रतिषेक्य Adj. wobei ein Begiessen stattfindet Maitr. S. 1,8,3.

प्रतिषेद्धर् Nom. ag. Abwehrer, Zurückhalter, Hinderer. Auch mit Acc. der Sache.

प्रतिषेद्धव्य Adj. 1) abzuwehren, zurückzuhalten. — 2) zu verneinen Njâjas. 3,2,48.

प्रतिषेध m. 1) Abwehr, Abhaltung, Zurückhaltung, Vertreibung (einer Krankheit u. s. w.). कालक्षणाप्रतिषेधाय so v. a. um keine Zeit zu verlieren. — 2) Verbot, Verneinung, Aufhebung. — 3) Negation, Verneinungswort 244,6. — 4) eine abschlägige Antwort. — 5) in der Rhetorik Einschärfung eines Verbots, Erinnerung an ein bestehendes Verbot. — 6) in der Dramatik ein vor den ersehnten Gegenstand sich stellendes Hinderniss.

प्रतिषेधक Adj. (f. °धिका) 1) abhaltend, sich abwehrend verhaltend, verbietend. — 2) negirend TS. Prât.

प्रतिषेधन 1) Adj. abwehrend. — 2) n. a) das Abwehren, Abhalten, Zurückhalten —, von (Abl.), Vertreiben (einer Krankheit u. s. w.). — b) das Abweisen, Zurückweisen, Widerlegen.

प्रतिषेधनीय Adj. zurückzuhalten, zu verhindern.

प्रतिषेधयितर् Nom. ag. (f. °त्री) negirend Çaṁk. zu Bâdar. 2,1,26.

प्रतिषेधाक्षर n. eine abschlägige Antwort.

प्रतिषेधात्मक Adj. eine negative Form habend 212,15.

प्रतिषेधापवाद m. Aufhebung eines Verbots 238,19.

प्रतिषेधार्थीय Adj. die Bedeutung einer Verneinung habend.

प्रतिषेधोक्ति f. ein Ausdruck der Abwehr, — der Verneinung, — des Verbots.

प्रतिषेधोपमा f. eine in negativer Form ausgesprochene Vergleichung.

प्रतिषेध्य Adj. 1) zu verhindern, zurückzuweisen, zu verbieten. — 2) zu verneinen Njâjas. 5,1,36. Comm. zu 2,1,12.

*प्रतिष्क m. Bote oder Späher.

प्रतिष्कभे Dat. Infin. zu स्कभ् mit प्रति ṚV. 1, 39,2.

*प्रतिष्कश m. 1) Bote. — 2) Gefährte. — 3) Führer. — 4) ein lederner Riemen.

*प्रतिष्कष m. ein lederner Riemen.

*प्रतिष्कस m. Späher.

प्रतिष्कुत in अप्रतिष्कुत.

प्रतिष्टम्भ m. Hemmung, Hemniss, Hinderniss, das Aufheben einer Wirkung.

°प्रतिष्टम्भिन् Adj. hemmend.

प्रतिष्टुति f. Lob, Preis.

प्रतिष्टोतर् Nom. ag. laudator aemulus.

प्रतिष्ठ 1) Adj. (f. आ) a) feststehend. Statt अजरः प्रतिष्ठः MBh. 5,1789 lesen die zwei anderen Ausgaben अन्तरप्रतिष्ठः (adj. Comp.). — *b) widerstehend.* — 2) *m. N. pr. des Vaters von Supârçva (einem Gaina-Arhant). — 3) f. ष्ठा (adj. Comp. f. आ) *a) das Stehenbleiben, Stillstand.* — *b) das Feststehen, Bleiben, Bestand* Hemâdri 1,399,20 642,17. — *c) das Beharren in* (im Comp. vorangehend). — *d) Standort, Standpunct, Behälter.* — *e) Grund, Unterlage, Fundament, Grundlage, Stütze, Halt.* — *f) Ort des Anhalts, — Bleibens, Heimat, Wohnstätte.* Am Ende eines adj. Comp. so v. a. *residirend —, wohnend in.* — *g) das Gestell* (der Menschen und Thiere), so v. a. *Fuss.* — *h) Zustand der Ruhe, Behaglichkeit.* — *i) Vorzüglichkeit.* — *k) eine hohe, ehrenvolle Stellung, hohes Ansehen* Spr. 7825. zu 2542 und 3319. — *l) Thronbesteigung eines Fürsten.* — *m) Aufstellung eines Götterbildes, — Idols, — Liṅga.* — *n)* Name *verschiedener Metra.* — *o)* mystische Bez. *des Lautes* आ. — *p)* प्रजापतेः प्रतिष्ठा Name eines Sâman. — *q)* *= योगसिद्धि oder यागनिष्पत्ति (wohl याग°). — *r)* *= ह्रस्व. — गाथाभिस्तत्प्रतिष्ठाभिः Hariv. 2837 fehlerhaft für °प्रदिष्टाभिः; vgl. 1,50,19. — 3) n. *Halt —, Stützpunct.* प्रतिष्ठा हृद्या जघन्थ so v. a. *du trafst in's Herz* ṚV. 10,73,6.

प्रतिष्ठाकमलाकर m. und प्रतिष्ठाकल्पलता f. Titel zweier Werke.

प्रतिष्ठाकाम Adj. *festen Stand —, — Aufenthalt —, eine Heimat —, eine hohe, ehrenvolle Stellung wünschend.*

प्रतिष्ठाकौमुदी f. und प्रतिष्ठाचिन्तामणि m. Titel zweier Werke.

प्रतिष्ठातत्त्व n. Titel eines Abschnittes im Smṛtitattva.

प्रतिष्ठातर् m. = प्रतिप्रस्थातर्.

प्रतिष्ठातिलक Titel eines Werkes.

प्रतिष्ठात्व n. Nom. abstr. zu प्रतिष्ठ 3) *e).*

प्रतिष्ठादर्पण m., प्रतिष्ठादर्श m. und प्रतिष्ठाद्योत m. Titel von Werken.

प्रतिष्ठान 1) n. *a) fester Standpunct, Grundlage* Pâr. Gṛhj. 3,16. — *b) Fussgestell.* — *c) Gründung einer Stadt.* — *d)* N. pr. einer Stadt am Zusammenfluss der Gaṅgâ und Jamunâ auf dem linken Ufer der Jamunâ. — 2) m. *a)* Du. *das Mondhaus* Proshṭhapadâ. — *b)* N. pr. einer Gegend an der Godâvarî.

प्रतिष्ठापद्धति f. Titel eines Werkes.

प्रतिष्ठापन 1) n. *a) das Aufstellen eines Götterbildes.* — *b) das Feststellen, Begründen, Erhärten.* — 2) f. आ *Gegenbehauptung, die Aufstellung einer Antithese* Karaka 3,8.

प्रतिष्ठाप्य 1) Absol. *hinstellend, hinsetzend* Çat. Br. 12,5,1,8. — 2) Acc. Infin. *Bestand zu geben,* mit Acc. Tâṇḍja-Br. 13,4,11.

प्रतिष्ठापयितर् Nom. ag. *Aufsteller, Feststeller, Begründer.*

प्रतिष्ठापयितव्य Adj. 1) *zu stellen* Kâraṇḍ. 74, 19 (°स्था° gedr.). — 2) *zu befestigen* Kâraṇḍ. 18, 17. 50,6.

प्रतिष्ठाप्य Adj. 1) *zu stützen, festzustellen.* — 2) *Jmd* (Loc. oder Dat.) *zu übertragen, aufzutragen.*

प्रतिष्ठामयूख m. Titel des 9ten Theils in Bhâskara's Werke.

प्रतिष्ठारहस्य n. Titel eines Werkes.

प्रतिष्ठालक्षण n. desgl. Ind. St. 10,433.

प्रतिष्ठावत् Adj. *eine Unterlage —, einen Halt habend.*

प्रतिष्ठाविधि m. Titel eines Werkes Opp. Cat. 1.

प्रतिष्ठाविवेक m. desgl.

प्रतिष्ठासारसंग्रह m. desgl. Hemâdri 1,134,18.

प्रतिष्ठि f. *Widerstand.*

प्रतिष्ठिका f. *Grundlage* Hemâdri 1,452,10.

प्रतिष्ठितपद Adj. *mit Stollen von constanter Silbenzahl* Ait. Br. 5,4,15.

प्रतिष्ठिति f. *das Standhalten, Festhalten, Stand.*

प्रतिष्ठोद्योत m. Titel eines Werkes.

*प्रतिष्णा und *प्रतिष्णिका f. Kâç. zu P. 8,3,98.

प्रतिसंयोद्धर् Nom. ag. *ein Gegner im Kampfe.*

प्रतिसंलयन n. 1) *das Sichzurückziehen an einen stillen Ort* Lalit. 311,19. — 2) *vollständiges Eingehen in* Text zu Lot. de la b. l. f. 101,*b*.

प्रतिसंवत्सरम् Adv. *jedes Jahr* Comm. zu Âpast. Çr. 6,16,8.

प्रतिसंवित्प्राप्त m. N. pr. eines Bodhisattva.

प्रतिसंविद् f. *genaues Verständniss im Einzelnen* Lalit. 39,8.

प्रतिसंविधान n. *Gegenthat, Gegenschlag* Mahâvîrak. 113,5.

प्रतिसंवेदन n. *das Empfinden, Ansicherfahren* Comm. zu Njâjas. 1,1,11. 3,2,72. 4,1,64. zu Jogas. 1,7.

प्रतिसंवेदिन् Adj. *empfindend, ein Bewusstsein habend von* Comm. zu Njâjas. 3,1,3. 2,44.

प्रतिसंसर्ग m. = प्रतिसर्ग 1) und 2).

प्रतिसंस्कार m. *Wiederherstellung.* °रं कर् *Etwas* (Acc.) *wieder herstellen* Kâraṇḍ. 13,11. 12.

°प्रतिसंस्थान n. *das Platznehmen—, Einziehen in.*

प्रतिसंहार m. 1) *Zurückziehung, Einziehung.* — 2) *Aufgebung, das Fahrenlassen.* — 3) *das Sichfernhalten von* (Abl.).

प्रतिसंकाश m. *gleiches Aussehen.* Nur am Ende eines adj. Comp.

प्रतिसंक्रम m. (adj. Comp. f. आ) 1) *das Wiedereingehen, Auflösung.* — 2) *Eindruck.*

प्रतिसंक्राम (metrisch) m. *Auflösung.*

प्रतिसंख्या f. *Bewusstsein.*

प्रतिसंख्यान n. *abermaliges Erwägen des pro und contra, Vorsicht, Umsicht* Kâd. 175,17. 19.

*प्रतिसङ्गलिका f. *Staubmantel* (buddh.). Wohl प्रतिसंकक्षिका zu lesen.

प्रतिसङ्गिन् Adj. in अप्रतिसङ्गिन्.

प्रतिसंचर m. 1) *Rückbewegung* in अ°. — 2) *das Wiedereingehen, Auflösung, — der Welt* Çaṁk. zu Bâdar. 4,3,11. — 3) *Tummelplatz.* — 4) *derjenige oder dasjenige, in den oder in das Etwas eingeht, sich auflöst.*

प्रतिसंजिहीर्षु Adj. *aufzugeben verlangend, sich zu befreien wünschend von* (Acc.).

प्रतिसत्कर् s. u. सत्.

प्रतिसदनम् Adv. *je in seine Wohnung* Mahâvîrak. 135,2.

प्रतिसदृक्ष und प्रतिसदृश् Adj. *ähnlich.*

प्रतिसद्म Adv. *bei —, in jedem Hause.*

प्रतिसंदेश m. *Rückbotschaft, die Antwort auf eine Botschaft.*

प्रतिसंदेष्टव्य Adj. *als Antwort auf eine Botschaft zu geben* Kâd. 2,98,20 (121,7).

°प्रतिसंधातर् Nom. ag. *der sich Etwas wieder vergegenwärtigt* Comm. zu Njâjas. 1,1,10.

प्रतिसंधान n. 1) *das Widerzusammenbringen, — fügen, Zusammenfügung* Çaṁk. zu Bâdar. 4,3, 14 (S. 1129, Z. 2). — 2) *Fuge, die Uebergangsperiode zweier Zeitalter.* — 3) *das sich wieder Vergegenwärtigen, das sich wieder zum Bewusstsein Bringen* Comm. zu Njâjas. 1,1,2. 10. 2,1,28. 4,1,2. — 4) * *Preis, Lobrede.*

प्रतिसंधि m. 1) *Wiedervereinigung.* — 2) *der Wiedereintritt in* (im Comp. vorangehend), *der W. in den Mutterleib.* — 3) *Verbindung, Verknüpfung* Comm. zu Njâjas. 3,1,25. — 4) *Fuge, die Uebergangsperiode zweier Zeitalter.* — 5) etwa *Widersetzung, Widerstand* (des Schicksals) MBh. 12, 206,20.

प्रतिसंधिज्ञान n. *Wiedererkenntniss* Comm. zu Njâjas. 3,1,7. 2,2. Vgl. प्रतिसंधिविज्ञान Ind. St. 3,132.

प्रतिसंधेय Adj. in अप्रतिसंधेय.

प्रतिसम Adj. *gleich* Nâgân. 102 (103). MBh. 2, 44,15 fasst Nîlak. वैप्रतिसम (= अतुल) als ein (!) Wort.

प्रतिसमन्तम् Adv. *allenthalben.*

प्रतिसमाधान n. *das sich wieder Fassen, Fassung* Kâd. 223,6.

प्रतिसमासन n. *das Widerstehen. Jmd* (Gen.) *Gewachsensein.*

प्रतिसमीक्षण n. *das Wiederanblicken, Erwiederung eines Blickes.*

प्रतिसंबन्धि Adv. *je nachdem dieses oder jenes damit verbunden wird.*

प्रतिसरँ 1) m. f. (आ) und (* n.) *ein als Amulet dienendes Band* (insbes. bei der Hochzeitsceremonie) MBh. 3,309,4. Varâh. Brhj. S. 44,5. 48,33. Am Ende eines adj. Comp. f. आ. — 2) m. *a) eine in sich zurücklaufende Linie, Kreis* Çat. Br. 5,2,4,20. — *b)* Pl. Bez. *bestimmter vor bösen Dämonen schützender Sprüche* Çat. Br. 7,4,1,33. — *c)* etwa *Ueberfall* in अ° (Nachtr. 4). — *d) * Hintertreffen, Nachhut.* — *e) * Reinigung einer Wunde;* vgl. प्रतिसारण. — *f) * Tagesanbruch.* — 3) * m. n. = आरक्त. — 4) f. आ *eine der fünf Schutzmächte* (bei den Buddhisten).

प्रतिसरण 1) Adj. am Ende eines Comp. *sich stützend auf, obliegend.* Nom. abstr. °ता f. Lalit. 35, 15. 36,7. — 2) n. *a) das Zurückströmen* (von Flüssen). — *b) * das Sichstützen auf, Obliegen.*

प्रतिसर्ग m. 1) *Weiterschöpfung, die fortgesetzte Schöpfung aus dem Urstoffe.* — 2) * *Auflösung, Vernichtung.*

प्रतिसर्गम् Adv. *bei jeder Schöpfung.*

प्रतिसर्य Adj. von प्रतिसरँ 1).

प्रतिसाधन n. *Gegenbeweis.*

प्रतिसाध्य Adj. in अप्रतिसाध्य (Nachtr. 3).

*प्रतिसांधानिक m. *Lobsänger.*

*प्रतिसाम Adj. wohl *unfreundlich.*

प्रतिसामन्त m. *Gegner, Feind* Harshak. 89,16. 187,4.

प्रतिसायम् Adv. *gegen Abend.*

प्रतिसारण 1) n. *a) das Bestreichen, Betupfen* (einer Wunde u. s. w.), insbes. *an den Rändern, im Umkreis.* — *b) ein dazu gebrauchtes Mittel* Mat. med. 18. — 2) f. आ *ein best. mit Mineralien* (insbes. *Quecksilber*) *vorgenommener Process.*

प्रतिसारणीय Adj. 1) *zu bestreichen, zu betupfen* Karaka 6,9. — 2) *zum Bestreichen* oder *Betupfen anzuwenden.*

प्रतिसारिन् Adj. *die Runde machend, von Einem zum Andern gehend.*

प्रतिसिंह m. *Gegenlöwe, ein feindlich gegenüberstehender Löwe.*

*प्रतिसीरा f. *Vorhang.*

प्रतिसुत्वन् anzunehmen für प्रातिसुत्वन.

प्रतिसुन्दरी f. = प्रतियुवति Vikramâñkak. 10,54.

1. प्रतिसूर्य m. *Nebensonne.*

2. प्रतिसूर्य m. *eine best. Eidechsenart.*

1. प्रतिसूर्यक m. *Nebensonne.*

2. प्रतिसूर्यक m. *eine best. Eidechsenart*

प्रतिसूर्यमत्स्य m. *eine best. Erscheinung an der Sonne.* Nach dem Comm. als m. Sg. (!) *eine Nebensonne und ein Komet.*

*प्रतिसूर्यशयानक m. = 2. प्रतिसूर्य Râǵan. 19,61.

प्रतिसेना f. *ein feindliches Heer.*

*प्रतिसोमा f. *eine best. Pflanze* Râǵan. 3,88.

प्रतिस्कन्ध m. 1) *Schulter für Schulter.* Instr. *je auf seiner Schulter.* — 2) N. pr. *eines Wesens* im Gefolge Skanda's. कपिस्कन्ध v. l.

*प्रतिस्कीर्ण n. *das Geschundenwerden* P. 6,1, 141, Sch.

प्रतिस्त्री Adj. *auf dem Weibe liegend.*

प्रतिस्थानम् Adv. *an jedem Orte, überall.*

प्रतिस्थापयितव्य s. u. प्रतिष्ठा°.

प्रतिस्निह m. Kathâs. 22,3 fehlerhaft für पतिस्निह, wie die v. l. hat und Fritze vermuthet hatte.

*प्रतिस्पर्धा f. *Wetteifer, ein Kampf um den Vorrang.*

प्रतिस्पर्धिन् Adj. *wetteifernd, wetteifern könnend mit* (Gen. Kârand. 30,10), *einem Andern den Vorrang abzugewinnen suchend.* Unter den Synonymen für *gleich, ähnlich* 248,29.

प्रतिस्पशँ und °स्पाशन Adj. *spähend, lauernd.*

प्रतिस्मृति f. *eine best. Zauberkunst.*

*प्रतिस्याय m. fehlerhaft für °श्याय.

प्रतिस्रोतम् (Bhâg. P.) und °स्रोतस् Adv. *gegen den Strom, stromaufwärts.*

प्रतिस्वन m. Pl. oder im Comp. (Vikramâñkak. 10,19) *Widerhall, Echo.*

प्रतिस्वम् Adv. *jeder für sich, jeder einzeln.*

प्रतिस्वर m. 1) *Widerhall.* — 2) *Brennpunct.*

प्रतिहतधी Adj. *feindselig gesinnt* Spr. 2047.

प्रतिहति f. 1) *Schlag* Bâlar. 117,5. — 2) *das Abprallen.*

प्रतिहन्तर् Nom. ag. *Abwehrer, Abwender.*

प्रतिहन्तव्य Adj. *dem man entgegentreten —, sich widersetzen muss oder kann.*

प्रतिहँरण n. 1) *das Zurückwerfen, Heimschlagen.* — 2) *das Zurückweisen* AV. Prâjaç. 2,2.

प्रतिहर्तँर् Nom. ag. 1) *Zurückzieher, Einzieher, Aufheber, Auflöser, Vernichter.* — 2) *Abwehrer.* — 3) *ein best. Priester, der Gehülfe des* Udgâtar. — 4) N. pr. eines Fürsten.

प्रतिहर्तवे Dat. Infin. zu हर् mit प्रति Bhâg. P. 3,3,47.

प्रतिहर्ष m. *Aeusserung der Freude.*

प्रतिहर्षण Adj. *Gegenfreude bewirkend.*

प्रतिहस्त m. *Stellvertreter, Substitut.* Nom. abstr. °त्व n. Vikramâñkak. 8,54.

प्रतिहस्तक m. dass.

प्रतिहस्ति Adv. *gegen die Elephanten, nach der Richtung der E.*

प्रतिहस्तिन् m. 1) * *Nachbar* Comm. zu Daçak. 49,20. — 2) *Hurenwirth* Daçak. 49,20.

प्रतिहानकूट m. *ein best.* Samâdhi Kârand. 92, 22. Wohl प्रतिहारकूट zu lesen.

प्रतिहार 1) m. *a) das Anschlagen, Hartaufstossen* (der Zunge). — *b) das Zufallen* in 1. अप्रतिहार. — *c)* in der Sâman-Litanei *gewisse Silben, mit welchen der* Pratihartar *in den Gesang einfällt,* gewöhnlich *am Anfange des letzten* Pada *eines Verses.* — *d) ein best. über Waffen gesprochener Zauberspruch.* v. l. °तर. — *e) Thor.* — *f) Thorsteher, Thürhüter.* — *g) * Gaukler.* — *h) * Gaukelei.* — *i)* N. pr. eines Fürsten. — 2) f. ई *Thor —, Thürsteherin* Prij. 7,15; vgl. 11,1. — Vgl. प्रतीहार.

*प्रतिहारक m. *Gaukler.*

प्रतिहारगोप्त्री f. *Thor —, Thürhüterin* Vikramâñkak. 9,118.

प्रतिहारतर m. *ein best. über Waffen gesprochener Zauberspruch.* v. l. प्रतिहार.

प्रतिहारप m. *Thorhüter.*

प्रतिहारभाष्य n. Titel eines Werkes.

प्रतिहारभूमि f. 1) *Thorstelle, Thorgegend.* — 2) *das Amt eines Thorhüters, — einer Thorhüterin.*

प्रतिहाररक्षी f. *Thor —, Thürhüterin* Vikramâñkak. 9,87.

प्रतिहारवन्त् Adj. *mit einem* प्रतिहार 1) *c) versehen* Lâṭj. 6,1,17.

प्रतिहारसूत्र n. Titel eines Sûtra.

प्रतिहाराय् *den Thor —, Thürhüter spielen.* केन °यितम् n. impers. Prasannar. 29,19.

प्रतिहार्य 1) Adj. in अ°. — 2) n. *a) Gaukelei.* — *b)* Titel eines Avadâna Weber, Lit. 319.

*प्रतिहास m. *Nerium odorum* Râǵan. 10,10.

*प्रतिहिंसा f. *Erwiederung einer Unbill, Rache.*

प्रतिहित 1) Adj. Partic. von 1. धा mit प्रति. — 2) f. आ *ein aufgelegter Pfeil* RV. 10,103,3. AV. 11,2,1. 19,13,4.

प्रतिहितायिँन् Adj. *der den Pfeil aufgelegt hat.*

प्रतिहिति f. *das Auflegen des Pfeils.*

प्रतिहितेषु Adj. *der den Pfeil aufgelegt hat.*

प्रतिहृदयम् Adv. *in jedem Herzen.*

प्रतिहोतव्य Adj. *als Ersatz zu opfern* Comm.

zu Gaim. 6,5,43.

प्रतिहोम m. Ersatzopfer Gaim. 6,5,43. Njâjam. 6,5. 16. 18. Comm. zu 17.

प्रतिह्रास m. Kürzung.

प्रतिह्वर् m. ansteigende Höhe, Hang.

प्रतीक 1) Adj. (f. आ) a) zugewandt, so v. a. schauend auf (im Comp. vorangehend) Bhâg. P. 10,16,21. — b) bergan schreitend. — c) *widrig, entgegengesetzt, verkehrt. — 2) m. a) Glied, Körpertheil in प्रतिप्रतीक°, °कम् 2). — b) N. pr. eines Sohnes α) des Vasu. — β) des Maru VP.² 3,331. — 3) n. a) das Aeussere, Oberfläche. — b) äussere Gestalt, Anblick, Antlitz, facies. — c) Antlitz, insbes. Mund Pâr. Gṛhj. 3,16,1. — d) Abbild, Sinnbild. — e) Abbild, so v. a. Copie, Exemplar. — 4) m. n. Vordertheil, Anfangswort.

प्रतीकदर्शन n. eine sinnbildliche Vorstellung Comm. zu Bâdar. 4,1,3.

प्रतीकवन्त् Adj. facie sive ore praeditus.

प्रतीकार m. (adj. Comp. f. आ) 1) Wiedervergeltung, Rache. — 2) Entgegenwirkung, Heilverfahren, Abhülfe. — 3) Heil —, Schutz —, Rettungsmittel. — 4) Bez. eines auf Wiedervergeltung beruhenden Bündnisses. — Vgl. प्रतिकार.

प्रतीकार्य Adj. in अप्रतीकार्य (Nachtr. 3).

प्रतीकाश m. 1) Widerschein. — 2) Schein, Aussehen. Am Ende eines adj. Comp. (f. आ) das Aussehen von — habend, aussehend wie. — Vgl. प्रतिकाश.

प्रतीकाश्व m. N. pr. eines Fürsten.

प्रतीक्ष 1) Adj. (f. आ.) am Ende eines Comp. a) zurückblickend in अ° (Nachtr. 3). — b) erwartend, wartend auf. — c) Rücksicht nehmend auf. — 2) f. आ a) Erwartung. — b) Rücksicht auf (im Comp. vorangehend).

°प्रतीक्षक Adj. erwartend, wartend auf.

प्रतीक्षण n. 1) Rücksichtnahme, Berücksichtigung. — 2) Aufrechterhaltung, Erfüllung.

प्रतीक्षणीय Adj. zu erwarten, auf den man warten muss.

°प्रतीक्षम् Absol. wartend auf.

प्रतीक्षिन् Adj. wartend, erwartend, wartend auf (im Comp. vorangehend).

प्रतीक्ष्य Adj. 1) zu erwarten, auf den man zu warten hat, abzuwarten. — 2) aufrechtzuerhalten, zu halten, zu erfüllen. — 3) auf den man Rücksicht zu nehmen hat, eine rücksichtsvolle Behandlung verdienend.

प्रतीघात 1) Adj. am Ende eines Comp. abwehrend. — 2) m. Abwehr, Zurückweisung, Zurückhaltung, Behinderung, das Wehren. Hemmniss, Hinderniss, Widerstand.

प्रतीघातिन् in अप्रतीघातिन् (Nachtr. 4).

प्रतीचिका f. etwa Ungemach AV. 19,20,4.

प्रतीची s. u. प्रत्यञ्च्.

1. प्रतीचीन Adj. zugewandt, adversus, entgegenkommend. °नम् Adv. zu sich zurück.

2. प्रतीचीन Adj. 1) dass. पुरस्तात्प्रतीचीनम् (Adv.) von vorn zu sich hin TBr. 1,3,7,7. — 2) abgewandt, den Rücken bietend, aversus. — 3) hinten befindlich, von hinten kommend. °म् Adv. hinten, hinter. — 4) gegen Westen gewandt, — liegend. — 5) bevorstehend, zukünftig, folgend (zeitlich) auf (Abl.).

प्रतीचीनग्रीव Adj. mit dem Halse nach Westen gewandt.

प्रतीचीनप्रजनन Adj. Çat. Br. 7,4,2,40.

प्रतीचीनफल Adj. rückwärtsgewandte Frucht tragend.

प्रतीचीनमुख Adj. (f. ई) mit dem Gesicht nach Westen gewandt.

प्रतीचीनशिरस् Adj. mit dem Kopf nach Westen gewandt.

प्रतीचीनस्तोम m. ein best. Ekâha Vaitân.

प्रतीचीनेड Adj. °डं काशीतम् Name eines Sâman.

प्रतीचीपति m. Bein. Varuṇa's, der Ocean Prasannar. 129,23.

*प्रतीचीश m. Bein. Varuṇa's.

प्रतीच्छक m. Empfänger.

प्रतीच्य 1) Adj. im Westen befindlich, — wohnend. Am Anf. eines Comp. Westland. — 2) f. आ N. pr. der Gattin Pulastja's. — 3) n. प्रतीच्य Nigh. 3,25 vielleicht fehlerhaft für प्रतीत्य.

प्रतीत 1) Adj. s. u. 3. इ mit प्रति. — 2) m. N. pr. eines zu den Viçve Devâs gezählten Wesens.

*प्रतीतसेन m. N. pr. eines Fürsten.

प्रतीताक्षरा f. Titel eines Commentars.

प्रतीतार्थ Adj. eine anerkannte Bedeutung habend.

प्रतीताश्व m. N. pr. eines Fürsten VP.² 4,168.

प्रतीति f. 1) das Hinzutreten, Nahen. — 2) das allgemein Verständlichsein, das sich von selbst Ergeben 279,2. 280,3. 4. — 3) klare Einsicht in Etwas, deutliche Vorstellung —, das einen Begriff Haben von Etwas, vollkommenes Verständniss, Ueberzeugung. — 4) Vertrauen, zuversichtlicher Glaube, Credit.

प्रतीतोद m. Bez. bestimmter Pada-Anfänge in einer Litanei.

(प्रतीत्य) प्रतीतिघ n. 1) Bestätigung, Erfahrung. — 2) Verheissung, Vertröstung. — Vgl. प्रतीच्य 3).

प्रतीत्यसमुत्पाद m. Entstehung nach Eintritt der dazu erforderlichen Bedingungen, Verkettung von Ursachen und Wirkungen Lalit. 218,6. 7.

प्रतीदर्श m. N. pr. eines Mannes.

प्रतीनाह m. 1) Verstopfung Karaka 6,24. Vgl. कर्ण° und नासा°. — 2) Fahne Âpast. Çr. 16,18.

प्रतीनाहभाजन n. was eine Fahne vorstellt Çat. Br. 3,3,4,8.

प्रतीन्धक m. N. pr. eines Fürsten.

प्रतीप 1) Adj. (f. आ) a) widrig, entgegenkommend, — fliegend. — b) entgegengesetzt, verkehrt, in Unordnung befindlich. — c) unangenehm. — d) sich widersetzend, widerspänstig, feindlich gegenüberstehend, hinderlich; m. Gegner, Widersacher. — 2) प्रतीपम् Adv. a) gegen den Strom, rückwärts, zurück, entgegen. — b) zurück, so v. a. wieder (schlagen, umarmen u. s. w.) Bâlar. 310, 6. — c) verkehrt, in verkehrter Ordnung. — d) widersetzlich. Mit गम् sich widersetzen, mit अभ्युप-गम् feindlich entgegentreten. — 3) m. N. pr. eines Fürsten AV. 20, 129, 2. — 4) n. in der Rhetorik ein umgekehrtes Gleichniss (z. B. der Mond gleicht deinem Angesicht st. dein A. gl. dem Monde) Kâvjapr. 10,47. — 5) Titel eines grammatischen Werkes.

प्रतीपक 1) Adj. entgegenstehend, hinderlich, feindlich. — 2) m. N. pr. eines Fürsten.

प्रतीपग Adj. (f. आ) entgegenkommend, — fliessend; rückwärts strömend.

प्रतीपगति f. und °गमन n. eine rückgängige Bewegung.

°प्रतीपगामिन् Adj. entgegen gehend, so v. a. entgegen handelnd.

प्रतीपतरण n. das Schiffen gegen den Strom.

*प्रतीपदर्शनी und *°दर्शिनी f. Weib.

प्रतीपदीपक n. eine best. rhetorische Figur Comm. zu Bhatt. 10,22.

प्रतीपय्, °यति 1) sich Jmd widersetzen, gegen Jmd (Loc.) sein. — 2) umkehren machen, umwenden, zurückbringen.

प्रतीपवचन n. das Widersprechen, Widerrede.

प्रतीपान n. das Trinken Âpast. 1,28,21.

*प्रतीपाय्, °यते sich Jmd widersetzen, gegen Jmd sein, Jmd (Gen.) unhold sein.

प्रतीपाश्व m. N. pr. eines Fürsten.

*प्रतीपिन् Adj. wohl abgeneigt, unhold.

प्रतीपोक्ति f. Widerrede Naish. 6,108.

प्रतीबोधँ m. *Wachsamkeit.* Vgl. प्रतिबोध.

प्रतीमानँ n. *Gewicht (womit gewogen wird).* Vgl. प्रतिमान.

प्रतीर 1) m. N. pr. eines Sohnes des Manu Bhautja. — 2) *n. *Ufer.*

प्रतीराध m. = प्रतिराध.

प्रतीवर्तँ Adj. *in sich zurücklaufend.*

प्रतीवाप m. 1) *Einstreuung, Beimischung* (namentlich während des Kochens einer Medicin). — 2) * *Seuche, Pestilenz.*

प्रतीवाह् m. *Lohn.*

प्रतीवीँ 1) Adj. *annehmend, gern empfangend.* — 2) m. oder f. *Empfangnahme.*

प्रतीवेश 1) Adj. (f. आ) *benachbart.* — 2) *m. *Nachbarhaus.* — Vgl. प्रतिवेश.

प्रतीसारम् Absol. *auf Etwas zurückkommend.*

*प्रतीसीरा f. 245,27 Druckfehler für प्रति°.

प्रतीह् m. N. pr. eines Fürsten.

प्रतीहर्तर् Nom. ag. *Thürsteher, Kammerherr* Rāǵat. 7,1040.

प्रतीहारँ 1) m. *a) b) c)* = प्रतिहार 1) *c)* (AV. 11, 7,12) *e) f)* (*Statue eines Thorhüters* Varāh. Bṛh. S. 56,14). — *d)* **ein best. Bündniss;* richtig प्रतीकार. — *e)* *N. pr. eines fürstlichen Geschlechts. — 2) f. ई *Thorsteherin* Bālar. 63,14. fgg. 183,22.

प्रतीहारता f. und °हारत्व n. *das Amt eines Thorstehers.*

प्रतीहारधुरंधरा f. *Thorsteherin* Vikramāṅkaḱ. 9,135.

प्रतीहारम् Absol. *darauf tupfend* Kauç. 29. 58.

*प्रतीहास m. *Nerium odorum.*

प्रतुद्ग m. = प्रतुद 1) Āpast. 1,17,33.

प्रतुद m. 1) *Picker, Hacker* (eine Klasse von Vögeln) Gaut. — 2) *Stachel.*

प्रतुर in सुप्रतुर.

प्रतुष्टि f. *Befriedigung.*

प्रतूणी f. *eine best. Nervenkrankheit.*

प्रतूर्ण und प्रतूर्तँ s. u. त्वर् mit प्र.

*प्रतूर्तक Adj. *das Wort* प्रतूर्त *enthaltend.*

प्रतूर्तिँ 1) f. *eilige—, türmische—, rollende Bewegung; Eile.* — 2) Adj. *rollend, treibend, stürmend.*

प्रतृण्ण n. *das Recitiren des* Padapāṭha Ait. Ār. 314. fg.

प्रतृद् Adj. *aufspaltend, anspiessend* ṚV.

प्रतोदँ m. *Stachelstock* (zum Antreiben der Thiere). कश्यपस्य प्रतोदौ (Ārsh. Br.) und अङ्गिरसां प्रतोदः Namen von Sâman.

प्रतोदिन् Adj. in श्रोणिप्रतोदिन्.

प्रतोली f. 1) *breiter Weg, Hauptstrasse.* Am Ende eines adj. Comp. °क, f. °का. — 2) *eine Art Verband, der für den Nacken und das männliche Glied gebraucht wird.*

प्रतोष m. N. pr. eines der 12 Söhne Vishṇu's von der Dakshiṇâ und eines der Götter Tushita im Manvantara Svâjambhuva.

प्रत्त s. u. 1. दा mit प्र.

प्रत्ति f. *Hingabe.*

प्रत्नँ 1) Adj. (f. आ) *a) vormalig, bisherig, herkömmlich, altgewohnt.* — *b) alt, uralt.* — 2) n. *ein best. Metrum.*

प्रत्नथा und प्रत्नवत् Adv. *wie ehemals, in gewohnter Weise.*

प्रत्नवत् Adj. *das Wort* प्रत्न *enthaltend.*

प्रत्यंश oder प्रत्यंस m. Text zu Lot. de la b. l. 265. Nach Burnouf *salut.*

*प्रत्यंशु 1) m. = प्रतिगतोऽंशुः. — 2) Adj. = प्रतिगता अंशवो ऽस्य.

प्रत्यंस s. प्रत्यंश.

प्रत्यक् s. u. प्रत्यञ्च्.

प्रत्यक्चेतन Adj. *dessen Denken auf sich zurückgewandt ist.*

प्रत्यक्तत्त्वदीपिका f. und °तत्त्वविवेक m. Titel zweier Werke.

प्रत्यक्त्व n. *die Richtung zurück, — zu sich hin.*

*प्रत्यकपर्णी f. 1) *Achyranthes aspera.* — 2) *Anthericum tuberosum;* richtig प्रत्यक्श्रेणी.

प्रत्यकपुष्कर Adj. (f. आ) *mit dem Kopf nach Westen gewandt (Löffel)* Ait. Br. 7,5,7.

प्रत्यकपुष्पी f. *Achyranthes aspera.*

प्रत्यकप्रवण Adj. *der individuellen Seele hingegeben.* Nom. abstr. °ता f. Prab. 100,14.

प्रत्यक्शिरस् Adj. *mit dem Kopf nach Westen gerichtet* Āpast. Çr. 7,16,5.

प्रत्यक्शीर्षी Adj. f. dass. Kauç. 44.

प्रत्यक्श्रेणी f. *eine best. Pflanze* Ḱaraka 1,1. 7, 11. Nach den Lexicographen *Anthericum tuberosum* (Rāǵan. 5,135), *Croton polyandrum* oder *Tiglium* und *Salvinia cucullata* (Rāǵan. 3,55).

प्रत्यक्स्रोतस् Adj. fehlerhaft für प्रत्यक्स्रोतस्.

प्रत्यक्ष 1) Adj. (f. आ) *a) vor Augen liegend, augenfällig, sinnlich wahrnehmbar.* — *b) augenfällig,* so v. a. *offen zu Tage liegend, deutlich, keinem Zweifel unterworfen, klar.* — *c) ausdrücklich, wirklich, wahr.* — *d) unmittelbar, direct.* — *e) Etwas vor Augen habend, Einsicht habend in* (Gen.) — 2) n. *a) Aufsicht über, Sorge um* (Gen.). — *b) Augenschein, unmittelbare Wahrnehmung, — Erkenntniss.* — *c)* in der Rhetorik *eine Form, in welcher Sinneseindrücke geschildert werden.* — *d)* Titel verschiedener Werke Opp. Cat. 1. — 3) प्रत्यक्षम् Adv. *a) coram, vor Augen, in's Angesicht, vor den Augen —, in Gegenwart von* (Gen. oder im Comp. vorangehend), *augenfällig, auf Augenschein, mit eigener unmittelbarer Kenntniss.* — *b) deutlich, klar.* — *c) ausdrücklich, wirklich, geradezu, eigentlich.* — *d) unmittelbar, direct, persönlich.* — 4) प्रत्यक्षात् = 3) *c) d).* — 5) प्रत्यक्षेण = 3) *a) c).* — 6) प्रत्यक्षे *vor Jmds Augen, in's Angesicht* Spr. 4238. fg. — 7) प्रत्यक्ष° = 3) *a) b) c) d).*

प्रत्यक्षकरण n. *eigene Anschauung* Ḱaraka 3,4.

प्रत्यक्षकृत Adj. *unmittelbar —, persönlich angeredet, eine persönliche Anrede enthaltend* Nir. 7,1. 2.

प्रत्यक्षखण्डचिन्तामणि m. und °खण्डव्याख्या f. (Opp. Cat. 1) Titel zweier Werke.

प्रत्यक्षचारिन् Adj. *leibhaftig vor Jmd* (Gen.) *wandelnd* 251,14.

प्रत्यक्षज्ञान n. *unmittelbare Erkenntniss.*

प्रत्यक्षतमात् und °तमाम् Adv. *augenfälligst, unmittelbar, eigentlichst* u. s. w.

प्रत्यक्षतस् Adv. *vor Jmds Augen, so dass es die Augen sehen.* Mit श्रु so v. a. *mit eigenen Ohren hören.*

प्रत्यक्षता f. *das vor Augen Sein, Sichtbarsein.* Instr. so v. a. *vor Jmds Augen.*

प्रत्यक्षत्व n. 1) *Augenfälligkeit.* — 2) *Ausdrücklichkeit.* — 3) Nom. abstr. zu प्रत्यक्ष 2) *b)* Kap. 1,90.

प्रत्यक्षदर्शन 1) *m. *Augenzeuge.* — 2) n. *das Sehen mit eigenen Augen, die Fähigkeit Jmd* (einen Gott) *leibhaftig zu sehen.*

प्रत्यक्षदर्शिन् Adj. *der Etwas* (Gen.) *mit eigenen Augen sieht, — gesehen hat.*

प्रत्यक्षदर्शिवंस् Adj. *der Etwas mit eigenen Augen gesehen hat, der Etwas* (Acc. oder im Comp. vorangehend) *deutlich sieht, als wenn es vor seinen Augen stände.*

प्रत्यक्षदीपिका f. Titel eines Werkes Opp. Cat. 1.

प्रत्यक्षदृश् Adj. *der Etwas* (Acc.) *deutlich sieht, als wenn es vor seinen Augen stände.*

प्रत्यक्षदृश्य Adj. *mit Augen zu sehen, augenfällig.*

प्रत्यक्षदृष्ट Adj. *mit eigenen Augen gesehen* 314, 18.

प्रत्यक्षद्विष् Adj. *das offen zu Tage Liegende nicht mögend* Çat. Br. 14,6,11,2.

प्रत्यक्षपरिच्छेद m. Titel eines Werkes Opp. Cat. 1.

प्रत्यक्षपृष्ठ m. *ein best.* Pṛshṭhja Āçv. Çr. 8,4,22.

प्रत्यक्षप्रमा f. *ein durch sinnliche Wahrnehmung*

gewonnener richtiger Begriff.

प्रत्यक्षप्रमाण n. Titel eines Werkes.

प्रत्यक्षफल Adj. *sichtbare Folgen habend.* Nom. abstr. °त्व n. Âpast.

प्रत्यक्षभक्त m. *wirkliches Essen.*

प्रत्यक्षभूत Adj. *leibhaftig erscheinen* 157,25.

प्रत्यक्षमणि m. Titel eines Werkes Opp. Cat. 1.

प्रत्यक्षय्, °यति 1) *vor Augen bringen, augenfällig machen.* — 2) *mit eigenen Augen sehen* Kâd. 2,101,11.

प्रत्यक्षरश्लेषमय Adv. *in jeder Silbe eine Doppelsinnigkeit enthaltend.*

प्रत्यक्षरुचिदत्तीय n. Titel eines Werkes Opp. Cat. 1.

प्रत्यक्षवत् Adv. *als wenn es ganz sicher stände* Âpast.

प्रत्यक्षवाद m. Titel eines Werkes Opp. Cat. 1.

*प्रत्यक्षवादिन् m. *ein Buddhist.*

प्रत्यक्षविधान n. *ausdrückliche Anordnung* Gaut. 3,36.

प्रत्यक्षविषयी Adv. mit भू *sich nur in einer dem Auge zugänglichen Nähe bewegen* Comm. zu Naish. 8,24.

प्रत्यक्षविहित Adj. *ausdrücklich angeordnet.*

प्रत्यक्षवृत्ति Adj. *deutlich —, verständlich gebildet* (Wort).

प्रत्यक्षागमन n. *das Herbeikommen in leibhaftiger Gestalt* Ind. St. 15,440.

प्रत्यक्षानुमान n. und °शब्दखण्डन (so Index, statt °खण्ड) n. Titel von Werken Opp. Cat. 1.

प्रत्यक्षाय्, °यते *deutlich vor Augen treten, augenfällig sein.* °क्षायमाणत्व n. *das deutlich vor Augen Treten.*

*प्रत्यक्षिन् m. *Augenzeuge.*

प्रत्यक्षी Adv. 1) mit कर् *in Augenschein nehmen, mit eigenen Augen ansehen, — sehen* Kâd. 139,13. 236,14. — 2) mit भू *vor Augen treten, augenfällig sein, persönlich —, leibhaftig erscheinen* Ind. St. 15,276. 314 u. s. w.

प्रत्यक्षीकरण n. *das in Augenschein Nehmen.*

प्रत्यक्सरस्वती f. *die westliche* Sarasvatî.

प्रत्यक्स्थली f. N. pr. einer Vedi R. ed. Bomb. 3,74,23 = Gorr. 3,77,23.

प्रत्यक्स्रोतस् Adj. *nach Westen fliessend.*

1. प्रत्यगक्ष n. *ein inneres Organ.*

2. प्रत्यगक्ष Adj. *dessen Organe innen sind.*

प्रत्यगात्म Adj. *die Person betreffend* R. ed. Bomb. 2,109,19. प्रत्यगात्मनो जीवानुद्दिश्य प्रवृत्तः Comm.

प्रत्यगात्मन् m. 1) *die innere —, individuelle Seele.* Nom. abstr. °त्मता f. — 2) *Individuum* Çaṁk. zu Bâdar. 4,1,2.

प्रत्यगानन्द Adj. *als innere Wonne erscheinend* 275,8. 289,12.

*प्रत्यगाशापति m. Bein. Varuṇa's.

1. प्रत्यगाशिस् f. *ein persönlicher Wunsch* Comm. zu Kâty. Çr. 1,7,21.

2. प्रत्यगाशिस् Adj. *einen persönlichen Wunsch enthaltend* Âpast. Çr. 4,1,3.

प्रत्यगुदक् Adv. *nordwestlich.*

प्रत्यगेकरस Adj. *nur am Innern —, an der eigenen Seele Geschmack findend.*

प्रत्यग्ज्योतिस् n. *das innere Licht* Mahâvîrak. 63,13.

प्रत्यग्दक्षिणतस् und °दक्षिणा Adv. *südwestlich.*

प्रत्यग्दक्षिणाप्रवण Adj. *nach Südwesten abschüssig* Âçv. Gṛhj. 4,1,8.

प्रत्यग्दिश् f. *Westen.*

1. प्रत्यग्दृश् f. *ein nach innen gerichteter Blick.*

2. प्रत्यग्दृश् Adj. *dessen Blick nach innen gerichtet ist.*

प्रत्यग्धामन् Adj. *inneres Licht habend.*

प्रत्यग्नि Adv. 1) *gegen das Feuer, zum F. hin.* — 2) *an —, bei —, in jedem Feuer.*

प्रत्यग्र 1) Adj. (f. आ) *frisch, neu, jung* (Kuh Hemâdri 1,437,1. 11), *vor Kurzem erfolgt; neu,* so v. a. *abermalig.* प्रत्यग्रम् und प्रत्यग्र° Adv. *vor Kurzem.* — 2) m. N. pr. eines Fürsten der Kedi.

*प्रत्यग्रगन्धा f. *Rhinacanthus communis.*

प्रत्यग्रथ m. N. pr. 1) * Pl. eines Kriegerstammes. — 2) eines Fürsten VP.² 4,149.

प्रत्यग्रप्रसवा Adj. f. *vor Kurzem gekalbt habend.*

प्रत्यग्रयौवन Adj. (f. आ) *in der ersten Jugend stehend.*

प्रत्यग्ररूप Adj. (f. आ) *jugendlich.*

प्रत्यग्रवयस Adj. *jugendlichen Alters.*

प्रत्यग्रह m. N. pr. eines Fürsten der Kedi.

*प्रत्यङ्क Adj. (f. आ) *vor Kurzem gekennzeichnet* (Vieh) Kâç. zu P. 2,1,14.

प्रत्यङ्कम् Adv. *in jedem Acte* (im Schauspiel).

1. प्रत्यङ्ग m. N. pr. eines Fürsten.

2. प्रत्यङ्ग n. 1) *Nebenglied des Körpers: Stirn, Nase, Kinn, Ohren, Finger u. s. w.* Vagrakkh. 31,11. — 2) *Abtheilung, Theil.* — 3) *Waffe.*

3. प्रत्यङ्ग m. *ein best. Tact* S. S. S. 208.

4. प्रत्यङ्ग° und प्रत्यङ्गम् Adv. 1) *auf —, an jedem Theile des Körpers.* — 2) *für die eigene Person.* — 3) *für jeden Theil* (einer Opferhandlung). — 4) *bei jedem grammatischen Thema.*

°प्रत्यङ्गत्व n. *Zugehörigkeit zu* Comm. zu TS. Prât.

प्रत्यङ्गवर्तिन् Adj. *mit der eigenen Person sich beschäftigend.*

प्रत्यङ्गिरस m. N. pr. einer mythischen Person.

प्रत्यङ्गिरस m. desgl. Auf ihn werden best. Ṛk zurückgeführt Hariv. 180 = VP. 1,24,135.

प्रत्यङ्गिरा f. 1) *Acacia Sirissa* Rasar. 705. — 2) N. pr. einer Tantra-Gottheit.

प्रत्यङ्गिराकल्प m., °रातत्त्व n., °रापञ्चाङ्ग n. und °रासूक्त n. Titel von Werken.

प्रत्यङ्मुख Adj. (f. ई) *mit dem Gesicht nach Westen gewandt.* Nom. abstr. °त्व n. Hemâdri 1,352,17.

*प्रत्यञ्जिर n. gaṇa ग्रंश्वादि.

प्रत्यञ्च् 1) Adj. (schwach प्रतीच्, f. प्रतीची, प्रतीची und *प्रत्यच्ची *a) zugewandt, zugekehrt, adversus;* mit Acc. विश्वतस् *überallhin seine Vorderseite bietend.* ऋतवः सर्वे पराञ्चः सर्वे प्रत्यञ्चः so v. a. *alle Jahreszeiten gehen und kommen.* — *b) hinten befindlich, von hinten kommend; den Rücken bietend, abgewandt, in umgekehrter Ordnung sich bewegend; zurückgewandt.* — *c) hinten befindlich,* so v. a. *westlich, nach Westen gerichtet, westlich von* (Abl.). — *c) von hinten anfangend.* — *e) zurückgewandt,* so v. a. *nach innen gerichtet, innerlich.* — *f) gewachsen, gleichkommend, par;* mit Acc. — *g) * vergangen* (Zeit). — 2) प्रत्यक् Adv. *a) rückwärts, rückläufig, nach hinten; in entgegengesetzter Richtung; hinter* (mit Abl.). — *b) im —, nach Westen, westlich von* (Abl.). — *c) im Innern* 273,5. 12. — *d) * in früheren Zeiten.* — 3) m. *die innere —, individuelle Seele.* — 4) f. प्रतीची f. *a) Westen.* — *b)* N. pr. eines Flusses.

प्रत्यञ्जन n. *das Besalben* Bhâvapr. 2,158.

*प्रत्यदन n. *Essen, Futter.*

प्रत्यधिकरणम् Adv. bei *jedem Artikel, — Paragraphen* Njâjam. S. 4, Z. 7.

प्रत्यधिदेवता f. *eine gegenüberstehende Schutzgottheit* Hemâdri 1,170,19. 179,7. 8.

प्रत्यनन्तर 1) Adj. *a) in unmittelbarer Nähe von Jmd* (Gen.) *stehend.* — *b) zunächst stehend* in übertr. Bed.; Subst. *ein präsumtiver Erbe.* — 2) °म् Adv. *unmittelbar nach* (Abl.).

प्रत्यनन्तरी Adv. mit भू *sich in die unmittelbare Nähe von —* (Gen.) *begeben* Prasannar. 63,7.

प्रत्यनीक 1) Adj. *a) feindlich, sich Jmd* (Gen.) *feindlich entgegenstellend.* — *b) entgegenstehend, beeinträchtigend.* — *c) entgegengesetzt.* Nom. abstr. °त्व n. — *d) * unter den Synonymen für gleich* (*wetteifernd mit*) 250,27. — 2) m. *Gegner, Feind.* — 3) n. *a) ein feindlich gegenüberstehendes Heer.* — *b) Feindschaft, ein feindliches Verhältniss, eine* feindliche Stellung, Rivalität; Sg. und Pl. — c) Schmähung der Angehörigen eines Gegners, an welchem man sich nicht anders zu rächen vermag, Kâvjapr. 10,43.

प्रत्यनीकभाव m. das Gegentheilsein Comm. zu Njâjas. 1,1,42. 2,2,2.

प्रत्यनुमान n. Gegenschluss, eine entgegengesetzte Folgerung.

प्रत्यनुयोग m. Gegenfrage.

प्रत्यन्त m. 1) Grenze. — 2) Pl. barbarische Völkerstämme; *Sg. Grenzland, so v. a. von barbarischen Stämmen eingenommenes Land.

प्रत्यन्तदेश m. Grenzland.

*प्रत्यन्तपर्वत ein angrenzender, kleinerer Berg.

प्रत्यन्तरी Adv. mit भू sich in Jmds (Gen.) Nähe begeben.

प्रत्यन्तवास n. (?) Grenzort Lalit. 22,11.

प्रत्यन्तात् Adv. je bis zum Ende.

प्रत्यन्तिक Adj. an der Grenze befindlich, — gelegen Kârand. 42,8. Vgl. प्रात्यन्तिक.

प्रत्यपकार m. Gegenbeleidigung, Vergeltung von Bösem mit Bösem.

प्रत्यपर Adj. niedriger stehend als (Abl.) Vagras. 226. Richtig प्रत्यवर.

प्रत्यपाय m. das Wiedervergehen. बहु° Adj. Çilâñka 1,314.

प्रत्यपिसर्ग m. das Wiederdaraufwerfen Comm. zu Âpast. Çr. 7,15,3.

प्रत्यब्दम् Adv. jedes Jahr.

प्रत्यभिघारण n. das abermalige Begiessen der im Gefässe zurückgebliebenen Opferspeise, wenn man einen Abschnitt von derselben weggenommen hat.

प्रत्यभिचरण Adj. gegenzaubernd.

प्रत्यभिज्ञा f. 1) Wiedererkennung Comm. zu Njâjas. 3,1,7. — 2) das wieder zum Bewusstsein Kommen. — 3) Titel eines Werkes.

प्रत्यभिज्ञादर्शन n. ein best. philosophisches System.

प्रत्यभिज्ञान n. 1) das Wiedererkennen Kap. 5,91. — 2) Gegenerkennungszeichen. — 3) Wechselbeziehung.

प्रत्यभिज्ञापन n. das Wiedererkennenmachen Çaṁk. zu Bâdar. 3,3,24.

प्रत्यभिज्ञायमानत्व n. das Wiedererkanntwerden Comm. zu Kap. (Ball.) 1,64.

प्रत्यभिज्ञाविमर्शिनी f. Titel eines Commentars zum प्रत्यभिज्ञाहृदय Bühler, Rep. No. 464. fgg.

प्रत्यभिज्ञाशास्त्र n. ein best. Lehrbuch.

प्रत्यभिज्ञाहृदय n. Titel eines Werkes Bühler, Rep. No. 467.

°प्रत्यभिनन्दिन् Adj. mit Dank empfangend.

प्रत्यभिभाषिन् Adj. sprechend zu (Acc.).

प्रत्यभिमर्श m. und °मर्शन n. das Bestreichen, Berühren (mit der Hand).

प्रत्यभिमेथन n. höhnische Antwort.

प्रत्यभियोग m. Gegenklage.

प्रत्यभिलेख्य n. Gegenschrift, ein von der Gegenpartei beigebrachtes Document Vasishtha 16,15.

प्रत्यभिवाद m. die Erwiederung eines Grusses.

प्रत्यभिवादक Adj. Jmds Begrüssung erwiedernd.

प्रत्यभिवादन n. die Erwiederung eines Grusses (Gen.).

प्रत्यभिवादयितर् Nom. ag. der einen Gruss erwiedert.

प्रत्यभिस्कन्दन n. Gegenbeschuldigung.

प्रत्यभ्यनुज्ञा f. Einwilligung, Erlaubniss.

प्रत्यभ्यासम् Adv. bei jeder Wiederholung Comm. zu Âpast. Çr. 6,23,1.

प्रत्यभ्युत्थान n. (adj. Comp. f. आ) das sich vor Jmd vom Sitz Erheben (eine Höflichkeit) Kâd. 66,23. fg.

प्रत्यमित्र Adj. feindlich; m. Feind, Gegner.

प्रत्यय m. (adj. Comp. f. आ) 1) Glaube an, feste Ueberzeugung von, Zuversicht, Vertrauen zu, Vergewisserung. Die Ergänzung im Loc. (128,27), Gen. oder im Comp. vorangehend). तत्प्रत्ययम् Adv. so dass sie dessen gewiss sind Âpast. 2,15,10. — 2) Verständniss, Annahme. — 3) Auflösung, Erklärung. — 4) Vorstellung, Begriff, Idee; bei den Buddhisten und Ǵaina Grundbegriff. — 5) Grund, Ursache; bei den Buddhisten eine eintretende Ursache. Nom. abstr. °त्व n. — 6) Gottesurtheil Kâtj. — 7) Bedürfniss (buddh.) Kârand. 19,9. 20,20. 40,17. 82,13. — 8) ein nachfolgender Laut. — 9) Suffix. — Nach den Lexicographen auch Versicherung, Schwur; Brauch, Sitte; Berühmtheit; religiöse Betrachtung; ein Untergebener; ein Haushälter, der sein eigenes Feuer hat.

प्रत्ययकारक Adj. Vertrauen erweckend, zuverlässig Spr. 4008.

*प्रत्ययकारिन् 1) Adj. dass. — 2) f. °रिणी Siegel.

प्रत्ययतत्त्वप्रकाशिका f. Titel eines Werkes Opp. Cat. 1.

प्रत्ययधातु m. Denominativstamm.

प्रत्ययनम् Adv. 1) jedes halbe Jahr Jâǵn. 1,125. — 2) *enklitisch nach einem Verbum fin.

प्रत्ययनस्त्व n. Wiedererlangung.

प्रत्ययसर्ग m. die intellectuelle Schöpfung Sâṁkhjak. 46.

प्रत्ययात्म Adj. etwa Vertrauen erweckend R. 2,109,19. प्रत्ययगात्म v. l.

प्रत्ययाधि m. ein Pfand, das in Betreff der Schuld Vertrauen einflösst, Jolly, Schuld. 303.

प्रत्ययाय्, °यति überzeugen Hem. Par. 8,419 fehlerhaft für प्रत्यायय् (Caus. von 3. इ mit प्रति).

प्रत्ययिक Adj. in स्वात्म° etwa so v. a. wovon man sich selbst überzeugen kann.

प्रत्ययित Adj. zuverlässig, erprobt. Compar. °तर zuverlässiger Comm. zu Ǵaim. 2,2,3. — Pañkat. 216,23 fehlerhaft für प्रत्यायित.

प्रत्ययितव्य Adj. glaubwürdig Çaṁk. zu Bâdar. 2,2,33 (S. 585, Z. 13).

प्रत्ययिन् Adj. des Vertrauens würdig, zuverlässig.

प्रत्यर m. (Comm.) und °रा f. Nebenspeiche.

प्रत्यरि m. ein ebenbürtiger Feind, ein Jmd (Gen.) gewachsener Gegner.

प्रत्यर्क m. Nebensonne.

*प्रत्यर्गल n. der Strick, durch den der Butterstössel in Bewegung gesetzt wird, Gal.

प्रत्यर्चन n. Erwiederung einer Ehrenbezeigung, — eines Grusses.

प्रत्यर्णम् Adv. bei jeder Silbe Sarvad. 171,3.

*प्रत्यर्थक m. Widersacher.

प्रत्यर्थम् Adv. in Bezug auf Etwas Ǵaim. 6,1,3. 2,4. Auch fehlerhaft für अत्यर्थम्.

प्रत्यर्थिक am Ende eines adj. Comp. Widersacher.

प्रत्यर्थिन् 1) Adj. a) feindlich; m. Widersacher, Gegner, Nebenbuhler. — b) wetteifernd mit (am Ende eines Comp.), so v. a. gleichend. — 2) m. der Verklagte 211,20. 213,6. 214,9. 10. 12.

*प्रत्यर्ध gaṇa अंशादि in der Kâç.

प्रत्यर्धि, प्रतिअर्धि Adj. etwa zur Hälfte betheiligt an (Gen.), gleichberechtigt, gleichstehend.

प्रत्यर्पण n. das Zurückgeben, Wiedergeben.

प्रत्यर्पणीय Adj. zurückzugeben, wiederzugeben.

प्रत्यर्ष m. etwa Wand, Seite (eines Hügels).

प्रत्यर्हम् Adv. in *यथा°.

प्रत्यवकर्शन Adj. zu Schanden machend.

प्रत्यवनेजन n. das Wiederabwaschen.

प्रत्यवभाष oder °षा Uttarar. 27,14 fehlerhaft für °भास.

प्रत्यवभास m. (adj. Comp. f. आ) das vor Jmd Erscheinen.

प्रत्यवमर्श m. 1) innere Betrachtung, Vertiefung in (im Comp. vorangehend). — 2) Rückbetrachtung, Rückschluss = स्वकृतकर्मानुसंधान Nilak. zu Hariv. 1,21,19.

प्रत्यवमर्शन n. innere Betrachtung, das Sichbesinnen.

प्रत्यवमर्शवत् Adj. *innere Betrachtungen anstellend, sich besinnend, Alles erwägend* MBH. 12, 295,13.

प्रत्यवमर्ष und °मर्षवत् fehlerhaft für °मर्श und °मर्शवत्.

प्रत्यवयव° und प्रत्यवयवम् Adv. 1) *auf —, an jedem Theile des Körpers* Comm. zu NAISH. 7,2. 10. — 2) *für jeden Theil, einzeln* ÇAṂK. zu BÂDAR. 2,1,18.

प्रत्यवर Adj. *niedriger, geringer, weniger geachtet, — als* (Abl.). प्रवर, प्रत्यवर, सम ḰARAKA 3,8.

प्रत्यवरकालम् Adv. *nach* (zeitlich), mit Abl. oder am Ende eines Comp. ḰARAKA 6,10.

प्रत्यवँव्रूढि f. *das Herabsteigen zu Jmd hin.*

प्रत्यवरोधन n. *Hemmung, Störung.*

प्रत्यवरोह m. 1) *das Herabsteigen zu Jmd hin.* — 2) *absteigende Folge.* — 3) Bez. *bestimmter Sprüche.* प्रत्यवरोहमन्त्र m. SÂJ. zu AITR. BR. 8, 9, 5.

प्रत्यवरोहण n. 1) *das Herabsteigen zu Jmd hin.* — 2) *das Wiederherabsteigen, eine best.* Gṛhja-*Feier im* Mârgaçîrsha.

प्रत्यवरोहणीय m. *ein best.* Ekâha, *der einen Theil des* Vâgapeja *bildet.*

प्रत्यवरोहम् Absol. *herabsteigend* AIT. BR. 8,9,2.

प्रत्यवरोहिन् 1) Adj. a) *absteigend, abwärts sich bewegend.* — b) *vom Sitz sich erhebend* in अ° — — 2) f. °हिणी *eine best. Litanei* TÂṆḌJA-BR. 3, 6, 1.

प्रत्यवसान n. *das Essen.*

प्रत्यवसित Partic. von सा mit प्रत्यव.

प्रत्यवस्कन्द m. 1) *Ueberfall.* — 2) * = प्रत्यवस्कन्दन.

प्रत्यवस्कन्दन n. *das von Seiten eines Verklagten mit einer Rechtfertigung der ihm zur Last gelegten Handlung verbundene Eingeständniss derselben vor Gericht.*

*प्रत्यवस्था f. = पर्यवस्था.

*प्रत्यवस्थातर् Nom. ag. *Widersacher, Gegner.*

प्रत्यवस्थान n. *Einwendung.*

प्रत्यवस्थापन n. *das Restauriren, Kräftigen* ḰARAKA 6,1.

प्रत्यवहर्तोस् Gen. Inf. zu हर् mit प्रत्यव AIT. BR. 7,33,6.

प्रत्यवहार m. 1) *Zurückziehung, Einziehung.* — 2) *Einziehung* des Geschaffenen, so v. a. *Auflösung, Vernichtung.*

प्रत्यवाप m. BÂLAR. 12,10 fehlerhaft für प्रत्यवाय 3).

प्रत्यवाय m. 1) *Abnahme, Verminderung.* — 2) *Umkehrung, ein umgekehrtes Verhältniss.* — 3) *Widerwärtigkeit, Unannehmlichkeit.* — 4) *Vergehen, Sünde* ÂPAST.

प्रत्यवेक्षण n. und प्रत्यवेक्षा f. *das Sehen nach —, das Sichkümmern —, Sorge um Etwas.*

प्रत्यवेक्ष्य Adj. *auf den man Rücksicht zu nehmen hat.* — RAGH. 17,53 ist प्रत्यवेक्षानि° zu lesen.

*प्रत्यश्मन् m. *Röthel, rubrica.*

प्रत्यष्ठीला f. *eine best. Nervenkrankheit* BHÂVAPR. 4,152.

प्रत्यस्तगमन n. *Untergang* (der Sonne).

प्रत्यस्तम् Adv. mit गम् *untergehen, aufhören.*

प्रत्यस्तमय m. *Untergang, das Aufhören* ÇAṂK. zu BÂDAR. 4,2,8.

प्रत्यस्त्र n. *Gegengeschoss.*

प्रत्यह्न Adj. *täglich* RÂGAT. 7,491. 733. °म् Adv.

प्रत्याकलित n. *die Erwägung der Richter, welcher der beiden Parteien die Beweisführung aufzulegen sei, wenn der Verklagte die Klage beantwortet hat,* MIT. 2,6,6,6. fg.

*प्रत्याकार m. *Degenscheide.*

प्रत्याक्षेपक Adj. *verhöhnend, verspottend.* Nom. abstr. °त्व n.

प्रत्याख्यातत्व n. *das Zurückgewiesen —, Verworfenwordensein.*

प्रत्याख्यातर् Nom. ag. *Verweigerer.*

प्रत्याख्यातव्य Adj. *zu bestreiten, zu verneinen* ÇAṂK. zu BÂDAR. 2,2,12.

प्रत्याख्यान n. 1) *das Zurückweisen, Abweisen.* — 2) *das Verweigern, Abschlagen.* — 3) *das Begegnen, Bekämpfen* (von Affecten u. s. w.). — 4) *das Läugnen, Nichtannehmen, Bestreiten* ÇAṂK. zu BÂDAR. 2,2,1. — 5) vielleicht *das Abweisen alles dessen, was die Seelenruhe stören könnte.* — 6) Titel eines Gaina-Werkes.

प्रत्याख्यानसंग्रह m. Titel eines Werkes.

प्रत्याख्यायम् Absol. *einzeln aufzählend.*

प्रत्याख्यायिन् Adj. in अ°.

प्रत्याख्येय Adj. 1) *zurückzuweisen.* — 2) *abweisbar,* so v. a. *nicht in Behandlung zu nehmen, unheilbar* ḰARAKA 3,6.

प्रत्यागति f. und प्रत्यागम m. *Heimkehr, Rückkehr.*

प्रत्यागमन n. *das Heimkehren, Zurückkommen* in oder *nach* (im Comp. vorangehend). निरूह° *das Wiederzurückkommen eines Klystiers.*

प्रत्याघात m. *Abwehr* KÂD. 2,30,7.

प्रत्याचचक्षाण Adj. *Etwas* (Acc.) *zu bestreiten beabsichtigend* Comm. zu NJÂJAS. 1,1,14.

प्रत्याचार m. *ein entsprechendes Verfahren.* चार° so v. a. *ein durch die Späher hervorgerufenes Verfahren.*

प्रत्यातापँ m. *ein sonniger Platz.*

प्रत्यात्म° und प्रत्यात्मम् Adv. 1) *für jede Seele, in jeder S.* — 2) *singulatim.*

प्रत्यात्मक und प्रत्यात्मिक (ÇAṄKH. GṚHJ. 6,6) Adj. *selbsteigen, je sein.* प्रत्यात्मिक auch *eigenthümlich, eigenartig* ḰARAKA 6,3.

प्रत्यात्म्य n. *Selbstähnlichkeit.* Instr. so v. a. *nach seinem Ebenbilde.*

प्रत्यादर्श m. PAṄKAT. III,176 fehlerhaft für प्रत्यादेश.

प्रत्यादान n. 1) *das Wiederempfangen, Wiedererlangung.* — 2) *das Wiederholen, Wiederholung.*

1. प्रत्यादित्य m. *Nebensonne.*

2. प्रत्यादित्य° Adv. *gegen die Sonne.* °गुद Adj. *dessen Steiss g. d. S. gewandt ist.*

प्रत्यादित्सु Adj. *wiederzuerlangen —, zu erlangen im Sinne habend.*

प्रत्यादेय Adj. *zu empfangen, entgegenzunehmen, was man einnimmt.*

प्रत्यादेश m. 1) *Anweisung, Befehl.* — 2) *Zurückstossung, Abweisung.* — 3) *eine abschlägige Antwort.* — 4) *Beschämung* KÂD. 5,8.

प्रत्याधान n. *Ort der Aufbewahrung.*

प्रत्याध्मान n. *eine Art Trommelsucht* BHÂVAPR. 4,151.

प्रत्यानयन n. *das Wiederzurückholen* (KÂD. 2,25, 6. 60,10), *Wiederzuführen, — zurückbringen, — zurückgeben.*

*प्रत्यानाह m. *Brustfellentzündung* GAL.

प्रत्यानीक m. in Verbindung mit राजन् *eine best. Personification.*

प्रत्यानेय Adj. *wieder gut zu machen.*

प्रत्यापत्ति f. 1) *Rückkehr vom Bösen, Bekehrung* MBH. 12,291,9 (= वैराग्य NILAK.). — 2) *Wiederumwandlung, Wiederherstellung.* — 3) *Entsündigung* ÂPAST. (= शुद्धि Comm.).

प्रत्यापीड m. *ein best. Metrum.*

प्रत्याप्लवन n. *das Zurückspringen.*

प्रत्याम्नातव्य Adj. in अ°.

प्रत्याम्नान n. *eine entgegengesetzte —, veränderte Bestimmung.*

प्रत्याम्नाय m. 1) dass. ÂPAST. ÇR. 5,20,18. 6,30,9. 7,1,4. Comm. zu 8,2,11. — 2) *Schluss* (im Syllogismus).

प्रत्याम्नायम् Adv. *zu jedem einzelnen Textbuch.*

*प्रत्याय m. *Abgabe, Tribut.*

प्रत्यायक Adj. 1) *zur Erkenntniss bringend, be-*

greifen machend, zur Vorstellung bringend. Nom. abstr. °त्व n. — 2) *überzeugend, glaubwürdig* MBh. 13,44,45.

1. प्रत्यापन n. *Untergang* (der Sonne).

2. प्रत्यायन 1) Adj. *überzeugend, glaubwürdig* MBh. 13,2448. प्रत्यायक v. l. — 2) f. आ a) *das Ueberzeugen* Kathâs. 39,234. — b) *Beruhigung, Trost* 311,16. — 3) n. *das Klarmachen, Auseinandersetzen, Deutlichmachen, Beweisen.* — 4) *°म् enklitisch nach einem Verbum fin. Siddh. K. (ed. Târân.).

प्रत्याययितव्य Adj. *klar zu machen, zu beweisen* Mâlav. 14,11.

प्रत्यायित m. *Vertrauensmann, Beauftragter.*

प्रत्यारम्भ m. 1) *Wiederanfang.* — 2) *Verbot.* — 3) *Aufhebung, das Rückgängigmachen.*

*प्रत्यार्द्री f. gaṇa शंखादि.

प्रत्यार्द्री Adv. mit कर् *wieder befeuchten, — erfrischen* Kâd. 240,15.

*प्रत्यार्धपुर gaṇa शंखादि. Statt dessen प्रत्यर्ध und प्रतिपुर Kâç.

प्रत्यालिङ्गन n. *Erwiederung einer Umarmung* Kâd. 2,142,9.

*प्रत्यालीढ 1) Adj. s. u. लिह् mit प्रति. — 2) n. *eine best. Stellung beim Schiessen, bei der das linke Bein vorgestreckt wird.*

प्रत्यावर्तन n. *das Wiederkommen.*

प्रत्यावासकम् Adv. *zu jedem Standort, — Zelte* Kâd. 2,38,24. fg. (46,2).

प्रत्यावासम् Adv. *in jedem Hause* Vikramâñkaḱ. 18,6.

प्रत्यावृत्ति f. *Wiederkehr* Mâlatim. ed. Bomb. 106,10.

प्रत्याशम् Adv. *nach allen Himmelsrichtungen* Venis. 200.

प्रत्याशा f. *Vertrauen auf* (im Comp. vorangehend), *Hoffnung, Erwartung.* Am Ende eines adj. Comp. Nom. abstr. °शत्व n.

प्रत्याश्रय m. *Obdach, Wohnung.*

प्रत्याश्रावं m. und °श्रावण n. *Antwortsruf,* Bez. *gewisser Formeln beim Gottesdienst.*

प्रत्याश्वास m. *das Wiederaufathmen, Erholung.*

प्रत्याश्वासन m. *das Trösten.*

प्रत्यासंकलित n. *das Gegeneinanderhalten, das Erwägen pro und contra.*

प्रत्यासङ्ग m. 1) *Verbindung, Zusammenhang.* — 2) *Nähe* in अति° (Nachtr. 3).

प्रत्यासत्ति f. 1) *unmittelbare Nähe* (im Raum, in der Zeit u. s. w.). — 2) *Analogie.* — 3) *Heiterkeit des Gemüths, gute Laune.*

प्रत्यासन्नता f. *Nähe.*

*प्रत्यासर und *°सार m. *Nachtrab eines Heeres.*

*प्रत्यासारिन् Adj.

*प्रत्यास्तार m. *der Teppich eines buddh.* Bhikshu.

प्रत्यास्वर Adj. *zurückstrahlend.*

प्रत्याह Adj. *täglich* Râǵat. 7,145. 495 fehlerhaft für प्रत्यह.

प्रत्याहरण n. 1) *das Hinundherziehen* Comm. zu Gobh. 2,6,9. — 2) *das Wiederbringen.* — 3) *das Zurückziehen —, Zurückhalten von* (Abl.). — 4) * = प्रत्याहार 3).

प्रत्याहार m. 1) *Zurückziehung* (der Truppen aus der Schlacht), *Rückzug.* — 2) *das Zurückziehen* (der Sinne) *von* (Abl.). — 3) *Zurückziehung der Sinne von den Sinnesobjecten.* — 4) *Zurückziehung* (des Geschaffenen), so v. a. *Auflösung, Vernichtung.* — 5) in der Gramm. *Zusammenfassung einer ganzen Reihe von Lauten oder Suffixen in eine einzige geschlossene Silbe, indem man das erste Glied der Reihe* (*mit Abwerfung eines etwaigen stummen Consonanten*) *mit dem stummen Consonanten des letzten Gliedes verbindet,* 238,32. — 6) in der Dramatik Bez. *eines best. Bestandtheils des* Pûrvaraṅga. — 7) *Anrede.* °रं कर् *Jmd* (Gen.) *anreden* Kâraṇḍ. 54,9. 11. 55,8. 15. 20. 56,8. 11. 14. Richtig wohl प्रव्याहार. — 8) *Laut, Klang* Kâraṇḍ. 90,14. Richtig wohl प्रव्याहार.

प्रत्याहार्य Adj. *zu empfangen, zu lernen, zu erfahren von* (Abl.).

प्रत्याहुति Adv. *bei jeder Opferspende* Âpast. Çr. 14,29,3.

प्रत्याह्वय m. *Widerhall, Echo.*

प्रत्याह्वान n. *das Antworten auf einen Ruf* Comm. zu Âçv. Çr. 8,13,5.

प्रत्युक्त 1) Adj. s. u. वच् mit प्रति. — 2) n. *Antwort.*

प्रत्युक्ति f. *Erwiederung.*

*प्रत्युच्चार m. *Wiederholung.*

प्रत्युच्चारण n. in अ°.

प्रत्युज्जीवन n. 1) *das Wiederaufleben* Kâd. 2,139,12. Bâlar. 276,8. — 2) *das wieder in's Leben Rufen* Kâd. 193,19.

प्रत्युत Adv. *im Gegentheil, vielmehr, erst recht, sogar.*

प्रत्युत्कर्ष m. *das Ueberbieten, Steigerung.*

*प्रत्युत्क्रम m. und *°क्रान्ति f. *das Gehen an Etwas.*

प्रत्यु॑त्तब्धि f. *Stützung, Aufstemmung, Befestigung.* Auch fehlerhaft प्र॑त्यु॑त्तब्धि betont.

प्रत्युत्तम्भ m. und °न n. (Sâj. zu Ait. Br. 5,16, 23) dass.

प्रत्युत्तर n. *Rückantwort, Antwort, Erwiederung.*

प्रत्युत्तरी Adv. mit कर् *antworten* Kâd. 248,17.

प्रत्युत्तरीकरण n. *das Antworten, Antwort* Mahâvîraḱ. 105,8.

प्रत्युत्थान n. 1) *ehrerbietiges Aufstehen* (vor einem Ankommenden) Gaut. — 2) *feindseliges Entgegentreten, Auflehnung* Hariv. 8881. अभ्युत्थान v. l.

प्रत्युत्थायिक Adj. in अ° (auch Nachtr. 2).

प्रत्युत्थायिं॑न् Adj. 1) *wiedererstehend.* — 2) *sich ehrerbietig erhebend* in अप्रत्युत्थायिन् (Nachtr. 4).

प्रत्युत्थायुक Adj. in अ° (Nachtr. 2).

प्रत्युत्थेय Adj. *vor dem man sich erheben muss* Comm. zu Njâjam. 6,2,8.

प्रत्युत्पन्नजाति f. *assimilation consisting in multiplication, or reduction to homogeneousness by multiplication* Colebr. Alg. 14.

प्रत्युत्पन्नमति 1) Adj. *Geistesgegenwart habend.* Nom. abstr. °त्व n. — 2) m. N. pr. eines Fisches Kathâs. 60,180. 183. Chr. 158,22. 26

प्रत्युत्सार m. wohl *das Auftreten gegen eine Behauptung* Ḱaraka S. 962, Z. 8.

प्रत्युदधि Adv. *am Meere* Bâlar. 46,16.

प्रत्युदाहरण n. *Gegenbeispiel.*

प्रत्युदाहार्य Adj. *als Gegenbeispiel anzuführen.*

प्रत्युद्गति f. (Kâd. 2,31,19), °गम m. und °गमन n. *das Entgegengehen,* insbes. *ein ehrerbietiges.*

प्रत्युद्गमनीय 1) Adj. a) *dem man ehrerbietig entgegengehen muss.* — b) *zur ehrerbietigen Begrüssung eines Gastes geeignet.* — 2) * n. *ein Paar reiner Gewänder.*

*प्रत्युद्धार m. *eine best. Nervenkrankheit.*

प्रत्युद्वह m. und °द्वहण n. *das Absetzen* Comm. zu Lâṭj. 7,8,1.

प्रत्युद्यात MBh. 7,8433 fehlerhaft für प्रत्युद्यात.

प्रत्युद्यम m. f. (आ Çâñkh. Br. 29,8) *Gegengewicht, Gleichgewicht.*

प्रत्युद्यमिन् Adj. *das Gegengewicht haltend.*

प्रत्युद्यातर् Nom. ag. *der auf Jmd losgeht, einen Angriff macht.*

प्रत्युद्यामिं॑न् Adj. *das Gegengewicht haltend, widerspänstig.*

प्रत्युन्नमन n. *das Sichwiederaufrichten, Wiederaufschnellen.*

प्रत्युपकार m. *Vergeltung im Guten, Gegendienst.*

प्रत्युपकारिन् Adj. *vergeltend im Guten, — Etwas* (im Comp. vorangehend).

प्रत्युपक्रिया f. Vergeltung im Guten, Gegendienst Kâd. 228,7.

प्रत्युपदेश m. Gegenunterweisung, Gegenbelehrung. — Prab. 95,7 ist संप्रत्युपदेश° zu lesen.

प्रत्युपपन्नमति Adj. Geistesgegenwart habend. Nom. abstr. °त्व n. Çâk. (Ch.) 103,1.

प्रत्युपभोग m. Genuss.

प्रत्युपमान n. Gegengleichniss.

प्रत्युपवेश m. das Umsitzen —, Belagern einer Person um dieselbe zum Nachgeben zu bewegen.

प्रत्युपसदम् Adv. bei jeder Upasad-Feier Kâtj. Çr. 23,2,21.

प्रत्युपस्थान n. nahes Bevorstehen Çaṁk. zu Bâdar. 4,3,10.

प्रत्युपस्थापन n. das Sichvergegenwärtigen Çaṁk. zu Bâdar. 3,3,23.

प्रत्युपस्पर्शन n. das Wiederausspülen, Wiederwaschen Gobh. 1,2,31.

प्रत्युपह्वव m. Antwort auf den Einladungsruf, Wiederholung desselben.

प्रत्युपहार m. Wiedereinhändigung, Zurückerstattung.

प्रत्युपाकरण n. Wiederbeginn des Veda-Studiums Gobh. 3,3,16.

प्रत्युपासनम् Adv. für jede Art der Verehrung Çaṁk. zu Bâdar. 3,3,42.

प्रत्युपेय Adj. dem man begegnen muss, zu behandeln. साधुना in Güte.

*प्रत्युरस 1) n. = प्रतिगतमुरः. — 2) °म् Adv. gegen —, auf die Brust.

प्रत्युलूक und °क m. ein eulenähnlicher Vogel. Nach dem Comm. das erste Wort Krähe oder eine feindliche Eule.

प्रत्युष m. und °स् n. Tagesanbruch. Gewöhnlich प्रत्यूष und °स्.

*प्रत्युष्ट m. gaṇa अंशादि.

प्रत्युष्य Adj. zu versengen.

प्रत्यूर्ध्वम् Adv. aufwärts, oberhalb von (Acc.).

प्रत्यूष 1) (*m. n.) Morgendämmerung, Tagesanbruch. — 2) m. a) *die Sonne. — b) N. pr. α) eines der acht Vasu. — β) eines Mannes; Pl. sein Geschlecht.

प्रत्यूषस् n. Morgendämmerung, Tagesanbruch.

प्रत्यूह m. (adj. Comp. f. आ) Hinderniss. °कारिन् Adj. Kâd. 2,60,6.

प्रत्यूहन n. Unterbrechung, Einstellung.

प्रत्यृचम् Adv. bei jedem Verse.

प्रत्यृतु Adv. in jeder Jahreszeit Vaitân.

प्रत्येक 1) Adj. je einer, jeder einzelne. — 2) प्रत्येकम् und प्रत्येक° Adv. je einzeln, bei —, mit jedem Einzelnen, für jeden E., jedem E.

प्रत्येकबुद्ध m. ein nur für sich allein zur Erlösung gelangender, in Abgeschiedenheit lebender Buddha. Nom. abstr. °त्व n.

प्रत्येकबुद्धकथा f. und °बुद्धचतुष्टय n. (Bühler, Rep. No. 747) Titel zweier Werke.

प्रत्येकबोधि f. = प्रत्येकबुद्धत्व (s. u. प्रत्येकबुद्ध) Kârand. 20,9.

प्रत्येकशस् Adv. je einzeln, jedem Einzelnen.

प्रत्येतव्य Adj. anzuerkennen, anzunehmen, aufzufassen als (Nomin.) Çaṁk. zu Bâdar. 2,4,13.

प्रत्येतोस् Gen. Infin. zu 3. इ mit प्रति Ait. Br. 6,30,7 (ईश्वरः zu ergänzen).

प्रत्येनस् m. der nächste Erbe, — Verwandte Maitr. S. 1,5,7.

प्रत्येनस्य n. die nächste Anwartschaft auf (Gen.) Kâth. 8,3.

प्रत्रास m. das Beben, Zittern.

प्रत्वक्षस् Adj. wirksam, rüstig.

1. प्रथ् 1) प्रथति (ganz ausnahmsweise) a) ausbreiten, ausdehnen. — b) sich ausdehnen, — erstrekken Bhâg. P. — 2) प्रथते a) sich ausdehnen, — strecken, grösser —, weiter werden oder sein, sich verbreiten (auch vom Ruhme, einem Namen, einem Gerücht, einer Rede), zunehmen, sich mehren. प्रथित ausgebreitet, verbreitet. — b) sich verbreiten, so v. a. allgemein bekannt, — berühmt werden. प्रथित allgemein bekannt, — berühmt. पृथित Hariv. 6781 fehlerhaft; v. l. (2,62,16) कथित. — c) an den Tag —, zum Vorschein kommen, erscheinen, auftauchen, entstehen; einfallen, in den Sinn kommen. — Caus. 1) प्रथयति, °ते a) Act. α) ausbreiten, vergrössern, dehnen, mehren. विवृद्धिं कम्पस्य प्रथयतितराम् 323,21. — β) verbreiten, so v. a. allgemein bekannt machen. — γ) entfalten, an den Tag legen, vor Augen führen, verrathen. प्रथित an den Tag gelegt. — δ) bescheinen. — b) Med. sich ausbreiten, — strecken, — dehnen, zunehmen. — 2) *प्राथयति (प्रख्याने). — प्रथयिष्यन्ति MBh. 3,14417 fehlerhaft für प्रयतिष्यन्ति. — Mit अनु Med. sich ausbreiten entlang von (Acc.) TS. 3,3,10,2. Nach Mahîdh. in der schlechten v. l. VS. 8,30 rühmen. — Mit अभि Med. sich ausbreiten vor oder gegen. — Caus. 1) umherbreiten in (Acc.). — 2) verbreiten. — Mit आ Caus. ausbreiten, dehnen. — Mit नि Caus. eindringend verbreiten. — Mit परि Med. sich erstrecken um oder über (Acc.). — Mit वि 1) Act. ausbreiten. — 2) Med. sich verbreiten (Harshak. 117,3), sich ausbreiten, sich weit machen, weit sein. विप्रथित weit verbreitet. — Caus. 1) ausbreiten, verbreiten. — 2) entfalten, an den Tag legen, zeigen. — Mit सम्, संप्रथित allgemein bekannt, — berühmt.

2.*प्रथ्, प्राथयति (प्रक्षेपे).

प्रथ 1) m. N. pr. eines Vâsishṭha. — 2) f. आ a) das Auseinanderbreiten Njâjam. 10,1,22. — b) Ruf, Berühmtheit. — c) Entstehung, das Werden in अन्यथा°.

प्रथन 1) n. a) das Ausbreiten. — b) Ort der Ausbreitung. — c) das Entfalten, an den Tag Legen, Zeigen. — 2) m. * Phaseolus Mungo; vgl. प्रघन.

प्रथम 1) Adj. (f. आ) a) der vorderste, erste in einer Reihe. — b) der erste, früheste, frühere, anfänglich. Oft durch ein Adv. wie erst, zuerst, früher; zum ersten Mal; eben, alsbald, sogleich, baldigst wiederzugeben. — c) der erste, so v. a. trefflichste, namhafteste, vorzüglichste, unvergleichlich, Haupt-. Auch Compar. प्रथमतर. — 2) प्रथमम् und प्रथम° Adv. zuerst, am frühesten, vor Allem; zum ersten Mal; erst, eben, alsbald, sogleich; früher einmal, ehemals, vormals, vorhin; mit Gen. vor —, früher als. Compar. प्रथमतरम् und प्रथमतर° zuerst Harshak. 130,2. Kârand. 58,14. 63,24. 75,5. 96,7. — 3) प्रथमात् Adv. alsbald, sogleich. — 4) m. a) der erste Consonant eines Varga, eine dumpfe Tenuis. — b) die erste (d. h. unsere dritte) Person, die Personalendungen der ersten Person. — c) der erste Ton. — d) the sum of the products divided by the difference between the squares of the cosine of the azimuth and the sine of the amplitude. — 5) f. प्रथमा der erste Casus, die Endung des ersten Casus; Du. die beiden ersten Casus, die Endungen der b. e. C. — 6) n. Sg. collect. die Ersten.

प्रथमक Adj. der erste.

प्रथमकल्प m. eine primäre, zuerst zu erfüllende Vorschrift M. 11,30.

प्रथमकल्पिक m. Bez. eines Jogin auf der ersten Stufe Comm. zu Jogas. 3,50. Vgl. प्राथम°.

प्रथमकल्पित Adj. obenanstehend 198,22. MBh. 13,87,6. 14,3,17.

*प्रथमकुसुम weisser Majoran.

प्रथमगर्भ m. die erste Schwangerschaft, -Tracht.

प्रथमगर्भा Adj. f. zum ersten Mal trächtig.

प्रथमचित्तोत्पादिक Adj. bei dem zunächst der Gedanke (Etwas zu thun) aufkeimt Kârand. 83,20. 86,4.

प्रथमच्छद Adj. vorbildlich.

प्रथमज und °जा Adj. 1) erstgeboren, Erstling, primitiae; ursprünglich, Anfänger, primigenius. — 2) °जा in der ersten (zuerst genannten) Ehe geboren.

प्रथमजात Adj. *erstgeboren.*

प्रथमतस् Adv. *zuerst; alsbald, sogleich.* Mit Gen. *vor, im Vorzug vor;* am Ende eines Comp. *vor —, früher als* Spr. 7665.

प्रथमत्रिनेत्रापर्ण Adj. als Beiw. Vishṇu's MBh. 12,338, S. 257.*b.*

प्रथमदर्शनदिन n. *der erste Tag, an dem man Jmd* (Gen.) *zu sehen bekommen hat,* 142,1.

प्रथमदुग्ध Adj. *eben gemolken* Çat. Br. 2,2,4,15.

प्रथमधारा *der erste Tropfen* Kauç. 21.

प्रथमनिर्दिष्ट Adj. *zuerst angegeben, — genannt.* Nom. abstr. °ता f. Hemâdri 1,564,10.

प्रथमपराग्पातिन् Adj. *zuerst abfliegend* Âpast. Çr. 7,2.

प्रथमपुरुष m. N. pr. eines Autors.

प्रथमप्रवद् Adj. *den ersten Laut von sich gebend* (Kind) Kauç. 10.

प्रथमप्रसूता Adj. f. *zum ersten Mal gekalbt habend* Râgan. 15,33. Hemâdri 1,710,13.

प्रथमभक्ष m. *der erste Genuss von* (Gen.) Çat. Br. 3,9,4,15

प्रथमभाज् Adj. *dem der erste Theil gebührt.*

प्रथमभाविन् Adj. *wie der erste werdend* oder *seiend* RV. Prât. 3,8.

प्रथममञ्जरी f. *ein best.* Râga S. S. S. 82. 90. Vgl. पठमञ्जरी.

प्रथमयज्ञ m. *das erste Opfer.*

प्रथमरात्र m. *der Anfang der Nacht* Karaka 5,5.

प्रथमवयसिन् Adj. *jung.*

प्रथमवषट्कार m. *der erste Ausruf* वषट् *über* (Gen.) Çat. Br. 4,1,3,4.

प्रथमवसति f. *die alte Heimat* Vikramâñkak. 18,72.

(प्रथमवास्य), °वासिग्र Adj. *früher getragen.*

प्रथमवित्ता f. *das erste Weib.*

प्रथमश्रवस् Adj. *den ersten Ruf habend.* Superl. °श्रवस्तम.

प्रथमसंगम m. N. pr. eines Mannes.

प्रथमसमावृत्त Adj. *eben gewandt nach* (Loc.) Nir. 7,23.

प्रथमसोम m. *das erste* Soma-*Opfer.* Nom. abstr. °ता f. Comm. zu Kâtj. Çr. 10,9,25.

प्रथमस्थान n. *die erste Stufe* (der Aussprache *leise aber noch hörbar*).

1. प्रथमस्वर m. *der erste Ton* Saṁhitopan. 22,4.

2. प्रथमस्वर 1) Adj. *mit dem ersten Ton versehen* Lâtj. 2,9,12. — 2) n. Name eines Sâman.

प्रथमागामिन् Adj. *zuerst sich darbietend, zuerst aufgeführt.*

प्रथमादेश m. *Anfangsstellung* (eines Wortes).

प्रथमाभिधेय n. *Grundbedeutung.* Nom. abstr. °ता f. Çiç. 1,43.

प्रथमार्ध m. n. *die erste Hälfte.*

प्रथमावरत्व n. *das der Erste und der Letzte Sein.*

प्रथमास्तमित n. *der eben erfolgte Untergang der Sonne* Kâtj. Çr. 4,15,12.

प्रथमाह्नम् Adv. *am ersten Tage* Çat. Br. 3,4,1,26. 10,2,5,13.

प्रथमाहार m. *die erste Anwendung* Kâtj. Çr. 16,1,3.

प्रथमेतर Adj. *der zweite.*

प्रथमोत्पतित Adj. *zuerst abgesprungen* Mân. Çr. 1,8,1. 2.

प्रथय्, °यति 1) Caus. von 1. प्रथ्. — 2) * Denom. = पृथुमाचष्टे.

प्रथस् n. *Breite, Ausdehnung.*

प्रथस्तु Adj. TBr. 3,7,5,3 wohl fehlerhaft für घृतस्नु. = प्रथनशील Comm.

प्रथस्वत् Adj. *breit, geräumig.*

प्रथित 1) Adj. s. u. प्रथ् Simpl. und Caus. — 2) m. N. pr. eines Sohnes des Manu Svârokisha.

*प्रथितत्व n. *das Bekanntsein, Berühmtheit.*

*प्रथिति f. *Berühmtheit.*

प्रथिमन् m. *Breite, Ausdehnung.* Instr. प्रथिना.

*प्रथिमिनी f. संज्ञायाम्.

प्रथिवी f. fehlerhaft für पृथिवी *Erde.*

प्रथिष्ठ Superl. und प्रथीयंस् Compar. zu पृथु.

प्रथु Adj. *weit* (Weg), *weiter reichend als* (Abl.). Auch als Beiw. Vishṇu's (v. l. पृथु).

*प्रथुक m. *das Junge eines Thieres.*

प्रद Adj. meist in Comp. mit seinem Obj. (f. आ) 1) *gebend, verleihend, spendend, gewährend.* — 2) *von sich gebend,* so v. a. *aussprechend, redend.* — 3) *gebend,* so v. a. *bewirkend, verursachend.*

प्रदक्षिण 1) Adj. (f. आ) *a) rechtsläufig.* — *b) zu Jmds Rechten stehend.* In Verbindung mit कर् oder प्र-कर् *einem Gegenstande seine Rechte zukehren* (als Zeichen der Hochachtung), mit doppeltem Acc. — *c) von günstiger Vorbedeutung, günstig* Hemâdri 1,434,9. तस्य सर्वं प्रदक्षिणम् *dem geht Alles gut von Statten.* — *d) Jmd die Rechte zukehrend,* so v. a. *ehrerbietig.* — 2) प्रदक्षिणम् und प्रदक्षिण° Adv. *a) nach der rechten Seite hin, von der Linken zur Rechten, so dass die Rechte einem Gegenstande zugekehrt ist* (ein Zeichen der Hochachtung). Mit कर् und प्र-कर् *einem Gegenstande* (Acc.) *die Rechte zukehren.* — *b) nach Süden hin.* — 3) m. f. (आ) und n. *das Zukehren der rechten Seite, das Umwandeln von links nach rechts.* Der Gegenstand, dem die Hochachtung erwiesen wird, steht im Gen. oder geht im Comp. voran; in Verbindung mit कर् oder दा steht er im Dat., Gen. oder Loc.

प्रदक्षिणक्रिया f. *das Zuwenden der rechten Seite, Ehrenbezeugung.*

*प्रदक्षिणपाक्षिन् Adj. unter den Tugenden aufgezählt (buddh.).

*प्रदक्षिणपट्टिका f. *Hof.*

प्रदक्षिणय्, °यति *von links nach rechts umschreiten.* Zugleich *von Osten nach Süden umschr.* Bâlar. 292,2.

प्रदक्षिणार्चिस् Adj. *dessen Flamme nach rechts gewandt ist.*

प्रदक्षिणावर्त Adj. (f. आ) *nach rechts gewandt.*

प्रदक्षिणावृत्क Adj. *nach rechts gewandt, Jmd* oder *Etwas zu seiner Rechten habend.*

प्रदक्षिणित् Adv. *so dass die Rechte einem Gegenstande zugekehrt ist.*

प्रदक्षिणी Adv. mit कर् *Jmd* oder *Etwas* (Acc.) *die rechte Seite zukehren, von links nach rechts umwandeln* Âpast.

प्रदक्षिणीय Adj. *von links nach rechts zu umwandeln, hoch zu verehren* Vagrakkh. 34,11.

प्रदक्षिणेन Instr. Adv. 1) *von links nach rechts.* — 2) *nach Süden hin.*

प्रदग्धव्य Adj. *zu verbrennen.*

प्रदग्धाहुति Adj. *der die Opferspende verbrannt hat* Çat. Br. 11,4,2,16.

प्रदघस् Gen. Inf. (abhängig von ईश्वर) etwa *zu stürzen, zu fallen.*

प्रदघोस् wohl fehlerhaft für प्रदघस् Çat. Br. 13, 1,2,4. 2,1,6. Nach dem Comm. = प्रदग्धोस्.

प्रदत्त 1) Adj. Partic. von 1. दा mit प्र. — 2) m. N. pr. eines Gandharva.

प्रददि Adj. in अप्रददि (Nachtr. 3).

प्रदर m. 1) *Sprengung* oder *Flucht* (eines Heeres). — 2) *Riss, Spalte im Erdboden* Âpast. — 3) *Mutterblutfluss* Karaka 6,30. — 4) * *Pfeil.* — 5) Pl. N. pr. eines Volkes.

*प्रदर्विदा Kâç. zu P. 6,3,63. Vgl. प्रफर्विदा.

प्रदर्श m. 1) *Anblick, Aussehen* in सु°. — 2) *Anweisung.*

प्रदर्शक 1) Adj. *a) zeigend, vorführend, angebend.* — *b) anzeigend, vorher verkündend.* — *c) vortragend, lehrend;* m. *Lehrer.* — 2) *Lehrsatz.*

प्रदर्टक v. l.

प्रदर्शन 1) n. *a) Aussehen;* häufig am Ende eines adj. Comp. (f. आ). — *b) das Zeigen, vor Augen Führen, Kenntlichmachen, Bezeichnen, Angeben* 248,4. — *c) das Klarmachen, Lehren.* — *d)*

Beispiel. — 2) f. आ das Vorführen. — 3) m. Pl. eine best. Klasse von Göttern unter dem dritten Manu.

°प्रदर्शिन् Adj. 1) schauend, sehend. — 2) zeigend, vorführend, angebend.

*प्रदल m. Pfeil.

प्रदव्य Adj. in Verbindung mit अग्नि so v. a. दावाग्नि das Feuer in einem Waldbrande.

प्रदहन n. das Brennen (von Thongefässen).

प्रदहस् Gen. Inf. (abhängig von ईश्वर) zu 1. दह् mit प्र TS. 2,1,2,1.

*प्रदा f. Gabe.

प्रदातर् Nom. ag. 1) Geber, Spender, Verleiher. Auch als Beiw. Indra's. In Comp. mit dem Object, ausnahmsweise mit dem Empfänger. विष° der Jmd Gift reicht Kâraka 6,23. — 2) der ein Mädchen zur Ehe giebt, — verheirathet. — 3) der Etwas mittheilt, lehrt. — 4) Gewährer (eines Wunsches); f. प्रदात्री. — 5) N. pr. eines zu den Viçve Devâs gezählten Wesens.

प्रदातव्य Adj. 1) zu geben, hinzugeben. — 2) zur Ehe zu geben. — 3) abzugeben, wiederzugeben. — — 4) zu gewähren, zu bewilligen. — 5) zu ertheilen, zukommenzulassen. तेषां संस्कृतम् so v. a. diese soll man Sanskrit reden lassen. — 6) hineinzuthun —, hineinzulegen in (Loc.).

प्रदातोस् Gen. Infin. (abhängig von ईश्वर) von 1. दा mit प्र TS. 3,1,8,2.

प्रदान n. 1) das Geben, Spenden, Hingabe, Darbringung (namentlich des zu Opfernden in's Feuer). Auch Bez. der bei einer solchen Hingabe gesprochenen Worte oder Sprüche. — 2) Gabe, Geschenk. — 3) das Fortgeben —, Verheirathen eines Mädchens (Gen.) an Jmd (Dat.) 71,3. 21. — 4) das Geben, so v. a. Zukommenlassen, Ertheilen (eines Klystiers, eines Fluchs 107,24). — 5) das Gewähren, Bewilligen 55,19. — 6) das Mittheilen, Lehren, Angeben, Verkünden. — 7) das Anlegen, Anbringen, Daranthun. — 8) das Geschehenmachen, Bewerkstelligen. — 9) *Stachel.

प्रदानक n. Darbringung.

प्रदानरुचि m. N. pr. eines Mannes.

प्रदानवत् Adj. spendend, freigebig.

प्रदानशूर m. 1) ein Held im Spenden, ein überaus freigebiger Mann Lalit. 217,9. — 2) N. pr. eines Bodhisattva.

प्रदानिक Adj. in गो° und जल°.

प्रदात्त m. Pl. eine best. Schule.

प्रदापयितर् Nom. ag. mit Gen. Geber.

प्रदाप्य Adj. der gezwungen werden muss Etwas (Acc.) zu geben, — zu bezahlen.

*प्रदाम् Adj. (Nom. °दान्).

प्रदाय n. Geschenk.

प्रदायक Adj. gebend, spendend, verleihend, schenkend, zukommen lassend. Nom. abstr. °त्व n.

प्रदायिन् Adj. 1) dass. Nom. abstr. °यित्व n. — 2) bewirkend.

प्रदाव m. das Feuer in einem Waldbrande Maitr. S. 3,1,9.

प्रदाव्य Adj. in Verbindung mit अग्नि = प्रदव्य Âpast. Çr. 9,3,22. 13,24,16. 16,19.

प्रदाह m. 1) das Verbrennen, Brennen, Erhitzen durch Feuer Gaut. Vgl. ककुप्प्रदाह. — 2) Vernichtung. कर्म° Çaṁk. zu Bâdar. 4,1,13.

*प्रदि m. Gabe.

प्रदिग्ध 1) Adj. s. u. 1. दिह् mit प्र. — 2) *n. ein besonders zubereitetes Fleischgericht.

प्रदित्सु Adj. mit Acc. zu geben beabsichtigend.

प्रतिवाचम् eine Antwort Naish. 9,25.

1. प्रदिव् f. (Nom. प्रद्यौस्) der dritte oberste Himmel, in welchem die Väter wohnen, und der fünfte von sieben Himmeln.

2. प्रदिव् Adj. längst bestehend, herkömmlich. Abl. प्रदिवस् von früher her, längst, von jeher; immerfort, stets. अनु प्र° wie von jeher, wie vormals. Loc. प्रदिवि allezeit, stets.

प्रदिश् f. 1) Hinweis, Anweisung, Leitung, Befehl; Botmässigkeit. — 2) Richtung, Himmelsgegend. Acc. Pl. nach allen Himmelsrichtungen. — 3) Zwischengegend (Südost u. s. w.).

प्रदीप m. (adj. Comp. f. आ) 1) Leuchte, Lampe. — 2) in der Astr. = दीप 2) Lilâv. S. 95. Comm. zu Âryabh. 2,15. — 3) Leuchte, so v. a. Zierde (z. B. des Geschlechts). — 4) Leuchte für, so v. a. Commentar. — 5) Titel verschiedener Werke.

प्रदीपक m. und °पिका f. 1) Lämpchen, Lampe. — 2) ein kleiner Commentar.

प्रदीपन 1) Adj. entflammend. — 2) m. ein best. Gift Bhâvapr. 1,270. — 3) n. das Anzünden.

प्रदीपमञ्जरी f. Titel eines Commentars.

*प्रदीपशरणध्वज m. N. pr. eines Schlangendämons.

प्रदीपसाह m. N. pr. eines Fürsten.

प्रदीपाय्, °यते eine Lampe darstellen, die Rolle einer L. übernehmen.

*प्रदीपीय und *प्रदीप्य Adj von प्रदीप.

प्रदीप्ताक्ष m. N. pr. eines Jaksha.

*प्रदीप्ति f. Leuchte, Glanz.

प्रदीप्तिमत् Adj. leuchtend, glänzend.

प्रदीर्घ Adj. überaus lang.

*प्रदुह् Adj. (Nom. प्रधुक्) melkend.

प्रदूषक Adj. verunreinigend MBh. 15,5,31.

प्रदूषण Adj. verschlechternd, verderbend.

प्रदृप्ति f. Uebermuth, Tollheit.

प्रदेय 1) Adj. (f. आ) a) zu geben, zu spenden, darzubringen, — Jmd (Dat. oder im Comp. vorangehend). — b) f. zur Ehe zu geben, zu verheirathen, heirathsfähig. — c) mitzutheilen (eine Nachricht, eine Lehre), zu lehren, — Jmd (Dat. oder im Comp. vorangehend). — d) einzuweihen —, zu unterweisen in (Loc.). — 2) m. Geschenk.

प्रदेश m. (adj. Comp. f. आ) 1) Bezeichnung, Hinweisung; Bestim[illegible] — 2) Berufung auf einen Präcedenzfall. — 3 Beispiel 221,16. 222,23. — 4) Ort, Platz, Gegend. Häufig in Comp. mit eine Körpertheile. n. (!) Pañkad. — 5) *Spanne des Daumens und Zeigefingers. — 6) eine kurze Dauer. °भाज् und °स्थ Adj. von kurzer Dauer Daçak. 1,13. Sâh. D. 322. °वर्तिन् Adj. dass. Nom. abstr. °वर्तिता f. Harshak. 145,15. — 7) *Mauer. — 8) bei den Gaina eines der Hindernisse bei der Erlösung.

*प्रदेशकारिन् Adj. als Bez. einer Art Büsser.

*प्रदेशन 1) n. Darbringung. — 2) f. ई Zeigefinger.

प्रदेशवत् Adj. einen Ort einnehmend.

प्रदेशिनी f. Zeigefinger und die entsprechende Zehe.

प्रदेष्टर् Nom. ag. Oberrichter Pañkat. ed. Bomb. 3,59,1.

प्रदेह m. 1) das Aufstreichen von Pflastern u. s. w. — 2) Pflaster, zähe Salbe, Breiumschlag Mat. med. 19.

प्रदेह्य Adj. mit einem Pflaster u. s. w. zu belegen Kâraka 6,7.

1. प्रदोष m. ein gestörter Zustand (im *Körper, im Reich), Aufruhr, Empörung.

2. प्रदोष Adj. böse, schlecht.

3. प्रदोष m. 1) Abend, Eintritt der Nacht. °षम् Abends, bei Dunkel. — 2) personificirt als Sohn der Doshâ.

प्रदोषक m. 1) Abend Mârk. 88,1, v. l. — 2) *संज्ञायाम् (urspr. am Abend geboren).

प्रदोषनिर्णय m., प्रदोषपूजाविधि m., प्रदोषमहिमन् m., प्रदोषमाहात्म्य n. (Opp. Cat. 1) und प्रदोषशिवपूजा f. Titel von Werken.

प्रदोषागम m. Abenddämmerung 170,10.

प्रदोह m. das Melken in सुप्रदोहा.

*प्रदोहन m. N. pr. eines Mannes.

*प्रद्यु n. ein zum Himmel führendes gutes Werk.

प्रद्युम्न m. 1) der Liebesgott. — 2) = काम das

Angenehme. — 3) = मनस् Çaṁk. zu Bâdar. 2,2,42. — 4) N. pr. *a)* eines Sohnes des Manu und vieler anderer Personen. — *b)* eines Berges. — *c)* eines Flusses.

प्रद्युम्नक m. = प्रद्युम्न 1).

प्रद्युम्नपुर n. N. pr. einer *Stadt.*

प्रद्युम्नविजय m. Titel eines Schauspiels.

प्रद्युम्नशिखर n. N. pr. einer *Anhöhe.* °पीठाष्टक n. Titel eines Werkes Bühler, Rep. No. 151.

*प्रद्युम्नागमन n. Pradjumna's *Ankunft.* Davon °गमनीय.

प्रद्युम्नानन्दीय n. Titel eines Schauspiels Opp. Cat. 1.

प्रद्युम्नोपाख्यान n. Titel einer *Erzählung* Opp. Cat. 1.

प्रद्यौ m. s. 1. प्रदिव्.

प्रद्योत m. 1) *das Aufleuchten, Glanz, Helle.* — 2) **Lichtstrahl.* — 3) N. pr. *a)* eines Jaksha. — verschiedener Fürsten 292,6. Prij. 5,11.

प्रद्योतन m. 1) **die Sonne.* — 2) N. pr. *a)* eines Fürsten. — *b)* Pl. einer Dynastie.

°प्रद्योतिन् Adj. *erhellend, erklärend.*

प्रद्रव Adj. *flüssig.*

प्रद्राणक Adj. *sich in grosser Noth befindend, sehr arm.*

*प्रद्राव m. 1) *Lauf, das Laufen.* — 2) *Flucht.*

प्रद्राविन् Adj. *auf der Flucht begriffen, flüchtig, fugitivus.*

*प्रद्रुह् Adj. *Jmd ein Leid zufügend, zu schaden suchend.*

प्रद्वार् f. *der Platz draussen vor der Thür, — vor dem Thor.* v. l. ग्रद्वार्.

प्रद्वार n. dass.

*प्रद्विष् Adj. *eine Abneigung habend, anfeindend, hassend.*

प्रद्वेष 1) m. *Abneigung, Widerwillen, — gegen Jmd* oder *Etwas* (Loc., Gen. oder im Comp. vorangehend), *Anfeindung, Hass.* — 2) f. ई N. pr. der Gattin des Dîrghatamas.

प्रद्वेषण n. *das Anfeinden, Hassen.*

*प्रध Adj. von 1. धा mit प्र. — प्रधा s. bes.

प्रधन 1) n. (adj. Comp. f. ग्रा) *a) Kampfpreis.* — *b) Wettkampf, Kampf* überh. Vikramâṅkak. 6,30. — *c) die beste Habe, Kostbarkeiten* u. dgl. Nârada 1, 3,21. 2,2,9. — *d)* **das Berstenmachen, Zerreissen* u. s. w. — 2) m. N. pr. eines Mannes; Pl. *sein Geschlecht.*

प्रधनाघातक Adj. *auf einen Kampf anspielend, einen K. einleitend* Harshak. 181,10.

प्रधनाङ्गण n. *Schlachtfeld* Vikramâṅkak. 17,59.

(प्रधन्य) प्रधनिग्र Adj. (f. ग्रा) *den Kampfpreis* oder *die Beute bildend.*

प्रधमन n. 1) *das Einblasen* (eines Pulvers in die Nase) Karaka 2,7. 6,14. — 2) *Schnupfmittel* Mat. med. 17.

प्रधर्ष m. in दुष्प्रधर्ष.

°प्रधर्षक Adj. *Jmd zu nahe tretend, sich vergreifend an* (dem Weibe eines Andern).

प्रधर्षण 1) Adj. am Ende eines Comp. *angreifend, belästigend, beunruhigend.* — 2) f. ग्रा und n. *das zu nahe Treten, Antasten, Angreifen, ein Angriff auf, Misshandlung, Belästigung.*

प्रधर्षणीय Adj. *dem Angriff, der Beleidigung, der Misshandlung ausgesetzt.*

प्रधा f. 1) *Nom. act. von 1. धा mit प्र. — 2) N. pr. einer Tochter Daksha's. Richtig प्राधा.

प्रधान 1) n. *a) Hauptsache, Hauptgegenstand, Hauptperson, Grundbestand, das Beste, Wichtigere, Wichtigste, Haupt.* Am Anfange eines Comp. so v. a. *Haupt-;* am Ende eines adj. Comp. f. ग्रा. — *b) die Natur im chaotischen Zustande, die nicht zur Entwickelung gelangte Natur.* — *c) der höchste Geist, die Weltseele.* — *d)* **der Verstand.* *e)* **die oberste Person im Staate nach dem Fürsten.* Angeblich auch m. — 2) Adj. (f. ग्रा) *der vorzüglichste, beste, obenanstehend, Haupt-* (Karaka 6,13), *vor Andern ausgezeichnet durch* (Instr.), *vorzüglicher, besser, — als* (Abl.). Compar. °तर *vorzüglicher, besser;* Superl. °तम *der vorzüglichste, vornehmste, wichtigste.* — 3) m. N. pr. eines Râgarshi.

प्रधानक n. = प्रधान 1) *b).*

प्रधानकारणवाद m. *das System —, die Theorie des* Sâmkhja Çaṁk. zu Bâdar. 2,2,10. 17.

प्रधानतस् Adv. *in Folge des Vorranges, — des Obenanstehens.*

प्रधानता f. *das Obenanstehen, Vorzüglichkeit, das Excelliren, Praevaliren.*

प्रधानत्व n. 1) dass. — 2) Nom. abstr. zu प्रधान 1) *b).*

*प्रधानधातु m. *der männliche Same.*

प्रधानपुरुष m. 1) *Hauptperson, die vornehmste Person, eine Autorität.* — 2) als Beiw. Çiva's *der höchste Geist.*

प्रधानभाज् Adj. *obenan stehend, der vornehmste.*

प्रधानवादिन् m. *ein Anhänger des* Sâmkhja Çaṁk. zu Bâdar. 2,1,11. 29.

प्रधानात्मन् m. *der höchste Geist, die Weltseele* VP. 5,18,50.

प्रधानाध्यन m. *Oberaufseher.* Nom. abstr. °ता f. Kathâs. 34,67.

प्रधान्य MBh. 5,121 fehlerhaft für प्राधान्य.

प्रधारण 1) Adj. *bewahrend, schützend* in *पाद्°. — 2) f. ग्रा *die unverwandte Richtung des Geistes auf einen bestimmten Gegenstand.*

1.*प्रधावन m. *Läufer.*

2. प्रधावन 1) *m. *Wind* Râǵan. 21,8. — 2) n. *das Abreiben, Abwaschen* Gaut.

प्रधि m. 1) *Radkranz;* Pl. *Radfelgen.* — 2) *Rund, Scheibe* (des Mondes) RV. 10,138,6. — 3) *Segment* Çulbas. 2,71. 3,181. 185. — 4) **Brunnen.* — S. auch u. 2. प्रधी.

1.*प्रधी f. *grosser Verstand.*

2.*प्रधी Adj. (n. प्रधि) *überaus klug.*

प्रधुर n. *die Spitze der Deichsel* Âpast. Çr. 12, 6,11.

प्रधृष्टि f. *Bewältigung.*

प्रधृष्य Adj. in ग्रप्रधृष्य und सुप्रधृष्य.

प्रध्मापन n. *Mittel um den Athem frei zu machen.*

प्रध्यनीक n. *die Mitte eines Segments* Çulbas. 2,72.

प्रध्यान n. *das Nachsinnen, in Gedanken Sein, Grübeln* Karaka 1,24.

प्रध्वंस m. 1) *Zerstörung, Vernichtung, das Schwinden, Vergehen* (einer Krankheit). Nom. abstr. °त्व n. — 2) = प्रध्वंसाभाव.

प्रध्वंसन 1) Adj. *zerstörend, vernichtend.* — 2) m. *Fäller, Zerstörer* als eine best. Personification.

प्रध्वंसाभाव m. *das Nichtmehrsein, Gewesensein.*

प्रध्वंसिन् Adj. 1) *vergehend, vergänglich.* उत्पन्न° *entstanden und wieder vergehend,* so v. a. *keine weiteren Folgen habend* Comm. zu TS. Prât. 7,15. — 2) am Ende eines Comp. *vernichtend, zerstörend.*

*प्रनप्तृ m. *Urenkel.*

*प्रनर्दक Adj. von नर्द् mit प्र.

प्रनष्टज्ञानिक Adj. *wobei die früheren Kenntnisse dem Gedächtniss entschwunden sind* Suçr. 1,8,14.

*प्रनायक Adj. *dessen Führer fort ist, — sind.*

*प्रनाल m. und °ली f. (*Kanal* MBh. 14,36,3) = प्रणाल, °ली.

प्रनाशिन् Verz. d. Oxf. H. 7,*b*,4 v. u. fehlerhaft für प्रणाशिन्.

*प्रनिंसितव्य Adj. = प्रणिंसितव्य.

*प्रनिन्दण n. = प्रणिन्दण.

*प्रनिघातन n. *Mord, Todtschlag.*

*प्रनिन्दन n. = प्रणिन्दन.

प्रनीड Adj. MBh. 12,3914 fehlerhaft für प्रडीन *weggeflogen,* wie ed. Vardh. 12,260,37 liest; प्रलीन (= प्रडीन Nilak.) ed. Bomb. 12,261,38.

प्रनुद्द Adj. Suçr. 1,200,19. 228,3 fehlerhaft für प्रणुद्द.

प्रनत्त n. *Tanz* Mârk. P. Einl. 2 (प्रनृत्य gedr.).

प्रनृत्य Adj. und n. oft fehlerhaft für प्रनृत्त.

प्रनृत्यवत् MBh. 3,6087 fehlerhaft für प्रनृत्तवत्.

प्रपक्व Adj. *entzündet* (in medic. Bed.).

1. प्रपत्त m. *Flügelspitze* (auch eines in Vogelgestalt aufgestellten Heeres).

2. प्रपत्त 1) Adj. *die Flügelspitze* (eines in Vogelgestalt aufgestellten Heeres) *bildend*. — 2) m. N. pr. eines Sohnes des Krshna VP. 5,32,2.

प्रपञ्च m. 1) *eine grössere oder geringere Anzahl, Mannichfaltigkeit*. प्रपञ्चास्या Adj. wohl *mannichfache Gesichter habend* Hemâdri 2,a,99,13. — 2) *Ausführlichkeit, eine weitere Ausführung von* (Gen. oder im Comp. vorangehend). प्रपञ्चेन und प्रपञ्चतस् *ausführlich*. — 3) *eine von den vielen Erscheinungsformen, eine Art —, eine Form von* (Gen.), *Erscheinung* überh. Vikramâñkak. 16,22. — 4) *Anhängsel aller Art*. — 5) in der Philosophie *die Welt der Erscheinungen*. — 6) in der Rhetorik *gegenseitige unwahre Lobhudeleien*. — 7) in der Dramatik *ein Lachen erregender Dialog*. — 8) *enklitisch nach einem Verbum fin. — Nach den Lexicographen = आडम्बर, विपर्यास (= वैपरीत्य, भ्रम, माया) und विप्रलम्भन oder प्रतारण.

प्रपञ्चक 1) Adj. (f. °ञ्चिका) *a) vermannichfaltigend*. विश्व° Hemâdri 2,a,99,13. — *b) weiter ausführend, ausführlich auseinandersetzend*. — 2) f. °ञ्चिका N. pr. einer Jogini Hemâdri 2,a,99,16.

प्रपञ्चन n. *eine weitere Ausführung, ausführlichere Besprechung, weitläufige Auseinandersetzung*.

प्रपञ्चबुद्धि 1) Adj. *verschlagen, verschmitzt*. — 2) m. N. pr. eines Mannes.

प्रपञ्चमिथ्यात्वानुमान n. und °खण्डन n. Titel zweier Werke Opp. Cat. 1.

प्रपञ्चय् 1) *weiter ausführen, ausführlich auseinandersetzen, — vortragen*. — 2) *in einem falschen Lichte erscheinen lassen*.

प्रपञ्चसार m., °विवरण n., °विवेक m., °व्याख्या f. (Opp. Cat. 1) und °संग्रह m. (ebend.) Titel von Werken.

प्रपण m. *Handel, Tausch*.

प्रपतन n. 1) *das Davonfliegen*. — 2) *das Fallen, Hinabstürzen* (Gaut.), *Niederstürzen, Stürzen von* (Abl. oder im Comp. vorangehend), *in* (Loc. oder im Comp. vorangehend). विद्युत्° *das Fallen eines Blitzes* 232,17. — 3) *ein jäher Felsen*.

प्रपत्ति f. *fromme Hingebung* Çând. 9.

प्रपत्त्युपाधित्वनिषेध (!) m. Titel eines Werkes Opp. Cat. 1.

1. प्रपथ m. 1) *Weg, Reise* RV. 1,166,9. — 2) *Weg, Strasse*. Am Ende eines adj. Comp. f. आ.

2.* प्रपथ Adj. *lose, locker*.

प्रपथिन् 1) Adj. *wandernd*. Superl. प्रपथिंतम *stets auf der Wanderschaft seiend*. — 2) m. N. pr. eines Mannes.

प्रपथ्य 1) Adj. *auf Strassen befindlich, ein Geleitsmann auf Wegen*. — 2) *f. आ = पथ्या *Terminalia Chebula* oder *citrina*.

1. प्रपद् f. 1) *Weg*. — 2) *Eintritt*, Bez. der Sprüche भूः प्र पद्ये भुवः प्र पद्ये u. s. w. (Taitt. Âr. 2,19).

2. प्रपद् f. *Vordertheil des Fusses*.

प्रपद n. *Vorderfuss*, so v. a. *der vordere Theil des Fusses, Fussspitze*.

प्रपदन n. *das Eintreten* (Vaitân.), — *in* (im Comp. vorangehend). Vgl. अर्वस्तात्प्रपदन.

प्रपदम् Adv. Bez. *einer Recitationsweise, bei welcher, ohne Rücksicht auf Versbau und Worte, Verse in Stücke von gleicher Silbenzahl geschnitten und in die Zwischenräume Einschaltungen von Formeln gebracht werden, in welchen das Wort* प्रपद्ये *vorkommt*.

*प्रपदीन Adj. fehlerhaft für आप्रपदीन.

प्रपन्नगतिदीपिका f. und प्रपन्नपारिजात m. Titel von Werken Opp. Cat. 1.

प्रपन्नपाल m. *Beschützer der um Schutz Bittenden* (Krshna).

प्रपन्नमालिका f. Titel eines Werkes.

प्रपन्नलक्षण n. desgl. Opp. Cat. 1.

*प्रपन्नाड m. *Cassia Tora*.

प्रपन्नामृत n. Titel eines Werkes.

*प्रपर्ण Adj. *dessen Blätter abgefallen sind*.

प्रपलायन n. *das Fliehen, Flucht*.

प्रपलायिन् Adj. *fliehend, die Flucht ergreifend*.

*प्रपलाश Adj. *dessen Blätter abgefallen sind*.

*प्रपवण und *प्रपवन n. *das Reinigen, Läutern*.

*प्रपवनीय Adj. *zu reinigen, zu läutern*.

प्रपा f. 1) *Tränke, Brunnen, ein Schuppen, in dem Reisende Wasser antreffen*. — 2) *ein Wasserzufluss* (zu einem Teich u. s. w.).

प्रपाक m. 1) *das Reifwerden* (eines Geschwürs u. s. w.). — 2) *Verdauung* Karaka 6,18. — 3) wohl *ein best. Fleischtheil des Opferthieres*.

प्रपाठ und °क m. *Lection*, Bez. von *Unterabschnitten in vielen Büchern*.

प्रपाण n. 1) *Tränke, Trank* in अप्रपाण (Nachtr. 3) und सुप्रपाण. — 2) = प्रपान 2).

प्रपाणि m. *Vorderarm* Râgan. 18,39. Karaka 3,8.

प्रपाणिक m. dass. Karaka 5,8.

प्रपाण्डु und °र Adj. *sehr —, blendend weiss*.

प्रपात m. 1) *eine Art Flug*. — 2) *das Hervorstürzen, Hervorspringen*. — 3) * *Ueberfall*. — 4) *das Aufbrechen, Davoneilen, Fortgehen*. — 5) *Sturz, Fall, — von* (Abl. oder im Comp. vorangehend), *in* (Loc. oder im Comp. vorangehend). — 6) *das Ausfallen* (der Haare). — 7) *Ergiessung* (des Samens). — 8) *das Fallen* des Auges, des *Blickes auf Etwas*. — 9) *eine steile Felswand, Abgrund*. — 10) * *Ufer*. — 11) * *Wasserfall*.

प्रपातन n. 1) *das Fallenmachen, Niederwerfen, zu Boden Werfen*. — 2) *das Richten —, Wenden* (des Auges) in अन्त°.

प्रपातम् Absol. *herabstürzend* MBh. 1,92,9.

*प्रपातिन् m. *Berg, Fels*. — प्रपातिनोपस्तरणान् MBh. 7,1571 fehlerhaft für प्रपातितो°.

*प्रपाय m. *Weg*.

प्रपाद m. in अप्रपाद.

*प्रपादिक oder *प्रपादीक m. *Pfau*.

प्रपाडुक Adj. *vorzeitig abgehend* (Fötus) TS. 5, 6,9,1. Kâth. 19,11. Vgl. अप्रपाडुक.

प्रपान n. 1) *das Trinken, Schlürfen*. — 2) *der untere Theil der Oberlippe beim Pferde*.

प्रपानक n. *Sorbet* Bhâvapr. 2,27.

प्रपापालिका (176,28. Vikramâñkak. 10,80. 13,9. 10. 18,84) und °पाली f. (Spr. 7653) *die Aufseherin über eine Tränke, — in einem Schuppen, wo Wasser gereicht wird, Brunnenwärterin*.

*प्रपापूरण n. *das Füllen einer Tränke, das mit Wasser Versehen einer* Prapâ. Davon *°पूरणीय Adj. *dazu dienend*.

प्रपामण्डप m. *ein Schuppen, in dem Reisende Wasser antreffen*, Vikramâñkak. 10,80.

*प्रपायिन् Adj. von पा mit प्र.

प्रपालक m. *Behüter, Beschützer*.

प्रपालन n. *das Hüten, Schützen*.

*प्रपालिन् m. *Bein*. Baladeva's.

*प्रपावन n. *Lustwald*.

प्रपितामह und प्रपितामही (AV.) 1) m. *Urgrossvater*. Auch Bez. Brahman's und Krshna's. Pl. *Urgrossväter, Ahnen*. — 2) f. प्रपितामही *Urgrossmutter von väterlicher Seite*.

प्रपितृव्य m. *Grossoheim von väterlicher Seite*.

प्रपित्व n. 1) *Weggang*. — 2) *Flucht, Rückzug*. — 3) *ein zurückgezogener Ort, recessus*. — 4) *Rückgang des Tages, Abend*.

प्रपित्सु Adj. *verlangend* 1) *sich zu stürzen in* (Loc.). — 2) *zu betreten* (einen Weg, Acc.) Kir. 1,9.

प्रपिष्टभाग Adj. *dessen Antheil zerrieben ist* (von Pûshan) TS. 2,6,8,5.

प्रपीडन n. 1) *das Drücken, Pressen.* — 2) *Mittel zum Ausdrücken von Geschwüren.*

प्रपुट wohl = पुट *Düte* Kauç. 25.

प्रपुण्डरीक = प्रपौण्डरीक 1) Karaka 6,4.7.8.10.

*प्रपुनाट, प्रपुनाड, *प्रपुंनड, *प्रपुंनाट (Râgan. 4, 203), प्रपुंनाड und *प्रपुंनाल m. *Cassia Tora.*

प्रपुराण Adj. *alt, lange aufbewahrt* Karaka 6,14.

प्रपुष्पित Adj. *mit Blüthen versehen, blühend.*

प्रपूरक 1) Adj. (f. °रिका) am Ende eines Comp. *erfüllend, befriedigend.* — 2) *f. °रिका *Solanum Jacquini.*

प्रपूरण 1) Adj. (f. ई) am Ende eines Comp. *zufüllend* (Oel) und zugleich *vermehrend, steigernd* (die Liebe zu Etwas). — 2) n. a) *das Einbringen* (einer Flüssigkeit oder eines andern Stoffes), *das Hineinstecken in* (Loc. oder im Comp. vorangehend). — b) *das Spannen* (eines Bogens). — c) *das Verzieren von* Indra's *Banner.* — d) *eine best. feierliche Handlung, die an einer Feuergrube vorgenommen wird.*

प्रपूर्वग Adj. MBh. 1,3,57 nach Nilak. = सृष्टेः प्राग्विद्यमानः; es ist aber प्र wohl mit dem später folgenden Verbum fin. zu verbinden.

प्रपृथक् Adv. *je besonders.*

*प्रपृष्ठ Adj. *einen hervortretenden Rücken habend.*

प्रपै Dat. Infin. zu 1. पा mit प्र RV. 10,104,3 zu vermuthen für प्रपै.

प्रपौण्डरीक n. 1) *rootstock of Nymphaea lotus* Mat. med. 314. Karaka 1,3. 6,3. 9. — 2) *Hibiscus mutabilis.*

प्रपौत्र 1) m. *Urenkel* (*der Sohnes Sohnes Sohn*). — 2) f. ई *Urenkelin* Hemâdri 1,687,4.

प्रप्यस Adj. etwa *schwellend* AV. 10,7,16.

*प्रप्यायन n. Nom. act. von प्याय् mit प्र.

*प्रप्यायनीय Partic. fut. pass. von प्याय् mit प्र.

प्रप्याययितृ Nom. ag. *der da bewirkt, dass Etwas* (Gen.) *anschwillt.*

प्रप्रोथ m. 1) *das Schnauben, Pusten* Maitr. S. 3,12,3. — 2) *die Nüstern eines Rosses* Âpast. im Comm. zu TS. 1,1030,19. — 3) angeblich *eine best. Pflanze, die als Surrogat für die* Soma-*Pflanze gebraucht werden kann.*

प्रप्लावन n. *das Auslöschen des Feuers mit Wasser.*

प्रफर्विदा Adj. *eine* Prapharvî *gebend* Âpast. Çr. 17,3 in einer Formel.

प्रफर्वी f. *ein üppiges —, geiles Mädchen.*

प्रफर्वीदा Adj. = प्रफर्विदा Kâth. 39,9.

*प्रफुल्त Adj. = प्रफुल्ल.

*प्रफुल्ति f. *das Blühen.*

प्रफुल्ल Adj. 1) *aufgeblüht, in Blüthe stehend, blühend.* — 2) *mit Blumen bedeckt* (Teich, See). — 3) *weit geöffnet wie eine aufgeblühte Blume* (Augen).

प्रफुल्लनगवत् Adj. *mit blühenden Bäumen versehen* R. 5,9,6.

प्रबन्द्धृ Nom. ag. 1) *Verfasser.* — 2) *Dolmetscher, Ausleger.* Nom. abstr. °न्द्धृता f. Naish. 9,37.

प्रबन्ध m. (adj. Comp. f. आ) 1) *Verbindung, Band.* — 2) *eine ununterbrochene Verbindung, fortlaufende Reihe.* °वर्ष *ein ununterbrochener Regen.* — 3) *eine schriftstellerische Composition,* insbes. *eine poetische.* Auch so v. a. *weitere Ausführung, Commentar* Comm. zu Naish. 9,37.

प्रबन्धकोश m. Titel eines Werkes Bühler, Rep. No. 748.

प्रबन्धचिन्तामणि m. desgl.

प्रबन्धन n. *Verbindung, Band.*

प्रबन्धृ defective Schreibart für प्रबन्द्धृ.

प्रबन्धाध्याय m. Titel des 4ten *Kapitels* im Saṁgîtadarpaṇa und Saṁgîtaratnâkara.

प्रबभ्र Adj. als Beiw. Indra's Kâth. 10,9. Vgl. प्रवर्ध.

प्रबर्ह Adj. *der beste —, vorzüglichste unter* (Gen. oder im Comp. vorangehend). Vgl. प्रवर्ह.

प्रबर्हण n. *das Ab —, Ausreissen* Comm. zu Âpast. Çr. 7,20,4.

प्रबर्हम् s. प्रवर्हम्.

प्रबल्, °लति *stark —, mächtig werden.* प्रबलय् s. bes.

प्रबल 1) Adj. (f. आ) *stark, mächtig, bedeutend, gewichtig* (Ausspruch 273,6), *heftig* (Schmerz u. s. w.), *gross.* Am Ende eines Comp. *einen Ueberfluss an — habend.* प्रबलम् Adv. *stark, sehr.* — 2) m. a) N. pr. α) eines Sohnes der Kṛshṇa. — β) eines Wesens im Gefolge Vishṇu's. — γ) eines Daitja. — b) *fehlerhaft für प्रवाल *Schoss, Trieb.* — 3) *f. आ *Paederia foetida* Râgan. 5,34. — 4) f. ई in einer Inschrift nach Hall *classe.*

प्रबलता f. und **प्रबलत्व** n. *das Mächtigsein, Macht.*

प्रबलानिपायव्याख्या f. Titel eines Werkes Opp. Cat. 1.

प्रबलय्, °यति *stärken, kräftigen* Mahâvîrak. 26,4.

प्रबलवत् Adj. = प्रबल 1).

1. **प्रबली** f. s. प्रबल 4).

2. **प्रबली** Adv. mit भू *mächtig werden.*

*प्रबल्लिका f. = प्रवल्लिका.

°**प्रबाधक** Adj. *abschlagend, zurück —, fern haltend.*

प्रबाधन n. 1) *das Abschlagen, Zurück —, Fernhalten.* — 2) *das Bedrängen, Quälen, Peinigen.*

°**प्रबाधिन्** Adj. *bedrängend, quälend, peinigend* Bâlar. 226,6.

प्रबालक N. pr. 1) m. eines Jaksha MBh. 2, 10,17. — 2) f. °लिका eines Frauenzimmers. °वालिका geschr.

*प्रबालिक (प्रवालिक?) m. *eine Art Portulak* Râgan. 7,151.

1. **प्रबाहु** m. *Unterarm.* Instr. प्रबाहुवा ved. Mahâbh. 7,66,b; richtig प्र बाहुवा.

2. **प्रबाहु** m. N. pr. eines Mannes (*langarmig*).

प्रबाहुक् Adv. *in gleicher Linie, — Reihe, — Höhe, aequa fronte.* = बाहुल्येन Comm. zu TBr. 2,818,21.

प्रबाहुक m. N. pr. eines Mannes (*langarmig*).

*प्रबाहुकम् Adv. 1) *zu gleicher Zeit.* — 2) *oben.*

प्रबुद्ध 1) Adj. s. u. 1. बुध् mit प्र. — 2) m. N. pr. eines Lehrers.

प्रबुद्धता f. *Aufgeklärtheit, Klugheit.*

प्रबुध् 1) Adj. *aufmerksam, lauernd.* — 2) f. *das Erwachen.*

प्रबुध m. *ein grosser Weiser.*

प्रबुधे Dat. Infin. zu 1. बुध् mit प्र VS. 4,14.

प्रबोध m. 1) *das Erwachen.* — 2) *das zur Besinnung Kommen.* — 3) *das Erwachen* der Blumen, so v. a. *Aufblühen.* — 4) *das Erwachen,* so v. a. *zu Tage Treten, Eintritt* (der Einsicht). — 5) *das Wachen, Wachsein.* — 6) *Erkenntniss, Verständniss, Einsicht, Verstand.* — 7) *das Erwecken.* — 8) *das Wiedererregen eines verflüchtigten Wohlgeruchs.* — 9) *freundliche Ermahnung, gute Worte;* Pl. Naish. 6,60.

प्रबोधक 1) Adj. *erweckend,* so v. a. *zum Aufblühen bringend.* — 2) am Ende eines adj. Comp. (f. °धिका) *Erkenntniss, Verständniss.* — 3) *m. *ein Sänger, dessen Amt es ist, seinen Fürsten zu wecken.*

प्रबोधचन्द्र m. *der Mond der Erkenntniss, die mit dem Monde verglichene und personificirte Erkenntniss.*

प्रबोधचन्द्रिका f. Titel einer Grammatik.

प्रबोधचन्द्रोदय 1) m. a) *der Aufgang des Mondes der Erkenntniss, die mit dem aufgegangenen Monde verglichene und personificirte Erkenntniss.* Prab. 116,12. — b) Titel eines medic. Werkes. — 2) n. Titel eines Schauspiels.

प्रबोधचित्तामणि Titel eines Werkes.

प्रबोधदीपिका f. desgl. Opp. Cat. 1.

प्रबोधन 1) Adj. *erweckend, erregend.* — 2) m. N. pr. eines Buddha. — 3) f. ई *a) der 11te Tag in der lichten Hälfte des* Kârttika, *an dem das Erwachen* Vishṇu's *gefeiert wird.* — *b)* **Alhagi Maurorum.* — 4) n. *a) das Erwachen.* — *b) Verständniss.* — *c) das Erwecken.* — *d) das Aufklären.* — *e)* **das Wiedererregen eines verflüchtigten Wohlgeruchs.*

प्रबोधप्रकाश m., प्रबोधमञ्जरी f., प्रबोधमानसोल्लास m. und प्रबोधरत्नाकर m. Titel von Werken.

प्रबोधवती f. N. pr. einer Surâṅganâ Ind. St. 15,241.

प्रबोधसिद्धि f. und प्रबोधसुधाकर m. Titel von Werken.

1. प्रबोधिता f. *ein best. Metrum.*

2. प्रबोधिता f. *das Wachsein in* अ°.

प्रबोधिन् 1) Adj. *a) erwachend, wachend.* — *b) ertönend.* — 2) f. °नी = प्रबोधन 3) *a).*

प्रबोधोदय m. 1) *der Aufgang der Erkenntniss.* — 2) Titel eines Werkes.

प्रबोध्य Adj. *zu erwecken.*

प्रभङ्ग m. 1) *Brecher, Zermalmer.* — 2) *Zermalmung, Vernichtung, vollständige Besiegung.*

प्रभङ्गिन् Adj. *brechend, zermalmend, vernichtend.*

*प्रभङ्गुर Adj. *vernichtend* (!).

प्रभञ्जन 1) Adj. *brechend, zermalmend, vernichtend.* — 2) m. *a) Sturm, Wind; der Windgott.* — *b) Nervenkrankheit.* — *c) ein best.* Samâdhi Kâraṇḍ. 92,17. — *d)* N. pr. eines Fürsten. — 3) n. *das Zerbrechen.*

*प्रभद्र 1) m. *Azadirachta indica* Râǵan. 9,7. — 2) f. आ *Paederia foetida* Râǵan. 5,35.

प्रभद्रक 1) Adj. *überaus schön.* — 2) n. *a) ein best. Metrum.* — *b) eine Verbindung von vier* Çloka, *durch welche ein und derselbe Satz durchgeht.*

प्रभर्तर् Nom. ag. mit Acc. *Herbeibringer, Herbeischaffer.*

प्रभर्तव्य Adj. *zu ernähren.*

प्रभर्मन् n. 1) *das Herbeibringen, Vorsetzen.* — 2) *das Vortragen* (eines Liedes).

प्रभव 1) Adj. *sich hervorthuend.* — 2) m. *a) Entstehung, Ursprung, Quelle, Ausgangspunct, Ursache der Entstehung, Geburtsstätte, Herkunft.* Am Ende eines adj. Comp. (f. आ) so v. a. *entspringend aus, stammend aus, von, befindlich in, auf.* — *b)* **Macht.* — *c) das 1ste oder 35ste Jahr im 60jährigen Jupitercyclus.* — *d)* N. pr. *α)* eines Sâdhja. — *β)* verschiedener Männer Hem. Par. 2,167. 5,1.

*प्रभवन n. Nom. act. von 1. भू mit प्र.

*प्रभवनीय Part. fut. pass. von 1. भू mit प्र.

प्रभवत् m. = प्रभवितर्.

प्रभवप्रभु und प्रभवस्वामिन् m. N. pr. des ersten der 6 Çrutakevalin bei den Ǵaina.

प्रभवितर् Nom. ag. *ein Mächtiger, grosser Herr, Gebieter.*

प्रभविष्णु Adj. 1) *mächtig; m. ein Mächtiger, Gebieter, Herr, — über* (Loc., Gen. oder im Comp. vorangehend). — 2) *hervorbringend, schaffend* Bhag. 13,16. Vishṇus. 97,19.

प्रभविष्णुता f. *das Herrsein, Herrschaft, Macht, das im Stande Sein zu* (Infin.); *herrisches Benehmen, Tyrannei* Harshak. 149,6.

प्रभव्य Adj. *am Ursprung befindlich.*

प्रभा f. 1) *Helle, Glanz, Licht; prächtiges Aussehen.* Häufig am Ende eines adj. Comp. (f. आ). — 2) Pl. *Strahlen.* — 3) *der Schatten des Sonnenuhrzeigers.* — 4) *ein best. Metrum.* — 5) Titel verschiedener Werke Opp. Cat. 1. — 6) *die Helle* personificirt als *a)* Gattin der Sonne. — *b)* als Gattin Kalpa's und Mutter des Prâtar, Madhjaṁdina und Sâja. — *c)* als eine Form der Durgâ in der Sonnenscheibe. — 7) *eine best.* Çakti Hemâdri 1,197,20. — 8) N. pr. *a)* einer Apsaras MBh. 13,19,45. — *b)* einer Tochter Svarbhânu's und Mutter Nahusha's. — *c)* *der Stadt Kubera's. — Chr. 138,3 Druckfehler für सभा.

प्रभाकर 1) m. *a) die Sonne.* Du. *Sonne und Mond.* — *b)* **der Mond.* — *c)* **Feuer.* — *d)* **das Meer.* — *e) ein best.* Samâdhi Kâraṇḍ. 51,10. 52,6. — *f)* Bein. Çiva's. — *g)* N. pr. *α)* einer Klasse von Göttern unter dem 8ten Manu. — *β)* eines Schlangendämons MBh. 1,35,15. — *γ)* eines Weisen aus Atri's Geschlecht. — *δ)* eines Sohnes des Ǵjotishmant VP. 2,4,37. — *ε)* verschiedener anderer Männer, insbes. Gelehrter. Auch °गुरु und °भट्ट. — 2) f. ई *eine der 10* Bhûmi *bei den Buddhisten.* — 3) n. N. pr. eines Varsha in Kuçadvîpa VP. 2,4,37.

प्रभाकरदेव m. N. pr. verschiedener Männer.

प्रभाकरवर्धन m. N. pr. eines Fürsten.

प्रभाकरवर्मन् m. N. pr. eines Ministers.

*प्रभाकरसिद्धि m. N. pr. eines buddh. Gelehrten.

प्रभाकरस्वामिन् m. N. pr. eines Heiligthums des Vishṇu.

*प्रभाकीट m. *ein leuchtendes Insect* Râǵan. 19,125.

1. प्रभाग m. *Theilung.*

2. प्रभाग m. *der Bruch eines Bruchs.* °जाति f. *die Reduction eines solchen Bruchs auf einen einfachen.*

*प्रभाज् Adj. von भज् mit प्र.

*प्रभाञ्जन m. *Hyperanthera Moringa.*

प्रभात 1) Adj. s. u. 1. भा mit प्र. — 2) m. N. pr. eines Sohnes des Sonnengottes von der Prabhâ. — 3) f. आ N. pr. der Mutter der Vasu Pratjûsha und Prabhâsa. — 4) n. *das Hellwerden, Tagesanbruch* Gaut.

प्रभातकल्प Adj. (f. आ) *beinahe hell geworden* (Nacht), so v. a. *nicht fern von der Morgendämmerung* 93,20.

प्रभातप्राय Adj. (f. आ) dass. Kâd. 2,121,9. 10.

प्रभातीर्थ n. N. pr. eines Tîrtha.

*प्रभान n. Nom. act. von 1. भा mit प्र.

*प्रभानीय Partic. fut. pass. von 1. भा mit प्र.

प्रभानना f. N. pr. einer Surâṅganâ Ind. St. 15,241.

प्रभानु m. N. pr. eines Sohnes des Kṛshṇa.

*प्रभापन n. Nom. act. vom Caus. von 1. भा mit प्र.

*प्रभापनीय Partic. fut. pass. vom Caus. von 1. भा mit प्र.

प्रभापाल m. N. pr. eines Bodhisattva Eitel, Chin. B.

प्रभाप्ररोह m. *Strahlen* Ragh. 6,33.

प्रभामण्डल 1) n. *Strahlenkranz.* — 2) m. *ein best.* Samâdhi Kâraṇḍ. 51,23.

प्रभामण्डलक n. *Strahlenkranz.*

प्रभामय Adj. (f. ई) *aus Licht bestehend, leuchtend.*

प्रभारुक m. MBh. 1,1560 fehlerhaft für प्रभाकर.

प्रभालेपिन् Adj. *glänzend, strahlend* Harshak. 184,11. 219,20.

प्रभाव m. (adj. Comp. f. आ) 1) *Macht, Majestät, übernatürliche Kraft* (Ragh. 12,21); *Kraft, Wirkung, Macht über* (Loc.). प्रभावेण, प्रभावात् und प्रभावतस् lassen sich oft durch *mittels, in Folge von, durch* wiedergeben. — 2) *Pracht.* — 3) = *शान्ति. — 4) Bez. der *Kapitel* in der Rasikaprijâ. — 5) N. pr. eines Sohnes des Manu Svarokis. — Chr. 223,13 fehlerhaft für प्रभव; vgl. Comm. zu P. 1,4,37.

प्रभावक Adj. *hervorragend, eine Rolle spielend,* die Ergänzung im Loc. oder im Comp. vorangehend Ind. St. 15,264.

प्रभावन 1) Adj. *schaffend* oder *Gedeihen schaffend;* m. *Schöpfer.* — 2) f. आ *das zur Macht Brin-*

gen, Weiterverbreiten (einer Lehre).

प्रभावत् 1) Adj. *leuchtend, glänzend.* — 2) f. °वती *a*) **die Laute des Gefolges* Çiva's. — *b*) *ein best. Metrum.* — *c*) *eine best.* Çruti S. S. S. 24. — *d*) N. pr. α) einer buddh. Göttin. — β) der Gemahlin des Sonnengottes. — γ) einer der Mütter im Gefolge Skanda's. — δ) *einer Apsaras VP.² 2,82. — ε) einer Surâṅganâ Ind. St. 15. — ζ) *einer Schwester des Asura Indradamana. — η) verschiedener Frauen. — ϑ) eines Flusses.

प्रभावयितर् Nom. ag. mit Acc. *Macht verleihend, zur M. verhelfend, zu Ansehen bringend* Daçak. (1925) 2,142,5.

प्रभावली f. Titel eines Werkes.

प्रभावस्मत् Adj. *im Besitz der Macht seiend, mächtig.*

प्रभाविन् Adj. *mächtig* Çiç. 1,67

प्रभाव्याक m. N. pr. einer buddh. Gottheit.

प्रभाष 1) n. (nach Nilak.) *Verkündigung, Lehre* Hariv. 3,18,9. — 2) m. fehlerhaft für प्रभास 1) *a*).

प्रभाषण m. *Erklärung.*

प्रभाषणीय Adj. *auf eine Erklärung bezüglich.*

प्रभाषित 1) Adj. s. u. 1. भाष् mit प्र. — 2) n. *Rede.*

प्रभाषिन् Adj. *redend, sprechend*

प्रभास N. pr. 1) m. *a*) eines Vasu. — *b*) eines Wesens im Gefolge des Skanda. — *c*) einer Klasse von Göttern unter dem 8ten Manu. — *d*) Pl. eines Ṛshi-Geschlechts. — *e*) eines der 11 Gaṇâdhipa bei den Gaina. — *f*) des Sohnes eines Ministers des Fürsten Kandraprabha. — 2) m. n. N. pr. eines Tîrtha Vishṇus. 85,26. Auch °क्षेत्र n., °क्षेत्रतीर्थ n. und °देश m. — Hariv. 11793 fehlerhaft für प्रभाष.

प्रभासक्षेत्रतीर्थयात्रानुक्रम m. Titel eines Werkes.

प्रभासन n. *das Erhellen, Erleuchten.*

प्रभासुर Adj. *stark leuchtend, — glänzend.*

प्रभासेश्वरमाहात्म्य n. Titel eines Werkes.

प्रभास्वत् Adj. = प्रभासुर.

प्रभास्वर Adj. 1) dass. — 2) **hell, klar* (Stimme).

*प्रभिद् Adj. von 1. भिद् mit प्र.

प्रभिन्न 1) Adj. s. u. 1. भिद् mit प्र. — 2) m. *ein brünstiger Elephant.*

प्रभिन्नावचस्Adj. *aperiens, evacuans* Suçr. 1,199,6.

प्रभिन्नाञ्जन n. = भिन्नाञ्जन.

प्रभु 1) Adj. (auch प्रभू, f. प्रभ्वी) *a*) *hervorragend, übertreffend.* — *b*) *vermögend, mächtig, mächtiger als* (Abl.), *Macht habend über* (Gen. 103, 32), *Jmd* (*Dat.) *gewachsen, im Stande seiend zu* (Infin., ein Nom. act. im Loc. oder im Comp. vorangehend). — *c*) *mehr als ausreichend, reichlich.* — *d*) **beständig, ewig.* — 2) m. *a*) *Herr, Gebieter, ein grosser Herr, Fürst.* — *b*) Bein. Brahman's, *Vishṇu's, Çiva's, Indra's und Pragâpati's. — *c*) **Laut, Wort.* — *d*) **Quecksilber* Râgan. 13, 108. — *e*) N. pr. α) einer Klasse von Göttern unter dem 8ten Manu. — β) verschiedener Männer Hem. Par. 2,167. — 3) f. प्रभ्वी *eine best.* Çakti.

प्रभुक in ज्ञाति°.

प्रभुता f. 1) *das Herrsein, Herrschaft, Macht, — über* (Loc.). — 2) *Besitz von* (im Comp. vorangehend). — 3) *das Vorherrschen.* Instr. so v. a. *meistentheils* 308,23.

प्रभुत्व n. 1) *das Herrsein, Herrschaft, Macht, — über* (Gen., Loc. oder im Comp. vorangehend). — 2) *das Vorherrschen.* Instr. so v. a. *vorherrschend.*

प्रभुत्वबोधि f. *eine mit höchster Macht verbundene Erkenntniss* Kâraṇḍ. 42,16.

प्रभुत्वाक्षेप m. in der Rhetorik *eine Erklärung, dass man mit Etwas nicht einverstanden sei, die man dem Geliebten dadurch zu erkennen giebt, dass man die Gründe angiebt, weshalb er das Unerwünschte recht wohl vollbringen könne.*

प्रभुदेव m. N. pr. eines Joga-Lehrers.

प्रभुभक्त 1) Adj. *seinem Herrn ergeben.* — 2) *m. *ein edles Pferd.*

प्रभुलिङ्गलीला f. Titel eines Werkes Opp. Cat. 1.

प्रभुशब्दशेष Adj. *von dem nur der Titel „Fürst" übriggeblieben ist* Ragh. 3,22.

प्रभू Adj. s. u. प्रभु 1).

प्रभूत 1) Adj. s. u. 1. भू mit प्र. — 2) m. Pl. *eine best. Klasse von Göttern im 6ten* Manvantara Hariv. 437. v. l. प्रसूत. — 3) n. im Sâṁkhja = महाभूत *ein grobes Element.*

प्रभूतक 1) *Adj. *das Wort* प्रभूत *enthaltend.* — 2) m. Pl. *eine best. Klasse von Manen.*

प्रभूतत्व n. 1) *das Hinreichen* Kâtj. Çr. 8,8,34, v. l. für प्रभूत्व. — 2) *Menge, grosse Anzahl.*

प्रभूतधनधान्यवत् Adj. *reich an Habe und Getraide* R. ed. Bomb. 1,5,5.

प्रभूतरत्न m. N. pr. eines Bodhisattva.

प्रभूतवयस् Adj. *bejahrt* Spr. 4262.

प्रभूतशस् Adv. *vielmals, oft* Karaka 7,4.

प्रभूति f. 1) *Ursprung.* — 2) *Gewalt, herrisches Wesen.* — 3) *Genugsamkeit, Hinlänglichkeit.* — 4) vielleicht *Herrscher* ṚV. 8,41,1.

प्रभूत्व n. *das Hinreichen.*

प्रभूवरी Adj. f. *hinreichend über* (Acc.).

प्रभूवसु (Padap. प्रभु°) 1) Adj. *reichliches Gut besitzend.* — 2) m. N. pr. eines Âṅgirasa.

प्रभूषणि Infin. debendi von 1. भू mit प्र ṚV. 10 132,1.

*प्रभूष्णु Adj. *vermögend, mächtig.*

प्रभृति 1) f. *a*) *Darbringung* (einer Spende oder eines Lobliedes.). — *b*) *Wurf, Schlag.* — *c*) *Anhub. Anfang.* Am Ende eines adj. Comp. — *zum Anfang habend, anfangend mit —, — und so weiter.* Ist das Substantiv zu ergänzen, so steht das Wort im Pl., ausnahmsweise aber auch im Sg. — 2) Adv. unmittelbar nach einem Abl., einem Adverb (इतस्, इतस्, ततस्, यतस्, तदा, यदा, अद्य, अद्यस्) oder am Ende eines Comp. *von — an.* एव steht in der Regel nach, nur ausnahmsweise vor प्रभृति.

प्रभृतिक am Ende eines adj. Comp. = प्रभृति 1) *c*).

प्रभृथ m. *Darbringung, Schenkung.*

प्रभेद m. 1) *Spaltung, Durch —, Zerschneidung.* — 2) *das Sichöffnen der Schläfen des Elephanten in der Brunstzeit* Megh. — 3) *Scheidung, Trennung, weitere Scheidung* (212,28); *Differenz, Verschiedenheit* Hemâdri 1,533,7. — 4) *Unterart, Species, Art.* Am Ende eines adj. Comp. f. आ Kap. 3,46.

°प्रभेदक Adj. (f. °दिका) *spaltend, durchstechend* in *चर्मप्रभेदिका.

°प्रभेदन Adj. *spaltend, durchbohrend.*

प्रभेश्वरतीर्थ n. N. pr. eines Tîrtha.

प्रभ्रंश m. in अप्रभ्रंश.

प्रभ्रंशथु m. *eine Nasenkrankheit, bei welcher Schleim abgeht.*

प्रभ्रंशन n. *das Sichsenken* in नावप्रभ्रंशन.

प्रभ्रंशिन् Adj. *herabfallend.*

प्रभ्रंशुक Adj. (f. आ) *abfallend, entschwindend.*

*प्रभ्रष्टक n. *ein vom Scheitel herabhängendes Blumengewinde.*

प्रभ्रष्टशील Adj. (f. आ) *unsittlich* (Person) Varâh. Jogaj. 5,33.

प्रभ्राज् Adj. (Nom. प्रभ्राट्) *aufleuchtend* Âpast. Çr. 16,30 in einer Formel.

प्रम Absol. in गोष्पदप्रम् (Nachtr. 3).

प्रमंहिष्ठीय n. 1) Bez. *der Hymne* ṚV. 1,57 Ait. Br. 3,49. Çâṅkh. Çr. 12,25,4. — 2) Name verschiedener Sâman Ârsh. Br. Tâṇḍja-Br. 12,6,5. Lâṭj. 6,11,4.

प्रमगन्द m. *der Sohn eines Wucherers.* Wird auch als N. pr. eines Fürsten erklärt.

*प्रमङ्कन n. Nom. act. von मङ्क् mit प्र.

*प्रमङ्गन n. Nom. act. von मङ्ग् mit प्र.

*प्रमङ्गनीय Partic. fut. pass. von मङ्ग् mit प्र.

प्रमणस् Adj. 1) *sorgsam, liebreich.* — 2) *gut gelaunt.* — Vgl. प्रमनस्.

प्रमण्डल n. in श्रन्त° MBH. 8,16,15 nach NILAK. = रथनीडान्तयोः संधानकाष्ठजातम्.

प्रमतक m. N. pr. eines alten Weisen.

प्रमति 1) f. *a) Versorgung, Fürsorge, Schutz, tutela.* — *b) Versorger, Beschützer, tutor.* — 2) m. N. pr. *a)* eines Ṛshi im 10ten Manvantara HARIV. 1, 7, 66. प्रामति v. l. — *b)* verschiedener Männer.

प्रमत्तगीत Adj. *von einem Trunkenen gesungen* oder *hergesagt* MAHÂBH. (K.) 1,3,5.

प्रमत्तवत् Adj. in श्र° (Nachtr. 4).

प्रमत्तश्रमण n. Bez. *der 6ten unter den 14 Stufen, welche nach dem Glauben der Ġaina zur Erlösung führen.*

प्रमथ 1) m. *a) Zerrer,* Bez. *einer Art von Kobolden im Gefolge* Çiva's. °प्रथम m. Bez. des Bhṛṅgiriṭi BÂLAR. 32,16. — *b)* N. pr. eines Sohnes des Dhṛtarâshṭra. — *c)* **Pferd.* — 2) f. श्रा *a)* **Terminalia Chebula* oder *citrina.* — *b)* N. pr. einer Frau.

प्रमथन 1) Adj. (f. ई) *a) quälend, peinigend, aufreibend, hart mitnehmend.* — *b) zu Nichte machend, entfernend.* — 2) m. *a) ein best. über Waffen gesprochener Zauberspruch.* — *b)* N. pr. eines Dânava. — 3) n. *Aufreibung, Tödtung.*

प्रमथनाथ (KÂD. 53,11) und *प्रमथपति m. Bein. Çiva's.

प्रमथाधिप m. Bein. 1) Çiva's. — 2) *Gaṇeça's.

*प्रमथालय m. *die Hölle.*

प्रमथ्या f. *durch Einkochen in Wasser aus Körnern oder Arzeneistoffen gewonnene teigige Masse* Mat. med. 10. BHÂVAPR. 3,42. KARAKA 6,10. 8,7.

प्रमद् und प्रमद्ग् f. *Lust.*

1. प्रमद् m. *Lust, Freude, Heiterkeit.*

2. प्रमद् 1) Adj. *ausgelassen, toll.* — 2) m. *a)* **Stechapfel.* — *b)* **Fussknöchel.* — *c)* N. pr. α) eines Dânava. — β) eines der 7 Ṛshi unter Manu Uttama. — 3) f. श्रा *a) ein junges ausgelassenes Weib, Weib überh.* — *b) die Jungfrau im Thierkreise.* — 6) Name zweier Metra.

*प्रमदक Adj. *ausgelassen, sinnlich* (in einer Etymologie).

प्रमदकण्ठ m. N. pr. eines Mannes.

*प्रमदकानन n. = प्रमदवन.

प्रमदन n. 1) *Liebeslust.* — 2) *Vergnügungsort, Spielplatz* MÂN. GṚHJ. 1,9.

प्रमदद्रोप्य n. N. pr. einer Stadt.

प्रमद्वन und *प्रमदाकानन n. *der Vergnügungsgarten eines Fürsten.*

प्रमदाजन m. *ein Weib, das Weibervolk* 152,4. 170,15.

प्रमदानन n. *ein best. Metrum.*

प्रमदाय्, °यति *sich wie ein ausgelassenes Weib benehmen.*

प्रमदावन n. *der Vergnügungshain der Frauen eines Fürsten.*

प्रमदास्पद n. *Gynaeceum.*

प्रमदितव्य n. impers. *fahrlässig zu sein in Bezug auf* (Abl.).

प्रमद्वर 1) Adj. *thöricht;* m. *Thor* HEM. PAR. 8, 412. — 2) f. श्रा N. pr. der Gattin Ruru's KÂD. 197,2.

प्रमनस् Adj. 1) *sorgsam, liebreich* AV. 2,28,1. — 2) *gut gelaunt, in heiterer Stimmung seiend.* — 3) *willig.*

*प्रमन्त्र *eine best. hohe Zahl* (buddh.).

प्रमन्थ m. *der Stab, durch dessen Drehung Feuer aus dem Holz gerieben wird.*

प्रमन्थु m. N. pr. eines jüngern Bruders des Manthu.

प्रमन्द m. *eine best. wohlriechende Pflanze.*

प्रमन्दनी f. N. pr. einer Apsaras.

प्रमन्यु Adj. 1) *erzürnt, aufgebracht gegen* (Loc.). — 2) *sehr traurig* DAÇAK. 78,17.

1. प्रमय m. und *°या f. *Untergang, das Umkommen, Tod.*

2.*प्रमय m. *Messung.*

प्रमयु Adj. *dem Untergang verfallen.*

प्रमर m. *Tod.*

प्रमरण n. *das Sterben, Tod.*

प्रमर्द m. *eine best. Verbindung des Mondes mit seinen Häusern.*

प्रमर्दक 1) Adj. *zermalmend, aufreibend.* — 2) m. N. pr. eines bösen Dämons.

प्रमर्दन 1) Adj. *a) zermalmend, aufreibend.* — *b) zu Nichte machend, vertreibend.* — 2) m. *a)* Bein. Vishṇu's. — *b)* N. pr. α) eines Krankheitsdämons HARIV. 9559. — β) eines Vidjâdhara. — γ) eines Heerführers des Çambara. — 3) n. *das Zermalmen, Aufreiben, Zerknicken* DHÂTUP. 9,38.

प्रमर्दितर् Nom. ag. *Zermalmer, Aufreiber.*

°प्रमर्दिन् Adj. *zermalmend, aufreibend.*

प्रमहस् Adj. *von grosser Macht.*

प्रमा f. 1) *Grundlage, Fussgestell.* — 2) *Grundmaass, Maassstab.* — 3) *richtiger Begriff, richtige Vorstellung.* — 4) *ein best. Metrum.*

प्रमाण 1) n. (adj. Comp. f. श्रा) *a) Maass, Maassstab, Grösse, Umfang, Länge, Entfernung, Gewicht, Menge, Zeitdauer.* Insbes. α) *die prosodische Länge eines Vocals.* — β) *Tempo.* — γ) *die Uebereinstimmung der Bewegungen beim Tanze mit der Musik und dem Gesange* S. S. S. 232. — δ) *das Maass der physischen Kräfte.* — ε) *das erste Glied in der Regel de tri.* — ζ) *das Maass eines Quadrats,* so v. a. *eine Seite desselben* ÇULBAS. 1,46. — η) *Kapital* (Gegensatz *Zinsen*). — *b) der richtige Maassstab, Norm, Richtschnur; Autorität.* भवती प्रमाणम् so v. a. *du hast zu entscheiden.* Mit einem Infin. so v. a. *die Etwas zu thun berechtigte Person.* Selten Pl.; bisweilen richtet sich das Geschlecht (f. ई) nach dem Substantiv, auf welches das Wort bezogen wird. — *c) Mittel zu richtigem Wissen, Erkenntniss —, Beweismittel, Beweis.* — *d) ein richtiger Begriff, — von* (Loc.). — *e)* **Einheit.* *f)* *= नित्य. — 2) m. *a)* s. u. 1) *b).* — *b)* N. pr. eines *umfangreichen Feigenbaumes* an der Gaṅgâ. — 3) f. ई *a)* s. u. 1) *b).* — *b) ein best. Metrum.*

प्रमाणक 1) am Ende eines adj. Comp. = प्रमाण 1) *a) c).* — 2) f. °णिका *ein best. Metrum.*

प्रमाणकोटि f. 1) *die äusserste Spitze eines Beweises,* so v. a. *ein unumstösslicher Beweis.* तदपि न °टिं प्रवेष्टुमीष्टे so v. a. *auch das kann nicht als ein u. B. gelten* SARVAD. 3,6. 128,8. — 2) = प्रमाण 2) *b)* (nach NILAK.) MBH. 3.12,82. N. pr. eines Tîrtha in der Gaṅgâ (nach NILAK.) 1,61,11.

प्रमाणखण्डनटिप्पणी f. und प्रमाणजाल n. Titel zweier Werke OPP. Cat. 1.

प्रमाणतर Adj. oder n. *eine grössere Autorität als* (Abl.). Nom. abstr. °त्व n. Ind. St. 13,317.

प्रमाणतस् Adv. *der Grösse —, der Länge —, dem Gewicht u. s. w. nach.*

प्रमाणता f. Nom. abstr. zu प्रमाण 1) *b).*

प्रमाणत्व n. 1) desgl. — 2) *Correctheit.*

प्रमाणदृष्ट Adj. 1) *als Autorität geltend* MBH. 1,118,15. 122,7. — 2) *bewiesen, beweisbar* KAP. 2,25.

प्रमाणपथ m. *der Weg des Beweises.* °पथम् श्रवतर् mit न so v. a. *sich nicht beweisen lassen* SARVAD. 135,19.

प्रमाणपदार्थ m. Titel eines Werkes.

प्रमाणपद्धति f. 1) = प्रमाणपथ. °तिम् श्रधि-श्रास् mit न so v. a. *sich nicht beweisen lassen* SARVAD. 118,8. — 2) Titel eines Werkes.

प्रमाणपुरुष m. *Schiedsrichter.*

प्रमाणप्रमोद m. Titel eines Werkes.

प्रमाणप्रवीण Adj. *tüchtig in der Dialectik* PRASANNAR. 6,18.

प्रमाणमञ्जरी f. (Bühler, Rep. No. 393. 418. fg.) und **प्रमाणमाला** f. Titel von Werken.

प्रमाणय्, °यति 1) anpassen. प्रमाणित angepasst Karaka 1,5. — 2) Jmd (Acc.) als Richtschnur, als Autorität hinstellen, — in einer Sache (Loc.). — 3) als Beweis gebrauchen. — 4) beweisen, deutlich an den Tag legen.

प्रमाणयुक्त Adj. das richtige Mass habend Varâh. Bṛh. S. 30,8.

प्रमाणरत्नमाला f. Titel eines Werkes.

प्रमाणराशि m. die im ersten Gliede der Regel de tri stehende Grösse Comm. zu Ârjabh. 2,26.

प्रमाणलक्षण n. Titel eines Werkes.

प्रमाणवत् Adj. mit Beweisen versehen, begründet Comm. zu Âpast. Çr. 1,14,9. Nom. abstr. °वत्त्व n.

प्रमाणवाक्य n. Autorität.

प्रमाणवार्त्तिक n., **प्रमाणविनिश्चय** m., **प्रमाणसंग्रह** m. (Opp. Cat. 1), **प्रमाणसमुच्चय** m. und **प्रमाणसारप्रकाशिका** f. (Opp. Cat. 1) Titel von Werken.

प्रमाणसिद्धि m. N. pr. eines Mannes.

प्रमाणसूत्र n. Messschnur.

प्रमाणस्थ Adj. 1) von normaler Grösse Hemâdri 1,348,14. — 2) im normalen Zustande seiend, — verharrend, so v. a. sich nicht verblüffen lassend Hariv. 5680.

प्रमाणादर्श m. Titel eines Schauspiels Hall in der Einl. zu Daçar. 30.

प्रमाणाधिक Adj. 1) übermässig, nicht normal Çâk. 29. — 2) länger als (im Comp. vorangehend) Mṛkkh. 48,24.

प्रमाणान्तरता f. das ein anderes Beweismittel Sein.

प्रमाणाभ्यधिक Adj. umfangreicher, grösser Spr. 4264.

प्रमाणायामतस् Adv. dem Umfange und der Länge nach MBh. 1,222,31.

प्रमाणिक Adj. fehlerhaft für प्रा°.

1. **प्रमाणी** f. s. u. प्रमाण.

2. **प्रमाणी** Adv. mit कर् 1) Jmd (Gen.) Etwas (Acc.) zumessen. — 2) Jmd oder Etwas zur Richtschnur nehmen, als Autorität ansehen, sich richten nach (Acc.). — 3) als Beweismittel ansehen, für einen B. halten.

प्रमाणीकरण n. das als Autorität Anführen.

1. **प्रमातर्** Nom. ag. 1) der Inhaber einer richtigen Vorstellung, ein vollgültiges Urtheil besitzend, eine Autorität. — 2) der Vollzieher der zur richtigen Vorstellung führenden geistigen Operation 254,5. 256,24. Nom. abstr. °तृता f. und °तृत्व n. (Çaṁk. zu Bâdar. S. 18, Z. 2).

2. **प्रमातर्** f. die Mutter der Mutter VP. 3,11,30.

प्रमातव्य Adj. zu tödten.

प्रमातामह m. der Vater des Grossvaters mütterlicherseits Gobh. Çrâddhak. 2,34. Agni-P. 115,14. Dessen Vater heisst वृद्ध° ebend.

प्रमातृकामह m. dass. वृद्ध° Agni-P. ebend. v. l.

*__प्रमात्र__ eine best. hohe Zahl (buddh.).

प्रमात्व n. Nom. abstr. zu प्रमा 3). °चिह्न n. Titel eines Werkes Opp. Cat. 1.

प्रमाथ m. 1) das Zerren. — 2) die gewaltsame Entführung eines Weibes. — 3) Bezwingung, Vernichtung. — 4) N. pr. a) Pl. des Gefolges von Çiva. — b) eines Wesens im Gefolge Skanda's. — c) eines Dânava. — d) eines Sohnes des Dhṛtarâshṭra.

प्रमाथिन् 1) Adj. a) abschlagend, zum Abschlagen dienend. — b) zerrend, in Bewegung versetzend, beunruhigend, zu schaffen machend, zusetzend. — c) in der Med. ausstossend, so v. a. Secretion der Gefässe bewirkend Mat. med. 6. Bhâvapr. 1,156. Karaka (ed. Calc.) S. 42, Z. 18. — 2) m. a) das 13te (47ste) Jahr im 60jährigen Jupitercyclus. Auch fehlerhaft für प्रमादिन् 2). — b) N. pr. α) eines Râkshasa. — β) eines Sohnes des Dhṛtarâshṭra. — γ) eines Affen. — 3) f. °नी N. pr. einer Apsaras.

प्रमाद m. 1) Rausch, Trunkenheit. — 2) Fahrlässigkeit, Unaufmerksamkeit, Unachtsamkeit, Nachlässigkeit, — in Bezug auf (*Abl. oder im Comp. vorangehend). — 3) *eine best. hohe Zahl (buddh.). — Wird mit प्रसाद verwechselt.

प्रमादचारिन् Adj. fahrlässig zu Werke gehend Kâraṇḍ. 37,12 (प्रमोद° gedr.).

प्रमादपाठ m. eine falsche Lesart Çaṁk. zu Khând. Up. 1,12,3.

*__प्रमादवत्__ Adj. = प्रमादिन् 1).

*__प्रमादिका__ f. ein gefallenes Mädchen.

प्रमादिन् 1) Adj. fahrlässig, unaufmerksam, unachtsam, nachlässig. — 2) m. das 47ste (21ste) Jahr im 60jährigen Jupitercyclus.

प्रमापक Adj. beweisend.

1. **प्रमापण** n. Bildung, Form, Gestalt. v. l. मापन.

2. **प्रमापण** 1) Adj. (f. ई) mordend, Mörder. — 2) n. Tödtung.

*__प्रमापन__ n. = 2. प्रमापण 2).

प्रमापयितर् Nom. ag. dem Untergang zuführend. Nom. abstr. °तृत्व n.

प्रमायु und **प्रमा॑युक** Adj. dem Untergang —, dem Verderben verfallend, hinsterbend.

प्रमार॑ m. das Sterben.

प्रमार्जक Adj. abwischend, so v. a. verschwinden machend, entfernend.

प्रमार्जन n. 1) das Abreiben, Abwischen. — 2) das Verschwindenmachen, Entfernen.

प्रमित 1) Adj. s. u. 3. मा mit प्र. — 2) m. N. pr. eines Lehrers VP.² 5,251. v. l. प्रमति.

प्रमिताक्षरा f. 1) ein best. Metrum. — 2) Titel eines Commentars.

प्रमिताभ m. Pl. eine best. Klasse von Göttern im 5ten Manvantara VP. 3,1,21.

प्रमिति f. 1) ein richtiger Begriff Comm. zu Njâjas. S. 1, Z. 14. — 2) das Bewiesensein, Feststehen. — 3) Manifestation.

प्रमि॑यम् (Acc. Infin. zu मी mit प्र) zu versäumen, zu verfehlen ṚV. 4,55,7.

प्रमि॑ये (Dat. Infin. zu मी mit प्र) hinfällig zu machen ṚV. 4,54,4.

प्रमी Adj. in वी॑तप्रमी.

प्रमीतपतिका Adj. f. deren Gatte todt ist M. 9,68.

प्रमीति f. Verderben, Untergang.

प्रमीय Adj. in अप्रमीय.

प्रमीलक m. (Bhâvapr. 3,72. 75. Karaka 1,23) und **प्रमीलिका** f. (Karaka 1,14) das Schliessen der Augen, Schläfrigkeit.

प्रमीला f. dass. Am Ende eines adj. Comp. f. आ Naish. 2,21.

प्रमीलि॑न् m. ein best. Unhold (die Augen der Menschen schliessend).

प्रमुक्ति f. Befreiung. Pl. Bez. bestimmter Sprüche.

प्रमुख 1) Adj. a) mit dem Gesicht zu (Acc.) gewandt. — b) der vorderste, erste, vorzüglichste. Gewöhnlich am Ende eines adj. Comp. (f. आ) den zum Vordersten habend, angeführt von, dieser und so weiter. प्रीति° so v. a. freundlich. — 2) *m. a) Haufe, Menge. — b) Rottleria tinctoria. — 3) n. a) Anfang (eines Kapitels). — b) Gegenwart, dieselbe Zeit. — 4) प्रमुखे Loc. voran, vor dem Angesicht, gegenüber, vor; die Ergänzung im Gen. oder im Comp. vorangehend. — 5) प्रमुख° vor dem Angesicht.

प्रमुखतस् Adv. 1) voran, vor dem Angesicht, gegenüber, vor; die Ergänzung im Gen. oder im Comp. vorangehend. — 2) vor allen Andern, zuerst, anfänglich.

प्रमुच, **प्रमुचि** und **प्रमुचु** m. N. pr. eines Ṛshi.

प्रमुच्यमानहोम m. Pl. Bez. bestimmter Spenden, begleitet von Sprüchen, die mit प्रमुच्यमानः beginnen, Vaitân.

1. प्रमुद् f. *Freude, Lust; Liebeslust.* प्रमुदे भू *zu grosser Freude gereichen.*

2.*प्रमुद् Adj. *froh.*

प्रमुदित 1) Adj. s. u. 1. मुद् mit प्र. — 2) *f. आ Bez. *einer der 10* Bhûmi *bei den Buddhisten.* — 3) n. *a) Lustigkeit, frohe Laune. — b) eine der acht Vollkommenheiten im* Sâmkhja.

*प्रमुदितप्रलम्बसुनयन m. N. pr. eines Fürsten der Gandharva.

प्रमुदितवदना f. *ein best. Metrum.*

प्रमुदितवत् Adj. *erfreut* Kathâs. 6,165.

प्रमुषिता f. *eine Art Räthsel.*

प्रमूर in अप्रमूर.

प्रमूषिका f. *der äussere Augenwinkel* Comm. zu Varâh. Brh. S. 58,7.

*प्रमृगम् Adv. gaṇa तिष्ठद्गादि.

प्रमृग्य Adj. *aufzusuchen,* so v. a. *besonders geeignet zu* (Dat.).

प्रमृड Adj. *gnädig, erfreuend, beglückend.*

प्रमृणा Adj. (f. आ) *zerstörend.*

प्रमृत 1) Adj. s. u. 1. मर् mit प्र. — 2) n. *a) Tod. — b) bildliche Bez. des Ackerbaues.*

प्रमृतक Adj. *todt.*

प्रमृश् Adj. *antastend.*

प्रमृषे Dat. Infin. zu मर्ष् mit प्र ṚV. 3,9,2.

प्रमृष्टि f. *Bestreichung mit* (im Comp. vorangehend) Harshak. 100,3.

प्रमृष्य Adj. in अप्रमृष्य.

प्रमे (Dat. Infin. zu 3. मा mit प्र) *zu bilden* ṚV. 9,70,4.

प्रमेय 1) Adj. *a) messbar,* so v. a. *unbedeutend, gering* Naish. 8,51. — *b) zu ergründen, sicher zu erkennen, zu beweisen.* — *c) zur richtigen Vorstellung zu erheben* 237,4. 8. 14. — 2) n. (adj. Comp. f. आ) *ein Object richtigen Erkennens, das zu Beweisende.*

प्रमेयकमलमार्तण्ड m. Titel eines Werkes.

प्रमेयत्व n. Nom. abstr. zu प्रमेय 1) *b*).

प्रमेयदीपिका f., प्रमेयरत्नमालिका f., प्रमेयमाला f. und प्रमेयसंग्रह m. Titel von Werken Opp. Cat. 1.

प्रमेह m. *Harnkrankheit.*

प्रमेहन n. *penis* Kauç. 25.

प्रमेहिन् Adj. *an einer Harnkrankheit leidend.*

प्रमोक m. *Loslösung, Befreiung* Çiç. 11,54.

प्रमोक्तव्य Adj. *freizulassen, freizugeben.*

प्रमोक्ष m. 1) *das Fahrenlassen, Verlieren.* — 2) *Loslassung, Befreiung,* — *von* (im Comp. vorangehend); *Erlösung.*

प्रमोक्षक m. N. pr. eines Berges.

प्रमोक्षण n. *das Ende einer Finsterniss.*

प्रमोचन 1) Adj. (f. ई) *befreiend von* (im Comp. vorangehend). — 2) *f. ई *eine Gurkenart.* — 3) n. *a) das Vonsichgeben, Entlassen. — b) das Freimachen, Befreien von* (im Comp. vorangehend). — Vgl. उन्मोचनप्रमोचने unter उन्मोचन 1).

प्रमोत Adj. etwa *stumm, mutus* (nach Zimmer).

प्रमोद m. (adj. Comp. f. आ) 1) *Lust, grosse Freude.* Auch Pl. — 2) im Sâmkhja (auch n.) *eine der acht Vollkommenheiten,* bei den Ǵaina *die Freude Verklärter an der Tugend.* — 3) personificirt als Kind Brahman's. — 4) *das 4te Jahr im 60jährigen Jupitercyclus.* — 5) *ein starker Wohlgeruch.* — 6) **eine Reisart* Gal. — 7) N. pr. *a)* eines Schlangendämons. — *b)* eines Wesens im Gefolge Skanda's. — *c)* verschiedener Männer VP.² 3,265.

प्रमोदक m. 1) *eine Reisart* Káraka 1,27. 2,4. — 2) N. pr. eines Mannes Mudrâr. 46,11 (77, 11).

प्रमोदचारिन् s. प्रमादचारिन्.

प्रमोदतीर्थ n. N. pr. eines Tîrtha.

प्रमोदन 1) Adj. *erfreuend.* — 2) n. *a) das Sichfreuen, Frohsein. — b) das Erfreuen.*

प्रमोदमान n. und °ना f. *eine der acht Vollkommenheiten im* Sâmkhja.

*प्रमोदाख्या f. *eine best. Pflanze,* = अजमोदा Gal.

प्रमोदित 1) m. *a)* Bein. Kubera's. — *b)* N. pr. eines Weisen. — 2) f. आ *eine der acht Vollkommenheiten im* Sâmkhja.

प्रमोदिन् 1) Adj. *ergötzend.* — 2) m. *eine Reisart,* = प्रमोदक Vâgbh. 1,6,2. — 3) f. °नी *Odina Wodier* Bhâvapr. 1,234.

प्रमोष m. *Entziehung, Beraubung.*

प्रमोह m. *Geistesverwirrung.*

प्रमोहचित्त Adj. (f. आ) *verwirrten Geistes.*

प्रमोहन Adj. (f. ई) *den Geist verwirrend.*

°प्रमोहिन् Adj. dass.

प्रम्रदे Dat. Infin. zu म्रद् mit प्र Çat. Br. 4,4,3,11.

प्रम्लोचन्ती und प्रम्लोचा f. N. pr. einer Apsaras.

प्रयत Adj. wohl *rührig.*

प्रयन्ते Dat. Infin. zu यत् mit प्र ṚV. 3,7,1. 31,3.

प्रयन्त f. *Darbringung.*

प्रयज्यु Adj. etwa *hinausstrebend, drängend, treibend, stürmisch.*

प्रयतता f. *Reinheit* (der Person in rituellem Sinne).

प्रयतदक्षिण Adj. *derjenige, welcher Opferlohn dargereicht hat, donator.*

*प्रयतन n. als Erklärung von प्रयत्न.

प्रयति f. *Darreichung, Anbietung; Gabe, Schenkung.* — 2) *Anspannung, intentio; Wille, Streben.*

प्रयतितव्य n. impers. *curandum, zu sorgen für* (Loc.) Káraka 4,6. Bâlar. 106,1.

प्रयत्तव्य n. impers. dass.

प्रयत्न 1) m. *a) Willensthätigkeit, Bestrebung, Bemühung,* — *um* (Loc. oder im Comp. vorangehend); *Activität* überh. °त्नेन, °त्नात्, °त्नतस् und °त्नैस् (einmal) *sorgfältig, angelegentlich, eifrig, nach Kräften, alles Ernstes.* प्रयत्नात् (Harshak. 220,13) und प्रयत्न° (vor einem passiven Verbalbegriff) *mit Mühe, kaum.* n. Vikr. 143 fehlerhaft. — *b) Thätigkeit des Mundes bei Articulirung der Laute.* Vollständig आस्य°. — 2) f. आ *eine best.* Çruti S. S. S. 24.

प्रयत्नच्छिद् Adj. *Jmds* (Gen.) *Bemühungen vereitelnd* Mudrâr. 120,7 (182,4).

प्रयत्नवत् Adj. *sich bemühend, seine ganze Sorgfalt auf Etwas verwendend.*

प्रयन्तर् Nom. ag. 1) *Darreicher, Geber, Bringer;* mit Gen. oder Acc. — 2) *Lenker, Führer.* गज्र° MBh. 8,30,17.

प्रयमण n. *Reinigung der Person* (in rituellem Sinne) Âpast.

प्रयस् n. 1) *Vergnügen, Genuss, Ergötzen.* प्रयसे ṚV. 4,21,7 = प्रयसे. — 2) *Gegenstand des Genusses, beliebte Speise und Trank, Leckerbissen, Labetrunk.* प्रयांसि नदीनाम् *labende Gewässer.*

प्रयस्वत् 1) Adj. *Genussmittel habend,* — *gewährend, Labung bringend.* प्रयस्वन्त आत्रेयाः als Liedverfasser von ṚV. 5,20. — 2) n. Name eines Sâman.

प्रया f. *Anlauf.*

प्रयाग m. 1) *die Opferstätte* κατ' ἐξοχήν, *der Ort, wo* Gaṅgâ *und* Jamunâ *sich vereinigen.* Als Reich Prijad. 3,13. Pl. *die Bewohner von* Prajâga. — 2) **Opfer.* — 3) **Pferd.* — 4) *Bein. Indra's. — 5) N. pr. eines Mannes.

प्रयागक m. 1) = प्रयाग 1) Agni-P. 6,34. — 2) = प्रयाग 5).

प्रयागतीर्थ n. N. pr. eines Tîrtha.

*प्रयागभग m. Bein. Indra's.

प्रयागमाहात्म्य n. (Opp. Cat. 1.), प्रयागरत्नकोश m. und प्रयागसेतु m. Titel von Werken.

प्रयाचक Adj. *bittend um* (°अर्थम्).

प्रयाचन n. *das Anflehen.*

प्रयाज m. *Voropfer,* Bez. *gewisser Opfersprüche und der von ihnen begleiteten* Âǵja-*Spenden, welche zur Eingangsceremonie gehören;* gewöhnlich fünf (aber auch neun und eilf) an Zahl. प्रयाजानुयाज m. Pl. 28,18. प्रयाजपाणा f. Comm. zu TBr. 3,380,10. Nom. abstr. प्रयाजत्व n. Kap. S. 41,7.

प्रयाजवत् Adj. von Prajâga begleitet TS. 6,1,5,3. 5.

प्रयाजाहुति f. eine Spende bei den Prajâga Ait. Br. 1,8,1.

प्रयाण n. 1) Ausgang, Antritt (eines Weges u. s. w.), Abzug, Aufbruch, Abreise, Gang, Reise, Marsch (Harshaḱ. 172, 6); Tagreise Bâlar. 162, 19. 170,1. तदभिमुखकृत° Adj. auf ihn losgehend. गर्दभेन das Reiten auf einem Esel. — 2) der Abzug der Lebensgeister. °काल m. Sterbenszeit. — 3) Antritt, Anfang. — 4) der Rücken eines Pferdes (die Stelle, auf der der Reiter sitzt). — Vgl. इन्द्र° (Nachtr. 3).

प्रयाणक n. Gang, Marsch, Reise; Tagreise Kâd. 2,73,18. 113,4. Harshaḱ. 116,9. Bâlar. 165,7.

प्रयाणपटह m. Marschtrommel Harshaḱ. 172,5.

प्रयाणपुरी f. N. pr. einer Stadt. °माहात्म्य n. Titel eines Werkes.

प्रयाणभङ्ग m. Unterbrechung einer Reise.

प्रयाणविचार m. Titel eines Werkes.

प्रयाणि f. in *अप्रयाणि.

*प्रयाणीय Partic. fut. pass. von 1. या mit प्र.

*प्रयात m. fehlerhaft für प्रपात.

प्रयातर् Nom. ag. 1) der da geht, gehen —, fliegen kann. — 2) einen Marsch unternehmend Varâh. Jogaj. 4,53.

प्रयातव्य 1) Adj. anzugreifen. — 2) n. impers. proficiscendum, eundum.

प्रयात्रा f. anzunehmen für प्रायात्रिक.

*प्रयापण n. Nom. act. vom Caus. von 1. या mit प्र.

प्रयापणि f. in *अप्रयापणि.

*प्रयापणीय Partic. fut. pass. vom Caus. von 1. या mit प्र.

*प्रयापन n. = प्रयापण.

*प्रयापनि f. = प्रयापणि.

*प्रयापिन् Adj. vom Caus. von 1. या mit प्र.

प्रयाप्य Adj. wegzuschicken.

*प्रयाम m. = नीवाक. Mṛḱḱh. 120,1 ist प्रयाम शीघ्रम् zu trennen.

प्रयामन् n. Ausfahrt.

°प्रयायिन् Adj. gehend —, fahrend —, reitend auf, ziehend mit.

प्रयावन् in घ्रप्रयावन्, वृषप्रयावन् und सुप्रयावन्.

प्रयावम् Absol. in घ्रप्रयावम्.

प्रयास m. Anstrengung, Mühe (Ḱaraka 6, 24. Çaṁk. zu Bâdar. S. 30, Z. 6), Bemühung um (Loc., Gen., °अर्थाय, °निमित्तेन oder im Comp. vorangehend).

प्रयासित n. dass. Mâlatim. 133,6. आयासित v. l.

प्रयियु Adj. zum Fahren dienend.

प्रयुक्ति f. 1) das sich in Thätigkeit Setzen, Trieb, Antrieb, intentio. — 2) das in Thätigkeit Setzen, Anwendung. तस्य प्रयुक्ति so v. a. तस्य प्रयुक्त्या TBr. 2,2,11,1—4.

*प्रयुग soll die ursprüngliche Form von प्रउग sein.

प्रयुग्घविस् n. s. u. प्रयुज् 4).

प्रयुज् (wohl f.) 1) Gespann. — 2) Antrieb, Beweggrund. — 3) Erwerb. — 4) प्रयुजां हवींषि oder प्रयुग्घवींषि heissen zwölf Darbringungen, von denen je eine im Monat zu opfern ist.

प्रयुत् Adj. durcheinander mengend TBr. 3,7,9,1.

1. प्रयुत Adj. s. u. 2. und 3. यु mit प्र.

2. प्रयुत m. N. pr. eines Devagandharva.

3. प्रयुत (*m.) n. eine Million. प्रयुतायुताः als Adj.

प्रयुति f. Abwesenheit. मनसः so v. a. Unbesonnenheit.

प्रयुतेश्वरतीर्थ n. N. pr. eines Tîrtha.

प्रयुवन् in अप्रयुवन्.

*प्रयुत्सु m. 1) Kämpfer. — 2) Widder. — 3) Asket. — 4) Wind. — 5) Bein. Indra's.

प्रयुद्ध 1) Adj. s. u. 1. युध् mit प्र. — 2) n. Kampf, Schlacht.

प्रयुध् Adj. angreifend.

प्रयुवन n. das Mischen, Mengen Hemâdri 1, 145,3.

प्रये Dat. Infin. von 1. या mit प्र P. 3,4,10. RV. 1,142,6. — RV. 10,104,3 ist प्रपे zu vermuthen.

प्रयोक्तर् Nom. ag. 1) Schleuderer, Abschiesser (von Geschossen). — 2) Ausführer, Ausrichter (Hemâdri 1,199,22), Agens (einer Handlung Chr. 223,28). — 3) Unternehmer eines Opfers, Opferherr Comm. zu Kâtj. Çr. 1,6,23. — 4) Zuführer, Verschaffer, adductor. परदार° MBh. 7,23,61. — 5) Anwender, Gebraucher. — 6) Aufführer eines Stücks. — 7) Sprecher (240,29. fg.), der Vortragende, Vorträger. — 8) Verfasser, Dichter. — 9) Leiher, Verleiher von Geldern 223,5.

प्रयोक्तव्य Adj. 1) abzuschiessen. — 2) anzuwenden, anzubringen, zu gebrauchen. — 3) aufzuführen (ein Stück). — 4) vorzutragen.

प्रयोक्तृता f. und °त्व n. Nom. abstr. zu प्रयोक्तर् 5).

1. प्रयोग 1) Adj. zum Mahle kommend. — 2) m. N. pr. eines alten Ṛshi.

2. प्रयोग m. 1) Verbindung. — 2) Setzung, Beifügung, Hinzufügung (eines Wortes) 243,28. Der Loc. lässt sich oft durch bei (221,19. 23. 230,14. 231,11. 28. 233,9. 237,23. 24) wiedergeben. — 3) das Schleudern, Abschiessen. — 4) Darbringung, das Zukommenlassen, Zuwenden 180,22. — 5) das in's Werk Setzen, Unternehmen, Beginnen, Anfang. यदि वाग्भिः प्रयोगः स्यात् so v. a. wenn es sich mit Worten machen liesse. — 6) Anschlag, Plan, Anstiftung. त्वत्प्रयोग so v. a. dein Werk 328,13. — 7) Anwendung, Gebrauch, gewöhnlicher Gebrauch, Praxis. °प्रयोगेण, °प्रयोगात् und °प्रयोगतस् so v. a. vermittelst. — 8) Anwendung von Heil- und Zaubermitteln. — 9) Mittel; nur Instr. Pl. (217,23) zu belegen. — 10) eine zur Anwendung kommende, gebräuchliche, vorkommende Form. — 11) Aufführung eines Tanzes, eines Stückes. °तस् mit दर्श् aufführen sehen. — 12) ein Stück zum Aufführen. — 13) Vortrag, Recitation. — 14) ein zu recitirender Spruch. — 15) das Anwenden —, Anlegen des Geldes, Ausleihen auf Zinsen. — 16) ein ausgeliehenes Kapital Gaut. — 17) * Beispiel. — 18) * Pferd.

प्रयोगकौस्तुभ Titel eines Werkes.

प्रयोगग्रहण n. das Erlernen der Praxis Daçak. 49,8.

प्रयोगचन्द्रिका f. (Opp. Cat. 1), प्रयोगचिन्तामणि m., प्रयोगतत्त्व n., प्रयोगदर्पण m., प्रयोगदीप m., प्रयोगदीपिका f. und प्रयोगपद्धति f. Titel von Werken.

प्रयोगपान n. das Rauchen aus Gesundheitsrücksichten Ḱaraka 1,5.

प्रयोगपारिजात m., प्रयोगमयूख m., प्रयोगमुक्तावली f., प्रयोगमुख n., प्रयोगरत्नमाला f., °रत्नमालिका f. (Opp. Cat. 1), प्रयोगरत्नाकर m., प्रयोगरत्नावलि f. (ebend.), प्रयोगविवेक m., प्रयोगवृत्ति f., प्रयोगवैजयन्ती f., प्रयोगसरणि f., प्रयोगसार, °सारसमुच्चय m. (Opp. Cat. 1) und प्रयोगसेतु m. Titel von Werken.

प्रयोगातिशय m. in der Dramatik 1) allzu deutliche Einführung einer Person auf die Bühne, indem dieselbe geradezu genannt wird. — 2) das unnütze Erscheinen einer Person auf der Bühne im Vorspiel.

प्रयोगामृत n. Titel eines Werkes.

*प्रयोगार्थ m. angeblich = प्रत्युत्क्रम, in Wirklichkeit Adj. die Bedeutung von प्रयोग habend.

प्रयोगिन् Adj. 1) zur Anwendung kommend, gebräuchlich. Nom. abstr. °गित्व n. — 2) ein Stück aufführend; m. Schauspieler Bhar. Nâṭjas. 34,104.

प्रयोगीय Adj. über die Anwendung (der Heilmittel) handelnd.

प्रयोग्य m. ein Thier im Anspann, Zugthier.

प्रयोजक Adj. Nom. ag. (f. °जिका) 1) veranlassend, einen Auftrag ertheilend, bewirkend, zu Etwas führend, Urheber. Nom. abstr. °ता f. (Comm. zu Njâjam. 3,7,16) und °त्व n. (Chr. 231,2). — 2) Etwas bewirkend, so v. a. wesentlich, unumgänglich. — 3) Verfasser. — 4) Verleiher, Gläubiger.

प्रयोजन n. (adj. Comp. f. आ) Veranlassung, Motiv, wirkende Ursache, Zweck, Endzweck, Ziel, Absicht. °नम् अति-क्रम् etwas zum Ziele Führendes versäumen. Instr. in einer best. Absicht. केन °नेन, किं °नम् (240,28), *कस्मै °नाय, *कस्मात् °नात्, *कस्य °नस्य und *कस्मिन् °ने in welcher Veranlassung? weshalb? 231,16. fgg. Mit einem Instr. Nutzen von, das zu Thun um 317,25.

प्रयोजनवत्त् Adj. 1) einen Zweck habend, zu Etwas dienend, dienlich. Nom. abstr. °वत्त्व n. — 2) mit einer bestimmten Absicht verbunden, so v. a. egoistisch.

प्रयोजयितर् Nom. ag. Veranlasser Âpast.

प्रयोज्य 1) Adj. a) zu schleudern, abzuschiessen. — b) anzuwenden, anzubringen, zu gebrauchen. Nom. abstr. °त्व n. — c) zu gebrauchen, so v. a. in abhängigem Verhältniss stehend. — d) derjenige, dem Etwas aufgetragen wird, der da beauftragt wird. — e) darzustellen (auf der Buhne). — 2) *n. Kapital (was auf Zinsen gegeben wird).

प्रयोतर् Nom. ag. mit Gen. Beseitiger, Fernhalter.

*प्ररक्ष Adj. derjenige, vor dem man Jmd schützt.

प्ररक्षण n. das Beschützen.

*प्रथम् Adv. gaṇa तिष्ठद्ग्वादि.

प्राधस् m. N. pr. eines Âṅgirasa. पुराधस् v. l.

(प्रराध्य) प्रराधिय Adj. zufriedenzustellen.

प्ररिक्चन् Adj. hinausreichend über (Abl.).

प्ररुज m. N. pr. 1) eines von Garuḍa bekämpften mythischen Wesens. — 2) eines Rakshas.

प्ररूढ 1) Adj. hervorschiessend. In Verbindung mit गिरि m. so v. a. Vorberg. — 2) f. Trieb, Schoss.

प्ररूढ 1) Adj. s. u. 1. रुह् mit प्र. — 2) *m. Bauch. Beruht auf einer falschen Auffassung von जठर.

प्ररूढकक्ष Adj. wo Gesträuch gewachsen ist Âpast. Çr. 8,5,2.

प्ररूढि f. 1) das Aufgeschossensein Harshak. 195, 26. — 2) Wachsthum, Zunahme.

प्ररूपणा n. und °णा f. das Darlegen, Lehren Ind. St. 15,407. fg.

प्ररेक m. und प्ररेचन n. Ueberfluss.

प्ररोचन 1) Adj. (f. ई) zur Liebe reizend, verführend. — 2) f. आ a) das höchste Lob Bâlar. 91,15. — b) in der Dramatik α) Erregung der Aufmerksamkeit durch Anpreisen. — β) das günstige Aussmalen künftiger Dinge. — 3) n. a) das Anspornen. — b) das Verführen. — c) das Anpreisen. — d) Erläuterung. — e) = 2) b) β).

प्रोधन n. das Aufsteigen.

प्ररोह m. 1) das Keimen, Aufgehen, Hervorschiessen in eig. und übertr. Bed. — 2) Schoss, Sprosse, Knospe, Trieb. — 3) Auswuchs. — 4) Trieb in übertr. Bed.

प्ररोहण n. 1) das Keimen, Aufgehen, Aufschiessen, Aufwachsen, Aufkommen (in übertr. Bed.) Ind. St. 15,407. fg. — 2) Schoss, Knospe, Trieb.

प्ररोहवत्त् Adj. mit Pflanzenwuchs versehen.

प्ररोहिन् Adj. 1) aufschiessend, — aus (im Comp. vorangehend). — 2) am Ende eines Comp. wachsen lassend, hervorbringend Hemâdri 1,508, 16. 510,7.

प्ररोहिशाखिन् Adj. dessen Zweige wieder wachsen.

*प्रर्त्त Adj. (1. प्र + ऋत).

*प्रर्तीय्, °यति Denomin. von प्रर्त्त.

*प्रर्क्क Adj. (1. प्र + ऋच्छक).

*प्रर्षभ Adj. (1. प्र + ऋषभ).

*प्रर्षभीय्, °यति Denomin. von प्रर्षभ.

प्रलघु Adj. überaus unbedeutend, sehr gering (Gefolge Kâd. 2,112,24). Nom. abstr. °ता f. Mudrâr. 149,16 (218,11).

प्रलपन n. das Schwatzen, Plaudern.

प्रलपित 1) Adj. s. u. 1. लप् mit प्र. — 2) n. a) Geschwätz, Gerede. — b) Wehklage.

प्रलब्धव्य Adj. zum Besten zu haben, zu hintergehen.

प्रलम्ब 1) Adj. (f. आ) herabhängend. Von einer Person wohl so v. a. mit vorgebeugtem Oberkörper. — 2) m. a) *das Herabhängen. — b) *Ast. — c) *ein Schoss der Weinpalme. — d) Gurke Bhâvapr. 1,18. — e) *die weibliche Brust. — f) *eine Art Perlenschmuck. — g) N. pr. α) eines von Baladeva oder Kṛshṇa erschlagenen Daitja. — β) eines Berges. — 3) f. आ N. pr. einer Râkshasî.

*प्रलम्बक wohlriechendes Rohisha-Gras.

*प्रलम्बघ्न m. Bein. Baladeva's und Kṛshṇa's.

प्रलम्बता f. das Herabhängendsein Kâd. 86,3.

*प्रलम्बन n. das Herabhängen.

प्रलम्बबाहु 1) Adj. herabhängende Arme habend. — 2) m. N. pr. eines Mannes.

*प्रलम्बभिद् m. Bein. Baladeva's.

प्रलम्बभुज 1) Adj. herabhängende Arme habend. — 2) m. N. pr. eines Vidjâdhara.

प्रलम्बमथन, प्रलम्बहन् und *प्रलम्बहन्तर् m. Bein. Baladeva's oder Kṛshṇa's.

प्रलम्बिन् Adj. herabhängend.

प्रलम्बी Adv. mit कर् herabhängend machen.

प्रलम्बोदर m. N. pr. 1) eines Fürsten der Kimnara Kârand. 3,4. — 2) eines fabelhaften Berges Kârand. 91,14.

प्रलम्भ m. 1) Erlangung, Gewinnung. — 2) das Anführen, Hintergehen, Foppung. Auch Pl.

प्रलम्भन n. das Anführen, Hintergehen, Foppen.

प्रलय m. 1) Auflösung, Vernichtung, Tod, Vernichtung —, Ende der Welt. — 2) Untergang (der Gestirne). — 3) Ende überh. संजातनिद्रा° Adj. der ausgeschlafen hat. — 4) Ursache der Auflösung. — 5) Ohnmacht. — 6) *Schläfrigkeit Gal.

प्रलयकेवल Adj. = प्रलयाकल.

प्रलयघन m. die den Untergang der Welt bewirkende Wolke 145,17.

प्रलयंकर Adj. (f. ई) Verderben bringend.

प्रलयता f. Auflösung. °तां गम् zu Nichte gehen.

प्रलयत्व n. dass. °त्वाय कल्पू zu Nichte gehen.

प्रलयदहन m. das den Untergang der Welt bewirkende Feuer 325,19. Spr. 283.

प्रलयन n. Lagerstatt.

प्रलयाकल Adj. bei den Çaiva (eine Einzelseele) an der noch मल und कर्मन् haften.

प्रलयागत Adj. erst beim Untergang der Welt zu Grunde gehend (die Sonne).

प्रललाट Adj. eine hervorstehende Stirn habend.

प्रलव m. Abschnitzel, Stück (eines Schilfs); nach Einigen Blattscheide, nach Andern ein dürres Schilfblatt.

प्रलवन n. das Schneiden des Getraides Mân. Gṛhj. 2,10. Gobh. 4,4,30.

*प्रलवितर् Nom. ag. Abschneider. *f. °त्री.

*प्रलवित्र n. ein Werkzeug zum Abschneiden.

प्रलाप m. 1) Gerede, Geschwätz, Geplauder. — 2) Wehklage. Auch n. — 3) das Irrereden, Phantasiren.

प्रलापक m. = प्रलाप 3) Bhâvapr. 3,77. 79.

प्रलापन n. das Sprechenlassen, Sprechenlehren.

प्रलापवत्त् Adj. irre redend.

*प्रलापहन् m. ein best. Präparat Râgan. 13,90.

प्रलापिता f. verliebtes Schwatzen.

प्रलापिन् Adj. 1) schwatzend, redend, sprechend. Gewöhnlich am Ende eines Comp.; Nom. abstr. °पित्व n. — 2) wehklagend. — 3) mit Irrereden verbunden. ज्वर m. Bhâvapr. 3,76. 79.

प्रलायम् Absol. mit इ und चर् sich versteckt halten.

प्रलिश m. N. pr. eines mythischen Wesens Su-

PARN. 23,3.

*प्रलीनता f. 1) *Ohnmacht* RÁGAN. 20,28. — 2) = प्रलय 1).

प्रलून m. *ein best. Insect.*

प्रलेप m. 1) *das Klebenbleiben an* (im Comp. vorangehend) BHÂVAPR. 3,161. — 2) *Salbe, Mittel zum Einreiben oder Bestreichen, Pflaster* Mat. med. 19. — 3) *Zehrfieber* KARAKA 6,1.

प्रलेपक 1) m. *a)* *vielleicht *Muschelkalk.* — *b)* *Zehrfieber* BHÂVAPR. 3,114. — 2) *f. °पिका gaṇa मक्षिक्यादि.

प्रलेपन n. = प्रलेप 2) KARAKA 6,9.11.

प्रलेह m. *eine Art Brühe.*

प्रलेहन n. *das Belecken.*

प्रलोप m. *Zerstörung, Vernichtung* LALIT. 209,4.

प्रलोभ m. 1) *Verlockung.* — 2) *Habsucht.*

प्रलोभक m. *der Verlocker* als N. pr. eines Schakals.

प्रलोभन 1) Adj. *verlockend.* — 2) *f. ई *Sand, Kies.* — 3) n. *das Verlocken.* Auch fehlerhaft für प्रलम्भन

प्रलोभिन् Adj *verlockend, verführerisch.*

प्रलोभ्य Adj. *womit man Jmd lockt, verlockend, lockend* Spr. 7712.

प्रलोल Adj. *in heftiger Bewegung seiend.*

प्रलोलुप m. N. pr. eines Sohnes des Kunti, eines Nachkommen des Garuḍa.

*प्रल्कारीय् Denomin. von 1. प्र + लृकार.

प्रवँ Adj. *flatternd, schwebend.*

*प्रवक Adj. (समभिद्रुते, साधुकारिणि).

प्रवक्तर् Nom. ag. 1) *der Etwas* (im Comp. vorangehend) *sagt, mittheilt, erzählt.* — 2) *ein guter Redner.* — 3) *Verkündiger, Lehrer.* — 4) *der erste Erzähler, der Urheber einer Sage.* Am Ende eines adj. Comp. °तृक.

प्रवक्तव्य Adj. *zu verkünden, mitzutheilen, zu lehren.*

प्रवक्तृक s. u. प्रवक्तर् 4).

प्रवक्तृत्व n. *das Lehrersein.*

*प्रवग m. = प्लवग *Affe.*

1.*प्रवंग m. dass.

2. प्रवङ्ग m. Pl. N. pr. eines Volkes MÂRK. P. 57,43.

*प्रवंगम m. = प्लवंगम *Affe.*

प्रवचन 1) m. *der Etwas vorträgt.* — 2) n. *a)* *das Reden, Sprechen.* °पटु Adj. *beredt.* — *b)* *Vortrag, das Hersagen, mündliche Unterweisung, das Lehren.* — *c)* *Ankündigung.* — *d)* *Ausdruck, Bezeichnung.* — *e)* *die vorgetragene Lehre, die heiligen Schriften,* insbes. die Brâhmana. Auch *die heiligen Schriften der Buddhisten* und Gaina. — 3) *°म् enklitisch nach einem Verbum fin.

प्रवचनसारगाथा f. und °सारोद्धार m. Titel zweier Werke BÜHLER, Rep. No. 639. fg.

प्रवचनीय Adj. 1) *vorzutragen.* — 2) *der da vorträgt, lehrt.*

*प्रवट m. *Waizen.*

प्रवणँ 1) (*m.) *a)* *Abhang, Halde; Abgrund, Tiefe.* In der älteren Sprache nur Loc. Sg. und Pl. (nur einmal); im Epos auch Abl. Sg. Statt प्रवणे MBH. 1,3580 liest ed. Bomb. 1,89,4 ऽप्रवणे; 5,136,13 erklärt NILAK. प्रवणे durch प्रपाते युद्धाख्ये. — *b)* *= चतुष्पथ, तण und आवर्त. — 2) n. *Zugang zu* (Loc.). प्रवणानि च नैवासन् शाल्वस्य शिबिरे MBH. ed. Vardh. 3,16,4. प्रवणाय (= गूढभावेन निम्नगमनाय NILAK.) statt dessen ed. Bomb. und Calc. — 3) Adj. (f. आ) *a)* *geneigt, hängend, abfallend, abschüssig, declivis, pronus, geneigt nach* (im Comp. vorangehend). — *b)* *geneigt,* so v. a. *sich hingezogen fühlend zu, gern an Etwas gehend, eine Lust verspürend, sich hingebend, sich neigend zu;* die Ergänzung im Loc., Dat., Gen., Infin. oder im Comp. vorangehend BÂLAR. 238,4. VIKRAMÂṄKAK. 13,10. — *c)* *gerichtet auf* (im Comp. vorangehend). — *d)* *zur Neige gegangen, verschwunden.* — *e)* *=उदर (wohl उदार), आयत, प्रगुण, प्लुत, स्निग्ध und क्षीण. — Vgl. प्लवन.

°प्रवणता f. *Hang —, Geneigtheit —, Neigung zu.*

*प्रवणवत्त् Adj. als Erklärung von प्रवँत्वत्.

°प्रवणविधेयी Adv. mit भू *gern gehorchen* (einem Befehl).

प्रवणायित n. *Hang —, Neigung zu* (Loc.).

प्रवणि in *निष्प्रवणि.

प्रवणी Adv. 1) mit कर् *Jmd sich geneigt machen.* — 2) mit भू *geneigt —, gewonnen werden* GOP. BR. 2,2,5.

*प्रवणोत्त Adj. als Erklärung von प्रवातेजँ NIR. 9,8.

प्रवँत् 1) f. *a)* *Bergabhang, Höhe überh.;* auch *Himmelshöhe.* — *b)* *abschüssige Bahn,* so v. a. *ein leicht zu durchlaufender Weg, rascher Fortgang.* Instr. Sg. und Pl. *bergab, abwärts; raschen Laufes.* — 2) n. mit dem Beiwort भार्गव Name eines Sâman.

प्रवँत्वत् Adj. 1) *höhenreich.* — 2) *auf abschüssiger Bahn befindlich, eilig.* — 3) *eine abschüssige Bahn darbietend, zum raschen Lauf geschickt.*

प्रवत्स्यत्पतिका Adj. f. *eine Frau, deren Gatte auf Reisen zu gehen gedenkt.*

प्रवदँ Adj. *einen Laut von sich gebend.*

प्रवदन n. *das Ankündigen.*

प्रवदितँर् Nom. ag. mit Gen. (Acc. im MBH.) *aussprechend, redend.*

प्रवँदितोस् Abl. Infin. zu वद् mit प्र TS. 2,2,9,5. AIT. BR. 2,15,9.

प्रवदिषु Adj. in वाकप्रवदिषु.

प्रवँद्यामन् Adj. *auf abschüssiger Bahn —,* d. i. *rasch laufend.*

प्रवँन्त् Adj. 1) *vorwärts —, hinwärts gerichtet.* — 2) *die Silbe* प्र (auch प्) *enthaltend.*

प्रवँन्तवे Dat. Infin. zu 1. वन् mit प्र RV. 1,131,5.

*प्रवप Adj. *mit einer starken Netzhaut versehen.*

1. प्रवपण n. *das Abscheeren* (des Bartes).

2. प्रवपण n. *das Säen* GOBH. 4,4,30. MÂN. GRHJ. 2,10.

प्रवर्धँ Adj. Beiw. Indra's MAITR. S. 2,2,10. Vgl. प्रबध.

1. प्रवयण n. *Anfangsstück, das obere Ende eines Gewebes.*

2.*प्रवयण 1) Adj. *zum Antreiben dienend.* — 2) n. *Stachelstock zum Antreiben des Viehes.*

*प्रवयणीय Adj. *anzutreiben.*

प्रवँयस् Adj. 1) *besonders kräftig.* — 2) *bejahrt* KARAKA 6,12. 30.

*प्रवय्या Adj. f. *zu belegen, zu befruchten.*

1. प्रवँर m. 1) *Decke, Ueberwurf.* — 2) *Obergewand.*

2. प्रवर m. 1) *Berufung,* z. B. eines Brahmanen *zu priesterlichen Verrichtungen.* — 2) *Berufung* Agni's *zu seiner Thätigkeit beim Opfer, im Eingang desselben.* — 3) *Ahnenreihe* (weil Agni bei seiner Berufung als der Agni der Vorfahren des Opfernden nach ihren Namen bezeichnet wird). Diese Ahnenreihe begreift nur die obersten an das allgemein angenommene Schema der Ṛshi-Geschlechter zunächst anknüpfenden Glieder (nicht mehr als fünf). Am Ende eines adj. Comp. f. आ HEMÂDRI 1,687,6. — 4) *Mitglied einer Ahnenreihe, Ahnherr.* *f. ई.

3. प्रवर Adj. (f. आ) *der vorzüglichste, beste, schönste* (mit einem Gen. oder am Ende eines Comp. *der vorzüglichste u. s. w. unter*): unter Söhnen heisst *der älteste* so; *vorzüglicher als* (Abl.); *ausgezeichnet durch* (im Comp. vorangehend). In Verbindung mit सम (*gleich*) und न्यून (*kleiner*) *grösser.* — 2) m. *a)* *eine schwarze Varietät von Phaseolus Mungo.* — *b)* **Opuntia Dillenii.* — *c)* N. pr. α) eines Götterboten und Freundes des Indra. — β) eines Dânava. — 3) f. आ N. pr. eines Flusses. — 4) n. *a)* *Aloeholz.* — *b)* *eine best. hohe Zahl* (buddh.).

प्रवरकाण्ड *das Kapitel von der Ahnenreihe* OPP. Cat. 1.

1.*प्रवरण n. *die Festlichkeiten am Ende der Regenzeit* (buddh.).

2.प्रवरण n. 1) *das Berufen.* Vgl. अति°. — 2) * *eine religiöse Verrichtung* (अनुष्ठान) Hemâdri 1,106,14.

प्रवरणीय Adj. *zu religiösen Verrichtungen sich eignend* Hemâdri 1,106,12. 14.

प्रवरदर्पण m. und प्रवरदीपिका f. Titel zweier Werke.

प्रवरधातु m. *edles Metall.*

प्रवरनिर्णय m. Titel eines Werkes.

प्रवरनृपति m. N. pr. eines Fürsten, = प्रवरसेन Vikramâñkak. 18,28.

प्रवरपुर n. N. pr. einer *Stadt* in Kashmir Vikramâñkak. 18,1. 70.

प्रवरभूपति m. N. pr. eines *Fürsten*, = प्रवरसेन.

प्रवरमञ्जरी f. und प्रवररत्न n. Titel zweier Werke.

प्रवरललित n. *ein best. Metrum.*

°प्रवरवत् Adj. *sich der Ahnenreihe des — bedienend.*

*प्रवरवाहन m. Du. Bein. der Açvin.

प्रवरसेन m. N. pr. verschiedener Fürsten.

प्रवराध्याय m. Titel verschiedener Werke Bühler, Rep. No. 22.

प्रवरात्तरी f. *eine best.* Râgiṇî S. S. S. 111.

प्रवरेश m. 1) *ein vornehmer Herr* (?). — 2) N. pr. eines Fürsten.

प्रवरेश्वर m. N. pr. eines von Pravarasena errichteten Heiligthums.

प्रवर्ग m. 1) *der beim* Pravargja 1) *a) gebrauchte grosse irdene Topf* Sâj. zu RV. 7,103,8. प्रवर्गावर्तभूषण Adj. als Beiw. Vishṇu's. — 2) fehlerhaft für प्रवर्ग्य.

प्रवर्गसामन् n. Ind. St. 3,201,*a* fehlerhaft für प्रवर्ग्य°.

प्रवर्ग्य 1) m. *a) eine Einleitungsceremonie zum* Soma-*Opfer, bei welcher frischgemolkene Milch in einen glühend gemachten Topf* (nach Andern *in kochendes Schmalz*) *gegossen wird.* — *b)* fehlerhaft für प्रवर्ग in प्रवर्ग्यावर्तिभूषण (!) Adj. als Beiw. Vishṇu's Hariv. 1,41,34. प्रवर्ग्यो घर्मसंतापनार्थो महावीरः। तस्यावर्त (nicht आवर्ति) आवृत्तिः। सैव भूषणं यस्य Nilak. — 2) n. Name eines Sâman Ârsh. Br.

प्रवर्ग्यवत्त् Adj. *mit dem* Pravargja 1) *a) verbunden.*

प्रवर्ग्यसामन् n. Name eines Sâman. Vgl. प्रवर्ग्य 2).

प्रवर्जन n. *die Handlung des* Pravargja 1) *a), das Setzen in oder an das Feuer.*

प्रवर्त m. *ein runder Schmuckgegenstand, Ohrring.*

प्रवर्तक 1) Adj. (f. °र्तिका) *a) verfahrend.* इच्छा° *nach Laune* Jolly, Schuld. 306. — *b) in Bewegung —, in Thätigkeit versetzend.* — *c) zur Erscheinung bringend, hervorrufend, bewirkend, veranlassend, in's Werk setzend, befördernd; m. Gründer, Urheber.* — 2) n. *das Erscheinen einer vorher angekündigten Person auf der Bühne* überh. oder *das Erscheinen einer Person des darzustellenden Stükkes auf der Bühne am Ende des Vorspiels, von Seiten des Schauspieldirectors dadurch motivirt, dass er die Jahreszeit, in der die beginnende Handlung spielt, zu der in Wirklichkeit seienden und zu der auftretenden Person in Beziehung bringt.*

प्रवर्तकीय n. Titel der Grammatik Kaijaṭa's Opp. Cat. 1.

प्रवर्तन 1) Adj. (f. ई) *in Bewegung seiend, fliessend.* v. l. besser प्रवर्तिन्. — 2) f. आ *das Anregen der Thätigkeit.* — 3) n. *a) das Vortreten, eine Bewegung nach vorn.* — *b) das Hervorkommen aus* (Abl.) — *c) das Zuströmen* (von Wasser). — *d) das Gehen, Wandeln.* — *e) das Thätigsein, Handeln, das Sichabgeben —, Zuthunhaben mit* (Instr. oder Loc.). — *f) das Vorsichgehen, Vonstattengehen, zur Erscheinung Kommen.* — *g) das Benehmen, die Art und Weise zu sein.* — *h) das Vorwärtsschaffen, Herbeischaffen.* — *i) das Anlegen, Errichten.* — *k) das zur Erscheinung Bringen, Herbeiführen, in's Werk Setzen, Einführen, Anwenden.*

प्रवर्तनीय Adj. 1) *anzuwenden.* — 2) *zu beginnen* 216,16.

प्रवर्तमानक Adj. *langsam hervorkommend aus* (Abl.).

प्रवर्तयितर् Nom. ag. 1) *Anreger, — von* (Gen. Kâd. 5,7) oder *zu* (Loc.). Nom. abstr. °तृत्व n. Çañk. zu Bâdar. 2,2,37 (S. 593, Z. 4). — 2) *Errichter, Einführer.* — 3) *Anwender.*

प्रवर्तितर् Nom. ag. 1) *Herbeiführer, Bewirker.* — 2) *Festsetzer, Bestimmer.*

प्रवर्तितव्य n. impers. *agendum, zu handeln.*

प्रवर्तिन् 1) Adj. *a) hervorkommend, hervorströmend.* — *b) sich vorwärts bewegend, in Bewegung seiend, fliessend.* — *c) thätig seiend.* — *d) fliessen lassend.* — *e) herbeiführend, bewirkend.* — *f) anwendend.* — *g) einführend, verbreitend.* — 2) f. °नी N. pr. einer Gaina-Nonne Hem. Par. 2,283.

प्रवर्त्य Adj. *angeregt werdend.* Nom. abstr. °प्रवर्तयितृत्व n. Çañk. zu Bâdar. 2,2,37 (S. 593, Z. 4).

°प्रवर्धक (f. °र्धिका) und °प्रवर्धन Adj. *vermehrend, steigernd.*

प्रवर्ष m. *Regen.* Auch Pl.

प्रवर्षण 1) m. N. pr. eines Berges. — 2) n. *a) das Regnen, Regnenlassen.* — 2) *der erste Regen.*

°प्रवर्षिन् Adj. *regnend, regnen lassend, vergiessend.* ऊर्ध्व° sind die Menschen, *weil sie nach oben opfern.*

प्रवर्ह m. *Verstärkung* Lâṭj. 4,5,4. Vgl. प्रबर्ह.

प्रवर्हम् Absol. *abrupfend* Çat. Br. 1,3,2,10.

*प्रवलाकिन् m. 1) *Pfau.* — 2) *Schlange.* — Richtig प्रचलाकिन्.

प्रवल्ह m. *Räthselspruch.*

प्रवल्हिका f. dass. Bez. der *Sprüche* AV. 20,133 Vaitân.

प्रवसथ n. *das Abreisen* (Âpast. Çr. 6,24,5), *Scheiden von* (Pl. mit Abl.).

प्रवसन n. 1) *das Abreisen, auf Reisen Gehen.* — 2) *das Hinscheiden, Sterben* Harshak. 212,6.

प्रवसु m. N. pr. eines Sohnes des Ilina.

प्रवस्तव्य n. impers. *zu verreisen.*

प्रवह 1) Adj. (f. आ) am Ende eines Comp. *führend, vehens.* — 2) m. *a)* Bez. *eines der sieben Winde, der die Planeten in Bewegung setzt.* — *b)* * *Wind* überh. — *c)* Bez. *einer der sieben Zungen des Feuers.* — *d) ein Behälter, in den Wasser geleitet wird.* — *e)* * *das Hervorströmen.*

प्रवहण 1) n. *a) das Ziehenlassen, Verheirathen* (eines Mädchens). — *b) Schöpfung* Hariv. 2,19,23, v. l. — *c) Wagen.* — *d)* * *eine Art Sänfte.* — 2) f. (ई) und n. *Schiff.* Am Ende eines adj. Comp. f. आ.

प्रवहणभङ्ग m. *Schiffsbruch* 291,14.

*प्रवह्लि, *प्रवह्लिका und *प्रवह्ली f. *Räthsel.*

प्रवा f. 1) *das Vorwärtswehen* TS. 3,5,2,3. 4,4,2,1. Statt प्राचो ऽसि (Tâṇḍja-Br. 1,9,7) und प्रावो ऽसि (Gop. Br. 2,2,13) ist प्रवासि zu lesen. — 2) N. pr. einer Tochter Daksha's.

प्रवाक m. *Verkündiger* in सोम°.

प्रवाच् Adj. 1) * *beredt.* — 2) *den Mund voll nehmend, Zungenheld* Bâlar. 37,13.

प्रवाचन n. 1) *Verkündigung.* — 2) *Ruhm* RV. 4,36,1. — 3) *Bezeichnung* in द्विप्रवाचन.

प्रवाच्य 1) Adj. *a) laut zu verkünden, rühmenswerth, preiswürdig.* — *b) anzureden.* — 2) *n. *ein litterärisches Erzeugniss.*

प्रवाड = प्रवाल *Koralle.*

प्रवाण n. *Rand —, Verbrämung an einem Gewebe.*

*प्रवाणि und *°णी f. *Weberschiffchen.*

प्रवात 1) Adj. s. u. 3. वा mit प्र. — 2) n. *Luftzug* (Karaka 6,30), *luftiger Ort, windiges Wetter.*

प्रवातनय Adj. *zu stecken in* (Loc.) Golâdhj. Comm. zu Jantrâdhj. 11.

प्रवातसार m. N. pr. eines Buddha.

प्रवातेजै oder °जा Adj. *an luftigem Orte gewachsen.*

प्रवाद 1) m. (adj. Comp. f. आ) a) *das Vonsichgeben eines Lautes.* — b) *Ausdruck, Nennung, Erwähnung.* — c) *Ausspruch, Spruch, Gerede der Menschen, Sage, Gerücht,* — von (im Comp. vorangehend). प्रवादाय *damit sich das Gerücht verbreite.* प्रवादेन *der Sage nach* (nicht in Wirklichkeit). — d) Pl. *böses Gerede über* (Gen.), *Verleumdung.* — e) *herausfordernde Reden zweier zum Kampfe gerüsteter Gegner* Bhatt. — f) *das Sichausgeben für* (im Comp. vorangehend) R. 2,7,26. — g) in der Grammatik *irgend eine Form* —, *irgend ein Casus von* (Gen. oder im Comp. vorangehend). Der Gegensatz ist *eine best. angegebene Form* oder *Casus.* Nom. abstr. °त्व n. Comm. zu TS. Prât. — 2) f. आ am Ende eines Comp. *etwas zu — Gerechnetes* Vaitân.

°प्रवादक Adj. *ertönen lassend, spielend auf.*

1. प्रवादिन् Adj. 1) *einen Laut von sich gebend, schreiend.* — 2) *aussagend, redend, sprechend, besprechend, redend über* (im Comp vorangehend).

2. प्रवादिन् Adj. *in irgend einer Form* —, *in irgend einem Casus erscheinend.*

*प्रवाद्य Partic. fut. pass. von वद् mit प्र.

प्रवापयितर् Nom. ag. *der Etwas ausstreut, ausgiesst.*

°प्रवापिन् Adj. *säend auf.*

*प्रवायक Adj. *antreibend.*

(प्रवाय्य) प्रवायिय n. etwa *Flüchtigkeit.*

प्रवार m. 1) *Decke, Ueberwurf.* — 2) **wollenes Zeug.*

*प्रवारक 1) m. = 1. प्रवारण 2). — 2) n. = प्रवार 2).

1.*प्रवारण n. 1) *Verbot.* — 2) *die Feierlichkeiten am Schluss der Regenzeit* (buddh.).

2. प्रवारण n. *das Befriedigen, Verabreichen des Gewünschten.*

प्रवार्य Adj. *zu befriedigen, dessen Wunsch zu erfüllen ist.*

प्रवाल 1) m. n. (adj. Comp. f. आ) a) *Schoss, Trieb, junger Zweig.* Füsse und Lippen werden mit ihnen verglichen. — b) *Koralle* Râgan. 13,159. — c) **der Hals der indischen Laute.* — 2) *m. a) *Thier.* — b) *Schüler.*

प्रवालफल n. *rother Sandel* Bhâvapr. 1,184.

प्रवालवत् Adj. *mit Schossen* —, *mit Trieben versehen.* Vgl. बकुपुष्प°.

प्रवालाश्मन्तक wohl *Koralle.*

प्रवास m. 1) *Aufenthalt in der Fremde, Abwesenheit von der Heimat, das Verreistsein.* Acc. mit प्र-वस्, आ-पद्, गम् oder या *auf Reisen gehen;* Abl. mit आ-इ, उपा-वर्त् oder परा-वर्त् *von R. zurückkehren;* °स्थ oder °स्थित *auf R. befindlich.* — 2) *heliakischer Untergang der Planeten.* — 3) Titel eines Pariçishta des SV.

प्रवासगमनविधि m. Titel eines Werkes.

प्रवासन n. 1) *das Vertreiben aus der Heimat, Landesverweisung, Verweisung aus* (Abl.). — 2) **das Tödten.*

प्रवासिन् Adj. *in der Fremde sich aufhaltend, auf Reisen befindlich, verreist.* परलोकनव° *der sich vor Kurzem in die andere Welt begeben hat,* d. i. *vor Kurzem gestorben.*

प्रवास्य Adj. *des Landes zu verweisen, zu verbannen.*

प्रवाह 1) m. (adj. Comp. f. आ) a) *Strom, Strömung, fliessendes Wasser.* — b) *Fluss,* so v. a. *Continuität, ununterbrochene Fortdauer.* — c) *ununterbrochener Gedankengang.* — d) *Reihe.* — e) **ein schönes Pferd.* — f) N. pr. α) eines Wesens im Gefolge Skanda's. — β) Pl. eines Volkes VP.[2] 2,165. — प्रवाहेण Suçr. 2,437,19 fehlerhaft für प्रवाहणे. — 2) *f. प्रवाही *Sand.*

प्रवाहक 1) *m. ein Rakshas. — 2) f. °हिका *plötzlicher Drang zum Stuhlgang, Durchfall.* — 3) *प्रवाहिका Indecl.

प्रवाहण 1) Adj. *hinschaffend, fortschaffend.* — 2) m. N. pr. eines Mannes. — 3) f. प्रवाहणी *eine Falte des Mastdarmes, welcher die Thätigkeit des Herausdrängens der faeces zugeschrieben wird.* — 4) n. a) *das Hervortreiben.* — b) *Stuhlgang,* namentlich *der mit Drang verbundene* Karaka 8,10.

*प्रवाहणेय m. Patron. von प्रवाहण. f. ई Mahâbh. 7,113,b.

*प्रवाहणेयक Adj. von प्रवाहणेय.

*प्रवाहणेयि m. Patron. von प्रवाहण.

प्रवाहयितर् Nom. ag. *Hin* —, *Fortschaffer.* Nom. abstr. °तृत्व n. Comm. zu VS. 5,31.

प्रवाहित m. N. pr. eines Ṛshi im dritten Manvantara VP.[2] 3,7.

1 प्र-वाहिन् 1) Adj. a) *ziehend, fahrend.* — b) *Etwas* (im Comp. vorangehend) *führend, fortführend* (von einem Flusse). — c) *fliessend,* — *durch* oder *in* (im Comp. vorangehend). — 2) m. *Zugthier* Çâñkh. Çr. 12,14,2.

2.*प्रवाहिन् Adj. *reich an fliessendem Wasser.*

*प्रवाहेमूत्रित n. *das Pissen in einen Strom,* so v. a. *eine nutzlose Handlung.*

*प्रवाहोत्था f. *Sand* Râgan. 13,139.

प्रवाह्य Adj. *fluminalis.*

*प्रविक gaṇa पुरोहितादि in der Kâç.

*प्रविख्याति f. *Berühmtheit.*

प्रविग्रह m. *deutliche Trennung der Wörter aus dem* Saṁdhi.

प्रविचय m. *Untersuchung.* धर्म° Lalit. 37,13. 218,3.

प्रविचार m. und °चारणा f. *Unterscheidung,* so v. a. *Art.*

प्रविचिन्तक Adj. *vorhersehend.*

प्रविचेतन n. *das Begreifen, Verstehen.*

प्रविजय m. Pl. N. pr. eines Volkes.

प्रवित्ति f. *Kenntniss, Wissen.*

प्रविदार m. *das Auseinanderbersten.*

*प्रविदारण n. 1) *das Berstenmachen, Sprengen.* — 2) *Kampf, Schlacht.* — 3) *Gedränge, Tumult, Verwirrung.*

प्रविद्वंस् Adj. *wissend, kundig, wissentlich verfahrend.*

प्रविधान n. *ein angewandtes Mittel* Vishnus. 20,46.

प्रविपल *ein best. sehr kleines Zeitmaass.*

प्रविभाग m. 1) *Theilung, Eintheilung, Sonderung, Classification.* — 2) *Theil.*

प्रविभागवत् Adj. *Unterabtheilungen habend.*

प्रविभागशस् Adv. *singulatim* MBh. 6,11,24. Hemâdri 1,610,17. 611,10.

प्रविभावक Adj. etwa *zur Erscheinung bringend, darstellend* Bhar. Nâṭjaç. 34,75.

*प्रविर m. *gelber Sandel.*

प्रविरल Adj. (f. आ) *rarus, weit von einander stehend, vereinzelt, einige wenige.* Compar. °तर.

प्रविलम्बिन् Adj. *hervorragend.*

प्रविलय m. 1) *das Zerschmelzen.* — 2) *vollständige Auflösung, vollständiges Verschwinden* Çañk. zu Bâdar. 3,2,21 (S. 817, Z. 13).

प्रविलयन n. = प्रविलय 2) Karaka 1,15.

प्रविलसेन m. N. pr. eines Fürsten. Vgl. प्रविल्लसेन.

प्रविलापन n. *vollständiges Auflösen,* — *Zunichtemachen* Çañk. zu Bâdar. 3,2,21 (S. 830).

प्रविलापयितव्य Adj. *vollständig aufzulösen,* — *zu Nichte zu machen* Çañk. zu Bâdar. 3,2,21 (S. 816).

प्रविलापितत्व n. *vollständiges Aufgelöstsein,* —

Vernichtetsein Çaṁk. zu Bâdar. 3,2,21 (S. 818).

प्रविलापिन् Adj. *wehklagend.*

प्रविलाप्य Adj. = प्रविलापयितव्य Çaṁk. zu Bâdar. 3,2,21 (S. 816).

प्रविलोल Adj. *sehr beweglich* Kaurap. (A.) 110.

प्रविल्लसेन m. N. pr. = प्रविलसेन.

प्रविवाद m. *Streit, Zank.*

प्रविविक्त 1) Adj. s. u. 1. विच् mit प्र. — 2) *Einsamkeit.* Nur Loc. pl. Spr. 6659.

प्रविविक्ताहार Adj. *feine Nahrung zu sich nehmend.* Compar. °तर Çat. Br. 14,6,11,4.

प्रविविक्षु Adj. *im Begriff stehend hereinzutreten, — sich hereinzubegeben;* mit Acc.

प्रविवेक m. *vollständige Zurückgezogenheit* Lalit. 184,13. 217,1.

प्रविवेक्षु Râǵat. 4,326 fehlerhaft für प्रविविक्षु.

प्रविव्रजिषु Adj. bei den Ǵaina *das Mönchsgelübde zu nehmen wünschend* Hem. Par. 1,56.

प्रविव्राजयिषु Adj. *Jmd* (Acc.) *zu verbannen wünschend* Bhaṭṭ.

*प्रविश्लेष m. *Trennung.*

प्रविषय m. *Bereich.* °यं दृष्टेर्गम् *sichtbar werden* Kumâras. 17,21.

*प्रविषा f. *Birke.*

प्रविष्ट 1) Adj. s. u. 1. विश् mit प्र. — 2) f. आ N. pr. einer Frau. Richtig श्रविष्ठा.

प्रविष्टक n. *die Geberden des Hereintretens.* Nur Instr. Sg. als scenische Bemerkung.

प्रविष्टकाय्, °यते *persönlich erscheinen* Kâd. 2, 45,19.

प्रविस्तर n. *Umfang* Hemâdri 1,330,3. 17. 534, 12. Instr. *sehr ausführlich.*

प्रविस्तार m. dass.

प्रविस्पष्ट Adj. *ganz deutlich zu sehen, ganz offenbar* Kumâras. 12,42.

*प्रवीड n. Trik. 3,5,7.

प्रवीण 1) Adj. (f. आ) *geschickt, tüchtig, — in* (Loc. oder im Comp. vorangehend). — 2) m. N. pr. eines Sohnes des 14ten Manu. प्रवीर v. l.

प्रवीणता f. *Geschicklichkeit, Tüchtigkeit.*

प्रवीणी Adv. mit कर् *geschickt zu Etwas machen* Ind. St. 15,209.

*प्रवीतिन् Adj. *dem die heilige Schnur vom Rukken herabhängt* Gal.

प्रवीर m. 1) *ein grosser Held, — unter* (Gen. oder im Comp. vorangehend). दानमान° *ein durch Spenden und Ehren sich hervorthuender Mann.* Am Ende eines adj. Comp. f. आ. — 2) N. pr. verschiedener Männer Hariv. 1,7,88.

प्रवीरक m. N. pr. verschiedener Männer Mudrâ. 41,17 (70,18).

प्रवीरबाहु m. N. pr. eines Râkshasa.

प्रवीरवर m. N. pr. eines Asura.

प्रवीविविक्षु Adj. *im Begriff stehend zu umschlingen, — zu überfluthen.*

प्रवृजे Dat. Infin. zu वर्ज् mit प्र RV. 5,30,15.

प्रवृञ्ज्य Adj. *an oder in das Feuer zu setzen* Âpast. Çr. 15,18,13.

प्रवृञ्जन n. = प्रवर्जन Âpast. Çr. 15,18,11.

प्रवृञ्जनीय Adj. *für das* प्रवृञ्जन *bestimmt.*

प्रवृत् f. in einer Formel VS. 15,9.

प्रवृतहोम m. *Wahlopfer* (bei der Priesterwahl).

प्रवृतहोमीय Adj. von प्रवृतहोम.

प्रवृताहुति f. = प्रवृतहोम Vaitân.

प्रवृत्त 1) Adj. s. u. वर्त् mit प्र. — 2) m. प्रवृत्त = प्रवर्त.

प्रवृत्तक n. 1) = प्रवर्तक 2). — 2) *ein best. Metrum.*

प्रवृत्तचक्र Adj. *dessen Rad ungehemmt rollt.* Nom. abstr. °ता f. *so v. a. unumschränkte Macht.*

प्रवृत्तत्व n. *das Vorsichgegangensein* Ǵaim. 3,5,46.

प्रवृत्तवाच् Adj. *redegewandt* Spr. 4275.

प्रवृत्तशिख Adj. Âçv. Gṛhj. 4,2,9 fehlerhaft für प्रवृत्त°.

प्रवृत्ति f. 1) *das Fortschreiten, Fortgang, das Vonstattengehen.* — 2) *das Zumvorscheinkommen, Hervorkommen, Hervortreten, Erscheinen.* — 3) *Entstehung, Ursprung.* — 4) *Thätigkeit, Wirksamkeit, Bestreben, Function.* — 5) *das Sichbegeben in, Gehen an, Sichhingeben, Sichmachen an, Obliegen* (Gegensatz *das Abstehen, Entsagen*); die Ergänzung im Loc. oder im Comp. vorangehend. — 6) *Gebrauch, Anwendung.* — 7) *das Verfahren, Benehmen.* — 8) *Geltung einer Regel.* — 9) *Fortdauer, fortdauernde Geltung.* — 10) *Loos, Schicksal.* — 11) *Kunde, Nachricht, — von* (Gen. oder im Comp. vorangehend). — 12) **die dem Elephanten zur Brunstzeit aus den Schläfen quellende Flüssigkeit.* — 13) **Multiplicator.* — 14) * = आवन्ती u. s. w. (!).

*प्रवृत्तिज्ञ m. *Kundschafter.*

प्रवृत्तिज्ञान n. = प्रवृत्तिविज्ञान.

प्रवृत्तिनिवृत्तिमत् Adj. *mit Thätigkeit und Unthätigkeit verbunden* Bhâg. P. 3,32,35.

प्रवृत्तिप्रत्यय m. *ein Begriff von den Dingen der Aussenwelt* (buddh.).

प्रवृत्तिमत् Adj. *einer Sache hingegeben.*

प्रवृत्तिविज्ञान n. *Erkenntniss der Dinge der Aussenwelt* (buddh.).

प्रवृद्धि f. *Wachsthum, Zunahme, Vermehrung, Steigen* (des Preises); *Gedeihen, zunehmender Wohlstand, das Steigen im Amt oder Ansehen.*

प्रवृध् f. *Wachsthum* RV. 3,31,3.

°प्रवेक Adj. *der auserlesenste —, vorzüglichste unter.*

प्रवेग m. *grosse Geschwindigkeit.* शर° so v. a. *ein schnell fliegender Pfeil.*

प्रवेगित Adj. *sich schnell bewegend.*

*प्रवेट m. *Gerste.*

प्रवेणि und °णी f. 1) *Haarflechte.* *°णि. — 2) *eine gefärbte wollene Decke.* °णी R. ed. Bomb. 3, 43,36. Ḱaraka 1,6. — 3) °णी N. pr. eines Flusses.

प्रवेतर् Nom. ag. *Wagenlenker* Pat. zu P. 2,4, 56, Vârtt. 1.

°प्रवेत्तर् Nom. ag. *ein guter Kenner.*

प्रवेद in श्रुप्रवेद.

प्रवेदकृत् Adj. etwa *bekannt machend.*

प्रवेदन n. *das Zuwissenthun, Kundthun.*

°प्रवेदिन् Adj. *genau kennend.*

प्रवेद्य Adj. *kund zu thun.*

प्रवेध m. *Schuss* Comm. zu Âpast. Çr. 3,1,6.

प्रवेप m. *das Zittern, Schwanken.* v. l. प्रसेक.

प्रवेपक und प्रवेपथु m. *das Zittern, Schauder.*

प्रवेपन 1) m. N. pr. eines Schlangendämons. — 2) n. *das Zittern* Ḱaraka 1,7.

प्रवेपनिन् Adj. *erschütternd.*

*प्रवेपनीय Adj. *zum Zittern zu bringen.*

प्रवेपिन् Adj. *zitternd, schwankend.*

*प्रवेय Partic. fut. pass.

प्रवेरय्, °यति *schleudern in* (Acc.) MBh. 7,2,15. v. l. प्रवेरित *geschleudert, geworfen.*

*प्रवेल m. *eine gelbe Varietät von Phaseolus Mungo.*

प्रवेश m. (adj. Comp. f. आ) 1) *Eintritt, Einzug, das Hineintreten, Eindringen;* die Ergänzung im Loc., Gen. (Spr. 7839), Gen. mit अन्तर् oder im Comp. vorangehend. — 2) *das Auftreten auf der Bühne.* — 3) *Eintritt* der Sonne *in ein Bild des Thierkreises* (im Comp. vorangehend) Varâh. Bṛh. S. 40,1. — 4) *das Gelangen in ein Haus, in die Hand Kommen* (einer Sache). — 5) *das Dringen in Jmd, das Sichaufdrängen, Sichmischen in fremde Angelegenheiten.* — 6) *das Eingehen in,* so v. a. *das Platzfinden —, Aufgehen —, Enthaltensein in* (Loc.). — 7) *Anwendung von, Benutzung, das Geschäftemachen mit* (im Comp. vorangehend). — 8) *Art und Weise, Methode* Lalit. 170,14. 16. — 9) *Eingang, der Ort des Eingehens.* — 10) *das Rohr an der Klystierblase.*

प्रवेशक 1) am Ende eines adj. Comp. = प्रवेश 1). — 2) m. *ein von niedrigen Personen ausge-*

führtes Zwischenspiel zwischen zwei Acten, in welchem der Zuschauer mit dem bekannt gemacht wird, was zwischen den zwei Acten vorgegangen ist, oder das erfährt, was zum Verständniss des Folgenden unumgänglich nothwendig ist. — 3 Titel eines Werkes Opp. Cat. 1.

प्रवेशन n. 1) *das Eintreten, Hineingehen, Einziehen in* (Loc., Gen. oder im Comp. vorangehend). — 2) *coitus.* — 3) * *Haupteingang.* — 4) * *Königshof* Gal. — 5) *das Hereinbringen, Hereinführen, Einführen, — in* (Loc.). — 6) *das Eintreiben des Viehes* Gobh. 3,6,9.

*प्रवेशनीय Adj. von प्रवेशन.

प्रवेशभागिक m. *etwa Zolleinnehmer* Râǵat. 8,281.

प्रवेशयितव्य Adj. *hereinzuführen.*

प्रवेशित 1) Adj. s. u. 1. विश् mit प्र Caus. — 2) n. *das Auftretenlassen auf der Bühne* Bâlar. 161,9.

प्रवेशिन् Adj. 1) *eintretend, — in* (im Comp. vorangehend). — 2) am Ende eines Comp. *a) einen Zugang habend über* oder *durch, nicht anders zugänglich als über* oder *durch.* — *b) geschlechtlich beiwohnend* Káraka 1,7.

प्रवेश्य Adj. 1) *intrandus, zu betreten, wohin man sich begeben darf.* — 2) *zu spielen* (ein musikalisches Instrument). — 3) *einzuführen, einzulassen, einzubringen.* — 4) *zu reponiren* (Eingeweide).

*प्रवेष्ट m. 1) *Arm.* — 2) *Vorderarm.* — 3) *das fleischige Polster auf dem Rücken eines Elephanten.* — 4) *das Zahnfleisch eines Elephanten.*

प्रवेष्टक n. v. l. für प्रविष्टक.

°प्रवेष्टर् Nom. ag. *eintretend in.* Nom. abstr. °ष्टृत्व m.

प्रवेष्टव्य 1) Adj. *a) intrandus, zu betreten, wohin man sich begeben darf.* — *b) eintreten zu lassen, hereinzulassen.* — 2) n. impers. *intrandum, — in* (Loc.).

प्रवोढर्, प्रवोळ्हर् Nom. ag. mit Gen. oder am Ende eines Comp. *Entführer, mit sich fortführend.*

प्रव्यक्ति f. *Aeusserung, Erscheinung.*

प्रव्याध m. *Schuss, Schussweite* Âpast. Çr. 18,3.

प्रव्याहार m. 1) *das Fortfahren in der Rede.* — 2) *Anrede.* °रं कर् *Jmd* (Gen.) *anreden* Kâraṇḍ. 90,14. — Vgl. प्रत्याहार 7) 8).

प्रव्रजन n. *das Auswandern, Fortziehen aus der Heimat.*

प्रव्रजिका f. fehlerhaft für प्रव्रजिता oder प्रव्राजिका.

प्रव्रजित 1) Adj. s. u. व्रज् mit प्र. — 2) m. *ein frommer Bettler, Bettelmönch.* — 3) f. आ *a) Nonne* Kâd. 104,24. — *b)* * *Nardostachys Jatamansi.* — *c)* * = मुण्डीरी. — 4) n. *das Leben eines Bettelmönchs.*

प्रव्रज्य 1) n. *Auswanderung, das Ausziehen in die Fremde* MBh. 4,18,11. — 2) f. आ *a)* dass. — *b) das Wandern —, der Stand eines Bettelmönchs, der Eintritt in den Mönchs-* oder *Nonnenstand* Varâh. Bṛh. 24(22),16.

प्रव्रज्यायोग m. *eine Constellation, unter welcher künftige Mönche geboren werden,* Varâh. Bṛh. 15 in der Unterschr.

*प्रव्रश्चन m. *ein Werkzeug zum Schneiden von Holz, Holzmesser.*

प्रव्रस्क m. *Schnitt.*

प्रव्राज् m. *Bettelmönch.*

प्रव्राज् m. *Flussbett.*

प्रव्राजक 1) m. *Bettelmönch.* °स्त्री *Bettelnonne.* — 2) f. °जिका *Bettelnonne.*

प्रव्राजन n. *das Verbannen.*

प्रव्राजिन् 1) Adj. *nachlaufend* in द्विप्रव्राजिनी. — 2) m. *Bettelmönch.*

प्रव्लय m. *das Zusammensinken.*

*प्रशंयुवाक m. fehlerhaft für शंयुवाक.

°प्रशंसक Adj. *preisend, lobend.*

प्रशंसन n. *das Preisen, Anpreisen, Loben.*

प्रशंसा f. *Lob, Anpreisung, Ruhm.* Auch Pl.

प्रशंसानामन् n. *ein Ausdruck des Lobes.*

प्रशंसालाप m. *Beifallsruf.*

प्रशंसावचन n. Pl. *Lobeserhebungen.*

प्रशंसावलि f. *Lobgedicht* Bâlar. 190,3.

°प्रशंसिन् Adj. *lobend, preisend, rühmend.*

प्रशंसोपमा f. in der Rhetorik *ein Vergleich mit etwas Höherem, der ein Lob enthält.*

प्रशंस्तव्य Adj. *rühmenswerth.*

प्रशंस्य, प्रशंसिय Adj. *rühmenswerth, rühmenswerther —, besser als* (Abl.).

*प्रशद्वन् m. *das Meer.*

*प्रशद्वरी f. *Fluss.*

प्रशब्द neben शब्द Hemâdri 1,554,5.

प्रशम 1) m. *a) das zur Ruhe Kommen, Ruhe, das Aufhören, Weichen, Verlöschen* (des Feuers). — *b) Gemüthsruhe.* — *c)* N. pr. eines Sohnes des Ânakadundubhi. — 2) f. ई N. pr. einer Apsaras.

°प्रशमक Adj. *zur Ruhe bringend, beschwichtigend, unschädlich machend* Kâraṇḍ. 27,3.

प्रशमंकर Adj. *das Aufhören von Etwas* (Gen.) *bewirkend, unterbrechend, störend.*

प्रशमन 1) Adj. *zur Ruhe bringend, dämpfend, niederschlagend, heilend.* — 2) n. *a) das zur Ruhe Bringen, Dämpfen, Niederschlagen, Unschädlichmachen, Heilen.* सर्वव्याधि° Text zu Lot. de la b. l. 195. — *b) Sicherstellung.* — *c) eine best. Zauberwaffe.*

प्रशमरतिसूत्र n. Titel eines Werkes Bühler, Rep. No. 730.

प्रशमायन Adj. *in Gemüthsruhe verharrend* Bhâg. P. 1,1,15.

प्रशर्ध Adj. *keck, trotzig* RV.

*प्रशल m. = प्रसल.

प्रशस् f. *Axt, Beil, Messer* oder dgl. Nach Einigen Adj. = प्रशस्त, प्रकृष्टच्छेदन u. s. w.; vgl. auch Njâjam. 9,4,9 nebst Comm.

प्रशस्त 1) Adj. s. u. शंस् mit प्र. — 2) m. N. pr. eines Mannes. — 3) f. आ N. pr. eines Flusses.

प्रशस्तकर und प्रशस्तकलश m. N. pr. von Männern.

प्रशस्तत्व n. *Vortrefflichkeit* Mahâvîrak. 48,17.

प्रशस्तपाद m. N. pr. eines Autors.

प्रशस्तभाष्य n. Titel eines Werkes Bühler, Rep. No. 396.

प्रशस्तव्य Adj. *rühmenswerth.*

प्रशस्ताद्रि m. N. pr. eines *Berges.*

प्रशस्ति f. 1) *Verherrlichung, Preis, Lob, Ruhm* Spr. 7688. — 2) in der Dramatik *ein den Frieden im Lande des Fürsten* u. s. w. *wünschender Segensspruch.* — 3) *Anweisung, Leitung; Warnung.* — 4) *Edict* Bâlar. 292,10. 311,5. Vikramâṅkak. 8,2.17.

प्रशस्तिकाशिका f. Titel eines Werkes Bühler, Rep. No. 560.

प्रशस्तिकृत् Adj. *Lob ertheilend, anerkennend.*

प्रशस्तिगाथा f. *Loblied* Káṇḍak. 2,15.

प्रशस्तितरंग m. Titel eines Werkes.

प्रशस्तिपट्ट m. *ein schriftliches Edict.*

प्रशस्तिप्रकाशिका und प्रशस्तिरत्नावली f. Titel zweier Werke.

प्रशस्य, प्रशंसिय Adj. 1) *rühmenswerth, ausgezeichnet, vorzüglich.* — 2) *glücklich zu preisen.*

प्रशस्यता f. *Vortrefflichkeit, Vorzüglichkeit.*

*प्रशाख 1) Adj. *grosse Aeste habend.* — 2) Bez. *des fünften Stadiums des Embryo, da sich Hände und Füsse bilden.* — प्रशाखा s. bes.

प्रशाखवत् (metrisch) Adj. *mit vielen Zweigen versehen.*

प्रशाखा f. 1) *Zweig.* — 2) wohl *Extremität* (am Körper).

प्रशाखिका f. *ein kleiner Zweig.*

प्रशातन n. *das Abbrechen* Comm. zu Âpast. Çr. 4,3,8.

प्रशान्तिका f. s. प्रसान्तिका.

*प्रशान् Indecl. Vgl. प्रशाम्.

प्रशान्त 1) Adj. s. u. 2. शम् mit प्र. — 2) m. N. pr. eines göttlichen Wesens (buddh.).

प्रशान्तक Adj. *ruhigen Gemüths.*

प्रशान्तचारित्रमति m. N. pr. eines Bodhisattva.

प्रशान्तता f. *Gemüthsruhe.*

प्रशान्तराग m. N. pr. eines Mannes Weber, Lit.

प्रशान्तविनीतेश्वर m. N. pr. eines göttlichen Wesens Lalit. 4,16.

प्रशान्ति f. 1) *das zur Ruhe Kommen, Sichberuhigen, Beruhigung, Ruhe, das Aufhören, Verlöschen* (des Feuers), *zu Ende Gehen, Vernichtung* Mahâvîrak. 117,8. — 2) *Gemüthsruhe.*

प्रशाम् Adj. (Nom. प्रशान्) *heil, schmerzlos* Çat. Br. 3,1,3,10.

प्रशासक m. = प्रशास्तर् 1) Pańkat. ed. Bomb. 3, 58,1 v. u.

प्रशासन n. *Weisung, Leitung, das Führen des Regiments, Herrschaft.*

प्रशासितर् Nom. ag. *das Regiment führend, Gebieter, Herrscher, der das Machtwort ausspricht* Çaṁk. zu Bâdar. 2,2,18.

प्रशास्तर् Nom. ag. 1) *Anweiser*, zugleich Bez. *eines Priesters, des ersten Gehülfen des* Hotar. — 2) **Fürst, König.*

प्रशास्त्र n. 1) *das Amt des* Praçâstar 1) Âpast. Çr. 7,14,7. — 2) *das* Soma-*Gefäss des* Praçâstar 1). — Vgl. प्राशास्त्र.

प्रशास्य Adj. *der Befehle zu empfangen hat von* (Gen.) Bâlar. 189,18.

प्रशिथिल Adj. (f. आ) 1) *überaus locker, — lose, — schlaff* Harshak. 156,17. — 2) *sehr schwach, kaum bemerkbar* Çaṁk. zu Bâdar. 4,1,8.

प्रशिथिली Adv. 1) mit कर् *überaus locker machen.* — 2) mit भू *üb. l. werden.*

प्रशिष m. N. pr. eines Mannes. Pl. *seine Nachkommen.*

प्रशिष्टि f. *Anweisung, Befehl, Vorschrift.*

प्रशिष्य m. *der Schüler eines Schülers.* Nom. abstr. °त्व n.

प्रशिस् f. *Anweisung, Befehl, Vorschrift.*

प्रशुक्रीय Adj. *mit* प्र शुक्रा (RV. 7,34,1) *beginnend.*

प्रशुचि Adj. *vollkommen rein.*

प्रशुद्धि f. *Reinheit.*

प्रशुश्रुक und प्रशुश्रुव m. N. pr. eines Fürsten.

प्रशोचन Adj. *fortbrennend.*

प्रशोष m. *das Austrocknen, Trockenheit.*

प्रशोषण m. N. pr. eines Krankheitsdämons.

प्रश्चोतन n. *das Träufeln*

1. प्रश्न m. 1) *Frage, Befragung* (auch in gerichtlichem und astrologischem Sinne), *Erkundigung nach* (im Comp. vorangehend); *Streitfrage.* प्रश्नम्-इ *Jmd* (Acc.) *eine Streitfrage zur Entscheidung vorlegen*, प्रश्नम् आ-गम् dass., aber mit Loc. der Person. तद्धि नौ तवैव पितरि प्रश्नः so v. a. *dann hat dein Vater zwischen uns zu entscheiden.* — 2) *Aufgabe, Pensum* (bei der Veda-Recitation). — 3) Bez. *kleinerer Abschnitte* in einigen Werken.

2. प्रश्न m. *Geflecht, geflochtener Korb.*

प्रश्नकथा f. *eine auf eine Frage hinauslaufende Erzählung* 138,15.

प्रश्नकल्पलता f., प्रश्नकोष्ठी f., प्रश्नकौमुदी f., प्रश्नचिन्तामणि m., प्रश्नचूडामणि m., प्रश्नज्ञान n., प्रश्नतन्त्र n. und प्रश्नदीपिका (Opp. Cat. 1) f. Titel von Werken.

*प्रश्नदूती f. *Räthsel.*

प्रश्ननिधि m. Titel eines Werkes.

प्रश्नपूर्वकम् und °पूर्वम् Adv. *mit Vorangehen einer Frage,* so v. a. *erst nach bestandener Prüfung* Hemâdri 1,101,18. 20. 21.

प्रश्नप्रकाश m., प्रश्नप्रदीप m., प्रश्नभाग m. (Opp. Cat. 1) und प्रश्नभैरव Titel von Werken.

प्रश्नय्, °यति *befragen, fragen nach;* mit doppeltem Acc.

प्रश्नरत्न n., °रत्नसागर m. und प्रश्नविनोद m. Titel von Werken.

*प्रश्नवादिन् m. *Wahrsager, Astrolog* Gal.

प्रश्नविवाद m. *Streitfrage.*

प्रश्नवैष्णव n., प्रश्नव्याकरण n., प्रश्नशिरोमणि m., प्रश्नसारसमुच्चय m. (Opp. Cat. 1), प्रश्नादिक n. (ebend. 1921), प्रश्नानुष्ठानपद्धति f. (ebend.) und प्रश्नार्णव m. Titel von Werken.

प्रश्नि m. Pl. N. pr. eines Ṛshi-Geschlechts. Richtig पृश्नि.

प्रश्निन् m. *Fragensteller.*

*प्रश्नी f. fehlerhaft für पृश्नी.

प्रश्नोत्तर n. *Frage und Antwort, ein aus Fr. und A. bestehender Vers.*

प्रश्नोत्तररत्न n. (Hemâdri 1,376,5), °त्तरमणिमाला f., °त्तरमाला f., प्रश्नोपदेश m. (Opp. Cat. 1) und प्रश्नोपनिषद् f. Titel von Werken.

*प्रश्रथ m. und *प्रश्रन्थन n. *das Schlaffwerden.*

प्रश्रब्धि f. *Vertrauen* Lalit. 37,16.

प्रश्रय m. 1) *das Sichanlehnen* (?) Spr. 2309. — 2) *rücksichtsvolles Benehmen, Ehrerbietigkeit, Bescheidenheit.* Personificirt als ein Sohn Dharma's von der Hrî.

प्रश्रयण n. = प्रश्रय 2).

प्रश्रयवन्त् Adj. *rücksichtsvoll, ehrerbietig.*

प्रश्रयिन् Adj. dass. Nom. abstr. °यिता f.

प्रश्रवण n. fehlerhaft für प्रस्रवण.

प्रश्रवस् Adj. *laut tönend.* Nach Sâj. = प्रकृष्टान्न.

प्रश्रि m. Pl. N. pr. eines Ṛshi-Geschlechts Hariv. 3,12,42. Richtig पृश्नि.

प्रश्रित 1) Adj. s. u. 1. श्रि mit प्र. — 2) m. N. pr. eines Sohnes des Ânakadundubhi.

*प्रश्लथ Adj. *überaus locker, — lose, — schlaff.*

प्रश्लित Adj. Bez. *des* Saṁdhi, *bei welchem* अस् *vor Tönendem zu* ओ *wird.*

प्रश्लिष्ट Adj. *verschlungen.* So heisst der Saṁdhi *eines* अ *oder* आ *mit folgendem Vocal und andrer Vocale mit homogenen;* auch *der aus der Verschmelzung entstehende Vocal* und *der auf demselben ruhende Ton.*

प्रश्लेष m. 1) *fester Anschluss, das Andrücken.* — 2) *das Verschmelzen* (von Vocalen).

प्रश्वसितव्य n. impers. तेषां वयासनेन °व्यम् so v. a. *du musst dafür sorgen, dass sie sich auf einem Sitze erholen.*

प्रश्वास m. *das Einathmen.*

प्रष्टर् Nom. ag. *Frager.*

प्रष्टव्य 1) Adj. *zu fragen, zu befragen nach* (Acc.), *— bei* oder *in* (Loc.), *befragt zu werden verdienend, wonach man zu fragen hat.* — 2) n. impers. *zu fragen.*

प्रष्टि m. 1) *Seitenpferd;* auch wohl *ein vorgespanntes Pferd.* — 2) *Seitenmann, ein Nebenstehender.* — 3) *Dreifuss als Untersatz einer Speiseschüssel* Comm. zu TS. 1,1024,11.

प्रष्टिमन्त् Adj. *mit Seitenpferden versehen.*

प्रष्टिवाहन (Ait. Âr. 303,4 v. u.) und प्रष्टिवाहिन् Adj. *von Seitenpferden gezogen, dreispännig.*

प्रष्ठ 1) Adj. (*f. ई) *vorangehend, vorzüglich, ausgezeichnet* (Râǵat. 8,2422), *der beste, — unter;* m. *Vordermann.* Am Ende eines Comp. *der beste, — unter.* — 2) *m. *ein best. Kraut.*

प्रष्ठत्व n. *das Obenanstehen* Râǵat. 8,2403. 2410.

प्रष्ठवह् (*stark °वाह्, schwach प्रष्ठौह्) 1) *m. *Seitenpferd.* — 2) f. प्रष्ठौही **eine zum ersten Mal trächtige Kuh.* MBh. 13,4427 fehlerhaft fur पष्ठौही; vgl. 4,93,32.

प्रष्ठिवाहिन् Adj. fehlerhaft für प्रष्टि°.

प्रस्नवैष्णव fehlerhaft für प्रश्न°.

*प्रस्, प्रसते (विस्तारे, प्रसवे).

प्रसकल Adj. *überaus voll* (Busen) Çiç. 7,34.

प्रसक्तव्य n. impers. *zu hängen an* (Loc.).

प्रसक्ति f. 1) *das Hängen an, Sichhingeben,*

Fröhnen, Beschäftigung mit (Loc.). — 2) *Eintritt eines Falles, das Sichergeben* Kap. 1,30. 33. 34. 40. 120. 6,12. Bâdar. 2,1,26. °क्तिं प्र-या *möglicher Weise eintreten, — erscheinen, möglich sein.* — Vgl. अ° und अति°.

प्रसत्तिन् Adj. *überwältigend, siegreich.*

प्रसङ्क्ख्य Adj. *eintreten —, stattfinden zu lassen.*

प्रसंख्या f. 1) *Gesammtsumme.* — 2) *Erwägung.*

प्रसंख्यान 1) Adj. *nur für den augenblicklichen Bedarf einsammelnd* (Nilak.) MBh. 14,92,7. — 2) m. *Maass, womit Etwas gemessen wird* (Nilak.); vielleicht *eine Summe Geldes.* — 3) n. *a) das Herzählen, Aufzählen.* — *b) das Ueberlegen, Nachdenken* Comm. zu Njâjas. 4,2,2. 46. zu Jogas. 1,2. 2, 11. 13. — *c) Ruhm, Ehre.*

प्रसङ्ग m. 1) *das Hängen an, Hingegebensein, naher Verkehr mit: Neigung, Hang, Gelüste.* Die Ergänzung im Loc., Gen. oder im Comp. vorangehend. अस्य °तः wohl so v. a. *aus Rücksicht für ihn,* instr. wohl auch so v. a. *mit ganzer Seele, eifrigst.* Auch Pl. — 2) *Zusammenhang, Connex.* मधुप्रसङ्गमधु *der mit dem Frühling in Verbindung stehende Honig* 294,27. Pl. *Alles was mit etwas Anderem in Verbindung steht, daraus folgt.* — 3) *Anwendbarkeit.* ब्राह्मण° *des Wortes* ब्रा°, so v. a. *der Begriff* ब्रा°. — 4) *das Eintreten eines Falles, das Gegebensein einer Möglichkeit, Vorkommen; eine sich darbietende Gelegenheit.* प्रसङ्गे कुत्रापि *bei einer gewissen Gel.;* अमुना प्रसङ्गेन, तत्प्रसङ्गेन und एतत्प्रसङ्गे *bei jener —, bei dieser Gel.;* मृगप्रसङ्गेन *bei Gel. einer Gazelle,* so v. a. *beim Verfolgen einer G.;* प्रसङ्गेन, प्रसङ्गात्, प्रसंङ्गतस् und प्रसङ्ग° *gelegentlich, bei dargebotener Gelegenheit.* — 5) *Erwähnung der Eltern.* — 6) N. pr. *a)* *Pl. einer buddh. Schule. — *b)* eines Mannes. — Vgl. अ° und अति°.

प्रसङ्गरत्नावलि f. Titel eines Werkes Opp. Cat. 1.

प्रसङ्गवत् Adj. *gelegentlich, zufällig.*

प्रसङ्गसम m. im Njâja *das Sophisma, dass auch der Beweis bewiesen werden müsse.*

प्रसङ्गाभरण n. Titel einer neueren Spruchsammlung.

प्रसङ्गिन् Adj. 1) *hängend an* (im Comp. vorangehend), *ganz hingegeben.* Nom. abstr. °ङ्गिता f. — 2) *sich an Etwas anschliessend, zu Etwas gehörig.* — 3) *eintretend, erscheinend.* — 4) *untergeordnet, unwesentlich, secundär.*

प्रसंघ m. *eine grosse Anzahl, Unzahl.* v. l. प्रवर्ष.

प्रसज्य Adj. *anwendbar.* Nom. abstr. °ता f.

प्रसज्यप्रतिषेध (प्रसज्य Absol.) m. *eine Negation der Aussage* Pat. zu P. 1,4,50. Nom. abstr. °त्व n. Sâh. D. 214,11.

प्रसत्ति f. *Gnade, Gnadenbeweis* Bâlar. 1,1. 96, 11. Ind. St. 15,314.

प्रसद्मन् in दीर्घप्रसद्मन्.

प्रसंधान n. *das Verbinden.*

प्रसंधि m. N. pr. eines Sohnes des Manu.

प्रसन्न 1) Adj. s. u. सद् mit प्र. — 2) m. N. pr. eines Fürsten Hem. Par. 1,52. — 3) f. आ *Reisbranntwein* Mat. med. 273. Karaka 6,24. 30.

प्रसन्नचन्द्र m. N. pr. eines Fürsten Hem. Par. 1,52.

प्रसन्नता f. 1) *Klarheit, Reinheit.* — 2) *Klarheit des Ausdrucks.* — 3) *gute Stimmung, — Laune.*

प्रसन्नतेयु m. N. pr. eines Sohnes des Raudrâçva VP.[2] 4,128.

प्रसन्नत्व n. *Klarheit, Reinheit.*

*प्रसन्नपाद Titel eines buddh. Werkes.

प्रसन्नराघव n. Titel eines Schauspiels.

प्रसन्नवेङ्कटेश्वरमाहात्म्य n. Titel einer Legende.

प्रसन्नेयु m. N. pr. eines Sohnes des Raudrâçva VP.[2] 4,128.

*प्रसन्नेरा f. *Reisbranntwein.*

प्रसभ 1) प्रसभम् und प्रसभ° Adv. *gewaltsam, ungestüm, heftig.* — 2) n. *eine best.* Trishṭubh-*Form.*

प्रसमीक्ष्यपरीक्षक Adj. *mit Bedacht prüfend, — untersuchend* Karaka 1,28.

*प्रसयन n. als Erklärung von प्रसिति.

प्रसर 1) m. (adj. Comp. f. आ) *a) das Vorschreiten, Hervorbrechen, freier Lauf, ungehemmtes Auftreten, das Sichbreitmachen, Ausbreitung, das Hervortreten, Sichoffenbaren, Aufkommen* Kâd. 229,7. 11. — *b) der Austritt der humores aus ihrer normalen Lage, wodurch Krankheit veranlasst wird.* — *c) ein hervorbrechender Strom, Fluth, Menge.* — *d)* **Schlacht, Kampf.* — *e)* **Zuvorkommenheit, Liebenswürdigkeit.* — *f)* **ein eiserner Pfeil.* — 2) *f. आ *Paederia foetida.* — 3) n. *eine Art Tanz* S. S. S. 259.

प्रसरण n. 1) *das Fortlaufen, Entlaufen.* — 2) *das Austreten der humores;* vgl. प्रसर 1) *b).* — 3) **das Fouragiren.* — 4) **Umschliessung eines Feindes.* — 5) *das zur Geltung Kommen* Comm. zu TS. Prât. — 6) *Zuvorkommenheit, Liebenswürdigkeit.*

*प्रसरणि und *°णी f. *Umschliessung eines Feindes.*

प्रसर्ग und प्रसर्ग m. 1) *das Hervorströmen, Hervorstürzen.* — 2) *Entlassung.*

प्रसर्जन Adj. (f. ई) etwa *fortschnellend.*

प्रसर्तवे Dat. Infin. zu सर् mit प्र RV. 8,67,12.

प्रसर्प 1) m. *das Sichbegeben nach dem* Sadas. Nach Nilak. = अग्निविसर्जन. — 2) n. Name eines Sâman.

प्रसर्पक m. Bez. *der Personen, welche neben den* Ṛtvig *in den untergeordnetsten Dienstleistungen oder als blosse Zuschauer an Opferhandlungen theilnehmen,* Âpast. Çr. 11,9,8.

प्रसर्पण n. 1) *das Vorschreiten, Sichbegeben in* (Loc.). — 2) *das Sichbegeben nach dem* Sadas. — 3) *das Unterkommen.*

प्रसर्पिन् Adj. 1) *hervorkommend aus* (im Comp. vorangehend). — 2) *fortschleichend.* — 3) *nach dem* Sadas *sich begebend.*

*प्रसल m. *die kalte Jahreszeit.*

प्रसलवि Adv. *nach rechts hin.*

1. प्रसव m. *das Pressen —, Keltern des* Soma.

2. प्रसव m. 1) *Antrieb, das in Gang Kommen oder — Setzen, Lauf, Schwung, Strömung u. s. w.* — 2) *Anregung, Belebung, Erweckung.* — 3) *Förderung, Beihülfe.* — 4) *das Betreiben, Geheiss.* — 5) *das Vorsichbringen, Betrieb, Erwerb.* — 6) *Erreger, Beleber.*

3. प्रसव m. (adj. Comp. f. आ) 1) *Zeugung, das Gebären, Werfen, Geburt, Niederkunft.* — 2) *Empfängniss.* — 3) **Bildung, Entstehung* (eines Wunsches). — 4) *Vermehrung, das Mehrwerden.* — 5) *Geburtsstätte.* — 6) Sg. und Pl. *progenies, Nachkommenschaft* 24,18. किसलय° so v. a. *junge Sprossen.* — 7) *Blüthe.* Nach den Lexicographen auch *Frucht* und *Blüthe und Frucht.*

*प्रसवक m. *Buchanania latifolia.*

प्रसवन n. *das Gebären, Geburt; Fruchtbarkeit.*

*प्रसवबन्धन n. *Stengel.*

प्रसवविकार m. *Missgeburt* Varâh. Bṛh. S. 46, 52.

प्रसववेदना f. *Geburtsschmerz, Wehen.*

प्रसवि Adv. = प्रसलवि.

प्रसवस्थली f. *Geburtsstätte,* so v. a. *Mutter.*

1. प्रसवितर् Nom. ag. mit Gen. *der welcher antreibt, in Bewegung setzt, Erreger, Beleber.*

2. प्रसवितर् Nom. ag. 1) m. *Erzeuger, Vater* Bâlar. 192,12. Prasannar. 83,9. — 2) °त्री *a)* **Mutter.* — *b) Nachkommenschaft verleihend* MBh. 12, 264,8.

*प्रसवित्र n. etwa *Kelter.*

1.*प्रसविन् Adj. *anregend u. s. w.*

2. प्रसविन् Adj. *erzeugend, gebärend.* दुःखप्रसविनी *mit Mühe gebärend* Karaka 6,18.

प्रसवीतर् Nom. ag. = 1. प्रसवितर्.

प्रसवोत्थान n. Titel eines Pariçishṭa zum Jagurveda.

1. प्रसव्य = प्रसवीय in वाज॰.

2. प्रसव्य Adj. 1) *nach links gerichtet.* ॰म् Adv. — 2) **widrig.* — 3) **günstig.*

प्रसह्व् (stark ॰साह्व्) Adj. *überwältigend.* — प्रसह्वाप॰ Ind. St. 3,464,19 fehlerhaft für प्रसह्याप॰.

प्रसह 1) Adj. am Ende eines Comp. *ertragend, widerstehend.* — 2) m. *a) das Ertragen, Widerstehen* in दुष्प्रसह. — *b) Raubthier, Raubvogel* Kâraka 1,6. 27. — 3) *f. आ *Solanum indicum.*

प्रसहन 1) *m. *Raubthier.* — 2) n. *a) das Widerstehen, Ueberwältigen.* *प्रसहने mit कर् *wohl widerstehen, überwältigen* gaṇa सातादादि. — *b) das Umarmen.*

प्रसहिष्णु Adj. in अप्रसहिष्णु (Nachtr. 3).

1. प्रसह्य Absol. s. u. 1. सह् mit प्र.

2. प्रसह्य Adj. *bezwingbar* u. s. w. Mit einem Infin. *der* — (durch einen Infin. pass. wiederzugeben) *kann.* Vgl. अप्रसह्य.

प्रसह्यकारिन् Adj. *gewaltsam verfahrend.*

*प्रसह्यचौर m. *Räuber.*

प्रसह्यहरण n. *gewaltsames Nehmen, das Rauben.*

प्रसह्वन् Adj. *überwältigend* Âpast. Çr. 10,19,1.

प्रसातिका f. Pl. *eine best. feinkörnige Reisart.* प्रशातिका Kâraka 1,21. 27. 6,4.

प्रसाद्, प्रसादति *klar —, hell sein.*

प्रसाद m. (adj. Comp. f. आ) 1) *Klarheit, Reinheit, Ungetrübtheit.* — 2) *Klarheit* (der Rede), — *des Stils.* — 3) *Verklärtheit* (des Gesichts). — 4) *natürliche Ruhe, Unaufgeregtheit.* — 5) *Heiterkeit des Gemüths, gute Laune.* — 6) *freundliches Benehmen, Gunst, Gnade.* ॰दं कर् *gnädig sein.* — 7) *Gunst,* so v. a. *Hülfe, Beistand, Vermittelung.* — 8) *abgeklärter Saft, Absud* Kâraka 6,4. 8. — 9) *Satz, Residuum* Kâraka 1,28. 6,18. 8,7 (प्रमाद gedr.). — 10) *Gnadengeschenk* 321,16. — 11) *die einem Idol dargebotene Speise.* — 12) *die von einem Lehrer übrig gelassene Speise, die man ohne Bedenken verspeisen darf.* — 13) Titel eines Commentars. — 14) personif. als ein Sohn Dharma's von der Maitrî.

प्रसादक Adj. 1) *klärend, klar machend.* — 2) *erheiternd.* — 3) *gnädig stimmend, gn. zu stimmen beabsichtigend.* — Vgl. सु॰.

प्रसादचित्तक Bâlar. 41,20. 135,1 fehlerhaft für प्रसादवित्तक.

प्रसादन 1) Adj. (f. ई) *a) klärend, klar machend.* — *b) beruhigend, erheiternd.* — 2) *m. *ein königliches Zelt.* — 3) *f. आ *Dienst.* — 4) n. *a) das Klären, Klarmachen.* नेत्र॰ *kunstgerechtes Behandeln der Augen.* — *b) das Beruhigen, Erheitern.* — *c) das Besänftigen, Gnädigstimmen* 315,19. MBh. 9,63,25. — *d)* **gekochter Reis.* — *e)* fehlerhaft für प्रसाधन.

प्रसादनीय Adj. 1) *zur Erheiterung dienend, womit Jmd ein Gefallen geschieht* Lalit. 39,11. Vgl. गुरु॰. — 2) *gnädig zu stimmen.*

प्रसादपट्ट m. *Ehrenbinde, Ehrenturban.*

प्रसादपट्टक n. *schriftlicher Gnadenerlass* Lokapr. 2.

प्रसादपराङ्मुख Adj. (f. ई) 1) *gleichgültig gegen Jmds Gunst.* — 2) *Jmd* (Gen.) *die Gunst entziehend.*

प्रसादप्रतिलब्ध m. N. pr. eines Sohnes des Mâra.

प्रसादभूमि f. *Gegenstand der Gunst, Günstling* Harshak. 154,13.

प्रसादमाला f. Titel eines Werkes.

प्रसादयितव्य Adj. *gnädig zu stimmen für* (उपरि) *Jmd.*

प्रसादवतीसमाधि m. *ein best.* Samâdhi.

प्रसादवन्त् Adj. *heiter* u. s. w.

प्रसादवित्त (113, 24. Râgat. 7, 290. 726 [f. आ]. Kâd. 2,103,14. Bâlar. 177,8) und ॰क Adj. *reich an Gunst, in hoher Gunst bei Jmd* (Gen. oder im Comp. vorangehend) *stehend, Lieblings —;* m. *Günstling, Liebling.* Vgl. प्रसादचित्तक.

प्रसादान्न n. = प्रसाद 12).

प्रसादित n. Pl. *gute Worte* Hariv. 8348.

प्रसादिन् Adj. 1) *klar, heiter* (Auge, Gesicht) Bâlar. 35,17. — 2) *klar* (Nectar), *deutlich, verständlich* (Gedicht) Bâlar. 302,22. — 3) am Ende eines Comp. *beruhigend, erheiternd.*

प्रसादी Adv. mit कर् *Jmd* (Gen.) *Etwas* (Acc.) *als Gnade gewähren, in Gnaden schenken* Naish. 7,43. Bâlar. 18,12. 107,15 Kâd. 2,103,6.

प्रसाद्य Adj. *gnädig zu stimmen* Bâlar. 108,4.

प्रसाधक 1) Adj. (f. ॰धिका) *schmückend.* — 2) m. *Ankleider, Schmücker, Kammerdiener.* — 3) f. ॰धिका *a) Kammermädchen.* — *b) wilder Reis.*

प्रसाधन 1) Adj. *zuwegebringend.* — 2) (*m.) f. ई und (*n.) *Kamm.* केशप्रसाधनी *Haarkamm.* — 3) *f. ई *eine best. Heilpflanze.* — 4) n. *a) das Zuwegebringen.* — *b) das Zurechtbringen.* — *c) das Ordnen, Schmücken, Anputz, Toilette; Alles was zum Anputz dient.* कुसुम॰ *Blumenschmuck.* Am Ende eines adj. Comp. f. आ. — *d)* fehlerhaft für प्रसादन.

प्रसामि Adv. *etwa unfertig, mangelhaft.*

प्रसार m. 1) *Ausstreckung, Ausbreitung.* — 2) *das Aufsteigen, Aufwirbeln* (des Staubes) Bâlar. 167,10. — 3) *Oeffnung, das Oeffnen.* — 4) **das Fouragiren.*

प्रसारण 1) n. *a) das Ausstrecken, Ausbreiten, das Entfalten.* — *b) das Erweitern, Vermehren.* — *c) das Vocalisiren eines Halbvocals.* — 2) f. ई *a)* **das Umschliessen eines Feindes.* — *b) Paederia foetida* Dhanv. 1,114. Mat. med. 178.

प्रसारणिन् Adj. *einen der Vocalisation unterliegenden Halbvocal enthaltend.*

प्रसारिन् 1) Adj. *a) hervorkommend —, hervordringend aus* (im Comp. vorangehend). — 2) *sich ausbreitend, — ausstreckend; den Körper vorstreckend* (beim Singen) S. S. S. 117. — *c) sich erstreckend auf* (im Comp. vorangehend). Nom. abstr. ॰रित्व n. Sâh. D. 118,4. — 2) f. ॰णी *a) eine best.* Çruti S. S. S. 23. — *b) Paederia foetida* Râǵan. 5,34. Bhâvapr. 1,216. — *c)* **Mimosa pudica* Râǵan. 5,103.

प्रसार्य Adj. *zu vocalisiren.*

प्रसाह् m. in अ॰ und दुष्प्रसाह्.

*प्रसित n. *Eiter.*

1.*प्रसिति f. *Band, Schlinge, Netz.*

2. प्रसिति f. 1) *Zug, Strich, tractus,* ὁρμή. — 2) *Anlauf, Andrang.* — 3) *Schuss, Wurf, Geschoss.* — 4) *Strich,* so v. a. *das Sichhinziehen, Ausdehnung, Bereich, Gebiet.* दीर्घामनु प्रसितिम् *in langer Folge, — Dauer.* — 5) *Herrschaftsgebiet; Gewalt, Einfluss.*

प्रसिद्ध 1) Adj. s. u. 2. सिध् mit प्र. — 2) f. आ *ein best. Tact* S. S. S. 227.

प्रसिद्धक m. N. pr. eines Fürsten.

प्रसिद्धता f. und प्रसिद्धत्व n. *allgemeines Bekanntsein, das Notorischsein.*

प्रसिद्धि f. 1) *das Gelingen, Zustandekommen.* — 2) *Beweis* 124,15. — 3) *allgemeines Bekanntsein, allgemeine Annahme, das Notorischsein, Berühmtheit.* ॰द्धिमुत्पाद्य *das Gerücht verbreitet habend* 328,5.

प्रसिद्धिमन्त् Adj. *allgemein bekannt, berühmt.*

प्रसिद्धिविरुद्ध Adj. = ख्यातिविरुद्ध. Nom. abstr. ॰ता f.

प्रसिद्धिहत Adj. *allzu trivial* Kâvjapr. 7,6.

*प्रसीदिका f. *Gärtchen.*

प्रसुत् 1) Adj. *hervordringend* (aus der Presse). — 2) f. *(fortgesetzte) Kelterung des* Soma Tâṇḍja-Br. 10,3,9.

प्रसुत 1) Adj. s. u. 1. सु mit प्र. — 2) (wohl m.)

= सवनीयः पशुः Çat. Br. 3,8,2,27. 3,29. Kâtj. Çr. 6,6,26. 8,16. — 3) n. *fortgesetzte Kelterung des* Soma Khând. Up. 5,12,1.

प्रसुति f. *fortgesetzte Kelterung des* Soma; *ein* Soma-*Opfer* Hemâdri 1,450,20. 451,1. Statt dessen प्रसूति (= पुत्रजन्मन् Nilak.) MBh. 13,71,35; vgl. 73,40.

प्रसुप् Adj. *schlummernd.*

प्रसुप्तता und प्रसुप्ति f. *Schläfrigkeit.*

प्रसुव m. = 1. प्रसव.

प्रसुश्रुत m. N. pr. eines Fürsten.

प्रसुह्म m. Pl. N. pr. eines Volkes.

प्रसू 1) Adj. a) *gebärend, fruchttragend, fruchtbar.* स्त्रीप्रसू *Töchter gebärend.* — b) *Etwas* (im Comp. vorangehend) *erzeugend,* so v. a. *sorgend für.* — 2) f. a) *Mutter.* — b) **Stute.* — c) *Schoss, junges Gras und Kraut, das beim Opfer gebrauchte, mit Blüthenähren versehene Gras.*

*प्रसूका f. *Stute* Râgan. 19,38.

प्रसूत 1) Adj. s. u. 4. सु mit प्र. — 2) m. Sg. (mit गण) und Pl. *eine best. Klasse von Göttern unter* Manu Kâkshusha Hariv. 1,7.31. — 3) n. im Sâmkhja *der Urstoff* oder *Urgeist* Tattvas. 5.

1. प्रसूति f. *Anregung, Betreiben, Geheiss; Erlaubniss.*

2. प्रसूति f. 1) *das Erzeugen, Gebären, Werfen, Kalben, Eierlegen; Geburt.* — 2) *Entstehung, das Hervorkommen, das Zumvorscheinkommen* (von Früchten, Blüthen, Blättern u. s. w.). — 3) *Erzeuger, Erzeugerin.* — 4) *Kind, Nachkommenschaft, progenies.* — 5) *Geborenes, Gewachsenes, Entstandenes,* फल° so v. a. *zum Vorschein gekommene Früchte.* — 6) N. pr. einer Tochter des Manu Svâjambhuva.

प्रसूतिका Adj. *vor Kurzem niedergekommen* (213,47), — *gekalbt habend.* Vgl. नश्यत्प्र° und सकृत्प्र°.

*प्रसूतिज n. *Schmerz.*

प्रसून 1) Adj. s. u. 4. सु mit प्र. — 2) n. (adj. Comp. f. आ) a) *Blüthenähre, Blüthe, Blume.* — b) **Frucht.*

*प्रसूनक 1) m. *eine* Kadamba-*Art* Râgan. 9,104. — 2) n. *Blume.*

प्रसूनबाण, प्रसूनाशुग (Naish. 8,50) und *प्रसूनेषु m. *der Liebesgott.*

प्रसूमत्, प्रसूमय (Âpast. Çr. 8,1,10) und प्रसूवन् (प्रसूवरी f.) Adj. *mit Blüthenähren versehen.*

प्रसृत 1) Adj. s. u. सर् mit प्र. — 2) m. a) *die ausgestreckte hohle Hand.* — b) *eine Handvoll als Maass* = 2 Pala. Auch *n. — c) Pl. *eine Klasse von Göttern unter dem 6ten* Manu VP. 3,1,27. — 3) *f. आ *Bein.* — 4) n. a) *Hervorgekommenes,* so v. a. *Gewachsenes, Vegetabilien.* — b) **Ackerbau.* Richtig प्रमृत.

प्रसृतज Adj. als Bez. einer Art von Söhnen.

प्रसृताग्रप्रदायिन् Adj. *das Beste von allem Gewachsenen Andern darbietend* MBh. 13,98,64.

प्रसृताग्रभुज् Adj. *das Beste von allem Gewachsenen geniessend* MBh. 5,82,17. 13,35,1. 63,22.

प्रसृति 1) f. a) *das Strömen, Fliessen.* — b) *glückliches Vorsichgehen.* — c) etwa *weite Verbreitung* MBh. 5,101.3. = प्रकृष्टगति, जव nach Nilak. — d) *die hohle Hand.* — e) *eine Handvoll als Maass* = 2 Pala. — 2) m. N. pr. eines Ṛshi VP.² 3,5.

प्रसृतिंपच Adj. in नीवार°.

प्रसृतियावक m. *das Geniessen von nicht mehr als aus einer Handvoll Gerstenkörnern gekochter Grütze* Gaut.

प्रसृत्त m. = प्रसर्पक.

प्रसृमर Adj. 1) *hervorquellend.* — 2) *vorangehend, an der Spitze stehend von* (Gen.) Harshak. 189,6.

प्रसृष्ट 1) Adj. s. u. 3. सर्ज् mit प्र. — 2) f. आ Pl. Bez. *bestimmter Fingerbewegungen bei Kämpfenden.* Nach dem Comm. zu VP. 5,20,55 = सर्वाङ्गसंश्लेषण.

प्रसेक m. 1) *Ergiessung, Erguss.* — 2) *das Zusammenlaufen von Wasser im Munde bei Uebelkeit; Uebelkeit, Ekel.* — 3) etwa *Ausschwitzung, Harz* R. ed. Bomb. Çl. 2 nach 2,95. — 4) *Ausguss, Schnauze* (am Löffel).

प्रसेकता f. = प्रसेक 2).

प्रसेकिन् Adj. 1) *Flüssigkeit ergiessend.* — 2) *an Speichelergiessung leidend.*

प्रसेचन n. (adj. Comp. f. आ) = प्रसेक 4) Cit. im Comm. zu Âpast. Çr. 1,15,12.

प्रसेचनवत् Adj. *einen Ausguss —, eine Schnauze habend* Âpast. Çr. 15,3,10.

*प्रसेदिका f. *Gärtchen.*

1. प्रसेन (m. oder n.) oder °ना f. *eine Art Gaukelei* Utpala zu Varâh. Bṛh. S. 2,16.

2. प्रसेन und °जित् m. N. pr. verschiedener Fürsten.

*प्रसेव m. 1) *Sack, Schlauch.* — 2) *Dämpfer an der indischen Laute.*

प्रसेवक 1) m. a) *Sack.* — b) = प्रसेव 2). — 2) f. °विका in चर्म°.

प्रस्कण्व m. N. pr. eines Ṛshi. Pl. *seine Nachkommen.*

प्रस्कन्द m. *Pfahlwurzel* (= मध्यमशिफा Nilak.) MBh. 5,73,26, v. l.

प्रस्कन्दन 1) Adj. a) als Beiw. Çiva's *anfallend, angreifend.* = ब्रह्मादीनामपि च्यावयिता Comm. — b) *Durchfall habend* Karaka 1,13. — 2) n. a) *das Springen über* (im Comp. vorangehend) Comm. zu Âpast. Çr. 6,29,15. — b) **Entleerung, Stuhlgang.* — c) *Mittel zur Beförderung des Stuhlgangs.*

*प्रस्कन्दिका f. *Durchfall.*

प्रस्कन्दिन् 1) *hineinspringend in* (im Comp. vorangehend). — 2) *m. N. pr. eines Mannes.

प्रस्कुन्द m. etwa *Stütze.* Nach Nilak. = चक्राकारा वेदिका.

प्रस्खलन n. *das Straucheln, Stolpern.*

प्रस्तम्भ m. *das Steifwerden.*

प्रस्तर m. (adj. Comp. f. आ) 1) *stramentum, Streu um darauf zu sitzen;* im Ritual *ein Büschel Gras* oder *Schilf; eine Streu von* (im Comp. vorangehend). — 2) *Fläche, Ebene.* — 3) *Stein* Spr. 7864. — 4) **Edelstein.* — 5) **ein lederner Beutel* Comm. zu Mṛkkh. 71,3. 4. — 6) *Paragraph, Abschnitt in einem Werke.* — 7) Pl. N. pr. eines Volkes. — 8) Ind. St. 8,425 wohl fehlerhaft in der Bed. प्रस्तार 7).

प्रस्तरण m. oder °णा f. *Polster, Sitz.* Vgl. हृकर्णप्रस्तरणा.

प्रस्तरभाजन n. *etwas die Streu Vertretendes* Çat. Br. 2,6,1,15.

प्रस्तरस्वेद m. (Karaka 1,14) und °न n. *eine Art des Schweisstreibens beim Liegen auf einer Streu.*

*प्रस्तारिणी f. *Elephantopus scaber* Râgan. 5,96.

प्रस्तरेष्ठ oder °ष्ठा Adj. *auf der Streu befindlich.*

प्रस्तव m. 1) *Loblied.* — 2) *ein gelegener Augenblick* in अ° (Nachtr. 4).

प्रस्तार m. (adj. Comp. f. आ) 1) *Ausbreitung,* so v. a. *Uebermaass, hoher Grad* Spr. 7732. — 2) *Streu, Polster.* — 3) *Schicht* P. 3,3,32, Sch. Çulbas. 2,25. 3,32. — 4) *Treppe* (zu einem Wasser) MBh. 3,145,50. — 5) *Fläche* Hariv. 9655. v. l. प्रस्तर 2,64,40. — 6) **ein grasreicher Wald.* — 7) *die Aufzählung* oder *Darstellung aller möglichen Combinationen eines Metrums* u. s. w. — 8) wohl Bez. *eines best. Processes, dem Mineralien unterworfen werden.* — 9) *ein best. Tact* S. S. S. 215. — 10) N. pr. eines Fürsten. v. l. प्रस्ताव.

प्रस्तारचिन्तामणि m. Titel eines Werkes Cat. Willmot 94.

प्रस्तारपङ्क्ति f. *ein best. Metrum.*

प्रस्तारिन् 1) Adj. *sich ausbreitend, sich erstrek-*

kend auf (im Comp. vorangehend). — 2) n. *eine best. Krankheit des Weissen im Auge.*

प्रस्ताव m. 1) *Erwähnung, das zur Sprache Bringen, Gelegenheit einer Besprechung.* — 2) *Gegenstand einer Besprechung, — eines Gesprächs.* — 3) *Gelegenheit, eine passende Gel.* — 4) *das Beginnen, Anfangmachen.* — 5) *Anfangsstück —, Eingang eines* Sâman, *welcher vom* Prastotar *gesungen wird.* — 6) *Prolog eines Schauspiels.* — 7) * = हेला. — 8) N. pr. eines Fürsten.

प्रस्तावचिन्तामणि m. und प्रस्तावतरंगिणी f. Titel zweier Werke.

प्रस्तावना f. 1) *das Ausposaunen, — lassen durch* (Instr.) Daçak. 49,12. 13. — 2) *Einleitung, Beginn.* — 3) *Eingang —, Prolog eines Schauspiels, die Scene zwischen dem Gebet und dem Beginn des ersten Actes.*

प्रस्तावमुक्तावली f. und प्रस्तावरत्नाकर m. Titel zweier Werke.

प्रस्ताव्य Adj. *mit einem* प्रस्ताव 5) *zu versehen, zu ihm in Beziehung stehend* Lâṭj. 6,1,20.

*प्रस्तिर m. *Streu.*

*प्रस्तीत und *प्रस्तीम Partic. von स्त्या mit प्र.

प्रस्तुतत्व n. *das zur Sprache Gebrachtsein* Kull. zu M. 2,30.

प्रस्तुताङ्कुर m. *eine best. Form der Gleichnissrede, die, auf einen wirklichen Vorgang passend, mittelbar einen bekannten andern im Auge hat.*

प्रस्तुति f. *Lob.*

प्रस्तोक m. 1) N. pr. eines Mannes. — 2) कुत्सस्य प्रस्तोकौ Name zweier Sâman Ârsh. Br.

प्रस्तोतर् Nom. ag. *der Gehülfe des* Udgâtar, *der den* Prastâva *zu singen hat.*

प्रस्तोत्रीय Adj. *den* Prastotar *betreffend.*

प्रस्तोभ m. 1) *eine Anspielung auf* (Gen.). — 2) रङ्गेराङ्गिरसस्य प्रस्तोभौ Name zweier Sâman Ârsh. Br.

प्रस्थ 1) m. n. *a) Bergebene, Plateau.* — *b) Fläche* überh. — *c) ein best. Gewicht* und *Hohlmaass* 173,25. — 2) m. N. pr. eines Affen.

*प्रस्थकुसुम und *प्रस्थपुष्प m. *Majoran* Râǵan. 10,157.

*प्रस्थंपच Adj. (f. आ) *einen* Prastha 1) c) *kochend.*

प्रस्थल m. Pl. N. pr. eines Volkes R. ed. Bomb. 4,43,11.

*प्रस्थवत् m. *Berg* Râǵan. 2,15.

*प्रस्थवाह्ा P. 6,3,63, Sch. Richtig शिलप्रस्थ Kâç.

प्रस्थान n. 1) *Aufbruch, Ausmarsch, Weggang, Abreise, das sich in Bewegung Setzen.* — 2) *Abgang, Absendung* (von Waaren). — 3) *die Reise in's Jenseits.* — 4) *das wandernde Leben des religiösen Bettlers* MBh. 12,64,22. — 5) *Gedankengang, System, ein best. religiöser* oder *wissenschaftlicher Standpunct; Secte.* — 6) *eine Klasse von Schauspielen untergeordneter Art.*

प्रस्थानदुन्दुभि *eine das Signal zum Aufbruch gebende Trommel* Kâd. 124,14. 15.

प्रस्थानभेद m., प्रस्थानरत्नाकर m. und प्रस्थानावली f. Titel von Werken.

प्रस्थानिक s. चतुष्प्र° (Nachtr. 4). Auch fehlerhaft für प्रा°.

प्रस्थानीय Adj. *zum Aufbruch gehörig.*

प्रस्थापन 1) n. *a) das Absenden, Abschicken, Abreisen —, Ziehenlassen.* — *b) das in die Welt Schicken*, so v. a. *Anwenden, Gebrauchen* (einer Ausdrucksweise). — 2) f. आ = 1) *a*).

प्रस्थाप्य Adj. *abzusenden, abzufertigen.*

प्रस्थायिन् Adj. *aufbrechend, abreisend.*

प्रस्थायीय und प्रस्थाय्य in साक°.

प्रस्थावन् Adj. *enteilend, rasch* Ṛv.

प्रस्थावत् 1) Adj. dass. — 2) f. प्रस्थावती N. pr. eines Flusses Hariv. 9515.

प्रस्थिक 1) *Adj. von प्रस्थ 1) *c*) nach Zahlwörtern. — 2) f. आ wohl *Hibiscus cannabinus* Bhâvapr. 1,174.

प्रस्थित 1) Adj. s. u. 1. स्था mit प्र. — 2) n. *Aufbruch, Weggang* Spr. 4646.

प्रस्थितयाज्या f. *diejenige* Jâǵjâ, *welche bei der Darbringung der* Soma-*Schalen, die* प्रस्थित *heissen, gesprochen wird.* Âpast. Çr. 5, 5, 15. 18. Vaitân. °होम m. Pl. *die dabei geopferten Spenden* ebend.

प्रस्थितहोम m. = प्रस्थितयाज्याहोम Vaitân.

प्रस्थिति f. *Aufbruch, Abreise* Kâd. 2,28,14.

प्रस्थेय n. impers. *abeundum, proficiscendum.*

*प्रस्न m. *Badebehälter.*

प्रस्नव m. 1) *hervorquellendes Nass.* — 2) *Milch* MBh. 1,175,36. = ऊधःप्रदेश Nilak. — 3) Pl. *Thränen* MBh. 1,105,26. — 4) Pl. *Urin* MBh. 13, 71,49. 76,19. — Häufig st. dessen प्रस्रव.

प्रस्नवसंयुक्त Adj. *in Strömen fliessend* (Thränen) MBh. 1,135,13. v. l. प्रस्रव°.

*प्रस्नवितर् Nom. ag. von 1. स्नु mit प्र.

*प्रस्नवित्रीय्, °यति = प्रस्नवितेवाचरति.

*प्रस्नातर् Nom. ag. in der Erklärung von कस्न.

°प्रस्नाविन् Adj. *träufelnd.*

प्रस्नुषा f. *die Frau des Enkels.*

प्रस्नेय Adj. *zum Bad geeignet.*

प्रस्पन्दन n. *das Zucken.*

°प्रस्पर्धिन् Adj. *wetteifernd mit*, so v. a. *gleichend* Mahâvirak. 84,19.

*प्रस्फिज्ञ Adj. *mit starken Hüften versehen.*

प्रस्फुट Adj. 1) **aufgebrochen, aufgeblüht.* — 2) *offenbar, deutlich.*

प्रस्फुलिङ्ग *ein hervorsprühender Funke* Mahâvirak. 45,21.

*प्रस्फोटक m. N. pr. eines Schlangendämons.

प्रस्फोटन n. 1) *das Auseinanderfallen.* — 2) *das Oeffnen, Aufblühenmachen.* — 3) **das Offenbarmachen.* — 4) **das Schlagen.* — 5) **das Reinigen des Getraides, Worfeln.* — 6) **das Abreiben, Abwischen.* — 7) **ein Korb zum Worfeln des Getraides.*

प्रस्मर्तव्य Adj. *zu vergessen* Bâlar. 119,12. Çamk. zu Bâdar. 2,1,33. Comm. zu Ǵaim. 2,1,1.

प्रस्यन्द m. *das Hervorrieseln, Hervorquellen.*

प्रस्यन्दन n. 1) dass. — 2) *Ausschwitzung.*

प्रस्यन्दिन् 1) Adj. *a) hervorquellend* Âpast. Çr. 16,9. — *b)* am Ende eines Comp. *träufelnd, ergiessend* (Thränen) 304,7 — 2) m. *Platzregen* Gaut.

प्रस्रंस m. *das Hinfallen, Auseinanderfallen.*

प्रस्रंसन n. *ein auflösendes Mittel* Karaka 6,5.

प्रस्रंसिन् Adj. *fallen lassend* (das Kind), *nicht austragend.*

प्रस्रव m. 1) *Ausfluss, das Ausströmen, Fortströmen; Strom.* प्रस्रवे *wenn die Milch aus dem Euter strömt.* स्नेह° *Erguss von Liebe.* — 2) *was ausfliesst, sich ergiesst: a) die aus der Brust — aus dem Euter fliessende Milch.* — *b)* Pl. *hervorstürzende Thränen.* — *c)* Pl. *Urin.* — *d)* Pl. *Krankheitsstoffe* Karaka 1,16. — *e)* **der überfliessende Schaum bei kochendem Reise.* — Vgl. प्रस्नव.

प्रस्रवण 1) n. (adj. Comp. f. आ) *a) das Ausströmen, Hervorquellen, Erguss, Abfluss.* Am Ende eines adj. Comp. nach dem Gegenstande, *aus dem Etwas ausströmt* oder *der ausgeströmt wird,* oder nach dem Orte, *wohin ein Abfluss stattfindet.* — *b) Quelle.* — *c)* **Milch* Gal. — *d) Ausguss, Schnauze* (an einem Gefäss). — *e)* mit प्लाक्ष N. pr. einer Oertlichkeit, der *Quelle* der Sarasvatî Âpast. Çr. 23, 13. Âçv. Çr. 12,6,27. — 2) m. *a) Quelle.* — *b)* N. pr. α) eines Mannes. — β) eines an den Malaja angrenzenden Gebirges. — Vgl. उदकप्रस्रवणान्वित (Nachtr. 3) und उदकप्रस्रवण (Nachtr. 4).

*प्रस्रवणजल n. *Quellwasser* Râǵan. 14,44.

प्रस्रवयुक्त Adj. *Milch ausströmend* (Brüste) Hariv. 2,19,62

प्रस्रवसंयुक्त Adj. *in Strömen fliessend* (Thränen), *Milch ausströmend* (Brüste).

प्रस्रविन् Adj. 1) am Ende eines Comp. *Etwas ausströmend.* — 2) f. *von Milch strotzend* (Kuh).

प्रस्राव m. 1) *Urin* Kâraṇḍ. 46,18. 78,14 (प्रश्राव gedr.). 97,3. — 2) **der überfliessende Schaum bei kochendem Reise.*

***प्रस्रुति** f. *das Hervorquellen.*

प्रस्वन m. *Laut, Schall.*

प्रस्वपन n. *das Einschlafen* Karaka 6,5.

प्रस्वादस् Adj. *lieblich, angenehm.*

***प्रस्वान** m. *lauter Schall.*

प्रस्वाप 1) Adj. *einschläfernd, in Schlaf versezzend.* — 2) m. *das Einschlafen, Schlafen.* — *b) Traum.*

प्रस्वापन 1) Adj. (f. ई) *einschläfernd, in Schlaf versetzend.* दशा f. so v. a. *der Zustand des Schlafens.* — 2) n. *das Einschläfern.*

प्रस्वापिनी f. N. pr. einer Tochter Sattrâǵit's.

1\. **प्रस्वेद** m. *Schweiss.* °जल n. und °वारि n. (Bâlar. 185,20) dass. °कणिका f. und °बिन्दु m. *Schweisstropfen.* Vgl. पाद°.

2\.***प्रस्वेद** m. *Elephant* Gal.

प्रस्वेदिन् Adj. *schwitzend, mit Schweisstropfen bedeckt.* Vgl. पाद°.

प्रहण Hariv. 2694 fehlerhaft für प्रहरण.

प्रहणन n. *das Schlagen u. s. w.* °योगाः beim Minnespiel; vgl. सुरत उरःप्रहणनविशेषः Daçin. 2,64.

***प्रहणेमि** m. *der Mond.* Richtig प्रहनेमि.

प्रहति f. *Schlag, Wurf, ictus* Bâlar. 69,8 (°दण्डप्रहति° zu lesen). 73,13. 204,11. Kâd. 255,14.

प्रहन् Adj. in अप्रहन्.

***प्रहनेमि** m. *der Mond.* Richtig प्रहनेमि.

प्रहन्तर् Nom. ag. und Fut. *niederschlagend,* mit Acc. Oefters fehlerhaft für प्रहर्तर्.

प्रहन्तव्य Adj. *zu tödten.*

प्रहर m. (adj. Comp. f. आ) 1) *ein Zeitabschnitt von etwa drei Stunden.* — 2) *die Zeit da man auf der Wache ist, Wache.* — 3) Bez. von *Unterabtheilungen* in einem Çâkuna.

प्रहरक m. 1) = प्रहर 1) Çiç. 11,4. — 2) = प्रहर 2). — Vgl. अर्धप्रहरिका.

***प्रहरकुटुम्बी** f. *eine best. Pflanze* Râǵan. 5,77.

प्रहरण 1) n. *a) das Draufschlagen, Einhauen.* — *b) das Angreifen, Bekämpfen, Kampf.* — *c) das in's Feuer Werfen* (der Streu) Comm. zu TS. 2,738,11. zu Njâjam. 4,2,8. zu Gaim. 3,2,14. — *d) das Entfernen, Vertreiben.* — *e) Waffe.* Am Ende eines adj. Comp. f. आ. — *f) Wagenkasten.* — *g)* *fehlerhaft für प्रवहण. — 2) m. *a) der beim Praharaṇa 1) c) gesprochene Spruch* Âpast. Çr. 2,2,1. — *b)* N. pr. eines Sohnes des Kṛshṇa.

प्रहरणकलिका und °**कलिता** f. *ein best. Metrum.*

***प्रहरणवन्त्** Adj. *kämpfend* Sâj. zu ṚV. 4,20,8.

प्रहरणीय 1) Adj. *a) anzugreifen, zu bekämpfen.* — *b) zu vertreiben, zu entfernen, zu beseitigen.* — 2) n. *Waffe.*

प्रहरित Adj. *schön grüngelb* Karaka 7,1.

***प्रहरिन्** m. *Stundenabrufer, Wächter.*

प्रहर्तर् Nom. ag. 1) *Aussender* Çiç. 1,56. — 2) *Angreifer, Bekämpfer, Kämpfer, ein tapferer Kämpe.*

प्रहर्तव्य 1) Adj. *anzugreifen, zu bekämpfen.* — 2) n. impers. *ein Schlag zu versetzen, einzuhauen in, ein Angriff zu machen auf* (Loc. oder Dat.).

प्रहर्ष m. 1) *Erection —,* oder *stärkere Erection des männlichen Gliedes* Karaka 6,2. — 2) *grosse Freude.* °र्षं कर् *Freude haben an* (Loc.).

प्रहर्षण 1) Adj. *a) starrmachend* (die Haare am Körper). — *b) erfreuend.* — 2) *m. *der Planet Mercur.* — 3) f. ई *a)* **Gelbwurz.* — *b) ein best. Metrum.* — 4) n. *a) das Sträuben* (der Härchen des Körpers) Karaka 6,3. — *b) Freude.* — *c) das Erfreuen.* — *d) die mühelose Erfüllung eines heissen Wunsches.*

प्रहर्षवन्त् Adj. *froh.*

प्रहर्षिन् 1) Adj. *erfreuend.* — 2) f. °णी *a)* **Gelbwurz.* — *b) ein best. Metrum.*

***प्रहर्षुल** m. *der Planet Mercur.*

प्रहस m. 1) **Bein.* Çiva's Gal.; vgl. प्रहास. — 2) N. pr. eines Rakshas.

प्रहसन n. 1) *das Lachen, Verlachen, Verspotten, Gespött.* *°नम् enklitisch nach einem Verbum fin., *°ने कर् wohl *verspotten* gaṇa साताादि in der Kâç. — 2) *eine Art Lustspiel, Posse.*

***प्रहसन्ती** f. 1) *eine Jasminart.* — 2) *eine andere Pflanze,* = वासन्ती. — 3) *ein grosses Kohlenbecken.*

प्रहसित 1) Adj. s. u. 2. हस् mit प्र. — 2) m. N. pr. *a)* eines Fürsten der Kiṁnara Kâraṇḍ. 3,2. — *b)* eines Buddha. — 3) n. *das Auflachen.*

1\. **प्रहस्त** m. (*n.) *die Hand mit ausgestreckten Fingern.*

2\. **प्रहस्त** 1) Adj. *langhändig.* — 2) m. N. pr. *a)* eines Rakshas. — *b)* eines Mannes.

प्रहस्तक 1) *m. *die ausgestreckte Hand* Râǵan. 18,53. — 2) Bez. der *Strophen* RV. 8,86,13—15.

प्रहस्तवाद m. Titel eines Werkes.

प्रहा f. ein Spielausdruck, welcher *einen günstigen Wurf* oder *Gewinnst anzeigt;* überh. *Vorhand, Vortheil, Vorsprung.*

1\. **प्रहाण** n. *das Sichvertiefen, Nachgrübeln, Speculation* Lalit. 309,8. 311,20. 327,9. मिथ्या° so v. a. *eine falsche Betrachtungsweise* Vaǵrakkh. 43. 7. Vgl. प्रदधी Lalit. 499,9 und प्रधान.

2\. **प्रहाण** n. *das Aufgeben, Fahrenlassen, Unterlassen, Vermeiden* Lalit. 36,4. 37,1.11.21.

3\. **प्रहाण** Adj. fehlerhaft für प्रह्वाण.

प्रहाणि f. *das Weichen, Verschwinden.*

प्रहातव्य Adj. *aufzugeben, fahren zu lassen* Vaǵrakkh. 23,16.

प्रहान und **प्रहानि** fehlerhaft für प्रहाण und प्रहाणि.

प्रहाय्य m. *Sendbote.*

प्रहार m. (adj. Comp. f. आ) *Schlag, Hieb, Streich, Stoss, Schuss, Wurf, ictus,* — *mit* (im Comp. vorangehend), *auf* (Loc., bisweilen im Comp. vorangehend).

***प्रहारक** Adj. Vgl. अर्धप्रहारिका.

***प्रहारण** n. v. l. für 2. प्रवारण.

प्रहारवर्मन् m. N. pr. eines Fürsten.

प्रहारवल्ली f. *ein best. Parfüm* Bhâvapr. 1,207.

प्रहारिन् Adj. *schlagend, einhauend, kämpfend mit* einer Waffe (im Comp. vorangehend), *bekämpfend, kämpfend gegen* (Gen. oder im Comp. vorangehend); m. *ein guter Kämpfer.* — LA. 58,18 fehlerhaft für अपहारिन्.

प्रहारुक Adj. mit Acc. *fortreissend* Kap. S. 35,3.

प्रहार्य oder **प्रहार्य** Adj. *wegzunehmen, zu versetzen.*

प्रहावन्त् Adj. *Gewinn machend.* Nach Sâj. = प्रहरणवन्त्.

प्रहास m. 1) *das Lachen, Gelächter.* — 2) *Spott, Ironie.* — 3) **Schauspieler.* — 4) **Bein.* Çiva's; vgl. प्रहस. — 5) N. pr. *a)* eines Schlangendämons. — *b)* eines Wesens im Gefolge Çiva's. — *c)* eines Ministers des Varuṇa. — *d)* eines Tîrtha. — भरद्वाजस्य प्रहासम् als Name eines Sâman fehlerhaft für भ° प्रासाहम्.

***प्रहासक** m. *Possenreisser.*

प्रहासिन् 1) Adj. *lachend, spasshaft, spöttisch.* — 2) *m. *der Spassmacher im Drama, der Vidûshaka.*

प्रहि m. *Brunnen* Râǵat. 8,2427. Vgl. प्रधि.

प्रहित 1) Adj. s. u. 1. हि mit प्र. — 2) m. गौरीवितेः und श्यावाश्वस्य प्रहितौ Namen von Sâman Ârsh. Br. — 3) *n. *Brühe.*

प्रहितंगम Adj. *auf Sendung gehend zu* (Gen.).

प्रहितु (?), प्रहितोः संयोजने Name zweier Sâman Ârsh. Br. 1,382.

*प्रहिम Adj.

प्रहुत 1) Adj. s. u. 1. हु mit प्र. — 2) *n. = भूतयज्ञ.

प्रहुति f. *Opferung.*

प्रहृत 1) Adj. s. u. 1. हर् mit प्र. — 2) *m. N. pr. eines Mannes. — 3) n. *ein Kampf mit Jmd* (im Comp. vorangehend).

प्रहृष्टरोमन् 1) Adj. *dessen Haare am Körper starren.* — 2) m. N. pr. eines Asura.

*प्रहेणक n. *eine Art Backwerk.*

प्रहेतर् Nom. ag. *Treiber.*

प्रहेति m. 1) *Wurfwaffe.* — 2) N. pr. a) eines Rakshas. — b) eines Asura.

प्रहेय Adj. *zu entsenden, Botendienst thuend.*

*प्रहेलक n. = प्रहेणक. — प्रहेलिका s. bes.

प्रहेला f. Instr. so v. a. *ohne sich irgend einen Zwang anzuthun, sans gène.*

*प्रहेलि und *°ली f. *Räthsel.* *°लीज्ञान n. als *eine best. Kunst.*

प्रहेलिका f. *Räthsel, räthselhafte Sprechweise* Hemâdri 1,516,18.

प्रहोष m. *Opferung, Opfer.*

प्रहोषिन् Adj. *Opfergabe bringend.*

(प्रह्ये) प्रहिये Dat. Infin. zu 1. हि mit प्र RV. 10,109,3.

प्रह्राद m. N. pr. des Hauptes der Asura.

प्रह्रादि m. Pl. v. l. für प्रह्लादीय Kaush. Up. 3,1.

प्रह्रास m. *Verkürzung, Abnahme, das Verkümmern.*

*प्रह्ल Adj. *erfreut* Gal.

*प्रह्लत्ति und *प्रह्लन्नि f. Nom. act. von 1. ह्लाद् mit प्र.

प्रह्लाद m. 1) *Erfrischung, Erquickung, freudige Erregung, angenehme Empfindung.* — 2) **Laut, Ton.* — 3) **eine Art Reis* Gal. — 4) N. pr. a) = प्रह्राद. — b) Pl. eines Volkes. — c) eines Pragâpati.

प्रह्लादक Adj. *erfrischend, erquickend.*

प्रह्लादचरित n. Titel eines Schauspiels Hall in der Einl. zu Daçar. 30.

प्रह्लादन 1) Adj. (f. ई) *erfrischend, erquickend.* — 2) m. N. pr. eines Dichters. — 3) f. (आ Bâlab. 33,14) n. *das Erfrischen, Erquicken.*

प्रह्लादनीय Adj. *erfrischend, erquickend* Lalit. 59,11 (प्राह्ला° gedr.).

प्रह्लादि m. Pl. v. l. für प्रह्लादीय Kaush. Up. 3,1.

प्रह्लादिन् Adj. *erfrischend, erquickend.*

प्रह्लादीय m. Pl. *das Gefolge des* Asura Prahlâda Kaush. Up. 3,1.

प्रह्व 1) Adj. (f. आ) a) *vorgebeugt, geneigt, gebogen, schief.* — b) *demüthig sich verneigend vor* (Gen.), *demüthig.* — c) **geneigt,* so v. a. *hingegeben, hängend an.* — 2) f. ई *eine best.* Çakti.

प्रह्वण n. *demüthiges Verneigen.*

प्रह्वत्व n. Nom. abstr. zu प्रह्व 1) a) b) Comm. zu VP. 3,11,103.

प्रह्वय्, °यति *Jmd* (Acc.) *demüthig machen.*

*प्रह्वल n. *ein schöner Körper.*

*प्रह्वलीका f. fehlerhaft für प्रवल्हिका *Räthsel.*

प्रह्वाण Adj. = प्रह्व 1) a).

*प्रह्वाय m. Nom. act. von 1. ह्वा mit प्र.

1. प्रह्वी f. s. प्रह्व 2).

2. प्रह्वी Adv. mit भू *sich demüthigen* Bâlab. 116,4.

1. प्रा (nur Aor., Perf. und Partic. प्रात) = 1. पर् *füllen.* — Mit आ *erfüllen.* कामम् *einen Wunsch* RV. 10,106,12. — Mit वि *erfüllen* RV. 6,17,7.

2. °प्रा Adj. = 2. प्र.

प्रांशु 1) Adj. a) *hoch, lang.* — b) *sehr stark, intensiv* (Glanz) Naish. 7,29. — 2) m. N. pr. a) eines Sohnes des Manu Vaivasvata. — b) des Vatsapri (oder Vatsapriti).

प्रांशुक Adj. *gross* (Thier).

प्रांशुता f. *Höhe.*

प्राक् s. u. प्राञ्च्.

प्राकट्य n. *das Offenbarsein, — werden.*

प्राकर N. pr. 1) m. eines Sohnes des Djutimant. — 2) n. *eines von* 1) *beherrschten* Varsha.

प्राकरणिक Adj. *zu dem in Rede stehenden Gegenstand —, zum Kapitel —, zu der Gattung gehörig* Mân. Gṛhj. 1,9.

प्राकर्ष n. Name verschiedener Sâman Ârsh. Br.

*प्राकर्षिक Adj. *den Vorzug verdienend.*

*प्राकषिक m. *ein von einer Frau unterhaltener Tänzer und Einer, der von den Frauen Anderer lebt.*

प्राकाम्य n. *vollkommene Willensfreiheit.*

प्राकार m. (adj. Comp. f. आ) *Umfassungswand, Wall, Mauer.*

प्राकारकर्ण m. N. pr. eines Ministers des Eulenkönigs Arimardana.

प्राकारधरणी f. *Wallplan, der ebene Raum auf einem Walle* R. 6,16,103.

*प्राकारमर्दि m. Patron. von प्राकारमर्दिन्.

*प्राकारमर्दिन् m. N. pr. eines Mannes.

*प्राकाराग्र n. *Mauersims.*

*प्राकारीय Adj. *zu einem Wall geeignet, einen Wall verdienend.*

प्राकाहृक Adj. vielleicht *verschüttend* Kap. S. 45,3 = Kâṭh. 29,2.

प्राकाश m. *Metallspiegel* oder *ein anderer glänzender Schmuckgegenstand.*

प्राकाश्य n. 1) *das Offenbarsein.* — 2) *das Bekanntsein, Berühmtheit.*

प्राकृत 1) Adj. (f. आ und ई) a) *ursprünglich, natürlich, unverändert, normal, gewöhnlich.* — b) *gewöhnlich,* so v. a. *gemein, ungebildet, roh* (von Personen und Reden). Auch substantivisch von solchen Menschen. — c) *aus der Natur* (in philosophischem Sinne) *hervorgegangen, zu ihr in Beziehung stehend, in sie wieder zurückkehrend.* — d) गति in der Astr. *eine der 7 Strecken der Planetenbahn* (die Mondhäuser Svâti, Bharaṇî, Rohiṇî und Kṛttikâ umfassend) Varâh. Bṛh. S. 7,8. 9. 13. 14. — e) *prâkritisch* Vikramâñkak. 18, 6. — 2) wohl m. *die Auflösung der Natur.* — 3) n. *die gewöhnliche, vulgäre Sprache, das Prâkrit.* — Auch fehlerhaft für प्राक्कृत.

प्राकृतकल्पतरु (Pischel, de Gr. pr.), प्राकृतकामधेनु f., प्राकृतचन्द्रिका f., प्राकृतच्छन्दकोश (!) m. (Bühler, Rep. No. 751) und प्राकृतच्छन्दस् n. (Opp. Cat. 1) Titel von Werken.

प्राकृतत्व n. Nom. abstr. zu प्राकृत 1) a) und 3).

प्राकृतदीपिका f., प्राकृतपाद m. प्राकृतपिङ्गल m., प्राकृतप्रकाश m., प्राकृतमञ्जरी f. (Opp. Cat. 1), प्राकृतमणिदीपिका f. (ebend.), प्राकृतमनोरमा f., प्राकृतरहस्य n. (Bühler, Rep. No. 295), प्राकृतरूपावतार n. (Pischel, de Gr. pr.), प्राकृतलक्षण n., प्राकृतलङ्केश्वर m., प्राकृतव्याकरण n. (Opp. Cat. 1.) und °सूत्रवृत्ति f. (ebend.) Titel von Werken.

प्राकृतशासन n. *Lehrbuch der Prâkritsprache.*

प्राकृतसंजीवनी (Pischel, de Gr. pr.), प्राकृतसप्तति f., प्राकृतसर्वस्व n., प्राकृतसाहित्यरत्नाकर m. (Pischel, de Gr. pr.), प्राकृतसुभाषितावली f. und प्राकृतसूत्र n. Titel von Werken Opp. Cat. 1.

*प्राकृतायन m. Patron. von प्रकृत.

प्राकृतिक Adj. (f. ई) = प्राकृत 1) a) b) c). Agni-P. 27,25. 64. 65.

प्राकोटक m. Pl. N. pr. eines Volkes. Davon ein gleichlautendes Adj. MBh. 2,31,13. प्राकोशल v. l.

प्राक्कर्मन् n. 1) *ein vorgängiges, vorbereitendes Verfahren.* — 2) *eine in einem frühern Leben vollbrachte Handlung.*

प्राक्कल्प m. *Vorzeit.*

प्राक्कूल Adj. und °ता f. Nom. abstr. häufiger Fehler für प्राक्तूल und °ता.

प्राक्कृत 1) Adj. *früher —, in einem frühern Le-*

ben vollbracht. — 2) n. eine in einem frühern Leben vollbrachte That.

प्राक्केवल Adj. von einer Krankheit, welche in ihrer eigenthümlichen Form auftritt ohne vorangegangene anderweitige Krankheitserscheinungen und ohne Complication.

प्राक्कोशल (°सल) Adj. zu den östlichen Koçala gehörig (Fürst) MBh. 2,1117 = ed. Vardh. 2,31,13.

प्राकोटक v. l.

प्राक्करण Adj. von weiblichen Geschlechtstheilen, welche den Fehler haben in der Erregung beim Beischlaf dem Manne voranzueilen, Karaka 1,19.

प्राक्चिरम् Adv. ehe es zu spät ist, bei Zeiten.

प्राक्छाय n. das nach Osten Fallen des Schattens.

प्राक्तन Adj. (f. ई) früher, ehemalig, vorangehend, alt.

प्राक्तनय m. ein früherer Schüler.

प्राक्तराम् Adv. etwas mehr östlich Mân. Çr. 1,6,1.

प्राक्तम् und प्रौक्तात् Adv. von vorn, von Ost.

प्राक्तिर्यक्प्रमाण n. die vordere Breite Comm. zu Kâtj. Çr. 5,3,15.

प्राक्कूल Adj. mit nach Osten gerichteten Rispen Gaut. Mân. Gṛhj. 1,8. Nom. abstr. °ता f. das nach Osten Gerichtetsein (der Opfergeräthe).

प्राक्पद n. das vordere Glied eines Compositum.

प्राक्पश्चिमायत Adj. (f. आ) von Osten nach Westen laufend Hemâdri 1,123,9. 818,12.

*प्राक्पुष्पा f. eine best. Pflanze.

प्राक्प्रवण Adj. (f. आ) nach Osten geneigt Çat. Br. 1,2,5,17.

प्राक्प्रातराशिक Adj. vor dem Frühstück zu studiren Saṁhitopan. 2,6.

*प्राक्फल m. Brodfruchtbaum.

प्राक्फल्गुनी f. = पूर्वफल्गुनी Varâh. Bṛh. S. 15,9.

*प्राक्फल्गुनीभव m. der Planet Jupiter.

प्राक्फाल्गुन 1) *m. dass. — 2) f. = पूर्वफाल्गुनी. v. l. °फल्गुनी.

*प्राक्फाल्गुनेय m. der Planet Jupiter.

प्राक्क्रमिक Adj. Vieles beginnend (ohne Etwas zu Ende zu bringen) Comm. zu Gaut. 9,73.

प्राक्क्रियाकौमुद Adj. von प्रक्रियाकौमुदी.

प्राक्शस् Adv. ostwärts Gobh. 1,8,4.

प्राक्शिरस् und प्राक्शिरस्क Adj. mit dem Kopf nach Osten gerichtet.

प्राक्शृङ्गवत् m. N. pr. eines Ṛshi.

प्राक्श्रोतस् fehlerhaft für प्राक्स्रोतस्.

प्राक्श्लिष्ट Adj. v. l. für प्राश्लिष्ट.

प्रात्तालन Hariv. 14684 fehlerhaft für प्रत्तालन.

प्राक्संस्थ Adj. im Osten endigend Kâtj. Çr. 2,1,6. Nom. abstr °त्व n.

प्राक्संध्या f. Morgendämmerung.

प्राक्समास Adj. mit der Verknüpfung nach Osten hin Lâtj. 2,6,4.

प्राक्सोम und °सौमिक (f. ई) Adj. dem Soma-Opfer vorangehend.

प्राक्स्रोतस् Adj. nach Osten fliessend.

प्राखर्य n. Schärfe (eines Pfeils) Comm. zu Naish. 4,87.

प्रागग्र Adj. (f. आ) dessen Spitze oder Anfang nach vorn, nach Osten gerichtet ist, Comm. zu Çulbas. 3,100.

*प्रागद्य Adj. von प्रगदिन्.

प्रागनूक n. die in die Länge gehenden Streifen am Rückgrat des Feueraltars Comm. zu Kâtj. Çr. 17,10,17. 11,1,10.

प्रागपच्छेद m. eine Theilung der Länge nach Comm. zu Kâtj. Çr. 2,4,37.

प्रागपरम् Adv. von vorn nach hinten gerichtet, zwischen vorn und hinten sich bewegend.

प्रागपरायत Adj. (f. आ) von Osten nach Westen sich erstreckend Varâh. Bṛh. S. 54,118.

प्रागपवर्गम् Adv. mit Abschluss im Osten Âpast. 2,3,22.

प्रागभाव m. das Nochnichtsein. °वाद m. (Opp. Cat. 1), °विचार m., °विज्ञान n. und °भावोज्जीवन n. Titel von Werken.

प्रागभिहित Adj. worüber früher gesprochen worden ist. Nom. abstr. °त्व n. Hemâdri 1,717,4.

प्रागल्भ n. Sâh. D. 133 fehlerhaft für प्रागल्भ्य.

प्रागल्भी f. (Bâlar. 124,23) und प्रागल्भ्य n. Selbstvertrauen, Zuversicht, Keckheit. बुद्धि° Sicherheit im Urtheil.

प्रागल्भ्यवत् Adj. Selbstvertrauen besitzend, dreist, pochend auf (im Comp. vorangehend).

प्रागवस्था f. ein früherer Zustand, eine frühere Lebenslage.

प्रागह्नि m. N. pr. eines Lehrers.

प्रागह्नीय Adj. von प्रागह्नि.

प्रागाङ्गम् Adv. Mahâbh. 6,7,b nach Stenzler fehlerhaft für प्राग्गङ्गम्.

प्रागाथ 1) Adj. (f. ई) zu den Pragâtha, d. i. zum 8ten Maṇḍala des Ṛv. gehörig. — 2) m. Patron. von Pragâtha.

प्रागाथक Adj. (f. थिका) = प्रागाथ 1) Çâṅkh. Çr. 5,10,26.

प्रागाथिक Adj. von Pragâtha herrührend.

प्रागायत Adj. (f. आ) sich nach Osten hin ausdehnend.

प्रागार vielleicht Hauptgebäude.

प्रागाहुति f. Frühspende Ind. St. 15,120.

प्रागाह्निक Adj. zum Vormittag in Beziehung stehend.

प्रागिवीय Adj. von प्रागिव (P. 5,3,70).

प्रागुक्ति f. vorheriges Aussprechen.

प्रागुण्य n. richtige Lage, — Richtung.

प्रागुत्तर 1) Adj. (f. आ) nordöstlich. °रेण und °तम् (218,20) im Nordosten, — von (Abl. oder Gen.). °दिग्भाग und °दिग्विभाग m. die Nordostseite von (Gen.). — 2) f. आ Nordost.

प्रागुत्पत्ति f. das erste Auftreten, die erste Manifestation (einer Krankheit) Karaka 2,1.6,8.10.23.

प्रागुदक्प्रवण Adj. nach Nordosten — oder nach Osten oder nach Norden geneigt Lâtj. 1,1,14.

प्रागुदक्प्लव Adj. nach Nordosten geneigt Hariv. 6363.

प्रागुदक्प्लवन Adj. dass. MBh. 12,40,12. Mârk. P. 49,44.

प्रागुदङ्मुख Adj. mit dem Gesicht nach Nordosten (oder nach Osten oder nach Norden) gerichtet.

प्रागुदञ्च् 1) Adj. (f. °दीची) nordöstlich. °दक् Adv. — 2) f. °दीची Nordost Âçv. Gṛhj. Pariç. 4,1.

प्रागूढा Adj. f. ehemals verheirathet gewesen Viddh. 99,6.

प्राग्गङ्गम् Adv. im Osten der Gaṅgâ Mahâbh. 6,7,b (प्रागाङ्गम् gedr.).

प्राग्गमनवत् Adj. sich vorwärts bewegend.

प्राग्गामिन् Adj. vorangehend, die Absicht habend voranzugehen.

प्राग्गुण Adj. die früher angegebene Eigenschaft habend.

प्राग्ग्रन्थि Adj. mit den Knoten nach Osten Kâtj. Çr. 5,8,28.

*प्राग्ग्रामम् Adv. vor dem Dorfe oder östlich vom D. P. 2,1,12, Sch.

प्राग्ग्रीव Adj. mit dem Halse nach Osten gerichtet.

प्राग्घितीय Adj. von प्राग्घितात् (P. 4,4,75).

प्राग्घुत n. ein vorangegangenes Opfer Kâtj. Çr. 4,2,33.

प्राग्घोम m. dass. Comm. zu TBr. 1,164,13.

प्राग्जन्मक Adj. (f. °न्मिका) einem frühern Leben angehörig Hem. Par. 2,80.

प्राग्जन्मन् n. eine frühere Geburt, ein früheres Leben.

प्राग्जात n. und °जाति f. ein früheres Leben.

प्राग्ज्योतिष 1) Adj. a) von Osten beleuchtet Çâṅkh. Gṛhj. 6,2. — b) zu 3) a) in Beziehung stehend. — 2) m. a) Pl. die Bewohner oder Umwohner von 3) a). — b) N. pr. des von 2) a) bewohnten Landes. — c) ein Fürst von 3) a). — 3) n. a) N. pr. einer Stadt, in welcher der Dämon Naraka gehaust haben soll. — b) Name eines Sâman (nach Nilak.) MBh. 12, Bl. 257,b, No. 110.

प्राग्दक्षिण 1) Adj. (f. श्रा) *südöstlich.* — 2) f. श्रा *Südost.* — 3) °णा Adv. *südöstlich* Kâtj. Çr. 16,5,17.

प्राग्दक्षिणाञ्च् Adj. (f. °णाची) *nach Südosten gerichtet.*

प्राग्दक्षिणाप्रवण Adj. *nach Südosten abschüssig* Âçv. Gṛhj. 4,1,7.

प्राग्दण्ड Adj. (f. श्रा) *mit dem Stiel nach Osten gerichtet.* °म् Adv. Âpast. Çr. 3,19,7. Vaitân.

प्राँग्दश Adj. *dessen Saum nach Osten gewandt ist* Çat. Br. 3,3,2,9.

1.*प्राग्दिश् f. *Osten.*

2. प्राग्दिश् Adj. *auf den vorher hingewiesen worden ist, vorher genannt* Hariv. 1,7,39.

प्राग्दिशीय Adj. von प्राग्दिश: (P. 5,3,1).

प्राग्दीव्यतीय Adj. von प्राग्दीव्यत: (P. 4,1,83).

प्राग्देश m. *das östliche Land, das Land der östlichen Völker.* — प्राग्देशे Hariv. 444 fehlerhaft für प्राग्दिश:; vgl. 2. प्राग्दिश्.

प्राग्दैहिक Adj. *einem frühern Leben angehörig* Káraka 2,1.

प्राग्द्वार् f. *eine nach Osten gehende Thür.*

1. प्राग्द्वार n. 1) *der Platz vor einer Thür.* — 2) *eine Thür nach Osten* Mân. Gṛhj. 2,11.

2. प्राग्द्वार Adj. 1) *dessen Thür oder Eingang nach Osten geht* Çâṅkh. Gṛhj. 6,2. — 2) Bez. *der sieben von* Kṛttikâ *gerechneten Mondhäuser.*

प्राग्द्वारिक Adj. = 2. प्राग्द्वार 2).

प्राग्घितीय Adj. fehlerhaft für प्राग्घितीय.

*प्राग्बोधि m. N. pr. eines Berges.

प्राग्भक्त n. 1) *das Einnehmen von Arzeneien vor dem Essen.* — 2) *was als Arzenei vor dem Essen einzunehmen ist* Káraka 6,5. 17. 18.

प्राग्भव m. *ein vorangegangenes Leben* Ind. St. 15,291.

प्राग्भाग m. 1) * *Vordertheil.* — 2) *Ostseite* Varâh. Jogaj. 8,2.

प्राग्भार m. 1) *Bergabhang, Abhang* Kathâs. 12, 45. 14,11. Bâlar. 107,20. — 2) *Neigung.* पुरत:° Adj. *nach vorn geneigt* Lalit. 226,9. 10. — 3) *Neigung —, Hang zu Etwas.* विवेक° Adj. Lalit. 217, 1. — 4) *Neigung zu, so v. a. das Nichtfernsein von.* कैवल्य° Adj. Jogas. 4,26 (प्राग्भाव gedr.). — 5) *(sich senkende) grosse Menge, Masse* Vikramâṅkak. 7,73. 74. Ind. St. 14,387. — 6) * *Schutzdach.*

1. प्राग्भाव m. *ein früheres Leben;* vgl. प्राग्भावीय.

2. प्राग्भाव m. fehlerhaft für प्राग्भार * 1) und 4).

प्राग्भावीय Adj. *einem frühern Leben angehörig* Bhâm. 46,25. 47,2. 52,6.

प्राग्र n. *die äusserste Spitze.*

प्राग्रसर Adj. *ganz voran gehend, — in* (im Comp. vorangehend Harshak. 156,9), *der vorderste, beste unter* (Gen.).

प्राग्रहर Adj. *der vorzüglichste, beste, — unter* (im Comp. vorangehend) Vikramâṅkak. 2,11.

*प्राग्राट n. *dünne geronnene Milch.*

प्राग्रूप n. *ein vorangehendes Symptom.*

प्राग्र्य Adj. *der vorderste, vorzüglichste.*

प्राग्लग्न n. *Horoscop* Varâh. Jogaj. 4,1.

1. प्राग्वंश m. *das frühere, vorangehende Geschlecht.* Auch als Bein. Vishṇu's.

2. प्राग्वंश 1) Adj. *dessen Tragbalken nach Osten gerichtet sind.* — 2) m. *der vor der* Vedi *gelegene Raum* Âpast. Çr. 10,21,18.

प्राग्वचन n. 1) *vorheriges Aussprechen.* — 2) *ein früherer Ausspruch.*

प्राग्वट N. pr. einer Stadt.

प्राग्वत् Adv. *wie vormals, — ehemals, — früher, — sonst* (110,16), *— oben* (in einem Werke).

प्राग्वात m. *Ostwind* Káraka 1,17.

प्राग्वृत्त n. 1) *ein früheres Benehmen.* — 2) = 1. प्राङ्न्याय.

प्राग्वृत्तान्त m. *eine frühere Begebenheit, ein früheres Abenteuer.*

प्राग्वृत्ति f. *das Treiben —, das Leben in einer früheren Geburt.*

प्राग्वेष m. *ein früherer Anzug.*

प्राग्व्हार m. fehlerhaft für प्राग्भार.

प्राघर्मसँद् Adj. *an heisser Stelle sitzend* (nach Sâj.).

*प्राघात m. *Kampf, Schlacht.* Richtig प्रघात.

*प्राघार m. *Besprengung.*

प्राघुण, प्राघुणक und प्राघुणिक m. *Gast.*

°प्राघुणी Adv. mit कर *zum Gast machen von, so v. a. zu — gelangen lassen.* मम श्रवणप्राघुणीकृत *zu meinen Ohren gebracht;* vgl. श्रतिथि 2) und श्रतिथित्व 2).

प्राघूर्ण und प्राघूर्णक m. *Gast.*

प्राघूर्णिक 1) m. dass. — 2) n. *gastliche Aufnahme* Vrt. (U.) 105 zu 10,29 und 175 zu 46,8. fgg.

प्राङ् s. u. प्राञ्च्.

प्राङायत Adj. = प्रागायत.

प्राङीक्षण n. *das Schauen nach Osten* Comm. zu Kâtj. Çr. 2,3,4.

प्राङीष Adj. *mit der Deichsel nach Osten* Comm. zu Kâtj. Çr. 7,9,25. 8,3,21.

*प्राङ्ग m. *eine Art Trommel.*

प्राङ्गण n. 1) *Hof.* — 2) * = प्राङ्ग.

प्राङ्गन n. *Hof.* Richtiger प्राङ्गण.

प्राङ्गयन n. *das Bewegen nach Osten hin* Comm. zu Kâtj. Çr. 9,13,35.

1. प्राङ्न्याय m. *eine best. Art der Klagebeantwortung, wenn nämlich der Verklagte behauptet, der Kläger habe schon früher dieselbe Klage vorgebracht und den Process verloren.*

2. प्राङ्न्याय Adj. *wobei die Richtung nach Osten als Regel gilt.*

प्राङ्मुख Adj. (f. ई) 1) *mit dem Gesicht —, mit der Spitze nach vorn, nach Osten gerichtet, nach Osten gerichtet* überh. Çulbas. 3,100. °करण n. Lâtj. 1,2,16. Nom. abstr. °त्व n. Hemâdri 1,352,17. — 2) am Ende eines Comp. *geneigt zu Etwas, verlangend, wünschend.*

प्राङ्ग्नायिन् Adj. s. श्रध:°.

प्राच m. Tâṇḍja-Br. 1,9,7 angeblich = प्रकर्षण रत्नक: (dieses wäre प्राव). Richtig प्रवा.

प्राचण्ड्य n. *Heftigkeit, Leidenschaftlichkeit.*

प्राचा Instr. Adv. s. u. प्राञ्च्.

प्राचामन्यु Adj. *vorwärts strebend* Ṛv.

1. प्राचार m. *eine fliegende Ameise* Spr. 182, v. l.

2.*प्राचार Adj. *contrary to rectitude, deviating from the ordinary institutions and observances.*

प्राचार्य m. *der Lehrer des Lehrers.*

*प्राचिका f. 1) *Bremse.* — 2) *Falke.*

*प्राचिक्य n. Nom. abstr. von प्रचिक gaṇa पुरोहितादि in der Kâç.

प्राचिन्वत् m. N. pr. eines Sohnes des Ǵanameǵaja.

प्राचीन 1) Adj. (f. श्रा) a) *nach vorn gerichtet.* — b) *nach Osten gerichtet, östlich, im Osten lebend.* — c) *früher, vorangehend, ehemalig, alt* zu Spr. 6288. — 2) °म् Adv. a) *vorn, vorwärts, vor* (räumlich, mit Abl.). — b) *nach Osten, östlich von* (Abl.). — c) *vor* (zeitlich, mit Abl.). — d) *später.* श्रत: प्रा° *von da an weiter.* — 3) * f. श्रा a) *Clypea hernandifolia.* — b) *die Ichneumonpflanze* Râǵan. 6,121. — 4) * m. oder n. = प्राचीर *Hacke.* — 5) n. Name eines Sâman Ârsh. Br.

प्राचीनप्रावीतिन् Adj. = प्राचीनावीतिन्.

प्राचीनकर्ण Adj. *dessen Ohren nach vorn gewendet sind* Âpast. Çr. 11,9,10.

प्राचीनकूल Adj. = प्राक्कूल = प्राक्कूल. v. l. प्राचीनमूल.

प्राचीनगर्भ m. N. pr. eines Ṛshi.

प्राचीनगौड m. N. pr. eines Autors.

प्राचीनग्रीव Adj. *dessen Hals nach Osten gerichtet ist.*

प्राचीनतानँ m. *der Aufzug —, die lange Seite eines Gewebes* TS. 6,1,1,4. Vgl. प्राचीनातान.

*प्राचीनतिलक m. *der Mond.*

प्राचीँनपत्त Adj. (f. आ) *dessen* (eines Pfeils) *Gefieder vorwärts strebt.*

*प्राचीनपनस m. *Aegle Marmelos.*

प्राचीनप्रक्रिया f. Titel einer Grammatik.

प्राचीँनप्रजनन Adj. Çat. Br. 7,4,1,40.

प्राचीनप्रवण Adj. *nach Osten zu abschüssig* Âpast. Çr. 8,1,5.

प्राचीनप्राग्भार Adj. *nach Osten geneigt* Burn. Intr. 385, N. 2.

प्राचीनबर्हिस् m. 1) Bein. Indra's. — 2) N. pr. *a)* eines Pragâpati. — *b)* eines Sohnes des Manu. Nom. °बर्हि vor स्र.

प्राचीनमूल Adj. *mit den Wurzeln nach Osten* Bhâg. P. ed. Bomb. 1,19,17.

प्राचीनयोग m. N. pr. eines alten Lehrers. Ursprünglich Appell. *der alte Joga.*

प्राचीनयोगीपुत्र m. desgl.

प्राचीनयोग्य m. 1) Patron. von प्राचीनयोग. — 2) Pl. *eine best. Schule* des Sâmaveda Ârjav. 47,12.

प्राचीँनरश्मि Adj. *dessen Zügel nach vorn gerichtet sind.*

प्राचीँनवंश 1) Adj. (f. आ) *dessen Tragbalken nach Osten gerichtet sind.* — 2) n. *eine solche Hütte* TS. 6,1,1,1.

प्राचीनवृत्ति f. Titel eines *Commentars.*

प्राचीनशाल m. N. pr. eines Mannes.

प्राचीनशिवस्तुति f. Titel eines *Lobgesanges.*

प्राचीनहरण n. *das Tragen nach Osten, — zum östlichen Feuer* Âçv. Çr. 3,11,10.

प्राचीँनाग्र Adj. *mit den Spitzen nach Osten.*

प्राचीनातान *der Aufzug —, die lange Seite eines Gewebes,* m. Pl. Ait. Br. 8,12,3. 17,2. n. Sg. (v. l. Pl.) Kaush. Up. 1,5. Vgl. प्राचीनतानँ.

प्राचीनापवीतिन् Adj. = प्राचीनावीतिँन् Çâṅkh. Çr. 1,1,7. 3,16,8. Comm. zu 2,9,13. und 4,9.

प्राचीनामलक m. *Flacourtia cataphracta;* n. *die Frucht* Mat. med. 314.

प्राचीनाववीतिँन् Adj. = प्राचीनावीतिँन् Çat. Br. (Kânva-Rec.) 2,4,1,2. 9.

प्राचीनावीतँ 1) *Adj. = प्राचीनावीतिँन् Gal. — 2) n. *das Tragen der heiligen Schnur über die rechte Schulter.*

प्राचीनावीतिँन् Adj. *die heilige Schnur über die rechte Schulter tragend* Gobh. 1,2,3.

प्राचीनोपवीतँ Adj. dass.

*प्राचीपति m. Bein. Indra's.

प्राचीप्रमाण n. *Länge* (Gegensatz *Breite*).

प्राचीर m. (*n.) *Einfriedigung, Hecke, Zaun.*

प्राचीसरस्वतीमाहात्म्य n. Titel eines Werkes.

प्राचुर्य n. 1) *Vielheit, Menge.* Instr. *zum grössten Theil, fast insgesammt* Mârk. P. 134,53. — 2) *Ausführlichkeit* Comm. zu TS. Prât. Instr. *ausführlich.* — 3) *allgemeine Verbreitung, — Gangbarkeit* Râgat. 3,153. Çaṁk. zu Bâdar. 3,2,33.

प्राचेतस् m. Pl. Bez. der 10 Söhne des Prâkînabarhis.

प्राचेतस 1) Adj. *a) zu* Varuṇa *in Beziehung stehend.* आशा f. *Westen* Harshak. 81,15. — *b) von* Praketas *abstammend.* — 2) m. Patron. *a)* Manu's. — *b)* Daksha's. — *c)* Vâlmîki's Bâlar. 7,18. — *d)* Pl. = प्राचेतस्.

प्राचैँस् Instr. Pl. Adv. *vorwärts.*

प्राच्य und प्राच्यँ (f. आ) 1) Adj. *a) vorn befindlich, vorangehend* (in einem Werke). — *b) im Osten befindlich, — gelegen, — wohnend, — herrschend, — gesprochen* (Sprache). — *c) vorangehend, der frühere, ehemalig, alt* Bâlar. 7,18. 102, 20. — 2) m. *a)* Pl. α) *die Bewohner des Ostens, Ostland.* — β) *die Alten, veteres* Spr. 7665. — *b)* *N. pr. eines Mannes. — Statt सुप्राच्याः Hariv. 1081 wird 1,20,45 प्रोक्तास्ताः gelesen.

प्राच्यक Adj. *im Osten gelegen.*

प्राच्यकठ m. Pl. *die östlichen* Kaṭha (eine Schule des schwarzen Jagurveda) Ârjav. 44,18.

प्राच्यपदवृत्ति f. Bez. *des* Saṁdhi ए-अ.

प्राच्यपाञ्चाली f. Pl. Saṁhitopan. 16,3 von Sâj. als Adj. sehr künstlich gedeutet.

प्राच्यरथ m. *ein im Ostlande gebräuchlicher Wagen.*

प्राच्यवृत्ति f. *ein best. Metrum.*

*प्राच्यसप्तसम Adj. P. 6,2,12, Sch.

प्राच्यसामन् m. Pl. Bez. *bestimmter* Sâman-*Sänger.*

*प्राच्याधर्यु m. P. 6,2,10, Sch.

*प्राच्यायन m. Patron. von प्राच्य.

प्राच्यावत्य m. Pl. N. pr. eines Volkes.

प्राच्योदञ्च् Adj. (f. °दीची) *von Westen nach Norden laufend* Hemâdri 1,790,9. 797,9; vgl. jedoch 801,8.

प्राछ् m. (Nom. प्राट्) *Befrager* 211,20.

प्राज m. = प्राजन Gṛhjâs. 2,30.

प्राजक m. *Antreiber der Zugthiere, Wagenlenker.*

प्राजन m. n. *ein Werkzeug zum Antreiben der Zugthiere, Stachel* oder *Geissel.*

प्राजनिन् m. *Geisselträger* Gṛhjâs. 2,35.

*प्राजया Adv. fehlerhaft für प्राजर्या.

*प्राजरुहा und *प्राजर्या Adv. mit कर् gaṇa साक्षादादि in der Kâç.

प्राजल (!) m. Pl. *eine best. Schule.*

प्राजहित m. = प्रजाहित.

प्राजापत Adj. (f. ई, nur dieses zu belegen) = प्राजापत्य 1).

प्राजापत्यँ 1) Adj. (f. आँ) *von* Pragâpati *stammend, ihm gehörig, ihm geweiht, ihn betreffend* u. s. w. Âçv. Gṛhj. 3,15,8. विवाह m. *eine best. Eheschliessung* (ohne Brautkauf); नक्षत्र oder भ n. *das Mondhaus* Rohiṇî; शकट m. n. *der Wagen der* Rohiṇî (also eig. Adj. von 4) *d*); तिथि m. *der achte Tag in der dunklen Hälfte des Monats* Pausha; प्राजापत्याश्चत्वारः पदस्तोभाः Namen von Sâman. Superl. प्राजापत्यतम Kap. S. 29, 8. — 2) m. *a)* Patron. von प्रजापति. — *b) eine best. Eheschliessung;* s. u. 1). — *c) ein in solcher Ehe erzeugter Sohn* Vishṇus. 24,32. — *d) eine best. Kasteiung.* — *e) ein* Kshatrija *und ein* Vaiçja Gop. Br. 2,2,23. Vaitân. 11,19. — *f)* **der Zusammenfluss von* Gaṅgâ *und* Jamunâ. — *g)* *N. pr. des 1ten schwarzen Vâsudeva bei den Gaina. — 3) f. आ Patron. der Dakshiṇâ. — 4) n. *a) Fähigkeit der Zeugung.* — *b)* wohl *eine Zeugung in der Weise* Pragâpati's. प्राजापत्यमकारयत् so v. a. *zeugte Kinder ohne ein Weib* MBh. 1,221, 4. Vgl. सृजद्यं मानसान्पुत्रान्प्राजापत्येन कर्मणा Hariv. 1,45,48. — *c) die Welt* Pragâpati's Mârk. P. 96,18. — *d) das Mondhaus* Rohiṇî. — *e)* Name verschiedener Sâman. Auch mit den Beiwörtern अन्तर्य, प्रयस्वन्त् und माधुच्छन्दस.

प्राजापत्यक Adj. = प्राजापत्य 1).

प्राजापत्यत्व n. Nom. abstr. zu प्राजापत्य 1).

प्राजापत्येष्टि f. Titel eines Werkes Opp. Cat. 1.

*प्राजावत Adj. = प्रजावत्या धर्म्यम्.

प्राजिक m. *Falke.*

*प्राजितर् Nom. ag. *Antreiber von Zugthieren, Wagenlenker* Ind. St. 13,338.

प्राजिधर m. N. pr. eines Mannes.

*प्राजिपतिन् m. *ein best. Vogel* Med. k. 116. Vgl. वाजिपतिन्.

प्राजिमठिका f. N. pr. einer Oertlichkeit.

प्राजेश und प्राजेश्वर n. *das Mondhaus* Rohiṇî.

प्राज्ञँ 1) Adj. (*f. आ und ई) *a) intellectuell.* — *b) klug, verständig, einsichtsvoll* (von Personen). — 2) m. *a) ein kluger, verständiger Mann.* — *b)* im Vedânta *der durch das Einzelding bedingte Intellect* 260,1. 17. — *c)* **eine Pagageienart mit rothen Streifen an Hals und Flügeln* Râgan. 19, 113. — 3) *f. आ *Einsicht, Verstand.* — 4) *f. ई

die Frau eines klugen Mannes.

प्राज्ञत्व n. Nom. abstr. zu प्राज्ञ 1) b) 260,5.

प्राज्ञमानिन् (Çaṁk. zu Bâdar. 2,2,29) und प्राज्ञंमानिन् Adj. sich für klug haltend.

प्राज्ञवादिक Adj. dass. MBh. 2,68,38.

प्राज्य Adj. 1) reichlich, viel, gross, bedeutend (Ind. St. 15,326), stark, heftig, lang (zeitlich). °भुज Adj. grosse —, starke Arme habend Vikramâṅkak. 15,29. — 2) MBh. 3,162,28, v. l. nach Nîlak. = प्रकर्षेण अड्यं ड्यारब्धितम् (!).

प्राड्यभट्ट m. N. pr. eines Mannes.

प्राड्वलन m. Pl. eine best. Schule.

प्रा॑ञ्च् 1) Adj. (f. प्रा॑ची) a) vorwärts gewandt, vorn befindlich, von vorn kommend, zugewandt. — b) Acc. mit कर् α) herbeibringen, herbeischaffen, herzuwenden. — β) fördern. — γ) entgegenstrecken. — δ) bahnen (Wege). — c) Acc. mit dem Caus. von कल्प् sich zugewandt machen, so v. a. sich wenden gegen. — d) nach vorn hin laufend, so v. a. der Länge nach genommen. — e) östlich, nach Osten gerichtet, — gewandt, — fliessend, im Osten wohnend, östlich von (Abl.). — f) geneigt. — g) geneigt, so v. a. bereitwillig, gern Etwas thuend. — h) vormalig, der frühere. — 2) Adv. प्रा॑क् (प्राङ् Lâṭj. 6,8,15. Kâtj. Çr. 2,3,24. 7, 9,18; vgl. auch प्राङायत fgg.) a) vorn, voran, vor (im Raume, mit Abl.). — b) im Osten, östlich von (Abl.) Lâṭj. 6,8,15. — c) vor (in der Reihenfolge, mit Abl.). — d) vorher, vorhin, früher, ehemals, vor (zeitlich, mit Abl. und ausnahmsweise Gen.). प्रागेव vor Kurzem. — e) vorher, so v. a. zunächst, zuerst 136,17. Spr. 4298. fg. — f) von nun an 219,22. — g) प्रागेव bei den Buddh. vor Allem, so v. a. weit eher, noch mehr Vagrakkh. 23,17. — h) *dazwischen. — i) *am frühen Morgen. — k) fehlerhaft für द्राक् MBh. 5,5145. ed. Bomb. 5,124,24. ed. Vardh. 5,124,23. — 3) Instr. प्राचा॑ vorwärts. — 4) Abl. प्रा॑चस् von vorn. — 5) m. Pl. die Bewohner des Ostens, die Lehrer im Ostlande. — 6) f. प्रा॑ची a) Länge, die lange Seite Çulbas. 1,31. — b) Osten. Auch °दिश्. — c) *der Pfosten, an den ein Elephant gebunden wird.

प्रा॑ञ्जन n. Anstrich oder Kitt (eines Pfeils).

प्राञ्जल Adj. 1) gerade. Suçr. 1,368,18 fügen Hdschrr. प्राञ्जलमाकर्षेत् nach अनुलोमयेत् hinzu. — 2) gerade, so v. a. offen, nicht versteckt (Worte, Sinn) Comm. zu Âpast. Çr. 1,1,1. — 3) eben (Weg) Kâd. 2,98,13.

प्राञ्जलता f. Nom. abstr. zu प्राञ्जल 1) und 2) (Naish. 8,22).

प्राञ्जलि 1) Adj. (f. °लि und °ली) die hohl an einander gelegten Hände ausstreckend (als Zeichen der Ehrerbietung und Unterwerfung). — 2) m. Pl. eine best. Schule des Sâmaveda Ârjav. 47,12. Vgl. °द्वैतभृत्.

प्राञ्जलिक Adj. = प्राञ्जलि 1).

प्राञ्जलिद्वैतभृत् m. Pl. eine best. Schule.

प्राञ्जलिन् Adj. = प्राञ्जलि 1).

प्राञ्जलिप्रग्रह Adj. desgl. R. 7,82,14. Statt dessen प्राञ्जलिः प्रग्रहः 51,8. An beiden Stellen erklärt der Comm. प्रग्रह durch ऊर्ध्वबाहु. Vgl. अञ्जलिप्रग्रह (Nachtr. 4).

1. प्राञ्जली Adj. f. zu प्राञ्जलि.

2. प्राञ्जली Adv. mit भू die hohl an einander gelegten Hände ausstrecken Kâraṇḍ. 79,13.

*प्राडाहृति m. Patron. v. l. प्राणाहृति.

प्राड्विवाक m. Richter Gaut. Chr. 211,21.

*प्राण् Adj. athmend.

1. प्राण॑ m. (adj. Comp. f. आ) 1) Hauch, Athem; im engsten Sinne die eingeathmete Luft, im weitesten Lebenshauch überh., Lebensgeist, Lebensorgan; Pl. Leben (auch Du., wenn von Zweien die Rede ist). Es werden drei, fünf (gewöhnlich), sechs, sieben, neun und auch zehn Lebenshauche angenommen. Am Ende eines adj. Comp. wiedergegeben durch dem Jmd oder Etwas wie das Leben lieb ist oder dessen Leben von — abhängt. Personificirt als Sohn des Apâna. — 2) Hauch des Windes, Wind. — 3) Athemzug als ein best. Zeitmaass Ârjabh. 3,2. Comm. zu Gaṇit. 1,17. — 4) starker Athem als Zeichen der Kraft, Kraft überh. सर्वप्राणेन mit Anwendung aller Kraft, प्राणैस् mit aller Kraft, von ganzer Seele. — 5) im Sâṁkhja die Seele. — 6) im Vedânta der durch das Gesammtding bedingte Intellect 266,6. — 7) Pl. Lebenszeichen, Lebensäusserung in übertragener Bed. Bâlar. 10,13. — 8) *das Leben in einem Gedicht. — 9) *poetisches Talent, poetische Begeisterung. — 10) Pl. Nase, Mund, Augen und Ohren Çâṅkh. Çr. 2, 17,1. Âpast. Çr. 12,25,1. Gop. Br. 2,1,3. Vaitân. 3, 13. M. 4,143. — 11) ein best. Kalpa, der 6te Tag in der lichten Hälfte von Brahman's Monat. — 12) *Myrrhe. — 13) mystische Bez. des Lautes प. — 14) Nama eines Sâman Tâṇḍja-Br. 5,4,1. Sâmav. Br. 1,7,4. वसिष्ठस्य प्राणापानौ Ârsh. Br. — 15) Bein. Brahman's. — 16) N. pr. a) eines Vasu. — b) eines Sohnes des Vasu Dhara. — c) eines Marut. — d) eines Sohnes des Dhâtar. — e) eines Sohnes des Vidhâtar. — f) eines Ṛshi im 2ten Manvantara.

2.*प्राण Adj. voll.

प्राणक m. 1) Thierchen, Gewürm Kâraṇḍ. 47,1. — 2) *Terminalia tomentosa oder Coccinia grandis. — 3) *Myrrhe (बोल) oder Jacke (चोल).

प्राणकर 1) Adj. Leben schaffend, die Lebensgeister erfrischend. — 2) m. N. pr. eines Mannes.

प्राणकर्मन् n. Lebensfunction.

प्राणकृच्छ्र n. Lebensgefahr 79,30.

प्राणकृष्ण m. N. pr. eines Autors.

प्राणग्रह॑ m. Pl. Bez. bestimmter Soma-Becherfüllungen.

प्राणघ्न Adj. das Leben vernichtend, tödtlich.

प्राणचय m. Zunahme an Kräften Varâh. Bṛh. S. 8,14.

प्राणचि॑त् Adj. aus Lebenshauch geschichtet Çat. Br. 10,5,3,5.

प्राणचि॑ति f. des Lebenshauches Schichtung Çat. Br. 8,4,1,12.

प्राणच्छिद् Adj. das Leben abschneidend, — verkürzend, mörderisch Varâh. Jogaj. 5,32.

प्राणच्छेद m. Vernichtung des Lebens, Mord.

*प्राणतज m. Pl. bei den Ǵaina eine Unterabtheilung der Kalpabhava.

प्राण॑तेजस् Adj. dessen Glanz der Lebenshauch ist Çat. Br. 10,2,6,15.

प्राणतोषणी oder °तोषिणी f. Titel eines Werkes.

प्राणत्याग m. Hingabe des Lebens, das Aufgeben des Geistes.

प्राणत्राणरस m. eine best. Mixtur Rasar. 333.

प्राणत्व॑ n. Nom. abstr. zu प्राण॑ 1) Çat. Br. 12, 9,1,14. Kap. 5,113. — Sâh. D. 23,15 fehlerhaft für प्रमाण.

प्राण॑थ 1) m. a) das Athmen. — b) *Wind. — c) *der Herr der Geschöpfe (प्रजापति). — d) *ein heiliger Badeplatz. — 2) *Adj. stark.

प्राणद॑ 1) Adj. Jmd das Leben schenkend, — rettend. प्राणदा गुडिका f. Bez. bestimmter Pillen gegen Hämorrhoiden Mat. med. 242. — 2) *m. Terminalia tomentosa oder Coccinia grandis. — 3) *f. आ a) Terminalia Chebula Râǵan. 11,22. — b) eine best. Heilpflanze (Knolle), = ऋद्धि Râǵan. 5, 28. — c) *Commelina salicifolia Râǵan. 4,109. — 4) *n. a) Wasser. — b) Blut.

प्राणदक्षिणा f. das Geschenk des Lebens Pañkat. 231,20.

प्राणदयित m. der Gatte, den man wie das eigene Leben liebt

प्राणद॑वन्त् Adj. s. प्राणदा॑वन्त्.

प्राणदा॑ Adj. das Einathmen gebend VS. 17,15.

प्राणदातर् Nom. ag. *Lebensretter.*

प्राणदान n. 1) *Schenkung des Lebens, Lebensrettung.* — 2) *Hingabe des Lebens.* — 3) *Salbung des* Havis *mit* Ghṛta *unter Aufsagung von Sprüchen, welche beleben sollen.*

प्राणदावत्त् Adj. *Leben gebend.* Die Hdschrr. प्राणदवत्.

प्राणदुरोदर n. *ein Spiel um's Leben.*

प्राणदृंह् (Nomin. °धृक्) *das Einathmen fest (dauernd) machend* Kâṭh. 5,15.

प्राणद्यूत n. *ein Spiel um's Leben, ein Kampf auf Leben und Tod.*

प्राणद्रोह् m. *das Trachten nach eines Andern Leben.*

प्राणद्रोहिन् Adj. *nach Jmds* (im Comp. vorangehend) *Leben trachtend* Daçak. (1925) 2,75,3.

प्राणधर m. N. pr. eines Mannes.

प्राणधारण 1) n. a) *das Aufrechterhalten des Lebensathems, Erhaltung —, Fristung des Lebens, das am Leben Bleiben* oder — *Sein.* Acc. mit कर् Act. *Jmd am Leben erhalten,* mit कर् Med. *für die Erhaltung seines Lebens sorgen,* so v. a. *Speise zu sich nehmen.* — b) *Mittel zur Erhaltung des Lebens.* — 2) f. आ = 1) a). Acc. mit कर् Med. *Speise zu sich nehmen.*

प्राणधारिन् Adj. *Jmds* (Gen.) *Leben erhaltend, Lebensretter* Hariv. 10004.

प्रैणन 1) Adj. *belebend.* — 2) *m. *Kehle.* — 3) n. a) *das Athmen.* — b) *das Beleben.*

प्राणनाथ m. (adj. Comp. f. आ) 1) *Herr über das Leben,* so v. a. *der Liebste, Gatte.* — 2) *Bein. Jama's. — 3) N. pr. eines Sectenhauptes.

प्राणनान्त m. *Lebensende, Tod.*

प्राणनाश m. *Verlust des Lebens, Tod* Venîs. 71,19.

प्राणनिग्रह m. *Hemmung des Athems.*

प्राणनिपात R. 1,59,21 fehlerhaft für प्राणातिपात.

*प्राणाल 1) m. a) *Wind.* — b) *eine Art Collyrium* — 2) f. ई a) *das Niesen.* — b) *Schlucken, singultus.*

प्राणंदद m. *Lebensverleiher* als Beiw. Avalokiteçvara's Kâraṇḍ. 90,11.

*प्राणपत Adj. von प्राणपति.

प्राणपति m. *Herr des Lebens:* 1) *die Seele.* — 2) ehrende Bez. des *Arztes* Karaka 3,6.

प्राणपत्नी f. *die Gattin des Lebenshauches, die Stimme.*

प्राणपरिक्रय m. *das Einsetzen —, die Hingabe des Lebens.*

प्राणपरिक्षीण Adj. *dessen Leben auf die Neige geht.*

प्राणपरिग्रह m. *der Besitz der Lebensgeister, das Leben.*

प्राणपरित्याग m. *Hingabe des Lebens.*

प्राणपा Adj. *den Athemzug behütend.*

प्राणप्रद 1) Adj. *Jmd das Leben schenkend, Jmd gerettet habend.* — 2) *f. आ *eine best. Heilpflanze.*

प्राणप्रदायक und °प्रदायिन् Adj. = प्राणप्रद 1).

प्राणप्रयाण n. *der Abzug der Lebensgeister, Ende des Lebens* Râgat. 5,123.

प्राणप्रहाण n. *Verlust des Lebens* Ind. St. 15, 435.

प्राणप्राशनिन् Adj. *den blossen Geruch eines Trankes oder einer Speise geniessend* (vgl. प्राणभक्ष) Pr. P. 19. पर्णप्राशनिन् st. dessen Bâlar. 298,13.

प्राणप्रिय 1) Adj. *lieb wie das eigene Leben.* — 2) m. *der Geliebte, Gatte.*

प्राणप्रेप्सु Adj. *um das Leben besorgt, in Todesangst seiend* MBh. 3,271,33.

प्राणबाध m. *Bedrohung des Lebens, Lebensgefahr.*

प्राणबुद्धि f. Sg. (!) *Leben und Verstand.* v. l. चैव प्राणाश्च st. प्राणबुद्धिश्च.

प्राणभक्ष m. *das Geniessen des Athems oder Hauchs,* d. i. *das Einziehen des blossen Geruches eines Trankes oder einer Speise.*

प्राणभक्षम् Absol. *den blossen Geruch eines Trankes oder einer Speise einziehend.*

प्राणभय n. *Besorgniss um das Leben, Todesangst* R. 6,107,4. Kathâs. 27,38. Pañkat. 62,24. Ind. St. 15,424.

*प्राणभास्वत् m. *das Meer.*

प्राणभूत Adj. *der Lebenshauch seiend.*

प्राणभृत् 1) Adj. a) *das Leben erhaltend.* — b) *Leben in sich tragend, lebendig.* — 2) m. *ein lebendes Wesen,* insbes. *Mensch.* — 3) f. Bez. *bestimmter Backsteine bei der Schichtung des Altars* Âpast. Çr. 17,1.

प्राणमत् Adj. *kräftig, stark* Maitr. S. 1,6,12 (105,2).

प्राणमय Adj. *aus Lebenshauch —, aus Athem bestehend, athemvoll.*

प्राणमोक्षण n. *das Aufgeben des Geistes.*

*प्राणयम m. = प्राणायाम.

प्राणयात्रा f. *Lebensunterhalt.*

प्राणयात्रिक Adj. *zum Lebensunterhalt erforderlich.* °मात्रः स्यात् *er besitze nur soviel als z. L. erforderlich ist.*

प्राणयुत Adj. *lebend, lebendig* 174,10.

प्राणयोनि f. *die Ursache des Lebens.*

प्राणरन्ध्र n. *Mund oder Nasenloch.*

प्राणराज्यद Adj. *der einem Leben und Thron gerettet hat* Kathâs. 49,82.

प्राणरोध m. 1) *das Anhalten des Athems.* — 2) *eine best. Hölle* Bhâg. P. 5,26,7.

प्राणलाभ m. *Lebensrettung* Gaut. 22,7. M. 11, 80 (प्राणालाभ fehlerhaft).

प्राणवत् Adj. 1) *Athem habend, lebendig.* — 2) *kräftig, stark.* Compar. °वत्तर.

प्राणवल्लभा f. *eine Geliebte* oder *Gattin, die man wie das eigene Leben liebt.*

प्राणविद्या f. *die Lehre vom Lebenshauch.*

प्राणविनाश m. *Verlust des Lebens* 165,13.

प्राणविप्रयोग m. *Verlust des Lebens, Tod* Âpast. 2,11,1.

प्राणवीर्य n. *starker Athem* Tâṇḍja-Br. 7,5,17. = प्राणाढ्यं वीर्यम् Comm.

प्राणवृत्ति f. 1) *Lebensthätigkeit, Lebensfunction.* — 2) *Lebensunterhalt* Âpast. 1,29,1. 2,21,10.

प्राणव्यय m. *das Aufgeben —, Aufopferung des Lebens* 121,14.

प्राणव्यापच्छन्न n. *das das Leben in Gefahr Setzen* Gaut. 9,32.

प्राणशक्ति f. *eine best.* Çakti Vishṇu's.

प्राणशरीर Adj. *dessen Leib der Lebenshauch ist.*

प्राणसंयम m. *das Anhalten des Athems* Jñân. 1,22.

प्राणसंरोध m. dass.

प्राणसंवाद m. *das Gespräch der Lebenshauche, — der Sinnesorgane.*

प्राणसंशय m. *Lebensgefahr* Gaut. 7,23. 25. Âpast. Auch Pl.

प्राणसंशित Adj. *durch den Hauch erregt* AV. 10,5,35.

प्राणसंहिता f. *eine besondere Art die heiligen Texte zu recitiren, bei der man so viele Laute zusammenfasst, als man in einem Athemzuge vereinigen kann.*

प्राणसंकट n. *Lebensgefahr.*

*प्राणसद्मन् n. *das Gehäuse des Lebenshauches, der Körper.*

प्राणसंत्याग m. *Hingabe des Lebens.*

प्राणसंदेह m. *Lebensgefahr.*

प्राणसंधारण n. *die Erhaltung des Lebens* Kanthaçr. Up. 2. °णं कर् *sich nähren von* (Instr.) Hemâdri 1,468,16.

प्राणसंन्यास m. *das Aufgeben des Geistes.*

प्राणसम 1) Adj. (f. आ) *lieb wie das eigene Leben* 49,27. — 2) *m. *der Geliebte, Gatte.* — 3) f. आ

die Geliebte, Gattin.

*प्राणसंभृत m. Wind.

प्राणसंमित Adj. 1) lieb wie das eigene Leben. — 2) bis zur Nase reichend.

1. प्राणसार n. Lebenskraft Rāǵat. 6,368.

2. प्राणसार Adj. voller Kraft.

प्राणसूत्र n. der Lebenshauch als Faden Mantrabr. 1,3,8.

प्राणहर Adj. das Leben raubend, — bedrohend, todbringend, lebensgefährlich, — für (im Comp. vorangehend).

प्राणहानि f. Verlust des Lebens Ind. St. 15, 435.

प्राणहारक 1) Adj. = प्राणहर. — 2) *n. ein best. Gift.

प्राणहारिन् Adj. das Leben raubend, todbringend.

*प्राणहिता f. Schuh.

प्राणहीन Adj. des Lebens beraubt, leblos Spr. 7680.

प्राणाकर्षिन् Adj. die Lebensgeister anziehend als Bez. eines best. Zauberspruchs.

प्राणाग्निहोत्रोपनिषद् f. Titel einer Upanishad Opp. Cat. 1.

प्राणाघात m. Tödtung eines Lebens, — lebendigen Wesens.

प्राणाचार्य m. der Leibarzt eines Fürsten.

प्राणातिपात m. Angriff auf ein Leben (Kâraṇḍ. 26,22. 46,11), Tödtung eines Lebens, — lebendigen Wesens.

प्राणातिलोभ m. heftiges Verlangen zu leben Hem. Jog. 2,22 (प्राणितलोभ gedr.).

प्राणात्मन् m. die niedrigste der drei Seelen eines Menschen.

प्राणात्यय m. Lebensgefahr.

प्राणाद् Adj. das Leben verzehrend, todbringend Bhaṭṭ.

प्राणाधिक Adj. (f. श्रा) 1) theurer als das Leben. — 2) an Leibeskraft überlegen, kräftiger.

प्राणाधिकप्रिय Adj. (f. श्रा) lieber als das Leben 113,26.

*प्राणाधिनाथ m. Gebieter über das Leben, Gatte.

प्राणाधिप m. 1) der Gebieter über den Lebenshauch, die Seele. — 2) Bein. Vâju's Hemâdri 1, 180,12.

1. प्राणान्त m. Lebensende, Tod.

2. प्राणान्त Adj. den Tod nach sich ziehend. दण्ड m. Todesstrafe.

प्राणान्तिक 1) Adj. (f. ई) a) den Tod nach sich ziehend, tödtlich, lebensgefährlich. दण्ड m. Todesstrafe. — b) lebenslänglich Gaut. Pańkat. ed. Bomb. 3,59,13. °म् Adv. — c) zum Sterben —, über alle Maassen heftig (Verlangen). — 2) n. Lebensgefahr.

प्राणापानै m. Du. die ein- und ausgeathmete Luft AV. oft. Personif. als die beiden Açvin. वसिष्ठस्य °नौ Name zweier Sâman Ârsh. Br.

प्राणाबाध m. Beeinträchtigung —, Bedrohung des Lebens.

प्राणाभरण n. Titel eines Werkes.

प्राणाभिसर m. Lebensretter.

1. प्राणायनै m. des Lebenshauchs Sprössling.

2. प्राणायन n. Sinnesorgan.

प्राणायाम m. Hemmung —, Unterdrückung des Athems. Auch Pl. Gaut.

प्राणायामशस् Adv. unter wiederholter Unterdrückung des Athems Âpast.

प्राणायामिन् Adj. den Athem anhaltend.

प्राणाय्य Adj. passend, würdig.

प्राणार्थवत् Adj. lebend und reich.

प्राणार्थिन् Adj. lebensbegierig Spr. 7779.

प्राणालाभ M. 11,80 fehlerhaft für प्राणलाभ.

प्राणावरोध m. Hemmung des Athems Mṛkkh. 1, 2.

*प्राणावाय n. Titel des 12ten der 14 so genannten Pûrva der Gaina.

प्राणाकै m. Verband, Bindemittel (beim Hausbau).

*प्राणाहृति m. Patron. gaṇa तौल्वल्यादि in der Kâç.

प्राणिघातिन् Adj. Lebendes tödtend.

प्राणिपिषु Adj. zu athmen —, zu leben wünschend Bhaṭṭ.

प्राणितलोभ Hem. Jog. 2,22 fehlerhaft für प्राणातिलोभ.

प्राणिद्यूत m. Thierspiel, Thiergefecht.

प्राणिन् Adj. athmend, lebendig; m. ein lebendes Wesen, Thier, Mensch. Nom. abstr. प्राणित्व n.

प्राणिभव Adj. von einem lebenden Wesen kommend (Ton) S. S. S. 21.

प्राणिमत् Adj. mit lebenden Wesen [illegible]hen.

*प्राणिमातर् f. ein best. Strauch Râǵan. 4,161.

प्राणिवध m. Tödtung eines lebenden Wesens.

प्राणिसपत्न m. Feind der Menschen (das Fieber) Karaka 6,3.

*प्राणिहिता f. Schuh.

*प्राणीत्य n. Schuld. Vgl. प्रामीत्य.

प्राणेश 1) m. a) der Herr über das Leben, der Geliebte, Gatte. — b) N. pr. eines Marut. — 2) f. श्रा die Herrin über das Leben, die Geliebte, Gattin.

प्राणेश्वर 1) m. a) = प्राणेश 1) a). — b) ein best. Medicament. — 2) f. ई = प्राणेश 2).

प्राणैकशतविध Adj. mit dem Lebenshauch 101-fach Çat. Br. 10,2,6,15.

प्राणोत्क्रान्ति f. das Hinausfahren des Lebenshauchs, Tod Kathâs. 72,390.

प्राणोत्सर्ग m. das Aufgeben des Lebens MBh. 13,50,26.

प्राणोपस्पर्शन n. das Berühren von Nase, Mund, Augen und Ohren Gaut. 1,48.

प्राणोपहार m. Speise.

प्राण्यङ्ग n. ein Theil eines lebenden Wesens, — des Menschen.

प्रातःकल्प Adj. (f. श्रा) zum Morgen sich neigend (Nacht) Pańkad.

प्रातःकार्य m. Morgengeschäft, — begehung.

प्रातःकाल m. Morgenzeit, der frühe Morgen. °वक्तव्य n. Titel eines Stotra Opp. Cat. 1.

प्रातःकृत्य n. = प्रातःकार्य.

प्रातःतना m. Morgenzeit Pańkad.

प्रातःप्रहर m. die 9te Stunde Morgens.

प्रातर् Adv. 1) früh, morgens. प्रातः प्रातः jeden Morgen. — 2) am nächsten Morgen, morgen, — früh. — 3) personificirt a) als Sohn Pushpârṇa's von der Prabhâ. — b) als Jaksha VP.[2] 2, 285. 287. 292. fg.

प्रातर m. N. pr. eines Schlangendämons.

प्रातरध्येय Adj. am frühen Morgen herzusagen.

प्रातरनुवाकै m. Frühaufsagung; so heisst die Litanei, mit welcher das Prâtaḥsavana beginnt.

प्रातरन्त und प्रातरपवर्ग Adj. am Morgen endend Comm. zu Kâtj. Çr. [illegible],15,1. 25,7,1.

प्रातरभिवाद m. Morgengruss Gobh. 3,1,27.

प्रातरवनेक m. ungrammatisch für °नेग Âpast. Çr. 6,20,1. Comm. zu 16,7,11.

प्रातरवनेगै m. Abwaschung am Morgen Maitr. S. 1,5,7. 4,5,3.

प्रातरह्न m. 1) der frühe Morgen, Vormittag Gobh. 4,6,11 — 2) N. pr. eines Mannes. °ह्न gedr.

प्रातराश m. Frühstück.

प्रातराशित Adj. der am Morgen gegessen —, ein Frühstück eingenommen hat.

प्रातराहुतिै f. Frühopfer, so heisst die zweite Hälfte des täglichen Agnihotra-Opfers Gobh. 1,9,14.

प्रातरित्वन् Adj. (Voc. प्रातरित्वस्) früh ausgehend, — kommend; m. Morgengast.

*प्रातरीय Adj. von प्रतर oder प्रातर.

*प्रातर्गेय m. *ein Sänger, dessen Amt es ist den Fürsten am Morgen zu wecken.*

प्रातर्जप m. *Morgengebet* Kauç. 65. Ind. St. 15,121.

प्रातर्जित् Adj. *früh siegend, — gewinnend.*

प्रातर्णादिन् m. *Hahn* Bhâvapr. 2,8.

प्रातर्दन Adj. *zum Fürsten* Pratardana *in Beziehung stehend.*

*प्रातर्दिन n. *der frühe Tag, Vormittag.*

प्रातर्दुग्ध n. *Morgenmilch.*

प्रातर्दोह m. *Morgenmelkung, Frühmilch.*

*प्रातर्भोक्तृ m. *Krähe.*

*प्रातर्भोजन n. *Frühstück.*

प्रातर्यज्ञ m. *Frühopfer* Ait. Br. 2,16,4.

प्रातर्यावन् Adj. = प्रातरित्वन्.

प्रातर्युक्त Adj. *früh angespannt* (Wagen).

प्रातर्युज् Adj. 1) *früh anspannend.* — 2) *früh angespannt.*

प्रातर्वस्तृ Nom. ag. *früh leuchtend.*

प्रातर्विकस्वर Adj. *in der Frühe aufgehend* Râǵan. 10,90.

प्रातर्वृष Adj. *früh thätig* TBr. 3,7,4,18.

प्रातर्हुत n. und प्रातर्होम m. *Frühopfer.*

प्रातस्तन 1) Adj. *morgendlich, matutinus* Prij. 13,13. — 2) m. v. l. für प्रातर् 3) *a)* VP.² 2,253. — 3) n. *Frühe.*

प्रातस्तराम् Adv. *ganz früh am Morgen* Bhaṭṭ.

प्रातस्त्य Adj. *morgendlich.*

प्रातस्त्रिवर्गा Adj. f. als Beiw. der Gaṅgâ. Nach Nilak. soll प्रातर् als Beiw. für sich so v. a. प्रातरवतीर्णा sein; त्रिवर्गा erklärt er durch धर्मार्थकामदा.

प्रातःसंध्या f. *Morgendämmerung.*

प्रातःसव m. und प्रातःसवन n. *Frühspende des* Soma, *deren Ritual aus zehn liturgischen Elementen besteht.*

प्रातःसवनिक und °सवनीय Adj. *zum* Prâtaḥsavana *gehörig.*

प्रातःसाव m. Soma-*Bereitung in der Frühe, Morgenspende* Âpast. Çr. 12,20,15. 23,4.

प्रातःस्नान n. *ein Bad am frühen Morgen.*

प्रातःस्नायिन् Adj. *am frühen Morgen sich badend.*

प्रातःस्मरणश्लोक m. (wohl Pl.) Titel eines Stotra Opp. Cat. 1.

*प्राति f. 1) *Füllung, Vollmachung.* — 2) *Spanne des ausgestreckten Daumens und Zeigefingers.*

प्रातिककामिन् MBh. 2,2200 fehlerhaft für प्रातिकामिन्.

*प्रातिकण्ठिक Adj. *Jmd am Halse packend.*

*प्रातिका f. *Hibiscus rosa sinensis* Râǵan. 10,124.

प्रातिकामिन् m. *Diener, Bote.* °मीम् Acc. metrisch.

प्रातिकूलिक Adj. (f. ई) *feindselig gestimmt, Widerstand leistend* Mahâvîrak. 91,19 (fälschlich प्रति°). Bhaṭṭ. 5,94.

प्रातिकूल्य n. 1) *unfreundliches Entgegentreten, Widersetzung* (Harshak. 137,2), *Opposition.* — 2) *das Widerstehen, Unangenehmsein.* — 3) *das Nichtübereinstimmen mit* (im Comp. vorangehend) Comm. zu TS. Prât.

*प्रातिक्य n. Nom. abstr. von प्रतिक.

*प्रातिक्षेपिक Adj. von प्रतिक्षेप.

*प्रातिजनीन Adj. *gegen den Gegner gut.*

प्रातिज्ञ n. *Gegenstand der Behandlung.*

प्रातिथेयी f. Patron. einer weisen Frau.

प्रातिदैवसिक Adj. *täglich stattfindend.*

प्रातिनिधिक m. *Stellvertreter.*

प्रातिपक्ष्य n. *Feindschaft, — gegen* (Gen.).

*प्रातिपथिक Adj. *den Weg entlang gehend.*

प्रातिपद 1) Adj. *den Anfang bildend.* — 2) m. N. pr. eines Mannes.

प्रातिपदिक 1) Adj. *ausdrücklich.* — 2) *m. *Feuer.* — 3) n. *Nominalthema, die Form eines Nomens, an welche die Casusendungen und andere Suffixe gefügt werden.* Nom. abstr. °त्व n.

प्रातिपीय m. Patron. Balhika's.

प्रातिपेय m. desgl. Auch Pl.

प्रातिपौरुषिक Adj. *auf die Männlichkeit —, auf die Tapferkeit bezüglich.*

प्रातिबोध *m. Patron. von प्रतिबोध. f. in °बोधीपुत्र m. Weber, Lit. 124. Vgl. प्रातीबोधीपुत्र.

*प्रातिबोधायन m. Patron. von प्रातिबोध.

प्रातिभ 1) Adj. *plötzlich einleuchtend.* — 2) n. *a) Intuition.* °वत् Adv. Njâjas. 3,2,35. — *b) Geistesgegenwart* MBh. 5,63,2.

प्रातिभट्य n. *Nebenbuhlerschaft* Mahâvîrak. 101,2.

प्रातिभाव्य n. 1) *Bürgschaft, — für* (im Comp. vorangehend) Gaut. — 2) *Sicherheit, so v. a. eine sichere Nachricht über* (Gen.) Râǵat. 8,2120.

प्रातिभासिक Adj. *nur den Schein habend, nur dem Scheine nach bestehend, nur scheinbar* Govindân. S. 982.

प्रातिमोक्ष (पातिमोक्ख im Pâli) m. = प्रतिमोक्ष. Ursprünglich *Entlastung* Old. Buddha 339. 379.

प्रातिरूपिक Adj. 1) *nachgemacht, falsch, unächt.* — 2) *falsches Maass oder Gewicht anwendend* Gaut.

प्रातिरूप्य n. in अप्रातिरूप्य.

*प्रातिलोमिक Adj. *widerhaarig, widrig.*

प्रातिलोम्य n. 1) *die Richtung entgegen, — gegen die natürliche Ordnung.* — 2) *Opposition, Widerstand, feindliche Gesinnung.*

प्रातिवेशिक m. *Nachbar.*

प्रातिवेश्मक m. fehlerhaft für °वेश्मिक.

प्रातिवेश्मिक 1) m. *Nachbar* Râǵat. 7,1259. Daçak. 1,17. 6,3. Hem. Par. 7,46. — 2) f. ई *Nachbarin* Hem. Par. 13,26.

प्रातिवेश्य 1) Adj. *benachbart* Harshak. 196,14. — 2) m. *ein Nachbar gegenüber, Nachbar überh.* ब्राह्मण° *ein benachbarter Brahmane.*

प्रातिवेश्यक m. *Nachbar.*

प्रातिशाख्य n. *ein Werk über vedische Orthoepie.* °कृत् m. *der Verfasser eines solchen Werkes.*

प्रातिश्रवस (Conj.) m. Patron. von प्रतिश्रवस्.

प्रातिश्रुत्क Adj. 1) *im Wiederhall befindlich.* — 2) *eine Färbung des Lautes bewirkend* TS. Prât.

*प्रातिष्ठित Trik. 3,1,22 fehlerhaft für प्रातिस्विक.

प्रातिसत्वनम् Adv. *in der Richtung gegen den* Satvan Ait. Br. 6,33,2. Statt dessen प्रातिसुत्वनम् AV. 20,129,2. Çâṅkh. Çr. 12,18,1.

प्रातिस्विक Adj. *eigen, besonder, nicht mit Andern gemein* Hemâdri 1,228,16.

प्रातिहत m. *eine Art* Svarita-*Ton.*

प्रातिहर्त्र n. *das Amt des* Pratihartar.

*प्रातिहार und *°क m. *Taschenspieler, Gaukler.*

प्रातिहारिक 1) Adj. *mit* प्रातिहार 1)c) *versehen* Lâṭj. 7,7,33. — 2) m. *a) Thürsteher* Gaut. — *b)* **Taschenspieler, Gaukler.*

प्रातिहार्य n. *Gaukelei, Erzeugung von Wundern, Wunderthätigkeit, Wunder* Lalit. 82,16. Kâraṇḍ. 13,14. 44,21.

प्रातिहार्यसंदर्शन m. *ein best.* Samâdhi Kâraṇḍ. 51,20.

प्रातीतिक Adj. *nur in der Vorstellung bestehend, subjectiv.*

प्रातीथेयी f. wohl nur fehlerhaft für प्राति°.

प्रातीप m. Patron. Çâṃtanu's.

*प्रातीपिक Adj. *widerstrebend, entgegenhandelnd, feindlich.*

प्रातीप्य n. *Feindlichkeit* Hem. Par. 1,25.

प्रातीबोधीपुत्र m. N. pr. eines Lehrers Ait. Âr. 323,5. Vgl. u. प्रातिबोध.

प्रातुद Adj. *von den Pickern* (einer Vogelart) *kommend* Karaka 6,27.

प्रातृद m. Patron. von प्रतृद (nach Sâj.).

*प्रात्यन्त Adj. = प्रत्यन्त.

प्रात्यक्षिक Adj. *unmittelbar —, sinnlich wahrzunehmen.*

*प्रात्यग्रथि m. Patron. von प्रत्यग्रथ.

प्रात्यत्तिक m. *ein benachbarter Häuptling.*

प्रात्ययिक Adj. 1) *zum Zutrauen in Beziehung stehend.* प्रतिभू m. *ein Bürge für Zutrauen.* — 2) *Jmds* (Instr.) *Zutrauen besitzend* Gaut.

प्रात्यवेक्षा f. fehlerhaft für प्रत्यवेक्षा.

प्रात्यह्निक Adj. *täglich.*

प्रात्यिक in पर्णा°.

प्राथमकल्पिक 1) Adj. *a) vor Allem —, im strengsten Sinne des Wortes Etwas seiend.* — *b)* Bez. *eines* Jogin *auf der ersten Stufe.* Vgl. प्रथम°. — 2) m. *Anfänger, ein beginnender Schüler* Mahâbh. 3,28,*b*.

प्राथमिक Adj. *zum Ersten gehörig, das erste Mal stattfindend* u. s. w., *der erste* Comm. zu TS. Prât.

प्राथम्य n. *Priorität* Comm. zu Âpast. Çr. 2,13, 7. 12,24,6.

प्रादक्षिण्य n. 1) *das Zukehren der rechten Seite, das Umwandeln von rechts nach links.* — 2) *ehrerbietiges Betragen.*

प्रादानिक Adj. *bei der Darbringung stattfindend* u. s. w.

*प्रादित्य m. N. pr. zweier Fürsten.

प्रादिवचस् n. Titel eines Werkes Opp. Cat. 1.

प्राडराति (प्राडरत्ति?) m. Patron.

प्रादुर्भाव m. *das Zumvorscheinkommen, Erscheinen, Erscheinung* (auch von *der Erscheinung eines Gottes auf Erden*).

प्रादुष्करण n. *das Zumvorscheinbringen, Erzeugen, Entzünden* (des Feuers) Çâṅkh. Gṛhj. 1,1.

*प्रादुष्पीत Adj. P. 8,3,41, Sch.

*प्रादुष्य n. = प्रादुर्भाव.

प्रादुस् Adv. *hervor, zum Vorschein.* Mit अस् (स wird ष, wenn der Anlaut abfällt) und भू *zum Vorschein kommen, sichtbar werden, erscheinen, sich erheben, ertönen;* mit कर् *zur Erscheinung bringen, sichtbar werden lassen.* Nur in diesen beiden Verbindungen zu belegen.

प्रादेश m. (adj. Comp. f. आ) 1) *Spanne des ausgestreckten Daumens und Zeigefingers,* sowohl *diese Stellung der Hand,* als auch *dieses Maass* (= 12 Aṅgula Çulbas. 1,7). — 2) * *Ort.*

*प्रादेशन n. = प्रदेशन *Darbringung.*

प्रादेशपाद Adj. (f. ई) *dessen Füsse eine Spanne hoch sind* (Sessel) Kâtj. Çr. 13,3,2.

1. प्रादेशमात्र n. *das Maass einer Spanne* Çat. Br. 3,5,4,5. भूमेः *nicht mehr als eine Sp. Land.*

2. प्रादेशमात्र Adj. (f. ई) *eine Spanne lang.*

प्रादेशसम Adj. (f. आ) *eine Spanne lang* Kâtj. Çr. 5,3,36.

प्रादेशायाम Adj. f. (आ) dass. Gobh. 4,2,17.

प्रादेशिक 1) Adj. *a) was einen Vorgang hat, wofür Beispiele da sind, nachweislich, bestimmbar.* — *b) local, beschränkt, auf einen speciellen Theil* (z. B. des Nachlasses) *sich beziehend.* — 2) m. *ein kleiner Grundbesitzer, Herr* oder *Haupt eines Bezirkes.*

प्रादेशिकेश्वर m. = प्रादेशिक 2).

प्रादेशिन् 1) Adj. *eine Spanne lang.* — 2) f. °नी *Zeigefinger* Paddh. zu Kâtj. Çr. 261,21. Pratiǵnâs. 110. 111. Wohl fehlerhaft für प्रदेशिनी.

प्रादोष Adj. *abendlich, am Abend erscheinend* u. s. w. दुग्ध n. *am Abend gemolkene Milch* Bhâvapr. 2,44.

प्रादोषिक Adj. dass.

*प्राद्योह्नि m. Patron. von प्रद्योह्न.

प्राद्युम्नि m. Patron. von प्रद्युम्न.

प्राद्योति m. Patron. von प्रद्योत.

प्राधनिक n. *Mittel zum Kampf, Waffe.*

प्राधा f. N. pr. einer Tochter Daksha's und Mutter verschiedener Apsaras und Gandharva MBh. 1,65,12.

प्राधानिक 1) Adj. *a) der vorzüglichste, vornehmste.* — *b) aus der Urmaterie —, aus der Natur hervorgegangen, zu ihr in Beziehung stehend, sie betreffend.* — 2) n. fehlerhaft für प्राधनिक.

प्राधान्य 1) n. *das Vorwiegen, Vorherrschen, Supremalie, das Hauptsache-Sein.* °न्येन, °न्यात्, °न्यतस् und प्राधान्य° *mit Rücksicht auf die Hauptsache, — auf das Wichtigste, — auf die Obenanstehenden, der Hauptsache nach, hauptsächlich, vor Allem.* मन्त्रि° Adj. *so v. a. zumeist bei einem Minister erscheinend* (Fehler). — 2) m. *Hauptperson, die vornehmste Person* Vet. (U.) 162 zu 37,32.

प्राधेय Adj. *von der* Prâdhâ *stammend.* Vgl. कर्ण°.

प्राध्ययन n. *Beginn des Hersagens, Lesens, Studirens.*

प्राध्येषण n. *Antrieb* (zum Studium).

प्राध्व 1) * Adj. *a) auf der Reise befindlich.* — *b) geneigt.* — 2) m. *a) Vorlauf, Vorsprung.* प्राध्वे कर् *so v. a. Jmd* (Acc.) *an die Spitze von* (Gen.) *stellen* Kâṭh. 23,3. — *b)* * *ein weiter Weg, eine weite Reise.* — *c)* * = बन्ध, बन्धन. — *d)* * *Scherz, Spass.* — 3) °म् Adv. *a) weit weg.* Mit कर् *weg —, ablegen.* — *b) nach Jmds* (Gen.) *Vorgange* Âpast. — *c) freundlich* Ragh. 13,43. — *d) demüthig* Harshak. 91,10.

प्राध्वंसन (Accent!) m. Patron. von प्रध्वंसन.

प्राधन m. *Flusslauf, Strombett.*

प्राध्र Adj. (f. ई) als Beiw. von शाखा.

प्रानाडी MBh. 14,989 fehlerhaft für प्रनाडी.

प्रान्त 1) m. n. (adj. Comp. f. आ) *Rand, Saum, Grenze, Ende, Spitze.* यौवन° *das Ende der Jugend.* प्रान्त° *am Ende, schliesslich.* — 2) * m. N. pr. eines Mannes.

*प्रान्ततस् Adv. *dem Rande —, der Grenze entlang.*

*प्रान्तदुर्ग n. *Vorstadt.*

*प्रान्तपुष्पा f. *eine best. Pflanze.*

प्रान्तर n. 1) *eine lange, öde Strasse.* — 2) * *Wald.* — 3) * *Baumhöhle.*

*प्रान्तरशून्य oder *पान्तशून्य n. = प्रान्तर 1).

*प्रान्तायन m. Patron. von प्रान्त.

1. प्राप m. Nom. act. in दुष्प्राप.

2. *प्राप (प्र + अप् *Wasser*) n.

प्रापक Adj. 1) *hinleitend, hinführend, hinbringend, — zu* (im Comp. vorangehend). — 2) *herbeibringend, verschaffend.* — 3) *zur Geltung bringend.*

प्रापण 1) Adj. (f. ई) *hinführend zu* (im Comp. vorangehend) Çaṁk. zu Bâdar. 3,3,29. — 2) n. *a) das Eintreten, Kommen* Gaim. 5,1, 38. — *b) das Reichen, Erreichen.* बाह्वोः प्रापणान्ते *soweit die Arme reichen.* — *c) das Gelangen in* (Loc.) Kathâs. 101,144. — *d) das Erlangen, Theilhaftwerden* Âpast. 2,21,14. 16. — *e) das Hinschaffen, Befördern.* — *f) das zur Geltung Bringen* Comm. zu TS. Prât. — *g) das Erstrecken —, Beziehen auf* (Loc.). — *h) das Vorführen, Klarmachen.* — *i)* * = अनुवचन.

प्रापणिक m. *Handelsmann, Kaufmann.*

प्रापणीय Adj. 1) *zu erreichen, zu erlangen.* Nom. abstr. °त्व n. — 2) *gelangen zu lassen, — zu* (Acc.), *zu befördern, hinzuschaffen.*

प्रापय्, °यति 1) Caus. von आप् mit प्र. — 2) * künstliches Denomin. von प्रिय, = प्रियमाचष्टे.

प्रापितत्व n. *das Eintreten, Gebotensein* Njâjam. 10,1,1.

°प्रापिन् Adj. *erreichend, gelangend zu.*

प्रापेय Adj. v. l. für प्राधेय.

प्राप्त 1) Adj. s. u. आप् mit प्र. — 2) m. Pl. N. pr. eines Volkes.

प्राप्तकर्मन् Adj. *als nächstes Object* (einer Handlung) *aus einer* (anderen) *Regel sich ergebend.* Nom. abstr. °र्मत्व n. Comm. zu P. 2,3,12, Vârtt. 3.

प्राप्तकारिन् Adj. *das Passende thuend.*

1. प्राप्तकाल m. *die gekommene Zeit, der günstige Augenblick.*

2. प्राप्तकाल Adj. (f. आ) 1) *dessen Zeit gekommen ist, zeitgemäss, zweckmässig.* °म् *zu rechter Zeit.* Nom. abstr. °त्व n. — 2) f. *mannbar.*

प्राप्तजीवन Adj. *das Leben wiedererlangt habend, vom Tode gerettet* 157,31.

प्राप्तत्व n. *das sich aus einer Regel Ergeben* Comm. zu TS. Prât.

प्राप्तदोष Adj. *der sich ein Vergehen hat zu Schulden kommen lassen* R. 1,7,13.

*प्राप्तपञ्चत्व Adj. *verstorben, todt* AK. 2,8,2,85.

प्राप्तबीज Adj. *besäet* R. 4,13,29.

*प्राप्तभार m. *Lastthier.*

*प्राप्तभाव m. *ein junger Stier.*

प्राप्तरूप Adj. 1) *angemessen, passend.* — 2) * *schön.* — 3) *unterrichtet, klug.*

प्राप्तविकल्प m. *eine Wahl zwischen Zweien, wenn das Eine sich aus irgend einer Regel ergiebt.* Nom. abstr. °त्व n. 226,13.

प्राप्तव्य Adj. 1) *anzutreffen, zu finden.* — 2) *zu erreichen, zu erlangen, zu erhalten* 142,17.

प्राप्तव्यमर्थ m. Spitzname eines Mannes, der beständig mit प्राप्तव्यमर्थं लभते मनुष्यः antwortete. n. in Verbindung mit नामन् n. *Name.*

प्राप्तसूर्य Adj. (f. आ) in Verbindung mit दिश् f. *diejenige Weltgegend, in der die Sonne gerade steht.*

प्राप्तापराध Adj. *der sich Etwas hat zu Schulden kommen lassen* M. 8,299.

1. प्राप्तार्थ m. *das erreichte Ziel* Kap. 5,106.

2. प्राप्तार्थ Adj. *zu Gelde gekommen* 124,32.

प्राप्ति f. 1) *das Kommen, Eintreten* AV. 11,7,22 (dreisilbig). — 2) *das Reichen, Sicherstrecken.* — 3) *Gelangung* an einen Ort, *Erreichung* eines Ortes (im Comp. vorangehend). — 4) *das Ueberallhindringen* (des Windes), *die Fähigkeit Alles zu erreichen* (als übernatürliche Kraft). — 5) *Hervorholung —, Errettung aus* (Abl.) 327,2. — 6) *Erreichung, das Antreffen, Finden, Erlangung, Gewinn.* — 7) *das Angetroffenwerden* Comm. zu Njâjas. 2,1,30. — 8) *das Ausfindigmachen, Bestimmung.* — 9) *das Zutreffen, Gelten, Sichergeben aus einer Regel.* — 10) in der Dramatik *a) ein freudiges Ereigniss.* — *b) eine auf der Wahrnehmung einer besonderen Erscheinung gegründete Vermuthung.* — 11) *das Loos, dessen man theilhaftig wird, glückliches Loos, Glück* Pańkad. — 12) in der Astrol. *das 11te Haus.* — 13) * = संहति. — 14) N. pr. *a)* der Gattin Çama's, eines Sohnes des Dharma. — *b)* einer Tochter Ǵarâsaṁdha's VP. 5,22,1. Bhâg. P. 10,50,1.

प्राप्तिमन्त् Adj. 1) *was man antrifft* Comm. zu Njâjas. 2,1,30. fg. — 2) am Ende eines Comp. *erreicht habend, gelangt zu.*

प्राप्तिशैथिल्य n. *geringe Wahrscheinlichkeit* MBh. 13,124,27.

प्राप्तिसम m. *ein Sophisma, bei welchem der Beweisgrund und das zu Beweisende zusammenfallen, so dass eine identische Gleichung entsteht,* Njâjas. 5,1,7.

*प्राप्तोदक Adj. *zu Wasser gelangt, W. bekommen habend* 226,29.

प्राप्त्याशा f. *die Hoffnung das Ziel zu erreichen.*

प्राप्य Adj. 1) *zu erreichen, attingendus.* — 2) *zu erlangen.* — 3) *passend, schicklich.*

प्राप्यकारिन् Adj. *erst bei der Berührung wirkend.* Nom. abstr. °रित्व n. Comm. zu Njâjas. 3,1,44. fg.

प्राबन्ध in कैसरप्राबन्धा.

प्राबल्य n. *das Mächtigsein, Mächtigkeit, Macht, Kraft* (einer Vorschrift, eines Arguments) Comm. zu TS. Prât.

प्राबोधक (metrisch) m. 1) *ein Sänger, dessen Amt es ist, den Fürsten zu wecken.* — 2) * = प्राबोधिक.

*प्राबोधिक m. *Tagesanbruch.*

प्राभञ्जन n. *das unter dem Windgott stehende Mondhaus* Svâti.

प्राभञ्जनि m. Patron. Hanûmant's Mahâvîrać. 114,9. 131,1.

*प्राभव n. *Oberherrschaft.*

प्राभवत्य n. *Uebermacht.*

प्राभाकर 1) m. *ein Anhänger des* Prabhâkara Kshîrasv. zu Pratâpar. 38,1. 49,26. — 2) n. *das Werk des* Prabhâkara Kshîrasv. zu Pratâpar. 342,21.

प्राभाकरखण्डन n. Titel eines Werkes Opp. Cat. 1.

प्राभाकरि m. Patron. *des Planeten Saturn* Varâh. Bṛh. 15,1.

प्राभातिक Adj. *morgendlich* Kâd. 28,20. 201,11.

प्राभासिक Adj. in Verbindung mit क्षेत्र so v. a. प्रभासक्षेत्र.

*प्राभृतिक Adj. = प्रभूतमात्र.

प्राभृत n. 1) *Geschenk.* चिकित्सा° Adj. *dessen Geschenk die Heilkunde ist,* so v. a. *in der Heilkunde erfahren* Karaka 1,16. — 2) Bez. der Kapitel in der Sûrjapraǵńapti. Die Unterabtheilungen heissen प्राभृतप्राभृत.

प्राभृतक n. *Geschenk.*

प्राभृती Adv. mit कर् *zum Geschenk machen* Kathâs. 56,329.

प्रामति m. N. pr. eines der 7 Ṛshi im 10ten Manvantara. v. l. प्रमति.

प्रामाणिक Adj. 1) *ein Maass bildend, als M. geltend* Hemâdri 1,122,13. — 2) *auf einer Autorität beruhend, eine A. seiend, glaubwürdig.* Nom. abstr. °त्व n. *Beweiskräftigkeit.* — 3) *an Beweise glaubend, für beweisbar haltend.*

प्रामाण्य n. *das Norm —, Richtschnur —, Autorität —, Beweis-Sein.*

प्रामाण्यवाद m., °क्रोड m., °रहस्य n. und °संग्रह m. (Opp. Cat. 1) Titel von Werken.

प्रामाण्यवादिन् Adj. *Beweiskräftigkeit annehmend, an diese glaubend.*

प्रामाण्यशिरोमणि m. Titel eines Werkes Opp. Cat. 1.

प्रामादिक Adj. *aus Nachlässigkeit hervorgegangen, irrthümlich, fehlerhaft.* Nom. abstr. °त्व n.

*प्रामाद्य m. *Adhatoda Vasica* oder *Gendarussa vulgaris.*

*प्रामीत्य n. *Schulden.*

प्रामोदिक Adj. *entzückend.*

प्रामोद्य n. *freudige Erregung, Entzückung* Lalit. 34,16. 186,16. 238,8.

प्राय॑ m. 1) *Lauf.* — 2) *Auszug* (zum Kampf). — 3) *der Auszug aus dem Leben, das dem Tode Entgegengehen, das Suchen des Todes,* insbes. *durch Enthaltung von Nahrung.* Acc. mit आस्, उप-आस्, उप-विश् (einmal auch Loc.), उप-इ, आ-स्था, समा-स्था oder कर् *sich dem Tode weihen, ruhig den Tod erwarten, dem Leben entsagt haben,* insbes. *indem man sich der Nahrung enthält um Etwas von Jmd zu erzwingen.* Acc. mit dem Caus. von कर् *Jmd* (Acc.) *dahin bringen, dass er sich vornimmt Hungers zu sterben.* — 4) *Mehrheit, Hauptbestandtheil.* — 5) am Ende eines adj. Comp. (f. आ) *a)* nach einem Subst. α) *zum grössten Theil aus — bestehend, reichlich versehen mit —, wobei — den Hauptbestandtheil bildet.* — β) *zunächst für — bestimmt.* — γ) *häufig — anwendend, häufig — vollbringend.* — δ) *häufig — geniessend* Karaka 4,8. — ε) nach einem Nom. act. *nahe.* सिद्धि° *der Vollendung nahe.* — ζ) *ähnlich.* — *b)* nach einem Adj. (auch einem Partic. praet. pass.) *meistens —, zum grössten Theil —.* — *c)* nach einem Partic. praet. pass. *beinahe —, so zu sagen —.* — *d)* nach einem Zahladverb *wobei das Meiste so und so viele Male wiederholt wird.* त्रिः° Âpast. 2,17,14. — 6) * *Altersstufe.* — 7) * Acc. enklitisch nach einem Verbum fin.

प्रायगत Adj. *dem Tode nahe.*

*प्रायचित्त n. und *°चित्ति f.

प्राय॑ण 1) Adj. *gehend.* — 2) n. *a) Eingang, Antritt, Anfang.* — *b) Lebensgang, Lebenslauf.* — *c)* der Ausgang aus dem Leben, Tod. प्रायणं कर् den Tod suchen. — d) Zuflucht. — e) eine aus Milch gewonnene Speise. — प्रायेण s. bes.

प्रायणतस् Adv. am Anfange.

प्रायणान्त m. Ende des Lebens. Loc. am E. d. L., Acc. bis zum Tode.

प्रायणीय 1) Adj. den Eingang bildend, zum Anfang gehörig. — 2) m. a) Eingangsspende eines Soma-Opfers. — b) Eingangstag eines vieltägigen Soma-Opfers. — 3) f. आ Eingangsopfer. °वत् Adv. Vaitân. — 4) n. a) = 2) a). Kâp. S. 36,5. Nom. abstr. °त्व n. ebend. — b) = 2) b).

°प्रायता f. Nom. abstr. zu प्राय 5) a) α).

प्रायत्य n. gehöriges Vorbereitetsein zu einer ernsten Handlung, Reinheit (in rituellem Sinne) Âpast. Çaṁk. zu Bâdar. 3,3,18.

प्रायदर्शन n. eine ganz gewöhnliche, häufige Erscheinung.

*प्रायभव Adj. meist —, gewöhnlich sich irgendwo befindend.

प्रायविधायिन् Adj. der entschlossen ist Hungers zu sterben.

प्रायशस् Adv. 1) zum grössten Theil, meistentheils, beinahe durchweg, meist, gewöhnlich, in der Regel. — 2) aller Wahrscheinlichkeit nach.

1. प्रायश्चित्त n. 1) Gutmachung, Genugthuung, Ersatz, Sühne, Busse. Einmal m. (metrisch). — 2) Titel eines Werkes Opp. Cat. 1. Desgleichen °ग्रन्थ m. (ebend. 1925), °काण्ड (ebend.), °तत्त्व n., °दीपिका f., °पद्धति f. (Opp. Cat. 1), °प्रदीप m., °प्रयोग m., °मयूख m., °माधवीय n. (Opp. Cat. 1), °मुक्तावली f., °रत्न n., °विधि m., °विवेक m., °विवेकोदय m., °शतद्वयी f. (Opp. Cat. 1), °संग्रह m. (ebend.), °सारावलि f. (ebend.), °त्ताधिकार m. (ebend.), °त्तेन्दुशेखर m. (ebend.) und °त्तोद्योत m.

2. प्रायश्चित्त Adj. in der Sühne inbegriffen, zur S. gehörig.

प्रायश्चित्ति 1) f. = 1. प्रायश्चित्त 1). — 2) sühnend (Agni).

प्रायश्चित्तिक Adj. (f. ई) 1) zur Sühne gehörig Âçv. Çr. 2,13,4. — 2) *sühnbar.

प्रायश्चित्तिन् Adj. der sich einer Sühne unterzieht, — zu unterziehen hat Gaut. Bâlar. 15,5.

प्रायश्चित्तिमन्त् Adj. mit einer Sühne verbunden.

प्रायश्चित्तीय्, °यते sich einer Sühne unterziehen müssen.

प्रायश्चित्तीय Adj. 1) der sich einer Sühne unterziehen muss. Nom. abstr. °ता f. — 2) als Sühne dienend, sühnend. — Vgl. सर्व°.

प्रायश्चेतन (metrisch) n. = 1. प्रायश्चित्त 1) Mahâvîrak. 60,4.

1. प्रायस् n. = प्रयस् 1) Ṛv. 4,21,7.

2. प्रायस् Adv. 1) zum grössten Theil, meistentheils, meist, gewöhnlich, in der Regel. — 2) aller Wahrscheinlichkeit nach.

प्रायस्य Ṛv. Prât. 16,43 nach dem Comm. Adj. vorwaltend.

प्रायाणिक und प्रायात्रिक Adj. zum Marsch —, zur Reise gehörig.

प्रायाम in स° als Beiw. des Windes wohl fehlerhaft.

प्रायास m. grosse Bemühung, — Anstrengung zu Spr. 3140.

प्रायिक Adj. 1) gewöhnlich Comm. zu Âpast. Çr. 4,1,3. Nom. abstr. °त्व n. — 2) das Meiste aber nicht Alles enthaltend. Nom. abstr. °त्व n. Vâmana 5,2,24.

प्रायु in अप्रायु.

*प्रायुद्धेषिन् (!) oder *प्रायुघेषिन् (!) m. Pferd.

1. प्रायुस् n. gesteigerte Lebenskraft, sehr langes Leben Maitr. S. 1,5,4. 11 = Âpast. Çr. 6,19,1.

2. प्रायुस् in अप्रायुस्.

प्रायेण Instr. Adv. = प्रायशस् 1) und 2) (Mahâvîrak. 128,11).

प्रायोक्त Adj. (f. ई) hier und da von Jmd angewandt, — gebraucht.

प्रायोग Adj. wohl = 1. प्रयोग zum Mahle kommend.

प्रायोगिक Adj. 1) angewandt, anwendbar. — 2) als Bez. einer best. Art von Schnupf-, Rauch- und Niesemittel.

प्रायोज्य Adj. zu den Sachen gehörend, die man braucht, nöthig hat.

प्रायोदेवता f. die am Meisten vorkommende Gottheit.

प्रायोपगमन n. das in den Tod Gehen, ruhiges Erwarten des Todes durch Enthaltung von Nahrung.

प्रायोपयोगिक Adj. gebräuchlichst, gewöhnlichst.

प्रायोपविष्ट Adj. ruhig den Tod erwartend durch Enthaltung von Nahrung.

प्रायोपवेश m., °वेशन n. und *°वेशनिका f. = प्रायोपगमन.

प्रायोपवेशिन् und प्रायोपेत Adj. = प्रायोपविष्ट.

प्रायोभाविन् Adj. gewöhnlich —, regelmässig erscheinend, — vorkommend. Nom. abstr. °वित्व n. Bhâvapr. 4,64,4.

प्रायोवाद m. eine gangbare Redensart, Sprüchwort Bâlar. 205,6.

प्रारण्य Lalit. 217,1 fehlerhaft für प्राचण्य.

*प्रारब्धि f. der Pfosten, an den ein Elephant angebunden wird.

प्रारम्भ m. Unternehmung, Unternehmen (291, 21), Beginn einer Arbeit; Beginn, Anfang überh.

*प्रारम्भण n. das Beginnen, Anfangen.

*प्रारम्भणीय Adj. von प्रारम्भण.

प्रारोह 1) *Adj. = प्ररोहः शीलमस्य. — 2) m. Schoss, Spross, Trieb.

*प्रार्त्तीय्, °यति = प्रर्त्तीय्.

*प्रार्क्क Adj.

*प्रार्जयितर् Nom. ag. als Erklärung von पर्जन्य.

प्रार्जुन m. Pl. N. pr. eines Volkes.

*प्रार्ण = प्र + ऋण.

प्रार्थ m. Geräthe, Zurüstung; Geschirr.

प्रार्थक Adj. sich bewerbend um (insbes. um ein Mädchen); m. Bewerber.

प्रार्थन 1) n. und f. (°ना häufiger) Wunsch, Verlangen, Bitte, Gesuch, Bitte —, Bewerbung um (Loc. oder im Comp. vorangehend); das Angehen Jmds (im Comp. vorangehend) mit einer Bitte. — 2) f. आ in der Dramatik das Verlangen nach Liebesgenuss, Freude und Festen.

प्रार्थनापञ्चक n. Titel eines Stotra Opp. Cat. 1.

प्रार्थनाभङ्ग m. Fehlbitte, das Abschlagen einer Bitte Mârk. P. 22,8. Ind. St. 15,275. 357. 376.

प्रार्थनासिद्धि f. die Erfüllung eines Wunsches, — einer Bitte.

प्रार्थनीय 1) Adj. a) zu wünschen, zu verlangen, was man sich erbitten darf, begehrenswerth, wonach man ein Verlangen haben könnte. — b) zu bitten (Person) Kâd. 2,118,3. — 2) *n. das Zeitalter Dvâpara.

प्रार्थयितर् Nom. ag. Bewerber, Liebhaber.

प्रार्थयितव्य Adj. begehrenswerth, wonach man ein Verlangen haben könnte.

प्रार्थित 1) Adj. von अर्थय् mit प्र. — 2) n. Wunsch, Verlangen R. 1,20,22. Ragh. 7,50.

प्रार्थितदुर्लभ Adj. gewünscht aber schwer zu erlangen Kumâras. 5,46. 61.

°प्रार्थिन् Adj. 1) wünschend, Verlangen habend nach. — 2) angreifend.

प्रार्थ्य 1) Adj. wonach Jmd (Instr., Gen. oder im Comp. vorangehend) Verlangen trägt, begehrenswerth 252,21. — 2) n. a) impers. zu bitten. — b) v. l. für प्रार्थ.

*प्रार्दक Adj. anstrengend.

प्रार्ध in परिप्रार्ध.

प्रार्पण m. Erreger.

*प्रार्षभीय्, °यति = प्रर्षभीय्.

प्रालम्ब 1) Adj. herabhängend. — 2) *m. a) eine

*Art Perlenschmuck. — b) die weibliche Brust. — c) Gurke. — 3) (*n.) ein herabhängender Schmuck* Bâlar. 90,17. 292,20. Kâd. 58,10. 254,1. Ind. St. 14,387.

*प्रालम्बक 1) n. = प्रालम्ब 3). — 2) f. °म्बिका *ein goldener Halsschmuck.*

*प्रालेपिक Adj. = प्रलेपिकाया धर्म्यम्.

प्रालेय्, °यति *dem Hagel u. s. w. gleichen.*

प्रालेय 1) *Adj. *durch Schmelzen entstanden.* — 2) *m. *Fieber bei der Ziege oder beim Schaf* Gal. — 3) (*n.) *Hagel, Schnee* (Bâlar. 91,18), *Reif, Thau.*

प्रालेयभूधर m. Bein. des Himavant Vikramâṅkaḱ. 18,77.

प्रालेयरश्मि und प्रालेयरोचिस् (Prasannar. 75,22) m. *der Mond.*

प्रालेयशैल m. Bein. des Himavant.

प्रालेयांशु m. *der Mond.*

प्रालेयाद्रि m. Bein. des Himavant Vikramâṅkaḱ. 18,86. 94.

*प्राल्कारीय्, °यति = प्रल्कारीय्.

प्राव scheinbar m. *Schütze* Gop. Br. 2,2,13. Auch Tâṇḍja-Br. 1,9,7 scheint der Comm. diese Lesart vor Augen gehabt zu haben, da er प्राच durch प्रकर्षेण रतकः erklärt. Die richtige Lesart ist प्रवा.

प्रावचन Adj. *beim Vortrage der heiligen Texte gebräuchlich.*

प्रावचनिक Adj. dass. Comm. zu TS. 1,93,20. 94, 19. Njâjam. 12,3,9.

*प्रावट m. *Gerste.*

प्रावणे Adj. etwa *in Abgründen befindlich.*

*प्रावणि von unbekannter Bed.

प्रावण्य n. Nom. abstr. zu प्रवण 3) b) Lalit. 117, 3 (प्रारण्य gedr.).

प्रावन् in क्रतुप्रावन् und वर्षप्रावन्.

1.*प्रावर m. *Umzäunung, Zaun, Hecke.*

2.*प्रावर Adj. (f. ई) von 2. प्रवर.

प्रावरक m. N. pr. einer Oertlichkeit.

प्रावरण n. (adj. Comp. f. आ) 1) *das Bedecken, Verhüllen* Âpast. — 2) *Bedeckung, Hülle, Mantel, Ueberwurf.*

*प्रावरणीय n. *Ueberwurf, Mantel.*

प्रावरेय m. Patron. von प्रवर. Pl. Kâṭh. 13,12.

प्रावर्गे Adj. *sich aussondernd, ausgezeichnet, egregius.* Nach Sâj. = प्रकर्षेण शत्रूणां वर्जयिता.

°प्रावर्तक (metrisch) Adj. *zur Erscheinung bringend, Gründer* (eines Geschlechts).

प्रावर्षिन् Adj. *anfangend zu regnen.*

प्रावर्हणि m. fehlerhaft für प्रावाहणि.

प्रावाडुक m. *Gegner* (in einem gelehrten Streit) Comm. zu Njâjas. 4,1,13. 2,49.

1. प्रावार m. 1) *Ueberwurf, Mantel.* — 2) N. pr. einer Gegend.

2. प्रावार Adj. *auf Ueberwürfen sich findend.* कीटक m. *Kleiderlaus* Spr. 182. 521.

प्रावारक m. *Ueberwurf, Mantel.*

प्रावारकर्ण m. N. pr. einer *Ohreule.*

*प्रावारकीट m. *Kleiderlaus.*

प्रावारिक m. *ein Verfertiger von Ueberwürfen, — Mänteln.*

*प्रावारीय्, °यति *als Ueberwurf —, als Mantel gebrauchen.*

प्रावालिक m. *Korallenverkäufer* R. Gorr. 2, 90,17.

*प्रावास Adj. = प्रवासे दीयते कार्यं वा.

*प्रावासिक Adj. = प्रवासे साधुः, प्रवासाय प्रभवति.

प्रावाहणि m. Patron. von प्रवाहण gaṇa तौल्वल्यादि in der Kâç. Comm. zu Âpast. Çr. 4,15,3.

प्रावाहणेय m. Patron. von प्रावाहणि.

*प्रावाहणेयक Adj. von प्रावाहणेय.

*प्रावाहणेयि m. Patron. von प्रावाहणेय.

*प्राविक्य n. Nom. abstr. von प्रविक gaṇa पुरोहितादि in der Kâç.

प्रावितर् Nom. ag. mit Gen. *Beschützer, Gönner, Pfleger.*

प्रावित्र n. *Pflege, Behütung.*

प्रावी Adj. *aufmerksam, sorgsam.* Nach Sâj. = प्रकर्षेण गन्ता.

प्रावीण्य n. *Geschicklichkeit, Tüchtigkeit, — in* (Loc. oder im Comp. vorangehend).

प्रावृट्काल m. *Regenzeit* 171,9.

प्रावृट्कालवह Adj. (f. आ) *nur zur Regenzeit fliessend* (Fluss).

*प्रावृडत्यय m. *Herbst* Râǵan. 21,67.

प्रावृण्मय Adj. (f. ई) *regenzeitartig* Harshaḱ. 90,12.

प्रावृत 1) Adj. s. u. 1. वर् mit प्र. — 2) *m. f. n. *Ueberwurf, Mantel* 245,13. — 3) n. *das Bedecken, Verhüllen* Gaut.

प्रावृति f. 1) * *Zaun, Hecke.* — 2) bei den Çaiva *geistige Finsterniss*, eine der 4 Folgen der Mâjâ.

प्रावृत्तिक Adj. *der Art und Weise, wie man zuerst verfahren ist, entsprechend* (ohne Rücksicht auf irgend etwas Anderes) Comm. zu Kâtj. Çr. 88,23.

प्रावृष् f. *Regenzeit, die nasse Jahreszeit*; in der Jahreseintheilung *die Monate* Âshâḍha *und* Çrâvaṇa, *welche die erste Hälfte der Regenzeit bilden.*

प्रावृष m. und *°षा f. dass.

प्रावृषायणी f. 1) * *Boerhavia procumbens.* — 2) *Mucuna pruritus* Bhâvapr. 1,207.

प्रावृषिक 1) Adj. *zur Regenzeit in Beziehung stehend, * in der R. geboren.* — 2) *m. *Pfau.*

*प्रावृषिज Adj. *in der Regenzeit entstanden, — stattfindend.*

प्रावृषीण Adj. (der Tag) *an dem die Regenzeit beginnt.*

प्रावृषेण्य 1) Adj. *zur Regenzeit in Beziehung stehend, — gehörig* Bâlar. 305,1. — 2) *m. a) *Nauclea Cadamba.* — b) *Nauclea cordifolia* Râǵan. 9, 103. — c) *Wrightia antidysenterica* Râǵan. 9,53. — 3) *f. आ a) *Mucuna pruritus.* — b) *eine roth blühende* Punarnavâ Râǵan. 5,118.

प्रावृषेय m. Pl. N. pr. eines Volkes.

*प्रावृष्य 1) m. a) *Nauclea cordifolia* Râǵan. 9, 103. — b) *Wrightia antidysenterica* Râǵan. 9,58. — c) *Asteracantha longifolia* Râǵan. 11,219. — 2) n. *Katzenauge* (ein Edelstein) Râǵan. 13,192.

प्रावेण्य n. *das zarte Fell eines best. Thieres.* v. l. प्रवेणी.

प्रावेप m. *eine hängende, sich schaukelnde Baumfrucht.*

*प्रावेशन 1) Adj. = प्रवेशने दीयते कार्यं वा. — 2) n. *Werkstatt.*

प्रावेशिक Adj. (f. ई) *zum Eintritt in's Haus —, zum Auftritt einer Person auf der Bühne in Beziehung stehend* (Bâlar. 10,12), *ein günstiges Augurium für den Eintritt abgebend.*

प्राव्रज्य n. MBh. 5,6017 fehlerhaft für प्राव्राज्य.

प्राव्राज्य n. *das Leben eines umherziehenden frommen Bettlers* MBh. 5,175,41.

प्राश् f. *Speisevorrath, Lebensmittel.*

1. प्राश m. 1) *das Essen, Geniessen.* — 3) *Essen, Nahrung, Speise.*

2. प्राश m. fehlerhaft für प्रास 3).

*प्राशक Adj. *essend, geniessend* Sâj. zu ṚV. 1,40,1.

प्राशन 1) n. a) *das Essen, Geniessen.* — b) *Essen, Speise.* — c) *die erste Fütterung des Kindes mit Reis.* — 2) f. प्राशनी *das Geniessen in* रस° Vaitân.

प्राशनार्थीय Adj. *zum Essen bestimmt* Çâṅkh. Gṛhj. 3,8.

प्राशनिन् in पर्ण° und प्राण°.

प्राशनीय 1) Adj. *was zum Essen dient* Utpala zu Varâh. Jogaj. 7,17. — 2) n. *Speise.*

(प्राशव्य) प्राशवित्र m. Pl. *Speisevorrath, Lebensmittel.*

प्राशस्त्य n. *das Gerühmtwerden, Vorzüglichkeit.*

प्राशा f. *ein heisser Wunsch* Tâṇḍja-Br. 8,9,22.

प्राशातिक n. *Hülsenfrucht* Âpast. Çr. 4,3,8.

प्राशापय्, °यति = Caus. von 1. अश् mit प्र Mân. Gṛhj. 1,17. 20. 2,3.

प्राशास्त्र n. *das Amt des* Praçâstar. Vgl. प्रशास्त्र.

प्राॅशित 1) Adj. *gegessen.* — 2) *n. *Manenopfer.*

प्राशितॄ Nom. ag. *Esser.*

प्राशितॅव्य oder प्राशितव्यॅ Adj. *zu essen, was man essen kann.*

प्राशित्रॅ n. 1) *der zum Essen bestimmte Antheil des* Brahman *am* Havis. प्राशित्रवत् Adv. Vaitân. — 2) = प्राशित्रहॅरण.

प्राशित्रहॅरण n. *das zur Aufnahme des* Prâçitra 1) *bestimmte Gefäss.*

प्राशित्रिय Adj. in अप्राशित्रियॅ.

प्राशुॅ Adj. *überaus rasch, — flink, — behend.* प्राशु Adv. Âpast. Çr. 7,13,3.

प्राशुक Adj. 1) Ind. St. 13.288 = प्रासुक. — 2) Hem. Jogaç. 3,53 fehlerhaft für प्रासुक.

प्राशुषॅह् (stark °षाॅह्) Adj. *schnell fertig werdend* (mit dem Mahle).

1. प्राशूॅ m. *Esser* (Sâj.), so v. a. *Gast* (Grassmann) ṚV. 1,40,1. Eher Adj. = प्राशुॅ; = शीघ्र Mahîdh. zu VS. 34,56.

2. प्राशू m. nach dem Comm. = पराक्रम in सत्यॅप्राशू.

प्राशृङ्गॅ Adj. *vorstehende —, vorgebogene Hörner habend* Âpast. Çr. 20,15.

प्राश्निक 1) Adj. *viele Fragen enthaltend.* — 2) m. *der eine Streitfrage entscheidet, Schiedsrichter.*

प्राॅश्नीपुॅत्र m. N. pr. eines Lehrers.

प्राश्य Adj. *zu essen, was gegessen werden kann* Varâh. Jogaj. 7,18.

प्राश्रवण m. Patron. v. l. für प्रास्रवण.

प्राश्लिष्ट Adj. *Bez. eines aus der Verschmelzung zweier kurzer* इ *entstandenen* Svarita.

प्राश्वमेध m. *ein vorangeschicktes Rossopfer.*

*प्राष्ट Adj. = प्राप्त.

*प्राष्ठ Adj. (f. ई) von प्रष्ठ.

प्रास m. 1) *Wurf.* — 2) *Einstreuung.* — 3) *Wurfspiess.* — 4) *eine best. Constellation* oder *der best. Stand eines Planeten.* — 5) N. pr. eines Mannes.

*प्रासक m. *Würfel.*

प्रासङ्ग m. *eine Art Joch.* MBh. 13,64,19 nach Nîlak. = धान्यादिपिधानयोग्यं चतुरस्रम्.

प्रासङ्गवाह्योवह् (stark °वाह्) Adj. als Erklärung von उष्टर् Comm. zu Âpast. Çr. 8,20,11.

प्रासाङ्गिक Adj. (f. ई; आ fehlerhaft) 1) *aus dem nahen Verkehr mit Etwas —, aus der Neigung zu Etwas hervorgehend.* — 2) *sich gelegentlich anschliessend, zur Gelegenheit passend, beiläufig, accidentell.*

*प्रासङ्ग्य Adj. *am Joch ziehend.*

प्रासचॅ 1) Adj. (f. ईॅ) nach dem Comm. *zusammengelaufen* (Wasser). — 2) m. *das Zusammenlaufen, Gefrieren* (Comm.).

प्रासन n. *das Werfen, Wegwerfen, Hinwerfen* Vaitân. Gaim. 4.2,16.

प्रासर्पक m. = प्रसर्पक.

प्रासहॅ 1) Adj. *gewaltig* ṚV. 1,129,4 (Acc. प्रासहॅम्). — 2) f. *Gewalt.* Instr. *gewaltsam.*

प्रासह 1) *m. *Gewalt, Kraft.* Abl. *gewaltsam* Mân. Gṛhj. 1,13. — 2) f. आ N. pr. der Gattin Indra's (aus Missverständniss).

प्रासाद m. (adj. Comp. f. आ) 1) *ein erhöhter Platz zum Sitzen* oder *Zuschauen* (Âpast.); *Thurm, der oberste Stock eines hohen Gebäudes* (Kâd. 166, 8. 169,9). — 2) *ein auf hohem Fundamente ruhendes Gebäude, Palast, Tempel.* — 3) * *der Versammlungs- und Beichtsaal der buddhistischen Mönche.* — 4) Titel eines Werkes Opp. Cat. 1.

प्रासादकल्प m. Titel eines Werkes Opp. Cat. 1.

*प्रासादकुक्कुट m. *Haustaube.*

प्रासादगर्भ m. *ein inneres Gemach —, ein Schlafgemach in einem Palast* 137,30.

प्रासादपरामन्त्र m. *ein best. mystisches Gebet.*

प्रासादपृष्ठ n. *der Söller eines Palastes.*

प्रासादप्रतिष्ठादीधिति f. Titel eines Abschnittes im Râgadharmakaustubha.

*प्रासादमण्डना f. *Auripigment.*

प्रासादलक्षण n. Titel eines Werkes Opp. Cat. 1.

प्रासादाग्र n. *der Söller eines Palastes* R. ed. Bomb. 2,27,9.

*प्रासादारोहण n. *das Ersteigen eines Palastes.*

*प्रासादारोहणीय Adj. von प्रासादारोहण.

प्रासादालंकारलक्षण n. Titel eines Werkes Opp. Cat. 1.

प्रासादिक Adj. (f. आ!) 1) *freundlich, holdselig.* — 2) *lieblich, hübsch* Lalit. 311,17. Kâraṇḍ. 42,5. 43,11.

*प्रासादीय्, °यति *in einem Palast zu sein glauben.*

प्रासाह n. भरद्वाजस्य °हम् Name eines Sâman. — Vgl. जगत्प्रासाह.

*प्रासिक Adj. *mit einem Wurfspiess bewaffnet.*

प्रासुक Adj. *frei von lebenden Wesen, rein* Hem. Par. 1,308. 311. 12,61. 178. Vgl. अ° (Nachtr. 2).

प्रासेनजिती f. Patron. von प्रसेनजित्.

प्रासेव m. *Strang* (am Pferdegeschirr).

प्रास्कण्व 1) Adj. *von* Praskaṇva *verfasst.* — 2) n. Name eines Sâman.

प्रास्तावि m. N. pr. (Patron.) v. l. für प्रस्ताव VP.² 2,107.

प्रास्ताविक Adj. (f. ई) 1) *den Anfang —, die Einleitung bildend.* — 2) *zur rechten Zeit angebracht* in अ° (Nachtr. 1). — 3) *mit* प्रस्ताव 5) *versehen.*

प्रास्थानिक 1) Adj. *zum Aufbruch —, zur Abreise in Beziehung stehend* (Harshaḱ. 38,17); *günstig —, geeignet zum Aufbruch.* — 2) n. *Vorbereitungen zur Reise.*

प्रास्थिक Adj. *einen* Prastha *haltend, — wiegend,* * *mit einem* Prastha *Korn besäet.*

प्रास्य m. Pl. N. pr. eines Volkes VP.² 2,178.

प्रास्रवण 1) Adj. a) *aus einer Quelle kommend.* — b) प्लक्षः प्रास्रवणः *die Quelle der* Sarasvatî oder *der Ort des Wiedersichtbarwerdens der* S. — 2) m. Patron. von प्रस्रवण.

*प्राह m. *Tanzunterricht.*

प्राहणि m. Patron. fehlerhaft für प्रावाहणि.

प्राहरिक m. wohl = प्राहारिक Kâd. 2,47,16 (2, 56,12). Vgl. चातुष्प्राहरिक.

प्राहारिक m. *Wächter, Häscher, Scherge.*

प्राहुण 1) m. *Gast.* — 2) f. ई *ein weiblicher Gast.*

प्राहुणक 1) m. *Gast.* — 2) f. °णिका *ein weiblicher Gast.*

प्राहुणिक m. *Gast* zu Spr. 6286.

*प्राहृतायन m. Patron. von प्रहृत.

प्राह्ण m. *Vormittag.* Loc. und *Acc. *am* V.

*प्राह्णेतन Adj. *vormittägig.*

*प्राह्णेतमाम् und *°तराम् Adv. *recht früh am Vormittag.*

प्राह्न fehlerhaft für प्राह्ण.

प्राह्लाद scheinbar MBh. 5,1195, da प्राह्लादे ते वरासनम् die richtige Lesart ist.

प्राॅह्लादि m. Patron. von प्रह्लाद MBh. 5,35,14.

प्राह्लादनीय Lalit. 59,11 fehlerhaft für प्रह्ला°.

प्रियॅ 1) Adj. (f. आ) a) *lieb, werth, erwünscht, beliebt bei* (Gen., Loc., Dat. oder im Comp. vorangehend); *was Einem eigen ist, woran man gewöhnt ist, — hängt;* * *angenehm zu* (ein im Comp. vorangehendes Nom. act.). प्रियं कर् (Med.) *Jmd* (Acc.) *lieb gewinnen.* Mit einem Abl. *lieber als* Spr. 3584. Wird mit einem folgenden Subst. zu einem adj. Comp. verbunden. प्रियम् Adv. *auf eine angenehme Weise,* प्रियेण *gern.* Compar. प्रियतर, Superl. प्रियॅतम (einmal mit Abl. = प्रियतर). — b) *theuer, hoch im Preise.* — c) *Etwas liebend, — mögend, anhänglich an, geneigt, ein Freund von;* die Ergänzung im Loc. oder im Comp. vorangehend. — 2) m. a) *Freund* Gaut. 10,4. — b) *der*

Geliebte, Gatte. Auch प्रियतम. — c) *Schwiegersohn.* — d) * *eine Art Gazelle.* — e) * Bez. *zweier Heilpflanzen* Râǵan. 3,11. — 3) f. प्रिया a) *die Geliebte, Gattin, Weibchen* (eines Thieres). Auch प्रियतमा. — b) * *Nachricht.* — c) * *kleine Kardamomen.* — d) * *arabischer Jasmin* Râǵan. 10,82. 87. — e) * *Branntwein.* — f) Bez. *verschiedener Metra.* — g) N. pr. einer Tochter Daksha's VP.² 3,24. — 4) n. a) *etwas Liebes, — Erwünschtes, ein Gefallen.* — b) अग्नेः und इन्द्रस्य प्रियम् Name verschiedener Sâman Ârsh. Br.

प्रियंवद 1) Adj. (f. आ) *Liebes den Menschen sagend, freundlich im Umgange mit* (Gen. oder im Comp. vorangehend). — 2) m. a) *ein best. Vogel.* — b) N. pr. eines Gandharva. — 3) f. आ a) *ein best. Metrum.* — b) ein Frauenname.

प्रियंवदक m. N. pr. eines Mannes Mudrâr. 36, 17 (64,8).

प्रियक 1) m. a) *eine Gazellenart mit überaus weichem Fell.* — b) *ein best. Vogel.* — c) * *Biene.* — d) *ein best. Baum.* Nach den Lexicographen *Nauclea Cadamba, Terminalia tomentosa, Panicum italicum.* — e) N. pr. α) eines Wesens im Gefolge Skanda's. — β) * eines Mannes. — 2) f. ई *das Fell von* 1) a) R. ed. Bomb. 3,43,36.

प्रियकर Adj. *erfreulich.*

1. प्रियकर्मन् n. *die Handlung eines Geliebten.*

2. प्रियकर्मन् Adj. *Jmd Liebes erweisend, freundlich.*

प्रियकलह Adj. *zanksüchtig* Varâh. Brh. 20,8.

प्रियकाम Adj. (f. आ) *gern Jmd* (Gen.) *etwas Liebes erweisend* 69,20.

प्रियकाम्य 1) * m. *Terminalia tomentosa.* — 2) f. आ *der Wunsch Jmd* (Gen.) *etwas Liebes zu erweisen* 67,19.

प्रियकार Adj. *Jmd* (Gen.) *etwas Liebes erweisend.*

प्रियकारक Adj. *angenehm, erfreulich.*

प्रियकारण n. *Veranlassung zu etwas Liebem.* Abl. so v. a. *um Jmd etwas Liebes zu erweisen* R. 1,1,24.

प्रियकारिन् Adj. *Jmd etwas Liebes erweisend.* Nom. abstr. °रित्व n.

प्रियकृत् Adj. dass.

प्रियक्षत्र Adj. *freundlich herrschend* Ṛv.

प्रियंकर 1) Adj. (f. ई und आ) a) *Jmd* (Gen.) *etwas Liebes erweisend* VS. — b) *erfreulich, angenehm.* — 2) m. N. pr. a) eines Dânava. — b) verschiedener Männer. — 3) * f. ई a) *Physalis flexuosa.* — b) *eine weiss blühende* Kaṇṭakârî. — c) = बृहज्जीवन्ती.

प्रियङ्गु 1) m. f. a) *Fennich, Panicum italicum.* — b) *Aglaia odorata* Râǵan. 12,44. Mat. med. 314. — c) *schwarzer Senf, Sinapis ramosa* MBh. 13, 125,52 (m. nach Nîlak.). Kathâs. 47,109. — d) * *langer Pfeffer.* — e) * = फलिनी. — 2) n. wohl *Fennich* oder *Senfkorn* Suçr. 2,275,18. Bhâvapr. 3,136. Nach H. *Saffran.*

प्रियङ्गुका f. *Panicum italicum.*

* प्रियङ्गुद्वीप n. N. pr. eines Landes.

प्रियङ्गुश्यामा f. N. pr. der Gattin Naravâhanadatta's.

प्रियचिकीर्षा f. *das Verlangen Jmd* (Gen.) *etwas Liebes zu erweisen* 68,13.

प्रियचिकीर्षु Adj. *Jmd* (Gen.) *etwas Liebes zu erweisen verlangend* Bhag. 1,23.

प्रियजन m. *der oder die Liebste* 184,26.

प्रियजात Adj. *lieb —, erwünscht geboren* Ṛv.

प्रियजानि m. *Galan* Harshać. 148,17.

* प्रियजीव m. *Calosanthes indica* Râǵan. 9,27.

प्रियजीवित Adj. *dem das Leben lieb ist.* Nom. abstr. °ता f. *Liebe zum Leben.*

प्रियँतनु Adj. *dem sein Leben lieb ist.*

प्रियँतम 1) Adj. s. u. प्रियँ 1) a). — 2) * m. *eine best. Staude.*

प्रियतरत्व n. *das Jmd* (Loc.) *Liebersein als* (Abl.).

प्रियँता f. 1) *das Liebsein.* — 2) *das Liebhaben* (in Comp. mit seinem Object).

प्रियतोषण m. *quidam coeundi modus.*

प्रियत्व n. 1) *das Liebsein, Geliebtwerden.* — 2) *das Liebhaben* (in Comp. mit seinem Object).

प्रियदत्ता f. 1) mystische Bez. *der Erde.* — 2) N. pr. eines Frauenzimmers.

प्रियदर्श Adj. *angenehm —, lieblich anzusehen.*

1. प्रियदर्शन n. *der Anblick eines lieben Freundes.*

2. प्रियदर्शन 1) Adj. *lieblich anzusehen, — für* (Gen.). — 2) m. a) * *Papagei.* — b) * *eine Art Dattelbaum.* — c) * *Terminalia tomentosa.* — d) * *Mimusops Kauki.* — e) * *eine an Bäumen und Steinen erscheinende Flechte.* — f) *eine best. buddhistische Zeitperiode.* — g) N. pr. α) eines Fürsten der Gandharva. — β) eines Sohnes des Schlangendämons Vâsuki. — 3) f. आ N. pr. a) einer Surâṅganâ Ind. St. 15,241. — b) verschiedener Frauen Prij. 56,21. — 4) * f. ई *Predigerkrähe.*

प्रियदर्शिका f. N. pr. einer Prinzessin (Prij. 57, 5) und Titel eines nach ihr benannten Schauspiels.

प्रियदर्शिन् m. Bein. Açoka's.

* प्रियदा f. *Rhinacanthus communis.*

प्रियधन्व Adj. *den Bogen liebend* als Beiw. Çiva's MBh. 7,202,44.

प्रियधा Adv. *liebevoll.*

प्रियधान्यकर Adj. *das Getraide vertheuernd* Varâh. Brh. S. 4,20.

प्रियँधाम und प्रियँधामन् Adj. *eine liebe Heimat habend* oder *die Opferstätte liebend.*

प्रियंदद 1) Adj. *Liebes gewährend* Kâraṇḍ. 11,7. — 2) f. आ N. pr. einer Gandharva-Jungfrau Kâraṇḍ. 4,14.

प्रियँपति m. *Herr der Lieben* oder *des Lieben, Erwünschten.*

प्रियपुत्र m. *ein best. Vogel.*

प्रियप्रद m. N. pr. eines Autors von Mantra bei den Çâkta.

प्रियप्रश्न m. *eine freundliche Nachfrage* (nach Jmdes Wohl u. s. w.) Harshać. 138,23.

प्रियप्राय Adj. *überaus freundlich, — liebevoll* (Rede).

प्रियभाषण n. *freundliche Worte.*

प्रियभाषिन् 1) Adj. *liebevoll —, angenehm redend* R. 2,96,16. — 2) * f. °णी *Predigerkrähe.*

प्रियभोजन Adj. *der gern gut isst* Bhâvapr. 2,27.

प्रियमङ्गला f. N. pr. einer Surâṅganâ Ind. St. 15,241.

* प्रियमधु m. Bein. Balarâma's.

प्रियमाल्यानुलेपन m. N. pr. eines Wesens im Gefolge Skanda's.

प्रियमित्र m. N. pr. eines mythischen Kakravartin.

प्रियमुखा f. N. pr. einer Gandharva-Jungfrau Kâraṇḍ. 4,14.

प्रियमुख्या f. N. pr. einer Apsaras VP.² 2,81.

प्रियँमेध m. N. pr. eines Ṛshi. Pl. *sein Geschlecht.*

प्रियमेधवत् Adv. *wie* Prijamedha.

प्रियँमेधस्तुत Adj. *von* Prijamedha *gepriesen.*

* प्रियंभविष्णु Adj. *lieb —, angenehm werdend.*

प्रियंभावुक Adj. dass. Nom. abst. °ता f.

प्रियँरथ m. N. pr. eines Mannes. Nach Sâj. Adj.

* प्रियरूप Adj. *von angenehmem Aussehen.*

प्रियवक्तर् Nom. ag. *Jmd etwas Liebes sagend* (in gutem und in bösem Sinne), *nach dem Munde redend, Schmeichler.* Nom. abstr. °क्तृत्व n.

1. प्रियवचन n. *liebe —, freundliche Worte.*

2. * प्रियवचन m. *ein ergebener Kranker.*

1. प्रियवचस् n. *liebe —, freundliche Worte.*

2. प्रियवचस् Adj. *freundlich redend, nicht verstimmt* Râǵan. 20,33.

प्रियँवत् Adj. 1) *Freunde besitzend* Bhar. Nâṭjaç. 34,64. — 2) *das Wort* प्रिय *enthaltend.*

* प्रियवर्णी f. = प्रियङ्गु.

* प्रियवल्ली f. = प्रियङ्गु und फलिनी.

प्रियवसन्तक m. *der erwünschte Frühling* und zugleich *der liebe* Vasantaka 291,28.

1. प्रियवाच् f. *liebe —, freundliche Reden.*

2. प्रियवाच् Adj. *liebe —, freundliche Reden führend.*

प्रियवाद m. *liebe —, freundliche Worte.*

*प्रियवादिका f. *ein best. musikalisches Instrument.*

प्रियवादिन् 1) Adj. *Jmd etwas Angenehmes, Liebes sagend, freundlich redend; schmeichelnd, Schmeichler.* Nom. abstr. °वादिता f. — 2) m. *Predigerkrähe* Karaka 5,12. — 3) *f. °वादिनी *Predigerkrähe.*

प्रियव्रत 1) Adj. *erwünschtes Gesetz habend* oder *Gehorsam liebend* Çat. Br. 4,5,3,20. — 2) m. N. pr. verschiedener Männer.

*प्रियशालक m. *Terminalia tomentosa* Râgan. 9,138.

प्रियशिष्या f. N. pr. einer Apsaras VP.² 2,82.

प्रियश्रवस् Adj. *den Ruhm liebend,* Beiw. Kṛshṇa's.

प्रियसू Adj. *Erwünschtes verschaffend.*

प्रियसंवास m. *das Zusammenleben mit Lieben* 163,23.

1. प्रियसख 1) m. a) *ein lieber Freund.* — b) **Acacia Catechu.* — 2) f. ई *eine liebe Freundin.*

2. प्रियसख Adj. *seine Freunde liebend.*

प्रियसंगमन n. N. pr. des Ortes, an welchem Indra und Kṛshṇa mit ihren Eltern Aditi und Kaçjapa *zusammengekommen sein sollen.*

प्रियसत्य Adj. *angenehm und zugleich wahr.*

*प्रियसंदेश m. *Michelia Champaka.*

प्रियसमुद्र m. N. pr. eines Kaufmanns Hem. Par. 1,472.

प्रियसंप्रहार Adj. *streitsüchtig* Bâlar. 30,10.

*प्रियसर्पिष्क Adj. *zerlassene Butter mögend* L. K. 1051.

*प्रियसालक m. = प्रियशालक.

प्रियसेवक Adj. *die Diener liebend, freundlich gegen die D.* Râgat. 8,498.

प्रियस्तोत्र Adj. *dem Lob lieb ist, preislustig* ṚV.

प्रियहित Adj. *angenehm und zugleich erspriesslich* 104,21. n. Sg. *Angenehmes und z. Erspriessliches* 71,2. 83,16. M. 2,235. MBh. 1,158,24. R. 1, 7,4. Du. Gaut. 2,30.

1. प्रिया Adj. und f. s. u. प्रिय.

2. *प्रिया Adv. mit कर् *Jmd* (Acc.) *etwas Angenehmes erweisen.*

प्रियाख्य Adj. 1) *Angenehmes meldend* R. 2,3, 46. Ind. St. 13,483. — 2) *Liebes —, Angenehmes heissend* Spr. 1312.

प्रियातिथि Adj. *Gäste liebend, gastfreundlich.*

प्रियात्मक und प्रियात्मज m. *ein best. zu den* Pratuda *gezählter Vogel.*

प्रियात्मन् Adj. *angenehm.*

प्रियान्न n. *caritas annonae* Varâh. Bṛh. S. 17,4.

प्रियाप्रिय n. Sg. Du. und Pl. *Liebes und Unliebes, Angenehmes und Unangenehmes* 140,23. — Khând. Up. 8,12,1. M. 8,173. Spr. 5663. Bhâg. P. 4,28,37. — AV. 10,2,9.

प्रियामुखी Adv. mit भू *sich in das Gesicht der Geliebten verwandeln* Naish 7,52.

*प्रियाम्बु m. *der Mangobaum* Râgan. 11,11.

प्रियाय्, प्रियायते *mit Liebe behandeln* AV. 19,27, 10 (Conj.). MBh. 2,63,5, v. l. Nach Nilak. = प्रियमिवाचरते. — Mit नि *unfreundlich sein gegen* (Acc.) AV. 12,4,11. 21. 25. — Vgl. प्रीणाय्.

प्रियाल 1) m. *Buchanania latifolia.* — 2) *f. आ *Weinstock, — traube* Râgan. 11,101.

प्रियालाप m. N. pr. eines Mannes Vṛshabh. 260,a,25.

प्रियालापिन् Adj. *Liebes —, Freundliches sagend* 174,24.

प्रियावत् Adj. *eine Geliebte habend, ein Verliebter.*

प्रियामूयमती f. N. pr. eines Frauenzimmers.

प्रियीय्, °यति (Conj.) *Jmd* (Acc.) *für die Geliebte halten.*

प्रियैषिन् Adj. *Jmd* (im Comp. vorangehend) *etwas Angenehmes wünschend, um Jmds Freude besorgt* 172,23.

प्रियोक्ति f. und *प्रियोदित n. *liebe, freundliche Worte.*

प्रियोस्रिय Adj. *in die Kühe verliebt.*

1. प्री 1) प्रीणाति, प्रीणीते (प्रीणीत् Conj.) a) Act. α) *vergnügen, ergötzen, erfreuen, Jmd etwas Liebes erweisen, es Jmd zu Dank machen, Jmd gnädig stimmen;* mit Acc. — β) *seine Freude haben an, sich Etwas wohl sein lassen;* mit Gen., Instr. (Gaut.) oder Loc. — b) Med. *befriedigt —, vergnügt —, froh sein, sich behagen lassen.* — 2) प्रीयते (episch und metrisch auch Act. und प्रि°) a) *befriedigt —, vergnügt —, froh sein, — über, Gefallen finden an;* mit Loc., Instr. oder Abl. der Person oder der Sache, mit Gen. der Person. — b) *lieben, Jmd geneigt sein;* mit Acc. प्रीयमाण auch *freundlich* von einer Rede. — 3) प्रीत a) *erfreut, vergnügt, fröhlich, befriedigt, — durch* oder *über Etwas* (Instr., Loc. oder im Comp. vorangehend) [Daçak. 68,14], *über Jmd* (Gen.). Compar. प्रीततर. — b) *geliebt, Jmd* (Gen. oder im Comp. vorangehend) *lieb.* — c) *freundlich* (Rede). — Caus. प्रीणयति, *प्रापयति und *प्राययति 1) *vergnügen, ergötzen, erfreuen, gnädig stimmen.* — 2) *erquicken, erfrischen* Karaka 1,5. — Desid. पिप्रीषति *Jmd gewinnen —, günstig stimmen wollen.* — Mit अभि in अभिप्रीत und अनभिप्रीत (Nachtr. 4). — Caus. *erquicken, erfrischen* Karaka 1,26. — Mit आ 1) Act. a) *befriedigen, begütigen, günstig stimmen, ergötzen.* आप्रीत *erfreut, froh.* — b) *mit den* Âprî-*Versen besprechen.* — 2) Med. *sich ergötzen.* — Mit परि, पैरिप्रीत 1) *dem man Liebes erweist, — schmeichelt, theuer.* — 2) *überaus erfreut.* — Mit अनुप्र *nach Jmd* (Acc.) *in eine freudige Stimmung gerathen* TBr. 1,3,10,4. 5 (wohl प्रीयत्ते zu lesen). — Mit सम्, संप्रीयते *befriedigt —, vergnügt —, froh sein, seine Freude haben an* (Loc. oder Abl.). संप्रीत *befriedigt, vergnügt, froh.* — Caus. संप्रीणयति *befriedigen, vergnügt machen* Hemâdri 1,793,6.

2. °प्री Adj. 1) *freundlich.* — 2) *sich ergötzend an.*

प्रीण् s. u. 1. प्री.

*प्रीण Adj. *ehemalig, alt.*

प्रीणन 1) Adj. *angenehme Empfindung erregend, wohlthuend, beruhigend.* — 2) n. a) *das Ergötzen, Erfreuen, Befriedigen* 329,7. — b) *ein Mittel zum Ergötzen* u. s. w.

प्रीणाय् s. Caus. von 1. प्री.

प्रीत 1) Adj. s. u. 1. प्री. — 2) f. प्रीता mystische Bez. *des Lautes* प. — 3) *n. *Scherz, Spass.*

प्रीतमनस् und प्रीतात्मन् Adj. *erfreuten —, frohen Herzens.*

प्रीति f. 1) *Freude, Ergötzung, angenehme Empfindung, Befriedigung, gnädige Stimmung, Freude an* oder *über* (Loc. oder im Comp. vorangehend); mit einem Absol. *Freude darüber, dass man Etwas gethan hat.* Instr. *in freudiger Erregung, froh, mit Freude.* — 2) *freundschaftliche Gesinnung, Freundschaft, — mit* (समम् oder im Comp. vorangehend), *Liebe, — zu* (Gen., Loc. oder im Comp. vorangehend). Instr. *freundschaftlich, in Liebe.* — 3) *die Freude, Befriedigung* wird personificirt, insbes. als eine Tochter Daksha's und als eine der beiden Gattinnen des Liebesgottes (134,24). — 4) *eine best.* Çruti S. S. S. 23. — 5) *ein best. astrol.* Joga. — 6) *die 15te* Kalâ *des Mondes.* — 7) mystische Bez. *des Lautes* ध.

प्रीतिकर Adj. *Jmd* (im Comp. vorangehend) *Freude machend.*

प्रीतिकर्मन् n. *Liebeswerk.*

प्रीतिकूट N. pr. eines Dorfes.

*प्रीतिजुषा f. N. pr. der Gattin Aniruddha's.

*प्रीतितृष् m. Bein. *des Liebesgottes.*

*प्रीतिद् m. *der Spassmacher im Schauspiel.*

प्रीतिदत्त Adj. *aus Liebe —, aus Zuneigung geschenkt.*

प्रीतिदान n. *Liebesgabe* Ragh. 15,68.

प्रीतिदाय m. dass.

प्रीतिधन n. *aus Freundschaft geschenktes Geld.*

प्रीतिपूर्वकम् Adv. *in Liebe, auf freundschaftliche Weise.*

प्रीतिमन्त् 1) Adj. a) *erfreut, froh, befriedigt.* — b) *Liebe —, Freundschaft zu Jmd fühlend, Jmd gewogen, verliebt;* mit Loc., Gen. oder Acc. — c) *liebevoll* (Wort). — 2) f. °मती *ein best. Metrum.*

प्रीतिमय Adj. *aus Freude entstanden* (Thränen).

प्रीतियुज् Adj. *geliebt, lieb* Kir. 1,10.

प्रीतिरसायन n. *ein Freude bewirkender Zaubertrank* Spr. 4860.

प्रीतिवचस् n. *liebevolle —, freundliche Worte.*

प्रीतिवर्धन m. *der vierte Monat.*

प्रीतिसंगति f. *ein Freundschaftsbündniss mit* (Instr.).

प्रीतिसंदर्भ m. Titel eines Werkes.

प्रीयति m. Bez. *der Wurzel* 1. प्री MBh. 3,42,31.

प्रीयाय्, °यते *sich freuen über* (Acc.) MBh. 2,63, 5. Vgl. प्रियाय्.

प्रु, प्रवते *aufspringen* Bhatt. — Caus. प्रावयति *reichen bis* (Acc.) Bhatt. — Mit अति *hinüberspringen, entspringen.* — Mit अप *herabspringen.* — Mit अभि 1) *herbeihüpfen, — springen.* — 2) *hineinspringen in* (Acc.). — Mit आ *anspringen, hinaufspringen;* mit Acc. — Mit उद् *herausspringen.* — Mit उप in उपप्रुत्. — Mit वि *nach allen Seiten sprühen* Maitr. S. 2,1,11. विप्रुत *versprengt, verschlagen, palans.*

°प्रुत् Adj. in असरित्प्रुत्, उदप्रुत्, उपरिप्रुत् und कृष्णप्रुत्.

प्रुथ्, प्रोथति *prusten* (vom Ross), *schnauben.* Partic. प्रोथत् und प्रोथमान. — Caus. प्रोथयति *Gewalt anwenden.* — Intens. Partic. पोप्रुथत् *heftig schnaubend.* — Mit अप *wegschnauben, wegblasen.* — Mit प्र 1) *aufpusten, aufschnauben.* — 2) *aufblasen* (die Backen) RV. 3,32,1. — 3) *die Glieder schütteln* (nach dem Comm.). — Vgl. प्रोथ्.

1. प्रुष् 1) प्रुष्णोति, प्रुष्णुते, (वि) प्रुष्यति. a) *spritzen, träufeln.* — b) *bespritzen, benetzen.* प्रुषित *bespritzt, benetzt.* — 2) *प्रुष्णाति (स्नेहने, सेचने, पूरणे, आर्द्रीभावे; auch मोचने st. सेचने. — Mit अभि (प्रुष्णुते) *Etwas an sich bespritzen, — benetzen.* — Mit उद् in उत्प्रुष्. — Mit परि (°प्रुष्णुते Dat.) *ringsum spritzen* TS. 7,5,11,2. — Mit वि *hinausspritzen, abträufeln.*

2. °प्रुष् Adj. in अभ्रप्रुष् und घृतप्रुष्. Vgl. प्रुष्.

3. *प्रुष् *brennen.* प्रुष्ट *gebrannt.* Râǵat. 6,144 fehlerhaft für पुष्ट.

प्रुषधु m. N. pr. fehlerhaft für पृषध्र.

प्रुषाय्, प्रुषायति, °ते 1) *spritzen, träufeln.* — 2) *bespritzen, benetzen.* — Mit अभि *benetzen.* — Mit आ *beträufeln, bespritzen.*

प्रुषितप्सु Adj. *gesprenkelt, bunt.*

*प्रुष्टाय्, °यते von unbekannter Bed.

प्रुष्व 1) *m. a) *die Regenzeit.* — b) *die Sonne.* — 2) f. प्रुष्वा und प्रुष्वा *Reif, Eis.*

*प्रुष्वाय्, °यते *tröpfeln.*

प्रू in *कटप्रू.

प्रूष् in अष्ठप्रूष्.

*प्रैकीय्, °यति Denomin. von प्र + एक.

प्रेक्षक Adj. (f. प्रेक्षिका) 1) *zusehend, sich Jmd oder Etwas* (Acc.) *ansehend, — anzusehen beabsichtigend;* Subst. *Zuschauer* Mân. Gṛhj. 1,12. — 2) *in Betracht ziehend, erwägend, Recht sprechend* 210,24.

प्रेक्षण n. 1) *das Anschauen, Schauen, Sichansehen* (119,21. Gaut.), *Zuschauer bei einer Aufführung.* — 2) *Blick.* Am Ende eines adj. Comp. f. आ Megh. 79. — 3) *Auge.* — 4) *Schauspiel.*

प्रेक्षणक 1) Adj. *zusehend;* m. *Zuschauer.* — 2) n. *Schauspiel* Hemâdri 1,545,21. Bâlar. 58,16. 67, 1. *Komödie* (Gegens. *Wirklichkeit*) 83,19.

प्रेक्षणकूट n. = अक्षिकूट Suçr. 2,466,14.

प्रेक्षणिक m. *Schauspieler* (?) Vet. (U.) 125.

प्रेक्षणीय 1) Adj. a) *zu sehen, sichtbar, — für* (Instr.). — b) *anzuschauen —, aussehend wie* (im Comp. vorangehend). — c) *sehenswerth, — für* (im Comp. vorangehend), *prächtig* Spr. 7646. Compar. °तर (Chr. 47,28), Superl. °तम. — 2) n. *Schauspiel* Vet. (U.) 183.

प्रेक्षणीयक n. *Schauspiel.*

प्रेक्षणीयता f. *Sehenswürdigkeit.*

प्रेक्षा f. 1) *das Sehen, Anschauen, Anblicken, das Zuschauen bei einer Aufführung.* — 2) *das Aussehen, gutes Aussehen, Pracht.* — 3) *Schauspiel* Hemâdri 1,545,19. 21. — 4) *das Auffassen als* (im Comp. vorangehend), *Gemeintsein.* — 5) *Umsicht, Ueberlegung, Bedacht, Verstand.* — 6) **Ast.*

*प्रेक्षाकारिन् Adj. *mit Bedacht zu Werke gehend* Gal.

प्रेक्षागार m. n. und प्रेक्षागृह n. *Schaugebäude, ein Gebäude, von dem man einem Schauspiel zusieht.*

प्रेक्षापूर्वम् und प्रेक्षापूर्व° Adv. *mit Bedacht.*

प्रेक्षाप्रपञ्च m. *Theaterspiel* Bâlar. 74,9.

प्रेक्षावन्त् Adj. *mit Umsicht zu Werke gehend, bedächtig, verständig.*

प्रेक्षाविधि m. *Theaterspiel* Bâlar. 83,17.

प्रेक्षासमाज n. Sg. *Schauspiele und Versammlungen* 193,18.

प्रेक्षित 1) Adj. Partic. von ईक्ष् mit प्र. — 2) n. *Blick.*

प्रेक्षितर् Nom. ag. *Zuschauer.*

प्रेक्षितव्य Adj. *zu sehen, — zu bekommen* (im Prâkrit) 296,26. 317,31.

प्रेक्षिन् Adj. 1) *zusehend, zuschauend, schauend, — auf* oder *nach, sein Augenmerk richtend —, lauernd auf* (im Comp. vorangehend). Nom. abstr. °क्षित्व n. — 2) *blickend wie, den Blick von* (im Comp. vorangehend) *habend.*

प्रेक्ष्य Adj. 1) *zu sehen, zu Gesicht zu bekommen, was angeschaut wird, was mit dem Auge wahrgenommen wird.* — 2) *wonach —, worauf man zu sehen, — zu achten hat.* — 3) *sehenswerth.*

प्रेङ्ख 1) Adj. *schwankend, schaukelnd, schwebend.* — 2) m. f. (प्रेङ्खा) *schwankender Sitz, Schaukel, Schwinge.* प्रेङ्खौ *die beiden Pfosten, zwischen denen die Schaukel sich bewegt.* प्रेङ्खङ्खन n. *das Schaukeln.* नकुलस्य वामदेवस्य प्रेङ्खौ und मरुतां प्रेङ्खः m. Namen von Sâman Ârsh. Br. — 3) *f. प्रेङ्खा a) *Tanz.* — b) *ein best. Gang der Pferde.* — c) *das Umherstreifen.*

प्रेङ्खण 1) Adj. *hinziehend zu* (im Comp. vorangehend) Bhatt. — 2) n. a) *das Schaukeln.* — b) **Schwinge, Schaukel.* — c) *eine Art Schauspiel.* — d) प्रेखण Trik. 3,3,103 fehlerhaft für प्रेक्षण und dieses für प्रेषण.

प्रेङ्खणकारिका f. *Schauklerin* (eine best. Dienerin im Schauspiel).

*प्रेङ्खणीय Adj. *zu schaukeln.*

प्रेङ्खफलक n. *Schaukelbrett.*

प्रेङ्खोल्, °लति *sich schaukeln, sich hinundher bewegen* Pr. P. 137. Mâlatîm. ed. Bomb. 313,6, v. l.

प्रेङ्खोल 1) Adj. *sich schaukelnd, tanzend, sich hinundher bewegend* Vikramâṅkaḱ. 15,87. — 2) m. a) *das Wehen* (des Windes) Mâlatîm. ed. Bomb. 313, 6. — b) *Schwinge, Schaukel* Vikramâṅkaḱ. 11,82.

प्रेङ्खोलन 1) n. a) *das Schwingen, Schaukeln* Kâd. 142,2 (294,4). — b) *Schwinge, Schaukel.* — 2) f. आ *das Wehen* (des Windes) Kâd. 2,139,8.

प्रेङ्खोलय्, *°यति *schwingen, schaukeln.* °लित *geschwungen, geschaukelt, sich hinundher bewegend* Kâd. 14,21 (22,7). 2,16,23.

*प्रेङ्खण n. Nom. act. von इङ्ख् mit प्र.

प्रेडक Adj. = प्रेरक. Nom. abstr. °त्व n.

*प्रेण्, प्रेणति (गतिप्रेरणश्लेषणेषु).

प्रेणी Instr. für प्रेम्णी.

प्रेणी Adj. = प्रेतृ. Dunkel AV. 6,89,1.

प्रेत 1) Adj. *verstorben.* — 2) m. *a) ein Verstorbener.* — *b) die Seele eines Verstorbenen, Geist, Gespenst.*

प्रेतकर्मन् n. *Todtenceremonie* Gaut. 20,2. 16.

प्रेतकल्प m. Titel des 2ten Theils im Garuḍapurâṇa.

प्रेतकार्य und प्रेतकृत्य n. *Todtenceremonie.*

प्रेतकृत्यनिर्णय m. Titel eines Werkes.

प्रेतगत Adj. *zu den Verstorbenen gegangen, verstorben.*

*प्रेतगृह n. *Leichenstätte.*

प्रेतगोप m. *Todtenwächter* (in Jama's Behausung).

प्रेतचारिन् Adj. *unter Verstorbenen einhergehend* (Çiva).

प्रेतत्व n. 1) *der Zustand eines Gestorbenen, das Todtsein.* — 2) *der Zustand eines Gespenstes* Hemâdri 1,58,9. Kâraṇḍ. 41,22.

प्रेतधूम m. *der Rauch bei einer Leichenverbrennung.*

*प्रेतनदी f. *der Fluss im Reiche der Verstorbenen.*

प्रेतनाथ m. Bein. Jama's Bâlar. 109,6.

प्रेतनिर्यातक und प्रेतनिर्हारक m. *Leichenträger.*

प्रेतपक्ष und °क m. *die dunkele Hälfte im gauṇa Âçvina.*

*प्रेतपटह m. *eine bei Leichenbegängnissen geschlagene Trommel.*

प्रेतपताका f. *Trauerfahne* Harshaé. 139,10. 223,5.

प्रेतपति m. Beiw. und Bein. Jama's.

प्रेतपतिपटह m. *die Todestrommel* (fig.) Kâd. 2, 74,3.

प्रेतपिण्डभुज् Adj. *das Todtenmahl geniessend* Harshaé. 145,6.

प्रेतपितृ Adj. *dessen Vater verstorben ist* Mân. Gṛhj. 2,1.

*प्रेतपुर n. und °पुरी f. (Daçak. 14,22) *die Stadt der Todten, Jama's Behausung.*

प्रेतप्रदीप m. Titel eines Werkes.

प्रेतप्रसाधन n. *das Ausschmücken eines Verstorbenen.*

प्रेतभक्षिणी f. N. pr. einer Göttin.

प्रेतभाव m. *der Zustand eines Verstorbenen, das Todtsein.* °स्थ Adj. *verstorben.* संसिद्धः °भावाय *zum Sterben bereit.*

प्रेतमञ्जरी f. Titel eines Abschnittes im Garuḍapurâṇa.

प्रेतमुक्तिदा f. Titel eines Werkes.

प्रेतमेध m. *Todtenopfer.*

प्रेतृ Nom. ag. *Wohlthäter, Liebhaber, Pfleger.*

*प्रेतराक्षसी f. *Basilienkraut.*

प्रेतराज m. Bein. Jama's. °निवेशन n. und °पुर n. *seine Behausung, — Stadt.*

प्रेतलोक m. *die Welt der Verstorbenen.*

*प्रेतवन n. *Leichenstätte.*

प्रेतवश m. *die Gewalt der Todten.* °वशं नी so v. a. *zum Tode befördern* MBh. 3,313,29.

*प्रेतवाहित Adj. *von Geistern besessen.*

प्रेतशिला f. *Todtenstein*, Bez. eines Steines in Gajâ, auf dem die Todtenkuchen dargebracht werden.

प्रेतशुद्धि f. und प्रेतशौच n. *die Reinigung nach einem Todesfall.*

प्रेतसंकृत Adj. *zu Ehren eines Verstorbenen zubereitet* (Speise) Âpast.

प्रेतस्पर्शिन् m. *Leichenträger* Çâṅkh. Gṛhj. 4, 7. 11.

प्रेतहार m. dass.

प्रेताधिप m. Bein. Jama's. °नगरी f. *die Residenz Jama's* Kâd. 21,1.

प्रेताधिपति m. *der Herr der Todten* oder *Geister.*

प्रेतान्न n. *die für einen Verstorbenen bestimmte Speise* Âpast.

प्रेतापन (fehlerhaft) und प्रेतायन (wohl m.) *eine best. Hölle* Kâraṇḍ. 66,16. 17. 18,13.

प्रेतावास m. *Leichenstätte.*

प्रेतास्थि n. *Knochen eines Verstorbenen.*

प्रेति f. 1) *Weggang, Flucht.* — 2) *Antritt* Tâṇḍja-Br. 11,3,1.

*प्रेतिक m. *die Seele eines Verstorbenen, Geist, Gespenst.*

प्रेतिवत् Adj. *das Wort* प्रेति oder *eine Form von* 3. इ *mit* प्र *enthaltend* Âpast. Çr. 14,19.

प्रेतिषणि Adj. *fortstrebend.*

प्रेतेश und प्रेतेश्वर m. Bein. Jama's.

प्रेत्य Absol. s. u. 3. इ mit प्र.

प्रेत्यजाति f. *die Stellung im künftigen Leben.*

प्रेत्यभाज् Adj. *nach dem Tode die Früchte von Etwas geniessend.*

प्रेत्यभाव m. *der Zustand nach dem Tode, das jenseitige Leben.*

प्रेत्यभाविक Adj. *auf den Zustand nach dem Tode sich beziehend.*

प्रेत्वन् 1) Adj. (f. प्रेत्वरी) *ledig laufend* (Vieh). — 2) *m. *a) Wind.* — *b)* Bein. Indra's.

प्रेत्वरी s. u. प्रेत्वन् 1).

प्रेदि m. N. pr. eines Mannes. v. l. प्रौति.

प्रेधा Adv. = प्रियधा *liebevoll* Maitr. S. 1,2,15. 3,9,7.

*प्रेन्वन n. Nom. act. von इन्व् mit प्र.

*प्रेन्वनीय Part. fut. pass. von इन्व् mit प्र.

*प्रेप Adj. (प्र + अप् *Wasser*).

प्रेप्सा f. 1) *das Habenwollen, Verlangen, Begehren.* — 2) *Voraussetzung, Annahme.*

प्रेप्सु Adj. 1) *zu erlangen wünschend, verlangend nach, suchend*; das Object im Acc. oder im Comp. (Gaut.) vorangehend. — 2) *voraussetzend, annehmend.*

प्रेम 1) am Ende eines adj. Comp. (f. आ) = प्रेमन् 1). — 2) f. आ *a)* dass. — *b) ein best. Metrum.*

प्रेमणीय Adj. *Liebe u. s. w. zu erwecken geeignet* Lalit. 59,10. Text zu Lot. de la b. l. 222.

प्रेमन् 1) m. n. *a) Liebe, Zuneigung, Vorliebe, Liebhaberei* (Spr. 7621), *Gunst, Zärtlichkeit, Liebe u. s. w. zu* (Loc. oder im Comp. vorangehend). Auch Pl. — *b)* **Freude.* — 2) m. *a) Scherz, Spass* Pl. Sâh. D. 136. — *b)* **Wind.* — *c)* *Bein. Indra's. — *d)* N. pr. verschiedener Männer.

प्रेमनारायण m. N. pr. eines Fürsten.

प्रेमपत्तनिका f. Titel eines Werkes.

*प्रेमपातन n. *Schnupfen.*

प्रेमबन्ध m. und °बन्धन n. *Liebesband, Liebe, Zuneigung.*

प्रेमभाव m. *Liebe, Zuneigung.*

प्रेमराशी Adv. mit भू *zu heftiger Liebe sich steigern* Megh. 109.

प्रेमलतिका f. *die kleine Liane „Liebe“* Kâvjapr. 283,2.

प्रेमवत् 1) Adj. *von Liebe erfüllt.* — 2) *f. °वती *die Geliebte.*

प्रेमसाहि m. N. pr. = प्रेमनारायण.

प्रेमसेन m. N. pr. eines Fürsten Ind. St. 15,252.

प्रेमाकर m. *eine Fülle von Liebe* Daçak. 2,6.

प्रेमाबन्ध m. = प्रेमबन्ध 316,33. Venis. 44.

प्रेमामृत n. Titel eines Verzeichnisses von 112 Namen Kṛshṇa's.

प्रेमावती f. N. pr. einer Surâṅganâ Ind. St. 15,443.

*प्रेमिन् Adj. *von Liebe erfüllt.*

प्रेयंस् 1) Adj. *lieber, werther, erwünschter* Kathâs. 61,141. — 2) m. *der Geliebte* 179,27. — 3) f. प्रेयसी *die Geliebte* 174,8. 179,27. — 4) n. in der Rhetorik *Schmeichelei.*

प्रेयस्ता f. und प्रेयस्त्व n. *das Liebersein.*

प्रेरक Adj. Subst. *antreibend, Antreiber, Anreger.*

प्रेरण 1) n. *das Hinaustreiben* in *पशु°. — 2)

n. f. (आ) a) das Antreiben, Antrieb, — zu (प्रति). — b) Thätigkeit, Handlung.

प्रेरणीय Adj. anzutreiben, — zu (Dat.).

प्रेरितर् Nom. ag. Antreiber.

*प्रेल्वन् m. das Meer.

*प्रेल्वरी f. Fluss.

1.*प्रेष्, प्रेषते (गतौ).

2. प्रेष् f. Drang.

प्रेष m. 1) Antrieb. Streben. — 2) * Absendung. — 3) *Schmerz, Pein.

प्रेषक Adj. der den Befehl zu Etwas giebt.

प्रेषण n. 1) das Absenden (eines Boten), — zu Jmd (प्रति), Zusenden. — 2) das Absenden mit einem Auftrage, Auftraggeben, Geheiss, Befehl Gaut. °कृत् einen Auftrag —, einen Befehl ausführend. — 3) Diensterweisung MBh. 1,76,25 (Pl.). Chr. 297, 6 (im Prâkrit).

प्रेषणाध्यक्ष m. Oberaufseher über die Befehle (eines Fürsten), Haupt der Verwaltung.

प्रेषयितर् Nom. ag. der Aufträge —, Befehle ertheilt.

प्रेषितव्य n. impers. aufzufordern.

*प्रेषे Dat. Infin. zu 1. इष् mit प्र P. 3,4,9, Sch.

प्रेष्ठ (auch dreisilbig) 1) Adj. a) der liebste, wertheste. In der Anrede so v. a. Liebster. — b) grosses Gefallen findend an (Loc.). — 2) m. der Geliebte, Gatte. — 3) f. प्रेष्ठा a) die Geliebte, Gattin. — b) * Bein.

प्रेष्ठतम Adj. = प्रेष्ठ 1) a).

प्रेष्य 1) Adj. zu schicken, zu senden. — 2) m. Diener Gaut. — 3) f. आ Dienerin. Am Ende eines adj. Comp. f. आ. — 4) n. a) das Dienersein; vgl. प्रैष्य. — b) Geheiss, Befehl. °कर Jmds (Gen.) Befehle ausführend.

प्रेष्यजन m. 1) Dienerschaft. — 2) Diener.

प्रेष्यता f. und प्रेष्यत्व n. der Stand eines Dieners, Knechtschaft, — bei Jmd (im Comp. vorangehend).

प्रेष्यभाव m. der Stand eines Dieners oder einer Dienerin.

प्रेष्यवधू f. Dienerin.

प्रेष्यवर्ग m. Dienerschaft.

प्रेष्यात्व n. der Stand einer Dienerin.

*प्रेह्खण n. Nom. act. von ईङ्ख् mit प्र.

*प्रेहिकटा f. eine Handlung, bei der keine Matten sein dürfen. Vgl. प्रोह्यकटा.

*प्रेहिकर्दमा f. eine Handlung, bei der kein Schmutz sein darf. Vgl. प्रोह्यकर्दमा.

*प्रेहिद्वितीया f. eine Handlung, bei der kein Zweiter sein darf.

*प्रेहिवाणिजा f. eine Handlung, bei der kein Kaufmann sein darf.

*प्रैकीय्, °यति = प्रेकीय्.

*प्रैण्, प्रैणति (गतिप्रेरणश्लेषणेषु).

प्रैणान Adj. = प्रीणान (VS. TS.) geneigt gemacht AV. 5,27,3.

प्रैतोस् Gen. Infin. zu 3. इ mit प्र Ait. Br. 8,7,8.

*प्रैय n. Nom. abstr. von प्रिय.

*प्रैयक m. Patron. von प्रियक.

प्रैयङ्गव Adj. aus Fennich bereitet Maitr. S. 2,1, 8. TS. 2,2,11,4.

*प्रैयङ्गविक Adj. die Geschichte von Prijaṅgu kennend.

प्रैयमेध 1) m. Patron. von प्रियमेध. Pl. Ait. Br. 8,8,4. — 2) n. Name verschiedener Sâman Ârsh. Br.

प्रैयरूपक n. Nom. abstr. von प्रियरूप Naish. 5,66.

प्रैयव्रत 1) Adj. zu Prijavrata in Beziehung stehend. — 2) m. Patron. von Prijavrata. — 3) n. Prijavrata's Leben, — Schicksale.

प्रैय्यङ्गव Adj. fehlerhaft für प्रैयङ्गव.

प्रैय्यमेध m. fehlerhaft für प्रैयमेध 1) Pl. TBr. 2, 1,9,1.

प्रैष m. 1) Aufforderung, Geheiss, Befehl; insbes in der Liturgie. Das Wozu im Comp. vorangehend. °सूक्त n. Sâj. zu Ait. Br. 6,14,3. — 2) *= मर्दन, पीडन, क्लेश, उन्मान.

प्रैषकर (Âpast.) und प्रैषकृत् (Vaitân.) Adj. Befehle ausführend; m. Diener.

*प्रैषणिक Adj. von Aufträgen, d. i. von der Besorgung von Aufträgen lebend, zur Bes. von Auftr. geeignet.

प्रैषप्रतीकयाज्या f. eine mit einem Praisha 1) beginnende Jâǵjâ Âpast. Çr. 8,2,15.

प्रैषम् Absol. mit इष्, इच्छति aufzutreiben suchen (wie ein Wild).

प्रैषिक Adj. zu den Praisha 1) gehörig oder mit Praisha 1) verbunden.

प्रैष्य 1) Adj. mit जन m. = 2). — 2) m. Diener. — 3) f. प्रैष्या Dienerin. — 4) n. der Stand eines Dieners, Knechtschaft.

प्रैष्यजन m. Dienerschaft.

प्रैष्यभाव m. der Stand eines Dieners, Knechtschaft.

प्रोक्तकारिन् Adj. der das thut, was ihm gesagt worden ist.

प्रोक्ष m. Besprengung Âpast. Çr. 3,19,3. 5,20,5. 6,29,13.

प्रोक्षण 1) n. a) das Sprengen, Besprengen, Besprengung (was beim Thieropfer zugleich die Weihung des Thieres ist). — b) der Behälter für Weihwasser Hariv. 1,41,6. v. l. प्रोक्षणी. — c) * das Tödten des Opferthieres. — 2) f. प्रोक्षणी a) Pl. Sprengwasser, Weihwasser, Wasser mit eingestreuten Reis- und Gerstenkörnern. — b) der Behälter für das Weihwasser Hariv. 2204. v. l. प्रोक्षण.

प्रोक्षणि f. Pl. = प्रोक्षण 2) a).

प्रोक्षणीधानी f. der Behälter für das Weihwasser Âpast. Çr. 15,5,10.

प्रोक्षणीपात्र n. dass. Nîlak. zu Hariv. 1,41,6.

प्रोक्षणीय n. Sg. und Pl. Weihwasser.

प्रोक्षितव्य Adj. zu besprengen.

*प्रोघीय्, °यति Denomin. von 1. प्र + ओघ.

प्रोच्चण्ड Adj. überaus heftig, — stark, — gewaltig Mahâvirak. 77,19.

प्रोच्चाटना f. Verscheuchung Prasannar. 154,15.

प्रोच्चैस् Adv. 1) überaus laut 128,6. — 2) in sehr hohem Grade.

*प्रोज्जासन n. Mord, Todtschlag.

प्रोञ्छन n. das Abwischen, Wegwischen (auch in übertr. Bed.) Naish. 5,36.

*प्रोढम् Indecl.

प्रोत 1) Adj. s. u. 5. वा mit प्र. — 2) * m. n. gewebtes Zeug, ein gewebtes Gewand.

प्रोतय्, °यति einschlingen, einstecken, einfügen.

प्रोति m. N. pr. eines Mannes.

*प्रोतोत्सादन n. Sonnenschirm.

प्रोत्कट Adj. überaus gross Kathâs. 27,154 (प्रोत्खात gedr.). °भृत्य ein hoher Beamter.

प्रोत्कण्ठ Adj. den Hals weit ausstreckend, aus vollem Halse (schreien u. s. w.).

प्रोत्कर्ष m. beruht auf einem Druckfehler.

प्रोत्क्रुष्ट n. lautes Schreien, das Anschreien Hariv. 13816.

प्रोत्तान Adj. weit ausgestreckt.

प्रोत्ताल Adj. sehr laut Prasannar. 56,20.

प्रोत्तुङ्ग Adj. sehr hoch.

*प्रोत्फल m. ein best. der Weinpalme ähnlicher Baum.

प्रोत्फुल्ल Adj. 1) vollkommen aufgeblüht. — 2) weit geöffnet (Augen).

प्रोत्साह m. eine grosse Anstrengung.

प्रोत्साहन n. das Aufmuntern, Ermuntern, Auffordern (223,32), — zu (im Comp. vorangehend), Aufstacheln, Reizen. Auch °ना f.

प्रोथ् 1) प्रोथति, °ते Jmd (Dat. oder Gen.) gewachsen sein Bhatt. — 2) प्रोथति voll sein. — Vgl. प्रुथ्.

प्रोथ 1) (* m. n.) a) die Nüstern beim Pferde. — b) die Schnauze des Ebers. — 2) m. a) Hinterbacke beim Manne Bhâvapr. 1,28. 2,174. — b)

*Mutterleib. — c) *Grube. — d) *Unterrock. — e) * = भीषण. — f) ein auf Reisen Gehender. Wohl nur fehlerhaft für पान्थ.

प्रोथथ m. das Pusten, Schnauben.

*प्रोथिन् m. Pferd.

प्रोदक Adj. 1) triefend, nass, feucht Âpast. 1,10,25. — 2) wovon man das Wasser hat ablaufen lassen Gobh. 1,3,7.

प्रोदकीभाव m. das Abtriefen des Wassers Âpast.

*प्रोदर Adj. dickbäuchig.

°प्रोद्गारिन् Adj. von sich gebend Dh. V. 10,6.

प्रोद्ग्रीवम् Adv. mit hoch ausgestrecktem Halse Z. d. d. m. G. 36,366.

प्रोद्घोषणा f. lautes Ausrufen, — Bekanntmachen.

प्रोद्दण्ड Adj. emporragend, angeschwollen.

प्रोद्दाम Adj. aussergewöhnlich, ungeheuer, gewaltig Prasannar. 135,17.

प्रोद्धूषित Pańkat. 94,4 = ed. Bomb. 1,102,10 fehlerhaft für प्रोद्धृषित; vgl. हृष् mit प्रोद्.

प्रोद्बोध m. 1) das Erwachen, Hervortreten. — 2) das Wecken Prasannar. 154,16.

°प्रोन्माथिन् Adj. zu Grunde richtend.

*प्रोम्भण n. Nom. act. von उम्भ् mit प्र.

*प्रोरक m. Fieber beim Esel Gal.

प्रोर्णुनविषु Adj. mit Acc. zu verdecken —, zu verhüllen beabsichtigend.

प्रोर्णुनाव (!) Adj. mit ज्वर m. eine Species von Fieber Bhâvapr. 3,79.

प्रोष m. das Verbrennen Z. d. d. m. G. 36,379.

प्रोषक m. Pl. N. pr. eines Volkes.

प्रोषित s. u. 5. वस् mit प्र.

प्रोषितभर्तृका Adj. f. deren Gatte verreist ist.

प्रोषुँष Adj. verreist gewesen Çat. Br. 12,5,2,8.

प्रोँष्ठ 1) m. a) Bank, Schemel. — b) *Stier. — c) N. pr. α) Pl. eines Volkes. — β) *eines Mannes. — 2) (*m.) f. (प्रोष्ठी) eine Karpfenart Bhâvapr. 2,13.

प्रोष्ठपदाँ und प्रौँष्ठपद (AV.) m. f. (आ) Sg. Du. und Pl. ein best. Doppel-Mondhaus. Vgl. उत्तर° und पूर्व°.

*प्रोष्ठपाद Adj. 1) der seine Füsse auf einer Bank liegen hat. Vgl. प्रौढपाद. — 2) unter dem Mondhause Proshṭhapada geboren.

*प्रोष्ठिक m. N. pr. eines Mannes.

प्रोष्ठिका f. Cyprinus Sophore Rasar. 554.

प्रोष्ठेशय Adj. auf einer Bank schlafend.

प्रोष्ण Adj. brennend heiss.

प्रोष्य Adj. wandernd.

*प्रोष्यपापीयंस् Adj. nach dem Aufenthalt in der Fremde noch schlechter geworden Bhaṭṭ. 5,91.

*प्रोह 1) Adj. geschickt. — 2) m. a) Erwägung. — b) Fussknöchel — oder Fuss eines Elephanten. — c) Gelenk.

*प्रौहकटा f. v. l. für प्रेहिकटा gaṇa मयूरव्यंसकादि in der Kâç.

*प्रौहकर्दमा f. v. l. für प्रेहिकर्दमा ebend.

*प्रौहण n. Nom. act. von ऊह् mit प्र.

*प्रौह्यपदि und *°पादि (Kâç.) Adv. = प्रौह्य पादौ (हस्तिनं वाहयति) Kâç.

प्रौक्त Adj. die Bedeutung von तेन प्रोक्तम् (P. 4,3,101) habend.

प्रौग fehlerhafte Schreibart für प्रउग Mân. Çr. 2,4,22. Gṛhj. 1,6.

*प्रौघीय्, °यति = प्राघीय्.

प्रौढ 1) Adj. (f. आ) a) erwachsen, ausgewachsen, vollständig entwickelt. — b) in den mittleren Jahren stehend (Frauenzimmer). — c) üppig, gross, stark, dicht, heftig. ब्राह्मण n. = ताण्ड्यब्राह्मण. प्रौढ° Adv. — d) am Ende eines Comp. erfüllt —, voll von. — e) mit Selbstvertrauen ausgerüstet, keck, anmassend, frech; insbes. von einem Mädchen gebraucht. — f) fehlerhaft für प्रौढि. — 2) m. a) eine Art Rûpaka. — b) Bez. eines der 7 Ullâsa bei den Çâkta.

प्रौढचरितनामन् n. Pl. Verzeichniss von Beinamen Kṛshṇa's, die auf seine Heldenthaten im erwachsenen Alter Bezug haben.

प्रौढत्व n. Keckheit, Kühnheit Mâlatîm. 3,19 (6,7).

प्रौढपाद Adj. die Füsse beim Sitzen in einer best. Stellung haltend Gaut. 16,17. Hemâdri 1,90,16. 18 = 2,35,4. 6. Vgl. प्रोष्ठपाद 1).

प्रौढप्रकाशिका f. (Opp. Cat. 1), प्रौढप्रतापमार्तण्ड m. und प्रौढमनोरमा f. Titel von Werken.

प्रौढवाद m. ein arroganter Ausspruch, ein stolzes Wort Harshaḱ. 157,12.

प्रौढस्वरम् Adv. mit starker, lauter Stimme Pańkad.

प्रौढाचार m. ein keckes, ungenirtes Benehmen. Pl. 116,20.

प्रौढान्त m. Bez. eines der 7 Ullâsa bei den Çâkta.

प्रौढि f. 1) Wachsthum, Zunahme. — 2) Reife, hoher Grad. — 3) Selbstvertrauen, ein Gefühl der Sicherheit, Keckheit.

*प्रौढिमन् m. Nom. abstr. zu प्रौढ 1).

प्रौढिवाद m. = प्रौढवाद.

प्रौढी Adv. mit भू 1) heranwachsen, aufwachsen. — 2) zunehmen, zur Reife gelangen.

प्रौढोक्ति f. ein kühner Ausspruch.

*प्रौण Adj. geschickt.

*प्रौष्ठ m. Patron. von प्रोष्ठ.

प्रौष्ठपद 1) Adj. (f. ई) zum Mondhaus Proshṭhapada in Beziehung stehend. — 2) m. a) ein best. Monat. — b) personificirt als Schatzhüter Kubera's. — 3) f. आ Pl. = प्रोष्ठपदा Pâr. Gṛhj. 2,15,2. — 4) f. ई der Vollmondstag im Monat Praushṭhapada. — 5) n. Titel eines Pariçishṭa des SV. — Hier und da fälschlich für प्रोष्ठ°.

*प्रौष्ठपदिक Adj. zu प्रोष्ठपद.

*प्रौष्ठिक m. Patron. von प्रोष्ठिक.

*प्रौह 1) Adj. geschickt. — 2) m. a) Erwägung. — b) Elephantenfuss. — c) Gelenk.

प्लक m. in कशप्लकँ.

*प्लक्ष्, प्लक्षति, °ते (अदने).

प्लक्षँ 1) m. a) Ficus infectoria. Nom. abstr. प्लक्षत्वँ n. Maitr. S. 3,10,2. — b) *Ficus religiosa. — c) *Thespesia populneoides. — d) *Seitenthor oder der Platz zur Seite der Thür. — e) N. pr. α) eines Mannes. — β) mit प्रास्रवण = प्लक्षप्रस्रवण Kâtj. Çr. 24,6,7. Tâṇḍja-Br. 25,10,16. 21. 22. Lâṭj. 10,17,12. 14. — γ) eines Dvîpa VP. 2,2,5. — 2) f. प्लक्षा N. pr. eines Flusses Hariv. 9507.

*प्लक्षकीय Adj von प्लक्ष.

प्लक्षगा f. N. pr. eines Flusses VP.[2] 2,121.

प्लक्षजाता Adj. f. Beiw. des Flusses Sarasvatî.

प्लक्षतीर्थ n. N. pr. eines Tîrtha.

प्लक्षद्वीप m. n. N. pr. eines Dvîpa VP. 2,1,12. 4,1. 2. 4.

प्लक्षप्रस्रवण n. und प्लक्षराज m. N. pr. einer Oertlichkeit, die Quelle der Sarasvatî.

प्लक्षवती f. N. pr. eines Flusses.

प्लक्षशाखाँ f. ein Zweig der Ficus infectoria Maitr. S. 3,10,2.

प्लक्षशाखावन्त् Adj. mit einem Zweige der Ficus infectoria versehen Gobh. 4,1,9.

*प्लक्षसमुद्भवा f. Bein. der Sarasvatî Râgan. 14,21.

प्लक्षस्रवण n. = प्लक्षप्रस्रवण.

प्लक्षावतरण n. N. pr. eines Tîrtha.

प्लक्षिँ m. N. pr. eines Mannes.

*प्लख्, प्लखते (गतौ).

प्लयोग m. N. pr. eines Mannes.

प्लवँ 1) Adj. (f. आ) a) schwimmend Suçr. 1,238,9. — b) geneigt. पूर्वोत्तर° nach Nordost Hemâdri 1,736,6. Hariv. 6363. Varâh. Bṛh. S. 48,15. — c) vergänglich Muṇḍ. Up. 1,2,7. — d) in der Astrol. heisst ein Sternbild gesenkt, geneigt, wenn es in der von seinem planetarischen Regenten beherrschten Himmelsgegend steht, Utpala zu Varâh. Bṛh. 1,20. — 2) m. n. (Çâṅkh. Gṛhj. 4,14) Boot, Nachen. Am Ende eines adj. Comp. f. आ. — 3) m. a ein best. Schwimmvogel. — b) *Frosch. — c) *Affe. —

d) *Schaf. — e) *ein Kaṇḍâla. — f) *Feind. — g) *Ficus infectoria. — h) *ein zum Fischfang dienender durchbrochener Korb. — i) das 35ste (9te) Jahr im 60jährigen Jupitercyclus. — k) das Schwimmen. — l) das Baden. Am Ende eines adj. Comp. f. ग्रा. — m) das Ueberfliessen, Wasserfluth, Anschwellen eines Flusses. — n) *das Schwimmen —, gezogene Aussprache eines Vocals. — o) *das Durchgehen eines und desselben Satzes durch drei oder mehr Çloka. — p) *abschüssige Lage, Neigung, proclivitas; vgl. 1) b). — q) in der Astrol. = प्लवत्व Sârâvalî bei Utpala zu Varâh. Bṛh. 1,20. — r) ein best. Metrum. — s) Name eines Sâman. Auch वसिष्ठस्य प्लवः Ârsh. Br. — t) das Springen, Sprung. — u) *Zurückkunft. — v) *das Antreiben. — 4) n. eine best. Pflanze. Nach den Lexicographen Cyperus rotundus und wohlriechendes Gras. — MBh. 7,1121 पादृशायोधनप्लवैः fehlerhaft für °योधनोपप्लैः oder °योधनोपप्लैः, wie die anderen Ausgaben haben.

प्लवक m. 1) ein Springer von Profession MBh. 13,23,15. — 2) *Frosch. — 3) *ein Kaṇḍâla. — 4) *Ficus infectoria Râǵan. 11,126.

प्लवग 1) Adj. = प्लव 1) d) Sârâvalî bei Utpala zu Varâh. Bṛh. 1,20. — 2) m. a) Frosch. — b) Affe. — c) *ein best. Schwimmvogel. — d) *Acacia Sirissa. — e) *N. pr. α) des Wagenlenkers des Sonnengottes. — β) eines Sohnes des Sonnengottes. — 3) f. ग्रा die Jungfrau im Thierkreise.

*प्लवगति m. Frosch.

प्लवगेन्द्र m. Bein. Hanumant's.

प्लवंग 1) Adj. in Sprüngen sich bewegend, Beiw. des Feuers. — 2) m. a) Affe. — b) *Gazelle. — c) *Ficus infectoria Râǵan. 11,126. — d) das 41ste (15te) Jahr im 60jährigen Jupitercyclus.

प्लवंगम 1) m. a) Frosch. — b) Affe. — 2) f. ग्रा ein best. Metrum.

प्लवत्व n. in der Astrol. das Gesenktsein, so v. a. das Stehen eines Sternbildes in der von seinem planetarischen Regenten beherrschten Himmelsgegend Varâh. Bṛh. 1,20.

प्लवन 1) Adj. (f. ग्रा) am Ende eines Comp. geneigt —, abschüssig nach. — 2) *m. Affe Râǵan. 19,48. — 3) n. a) das Schwimmen. — b) das Baden, — in (im Comp. vorangehend). — c) das Fliegen 81,25. — d) das Springen, — über (im Comp. vorangehend). — e) ein best. Gang der Pferde.

प्लववत् Adv. wie mit einem Nachen MBh. 1, 159,4.

प्लववत् Adj. mit einem Schiffe oder Nachen versehen.

*प्लवाका f. Boot, Nachen.

*प्लविक m. Fährmann.

प्लवित n. das Schwimmen oder Springen Lalit. 178,14.

प्लवितर् Nom. ag. Springer, mit Gen. der Entfernung.

प्लाक्ष 1) Adj. von der Ficus infectoria kommend, an ihr sich befindend, zu ihr in Beziehung stehend. प्रस्रवण n. Bez. der Quelle der Sarasvatî Âçv. Çr. 12,6,27. Âpast. Çr. 23,13. — 2) *m. Pl. die Schule des Plâkshi. — 3) *n. die Frucht der Ficus infectoria.

प्लाक्षकि m. Patron. von प्लक्ष.

प्लाक्षायण m. Patron. von प्लाक्षि.

प्लाक्षि m. Patron. von प्लक्ष. *f. प्लाक्षी.

प्लात m. Patron. von प्लति.

प्लाय्, प्लायते s. u. 3. इ mit प्र.

प्लाप am Ende eines adj. Comp. reichlich versehen mit. Vgl. प्राप.

प्लायोगि m. Patron. von प्लयोग.

प्लाव m. 1) das Ueberfliessen, Abfliessen. प्लावा f. Mârk. P. 35,18 fehlerhaft. — 2) das Springen.

प्लावन n. 1) das Baden, Abwaschen. — 2) das Vollgiessen bis zum Ueberfliessen (als Reinigungsmittel von Flüssigkeiten). — 3) das gezogene Aussprechen eines Vocals Âpast.

प्लावयितर् Nom. ag. Jmd schwimmen —, zu Boot fahren lassend.

प्लावित 1) Adj. Partic. vom Caus. von प्लु. — 2) n. a) Ueberschwemmung Kâd. 2,81,23. — b) ein gezogener Gesang Bhâg. P. 4,6,12.

प्लाविन् 1) Adj. am Ende eines Comp. verbreitend, unter die Leute bringend. — 2) *m. Vogel.

प्लाव्य Adj. zu baden —, einzutauchen in (Instr.).

प्लाशि m. Sg. und Pl. ein best. Eingeweide.

प्लाशुक Adj. schnell wieder aufschiessend.

*प्लाशुचित् Adj. schnell, rasch.

*प्लिह्, प्लेहते (गतौ).

प्लिहन् m. Milz.

*प्ली, प्लिनाति (गतौ) Dhâtup. 31,32, v. l.

प्लीथा f. Pl. eine best. Klasse von Apsaras Maitr. S. 2,12,2. प्लीथा v. l.

प्लीथा f. s. u. प्लीथा.

*प्लीक्ष m. Andersonia Rohitaka.

प्लीहन् m. 1) Milz. — 2) Milzkrankheit.

*प्लीहपुष्पा f. Adelia nereifolia Râǵan. 4,116.

*प्लीहशत्रु m. Andersonia Rohitaka.

प्लीहा f. Milz.

प्लीहाकर्ण Adj. mit einem best. Ohrenleiden behaftet VS. 24,4.

*प्लीहारि m. Ficus religiosa.

*प्लीहशत्रु m. Adelia nereifolia Râǵan. 4,116.

प्लीहघ्नी f. dass. Bhâvapr. 1,168.

प्लीहोदर n. Milzsucht, spleen.

प्लीहोदरिन् Adj. milzsüchtig.

प्लु, प्लवते, metrisch und bisweilen auch sonst Act. 1) schwimmen, sich über dem Wasser erhalten. — 2) sich baden. — 3) schiffen, durchschiffen, schiffen zu (Acc.). — 4) hinundher schwanken, sich unsicher bewegen, schweben, fliegen. — 5) wehen. — 6) verfliegen, dahineilen (von der Zeit). — 7) verschwimmen. — 8) verschwimmen von einem Vocal, so v. a. in der Aussprache auseinandergezogen worden Comm. zu Âpast. Çr. 2,15,3. — 9) springen, hüpfen, tanzen, springen von (Abl.), — zu, — in (Acc.), — über (Acc.), — auf (Acc.), hinabspringen von (Abl.). — Partic. प्लुत 1) schwimmend in oder auf (Loc.), gebadet, überschwemmt, übergossen mit, erfüllt von; das Womit oder Wovon im Instr. oder im Comp. vorangehend. — 2) verschwommen, auseinandergezogen (von einer best. Aussprache der Vocale und auch von einem best. Tacte). — 3) geflogen, — gen (im Comp. vorangehend). — 4) gesprungen, springend. Auch प्लुतवत्. — Caus. प्लावयति, °ते (metrisch) 1) schwimmen lassen, überschwemmen, übergiessen, baden. — 2) überschütten, so v. a. reichlich bedenken mit (Instr.). — 3) abwaschen, so v. a. entfernen. — 4) abwaschen, so v. a. läutern. — 5) auseinanderziehen in der Aussprache (einen Vocal). — 6) springen lassen Bhaṭṭ. — *Desid. vom Caus. पिप्लावयिषति und पुप्लावयिषति. — Intens. पोप्लूयते umherschwimmen. — Mit समति, रजसा समतिप्लुता mentruirend AV. Ǵyot. 12,9. — Mit ग्रधि in °प्लवन. — Mit ग्रनु 1) nachziehen, nachfolgen, hinter Jmd (Acc.) her fliegen. — 2) nachgehen, so v. a. sich hingeben; mit Acc. — Mit ग्रप herabspringen von (Abl.). v. l. ग्रव. — Caus. abwaschen. — Mit ग्रभि 1) hinschiffen —, sich begeben zu (Acc.). °प्लुत mit act. und pass. Bedeutung. — 2) heimsuchen, über Jmd kommen. °प्लुत heimgesucht von (Instr. oder im Comp. vorangehend). रजसाभिप्लुता so v. a. die Regeln habend. — 3) hinzuspringen, heranspringen. — Mit समभि 1) bespülen, abwaschen. — 2) heimsuchen, über Jmd kommen. °प्लुत heimgesucht von (Instr.); रजसा °प्लुता so v. a. die Regeln habend; शशिन् Mond, so v. a. verfinstert; heimgesucht von auch so v. a. verbunden mit. — Mit ग्रव 1) eintauchen. °प्लुत eingetaucht Âçv. Gṛhj. 2,1,5. — 2) abspringen, her-

abspringen, — von (Abl.). — 3) *davonspringen, fortspringen, sich entfernen, — von* (Abl.). — Mit अन्वव *nachtauchen* TBr. 1,3,5,2. — Mit समव *davonspringen.* — Mit आ 1) *sich baden, sich waschen.* आप्लुत *sich gebadet habend, gebadet.* — 2) ein Bad (Acc.) *nehmen.* अवभृथाप्लुत *der ein Reinigungsbad genommen hat.* — 3) *sich* in's Wasser (Acc.) *tauchen.* — 4) *baden, abwaschen.* — 5) *übergiessen, überschwemmen, überschütten.* आप्लुत a) *übergossen, überschwemmt, überschüttet, reichlich versehen;* das Womit im Instr. (Ḱaraka 5,10) oder im Comp. vorangehend. व्यसनाप्लुत *vom Unglück heimgesucht.* — b) *verbreitet über* (Acc.) Ḱaraka 5,11. — 6) *herbeispringen, heranspringen, hinspringen zu* (Acc.), *hinaufspringen, hinüberspringen —, hinübersetzen über* (Acc.), *abspringen, herabspringen von* (Abl.). आप्लुत mit act. Bed. — Caus. 1) *waschen, abwaschen, baden lassen, baden.* (trans.). — 2) *sich baden.* — 3) *überschwemmen, übergiessen, begiessen.* — 4) *eintauchen in, einweichen.* — Mit उदा, °प्लुत *unter Wasser stehend.* — Mit न्या *heranspringen* Maitr. S. 2,1,11 (13,4). — Mit उपन्या *heranschwimmen, zuschwimmen auf* (Acc.). — Mit परि, °प्लुत *umringt.* — Caus. *rings abschwemmen.* — Mit प्रत्या in °प्लवन. — Mit समा 1) *sich baden.* °प्लुत *sich gebadet habend.* — 2) *überschwemmen, übergiessen, vollkommen bedecken.* — 3) *hinspringen zu* (Acc.). — 4) *zusammenstossen mit* (Instr.). — Mit उद् 1) *in die Höhe schwimmen, auftauchen* Kâd. 47,8. 2,74,21. — 2) *aufziehen* (von Wolken). — 3) *aufspringen, — von* (Abl.), *in die Höhe springen, herausspringen.* — 4) *hinüberspringen über* (Acc.). — 5) *sich in die Luft erheben.* — Mit समुद् *aufspringen, in Sprüngen sich bewegen.* — Mit उप 1) *auf der Oberfläche schwimmen, nicht untergehen.* — 2) *hinschweben zu* (Acc.). — 3) *überschwemmen, überziehen, verfinstern* (den Mond), *heimsuchen, über Jmd kommen.* °प्लुत *überschwemmt, überzogen, verfinstert* (Sonne, Mond), *bezogen, getrübt* (Auge), *heimgesucht, in Noth seiend.* योनि f. *eine best. Krankheit der weiblichen Scham* Ḱaraka 1,19. 6,30. — 4) *hinzuspringen.* — 5) *stürzen von* (Abl.), — *auf* (Loc.). — 6) *weichen von* (Abl.). Nur Partic. उपप्लुत. — Caus. 1) *bewässern.* — 2) *hinwälzen.* — Mit समुप, °प्लुत *heimgesucht, in Noth befindlich, in Gefahr seiend.* — Mit उपनि *sich nähern,* so v. a. *gleichkommen;* mit Acc. — Mit निस् Caus. *fortspülen* Âpast. Çr. 6,20,2. — Mit परि 1) *umherschwimmen.* — 2) *sich baden.* — °प्लुत *sich gebadet habend in* (Loc. oder im Comp. vorangehend). — 3) *überschwemmen, bewässern, begiessen, übergiessen, überschütten, ganz erfüllen, heimsuchen.* Nur Partic. °प्लुत; das Womit im Instr. oder im Comp. vorangehend. दैवराज्ञ° *vom Schicksal oder Könige getrieben* (Vieh); योनि f. *ein best. krankhafter Zustand der Scheide, durch welchen bei der Beiwohnung heftige Schmerzen verursacht werden,* Ḱaraka 6,30. — 4) *herumschweben, durchschweben, durchfliegen.* °प्लुत mit act. Bedeutung. — 5) *in unruhige Bewegung gerathen, hinundher schwanken, in die Irre laufen, palari.* — 6) *umherspringen.* — 7) *herbeispringen.* — Caus. *schwemmen, baden.* — Mit अनुपरि Jmd (Acc.) *nachlaufen* (von Flüssigem) Tâṇḍja-Br. 5,7,1. — Mit अभिपरि, °प्लुत *übergossen, heimgesucht, erfüllt;* das Womit oder Wovon im Instr. (Ḱaraka 5,6) oder im Comp. vorangehend. रजसाभिपरिप्लुता so v. a. *die Regeln habend.* — Mit संपरि, °प्लुत *übergossen, begossen; heimgesucht, in Noth seiend.* — Mit प्र 1) *sich* auf's Meer (Acc.) *begeben.* — 2) प्रप्लुत *in's Wasser getaucht.* — Caus. 1) *fortschwimmen lassen.* — 2) *mit Wasser begiessen, abwaschen.* — Mit प्रति in °प्लवन. — Mit वि 1) *auseinander gehen, sich zerstreuen.* — 2) *in Unordnung —, auf Abwege gerathen, zu Grunde gehen, verloren sein, zu Schanden werden.* विप्लुत *in Unordnung gerathen, vom richtigen Wege abgekommen, unsittlich* (ब्राह्मण्या सह so v. a. *Unzucht treibend mit*), *lasterhaft, zu Grunde gegangen, zu Schanden geworden, in Verwirrung gerathen, verworren* (Rede), *aus der Ruhe gekommen* (insbes. vom Auge in Folge von Thränen, Trauer, Furcht, Freude), *aufgeregt, aufgebracht.* कर्मणा so v. a. *falsch behandelt* (medicinisch) Ḱaraka 8,8. योनि f. *ein best. schmerzhafter Zustand der weiblichen Scheide.* विप्लुतभाषिन् *stammelnd redend.* — 3) रजसा विप्लुता *menstruirend* AV. Ǵjot. 12,8. — 4) विप्लुत von einem Nachen (प्लव) vielleicht so v. a. *aus dem Wasser gezogen, an's Land gebracht* Hariv. 2,19,52. Die ältere Ausg. liest 4011 प्लुत st. प्लव; hier könnte विप्लुत *verlaufen, abgeflossen* bedeuten. — Caus. 1) *schwimmen lassen, überschwemmen.* — 2) *verbreiten, bekannt machen.* — 3) *zu Grunde richten, zu Schanden machen* Bâlar. 41,4. — 4) विप्लवयति (metrisch) *verwirren* Spr. 1531. — Mit अनुवि *nach Jmd* (Acc.) *auf Abwege gerathen.* — Mit सम् 1) *zusammenfliessen* (Ḱaraka 1,4), — *strömen.* — 2) *sich zusammenziehen, — ballen* (von Wolken). — 3) *untergehen* (von einem Schiffe) Gop. Br. 2,2,5. — 4) *hinundher schw[illegible]nken* (vom Geiste). — 5) संप्लुत a) *zusammengeflossen, — geströmt.* — b) *sich gebadet habend in* (im Comp. vorangehend). — c) *übergossen, überzogen, erfüllt, — mit* (Instr. oder im Comp. vorangehend). — Caus. 1) *zusammenschwimmen machen, verschmelzen mit* (Instr.) Agni-P. 33,31. — 2) *überschwemmen.* — Mit अभिसम् 1) *sich baden.* — 2) *überströmen, überziehen.* अभिसंप्लुत *übergossen mit, erfüllt von* (Instr. oder im Comp. vorangehend).

*प्लुत्ति m. 1) *Feuer.* — 2) *Hausbrand.* — 3) *Oel.*

प्लुत 1) Adj. s. u. प्लु. — 2) n. a) *Fluth.* Pl. Hariv. 4011. — b) *Sprung, springende Bewegung.* — c) **ein best. Gang der Pferde.*

1. प्लुतगति f. *das sich in Sprüngen Bewegen.*

2. *प्लुतगति m. *Hase.*

प्लुतमेरु m. *ein best. Tact* S. S. S. 219.

प्लुति f. 1) *das Ueberfliessen, Fluth.* — 2) *das Verschwimmen —, die gezogene Aussprache eines Vocals.* — 3) *Sprung.* — 4) **ein best. Gang der Pferde, Courbette.*

प्लुष् 1) प्लोषति (Ind. St. 14,381), *प्लोष्यति, *प्लुष्यति, *प्लुष्णाति (Bhatt.); प्लुष्यते Pass. *brennen, versengen.* प्लुष्ट *versengt, verbrannt,* (durch Frost) *versengt,* so v. a. *erfroren* Vikramâṅkaḱ. 18,86. Auch fehlerhaft für पुष्ट. — 2) *प्लुष्णाति (सेचने, स्नेहने, पूरणे). — Mit आ, आप्लुष्ट *ein wenig versengt, eingebrannt.* — Mit निस्, निष्प्लुष्ट *verbrannt.* — Mit वि, विप्लुष्ट *versengt, verbrannt* VP. 4,2,12.

प्लुषि m. *ein best. schädliches Insect.*

*प्लुष्टाय्, °यते von unbekannter Bed.

*प्लुस्, प्लुस्यति (दाहे, विभागे).

प्लेङ्ख m. *schwanker Sitz, Schaukel.*

*प्लेव्, प्लेवते (सेवने).

प्लोत m. oder n. *Tuch, Lappen.*

प्लोष m. 1) *Verbrennung, Brand* 324,33. — 2) *Brand,* so v. a. *das Gefühl des Brandes* Ḱaraka 1,20.

°प्लोषण Adj. *verbrennend, versengend.*

°प्लोषिन् Adj. *verbrennend, versengend, Versenger* Bâlar. 80,5.

प्सर *Scheu, Scham* in अप्सरस् und in सप्सरस्.

1. प्सरस् n. *Lieblingsgericht, Schmaus, Genuss.*

2. प्सरस् n. *Scheu, Scham* in अप्सरस्.

1. प्सा, प्साति *kauen, zerkauen; aufzehren.* प्सात 1) *zerkaut, aufgezehrt.* — 2) **hungrig.* — Mit *परिणि und *प्रणि. — Mit सम् *zerkauen, zerbeissen.*

2. *प्सा f. 1) *Essen, Speise.* — 2) *Hunger.*

प्सात्कार m. *ein best. Laut* Z. d. d. m. G. 32, 735.

*प्सान n. *das Essen.*

1. ॰प्सु *Lebensmittel* in ग्रंप्सु (Nachtr. 3).

2. ॰प्सु *Ansehen, Aussehen.*

प्सुरस् n. etwa *fruges.*

प्स्न्य in विश्वे॰.

*फ 1) Adj. *offenbar.* — 2) m. a) *ein brausender Windstoss.* — b) *das Anschwellen.* — c) *das Gähnen mit weit geöffnetem Munde.* — d) *Gewinn.* — e) *das sich zu Willen Machen* —, *Citiren eines* Jaksha. — f) = वर्धक. — 3) n. a) *eine zornige Rede.* — b) *unnützes Sprechen.* — c) *das Blasen, Pusten.*

फक्क्, फक्कति 1) etwa *anschwellen.* — 2) *नीचैर्गतौ. — 3) *असद्व्यवहारे.

*फक्क m. *Krüppel.*

फक्किका f. 1) *eine vorläufige Aeusserung.* — 2) Titel eines Commentars.

फगुल (!) m. N. pr. eines Mannes.

*फञ्जिका f. 1) *Clerodendrum siphonanthus* Râǵan. 7,151. — 2) *Lipeocercis serrata.* — 3) *Alhagi Maurorum.*

*फञ्जिपत्त्रिका oder *फञ्जिपुत्रिका f. *Salvinia cucullata.*

फञ्जी f. *Clerodendrum siphonanthus* Râǵan. 7,151.

फट् Interj. *krach! patsch!* Taitt. Âr. 4,27. Auch eine mystische Silbe.

फट 1) *m. = 2) a). — 2) f. फटा a) *die Haube einer Schlange.* — b) * *Zahn.* — c) * *Betrüger* (!).

फटाटोप m. *das Anschwellen der Haube einer Schlange.*

फटाटोपिन् (Conj.) Adj. *die Haube aufblasend* (Schlange).

*फडिङ्गा f. *Grille, Heimchen.*

फण्, फणति (nur Nigh.) *in Bewegung sein* Bhatt. समाप्तिम् *vollendet werden* Bhoǵapr. 94, 20. — Caus. फाणयति und *फणयति *springen machen.* — 2) *abschäumen, abrahmen, abschöpfen.* — Intens. (nur Partic. पम्फणत्) *springen, hüpfen.* — Mit आ Intens. (nur Partic. आपनीफणत्) dass.

फण 1) m. a) etwa *Rahm* oder *Schaum.* — b) *ein der Haube einer Schlange ähnliches Hölzchen* Çâṅkh. Gṛhj. 4,15. — 2) m. f. (आ) a) *Nasenflügel.* — b) *die Haube einer Schlange.*

*फणाकर m. *Haubenschlange, Schlange* überh.

फणाधर m. dass. ॰धर m. Bein. Çiva's.

फणाभृत् m. 1) dass. — 2) Bez. *der Zahl neun* und *acht.*

फणावत् 1) Adj. *mit einer Haube versehen* (Schlange). — 2) m. *Haubenschlange, Schlange* überh.

*फणाकर m. = फणाकर.

फणाटोपिन् (Conj.) Adj. = फटाटोपिन्.

*फणाधर m. = फणाधर.

*फणाभर m. desgl.

फणाभृत् Adj. *eine Haube tragend* (Schlange).

फणावत् m. 1) *Haubenschlange* Bâlar. 109,19. — 2) *ein best. Genius* Hemâdri 1,652,2. 654,16.

फणि m. *Schlange.* Nur फणीनाम् Suparn. 28,1.

फणिकन्या f. *Schlangenjungfrau.*

*फणिका f. *Ficus oppositifolia.*

फणिकार m. Pl. N. pr. eines Volkes.

फणिकेश्वर m. N. pr. eines der acht Vitarâga bei den Buddhisten.

*फणिकेसर m. *Mesua Roxburghii.*

*फणिखेल (?) m. *Wachtel.*

*फणिज्ञ f. *eine best. Pflanze.*

*फणिजिह्वा f. Name *zweier Pflanzen,* = महाशतावरी (Râǵan. 4,123) und महासमङ्गा. Vgl. Râǵan. 4,99.

*फणिजिह्विका f. dass. und *Emblica officinalis.*

फणिज्जक und ॰क m. *Majoran* und *eine ähnliche Pflanze* Râǵan. 10,157. Bhâvapr. 1,229.

फणित n. Bhoǵapr. 66,23, v. l. fehlerhaft für भणित.

*फणितल्पग m. Bein. Vishṇu's.

फणिति f. Bhoǵapr. 63,20. 66,23 fehlerhaft für भणिति.

फणिन् 1) m. a) *Haubenschlange, Schlange* überh. — b) Bein. α) Râhu's. — β) Patańǵali's. — c) * *ein best. Strauch* Râǵan. 5,127. — 2) wohl n. *Zinn* oder *Blei.*

फणिनायक m. Bein. Vâsuki's Ind. St. 15,405.

फणिपति m. 1) *eine riesige Schlange* Spr. 5954. — 2) Bein. a) Çesha's Spr. 1534. Prasannar. 22, 14. Ind. St. 15,295. — b) Patańǵali's Vikramâṅkak. 18,82.

*फणिप्रिय m. *Wind.*

*फणिफेण m. *Opium.*

*फणिभाण्डिका f. *Ficus oppositifolia.*

फणिभाषितभाष्याब्धि und फणिभाष्याब्धि m. Bez. von Patańǵali's Mahâbhâshja.

फणिभुज् m. *Pfau.*

फणिमुख n. *ein best. Diebeswerkzeug.*

फणिलता (Bâlar. 38,3), फणिवल्ली (Râǵan. 11, 253. Am Ende eines adj. Comp. ॰वल्लीक Râǵat. 8,3316) und फणिवीरुध् (Bâlar. 297,11) f. *Betelpfeffer.*

*फणिहन्त्री f. (Râǵan. 7,95) *Piper Chaba* (?).

*फणिहृत् f. *eine Alhagi-Art* Râǵan. 4,58.

फणी f. N. pr. eines Flusses.

फणीन्द्र m. Bein. 1) Çesha's. — 2) Patańǵali's.

फणीन्द्रेश्वर m. N. pr. eines der acht Vitarâga bei den Buddhisten.

*फणीय n. *das Holz von Cerasus Puddum.*

फणीश m. Bein. Patańǵali's.

फणीश्वर m. Bein. 1) *Çesha's. — 2) Patańǵali's.

*फण्ड m. *Bauch.*

फत् Interj. fehlerhaft für फुत्.

फतिक्ष्भूपति u. फतिक्ष्शाह m. N. pr. = فتح شاه.

फतेपुर u. N. pr. einer *Stadt.*

*फत्कारिन् m. *Vogel.*

फर्, Intens. फर्फरत् RV.

*फर n. *Schild* Utpala zu Varâh. Bṛh. S. 58,38.

*फरुवक n. *Betelbüchse* oder *Spucknapf.*

*फरेन्द्र m. *Pandanus odoratissimus.*

फर्फराय्, ॰यते *sich heftig hinundher bewegen.*

*फर्फरीक 1) m. *die ausgestreckte Hand.* — 2) f. आ a) *Schuh.* — b) = मृदन. — 3) n. a) *Milde.* — b) *ein junger Schoss.*

*फर्व्, फर्वति = गच्छति.

फर्वर nach Sâj. = पूरयितर्.

फर्वी in प्रफर्वी.

1. फल्, फलति 1) *bersten, entzweispringen.* — 2) *zurückprallen,* — *strahlen.* — Caus. फालित *aufgeblüht* (nach Nîlak.) MBh. 13,98,42, v. l. — *Intens. पम्फुल्यते, पम्फुलीति, पम्फुलित. — Mit उद् 1) *aufspringen* Bâlar. 16,39. — 2) *hervorbrechen* (vom Blut) Pr. P. 141. — Vgl. उत्फाल und उत्फुल्ल. — Caus. उत्फालयति *aufreissen, aufsperren* (die Augen). — Mit प्रोद् in प्रोत्फुल्ल. — Mit समुद् in *समुत्फाल und समुत्फुल्ल. — Mit प्र in प्रफुल्ल. — Mit प्रति *zurückprallen,* — *strahlen.* — Mit वि *bersten, entzweispringen.* — Mit सम् dass. R. ed. Bomb. 6,22,6. Vgl. संफुल्ल.

2. फल्, फलति, ॰ते (metrisch) *Früchte bringen* —, *tragen, reifen, Folgen haben, in Erfüllung gehen; sich ergeben, resultiren* (Comm. zu Njâjam. 10, 1,17); *der Frucht* —, *des Lohnes theilhaftig werden; Etwas* (Acc.) *zur Reife bringen,* so v. a. *erfüllen* (Wünsche), *spenden;* ausnahmsweise auch mit Instr. der Frucht. फलित 1) Adj. a) *Früchte tragend, mit Früchten versehen; Früchte gebracht* —, *Erfolg gehabt habend; in Erfüllung gegangen; vollständig zur Entwickelung gekommen* (Kâd. 59, 19); *als Folge sich ergebend.* — b) *f. आ *menstruirend.* — 2) n. impers. mit Instr. des Subjects. — Mit प्रति *Frucht tragen, Lohn bringen* Ind. St. 14, 389. — Mit वि *Früchte ansetzen, zur Reife gelangen.*

3.*फल्, फलति (गतौ).

4. फ॑ल् (vor einem Vocal) Interj. = फ॑ट् AV. 20, 135,3.

फ॑ल 1) n. (adj. Comp. f. आ und ई) *a) Frucht*, insbes. *Baumfrucht, fructus;* auch *Kern* einer Frucht. फलेन फलमादिशेत् *mit der Frucht weise man auf die Frucht, so* v. a. *mit einer Gabe, die man reicht, spiele man auf eine Gegengabe an.* — *b) Muskatnuss* Suçr. 1,221,4. — *c)* **die drei Myrobalanen.* — *d) Hode.* — *e)* **die monatliche Reinigung der Frauen.* — *f) Frucht* in übertr. Bed. so v. a. *Erfolg, Ergebniss, Wirkung, Lohn, Vergeltung, Vortheil* oder *Nachtheil, Gewinn* oder *Verlust, Belohnung* oder *Strafe.* — *g) Gewinn,* so v. a. *Genuss.* — *h) Ersatz.* — *i)* bei den Rhetorikern *der Ausgang einer Handlung* Daçar. 1,12. Sâh. D. 296. 318. — *k)* bei den Mathematikern α) *das Ergebniss einer Rechnung, Product* u. s. w. — β) *Quotient.* — γ) *corrective equation.* — δ) *Flächeninhalt* Ârjabh. 2,2. 7. — ε) *das dritte Glied in der Regel de tri* Comm. zu Ârjabh. 2,26. — *l) Zinsen* Ârjabh. 2,25. — *m)* **Gabe;* vgl. u. 1) *a)* am Ende. — *n) Brett, Spielbrett* MBh. 4,1,25. — *o) Klinge.* — *p) Pfeilspitze* Kumâras. 4,25. R. 6,92, 45. — *q)* **Schild.* — *r)* **Pflugschar.* — 2) *m. *Wrightia antidysenterica.* — 3) f. फला *a) eine best. Pflanze* Karaka 6,21. — *b)* Hemâdri 1,228,4. 229, 14 fehlerhaft für तुला. — 4) *f. फली *a) Aglaia odorata* Râgan. 12,144. — *b) ein best. Fisch.*

फलक 1) am Ende eines Comp. (f. °लिका) *a)* **die monatliche Reinigung.* — *b) Erfolg, Vortheil, Gewinn.* Nom. abstr. °त्व n. — 2) फ॑लक (*m.) n. (adj. Comp. f. आ) *a) Brett, Latte, Blatt* (Çat. Br. 3,5,4,22), *Tafel* (auf der geschrieben oder gemalt wird 216,7. 10. 298,15. 17), *Brettchen, Spielbrett* (Ind. St. 13,473), *Fussgestell, eine hölzerne Bank* (MBh. 5,35,15). Häufig in Comp. mit platten Körpertheilen, insbes. Knochen. — *b) Handfläche.* — *c)* **die Hinterbacken.* — *d) Pfeilspitze.* — *e) Schild.* — *f) ein best. Gefäss.* — *g)* = फलकयन्त्र. — *h) Bast* (als Kleiderstoff). — *i) Samenkapsel der Lotusblüthe.* — 3) *m. *Mesua Roxburghii.* — 4) *f. फलका v. l. für कलका. — 5) *f. फालिका *a) eine best. Hülsenfrucht,* vielleicht *Dolichos Loblab* Râgan. 7,187. — *b) Thespesia populneoides.*

फलकत्त m. N. pr. eines Jaksha.

*फलकण्टका f. *Asclepias echinata.*

*फलकपुर n. N. pr. einer *Stadt.*

फलकयन्त्र n. *ein best. von* Bhâskara *erfundenes astronomisches Instrument.*

फलकल्पलता f. Titel eines Werkes.

*फलकसक्थ n. *ein brettähnlicher Schenkel.*

फलकाख्ययन्त्र n. = फलकयन्त्र Golâdhj. 11,16.

फलकाङ्क्षिन् Adj. *nach Lohn verlangend* Kumâras. 3,4.

फलकाम m. *das Verlangen nach Lohn* Gaim. 6,2,9.

*फलकावन n. N. pr. eines *Waldes.*

फलकिन् 1) *Adj. *a) mit einem Brette* oder *Schilde versehen.* — *b)* v. l. für कलकिन्. — 2) m. *a) eine hölzerne Bank.* v. l. फलक. — *b)* **ein best. Fisch.* — 3) *(wohl n.) *Sandelholz.*

फलकीवन n. N. pr. eines *Waldes.*

*फलकृष्ण m. *Carissa Carandas.*

*फलकेसर m. *Cocosnusspalme.*

फलकोश und *°क m. Sg. und Du. *Hodensack.*

*फलखण्डव m. *Granatbaum* Râgan. 11,74.

*फलखेला m. *Wachtel.*

फलग्रन्थ m. *ein Werk, welches die Folgen* (der Himmelserscheinungen) *beschreibt,* d. i. *die Himmelserscheinungen in Bezug zum Geschick der Menschen bringt.*

फलग्रह 1) Adj. *Nutzen —, Vortheil von Etwas ziehend.* — 2) m. *das Ziehen eines Nutzens —, eines Vortheils.*

फलग्र॑हि und फलग्रहिष्णु Adj. *Frucht ansetzend, fruchtbar.*

*फलग्राहिन् m. *Fruchtbaum.*

*फलघृत n. *ein best. Aphrodisiacum* Mat. med. 260.

फलचमस m. *ein Becher, der anstatt mit* Soma *mit zerstampften Feigen und jungen Blättern, zu denen man saure Milch gethan hat, gefüllt ist.* Nach Andern *saure Milch mit pulverisirter Feigenbaumrinde.* Gaim. 3,5,47.

*फलचारक m. *Fruchtvertheiler* (ein best. Amt in einem buddh. Kloster).

*फलचोरक m. *ein best. Parfum* Râgan. 12,145.

*फलच्छदन n. *Bretterhaus.*

फलज्झलत्रासुदेव m. N. pr. eines Dichters.

फलतन्त्र Adj. *sich vom Vortheil leiten lassend, nur den Vortheil im Auge habend* Mallin. zu Kumâras. 3,1.

फलतस् Adv. *in Bezug auf den Lohn* Âpast.

फलता f. *das Fruchtsein, der Zustand einer Frucht.*

*फलत्रय n. 1) *die drei Myrobalanen.* — 2) *Weintraube, die Frucht von Grewia asiatica* (oder *Xylocarpus granatum*) *und die der Gmelina arborea.*

*फलत्रिक n. *die drei Myrobalanen.*

फलत्व n. = फलता.

फलद 1) Adj. (f. आ) *a) fruchttragend.* — *b) Vortheil —, Gewinn bringend* (Spr. 7855), *den Lohn für Etwas gebend, vergeltend, Etwas* (Gen. oder im Comp. vorangehend) *als Lohn gebend.* — 2) **Fruchtbaum, Baum.*

फलदन्तवत्त् Adj. *dessen Zähne aus Früchten bestehen* Hemâdri 1,402,19.

फलदीपिका f. Titel eines Werkes Opp. Cat. 1.

फलधर्मन् Adj. *die Natur einer Frucht habend,* so v. a. *bald reifend und dann zu Boden fallend (absterbend)* MBh. 3,35,2.

फलनिर्वृत्ति f. = फलनिष्पत्ति Kâtj. Çr. 1,2,18. Gaim. 2,1,29.

फलनिष्पत्ति f. *das Zustandekommen der Frucht, der Eintritt des Lohnes, — der Folgen für Etwas* Kap. 5,2.

फलंददा f. N. pr. einer Gandharva-Jungfrau Kârand. 5,2.

*फलपञ्चाम्ल n. *eine Verbindung von fünf bestimmten sauren Vegetabilien.*

फलपरिवृत्ति f. *eine ergiebige Ernte* Âpast. 2,2,4.

फलपाक m. 1) *das Reifwerden der Früchte.* °निष्ठा, °पाकान्ता, *°पाकावसाना und *°पाकावसानिका Adj. f. *mit dem R. d. Fr. absterbend.* — 2) *das Eintreten der Folgen* Varâh. Brh. S. 11,7. — 3) **Carissa Carandas.*

*फलपाकिन् m. *Thespesia populneoides.*

फलपादप m. *Fruchtbaum.*

*फलपुच्छ m. *ein best. Knollengewächs.*

फलपुर n. N. pr. einer *Stadt.*

फलपुष्पवत्त् Adj. *mit Früchten und Blumen geschmückt* Hemâdri 1,713,9.

*फलपुष्पा f. 1) *eine Art Dattelbaum* Râgan. 11, 61. — 2) *Ipomoea Turpethum.*

फलपुष्पित Adj. *mit Früchten und Blüthen behangen* LA. 51,21.

*फलपुष्पी f. *Ipomoea Turpethum.*

*फलपूर und °क m. *Citronenbaum.* °क (wohl n.) *Citrone* Karaka 6,21.

फलप्रद Adj. = फलद 1) *b*).

फलप्राप्ति f. *Erfolg* 227,26. 290,24.

*फलप्रिया f. 1) *Aglaia odorata* Râgan. 12,44. — 2) *eine Krähenart* Râgan. 19,90.

फलबन्धिन् Adj. *Früchte ansetzend.*

फलभत्त Adj. *von Früchten sich nährend.* Nom. abstr. °ता f. Gaut.

फलभाग m. 1) *Antheil am Ergebniss, — am Vortheil, — Gewinn.* — 2) Titel eines Werkes.

फलभागिन् Adj. *Antheil am Gewinn —, Antheil*

am Lohne habend, des Lohnes theilhaftig.

फलभाज् Adj. der Früchte —, des Lohnes theilhaftig.

फलभुज् m. Affe Prasannar. 104,19.

फलभूति m. N. pr. eines Brahmanen.

फलभूमि f. das Land der Vergeltung.

फलभूयस्त्व n. grösserer Lohn Âçv. Gṛhj. 4,7,3.

फलभृत् Adj. fruchttragend Spr. 7630.

फलभोग्य Adj. wovon man den Niessbrauch hat (Pfand) Jâgn. 2,58.

*फलमत्स्या f. die Aloepflanze.

फलमय Adj. aus Früchten bestehend Hemâdri 1,408,5.

*फलमुख्या f. eine best. Pflanze, = अजमोदा Râǵan. 6,112.

*फलमुद्गरिका f. eine Art Dattelbaum.

फलमूलमय Adj. aus Früchten und Wurzeln gebildet Hemâdri 1,425,14.

फलमूलिन् Adj. (essbare) Früchte und Wurzeln habend.

फलय m. N. pr. eines Berges.

फलयुक्त Adj. mit Lohn verbunden Kâtj. Çr. 1,1,2. 2,10.

फलयोग m. 1) *Erreichung des Zieles. — 2) Belohnung, Lohn 94,25. Abl. so v. a. weil (ihm) der Lohn zufällt Kâtj. Çr. 1,6,9. 7,20.

फलराशि m. das dritte Glied in der Regel de tri Ârjabh. 2,26.

फ॑लवत् 1) Adj. a) fruchttragend, fruchtbar, mit Früchten beladen. — b) erfolgreich, Nutzen —, Vortheil —, Gewinn bringend Âpast. Nom. abstr. फलवत्ता f. (Gaim. 6,1,21. Mahâvîrak. 87,15) und फलवत्त्व n. — c) *Nutzen —, Vortheil habend. — d) in der Dramatik den Ausgang der Handlung enthaltend. — 2) f. फलवती ein Zweig mit Beeren von einem Judendorn Gobh. 3,9,4.

*फलवन्ध्य Adj. keine Früchte tragend.

फलवर्ति f. Stuhlzäpfchen.

*फलवर्तुल 1) m. Gardenia latifolia. — 2) n. Wassermelone

फलवल्ली f. eine Reihe von Quotienten Colebr. Alg. 114. Comm. zu Ârjabh. 2,32.

फलवाक्य n. Lohnverheissung Comm. zu Kâtj. Çr. 121,3. 122,2. 3.

फलविक्रयिणी f. Fruchthändlerin.

*फलवृन्त m. Fruchtbaum.

*फलवृन्तक m. Brodfruchtbaum Râǵan. 11,32.

*फलशाडव s. फलषाडव.

फलशालिन् Adj. 1) Lohn bringend Kir. 2,31. — 2) eine Wirkung erfahrend, an den Folgen Theil nehmend. Nom. abstr. °लित्व n.

*फलशैशिर m. Zizyphus Jujuba Râǵan. 11,139.

*फलश्रेष्ठ m. der Mangobaum.

*फलषाडव m. Granatbaum Râǵan. 11,74. °शाडव geschr.

*फलस 1) Adj. von फल. — 2) m. = पनस Brodfruchtbaum.

फलसंयुक्त Adj. mit Lohn verbunden Kâtj. Çr. 1,5,16.

फलसंयोग m. das Verbundensein mit einem Lohne Gaim. 3,7,6. 4,3,38.

*फलसंबद्ध m. Ficus glomerata.

*फलसंभारा f. Ficus oppositifolia.

फलसाधन n. das Bewirken von Etwas 230,30.

फलसिद्धि f. das Gelingen, Erfolg 227,29.

फलस्तनवती Adj. f. deren Zitzen aus Früchten bestehen Hemâdri 1,434,16.

फलस्थान n. das Sichbefinden in dem Stadium des Genusses der Früchte von Etwas (buddh.).

*फलस्नेह m. Wallnussbaum.

फलहक m. Planke, Brett.

*फलहारिन् Adj. Früchte stehlend.

*फलहारी f. Bein. der Kâlî, einer Form der Durgâ.

*फलही f. Baumwollenstaude.

फलहीन Adj. keine Früchte tragend und keinen Lohn zahlend Spr. 4374.

फलागम m. die Ankunft —, die Zeit der Früchte, Herbst.

फलाग्र n. etwa Fruchtanfang, — zeit Hariv. 2, 89,81.

फलाढ्य 1) Adj. (f. आ) reich belegt mit Früchten Ragh. 7,46. — b) *f. आ wilder Pisang Râǵan. 11,40.

*फलादन m. Papagei.

फलाधिकार m. Anspruch auf Lohn Kâtj. Çr. 10,3,12. 20,8,26.

*फलाध्यक्ष m. Mimusops Kauki.

°फलानुबन्ध m. die Folgen von.

*फलान्त m. Bambusrohr.

फलापूर्व n. die mystische Kraft, welche die Folgen einer Opferhandlung bewirkt, Comm. zu Njâjam. 2,1,9.

*फलाफलिका f. gaṇa शाकपार्थिवादि.

फलाब्धि m. Titel eines Werkes.

*फलाम्ल 1) m. Rumex vesicarius Râǵan. 6,129. — 2) n. Tamarinde Râǵan. 6,126.

*फलाम्लपञ्चक n. die fünf sauren Früchte: Bergamotte, Orange, Sauerampfer, Tamarinde und Citrone Râǵan. 22,32.

फलाम्लिक Adj. mit einer sauren Brühe versehen.

°फलाय्, °यते der Lohn —, die Folge von — sein Daçak. 17,6.

*फलायोषित् f. Heimchen, Grille.

*फलाराम m. ein eingehegter Fruchtgarten.

फलार्थिन् Adj. dem es um Früchte, um Lohn zu thun ist Spr. 4375. Nom. abstr. °र्थित्व n. Gaim. 6,1,20. 2,14.

*फलावन्ध्य Adj. fruchttragend.

*फलाशन m. Papagei.

फलाशिन् Adj. von Früchten sich nährend Vishnus. 95,8.

फलासव m. ein Decoct von Früchten.

*फलास्थि n. Cocosnuss.

फलाहार Adj. von Früchten sich nährend.

फलि 1) *m. ein best. Fisch. — 2) Schale Çilâṅka 2,81.

फलिग॑ m. ein Verschluss für Flüssiges, Tonne, Schlauch oder dergl.; übertragen auf die Wolken oder die Wasserbehälter in den Bergen.

फलित 1) Adj. s. u. 2. फल्. — 2) *m. a) Fruchtbaum, Baum. — 3) *n. Erdharz; richtig पलित.

फलितव्य n. impers. तपसा °व्यम् die Kasteiung muss Früchte tragen.

फलि॑न् 1) Adj. a) fruchttragend. — b) Erwerb davontragend. — c) *Nutzen —, Vortheil habend. — d) f. mit योनि die durch Beiwohnung eines zu starken Mannes beschädigte vagina. Wohl von 1. फल्. — e) mit einer (eisernen) Pfeilspitze versehen. — 2) m. Fruchtbaum. — 3) f. फलिनी eine best. Pflanze. Nach den Lexicographen = अग्निशिखा und प्रियङ्गु.

*फलिन 1) Adj. fruchttragend. — 2) m. Brodfruchtbaum.

1.*फली f. s. u. फल.

2. फली॑ Adv. 1) mit कर् Körnerfrüchte reinputzen Mân. Gṛhj. 2,14. — 2) mit भू des Lohnes theilhaftig werden Comm. zu Mṛkkh. 37,13.

फलीक॑रण 1) n. das Reinputzen von Fruchtkörnern Comm. zu Kâtj. Çr. 199,21. — 2) m. Pl. (Sg. Bhâg. P.) Putzabfälle (von den Blüthenspelzen der Reiskörner herrührend). Nach dem Comm. zu Âçv. Gṛhj. 4,8,25 kleine Körner.

फलीकरणहो॑म m. eine Spende von Putzabfällen TBr. 3,3,9,9. Âpast. Çr. 3,9,11. 12. 10,1. 4, 13,7.

फली॑कर्त॑वै Dat. Infin. zu 2. फली॑ mit कर्.

फलीकार m. Pl. = फलीक॑रण 2).

*फलीय Adj. von फल.

*फलीश m. Thespesia populneoides.

*फलूष m. *eine best. Schlingpflanze.*

फलेग्रहि Adj. 1) *fruchttragend.* — 2) *Erfolg habend, erfolgreich* Naish. 9,12.

*फलेग्राहि oder *°ग्राहिन् Adj. = फलेग्रहि 1).

फलेतर *keine Frucht.* Nom. abstr. °ता f. Daçak. 10,20.

फलेन्द्रा f. *eine Art* Gambû Bhâvapr. 1,143.

*फलेपाक, *°पाका und *°पाकु gaṇa न्यङ्क्वादि.

फलेपुष्पा f. *Phlomis zeylanica* Bhâvapr. 1,221,9.

फलेरुहा f. *Bignonia suaveolens* Râgan. 10,51. Bhâvapr. 1,197.

*फलेलाङ्कु (!) m. = पुन्नागतुक Hâr. 137.

*फलोत्तमा f. 1) *Weintrauben ohne Kerne* Râgan. 11,106. — 2) *die drei Myrobalanen.*

*फलोत्पत्ति (!) m. *der Mangobaum.*

फलोत्प्रेक्षा f. *eine Art Gleichniss* Kuvalaj. 29, *a.* fgg. (40,*a.* fgg.).

फलोदक m. N. pr. eines Jaksha.

फलोदय m. 1) *der Eintritt der Folgen, Vergeltung,* Belohnung oder *Bestrafung,* — *für* (Gen., Loc. oder im Comp. vorangehend). — 2) *Freude.* — 3) **der Himmel.*

फलोद्गम m. Pl. *sich ansetzende Früchte* 180,25.

फलोद्भव Adj. *aus Früchten gewonnen.*

*फलोनि (!) f. *die weibliche Scham.*

फलोन्मुख Adj. *nahe daran seiend Frucht zu geben* Mahâvirak. 95,8.

फलोपगम Adj. *fruchttragend* Vishnus. 5,55.

फलोपजीविन् Adj. *von der Fruchtzucht* —, *vom Fruchtverkauf lebend.*

फलोपभोग m. *der Genuss der Frucht, das Theilhaftwerden des Lohnes,* — *der Folgen von Etwas* Kap. 1,105.

फल्क Adj. = विशोधिताङ्ग oder विसारिताङ्ग.

फल्गु 1) Adj. (f. ebenso, फल्गू und फल्ग्वी) *a) etwa röthlich* TS. 5,6,22,1. — *b) winzig, schwach, unbedeutend, werthlos, nichtig* Varâh. Brh. S. 1, 11. — 2) f. *a)* Du. *ein best. Mondhaus.* — *b)* **Ficus oppositifolia.* — *c) ein rothes Pulver, mit dem man sich beim Feste* Holâka *bestreut.* — *d)* **Frühling.* — *e)* **Lüge.* — *f)* N. pr. eines Flusses.

फल्गुण, °क und °णी wohl fehlerhaft für फल्गुन u. s. w.

फल्गुता f. *Unbedeutendheit, Werthlosigkeit, Nichtigkeit.*

फल्गुतीर्थ n. N. pr. eines Tirtha Vishnus. 85,22.

फल्गुद 1) Adj. *wenig spendend, knickerig.* — 2) f. आ N. pr. eines Flusses.

फल्गुन 1) Adj. (f. ई) *a) röthlich, roth.* — *b)* **unter dem Mondhaus* Phalguni *geboren.* — 2) * m. *a) der Monat* Phâlguna. — *b)* Bein. Arguna's. — 3) f. ई *a)* Sg. Du. und Pl. Name *eines Doppel-Mondhauses* (पूर्वा und उत्तरा). — *b)* **Ficus oppositifolia* Râgan. 11,136. — *c)* N. pr. eines Frauenzimmers.

फल्गुनक m. N. pr. 1) Pl. eines Volkes. — 2) eines Mannes.

*फल्गुनाल m. *der Monat* Phâlguna.

फल्गुनीपूर्णमास m. *der Vollmond im Mondhause* (Uttara-) Phalguni TS. 7,4,8,1.

फल्गुनीपूर्वसमय m. *die Zeit, da der Mond in der* Pûrvaphalguni *steht,* MBh. 13,64,13.

*फल्गुनीभव m. *der Planet Jupiter.*

फल्गुप्रासह Adj. *von geringer Stärke.*

फल्गुरक्षित m. N. pr. eines Mannes Hem. Par. 13,3.

फल्गुलुक m. Pl. N. pr. eines Volkes.

फल्गुवत् nur scheinbar MBh. 5,5156, da hier फल्गु वच zu lesen ist.

*फल्गुवाटिका f. *Ficus oppositifolia* Râgan. 11,136.

*फल्गुवृन्त m. *eine Species von Symplocos.*

*फल्गुवृन्ताक m. *eine Species von Calosanthes* Râgan. 9,28.

फल्गुहस्तिनी f. N. pr. einer Dichterin.

(फल्ग्व) फल्ग्वग्र Adj. *schwächlich, gering.*

*फल्प (वृद्धौ) Comm. zu Kâtj. Çr. 21,3,10.

फल्फ (?) in विफल्फ.

*फल्य n. *Blume.*

*फल्लकिन् m. *ein best. Fisch.*

*फल्लफल m. *der beim Worfeln entstehende Wind.*

*फा m. (Nom. फास्) 1) *Glut.* — 2) *unnützes Reden.* — 3) *Wachsthum, Vermehrung.* — 4) *Vermehrer.*

*फाटकी f. *Alaun.*

*फाणि f. 1) *Melasse.* — 2) *Brei, Grütze.*

फाणित m. (Nilak.) n. *verdickter Saft des Zuckerrohrs* und auch *andere verdickte Pflanzensäfte, Syrup* Mat. med. 266. Âpast. 1,17,19.

फाणिती Adv. mit भू *sich verdicken.*

फाण्ट 1) Adj. (f. आ) *a) durch blossen Ueberguss und Durchseihung gewonnen.* — *b)* **sich nicht anstrengend.* — 2) m. (*n.) *Infusum, zerriebene Arzeneistoffe mit vier Theilen heissen Wassers übergossen und durchgeseiht.* — 3) n. *die beim Ausrühren des Rahms sich bildenden ersten Flocken.*

फाण्टक m. = फाण्ट 2).

*फाण्टाहृत m. 1) N. pr. eines Mannes. — 2) Patron. von फाण्टाहृति. — 3) Pl. *die Schüler des* फाण्टाहृत 2).

*फाण्टाहृतायनि m. Patron. von फाण्टाहृति.

*फाण्टाहृति m. N. pr. eines Mannes.

*फाण्ड n. *Bauch.*

*फाणिडन् m. N. pr. eines Schlangendämons.

फाण्डिव von unbekannter Bedeutung.

फाल 1) m. (*n.) *a) Pflugschar.* — *b) eine Art Schaufel.* — 2) m. oder n. *Büschel, Blumenstrauss* Bâlar. 240,5. — 3) m. *a) Sprung* Vikramâñkak. 13,77. Hem. Par. 1,448. 7,63. — *b) Citronenkern.* — *c)* *Bein. α) Mahâdeva's. — β) Balarâma's. — 4) n. = भाल *Stirn;* wohl nur fehlerhaft. — 5) *Adj. *baumwollen.*

फालकुद्दाललाङ्गलिन् Adj. *mit den Werkzeugen* फाल, कुद्दाल *und* लाङ्गल *versehen.*

फालकृष्ट Adj. 1) *gepflügt;* Subst. *gepflügtes Land* Gaut. — 2) *auf gepflügtem Lande wachsend;* m. *Frucht, die auf Ackerland gewachsen ist.*

*फालखेला f. *Wachtel.*

*फालगुप्त (Conj.) m. Bein. Balarâma's.

*फालदन्ती f. N. pr. einer Unholdin.

फालाहत Adj. *gepflügt.*

फालीकरण Adj. *aus Putzabfällen bestehend.*

फाल्गुण und °णी wohl nur fehlerhaft für फाल्गुन und °नी.

फाल्गुन 1) Adj. (f. ई) *zu dem Mondhause* Phalguni *gehörig,* **unter diesem Mondhause geboren.* — 2) m. *a) der Monat, in welchem der Vollmond im Mondhause* Phalguni *steht.* — *b)* Bein. Arguna's. — *c)* **Terminalia Arunja* Râgan. 9,123. — *d)* * = नदीज. — 3) f. ई *a) der Vollmondstag im Monat* Phâlguna. — *b) das Mondhaus* Phalguni. — 4) n. *a) eine best. Grasart, welche auch als Surrogat für die* Soma-*Pflanze gebraucht wird.* — *b)* N. pr. eines Wallfahrtsortes.

फाल्गुनमाहात्म्य n. Titel eines Werkes.

*फाल्गुनानुज m. *der Monat* Kaitra.

*फाल्गुनाल m. *der Monat* Phâlguna.

फाल्गुनि m. Patron. von फाल्गुन = अर्जुन.

*फाल्गुनिक 1) Adj. *zum Vollmondstag im Monat* Phâlguna *gehörig.* — 2) m. *der Monat* Phâlguna.

फाल्गुनोपक्ष m. *die lichte Hälfte im Monat* Phâlguna Lâtj. 9,1,2.

*फाल्गुनीपौर्णमासी f. *der Vollmondstag im Monat* Phâlguna.

*फाल्गुन्य m. *der Planet Jupiter.*

*फि m. 1) *Bösewicht.* — 2) *unnützes Gerede.* — 3) *Zorn.*

*फिङ्गक m. *der gabelschwänzige Würger.*

फिट्सूत्र n. Titel eines grammatischen Werkes.

फिरङ्ग 1) Adj. *europäisch.* व्याधि m. *Syphilis* Bhâvapr. 2,102. — 2) m. *a) Franzenland, Europa.*

— b) *Syphilis.*

फिरङ्गरोटी f. *Franzbrod.*

फिरङ्गामय m. *Syphilis* Bhâvapr. 1,168.

फिरङ्गिन् 1) m. *ein Europäer.* — 2) f. °णी *eine Europäerin.*

फिरिएड m. N. pr. eines Fürsten.

*फु m. 1) *Zauberformel.* — 2) *leeres Geschwätz.*

*फुक्क m. *Vogel.*

फुट (*m. f. श्रा und n.) *die Haube einer Schlange.*

फुटाटोप m. *das Anschwellen der Haube einer Schlange.*

फुट्टिका f. *eine Art von Gewebe.*

फुत् Interj. mit कर् 1) *pusten, blasen.* — 2) *aus vollem Halse schreien, kreischen.*

*फुत्कर m. *Feuer.*

फुत्कार m. 1) *das Blasen, Zischen.* — 2) *das Schreien aus vollem Halse.*

फुत्काररन्ध्र n. *das Mundloch einer Flöte* S. S. S. 179.

फुत्कारवत् Adj. *zischend.*

फुत्कृत n. 1) *der Ton von Blaseinstrumenten.* — 2) *ein Geschrei aus vollem Halse.*

फुत्कृति f. 1) *das Blasen eines Blaseinstruments* S. S. S. 197. — 2) = फुत्कार 1) Naish. 9,80. — 3) = फुत्कार 2).

*फुप्फुकारक Adj. *keuchend.*

फुप्फुस m. und फुफुस (!) n. *Lunge.*

फुम्फुम्रा onomatop. vom *Zischen des Dungfeuers.*

*फुलिङ्ग m. *Syphilis.*

*फुल्ति f. Nom. act. von 1. फल्.

फुल्ल्, फुल्लति *aufblühen, blühen.*

फुल्ल 1) Adj. (f. श्रा) a) *aufgeblüht, blühend.* — b) *mit Blumen besetzt.* — c) *weit geöffnet* (Augen). — d) *aufgeblasen* (Backen) Bâlar. 54,4. — e) *lachend* (Gesicht). — 2) m. N. pr. eines Heiligen. — 3) wohl n. *eine aufgeblühte Blume.*

*फुल्लतुबरी f. *Alaun.*

फुल्लदामन् n. *ein best. Metrum.*

°फुल्लन Adj. *aufblasend.*

फुल्लपुर n. N. pr. einer *Stadt.*

*फुल्लफाल m. *der beim Worfeln entstehende Wind.*

*फुल्लरीक m. 1) *Gegend, Land.* — 2) *Schlange.*

*फुल्ललोचन m. *eine Gazellenart.*

*फुल्लवत् Adj. *blühend.*

फुल्लसूत्र n. Titel eines Werkes Weber, Lit. 91.

फुल्लाम्बिका f. N. pr. eines Frauenzimmers.

फुल्लारण्यमाहात्म्य n. Titel eines Abschnitts im Agni-P.

*फुल्लि f. *das Aufblühen, Blühen.*

फुल्लोत्पल m. N. pr. eines Sees.

फूत्कार m. fehlerhaft für फूत्कार Çatr. 10,95.

फूत् Interj. mit कर् = फुत् mit कर् 1) (314,3. Spr. 7774. Pañkat. ed. Bomb. 1,101,6) und 2).

फूत्कार m. = फत्कार 1) (Z. d. d. m. G. 32,735. °कारान् दा *blasen*) und 2).

फूत्कार्य Adj. in ग्र° (Nachtr. 4).

फूत्कृति f. = फुत्कृति 2) und 3).

फेञ्चक m. *ein best. Vogel.*

फेट्कार m. *Geheul.*

फेण, फेणगिरि, फेणप und फेणी schlechte Schreibart für फेन u. s. w.

फेएर und °क m. *ein best. Vogel.*

फेत्कार m. (n.! Pañkad.) und फेत्कृत n. *Geheul.*

फेत्कारिन् 1) Adj. *heulend.* — 2) f. °रिणी Titel eines Tantra.

फेन 1) m. n. (nur einmal) *Schaum, Feim, Schaum vor dem Munde, Lippennass.* — 2) (*m.) n. *os Sepiae* Karaka 6,24. — 3) m. N. pr. eines Mannes. — 4) *f. फेना *ein best. Strauch,* = सातला Râgan. 4,194. — 5) f. फेनी *eine best. Speise.*

फेनक 1) m. a) **os Sepiae.* — b) *eine Suppe aus Reismehl.* — c) **eine Art Backwerk.* — 2) *f. श्रा = 1) b). — 3) f. °निका *ein best. Backwerk* Bhâvapr. 2,25. Madanav. 116,76.

फेनगिरि m. N. pr. eines *Gebirges.*

*फेनदुग्धा f. *ein best. kleiner Strauch* Râgan. 5,98.

फेनधर्मन् Adj. *die Natur des Schaumes habend, nichtig und vergänglich wie dieser* MBh. 3,35,2.

फेनप Adj. *Schaum —, Feim trinkend, sich davon nährend* Bâlar. 298,12. Soll auch *von abgefallenen Früchten sich nährend* bedeuten.

फेनमेहिन् Adj. *schaumigen Harn lassend.*

*फेनल Adj. *schaumig.*

फेनवत् Adj. dass.

*फेनवाहिन् 1) Adj. in Verbindung mit वस्त्र n. *Seihtuch.* — 2) m. Indra's *Donnerkeil;* eher Bein. Indra's.

*फेनाग्र n. *Wasserblase.*

फेनाय्, *°यति und °यते *schäumen* Harshak. 49,11.

*फेनाशनि m. Bein. Indra's.

फेनाहार Adj. *von Schaum —, von Feim sich nährend.*

फेनिल 1) Adj. (f. श्रा) *schaumig, — durch* (im Comp. vorangehend), so v. a. *dieses statt des Schaumes habend.* — 2) m. *ein best. Baum* Vâs. 38. Nach den Lexicographen *Sapindus detergens* und *Zizyphus Jujuba* Bhâvapr. 3,31. — 3) f. श्रा a) *Sapindus detergens* Râgan. 9,73. Karaka 6,12. — b) **Hingcha repens.* — c) *= सर्पाक्षी. — 4) *n. *die Frucht von* 2) und vom Madana.

फैन्य Adj. *im Schaum befindlich.*

*फेर und *फेरण्ड m. *Schakal* Râgan. 19,8.

फेरव 1) m. a) *Schakal* Pr. P. 89. Z. d. d. m. G. 36,366. — b) *ein* Rakshas. — 2) *Adj. a) *betrügerisch.* — b) *Schaden zufügend.*

फेरु m. *Schakal* Râgan. 19,8. Kândak. 71,7.

*फेल्, फेलति (गतौ).

*फेल 1) n. f. (श्रा) *Speiseüberbleibsel.* — 2) *eine best. hohe Zahl* (buddh.).

*फेलि, *फेलिका und *फेली f. = फेल 1).

*फैल्लि von फुल्ल.

---

*ब 1) m. = वरुण, सिन्धु, भग, गन्धन, तन्तुसंतान und वपन. — 2) f. वा = तोयं गतम्.

बंह्, बह्, *बंहते (वृद्धौ). Partic. बाढ s. bes. — Caus. बंहयते *befestigen, stärken, augere.* — Mit ग्रव, ग्रवबाढ *erutus, aufgedeckt* Âpast. Çr. 2,2,2. — Mit नि, निबाळ्ह *obrutus.* — Mit सम्, संबाळ्ह nach dem Comm. = संबद्ध, दृढ. — Caus. Act. *befestigen, augere.*

*बंहिमन् m. Nom. act. zu बहुल.

बंहिष्ठ Adj. Superl. 1) *überaus fest, — dicht.* — 2) *überaus stark, — tief* (Laut) Bâlar. 209,16. — 3) *überaus feist.*

बंहीयस् Adj. Compar. *überaus mastig* Maitr. S. 1,8,3 (118,5).

बक 1) m. a) *eine Reiherart, Ardea nivea* Gaut. Gilt für einen Ausbund ruhiger Besonnenheit, aber auch der Schelmerei und Heuchelei. — b) *Heuchler. Betrüger.* — c) *eine best. Pflanze.* — d) **ein best. Apparat zum Calciniren* oder *Sublimiren von Metallen.* — e) *Bein. Kubera's. — f) N. pr. α) eines Dämons Mân. Gṛhj. 2,14. — β) eines von Bhîmasena besiegten Rakshas. — γ) eines von Kṛshṇa besiegten Asura, der die Gestalt eines *Reihers* angenommen hatte. — δ) eines alten Weisen mit dem Patron. Dâlbhi oder Dâlbhja. — ε) eines Bauern Hem. Par. 2,356. — ζ) Pl. eines Volkes MBh. 6,9,61. — η) eines Fürsten.

बककच्छ m. N. pr. einer Oertlichkeit.

बककल्प m. *ein best.* Kalpa 2) *h).*

*बकचिञ्चिका f. *ein best. Fisch.*

*बकजित् m. Bein. Bhîmasena's.

बकत्व n. Nom. abstr. zu बक 1) *a).*

बकद्वीप m. N. pr. eines Dvîpa.

*बकधूप m. = धूपबक.

बकनक m. MBh. 13,257 fehlerhaft für बकनख.

बकनख m. N. pr. eines Sohnes des Viçvâmitra MBh. 13,4,58. *°गुदपरिणाह्या: *die Nachkom-*

men Bakanakha's *und* Gudaparinaddha's.

*बकनिषूदन m. Bein. Bhîmasena's.

बकपञ्चक n. Bez. *von fünf heiligen Tagen, an denen sogar der Reiher keine Fische verzehrt.*

*बकपुष्प m. *Agati grandiflora.*

बकबकाय्, °यते *quaken.*

बकयन्त्र n. *ein Retorte von bestimmter Form.*

बकरिपु m. Bein. Bhîmasena's Venîs. 198.

बकवती f. N. pr. eines Flusses.

बकवृत्ति Adj. *wie der Reiher verfahrend, heuchlerisch, Heuchler.*

*बकवैरिन् m. Bein. Bhîmasena's.

बकव्रत n. *das Verfahren des Reihers, Heuchelei.* °चर Adj. *heuchelnd.*

बकव्रतिक und °व्रतिन् Adj. *wie der Reiher verfahrend, heuchlerisch.*

*बकसक्थ m. N. pr. eines Mannes. Pl. *seine Nachkommen.*

बकसहवासिन् m. *Hausgenosse der Reiher,* so v. a. *Lotusblüthe.*

*बकाची f. *ein best. Fisch.*

बकाय्, °यति *den* Asura Baka *darstellen.*

बकारि m. Bein. Kṛshṇa's.

बकालीन Adj. *wie ein Reiher kauernd, — sich versteckt haltend* MBh. 3,140,62.

बंकुर m. wohl *ein kriegerisches Blaseinstrument.* Nach den Erklärern *Donnerkeil, Blitz.*

बकुल 1) m. *a) Mimusops Elengi;* n. *die* (wohlriechende) *Blüthe.* Auch unter den Beinamen Çiva's. — *b)* *N. pr. eines Landes. — 2) *f. आ *Helleborus niger* Râǵan. 6,132. — 3) *f. ई *eine best. Arzeneipflanze.*

बकुलमाला f. N. pr. eines Frauenzimmers Vâs. 5.

बकुलावलिका f. ein Frauenname.

*बकुलित Adj. *mit Mimusops Elengi besetzt.*

*बकूल m. = बकुल 1) *a).*

*बकेरुका f. 1) *eine kleine Reiherart.* — 2) *ein vom Winde gebeugter Ast.*

बकेश m. Name eines vom Fürsten Baka errichteten Heiligthums.

बकोट m. *eine Reiherart* Râǵan. 19,97.

बर्ज्ञ m. wohl *ein best. gegen Dämonen kräftiges Kraut.*

बट् Adv. *fürwahr.*

बटु m. 1) *Junge, Bube, Bursch;* insbes. *ein Brahmanenknabe.* Auch Erwachsene werden geringschätzig so genannt. — 2) *eine Art von Priestern.* — 3) bei den Çâkta *eine Form* Çiva's, die bei ihren heiligen Ceremonien von *Knaben* dargestellt wird. — 4) *Calosanthes indica.*

बटुक m. = बटु 1) 2) und 3).

बटुकनाथ m. N. pr. eines Schülers des Çamkarâkârja.

बटुकपञ्चाङ्ग Titel eines Werkes.

बटुकभैरव m. *eine Form* Bhairava's.

बटुकार्चनविधि m. Titel eines Werkes.

*बटूकरण n. *das Zuführen eines Knaben zum Lehrer.*

*बट्ठलोहक n. *damascirter Stahl* Râǵan. 13,135.

बडपिला f. N. pr. eines Dorfes.

बडा, बळ्हा Adv. = बट्.

बडाह्न m. N. pr. eines Fürsten.

बाडई 1) Adj. (f. ई) *verstümmelt* (an Händen, Füssen, am Schwanz), *verkrüppelt* Âpast. Çr. 7, 12,1. Nach den Erklärern auch *zeugungsunfähig.* Die Bed. *keine Vorhaut habend* beruht auf einer Verwechselung mit चण्ड. — 2) *f. बण्डा *ein ausschweifendes Weib;* richtig रण्डा.

1. बत Interj. *des Erstaunens* und *Bedauerns* (*ach, weh*), die ursprünglich stets unmittelbar (oder durch das enklitische इव getrennt) nach dem den Satz eröffnenden und den Affect hervorrufenden Begriff gestanden zu haben scheint. बतारे 33,22. अहो बत (128,1) und अपि बत (Spr. 7680) am Anfange eines Satzes in der späteren Sprache. Am Anfange eines Satzes nur Mâlav. 42,13 (48,16), doch fehlt es hier in mehreren Hdschrr.

2. बत m. *Schwächling.*

*बद्, बदति (स्थैर्ये).

बदर 1) *m. *a) Zizyphus Jujuba, Judendorn.* — *b) ein anderer Baum,* = देवसर्षप Râǵan. 9,157. — *c) der Kern in der Frucht der Baumwollenstaude.* — *d)* N. pr. eines Mannes. — 2) *f. आ *a) die Baumwollenstaude.* — *b) eine Dioscorea.* — *c) Mimosa octandra.* — *d) Clitoria ternatea.* — 3) f. ई *a) Judendorn.* Hier und da fälschlich für *die Beere;* vgl. 4) *a).* — *b)* **die Baumwollenstaude* Râǵan. 4, 191. — *c)* **Mucuna pruritus* Râǵan. 3,39. — *d)* N. pr. einer der Gaṅgâ-Quellen und einer daran gelegenen Einsiedelei des Nara und Nârâjaṇa. — 4) n. बदर *a) die essbare Frucht des Judendorns, Brustbeere.* Auch als *Gewicht* verwendet. — *b)* **die Frucht der Baumwollenstaude.*

*बदरकुणा m. *die Zeit, wann die Brustbeeren reif werden.*

बदरपाचन n. N. pr. eines Tîrtha.

*बदरफली und *बदरवल्ली f. *eine Art Judendorn* Râǵan. 11,145.

*बदरामलक n. (!) *Flacourtia cataphracta.*

बदरिका f. 1) *Brustbeere.* — 2) = बदर 3) *d).*

बदरिवनमाहात्म्य (wohl बदरी°) n. Titel eines Werkes.

*बदरीच्छद 1) m. oder f. (आ) *Unguis odoratus* Râǵan. 12,129. — 2) f. आ *eine Art Judendorn.*

बदरीनाथ m. N. pr. eines Tempels an der Badarî.

बदरीनारायण m. N. pr. einer Oertlichkeit.

*बदरीपत्त्र m. und *°क n. *Unguis odoratus.*

बदरीपाचन n. = बदरपाचन.

*बदरीप्रस्थ m. N. pr. einer Stadt.

*बदरीफला f. *eine blau blühende Vitex.*

बदरीमाहात्म्य n. Titel eines Werkes oder eines Kapitels in einem Purâṇa Opp. Cat. 1.

*बदरीवण und °वन n. N. pr. eines *Waldes.*

*बदरीवासा f. Bein. der Durgâ.

बदरीशैल m. N. pr. eines *Felsens an der Quelle der* Gaṅgâ.

बद्धक m. *ein Gebundener, Gefangener.*

बद्धकदम्बक Adj. *Gruppen bildend* Çâk. 39.

बद्धकर्मोचन n. *die Befreiung eines Gefangenen.*

बद्धकलापिन् Adj. *der den Köcher umgebunden hat* MBh. 4,5,1.

बद्धकेसर Adj. *woran* (noch) *die Staubfäden hängen* Suçr. 1,210,11.

बद्धगुद n. *eine gefährliche Art von Verstopfung.*

बद्धगुदिन् Adj. *an einer solchen Verstopfung leidend.*

बद्धगोधाङ्गुलित्रवत् Adj. *der die* Godhâ *und* Aṅgulitra *genannten Schutzmittel gegen den Schlag der Bogensehne angebunden hat* MBh. 3, 17,3. 37,19.

बद्धग्रह Adj. *auf Etwas bestehend.*

बद्धचित्त Adj. *die Gedanken richtend auf* (Loc.).

बद्धजिह्व Adj. *dessen Zunge sich schwer bewegt.*

बद्धतृष्ण Adj. *Verlangen empfindend nach* (im Comp. vorangehend).

बद्धदृष्टि Adj. *das Auge heftend auf* (Loc.).

बद्धद्वेष Adj. *einen Hass gegen Jmd habend* Râǵat. 5,446.

बद्धनिश्चय Adj. (f. आ) *fest entschlossen.*

बद्धनिष्यन्द und °निस्यन्द Adj. 1) *wobei der Abfluss gehemmt ist* Suçr. 1,121,9. — 2) *den Abfluss hemmend* Suçr. 1,190,5. 197,4.

बद्धनेत्र Adj. (f. आ) *die Augen auf Etwas richtend* MBh. 15,15,9.

बद्धपङ्कवत् Adj. *wo der Schmutz gebunden, — fest geworden ist* Hariv. 3841.

बद्धपुरीष Adj. *verstopft.* Nom. abstr. °त्व n. *Verstopfung.*

बद्धपृष्ठ oder °पृष्ठ m. N. pr. eines Mannes Ind.

St. 14,123.

बद्धप्पि (!) n. *die geschlossene Hand, Faust.*

बद्धप्रतिज्ञ Adj. (f. आ) *ein Gelöbniss gethan habend* KATHÂS. 38,114.

बद्धप्रतिश्रुत् Adj. *wiederhallend.*

*बद्धफल m. *Pongamia glabra.* Vgl. वर्धफल.

बद्धभाव Adj. (f. आ) *verliebt, — in* (Loc.) KATHÂS. 17,127. 49,249.

बद्धभीमान्धकार Adj. (f. आ) *in fürchterliches Dunkel gehüllt.*

*बद्धभू f. *Estrich.*

*बद्धभूमिक Adj. *mit einem Estrich versehen.*

बद्धमुष्टि Adj. 1) *der die Hand geschlossen —, zur Faust geballt hat.* — 2) *dessen Hand geschlossen bleibt, close-fisted, geizig.*

बद्धमुष्टित्व n. Nom. abstr. zu बद्धमुष्टि 1) und 2).

बद्धमूत्र Adj. *den Harn hemmend.*

बद्धमूल Adj. (f. आ) *Wurzeln gefasst habend, fest wurzelnd, festen Fuss gefasst habend* (in übertr. Bed.). Nom. abstr. °ता f.

बद्धमौन Adj. *Stillschweigen beobachtend, schweigend.*

बद्धरभस Adj. (f. आ) *ungestüm, leidenschaftlich.*

*बद्धरसाल m. *eine vor allen andern hochgeschätzte Mangoart* RÂGAN. 11,19.

बद्धराग Adj. *versessen auf* (Loc.) Spr. 2061.

बद्धराज्य Adj. *zur Herrschaft gelangt.*

°बद्धलक्ष Adj. *den Blick richtend auf* VIKR. 54,4. Ind. St. 14,390.

बद्धंवत्स Adj. (f. आ) *mit* (im Stalle) *angebundenem Kalbe.*

बद्धवर्चस् Adj. *verstopfend.*

बद्धवसति Adj. *seinen Wohnsitz habend in* (Loc.).

बद्धवाच् Adj. *die Rede hemmend.*

बद्धविट्क Adj. *verstopft.* Nom. abstr. °ता f. *Verstopfung.*

बद्धविण्मूत्र Adj. *Stuhlgang und Harn hemmend.*

बद्धंवीर Adj. *dessen Mannen gebunden sind.*

बद्धवेपथु Adj. *zitternd* DAÇAK. 58,9.

बद्धवैर Adj. (f. आ) *in Feindschaft gerathen, — mit* (Instr. oder im Comp. vorangehend).

बद्धशस् Adv. fehlerhaft für बद्धशस्.

बद्धशिख 1) Adj. *a) dessen Haar auf den Scheitel des Kopfes aufgebunden ist.* — *b)* **im Kindesalter stehend.* — 2) *f. आ *eine best. Pflanze.*

बद्धश्रोत्रमनश्चक्षुस् Adj. *Ohren, Sinn und Augen heftend auf* (Loc.).

बद्धसूत m. *eine best. Form des Quecksilbers.*

बद्धस्नेह Adj. (f. आ) *Liebe empfindend zu* (Loc.).

बद्धस्पृह Adj. *Verlangen habend nach* (im Comp. vorangehend).

बद्धाञ्जलि und °पुट Adj. *die beiden Hände hohl aneinander gelegt haltend.*

°बद्धादर Adj. *grossen Werth legend auf* Spr. 1902.

बद्धानन्द Adj. *wobei sich Freude zeigt, froh* (Tag) KATHÂS. 23,94.

बद्धानुराग Adj. (f. आ) *verliebt* KATHÂS. 56,253.

बद्धानुशय Adj. *einen unüberwindlichen Hass empfindend.*

बद्धान्धकार Adj. (f. आ) *in Dunkel gehüllt* KATHÂS. 46,207.

बद्धाप्पि (!) m. = बद्धप्पि.

बद्धावस्थिति Adj. *beständig* Spr. 5563 (zu trennen °स्थिति चा°).

बद्धाश Adj. *voller Hoffnung, hoffend auf* (im Comp. vorangehend).

बद्धाशङ्क Adj. *voller Besorgniss.*

बद्धोत्सव Adj. *einen Festtag antretend.*

बद्धोद्यम Adj. *sich anschickend —, gerüstet —, bereit zu* (Infin.).

बद्बधानं Partic. vom Intens. von बाध्.

बद्व m. (nur MBH. 12,29,49) n. *Trupp, Haufe* als Bez. *einer sehr hohen Zahl.*

बद्वशस् Adv. *in einer बद्व genannten Anzahl.*

बध् = वध् bisweilen auch in vedischen Texten.

बधिरं 1) Adj. (f. आ) *taub.* Superl. बधिरतम. — 2) m. N. pr. eines Schlangendämons, eines Sohnes des Kaçjapa, MBH. 5,103,16.

*बधिरक N. pr. 1) m. *eines Mannes.* Pl. *seine Nachkommen.* — 2) f. °रिका eines Frauenzimmers.

बधिरता f. *Taubheit.*

बधिरय्, °यति *taub machen, betäuben.* बधिरित *taub gemacht, betäubt* DAÇAK. 3,11. KÂD. 2,95,17.

बधिरान्ध m. N. pr. eines Schlangendämons, eines Sohnes des Kaçjapa. v. l. बधिर und अन्ध als zwei Namen.

*बाधिरिमन् m. *Taubheit.*

बधिरी Adv. mit कर् *taub machen, betäuben* Spr. 7856.

बधूं f. AV. 8,6,14. Richtig वधूं.

बध्र m. Pl. N. pr. eines Volkes MBH. 6,363. वध्र v. l.

बंध्य Adj. = वंध्य AV. 18,2,31.

बध्यतंस् Adv. *vor dem Gedränge* AV. 12,1,2.

*बध्योग m. N. pr. eines Mannes.

*बन्द्, बन्दते (स्थैर्ये).

ब्रन्दि (metrisch) m. = 1. बन्दिन्.

बन्दिग्रह m. *Gefangennahme* MAHÂVÎRAK. 21,16.

बन्दिग्राह und *बन्दिचोर m. *ein Dieb, der in ein Haus eindringt.*

बन्दिता f. Nom. abstr. zu 1. बन्दिन्.

1. बन्दिन् m. *Lobsänger eines Fürsten, Lobsänger überh.*

2. बन्दिन् m. *Gefangener, Sclave.* Vgl. बन्दी.

*बन्दिपाठ m. *der Lobgesang eines* Bandin.

बन्दिपुत्र m. = 1. बन्दिन्.

*बन्दिशालिका f. *Gefängniss* GAL.

*बन्दिशूला f. *Hure* GAL.

बन्दिस्त्री f. *Lobsängerin.*

बन्दिस्थित Adj. *im Gefängniss sitzend* KUMÂRAS. 12,50.

बन्दी f. 1) *ein Gefangener, eine Gefangene.* — 2) *Raub.*

*बन्दीकार m. *Räuber, Dieb.*

बन्दीकृत Adj. 1) *zum Gefangenen gemacht;* m. *ein Gefangener* HEMÂDRI 1,200,7. BÂLAR. 46,1. 68,1. युद्ध° *in der Schlacht, zum G. gemacht.* — 2) *ergriffen,* so v. a. *überwältigt* BÂLAR. 280,4.

बन्दीग्रह m. *Raub* Comm. zu BHÂG. P. 6,1,22.

बन्ध्, बध्नाति, बध्नीते, बध्यति (HARIV. 3,49,78); बध्यंते Pass. 1) *binden, anbinden, anheften, fesseln, umstricken.* Med. und in der späteren Sprache Act. *sich Etwas anbinden, — umbinden.* In dieser Bed. auch बध्यति (nach der v. l. *Jmd Etwas anheften*). In der Philosophie so v. a. *an die Welt —, an das Böse fesseln* (im Gegensatz zu *erlösen*) KAP. 3,73. Pass. *gefesselt werden* auch so v. a. *wieder an's Leben gefesselt werden, wieder sündigen.* बद्धं *gebunden, gefesselt, umstrickt, angebunden, gefesselt, aufgebunden, aufgehängt; gefesselt* in philosophischem Sinne KAP. 1,7. 93. — 2) ein Opferthier *binden,* so v. a. *darbringen, schlachten;* mit Dat. der Gottheit, der es dargebracht wird. — 3) *fangen, gefangen nehmen, — halten.* बद्धं *gefangen.* — 4) *einsperren,* so v. a. *strafen, züchtigen.* — 5) *verbinden, zusammenfügen.* मुष्टिम् *die Faust ballen* (धनुर्मध्ये so v. a. *den Bogen in der Mitte umfassen*), अञ्जलिम् und अञ्जलिपुटम् *die Hände fest aneinander legen.* Pass. *verbunden werden mit* (Instr.), so v. a. *Etwas an sich erfahren, erleiden* PANKAT. 231,10. बद्ध *belegt —, beschlagen —, verbunden mit, gefasst in.* Das Womit oder Worin im Instr. oder im Comp. vorangehend. Vom Quecksilber so v. a. *mit andern Stoffen verbunden, legirt* RÂGAN. 13,112. — 6) *errichten* (Schranken), *bauen* (einen Damm, eine Brücke). — 7) *dämmen, überbrücken* (mit und ohne सेतुना). — 8) *abdämmen.* — 9) *verstopfen, festmachen, verschliessen, schliessen, versperren.* — 10) *festhalten, zurückhalten, hemmen, unterdrük-*

ken, unterlassen. बद्ध *gehemmt, stockend* (Gegensatz द्रव *flüssig*). — 11) die Augen, die Ohren, den Sinn *heften —, richten auf;* die Ergänzung im Loc. oder im Infin. (123,15). — 12) *zusammenfügen,* so v. a. *construiren.* — 13) Verse *binden, — zusammenfügen, abfassen, componiren.* — 14) *zurechtlegen, in eine best. Stellung bringen.* आसनं पद्मकम् *die* Padmaka *genannte Stellung der Füsse beim Sitzen annehmen.* — 15) *im Gefolge —, zur Folge haben, bewirken, hervorrufen, machen* überh. — 16) *ansetzen* (Frucht u. s. w.), *schlagen* (Wurzeln), *bekommen, bei sich zur Erscheinung bringen, zeigen, äussern, hegen, haben.* बन्धुबुद्धिम् *in Bezug auf* (Loc.) *die Vorstellung von einem Angehörigen haben* Harshaḱ. 139,12. बद्ध *sich gezeigt —, sich eingestellt habend.* — Caus. बन्धयति 1) *binden —, gefangen setzen lassen.* Auch *बाधयति. — 2) *zusammenfügen —, bauen lassen.* — 3) *abdämmen lassen.* — Mit अनु 1) *entlang binden, anbinden, fesseln* (auch in übertragener Bed.), *— an* (Loc.). अनुबद्ध *gebunden, gefesselt, umfangen, gefesselt* auch so v. a. *ganz auf Etwas gerichtet.* — 2) Pass. *als* Anubandha 1) i) *angefügt werden.* — 3) *in Verbindung bringen, verbinden.* अनुबद्ध *in Verbindung stehend, mit Etwas zusammenhängend.* — 4) *Jmd an sich ketten, — heranziehen* (Schüler). — 5) *sich Jmd anhängen, auf dem Fusse folgen, nachlaufen, begleiten* (in übertr. Bed. Kâd. 249,2). — 6) **gleichkommen, ähnlich sein* 251,8. — 7) *im Gefolge —, zur Folge haben, bewirken, herbeiführen, bringen.* Pass. *erfolgen.* — 8) *äussern, an den Tag legen, hegen, haben.* — 9) *zusammenhalten, nicht reissen, — auseinandergehen.* — 10) *fortdauern, seine Wirkung fortsetzen.* — 11) *auf Etwas bestehen.* — 12) *in Jmd* (Acc.) *dringen, Jmd dringend auffordern* Kâd. 232,5. 262,8. — Mit पर्यनु in *°बन्ध (Nachtr. 4). — Mit समनु, पृष्ठतः समनुबद्धाः *auf dem Fusse folgend* Kâraṇḍ. 43,7. — Mit अपि Med. *sich Etwas anbinden.* °बद्ध *angebunden, befestigt* R. 3,68,42. — Mit अभि Pass. *befestigt —, dauerhaft werden* Kâd. 2,111,4 (2,137,6). — Mit अव 1) *anbinden,* Med. *sich Etwas anbinden.* अवबद्ध *angebunden, befestigt, umbunden mit, festgehalten, gefesselt* (in übertragener Bed.), *— durch;* das Womit oder Wodurch geht im Comp. voran. — 2) अवबद्ध *a) befestigt,* so v. a. *aufgemauert* Bhâvapr. 2,36. — *b) feststeckend, — sitzend, steckend in* (im Comp. vorangehend). — *c) hängend an Jmd* (Loc.), *besorgt um Etwas* (Loc.) 234,20. — Mit आ 1) *anbinden,* Med. (im Epos auch Act.) *sich Etwas anbinden.* — 2) *verbinden, zusammenfügen, — bringen.* — 3) *festhalten.* — 4) *anknüpfen* (eine Unterhaltung) Kâd. 99,8 (177,2). — 5) पदम् *festen Fuss fassen, von Dauer sein* Kâd. 117,15. — 6) den Blick, den Geist *heften —, richten auf.* Nur Partic. आबद्ध Ind. St. 14,289. — 7) *bewirken, hervorbringen, bilden; an sich hervorbringen, äussern, zeigen.* Nur Partic. आबद्ध. आबद्धमण्डल Adj. (f. आ) *einen Kreis bildend, im Kreise sitzend* Kâd. 55,3. 147,17. — Mit समा *sich Etwas anbinden.* — Mit उद् 1) *aufbinden,* d. i. *in die Höhe binden.* शरीरम्, आत्मानम् und Med. ohne Zusatz *sich erhängen.* उद्बद्ध *aufgehängt —, hängend an* (Loc.) Z. d. d. m. G. 36,366 (उद्बुद्ध gedr.). — 2) *fest zuschnüren.* उद्बद्ध *erstickt* Ḱaraka 6,23. — 3) *hervorziehen* Spr. 7688. — 4) *suspendere, hemmen, aufheben.* — 5) उद्बद्ध von Waden so v. a. *fest, drall.* — Mit प्रोद्, प्रोद्बद्ध *fest, drall* (Waden) Bhâvapr. 1,85. — Mit समुद् *festbinden.* — Mit उप 1) *binden* (an Händen, Füssen). — 2) *verbinden* Ḉaṁk. zu Bâdar. 4,3,4. — Mit नि 1) *festbinden, befestigen, anbinden, — an* (Loc.), *binden in* (Loc.), *aufreihen auf* (Loc. Spr. 7810), *sich Etwas anbinden; fesseln, ketten* (in übertragener Bed.), *— an* (Loc.). निबद्ध *gebunden an* (Loc.), *abhängig von* (Instr.). — 2) *fangen, in seine Gewalt bekommen, erlangen.* — 3) *verbinden, zusammenfügen, schliessen, verstopfen.* निबद्ध *zusammengefügt —, zusammengesetzt aus; begleitet von, versehen mit* (die Ergänzung überall im Comp. vorangehend, ausnahmsweise im Instr. S. S. S. 120); *eingehüllt in, bezogen mit* (Instr.); *eingefasst —, belegt —, verziert mit* (im Comp. vorangehend); *eingeschlossen —, eingefügt —, enthalten in, befindlich auf* oder *in* (Loc. oder im Comp. vorangehend); *gebildet —, bestehend aus* (im Comp. vorangehend); *sich beziehend auf* (Loc. oder im Comp. vorangehend). — 4) *errichten, aufschlagen* (ein Lager). निबद्ध *erbaut* 122,20. — 5) *festhalten, zurückhalten, hemmen.* — 6) den Fuss *setzen auf* (Loc.), so v. a. *sich machen an; heften —, richten auf, einem Gegenstande zuwenden* (die Ergänzung im Loc.). निबद्ध *geheftet* u. s. w. *auf* (Loc. oder im Comp. vorangehend). — 7) *niederschreiben, abfassen, redigiren.* — 8) *besprechen.* विबध्नाति Müller, S. L. 176 fehlerhaft für नि°. Pass. *angeführt werden.* निबद्ध *angewandt, gebraucht* (ein Wort, ein Laut). — 9) *bei sich zur Erscheinung bringen.* भ्रुकुटीम् so v. a. *die Brauen furchen.* — 10) निबद्ध *verboten* MBh. 2,77,19. — Mit उपनि, °बद्ध 1) *haftend an* (im Comp. vorangehend) Comm. zu Njâjas. 3,1,62. — 2) *niedergeschrieben, abgefasst, verfasst* (Bâlar. 57,18), *redigirt.* Nom. abstr. °त्व n. — 2) *besprochen.* — Mit विनि *an beiden Seiten befestigen* Prasannar. 17,22. — Mit संनि, °बद्ध 1) *besetzt mit* (im Comp. vorangehend). — 2) *geknüpft —, hängend an, abhängend von* (Loc.). — Mit निस् 1) निर्बद्ध *geheftet —, gerichtet auf* (Loc.). — 2) *sich an Jmd klammern, heftig in Jmd dringen, Jmd stark zusetzen* Naish. 9,12. निर्बद्ध *in den man heftig gedrungen ist.* — Mit परि 1) Med. *sich Etwas umbinden, anbinden* überh. — 2) *umzingeln.* — 3) °बद्ध *gehemmt, unterbrochen.* — Caus. *umspannen.* — Mit प्र 1) *anbinden, befestigen, in Fesseln schlagen.* प्रबद्ध *gekettet an, abhängend von* (im Comp. vorangehend). — 2) प्रबद्ध *unterdrückt, gehemmt.* — Mit प्रति 1) *anbinden, befestigen* (Med., wenn das Object dem Subject gehört). प्रतिबद्ध *angebunden, befestigt —, hängend an* (im Comp. vorangehend), *abhängig, — von* (im Comp. vorangehend Kâd. 2,92,9. 138,7). — 2) einen Edelstein *fassen in* (Loc.). — 3) *verknüpfen, verbinden.* °बद्ध *verknüpft, verbunden* (Kap. 1,100), *— mit, besetzt —, versehen mit* (Instr.), *harmonirend mit* (Loc.). — 4) *heften, richten.* °बद्ध *geheftet, — auf, gerichtet auf* (उपरि oder im Comp. vorangehend). — 5) *verschliessen, abschneiden.* — 6) *Jmd zurückhalten* Naish. 6,107. — 7) *Jmd von sich weisen, fern halten von sich.* °बद्ध so v. a. *mit dem man Nichts zu thun haben will.* — 8) प्रतिबद्ध *verwickelt, schwer zu lösen.* — Mit वि 1) *auf verschiedenen Seiten anbinden; ausspannen, spannen.* — 2) an Schnüren (Instr.) *fassen.* — 3) *in's Stocken bringen.* पुरीषम् Ḱaraka 5,10. विबद्ध *in's Stocken gerathen, verstopft.* — 4) विबध्नाति Müller, SL. 178 fehlerhaft für निब°. — Mit सम् 1) *zusammenbinden, verknüpfen, anbinden.* Pass. *sich verbinden, zusammenkleben, verbunden werden mit,* so v. a. *gehören zu* (Instr. 225,17), *zu ergänzen sein in* (Loc.). संबद्ध *zusammengebunden; geschlossen; verbunden mit* (Instr. oder im Comp. vorangehend 223,17), *bedeckt mit* (Instr.), *erfüllt von* (im Comp. vorangehend), *in Verbindung stehend mit* (im Comp. vorangehend), *verbunden mit* (im Comp. vorangehend), so v. a. *enthaltend; verbunden,* so v. a. *da seiend, vorhanden, sich befindend.* संबद्धम् Adv. *dazu, überdies.* — 2) *herbei —, verschaffen.* — Caus. 1) *anbinden lassen.* — 2) *verbinden* *heissen mit* (Instr.), so v. a. *sagen, dass man verbinden müsse.* — Mit अनुसम्, अनुसंबद्ध *verbunden mit, begleitet von* (im Comp. vorangehend). — Mit अभिसम् *mit Etwas verbinden*, so v. a. *darunter verstehen.* Pass. *verbunden werden mit*, so v. a. *gehören zu* (Instr.). प्रत्येकम् *zu Jedem gehören*, — *zu ergänzen sein* 225,22. 234,29. — Mit उपसम्, उपसंबद्ध *darangebunden.* — Mit प्रतिसम्, प्रतिसंबद्ध *zusammenhängend, in Zusammenhang stehend* Kâraka 3,8.

बन्ध m. 1) *das Binden, Verbinden, Anbinden, Verband.* — 2) *Verbindung mit* (im Comp. vorangehend). — 3) *Verbindung* —, so v. a. *Verkehr mit* (im Comp. vorangehend). — 4) *das Fangen, Einfangen.* — 5) *Fesselung, Gefangensetzung, Gefangenschaft, Haft.* राज° *durch den Fürsten veranlasst.* — 6) *das Zusammenfügen, Zusammensetzen.* — 7) *Stellung des Körpers*, insbes. *der Hände und Füsse.* — 8) *Errichtung, Erbauung.* — 9) *Abdämmung.* — 10) *Ueberbrückung.* — 11) *das Heften* —, *Richten auf* (Loc.). — 12) am Ende eines Comp. *das Bekommen, bei sich zur Erscheinung Bringen, Aeusserung, das Haben* Spr. 7778. — 13) *Pfand* Râgat. 7,195. — 14) in der Philosophie *Gebundenheit* im Gegensatz zur *Erlösung.* — 14) *Band, Strick, Fessel.* — 15) *Sehne am Körper.* — 16) * *Körper.* — 17) *Einfassung, Behälter.* — 18) *Laut* —, *Wortgefüge.* — 19) *eine Krankheit, bei welcher die Augenlider nicht ganz geschlossen werden können.* — 20) am Ende eines Comp. bisweilen fehlerhaft für बद्ध.

बन्धक 1) m. *a) Binder, der sich mit dem Anbinden* (von Thieren) *abgiebt.* — *b) Fänger* in *नाग° und पाश°. — *c) Strick, Fessel.* — *d)* * *Damm* in जल°. — *e)* * *Abschluss eines Handels.* — *f)* am Ende eines Comp. nach einem Zahlwort *Theil.* — *g)* * *Stadt.* — 2) (*m. n.) *Verpfändung.* — 3) f. ई *a) ein liederliches Weib.* — *b)* * *eine unfruchtbare Frau.* — *c)* * *Elephantenweibchen.*

बन्धकत्व n. *das Fesselsein.*

बन्धकरण n. *die Zauberkunst zu fesseln*, — *zu hemmen.*

बन्धकर्तृ Nom. ag. *Binder, Fesseler, Zurückhalter* (Çiva).

बन्धकौमुदी f. Titel eines Werkes über Metrik.

बन्धन 1) Adj. (f. ई) *bindend, festhaltend, fesselnd* (auch in übertragener Bed.). — 2) *f. बन्धनी *Band, Strick, Fessel.* — 3) n. *a) das Binden, Fesseln, Anbinden, Umbinden, Verbinden, Umfangen; Verband.* — *b) Gefangennahme, das Einfangen, Gefangenhalten, Gefangenschaft, Haft.* — *c) das Errichten, Erbauen.* — *d) das Eindämmen.* — *e) das Ueberbrücken.* — *f) das Legiren* (von Metallen) Bhâvapr. bei Garbe, Râgan., N. zu 112. — *g) Verbindung, Zusammenhang.* — *h) das Heften* —, *Richten auf* (Loc.). — *i) das Hemmen, Unterdrücken.* — *k)* in der Philosophie *Gebundenheit* im Gegensatz zur *Erlösung* Spr. 7726. — *l)* * *Leidzufügung.* — *m)* * *Tödtung.* — *n) Band, Strick, Fessel; Fessel* auch s. v. a. *was Etwas* (Gen.) *zusammenhält.* Am Ende eines adj. Comp. (f. आ) — *zur Fessel habend* auch so v. a. *gefesselt durch* oder *an.* — *o) Gefängniss.* — *p) Sehne, Muskel.* — *q) Damm.* — *r) Stiel* (einer Frucht, einer Blüthe).

°बन्धनकारिन् Adj. *fesselnd*, so v. a. *umfassend.* Nom. abstr. °रिता Daçak. 32,15.

*बन्धनग्रन्थि m. *Schlinge.*

*बन्धनपालक m. *Gefängnisswärter.*

*बन्धनवेश्मन् n. *Gefängniss.*

बन्धनस्थ Adj. *in der Gefangenschaft seiend*, — *lebend, gefangen;* m. *ein Gefangener.*

*बन्धनस्थान n. *Stall.*

*बन्धनागार und *बन्धनालय m. *Gefängniss.*

बन्धनिक m. *Kerkermeister* Gaut. Vishnus. 51,9.

बन्धनीय Adj. 1) *was angebunden wird, anzubinden, umzubinden.* — 2) *gefangen zu nehmen.* — 3) *zu dämmen;* nach dem Comm. m. *Damm.*

बन्धनृत्य n. *ein best. Tanz* S. S. S. 171.

बन्धपाश m. *Fessel* AV. 6,63,2. 84,3.

बन्धमोचनिका und °मोचिनी f. N. pr. einer Joginî.

बन्धयितृ Nom. ag. *Anbinder, Festbinder.*

*बन्धस्तम्भ m. *der Pfosten, an den ein Elephant angebunden wird.*

*बन्धित्र n. 1) *der Liebesgott* (n.!). — 2) *Leberfleck, Muttermal.*

°बन्धिन् Adj. 1) *bindend.* — 2) *fangend.* — 3) *bewirkend, hervorrufend.* — 4) *zeigend, äussernd.*

बन्धु 1) m. *a) Zusammenhang, Verbindung, Beziehung.* Am Ende eines adj. Comp. (f. ऊ) *zu der und der Kategorie gehörig*, so v. a. *nur dem Namen nach es seiend.* — *b) Verwandtschaft* (insbes. *agnatio* neben नाभि *cognatio*), *Genossenschaft.* — *c) Verwandter* (namentlich *mütterlicherseits*), *Angehöriger.* — *d) Freund.* — *e) Gatte.* — *f)* * *Bruder.* — *g)* am Ende eines Comp. α) *ein Verwandter von*, so v. a. *überaus ähnlich* Bâlar. 136,21. Prasannar. 32,16. — β) *ein Freund von*, so v. a. *besucht von* Bâlar. 64,14. — γ) *ein Freund von*, so v. a. *günstig für* Bâlar. 84,14. — *h) Pentapetes phoenicea.* — *i) ein best. Metrum.* — *k)* in der Astrol. *das 4te Haus.* — *l)* N. pr. eines Mannes. — 2) f. बन्धू *Gattin.* Nur am Ende eines adj. Comp. (m. बन्धु) zu belegen.

*बन्धुक 1) m. *a) Pentapetes phoenicea.* — *b) Bastard.* — 2) f. आ gaṇa प्रेक्तादि. — 3) f. ई *ein liederliches Weib.*

*बन्धुकिन् Adj. von बन्धुक 1).

बन्धुकृत् Adj. in अबन्धुकृत्.

बन्धुकृत्य n. *die Pflicht eines Angehörigen, Freundespflicht, Freundschaftsdienst.*

बन्धुक्षित् Adj. *unter Verwandten wohnend.*

बन्धुजन m. 1) *die Verwandten.* — 2) *ein Angehöriger, Freund.*

बन्धुजीव m. *Pentapetes phoenicea;* n. *die Blüthe.*

बन्धुजीवक m. 1) dass. — 2) N. pr. eines Kakravartin.

*बन्धुजीविन् n. *eine Art Rubin* Garbe zu Râgan. 13,151.

बन्धुता f. 1) *Zusammenhang, Beziehung.* — 2) *Verwandtschaft.*

बन्धुत्व n. *Verwandtschaft, Angehörigkeit.*

*बन्धुदग्ध Adj. *verwünscht, verflucht.*

बन्धुदत्त 1) Adj. *von den Verwandten geschenkt.* — 2) m. N. pr. eines Mannes. — 3) f. आ N. pr. eines Frauenzimmers.

*बन्धुपति m. *Herr der Verwandten.*

बन्धुपाल m. N. pr. eines Mannes.

बन्धुपालित m. N. pr. eines ürsten.

बन्धुपृक्क् Adj. *die Verwandten* —, *die Sippe aufsuchend.*

बन्धुप्रभ m. N. pr. eines Vidjâdhara.

बन्धुभाव m. *Verwandtschaft.*

बन्धुमत् 1) Adj. *a) Verwandte habend, mit einer Sippe ausgestattet.* — *b) von seinen Verwandten umgeben.* — 2) m. N. pr. verschiedener Männer. — 3) f. बन्धुमती N. pr. *a)* verschiedener Frauen. — *b)* einer Stadt.

बन्धुमित्र m. N. pr. eines Mannes.

बन्धुर् AV. 3,9,3 vermuthlich falsch.

1\. बन्धुर n. = वन्धुर VS. 3,52. AV. 3,9,4. 10,4,2. MBh. ed. Bomb.

2\. बन्धुर 1) Adj. *a) reizend, lieblich, schön.* Am Ende eines Comp. so v. a. *geschmückt mit* Kâd. 3,6. — *b) geneigt, gesenkt.* — *c)* * *wellenförmig.* — *d) zugethan* Z. d. d. m. G. 36,369. — *e)* * *taub;* vgl. बधिर. — 2) *m. *a) Vogel.* — *b) Gans.* — *c) Ardea nivea.* — *d) Pentapetes phoenicea.* — *e) Embelia Ribes.* — *f) eine best. auf dem Himavant wach-*

sende Knolle. — g) *Oelkuchen.* — h) *vulva.* — 3) f. आ a) **Hure.* — b) **Grütze.* — c) N. pr. einer *Kupplerin* Hâsj. — 4) *n. *Diadem.* — Vgl. प्रति-बन्धुर (Nachtr. 4).

बन्धुरित Adj. 1) *geneigt, gesenkt.* — 2) *gebogen* Bâlar. 234,16.

बन्धुल 1) *Adj. a) *reizend, lieblich, schön.* — b) *geneigt, gesenkt.* — 2) m. a) *Bastard.* — b) **Pentapetes phoenicea.* — c) N. pr. eines Ṛshi.

बन्धुवञ्चक m. N. pr. eines Vidûshaka.

बन्धुवत् Adv. *wie ein Verwandter, wie einen Verwandten* 195,6. M. 5,101.

1. बन्धू f. s. u. बन्धु.

2. बन्धू Adv. 1) mit कर् a) *zum Freunde machen.* — b) *zum Freunde von* — (im Comp. vorangehend) *machen,* so v. a. *in Verbindung bringen mit* Bâlar. 258,8. — 2) mit भू *zum Angehörigen* —, so v. a. *ähnlich werden* Naish. 7,37.

बन्धूक m. 1) *Pentapetes phoenicea; n. die Blüthe* Naish. 7,37. — 2) **Terminalia tomentosa.*

1. बन्धूकपुष्प n. *die Blüthe von Pentapetes phoenicea.*

2.*बन्धूकपुष्प m. *Terminalia tomentosa* Râǵan. 9,138.

*बन्धूलि m. *Pentapetes phoenicea.*

बन्ध्य Adj. 1) *der da verdient gefesselt —, gefangen gesetzt zu werden.* — 2) *zu binden, zusammenzufügen, zu verstopfen.* — Vgl. वन्ध्य.

बन्ध्याश्व m. N. pr. eines Fürsten. Richtig व-ध्यश्व.

ब्रन्द्र, बन्ध्र s. अबन्द्र.

(बन्धेष) बन्धुएष m. *Erkundigung nach der Sippe.*

बप्स् s. भस्.

बबबा (Interj.) mit कर् *knistern.*

बबरु m. N. pr. eines Mannes.

बबाड m. N. pr. eines Dorfes.

बभस m. *Fresser.*

बभूक m. fehlerhaft für 2. बभ्रुक 2) Utpala zu Varâh. Bṛh. 12,19.

*बभ्र् v. l. für वभ्र्.

बभ्र in प्रबभ्र.

*बभ्रवी f. Bein. der Durgâ. Richtig बाभ्रवी.

बभ्रि Adj. 1) *tragend,* mit Acc. — 2) *getragen* ṚV. 3,1,12. — 3) etwa *nährend.*

बभ्रु 1) Adj. (f. ebenso und बभ्रू) a) *rothbraun, braun.* — b) *rothbraune Haare habend.* — c) **kahlköpfig.* — 2) m. a) *eine grosse Ichneumonart.* — b) **Cuculus melanoleucus.* — c) **eine best. Gemüsepflanze* Râǵan. 4,50. — d) Bein. α) Kṛshṇa's oder Vishṇu's. — β) Çiva's. — e) *unter den Synonymen von Fürst, König* MBh. — f) *eine best. Constellation,* = 2. बभ्रुक 2) Utpala zu Varâh. Bṛh. 2,19. — g) N. pr. α) eines Gandharva. — β) verschiedener Männer. — γ) *eines Landes. — 3) f. बभ्रु *eine rothbraune Kuh.*

1. बभ्रुक Adj. *bräunlich.*

2. बभ्रुक m. 1) wohl *eine Ichneumonart* Gop. Br. 1,3,7 (28,13). — 2) *eine best. Constellation, bei welcher alle Planeten im 7ten und 10ten Hause stehen,* Utpala zu Varâh. Bṛh. 2,19 (बभ्रूक gedr.).

बभ्रुकर्ण Adj. (f. बभ्रुकर्णी) *braunohrig.*

*बभ्रुदेश m. N. pr. eines *Landes.*

*बभ्रुधातु m. *rother Ocker* Râǵan. 13,61.

बभ्रुधूत Adj. *von* Babhru *gespült* (Soma).

बभ्रुनीकाश Adj. *bräunlich.*

बभ्रुपिङ्गल Adj. *röthlich braun* MBh. 10,1,38.

बभ्रुमालिन् m. N. pr. eines Muni.

बभ्रुलोमन् Adj. (f. °म्नी) *braunhaarig* Âpast. Çr. 10,22,4.

बभ्रुवाह und °वाहन m. N. pr. eines Fürsten.

*बभ्रुश und बभ्लुशु (Maitr. S. 2,9,3) Adj. *bräunlich.*

*बम्ब्, बम्बति (गतौ).

बम्बाविश्ववयस् (Maitr. S. 4,7,3) und बम्बावि-श्ववयस् (gaṇa वनस्पत्यादि in der Kâç.) m. Du. N. pr. zweier Personen. Vgl. बम्भाविश्ववयस्.

*बम्भर m. *Biene.*

बम्भरालि (Spr. 7645) und *°ली f. *Fliege.*

बम्भारव m. *das Brüllen* (der Kühe) Varâh. Bṛh. S. 92,3.

बम्भारि m. N. pr. eines himmlischen Soma-Wächters.

बम्भाविश्ववयस् (!) m. Du. = बम्बाविश्व° Kâṭh. 29,7.

*बर m. N. pr. = बल, बलदेव.

बरासी f. *ein best. Kleidungsstück* Maitr. S. 1, 9,6. Âçv. Çr. 9,4,17. Âpast. Çr. 14,13,3. Auch *व-रासि und *वराशि.

बरु m. N. pr. eines Mannes.

बरोदा f. N. pr. einer Oertlichkeit in Guzerat.

बर्कर 1) *Adj. *taub* Gal. — 2) m. a) *Zicklein* H. 1276. Âpast. Çr. 15,6,16. Comm. zu Kâtj. Çr. 976, 6. — b) **Ziege* Trik. 2,9,24. Med. r. 211. — c) **Bock* Râǵan. 19,41. — d) **das Junge eines Thieres* AK. 2,10,23. Med. — e) **Scherz, Spass* H. 556. H. an. 3,582. Med.

बर्करकर्कर vielleicht Adj. *von allerlei Art* Spr. 3650 (व° geschr.).

बर्कु m. N. pr. eines Mannes.

बर्जह m. *Euter.*

बर्जह्य n. *Brustwarze* AV. 11,8,14.

*बर्ब्, बर्बति (गतौ).

*बर्बट 1) m. f. (ई) *Dolichos Catjang.* — 2) f. ई *Hure.*

बर्बर 1) Adj. a) *stammelnd, balbutiens.* — b) *kraus.* — 2) m. a) Pl. Bez. *nicht-arischer Völker,* οἱ βάρβαροι. — b) *ein Mann niedrigster Herkunft.* Voc. als Schimpfwort. — c) **krauses Haar.* — d) **Clerodendrum siphonanthus.* — e) **Cleome pentaphylla.* — f) **eine best. wohlriechende Pflanze* Râǵan. 10,173. — g) **Unguis odoratus.* — h) **eine Art Wurm.* — i) **ein best. Fisch* Râǵan. 17,52. **ein anderer schlangenähnlicher Fisch* 57. — k) **Waffengerassel.* — l) **eine Art Tanz.* — 2) f. आ a) **eine Fliegenart.* — b) **eine Art Ocimum, *eine best. Gemüsepflanze* und **eine best. Blume.* — c) N. pr. eines Flusses VP.[2] 2,341. — 3) f. ई a) *eine Art Ocimum* (Bhâvapr. 1,230), *= बर्बर n. und = *बर्बरीक n. — b) N. pr. eines Flusses VP.[2] 2,341. — 4) *n. a) *Zinnober* Râǵan. 13,57. — b) *Myrrhe* Râǵan. 6,117. — c) *gelbes Sandelholz* Râǵan. 12,16. 23. — d) = बर्बरी und बर्बरीक n.

*बर्बरक 1) m. *Cleome pentaphylla.* — 2) n. *eine Art Sandelholz* Râǵan. 12,23.

बर्बरता f. *eine best. stammelnde Aussprache des* र.

बर्बरि m. N. pr. eines Mannes.

बर्बरिन् Adj. etwa *mit krausem Haar* Pañkad.

*बर्बरिल Adj. von बर्बर.

*बर्बरीक 1) m. a) *krauses Haar.* — b) *eine best. Haartracht.* — c) *Gemüsepflanze.* — d) *Ocimum villosum.* — e) *Clerodendrum siphonanthus.* — f) *eine Form* Çiva's.

बर्बरीकोपाख्यान n. Titel einer *Erzählung* im Skandapurâṇa.

*बर्बरीगन्ध m. *eine best. Pflanze,* = अजमोदा.

*बर्बरोत्थ n. *weisses Sandelholz* Râǵan. 12,23.

*बर्बा f. *eine Art Ocimum.*

*बर्बुर n. *Wasser.*

बर्स m. n. *Zipfel, dünnes Ende.*

बर्सनद्ध f. *das Binden des Zipfels, — des dünnen Endes.*

बर्स्व m. wohl *der Wulst, den das Zahnfleisch um die Wurzel bildet; Höhlung, in welcher der Zahn sitzt.*

1. बर्ह्, वर्ह्, बृंहति, वृंहति; बृढ, वृढ Partic. *ausreissen* (die Wurzel) Âpast. 1,32,24. — Mit अति *mit Gewalt herausstossen* (nur in einer Etymologie). — Mit *अव Caus., °बर्हित = उत्पाटित Gal. — Mit आ *aus —, losreissen, wegzerren.*

Partic. आबृढ Çat. Br. 2,1,2,16. — Caus. आवर्हित *ausgerissen, entwurzelt.* — Mit उद् *ausreissen, aus —, herausziehen.* Partic. उद्वृढ. — Mit समुद् *herausziehen.* — Mit नि *niederschleudern, hinstürzen* (trans.), *zu Boden schmettern.* — Caus. °बर्हयति 1) dass. — 2) *zerstören, entfernen* (Sünde). — Mit विनि in °बर्हण und °बर्हिन्. — Mit संनि in °बर्हण. — Mit निस् in *निबर्हण. — Mit परि Med. *herabstürzen* (intrans.) *von* (Abl.) RV. 5,41,12, wo बबृहाणास्तो अद्रेः zu lesen sein wird. — Mit प्र *weg —, ab —, ausreissen, abrupfen, ausziehen, entreissen; zerreissen, zerstören.* Med. *an sich ziehen;* Pass. *abreissen* (intrans.). प्रवृढ *abgerissen.* — Mit उपप्र Med. *an sich ziehen.* — Mit वि *zerreissen, zerzausen, zerbrechen; wegreissen, abtrennen.* — Mit उद्वि in °बर्हण. — Mit सम् *zerreissen, ausziehen* AV. 11,9,11.

2. बर्ह्, बृंहति (vom Simpl. nur बृंहत्, s. u. d. W.), *बृंहति, *बर्हति (वृद्धौ). — Caus. बृंहयति, °ते 1) *Jmd feist machen, kräftigen, stärken.* — 2) *Etwas verstärken, vermehren, fördern.* °बृंहित *vermehrt durch,* so v. a. *versehen mit.* — Mit अति Caus., °बृंहित *verstärkt, kräftiger gemacht.* — Mit अभि Caus. *kräftigen, stärken.* — Mit उद् Caus. in उद्बृंहण. — Mit उप Caus. °बृंहयति *kräftigen, stärken, verstärken, erheben.* उपबृंहित *verstärkt durch* (Instr. oder im Comp. vorangehend) auch so v. a. *begleitet von, versehen —, in Uebereinstimmung seiend mit.* — Intens. (°बर्बृहि, °वर्बृहत्) *heftig* oder *wiederholt andrücken.* — Mit समुप Caus. *verstärken, vermehren, ergänzen.* — Mit *नि, °बृंहते, °बर्हयति. — Mit परि Act. Med. *umfangen, umschliessen* (und dadurch *stützen*), *befestigen, dichtmachen, munire.* Partic. परिबृढ und परिवृढ (s. auch bes.). परिवृढतम *der höchste* Çaṅk. zu Taitt. Up. S. 134. — Caus. °बृंहयति *kräftigen, stärken, verstärken.* परिबृंहित *verstärkt durch* (Instr. oder im Comp. vorangehend), so v. a. *verbunden mit, begleitet von, versehen mit.* Auch *परिवृंहित. — Mit वि *sich an* oder *in einander drücken.* — Mit सम् *fest zusammenfügen.* — Caus. 1) संबर्हयति *zusammenfügen —, verbinden mit* (Dat.). — 2) संबृंहयति *kräftigen, stärken, ermuntern.*

3. बर्ह्, बृंहति und *बर्हति; auch Med. *barrire, brüllen, schreien;* insbes. vom Elephanten.

4.*बर्ह् 1) बर्हते (परिभाषणहिंसाछादनेषु, छादने, स्तुतौ, प्राधान्ये). — 2) बृंहति und बृंहयति (भाषार्थ oder भासार्थ). — 3) बर्हयति (भाषार्थ oder भासार्थ, हिंसायाम्).

1. बर्ह 1) m. n. *a) Schwanzfeder, Schwanz eines Vogels,* insbes. *beim Pfau.* — *b) Blatt.* — 2) *n. *ein best. Parfum.*

2. बर्ह 1) in द्विबर्हज्मन्. — 2) *n. *Begleitung, Gefolge.*

बर्हकेतु m. N. pr. eines der Söhne 1) Sagara's. — 2) des 9ten Manu.

बर्हण 1) Adj. *a) entwurzelnd* in मूलबर्हण. — *b)* so v. a. *blendend.* दृशाम् *die Augen* Bâlar. 104,12. — 2) n. *a) das Entwurzeln* in मूलबर्हण. — *b) *Blatt.* — *c) *Tabernaemontana coronaria* Râǵan. 10,145.

बर्हणाचक्र N. pr. eines Gebirgsdorfes.

बर्हणा Instr. Adv. *dicht, fest, derb; nachdrücklich, tüchtig;* überhaupt steigernd und emphatisch: *sehr, gar, wohl eigentlich,* παγχυ, *jedenfalls.*

बर्हणावत् Adj. *nachdrücklich, kräftig, ernstlich.* °वत् Adv.

बर्हणाश्व m. N. pr. eines Fürsten.

*बर्हनेत्र n. *das Auge im Pfauenschweife* Râǵan. 19,95.

*बर्हपुष्प m. *Acacia Sirissa* Râǵan. 9,58.

बर्हभार m. *Pfauenschweif.*

*बर्हवत् Adj. von बर्ह.

बर्हस् in अद्रि° und द्विबर्हस्.

बर्हापीड (Hariv. 3849) und °क m. (Hemâdri 1, 440,8. 734,4) *ein auf dem Scheitel getragener Kranz von Pfauenfedern.*

बर्हाय्, बर्हायित Partic. *den Augen auf dem Pfauenschweife gleichend.*

बर्हि 1) m. N. pr. eines Âṅgirasa Gop. Br. 2, 1,2. — 2) (metrisch) n. = बर्हिस् *Streu, Opferstreu* Bhâg. P. 3,13,34.

*बर्हिकुसुम n. *ein best. Parfum.*

बर्हिचित्रक n. Titel *des buntscheckigen* 47ten Âdhjâja in Varâh. Brh. S.

*बर्हिचूडा f. *Celosia cristata* Râǵan. 5,48.

बर्हिण 1) Adj. *mit Pfauenfedern verziert.* v. l. बर्हिबर्हावतंसं st. बर्हिणं महाराजः. — 2) m. *Pfau* Âpast. — 3) n. *Tabernaemontana coronaria* Bhâvapr. 1,185.

बर्हिणलक्षण Adj. (f. आ) *mit Pfauenfedern verziert.*

बर्हिणवाज m. *ein mit Pfauenfedern verzierter Pfeil.*

बर्हिणवासस् Adj. *mit Pfauenfedern versehen* (Pfeil) R. ed. Bomb. 3,3,12.

*बर्हिणवाहन m. Bein. Skanda's.

बर्हिध्वज Bein. 1) m. Skanda's Bâlar. 92,15. — 2) *f. आ der Durgâ.

बर्हिन् 1) m. *a) Pfau.* — *b)* N. pr. α) eines Devagandharva. — β) eines Ṛshi. — 2) *n. *ein best. Parfum.*

*बर्हिपुष्प n. und बर्हिबर्ह n. (Bhâvapr. 1,192) *ein best. Parfum, eine Art Gallapfel.*

बर्हियान m. Bein. Skanda's.

बर्हिरुत्थ m. *Feuer* Bâlar. 104,12.

*बर्हिर्ज्योतिस् m. *Feuer, der Gott des Feuers.*

*बर्हिर्मुख m. *ein Gott.*

बर्हिर्होम m. *die Spende für die Opferstreu* Vaitân.

बर्हिवाहन m. Bein. Gaṇeça's.

*बर्हिःशिख n. = बर्हिपुष्प Râǵan. 12,137.

*बर्हिःशुष्मन् m. *Feuer, der Gott des Feuers.*

बर्हिषद् 1) Adj. *auf der Opferstreu sitzend, — aufgestellt.* — 2) m. *a)* Pl. *eine best. Gruppe von Manen.* — *b)* N. pr. eines Mannes.

बर्हिषद m. N. pr. eines Ṛshi.

बर्हिष्क 1) Adj. *mit einer Streu belegt* MBh. 13, 139,14. — 2) n. *Streu, Opferstreu* MBh. 13,143,40.

*बर्हिष्केश m. *Feuer, der Gott des Feuers.*

बर्हिष्ठ 1) Adj. *der derbste, breiteste, kräftigste, höchste.* °म् Adv. *am kräftigsten, am lautesten.* — 2) n. *a) Andropogon muricatus.* — *b) *das Harz der Pinus longifolia.*

*बर्हिष्पल oder *बर्हिष्पूल (Kâç.) n. gaṇa कस्कादि.

बर्हिष्मत् 1) Adj. *a) mit der heiligen Streu verbunden.* — *b) Opferstreu habend, — streuend;* m. *ein Frommer, Opferer.* पितृपुत्र° *eine Streu für Vater und Sohn habend* Bhâg. P. 5,14,14. — 2) m. Bein. des Prâkînabarhis. — 3) f. बर्हिष्मती N. pr. *a)* einer Gattin Prijavrata's. — *b)* einer Stadt.

बर्हिष्य, बर्हिषेय्य 1) Adj. *zur heiligen Streu —, zum Opfer gehörig, — tauglich.* — 2) n. कश्यपस्य ब° Name eines Sâman.

बर्हिःषद् m. = बर्हिषद् 2) *b).*

बर्हिःष्ठ Adj. *auf der Opferstreu stehend;* m. so v. a. *Opfergabe.*

बर्हिःष्ठा Adj. *auf der Opferstreu stehend.*

बर्हिस् 1) m. (ausnahmsweise) und n. *Streu, Opferstreu,* gewöhnlich aus Kuça-Gras bestehend, welche über den Opferplatz, insbes. die Vedi, *gestreut wird,* als eine reine Decke, auf welcher die Gaben ausgebreitet werden, und welche den Göttern und Opfernden zum Sitz dient. — 2) n. *a) die Opferstreu* personificirt unter den Prajâǵa- und Anujâǵa-Gottheiten. — *b) Opfer.* — *c) *Luftraum.* — *d) *Wasser.* — *e) *ein best. Parfum.* — 3) m. *a) *Feuer.* — *b) *hel-*

der Glanz. — c) * *Plumbago zeylanica.* — d) N. pr. verschiedener Männer. Pl. *die Nachkommen des* Barhis.

बर्हिस्तृण n. *ein Grashalm aus der Opferstreu* Kâtj. Çr. 7,6,8; vgl. 2,8,5.

1. बल्, nur Intens. बल्बलीति *wirbeln.*

2.*बल् 1) बलति (प्राणने, धान्यावरोधे). — 2) बलते (परिभाषणे, हिंसायाम्, दाने, निरूपणे). — 3) बलयति (प्राणने). — 4) बालयति (भृतौ). — 5) बालयते (निरूपणे).

3. बल n. 1) Sg. und Pl. *Gewalt, Wucht, Stärke, Kraft, Anwendung von Gewalt, Kraft* auch so v. a. *Gültigkeit.* बलात् *gewaltsam, ohne dass man Etwas dagegen vermag.* बलेन, बलात्, बलतस् (132,2) und बल° so v. a. *vermöge, in Folge von* (Gen. oder im Comp. vorangehend). Die Buddhisten nehmen zehn, die ekstatischen Çaiva vier *Kräfte* an. R. ed. Bomb. 4,54,2 sollen nach dem Comm. unter den vier Kräften सामन्, दान, भेद und निग्रह gemeint sein. Die personificirte *Kraft* erscheint unter den Viçve Devâs. — 2) *Articulationskraft.* — 3) *Kraft,* so v. a. *Geschicklichkeit in* (Loc.). — 4) * = स्थौल्य. — 5) Sg. und Pl. *Heeresmacht, Heer, Truppen.* Am Ende eines adj. Comp. f. आ. — 6) * *Form. Gestalt.* — 7) * *Körper.* — 8) * *Myrrhe.* — 9) * *Sprosse, junger Schoss.* — 10) * = रक्त m. oder n.

2. बल 1) * Adj. a) *kräftig, stark.* — b) *krank.* — 2) m. a) *Krähe.* — b) * *Crataeva Roxburghii.* — c) N. pr. α) eines von Indra besiegten Dämons, Bruders des Vṛtra Tândja-Br. 19,7,1. 3. In den älteren Schriften वल geschrieben; die Bomb. Ausgg. des MBh. und Bhâg. P. stets बल. — β) eines ältern Bruders des Kṛshṇa. * Bei den Ǵaina sind die neun weissen Bala ältere Brüder des Vâsudeva. — γ) eines Sohnes des Varuṇa und Bruders der Surâ. — δ) eines Wesens im Gefolge Skanda's. — ε) eines Sohnes des Aṅgiras. — ζ) eines Sohnes des Parikshit. — η) eines Sohnes des Parijâtra. — ϑ) eines Sohnes des Kṛshṇa. — ι) eines Lexicographen. — κ) eines Rosses des Mondgottes VP.² 2,299. — 3) f. आ a) *Sida cordifolia.* Du. *die Balâ und die* Atibalâ. — b) *ein best. Zauberspruch.* — c) N. pr. α) einer Tochter Daksha's und Gattin Kaçjapa's. — β) einer Tochter Raudrâçva's Hariv. 1,31,10. — γ) * *einer Göttin, die die Befehle des* 17ten Arhant's der gegenwärtigen Avasarpiṇî ausführt (bei den Ǵaina). — δ) eines Bauermädchens. — 4) n. बलें = वलें *Höhle* AV.

बलकर Adj. *Kraft verleihend, stärkend.*

बलकाम Adj. *Kraft wünschend.*

बलकृत् Adj. *stärkend.*

बलकृति f. *Kraftthat.*

बलक्रम m. N. pr. eines Berges VP.² 2,142.340.

बलक्ष Adj. (f. बलक्षी) *weiss* Harshaḱ. 13,21.

बलक्षगु m. *der Mond.*

*बलक्षतण्डुला f. *Sida cordifolia* Râǵan. 4,98.

बलक्षोभ m. *Meuterei der Truppen.*

बलखिन् Adj. *aus Balkh kommend.*

बलगुप्त N. pr. 1) m. eines Mannes Mudrâr. 30,11 (53,2). — 2) f. आ eines Bauermädchens.

बलग्र n. Hariv. 6404 fehlerhaft für बलाग्र.

बलचक्र n. 1) *Herrschaft, Oberhoheit.* — 2) *Heer, Armee.*

बलज 1) m. f. (आ Âpast. Çr. 3,4,8) (*n.) *Getraidehaufen;* * *Korn.* — 2) f. आ a) * *ein schönes Weib.* — b) * *die Erde.* — c) * *arabischer Jasmin.* — d) * *Strick* Comm. zu Âpast. Çr. 3,4,8. — e) N. pr. eines Flusses. — 3) * n. a) *Stadtthor, Thor überh.* — b) *Feld.* — c) *Kampf.* — d) *eine schöne Gestalt.* — e) *Mark.*

बलज्येष्ठ Adj. *dessen Vorrang sich nach der Macht, die er besitzt, richtet* Spr. 4390.

बलद 1) m. a) *ein best.* Agni. — b) *Ochs.* — c) * *eine best. Heilpflanze,* = जीवक Râǵan. 5,12. — 2) f. आ a) * *Physalis flexuosa* Râǵan. 4,112. — b) N. pr. einer Tochter Raudrâçva's. v. l. बला.

बलदा Adj. *Kraft gebend.*

बलदावन् Adj. dass. AV. 4,32,5.

बलदी Adv. mit भू *zu einem Ochsen werden.*

बलदीनता f. v. l. für बलक्षीणता.

बलदेय n. *Kraftverleihung.*

बलदेव 1) m. a) * *Wind.* — b) N. pr. α) des ältern Bruders des Kṛshṇa; entsteht aus einem weissen Haare und hat daher weisse Kopfhaare. — β) eines Schlangendämons. — γ) eines Brahmanen. — 2) * f. आ *Ficus heterophylla.*

बलदेवपत्तन n. N. pr. einer *Stadt.*

*बलदेवस्वसृ f. Bein. der Gattin Çiva's.

*बलद्विष् m. Bein. Indra's; vgl. 2. बल 2) c) α).

बलधर m. N. pr. zweier Männer.

बलन 1) Adj. *kräftigend* in *भद्र°. — 2) n. *das Kräftigen.*

*बलनगर n. N. pr. einer *Stadt.*

बलनाशन und बलनिषूदन m. Bein. Indra's. Vgl. 2. बल 2) c) α).

बलंधरा f. N. pr. der Gattin Bhîmasena's.

बलपति m. 1) *Herr der Kraft.* — 2) *Heerführer.*

बलपुर n. *die Burg* Bala's; vgl. 2. बल 2) c) α).

बलपूर्णा Adj. Hemâdri 2,a,86,5 fehlerhaft für °पूर्व.

बलपूर्व Adj. (f. आ) *dem das Wort* बल *vorangeht.* °पूर्वा विकर्णिका = बलविकर्णिका Hemâdri 2,a,86,5 (°पूर्णा gedr.).

बलप्रद Adj. *Kraft gebend.*

बलप्रमथनी f. *eine Form der* Durgâ Hemâdri 2,a,86,7. 9.

*बलप्रसू f. *die Mutter* Baladeva's, Rohiṇî.

बलबन्धु m. N. pr. eines Sohnes 1) des Manu Raivata. — 2) des Bhṛgu im 10ten Dvâpara.

बलभ m. *ein best. giftiges Insect.*

बलभद्र 1) * Adj. *kräftig.* — 2) m. a) * *Bos Gavaeus* Râǵan. 19,28. — b) * *Symplocos racemosa.* — c) * *eine Art* Kadamba Râǵan. 9,104. — d) N. pr. α) eines göttlichen Wesens, das später mit Baladeva identificirt wird. — β) eines Nachkommen Bharata's. — γ) verschiedener anderer Männer. Auch भट्ट°, मिश्र°, श्रीकायस्थ° und °पद्माचार्य. — δ) eines Berges in Çâkadvîpa Bhâg. P. 10,20,26. — 3) * f. आ a) *Jungfrau.* — b) *Ficus heterophylla* Râǵan. 5,55.

बलभद्रिका f. 1) * *Ficus heterophylla.* — 2) *eine Art Kuchen aus Bohnenmehl* Bhâvapr. (Hdschr.) 2,17.

बलभिद् m. 1) Bein. Indra's; vgl. 2. बल 2) c) α). — 2) *ein best.* Ekâha Vaitân.

बलभृत् Adj. *kräftig, stark.*

बलमुख्य m. *Heerführer* R. Gorr. 1,79,8.

बलयुक्त Adj. *stark, mächtig* Varâh. Jogaj. 4,14.

बलयुत Adj. dass. ebend. 4,12.

बलराम m. N. pr. des ältern Bruders des Kṛshṇa.

बलरामपञ्चानन m. N. pr. eines Grammatikers.

*बलल m. = बलराम.

बलवत्ता f. 1) *das Mächtigsein, Mächtigkeit.* — 2) *das Mächtigersein, Ueberlegenheit.*

बलवत्त्व n. = बलवत्ता 1) Kap. 2,3.

बलवत् 1) Adj. a) *stark, kräftig, mächtig, Geltung habend, vorwiegend, mehr geltend als* (Abl.). बलवत् Adv. *stark, heftig, in hohem Grade.* Compar. बलवत्तर. Superl. बलवत्तम. — b) *von einem Heere begleitet.* — 2) m. *Bez. des 8ten* Muhûrta. — 3) * f. बलवती *kleine Kardamomen* Râǵan. 6,87.

बलवर्जित Adj. *schwach* Varâh. Jogaj. 4,12.

बलवर्णिन् Adj. *kräftig und wohlaussehend* Suçr. 2,94,12.

बलवर्धन m. N. pr. eines Sohnes des Dhṛtarâshṭra.

*बलवर्धिनी f. *eine best. Heilpflanze,* = जीवक.

बलवर्मदेव m. N. pr. eines *Fürsten.*

बलवर्मन् m. N. pr. verschiedener Männer.

बलविकर्णिका f. *eine Form der* Durgâ Hemâdri 2,a,86,6.

बलविज्ञाय Adj. *an seiner Stärke kenntlich.*

*बलविन्यास m. *Truppenaufstellung.*

1. बलवीर्य n. Sg. *Kraft und Tapferkeit* MBh. 3,45,7.

2. बलवीर्य m. N. pr. eines Nachkommen des Bharata.

बलवृत्रघ्न, °वृत्रनिषूदन und °वृत्रहन् m. Bein. Indra's. Vgl. 2. बल 2) c) α).

बलव्यापद् f. *Abnahme der Kräfte* Suçr. 2,409, 15. Bhâvapr. 3,27.

*बलशालिन् Adj. *kräftig, stark.*

*बलस Adj. von 1. बल.

बलसमूह m. *Heeresmacht* 320,27.

बलसूदन 1) Adj. am Ende eines Comp. *die Heere des — vernichtend.* — 2) m. Bein. Indra's; vgl. 2. बल c) α).

बलसेन m. N. pr. eines Kriegers.

बलसेना f. *Armee, Heer.*

बलस्थ 1) Adj. *kräftig, stark, mächtig* (von Personen). — 2) m. *Krieger, Soldat.*

बलस्थल m. N. pr. eines Sohnes des Parijâtra Bhâg. P. ed. Bomb. 9,12,2. v. l. बलः स्थलः (zwei Worte).

*बलस्थिति f. *Feldlager.*

बलहन् 1) Adj. (feindliche) *Heere schlagend.* v. l. बलवत् (neben बलिन्). — 2) m. **Schleim.*

बलहन्तर् Nom. ag. Bein. Indra's; vgl. 2. बल 2) c) α).

बलहर m. N. pr. eines Mannes.

बलहीन Adj. *der Kraft ermangelnd, schwach.* Nom. abstr. °ता f.

बलाक 1) m. (Gaut.) f. (बलाका) *eine Kranichart* (deren Fleisch genossen wird) Râgan. 19,104. — 2) m. N. pr. verschiedener Männer. — 3) f. आ a) *Kranich;* s. u. 1). — b) **ein verliebtes Weib.* — c) N. pr. einer Frau.

बलाककौशिक m. N. pr. eines Lehrers.

बलाकाश्व m. N. pr. verschiedener Männer VP.2

*बलाकिका (Conj.) f. *eine kleine Kranichart.*

बलाकिन् 1) Adj. *mit Kranichen versehen.* — 2) m. N. pr. eines Sohnes des Dhṛtarâshṭra.

बलान्त m. N, pr. eines Fürsten.

बलाग्र n. 1) *die äusserste Kraft.* — 2) *die Spitze eines Heeres.*

*बलाङ्गक m. *Frühling.*

*बलाञ्चिता f. Râma's *Laute.*

*बलाट m. *Bohne* Râgan. 16,43.

बलात्कार m. *gewaltsames Verfahren, Anwendung von Gewalt.* °कारेण und °कार° *gewaltsam, stark, heftig.*

बलात्कारम् Absol. *gewaltsam* Daçak. (1925) 2, 110,12.

बलात्कृत Adj. *dem Gewalt angethan worden ist, überwältigt,* — *von* (Instr. oder im Comp. vorangehend).

*बलात्मिका f. *Tiaridium indicum.*

*बलाद्या f. *Sida cordifolia.* Richtig बलाह्वा.

बलाधिक 1) Adj. *an Kraft überlegen.* धावन्बलाधिको यः स्यात् so v. a. *wer im Laufen den Andern übertreffen sollte.* — 2) *f. आ H. an. 4,24 wohl fehlerhaft für बलाकिका.

बलाधिकरण n. Pl. *die Angelegenheiten des Heeres.*

बलाध्यक्ष m. *der Aufseher über die Truppen, Kriegsminister.*

बलानीक m. N. pr. eines Mannes.

बलानुज m. Bein. Kṛshṇa's.

1. बलाबल n. *Kraft oder Schwäche, verhältnissmässige Kraft, — Stärke, — Bedeutsamkeit, — Wichtigkeit* (213,21), — *Höhe* (eines Preises). Pl. Varâh. Jogaj. 5,23.

2. बलाबल Adj. *bald stark und bald schwach.*

बलाबलसूत्र n. und °बलाक्षेपपरिहार m. Titel zweier Werke.

बलाभ्र n. *ein Heer in Gestalt einer Wolke.* बलाभ्राणि बलवन्ति अचञ्चलानि अभ्राणि Nilak.

बलामोटा f. *Artemisia vulgaris* oder *Alpinia nutans* Dhanv. 4,71.

बलाय्, °यते *Kraft äussern.*

*बलाय m. *Crataeva Roxburghii.*

*बलाराति m. Bein. Indra's; vgl. 2. बल c) α).

*बलालक m. *Flacourtia cataphracta.*

बलावस्थ Adj. *kräftig, stark.*

बलाश्व m. N. pr. eines Fürsten.

बलास m. 1) vielleicht *eine best. mit Geschwülsten verbundene Krankheit* Ind. St. 9,396. fgg. — 2) *Geschwulst in der Kehle, welche am Schlingen hindert.*

बलासक m. *ein messingfarbener Fleck im Weissen eines kranken Auges.*

बलासग्रथित n. *eine best. Form von Ophthalmie.*

बलासनाशन Adj. (f. ई) *die Krankheit* बलास 1) *verscheuchend* AV. 8,7,10.

बलासबस्त m. *eine best. Augenkrankheit.*

बलासिन् Adj. *an* बलास 1) *leidend.*

बलासुर m. N. pr. eines Wäschers.

बलाहक (accentuirt nur in Nigh.) m. 1) *Regenwolke, Gewitterwolke, Wolke* überh. Am Ende eines adj. Comp. f. आ. — 2) *eine der 7 Wolken beim Untergange der Welt.* — 3) **Berg.* — 4) **Cyperus rotundus.* — 5) **eine Reiherart.* — 6) *eine Schlangenart.* — 7) *ein best. Metrum.* — 8) N. pr. a) eines Schlangendämons. — b) *eines Daitja. — c) eines Bruders des Gajadratha. — d) eines der 4 Pferde Vishṇu's. — e) eines Berges.

*बलाह्वकन्द m. *eine best. Knolle.*

*बलाह्वा f. *Sida cordifolia* Râgan. 4,96.

बलि m. 1) *Steuer, Abgabe, Tribut.* — 2) *Darbringung, Spende, Geschenk.* — 3) *eine Spende, welche als Abgabe von Speisen oder Opfern Göttern, halbgöttlichen Wesen, Menschen oder Thieren, namentlich Vögeln, aber auch leblosen Gegenständen gereicht wird; jede nicht unter den engern Begriff des Opfers fallende Huldigungsgabe.* Einmal f. In Comp. mit dem Gegenstande, dem die Gabe dargebracht wird, mit dem was dargebracht wird und mit dem Orte oder der Zeit, wo oder wann die Gabe dargebracht wird. — 4) *Griff eines Fliegenwedels* Megh. — 5) N. pr. a) eines Daitja, eines Sohnes des Virokana, der die Herrschaft über die drei Welten erlangt hatte, diese aber wieder einbüsste, da er Vishṇu als Zwerge so viel Land zu geben versprach, als dieser mit drei Schritten ausmessen würde. Vishṇu bannte ihn in die Unterwelt, wo er als König herrschte. Kâraṇḍ. 25,23. fgg. Ist Indra im 8ten Manvantara. — b) eines Muni. — c) eines Fürsten. — 6) ungenau für वलि *Falte* und zwar als m. Spr. 7723.

*बलिक 1) m. N. pr. eines Schlangendämons. — 2) f. आ *Sida cordifolia* und *rhombifolia* Râgan. 4,103.

बलिकर m. Pl. *Tribute und Abgaben.*

बलिकर्मन् n. *das Darbringen einer Huldigungsgabe* Gaut. 5, 9.

बलिकृत् Adj. *abgabenpflichtig.*

बलितत्त्व n. *was bei einer Huldigungsgabe als Norm gilt* Gobh. 1,4,23. 24.

बलिदान n. = बलिकर्मन्.

*बलिध्वंसिन् m. Bein. Vishṇu's; vgl. बलि 5) a).

बलिन् 1) Adj. *kräftig, kraftvoll.* — 2) m. a) **Eber* Râgan. 19,30. — b) **Stier* Râgan. 19,26. — c) **Büffel* Râgan. 19,22. — d) **Kamel* Râgan. 19, 21. — e) **eine Schafart* Râgan. 19,43. — f) **Schlange* Râgan. 19,52. — g) *Soldat.* — h) **Phaseolus radiatus.* — i) **eine Art Jasmin.* — k) **der phlegmatische Humor* Râgan. 21,5. — l) *Bein. Balarâma's. — m) N. pr. eines Sohnes des Vatsapri. — 3) *f. बलिनी *Sida cordifolia.*

*बलिनन्दन m. Patron. des Asura Bâṇa.

बलिनिषूदन R. 1,47,7 fehlerhaft für बलनि°.

*बलिंदम m. Bein. Vishṇu's.

बलिपीठलक्षण n. Titel eines Werkes Opp. Cat. 1.

बलिपुत्र m. Patron. des Asura Bâṇa.

बलिपुष्ट m. *Krähe* Çiç. 2,116.

*बलिपोदकी f. *Basella cordifolia.*

बलिप्रिय 1) Adj. (f. श्रा) *gern Huldigungsgaben darbringend* Vishnus. 99,21. — 2) *m. *Symplocos racemosa.*

*बलिबन्धन m. Bein. Vishṇu's.

बलिभद्र m. fehlerhaft für बलभद्र.

बलिभुज् 1) Adj. *Huldigungsgaben verzehrend.* — 2) m. a) *Krähe.* — b) **Sperling.* — c) **Kranich.*

बलिभृत् Adj. *Tribut zahlend.*

बलिभोजन m. *Krähe.*

बलिमन् m. in अबलिमन् (Nachtr. 2).

बलिमँत् Adj. 1) *Abgaben empfangend.* — 2) *wo Speisegaben dargereicht werden.*

बलिमहानरेन्द्राख्यान n. Titel eines Werkes Bühler, Rep. No. 642.

बलिवन्द m. neben अलिवन्द (Nachtr. 2) Kâth. 5,12,1.

बलिवँर्द m. *Stier.*

बलिवाक m. N. pr. eines Muni MBh. 2,4,14.

बलिविधान n. *das Darbringen einer Huldigungsabgabe* Ind. St. 15,274.

बलिविन्ध्य m. N. pr. eines Sohnes des Manu Raivata.

बलिवृषघ्न m. N. pr. eines Fürsten VP.² 4,68.

*बलिवेश्मन् n. Bali's *Behausung, die Unterwelt.*

बलिषड्भाग m. *der sechste Theil als Abgabe* Spr. 4409. °हारिन् Adj. *den s. Th. als A. erhebend* 568.

बँलिष्ठ 1) Adj. *der stärkste, kräftigste, mächtigste; stärker als* (Abl.). Verstärkter Superl. बलिष्ठतम Vaitân. °म् Adv. Gop. Br. 2,4,10. — 2) *m. *Kamel.*

*बलिष्णु Adj. 1) *geringgeachtet.* — 2) *arrogant.*

*बलिसद्मन् n. = बलिवेश्मन्.

बलिसूदन m. R. 1,47,2 fehlerhaft für बलसूदन.

*बलिहन् m. Bein. Vishṇu's.

बलिहरण 1) Adj. (f. ई) *zur Darbringung einer Huldigungsgabe dienend.* — 2) n. *das Darbringen einer Huldigungsgabe* Gaut. 2,4.

बलिहारँ 1) Adj. *Steuern —, Abgaben leistend.* — 2) m. *Darbringung von Huldigungsgaben* Mân. Gṛhj. 2,16.

बलिहँत् Adj. = बलिहार 1).

बलिहोम m. *Huldigungsspende* Hariv. 2778.

बली Adv. mit कर् *zur Huldigungsgabe machen, dazu bestimmen.*

बलीन m. N. pr. eines Asura. बलीवीर v. l.

बँलीयंस् Adj. *stärker, kräftiger, bedeutsamer; sehr stark, — kräftig, den Ausschlag gebend.* बलीयस् Adv. Gop. Br. 2,4,10. Gesteigerter Compar. बलीयस्तर.

बलीयस Adj. = बँलीयंस्.

बलीयस्त्व n. *das Mächtigersein, Uebermacht, das Vorwiegen, Mehrgelten.*

बलीवँर्द 1) m. *Stier.* — 2) *f. बलीवर्दी N. pr. einer Frau.

*बलीवर्दिन् m. N. pr. eines Mannes.

बलीवर्ध m. fehlerhaft für बलीवर्द.

बलीवीर m. N. pr. eines Asura MBh. 1,67,43. बलीन v. l.

बलीह m. Pl. N. pr. eines Volkes.

*बलूल Adj. 1) *stark, kräftig.* — 2) = बलं न सहते.

बलेश m. *Heerführer* Varâh. Jogaj. 8,2.

बलोत्कटा f. N. pr. einer der Mütter im Gefolge Skanda's.

बँल्कस n. *Flocken; Stoffe, welche durch Destillation ausgeschieden werden.*

बँल्वज m. *Eleusine indica* Râǵan. 8,97.

*बल्वजमय Adj. (f. ई) *aus der Eleusine indica gemacht.*

बल्वजस्तुकाँ f. Pl. *Flocken der Eleusine indica.*

*बल्वजिक Adj. von बल्वज.

बल्बला (onomatop.) mit कर् *stammelnd aussprechend, balbutire.*

बल्बलाकार m. *Gestammel* Comm. zu Saṁhitop. S. 8.

बल्बलाकारम् Absol. *stammelnd* ebend. S. 9.

बल्बूथँ m. N. pr. eines Mannes.

बल्बूलँ m. N. pr. eines Schlangendämons Suparn. 23,3.

बल्य 1) Adj. (f. श्रा) *Kraft verleihend, kräftigend.* — 2) *m. *ein buddhistischer Bettler.* — 3) *f. श्रा a) *Sida cordifolia* und *rhombifolia* Râǵan. 4,103. — b) *Physalis flexuosa* Râǵan. 4,113. — c) *Paederia foetida* Râǵan. 5,35. — d) = शिमृडी *ein best. Strauch* Râǵan. 4,167. — e) = महासमङ्गा Râǵan. 4,99.

बल्युपहार m. *Darbringung einer Huldigungsgabe* Sâmav. Br. 3,3,5. Varâh. Jogaj. in der Unterschr. des 6ten Adhjâja.

बल्ल MBh. 7,1217 fehlerhaft für वल्गा, wie ed. Vardh. 7,26,23 liest.

बल्लव 1) m. a) *Kuhhirt.* Nom. abstr. °ता f. (Bâlar. 291,13) und °त्व n. — b) ein Name, den Bhîmasena als Koch beim Fürsten Virâṭa annimmt. — c) **Koch.* — d) Pl. N. pr. eines Volkes MBh. 6,9,62. — 2) f. ई *Kuhhirtin.*

बल्लाल m. N. pr. verschiedener Männer. Auch °मिश्र.

बल्लालसेन m. N. pr. verschiedener Männer.

बल्व 1) n. Name *des 2ten* 2. Karaṇa 4) *n*). — 2) f. ई MBh. 12,4841 fehlerhaft für वल्ली.

बल्वज m. Schreibart im MBh. ed. Bomb. st. बल्बज. *f. °जा Râǵan. 8.97.

बल्वल m. N. pr. 1) Pl. eines Volkes. v. l. कल्कल. — 2) eines Daitja.

बल्श = वल्श in शतँवल्श AV.

*बल्हि m. N. pr. eines Landes, *Balkh.*

बँल्हिक m. N. pr. 1) eines Mannes. — 2) Pl. eines Volkes.

*बल्हीक n. *Asa foetida.*

बव n. Name *des ersten* 2. Karaṇa 4) *n*).

बष्कँय Adj. *im ersten Jahre sich befindend* (Kalb).

*बष्कयणी und *बष्कयिणी f. *eine Kuh mit einem jungen Kalbe.*

बष्किह Adj. *alt, entkräftet* (Bock).

बसवराज m. N. pr. eines Autors. °राजीय n. Titel *seines Werkes* Opp. Cat. 1. Vgl. बस्वराज.

बस्तँ m. *Bock.*

*बस्तकर्णा m. *Shorea robusta* Râǵan. 9,81.

*बस्तगन्धा f. *Ocimum villosum* Râǵan. 4,180.

बस्तगन्धाकृति f. *eine best. in* Mâlava *wachsende Schlingpflanze,* = लक्ष्मणा Bhâvapr. 1,208.

बस्तमार[म्] Absol. *wie ein Bock verendet* Suçr. 1,279,8.

*बस्तमोदा f. *eine best. Pflanze,* = अजमोदा Râǵan. 6,110.

बस्तवासिँन् Adj. *wie ein Bock meckernd.* Richtiger °वाशिँन्.

*बस्तशृङ्गी f. *Odina pinnata.*

बस्ताजिनँ n. *Bocksfell* Maitr. S. 1,11,8 (170,7).

*बस्तान्त्री f. *Argyreia speciosa* oder *argentea.*

बस्ताभिवासिँन् Adj. *wie ein Bock anmeckernd* AV. 11,9,22. Richtiger °वाशिँन्.

बस्ताम्बु n. *Urin vom Bock* Bhâvapr. 3,100.

बस्ति m. Schreibart der Bomb. Ausg. des MBh. für वस्तिँ *Blase, Harnblase.*

बस्तिशीर्ष n. Sg. (Jâǵn. 3,98) und m. Du. (Vishnus. 96,92) etwa *Harnblasenband.*

बँस्रि Adv. *schnell.*

बस्वराज m. Titel eines Werkes Cat. Willmot 214. Vgl. बसवराज.

बह् s. बंह्.

बह्नक m. Pl. N. pr. eines Volkes VP.² 1,182.

*बह्य्, °यति künstliches Denomin. von बह्.

बहल 1) Adj. a) *dick, dicht* (Stoff, Flüssigkeit, Bäume [311,31 im Prâkrit], Wolken [220,19]). — b) *breit, umfänglich.* — c) *intensiv* (Farbe, Ton). बहल° Adv. so v. a. *in hohem Grade.* — d) *mannichfach, vielfach.* — e) am Ende eines Comp. *erfüllt von, zum grössten Theil bestehend in.* — 2) *m. *eine Art Zuckerrohr.* — 3) *f. आ a) *grosse Kardamomen.* Vgl. बहुला. — b) *Anethum Sowa* Râgan. 4,11.

*बहलगन्ध 1) n. *eine Art Sandel.* — 2) f. आ *grosse Kardamomen* Râgan. 6,87.

*बहलचनुस् m. *Odina pinnata.*

बहलता f. *Dicke.*

*बहलत्वच m. *weiss blühender* Lodhra Râgan. 6,214.

बहलवर्त्मन् m. n. *eine best. Augenkrankheit, ein verdicktes Augenlid.*

*बहलाङ्ग m. *Odina pinnata.*

बहली Adv. mit भू *zu einer dicken Masse werden* Karaka 7,7.

बहिःक° und बहिःप° s. u. बहिष्क° und बहिष्प°.

बहिरङ्ग Adj. *äusserlich, das Aussere betreffend, unwesentlich.* Nom. abstr. °ता f. und °त्व n.

बहिरर्गल (nur am Ende eines adj. Comp., f. (आ) *ein Riegel von aussen.*

बहिरर्थ m. *ein äusseres Object.*

बहिरात्मम् Adv. *ausserhalb der eigenen Person, von sich weg* Maitr. S. 2,3,2 (20,4. 5).

बहिर्गत Adj. *hervorgetreten.* Nom. abstr. °त्व n. Comm. zu Mṛkkh. 168,21.

बहिर्गिर m. Pl. N. pr. eines Volkes.

बहिर्गिरि m. N. pr. 1) eines Landes. — 2) Pl. eines Volkes.

बहिर्गिर्य m. Pl. N. pr. eines Volkes MBh. 6, 9,50.

बहिर्गृहम् Adv. *ausserhalb des Hauses.*

बहिर्ग्रामप्रतिश्रय Adj. *ausserhalb des Dorfes wohnend.*

बहिर्ग्रामम् Adv. *ausserhalb des Dorfes.*

बहिर्जानु Adv. *so dass die Hände ausserhalb der Kniee* (d. i. *nicht zwischen den Knien*) *sind* Hemâdri 1,94,18.

बहिर्णिधन n. s. बहिर्निधन.

बहिर्द्वार n. 1) *eine äussere Thür.* — 2) *der Platz draussen vor der Thür.*

बहिर्द्वारिन् Adj. *vor dem Thore —, draussen befindlich* Nâr. 5,65.

बहिर्धा Adv. Praep. (mit Abl.) *draussen, auswärts, ausserhalb, hinaus aus.*

बहिर्धाभाव m. *das Ausserhalbsein.*

*बहिर्ध्वजा f. Bein. der Durgâ.

बहिर्निधन n. *ein ausserhalb befindliches* 1. Nidhana 5) Tâṇḍja-Br. 7,6,13. fälschlich बहिर्णिधन 10,10,1.

बहिर्निर्गमन n. *das Hinausgehen aus* (Abl.).

बहिर्निःसारण n. *das Hinausbringen, — schaffen.*

बहिर्भव Adj. *aussen befindlich, äusserlich.*

बहिर्भाग m. *Aussenseite* Comm. zu Kâtj. Çr. 16,8,22.

बहिर्भाव m. *das Ausserhalbsein,* mit Abl. Comm. zu Kâtj. Çr. 9,1,8.

बहिर्मण्डलस्थ Adj. (f. आ) *ausserhalb des Kreises befindlich* Çâṅkh. Gṛhj. 6,2.

बहिर्मनस् Adj. *nicht im Geiste seiend, auswendig.*

बहिर्मुख 1) Adj. *aus dem Munde hinausgehend.* — b) am Ende eines Comp. *sein Gesicht fortwendend —, sich abwendend —, Nichts wissen wollend von.* — c) *dessen Geist auf die Aussenwelt gerichtet ist* Çaṅk. zu Bâdar. 1,1,4 (S. 76, Z. 6). — 2) *m. fehlerhaft für बर्हिर्मुख *eine Gottheit.*

बहिर्मुखी Adv. mit भू *sich abwenden von* (Abl.).

बहिर्मुद्र *eine best. Andachtsform* Verz. d. B. H. No. 646. Vgl. अन्तर्मुद्र.

बहिर्यागरत्न n. Titel eines Werkes.

बहिर्यात्रा f. *ein Gang —, eine Fahrt hinaus.*

बहिर्योग m. 1) *das in Verbindung Stehen mit* बहिस् *draussen,* so v. a. *die Bedeutung* ब° P. 1, 1,36. Halâj. 5,85. — 2) *äussere Versenkung* Verz. d. B. H. No. 646. Vgl. अन्तर्योग. — 3) *N. pr. eines Mannes; Pl. *seine Nachkommen.*

बहिर्योनि Adv. *ausserhalb der Feuerstätte* Çat. Br. 8,6,2,7.

बहिर्लम्ब Adj. *stumpfwinkelig* (Dreieck).

*बहिर्लापिका f. *ein Räthsel, das nicht zugleich die Lösung enthält.* Vgl. अन्तर्लापिका.

बहिर्लोम Adj. *mit den Haaren nach aussen gekehrt* Maitr. S. 3,6,6 = Kâth. 23,3.

बहिर्लोमन् Adj. dass. Âpast. 1,28,19. 21.

*बहिर्वर्तिन् Adj. *ausserhalb befindlich.*

बहिर्वासस् n. *Obergewand* in घ° (Nachtr. 4).

*बहिर्विकार m. *Syphilis.*

बहिर्विकारम् Adv. *verschieden von einem Erzeugniss* (im Sinne des Sâmkhja) Çiç. 1,33.

बहिर्वृत्ति f. *eine Beschäftigung mit den Dingen ausserhalb.*

1. बहिर्वेदि f. *der Raum ausserhalb der* Vedi.

2. बहिर्वेदि Adv. *ausserhalb der* Vedi, *aus der* Vedi *hinaus* Maitr. S. 4,6,9. Mân. Çr. 1,8,2. 2, 4,1.

बहिर्वेदिक Adj. *ausserhalb der* Vedi *geschehend* u. s. w.

*बहिर्व्यसन n. *Hurerei.*

*बहिर्व्यसनिन् Adj. *der Hurerei ergeben.*

बहिश्चर 1) *draussen —, auswärts sich tummelnd, — sich zeigend.* In Verbindung mit प्राण m. Sg. und Pl. und mit हृदय n. so v. *das Abbild des eigenen Lebensathems, — Lebens, — Herzens, so lieb wie diese.* — 2) m. a) *ein auswärtiger Späher.* — b) *Krebs.*

बहिःशाला f. *eine äussere Halle* Çâṅkh. Gṛhj. 1,5. Pâr. Gṛhj. 1,4,2. 2,14,12.

बहिःशीत Adj. *sich kühl anfühlend* Bhâvapr. 1,148.

बहिःश्रि Adv. von einer best. Aussprache.

बहिष्क MBh. 13,6604 fehlerhaft für बर्हिष्क.

1. बहिष्करण n. *ein äusseres Organ.*

2. बहिष्करण n. *das Ausschliessen von* (Abl.).

बहिष्कर्मन् n. *eine ausserhalb des Opferraumes vor sich gehende Handlung* Çâṅkh. Çr. 7,7,4. 17,13.

बहिष्कार्य Adj. *auszuschliessen, — von* (Abl.).

*बहिष्कुटीचर m. *Krebs.*

बहिष्कृति f. = बहिष्कार.

बहिष्क्रिय Adj. *von den heiligen Handlungen ausgeschlossen.*

बहिष्क्रिया f. *eine äussere —, nach aussen gerichtete Handlung* (Baden, Trinken u. s. w. nach Nilak.).

बहिष्टाज्ज्योतिस् f. *ein best. Metrum.*

बहिष्टात् Adv. *ausserhalb.*

बहिष्टाद्धिशसन Adj. *dessen Fleischseite nach aussen gerichtet ist* (Fell) Âpast. Çr. 1,19,3. 19,27.

बहिष्ठ n. so v. a. बहिरङ्गत्व Paribh. 51.

बहिष्पट m. *Obergewand.*

बहिष्पत्नीसंयाज Adj. *ausserhalb der* Patnîsamjâga *stehend.* Nom. abstr. °त्व n. Lâtj. 10,3,1.

बहिष्पथम् Adv. *abseits vom Wege* Maitr. S. 1, 8,9. 2,1,10.

बहिष्परिधि Adv. *ausserhalb der* Paridhi *genannten Hölzer.*

बहिष्पवमान m. und n. *ein gewöhnlich aus drei* Tṛka *bestehender* Stoma (oder Stotra) *bei der Frühspende, welcher ausserhalb der* Vedi *gesungen wird.* f. (ई) Pl. heissen *die einzelnen Verse desselben.* बहिष्पवमानदेश m. Kâtj. Çr. 8,6,23. Comm. zu 9,6,33.

बहिष्पवित्र Adj. *des* Pavitra *ermangelnd.*

बहिष्पिण्ड Adj. *dessen Knoten aussen sind.*

बहिष्प्रज्ञ Adj. *dessen Erkenntniss nach aussen gerichtet ist.*

बहिष्प्राकार etwa *Warte* Nilak. zu MBh. 12, 69,43.

1. बहिष्प्राण m. 1) *der ausserhalb des Körpers befindliche Athem, was man lieb hat wie das eigene Leben.* — 2) Bez. *des Goldes.*

2. बहिष्प्राण Adj. *dessen Athem* oder *Leben draussen ist.*

बहिस् Adv. Praep. 1) *draussen* (*ausserhalb des Hauses, des Dorfes, der Stadt, des Reiches* u. s. w.), *von aussen, hinaus, ausserhalb von* (Abl. oder im Comp. vorangehend). Mit कर् *verjagen aus* (Abl.), *verstossen, ausschliessen von* (Abl. oder Loc.), *von sich stossen, abwerfen, ablegen, entsagen.* बहिष्कृत *herausgenommen aus* (Abl.), *verjagt aus* (Abl.), *verstossen von* (im Comp. vorangehend), *ausserhalb* —, *nicht im Bereich von* (Instr.) *wohnend, ausgeschlossen von* (Abl. oder im Comp. vorangehend); *frei von, entbehrend, ermangelnd, beraubt, sich enthaltend* (die Ergänzung im Instr. oder im Comp. vorangehend). Mit भू *herauskommen,* — *aus* (Abl.). — 2) *hinaus,* so v. a. *in äusserer Erscheinung, leibhaftig.* बहिर्गत und बहिष्कृत *zur äusseren Erscheinung gekommen,* — *gebracht,* so v. a. *leibhaftig erschienen.*

बहिस = बर्स. Richtig बरिस.

बहिस्तन्व Adj. *dessen Glieder sich über den Leib* (des Feueraltars) *erstrecken* Çulbas. 2,37.

बहिस्तपस् n. *äussere Askese.*

बहिःसंस्थ Adj. *ausserhalb* (einer Stadt) *gelegen,* — *befindlich.*

बहिःसद् Adj. *draussen sitzend,* so v. a. *verachtet.*

बहिःसंध्य Adj. *die Morgen- und Abendandacht ausserhalb des Dorfes verrichtend.* Nom. abstr. °त्व n. Gaut.

बहीनर (Bhâg. P. ed. Bomb. 9,22,43) und बहीनर (MBh. 2,8,15) m. N. pr. eines Fürsten.

बहोरज्जु Adv. *an der Aussenseite eines Strickes.*

बहु 1) Adj. (f. बह्वी und *बहु) *a) reichlich, viel, zahlreich, vielfach, oftmalig; reich an* (Instr.). यद् — तद्बहु so v. a. *das will viel sagen, dass;* त्वया किं मे बहु कृतम् — यद् so v. a. *du hast mir einen grossen Dienst dadurch erwiesen, dass;* किं बहुना so v. a. *wozu der vielen Worte?* Das Neutrum auch substantivisch mit einem Gen. construirt. Compar. बहुतर *zahlreicher, mehr,* — *als* (Abl.), *allzuviel, recht viel, mehrere; umfangreicher, stärker* (Feuer). एतदेवास्माकं बहुतरं यद् *es ist schon sehr viel für uns, dass.* Superl. in der Verbindung आ बहुतमात्पुरुषात् *bis auf den entferntesten Nachkommen.* — *b) stattlich, tüchtig, kräftig.* — 2) बहु Adv. *a) viel, wiederholt, oft; stark, sehr, in hohem Grade.* Mit मन् *Jmd* oder *Etwas für viel halten, zu schätzen wissen, hoch anschlagen, höher stellen als* (प्राणेभ्यस् *das Leben*). Compar. बहुतरम् *mehr, wiederholt, oft.* — *b)* am Anf. einiger Comp. *zum grössten Theil,* so v. a. *beinahe, ziemlich.* — 3) n. *Plural.*

*बहुक 1) Adj. (f. आ) *theuer gekauft.* — 2) m. *a) Calotropis gigantea.* — *b) Krebs.* — *c) eine Hühnerart* (दात्यूह). — *d)* = जलखातक oder °खादक.

*बहुकण्टक 1) m. *a) eine Art Asteracantha* Râǵan. 4,41. — *b) Alhagi Maurorum* Râǵan. 4,44. — *c) Phoenix paludosa* Râǵan. 9,91. — 2) f. आ *Solanum Jacquini* Râǵan. 4,60.

*बहुकण्टा f. *Solanum Jacquini* Râǵan. 4,30.

*बहुकन्द 1) m. *Amorphophallus campanulatus* Râǵan. 7,63. — 2) f. ई *Cucumis utilissimus* oder *eine Kürbisart* Râǵan. 7,199.

बहुकर 1) Adj. *a) Vieles thuend, mannichfach Jmd* (Gen.) *nützend.* — *b)* *der da kehrt, fegt.* — 2) *m. *a) Kamel.* — *b) eine Art Judendorn.* — 3) *f. आ (Gal.) oder ई *Besen.*

*बहुकरणीय Adj. *der* (angeblich) *viel zu thun hat, zu Nichts Zeit hat.*

*बहुकर्णिका f. *Salvinia cucullata* Râǵan. 3,54.

*बहुकल्क m. *Buchanania latifolia* Râǵan. 11, 65.

बहुकल्प Adj. *vielartig, mannichfach* MBh. 15, 7,1.

बहुकाम Adj. *viele Wünsche habend.*

बहुकार Adj. *viel wirkend* VS.

*बहुकीट m. N. pr. eines Dorfes.

*बहुकुलीन und *°कुल्य Adj. von बहु + कुल.

*बहुकूर्च m. *eine Art Cocosnuss.*

*बहुकृत Adj. (f. आ).

बहुकृत्वस् Adv. *oftmals.*

बहुकेतु m. N. pr. eines Berges.

बहुक्रम m. *ein* Krama 11) *von mehr als drei Worten.*

बहुक्षम 1) Adj. (f. आ) *Vieles erduldend* Kumâras. 5,40. — 2) *m. *ein* Buddha.

*बहुक्षार m. *eine Mischung aus verschiedenen Pflanzenaschen* Râǵan. 6,260.

*बहुगन्ध 1) m. *das Harz der Boswellia thurifera* Râǵan. 12,120. — 2) f. आ *a) eine Knospe von Michelia Champaka* Râǵan. 12,60. — *b) Jasminum auriculatum* Râǵan. 10,97. — *c) Nigella indica* Râǵan. 6,61. — 3) n. *a) Zimmet* Râǵan. 6, 173. — *b) eine Art Sandel* Râǵan. 12,14.

*बहुगन्धदा f. *Moschus* Râǵan. 12,47.

बहुगर्ह्यवाच् Adj. *viel Tadelhaftes sprechend, geschwätzig.*

बहुगव m. N. pr. eines Fürsten.

बहुगामिन् Adj. *oft den Beischlaf vollziehend* Karaka 6,2.

बहुगिरि N. pr. *einer gebirgigen Gegend.*

बहुगु Adj. (f. ऊ) *rinderreich* Âpast. Çr. 20,4.

*बहुगुडा f. *Solanum Jacquini.*

बहुगुण 1) Adj. (f. आ) *a) vieldrähtig* (Strick). — *b) vielfach, viel.* — *c) viele Vorzüge besitzend* R. 3,21,21. — 2) m. N. pr. eines Devagandharva.

*बहुगुरु m. *ein Lehrer in vielen Dingen,* so v. a. *Einer der von Allem nur Etwas weiss.*

*बहुगुहा f. *Solanum Jacquini.*

बहुगोत्रज Adj. *viele Blutsverwandte habend* 132,14.

*बहुग्रन्थि m. *Tamarix indica.*

बहुग्रह Adj. *viel fassend* (Topf), — *nehmend* (Minister).

*बहुचर्मक Adj. (f. °र्मिका).

बहुचारिन् Adj. *viel wandernd.*

बहुचित्र Adj. *überaus mannichfaltig,* — *verschiedenartig.*

*बहुच्छद m. *Alstonia scholaris.*

बहुच्छल Adj. (f. आ) *trugvoll* Kir. 2,39. Nom. abstr. °त्व n. Venîs. 72,16.

*बहुच्छिन्ना f. *eine Art Cocculus* Râǵan. 3,3.

1. बहुजन m. *die grosse Menge.* °हित n. *Gemeinwohl* Text zu Lot. de la b. l. 280.

2. बहुजन Adj. (f. आ) *von vielen Menschen umgeben* Âpast. Çr. 13,9,2.

बहुजनपरिवार m. *ein best.* Samâdhi Kâraṇḍ. 51,18.

*बहुजन्य (बाहु°?) n. *Volksmenge.*

बहुजल्प Adj. *geschwätzig.*

बहुजल्पितर Nom. ag. *Schwätzer* R. 5,36,63.

*बहुजव Adj. zur Erklärung von उराजि.

*बहुजात Adj. zur Erklärung von तुविजात.

बहुतनय Adj. *viele Söhne habend* Daçak. 19,8.

*बहुतन्त्री Adj. (Nom. °स्) *viele Sehnen oder Adern habend* P. 5,4,159, Sch.

*बहुतन्त्रीक Adj. (f. आ) *vielsattig* (Laute) ebend.

बहुतय Adj. Pl. *vielfach.*

बहुतरक Adj. *recht viel,* — *zahlreich.*

*बहुतरकणिश m. *eine best. Kornart.* Vgl. बहु-

दलकणिश.

बहुतराम् Adv. *in hohem Grade, stark, sehr.*

*बहुतलवशा f. *Iris pseudacorus.*

*बहुतस् Adv. *von vielen Seiten.*

बहुता f. *Vielheit, Menge* LA. 30,3, v. l.

*बहुतिक्ता f. *Solanum indicum* RÂGAN. 4,137.

बहुतिथ Adj. *vielfach, viel, mannichfach.* °थे ऽहनि *viele Tage hindurch.* °म् Adv. *sehr, in hohem Grade.*

1. बहुतृण n. *beinahe Gras, so zu sagen ein Grashalm* Spr. 4021.

2. *बहुतृण m. *Saccharum Munjia* RÂGAN. 8,86.

बहुतृष्ण Adj. *einen heftigen Durst habend* 169, 25.

*बहुत्र Adv. *unter Vielen.*

बहुत्रा Adv. *unter —, zu Vielen.*

बहुत्रिवर्ष Adj. *beinahe drei Jahre alt.*

बहुत्व n. 1) *Vielheit, Menge.* — 2) *die Majorität, die Meinung der M.* — 3) *Plural.*

*बहुत्वक्क m. *Betula Bhojpatra.*

*बहुत्वच् m. 1) dass. — 2) *Alstonia scholaris.*

*बहुथा Adv. *auf vielfache Weise.*

बहुदक्षिण Adj. *mit reichlichem Opferlohn verbunden* (Opfer) ÇAT. BR. 11,6,3,1. 14,6,1,1.

बहुदन्तीसुत m. N. pr. einer Autorität in der Politik. v. l. वल्गुदन्तीसुत.

*बहुदलकणिश m. *eine best. Kornart* RÂGAN. 16,92.

1. बहुदान n. *eine reichliche Gabe* 165,18.

2. बहुदान Adj. *reichlich schenkend, freigebig.*

बहुदामन् oder °दामा f. N. pr. einer der Mütter im Gefolge Skanda's.

बहुदायिन् Adj. *freigebig.*

बहुदासपूरुष (ÂPAST. ÇR. 20,4) und °पूरुष (TBR. 3,8,5,3) Adj. (f. आ) *viele Sclaven und Diener habend.*

बहुदुःखवासम् Absol. mit वस् *einen leidensvollen Aufenthalt haben* BHÂG. P. 3,31,20.

*बहुदुग्ध 1) m. *Waizen* RÂGAN. 16,30. — 2) f. आ *eine Kuh, die viel Milch giebt.*

बहुदुग्धवती Adj. f. *viel Milch gebend* HEMÂDRI 1,447,14.

*बहुदुग्धिका f. *Tithymalus antiquorum.*

बहुदृश्वन् m. *ein grosser Gelehrter* DEÇIN. 1,37.

बहुदेय n. *reichliches Schenken* GOP. BR. 2,3,17.

बहुदेवत Adj. (f. आ) *an viele Gottheiten gerichtet.* Nom. abstr. °त्व n. Comm. zu ÂPAST. ÇR. 8, 9,5.

बहुदेवत्य Adj. *vielen Göttern gehörig.*

बहुदैवत Adj. *auf viele Götter bezüglich.*

बहुदैवत्य 1) Adj. dass. — 2) n. Titel eines Werkes.

1. बहुदोष m. *grosser Schaden, — Nachtheil.*

2. बहुदोष Adj. (f. आ) *viele Uebel bewirkend* 91,27. MṚKKH. 26,8.

बहुदोग्ध्री Adj. f. *viel Milch gebend* MBH. 12, 199,94.

बहुधन 1) Adj. *ein grosses Vermögen besitzend, sehr reich.* Nom. abstr. °त्व n. — 2) m. N. pr. eines Mannes Ind. St. 14,123. fg.

बहुधनेश्वर m. *ein sehr reicher Mann.*

बहुधन्य m. fehlerhaft für °धान्य.

बहुधन्विन् Adj. *viele Bogen führend* (Çiva) MBH. 7,202,44.

बहुधा Adv. *in vielerlei Weise, — Formen, — Theilen; vielfach, mannichfaltig, wiederholt; an vielen Orten; sehr.* Mit कर् *vervielfältigen; unter die Leute bringen.*

बहुधात्मक Adj. *vielfältig.*

बहुधान्य m. *das 12te (46ste) Jahr im 60jährigen Jupitercyclus.*

बहुधान्यक N. pr. einer Oertlichkeit.

*बहुधार n. *Diamant* RÂGAN. 13,174.

*बहुधीवन् Adj. (f. ebenso oder °वरी) *ziemlich geschickt.*

बहुधेनुक n. *eine grosse Menge von Milchkühen.*

बहुधेय (!) m. Pl. *eine best. Schule.*

बहुध्मात Adj. *oft geglüht.*

*बहुनाद m. *Seemuschel* RÂGAN. 13,123.

बहुनामन् Adj. (f. ebenso) *viele Namen habend.*

*बहुनिष्क und *°नैष्किक Adj. *viele Nishka werth.*

*बहुपटु Adj. *ziemlich geschickt* P. 5,3,68, Sch.

*बहुपत्त्र 1) m. *Zwiebel* RÂGAN. 7,56. — 2) f. आ *eine best. wohlriechende Blume* RÂGAN. 10,128. — 3) f. ई a) *Aloe perfoliata* RÂGAN. 5,45. — b) *ein best. kleiner Strauch,* = गोरक्षदुग्धा RÂGAN. 5,45. — c) *eine roth färbende Oldenlandia* RÂGAN. 3,114. — d) *Basilienkraut* RÂGAN. 10,152. — e) *Asparagus racemosus.* — f) *eine Art Solanum* RÂGAN. 4, 24. — g) = लिङ्गिनी RÂGAN. 3,33. — 4) n. *Talk* RÂGAN. 13,114.

बहुपत्त्रिका f. 1) *Flacourtia cataphracta* RÂGAN. 5,91. — 2) *Trigonella Foenum graecum* BHÂVAPR. 1,167. — 3) * = महाशतावरी RÂGAN. 4,22.

बहुपत्नीक Adj. 1) *viele Frauen habend* Comm. zu NJÂJAM. 9,3,8. Nom. abstr. °ता f. *Vielweiberei.* — 2) *von vielen Frauen vollführt.*

*बहुपद् m. (stark °पाद्) *der indische Feigenbaum.*

बहुपद Adj. *vielfüssig.*

बहुपन्नग m. N. pr. eines Marutvant HARIV. 3,12,36. ब्रह्मपन्नग v. l.

बहुपर्ण 1) Adj. (f. ई) *vielblätterig.* — 2) *m. *Alstonia scholaris* RÂGAN. 12,35. — 3) *f. आ *Trigonella Foenum graecum* RÂGAN. 6,70.

*बहुपर्णिका f. *Salvinia cucullata.*

बहुपल्लव Adj. *ausgebreitet, zahlreich* Ind. St. 15,355.

बहुपशु Adj. *reich an Vieh.*

बहुपाक Adj. *bei dem viel* (für Arme) *gekocht wird.*

बहुपाठिन् Adj. *viel studirend* MBH. 5,43,48.

बहुपाद 1) Adj. (f. आ) a) *vielfüssig.* — b) *mehr Füsse habend* (Sitz) ÂPAST. — c) *aus mehreren Verstheilen bestehend.* — 2) *m. *der indische Feigenbaum* RÂGAN. 11,119.

*बहुपादिका f. *Salvinia cucullata* RÂGAN. 3,55.

(बहुपाय्य) बहुपायिय n. (*Viele bergend*) *eine grosse Halle.* Vgl. नृपाय्य.

बहुपुत्र 1) Adj. (f. आ) *viele Söhne oder Kinder habend* MÂN. GṚHJ. 1,12. — 2) m. a) **Alstonia scholaris.* — b) N. pr. eines Pragâpati. — 3) f. ई a) *Asparagus racemosus* BHÂVAPR. 4,71. — b) **Flacourtia cataphracta.* — c) *Bein. der Durgâ.

बहुपुत्रिका f. 1) *eine best. Pflanze,* = महाशतावरी. Richtig बहुपत्त्रिका. — 2) N. pr. einer der Mütter im Gefolge Skanda's.

बहुपुष्ट Adj. *in grossem Wohlstande sich befindend* MAITR. S. 1,6,11.

बहुपुष्प 1) *m. *Erythrina indica.* — 2) f. ई *Grislea tomentosa* BHÂVAPR. 1,176.

बहुपुष्पप्रवालवन्त् Adj. *mit vielen Blüthen und Trieben versehen* R. 2,50,13.

बहुपुष्पिका f. *Grislea tomentosa* RÂGAN. 6,216. BHÂVAPR. 1,176.

बहुप्रकार Adj. *vielfach.* °म् Adv. *auf vielerlei Weise, vielfach, wiederholt* 108,2.

बहुप्रकृति Adj. *aus mehreren Nominalstämmen bestehend.*

बहुप्रज 1) Adj. (f. आ) *kinderreich* MBH. 13,87, 9. — 2) *m. a) *Schwein.* — b) *Maus* RÂGAN. 19,57. — c) *Saccharum Munjia* RÂGAN. 8,86.

बहुप्रजस् Adj. *kinderreich.*

बहुप्रज्ञानशालिन् Adj. *mit vielem Wissen ausgestattet* KATHÂS. 13,112.

बहुप्रतिज्ञ Adj. *mehrere Klagen enthaltend* 216,1.

बहुप्रत्यवाय Adj. *mit vielen Widerwärtigkeiten verbunden* NÂGÂN. 45,15 (61,17).

*बहुप्रद Adj. *freigebig.*

बहुप्रपञ्च Adj. *weitschweifig* Hit. 130,5.

बहुप्रलापिन् Adj. *geschwätzig* Varâh. Bṛh. S. 68,113. Nom. abstr. °पिता f. Prasannar. 22,5.

*बहुप्रसू f. *eine Mutter von vielen Kindern.*

बहुप्रियँ Adj. *vielbeliebt* als Erklärung von पुरुप्रियँ Çat. Br. 6,6,2,4.

*बहुप्रेयसी Adj. *viele Geliebten habend.*

बहुफल 1) *m. *a) ein best. Fruchtbaum* Râgan. 11,216. — *b) Nauclea Cadamba.* — *c) Flacourtia sapida.* — 2) f. आ *a) Flacourtia cataphracta.* — *b)* **Solanum indicum* und *eine andere Species* Râgan. 4,135. 26. — *c)* **Glycine debilis* Râgan. 3,20. — *d)* **ein dunkel blühender Convolvulus Turpethum* Râgan. 7,202. — *e)* **verschiedene Cucurbitaceen* Râgan. 7,206. 210. 218. 220. — 3) *f. ई *a) Emblica officinalis.* — *b) Ficus oppositifolia.* — *c) Koloquinthengurke.*

*बहुफलिका f. *eine Art Judendorn* Râgan. 11,145.

बहुफेनरसा f. *eine best. Pflanze*, = सप्तला Kâraka 7,11.

*बहुफेना f. *Seifenbaum* Râgan. 4,198.

*बहुबल m. *Löwe* Râgan. 19,2.

बहुबाहु m. N. pr. eines Fürsten.

बहुबीज am Anf. eines Comp. *viele Samenarten* Varâh. Jogaj. 7,2.

बहुबीज 1) *n. *die Frucht der Anona reticulata oder squamosa.* — 2) f. आ *a) Trigonella foenum graecum* Bhâvapr. 1,167. — *b)* **eine Musa* Râgan. 11,42.

बहुभद्र m. Pl. N. pr. eines Volkes.

*बहुभस्त्रक Adj. (f. °आ und °स्त्रिका).

बहुभाषिन् Adj. *geschwätzig.*

बहुभाष्य n. *vieles Reden, Geschwätzigkeit.*

बहुभुज् Adj. *viel essend, grosser Esser.*

*बहुभुजा f. Bein. der Durgâ.

बहुभूमि m. N. pr. eines Fürsten VP.[2] 4,96.

बहुभूमिक Adj. *aus vielen Stockwerken bestehend* Hemâdri 1,657,3.

*बहुभृज्ज् Adj. (Nom. °भृट्) *viel backend.*

बहुभोक्तर् Nom. ag. *ein grosser Esser* Comm. zu Gobh. 1,9,7.

बहुभोग्या f. *Hure* Daçak. 84,6.

बहुभोजक Adj. *viel essend* zu Spr. 4910.

बहुभोजन 181,22 fehlerhaft für °भोजक.

बहुभोजिन् Adj. *viel essend.* Nom. abstr. °जिता f. *Gefrässigkeit* Kull. zu M. 2,57.

बहुभौम Adj. *viele Stockwerke habend* R. 5,10,11.

बहुमञ्जरी f. *Basilienkraut.*

बहुमत्स्य 1) *Adj. (f. आ) *fischreich* P. 4,1,28, Sch. — 2) n. *ein fischreicher Ort.*

बहुमध्यग Adj. *Vielen gehörig* 200,23.

बहुमन्तव्य Adj. *für viel zu halten, hoch anzuschlagen.*

*बहुमल m. *Blei.*

बहुमान m. *Hochachtung, Hochschätzung, eine hohe Meinung von, das Gewichtlegen auf;* mit Loc. der Person (304,12) oder Sache, seltener mit Gen. der Person (290,18).

बहुमानिन् Adj. *hoch angesehen, in hoher Achtung stehend.*

*बहुमानुषसंकीर्ण n. *Laube* Gal.

बहुमान्य Adj. *Achtung verdienend.*

बहुमाय Adj. *hinterlistig.*

*बहुमार्ग n. und *°मार्गी f. *ein Ort, wo viele Wege zusammentreffen.*

बहुमाल्यफल Adj. *reich an Kränzen* (man hätte मूल erwartet) *und Früchten* Pat. zu P. 1,2,52.

बहुमाषतिलँ Adj. (f. आँ) *viele Bohnen und viel Sesam besitzend* TS. 3,8,5,3. Âpast. Çr. 20,4.

बहुमित्र 1) Adj. *viele Freunde habend* Âpast. — 2) *m. N. pr. eines Mannes.

बहुमुख Adj. *viele Mäuler habend, vielerlei sprechend.*

*बहुमूत्र Adj. *viel harnend.* Nom. abstr. °ता f.

*बहुमूत्रक m. *eine Art Chamäleon* Râgan. 19,62.

*बहुमूर्ति f. *die wilde Baumwollenstaude.*

*बहुमूर्धन् m. Bein. Vishṇu's.

*बहुमूल 1) m. *a) eine Rohrart* Râgan. 8,83. — *b) Moringa pterygosperma* Râgan. 7,26. — 2) f. आ *a) Asparagus racemosus* Râgan. 4,119. — *b)* = माकन्दी Râgan. 7,42.

बहुमूलक 1) m. *a)* **eine Rohrart.* — *b)* N. pr. eines Schlangendämons. — 2) n. *die wohlriechende Wurzel von Andropogon muricatus* Bhâvapr. 1,190.

1. बहुमूल्य n. *eine grosse Summe Geldes.*

2. बहुमूल्य Adj. *kostbar.*

*बहुयज्वन् Adj. (f. ebenso).

*बहुयज्वा Adj. f.

बहुयाजिन् Adj. *der viele Opfer dargebracht hat.*

बहुयोजना f. N. pr. einer der Mütter im Gefolge Skanda's.

बहुरजस् Adj. *sehr staubig* und *vielen Blüthenstaub habend* 249,3.

बहुरत्न Adj. (f. आ.) *reich an Edelsteinen* Ind. St. 15,299.

बहुरथ m. N. pr. eines Fürsten.

*बहुरन्ध्रिका f. *eine best. Wurzel* Râgan. 5,25.

बहुरमध्य Adj. *in der Mitte dick.*

बहुरसँ 1) Adj. *saftreich.* — 2) *f. आ *Cardiospermum Halicacabum* Râgan. 3,71.

*बहुराजन् Adj. (f. ebenso und °राज्ञी).

*बहुराज्ञा Adj. f.

बहुरायस्पोषँ Adj. (f. आँ) *vielen Reichthum besitzend* TS. 3,8,5,3. Âpast. Çr. 20,4.

बहुराशि Adj. in Verbindung mit पक्ष *set of many terms* Colebr. Alg. 35.

*बहुरुहा f. *eine Art Cocculus* Râgan. 3,3.

बहुरूपँ 1) Adj. (f. आँ) *vielfarbig, von mannichfaltigem Aussehen, mannichfach.* — 2) m. *a)* **Chamäleon.* — *b)* **Haar.* — *c)* **das Harz der Shorea robusta.* — *d)* **die Sonne.* — *e)* Bein. α) *Brahman's. — β) *Vishṇu's. — γ) Çiva's. — δ) **des Liebesgottes.* — *f)* N. pr. α) eines Rudra. — β) *eines Buddha. — γ) eines Sohnes des Medhâtithi. — 3) *f. आ *eine der sieben Zungen des Feuers.* — 4) n. N. pr. des von 2) *f)* γ) beherrschten Varsha.

बहुरूपक 1) Adj. (f. °पिका) *von mannichfaltigem Aussehen* MBh. 1,155,36. बहुरूपक° Adv. *mannichfach.* v. l. MBh. 7,175,9 बहुरूपाङ्गशोभितम् st. बहुरूपकशो°. — 2) m. N. pr. eines Rudra VP.[2] 2,25.

बहुरूपकल्प m. Titel eines Werkes Bühler, Rep. No. 72.

बहुरूपागर्भस्तोत्र m. desgl. ebend. No. 468.

बहुरूपाष्टक n. zusammenfassende Bez. für *acht* Tantra Ârjav. 160,16.

*बहुरेतस् m. Bein. Brahman's.

*बहुरोमन् m. *Widder.*

बहुलँ 1) Adj. (f. आँ) *a) dicht, dick, breit.* द्विगुणो बहुलतरः *doppelt so dick.* — *b) umfänglich, ausgedehnt, gross.* — *c) reichlich, zahlreich, viel.* बहुलम् Adv. *oft.* — *d) reich an, voll —, begleitet von* (Instr. oder im Comp. vorangehend). कुमारीबहुलाः स्त्रियः *Weiber, unter denen viele Jungfrauen sind.* — *e)* **schwarz;* vgl. 2) *a).* — *f)* **unter den Plejaden geboren.* — 2) m. *a) die dunkle Hälfte eines Monats.* Angeblich auch n. — *b)* **Feuer.* — *c)* N. pr. α) eines Pragâpati. — β) eines Fürsten der Tâlaǵangha und eines andern Mannes (Ind. St. 14,107). — γ) Pl. eines Volkes. — 3) f. आ *a)* **Kuh.* — *b) Kardamomen* Bhâvapr. 1,188. 4,78. — *c)* **die Indigopflanze.* — *d) die Plejaden.* — *e) die 12te* Kalâ *des Mondes.* — *f)* N. pr. α) einer Göttin. — β) einer der Mütter im Gefolge Skanda's. — γ) der Gattin Uttama's, eines Sohnes des Uttânapâda. — δ) der Mutter eines Samudra Hem. Par. 2,317. — ε) einer mythischen Kuh. — ζ) eines Flusses. — 4) n. *a)* **Luft.* — *b)* **weisser Pfeffer.* — *c) eine best. hohe Zahl* (buddh.).

बहुलक 1) n. *fehlerhaft für* बा°. — 2) *f. °लिका *die Plejaden.*

*बहुलगन्ध 1) n. *eine Art Sandelholz* Gal. — 2) f. आ *Kardamomen* Rāǵan. 6,57.

*बहुलच्छद m. *eine roth blühende Hyperanthera* Rāǵan. 7,32.

°बहुलता f. *das Reichsein an.*

बहुलतृण Adj. *grasreich* Kātj. Çr. 25,7,15.

बहुलत्व n. 1) *Vielheit, Menge.* — 2) *am Ende eines Comp. das Reichsein an.*

बहुलपर्ण Adj. *vielblätterig* Kātj. Çr. 6,1,8.

बहुलपलाश Adj. (f. आ) *dass.* Kātj. Çr. 4,2,4.

*बहुलवण n. *salzhaltiger Boden* Rāǵan. 6,106.

बहुलवर्मन् Adj. *mit dichter Hülle umgeben.*

बहुलाक्त Adj. *dicken Bodensatz habend.*

बहुलाभिमान Adj. *vielfach nachstellend, — bedrohend.*

बहुलायास Adj. *mit vielen Anstrengungen verbunden* Bhag. 18,24.

बहुलालाप Adj. *geschwätzig.*

बहुलाविष्ट Adj. *von Vielen bewohnt, dicht bevölkert* Ait. Br. 3,44,3.

बहुलाश्व m. N. pr. eines Fürsten.

बहुलित Adj. *vermehrt* Çiç. 17,18.

बहुली Adv. 1) mit कर्, nur Partic. °लीकृत *a) dicht gemacht, — erscheinend* 311,20 (im Prâkrit). — *b) erweitert, vermehrt, vergrössert.* — *c) verbreitet, unter die Leute gebracht.* — *d) zerstreut* (in übertragener Bed.). — *e) *gedroschen, von der Spreu befreit.* — 2) mit भू *a) sich mehren.* — *b) sich ausbreiten, sich verbreiten.* — *c) ruchbar werden, unter die Leute kommen.*

बहुलीकरिष्णु Adj. mit Acc. *zu vergrössern bestrebt.*

बहुलीभाव m. *das Sichverbreiten, unter die Leute Kommen.*

बहुलेतरपक्ष m. Du. *die dunkle und die lichte Hälfte eines Monats.*

बहुलौषधिक Adj. *mit vielen Kräutern bewachsen.*

बहुवचन n. *die Mehrzahl, die Casus- und Personalendungen der Mehrzahl.*

बहुवत् Adv. *pluraliter, im Plural.*

बहुवर्ण Adj. *vielfarbig.* Nom. abstr. °ता f.

*बहुवन N. pr. einer Oertlichkeit.

*बहुवल्क m. *Buchanania latifolia.* Vgl. बहुकल्क.

बहुवल्कल m. *dass.* Bhâvapr. 1,245.

*बहुवल्ली f. *Hoya viridiflora* Rāǵan. 4,187.

बहुवादिन् 1) Adj. *viel redend, geschwätzig.* — 2) m. N. pr. eines Fürsten VP.² 4,128.

बहुवाघ m. Pl. N. pr. eines Volkes MBh. 6,9,55. बाहुबाध v. l.

*बहुवार und °क m. *Cordia Myxa* Mat. med. 293. Rāǵan. 11,205. Bhâvapr. 1,246.

बहुवारम् Adv. *vielmals, oft* Kaurap. (A.) 8.

बहुवार्षिक Adj. (f. ई) 1) *viele Jahre alt* Hemâdri 1,16,19.22. — 2) *viele Jahre während.*

बहुवाल Adj. *vielhaarig* (Schweif). Nom. abstr. °ता f. Varâh. Brh. S. 72,2.

*बहुवि Adj. *viele Vögel enthaltend.*

बहुविघ्न Adj. *mit vielen Schwierigkeiten verbunden.* Nom. abstr. °ता f.

बहुविद् Adj. *vielwissend.*

बहुविद्य Adj. *gelehrt.* Nom. abstr. °ता f.

बहुविध 1) Adj. (f. आ) *vielfach, mannichfach* 147,3. °म् Adv. *vielfach, zu wiederholten Malen* 293,26. — 2) m. N. pr. eines Fürsten VP.² 4,128.

बहुविधाकार Adj. (f. आ) *mannichfaltig* 84,21.

*बहुविस्त Adj. *viele* Vista *wiegend.*

1. बहुविस्तर m. *starke Ausbreitung.* °रं (Conj.) कर् *sich stark ausbreiten* Spr. 888. °संयुक्तम् Adv. *nach allen Richtungen hin, in allen Stücken* R. 3,31,35.

2. बहुविस्तर Adj. (f. आ) 1) *weit verbreitet.* — 2) *mannichfach, verschieden.* °म् Adv. *vielfach.* — 3) *sehr ausführlich.*

बहुविस्तीर्ण 1) Adj. *stark ausgebreitet.* Nom. abstr. °ता f. — 2) *f. आ *eine best. Pflanze.*

बहुवीर्य 1) Adj. (f. आ) *kräftig, sehr wirksam* MBh. 13,98,23. — 2) *m. *a) Terminalia Bellerica.* — *b) Amaranthus polygonoides* Rāǵan. 3,71. — *c) Salmalia malabarica* Rāǵan. 3,9. — *d) eine Art Ocimum* Rāǵan. 10,156. — 3) *f. आ *Flacourtia cataphracta* Rāǵan. 5,91.

बहुवेलम् Adv. *oftmals* Pańkad.

*बहुवैस्तिक Adj. = बहुविस्त.

*बहुव्ययिन् Adj. *viel ausgebend, verschwenderisch.*

बहुव्रीहि m. *ein adjectivisches Compositum; ein Compositum, dessen letztes Glied ein Substantiv ist, welches aber in der Composition seine Selbständigkeit verliert, indem es mit dem vorangehenden Worte zu einem blossen Merkmal eines andern Begriffes herabsinkt.* °वत् Adv.

बहुव्रीहियव Adj. (f. आ) *reich an Reis und Gerste* Âpast. Çr. 20,4.

बहुशक्ति m. N. pr. eines Prinzen.

बहुशत्रु 1) Adj. *viele Feinde habend.* — 2) *m. *Sperling.*

बहुशब्द m. *Plural.*

*बहुशल्य m. *roth blühender* Khadira Rāǵan. 8,26.

बहुशस् Adv. *vielfach, oftmals, wiederholt.*

बहुशाख 1) Adj. (f. आ) *a) vielästig.* — *b) weitverzweigt* (Geschlecht), *weit verbreitet.* Nom. abstr. °त्व n. — *c) mannichfaltig.* — 2) *m. *Euphorbia antiquorum* Rāǵan. 8,51.

बहुशाखिन् Adj. *vielästig.*

*बहुशाल m. *Euphorbia antiquorum* Rāǵan. 8,51. v. l. बहुशाख. Vgl. बाहुशाल.

*बहुशिखा f. *Commelina salicifolia* und auch *andere Species* Rāǵan. 4,109. v. l. वह्निशिखा.

बहुशुभाय्, °यते *zu einem grossen Segen werden.*

*बहुशृङ्ग m. Bein. Vishṇu's.

बहुश्रुत 1) Adj. *sehr gelehrt.* — 2) m. N. pr. eines Ministers Ind. St. 15.

बहुश्रुति f. *das Vorkommen der Mehrzahl im Texte.*

बहुश्रुतीय m. Pl. *eine best. buddhistische Schule.*

*बहुश्रेयसी Adj.

बहुसंवत्सर n. *eine vieljährige* Soma-*Feier* Çâṅkh. Çr. 13,27,5.

बहुसत्त्व Adj. *reich an Thieren* MBh. 3,39,24.

बहुसत्य m. *Bez. des 10ten* Muhûrta.

*बहुसदाचार Adj.

बहुसदृश Adj. *sehr passend* Pańkat. 75,15.

*बहुसंतति m. *Bambusa spinosa.*

*बहुसमुदाचार Adj.

*बहुसंपुट m. *ein best. Knollengewächs.*

बहुसर्पिष्क Adj. *mit viel Butter bereitet* Vishnus. 86,18.

बहुसव Adj. 1) *viele Opfer darbringend* oder *viele Jahre Etwas thuend.* — 2) *viele Opfer oder viele Jahre enthaltend.*

बहुसस्य 1) Adj. *kornreich.* — 2) m. N. pr. eines Dorfes.

बहुसाधन Adj. *viele Hülfsmittel besitzend.* Nom. abstr. °ता f. Spr. 4226.

बहुसामि Titel eines Werkes Opp. Cat. 1.

बहुसार 1) Adj. *kernhaft.* — 2) *m. *Acacia Catechu* Rāǵan. 8,22.

बहुसाहस्र 1) Adj. (आ) *viele Tausende ausmachend, zu vielen Tausenden seiend.* — 2) f. ई Sg. *viele Tausende.*

*बहुसु 1) m. *Schwein, Eber.* — 2) *f. °सू *Sau.*

*बहुसुता f. *Asparagus racemosus.*

बहुसुवर्ण Adj. *reich an Gold.* Nom. abstr. °ता f. Rāǵat. 4,247.

बहुसुवर्णक 1) Adj. *a) viele Goldstücke besitzend.*

— b) viele Goldstücke kostend. — 2) m. N. pr. a) eines Fürsten. — b) eines Agrahâra.

*बहुसू f. s. u. *बहुसु.

*बहुसूक्त Adj. aus vielen Sûkta bestehend.

*बहुसूति Adj. oft geboren —, oft gekalbt habend.

बहुसूवरी Adj. f. viel gebärend RV. 2,32,7.

बहुस्तवावलि f. Titel einer Sammlung von Hymnen.

बहुस्पृश् Adj. Vieles berührend Çiç. 2,78.

*बहुस्रवा f. Boswellia thurifera.

*बहुस्वन m. Eule.

बहुस्वर Adj. mehr als zweisilbig TS. Prât. Nom. abstr. °त्व n. Comm.

बहुहस्तिक Adj. (f. आ) reich an Elephanten Âpast. Çr. 20,4.

बहुहिरण्य 1) Adj. (f. आ) reich an Gold Âpast. Çr. 20,4. — 2) m. ein best. Ekâha.

बहूदक 1) Adj. (f. आ) wasserreich R. 1,1,30. Ind. St. 10,302. — 2) m. a) ein der Welt entsagender Bettler, der heilige Badeörter besucht. — b) N. pr. eines Schlangenfürsten Kârand. 2,11.

बहूदन n. nach Burnouf la reunion des diverses especes d'aliments.

बहूपमा f. in der Rhetorik ein Vergleich mit vielen Dingen 249,24.

*बहूर्ज Adj. voller Saft und Kraft.

बह्रमखान m. N. pr. = بهرام خان.

*बह्लि und *बह्लिक ungenaue Schreibart für *बल्हि und बल्हिक.

बह्वक्षर Adj. vielsilbig. Nom. abstr. °त्व n. Comm. zu Âpast. Çr. 8,9,5.

बह्वग्नि Adj. (f. ई) Bez. gewisser Verse, in welchen mehrere Agni erwähnt werden.

बह्वजाविक Adj. (f. आ) reich an Ziegen und Schafen Âpast. Çr. 20,4.

*बह्वध्ययन und *बह्वध्याय Adj.

बह्वन्न Adj. speisenreich.

*बह्वप् und *बह्वप Adj. wasserreich.

बह्वपत्य 1) Adj. a) *grosse Nachkommenschaft habend. — b) gr. N. versprechend. — 2) *m. a) Schwein. — b) Maus.

बह्वपाय Adj. mit vielen Gefahren verbunden Pankat. 8,21. 25. 30,25.

बह्वभिधान n. Plural.

बह्वमित्र Adj. viele Feinde habend Spr. 4426.

बह्वर्थ Adj. viele Bedeutungen habend Ind. St. 13,325.

बह्वर्ह Adj. werthvoll (Soma) Maitr. S. 3,7,7.

बह्ववरोध Adj. viele Frauen habend Daçak. 80, 10.

बह्वश्व 1) Adj. (f. आ) reich an Rossen Âpast. Çr. 20,4. — 2) m. N. pr. eines Sohnes des Mudgala.

बह्वाज्य Adj. reich an Opferschmalz Âpast. Çr. 2,5,11.

बह्वादिन् Adj. viel essend, gefrässig.

बह्वाशिन् 1) Adj. dass. Nom. abstr. °शित्व n. — 2) m. N. pr. eines Sohnes des Dhṛtarâshṭra.

बह्वाश्चर्य und °मय Adj. viele Wunder enthaltend.

बह्वाश्रया f. N. pr. einer Kiṃnara-Jungfrau Kârand. 6,23.

बह्वीश्वर m. N. pr. eines Heiligthums. °माहात्म्य n.

बह्वृच् Adj. versreich, insbes. als Bez. des Ṛgveda.

बह्वृच 1) Adj. (f. आ) dass. — 2) m. Kenner —, Anhänger oder Vertreter des Ṛgveda. — 3) *f. ई f. zu 2).

बह्वृचपरिशिष्ट n., °ब्राह्मण (Âpast. Çr. 1,21, 16. 6,15,16) n., °ब्राह्मणपञ्चिकाभाष्य n. (Opp. Cat. 1), °ब्राह्मणभाष्य n. (ebend.), °ब्राह्मणोपनिषद् f., °चश्रुति f., °चसंध्याभाष्य n. (Opp. Cat. 1), °चाह्निक n. und °चोपनिषद् f. Titel von Werken.

बह्वेनस् Adj. der viele Sünden begangen hat M. 11,254.

बह्वैद m. ein Asket, der Werke als Nebensache und das Wissen als Hauptsache betrachtet.

बह्वौषधिक Adj. kräuterreich Çâṅkh. Grhj. 1, 28. 4,6. Richtig wäre बह्वोषधिक.

*बाक n. eine Menge von Reihern.

*बाकरुका f. eine Kranichart.

बाकायन m. Patron. von बक. Auch Pl.

बाकुर Adj. in Verbindung mit दृति m. etwa Sackpfeife, Dudelsack.

बाकुल 1) Adj. von der Mimusops Elengi kommend. — 2) *n. die Frucht der M. E.

बाडबाद[ा]डुरचन्द्र m. N. pr. eines Fürsten.

*बाड्, बाडते (आप्लाव्ये, आप्लावे).

बाडभीकार m. N. pr. eines Grammatikes TS. Prât.

*बाडेर m. ein gemietheter Arbeiter.

बाडेयीपुत्र m. N. pr. eines Lehrers Çat. Br. 14, 9,4,30.

बाढ, बाळ्ह Partic. von बंह्. Nur 1) Loc. बाळ्हे laut, stark. — 2) बाढम् Adv. gewiss, sicherlich. Gewöhnlich als Partikel der Einwilligung, Bestätigung oder Bejahung nach einer Aufforderung, Behauptung oder Frage: einverstanden, gut, so geschehe es, so ist es, ja.

बाळ्हसृत्वन् Adj. kräftig dahineilend.

1. बाण und बाण 1) m. a) Rohrpfeil, Pfeil. — b) Bez. der Zahl fünf. — c) Sinus versus Ganita, Sûrjagr. 14. — d) Ziel. — e) *ein best. Theil des Pfeils. — f) Saccharum Sara oder eine verwandte Rohrart Râǵan. 8,82. Bhâvapr. 1,209. — g) *Kuheuter. — h) * = केवल. — i) N. pr. α) eines Asura, Feindes des Vishṇu und Günstlings des Çiva. — β) eines Wesens im Gefolge Skanda's. — γ) zweier Fürsten, eines Autors (Kâd. 4,14) und anderer Männer. — 2) m. (*f. आ) eine blau blühende Barleria Râǵan. 10,137. 140. Bhâvapr. 3,98. — 3) *f. आ das hintere Ende eines Pfeils. — 4) n. a) die Blüthe von 2). — b) Körper.

2. बाण m. = वाण Musik AV. 10,2,17.

बाणगङ्गा f. N. pr. eines bei Someça vorbeifliessenden Flusses, der durch einen Pfeilschuss Râvaṇa's entstanden sein soll.

बाणगोचर m. Pfeilschussweite MBh. 1,69,20. 3, 271,28. Mâlatim. 13,4.

*बाणजित् m. Bein. Vishṇu's.

बाणता f. Nom. abstr. zu 1. बाण Pfeil.

बाणतूणी Adv. mit कर् zum Köcher machen.

बाणधि m. Köcher.

बाणनाशा f. N. pr. eines Flusses.

बाणपञ्चानन m. N. pr. eines Dichters.

बाणपथ m. Pfeilschussweite.

बाणपात m. 1) Pfeilschuss 178,19. Kathâs. 27, 2. — 2) Pfeilschussweite MBh. 5,179,12.

बाणपातपथ m. Pfeilschussweite.

*बाणपुङ्खा f. eine der Indigopflanze ähnliche Pflanze Râǵan. 4,73.

*बाणपुर n. die Stadt des Asura Bâṇa.

बाणभट्ट m. N. pr. eines Dichters.

बाणमय Adj. aus Pfeilen bestehend, durch Pfeile gebildet.

*बाणमुक्ति f. das Abschiessen eines Pfeils.

बाणमुख Adj. Pfeile im Munde habend Suparn. 23,1.

बाणयोजन n. Köcher.

बाणवत् m. 1) Pfeil. — 2) Köcher.

बाणवर्षिन् Adj. einen Regen von Pfeilen schleudernd.

बाणवार 1) m. eine Menge von Pfeilen. — 2) (*m.) n. Kürass, Jacke.

बाणसंधान n. das Auflegen des Pfeils auf den Bogen.

बाणसिद्धि f. das Treffen der Pfeile.

*बाणसुता f. Patron. der Ushâ.

*बाणहन् und *बाणारि m. Bein. Vishṇu's.

बाणावली f. eine Verbindung von fünf Çloka, durch welche ein und derselbe Satz durchgeht.

*बाणाश्रय m. Köcher.

1. बाणासन n. Bogen.

2. बाणासन n. Bogensehne.

बाणासुरवध m. Titel eines Werkes Ind. St. 14, 408.

बाणासुरविजय m. Titel eines Gedichts Opp. Cat. 1.

बाणिन् Adj. mit einem Pfeile versehen.

बाणेश्वर m. Name eines Linga.

बादक्सान Baduchshân Bhâvapr. 1,248 (Ausg. बद°).

बादर 1) Adj. a) vom Judendorn kommend Âpast. — b) *baumwollen. — c) grob (Gegensatz सूक्ष्म) Çilâñka. — 2) *m. f. (आ) die Baumwollenstaude Râǵan. 4,191. — 3) m. Pl. N. pr. eines Volkes. — 4) n. a) Brustbeere. — b) *die Beere des Abrus precatorius oder die Pflanze selbst. — c) *Seide. — d) *Wasser. — e) *eine nach rechts sich windende Muschel. — f) *= वीर (वारि?).

1. बादरायण m. Patron. N. pr. verschiedener Männer Bâdar. 3,2,41. 4,1. 4,4,12. Auch Pl.

2. बादरायण Adj. von Bâdarâjaṇa verfasst.

बादरायणि m. Patron. von 1. बादरायण.

बादरि m. Patron. von बदर Bâdar. 3,1,11. 4,4,10.

*बादरिक Adj. der sich mit dem Einsammeln von Brustbeeren abgiebt.

*बादाम m. بادام, Mandelbaum Mat. med. 293.

1. बाध्, बाधते (metrisch auch Act.), Partic. बाधित. 1) drängen, verdrängen, vertreiben, verjagen. — 2) auseinander drängen. — 3) bedrängen, hemmen, Jmd zu Leibe gehen, beeinträchtigen, bedrücken, belästigen, beunruhigen, plagen; Beschwerde —, zu schaffen machen, quälen (von Seiten eines leblosen Dinges). Das Object einmal im Gen. statt im Acc. Pass. बाध्यते leiden. — 4) Etwas beeinträchtigen, Einfluss ausüben —, einwirken auf. — 5) verdrängen, so v. a. aufheben, beseitigen, nichtig machen. बाधित auch so v. a. absurd. — 6) Druck oder Beschwerde empfinden. — Caus. बाधयति bedrängen, belästigen, peinigen, bekämpfen. — Desid. बीभत्सते (sich loszumachen zu suchen; nach P. 3,1,6 von बध् = वध्) Abneigung empfinden, Ekel zeigen, sich scheuen vor (Abl.). बीभत्सित widerlich, eklig. — Intens. (बाबधे, बद्बधे) in die Enge treiben, einschränken; zusammensperren. बद्बधान in die Enge getrieben, eingegränzt, eingeschlossen; anstossend an (Acc.). — Mit अति sehr grosse Beschwerde machen, grosse Pein verursachen; mit Acc. oder Gen. — Mit अधि Jmd belästigen, Jmd zu Leibe gehen. — Mit अनु belästigen, quälen, martern. — Mit अप 1) wegdrücken. — 2) verdrängen, vertreiben, verjagen. — Caus. vertreiben, verjagen. — Desid. Ekel empfinden vor (Abl.). — Mit अभि 1) feindlich auf Jmd eindringen. — 2) hemmen. — 3) beunruhigen, quälen, Sorgen verursachen. — Mit अव abhalten. — Mit आ 1) andrängen. — 2) bedrängen, peinigen, quälen. — 3) für nichtig —, für falsch erklären. — Mit उद् hervor —, herausdringen. — Mit उप in अनुपबाधं. — Mit नि niederdrücken, eingränzen, beengen, bedrängen. — Mit निस् abhalten. — Mit परि 1) fern halten, abhalten, ausschliessen von (Abl.), verhindern an (Gen.). — 2) schützen vor (Abl.). — 3) belästigen, beunruhigen, peinigen. — Desid. परि बिबाधिषते abzuhalten —, fernzuhalten bestrebt sein. — Mit प्र 1) vorwärts drängen, treiben; fördern. — 2) zurückschlagen, abwehren, vertreiben. — 3) Jmd bedrängen, bedrücken, beunruhigen, hart zusetzen, peinigen. — 4) Etwas beeinträchtigen. — 5) aufheben, beseitigen. — Intens. प्रबाबधान voraneilend, überholend. — Mit संप्र 1) zurückschlagen, bekämpfen. — 2) Leiden verursachen, quälen. — Mit प्रति 1) zurückschlagen, von sich abwehren, abweisen, bekämpfen. — 2) hemmen. — 3) belästigen, quälen. — Mit वि 1) auseinander drängen, — treiben; vertreiben, verjagen. — 2) belästigen, peinigen, quälen. — 3) Etwas beeinträchtigen. — Intens. entlassen, frei machen. — Mit सम् 1) zusammendrücken, beengen. — 2) zusammendrängen, festbinden. — 3) peinigen, quälen.

2. बाध् f. RV. 8,45,10. 9,105,6 fälschlich vom vorangehenden परि getrennt.

1. बाध 1) m. a) Peiniger, Plagegeist. — b) Hemmung, Widerstand, Bedrängniss. — 2) m. f. (आ) a) Pein, Schmerz, Beschwerde, Leiden, Belästigung, — von Seiten von (Abl. oder im Comp. vorangehend). — b) Beeinträchtigung, Schädigung, Benachtheiligung. — c) Aufhebung, Beseitigung, Nichtigmachung. — d) Widerspruch, Absurdität.

2. बाध m. etwa Drang. Nach den Erklärern = बल, बाधक, बाधन.

1. बाधक 1) Adj. (f. बाधिका) a) belästigend, beunruhigend, peinigend. — b) beeinträchtigend. — c) aufhebend, beseitigend, zu Nichte machend Sarvad. 159,16. — 2) m. a) eine best. Frauenkrankheit. — b) ein best. Baum Gobh. 1,5,15.

2. बाधक Adj. (f. ई) aus dem Baume 1. बाधक 2) b) gemacht, davon kommend.

बाधकत्व n. Nom. abstr. zu 1) बाधक 1) c.

बाधकमय Adj. (f. ई) = 2. बाधक.

बाधचिन्तामणि m. Titel eines Werkes.

बाधता f. desgl. Opp. Cat. 1.

बाधन 1) Adj. bedrängend, belästigend, bekämpfend. — 2) f. आ Unbehaglichkeit. Beschwerde. — 3) n. a) das Bedrängen, Belästigen, Peinigen. Auch Pl. — b) das Entfernen, Beseitigen, Aufheben. — c) Hinderniss für (Dat.) Spr. 7491 (Conj.).

बाधनीय Adj. zu beseitigen Comm. zu Njâjam. 9,3,7.

बाधबुद्धिप्रतिबन्धकताविचार m., बाधबुद्धिवाद m. (Opp. Cat. 1), °वादार्थ m., बाधविभक्ति (Opp. Cat. 1), बाधरहस्य n. und बाधसिद्धान्त m. Titel von Werken.

बाधान्त Titel eines Werkes Opp. Cat. 1,3919. Richtig wohl बाधता, wie der Index hat.

बाधितत्व n. das Aufgehobensein, Beseitigtsein.

बाधितर् Nom. ag. Bedränger, Belästiger, Peiniger Bâlar. 32,20.

बाधितव्य Adj. 1) zu bedrängen, zu belästigen, zu peinigen. — 2) aufzuheben, zu beseitigen.

*बाधिरक Adj. von बधिर.

*बाधिरिक m. Metron. von बधिरिका.

बाधिर्य n. Taubheit.

बाध्य Adj. 1) zu bedrängen, zu belästigen, zu peinigen, der belästigt —, gepeinigt wird, sich peinigen lassend von (im Comp. vorangehend). — 2) was unterdrückt —, was gehemmt wird. — 3) aufzuheben, zu beseitigen, aufgehoben —, beseitigt werdend. Nom. abstr. °त्व n. Kap. 5,18. — 4) Âpast. 2,26,18. 28,10 fehlerhaft für वाद्य, Ait. Âr. 346,8 für बाध.

बाध्यबाधकता f. 1) der Zustand dessen, der gepeinigt wird, und dessen, der da peinigt, Bhâg. P. 10,4,22. — 2) der Zustand dessen, der zu Peinigende peinigt Bhâg. P. 7,1,6.

बाध्यमानत्व n. das Aufgehobenwerden, Beseitigtwerden, Widerlegtwerden.

बाध्योग und *बाध्यौग (Kâç. zu P. 7,3,20) m. Patron. von बध्योग.

*बाध्योगायन m. Patron. von बध्योग.

बाध्व m. Patron. N. pr. eines Rshi Ait. Âr. 346, 8 (बाध्य gedr.).

*बान्धकि m. Patron. oder Metron.

*बान्धकिनेय und *बान्धकेय m. der Sohn eines liederlichen Weibes, Hurensohn.

बान्धव 1) m. (adj. Comp. f. आ) a) ein Angehöriger, Verwandter, insbes. mütterlicherseits. मद्रेक°

Adj. *einzig nur mich zum Angehörigen habend;* davon Nom. abstr. °ता f. Kândak. 65,1. — *b) Freund* Spr. 7658. — 2) f. ई *eine Verwandte.*

बान्धवक Adj. *verwandtschaftlich.*

बान्धव्य n. *verwandtschaftliches Verhältniss.*

बान्धुक Adj. *vom Baum* Bandhuka *kommend.* मान्धुक st. dessen Âpast. Çr. 17,14.

*बान्धुकिनेय m. Metron. von बन्धुकी.

*बान्धुक्य n. *Heirath* Gâl.

*बान्धुपत Adj. (f. ई) von बन्धुपति.

बाप्यदेव m. N. pr. eines Steinschneiders.

बाबजीव्यास m. N. pr. eines Autors.

बाबेरी f. N. pr. einer Stadt.

बाभ्रव 1) m. Patron. von बभ्रु. *बाभ्रवदानच्युताः, *बाभ्रवशालङ्कायनाः, कापिलेयबाभ्रवाः (25,6) und *शणकबाभ्रवाः. — 2) *f. ई Bein. der Durgâ. — 3) n. Name verschiedener Sâman Ârsh. Br.

बाभ्रवायणि m. (Patron. von बभ्रु) N. pr. eines Sohnes des Viçvâmitra.

बाभ्रवीय 1) Adj. von बाभ्रव्य. — 2) m. Pl. *die Schüler des* Bâbhravja.

बाभ्रव्य (Patron. von बभ्रु) N. pr. 1) m. verschiedener Männer 291,17. 323,13. °शाण्डिलाः. — 2) f. आ einer Frau.

*बाभ्रव्यक Adj. *von* Bâbhravja's *bewohnt.*

*बाभ्रव्यायणी f. zu बाभ्रव्य 1).

*बाभ्रुक Adj. *ichneumonartig* d. i. *wohl braun, bräunlich.*

बार *Oeffnung* in त्रिल्बं° und नीचीन°.

बारहट m. Bein. Naraharadâsa's.

बार्हद्रथ m. N. pr. = बार्हद्रथ.

*बार्बरीट m. 1) *der Kern der Mangofrucht.* — 2) *ein junger Schoss.* — 3) *Zinn.* — 4) *Hurensohn.*

बार्ह Adj. *aus den Schwanzfedern eines Pfaues gemacht.*

बार्हत 1) Adj. (f. ई) *a) zum* Sâman Bṛhat *in Beziehung stehend.* — *b) zum Metrum* Bṛhatî *in Beziehung stehend.* — 2) m. Pl. nach Sâj. *die* Soma-*Wächter* ṚV. 10,85,4. — 3) *n. *die Frucht der* बृहती *(ein Solanum).*

बार्हतक m. N. pr. eines Mannes.

बार्हतानुष्टुभ Adj. *aus einer* Bṛhatî *und einer* Anushṭubh *gebildet.*

बार्हत्सामा f. N. pr. oder Bez. eines best. Weibes AV.

*बार्हदग्न Adj. von बृहदग्नि.

बार्हदीषव (metrisch) m. Patron. von Bṛhadishu. Auch Pl.

बार्हदुक्थ 1) m. Patron. von Bṛhaduktha. — 2) n. Name verschiedener Sâman Ârsh. Br.

बार्हद्गिर n. Name verschiedener Sâman Ârsh. Br.

बार्हद्दैवत n. Titel eines Werkes, = बृहद्देवता.

बार्हद्बल Adj. *zu* Bṛhadbala *in Beziehung stehend.*

बार्हद्रथ 1) Adj. *zu* Bṛhadratha *in Beziehung stehend.* — 2) m. Patron. *des* Ǵarâsaṁdha. Auch Pl.

*बार्हद्रथि m. = बार्हद्रथ 2).

*बार्हवत Adj. *das Wort* बर्हवत् *enthaltend.*

बार्हस्पत Adj. (f. ई) *zu* Bṛhaspati *in Beziehung stehend, von ihm stammend* u. s. w.

बार्हस्पत्य 1) Adj. dess. भ n. oder नक्षत्र n. *das Mondhaus* Pushja. — 2) m. *a)* Patron. von Bṛhaspati. Auch Pl. Çâṅkh. Gṛhj. 2,14. — *b) ein Schüler* Bṛhaspati's. — *c) ein Ungläubiger.* — 3) n. *a) das* Arthaçâstra Bṛhaspati's. — *b)* Name verschiedener Sâman Ârsh. Br. Vishnus. 56,17.

बार्हस्पत्यमुहूर्तविधान n. und °पत्यसूत्र n. Titel zweier Werke Opp. Cat. 1.

बार्हिणलक्ष्मण Adj. R. 3,8,4 wohl fehlerhaft für बर्हिणलक्षण. Die ed. Bomb. 3,3,12 hat st. dessen बर्हिणवाससम्.

बार्हिषद oder बार्हिःषद m. Patron. von बर्हिषद् oder बर्हिःषद्. Auch Pl.

बॅाल् Interj. *patsch!*

1. बाल 1) Adj. (f. आ) *a) jung, kindlich, unausgewachsen* (von allem Organischen), *vor Kurzem aufgegangen* (Sonne), *eben begonnen, zunehmend* (Mond). — *b) unreifen Verstandes, einfältig.* — 2) m. *a) Kind, Knabe.* — *b) Thor, Einfaltspinsel.* — *c) *ein fünfjähriger Elephant.* — *d) *Cyprinus denticulatus* oder *Rohita* Râǵan. 17,56. — *e)* N. pr. *α)* eines Rakshas VP.² 2,293. — *β)* eines Fürsten. — 3) f. आ *a) Mädchen, junge Frau.* — *b) eine einjährige Kuh.* — *c) *kleine Kardamomen* Râǵan. 6,87. — *d) *Aloe indica* Râǵan. 4,79. — *e) ein best. Metrum.* — *f) ein best. mystisches Gebet.* — *g)* N. pr. der Mutter der Affen Vâlin und Sugrîva.

2. *बाल n. Nom. abstr. zu 1. बाल.

3. बॅाल m. = वॅाल *Schweifhaar, Rosshaar* AV. 10, 8,25 u. s. w.

बालक 1) Adj. (f. °लिका) *jung, kindlich, unausgewachsen.* — 2) m. *a) Kind, Knabe, Thierjunges.* — *b) *Thor, Narr.* — *c) ein fünfjähriger Elephant.* — *d) *ein best. Fisch* Râǵan. 17,52. — *e)* N. pr. eines Fürsten. — 2) f. °लिका *Mädchen.*

*बालकप्रिया f. 1) *die Koloquinthengurke* Râǵan. 3,58. — 2) *Musa sapientum* Râǵan. 11,51.

बालकाण्ड n. Titel des 1ten Buches im Râmâjaṇa und Adhjâtmarâmâjaṇa, das über Râma als *Knaben* handelt.

बालकाव्य n. Titel eines *Gedichts* Opp. Cat. 1.

बालकृष्ण m. 1) *der Knabe* Kṛshṇa. — 2) N. pr. verschiedener Männer. Auch °भट्ट und °कृष्णानन्द.

बालकेलि oder °केली f. *Kinderspiel* Daçak. 7,13.

बालक्रिया f. *das Treiben der Kinder.*

बालक्रीडन n. *Kinderspiel.*

बालक्रीडनक 1) m. *a) Kinderspielzeug.* — *b) *Spielball.* — *c) *Cypraea moneta, Otterköpfchen* Râǵan. 13,126. — *d)* Bein. Çiva's. — 2) n. *Kinderspiel.*

बालक्रीडा f. *Kinderspiel.*

बालक्रीडाकाव्य n. Titel eines *Gedichts.*

*बालगर्भिणी f. *eine zum ersten Mal trächtige Kuh.*

बालगोपाल m. Kṛshṇa *als jugendlicher Kuhhirt.*

बालगोपालतीर्थ und °पालयतीन्द्र m. N. pr. zweier Gelehrten.

बालग्रह m. *ein den Kindern gefährlicher Krankheitsdämon* Agni-P. 31,31.

बालघ्न m. *Kindesmörder* M. 11,190. Vgl. बालहन्.

बालचन्द्र 1) m. *der zunehmende Mond.* — 2) n. *eine Bresche von best. Form* Mṛkkh. 47,11.

बालचन्द्रिका f. N. pr. eines Frauenzimmers.

बालचरित n. *die Jugendgeschichte* eines Gottes u. s. w.

*बालचर्य m. Bein. Skanda's.

बालचर्या f. *das Treiben eines Kindes.*

*बालचातुर्भद्रिका f. *eine best. Mixtur für Kinder* Mat. med. 102.

बालचिकित्सा f. Titel eines Werkes Opp. Cat. 1.

*बालतनय m. *Acacia Catechu.*

बालतन्त्र n. *die Pflege der Kinder und Geburtshilfe, ein darüber handelndes Werk* Hemâdri 1, 513,8.

बालता f. und बालत्व n. *Kindheit, Kindesalter.*

बालदर्शम् Absol. *beim Anblick eines Knaben* Kathâs. 24,216.

*बालदलक m. *Acacia Catechu.*

बालदेव m. Patron. (Mahâbh. 4,54,a) und N. pr. eines Mannes.

बालन्दन m. Patron. des Vatsaprî. Vgl. भालन्दन.

बालपण्डित m. N. pr. eines Mannes.

बालपत्त्र m. *ein best. Baum* Spr. 7280. Nach den Lexicographen *Acacia Catechu* (Dhanv. 1,8) und *Hedysarum Alhagi* (Râǵan. 4,44).

*बालपत्त्रक m. *Acacia Catechu* Dhanv. 1,5.

बालपाठ m. Titel eines Werkes Opp. Cat. 1.

बालपुत्र Adj. (f. आ) *kleine Kinder —, ein Junges habend.*

बालपुत्रक m. *Söhnchen.*

*बालपुष्पिका und *°पुष्पी f. *Jasminum auriculatum* Râǵan. 10,97.

बालप्रमथनी f. *eine best.* Çakti Hemâdri 1,611, 6 (°प्रथमनी gedr.).

बालबन्धन m. *ein best. Krankheitsdämon.*

बालबोध m. Titel verschiedener Werke.

बालबोधक Adj. *Knaben* oder *Unerfahrene aufklärend.*

बालबोधनी f. Titel eines Werkes.

बालबोधिनी f. Titel verschiedener Werke. °न्यास m. (Bühler, Rep. No. 300) und °भावप्रकाशिका f. desgl.

बालभञ्जक m. N. pr. eines Mannes.

*बालभद्रक m. *ein best. Gift* (!).

बालभारत n. Titel eines Epos und einer Komödie.

बालभाव m. 1) *Kindheit.* — 2) *das noch nicht hoch über dem Horizonte Stehen* (eines Planeten).

बालभृत्य m. *ein Diener von der Kinderzeit her.*

*बालभैषज्य n. *ein aus Messingschlacke zubereitetes Collyrium* Râǵan. 13,94.

*बालभोज्य m. *Erbsen* Râǵan. 16,46.

बालमति Adj. *einen kindischen Verstand habend.*

बालमनोरमा f. Titel verschiedener Grammatiken Opp. Cat. 1.

*बालमूल m. *junger Rettig.*

बालमूलक 1) m. *eine best. Pflanze.* — 2) f. °लिका *Hibiscus cannabinus* Bhâvapr. 1,174. — Vielleicht वाल° zu schreiben.

*बालमूषिका f. *Maus.*

1. बालंभट्ट m. N. pr. verschiedener Männer.

2. बालंभट्ट Adj. (f. ई) *von* Bâlambhaṭṭa *verfasst.*

*बालयज्ञोपवीतक n. *die über die Brust getragene Opferschnur.*

बालरामभरत Titel eines Werkes Opp. Cat. 1.

बालरामायण n. Titel eines Schauspiels.

बालरूप Titel eines Werkes.

बालरोग m. *Kinderkrankheit.*

बाललीला f. *Kinderspiel.*

*बालवाह्य m. *eine wilde Ziege.*

बालविनष्ट und °क m. N. pr. eines Mannes.

बालविनोदिनी f. Titel eines Werkes Hall in der Vorrede zu Vâsav. 7.

बालवैधव्य n. *Wittwenstand im Kindesalter* 168,20.

*बालव्रत m. Bein. Mańǵuçrî's.

बालशर्मन् m. N. pr. eines Mannes.

बालशृङ्ग Adj. *junge Hörner habend.*

बालसखि m. 1) *Jugendfreund.* — 2) *eines Thoren Freund.* Nom. abstr. °त्व n. *Freundschaft mit Thoren* Spr. 4434.

बालसरस्वती m. N. pr. eines Autors. °तीय n. Titel seines Werkes Opp. Cat. 1.

*बालसात्म्य n. *Milch.*

बालसारपत्त्र n. Titel eines Werkes Opp. Cat. 1.

बालसिंह m. N. pr. eines Mannes.

बालसुहृद् m. *Jugendfreund.*

*बालसूर्य und *°क m. *Lasurstein.*

बालहन् Adj. (f. °घ्नी) *Kinder tödtend* Bhâg. P. 10,11,23.

बालाकि m. Metron. von बलाका.

बालाक्या f. N. pr. in कौशयीबालाक्यामाठरीपुत्र.

*बालाग्र n. *Taubenschlag* Comm. zu Mṛkkh. 21, 21. Richtig wohl वालाग्र.

बालातप m. *der Schein der eben aufgegangenen Sonne.* Auch Pl.

बालादित्य m. 1) *die vor Kurzem aufgegangene Sonne.* — 2) N. pr. zweier Fürsten.

बालाध्यापक m. *Knabenlehrer.* Nom. abstr. °ता f.

बालानुचरगुप्त (MBh. 12,10384) und °गोप्त (MBh. 12,284,110) m. Bein. Çiva's.

बालामय m. *Kinderkrankheit.*

बालायनि m. Metron. N. pr. eines Lehrers.

बालारिष्ट Titel eines Mantra Opp. Cat. 1.

बालालोकसंतेप m. Titel eines Werkes Bühler, Rep. No. 301.

बालावबोध m. Titel eines Werkes. °पद्धति f. eines *Commentars* dazu.

बालावबोधन n. *Belehrung der Kinder, — der Einfältigen* Ind. St. 15,6.

बालासुर m. N. pr. eines Asura. Vielleicht बाणासुर zu lesen.

बालाह्क m. N. pr. eines Schlangendämons. युद्धे °जम्बुमाले *im Kampfe zwischen* B. *und* Ǵambumâla.

*बालिमन् m. *Kindheit, Unreife.*

1. बालिश 1) Adj. (f. आ) *jung, kindisch, dumm, einfältig.* — 2) m. *Thor, Schwachkopf.*

2. *बालिश n. = بالش *Kissen, Polster.*

बालिशता f., बालिशत्व n. und बालिश्य n. *Einfältigkeit, Thorheit.*

*बालीवर्दिनेय m. Patron. von बलीवर्दिन् und Metron. von बलीवर्दी (vgl. Vop. 7,7).

*बालीश m. *Urinverhaltung.*

बालुवाहिनी f. N. pr. eines Flusses VP.[2] 2,155.

बालेय 1) Adj. *a) zu einer Huldigungsgabe* (बलि) *sich eignend.* — *b)* *weich, zart. — *c)* *für *Knaben* (बाल) *geeignet.* — *d) von* Bali *stammend.* — 2) m. *a) Esel* Varâh. Bṛh. S. 86,26. 88,5. वालेय geschr. — *b) eine Cyperus-Art* Bhâvapr. 1,194. — *c)* *eine best. Gemüsepflanze*, = अङ्गारवल्ली. — *d)* *eine Art Rettig.* Richtig शालेय. — *e)* Patron. von Bali Kâtj. Çr. 10,2,21 (वालेय). Pl. VP.[2] 4,123. — *f)* *N. pr. eines Daitja.

*बालेयशाक m. *eine best. Gemüsepflanze*, = अङ्गारवल्ली.

*बालेयार्धिक Adj. Mahâbh. 4,76,*b*.

*बालेश्वर (Conj.) m. N. pr. eines Mannes.

*बालेष्ट m. *Judendorn* Râǵan. 11,139.

*बालोक (!) m. N. pr. eines Autors.

बालोपचरण n. *ärztliche Behandlung der Kinder.*

बालोपचरणीय Adj. *auf die ärztliche Behandlung der Kinder bezüglich.*

बालोपचार m. = बालोपचरण.

*बालोपवीत n. = बालयज्ञोपवीतक.

बाल्बज Adj. (f. ई) *aus dem* Balbaǵa *genannten Grase verfertigt.* MBh. ed. Bomb schreibt बाल्वज.

*बाल्बजभारिक Adj. *eine Last* Balbaǵa-*Gras tragend u. s. w.*

*बाल्बजिक Adj. Balbaǵa-*Gras tragend.*

बाल्य oder बाल्यं n. 1) *Kindheit, Kindesalter.* Vom Monde gesagt so v. a. *die Zeit seines Zunehmens.* — 2) *kindisches Wesen, Unreife des Geistes, kindisches Verfahren, Thorheit, Unbesonnenheit.*

बाल्यता f. = बाल्य 1).

बाल्वज Adj. (f. ई) = बाल्बज MBh. 13,23,40. Ebenso zu lesen bei Nilak. zu 13,94,15 st. बल्वज.

*बाल्हक (*बाह्लक) n. AK. fehlerhaft für बाल्हिक, wie ed. Bomb. 1877 liest.

बाल्हव m. *ein Mann aus Balkh;* f. ई Bâlar. 128,21 (बाह्लवी gedr.).

*बाल्हायन (वाह्लायन) Adj. (f. ई) von बाल्हि (बाह्लि) Mahâbh. 4,71,*b*.

बाल्हि, बाह्लि, वाह्लि (auch ed. Bomb. hier

und da) N. pr. eines Landes, *Balkh*. °ज und °जात Adj. *daher stammend* (Pferde).

1. बाल्हिक, बाह्लिक m. *a*) Pl. N. pr. eines Volkes. — *b*) *ein Fürst dieses Volkes.* — *c*) N. pr. eines Sohnes des Pratîpa. — *d*) Pl. N. pr. einer Dynastie.

2. बाल्हिक, बाह्लिक 1) Adj. *aus Balkh stammend* (Pferde). — 2) *n. *a*) *Saffran.* — *b*) *Asa foetida.*

1. बाल्हीक, बाह्लीक, वाह्लीक (auch ed. Bomb.) 1) m. *a*) Pl. N. pr. eines Volkes R. ed. Bomb. 2,68,18. — *b*) *ein Fürst dieses Volkes.* — *c*) N. pr. α) eines Gandharva. — β) verschiedener Männer. — 2) f. ई *eine Prinzessin* oder *Frau der* Bâlhika Bâlar. 130,10. — Wird oft mit बाह्लीक, वाह्लीक verwechselt.

2. बाल्हीक, बाह्लीक 1) Adj. (f. ई) *zum Volke der* Bâlhika *gehörend, daher stammend.* — 2) n. *a*) *Saffran.* — *b*) **Asa foetida* Râǵan. 6,75.

बात्रादेव m. N. pr. eines Autors.

बावाशास्त्रिन् m. desgl.

बावेरुजातक n. Titel eines Werkes Weber, Lit. 3.

*बाष्कय Adj. von बष्कय.

1. बाष्कल m. 1) N. pr. *a*) eines Daitja. — *b*) eines Lehrers. — *c*) Pl. eines zu den Kauçika gezählten Geschlechts. — 2) **Krieger.*

2. बाष्कल 1) Adj. *a*) *von* 1) *b*) *herrührend.* — *b*) **weit, gross.* — 2) m. Pl. *die Schüler von* 1. बाष्कल 1) *b*).

*बाष्कलक Adj. *von* 2. बाष्कल 2) *herrührend.*

बाष्कलि m. Patron. N. pr. eines Lehrers.

बाष्कलोपनिषद् f. Titel einer Upanishad.

बाष्किह m. Patron. von Bashkiha.

बाष्प 1) m. (adj. Comp. f. आ) *a*) Sg. *Thränen.* — *b*) *Dampf* 86,15. 31. — *c*) *ein best. Gemüse.* — *d*) **Eisen.* — *e*) N. pr. eines Schülers des Çâkjamuni. — 2) *f. ई *eine best. Pflanze,* = हिङ्गुपत्री Râǵan. 6,72.

बाष्पक 1) am Ende eines adj. Comp. (f. आ!) *Dampf.* — 2) m. *ein best. Gemüse.* — 3) *f. आ (!) = हिङ्गुपत्री. — 4) f. बाष्पिका *ein best. Gemüse.*

बाष्पमोक्ष m. *Thränenvergiessung* 319,12.

बाष्पसलिल n. Pl. *Thränen* 319,6. Venîs. 46.

बाष्पाम्बु n. dass. 304,14.

बाष्पाय्, °यते 1) *Thränen vergiessen* Harshać. 134,4. — 2) **Dampf von sich geben, dampfen.* — Mit अति *Thränen in Uebermaass vergiessen* Mahâvîrać. 36,10.

°बाष्पिन् Adj. — *als Thränen entlassend.*

*बाष्पीका f. *eine best. Pflanze,* = हिङ्गुपत्री.

बाष्पोत्पीड m. (Harshać. 134,11) s. u. उत्पीड 2).

बास m. N. pr. Kathâs. 45,379 fehlerhaft für भास.

बास्कल Hariv. 2288. 14290 fehlerhaft für बाष्कल.

बास्त Adj *vom Bock kommend.*

*बास्तायन m. Patron. von बस्त.

*बास्प fehlerhaft für बाष्प.

*बाह m. und *बाहा f. *Arm.*

बाहट m. N. pr. eines Autors. °निघण्टु m. Opp. Cat. 1.

बाहटीय n. *ein von* Bâhaṭa *verfasstes Werk* Opp. Cat. 1.

बाहड m. N. pr. eines Mannes.

बाहडुर m. wohl nur fehlerhaft für बाहादुर.

बाहल्य (Conj.) n. *Dicke, Umfänglichkeit.*

1. बाहव m. *Arm.*

2.*बाहव n. Nom. abstr. von बहु.

बाहवि m. Patron. (von बाहु) N. pr. eines Lehrers.

बाहादुर m. als Beiw. von neuerer Zeit so v. a. *Held* (بهاتور, [illegible], богатырь).

*बाहाबाहवि Adv. *Arm gegen Arm, im Handgemenge.*

बाहिर्वैदिक Adj. (f. ई) *ausserhalb der* Vedi *liegend, — vorsichgehend.*

बाहीक, वाहीक (so MBh. ed. Bomb.) 1) *Adj. *a*) *ausserhalb befindlich.* — *b*) *zum Volke* Bâhîka *in Beziehung stehend.* — 2) m. *a*) Pl. N. pr. eines verachteten Volkes. — *b*) *Einer aus dem Volke der* Vâhîka MBh. 8,44,17. — *c*) **Ochs.* — *d*) N. pr. eines Priesters. — 3) n. N. pr. eines Wassers im Lande der Vâhîka. — Oefters mit बाल्हिक, बाह्लीक verwechselt.

बाहु 1) m. (*f.) *a*) *Arm,* in engerer Bed. *Vorderarm;* in der Medicin *die ganze obere Extremität.* — *b*) als *Längenmaass* = 12 Aṅgula Çulbas. 1,14. — *c*) beim Thier *Vorderfuss,* insbes. *der obere Theil desselben.* — *d*) *Arm des Bogens.* — *e*) *Arm der Wagendeichsel.* — *f*) *Pfosten* einer Thür. — *g*) *Seite einer geometrischen Figur,* insbes. *Kathete.* — *h*) *the sine of an arc of a circle of position contained between the Sun and the Prime Vertical.* — *i*) *der Schatten eines Sonnenzeigers.* — *k*) Sg. und Pl. *das Mondhaus* Ârdrâ. — 2) m. N. pr. eines Daitja. — *b*) verschiedener Fürsten.

बाहुक् in प्रबाहुक्.

बाहुक 1) am Ende eines adj. Comp. = बाहु *Arm.* — 2) Adj. (*f. आ) *a*) *zwerghaft.* — *b*) *(mit *den Armen) schwimmend.* — *c*) **dienstbar, abhängig.* — 3) m. *a*) **Affe.* — *b*) N. pr. α) eines Schlangendämons. — β) verschiedener Fürsten. — γ) der Name, den Nala als Wagenlenker Ṛtuparṇa's führte. — 4) *f. आ N. pr. eines Flusses. — — In der Med. werden dem Worte die Bedeutungen von बहुक gegeben.

*बाहुकर Adj. *mit den Armen arbeitend.*

*बाहुकीट Adj. von बहुकीट.

*बाहुकुण्ठ Adj. *lahm an den Armen.*

*बाहुकुन्थ m. *Flügel.*

*बाहुकुब्ज Adj. *lahm an den Armen.*

*बाहुकुलेयक m. Patron. von बहुकुल.

बाहुक्षद Adj. *die Vorderbeine eines Thieres* (also *schlechte Stücke*) *vorlegend,* zur Bez. eines kargen Opferers.

*बाहुगर्त und *°क (Kâç. zu P. 4,2,126) Adj. von बहुगर्त.

बाहुगुण्य n. *das Darbieten von grossen Vortheilen.*

*बाहुचाप m. *Faden, das Maass der ausgestreckten Arme.*

बाहुच्छिन्न Adj. *einen zerbrochenen Arm habend* Kaush. Up. 3,3.

बाहुच्युत् AV. wohl verdorben.

बाहुच्युत Adj. *vom Arm* oder *von der Hand gefallen, — abgeträufelt.*

*बाहुज m. 1) *ein* Kshatrija. — 2) *Papagei.* — 3) *wild wachsender Sesam.*

बाहुजन्य 1) Adj. *unter vielen Menschen verbreitet.* — 2) *n. (Conj.) *Volksmenge.*

बाहुजूत Adj. *flink mit den Armen.*

बाहुज्या f. *Sinus.*

बाहुतरण n. *das Hinüberschwimmen über einen Fluss* Gaut. 9,32.

बाहुता Adv. *auf den Armen, in ulnis.*

*बाहुत्राण n. *Armschiene.*

बाहुदण्ड m. *ein langer Arm.*

बाहुदन्तक Adj. शास्त्र n. Bez. eines von Indra verkürzten *Lehrbuchs* der Gerechtigkeitspflege.

बाहुदन्तिन् m. Bein. Indra's. °दन्तिपुत्र m. Indra's *Sohn* als Verfasser eines Tantra.

*बाहुदन्तेय m. Bein. Indra's.

बाहुदा f. 1) Bein. der Sujaçâ, einer Gemahlin des Parîkshit. — 2) N. pr. zweier Flüsse VP.². In den einen wurde Gaurî, Prasenaǵit's Gemahlin, verwandelt.

बाहुपाश m. 1) *die Arme als Fessel, die umschlingenden Arme* 176,1. 316,9. — 2) *eine best. Stellung bei Kämpfenden.*

बाहुप्रसार m. *die Ausstreckung der Arme* Bhâg. P. 10,29,46.

बाहुफल n. *the result from the base-sine.*

बाहुबन्धन n. (adj. Comp. f. आ) = बाहुपाश 1) Ragh. 19,29. Kumâras. 5,57.

1. बाहुबल n. *die Kraft —, die Wucht der Arme.*

2. बाहुबल m. N. pr. eines Fürsten.

बाहुबलि m. N. pr. eines Berges.

बाहुबलिन् Adj. *armstark.*

बाहुबाण m Patron. des Fürsten Hammîra.

बाहुबाध m. Pl. N. pr. eines Volkes. बहुवाद्य v. l.

*बाहुभाष्य n. *Geschwätzigkeit.*

*बाहुभूषा f. *ein Schmuck auf dem Oberarm.*

*बाहुभेदिन् m. Bein. Vishṇu's.

बाहुमध्य Adj. *durch die Arme der mittlere.* कर्माणि so v. a. *die Werke der Arme stehen in der Mitte* 180,7.

बाहुमन्त् 1) Adj. *mit kräftigen Armen versehen.* — 2) f. °मती N. pr. eines Flusses.

1. बाहुमात्र n. *eine Entfernung von einer Armeslänge* TS. 6,2,11,1.

2. बाहुमात्र Adj. (f. ई) *armeslang* TS. 6,2,11,1.

*बाहुमित्रायण m. Patron. von बहुमित्र.

बाहुमूल n. *Achsel.* *°विभूषण n. *ein auf der A. getragener Schmuck.*

बाहुयुद्ध n. *Handgemenge, Faustkampf.*

बाहुयोध und °योधिन् m. *Faustkämpfer.*

*बाहुरूप्य n. Nom. abstr. von बहुरूप.

बाहुल 1) *Adj. von बहुल. — 2) m. a) **der Monat* Kârttika. — b) **Feuer.* — c) **ein* Ġina Gal. — d) N. pr. verschiedener Männer VP.². — 3) n. a) *Nom. abstr. von बहुल. — b) **Armschiene* (von बाहु). — c) N. pr. einer Oertlichkeit.

बाहुलक n. *Vielfältigkeit.* Abl. so v. a. *in Folge des Gewährens eines weiten Spielraums.*

*बाहुलग्रीव m. *Pfau.*

बाहुलता f. *die als Ranken gedachten Arme* 251,12.

बाहुलतान्तर n. *Brustkasten, Brustbein.*

बाहुलतिका f. = बाहुलता.

*बाहुलेय m. Metron. Skanda's.

बाहुल्य n. 1) *reichliches Vorhandensein, Vielheit, Menge.* — 2) *der gewöhnliche Hergang der Dinge, Herkömmlichkeit.* द्व्यङ्गुल° Adj. *gewöhnlich zwei* Aṅgula *messend.* Abl. *meistentheils, gewöhnlich, aller Wahrscheinlichkeit nach.*

बाहुवत् m. N. pr. eines Mannes VP.² 4,98.

*बाहुवर्तक Adj. von बहुवर्त. v. l. *बाहुगर्तक.

*बाहुवार m. = बहुवार.

बाहुविक्षेप m. *Bewegung der Arme* MBh. 4,40,3.

बाहुविघट्टन und °विघट्टित n. *eine best. Art zu ringen* VP.² 5,37.

बाहुविद्ध m. Patron.

1. बाहुवीर्य, °वीर्य्य n. *Stärke der Arme.*

2. बाहुवीर्य Adj. *stark von Arm* Tâṇḍja-Br. 6,1,8.

बाहुवृक्त m. N. pr. eines Mannes.

*बाहुव्यायाम m. *Anstrengung der Arme, Gymnastik.*

बाहुशक्ति m. N. pr. eines Fürsten.

बाहुशर्धिन् Adj. *auf seine Arme trotzend.*

बाहुशाल Adj. *aus Euphorbia antiquorum bereitet* Bhâvapr. 4,15.

बाहुशालिन् 1) Adj. *mit kräftigen Armen versehen; kriegerisch, tapfer* Harshak. 158,8. 181,11. — 2) m. N. pr. a) eines Dânava. — b) verschiedener Männer.

बाहुशिखर (*n. Gal.) *Achsel* Hariv. 4305.

बाहुश्रुत्य n. *Gelehrsamkeit.*

*बाहुसंभव m. *ein* Kshatrija.

*बाहुसहस्रभृत् m. Bein. Arǵuna's.

बाहूत्क्षेपम् Absol. *unter Händeerhebungen.*

बाहूपपीडम् Absol. *mit den Armen andrückend* Bhaṭṭ. 5,94.

बाहूबाहवि Adv. *Arm gegen Arm, im Handgemenge* Çiç. 18,12.

बाह्य, बाह्यि (AV.) 1) Adj. (f. आ) a) *aussen befindlich, draussen* (vor der Thür, vor dem Hause, vor dem Dorfe u. s. w.) —, *ausserhalb von* (Abl. oder im Comp. vorangehend) *gelegen* u. s. w., *der äussere.* Acc. mit कर् *hinausweisen, von sich fern halten.* तद्धित m. so v. a. *ein neu hinzutretendes* Taddhita-*Suffix.* Auch Compar. बाह्यतर Çaṁk. zu Bâdar. 4,1,2 (S. 1056, Z. 13). — b) *nicht zur Familie —, nicht zum Lande* u. s. w. *gehörig, fremd.* — c) *aus der Kaste —, aus der Gesellschaft gestossen* Âpast. Auch Compar. बाह्यतर. — d) *ausserhalb von Etwas* (Abl. oder im Comp. vorangehend) *liegend, so v. a. abweichend von, im Widerspruch stehend mit, sich nicht fügend in, Nichts zu thun habend mit, sich ablehnend verhaltend —, sich nicht eignend zu.* अर्थ m. *die ausserhalb gelegene, mit dem Lautcomplex zunächst Nichts zu thun habende Bedeutung eines Wortes.* — 2) verschiedene Casus als Adv. oder Praep. (die Ergänzung im Abl. oder im Comp. vorangehend): बाह्येन, बाह्ये und बाह्य° *draussen, ausserhalb;* बाह्यम् dass. und *hinaus* (127,15); बाह्यात् *von draussen.* — 3) m. a) *Leichnam* (?). — b) N. pr. α) Pl. eines Volkes VP.² 2,156. — β) eines Mannes; Pl. *seine Nachkommen.* — 4) f. आ a) *Aussenrinde.* — b) N. pr. eines Flusses VP.² 2,156. — 5) n. *das Aeussere.* Am Ende eines adj. Comp. f. आ.

बाह्यकरण n. *ein äusseres Sinnesorgan.*

बाह्यकर्ण m. N. pr. eines Schlangendämons.

बाह्यकसुन्दरी und बाह्यका f. N. pr. einer Sṛńǵârî und einer der zwei Gattinnen des Bhaǵamâna, einer älteren Schwester der Upabâhjakâ.

बाह्यकुण्ड m. N. pr. eines Schlangendämons.

बाह्यतस् Adv. Praep. (mit Gen. oder Abl.) *draussen, ausserhalb.*

बाह्यता f. Nom. abstr. zu बाह्य 1) d).

बाह्यतोनर m. Pl. N. pr. eines Volkes.

बाह्यत्व f. = बाह्यता.

बाह्यद्रुति f. *ein best. Process, dem das Quecksilber unterworfen wird.*

बाह्यप्रकृति f. Pl. *die constitutiven Elemente des fremden Staates mit Ausnahme des Fürsten* Pańkat. ed. orn. 38,16.

बाह्यरत Kathâs. 47,114 fehlerhaft für बाह्यतर.

बाह्यसंभोग m. *ein unnatürlicher Geschlechtsgenuss.*

बाह्यांस Adj. *die Hände ausserhalb der Kniee* (*nicht zwischen den Knieen*) *haltend* Gobh. 1,2,20. Vgl. बहिर्जानु.

बाह्यान्तर Adv. *von aussen und von innen.*

बाह्यायाम m. *eine best. Nervenkrankheit.*

बाह्यार्थवाद m. *die Lehre, dass die Aussenwelt real sei,* Çaṁk. zu Bâdar. 2,2,31.

बाह्यार्थवादिन् Adj. *die Realität der Aussenwelt annehmend* Çaṁk. ebend.

बाह्यालय m. *der Aufenthaltsort der Verstossenen,* d. i. *das Land der* Bâhîka. v. l. बाह्यनय.

बाह्येन्द्रिय n. *ein äusseres Sinnesorgan* 256,8.

*बाह्लक, बाह्लव, बाह्लि, बाह्लिक und बाह्लीक s. u. बाल्हक u. s. w.

(बाह्वङ्क) बाहुअङ्क m. *Armbiegung,* ἀγκών.

बाह्वृच्य n. *die heilige Ueberlieferung der* Bahvṛka, *der* Ṛgveda.

1. (बाह्वोजस्) बाहुओजस् n. *Kraft der Arme.*

2. (बाह्वोजस्) बाहुओजस् Adj. *armkräftig.*

*बिट्, बेटति (आक्रोशे).

*बिटक m. f. n. = पिटक *Beule* Râǵan. 20,7.

*बिठ n. = अन्तरिक्ष.

*बिड्, बेडति = बिट्.

*बिडारक m. *Katze.*

बिडाल 1) m. a) *Katze.* — b) *ein best. Augen-*

mittel. — c) **Augapfel.* — 2) f. आ und *ई f. zu 1) a). — 3) f. a) ई *eine best. Krankheit* und *die Genie derselben.* Zu den Jogini gezählt Hemâdri 2,a,102,9.10. — b) **eine best. Pflanze* Râgan. 7,99.

बिडालक 1) m. a) *Katze.* — b) *ein best. Augenmittel* Mat. med. 18. Bhâvapr. 2,152. Karaka 6,24. — 2) f. °लिका *Kätzchen, Katze.* — 3) *n. *Auripigment* Râgan. 13,66.

बिडालपद m. und °क n. *ein best. Gewicht,* = कर्ष.

बिडालपुत्र m. N. pr. eines Mannes.

बिडालवणिज् m. *Katzenhändler,* Spitzname eines Mannes.

*बिडालव्रतिक Adj. *die Art der Katze habend, falsch.*

बिडालाक्ष 1) Adj. (f. ई) *katzenäugig* Hemâdri 2,a,102,9. — 2) m. N. pr. eines Rakshas.

*बिद्, बिन्द्, बिन्दति = 1. भिद्.

बिद् m. N. pr. eines Mannes P. 4,1,104 nach der Schreibart der Kâç. Pl. *sein Geschlecht* Âçv. Çr. 12,10.9. *विद्कुल (sic) n. = वैद्स्य und वैदयोः कुलम् Pat. zu P. 2,4,64, Vârtt. 1.

बिदल s. विदल.

बिदलकारी f. *Schlitzerin von Flechtreis.*

बिदलसंहित Adj. *aus Hälften zusammengesetzt.*

*बिदापुट m. N. pr. eines Mannes gaṇa अश्वादि in der Kâç. zu P. 4,1,110. v. l. विद् । पुट.

बिडर n. s. u. भिडर.

*बिन्द् s. बिद्.

बिन्द in कुसुरुबिन्द.

*बिन्दवि gaṇa गहादि.

*बिन्दवीय 1) Adj. von बिन्दवि. — 2) m. *ein Fürst der* Bindu.

बिन्दु m. 1) *Tropfen.* n. MBh. 7,54,40. — 2) **Tropfen als Maass.* — 3) *Kügelchen, Punct, Tüpfel.* — 4) *das Zeichen des* Anusvâra, das in der Mystik eine grosse Rolle spielt. — 5) *das Zeichen der Null.* — 6) *ein Punct, welchen Schreiber über etwas Ausgestrichenes setzen, um anzuzeigen, dass es gelten solle.* — 7) *ein in Puncten applicirtes Cauterium.* — 8) **eine in Form eines Punctes hervortretende Lippenverwundung* (durch den Biss eines Verliebten). — 9) in der Dramatik *ein scheinbar unbedeutender Zwischenfall, der wie ein Oeltropfen im Wasser einen grossen Umfang gewinnt.* — 10) N. pr. a) verschiedener Männer. — b) *Pl. eines Kriegerstammes.

बिन्दुक 1) m. a) *Tropfen.* — b) N. pr. eines Tîrtha Vishnus. 85,12. — 2) am Ende eines adj. Comp. (f. आ) = बिन्दु 4) und 9).

बिन्दुकित Adj. *mit Tropfen überzogen.*

बिन्दुघृत n. *eine best. Mixtur, welche in kleinen Theilen genommen wird.*

*बिन्दुचित und *°चित्रक m. *die gesprenkelte Gazelle* Dhanv. 6,69.

*बिन्दुजाल und *°क n. *ein Netz von Tüpfeln* (auf der Haut eines Elephanten).

*बिन्दुतन्त्र 1) m. *Würfel.* — 2) m. n. a) *Spielball.* — b) *eine Art Vierschach.*

बिन्दुतीर्थ n. N. pr. eines Tîrtha. °माहात्म्य n. Titel eines Werkes. Vgl. बिन्दुक 1) b).

*बिन्दुदेव m. = पा, *eine best. buddhistische Gottheit* oder Bein. Çiva's.

बिन्दुनाथ m. N. pr. eines Lehrers.

*बिन्दुपत्त्र m. *Betula Bhojpatra* Râgan. 9,116.

*बिन्दुपत्त्रक *eine Art Amaranthus.*

*बिन्दुफल n. *Perle* Râgan. 13,152.

बिन्दुब्रह्मानन्दीय n. Titel eines Werkes Opp. Cat. 1.

बिन्दुमत् 1) Adj. *tropfig, in Klümpchen geballt.* — 2) m. N. pr. eines Sohnes des Mariki von der Bindumatî. — 3) f. °मती a) Bez. *einer Art von Versen* Kâd. 7,11. 99,9. — b) Titel eines Werkes. — c) N. pr. verschiedener Frauen.

बिन्दुमाधव m. *eine Form* Vishṇu's.

बिन्दुमालिन् m. *ein best. Tact* S. S. S. 210.

*बिन्दुरक m. *Ximenia aegyptiaca.*

*बिन्दुरेखक m. *ein best. Vogel.*

बिन्दुरेखा f. 1) *eine Reihe von Puncten, — Tüpfeln.* — 2) N. pr. einer Tochter Kaṇḍavarman's.

*बिन्दुवासर m. *der Tag der Befruchtung, — der Empfängniss.*

बिन्दुसंग्रह m. Titel eines Werkes.

बिन्दुसंदीपन n. Titel eines Commentars.

बिन्दुसर (metrisch) und °स् n. N. pr. eines heiligen *Sees.* °रस्तीर्थ n.

बिन्दुसार m. N. pr. eines Fürsten, Sohnes des Kandragupta, Hem. Par. 8,443.

बिन्दुसेन m. N. pr. eines Fürsten.

बिन्दुह्रद m. N. pr. eines *Sees.*

बिबोधयिषु Adj. *zu wecken beabsichtigend.*

बिब्बोक m. *vornehme Gleichgültigkeit.*

बिभक्षयिषा f. *das Verlangen zu geniessen* Njâjam. 3,5,32.

बिभक्षयिषु Adj. *zu essen verlangend, hungrig.*

बिभणिषु Adj. *zu reden wünschend* Çilâñka 1,342.

बिभित्सा f. *das Verlangen zu durchbohren* (Kâd. 1,10), *zu durchbrechen, zu sprengen, zu zerstören;* mit Acc. oder Gen.

बिभित्सु Adj. mit Acc. *zu durchbrechen —, zu sprengen verlangend.*

बिभीषिका f. Bâlar. 80,13 fehlerhaft für वि°.

बिभेदयिषु Adj. *zu entzweien beabsichtigend.*

बिभ्रक्षु 1) Adj. mit Acc. *zu braten —, zu versengen beabsichtigend* Bhaṭṭ. — 2) *m. *Feuer.*

बिभ्रज्जिषु m. *Feuer* Bhaṭṭ.

बिभ्रद्वाज m. Umschreibung von भरद्वाज Ait. Âr. 197,5 v. u.

बिम्ब 1) m. n. (adj. Comp. f. आ) a) *die Scheibe* der Sonne oder des Mondes. — b) *Kugel, Halbkugel, Scheibe* überh.; insbes. *die rund hervortretenden Theile des Körpers.* — c) *Spiegel.* — d) *Bild, Abbild.* — e) in Gleichnissen *das Verglichene.* — 2) m. a) *Eidechse, Chamäleon* Gaut. 22,19. — b) N. pr. eines Mannes. — 3) f. आ a) **Momordica monadelpha, eine Cucurbitacee.* — b) Name zweier *Metra.* — c) N. pr. einer Fürstin. — 4) f. ई a) *Momordica monadelpha.* — b) *N. pr. der Mutter Bimbisâra's. — 5) n. *die rothe Frucht von Momordica monadelpha,* mit der die Lippen häufig verglichen werden.

*बिम्बक 1) n. = बिम्ब 1) a) und 5). — 2) f. °म्बिका a) = बिम्ब 1) a). — b) *Momordica monadelpha.*

बिम्बकि m. N. pr. eines Fürsten.

*बिम्बजा f. *Momordica monadelpha.*

*बिम्बट m. *Senf.*

बिम्बतत्त्वप्रकाशिका f. Titel eines Werkes Opp. Cat. 1.

बिम्बप्रतिबिम्बता f., °बिम्बत्व n. (Sâh. D. 275,4) und °बिम्बभाव m. Nom. abstr. von बिम्ब + प्रतिबिम्ब *das Bild und das Abbild davon, das Verglichene und das womit Etwas verglichen wird.*

बिम्बप्रतिबिम्बवाद m. Titel eines Werkes Bühler, Rep. No. 469.

बिम्बलक्षण n. desgl. Opp. Cat. 1.

बिम्बसार m. v. l. für बिम्बिसार.

बिम्बानुबिम्बत्व n. = बिम्बप्रतिबिम्बता Sâh. D. 662.

*बिम्बाव Adj. *reich an* Bimba-*Früchten.*

बिम्बित Adj. *sich abspiegelnd.*

*बिम्बिनी f. *Augenstern* Râgan. 18,25.

बिम्बिय m. N. pr. eines Mannes.

बिम्बिसार m. N. pr. eines Fürsten, Zeitgenossen des Çâkjamuni.

*बिम्बु m. *Betelnussbaum.*

बिम्बेश्वर m. N. pr. eines von der Fürstin Bimbâ errichteten Heiligthums des Çiva.

बिरद s. विरुद.

*बिराल m. *Katze.*

बिरुद s. विरुद.

*बिल्, बिलति und बेलयति = 1. भिद्.

बिल 1) n. (adj. Comp. f. आ) a) *Höhle, Loch, Oeffnung, Höhlung* Karaka 6,27. — b) *Mündung* einer Schüssel, eines Löffels u. s. w. — 2) *m. a) *Calamus Rotang.* — b) *das Ross* Ukkaihçravas. — c) Name *zweier Fische* Rāgan. 17,52. 61.

*बिलकारिन् m. *Maus* Rāgan. 19,57.

बिलधावन Adj. *rimam tergens* (obscön).

बिलवास 1) Adj. *in Löchern wohnend*; m. *ein höhlenbewohnendes Thier.* — 2) *m. *Igel.*

बिलवासिन् 1) Adj. und m. = बिलवास 65,23. 78,21. — 2) *m. *Schlange.*

बिलशय 1) Adj. und m. = बिलवास 1). — 2) *m. *Schlange.*

बिलशायिन् Adj. und m. = बिलवास 1).

*बिलस Adj. von बिल.

बिलस्वर्ग m. *Unterwelt, Hölle.*

*बिलाल m. = बिराल *Katze.*

बिलिन्थ (?) Suparṇ. 15,5.

बिलिश = वडिश *Angel* oder vielmehr *Köder* Suparṇ. 17,2.

बिलेशय 1) Adj. und m. = बिलवास 1) Rāgan. 19,50. 51. — 2) m. a) **Schlange.* — b) **Maus.* — c) N. pr. eines Lehrers.

बिलेश्वर m. N. pr. eines Wallfahrtsortes.

बिलौकस् Adj. und m. = बिलवास 1).

बिल्म n. 1) *Span.* बिल्मग्रहण n. *das splitterweise Fassen.* — 2) *ein durchbrochener Helm.* — 3) **Aschenbehälter.*

बिल्मिन् Adj. *behelmt.*

*बिल्ल n. 1) = तल्ल und आलवाल. — 2) *Asa foetida.*

*बिल्लमूला f. *Yamswurzel.*

*बिल्लसू f. *eine Mutter von zehn Kindern.*

बिल्व 1) m. *Aegle Marmelos* (eine Citracee mit köstlichen Früchten) Bhāvapr. 1,196. 242. Rāgan. 11,191. Mat. med. 129. — 2) *f. आ = हिङ्गुपत्री Rāgan. 6,72. — 3) n. a) *die Frucht von Aegle Marmelos.* — b) *ein best. Gewicht.* — c) *ein best. Gemüse.*

बिल्वक m. N. pr. 1) eines Schlangendämons. — 2) eines Wallfahrtsortes.

*बिल्वकीया f. *ein mit* Bilva 1) *besetzter Platz.*

*बिल्वज anzunehmen für बैल्वज.

*बिल्वतेजस् m. N. pr. eines Schlangendämons.

बिल्वदण्ड Adj. *einen Stab von* Bilva-*Holz tragend.*

बिल्वदण्डिन् Adj. dass. MBh. 13,160,14.

बिल्वनाथ m. N. pr. eines Lehrers.

बिल्वपत्त्र m. N. pr. eines Schlangendämons.

बिल्वपत्त्रमय Adj. *aus* Bilva-*Blättern bestehend.*

बिल्वपत्त्रिका f. Name der Dākshājaṇī, unter dem sie in Bilvaka verehrt wird.

बिल्वपर्णी f. *eine best. Gemüsepflanze.*

बिल्वपाण्डर oder °पाण्डुर (MBh. 1,35,12) m. N. pr. eines Schlangendämons.

बिल्वपेशिका und °पेशी f. *die getrocknete Schale der* Bilva-*Frucht.*

बिल्वमङ्गल m. N. pr. eines Dichters.

बिल्वमध्य n. *das Fleisch der* Bilva-*Frucht* Karaka 6,19, 20. Varāh. Bṛh. S. 57,5.

1. बिल्वमात्र n. *das Gewicht von einer* Bilva-*Frucht* Suçr. 2,436,15.

2. बिल्वमात्र Adj. 1) *von der Grösse einer* Bilva-*Frucht* Spr. 2045. — 2) *ein* Bilva *wiegend* Suçr. 1,141,9. 2,38,21. 436,14.

बिल्वल n. N. pr. einer Stadt Ind. Antiq. 8,278.

बिल्ववन n. *ein* Bilva-*Wald* oder N. pr. eines *Waldes.* °माहात्म्य n.

बिल्वाद्रिमाहात्म्य n. Titel eines Werkes Opp. Cat. 1.

बिल्वाम्रक N. pr. einer Oertlichkeit. °माहात्म्य n.

बिल्वोदकेश्वर m. N. pr. eines Heiligthums des Çiva.

बिल्वोपनिषद् f. Titel einer Upanishad.

बिल्हण m. N. pr. eines Ministers und Dichters Vikramāñkak. 18,81. Häufig fehlerhaft रिल्हण und रिह्लण geschrieben.

बिल्हणकाव्य n., बिल्हणचरित्र n. (Opp. Cat. 1), बिल्हणपञ्चाशिका f. und बिल्हणीय n. (Opp. Cat. 1) Titel von Werken.

*बिश्, बेशति = पिस्.

*बिशायक s. u. बिसाकर.

बिश, बिष fehlerhafte Schreibart für बिस.

बिष्कल 1) *m. *Hausschwein.* — 2) f. आ Bez. *einer Gebärenden* AV.

*बिस्, बिस्यति (गतिकर्मन्, भेदनकर्मन्, वृद्धिकर्मन्, प्रेरणे, क्षेपे).

बिस n. (m. nur Hariv. 15445; adj. Comp. f. आ) *Wurzelschoss —, Untergrundstengel einer Lotuspflanze* Rāgan. 10,193. Einmal ungenau für बिसिनी.

*बिसकण्ठिका f. und *°कण्ठिन् m. *eine Kranichart* Rāgan. 19,104.

बिसकिसलयच्छेदपाथेयवत् Adj. *Stücke von jungen Lotus-Wurzelschossen als Reisekost habend* Megh. 11.

*बिसकुसुम n. *Lotusblüthe* Rāgan. 10,180.

बिसखा Adj. *Wurzelschosse von Lotuspflanzen ausgrabend.*

बिसखादिका f. *ein best. Spiel.*

बिसग्रन्थि m. 1) *ein Knoten am Untergrundstengel des Lotus.* — 2) *eine best. Augenkrankheit.*

*बिसज n. *Lotusblüthe.*

बिसतन्तु m. *Faser eines Lotus-Untergrundstengels.*

बिसतन्तुमय Adj. *aus solchen Fasern gemacht* Daçak. 33,20. Kād. 242,2. 243,16.

*बिसनाभि f. *Nelumbium speciosum.*

*बिसनासिका f. *eine Kranichart.*

बिसप्रसून n. *Lotusblüthe.*

*बिसल n. *ein junger Schoss.*

बिसलता f. *Nelumbium speciosum.*

बिसवती f. *ein an Lotus-Wurzelschossen reicher Platz.*

बिसवर्त्मन् n. *eine best. Krankheit des Augenlides.*

*बिसाकर, *बिसाकार oder *बिशायक m. *eine Art Euphorbia.*

बिसिनी f. *Nelumbium speciosum* (die ganze Pflanze) Rāgan. 10,193. Chr. 304,25.

*बिसिल Adj. von बिस.

बिह्लण m. N. pr. ungenau für बिल्हण.

बीज 1) n. (adj. Comp. f. आ) α) *Same* (von Pflanzen, Menschen und Thieren), *Saatkorn* (Mṛkkh. 49,5), *Korn*; auch *ein Ausläufer des indischen Feigenbaums.* — b) *Keim, Element, Anfang, Entstehungsgrund.* Am Ende eines adj. Comp. so v. a. *veranlasst durch.* — c) *der Keim eines Gedichts, eines Schauspiels, eines Zauberspruchs u. s. w., aus dem sich das Uebrige entwickelt.* — d) *Analysis, Algebra.* — e) *Quecksilber* (?). — f) *Armlage des Kindes bei der Geburt* Bhāvapr. 6,186. — g) **Mark.* — h) * = तत्त्व. — i) * = आधान. — 2) m. *Citronenbaum* Rāgan. 11,176.

बीजक 1) m. a) *Citrus medica, Citrone.* — b) **Terminalia tomentosa.* — c) *Armlage des Kindes bei der Geburt* Bhāvapr. 6,186. — d) N. pr. eines Dichters. — 2) n. a) *Same.* — b) *Liste* Hem. Par. 9,8.

बीजकर्तर् Nom. ag. *Erzeuger von Samen* (Çiva).

बीजकाण्डप्ररोहिन् (M. 1,46) und °काण्डरुह् (M. 1,48) Adj. *aus Samen oder Ablegern hervorschiessend.*

*बीजकृत् n. *ein Aphrodisiacum.*

बीजकोश 1) *m. f. (ई) *Samenkapsel*; insbes. *einer Lotusblume.* — 2) m. Titel eines Tantra. — 3) *f. ई *Schote.*

बीजक्रिया f. *eine algebraische Auflösung.*

बीजगणित n. *Algebra.*

*बीजगर्भ m. *Trichosanthes dioeca* Rāgan. 3,11.

*बीजगुप्ति f. *Schote.*

बीजत्व n. *das Grundsein.*

*बीजदर्शक m. *Schauspieldirector.*

बीजद्रव्य n. *Grundstoff* Bhâvapr. 2,59.

बीजधानी f. N. pr. eines Flusses.

*बीजधान्य n. *Koriander* Râǵan. 6,37.

*बीजपादप m. *Semecarpus Anacardium.*

बीजपुर fehlerhaft für °पूर.

*बीजपुष्प n. = मदन und मरुवक.

*बीजपुष्पिका f. *Andropogon saccharatus.*

बीजपूर m., °क m., °पूरी (Pańkad.) und °पूर्ण m. *Citrus medica;* n. *Citrone* Râǵan. 11,149. Bhâvapr. 1,249.

*बीजपेशिका f. *Hodensack* Râǵan. 18,48.

बीजप्रबोध m. Titel eines Commentars.

*बीजफलक m. *Citrus medica, Citrone* Râǵan. 11,150.

बीजमति f. *Sinn für die Erkenntniss des Grundes.*

बीजमन्त्र n. Bez. *einer mystischen Silbe, mit der eine Zauberformel beginnt.*

*बीजमातृका f. *Samenkapsel der Lotusblüthe.*

बीजमात्र n. 1) *nur so viel als zum Samen, zur Erzeugung von Nachkommenschaft, zur Erhaltung des Geschlechts erforderlich ist.* — 2) Bez. *des 9ten* Maṇḍala *im* Ṛgveda.

बीजमुक्तावली f. Titel eines Werkes.

बीजयज्ञ m. *ein best. allegorisches Opfer.*

बीजरुह् Adj. *aus Samen hervorschiessend.*

*बीजरुहा Adv. mit कर् Gaṇar. 2,98.

*बीजरेचन n. *Croton Jamalgota* Râǵan. 6,165.

*बीजर्या Adv. mit कर् Gaṇar. 2,98.

*बीजल Adj. *mit Samen —, mit Korn versehen.*

बीजलीलावती f. Titel eines Werkes.

बीजवत् Adj. = बीजल.

*बीजवर m. *Phaseolus radiatus.*

बीजवाप m. 1) **Säemann.* — 2) *das Säen.* °गृह्य n. Titel eines Werkes.

*बीजवापिन् m. *Säemann.*

*बीजवाहन Adj. Beiw. Çiva's.

बीजविवृति (°विवृत्ति fehlerhaft) f. Titel eines Werkes.

*बीजवृत m. *Terminalia tomentosa* Râǵan. 9,138. 142.

बीजसंहृतिमत् Adj. *den Keim und die Katastrophe* (eines Schauspiels) *enthaltend* Sâh. D. 278.

*बीजसू f. *die Erde.*

बीजहरा und °हारिणी f. *Samenentzieherin,* Bez. *einer best. Hexe.*

*बीजा Adv. mit कर् *säen, besäen; nach Andern säen und darüber pflügen.*

बीजाक्षर n. *die Anfangssilbe eines Zauberspruchs, — einer Gebetsformel.*

बीजाङ्कुर 1) m. *a) Samenkeim.* — *b)* Du. *Same und Keim.* — 2) f. आ Titel eines Ǵjotisha.

बीजाढ्य m. *Citrus medica.*

बीजाध्यक्ष m. Bein. Çiva's.

बीजापहारिणी f. = बीजहरा.

बीजाभिधान n. Titel eines Werkes.

*बीजाम्र n. *die Frucht der Spondias mangifera* Râǵan. 22,33.

बीजार्णवतन्त्र n. Titel eines Tantra.

बीजार्थ Adj. *nach Samen —, zu zeugen verlangend* Âpast.

बीजाश्व m. *Zuchthengst.*

*बीजिक Adj. von बीज.

बीजिन् 1) Adj. *a) samentragend* (Pflanze). — *b)* am Ende eines Comp. *von dem und dem Samen —, von dem und dem Geblüte seiend.* — 2) m. *a) der eigentliche Erzeuger* (im Gegensatz zum *nominellen Vater, dem Gatten einer Frau*) Gaut. — *b)* **die Sonne.*

बीजोत्कृष्ट 206,15 = M. 9,291 fehlerhaft für बीजोत्क्रष्टृ.

बीजोत्क्रष्टृ Nom. ag. *gutes Korn herausziehend* (und thuend, als wenn alles Korn der Art wäre) M. 9,291, wo बीजोत्क्रष्टा zu lesen ist; vgl. Vivâdać. 81,3.

*बीजोदक n. *Hagel.*

*बीज्य Adj. 1) *aus edlem Geschlecht stammend* Gal. — 2) am Ende eines Comp. *aus dem und dem Samen hervorgegangen, von dem und dem herstammend.*

*बीभ्, बीभते (कत्थने).

बीभत्स 1) Adj. (f. आ) *a) ekelhaft, widerlich, scheuslich.* Nom. abstr. °ता f. — 2) *m. Bein. Arǵuna's. — 3) f. आँ *Ekel, Abscheu.*

बीभत्सक m. N. pr. eines Mannes Mudrâr. 46, 21 (77,20).

बीभत्सकर्मन् Adj. *Scheusliches verübend.* Als Schimpfwort Mahâvirać. 43,5.

बीभत्सु 1) Adj. (f. ebenso) *Widerwillen —, Abscheu —, Ekel empfindend, ekel, eklich, heikel* Ṛv. 1,164,8. — 2) m. Bein. Arǵuna's.

बीभर्त्सित Bhâg. P. 5,5,32. 26,33 bei Burn. fehlerhaft für बीभत्सित (s. Desid. von बाध्).

बीरिट m. 1) *Schaar, Menge* (?). — 2) **Luft.*

बीरिण in दुर्बीरिण. Vgl. वीरिण.

बीश in पड्बीश.

बुक् onomatop. in *बुक्कार.

बुक m. 1) *= हास्य Gaṇar. 299. — 2) *Agati grandiflora* Bhâvapr. 1,227 (बुका).

*बुक्किन् Adj. von बुक्क.

*बुक्क्, बुक्कति und बुक्कयति *bellen.*

बुक्का 1) (*m.) f. आ (Mahâvirać. 109,12) und *ई *Herz.* — 2) m. *a)* **Ziege, Bock* Râǵan. 19,41. — *b)* **Ricinus* Râǵan. 8,57. — *c)* N. pr. eines Fürsten, = बुक्कण, बुक्कभूपति u. s. w. Weber, Lit. 45. — 3) *m. f. = समय.

बुक्कण m. N. pr. eines Fürsten, = बुक्क Njâjam. S. 1, Z. 8 (°क्ष्मापति).

*बुक्कन् m. *Herz.*

*बुक्कन n. *das Bellen des Hundes.*

बुक्कभूपति (Njâjam. S. 1, Z. 17), बुक्कमहीपति, बुक्कराज (B. A. J. 4,115) und बुक्कराय m. N. pr. eines Fürsten, = बुक्क, बुक्कण.

*बुक्कस 1) m. *ein* Kaṇḍâla; vgl. पुक्कस. — 2) *f. ई *a) die Indigopflanze.* — *b)* = काली.

*बुक्काग्रमांस n. *Herz.* Richtig बुक्का f. und अग्रमांस n.

*बुक्कार m. *das Gebrülle des Löwen.*

*बुङ्, बुङ्गति (वर्जने).

*बुट्, बोटति und बोटयति (हिंसे).

*बुड्, बुडति (संवरणे).

बुडबुड onomatop. von einem im Wasser untersinkenden Gefässe Hem. Par. 12,91. Vgl. बुद्बुद.

बुडिल॑ m. N. pr. eines Mannes Gop. Br. 2,6,9.

*बुद्, बोदति (निशामने).

बुद्ध 1) Adj. s. u. 1. बुध्. — 2) m. *a)* bei den Buddhisten *ein Erwachter, Erleuchteter,* d. i. *Einer, der durch die Erkenntniss der Wahrheit und durch gute Werke zur vollständigen Erlösung von den Banden der Existenz gelangt ist und vor seinem Eingange in's* Nirvâṇa *die zu einer solchen Erlösung führenden Lehren der Welt mittheilt.* — *b)* N. pr. eines Autors. v. l. बुध. — 3) n. *Erkenntniss.* v. l. बुद्धि.

बुद्धकल्प n. Buddha's *Weltperiode;* so heisst die jetzige W., weil sie einen Buddha gehabt hat und einen noch bringen soll.

बुद्धक्षेत्र n. *das Gebiet —, der Wirkungskreis eines* Buddha Kârand. 99,4.

बुद्धक्षेत्रसमाधि m. *ein best.* Samâdhi Kârand. 93,7 (बुद्धक्षत्र° gedr.).

बुद्धगया f. bei den Buddhisten Bez. der Stadt Gajâ.

बुद्धगुप्त m. N. pr. eines Fürsten Eitel, Chin. B. Richtig बुधगुप्त.

बुद्धघोष m. N. pr. eines berühmten buddh. Gelehrten. Im Sanskrit nicht zu belegen.

बुद्धचरितकाव्य n. Titel eines Werkes.

बुद्धचरित्र n. desgl.

बुद्धचर्य n. Buddha's *Wandel*.

बुद्धच्छाया f. Buddha's *Schatten* Eitel, Chin. B.

बुद्धज्ञान n. Buddha's *Wissen*.

बुद्धज्ञानश्री m. N. pr. eines buddh. Gelehrten.

बुद्धत्व n. *die* Buddha-*Würde*.

बुद्धदत्त m. N. pr. eines Ministers.

बुद्धदास m. N. pr. eines buddh. Gelehrten Eitel, Chin. B.

*बुद्धदिग्र् (?) m. N. pr. eines Fürsten.

बुद्धदेव m. N. pr. eines Mannes.

*बुद्धद्रव्य n. wohl *die in den* Stûpa *niedergelegten Reliquien*.

बुद्धद्वादशीव्रत n. *eine best. Begehung*.

बुद्धधर्म m. 1) Buddha's *Gesetz*. — 2) Buddha's *Eigenthümlichkeiten* Eitel, Chin. B.

बुद्धनन्दि (?) m. N. pr. des 8ten buddh. Patriarchen Eitel, Chin. B.

*बुद्धपक्ष (?) m. N. pr. eines Fürsten.

*बुद्धपाल m. N. pr. eines Mannes.

बुद्धपालित m. N. pr. eines Schülers des Nâgârguna.

बुद्धपुराण n. Titel eines Werkes.

बुद्धभट्ट m. N. pr. eines Mannes B. A. J. 11,346.

बुद्धभद्र m. N. pr. eines buddh. Gelehrten.

बुद्धभूमि f. und °सूत्र n. Titel eines buddh. Sûtra Eitel, Chin. B.

*बुद्धमन्त्र n. *ein buddhistisches Gebet*.

बुद्धमार्ग m. Buddha's *Weg*, — *Lehre*.

बुद्धमित्र m. N. pr. des 9ten buddh. Patriarchen.

बुद्धरक्षित N. pr. 1) m. eines Mannes. — 2) f. आ einer Frau.

बुद्धराज m. N. pr. eines *Fürsten*.

बुद्धवचन n. Buddha's *Worte*, Bez. der buddh. Sûtra.

बुद्धवनगिरि m. N. pr. eines *Berges* Eitel, Chin. B.

बुद्धवत् Adj. *eine Form von* 1. बुध् *enthaltend*.

*बुद्धविषय m. = बुद्धक्षेत्र. °विषयावतार m. Titel eines Werkes.

*बुद्धसंगीति f. Titel eines Werkes.

*बुद्धसिंह m. N. pr. eines Buddhisten.

*बुद्धसेन m. N. pr. eines Fürsten.

बुद्धागम m. Buddha's *Lehre*. Auch personificirt.

*बुद्धाण्डक s. बुद्धैडूक.

बुद्धानुस्मृति f. 1) *fortwährendes Gedenken* Buddha's Lalit. 34,20. — 2) Titel eines buddh. Sûtra.

बुद्धान्त m. *der wache Zustand*.

*बुद्धावतंसक Titel eines buddh. Werkes.

बुद्धि f. 1) *das Vermögen Vorstellungen und Begriffe zu bilden und festzuhalten, Einsicht, Verstand, Vernunft, Geist, Intellect, Urtheilskraft*. Ausnahmsweise auch Pl. — 2) *Wahrnehmung*. — 3) *Verständniss, das Begreifen*. बुद्धिरात्मनः oder बुद्धिर्ब्राह्मी *Selbsterkenntniss, Psychologie* Karaka 1,9. — 4) *Meinung, Ansicht, Ueberzeugung, Vermuthung* (100,13), *Gedanken*, — *über* (Loc.). — 5) *eine richtige, vernünftige Ansicht*. — 6) *die auf Etwas* (Loc. oder im Comp. vorangehend) *gerichteten Gedanken, das Sinnen auf* 55,29. 30. 33. — 7) *Absicht, Vorsatz, Plan*. Instr. am Ende eines Comp. so v. a. *aus, um* (als Angabe des Beweggrundes) 290,19. — 8) *das Halten für* (im Comp. vorangehend). भित्ति° *die Meinung, dass es eine Wand sei*. — 9) *ein best. Metrum*. — 10) *das 5te astrologische Haus* Utpala zu Varâh. Bṛh. 1,20. — 11) die personificirte *Einsicht* ist eine Tochter Daksha's und Gattin Dharma's. — 12) N. pr. einer Frau Hem. Par. 3,2.

*बुद्धिक m. N. pr. eines Schlangendämons.

बुद्धिकामा f. N. pr. einer der Mütter im Gefolge Skanda's.

बुद्धिकारी f. N. pr. einer Fürstin.

बुद्धिकृत Adj. *klug gehandelt* 79,11.

बुद्धिचिन्तक Adj. *verständig denkend*.

बुद्धिच्छाया f. *Reflex des Verstandes auf die Seele*.

बुद्धिजीविन् Adj. *mittels des Verstandes lebend, sich seines V. bedienend, verständig*.

बुद्धितत्त्व n. *das* Tattva *des Intellects* (geht aus dem Purusha und der Prakṛti hervor).

बुद्धिदेवी f. N. pr. einer Prinzessin Ind. St. 14,107.

बुद्धिद्यूत n. *Verstandesspiel, Schach* Pańkad.

बुद्धिपुर n. *die Stadt des Verstandes*. °माहात्म्य n.

बुद्धिपूर्व Adj. (f. आ) *dessen man sich bewusst ist, wobei eine bestimmte Absicht stattgefunden hat, praemeditirt* Kâd. 13,24. °म् Adv. *in einer bestimmten Absicht, absichtlich* Âpast.

बुद्धिपूर्वक Adj. dass. Nom. abstr. °त्व n.; °पूर्वकम् Adv. = °पूर्वम्.

बुद्धिप्रदान n. *das Geben eines Auftrages* Comm. zu TBr. 1,67,12.

बुद्धिप्रदीप m. Titel eines Werkes.

बुद्धिप्रभ m. N. pr. eines Fürsten.

बुद्धिबल n. *ein best. Spiel* Ind. St. 15,418.

बुद्धिभेद m. *das Irrewerden* Bhag. 3,26.

बुद्धिमतिका f. N. pr. eines Frauenzimmers.

बुद्धिमत्त्व n. *Klugheit*.

बुद्धिमत् Adj. *klug, verständig*. Compar. °मत्तर.

बुद्धिमय Adj. *im Intellect bestehend*.

बुद्धिमोह m. *Geistesverwirrung*.

बुद्धिवर m. N. pr. eines Ministers.

बुद्धिवर्जित Adj. *ohne Verstand, unverständig*.

बुद्धिविध्वंसक Adj. *die Besinnung raubend* Bhâvapr. 2,109.

बुद्धिविरोधिन् m. N. pr. eines Mannes Daçan. 35.

बुद्धिविलास m. und °विलासिनी f. Titel eines Commentars.

बुद्धिविस्फुरण m. *ein best.* Samâdhi Kâraṇḍ. 52,14.

बुद्धिवृद्धि 1) f. *Wachsthum des Verstandes*, — *der Einsicht*. — 2) m. N. pr. eines Schülers des Çaṁkara.

*बुद्धिशक्ति f. *Geistesvermögen*.

बुद्धिशरीर m. N. pr. eines Mannes.

बुद्धिशस्त्र Adj. *die Einsicht zur Waffe habend* Spr. 4472.

बुद्धिशालिन् Adj. *klug, verständig*.

बुद्धिशुद्ध Adj. *redlich in seinen Absichten*.

बुद्धिशुद्धि f. *Läuterung des Geistes* 255,1.

बुद्धिशेखर m. N. pr. eines Mannes Ind. St. 15, 386.

बुद्धिश्रीगर्भ m. N. pr. eines Bodhisattva.

बुद्धिश्रेष्ठ Adj. *durch den Verstand der beste*. कर्माणि so v. a. *die Werke des Verstandes sind die besten* 180,7.

बुद्धिसंकीर्ण m. *eine Art Pavillon* Vâstuv. 830. 836.

बुद्धिसंपन्न Adj. *mit Verstand begabt, verständig*.

*बुद्धिसहाय m. *Rathgeber, Minister*.

बुद्धिसागर m. N. pr. verschiedener Männer.

बुद्धिस्कन्धमय Adj. *dessen Baumstamm der Geist ist* MBh. 14,35,20.

बुद्धिस्थ Adj. *im Bewusstsein seiend, dem Geiste gegenwärtig*. Nom. abstr. °त्व n. Comm. zu Âpast. Çr. 5,15,3.

बुद्धिहीन Adj. *der Einsicht ermangelnd, beschränkt*. Nom. abstr. °त्व n. Spr. 4326.

बुद्धीन्द्रिय n. *ein wahrnehmendes Sinnesorgan, die fünf Organe des Hörens, Fühlens, Sehens, Schmeckens und Riechens*.

*बुद्धैडूक (Conj.) *ein Tempel, in dem Reliquien von* Buddha *aufbewahrt werden*, Halâj. 5,45.

बुद्धोक्तसंसारामय m. Titel eines buddh. Werkes.

बुद्धोपासक m. *ein Diener* —, *Verehrer* Buddha's. f. °सिका.

बुद्ध्यधिक Adj. *an Geist überlegen* R. 1,23,10. Statt dessen विद्याधिक ed. Bomb. 1,21,10. बुद्ध्याधिक: MBh. 4,70,10.

बुबुद m. = बुद्बुद *Wasserblase* in जल°.

बुद्बुद 1) m. (adj. Comp. f. आ) *a) Wasserblase* (ein Bild der Vergänglichkeit), *Blase* überh. Vgl. बुडबुड. — *b) ein fünf Tage alter Embryo*. Auch

n. — 2) f. श्रा N. pr. einer Apsaras. — 3) n. a) s. u. 1) b). — b) eine best. Krankheit des Auges Hemâdri 1.745,12.

बुद्बुदत्व n. das Blasesein (des fünftägigen Embryo).

बुद्बुदयाशु Adj. dessen Same blasig —, d. i. leer —, unfruchtbar ist.

1. बुध्, बोधति, *बोधते, बुध्यते (metrisch auch बुध्यति), बुबोधति, बोधि 2te Imper. Aor. 1) erwachen, auch bildlich von der Morgenröthe. — 2) zur Besinnung kommen (nach einer Ohnmacht). — 3) wachen, wachsam sein. — 4) merken, den Sinn richten —, achten auf (Gen. oder Acc.). — 5) inne —, gewahr werden, erfahren, erkennen, kennen lernen, wissen, erkennen als (mit doppeltem Acc.). — 6) ansehen —, halten für (mit doppeltem Acc.). — 7) Jmd bedenken, so v. a. beschenken mit (Instr.) RV. 4,15,7. 7,21,1. — 8) erwecken. — 9) बुद्ध a) erwacht, zum vollen Bewusstsein gelangt. — b) aufgeblüht. — c) erleuchtet, klug, weise. — d) kennen gelernt, erkannt (Âpast.), bemerkt. *राज्ञाम् von den Fürsten gekannt. — 10) *बुधित = 9) d). Kathâs. 44,67 fehlerhaft; das von Tawney vermutete बोधितः verstösst gleichfalls gegen das Metrum. — Caus. बोधयति (Med. verdächtig) 1) erwecken. — 2) wieder lebendig machen. — 3) zum Aufblühen bringen. — 4) einen Wohlgeruch erregen. — 5) aufmerksam machen, erinnern, mahnen, Jmds Aufmerksamkeit auf sich lenken. — 6) Jmd zur Besinnung —, zur Vernunft bringen. — 7) belehren, Jmd Etwas zu wissen thun, mittheilen; mit doppeltem Acc. बोधित unterrichtet in (Loc.). — 8) dem Geiste Etwas vorführen, begreiflich machen, zum Verständniss bringen. — 9) sich merken AV. 10,1,17. — Desid. बुभुत्सते kennen zu lernen wünschen Comm. zu Njâjas. 1,1,10. बुभुत्सताम् Gen. Pl. Partic. — Desid. vom Caus. in बिबोधयिषु und बुबोधयिषु. — Intens. बोबुधीति eine Einsicht in —, ein Verständniss von Etwas (Acc.) haben. — Mit अनु (°बुध्यते) 1) erwachen — 2) merken auf, inne —, gewahr werden (Kâraṇḍ. 32,19), vernehmen, erfahren. — 3) denken an, bedacht sein auf Kâd. 117,11. — Caus. 1) Jmd an Etwas denken lassen, erinnern. — 2) zu wissen thun. — Mit अव (°बुध्यते) 1) erwachen. — 2) inne —, gewahr werden, bemerken, erkennen, kennen, begreifen. — Caus. 1) wecken. — 2) Jmd aufmerksam machen, erinnern. — 3) Etwas zur Erkenntniss bringen 280,28. — 4) benachrichtigen Bâlar. 116,20. — Desid. (°बुभुत्सते) erkennen —, kennen wollen Çaṁk. zu Bâdar. 3,2,21 (S. 816, Z. 5. 6). — Mit समव (°बुध्यते) inne werden, erfahren. — Mit आ achten auf (Acc.). — Mit उद् 1) Med. erwachen. — 2) उद्बुद्ध a) aufgeblüht. — b) erwacht, so v. a. zur Erscheinung gekommen, hervorgetreten. — c) Z. d. d. m. G. 36,366 fehlerhaft für उद्धद्ध. — Mit प्रोद्, प्रोद्बुद्ध erwacht, so v. a. zur Erscheinung gekommen, hervorgetreten. — प्रत्युद्, प्रत्युद्बुद्ध erwacht Dh. V. 3,6. — Mit समुद् Caus. erwecken, so v. a. zur Erscheinung bringen, erregen. — Mit नि achten auf, Etwas (Acc.) vernehmen von Jmd (Gen., selten mit सकाशात्), vernehmen, dass Jmd — ist; mit doppeltem Acc. Meist nur in den Imperativformen निबोध, निबोधत, निबोधस्व (selten) und निबोधध्वम् (selten). — Mit संनि vernehmen. Nur °बोध und °बोधत Imperat. — Mit परि in °बोध fgg. — Mit प्र 1) (°बुध्यते) a) erwachen, erweckt werden, wachen. — b) aufblühen. — 2) Act. erkennen. व्याघ्रं शयानं प्रति मा प्रबोध erkenne in mir gleichsam einen schlafenden Tiger. — 3) प्रबुद्ध a) erwacht, wach. — b) aufgeblüht. — c) erwacht, so v. a. entfaltet, zum Vorschein gekommen, sich eingestellt habend Vikramâṅkak. 13,8. — d) zu wirken begonnen habend (ein Zauberspruch). — e) erkannt Kap. 3,66. — f) erwacht, so v. a. erhellt (Geist). — g) hellsichtig. — h) aufgeweckt, klug Harshak. 159,12. — Caus. 1) wecken. प्रबोधितवत् erweckt (!). — 2) aufblühen machen. — 3) Etwas reizen (durch eine leichte Berührung, Reibung). — 4) Jmd bereden, Jmdm zusprechen, Jmd zu überzeugen suchen, ermahnen, Jmdm vorstellen. — 5) Jmd Etwas lehren, mit doppeltem Acc. — Mit अनुप्र Caus. Jmd aufmerksam machen, erinnern. — Mit विप्र, °बुद्ध erwacht. — Caus. zur Sprache bringen, besprechen. — Mit संप्र 1) erwachen. Nur °बुद्ध erwacht. — 2) °बुध्यते zu wirken anfangen (von einem Zauberspruch). — Caus. 1) wecken. — 2) Jmd bereden. — 3) zur Sprache bringen, besprechen. — Mit प्रति, (°बुध्यते) 1) erwachen. — 2) aufblühen. — 3) wahrnehmen, inne werden, bemerken; mit Gen. oder Acc. प्रतिबुध्यमान aufmerksam. Auch Act. प्रति बुबोधय. — 4) प्रतिबुद्ध a) erwacht, auch bildlich von der Morgenröthe. — b) erhellt, erleuchtet (Geist, Person). — c) wahrgenommen, erkannt Bhâg. P. 3,28,38. — प्रतिबोधेत MBh. 12,3686 fehlerhaft für °बाधेत. — Caus. 1) wecken. — 2) Jmd aufmerksam machen, belehren, aufklären. — Mit संप्रति Caus. wecken. — Mit वि (°बुध्यते) 1) erwachen. — 2) erfahren. — 3) विबुद्ध a) erwacht. — b) aufgeblüht. — c) aufgeweckt, klug, erfahren, — in (Loc.). — Caus. 1) wecken. — 2) Jmd aufmerksam machen, zur Vernunft bringen. — Mit अभिवि (°बुध्यते) gewahren, inne werden, erfahren. — Mit सम् (संबुध्यते) 1) erwachen. — 2) wahrnehmen, inne werden, erkennen. संबुध्यमान so v. a. mit Bewusstsein verfahrend. — 3) संबुद्ध a) aufgeweckt, klug, verständig. — b) wahrgenommen, erkannt. — Caus. 1) wecken, erwecken (auch in übertragener Bed.). — 2) Jmd aufmerksam machen, aufklären, belehren, zu wissen thun (mit doppeltem Acc.). — 3) anrufen. — Mit अभिसम् 1) °संबुध्यते 1) völlig erwachen zu (Acc.), so v. a. in den vollständigen Besitz (einer Erkenntniss) gelangen Kâraṇḍ. 18,22. — 2) vollständig erkannt werden Vaǵrakkh. 41,19. — 3) °संबुद्ध a) aufgeklärt, bewandert, erfahren, — in (Loc.). — b) völlig erwacht zu (Acc.), so v. a. in den vollständigen Besitz (einer Erkenntniss) gelangt Vaǵrakkh. 36,9. 13. Kâraṇḍ. 37,24. — c) vollständig erkannt Vaǵrakkh. 24,3. 6. 32,12. 37,9. 11,12 (hier wohl अनुत्तरा — संबोधिर° zu lesen). — Mit प्रतिसम्, °संबुद्ध wieder zur Besinnung —, wieder zum Bewusstsein gekommen.

2. बुध् Adj. 1) erwachend in उषर्बुध्. — 2) verständig in अबुध्.

बुध 1) Adj. a) erwachend in *उषर्बुध. — b) klug, verständig. — 2) m. a) ein Kluger, Weiser. — b) ein Gott LA. 89,4. 90,3. — c) *Hund Râǵan. 19,11. — d) N. pr. α) eines Sohnes des Soma und als solcher der Planet Mercur. बुधे so v. a. बुधवारे an einem Mittewoch. — β) verschiedener Männer. — 3) *f. आ Nardostachys Jatamansi.

बुधक m. N. pr. eines Mannes Verz. 84,8.

बुधगुप्त m. N. pr. eines Fürsten.

*बुधतात m. der Mond.

बुधदिन n. Mittewoch.

बुधनाडि f. Titel eines Werkes Opp. Cat. 1.

बुधन्वत् Adj. die Wurzel बुध् enthaltend TBr. 1, 3,1,3. Gedr. बृधन्वत्.

बुधमनोहर und बुधरञ्जनी f. (Opp. Cat. 1) Titel zweier Werke.

*बुधरत्न n. Smaragd Râǵan. 13,165.

बुधवार m. Mittewoch.

*बुधसानु m. 1) = पर्ण. — 2) = यज्ञपुरुष.

बुधसुत m. Patron. des Purûravas.

बुधस्मृति f. Titel eines Werkes Opp. Cat. 1.

बुधानं 1) Adj. a) erwachend. — b) worauf geachtet wird RV. 4,23,8. — c) *klug. — d) *freundlich redend. — 2) *m. a) Lehrer. — b) Religionskundiger, Theolog.

बुधाष्टमी f. *ein best. achter Tag.*

बुधि Loc. Infin. zu 1. बुध् ṚV. 1,137,2.

बुधेय m. Pl. *eine best. Schule des weissen* Jagus Ârjav. 46,13.

बुध्न 1) m. n. (बुध्न) a) *Boden, Grund, Tiefe, das Unterste; Boden eines Gefässes.* — b) *Fuss eines Baumes, Wurzel.* — c) **Körper.* — d) * *Luftraum.* — 2) m. N. pr. eines Sohnes des 14ten Manu VP. 3,2,43. — 3) häufig fehlerhaft für बुध्य.

बुध्नरोग m. *eine best. Krankheit* Karaka 2,3. Vgl. ब्रध्न 2) e) und ब्रध्म.

बुध्नवत् Adj. *mit einem Boden versehen.*

बुध्निय Adj. = बुध्न्य TBr. 3,1,2,9.

बुध्न्य, बुध्निय 1) Adj. *auf dem Boden —, auf dem Grunde —, in der Tiefe —, am Fusse befindlich.* Besonders häufig in der Verbindung mit अहि m. *der Drache der Tiefe* (*des Dunstmeeres*). In der späteren Literatur ist Ahi budhnja N. pr. eines Rudra und auch Bein. Çiva's. — 2) m. N. pr. eines Sohnes des 14ten Manu VP.[2] 3,29.

बुध्य Adj. in अबुध्य und अग्रबुध्य.

बुन्द्, बुन्दति *wahrnehmen, inne werden* Bhaṭṭ.

बुन्द m. *Pfeil.*

*बुन्ध्, बुन्धति (निशामने), बुन्धयति (संयमने).

*बुबुर m. *Wasser.*

बुबोधयिषु Adj. *Jmd* (Acc.) *aufmerksam zu machen —, zur Vernunft zu bringen beabsichtigend.*

बुभुक्षा f. 1) *das Verlangen Etwas* (im Comp. vorangehend) *zu geniessen.* — 2) *Esslust, Hunger.* Ausnahmsweise Pl.

बुभुक्षापनय m. *was den Hunger vertreibt, Speise* R. 7,35,34.

बुभुक्षित Adj. *hungrig.*

बुभुक्षु Adj. 1) **Etwas* (Acc. oder im Comp. vorangehend) *zu essen verlangend.* — 2) *hungrig.* — 3) *nach dem Genusse der Welt verlangend* (Gegensatz मुमुक्षु).

बुभुत्सा f. *das Verlangen Etwas* (Acc. oder im Comp. vorangehend) *kennen zu lernen* 216,2.

बुभुत्सित n. *das Verlangen zu kennen, Wissbegierde* Bhâg. P. 1,5,40.

बुभुत्सु Adj. 1) *Etwas* (im Comp. vorangehend) *zu kennen wünschend.* — 2) *neugierig* Naish. 5, 53. — 3) *Alles zu kennen verlangend* als Beiw. der Götter.

बुभूर्षा f. *das Verlangen Jmd* (Gen.) *zu ernähren* Âpast.

°बुभूर्षु Adj. *Jmd zu ernähren wünschend.*

बुभूषक Adj. *auf Jmds* (Gen. oder im Comp. vorangehend) *Wohl bedacht.*

बुभूषा f. *der Wunsch zu sein, — zu leben, — sich zu erhalten.*

बुभूषु Adj. 1) *Geltung —, Macht wünschend.* — 2) *auf eines Andern Wohl bedacht.*

*बुरि f. = बुलि *die weibliche Scham* Gal.

बुरुड m. *Korbmacher, Mattenflechter.*

बुल्, बोलयति *untertauchen* (transit.).

*बुल gaṇa बलादि zu P. 4,2,80 in der Kâç.

*बुलि f. 1) *die weibliche Scham.* — 2) *Hinterbacke* Gal.

बुलिल m. N. pr. = बुडिल.

*बुल्य Adj. von बुल gaṇa बलादि zu P. 4,2,80 in der Kâç.

बुल्ल m. N. pr. eines Mannes.

बुल्व Adj. etwa *schief.*

बुश und बुष fehlerhaft für बुस.

*बुस्, बुस्यति (उत्सर्गे, विभागे).

बुस 1) n. a) etwa *Dunst, Nebel* ṚV. 10,27,24. — b) *Abfall, Unreines, Spreu* und *anderer Abfall des Getraides* 229,29. — c) **Wasser.* — d) **trokkener Kuhdünger.* — e) **die dicken Theile in geronnener Milch.* — f) **Reichthum.* — 2) *f. आ *eine jüngere Schwester* (im Schauspiel).

*बुसस Adj. von बुस.

*बुस्त्, बुस्तयति = पुस्त्.

*बुस्त m. n. 1) *die Kruste bei gebratenem Fleische.* — 2) *die Schale von Früchten.*

बुक्का f. in *श्वेतबुक्का.

*बूक्क m. f. n. und *बुक्कन् n. *Herz.*

बूत्कार m. *das Geschrei der Affen* Z. d. d. m. G. 32,735.

बूबशर्मन् m. N. pr. eines Mannes.

बूष fehlerhaft für बुस.

बृंहण 1) Adj. *feist machend, kräftigend, nährend.* — 2) n. a) *das Feistmachen, Kräftigen, Nähren.* — b) *Befestigungsmittel.*

बृंहणत्व n. *die Eigenschaft des Festmachens, Befestigens, Kräftigens.*

बृंहणीय Adj. 1) **feist zu machen, zu kräftigen.* — 2) *zum Feistmachen dienend, feist machend, nährend.*

बृंहयितव्य Adj. *zu kräftigen.*

बृंहित 1) n. *das Gebrülle des Elephanten* Spr. 7634. *des Löwen* Harshaé. 55,11. — 2) f. आ N. pr. einer der Mütter im Gefolge Skanda's MBh. 3,228,10.

बृंहिला f. v. l. für बृंहित 2).

बृगल n. *Brocken, Stück* in अर्धबृगल und पुरोडाशबृगल.

बृन्दारण्य und बृन्दावन Opp. Cat. 1. s. वृन्दा°.

बृबदुक्थ Adj. als Beiw. Indra's.

बृबु m. N. pr. eines Mannes. वृधु fehlerhaft M. 10,107.

बृबूक von unbekannter Bed. Nach den Lexicographen *Wasser.*

बृसय m. 1) etwa *Zauberer* (Grassmann). — 2) N. pr. eines Dämons.

*बृसिका f. *Polster.*

बृसी f. *Wulst, Bausch von gewundenem Gras* u. s. w., *Polster.*

बृह् in बृहस्पति.

बृहक m. N. pr. eines Devagandharva MBh. 1,123,57.

*बृहच्चञ्चु f. *eine best. Gemüsepflanze* Râǵan. 4,148.

बृहच्चाणक्य n. *die ausführliche Spruchsammlung des* Kâṇakja.

*बृहच्चित्त m. *Citrus medica.*

बृहच्चिन्तामणि m. Titel eines Werkes.

बृहच्छत्त्रा f. *eine best. Pflanze* Comm. zu Kâtj. Çr. 19,1,20.

*बृहच्छद m. *Wallnuss* Râǵan. 11,82.

बृहच्छन्दस् Adj. *mit hohem Dache versehen.*

बृहच्छब्देन्दुशेखर m. Titel eines Werkes.

बृहच्छरीर Adj. *hochgewachsen.*

*बृहच्छल्क m. *eine Art Seekrabbe.*

बृहच्छातातप m. *der ausführliche* Çâtâtapa.

बृहच्छान्तिस्तव m. *der ausführliche* Çântistava.

बृहच्छाल m. *eine hohe Vatica robusta.*

*बृहच्छिम्बी f. *eine Gurkenart* Râǵan. 7,178.

बृहच्छुक m. *eine Art Specht* Bhâvapr. 2,4.

बृहच्छृङ्गारतिलक n. *das ausführliche* Çṛṅgâratilaka.

बृहच्छोक Adj. *grossen Kummer habend* Spr. 6554.

बृहच्छ्रवस् Adj. 1) *laut tönend.* — 2) *laut gerühmt, weit berühmt.*

बृहच्छ्रीक्रम m. Titel eines Werkes.

बृहच्छ्लोक 1) Adj. *laut gerühmt.* — 2) m. N. pr. eines Sohnes des Urukrama.

बृहज्जातक n. Titel eines Werkes. °श्लोकव्याख्यान n. desgl.

बृहज्जाबालोपनिषद् f. Titel einer Upanishad.

बृहज्जाल n. *ein grosses Garn, — Netz.*

बृहज्जीरक m. *grosser Kümmel* Bhâvapr. 1,166.

*बृहज्जीवन्ती und *बृहज्जीवा f. *eine best. Pflanze* Râǵan. 3,27.

बृहज्ज्योतिस् 1) Adj. *hellstrahlend.* — 2) m. N. pr. eines Enkels des Brahman.

बृहट्टिक m. N. pr. eines Mannes.

बृहट्टीका f. Titel eines Werkes.

बृहत् m. N. pr. eines Sohnes des 9ten Manu Hariv. 1,7,64. — बृहती s. u. बृहन्त्.

*बृहतिका f. 1) Ueberwurf, Mantel. — 2) Solanum indicum.

बृहतीक am Ende eines adj. Comp. = बृहत् 5) a).

बृहतीकारम् Absol. unter Verwandlung in Bṛhatî-Strophen Âçv. Çr. 5,15,7.

*बृहतीपति m. der Planet Jupiter.

बृहत्क n. Name eines Sâman.

बृहत्कथा f. Titel zweier Werke. °विवरण n. Opp. Cat. 1.

*बृहत्कन्द m. 1) eine Art Zwiebel oder Knoblauch. — 2) ein anderes Knollengewächs Râǵan. 7,89.

बृहत्कपोल Adj. dickbackig Cit. im Comm. zu TS. Prât.

बृहत्कर्मन् m. N. pr. verschiedener Fürsten.

बृहत्कल्प m. ein best. Kalpa 2) h).

बृहत्काय m. N. pr. eines Sohnes des Bṛhaddhanus.

बृहत्कालज्ञान n. Titel eines Werkes.

*बृहत्कालशाक m. eine best. Gemüsepflanze. Fehlerhaft.

*बृहत्काश m. eine best. Rohrart.

बृहत्कीर्ति 1) Adj. weitberühmt. — 2) m. N. pr. a) eines Enkels des Brahman. — b) eines Asura.

बृहत्कुक्षि 1) *Adj. dickbäuchig. — 2) f. N. pr. einer Joginî Hemâdri 2,a,101,6. 8.

बृहत्केतु 1) Adj. von grosser Helle. — 2) m. N. pr. eines alten Königs.

*बृहत्कोशातकी f. eine Kürbisart Râǵan. 7,171.

बृहत्क्षण m. N. pr. eines Fürsten.

बृहत्क्षत m. N. pr. eines best. mythischen Wesens.

बृहत्क्षत्र m. N. pr. verschiedener Fürsten VP.².

बृहत्क्षय und बृहत्क्षेत्र m. N. pr. eines Fürsten VP.². v. l. बृहत्क्षण.

बृहत्तपोव्रत n. eine best. Begehung.

*बृहत्ताल m. Phoenix paludosa Râǵan. 9,93.

*बृहत्तिक्ता f. Clypea hernandifolia Râǵan. 6,122.

बृहत्तृण n. 1) starkes Gras Gobh. 4,7,10. — 2) * Bambusrohr.

बृहत्तेजस् m. der Planet Jupiter VP.² 2,258.

बृहत्तोडलतन्त्र n. Titel eines Tantra.

बृहत्त्व n. Grösse, grosser Umfang 135,14.

*बृहत्त्वच् m. Alstonia scholaris Râǵan. 12,35.

बृहत्त्वन् m. N. pr. eines Devagandharva MBh. 1,123,57. v. l. बृहद्गन्.

बृहत्पत्त्र 1) m. a) Symplocos racemosa Karaka 7,9. — b) *ein best. Knollengewächs Râǵan. 7,80. — 2) *f. आ ein best. Knollengewächs Râǵan. 7,112.

बृहत्पराशर m. der ausführliche Parâçara.

बृहत्परिभाषासंग्रह m. Titel eines Werkes Opp. Cat. 1.

बृहत्पलाश Adj. (f. आ) grossblätterig AV.

*बृहत्पाटलि m. Stechapfel.

बृहत्पाद 1) Adj. (f. आ) grossfüssig 133,30. — 2) *m. der indische Feigenbaum.

*बृहत्पारेवत m. ein best. Fruchtbaum Râǵan. 11,91.

*बृहत्पालिन् m. wilder Kümmel Râǵan. 6,76.

*बृहत्पीलु m. ein best. Baum Râǵan. 11,87.

*बृहत्पुष्पी f. eine Crotolarienart Râǵan. 4,67.

बृहत्पृष्ठ Adj. das Bṛhatsâman als Grundlage des Pṛshṭhastotra habend.

बृहत्प्रचेतस् m. der ausführliche Praketas.

बृहत्प्रयोग m. Titel eines Werkes.

बृहत्फल 1) m. a) *eine best. Pflanze. — b) Pl. eine best. Klasse von Göttern bei den Buddhisten. — 3) *f. आ a) eine wilde Gurkenart Râǵan. 3,42. — b) Beninkasa cerifera Râǵan. 3,62. — c) = महाजम्बू. — d) = महेन्द्रवारुणी Râǵan. 7,158.

बृहत्षोडशकारणपूजा f. Titel eines Werkes Bühler, Rep. No. 644.

बृहत्संवर्त m. der ausführliche Saṁvarta.

बृहत्संहिता f. Titel eines astronomisch-astrologischen und eines philosophischen Werkes, sowie auch eines Dharma.

बृहत्सर्वानुक्रमणी f. Titel einer Anukramaṇî.

बृहत्सहाय Adj. einen mächtigen Gefährten habend Spr. 4485.

बृहत्सामन् 1) Adj. das Bṛhat-Sâman zum Sâman habend Âpast. Çr. 21,8. 15. 22,2. 23,12. — 2) m. N. pr. eines Âṅgirasa. — °नामा Bhag. 10,35 fehlerhaft für बृहत् साम.

बृहत्सुम्न Adj. höchst wohlwollend, — gnädig.

बृहत्सूर्यसिद्धान्त m. der ausführliche Sûrjasiddhânta.

बृहत्सेन N. pr. 1) m. a) verschiedener Fürsten VP.². — b) eines Sohnes des Kṛshṇa. — 2) f. आ der Amme der Damajantî.

बृहत्सोम fehlerhaft für बृहत्साम.

बृहत्स्फिज् m. N. pr. eines Mannes.

बृहदग्नि m. N. pr. eines Ṛshi Hariv. 9373.

बृहदग्निमुख n. ein best. medicinisches Pulver Bhâvapr. 4,28.

*बृहदङ्ग m. Elephant.

बृहदङ्गिरस् m. der ausführliche Aṅgiras.

बृहदत्रि m. der ausführliche Atri.

बृहदनीक Adj. gewaltig aussehend.

बृहदभिधानचिन्तामणि m. der ausführliche Abhidhânakintâmaṇi.

बृहदमर und °कोश m. der ausführliche Amarakoça.

बृहदम्बालिका f. N. pr. einer der Mütter im Gefolge Skanda's.

*बृहदम्ल m. Averrhoa Carambola.

बृहदर्का f. AV. 8,9,14 fehlerhaft; vgl. TS. 4,3,11,2.

बृहदश्व m. N. pr. 1) eines Gandharva. — 2) verschiedener Männer.

बृहदष्टवर्ग m. Titel eines Werkes Opp. Cat. 1.

बृहदात्रेय m. der ausführliche Âtreja.

बृहदारण्य = बृहदारण्यक Opp. Cat. 1.

बृहदारण्यक n. Titel einer Upanishad. Commentare dazu: °भाष्य n., °भाष्यटीका f., °भाष्यवार्त्तिक n. und °व्याख्या f.

बृहदारण्यकोपनिषद् f. desgl. °षष्ठखण्डार्थ m. Opp. Cat. 1.

बृहदिषु m. N. pr. verschiedener Männer.

बृहदीश्वरदीक्षितीय n. Titel eines Werkes Opp. Cat. 1.

बृहदुक्थ 1) Adj. lauten Preis habend, weitgepriesen. — 2) m. a) ein best. Agni. — b) N. pr. verschiedener Männer.

बृहदुकथ (!) m. N. pr. eines Ṛshi.

बृहदुक्षन् und बृहदुक्ष Adj. gewaltig ausgiessend.

बृहदुक्षन् Adj. grosse Stiere habend.

बृहदुत्तरतापिनी f. Titel einer Upanishad.

*बृहदेला f. grosse Kardamomen Râǵan. 6,85.

बृहदोपशा f. mit dem Beiw. ह्रस्वा Name eines Sâman Ârsh. Br.

बृहद्गर्भ MBh. 3,13321 fehlerhaft für वृषदर्भ.

बृहद्गल Adj. dickhalsig Cit. im Comm. zu TS. Prât.

बृहद्गिरि 1) Adj. etwa laut rufend, — schreiend RV. — 2) m. N. pr. eines Jati.

बृहद्गीताव्याख्या f. Titel eines Werkes Opp. Cat. 1.

बृहद्गुरु m. N. pr. eines Mannes.

बृहद्गुर्वावलिपूजाशान्तिविधान n. Titel eines Werkes Bühler, Rep. No. 643.

*बृहद्गृह und *बृहद्गृह m. Pl. N. pr. eines Volkes.

*बृहद्गोल n. Wassermelone.

बृहद्गौरीव्रत n. eine best. Begehung.

बृहद्ग्रावन् Adj. einem dicken, grossen Stein gleichend.

बृहद्दन्ती f. eine best. Pflanze Bhâvapr. 1,213

बृहद्दर्भ m. N. pr. eines Fürsten.

*बृहद्दल m. 1) *eine Art* Lodhra Râǵan. 6,213. — 2) *Phoenix paludosa* Râǵan. 9,91.

1. बृहद्दिव 1) Adj. *dem hohen Himmel angehörig, himmlisch.* — 2) m. *a*) N. pr. eines Liedverfassers. — *b*) *das von ihm verfasste Lied.* — 3) n. Pl. Loc. *in Himmelshöhen* ṚV. 4,37,3. 9,79,1.

2. बृहद्दिव 1) Adj. = 1. बृहद्दिव 1). — 2) f. आ N. pr. einer Göttin.

बृहद्दुर्ग m. N. pr. eines Mannes.

बृहद्देवता f. Titel eines Werkes.

बृहद्देवस्थान n. Name eines Sâman Ârsh. Br.

बृहद्द्युति Adj. *hell glänzend* Kir. 3,32.

बृहद्द्युम्न m. N. pr. eines Fürsten.

बृहद्धन् m. N. pr. eines Devagandharva MBh. ed. Vardh. 1,123,54. v. l. बृहत्त्वन्.

बृहद्धनुस् und बृहद्धर्मन् m. N. pr. zweier Fürsten.

बृहद्धर्मपुराण n. *das ausführliche* Dharmapurâṇa.

बृहद्धर्मप्रकाश m. *der ausführliche* Dharmaprakâça.

*बृहद्धल *ein grosser Pflug.*

बृहद्धारावली f. *die ausführliche* Hârâvalî.

बृहद्धारीत m. *der ausführliche* Hârîta.

बृहद्धेमाद्रि m. *der ausführliche* Hemâdri.

बृहद्धोमपद्धति f. Titel eines Werkes.

बृहद्ध्वज m. N. pr. eines Fürsten VP.² 4,61.

बृहद्ध्वनी f. N. pr. eines Flusses MBh. 6,9,32.

बृहद्बल m. N. pr. zweier Fürsten.

*बृहद्बीज m. *Spondias mangifera.*

बृहद्बृहस्पति m. *der ausführliche* Bṛhaspati.

बृहद्ब्रह्मन् m. N. pr. eines Enkels des Brahman.

बृहद्ब्रह्मसंहिता f. Titel eines Werkes Opp. Cat. 1.

बृहद्ब्रह्मोत्तरखण्ड m. Titel eines *Abschnitts* im Skandapurâṇa.

*बृहद्भट्टारिका f. Bein. der Durgâ.

बृहद्भय m. N. pr. eines Sohnes des 9ten Manu.

बृहद्भानु 1) Adj. *hellglänzend.* — 2) m. *a*) **Feuer, der Gott des Feuers.* — *b*) *ein best.* Agni. — *c*) N. pr. α) eines Sohnes des Sattrâjaṇa und einer Manifestation Vishṇu's. — β) eines Sohnes des Kṛshṇa. — γ) eines Fürsten.

बृहद्भास् Adj. *hellglänzend* Âpast. Çr. 2,14,10.

बृहद्भास N. pr. 1) m. eines Enkels des Brahman. — 2) f. आ einer Tochter des Sonnengottes.

बृहद्भुज Adj. *lange Arme habend.*

बृहद्यम m. *der ausführliche* Jama.

बृहद्याज्ञवल्क्य m. *der ausführliche* Jâǵnavalkja.

बृहद्यात्रा f. Titel eines Werkes Utpala zu Varâh. Brh. 20,10.

बृहद्योगियाज्ञवल्क्यस्मृति f. Titel eines Werkes Bühler, Rep. No. 354.

बृहद्रण m. N. pr. eines Fürsten.

बृहद्रत्नकारिका f. und °रत्नाकर m. Titel zweier Werke Opp. Cat. 1.

1. बृहद्रथ m. *ein gewaltiger Held.*

2. बृहद्रथ 1) m. *a*) N. pr. verschiedener Manner. — *b*) *Bein. Indra's. — *c*) **Opfergeräth.* — *d*) **ein best.* Mantra. — *e*) **ein Theil des* Sâmaveda. — 2) f. बृहद्रथा N. pr. eines Flusses Hariv. 9507.

बृहद्रथंतर n. Du. *die* Sâman Bṛhat *und* Rathaṁtara Ait. Br. 4,19,3. Kaush. Up. 1,5. Gaut. 19,12.

बृहद्रथंतरसामन् Adj. *das* Bṛhat- *und* Rathaṁtara-Sâman *zum* Sâman *habend* Âpast. Çr. 21,8.

बृहद्रयि Adj. *reichlichen Besitz habend.*

बृहद्रवस् Adj. *laut dröhnend.*

बृहद्राज m. N. pr. eines *Fürsten.*

बृहद्रावन् Adj. *laut tönend, — rufend* Kap. S. 40,2.

*बृहद्राविन् m. *eine kleine Eulenart.*

बृहद्रि Adj. *reichlichen Besitz habend.*

बृहद्रूप m. 1) **eine Eulenart* Râǵan. 19,123. — 2) N. pr. eines Marut.

बृहद्रेणु Adj. *dichten Staub aufregend.*

बृहद्वध m. 1) *vielfacher Mord* Bhâg. P. 4,29,49. — 2) so v. a. *Brahmanenmord* Bhâg. P. 6,13,4.

बृहद्वत् 1) Adj. *derjenige, dem das* Bṛhat Sâman *zugeeignet ist.* — 2) f. बृहद्वती N. pr. eines Flusses.

बृहद्वपस् Adj. *hochkräftig, sehr lebenskräftig* oder *hochmächtig.*

*बृहद्वल्क m. *eine Art* Lodhra Râǵan. 6,213.

बृहद्वसिष्ठ m. *der ausführliche* Vasishṭha.

बृहद्वसु m. N. pr. zweier Männer.

*बृहद्वात m. *eine best. Kornart* Ratnam. 320.

बृहद्वादिन् Adj. *grosssprechend, Grosssprecher.*

बृहद्वाराहपत्नमाहात्म्य n. Titel eines Werkes Opp. Cat. 1.

*बृहद्वारुणी f. *eine best. Pflanze.*

बृहद्वासिष्ठ m. *der ausführliche* Vâsishṭha.

बृहद्विवाहपटल Titel eines Werkes.

बृहद्विष्णु m. *der ausführliche* Vishṇu.

बृहद्वृत्ति f. Titel eines Werkes Ganar.

बृहद्वैयाकरणभूषण und बृहद्व्याकरणभूषण (Opp. Cat. 1) n. Titel zweier Werke.

बृहद्व्यास m. *der ausführliche* Vjâsa.

1. बृहद्व्रत n. *das grosse Gelübde der Keuschheit.*

2. बृहद्व्रत Adj. *das grosse Gelübde der Keuschheit beobachtend.*

बृहत् 1) Adj. (f. बृहती) *a*) *hoch, hochgewachsen, ausgebreitet, viel, reichlich, gewaltig, bedeutend, gross* (eigentlich und uneigentlich, in den verschiedenen Bedeutungen des Wortes). Compar. बृहत्तर. — *b*) *erwachsen, alt.* — *c*) von Lichterscheinungen sowohl *ausgebreitet* als *hell.* — *d*) von Tönen *hoch, hell, laut.* — 2) Adv. *a*) बृहत् α) *hoch, weit, breit.* — β) *dicht, fest.* — γ) *hell.* — δ) *laut.* — ε) *stark, sehr.* — *b*) बृहता Instr. *laut.* — 3) m. N. pr. *a*) eines Marut. — *b*) verschiedener Männer. — 4) m. oder n. *Rede.* बृहतां पतिः so v. a. Bṛhaspati Çiç. 2,68. — 5) f. ई *a*) *ein best. Metrum von 36 Silben*, später *jedes Metrum von 36 Silben.* — *b*) Bez. *der Zahl sechsunddreissig.* — *c*) Pl. Bez. *bestimmter Backsteine* Çulbas. 3,166. — *d*) *ein Solanum.* °द्वय n. *zwei Arten desselben.* — *e*) *ein best. Körpertheil an den Seiten zwischen Brust und Wirbelsäule.* — *f*) *Du. *Himmel und Erde* Gal. Vgl. ṚV. 4,56,1. 7,53,1. — *g*) **Rede.* Geschlossen aus Stellen, wo bei वाच् das Beiwort बृहती steht. — *h*) **Ueberwurf, Mantel.* — *i*) **Wasserbehälter.* — *k*) *Nârada's oder Viçvâvasu's *Laute.* — *l*) Titel zweier Werke Opp. Cat. 1. — *m*) N. pr. verschiedener Frauen. — 6) n. *a*) *Höhe.* — *b*) Name verschiedener Sâman, *welche die metrische Form der* Bṛhatî *haben.* Auch mit den Zusätzen आग्नेयम्, भरद्वाजस्य, भारद्वाजम्, वामदेव्यम्, सौरम् Ârsh. Br. — *c*) *das* Brahman. — *d*) *der* Veda.

बृहत्त 1) Adj. *gross.* — 2) m. N. pr. eines Fürsten.

*बृहन्नखी f. *ein best. Parfum.*

*बृहन्नट m. Bein. Arǵuna's.

*बृहन्नड m. 1) *Amphidonax* Karka. — 2) Bein. Arǵuna's.

बृहन्नल 1) m. *eine best. hochwachsende Schilfart.* — 2) m. f. (आ) ein Name, unter welchem Arǵuna, sich für einen Zwitter oder Geschlechtslosen ausgebend, in den Dienst Virâṭa's trat.

बृहन्नाट m. *ein best.* Râga S. S. S. 37.

बृहन्नारदीय und °पुराण n. Titel eines Purâṇa.

बृहन्नारदीयतन्त्र n. Titel eines Tantra.

बृहन्नारायण n., °णी f. und °णोपनिषद् f. Titel einer Upanishad.

बृहन्नालिक n. *Kanone* Çukran. 4,1031.

बृहन्निघण्ट m. Titel eines *Glossars.*

बृहन्निर्वाणतन्त्र n. Titel eines Tantra.

बृहन्नीलतन्त्र n. Titel eines Werkes.

*बृहन्नीली f. *eine best. Pflanze,* = महानीली.

बृहन्नेत्र Adj. vielleicht *weitsichtig* (in übertr. Bed.).

बृहन्नौका f. *eine best. vortheilhafte Stellung im Spiele* Katuranga.

बृहन्मति 1) Adj. *hochsinnig* ṚV. — 2) m. N. pr. eines Liedverfassers.

बृहन्मध्य Adj. (f. ञ्चा) *in der Mitte gross*, — *bedeutend* 167,11.

बृहन्मनस् m. N. pr. 1) eines Enkels des Brahman. — 2) eines Fürsten.

बृहन्मनु m. *der ausführliche* Manu.

बृहन्मन्त्र m. N. pr. eines Enkels des Brahman.

बृहल्लोहित N. pr. eines mythischen Teiches.

बृहस्पति m. 1) N. pr. eines Gottes, in welchem die Thätigkeit des Frommen gegenüber den Göttern personificirt ist. Gilt später als *Gott der Klugheit und der Beredsamkeit*, dem verschiedene Werke zugeschrieben werden. — 2) *der Planet Jupiter*. — 3) N. pr. verschiedener Männer.

*बृहस्पतिक m. Hypokoristikon von बृहस्पतिदत्त.

बृहस्पतिकरण n. Titel eines Werkes Opp. Cat. 1.

बृहस्पतिगुप्त m. N. pr. eines Mannes.

*बृहस्पतिदत्त m. desgl.

बृहस्पतिपद्धति f. Titel eines Werkes Opp. Cat. 1.

बृहस्पतिपुरोहित Adj. *den* Bṛhaspati *zum* Purohita *habend*.

बृहस्पतिप्रणुत्त Adj. *von* Bṛhaspati *vertrieben*.

बृहस्पतिप्रसूत Adj. *von* Bṛhaspati *geheissen*.

बृहस्पतिमत n. Titel eines Werkes Kumârasv. zu Pratâpar. 127,3. 129,3.

बृहस्पतिमत्त् Adj. *von* Bṛhaspati *begleitet*.

बृहस्पतिमिश्र m. N. pr. eines Scholiasten.

*बृहस्पतिय und *बृहस्पतिल m. Hypokoristikon von बृहस्पतिदत्त.

बृहस्पतिवत्त् Adj. = बृहस्पतिमत्त्.

*बृहस्पतिवार m. *Donnerstag*.

बृहस्पतिशिरस् Adj. wohl *geschoren wie* Bṛhaspati.

बृहस्पतिसंहिता f. Titel eines Werkes.

बृहस्पतिसव m. *eine best. eintägige Feier, durch welche die* Purohita-*Würde erlangt werden soll*, Âpast. Çr. 18,7. 22,7. 23,9.

बृहस्पतिसुत Adj. *von* Bṛhaspati *gekeltert* TS. 1,4,27,1.

बृहस्पतिसूत्र n. Titel eines Werkes Opp. Cat. 1.

बृहस्पतिस्तोम m. *ein best.* Ekâha.

बृहस्पतिस्मृति f. Titel eines *Gesetzbuchs* Opp. Cat. 1.

बेकनाट m. *Wucherer*.

बेकुरा f. nach Nigh. *Stimme, Ton* Lâṭj. 1,11,9.

बेकुरि f. als Beiw. von Apsaras.

बेटी f. etwa *Hure* Z. d. d. m. G. 27,22.

बेदरकार m. nach Bühler *ein Einwohner der Stadt* Bedar oder Bidar (im Territorium des Nigâm von Haidrabad).

*बेभिदितव्य Partic. fut. pass. vom Intens. von 1. भिद्.

बेम्ब m. N. pr. eines Mannes Ind. St. 14.

बेम्बारव m. *ein best. Laut* Ind. St. 14,103. Vgl. बम्भारव.

*बेस्, बेसति = पिस्, पेस्.

*बैकि m. Patron. gaṇa तौल्वल्यादि in der Kâç.

बैजवाप m. Patron. von बीजवाप.

बैजवापायन m. Patron. von बैजवाप.

बैजवापि m. Patron. von बीजवाप oder °वापिन् Karaka 1,1. *Pl. N. pr. eines Kriegerstammes.

*बैजवापीय 1) Adj. von बैजवापि. — 2) m. *ein Fürst der* Baiǵavâpi.

*बैजि von बीज.

बैजिक 1) Adj. *vom Samen kommend, zu ihm in Beziehung stehend*. — 2) *m. *ein junger Schoss*. — 3) *n. *a) Oel von Moringa pterygosperma*. — *b) Ursache*. — *c) die Seele*.

*बैजीय Adj. von बैजि.

*बैजेय m. Patron. von बीज.

बैडाल Adj. *der Katze eigen*.

*बैडालव्रति, °व्रतिक und °व्रतिन् Adj. *das Verfahren der Katze befolgend, falsch*.

*बैडालिकर्णिककन्थ und *°कर्णिकन्थ n. wohl N. pr. einer Stadt.

1. बैद m. Patron. von बिद् Ait. Br. 3,6,4. Âçv. Çr. 12,10,9. *°कुल Pat. zu P. 2,4,64, Vârtt. *f. बैदी Mahâbh. 4,18,*b*.

2. बैद 1) Adj. von 1. बैद P. 4,3,127, Sch. — 2) m. *ein best.* Trjaha Kâṭj. Çr. 23,2,8.

बैदत्रिरात्र m. *ein best.* Trirâtra Âçv. Çr. 10, 2,10. Lâṭj. 2,2,4. 9,7,8. Verz. d. B. H. 73,14.

*बैदापुटायन m. Patron. von बिदापुट gaṇa अश्वादि zu P. 4,1,110 in der Kâç.

बैन्द m. N. pr. eines verachteten Stammes, = निषाद Comm.

*बैन्दव m. Patron. von बिन्दु.

*बैन्दवि m. Pl. N. pr. eines Kriegerstammes.

*बैन्दवीय m. *ein Fürst der* Baindavi.

*बैम्बकि m. Patron. von बिम्ब.

बैल Adj. 1) *in Höhlen wohnend*; m. *ein solches Thier* Karaka 6,20. — 2) *von Höhlen bewohnenden Thieren herkommend*.

*बैलायन Adj. von बिल.

बैलमवेगरुड m. Pl. *eine best. Klasse Çiva'itischer Mönche* Kâraṇḍ. 81,8.

*बैल्य m. N. pr. eines Mannes.

*बैल्यायन m. Patron. von बैल्य.

बैल्व 1) Adj. *a) vom* Bilva-*Baume kommend, aus* Bilva-*Holz gemacht* Gaut. — *b)* **mit* Bilva-*Bäumen bestanden*. — 2) *m. N. pr. eines Mannes. — 3) *n. Bilva-*Frucht*.

*बैल्वक Adj. von बिल्व und बिल्वकीया.

*बैल्वकीय Adj. von बैल्वक.

*बैल्वज von बिल्वज, v. l. बैल्वल.

*बैल्वजक Adj. *von* Bailvaǵa *bewohnt*.

*बैल्वमय Adj. (f. ई) von बैल्व.

*बैल्वयत m. Patron. *f. °यत्या.

*बैल्वल gaṇa राजन्यादि in der Kâç.

*बैल्वलक Adj. *von* Bailvala *bewohnt* gaṇa राजन्यादि in der Kâç.

*बैल्ववन m. wohl *ein Bewohner von* Bilvavana.

*बैल्ववनक m. *von* Bailvavana *bewohnt*.

*बैल्वायन m. Patron. von बैल्व.

बैष्क (wohl n.) *Fleisch von einem durch ein Raubthier* (oder *eine Schlinge*) *getödteten Thiere* Gaut. Vgl. मेष्क, वेष्क, ब्लेष्क.

*बैह्लीनरि m. Patron. von बह्लीनर.

*बोकडी f. *Argyreia speciosa* oder *argentea* Râǵan. 3,84.

बोद्धर् Nom. ag. 1) *Wahrnehmer, Auffasser*. — 2) *der Etwas versteht, kennt, weiss, erfahren in* (Loc.).

बोद्धव्य 1) Adj. *a) worauf man zu achten hat*. — *b) wahrzunehmen, in Erfahrung zu bringen, kennen zu lernen, zu erkennen, der Erkenntniss unterliegend, zu verstehen, zu begreifen*. — *c) anzuerkennen, anzunehmen*. — *d) aufzuklären, zur richtigen Erkenntniss zu bringen*. — *e) dem man Etwas zu wissen thut, den man auf Etwas aufmerksam macht*. — 2) n. impers. *zu wachen, wach zu sein*.

बोद्धृत्व n. Nom. abstr. zu बोद्धर् 2) Kap. 1,98.

बोध 1) Adj. *begreifend, erkennend*. — 2) m. *a) das Erwachen* (108,10), *Wachen, Wachsein, der wache Zustand*. बोधप्रतिबोधौ AV. 5,30,10. — *b) das Erwachen* von Blüthen, so v. a. *Aufblühen*. — *c) das Erwachen* von Wohlgerüchen, so v. a. *Erregung*. — *d) das Erwachen* von Zaubersprüchen, so v. a. *das zu wirken Beginnen*. — *e) Erkenntniss, Auffassung, das Begreifen, Einsicht*. — *f) Bezeichnung*. — *g)* die personificirte *Einsicht* ist ein Sohn der Buddhi. — *h)* N. pr. α) eines Mannes. — β) Pl. eines Volkes.

बोधक 1) Adj. (f. °धिका) *a) weckend*. — *b) Etwas lehrend, zu einer Erkenntniss* —, *zu e. E. von* (im Comp. vorangehend) *führend* 257, 8. 275,26.

Nom. abstr. °त्व n. — c) *Etwas* (im Comp. vorangehend) *bezeichnend, angebend.* — d) *aufklärend, belehrend, Lehrer, Unterweiser.* — 2) m. N. pr. eines Mannes; Pl. *seine Nachkommen.*

*बोधकर m. *eine Person, deren Amt es ist, einen Fürsten zu wecken.*

बोधघनाचार्य m. N. pr. eines *Lehrers.*

बोधचित्तविवरण n. Titel eines Werkes.

बोधन 1) Adj. (f. ई) a) *aufblühen machend.* — b) *anfachend, erregend.* — c) *aufklärend, belehrend.* — 2) m. a) *der Planet Mercur.* — b) N. pr. eines Berges. — 3) f. ई a) * *Erkenntniss.* — b) * *langer Pfeffer.* — c) *der 11te Tag in der lichten Hälfte des* Kârttika, *an welchem* Vishṇu *von seinem Schlafe erwacht.* — d) *eine best.* Çakti Hemâdri 1,197,22. — 4) n. a) *das Erwachen, Wachen.* — b) *das Gewahrwerden, Erkennen.* — c) *das Wecken* Spr. 7677. — d) *das Wecken eines Zauberspruchs,* so v. a. *das Wirkenlassen.* — e) *das Wahrnehmenlassen, Erkennenlassen.* — f) *das Aufmerksammachen, Aufklären, Belehren.* — g) *das Bezeichnen, Anzeigen.* — h) * *das Räuchern.* — i) *der 9te Tag in der dunklen Hälfte des* Bhâdra, *an welchem* Durgâ *erwacht.*

बोधनीय Adj. 1) *auf Etwas aufmerksam zu machen, admonendus* 210,30. — 2) *aufzufassen* —, *anzusehen als.*

बोधैन्मनस् Adj. v. l. für बोधिन्मनस्.

बोधपञ्चदशिका f. Titel eines Werkes Bühler, Rep. No. 470.

बोधपूर्वम् in अबोधपूर्वम्.

बोधपृथ्वीधर m. N. pr. eines Lehrers.

बोधप्रक्रिया f. Titel eines Werkes.

बोधमय Adj. *aus lauter Erkenntniss bestehend.*

बोधयितर् Nom. ag. 1) *Wecker.* — 2) *Lehrer, Urheber einer Lehre.*

बोधयितव्य Adj. *bekannt zu machen mit* (Acc.).

बोधयिषु Adj. *zu wecken beabsichtigend.*

बोधवती f. N. pr. einer Surâṅganâ Ind. St. 15,232.

बोधवासर m. = बोधन 3) c).

बोधविलास m. (Bühler, Rep. No. 472), बोधसार m. und बोधसुधाकर m. Titel von Werken.

बोधात्मन् m. bei den Gaina *die erkennende und fühlende Seele.*

*बोधान 1) Adj. Subst. *klug, ein kluger Mann.* — 2) m. Bein. Bṛhaspati's.

बोधानन्दघन m. N. pr. eines Lehrers.

बोधायन m. desgl. °कल्पविवरण n., °धर्मव्याख्या f., °प्रयोग m., °श्रौत n. und °सूत्र n. Titel von Werken Opp. Cat. 1. Vgl. बौधायन.

बोधायनीय n. und °गृह्यमाला f. Titel von Werken ebend.

बोधारण्ययति m. N. pr. eines Lehrers.

बोधि 1) m. f. bei den Buddhisten und Gaina *die vollkommene Erkenntniss, welche einem Menschen aufgeht und durch die er* Buddha *oder* Gina *wird; die erleuchtete Intelligenz eines* Buddha oder Gina. Vagrakkh. 34,3. 19. — 2) m. a) *der Baum, unter welchem* Çâkjamuni *die vollkommene Erkenntniss erlangte, Ficus religiosa* Hemâdri 1,136,22. 137,2. — b) * *Hahn.* — c) * *ein* Buddha. — d) N. pr. α) Pl. eines Volkes. — β) *einer Oertlichkeit. — γ) eines mythischen Elephanten.

बोधिचित्तविवरण n. fehlerhaft für बोधचित्तवि°.

*बोधितरु m. *Ficus religiosa.*

बोधितव्य Adj. *zur Kenntniss zu bringen, mitzutheilen.*

*बोधिद m. *ein* Arhant *bei den* Gaina.

*बोधिद्रुम m. *Ficus religiosa.*

बोधिधर्म m. N. pr. eines buddhistischen Patriarchen.

°बोधिन् Adj. 1) *bedacht auf.* — 2) *kennend, vertraut mit.* — 3) *wahrnehmen* —, *erkennen lassend.* — 4) *erweckend, aufklärend.*

बोधिन्मनस् Adj. *wachen Sinn habend, aufmerksam.*

बोधिपक्षधर्म m. *eine zur vollkommenen Intelligenz gehörige Eigenschaft* Lalit. 8,14. 218,5.

बोधिपाक्षिक Adj. *zur vollkommenen Intelligenz gehörig* Lot. de la b. l. 430.

*बोधिभद्र m. N. pr. eines buddh. Lehrers.

बोधिमण्ड *der Sitz, welcher sich im Schatten der Ficus religiosa aus der Erde hervorgehoben haben soll, als* Çâkjamuni *zur vollkommenen Erkenntniss gelangte;* in weiterer Bed. = बोधिमण्डल.

बोधिमण्डल n. *der Ort, an welchem* Çâkjamuni *die vollkommene Erkenntniss erlangte.*

बोधिरुचि m. N. pr. eines buddh. Gelehrten Eitel, Chin. B.

बोधिल m. N. pr. eines buddh. Lehrers Eitel, Chin. B.

*बोधिवृक्ष m. *Ficus religiosa* Râgan. 11,114.

*बोधिसंघाराम m. Name *eines buddh. Klosters.*

बोधिसत्त्व m. bei den Buddhisten *ein Mann in dem letzten Stadium auf dem Wege zur Erlangung der vollkommenen Erkenntniss,* — *der* Buddha-*Würde.* Nom. abst. °ता f.

बोधिसत्त्वचर्यावतार m., °सत्त्वपक्षनिर्देश m., °सत्त्वपिटक m. oder n., °सत्त्वबुद्धानुस्मृतिसमाधि m. und °सत्त्वभूमि f. Titel buddh. Werke.

बोधिसत्त्वसंचोदनी f. Bez. *eines best. Lichtstrahls* Lalit. 362,21.

बोधिसत्त्वसमुच्चया f. N. pr. einer buddh. Göttin.

बोधिसत्त्वावदानकल्पलता f. Titel eines buddh. Werkes.

बोधेय m. Pl. *eine best. Schule.*

बोधैकसिद्धि f. Titel eines Werkes.

बोध्य 1) Adj. a) *zu verstehen* (Spr. 7594), *zu erkennen, aufzufassen als* (Nomin.). — b) *was zur Erkenntniss zu bringen ist* 257,8. — c) *aufzuklären, zur Vernunft zu bringen.* — 2) n. impers. *zu verstehen, aufzufassen.* — 3) m. N. pr. eines Ṛshi.

बोध्यङ्ग n. *ein integrirender Theil der vollkommenen Erkenntniss* (deren werden 7 angenommen) Lalit. 9,10. 10,8. 218,5. Vgl. संबोध्यङ्ग.

बोपदेव m. s. वोपदेव.

बोरसिद्धि f. N. pr. einer Oertlichkeit.

*बोल्लित्थ m. n. *Boot, Schiff* H. 876. Deçîn. 6,96. Vgl. वहित्र.

बौद्ध 1) Adj. a) *im Sinne* (बुद्धि) *behalten, nicht ausgesprochen.* — b) *dem Verstand* (बुद्धि) *angehörend.* — c) *zu* Buddha *in Beziehung stehend.* — 2) m. *ein Buddhist.* °दर्शन n. und °मत n. *die Lehre der Buddhisten.*

बौद्धाधिक्कार m. Titel eines Werkes. Commentare dazu: °गादाधरी f., °गुणानन्दी f. und °दीधिति f.

बौद्धशास्त्र n. Titel eines Werkes Opp. Cat. 1.

बौध 1) Adj. *zu Mercur in Beziehung stehend, ihm eigen.* अहन् n. *Mittewoch* Vishṇus. 78,4. — 2) *m. Patron. des Purûravas.

1. बौधायन m. Patron. N. pr. 1) eines alten Lehrers. Pl. *ein best. Geschlecht.* — 2) eines Vidûshaka Kaṇḍak. 4,7.

2. बौधायन 1) Adj. (f. ई) *zu* 1. बौधायन 1) *in Beziehung stehend, von ihm verfasst* Agni-P. 39,5. — 2) m. Pl. *eine best. Schule.*

बौधायनमासप्रयोग m. und °मासप्रायश्चित्त f. (Verz. d. Oxf. H. 378, b, No. 385) Titel zweier Werke.

बौधायनीय m. Pl. *eine best. Schule des schwarzen* Jagus.

बौधायनीयप्रयोगसार Titel eines Werkes.

*बौधि m. Patron. von बुध und बोध.

बौधीपुत्र m. N. pr. eines Lehrers.

बौधेय und बौध्य m. Pl. *eine best. Schule.*

बौध्य 1) *Adj. *in* Bodha *geboren.* — 2) m. Patron. (von बोध) N. pr. eines Lehrers.

*बोभुक्त Adj. der beständig hungrig ist, Hungerleider.

ब्रध्न 1) Adj. a) röthlichgelb oder falb. — b) *gross. — 2) m. a) die Sonne. — b) die Welt der Sonne (Comm.) TBr. 3,7,5,13. — c) *Ross. — d) ein best. Theil des Pfeils in शतब्रध्न. — e) eine best. Krankheit. Vgl ब्रध्म und बुध्नरोग. — f) N. pr. eines Sohnes des Manu Bhautja. — 3) n. Blei Bhâvapr. 1,254. — 4) fehlerhaft für बुध्न und बुध्न्य.

ब्रध्नचक्र n. der Zodiacus Ganit. Bhagan. 14.

ब्रध्नबिम्ब n. die Sonnenscheibe Harshak. 153,19.

ब्रध्नमण्डल n. dass. Kâd. 198,3.

ब्रध्नलोक m. die Welt der Sonne.

ब्रध्नश्व m. N. pr. eines Fürsten. So in den drei Ausgg. des MBh.

ब्रध्म m. eine best. Krankheit Karaka 6,7 (वध्म). 10. 17. Vgl. ब्रध्न 2) e) und बुध्नरोग.

*ब्रह्, ब्रह्मति (गतिकर्मन्).

ब्रह्म 1) m. Priester in असुरब्रह्म. — 2) n. metrisch für ब्रह्मन् der unpersönlich gedachte Gott R. 7,109,4. Dagegen ist ब्रह्मम् Nomin. Taitt. Âr. 10,48 (vgl. Comm. zu VP. 3,15,1) fehlerhaft, wie auch das darauf folgende मधुम् Nomin.

ब्रह्मऋषि m. = ब्रह्मर्षि.

ब्रह्मक am Ende eines adj. Comp. = ब्रह्मन् m. der Gott Brahman.

*ब्रह्मकन्य (wohl m.) Clerodendrum siphonanthus.

*ब्रह्मकन्यक 1) (wohl m.) dass. — 2) f. आ a) Ruta graveolens Râǵan. 5,62. — b) Bein. der Sarasvatî.

ब्रह्मकर m. Abgabe an die Brahmanen.

ब्रह्मकर्मन् n. das Amt des Brahman, — der Brahmanen. °कर्मप्रकाशक oder °कर्मप्रदायक m. Bein. Krshna's.

ब्रह्मकर्मसमाधि Adj. der sich mit der höchsten Gottheit beschäftigt und sich in sie vertieft.

ब्रह्मकला f. Bez. der im Herzen der Menschen wohnenden Dâkshâjanî.

ब्रह्मकल्प 1) Adj. dem Gotte Brahman ähnlich. — 2) m. Brahman's Weltperiode als Bez. einer Urzeit.

ब्रह्मकाण्ड n. 1) der dogmatische Theil der heiligen Schriften. — 2) Titel eines Werkes oder Theiles eines Werkes des Bhartrhari.

ब्रह्मकाय m. Pl. eine best. Klasse von Göttern.

ब्रह्मकायिक Adj. zu den Brahmakâja gehörig.

ब्रह्मकार Adj. Gebete verrichtend.

*ब्रह्मकाष्ठ m. Thespesia populneoides Râǵan. 9,98.

*ब्रह्मकिलेय (?) m. N. pr. eines Mannes.

ब्रह्मकिल्बिष n. ein Vergehen gegen die Brahmanen.

ब्रह्मकुण्ड n. N. pr. eines heiligen Teiches.

ब्रह्मकुशा f. 1) eine Art Kümmel Bhâvapr. 1,165. — 2) *= अजमोदा.

ब्रह्मकूट m. 1) ein überaus gelehrter Theolog MBh. 13,93,129. — 2) N. pr. eines heiliges Berges.

ब्रह्मकूर्च n. eine best. Kasteiung, bei der man die fünf von der Kuh kommenden Dinge (s. पञ्चगव्य) geniesst. Hemâdri 1,200,11. 2,45,11. 12. 46, 20.

ब्रह्मकृत् Adj. Sprüche —, Segen u. s. w. verrichtend. — aussprechend.

*ब्रह्मकृत m. N. pr. eines Mannes.

ब्रह्मकृति f. Gebet, Andacht.

ब्रह्मकेतु m. N. pr. eines Mannes.

ब्रह्मकैवर्त m. und °कैवर्तकेदारखण्ड Titel von Werken oder Abschnitten in einem Purâṇa Opp. Cat. 1.

ब्रह्मकोश 1) m. a) die Schatzkammer des heiligen Wortes Pâr. Grhj. 3,16. — b) Bein. Atri's VP.² 2,16. — 2) *f. ई eine best. Pflanze, = अजमोदा Râǵan. 6,111.

ब्रह्मक्षत्र n. Sg. und Du. Brahmanen und Adeliche VP.² 4,166. Ait. Br. 8,7,10.

ब्रह्मक्षत्रसव m. Pl. Bez. bestimmter Opferhandlungen M. 5,23.

ब्रह्मक्षेत्र n. N. pr. eines heiligen Gebietes.

ब्रह्मखण्ड n. Titel des ersten Abschnittes im Brahmavaivartapurâṇa.

ब्रह्मगन्ध m. der Duft Brahman's.

ब्रह्मगर्भ 1) m. a) Brahmanen-Embryo (?). — b) N. pr. eines Gesetzgebers. — 2) *f. आ Ocimum villosum Râǵan. 11,180.

ब्रह्मगवी f. Brahmanenkuh.

ब्रह्मगायत्री f. ein best. Zauberspruch.

ब्रह्मगार्ग्य m. N. pr. eines Mannes.

ब्रह्मगिरि m. N. pr. eines Berges.

ब्रह्मगीता f. 1) Pl. die von Brahman gesprochenen Verse MBh. 13,35,5—11. — 2) Titel eines Werkes Opp. Cat. 1.

ब्रह्मगीतिका f. Bez. besimmter Verse.

ब्रह्मगुप्त m. N. pr. 1) eines Sohnes des Brahman. — 2) eines Astronomen und verschiedener anderer Männer. — 3) *Pl. eines Stammes.

*ब्रह्मगुप्तीय m. ein Fürst der Brahmagupta.

ब्रह्मगोल m. das Weltall Ind. St. 14,138.

ब्रह्मग्रन्थि m. 1) eine Art Knoten Comm. zu Gobh. S. 227, Z. 1 v. u. — 2) ein best. Gelenk am Körper.

*ब्रह्मग्रह m. = ब्रह्मराक्षस.

ब्रह्मग्राहिन् Adj. das heilige Wort zu empfangen würdig.

ब्रह्मघातक m. Brahmanenmörder.

ब्रह्मघातिन् m. dass. f. °तिनी als Bez. einer Frau am zweiten Tage der monatlichen Reinigung Bhâvapr. 1,19.

ब्रह्मघोष m. 1) das vom Hersagen von Gebeten herrührende Gemurmel. Auch Pl. — 2) der heilige Text, der Veda.

ब्रह्मघोषरव m. = ब्रह्मघोष 1) Hemâdri 1,490,11.

ब्रह्मघ्न m. Brahmanenmörder. — ब्रह्मघ्नी s. u. ब्रह्महन्.

ब्रह्मचक्र n. 1) Brahman's Rad. — 2) ein best. mystischer Kreis.

ब्रह्मचर्य 1) n. heiliges Studium, Lebensweise und Stand eines Brahmanenschülers; insbes. Enthaltsamkeit, Keuschheit. Der Acc. construirt mit वस्, चर्, आ-गम्, उप-इ und ग्रह्. — 2) f. °चर्या Keuschheit Comm. zu Âpast. Çr. 4,1,2.

ब्रह्मचर्यत्व n. Enthaltsamkeit, Keuschheit Hariv. 2,3,13.

ब्रह्मचर्यवन्त् Adj. die Lebensweise eines Brahmanenschülers führend, Keuschheit übend Âpast.

ब्रह्मचर्याश्रम m. der Stand des Brahmanenschülers.

*ब्रह्मचारणी f. Clerodendrum siphonanthus. Richtig °चारिणी.

ब्रह्मचारिक n. = ब्रह्मचर्य.

ब्रह्मचारिन् 1) Adj. die heilige Wissenschaft studirend, im Besondern Enthaltsamkeit —, Keuschheit übend (auch f.); m. Brahmanenschüler. — 2) m. a) *Bein. Skanda's. — b) N. pr. eines Gandharva. — 3) f. °चारिणी a) Bein. der Durgâ. — b) *Clerodendrum siphonanthus. — c) *Thespesia populneoides. — d) *= करुणी Râǵan. 10,107.

ब्रह्मचारिवास m. das Wohnen als Brahmanenschüler Âpast. 1,2,11.

ब्रह्मचिति f. Brahman's Schichtung Çat. Br. 8,4,4,12.

ब्रह्मचोदन Adj. (f. ई) das oder den Brahman treibend.

ब्रह्मज 1) Adj. vom Heiligen stammend MBh. 3, 232,11 nach der Lesart von Nilak. — 2) m. Pl. a) Bez. bestimmter Wolken VP.² 2,279. — b) *eine best. Klasse göttlicher Wesen bei den Ǵaina.

ब्रह्मजज्ञ Adj. vielleicht wissend, was durch Brahman entstanden ist, d. i. Alles wissend.

*ब्रह्मजटा f. und *°जटिन् m. Artemisia indica

Râǵan. 10,147.

1. ब्रह्मजन्मन् n. *die durch das heilige Wissen bewirkte Wiedergeburt.*

2. ब्रह्मजन्मन् Adj. *von* Brahman *erzeugt.*

ब्रह्मजप m. *eine best. Gebetsformel* Mân. Gṛhj. 1,10.

ब्रह्मजामल n. fehlerhaft für ब्रह्मयामल.

ब्रह्मजाया f. 1) *Brahmanenweib.* — 2) Ǵuhû Br. als angebliche Verfasserin von Ṛv. 10,109.

ब्रह्मजार m. *der Nebenmann einer Brahmanenfrau.*

ब्रह्मजालसूत्र n. Titel eines buddh. Sûtra Weber, Lit. 319.

ब्रह्मजीवनिर्णय m. Titel eines Werkes.

ब्रह्मजीविन् Adj. *das heilige Wissen als Lebensunterhalt benutzend.*

ब्रह्मजुष्ट Adj. *an Gebet —, an Andacht sich erfreuend.*

ब्रह्मजूत Adj. *durch Gebet —, durch Andacht angetrieben, — erregt.*

ब्रह्मज्ञ Adj. *die heilige Schrift kennend* Spr. 4491.

ब्रह्मज्ञान n. *die Kenntniss des heiligen Wissens, — der heiligen Schrift.*

ब्रह्मज्ञानिन् Adj. = ब्रह्मज्ञ.

ब्रह्मज्य Adj. *Brahmanen plagend, — vergewaltigend, — bedrückend.*

ब्रह्मज्येय n. *das Plagen —, Vergewaltigen der Brahmanen.*

1. ब्रह्मज्येष्ठ (Conj.) m. Brahman's *älterer Bruder.*

2. ब्रह्मज्येष्ठ Adj. *das* Brahman *zum Ersten habend.*

1. ब्रह्मज्योतिस् n. *der Glanz —, die Herrlichkeit des* Brahman, *— der Gottheit.*

2. ब्रह्मज्योतिस् Adj. *den Glanz des heiligen Wortes oder des* Brahman-*Priesters habend.*

ब्रह्मणस्पति m. = बृहस्पति 1).

ब्रह्मणस्पत्नी f. *die Gattin des* Brahman-*Priesters.* Wohl mit beabsichtigtem Anklange an बृहस्पति.

ब्रह्मणीय in सु°.

ब्रह्मण्य्, nur Partic. ब्रह्मण्यन्त् *betend, andächtig.*

ब्रह्मण्य 1) Adj. *dem Heiligen zugethan* oder *Brahmanen hold.* — 2) *m. *a) der Planet Saturn.* — *b) der indische Maulbeerbaum.* — *c) Saccharum Munjia* Râǵan. 8,85. — 3) n. Pl. nach Sâj. *Lob* oder *Opferspeise.*

ब्रह्मण्यता f. *Brahmanen erwiesene Huld.*

ब्रह्मण्यतीर्थ m. N. pr. eines Lehrers.

ब्रह्मण्यदेव m. Bein. Vishṇu's VP. 1,19,65. = ब्रह्मण्यानां श्रेष्ठः Comm.

ब्रह्मण्यभास्कर m. N. pr. eines Mannes.

ब्रह्मण्वत् Adv. *nach Art des* Brahman.

ब्रह्मण्वन्त् und ब्रह्माण्वन्त् Adj. 1) *von Gebet begleitet, andachtsvoll.* — 2) *einem heiligen Werk obliegend* und zugleich *einen Brahmanen habend.* — 3) *die Priesterschaft bei sich habend, — einschliessend, — repräsentirend.* — 4) *das Wort* Brahman *enthaltend.*

ब्रह्मतन्त्र n. *Alles was im* Veda *gelehrt wird* MBh. 12,188,16. Hariv. 12019.

ब्रह्मतर्कस्तव m. Titel eines Vedânta-Werkes und eines Stotra.

ब्रह्मता f. Nom. abstr. 1) zu ब्रह्मन् n. *der unpersönlich gedachte Gott.* — 2) *zu ब्रह्मन् m. *ein Brahmane.*

ब्रह्मताल m. *ein best. Tact* S. S. S. 226.

ब्रह्मतीर्थ n. 1) N. pr. eines Tîrtha. — 2) **Costus speciosus* oder *arabicus* Râǵan. 6,155.

ब्रह्मतुल्य n. Titel eines Ǵjotisha. °टीका f. Bühler, Rep. No. 539.

ब्रह्मतुल्यगणित n. desgl.

1. ब्रह्मतेजस् n. Brahman's *Glanz, — Kraft.*

2. ब्रह्मतेजस् 1) Adj. Brahman's *Glanz (Kraft) habend.* — 2) m. N. pr. eines Buddha.

ब्रह्मतेजोमय Adj. *aus* Brahman's *Glanz (Kraft) gebildet.*

ब्रह्मत्व n. 1) *das Amt des* Brahman *oder Oberpriesters.* — 2) *der Stand eines Brahmanen, Brahmanenthum.* — 3) *der Stand* Brahman's, *des obersten Gottes.*

*ब्रह्मत्वच् *Alstonia scholaris.*

ब्रह्मत्वपद्धति f. Titel eines Werkes.

ब्रह्मद Adj. *das heilige Wissen mittheilend, — lehrend.*

ब्रह्मदण्ड 1) m. *a)* Brahman's *Stab, Bez. einer best. mythischen Waffe.* — *b) die Strafe —, der Fluch eines Brahmanen* 107,2. — *c)* **Clerodendrum siphonanthus.* — *d) ein best. Komet.* — *e)* N. pr. eines Fürsten VP.² 4,166. — 2) *f. ई *eine best. Pflanze* Râǵan. 5,134. = अध्याण्डा Comm. zu Kâtj. Çr. 1074, N. 2.

ब्रह्मदण्डिन् m. N. pr. eines alten Weisen.

ब्रह्मदत्त 1) Adj. *a) durch das* Brahman *gegeben.* — *b) vom Gotte* Brahman *gegeben.* — 2) m. N. pr. verschiedener Männer.

ब्रह्मदर्भा f. *Ptychotis Ajowan* Bhâvapr. 1,165.

ब्रह्मदातर् Nom. ag. = ब्रह्मद.

ब्रह्मदान n. *das Mittheilen des* Veda.

1. ब्रह्मदाय Adj. *der Jmd den* Veda *mittheilt, — lehrt.*

2. ब्रह्मदाय m. 1) *das heilige Wissen als Erbtheil.* °हर Adj. *dieses von* — (Gen.) *empfangend.* — 2) *der Antheil —, der erbliche Besitz eines Brahmanen.*

ब्रह्मदायाद nach dem Comm. entweder Adj. *der sein Erbtheil, das heilige Wissen, geniesst,* oder m. Brahman's *Sohn.*

*ब्रह्मदारु m. n. *der indische Maulbeerbaum* Râǵan. 9,97.

ब्रह्मदूषक Adj. *die heilige Schrift fälschend* Hemâdri 1,479,12.

ब्रह्मदेय 1) Adj. *a)* f. आ *nach der bei Brahmanen üblichen oder nach* Brahman's *Weise zur Ehe gegeben werdend* Mân. Gṛhj. 1,8. — *b)* mit विधि m. *eine solche Weise der Eheschliessung.* — 2) n. *Mittheilung des* Veda, *Unterricht im V.*

ब्रह्मदेयात्मसंतान M. 3,185 fehlerhaft für °देयानुसंतान.

ब्रह्मदेयानुसंतान Adj. *in dessen Familie der Unterricht im* Veda *erblich ist* Gaut. 15,28. Vishṇus. 83,15.

*ब्रह्मदैत्य m. *ein in ein Gespenst verwandelter Brahmane.*

ब्रह्मद्वार n. *der Eingang zum* Brahman (n.).

ब्रह्मद्विष् Adj. 1) *feindlich gegen Andacht und heiliges Werk, Religionshasser, gottlos.* — 2) *Brahmanen hassend.*

ब्रह्मद्वेष m. *Religionshass, Gottlosigkeit* Ind. St. 15,408.

ब्रह्मधर Adj. *sich im Besitz des heiligen Wissens befindend.*

ब्रह्मधर्मद्विष् Adj. *feindlich gegen* Veda *und Gesetz* M. 3,41.

ब्रह्मधातु m. *ein Grundbestandtheil* Brahman's.

ब्रह्मधामन् n. Brahman's *Stätte* Brahmop. S. 248.

1. ब्रह्मन् n. 1) *die als Drang und Fülle des Gemüths auftretende und den Göttern zustrebende Andacht,* überh. *jede fromme Aeusserung beim Gottesdienst.* — 2) *ein heiliger Spruch,* namentlich *Zauberspruch* und auch schon *die blosse heilige Silbe* ओम्. — 3) *das heilige Wort, Gotteswort, der* Veda. — 4) *heilige Weisheit, Theologie, Theosophie.* — 5) *heiliges Leben,* insbes. *Enthaltsamkeit, Keuschheit.* — 6) *der höchste Gegenstand der Theosophie, der unpersönlich gedachte Gott, das Absolutum.* Auch mit den Beisätzen ज्येष्ठ, प्रथमज, स्वयंभु, अमूर्त, पर, परतर, परम, महत्, सना-

तन, शाश्वत. Ausnahmsweise auch als m. construirt. — 7) *der Stand, welcher Inhaber und Pfleger des heiligen Wissens ist, die Theologen, Klerisei, Brahmanenschaft.* Ausnahmsweise auch vom *einzelnen Brahmanen* gebraucht. — 8) **Speise.* — 9) **Reichthum.*

2. ब्रह्मन् m. 1) *Beter, Andächtiger* und dann *Beter von Beruf,* d. h. *Priester, Brahmane;* auch *Kenner der heiligen Sprüche (Zaubersprüche), des heiligen Wissens* überh. Auch vom *Monde* gebraucht. — 2) *Kenner des heiligen Wissens* im engern Sinne: *derjenige Hauptpriester, welcher die Leitung des Opfers hat und die drei* Veda *kennen soll.* — 3) *der Gehülfe von* 2) *beim* Soma-*Opfer.* — 4) *der oberste Gott des indischen Pantheons, der Schöpfer der Welt.* Daher auch auf die Pragâpati übertragen. — 5) so v. a. ब्रह्मण आयुः Brahman's *Lebensdauer.* — 6) **die Sonne.* — 7) Bein. Çiva's. — 8) angeblich *der* Veda Pâr. Gṛhj. 3,3,6. — 9) *der Intellect.* — 10) *ein best. Stern,* δ *aurigae.* — 11) **ein best.* Joga. — 12) Bez. *des 9ten* Muhûrta. — 13) N. pr. *a)* *des Dieners des 10ten Arhant's der gegenwärtigen Avasarpiṇî. — *b)* eines Zauberers.

ब्रह्मनदी f. Bein. der Sarasvatî.

*ब्रह्मनाभ m. Bein. Vishṇu's.

ब्रह्मनामावलि f. Titel eines Werkes.

ब्रह्मनाल n. N. pr. eines Tîrtha.

ब्रह्मनिरुक्त n. und ब्रह्मनिर्णय m. Titel zweier Werke.

ब्रह्मनिर्वाण n. *das Erlöschen im* Brahman, *das Eingehen in das* B.

ब्रह्मनिष्ठ 1) Adj. *ganz dem* Brahman (n.) *hingegeben.* — 2) *m. *Maulbeerbaum.*

ब्रह्मनीड n. *der Ruheplatz des* Brahman (n.).

ब्रह्मनुत्त Adj. *durch einen heiligen Spruch vertrieben.*

ब्रह्मपति m. = बृहस्पति.

ब्रह्मपत्त्र n. *das Blatt der Butea frondosa.*

ब्रह्मपथ m. 1) *der Weg zum* Brahman (n.) oder *zum Gotte* Brahman (m.). — 2) *der Pfad der Frömmigkeit* Lalit. 8,11.

ब्रह्मपद m. Brahman's (n.) *Stätte.*

ब्रह्मपन्नग m. N. pr. eines Marut's. बक्रपन्नग v. l.

ब्रह्मपरिषद्य m. Pl. = ब्रह्मपार्षद्य.

*ब्रह्मपर्णी f. *Hemionitis cordifolia.*

ब्रह्मपर्वत m. N. pr. einer Oertlichkeit.

ब्रह्मपलाश m. Pl. *eine best. Schule des* AV. Ârjav. 47,16. v. l. ब्राह्म°.

*ब्रह्मपवित्र n. Kuça-*Gras* Râgan. 8,92.

*ब्रह्मपादप m. *Butea frondosa.*

ब्रह्मपार m. 1) *das Endziel aller Theosophie* VP. 1,15,56. — 2) *ein best. Gebet* VP. 1,15,55.

ब्रह्मपारमय Adj. mit जप m. = ब्रह्मपार 2) VP. 1,15,53.

ब्रह्मपार्षद्य m. Pl. *eine best. Klasse von Göttern bei den Buddhisten.*

ब्रह्मपाश m. *eine best. mythische Waffe.*

ब्रह्मपितृ m. Bein. Vishṇu's.

*ब्रह्मपिशाच m. = ब्रह्मराक्षस.

ब्रह्मपुत्र 1) m. *a) Priestersohn, Brahmanensohn.* — *b) ein Sohn des Gottes* Brahman. — *c) ein best. vegetabilisches Gift* Mat. med. 98. Bhâvapr. 1,27. — *d)* N. pr. α) eines Flusses. — β) eines Sees. — γ) *eines heiligen Gebietes. — 2) *f. ई *a) Yamswurzel* Râgan. 7,85. — *b)* Bein. des Flusses Sarasvatî.

ब्रह्मपुर 1) n. *a) die Stadt des Gottes* Brahman (im Himmel). — *b)* N. pr. α) einer *Stadt* auf Erden. — β) *eines Reiches. — *c)* Bez. α) *des Herzens.* — β) *des Körpers.* — 2) f. ई *a) die Burg des Gottes* Brahman (im Himmel). — *b)* N. pr. einer *Stadt.* — *c)* Bein. der *Stadt* Benares. — *d)* etwa *Kapelle* Vikramâṅkak. 17,29. — *e)* N. pr. eines Berggipfels im Himâlaja.

ब्रह्मपुरक m. Pl. N. pr. eines Volkes.

ब्रह्मपुराण n. Titel eines Purâṇa.

ब्रह्मपुरुष m. 1) *ein Diener des* Brahman *genannten Priesters.* — 2) *ein Diener des Gottes* Brahman Mân. Gṛhj. 2,12. — 3) *= ब्रह्मराक्षस.

1. ब्रह्मपुरोहित m. Pl. bei den Buddhisten *eine best. Klasse von Göttern.*

2. ब्रह्मपुरोहित Adj. *die Priesterschaft zum* Purohita *habend.*

ब्रह्मपुष्प (Conj.) m. N. pr. eines Mannes.

ब्रह्मपूत Adj. 1) *durch Andacht geklärt* Âpast. Çr. 4,4,4. — 2) *durch den Gott* Brahman *geläutert.*

ब्रह्मपृष्ठ oder °पृष्ठ m. N. pr. eines Mannes Ind. St. 14,123.

ब्रह्मप्रकृतिक Adj. *auf* Brahman *zurückgehend, von ihm herrührend* Çaṁk. zu Bâdar. 2,1,6. Nom. abstr. °त्व n. ebend.

ब्रह्मप्रजापति m. Du. Brahman *und* Pragâpati Lâṭj. 10,13,8 (ब्रह्मप्राजा° gedr.).

ब्रह्मप्रतिष्ठाप्रयोग m. Titel eines Werkes.

ब्रह्मप्रसूत Adj. *durch das* Brahman *gefördert.*

ब्रह्मप्रिय Adj. *Andacht* oder *den* Veda *liebend* Vishnus. 98,37.

ब्रह्मप्री Adj. *Andacht liebend.*

ब्रह्मबन्धव n. Nom. abstr. zu ब्रह्मबन्धु.

ब्रह्मबन्धु m. *Priestergeselle* (verächtlich), *ein unwürdiges Mitglied der Priesterschaft, ein Brahmane dem blossen Namen nach.* Nach einer Erklärung *ein Brahmane, der vor Sonnenaufgang und Sonnenuntergang nicht die* Saṁdhjâ *vollzieht.* f. °बन्धू Gaut. Gobh. 2,6,9. Nom. abstr. °बन्धुता f. — *Compar. und *Superl. f. °बन्धुतरा, °बन्धूतरा, °वन्धुतमा und °बन्धूतमा P. 6,3,44, Sch.

1. ब्रह्मवल n. *Priestermacht* Maitr. S. 2,2,3 (17,11).

2. ब्रह्मवल m. N. pr. eines Mannes.

ब्रह्मबलि m. N. pr. eines Lehrers.

ब्रह्मविन्दु m. 1) **ein bei der Recitation des* Veda *zum Munde hinausfahrender Speicheltropfen.* — 2) *der Tropfen* (Anusvâra) *des* Brahman als Titel einer Upanishad.

ब्रह्मविलेय (?) m. N. pr. eines Mannes.

1. ब्रह्मबीज n. *der Same des* Veda, *die heilige Silbe* ओम्.

2. *ब्रह्मबीज m. *Maulbeerbaum.*

ब्रह्मबोध m. Titel eines Vedânta-Werkes.

ब्रह्मबोध्या f. N. pr. eines Flusses. ब्रह्मवेध्या v. l.

ब्रह्मब्रुवाण Adj. *sich für einen Brahmanen ausgebend.*

*ब्रह्मभद्रा f. *Ficus heterophylla.*

ब्रह्मभवन n. *die Wohnstätte des Gottes* Brahman.

ब्रह्मभाग m. 1) *der für den* Brahman *genannten Priester bestimmte Theil.* — 2) **Maulbeerbaum.*

ब्रह्मभाव m. *das Eingehen in das* Brahman.

ब्रह्मभावन Adj. *das heilige Wissen zur Erscheinung bringend, — lehrend.*

ब्रह्मभिद् Adj. *das* Brahman *theilend, aus dem einen Br. viele machend.*

ब्रह्मभुवन n. *die Welt des Gottes* Brahman.

ब्रह्मभूत 1) Adj. *in das* Brahman *eingegangen* VP. 5,37,68. — 2) n. *das Eingegangensein in das* Brahman VP. 4,22,42. 5,19,2.

*ब्रह्मभूति f. *Zwielicht.*

*ब्रह्मभूमिजा f. *eine Art Pfeffer* Râgan. 6,17.

ब्रह्मभूय n. 1) *das Eingehen in das* Brahman. — 2) *Brahmanenthum.*

ब्रह्मभूयंस् 1) Adj. *in das* Brahman *eingehend.* — 2) n. *das Eingehen in das* Brahman.

ब्रह्मभूयत्व n. = ब्रह्मभूय 1).

ब्रह्मभ्रष्ट Adj. *um das heilige Wissen gekommen*

HEMÂDRI 1,603,7.

ब्रह्ममङ्गलदेवता f. Bein. der Lakshmî.

ब्रह्ममठ m. N. pr. einer *Klosterschule.*

*ब्रह्ममण्डूकी f. *Clerodendrum siphonanthus.*

ब्रह्ममति m. N. pr. eines Teufels (buddh.).

ब्रह्ममय Adj. (f. ई) *aus dem* Brahman *bestehend, daraus gebildet* VP. 6,8,56.

ब्रह्ममह m. *ein Fest zu Ehren der Brahmanen.*

ब्रह्ममाण्डूकी f. *Clerodendrum siphonanthus.*

ब्रह्ममित्र m. N. pr. eines Muni.

ब्रह्ममीमांसा f. *die Untersuchung des* Brahman, *der* Vedânta. °भाष्य n. und °भाष्यविवरण n. Titel von *Commentaren.*

ब्रह्ममुख Adj. (f. आ) *dem die Priester vorangehen, den Priestern nachstehend* TS. 5,2,3,1. R. 1,6,16.

ब्रह्ममुहूर्त m. *eine best. Tagesstunde* Ind. St. 15,398.

*ब्रह्ममूर्धभृत् m. Bein. Çiva's.

*ब्रह्ममेखल m. *Saccharum Munjia.*

ब्रह्ममेध्या f. N. pr. eines Flusses.

ब्रह्मयज्ञ m. 1) *Andachtsopfer, d. i. Hersagung eines heiligen Textes, heiliges Studium* ÂPAST. — 2) Titel eines Werkes OPP. Cat. 1.

ब्रह्मयज्ञसंहिता f. und °यज्ञादिविधि m. Titel von Werken.

ब्रह्मयशस् n. *die Herrlichkeit* Brahman's.

ब्रह्मयशस n. *Brahmanenherrlichkeit.*

ब्रह्मयशसिन् Adj. *im Besitz der Brahmanenherrlichkeit.*

*ब्रह्मयष्टि f. *Clerodendrum siphonanthus* oder *Ligusticum Ajowan.*

ब्रह्मयाग m. = ब्रह्मयज्ञ 1).

ब्रह्मयातु m. *eine best. Art von Dämonen.*

ब्रह्मयामल und °यामिल (OPP. Cat. 1) n. Titel eines Tantra.

ब्रह्मयुग n. *das Zeitalter der Priesterschaft.*

ब्रह्मयुज् Adj. *durch Andacht geschirrt, d. h. auf Bitten der Menschen den Gott herbeifahrend.*

ब्रह्मयोग m. *Anwendung der Andacht* oder *verbindende Wirkung der A.*

1. ब्रह्मयोनि f. 1) *die Heimat des* Brahman (n.). — 2) N. pr. *a)* eines Wallfahrtsortes. Auch °योनी. — *b)* *eines Berges, = ब्रह्मगिरि.

2. ब्रह्मयोनि Adj. 1) *im* Brahman (n.) *die Heimat habend.* — 2) *von* Brahman *stammend.*

ब्रह्मरक्षस् n. *eine Art böser Dämonen.*

ब्रह्मरत्न n. *ein den Brahmanen zu machendes kostbares Geschenk.*

ब्रह्मरथ m. *ein Brahmanen-Wagen, Karren.*

ब्रह्मरन्ध्र n. *eine auf dem Scheitel angenommene Oeffnung, durch welche die Seele nach dem Tode entfliehen soll,* Ind. St. 15,383.

ब्रह्मरव m. *das Hersagen von Gebeten* HEMÂDRI 1,259,16. 260,1.

ब्रह्मरस m. *der Geschmack* Brahman's.

ब्रह्मराक्षस 1) m. *a) eine Art böser Dämonen.* — *b)* **eine best. Pflanze.* — 2) f. ई Name einer der neun Samidh.

ब्रह्मराज m. N. pr. verschiedener Männer.

ब्रह्मराजन्य m. Du. *ein Brahmane und ein Adelicher* VS. 26,2. AV. 19,32,8.

ब्रह्मरात m. 1) Bein. Çuka's. — 2) N. pr. des Vaters von Jâǵńavalkja 101,5.

ब्रह्मराति m. Patron. fehlerhaft für ब्राह्म°.

ब्रह्मरात्र m. *eine best. Stunde der Nacht.*

*ब्रह्मरात्रि und *°क (GAL.) m. Patron. Richtig ब्राह्मराति.

ब्रह्मराशि m. 1) *der ganze Umkreis des heiligen Wissens, die ganze Masse der heiligen Texte.* — 2) *ein best. Sternbild.*

*ब्रह्मरीति f. *eine Art Messing* RÂǴAN. 13,29.

ब्रह्मरूप Adj. als Beiw. Vishṇu's VISHṆUS. 98,29.

*ब्रह्मरूपिणी f. *eine best. parasitische Pflanze.*

*ब्रह्मरेखा f. *die von* Brahman *dem Menschen an die Stirn geschriebene Zeile, das vorher bestimmte Schicksal eines Menschen.*

ब्रह्मर्षि m. *ein priesterlicher Weiser* (Titel alter Weisen wie Vasishṭha u. s. w.). Nom. abstr. °ता f. und °त्व n.

ब्रह्मर्षिदेश m. *das von den priesterlichen Weisen bewohnte Land.*

ब्रह्मलक्षणवाक्यार्थ m. Titel eines Werkes.

*ब्रह्मलिखित n. und °लेख m. = ब्रह्मरेखा.

ब्रह्मलोक m. Brahman's *Welt,* — *Himmel* GAUT. Auch Pl.

ब्रह्मवक्तर् Nom. ag. *ein Verkünder des heiligen Wissens.*

ब्रह्मवत् Adv. 1) *der heiligen Schrift gemäss.* — 1) *wie der* Veda ÂPAST.

ब्रह्मवद (!) m. Pl. *eine best. Schule.*

ब्रह्मवद्य n. 1) *das Hersagen von Sprüchen* ÇÂÑKH. BR. 27,4. — 2) = ब्रह्मोद्य. — Soll auch Adj. (f. आ) sein.

ब्रह्मवध m. *Brahmanenmord.*

ब्रह्मवध्या f. dass. °कृत n. *ein verübter Brahmanenmord.*

ब्रह्मवनि Adj. *der Priesterschaft zugethan.*

ब्रह्मवत् Adj. *im Besitz des heiligen Wissens.*

ब्रह्मवरण n. *das Wählen des* Brahman *genannten Priesters* KÂTJ. ÇR. 8,1,6. Comm. zu 2,1,18.

ब्रह्मवर्चस n. *Auszeichnung im heiligen Wissen, geistlicher Vorrang, Heiligkeit.*

ब्रह्मवर्चसकाम Adj. *nach dem* Brahmavarkasa *verlangend* ÂPAST.

ब्रह्मवर्चसिन् Adj. *ausgezeichnet durch Kenntniss heiliger Wissenschaft, ein hervorragender Geistlicher, heilig.* Compar. °सितर.

ब्रह्मवर्चस्य 1) Adj. (f. आ) *zum* Brahmavarkasa *verhelfend* ÂRSH. BR. 2,5. SAṀHITOPAN. 6,8. BHÂG. P. 1,4,30. — 2) n. = ब्रह्मवर्चस VISHṆUS. 78,10. GṚHJÂS. 1,41.

ब्रह्मवर्चस्विन् Adj. = ब्रह्मवर्चसिन्.

*ब्रह्मवर्त m. = ब्रह्मावर्त 1).

*ब्रह्मवर्धन n. *Kupfer.*

ब्रह्मवर्मन् n. Pl. Bez. *bestimmter Spenden* ÂPAST. ÇR. 16,18.

ब्रह्मवल (!) m. Pl. *eine best. Schule.*

ब्रह्मवल्ली f. Titel einer Upanishad.

ब्रह्मवल्लीलिपि f. *eine best. Art zu schreiben* (buddh.).

ब्रह्मवाच् f. *der heilige Text* ÂRSH. BR. 5,6.

ब्रह्मवाटीय Adj. als Bez. *einer Art von* Muni.

ब्रह्मवाद 1) m. *a) Rede vom Heiligen.* — *b)* Titel eines Njâja-Werkes. — 2) Adj. metrisch für °वादिन्.

ब्रह्मवादिन् Adj. *das Heilige besprechend, Religionskundiger, Theolog, ein* Vedântin ÇAÑK. zu BÂDAR. 2,1,29. f. °नी VARÂH. BṚH. 24(22),15. Nom. abstr. °वादित्व n.

ब्रह्मवाद्य n. *ein Wettstreit um Heiligkeit, — um magische Kraft.*

ब्रह्मवालुक n. N. pr. eines Tîrtha.

ब्रह्मवास m. Brahman's *Wohnung,* — *Himmel.*

ब्रह्मवाहस् Adj. *dem Andacht dargebracht wird.*

ब्रह्मवित्त्व n. Nom. abstr. von ब्रह्मविद् 1).

ब्रह्मविद् Adj. 1) *das Heilige kennend, Theolog, Philosoph.* — 2) *zauberkundig.*

ब्रह्मविद Adj. = ब्रह्मविद् 1).

ब्रह्मविद्या f. 1) *Kenntniss des Heiligen, die Lehre vom H.* — 2) Titel einer Upanishad.

ब्रह्मविद्यातीर्थ m. N. pr. eines Autors.

ब्रह्मविद्याभरण n., °विद्याविजय m., °विद्याविलास m. und °विद्योपनिषद् f. Titel von Werken OPP. Cat. 1.

ब्रह्मविद्वंस् Adj. Brahman *kennend.*

ब्रह्मविद्विष् Adj. = ब्रह्मद्विष् 1).

ब्रह्मविवर्धन Adj. *heiliges Wissen mehrend* (Vishṇu).

*ब्रह्मविशेषचित्तपरिपृच्छा f. Titel eines buddh. Sûtra.

ब्रह्मविष्णवर्कवन्त् Adj. *mit* Brahman, Vishṇu *und der Sonne versehen* Hemâdri 1,381,15.

ब्रह्मविहार m. *frommer Wandel* Lalit. 9,16. Text zu Lot. de la b. l. 89,1.

ब्रह्मवीणा f. *ein best. Saiteninstrument* S. S. S. 185.

ब्रह्मवृत्त m. 1) *das als Baum gedachte* Brahman. — 2) * *Butea frondosa* (Râǵan. 10,36) oder *Ficus glomerata.*

ब्रह्मवृत्ति f. *der Lebensunterhalt eines Brahmanen.*

ब्रह्मवृद्ध Adj. *durch Andacht gross geworden.*

ब्रह्मवृद्धि 1) f. *Zunahme an Brahmanenmacht* Âpast. — 2) m. N. pr. eines Mannes.

*ब्रह्मवृन्दा f. N. pr. der Stadt Brahman's.

ब्रह्मवेद m. 1) *der* Veda *der Zaubersprüche, der* Atharvaveda. — 2) *der* Veda *der Brahmanen.*

ब्रह्मवेदपरिशिष्ट n. Titel eines Werkes.

ब्रह्मवेदमय Adj. *aus dem* ब्रह्मवेद 1) *bestehend.*

ब्रह्मवेदि f. N. pr. einer Oertlichkeit.

ब्रह्मवेदिन् Adj. = ब्रह्मविद् 1).

ब्रह्मवेध्या f. N. pr. eines Flusses MBh. 6,9,30.

ब्रह्मवैवर्त und °क n. Titel eines Purâṇa.

ब्रह्मव्यवहार m. Titel eines Vedânta-Werkes.

ब्रह्मव्रत n. 1) *eine best. Begehung.* — 2) *das Gelübde der Keuschheit.* °धर Adj. *dieses übend.*

ब्रह्मशब्दशक्तिवाद m., °शब्दार्थवाद m. und °शब्दार्थविचार m. Titel von Werken Opp. Cat. 1.

*ब्रह्मशल्य m. *Acacia arabica.*

ब्रह्मशायिन् Adj. *in* Brahman *ruhend.*

ब्रह्मशाला f. 1) Brahman's *Halle.* — 2) N. pr. einer heiligen Oertlichkeit.

*ब्रह्मशासन 1) m. N. pr. eines Dorfes. — 2) n. *a) ein auf den Namen von Brahmanen ausgestelltes Edict.* — *b)* Brahman's oder *eines Brahmanen Geheiss.* — *c) ein Gemach, in welchem Untersuchungen über das heilige Wissen angestellt werden.*

ब्रह्मशिरस् und °शीर्षन् n. *eine best. mythische Waffe.*

ब्रह्मशुम्भित Adj. *durch Andacht geputzt, — geschmückt.*

ब्रह्मश्री f. Name eines Sâman.

ब्रह्मश्रीमन्त्र m. *ein best. Spruch.*

ब्रह्मसंशित Adj. *durch Andacht —, durch einen heiligen Spruch geschärft.*

ब्रह्मसंसद् f. Brahman's *Audienzsaal.*

ब्रह्मसंस्थ Adj. *ganz für das Heilige lebend, im Heiligen aufgehend.*

ब्रह्मसंहिता f. 1) *eine Sammlung von Gebeten.* Nach dem Comm. = प्रणव. — 2) Titel eines Werkes.

*ब्रह्मसती f. Bein. des Flusses Sarasvatî Râǵan. 14,21.

ब्रह्मसत्त्र n. *Andachtsopfer, Vertiefung in das Heilige.*

ब्रह्मसत्त्रिन् Adj. *ein Andachtsopfer bringend, sich in das Heilige vertiefend.*

ब्रह्मसदन n. 1) *der Sitz des* Brahman-*Priesters* Âpast. — 2) Brahman's *Sitz, — Himmel.* — 3) N. pr. eines Tîrtha.

ब्रह्मसभा f. Brahman's *Halle, — Audienzsaal.*

*ब्रह्मसंबन्ध m. = ब्रह्मराक्षस.

ब्रह्मसंभव 1) Adj. *von* Brahman *stammend.* — 2) m. N. pr. *a)* * des zweiten schwarzen Vâsudeva bei den Ǵaina. — *b)* des Verfassers eines Gesetzbuchs.

ब्रह्मसरस् n. N. pr. eines Badeplatzes.

*ब्रह्मसर्प m. *eine Schlangenart* Med. l. 167.

ब्रह्मसव m. 1) *Andachtsklärung.* — 2) *eine best. Opferhandlung;* s. ब्रह्मतत्रसव und vgl. ब्राह्मणसव.

ब्रह्मसागर m. N. pr. einer Oertlichkeit.

ब्रह्मसात् Adv. mit कर् *mit dem* Brahman *in Einklang bringen.*

ब्रह्मसाम und °सामन् n. *ein auf einen vom* Brahman (Brâhmaṇâkkhaṁçin) *recitirten Vers gesungenes* Sâman.

ब्रह्मसामिक Adj. von ब्रह्मसामन्.

ब्रह्मसायुज्य n. *die Vereinigung mit dem* Brahman, *das Eingehen in das* Br.

ब्रह्मसार्ष्टिता f. *Gleichheit der Würde mit* Brahman.

ब्रह्मसावर्ण 1) m. N. pr. des 10ten Manu VP. 3,2,27. — 2) n. *sein* Manvantara.

ब्रह्मसावर्णि m. = ब्रह्मसावर्ण 1) VP. 3,2,24.

ब्रह्मसिद्धान्त m. Titel verschiedener astronomischer Werke.

ब्रह्मसिद्धि 1) f. Titel eines Werkes. — 2) m. N. pr. eines Muni.

ब्रह्मसुत 1) m. Brahman's *Sohn.* — 2) f. आ Brahman's *Tochter* Hemâdri 1,452,15.

ब्रह्मसुवर्चला f. 1) *eine best. Pflanze.* Nach den Lexicographen *ein Helianthus* und *Clerodendrum siphonanthus.* — 2) *ein Uebergus auf diese Pflanze.*

*ब्रह्मसू m. Bein. 1) Aniruddha's. — 2) *des Liebesgottes.*

ब्रह्मसूत्र n. 1) *die über der Schulter getragene Schnur der Brahmanen.* — 2) *ein das Heilige behandelndes —, ein theologisches* Sûtra. — 3) Titel eines dem Bâdarâjaṇa oder Vjâsa zugeschriebenen Sûtra. °सूत्रऋजुव्याख्या f., °सूत्रभाष्य n., °सूत्रवृत्ति f., °सूत्राद्वैतवृत्ति f. (Opp. Cat. 1), °सूत्रानुभाष्य n., °सूत्रानुभाष्यपदप्रदीप m., °सूत्रानुभाष्यविवरण n. und °सूत्रार्थसंग्रह m. (Opp. Cat. 1) Titel von Werken, die dieses Sûtra behandeln.

1. ब्रह्मसूत्रपद n. *ein Wort —, ein Ausspruch eines theologischen* Sûtra.

2. ब्रह्मसूत्रपद Adj. (f. ई) *aus Worten oder Aussprüchen eines theologischen* Sûtra *bestehend.*

ब्रह्मसूत्रिन् Adj. *mit der Brahmanenschnur bekleidet.*

*ब्रह्मसूनु m. N. pr. des 12ten Oberherrschers in Bhârata (bei den Ǵaina).

ब्रह्मसृज् m. Brahman's *Erschaffer* (Çiva).

ब्रह्मसोम m. N. pr. eines Heiligen.

ब्रह्मस्तम्ब (Conj.) m. N. pr. eines Mannes.

ब्रह्मस्तुति f. Titel eines *Lobgesanges* Opp. Cat. 1.

ब्रह्मस्तेन m. *ein Dieb am Heiligen, Einer, der auf unrechtmässige Weise in den Besitz des* Veda *gelangt,* MBh. 12,269,53. Nilak.: ब्रह्म विविधपरिच्छेदशून्यं वस्तु । तस्य स्तेनाः । अपलापकर्तारः ।

ब्रह्मस्तेय n. *Diebstahl am Heiligen, das auf unrechtmässige Weise in Besitz Gelangen des* Veda.

ब्रह्मस्थल n. N. pr. einer Stadt, verschiedener Dörfer und Agrahâra.

ब्रह्मस्थान 1) n. N. pr. eines Tîrtha. — 2) *m. *Maulbeerbaum.*

ब्रह्मस्फुटसिद्धान्त m. Titel eines astronomischen Werkes.

ब्रह्मस्व n. *das Eigenthum von Brahmanen* Kâṇḍak. 45,6. 47,11. 55,4.

ब्रह्मस्वामिन् m. N. pr. eines Mannes.

ब्रह्महत्या f. *Brahmanenmord.*

ब्रह्महन् 1) m. *Brahmanenmörder.* — 2) f. *ब्रह्मघ्नी *Aloe perfoliata* Râǵan. 5,46.

*ब्रह्महुत n. *Gastfreundschaft.*

ब्रह्महृदय m. n. *der Stern Capella.*

ब्रह्महृद m. N. pr. eines *Sees.*

ब्रह्माक्षर n. *eine heilige Silbe, die Silbe* ओम्.

ब्रह्माक्षरमय Adj. *aus heiligen Silben bestehend.*

ब्रह्मागार *das Haus des* Brahman *genannten Priesters* Kâtj. Çr. 15,4,3. 8,14.

*ब्रह्माग्रभू m. *Pferd.*

ब्रह्माञ्जलि m. *das Aneinanderlegen der Hände zum* Veda-*Studium.* °कृत Adj. *die H. z. V. St. aneinanderlegend.*

ब्रह्माणी f. 1) Brahman's *Gattin* oder *Energie*. — 2) Bein. der Durgâ. — 3) **ein best. wohlriechender Arzeneistoff*. — 4) **eine Art Messing*. — 5) N. pr. eines Flusses.

ब्रह्माणीमन्त्र m. *ein best. Spruch* Mârk. P. 89,36.

ब्रह्माण्ड n. 1) Brahman's *Ei, das Weltall, die Welt*. Auch Pl. — 2) Titel eines Purâṇa (Upapurâṇa). Vollständig °पुराण n. Opp. Cat. 1.

ब्रह्माण्डकटाह m. = ब्रह्माण्ड 1) Gaṇit. Kaksh. 1. Comm. zu Ârjabh. 1,4.

ब्रह्माण्डकपाल m. *die Halbkugel der Welt*, so v. a. *die bewohnte Erde* Harshaś. 92,13.

ब्रह्मातिथि m. N. pr. eines Kâṇva.

*ब्रह्मात्मभू m. *Pferd*.

*ब्रह्मादनी f. *eine best. Pflanze*, = हंसपदी.

ब्रह्मादर्श m. Titel eines Werkes.

*ब्रह्मादिजाता f. Bein. der Godâvarî.

ब्रह्मादिशीर्ष N. pr. einer Oertlichkeit.

1. ब्रह्माद्य Adj. *für Brahmanen essbar*.

2. ब्रह्माद्य Adj. *mit* Brahman *beginnend*.

*ब्रह्माद्रिजाता f. Bein. der Godâvarî.

ब्रह्माधिगमिक Adj. *zum Studium des* Veda *in Beziehung stehend*.

ब्रह्मानन्द m. 1) *die Wonne am* Brahman. Auch Titel eines Werkes. — 2) N. pr. eines Autors.

ब्रह्मानन्दभारती m. N. pr. eines Autors.

ब्रह्मानन्दवल्ली f. Titel der zweiten Vallî in der Taittirîjopanishad.

ब्रह्मानन्दसरस्वती m. N. pr. eines Autors.

ब्रह्मानन्दसूत्रमुक्तावलि f. und ब्रह्मानन्दीय n. Titel von Werken Opp. Cat. 1.

ब्रह्मापेत m. N. pr. eines Rakshas.

ब्रह्माभ्यास m. *das Studium der heiligen Schrift*.

ब्रह्मामृत n. Titel eines Vedânta-Werkes.

ब्रह्मामृतवर्षिणी f. Titel eines Werkes.

*ब्रह्माम्भस् n. *Kuhurin*.

ब्रह्माय्, °यते *zu* Brahman *werden*.

ब्रह्मायण und ब्रह्मायन Adj. als Beiw. Nârâjaṇa's.

ब्रह्मायतन n. *ein Tempel* Brahman's.

ब्रह्मायतनीय Adj. (f. ग्रा) *sich auf die Brahmanen stützend* Lâṭj. 6,6,4. 18.

ब्रह्मायन s. u. ब्रह्मायण.

1. ब्रह्मायुस् n. *die Lebensdauer des Gottes* Brahman Vishṇus. 20,16.

2. ब्रह्मायुस् 1) Adj. Brahman's *Lebensalter erreichend* Ind. St. 15,428. — 2) m. N. pr. eines Brahmanen.

ब्रह्मारण्य n. 1) **ein Wald, in welchem der Veda studirt wird*. — 2) N. pr. eines *Waldes*. °माहात्म्य n.

ब्रह्मार्क m. Titel eines Werkes.

ब्रह्मार्घ Adj. *des Heiligen würdig*.

ब्रह्मार्पण n. 1) *das Darbringen des Heiligen*. — 2) *ein best. Zauberspruch*.

ब्रह्मालंकार m. Brahman's *Schmuck*.

ब्रह्मावबोध m. Titel eines Werkes.

ब्रह्मावर्त m. 1) Bez. *des heiligen Landes zwischen der* Sarasvatî *und der* Dṛshadvatî. — 2) N. pr. a) eines Tîrtha. Auch °तीर्थ n. — b) eines Sohnes des Ṛshabha.

ब्रह्मावलीभाष्य n. Titel eines Werkes.

ब्रह्मावादनगर n. N. pr. eines *Stadt* Ind. St. 15, 261.

ब्रह्मावास m. Titel eines Werkes.

ब्रह्मासन n. 1) *der Sitz des* Brahman-*Priesters*. — 2) *eine best. zur Betrachtung des Heiligen für geeignet gehaltene Stellung beim Sitzen*. Am Ende eines adj. Comp. f. ग्रा Kâd. 144,8 (254,11).

ब्रह्मास्त्र n. 1) *eine best. mythische Waffe*. — 2) *ein best. Zauberspruch*.

ब्रह्मास्त्रकल्प m. und ब्रह्मास्त्रपद्धति f. Titel zweier Werke.

ब्रह्मास्य n. *eines Brahmanen Mund*.

ब्रह्माहुत Adj. *dem mit Andacht geopfert worden ist*.

ब्रह्माहुति f. *Andachtsopfer*.

ब्रह्मिन् Adj. *zum* Brahman *in Beziehung stehend* Taitt. Âr. 2,27,6. Der Comm. fasst ब्रह्मिश्रवस् als ein Wort und erklärt dieses durch ब्रह्मविषयवाक्यश्रवणम्. Auch als Beiw. Vishṇu's.

ब्रह्मिष्ठ m. 1) *ein* Brahman *in höchster Potenz* (Pragâpati). — 2) *ein überaus gelehrter und frommer Brahmane*. Auch Fürsten werden so genannt. — 3) N. pr. eines Fürsten.

ब्रह्मी 1) Adj. f. *etwa heilig*. — 2) *f. *ein best. Gemüse und Clerodendrum siphonanthus*. Nach Mat. med. 213 *Herpestis Monnieria*.

*ब्रह्मीभूत m. Bein. Çaṁkarâkârja's Gal.

ब्रह्मीयंस् m. *ein würdigerer, gelehrterer Brahmane*.

ब्रह्मेद्ध Adj. *unter Andacht entzündet*.

ब्रह्मेशय Adj. *im* Brahman *ruhend*.

ब्रह्मेश्वरतीर्थ n. N. pr. eines Tîrtha.

ब्रह्मोज्झ 1) Adj. *der das* Veda-*Studium aufgegeben hat, der den* Veda *wieder vergessen hat* Gaut. Nom. abstr. °ता f. M. 11,56. — 2) n. (!) = ब्रह्मोज्झता Âpast.

ब्रह्मोडुम्बर fehlerhaft für ब्रह्मोडुम्बर.

ब्रह्मोत्तर 1) m. N. pr. a) eines best. übermenschlichen Wesens. — b) Pl. eines Volkes. — 2) n. Titel eines Abschnittes im Skandapurâṇa. Auch °खण्ड.

ब्रह्मोदतीर्थ n. N. pr. eines Tîrtha.

ब्रह्मोडुम्बर desgl.

ब्रह्मोद्य n. *Wettstreit in der Kenntniss heiliger Dinge, theologisches Räthselspiel*. Soll auch Adj. (f. ग्रा) sein.

ब्रह्मोपनिषद् f. 1) *eine Geheimlehre über das* Brahman. — 2) *eine Geheimlehre der Brahmanen*. — 3) Titel zweier Upanishad.

ब्रह्मोपेत m. N. pr. eines Rakshas VP². 2,293. Vgl. ब्रह्मापेत.

*ब्रह्मोपनेतर् m. *Butea frondosa* Râgan. 10,37.

ब्रह्मौदन m. *Reismus, welches für Brahmanen, namentlich für fungirende Priester, gekocht wird*.

*ब्राध्नायन 1) m. Pl. als Pl. zu ब्राध्नायन्य. — 2) f. ई f. zu ब्राध्नायन्य.

*ब्राध्नायन्य m. Patron. von ब्रध्न.

ब्राह्म 1) Adj. (f. ई) *heilig, göttlich; auf das —, auf den* Brahman —, *auf die Brahmanen bezüglich, ihnen gehörig, — eigen, — günstig, aus ihnen bestehend* u. s. w. तीर्थ n. *ein best. Theil der Hand*. — 2) m. Patron. und N. pr. verschiedener Männer. — 3) f. ई a) Brahman's *Energie, eine der acht göttlichen Mütter*. Pl. in Skanda's *Gefolge*. — b) *Rede, Erzählung, die Göttin der Rede*, Sarasvatî. — c) *eine best.* Murkhanâ S. S. S. 30. — d) Bein. der Durgâ. — e) *heilige —, fromme Weise*. — f) *eine nach der* Brahman-*Weise verheirathete Frau* Gaut. Vishṇus. 24,29. — g) **die Frau eines Brahmanen*. — h) **das Mondhaus* Rohiṇî. — i) **Fischweibchen*. — k) **eine Ameisenart*. — l) Bez. *verschiedener Pflanzen*. Nach den Lexicographen *Clerodendrum siphonanthus, Ruta graveolens* (Râgan. 5,61), *Enhydra Hingcha, Yamswurzel* und = सोमवल्ली Dhanv. 3,38. — m) **eine Art Messing*. — n) N. pr. eines Flusses. — 4) n. *das Studium der heiligen Schrift*.

*ब्राह्मक 1) n. = ब्रह्मणा कृतम् (संज्ञायाम्). — 2) f. ब्राह्मिका *Clerodendrum siphonanthus*.

ब्राह्मकारिका f. Pl. Titel bestimmter Kârikâ.

*ब्राह्मकृतेय m. Patron. von ब्रह्मकृत.

*ब्राह्मगुप्त m. Pl. N. pr. eines Stammes.

*ब्राह्मगुप्तीय m. *ein Fürst der* Brâhmagupta.

1. ब्राह्मण m. 1) *Gottesgelehrter, Theolog, Priester, ein Brahmane*. Auch Agni wird so genannt. — 2) = ब्राह्मणाच्छंसिन् Kâtj. Çr. 7,6,5. — 3) *ein Brahmane auf der zweiten Stufe, der zwischen dem*

Mâtra *und dem* Çrotrija *steht*, Hemâdri 1,26,3. 10.11. — 4) *das 28ste Mondhaus.*

2. ब्राह्मण 1) Adj. (f. ई) *einem Brahmanen gehörig, brahmanisch.* — 2) f. ई (nach den Grammatikern ब्राह्मणी) *a) eine Frau aus der Priesterkaste.* — *b) eine Eidechsenart mit rothem Schwanze.* — *c) *eine Ameisenart mit grossem Kopfe.* — *d) *eine Wespenart.* — *e) *Clerodendrum siphonanthus.* — *f) *Trigonella corniculata* Bhâvapr. 1,194. — *g) *Ruta graveolens.* — *h) *eine Art Messing* Râǵ. n. 13,29. — *i)* angeblich = बुद्धि *Verstand.* — *k)* N. pr. eines Flusses MBh. 6,9,33. — *l)* fehlerhaft für ब्रह्माणी. — 3) n. *a) das* brahman, *das Göttliche.* — *b) heilige —, göttliche Kraft.* — *c) religiöse Erläuterung, Ausspruch eines Theologen über Gegenstände des Glaubens und Cultus, durch welche Gehalt und Bedeutung derselben bestimmt werden soll.* — *d) eine Klasse vedischer Werke, welche diese Erläuterungen enthaten.* — *e) das* Soma-*Gefäss des* Brahman-*Priesters.* — *f) *eine Gesellschaft von Brahmanen.*

ब्राह्मणक 1) m. *a) ein erbärmlicher Brahmane, ein Brahmane bloss dem Namen nach.* — *b) *eine von Waffen tragenden Brahmanen bewohnte Gegend.* — 2) f. °णिका *a) wohl eine Eidechsenart.* — *b) *Trigonella corniculata* Râǵan. 12,134.

1. ब्राह्मणकल्प 1) m. Pl. *die* Brâhmaṇa *und* Kalpa *genannten Texte.*

2. ब्राह्मणकल्प Adj. *einem Brahmanen ähnlich.*

ब्राह्मणकारक Adj. *Jmd zu einen Brahmanen machend, — stempelnd* Pat. zu P. 2,2,6.

*ब्राह्मणकीय Adj. von ब्राह्मणक.

ब्राह्मणकुमार m. *ein Brahmanenknabe* Tâṇḍja-Br. 13,3,12.

ब्राह्मणकुल n. *das Haus eines Brahmanen* Gobh. 2,3,1.

*ब्राह्मणकृत m. N. pr. eines Mannes.

*ब्राह्मणकृतेय m. Patron. von ब्राह्मणकृत; f. ई.

ब्राह्मणगृह n. *das Haus eines Brahmanen* Comm. zu Kâtj. Çr. 15,3,35.

ब्राह्मणघ्न m. *Brahmanenmörder.*

ब्राह्मणचाण्डाल m. *ein* Ḱaṇḍâla *unter den Brahmanen, ein verworfener —, verachteter Brahmane.*

ब्राह्मणजात Adj. (f. आ) als Beiw. von इष्टि Baudh. im Comm. zu Âpast. Çr. 9,4,13.

ब्राह्मणजात n. *Brahmanengeschlecht.*

ब्राह्मणजुष्ट Adj. *Brahmanen wohlgefällig* Çâñkh. Gṛhj. 1,24.

ब्राह्मणतर्पण n. *das Befriedigen der Brahmanen* Sâmav. Br. 1,2,5.

ब्राह्मणता f. *Brahmanenstand, Brahmanenwürde.*

*ब्राह्मणत्रा Adv. *unter den —, unter die Brahmanen.*

ब्राह्मणत्व n. = ब्राह्मणता 215,10.

ब्राह्मणदारिका f. *Brahmanenmädchen.*

ब्राह्मणधन n. *der den Brahmanen gezahlte Lohn* Vaitân.

ब्राह्मणपथ m. *ein* Brâhmaṇa-*Text.*

*ब्राह्मणपाल m. N. pr. eines Fürsten.

ब्राह्मणपुत्रक m. *Brahmanenknabe* 121,12.

ब्राह्मणप्रिय m. *ein Freund der Brahmanen* (Vishṇu) Vishṇus. 98,30.

ब्राह्मणब्रुव Adj. Subst. *sich Brahmane nennend, bloss den Namen eines Br. tragend, ein seinen Stand entehrender Br.*

ब्राह्मणभाव m. *Brahmanenstand, Brahmanenwürde* Ind. St. 10,69.

ब्राह्मणभोजन n. *Brahmanenspeisung.*

ब्राह्मणमुखीन m. Pl. Bez. *bestimmter Sprüche* Comm. zu Taitt. Âr. 1,31,5.

ब्राह्मणयज्ञ m. 1) *ein für Brahmanen bestimmtes Opfer.* — 2) *ein von Brahmanen dargebrachtes Opfer* MBh. 12,263,5.

*ब्राह्मणयष्टिका und *°यष्टी f. *Clerodendrum siphonanthus* Râǵan. 6,151. Mat. med. 219.

ब्राह्मणलिङ्ग Adj. Brâhmaṇa-*artig* (Sprüche) Kauç. 1.

ब्राह्मणवचन n. *der Ausspruch eines* Brâhmaṇa-*Textes* Âpast.

ब्राह्मणवध m. *Brahmanenmord.*

1. ब्राह्मणवत् Adj. *mit einem Brahmanen verbunden.*

2. ब्राह्मणवत् Adj. 1) *mit einer Erläuterung versehen, demselben gemäss, also correct.* — 2) f. °वती Bez. *bestimmter Backsteine* Comm. zu Njâjam. 5,3,11.

ब्राह्मणवर m. N. pr. eines Fürsten.

ब्राह्मणवर्चस n. *Auszeichnung eines Brahmanen, Brahmanenwürde.*

ब्राह्मणवाक्य n. *der Ausspruch eines oder des* Brâhmaṇa Comm. zu Kâtj. Çr. 1,5,7.

ब्राह्मणवाचन n. *das Brahmanen geziemende Hersagen frommer Wünsche* Hemâdri 1,168,17 (ब्रह्मण° gedr.). 20. 181,14. 19.

ब्राह्मणविधि m. *die Vorschrift eines* Brâhmaṇa Kauç. 1.

ब्राह्मणविलाप m. Titel einer Episode des MBh.

ब्राह्मणविहित Adj. *in einem* Brâhmaṇa *vorgeschrieben* Lâṭj. 1,10,7. 10,10,5. 17.

*ब्राह्मणवेदम् Absol. *so viele Brahmanen* (z. B. *speisen*), *als man kennt* P. 3,4,29, Sch.

ब्राह्मणश्रमणन्याय m. Abl. so v. a. *nach der Art, wie man unter* ब्राह्मणश्रमण *einen brahmanischen Asketen versteht, obgleich diese Verbindung einen Widerspruch enthält, indem sie eigentlich einen brahmanischen Buddhisten bezeichnet.*

ब्राह्मणसर्वस्व n. Titel eines Werkes.

ब्राह्मणसव m. *eine best. Opferhandlung* Comm. zu TBr. 2,756.

ब्राह्मणसात् Adv. 1) mit कर् *an Brahmanen verschenken.* — 2) mit अस् *Brahmanen gehören.*

ब्राह्मणस्पत्य Adj. *dem* Brahmaṇaspati *geweiht u. s. w.*

ब्राह्मणस्व n. *das Eigenthum von Brahmanen.* Pl. Âpast.

ब्राह्मणस्वर m. *der in einem* Brâhmaṇa (namentlich Çat. Br.) *übliche Accent* Comm. zu Kâtj. Çr. 1,8,15. 17.

ब्राह्मणाक्रिय Adj. *ein geweihter Brahmane, der die Opfer nicht kennt und nicht studirt,* Hemâdri 1,37,18. 23.

ब्राह्मणाच्छंसिन् m. *ein best. Priester, der Gehülfe des* Brahman *beim* Soma-*Opfer.* °च्छंसिप्रयोग m. Titel eines Pariçishṭa.

ब्राह्मणाच्छंसीय n. und °या f. *das Amt des* Brâhmaṇâkkhaṁsin.

ब्राह्मणाच्छंस्य 1) Adj. *zum* Brâhmaṇâkkhaṁsin *in Beziehung stehend.* — 2) n. *das Amt des* Br.

ब्राह्मणाभाषण n. Titel eines Werkes.

ब्राह्मणायन m. *ein blosser Abkömmling eines Brahmanen.*

*ब्राह्मणिक Adj. von 2. ब्राह्मण 3) *d).*

*ब्राह्मणिकल्पा, *ब्राह्मणिगोत्रा, *ब्राह्मणिचेली, *ब्राह्मणितमा, *ब्राह्मणितरा, *ब्राह्मणिब्रुवा, *ब्राह्मणिमता, *ब्राह्मणिरूपा und *ब्राह्मणिहता Adj. f. P. 6,3,43, Sch.

1. ब्राह्मणी f. s. 2. ब्राह्मण 2).

2. ब्राह्मणी Adv. mit भू *zum Brahmanen werden.* °भूय Absol.

ब्राह्मणीक am Ende eines adj. Comp. (f. आ) von ब्राह्मणी *Brahmanenfrau.*

*ब्राह्मणीत्व n. Nom. abstr. zu ब्राह्मणी *Brahmanenfrau.*

*ब्राह्मणेष्ट m. *Maulbeerbaum* Râǵan. 9,97.

ब्राह्मणोक्त Adj. *in einem oder im* Brâhmaṇa *vorgeschrieben* Âpast. Vaitân. Kâtj. Çr. 18,6,7.

ब्राह्मण्य 1) Adj. *für Brahmanen sich eignend.*

— 2) *m. der Planet Saturn. — 3) n. a) Brahmanenstand, Brahmanenwürde. — b) eine Gesellschaft von Brahmanen.

ब्राह्मदण्ड fehlerhaft für ब्रह्मदण्ड.

*ब्राह्मदत्तायन m. Patron. von ब्रह्मदत्त.

ब्राह्मदेय Adj. = ब्रह्मदेय 1) a) MBh. 3,186,15.

ब्राह्मपलाश m. Pl. eine best. Schule. Vgl. ब्रह्म°.

ब्राह्मपुराण n. = ब्रह्मपुराण VP.².

*ब्राह्मप्रजापत्य Adj. von ब्रह्मप्रजापति.

ब्राह्मराति m. Patron. Jâǵńavalkja's.

ब्राह्मलौकिक Adj. auf Brahman's Welt Ansprüche habend.

ब्राह्माणी f. fehlerhaft für ब्रह्माणी.

ब्राह्मि Adj. brahmisch, heilig, göttlich.

*ब्राह्मीकन्द m. Yamswurzel.

ब्राह्मीकुण्ड n. N. pr. einer heiligen Höhlung im Erdboden.

ब्राह्मीतत्त्व n. Titel eines Tantra.

ब्राह्मेष्टि f. eine best. Ishṭi Saṁnj. Up. 1.

ब्राह्मोढा f. eine nach der Brahman-Weise verheirathete Frau Comm. zu Vishṇus. 24,29.

ब्राह्मौदनिक Adj. (in Verbindung mit अग्नि) oder m. (mit Ergänzung von अग्नि) Feuer, auf welchem der Priester-Reis gekocht wird, Âpast. Çr. 5,4,12. 5,1. 10,7.

ब्राह्म्य 1) Adj. zu Brahman oder zu den Brahmanen in Beziehung stehend. °तीर्थ n. ein best. Theil der Hand. — 2) *n. = विस्मय und दृश्य.

°ब्रुव Adj. (f. आ) sich — nennend, den Namen — nicht verdienend.

ब्रू, ब्रवीति, ब्रूते, ब्रूमि (episch), ब्रूहि und ब्रवीहि, अब्रवीत्, अब्रवम् und अब्रुवम्. Von allgemeinen Formen nur das verdächtige ब्रूयास्त. 1) Act. Med. sagen, aussprechen, berichten, mittheilen, nennen, angeben (mit Acc. der Sache und Gen., Dat. oder Loc. der Person), Etwas zu Jmd sagen (mit doppeltem Acc.), sprechen zu (Acc., seltener Gen.), erklären für, nennen (mit doppeltem Acc.), sagen —, aussagen —, sprechen von (Acc. oder Acc. mit प्रति oder अधिकृत्य), beantworten (eine Frage); vorhersagen, verkünden. Mit पुनर् antworten. Im Hit. steht regelmässig ब्रूते neben अब्रवीत्. — 2) Med. (ausnahmsweise auch Act.) sich nennen, sich ausgeben für (Nomin., ausnahmsweise mit इति). — 3) Med. für sich bezeichnen, so v. a. wählen Ait. Br. 3,21,2. — 4) *Med. sich selbst erzählen, von selbst fliessen (von einer Erzählung). — Mit अच्छा Med. herbeirufen. — Mit अति schmähen Karaka 1,8. — Mit अधि 1) Jmd (Dat.) tröstend —, ermuthigend zusprechen, — Muth einsprechen. — 2) fürsprechen für (Dat.) Vaitân. — Mit अनु 1) hersagen, recitiren. — 2) Jmd (Dat.) Etwas vorsagen, lehren, mittheilen. — 3) das Wort (einladend, ehrerbietig) richten an (Dat.), Jmd (Dat.) einladen zu (Gen.). — 4) sagen, sprechen. — 5) dafür halten, — anerkennen. Auch mit zugefügtem तथा. — 6) Med. nachsprechen, auswendig lernen, lernen 33,4. — Mit अप 1) Jmdm (Gen.) Jmdn (Acc.) aus dem Sinne reden, so v. a. Jmd über Jmd zu trösten suchen Maitr. S. 1,5,12. — 2) abwehrend besprechen. — Mit अभि schmähen MBh. 3,268,2. v. l. अति. — Mit अव in अनवब्रवे. — Mit आ Med. sich unterhalten. — Mit प्रत्या Jmd (Acc.) antworten. v. l. प्रीत्याब्रवीत् st. प्रत्याब्रवीत्. — Mit उद् Med. entsagen, aufgeben; mit Acc. oder Gen. TBr. 1,7,10,6. Çat. Br. 5,2,2,4. Vgl. Comm. zu TS. 2,169. — Mit उप Med. (einmal auch Act.) 1) zu Jmd (Acc.) sprechen. — 2) bittend ansprechen um (Dat., ausnahmsweise Acc.), anrufen; zureden, bereden zu. — Mit निस् 1) laut, deutlich, einzeln aussprechen. — 2) erklären. — Mit परि 1) besprechen. — 2) für Jmd besprechen, so v. a. bei Jmd unter Besprechung anwenden. — Mit प्र 1) ansagen, aussagen, ausrufen, anzeigen, verrathen, mittheilen, erzählen, lehren, verheissen. — 2) rühmend aussprechen, preisen. — 3) zu Jmd (Dat.) freundlich sprechen RV. 1,161,12. — 4) zu Jmd (Acc.) sprechen, Jmd Etwas sagen, — erzählen (mit doppeltem Acc. Bhaṭṭ.). — 5) Jmd nennen, schildern als (mit doppeltem Acc.). — 6) Jmd (Dat.) Etwas anmelden, so v. a. anbieten, darreichen Âpast. 1,3,31; vgl. 1. विद् mit नि Caus. — Mit प्रतिप्र erwiedern. — Mit प्रति 1) Jmd (Acc.) antworten, Jmd Etwas zur Antwort geben (mit doppeltem Acc.). — 2) Med. Jmd (Acc.) antworten, so v. a. Angriffe u. s. w. zurückgeben. — 3) verweigern, abschlagen. — Mit वि 1) sich aussprechen, sich äussern, aussagen, eine Aussage machen (214,8), sprechen. — 2) sich über Etwas (Acc.) aussprechen, über Etwas seine Meinung sagen, eine Frage beantworten (Âpast. 1,32,22). — 3) erläutern, auslegen. — 4) falsch aussagen. — 5) widersprechen, sich nicht einverstanden erklären. — 6) Med. sich streiten. — Mit सम् 1) Act. Med. sich unterreden, — unterhalten, zu einander sprechen. — 2) Med. sich bereden, übereinkommen. — 3) zu Jmd Etwas sprechen, mit doppeltem Acc.

ब्री mit प्र, प्रब्रीन AV. 11,9,19. Richtiger व्री.

ब्लेष्क m. Schlinge zum Erwürgen.

---

1. भ 1) *m. a) der Planet Venus. — b) blosser Schein, Täuschung, Irrthum. — 2) f. भा a) Schein, Glanz, Licht VS. 30,12. Çat. Br. 9,4,1,9. 11,8,3,11. Pl. Lichtstrahlen. — b) Schein, Aussehen, Aehnlichkeit. Nur am Ende eines adj. Comp. — c) der Schatten des Sonnenzeigers. — 3) n. Stern, Gestirn, Mondhaus, Zodiakalbild, ein astrologisches Haus (Varâh. Jogaj. 4,31).

2. *भ m. Biene.

भंसस् n. ein best. Theil des Unterleibes. Nach den Erklärern = पायु oder जघनप्रदेश. Vgl. सुभंसस्.

भकक्षा f. die Bahn der Sternbilder.

भकभकाय्, °यते quaken.

*भक्किका f. Grille, Heimchen.

*भक्कुड oder *भक्कुर m. ein best. Fisch Bhâvapr. 2,12.

भक्त 1) Adj. s. u. भज्. — 2) m. Bez. einer Çiva'itischen und einer Vishṇu'itischen Secte. — 3) n. a) Speise, Nahrung. — b) Mahlzeit. Die so und so vielte Mahlzeit geniessen heisst so v. a. nur diese, mit Uebergehung der vorangehenden, zu sich nehmen. — c) Gefäss Ind. St. 13,391.

*भक्तकंस m. Speiseschüssel.

भक्तकर m. 1) Speisebereiter, Koch. — 2) *künstlicher Weihrauch.

*भक्तकार m. Koch.

भक्तकृत्य n. Speisegeschäft. कृत° Adj. gespeist habend Vaǵrakkh. 19,8.

भक्तच्छन्द n. Esslust, Appetit.

भक्तजयन्ती f. Titel eines Werkes Opp. Cat. 1.

*भक्तजा f. Nektar.

*भक्ततूर्य n. Tafelmusik.

°भक्तत्व n. das einen Theil von — Bilden, das Gehören zu P. 7,4,30, Vârtt. 2, Sch.

भक्तद und भक्तदायक Adj. Jmd (Gen.) Speise verabreichend 205,21.7.

भक्तदास m. ein für die Nahrung dienender Knecht.

भक्तद्वेष m. Widerwille gegen Speisen, Appetitlosigkeit.

भक्तद्वेषिन् Adj. einen Widerwillen gegen Speisen habend, appetitlos.

भक्तपात्र n. eine Schüssel mit Speise Râǵat. 4,243.

*भक्तपुलाक ein Mundvoll Reis, in Kugelform geknetet.

भक्तप्रतिष्ठा f. Titel eines Werkes Opp. Cat. 1.

*भक्तमण्ड m. Reisschleim.

भक्तमयस्तोत्र n. Titel eines Stotra.

भक्तमाला f. Titel eines Werkes.

भक्तमीमांसा f. desgl. Opp. Cat. 1,6070.

भक्तरुचि f. Esslust.

भक्तरोचन Adj. *Esslust erregend.*

भक्तविलास m. und भक्तविभव n. Titel zweier Werke Opp. Cat. 1.

भक्तशरण n. *Küche.*

भक्तशाला f. wohl dass.

*भक्तसिक्थ und **क m. = भक्तपुलाक.

भक्ताकाङ्क्षा f. *Esslust, Appetit* Suçr. 2,212,2.

भक्ताभिलाष m. dass.

भक्ताभिसार m. *Speisesaal.*

भक्तामर und °स्तोत्र n. Titel eines Stotra.

भक्तारुचि f. *Widerwille gegen Speisen* Suçr. 1, 62,3.

भक्ति f. 1) *Austheilung, Vertheilung.* — 2) *das Bilden eines Theils von Etwas, Zugehörigkeit.* अभक्तेः so v. a. *von Seiten des Vocals.* — 3) *das zugetheilte, zugehörige, in einem Andern enthaltene Ding.* — 4) *Theil.* — 5) *Abtheilung eines* Sâman (deren 5 oder 7 angenommen werden). — 6) *Theilung*, so v. a. *das Beziehen mit Strichen* Ragh. 13,55. — 7) *Strich, Linie* Hariv. 6870. 6882. 8360. fg. 9286. 12956. 12960. R. 5,9,19. Ragh. 13, 75. Kumâras. 3,30. 8,69. — 8) *Reihe* PV. Prât. 17, 8. भक्त्या und भक्तितस् *der Reihe nach* 6,18,32. 34. — 9) *körperliche Anlage, — Praedisposition* Káraka 7,1.12. — 10) *Hingebung, Zuneigung, Ergebenheit, Treue, Liebe, auf Glauben beruhende Liebe, Pietät.* Die Ergänzung im Loc., Gen. oder im Comp. vorangehend. — 11) am Ende eines Comp. *das Bilden, Annehmen* (einer Gestalt, Form). — 12) भक्त्या Instr. so v. a. *uneigentlich* Çaṁk. zu Bâdar. 2,3,5. Vgl. 2. भाक्त. — 13) fehlerhaft für भुक्ति Sûrjas. 2, 64. 4,18.

भक्तिक in उत्तर°, एक° und पौर्व°.

*भक्तिकर Adj.

भक्तिकल्पतरु m., °कल्पलता f., भक्तिचन्द्रिका f. und भक्तिचन्द्रोदय m. Titel von Werken.

भक्तिच्छेद m. Pl. *gebrochene —, d. i. neben einander laufende Striche* Hariv. 3887. Megh. 19. VP. 5,20,8.

भक्तिज्ञ Adj. *wissend was Treue ist, treu ergeben.* Nom. abstr. °त्व n. Kâm. Nītis. 8,9; vgl. Comm. zu R. ed. Bomb. 4,54,2.

भक्तितरंगिणी f. Titel eines Werkes.

भक्तिपूर्वकम् und °पूर्वम् Adv. *mit Hingebung, ehrerbietig.*

भक्तिप्रवण Adj. *treu hingegeben* Vṛshabh. 259, b,25.

भक्तिबिन्दु m. Titel eines Werkes.

भक्तिभाज् Adj. 1) *gläubige Hingebung —, treue Ergebenheit besitzend;* die Ergänzung im Comp. vorangehend. — 2) *an einer Sache* (Loc.) *fest hängend.*

भक्तिभूषणसंदर्भ m. Titel eines Werkes.

भक्तिमत् Adj. 1) *ergeben, zugethan, geneigt, treu anhängend, in gläubiger Liebe zugethan;* die Ergänzung im Loc. oder im Comp. vorangehend. — 2) *von Hingebung —, von treuer Ergebenheit begleitet.*

भक्तिमार्गनिरूपण n., भक्तिमीमांसासूत्र n. und भक्तिमुक्तावली f. Titel von Werken.

भक्तियोग m. *Hingebung, gläubige Liebe.*

भक्तिरत्नावलि f. Titel eines Werkes Bühler, Rep. No. 421.

भक्तिरस m. *das Gefühl der Hingebung, — der gläubigen Liebe.*

भक्तिरसामृतसिन्धु m. und °रसायन n. Titel zweier Werke.

भक्तिराग m. *Vorliebe zu* (Loc.).

*भक्तिल Adj. *anhänglich* (von Pferden).

भक्तिवंस् Adj. *theilhaftig*, mit Gen.

भक्तिवन् Adj. dass. Maitr. S. 1,4,3. 5,3. 10. Âpast. Çr. 4,13,7. Vgl. भक्तिवंस् und भक्षिवन्.

भक्तिवर्धिनी f. Titel eines Werkes.

भक्तिवाद m. *Ergebenheitserklärung, Versicherung der Zuneigung.*

भक्तिशतक n., भक्तिसंवर्धनशतक n. (Opp. Cat. 1), भक्तिसागर m., भक्तिसारसंग्रह m., भक्तिसिद्धान्त m., भक्तिसुधोदय m., भक्तिसूत्र n. und भक्तिहंस m. Titel von Werken.

भक्तिहीन Adj. *ohne Pietät* Mudrâr. 7,8 (21,6).

भक्तिहेतुनिर्णय m. Titel eines Werkes.

*भक्तोद्देशक m. *Bestimmer der Speisen* (ein best. Beamter in einem buddh. Kloster).

भक्तोपसाधक m. *Speisebereiter, Koch.*

भक्त्युपक्रम m. Titel eines Werkes.

भक्त्युल्लासमञ्जरी f. desgl. Bühler, Rep. No. 473.

भक्ष्, भक्षति, °ते (nicht in der älteren Sprache; भक्ष्यति und अभक्ष्यन् falsche Formen) und भक्षयति, °ते (auffallend ist भक्षयस्व in der Prosa 42,13 neben भक्षय 45,12); Partic. भक्षित. 1) *geniessen, verzehren, verspeisen, fressen* (mit Acc. und in der älteren Sprache auch mit partitivem Gen.). In der älteren Sprache gewöhnlich von Flüssigkeiten, seltener von festen Speisen; in der späteren Sprache nur ausnahmsweise von Flüssigkeiten. — 2) *beissen, stechen.* — 3) *verzehren*, so v. a. *zu Nichte machen.* — 4) *Jmd aufessen*, so v. a. *aussaugen.* — 5) *verzehren*, so v. a. *verbrauchen* (Geld, einen Schatz). — 6) भक्षित *gekaut* von einer best. fehlerhaften Aussprache der Worte. — Caus. भक्षयति 1) s. u. Simpl. — 2) **Jmd* (Instr.) *Etwas* (Acc.) *essen lassen* oder mit doppeltem Acc., wenn ein Unrecht dabei im Spiele ist. — Desid. बिभक्षिषति und बिभक्षयिषति *ein Verlangen haben zu verzehren* Comm. zu Âpast. Çr. 7,28,8. — Mit व्यव Caus. *zwischen Etwas* (Acc.) *hinein essen.* — Mit उप, °भक्षित *verzehrt.* — Mit परि Caus. 1) *Jmd* (Acc.) *Etwas wegtrinken, Jmd um den Genuss bringen.* — 2) *Etwas* (Acc.) *Jmd wegtrinken, den Genuss von Etwas* (Acc.) *versagen* Çâṅkh. Br. 12, 5. — 3) *anfressen, an Etwas zehren.* — Mit प्रति Caus. *neben oder im Unterschied von einem Andern geniessen.* — Mit सम् Caus. 1) *zusammen geniessen.* — 2) *verzehren.* — 3) *anfressen.*

भक्ष m. 1) *Genuss, das Trinken, Essen.* — 2) *Trank, Speise* (in jüngeren Büchern). n. wohl nur fehlerhaft. Am Ende eines adj. Comp. (f. आ) *das und das zum Tranke oder zur Speise habend, — geniessend, sich nährend —, lebend von.*

भक्षक 1) Adj. Subst. *geniessend, essend, Geniesser, Verspeiser, sich nährend von;* die Ergänzung im Gen. oder im Comp. vorangehend. — 2) m. *Speise* Hemâdri 1,723,9. — 3) *f. भक्षिका a) *das Kauen* in हनु°. — b) *Speise* in उष्ट्र°.

*भक्षकार m. *Speisebereiter, Koch, Bäcker.*

भक्षंकार m. *Geniesser* Maitr. S. 4,7,3.

भक्षंकृत Adj. *genossen* TS. 3,2,5,7.

भक्षजप m. *das beim* Soma-*Genuss murmelnd gesprochene Gebet* Âçv. Çr. 3,9,5. 4,7,4. Vgl. सोम°.

*भक्षटक m. *eine Varietät von Asteracantha longifolia* Râǵan. 4,44.

भक्षण 1) Adj. *geniessend* in *दाडिम° und पाप°. — 2) n. a) *das Geniessen, Trinken, Essen, Verspeisen.* — b) *das Verspeistwerden, Gefressenwerden* (78,11), — *von* (Instr.). — c) *Trinkgeschirr.*

भक्षणीय Adj. *zu verspeisen, verspeist werdend.* Nom. abstr. °ता f.

*भक्षपत्त्री f. *Betelpfeffer* Râǵan. 11,253.

*भक्षबीज m. v. l. für भक्ष्यबीज Râǵan. 11,65.

भक्षमन्त्र m. *ein beim Genuss des* Soma *gesprochener Spruch.*

भक्षयितर् Nom. ag. *Geniesser.*

भक्षयितव्य Adj. *zu geniessen, zu essen* (Hemâdri 1,596,12), *zu verspeisen.*

भक्षि m. Bez. *der Wurzel* भक्ष् 229,12.

भक्षित 1) Adj. s. u. भक्ष्. — 2) n. *das Gefressenwerden von* (Instr.) 78,12.

भक्षितर् Nom. ag. *Geniesser, Verspeiser.*

भक्षितव्य Adj. *zu geniessen, zu essen.*

भक्षिन् Adj. *geniessend, verspeisend.* Gewöhnlich in Comp. mit dem Obj. Nom. abstr. °भक्तित्व n.

भक्तिर्वन् Adj. *geniessend*. Vgl. भक्तिर्वस्, भक्तिर्वन्.

भक्ष्य 1) Adj. *zu geniessen, zu essen, zu verspeisen, geniessbar, genossen —, gegessen werdend*; n. *ein solcher Gegenstand, Speise, Nahrung,* insbes. *eine feste Speise, die gekaut werden muss.* — 2) m. *Speise, Gericht.* Die v. l. hat st. dessen meistens भक्त, was wohl allein richtig ist.

*भक्ष्यकार, *°कारक (H. an. 5,3) und *भक्ष्यंकार m. *Bäcker.*

*भक्ष्यबीज m. *Buchanania latifolia* Râǵan. 11,65.

भक्ष्यभोज्यमय Adj. *aus Speisen aller Art bestehend* MBh. 13,63,50.

भक्ष्यभोज्यविहारवत् Adj. *mit Speisen verschiedener Art und mit Erholungsplätzen versehen* MBh. 14,59,11.

भक्ष्यापण m. *ein Markt, auf dem Nahrungsmittel verkauft werden,* MBh. 2,21,25 (भक्ष्यमाल्यापण).

*भक्ष्यालाबु f. *eine Gurkenart.*

भग 1) m. a) (*Mittheiler*) *Brodherr, ein reicher* oder *gnädiger Herr, Schutzherr;* von Göttern, insbes. von Savitar. — b) N. pr. eines Âditja, Regenten des Mondhauses Uttarâ Phalgunî. Nach der Legende hat Rudra-Çiva ihn geblendet. — c) *das Mondhaus* Phalgunî. — d) *die Sonne.* — e) *der *Mond.* — f) N. pr. eines Rudra. — g) *gutes Loos, Wohlstand, Glück.* — h) *treffliche Begabung, Herrlichkeit, Würde, Hoheit.* Am Ende eines adj. Comp. f. आ. — i) *Lieblichkeit, Schönheit.* — k) *Liebesglück, Liebeslust, Liebe, Zuneigung.* Angeblich auch n. — l) *die Schamgegend,* bes. *die weibliche Scham.* Angeblich auch n.; am Ende eines adj. Comp. f. आ. — 2) f. भगा in der Stelle अम्बा वै स्त्री भगानाम्नी Kâṭh. 36,14. — 3) n. a) *ein best.* Muhûrta. — b) **das Perinaeum beim Manne* Râǵan. 18,47. — Nach den Lexicographen m. n. = यत्न (प्रयत्न), कीर्ति (यशस्), वैराग्य, इच्छा, ज्ञान, मुक्ति (मोक्ष), धर्म und स्त्री.

भगकाम Adj. (f. आ) *Liebesglück wünschend* Kâtj. Çr. 5,10,17.

भगघ्न m. Bein. Çiva's.

भगण m. 1) *die Schaar der Sterne, — Gestirne, — Mondhäuser, der Zodiakus.* — 2) *der Umlauf im Zodiakus.* Auch überh. *Umlauf* (eines Planeten) Ârjabh. 3,4.

भगत्ति *f. *Glücksgabe.*

भगदत्त m. N. pr. eines Fürsten.

भगदा f. N. pr. einer der Mütter im Gefolge Skanda's.

भगदारण n. *eine best. Krankheit* Hemâdri 1,215, 22. Vgl. भगंदर 1).

भगदेव Adj. *die weibliche Scham verehrend, geil.*

भगदेवत Adj. (f. आ) *den Âditja Bhaga zur Gottheit habend.*

भगदैवत 1) Adj. a) dass. नक्षत्र n. = 2) 47,13. — b) *eheliches Glück bringend.* — 2) n. *das Mondhaus* Uttarâ Phalgunî.

भगदैवतमास m. *der Monat* Phâlguna.

भगधेय m. N. pr. eines Mannes VP.² 3,227.

भगन Pańkar. 1,10,56 fehlerhaft für भगण.

भगनन्दा f. N. pr. einer der Mütter im Gefolge Skanda's.

भगनराय m. N. pr. eines Mannes.

भगनेत्रघ्न, °नेत्रनिपातन, °नेत्रहन्, °नेत्रहर, °नेत्रहृत्, *°नेत्रान्तक und °नेत्रापहारिन् (Hariv. 3, 86,26) Adj. als Beiw. Çiva's.

भगंदर m. 1) *Fisteln in der Schamgegend, an Blase, After* u. s. w. — 2) N. pr. eines alten Weisen.

*भगपुर n. N. pr. einer *Stadt.*

भगभक्त Adj. *mit Glücksgütern gesegnet.*

*भगभक्तक Adj. *Hurenwirth, Kuppler.*

भगम m. *der Umlauf der Gestirne* Hemâdri 1,77, 23. 78,1.

भगल N. pr. 1) m. eines Mannes. — 2) *f. आ einer Frau.

भगवच्छास्त्र n. Titel eines Abschnitts im Vârâhapurâṇa.

भगवत् Adv. *wie eine vulva* Comm. zu Vishṇus. 45,24.

भगवतीकेशादिपादस्तव m. Titel eines *Lobgedichtes* Opp. Cat. 1.

भगवतीगीता f. Titel eines Werkes.

भगवतीदास m. N. pr. eines Mannes.

भगवतीभागवत n. und भगवतीसूत्र n. Titel zweier Werke.

भगवत्त्व n. *der Stand —, die Würde* Bhagavant's, d. i. Vishṇu's.

भगवत्पदी f. Bez. *des mythischen Anfangs der* Gaṅgâ.

भगवत्पादाभाषण n. Titel eines Werkes.

भगवत्यङ्ग n. Titel eines Ǵaina-Werkes. °वृत्ति f.

भगवत्स्वतन्त्रता f. Titel eines Werkes.

भगवदाराधनसमर्थन n. Titel eines Werkes Opp. Cat. 1.

भगवदीय m. *ein Verehrer* Bhagavant's, d. i. Vishṇu's. Nom. abstr. °त्व n.

भगवद्गीत 1) n. *die von* Kṛshṇa *gesungenen, verkündeten Worte.* — 2) f. आ Pl. (mit und ohne उपनिषद्) Titel des bekannten theosophischen Gedichts. °गूढार्थदीपिका f., °टीका f. (Opp. Cat. 1), °तात्पर्यदीपिका f. (ebend.), °भावप्रकाश m., °भाष्य n. (Opp. Cat. 1), °माहात्म्य n. (ebend.), °लघुव्याख्या f. (ebend.), °विवरण n. (Bühler, Rep. No. 423. fg.), °व्याख्या f. (Opp. Cat. 1) und °सारार्थसंग्रह m. Titel dazu gehöriger Werke.

भगवद्गुणदर्पण m. und °गुणसारसंग्रह (Opp. Cat. 1) m. Titel zweier Werke.

भगवद्दृश Adj. *dir Herrlichem ähnlich.*

*भगवद्द्रुम m. wohl *der heilige Feigenbaum.*

भगवद्ध्यानसोपान n. Titel eines Werkes Opp. Cat. 1.

भगवद्भक्तितरंगिणी f., °भक्तिनिर्णय m., °भक्तिरत्नावली f., °भक्तिरसायन n., °भक्तिविलास m.; °भक्तिविवेक m., °भक्तिस्तोत्र n. (Bühler, Rep. No. 474) und भगवद्भास्कर m. Titel von Werken.

भगवद्रात m. N. pr. eines Mannes.

भगवद्विलासरत्नावलि f. Titel eines Werkes Opp. Cat. 1.

भगवद्विशेष m. N. pr. eines Mannes.

भगवन्त् 1) Adj. a) *gutbegabt, glücklich, glückselig.* — b) *hehr, herrlich, erhaben* als Bez. höherer und göttlicher Wesen und heiliger Personen. Häufig in der Anrede Voc. Sg. m. भगवन्, भगवस् und भगोस्, f. भगवति, Pl. m. भगवन्तस्. Im Nom. mit der 3ten Person in der Anrede. Bei den Buddhisten häufig vor Titeln heiliger Bücher. Compar. भगवत्तर (Çâṅkh. Gṛhj. 3,7), Superl. भगवत्तम (Pâr. Gṛhj. 3,2,7). — 2) m. Bez. a) Vishṇu-Kṛshṇa's. — b) Çiva's 139,20. — c) eines Buddha, Bodhisattva oder Ǵina. — 3) f. भगवती a) Bez. α) der Lakshmî. — β) der Durgâ. — b) Titel des 5ten Aṅga der Ǵaina.

भगवन्त m. N. pr. eines Fürsten.

भगवन्तदेव m. N. pr. eines Mannes.

भगवन्तभास्कर m., भगवन्नामकौमुदी f., °प्रकाश m. und भगवन्नाममाहात्म्यग्रन्थसंग्रह m. Titel von Werken.

भगवन्मय Adj. Vishṇu oder Kṛshṇa *in sich bergend, ganz ihm ergeben.*

*भगवित्त m. N. pr. eines Mannes.

भगवेदन Adj. *eheliches Glück verkündend.*

भगस् n. in einer Formel = भग *Glück.*

भगहन् Adj. Beiw. Çiva's (auf Vishṇu übertragen).

भगहारिन् und भगाक्षिहन् Adj. Beiw. Çiva's.

1\. भगाङ्क m. *eine vulva als Brandmahl* MBh. 13, 61,21.

2\. भगाङ्क Adj. (f. आ) *durch eine vulva gekennzeichnet* MBh. 13,14,233. 234. Hariv. 7593. Spr. 2049 (Conj.).

भगाङ्कित Adj. (f. आ) = 2. भगाङ्क MBh. 13,14,227.

*भगाङ्कुर m. *Clitoris.*

भगाधान Adj. *eheliches Glück verleihend.*

भगानाम्नी Adj. f. Bhagā *heissend* Kāṭh. 36,14.

भगाल n. = कपाल *Schädel* Gaut.

*भगालिन् m. Bein. Çiva's.

भगास्य Adj. *seinen Mund als vulva gebrauchen lassend* Vishṇus. 45,24.

भगिन् 1) Adj. *trefflich ausgestattet, glücklich, herrlich.* भगितम *der vollkommenste.* — 2) m. N. pr. eines Scholiasten. — 3) f. भगिनी a) *Schwester* Gaut. Āpast. In vertraulicher Rede auch uneigentlich wie भ्रातर् *Bruder.* — b) N. pr. einer buddh. Gottheit.

भगिनिका f. *Schwesterchen.*

भगिनीपति und *भगिनीभर्तर् m. *Schwestermann.*

भगिनीय (!) m. wohl *Schwestersohn.*

भगिनीसुत m. *Schwestersohn.*

भगीरथ m. N. pr. 1) eines alten Königs, Sohnes des Dilīpa, der mit Hülfe Çiva's die Gaṅgā vom Himmel zur Erde und von da zum Meere geführt haben soll. °पथप्रवृत्त Adj. Kād. 5,1. — 2) verschiedener anderer Männer. — 3) eines Berges.

भगीरथकन्या f. Patron. der Gaṅgā Prasannar. 96,18.

भगीरथयशस् f. N. pr. einer Tochter Prasenaǵit's.

भगीरथसुता f. Bein. der Gaṅgā.

भगेअवित Adj. Sāj.: भगो धनम्। तद्विषयरत्तयायुक्तः।

भगेश m. *Herr des Glückes.*

भगोल m. *das Sternengewölbe, Firmament; Sternsphäre* Comm. zu Golādhj. 6,10.

भगोस् Voc. von भगवत्.

भग्न 1) Adj. s. u. 1. भञ्ज्. — 2) n. *Beinbruch.*

भग्नक्रम n. *das aus der Construction Fallen.*

भग्नता f. *das Zerbrochensein.* प्रवहणस्य *ein erfolgter Schiffbruch* Daçak. 22,19.

भग्नतालं m. 1) *ein best. Tact* S. S. S. 214. — 2) *eine Art Gesang.*

भग्ननेत्र Adj. Bez. *eines best. Fiebers* Verz. d. Oxf. H. 319, b, No. 758.

भग्नपरिणाम Adj. *der Etwas nicht hat zum Schluss bringen können* Ind. St. 15,328.

भग्नपादर्त n. Bez. *bestimmter Mondhäuser.*

भग्नपार्श्व Adj. *von Schmerzen in den Seiten heimgesucht.*

*भग्नपृष्ठ Adj. *Jmd das Gesicht zuwendend.*

भग्नप्रक्रम n. (Kāvjapr. 7,7) und °ता f. in der Rhetorik *der Gebrauch eines Wortes, welches einem vorher gebrauchten nicht entspricht.*

भग्नप्रतिज्ञ Adj. *wortbrüchig* Hariv. 7207.

भग्नमनस् Adj. *gebrochenen Herzens,* so v. a. *entmuthigt.*

भग्नमनोरथ Adj. (f. आ) *dessen Wunsch vereitelt worden ist.*

भग्नमान Adj. *dessen Ehrgefühl verletzt worden ist.*

भग्नयाञ्च Adj. (f. आ) *der eine Fehlbitte gethan hat.*

भग्नव्रत Adj. *der sein Gelübde gebrochen hat.*

भग्नशक्ति Adj. *dessen Kraft, Macht gebrochen ist.*

भग्नसंधि Adj. *mit zerbrochenen Gelenken.*

*भग्नसंधिक n. = घोल 1).

*भग्नात्मन् m. *der Mond.*

भग्नाश Adj. *dessen Hoffnung getäuscht worden ist* 144,21. 180,13.

*भग्नी f. = भगिनी *Schwester.*

भग्नोत्साहक्रियात्मन् Adj. *dessen Mühe und Arbeit vergeblich gewesen sind* MBh. 1,131,21.

भग्नोद्यम Adj. *dessen Anstrengung vergeblich gewesen ist* Spr. 4189.

*भङ्कारी f. *Bremse.*

भङ्क्तर् Nom. ag. *Brecher, Zerbrecher* Bālar. 109,1.

भङ्ग 1) Adj. etwa *brechend, sprengend* (Soma). — 2) m. a) *das Zerbrechen, Abbrechen, Bruch, das Zusammenbrechen, Einfallen, Sichbrechen* (der Wellen). — b) *Knochenbruch.* — c) * *Gliederlähmung.* — d) *Brechung* der Worte, so v. a. *Zerlegung, Trennung.* — e) *Brechung,* so v. a. *das Biegen, Biegung, Krümmung.* — f) *das Zusammenbrechen,* so v. a. *Zugrundegehen, Untergang, Ruin, Fall, Verfall.* — g) *Bruch,* so v. a. *Unterbrechung, Störung, Vereitelung, Schmälerung.* — h) *Niederlage,* auch im Process 214,14. — i) *Furcht, Angst, Scheu* Rāǵat. 4,54. 307. — k) *Zurückweisung.* — l) *Widerlegung* Sarvad. 45,3. — m) bei den Ǵaina *eine mit dem Worte „vielleicht“* (s. स्यात्) *beginnende Formel der skeptischen Dialektik.* Es werden deren sieben angenommen. — n) *Tracht, Art und Weise sich zu kleiden* (?) — o) * = गमन. — p) *ein abgebrochenes Stück* Kād. (1793) 15,10. — q) *Bruch,* so v. a. *Falte.* — r) *Welle.* Am Ende eines adj. Comp. f. आ. — s) * *Kanal.* — t) भङ्ग *Hanf* AV. 8,8,3. 11,6,15. — u) N. pr. eines Schlangendämons. — 3) f. भङ्गा a) *Hanf* Ind. St. 13,283. — b) *das aus der Hanfpflanze bereitete berauschende Getränk.* — c) *Convolvulus Turpethum.* — Kathās. 27,186 wohl fehlerhaft für भग *die weibliche Scham.*

भङ्गकर m. N. pr. zweier Männer.

भङ्गवत् Adj. *faltig* und zugleich *mit Wellen versehen* Nāgān. 79.

*भङ्गवासा f. *Gelbwurz.*

भङ्गश्रवस् m. N. pr. eines Mannes.

*भङ्गसार्थ Adj. *hinterlistig.*

*भङ्गाकट m. *der Blüthenstaub vom Hanf.*

*भङ्गान m. *Cyprinus Banggana.*

*भङ्गारी f. = भङ्कारी *Wespe.*

*भङ्गासुर m. N. pr. eines Mannes.

भङ्गास्वन m. N. pr. eines Rāǵarshi.

भङ्गि und भङ्गी f. 1) *Brechung.* — 2) *Beugung, Krümmung.* — 3) *ein krummer Weg, Umweg, Umschweif, eine versteckte —, indirecte —, verblümte Weise zu handeln* oder *zu reden.* Instr. und भङ्ग्यन्तरेण *auf irgend eine versteckte, indirecte Weise.* — 4) *Weise, Art und Weise* Vikramāṅkak. 13,32. भङ्ग्यन्तरेण *auf andere Weise.* — 5) *Art und Weise sich zu kleiden, Tracht, Mode* Rāǵat. 7,922. 927. Bālar. 306,19. — 6) *der blosse Schein einer Sache, ein Anschein von* (im Comp. vorangehend) Vikramāṅkak. 9,26. 105. °भङ्गिभूत *aussehend wie* Bālar. 278,6. — 7) bei den Ǵaina = भङ्ग 2) m). — 8) *Figur.* — 9) *Absatz, Stufe* Megh. 60. — 10) *Welle* Naish. 3,55.

भङ्गिन् Adj. 1) *zusammenbrechend, vergehend* in तया° und तत्तया°. — 2) bei den Juristen *eine Niederlage erleidend, verlierend im Process.*

भङ्गिभाव m. *Krausheit.* दृग्भङ्गि° so v. a. *ein finsteres Gesicht.*

भङ्गिमन् m. *Krausheit, Verkehrtheit, Albernheit.*

भङ्गिमत् Adj. *kraus* (Haare).

भङ्गिविकार m. *verändertes Aussehen.* मुख° so v. a. *ein verzogenes Gesicht* Kād. 255,21.

भङ्गीक in विविध°.

*भङ्गील n. *defect in the organs of sense.*

भङ्गु m. N. pr. eines Dämons Ind. St. 14,127. °गिरि m. N. pr. eines *Berges* ebend.

भङ्गुर 1) Adj. (f. आ) a) *zerbrechlich, vergänglich.* — b) *veränderlich.* °निश्चय Adj. so v. a. *wankelmüthig.* — c) *krumm, kraus, gerunzelt.* — 2) *m. *Flusskrümmung.* — 3) *f. आ Name *zweier Pflanzen,* = अतिविषा (Dhanv. 1,2. Bhāvapr. 1,178. 3,98) und प्रियङ्गु (Rāǵan. 12,45).

भङ्गुरक in *मृत्यु°.

भङ्गुरता f. *Vergänglichkeit.*

भङ्गुरय्, °यति 1) *brechen, zu Nichte machen.* — 2) *krümmen, kräuseln.*

भङ्गुरावत् Adj. *ränkevoll, tückisch.*

भङ्गुरी Adv. mit कर् *zerbrechlich machen.* Nom. act. °करण n.

1. *भङ्ग्य Adj. *zerbrochen zu werden verdienend.*

2.*भङ्ग्य n. *Hanffeld.*

भङ्ग्यश्रवस् m. N. pr. eines Mannes.

भचक्र n. = भगण 1).

भज्, भ॑जति, °ते (अभङ्क्त und अभाङ्क्तुस् Bhâg. P. fehlerhaft für अभाक्त und अभाक्तुस्), Partic. भक्त॑. 1) *austheilen, zutheilen, zukommen lassen* (mit Dat. oder Gen. der Person), *vertheilen, theilen mit Jmd* (Instr.). Med. auch *unter sich vertheilen* Gaut. 21,16. 28,1. 21. 41. भक्त॑ *zugetheilt* Ṛv. 1,127,5. Am Ende eines Comp. *einen Theil von — bildend, zu — gehörig.* — 2) *Jmd* (Acc.) *einen Theil geben, — zukommen lassen.* — 3) *theilen,* so v. a. *dividiren.* भक्त *dividirt.* — 4) Med. *verleihen, bringen.* — 5) Med. *begaben —, versehen mit* (Instr.). — 6) Act. (seltener) und Med. *als Theil oder Loos empfangen, erhalten, — zu* (z. B. zur Gattin, mit doppeltem Acc.), *einer Sache theilhaftig werden, sich betheiligen an, Etwas zu geniessen haben, sich einer Sache erfreuen;* mit Acc., in der älteren Sprache auch mit Gen. — 7) Act. (seltener) und Med. *annehmen* (eine Gestalt), *sich anlegen* (ein Kleidungsstück), *einen Zustand annehmen,* so v. a. *erwählen, gerathen —, verfallen in, sich hingeben* Âpast. — 8) *sich auserwählen, sich entscheiden für, vorziehen, Jmd in Dienst nehmen.* — 9) *betreiben, ausüben, obliegen, sich an Etwas machen.* — 10) *Jmd* (Acc.) *zu Theil werden, treffen.* — 11) *sich begeben zu, auf oder in* (Acc.), *herankommen, sich setzen —, sich legen auf; zu Jmd* (Acc.) *kommen, hingehen, sich begeben, sich an Jmd* (Acc.) *wenden.* — 12) *Jmd angehören, sich zu Jmd hingezogen fühlen, Jmd verehren, lieben, Etwas gern haben, Jmd gut sein, mit Jmd der Liebe pflegen.* भक्त a) am Ende eines Comp. **von Jmd geliebt, gern gemocht* (eine Gegend). — b) *zugethan, zugeneigt, ergeben, treu anhängend, Verehrer;* die Ergänzung im Loc., Gen., Acc. oder im Comp. vorangehend. — Caus. भाज॑यति 1) *austheilen, vertheilen* Gaut. 10,23. — 2) *theilen, dividiren.* भाजित *dividirt.* — 3) *theilhaftig machen, geniessen lassen.* — 4) *hingehen lassen —, jagen in;* mit doppeltem Acc. Bhaṭṭ. — 5) **kochen* (!). — Mit अनु 1) *verehren.* — 2) *Jmd* (Acc.) *im Verehren nachfolgen.* — Mit अप 1) *Jmd* (Dat. oder Gen.) *einen Theil von* (Gen.) *abtreten.* — 2) *Jmd* (Acc.) *abfinden.* — 3) *abtheilen.* Mit अभि *sich hinbegeben —, fliehen nach* (Acc.). — Mit आ 1) Act., selten Med. *Jmd an Etwas* (Loc.) *Theil nehmen —, geniessen lassen, Jmd zu Etwas verhelfen.* अवद्ये *der Schande anheimfallen lassen.* आ॑भक्त *theilhaftig,* mit Loc. — 2) *verehren.* — Caus. Med. als Erklärung von आ-भज् 1). — Mit अन्वा Med. *nach oder neben Jmd an Etwas* (Loc.) *Theil nehmen —, mit ankommen lassen.* अन्वा॑भक्त *mitbetheiligt an* (Loc.). — Mit उप Med. *einnehmen, in Besitz kommen.* — Mit निस् 1) *nicht Theil nehmen lassen an, ausschliessen von* (Abl.). — 2) *Jmd abfinden mit* (Instr.). — निर्भजन्ति R. 5,73,37 fehlerhaft für निर्भज्जन्ति. — Caus. *Jmd von der Erbschaft ausschliessen, enterben.* — Mit परि *theilen.* — Mit प्र 1) *ausführen, vollführen.* — 2) *verehren.* — Mit प्रति *wieder Jmd* (Acc.) *zu Theil werden, — zufallen.* — प्रतिभजति MBh. 12,11290 fehlerhaft für प्रविभजति. — Mit वि 1) *vertheilen, austheilen* (mit Acc. der Sache und Dat. oder Loc. der Person, mit doppeltem Acc. oder mit Acc. der Person und Instr. der Sache). अर्धमर्धम् mit Du. *Etwas* (Gen.) *unter sich zur Hälfte theilen.* Med. auch *unter sich theilen* und *theilen mit* (Instr.). Pass. *einen Vermögensantheil erhalten von* (Instr.). विभक्त a) *vertheilt, — unter* (Instr.). — b) *abgetheilt,* so v. a. *der seinen Theil empfangen hat.* — c) *der eine Vertheilung vorgenommen hat.* — 2) *theilen, zertheilen, scheiden, trennen.* विभक्त a) *getheilt, zertheilt, geschieden, getrennt durch* (Instr. oder im Comp. vorangehend), *getrennt von* (Instr.), so v. a. *ohne — seiend.* — b) *abgesondert,* so v. a. *vereinsamt.* — c) *gesondert, unterschieden, besondere, verschieden, mannichfaltig.* — d) *in regelmässige Theile eingetheilt, regelmässige Linien zeigend, abgezirkelt, symmetrisch.* — 3) *theilen,* so v. a. *dividiren.* विभक्त *dividirt.* — 4) *auseinanderthun, öffnen* (eine Dose). — 5) *verehren.* — Caus. 1) *zur Vertheilung bringen.* — 2) *theilen, eintheilen.* — 3) *dividiren.* — Mit अनुवि *regelmässig eintheilen* Karaka 3,8. — Mit अभिवि Med. *vertheilen.* — Mit प्रवि 1) *vertheilen.* °भक्त a) *vertheilt.* — b) *abgetheilt,* so v. a. *der seinen Theil empfangen hat.* — 2) *theilen, scheiden, sondern.* °भक्त a) *getheilt, — in,* so v. a. *bestehend aus* (im Comp. vorangehend), *geschieden, — durch oder nach* (Instr. oder im Comp. vorangehend). — b) *getheilt,* so v. a. *an verschiedenen Orten stehend.* — 3) *sich theilen.* — Mit प्रतिवि *auf den Einzelnen vertheilen.* — Mit संवि 1) *mit Jmd* (Instr. mit und ohne सह, Dat. oder Gen.) *theilen.* °भक्त *getheilt.* — 2) *theilen, sondern.* — 3) *Jmd* (Acc.) *mit Etwas* (Instr.) *versehen, bedenken, beschenken.* °भक्त *beschenkt mit* (Instr.). — Caus. °भाज्य MBh. 3,12683 fehlerhaft für °भज्य. — Mit सम् 1) Med. *Jmd mit einer Gabe bedenken* Pâr. Gṛhj. 2,9,12. संभक्त *Theil habend an, begabt mit* (Gen.). — 2) *vertheilen, verschenken.* — 3) *theilen, dividiren.* संभक्त *dividirt.* — 4) संभक्त *ergeben, treu anhängend.* संसक्त v. l. — संभेजे MBh. 7,2844 fehlerhaft für सं भेजे. — Caus. संभाज्यमान MBh. 14,2673 fehlerhaft für सभाज्यमान.

भजक m. *Vertheiler* in *चीवर°.

भजन 1) m. N. pr. eines Fürsten VP.² 4,72. — 2) n. *das Verehren, Verehrung, Cult.*

भजनता f. = भजन 2), mit Loc.

*भजनवारिक m. *ein best. klösterlicher Beamte.*

भजनामृत n. Titel eines Werkes.

भजनीय Adj. *zu lieben, zu verehren.*

भजमान 1) Adj. a) Partic. in verschiedenen Bedeutungen von भज्. — b) **schicklich, passend.* — 2) m. N. pr. verschiedener Fürsten.

भजि, भजिन् und भजिन (VP. 4,13,1) m. N. pr. eines Fürsten. भजिन् auch eines Lehrers.

भजितव्य Adj. *zu lieben, zu verehren.*

भजिन् und भजिन s. u. भजि.

भजेन्य Adj. *verehrungswerth.*

भजे॑रथ, °स्य Ṛv. 10,60,2 nach Grassmann fehlerhaft für भजे॑ (Infin.) र॑थस्य. Roth vermuthet भजे॑ 1ste P.

*भज्य Partic. fut. pass. von भज्.

1. भञ्ज्, भन॑क्ति (अभङ्क्त und अभाङ्क्तुस् im Bhâg. P. fehlerhaft für अभाक्त und अभाक्तुस् von भज्, Med. nur einmal), Partic. भग्न (steht im Comp. bisweilen nach, statt vor: ग्रीवाभग्न = भग्नग्रीव Adj., धर्मभग्न st. भग्नधर्म Adj.) 1) *brechen, zerbrechen, zersprengen* (ein Heer), *Jmd schlagen,* so v. a. *Jmd eine Niederlage bereiten.* Pass. भज्यते u. s. w. mit intrans. Bed. बभञ्ज mit intrans. Bed. wohl fehlerhaft für बभञ्जे. भग्न *gebrochen, zerbrochen, zersprengt, der sich Etwas gebrochen hat; geschlagen,* s. v. a. *besiegt; gebrochen,* so v. a. *geknickt* in übertr. Bed. — 2) *brechen,* so v. a. *theilen* (ein Sûtra). — 3) *krumm machen, krümmen, biegen.* भज्यन्त् *sich biegend,* भग्न *gekrümmt, gebogen.* — 4) *brechen,* so v. a. *zu Nichte machen, vereiteln, aufheben, unterbrechen, stören.* सभाम् so v. a. *eine Versammlung aufheben* Harshak. 162,17. भग्न *gebrochen,* so v. a. *zu Nichte gemacht, vereitelt* u. s. w. — 5) भग्न so v. a. *verloren gegangen.* — *Intens. बम्भज्यते, बम्भञ्जीति. — Mit अप *abbrechen* Kâd. 2,74,13 (91,5). — Mit अभि *zerbrechen, zersprengen, zerstören.* — Mit अव 1) *abbrechen, zerbrechen, brechen.* — 2) अवभग्न *gebrochen,* so v. a. *dahin seiend.* — Mit आ *erschüttern* Ka-

raka 6,20. — Mit व्या, °भग्न *zerbrochen, zerschmettert.* — Mit उद् 1) *ermüden* Hem. Par. 9,73. — 2) उद्भग्न *gesprengt, zerrissen.* — Mit उप in उपभङ्ग. — Mit नि *zerbrechen, zerschmettern.* — Mit निस् 1) *zerbrechen, zerspalten,* einen Feind *schlagen.* — 2) etwa *durchzucken* Káraka 6,20. — 3) *biegen, eindrücken* in नातिनिर्भग्न. — Mit विनिस्, विनिर्भग्न *zerbrochen, ausgeschlagen* (Auge). — Mit परि, °भग्न 1) *gebrochen.* — 2) *unterbrochen, gestört, gehemmt.* — Mit प्र 1) *zerbrechen, zerstören, zersprengen, schlagen* (ein Heer, einen Feind). Pass. mit intrans. Bed. प्रभग्न *zerbrochen* u. s. w. Saṁhitopan. 9,1 (wo वाता बक्क प्र° zu lesen ist). — 2) *zerbrechen* (intrans.) Mân. Gṛhj. 2,15. — Mit अभिप्र in अभिप्रभङ्गिन्. — Mit संप्र, °भग्न *zersprengt, geschlagen* (ein Heer). — Mit प्रति *zerbrechen, umknicken.* — Mit वि 1) *zerbrechen, sprengen, vertheilen.* विभग्न *auseinandergebrochen, zerbrochen* Saṁhitopan. 9,1. — 2) *vereiteln, täuschen* VP. 4,2,22. — व्यभाङ्क्षीत् Bhâg. P. fehlerhaft für व्यभाक्षीत् *theilte.* — Mit सम् 1) *zerbrechen, zerschmettern.* Pass. *zerbrechen* (intrans.), *zerschmettert werden.* संभग्न *zerbrochen, zerschmettert, zersprengt, geschlagen* (Feind). — 2) संभग्न *vereitelt, dahin seiend.* — 3) संभग्न als Beiw. Çiva's wird von Nilak. auf भञ्ज् (!) zurückgeführt und durch सम्यक्सेवित erklärt. — Mit अभिसम्, अभिसंभग्न *zerbrochen, zerschmettert.*

2. *भञ्ज्, भञ्जयति (भाषार्थ oder भासार्थ).

भञ्जक 1) m. *Brecher, Zerbrecher.* — 2) f. भञ्जिका am Ende eines Comp. *das Abbrechen, Pflükken.*

भञ्जन 1) Adj. Nom. ag. am Ende eines Comp. *a*) *zerbrechend, Zerbrecher.* — *b*) Theile des Körpers *brechend,* so v. a. *heftige Schmerzen verursachend.* — *c*) *Verscheucher, Vereiteler, Hemmer* — 2) m. *das Zerbröckeln* (der Zähne). — 3) n. *a*) *das Zerbrechen, Zerstören.* — *b*) *Schmerzen* in अङ्ग°. — *c*) *das Schlichten* (der Haare) Viddh. 40,7. — *d*) *das Verscheuchen, Vereiteln, Hemmen, Stören.*

भञ्जनक m. = भञ्जन 2).

*भञ्जनागिरि m. N. pr. eines *Berges.*

°भञ्जम् Absol. in मृणाल°.

*भञ्जरु m. *ein in der Nähe eines Tempels stehender Baum.*

भञ्जिन् Adj. *bewachend, verscheuchend* in *मद°.

*भञ्जिपत्त्रिका f. *Salvinia cucullata.*

भञ्जी f. in शाणभञ्जी.

1. भट्, *भटति (भृतौ). — Caus. भटयति *miethen.*

2. *भट्, भटयति (भाषार्थ oder भासार्थ).

भट 1) m. *a*) *Söldling, Soldat, Krieger* überh. — *b*) *Knecht, Diener* 104,25. 105,6. 10. 250,22. — *c*) *Buckel* Gal. — *d*) N. pr. α) eines Schlangendämons. — β) = आर्यभट. — γ) *Pl. eines verachteten Stammes. — 2) *f. आ *die Koloquinthengurke.*

भटदीपिका f. Titel eines Commentars zum Ârjabhaṭa.

भटप्रकाश m. Titel eines Werkes Opp. Cat. 1.

भटप्रकाशिका f. Titel eines Commentars zum Ârjabhaṭa Comm. zu Ârjabh. S. 13, Z. 14.

भटभटमातृतीर्थ n. N. pr. eines Tîrtha.

भटभटाय्, °यते *glu glu machen.*

भटार्क m. N. pr. eines Fürsten. Vgl. भट्टार्क.

भटित्र Adj. *am Spiesse gebacken* Bhâvapr. 2,20.

भटीय Adj. *zu* Ârjabhaṭa *in Beziehung stehend.* °दीपिका f. = भटदीपिका. Fälschlich भट्टीय geschrieben.

भट्कुला f. N. pr. eines Tîrtha.

भट्ट 1) m. *a*) * *Herr;* so wird ein Fürst von niedrigen Personen angeredet. — *b*) Bez. *grosser Gelehrter, Doctor.* Häufig mit Weglassung des eigentlichen Namens gebraucht; auch Pl. und भट्टपाद m. Pl. — *c*) *eine mit Lobreden sich beschäftigende Mischlingskaste.* — *d*) fehlerhaft für भट. — 2) f. आ N. pr. einer Zauberin.

भट्टकारिका f. Pl. Titel bestimmter Kârikâ.

भट्टकेदार m. N. pr. eines Autors, = केदारभट्ट.

भट्टगोपाल m. desgl. Kumârasv. zu Pratâpar. 80,6.

भट्टदिवाकर m. desgl.

भट्टदीपिका f. wohl nur fehlerhaft für भाट्ट°.

भट्टनायक und भट्टनारायण m. N. pr. verschiedener *Gelehrter.*

भट्टपद्धति f. Titel eines Werkes.

भट्टपाद m. Pl. s. u. भट्ट 1) *b*).

*भट्टप्रयाग m. *der Ort, wo die* Gaṅgâ *sich mit der* Jamunâ *verbindet.*

भट्टफल्गुन m. N. pr. eines *Gelehrten.*

भट्टबलभद्र m. N. pr. zweier Autoren.

भट्टबीजक m. N. pr. eines Dichters.

भट्टभास्कर und °मिश्र m. N. pr. eines *Gelehrten.*

भट्टभास्करीय m. *das Werk des* Bhaṭṭabhâskara Opp. Cat. 1.

भट्टमदन, भट्टमल्ल, भट्टयशस् und भट्टराम (Hall in der Einl. zu Daçar. 30) m. N. pr. verschiedener *Gelehrter* und Autoren.

भट्टवार्त्तिक n. Titel eines Werkes.

भट्टविश्वेश्वर, भट्टशिव, भट्टश्रीशंकर, भट्टसोमेश्वर n. भट्टस्वामिन् m. N. pr. verschiedener *Gelehrter* und Autoren.

भट्टाचार्य m. *ein grosser, berühmter Lehrer,* gewöhnlich Bez. Kumârilabhaṭṭa's.

भट्टाचार्यचूडामणि m. N. pr. eines Autors.

भट्टाचार्यशतावधान m. Bein. Râghavendra's.

भट्टार m. 1) * *ein hochzuverehrender Herr.* — 2) N. pr. verschiedener Männer Râgat. 7,867. 8,434.

भट्टारक 1) m. *a*) *ein hoch zu verehrender Herr,* Bein. von Göttern, so wie von vornehmen und gelehrten Herren. — *b*) *ein* Çaiva-*Mönch besonderer Art* Utpala zu Varâh. Bṛh. 15,1. — *c*) * *Ardea nivea.* — 2) f. °रिका *hohe Frau,* Bez. der Durgâ.

भट्टारकमठ (Conj.) m. N. pr. eines *Collegiums.*

भट्टारकवार m. *Sonntag.*

भट्टारकहरिचन्द्र m. N. pr. eines Autors.

भट्टारकामठ m. N. pr. eines *Collegiums.* Richtig भट्टारकमठ oder भट्टारिकामठ.

भट्टारकायतन n. *Tempel.*

भट्टार्क m. N. pr. eines Fürsten B. A. J. 3, *b*, 218. 11,335.

भट्टालंकार m. Titel eines Werkes.

भट्टि m. N. pr. eines Dichters. °काव्य n. Titel seines *Gedichts.*

भट्टिक m. N. pr. eines Sohnes des Kitragupta.

*भट्टिनी f. *hohe Frau,* Bez. von ungeweihten Gemahlinnen eines Fürsten und Brahmanenfrauen.

भट्टीय Adj. und °दीपिका f. fehlerhaft für भटीय und भटीयदीपिका.

भट्टोजि, °दीक्षित und °भट्ट m. N. pr. eines Grammatikers. Auch भट्टोजी geschrieben.

भट्टोजिदीक्षितीय n. *ein Werk* Bhaṭṭogidîkshita's Opp. Cat. 1.

भट्टोत्पल m. N. pr. eines *Gelehrten,* = उत्पल.

*भट्टोपम m. N. pr. eines buddh. *Gelehrten.*

भड m. *eine best. Mischlingskaste.*

भडहरीमातृतीर्थ n. N. pr. eines Tîrtha.

*भडित m. N. pr. eines Mannes. Pl. *seine Nachkommen.*

भण्, भणति 1) *reden, sprechen,* — *zu* (Acc. oder Acc. mit प्रति); *besprechen, schildern.* भणित *geschildert* 188,1. n. impers. *es ist gesagt worden von* (Instr.), — *zu* (प्रति). — 2) *nennen,* mit doppeltem Acc. — *Caus. भाणयति. — Mit प्रति *Jmd* (Acc.) *antworten.*

भण m. *das Sagen, Angeben* in दुर्भण.

भणाति f. fehlerhaft für भणिति.

°भणन Adj. *besprechend, schildernd.*

भणनीय n. impers. *zu sagen.*

भणित 1) Adj. und n. impers. s. u. भण्. — 2) n. *Rede, Besprechung, Schilderung.*

भणिति f. = भणित 2).

*भण्ट्, भण्टयति (प्रतारणे).

*भण्टाकी f. *Solanum Melongena* Râǵan. 4,23. Bhâvapr. 1,288.

*भण्टुक m. *Calosanthes indica.*

भण्ड् 1) *भण्डते (परिभाषणे, वाचि, परिहासे, सनिन्दोपलम्भे). *भण्डित *verhöhnt.* Vgl. भण्डनीय. — 2) *भण्डति und *भण्डयति (कल्याणे, शिल्पे). — Mit प्रति in *प्रतिभण्डितव्य.

भण्ड 1) m. a) *Spassvogel, Possenreisser.* Vielleicht so zu lesen st. भद्र M. 9,258. — b) *eine best. Mischlingskaste.* — 2) *f. आ in श्वेत°. — 3) f. ई *Rubia Munjista.* — 4) n. = भाण्ड. Pl. *Geräthe* Âpast. Çr. 6,28,2.

*भण्डक 1) m. *Bachstelze.* — 2) f. भण्डिका *Rubia Munjista.*

भण्डत्व n. Nom. abstr. zu भण्ड 1) a).

*भण्डन n. 1) *Misshandlung.* — 2) *Schlacht, Kampf.* — 3) *Panzer.*

भण्डनीय Adj. *zu verhöhnen* Kautukas. 20.

*भण्डर m. *eine bes. Art von Streit.*

*भण्डहासिनी f. *Hure.*

*भण्डाकी f. *Solanum Melongena.*

भण्डि 1) m. N. pr. eines Ministers des Çrîharsha Harshak. 193. fgg. — 2) *f. *Welle.* Vgl. भृण्डि.

*भण्डिजङ्घ m. N. pr. eines Mannes.

*भण्डित m. desgl. Pl. *seine Nachkommen.*

भण्डिन् m. fehlerhaft für भण्डि 1).

*भण्डिर 1) m. *Acacia Sirissa.* — 2) f. ई *Rubia Munjista.*

*भण्डिल m. 1) *Glück, Heil.* — 2) *Bote.* — 3) *Handwerker.* — 4) *Acacia Sirissa.* — 5) N. pr. eines Mannes. Pl. *seine Nachkommen.*

भण्डीतकी f. *Rubia Munjista* Bhâvapr. 1,176.

भण्डीर 1) m. a) * *Amaranthus polygonoides* Râǵan. 5,71. — b) * *Acacia Sirissa* Râǵan. 4,21. — c) N. pr. einer hohen Ficus indica auf dem Govardhana. v. l. भाण्डीर. — 2) *f. ई *Rubia Munjista.*

*भण्डीरथ m. N. pr eines Mannes. Pl. *seine Nachkommen.*

*भण्डीरलतिका f. und *भण्डील m. *Rubia Munjista* Râǵan. 6,194.

*भण्डु gaṇa सुवास्त्वादि.

*भण्डुक m. *Calosanthes indica.*

भण्डूक m. 1) * dass. — 2) *ein best. Fisch.*

भतृव्यतिक्रम m. Âpast. 1,28,20 trotz des Commentars ein einfacher Fehler für भर्तृ°.

भदत्त m. N. pr. eines Astrologen.

भदन्त m. 1) ehrenvolle Bez. von *Mönchen* Harshak. 217,13. — 2) v. l. für भदत्त.

भदन्तगोपदत्त, भदन्तघोषक, भदन्तज्ञानवर्मन्, भदन्तधर्मत्रात, भदन्तराम, भदन्तवर्मन् und भदन्तश्रीलाभ m. N. pr. verschiedener Männer.

*भदाक m. *Glück, Heil.*

भद्र 1) Adj. (f. आ) *erfreulich, gut, herrlich, schön; faustus, glücklich, im Wohlstand sich befindend.* Mit einem Loc. *gut in,* so v. a. *geschickt in;* दिश् f. *die glückbringende Weltgegend, Süden;* वाच् f. *erfreuliche, wohlwollende Worte.* Voc. भद्र so v. a. *mein Bester, guter Freund,* भद्रे *meine Beste,* भद्रास् (Kâd. 2,104,10) *lieben Leute.* Auch mit einem Subst. भद्र सेनापते *lieber General.* भद्रतर *besser;* भद्रम् und भद्रया als Adv. *erfreulich, zur Freude.* — 2) m. a) Pl. Bez. *einer Art von Bösewichtern* M. 9,258. — b) *eine bes. Art von Elephanten* Râǵan. 19,17. — c) * *Stier.* — d) *Bachstelze.* — e) * *Nauclea Cadamba.* — f) * *Tithymalus antiquorum* Râǵan. 8,51. — g) * Bein. α) Çiva's. — β) des Berges Meru. — h) N. pr. α) Pl. einer Klasse von Göttern unter dem 3ten Manu. — β) Pl. eines Volkes. — γ) eines Sohnes des Vishṇu. — δ) *des 3ten unter den 9 Bala bei den Ǵaina. — ε) eines Sohnes des Vasudeva, des Kṛshṇa und verschienener anderer Männer. — ζ) eines Weltelephanten. — η) einer Welt bei den Buddhisten. — 3) f. भद्रा a) * *Kuh* Râǵan. 19,27. — b) Bez. *verschiedener Pflanzen.* Nach den Lexicographen *Gmelina arborea* und = अनन्ता, अपराजिता, कट्फल, काकोडुम्बरिका, कृष्णा, जीवन्ती, दन्ती, नीली, प्रसारिणी, बला, रास्ना, वचा, शमी, श्वेतदूर्वा, सारिवाविशेष und हरिद्रा. — c) *ein best. Metrum.* — d) *das 7te bewegliche* Karaṇa; vgl. 2. करण 4) n). — e) *der zweite lunare Tag* Ind. St. 10,297. — f) *eine Form der* Durgâ VP. 5,1,83. — g) N. pr. α) einer Gottheit, auch *einer buddhistischen. — β) einer Çakti Hemâdri 1,198,5. — γ) der Dâkshâjaṇî in Bhadreçvara. — δ) einer Vidjâdharî. — ε) einer Surâṅganâ Ind. St. 15,232. — ζ) einer Tochter der Surabhi, einer Gattin des Vasudeva und verschiedener anderer Frauen Hem. Par. 11,130. — η) verschiedener Flüsse. — ϑ) eines Sees Hemâdri 1,352,15; vgl. भद्रसरस्. — 4) n. a) *Glück, Heil, Gutes, Annehmlichkeit.* Auch Pl. भद्रमुपला: *möge es euch, Steine, wohlgehen!* भद्रं ते und भद्रं वः als Höflichkeitsformeln mitten in die Rede eingeschoben. — b) * *Gold.* — c) * *Eisen* oder *Stahl.* — d) * *eine Cyperus-Art.* — e) *eine best. Art zu sitzen.* — f) *eine best.* Karaṇa; vgl. 2. करण 4) n). — g) Name verschiedener Sâman Ârsh. Br. — h) *ein best. mystisches Zeichen* Agni-P. 29,28.

*भद्रया Adj. Davon *भद्रयिका Adj. f.

भद्रक 1) Adj. (f. भद्रिका) *gut.* भद्रकास् in der Anrede. — 2) m. a) *eine Art Bohne.* — b) vielleicht *Cyperus pertenuis.* — c) * *Pinus Deodora.* — d) N. pr. α) Pl. eines Volkes. v. l. भरत R. ed. Bomb. 4,43,11. — β) eines Fürsten. Auch v. l. für भद्रिक. — 3) f. a) भद्रिका *Amulet.* — b) * *Myrica sapida* Bhâvapr. 1,175. — c) Name zweier *Metra.* — 4) f. भद्रका N. pr. eines Frauenzimmers. — 5) n. a) * *Cyperus rotundus.* — b) *eine best. Art zu sitzen.* — c) *ein best. Metrum.* — d) *ein best. mystisches Zeichen* Agni-P. 29,34. 35. — e) * *Gynaeceum* Gal.

*भद्रकण्ट m. *Asteracantha longifolia* Râǵan. 4,40.

भद्रकन्या f. N. pr. der Mutter Maudgaljâjana's.

*भद्रकपिल m. Bein. Çiva's.

भद्रकर्णिका f. Name der Dâkshâjaṇî in Gokarṇa.

भद्रकर्णेश्वर m. N. pr. eines Tîrtha.

भद्रकल्प m. 1) Bez. *des jetzigen Weltalters bei den Buddhisten.* — 2) * Titel eines buddh. Sûtra.

*भद्रकल्पिक m. N. pr. eines Bodhisattva.

भद्रकाप्य m. N. pr. eines Mannes.

भद्रकार m. N. pr. 1) Pl. eines Volkes. — 2) eines Sohnes des Kṛshṇa.

भद्रकारक Adj. *Glück bringend.*

भद्रकाली f. 1) N. pr. a) einer Gottheit, später *eine Form der* Durgâ. — b) einer der Mütter im Gefolge Skanda's. — c) * eines Dorfes. — 2) * *eine best. Pflanze,* = गन्धोली.

भद्रकालीपुराण n. und °कालीमाहात्म्य n. Titel zweier Werke Opp. Cat. 1.

*भद्रकाशी f. *eine Cyperus-Art* Râǵan. 6,140.

भद्रकाष्ठ n. *das Holz der Pinus Deodora* Râǵan. 12,29.

*भद्रकुम्भ m. *ein Krug mit heiligem Wasser.*

भद्रकृत् 1) Adj. *Gutes erweisend, Glück bringend.* — 2) *m. N. pr. des 24ten Arhant's der zukünftigen Utsarpiṇî.

भद्रगणित n. *the construction of magical squares.*

*भद्रगन्धिका f. *Cyperus rotundus.*

भद्रगुप्त m. N. pr. eines Ǵaina-Heiligen Hem. Par. 12,213.

भद्रगौर m. N. pr. eines Berges.

भद्रघट (Hemâdri 1,271,19) und °क m. *Glückstopf.*

भद्रंकर 1) * Adj. *Glück bringend.* — 2) m. N. pr. eines Mannes. — 3) (wohl n.) N. pr. einer Stadt.

*भद्रंकरण Adj. *Glück bringend.*

भद्रचारु m. N. pr. eines Sohnes des Kṛshṇa.

*भद्रचूड m. *Euphorbia Tirucalli.*

*भद्रज m. *Wrigthia antidysenterica* Râǵan. 9,55.

*भद्रजय m. N. pr. eines Mannes.

भद्रजातिक Adj. *von guter Geburt* und zugleich *von den* Bhadra *genannten Elephanten stammend* Ind. St. 15,269.

भद्रजानि Adj. *ein schönes Weib habend* ṚV.

*भद्रतरुणी f. *Rosa moschata* Râǵan. 10,103.

भद्रतस् Adv. *zum Heil, feliciter* AV. 18,4,50.

भद्रता f. *Biederkeit.*

भद्रतुङ्ग m. N. pr. eines Tîrtha.

भद्रतुरग n. N. pr. eines Varsha Golâdhj. 3,29.

भद्रत्व n. *faustitas.*

भद्रदत्त m. im Schauspiel Personenname von Çaka's.

भद्रदत्त m. N. pr. eines Elephanten.

*भद्रदन्तिका f. *eine Art Croton* Râǵan. 6,163.

भद्रदारु m. n. *Pinus Deodora* Varâh. Jogaj. 7,1. 10. Auch * *P. longifolia.*

भद्रदीप m. Titel eines Werkes Opp. Cat. 1.

भद्रदेव m. v. l. für भद्रदेह VP.² 4,110.

भद्रदेह m. N. pr. eines Sohnes des Vasudeva VP. 4,15,13.

भद्रद्वीप m. N. pr. einer *Insel.*

*भद्रनामन् m. *Bachstelze.*

*भद्रनामिका f. *Ficus heterophylla.*

भद्रनिधि m. Bez. *eines kostbaren Gefässes, welches* Vishṇu *dargebracht wird.*

भद्रपद 1) n. (ausnahmsweise) und f. (आ) *ein best. Doppel-Mondhaus.* — 2) n. *ein best. Metrum.*

*भद्रपर्णा f. *Paederia foetida.*

भद्रपर्णी f. 1) *Gmelina arborea.* — 2) * *Paederia foetida.*

*भद्रपाद Adj. *unter dem Mondhaus* Bhadrapadâ *geboren.*

भद्रपापे n. Sg. *Gutes und Böses* AV. 12,1,48. m. Pl. *Gute und Böse* 47.

भद्रपाल m. N. pr. eines Bodhisattva.

भद्रपीठ n. 1) *ein reicher Sitz, — Sessel, Thron* Pâr. Gṛhj. 1,15,4. Agni-P. 62,2. — 2) (wohl m.) *ein best. fliegendes Insect.*

*भद्रबलन m. N. pr. eines älteren Bruders des Kṛshṇa.

*भद्रबला f. 1) *Paederia foetida* Râǵan. 5,35. — 2) *Sida cordifolia* Râǵan. 4,96.

भद्रबाहु 1) m. N. pr. *a*) eines Sohnes des Vasudeva. — *b*) eines der 6 Çrutakevalin bei den Ǵaina Hem. Par. 6,1. 9,59. Auch °सूरि. — *c*) eines Fürsten der Magadha. — 2) *f. °बाहु N. pr. eines Frauenzimmers.

भद्रबाहुचरित n. und °बाहुसंहिता f. Titel zweier Werke Bühler, Rep. No. 647. fgg.

भद्रबाहुस्वामिन् m. N. pr. eines Autors.

भद्रभट m. N. pr. eines Mannes Mudrâr. 30,10 (53,1).

भद्रभुज Adj. *dessen Arme Glück bringen.*

भद्रभूषणा f. N. pr. einer Gottheit.

भद्रमनस् f. N. pr. der Mutter des Elephanten Airâvata.

भद्रमन्द m. 1) Bez. *einer Art von Elephanten.* — 2) N. pr. eines Sohnes des Kṛshṇa VP.² 5, 107.

भद्रमन्द्र und भद्रमन्द्रमृग m. Bez. *verschiedener Arten von Elephanten.*

*भद्रमल्लिका f. *eine best. Pflanze,* = गवाक्षी.

*भद्रमातृ anzunehmen für भाद्रमातुर.

भद्रमुख 1) Adj. *dessen Antlitz Glück bringt.* Nur im Voc. oder im Nomin. in der Bedeutung einer 2ten Person gebräuchlich; wiederzugeben durch *lieber Freund, lieben Leute* Daçak. 74,20. Kâd. 2, 100,5. 127,21. 128,24. Im Schauspiel soll ein Kronprinz von niedrigen Personen so angeredet werden. — 2) m. N. pr. eines Schlangendämons.

भद्रमुञ्ज m. *eine mit Saccharum Sara verwandte Pflanze* Mat. med. 293. Bhâvapr. 1,209.

भद्रमुस्त m., *°मुस्तक m. und °मुस्ता f. *eine Cyperus-Art* Râǵan. 6,140. Nur am Ende eines adj. Comp. zu belegen.

भद्रमृग m. *eine Art von Elephanten.*

*भद्रयव n. *der Same der Wrightia antidysenterica* Râǵan. 9,56.

*भद्रयान (Conj.) m. N. pr. eines Mannes.

*भद्रयानीय (Conj.) m. Pl. *eine best. buddh. Schule.*

भद्रयोग m. *ein best. astr.* Joga.

भद्ररथ m. N. pr. eines Mannes.

भद्रराज m. desgl. B. A. J. 1,284.

*भद्ररुचि m. N. pr. eines Mannes.

भद्ररूपा f. N. pr. eines Frauenzimmers.

*भद्ररेणु m. N. pr. des Elephanten des Indra.

भद्ररोहिणी f. *eine best. Pflanze.* = कटुका Comm.

*भद्रलता f. *Gaertnera racemosa* Râǵan. 10,209.

भद्रवट n. N. pr. eines Tîrtha Hariv. 9523.

भद्रवत् 1) Adj. *Glück —, Heil bringend.* — 2) f. °वती *a*) etwa *Freudenmädchen.* — *b*) * *Gmelina arborea.* — *c*) N. pr. α) einer Tochter Kṛshṇa's. — β) einer Gemahlin Madhu's. — γ) einer Elephantenkuh. — 3) n. * *Pinus Deodora.*

भद्रवर्गीय m. Pl. Bez. *der fünf ersten Jünger* Çâkjamuni's Lalit. 308,11. fgg.

*भद्रवर्मन् m. 1) *arabischer Jasmin.* — 2) N. pr. eines Mannes.

*भद्रवल्लिका f. *Hemidesmus indicus.*

*भद्रवल्ली f. 1) *Jasminum Sambac* Râǵan. 10,82. — 2) *Gaertnera racemosa* Râǵan. 10,109. — 3) *Vallaris dichotomus* Mat. med. 293.

भद्रवसन n. *Prachtkleid.*

भद्रवाच् Adj. *Glückbringendes redend* ṚV.

भद्रवाच्य n. *das Glückwünschen.*

भद्रवादिन् Adj. *glücklichen Ruf ertönen lassend.*

भद्रविन्द m. N. pr. eines Sohnes des Kṛshṇa.

भद्रविराज् f. *ein best. Metrum.*

*भद्रविहार m. N. pr. *eines buddh. Klosters.*

*भद्रवेणु m. = भद्ररेणु.

भद्रव्रात Adj. *eine herrliche Schaar bildend.*

भद्रशर्मन् m. N. pr. eines Mannes Vamçabr. 3.

भद्रशाख m. *eine Form* Skanda's.

भद्रशालवन n. N. pr. eines *Waldes.*

भद्रशिला f. angeblich ein älterer Name von Takshaçilâ.

भद्रशील m. N. pr. eines Mannes.

भद्रशोचि Adj. *schön leuchtend, — funkelnd* ṚV.

भद्रशौनक m. N. pr. eines Mannes Káraka 8,11.

*भद्रश्रय n. *Sandel.* Vgl. भद्रश्रिय.

भद्रश्रवस् m. N. pr. eines Sohnes des Dharma.

भद्रश्रिय n. und *भद्रश्री f. *Sandel* Râǵan. 12.6.

भद्रश्रुत् Adj. *Gutes hörend.*

भद्रश्रेण्य m. N. pr. eines Fürsten.

भद्रषष्ठी f. N. pr. einer Gottheit Hariv. 9532.

भद्रसरस् n. N. pr. eines *Sees* Hemâdri 1,351,14; vgl. 352,15.

*भद्रसामन् m. N. pr. eines Mannes.

भद्रसार m. N. pr. eines Fürsten.

भद्रसालवन n. N. pr. eines *Waldes* MBh. 6,7, 14. v. l. भद्रशालवन.

भद्रसेन m. N. pr. verschiedener Männer.

भद्रसोमा f. 1) N. pr. eines Flusses im Lande der Uttarakuru. — 2) *Bein. der Gaṅgâ.

भद्रस्वप्न m. *ein guter Traum* AV. 19,57,3.

भद्रहस्त Adj. *eine Glück bringende Hand habend* ṚV.

*भद्रह्रद m. wohl = भद्रसरस् Mahâbh. (K.) 28,1.

1\. भद्रा Adj. und Subst. f. s. u. भद्र.

2\. *भद्रा Adv. mit कृ *rasiren.*

*भद्राकरण n. *das Rasiren.*

भद्राक्ष m. N. pr. eines Fürsten.

*भद्राङ्ग m. Bein. Balabhadra's.

*भद्रात्मज m. *Schwert.*

भद्रानगर n. N. pr. einer *Stadt.*

*भद्रायन und *भद्रायणीय wohl fehlerhaft für *भद्रयान und *भद्रयानीय.

भद्रायुध m. N. pr. verschiedener Männer.

भद्रायुस् m. N. pr. eines Mannes.

*भद्रारक m. N. pr. eines der 18 kleineren Dvîpa.

*भद्रालपत्त्रिका und *भद्राली f. *Paederia foetida.*

भद्रावकाशा f. N. pr. eines Flusses.

*भद्रावती f. *ein best. Baum*, = कट्फल.

भद्रावह Adj. *Glück bringend.* घृत n. *ein best. med. Präparat* Bhâvapr. 3,43.

भद्राव्रत n. *eine best. Begehung.*

भद्राश्रम m. N. pr. einer *Einsiedelei.*

*भद्राश्रय n. *Sandel.*

भद्राश्व N. pr. 1) m. eines Sohnes des Vasudeva und verschiedener anderer Männer. — 2) m. (auch Pl.) n. eines Dvîpa oder Varsha.

भद्रासन n. 1) *Prachtsitz, Thron.* — 2) *eine best. Art zu sitzen bei Asketen.*

भद्राह्न n. *ein glücklicher Tag, gute Zeit.*

भद्रिक m. N. pr. eines Fürsten der Çâkja.

भद्रिण und भद्रेन्द्र m. N. pr. zweier Männer.

भद्रेश m. Bein. Çiva's.

भद्रेश्वर m. N. pr. 1) verschiedener Statuen und Liñga des Çiva. — 2) einer Oertlichkeit. — 3) eines Kâjastha.

भद्रेश्वरसूरि m. N. pr. eines Autors Comm. zu Gaṇar. 2.

भद्रेश्वराचार्य m. desgl. Comm. zu Gaṇar. 139.

*भद्रैला f. *kleine Kardamomen* Râǵan. 6,85.

भद्रोदय n. *eine best. Mixtur.*

भद्रोपवासव्रत n. *eine best. Begehung.*

भद्रोदनी f. *Sida cordifolia* und *rhombifolia* Râǵan. 4.96. 108. Karaka 1,4 (= पीतबला Comm.).

भन्, भनति 1) *sprechen, aussagen.* — 2) *= अर्च्. — Mit आ *zurufen, zujauchzen.*

भनन्दन m. N. pr. eines Mannes. Richtig भलन्दन.

भन्द्, भन्दते *jauchzenden Zuruf —, Lob empfangen.* Nach den Lexicographen = अर्च्, ज्वल्, कल्याणे, सुखे, मुत्प्रीतौ:, श्रुभे. — *Caus. भन्दयति (कल्याणे).

भन्दद्दिष्टि Adj. etwa *unter Jauchzen dahineilend.*

भन्दन 1) Adj. (f. आ) *lustig tönend, jauchzend.* Nach Mahidh. *beglückend* oder *verschönernd.* — 2) f. आ *das Jauchzen, Lob.* Auch Pl.

भन्दनाय्, Partic. भन्दनायत् *jauchzend* oder *gellend.*

*भन्दिल n. 1) *Glück, Heil.* — 2) *zitternde Bewegung.* — 3) *Bote* (als n.!).

भन्दिष्ठ Adj. *am lautesten jauchzend, gellend, am besten preisend.*

भन्धुक m. N. pr. einer Oertlichkeit.

भप m. *der Regent eines Sternbildes* Varâh. Bṛh. 1,12.

भपञ्जर m. *der Sternenhimmel* Âryabh. 1,11. 4, 10. Comm. zu 4,6. Golâdhj. 4,3.

*भपति m. *der Mond.*

भप्पट m. N. pr. eines Mannes. भप्पटेश्वर m. Name des von ihm errichteten *Heiligthums.*

भप्रशस्त Adj. *dem Gestirne nach günstig* Çâñkh. Gṛhj. 2,11.

भभ्रम m. *Umlauf der Gestirne*, so v. a. *ein siderischer Tag* Gaṇit. 1,20.

भमण्डल n. = भगण 1).

भम्भ 1) m. oder n. etwa *Ofenloch* Karaka 1,14. — 2) *m. *a) Rauch.* — *b) Fliege.* — 3) f. आ *eine grosse Trommel* Hem. Par. 12,364.

*भम्भरालिका f. *Bremse.*

*भम्भराली f. *Fliege.*

भम्भाराव m. *das Brüllen* (der Kühe).

*भम्भासार m. N. pr. eines Fürsten. Vgl. बिम्बिसार.

भयँ 1) n. (adj. Comp. f. आ) *a) Angst, Furcht,* — *vor* (Abl., Gen. oder im Comp. vorangehend), — *für* (im Comp. vorangehend). भयात् *aus Furcht;* भयं कर् *sich fürchten,* — *vor* (Abl.); भयं दा *Angst einjagen.* — *b)* Sg. und Pl. *Schrecken, Gefahr, Noth.* Das *Woher* im Abl. (77,33) oder im Comp. vorangehend, das *Wofür* im Comp. vorangehend. — *c)* **die Blüthe der Trapa bispinosa.* — 2) m. *a)* **Krankheit.* — *b)* der personificirte *Schrecken* ist ein Sohn der Nirṛti oder Nikṛti (VP. 1,7, 30), ein Fürst der Javana und Gatte einer Tochter der Zeit, und ein Vasu. Ausnahmsweise n. — 3) f. भया N. pr. einer Tochter Kâla's (Vaivasvata's nach dem Comm.) und Gattin des Rakshas Heti.

भयकर Adj. *Furcht erregend, Jmd* (Gen.) *Gefahr bringend.*

भयकर्तर् Nom. ag. und भयकृत् (115,24) Adj. dass.

भयंकर 1) Adj. (f. ई) dass. Das *Wem* im Comp. vorangehend. — 2) m. *a)* **eine kleine Eulenart* Râǵan. 19,123. — *b)* **eine Falkenart* Râǵan. 19, 86. — *c)* N. pr. α) eines der Viçve Devâs. — β) verschiedener Männer. — 3) f. ई N. pr. einer der Mütter im Gefolge Skanda's.

भयंकर्तर् Nom. ag. = भयकर्तर्.

*भयचौर्य n. *ein unter Angst vollbrachter Diebstahl* Deçin. 1,95.

*भयजात m. N. pr. eines Mannes.

भयडिण्डिम m. *Schlachttrommel.*

भयत्रातर् Nom. ag. *Erretter aus einer Gefahr.*

भयद Adj. *Furcht einjagend, Gefahr bringend.* Das *Wem* im Gen. oder im Comp. vorangehend.

भयदान n. *eine aus Furcht gereichte Gabe* Hemâdri 1,14,13.

भयदायिन् Adj. = भयद Ragh. 11,68.

*भयद्रुत Adj. *vor Angst geflohen.*

भयधन Adj. *schreckenreich, furchtbar* Prij. 1,11.

*भयनाशिनी f. *Ficus heterophylla* Râǵan. 5,56.

भयप्रद Adj. = भयद.

°भयप्रदायिन् Adj. *eine in — bestehende Gefahr bringend.*

*भयब्राह्मण m. *ein furchtsamer Brahmane.*

*भयभ्रष्ट Adj. *vor Angst geflohen.*

भयँमान m. N. pr. eines Mannes.

भयव्यूह m. *eine best. Aufstellung der Truppen bei allseitiger Gefahr.*

भयँस्थ *gefahrvolle Lage.*

भयस्थान n. *Gelegenheit —, Veranlassung zur Furcht.*

भयहारक Adj. *Furcht —, Gefahr benehmend.*

भयातीसार m. *eine Art Durchfall* Bhâvapr. 3,145.

भयानक 1) Adj. (f. आ) *schrecklich, Grausen erregend, fürchterlich.* — 2) *m. *a) Tiger.* — *b)* Bein. Râhu's.

भयानना f. N. pr. einer Joginî Hemâdri 2,a,96, 13. 15.

भयापह 1) *Jmd* (im Comp. vorangehend) *die Furcht benehmend, von Jmd Gefahren abwehrend* 72,18. — 2) *m. *Fürst, König.*

भयार्त Adj. *in Angst gejagt* Mân. Gṛhj. 2,17.

*भयालु Adj. *furchtsam.* भआलुअ im Prâkrit 301, 15.

भयावह Adj. *Furcht —, Gefahr bringend,* — *Jmd* (im Comp. vorangehend). जगद्भयभयावह *Furcht einjagend vor den Gefahren der Welt.*

भयुज् Adj. *mit einem Mondhause verbunden, in einem M. stehend.*

भयेडक m. *ein wilder Schafbock* Taitt. Âr. 4,31. Âpast. Çr. 15,19,4.

भय्य n. impers. *timendum.* Das *Wovor* im Abl.

1\. भर्, भर्ति, भरति und °ते, बिभर्ति und ausnahmsweise बिभर्ति; बिभ्राण mit pass. Bed. 1) *tragen,* — *auf* oder *in* (Loc.), *halten in* (Instr.). गर्भम् *eine Leibesfrucht tragen.* भृत *getragen, gehalten.* — 2) *tragen,* so v. a. *auf dem Schoosse halten.* — 3) Haare, Bart, Nägel *tragen,* so v. a. *nicht beschneiden.* — 4) eine Wage *richtig halten,* so v. a. *in's Gleichgewicht bringen* Vishṇus. 10,4. — 5) *innehaben, enthalten, besitzen, haben.*

— 6) *im Gedächtniss behalten.* — 7) *erhalten, unterhalten, ernähren, hegen, pflegen.* क्षितिम् so v. a. *regieren.* भृत *erhalten, unterhalten, ernährt* 94, 7. — 8) *Jmd miethen, dingen, besolden.* भृत *gemiethet, besoldet, bezahlt, — von* (im Comp. vorangehend). भक्तवेतनयोः *mit Kost und Lohn bezahlt,* क्षीर° *mit Milch bezahlt* (Hirt). — 9) *anwenden, gebrauchen* Bhaṭṭ. — 10) *im Laufe mit sich führen, Etwas fahren, irgendwohin bringen.* Med. *ferri, sich schnell hinbewegen.* — 11) *entführen, wegnehmen.* — 12) Med. *mit sich nehmen, für sich davontragen, gewinnen.* भृत *erworben, gewonnen.* — 13) *herbeibringen, — schaffen, darbringen.* — 14) *verschaffen, verleihen.* — 15) *ertragen, zu erfahren haben,* eine Gemüthsstimmung *über sich kommen lassen.* — 16) *ertragen,* so v. a. *sich fügen in.* आज्ञाम् so v. a. *gehorchen.* — 17) die Stimme *erheben, ertönen lassen.* Med. auch *sich erheben, ertönen.* — 18) *anfüllen, erfüllen, beladen.* भृत *angefüllt mit, voll von, beladen mit* (Instr. oder im Comp. vorangehend). — Caus. (बीभरस्) *verdingen.* Nach dem Comm. = पालय्. — Desid. बुभूर्षति und *बिभरिषति (P. 7,2,49) *halten —, unterhalten wollen.* — Intens. (भरिभ्रति, भरिभ्रत्, बरीभर्ति) 1) *da und dorthin tragen, hinundherbewegen.* — 2) *beständig erhalten.* — Mit अति Med. *sich erheben —, hinfahren über.* — Mit अनु 1) *tragen, stützen.* — 2) *einbringen* (in den Leib u. s. w.). — Mit अप *wegtragen, wegnehmen.* — Mit अभि *Jmd* (Dat.) ein Vergehen *zuschieben.* — Mit अव 1) *hineinstecken, — stossen, — drängen, eindrücken.* — 2) *sinken lassen.* — 3) *abtrennen, abhauen.* — 4) Med. eine Waffe *zücken* Ṛv. 1,104,3. — अवभृत MBh. 5,4060 fehlerhaft für अवभृथ. — Mit आ 1) *herbeibringen, — schaffen, verursachen.* आभृत *herbeigeschafft, verursacht, entstanden.* — 2) *füllen, erfüllen.* आभृत *gefüllt mit, erfüllt* (in übertr. Bed.) *von* (im Comp. vorangehend). — 3) आभृतात्मन् *dessen Geist fest auf einen Gegenstand gerichtet ist.* — Mit अध्या *herbringen von* (Abl.). — Mit उपा in उपाभृति. — Mit पर्या *herbringen von* (Abl.). — Mit समा *zusammenbringen, — tragen, herbeischaffen.* — Mit उद् 1) *herausnehmen, — heben, — schaffen.* — 2) *auslesen, auswählen.* — 3) *erheben, emportragen, hoch tragen.* — Mit अभ्युद् *herausschaffen —, herbeischaffen aus* (Abl.) AV. 1,24,4. — Mit पर्युद् dass. — Mit उप 1) *herbeitragen, — schaffen.* — 2) उपभृत a) *Jmdm* (Dat.) *verschafft.* — b) *erreicht, erlangt.* — c) *geweiht —, bestimmt zu* (Dat.) Bhâg. P. 2,7,22. — Mit नि 1) *abwärts bewegen, niederstossen.* — 2) निभृत a) *erfüllt, beladen, erfüllt von* (Instr. oder im Comp. vorangehend). — b) *getragen, besessen,* so v. a. *in seinem ganzen Werthe erkannt.* — c) *fest, unbeweglich, still, sich still verhaltend.* — d) *fest auf ein Ziel gerichtet.* Am Ende eines Comp. *vertieft in, emsig beschäftigt mit* Kâd. 2,129,13. — e) *entschieden, feststehend, gewiss.* — f) *fest an Jmd hängend, treu, anhänglich.* — g) *unbemerkt, geheim, verborgen, nicht wahrnehmbar.* निभृतम् und निभृत° *im Stillen, im Geheimen, unbemerkt.* — h) *bescheiden.* °वेष Adj. Kâraka 3,8. — i) = शान्त *frei von aller Leidenschaft* Hemâdri 1,26,11. 13. — Mit संनि, °भृत 1) *geheim gehalten.* — 2) *bescheiden.* — Mit निस् *herausnehmen aus* (Abl.). — निर्भृत MBh. 5,1493 fehlerhaft für निभृत. — Mit परा, पराभृत *weggenommen, beseitigt, verborgen.* — Mit परि 1) Act. Med. *bringen* Ṛv. 9,52,1. 10,40,6. — 2) Med. *hinfahren —, sich verbreiten über* (Acc.) Ṛv. 10,75,7. — 3) Med. *verbreiten.* — 4) *umherwandern* in der ungrammatischen Form परिबभ्रिम Bhâg. P. — Mit प्र 1) *herbeibringen, — schaffen; vorbringen, darbringen; vorführen.* — 2) *vorstrecken.* — 3) *schleudern.* — 4) *einbringen, hineinstecken.* — 5) Med. *zucken, züngeln* Ṛv. 10, 46,8. — 6) Med. *fahren, sich stürzen, se ferre* Ṛv. 1,72,4. 5,39,4. 60,1. — 7) Med. *preisen.* — 8) प्रभृत *erfüllt von* (Instr.). — Mit अभिप्र 1) *darbringen.* — 2) *schleudern, schiessen.* — Mit प्रति *entgegen —, darbringen.* — Mit वि 1) *auseinanderlegen, ausbreiten;* Med. *vertheilen, auseinandernehmen, an verschiedene Orte bringen.* — 2) *ertragen.* — Intens. (°भरिभ्रत्, °जर्भृतम्) 1) *hinundher bewegen, da und dorthin strecken.* — 2) *den Rachen aufsperren.* — Mit सम् 1) *zusammenstreichen, — ziehen, — legen;* Med. *zusammenklappen.* — 2) *zusammenlegen, — fassen, sammeln, vereinigen, concentriren; zusammen herbeibringen; zusammensetzen, zubereiten, vorbereiten, zurecht machen, verfertigen;* insbes. die Stoffe und Geräthe des Opfers *herbeischaffen* oder *zubereiten.* संभाराँन् *die Bestandtheile zusammensetzen, die zusammengehörigen Dinge zusammenlegen, die nöthigen Vorbereitungen treffen.* — 3) *heimzahlen* Maitr. S. 1,10,2 = Âçv. Çr. 2,18,13. — 4) *unterhalten, ernähren.* — 5) संभृत a) *zusammengelegt, — getragen* u. s. w.; *angehäuft, angesammelt* Megh. 43. Chr. 317,22. संभृततम *zusammengedrängt.* — b) *beladen —, überzogen —, bedeckt —, ausgerüstet —, versehen mit* (Instr. oder im Comp. vorangehend). — c) *getragen* (im Mutterleibe) 73,13. — d) *gewonnen, erlangt.* — e) *unterhalten, ernährt.* — f) *geehrt.* — g) *hervorgerufen, bewirkt, gemacht.* — h) *gedrungen, wohlgenährt.* — i) *laut* (Ton). — संभृत्य बल° Hariv. 2251 fehlerhaft für सभृत्यबल°. — Caus. संभारयति *zusammenbringen —, zurüsten lassen.* — Mit अनुसम् etwa *allmählich herstellen* TBr. 1,4,4,10. अनुसंभृत Âpast. Çr. 5,26,5. — Mit अभिसम्, अभिसंभृत *ausgerüstet —, versehen mit* (im Comp. vorangehend). v. l. अभिसंवृत. — Mit उपसम्, उपसंभृत *zusammengebracht, zugerüstet.*

2. *भर्, भृणाति (भरणे, भर्त्सने, भृति, हूर्छने).

भर 1) Adj. am Ende eines Comp. *tragend; bringend, verleihend; erhaltend.* Selbständig nur in etymologischen Erklärungen in der Bed. von *ferens* oder *auferens.* — 2) m. (adj. Comp. f. आ) a) *das Tragen.* — b) *das Davontragen, Erlangen, Empfangen, Gewinnen.* — c) *das Davontragen,* so v. a. *Raub.* — d) *Kampf, Streit.* — e) *Bürde, Last.* — f) *ein best. Gewicht,* = भार. — g) *Masse, Menge, Uebermaass.* भरेण und भरात् so v. a. *in vollem Maasse, mit aller Wucht, mächtig* Kâd. 2,142,7. 136,16. — h) *Jubelruf, Loblied.* — 3) n. इन्द्रस्य oder वसिष्ठस्य भरे Name zweier Sâman Ârsh. Br.

भरग ein zur Erklärung von भर्ग erfundenes und künstlich gedeutetes Wort. Nom. abstr. °त्व n.

*भरट m. 1) *Töpfer.* — 2) *Diener.*

भरटक und भरडक m. *eine Art von Bettelmönchen.* °द्वात्रिंशिका f. Titel einer Sammlung komischer Geschichten.

*भरटिक Adj. (f. ई) = भरटेन हरति.

भरडक s. भरटक.

भरण 1) *Adj. *erhaltend, nährend.* — 2) (*m.) f. ई Sg. (selten) und Pl. *ein best. Mondhaus.* — 3) *f. ई *Luffa foetida* oder *eine verwandte Pflanze.* — 4) n. a) *das Tragen.* — b) *das Ansichtragen,* so v. a. *Ansichhaben, Geschmücktsein mit* (im Comp. vorangehend). — c) *Tracht* (im Mutterleibe). — d) *das Bringen, Verschaffen.* — e) *das Unterhalten, Erhalten, Ernähren, Pflegen* Gaut. — f) *Lohn.*

*भरणि m. f. wohl = भरण 2).

*भरणिक Adj. (f. ई) = भरणेन हरति.

*भरणिषेण und *°सेन m. N. pr. eines Mannes.

*भरणीभू m. Bein. Râhu's.

भरणीय Adj. *zu unterhalten, zu ernähren, zu speisen.*

*भरण्ड m. 1) *Herr.* — 2) *Fürst, König.* — 3) *Stier.* — 4) *Wurm.* — 5) *die Erde* (als m.!).

*भरण्य्, °ण्यति (संभरणे).

भरण्य 1) *Adj. *to be cherished or protected.* — 2) m. N. pr. eines Sohnes der Muni. — 3) *f. (आ) und n. *Lohn.* — 4) *n. a) *cherishing, maintaining.* — b) = भरण 2).

*भरण्यभुज् m. *Lohndiener, Diener.*

*भरण्याह्वा f. *Tiaridium indicum.*

*भरण्यु m. 1) *Beschützer, Herr.* — 2) *Freund.* — 3) *Feuer.* — 4) *der Mond.* — 5) *die Sonne.*

भरत 1) m. a) Bez. *des* Agni, *der durch die Pflege der Menschen lebendig erhalten wird.* — b) *ein best.* Agni mit einem Sohne desselben Namens. — c) **Priester.* — d) *Schauspieler.* °मात्रक m. *ein einfacher Sch.* Prasannar. 2,16. — e) **Weber.* — f) Bein. α) Rudra's. — β) eines Manu. — g) N. pr. α) verschiedener Fürsten und auch anderer Männer ṚV. 5,54,14. 6,16,4. 7,8,4. Çat. Br. 6,8,1,14. 13,5,4,21. — β) Pl. eines Stammes, *der Nachkommen eines* Bharata TBr. 1,7,4,2. Ait. Br. 2,25. Çat. Br. 5,4,4,1. Nach den Lexicographen auch = शबर. — h) *das von einem* Bharata *verfasste Lehrbuch über Schauspielkunst.* — 2) f. भरता N. pr. einer Apsaras VP.² 2,82. — 3) f. भरती N. pr. a) einer Tochter des Agni Bharata. — b) eines Flusses VP.² 2,199. — 4) *n. Pl. N. pr. eines Varsha.

भरतऋषभ m. Bein. Viçvâmitra's Ait. Br. 7,17. Das Versmaass verlangt भरतर्षभ.

भरतखण्ड n. Bez. eines *Theils* von Bhâratavarsha.

भरतत्व n. *die Benennung* Bharata.

भरतद्वादशाह m. *eine best. Begehung.*

भरतपाल m. N. pr. eines Mannes Ind. St. 14,399.

भरतपुत्र (291,7. Bâlar. 4,15) und *°क m. *Schauspieler.*

भरतपुर n. N. pr. einer *Stadt.*

*भरतप्रसू f. Bein. der Kaikejî, *der Mutter* Bharata's.

भरतमल्ल und °मल्लिक m. N. pr. zweier Gelehrter.

भरतरोह m. N. pr. eines Mannes.

भरतर्षभ m. *der Edelste unter den* Bharata, Bein. verschiedener Männer.

*भरतवर्ष n. N. pr. eines Varsha, = भारत.

भरतशार्दूल, भरतश्रेष्ठ und भरतसत्तम m. = भरतर्षभ.

भरतसूत्र n. Titel eines Werkes Opp. Cat. 1.

भरतसेन und भरतस्वामिन् m. N. pr. verschiedener Gelehrter.

भरताग्रज m. Bez. Râma's.

भरतार्णव m. Titel eines Werkes Opp. Cat. 1.

भरताश्रम m. N. pr. einer *Einsiedelei.*

भरतेश्वरतीर्थ n. N. pr. eines Tîrtha.

*भरथ m. 1) *Welthüter.* — 2) *Feuer.*

भरद्वाज m. 1) *Feldlerche.* — 2) N. pr. eines Ṛshi. भरद्वाजस्य अदारसृत् und अदारसृतौ, अर्कौ, उपहवौ, गाधम्, नकानि, पृश्निनी, प्रासाहम्, बृहत्, मौक्ते, यज्ञायज्ञीयम्, लोमनी, वाजकर्मीयम्, वाजभृत्, विषमाणि, व्रतम्, शुन्ध्युः und सैन्धुक्षितानि Namen von Sâman Ârsh. Br. — 3) *ein best.* Agni. — 4) *N. pr. einer Oertlichkeit.

*भरद्वाजक m. *Feldlerche.*

भरद्वाजगार्ग्यपरिणयप्रतिषेधवादार्थ m. Titel eines Werkes Opp. Cat. 1.

भरद्वाजधन्वन्तरि m. N. pr. eines göttlichen Wesens Çâṅkh. Gṛhj. 2,14.

भरद्वाजशिक्षा f., भरद्वाजसंहिता f., भरद्वाजसूत्र n. und भरद्वाजस्मृति f. Titel von Werken Opp. Cat. 1.

भरद्वाजिन् m. °जिनां व्रतम् Name eines Sâman.

भरध्यै Dat. Infin. zu 1. भर् ṚV. 6,66,3. 67,4.

भरन्त् 1) Adj. Partic. von 1. भर्. — 2) m. Pl. Bez. *der Kriegerkaste* Tâṇḍja-Br. 18,10,8.

*भरम m. N. pr. eines Mannes.

भरस् n. *das Tragen, Halten, Hegen.* Vgl. ऊर्ध्वभरस्, विश्वंभरस् und संभरस्.

भरुकपाल m. N. pr. eines Mannes Verz. d. Oxf. H. 276,a,1.

भरहूति 1) f. *Kampfruf.* — 2) Adj. *Kampf —, oder Jubelruf erschallen lassend.*

भरुक्षेशरवृत्ति (भरुक्षेश्वर°?) f. Titel eines Werkes Bühler, Rep. No. 753.

भरि Adj. in आत्मंभरि, *उदरंभरि, कुक्षिंभरि und सहोभरि.

*भरिणी Adj. f. zu 2. भरित.

1. भरित Adj. *voll, gefüllt, voll von, — gefüllt mit* (Gen. oder im Comp. vorangehend).

2. *भरित Adj. (f. आ und भरिणी) = हरित.

भरित्र n. *Arm* nach Nigh.; eher *Schlägel.*

*भरिमन् m. 1) *das Tragen, Ernährung.* — 2) *Hausstand, Hauswesen, Hausgesinde.*

भरिषे Adj. *raub —, beutelustig.*

भरीमन् m. 1) *Nahrung.* — 2) **Hausstand, Hauswesen, Hausgesinde.*

भरु m. 1) **Herr.* — 2) **Gatte* Gal. — 3) Bein. Vishṇu's und Çiva's. Du. als Bez. beider Kâd. 1,13. — 4) **Gold.* — 5) **das Meer.*

भरुक m. N. pr. eines Fürsten.

भरुकच्छ m. N. pr. 1) Pl. eines Volkes, Sg. eines Landes MBh. 2,51,10. Vgl. Βαρύγαζα. — 2) eines Schlangendämons.

भरुकच्छप m. Pl. = भरुकच्छ 1) Varâh. Bṛh. S. 5,40.

भरुज 1) m. a) **Schakal.* — b) *geröstete Gerste* Âpast. — 2) *f. आ und ई *in Schmalz gerösteter Reis* Gaṇar. 52.

*भरुटक n. *gebratenes Fleisch.*

भरूज 1) Adj. (f. आ) wohl Bez. *einer best. Farbe.* — 2) f. ई vielleicht *ein best. schädliches Thier* AV.

*भरूटक n. *gebratenes Fleisch.*

भरेषुजा Adj. *in Kämpfen vorhanden,* so v. a. *— dienlich.*

भरेक्नगरी f. N. pr. einer *Stadt.*

भर्ग 1) m. a) *strahlender Glanz.* — b) Bein. α) Çiva-Rudra's. Als Bez. *der Zahl eilf* Gaṇit. Bhagaṇ. 6. — β) *Brahman's. — c) N. pr. α) verschiedener Männer. — β) Pl. eines Volkes MBh. 6,9,51. — 2) n. Name eines Sâman.

भर्गभूमि m. N. pr. eines Fürsten VP.² 4,39.

भर्गशिखा f. Titel eines Werkes.

भर्गस् n. 1) *eine Ehrfurcht gebietende Erscheinung.* — 2) *Bein. Brahman's. — 3) Name eines Sâman.

भर्गस्वत् Adj. *imponirend* (Stimme).

भर्गायण m. Pl. wohl fehlerhaft für भा°.

*भर्ग्य m. Bein Çiva's.

भर्कु m. N. pr. eines Dichters.

भर्ज् s. 1. भ्रज्ज्.

भर्जन 1) Adj. *röstend, bratend,* so v. a. *zu Nichte machend.* — 2) n. a) *das Rösten.* — b) *Pfanne zum Rösten* Âpast. Çr. 16,9.

भर्णस् in सहस्रभर्णस्.

1. भर्तर् (भर्तर् Çat. Br. 14,4,2,19) Nom. ag. mit Gen. oder am Ende eines Comp. 1) m. a) *Träger* 44,22. — b) *Erhalter, Ernährer* Taitt. Âr. 3,14,1. — c) *Herr, Gebieter, Haupt, Chef, Aufseher.* — 2) f. भर्त्री *Erhalterin, Ernährerin, Mutter.*

2. भर्तर् Nom. ag. *Gatte.*

भर्तव्य Adj. 1) *zu tragen.* — 2) *zu erhalten, zu ernähren, zu pflegen.* — 3) *zu dingen, zu besolden, zu halten.*

भर्तृक am Ende eines adj. Comp. (f. आ) = 2. भर्तर् *Gatte* 128,5.

भर्तृघ्नी f. *eine Mörderin ihres Gatten.*

भर्तृजय m. *Beherrschung des Gatten* Râgat. 7,200.

भर्तृत्व n. Nom. abstr. zu 2. भर्तर् *Gatte.*

भर्तृदारक 1) m. *Kronprinz.* — 2) f. °रिका *Königstochter, Prinzessin* Kâd. 192,6. 202,12.

भर्तृदुहितर् f. = भर्तृदारक 2) Kâd. 202,14. 219,1.

भर्तृदेवता (Hariv. 2,77,22. 23) und °देवता (Hariv. 7743. fg.) Adj. f. *den Gatten als Gottheit verehrend.*

भर्तृप्राप्तिव्रत n. *eine best. zur Erlangung eines Gatten unternommene Begehung.*

भर्तृप्रिय Adj. *seinem Herrn ergeben* Mâlav. 86.

भर्तृभक्त Adj. dass. 250,22.

भर्तृमती Adj. f. *einen Gatten habend, verheirathet.*

भर्तृमेण्ठ (Nom. abstr. °ता f. Z. d. d. m. G. 36, 368) und भर्तृयज्ञ m. N. pr. zweier Autoren.

भर्तृवत्सला Adj. f. *zärtlich zum Gatten* Mâlav. 94.

भर्तृवल्लभता f. *das Geliebtwerden vom Gatten* Kâlidâsa im Comm. zu Hâla 508.

भर्तृव्यतिक्रम m. *ein Vergehen gegen den Gatten* Âpast. 1,28,20 nach der richtigen Lesart.

भर्तृव्रत n. *Treue gegen den Gatten.* °चारिणी Adj. f. = भर्तृव्रता R. 1,17,25.

भर्तृव्रता Adj. f. *dem Gatten treu.* Nom. abstr. °त्व n. (भर्तृव्रतत्व fehlerhaft).

भर्तृसात् Adv. mit कर् (ein Mädchen) *verheirathen.*

भर्तृस्थान n. N. pr. eines Wallfahrtsortes.

भर्तृस्वामिन् m. N. pr. eines Dichters.

भर्तृहरि m. N. pr. eines Dichters und Grammatikers.

भर्तृहरिपुरुषार्थशतक n. Titel eines Werkes Opp. Cat. 1.

भर्तृहेम m. = भर्तृहरि.

भर्त्रीश्वर m. N. pr. eines Autors Gaṇar. 417,3.

भर्त्स्, भर्त्सति (selten), भर्त्सयति, °ते (vom Med. nur भर्त्सयमान Pañkat. ed. Bomb. 2,17,19. भर्त्समान ed. Koseg. fehlerhaft); Fut. भर्त्स्यामि AV. 1) *drohen, hart anfahren, ausschelten;* mit Acc. der Person. भर्त्सित *hart angefahren, gescholten.* — 2) *verspotten.* — Mit अभि 1) *drohen, ausschelten.* — 2) *verspotten, verlachen,* so v. a. *übertreffen, verdunkeln.* — Mit अव *Jmd bedrohen, ausschelten.* — Mit उद्ध्, उद्भर्त्सथ AV. 20,134,1 (Handschr.) und उद्भर्त्सत Çâṅkh. Çr. 12,23,1. — Mit नि, °भर्त्सयत् Pañkat. 220,2 fehlerhaft für निर्भ°; vgl. ed. Bomb. 4,18,7. — Mit निस् 1) *drohen, hart anfahren, ausschelten;* mit Acc. der Person. — 2) *verhöhnen, verspotten;* in übertr. Bed. so v. a. *übertreffen, verschwinden machen* Çiç. 12,69. — Mit अभिनिस् *ausschelten.* — Mit विनिस् dass. — Mit परि *drohen, hart anfahren, ausschelten.* — Mit सम् dass.

*°भर्त्सक Adj. *drohend, hart anfahrend, scheltend.*

भर्त्सन n. und °ना f. *das Drohen, hartes Anfahren, Ausschelten.*

*भर्त्सपत्त्रिका f. *eine best. Pflanze,* = महानीली. Richtig भूशपत्त्रिका.

भर्त्सित 1) Adj. s. u. भर्त्स्. — 2) n. *Drohung, — gegen* (Loc.).

°भर्व, *भर्भ्, भर्बति, भर्भति (हिंसायाम्).

भर्भरी Adv. mit भू etwa *zu einem Wirrsal werden* Maitr. S. 2,2,1 (14,14). 4,4,2.

*भर्म n. 1) *Lohn.* — 2) *Gold.* — 3) *Nabel.*

*भर्मण्या f. *Lohn.*

भर्मन् n. 1) *Erhaltung, Pflege.* — 2) **Last.* — 3) **Lohn.* — 4) **Gold* Râgan. 13,9. — 5) **Münze, Goldstück.* — 6) **Nabel.*

भर्म्याश्व m. N. pr. eines Fürsten.

भर्य Hariv. 8331 fehlerhaft für भार्य.

भर्व्, भर्वति 1) *kauen, verzehren.* — 2) *हिंसायाम्.

भर्व in सूभर्व.

*भर्वर m. = जगद्गर्तृ, प्रजापति Sâj. zu RV. 4, 21,7.

*भर्श्र Nebenform von भ्रंश्, भ्रश्.

*भर्ष्टव्य Adj. = भ्रष्टव्य.

भल्, *भलते (परिभाषणो, निरूपणो, हिंसायाम्, वधे, दाने). — *Caus. भालयते (आभण्डने, निरूपणो). — Mit नि, निभालयति und °ते *sehen, hinsehen, wahrnehmen, erblicken, betrachten* Bâlar. 187,1. Z. d. d. m. G. 36,531. Hem. Par. 2,57.180. Kaitanj. 31, 4. 68,6. — Mit विनि *untersuchen, durchforschen.* °भालित Bhâm. V. 2,102. — Mit निस् *betrachten;* nur im Prâkrit निब्भालअन्ती zu belegen. — Mit सम्, संभालयति *vernehmen.*

1. भल Adv. *fürwahr, gewiss.*

2. भल m. gegen die Sonne gewendet spricht man भलाय स्वाहा भल्लाय स्वाहा Mantrabr. 2,5,17. Gobh. 4,6,14.

*भलता f. *Paederia foetida.*

*भलत्र n. Siddh. K.

भलन्द m. N. pr. wohl nur fehlerhaft für भलन्दन.

भलन्दन m. N. pr. eines Mannes.

भलन्दव m. N. pr. wohl nur fehlerhaft für भलन्दन.

भलानस् m. Pl. N. pr. eines Volkes.

भलूट m. N. pr. eines Autors Gaṇar. 312,7.

*भल्ल्, भल्लते (परिभाषणो, निरूपणो, हिंसायाम्, दाने).

भल्ल 1) *Adj. = भद्र, शिव. — 2) m. f. (ई) (*n.) *eine Art Pfeil* Prasannar. 123,16. — 3) m. a) *Bär.* — b) Bez. *der Sonne;* s. u. 2. भल. — c) Pl. N. pr. eines Volk — 4) *f. ई *Semecarpus Anacardium* Bhâvapr. 1,179. — 5) n. *eine Pfeilspitze von besonderer Form.*

भल्लक 1) *m. *Bär.* — 2) f. भल्लिका *Semecarpus Anacardium.*

*भल्लकीय gaṇa उत्सादि.

भल्लट m. N. pr. eines Dichters.

*भल्लपाल gaṇa सख्यादि.

*भल्लपच्छी f. *Hedysarum lagopodioides.*

*भल्लवि m. N. pr. eines Mannes.

भल्लाक m. N. pr. eines Fürsten.

भल्लाक्ष Adj. als Beiw. eines Flamingo. Angeblich = भद्राक्ष.

भल्लाट m. N. pr. 1) eines Genius Hemâdri 1,652, 1. 654,18. — 2) eines Fürsten. — 3) eines Berges. — 4) eines Thores.

भल्लाटनगर m. N. pr. der Hauptstadt des Fürsten Çaçidhvaga.

भल्लाटशतक n. Titel eines Gedichts Opp. Cat. 1.

भल्लात m. °क m. (Bhâvapr. 1,179) und *की f. *Semecarpus Anacardium; n. die Nuss.*

भल्लाद m. N. pr. eines Fürsten.

भल्लिक m. N. pr. eines Mannes. — भल्लिका s. u. भल्लक.

भल्लु 1) Adj. Bez. *einer Species von Fieber* Bhâvapr. 3,71. फल्गु nach Andern. — 2) *m. N. pr. eines Lehrers Weber, Lit. 104.

*भल्लुक m. *Bär.*

भल्लूक m. 1) *Bär* — 2) **Hund* Râgan. 19,10. — 3) *eine Muschelart.* — 4) *eine best. Pflanze;* nach Râgan. 9,27 *eine Art* Çjonâka.

भल्वाचि (!) m. N. pr. eines Mannes.

भल्वाट Hemâdri 1,652,2 fehlerhaft für भल्लाट 1).

भव 1) m. a) *Entstehung, Geburt.* Am Ende eines adj. Comp. (f. आ) *da und da entstanden, von da und da kommend, da und da befindlich.* Wird auch als Adj. gefasst. — b) *Ort der Entstehung, das woraus Etwas entstanden ist.* — c) *das Werden zu* (am Ende eines Comp.). — d) *das Dasein, Existenz.* भवान्तर n. *eine frühere* oder *künftige Existenz, ein vergangenes* oder *künftiges Leben.* — e) *das weltliche Dasein, die Welt.* — f) *eine gute Existenz, Wohlfahrt, Heil.* — g) **Erlangung, Erreichung.* — h) Bez. *des* Agni (bei den Bâhika). — i) Name des 1ten und 4ten Kalpa 2) *h*). — k) N. pr. α) eines Gottes, Gefährten des Rudra; oft in Verbindung mit Çarva genannt. Im MBh. und später = Çiva oder *eine Form dieses Gottes;* auch N. pr. eines Rudra. भवौ Du. so v. a. Bhava und Bhavânî. Auch Pl. Als Synonym von Rudra Bez. *der Zahl eilf* (Golâdhj. 11,23) und *des 11ten astrol. Hauses* (Utpala zu Varâh. Bṛh. 1,20). — β) eines Sâdhja VP.² 2,22. — γ) verschiedener Männer. — 2) * n. *die Frucht der Dillenia speciosa* Râǵan. 11,97.

भवक 1) am Ende eines adj. Comp. = भव *Dasein, Existenz.* परार्थ° *für Andere daseiend.* — 2) *Adj. = भवतात्, आशीर्वाचक.

*भवकान्तार *die als Wildniss gedachte Welt* Vjutp. 133.

भवकेतु m. *eine best. Lichterscheinung am Himmel.*

भवक्षिति f. *Geburtsstätte.*

भवखामि m. N. pr. eines Mannes.

*भवघस्मर m. *Waldbrand.*

भवचन्द्र m. N. pr. eines Mannes.

भवच्छिद् Adj. *das weltliche Dasein vernichtend, von allen ferneren Wiedergeburten befreiend* Kâd. 1,8. Kirât. 5,22. Bhâg. P. 2,6,25. 4,1,48. 9,9,14. Prab. 108,6.

भवच्छेद m. 1) *Vernichtung des weltlichen Daseins, Befreiung von allen ferneren Wiedergeburten* Çiç. 1,35. — 2) N. pr. eines Dorfes.

भवजल n. *das als Wasser (Meer) gedachte weltliche Dasein* Ind. St. 13,363.

भवत्पूर्व Adj. (f. आ) *mit vorangehendem 2. भवत्* Pâr. Gṛhj. 2,5,2. °म Adv. *so dass 2. भवत् vorangeht* M. 2,49.

भवत्रात m. N. pr. verschiedener Männer.

भवदत्त m. N. pr. eines Mannes Hem. Par. 1,288.

भवदन्त्य Adj. (f. आ) *mit am Ende stehendem 2. भवत्* Pâr. Gṛhj. 2,5,4.

भवदा f. N. pr. einer der Mütter im Gefolge Skanda's.

*भवदारु n. *Pinus Deodora* Râǵan. 12,28.

भवदीय Adj. *dein, euer* (in ehrerbietiger Rede).

भवदुत्तरम् Adv. *so dass 2. भवत् am Ende steht* M. 2,49.

भवदेव (Hem. Par. 1,288), °भट्ट (Comm. zu Gobh. 2,1,10), °मिश्र und भवद्देव m. N. pr. verschiedener Männer.

भँवद्वसु Adj. *güterreich* AV. 13,4,54.

भवद्विध Adj. *einer von deines (eures) Gleichen* (in ehrerbietiger Rede).

भवन 1) (*m.) n. a) *Wohnstätte, Wohnung, Haus, Palast, Tempel.* Am Ende eines adj. Comp. f. आ. — b) *Horoskop, Geburtsstern*; s. भवनेश. — 2) m. N. pr. eines Ṛshi im 2ten Manvantara VP.² 3,5. — 3) n. a) *das Werden, Entstehung* 222,16. — b) *der Ort, wo Etwas wächst.* शालि° *Reisfeld.* — c) * *Wasser.*

भवनद्वार n. *Palastthor* 323,14.

भवनन्द m. N. pr. eines Schauspielers.

भवनन्दिन् m. N. pr. eines Mannes.

भवनपति m. Pl. *eine best. Klasse von Göttern bei den Ǵaina.*

भवनस्थान n. *Platz zu einem Hause* Hemâdri 1, 290,15. 306,1.

भवनाग m. N. pr. eines Autors.

भवनाङ्गण n. *der Hof eines Palastes* Daçak. 70,10.

भवनाथ m. N. pr. eines Mannes. Auch °महामहोपाध्याय, °मिश्र und ठक्कुर°.

*भवनाधीश m. Pl. = भवनपति.

भवनाशिनी f. Bein. *des Flusses* Sarajû.

भवनिगडनिबन्धच्छेदन Adj. (f. ई) *die Fesseln und Bande der weltlichen Existenz zerreissend*, so v. a. *von allen ferneren Wiedergeburten befreiend* Pańkar. 1,2,7.

भवनिबन्धविनाशिन् Adj. *die Bande der weltlichen Existenz (für immer) zu Nichte machend.*

भवनीय 1) Adj. *zu sein, zu geschehen.* युष्माभिरेतत्—भवनीयं च नान्यथा *und ihr dürft nicht zugeben, dass dieses anders geschehe.* — 2) *n. impers. °यं त्वया *du musst sein.*

भवनेश m. *der Regent des Horoskops* oder *Geburtssterns* Varâh. Jogaj. 4,45.

1. भवत् 1) Adj. (Nom. m. भवन्) a) *seiend.* — b) *gegenwärtig.* *भवद्भूतभव्ये *in der Gegenwart, Vergangenheit und Zukunft.* — 2) f. भवन्ती *die gegenwärtige Zeit, Präsens.*

2. भँवत् 1) (Nom. m. भँवान्, f. भवती) Pronomen der 2ten Person (construirt mit der 3ten, ausnahmsweise aber auch mit der 2ten Person verbi) in ehrerbietiger Rede. Häufig mit dem eigentlichen Pronomen der 2ten Person wechselnd. Pl. auch st. Sg. der grösseren Höflichkeit wegen. Das Masculinum auch bei einem Neutrum gebraucht 176, 11. Voc. भवति Bâlar. 299,20. Vgl. वीरभवत्. — 2) *f. भवती *eine Art vergifteter Pfeile.*

*भवन्त m. 1) *Zeit.* — 2) *Gegenwart.*

*भवन्ति f. *Gegenwart.*

भवन्मध्य Adj. (f. आ) *mit in der Mitte stehendem 2. भवत्* Pâr. Gṛhj. 5,2,3. °म् Adv. *so dass 2. भवत् in der Mitte steht* M. 2,49.

भवन्मन्यु m. N. pr. eines Fürsten.

भवबन्धेश m. *der Herr über die Fesseln des weltlichen Daseins* (Çiva) Pańkar. 1,8,18.

भवभङ्ग m. *das Zunichtewerden des weltlichen Daseins, Befreiung von ferneren Wiedergeburten* Hemâdri 1,582,6. 791,21.

भवभाव m. *Liebe zur Welt* Nîlar. Up. 4. Vgl. भवमन्यु.

भवभावन 1) Adj. *Wohlfahrt verleihend* Bhâg. P. 1,10,2. — 2) f. आ *das Etwas* (im Comp. vorangehend) *für ein Glück Halten* Spr. 7029.

भवभीरु Adj. *sich vor einem weltlichen Dasein —, vor einer Wiedergeburt fürchtend* Ind. St. 15, 376.

भवभूत Adj. *derjenige, durch den Alles wird.*

भवभूति 1) f. *ein glückliches Dasein* Agni-P. 41, 27. Hemâdri 1,582,7. — 2) m. N. pr. eines Schauspieldichters.

भवभोग m. *die Genüsse der Welt* Spr. 2337 (am Anf. eines Comp.).

भवमन्यु m. *Groll auf die Welt* Nîlar. Up. 4, v. l. Vgl. भवभाव.

भवमय Adj. *aus* Çiva *hervorgegangen.*

भवमोचन Adj. *von dem weltlichen Dasein (für immer) befreiend* Gît. 1,27.

भवरस m. *der Geschmack am weltlichen Dasein* Ind. St. 15,369.

*भवरुद् *eine bei Leichenbegängnissen geschlagene Trommel.*

भवर्ग m. *Sternenschaar.*

भववारिनिधि m. = भवसागर Ind. St. 14,388.

भवव्रतधर Adj. *dem* Çiva *treu ergeben*; m. *ein Verehrer* Çiva's Bhâg. P. 4,2,28.

भवशर्मन् m. N. pr. eines Mannes.

भवशेखर m. *der Mond* (Çiva's *Diadem*) Pr. P. 113.

भवस् in सुभवस् und स्वँभवस्.

भवसंशोधन m. *ein best.* Samâdhi Kârand. 52,7.

भवसङ्गिन् Adj. *am weltlichen Dasein hängend* Hemâdri 1,791,20.

भवसंतति f. *eine ununterbrochene Reihe von Wiedergeburten* Ind. St. 14,365.

भवसागर m. *das als Meer gedachte weltliche Dasein* Ind. St. 15,383.

भवसायुज्य n. *die nach dem Tode erlangte Gemeinschaft mit* Çiva.

भवसिन्धु m. = भवसागर.

भवस्वामिन् m. N. pr. eines Mannes Vançabr. XXVII.

भवाग्र n. *das äusserste Ende der Welt* Text zu Lot. de la b. l. 224.

भवाङ्गण n. etwa *der Hof eines* Çiva-*Tempels* Hemâdri 1,347,16.

भवाचल m. N. pr. eines *Berges.*

भवातिग Adj. *der das weltliche Dasein über-*

wunden hat, keinen ferneren Wiedergeburten unterworfen Paṅkar. 4,3,19.

*भवात्मजा f. Bein. der Göttin Manasâ.

*भवादृत्, भवादृश् und भवादृश (f. ई) Adj. einer von deines oder eures Gleichen (in ehrerbietiger Rede).

भवानन्द 1) m. N. pr. eines Scholiasten. — 2) f. ई Titel eines Werkes. °प्रकाश m. und °व्याख्या f. Titel von Commentaren dazu.

भवानन्दसिद्धान्तवागीश m. N. pr. eines Autors.

भवानन्दीय n., °खण्डन n. und °व्याख्या f. Titel von Werken Opp. Cat. 1.

भवानी f. N. pr. 1) einer Göttin, die später mit der Pârvatî, der Gattin Çiva's, identificirt wird. — 2) verschiedener Frauen. — 3) eines Flusses.

भवानीकवच n. ein best. Theil eines best. Zauberspruchs.

भवानीकान्त m. Bein. Çiva's Ind. St. 15,387. 398.

*भवानीगुरु und भवानीतात (Bhâm. V. 1,25) m. Bein. des Himavant.

भवानीदास m. N. pr. eines Fürsten.

भवानीपति, भवानीवल्लभ (Bâlar. 86,2. 111,3) und भवानीसख (Bâlar. 290,4) m. Bein. Çiva's.

भवानीसहस्रनामयन्त्र n. ein best. Amulet oder Diagramm.

भवानीसहस्रनामस्तोत्र n. Titel eines Lobgedichts.

*भवान्तकृत् m. Bein. 1) Brahman's. — 2) eines Buddha.

भवान्तरप्राप्तिमत् Adj. ein anderes Dasein erlangend, wiedergeboren werdend Sarvad. 35,6.

भवान्यष्टक n. Titel eines Werkes.

भवाब्धि m. das als Meer gedachte weltliche Dasein.

भवाब्धिनाविनाविक m. ein Bootsmann auf dem über das Meer des weltlichen Daseins schiffenden Boote Paṅkar. 1,8,18.

*भवाभीष्ट m. Bdellium Râǵan. 12,108.

भवाम्बुधि und भवाम्बुराशि m. = भवाब्धि.

*भवायना f. Bein. der Gaṅgâ.

भवारण्य n. das als Wald gedachte weltliche Dasein.

भवारि m. ein Feind des weltlichen Daseins.

भवारुद्रौ m. Du. Bhava und Rudra AV.

भवार्णव m. = भवाब्धि.

भवाशर्वौ m. Du. Bhava und Çarva AV. oft.

भवाशर्वीय Adj. zu Bhava und Çarva in Beziehung stehend AV. Pariç. 42,2.

भवासर m. ein siderischer Tag Ǵaṇit. 1,20.

भविक 1) Adj. wohlgesinnt, fromm Hem. Par. 4,60. 11,1. — 2) *n. ein erspriesslicher Zustand, Wohlfahrt.

भवितर् Nom. ag. (f. °त्री) sein werdend, zukünftig, bevorstehend. बुद्धिर्भवित्री वा तव wird sein; भविता m. neben भूतम् und भव्यम्. भविता und भवितास्मि als Fut. 30,23. 28,2.

भवितव्य 1) Adj. was sein —, erfolgen —, geschehen muss. — 2) n. a) impers. mit Instr. des Subj. °तव्यं मङ्गलेन es muss ein Glück sein; अधुना मया तवानुचरेण सर्वथा भवितव्यम् von nun an muss ich jedenfalls dein Gefährte sein 141,22. fg. — b) = भवितव्यता.

भवितव्यता f. das nothwendige Erfolgen, das Geschehenmüssen, unvermeidliche Nothwendigkeit.

भवितोस् Gen. Abl. Infin. zu 1. भू Maitr. S. 2,5,9. Çat. Br. 3,2,1,31. 9,5,2,3. Ait. Âr. 236,4.

भवित्र n. nach Sâj. = भुवन, अन्तरिक्ष oder उदक.

भविन् m. ein lebendes Wesen, insbes. der Mensch Ind. St. 14,380. 382.

*भविनिन् m. Dichter.

भविपुला f. ein best. Metrum.

भविल 1) *Adj. = भव्य. — 2) m. a) *= विट. — b) N. pr. eines Mannes.

भविष्ठ Adj. Superl. in शंभविष्ठ.

भविष्णु Adj. 1) *sein werdend, zukünftig. — 2) in Comp. mit einem Adv. auf अम् werdend. — 3) gedeihend Maitr. S. 1,8,1.

भविष्य 1) Adj. sein werdend, zukünftig, bevorstehend. — 2) n. a) Zukunft. — b) das Buch der Prophezeiungen, Titel eines Purâṇa 49,12. VP. 3,6,20.

भविष्यगङ्गा f. N. pr. eines Flusses.

भविष्यत्काल Adj. (f. आ) auf eine zukünftige Zeit bezüglich 243,6.

भविष्यत्ता f. und भविष्यत्त्व n. Zukünftigkeit.

भविष्यत्पुराण n. Titel eines Purâṇa Opp. Cat. 1.

भविष्यदनद्यतन s. u. अनद्यतन.

भविष्यदाक्षेप m. eine Erklärung, dass man mit Etwas, welches möglicher Weise eintreffen könnte, nicht einverstanden sei.

भविष्यन्त् 1) Adj. zukünftig. — 2) f. भविष्यन्ती das erste Futurum. — 3) n. a) das Zukünftige, Zukunft. — b) Futurum Ait. Br. 4,29,3. 5,4,2. 16,5. — c) *Wasser. — d) *die Frucht der Dillenia indica Râǵan. 11,97.

भविष्यपुराण n. Titel eines Purâṇa.

भविष्यपुराणीय Adj. dem Bhavishjapurâṇa eigen.

भविष्योत्तर und °पुराण n. der zweite Theil des Bhavishjapurâṇa.

भवील Adj. zukünftig.

भवीयंस् Adj. Compar. reichlicher.

भवेश m. 1) Herr des weltlichen Daseins. — 2) N. pr. eines Fürsten.

भवोच्छेद m. = भवच्छेद Prab. 108,5.

भवोत्तारक m. ein best. Samâdhi Kâraṇḍ. 52,9.

भवोदधि m. = भवसागर Ind. St. 14,371.

भव्य, भविअ 1) Adj. a) gegenwärtig. — b) zukünftig. Auch die Stelle des Fut. von 1. भू vertretend; häufiger भाव्य. — c) nahe daran seiend zu werden in धेनुभव्या und धेनुंभव्या. — d) ut esse debet, entsprechend, angemessen. — e) hübsch, schön. — f) gut, ausgezeichnet, vorzüglich. Superl. °तम. — g) geneigt, gnädig. — h) glücklich, Glück verheissend. — i) fromm Ind. St. 14,382. 384. 390. — k) *wahr. — 2) m. a) Averrhoa Carambola. — b) N. pr. α) einer Klasse von Göttern unter Manu Ḱâkshusha. — β) eines Ṛshi im 9ten Manvantara VP. 3,2,22. — γ) eines Sohnes des Dhruva. — δ) eines Sohnes des Prijavrata. — ε) *eines buddh. Lehrers. — 3) *f. भव्या a) Bein. der Umâ. — b) Piper Chaba; richtig चव्या. — 4) n. a) *impers. भव्यमनेन er muss es sein. — b) Gegenwart. — c) Dasein, Bestand. — d) Zukunft. — e) Glück, Heil Dhûrtan. 2. — f) *Knochen. — g) die Frucht von α) Averrhoa Carambola. — β) *Dillenia indica Râǵan. 11,97.

भव्यजीवन m. N. pr. eines Autors.

भव्यता f. Schönheit, ein reizendes Verhältniss.

भव्यमनस् Adj. wohlwollend Pr. P. 19.

1. भव्यरूप n. gutes, unschuldiges Aussehen MBh. 3,278,32. R. ed. Bomb. 4,17,28.

2. भव्यरूप Adj. (f. आ) hübsch, schön R. 3,52,14.

भव्याकृति Adj. von schönem Aussehen, hübsch Kathâs. 18,111.

*भशिरा (!) f. Beta bengalensis.

भष्, भषति, °ते bellen, anbellen.

भष 1) Adj. bellend, kläffend, keifend. — 2) *m. Hund. — 3) *f. भषा eine best. Pflanze. — 4) *f. भषी Hündin.

भषक m. Hund Râǵan. 19,10.

भषण 1) m. a) *Hund. — b) N. pr. eines Hundes Ind. St. 14,111. — 2) *n. das Bellen.

1. भस् 1) बभस्ति, बप्सति, भसत्, भसथस्; kauen, zerkauen, zermalmen; verzehren. — 2) *बप्सति (भर्त्सनदीप्त्योः). — 3) भसित zu Asche verzehrt. — बभस्ति AV. 9,2,2 fehlerhaft. — Mit निस् abbeissen, zerkauen. — Mit प्र zerbeissen, zerkauen, essen.

2. भस् = भस्मन् Asche. Nur Loc. भसि Bhâg. P.

भसद् f. 1) *Hintertheil, der Hintere, die Schamtheile des Weibes.* Wird auch durch लिङ्गाग्र und कटिप्रदेश (Comm. zu Âpast. Çr. 1,19,5) erklärt. भसत्तम् *an den Hintern*, आ भसत्तः *bis zum Hintern.* — 2) **Fleisch* oder *Pferdefleisch.* — 3) **Holzscheit.* — 4) **die Sonne.* — 5) **Monat.* — 6) **Zeit.*

भसद्य Adj. *am Hintertheil befindlich.*

*भसन m. *Biene.*

*भसन्त m. *Zeit.*

भसंधि m. *ein Knotenpunct der Sternbilder,* so heissen *die letzten Viertel der Mondhäuser* Âçleshâ, Gjeshṭhâ *und* Revatî.

भसमूह m. *die Schaar der Mondhäuser* als Bez. *der Zahl* 27.

*भसल m. = भसन *Biene.*

भसित 1) Adj. s. 1. भस् 3). — 2) *n. *Asche.*

*भसूचक m. *Astrolog.*

*भस्त्रका f. Demin. von भस्त्रा.

*भस्त्रफला f. *eine best. Pflanze.*

भस्त्रा f. 1) *Schlauch, Sack.* हेमभस्त्रा *ein Sack mit Gold.* — 2) *Blasebalg.* — 3) *eine best. Recitationsweise.* अवाचीनबिला Tâṇḍja-Br. 2,13,1. 2.

*भस्त्राका f. Demin. von भस्त्रा.

भस्त्रावत् Adj. als Erklärung von कलापिन्.

भस्त्रिक 1) *Adj. = भस्त्रया हरति. — 2) f. आ *Säckchen, Beutel.*

*भस्त्री f. = भस्त्रा.

°भस्त्रीय Adj. von भस्त्रा.

भस्मक 1) Adj. in Verbindung mit अग्नि so v. a. भस्माग्नि. — 2) n. *a)* = भस्माग्नि. — *b)* **Gold.* — *c)* **die Frucht der Embelia Ribes.*

भस्मकरोग m. = भस्माग्नि Hemâdri 1,215,17.

*भस्मकार m. *Wäscher.*

भस्मकूट m. 1) *Aschenhaufe.* — 2) N. pr. eines Berges.

°भस्मकृत् Adj. — *zu Asche verbrennend.*

भस्मकृत Adj. *zu Asche verbrannt.*

भस्मकौमुदी f. Titel eines Werkes.

*भस्मगन्धा, *°गन्धिका und *°गन्धिनी f. *ein best. wohlriechender Arzeneistoff.*

*भस्मगर्भ 1) m. *Dalbergia ougeinensis.* — 2) f. आ *a) eine best. Pflanze,* = कपिला Râgan. 9,135. — *b) ein best. wohlriechender Arzeneistoff.*

भस्मगात्र m. *der Liebesgott* Pr. P. 2.

भस्मजाबाल (wohl n.) und °जाबालोपनिषद् f. (Opp. Cat. 1) Titel einer Upanishad.

भस्मता f. *der Zustand der Asche.* °तां या *zu Asche werden.*

*भस्मतूल n. 1) *Schnee.* — 2) *Staubregen.* — 3) = ग्रामकूट.

भस्मन् 1) Adj. *kauend, verzehrend.* — 2) n. *Asche.* Auch Pl. भस्मतस् 122,22. युष्माभिर्भस्म भक्षयितव्यम् so v. a. *ihr sollt Nichts zu essen bekommen.*

*भस्मनिहुत Adj. *in die Asche geopfert,* so v. a. *ein unnützes Werk vollbracht.*

भस्मपुञ्ज m. *Aschenhaufe.*

भस्मप्रहरण Adj. *Asche zur Waffe habend* (Fieber). Vgl. भस्मबाण.

भस्मप्रिय Adj. *Asche mögend* (Çiva).

*भस्मबाण m. *Fieber* Gal. Vgl. भस्मप्रहरण.

भस्मभूत Adj. *zu Asche geworden.*

भस्ममेह m. *eine Art Grieskrankheit.*

*भस्मराशि m. *Aschenhaufe.*

भस्मराशी Adv. mit कर् *in einen Haufen Asche verwandeln.*

भस्मरुद्राक्षधारणविधि m. und °रुद्राक्षमाहात्म्य n. Titel zweier Werke Opp. Cat. 1.

भस्मरेणु m. *Aschenstaub* Kathâs. 18,248.

*भस्मरोहा f. *eine best. Pflanze* Râgan. 9,127.

भस्मललाटिका f. *ein mit Asche aufgetragenes Stirnzeichen* Kâd. 157,1.

भस्मवादावलि f. Titel eines Werkes Opp. Cat. 1.

*भस्मवेधक m. *Kampfer.*

भस्मशर्करा f. etwa *Pottasche.*

भस्मशायिन् Adj. *auf Asche liegend, — schlafend* 88,5.

भस्मशुद्धिकर Adj. *mit Asche sich reinigend* (Çiva).

भस्मसाँ Adv. mit कर् *zu Asche verbrennen.* Richtig wohl भस्मसाँ.

भस्मसात् Adv. 1) mit अस्, भू, गम् und या *zu Asche werden.* — 2) mit कर् und नी *in Asche verwandeln.*

भस्मसूतकरण n. *das Calciniren des Quecksilbers.*

भस्माख्य Adj. *Asche heissend,* so v. a. *Nichts als Asche seiend* Spr. 6201.

भस्माग्नि m. Bez. *einer krankhaft gesteigerten Verdauung, bei welcher durch das innere Feuer die Speisen gleichsam zu Asche verbrannt, nicht gekocht werden.*

भस्माङ्ग Adj. *aschenfarbig* Râgan. 13,217.

भस्माचल m. N. pr. eines *Berges.*

भस्मादिलक्षण n. Titel eines Werkes Opp. Cat. 1.

1. भस्मान्त n. *Nähe von Asche.* Loc. *neben der Asche* Lâṭj. 2,11,13. Vaitân. 23,13.

2. भस्मान्त Adj. *mit Asche endend,* so v. a. *schliesslich verbrannt werdend.*

भस्मान्ति Adv. *neben Asche.*

भस्माप् f. Pl. *Wasser mit Asche.*

भस्मालाबुक n. (adj. Comp. f. आ) *ein aus der Flaschengurke gemachtes Gefäss zur Aufbewahrung von Asche* Kâd. 130,8 (264,14).

भस्मावशेष Adj. *von dem nur die Asche übrig geblieben ist, zu Asche verbrannt* Spr. 7626.

भस्मासुर m. N. pr. eines Asura Ind. St. 14,115.

*भस्माह्वय m. *Kampfer.*

भस्मी Adv. 1) mit कर् *zu Asche verbrennen.* — 2) mit भू *zu Asche werden.*

भस्मीकरण n. *das zu Asche Verbrennen.*

भस्मीभाव m. *das zu Asche Werden.*

भस्मेश्वर m. 1) *ein best. medicinisches Präparat* Bhâvapr. 3,88. Rasendrak. 91. — 2) Bez. Çiva's als eines zukünftigen Tathâgata Kâraṇḍ. 90,6.

भस्मोद्धूलितविग्रह Adj. *dessen Körper mit Asche bestreut ist* (Çiva).

1. भा, भाति 1) *scheinen, glänzen, strahlen.* भात *glänzend, leuchtend.* — 2) *eine glänzende Erscheinung bilden, in seinem Glanze erscheinen, prangen, eine hervorragende Stellung einnehmen.* Mit न *eine traurige Erscheinung sein.* — 3) *Jmd* (Acc. mit प्रति) *gefallen* 227,8. Besser प्रतिभाति zu verbinden trotz der Grammatiker. — 4) *erscheinen, sich zeigen, zum Vorschein kommen.* भात n. impers. mit Instr. des Subjects. — 5) *erscheinen —, aussehen wie* (blosser Nomin., Nomin. mit इव oder Adv. auf वत्), *gelten für* (Nomin.) 179,7. — 6) *erscheinen machen, zeigen, offenbaren* Bhaṭṭ. — बभौ Hit. 1,10 fehlerhaft für ववौ. — Mit अति *stark —, stärker scheinen, — glänzen.* Mit न *nicht in seinem Glanze erscheinen.* Mit getrenntem अति *Jmd* (Acc.) *an Glanz übertreffen* MBh. 7,59,12. — Mit *व्यति, °भाते impers. — Mit अनु *scheinen nach* (Acc.). — Mit अभि *erglänzen.* — Mit अव 1) *herab- oder herglänzen.* — 2) *leuchten* Hariv. 3,49, 90. — 3) *erscheinen, sich zeigen.* अवभात *erschienen.* — Mit आ 1) *herscheinen, leuchten.* आभात *glänzend.* — 2) *beglänzen, beleuchten.* — 3) *erscheinen, sich zeigen, zum Vortheil kommen.* आभात *erschienen, offenbar geworden.* — 4) *erscheinen —, aussehen wie* (इव, यथा, °वत्, °संनिभ im Nomin., Instr. eines Nom. act. auf ल). — Mit समा *erscheinen —, aussehen wie* (इव). — Mit उद् 1) *erscheinen, zum Vorschein kommen.* — 2) *erscheinen —, aussehen wie* (इव). — Mit नि in °निभ. — Mit निस् 1) *erglänzen.* निर्भात *erglänzend, glänzend.* — 2) *erscheinen, zum Vorschein kommen —, entstehen aus* (Abl.). निर्भात *erschienen, offenbar geworden, — in* (Loc.). — 3) *erscheinen wie* (इव). — Mit विनिस् *erglänzen.* — Mit प्र 1) *hervorleuchten, leuchten, anfangen hell zu werden* (von der Nacht). प्रभात्यां रात्र्याम् so v. a. *bei be-*

ginnender Morgendämmerung, प्रभातायां शर्वर्याम् *bei angebrochener M.* — 2) *erscheinen* —, *aussehen wie* (इव oder blosser Nomin.). — 3) *erleuchten.* — Mit अनुप्र *bescheinen.* — Mit संप्र *erscheinen, sich einstellen.* — Mit प्रति 1) *scheinen auf* (Acc.), *bescheinen.* — 2) *erscheinen, sich zeigen, sich darbieten, sich einstellen, sich zur Verfügung stellen,* — *Jmd* (Acc. oder Gen.). मनसि *im Geiste erscheinen.* — 3) *in Jmds Geiste klar erscheinen, dem Geiste gegenwärtig werden, offenbar werden, zum Bewusstsein kommen, einleuchten, begriffen werden, einfallen;* mit Acc. oder Gen. (39,30. 41,9. 66,10. 236,1) der Person. — 4) *erscheinen als,* — *wie, aussehen wie* (Nomin. mit und ohne इव oder यथा, oder ein Adv. auf वत्), *Jmd* (Gen., Acc. oder Acc. mit प्रति) *erscheinen wie.* इति प्रतिभाति मे मनस् *so erscheint es meinem Geiste.* — 5) *gut scheinen, gefallen;* mit Gen. oder Acc. der Person. सा भार्या प्रतिभाति मे *die gefällt mir als Gattin, die würde mir a. G. zusagen* 133,28. — Mit विप्रति *erscheinen als* (Nomin.). — Mit संप्रति 1) dass. — 2) *in Jmds* (Gen.) *Geiste klar erscheinen, dem Geiste gegenwärtig werden, zum Bewusstsein kommen.* — Mit वि 1) *erscheinen, erglänzen, glänzen, anfangen hell zu werden* (von der Nacht). विभाता विभावरी so v. a. *der Morgen ist angebrochen* 117,10. — 2) *eine glänzende Erscheinung bilden, in seinem Glanze erscheinen, prangen, einen Glanz erhalten, schmuck erscheinen.* — 3) *in die Augen springen.* — 4) *erscheinen, sich zeigen, zum Vorschein kommen, ertönen, erschallen.* विभात *erschienen, zum Vorschein gekommen.* — 5) *erscheinen als,* — *wie, aussehen wie* (Nomin. mit und ohne इव, oder Adv. auf वत्). — 6) *bescheinen, beleuchten, erleuchten.* — 7) dem Feuer (Dat.) *Licht schaffen,* so v. a. *es entzünden.* — Mit अभिवि *weithin erleuchten.* — Mit आ—वि *erglänzen* ṚV. 2,8,4. — अग्निरिवाविभाति Hariv. 13100 fehlerhaft für अग्निरिवावभाति. — Mit संवि *denken an* (Acc.). — Mit सम् 1) *erglänzen.* — 2) *erscheinen, sich zeigen.* — 3) *erscheinen als,* — *wie* (Nomin. mit und ohne इव oder यथा). — संभाति MBh. 12,12401 fehlerhaft für संवाति.

2. भा s. u. 1. भ.

भाऋजीक Adj. *lichtstrahlend.*

भांश m. *Sternantheil.*

*भाःकर m. = भास्कर.

*भाःकरण n. *das Erleuchten.*

भाःकूट m. 1) *ein best. Fisch* Vâsav. 95,3. — 2) *N. pr. eines Berges Viçvapr. im Comm. zu Vâsav. 95,3. — Vgl. भाकूट.

*भाःखर, *भाःपति und *भाःफेरु = भास्वर u. s. w.

*भाकुट m. *ein best. Fisch.*

भाकुरि 1) ein zur Erklärung von भेकुरि erfundenes Wort. — 2) m. Patron.

*भाकूट m. 1) *ein best. Fisch.* — 2) N. pr. eines Berges. — Vgl. भाःकूट.

*भाकोश m. *die Sonne.*

1.*भाक्त Adj. (f. ई) 1) *dem regelmässig Speise gereicht wird.* — 2) *zur Speise sich eignend.*

2. भाक्त 1) Adj. (f. ई) *untergeordnet, secundär* Comm. zu Âpast. Çr. 4,1,3. Vgl. भक्ति 12). — 2) m. Bez. *einer best.* Vishṇu'*itischen* und Çiva'*itischen Secte.*

भाक्तिक Adj. *dem regelmässig Speise gereicht wird.* नित्य° dass. Âpast. 2,9,10.

°भाक्त्व n. Nom. abstr. zu °भाज्.

*भाक्ष Adj. wohl *der beständig isst.*

*भाक्षालक Adj. von भक्षाली.

1. भाग m. (adj. Comp. f. आ) 1) *Antheil, der auf Jmd fallende Theil, zugeschiedenes Eigenthum, Erbtheil, ein gutes, glückliches Loos.* ज्येष्ठस्य पाण्डुपुत्रस्य भागो मद्राधिपः (कृतः) so v. a. *der älteste Sohn des* Pâṇḍu *sollte es mit dem Fürsten der* Madra *aufnehmen.* In dieser Bed. statt des Nomin. auch भागेन und भागतस्. — 2) *Theil* (im Gegensatz zum *Ganzen*). भागं भागं कल्पय् oder भागान् कर् (Lâ. 10,21) *in viele Theile zertheilen.* Mit einem Ordinale *der so und sovielte Theil von einem Ganzen* und auch *der so und sovielte Theil in der Reihenfolge der Theile eines Ganzen.* — 3) *Platz, Stelle, Gegend, Seite.* — 4) am Ende eines Comp. *die Stelle von* — *vertretend.* — 5) *Zähler eines Bruchs.* — 6) *Grad, der 360ste Theil eines Kreises.* — 7) **eine halbe Rupie.* — 8) N. pr. *a*) eines Fürsten. — *b*) eines Flusses.

2. भाग 1) Adj. *den* Bhaga *betreffend, zu ihm in Beziehung stehend.* — 2) n. Name zweier Sâman Ârsh. Br.

भागक am Ende eines adj. Comp. = 1. भाग *Antheil.*

भागजाति f. *das Reduciren von Brüchen auf einen gemeinschaftlichen Nenner.*

भागंजय m. N. pr. eines Mannes.

भागण m. *die Schaar der Sterne.*

भागदा 1) Adj. *den Antheil gewährend.* — 2) f. N. pr. einer Stadt.

भागदुघ m. *Vertheiler, Vorleger.*

भागध 1) Adj. (f. आ) *den gebührenden Antheil entrichtend.* — 2) f. आ *Antheil* Âpast. Çr. 1,10,6.

भागधेय 1) n. *a*) *Antheil, Gebühr; der Einem vom Schicksal bestimmte Theil, Loos, Schicksal.* — *b*) *Eigenthum.* — *c*) *der Antheil eines Fürsten, Abgabe.* — 2) Adj. (f. ई) *als Antheil gebührend.*

भागंदर Adj. (f. ई) von भगंदर.

भागभाज् Adj. *der einen Antheil an Etwas hat;* m. *Betheiligter, Theilhaber.*

भागभुज् m. *Fürst, König.*

*भागमातृ f. *eine best. Divisionsregel.*

भागमुख m. N. pr. eines Mannes.

भागल m. Patron. von भगल. Auch Pl.

*भागलक Adj. von भगल.

भागलक्षणा f. in der Rhetorik *eine den Theil mittelbar ausdrückende Bezeichnungsweise* 277,2. 279,30.

भागलि m. Patron. oder Metron. N. pr. eines Lehrers Vaitân.

भागलेय m. Patron. von भागलि.

भागवत 1) Adj. (f. ई) *zu* Bhagavant (Vishṇu, Kṛshṇa) *in Beziehung stehend, von ihm herrührend* u. s. w. — 2) m. *a*) *ein Anhänger* Bhagavant's, *ein* Vaishṇava-*Mönch* (Utpala zu Varâh. Bṛh. 15,1). — *b*) N. pr. eines Fürsten. — 3) n. Titel eines Purâṇa Opp. Cat. 1.

भागवतकथासंग्रह m. (VP.^{2} 3,62. 66), भागवतचम्पू f. (Opp. Cat. 1), भागवततत्त्वदीप m., भागवततात्पर्य n., °निर्णय m., भागवतभावार्थदीपिका f., भागवतमहाविवरण n., भागवतमाहात्म्य n. (Opp. Cat. 1), भागवतलीलारहस्य n., भागवतसंदर्भ m., भागवतसार (Opp. Cat. 1), °संग्रह m. (ebend.), °सारसमुच्चय m., भागवतस्तोत्र n. (Opp. Cat. 1), भागवतामृत n und भागवताष्टक n. Titel von Werken.

भागवति m. wohl Patron. von भगवत्त.

भागवित्तेय m. N. pr. eines Mannes.

*भागवित्त m. Pl. *die Schüler des* Bhâgavittika.

*भागवित्तायन m. Patron. von भागवित्ति.

भागवित्ति m. Patron. von भगवित्त. N. pr. eines Sohnes des Kuthumi.

*भागवित्तिक m. Patron. von भागवित्ति.

*भागवित्तिकीय Adj. von भागवित्तिक.

भागवृत्ति und °का f. Titel eines Werkes.

भागशस् Adv. 1) *in Theile* (zertheilen). — 2) *Theil für Theil, einen Theil nach dem andern, Eins um's Andere, nach und nach.*

भागहर Adj. *einen Antheil erhaltend;* m. *Erbe.*

भागहार m. *Division.*

भागहारिन् Adj. *erbend;* m. *Erbe.*

भागानुबन्धजाति f. *assimilation of fractional increase, reduction to uniformity of an increase by a fraction, or the addition of a part* Lîlâv. S. 9, Z. 13.

भागापवाहजाति f. *assimilation of fractional decrease, reduction to uniformity of a decrease by a fraction, or the subtraction of a part* Colebr. Alg. 13.

भागापवाहन n. dass. Lîlâv. S. 9, Z. 20.

भागापहारिन् Adj. *einen Erbtheil empfangend* Vishnus. 18,34.

भागार्थिन् Adj. *auf einen Antheil* (z. B. am Opfer) *Anspruch machend.*

भागासुर m. N. pr. eines Asura.

भागिक 1) Adj. (f. आ) *einen Theil bildend.* *शत n. so v. a. *ein Procent,* *विंशति f. *fünf Procent.* — 2) m. N. pr. eines Mannes.

भागिन् Adj. 1) *dem ein Antheil gebührt, einen Antheil erhaltend, — erhalten habend, theilhaftig, betheiligt —, Schuld habend an* (210,30); m. *Betheiligter, Theilhaber, Berechtigter, Besitzer.* Das *Wobei* im Loc., das *Woran* im Gen. oder im Comp. vorangehend. *Besitzer,* auch so v. a. *der das Glück hat.* — 2) *aus Theilen bestehend;* Subst. *das Ganze* Kap. 5,81. — Chr. 156,10 fehlerhaft für भोगिन्.

भागिनेय und °क m. *Schwestersohn.*

भागी Adv. mit कर् *theilen, zertheilen.*

भागीयंस् Adj. *dem ein grösserer Antheil gebührt.*

भागीरथ 1) Adj. (f. ई) *zu* Bhagîratha *in Beziehung stehend.* — 2) f. ई Bein. der Gaṅgâ. Auch N. pr. eines der drei Quellenströme und eines Armes der Gaṅgâ.

भागीरथतीर्थ 1) n. N. pr. eines Tîrtha. — 2) Adj. von 1). वारि Râǵan. 14,17.

भागीरथीनाथ m. und °रथीवल्लभ m. Bez. des *Oceans* Bâlar. 189,21. 183,16.

भागुरायण m. Patron. N. pr. eines Ministers Viddh. 3,2.

भागुरि 1) m. N. pr. verschiedener Männer. — 2) f. ई Titel eines Werkes.

1. भाग्य 1) Adj. *zu* Bhaga *in Beziehung stehend.* — 2) n. *das Mondhaus* Pûrvaphalgunî.

2.*भाग्य Adj. *zu theilen.*

3. भाग्य 1) Adj. a) **auf einen Antheil Ansprüche habend.* — b) *in Verbindung mit शत n. so v. a. *ein Procent,* mit विंशति f. *fünf Procent.* — c) *glücklich.* Compar. °तर *glücklicher als* (Abl.). — 2) n. (adj. Comp. f. आ) a) Sg. u. Pl. *Loos, Schicksaal* (bedingt durch die Werke des vorangehenden Lebens); *gutes* oder *glückliches Loos; Glück, Wohlfahrt, Glücksgüter.* — b) *Lohn.*

4. भाग्य AV. 10,8,22 Druckfehler für भौग्य.

भाग्यक्रम m. *der Lauf des Schicksals.* Instr. *nach dem L. d. Sch.*

भाग्यपञ्च m. *eine Art Pavillon* Vâstuv. 832.

भाग्यर्त n. *das Mondhaus* Pûrvaphalgunî Hemâdri 1,64,10. 11. Vgl. 1. भाग्य 2).

भाग्यवत्ता f. *das Glücklichsein.*

भाग्यवत् Adj. *ein gutes Loos habend, glücklich.*

भाग्यवश m. *Schicksalsgewalt.* Abl. *in Folge des Schicksals.*

भाग्यविपर्यय m. (Sg. und Pl.), भाग्यविप्लव m. und भाग्यसंक्षय m. *Missgeschick.*

भाग्यसमृद्धि f. und भाग्यसंपद् f. *Wohlfahrt.*

भाग्यायत्त Adj. *vom Schicksal abhängig.*

भाग्योदय m. Pl. *Glück, Wohlfahrt.*

भांकार m. = कंकार Hem. Par. 12,364. Vgl. भेरो°.

भांकृत n. desgl. Pl. Hem. Par. 2,25.

भाङ्ग 1) Adj. *hänfen.* — 2) *n. *Hanffeld* Gal

*भाङ्गक *Lumpenkleid.*

भाङ्गासुरि m. Patron. des Ṛtuparṇa.

भाङ्गिल m. N. pr. eines Mannes.

भाङ्गिलेय m. N. pr. eines Mannes oder Adj. *aus* Bhâṅgila *stammend.*

*भाङ्गीन n. *Hanffeld.*

भाज् 1) Adj. am Ende eines Comp. a) *theilhabend an, betheiligt bei, berechtigt an; theilhaftig, besitzend, zu geniessen habend, sich an Etwas erfreuend, empfindend, sich hingebend, übend.* Ganz ausnahmsweise steht die Ergänzung im Gen. — b) *einen Theil von Etwas bildend, gehörig zu.* — c) *verbunden mit.* — d) *innehabend, einnehmend* (einen Sitz, einen Platz), *bewohnend, wohnend in* oder *an.* — e) *hingehend zu, gelangend in.* — f) *verehrend.* — 2) *Angelegenheit* Bhaṭṭ.

*भाजक् Indecl. *schnell, eiligst.*

भाजक m. *Divisor.*

भाजन 1) n. a) *Stellvertretung.* Instr. *an der Stelle von* (Gen.). Am Ende eines Comp. (oxyt.) *Stellvertreter, vertretend, gleichgeltend, gleichbedeutend mit.* — b) am Ende eines adj. Comp. (f. आ) α) *theilhabend an, theilhaft, berechtigt zu.* — β) *gehörig zu, in Beziehung stehend zu.* — c) *das Dividiren.* — d) *Gefäss, Behälter, — von, mit* oder *für* (im Comp. vorangehend). Am Ende eines adj. Comp. f. आ. — e) *Gefäss —, Behälter für,* so v. a. *der Ort* (*die Person*), *der Etwas* (Gen. oder im Comp. vorangehend) *aufnimmt, in sich fasst, in sich begreift, wo sich Etwas versammelt findet, wohin Etwas strömt, aus dem Etwas hervorgeht.* — f) *ein best. Hohlmaass,* = आढक. — 2) *m. N. pr. eines Mannes und seines Nachkommen. Auch Pl.

भाजनचारिक (?) Adj. Burnouf, Intr. 261, N. 2.

भाजनता f. *das Gefässsein für* (Gen.), *Besitzen.*

भाजनत्व n. *dass Gefässsein für* (Gen.), *Verdienen, Würdigsein.*

*भाजनवत् Adj. als Erklärung von भद्र.

भाजनी Adv. mit भू *zum Gefäss für Etwas —, theilhaftig werden.* बोधिभाजनीभूत *der* Bodhi *theilhaftig geworden* Lalit. 217,15.

भाजयु Adj. *mittheilsam, freigebig.*

*भाजा f. = वक्रयष्टि Gaṇar. 34.

°भाजिन् Adj. 1) *theilhabend an. theilhaftig.* — 2) *verbunden mit.*

*भाजी f. *Reisbrei.* Nach Gaṇar. 34 = पक्वो ऽर्थः oder भित्ता। °कंस m.

भाज्य Adj. 1) *zu theilen* zu Spr. 3240. — 2) *zu dividiren;* Subst. *Dividend.* — 3) MBh. 13,201 fehlerhaft für भोज्य.

भाट (m. oder n.) und °क (*m.) n. *Mieth—, Pachtgeld* Ârjav. 37,25.

भाटकजीविका f. *ein Lebensunterhalt durch Fracht.*

भाटि f. *Lohn* (Hem. Par. 7,51), insbes. *Hurenlohn.*

भाट्ट 1) m. a) *ein Anhänger des* Kumârilabhaṭṭa. — b) Pl. N. pr. eines Volkes. °देश m. Râǵan. 6,131. — 2) n. *das Werk des* Kumârilabhaṭṭa Kumârasv. zu Pratâpar. 342,21.

भाट्टकौस्तुभ (Opp. Cat. 1.), भाट्टचिन्तामणि m., भाट्टतत्त्व n., भाट्टदिनकर m., °दिनकरीय n. (Opp. Cat. 1), भाट्टदीपिका f., °दीपिकान्यत्कार m. (Opp. Cat. 1), भाट्टपरिभाषा f. (ebend.), भाट्टभाषाप्रकाशिका f., भाट्टभास्कर m., भाट्टरहस्य n., भाट्टशब्दपरिच्छेद m. (Opp. Cat. 1), °शब्देन्दुशेखर m. (ebend.), भाट्टसंग्रह m. (ebend.), भाट्टसार (ebend.), °सारकारिका f. (ebend.) und भाट्टोत्पाटन n. (ebend.) Titel von Werken.

*भाडित Adj. *zu* Bhâḍitja *in Beziehung stehend.*

भाडितायन und *भाडित्य m. Patron. von भडित.

*भाडिलायन m. Patron. von भडिल.

भाण् onomatop. als Bez. des *Hauchens* oder *Zischens.*

भाण m. *eine Art Schauspiel.*

भाणक 1) *Verkünder* in धर्म°. — 2) f. भाणिका *eine Art Schauspiel.*

भाण्ड 1) *m. *Thespesia populneoides* (गर्दभाण्ड). — 2) f. ई *eine best. Pflanze.* — 3) n. (adj. Comp. f. आ) a) *Topf, Kübel, Gefäss, Schüssel, Kasten, Kästchen.* — b) *Geräthe aller Art, Handwerkszeug* (Hemâdri 1,339, 8. 13), *Pferdegeschirr, Pferdever-*

zierung. — c) *Schmuck überh.* — d) *ein musikalisches Instrument.* — e) *Waare.* Auch m. — f) *Kapital.* — g) **Flussbett.* — h) *Possenreisserei.* — Vgl. पुत्र° (auch Nachtr. 4) und भ्रातृ°.

भाण्डक 1) (*m.) n. a) *Topf, Kästchen.* — b) *Waare* am Ende eines adj. Comp. — 2) *f. भाण्डिका a) *Geräthe.* — b) *eine best. Pflanze* in काल°.

*भाण्डगोपक m. *Verwahrer der Gefässe, — Geräthe* (buddh.).

भाण्डपति m. *Waarenbesitzer, Kaufmann.*

भाण्डपुट m. 1) **Barbier.* — 2) *eine best. Vorrichtung zum Calciniren von Metallen* Bhâvapr. 2,86.

*भाण्डपुष्प m. *eine Schlangenart.*

भाण्डप्रतिभाण्डक n. *Tauschhandel.*

*भाण्डभरक m. *Vertheiler der Gefässe, — Geräthe* (buddh.).

भाण्डमूल्य n. *ein in Waaren bestehendes Kapital.*

भाण्डरञ्जकमृत्तिका f. *eine best. Farbenerde der Töpfer* Bhâvapr. 2,101.

*भाण्डल und *°ली gaṇa गौरादि.

*भाण्डव Adj. von भण्डु.

भाण्डवादन n. *das Spielen eines musikalischen Instrumentes.*

भाण्डवाद्य n. *ein musikalisches Instrument.*

भाण्डशाला f. *Waarenlager, Magazin.*

भाण्डागार n. 1) *Geräthekammer, Waarenhaus, Schatzkammer.* — 2) *Schatz.*

भाण्डागारिक m. *Aufseher einer Geräthekammer, — eines Waarenhauses, Schatzmeister.*

भाण्डापुर n. N. pr. einer *Stadt.*

भाण्डायन und भाण्डायनि m. Patron.

भाण्डार m. und °गृह n. = भाण्डागार 1).

भाण्डारिक (Bhoǵa-Pr. 55,1) und भाण्डारिन् m. = भाण्डागारिक.

*भाण्डि *Behälter für Schermesser.*

*भाण्डिक m. *Barbier.*

*भाण्डिजङ्घ m. Patron. von भण्डिजङ्घ.

*भाण्डित Adj. *zu* Bhaṇḍitja *in Beziehung stehend.*

भाण्डितायन (N. pr. eines Lehrers) u. *भाण्डित्य m. Patron. von भण्डित.

भाण्डिनी f. *Kasten, Korb* MBh. 2,61,2.

*भाण्डिल m. *Barbier.*

*भाण्डिलायन m. Patron. von भण्डिल.

*भाण्डिवाह m. *Barbier.*

*भाण्डिशाला f. wohl *Barbierstube.*

भाण्डीर m. N. pr. 1) eines hohen Njagrodha-Baumes auf dem Govardhana. °वनवासिन् und °वननन्दन m. als Bein. Kṛshṇa's. — 2) eines Dânava.

भाति f. 1) *Glanz, Licht.* — 2) *das Einleuchten, zur Vorstellung Kommen, Erkenntniss.*

*भातु m. *die Sonne.* Angeblich auch = दीप्त.

भात्वक्षस् Adj. *lichtkräftig.*

भादिग m. N. pr. eines Mannes.

भाद्र 1) m. *der Monat* Bhâdrapada. — 2) f. ई *der Vollmondstag in diesem Monat.*

*भाद्रदारव Adj. von भद्रदारु.

भाद्रपद 1) *ein Monat der Regenzeit (August-September).* — 2) f. आ Du. (*Pl.) *ein best. Mondhaus,* = भद्रपदा. — 3) f. ई *der Vollmondstag im Monat* Bhâdrapada.

भाद्रबाहवी Adj. f. संहिता Titel eines Werkes.

*भाद्रबाहेय m. Metron. von भद्रबाहु.

*भाद्रमातुर m. *der Sohn einer guten* oder *schönen Mutter.*

भाद्रमौञ्ज Adj. (f. ई) *aus den Pflanzen* Bhadra *und* Munǵa *gemacht.*

*भाद्रवर्मण m. Patron. von भद्रवर्मन्.

*भाद्रशर्मि m. Patron. von भद्रशर्मन्.

*भाद्रसाम m. Patron. von भद्रसामन्.

भाधिप m. *der planetarische Regent eines Gestirns* Sârâv. bei Utpala zu Varâh. Bṛh. 7,1.

भान n. 1) *Schein* 253,15. 284,25. — 2) *das zur Vorstellung Kommen, Erkenntniss.*

भानव 1) Adj. *der Sonne eigen.* — 2) f. ई *eine best. Gangart* S. S. S. 252.

भानवीय 1) Adj. *von der Sonne kommend, zur Sonne gehörig, solaris* Naish. 6,7. — 2) *n. *das rechte Auge.*

भानिकर m. Pl. *Strahlenmenge, Lichtmasse.*

भानु 1) m. a) *Schein, Licht, Strahl.* — b) *die Sonne.* — c) Pl. *die* Âditja, *Kinder des* Bhânu. — d) **Fürst, König.* — e) **Herr.* — f) **Bein.* Çiva's. — g) Bez. der *Kapitel* in einem best. Wörterbuch. — h) N. pr. α) eines Âditja. — β) Pl. einer Klasse von Göttern im 3ten Manvantara. — γ) eines Devagandharva. — δ) eines Sohnes des Kṛshṇa und verschiedener anderer Männer. — 2) f. a) **ein schönes Weib.* — b) N. pr. α) einer Tochter Daksha's. — β) einer Tochter Kṛshṇa's. — γ) der Mutter des Dânava Çakuni u. s. w.

*भानुकेसर m. *die Sonne.*

भानुचन्द्र (?) m. N. pr. eines Fürsten VP.² 3,321.

भानुज m. *der Planet Saturn.*

भानुजीदीक्षित m. N. pr. eines Mannes.

भानुता f. Nom. abstr. von भानु *die Sonne* Naish. 4,54.

भानुदत्त m. N. pr. verschiedener Männer. Auch °मिश्र.

*भानुदत्तक m. Hypokoristikon von भानुदत्त Mahâbh. 5,72,a.

भानुदिन n. *Sonntag.*

भानुदीक्षित m. N. pr. eines Scholiasten.

भानुदेव m. N. pr. eines *Fürsten.*

भानुपण्डित m. N. pr. eines Dichters.

*भानुफला f. *Musa sapientum* Râǵan. 11,37.

*भानुभट्ट m. N. pr. eines Mannes.

भानुमतलिङ्गशास्त्र n. Titel eines Werkes Opp. Cat. 1,6091.

भानुमतिन् m. N. pr. eines Mannes.

भानुमन्त् 1) Adj. a) *scheinend, leuchtend, strahlend.* — b) *das Wort* भानु *enthaltend.* — 2) m. a) *die Sonne.* — b) N. pr. eines Sohnes des Kṛshṇa und verschiedener anderer Männer. — 3) f. भानुमती a) Titel eines Commentars. — b) N. pr. verschiedener Frauen.

भानुमय Adj. *aus Strahlen bestehend.*

भानुमित्र m. N. pr. verschiedener Fürsten.

भानुरथ m. desgl.

भानुल m. (Hypokoristikon von भानुदत्त) N. pr. eines Fürsten VP.² 4,169.

भानुवन n. N. pr. eines *Waldes* Hariv. 2,98,18.

भानुवर्मन् m. N. pr. eines Mannes B. A. J. 9,238.

भानुवार m. *Sonntag.*

भानुशक्तिराज m. N. pr. eines *Fürsten* B. A. J. 9,239.

भानुसेन m. N. pr. eines Mannes.

*भानेमि m. *die Sonne.*

भान्त Adj. angeblich = वज्ररूप.

भान्द n. Titel eines Upapurâṇa.

भाम्, *भामते und *भामयति *grimmig sein.* भामित *grimmig.* — *Intens. बाभाम्यते.

1. भाम m. 1) *Schein, Licht, Strahl.* — 2) **die Sonne.*

2. भाम 1) m. a) *Grimm, Wuth, Zorn.* — b) N. pr. eines Mannes Pischel, de Gr. pr. 27. — 2) f. भामा a) *eine leidenschaftliche Frau.* — b) N. pr. einer der Frauen Kṛshṇa's, = सत्यभामा Comm. zu TS. Prât.

3. भाम m. *Schwestermann.*

*भामण्डल n. *Strahlenkranz.*

भामतिसूत्र (! Opp. Cat. 1) n., भामती f. und °निबन्ध m. Titel eines Werkes des Vâkaspatimiçra.

भामनी Adj. *Licht führend,* Beiw. des Purusha

im Auge.

भामह m. N. pr. eines Autors. भामहालंकारशास्त्र n. Opp. Cat. 1.

1. भामिन् 1) Adj. a) *scheinend, glänzend.* — b) *glänzend, schön* (Frauen); f. *eine Schöne.* — 2) f. भामिनी N. pr. der Tochter eines Gandharva.

2. भामिन् Adj. *zornig* (Frau); f. *eine zornige Frau* Bhâg. P. 3,20,34 (nach dem Comm.).

भामिनीविलास m. Titel eines Gedichts.

भायजात्य m. Patron. von भयजात Vaṁçabr. 2.

भार m. 1) *Bürde, Tracht, Last.* In Comp. mit dem Getragenen und dem Träger. — 2) *Last,* so v. a. *schwere Arbeit, Arbeit, Mühe, ein Jmd* (Gen. oder im Comp. vorangehend) *auferlegtes Geschäft.* — 3) *Last,* so v. a. *Masse, Menge, Fülle.* — 4) *Last* als *best. Gewicht* = 20 Tulâ. — 5) *Schulterjoch* Kâraṇḍ. 28,17. 52,23. 71,8. — 6) *eine best. Art die Trommel zu schlagen* S. S. S. 182. fg. — 7) *Bein. Vishṇu's. — 8) N. pr. eines Fürsten VP.^{2} 4,214.

भारक (wohl m.) 1) *Bürde, Tracht, Last.* — 2) *ein best. Gewicht,* = भार 4) Hemâdri 1,391,14 (am Ende eines adj. Comp.).

*भारग m. *Maulthier* Râǵan. 19,40.

*भारङ्गिक Adj. (f. आ und ई) von भारङ्गी.

*भारङ्गी f. = भार्गी *Clerodendrum siphonanthus* Râǵan. 6,152.

भारजीविन् m. *Lastträger.*

भारण्ड 1) m. *ein best. Vogel.* — 2) f. ई *das Weibchen dieses Vogels.*

भारत 1) Adj. (f. ई) a) als Bez. Agni's nach Sâj. *vom* Ṛtviǵ (Bharata) *stammend* oder (das Opfer) *tragend.* — b) *von* Bharata *stammend.* — c) *den* Bharata *gehörig, ihnen zukommend.* — d) युद्ध n., संग्राम m., समर m. oder समिति f. *der Kampf —, die Schlacht der* Bharata. — e) आख्यान n., इतिहास m. oder कथा f. *die Erzählung von den* Bharata, — *von ihrem Kampfe.* — f) सरस् n. N. pr. eines *Sees.* — g) मण्डल n. oder वर्ष n. Bharata's *Bereich,* so v. a. *Indien.* — h) Bhâratavarsha *bewohnend.* — i) वृत्ति f. *eine best. Stilart.* — 2) m. a) *ein Nachkomme* Bharata's. Auch Pl. (insbes. metrisch) statt des gebräuchlicheren भरतास्. — b) **Feuer.* — c) **Schauspieler.* — d) Bez. *der im Süden des* Meru *scheinenden Sonne.* — 3) f. ई a) **ein weiblicher Nachkomme* Bharata's. — b) *eine best. vedische Gottheit* (auch Pl.); später mit der Sarasvatî, *der Göttin der Rede* (163,32), identificirt. — c) *Rede, Worte, Stimme.* — d) *das Land* Bharata's, *Indien* VP. 2,1,42. — e) *Wachtel.* — f) N. pr. α) eines der zehn auf Schüler Çaṁkarâkârja's zurückgeführten Bettelorden, dessen Mitglieder das Wort भारती ihrem Namen beifügen. — β) eines Flusses. Angeblich = सरस्वती Râǵan. 14,21. — 4) n. a) *das Land* Bharata's, *Indien.* — b) *die Erzählung von den* Bharata, — *von ihrem Kampfe.* Wird vom Mahâbhârata unterschieden und auch diesem Epos gleichgesetzt (175,1. Râǵat. 7,1740).

भारतचम्पू f. (Opp. Cat. 1), भारततात्पर्यनिर्णय m., °तात्पर्यसंग्रह m. (Opp. Cat. 1), भारतनिर्वचन n. (ebend.), भारतपदप्रकाश m. (Hemâdri 1,448,3), भारतभावदीप m., भारतमञ्जरी f. (Bühler, Rep. No. 154), भारतव्याख्या f. (Opp. Cat. 1), भारतश्रवणविधि m., भारतसंग्रहदीपिका f., भारतसावित्री f. (Opp. Cat. 1) und भारतसूचि f. (ebend.) Titel von Werken.

भारतसूत्र n. *kurze Darstellung des* Mahâbhârata, Titel des 61sten Adhjâja im ersten Buche des MBh.

भारताचार्य m. N. pr. eines *Lehrers* und Bein. Arǵunamiçra's.

भारतार्थदीपिका f. und भारतार्थप्रकाश m. Titel von *Commentaren* zum MBh.

भारतीकवि, भारतीकृष्णाचार्य und भारतीचन्द्र m. N. pr. verschiedener Männer.

भारतीतीर्थ N. pr. 1) m. eines Lehrers. — 2) n. eines Tîrtha.

भारतीतीर्थीय n. Bhâratîtîrtha's *Werk* Opp. Cat. 1.

भारतीय n. Titel eines Werkes Opp. Cat. 1.

भारतीयति m. N. pr. eines Lehrers.

भारतीवन्त् Adj. *von der Göttin* Bhâratî *begleitet.*

*भारतीश्रीनृसिंह m. N. pr. eines Lehrers.

*भारतेय m. Patron. von भारत.

भारदण्ड n. Pl. Name bestimmter Sâman Vasishṭha 28,12. Vgl. भारुण्ड.

भारद्वाज 1) Adj. (f. ई) *von* Bharadvâǵa *herrührend, — stammend, zu ihm in Beziehung stehend* u. s. w. — 2) m. Patron. von Bharadvâǵa. — b) *der Planet Mars.* — c) *Lerche.* — d) Pl. N. pr. α) eines Volkes. — β) einer Schule Ind. St. 3,271. — 3) f. भारद्वाजी a) *ein weiblicher Nachkomme* Bharadvâǵa's. — b) *Lerche.* — c) **die wilde Baumwollenstaude.* — d) N. pr. eines Flusses. — 4) n. a) **Knochen.* — b) Name verschiedener Sâman Ârsh. Br. — c) *N. pr. einer Oertlichkeit.

भारद्वाजक 1) Adj. *dem* Bharadvâǵa *gehörig* u. s. w. — 2) f. °जिका *Lerche.*

भारद्वाजगृह्य n. (Verz. d. Oxf. H. 356,a,20), भारद्वाजशिक्षा f., भारद्वाजसंहिता f. und भारद्वाजसूत्र n. Titel von Werken Opp. Cat. 1.

भारद्वाजायन m. Patron. von भारद्वाज. Auch Pl.

भारद्वाजिन् m. Pl. *eine best. Schule.*

भारद्वाजीपुत्र m. N. pr. eines Lehrers.

भारद्वाजीय 1) Adj. *zu* Bhâradvâǵa *in Beziehung stehend.* — 2) m. Pl. *die Schule des* Bhâradvâǵa. — 3) n. Titel eines Werkes Opp. Cat. 1.

भारप्रत्यवर Adj. *durch das Tragen von Lasten am Tiefsten stehend* 180,8.

भारभारिन् Adj. *Lasten tragend.* Superl. °भारितम *am Besten Lasten tragend* (Esel) TS. 5,1,5,5. Kap. S. 30,3.

भारभूतितीर्थ n. N. pr. eines Tîrtha.

भारभृत् Adj. *Lasten tragend.*

*भारम m. N. pr. eines Mannes gaṇa शुभ्रादि in der Kâç.

*भारमेय m. Patron. von भ्रम oder भारम.

*भारय m. *Lerche.*

*भारयष्टि m. *ein Joch zum Tagen von Lasten.*

*भारव 1) m. *Bogensehne.* — 2) f. ई *Basilienkraut.*

भारवन्त् Adj. *schwer von Gewicht.* Nom. abstr. °वत्त्व n.

*भारवह् Adj. (stark °वाह्, f. भारौही) *eine Last tragend, — fahrend.*

भारवाह 1) Adj. Subst. *eine Last tragend, Lastträger.* — 2) *m. *Esel* Râǵan. 19,39. — 3) *f. ई *Indigo* Râǵan. 4,82.

भारवाहक m. *Lastträger* Utpala zu Varâh. Bṛh. 18,18. Pañkad.

भारवाहन 1) m. a) *Lastträger,* so v. a. *Arm* Pañkad. — b) **Lastthier.* — 2) *n. *Lastwagen.*

*भारवाहिक Adj. Subst. = भारवाह 1).

भारवाहिन् Adj. *eine Last tragend.* चन्दन°, पुष्प° *eine Last Sandel —, eine Tracht Blumen tragend.*

भारवि m. N. pr. des Verfassers des Kirâtârǵunîja.

*भारवृत्त m. *Cytisus Cajan.*

*भारशृङ्ग m. *eine Antilopenart* Râǵan. 17,33. 19,45.

भारसह Adj. (f. आ) *eine grosse Last zu tragen vermögend, Schwerem gewachsen, viel vermögend.*

भारसाधन Adj. *Schweres —, Grosses zu Wege bringend, viel vermögend* (Waffen).

भारसाधिन् Adj. dass.

*भारहर Adj. Subst. = भारवाह 1).

*भारहारिक Adj. 1) = भारवाह 1). — 2) *auf das Tragen von Lasten bezüglich.*

भारहारिन् Adj. *eine schwere Last tragend* (Kṛshṇa).

भाराक्रान्त 1) Adj. (f. आ) *überladen.* — 2) f. आ

ein best. Metrum.

भाराय्, °यते eine Last darstellen, — sein für (Gen.). भारायित eine Last seiend für (Gen.).

*भारि m. Löwe fehlerhaft für इभारि.

भारिक 1) Adj. eine Last bildend, schwer (Verdauung, Kopf, eine Form der Elephantiasis). Vgl. नातिभारिक. — 2) m. Lastträger.

भारिन् Adj. am Ende eines Comp. tragend; m. Lastträger.

*भारिट m. ein best. Vogel Râgan. 19,120.

भारु m. N. pr. eines Sohnes des Kṛshṇa VP.² 5,107.

भारुचि m. N. pr. eines Autors.

*भारुजिक Adj. von भरुजा.

भारुण्ड 1) m. ein best. Vogel. — 2) n. a) Name verschiedener Sâman AV. Prâjaçk. 3,8. Vishṇus. 56,13. — b) N. pr. eines Waldes.

*भारूजिक Adj. von भरूजा.

भारूप Adj. licht, farbig, hell, glänzend.

भारोद्वह m. Lastträger.

भारोपजीवन n. ein Lebensunterhalt durch Lasttragen.

*भारौही Adj. f. s. भारवह.

भार्ग 1) m. a) *ein Fürst der Bharga. — b) N. pr. α) verschiedener Männer. — β) Pl. eines Volkes. v. l. भर्ग. — 2) f. ई a) *eine Fürstin der Bharga. — b) Clerodendrum siphonanthus. Richtiger wohl भार्ङ्गी.

भार्गभूमि m. N. pr. eines Fürsten.

भार्गलेश्वरतीर्थ n. N. pr. eines Tîrtha.

भार्गव 1) Adj. (f. ई) a) von Bhṛgu stammend, — herrührend, ihm gehörend, zu ihm in Beziehung stehend. — b) dem Bhârgava, d. i. Çukra gehörend. — 2) m. a) Patron. von Bhṛgu. Auch ausnahmsweise Pl. statt भृगवस्. — b) Patron. Çukra's, des Lehrers der Daitja; der Planet Venus. — c) Bein. Çiva's. — d) *Bogenschütze, ein guter B. (wie es der Bhârgava Paraçurâma war). — e) *Elephant. — f) Pl. N. pr. eines Volkes. — 3) f. भार्गवी a) ein weiblicher Nachkomme des Bhṛgu. — b) Bhârgava's, d. i. Çukra's Tochter. — c) *Bein. α) der Lakshmî. — β) der Pârvatî. — d) *Panicum Dactylon und eine andere Species Râgan. 8,111. — 4) n. Name verschiedener Sâman Ârsh. Br.

*भार्गवक n. Diamant Râgan. 13,174.

भार्गवकल्पवल्लीचक्रविद्यारहस्य n. (Opp. Cat. 1) und भार्गवदीपिका f. Titel zweier Werke.

भार्गववन n. N. pr. eines Waldes. भानुवन v. l.

भार्गवपञ्चाङ्ग n. und भार्गवपुराण n. Titel zweier Werke Opp. Cat. 1.

*भार्गवप्रिय n. Diamant.

भार्गवभूमि m. N. pr. VP.² 4,38. Richtig भार्गभूमि.

भार्गवराघवीय Adj. Paraçurâma und Râma betreffend Bâlar. 89,6.

भार्गवसूत्र n. Titel eines Werkes Opp. Cat. 1.

भार्गवार्चनदीपिका f. desgl.

भार्गवीय Adj. zu Bhṛgu in Beziehung stehend.

भार्गश्रीकान्तमिश्र m. N. pr. eines Autors.

भार्गायण m. Patron. von भर्ग.

*भार्गि m. desgl.

भार्ङ्गी f. Clerodendrum siphonanthus.

भार्णिकार्दमि m. Patron.

*भार्द्वाजी f. die wilde Baumwollenstaude.

भार्मन् m. oder n. Tragbrett, Tisch.

भार्म्य m. Patron. Mudgala's. Auch N. pr. eines Fürsten (VP.² 4,146) und auch Pl.

भार्म्यश्व m. Patron. Mudgala's.

भार्य 1) Adj. a) zu tragen. — b) zu hegen, zu pflegen, zu ernähren. — 2) m. a) ein von einem Andern seinen Lebensunterhalt Erhaltender, Diener, familiaris. — b) Söldling, Soldat. — 3) f. भार्या Gattin. Auch von einem Thierweibchen.

भार्यक am Ende eines adj. Comp. von भार्या Gattin.

भार्याजित Adj. unter dem Pantoffel seines Weibes stehend Hariv. 7328.

*भार्याट Adj. von der Prostitution seines Weibes lebend.

*भार्याटिक m. 1) ein unter dem Pantoffel seines Weibes stehender Mann. — 2) eine Gazellenart. — 3) N. pr. eines Muni.

भार्यात्व n. das Gattinsein, das Verhältniss einer Gattin 124,11.

भार्याद्रोहिन् Adj. gegen seine Gattin feindselig verfahrend 128,12.

भार्याधिकारिक Adj. das Kapitel von der Gattin betreffend.

भार्यापति m. Du. Mann und Frau. Nom. abstr. °त्व n. eheliche Verbindung.

*भार्यारु m. 1) der Vater eines mit einem fremden Weibe erzeugten Sohnes. — 2) eine Gazellenart. — 3) N. pr. eines Berges.

भार्यावन्त् Adj. eine Gattin habend.

*भार्यावृक्ष m. Caesalpina Sappan Râgan. 12,18.

*भार्यासौश्रुत m. ein Sauçruta, der unter dem Pantoffel seines Weibes steht.

*भार्योढ Adj. verheirathet.

भार्वर m. RV. 4,21,7 nach Sâj. Sohn des Bharvara (Pragâpati), d. i. Indra.

*भार्श्य n. Nom. abstr. von भृश.

भाल 1) (*m.) n. Stirn. °पट्ट m. Stirnplatte. — 2) Glanz.

भालकृत् m. N. pr. eines Mannes.

भालचन्द्र m. Bein. Gaṇeça's.

भालचन्द्राचार्य m. N. pr. eines Lehrers.

*भालदर्शन n. Mennig.

*भालदृश् m. Bein. Çiva's.

भालन्दन m. Patron. von भलन्दन.

*भालन्दनक Adj. von भलन्दन.

भालयानन्दाचार्य m. N. pr. eines Lehrers.

*भाललोचन m. Bein. Çiva's.

*भालविभूषण m. Clerodendrum phlomoides Râgan. 10,43.

*भालाङ्क 1) Adj. mit einem (Grosses verkündenden) Zeichen auf der Stirn versehen. — 2) m. a) Schildkröte. — b) Cyprinus Rohita. — c) ein best. Gemüse. — d) Bein. Çiva's.

*भालु m. die Sonne.

*भालुक m. Bär.

भालुकि m. N. pr. eines Muni.

भालुकिन् m. N. pr. eines Lehrers.

भौलुकीपुत्र m. desgl.

भालुतन्त्र n. Titel eines Werkes Kaṭh. zu Suçr.

*भालूक m. Bär.

*भाल्ल Adj. von भल्ल.

*भाल्लकीय Adj. von भल्लकीय.

*भाल्लपालेय Adj. von भल्लपाल.

भाल्लवि m. Patron. von भल्लवि. Pl. eine best. Schule Tândja-Br. 2,2,4.

भाल्लविन् m. Pl. eine best. Schule Comm. zu Âpast. Çr. 14,23,14. भाल्लविब्राह्मण n., भाल्लविशाखा f., भाल्लविश्रुति f. und भाल्लव्युपनिषद् f. Titel von Werken.

भाल्लवेय m. Patron. und N. pr. eines Lehrers. °वेयोपनिषद् f.

*भाल्लुक und *भाल्लूक m. Bär.

*भाल्लेय Adj. von भल्ल.

भाव m. (adj. Comp. f. आ) 1) das Werden, Entstehen, Werden zu, Uebergehen in (im Comp. vorangehend). कुले der Uebergang in ein vornehmes Geschlecht 161,22. — 2) das Dasein, Existenz, das Stattfinden. — 3) das Bestehen (Gegensatz Vergehen). — 4) das Sein, das Etwas oder irgendwie (im Comp. vorangehend) Sein. Bildet wie die Suffixe ता und त्व Nomina abstracta; bisweilen pleonastisch nach einem Nom. act. oder abstr. मानुष्यो भावः = मनुष्यभाव. — 5) das Werden oder Sein als Grundbegriff eines Verbum, insbes. eines intransitiven oder unpersönlichen. — 6) das Be-

nehmen, Betragen, Gebahren. — 7) *Zustand, Lage, Verhältniss.* स्थाविर so v. a. *Alter;* अन्यं भावमापद्यते euphemistisch so v. a. *er stirbt.* — 8) in der Astrol. *der Zustand, das Verhältniss, in welchem sich ein Planet befindet* (es werden deren zwölf angenommen). — 9) *das wahre Verhältniss, die Wahrheit* Hariv. 1,24,7. Am Anfange eines Comp. *in Wirklichkeit.* — 10) *Art und Weise zu sein, Natur, Wesen.* एक (vgl. एकभाव) so v. a. *Einfalt, schlichtes Wesen* (könnte auch zu 6) gehören). भावो भावं निगच्छति so v. a. *Gleiches gesellt sich zu Gleichem.* — 11) *Gemüthszustand, Gesinnung, Meinung, Denkart, Gefühl.* भावं दृढं कर् so v. a. *einen festen Beschluss fassen,* भावं पापकं (अमङ्गलं) कर् *böse Gesinnungen hegen gegen* (Loc.). — 12) in der Rhetorik *die erste Regung des Gemüths, Affect* überh. — 13) *Voraussetzung, Vermuthung.* — 14) *der Sinn einer Rede.* — 15) *das Gefühl der Liebe, Zuneigung.* भावं कर् oder बन्ध् *Liebe fassen, — zu* (Loc.). — 16) *der Sitz der Gefühle, Herz, Gemüth.* — 17) *das Seiende, Ding.* — 18) *Wesen, Geschöpf.* — 19) im Drama *ein kluger, gescheidter Mann.* In der Anrede auch wohl so v. a. *gnädiger Herr.* — 20) *das 8te (42ste) Jahr im 60jährigen Jupitercyclus.* — 21) *ein astrologisches Haus.* — 22) *der 27ste* Kalpa 2) *h*). — 23) N. pr. eines Autors, = मिश्रभाव. — Die Lexicographen kennen noch die Bedeutungen लीला, विभूति, योनि, उपदेश und संसार.

भावक 1) Adj. *a) Etwas* (im Comp. vorangehend) *werden lassend, — bewirkend.* — *b) Jmds* (Gen.) *Wohl bewirkend.* — *c) sich Etwas* (Gen. oder im Comp. vorangehend) *einbildend, — vorstellend.* — *d) einen Sinn für das Schöne —, einen poetischen Sinn habend.* — *e) mit Ausdruck singend* S. S. S. 118. — 2) *m. *Gefühl, Affect.* — 3) f. आ N. pr. einer Unholdin Ind. St. 14,127. Richtig wohl भावुका.

भावकर्तृक Adj. *dessen Agens ein Nomen abstractum ist* 235,31.

भावकल्प m. (Opp. Cat. 1), °लता f. und भावकौमुदी f. (Opp. Cat. 1) Titel von Werken.

भावगम्भीरम् Adv. *aus vollem Herzen* (lachen).

भावग्राहिन् Adj. *die Gesinnung würdigend.*

भावग्राह्य Adj. *mit dem Herzen zu erfassen* Çvetâçv. Up. 5,14.

भावंगम Adj. *zu Herzen gehend, reizend* Kaurap. (A.) 54.

भावचन्द्रिका f., भावचिन्तामणि m. und भावचूडामणि m. Titel von Werken.

भावचेष्टित n. Pl. *verliebtes Gebahren* LA. 57,10.

भावड m. N. pr. eines Mannes.

*भावत Adj. von 1. भवत्.

भावतरंगिणी f. Titel eines Werkes.

भावत्क Adj. *dein, euer* (in ehrerbietiger Rede).

भावत्रिभङ्गी f. Titel eines Werkes Bühler, Rep. No. 650.

भावत्व n. Nom. abstr. zu भाव *das Werden* u. s. w.

भावदीप m. und °दीपिका f. (Opp. Cat. 1) Titel verschiedener Werke.

भावधर्मगणि m. N. pr. eines Mannes.

1. भावन 1) Adj. (f. ई) *a) bewirkend, bildend, zur Erscheinung bringend.* — *b) fördernd, Jmds Heil bewirkend.* — *c) sich einbildend, — vorstellend.* — *d) lehrend.* — 2) f. (आ) und n. *a) das Bewirken, zur Erscheinung Bringen.* — *b) Vergegenwärtigung, stetiges Denken an* (Jogas. 1,33); *Einbildung, Vorstellung; Voraussetzung, Vermuthung.* °नां बन्ध् *seine Phantasie beschäftigen mit, seine Gedanken richten auf* (Loc.); Instr. *in der Phantasie, in Gedanken.* — *c)* * = अधिवासन. — 3) f. (आ) *a) das Feststellen, Erweisen.* — *b)* in der Med. *Sättigung eines Pulvers mit Flüssigkeit.* — *c)* bei den Ǵaina α) *eine richtige Vorstellung, ein richtiger Begriff.* — β) *die Moral einer Fabel* Hem. Par. 2,215. — *d)* Titel einer Upanishad. — *e)* **Krähe.* — *f)* **Wasser.* — 4) n. *a) das Fördern.* — *b)* **die Frucht der Dillenia speciosa* Râǵan. 11,97. — 5) am Ende eines adj. Comp. *Natur, Wesen.*

2. भावन n. 1) *Lichtwald, Lichtglanz, Strahlenmeer.* — 2) N. pr. eines *Waldes.*

भावनाथ m. N. pr. eines Mannes.

भावनापुरुषोत्तम m. Titel eines Werkes Opp. Cat. 1.

*भावनामय Adj. (f. ई) *aus der Vorstellung entstanden.*

भावनायोग m. *andächtige Versenkung in eine Vorstellung* Kârand. 73,5. 14.

भावनारायणमाहात्म्य n. und भावनाविवेक m. Titel von Werken.

भावनाश्रय Adj. *an den sich die Phantasie klammert* (Çiva).

भावनासारसंग्रह m. Titel eines Werkes.

भावनिका f. N. pr. eines Frauenzimmers.

भावनी f. S. S. S. 232,18 fehlerhaft für भानवी.

भावनीय 1) Adj. *a) zur Erscheinung zu bringen, in's Werk zu setzen.* — *b) dem* (einem Schmerze) *man sich hinzugeben hat* Kâd. 2,31,4. — *c) zu hegen, zu pflegen* MBh. 12,108,23. — *d) sich vorzustellen, sich zu vergegenwärtigen, vor Augen zu haben, zu vermuthen, anzunehmen.* — 2) n. impers. *sich zu vergegenwärtigen* Sarvad. 13,22. fgg.

भावनेरि m. *ein best. Tanz* S. S. S. 257.

भावनोपनिषद् f. Titel einer Upanishad Opp. Cat. 1.

भावपाद m. N. pr. eines Lexicographen.

भावपुष्प n. *Herzensblüthe* VP. 5,7,67.

भावप्रकाश m. Titel eines medicinischen und eines rhetorischen (Kumârasv. zu Pratâpar. 11,4. 13,23. 37,23. 58,20 u. s. w.) Werkes.

भावप्रकाशक m. (Kumârasv. zu Pratâpar. 22,3), °शिका f. (Opp. Cat. 1), भावप्रत्ययवादार्थ m., भावप्रदीप m. (Opp. Cat. 1 im Index) und भावप्रदीपिका f. Titel von Werken.

भावबन्धन Adj. *die Herzen fesselnd.*

भावबोधक Adj. *ein Gefühl verrathend.*

°भावम् Absol. von 1. भू P. 3,4,61. fgg.

भावमिश्र m. 1) im Drama so v. a. *gnädiger Herr.* Nur im Prâkrit zu belegen. — 2) N. pr. eines Autors.

भावय् 1) Caus. von 1. भू; s. das. — 2) *künstliches Denomin. von बहु.

भावयव्य m. Patron.

भावयितर् Nom. ag. *fautor, Pfleger, Heger, Förderer.*

भावयितव्य Adj. *zu pflegen, zu hegen, zu fördern.*

भावयु Adj. *hegend, pflegend.*

भावरत्न m. N. pr. eines Autors Ind. St. 15,283.

भावरत्नसमुच्चय m. Titel eines Werkes.

भावरामकृष्ण m. N. pr. eines Mannes.

भावरूप 1) Adj. *real, wirklich bestehend.* — 2) Titel eines Werkes.

भावर्त m. *Umlauf der Gestirne* (des Thierkreises), so v. a. *Revolution des Thierkreises* Ârjabh. 3,5.

भावलवव्याख्या f. Titel eines Werkes.

भावला f. N. pr. der Frau des Bhâvaḍa.

भाववचन Adj. *einen Zustand —, eine Thätigkeit —, den abstracten Verbalbegriff bezeichnend* 235,30.

भाववत् Adj. *in einem Zustande —, in einem Verhältniss sich befindend.*

भावविकार m. *eine Modification des Begriffs „werden“* oder *„sein“* Nir. 1,2.

भावविभाविनी f. Titel eines Werkes.

भावविवेक m. 1) N. pr. eines buddh. Lehrers. — 2) Titel verschiedener Werke Opp. Cat. 1.

भाववृत्त 1) Adj. *sich auf die Schöpfung beziehend, kosmogonisch.* — 2) m. Bein. Brahman's. — 3) f. ई N. pr. einer Gottheit.

भाववत्तीय Adj. = भाववत्त 1).

भावशतक n. Titel eines Werkes.

भावशबलता f. *Gemischtheit der Affecte.*

भावशब्द m. *ein Verbum* Comm. zu Gaim. 2,1,1.

भावशुद्धि f. *Reinheit der Gesinnung, — des Herzens* Spr. 4579. 4873.

भावशून्य Adj. *der Zuneigung ermangelnd* Spr. 1158.

भावसंशुद्धि f. = भावशुद्धि Bhag. 17,16. Kâm. Nîtis. 2,31.

भावसमाहित Adj. *seine ganze Aufmerksamkeit auf das Herz richtend* M. 6,43.

भावसार *Gürtel* (?) bei den Maga VP.² 5,383.

भावसारविवेक m. Titel eines Werkes.

भावस्थ Adj. *verliebt* Kumâras. 5,58.

भावस्थिर Adj. *im Herzen festwurzelnd* Spr. 5715.

भावस्निग्ध Adj. *von Herzen zugethan* Spr. 4580.

भावस्वभाव m. Titel eines Werkes.

भावाकूत n. *die ersten im Herzen sich regenden Liebesgefühle.*

भावागणेशदीक्षित m. N. pr. eines Mannes.

*भावाट m. 1) *Affect.* — 2) *ein Verliebter.* — 3) *Schauspieler.* — 4) = निवेश.

भावात्मक Adj. *real.* Nom. abstr. °ता f.

भावादिप्राभृत n. Titel eines Werkes Bühler, Rep. No. 652.

भावानन्दीटीका f., °न्दीप्रदीप m. und °न्दीव्याख्या f. Titel von Werken.

*भावानुगा f. *Schatten* Râǵan. 21,42.

भावार्थ Adj. *eine verbale Bedeutung habend* Gaim. 2,1,1. Nom. abstr. °त्व n. Comm.

भावार्थकौस्तुभ, °र्थचरण n., °र्थचिन्तामणि m., °र्थदीपिका f. und °र्थप्रकाशिका f. Titel von Werken Opp. Cat. 1.

*भावालीना f. *Schatten.*

*भावाव Adj. *zärtlich, mitleidig.*

भावाविश्वनाथदीक्षित m. N. pr. eines Mannes.

भाविक 1) Adj. (f. ई) *a) real, wirklich bestehend.* — *b) gefühlvoll, ausdrucksvoll.* — 2) n. *a) lebhafte Schilderung eines vorgestellten Objectes, so dass man dasselbe vor Augen zu haben glaubt,* Kâvjapr. 10,28. — *b) affectvolle Sprache.*

भाविचक्रवर्तिन् m. *ein zukünftiger König, Kronprinz* Daçak. (1925) 2,74,17.

भावित 1) Adj. s. u. dem Caus. von 1. भू. — 2) wohl n. *an equation involving product of unknown quantities* Colebr. Alg. 187. 343.

भावितक = भावित 2) Colebr. Alg. 343.

भावितभावन Adj. *selbst gefördert werdend und Andere fördernd* MBh. 13,18,63.

भावितबुद्धि Adj. *der seinen Verstand geläutert oder gebildet hat.*

°भाविता f. *das Sichrichten nach.*

भावितात्मन् 1) Adj. *dessen Geist geläutert ist oder der seine Gedanken auf den Geist gerichtet hat.* — 2) m. *der 13te* Muhûrta.

*भावित्र n. *die drei Welten.*

भावित्व n. 1) *das Werden in* अन्य° (Nachtr. 4). — 2) *das Geschehenmüssen, Unvermeidlichkeit.* — 3) am Ende eines Comp. *a) das Sein.* — *b) das Sichrichten nach.*

भाविन् 1) Adj. *a) werdend, seiend, zu sein pflegend, Etwas* (im Comp. vorangehend) *seiend.* — *b) zukünftig, bevorstehend, sein müssend.* Häufig in der Bed. des Fut. von 1. भू. — *c) wie Jmd sein sollte in* अ° 2). — *d) im Besitz seiend von* (im Comp. vorangehend). — *e) Etwas* (im Comp. vorangehend) *zur Erscheinung bringend, kenntlich machend* Mallin. zu Kumâras. 1,7. — *f)* am Ende eines Comp. α) *fördernd, Heil bringend.* — β) eine Gottheit *verehrend* Hemâdri 1,438,4. — 2) m. *a) jeder Vocal mit Ausnahme des* अ *und* आ. — *b) Bez. der* Çûdra *in* Plakshadvîpa. — 3) f. °नी *a) ein schönes Weib.* — *b) eine best. Composition* S. S. S. 121. — *c)* N. pr. α) einer der Mütter im Gefolge Skanda's. — β) der Tochter eines Gandharva.

भाविप्रायश्चित्त n. Titel eines Werkes.

भावुक 1) Adj. *a) Etwas* (Nomin. oder in Comp. mit einem Adv. auf अम्) *werdend.* — *b) Sinn für das Schöne habend.* — 2) m. *Schwestermann* Hem. Par. 6,76. — 3) f. भावुका N. pr. einer Unholdin Ind. St. 14,127. — 4) n. *a)* * *Wohlfahrt.* — *b) affectvolle Sprache.*

भावेशफल n. Titel eines Werkes.

भावोदय m. *Entstehung eines Affects.*

भाव्य, भाविश्च 1) Adj. *a) was geschehen muss.* — *b) zukünftig.* Vertritt bisweilen die Stelle des Fut. von 1. भू. — *c) zu Stande zu bringen, zu bewerkstelligen, zu bewirken, zu thun.* — *d) zu empfinden.* — *e) vorzustellen, was man sich vorstellt.* — *f) leicht zu fassen, — errathen.* — *g) was gut geheissen —, für gut befunden wird.* — *h) zu überführen.* — *i) zu erweisen, zu beweisen.* — 2) m. N. pr. verschiedener Männer Ṛv. 1,126,1. — 3) n. impers. *a) zu sein, Etwas* (Instr.) *zu sein.* — *b) aufzufassen, zu verstehen* Comm. zu Mṛkkh. 85,4.

भाव्यता f. Nom. abstr. zu भाव्य 1) *b)* und *e).*

भाव्यत्व n. Nom. abstr. zu भाव्य 1) *b).*

भाव्यरथ m. N. pr. eines Fürsten.

1. भाष्, भाषते (episch auch Act.) 1) *reden, sprechen, plaudern, sagen.* भाषित *gesprochen.* — 2) *zu Jmd* (Acc.) *reden, anreden, zu Jmd Etwas sagen* (mit doppeltem Acc.). — 3) *reden von oder über, sich aussprechen über* (Acc.). — 4) *Etwas melden.* — 5) *nennen,* mit doppeltem Acc. — 6) *für Etwas ausgeben.* अन्यथा सन्तमात्मानमन्यथा so v. a. *sich bei Jmd* (Loc.) *für einen Andern ausgeben, als man ist.* — 7) *beim Sprechen gebrauchen, anwenden.* — Auch mit भष् verwechselt. — Caus. भाषयति 1) *Jmd reden machen zu sprechen veranlassen.* — 2) *Jmd zu denken geben, in Unruhe versetzen.* — 3) *sagen, sprechen.* — Mit अधि 1) *Jmd anreden* Lalit. 135,21. — 2) *Etwas aussprechen, hersagen* Lalit. 111,2. — Mit अनु 1) *Jmd* (Acc.) *nachrufen, zurufen.* — 2) *sagen, sprechen, — zu, sich unterhalten mit;* mit Acc. der Person. — 3) *sprechen von* (Acc.), *vorgeben.* — 4) *bekennen.* — 5) *Jmds* (Acc.) *Worten trauen.* — Caus. 1) *sich unterhalten mit* (Acc.). — 2) *lesen.* — Mit अप 1) *falsch sprechen.* — 2) *schmähen.* — Mit अभि 1) *anreden, sprechen zu* (Acc.). अभिभाषित *angeredet.* — 2) *sagen, sprechen, zu sagen pflegen, Etwas sagen, sprechen, mittheilen, erzählen, verkünden; Etwas zu Jmd sprechen* (mit doppeltem Acc.). — 3) *sprechen von* (Acc.). — 4) *nennen,* so v. a. *rühmen.* — 5) *bekennen,* mit Acc. oder Instr. des Was. — Mit प्रत्यभि in °भाषिन्. — Mit समभि *mit einander reden, zu Jmd* (Acc.) *sprechen, mit Jmd reden.* — Mit अव, °भाषित vielleicht *geschmäht.* — अवभाषयत् MBh. 12,8345 und अवभाषिता 7,6672 fehlerhaft für अवभासयत् und अवभासिता. — Mit आ 1) *anreden, reden zu* (Acc.). — 2) *sprechen —, Worte wechseln mit* (सह). — 3) *sagen, sprechen, ausrufen, Etwas sagen, sprechen, mittheilen; Etwas zu Jmd sagen* (mit doppeltem Acc.). — 4) *benennen.* — 5) *zusagen, versprechen.* — Mit व्या 1) *anreden, sprechen zu.* — 2) *reden.* — 3) *aussprechen;* vgl. दुःखव्याभाषित. — Mit समा 1) *anreden, sagen zu.* — 2) *mittheilen.* — Mit उद्, उद्भाषित MBh. 13, 7302 und Pańkar. 4,3,30 fehlerhaft für उद्भासित. — Mit परि 1) *Jmd* (Acc.) *zusprechen, zureden, admonere.* — 2) *anreden.* — 3) *aussprechen, erklären, lehren.* °भाषित *ausgesprochen, ausdrücklich angegeben als* (Nomin.) Bâlar. 114,2. — 4) °भाषित *als allgemeine Regel aufgestellt* Comm. zu Bhâg. 131. Nom. abstr. °त्व n. Comm. zu Ṛv. Prât. (ed. M.) 2,5. — Mit प्र 1) *sprechen, Etwas sagen, verkünden, mittheilen, offenbaren, ausplau-*

dern. प्रभाषित *gesprochen.* — 2) *auseinandersetzen, erklären.* प्रभाषित *erklärt.* — 3) *nennen.* — 4) *sich unterhalten mit* (Acc.). — Mit संप्र 1) *sprechen, sagen —, sprechen zu* (Acc.). — 2) *verkünden, offenbaren, hersagen.* — Mit प्रति 1) *entgegen sagen*, so v. a. *Jmd antworten* oder *sprechen zu;* mit Acc. der Person. — 2) *Etwas zur Antwort geben.* — 3) *eine Rede* (Acc.) *vorbringen,* Worte *sprechen* 49,3. — 4) *Etwas erzählen, mittheilen.* — 5) *nennen,* mit doppeltem Acc. — प्रत्यभाषन्त Râǵat. 6,327 fehlerhaft für प्रत्यभासन्त. — Mit संप्रति *antworten.* — Mit वि 1) *schmähen.* — 2) Pass. *einen Wechsel zulassen, facultativ sein.* विभाषित *facultativ.* — Mit संवि *sich unterhalten.* — Mit सम् 1) *sich unterhalten, sprechen mit* (Instr. mit und ohne सह). Gaut. — 2) *zu Jmd —, mit Jmd sprechen, anreden, begrüssen;* mit Acc. der Person. — 3) *mitsprechen, sich in die Rede mischen* Vaitân. — 4) *einstimmen.* — 5) *Jmd* (Acc.) *bereden.* — 6) *hersagen* Hariv. 3,21,14. — Caus. 1) *sich mit Jmd* (Instr.) *unterhalten.* v. l. संभाषिता च st. संभाषयिता. — 2) *Jmd* (Acc.) *anreden.* — 3) *Jmd bereden, Jmd gute Worte geben.* — Mit उपसम् in उपसंभाषा. — Mit प्रसम् *Jmd anreden, begrüssen.*

2. भाष् Adj. *bellend* in ऋतो°.

भाष m. fehlerhaft für 1. भास 1) *b*). भाषा s. bes.

°भाषक Adj. *sprechend —, schwatzend über.*

भाषण n. (adj. Comp. f. आ) 1) *das Reden, Sprechen, Schwatzen; Rede.* — 2) *freundliche Worte, Geschenke u. s. w.* — 3) in der Dramatik *der Ausdruck der Befriedigung nach Erreichung des Zieles.*

भाषणीतैलिम (!) m. Pl. N. pr. eines Geschlechts.

भाषा f. 1) *Rede, Sprache.* — 2) *Verkehrssprache.* In der älteren Zeit im Gegensatz zur *vedischen Sprache,* in der späteren zum *Sanskrit.* Auch Bez. *einer Gruppe von Prâkrit-Sprachen.* — 3) *Beschreibung, Definition.* — 4) bei den Juristen *Klage* 214,29. 30. — 5) **eine best.* Râgiṇî.

भाषाकौमुदी f. Titel eines Werkes Opp. Cat. 1.

भाषाचित्रक n. *Wortspiel* Bâlar. 6,1.

भाषाज्ञ 1) *sprachenkundig.* — 2) m. N. pr. eines Mannes.

भाषानुशासन n. (Bühler, Rep. No. 302), भाषापरिच्छेद m., भाषामञ्जरी f., भाषार्णव m., भाषाविवृतिगीता f. (Opp. Cat. 1), भाषावृत्ति f. und भाषावृत्त्यर्थवृत्ति f. Titel von Werken.

भाषासम m. in der Rhetorik *ein Satz der sowohl für Sanskrit als auch für Prâkrit gelten kann.*

भाषासमिति f. bei den Ǵaina *Maass und Ziel in der Rede.*

भाषिक 1) Adj. *der Verkehrssprache angehörig.* — 2) f. आ *Sprache.* — 3) n. *a*) *allgemeine Vorschriften* Çâṅkh. Gr. 6,2,13. — *b*) Titel eines Sûtra Ind. St. 10,405. °वृत्ति f. 397.

भाषिकस्वर m. = ब्राह्मणस्वर Kâtj. Çr. 1,8,17.

भाषित 1) Adj. s. u. 1. भाष्. — 2) n. *das Sprechen, Rede, Sprache.*

भाषितपुंस्क Adj. *ein entsprechendes Masculinum habend.* Nom. abstr. °त्व n. P. 7,3,48, Sch.

भाषितर् Nom. ag. *redend,* mit Acc. oder am Ende eines Comp.

भाषितव्य Adj. *anzureden.*

भाषिन् Adj. *sprechend, sagend; geschwätzig.* Gewöhnlich am Ende eines Comp. *redend, sprechend, schwatzend.*

भाषिपक्षिन् m. *ein Vogel, welcher redet.*

भाष्य n. 1) *das Reden, Sprechen.* — 2) *ein Werk in gewöhnlicher Sprache.* — 3) *Erklärungsschrift, Commentar;* insbes. zu einem Sûtra. — 4) Titel *a*) von Patańǵali's *Commentar* zu den Sûtra des Pâṇini. — *b*) des 4ten Abschnitts im Bhavishjapurâṇa Hemâdri 2,*a*,23,10. — 5) **eine Art Haus.*

भाष्यकार und भाष्यकृत् m. *Verfasser eines Commentars,* insbes. Bez. Patańǵali's.

भाष्यकैयटीय n. Kaijaṭa's *Commentar zu* Patańǵali's Bhâshja Opp. Cat. 1.

भाष्यटीका f., °वाचस्पतीय n. (Opp. Cat. 1), भाष्यदीपिका f. (ebend.), भाष्यप्रदीप m., °प्रदीपकारिका f. (Opp. Cat. 1), °प्रदीपविवरण n., °प्रदीपोद्योत m., °प्रदीपोद्बोध m. (Opp. Cat. 1), भाष्यभानुप्रभा f. (ebend.), भाष्यरत्नप्रभा f., °चतुःसूत्री f. (Opp. Cat. 1), भाष्यविषयवाक्यदीपिका f. (ebend.), भाष्यव्याख्या f. (ebend.) und भाष्यावतारिका f. (ebend.) Titel von Werken.

1. भास् n. (älter) und f. (schon in TBr.) 1) *Schein, Licht, Glanz.* Auch Pl. भासां निधिः und भासां पतिः (Hemâdri 1,508,5) *die Sonne* — 2) **Machtglanz, Macht, Majestät.* — 3) **Wunsch.*

2. भास्, भासति u. भासते (in der späteren Sprache) 1) *scheinen, leuchten.* भासित *leuchtend.* — 2) *erscheinen, — als* oder *wie* (Nomin. oder Instr. eines Nom. abstr.), *auftauchen, zur Vorstellung kommen, deutlich werden, einleuchten, begriffen werden.* — Caus. भासयति, °ते (metrisch) 1) *leuchten machen, beleuchten, erhellen.* — 2) *erscheinen machen, zeigen, erscheinen lassen als* (Nom. abstr. im Instr.). — Mit अव Med. 1) *scheinen, leuchten.* — 2) *erscheinen, sich den Augen darstellen, erscheinen wie* (°वत् 213,15) oder *als* (Nom. abstr. im Instr.). — Caus. 1) *beleuchten, erhellen.* — 2) *erscheinen lassen.* — Mit प्रत्यव in °भास. — Mit व्यव Caus. *vollkommen erleuchten, — erhellen.* — Mit आ Med. *erscheinen wie* (इव). — Caus. 1) *bescheinen.* — 2) *als Trugbild* (vgl. आभास) *darstellen, als unhaltbar erweisen* Çaṁk. zu Bâdar. 2,1,11. — आभास्य Mârk. P. 105,18 fehlerhaft für आभाष्य. — Mit उद् 1) *aufleuchten, zu scheinen beginnen.* — 2) *in die Augen fallen, auffallen.* — Caus. 1) *erleuchten, erhellen* 106,28 (Med.). — 2) *hervortreten lassen.* — 3) *verherrlichen, verschönern.* — Mit समुद् *in die Augen fallen durch, prangen mit* (Instr.) Kâd. 2,88,22. — Mit निस् Caus. *erhellen.* — Mit परि Med. *erscheinen —, aussehen wie* (इव). — Caus. *verschönern, schmücken.* — Mit प्र 1) *leuchten, glänzen.* — 2) *erscheinen wie* (इव). — Caus. *erleuchten, erhellen.* — Mit प्रति Med. 1) *erscheinen, sich darstellen, sich offenbaren, erscheinen wie* (Nomin.) oder *als* (Nom. abstr. im Instr. 258,23). — 2) *in seinem Glanz erscheinen, ein Ansehen haben.* — Mit वि *scheinen, leuchten.*

1. भास 1) m. *a*) *Licht, Glanz.* — *b*) *ein best. Raubvogel* Âpast. — *c*) N. pr. α) verschiedener Männer Prasannar. 8,2. — β) eines Berges. — 2) m. (nur TBr.) und n. Name eines Sâman. °निधन Lâṭj. 7,6,19. — 3) f. भासी *a*) *die Urmutter der Vögel* Bhâsa, eine Tochter der Tâmrâ. — *b*) N. pr. einer Tochter der Prâdhâ.

2. *भास Adj. von 1. भास 1) *b*).

भासक 1) Adj. *erscheinen machend, machend, dass man erkennt.* Nom. abstr. °त्व n. — 2) m. N. pr. eines dramatischen Dichters.

भासकर्ण m. N. pr. eines Rakshas.

भासता f. Nom. abstr. zu 1. भास 1) *b*).

भासद m. etwa *Hinterbacke.*

भासन n. 1) *das Scheinen, Leuchten, Glänzen.* — 2) *das Glänzen, Sichauszeichnen.*

*भासन्त 1) Adj. *glänzend, schön.* — 2) m. *a*) *die Sonne.* — *b*) *der Mond.* — *c*) *Stern, Sternbild.* — *d*) = 1. भास 1) *b*). — 3) f. ई *Sternbild, Mondhaus.*

भासर्वज्ञ m. N. pr. eines Autors.

1. भासस् n. *Licht, Strahl.*

2. भासस् n. *Futter, Frass.*

भासाकेतु Adj. *durch Licht kenntlich, im Licht erscheinend.*

भासापुर n. N. pr. einer *Stadt.*

भासाय्, °यते *wie der Vogel* Bhâsa *erscheinen.*

भासिन् Adj. *scheinend, leuchtend* in ऊर्ध्व° (Nachtr. 4) und ज्योतिर्भासिन्.

*भासु m. *die Sonne.*

भासुर 1) Adj. *a) leuchtend, glänzend.* Nom. abstr. °त्व n. —. *b) sich auszeichnend durch* (im Comp. vorangehend). — *c)* **furchtbar* (!). — 2) *m. *a) Krystall.* — *b) Held.* — 3) *n. *Costus speciosus* oder *arabicus.*

भासुरक m. N. pr. 1) eines Mannes MUDRÂR. 100,7 (158,6). — 2) eines Löwen. Auch °सिंह.

*भासुरपुष्पा f. *Tragia involucrata.*

भास्कर 1) Adj. *scheinend, leuchtend, glänzend.* v. l. भासुर und भास्वर. — 2) m. *a) die Sonne* TAITT. ÂR. 10,1,7. Am Ende eines adj. Comp. f. आ. — *b)* Bein. Çiva's. — *c)* **Feuer.* — *d)* **Held.* — *e)* **Calotropis gigantea.* — *f)* N. pr. verschiedener Männer. Auch भट्ट°, °भट्ट und °मिश्र. — 3) n. *a)* **Gold* RÂGAN. 13,8. — *b) eine Art Bresche* MṚKKH. 47,11. — *c)* N. pr. eines Tîrtha.

भास्करदीक्षित m. N. pr. eines Autors. °क्षितीय n. Titel seines Werkes OPP. Cat. 1.

भास्करनन्दिन् m. *der Sohn des Sonnengottes* MṚKKH. 47,21.

भास्करनृसिंह m. N. pr. eines Scholiasten.

*भास्करप्रिय m. *Rubin.*

भास्करभाष्य n. Titel eines Werkes OPP. Cat. 1.

भास्करलवण n. *eine best. Mixtur* Mat. med. 86. BHÂVAPR. 4,29.

भास्करवत् Adj. *mit einer Sonne versehen* HEMÂDRI 1,351,15.

भास्करवर्मन् m. N. pr. und Bein. von Fürsten HARSHAK. 187,24.

भास्करव्रत n. *eine best. Begehung.*

भास्करशर्मन् m. N. pr. eines Scholiasten.

भास्करसप्तमी f. *der 7te Tag in der lichten Hälfte des* Mâgha.

भास्करस्तोत्र n. Titel *eines Lobgesanges auf die Sonne.*

भास्कराचार्य m. N. pr. verschiedener Autoren.

भास्करावर्त m. *ein best. Kopfschmerz.*

भास्करि m. 1) Patron. *a) des Planeten Saturn.* — *b)* des Affenfürsten Sugrîva BÂLAR. 311,3. — 2) N. pr. eines Muni.

भास्करीय 1) Adj. *von* Bhâskara *herrührend.* — 2) m. *ein Schüler des* Bhâskara. — 3) n. Titel eines Werkes OPP. Cat. 1.

*भास्करेष्टा f. *Polanisia icosandra* RÂGAN. 4,183.

*भास्त्रायण n. von भस्त्रा. Davon *Adj. °क.

भास्मन Adj. *aus Asche gemacht.*

*भास्मायन m. Pl. Pl. zu भास्मायन्य.

*भास्मायन्य m. Patron. von भस्मन्.

भास्य Adj. *zur Erscheinung —, zur Erkenntniss gebracht werdend.* Nom. abstr. °त्व n. 273,6.

भास्यसूत्र n. vielleicht Titel eines Pariçishṭa zum Kâtantra.

भास्वतीकरण n. und भास्वतीविवरण n. (BÜHLER, Rep. No. 540) Titel zweier Werke.

भास्वत् 1) Adj. *scheinend, leuchtend, glänzend.* — 2) m. *a) die Sonne.* — *b)* **Held.* — *c)* **Glanz, Licht* (दीप्ति vielleicht fehlerhaft für दीप्त). — 3) f. भास्वती *a)* **die Residenz des Sonnengottes.* — *b)* Titel eines Werkes.

भास्वर 1) Adj. (f. आ) *leuchtend, glänzend.* — 2) m. *a)* **die Sonne.* — *b)* **Tag.* — *c)* N. pr. α) eines Trabanten des Sonnengottes. — β) einer buddh. Gottheit (?). — 3) *n. *Costus arabicus* oder *speciosus.*

भास्वरवर्ण Adj. *lichtfarbig* ÇAT. BR. 14,9,1,17.

भाःसत्य Adj. *dessen wahres Wesen Licht ist* ÇAT. BR. 14,8,8,1.

भिःखराज m. N. pr. eines Fürsten.

भिक्ष्, भिक्षते (ganz ausnahmsweise auch Act.) *sich Etwas* (Acc. oder Gen.) *wünschen, erwünschen; erbetteln, betteln um* (Acc.), *Jmd um Etwas bitten* (mit doppeltem Acc.), *um Nahrung bitten, betteln, anbetteln.* — Caus. भिक्षयति *Jmd betteln machen, zum Bettler machen.*

भिक्षण n. und *°णा f. *das Betteln, Anbetteln* ÂPAST.

भिक्षा f. 1) *das Betteln.* भिक्षां या, चर्, अट् oder भ्रम् *auf den Bettel gehen, betteln;* mit कर् *betteln.* — 2) *Erbetteltes, Almosen.* In Comp. mit dem erbettelten Gegenstande (पुत्र°). — 3) **Dienst.* — 4) **Lohn.*

भिक्षाक 1) m. *Bettler* RÂGAT. 8,101. — 2) *f. ई *Bettlerin.*

भिक्षाकरण n. *das Betteln.*

भिक्षाचर 1) *Adj. Subst. *auf den Bettel ausgehend, bettelnd, Bettler.* — 2) m. N. pr. eines Sohnes des Bhoga.

भिक्षाचरण n. *das Ausgehen auf den Bettel.* °णं चर् *betteln gehen.*

भिक्षाचर्य 1) n. dass. °र्यं चर् *betteln gehen* ÂPAST. — 2) f. °चर्या dass. PÂR. GṚHJ. 2,5,11.

भिक्षाचर्यचरण n. dass. PÂR. GṚHJ. 2,5,1.

भिक्षाचार Adj. Subst. = भिक्षाचर 1).

भिक्षाटन 1) *Adj. Subst. dass. — 2) m. N. pr. eines Dichters. — 3) n. *a) das Ausgehen auf den Bettel, Betteln* Spr. 7754. °नं कर् *betteln,* कारय् *Jmd* (Acc.) *zwingen betteln zu gehen.* — *b)* Titel eines Schauspiels. °नाटक n. OPP. Cat. 1.

भिक्षान्न n. *erbettelte Speise.*

भिक्षापात्र n. *Betteltopf.*

भिक्षाप्रचार m. *das Ausgehen auf den Bettel.*

भिक्षाभाण्ड n. *Betteltopf.*

भिक्षाभुज् Adj. *von Almosen lebend.*

*भिक्षामाणव m. *Betteljunge.*

भिक्षायण n. *das Betteln.*

भिक्षार्थिन् Adj. Subst. *bettelnd, Bettler.*

भिक्षावत् Adj. *Almosen empfangend, bettelnd.*

*भिक्षावासस् n. *Bettlergewand.*

भिक्षावृत्ति Adj. *vom Betteln —, von Almosen lebend.*

भिक्षाशिल n. *das Essen erbettelter Speise, das Leben von Almosen.*

भिक्षाशिन् Adj. *Almosen geniessend, von A. lebend.*

1. भिक्षाहार m. *erbettelte Speise.*

2. भिक्षाहार Adj. Subst. *von Almosen lebend, Bettler.*

भिक्षितव्य Adj. *anzubetteln.*

भिक्षिन् Adj. *bettelnd.*

भिक्षु 1) m. *a) Bettler, insbes. ein Brahmane in seinem vierten und letzten Lebensstadium, da er sein Haus und seine Familie verlässt und von Almosen lebt.* — *b)* **Asteracantha longifolia.* — *c)* **Sphaeranthus mollis* RÂGAN. 5,17. — *d)* N. pr. α) eines Âṅgirasa. — β) *eines Buddha. — γ) eines Sohnes des Bhoga. — 2) n. Titel einer Upanishad; vgl. भिक्षुकोपनिषद्.

भिक्षुक 1) m. = भिक्षु 1) *a).* — 2) f. ई *Bettlerin.*

*भिक्षुकसती f. *eine bettelnde, aber dabei treue Frau* H. 549.

भिक्षुकीपराक N. pr. eines Gebäudes.

भिक्षुकोपनिषद् f. Titel einer Upanishad OPP. Cat. 1.

भिक्षुचर्या f. *das Betteln, das Lebensstadium des Bettlers.*

भिक्षुणी f. *eine buddhistische Bettlerin.*

भिक्षुतत्त्व n. Titel eines Werkes.

भिक्षुसंघ m. *der Verein der buddhistischen Bettler.*

भिक्षुसंघाटी f. *Bettlergewand.*

भिक्षुसूत्र n. *Regeln —, Anweisung für Bettler.* °भाष्यवार्त्तिक n. Titel eines Werkes.

*भिक्ष्य् (?), भिक्ष्यति *betteln.*

भिण्ड m., *भिण्डक m. und भिण्डा f. *Abelmoschus esculentus* RÂGAN. 4,159. Nur ein Beleg, wobei nicht zu entscheiden ist, ob भिण्ड oder भिण्डा gemeint ist.

*भिण्डमाल m. und *°ला f. = भिन्दिपाल.

*भिण्डीतक m. = भिण्ड.

भित्त n. 1) *ein abgebrochenes Stück, Abschnitt* Çâñkh. Gṛhj. 1,28. — 2) *Wand.*

भित्ति f. 1) *das Zerbrechen, Erbrechen, Bersten.* — 2) *eine aus geschlitztem Rohr geflochtene Matte.* — 3) *Wand.* — 4) in Comp. mit bestimmten Körpertheilen *eine wie eine Wand senkrecht abfallende Fläche.* — 5) **Theil, Stück.*

भित्तिक 1) am Ende eines adj. Comp. (f. आ) *a)* = भित्ति 2) Hemâdri 1,622,8. — *b)* = भित्ति 3) Hemâdri 1,549,12. श्लेष° so v. a. *beruhend auf.* — 2) *f. आ *a) Wand, Mauer.* — *b) eine kleine Hauseidechse.*

*भित्तिखातन m. *Ratte.*

*भित्तिचौर m. *ein durch die Wand sich einschleichender Dieb.*

*भित्तिपातन m. *eine Rattenart.*

भित्र n. *eine Art Tanz* S. S. S. 258.

1. भिद्, भेदति, भिनत्ति; ausnahmsweise auch Med. (भिन्दान RV. 6,27,6). 1) *spalten, einbrechen, ein Loch in Etwas schlagen, durchstechen, durchbrechen, zersprengen, aufreissen, — schlitzen.* सेतुम्, मर्यादाम्, स्थितिम्, वेलाम् *einen Damm, Schranken, das Ufer durchbrechen.* Ein Planet oder Komet *durchbricht* einen Stern, wenn er *durch ihn durchgeht.* Pass. भिद्यते, °ति (metrisch, aber auch bei Baudh. im Comm zu Âpast. Çr. 5,29,12; भिन्दताम् MBh. 6,4125 fehlerhaft für भिद्यताम्) auch in intransit. Bed. *bersten.* भिन्न *zerschlagen, zerbrochen* u. s. w. — 2) *brechen* in übertr. Bed. so v. a. *vertreiben, verschwinden —, zu Nichte machen;* Pass. *zu Nichte werden.* भिन्न *zu Nichte gemacht* 104,27. — 3) *spalten,* so v. a. *theilen;* Pass. *getheilt werden, sich theilen.* भिन्न *getheilt* auch so v. a. *nicht ganz, weniger als ein.* — 4) *spalten,* so v. a. *öffnen; blühen machen;* Pass. *sich öffnen, freien Lauf haben* (Wasser), *sich ergiessen, über die Ufer treten.* भिन्न *geöffnet, aufgeblüht.* °करट oder °गण्डकरट Adj. von einem Elephanten, *dessen Schläfen zur Brunstzeit sich geöffnet haben und fliessen;* auch भिन्न allein in derselben Bed. — 5) *lösen, entwirren;* Pass. *sich lösen, aufgehen.* — 6) *unterbrechen, stören; nicht einhalten* (die Zeit). — 7) *brechen,* so v. a. *verrathen.* — 8) *spalten, theilen,* so v. a. *entzweien.* भिन्न Pl. *Entzweite, Zerfallene;* दान° *durch Geschenke abtrünnig gemacht, — bestochen.* — 9) Pass. *sich abtheilen —, sich fernhalten von* (Instr.). — 10) *Jmd mit sich selbst entzweien, irre machen, umstimmen;* nur Pass. — 11) *ändern,* Pass. *sich ändern.* भिन्न *verändert, entstellt.* — 12) *unterscheiden, einen Unterschied machen;* Pass. *verschieden sein, sich unterscheiden von* (Abl.). भिन्न *verschieden, — von* (Abl. oder im Comp. vorangehend); *verschieden* auch so v. a. *vom Gewöhnlichen —, vom Normalen abweichend.* — 13) भिन्न *vermischt —, verbunden mit* (Instr. oder im Comp. vorangehend), *hängend —, haftend —, hängen geblieben an* (Loc. oder im Comp. vorangehend). — Caus. भेदयति 1) *spalten, brechen, zerschlagen* MBh. 3,135,52. — 2) *zerstören, zu Nichte machen.* — 3) *theilen.* षोडशभेदित *sechszehnfach getheilt, in 16 Arten zerfallend.* — 4) *entzweien mit Andern* oder *mit sich, Jmd irre machen, auf seine Seite herüberziehen, verführen.* — Desid. बिभित्सति *zu durchbrechen —, zu sprengen beabsichtigen.* — Desid. vom Caus. in बिभेदयिषु. — Intens. बेभिदीति, बेभेत्ति *zu wiederholten Malen spalten, — einhauen in* Bhaṭṭ. — Mit व्यति, °भिन्न *unzertrennlich verbunden mit* (Instr.) Comm. zu Njâjas. 4,2,18. — Mit अनु 1) *der Länge nach spalten, — zerschlitzen.* — 2) Pass. *sich öffnen.* — को ऽनुभिन्द्यात् MBh. 2,2483 fehlerhaft für को नु भि°. — Mit अन्तर् *auf Verrath sinnen* Daçak. 19,8. — Mit अप *abschlagen* (Feinde). — Mit अभि Pass. *zerspringen, zerbrechen.* — Mit अव *zerspalten, durchbohren.* अवभिन्न *durchbohrt, zersprungen.* — Mit आ *zerschlitzen, zerreissen.* — Mit उद् 1) *durchbrechen, durchdringen durch* (Acc.). — 2) *durchdringen, obenauf kommen.* उद्भिन्न *emporgekommen.* — 3) Pass. *aufspringen, bersten.* — 4) Act. (nur einmal in Çat. Br.) Pass. *hervorbrechen, hervorschiessen, zum Vorschein kommen.* उद्भिन्न *hervorgebrochen, hervorgeschossen, zum Vorschein gekommen.* — 5) उद्भिन्न *a) verrathen.* — *b) versehen —, ausgestattet mit* (im Comp. vorangehend) Bhâg. P. 3,2,5. Pańkar. 4,6,7. — Mit प्रोद्, प्रोद्भिन्न *hervorgeschossen, hervorgebrochen.* — Mit नि Pass. *sich öffnen.* — Mit निस् 1) *auseinanderspalten, — schlitzen, aufreissen, durchschlagen, durchschiessen, ausstechen* (die Augen), *verwunden;* Pass. (und einmal Bhâg. P.) Act. *sich spalten, sich öffnen.* निर्भिन्न *auseinandergespalten* u. s. w. — 2) *Oeffnungen* (Acc.) *bilden.* — 3) *lösen* (einen Knoten). — 4) *hinter Etwas* (Acc.) *kommen.* — 5) निर्भिन्न *a) sich abgesondert habend von* (°तस्). — *b) verrathen.* — *c) uneinig.* — Mit विनिस् 1) *auseinanderspalten, aufschlitzen, durchschiessen.* विनिर्भिन्न *durchschossen.* — 2) विनिर्भिन्न *sich geöffnet habend.* — Mit परा *durchbohren, verwunden* Çat. Br. 5,3,5,29. — Mit परि Pass. 1) *durchbrochen werden* in übertr. Bed. परिभिन्न *a) zerspalten, zerschlagen, zersprungen, zerbröckelt.* — *b) verändert, entstellt.* — Mit प्र 1) *spalten, zerspalten, aufreissen, durchstechen;* Pass. *zerspringen, zerbröckeln.* प्रभिन्न *zerspalten, zerbrochen, durchstochen.* — 2) Pass. *aufgehen, sich lösen, sich öffnen.* प्रभिन्न *aufgegangen, aufgeblüht.* °करट und °करटामुख Adj. von einem Elephanten, *dessen Schläfen sich geöffnet haben und fliessen* (in der Brunstzeit). — 3) Pass. *sich spalten,* so v. a. *sich theilen.* — 4) प्रभिन्न *a) durch Oeffnungen hervordringend* (Blut). — *b) durch Oeffnungen nässend.* — *c) durchbrochen,* so v. a. *unterbrochen.* — *d) entstellt, verändert, verstimmt.* — *Caus. vom Intens. प्रबेभिदय्य. — Mit उपप्र *zerbröckeln, in Brocken hinstreuen.* — Mit संप्र, °भिन्न von einem Elephanten, *dessen Stirn sich geöffnet hat und fliesst* (in der Brunstzeit). — Mit प्रति 1) *durchbohren.* — 2) *verrathen.* — 3) *seinen Unwillen gegen Jmd* (Acc.) *an den Tag legen.* — Mit वि 1) *durchbohren, zerspalten, zerbrechen; stechen* (von einem Insecte). Einen Himmelskörper *spalten,* so v. a. *durch ihn gehen.* Pass. und ausnahmsweise Act. *zerbrechen, auseinanderbersten.* विभिन्न *durchbohrt* u. s. w. — 2) *brechen,* so v. a. *zu Nichte machen.* विभिन्न *zu N. gemacht.* — 3) *lösen, auseinandermachen.* — 4) *brechen,* so v. a. *verstossen gegen* Bâlar. 74,3. — 5) *umstimmen,* Pass. *eine Umstimmung erfahren.* विभिन्न *umgestimmt, untreu geworden.* — 6) Pass. *sich ändern, eine Veränderung erfahren.* विभिन्न *verändert, entstellt.* — 7) विभिन्न *a) geöffnet, aufgeblüht; offen und fliessend* (die Stirn eines brünstigen Elephanten). — *b) auseinandergebreitet, — getrieben.* — *c) getrennt* in अ° (Nachtr. 4). — *d) uneins, in Uneinigkeit lebend.* — *e) wo Uneinigkeit herrscht.* — *f) sich widersprechend.* — *g) getäuscht* in आशा° *in seiner Hoffnung.* — *h) verschieden.* — *i) vermengt mit* (Instr.). — Caus. *Jmd von Jmd* (Abl.) *entfernen, abspänstig machen.* — Mit प्रवि, °भिन्न *aufgerissen, verwundet, geborsten.* — Mit सम् 1) *zerspalten, zerbrechen, durchbohren, verletzen.* संभिन्न *zerspalten* u. s. w. °मर्याद Adj. *der die Schranken durchbrochen hat.* — 2) *unterbrechen, aufgeben.* संभिन्नवृत्त Adj. *der seinen guten Lebenswandel verlassen hat.* — 3) *zusammenbringen, in Berührung bringen, verbinden, vermengen.* संभिन्न *zusammengezogen* (die Glieder einer Schildkröte), *in Berührung gekommen, verbunden, dicht anliegend, compact.* — 4) *sich zu Jmd* (Acc.) *gesellen.* — Mit अनुसम् *zusammenbringen, verbin-*

den ÂPAST. ÇR. 3,5,2. 8,5,20. — Mit उपसम् dass.

2. भिद् 1) Adj. am Ende eines Comp. *a) zerbrechend, zermalmend, durchbrechend, durchbohrend, treffend* (ein Ziel). — *b) vertreibend, zu Nichte machend.* — 2) f. *a) Wand* ṚV. 1,174,8. Vgl. भित्ति. — *b) Spaltung, Scheidung.* — *c) Art, Species.*

*भिदक m. 1) *Schwert.* — 2) *Donnerkeil.*

भिदा f. *das Zerreissen, Bersten.* — 2) *das Zunichtewerden* Ind. St. 14,374. — 3) *Spaltung, Scheidung, Unterschied* 248,18. 251,32. — 4) *Art, Species.* — 5) **Koriander.*

भिदापन n. *das Spalten —, Zerreissen —, Zerstampfenlassen.*

*भिदि m. °भिदिर n. und *भिडु m. *Donnerkeil.*

भिदुर 1) Adj. *a) spaltbar, reissbar, leicht reissend.* — *b)* am Ende eines Comp. α) *zersprengend, zu Nichte machend* HARSHAK. 212,22. — β) *in nahe Berührung tretend —, sich vermengend —, sich vermischend mit.* — 2) *n. *a) Donnerkeil.* Statt dessen बिदुर SMṚTIM. — *b) Diamant* RÂǴAN. 13,174.

भिदुरस्वन m. N. pr. eines Asura.

*भिदेलिम Adj. *spaltbar.*

भिद्य 1) m. *ein reissender Fluss.* — 2) n. *das Zerbrechen* u. s. w. in पूर्भिद्य und शीर्षभिद्य.

*भिद्र n. *Donnerkeil.*

भिद्वत् Adj. *die Wurzel* भिद् *enthaltend.*

*भिन्दपाल und *भिन्दमाल m. = भिन्दिपाल.

भिन्दिपाल m., °क m. (HEMÂDRI 2,*a*,99,18), भिन्दिमालक m. (ebend. v. l.), भिन्दिमाला f. (ebend. 2,*a*,102,14) und *भिन्दुमाल m. *eine Art Speer.*

भिन्दु 1) m. *a) Zerspalter, Zertrümmerer.* — *b) Tropfen* TS. 6,6,3,5. ÂPAST. ÇR. 13,20,11. — 2) *f. *eine Frau, die ein todtes Kind zur Welt bringt.*

*भिन्दुमाल m. s. u. भिन्दिपाल.

*भिन्डुर m. *Ficus infectoria* RÂǴAN. 11,127.

*भिन्द्विलवणा f. *ein beständiges Sprengen von Salz.*

भिन्न 1) Adj. s. u. भिद्. — 2) m. *Bruch, eine gebrochene Zahl* LÎLÂV. S. 10. fgg. — 3) *f. आ *Sanseviera Roxburghiana* RÂǴAN. 3,6. — 4) n. *a) Stück, Theil.* — *b) Stichwunde.* — *c) eine best. Fechtart.*

भिन्नक 1) Adj. *zerbrochen* MANTRABR. 2,7,3. — 2) m. *a)* **ein buddhistischer Bettler.* — *b) ein best.* Râga.

भिन्नकरीन्द्रकुम्भमुक्तामय Adj. (f. ई) *aus Perlen bestehend, die aus den aufgerissenen Stirnerhöhungen eines mächtigen Elephanten herabfielen,* Spr. 7783.

*भिन्नकर्ण Adj. *gespaltene Ohren habend* (von Thieren, die so gezeichnet wurden).

भिन्नकल्प Adj. *verschiedenen Ritus habend* Ind. St. 10,93.

भिन्नकाल Adj. *die Zeit nicht einhaltend* ÇÂṄKH. GṚHJ. 1,3.

भिन्नकूट Adj. *je eine andere Kriegslist anwendend* (nach dem Comm.).

भिन्नक्रम Adj. *verstellt, nicht am rechten Platze stehend* Comm. zu TÂṆḌJA-BR. 2,2,3. zu ÂPAST. ÇR. 6,1,4. zu ṚV. PRÂT. 4,12.

भिन्नगर्भ Adj. *in sich selbst uneinig* (Heer).

भिन्नगुणन n. *das Multipliciren von Brüchen.*

भिन्नघन m. *der Cubus eines Bruches.*

भिन्नज्ञाति (MIT. zu JÂǴṄ. 2,30) und °मन्त्र (MÂRK. P. 113,8) Adj. Pl. *verschiedenen Standes.*

भिन्नजातीय Adj. *verschiedenartig* Comm. zu ÂPAST. ÇR. 1,25,1.

भिन्नतन्त्र Adj. *in verschiedenen Handlungen vor sich gehend* KÂTJ. ÇR. 19,6,1.

भिन्नत्व n. *das Verschiedensein von* (im Comp. vorangehend).

भिन्नदर्शिन् Adj. *Verschiedenes —, Verschiedenheit sehend, einen Unterschied machend.*

*भिन्नदला f. *Sanseviera Roxburghiana* RÂǴAN. 3,7.

भिन्नदृश् Adj. = भिन्नदर्शिन्.

भिन्नदेश Adj. *an verschiedenen Orten stattfindend.* Nom. abstr. °त्व n.

भिन्नपरिकर्मन् m. *eine arithmetische Operation mit Brüchen.*

भिन्नभागहर (wohl fehlerhaft) und °हार (LÎLÂV. 11,15. 12,4) m. *Division von Brüchen.*

*भिन्नभिन्नात्मन् m. *Kichererbsen.*

भिन्नमन्त्र Adj. *der einen Plan verrathen hat* R. 4,55,9.

भिन्नमर्याद (Spr. 4270) und °मर्यादिन् (MÂRK. P. S. 660, Z. 6) Adj. *die Schranken durchbrechend* (eig. und übertr.).

*भिन्नयोजनी f. *Plectranthus scutellarioides* BHÂVAPR. 1,176 (°यानजी Ausg. und Hdschr.).

भिन्नलिङ्ग n. *Incongruenz des Geschlechts in einem Gleichniss.*

भिन्नलिङ्गक Adj. f. (°ङ्गिका) *Wörter verschiedenen Geschlechtes enthaltend.*

भिन्नवचन 1) Adj. (f. आ) *Wörter von verschiedenem Numerus enthaltend.* — 2) n. *Incongruenz des Numerus in einem Gleichniss.*

भिन्नवर्ग m. *das Quadrat eines Bruchs.*

भिन्नवर्चस् Adj. 1) *aperiens, evacuans* KARAKA 1,27. — 2) *dünnen Stuhlgang habend* KARAKA 6,8. 90. Nom. abstr. °त्व n. 18.

भिन्नवर्चस्क Adj. = भिन्नवर्चस् 1).

भिन्नविट्क Adj. 1) = भिन्नवर्चस् 1). Nom. abstr. °त्व n.; nach dem Comm. *Veränderung der Farbe der faeces.* — 2) = भिन्नवर्चस् 2) BHÂVAPR. 4,41,14.

भिन्नवृत्त Adj. 1) *der den guten Wandel aufgegeben hat, einen schlechten W. führend.* — 2) *einen metrischen Fehler enthaltend.*

भिन्नवृत्ति Adj. 1) *mit verschiedenen Dingen beschäftigt.* — 2) *einen verschiedenen Lebensberuf habend* MIT. zu JÂǴṄ. 2,30. — 3) = भिन्नवृत्त 1). Nom. abstr. °ता f. — 4) fehlerhaft für भिन्नवृत्त 2).

भिन्नव्यवकलित n. *Subtraction von Brüchen.*

भिन्नशकृत् Adj. = भिन्नवर्चस् 1) (KARAKA 1,27) und 2) (KARAKA 6,9).

भिन्नसंकलित n. *Addition von Brüchen.*

भिन्नहृति f. *Division von Brüchen* LÎLÂV. 11.

भिन्नाञ्जन n. *gemischte, d. i. mit Oel angemachte Augensalbe.*

भिन्नाञ्जनवर्ण Adj. *von der Farbe des* भिन्नाञ्जन. Nom. abstr. °ता f.

भिन्नार्थ Adj. 1) *verschiedenen Zweckes* Comm. zu ÂPAST. ÇR. 9,1,2. — 2) *deutlich, verständlich.* Nom. abstr. °ता f.

भियस् m. *Furcht;* nur im Acc. und Instr. Sg. Vgl. भियसे.

भियसान Adj. *furchtsam.*

भियसे Dat. Infin. zu 1. भी.

*भिया f. *Furcht.*

*भिरिण्टिका f. *weisser Abrus* RÂǴAN. 3,113.

*भिल्, भिलति, भेलयति (भेदने).

*भिल्म n. als Erklärung von बिल्म.

भिल्ल 1) m. *a)* N. pr. eines wilden Gebirgsvolkes. Am Ende eines adj. Comp. f. आ. — *b) ein Fürst der* Bhilla. — 2) f. ई *ein Weib der* Bhilla 1) *a).*

°चक्रेश्वर m. Beiw. Vishṇu's.

*भिल्लगवी f. *das Weibchen vom Bos Gavaeus* RÂǴAN. 19,28.

*भिल्लतरु m. *Symplocos racemosa* RÂǴAN. 6,211.

*भिल्लभूषणा f. *der Same von Aprus precatorius* RÂǴAN. 3,102.

*भिल्लिन् m. *Symplocos racemosa* RÂǴAN. 6,212.

भिल्लोट und भिल्लोटक (!) m. *eine best. Pflanze.*

भिश्या f. N. pr. einer Frau.

*भिषक्प्रिया f. *Cocculus cordifolius* RÂǴAN. 3,2.

भिषग्जित n. *Arzenei* KARAKA.

*भिषग्भद्रा f. *eine Art Croton* RÂǴAN. 6,162. v. l. विषभद्रा.

भिषग्वती f. Pl. *Bez. von Versen, welche das Wort* भिषज् *enthalten,* ÂPAST. ÇR. 16,11.

भिषग्विद् m. *Arzt* KARAKA 5,12. 6,12.

*भिषज्ञातर् f. *Gendarussa vulgaris* RÂǴAN. 4,47.

Dhanv. 1,7.

1. भिषज्, भिषक्ति *heilen.*

2. भिषज् 1) Adj. *heilend;* m. *Arzt.* Compar. भिषक्तर, Superl. भिषक्तम Karaka 6,30. — 2) m. *a) Heilmittel* Karaka 8,7. — *b)* N. pr. verschiedener Männer.

*भिषज m. N. pr. eines Mannes gaṇa गर्गादि in der Kâç.

भिषज्ञावर्त m. Bein. Kṛshṇa's.

भिषज्य्, भिषज्यति *heilen, curiren; Arzt sein bei Jmd* (Dat.) Bâlar. 136,18. — *für Etwas* (Loc.) auch so v. a. *zu bemeistern verstehen* 76,8. भिषज्ययित u. s. w. Çat. Br. 6,2,2,40 fehlerhaft für भिषज्यित.

भिषज्य 1) Adj. (f. आ) *heilkräftig.* — 2) f. आ *Heilung.*

भिषज्यित 1) Adj. s. u. भिषज्य्. — 2) n. *Heilung, Cur* Karaka 6,5.

भिषय् s. u. 1. भी Caus.

भिषायक m. etwa so v. a. *ein* Jaksha 2te Râgat. 44. 46. 50.

भिषायकपुर n. N. pr. einer *Stadt* 2te Râgat. 109.

*भिष्णज m. N. pr. eines Mannes.

भिष्णज्य्, भिष्णज्यति *heilen* ṚV.

*भिष्मा f. v. l. für भिस्सा.

*भिष्मिका, *भिष्मिटा, *भिष्मिष्टा und *भिस्सटा f. *angebrannter Reis.*

*भिस्सा f. *gekochter Reis* Bhâvapr. 2,14.

*भिस्सिटा f. *angebrannter Reis.* = ओदन Utpala zu Varâh. Jogaj. 6,18.

*भिङ्क (?) m. N. pr. eines Berges.

1. भी, भयते, बिभेति, बिभ्ये (episch), भयमान und भियान; *sich fürchten, — vor* (Abl. oder Gen., ganz ausnahmsweise auch Instr. und Acc.), *fürchten —, besorgt sein für* (Abl.). मा भेः einmal auch zu Vielen gesagt. भीत *sich fürchtend, erschrocken, in Angst seiend, — vor* (Abl., Gen. oder im Comp. vorangehend), *fürchtend für, besorgend* (die Ergänzung im Comp. vorangehend). भीतम् Adv. — Caus. भीषयति (भिषयन्ती metrisch im Bhâg. P.), भीषयते, भाययति und *भापयते *erschrecken* (trans.), *schrecken, einschüchtern.* — *Intens. बेभीयते. — Mit अति *heftig erschrecken.* °भीय Naish. 6,68. — Mit आ in अनाभयिन् und आभील. — Mit नि Caus. (निभाय्य) *schrecken, einschüchtern.* — Mit परि in °भय. — Mit प्र *erschrecken vor* (Abl.). प्रभीत *erschrocken.* — Mit वि *erschrecken* (intrans.). विभीत *erschrocken.* — Caus. (°भीषयति, °ते, °बीभयत्, °बीभिषथास्, °बीभिषस्) *schrecken, einschüchtern.* — Mit सम्, संभीत *sich fürchtend vor* (Gen.).

2. भी f. *Furcht, Schrecken, — vor* (Abl., Loc., Acc. mit प्रति oder im Comp. vorangehend).

भीकर Adj. *Furcht erregend, — durch* (im Comp. vorangehend).

भीणी f. N. pr. einer der Mütter im Gefolge Skanda's. भीती v. l.

भीत 1) Adj. s. u. 1. भी. — 2) *n. *Furcht* Med. t. 40.

भीतगायन m. *ein schüchterner Sänger* S.S.S. 117.

भीतंकारम् Adv. mit आ-क्रुश् *Jmd* (Acc.) *Feigling schimpfen* Bhaṭṭ.

भीतभीत Adj. *über die Maassen erschrocken, — ängstlich.*

भीतवत् Adv. *erschrocken, in Angst* 74,13. Spr. 4593.

भीति f. 1) *Furcht, — vor* (Abl. oder im Comp. vorangehend). °भीतितस् *aus Furcht vor* 120,9. — 2) *Gefahr.*

भीतिकृत् Adj. *Furcht erregend.*

भीतिच्छिद् Adj. *alle Gefahren fernhaltend* Spr. 4586.

भीतिमत् Adj. *furchtsam, scheu* Hâsj. 10.

भीती f. N. pr. einer der Mütter im Gefolge Skanda's MBh. 9,46,27.

भीम 1) Adj. (f. आ) *furchtbar, schrecklich.* भीम° Adv. — 2) m. *a)* **Rumex vesicarius* Râgan. 6,129. — *b)* Bein. Rudra-Çiva's und Name *eines der acht Formen* Çiva's. — *c)* N. pr. α) eines der 11 Rudra. — β) eines Devagandharva. — γ) eines Deva Jagńamush. — δ) eines Dânava. — ε) eines Vidjâdhara. — ζ) eines Sohnes des Rakshas Kumbhakarṇa. — η) N. pr. verschiedener Männer, unter andern des zweiten Sohnes des Pâṇḍu. Pl. Bhîma's *Geschlecht.* — 3) f. भीमा *a)* **Peitsche.* — *b)* **Gallenstein des Rindes.* — *c) eine Form der* Durgâ Hariv. 9533. — *d)* N. pr. α) einer Apsaras. — β) verschiedener Flüsse. — γ) einer Oertlichkeit. — δ) einer Stadt Eitel, Chin. B.

भीमक m. N. pr. eines Unholds.

भीमकर्मन् Adj. *furchtbare Werke vollbringend.*

भीमखण्ड n. Titel eines *Abschnitts* im MBh. (Opp. Cat. 1) und im Skandapurâṇa.

*भीमगव oder *भीमगु m. N. pr. eines Mannes. Vgl. भैमगव.

भीमगुप्त m. N. pr. eines Fürsten.

भीमग्राहवत् Adj. *furchtbare Krokodile bergend* MBh. 5,186,37.

*भीमचन्द्र m. N. pr. eines Fürsten.

*भीमजननी f. Bhîma's *Mutter,* Bein. der Gaṅgâ Râgan. 14,16.

भीमजा f. Patron. der Damajantî Naish. 6,88.

भीमजानु m. N. pr. eines Fürsten.

भीमता f. *Furchtbarkeit.*

भीमतिथि f. *der 11te Tag in der lichten Hälfte des* Mâgha.

भीमदर्शन Adj. *von furchtbarem Aussehen.*

भीमद्वादशी f. *der 12te Tag in der lichten Hälfte des* Mâgha. °व्रत n. *eine best. Begehung.*

भीमधन्वन् m. N. pr. eines Prinzen.

*भीमनगर n. N. pr. einer *Stadt.*

1. भीमनाद m. *ein furchtbarer Ton.*

2. भीमनाद 1) Adj. *einen furchtbaren Ton von sich gebend.* — 2) m. *a)* **Löwe.* — *b)* Bez. *einer der 7 Wolken beim Untergange der Welt.*

भीमनायक m. N. pr. eines Mannes.

भीमनिका f. N. pr. einer Tochter Kṛshṇa's Hariv. 2,103,8. भीमरिका v. l.

भीमत्त् Adj. *erschrocken.*

1. भीमपराक्रम m. Titel eines Werkes.

2. भीमपराक्रम 1) Adj. *einen furchtbaren Muth besitzend.* — 2) m. N. pr. eines Mannes.

भीमपाल m. N. pr. eines Fürsten.

भीमपुर n. N. pr. einer *Stadt.*

भीमबल 1) Adj. *eine furchtbare Kraft besitzend.* — 2) m. N. pr. *a)* eines Deva Jagńamush. — *b)* eines Sohnes des Dhṛtarâshṭra.

भीमभट m. N. pr. eines Mannes.

भीमभट्ट m. N. pr. eines Autors.

*भीमभवा f. Patron. der Damajantî.

भीमभवी Adv. mit भू *die Gestalt der* Damajantî *annehmen* Naish. 6,61.

भीमभुज 1) Adj. *furchtbare Arme habend.* — 2) m. N. pr. eines Mannes.

भीममुख 1) Adj. *ein furchtbares Gesicht habend.* — 2) m. N. pr. eines Affen.

भीमयु Adj. *furchtbar, schrecklich.*

*भीमर n. *Schlacht, Kampf.*

भीमरथ 1) m. N. pr. *a)* eines Rakshas. — *b)* verschiedener Männer. — 2) f. आ und ई (Hariv. 9512) N. pr. eines Flusses Râgan. 14,32. — 3) f. ई Bez. *der 7ten Nacht im 7ten Monat des 77sten Lebensjahres.*

भीमरिका f. N. pr. einer Tochter Kṛshṇa's. भीमनिका v. l.

भीमल Adj. *furchtbar, schrecklich.*

भीमविक्रम 1) Adj. *furchtbare Tapferkeit besitzend.* — 2) m. N. pr. eines Sohnes des Dhṛtarâshṭra.

*भीमविक्रान्त 1) Adj. *furchtbar muthig.* — 2) m. *Löwe.*

भीमवेग 1) Adj. *furchtbare Geschwindigkeit besitzend.* — 2) m. N. pr. *a)* eines Dânava. — *b)* eines Sohnes des Dhṛtarâshṭra.

भीमवेगरव 1) Adj. *eine furchtbare Geschwindigkeit besitzend und einen furchtbaren Laut von sich gebend.* — 2) m. N. pr. eines Sohnes des Dhṛtarâshṭra.

भीमशंकर n. Name eines Liṅga.

भीमशर m. N. pr. eines Sohnes des Dhṛtarâshṭra.

*भीमशासन m. Bein. Jama's.

भीमशाह m. N. pr. eines *Fürsten*.

*भीमशुक्ल m. desgl.

भीमसिंहपण्डित m. N. pr. eines Dichters.

भीमसेन m. 1) N. pr. *a*) eines Devagandharva. — *b*) eines Jaksha. — *c*) verschiedener Männer, unter andern des 2ten Sohnes des Pâṇḍu. — 2) **eine Art Kampfer* Râǵan. 12,62.

भीमसेनमय Adj. *aus lauter* Bhîmasena's (Pâṇḍu's Sohne) *bestehend*.

भीमस्वामिन् m. N. pr. eines Brahmanen.

*भीमहास n. *zur Sommerzeit in der Luft herumfliegende Baumwollenflocken*.

भीमाकर und भीमादेव m. N. pr. zweier Männer.

भीमामाहात्म्य n. Titel eines Werkes.

भीमेश und भीमेश्वर n. N. pr. einer dem Çiva geheiligten Oertlichkeit.

भीमेश्वरतीर्थ n. N. pr. eines Tîrtha.

भीमेश्वरमाहात्म्य n. Titel eines Werkes.

भीमैकादशी f. *der 11te Tag in der lichten Hälfte* des Mâgha.

*भीमोत्तर m. N. pr. eines Kumbhâṇḍa.

भीमोदरी f. Bein. der Umâ.

भीमौजस् Adj. *von furchtbarer Kraft* Mahâvîrak. 53,14.

*भीर n. Siddh. K. 249,b,1.

*भीरक m. *eine Art Zuckerrohr*. Richtig भीरुक.

भीरु 1) Adj. (f. ebenso und भीरू, Nom. Pl. भीरवस्) *furchtsam, schüchtern, feig; sich fürchtend —, sich scheuend vor* (Abl. oder im Comp. vorangehend). परत्र *vor dem Jenseits* 211,12. भीरु Voc. f. häufig in der Anrede. — 2) *m. *a*) *Schakal*. — *b*) *Tiger* Râǵan. 19,4. — *c*) Name *verschiedener Fische* Râǵan. 17,52. 55. — *d*) *Julus, Hundertfuss*. — *e*) *eine Art Zuckerrohr*. — *f*) *Asparagus racemosus*. — 3) *f. *a*) *Schatten*. — *b*) *Ziege* Râǵan. 19,42. — *c*) *Solanum Jacquini*. — 4) n. *a*) *eine best. Pflanze*. — *b*) **Silber*.

भीरुक 1) Adj. *furchtsam, feig; sich scheuend vor* (im Comp. vorangehend). — 2) m. *a*) **Eule*. — *b*) **Bär*. — *c*) *eine Art Zuckerrohr*. — *d*) *N. pr. eines Mannes. — 3) *n. *Wald*.

भीरुकच्छ m. Pl. N. pr. eines Volkes. Richtig भरु°.

*भीरुचेतस् m. *Gazelle*.

भीरुण in अभीरुण (so AV.).

भीरुता f. und भीरुत्व n. *Furchtsamkeit, Furcht —, Scheu vor* (im Comp. vorangehend).

*भीरुपत्त्री f. *Asparagus racemosus*.

भीरुभीरु Adj. *überaus furchtsam, — scheu* Hariv. 3,86,25.

भीरुमय Adj. Hit. 116,8 fehlerhaft.

*भीरुरन्ध्र m. *Ofen*.

*भीरुष्ठान n. P. 8,3,81.

भीरुसत्त्व Adj. *furchtsam*.

*भीरुहृदय 1) Adj. dass. — 2) m. *Gazelle*.

*भीलभूषणा f. fehlerhaft für *भिल्ल°.

*भीलु Adj. *furchtsam*.

भीलुक 1) Adj. *furchtsam, feig; sich scheuend vor* (im Comp. vorangehend). — 2) *m. *Bär*.

भीषक N. pr. 1) *m. eines Wesens im Gefolge Çiva's. — 2) f. °षिका einer Göttin.

भीषज n. Kâth. 11,5 wohl nur fehlerhaft für भेषज.

भीषटाचार्य (?) m. N. pr. eines *Lehrers*.

भीषण 1) Adj. (f. आ und ई) *a*) *Jmd* (Gen. oder im Comp. vorangehend) *in Furcht versetzend, Schrecken erregend*. Auch in Comp. mit dem Wodurch, Wie und einer Zeit (129,21). — *b*) *= गाढ. — 2) m. *a*) *Bein. Çiva's. — *b*) *eine Form* Bhairava's, = Jama. — *c*) **Boswellia thurifera* Râǵan. 12,120. — *d*) **Phoenix paludosa* Râǵan. 9,91. — *e*) **Taube* Râǵan. 19,106. — *f*) N. pr. eines Rakshas. — 3) f. आ N. pr. einer Göttin, = निर्ऋति Ind. St. 14,357. — 4) n. *das Erschrecken* (trans.), *in Furcht Versetzen*.

भीषणक Adj. = भीषण 1) *a*).

भीषणत्व n. Nom. abstr. zu भीषण 1) *a*).

भीषणीय Adj. *Schrecken erregend* Kârand. 39,11.

भीषय् s. u. dem Caus. von 1. भी.

1. भीषा f. *Einschüchterung*.

2. भीषा Instr. Adv. *aus Furcht, — vor* (Abl.).

भीषिदास m. N. pr. eines Mannes.

भीषुगति (!) Adj. *einschüchternd* Bhâvapr. 1,86.

भीष्म 1) Adj. *schrecklich, furchtbar*. — 2) m. *a*) *der Tod* Comm. zu Njâjas. 1,1,2. — *b*) *Bein. Çiva-Rudra's. — *c*) **ein* Rakshas. — *d*) N. pr. eines Sohnes der Gaṅgâ, des Aeltervaters der Bharata. Pl. *sein Geschlecht*.

भीष्मक m. 1) = भीष्म 2) *d*) in verächtlicher Rede. — 2) N. pr. des Vaters der Rukmiṇî.

भीष्मगर्जितघोषस्वरराज m. N. pr. einer Unzahl von Buddha's Eitel, Chin. B.

*भीष्मजननी f. Bein. der Gaṅgâ.

भीष्मपञ्चक n. *die fünf dem* Bhîshma *geheiligten Tage, die Tage vom 11ten bis zum 15ten in der lichten Hälfte des* Kârttika, *und die an diesen Tagen stattfindende Begehung* (vollständig °व्रत n.) Agni-P. 205,1. fgg.

भीष्मपर्वन् n. Titel des 6ten *Buchs* im MBh.

भीष्ममुक्तिप्रदायक Adj. Beiw. Vishṇu's.

भीष्मरत्न n. *Edelstein*.

*भीष्मसू f. Bein. der Gaṅgâ.

भीष्मस्तवराज m. Titel des 47sten Adhjâja im 12ten Buche des MBh.

भीष्मस्तुति f. Titel eines *Lobgesanges* Opp. Cat. 1.

भीष्मस्वरराज m. N. pr. eines Buddha.

भीष्माष्टमी f. *der 8te Tag in der lichten Hälfte* des Mâgha.

°भु Adj. = 2. भू *werdend, entstanden*.

भुखार m. *die Bucharei*.

भुक् Interj. *bauz!*

भुक्कभूपाल m. N. pr. eines Fürsten.

भुक्त 1) Adj. s. u. 3. भुज्. — 2) n. *a*) *das Essen* (Nom. act.). — *b*) *das Genossene, Speise*. Am Ende eines adj. Comp. — *zur Speise habend, von — sich nährend*. — *c*) *der Ort, wo man gespeist hat*.

भुक्तपीत Adj. *der gegessen und getrunken hat* 127,5.

*भुक्तपूर्विन् Adj. *der früher Etwas* (Acc.) *genossen hat*.

भुक्तभोग Adj. (f. आ) *gebraucht, benutzt*.

भुक्तभोग्य Adj. (f. आ) *wovon das zu Benutzende benutzt worden ist* Çvetâçv. Up. 4,5. v. l. भुक्तभोग.

भुक्तमात्र, Loc. *unmittelbar nach dem Essen*.

भुक्तवत् Adj. *gegessen habend*. Statt des Verb. fin. 122,10.

*भुक्तविभुक्त Adj. gaṇa शाकपार्थिवादि.

भुक्तवृद्धि f. *das Blähen der Speisen im Magen*.

भुक्तशेष und *°क n. *die Ueberbleibsel einer Mahlzeit*.

*भुक्तसमुज्झित n. dass.

भुक्तसुप्त Adj. *nach dem Essen schlafend*.

भुक्ति f. 1) *das Essen, Geniessen, Genuss*. °वर्जित Adj. *ungeniessbar*. — 2) *Benutzung, Niessbrauch*. °दान n. Pañkad. — 3) *Speise*. — 4) in der Astr. *die tägliche Bewegung eines Gestirns*.

भुक्तिपात्र n. *Speiseschüssel*.

*भुक्तिप्रद m. *Phaseolus Mungo* Râǵan. 16,37.

भुक्तिमती f. N. pr. eines Flusses MBh. 6,9,35.

भुक्तिसप्तशती f. Titel eines Gedichts Opp. Cat. 1.

*भुक्तोच्छिष्ट n. *Speiseüberbleibsel*.

*भुक्तासुक्ति Adj. *der sich satt gegessen hat.*

भुखर m. Pl. N. pr. *die Bucharen* R. Gorr. 1, 56,3, v. l. (Th. vi, S. 443).

भुगिभुग् mit folgendem इति onomatop. vom *Ton des flackernden Feuers* Sâj. zu RV. 1,127,6.

भुग्न s. u. 1. भुज्.

भुग्नदृश् und भुग्ननेत्र Adj. *mit Verdrehung der Augen verbunden* (Fieber) Bhâvapr. 3,77. 96.

भुङ् Einschubsilbe in gewissen Sâman zur Hindeutung auf das भोगसाधनं गुह्यमङ्गम्.

भुङ्क्तिभुङ्क्ति Adj. nach dem Comm. *hungrig und durstig.*

1\. भुज्, भुजति *biegen.* — Pass. भुज्यते *gebeugt —, entmuthigt werden.* — भुग्न 1) *gebogen, gekrümmt, gefurcht* (Brauen), *seitwärts gedrängt, verdreht* (Augen). — 2) *gebeugt, entmuthigt.* — 3) Bez. des Samdhi von ओ *und* औ *vor nicht-labialen Vocalen.* — Mit अव *einbiegen.* °भुग्न *niedergebogen.* — Mit प्रत्यव *zurückbiegen.* — Mit आ *einbiegen.* पर्यङ्कमाभुज्य *die Beine beim Sitzen unterschlagend* Vagrakkh. 19,9.10. Kârand. 85,8. 86,8 आभुग्न *gebogen, gekrümmt, zur Seite gedrängt.* — Mit व्या, °भुग्न *gebogen.* — Mit नि *beugen, senken.* — Mit निस् *bei Seite liegen, — schieben, aus der Stelle rücken, herausschieben aus* (Abl. RV. 6,62,6). ओष्ठौ *die Lippen verziehen.* Pass. *sich bei Seite drücken, entwischen.* निर्भुग्न *gebogen, verdreht* (Augen). — Mit विनिस् *bei Seite biegen.* — Mit परि *umspannen, umfangen.* °भुग्न *gebogen* Bhatt. — Mit प्र *beugen; falten, zusammenlegen.* — Mit *वि, °भुग्न *umgebogen.* — Mit प्रवि *umbiegen.* — Mit सम् *umwinden* Comm. zu Âpast. Çr. 7,11,5. संभुग्न *zusammengebogen.*

2\. भुज् in त्रिभुज्.

3\. भुज्, भोजति, भुनक्ति, भुङ्क्ते, भुञ्जति (भुञ्जती Partic. f.), °ते, भुक्त Partic. 1) *geniessen, Etwas zu geniessen haben,* sowohl *zu Nutzen haben, mit Nutzen besitzen, benutzen, sich dem Genuss von Etwas hingeben,* als vom *Genuss von Speisen;* in der älteren Sprache mit Instr., in der späteren meistentheils mit Acc. Ohne Object *seine Mahlzeit halten* und *fressen* (von Thieren); die Erde, ein Land, eine Stadt (Acc.) *geniessen, den Nutzen von ihr haben,* so v. a. *beherrschen* und *sich in den Besitz setzen* (von einem Fürsten gesagt); *Jmd* (Acc.) *geniessen,* so v. a. *sich zu Nutzen machen, ausbeuten* und *geschlechtlich geniessen.* In der späteren Sprache gewöhnlich Med. — 2) *Etwas* (Acc., ausnahmsweise Instr.) *zu geniessen haben,* so v. a. *zu büssen haben bei Jmd* (Gen.), *den Lohn für Etwas* (Acc.) *davontragen.* — 3) Act. *Jmd* (Acc.) *zu Nutzen sein, zu Gute kommen, frommen, dienen.* Einmal v. l. Med. — 4) in der Astr. *durchlaufen,* mit Acc. Spr. 7740 (zugleich *geniessen, verzehren*). Eine best. Zeit *durchlaufen,* so v. a. *verleben, währen, erfüllen, dauern.* — Wird mit युज् verwechselt. — Caus. भोजयति, °ते (metrisch) 1) *Jmd Etwas essen lassen, speisen mit;* mit doppeltem Acc. oder mit Acc. der Person und Instr. der Sache. — 2) ausnahmsweise *Jmd Etwas geniessen lassen* überh. — 3) *als Nahrung geniessen, — gebrauchen* Karaka 6,18. — Desid. बुभुक्षति (einmal), °ते 1) *zu essen wünschen, hungrig sein.* — 2) *zu geniessen —, theilhaftig zu werden wünschen* Naish. 6,100. — बुभुक्षित s. bes. — Intens. 1) बोभुजीति *geniessen.* — 2) बोभुज्यते *vielfach verspeist werden.* — Mit अधि *verspeisen, geniessen* überh. — Mit अनु 1) *den Lohn für Etwas* (Acc.) *geniessen.* — 2) *geniessen, theilhaftig werden, theilnehmen an.* — 3) in der Astr. *durchlaufen.* — Mit अभि *Jmd* (Acc.) *nützlich sein, dienen.* — Mit आ in 2. *आभोग, आभोगय u. s. w. — Mit समा *geniessen,* so v. a. *herrschen über* (Acc.). — Mit उप 1) *geniessen, essen, verspeisen, verzehren; geniessen* auch so v. a. *benutzen, gebrauchen, Nutzen ziehen aus, leben von, beherrschen; theilhaftig werden* (auch von Unangenehmem). *Jmd benutzen* auch so v. a. *der Liebe pflegen mit* (statt des Acc. der Person auch शरीरम्). — 2) *den Lohn für Etwas* (Acc.) *haben.* — 3) Act. *Jmd* (Acc.) *zu Nutzen sein, dienen.* — Mit प्रत्युप *geniessen, verspeisen.* — Mit समुप *der Liebe pflegen mit* (Acc.). — Mit परि 1) *Etwas vorweg essen.* — 2) *Jmd* (Acc.) *beim Essen übergehen, ohne Essen lassen.* — 3) *verspeisen, auf —, verzehren* Kâd. 2,118,1 (145,6). — 4) *geniessen, benutzen, gebrauchen.* — परिभुज्यत्तम् MBh. 11,97 fehlerhaft für °भुज्यन्तम्. — परिबुभुक्षित s. bes. (Nachtr. 4). — Mit प्र 1) **zu essen anfangen.* — 2) Act. *dienstfertig sein.* — Mit प्रति 1) *geniessen.* — 2) *neben der Cur Etwas geniessen* Karaka 1,13. प्रतिभुक्त *Diät gehalten habend* 6,26. *neben der Cur von —* (Instr.) *gelebt habend* 20. — Caus. लघ्वन्नप्रतिभोजित *den man neben der Cur leichte Speisen geniessen liess* Bhâvapr. 3,21.38. — Mit वि in *भुक्तविभुक्त. — Mit सम् 1) *zusammen geniessen, ein gemeinsames Mahl halten* AV. 3,10,7. 11,2,31. Âpast. 2,17,9 (wohl संभुञ्जतां zu lesen). — 2) *geniessen, fleischlich geniessen.* — 3) in der Astr. *durchlaufen.* संभुक्त Manittha bei Utpala zu Varâh. Brh. 26 (24),4. — Caus. *Jmd* (Acc.) *speisen mit* (Instr.).

4\. भुज् 1) f. *das Nutzenbringen, Zugutekommen, Frommen; Genuss, Vortheil, Nutzen; das Haben, die Habe.* Dat. भुजे auch als Infin. — 2) Adj. am Ende eines Comp. *a) geniessend, essend, theilhaftig, fleischlich geniessend.* In Verbindung mit Wörtern, die Erde bedeuten, so v. a. *beherrschend, Fürst, König.* — *b) den Lohn für Etwas geniessend.* — *c) Nutzen bringend, frommend.* — *d) durchlaufend, erfüllend* (von der Zeit).

भुज 1) m. *a) Arm.* भुजयोरन्तरम् so v. a. *Brust.* Am Ende eines adj. Comp. f. आ. — *b) Rüssel* (eines Elephanten). — *c) Ast.* — *d) Seite einer geometrischen Figur.* — *e) die Länge eines Schattens.* — 2) f. आ *a) Windung, Ring* (einer Schlange). — *b) Arm* Ind. St. 15,368. Pr. P. 75. — *c)* = 1) *d)* Ârjabh. 2,6. Hemâdri 1,131,13. 14.

*भुजकोटर m. *Achselgrube.*

भुजग 1) m. (adj. Comp. f. आ) *Schlange, Schlangendämon.* Nom. abstr. °त्व n. 50,10. — 2) f. ई *a) Schlangenweibchen.* — *b)* **ein best. Strauch* Râgan. 5,126. — 3) (wohl n.) *Zinn* oder *Blei.*

*भुजगदारण m. Bein. Garuḍa's.

भुजगपति m. *Schlangenfürst.*

भुजगपुष्प m. *eine best. Pflanze.*

भुजगराज m. *Schlangenfürst,* Bein. Çesha's.

भुजगराजाय्, °यते *zum Schlangenfürsten werden.*

*भुजगलता f. *Betelpfeffer* Râgan. 11,253.

भुजगशिशुसृत 1) Adj. (f. आ) *den Gang einer jungen Schlange habend.* — 2) f. आ *ein best. Metrum.*

*भुजगान्तक (Râgan. 19,84), *भुजगाभोजिन् (!) und *भुजगाशन m. Bein. Garuḍa's.

भुजगेन्द्र m. *Schlangenfürst, eine grosse Schlange.*

भुजगेश्वर m. Bein. *des Schlangenfürsten* Çesha Spr. 7720.

भुजंग 1) m. *a) Schlange, Schlangendämon.* — *b)* Bez. *der Zahl acht.* — *c) der Liebhaber einer Buhldirne, Galan* (292,30. Spr. 7752. 7822), *der liederliche Gefährte eines Fürsten.* Auch in gutem Sinne *der beständige Gefährte eines Fürsten* (Harshak. 55,17) und *Gatte* (in पृथिवी°). — *d) ein best.* Daṇḍaka-*Metrum.* — *e)* N. pr. eines Mannes. — 2) f. ई *a) Schlangenweibchen, Schlangenjungfrau.* — *b)* **ein best. Strauch.* — 3) (wohl n.) *Zinn* oder *Blei.* Nach Garbe zu Râgan. 13,56 = भूनाग.

भुजंगकन्या f. *ein junges Schlangenweibchen.*

*भुजंगघातिनी f. *eine best. Pflanze.*

*भुजंगजिह्वा f. *eine der Sida cordifolia verwandte Pflanze* Râgan. 4,98.

*भुजंगदमनी f. *eine best. Pflanze.*

*भुजंगपर्णिनी f. *Artemisia vulgaris* oder *Alpinia nutans* Madanav. 28,285.

भुजंगपुष्प m. *eine best. Pflanze.*

भुजंगप्रयात n. 1) *Schlangengang.* — 2) *ein best. Metrum.* — 3) Titel eines Lobgesanges auf Çiva.

भुजंगप्रयाताष्टक n. Titel eines Werkes.

भुजंगभ n. *das Mondhaus* Âçleshâ.

*भुजंगभुज् m. 1) *Pfau.* — 2) Bein. Garuḍa's.

*भुजंगभोगिन् m. *Pfau* Râǵan. 19,95. v. l. °भोजिन्.

भुजंगभोजिन् m. 1) * *Pfau* Râǵan. 19,95. — 2) * *eine Schlangenart.* — 3) Bein. Garuḍa's.

भुजंगम 1) m. *a*) *Schlange, Schlangendämon.* — *b*) Bez. *der Zahl acht.* — *c*) Bein. Râhu's. — *d*) * N. pr. eines *Schlangendämons.* — 2) f. आ *Schlangenweibchen, ein weiblicher Schlangendämon.* — 3) * n. *Blei* Râǵan. 13,24.

भुजंगममय Adj. *aus Schlangen bestehend* Ind. St. 14,380.

*भुजंगलता f. *Betelpfeffer.*

भुजंगविजृम्भित n. *ein best. Metrum.*

भुजंगसंगता 1) Adj. f. *mit ihrem Buhlen zusammengekommen.* — 2) f. *ein best. Metrum.*

*भुजंगहन् m. Bein. Vishṇu's.

*भुजंगाक्षी f. Bez. *zweier Pflanzen,* = नकुलेष्टा und रास्ना Bhâvapr. 1,174.

*भुजंगाख्य m. *Mesua Roxburghii.*

भुजंगिका f. N. pr. eines Dorfes.

भुजंगेन्द्र m. *Schlangenfürst.*

भुजंगेरित n. *ein best. Metrum.*

भुजंगेश m. *Schlangenfürst,* Bein. Piṅgala's.

भुजच्छाया f. *Schatten der Arme, so v. a. sichere Obhut* 157,5.

भुजज्या f. *Sinus.*

भुजदण्ड (Git. 11,34) und *°क (Med. ṭ. 23) m. *ein langer Arm.*

*भुजदल m. *Hand.*

भुजनगर n. N. pr. einer *Stadt.*

भुजफल n. *the result from the base-sine.*

भुजबन्धन n. *Umarmung* Git. 10,3.

भुजबल und °भीम m. N. pr. eines Autors.

भुजम् Absol. von 1. भुज् in भुजंग und भुजंगम.

भुजमध्य n. *Brust.*

भुजमूल n. *Achsel.*

भुजयष्टि f. *ein langer, schlanker Arm* Ragh. 11, 17.

भुजलता f. dass. 304,24. Megh. 94.

भुजवीर्य Adj. *armkräftig* Pr. P. 85.

भुजशालिन् Adj. *mit kräftigen Armen versehen.*

*भुजशिखर und *भुजशिरस् n. *Schulter.*

भुजसंभोग m. *Umarmung* R. ed. Bomb. 5,10,45.

भुजस्तम्भ m. *Lähmung der Arme* Bhâvapr. 1,2.

भुजाग्र n. (adj. Comp. f. आ) 1) *Hand.* — 2) * *Schulter.*

भुजाघात m. *ein Schlag mit dem Arme* MBh. 2, 23,23.

भुजाङ्क m. *Umarmung* R. 5,14,22.

*भुजादल m. *Hand.*

भुजान्तर n. 1) *Brust.* — 2) *eine best. astron. Correction.*

भुजान्तराल n. *Brust.*

भुजाभुजि Adv. *Arm gegen Arm, im Handgemenge* Naish. 9,79.

*भुजामध्य n. *Ellbogen.*

भुजामूल n. *Achsel.*

भुजालता f. (adj. Comp. f. आ) *ein schlanker Arm* Çiç. 7,71.

1. भुजि f. *Umschlingung* RV. 10,106,4.

2. भुजि 1) f. *a*) *Gewährung von Genuss, Gunst.* — *b*) *Gönner.* — 2) * m. *Feuer.*

भुजिङ्ग m. Pl. N. pr. eines Volkes. v. l. कलिङ्ग.

भुजिष्ठ s. अभुजिष्ठ (Nachtr. 4).

भुजिष्य, भुजिष्य 1) Adj. *a*) *Nahrung gewährend* oder *nutzbar* überh. — *b*) * *frei, unabhängig.* — 2) m. *a*) *Diener, Sclave.* Nom. abstr. भुजिष्यता f. Kandak. 65,4. — *b*) * *Gefährte.* — *c*) * *eine vor der Hochzeit dem Mädchen um das Handgelenk geschlungene Schnur.* — *d*) * *Hand.* — *e*) * *Schnur.* — 3) f. भुजिष्या *a*) *ein von Andern abhängendes, für Andere arbeitendes Frauenzimmer.* — *b*) * *Hure.*

भुजे Dat. Infin. zu 3. भुज् RV.

भुजोपपीडम् Absol. *in die Arme drückend* Daçak. 91,7.

भुज्मन् Adj. etwa *fruchtbar.* RV. 1,65,3 ist भुज्मा st. भुज्म zu vermuthen.

1. भुज्यु 1) Adj. *biegsam, geschmeidig.* — 2) m. N. pr. eines Mannes. — 3) f. vielleicht *Natter.*

2.*भुज्यु m. 1) *Topf, Gefäss.* — 2) *Speise.* — 3) *Feuer.*

भुञ्जापय्, °यति *speisen, zu essen geben* Spr. 2703, v. l.

भुट्ट (Conj.) m. N. pr. eines Mannes.

भुट्टपुर m. N. pr. einer *Stadt.*

भुट्टेश्वर m. N. pr. eines von Bhuṭṭa errichteten Heiligthums.

भुटु m. N. pr. fehlerhaft für भुट्ट.

*भुणिक m. N. pr. eines Mannes.

*भुण्ड्, भुण्डते (भरणे, वृतौ).

भुण्ड Paṅkad. von unbekannter Bed.

भुमन्यु m. N. pr. eines Sohnes 1) des Bharata. — 2) des Dhṛtarâshṭra.

भुय्य m. N. pr. eines Mannes.

भुर्, भुरति, °ते *rasche und kurze Bewegungen machen, zappeln, zucken.* — Intens. (जर्भुरीति, जर्भुरत्, जर्भुराण) dass. und *züngeln* (vom Feuer). — Mit परि Intens. *umherzucken* (vom Licht). — Mit सम् Intens. *in schneller Bewegung sein.*

भुरज्, भुरजन्त statt भ्रजन्त = भ्रज्जन्त *braten* (intrans.).

भुरण Adj. *rührig.* = भर्तर् Comm.

भुरण्य्, भुरण्यति 1) *zucken, unruhig —, rührig sein.* — 2) *in unruhige Bewegung versetzen.*

भुरण्यु Adj. *zuckend, unruhig; eifrig, beweglich.*

भुरि m. N. pr. eines Sohnes des Âpa VP.[2] 2,23.

भुरिज् f. 1) Du. *a*) *Scheere.* — *b*) *ein aus zwei Armen bestehendes Werkzeug des Wagners, in welchem er das Holz festhält und bearbeitet;* etwa *Schnitzbank.* — *c*) * *die Arme.* — *d*) * *Himmel und Erde.* — 2) *ein best. Metrum.* — 3) Bez. *gewisser Einschiebungen in liturgischen Recitationen.* — 4) * *die Erde.*

भुरिषह् (stark °षाह्) Adj. *viel in sich fassend* RV. 9,88,2.

भुरुण्ड m. 1) *ein best. Thier* — 2) N. pr. eines Mannes.

*भुर्भुरिका und *भुर्भुरी f. *eine Art Gebäck.* Richtig घर्घरिका und घर्घरी.

भुर्वणि Adj. *unruhig, ungeduldig.*

भुर्वन् *unruhige Bewegung* (des Wassers).

भुव 1) m. *a*) Bez. des Agni (nach Mahidh.). — *b*) N. pr. eines Sohnes des Pratihartar VP. 2, 1,38. — 2) wohl n. = भुवस् *das Luftgebiet.* — 3) * *Schwamm.*

भुवद्वसु Adj. etwa *Gedeihen gebend.*

भुवन 1) n. *a*) *Wesen, belebtes Wesen, ein existirendes Ding.* — *b*) *Welt, die Erde.* भुवनद्वय n. *Himmel und Erde,* भुवनत्रय (252,8) n. *Himmel, Luftraum und Erde.* Es werden auch 7 und 14 Welten angenommen. 14 *Reiche* auf Erden Spr. 6155. Ausnahmsweise auch m. — *c*) *Ort der Existenz, Aufenthalt.* — *d*) * *Haus.* — *e*) * *das Werden* oder *Gedeihen.* — *f*) * *das zur Existenz Bringen.* — *g*) * *Wasser.* — 2) m. *a*) *ein best. Monat.* — *b*) N. pr. α) eines Rudra. — β) verschiedener Männer.

भुवनकोश m. *die Weltkugel; die Erdkugel* Kâd. 101,12.

भुवनचन्द्र m. N. pr. eines Mannes.

भुवनचरित n. *das Treiben der Welt* Spr. 7722.

भुवनच्यव Adj. *welterschütternd.*

भुवनतल n. *der Erdboden, die Erde* Spr. 7796.

भुवनदीपक m. und °दीपिका (Bühler, Rep. No.

541) f. Titel zweier Werke.

भुवनद्विष् m. *ein Feind der Welt*, — *der Erde* Çiç. 1,40.

भुँवनपति m. *Wesenherr*, *Weltgebieter*. Auch fehlerhaft für भवनपति.

भुवनपावन 1) Adj. (f. ई) *weltreinigend*. — 2) f. ई Bein. der Gaṅgâ.

भुवनप्रणेतर् m. *die als Schöpfer personificirte Zeit* Javaneçvara bei Utpala zu Varâh. Bṛh. 1,5.

भुवनभर्तर् m. *Herr der Welt*, — *der Erde*.

भुवनमती f. N. pr. einer Fürstin.

भुवनमल्लवीर m. N. pr. eines Mannes.

भुवनमातर् f. *die Weltmutter*, Durgâ Vâstuv. 1.

भुवनमालिनीकल्प m. Titel eines Werkes.

भुवनराज m. N. pr. eines *Fürsten*.

भुवनवृत्तान्त m. *der Hergang in der Welt* Daçak. 40,2.

भुवनशासिन् m. *Fürst*, *König*.

भुवनसद् Adj. *in der Welt ruhend*, — *befindlich*.

भुवनाण्डक n. *das Weltei* Kâd. 3,11.

भुवनाद्भुत Adj. *die Welt in Staunen versetzend*.

भुवनाधीश m. N. pr. eines Rudra.

भुवनाधीश्वर m. desgl. Hemâdri 1,171,18.

भुवनानन्द m. N. pr. eines Mannes.

भुवनाभ्युदय m. Titel eines Gedichts.

भुवनेश 1) m. *a*) *Herr der Welt* Çvetâçv. Up. 6,7. — *b*) N. pr. α) eines Rudra. — β) einer Oertlichkeit. — 2) f. ई N. pr. einer Göttin.

भुवनेशानी f. *Herrin der Welt*.

भुवनेशीपारिजात m. Titel eines Werkes.

भुवनेश्वर 1) m. *Herr der Welt*, — *der Erde a*) Bein. Çiva's. — *b*) *Fürst*, *König*. — 2) f. ई *Herrin der Welt*, Bein. verschiedener Göttinnen. — 3) n. N. pr. eines Tempels und einer Stadt, die Çiva geheiligt sind.

भुवनेश्वरमाहात्म्य n. Titel eines Werkes.

भुवनेश्वरीकल्पपटल n. (Opp. Cat. 1), °रीतन्त्र n., °रीपञ्चाङ्ग n., °रीरहस्य n. und °रीस्तोत्र n. Titel von Werken.

भुवनेष्ठा Adj. *in den Wesen* oder *in der Welt befindlich*.

भुवनौकस् m. *Himmelsbewohner*, *ein Gott*.

भुवन्ति m. = भुवं तनोति, भूमण्डलविस्तारक nach Mahîdh.

भुँवपति m. in Formeln neben भुँवनपति.

भुवभर्तर् m. *Herr des Luftgebiets* (Comm.).

*भुवंमन्य Adj.

भुवंमन्यु m. N. pr. v. l. für भवन्मन्यु VP.[2] 4,136.

भुवर्लोक m. = भुवस् 1) VP. 2,7,1. 6,3,26.

भुँवस् Indecl. 1) in der Formel भूँर्भुवः स्वः wegen seiner Stellung als *Luftgebiet* gedeutet. Bei der Annahme von 14 Welten nimmt भुवस् die zweite Stelle unter den 7 aufsteigenden Welten ein. — 2) wird als ein geistiger Sohn Brahman's gefasst. — 3) Name des 2ten und 11ten Kalpa 2) *h*).

भुविष्ठ Adj. 1) *auf der Erde* (Gegensatz *Himmel*) *weilend*. — 2) *auf dem Erdboden* (Gegensatz *Wagen*) *stehend*.

*भुविस् 1) (wohl m.) *Meer*. — 2) f. *Himmel*.

भुविस्पृश् Adj. *den Erdboden berührend*.

भुशुण्ड m. N. pr. eines Mannes.

भुशुण्डि und भुशुण्डी f. *eine best. Waffe*.

भुषुण्डि und भुषुण्डी fehlerhaft für भुशुण्डि und भुशुण्डी.

भुसुक, भुसुख oder भुसुर m. N. pr. eines Jogin Ind. St. 14,101. 103. 117.

1. भू, भँवति (auch Med., meist metrisch; Muṇḍ. Up. 3,1,4 ist भवति तेना° zu lesen); भवन्त्, भविष्यन्त् und भूत s. bes. 1) *werden*, — *zu* oder *Etwas* (Nomin. oder ein Adv. auf ई oder ऊ), *entstehen*, *geschehen*, *eintreten*, *sich erheben* (von einer Stimme), *zum Vorschein kommen*, — *aus* (Abl. 64,22), *zu Stande kommen*, *stattfinden*, *vorkommen*, *dasein*, *sich* irgendwo (Loc.) *befinden*, *geben* (impers. mit *es*). शतधा *in hundert Theile zerfallen* 73,28. दूरतस् *sich entfernen*, *sich fern halten* 168,2. मनसि oder चेतसि *in den Sinn kommen* (अभून्मनसि महीपतेः so v. a. *beim Fürsten tauchte der Gedanke auf*) Kâd. 12,9. 38,22. Harshaċ. 401,3. 203,20. Sehr häufig auch ohne diesen Loc. mit dem blossen Gen. der Person Lalit. 54,18. 69,1. 109,13. 115,16. 148,14. *भवति mit einem folgenden Fut. *es kann geschehen* —, *es kann der Fall eintreten*, *dass*. भवेत् *mag sein*, so v. a. *zugegeben* 241,18. इति चेद्भवेत् nach einer Frage so v. a. *wenn diese Frage aufgeworfen werden sollte*. भवतु *a*) *kann* —, *mag sein*, *wohl möglich* Veṇis. 5,8. — *b*) *gut*, *schon gut*, *genug*, *wozu die vielen Worte? wozu das viele Nachdenken? die Sache ist ja klar*. — Mit न *aufhören zu sein*, *vergehen*, *zu Nichte werden*, *zu Grunde gehen*, *sterben*; mit इह न *auf Erden nicht wieder entstehen*, so v. a. *nicht wieder geboren werden*. — Mit क्व *was werden aus?* so v. a. *geschehen sein um*, *aus sein mit*. — 2) *stattfinden*, so v. a. *gestattet* —, *erlaubt sein* 42,25. — 3) *Jmd* (Gen., seltener Dat. und Loc.; angeblich auch Acc. mit परि oder प्रति) *zu Theil werden*, *Jmd treffen*, — *von Seiten Jmds* (Abl.), *esse alicui*. — 4) *auf Jmds* (Gen. oder *°तस्) *Seite sein*, *sich zu Jmd halten*. — 5) mit Dat. der Sache *sein* —, *gereichen* —, *dienen* —, *verhelfen zu*. फलाय so v. a. *Früchte bringen*. — 6) mit Loc. der Sache *sich hingeben*, *an Etwas gehen*, *sich beschäftigen mit*. — 7) *etwas Rechtes werden* oder *sein*, *Etwas zu bedeuten haben*, *die Oberhand bekommen*, *gedeihen*, — *an* (Instr.), *sein Ziel erreichen*, *zum Ziele führen*. — 8) mit Acc. *in Etwas hineinkommen*, *gerathen in*, *gelangen zu*. इदम् *es dazu bringen*, so v. a. *Glück haben*. — 9) *sein* (zur Copula abgeschwächt). कथं भविष्यति *wie wird* (*sie*) *sein?* so v. a. *wie wird* (*ihr*) *sein?* नाभिजानामि भवेदेव न वेति *ich weiss nicht*, *ob es sich so verhält oder nicht*. Bildet mit verschiedenen Participien periphrastische Verbalformen: mit einem Partic. fut. *im Begriff sein zu*. कृतवान्भविष्यसि (46,15) *du wirst gethan haben*. Aor. अभूत् u. s. w. (62,1. 101, 9. 121,30. 127,15. 139,1), Potent. (200,21) und Fut. mit einem Partic. praet. pass. — 10) Perf. बभूव u. s. w. bildet mit einem eigenthümlichen Nom. act. im Acc. (बिभराम्, कथयाम् u. s. w.) ein periphrastisches Perf. MBh. 1,192,11. 193,11. 3,113,5. 236,5. 8,89,19. Ragh. 7,45. 9,70. 76. 11,37. 16,42. 18,44. Kumâras. 15,36. Med. बभूवे, बभूविरे Çiç. 9, 84. Kumâras. 14,46. — Caus. भावयति (metrisch auch Med.) 1) *in's Dasein bringen*, *in's Leben rufen*, *erzeugen*, *hervorbringen*, *bewirken*, *schaffen*. — 2) *fovere*, *hegen*, *pflegen*, *in Acht nehmen*, *fördern*, *beleben*, *erfrischen*, *heben*. भावित *angenehm erregt*, *gut gestimmt* Kâd. 220,5. *sich gehoben fühlend*, *seiner Macht sich bewusst geworden* Chr. 60,8. MBh. 1,118,28. Verz. d. Oxf. H. 55,*a*,24. — 3) *einer Sache huldigen*, — *sich hingeben*, *üben*, *ausüben*. — 4) *in seine Gewalt bringen*, *in seiner Gewalt haben* Spr. 3621. — 5) *erlangen*. Angeblich Med. — 6) *an den Tag legen*, *äussern*, *zeigen*. — 7) *umwandeln*, *umformen*. — 8) *läutern*. — 9) *dem Geiste vergegenwärtigen*, *sich Etwas denken*, — *vorstellen*. — 10) *erkennen*. — 11) *erkennen als*, *halten für*; mit doppeltem Acc. — 12) *Jmd überführen*. — 13) *Etwas constatiren*, *feststellen*, *bestimmen*. — 14) *vermengen*. — 15) *sättigen*, *einweichen*. — 16) भावित *a*) *ganz von Etwas erfüllt*, *beschäftigt mit* (Instr. oder im Comp. vorangehend). — *b*) *gerichtet auf* (Loc.). — *c*) *parfümirt*. — *d*) Çvetâçv. Up. 4,22 fehlerhaft für भामित. — Vgl. अभावित Nachtr. 3. — Desid. बुभूषति (metrisch auch Med.) 1) *Etwas* (Nomin.) *werden* —, *sein wollen*, *sich bestreben zu sein* RV. 1,32,7. क्षिप्रम् *sich bestreben rasch bei der Hand zu sein*. — 2) *Etwas werden wollen*, so v. a. *emporkommen wollen*, *auf seine Wohlfahrt bedacht sein*. — 3)

Jmd (Acc.) *haben wollen*. — 4) *Jmd gern haben, Jmd wohl wollen, Jmd freundlich empfangen*. — 5) *Etwas haben wollen, sich um Etwas bemühen, Etwas sich angelegen sein lassen*; mit Acc. — 6) *gern haben, achten, in Ehren halten*. — 7) *sich zu rächen gedenken*. — *Desid. vom Caus. बिभावयिषति. — Intens. (बोभवीति, बोभुवती, *बोभवति, बोभवत् Çat. Br.; vgl. jedoch u. नि und वि, *बोभोति, *बोभूतु, बोभूयते) 1) *häufig sein, zu sein pflegen*. — 2) *sich verwandeln in* (Acc.). — 3) तिर इवैतेन बोभवत् *das halte er geheim, verberge er*. — Mit अति 1) *in hohem Grade werden, — entstehen*. शब्दश्च घोरो ऽतिबभूव so v. a. °अतिघोरो बभूव. — 2) *mehr sein als, übertreffen*; mit Acc. Auch im Epos steht अति in der Regel vom Verbum getrennt; auch Med. — 3) *überwältigen*. अतिभूत (v. l. अभिभूत) *überwältigt* (sc. von Râhu), so v. a. *verfinstert* (Sonne). — Desid. *mehr sein wollen als* (Acc.). — Mit प्र-अति *in hohem Grade hervorragen über, — übertreffen*; mit Acc. Maitr. S. 1,5,4. — Mit *व्यति Med. *mit Jmd* (Acc.) *um den Vorrang streiten*. — Mit अधि *übrig bleiben* Maitr. S. 2,3,3 (30,1). 4,2 (39,7). — Mit अनु 1) *umfassen, einschliessen*. — 2) *erreichen, gleichkommen*; mit Acc. — 3) *so lange bestehen wie* (Acc.) oder *erfüllen*. — 4) *Jmd zur Hand gehen, helfen, dienlich sein*; mit Acc. — 5) *sich Jmd* (Acc.) *zuwenden*. — 6) *empfinden, fühlen, geniessen, an sich erfahren, sich erfreuen an, erleiden*. — 7) *wahrnehmen, innewenden, hören, vernehmen, erfahren, kennen lernen*. — Caus. 1) *Jmd Etwas empfinden —, erfahren lassen*; mit doppeltem Acc. — 2) *zum Bewusstsein bringen* Çaṁk. zu Bâdar. 4,1,2. — 3) मनसा *sich Etwas vergegenwärtigen, im Geiste zurückkommen auf* (Acc.) Kâd. 198,18 (333,11). — 4) *zu Gesicht bringen*. — 5) *kräftigen, stärken*. — 6) *läutern*. — Desid. *zu empfinden —, zu geniessen wünschen*. — Mit प्रत्यनु *im Einzelnen geniessen, — empfinden, — erleiden* Kârand. 23,13. 14. 27,8. 21. — Mit समनु *empfinden, geniessen*. — Caus. Med. *Jmds* (Acc.) *gedenken* Dhûrtan. 11. — Mit अन्तर् 1) *eindringen in* (Loc.). — 2) *enthalten sein in* (Loc.). — 3) अन्तर्भूत *im Innern seiend, innerlich* 80,29. *enthalten in* (im Comp. vorangehend) 281,10. — Caus. in अन्तर्भावित. — Mit अप *wegbleiben, fern sein, fehlen*. राष्ट्रादपभूतः *nicht zur Herrschaft gelangt*. — Mit अपि 1) *in Etwas gerathen, unter Etwas fallen, in Etwas sein*; mit Loc. — 2) *Theil haben an* (Loc.). — Mit अभि 1) *übertreffen, überragen, überlegen sein, siegen* (RV. 5,37,5), *überwältigen, besiegen, hart bedrängen, über Jmd kommen, heimsuchen*; mit Acc. अभिभूत von der Sonne gesagt, so v. a. *verfinstert* Hariv. 1,42,19. — 2) *länger bestehen als* (Acc.). — 3) *Jmd seine Uebermacht fühlen lassen, demüthigen*. — 4) *sich Jmd zuwenden, kommen zu* (Acc.). — 5) *Jmd beschenken mit* (Instr.) Maitr. S. 1,6,3 (90,3). — Caus. *überwältigen*. — Desid. 1) *übertreffen —, überlegen sein wollen*; mit Acc. — 2) *Jmd heimzusuchen gedenken* Naish. 5,124. — Mit अत्यभि, °भूत v. l. für प्रत्यभिभूत. — Mit प्रत्यभि, °भूत *überwältigt, besiegt*. — Mit आ 1) *gegenwärtig —, in* oder *bei Etwas* (Loc. oder Acc.) *sein; dasein, vorhanden sein*. — 2) *bestehen, fortfahren zu leben*. — 3) *hervorkommen, entstehen, — aus* (Abl.). Mit पुनर् *wieder wachsen*. — 4) *sich an Jmd* (Acc. mit अधि) *wenden* Gaut. 13,27. — 5) *sich erstrecken —, übergehen auf* (Acc. mit अधि) Gaut. 12,41. — Mit अन्वा *nachfolgen, nachthun*; mit Acc. — Mit अभ्या *Jmd* (Acc.) *begegnen, accidere alicui*. यद्येनं क्षीरं केवलं पाने ऽभ्याभवेत् *wenn es ihm begegnet lautere Milch zu trinken*. — Mit पर्या *sich umdrehen*. — Mit प्रत्या *Jmd* (Acc.) *zur Hand* oder *zu Diensten sein*. — Mit आविस् s. u. d. Worte. — Mit प्राविस् *erscheinen*. — Mit उद् 1) *hervorgehen, entstehen*. उद्भूत *hervorgegangen, entstanden, gewachsen* (Baum). — 2) *zu mehr werden, zunehmen, wachsen, steigen*. उद्भवित्री als Fut. Naish. 8,56. उद्भूत *erhoben, gehoben, gesteigert*. — 3) *zureichen, gleichkommen*. — 4) *sich erheben*, so v. a. *sich empören*. — 5) उद्भूत *bestimmt*. — Caus. 1) *entfalten, erzeugen, hervorbringen, zeigen, entwickeln*. — 2) *zur Sprache —, auf's Tapet bringen* Prasannar. 58,18. 59,19. Çaṁk. zu Bâdar. 2,1,12. — 3) *betrachten als, halten für*; mit doppeltem Acc. Vikramâṅkak. 9,19. — Mit प्रोद्, प्रोद्भूत *hervorgegangen, entstanden*. दूरतस् *von Weitem her kommend*. — Mit प्रत्युद् 1) *sich erheben*. प्रत्युद्भूत *erhoben, in die Höhe steigend* Mahâvîrak. 51,2. — 2) *an Umfang gewinnen, wachsen* Mahâvîrak. 45,8. — Mit समुद् 1) *hervorgehen, entspringen, entstehen, aufkommen* (von einem Gedanken Kâd. 177,1). समुद्भूत *hervorgegangen, entsprungen, entstanden*. — 2) *zunehmen, wachsen, steigen*. — 3) समुद्भूत a) *vorhanden*. — b) *herbeigeschossen, herbeigeflogen* MBh. 12,13273. v. l. समुद्धूत und समुद्धत. — Mit उप 1) *sich nahen zu* (Acc.). — 2) *beistehen, helfen zu* (Dat.). — Desid. *Jmd* (Acc.) *helfen wollen*. — Mit तिरस् Simpl., Caus. und Intens. s. u. तिरस्. — Mit नि, *निभूत *vergangen*. — Intens. (°बोभुवत्) *enthalten sein in* (Loc.) Maitr. S. 1,2,17. — Mit *प्रणि oder *प्रनि. — Mit निस् *von der Stelle kommen*. — Mit परा 1) *vergehen, hinschwinden, hinsein, unterliegen, verkommen*. पराभूत *unterlegen, verkommen, verdorben*. — 2) *Jmd* (Acc.) *besiegen*. पराभूत *besiegt*. — 3) *Jmd* (Acc.) *zu nahe treten, ein Leid zufügen, beleidigen*. पराभूत *dem zu nahe getreten worden ist* u. s. w. — Caus. 1) *verderben, zu Grunde richten* Âpast. Çr. 5,15,3. — 2) *besiegen*. — 3) *hinschwinden, verkommen, eine Einbusse erleiden*. — Mit अनुपरा *nach Jmd* (Acc.) *verderben* (intrans.). — Caus. *Jmd* (Acc.) *gemäss Etwas* (Acc.) *verderben* (trans.). — Mit परि 1) *um Etwas her sein, umfangen, umfassen; einschliessen, in sich enthalten*. — 2) *umkreisen, umgehen, umfliegen; begleiten*. — 3) *besorgen, leiten*. — 4) *mehr sein, übertreffen, bemeistern, besiegen*. परिभूत *besiegt, überwunden*. — 5) *Jmd umgehen*, so v. a. *nicht beachten, geringschätzen, mit Geringschätzung behandeln, demüthigen, erniedrigen, kränken*. परिभूत *geringgeschätzt, gedemüthigt, erniedrigt, gekränkt*. — 6) *Etwas nicht beachten*. — 7) *über Etwas* (Acc.) *spotten*. — 8) *Jmd* (Acc.) *Schande machen*. — 9) *hinschwinden, abnehmen*. — 10) परिभूत a) = *अप्रस्तुत. — b) fehlerhaft für परिभुक्त. — Caus. 1) *weiterverbreiten, unter die Leute bringen*. — 2) *übertreffen* Bhâg. P. 9,4,25. — 3) *einweichen, tränken, benetzen*. — 4) *läutern*. — 5) *sich denken, sich vorstellen*. — 6) *bedenken, nachdenken über*. — 7) *erkennen als*, mit doppeltem Acc. — 8) परिभावित *ganz erfüllt von* (im Comp. vorangehend) Lalit. 218,4. — 9) परिभावितत्व Comm. zu RV. Prât. 2,5 fehlerhaft für परिभाषितत्व, wie ed. M. liest. — Mit संपरि *geringschätzen*. — Caus. *zusammenhalten, festmachen*. — Mit पुनर् s. u. diesem Worte. — Mit प्र 1) *hervorkommen, entspringen, entstammen, entstehen, — aus* (Abl.), *zum Vorschein kommen, geschehen, erfolgen, erscheinen*. प्रभूत *geworden zu* (im Comp. vorangehend). — 2) *hinausreichen über* (Acc.). पृष्ठम् so v. a. *mehr betragen als uer Rücken zu tragen vermag*. — 3) *mehr werden, reicher werden um* (Instr.), *zahlreich sein*. प्रभूत *reichlich, viel, in grossem Maasse vorhanden, zahlreich; stattlich, gross, bedeutend*. Am Ende eines Comp. *reich an, gesegnet mit*. प्रभूत° Adv. *sehr, in hohem Maasse*. Compar. प्रभूततर (40,19), Superl. प्रभूततम. — 4) *valere, tüchtig sein, Geltung haben, stark werden, — sein, die Oberhand haben, die Macht gewinnen* oder *besitzen, zu befehlen haben*. (प्रभुः प्रभवति so v. a. *der Herr hat zu entscheiden* Harshak. 150,15), *regieren, Macht haben —, verfügen können über* (Gen.,

Loc. oder Dat. [Med. Çaṁk. zu Bâdar. 2,1,31]), *gewachsen sein* (mit Dat.), *vermögen* —, *im Stande sein zu* (Infin.), *Etwas* (Dat. oder Loc.) *zu bewirken vermögen.* दण्डे *Jmd* (Gen.) *zu züchtigen vermögen,* विमुक्तौ (Spr. 1769) *der Erlösung theilhaftig werden.* प्रभवत् *vermögend, mächtig.* प्रभूत *vermögend zu* (Infin.). — 5) *zu Gute kommen, helfen, nützen;* mit Dat. — 6) *Jmd* (Acc.) *mit einer Bitte angehen.* — Caus. 1) *mehren, verbreiten, reicher ausstatten.* — 2) *gedeihen machen, pflegen.* — 3) *zur Macht verhelfen.* प्रभावित *zur Macht gelangt, mächtig* Vagrakkh. 24 9. — 4) *sich helfen.* — 5) *erkennen.* — Desid. vom Caus. प्रबिभावयिषति *vergrössern* —, d. i. *dehnen* — oder *anschwellen wollen.* — Mit अनुप्र 1) अनु प्रभूत *sich verbreitend durch* (Acc.). — 2) अनुप्रभूत *durchdrungen* —, *erfüllt von* (Instr.). — Mit अभिप्र *Jmd* (Acc.) *beistehen.* — Mit उपप्र *Jmd* (Acc.) *helfen.* — Mit प्रति *Jmd* (Acc.) *gleichkommen.* — Caus. 1) *beobachten, kennen lernen.* — 2) Pass. *gelten für* (Nomin.). — Mit वि 1) *entstehen, sich entfalten; erscheinen.* — 2) *gleichkommen, erreichen, ausreichen, zureichen, ausfüllen;* mit Dat. oder Acc. — 3) *vermögen zu* (Infin.). — 4) *vorhanden sein* in अविभवत्. — Caus. 1) *zur Entfaltung bringen.* — 2) *trennen, scheiden.* — 3) *erscheinen lassen, offenbaren, zeigen.* — 4) *wahrnehmen, ausfindig machen, entdecken, erkennen,* — *als* (Acc.) Spr. 7650. — 5) *Jmd anerkennen.* — 6) *halten für,* mit doppeltem Acc. zu Spr. 1233. Pass. *angesehen werden für, erscheinen als* (Nomin.). — 7) *sich denken, sich vorstellen, dem Geiste vorführen.* — 8) *überlegen, nachdenken.* — 9) *Etwas* (Acc.) *bei Jmd* (Loc.) *annehmen, voraussetzen.* — 10) *Etwas beweisen, nachweisen, erweisen.* — 11) *Jmd überführen, überzeugen.* — Intens. (°बोभुवत्) *sich verbreiten über* (Loc.) Maitr. S. 1,2,17 = TS. 1,3,10,1. — Mit अनुवि *gleichkommen, ausreichen, ausfüllen;* mit Acc. — Mit प्रवि in °भावक. — Mit प्रतिवि Caus. *dem Geiste vorführen* Lalit. 254,2. — Mit संवि in °भाव्य. — Mit सम् 1) *zusammenkommen, sich verbinden,* — *mit* (Instr., Loc., Instr. mit सह). संभूय Absol. *sich zusammenthuend, verbunden, in Gemeinschaft.* संभूत *zusammengefügt aus* (Instr.). — 2) *sich sammeln, sich zusammenfinden.* — 3) *sich begatten,* — *mit* (Instr., Instr. mit सह und सार्धम्, oder Acc.). — 4) *Raum finden, Platz haben in* (Loc.), *seinen Platz haben unter* (°त्रौ), *zu stehen kommen.* राहुग्रसनसंभूत so v. a. *in* Râhu's *Rachen gerathen* Spr. 1172. — 5) *gross genug sein.* — 6) *aufgehen* —, *enthalten sein in* (Loc.). — 7) *entstehen, sich bilden, geboren werden, hervorgehen,* — *aus* (Abl.), *sich entwickeln, werden.* संभूत *entstanden, hervorgegangen, herkommend,* — *aus* (Abl. oder im Comp. vorangehend), *gebildet* —, *gemacht aus* (im Comp. vorangehend), *herkommend von* (im Comp. vorangehend). Am Anfange eines adj. Comp. *bei dem* — *entstanden ist,* so v. a. *versehen mit.* संभूतसंत्रास Adj. so v. a. *erschrocken.* — 8) *erfolgen, geschehen, Statt haben, dasein, sich vorfinden, vorkommen, geben* (impers. mit *es*). — 9) *möglich* —, *denkbar sein, Statt finden* —, *erfolgen können* 157, 7. 159,8. 10. 262,6. 267,26. 279,14. 286,16. Mit न *nicht möglich sein* 209,12. 279,22. — 10) *Etwas* (Nomin.) *werden oder sein.* संभूत *geworden zu* (Nomin.). — 11) *Jmd* (Loc. oder Gen.) *zu Theil werden.* — 12) *valere, wirken.* — 13) *vermögen zu* (Infin. oder ein Nom. act. im Loc.). — 14) mit Acc. *a) eingehen in, theilhaftig werden.* — *b)* **fassen, Raum haben für.* — Caus. 1) *zu Stande bringen, herstellen, vollbringen, vollführen.* अभ्यागतः कथं स संभावयेयम् so v. a. *wie mache ich es, dass ich hinkomme?* 44,32. — 2) *in die Hand nehmen, ergreifen* Bâlar. 155,12. संभावित *ergriffen* Kâd. 2, 20,11. — 3) *begreifen, in sich aufnehmen, erfassen.* संभावित *erfasst* Kâd. 2,32,22. — 4) *Jmd unter die Arme greifen, hegen und pflegen* MBh. 12,139,105. — 5) *sich begeben zu* oder *nach* (Acc.) 325,30. Bâlar. 151,9 (Med.). — 6) *Jmd antreffen, finden.* जीवन्तीम् *lebend antr.* Harshaḱ. 213,11. — 7) *begrüssen.* अन्नेन (ein Kind) *mit Speise begrüssen,* so v. a. *ihm die erste Speise reichen.* — 8) *Jmd* (Acc.) *Ehre erzeigen.* संभावित *geehrt, in Ehren stehend, geachtet.* Superl. °तम Çaṁk. zu Bâdar. 2,2,1 (501,4). — 9) *Etwas gnädig aufnehmen.* — 10) *Jmd mit Etwas versehen, Jmd* (Acc.) *Etwas* (Instr.) *zukommen lassen, beschenken mit* (Instr.). दोषेण so v. a. *Jmd einen Makel anhängen.* — 11) *annehmen, dass es Etwas sei, voraussetzen,* — *bei Jmd* (Loc. oder Gen.), *Jmd Etwas zutrauen* 301,16. 310,31. — 12) *halten für,* mit doppeltem Acc. अन्यथा *Jmd verkennen, Argwohn gegen Jmd* (Acc.) *hegen* Kâd. 2,97,11. — 13) *Etwas für möglich halten.* न संभावितमस्माभिरद्य धर्मासनमध्यासितुम् *ich halte es für unmöglich heute den Richtersitz zu besteigen;* **für möglich halten, dass* (Potent. mit und ohne यदु oder Fut.), *mit न *nicht f. m. h., dass* (Potent., Potent. mit यदु, यच्च, यत्र, यदा, यदि oder जातु, Fut. oder Fut. mit किं किल). — 14) Med. *erleben.* माहिष्मत्यां सूर्योद्गमनं संभावयते so v. a. *erreicht* Mâhishmatî *bei Sonnenaufgang.* — 15) संभावित *wozu man Vertrauen hat.* Compar. °तर — Desid. etwa *vorwärts zu kommen wünschen.* — Mit अनुसम् *nach Jmd* (Acc.) *zu Stande kommen,* — *gedeihen.* — Mit अभिसम् *Etwas erreichen, in den Besitz von Etwas gelangen, eingehen in, theilhaftig werden;* mit Acc. — Caus. *Jmd begrüssen.* — Mit परिसम् *entstehen, entspringen,* — *aus* oder *von* (Abl.). — Mit प्रतिसम् *sich hingeben, pflegen;* mit Acc.

2. भू 1) Adj. am Ende eines Comp. *werdend, entstehend, entstanden, entspringend, entsprossen, seiend.* Selbständig als Beiw. Vishṇu's nach Nîlak. = सत्तारूप. — 2) m. *ein best.* Ekâha. — 3) f. *a) das Werden, Entstehen.* — *b) Weltraum;* Pl. *Welträume, Welten.* — *c) die Erde.* भुवो भर्ता so v. a. *Fürst, König.* भुवि *auf Erden.* — *d)* Bez. *der Zahl Eins.* — *e) Erde,* so v. a. *Erdboden.* भुवि *auf dem* oder *den Erdboden* 94,12. 26. 138,3. वाजि° *Terrain für Pferde.* — *f) Land, Ländereien.* — *g) Erde als Stoff.* — *h) Raum, Ort, Platz.* — *i) die Basis einer geometrischen Figur* Ârjabh. 2,8. — *k) Gegenstand* (des Streites u. s. w.). — *l)* mystische Bez. *des Lautes* ल. — *m)* **Opferfeuer.*

भूःखार Adj. *bucharisch.*

*भूक 1) m. n. *a) Loch, Oeffnung.* — *b) die Oeffnung einer Fontaine.* — *c) Zeit.* — 2) m. *Finsterniss.*

*भूकदम्ब m. und *भूकदम्बा f. Namen von *Pflanzen* Râǵan. 5,21.

*भूकदम्बक 1) m. *Ptychotis Ajowan* Râǵan. 6,39. — 2) f. भूकदम्बिका f. *eine best. Pflanze.*

भूकन्द m. *eine best. officinelle Pflanze.*

भूकपित्थ m. *Feronia elephantum;* n. *die Frucht.*

भूकम्प m. 1) *Erdbeben.* — 2) N. pr. eines Mannes.

भूकर्ण m. *der Durchmesser der Erde.*

भूकर्णि m. N. pr. eines Mannes.

*भूकर्बुदारक m. *Cordia Myxa* Râǵan. 11,208.

*भूकल m. *ein störrisches Pferd.*

*भूकश्यप m. Bein. Vasudeva's.

*भूकाक m. 1) *eine Reiherart.* — 2) *Brachvogel.* — 3) *eine Taubenart.*

भूकाश्यप m. *Fürst, König* Bâlar. 95,5. 160,11. 300,11.

*भूकुम्भी f. *eine best. Pflanze* Râǵan. 5,130.

*भूकुष्माण्डी f. *Batatas paniculata* Râǵan. 7,100.

*भूकेश 1) m. *a) der indische Feigenbaum.* — *b) Blyxa octandra.* — 2) f. आ *eine* Râkshasî. — 3) f. ई *Vernonia anthelminthica.*

*भूतित् m. *Schwein.*

भूतीरवाटिका f. N. pr. einer Oertlichkeit.

भूखण्ड *ein über die Erde handelnder Abschnitt* (als Titel eines Kapitels).

*भूखर्जूरी f. *eine Dattelart* Râǵan. 11,60.

भूगत Adj. *was auf der Erde ist, — lebt.*

भूगन्धपति m. Bein. Çiva's Hemâdri 1,621,15.

*भूगर n. *mineralisches Gift* Râǵan. 6,224.

*भूगर्भ m. Bein. Bhavabhûti's.

भूगृह n. 1) *ein unterirdisches Gemach.* — 2) *ein best. Theil eines Diagramms.*

भूगेह n. = भूगृह 1).

भूगोल und °क m. *die Erdkugel.*

भूगोलवृत्तान्त m., भूगोलसंग्रह m., भूगोलसार und भूगोलहस्तामलक n. (Opp. Cat. 1) Titel von Werken.

*भूघन m. *Körper.*

*भूघ्नी f. *Alaunschiefer* Râǵan. 13,63.

भूचक्र n. *Aequator* Ind. St. 14,137.

भूचर Adj. (f. आ) *auf der Erde wandelnd, die E. bewohnend; m. Erdenbewohner.*

*भूच्छाय n. und *भूच्छाया f. *Finsterniss.*

*भूजन्तु m. *eine Art Schnecke* Râǵan. 13,55.

*भूजम्बु und *भूजम्बू f. 1) *Weizen.* — 2) *Flacourtia sapida* und *deren Frucht* Râǵan. 11,30.

भूत॑ 1) Adj. (f. आ) *a) geworden*, so v. a. *gewesen, vergangen.* — *b) wirklich geschehen.* — *c) geworden*, so v. a. *seiend, gegenwärtig.* — *d) geworden, seiend* in Comp. mit dem Prädicat, insbes. mit einem Subst., wodurch auch in Geschlecht und Zahl übereinstimmende Attribute oder Prädicate gewonnen werden. In Comp. mit einem Adv. wird ein entsprechendes Adj. gebildet. — *e) eingeweicht in* (im Comp. vorangehend). — *f) verbunden —, gemischt mit* (im Comp. vorangehend). — *g) geläutert.* — *h)* **erlangt.* — *i)* **passend, schicklich.* — *k)* fehlerhaft für भृत. — 2) m. n. *a) Wesen im weitesten Sinne, von göttlichen, menschlichen und andern Wesen* (auch *Pflanzen*); *ein gutes Wesen; die Welt.* Selten m. — *b) ein unheimliches Wesen, Gespenst, Kobold.* *Bei den Ǵaina *eine Abtheilung der* Vjantara. — 3) (*m.) f. (आ) *der 14te Tag in der dunkelen Hälfte eines Monats.* — 4) m. *a)* **Knabe.* — *b)* **ein grosser* Jogin. — *c)* *Pl. *eine best. häretische Schule.* — *d)* N. pr. α) eines Opferpriesters der Götter. — β) eines Jaksha. — γ) eines Schwiegersohnes des Daksha und Vaters einer Anzahl von Rudra. — δ) eines Sohnes des Vasudeva. — 5) f. आ N. pr. einer Frau Hem. Par. 8,25. — 6) n. *a) Vergangenheit.* — *b) Thatsache, Wirklichkeit* 82, 18. — *c) kräftiges Dasein, Wohlsein, Gedeihen.* — *d) Element*, insbes. *ein grobes* (*Aether, Luft, Feuer, Wasser, Erde*), aber auch *ein feines.* तत्पञ्चत्वं पञ्च भूतानि so v. a. *er starb.* Die Buddhisten nehmen nur vier *Elemente* an. — *e)* Bez. *der Zahl fünf* Hemâdri 1,135,15. 16.

भूतकरण n. *das Werkzeug der Vergangenheit*, Bez. *des Augments.*

भूतकरणवती f. *der Charakter und die Personalendungen der augmentirten Verbalformen.*

भूतकर्तृ m. *Schöpfer der Wesen.*

भूतकर्मन् m. N. pr. eines Mannes.

भूतकाल m. *die vergangene Zeit* 243,11.

भूतकालिक Adj. *zur Vergangenheit in Beziehung stehend, sie betreffend.*

भूतकृ॑त् Adj. *Wesen bildend, schöpferisch;* m. *Schöpfer der Wesen.* Pl. *eine best. Gruppe von Göttern* Çâṅkh. Çr. 14,72,1.

भूतकेतु m. N. pr. 1) eines Sohnes des Manu Dakshasâvarṇi. — 2) eines Vetâla.

भूतकेश 1) *m. f. n. *Corydalis Goveniana* Mat. med. 294. — 2) *m. *Mussaenda frondosa.* — 3) f. ई *eine best. Pflanze.* Nach den Lexicographen *Nardostachys Jatamansi, Vitex Negundo* und *weisses Basilienkraut* Bhâvapr. 3,120. Râǵan. 4,155. 157. 12,101.

*भूतकेसरा f. *Trigonella foenum graecum.*

भूतकोटि f. bei den Buddhisten *der Culminationspunct der Wesen* als Bez. *der Leere.*

*भूतक्रान्ति (wohl भूताक्रान्ति) f. *Besessenheit* Râǵan. 20,29.

भूतगण m. 1) *die Schaar —, die Gesammtheit der Wesen.* — 2) *die oder eine Schaar von Gespenstern* 138,7.

भूतगणाधिप m. Bein. des Nandin.

*भूतगन्धा f. *eine best. wohlriechende Pflanze.*

भूतगृह्य m. Pl. *elementare Hausgötter* Pâr. Gṛhj. 1,12,2. 2,9,3.

भूतग्राम m. 1) Sg. und Pl. *die Schaar —, die Gesammtheit der Wesen.* — 2) *eine Schaar von Gespenstern.*

*भूतघ्न m. 1) *Kamel.* — 2) *Knoblauch.* — 3) *Betula Bhojpatra* Râǵan. 9,117.

*भूतघ्नी f. *Basilienkraut* (Râǵan. 10,153) und = मुण्डितिका.

भूतचतुर्दशी f. *der 14te, dem* Jama *geheiligte Tag in der dunkelen Hälfte des* Kârttika.

भूतचारिन् Adj. *in den Wesen wandelnd* (Çiva).

भूतचिन्ता f. *Untersuchung der Elemente.*

भूतचैतनिक m. *ein Anhänger der Theorie, dass der Intellect aus stofflichen Elementen hervorgehe*, Comm. zu Njâjas. 3,2,36.

भूतचैतन्य n. *das Intellectsein des Stoffes* Comm. zu Njâjas. 3,2,38.

*भूतजटा f. 1) *Nardostachys Jatamansi.* — 2) *eine andere Valeriana* Râǵan. 12,99. 101. Bhâvapr. 1,190.

भूतज्योतिस् m. N. pr. eines Fürsten.

भूतडामर 1) m. Titel eines Tantra. — 2) f. ई N. pr. einer Gottheit Paṅkad.

भूततन्त्र n. *die Lehre von den Gespenstern.* Pl. Hemâdri 1,513,8.

*भूततृण n. *eine best. Grasart.*

भूतत्व n. Nom. abstr. zu भूत *Wesen* und *Element.*

भूतदत्ता f. N. pr. eines Frauenzimmers Hem. Par. 8,25.

भूतदाहीय Adj. *die Creatur zu versengen —, zu Grunde zu richten geeignet* Âpast.

*भूतद्राविन् m. 1) *rother Oleander* Râǵan. 10,14. — 2) *ein best. Baum*, = भूताङ्कुश Râǵan. 9,155.

*भूतद्रुम m. *Cordia latifolia* Râǵan. 11,206.

भूतद्रुह् Adj. *den Geschöpfen Leid zufügend.*

भूतधरा f. *die Erde* Râǵan. 2,1.

भूतधात्री f. 1) *Erhalterin der Geschöpfe* als Beiw. des Schlafes Ḱaraka 1,21. — 2) *die Erde* Râǵan. 2,1. Kâd. 132,10.

भूतधामन् m. N. pr. eines Sohnes des Indra.

भूतधारिणी f. *die Erde.*

भूतनन्द m. N. pr. eines Fürsten.

भूतनाथ m. *der Gebieter über die Gespenster*, Bein. Çiva's Ḱandak. 75,14.

*भूतनायिका f. Bein. der Durgâ.

*भूतनाशन 1) m. *a) Semecarpus Anacardium.* — *b) Pfeffer.* — *c) schwarzer Senf* Râǵan. 16,80. — 2) n. *a) Asa foetida.* — *b) die Beere von Elaeocarpus Ganitrus* Râǵan. 11,189.

भूतनिचय m. *der Körper.*

भूतप॑ति m. 1) *Herr der Wesen*, insbes. *der bösen.* Auch Bez. Rudra-Çiva's, Bhava's, Çarva's und Agni's. — 2) **Ocimum sanctum.*

*भूतपत्री f. *Basilienkraut.*

भूतपाल m. *Beschützer der Wesen.*

भूतपुर N. pr. 1) m. Pl. eines Volkes. — 2) f. ई einer *Stadt.* °माहात्म्य n. Opp. Cat. 1.

*भूतपुष्प m. *Calosanthes indica.*

*भूतपूर्णिमा f. *der Vollmondstag im Monat* Âçvina.

भूतपूर्व Adj. (f. आ) 1) *früher dagewesen, — gewesen.* कथाः *alte Geschichten* Kâd. 104,22. अनन्त°

was früher vocalisch auslautend gewesen ist. — 2) *gestorben.*

भूतपूर्वक Adj. = भूतपूर्व 1).

भूतपूर्वता f. *die früheren Verhältnisse.*

भूतप्रकृति f. *der Urgrund der Wesen.*

भूतप्राय Adj. Kathâs. 61,7 fehlerhaft für भीतप्राय.

*भूतबलि m. = भूतयज्ञ Gal.

भूतबालग्रहोन्माद m. *Irresein durch Einwirkung böser Geister und Kinderdämone* Pańkar. 3,14,15.

*भूतब्रह्मन् m. = देवलक.

भूतभर्तर् m. *der Herr der Gespenster*, Bein. Çiva's.

भूतभव Adj. *in allen Wesen befindlich* Hariv. 15777.

भूतभव्य॑ n. *Vergangenheit und Zukunft* AV. 11, 5,20.

भूतभावन 1) Adj. *den Wesen Heil bringend.* Als Beiw. Brahman's könnte es auch *Schöpfer der Wesen* bedeuten. °भावन Adj. *denen Heil bringend, die den Wesen Heil bringen.* — 2) n. angeblich = स्वरूप.

भूतभाविन् Adj. 1) *die Wesen erschaffend* Kúlikop. 5. — 2) *vergangen und zukünftig* Kâvjapr. 10,28.

भूतभाषा f. *die Sprache der Gespenster.*

भूतभाषामय Adj. (f. ई) *in der Sprache der Gespenster abgefasst.*

भूतभाषित n. *die Sprache der Gespenster.*

भूतभृत् Adj. *die Wesen erhaltend.*

भूतभैरव 1) m. *ein best. medicinisches Präparat* Bhâvapr. 3,118.4,138. — 2) n. Titel eines Tantra.

भूतभौतिक Adj. *aus den Elementen und aus dem, was aus ihnen gebildet ist, bestehend.*

भूतमय Adj. (f. ई) 1) *alle Wesen in sich enthaltend* Hariv. 3,117,10. — 2) *aus den fünf Elementen bestehend* Naish. 4,80. — 3) *wie Etwas in Wirklichkeit ist* Bhâg. P. 10,14,2.

भूतमहेश्वर m. *der hohe Herr der Gespenster*, Bein. Çiva's.

भूतमातर् f. Pl. *die Mütter der Wesen.*

*भूतमातृका f. *die Erde* Gal.

भूतमातोत्सव (!) n. *ein best. Fest.*

भूतमात्रा f. Pl. 1) *die feinen Elemente.* — 2) *die groben und die feinen Elemente.* — 3) *die zehn primären Objecte.*

*भूतमारी f. *ein best. Harz* Râǵan. 12,33.

भूतयज्ञ॑ m. *das Opfer an die Wesen.*

भूतयोनि f. *der Urquell der Wesen.*

भूतरय m. Pl. *eine best. Klasse von Göttern unter dem 5ten* Manu.

भूतराज् m. *der Fürst der Gespenster*, Bein. Çiva's.

भूतरूप Adj. *die Gestalt eines Gespenstes habend.*

भूतल n. *Erdboden, die Erde.*

भूतलतपा n. Titel eines Werkes Opp. Cat. 1.

*भूतलस्थान m. *Mensch* Gal.

*भूतलिका f. *Trigonella corniculata* Râǵan. 12, 134.

भूतलिपि f. *Gespensterschrift* als Bez. *einer best. Zauberformel.*

भूतलोन्मथन m. N. pr. eines Dânava.

भूतवत् Adv. *wie wenn es vergangen wäre* 243,8.

भूतवत् Adj. 1) *von Gespenstern umgeben* Hemâdri 1,234,5. — 2) *das Wort* भूत *enthaltend.*

भूतवर्ग m. *die Schaar der Gespenster.*

भूतवास m. 1) *der Wohnsitz der Wesen* Hariv. 14900. v. l. भूतावास. — 2) **Terminalia Bellerica* (*der Wohnsitz der bösen Wesen*) Bhâvapr. 1,161.

भूतवाहन 1) Adj. *auf Gespenstern reitend* oder *mit G. fahrend* (Çiva). — 2) n. *ein von Gespenstern gezogener Wagen.*

भूतवाहनसारथि m. *der Wagenlenker des von Gespenstern gezogenen Wagens* (Çiva).

*भूतविक्रिया f. *Besessenheit, Fallsucht* Râǵan. 20,30.

भूतविद् Adj. 1) *die Wesen kennend.* — 2) *die bösen Wesen, welche die Menschen heimsuchen, kennend und sie abzuwehren verstehend* zu Spr. 6288.

भूतविद्या f. *die Wissenschaft von den Wesen, welche die Menschen heimsuchen, und von ihrer Abwehr.*

भूतविनायक m. *ein Anführer der Gespenster.*

भूतविष्णु m. N. pr. eines Mannes.

भूतवीर m. Pl. N. pr. eines Geschlechts.

*भूतवृक्ष m. 1) *Trophis aspera* Râǵan. 9,129. — 2) *Calosanthes indica.* — 3) *Terminalia Bellerica.*

*भूतवेशी f. *eine weiss blühende Vitex Negundo.*

भूतशर्मन् m. N. pr. eines Mannes MBh. 7,20,6.

भूतशुद्धि f. 1) *Reinigung der Elemente* (im Körper). — 2) Titel eines Werkes.

भूतसंसार m. *der Lebenskreislauf der Wesen.*

भूतसंक्रामिन् Adj. etwa *zu früher entstandenen Wesen in einem Abhängigkeitsverhältniss stehend.*

भूतसंघ m. *die Schaar —, die Gesammtheit* 1) *der Wesen.* — 2) *der Elemente.*

*भूतसंचार 1) m. *Besessenheit* Râǵan. 20,29. — 2) f. ई *Waldbrand.*

भूतसंताप m. N. pr. eines Asura.

भूतसंतापन m. N. pr. eines Daitja.

भूतसमागम m. *das Zusammentreffen der Wesen,* — *der Menschen* 182,8.

भूतसंप्लव m. *der Untergang der Geschöpfe,* — *der Welt* Âpast.

भूतसंमोहन Adj. *die Wesen verwirrend* Kúlikop. 2.

भूतसर्ग m. *Schöpfung* 1) *der Wesen.* — 2) *der Elemente.*

भूतसाक्षिन् m. *Augenzeuge der Wesen, der Alles sieht, was die Geschöpfe thun.*

भूतसा॑धन Adj. (f. ई) etwa *die Wesen leitend,* — *zum Ziele führend.*

*भूतसार m. *eine Varietät von Calosanthes indica.*

भूतस्थ Adj. *in den Wesen seiend.*

भूतस्थान n. *Wohnsitz der Wesen.*

भूतहत्या f. *Tödtung eines lebenden Wesen.*

*भूतहन्त्री f. 1) *eine Art* Dûrvâ-*Gras* Râǵan. 8. 108. — 2) = वन्ध्याकर्कोटकी Râǵan. 3,50.

*भूतहर m. *Bdellium* Râǵan. 12,108.

*भूतहारिन् n. *Pinus Deodora* Râǵan. 12,28.

भूतहास m. *dämonisches Lachen* (ein Fieber) Bhâvapr. 3,80.

भूतां॑श m. N. pr. eines Liedverfassers.

*भूताङ्कुश m. *ein best. Baum* Râǵan. 9,155.

भूतात्मक Adj. *das Wesen der Elemente habend.*

1. भूतात्मन् m. 1) *die Seele der Wesen.* Beiw. Brahman's, Vishṇu's (VP. 5,18,15) und *Çiva's. — 2) *die individuelle Seele.*

2. भूतात्मन् 1) Adj. *dessen Geist geläutert ist.* — 2) m. *der Körper.*

भूतादि 1) m. *der Erste unter allen Wesen*, Bein. Vishṇu's. — 2) m. n. *der* Ahaṁkâra *als Erzeuger der Elemente.*

भूतादिक Adj. 1) *die Elemente und was darauf folgt.* — 2) in Verbindung mit अहंकार = भूतादि 2).

भूताधिपति॑ m. *Herr der Wesen.*

भूतानन्तन s. u. अनन्तन.

भूतान्तक m. *der Vernichter der Wesen, der Todesgott.*

भूताभिषङ्ग m. *Besessenheit* Bhâvapr. 3,104. zu Spr. 6288.

भूतायन m. Pl. *eine best. Schule.*

भूतारब्ध Adj. *aus den Elementen gebildet;* Subst. Pl. *alles Organische* Kull. zu M. 9,35.37.

*भूतारि n. *Asa foetida* Râǵan. 6,74.

*भूतार्त Adj. *von bösen Wesen gequält, besessen.*

भूतार्थ m. *etwas in Wirklichkeit Geschehenes* oder *Vorhandenes, Thatsache, der wahre Sachverhalt.*

*भूतार्म n. P. 6,2,91.

*भूताली f. Name zweier Pflanzen Râǵan. 5,130. 7,117.

भूतावास m. 1) der Wohnsitz der Wesen, Beiw. Vishṇu's und Çiva's. — 2) *Terminalia Bellerica (der W. der bösen Wesen) Râǵan. 11,237. — 3) der Wohnsitz der Elemente, der Körper.

भूताविष्ट Adj. von bösen Geistern besessen.

भूतावेश m. Besessenheit Râǵan. 13,50.

भूतासन n. der Sitz böser Wesen als N. pr. eines Zauberwagens.

भूति und भूती 1) f. a) *Entstehung, Geburt. — b) kräftiges Dasein, Tüchtigkeit, Tauglichkeit; Macht. — c) vollkommenes Dasein, Gedeihen, Heil, Wohlsein, Wohlfahrt, Wohlstand. Auch personificirt und mit Lakshmî identificirt. — d) Verzierung, Schmuck. — e) Asche. — f) angeblich = भूमि Erde. — g) महतां भूतिः Name eines Sâman Ârsh. Br. — h) *gebratenes Fleisch. — i) *Andropogon Schoenanthus und = रोहिष Râǵan. 8, 99. 121. — k) *ein best. Heilmittel, = वृद्धि Râǵan. 5,29. — l) N. pr. der Gattin Ruki's und Mutter des Manu Bhautja. — 2) m. a) eine best. Gruppe von Manen. — b) Bein. Vishṇu's. — c) N. pr. α) des Vaters von Manu Bhautja. — β) *eines Brahmanen.

भूतिक 1) eine best. Pflanze. Nach den Lexicographen m. n. Ptychotis Ajowan, n. Andropogon Schoenanthus (Râǵan. 8,99), Gentiana Chirata, = कत्तृण und कर्पूरौषध. — 2) *n. Kampfer.

भूतिकर्मन् n. eine die Wohlfahrt bezweckende Handlung, Bez. der häuslichen Handlungen bei der Geburt, Einführung zum Lehrer u. s. w. Âpast.

भूतिकलश m. N. pr. eines Mannes.

भूतिकाम 1) Adj. Gedeihen —, Wohlfahrt —, Wohlstand wünschend 180,1. — 2) *m. a) der Rathgeber eines Fürsten. — b) Bein. Bṛhaspati's.

*भूतिकील m. Grube.

भूतिकृत् 1) Adj. Wohlfahrt bringend (Çiva). — 2) m. eine best. Gruppe von Manen.

भूतिकृत्य n. = भूतिकर्मन्.

*भूतिगर्भ m. ein anderer Name für Bhavabhûti.

भूतिगौरी f. N. pr. der Gattin Çiva's VP.[2] 5, 387. v. l. गौरी.

भूतितीर्था f. N. pr. einer der Mütter im Gefolge Skanda's.

भूतिद 1) Adj. Wohlfahrt verleihend (Çiva). — 2) m. eine best. Gruppe von Manen.

भूतिदत्त m. N. pr. eines Mannes.

भूतिनन्द m. N. pr. eines Fürsten VP.[2] 4,212.

*भूतिनिधान n. das Mondhaus Dhanishṭhâ.

भूतिमत् Adj. der Wohlfahrt theilhaftig, glücklich.

भूतिमित्र m. N. pr. eines Fürsten VP.[2] 4,193.

भूतियुवक m. Pl. N. pr. eines Volkes.

भूतिलय N. pr. eines Tîrtha.

भूतिवर्धन Adj. das Gedeihen fördernd Âpast. Çr. 5,18,2.

भूतिवर्मन् m. N. pr. 1) eines Rakshas. — 2) eines Fürsten.

भूतिवाहन Adj. als Beiw. Çiva's. Vgl. भूतवाहन.

भूतिशिव m. N. pr. eines Mannes.

भूतिसृज् Adj. Wohlfahrt schaffend.

भूतीक eine best. Pflanze Kâraka 4,8. Nach den Lexicographen Gentiana Chirata, Curcuma Zerumbet, Ptychotis Ajowan und eine best. Grasart (Râǵan. 8,121. Bhâvapr. 4,169).

भूतीश्वरतीर्थ n. N. pr. eines Tîrtha.

*भूतुम्बी f. eine Gurkenart Râǵan. 7,165.

*भूतृण 1) m. Andropogon Schoenanthus. — 2) n. ein best. wohlriechendes Gras Râǵan. 8,121.

भूतेच्छद् f. Pl. Bez. der Verse AV. 20.135,11—13 Vaitân.

भूतेज्य Adj. den Gespenstern opfernd.

भूतेन्द्रियजयिन् Adj. als Bez. einer Art von Jogin.

भूतेश m. Herr 1) der Wesen, Bein. Brahman's, Vishṇu-Kṛshṇa's und der Sonne (Hemâdri 1, 615,8. — 2) der bösen Wesen, Bein. Çiva's.

भूतेश्वर m. = भूतेश 1) 2).

भूतेष्टका f. Bez. bestimmter Backsteine.

*भूतेष्टा f. der 14te Tag eines Halbmonats.

भूतोड्डामर n. Titel eines Tantra. Vgl. भूतडामर.

भूतोदन m. ein Reisgericht, das gegen böse Geister genossen wird.

भूतोन्माद m. Irresein durch Einwirkung böser Wesen.

भूतोपदेश m. Anweisung auf etwas bereits Vorhandenes.

भूतोपमा f. Vergleichung mit einem andern Wesen.

भूतोपसर्ग m. Besessenheit Spr. 6288.

*भूत्तम n. Gold.

भूदरीभवा f. Salvinia cucullata Râǵan. 1,223.

*भूदार m. Schwein Râǵan. 19,31.

भूदिन n. (Gaṇit. Bhagaṇ. 9) und भूदिवस m. (Ârjabh. 3,6) ein bürgerlicher Tag.

भूदेव m. 1) ein Gott auf Erden, ein Brahmane. — 2) N. pr. verschiedener Männer.

भूदेवशुक्ल m. N. pr. eines Dichters Hall in der Einl. zu Daçar. 30.

भूद्युम्न Mârk. P. 94,9 Druckfehler für भूरिद्युम्न.

*भूधन m. Fürst, König.

भूधर 1) Adj. a) die Erde tragend, auch so v. a. in der E. wohnend (Schlange). — b) die Erde erhaltend, Beiw. Kṛshṇa's und Baṭukabhairava's. — 2) m. a) Berg. Am Ende eines adj. Comp. f. आ. — b) Bez. der Zahl sieben. — c) unter den Bein. für Çiva nach Nîlak. Bez. des Schlangendämons Çesha MBh. 13,14,155. — d) *ein best. Apparat. — e) N. pr. eines Scholiasten.

भूधरज m. Baum (nach Nîlak.).

भूधरता f. das Tragen der Erde (Obj.).

भूधरयन्त्र n. eine best. Kochvorrichtung Bhâvapr. 2,87. 99.

भूधरात्मक und भूधराधीश m. Bein. Baṭukabhairava's.

भूधरेश्वर m. Bein. des Himavant.

भूधात्री f. 1) Bein. Baṭukabhairava's. — 2) *Flacourtia cataphracta Râǵan. 5,91

भूध्र m. Berg.

भूनन्दन m. N. pr. eines Fürsten.

भूना f. N. pr. einer Oertlichkeit. — भूनी s. u. 2. भूमन्.

भूनाग m. eine Art Schnecke und Schneckenhaus Râǵan. 13,2. 55. Rasendrak. 155.

भूनायक m. Fürst, König Daçak. 5,21.

भूनिम्ब m. Gentiana Chirata Râǵan. 9,15. Mat. med. 200.

*भूनीप m. eine best. Pflanze Râǵan. 9,105.

*भूनेतर् m. Fürst, König.

भूप m. 1) dass. — 2) Bez. der Zahl sechzehn Gaṇit. Bhagaṇ. 9.

भूपता f. Fürstenwürde, Königthum.

भूपति m. 1) Herr der Wesen oder der Welt. Bein. Rudra's und Baṭukabhairava's. — 2) Fürst, König. — 3) Bein. eines best. Dichters, vielleicht Bhoǵa's. — 4) *eine best. auf dem Himavant wachsende Knolle Râǵan. 5,14. — 5) ein best. Râga S. S. S. 92. — 6) N. pr. a) eines der Viçve Devâs. — b) Pl. einer Klasse von Göttern unter Manu Raivata Mârk. P. 75,71. — c) eines Opferpriesters der Götter.

भूपतित Adj. zur Erde gefallen 107,6.

*भूपतिवेश्मन् n. ein fürstlicher Palast.

भूपतिस्तुति f. Titel eines Lobgesanges Opp. Cat. 1.

भूपपुत्र m. *Fürstensohn, Prinz.*

भूपरिधि m. *der Umfang der Erde.*

*भूपल m. *eine Rattenart* RÂǴAN. 19,58. Vgl. भूफल 2).

*भूपलाश m. *eine best. Pflanze.*

*भूपवित्र n. *Kuhmist.*

भूपसुत m. *Fürstensohn, Prinz.*

*भूपाटली f. *eine best. Pflanze* RÂǴAN. 5,130.

भूपात m. *das auf die Erde Fallen, Niederfallen* SÂH. D. 68,2.

भूपादिस्कन्धलक्षण n. Titel eines Werkes OPP. Cat. 1.

भूपाल 1) m. *a) Fürst, König.* — *b)* Bein. Bhoǵarâǵa's. — *c)* N. pr. *α)* eines Sohnes des Somapâla. — *β)* eines Landes. — 2) f. ई *eine best. Scala in der Musik.*

भूपाललोक m. *Fürstenschaar* HARSHAĆ. 119,1.

भूपालवल्लभ m. 1) *Liebling eines Fürsten,* von Pferden KÂD. 98,17. — 2) N. pr. verschiedener Autoren.

भूपालश्री N. pr. eines Tempels des Çiva.

भूपालस्तोत्र n. Titel eines *Lobgesanges* BÜHLER, Rep. No. 653.

भूपालसाहि m. N. pr. eines *Fürsten.*

*भूपिठरी f. *eine best. Pflanze* BHÂVAPR. 1, 222 (Hdschr.). v. l. भूमिवल्लि.

भूपुत्र Metron. 1) m. *des Planeten Mars.* — 2) f. ई der Sîtâ.

भूपुर n. *ein best. Theil eines Diagramms.*

*भूवेष्ट m. *ein best. Baum.*

भूप्रकम्प m. (adj. Comp. f. आ) *Erdbeben.*

*भूफल m. 1) *Phaseolus Mungo* RÂǴAN. 16,37. — 2) *eine Rattenart*; vgl. भूपल.

*भूबदरी f. *eine Art Judendorn.*

भूबिम्ब *die Erdkugel.*

भूभट m. N. pr. eines Mannes.

भूभर्तर् m. *Fürst, König.*

भूभाग m. *Ort, Platz, Stelle.* क्रोशमात्र° *eine Strecke von nicht mehr als einem* Kroça.

भूभुज् m. *Fürst, König.*

भूभू m. Metron. *des Planeten Mars* GAṆIT. 2,1.

भूभृत्कार m. *der Laut* भू-भृत् PAṄĆAD.

भूभृत् m. 1) *Berg.* — 2) Bez. *der Zahl sieben* GAṆIT. KAKSH. 1. — 3) *Erhalter der Erde, — der Welt* als Beiw. Vishṇu's. — 4) *Fürst, König.*

भूम॑ 1) m. in der Formel ध्रुवाय भूमाय नमः TAITT. ÂR. 10,67. — 2) = भूमि *Erde* am Ende einiger Compp.

भूमकतृतीया f. *ein best. dritter Tag.*

भूमण्डल n. 1) *der Erdkreis, Erdball* 105,28. 123,24. — 2) *der Umkreis —, der Umfang der Erde.*

1. भू॑मन् n. 1) *die Erde.* — 2) *Erdboden.* — 3) *Land, Ort.* — 4) *die Welt.* — 5) *Wesen; Pl. die Gesammtheit des Existirenden.*

2. भू॒मन् 1) m. *a) Fülle, Menge, Reichthum, Vielheit, Mehrzahl.* भूम्ना *meistentheils, gewöhnlich;* भूम्ना *reichlich.* Am Ende eines adj. Comp. *erfüllt von* MAHÂVÎRAĆ. 113,9. — *b)* Bez. Kṛshṇa's. — *c)* N. pr. eines Sohnes des Pratihartar. — 2) f. *Versammlung.*

*भूमत् m. *Fürst, König.*

भूमन्यु m. N. pr. eines Fürsten. सुमन्यु v. l.

भूमय्, °यति *vermehren* BHAṬṬ.

*भूमयी f. Bein. der Ḱhâjâ, der Gattin des Sonnengottes.

भूमविद्या f. Bez. des 7ten Prapâṭhaka in der Ḱhândogjopanishad.

भूमहेन्द्र m. *Fürst, König.*

भूमानन्दसरस्वती m. N. pr. eines Gelehrten.

भू॑मि 1) f. (auch भू॑मी) *a) die Erde; Pl. Erden, Weltgebiete.* — *b) Erdboden, Boden, — für* (Gen.). Auch Pl. — *c) Land, Landstrich.* — *d) Erde als Stoff, Erdreich* 186,27. — *e) Platz, Ort, Stelle, Stätte.* — *f) Stockwerk* HEMÂDRI 1,668,4. — *g) Basis einer geometrischen Figur.* — *h) Flächeninhalt* ÇULBAS. 1,45. — *i) Platz,* so v. a. *Stellung, Amt.* — *k) die Rolle eines Schauspielers.* — *l) Stufe, Grad* (im Joga). — *m)* am Ende eines Comp. *ein Platz für,* so v. a. *ein Gegenstand, bei dem Etwas in hohem Grade zur Erscheinung kommt.* विश्वास° so v. a. *eine des Vertrauens würdige Person,* स्नेह° *eine der Liebe w. P.,* विश्रान्ति° *was Einem Erholung gewährt,* धार्ष्ट्य° *ein Ausbund von Frechheit* DAÇAK. 72,3. — *n)* * *Zunge.* — 2) m. N. pr. eines Sohnes oder Grosssohnes des Jujudhâna HARIV. 1,34,30. VP.[2] 4,93.

*भूमिकदम्ब m. *eine* Kadamba-*Art* RÂǴAN. 9,105.

*भूमिकन्दली f. = कन्दल 3) *b).*

भूमिकपाल Adj. *wobei der Erdboden als Schale gilt* ÇAT. BR. 13,3,8,3.

भूमिकम्प m. (GAUT.) und °कम्पन n. *Erdbeben.*

भूमिका f. 1) *Erdboden, Fussboden, Boden für* (im Comp. vorangehend). गृहोपरि so v. a. *Söller.* — 2) *Platz, Stelle, — für* (im Comp. vorangehend). — 3) *Stockwerk.* — 4) *Stufe, Grad.* — 5) *die Rolle eines Schauspielers* 291,9. — 6) *Vorrede, Einleitung* ÂNANDAGIRI zu ḰHÂND. UP. S. 473.

*भूमिकुष्माण्ड m. *Convolvulus paniculatus* Mat. med. 205.

भूमिक्षय m. *Einbusse von Land* Spr. 4613.

भूमिखण्ड *ein über die Erde handelnder Abschnitt* (in einem Werke).

भूमिखर्जूरिका und *°खर्जूरी f. *eine Palmenart* BHÂVAPR. 1,247.

भूमिगत Adj. *zur Erde gefallen* MÂN. ÇR. 1,8,4. M. 3,246. 5,128.

भूमिगर्त m. *eine Grube in der Erde.*

*भूमिगुहा f. *eine Höhle in der Erde.*

1. भूमिगृह n. *ein unterirdisches Gemach.*

2. भूमिगृह Adj. *dessen Haus der Erdboden ist* (von einem Todten).

भूमिचम्पक m. *Kaempferia rotunda* Mat. med. 294.

भूमिचल m. und °चलन n. *Erdbeben.*

*भूमिच्छत्त्र n. *Pilz* DEÇIN. 1,64.

भूमिज 1) Adj. *aus der Erde sprossend.* — 2) m. *a) der Planet Mars.* — *b)* * *Mensch.* — *c)* * *eine* Kadamba-*Art* RÂǴAN. 9,105. — *d)* * *eine Art Schnecke* RÂǴAN. 13,55. — *e)* *Bein. des Dämons Naraka. — 3) *f. आ Metron. der Sîtâ. — 4) *n. *eine best. Gemüsepflanze* RÂǴAN. 7,152.

*भूमिजगुग्गुलु m. *eine Art Bdellium* RÂǴAN. 12,113.

*भूमिजम्बु, *°जम्बुका und *°जम्बू f. *eine best. Pflanze* RÂǴAN. 11, 30. *Premna herbacea* Mat. med. 294.

भूमिजात Adj. *auf der Erde entstanden, — sich bildend* 80,31.

*भूमिजीविन् m. *ein* Vaiçja.

भूमिजोषण n. *die Wahl des Bodens* ÇAT. BR. 13, 8,1,6. 4,11. PÂR. GṚHJ. 3,10,10.

भूमिंजय m. N. pr. eines Sohnes des Virâṭa.

भूमितनय m. Metron. *des Planeten Mars* VARÂH. BṚH. 25(23),2.

भूमितल n. (adj. Comp. f. आ) *Erdboden.* Auch Pl.

भूमितुण्डिक m. N. pr. einer Oertlichkeit.

भूमित्र m. N. pr. eines Fürsten.

भूमित्व n. Nom. abstr. zu भूमि *die Erde* (TÂṆḌJA-BR. 20,14,2) und *Erde als Stoff.*

भूमिद Adj. *Land schenkend* M. 4,230.

भूमिदान n. *Schenkung von Land* Verz. d. Oxf. H. 5,b,26.

भूमिदुन्दुभि॑ m. *Erdpauke; so heisst eine mit Fell überspannte Grube* ÂPAST. ÇR. 21,18. AIT. ÂR. 416,12.

भूमिदृंहे Adj. *auf dem Grunde feststehend.*

भूमिदेव 1) m. *ein Gott auf Erden, ein Brahmane.* — 2) f. ई N. pr. verschiedener Frauen.

भूमिधर m. 1) *Berg.* — 2) Bez. *der Zahl sieben.* — 3) *Fürst, König.*

भूमिनन्द m. N. pr. eines Fürsten VP.² 4,212.

भूमिनाथ und भूमिप m. *Fürst, König.*

*भूमिपक्ष m. *ein schnell laufendes Pferd.*

भूमिपति m. *Fürst, König.*

भूमिपतित्व n. *Herrscherwürde, Königthum.*

भूमिपरिदृंहण n. *das Festdrücken des Erdbodens* Âpast. Çr. 7,10,11.

भूमिपरिमाण n. *Flächenmaass* 215,11.

भूमिपाल m. (adj. Comp. f. आ) *Fürst, König.*

भूमिपाशै m. und °पाशका f. *eine best. Pflanze.*

*भूमिपिशाच m. *Borassus flabelliformis.*

भूमिपुत्र m. 1) Metron. *des Planeten Mars.* — 2) N. pr. eines Fürsten.

भूमिपुरंदर m. Indra *auf Erden,* Bein. Dilîpa's.

भूमिप्र Adj. *die Erde erfüllend* (Ruhm) Ait. Âr. 364,14.

भूमिप्रचल m. *Erdbeben* Âpast.

भूमिप्राप्त Adj. *auf den Erdboden gefallen* Kâtj. Çr. 8,5,39.

भूमिबुध्न Adj. *die Erde zum Boden habend* Khând. Up. 3,15,1.

भूमिभाग m. *Ort, Platz, Stelle.*

भूमिभुज् m. *Fürst, König.*

भूमिभूत Adj. *der Boden von Etwas seiend* Spr. 6829.

भूमिभृत् m. *Fürst, König.*

भूमिभेदिन् Adj. *anders als auf der Erde seiend.*

*भूमिमण्ड 1) m. *Vallaris dichotomus.* — 2) f. आ *arabischer Jasmin.*

*भूमिमण्डपभूषणा f. *Gaertnera racemosa* Râgan. 10,109.

*भूमिमत् Adj. *Land besitzend.*

भूमिमित्र m. N. pr. zweier Fürsten.

*भूमिरक्षक m. *ein schnell laufendes Pferd.*

भूमिरथिक m. *ein angehender Wagner, der sich durch Zeichnungen im Sande zu seinem künftigen Beruf vorbereitet,* Comm. zu Njâjam. 9,2,3.

*भूमिलाभ m. *das Sterben, Tod.*

*भूमिलेपन n. *Kuhmist.*

भूमिलोकै m. *Erdenwelt.*

*भूमिवर्धन m. n. *Leichnam.*

*भूमिवल्लि f. *eine best. Pflanze* Bhâvapr. 1,222.

भूमिवासिन् Adj. *zu ebener Erde wohnend.*

भूमिशय 1) Adj. *auf* oder *in der Erde liegend, — lebend; m. ein in der Erde lebendes Thier.* — 2) m. a) **eine wilde Taube.* — b) N. pr. eines Fürsten.

*भूमिशय्या f. *das Schlafen auf der blossen Erde.*

भूमिष्ठ Adj. *auf der Erde —, auf dem Erdboden stehend, in der Erde befindlich, — liegend.* °मात्रतम् *sobald er die Erde betritt,* so v. a. *unmittelbar nach der Geburt.* — 2) *in seinem Lande seiend.*

भूमिसत्त्र n. *ein in Schenkung von Land bestehendes Opfer.*

*भूमिसंभवा f. Metron. der Sîtâ.

भूमिसव m. *ein best.* Vrâtjastoma.

भूमिसाम्राज्य n. *die Oberherrschaft über die Erde* 138,10.

भूमिसुत m. Metron. *des Planeten Mars.*

भूमिसेन m. N. pr. 1) eines Sohnes des 10ten Manu. — 2) *eines buddh. Gelehrten.

भूमिस्तोम m. *ein best.* Ekâha Vaitân.

*भूमिस्नु m. *Regenwurm.*

भूमिस्पृश् 1) Adj. a) *die Erde berührend.* — b) **blind.* — c) **lahm.* — 2) *m. a) *Mensch.* — b) *ein* Vaiçja. — c) *ein leise heranschleichender Dieb.*

भूमिस्वामिन् m. *Fürst, König.*

भूमी f. s. u. भूमि 1).

भूमीकदम्ब m. *eine* Kadamba-*Art.*

भूमीकुरबक m. *eine best. Pflanze.*

भूमीच्छा f. *das Verlangen sich auf die Erde zu legen.*

*भूमीन्द्र, *भूमीपति und भूमीभुज् m. *Fürst, König.*

भूमीभृत् m. *Berg* Çatr. 14,343.

भूमीरुह् und °रुह (Hemâdri 1,2,17) m. *Gewächs, Baum.*

भूमीशय्य Adj. *auf dem Erdboden schlafend* Spr. 1987.

भूमीश्वर m. in एक° (Nachtr. 4).

भूमीसह m. *ein best. Baum* Bhâvapr. 1,237.

भूम्यनन्तर 1) Adj. *unmittelbar angrenzend.* — 2) m. *der Fürst des zunächst angrenzenden Landes.*

(भूम्य) भूमिअ Adj. *terrenus.*

*भूम्यामलकी und *भूम्यामली f. 1) *Flacourtia cataphracta.* — 2) *Phyllanthus Niruri* Mat. med. 294.

*भूम्याहुल्य n. *ein best. Strauch* Râgan. 4,173.

°भूय n. *das Werden, Sein.*

भूयैस् 1) Adj. (f. भूयसी) a) *werdend* in ब्रह्म°. — b) *mehr, zahlreicher, reichlicher, — als* (Abl.). — c) *mehr bedeutend, — werth, mächtiger, grösser, — als* (Abl.). — d) *viel, vielfach, zahlreich.* — e) *sehr gross, bedeutend, heftig.* — f) *reichlich versehen mit* (Instr. oder im Comp. vorangehend). — 2) भूयस् Adv. a) *mehr, am meisten.* — b) *sehr, in hohem Grade.* भूयस्तराम् *in höherm Grade als* (Abl.). — c) *ferner, weiter, weiterhin, ausserdem, noch.* पूर्वम्—भूयः, आदौ—पश्चात्—भूयः. — d) *wieder, von Neuem.* भूयो ऽपि, भूयश्च, भूयो भूयः und पुनर्भूयः dass. — 3) भूयसा Instr. Adv. a) *über die Maassen, in hohem Grade.* — b) *meist, in der Regel.* — 4) n. *das Werden, Eingehen in* ब्रह्म°.

भूयःपलायन n. *abermaliges Entfliehen* Kathâs. 38,126.

°भूयत्व n. = °भूय in ब्रह्म°.

भूयद्रूप Adj. *vielförmig.* Richtig v. l. उभयद्रूप.

भूयशस् Adv. 1) *meist, in der Regel.* — 2) *wieder, von Neuem.*

भूयस्कर Adj. *mehr machend* oder *thuend* VS.

भूयस्कृत् 1) Adj. *mehrend.* — 2) f. Pl. *Bez. bestimmter Backsteine* Âpast. Çr. 17,5.

भूयस्त्व n. 1) *das Mehrsein, Ueberwiegen* (Gaim. 3,3,10), *Zunahme* (Gaut.). — 2) *Vielheit, Menge.* — 3) *grosser Umfang.*

भूयस्विन् Adj. *überlegen* Tândja-Br. 12,13,31.

भूयःसंनिवृत्ति f. *Wiederkehr.*

भूयःस्तन Adj. *mehr Zitzen habend als* (Abl.) Çat. Br. 6,5,2,19.

भूयिष्ठ 1) Adj. (f. आ) a) *meist, zahlreichst, überaus reichlich.* भूयिष्ठतर *überaus zahlreich* Prasannar. 20,6. — b) *hauptsächlichst, bedeutendst.* — c) *sehr gross.* निकट *die grösste Nähe.* — d) am Ende eines Comp. α) *zum grössten Theil aus — bestehend* Gaut. — β) *voll —, erfüllt —, im hohen Grade begleitet von.* — γ) nach einem Partic. praet. pass. *zum grössten Theil —, beinahe ganz.* Ein zum Partic. gehöriges Subst. tritt dazwischen. Auch Superl. °भूयिष्ठतर. — 2) भूयिष्ठम् Adv. a) *am meisten, zumeist, hauptsächlich, zum grössten Theil.* — b) *in grosser Menge.* — c) *im höchsten Grade, gar sehr, beinahe ganz.* — 3) भूयिष्ठेन Instr. Adv. *zumeist.*

भूयिष्ठभाज् Adj. *am meisten betheiligt, — geniessend, — empfangend* Âpast. Çr. 6,25,10.

भूयिष्ठशस् Adv. *in sehr grosser Anzahl.*

*भूयुक्ता f. *eine Palmenart.*

भूयोऽक्षर Adj. (f. आ) *mehr Silben habend* Tândja-Br. 9,3,8. Compar. °तर Ait. Br. 4,24,8.

भूयोगुण Adj. (f. आ) *verdoppelt* und *zugleich viele Vorzüge habend* Naish. 7,33.

भूयोदर्शनवाद m. Titel eines Werkes Opp. Cat. 1.

भूयोऽनागमन n. *das Nichtwiederkehren* Kathâs. 18,283 (भूयो ना° gedr.).

भूयोभर्तृसंगम m. *das Wiederzusammenkommen mit dem Gatten* Kathâs. 30,48.

भूयोमात्र n. *das Meiste von* (Gen.) Kauç. 91.

भूयोविद्य Adj. *mehr wissend, gelehrter.*

भूर् Indecl. (ursprünglich Nomin. von 2. भू) 1) in

der Formel भूर्भुवः स्वः (VS. 3,5. 37) als *Erde* gefasst. Bei der Annahme von 14 Welten nimmt भूर् die erste Stelle unter den 7 aufsteigenden Welten ein. — 2) **Hölle.* — 3) wird als ein geistiger Sohn Brahman's gefasst.

भूरति m. *ein best. über Waffen gesprochener Zauberspruch.*

भूरमण m. *Fürst, König* Daçak. 5,11.

भूरि 1) Adj. *reichlich, massenhaft, bedeutend, viel, häufig, zahlreich; ungeheuer, gewaltig.* Compar. भूरितर Bhâg. P. — 2) Adv. *reichlich, oft, viel, in hohem Grade.* भूरि कृत्वः *oftmals.* — 3) m. *a)* *Bein. α) Brahman's. — β) Vishṇu's. — γ) Indra's. — *b)* N. pr. eines Sohnes des Somadatta. — 4) *n. *Gold* Râǵan. 13,9.

*भूरिक m. N. pr. eines Mannes.

भूरिकर्मन् Adj. 1) *viel wirkend.* — 2) *sehr thätig.* — 3) *der viele Opfer dargebracht hat.*

भूरिकालम् Acc. Adv. *für eine lange Zeit* Kathâs. 17,43.

भूरिकृत्रिममाणिक्यमय Adj. *aus vielen falschen Rubinen bestehend* Kathâs. 24,163.

*भूरिगन्धा f. *ein best. wohlriechender Stoff.*

*भूरिगम m. *Esel.*

भूरिगु Adj. *rinderreich* RV.

भूरिगुण Adj. *sich stark vervielfältigend.*

भूरिचक्षस् Adj. *viel schauend* oder *vielfältiges Ansehen gewährend.*

*भूरिज् f. *die Erde.* Richtig भुरिज्.

भूरिज Adj. *in grosser Anzahl geboren* (Gegens. एकज) Çâṅkh. Çr. 8,17,3.

भूरिजन्मन् Adj. *viele Geburten habend.*

भूरिद्युम्न m. N. pr. eines Sohnes des Vikakshus.

भूरिता f. *Vielheit, Menge.*

भूरितेजस् 1) Adj. *glanzreich.* — 2) m. N. pr. eines Fürsten.

भूरितेजस Adj. *glanzreich.*

भूरितोक Adj. *kinderreich.*

भूरिद Adj. *viel gebend, freigebig.*

भूरिदक्षिण Adj. 1) *von reichem Opferlohn begleitet.* °म् Adv. *mit reichem Opferlohn.* — 2) *reichlichen Lohn gebend, freigebig.*

भूरिदात्र Adj. *gabenreich.*

भूरिदावत्त Adj. *viel gebend, freigebig.* Compar. °दावत्तर.

भूरिदावन् Adj. (f. °दावरी) dass.

*भूरिदुग्धा f. *Tragia involucrata* Râǵan. 9,49.

भूरिद्युम्न m. N. pr. 1) eines frommen Fürsten. — 2) der Söhne zweier Manu.

भूरिधन Adj. *reich an Habe.*

भूरिधामन् 1) Adj. *von grosser Macht* Kir. 1,45. — 2) m. N. pr. eines Sohnes des 9ten Manu.

भूरिधायस् Adj. *viel nährend, reichlich sättigend, — erhaltend.*

भूरिधार Adj. (f. आ) *reichlich giessend, — träufelnd, in reichen Strahlen milchend.*

भूरिनिधन Adj. *auf vielfache Weise zu Grunde gehend* Spr. 6554.

*भूरिपत्त्र m. *ein Andropogon* Râǵan. 8,126.

भूरिपाणि Adj. *vielhändig.*

भूरिपाश Adj. *reich an Stricken* oder *Schlingen.*

भूरिपुत्र Adj. (f. आ) *kinderreich* Taitt. Âr. 4,5,4.

*भूरिपुष्पा f. *Anethum Sowa* Râǵan. 4,12.

भूरिपोषिन् Adj. *reichlich mehrend, viel nährend.*

भूरिप्रयोग 1) Adj. *vielfach gebraucht.* Nom. abstr. °त्व n. — 2) m. Titel eines Wörterbuchs, welches *die häufig gebrauchten Wörter* enthält.

*भूरिप्रेमन् m. *Anas Casarca.*

*भूरिफली f. *ein best. Strauch* Râǵan. 5,131.

*भूरिफेना f. *eine best. Pflanze,* = सप्तला Bhâvapr. 1,202.

भूरिबल 1) m. N. pr. eines Sohnes des Dhṛtarâshṭra. — 2) *f. आ *Sida cordifolia* und *rhombifolia* Râǵan. 4,103.

भूरिभार Adj. *eine grosse Last tragend.*

भूरिभोग Adj. *viele Genüsse habend.*

*भूरिमल्ली f. *eine best. Pflanze* Râǵan. 4,80.

*भूरिमाय 1) m. *Schakal.* — 2) f. आ *Schakalweibchen* Râǵan. 19,7.

भूरिमूल Adj. *wurzelreich.*

*भूरिमूलिका f. *eine best. Pflanze.*

*भूरिरस m. *Zuckerrohr.*

*भूरिराम m. *Esel* Râǵan. 19,39.

भूरिरेतस् Adj. *samenreich, viel befruchtend.*

भूरिवर्चस् Adj. *überaus glanzvoll* R. 2,35,18 (= सुवर्णकान्ति Comm.). Bhâg. P. 4,24,40.

भूरिवर्पस् Adj. *vielgestaltig, vielerlei Ansehen bietend.*

भूरिवसु m. N. pr. verschiedener Männer.

भूरिवार Adj. (f. आ) *schätzereich, gabenreich.*

भूरिविक्रम Adj. *von grosser Kraft, von grossem Muth* R. 1,24,21.

*भूरिवेतस Adj. *mit Rotang reichlich bestanden* H. 954.

भूरिशस् Adv. *vielfach.*

भूरिशृङ्ग Adj. (f. आ) *viel-, grosshörnig.*

भूरिश्रवस् m. N. pr. eines Sohnes des Somadatta.

भूरिश्रेष्ठक oder °श्रेष्ठिक N. pr. einer Oertlichkeit bei Benares.

भूरिषेण m. N. pr. 1) eines Sohnes des 10ten Manu Hariv. 1,7,67. — 2) verschiedener anderer Männer.

भूरिस्थात्र Adj. *viele Standorte habend, an vielen Orten befindlich.*

भूरिहन् m. N. pr. eines Asura.

*भूरुण्डी f. *Heliotropium indicum.*

भूरुह् m. *Gewächs, Baum* Spr. 7630. Kandak. 47,5.

भूरुह 1) m. *a)* dass. — *b)* **Terminalia Arjuna* und *glabra.* — 2) *n. *Perle* Râǵan. 13,153.

भूर्ज m. 1) *Betula Bhojpatra* (deren Rinde als Schreibmaterial benutzt wird) Râǵan. 9,116. n. *ein aus Birkenrinde zum Schreiben zugerichtetes Blatt* Kâraṇḍ. 28,23. 69,15. — 2) *Schriftstück, Urkunde* Lokapr. 2.

भूर्जकण्टक m. *eine best. Mischlingskaste.*

भूर्जद्रुम (176,31) und भूर्जपत्त्र m. = भूर्ज 1).

भूर्णि 1) Adj. *a) aufgeregt, scheu, wild.* — *b) aufgebracht, erregt, zornig.* — *c) rührig, eifrig.* — 2) *f. *a) die Erde.* — *b) Wüste.*

भूर्भुव m. Bez. eines geistigen Sohnes Brahman's.

*भूर्भुवत्कर m. *Hund.*

भूर्भुवतीर्थ n. N. pr. eines Tîrtha.

भूर्भुवेश्वरतीर्थ n. desgl.

भूर्भूर् oder भूर्भुव m. N. pr. eines Daitja VP.[2] 2,69.

(भूर्यक्ष) भूरिअक्ष Adj. *vieläugig.*

(भूर्यासुति) भूरिआसुति Adj. *viel erregt* oder — *erregend.*

(भूर्योजस्) भूरिओजस् Adj. *vielgewaltig.*

भूर्लोक m. 1) *die Erdenwelt.* — 2) *das Land südlich vom Aequator.*

भूलक्षणपटल Titel eines Mantra Opp. Cat. 1.

*भूलग्ना f. *Andropogon aciculatus* Râǵan. 3,121.

*भूलता f. *Regenwurm.*

भूलिङ्गशकुन und °शकुनि m. *ein best. Vogel.*

भूलिङ्गा f. N. pr. einer Stadt.

भूलोक m. (adj. Comp. f. आ) *die Erdenwelt.* °सुरनायक m. *ein* Indra *auf Erden.*

भूवलय m. n. *der Umkreis der Erde.*

भूवल्लभ m. *Fürst, König.*

*भूवह् (stark भूवाह्, schwach भूउह्) Adj.

*भूशक्र m. *Fürst, König.*

*भूशमी f. *eine Acacienart.*

भूशय Adj. 1) *auf der Erde ruhend, — wohnend* (Vishṇu). — 2) *in der Erde wohnend; m. ein in der Erde wohnendes Thier.*

भूशय्या f. *ein Lager auf dem blossen Erdboden.*

*भूशर्करा f. *ein best. Knollengewächs.*

भूशुण्डी f. fehlerhaft für भुशुण्डी.

*भूशेलु m. *Cordia Myxa* Rāǵan. 11,209.

1\. भूष्, भूँषति. Mit आ 1) *sich verbreiten über* (Acc.). — 2) *hinbringen, verleben.* — Mit उपा *herbeikommen.* — Mit उप *sich nahen zu* (Acc.). — Mit परि 1) *umlaufen.* — 2) *übertreffen.* — Mit वि (*mit Auszeichnung*) *werden.*

2\. भूष्, भूँषति 1) *sich ernstlich bemühen um, obliegen, sich einer Sache* oder *Person annehmen, studere, colere;* mit Dat. — 2) *Jmd* (Dat.) *Etwas* (Acc.) *zu verschaffen suchen.* — 3) **schmücken.* — Caus. 1) भूषयति (metrisch auch Med.) *a*) *schmücken, ausschmücken, zieren.* भूषित *geschmückt.* — *b*) *belegen —, versehen mit* (Instr.). — 2) Med. *sich schmücken.* — Mit अति Caus. 1) Med. *sich vor* (der Zeit nach) *Jmd* (Acc.) *schmücken.* — Mit अभि Caus. *schmücken* Vṛshabh. 239,a,18. — Mit आ *sich richten nach, sich fügen in; in Ehren halten, pflegen, dienen;* mit Loc. — Mit उप *bemerken, berücksichtigen, befolgen;* mit Acc. — Mit परि 1) *zu Diensten stehen, bedienen;* mit Acc. — 2) *befolgen.* — 3) etwa *hochhalten, verehren.* — Caus. *schmücken.* — Mit प्र *zur Verfügung stellen, darbieten.* — Mit अनुप्र *sich darbieten.* — Mit उपप्र *befolgen.* — Mit प्रति 1) *bereitmachen, ausrüsten.* — 2) *bedienen, aufwarten, Verehrung bezeugen;* mit Acc. — 3) *willfahren,* mit Acc. — Mit वि *obliegen,* mit Acc. — Caus. *schmücken.* विभूषित *geschmückt, geziert.* — Mit सम् *Jmd* (Loc.) *Etwas* (Acc.) *verschaffen.*

भूषण 1) Adj. (f. ई) am Ende eines Comp. *schmückend, zierend.* Selbständig als Beiw. Vishṇu's. — 2) m. (ausnahmsweise) und n. *Schmuck.* Am Ende eines adj. Comp. (f. आ) *geschmückt —, verziert mit.* — 3) m. N. pr. eines Daitja. — 4) n. Titel eines Werkes. °कान्ति f. Titel eines Commentars dazu.

भूषणता f. Nom. abstr. zu भूषण *Schmuck.*

भूषणपेटिका f. *Schmuckkästchen.*

भूषणसार (Opp. Cat. 1) und °दर्पण m. Titel von Werken.

*भूषणेन्द्रप्रभ m. N. pr. eines Fürsten der Kiṁnara.

भूषयितव्य Adj. *zu schmücken.*

भूषा f. *Schmuck.*

भूषापेटी f. *Schmuckkästchen.*

भूषाय्, °यते *zum Schmuck gereichen.* °भूषायमाण *z. Sch. von — gereichend* Mahāvīrać. 112,4.

भूषिक m. Pl. N. pr. eines Volkes VP.[2] 4,222. v. l. मूषिक.

°भूषिन् Adj. *geschmückt mit.*

भूष्णु Adj. 1) *wachsend* 23,20. — 2) *zu gedeihen wünschend, auf seine Wohlfahrt bedacht.*

भूष्य Adj. *zu schmücken.*

भूसंस्कार m. *Vorbereitung des Bodens,* so heissen *die zur Weihung der Stätte des Feueraltars nöthigen fünf oder sieben Manipulationen.*

भूसुत Metron. 1) m. *des Planeten Mars* Varāh. Bṛh. 4,6. — 2) f. आ der Sitā.

भूसुर m. *ein Gott auf Erden, ein Brahmane.*

भूसूक्त n. Bez. *einer best. Hymne* Opp. Cat. 1. °भाष्य n. ebend.

भूस्तुति f. Titel eines *Lobgesanges* Opp. Cat. 1.

भूस्तृण m. *Andropogon Schoenanthus* Mat. med. 271. Rāǵan. 8,121.

भूस्थ 1) Adj. *auf der Erde lebend.* — 2) *m. *Mensch* Rāǵan. 18,1.

*भूस्पृश् m. 1) *Mensch.* — 2) *ein* Vaiçja.

*भूस्वर्ग m. 1) *der Himmel auf Erden.* — 2) Bein. des Berges Sumeru.

भूस्वर्गाय्, °यते *den Himmel auf Erden darstellen.*

*भृकुंश, *भृकुंस und *°क m. *ein Schauspieler in weiblichem Anzuge.*

भृकुटि 1) f. *a*) *verzogene Brauen.* Auch °टी. — *b*) °टी *eine Froschart.* — *c*) *°टी bei den Ǵaina N. pr. einer Göttin. — 2) *m. bei den Ǵaina N. pr. des Dieners des 21ten Arhant's der gegenwärtigen Avasarpiṇī.

भृकुटिधर Adj. *die Brauen verziehend,* so v. a. *zürnend auf* (Loc.) Mahāvīrać. 36,21.

भृग् onomatop. vom *Knistern* des Feuers. In einer Etymologie von भृगु.

भृगमात्रिक Suçr. 2,412,4 wohl fehlerhaft für मृग°.

भृगल = बृगल.

भृँगवाण 1) Adj. vielleicht *blinkend, funkelnd.* Nach Sāj. *wie* Bhṛgu *thuend.* — 2) m. vielleicht N. pr. eines Mannes ṚV. 1,120,5.

भृँगु m. 1) N. pr. *a*) Sg. u. Pl. eines Geschlechts mythischer Wesen, die zum Feuer in näherer Beziehung stehen. Hemādri 2,a,110,5. fgg. werden zwölf Bhṛgu mit Namen als Gottheiten aufgeführt. Das Geschlecht hat eine geschichtliche Anknüpfung, indem einer der brahmanischen Hauptstämme diesen Namen führt. — *b*) eines den Stamm repräsentirenden Ṛshi, der zu Varuṇa in nähere Beziehung gebracht wird und auch als sein Sohn erscheint. Er tritt auch als ein Sohn Kavi's auf, als ein Praǵāpati, als einer der sieben Weisen, als Gesetzgeber, Astronom, Arzt u. s. w. — *c*) eines Oheims des Dichters Bāṇa. — *d*) der Spitze des Berges Bhṛgutuṅga. — 2) *der Planet Venus,* = 1) *b*). Sein *Tag* ist der *Freitag.* — 3) *ein Name Rudra's. — 4) *Abhang, Abgrund* Harshać. 142,12.

भृगुकच्छ m. oder n. und f. (आ) N. pr. eines geheiligten Platzes am nördlichen Ufer der Narmadā. m. Pl. *die Bewohner dieser Oertlichkeit.*

भृगुकच्छतीर्थ n. N. pr. eines Tīrtha.

भृगुकुलोद्वह m. Patron. Paraçurāma's Du. V. 15,13.

भृगुक्षेत्र n. N. pr. einer Oertlichkeit VP.[2] 2,151.

भृगुज und भृगुतनय m. *der Planet Venus.*

भृगुतीर्थमाहात्म्य n. Titel eines Werkes Bühler, Rep. No. 75.

भृगुतुङ्ग m. N. pr. eines im Rufe grosser Heiligkeit stehenden Berges im Himālaja (oder im Vindhja) Vishṇus. 85,16.

भृगुदैवत Adj. *die* Bhṛgu *als Gottheit verehrend* Bhāg. P. 6,7,23.

भृगुनन्दन m. Patron. 1) Çaunaka's 47,1. 68, 28. — 2) Ruru's 48,29. — 3) Paraçurāma's. — 4) *des Planeten Venus.*

भृगुपतन n. *ein Sturz von einer Höhe.*

भृगुपति m. Bein. Paraçurāma's Bālar. 95,6.

भृगुपुत्र m. *der Planet Venus.*

भृगुप्रस्रवण m. N. pr. eines Berges.

*भृगुभवा f. *Clerodendrum siphonanthus* Bhāvapr. 1,176.

भृगुभूमि m. N. pr. eines Sohnes des Aṅgiras im Geschlecht der Bhṛgu.

भृगुमण्डल n. *ein best.* 2. करण 4) *n*).

*भृगुराक्षस m. N. pr. eines Ṛshi.

भृगुराज m. *ein best. Genius,* v. l. für भृङ्गराज Hemādri 1,651,19.

भृगुवल्ली f. Titel der dritten Vallī in Taitt. Up.

भृगुशार्दूल, भृगुश्रेष्ठ und भृगुसत्तम m. Bez. Paraçurāma's.

भृगुसंहिता f. Titel eines Werkes Opp. Cat. 1.

भृगुसुत m. 1) *Patron. Paraçurāma's. — 2) *der Planet Venus.*

भृगुसूनु m. *der Planet Venus.*

भृगुहरीतकी f. *eine best. Mixtur* Bhāvapr. 4,79.

भृग्वद्भ m. Patron. 1) Çaunaka's MBh. 1,5,14. — 2) Paraçurāma's.

भृगूपनिषद् f. Titel einer Upanishad.

*भृगूलापति m. Bein. Paraçurāma's. Richtig भृगूणां पतिः.

भृग्वङ्गिरस् m. N. pr. eines Ṛshi.

*भृग्वङ्गिरसिका f. *eine eheliche Verbindung zwi-*

schen den Nachkommen Bhṛgu's und Aṅgiras'.

भृग्वाङ्गिरोविद् Adj. *die Sprüche der* Bhṛgu *und* Aṅgiras —, *den* Atharvaveda *kennend* Vaitân.

भृग्वन्दीय (!) m. N. pr. eines Mannes.

भृग्वीश्वरतीर्थ n. N. pr. eines Tîrtha.

भृङ्ग 1) m. a) *eine grosse schwarze Bienenart.* — b) **eine Art Wespe.* — c) *der gabelschwänzige Würger.* — d) **ein liederlicher Geselle, Galan.* — e) **ein goldener Wasserkrug.* — f) *ein best. Genius,* = भृङ्गराज Hemâdri 1,654,9. — g) *ein best. Tact* S. S. S. 236. — 2) (*m. n.) *Eclipta prostrata.* — 3) f. भृङ्गा = 1) a). — 4) f. भृङ्गी a) = 1) a) Dh. V. 3,7. — b) **Aconitum ferox.* — 4) *n. a) *die Rinde oder das Blatt der Laurus Cassia.* — b) *Talk* Râǵan. 13,114.

भृङ्गक 1) am Ende eines adj. Comp. = भृङ्ग 1) a). — 2) *m. *der gabelschwänzige Würger.*

*भृङ्गज 1) m. *Agallochum.* — 2) f. आ *Clerodendrum siphonanthus.*

*भृङ्गपर्णिका f. *kleine Kardamomen.*

*भृङ्गप्रिया f. *Gaertnera racemosa.*

*भृङ्गमारि f. *eine best. Blume* Râǵan. 10,118. 126.

*भृङ्गमूलिका f. *eine best. Schlingpflanze.*

भृङ्गरज und °स् (Karaka 6,4) m. *Eclipta prostrata.*

भृङ्गराज m. 1) **eine grosse Bienenart.* — 2) *ein best. Vogel* Karaka 1,27. — 3) *Eclipta prostrata* und *Wedelia calenduiacea* Mat. med. 181. — 4) *ein best. Genius* Varâh. Bṛh. S. 53,44. Hemâdri 1,651,19. — 5) **eine Art Opfer.*

भृङ्गराजक m. *ein best. Vogel.*

*भृङ्गरिटि, *°रीट und °रीटि (Hariv. 9556) m. N. pr. eines Wesens im Gefolge Çiva's.

*भृङ्गरोल m. *eine Art Wespe.*

*भृङ्गवल्लभ 1) m. *Nauclea cordifolia* Râǵan. 9,103. 105. — 2) f. आ *eine best. Pflanze,* = भूमिजम्बू Râǵan. 11,30.

भृङ्गवृत्त m. nach einer Glosse zu Suçr. = वातहरवृत्त.

भृङ्गसार्थ m. *Bienenschwarm* 294,31.

*भृङ्गसोदर m. *Eclipta prostrata.*

भृङ्गाधिप m. *Bienenkönig,* d. i. *Bienenkönigin.*

*भृङ्गानन्दा f. *Jasminum auriculatum* Râǵan. 10,97.

*भृङ्गाभीष्ट m. *der Mangobaum* Râǵan. 11,10.

भृङ्गाय्, °यते *sich wie eine Biene benehmen* Prasannar. 6,4.

भृङ्गार 1) m. n. *Wasserkrug, Giesskanne* (häufig von Gold). साधु° Prasannar. 43,11. Angeblich auch *ein bei der Weihe eines Fürsten gebrauchtes Gefäss aus achtfachem Stoffe und von achtfacher Gestalt.* — 2) *m. = भृङ्गराज. — 3) *f. ई *Grille, Heimchen.* — 4) *n. a) *Gewürznelken.* — b) *Gold.*

भृङ्गारक m. = भृङ्गार 1).

*भृङ्गारि m. *eine best. Blume* Râǵan. 10,118. 126.

*भृङ्गारिका f. *Grille, Heimchen.*

*भृङ्गारीट m. = भृङ्गरीट.

भृङ्गारु m. = भृङ्गार 1) Hariv. 2,22,57.

भृङ्गाली f. *Bienenschwarm* 294,25.

*भृङ्गाह्व 1) m. a) *Eclipta prostrata* Râǵan. 4,140. — b) = जीवक Râǵan. 5,11. — 2) f. आ *eine best. Schlingpflanze* Râǵan. 7,47.

भृङ्गि m. N. pr. eines Wesens im Gefolge Çiva's.

भृङ्गिन् 1) m. a) **der indische Feigenbaum.* — b) N. pr. α) eines Wesens im Gefolge Çiva's. — β) Pl. einer Völkerschaft. — 2) *f. भृङ्गिणी *ein best. Baum* Râǵan. 11,211.

भृङ्गिरिटि, °रिटि (Bâlar. 28,19. fgg.) und *°रीटि m. N. pr. eines Wesens im Gefolge Çiva's. Du. °रिटी (so ist wohl Hariv. 15421 zu lesen) und °रिटी (Hariv. 3,104,15) Bez. zweier solcher Wesen.

*भृङ्गीफल m. *Spondias mangifera* Râǵan. 11,172.

भृङ्गीरिटि m. = भृङ्गिरिटि Hariv. 2,83,6.

भृङ्गीश m. Bein. Çiva's.

भृङ्गेशसंहिता f. Titel eines Werkes Bühler, Rep. No. 76.

*भृङ्गेष्टा f. 1) *Aloe indica* Râǵan. 5,46. — 2) *Clerodendrum siphonanthus.* — 3) = काकजम्बू Râǵan. 11,28. — 4) = तरुणी Râǵan. 10,128.

भृज्जायन (!) m. Patron.

*भृज्ज् Adj. (Nom. भृट्) *bratend, backend.*

भृज्ज in *उदभृज्ज.

भृज्जन n. *Bratpfanne* Kap. S. 30,8.

भृज्यकण्ठ m. *eine best. Mischlingskaste* Gaut.

*भृणीय्, भृणीयते = क्रुध्यति.

*भृण्टिका f. *eine best. Pflanze.*

*भृण्डि *Welle.*

°भृत् Adj. 1) *tragend.* — 2) *an sich habend, innehabend, besitzend, versehen mit.* — 3) *darbringend, bringend, verschaffend.* — 4) *erhaltend, unterhaltend.*

भृत 1) Adj. s. u. 1. भर्. — 2) m. *Söldling, ein für Lohn arbeitender Diener.*

भृतक Adj. 1) *herbeigeholt* in *द्राग्भृतक. — 2) *besoldet, Lohn empfangend;* m. *ein besoldeter Diener, — Lehrer.*

भृति und भृति (27,25) f. 1) *Herbeiholung, Herbeischaffung* in इध्मभृति. — 2) *Unterhalt, Verpflegung.* — 3) *Löhnung, Lohn.* — 4) *Dienst für Lohn.* — 5) *aufgetragene Speise, Kost.*

भृतिन् Adj. *getragen habend* in संवत्सर°.

*भृतिभुज् m. *ein besoldeter Diener.*

°भृत्त्व n. Nom. abstr. zu °भृत्.

भृत्य 1) m. *Diener;* auch von den *hohen Beamten eines Fürsten, den Ministern* gebraucht. — 2) f. आ a) **Lebensunterhalt, Lohn.* — b) *Pflege* in कुमार°.

भृत्यता f. und भृत्यत्व n. *die Stellung eines Dieners.*

भृत्यन्न n. Sg. *Lohn und Kost* Kathâs. 27,94.

भृत्यभाव m. *die Stellung eines Dieners* 291,20.

भृत्याय्, °यते *sich wie ein Diener benehmen.*

भृत्यी Adv. mit भू *in die Stellung eines Dieners treten.*

*भृत्र m. Siddh. K.

भृत्रि 1) *Darbringung;* wohl m. — 2) m. N. pr. eines Sohnes des 13ten Manu Hariv. 1,7,82. घृत v. l.

भृमि m. *Verirrung, Versehen.*

भृमल Adj. *betäubt, torpidus.*

1. भृमि 1) Adj. *flink, beweglich, munter.* — 2) m. *Wirbelwind.* Nach Sâj. *eine schweifende Wolke* oder *ein musikalisches Instrument.* — b) **Strudel.*

2. भृमि f. *Flinkheit, Beweglichkeit.* Nach Sâj. Adj. *schweifend.*

भृम्यश्व m. N. pr. eines Mannes.

*भृश्, भृशति *gewaltig —, stark —, heftig werden.*

भृश 1) Adj. *gewaltig, stark, mächtig, heftig, reichlich* (244,2). — 2) भृशम् und भृश° Adv. a) *heftig, stark, in hohem Grade, überaus, sehr.* Compar. °तरम् (Conj.). — b) *ohne Zaudern, ohne irgend ein Bedenken.* — 3) m. *ein best. Genius* Varâh. Bṛh. S. 53,48. Hemâdri 1,651,17. 654,5.

भृशता f. *Heftigkeit.*

भृशदण्ड Adj. *strenge Strafe verhängend über* (Loc.).

*भृशपत्त्रिका f. *eine best. Pflanze* Râǵan. 4,86.

भृशाय्, °यते *gewaltig —, stark —, heftig werden* Bhatt.

*भृशी Adv. mit भू dass.

भृष्ट s. u. भ्रज्ज्.

भृष्टकार m. *Bereiter von gerösteten* oder *gebratenen Speisen.*

1. भृष्टि f. *Zacke, Spitze; Kante, Ecke.*

2. *भृष्टि f. *das Rösten.*

3. *भृष्टि f. *ein verwilderter Garten.*

भृष्टिमन्त् 1) Adj. *zackig.* — 2) m. N. pr. eines Ṛshi.

भेक 1) m. a) *Frosch.* — b) **Wolke.* — c) **ein furchtsamer Mensch.* — 2) f. ई a) *Froschweibchen*

Kap. 4,16. °पति m. Froschmännchen. — b) *Hydrocotile asiatica.

*भेकपर्णी f. eine best. Pflanze.

*भेकभुज् m. Schlange.

भेकुरि f. Pl. Bez. bestimmter Apsaras VP.² 2,82.

भेड 1) m. a) *Schafbock. — b) *Floss, Nachen. — c) N. pr. verschiedener Männer. — 2) f. ई a) *Mutterschaf. — b) N. pr. einer der Mütter im Gefolge Skanda's.

भेडगिरि m. N. pr. eines Berges.

भेडर m. N. pr. eines Agrahâra.

*भेड्र m. Schafbock.

*भेण्डा f., *भेण्डी f. und *भेण्डीतक m. Abelmoschus esculentus Râǵan. 4,159. *भेण्डा f. auch Same des Lotus 10,191.

भेतव्य n. impers. timendum, sich zu fürchten vor (Abl. oder Gen.). न भेतव्यं च भेतव्ये auch darf man sich nicht fürchten, wenn es Etwas zu fürchten giebt.

भेताल m. = वेताल Ind. St. 15,228. 234. 236.

भेत्तर् Nom. ag. 1) Zerbrecher, Spalter, Durchbrecher, Sprenger, Durchbohrer. — 2) Besieger. — 3) Unterbrecher, Störer, Vereiteler. — 4) Verräther, Ausplauderer. — 5) Bein. Skanda's. — 6) ein best. über Waffen gesprochener Zauberspruch.

भेत्तवै Dat. Infin. zu 1. भिद् Çat. Br. 3,1,2,12.

भेत्तव्य Adj. 1) zu spalten, zu zerbrechen. — 2) zu verrathen, auszuplaudern.

भेद m. (adj. Comp. f. आ) 1) Nom. act. zu भिद्, भिनत्ति. a) das Zerbrechen, Spalten, Zersprengen, Durchbrechen, Durchbohren, Einbruch. — b) Trennung, Scheidung, Theilung. — c) Bruch, Verrath (eines Geheimnisses). — d) Unterbrechung, Störung, Verletzung. — e) Entzweiung, das Abwendigmachen, Herüberziehen eines Bundesgenossen auf seine Seite. — f) Verführung. — 2) Nom. act. zu भिद्, भिद्यते. a) das Bersten, Springen, Bruch. — b) Verletzung, das Verletztwerden. — c) das Auseinanderklaffen. — d) das Aufbrechen, so v. a. Aufblühen. — e) das Hervorbrechen, Hervortreten (des Bartes) Bâlar. 61,18. — f) Reissen (in den Gliedern). — g) Oeffnung, Stuhlgang. — h) das Sichverziehen (der Brauen). — i) Zwiespalt, Uneinigkeit, — zwischen (Instr.), in (im Comp. vorangehend). — k) eine best. Conjunction beim Planetenkampf. — l) Aenderung, Wechsel. — m) das Unterschiedensein, Verschiedenheit, Unterschied. — 3) concret. a) Theil. — b) Spalte, Ritze Çulbas. 2,22. 23. Du. die weibliche Scham. — c) Art, Species. — d) Hypotenuse Çulbas. 3,145. — e) N. pr. α) eines Volkes. — β) eines Mannes.

भेदक 1) Adj. a) zerbrechend, durchbrechend, einbrechend, durchstechend. — b) zerstörend, vernichtend (Grenzzeichen). — c) verführend. — d) unterscheidend, einen Unterschied machend, — annehmend. — e) unterscheidend, so v. a. näher bestimmend. — 2) *f. भेदिका a) das Zerbrechen, Spalten. — b) das Zerstören, Vernichten. — 3) n. Adjectiv.

भेदकर Adj. (f. ई) 1) am Ende eines Comp. durchbrechend, durchstechend. — 2) Zwiespalt —, Uneinigkeit bewirkend, — bei oder in (Gen. oder im Comp. vorangehend).

भेदकारिन् Adj. 1) Zwiespalt —, Uneinigkeit hervorrufend. — 2) unterschieden, anders als sonst seiend 308,22.

°भेदकृत् Adj. zerbrechend, erbrechend.

भेदतस् Adv. getrennt, einzeln, separat Kathâs. 107,86.

भेदधिक्कार m., °व्याख्या f. (Opp. Cat. 1), °प्रकाश m., °सत्क्रिया f. und °कारान्यत्कारङ्कृति f. (Opp. Cat. 1) Titel von Werken.

भेदन 1) Adj. a) spaltend, zerbrechend, zersprengend, durchbohrend. — b) einen Durchbruch —, einen Abfluss bewirkend. — c) Reissen verursachend. — d) lösend. — e) Stockungen oder Anhäufungen der Excretionen des Körpers lösend. — 2) *m. a) Schwein. — b) Rumex vesicarius Râǵan. 6,129. — 3) n. a) Nom. act. zu भिद्, भिनत्ति. α) das Spalten, Zersprengen, Zerbrechen, Aufschlitzen, Aufschneiden, Durchbohren Spr. 7616. — β) das Spalten, so v. a. das Durchgehen durch ein Gestirn. — γ) das Verrathen, Ausplaudern. — δ) das Veruneinigen, Bewirken von Zwiespalt. — b) Nom. act. zu भिद्, भिद्यते. α) das Zerbrechen, Zerspringen, Aufspringen, Bruch. — β) Uneinigkeit, Zwiespalt. — c) concret. α) ein lösendes Mittel. — β) *Asa foetida Râǵan. 6,75.

°भेदनक in *घटभेदनक.

भेदनीय Adj. 1) zu spalten, zu durchhauen. — 2) zur Ausscheidung ungesunder Stoffe aus dem Körper dienlich Karaka 1,4.

भेदपञ्चकधिक्कार m. (Opp. Cat. 1,5287) und भेदविभीषिका f. Titel zweier Werke.

भेदवादिन् m. ein Bekenner der Verschiedenheit von Gott und Welt Verz. d. Oxf. H. 255,b, N. 5.

भेदसह Adj. verführbar, bestechbar.

भेदाभेदवादिन् m. ein Bekenner sowohl der Verschiedenheit als auch der Identität von Gott und Welt Verz. d. Oxf. H. 255, b, N. 5.

भेदित्व n. die Eigenschaft des Aufspringens.

भेदिन् 1) Adj. a) spaltend, zerbrechend, durchstechend, durchbohrend, ausschlagend (Augen). — b) durchbohrend, so v. a. durch Mark und Bein gehend. — c) öffnend, fliessen machend, lösend, zertheilend. — d) brechend, verletzend (eine Abmachung u. s. w.). — e) trennend —, scheidend von (Abl.). — f) in Zwiespalt —, in Aufruhr versetzend. — g) derjenige, welcher unterschieden wird. — 2) *m. Rumex vesicarius Râǵan. 6,129. — 3) f. °नी ein best. Çakti bei den Tântrika.

*भेदिर n. Donnerkeil.

भेदीय in दोषभेदीय (Nachtr. 4).

*भेदुर n. Donnerkeil.

भेदोक्तिजीवन n. Titel eines Werkes Opp. Cat. 1.

भेदोज्जीवन n. desgl.

भेद्य 1) Adj. a) zu spalten, zu durchbohren. — b) mit Schneiden oder Oeffnen zu behandeln, wo es zu schneiden oder zu öffnen gilt. — c) widerlegbar. — d) zu verrathen. — e) zu verführen, abtrünnig zu machen. — f) was näher unterschieden —, bestimmt wird. — 2) n. Substantiv.

भेद्यक in उत्पलभेद्यक.

*भेन m. 1) die Sonne. — 2) der Mond.

भेपुर n. N. pr. eines Dorfes.

भेय n. impers. timendum, sich zu fürchten vor (Abl.).

*भेयपाल m. N. pr. eines Fürsten.

*भेर m. Pauke.

*भेरण्ड Adj. fehlerhaft für भेरुण्ड.

भेरि (selten) und भेरी f. Pauke Gaut.

भेरीक am Ende eines adj. Comp. von भेरी.

भेरीघात् (Conj.) m. Paukenschläger.

भेरीभांकार m. 1) Paukenlärm Daçak. 3,4. — 2) N. pr. eines Dichters.

भेरीभांकारीय n. Bherîbhâṁkâra's Gedicht Opp. Cat. 1.

भेरीस्वनमहास्वना f. N. pr. einer der Mütter im Gefolge Skanda's.

भेरुण्ड 1) Adj. (f. आ) schrecklich, Grausen erregend. — 2) m. a) ein best. Vogel Harshak. 202,18. — b) ein best. Raubthier. — c) *eine Form des Çiva (?). — 3) f. आ N. pr. a) einer Göttin. — b) *einer Jakshinî. — 4) *n. Schwangerschaft.

भेरुण्डक m. ein best. Thier, Fuchs (nach der tibetischen Uebers.) Lalit. 383,6.

भेरोत्स in पुष्पभेरोत्स.

भेल 1) *Adj. a) furchtsam. — b) dumm, einfältig. — c) gross von Wuchs. — d) beweglich, unstät. — e) = लघिष्ठ. — 2) m. a) *Nachen, Boot,

Floss. — *b*) N. pr. eines Arztes, = भेड Kâṅk.

*भेलक 1) Adj. = लघिष्ठ. — 2) m. n. *Nachen, Boot, Floss.*

*भेलु *eine best. hohe Zahl* (buddh.).

*भेलूपुरा f. N. pr. einer Vorstadt von Benares.

भेश m. *der Regent eines Sternbildes, — eines Zodiakalbildes.*

*भेष्, भेषति, °ते (भये, गतौ).

भेषज 1) Adj. (f. ई) *gesund machend, heilend.* — 2) n. *a*) *Gesundheitsmittel, Heilmittel, Arzenei,* — *gegen* (Gen. oder im Comp. vorangehend). — *b*) *die Heilsprüche des* Atharvaveda. — *c*) * *Wasser.*

भेषजकृत Adj. *geheilt* Ḱhând. Up. 4,17,8.

भेषजचन्द्र m. N. pr. eines Mannes.

भेषजता f. *heilende Wirkung.*

भेषजागार n. *Arzeneikammer, Apotheke.*

*भेषजाङ्ग n. *was mit oder nach der Arzenei getrunken wird.*

भेषज्य Adj. (f. आ) *Heilkraft enthaltend.*

भेत्त 1) Adj. *von Almosen lebend.* — 2) n. *a*) *das Betteln, Bettel.* भेत्तं चर् *betteln gehen, betteln,* — *um* (mit °भेत्तम् componirt 68,14). भेत्ताय गतः *auf den Bettel ausgegangen.* — *b*) *Erbetteltes, erbettelte Speise, Almosen.*

भेत्तक am Ende eines adj. Comp. = भेत्त *Almosen.*

भेत्तचरण n. *das Ausgehen auf den Bettel* Gaut. °चरणं चर् *betteln.*

भेत्तचर्य n. und °चर्या f. dass.

*भेत्तजीविका f. *ein Lebensunterhalt durch Almosen.*

भेत्तभुज् Adj. *von Almosen lebend.*

भेत्तव Adj. *des Mönchs* Harshak. 213,4.

भेत्तवत् Adv. *wie Almosen* 67,32. 68,24.

1. भेत्तवृत्ति f. *das Leben von Almosen, Bettelstand.*

2. भेत्तवृत्ति Adj. *von Almosen lebend.*

भेत्तान्न n. *erbettelte Speise.*

भेत्ताशिन् Adj. *erbettelte Speise geniessend.*

भेत्ताश्य n. *das Leben von Almosen.*

भेत्ताहार Adj. *erbettelte Speise essend.*

*भेत्तुक n. *eine Menge von Bettlern.*

भेत्तोपजीविन् Adj. *von Almosen lebend* 40,9.

भेत्त्य fehlerhaft für भेत्त.

*भेडक und *भेाडक Adj. *vom Schafe herrührend* Râǵan. 15,66. 78.

*भेदिक Adj. = भेदं नित्यमर्हति.

भैम 1) Adj. (f. ई) *zu* Bhîma *in Beziehung stehend.* — 2) m. Patron. von Bhîma. Auch Pl. oder am Anfange eines Comp. im Sinne des Pl. — 3) f. ई *a*) *der 11te Tag in der lichten Hälfte des* Mâgha. — *b*) Patron. der Damajantî. — *c*) Titel einer Grammatik Opp. Cat. 1.

भैमगव m. Patron.

भैमरथ Adj. (f. ई) Bhîmaratha *betreffend.* निशीथिनी f. wohl = भीमरथ 3) Harshak. 140,2.

भैमरिक m. N. pr. eines Sohnes des Kṛshṇa VP. 5,32,1.

भैमसेनि m. fehlerhaft für भैमसेनि.

भैमसेनि und *°सेन्य m. Patron. von भीमसेन.

*भैमायन m. Patron von भैम.

भैमि m. Patron. von भीम.

भैमिसेनि m. fehlerhaft für भैमसेनि.

भैमीपरिणय (wohl n.) Titel eines Schauspiels Opp. Cat. 1.

1. भैरव 1) Adj. (f. आ und ई) *grausig.* °म् Adv. — 2) m. *a*) *eine Form* Çiva's, *die wiederum achtfach unterschieden wird.* Auch = उग्रभैरव. — *b*) * *Schakal* Râǵan. 19,8. — *c*) *ein best.* Râga. — *d*) N. pr. α) des Anführers einer zu Çiva gehörigen Schaar. — β) eines Sohnes des Çiva. — γ) eines Schlangendämons. — δ) eines Jaksha. — ε) verschiedener Männer. — ζ) eines Flusses. — 3) f. आ *a*) Bein. der Nirṛti Varâh. Jogaj. 6,10. — *b*) Pl. *eine Klasse von* Apsaras VP.[2] 2,82. — 4) f. ई *a*) *eine Form der* Durgâ. — *b*) *ein zwölfjähriges Mädchen, welches bei der* Durgâ-*Feier diese Göttin vertritt.* — *c*) *eine best.* Râgiṇî oder Râga.

2. भैरव 1) Adj. (f. ई) *zu* 1. भैरव 2) *a*) *in Beziehung stehend.* — 2) m. Pl. *eine best. Secte* VP.[2]. — 3) n. Titel eines Tantra.

भैरवतन्त्र n. Titel eines Tantra.

भैरवतर्जक m. Bein. Vishṇu's.

भैरवत्व n. Nom. abstr. zu 1. भैरव 2) *a*).

भैरवदीक्षितिलक m. N. pr. eines Autors.

भैरवदीपदान n. und °दीपन n. Titel von Werken.

भैरवनाथतन्त्र n. Titel eines Tantra.

भैरवनामावली f. Titel eines Werkes.

भैरवमिश्र m. N. pr. eines Autors. °मिश्रीय n. Titel *seines Werkes* Opp. Cat. 1.

भैरवसपर्याविधि m. und भैरवसहस्रनामन् n. Pl. Titel von Werken.

भैरवस्तव m. Titel zweier *Lobgesänge* Bühler, Rep. No. 476. fg.

भैरवाचार्य m. N. pr. eines *Lehrers* Harshak. 71,13.

भैरवानन्द m. N. pr. eines Jogin Bhâvapr. 4,30.

भैरवाराधन n. Titel eines Werkes Bühler, Rep. No. 477.

भैरवार्चन n. und भैरवार्चापारिजात m. Titel von Werken.

भैरवाष्टक n. Titel *einer Sammlung von acht* Tantra Ârjav. 160,17.

भैरवीतन्त्र n. Titel eines Tantra.

भैरवीपटल Titel eines Werkes.

भैरवीय Adj. *zu* 1. भैरव (dem Gotte [Bâlar. 29, 14] und einem Gelehrten) *in Beziehung stehend.*

भैरवीयपञ्चसंधि m. Titel eines Werkes Opp. Cat. 1.

भैरवीरहस्य n. und भैरवीसपर्याविधि m. Titel von Werken.

भैरवेन्द्र m. N. pr. eines Fürsten.

भैरवेश m. Bein. Vishṇu's.

*भैषज 1) Adj. *zu* भैषज्य (Patron.) *in Beziehung stehend.* — 2) m. *a*) *Perdix chinensis.* — 3) n. *Arzenei.*

भैषज्य 1) *m. Patron. von Bhishaǵ und Bhishaǵa (gaṇa गर्गादि in der Kâç.). — 2) n. *a*) *heilende Wirkung,* — *Thätigkeit.* — *d*) *eine auf Heilung bezügliche Begehung* (im Ritual). — *c*) *Heilmittel, Arzenei,* — *gegen* (Gen.).

भैषज्यगुरुवैडूर्यप्रभा f. Titel eines (buddh.) Werkes.

भैषज्ययज्ञ m. *ein Heilung bezweckendes Opfer* Gop. Br. 2,1,19.

भैषज्यरत्नावली f. Titel eines Werkes.

भैषज्यराज und भैषज्यसमुद्गत m. N. pr. zweier Bodhisattva.

भैषज्यसेन m. N. pr. eines Bodhisattva Kâraṇḍ. 1,16.

*भैत्तज Adj. von भैत्तज्य. v. l. भैषज.

*भैषज्य m. Patron. von भित्तज. v. l. भैषज.

भैष्मक m. Patron. von भीष्मक. f. ई Patron. der Rukmiṇî.

भैस् s. u. 1. भी.

भो s. भोस्.

भोक्तर् Nom. ag. (f. भोक्त्री) 1) *Geniesser, Esser, Verspeiser.* भोक्तारस् als Fut. R. 1,59,13. — 2) *Benutzer, den Genuss* —, *den Vortheil von Etwas habend.* — 3) *Empfinder* (von Freude oder Schmerz). — 4) *Benutzer des Landes, Fürst.* — 5) * *Gatte.* — 6) fehlerhaft für श्रोतर्.

भोक्तव्य 1) Adj. *a*) *zu geniessen, zu essen.* — *b*) *zu geniessen, zu gebrauchen, zu benutzen* Âpast. — *c*) *zu benutzen,* so v. a. *auszubeuten.* — *d*) *zu beherrschen.* — *e*) *zu speisen, dem man zu essen geben muss.* — 2) n. impers. *zu speisen, die Mittagsmahlzeit zu halten.*

भोक्तृत्व n. Nom. abstr. zu भोक्तर् 1) 2) 3).

भोक्तृशक्ति f. *die Macht der Seele als Benutzerin und Beherrscherin der Natur.*

भोद्यक m. Pl. N. pr. eines Volkes VP.[2] 4,222.

1. भोगँ m. 1) *Windung, Ring* (einer Schlange) Maitr. S. 2,5,3 (50,9). LA. 91,20. — 2) *die sogenannte Haube einer Schlange.* — 3) *eine best. Aufstellung der Truppen.* — 4) *Schlange* Suparn. 8,3.

2. भोग 1) m. (adj. Comp. f. आ) a) *das Geniessen, Essen, Speisen.* — b) *Genuss, Benutzung, Gebrauch, Verbrauch, Verwendung.* Bei den Gaina *einmaliger Genuss einer Sache;* vgl. उपभोग. — c) *fleischlicher Genuss.* — d) *Regierung, Herrschaft.* — e) *Empfindung* (von Freude oder Schmerz). — f) in der Astr. *das Durchlaufen eines Gestirns.* — g) *Nutzen, Vortheil.* — h) *Freude, Lust.* — i) *Gegenstand des Genusses.* — k) *Besitz, Einkünfte, Ertrag von Ländereien u. s. w.* — l) *der auf jedes Mondhaus fallende Theil der Ekliptik,* d. i. 13° 20′. — m) * *Hurenlohn.* — n) N. pr. eines Lehrers. — 2) f. भोगा N. pr. einer Surâṅganâ Ind. St. 15,444. — 3) n. fehlerhaft für भोग्य und भाग्य.

*भोगक m. N. pr. eines Mannes.

भोगकर Adj. (f. ई) *Genuss schaffend.*

*भोगगुच्छ n. *Hurenlohn.*

भोगगृह n. *Frauengemach, Harem* Sâj. zu RV. 10,95,4.

*भोगग्राम m. N. pr. eines *Dorfes.*

भोगत्व n. Nom. abstr. zu 1. भोग 1).

भोगदत्ता f. N. pr. eines Frauenzimmers.

भोगदा f. N. pr. einer Göttin.

भोगदेव m. N. pr. eines Mannes.

भोगदेह m. *der feine Körper, den ein Verstorbener annimmt und mit dem er, je nach seinen Werken im vergangenen Leben, Freuden oder Leiden empfindet.*

भोगनाथ m. N. pr. eines Mannes.

भोगनिधि f. N. pr. einer Surâṅganâ Ind. St. 15,222. 444.

भोगपति m. *Gouverneuer einer Stadt* oder *Provinz.*

*भोगपाल m. *Pferdeknecht.*

*भोगपिशाचिका f. *Hunger.*

भोगप्रस्थ m. Pl. N. pr. einer Völkerschaft.

भोगभट्ट m. N. pr. eines Dichters.

भोगभुज् 1) Adj. *Genüssen fröhnend* Mârk. P. 23,115. — 2) m. *ein reicher Mann* Agni-P. 35,18.

भोगभूमि f. *ein Land des Genusses* (der früheren Werke), — *der Vergeltung.*

*भोगभृतक m. *ein Diener, der für blosse Kost dient.*

भोगलाभ m. 1) *Wohlhabenheit.* — 2) *der Genuss eines* (unbeweglichen) *Pfandes* Jolly, Schuld. 298.

1. भोगँवत् 1) Adj. *mit Windungen —, mit Ringen versehen* (Schlange). — 2) m. a) *Schlange, Schlangendämon* Suparn. 9,1. — b) N. pr. eines Berges. — 3) f. °वती a) *Schlangenweibchen, ein weiblicher Schlangendämon.* — b) *die Stadt der Schlangendämone in der Unterwelt.* — c) *der Fluss der Schlangendämone.* — d) N. pr. α) einer der Mütter im Gefolge Skanda's. — β) eines heiligen Flusses.

2. भोगवत् 1) Adj. *Genüsse habend, mit Allem, was Genuss verschafft, reichlich versehen, ein genussreiches Leben führend.* — 2) m. a) * *Tanz, Mimik.* — b) N. pr. der Wohnung der Satjabhâmâ. — 3) f. °वती a) *der Nachttheil des zweiten lunaren Tages.* — b) Name der Stadt Uggajinî im Dvâpara-Zeitalter 129,27. — c) N. pr. einer (wohl fingirten) Stadt.

भोगवर्धन m. Pl. N. pr. eines Volkes.

भोगवर्मन् m. N. pr. verschiedener Männer.

भोगवस्तु n. *ein Gegenstand des Genusses.*

*भोगसद्मन् n. *Frauengemach, Harem.*

भोगसेन m. N. pr. eines Mannes.

*भोगस्थान n. 1) *der Körper.* — 2) *Harem.*

भोगस्वामिन् m. N. pr. eines Mannes.

भोगाय्, °यते *sich ringeln* Çira-Up. 9,10.

भोगायतन n. *die Stätte des Genusses* 274,14.

*भोगार्ह n. *Geld, Besitz.*

*भोगार्ह्य n. *Getraide.*

*भोगावती f. *die Stadt der Schlangendämone.*

भोगावली f. 1) *das Lobgedicht eines Lobredners von Profession* Bâlar. 183,3. 7. — 2) * fehlerhaft für भोगावती.

*भोगावास m. *Frauengemach, Harem.*

*भोगिक m. *Pferdeknecht.*

*भोगिकान्त m. *Wind, Luft.*

*भोगिगन्धिका f. *eine best. Pflanze.*

1. भोगिन् 1) Adj. *mit Windungen versehen, geringelt.* — 2) m. a) *Schlange, Schlangendämon.* — b) * *ein best. Strauch* Râgan. 5,126. — 3) f. °नी *Schlangenweibchen, ein weiblicher Schlangendämon.*

2. भोगिन् 1) Adj. a) am Ende eines Comp. *geniessend, essend.* — b) *geniessend, den Genüssen sich hingebend, reich an Genüssen, ein genussreiches Leben führend, wohlhabend.* — c) *empfindend, an sich erfahrend* Kap. 5,73. — d) * = वैयावृत्तिकर (!). — 2) m. a) * *Dorfältester.* — b) * *Barbier.* — c) N. pr. eines Fürsten VP.² 4,72. — 3) f. °नी (vgl. auch Comm. zu Hâla 605) a) *eine Art von Heroine.* — b) * *eine nicht geweihte Gemahlin eines Fürsten.*

भोगिनन्दन m. Patron. Çâlivâhana's Ind. St. 14,102. °नन्दन m. 130.

*भोगिभुज् m. *Ichneumon.*

*भोगिवल्लभ n. *eine Art Sandel* Râgan. 12,7.

*भोगीन Adj. am Ende eines Comp.

भोगीन्द्र m. *Schlangenfürst*, Bez. 1) *Ananta's. 2) Patañgali's.

भोगीन्द्रतनय und भोगीन्द्रनन्दन m. Patron. Çâlivâhana's Ind. St. 14,108. 158.

भोगीश m. *Schlangenfürst* als Bez. Ananta's u. Çesha's.

भोगीश्वरतीर्थ (भोगीश्वर°?) n. N. pr. eines Tîrtha.

भोँग्य 1) Adj. a) *zu geniessen, zu benutzen, was genossen —, benutzt wird, nutzbar, brauchbar; auszubeuten; zu geniessen* auch so v. a. *zu ertragen.* Bisweilen auch von Speisen gebraucht; hier hat aber die v. l. richtig भोज्य. — b) in der Astr. *zu durchlaufen.* — 2) *f. भोग्या *Hure* Râgan. 18, 10. — 3) *n. a) *Besitz, Geld.* — b) *Getraide* Râgan. 16,1. — c) *Edelstein* Râgan. 13,144.

भोग्यता f. und भोग्यत्व n. *das Gebrauchtwerden, Brauchbarkeit, Ausbeutbarkeit.*

*भोग्यार्ह n. *Getraide* Râgan. 16,1.

भोज् Adj. in अभोगघ्न्.

भोजँ 1) Adj. a) *mittheilsam, freigebig.* — b) *den Genüssen fröhnend, ein genussreiches Leben führend.* — 2) m. a) *ein Fürst besonderer Art.* — b) Pl. N. pr. eines Volksstammes. — c) *ein Fürst der* Bhoga. — d) N. pr. verschiedener Fürsten und anderer Männer. — e) * = भोजकट. — 3) f. भोजा a) *eine Prinzessin der* Bhoga. — b) N. pr. der Gattin Vîravrata's.

1. भोजक 1) Adj. a) *essend* (s. बक॰°), * *im Begriff stehend zu essen.* — b) *speisend, zu essen gebend.* — 2) m. etwa *ein Aufwärter beim Essen.*

2. भोजक m. 1) *ein Priester der Sonne, der aus einer ehelichen Verbindung der* Maga *mit Frauen aus dem* Bhoga-*Geschlecht herstammen soll.* — 2) *Astrolog* Harshak. 96,18. — 3) N. pr. eines Fürsten VP.² 4,99.

भोजकट 1) n. N. pr. einer Stadt. — 2) m. Pl. *die Bewohner von* Bhogakaṭa.

*भोजकटीय m. Pl. = भोजकट 2).

भोजचम्पू f. und भोजचरित्र n. Titel zweier Werke Opp. Cat. 1.

*भोजदुहितर् f. *eine Prinzessin der* Bhoga.

भोजदेव m. N. pr. eines Fürsten. °शब्दानुशासन n. Titel eines Werkes.

भौजन 1) Adj. *speisend, zu essen gebend* (Çiva). — 2) m. N. pr. eines Berges in Krauñkadvîpa

Bhâg. P. 5,20,21. — 3) n. *a) das Geniessen, Gebrauchen.* — *b) das Geniessen, Essen, das Einnehmen des Mahles.* Ausnahmsweise mit Acc. des Objects. — *c) Mahl, Mahlzeit.* — *d) Speise.* Am Ende eines adj. Comp. (f. आ) *sich nährend von —, — als Speise darbietend, zur Speise von — dienend.* त्र्येक° Adj. *jeden dritten Tag, jeden zweiten und täglich Speise zu sich nehmend.* — *e) was zum Genuss oder Benutzung dient, Habe, Besitz.* — *f) Genuss,* sowohl *was man geniesst* als *die daraus entspringende Befriedigung, delectatio.* — *g) das Speisen, Zuessengeben.* — *h) Bereitung von Speisen, Kochkunst.*

भोजनक m. *eine best. Pflanze* Kâkr. zu Suçr. 1, 219,19.

भोजनकाल m. *Essenszeit.*

भोजनकुतूहल n. Titel eines Werkes über *Kochkunst.*

भोजननगर n. N. pr. einer *Stadt.*

भोजनगृह n. *Speisegemach* Sâj. zu RV. 10,95,4.

*भोजनत्याग m. *das Aufgeben des Essens, das Hungern.*

भोजनभाण्ड n. *Speiseschüssel.*

भोजनभूमि f. *Speiseplatz, der Ort, wo man speist.*

भोजनरेन्द्र m. = भोजदेव.

भोजनविधि m. Titel eines Werkes.

भोजनवृत्ति f. *das Essen, Speisen.* Auch Pl.

भोजनवेला f. *Essenszeit.*

भोजनव्यग्र Adj. *mit dem Essen beschäftigt, beim Essen seiend.*

भोजनाधिकार m. *Küchenmeisteramt.*

भोजनार्थिन् Adj. *nach Speise verlangend, hungrig* 124,26.

भोजनिधि f. N. pr. einer Surâṅganâ Ind. St. 15,222. 444.

भोजनीय Adj. 1) *was gegessen wird;* n. *Speise.* — *b) zu speisen, dem man zu essen geben muss.* — 3) *dem ein Genuss zu gewähren ist, dem ein Dienst zu leisten ist.*

भोजनीयमृत Adj. *an Unverdaulichkeit gestorben* (Comm.).

भोजनृपति m. = भोजदेव.

भोजनोत्तर Adj. (f. आ) *nach der Mahlzeit einzunehmen* (Pillen) Kâraka 6,18.

भोजपति m. *Fürst der* Bhoǵa, *Fürst* Bhoǵa; Bein. Kamsa's und = भोजराज.

भोजपितर् m. *Vater eines Fürsten* Ait. Br. 8, 12. 17.

*भोजपुत्री f. *eine Prinzessin der* Bhoǵa.

भोजपुर n. und °पुरी f. N. pr. zweier *Städte.*

भोजप्रबन्ध m. und °सार (Opp. Cat. 1) Titel von Werken.

*भोजम् Absol. von 1. भुज् P. 3,4,22, Sch.

भोजयितर् Nom. ag. *der Jmd Etwas geniessen —, empfinden lässt.*

भोजयितव्य Adj. *zu speisen, dem man zu essen geben muss.*

भोजराज m. 1) *König der* Bhoǵa. — 2) Bein. Kamsa's VP. 5,1,74. 3,29. — 3) N. pr. eines Fürsten.

भोजराजप्रबन्ध m., °राजविजय m. (Opp. Cat. 1) und °राजवृत्ति f. Titel von Werken.

भोजराजीय Adj. von भोजराज 3).

भोजस् in पुरुभोजस्, विश्वभोजस् und सुभोजस्.

भोजसे Dat. Infin. zu 1. भुज् RV. 1,55,3. 8,51,3. 65,3.

भोजस्मृति f. Titel eines Werkes Ind. St. 1,467.

*भोजाधिप m. Bein. Kamsa's.

भोजाता f. N. pr. eines Flusses Hariv. 9314.

भोजिक m. N. pr. eines Brahmanen.

°भोजिन् Adj. 1) *geniessend, essend, verspeisend.* — 2) *ausbeutend.*

1. भोज्य, भोजिअ 1) Adj. *a) zu geniessen, zu essen, zu verspeisen, geniessbar, was genossen —, gegessen wird;* insbes. *was man schlucken kann ohne zu kauen* Bhâvapr. 1,43. — *b) zu geniessen, zu benutzen, auszubeuten.* — *c) fleischlich zu geniessen.* — *d) zu geniessen, zu empfinden.* — *e) zu speisen, dem man zu essen geben muss.* — 2) * f. आ *Kupplerin* Gal. — 3) n. *a) ein zum Essen sich eignender Gegenstand, Speise, Nahrung.* — *b) das Essen, Speisen.* — *c) Genuss, Vortheil.*

2. भोज्य m. Pl. N. pr. eines Volkes. Richtig wohl भोज.

भोज्यकाल m. *Essenszeit.*

भोज्यता f. und भोज्यत्व n. Nom. abstr. zu भोज्य *Speise, Nahrung.*

भोज्यमय s. भक्त°.

*भोज्यसंभव m. *Chylus.*

भोज्या f. *eine Prinzessin der* Bhoǵa.

*भोज्योष्ण Adj. *zu heiss zum Essen.*

भोट m. *Tibet.*

*भोटगो m. *Bos Gavaeus* Râǵan. 6,131.

*भोटाङ्ग m. *Bhutan.*

भोटान्त N. pr. eines Landes.

भोटीय Adj. *tibetisch.* °काशी f. N. pr. eines Flusses.

भोत fehlerhaft für भोट.

भोभवत्पूर्वकम् Adv. *so dass* भोस् *oder* भवन् *vorangeht* M. 2,128.

*भोमीरा f. *Koralle.*

भोलानाथ m. 1) Bein. Çiva's. — 2) N. pr. eines Scholiasten.

*भोलि m. *Kamel.*

भोस् (aus भवस्, Voc. von 2. भवन्त्) Interj. der Anrede. Vor Vocalen und tönenden Consonanten भो, sonst भोस् und भोः je nach Umständen. भोरिति und भो vor dumpfen Consonanten verdächtig. Mit भोस् werden auch mehrere Personen und Frauen angeredet. Häufig wiederholt (भो भोस्); im Selbstgespräch so v. a. *ach!*

भोहर m. N. pr. eines Dichters.

*भौगक m. Patron. von भोगक.

*भौजकट Adj. von भोजकट.

भौजंग 1) Adj. (f. ई) *einer Schlange eigen, schlangenartig.* — 2) n. *das Mondhaus* Âçleshâ.

*भौजि m. Patron. von भोज.

भौजिष्य n. *Sclaverei* Suparṇ. 19,1.

*भौजीय Adj. von भौजि.

भौज्य n. *die Würde eines den Titel* Bhoǵa *führenden Fürsten.*

भौट m. *ein Tibeter.*

भौत 1) Adj. *a) die Wesen betreffend, ihnen geltend.* — *b) von bösen Geistern besessen, verrückt, blödsinnig;* m. *Idiot.* राज° *ein Einfaltspinsel von Fürst,* जल° *einer der seine Dummheit in Bezug auf Wasser an den Tag legt.* °प्राय Adj. *beinahe blödsinnig* Kathâs. 61,7 (भूत° gedr.). — *c) aus den Elementen gebildet, materiell.* — 2) * m. = देवलक. — 3) * f. ई *Nacht.* — 4) * n. = भूतानां समूहः.

भौतक Adj. = भौत 1) *b).*

1. भौतिक 1) Adj. (f. ई) *a) die Wesen betreffend, ihnen geltend* Varâh. Jogaj. 6,19. — *b)* = भौत 1) *b).* — *c) aus den Elementen gebildet, dieselben betreffend, materiell.* — 2) * n. *Perle* Râǵan. 13,152.

2. भौतिक m. 1) Bein. Çiva's. — 2) *eine Art von Mönchen.*

1. भौत्य m. N. pr. 1) eines Manu. — 2) Pl. einer Dynastie VP.[2] 4,93.

2. भौत्य Adj. zu 1. भौत्य 1) *in Beziehung —, unter ihm stehend.*

भौपाल m. *der Sohn eines Fürsten.*

1. भौमें 1) Adj. (f. ई) *der Erde gehörig, — geweiht* (TS. 5,5,18,1. 6,21,1), *zur E. in Beziehung stehend, von ihr kommend, auf* oder *in der E. befindlich, irdisch.* नरक m. so v. a. *die Hölle auf Erden,* ब्रह्मन् n. so v. a. *der* Veda. — *b) aus Erde bestehend, erdig, irden.* — *c)* * *vom Lande einkommend* (Abgabe). — 2) m. *a)* * *Ambra* (?). — *b)* * *eine rothblühende* Punarnavâ Râǵan. 5,119. — *c)* Bez. des 27sten

Muhûrta. — d) Metron. α) eines best. Erdgenius. — β) des Atri. — γ) des Daitja Naraka. — δ) des Planeten Mars. Sein Tag ist Dienstag. — 3) *f. ई Metron. der Sîtâ. — 4) n. a) Pl. Erdenstaub. — b) Getraide Âpast. — c) Boden, Diele; nur am Ende eines adj. Comp. — d) Stockwerk; nur am Ende eines adj. Comp.

2. भौम Adj. zu Mars —, zu seinem Tage (dem Dienstage) in Beziehung stehend, an einem solchen Tage geschehend.

भौमक m. ein in der Erde lebendes Thier.

भौमदेवलिपि f. eine best. Art zu schreiben.

भौमन m. Bein. Viçvakarman's. Richtig भौवन.

*भौमरत्न n. Koralle Râgan. 13,159.

भौमवार m. Dienstag.

भौमव्रत eine best. Begehung Verz. d. B. H. No. 1269.

भौमावतारवर्णन n. Titel eines Werkes.

भौमिक und भौम्य Adj. auf der Erde befindlich.

*भौर m. Patron. von भूरि.

भौरिक 1) m. Schatzmeister; eher Münzmeister Harshak. 30,5. — 2) *f. ई Münzstätte Gal. — भौरिकी s. auch u. भौरिकि.

*भौरिकायणि m. Patron. von भौरिकि.

*भौरिकि m. Patron.; f. ई. — भौरिकी s. auch u. भौरिक.

*भौरिकिक Adj. (f. आ und ई) von भौरिकि Kâç. zu P. 4,2,116.

*भौरिकिविध Adj. von Bhauriki bewohnt.

*भौरिक्या f. zu भौरिकि.

भौर्ज Adj. von der Birke kommend Karaka 1,3.

*भौलिकि m. Patron.; f. ई.

*भौलिकिविध Adj. von Bhauliki bewohnt.

*भौलिक्या f. zu भौलिकि.

*भौलिङ्गि 1) m. ein Fürst von Bhûliñgâ. — 2) f. ई eine Prinzessin von Bh.

*भौलिङ्गिक Adj. (f. आ und ई) von Bhauliñgi Kâç. zu P. 4,2,116.

भौली f. ein best. Râga von sechs Tönen S.S.S. 93. 99.

भौवनँ 1) Adj. zur Welt gehörig. — 2) m. Patron. भौवँन (!) Suparn. 20,3. 22,1. 23,1. So heisst Viçvakarman (Çat. Br. 13,7,1,14), Sâdhana und ein Sohn Manthu's.

भौवनायन m. Patron. von भुवन oder भौवन.

भौवादिक Adj. zu der mit भू anfangenden Klasse von Verbalwurzeln —, d. i. zur ersten Klasse gehörig.

भौवायनँ m. Patron. von भुव. So heisst Kapivana.

भ्यस्, भ्यँसते, भ्यँसमात्; बिभस्यत्तम्; sich fürchten, beben, — vor (Abl.). — Mit उद् in उद्भ्यसँ.

भ्यस Adj. in स्वभ्यसँ.

1. भ्रंश्, भ्रश्, भ्रंशते, भ्रश्यति, °ते, *भ्रश्यति; 1) entfallen, herausfallen, fallen, auseinanderfallen. — 2) prallen —, schlagen an (Loc.), abprallen von (Abl.). — 3) fallen, zu Fall kommen, stürzen in übertragener Bed. — 4) Jmd (Abl.) verloren gehen, entwischen; verschwinden, — aus (Abl.); vergehen, versagen (von der Stimme). — 5) von Jmd oder Etwas getrennt werden, Jmds oder einer Sache verlustig gehen, um Etwas kommen; mit Abl. Mit Gen. Jmd entschlüpfen Kâd. 265,17 (430, 18). — 6) weichen von (Abl.), so v. a. aufgeben, fahrenlassen. — 7) भ्रष्ट a) entfallen, abgefallen, ausgefallen, herabgefallen, herabgestürzt, — von (Abl. oder im Comp. vorangehend), — in (Loc.); zusammengefallen (Körper 177,28). दिवः aus dem Himmel gestürzt, so v. a. vom Himmel auf die Erde verbannt. — b) gestürzt, von seiner Höhe gefallen, zu Fall gekommen, aus dem Himmel gestürzt, zur Erde verbannt. — c) losgekommen, entwischt, befreit von (Abl.) 115,25. — d) verschwunden, verloren gegangen, dahin seiend, vergangen, unterblieben. — e) getrennt von, gekommen um, einer Sache verlustig gegangen; mit Abl. oder am Ende eines Comp. — f) fehlerhaft für भृष्ट (von भ्रज्ज्). — Caus. भ्रंशयति 1) fallen lassen, — machen, abwerfen, herabstürzen (trans.). — 2) stürzen (trans.) in übertragener Bed. — 3) verschwinden machen, verloren gehen lassen, — machen, entwischen lassen aus (Abl. 307,5). — 4) Jmd (Acc.) um Etwas (Abl.) bringen. उपवासात्, व्रतात् so v. a. um den Lohn der Fasten und des Gelübdes. — 5) abbringen von (Abl.). — *Intens. बनीभ्रंशीति, बनीभ्रश्यते. — Mit अनु in अनुभ्रष्टतेजस् (Nachtr. 2). — Mit अप in °भ्रंश und °भ्रष्ट. — Mit आ Caus. Jmd in's Schwanken bringen, ein wenig irre machen Bhâg. P. 3,22,34 (nach den Comm.). — Mit नि in अनिभृष्ट. — Caus. abfallen machen, abschlagen oder abbrechen. — Mit परि 1) entlaufen, entwischen in अपरिभ्रश्यमान (Nachtr. 4). — 2) परिभ्रष्ट a) entfallen, herabgefallen, — aus (Abl.), — auf oder in (Loc. oder im Comp. vorangehend), umgefallen (67,5), eingefallen (Brüste Spr. 7624). — b) gefallen, gestürzt in übertragener Bed. — c) entlaufen. — d) verschwunden, dahin seiend. — e) um Jmd oder Etwas gekommen, einer Sache verlustig gegangen, carens; mit Abl. (ausnahmsweise Instr.) oder am Ende eines Comp. (Spr. 5950). — f) entkommen, sich befreit habend von (Abl.) 103,12. — g) am Ende eines Comp. sich enthaltend, unterlassend. — Mit संपरि, °भ्रष्ट gekommen um (Abl.). — Mit प्र 1) entfallen, herabfallen. प्रभ्रष्ट entfallen 320,8. — 2) Jmd (Abl.) entlaufen. प्रभ्रष्ट entlaufen, entsprungen 209,24. बन्धनात् den Fesseln entsprungen. — 3) dahingehen, verschwinden. — 4) um Etwas (Abl.) kommen. — Caus. 1) ausstossen Suçr. 2, 370,3 (wo wohl प्रभ्रंश्यते zu lesen ist; Bhâvapr. 6,129 प्रध्वंस्यते die Ausg., प्रध्वस्यते Hdschr.). — 2) Jmd stürzen, um Etwas (Abl.) bringen. — Mit वि 1) scheitern bei Etwas, keinen Erfolg haben in (Loc.). — 2) sich von Jmd losmachen, Jmd im Stich lassen; mit Abl. — 3) विभ्रष्ट a) gefallen, gestürzt in übertragener Bed. — b) sich verlaufen —, sich getrennt habend von (im Comp. vorangehend). — c) verschwunden, dahingegangen. — d) gescheitert, keinen Erfolg gehabt habend in (im Comp. vorangehend). — e) vergeblich gewesen. — f) gekommen um (im Comp. vorangehend). — Caus. 1) abschlagen, abbrechen. — 2) zu Fall bringen. — 3) Etwas verschwinden —, zu Nichte machen. — 4) Jmd von Etwas abbringen, um Etwas bringen; mit Abl. — Mit सम् entgleiten.

2. *भ्रंश्, भ्रंशति und भ्रंशयति (भाषार्थे oder भासार्थे).

भ्रंश m. 1) Fall, Sturz in übertragener Bed. — 2) Verfall, Ruin. — 3) das Sichtrennen —, Sichverlaufen von (im Comp. vorangehend). — 4) das Verlorengehen, Verlust, das Zunichtewerden, Verschwinden, Weichen. — 5) das Kommen um (im Comp. vorangehend). — 6) das Abweichen —, Ablassen von, Aufgeben; mit Abl. oder im Comp. vorangehend. — 7) in der Dramatik das Sichversprechen in der Aufregung.

*भ्रंशकला Adv. mit कर् u. s. w.

भ्रंशथु m. eine Nasenkrankheit, bei welcher Schleim abgeht.

भ्रंशन 1) Adj. stürzend, zu Fall bringend. — 2) n. das Kommen um, das Verlustiggehen; mit Abl. — 3) das Bringen um (Abl.).

भ्रंशिन् Adj. 1) entfallend, herabfallend, herausfallend, abfallend; das Wovon oder Woraus geht im Comp. voran. — 2) stürzend, zu Fall kommend in übertragener Bed. — 3) vergehend, zu Nichte werdend in अ° (Nachtr. 4). — 4) zu Fall bringend, zu Nichte machend.

भ्रस् v. l. für 1. भ्रंश्.

*भ्रकुंश und *भ्रकुंस m. ein Schauspieler in weiblichem Anzuge.

*भ्रकुटि und भ्रकुटी f. verzogene Brauen. भ्रकुटीमुख

Adj. *dessen Gesicht verzogene Brauen zeigt.*

*भ्रक्ष्, भ्रक्षति, °ते, भृक्षति, °ते (अदने).

1. भ्रज् Adj. in गिरिभ्रज्.

2. भ्रज् f. etwa *Steifheit* (des Gliedes), *rigor.*

भ्रज n. angeblich *Feuer* VS. 15,5. Çat. Br. 8,5,2,4.

भ्रजस् n. AV. 7,90,2 fehlerhaft. Vgl. वात°.

1. भ्रज्ज्, भृज्जति, *°ते, *भर्जति; *frigere, rösten,* insbes. Körner. भृष्ट *geröstet, gebraten.* — Caus. भर्जयति *rösten, braten* Comm. zu Âpast. Çr. 8,6,3. भर्जित *gebraten* auch so v. a. *zu Nichte gemacht.* — *Desid. बिभ्रज्जिषति, बिभ्रक्षति, बिभर्जिषति und बिभर्क्षति. — *Intens. बरीभृज्ज्यते. — Mit अव Caus. *rösten,* so v. a. *zu Nichte machen.* — Mit परि *rösten, braten.* परिभृज्जन्त् fehlerhaft für परिभृज्ज्यन्त्. — Caus. dass. — Mit सम्, संभृष्ट *geröstet,* so v. a. *trocken, spröde.*

2.*°भ्रज्ज् Adj. *röstend.*

*भ्रज्जन n. *das Rösten, Braten.*

*भ्रड्, भृडति (निमज्जने).

*भ्रण्, भ्रणति (शब्दार्थे).

*भ्रभङ्ग m. = भ्रूभङ्ग.

भ्रम्, भ्रमति (metrisch auch Med.), भ्राम्यति (भ्रम्यात् Pâr. Gṛhj.); 1) *umherschweifen, sich unstät, ohne bestimmte Richtung bewegen, umherirren; unsicher sich bewegen, tappen, taumeln; hinundherfliegen* (von Bienen); *sich hinundher bewegen* (vom Kinde im Mutterleibe, von der Zunge im Munde, von den Augen), *sich unregelmässig bewegen* (von leblosen Dingen). भिक्षाम् *von Ort zu Ort betteln gehen.* — 2) *durchstreichen, durchstreifen, durchwandern;* mit Acc. — 3) *sich drehen, sich im Kreise bewegen* (auch von Gestirnen). — 4) *hinundher schwanken,* so v. a. *in Verwirrung sein, nicht im Klaren sein.* — 5) *irren, im Irrthum sein.* — 6) भ्रान्त a) Adj. α) *umherstreichend, umherirrend; sich hinundher bewegend. taumelnd.* — β) *durchstreift —, durchwandert habend;* mit Acc. 134,28. — γ) *durchstrichen, durchwandert.* — δ) *sich drehend, rollend.* — ε) *verwirrt, betäubt.* — ζ) *im Irrthum befindlich.* — b) n. impers. भ्रान्तम् *es ist umhergestrichen worden.* — Caus. भ्रमयति und भ्रामयति (metrisch auch Med.) 1) *umherstreichen —, umherirren lassen, hinundher treiben, — bewegen.* पटहम्, पटहघोषणाम् und उद्घोषणाम् *die Trommel umhergehen lassen,* so v. a. *umhergehen — und durch Trommelschlag Etwas verkünden lassen.* — 2) *drehen, in die Runde bewegen, schwingen, kreisen lassen* (die Gestirne), *rollen lassen.* — 3) *zu Wagen durchfahren,* mit Acc. — 4) *in Unordnung bringen.* — 5) *verwirren, in die Irre leiten.* — 6) *umherirren* in der Form अबिभ्रमत् mit der v. l. अबभ्रमत् (!). — Intens. 1) बम्भ्रमीति und Partic. f. बम्भ्रमती; *umherziehen, sich unstät hinundher bewegen.* — 2) बम्भ्रम्यते a) *umherirren.* — b) *durchwandern.* — c) *durchwandert werden.* — Mit उद् 1) *auffahren, aufspringen, sich erheben, aufgehen* (von der Sonne), *sich heben.* — 2) उद्भ्रान्त a) *aufgefahren, aufgeflogen, erhoben, hinaufgerutscht, nach oben verdreht* (Augen). — b) *von unten durchbrochen habend, hervorgeschossen aus* (Acc.). — c) *entflohen, davongegangen* (Leben). — d) *umherstreichend, umherirrend.* — e) *wild geworden* (Pferde), *aufgeregt.* उद्भ्रान्त° Adv. — f) *aufgeregt,* so v. a. *wo es aufgeregt hergeht.* — Caus. 1) *schwingen.* — 2) *aufregen, in Bewegung versezzen.* — Mit समुद्, समुद्भ्रान्त *wild geworden, aufgeregt.* — Mit उप *hinschleudern zu* (Acc.). — Mit परि 1) *umherstreichen, umherirren, hinundher gehen, umherflattern.* परिभ्रान्त *der sich umhergetrieben hat, sich hinundher bewegend.* — 2) *durchstreichen, durchirren, durchziehen.* मण्डलम् *einen Kreis beschreiben.* — 3) *sich drehen, sich im Kreise bewegen.* — 4) *umkreisen, einen Kreis um Etwas* (Acc.) *beschreiben.* — Caus. *hinundher bewegen* zu Spr. 7098. *umrühren, durchschütteln* Bhâvapr. 2,26. — Mit प्र 1) *umherstreichen, umherirren.* — 2) *durchstreichen, durchwandern.* — Mit वि 1) *umherstreichen, umherirren, sich hinundher bewegen, umherfliegen; schwanken, taumeln, zucken.* — 2) *durchstreichen, durchirren.* — 3) *in Unordnung —, in Verwirrung gerathen.* — 4) *auseinandertreiben, verscheuchen.* — 5) *hinundher bewegen.* — 6) विभ्रान्त a) *hinundher gehend, rollend* (von den Augen). विभ्रान्तम् n. impers. *es ist umhergeirrt worden von* (Instr.). — b) *verbreitet* (Ruhm). — c) *in Verwirrung gerathen, verwirrt.* — Caus. *verwirren, irre machen, der Sinne berauben* Hemâdri 1,757,6. — Mit सम् 1) *umherirren, umherschweifen.* — 2) *in Verwirrung gerathen, irre werden.* संभ्रान्त *verwirrt, aufgeregt, bestürzt.* — 3) संभ्रान्त etwa *belebt* (von einem Gange). — Caus. Pass. *irre werden, verzweifeln an* (Abl.). — Mit उपसम्, उपसंभ्रान्त 1) *aufgefahren, aufgesprungen.* — 2) *aufgeregt, verwirrt.*

भ्रम m. (adj. Comp. f. आ) 1) *das Umherstreichen, Umherwandern, Hinundhergehen, Sichhinundherbewegen.* — 2) am Ende eines Comp. *das Durchstreichen, Durchwandern.* — 3) *Drehung* Hemâdri 1,127,4. 6. भ्रमं दा so v. a. *schwingen.* — 4) *wirbelnde Flamme, Lohe.* — 5) *Strudel.* — 6) * *Quelle, Fontaine.* — 7) * *Rinne; Kanal.* — 8) *Drehscheibe.* — 9) *Zirkel* Ârjabh. 2,13. — 10) *Schwindel.* — 11) *Verwirrung.* — 12) *Irrthum, Wahn.* स्थाणु° *der Wahn, dass es ein Pfosten sei.*

*भ्रमकुटी f. *Sonnenschirm* Gal. Vgl. भ्रमत्कुटी.

भ्रमण 1) n. a) *das Umherstreichen, Umherwandern.* — b) am Ende eines Comp. *das Durchstreichen, Durchwandern, Besuchen.* — c) *das Wanken, Wackeln, Unstätigkeit.* — d) *Drehung, Umdrehung, Umlauf —, Bahn* (eines Gestirns). — e) *Schwindel* Hemâdri 1,758,14. 16. — f) *das Hinundhergehenlassen, Schwingen.* पटह° *das Umhergehenlassen der Trommel,* so v. a. *das Zusammenrufen des Volkes durch Trommelschlag.* — g) etwa *Kuppel* Agni-P. 42,12. — 2) f. ई a) * *Spiel u. s. w. der Liebsten* oder *das Umherschreiten der Liebsten im Spiele.* — b) * *Blutegel.* — c) *eine der fünf* Dhâraṇâ, *die bewegende, die des Windes.*

भ्रमणीय Adj. *zu durchstreichen, zu durchwandern.*

*भ्रमत्कुटी f. *Sonnenschirm.* Vgl. भ्रमकुटी.

भ्रमत्व n. *das Irrthumsein.*

भ्रमर 1) m. a) *Biene.* Am Ende eines adj. Comp. f. आ. — b) * *Mädchenjäger.* — c) * *Knabe.* — d) * *Drehscheibe.* — e) *eine best. Stellung der Hand.* — f) N. pr. α) eines Mannes. — β) Pl. einer Völkerschaft VP.² 1,182. 5,388. — 2) *f. आ *eine best. Schlingpflanze.* — 3) f. ई a) *eine als Weibchen gedachte Biene.* — b) *eine Art Rundspiel.* — c) * *eine roth färbende Oldenlandia* Rágan. 3,115. — d) * *eine best. in* Mâlava *wachsende Schlingpflanze* Rágan. 3,131. — e) N. pr. einer Apsaras Bâlar. 89,8.

भ्रमरक 1) *m. n. *Haarlocke auf der Stirn.* — 2) *m. a) *Biene.* — b) *Spielball.* — c) *Strudel.* — 3) °रिका *das Hinundhergehen* (der Augen). — 4) n. *Brummkreisel.*

भ्रमरकभ्रामम् Absol. mit dem Caus. von भ्रम् *wie einen Brummkreisel drehen* Bâlar. 274,16.

भ्रमरकरण्डक m. *ein Körbchen mit Bienen,* welches Diebe mit sich führen um mit Hülfe dieser Thierchen, die sie entschlüpfen lassen, ein Licht auszulöschen.

भ्रमरकीट m. *ein best. Insect, Vespa solitaria.*

भ्रमरकुण्ड N. pr. eines Tîrtha.

*भ्रमरच्छल्ली f. *eine best. Schlingpflanze* Rágan. 7,47.

भ्रमरपद n. *ein best. Metrum.*

*भ्रमरप्रिय m *Nauclea cordifolia.*

*भ्रमरमारी f. *eine best. Bienen den Tod bringende Blume* Rágan. 10,126.

भ्रमरविलसित 1) Adj. *von Bienen umschwärmt.* — 2) n. *das Umherfliegen der Bienen.* — 3) n. f. (आ) *ein best. Metrum.*

भ्रमरसंदेश m. Titel eines Gedichts Opp. Cat. 1.

*भ्रमरातिथि m. *Michelia Champaka* Rāgan. 10,58.

*भ्रमरानन्द m. 1) *Mimusops Elengi* Rāgan. 10,64. — 2) *rothblühender Kugelamaranth* Rāgan. 10,95. — 3) *Gaertnera racemosa* Rāgan. 10,133.

भ्रमराम्बाक्षेत्र n. N. pr. eines der Durgā geheiligten *Gebiets.* °माहात्म्य n. Titel eines Werkes.

*भ्रमरारि m. = भ्रमरमारी Rāgan. 10,126.

*भ्रमरालक m. *Haarlocke auf der Stirn.*

भ्रमराष्टक n. Titel eines Gedichts.

भ्रमरित Adj. *mit Bienen besäet* Naish. 2,103.

*भ्रमरेष्ट 1) m. *eine Art Bignonia* Rāgan. 9,30. — 2) f. आ a) *Clerodendrum siphonanthus* Rāgan. 6,152. — b) = भूमिजम्बू Rāgan. 11,30.

*भ्रमरोत्सवा f. *Gaertnera racemosa* Rāgan. 10,109.

*भ्रमात्र *eine best. hohe Zahl* (buddh.).

*भ्रमाय्, °यते *wohl anfangen sich zu drehen* u.s.w.

*भ्रमासक्त m. *Schwertfeger.*

भ्रमि f. 1) *Drehung* Naish. 4,4. 49. — 2) concret *sich drehend.* — 3) *Drehscheibe.* — 4) *Strudel* Kād. 244,21. — 5) *kreisförmige Aufstellung der Truppen, ein von Truppen gebildeter Kreis.* — 6) * *Irrthum.* — 7) N. pr. einer Tochter Çiçumāra's.

*भ्रमिन् Adj. *sich drehend, wirbelnd.*

भ्रश् s. भ्रंश्.

*भ्रशिमन् m. Nom. abstr. zu भृश.

*भ्रशिष्ठ Superl. und *भ्रशीयंस् Compar. zu भृश.

भ्रष्ट s. u. भ्रंश्.

*भ्रष्टक m. N. pr. eines Mannes. Pl. *seine Nachkommen.*

भ्रष्टगुद Adj. *mit prolapsus ani behaftet.*

*भ्रष्टव्य Adj. *zu rösten, zu braten.*

भ्रष्ट्र n. *Röstpfanne* Maitr. S. 1,6,11.

भ्रस्यथु m. falsche Schreibweise für भ्रंशथु.

1. भ्राज्, भ्राजति (seltener) und भ्राजते; *glühen, strahlen, funkeln, schimmern, glänzen.* Mit न so v. a. *kein Ansehen haben.* — Caus. भ्राजयति *strahlen —, glänzen machen.* — Mit परि *rundherum Glanz verbreiten.* — Mit प्र *strahlen.* — Mit वि 1) *strahlen, funkeln, glänzen.* — 2) *durchstrahlen.* — Caus. *strahlen —, glänzen machen.* — Mit अधिवि *hinstrahlen über* (Acc.) RV. 5,61,12. — Mit सम् *funkeln, glänzen.*

2. भ्राज् f. (Nom. भ्राट्) *Glanz, Schimmer* Maitr. S. 4,9,5. Āpast. Çr. 16,30.

भ्राज 1) Adj. *schimmernd, funkelnd* Maitr. S. 4,9,5. — 2) m. a) *eine der sieben Sonnen.* — b) *ein best. Feuer.* — c) N. pr. eines den Soma hütenden Gandharva. — d) Pl. Titel eines Werkes Mahābh. (K.) 3,1. — 3) n. सूर्यस्य भ्राजाभ्राजे द्वे Name zweier Sāman Ārsh. Br.

भ्राजक 1) Adj. mit अग्नि m. und पित्त n. das der Haut *Glanz verleihende Feuer* (oder *Galle*) im *menschlichen Leibe.* — 2) *n. *Galle.*

भ्राजज्जन्मन् Adj. *eine schimmernde Geburtsstätte oder Heimat habend.*

*भ्राजथु m. *Glanz, Schimmer.*

भ्राजथुमन्त् Adj. *glänzend, schön* Bhaṭṭ.

भ्राजदृष्टि Adj. *funkelnde Speere tragend.*

भ्राजन n. *das Glänzendmachen.*

भ्राजभृष्टि Adj. Pār. Gṛhj. 2,6,16. Gobh. 3,4,20 wohl fehlerhaft für भ्राजदृष्टि.

भ्राजस् n. *das Funkeln, Schimmern; Glanz* 37,24.

भ्राजस्वन्त् Adj. 1) *funkelnd, schimmernd.* — 2) *das Wort* भ्राजस् *enthaltend.*

भ्राजस्विन् Adj. *funkelnd, schimmernd.*

भ्राजि f. *Glanz* Maitr. S. 4,9,5.

भ्राजिन् Adj. *glänzend, strahlend.*

भ्राजिर m. Pl. *eine best. Klasse von Göttern unter* Manu Bhautja.

भ्राजिष्ठ 1) Adj. *in hohem Grade schimmernd, — funkelnd.* — 2) m. N. pr. eines Sohnes des Ghṛtaprshṭha.

भ्राजिष्णु Adj. *glänzend strahlend.*

भ्राजिष्णुता f. *Glanz, strahlendes Aussehen.*

भ्राजिष्मन्त् Adj. *glänzend, strahlend.*

*भ्राजिस् n. = भ्राजस्; anzunehmen für भ्राजिष्मन्त्.

भ्राजोभ्रादृत्य (!) m. Pl. N. pr. eines Geschlechts.

भ्रातर् m. 1) *Bruder.* Häufig als Bez. *eines nahe Befreundeten, eines Wesensähnlichen* oder überhaupt in der traulichen Anrede. भ्रातरौ * *Bruder und Schwester;* 135,19 werden *Vater und Sohn* so genannt, darauf hin, dass der Vater die Tochter der Frau des Sohnes (die aber nicht die Tochter des Sohnes ist) geheirathet hat. पितृव्यपुत्रभ्रातरस् *Söhne des Oheims und zugleich Brüder,* so v. a. *Vetter.* — 2) in der Astrol. *das dritte Haus* Varāh. Jogaj. 4,16.

*भ्रातुर्जाया f. *des Bruders Frau.*

*भ्रातुष्पुत्र m. *des Bruders Sohn.*

1. भ्रातृक am Ende eines adj. Comp. f. आ = भ्रातर् *Bruder.*

2. *भ्रातृक Adj. (f. ई) *vom Bruder kommend.*

*भ्रातृज m. *des Bruders Sohn.*

भ्रातृजाया f. *des Bruders* (uneig.) *Frau.*

भ्रातृत्व n. *Bruderschaft.*

भ्रातृद्वितीया f. *der zweite Tag in der lichten Hälfte des* Kārttika, *an dem man die Brüder und andere Verwandte bewirthet.*

*भ्रातृपत्नी f. *des Bruders Frau.*

*भ्रातृपुत्र m. *des Bruders Sohn.*

भ्रातृभाण्ड m. n. *Zwillingsbruder* Hem. Par. 2,230. 254. 270.

भ्रातृभार्या f. *des Bruders Frau;* Pl. *die Frauen der Brüder* Gaut. 6,8.

भ्रातृमन्त् Adj. *einen Bruder* oder *Brüder habend.*

*भ्रातृवधू f. *des Bruders Frau.*

*भ्रातृवल Adj. *einen Bruder* oder *Brüder habend.*

भ्रातृव्य 1) m. a) *Vatersbruderssohn, Vetter.* — b) *ein feindlicher Vetter* (gewöhnlich mit einem Beiw. wie अप्रिय, द्विषन्त्), *Nebenbuhler, Gegner.* — 2) n. इन्द्रस्य भ्रा° Name eines Sāman Ārsh. Br.

भ्रातृव्यक्षपण Adj. *Nebenbuhler verderbend.*

भ्रातृव्यघ्नी s. भ्रातृव्यहन्.

भ्रातृव्यचातन Adj. *Nebenbuhler verscheuchend.*

भ्रातृव्यजन्मन् Adj. *die Natur eines Nebenbuhlers habend.*

भ्रातृव्यदेवत्य Adj. *den Nebenbuhler zur Gottheit habend.*

भ्रातृव्यपराणुत्ति f. *die Vertreibung eines Nebenbuhlers* TS. 6,2,3,2.

भ्रातृव्ययज्ञ m. *ein gegen den Nebenbuhler gerichtetes Opfer* Āpast. Çr. 13,9,4.

भ्रातृव्यलोक m. *die Welt des Nebenbuhlers* Çat. Br. 4,3,2,6. भ्रातृव्यलोक (!) TS. 6,2,3,3.

भ्रातृव्यवन्त् Adj. *Nebenbuhler habend.*

भ्रातृव्यसंहन n. *Besiegung des Nebenbuhlers* Kap. S. 7,8.

भ्रातृव्यहन् Adj. (f. °घ्नी) *Nebenbuhler niederschlagend.*

*भ्रातृश्वशुर m. *des Gatten ältester Bruder.*

भ्रातृसिंह m. N. pr. eines Mannes.

भ्रात्र 1) m. *Bruder* in मातुर्भ्रात्र. — 2) n. *Bruderschaft.*

*भ्रात्रीय und भ्रात्रेय m. *Vatersbruderssohn.*

भ्रात्र्य n. *Bruderschaft.*

भ्रादिनी f. *eine best.* Çruti S. S. S. 24.

भ्रान्त 1) Adj. und n. impers. s. u. भ्रम्. — 2) *m. a) *ein brünstiger Elephant.* — b) *eine Art Stechapfel* Rāgan. 10,21. — 3) n. a) *das Umherstreichen, Umherirren, Sichhinundherbewegen.* — b) *eine Art Kampf.* — c) *Irrthum.*

भ्रान्ति f. 1) *das Umherwandeln, Umherirren* (Spr. 4026, v. l.), *das Sichhinundherbewegen, Treiben* (der Wolken), *Zucken* (des Blitzes), *das Taumeln* (294,27). — 2) *Drehung, Umdrehung.* — 3) am

Ende eines Comp. *das Umkreisen* 311,10. — 4) *Verwirrung.* — 5) *Ungewissheit, Unsicherheit, Zweifel* 291,22. — 6) *Irrthum, Wahn.* सुख° *der Irrthum, dass es Freuden gebe*, 172,25.

भ्रान्तिदर्शन n. *eine irrthümliche Wahrnehmung* Jogas. 1,30.

भ्रान्तिमत् Adj. 1) *sich drehend.* — 2) *umherstreifend* Bâlar. 167,3 (पुलिन्दा वि° zu lesen). — 3) *in einem Wahne befangen.* स्वपतिभ्रान्तिमती *in dem Wahne seiend, es sei ihr Gemahl.* — 4) *einen Wahn schildernd* (Redefigur) Kâvjapr. 10,46.

*भ्रान्तिहर m. *der Rathgeber eines Fürsten, Minister.*

भ्राम m. *das Umherstreichen, Unstätigkeit, Unbeständigkeit.*

भ्रामक 1) Adj. (f. °मिका) *betrüglich, trügerisch, falsch.* — 2) *m. n. *Magnet* Râǵan. 13,39. 40. — 3) *m. *a) Sonnenblume.* — *b) Betrüger.* — *c) Schakal.* — 4) *f. भ्रामका (!) *eine best. Pflanze.*

भ्रामण 1) n. *a) das Schwingen, Drehen.* — *b) Schwindel* Hemâdri 1,757,7. 758,13. — 2) f. ई N. pr. einer Unholdin.

भ्रामर 1) Adj. *zur Biene in Beziehung stehend, der Biene eigen.* — 2) *m. n. *Magnet.* — 3) f. ई *a)* Bein. der Durgâ. — *b)* *N. pr. einer Jogini. — 4) n. *a) Bienenhonig* Râǵan. 14,113. — *b)* *Rundtanz.* — *c)* *Drehsucht, Fallsucht.* — *d)* *Dorf.*

भ्रामरिन् Adj. *mit der Drehsucht —, mit der Fallsucht behaftet.*

भ्रामिन् Adj. *verwirrt.*

*भ्राश्, भ्राशते, भ्राश्यति, भ्राश्यते; *flammen, leuchten.* — Caus. Aor. अबभ्राशत् und अबिभ्राशत्.

(भ्राश्य) भ्राशित्र Adj. *abzubrechen, abzuschlagen.*

1. भ्राष्ट्र 1) m. (*n.) *Röstpfanne.* — 2) *n. *Licht.*

2.*भ्राष्ट्र Adj. (f. ई) *auf der Röstpfanne geröstet.*

भ्राष्ट्रक 1) *Röstpfanne.* — 2) *m. N. pr. eines Mannes.

भ्राष्ट्रकि m. Patron. von भ्राष्ट्रक.

भ्राष्ट्रज 1) *Adj. *aus der Röstpfanne hervorgegangen.* — 2) f. आ *Pfannkuchen aus Reismehl.*

*भ्राष्ट्रमिन्ध Adj. *die Röstpfanne erhitzend, Röster.*

भ्राष्ट्रव्रातिन् m. N. pr. eines Mannes.

भ्राष्ट्रेय m. Pl. N. pr. eines Geschlechts.

*भ्रास् v. l. für भ्राश्.

भ्रास्त्रेय m. Pl. N. pr. eines Geschlechts.

भ्री, भ्रीणाति *versehren.* Nach den Lexicographen *zürnen, sich fürchten* und *tragen.*

*भ्रुकुंश und *भ्रुकुंस m. *ein Schauspieler in weiblichem Anzuge.*

भ्रुकुटि und भ्रुकुटी f. *verzogene Brauen.*

भ्रुकुटिबन्ध m. und भ्रुकुटिरचना f. *das Verziehen der Brauen.*

भ्रुकुटीकृत् Adj. *die Brauen verziehend.*

1. भ्रुकुटीमुख n. *ein Gesicht mit verzogenen Brauen.*

2. भ्रुकुटीमुख 1) Adj. *auf dessen Gesicht die Brauen verzogen sind.* — 2) m. *eine Schlangenart.*

*भ्रुड्, भ्रुडति (संवृतिसंहृत्योः) Dhâtup. 28,102.

*भ्रुभङ्ग m. = भ्रूभङ्ग.

भ्रुव = भ्रू am Ende eines adj. Comp.

भ्रू f. *Braue.* Am Ende eines adj. Comp. m. भ्रू und भ्रु, n. भ्रु.

भ्रूक am Ende eines adj. Comp. (f. आ) = भ्रू Z. d. d. m. G. 36,369.

*भ्रूकुंश und *भ्रूकुंस (Mahâbh. [K.] 2,196,6. fgg.) m. *ein Schauspieler in weiblichem Anzuge.*

*भ्रूकुटि und भ्रूकुटी f. *verzogene Brauen.*

1. भ्रूकुटीमुख n. = 1. भ्रुकुटीमुख.

2. भ्रूकुटीमुख Adj. = 2. भ्रुकुटीमुख 1).

भ्रूक्षेप m. und °क्षेपण n. (Âpast.) *das Verziehen der Brauen.*

*भ्रूघ्नाह n. wohl *die untere Seite der Brauen.*

*भ्रूण, भ्रूणयते (आशायाम्, आशंसायाम्, शङ्कायाम्, विशङ्कायाम्).

भ्रूण 1) (*m.) n. *Embryo.* — 2) m. *a)* *Kind, Knabe.* — *b) ein auf einer best. hohen Stufe stehender Brahmane* Hemâdri 1,26,4. 20. — *c)* *eine schwangere Frau.*

भ्रूणघ्न Adj. *eine Leibesfrucht tödtend;* m. *Tödter einer L.*

भ्रूणभिद् Adj. dass. Vâmana 5,2,38.

भ्रूणवध m. (Hemâdri 1,373,11), भ्रूणहति f. und भ्रूणहत्या f. *Tödtung einer Leibesfrucht.* Das letzte Wort wird auch durch *Tödtung eines schriftkundigen Brahmanen* erklärt.

भ्रूणहन् 1) Adj. *a) eine Leibesfrucht tödtend;* m. *Tödter einer L.* — *b) einen gelehrten Brahmanen tödtend; Mörder eines g. Br.* Âpast. (nach dem Comm.). — 2) Nom. act. *Tödtung einer Leibesfrucht* Gaut. 21,9.

भ्रूणहन्तर Nom. ag. *Tödter einer Leibesfrucht;* auch wohl *ein gemeiner Mörder* Kâraka 1,8.

भ्रूभङ्ग m. (adj. Comp. f. आ) *das Verziehen der Brauen.*

भ्रूभेद m. dass.

भ्रूभेदिन् Adj. *von einem Verziehen der Brauen begleitet.*

भ्रूलता f. *Brauenranke, so v. a. Braue.* भ्रूलताक्षेप m. = भ्रूक्षेप.

भ्रूविकार m. und भ्रूविक्षेप m. *das Verziehen der Brauen.*

*भ्रूविक्षेपम् Absol. *unter Verziehen der Brauen* P. 3,4,54, Sch.

भ्रूविचेष्टित n. und भ्रूविभेद m. (Sâh. D. 196) *das Verziehen der Brauen.*

भ्रूविलास m. *Spiel der Brauen.*

भ्रूसंगतक n. *das Zusammenstossen der Brauen* Harshaḱ. 106,11.

*भ्रेज्, भ्रेजते (दीप्तौ).

भ्रेष्, भ्रेषति, °ते 1) *wanken, schwanken, fehltreten* RV. — 2) **zürnen.* — 3) **sich fürchten.* — — 4) *गतौ.

भ्रेष m. 1) *das Schwanken, Sturz; Fehltritt, Verfehlung* Vaitân. — 2) *Verlust, das Abhandenkommen.*

*भ्रैङ्गरिक m. neben सूपकार.

*भ्रौणघ्न Adj. (f. ई) von भ्रूणहन्.

*भ्रौणहत्य n. *Tödtung einer Leibesfrucht.*

*भ्लक्ष्, भ्लक्षति, °ते (अदने).

*भ्लाश्, भ्लाशते, भ्लाश्यते = भ्राश्.

*भ्लास् v. l. für भ्लाश्.

*भ्लेष्, भ्लेषति, °ते (गतौ).

भ्व in अभ्व.

Nachträge und Verbesserungen.

अकपाल Adj. *keine Schüssel habend* Âpast. Çr. 9,15,2.

अकर्णगृहीत Adj. *nicht am Ohr gefasst* Âpast. Çr. 10,22,9.

अकर्मप्राप्ति f. *das Nichteintreten —, Nichtzuhülfekommen des Schicksals* Paṅkat. 132,17.

अकलिप्रसर Adj. *wo kein Hader stattfindet* Kathâs. 27,92.

अकामसंज्ञपन n. *das Sterben eines Opferthieres vor der Opferung* Âpast. Çr. 9,18,6.

अकार्यक्षम Adj. *Nichts zu leisten vermögend* Z. d. d. m. G. 36,519.

अकृतप्रज्ञ Adj. *dumm* (Person) MBh. 13,105,3. Bhâg. P. 1,13,31.

अकृतप्रज्ञक Adj. dass. MBh. 12,197,10.

अकृतप्रथमयज्ञ Adj. *der das erste Opfer noch nicht vollzogen hat* Bhârgava im Comm. zu Âpast. Çr. 9,12,11.

अक्रूरंकार m. *Nichtverletzung* TS. 5,1,7,1.

अक्लेशम् Adv. *ohne Leiden, — Beschwerden* Prab. 61,11.

अक्षदेवनपणी Adv. *zum Einsatz im Würfelspiel machen* Z. d. d. m. G. 36,512.

अक्षमद m. *Würfelrausch, — fieber* MBh. 3,59,10.

अक्षशब्द m. *das Knarren der Wagenachse* Âpast. Çr. 11,6,12.

अखण्डमण्डल Adj. (f. आ) *sich im Besitz des ganzen Reiches befindend* Râǵat. 6,260.

अखादत् auch *nicht essend* MBh. 13,115,41.

अखिलेश्वर m. *Weltherrscher* Bhâm. V. 2,79.

अगिरिभिद् Adj. *keine Berge durchbrechend* Comm. zu Âpast. Çr. 11,20,6.

अग्निभय n. *Feuersgefahr* Gobh. 4,7,23. MBh. 2,5,123.

अग्निमदन m. *das Feuer der Geschlechtsliebe* MBh. 4,14,24.

अग्निहोत्रप्रायण Adj. *mit dem* Agnihotra *beginnend* TBr. 2,1,5,1.

अग्न्यवभृथ m. *ein Reinigungsbad mit Anwendung von Feuer* Bhâradvâǵa *im Comm. zu* Âpast. Çr. 9,11,21. = अवभृथधर्मेणाग्निभिर्दह्नम् Comm.

अग्न्युपसमिन्धन m. *ein beim Anzünden des Feuers gesprochener Spruch* Âpast. Çr. 6,13,10.

अग्न्युपस्थान m. *ein bei der Verehrung des Feuers gesprochener Spruch* Âpast. Çr. 6,15,12. 25,1.

अग्रभोज्य Adj. *das Beste von — (Gen.) geniessend* MBh. 13,35,9.

अग्र्यमहिषी f. = अग्रमहिषी Kathâs. 30,65.

अङ्काप्, °यते *den Fleck im Monde darstellen* Bhâm. V. 2,97.

अङ्गप्रग्रह m. *dämonisches Packen der Glieder, Gliederschmerz* Suçr. 2,231,15. सर्वाङ्ग° 1,281,9.

अङ्गभेद m. auch *ein an der eigenen Person verübter Verrath, — Betrug* Kathâs. 39,156.

अङ्गलतिका f. *ein schlanker Körper* Uttarar. 56,6 (72,12).

*अङ्गुलीफणाहस्तक Adj. *klumphändig* Vjutp. 204.

अच् mit समुद् *anbrechen, beginnen* Bhâm. V. 2, 45. — Mit नि *verstreichen, vergehen* ebend. — Mit प्रति *zusammenbiegen* TS. 7,5,8,2.

अचन्द्रार्कग्रह Adj. (f. आ) *ohne Mond, Sonne und Planeten* Hariv. 3,1,18.

अच्युतप्रच m. N. pr. eines Mannes Wilson, Sel. W. 1,140.

अजगाव (s. auch Nachtr. 1) n. *ein Gefäss für die Spende an* Mitra-Varuṇa Âpast. Çr. 12,1,11.

अजन्मन् n. (Nachtr. 2) auch *das Nichtgeborenwerden, Nichtentstehen* Comm. zu Âpast. Çr. 9, 3,3.

अजामथन Adj. als Beiw. Çiva's Hariv. 3,86,28 nach Nîlak. = ब्रह्मशिरोहर्तर्.

अजितमनस् Adj. *dessen Verlangen nicht gestillt ist* Kâth. 10,10.

अञ्ज् mit प्रवि, प्रव्यक्त *deutlich*. Compar. °तर Suçr. 1,258,20.

अञ्जनक 4) n. = अञ्जन 1) *d)* Gît. 12,19.

1. अञ्जलिप्रग्रह m. *das Vorstrecken der hohl aneinander gelegten Hände.* सा़ञ्ज° Adj. = 2. अञ्जलिप्रग्रह R. 7,100,15.

2. अञ्जलिप्रग्रह Adj. (f. आ) *die hohlen Hände an einander legend* MBh. 12,342,124. 13,140,36.

अणुप्रियङ्गु m. oder f. Pl. *Panicum miliaceum und Panicum italicum* Çat. Br. 14,9,3,22.

अणूकाण्ड Adj. (f. आ) *mit dünnen Halmen* Citat im Comm. zu Âpast. Çr. 11,8,1.

अत् mit अनु in अन्वत्य (= अनुगमय्य Comm.) Âpast. Çr. 9,10,15. Schon nach der Betonung TBr. 1,4,3,6 ist diese Trennung in अन्वत्यावर्तयेत् nicht denkbar.

अतथाकरण n. *das nicht so Verfahren* Comm. zu Âpast. Çr. 11,21,8.

अतिग्राह्यपात्र n. *ein zum* Atigrâhja *dienendes Gefäss* Âpast. Çr. 12,1,15.

अतिपिशुन Adj. *sehr niederträchtig, — bösartig* Kâd. 197,14.

अतिपेलव Adj. *überaus fein, — zart.*

अतिप्रपञ्च m. *zu grosse Ausführlichkeit* Sarvad. 71,9.

अतिप्रमाथिन् Adj. *viel zu schaffen machend, stark zusetzend* Hariv. 8158.

अतिप्रवृद्ध 3) *sehr hoch von Wuchs* R. 3,10,20.

अतिप्रवेश m. *heftiges Dringen in Jmd, das Sichaufdrängen, Sichmischen in fremde Angelegenheiten* Kathâs. 60,35.

अतिप्रिय (Nachtr. 1), Instr. *auf eine sehr angenehme Weise* Hit. 60,5, v. l.

अतिबन्धुर Adj. dem Sinne nach etwa *stark betäubend* MBh. 7,10,17.

अतिबल n. *grosse Kraft* u. s. w. Abl. *stark* (verwundet) MBh. 13,5,6.

अतिबलात्कृत Adj. *stark mitgenommen* MBh. 13,268. v. l. °लात्तत:.

अतिबलीयंस् Adj. *viel mächtiger* Kathâs. 13,11.

अतिबीभत्सित Adj. *sehr widerlich, — eklig* Bhâg. P. ed. Bomb. 5,26,22.

अतिभयंकरम् Adv. *über die Maassen fürchterlich* MBh. 1,19,7.

अतिमर्शम् Absol. *übergreifend* Ait. Br. 6,28,6.

अतिमहारौद्र Adj. (f. आ) *überaus furchtbar* Mârk. P. 12,5.

अतिमहासत्त्व Adj. *überaus edel* (Person).

अतिमूर्ख (Nachtr. 1), Nom. abstr. °ता f. *grosse Dummheit.*

अतिमृदुल Adj. *sehr zart, schwächlich*. Nom. abstr. °ता f. Prab. 37,6.

अतियाचित Adj. *mit Bitten bestürmt* Spr. 4384.

अतिरुष् f. *heftiger Zorn* Bhâm. V. 2,182.

अतिविभिन्न Adj. *stark durchschossen* R. 6,18, 44.

अतिव्यवाय m. *übertriebener Geschlechtsgenuss* Suçr. 2,147,7.

अतिशक्तिमान् Adj. *mit grosser Kraft verbunden* AK. 1,1,3,29.

अतिसदय Adj. *sehr barmherzig* Gît. 5,15.

अतिस्रवण n. *starkes Fliessen.* उदरस्य als Erklärung von अतीसार *Durchfall* Comm. zu Âpast. Çr. 9,20,1.

अतुमुर्च्छ n. Maitr. S. 2,1,9 (10,18. 19). Roth vermuthet अन्तर्मुर्च्छ *innere Verwirrung.*

अतूपर Adj. *gehörnt* Âpast. Çr. 10,29,5.

अदनीय Adj. *essbar* in अनदनीय (s. weiter unten).

अदीक्षितवाद m. *ein einem Geweihten verbotener Ausspruch* Âpast. Çr. 10,18,2.

अदेहबन्ध m. *das Nichtannehmen eines (neuen) Körpers* Ragh. 18,6.

अदेहभेद m. *kein Wechseln des Körpers* Kathâs. 25,266.

अद्व, अद्वयोस् Loc. Du. *nicht in den zwei Geschlechtern, d. i. im Neutrum* Trik. 1,2,9.

अघ्रंश n. *Zugvieh* TS. 6,3,3,7.

अधःकुम्ब Adj. (f. आ) *das dicke Ende unten habend* Comm. zu Âpast. Çr. 11,7,5.

अधरय्, अधरित *übertroffen* Bhâm. V. 2,180.

अधिव्रत n. *etwas zum* Vrata *Hinzukommendes* Maitr. S. 2,1,10 (12,1).

अधिषादम् Absol. *sich daraufsetzend* Kâth. 11, 4; vgl. Maitr. S. 2,2,2 (16,4. 6).

अधोलायकर्ण (Nachtr. 2), f. ई Âpast. Çr. 10, 22,6.

अधोमुखमुख Adj. (f. ई) = अधोमुख 1) *a)* R. 5,26, 20. 6,7,12.

अध्वरकल्प Adj. (f. आ) *einem* Adhvara *genannten Opfer gleichkommend* Maitr. S. 2,1,7 (9,8).

अनदनीय Adj. *nicht essbar* Comm. zu TS. 2, 738,4.

अनन्तर 1) *b)* mit Acc. und प्रति R. 2,65,12.

अनन्तानुबन्धक (so nach Windisch zu lesen) Adj. *endlos —, ununterbrochen dauernd* Hem. Jog. 4,7.

अनन्यप्रतिक्रिय Adj. *keinen andern Ausweg habend* Spr. 4397.

अनन्यभाज् Adj. *keinem Andern in Liebe zugethan* Bhag. 9,30.

अनन्यभाव Adj. (f. आ) *keinen Andern liebend* R. 2,27,22.

अनन्यभेद्य Adj. *unwiderlegbar für Andere* Verz. d. Oxf. H. 248,*b*,36.

अनपदोष्यं Adj. *nicht zu verschwenden, — vergeuden* Maitr. S. 2,1,4 (6,8. 9).

अनभिप्रीत Adj. *nicht befriedigt* Ait. Br. 2,12,2. 8,24,5.

अनभिभूत Adj. *nicht überwältigt* Sâh. D. 32,1 v. u. 33,1.

अनॅभिमृत Adj. *nicht durch den Tod befleckt* Maitr. S. 1,6,2 (89,14. 90,12).

अनभियुक्त (Nachtr. 1) auch *worum man sich nicht gekümmert hat* Bhâg. P. 5,9,6.

अनभिसंबद्ध Adj. *nicht zusammenhängend* Suçr. 2,58,16.

अनलाय्, °यति *wie Feuer erscheinen* Bhâm. V. 2,66.

अनल्पजल्प Adj. *viel schwatzend* Bhâm. V. 1,98.

°अनवकाशिन् Adj. *wo kein Raum ist für* Git. 10,10.

अनॅवक्लृप्त auch *nicht geeignet zu* (Loc.) TS. 7,1,1,3. 6.

अनवयव m. Instr. *ohne abzutrennen* Âpast. Çr. 9,13,7.

अनवारॅ Adj. *kein diesseitiges Ufer habend* TS. 7,5,2,2.

अनस्विॅन् Adj. *auf einem Lastwagen fahrend* TS. 5,2,2,3.

अनादिष्टवृत्त Adj. *wofür das Holz eines bestimmten Baumes nicht vorgeschrieben ist* Âpast. Çr. 12,1,5.

अनापृष्ट Adj. *worum man nicht gefragt hat* Bhâg. P. 3,7,36.

अनापृष्टकथ Adj. *ungefragt erzählend, — sprechend* Mârk. P. 20,20.

अनामर्षमाण Adj. *Etwas nicht geduldig ertragend* R. 4,12,38.

अनामुक्त Adj. *nicht angelegt* (ein Schmuck) Spr. 271, v. l.

अनाम्नातमन्त्र Adj. *wofür ein bestimmter Spruch nicht überliefert ist* Âpast. Çr. 12,1,6.

अनायत auch *nicht lang, kurz* Kathâs. 34,199.

अनायसित Adj. *nicht in Bewegung gesetzt* (Bogen) Spr. 2289.

अनायस्त Adj. *wobei man sich nicht anstrengt.* °स्तानन Adj. (f. आ) so v. a. *das Gesicht nicht verziehend.* °स्तम् Adv. *ruhig.*

अनायात Adj. *nicht hinausgegangen aus* (Abl.) Râgat. 8,2120. *nicht zurückgekommen* (von einem Klystier) Suçr. 2,214,20.

अनायान्त् Adj. *nicht zurückkommend* (von einem Klystier) Suçr. 2,214,19.

अनालेशॅ m. *das nicht auf die Weide Gehen* TS. 5,1,5,5.

अनिमिषेक्षण Adj. *mit den Augen nicht blinzelnd, die A. nicht schliessend* MBh. 1,33,7. R. 3,75,53.

अनियन्त्रित Adj. *unbeschränkt, unbestimmt* Sâh. D. 18,10.

अनुकूलोक्त n. Pl. *eine Rede nach Jmds Sinn* Spr. 3559.

अनुज्ञापन n. (Nachtr. 1) auch *das um Erlaubniss Bitten* Comm. zu Âpast. Çr. 10,3,1.

अनॅत्त nach Aufrecht (Kuhn's Z. 26, 610. fgg.) = अनॅदत्त *zugestanden.*

अनुदयभाज् Adj. *nicht aufgehend* (Mond) Spr. 2669.

अनुद्भावित Adj. *nicht geschaffen, — gegeben.* ईश्वरानु° *nicht von Gott gegeben* Sâh. D. 11,6.

अनुद्रवण m. *rasches Aufsagen* Comm. zu Âçv. Çr. 6,10,20.

अनुपनत Adj. *nicht eingetreten* Comm. zu Âpast. Çr. 5,7,13.

अनुपभुज्यमान Adj. *nicht genossen werdend* (Reichthum) Hit. 46,8, v. l.

अनुपमक्त्त् s. u. अनुपमज्जन्त्.

अनुपमज्जन्त् Adj. *nicht untertauchend* Âpast. im Comm. zu Kâtj. Çr. 5,5,31. Die Handschriften des Âpast. Çr. lesen 8,8,14. 13,21,1 statt dessen अनुपमक्त्त् (!).

अनुपयान्त् Adj. v. l. für अनुपयन्त् Spr. 1699.

अनुपृष्ट 1) Adj. s. u. प्रच्छ् mit अनु. — 2) n. *eine nachfolgende Frage* Nir. 1,4. 5.

अनॅुपेयमाना Adj. f. *der man nicht beiwohnt* Maitr. S. 2,2,7 (21,6).

अनुप्रसर्पक Adj. *nachschleichend* Comm. zu Lâtj. 9,1,19.

अनुप्रसृप्तिन् Adj. *der nachgeschlichen ist* Lâtj. 9,1,19.

अनुबोध m. auch *das Bemerken, Wahrnehmen* Comm. zu Âpast. Çr. 9,19,1.

अनुभाव 4) vgl. महानुभाव.

अनुभाषित n. *Rede, Worte* Bhâg. P. 7,7,1.

अनॅुमतवज्र Adj. *dem man den Donnerkeil bewilligt hat* Maitr. S. 2,1,3 (4,20). TBr. 2,7,2,3.

अनुमित 1) Adj. s. u. 3. मा mit अनु. — 2) n. *Schlussfolgerung* Cit. bei Pat. zu P. 3,2,123, Vârtt. 5.

अनुमैॅय AV. 6,137,2.

अनूचान m. *ein die 4te Stufe unter den Brahmanen einnehmender Mann, der zwischen* श्रोत्रिय *und* भ्रूण *steht,* Hemâdri 1,26,4. 17.

अनृतपशुॅ (s. auch Nachtr. 1) bedeutet nicht *Thierfigur,* sondern *kein wirkliches Thier, was mit Unrecht zu den Thieren gezählt wird.*

°अन्तःपातिन् Adj. *innerhalb von — stattfindend* Comm. zu Âpast. Çr. 11,16,2.

अन्तरेष m. *der Raum zwischen den beiden Deichseln* Âpast. Çr. 12,12,6.

अन्तर्ध्वान्त n. *die innere Finsterniss* Bhâm. V. 4,13.

अन्तर्मुखम् Adv. *nach innen* Sûrjas. 10,12.

अन्तर्वान्त Adj. *im Innern eines Baumes befindlich* Comm. zu Âpast. Çr. 9,20,2.

अन्तःशान्ति f. *innere Beruhigung* Bhâm. V. 4,22.

अन्तःस्मेर Adj. *innerlich lachend* Bhâm. V. 2,75.

अन्ध 2) *c*) eines Schlangendämons MBh. 5,103,16.

अन्धकारिन् Adj. *dunkel* Git. 7,11.

अन्नभुज् m. vielleicht *das Feuer der Verdauung* Mârk. P. 34,64.

अन्नीय्, °यति *nach Speise verlangen* Âpast. Çr. 10,16,13.

अन्यभाविन् Adj. *anders werdend, sich ändernd.* Nom. abstr. °वित्व n. Suçr. 1,117,15.

अन्यमातृक Adj. (f. आ) *eine andere Mutter habend* Kathâs. 67,77.

अन्योऽन्यमिथुन Adj. Pl. *paarweise lebend* Hariv. 3623.

1. अपघन (vgl. auch Nachtr. 1) auch *Körper* Git. 7,26.

*अपथकल्पना bedeutet *Neid, Missgunst* nach Gal.

अपदिबद्ध Adj. *nicht am Fuss gefesselt* Âpast. Çr. 10,22,9.

अपदोष्य Adj. in अनपदोष्यं (s. oben).

अपभाषितवै Dat. Inf. mit न *man soll nicht ungrammatisch reden* Mahâbh. (K.) 1,2,8.

अपरामृष्ट Adj. *unberührt, nicht in Berührung gekommen mit* (Instr.).

अपरावृत्त्य m. Pl. N. pr. eines Volkes Suçr. 1,172,9.

अपरावृत्तभागधेय Adj. *dessen Schicksal sich nimmer ändert, ein Unglücksvogel* Vikr. 55,16.

अपरिगम्य Adj. *nicht zu umschreiten* Comm. zu Kâtj. Çr. 17,4,5.

अपरिभक्षित Adj. *dessen Genuss Jmd nicht entzogen worden ist* Çâṅkh. Br. 12,5.

अपरिभाषित Adj. *nicht ausdrücklich ausgesprochen* Bâlar. 114,3.

अपरिभुक्त Adj. *ungenossen* Saddh. P. 4,10,*b*.

अपरिभ्रश्यमान Adj. *nicht entlaufend, — entwischend* Kâm. Nitis. 10,34.

अपरिमितदक्षिण Adj. *wobei Unzählige als Lohn gegeben werden* Âpast. Çr. 10,26,4.

अपॅरिमोष m. *Nichtentwendung* TS. 6,1,11,5.

अपरीत्य Adj. *nicht zu umschreiten* Kâtj. Çr. 17,4,5.

अपरुष auch *nicht hart, weich, zart* Bhâg. P.

5,8,18.

अपर्हाण n. = अपरिहाण (Nachtr. 3) Çâṅkh. Br. 4,14. 16,3.

°अपहर् (f. आ) entreissend, raubend Bhâm. V. 1,25.

अपह्नवन n. das Leugnen Çilâṅka 1,251.

अपादादिभाज् Adj. nicht am Anfange eines Stollens stehend Ṛv. Prât. 2,31.

अपादान 3) m. ein beim Apâdâna 2) gesprochener Spruch Âpast. Çr. 2,2,1.

अपानदृंह् Adj. (Nom. °धृंक्) das Einathmen fest (dauernd) machend TS. 7,5,19,2.

अपापदर्शिन् Adj. keine bösen Absichten habend R. ed. Bomb. 2,73,12.

2. अपार् auch kein jenseitiges Ufer habend TS. 7,5,3,2.

अपावरण n. das Abbinden Comm. zu Âpast. Çr. 10,9,10.

अपुनर्मृत n. kein abermaliges Sterben Bhâg. P. 5,19,25.

अपृथात्मज Adj. ohne Judhishṭhira, von J. erlöst Venis. 97.

अपेतभी Adj. furchtlos M. 7,197.

अपोर्णवन n. das Abbinden Comm. zu Âpast. Çr. 10,9,10.

अपौरव Adj. (f. आ) ohne Paurava Hariv. 11081.

अपौरुषेय, Nom. abstr. °ता f. Sarvad. 131,16.

अपौष्कल्य n. das nicht vollkommen Ausgebildetsein, Unreife Bhâg. P. 4,29,72.

अप्रकम्प्य Adj. nicht zum Zittern zu bringen R. 6,36,95.

अप्रकाण्ड, lies Adj. stammlos AK. 2,4,1,9.

अप्रकाशिन् Adj. unsichtbar MBh. 13,16,38.

अप्रक्षाल Adj. sich nicht waschend MBh. 14,92,7, v. l. Nach Nilak. = शेषक्लीन.

अप्रख्याति f. Nichtwahrnembarkeit, Unsichtbarkeit MBh. 3,22,12. 9,4,2.

अप्रख्याल Adj. MBh. 14,2852. v. l. अप्रक्षाल und प्रसंख्यान.

अप्रगुण Adj. auch störrisch, widerspänstig Cit. bei Vâmana 4,2,7.

अप्रग्रह Adj. (f. आ) ohne Leiter, — Zügler Hariv. 2370.

अप्रचार m. das nicht zum Vorschein Kommen Bhâm. V. 2,120.

अप्रणय m. Nichtzuneigung, Kälte (des Herzens) Spr. 2991.

अप्रणोद्य Adj. auch nicht zu verscheuchen, — beseitigen. Nom. abstr. °त्व n. Çaṅk. zu Bṛh. Âr. Up. S. 222.

अप्रतापिन् Adj. aller Würde baar MBh. 3,183,72.

अप्रतिकर्ष m. Nichtzusammenrückung, Nichtvereinigung.

अप्रतिकल्प Adj. (f. आ) unvergleichlich.

°अप्रतिकाङ्क्षिन् Adj. nicht erwartend, nicht hoffend auf Lalit. 217,9.

अप्रतिकारसेविन् Adj. keine Heilmittel anwendend Suçr. 2,361,16.

अप्रतिकूलकृत् Adj. sich nicht widersetzend R. Gorr. 2,32,10.

अप्रतिकूलयत् Adj. dass. R. 2,32,70.

अप्रतिकूलवाद् Adj. nicht widerredend MBh. 3,120,7.

अप्रतिक्रूर Adj. nicht wieder hart, Härte nicht erwiedernd MBh. 12,278,8.

अप्रतिगज Adj. keinen ebenbürtigen Elephanten sich gegenüber habend MBh. 7,27,5.

2. अप्रतिघात Adj. unbehindert, unwiderstehlich Bhâg. P. 1,12,16.

अप्रतिबोधन n. Unkenntniss MBh. 12,304,9.

अप्रतिभान n. das Nichtanstehen, Nichtpassen Comm. zu Âpast. Çr. 9,11,1.

अप्रतिभेद m. Nichtverrath, Geheimhaltung Kathâs. 12,70.

अप्रतिरोधन n. MBh. 12,11325 fehlerhaft für अप्रतिबोधन.

अप्रतिवर्तन n. das Nichtwiederkehren, Nichtwiedererscheinen MBh. 12,307,17.

अप्रतिशासन Adj. keine andere Autorität habend, keinem Andern gehorchend Ragh. 8,27.

अप्रतिश्रय Adj. keine Zufluchtsstätte habend Kathâs. 52,293.

अप्रतिसंहृत Adj. ungehemmt, unbehindert R. 2,22,10.

अप्रतिसर Adj. etwa keinem Ueberfall unterliegend Hariv. 8048.

अप्रतीघातिन् Adj. dem Niemand Hindernisse in den Weg legen kann, unaufhaltsam. Nom. abstr. °तिता f. MBh. 12,255,8.

अप्रत्तदेवत und °दैवत Adj. der Gottheit noch nicht dargebracht Âpast. Çr. 9,15,10.

अप्रत्तसौविष्टकृत Adj. dem Agni Svishṭakṛt noch nicht dargebracht Âpast. Çr. 9,15,10.

अप्रत्ताप्रहुताद् Adj. essend ohne Andern Etwas davon gegeben oder den Göttern davon geopfert zu haben Bhâg. P. 5,26,18.

अप्रत्यक्ष, Nom. abstr. °ता f. Sarvad. 5,5.

अप्रत्यभिमृष्ट Adj. nicht berührt Ait. Br. 7,33,6.

अप्रत्याख्यानक Adj. unbekämpft (Leidenschaft) Hem. Jog. 4,7.

अप्रत्याहरत् Adj. (f. °न्ती) nicht hinundher ziehend Gobh. 2,6,9.

अप्रत्युत्थायिन् Adj. nicht ehrerbietig aufstehend Bhâg. P. 10,78,23.

अप्रत्यूह Adj. ungehemmt, ungehindert Bhâm. V. 2,135.

अप्रबुद्ध Adj. unentfaltet, unentwickelt Tejob. Up. 11. Verz. d. Oxf. H. 91,b,21.

अप्रमत्त 2) n. Bez. der 7ten unter den 14 Stufen, welche nach dem Glauben der Gaina zur Erlösung führen.

अप्रमत्तवत् Adj. nicht fahrlässig MBh. 12,243,6.

अप्रमद m. Unlust, Missstimmung MBh. 12,284,140. Nach Nilak. Adj. = प्रमदया स्त्रिया हीनः d. i. ऊर्ध्वरेतस्.

अप्रमा, Nom. abstr. °त्व n. Sarvad. 133,12.

अप्रयात् Adj. sich nicht bewegend MBh. 5,7178.

अपयातं st. अप्रयान्तं ed. Bomb. 5,180,16.

अप्रयुक्त Adj. auch nicht am Platz seiend Pañkat. ed. orn. 60,4.

अप्रयुज्यमान Adj. 1) nicht beigefügt werdend 229,10. 237,26. — 2) nicht ausgeliehen werdend (auf Zinsen) Pañkat. ed. orn. 3,17.

अप्रयोग m. (auch Nachtr. 1) auch Nichtbeifügung (eines Wortes) P. 2,1,56. VS. Prât. 6,23.

अप्रयोज्य Adj. nicht zu gebrauchen, so v. a. nicht in abhängigem Verhältniss stehend von (im Comp. vorangehend). Nom. abstr. °त्व n. Sarvad. 120,5.

अप्रवण Adj. nicht demüthig MBh. 1,89,4.

अप्रविलापित Adj. nicht vollständig aufgelöst, — zu Nichte gemacht Çaṅk. zu Bâdar. 3,2,21 (S. 816, Z. 1).

अप्रवृत्ति 3) das Fehlen einer Nachricht über (Gen.) R. Gorr. 1,4,71.

अप्रह्लय m. das Nichtzusammensinken Ait. Br. 4,19,2.

अप्रशंस्य Adj. nicht rühmenswerth MBh. 3,253,22. R. 3,35,19.

अप्रस्तव m. ein ungelegener Augenblick R. ed. Bomb. 3,29,19.

अप्रस्फुट Adj. undeutlich, unverständlich Kathâs. 13,109.

अप्स्नानीय Adj. in einer Etymologie Nir. 5,13.

अप्सुमत् Adj. 3) Bez. eines Agni Âpast. Çr. 9,3,22. — 4) an diesen Agni gerichtet ebend. 23.

अफूत्कार्य Adj. worauf man nicht zu blasen braucht Kathâs. 124,148.

अबन्धुदायाद Adj. nicht erbberechtigt MBh. 1,120,32.

अबन्धुर Adj. erhoben, hoch Uttarar. 114,2 (154,8).

अबलीयस्त्व n. das Nichtvorwiegen Vâmana 1,3,11.

अबहिर्भाव m. *das Nichtausserhalbsein* Comm. zu Kâtj. Çr. 9,1 8.

अबहिर्वासस् Adj. *ohne Obergewand* Bhâg. P. 9,8,6.

अबाह्यकृत Adj. *nicht verstossen* R. 3,77,17.

अबहिस् Adv. *inwendig, im Herzen* Bhâg. P. 3, 9,37.

अबहुपत्नीक Adj. *nicht viele Frauen habend* Comm. zu Kâtj. Çr. 9,3,11.

अबहुभाषिन् Adj. *nicht viel redend* Âçv. Çr. 1, 12,30. Nom. abstr. °षिता f. Spr. 740.

अबह्वक्षर Adj. *nicht vielsilbig* ṚV. Prât. 5,2.

अबाधा f. *Abwesenheit aller Leiden* Mârk. P. 22,2.

अबान्धव, f. आ Spr. 685, v. l.

अबालेय m. *kein* Bâleja Kâtj. Çr. 10,2,21 (अवालेय).

अबीभत्सा f. *Nichtekel, Nichtabscheu* TBr. 1,1,3,9.

अबुद्ध Adj. auch *unbemerkt, unbeachtet* Çâṅkh. Br. 26,3. R. 5,44,13.

अबृंहित Adj. *nicht gefördert* Bhâg. P. 6,4,20.

2. अबोध Adj. auch *nicht erwachend* MBh. 7,184,44.

*अब्भोगीन Adj: Mahâbh. 5,4,*b*.

अभङ्गश्लेष, vgl. Sâh. D. 644.

अभव्य Adj. (f. आ) auch *unschön, hässlich* R. 3, 52,14. *nicht gut, schlimm* (Person) MBh. 3,278,32. *unglücklich* (Person) Kathâs. 28,24. 53,35. 57,48.

अभार m. *Befreiung von einer Last* Bhâg. P. 9, 24,58.

अभावक Adj. 1) *Jmds Wohl nicht fördernd, Jmd* (Gen.) *schadend* MBh. 12,88,25. — 2) *sich Etwas* (Gen.) *nicht vorstellend*.

अभावना f. *das Sichnichtvergegenwärtigen, Sichnichtvorstellen*.

अभावयत् Adj. etwa *Etwas nicht fest im Auge behaltend* Bhag. 2,66.

अभिक्रुद्ध 1) Adj. s. u. 1. क्रुध् mit अभि. — 2) n. *Aeusserungen des Zornes* MBh. 6,46,32.

अभिच्छाया f. *die durch den Schatten einer Wolke gebildete Schattenlinie* Âpast. Çr. 11,20,8.

अभिजनितोस्, lies Gen. Inf. (zu ergänzen ईश्वरः). Der Sinn ist: *es könnte ihm eine Missgeburt geboren werden* Çat. Br. 3,1,2,21.

अभिद् Adj. *keine Scheidung machend* Bhâg. P. 7,10,39.

अभिधर्म, °ज्ञानप्रस्थान, °धर्मस्कन्धपाद, °प्रकरपाशासन, °प्रकाशसाधन, °विज्ञानकायपाद u. °विभाषा Eitel, Chin. B.

अभिनिम्रोक m. = अभिनिम्रोचन Comm. zu Âpast. Çr. 9,1,15.

अभिनिष्पन्नत्व n. *das Schondasein* Çâṅk. zu Bâdar. 2,1,36.

अभिन्नकाल Adj. *zur selben Zeit vorsichgehend* Çâṅkh. Çr. 1,16,5.

अभिन्नात्मन् Adj. *unbeirrt* Bhâg. P. 8,22,1.

अभिप्लुत 1) Adj. s. u. प्लु mit अभि. — 2) n. *das Anspringen, Losspringen auf Jmd* MBh. 6,46,32.

अभिभाषित 1) Adj. s. u. 1. भाष् mit अभि. — 2) n. *Rede, Worte* Bhâg. P. 6,2,1. 17,36.

अभिमत 1) Adj. s. u. मन् mit अभि. — 2) n. *Wunsch, Verlangen* Spr. 2810.

अभिवर्त m. = अभीवर्त 2) *b*) TS. 7,5,3,4.

अभिवातम् mit Gen. *mit dem Winde von* — Maitr. S. 2,2,1 (15,8).

अभिव्याकरणीय Adj. *auszusprechen, herzusagen* Sâj. zu Ait. Br. 5,2,15.

अभिव्याहृत्य Adj. dass. Ait. Br. 5,2,15. 15,6.

अभिसमूहन n. *das Bedecken durch Zusammenkehren* Comm. zu Âpast. Çr. 9,19,13.

अभीतचारिन् Adj. *unerschrocken verfahrend* R. 5,37,39.

अभीरुक Adj. *furchtlos, unerschrocken* MBh. 7, 72,46.

अभीरुणा, so richtig betont AV. 7,89,3.

अभुग्नित s. भुग्नितभुग्नित.

अभुजंगवत् Adj. *ohne Schlangen* und zugleich *ohne liederliche Gesellen* Kâvjâd. 2,322.

अभुञ्जिष्य Adj. *Nichts gewährend, karg* Çâṅkh. Çr. 12,20,4.

अभूमिष्ठ Adj. *nicht in seinem Lande seiend* Kâm. Nîtis. 18,52. 55.

अभृतक Adj. *keinen Lohn beziehend* MBh. 7, 114,24.

अभेत्तृ auch *Nichtverräther* (von Geheimnissen) MBh. 12,231,22.

अभेद्य Adj. auch *nicht zu verführen, — abtrünnig zu machen* und *nicht zu verrathen*.

अभोज्य 3) *ungeniessbar* Hariv. 3636.

अभ्युत्थान 4) *feindseliges Entgegentreten, Auflehnung* Hariv. 2,96,60.

अभ्युन्मोदनीय Adj. *wozu Jmd* (Instr.) *seine Zustimmung zu geben hat* Colebr. Misc. Ess. 2,311,9.

अभ्रंशिन् Adj. *unvergänglich, dauernd* Spr. 6844.

अभ्रंश्यमान Adj. *nicht zum Fallen gebracht werdend, nicht in die Lage kommend herabzufallen* Kâtj. Çr. 20,5,16.

अभ्रम m. *das Nichtirren* Bhâg. P. 3,11,15.

*अभ्राय्, अभ्रायित *einer Wolke gleichend* Bhâm. V. 1,41.

अमङ्गलिक Adj. *infaustus* MBh. 6,112,19. v. l. अमाङ्गलिक.

अमण्डूक, so zu betonen.

अमज्जन n. *das Nichtuntersinken* Kathâs. 46, 143.

अमज्जत् Adj. *nicht untertauchend* Kâtj. Çr. 5, 5,31.

अमणिव Adj. wohl *keine Juwelen habend* Çâṅkh. Çr. 12,21,1. 2.

अमतिपूर्वक Adj. *nicht beabsichtigt*.

अमत्सरिन् (Nachtr. 1) auch *nicht versessen auf* (Loc.).

अमदन m. Bein. Çiva's Bhâg. P. 1,11,37.

अमद्यमदवत् Adj. *ohne ein berauschendes Getränk munter seiend* (Elephant) Kâm. Nîtis. 16,33.

2. अमन्त्र 3) *keine Zaubersprüche kennend, — anwendend* Bhâm. V. 1,109.

अमन्त्रज्ञ Adj. *die heiligen Sprüche nicht kennend* M. 3,129.

अमहायज्ञयाजिन् Adj. *der kein grosses Opfer dargebracht hat* MBh. 3,261,3.

अमात्रा f. Instr. *unmässig, in hohem Grade* Kathâs. 28,112.

अमात्सर्य n. *Freisein von Neid, — Missgunst* MBh. 5,43,20. °चित्त Adj. *keine Missgunst empfindend*. Nom. abstr. °ता f. Lalit. 569,15.

अमानुष्य m. MBh. 14,266 schlechte Lesart für अमानुष.

अमिश्रण n. *keine Beimischung* Sâh. D. 15,9.

अमीमांसित Adj. *nicht erwogen* Bhâg. P. 6,5,37.

अमीलितदृश् Adj. *dessen Augen niemals geschlossen sind* Bhâg. P. 3,8,10.

अमुद्र auch *keinen Siegelabdruck habend*, so v. a. *sich nicht legitimiren könnend* MBh. 6,15,19. Hariv. 14461.

अमूर्त 1) Nom. abstr. °त्व n. Mârk. P. 26,19.

अमूलमन्त्रतन्त्र Adj. *ohne Grundspruch und ohne Zauberformel* Hem. Jog. 1,5.

अमूल्य Adj. *unschätzbar*.

अमृग्य Adj. *wonach man nicht trachten soll*.

अमृदित Adj. *nicht heftig gedrückt, — angedrückt* Hariv. 4395.

अमृदुमयूख Adj. *heissstrahlig* Varâh. Bṛh. S. 24,22.

अमृष्यत् Adj. *Etwas nicht geduldig ertragend, nicht ruhig hinnehmend* MBh. 14,29,21. 60,31.

अमैत्री f. *Mangel an Wohlwollen* MBh. 14,36,14.

अमोक्षणीय Adj. *unvermeidlich* MBh. 1,167,56.

अम्बुधिकामिनी f. *Fluss* Bhâm. V. 1,58.

अम्लायिन् Adj. *nicht verwelkend* Kathâs. 56,116.

अयज्ञवाहिन् Adj. *keine Opfer zu den Göttern führend* MBh. 13,18,22.

अयत्न vgl. पर्य्ययत्न.

अयन्त्रणा f. *das Nichtanlegen eines Verbandes* Suçr. 2,229,6.

अयमसू Adj. *keine Zwillinge gebärend* Kauç. 109.

अयंःशृङ्ग Adj. *erzhörnig* Maitr. S. 2,5,9 (59,16).

अयादव Adj. (f. ई) *von den Jâdava befreit.*

अयुक्तियुक्त (s. auch u. अयुक्ति) Adj. *unerfahren* (Arzt) Suçr. 1,94,16.

अयूप (Kâtj. Çr. 22,7,3) und °क (Âçv. Çr. 9,2,3) Adj. *ohne Opferpfosten.*

अरंरसम् scheinbar Maitr. S. 1,10,20 (160,8). Es ist zu lesen अरंसोक्त *unversehrt von* Rakshas.

अरणाविक्कारिन् (Nachtr. 3) wohl verdorben. Man könnte अर्यवि° vermuthen; vgl. im Pâli अरियविकारी bei Childers unter ब्रह्मविहारो.

अरन्तोम् Gen. Infin. von रम् mit अ priv. ईश्वरो हास्य वित्ते देवा अरन्तोः *es könnte geschehen, dass die Götter an seinem Reichthum keinen Gefallen fänden,* Ait. Br. 3,48,8.

अरंाड Adj. *langhörnig* Maitr. S. 2,5,9 (59,17). Vgl. अराड्.

अरिमित्रमित्र n. heisst in der Politik *der hinter dem* मित्रमित्र *herrschende Fürst* Kâm. Nîtis. 8,16.

अर्कस्तुभ् Adj. *Lieder singend* Çâñkh. Çr. 8,23,3.

अर्काङ्कृति f. Pl. Bez. von 5 *Spenden, die unter der Recitation der Sprüche* सुवर्ण घर्मः स्वाहा u. s. w. (TS. 5,7,5,2) *dargebracht werden,* Âpast. Çr. 11,20,10.

अर्थमय Adj. *nützlich, Vortheil bringend* Bhâm. V. 3,14.

अर्थय् mit प्र. Die Lexicographen führen für प्रार्थित folgende Bedeutungen an: अर्दित, याचित, अभियुक्त, शत्रुसंरुद्ध, हृत und अभिकृत. — Mit सम् 10) *bestätigen, begründen, rechtfertigen* Comm. zu TS. Prât. — 11) समर्थित = समर्थ *im Stande seiend* Spr. 4005. — In den meisten, vielleicht in allen Bedeutungen Denomin. von समर्थ.

अर्ध mit वि, व्यृद्ध (vgl. auch Nachtr. 1) auch *misslungen* Nir. 1,7.

अर्धनिष्पन्न Adj. *halb vollendet* Râgat. 5,403.

अर्धप्रदक्षिण n. *ein halbmaliges Umgehen von der Linken zur Rechten.*

अर्धप्रहरिका wohl *eine halbe Wache.*

अर्धभागिक und °भागिन् (v. l.) Adj. *einen halben Theil erhaltend* Jâgn. 2,134.

अर्धभुक्त Adj. *halb genossen* Mârk. P. 22,38.

अर्धमीलित Adj. *halb geschlossen* (Augen) Kathâs. 20,50.

अर्धमुण्ड Adj. *zur Hälfte kahl geschoren* MBh. 7,93,47.

अर्धमुण्डित Adj. dass. Râgat. 4,179.

अर्धोपभुक्त Adj. *halb verzehrt* Kumâras. 3,37.

अर्यमगृहपति Adj. Arjaman *zum* Grhapati 4) *habend* Maitr. S. 1,9,5.

अलतिका Adj. f. *keine Lianen habend* (Boden) Kâm. Nîtis. 19,10.

अलौल्य n. *das Fehlen alles Verlangens in den Besitz von Etwas zu gelangen.*

अवतायम्, lies *einen Hieb versetzend.* Die angeführte Stelle ist Âpast. Çr. 10,27,6.

अवचर, vgl. यज्ञावचर.

अवञ्चनता f. *Ehrlichkeit* Spr. 3129.

अवन्ध्यप्रसाद Adj *dessen Gunst nicht ohne gute Folgen ist.* Nom. abstr. °त्व n. Râgat. 1,78.

अवप्लुत 1) Adj. s. u. प्लु mit अव. — 2) n. *das Hinabspringen* MBh. 9,57,19.

अवयुति f. *Trennung, Theilung.* Instr. etwa *besonders* Comm. zu Âpast. Çr. 10,7,6.

अवरुणम् Adv. *ohne in* Varuṇa's *Gewalt zu verfallen* Maitr. S. 2,1,2 (2,9). 5,6 (55,15). Vgl. निवरुणम् weiter unten.

अवरुधम् (TS. 2,3,7,1. 5,4,1,2) und अवरुन्धम् (Maitr. S. 1,10,12) Acc. Infin. von 2. रुध् mit अव.

अवर्धमान Adj. *nicht wachsend, — zunehmend* (Reichthum) Hit. 46,8, v. l.

अवर्ष्टोस् Gen. Infin. von वर्ष् mit अ priv. ईश्वरः पर्जन्यो ऽवर्ष्टोः *es könnte sein, dass P. nicht regnete,* Ait. Br. 3,18,11.

अवश्यपातव्यता f. *Nothwendigkeit des Marschirens* (gegen einen Feind) Kâm. Nîtis. 15,18.

अवस्थितिचापल zu streichen; vgl. बद्धावस्थिति.

अवान्तर 3) °रम् Adv. *im Unterschiede von* (Abl.) Maitr. S. 2,5,1 (47,3).

अवान्तरप्रकृति f. *relative oder partielle Norm.*

अवालेय (Nachtr. 1), wohl richtiger अवालेय.

अविकारवन्त् Adj. *keine Wandelungen zeigend, stets sich gleich bleibend.*

अविकृति f. auch *kein Product* Sâṁkhjak. 3.

अविब्रुवन्त् Adj. 1) *Etwas* (Acc.) *nicht aussagend* MBh. 15,8,24. *nicht Etwas* (Acc.) *zu Jmd* (Acc.) *sagend* 1,83,26. — 2) *seine Meinung über Etwas* (Acc.) *nicht aussprechend, nicht auslegend* MBh. 7,199,32.

अविभिन्न Adj. 1) *ungetheilt, ungetrennt* Spr. 4142. *nicht getrennt von* (Abl.) Kathâs. 27,57. 34, 118. — 2) *unverändert* Kathâs. 33,8.

अविभ्रष्ट Adj. *ungeschwächt.*

अविभ्रान्त Adj. *unbeweglich* Benf. Chr. 199,4.

अविमित Adj. *ungemessen, unermesslich.*

अवैभीदक Adj. *nicht vom* Vibhîdaka *kommend* Maitr. S. 2,1,6 (7,20).

अव्याख्येय Adj. (f. आ) *unaussprechlich* Bhâm. V. 4,17.

अव्यापन्न Adj. auch *nicht in Unordnung gerathen, in normalem Zustande sich befindend* Suçr. 1,77,3.

अशरमय Adj. *nicht aus Rohr bestehend, — gemacht* Maitr. S. 2,1,6 (7,19).

अशा (Nachtr. 3) zu streichen; vgl. मीमांसाशा.

अश्वपोषक m. *Stallmeister* Comm. zu Kâtj. Çr. 15,3,7.

अश्वशफबुध्न Adj. *dessen Boden die Gestalt eines Pferdehufes hat* Âpast. Çr. 12,1,13.

अष्टमासिक Adj. (f. ई) *acht Monate vorhaltend* (तृप्ति), *a. M. hindurch Wasser habend* (नदी).

2. **अस्** mit व्यति, व्यत्यस्त auch *verkehrt, verworren* Bhâm. V. 2,82. — Mit आ Act. *werfen —, legen auf* (Loc.) TBr. 3,3,9,11. Kâth. 32,6. Med. *sich* (*sibi*) *legen auf* (Loc.) Maitr. S. 1,4,8. — Mit उप *sich* (*sibi*) *unterwerfen* Maitr. S. 2,1,1. TS. 1, 6,10,1. — Mit प्रणि, प्रण्यस्त *nach vorn niedergedrückt* TS. Prât. 2,20. — Mit परि Caus. in अपर्यासित (Nachtr. 3). — Mit प्रतिसम् *wieder an seinen Platz hinstellen* Âpast. Çr. 11,5,7.

असंयत्त Adj. *unvorbereitet, nicht auf seiner Hut seiend* Bhâg. P. 8,6,28.

1. **असत्पथ**, °जुष् Adj. *auf bösen Pfaden wandelnd* Bhâm. V. 4,37.

असमशील Adj. *unebenbürtig* Bhâm. V. 1,1.

असंप्रयुच्छन्त् Adj. *keinen freien Lauf gewährend, hemmend* (die Sinne) Bhâg. P. 11,26,33.

असंमृष्ट 2) n. *eine noch nicht vollbrachte Reinigung, — Anschürung* u. s. w. (des Feuers) Çat. Br. 2,3,2,19. Kâtj. Çr. 5,5,6.

असहृदय Adj. *keinen Sinn für's Schöne habend* Sâh. D. 24,18.

असाधु 4) mit मन् *missbilligen* Bhâg. P. 7,8,27.

असुरयोनि m. oder f. Asura-*Schooss* TS. 5,2,8,4.

असृजन्त् Adj. *nicht schaffend* Sarvad. 121,5.

असैव्य 1) Nom. abstr. °ता f. Bhâm. V. 1,19.

अस्थिभेदन n. *Knochenbruch.*

अस्फ्य Adj. *den* Sphja *nicht in der Hand haltend* Âpast. Çr. 11,9,7.

अस्वादु Adj. *nicht wohlschmeckend* Ait. Br. 5, 22,1. MBh. 12,212,13.

अह्नःसंस्था f. *Tagesabschluss* TBr. 3,12,9,6. Lâtj. 10,5,13.

आनापाके (?) Maitr. S. 2,9,9.

आक्षिप्त 1) Adj. s. u. 1. क्षिप् mit आ. — 2) n. *Zerstreutheit* MBh. 1,212,9.

आखेदन n. *das Heranziehen* Comm. zu Âpast.

Çr. 10,28,1.

आग्निहोत्रिक Adj. *zum* Agnihotra *gehörig* Comm. zu Âpast. Çr. 9,1,15.

आग्रयण 1) *a)* °स्थाली f. TBr. 1,4,1,5. Âpast. Çr. 12,1,14.

2. आग्रायण n. Âpast. Çr. 9,14,5. 6.

आघातक Adj. in प्रधानाघातक.

आङ्गिरसपवित्र n. Bez. von Ṛv. 4,40,5 Âpast. 1,2,2.

आचन्द्रार्कग्रह Adj. Hariv. 11080 fehlerhaft für अचन्द्रा°.

आचार्य 1) *c) der Sohn eines ausgestossenen* Vaiçja M. 10,23 (nach Govindarâǵa und Nârâjaṇa) und Devala (nach Govind.). Nach Bühler.

आटिक m. Pl. *eine best. Schule des* Jagus AV. Pariç. 49,2. Vgl. परमाटिक.

आतृप्ति Adv. *bis zur Befriedigung* Bâlar. 74,20.

आत्मभय n. *Angst für sein Leben* Kathâs. 5,86.

आत्मभू m. auch *ein Brahmane* Bhâm. V. 4,24.

आत्ममान m. *das sich für Etwas Halten* P. 3, 2,83.

आद्वारम् Adv. *bis zum Thor, bis zur Thür* Mârk. P. 31,59.

आधवन Adj. *umrührend* Âpast. Çr. 12,8,4.

आनिशम् Adv. *bis zur Nacht* Bhâm. V. 2,40.

आनुपूर्वी f. bei den Ǵaina *eine vorschriftsmässig nach 12jähriger Vorbereitung inscenirte Todesart* Çîlâṅka 1,344.

आपिन् Adj. in पद्मापिन्.

आबन्धुर Adj. *etwas vertieft* Pańkar. 3,5,12.

आब्रह्मसभम् Adv. *bis zu* Brahman's *Hof* Ragh. 18,27.

आमभ्रष्ट Adj. *wenig geröstet* Kâtj. Çr. 5,3,2.

आमूर्धान्तम् Adv. *bis zum Scheitel* Kathâs. 65,119.

आमूलम् auch *bis auf den Grund, ganz genau* Kathâs. 32,83.

आमोदित (von आमोद) Adj. *mit Wohlgeruch erfüllt, wohlriechend gemacht.*

आयत *m. v. l. für आयति *Zukunft* AK. 2,8,1,29.

आयत्ती Adv. mit कर् *abhängig machen, in Abhängigkeit erhalten* Râǵat. 4,680.

आयाचित n. *Bitte* R. Gorr. 2,1,40.

आयासित n. *Anstrengung, Bemühung* Mâlatim. ed. Bomb. 323,3. v. l. प्रयासित.

आयुःपति (besser आयुष्पति) n. *Herr des Alters* (सामन्) Âpast. Çr. 11,3,1.

आयुःपत्नी f. = आयुष्पत्नी Âpast. Çr. 6,21,1.

आयुत n. Maitr. S. 3,6,2.

आरामाधिपति m. *Gärtner* Bhâm. V. 1,30.

आलेश m. in अनालेश oben.

आवत्सरम् Adv. *ein Jahr hindurch* Mârk. P. 30,11.

आविक 3) f. ई *Schaffell* R. ed. Bomb. 3,43,36.

आशामुख n. *Himmelsgegend* Mṛkkh. 85,2.

आशीःपद (Comm. zu Âpast. Çr. 11,7,3) und आशीर्पद (TS. 6,2,9,4) Adj. (f. आ) mit und ohne आच् Bez. *der Worte* दिवो वा विष्णो u. s. w. (TS. 1, 2,13,2).

आसीनप्रचलायित n. Râǵat. 1,371 (आसीनः प्र° fehlerhaft).

आसुत n. auch *eine Art Kelterung des* Soma Khând. Up. 5,12,1.

आस्यसंमित Adj. *der Höhe des Mundes entsprechend* Âçv. Çr. 1,7,6.

आहत्यवचन m. = आहत्यवाद Comm. zu Âpast. Çr. 9,18,13.

आहननप्रकार Adj. *zum Schlagen geeignet* Âpast. Çr. 12,2,15.

आहँलम् Interj. = आहँलक् TS. 7,4,19,3.

आहुतिभाग Adj. (f. ई) *dessen Antheil eine Opferspende ist* Ait. Br. 2,18,6.

3. इ mit प्रति, प्रतीत nach den Lexicographen auch *aufgebrochen, fortgegangen; ehrerbietig; klug.*

इदंमधुर n. *ein best. Lied* Kâṭh. 34,5. Vgl. इदंमधु.

इन्दिरा auch *Pracht, Schönheit.* Am Ende eines adj. Comp. Bhâm. V. 2,160.

इन्दीवरदृश् f. *eine Lotusäugige* Bhâm. V. 2,75.

इलासुता f. Metron. der Sîtâ Bhâm. V. 2,167.

इषुधि f. s. महेषुधि.

इह् mit प्रत्युप, प्रत्युपेहित *nicht beachtet* R. Gorr. 2,6,21 (zu trennen वा प्र°).

ईर् mit वि. यदि-वीर्येत *wenn zerfallen sollte* Maitr. S. 2,1,8 (9,13. 14). Richtig wohl शीर्येत.

ईलय्, ईलयति *sich bewegen* TS. 6,4,2,6. Vgl. Caus. von ईर्.

ईशाचल m. *der* Himavant Gît. 1,47.

*ईषत्प्रमेय vielleicht auch *leicht zu messen.*

उच्चैःप्रमोदम् Absol. *unter lauten Freudenbezeugungen* Spr. 879.

उच्छोफ m. = उच्छ्राय Mâlatim. ed. Bomb. 173,2.

उडिगल्ल (richtiger) und उडिल्ल *Cloake* Lot. de la b. l. 384. fg. Nach dem Pâli ओलिगल्लो hätte man ओडिगल्ल erwartet.

उत्क्रष्टर Nom. ag. in बीजोत्क्रष्टर.

उत्ताल 1) *d)* Gît. 1,47.

उदक्प्रस्रवण Adj. *nach Norden einen Abfluss habend* Kauç. 72. Vgl. उदक्प्रस्रवणान्वित (Nachtr. 3).

उदक्समास Adj. *mit der Verknüpfung im Norden* Lâṭj. 2,6,4.

उदङ्गीष (!) Adj. *mit der Deichsel nach Norden* Âpast. im Comm. zu Kâtj. Çr. 7,9,25.

उदचन m. = उदञ्चन 1) Âpast. Çr. 12,13,2. Comm. zu 12,5. 11.

उदञ्जि Adj. *aufgerichtet und schlüpfrig* (penis) TS. 7,4,19,1.

उदपुर् n. *Wasserbehälter* TS. 4,4,5,1.

उदयन 1) *c)* °तस् *am Ende* Tâṇḍja-Br. 13,12,1.

उदयव्ययिन् Adj. *steigend und fallend* (in übertragener Bed.) Spr. 5644.

उदश्वित् Maitr. S. 2,1,6 (7,17).

उदुम्बरपर्णी, lies Karaka und *polyandrum.*

उद्भूतत्व n. *das zu mehr Gewordensein* Maitrjup. 5,2.

उद्भूतस्पर्शवत् Adj. *fühlbar* Bhâshâp. 55.

उद्यमम् Acc. Infin. *aufheben* (नोपक्रान्त) Maitr. S. 2,4,3 (40,15).

उद्वपनी f. in पिष्टोद्वपनी.

उद्वापन n. *das Ausgehenlassen* (des Feuers) Comm. zu Âpast. Çr. 9,9,7.

उन्मिषित 1) Adj. s. u. 1. मिष् mit उद्. — 2) n. *das Oeffnen der Augen* Ragh. 5,68. Pl. Kumâras. 5,25.

उन्मोचनीय Adj. *aufzubinden.*

उपकेत m. N. pr. = उपकेतु Maitr. S. 2,5,1 (47,13).

उपगिरि m. auch *Vorberg* Nilak. zu Hariv. 2, 39,56.

उपघ्रायम् Absol. *beriechend* (mit Acc.) Maitr. S. 2,1,3 (4,6).

उपनाम m. *Eintritt* Comm. zu Âpast. Çr. 5,7,13.

उपप्लुत 1) Adj. s. u. प्लु mit उप. — 2) n. *das Hinzuspringen* MBh. 9,57,19.

उपमर्दितत्व n. *das Beseitigtsein* Çaṁk. zu Khând. Up. S. 6.

उपरिदश Adj. *mit den Fransen nach oben* Lâṭj. 2,6,4.

उपरिशय Adj. *über* — (Gen.) *liegend* Comm. zu Âpast. Çr. 11,10,11.

उपरिष्टादासेचनवत् Adj. *oben einen Ausguss habend* Âpast. Çr. 12,1,4.

1. उपसर्जनी f. s. उपसर्जन 2).

2. उपसर्जनी Adv. mit कर् *als Nebensache betrachten* Comm. zu Bhâg. P. 3,12,43.

उपसेक m. *Zuguss* Comm. zu Âpast. Çr. 10,3,7.

उपस्थान m. Bez. *der Sprüche, unter denen das Herantreten an die* Dhishṇja *geschieht,* Âpast. Çr. 11,14,8.

उपस्थापना f. bei den Gaina *Mönchsweihe* Çîlâṅka 1,95.

उपस्थावन् Adj. *zu beiden Seiten stehend* Çâṅkh. Çr. 16,3,3.

उपांशुपावन Adj. *den* Upâmçu-Graha *klärend* Âpast. Çr. 12,11,11. 13,1.

उपांशुसवन auch Adj. (zu ग्रावन्) Âpast. Çr. 12,1,9.

उभ्, उम्भित *eingeschlossen, darin enthalten* Bhâm. V. 2,142.

उभयतःक्ष्णु Adj. f. *zweischneidig* TS. 5,1,1,4.

उरुद्रप्स Adj. *grosstropfig* TS. 3,3,10,2. = बहुसारावयव Comm.

उरोन m. Du. Bhâm. V, 2,176.

उष्णीषभाजन n. *was die Stelle einer Kopfbinde vertritt* Çat. Br. 3,3,2,4.

उस्मित m. N. pr. eines Vinâjaka Mân. Gṛhj. 2,14.

ऊर्जपत्य n. *die Herrschaft über die Kraft* Âpast. Çr. 9,9,1.

ऊर्णाम्रद Adj. *wollenweich* Kauç. 2. 3. 137.

ऊर्ध्वभासिन् Adj. *hinauf leuchtend, — flammend.* Nom. abstr. °सिता f. MBh. 12,255,5.

ऊर्ध्ववास्य n. *ein best. Kleidungsstück des Weibes* Âpast. Çr. 10,9,12.

ऊर्ध्वसद्द Adj. *in der Höhe befindlich* Âpast. Çr. 10,10,4.

ऊर्ध्वसानु auch *mit erhabenem Rande* Âpast. Çr. 12,1,4.

1. ऊह् mit अभि॑ पॅरि *hinschaffen zu* (Acc.) TS. 5, 2,10,2.

1. ऋत॑ 1) auch Maitr. S. 2,5,2 (48,14).

ऋतन् m. N. pr. eines Devagandharva MBh. 1,123,57.

ऋषि 3) nimmt die 7te Stelle unter den Brahmanen ein; steht zwischen dem ऋषिकल्प und dem मुनि Hemâdri 1,26,4. 27,1.

ऋषिकल्प m. *ein dem* Ṛshi *nahekommender Brahmane, der die 6te Stufe unter den Brahmanen einnimmt,* Hemâdri 1,26,4. 22.

एकगर्भ Adj. *nur ein Kind zur Welt bringend* Bhâg. P. 5,17,12.

एकतोमुख (Nachtr. 2) auch *nur auf einer Seite eine Schnauze habend* (Gefäss) Comm. zu Âpast. Çr. 12,1,13.

एकदुग्ध n. Vrata-*Milch von nur einer Kuh* Âpast. Çr. 10,16,6.

ऍकपात्र Adj. *in einem Gefässe enthalten* TS. 6, 4,9,3.

एकपार्श्वावदारित n. MBh. 6,46,32 nach Nilak. = वामपक्षाश्रितं यानम्.

एकभाग m. *ein Theil, ein Viertel* Pañkar. 1,14, 50.

एकभूमीश्वर m. *Alleinherrscher auf Erden* (Nâgârguna) Râgat. 1,173.

एकमास Adj. (f. ई) *in einem und demselben Monat befindlich* MBh. 6,3,32.

एकमूर्ति f. *eine Person* Spr. 4205.

एकयज्ञ m. *ein von einer Person dargebrachtes Opfer* Kâtj. Çr. 25,13,30.

ऍकविंशतिच्छदि Adj. *21 Dächer habend* TS. 6, 2,10,6.

एकविंशतिदक्षिण Adj. *wobei 21 als Lohn gegeben werden* Âpast. Çr. 10,26,4.

ऍकव्रत auch *nur einmal am Tage zu essen pflegend* TS. 6,2,5,3.

एणविलोचना f. *eine Gazellenäugige* Bhâm. V. 2,156.

*एवंयुक्त Adj. *so beschaffen* Mahâbh. 5,57,b.

एवंक्लृप्त Adj. *so festgesetzt, — vorgeschrieben* RV. Prât. 17,1.

एवंपरिणाम Adj. *einen solchen Abschluss habend* Mahâvirać. 93,18.

एवंप्रत्यय Adj. *eine solche Ueberzeugung habend* Çaṅk. zu Bṛh. Âr. Up. S. 231.

एवंप्रवाद Adj. *eine solche grammatische Form habend, in dieser gr. F. erscheinend* RV. Prât. 13,9.

1. एष्टॅर्, f. एष्ट्री Âpast. Çr. 10,12,5.

ओडिगल्ल s. उडिगल्ल.

ओलूखलॅ m. Du. *Mörser und Stösser* Maitr. S. 1,4,10.

कण्ठप्रणाली f. *Luftröhre* Bâlar. 50,16.

कतरथा Adv. *auf welche von beiden Weisen?* यतरथैवा क° च *gleichviel auf w. v. b. W.* Shadv. Br. 3,1.

कथाप्रबन्ध m. *Legende* Uttarar. 87,9 (112,5).

कथाप्रस्ताव m. *eine sich darbietende Gelegenheit sich zu unterhalten.* °तम् so v. a. *im Laufe des Gespräches* Kathâs. 33,183. 49,9.

कथाबन्ध m. *Knüpfung der Erzählung,* so v. a. *Einleitung* MBh. 1,59 in der Unterschr.

कनकदण्ड m. *ein fürstlicher Sonnenschirm* Git. 1,30.

कनकासन n. *Thron* Git. 7,26.

कनिष्ठतॅम् Adv. *von unten hinauf, vom Kleinsten an* Maitr. S. 2,1,9 (11,1).

कॅनीयःस्तन Adj. *weniger Zitzen habend als* (Abl.) Çat. Br. 6,5,2,19.

कन्दर 2) Git. 12,24.

कॅपृथ् scheinbar n. RV. 10,101,12.

कपोलमूल n. *Backenknochen* Spr. 7001.

कर्णभङ्ग m. 1) *Biegung der Ohren* Çâk. 8, v. 1. — 2) *eine best. Krankheit des Ohres* Suçr. 1,270,1.

कर्मबन्ध m. *die von den Werken herrührenden Bande* Bhag. 2,39.

2. कर्मबुद्धि Adj. *der des Menschen Arbeit anerkennt, die menschliche Anstrengung für das Wahre hält* Spr. 5323.

कर्मयोग 4) *der Zusammenhang mit vorangegangenen Handlungen.* °योगात् und °योगतस् so v. a. *in Folge des Schicksals* Kathâs. 43,193. 181.

1. कर्ष् mit उद्, streiche 6), da hier बीजोत्कृष्टा zu lesen ist; vgl. बीजोत्कृष्ट.

2. कल् 9) b) कलितचरण Adj. *dessen Bein gebrochen ist* Pañkat. ed. Bomb. 1,6,12.

कलिन्दजा f. Patron. der Jamunâ Bhâm. V. 2, 118.

कलेवरपुष् m. *Mensch* Bhâm. V. 1,101.

कवलीकार m. *das Verschlucken* Bhâm. V. 1,54.

कव्य्, Partic. कव्यॅन्त् *klug, weise* TS. 7,1,20.1.

काकमृगगोचरित Adj. *die Weise der Krähen* (beim Trinken), *der Gazellen* (beim Essen) *und der Kühe* (beim Wasserlassen) *beobachtend* Bhâg. P. 5,5,34.

कादली f. *das Fell der* कदली *genannten Antilopenart* R. ed. Bomb. 3,43,36.

काननीय्, °यति *wie ein Wald erscheinen* Bhâm. V. 2,66.

कार्मनामिक Adj. *in Bezug stehend zu einem nach der Thätigkeit sich richtenden Namen* Nir. 1,13.

2. कार्य (!) Adj. (f. आ) *zu kaufen* Maitr. S. 2,4,2 (39,4. 5).

कार्ष्णतम in अ° (s. oben).

कालयापना f. = °यापन Spr. 4397.

कालयोग auch so v. a. *Zeitpunct* Kathâs. 41,14. °योगेन *nach Verlauf einiger Zeit, einige Z. darauf* MBh. 12,117,12. R. 1,34,41.

कालसमापादनीय Adj. *zur Ausfüllung der Zeit dienend* Âpast. Çr. 9,7,3. 4.

कालेचर्या f. *eine der Zeit entsprechende Beschäftigung* Âpast. 1,31,21.

काव्यबन्ध m. *Dichtwerk* Sâh. D. 6,12.

किंप्रत्यय Adj. (f. आ) *welche Ursache habend? wodurch bedingt?* Lalit. 442,4. fgg.

किलासभव m. *das Räudigwerden* Kâth. 33,4.

कुण्ठाश्ममालामय Adj. *aus einer langen Reihe stumpfer Steine bestehend* Spr. 3162.

कुब्रॅ, statt dessen TS. 2,1,5,2 उन्नतॅ *ein grosshöckeriger Stier.*

कुमारपितृमेष m. *ein best. Dämon, durch welchen Kinder besessen werden*, Suçr. 2,393,12.

कुम्भ्य Adj. *in Töpfen befindlich* Âpast. Çr. 11, 20,11.

कुरङ्गमद m. *Moschus* Git. 4,6.

कुलभावन Adj. *ein Geschlecht gründend* MBh. 3,293,14.

कुलमृगदृश् f. *eine tugendhafte Frau* Bhâm. V. 2,77.

कुशप्रसू f. *ein blühender* Kuça-*Halm* Kâtj. Çr. 5,1,26.

कुशेशयलोचना f. *eine Lotusäugige* Bhâm. V. 3,15.

*कुहना f. auch *Neid, Missgunst* Gal.

कूयव m. Pl. *eine Art Körnerfrucht* TS. 4,7,4,2.

कृतप्रयोजन Adj. (f. श्रा) *der seinen Zweck erreicht hat* Kathâs. 13,158.

कृतमङ्गल Adj. (f. श्रा) *der ein Gebet gesprochen hat, über den ein Gebet gesprochen worden ist, zu einem bevorstehenden Unternehmen mit glückverheissenden Gegenständen angethan.*

कृतमनोरथ Adj. *dessen Wunsch erfüllt ist.*

कृतमूल Adj. *fest wurzelnd, festen Fuss gefasst habend* MBh. 1,202,11. 2,5,109. Spr. 6827.

कृतमूल्य Adj. *dessen Werth bestimmt ist, geschätzt.*

कृतमौन Adj. *Stillschweigen beobachtend.* Nom. abstr. °त्व n. Kathâs. 7,23.

कृतयत्न Adj. (f. श्रा) *sich Zwang anthuend, sich beherrschend* Kathâs. 61,294.

कृतयुगाय्, °यते *wie das goldene Zeitalter erscheinen* Pratâpar. 376,11.

कृत्रिममाणिक्यमय Adj. *aus falschen Rubinen bestehend* Kathâs. 24,133.

कृत्स्नवीत Adj. *ganz umhüllt, — gepanzert* TS. 4,5,2,2.

कृष्णकर्ण Adj., f. ई Maitr. S. 2,5,7 (57,18. 19).

कृष्णशबल Adj. (f. ई) *schwarzbunt* Maitr. S. 2,5, 7 (57,9).

केतन 6) Mâlatîm. 84,15 (189,5).

केशबन्ध 3) **Art und Weise das Haar zu binden, Haartracht* Halâj. 2,375.

केशिन् 1) *d)* केशिनो दीक्षा heisst eine Collection von Sprüchen Âpast. Çr. 10,10,6.

कैटभ s. मधुकैटभसूदन.

कोकनदय्, °यति *für eine rothe Wasserlilie halten* Bhâm. V. 2,149.

कोलकावर्ती Nom. Du. m. N. pr. zweier Ṛshi Maitr. S. 2,1,3 (4,3).

कोलटिनेय und कोलटेर werden H. 548 von einander unterschieden; कोलटेय soll = कोलटिनेय und कोलटेर sein.

क्रम् mit परि Caus. (°क्रमयति) *treten lassen* Âpast. Çr. 9,3,23.

क्रिम्पा Adj. = कृमिणा *Würmer habend* Âpast. Çr. 9,20,2.

1. क्री mit परि Med. *Jmd* (Abl.) *Etwas abkaufen* Maitr. S. 1,11,7 (169,11).

क्रीडारुद्राय्, °यते *im Spiele* Rudra *gleichen* Z. d. d. m. G. 36,529.

क्षत्रवृद्धि f. *Zunahme an Kriegermacht* Âpast. 1, ,9.

क्षपक (Nachtr. 2) = कर्मक्षपणायोग्यत: Çilâñka 1,202.

क्षपकश्रेणि f. *das schrittweise Zerstören der sündhaften Zustände, von denen jeder die Ursache des folgenden ist*, Çilâñka 1,191. fg.

क्षमापन n. *das um Verzeihung Bitten* Bhâm. V. 2,63.

क्षामाङ्ग Adj. (f. ई) *schlank* Bhâm. V. 2,151.

1. क्षिप् mit प्रवि, °क्षिप्त *hinundher geworfen*, so v. a. *beunruhigt, gequält* (Herz) Mâlatîm. ed. Bomb. 306,4. v. l. प्रतिक्षिप्त.

क्षेत्रभाग m. *ein Stück Feld* Khând. Up. 8,1,5.

1. क्ष्विड् mit प्र Caus. = Simplex MBh. 4,54,26. 9, 19,43.

खण्डन् Adj. auch *zu Nichte machend* in यश:°.

खन्य Adj. (f. श्रा) *aus Gruben kommend* TS. 7, 4,13,1.

गणिन् 1) Adj. auch so v. a. *mit Andern eine Schaar bildend, umgeben von*(Instr.) Maitr. S. 2,2, 3 (17,6. 7).

गतमनस्क Adj. *gedenkend*, mit Loc. Ragh. 9,67.

1. गद् mit परि *beschreiben* Bhâm. V. 2,75.

गन्धकारक 2) Hem. Par. 2,148.

गन्धपान n. *ein best. wohlriechendes Getränk* Mân. Grhj. 2,14.

गन्धमांसि (metrisch) f. = °मांसी Varâh. Brh. S. 51,15.

गन्धमृग Bâlar. 64,14.

2. गर् mit प्रोद् in °प्रोद्गारिन्. — Mit विनि *verschlingen* Bhâm. V. 2,118.

गर्तमित् TS. 6,6,4,2 Subst. *ein eingegrabener Pfosten.*

गाथानाराशंसी f. Du. Gâthâ *und* Nârâçaṁsî Maitr. S. 1,11,5 (167,8).

गाह् mit परि, °गाढम् Adv. *in hohem Grade, mit aller Macht* Z. d. d. m. G. 36,535. — Mit प्र, प्रगाढ 1) *eingetaucht, eingeweicht, getränkt* —, *stark vermischt mit* (im Comp. vorangehend). — 2) *viel, vielfach.* °म् Adv. *stark, kräftig, nachdrücklich, in gehörigem Maasse.* — 3) *reich an* (im Comp. vorangehend). — 4) *vorgerückt, spät* (Abendstunde) Daçak. 89,3. — 5) **schlimm, arg.*

गुणगणवत् Adj. *mit vielen Vorzügen ausgestattet* Bhâm. V. 1,19.

गुणग्रहीतर् Nom. ag. *Stricke empfangend* und zugleich *Vorzüge anerkennend* Bhâm. V. 1,8.

गुणतन्त्र Adj. *sich von Vorzügen leiten lassend, auf Vorzüge Gewicht legend* Mallin. zu Kumâras. 3,1.

गृहदेवता Sg. Bhâm. V. 3,12.

गृहीतवसतीवरीक Adj. *der die* Vasatîvarî-*Wasser geschöpft hat* Comm. zu Âpast. Çr. 11,20,12.

1. गो 1) *Rinder als Kriegsbeute;* daher der Ausdruck गोषु गम् so v. a. *in den Streit ausziehen*, z. B. ṚV. 2,25,4. 5,45,9. 8,60,5.

गोमृगकाककर्या f. *das Verfahren der Kühe* (beim Gehen), *der Gazellen* (beim Stehen) *und der Krähen* (beim Sitzen) Bhâg. P. 5,5,34.

गोधूम Maitr. S. 1,11,8 (169,18). Çat. Br. und Kâtj. Çr. *aus Waizenstroh gemacht.*

ग्रभ् 4) Pass. (Nachtr. 2). गृहीत Potent. in derselben Bed. Maitr. S. 2,5,2 (49,4).

*ग्रामणिभोगीन Adj. Mahâbh. 5,4,*b*.

ग्लुन्च m. in मधुग्लुन्च.

*घाटलिका f. *eine Art Laute* Sâj. zu ṚV. 10, 146,2.

घातक, f. ई nur in der Bed. 1) *c*), sonst घातिका.

घृतभाजन Adj. *berechtigt Ghee zu empfangen* Çat. Br. 6,6,1,11.

घृतमधुमय Adj. *aus Ghee und Honig bestehend* Spr. 6357.

घृतयाज्या f. *der bei der* Ghṛta-*Spende gesprochene Spruch.*

घ्रा mit प्रति *riechen gegen, wittern;* mit Acc. Maitr. S. 2,5,1 (48,8).

चक्रबन्ध m. auch *Alles was das Rad zusammenhält* MBh. 7,191,22.

चक्रमौलिन् Adj. *mit den Rädern nach oben gerichtet* Hariv. 3415.

चक्रवृत्त Adj. *auf der Töpferscheibe gedreht* Maitr. S. 1,8,3 (118,3).

चक्षुःप्रीति f. *Augenweide.*

चटुलय्, °यति *hinundher bewegen* Bhâm. V. 2, 87. 97.

चण्डालसमवृत्तिमत् Adj. *mit dem* Kaṇḍâla *gleichen Lebensunterhalt habend* MBh. 13,48,27.

चतुरवत्त, lies *viermal abgeschnitten* oder *geschöpft, aus vier* Avadâna *bestehend;* n. so v. a. *vier* Avadâna.

चतुरवत्तिन्, lies *der Spenden opfert, die aus vier* Avadâna *bestehen.*

चतुर्गृहीतिन् Adj. *der viermal geschöpft hat* Comm. zu Lâṭj. 3,2,6.

चतुर्बिल, ऊधस् n. Çâñkh. Gṛhj. 3,9. Âçv. Gṛhj. 2,10,6.

चतुर्भूमिक Adj. *vierstöckig* Pañkat. 228,11.

चतुर्भूयस् Adj. *um vier* (Silben) *länger* (Metrum) ṚV. Prât. 16,2.

चतुर्युक्त Adj. *mit Vieren bespannt* MBh. 5,86,6.

चतुष्पुट Adj. *vier Falten habend* Âpast. Çr. 12, 2,14.

चतुष्प्रस्थानिक Adj. Pl. *in vier Secten zerfallend* Sarvad. 24,8.

चतुस्त्रिद्व्येकभाग Adj. Pl. *vier, drei, zwei oder einen Theil erhaltend* Jâǵñ. 2,125.

चन्दिर 1) Bhâm. V. 2,126.

चरणप्रसार m. *das Ausstrecken der Beine* Kull. zu M. 2,198.

चषाल n. auch *der scheibenförmige Rüssel* (eines Ebers) Maitr. S. 1,6,3.

चातुर्होत्रोपब्राह्मण n. Titel eines Brâhmaṇa Sâj. zu Taitt. Âr. 3,8,1.

चातुष्प्राश्निक und चातुष्प्राश्य sind umzustellen.

चार्य 1) zu streichen; vgl. oben u. आचार्य.

चुबुकप्रतिष्ठित Adj. von einem Wagen Âpast. Çr. 10,24,4.

चुम्ब् mit परि Desid. °चुचुम्बिषति *unmittelbar zu berühren beabsichtigen* Bhâm. V. 1,93.

चुलुकी mit कर् auch *verschwinden machen* Bhâm. V. 1,120.

चूल्ह् oder चूल्ही f. = चुल्ली *Kochofen* Çilâñka 2,221.

चेतोहर Adj. (f. आ) *das Herz fortreissend, reizend* Bhâm. V. 3,10.

छर्दिर्दर्श (Betonung falsch) m. *das Sichtbarsein von Dächern* Maitr. S. 2,2,3 (17,9). Vgl. अच्छर्दिर्दर्श (Nachtr. 2).

छदिष्मन्त् Adj. *ein Verdeck habend* (Wagen) Âpast. Çr. 10,24,2.

छदिःसंमित Adj. *einer Decke entsprechend* Çat. Br. 3,5,3,9.

छन्दोभाग Adj. (f. आ) *dessen Antheil ein Metrum ist* Ait. Br. 2,18,6.

छवि, füge f. vor 1) hinzu.

छाप, छाया bedeutet nach J. Burgess auch *Abschrift, Copie.*

छिद् mit विप्र *trennen* Âpast. Çr. 10,15,12. 19, 14.

जगत् 4) *e) ein best.* Sâman. जगत्सामन् *Adj. dieses zum* Sâman *habend* Âpast. Çr. 12,14,1.

जगतीमध्य n. *die Erde* Bhâm. V. 2,128.

जटिलय् auch *erfüllen mit* (Instr.) Bhâm. V. 4,5.

जठरज्वलन m. *Hunger* Bhâm. V. 1,49.

जन् mit प्र, प्रजात *qui semen immisit* Kâtj. Çr. 20,3,20. — Mit परिवि *in der Fortpflanzung übertreffen*, mit Acc. Maitr. S. 2,5,1 (46,15).

जन्मन् 2) जन्म Acc. *das ganze Leben hindurch* Hem. Jog. 4,7.

जन्मबन्ध m. *die Bande der Wiedergeburt* Bhag. 2,51.

°जन्मभूमी Adv. mit भू *zum Geburtsland von — werden* Kâd. 171,25 (294,8).

जयपूर्व Adj. Hariv. 5429 fehlerhaft für जलपूर्ण.

जर्तिलयवागू f. *Brühe von wildem Sesam* TS. 5, 4,3,2.

जलधिकन्यका f. Patron. der Lakshmî Bhâm. V. 4,8.

जलधिनन्दिनी f. desgl. Bhâm. 4,2.

जलपूर्ण Adj. °पूर्णेन योगेन so v. a. *aus überfliessender Hingabe, aus vollem Herzen, aus unwiderstehlichem Drange* Hariv. 5196. Vgl. जयपूर्वेण योगेन 5429 und पूर्णेन योगेन 5425.

जलरुहेक्षणा Adj. *lotusäugig* MBh. 1,129,27.

जाड्यवन्त् Adj. *keine Geschmacksempfindung habend* Suçr. 1,218,18.

जातबुद्धि Adj. *verständig geworden* Mârk. P. 74,49.

जातवेदस् nach Whitney (American Journal of Philology, Vol. III, No. 12) *having born or native wealth* oder *having whatever is born as his property, all-possessor.*

जान्वक्न Adj. = जान्वाक्न Âpast. Çr. 10,9,2.

जारजन्मन् m. *ein von einem Buhlen gezeugter Sohn* Bhâm. V. 4,46.

1. जि mit अप Act. auch *abgewinnen;* mit पुनर् *wiedererobern* TS. 6,3,1,1.

जैवातृक 2) *a)* Bhâm. V. 2,76.

*ज्ञोटिङ्ग m. 1) Bein. Çiva's. — 2) = महाव्रतिन्.

*ज्ञोटिन् und *ज्ञोटीङ्ग m. Bein. Çiva's.

ज्याय m. s. नद्याय weiter unten.

*ज्येय, das Sternchen zu streichen.

ज्येष्ठबन्धु m. *Familienhaupt* Maitr. S. 2,2,10.

ज्योतिर्भाग Adj. *dessen Antheil das Licht ist* Nir. 12,1.

डाल *Ast* Çilâñka 2,225.

डिक्करिका f. = दिक्करी Çilâñka 2,229.

ततोबृहतीक Adj. *an der Stelle die* Bṛhatî *habend* Çâñkh. Çr. 11,12,1.

तदन्न auch *diese* (d. i. *dieselbe*) *Speise geniessend* R. 2,103,30. 110,13.

तदवधि Adv. *von der Zeit an* (in Correlation mit यदवधि *seitdem*) Bhâm. V. 2,56.

तद्भाव 3) *dessen Denkweise, — Absichten* Kâm. Nitis. 11,29. 18,3.

1. तन् mit प्र, प्रततम् Adv. *anhaltend, ununterbrochen* Suçr. 2,145,7.

तनु 3) *a)* m. Bhâm. V. 2,79.

तन्तुमन्त् 1) *b)* Âpast. Çr. 9,8,5. — 2) f. °मती auch *eine an diesen* Agni *gerichtete Darbringung* Comm. zu Âpast. Çr. 9,8,5.

तन्मूलत्व n. 1) *das dessen Wurzel Sein* Kâm. Nitis. 16,37. — 2) *das darin Wurzeln, darauf Beruhen* Gaut. 6,22.

तप्तव्रत Adj. *heisse Milch zur Weihe benutzend* TS. 6,2,2,7. Âpast. Çr. 11,2,2.

तमःप्रच्छादक m. *ein best. böser Dämon* Mârk. P. 51,90. 96.

तमोभाग m. *dessen Antheil die Finsterniss ist* Nir. 12,1.

तरणितनया f. Patron. der Jamunâ Bhâm. V. 4,7. 35.

तरी f. = स्तरी *eine unfruchtbare Kuh* Maitr. S. 2,5,4 (52,13).

तान्ति f. *Erstickung* Comm. zu Âpast. Çr. 12, 11,8.

तापिन् scheinbar TBr. 2,1,2,1. Es ist zu lesen उपारमतातापि (Aor.) वै.

तामरसेक्षणा f. *eine Lotusäugige* Bhâm. V. 2,153.

तालभङ्ग m. *das aus dem Tact Kommen* Pañkar. 1,12,9. 10.

तिर्यगनूक n. *die Breite am Rückgrat des Feueraltars* Comm. zu Kâtj. Çr. 17,11,1.

तिर्यगपच्छेद m. *eine Theilung der Breite nach* Comm. zu Kâtj. Çr. 2,4,37.

तिर्यग्ग्रीवम् Adv. *mit seitwärts gebogenem Halse* Bhâm. V. 2,130.

तिलमाष m. Pl. *Sesam und Bohnen* Çat. Br. 14,9,3,22.

तिलोत्तमाय्, °यति *die* Apsaras Tilottamâ *darstellen* Bhâm. V. 2,96.

तीथेनावा f. (sc. संहिता) Saṃhitopan. 22,1. तीथेनावापदं (!) विद्यते यस्यां सा Comm.

तीर्णप्रतिज्ञ Adj. *der sein Versprechen gehalten hat* Hariv. 7256. R. 2,21,46. R. Gorr. 2,79,28.

तुन्दिलीकरण n. *das Anschwellenmachen, Vermehren* Bhâm. V. 4,9.

तूपर Adj., f. आ TS. 7,5,2,2.

तृणोध m. *ein Feuer, bei dem Grashalme statt Brennholz angewendet werden,* Âpast. Çr. 9,9,12.

तीक्ष्णप्रजित Adj. *durch einen Haken angetrieben* Çat. Br. 12,4,1,10. Richtig wäre °प्राजित; vgl. दण्डप्रजित.

त्रिंशद्भाग m. *der 30ste Theil* Jâǵn. 2,180.

त्रिपुरुषी f. *drei Generationen* Einl. zu Âpast. Çr. 10,1,1.

त्रिभाग m. 3) *drei Theile*, so v. a. *drei Viertel* Pańkar. 1,14,50.

त्रिमल Adj. *mit drei Unreinigkeiten behaftet* Garbhop. 1.

त्रिमूढ n. = त्रिमूढक Bhar. Nâṭjaç. 18,118.

त्रियुक्त Adj. *mit Dreien bespannt* Kâtj. Çr. 15,1,22.

त्रियूप Adj. *mit drei Opferpfosten* Kâtj. Çr. 15,10,8.

2. त्रिवलि Adj. (f. eben so) *drei Falten (Einschnitte) habend* Kâtj. Çr. 7,3,29.

त्रिवृत्प्राय Adj. *dem* Trivṛt *ähnlich* Çat. Br. 12,3,1,5.

त्रिरन्न Adj. *dreimal am Tage zu essen pflegend* TS. 6,2,5,3.

त्रीरात्रीण Adj. *dreitägig* Âpast. Çr. 9,2,3.

त्रैधाभाव m. *das sich an drei Orten Befinden* Nir. 7,28. 12,19.

त्रैधासंनद्ध Adj. *dreifach zusammengebunden* Maitr. S. 1,10,7 (147,10).

दत्तक in मार्गदत्तक.

दक्षिणातउपचार Adj. *wo man von Süden hereingeht* Âpast. Çr. 11,9,4.

दक्षिणापूर्वायत Adj. (f. आ) *nach Südost gestreckt, — laufend* Kâtj. Çr. 25,8,3.

दण्डकलितवत् Adj. *als wenn man mit einem Stocke getrieben würde* Comm. zu Âpast. Çr. 11,12,6.

दण्डप्रजित Adj. *mit einem Stock angetrieben* Çat. Br. 12,4,1,10. Richtig wäre °प्राजित; vgl. तीक्ष्णप्रजित.

दण्डमुख्य m. *Heerführer* Kâm. Nitis. 17,49.

दधिग्रहणपात्र n. *das Gefäss zum Schöpfen der sauren Milch* Âpast. Çr. 12,2,1.

दर्भणा n. *Geflecht* Baudh. im Comm. zu Âpast. Çr. 11,8,5.

दशबद्ध Adj. Pl. *zu zehn verbunden* Hariv. 3507.

दशबन्धक am Ende eines adj. Comp. = दशबन्ध Jâǵn. 2,76.

दानाप्नस्, vgl. Geldner in Kuhn's Z. 27,216.

दावदहनज्वालाकलापाय्, so zu lesen.

दिनराज m. *die Sonne* Svapnak. 1,18.

दीक्ष् mit अनु *Jmd (Acc.) die Nachweihe ertheilen* Âpast. Çr. 10,11,1.

दीक्षितयाज्ञिक m. N. pr. eines Autors Verz. d. B. H. No. 246.

दीप् mit प्र, प्रदीप्ततर *heller flammend* Çat. Br. 2,3,2,10. प्रदीप्ततम *am hellsten flammend* Kâtj. Çr. 4,15,18.

दुरधीश्वर m. *ein schlechter Fürst* Z. d. d. m. G. 36,381.

दुरभि n. *Gestank* Maitr. S. 2,1,3 (4,8). Fehlerhaft dem सुरभि nachgebildet.

*दुर्मङ्कु Adj. *keine Reue empfindend* Vjutp. 70. 191.

दुर्मर्याद Adj. *keine Schranken kennend.* Nom. abstr. °ता f. Uttarar. 88,6.

दुर्योग auch *Vergehen* Uttar. 109,3 (147,14).

दुर्वञ्च Adj. *schwer zu betrügen* Z. d. d. m. G. 36,553.

2. दुष् mit अप Caus. in अनपदोष्य (s. oben).

दुष्परिमृष्ट Adj. *schlecht erwogen* Suçr. 1,30,20.

दुष्प्रक्रिया f. *geringes Ansehen* Râǵat. 8,4.

*दुष्प्रमय könnte auch *nicht leicht vergänglich* bedeuten.

2. दृढमुष्टि 1) *a)* Nom. abstr. °ता MBh. 1,134,31.

°दृश्वरी Adj. f. *ansehend, betrachtend* Bhâm. V. 2,178.

देवगव m. Pl. *die Götterstiere* Citat in Âpast. Çr. 11,7,6.

देवचित्ति n. *Götterwille* Çat. Br. 11,8,3,9.

देवमधु n. *der Honig der Götter* Khând. Up. 3,1,1.

1. देवयोनि, so zu betonen.

देशभङ्ग m. *Ruin des Landes* Spr. 3084. 6080. Kathâs. 21,115.

देहबन्ध Adj. *mit einem Körper versehen* Hariv. 9030. Wohl देहबद्ध zu lesen.

देहभेद m. *Verfall des Leibes, Tod* Çvetâçv. Up. 1,11. MBh. 2,44,11.

दोषभेदीय Adj. *auf den* दोषभेद *bezüglich* Verz. d. Oxf. H. 304,*b*,2.

द्यूतभूमि f. *Spielplatz* Kâtj. Çr. 15,7,13.

द्यूतमण्डल n. nach Pischel erste Bed. *ein um einen Spieler gezogener Kreis, der ihn zur Zahlung zwingt.*

द्रढिमन् 1) Maitr. S. 2,2,3 (17,14).

द्रव्यमात्रा f. *Gold* Pańkat. 226,14. °मात्र n. ed. Bomb. 4,33,23.

द्वादशशतदक्षिण Adj. *wobei 1200 als Lohn gegeben werden* Âpast. Çr. 10,26,1.

द्विकालम् Adv. *zu zwei Zeiten* Comm. zu Âpast. Çr. 11,4,5.

द्विकोण Adj. *zweieckig* Comm. zu Âpast. Çr. 12,1,11.

द्विदेवत्यपात्र n. Pl. *die Gefässe für die* Dvidevatja-*Spenden* Âpast. Çr. 12,1,10.

*द्विधाकारम् Absol. *in zwei Theile zerlegend* P. 3,4,62, Sch.

2. द्विपात्र (Nachtr. 3) auch *in zwei Gefässen enthalten* TS. 6,4,9,3.

*द्विधाभावम् Absol. *in zwei Theile zerfallend* P. 3,4,62, Sch.

द्विप्रतिहार Adj. *mit zwei* Pratihâra 1) *c) verbunden* Lâtj. 6,12,1. 7,4,1.

द्विभाग *ein doppelter Theil* TS. 7,1,5,5.

द्विरन्न Adj. *zweimal am Tage zu essen pflegend* TS. 6,2,5,3.

द्विस्रक्ति Adj. *zweieckig*; n. *ein solches Gefäss für Spenden an die* Açvin Âpast. Çr. 12,1,11.

द्वेषोयवन auch Âpast. Çr. 11,12,3.

*द्वैधंकारम् Absol. = द्विधाकारम् P. 3,4,62, Sch.

द्व्यनीक Adj. (f. आ) *zweireihig* TS. 7,4,5,4.

धन्व् 4) *schwingen, spannen* (den Bogen) Bhâm. V. 1,3.

धर्मपुत्रक m. *Adoptivsohn* in पार्वती°.

धर्मप्रेक्ष Adj. *für das Rechte ein Auge habend* R. 2,85,16.

धर्मभग्न Adj. *der seine Pflicht verletzt hat* Hariv. 7342.

धान्यमिश्र Adj. *Korn mischend, — fälschend* Jâǵn. 3,211.

धान्यराज im Spruch यवो ऽसि धान्यराजो ऽसि च Mit. 1,35,*a*,16 zu Jâǵn. 1,230.

1. धू mit समुद् Z. 5, lies समुद्धूत st. समुद्भूत.

धाङ्क्ष 1) *c)* Çilâńka 1,272.

नक्तंभोजिन् Adj. = नक्तभोजिन् (so v. l.) MBh. 3,13734.

नंदत्रशावस्, vgl. Geldner in Kuhn's Z. 27,215.

नडनेरि m., so zu lesen st. नडनेरी f.

नदीमार्ग m. *Flussbett* Spr. 6988.

नन्द् mit समा *sich freuen* Bhâm. V. 2,70.

नन्दकुमार (Bhâm. V. 4,32) und नन्दसुत (ebend. 4,29) m. Patron. Kṛshṇa's.

नयनप्रीति f. *Augenweide.*

नयनबुद्बुद n. *Augapfel* Suçr. 2,303,4.

नर 2) Bhâm. V. 3,16.

नलेध्म m. *Rohrschilf als Brennholz* Âpast. Çr. 9,3,22.

नवयोग Adj. *neunfach* MBh. 3,134,16.

नातिद्रव Adj. *nicht zu flüssig* Suçr. 1,233,12.

नातिमुदावत् Adj. *nicht sehr erfreut, — froh* Mârk. P. 69,12.

नातिसान्द्र Adj. *nicht zu zäh* Suçr. 1,233,12.

नानानर्घमहार्हरत्नमय Adj. *aus verschiedenen un-*

schätzbaren kostbaren Juwelen bestehend Kathâs. 24,148.

नानाब्रह्मसामत्व n. *Verschiedenartigkeit des* Brahmasâman Lâṭj. 10,4,4.

नानामन्त्रौघसिद्धिमन्त् Adj. *im Besitz von einer Menge wirksamer Zaubersprüche seiend* Kathâs. 70,55.

नानाविश्य Adj. *aus mehr als einem Dorf (Stamm) bestehend* Maitr. S. 2,2,1 (15,20).

नाभि 1) *a)* auch *Nabelschnur*. °कृन्तन n. *das Abschneiden d. N.* Gobh. 2,7,17.

नाभिदघ्नपाद Adj. (f. आ) *mit bis zum Nabel reichenden Füssen* (Sessel) Âpast. Çr. 10,29,7.

नाल 5) *e) Nabelschnur* Comm. zu Gobh. 2,7,17.

नासापुटमर्यादा f. *Nasenscheidewand* Suçr. 1,126,7.

नासाभङ्ग m. *das Einfallen der Nase* Suçr. 1,270,1.

नित्यश्री Adj. *von beständiger Pracht* Bhâm. V. 2,76.

निभृत 3) f. आ *eine Art Räthsel* Kâvjâd. 3,102.

निभृती Adv. mit कर् *still halten, nicht bewegen* (die Augen) Z. d. d. m. G. 36,531.

निमन्त्र्य auch *dem Etwas* (Instr.) *anzubieten ist* Gaut. 2,48.

निरन्तर 1) *a)* Nom. abstr. °ता f. Kâd. 171,23 (294,8).

निराश 1) Nom. abstr. °ता f. Bhâm. V. 2,141.

निरोद्धर् Nom. ag. *Hinderer* Einl. zu Âpast. Çr. 10,1,1.

निर्जलमीनाय्, °यते *wie ein Fisch ohne Wasser sein* Bhâm. V. 2,66.

निर्णीत Adj. *wohl unterrichtet* Çilâñka 1,344.

निर्मूषक Adj. *frei von Mäusen* Kathâs. 43,30.

निर्योगक्षेम Adj. *besitzlos* Bhag. 2,45.

निर्वरुणम् Adv. *ohne in* Varuṇa's *Gewalt zu verfallen* TS. 2,2,6,2. Vgl. अवरुणम् weiter oben.

निर्विशेषता f. *Ununterschiedenheit von, Gleichheit mit* (im Comp. vorangehend) Bhâm. V. 2,108.

निर्वीरि 1) Nom. abstr. निर्वीरिता Maitr. S. 2,1,8 (10,4).

निर्वृक्षमृगपक्षिन् Adj. *ohne Bäume, Wild und Vögel* MBh. 1,120,12.

निर्वैलक्ष्य Adj. (f. आ) *schamlos* Z. d. d. m. G. 36,541.

निषादस्थपति m. *das Oberhaupt der* Nishâda Maitr. S. 2,2,4 (18,15).

निष्कावम् kann auch Adv. sein.

निष्पुत्री Adv. mit कर् *der Söhne berauben* Bhâm. V. 2,130.

नीरचर m. *ein im Wasser lebendes Thier, Fisch* Bhâm. V. 1,40.

नृज्याय n. *Männerbewältigung* Maitr. S. 2,1,3 (4,18. 5,3).

नृपमन्दिर Râgat. 1,368.

नृपाय्य, lies (*Männer bergend*).

नृप्रजा f. Pl. *Menschenkinder* Spr. 862.

नेत्रपत्त्र n. *die Augenbrauen* Svapnak. 2,64.

नेमपिष्ट Adj. *halbgemahlen* Maitr. S. 2,1,4 (6,5). 5 (7,10). Verdorben citirt im Comm. zu Kâtj. Çr. 5,1,12. नेमपिष्टता f. Nom. abstr. ebend.

नौचक्रीवन्त् m. *ein Eigenthümer von Schiffen und Wagen* Gaut. 10,33.

नौमण्ड n. (Du.) nach Sâj. *Seitenwand eines Schiffes*; vielleicht *Ruder*.

नौयान auch Schiff R. 1,9,65.

न्यायप्रसूनाञ्जलि m. Titel eines Werkes, = न्यायकुसुमाञ्जलि Verz. d. Oxf. H. No. 599.

S. 264, Sp, 3, Z. 12, lies धर्मपाश.

1. प Z. 1, lies (f. आ und *ई).

पक्षपुच्छ n. Pl. *Flügel und Schwanz* Çat. Br. 7,2,2,8.

पक्षपुच्छवन्त् Adj. *Flügel und Schwanz habend* Çat. Br. 6,7,2,7. 8.

पक्षभुक्ति f. *der in einem halben Monat zurückgelegte Weg der Sonne*.

पक्षसंमित Adj. *der Höhe des Flügels entsprechend* Kâtj. Çr. 8,8,8.

पङ्कजनयना f. *eine Lotusäugige* Bhâm. V. 2,51.

पङ्केरुहाक्षी f. dass. ebend. 2,97.

पञ्चगृहीतिन् Adj. *der fünfmal geschöpft hat* Comm. zu Lâṭj. 3,2,6.

पञ्चबद्ध Adj. Pl. *zu fünf verbunden* Hariv. 3507.

पञ्चबन्ध, lies m. st. n.

पञ्चमहाकल्प Adj. Beiw. Vishṇu's MBh. 12,338, No. 114.

पञ्चयाम Adj. *in fünf Gängen verlaufend* (Opfer) Ṛv. 10,52,4. 124,1.

पञ्चवलि Adj. (f. eben so) *fünf Falten* (*Einschnitte*) *habend* Kâtj. Çr. 7,3,29.

पञ्चसार Adj. *fünf Bestandtheile habend* Suçr. 2,421,5.

पञ्चावत्त fgg. nach चतुरवत्त fg. oben zu verbessern.

पण्डक 1) Maitr. S. 2,5,5 (53,19).

पत्तोदश Adj. *unten mit Fransen besetzt* Âpast. Çr. 9,11,23.

1. पद् mit अति 3) *unterbleiben* Maitr. S. 2,1,10 (11,13. 14). — Caus. auch so v. a. *versäumen, unterlassen* Maitr. S. 2,1,10 (11,17). v. l. अपि. — Mit प्रत्या, °पन्न auch *zurückgekehrt vom Bösen, bekehrt, der sein Unrecht eingesehen hat* MBh. 12,291,8.

पद्मव्याकोश n. *eine Bresche von bestimmter Form* Mṛkkh. 47,11.

पन्नेजन n. *das Waschen der Füsse* Comm. zu Âpast. Çr. 12,5,3.

पयआहुति f. *eine Opferspende in Milch* Çat. Br. 11,5,6,4.

पयस्विन्, f. °नी auch **Büffelkuh* (Râgan. 19,23) und * *Ziege* (42).

1. पर् Z. 13, lies *a)* st. 1). — Mit व्या (°पिपर्ति) *vergehen, verschwinden* Vikramâñkak. 4,44.

2. पर् mit वि *mehr sein als* (Acc.) Ṛv. 10,73,8.

परप्रयोजन Adj. (f. आ) *Andern nützend, — zu Gute kommend* Ragh. 8,31.

परभाव Adj. (f. आ) *einen Andern liebend* MBh. 5,178,45.

परभूमिष्ठ Adj. *in einem fremden Lande seiend* Hit. 115,16.

पराग्वदन Adj. (f. आ) *abgewandten Gesichts* Bhâm. V. 2,49.

पराग्वदनशालिन् Adj. dass. in der übertr. Bed. *unhold* (Schicksal) Bhâm. V. 3,1.

परिगम्य in अ° oben.

परिच्छिन्नत्व n. *Beschränktheit, Begrenztheit* Comm. zu Kap. 1,130.

परिणाय 2) Instr. so v. a. *ringsum* Âpast. Çr. 10,12,9. Nach dem Comm. soll परिपाय = साधुशब्द sein.

परिधास्यै Pâr. Gṛhj. 2,6,20 nach dem Comm. Dat. = परिधानाय *zur Anlegung*. Stenzler vermuthet Conj. Fut.

परिपुङ्खित Adj. *gefiedert* (Pfeil) Bhâm. V. 2,158.

परिप्लुत n. *das Umherspringen, Umherhüpfen* Varâh. Bṛh. S. 68,115.

परिबुभुक्षित Adj. *überaus hungrig* MBh. 9,27,41.

परिभावितत्व n. im Comm. zu Ṛv. Prât. 2,5 bei Regnier fehlerhaft für परिभाषितत्व.

परिभाषितत्व n. *das Gelehrtwordensein* Comm. zu Ṛv. Prât. 2,5 bei M. Müller.

परिमितत्व n. *Beschränktheit, Begrenztheit*.

परिवित्त auch = परिविन्न 2) Âpast. Çr. 9,12,11.

परिवृत्त (?) Kauç. 80.

परिवेष्य n. in पश्चात्परिवेष्य.

परिशिल्ल (?) Kauç. 85.

परिह्वारसू Adj. f. *erst nach langer Zeit zum Kalben kommend* Cit. im Comm. zu TS. 2,287,14.

परोपसर्पण n. *das Angehen Anderer, das Betteln* Bhâm. V. 1,87.

पर्त्वा (!) TS. 7,5,1,2 angeblich = प्रीतिं प्राप्य.

*पर्यनुबन्ध m. *das Umbinden* Vjutp. 61.

पर्यावसथ m. = मठ Çilâñka 2,66.

पर्वतक 2) eines Fürsten im Himâlaja Hem. Par. 8,297.

पर्वमित्र m. N. pr. eines Mannes Hem. Par. 3,151.

*पलीश m. = पलाश Bhâvapr. (Hdschr.) 1,230. v. l. पालीष.

पलोल m. Pl. N. pr. eines Volkes Varâh. Bṛh. S. 14,30.

पश्चाल्लोक Adj. (f. आ) *die Menschen im Rücken habend* TS. 6,3,8,3.

पश्चिमद्वार Adj. = पश्चाद्वारिक Ind. St. 10,303. fg.

पाटलीपुत्र n. = पाटलिपुत्र 1) Hem. Par. 6,180. 8,215. 11,5. 12,242.

पाण्ड्वार्ति, so zu lesen st. पाण्ड्वाति.

*पालीष s. पालीश.

पित्र्य n. auch *die Natur des Vaters* R. 3,22,32.

पिनाकिन् Z. 2, lies *b*) st. 3). Z. 3, lies 3) st. 4).

पिल्ल, vgl. पैल्य.

पिशितप्ररोह m. *Auswuchs* Suçr. 1,308,6.

पिशील in °मात्र Adj. Cit. im Comm. zu Âpast. Çr. 11,14,1 soll = बाह्वारत्निमात्रम् sein.

पुंरूप Adj. (f. आ) *Mannesgestalt habend* Maitr. S. 2,5,5 (54,4).

पुण्डरीक Bez. eines Adhjajana Hem. Par. 12,14.

पुण्डरीकिनी f. N. pr. einer Stadt in Videha Hem. Par. 1,391.

पुत्रभाण्ड auch Mahâvîrak. 36,7. Vgl. भ्रातृभाण्ड.

पुनर्निग्रन्थम् Z. 2, lies 5,15,9.

पुनर्मृत n. in अ° oben.

पुर 5) *d*) N. pr. einer Stadt Hem. Par. 12,334.

पुरश्चक्रम् Adv. *vor dem Rade* Âpast. Çr. 12,7,2.

पुरस्तादनूक n. = प्रागनूक Comm. zu Kâtj. Çr. 17,6,2.

पुष्पकेतु 3) *c*) eines Fürsten von Pushpabhadra Hem. Par. 6,94.

पुष्पचूल N. pr. 1) m. eines Mannes Hem. Par. 6,95. — 2) f. आ einer Frau ebend.

पुष्पभद्र 3) n. N. pr. einer Stadt Hem. Par. 6,93.

पुष्पयमक n. *Gleichheit der Endsilben aller Stollen*. Beispiel Bhaṭṭ. 10,14.

पुष्पवत्, f. °वती auch N. pr. einer Fürstin Hem. Par. 6,94.

पूर्णबन्धुर, so VS. 3,52 st. पूर्णबन्धुर.

पृथुदत्त m. N. pr. eines Frosches Pañkat. ed. Bomb. 4,10,6.

पृश्निवाल Adj. (f. आ) *buntschwänzig* Âpast. Çr. 10,22,4.

पृश्निशफ Adj. (f. आ) *bunthufig* Âpast. Çr. 10.22,4.

*पृष्ठतोभावम् Absol. P. 3,4,61, Sch.

*पेलुवास m. *Chamäleon* Râgan. 19,62.

पेश m. RV. 1,92,5. 7,34,11 *Bildner, Zimmermann* nach Aufrecht in Kuhn's Z. 27,219. fg.

पैतुद्रव Adj. Çâñkh. Çr. 16,3,3 nach dem Comm. = देवदारव.

पौद्गलिक Adj. *aus Substanz bestehend* Çilâñka 1,286.

पौलोमीपति m. Bein. Indra's Bhâm. V. 1,45.

प्रखर Adj. auch *glühend heiss* Bhâm. V. 2,89.

प्रजापतिक am Ende eines adj. Comp. = प्रजापति Ait. Br. 8,12,1.

प्रजापतिचिति f. Pragâpati's *Schicht* Çat. Br. 8,4,4,12.

प्रजापतिमुख Adj. (f. आ) Pragâpati *zum Haupte habend* Çat. Br. 13,1,8,2.

प्रतिकञ्चुक scheint *Kritik, ein kritisirendes Werk* zu bezeichnen.

प्रतिद्वन्द्व n. Maitr. S. 2,2,7 (20,17. 18).

प्रतिपचनम् Adv. *beim jedesmaligen Kochen* Comm. zu Gobh. 1,4,23.

प्रतिपलम् Adv. *jeden Augenblick* Bhâm. V. 4,26.

प्रतिफलीकरणम् Adv. *bei jedesmaligem Reinputzen der Körnerfrüchte* Comm. zu Kâtj. Çr. 199,21.

प्रतिमहानस n. *jede Küche* Comm. zu Gobh. 1,4,24.

प्रतिमहाव्याहृति Adv. *bei jeder* Mahâvjâhṛti Kâtj. Çr. 20,5,16.

प्रतिमाननीयत्व्य Adj. *zu beachten, zu berücksichtigen* Mudrâr. 155,15 (229,12).

प्रतिवृत्तान्तम् Adv. *der Erzählung gemäss, wie man erzählt* Spr. 6703. Râgat. 1,189.

प्रतिषेवण n. *das Annähen* Comm. zu Âpast. Çr. 10,8,14.

प्रतिसमासम् Absol. *wieder an seinen Platz stellend* Comm. zu Âpast. Çr. 11,5,7.

प्रत्तदैवत Adj. *der Gottheit schon dargebracht* Âpast. Çr. 9,15,13. Comm. zu 10.

प्रत्यंश wohl so v. a. *der Einem zukommende Antheil, Tribut.*

प्रत्यनूकान्तम् Adv. *am Ende jedes den Rückgrat des Feueraltars bildenden Streifens* Comm. zu Kâtj. Çr. 17,6,2.

प्रत्याख्यान (so zu lesen nach Windisch) Adj. *bekämpft* (Leidenschaft) Hem. Jogaç. 4,7.

प्रथमप्लुत Adj. *zuerst abgesprungen* Âpast. Çr. 12,7,11.

प्रदात्रिका f. *Spenderin, Verleiherin* Maitr. S. 2, 5,7 (57,10).

प्रधानमल्लिन् m. *der erste Minister* R. Gorr. 2, 115,19. Hit. 49,18. 112,19. LA. 29,12.

प्रमित n. *Halle* Kaush. Up. 1,3. Vgl. विमित.

प्रमेतोस् (unaccentuirt) Gen. Inf. von 1. मी mit प्र *umkommen* TBr. 1,3,10,10.

प्रमोदम् Absol. in उच्चैः° (s. oben).

प्रम्लानी Adv. mit भू *verwelken* Pañkat. 3,5,30.

प्रयाण m. *ein bei der Abreise gesprochener Spruch* Âpast. Çr. 10,19,8.

प्रयोक्तव्य Adj. auch *zu setzen, zu stellen* P. 2, 2,30, Sch.

प्रशंसनीय Adj. *zu preisen, zu loben* Kâd. 102, 24 (186,8).

प्रसृत्वर Adj. *hervorbrechend* Bhâm. V. 4,1.

प्राग्जन्मक, f. °न्मिका = देवाङ्गना nach einer Randglosse.

प्राङ्मुखम् Adv. *nach Osten hin* Sûrjas. 2,4.5.

प्राचीनकर्ण Adj., lies (f. आ) *die Holzaugen nach Osten habend* (ein Udumbara-Zweig) Âpast. Çr. 11,9,13. 10,1. Comm.: कर्णाः तुद्रशाखामूलम्.

प्राप्तमनोरथ Adj. (f. आ) *dessen Wunsch erfüllt ist.*

प्रामाद्य Adj. *prächtig* Çilâñka 2,168.

प्लु mit समति, lies *menstruirend.*

फलमूलवत् Adj. *mit Früchten und Wurzeln versehen* R. 5,73,19.

फाल्गुनीपत्त, lies *dunkle* st. *helle* und füge Kâtj. Çr. 15,3,49 hinzu.

बदक्सान Badachshân Bhâvapr. 1,248. v. l. बा°.

*बध m. N. pr. eines Mannes Comm. zu Ait. Âr. 347,13. Vgl. बाध.

बन्दित्व n. = बन्दिता Bhâm. V. 1,76.

बन्धुदायाद Adj. *erbberechtigt* MBh. 1,120,32.

बर्हिर्मुखी, lies भू st. भ.

बर्हिर्यूति Adj. so v. a. *vor die Thür gesetzt* Bhaṭṭ. 7,69.

बहिष्पवमानास्ताव m. *der Ort, wo das* Bahishpavamânastotra *abgesungen wird.* Âpast. Çr. 11,14,10.

बहुमौल्य Adj. MBh. 16,195 fehlerhaft für बहुमूल्य.

बहुयाज्य Adj. *viele Opferherren habend, für Viele opfernd.*

बाह्याशकल m. *ein Splitter von der Aussenrinde* Çat. Br. 3,7,1,8.

बुद्धियोगमय Adj. *aus dem Verstande und der Contemplation hervorgegangen* MBh. 3,207,73.

बुभूषु 3) *Etwas* (Nomin.) *zu sein wünschend* Hem. Par. 2,202.

बैल्ववापि Maitr. S. 1,4,7 (54,15).

भग्ननेत्र fehlerhaft für भुग्न°.

भङ्ग Âpast. Çr. 12,11,10 v. l. für भैङ्ग VS. 7,3.

भुजपाश n. *die umschlingenden Arme* MBh. 7, 142,44.

भूरि (wohl f.; vgl. भूरी im Pâli) *Verstand, Intellect* Lalit. 444,1. 445,12.

SANSKRIT-WÖRTERBUCH

IN KÜRZERER FASSUNG

BEARBEITET

VON

OTTO BÖHTLINGK.

FÜNFTER THEIL.

म — ल.

VORWORT.

Zum 5ten Theile, insbesondere zu den zahlreichen Nachträgen und Verbesserungen, die den Schluss desselben bilden, haben THEODOR AUFRECHT und ERNST LEUMANN mir reichliche Beiträge geliefert, wofür ich ihnen auch hier meinen herzlichen Dank auszusprechen nicht unterlassen darf. Ersterer hat mir ausserdem einen vollständigen Index zum ÇIÇUPÂLAVADHA und zur VÂSAVADATTÂ für einige Zeit zur Verfügung gestellt, aus dem ich das Wichtigere verwerthet zu haben glaube. ERNST LEUMANN, der zu einem bestimmten Zwecke das grosse und dieses kleinere Wörterbuch zu sichten hatte, hat mannichfache Versehen bemerkt, die mir mitzutheilen er für seine Pflicht erachtet hat. Ein paar gute Bemerkungen, die CARL BURKHARD und EUGEN HULTZSCH mir zuzusenden die Freundlichkeit hatten, sind nicht unberücksichtigt geblieben. Die schon in den Vorreden zu den vorangehenden Theilen dieses Werkes genannten Gönner und Freunde des Wörterbuchs haben, mit Ausnahme nur einiger weniger, nach wie vor, mit Aufwand von vieler Zeit und grosser Mühe, mehr beigesteuert, als ich je zu erwarten hoffte. Mögen auch die Benutzer dieses Wörterbuchs ihrer dankbar gedenken.

AUFRECHT macht mich darauf aufmerksam, dass nicht selten Etwas als Titel eines besondern Werkes aufgeführt wird, was in Wirklichkeit nur einen Abschnitt eines grösseren Werkes bezeichnet. Da man solche Abschnitte oft besonders abschrieb, weil sie häufiger gelesen wurden als das ganze Werk oder andere Theile desselben, so haben sie gewissermaassen das Anrecht auf den Namen eines selbständigen Werkes. Besser wäre es vielleicht gewesen, wenn ich stets nur einfach „Titel" statt „Titel eines Werkes" gesetzt hätte. Bei dieser Gelegenheit will ich nicht unerwähnt lassen, dass das Wörterbuch noch durch eine grosse Anzahl von Autornamen und Titeln hätte vermehrt werden können, wenn ich mich nicht gescheut hätte zu viele Zeit auf einen Gegenstand zu verwenden, der in einem Wörterbuche doch nur eine untergeordnete Rolle spielt.

Verzeichniss der in diesem Theile neu hinzugekommenen Citate von Werken nebst Angabe derjenigen Gelehrten, denen ich die Mittheilungen aus diesen Werken verdanke:

ALAM̃KÂRAR(ATNÂKARA) des ÇOBHÂKARA, Deccan Coll. Hdschr. No. 227 (PISCHEL).

ALAM̃KÂRAS(ARVASVA) von RUJJAKA, Deccan Coll. Hdschr. No. 231 (PISCHEL).

ALAM̃KÂRAT(ILAKA), Hdschr. (AUFRECHT).

ALAM̃KÂRAV(IMARÇINÎ) von ǴAJARATHA, Deccan Coll. Hdschr. No. 230 (PISCHEL).

ANARGHAR(ÂGHAVA), Calcutta Çaka 1782 (AUFRECHT).

ASAHÂJA, ein Commentator des NÂRADA (JOLLY).

BAUDH. (mit Angaben der Abschnitte) nach Mittheilungen von BÜHLER.

Berl. Mon. = Monatsbericht der Königlich Preussischen Akademie der Wissenschaften zu Berlin.

BHADRAB(ÂHUḰARITRA), herausgegeben von H. JACOBI in Z. d. d. m. G. 38, 19. fgg. (JACOBI).

BHARAṬAKA(DVÂTR̥M̃ÇIKÂ), Hdschr. (AUFRECHT).

BHAVISHJAP(URÂṆA), Hdschr. (AUFRECHT).

BHAVISHJOTT. P., auch nach Mittheilungen von AUFRECHT.

BURNELL, T. = Classified Index to the Sanskrit Mss. in the Palace of Tanjore. By A. C. BURNELL.

ÇÂÇVATA = ÇÂÇVATA's ANEKÂRTHASAMUCCAYA, herausgegeben von THEODOR ZACHARIAE.

ÇÂKTÂN(ANDATARAM̃GIṆÎ), Hdschr. (AUFRECHT).

ÇÂRÑG. PADDH., auch nach Mittheilungen von AUFRECHT.

Çiva-P(urâṇa) (SK., dschr. No. 126 in Verzeichniss der Oxforder Handschriften (Aufrecht).

Çrîmâlâm(âhâtmja), Hdschr. (Aufrecht).

Damajantîk(athâ), Hdschr. (Aufrecht).

Darpad(alana) von Kshemendra, Hdschr. (Aufrecht.

Dattakaç(iromaṇi), Calcutta 1867 (Jolly).

Devîbhâg(avatapurâṇa), Hdschr. (Aufrecht).

Dravjaç(uddhitattva), Hdschr. (Aufrecht).

Gaṇita, Kandragr(ahâdhikâra) (Kern).

Harshak. (1936), Bomb. Ausg. (Kern).

Kâçîkh(aṇḍa), Hdschr. (Aufrecht).

Kampaka = Ueber das Campakaçreshṭhikathânakam, die Geschichte vom Kaufmann Campaka. Herausgegeben von A. Weber in Sitzungsberichte der Königlich Preussischen Akademie der Wissenschaften zu Berlin. Jahrgang 1883, S. 567. fgg. 885. fgg. Vgl. Mélanges asiatiques tirés du Bulletin de l'Académie Impériale des Sciences de St. Pétersbourg, Tome IX, S. 75. fgg.

Kathârṇava, Hdschr. (Aufrecht).

Kâtj(âjana's) Karm(apradîpa) (Stenzler).

Kâtj(âjana's) Paribh(âshâs) in „Zwölf Hymnen des Rigveda, herausgegeben von Ernst Windisch", S. 169. fgg.

Kâvjâl(okalokana), Hdschr. (Aufrecht).

Khaṇḍapr(açasti) im Pandit, Bd. 5 und 6 (Aufrecht).

Khândogjap(ariçishṭa) nach Citaten in andern Werken (Aufrecht).

Kulârṇava, Hdschr. (Aufrecht).

Leumann, Aup. Gl. = Glossar in „Das Aupapâtika Sûtra", herausgegeben von Dr. Ernst Leumann.

Matsjap(urâṇa), Poona-Ausg. (Aufrecht).

M. Müller, Ren. = The Renaissance of Sanskrit Literature in M. Müller's India what can it teach us? S. 281. fgg. Auch die vorangehenden Abschnitte werden so citirt.

Nârada (a.) bezeichnet die ausführlichere Recension Nârada's (Jolly).

Paddh(ati) zu Mân(ava) Gṛhj(asûtra), Hdschr. (v. Bradke).

Padjâvalî, Hdschr. (Aufrecht).

Pârçvan(âthakâvja), Hdschr. (Aufrecht).

Prâjaçkittav(iveka), Hdschr. (Aufrecht).

Prakrijâk(aumudî), Hdschr. (Aufrecht).

Râjendr. Not. = Notices of Sanscrit Mss. by Râjendralâla Mitra.

Ṛkt(antra), herausgegeben von Burnell (Stenzler).

Saduktik(arṇâmṛta) von Çrîdharadâsa, Hdschr. (Aufrecht).

Saṁkshepaç(aṁkaraǵaja) von Mâdhava (Aufrecht).

Sarasvatîk(aṇṭhâbharaṇa), Hdschr. (Aufrecht).

Schiefner, Târan. = Târanâtha's Geschichte des Buddhismus in Indien, aus dem Tibetischen übersetzt von Anton Schiefner.

Subhâshitâv(ali) von Vallabhadeva, Hdschr. (Aufrecht).

Uttamak. = Ueber das Uttamacaritrakathânakam, die Geschichte vom Prinzen Trefflichst in Sitzungsserichte der Kön. Pr. Akademie der Ww: zu Berlin 1884, No. XVII.

Vâmanap(urâṇa), Hdschr. (Aufrecht).

Varâhap(urâṇa), Hdschr. (Aufrecht).

Vardhamânak(aritra), Hdschr. (Jacobi).

Vasishṭha nach der Ausgabe von Führer, Bombay 1883.

Vikr. drâv. = Kâlidâsa's Vikramorvaçîyam nach drâviḍischen Handschriften, herausgegeben von Richard Pischel in „Monatsbericht der Königlich Preussischen Akademie der Wissenschaften zu Berlin", 1875, S. 609. fgg.

Zach. Beitr. = Beiträge zur indischen Lexicographie von Theodor Zachariae.

Z. f. d. K. d. M. = Zeitschrift für die Kunde des Morgenlandes.

Jena, den $\frac{\text{27ten Juli}}{\text{15ten Juli}}$ 1884.

O. Böhtlingk.

1. म Stamm der 1ten Person Sg. अहं मम und ममाहम् *das Ich und das Mein.*

2. म 1) m. *a)* **Zeit.* — *b)* **Gift.* — *c)* **eine magische Formel.* — *d) die 4te Note der Tonleiter* (abgekürzt für मध्यम). — *e)* **der Mond.* — *f)* *Bein. α) Brahman's. — β) Vishṇu's. — γ) Çiva's. — δ) Jama's. — 2) f. मा *a)* **Mutter.* — *b)* **Maass.* — *c) Autorität* NJÂJAM. 1,3,3. 10. 13. 17. Nom. abstr. मात्व n. 1,1,20. 3,1. 8. 17. — *d)* **Licht.* — *e) Kenntniss, Wissenschaft.* — *f)* **das Binden, Fesseln.* — *g)* **Tod.* — *h)* **Leibesmitte eines Frauenzimmers.* — *i)* *Bein. der Lakshmî. परमेश VP. 1,9,45 wird im Comm. in पर-मा + ईश zerlegt. — 3) *n. *a) Glück, Wohlfahrt.* — *b) Wasser.*

मंह्, मंहते *hingeben, schenken.* Mit दानाय *zum Geschenk geben.* — Caus. मंहयति 1) dass. — 2) **sprechen* oder *leuchten.* — Mit वि *austheilen.*

मंहन n. 1) *Gabe, Geschenk* ṚV. 4,1,6. 5,16,4. — 2) मंहना Adv. *gern, leicht, bald, prompte.* दत्तस्य मंहना *bereitwillig.*

*मंहनीय Adj. zur Erklärung von मह्नत् und मेह्ना, aber im Sinne von पूजनीय (vgl. मह्).

मंहनेष्ठा Adj. *freigebig* (nach GRASSMANN).

मंहम m. *eine best. Personification* GAUT.

मंहयद्रयि Adj. *Güter spendend.*

मंहयु Adj. *freigebig.*

मंहिष्ठ Adj. 1) *in höchstem Maasse hingebend,* — *freigebig,* — *bereitwillig zu* (Dat.). — 2) *überaus reichlich.*

मंहिष्ठराति Adj. *bereitwilligst* — oder *reichlichst gebend.*

मंहीयंस् Adj. *reichlicher gebend als* (Abl.).

*मक् Indecl.

*मक m. n.

मंकक m. *ein best. Thier.*

*मकत्° schmeichelndes Demin. zu मत्°.

मकदत्त m. N. pr. eines Mannes.

*मकान्दिका f. ein Frauenname.

मकमकाय्, °यते *quaken.*

मंकर 1) m. *a) ein best. Seeungeheuer* (das auch an's Land kommen soll), vielleicht *Delphin.* Ist das Attribut des Liebesgottes und eines Arhant der Ǵaina, und erscheint auch als Zierat auf Thoren und als Kopfschmuck (KÂD. 14,17. 113, 9. 131,17). — *b) ein best. Insect* oder *ein anderes kleines Thier.* — *c) der Steinbock im Thierkreise.* — *d) der zehnte Bogen von 30° in einem Kreise.* — *e) eine Truppenaufstellung in Form eines* Makara 1) *a).* — *f) die Hände in Form eines* Makara 1) *a) zusammengelegt.* — *g) einer der acht Schätze, die zur Zauberkunst* Padminî *in Beziehung stehen.* — *h)* **einer der neun Schätze* Kubera's. — *i) ein best. über Waffen gesprochener Zauberspruch.* — *k)* N. pr. eines Berges. — 2) f. मकरी *a) das Weibchen von* 1) *a)* NAISH. 6,69. — *b)* N. pr. eines Flusses.

मकरकटी f. N. pr. eines Frauenzimmers.

मकरकुण्डल n. *ein Ohrring in Form eines* Makara 1) *a).*

मकरकेतन (KÂD. 198,22. fg.), मकरकेतु und मकरकेतुमत् m. *der Liebesgott.*

मकरदंष्ट्रा f. N. pr. eines Frauenzimmers.

मकरध्वज m. 1) *der Liebesgott.* — 2) *eine best. Aufstellung der Truppen.* — 3) **ein best. medicinisches Präparat.* — 4) N. pr. eines Fürsten Ind. St. 14,124.

मकरन्द 1) m. *a) Blumensaft.* — *b)* **eine Art Jasmin.* — *c)* **eine wohlriechende Mango-Art.* — *d)* **Biene.* — *e)* **der indische Kuckuck.* — *f) ein best. Tact* S. S. S. 210. — *g)* abgekürzter Titel eines Werkes. — *h)* N. pr. verschiedener Männer. — 2) n. *a)* **Staubfaden,* insbes. *der Lotusblüthe* RÂǴAN. 10,196. — *b)* N. pr. eines Lustgartens bei Uǵǵajinî; vgl. मकरन्दोद्यान.

मकरन्दकणाय्, °यते *Blumensafttropfen gleichen.*

मकरन्दपञ्चाङ्गविधि m. Titel eines Werkes BÜHLER, Rep. No. 542.

*मकरन्दवती f. *die Blüthe der Bignonia suaveolens.*

*मकरन्दवास m. *eine Art* Kadamba RÂǴAN. 9,104.

मकरन्दविवरण n. Titel eines Werkes BÜHLER, Rep. No. 543.

मकरन्दशर्मन् m. N. pr. eines Lehrers.

मकरन्दिका f. 1) *ein best. Metrum.* — 2) N. pr. der Tochter eines Vidjâdhara.

मकरन्दोद्यान n. N. pr. eines *Lustgartens* 294,10.

मकरपाटक m. N. pr. eines Dorfes.

मकरमास m. Bez. *eines best. Monats* Comm. zu TS. 1,395,15.

मकरलाञ्छन m. *der Liebesgott* KÂD. 160,8.

मकरवाहिनी f. N. pr. eines Flusses VP.[2].

मकरविभूषणकेतन m. *der Liebesgott.*

मकरसप्तमी f. *ein best. siebenter Tag.*

मकराकर m. *das Meer.*

*मकराकार m. *eine Varietät der Caesalpina Banducella.*

मकराक्ष m. N. pr. eines Rakshas.

*मकराङ्क m. 1) *das Meer.* — 2) *der Liebesgott.*

*मकरानन m. N. pr. eines Wesens im Gefolge Çiva's.

*मकरायण Adj. von मकर.

मकरालय m. 1) Beiw. und Bein. *des Meeres.* — 2) Bez. *der Zahl vier.*

मकरावास m. *das Meer.*

*मकराश्व m. Bein. Varuṇa's.

मकरिका f. *ein best. Kopfschmuck* KÂD. 129,10. 237,18.

*मकरिन् m. *das Meer.*

मकरीपत्त्र n. *das auf dem Gesicht der* Lakshmî *aufgetragene Zeichen einer* Makarî.

*मकरीप्रस्थ m. N. pr. einer Stadt.

मकरीलेखा f. = मकरीपत्त्र.

*मकष्टु m. N. pr. eines Mannes.

मकार m. 1) *der Laut* म. °पञ्चक n. = मद्य, मांस, मत्स्य, मुद्रा und मैथुन. — 2) *Molossus.*

मकारविपुला f. *ein best. Metrum.*

*मकुट n. = मुकुट.

*मकुति m. oder f. *ein Edict an die* Çûdra.

*मकुर m. 1) *Spiegel.* — 2) *das Stäbchen* —, *die*

Schiene des Töpfers. — 3) *Mimusops Elengi.* — 4) *Knospe.*

*मकुल m. 1) *Mimusops Elengi.* — 2) *Knospe.*

*मकुष्ट und *°क m. = मकुष्ठ 2).

मकुष्ठ 1) *Adj. = मन्थर. — 2) m. *eine Bohnenart, Phaseolus aconitifolius* Mat. med. 380.

मकुष्ठक m. = मकुष्ठ 2) Káraka 1,27.

मकूलक m. *Croton polyandrum* Káraka 1,27. 6, 18. 7,7. 12.

मकेरुक m. *ein best. parasitischer Wurm* Káraka 1,19. 3,7.

*मक्क्, मक्कते (गतौ).

मक्कल्ल m. *ein best. gefährlicher Unterleibsabscess bei Wöchnerinnen.*

*मक्कुल m. *Erdharz.*

*मक्कोल m. *Kreide.* Nach Utpala zu Varâh. Bṛh. S. 28,15 = सुधा *Kalk.*

1. मक्ष् = मक्षा *Fliege* ṚV. 4,45,4. 7,32,2.

2.*मक्ष्, मक्षति (संघाते, रोषे).

*मक्ष *das Verstecken der eigenen Gebrechen.* Richtig म्रक्ष. मक्षा s. bes.

*मक्षवीर्य m. *Buchanania latifolia.* Richtig भक्षबीज oder भक्ष्यबीज.

मक्षा f. *Fliege* AV. 9,1,17.

मक्षिक m. (metrisch) u. मक्षिका f. *Fliege, Biene.*

*मक्षिकामल n. *Wachs* Râgan. 13.75.

*मक्षिकाश्रय n. dass. Râgan. 13,76.

*मक्षीका f. = मक्षिका.

मक्षु 1) Adj. nur Instr. Pl. (= Adv. मक्षू) und Superl. मक्षूतम *promptissimus.* मक्षूतमेभिरहभिः *nächster Tage.* — 2) Adv. मक्षू *prompte, alsbald, bald, mox.* — 2) m. N. pr. eines Mannes gaṇa गर्गादि in der Kâç. Comm. zu Ait. Âr. 307,9. Vgl. माक्षव्य.

मक्षुंगम Adj. (f. आ) *schnell herbeieilend.*

मक्षू s. u. मक्षु.

मक्षूत्तरम् Adj. *allereiligst.*

मक्षूतम s. u. मक्षु.

मक्षूयु Adj. *eilig, schnell.*

*मख्, मखति (गतौ).

1. मख 1) Adj. *munter, lustig, ausgelassen.* — 2) m. a) *Freudenbezeugung, Feier, Preis.* — b) *Opfer.* — c) *ein best. unholdes mythisches Wesen.*

2. मख *die Stadt Mekka.* °विषय m. *das Gebiet von M.*

*मखक्रिया f. *Opferhandlung.*

*मखत्रातर् m. Bein. Râma's, des Sohnes des Daçaratha.

मखद्विष् m. *ein Feind des Opfers, ein Unhold, ein* Rakshas.

*मखद्वेषिन् m. Bein. Çiva's.

मखमथन n. *die Verrichtung des Opfers* (Daksha's) 290,12.

मखमय Adj. *das Opfer enthaltend, — darstellend.*

मखमुख Adj. *an ein Opfer gehend* R. 7,18,17.

मखवत् 1) Adj. als Erklärung von मघवत् so v. a. Makha's *Genosse.* — 2) m. *Opferer.*

*मखवह्नि m. *Opferfeuer.*

मखवेदि f. *Opferstätte.*

मखस् in सुमखस्.

मखस्य्, मखस्यति, °ते *lustig —, guter Laune sein.*

मखस्यु Adj. *lustig, ausgelassen.*

मखस्वामिन् m. N. pr. eines Scholiasten.

मखहन् m. *Mörder des* Makha, Beiw. Agni's, Indra's und Rudra's.

मखांशभाज् m. *ein Gott (einen Antheil am Opfer habend).*

*मखाग्नि und *मखानल m. *Opferfeuer.*

*मखान्न n. *der Same von Euryale ferox* Bhâvapr. 1,245.

मखापेत m. N. pr. eines Rakshas.

मखालय m. *Opferhaus.*

*मखासुहृद् m. Bein. Çiva's.

मखेश m. Bein. Vishṇu's VP.² 1,124.

मख्य Pañkar. 3,1,13 fehlerhaft für मख.

मग m. 1) *ein Magier, ein Priester der Sonne.* — 2) Pl. Bez. eines zum grössten Theil aus Brahmanen bestehenden Volkes in Çâkadvîpa.

*मगदिन् Adj. gaṇa प्रगद्यादि.

मगध 1) m. a) Pl. N. pr. eines Volkes. मगधदेश m. *das Land der* M., मगधपुरी f. *die Stadt der* M. — b) *das Land der* Magadha. — c) *ein in der Genealogie seines Fürsten bewanderter Sänger.* — 2) f. मगधा a) *die Stadt der* Magadha. — b) *langer Pfeffer.*

*मगधक Pat. zu P. 1,1,4, Vârtt. 1. 6.

*मगधीय Adj. von मगध.

मगधेश्वर m. 1) *ein Fürst der* Magadha. — 2) N. pr. *eines Fürsten der* Magadha.

मगधोद्भवा f. *langer Pfeffer.*

*मगध्य्, मगध्यति (परिवेष्टने, नीचदास्ये).

मगन्द m. *Wucherer.*

मगल m. N. pr. eines Mannes.

*मगव *eine best. hohe Zahl* (buddh.).

मगस m. Pl. Bez. *der Kriegerkaste in* Çâkadvîpa.

मगु m. = मग 1).

मगुन्दी f. N. pr. Töchter der M. heissen Unholdinnen AV.

मग्न 1) Adj. s. u. मज्ज्. — 2) *m. N. pr. eines Berges.

मघ 1) n. a) *Gabe, Geschenk, Lohn.* — b) **eine best. Blume.* — 2) *m. oder f. (मघा) *eine best. Arzenei.* — 3) *m. N. pr. a) eines Dvîpa. — b) eines Landes der Mlekkha. — 4) f. मघा a) Sg. und Pl. *das 10te Mondhaus.* — b) *Çiva's *Gattin.* — 5) *f. मघी *eine best. Kornart.*

मघगन्ध m. *Mimusops Elengi* Cit. im Comm. zu Kir. 5,11.

मघत्ति f. *das Geben und Empfangen von Geschenken.*

मघदेय n. *das Geben von Geschenken.*

मघव m. Bein. Indra's.

मघवत्त्व n. *Freigebigkeit.*

मघवन् (schwach मघोन्, f. मघोनी) und मघवत् 1) Adj. *freigebig, gabenreich;* m. *Spender,* insbes. *vom Veranstalter eines Opfers als Lohnherrn oder Miether, der Priester und Sänger belohnt.* — 2) m. a) Bein. Indra's. Auch Pl. — b) N. pr. α) eines Sammlers von Purâṇa. — β) eines Dânava. — γ) *eines Kakravartin in Bhârata.

मघवन्नगर n. Indra's *Stadt.*

*मघष्टु m. N. pr. eines Mannes gaṇa शुभ्रादि in der Kâç.

मघस्वामिन् m. v. l. für मखस्वामिन्.

मघात्रयोदशी f. *der 13te Tag in der dunkelen Hälfte des* Bhâdra.

*मघाभव und *मघाभू m. *der Planet Venus.*

*मघीप्रस्थ (gaṇa कर्क्यादि in der Kâç.) oder *मघ्रीप्रस्थ m. N. pr. einer Stadt.

*मङ्क्, मङ्कते (मण्डने, गतौ). ममङ्क्रे Bhatt. durch प्रशुशुभिरे erklärt. — Mit प्र in *प्रमङ्कन.

मङ्कणक m. N. pr. 1) eines Ṛshi. — 2) eines Jaksha. v. l. मचक्रुक.

मङ्कि m. N. pr. eines Mannes.

*मङ्किल m. *Waldbrand.*

मङ्कु Adj. *schwankend, schwach auf den Füssen.*

*मङ्कुर m. *Spiegel.*

*मङ्क्तर् Nom. ag. von मज्ज्.

मङ्क्तव्य n. impers. *unterzutauchen, in's Wasser zu gehen.*

*मङ्क्षणा n. *Beinharnisch.*

मङ्क्षु 1) Adv. a) *alsbald, sogleich.* — b) **gar sehr.* — c) **in Wahrheit, wirklich.* — 2) *m. N. pr. eines Mannes; richtig मङ्खु.

*मङ्ख्, मङ्खति (गतौ).

मङ्ख m. 1) *= मगध 1) c). — 2) N. pr. verschiedener Männer, auch eines Lexicographen.

मङ्क m. N. pr. eines Mannes.

मङ्ककोश m. Titel eines *Wörterbuchs* Bühler, Rep. No. 337.

मङ्कना f. N. pr. eines Frauenzimmers.

*मङ्कुणा n. = मङ्कणा *Beinharnisch*.

*मङ्ख्, मँङ्खते (गतौ). — Mit प्र in *प्रमङ्खन fg.

मङ्ग 1) *m. n. *Vorderteil eines Schiffes*. — 2) m. *a*) **Mast* oder *Ribbe eines Schiffes*. — *b*) Pl. N. pr. eines zum grössten Theil aus Brahmanen bestehenden Volkes in Çâkadvîpa MBh. 6,11, 36.

मङ्गल 1) n. (adj. Comp. f. आ) *a*) *Glück, Heil, Segen*. Auch Pl. — *b*) *Alles was zum Glück, zu einem glücklichen Ausgang einer Sache verhilft, ein gutes Omen für das Gelingen einer Sache ist: Glückwunsch, ein glückbringendes Gebet, ein solcher Anzug, Schmuck, Amulet* oder *anderer Gegenstand; eine bei einem wichtigen Ereigniss stattfindende Feier, eine feierliche Ceremonie*. Buddha hat acht *glückverheissende Dinge* an den Füssen. — *c*) *hergebrachte, gute Sitte* Hemâdri 2,8,14. 9,5. — *d*) *ein gutes Werk*. — *e*) *eine best. Composition* S. S. S. 168. — *f*) N. pr. der Hauptstadt von Udjâna. — 2) Adj. (f. आ) *heilbringend* Hemâdri 1,415, 17. — 3) m. *a*) Bez. des Agni beim Sîmanta. — *b*) *der Planet Mars* Spr. 7806. — *c*) N. pr. eines Buddha und verschiedener anderer Männer. — 4) f. आ *a*) **eine weiss* — und *blaublühende* Dûrvâ Râǵan. 8,108. — *b*) **Gelbwurz*. — *c*) **eine* Karańga-*Art* Râǵan. 6,199. — *d*) **eine treue Gattin*. — *e*) eine Form der Gattin Çiva's Hemâdri 1,415,19. — *f*) *N. pr. der Mutter des 5ten Arhant's in der gegenwärtigen Avasarpinî.

मङ्गलकरण n. *das Sprechen eines Gebets vor dem Beginn einer Unternehmung*.

मङ्गलकलशमय Adj. *aus lauter festlichen Töpfen bestehend* Harshak. 101,10.

मङ्गलकारक Adj. *glückbringend*.

मङ्गलकुठारमिश्र m. N. pr. eines Thürstehers.

मङ्गलक्षौम n. Du. *ein festliches Ober- und Untergewand von Linnen*.

मङ्गलगाथिका f. *ein feierlicher Gesang* Dh. V. 3,7.

मङ्गलगीत n. dass. Pańkat. 58,8.

मङ्गलगिरि m. N. pr. eines *Berges*. °माहात्म्य n. Titel eines Werkes.

मङ्गलगृह n. *das Haus des Mars* Ind. St. 15, 408.

मङ्गलघट m. N. pr. eines Elephanten.

मङ्गलचण्डिका f. *eine Form der* Durgâ.

*मङ्गलच्छाय m. *Ficus infectoria* Râǵan. 11,127.

मङ्गलतूर्य n. *ein bei festlichen Gelegenheiten gebrauchtes musikalisches Instrument*.

मङ्गलदेवता f. *Schutzgottheit in* ब्रह्म°.

मङ्गलद्वार n. *der Haupteingang eines Palastes* (*der bei festlichen Gelegenheiten geöffnet wird*) Lalit. 223,1.

*मङ्गलध्वनि m. *ein glückverheissender Laut*.

मङ्गलपत्त्र n. *ein als Amulet dienendes Blatt*.

मङ्गलपाठक m. *Segensprecher, Glückwünscher von Profession*.

मङ्गलपात्र n. *ein glückbringendes Gefäss* oder *ein glückbringende Gegenstände enthaltendes Gefäss*.

मङ्गलपुर n. N. pr. einer *Stadt*.

मङ्गलपुष्पमय Adj. (f. ई) *aus glückbringenden Blumen bestehend*.

मङ्गलप्रतिसर m. *Amuletschnur*.

मङ्गलप्रद 1) Adj. *glückbringend*. — 2) *f. आ *Gelbwurz*.

मङ्गलप्रस्थ m. N. pr. eines Berges.

मङ्गलभेरी f. *eine bei festlichen Gelegenheiten gerührte Trommel* Ind. St. 15,398.

मङ्गलमय Adj. (f. ई) *lauter —, Nichts als Glück u. s. w. seiend* Kâd. 100,23. Bhâm. V. 3,12.

मङ्गलराज m. N. pr. eines *Fürsten* B. A. J. 3, *b*,209.

मङ्गलवचस् n. *Glück wünschende Worte, Glückwunsch*.

मङ्गलवती f. N. pr. einer Tochter Tumburu's.

मङ्गलवाद m. Titel eines Werkes.

मङ्गलवादिन् Adj. *einen Glückwunsch sprechend*.

*मङ्गलवार m. *Dienstag*.

मङ्गलवृषभ m. *ein Stier mit Glück verheissenden Zeichen*.

*मङ्गलशंसन n. *das Sprechen eines Glückwunsches*.

मङ्गलशब्द m. *Glückwunsch*.

मङ्गलसंस्तव Adj. *Glück wünschend, Glückwünsche enthaltend* R. ed. Bomb. 2,81,1.

*मङ्गलसामन् n. *ein Glück verheissendes* Sâman.

मङ्गलसूचक Adj. *Glück verheissend* Daçak. 14,3.

मङ्गलस्तव m. Titel eines *Lobgedichts* Opp. Cat. 1.

*मङ्गलस्नान n. *eine feierliche Abwaschung*.

*मङ्गलस्वर m. *Seemuschel* Râǵan. 13,123.

*मङ्गलागुरु n. *eine Art Agallochum* Râǵan. 12,97.

मङ्गलाचरण n. *ein Gebet um glückliches Gelingen einer Sache* Kap. 5,1.

मङ्गलाचार m. 1) *das Hersagen eines Gebetes und die Beobachtung anderer glückverheissender Ceremonien*. — 2) *eine best. Composition* S. S. S. 167.

मङ्गलातोद्य n. *eine bei feierlichen Gelegenheiten geschlagene Trommel*.

मङ्गलादेशवृत्त m. *Wahrsager*.

1. मङ्गलायन n. *der Weg zum Heil*.

2. मङ्गलायन Adj. *den Weg des Heils wandelnd*.

मङ्गलारम्भ Adj. *Glück bei Unternehmungen bringend* (Gaṇeça).

मङ्गलालभनीय n. R. Gorr. 1,78,10 fehlerhaft für °लम्भनीय.

मङ्गलालम्भन n. *das Berühren glückbringender Gegenstände*.

मङ्गलालम्भनीय n. *ein Gegenstand, dessen Berührung Glück bringt*, R. 2,63,9 (67,7 Gorr.). Vgl. °लभनीय.

मङ्गलालापन n. *Glückwunsch* R. 1,77,12.

मङ्गलावट n. N. pr. eines Wallfahrtsortes.

मङ्गलावह Adj. *glückbringend* Hemâdri 1,331,9.

मङ्गलावास m. *Tempel*.

1. मङ्गलाव्रत n. *das Gelübde der* Umâ.

2. मङ्गलाव्रत Adj. *für* Umâ *lebend* (Çiva).

मङ्गलाशास्त्र m. Titel eines Werkes.

मङ्गलाष्टक m. (!) Bez. von *acht glückbringenden Dingen* Hemâdri 2,*a*,49,4.

*मङ्गलाह्निक n. *eine zum Gelingen einer Sache täglich vollbrachte religiöse Handlung*.

मङ्गलिकँ (wohl n.) Pl. vielleicht Bez. *der Lieder des 18ten* Kânda im AV.

मङ्गलीय Adj. *glückbringend*.

मङ्गलेश्वरतीर्थ n. N. pr. eines Tîrtha.

मङ्गलोपेप्सा f. *das Verlangen nach Glück* Çat. Br. 13,8,1,16.

मङ्गल्य 1) Adj. (f. आ) *Glück bringend, — verheissend*. — 2) m. *a*) *Linsen, Cicer lens*. — *b*) *Aegle Marmelos*. — *c*) **Ficus religiosa* Râǵan. 11,144. — *d*) **Ficus heterophylla;* richtig मङ्गल्यार्हा. — *e*) **Cocosnusspalme* Râǵan. 11,47. — *f*) **Feronia elephantum* Râǵan. 11,82. — *g*) **eine* Karańga-*Art* Râǵan. 9,72. — *h*) *= जीवक (*eine best. Pflanze*). — *i*) *N. pr. eines Schlangendämons. — 3) f. आ *a*) *Bez. *verschiedener Pflanzen: eine überaus wohlriechende Sandelart, Anethum Sowa, Mimosa Suma, Terminalia Chebula, Andropogon aciculatus, Curcuma longa, eine best. Knolle* (ऋद्धि), Dûrvâ-*Gras*, = अधःपुष्पी, जीवन्ती, प्रियङ्गु und माषपर्णी Râǵan. 3,18. 25. 5,29. 6,52. 54. 199. 8,33. 12,45. — *b*) **ein best. Harz* Râǵan. 12,38. — *c*) **Gallenstein des Rindes* Bhâvapr. 1,190. — *d*) Bein. der Durgâ. — 4) n. *a*) ein glückbringendes Gebet. — b) ein glückbringendes Ding Gaut. Sg. in collectiver Bed. Hemâdri 1, 331,9. — c) *saure Milch. — d) *Sandelholz. — e) *eine Art Agallochum Râǵan. 12,97. — f) *Gold Râǵan. 13,10. — g) *Mennig Râǵan. 13,52.

*मङ्गल्यक m. Linsen, Cicer lens Bhâvapr. 1,277. 2,168. 4,139.

*मङ्गल्यकुसुमा f. Andropogon aciculatus.

मङ्गल्यदण्ड m. N. pr. eines Mannes.

*मङ्गल्यनामधेया f. Hoya viridifolia Bhâvapr. 1, 200.

मङ्गल्यवस्तु n. ein glückbringendes Ding.

*मङ्गल्याह्वा f. Ficus heterophylla Râǵan. 5,66.

मङ्गिनी f. Boot, Schiff Hem. Par. 2,402.

मङ्गीर m. N. pr. eines Mannes Vaitân. मन्दीर Kâtj. Çr. 13,3,21.

मङ्कु m. N. pr. eines Fürsten VP.² 4,94. 96.

*मङ्कुर m. ein best. Fisch Bhâvapr. 2,13.

*मङ्कुष m. N. pr. eines Mannes.

*मङ्ख्, मङ्खति (मण्डने), मङ्खते (गत्याक्षेपे, गतौ, गत्यारम्भे, निन्दारम्भजवेषु).

*मच्, मचते (कल्कने, कत्थने).

मचकचातनी f. eine best. Pflanze.

मचक्रुक m. N. pr. eines Jaksha und der von ihm gehüteten heiligen Stätte, des Einganges nach Kurukshetra.

*°मचर्चिका f. Prachtstück.

मच्छ m. Fisch. मच्छाताङ्क Adj. mit einem Fischauge gezeichnet (eine schlechte Perle) Râǵan. 13, 156. Prâkritisch für मत्स्य.

*°मज्ज् Adj. untertauchend in.

मजमुदार m. مجموعه دار Aufseher über die Urkunden.

*मजिरक m. N. pr. eines Mannes.

मज्ज्, मॅज्जति (ausnahmsweise auch Med.) 1) untersinken, versinken. — 2) untergehen, zu Grunde gehen, zur Hölle fahren. — 3) untertauchen, in's Wasser (Loc.) gehen, — sich stürzen, sich baden, sich hineinbegeben in (Loc.). — 4) मग्न a) untergesunken, versunken, — in (Loc. oder im Comp. vorangehend). — b) untergegangen (Mond), in's Unglück gerathen. — c) untergetaucht, in's Wasser gegangen. — d) eingedrungen —, hineingeschlüpft in (im Comp. vorangehend). — e) eingefallen, eingedrückt. — Caus. मज्जॅयति 1) untertauchen, eintauchen, versenken, ersäufen. — 2) überschwemmen. — 3) infigere, hineinschlagen —, — drängen in (Loc.). — 4) untergehen lassen, zu Grunde richten. — Desid. in मिमङ्क्षु fg. — Mit अव unter's Wasser drücken Comm. zu Âpast. Çr. 8,8, 15. — Mit आ, आमग्न ganz versunken (Kâd. 2,74,21), — in (im Comp. vorangehend). — Mit उद् 1) auftauchen, emportauchen. उन्मग्न aufgetaucht. — 2) untertauchen. — Caus. auftauchen lassen, oben tragen. — Mit समुद् untertauchen. — Mit उप 1) versinken. — 2) untertauchen Âpast. 2,15,10. — Mit नि 1) versinken. untersinken. — 2) untertauchen, sich in's Wasser (Loc.) stürzen, unter dem Wasser bleiben. — 3) eindringen, — in (Loc.). — 4) verschwinden, nicht mehr zu sehen sein. — 5) versenken, zu Fall bringen. — 6) निमग्न a) untergesunken, versunken, — in (Loc. oder im Comp. vorangehend), in's Wasser gefallen. — b) untergegangen (Sonne). — c) untergetaucht. — d) eingedrungen, infixus. — e) eingegangen. परलोकाय in die andere Welt. — f) eingesunken, vertieft. — Caus. 1) in's Wasser werfen, ersäufen. — 2) untertauchen, in's Wasser gehen lassen. — 3) in die Schlacht (Loc.) tauchen, so v. a. in's Treffen führen. — Mit उपनि daneben untertauchen. — Mit विनि, °मग्न untergetaucht, gebadet in (Loc.). — Mit संनि untersinken, versinken. — Mit निस् 1) versinken. निर्मग्न versunken; vom Auge so v. a. ganz gerichtet auf (im Comp. vorangehend). — 2) überschwemmen. — Mit प्र tauchen —, sich stürzen in (Acc.). — Mit वि untertauchen, so v. a. sich hineinbegeben in (Loc.). — Caus. in's Treffen (Loc.) führen. v. l. नि. — Mit सम्, संमग्न versunken in (im Comp. vorangehend).

°मज्ज Adj. untertauchend in *उदमज्ज.

मज्जक (von मज्जन्) in अस्थिमज्जक.

*मज्जकृत् n. Knochen.

मज्जतस् Adv. = मज्जां प्रति Lâtj. 2,6,1.

मज्जॅन् m. Mark (der Knochen, Pflanzenstengel, Früchte). In der späteren Medicin dasjenige Element des Leibes, welches aus den Knochen sich bildet und seinerseits den Samen erzeugt. Nach Kull. zu M. 5,135 (= Vishnus. 22,81) Grind auf dem Kopfe.

1. मज्जन 1) m. der Taucher, Bez. eines Fieberdämons. — 2) n. a) das Versinken, Untersinken. निरये das zur Hölle Fahren. — b) das Untertauchen, Eintauchen, Baden, Bad. — c) das Ueberschwemmen, Ueberschütten.

2.*मज्जन n. Mark.

मज्जनमण्डप Badehaus Ind. St. 15,398.

मज्जन्वॅत् Adj. mit Mark versehen TS. 7,5,12,2.

मज्जयितॅर् Nom. ag. der sinken macht.

*मज्जर m. ein best. Gras Râǵan. 8,132. v. l. गर्जर.

*मज्जरस m. der männliche Same Râǵan. 18,70. Vgl. मज्जारस.

मज्जल m. N. pr. eines Wesens im Gefolge Skanda's. मज्जान v. l.

मज्जस् n. Mark.

*मज्जसमुद्भव n. der männliche Same.

मज्जा f. Mark.

*मज्जाद m. eine Art Bdellium.

मज्जाटिका f. ein best. Gewicht Hemâdri 1,117,4. 5. 2,a,55,17. 18.

मज्जान m. N. pr. eines Wesens im Gefolge Skanda's MBh. 9,45,70. मज्जल v. l.

मज्जामेह m. Markharnen (eine best. Krankheit).

*मज्जार m. Bdellium Râǵan. 12,114.

*मज्जारजस् n. 1) eine best Hölle. — 2) Bdellium; vgl. मज्जार.

*मज्जारस m. der männliche Same. Vgl. मज्जरस.

मज्जासार 1) Adj. dessen Hauptbestandtheil Mark ist Ind. St. 2,286. — 2) *n. Muskatnuss.

मज्जि in der Form मज्जय: Kâtj. Çr. 13,2,19 und Çâṅkh. Çr. 18,21,12 fehlerhaft für मतय:.

*मज्जिका f. das Weibchen des indischen Kranichs.

*मज्जूक Adj. häufig untertauchend als Erklärung von मण्डूक.

*मज्जूषा f. = मञ्जूषा Kiste, Korb.

मज्मॅन् 1) n. Umfang, Ausdehnung, Fülle RV. 1, 112,4. 17. 2,22,2. AV. 13,1,14. 37. — 2) मज्मॅना Adv. insgesammt, insgemein, überhaupt, miteinander. Mit नॅकिस् gar Niemand.

मञ्च in खरमञ्च.

मञ्च्, *मञ्चते (कल्कने, धारणोच्छ्रायपूजनेषु, दीप्तौ, उच्छ्रायधृत्यर्चभासु, गतौ). — Mit निस् (निर्मञ्च्य) eine Reinigungsceremonie mit Etwas (Acc.) vornehmen Naish. 7,43. आदरातिशयात् नीराजितं कृत्वा Comm. Vgl. निर्मञ्चन.

मञ्च m. 1) Schaugerüste, Plattform auf einem Palaste. मञ्चा: (so v. a. मञ्चस्था:) क्रोशन्ति Comm. zu TS. Prât. — 2) Ruhebett. — 3) Gestell Baudh. im Comm. zu Taitt. Âr. 1,22,9. — 4) ein best. Tact S. S. S. 210. 252.

मञ्चक 1) m. n. a) Schaugerüste, Plattform auf einem Palaste. (*m. n.). — b) Ruhebett. *n. — c) Gestell. *m. — d) m. ein best. Tact S. S. S. 209. — 2) f. मञ्चिका a) Sessel. — b) ein Trog —, eine Mulde auf Füssen. — c) ein best. Tact S. S. S. 210.

*मञ्चकाश्रय m. Bettwanze. °यिन् Râǵan. 19,68.

मञ्चकासुर m. N. pr. eines Asura.

मञ्चनृत्य n. ein best. Tanz S. S. S. 266.

मञ्चपीठ n. Sitz auf einem Schaugerüste Kâraṇḍ.

97,11.

*मञ्चमण्डप m. *ein auf Pfosten stehendes Wachhaus.*

मञ्चाख्य m. N. pr. eines Mannes.

मञ्चागार *ein Gemach, aus dem man auf ein Schauspiel herabsieht.*

*मञ्चिपत्त्र n. *eine best. Pflanze.*

मञ्चुका f. in मदन°.

*मञ्ज्, मञ्जयति (मृजाधन्योः).

मञ्जर n. 1) *Blüthenstrauss, Rispe* überh., auch vom Getraide Bhâvapr. 2,30. — 2) * *ein best. Baum,* = तिलक. — 3) * *Perle.* — मञ्जरी s. u. मञ्जरि.

मञ्जरि und °री f. 1) *Blüthenstrauss, eine dichtblumige Rispe.* — 2) *Blüthenknöspchen.* — 3) °री *Laubwerk* (als Ornament an einem Gebäude) Vâstuv. 667. — 4) °री *nebeneinander laufende Streifen, — Reihen.* — 5) °री *eine best. Pflanze.* Nach den Lexicographen = तिलक, लता und *Basilienkraut.* — 6) °री Name *zweier Metra.* — 7) abgekürzter Titel für न्यायसिद्धान्त°. — 8) *°री *Perle.*

मञ्जरिका f. 1) = मञ्जरि 1) in *कटु° und *पुष्प°. — 2) N. pr. einer Fürstin.

*मञ्जरित Adj. *mit einer dichtblumigen Rispe versehen.*

1. मञ्जरी f. s. u. मञ्जरि.

2. मञ्जरी Adv. mit कर् *zu Blüthenknöspchen machen.*

मञ्जरीदीपिका f. Titel eines Werkes Opp. Cat. 1.

*मञ्जरीनम्र m. *Calamus Rotang* Râǵan. 9,110.

मञ्जरीप्रकाश m. und मञ्जरीसार Titel von Werken.

*मञ्जा f. 1) = मञ्जरि 1). — 2) *Ziege.*

*मञ्जि f. = मञ्जरि 1). मञ्जी in *भङ्गार°.

*मञ्जिका f. *Hure.*

*मञ्जिफला f. *Musa sapientum.*

मञ्जिमन् m. *Schönheit, Lieblichkeit* Naish. 1,8.

मञ्जिष्ठ 1) Adj. (f. आ) *hellroth, von der Farbe des indischen Krapps.* Richtig wohl माञ्जिष्ठ. — 2) f. आ *indischer Krapp, Rubia Munjista* Râǵan. 6,192.

मञ्जिष्ठामेह m. *eine Harnkrankheit, wobei der Urin hellroth gefärbt ist.*

मञ्जिष्ठामेहिन् Adj. *an* मञ्जिष्ठामेह *leidend.*

मञ्जिष्ठाराग m. 1) *die Farbe des indischen Krapps.* — 2) *eine Zuneigung, welche wie die Farbe des indischen Krapps reizend und zugleich dauerhaft ist.*

मञ्जीर 1) (*m. n.) (adj. Comp. f. आ) *Fussschmuck, Fussring.* — 2) m. *eine Art Cymbel* S. S. S. 198. — 3) f. आ (?) N. pr. eines Flusses. — 4) n. *a)* * *der Pfosten, um den sich der Strick des Butterstössels windet.* — *b) ein best. Metrum.*

*मञ्जीरक m. N. pr. eines Mannes.

*मञ्जील m. *ein hauptsächlich von Wäschern bewohntes Dorf.*

मञ्जु Adj. *schön; lieblich, reizend.* Auch Adv.; Compar. °तर.

*मञ्जुकुल m. N. pr. eines Mannes.

*मञ्जुकेशिन् m. Bein. Krshna's.

*मञ्जुगमन 1) Adj. *einen reizenden Gang habend.* — 2) f. आ *Gans* oder *Flamingo* Râǵan. 19,103.

मञ्जुगर्त Bez. von *Nepal.*

मञ्जुगीति f. *ein best. Metrum.*

मञ्जुघोष 1) Adj. *einen lieblichen Ton von sich gebend.* — 2) m. *a)* * *Taube* Dhanv. 6,84. — *b)* N. pr. eines Bodhisattva, = मञ्जुश्री. — 3) f. आ N. pr. *a)* * einer Apsaras. — *b)* einer Surâṅganâ Ind. St. 15.

मञ्जुदेव und मञ्जुनाथ m. N. pr. = मञ्जुश्री.

*मञ्जुनाशी f. 1) *ein schönes Weib.* — 2) Bein. *a)* von Indra's Gattin. — *b)* der Durgâ.

मञ्जुपट्टन und °पत्तन n. N. pr. einer *Stadt.*

*मञ्जुपाठक m. *Papagei* Râǵan. 19,113.

*मञ्जुप्राण m. Bein. Brahman's.

मञ्जुभट्ट m. N. pr. eines Gelehrten. °भट्टीय n. *sein Werk* Opp. Cat. 1.

*मञ्जुभद्र m. N. pr. = मञ्जुश्री.

मञ्जुभाषिन् 1) *lieblich redend, — wie* (im Comp. vorangehend). — 2) f. °णी *ein best. Metrum.*

*मञ्जुमणि m. *Topas* Garbe zu Râǵan. 13,169.

मञ्जुमती f. N. pr. einer Fürstin.

मञ्जुल 1) Adj. *schön, reizend, lieblich.* — 2) *m. n. *Laube.* — 3) m. *eine Hühnerart.* — 4) f. आ N. pr. eines Flusses. — 5) *n. *a) die Frucht der Ficus oppositifolia.* — *b) Blyxa octandra.*

मञ्जुलिका f. N. pr. eines Frauenzimmers.

मञ्जुवादिन् 1) Adj. *lieblich redend.* — 2) f. °नी *a) ein best. Metrum.* — *b)* N. pr. eines Frauenzimmers.

मञ्जुश्री m. N. pr. eines gefeierten Bodhisattva bei den nördlichen Buddhisten.

मञ्जुश्रीपरिपृच्छा f. Titel eines Werkes.

मञ्जुश्रीपर्वत m. N. pr. eines *Berges.*

मञ्जुश्रीमूलतन्त्र n. und °श्रीविक्रीडित n. Titel zweier Werke.

मञ्जुषक n. = मञ्जूषक Kâraṇḍ. 79,1.

*मञ्जुषा f. = मञ्जूषा *Kiste, Korb.*

मञ्जुसौरभ n. *ein best. Metrum.*

मञ्जुस्वर m. N. pr. = मञ्जुश्री.

मञ्जूषक (*m.) *eine best. himmlische Blume.* Vgl. मञ्जुषक.

मञ्जूषा f. 1) *Kiste, Korb.* — 2) Titel verschiedener Werke Opp. Cat. 1. — 3) * *Rubia Munjista* Râǵan. 6,193. Bhâvapr. 1,176. — 4) * *Stein.*

मञ्जूषाकुञ्चिका f. Titel eines Commentars.

मटक *Leichnam.* Vgl. मृतक.

मटची f. *Hagel* oder *Steinregen.*

*मटती f. *Hagel.*

*मटमटाय्, °ति onomatop.

मटुतचाण्डी f. N. pr. einer Râkshasî.

*मटुस्फाटि m. *beginnender Hochmuth.*

मट्ट m. 1) *eine Art Trommel* S. S. S. 192. Vgl. मड्डु. — 2) *eine Art Tanz* S. S. S. 252. Auch °नृत्य n. ebend.

*मट्टक m. 1) *Gipfel eines Dachs.* — 2) *Eleusine corocana.*

मट्मट्टे m. *eine Art von Unholden.*

*मठ्, मठति (मदनिवासयोः, मर्द°, गतौ). — मठयति s. bes.

मठ 1) m. f. (ई) (*n.) *Hütte,* insbes. *die einsam stehende Hütte eines Einsiedlers* oder *Schülers, Zelle; Zellengebäude, Klosterschule, Collegium.* Nach Burnell, Vaṃçabr. XIV ursprünglich *Tempel.* — 2) *m. *Wagen.*

मठप्रतिष्ठातत्त्व n. Titel eines Werkes.

मठय्, (von मठ), °यति *zimmern, errichten* Hemâdri 1,560,12.

मठर 1) Adj. etwa *bestehend auf* (Loc.). — 2) *m. N. pr. eines Mannes.

मठाधिपति m. *Vorsteher eines Klosters, — einer Klosterschule.*

मठायतन n. *Kloster.*

मठिका f. *Hütte, Zelle* 121,23. 122,20.21.

मठोशीलोठिका f. N. pr. eines Frauenzimmers.

मडक m. 1) * *Eleusine corocana.* — 2) Pl. N. pr. eines Volkes. मारुत v. l.

मडमड् (onomatop.) mit folgendem इति so v. a. *krach!* Bâlar. 109,1.

*मडरकन्थ n. N. pr. einer Stadt.

मडरराज्य n. N. pr. einer Oertlichkeit in Kâçmîra.

*मडार gaṇa प्रगद्यादि.

*मडुरकन्थ n. N. pr. einer Stadt gaṇa चिक्कणादि in der Kâç.

मडुचन्द्र m. N. pr. eines Mannes.

*मड्डु und *°क m. *eine Art Trommel.* Vgl. मट्ट 1).

*मण्, मणति (शब्दार्थ). Vgl. मणित.

मण *ein best. Gewicht für Korn.*

मणऊ (منى) *der 7te astrol. Joga.*

मणि m. (*f.) 1) *Perle, ein perlenähnlich gefass-*

ter und aufgehängter Gegenstand von andern Stoffen, als Zierat oder Amulet getragen; am Leib getragenes Kleinod, Edelstein, Juwel; auch *Kügelchen* überh. (Z. d. d. m. G. 36,382). मणीव st. मणी (Du.) इव Naish. 9,85. Auch मणी f. Ind. St. 15,323. — 2) *Magnet.* — 3) *glans penis.* — 4) * *Klitoris.* — 5) *Höcker* (des Kamels). मणीवोष्ट्रस्य (st. मणी इवोष्ट्रस्य) MBh. 12,177,12. — 6) *Wamme am Halse der Ziege.* — 7) *Schildknorpel* H. 588 (तन्मणिः zu lesen). Vgl. *कण्ठमणि (Nachtr. 2). — 8) * *Handgelenk.* — 9) * *ein grosser Wassertopf.* — 10) Titel verschiedener Werke. — 11) N. pr. *a)* eines Schlangendämons. — *b)* eines Gefährten Skanda's. — *c)* eines Fürsten der Kiṁnara Kâraṇḍ. 3,3. — *d)* eines alten Weisen und eines Sohnes des Jujudhâna.

मणिक m. 1) *ein grosser Wassertopf.* Am Ende eines adj. Comp. f. आ. — 2) Pl. nach Sâj. *kugelförmige Fleischbildungen an der Schulter des Thieres.*

*मणिकण्ठ m. 1) *der blaue Holzheher.* — 2) N. pr. eines Schlangendämons.

*मणिकण्ठक m. *Hahn.*

मणिकर्ण 1) *Adj. *eine Perle —, ein Kügelchen* (als Abzeichen) *am Ohre habend* (Vieh). — 2) m. N. pr. eines Liṅga. — 3) f. ई = मणिकर्णिका 2) *a)*.

मणिकर्णिका f. 1) *ein Ohrenschmuck aus Perlen* oder *Juwelen* Spr. 7628 (zugleich Bed. 2)*a)*. — 2) N. pr. *a)* eines heiligen Teiches in Benares. — *b)* einer Tochter des Kaṇḍaghosha.

मणिकर्णिकामष्टिमन् m. und °कर्णिकास्तोत्र n. Titel verschiedener Werke.

मणिकर्णिकी f. = मणिकर्णिका 2) *a)*.

मणिकर्णेश्वर und °कर्णेश्वर m. Name zweier Liṅga.

*मणिकाच m. *der mit Federn versehene Theil eines Pfeiles.*

मणिकाञ्चन m. N. pr. eines Berges.

मणिकाञ्चनप्रमेयसंग्रह m. Titel eines Werkes Opp. Cat. 1.

*मणिकानन n. *Hals.*

मणिकार 1) m. *a) Juwelier.* — *b) der Verfasser des Maṇi genannten Werkes.* — 2) f. ई f. zu 1) *a)*.

मणिकुट्टिका f. N. pr. einer der Mütter im Gefolge Skanda's.

मणिकुसुम m. N. pr. eines Gina.

मणिकूट m. N. pr. zweier *Berge.*

मणिकृत् m. = मणिकार 1) *b)*.

मणिकेतु m. *ein best. Komet* oder *Meteor.*

मणिखण्डत्रयत्रय n. Titel eines Werkes Opp. Cat. 1.

मणिगण m. Pl. *Perlen* Brahmop. S. 253.

मणिगुणनिकर m. 1) *eine Menge von Perlenschnüren.* — 2) *ein best. Metrum.*

मणिग्रन्थ m. Titel eines Werkes Opp. Cat. 1.

मणिग्राम m. N. pr. einer Oertlichkeit B. A. J. 1,218.

मणिग्रीव 1) Adj. *Perlen* oder dergl. *am Halse tragend.* — 2) * m. N. pr. eines Sohnes des Kubera.

मणिचूड N. pr. 1) m. *a)* eines Vidjâdhara. — *b)* * eines Schlangendämons. — *c)* eines Fürsten von Sâketanagara. — 2) f. आ einer Kiṁnara-Jungfrau Kâraṇḍ. 6,9.

*मणिच्छिद्रा f. 1) *eine dem Ingwer ähnliche Wurzel* (मेदा). — 2) *eine best. auf dem* Himavant *wachsende Knolle* (ऋषभ).

मणिजला f. N. pr. eines Flusses.

मणित n. *unarticulirte Laute, die man beim Beischlaf u. s. w. von sich giebt,* Z. d. d. m. G. 32, 735. 36,376.

*मणितारक m. *der indische Kranich* Râǵan. 19, 99. v. l. °तारव, Nigh. Pr. मणिभारव.

मणितुण्डक m. *ein best. auf dem Wasser lebender Vogel.*

मणित्थ m. N. pr. eines Astronomen.

मणिदण्ड Adj. *einen mit Juwelen verzierten Stiel habend.*

मणिदत्त m. N. pr. verschiedener Männer.

मणिदर m. N. pr. eines Anführers der Jaksha.

मणिदर्पण m. 1) *ein mit Juwelen verzierter —, oder aus Juwelen bestehender Spiegel.* — 2) Titel verschiedener Werke Opp. Cat. 1.

मणिदीधिति f. Titel eines Werkes. °गूढार्थप्रकाशिका f. Titel eines Commentars dazu.

मणिदीप m. 1) *eine Lampe, in der Juwelen die Stelle des brennenden Dochtes vertreten.* Vgl. Spr. 455. — 2) Titel eines Werkes Opp. Cat. 1.

मणिदीपक m. = मणिदीप 1).

*मणिदोष m. *Fehler in einem Juwel.*

मणिधनु m. und °धनुस् (Gaut.) n. *Regenbogen.*

मणिधर 1) Adj. *mit aufgereihten Kügelchen zum Zählen versehen.* — 2) m. *ein best.* Samâdhi Kâraṇḍ. 77,8. — 3) f. आ *eine best. Fingerstellung* Kâraṇḍ. 74,9.

मणिधान, मणिधान्य, मणिधान्यक und मणिधार m. N. pr. eines Fürsten VP. 4,24,18. VP.[2] 4,221. Vgl. मणिधाव.

मणिधारिणी f. N. pr. einer Kiṁnara-Jungfrau Kâraṇḍ. 6,9.

मणिधाव m. v. l. für मणिधान, मणिधार.

मणिनाग N. pr. 1) m. eines *Schlangendämons* Hariv. 9503. — 2) eines Tîrtha.

मणिपतिचरित्र n. Titel eines Werkes Bühler, Rep. No. 754.

मणिपद्म m. N. pr. eines Bodhisattva.

मणिपर्वत m. N. pr. eines mythischen *Berges.*

*मणिपाली f. *Perlenhüterin, Aufseherin über Juwelen.*

*मणिपुच्छ Adj. (f. ई) *Kügelchen am Schwanze habend.*

मणिपुर n. = मणिपूर 2) *b)*.

मणिपुष्पक m. Name der Muschel Sahadeva's.

मणिपुष्पेश्वर m. N. pr. eines Wesens im Gefolge Çiva's.

मणिपूर 1) * m. *a) eine Art Frauenjacke.* — *b) Nabel.* — 2) n. *a) ein best. mystischer Kreis am Nabel.* — *b)* N. pr. einer in Kalinga an der Meeresküste gelegenen Stadt. Auch °पुर n.

मणिपूरक n. = मणिपूर 2) *a)*.

मणिप्रकाश m., °प्रकाशकदीप्ति f. und मणिप्रत्यक्ष n. Titel von Werken Opp. Cat. 1.

मणिप्रदीप m. = मणिदीप 1) Spr. 7750.

मणिप्रभा f. 1) *ein best. Metrum.* — 2) N. pr. *a)* einer Apsaras Kâraṇḍ. 3,12 (°प्रस्थ gedr.). — *b)* eines Sees.

मणिप्रवाल Titel eines Werkes Opp. Cat. 1.

मणिप्रस्थ Kâraṇḍ. 3,12 wohl fehlerhaft für °प्रभा.

मणिबन्ध m. 1) *Befestigung —, Anlegung von Juwelen.* — 2) *Handgelenk.* — 3) *ein best. Metrum.* — 4) *eine best. Mischlingskaste.*

मणिबन्धन n. 1) *Perlenschnur, Perlenschmuck.* — 2) *Handgelenk* Gaut.

*मणिबीज m. *Granatbaum* Râǵan. 11,75.

मणिभद्र m. N. pr. 1) eines Bruders des Kubera und Fürsten der Jaksha. — 2) eines Çreshthin.

मणिभद्रक m. N. pr. 1) Pl. eines Geschlechts. — 2) eines Schlangendämons.

मणिभव m. N. pr. eines Dhjâni-Buddha.

*मणिभारव m. s. u. मणितारक.

*मणिभित्ति f. N. pr. des Palastes des Schlangendämons Çesha.

*मणिभू f. *ein mit Juwelen ausgelegter Boden.*

*मणिभूमि f. 1) *Fundgrube von Juwelen.* — 2) = मणिभू.

मणिभूमिकाकर्मन् n. *das Auslegen* oder *Belegen des Bodens mit Juwelen* (eine der 64 Künste). Nach dem Comm. = कृत्रिमपुत्रिकानिर्माण.

मणिमञ्जरी f. 1) *Reihen von Perlen.* — 2) *ein best. Metrum.* — 3) Titel zweier Werke Opp. Cat. 1.

मणिमण्डप m. 1) *Krystallhalle, eine Halle auf krystallenen Säulen.* — 2) *N. pr. *a)* der Residenz Çesha's. — *b)* des Palastes Nairṛta's.

मणिमण्डपमाहात्म्य n. Titel eines Werkes.

मणिमध्य n. Name *zweier Metra.*

मणिमत् 1) Adj. *mit Juwelen verziert.* — 2) m. N. pr. *a)* eines Jaksha. — *b)* eines Dieners des Çiva. — *c)* eines Rakshas. — *d)* eines Schlangendämons. — *e)* eines Fürsten. — *f)* eines Berges. — *g)* eines Tirtha. — 3) f. °मती N. pr. *a)* einer Stadt der Daitja. — *b)* eines Flusses.

मणिमन्थ 1) m. N. pr. eines Berges. — 2) *n. *Steinsalz* Râǵan. 6,90.

मणिमय Adj. (f. ई) *aus Juwelen gebildet, — bestehend, krystallen.* °मयी पुरी N. einer mythischen *Stadt* der Nivâtakavaka.

मणिमहेश m. N. pr. eines Tirtha.

मणिमाला f. 1) *Perlenschnur, Perlenschmuck.* — 2) **perlenähnliche Spuren vom Bisse Liebender.* — 3) *ein best. Metrum.* — 4) **Glanz, Schönheit.* — 5) *Bein. der Lakshmî.

मणिमिश्र m. N. pr. eines Autors.

मणिमुक्ता f. N. pr. eines Flusses.

मणिमेघ m. N. pr. eines Berges.

मणियष्टि f. *Perlenschnur* Vikr. 51.

*मणिरत (?) m. N. pr. eines buddh. Lehrers.

मणिरत्न n. *Juwel.*

मणिरत्नमय Adj. (f. ई) *aus Juwelen gebildet, — bestehend, krystallen.*

मणिरत्नमाला f. Titel eines Werkes.

मणिरत्नवत् Adj. *Edelsteine enthaltend.*

मणिरदन Adj. *perlenzahnig* Bhâm. V. 2,180.

1. मणिराग m. 1) *die Farbe eines Edelsteins.* — 2) *ein best. Metrum.*

2. *मणिराग 1) Adj. *die Farbe eines Edelsteins habend.* — 2) n. *a)* *Zinnober* Râǵan. 13,58. — *b)* *eine Art Rubin* Garbe zu Râǵan. 13,151.

मणिराज m. N. pr. eines Fürsten Ind. St. 14,131.

मणिराम m. N. pr. verschiedener Autoren.

*मणिरूप्य s. माणिरूप्यक.

मणिरोचनी f. N. pr. einer Kiṃnara-Jungfrau Kâraṇḍ. 6,10.

मणिल Adj. *mit einer Wamme versehen.*

मणिलिङ्गेश्वर m. N. pr. eines Vîtarâga.

मणिव 1) Adj. in अ° (Nachtr. 4). — 2) *m. N. pr. eines Schlangendämons.

मणिवर 1) m. N. pr. eines Mannes. — 2) n. *Diamant* Bhâvapr. 1,267.

मणिवर्मन् m. N. pr. eines Kaufmanns.

मणिवाँल Adj. etwa *Kügelchen (Kothklümpchen) an den Schweifhaaren habend.* Nach dem Comm. = मणिशुद्धवाल, मणिवर्णकेश

मणिवाहन n. Bein. Kuçâmba's oder Kuça's.

मणिशब्द m. Titel eines Werkes Opp. Cat. 1.

मणिशृङ्ग m. *der Sonnengott.*

मणिशेखर m. N. pr. eines Gandharva Bâlar. 89,15.

मणिशैल m. N. pr. eines *Berges.*

मणिश्याम Adj. *blau wie ein Sapphir* oder *Smaragd.*

मणिसर m. *Perlenschnur, Perlenschmuck.* Vgl. मुक्ता°.

मणिसार, °खण्डन n., °दर्पण m. und °प्रामाण्यवाद m. Titel von Werken Opp. Cat. 1.

मणिसूत्र n. *Perlenschnur.*

मणिसोपान n. *eine aus Edelsteinen gebildete* — oder *krystallene Treppe.*

*मणिसौपान (!) m. *a staff or stick set with jewels.*

मणिस्कन्ध m. N. pr. eines Schlangendämons. v. l. मणि und स्कन्ध.

मणिस्तम्भ m. *ein krystallener Pfosten.*

मणिस्रज् f. *Juwelenkranz.*

मणिहर्म्य n. N. pr. eines *Palastes.*

*मणीचक 1) m. *Eisvogel.* — 2) n. *ein best. Edelstein,* = चन्द्रकान्त.

मणीन्द्र m. *Diamant.*

मणीय्, °यते *einem Edelsteine gleichen.*

मणीवक 1) m. N. pr. eines Sohnes des Bhavja; n. N. pr. des von ihm beherrschten Varsha VP.² 2,198. Die gedr. Ausg. 2,4,60 hat षणीवक. — 2) *n. *Blume.*

*मणीवती f. N. pr.

मणीश्वरतीर्थ n. N. pr. eines Tirtha.

मण्टपद्रुम m. Titel eines Werkes Opp. Cat. 1 (im Index मण्डप°).

*मण्टपी f. *eine Art Portulak* Râǵan. 7,187. v. l. मण्डपी.

मण्टय्, मण्टैयति *sich wie ein Vermittler benehmen* (Comm.).

मणिट m. N. pr. eines Mannes. Richtig wohl माणिट.

*मण्ठ m. *eine Art Gebäck* Bhâvapr. 2,24.

मण्ठक 1) m. dass. ebend. Vgl. मण्डक 2) *a)*. — 2) *eine best. Sangweise.*

मण्ड्, *मण्डति (भूषायाम्), *मण्डते (विभाजने, वेष्टने). — Caus. मण्डयति 1) *schmücken;* *Med. *sich schmücken.* मण्डित *geschmückt.* — 2) *mit Worten ausschmücken,* so v. a. *in den Himmel erheben* Prasannar. 77,16. — 3) *द्रवे. — Mit परि, °मण्डित *rings herum geschmückt.* — Mit प्रति, °मण्डित *geschmückt.*

मण्ड 1) m. n. (adj. Comp. f. आ) *a)* *die von gekochten Körnern abgegossene Brühe, Schleim.* *n. — *b)* *die obenauf schwimmenden fettesten Theile der Milch und Butter, Rahm.* — *c)* *die obenauf schwimmenden geistigsten Theile von gebrannten Getränken, Alkohol, Spiritus.* *m. *n. — 2) *m. *a)* *Ricinus communis.* — *b)* *eine best. Gemüsepflanze.* — *c)* *Frosch* Râǵan. 19,77. — *d)* *Schmuck.* — 3) *f. आ *a)* *Myrobalanenbaum.* — *b)* *Branntwein.* — 4) n. in नैमण्डई (Nachtr. 4).

मण्डक 1) am Ende eines adj. Comp. (f. मण्डिका) *Schleim, Brühe.* — 2) m. *a)* *eine Art Gebäck* Bhâvapr. 2,16. Pańkat. ed. Bomb. 5,59,7. Vgl. मण्ठक 1). — *b)* *eine best. Sangweise.* — *c)* Pl. N. pr. eines Volkes. मन्दक v. l.

*मण्डकर्ण m. N. pr. eines Mannes.

मण्डचित्र m. desgl. Pl. *sein Geschlecht.*

मण्डन 1) Adj. *schmückend, mit dem Schmücken sich abgebend;* einer Stadt, einem Lande *zur Zierde gereichend,* so v. a. daselbst *wohnend, regierend* Prasannar. 12,8. — 2) m. N. pr. verschiedener Männer. Auch भट्टमिश्र°. — 3) n. (adj. Comp. f. आ) *a)* *das Schmücken.* — *b)* *Schmuck, Schmucksache.* — *c)* Titel eines Werkes.

मण्डनक in मुख°.

मण्डनकवि m. N. pr. eines Mannes.

मण्डनमिश्र m. N. pr. eines Autors.

मण्डप 1) Adj. *Reisschleim —, Rahm —,* oder *die Blume vom Weine schlürfend.* — 2) (*m. f. ई und n.) *Halle, Pavillon, Tempel.* In Comp. mit Pflanzennamen *Laube.* — 3) m. N. pr. eines Mannes. — 4) *f. आ *eine best. Hülsenfrucht,* = निष्पावी Râǵan. 7,187. — 5) *f. ई s. u. मण्टपी.

मण्डपक्षेत्र n. N. pr. *eines heiligen Gebietes.*

मण्डपद्रुम s. u. मण्टपद्रुम.

*मण्डपारोह m. *eine best. Pflanze* Râǵan. 7,67.

मण्डपिका f. *ein kleiner Pavillon, eine offene Halle, Schuppen* Bâlar. 119,5. Kâd. 143,24. 147,9. 244,22. Pańkad.

*मण्डपूल *Stiefel mit Schäften.*

मण्डमय Adj. *aus Rahm —, aus dem fettesten Theil der Milch gebildet.*

*मण्डयन्त 1) m. *a)* *Schmuck.* — *b)* *Schauspieler.* — *c)* *eine Versammlung von Frauenzimmern.* — *d)* *Speise.* — 2) f. ई *Frauenzimmer.*

*मण्डर 1) m. oder n. gaṇa अङ्गुल्यादि. — 2) f. ई *eine Art Grille.*

मण्डल 1) Adj. (f. आ) *rund.* — 2) m. (ausnahmsweise) f. (ई selten) n. (adj. Comp. f. आ) a) f. n. *Scheibe,* insbes. *die Sonnenscheibe; jedes Rund, Kreis, Umkreis, Ring; Zauberkreis* Kâraṇḍ. 74, 10. fgg. Instr. *im Kreise.* Hemâdri 1,625,8 ist von einem *dreieckigen* मण्डल die Rede; vgl. u. मण्डलक 3) a). — b) n. *Bahn der Himmelskörper.* — c) n. *ein Hof um die Sonne* oder *den Mond.* — d) n. *Spielball* MBh. 8,74,15. — e) n. *ein kreisförmiger Verband.* — f) m. n. *eine kreisförmige Aufstellung der Truppen.* — g) n. *ein rundes Mal.* — h) n. Sg. und Pl. *ein best. Hautausschlag mit runden Flecken.* — i) *n. *eine runde von Fingernägeln herrührende Wunde oder Verletzung.* — k) n. *eine best. Stellung beim Schiessen.* — l) f. n. *Kreis, so v. a. District, Bezirk, Gebiet, Reich, Land.* — m) m. f. n. *Kreis,* so v. a. *Gesellschaft, Gruppe, Schaar, Schwarm* (von Bienen), *Menge, Gesammtheit.* — n) n. *der Kreis der näheren und entfernteren Nachbarn eines Fürsten, dessen politische Beziehungen zu einander und zu ihm er auf eine für ihn vortheilhafte Weise zu regeln und zu unterhalten bestrebt sein muss.* Es werden 4, 6, 10 und auch 12 solcher Fürsten angenommen. — o) n. *Abtheilung des* Ṛgveda (deren es 10 giebt). — 3) *m. a) *Hund.* — b) *eine Schlangenart.* — 4) *f. ई a) *Panicum Dactylon.* — b) *Cocculus cordifolius* Bhâvapr. 1,196. — 5) *n. a) *Unguis odoratus.* — b) *ein best. Opfer.*

मण्डलक 1) m. a) **Hund.* — b) N. pr. eines Fürsten VP.^{2} 4,197. 201. — 2) f. °लिका *Gruppe, Schaar* Çiç. 5,52. — 3) n. a) = मण्डल 2) a). *Viereckig* Hemâdri 1,544,13. Kâraṇḍ. 49,2; vgl. u. मण्डल 2) a). — b) **ein Hautausschlag mit runden Flecken.* — c) **eine kreisförmige Aufstellung der Truppen.* — d) **Spiegel.* — e) *Gruppe.*

*मण्डलकराजन् m. *der Fürst eines kleinen Landes.*

मण्डलकवि m. *Bänkeldichter* Dh. V. 36,4.

मण्डलकार्मुक Adj. *dessen Bogen einen Kreis bildet, d. i. ganz gespannt ist.*

मण्डलचिह्न n. *das Zeichen eines Kreises.*

मण्डलनाभि m. *das Haupt im Kreise der näheren oder entfernteren Fürsten.* Nom. abstr. °ता f. Ragh. 9,15.

मण्डलन्यास m. *das Ziehen —, Zeichnen eines Kreises.* °सं कर् *einen Kreis ziehen.*

*मण्डलनृत्य n. *Rundtanz.*

*मण्डलपत्त्रिका f. *eine roth blühende* Punarnavâ. Vgl. मण्डलिपत्त्रिका.

मण्डलपुच्छक m. *ein best. Insect.*

मण्डलब्राह्मण n. und °ब्राह्मणोपनिषद् f. (Opp. Cat. 1) Titel einer Upanishad.

मण्डलभाग m. *Theil eines Kreises, Bogen.*

मण्डलवट m. *ein einen Kreis bildender Feigenbaum.*

मण्डलवर्तिन् m. *Gebieter über eine Provinz, — über ein kleines Reich.*

मण्डलवर्ष n. *Strichregen, kein allgemeiner Regen.*

मण्डलशस् Adv. *in Kreisen.*

मण्डलाग्र 1) Adj. *dessen Spitze rund ausläuft.* — 2) m. (*n.) *ein krummer Säbel.* — 3) n. *ein abgerundetes chirurgisches Messer.*

मण्डलाधिप und मण्डलाधीश m. *der Fürst eines Landes.*

मण्डलाय्, °यते *sich ringeln.* *°यित *rund.*

मण्डलिक Kathâs. 98,5 fehlerhaft für माण्डलिक.

मण्डलित Adj. *geringelt.*

मण्डलिन् 1) Adj. a) *einen Kreis —, einen Ring bildend.* वात m. *Wirbelwind.* — b) *mit runden Flecken gezeichnet* (Schlange) Râǵan. 19,56. — c) *ein Reich besitzend, — beherrschend.* — 2) m. a) **die Sonne.* — b) *Schlange.* — c) **eine Art Schlange.* — d) **Chamäleon* Râǵan. 19,62. — e) **Igel* H. Halâj. — f) **Hund.* — g) **der indische Feigenbaum.* — 3) *f. °नी *Cocculus cordifolius* Râǵan. 3,2.

*मण्डलिपत्त्रिका f. = मण्डलपत्त्रिका Râǵan. 5,117.

1. मण्डली f. s. u. मण्डल.

2. मण्डली Adv. 1) mit कर् *rund machen.* °कृत von einem Bogen so v. a. *vollkommen gespannt.* — 2) mit भू *rund werden, sich ründen, ein Rund bilden.* °भूत von einem Bogen so v. a. *vollkommen gespannt.*

मण्डलीकारम् Absol. *in eine runde Form bringend* Baudh. im Comm. zu Âpast. Çr. 2,19,9.

*मण्डलीनृत्य n. *Rundtanz.*

मण्डलीभाव m. *das Rundsein* Hemâdri 1,297,9.

मण्डलेश m. *der Beherrscher eines Landes.* Nom. abstr. °त्व n.

मण्डलेश्वर m. dass. Vikramâṅkaḱ. 14,51.

मण्डलेष्टका f. *ein runder Backstein* TS. 5,3,9,2. Âpast. Çr. 17,4.

मण्डव्यपुर fehlerhaft für मा°.

*मण्डहारक m. *Branntweinbrenner.*

मण्डिक m. Pl. N. pr. eines Volkes. शुण्डिक v. l.

मण्डित 1) Adj. s. u. मण्ड् Caus. — 2) m. N. pr. eines der 11 Gaṇâdhipa bei den Ǵaina.

*मण्डितपुत्र m. N. pr. = मण्डित 2).

मण्डितर् Nom. ag. *Schmuckverleiher,* so v. a. *Zierde* Bâlar. 104,10.

मण्डु m. N. pr. eines Ṛshi.

मण्डुक 1) Çiç. 18,21 nach dem Comm. = संग्रह. — 2) m. Pl. N. pr. eines Volkes VP.^{2} 2,180. — Vgl. *पङ्क°.

मण्डुकेय m. N. pr. v. l. für माण्डुकेय VP.^{2} 3,45.

मण्डूक 1) m. a) *Frosch.* Am Ende eines adj. Comp. f. आ. — b) *eine Art von Pferden.* — c) **Calosanthes indica.* — d) N. pr. α) eines Ṛshi. — β) *eines Schlangendämons. — 2) f. मण्डूकी a) *Froschweibchen.* — b) **Hydrocotile asiatica.* — c) **Polanisia icosandra.* — d) **Clerodendrum siphonanthus* Râǵan. 4,183. — e) **Ruta graveolens* Râǵan. 5,63. — f) **Herpestis Monnieria* Mat. med. 213. — g) **ein freches Weib.* — 3) *n. *quidam coeundi modus.*

1. मण्डूकगति f. *das Springen in der Weise eines Frosches.*

2. मण्डूकगति Adj. *springend wie ein Frosch;* in der Gramm. so v. a. *mehrere* Sûtra *überspringend.*

मण्डूकपर्ण 1) *m. a) *Colosanthes indica.* — b) = कपीतन. — 2) f. ई Bez. *verschiedener Pflanzen.* Nach den Lexicographen *Rubia Munjista, Clerodendrum siphonanthus, Polanisia icosandra* und *Hydrocotile asiatica* Râǵan. 4,182. 6,194. Bhâvapr. 1,176. 221. Mat. med. 176. 309.

*मण्डूकपर्णिका f. *eine best. Pflanze.*

मण्डूकप्लुति f. *Froschsprung;* in der Gramm. so v. a. *das Ueberspringen mehrerer* Sûtra.

*मण्डूकमातर् f. *Clerodendrum siphonanthus* Râǵan. 5,63.

*मण्डूकसरस n. *Froschteich.*

मण्डूकिका f. *Froschweibchen* Suparṇ. 9,4.

मण्डूर (*n.) *Eisenrost, — schlacke* Bhâvapr. 1,256.

मण्डूरधाणिका Adj. f. als Schimpfwort etwa *eine rostige (schmutzige) Scham habend* Ṛv.

मण्डोदक n. 1) *Hefe.* — 2) **das Aufputzen von Mauern, Fluren u. s. w. bei festlichen Gelegenheiten.* — 3) **Aufregung des Gemüths* oder **Buntfarbigkeit.*

मण्यालोक m. Titel eines Werkes. °कण्टकोद्धार m. Titel eines Commentars dazu.

मत् (Abl. von 1. म) *von mir u. s. w.* Am Anfange eines Comp. Stellvertreter von 1. म.

मत 1) Adj. s. u. मन्. — 2) m. N. pr. eines Sohnes des Çambara. v. l. मन. — 3) n. a) *Meinung, Ansicht; Lehre.* — b) **Gutheissung, Billigung, Einwilligung.* — c) *Absicht.*

*मतक Adj. von मत.

मतङ्ग m. 1) *Elephant.* — 2) **Wolke.* — 3) N. pr. *a)* eines Dânava. — *b)* eines Muni Pl. *sein Geschlecht.*

मतङ्गज 1) m. *Elephant.* Nom. abstr. °त्व n. — 2) f. आ *eine best.* Mûrkhanâ S. S. S. 30.

मतङ्गतीर्थ n. N. pr. eines Tîrtha.

मतङ्गदेव m. N. pr. eines fabelhaften Wesens.

मतङ्गपुर n. N. pr. einer *Stadt.*

मतङ्गवापी f. N. pr. eines Tîrtha Vishnus. 85, 38.

मतङ्गक्लक m. N. pr. eines Mannes.

मतङ्गानुचर m. *Begleiter eines Elephanten* Suparn. 14,1.

मतङ्गिनी f. N. pr. einer Tochter Mandara's.

मतभेद m. *Meinungsverschiedenheit, — zwischen* (Gen. und Instr. mit सह) Utpala zu Varâh. Brh. 2,7.

मतभेदन n. Titel eines Werkes.

मतयोगीश m. N. pr. eines Mannes B. A. J. 9,280.

मतल्लिका f. 1) am Ende eines Comp. *Prachtstück, ein Muster von.* स्त्री° Vivekav. 5,60. — 2) *ein best. Metrum.*

मतल्ली f. = मतल्लिका 1).

मतवचस् Adj. *des* (Gebets-) *Wortes gedenkend* RV.

मतवत्त् Adj. *ein Ziel im Auge habend.*

मतस्न n. Du. *ein best. Eingeweide der Brusttheile.*

मताक्ष Adj. *würfelkundig*, insbes. von Çakuni gebraucht.

मतानुज्ञा f. in der Dialektik *Anerkennung eines Fehlers in der eigenen Argumentation mit dem Bemerken, dass der Gegner auch einen solchen Fehler begangen habe,* Njâjas. 5,2,21.

मति und मति 1) f. *a) Andacht, Gebet, Verehrung. — b) andächtiges Lied* oder *Spruch. — c) Gedanke, Vorhaben, Absicht, Entschluss, Verlangen, Sinn für;* das Wonach, Wozu, Woran oder Wofür im Loc., Dat. oder Infin. मतिं कर् *seinen Sinn richten auf, gedenken, beschliessen;* die Ergänzung im Loc., Dat., Acc. mit प्रति oder in Comp. mit अर्थम्. Ohne Ergänzung *sich dazu entschliessen.* मतिं धा, आ-धा, समा-धा *beschliessen;* die Ergänzung im Dat. oder Loc. °आहितमति Adj. *beschlossen habend zu* (Nom. act.). मतिं धर् *sich mit einem Gedanken tragen;* die Ergänzung im Dat. oder Loc. मतिम् आ-स्था, समास्था *einen Entschluss fassen.* मतिं नि-वर्तय् *den Gedanken zu* (Abl. eines Nom. act.) *aufgeben.* विनिवृत्त° Adj. so v. a. *abgestanden von* (Abl.). मत्या *absichtlich, wissentlich. — d) Meinung, Ansicht, eine gewonnene Ueberzeugung; Denkweise.* मत्या *nach Gutdünken.* अपत्यमत्या *in der Meinung, dass es* (dein) *Kind sei. — e) das Denken, Vorstellen; Einsicht, Verstand. — f) Achtung. — g)* bei den Gaina *die erste Stufe in der Erkenntniss der Wahrheit. — h)* **Erinnerung. — i) die Einsicht* u. s. w. personificirt, insbes. als eine der Mütter der 5 Pându-Söhne, als Tochter Daksha's und als Gattin Viveka's (*des Verstandes*). — *k)* concret *sinnig, verständig, aufmerksam. — l)* **ein best. Gemüse.* — 2) m. N. pr. eines Prinzen.

मतिकर्मन् n. *eine Sache der Einsicht, — des Verstandes.*

मतिगति f. *Gedankengang, Denkweise.*

*मतिचित्र m. Bein. Açvaghosha's.

मतिदर्शन n. Pl. *das Erkennen fremder Gedanken, — Absichten.*

*मतिदा f. 1) *Cardiospermum Halicacabum* Râgan. 3,70. — 2) *ein best. Strauch,* = शिम्बुडी Râgan. 4,167.

*मतिध्वज m. N. pr. eines Buddhisten.

मतिनार m. N. pr. eines Fürsten.

मतिनिर्णय m. Titel eines Werkes.

*मतिनिश्चय m. *eine feste Meinung.*

मतिपथ m. *der Pfad zum Nachdenken.* °थं नी so v. a. *durchdenken* Spr. 7772.

मतिपुर m. N. pr. einer *Stadt* Eitel, Chin. B.

मतिपूर्व Adj. *beabsichtigt.* °पूर्वम् u. °पूर्वे (Gaut. 12,49) Adv. *absichtlich, wissentlich.*

मतिपूर्वकम् Adv. *absichtlich, wissentlich.*

मतिभद्रगणि m. N. pr. eines Gelehrten.

मतिभेद m. *Wechsel der Meinung, — der Ansicht.*

मतिभ्रम m. *das Irresein, Wirresein.*

*मतिभ्रान्ति f. dass.

मतिमत् 1) Adj. *klug, verständig.* — 2) m. N. pr. eines Sohnes des Ganamegaja.

मतिमुकुर m. Titel eines Werkes.

मतिल m. N. pr. eines Fürsten.

मतिवत्त् Adj. fehlerhaft für मतिमत् 1) Hemâdri 1,724,11.

मतिवर्धन m. N. pr. eines Scholiasten. Auch °गणि.

मतिविद् Adj. *die Andacht —,* oder *die Absicht kennend.*

मतिविपर्यय m. *eine verkehrte Ansicht, Verblendung* Vikramânkak. 14,15 (zu lesen मा मतिवि°). 51.

*मतिविध्वंश m. *Verrücktheit des Verstandes, Wahnsinn.*

मतिविभ्रम m. *Geistesverwirrung* Râgan. 21,3.

*मतिविभ्रान्ति f. dass. Râgan. 20,29.

मतिशालिन् Adj. *klug, verständig.*

*मतिष्ठ Adj. Superl. zu मतिमत् 1).

मतिहीन Adj. *unverständig, einfältig* Spr. 658.

मती Adv. mit कर् *eggen* oder *walzen* Tândja-Br. 2,9,2. Vgl. दुर्मती, सुमती und 1. मत्य.

*मतीयस् Adj. Compar. zu मतिमत् 1).

मतीविद् Adj. = मतिविद्.

मतीश्वर m. *ein Meister an Verstand.*

मतुथ m. *ein Weiser.*

*मतुल *eine best. hohe Zahl* (buddh.).

मतेश m. N. pr. eines Mannes B. A. J. 9,281.

मतोत्तर und °तन्त्र n. Titel eines Tantra.

मतोद्धार m. Titel eines Werkes.

1. मत्क Adj. *mein* Bâlar. 175,8.

2.*मत्क m. = मत्कुण *Wanze* Râgan. 19,68.

मत्कुण 1) m. *a) Wanze. — b)* **ein bartloser Mann. — c)* **ein Elephant ohne Fangzähne. — d)* **ein Elephant von kleiner Statur. — e)* **Büffel. — f)* **Cocosnuss.* — 2) f. आ *a)* **pudendum muliebre sine pube.* — *b)* N. pr. eines Flusses.

*मत्कुणारि m. *Hanf.*

मत्कुणिका oder मत्कुलिका (MBh. 9,46,19) f. N. pr. einer der Mütter im Gefolge Skanda's.

मत्कृत Adj. *von mir gethan.*

मत्कोटक m. *Termite* Hem. Par. 8,342. fg.

मत्त 1) Adj s. u. 1. मद्. — 2) m. *a)* **Büffel* Râgan. 19,22. — *b)* **der indische Kuckuck* Râgan. 19, 110. — *c)* **Stechapfel* Râgan. 10,18. — *d)* N. pr. eines Rakshas. — 3) f. आ *a)* **ein berauschendes Getränk. — b)* **Biene* Râgan. 19,127. — *c) ein best. Metrum.*

मत्तक 1) Adj. *einen kleinen Wahn habend, ein wenig übermüthig.* — 2) m. N. pr. eines Brahmanen. Vielleicht ist सुमनो° als ein Name zu fassen.

मत्तकाल m. N. pr. eines Fürsten.

मत्तकाशिनी Adj. f. *sich wie berauscht gebahrend* (von reizenden Frauen), insbes. in der Anrede.

*मत्तकीश m. *Elephant.*

*मत्तगामिनी Adj. f. *wie berauscht einherschreitend* (von reizenden Frauen).

मत्तनाग m. 1) **ein brünstiger Elephant.* — 2) N. pr. eines Autors.

मत्तमयूर 1) m. *a) ein freudetrunkener Pfau. — b)* N. pr. eines Mannes B. A. J. 1,218. — *c)* Pl. = मत्तमयूरक Nilak. zu MBh. 2,32,5. — 2) n. *ein best. Metrum.*

मत्तमयूरक m. Pl. N. pr. eines Kriegerstammes.

मत्तमातङ्गलीलाकर (wohl n.) *ein best. Metrum.*

*मत्तर Compar. von मत्.

मत्तवाक्सीनमूलिका f. Titel eines Werkes Opp. Cat. 1.

मत्तवारण 1) m. *ein brünstiger Elephant* Vâsav. 110,2. — 2) (*m. n.) *Gitter* oder *Hecke um ein Haus* u. s. w. — 3) n. a) *Spitze, Thürmchen* Vâsav. 110,2. — b) **gestampfte Betelnüsse.*

मत्तवारणीय Adj. etwa *am Thürmchen* (eines Wagens) *befindlich* Bâlar. 91,13.

मत्तविलासिनी f. *ein best. Metrum.*

मत्तस् Adv. Abl. = मत् *von mir* u. s. w.

मत्ताक्रीडा f. *ein best. Metrum.*

*मत्तालम्ब m. *Gitter* oder *Hecke um ein Haus* u. s. w.

*मत्तेभगमना Adj. f. *den Gang eines brünstigen Elephanten habend.*

मत्तेभविक्रीडित n. *ein best. Metrum.*

मत्पूर्व 1) Adj. *vor mir gelebt habend* Mârk. P. 133,14. — 2) m. *mein älterer Bruder* R. Gorr. 2, 93,14.

1. मत्य, मतिय n. 1) *Egge* oder *Walze* Tândja-Br. 2,9,2. — 2) *Kolben.* — 3) **das Eggen* oder *Walzen.*

2. *मत्य n. = ज्ञानस्य करणम्.

मत्स 1) m. a) *= मत्स्य *Fisch.* — b) *ein Fürst der* Matsja. v. l. मत्स्य. — 2) f. ई *Fischweibchen* Spr. 7707.

मत्सखि m. (Nom. °खा) *mein Genosse* oder *Freund.*

*मत्सगण्ट oder *°गण्ठ m. *ein best. Fischgericht.*

मत्सर 1) Adj. a) *ergötzend, berauschend.* — b) *lustig.* — c) *selbstsüchtig, eigennützig.* — d) *neidisch, eifersüchtig.* — 2) m. a) *Ergötzer,* so v. a. Soma. — b) *Neid, Missgunst, Eifersucht,* — *auf* (Loc. oder im Comp. vorangehend). — c) *Unwille.* — d) *das Versessensein auf* (Loc. oder im Comp. vorangehend). — e) N. pr. eines Sâdhja Hariv. 3,12,46. — 3) *m. f. (आ) *Fliege.* — 4) f. ई *eine best.* Mûrkhanâ S. S. S. 30. — Die Bedeutungen *selbstsüchtig* u. s. w. könnten auf einer falschen Etymologie des Wortes (मत् + सर) beruhen.

मत्सरवत् Adj. = मत्सर 1) *a*).

मत्सरिन् Adj. 1) dass. — 2) *neidisch,* — *auf* (Loc. oder im Comp. vorangehend). — 3) *versessen auf* in अमत्सरिन् (Nachtr. 4).

मत्सरिकृता f. *eine best.* Mûrkhanâ S. S. S. 31.

मत्सिन् Adj. *Fische* —, so v. a. *Wasser enthaltend, durch W. bezeichnet* (Grenze) Nârada in Mit. 2,62,*b*,12 und Vivam. 139,*a*,16.

मत्स्य 1) m. a) *Fisch.* Personificirt als Fürst mit dem Patron. सांमद. Am Ende eines adj. Comp. *f. आ. — b) **ein best. Fisch.* — c) Du. *die Fische im Thierkreise.* — d) *eine best. Figur* Hemâdri 1, 126,8. = स्वस्तिकमध्याकृतिः 12. 13. — e) *eine best. Lichterscheinung.* — f) Pl. N. pr. eines Volkes. — g) *ein Fürst der* Matsja. — h) N. pr. α) eines Sohnes des Vasu Uparikara *und Fürsten der* Matsja. — β) eines Lehrers. — 2) f. मत्स्या a) *Fischweibchen.* — b) N. pr. einer Tochter des Vasu Uparikara.

मत्स्यक m. *Fischchen.*

*मत्स्यकरण्डिका f. *Fischkorb,* — *kasten,* — *behälter.*

मत्स्यगन्ध 1) Adj. (f. आ) *Fischgeruch habend;* f. Beiw. und Bein. der Satjavatî, der Mutter Vjâsa's. — 2) m. Pl. N. pr. eines Geschlechts. — 3) *f. आ *Commelina salicifolia* Râgan. 4,108. Bhâvapr. 1,168. Dhanv. 4,36.

*मत्स्यघण्ट m. *ein best. Fischgericht.*

मत्स्यघात m. *Fischerhandwerk.*

मत्स्यघातिन् 1) Adj. *Fische tödtend.* पुरुष m. so v. a. *Fischer.* — 2) m. *Fischer.*

*मत्स्यजाल n. *Fischnetz.*

मत्स्यजीवत् und °जीविन् m. *Fischer.*

मत्स्यण्डिका (Karaka 6,1) und मत्स्यण्डी f. *eingedickter Saft vom Zuckerrohr* Râgan. 14,99. Bhâvapr. 2,65. Mat. med. 266.

मत्स्यद्वादशी f. *der zwölfte Tag in der* — *Hälfte des* Mârgaçira.

मत्स्यद्वीप m. N. pr. eines Dvîpa.

*मत्स्यधानी f. *Fischbehälter.*

1. मत्स्यध्वज m. *ein Fisch als Abzeichen,* — *Erkennungszeichen* Ragh. 7,37.

2. मत्स्यध्वज m. N. pr. eines Berges.

मत्स्यनाथ m. N. pr. eines Mannes.

मत्स्यनारी f. *halb Fisch halb Weib,* Bein. der Satjavatî.

*मत्स्यनाशक und *°नाशन m. *Meeradler.*

*मत्स्यपित्ता f. *Helleborus niger* Râgan. 6,132.

मत्स्यपुराण n. *das von* Vishnu *als Fisch verkündete* Purâna.

मत्स्यप्रादुर्भाव m. Vishnu's *Erscheinung auf Erden als Fisch.*

मत्स्यबन्ध m. *Fischer.*

*मत्स्यबन्धन 1) n. *Angel.* — 2) f. ई *Fischkorb.*

मत्स्यबन्धिन् 1) m. *Fischer.* — 2) *f. °नी *Fischkorb.*

मत्स्यमाधव n. N. pr. eines Tîrtha.

*मत्स्यरङ्क und *°रङ्ग m. *Eisvogel.*

मत्स्यराज m. 1) Pl. *die besten Fische* Bhâvapr. 4,18. — 2) **Cyprinus Rohita.* — 3) *ein Fürst der* Matsja.

मत्स्यविद् Adj. *fischkundig.*

मत्स्यविन्ना f. *eine best. Pflanze.*

*मत्स्यवेधन 1) n. f. (ई) *Angel.* — 2) f. ई *Seerabe.*

*मत्स्यशकला f. *Helleborus niger* Bhâvapr. 1,173. 3,101.

मत्स्यसगन्धिन् Adj. *Fischgeruch habend.*

*मत्स्यसंघात m. *Fischbrut.*

*मत्स्यसंतानिक m. *ein best. Fischgericht.*

मत्स्यसूक्त n. Titel eines Werkes.

मत्स्यहन् m. *Fischer.*

मत्स्याक्तक m. (*f. आ) *eine* Soma-*Pflanze* Karaka 6,1. — 2) *f. °क्तिका *eine Grasart* Râgan. 8,116.

*मत्स्याक्षी f. 1) *eine* Soma-*Pflanze.* — 2) *Hingcha repens.* — 3) *Solanum indicum* Râgan. 4,136. — 4) *eine Grasart,* = गण्डदूर्वा Râgan. 8,116.

*मत्स्याङ्गी f. fehlerhaft für मत्स्याक्षी.

मत्स्याण्ड 1) n. *Fischrogen* Bhâvapr. 1,147. — 2) m. Du. Pankav. 3,13,14. Richtig मत्स्यण्डी.

*मत्स्याद् Adj. *von Fischen sich nährend.*

मत्स्याद Adj. dass.

*मत्स्यादनी f. *Commelina salicifolia* Râgan. 4, 108. Dhanv. 4,36.

मत्स्यावतार m. = मत्स्यप्रादुर्भाव. °प्रबन्ध m. Titel eines Werkes Opp. Cat. 1.

*मत्स्याशन m. *Eisvogel.*

मत्स्याशिन् Adj. *von Fischen lebend* Bhâvapr. 2,11.

मत्स्यासुर m. N. pr. eines Asura.

मत्स्येन्द्र m. N. pr. eines Lehrers. Auch °नाथ.

मत्स्येश्वरतीर्थ n. N. pr. eines Tîrtha.

*मत्स्योत्था f. Bein. der Satjavatî Gal.

मत्स्योदरिन् m. N. pr. eines Bruders der Satjavatî.

मत्स्योदरी f. 1) *Bein. der Satjavatî. — 2) N. pr. eines Tîrtha in Benares.

मत्स्योदरीय Adj. *aus dem Bauch eines Fisches stammend.*

मत्स्योपजीविन् m. *Fischer.*

1. मथ्, मन्थ्, मथति, °ते (metrisch), मन्थति, मन्थते (metrisch; vgl. jedoch u. वि), मथ्नाति, मथ्नीते; Pass. मथ्यते, Partic. मथित. Grundbedeutung *mit Kraft umdrehen, umrühren.* 1) अग्निम् *Feuer erzeugen durch Reibung eines Holzes in einem andern.* — 2) das Reibholz (Acc.) *reiben.* — 3) einen Körper oder einen Körpertheil (Acc.) *nach Art des Reibholzes reiben* um aus ihnen Nachkommenschaft zu erzeugen. — 4) *quirlen, rühren* (Milch zu Butter). Auch mit Acc. des Behälters, in dem ge-

quirlt wird. **Etwas aus Etwas quirlen*, mit doppeltem Acc. — 5) *rühren, vermengen.* — 6) *schütteln.* — 7) *schütteln*, so v. a. *zerzausen, hart mitnehmen, aufreiben, klein machen, zerstören, beschädigen, in Unordnung bringen.* — 8) *aufregen.* — 9) मथित *ausgerenkt.* — Caus. मन्थयति (Milch) *rühren lassen.* — Mit अधि, अग्निम् *Feuer durch Reibung erzeugen.* — Caus. अधिमन्थित *aufgerüttelt*, so v. a. *in einen Zustand der Reizung versetzt* (zur Erklärung von अधिमन्थ). — Mit अभि 1) *umdrehen* (bei der Feuerreibung). — 2) अग्निम् *Feuer erzeugen durch Reibung.* — Mit अव *rühren, stochern.* — Mit आ 1) *quirlen* (das Meer). — 2) *schütteln, in heftige Bewegung versetzen.* — Mit उद् 1) *aufrütteln, aufschütteln, durchschütteln.* — 2) *hart mitnehmen, mit Schlägen begegnen.* उन्मथ्य so v. a. *mit Gewalt.* — 3) *abschlagen, abreissen* (den Kopf). — 4) *abreiben, abschälen.* — 5) *ausreissen, entwurzeln.* — 6) *aufreiben, tödten, zu Nichte machen* überh. — 7) *widerlegen* Çaṅk. zu Bâdar. 2,1,2. 3,2,36. — 8) *aufrühren, aufregen, erregen.* — 9) *mengen.* उन्मथित *vermengt mit* (im Comp. vorangehend). — Caus. उन्माथयति *in heftige Bewegung versetzen, erregen.* — Mit प्रोद् in °प्रोन्माथिन्. — Mit समुद् 1) *niederschiessen, abschiessen.* — 2) *aufrühren, erregen.* — Mit उप *einrühren, umrühren.* — Mit नि *niedermachen, tödten.* — Mit निस् 1) *durch Reiben herauslocken* (Feuer), *Etwas aus Etwas herausreiben* (mit doppeltem Acc.). — 2) *herausquirlen.* — 3) *quirlen, rühren.* — 4) *herausschütteln, herauszerren.* — 5) *hart mitnehmen, mit Schlägen begegnen.* निर्मथ्य so v. a. *mit Gewalt.* — 6) *zermalmen, zerbrechen, zu Nichte machen* überh. — 7) *erschüttern, aufregen, erregen.* — 8) *wegwischen.* निर्मथित *weggewischt.* — Mit विनिस् 1) *herausquirlen.* — 2) *zermalmen, zu Nichte machen* (Feinde). — Mit संनिस् *herausquirlen.* — Mit परि *abrupfen.* — Mit प्र 1) *quirlen* (das Meer). — 2) *wegzerren, losreissen, abreissen, abschlagen* (den Kopf), *ausreissen* (ein Auge). — 3) *stark zusetzen, hart mitnehmen, bezwingen, zwingen.* — 4) *zu Grunde richten, zerstören, verwüsten.* — Caus. प्रमाथयति 1) *stark zusetzen, hart mitnehmen.* — 2) *niedermachen, tödten, schlachten* (v. l. प्रमाप्य st. प्रमाथ्य). — Mit वि 1) Med. *wegreissen, entreissen, wegnehmen* TS. 3,3,4,3. Çat. Br. 2,5,1,12. 13. 3,24. 26. — 2) Med. *auseinanderzerren, in Stücke reissen, zerschlagen.* — 3) Act. *verhauen, zersprengen.* — 4) *zerstören* (eine Stadt); nur विमथित. — 5) *verwirren* (die Sinne, den Geist); nur विमथित (Harshaḱ. 117, 5) und विमथितुम्. — Mit अभिवि *zerreiben, zerbröckeln.* — Mit सम् *zerhauen, zerschlagen, heftig schlagen.*

2. मथ् 1) Adj. *vernichtend, Vernichter* in मधुमथ्. — 2) m. (nur in den schwächsten Casus) a) *Rührstock, Butterstössel.* — b) **Donnerkeil.* — c) **Wind.*

*मथक m. N. pr. eines Mannes. Pl. *sein Geschlecht.*

मथन् (nur Instr. मथ्ना) *Reibholz zur Erzeugung von Feuer.*

मथन 1) Adj. (f. ई, einmal आ) a) *stark zusetzend, hart mitnehmend.* — b) *zu Nichte machend.* — 2) *m. *Premna spinosa.* — 3) n. a) *das Reiben.* — b) *das Quirlen.* — c) *das Herausquirlen.* — d) *hartes Mitnehmen.* — e) *das Zunichtemachen* 290,12.

मथनाचल m. *der Berg, den die Götter und* Dânava *beim Quirlen des Milchmeeres als Butterstössel gebrauchten, der Berg* Mandara.

(मथव्य) मथवि॑म्र AV. 2,35,2 fehlerhaft für मध्व्य॑.

मथा Indecl. *eine best.* Nidhâna-*Formel.*

मथात n. Name eines Sâman. Richtig माथात.

मथाय्, मथाय॑ति 1) *Feuer durch Reibung erzeugen* RV. 1,141,3. — 2) *abreissen, ablösen* (den Kopf) RV. 5,30,8. 6,20,6. — 3) *schütteln* AV. 2,30,1. — Mit उद् *aufrütteln, aufschütteln* AV. 20,132,4. — Mit परि *ausraufen, abrupfen* RV. 9,77,2.

1. मथि 1) Adj. in उराम॑थि, वस्नम॑थि und हविर्म॑थि. — 2) *m. (nur vor consonantisch anlautenden schwachen Casusendungen) *Rührstock, Butterstössel.*

2. मथि॑ f. Vâlakh. 5,8 wohl fehlerhaft für मति॑.

मथित 1) Adj. s. u. 1. मथ्. — 2) m. N. pr. eines Liedverfassers. — 3) n. *Buttermilch ohne Wasserzusatz* Râǵan. 15,15. Bhâvapr. 6,39.

°मथितर् Nom. ag. *Zermalmer, Vernichter.*

मथितोस् Gen. Infin. von 1. मथ्. वि वा मथितोः Ait. Br. 1,10,2.

*मथिन् von den Grammatikern angenommen st. 1. मथि 2).

*मथीन्, मथीनति künstliches Denomin. von मथिन्.

*मथु m. N. pr. = मधु; vgl. माथव॑.

मथुर 1) m. N. pr. eines Mannes. — 2) f. आ N. pr. verschiedener Städte Hem. Par. 2,224. 6,42.

मथुरनाथ 1) m. a) Bein. Kṛshṇa's. — b) N. pr. verschiedener Männer. — 2) f. ई Titel eines Werkes.

मथुरादास m. N. pr. des Verfassers der Vṛshabhânuǵâ Vṛshab. 237,b,9.

मथुरानाथज्ञातिमाला f. (Opp. Cat. 1), °नाथीय n. (ebend.), मथुरामाहात्म्य n. (ebend.) und मथुरासेतु m. Titel von Werken.

मथुरेश m. 1) *Bein. Kṛshṇa's. — 2) N. pr. eines Autors.

*मथूरा f. = मथुर 2).

°मथ्य Adj. 1) *zu reiben aus* in उल्मुकमथ्य॑. — 2) *zu quirlen —, gequirlt werdend aus.*

मथ्र॑ Adj. *agitatus.*

1. मद्, मन्द्, म॑दति, म॑न्दति (trans.), °ते (intrans.), मम॑त्ति, मा॑द्यति (intrans.). 1) intrans. Act., selten Med. a) *sich freuen, fröhlich —, heiter sein, frohlocken, sich ergötzen, schwelgen in, sich wohl befinden bei, sich gütlich thun an* oder *in* (Instr., Gen., Loc., selten Acc.), *sich in Etwas berauschen, berauscht* (auch in übertragener Bed.) *werden durch* (Instr.). म॑न्दमान *freudig.* — b) *selig sein* (von Göttern und Seligen). — c) *wallen, kochen* (vom Wasser). — d) angeblich *schlafen.* — 2) trans. Act. *erfreuen, ergötzen, erheitern, begeistern, berauschen.* — 3) मत्त॑ a) *freudig erregt, ausgelassen vor Freude, berauscht, trunken* (eig. und übertr.). — b) *berauscht, freudig erregt,* so v. a. *brünstig* (von Thieren aller Art, insbes. aber vom Elephanten). — Die Lexicographen geben folgende Bedeutungen an: हर्षे, स्तुतिमोदस्वप्नगतिषु, कान्तौ, ग्लान्ये, = ज्वलति und अर्चति. — Caus. माद॑यति, °ते, मद॑यति, °ते, मन्द॑यति; 1) Act. *ergötzen, erheitern, erfreuen, befriedigen, berauschen* (auch in übertr. Bed.), *betäuben.* Med. metrisch. — 2) Med. a) *sich ergötzen, fröhlich sein, sich wohl befinden, sich behagen lassen.* — b) *ein Leben der Freude führen, selig sein.* — Mit अनु *mit Freudenbezeugung empfangen oder begleiten, zujubeln, zujauchzen;* mit Acc. अनुमत्त Benf. Chr. 200,14 fehlerhaft für अनुन्मत्त. — Mit अभि 1) *heiter —, lustig sein.* — 2) *ergötzen, erheitern.* अभिमत्त *berauscht.* — Mit अव Kâth. 25,7 wohl fehlerhaft für अनु. — Mit उद् 1) *von Sinnen kommen, verwirrt werden, den Verstand verlieren.* उ॑न्मत्त *von Sinnen seiend, gestört, verrückt, betrunken, berauscht, von einem Wahn ergriffen; wüthend* (Thier); *aufgeregt* (Augen). Compar. उन्मत्ततर. — 2) *erheitern, ergötzen.* — Caus. *aufregen, in Ekstase versetzen; verwirrt machen, von Sinnen bringen, verrückt machen.* — Mit प्रोद् *anfangen toll —, wüthend zu werden.* — Mit उप *aufmuntern, Muth einsprechen.* — Mit परि in परिमा॑द् und परिमाद. — Mit प्र 1) *sich er-*

götzen, heiter sein, frohlocken. प्रमत्त *berauscht, trunken; aufgeregt, brünstig, geil.* — 2) *achtlos sein,* — *in Bezug auf* (Abl.), *nicht achten auf* (Loc.), *sich eine Unachtsamkeit zu Schulden kommen lassen.* प्रमत्त *sorglos, achtlos, fahrlässig, nicht achtend auf, vernachlässigend,* — *in Bezug auf* (Abl. oder im Comp. vorangehend). — 3) *über Etwas* (Loc.) *seine Pflicht vergessen, sich in Bezug auf Etwas gehen lassen.* प्रमत्त mit Loc. — 4) *in Verwirrung gerathen* (von Leblosem). — Caus. 1) प्रमादयति, प्रमन्दयति *a) Etwas verscherzen.* प्रमादित *verscherzt.* — *b)* Med. *sich ergötzen, sich gütlich thun an.* — 2) प्रमदयति *entzücken* Bâlar. 78,23. — Mit अभिप्र 1) *ergötzen, erfreuen.* — 2) *verwirren, betäuben, confundere.* — Mit विप्र, °मत्त wohl *nicht versäumt.* — Mit संप्र, °मत्त 1) *brünstig.* — 2) *versessen auf* (mit Infin.). v. l. संप्रवृत्त. — 3) *sorglos, achtlos.* — Mit वि 1) *lustig sein.* विमँदत् *lustig.* — 2) *verworren werden, aus der richtigen Verfassung kommen.* विमत्त *aus d. r. V. gekommen.* — 3) *brünstig sein.* Nur विमत्त *brünstig.* — 4) *irre machen, aus der richtigen Lage bringen.* — Caus. *confundere.* विमदित *aus der richtigen Verfassung gebracht.* — Mit सम् 1) *sich mit Andern ergötzen.* — 2) *an Etwas* (Instr.) *sich ergötzen.* — 3) समत्त *aufgeregt, hingerissen, berauscht* (in übertragener Bed.); *brünstig* (Elephant). — Caus. संमादयति und संमदयति 1) *ergötzen, erheitern.* — 2) *betrunken machen.* — 3) Med. *begeistert* — oder *betrunken sein.*

2. मद् (stark माद्) in सधमँद्.

3. मद्, मन्द्, °मदति, ममँत्तन, ममन्धि, अममन्; *zögern, zuwarten, stillstehen.* — Mit नि in निमद्. — *Caus. निमादयति *deutlich aussprechen.* — Mit उपनि *zum Stillstehen bringen, zurückhalten.*

मँद 1) m. *a) Heiterkeit, gute Laune, Begeisterung, Aufgeregtheit, Rausch, Betrunkenheit.* गृत्समदस्य मदौ Name zweier Sâman Ârsh. Br. — *b) Rausch, Fieber* in übertragener Bed.; vgl. अन्न° (Nachtr. 4). — *c) Liebesrausch, Geilheit, Brunst.* Am Ende eines adj. Comp. f. आ. — *d) Hochmuthsrausch, Hochmuth, Uebermuth, Dünkel.* Das was den Hochmuth u. s. w. erzeugt, steht im Gen. oder geht im Comp. voran. Am Ende eines adj. Comp. f. आ. — *e) erheiternder —, begeisternder —, berauschender Trank.* — *f) Honigseim.* — *g) Brunstsaft eines Elephanten.* — *h)* ἀφροδισία νότις (beim Weibe). — *i)* **der männliche Same.* — *k)* **Moschus.* — *l)* **ein schönes Ding.* — *m)* **Fluss.* — *n) das 7te astrol. Haus* Varâh. Brh. 9,15. — *o) der personificirte Rausch* ist ein Ungeheuer, welches Kjavana schafft um Indra zu zwingen, dass er den Açvin am Soma-Trank theilzunehmen gestatte. Auch als ein Sohn Brahman's personificirt. — *p)* N. pr. α) eines Dânava. — β) eines Dieners des Çiva. — 2) *f. मदी = चषकवस्तु oder कृषकवस्तु. — 3) n. Name zweier Sâman Ârsh. Br. 1,145.

*मदक n. *Wachs* Râǵan. 13,77.

*मदकट m. = षण्ड. Beruht auf einer falschen Lesart.

मदकर Adj. *berauschend.*

मदकरिन् m. *ein brünstiger Elephant.*

मदकल Adj. 1) *in Folge des Liebesrausches sanft klingend.* — 2) *im Liebesrausch sanfte Töne von sich gebend* Kâd. 20,14. — 3) *im Beginn der Brunstzeit befindlich* oder *brünstig überh.* (Elephant) Kâd. 5,20. — 4) *berauscht, im Rausch taumelnd* Kâd. 26,17.

मदकारिन् und मदकृत् Adj. *berauschend.*

*मदकोहल n. *ein freigelassener Bulle.*

*मदगन्ध 1) m. *Alstonia scholaris* Râǵan. 12,35. — 2) f. आ *a) ein berauschendes Getränk* Râǵan. 14,136. — *b) Linum usitatissimum* oder *Crotolaria juncea.*

*मदगमन m. *Büffel.* Fehlerhaft; vgl. मन्दगमना.

*मदघ्नी f. *eine best. Gemüsepflanze.*

1. मदच्युँत् Adj. 1) *in Aufregung sich bewegend, ausgelassen, lustig, taumelnd, vom Soma begeistert.* Sâj. gewöhnlich *Uebermuth dämpfend.* — 2) *heiter,* so v. a. *ergötzlich, erfreuend, begeisternd.*

2. मदच्युत् Adj. *Brunstsaft träufelnd.*

मँदच्युत Adj. *vor Freude —, im Rausche taumelnd.*

मदजल n. *Brunstsaft* (des Elephanten).

*मददिन gaṇa प्रगच्यादि.

मददुर्दिन n. *ein starker Erguss von Brunstsaft* Ragh. 5,47.

मदद्विप m. *ein brünstiger Elephant* Spr. 7731.

मदधार m. N. pr. eines Fürsten.

मदन 1) *Adj. zur Erklärung von मन्दँ. — 2) m. *a) Geschlechtsliebe, das Gefühl der Wollust;* personificirt als *Liebesgott.* Am Ende eines adj. Comp. f. आ. — *b) eine Art von Umarmung.* — *c)* **Frühling.* — *d)* **Biene.* — *e) Wachs;* vielleicht in °पट्टिका. — *f) Vanguiera spinosa.* — *g)* **Stechapfel.* — *h)* **Phaseolus radiatus.* — *i)* **Acacia Catechu.* — *k)* **Alangium hexapetalum.* — *l)* **Mimusops Elengi.* — *m) ein best. Tact* S. S. S. 212. — *n) das 7te astrol. Haus* Varâh. Brh. 6,11. 23(21),6. — *o)* N. pr. verschiedener Männer. — 3) *f. आ *ein berauschendes Getränk.* — 4) *f. ई *a) ein berauschendes Getränk.* — *b) Moschus.* — *c) eine best. Pflanze,* = अतिमुक्तक. — 5) n. *a) eine best. mythische Waffe.* मादन v. l. — *b)* **Wachs* Râǵan. 13,75.

*मदनक 1) m. *a) Artemisia indica.* Richtig दमनक. — *b) Stechapfel* Dhanv. 4,4. — 2) n. *Wachs* Bhâvapr. 2.63. — मदनिका s. bes.

*मदनकण्टक m. *Vanguiera spinosa.*

*मदनकाकुरव m. *Taube* Râǵan. 19,107.

मदनगृह n. *ein best. Prâkrit-Metrum.*

मदनगोपाल m. 1) Bein. Kṛshṇa's. — 2) N. pr. eines Mannes.

मदनगोपालवादप्रबन्ध m. Titel eines Werkes Opp. Cat. 1.

मदनचतुर्दशी f. *der 14te Tag in der lichten Hälfte des* Kaitra.

मदनतन्त्र n. *die Lehre von der Geschlechtsliebe* Daçak. 62,14.

मदनतृष्णा f. N. pr. einer Tänzerin Kautukas.

मदनत्रयोदशी f. *der 13te Tag in der lichten Hälfte des* Kaitra.

मदनदंष्ट्रा f. N. pr. einer Fürstin.

मदनदमन m. Bein. Çiva's.

मदनदहन m. 1) Bein. Çiva-Rudra's. — 2) Bez. *der Zahl elf.*

मदनद्विष् m. Bein. Çiva's Bâlar. 66,10.

*मदननालिका f. *ein untreues Weib.*

मदननृप m. N. pr. eines Autors.

*मदनपक्षिन् m. *Predigerkrähe.*

मदनपट्टिका f. vielleicht *Wachstafel.*

मदनपराजय m. Titel eines Werkes Bühler, Rep. No. 654.

*मदनपाठक m. *der indische Kuckuck.*

मदनपारिजात m. Titel eines Werkes.

मदनपाल m. N. pr. eines Fürsten, dem verschiedene Werke zugeschrieben werden.

मदनपुर n. N. pr. einer *Stadt.*

मदनप्रभ N. pr. 1) m. eines Vidjâdhara. — 2) f. आ einer Surâṅganâ Ind. St. 15,444.

मदनभवन n. in der Astrol. *das 7te Haus.*

मदनमञ्चुका f. N. pr. einer Tochter des Madanavega, nach der der 6te Lambaka im Kathâs. benannt ist.

मदनमञ्जरी f. N. pr. 1) einer Tochter des Jaksha-Fürsten Dundubhi. — 2) einer Surâṅganâ Ind. St. 15. — 3) verschiedener Frauen Ind. St. 14,157. — 4) einer Predigerkrähe.

मदनमय Adj. *ganz vom Liebesgott beherrscht*

Spr. 7620.

मदनमह m. (291,25) und मदनमहोत्सव m. (294, 2) *ein zu Ehren des Liebesgottes gefeiertes (grosses) Fest.*

मदनमाला f. N. pr. eines Frauenzimmers.

मदनमालिनी f. desgl.

मदनमिश्र m. N. pr. eines Mannes.

मदनमोदक m. *eine best. aphrodisische Mixtur* Mat. med. 240.

मदनमोहन m. Bein. Kṛshṇa's.

मदनमोहिनी f. N. pr. einer Surâṅganâ Ind. St. 15,241.

मदनयष्टिकेतु m. *eine Art Fahne* Kâd. 56,4.

मदनरत्न n. und °प्रदीप m. Titel zweier Werke.

मदनराज m. N. pr. eines Mannes.

मदनरिपु m. Bein. Çiva's.

मदनरेखा f. N. pr. 1) der angeblichen Mutter Vikramâditja's. — 2) einer Prinzessin Ind. St. 15,252.

मदनललित 1) Adj. (f. आ) *im Gefühl der Liebe in liebenswürdiger Einfalt erscheinend.* — 2) f. आ *ein best. Metrum.*

मदनलेखा f. 1) *Liebesbrief.* — 2) N. pr. verschiedener Frauen.

मदनवती f. N. pr. einer Stadt Ind. St. 14,124.

मदनविनोद m. Titel eines Werkes.

मदनवेग m. N. pr. eines Fürsten der Vidjâdhara.

*मदनशलाका f. 1) *Predigerkrähe.* — 2) *das Weibchen des indischen Kuckucks.* — 3) *ein Aphrodisiacum.*

मदनसंजीवन 1) n. Titel eines Schauspiels Hall in der Einl. zu Daçar. 30. — 2) f. ई N. pr. eines göttlichen Weibes Ind. St. 15,364.

*मदनसारिका f. *Predigerkrähe.*

मदनसिंह m. N. pr. verschiedener Männer.

मदनसुन्दरी f. N. pr. einer Surâṅganâ (Ind. St. 15,241) und verschiedener Frauen.

मदनसेना f. desgl. Ind. St. 15.

मदनहरा f. *ein best. Prâkrit-Metrum.*

मदनाढ्य Adj. in Verbindung mit पारिजात = मदनपारिजात.

*मदनाग्रक m. *Paspalum scrobiculatum* Râǵan. 16,86.

*मदनाङ्कुश m. 1) *penis.* — 2) *Fingernagel.*

मदनाचार्य m. N. pr. eines *Lehrers.*

*मदनातपत्र n. *cunnus* Bhâvapr. 1,18.

मदनादित्य m. N. pr. eines Mannes.

मदनान्तक m. Bein. Çiva's.

मदनान्धमिश्र m. N. pr. eines Mannes Hâsj.

मदनाभिराम m. N. pr. eines Fürsten Káurap. (A.) 2.

मदनाय्, °यते *dem Liebesgott gleichen.*

*मदनायुध n. *die weibliche Scham.*

*मदनायुष m. *ein best. Strauch* Râǵan. 4,200.

मदनारि m. Bein. Çiva's Prasannar. 71,16.

*मदनालय m. 1) *die weibliche Scham.* — 2) *Lotus.* — 3) *Fürst, König.* — 4) = मदनभवन.

मदनावस्थ Adj. *verliebt.*

मदनावस्था f. *Verliebtheit* 309,29.

मदनाशय m. *Geschlechtstrieb.*

मदनिका f. ein Frauenname 293,1.

मदनीय Adj. *berauschend.*

*मदनेच्छाफल m. *eine Mango-Art* Râǵan. 11,19.

मदनोत्सव m. 1) * = मदनमह. — 2) *ein best. Spiel.*

*मदनोत्सवा f. *eine Buhldirne im Himmel.*

मदनोद्यान n. N. pr. eines *Lustgartens.*

मदन्तिका f. *eine best.* Çruti S.S.S. 23.

म॑दन्ती f. 1) Pl. (sc. आपस्) *wallendes —, siedendes Wasser* Ind. St. 9,218. — 2) *eine best.* Çruti S. S. S. 23.

मदपटु 1) Adj. *brünstig* (Elephant) MBh. 12,177, 21. — 2) Adv. *im Liebesrausch hell* oder *laut* (singen) Ragh. 5,75.

मदपति m. *Herr des Freudentranks* ṚV.

मदप्रद Adj. *berauschend* und *Dünkel bewirkend* Spr. 7716.

*मदप्रवेग m. *das Hervorquellen des Brunstsaftes beim Elephanten.*

*मदभञ्जिनी f. *Asparagus racemosus.*

मदमत्ता f. *ein best. Metrum.*

मदमुच् Adj. *Brunstsaft entlassend, brünstig* (Elephant).

मदयन्तिका f. 1) *arabischer Jasmin* Varâh. Jogaj. 7,4. — 2) N. pr. eines Frauenzimmers.

मदयन्ती f. 1) *arabischer* oder *wilder Jasmin.* — 2) N. pr. der Gattin Kalmâshapâda's (Mitrasaha's) 107,25. 108,6.

मदयितर् Nom. ag. *Ergötzer, Berauscher.*

*मदयित्नु 1) m. a) *der Liebesgott.* — b) *Branntweinbrenner.* — c) *ein Betrunkener.* — d) *Wolke.* — 2) m. n. *ein berauschendes Getränk.*

*मदराग m. 1) *der Liebesgott.* — 2) *Hahn.*

मदरुद्रदत्त m. N. pr. eines Autors.

मदर्पतपुर oder मदर्पितपुर n. N. pr. einer *Stadt.*

मदलेखा f. 1) *eine durch Brunstsaft gebildete Linie* Kâd. 66,12. — 2) *ein best. Metrum.*

मदवल्लभ m. N. pr. eines Gandharva Bâlar. 89,16.

मदवारि n. *Brunstsaft* (des Elephanten).

*मदविक्षिप्त Adj. *brünstig* (Elephant).

म॑दवृद्ध Adj. *durch Soma begeistert.*

*मदवृन्द m. *Elephant.*

*मदव्याधि m. = मदात्यय Râǵan. 20,17.

*मदशाक m. *Portulaca quadrifida.*

*मदशौण्डक n. *Muskatnuss.*

*मदसार m. *Salmalia malabarica.*

*मदस्थल und *मदस्थान n. *Weinhaus, Schenke.*

*मदहस्तिनी f. *eine Karaṅga-Art.*

मदहेतु m. *Grislea tomentosa.*

*मदाघ m. N. pr. eines Mannes. Pl. *sein Geschlecht.*

*मदाढ्य 1) m. a) *die Weinpalme* Râǵan. 9,86. — b) *Nauclea Kadamba* Râǵan. 9,101. — 2) f. आ *eine roth blühende Barleria.*

*मदातङ्क m. = मदात्यय Râǵan. 20,17.

मदात्मानन्द m. N. pr. eines Autors.

मदात्यय m. *ein krankhafter Zustand in Folge häufigen Rausches, Delirium tremens* Káraka 6,12.

मदात्ययित Adj. *das Delirium tremens habend* Káraka 8,2.

मदान्ध 1) Adj. a) *in Folge eines Rausches blind, berauscht.* — b) *vor Brunst blind, brünstig.* — c) *vor Hochmuth blind.* — 2) f. आ *ein best. Metrum.*

मदामद Adj. *in steter Aufregung seiend.*

*मदाम्नात m. *eine auf einem Elephanten stehende Pauke.*

*मदाम्बर m. *Elephant.*

*मदार m. 1) *Schwein.* — 2) *Elephant.* — 3) *ein brünstiger Elephant.* — 4) *Stechapfel.* — 5) *Liebhaber, ein Verliebter.* — 6) *ein best. Parfum.* — 7) N. pr. eines Fürsten.

*मदार्मद m. *ein best. Fisch.*

मदालस 1) Adj. (f. आ) *träge in Folge eines Rausches.* — 2) f. आ a) N. pr. einer Tochter des Gandharva Viçvâvasu. — b) Titel eines Werkes.

मदालसचम्पू f. Titel eines Werkes Bühler, Rep. No. 158.

*मदालापिन् m. *der indische Kuckuck.*

म॑दावत् Adj. (f. °वती) *berauschend.*

मदावस्था f. *Brunst.*

*मदाह्व m. *Moschus.*

मदि und °का f. *eine Art Egge* oder *Walze.*

मदि॑न् Adj. *erfreuend, berauschend; lieblich.* Compar. मदि॑न्तर, Superl. मदि॑न्तम.

मदि॑र 1) Adj. = मदि॑न्. — 2) *m. *eine roth blühende* Khadira-*Art.* — 3) f. मदिरा a) *ein berauschendes Getränk.* — b) * *eine brünstige Bach-*

stelze oder *Bachstelze* überh. — c) *ein best. Metrum.* — d) Bein. der Durgâ. — e) N. pr. α) der Gattin Varuṇa's VP. 5,25,3. — β) einer Gattin Vasudeva's. — γ) der Mutter der Kâdambarî.

मदिरदृश् Adj. *liebliche, berauschende Augen habend; f. ein solches Weib* Viddh. 13,8.

मदिरनयन Adj. (f. आ) dass. Kautukar. 94. Auch मदिरायतनयना.

मदिराक्ष 1) Adj. (f. ई) dass. — 2) m. N. pr. eines jüngern Bruders des Çatânîka.

*मदिरागृह n. *Weinhaus, Schenke.*

मदिरामय Adj. (f. ई) *aus berauschendem Getränk bestehend* Harshaḱ. 90,13.

मदिरावती f. N. pr. 1) eines Mädchens und Titel des nach ihm benannten 13ten Lambaka im Kathâs. — 2) eines andern Mädchens Harshaḱ. 127,5.

मदिराश्व m. N. pr. zweier Fürsten.

*मदिरासख m. *der Mangobaum.*

मदिरासव m. *ein berauschendes Getränk.*

मदिरेक्षणा Adj. (f. आ) = मदिरदृश्.

म॑दिष्ठ 1) Adj. (f. आ) Superl. zu म॑दिन्. — 2) *f. मदिष्ठा *ein berauschendes Getränk.*

*मदिष्णु Adj. als Erklärung von मन्दु॑.

मदीय Adj. *mein, der meinige.*

मदु॑घ m. *eine best. Honigpflanze* oder *ein Süssholz.*

मद्गुर m. N. pr. eines Fürsten VP.² 4,94. 96.

म॑देरघु Adj. *in der Begeisterung flink, — eilend.*

मदेरु॑ Adj. nach Sâj. = बलातिशयमत्त oder स्तुत्य.

मदोत्कट 1) Adj. a) *berauscht.* — b) *sehr aufgeregt, in Wuth seiend.* — c) *am Anfange der Brunst stehend, brünstig* überh. (vom Elephanten). — 2) m. a) **Taube* Dhanv. 6,84. — b) N. pr. eines Löwen. — 3) f. आ a) **ein berauschendes Getränk* Râǵan. 14,138. — b) **Linum usitatissimum* Râǵan. 16,74. — c) Name der Dâkshâjaṇî in Ḱaitraratha.

मदोदग्र Adj. (f. आ) 1) *sehr aufgeregt, wüthend.* — 2) **von Hochmuth beseelt.*

मदोद्धत Adj. 1) **berauscht.* — 2) *von Hochmuth aufgeblasen.*

*मदोद्रिक्त m. *Melia Bukayun* Râǵan. 9,11.

मदोन्मत्त Adj. 1) *brünstig.* — 2) *von Hochmuth berauscht.*

*मदोल्लापिन् m. *der indische Kuckuck.*

मद्ग in पुरुमद्ग.

मद्गु॑ m. 1) *ein best. Wasservogel.* — 2) *ein best. im Laube lebendes Thier* (पर्णमृग). — 3) **eine Schlangenart.* — 4) **ein best. Fisch.* — 5) *Galeere, eine Art Kriegsschiff.* — 6) *eine best. Mischlingskaste.* — 7) N. pr. eines Sohnes des Çvaphalka.

मद्गुर m. 1) *ein best. Fisch, Macropteronatus Magur* Bhâvapr. 4,18. — 2) *Taucher, Perlenfischer* (*eine best. Mischlingskaste*).

*मद्गुरक 1) m. = मद्गुर 1). — 2) f. °रिका in ग्राम° und ग्राम्य°.

*मद्गुरसी f. *ein best. Fisch, Silurus Singio.*

*मद्य्, मद्यति Denomin. von मत् *ich.*

म॑द्य, म॑द्रिय 1) Adj. (f. आ) *erfreuend, erheiternd, berauschend; lieblich.* — 2) n. *ein berauschendes Getränk,* insbes. *Branntwein.*

*मद्यकीट m. *Essigthierchen.*

मद्यकुम्भ m. *ein Topf für Branntwein* Spr. 4674.

*मद्यद्रुम m. *Caryota urens* Râǵan. 9,95.

मद्यप 1) Adj. (f. आ) *berauschende Getränke trinkend; m. Trunkenbold* Gaut. — 2) m. N. pr. eines Dânava.

*मद्यपङ्क m. *Maische.*

मद्यपान n. 1) *der Genuss berauschender Getränke.* — 2) *ein berauschendes Getränk.*

*मद्यपाशन n. *der Imbiss eines Säufers.* मद्यपासन fehlerhaft.

*मद्यपीत Adj. *ein berauschendes Getränk getrunken habend.*

*मद्यपुष्पा und *°पुष्पी f. *Grislea tomentosa* Râǵan. 6,218.

*मद्यबीज n. *Weinhefe.*

*मद्यभाजन m. *ein Gefäss, aus dem berauschende Getränke getrunken werden.*

मद्यभाण्ड n. *ein Gefäss für berauschende Getränke* Vasishtha 20,21.

*मद्यमण्ड m. *die obenauf schwimmenden geistigsten Theile gebrannter Getränke.*

*मद्यवासिनी f. *Grislea tomentosa* Râǵan. 6,217.

मद्यविक्रय m. *Verkauf geistiger Getränke* 204,25.

*मद्यसंधान n. *das Branntweinbrennen.*

मद्यातप m. *Trunksucht* Karaka 6,25.

*मद्यामोद m. *Mimusops Elengi* Râǵan. 10,65.

मद्यासक्तक (°सक्तक?) m. N. pr. eines Mannes.

मद्र॑ 1) m. a) Pl. N. pr. eines Volkes; Sg. *des von ihm bewohnten Landes.* — b) *ein Fürst der* Madra. — c) N. pr. eines Sohnes des Çibi und Urahnen des Volkes Madra. — 2) f. मद्रा a) *eine Personification der ersten* Mûrḱhanâ *im* Gândhâra-Grâma. — b) N. pr. α) einer Tochter Raudrâçva's Hariv. 1,31,9. — β) eines Flusses. — 3) *f. मद्री *eine Fürstin der* Madra. — 4) *n. *Freude.* Mit Dat. oder Gen. beim Wunsche.

मद्रक 1) *Adj. माद्रे भक्तिरस्य. — 2) m. a) Pl. N. pr. eines verachteten Volkes, = मद्र. — b) *ein Fürst der* Madra. — c) *ein Bewohner von* Madra. — d) N. pr. eines Sohnes des Çibi und Urahnen der Madraka. — 3) f. मद्रिका *eine Bewohnerin von* Madra MBh. 8,40,38. 40. — 4) n. a) *ein best. Gesang.* — b) *ein best. Metrum.*

मद्रकार 1) *Adj. *Freude bewirkend.* — 2) m. N. pr. v. l. für मद्रगार Vaṅçabr. S. 6.

*मद्रकूल gaṇa धूमादि.

मद्रगार und °गारि m. N. pr. eines Mannes.

*मद्रंकर Adj. *Freude bewirkend.*

*मद्रनगर m. N. pr. einer *Stadt.*

मद्रनाभ m. *eine best. Mischlingskaste.*

मद्रप m. *Beherrscher der* Madra.

*मद्रसुता f. Bein. der zweiten Gattin Pâṇḍu's.

*मद्रह्रद m. N. pr. eines *Sees* Mahâbh. (K.) 28,1.

1. मद्रा f. s. u. मद्र.

2.*मद्रा Adv. mit कर् *scheeren.*

*मद्राय्, °यति, °यते *froh werden.*

*मद्रार्म n. P. 6,2,91.

मद्रि॑क् Adv. *auf mich zu, zu mir her.*

*मद्रिकाय्, °यते *sich wie eine* Madrikâ *benehmen.*

*मद्रुकस्थली f. gaṇa धूमादि.

(मद्र्यञ्च्) मद्रि॑यञ्च् Adj. *gegen mich gewandt.* मद्रि॑यक् Adv. *zu mir her.*

(मद्यद्रिक्) मद्रियद्रि॑क् Adv. = मद्रि॑क्.

मद्वत् Adj. 1) *wie ich.* — 2) *wie mir.*

म॑द्वन् Adj. 1) *der Freude —, dem Rausche hingegeben.* — 2) *erfreuend, berauschend.*

मद्वत्त् Adj. 1) *erfreuend, berauschend.* — 2) *eine Form oder Ableitung des Zeitworts* 1. मद् *enthaltend.*

*मद्वर्गीण, *मद्वर्गीय und *मद्वग्र्य Adj. *zu meiner Schaar —, zu meiner Partei gehörig.*

मद्विध Adj. *einer von meines Gleichen.*

मधव्य॑ 1) Adj. a) *zum* Soma-*Genuss geeignet, — berechtigt.* — b) **aus Honig bestehend* Kâç. zu P. 4,4,139. — 2) *m. *der zweite Frühlingsmonat.*

म॑धु 1) Adj. (f. म॑धु, म॑धी und मध्वी॑) a) *süss, lieblich schmeckend.* — b) *lieblich, angenehm.* — 2) m. a) *der erste Frühlingsmonat.* — b) *Frühling.* — c) **Bassia latifolia.* — d) **Jonesia Asoka.* — e) **Süssholz.* — f) N. pr. α) zweier Asura; den einen erschlug Vishṇu, den andern Çatrughna. — β) eines der 7 Weisen unter Manu Ḱâkshusha. — γ) eines Sohnes des 3ten Manu. — δ) verschiedener Fürsten und anderer Männer. Pl. Madhu's *Nachkommen.* — ε) eines Berges. — 3) *f. मधु *eine best. Pflanze.* — 4) n. a) *Süssigkeit,* süsser Trank, Meth u. s. w. — b) der Soma-Trank. — c) Milch und Erzeugnisse von Milch, Butter, Schmalz. — d) Honig (ist berauschend). — e) ein süsses berauschendes Getränk. — f) *Wasser. — g) *Schwefelkies Bhâvapr. 1,256. — h) Titel eines Brâhmaṇa. — i) ein best. Metrum.

मधुक 1) *am Ende eines adj. Comp. = मधु Subst. — 2) Adj. die Farbe des Honigs habend. Nur in der Verbindung °लोचन Adj. als Beiw. Çiva's. — 3) m. a) ein best. Baum. Nach den Lexicographen Bassia latifolia und Jonesia Asoka. — b) *Parra jacana oder goensis. — c) *Süssholz. — d) *eine Art Barde. — e) मधुक N. pr. eines Mannes. — 4) f. आ a) *Menispermum glabrum. — b) *Glycyrrhiza glabra Râǵan. 6,148. — c) *eine schwarze Art Panicum. — d) N. pr. eines Flusses VP.² 2,199. — 5) n. a) Süssholz. — b) *Zinn.

*मधुकण्ठ m. der indische Kuckuck.

मधुकर 1) m. a) Biene. — b) *Courmacher. — c) *Eclipta prostrata oder Asparagus racemosus. — d) *the round sweet lime. — 2) f. ई a) eine als Weibchen gedachte Biene zu Spr. 2742. — b) N. pr. eines Mädchens Harshać. 127,7.

मधुकरमय Adj. aus Bienen bestehend Kâd. 171,24.

मधुकरराजन् m. Bienenkönig, d. i. — königin.

मधुकरसाह्व und °साह्वि m. N. pr. zweier Fürsten.

मधुकराय्, °यते Bienen darstellen.

मधुकरिका f. ein Frauenname.

मधुकरिन् m. Biene zu Spr. 2742.

*मधुकर्कटिका f. 1) süsse Citrone Mat. med. 127. — 2) Dattel Râǵan. 11,58.

*मधुकर्कटी f. 1) süsse Citrone Râǵan. 11,154. — 2) süsse Gurke Râǵan. 7,200.

*मधुकर्ण gaṇa कुमुदादि 2.

मधुकशा f. eine süsse Geissel, mit der die Açvin das Opfer süss machen sollen. Später ein Bild des Segens und Ueberflusses.

मधुकाण्ड n. Titel des 1ten Kâṇḍa in Bṛh. Âr. Up.

मधुकानन n. der Wald des Asura Madhu (an der Jamunâ).

मधुकार 1) m. Biene. — 2) f. ई a) eine als Weibchen gedachte Biene. — b) ein best. Blaseinstrument S. S. S. 177.

मधुकिरी f. ein best. Râga von sechs Tönen S. S. S. 93.

*मधुकुक्कुटिका f. 1) eine Citronenart mit übelriechenden Blüthen. — 2) eine andere Pflanze, = मधुरा.

*मधुकुक्कुटी f. = मधुकुक्कुटिका 1).

मधुकुम्भा f. N. pr. einer der Mütter im Gefolge Skanda's.

मधुकुल्या f. 1) ein Bach voll Honig, Honig in Strömen. — 2) N. pr. eines Flusses in Kuçadvîpa.

मधुकूल Adj. (f. आ) dessen Ufer aus Butter besteht.

मधुकृत् 1) Adj. Süssigkeit bereitend — 2) m. Biene.

*मधुकेशट m. Biene.

मधुकैटभसूदन m. Bein. Vishṇu's Vishṇus. 1,54. Richtig मधुकैटभसूदन die ältere Ausg.

मधुकोश m. 1) *Bienenstock. — 2) Titel eines oder mehrerer medic. Werke Bhâvapr. 2,169.

*मधुक्रम m. 1) Pl. Zechgelage. — 2) Bienenstock.

*मधुक्षीर m. Phoenix silvestris.

*मधुखर्जूरिका f. eine Dattelart Râǵan. 11,58.

मधुगन्धिक Adj. süss duftend.

*मधुगायन m. der indische Kuckuck Râǵan. 19,109.

*मधुगुञ्जन m. Hyperanthera Moringa.

मधुग्रह m. Honiglibation.

मधुग्लुन्थ m. ein fester Honigklumpen Âpast. Çr. 6,31,5.

मधुघ m. Kauç. 35 wohl nur fehlerhaft für मदुघ.

*मधुघोष m. der indische Kuckuck.

*मधुच्छत्त्र als eine Bed. von वृत्तादन.

मधुच्छटा f. eine best. Staude.

मधुच्छन्द (meist metrisch) m. = °च्छन्दस् 90, 29.

मधुच्छन्दस् m. N. pr. des 51sten unter den 101 Söhnen Viçvâmitra's. Pl. Bez. aller Söhne des Viçvâmitra.

मधुच्युत् und °च्युत (f. आ) Adj. Süssigkeit —, Honig träufelnd.

मधुज 1) Adj. (f. आ) aus Honig gewonnen. — 2) *f. आ a) Honigzucker Râǵan. 14,133. — b) die Erde. — 3) *n. Wachs Râǵan. 13,75.

*मधुजम्बीर und *मधुजम्भ m. eine süsse Citronenart Râǵan. 11,180. 181.

मधुजात Adj. (f. आ) aus Honig entsprungen.

मधुजालक n. Honigwabe AV. Pariç. 67,1.

मधुजिह्व Adj. Honig auf der Zunge führend, dulciloquus.

*मधुतृण m. n. Zuckerrohr Râǵan. 14,77.

*मधुत्रय n. die drei Süssigkeiten, d. i. सिता, माक्षिक und सर्पिस्.

मधुत्व n. Süsse.

*मधुदला f. Sanseviera Roxburghiana Râǵan. 3,7.

*मधुदीप m. der Liebesgott.

मधुदुघ Adj. (f. आ) Süssigkeit milchend.

*मधुदूत 1) m. der Mangobaum. — 2) f. ई Bignonia suaveolens Bhâvapr. 1,197.

मधुदोघ Adj. Süssigkeit milchend.

मधुदोहम् Absol. Honig melkend, — gewinnend.

*मधुद्रु m. 1) Biene. — 2) Mädchenjäger.

*मधुद्रव m. eine roth blühende Hyperanthera Moringa.

*मधुद्रुम m. 1) der Mangobaum. — 2) Bassia latifolia.

मधुद्विष् m. Bein. Vishṇu-Kṛshṇa's.

मधुधा Adj. Süsses spendend.

*मधुधातु m. Schwefelkies Râǵan. 13,83.

मधुधार Adj. (f. आ) Süssigkeit in Strahlen ausgiessend.

मधुधारा f. 1) Honigstrom Kâd. 53,1. — 2) ein Strom —, eine Fülle süsser berauschender Getränke Vikramâṅkać. 11,46. — 3) N. pr. eines mythischen Flusses.

*मधुधूलि f. Sandzucker.

मधुधेनु f. in Form einer Kuh den Brahmanen dargebrachter Honig Hemâdri 1,426,14. fgg.

मधुध्वज m. N. pr. eines Fürsten VP.² 4,57.

मधुनन्दि m. desgl. VP.² 4,212.

मधुनाडी f. 1) Honigzelle. — 2) Bez. der Lieder ṚV. 3,54. 55.

*मधुनारिकेरक (Râǵan. 11,53), *°नालिकेरक oder *°केरिक m. eine Art Cocosnussbaum.

मधुनिघातिन् (VP. 5,13,52), मधुनिषूदन und मधुनिहन्तर् m. Bein. Vishṇu-Kṛshṇa's.

*मधुनी f. eine best. Staude.

*मधुनेतर् m. Biene.

मधुत्तम Adj. (f. आ) überaus süss.

मधुप 1) Adj. (f. आ) Süssigkeit —, Honig schlürfend. — 2) m. Biene.

मधुपटल m. Bienenstock.

मधुपति m. Bein. Kṛshṇa's. — Vgl. मधुमति.

मधुपध्वज m. N. pr. eines Fürsten VP.² 4,57.

मधुपर्क 1) m. (*n.) Honigmischung oder Honigspende, ein Gastgericht, welches gewöhnlich aus saurer Milch mit Honig oder Butter bestand; die danach benannte Empfangsceremonie. — 2) m. N. pr. eines Sohnes des Garuḍa.

मधुपर्किक Adj. die Honigspende darbietend. Vgl. माधु°.

*मधुपर्क्य Adj. der Honigspende würdig.

मधुपर्णी (metrisch Káraka 6,27) und °पर्णी f. Bez. verschiedener Pflanzen. Nach den Lexicographen Gmelina arborea, Indigofera tinctoria, Cocculus cordifolius und Granatbaum Bhâvapr. 1,196. 6,119.

मधुपर्णिका f. Bez. verschiedener Pflanzen. Nach den Lexicographen Gmelina arborea, Indigofera tinctoria, Lycopodium cimbricatum, Cocculus cordifolius und Cocculus tomentosus Râǵan. 3,1. 9,36. Bhâvapr. 6,183. 196.

मधुपवन m. Frühlingswind 187,15.

मधुपा Adj. Süssigkeit schlürfend. Superl. °तम ṚV.

*मधुपाका f. süsse Melone Râǵan. 7,197.

म॑धुपाणि Adj. Süssigkeit in der Hand haltend.

मधुपात्र n. Trinkgefäss für berauschende Getränke Vikramâñkak. 11,56. 57.

मधुपान n. 1) der Genuss von Honigseim Spr. 4679. — 2) ein best. süsses Getränk Mân. Gṛhj. 2,14.

*मधुपायिन् m. Biene.

मधुपारी f. = मधुपात्र Vikramâñkak. 11,58.

मधुपाल m. Honighüter.

*मधुपालिका f. Gmelina arborea.

मधुपिङ्गल 1) Adj. honiggelbe Augen habend. — 2) m. N. pr. eines Muni.

*मधुपीलु m. ein best. Baum.

मधुपुर 1) n. die Stadt des Asura Madhu. — 2) f. ई die Stadt der Madhu, d. i. Mathurâ.

मधुपुररिपु m. Bein. Vishṇu's Hemâdri 1,225,13.

*मधुपुष्प 1) m. a) Bassia latifolia. — b) Acacia Sirissa. — c) Jonesia Asoka. — d) Mimusops Elengi Râǵan. 9,60. 10,54. 64. — 2) f. आ a) Croton polyandrum oder Cr. Tiglium Râǵan. 5,84. — b) Tiaridium indicum Râǵan. 6,161.

मधुपू Adj. in Süssigkeit sich läuternd.

मधुपृच् Adj. Süssigkeit spendend.

म॑धुपृष्ठ Adj. dessen Rücken oder Oberfläche aus Süssigkeit (Milch) besteht.

म॑धुप्रतीक Adj. (f. आ) 1) einen süssen Mund — oder Süssigkeit im Munde habend. — 2) in Verbindung mit सिद्धि und Subst. f. (आ) Bez. bestimmter übernatürlicher Kräfte und Eigenschaften bei einem Jogin.

मधुप्रपात m. der Abgrund beim Honigsuchen MBh. 12,82,45.

मधुप्रिय 1) Adj. Honig —, Blumensaft mögend (Biene). — 2) m. a) *eine best. Pflanze, = भूमिजम्बु. — b) Bein. α) Akrûra's VP. 5,15,24. — β) *Balabhadra's.

म॑धुप्सरस् Adj. Süssigkeit gern geniessend.

*मधुफल 1) m. a) eine Art Cocosnussbaum. — b) Flacourtia sapida Râǵan. 11,53. 71. — 2) f. आ a) Wassermelone. — b) eine Traubenart Râǵan. 11,103.

*मधुफलिका f. eine Dattelart Râǵan. 11,58.

*मधुबकुला f. Gaertnera racemosa Râǵan. 10,91.

*मधुबीज m. Granatbaum Râǵan. 11,157.

*मधुबीजपूर m. eine Citronenart. Vgl. मधुरबीजपूर.

मधुब्राह्मण n. Titel eines Brâhmaṇa.

मधुभद्र m. N. pr. eines Mannes.

म॑धुभाग Adj. dessen Loos Süssigkeit ist.

मधुभाण्ड n. Trinkgefäss für berauschende Getränke Vikramâñkak. 11,55.

मधुभाव m. ein best. Prâkrit-Metrum.

मधुभिद् m. Bein. Vishṇu's Kâd. 53,2.

मधुभुज् Adj. Süssigkeiten —, Freuden geniessend.

मधुभूमिक Adj. Bez. eines Jogin auf der zweiten Stufe.

मधुमक्षा und °मक्षिका f. Biene.

*मधुमज्जन् m Wallnussbaum Râǵan. 11,82.

मधुमति m. N. pr. = Mahomed. मधुपति die Hdschr.

मधुमतीसंगमेश्वरतीर्थ n. N. pr. eines Tîrtha.

मधुमत्त 1) Adj. vom Frühling berauscht, durch ihn aufgeregt. — 2) m. N. pr. a) Pl. eines Volkes. v. l. मधुमत्. — b) eines Mannes. — 3) *f. आ eine Art Karañǵa Râǵan. 9,66.

मधुमथ् und मधुमथन m. Bein. Vishṇu's.

मधुमद m. Weinrausch.

म॑धुमत् 1) Adj. süss, Süssigkeit enthaltend; lieblich, angenehm. Superl. म॑धुमत्तम 15,17. — b) mit Honig gemischt. — c) honigreich, mit Blumensaft reichlich versehen. — a) das Wort म॑धु enthaltend. — 2) m. Pl. N. pr. eines Volkes MBh. 6,9,53. *Sg. eines Landes. — 3) f. मधुमती a) *Gmelina arborea Râǵan. 9,37. — b) *Sanseviera Roxburghiana Râǵan. 3,7. — c) eine best. Stufe im Joga. — d) ein best. übernatürliches Vermögen eines Jogin. — e) ein best. Metrum. — f) N. pr. α) einer Tochter des Asura Madhu. — β) einer Dienerin der Lakshmî (?). — γ) eines Flusses Hariv. 9516. — δ) einer Stadt.

मधुमत्त n. N. pr. einer Stadt.

मधुमन्थ m. ein mit Honig angerührtes Getränk.

मधुमय Adj. (f. ई) aus Honig bestehend (Hemâdri 1,426,17), honigsüss.

*मधुमल्ली f. Jasminum grandiflorum.

मधुमस्तक (*n.) eine Art süssen Gebäcks.

मधुमाधव m. Du. und n. Sg. die beiden Frühlingsmonate. काले °वे so v. a. im Frühling. °मास m. Sg.

मधुमाधवी f. 1) eine honigreiche Frühlingsblume oder eine best. Blume; vielleicht Gaertnera racemosa. — 2) ein best. berauschendes Getränk. — 3) ein best. Metrum. — 4) eine best. Râgiṇî S. S. S. 37. — 5) Titel eines Commentars.

मधुमाध्वीक n. ein best. berauschendes Getränk.

*मधुमारक m. Biene.

*मधुमालपत्त्रिका f. ein best. kleiner Strauch Râǵan. 5,74. Lesart nicht sicher.

मधुमास m. Frühlingsmonat. °मासावतार m. Eintritt des Fr. Prasannar. 30,15. °महोत्सव m. Kathâs. 10,87.

मधुमिश्र 1) Adj. mit Honig oder süsser Milch gemischt TS. 5,2,8,6. — 2) m. N. pr. eines Mannes.

मधुमुरनरकविशासन m. Bein. Vishṇu-Kṛshṇa's.

*मधुमूल n. die essbare Wurzel von Amorphophallus campanulatus.

मधुमेह m. Honigharnen, Diabetes. Nom. abstr. °त्व n.

मधुमेहिन् Adj. an Diabetes leidend Karaka 5,9.

मधुमैरेय m. ein aus Honig bereitetes berauschendes Getränk P. 6,2,70, Sch. Bhâg. P. 6,1,59.

*मधुयष्टि f. 1) Zuckerrohr. — 2) Süssholz Râǵan. 6,46. — 3) = तिक्तपर्वन्.

*मधुयष्टिका und *°यष्टी f. Süssholz.

मधुर 1) Adj. (f. आ) a) süss. — b) lieblich, reizend; insbes. von Lauten und Worten. °म् Adv. — c) lieblich tönend, — schreiend. — 2) m. a) eine best. Hülsenfrucht Karaka 1,27. — b) *rothes Zuckerrohr Râǵan. 11,16. — c) *eine Mango-Art Râǵan. 14,86. — d) *eine rothblühende Moringa Râǵan. 7,32. — e) *Reis. — f) *eine best. Heilpflanze, = जीवक Râǵan. 5,11. — g) *Melasse Râǵan. 14,96. — h) N. pr. α) eines Wesens im Gefolge Skanda's. — β) eines Gandharva. — γ) *eines Gelehrten. — 3) f. आ a) *Anethum Sowa. — b) *Anethum Panmorium. — c) *Beta bengalensis. — d) *Asparagus racemosus. — e) *Süssholz. — f) *eine dem Ingwer ähnliche Wurzel. — g) *= काकोली, बृहज्जीवन्ती, मधुकर्कटिका, मधुकुक्कुटिका und मधूली Râǵan. 3,13. 27. 4,120. 7,131. — h) *saurer Reisschleim. — i) N. pr. α) einer Stadt, = मथुरा Pat. zu P. 1,2,51, Vârtt. 5. — β) einer Gottheit. — 4) f. ई ein best. musikalisches Instrument. — 5) n. a) liebevolle, freundliche Weise. Instr. auf freundliche Weise, mit lieben Worten. — b) *Syrup. — c) *Gift. — d) *Zinn Râǵan. 13,21.

मधुरक 1) Adj. süss. — 2) *m. eine best. Heilpflanze, = जीवक. — 3) f. °रिका a) Anethum Panmorium. Nach Mat. med. 173 Fenchel. — b) *Sinapis racemosa Râǵan. 16,76. — 4) (wohl n.) der Same von *Anethum Panmorium*.

*मधुरकण्टक m. *ein best. Fisch*.

मधुरकण्ठिन् Adj. *lieblich singend* R. 7,26,7.

*मधुरखर्जूरिका und *°खर्जूरी f. *eine best. Pflanze*.

*मधुरजम्बीर m. *eine Citronenart* RÂǴAN. 11,180.

मधुरता f. 1) *Süsse* 186,28. — 2) *Lieblichkeit*. — 3) *Freundlichkeit, Liebenswürdigkeit*.

*मधुरत्रय n, *die drei süssen Sachen: Zucker, Honig und Butter*.

मधुरत्व n. 1) *Süsse*. — 2) *Lieblichkeit*.

*मधुरत्वच m. *Grislea tomentosa*.

मधुरनिर्घोष m. N. pr. eines bösen Dämons.

*मधुरनिस्वन Adj. (f. आ) *eine liebliche Stimme habend*.

*मधुरपटोली f. *eine best. Pflanze* RÂǴAN. 7,173.

*मधुरफल 1) m. *eine Art Judendorn* RÂǴAN. 11,143. — 2) f. आ *süsse Melone* RÂǴAN. 7,197.

*मधुरबीजपूर m. *eine Citronenart* RÂǴAN. 11,157.

मधुरभाषिन् Adj. *lieblich —, freundlich redend* 70,4.

मधुरमय Adj. (f. ई) *voller Süssigkeiten* HARSHAḰ. 90,17.

मधुरराविन् Adj. *lieblich tosend* 220,19.

*मधुरलता f. *eine Art Süssholz* RÂǴAN. 6,148.

*मधुरवल्ली f. *eine Citronenart*.

*मधुरवाच् Adj. *freundliche Worte im Munde führend*.

मधुरविपाक Adj. (f. आ) *nach der Verdauung süss* SUÇR. 1,180,4. 182,2. 188,6.

मधुरशुक्लमूत्र Adj. *süssen und hellen Urin lassend*. Nom. abstr. °ता f. SUÇR. 1,272,1.

1. मधुरस m. 1) *Honigsaft*. — 2) *Süsse, Lieblichkeit*.

2. मधुरस 1) *Adj. *süss*. — 2) *m. a) *Zuckerrohr*. — b) *die Weinpalme* RÂǴAN. 9,86. — 3) f. आ a) *Sanseviera Roxburghiana*. — b) *Gmelina arborea* BHÂVAPR. 1,196. — c) *Weinstock, Weintraube*. — d) *eine Art Asclepias*.

मधुरसमय Adj. (f. ई) *voller Honigsaft* HARSHAḰ. 75,22.

*मधुरस्रवा f. *eine Art Dattelbaum*.

मधुरस्वर 1) Adj. *einen lieblichen Ton von sich gebend, lieblich tönend*. °म् Adv. — 2) m. N. pr. eines Gandharva.

1. मधुराक्षर n. Pl. *freundliche Worte*.

2. मधुराक्षर Adj. (f. आ) *lieblich tönend*. °म् Adv.

मधुरानिरुद्ध n. Titel eines Schauspiels.

मधुराम्ल Adj. *süsssauer* SUÇR. 1,75,6. 176,5. 2,545,18.

*मधुराम्लक m. *Spondias mangifera*.

मधुराम्लकटुक Adj. *süss, sauer und scharf* SUÇR. 2,546,9.

मधुराम्लकषाय Adj. *süss, sauer und zusammenziehend* SUÇR. 2,546,9.

मधुराम्लतिक्त Adj. *süss, sauer und bitter* SUÇR. 2,546,9.

*मधुराम्लफल m. *ein best. Fruchtbaum*.

मधुराम्ललवण Adj. *süss, sauer und salzig* SUÇR. 2,546,9.

*मधुरालापा f. *Predigerkrähe* RÂǴAN. 19,111.114.

*मधुरालाबुनी f. *eine Gurkenart*.

मधुरावट m. N. pr. eines Mannes.

मधुराष्टक n. Titel eines Gedichts.

मधुरास्वाद Adj. *süss schmeckend* ÂÇV. GṚHJ. 2,8,6.

मधुरित Adj. *versüsst* (eig. und übertr.).

*मधुरिपु m. Bein. Vishṇu-Kṛshṇa's.

मधुरिमन् m. *Süsse* (eig. und übertr.) Spr. 7627. Ind. St. 15,363.

*मधुरिल gaṇa काशादि.

मधुरुह m. N. pr. eines Sohnes des Ghṛtapṛshṭha.

*मधुरेणु m. *eine best. Pflanze* RÂǴAN. 9,151.

मधुल 1) Adj. (f. आ) *süss*. — 2) *n. *ein berauschendes Getränk*.

*मधुलग्न m. *eine roth blühende Moringa*.

*मधुलता f. *eine Art Süssholz*. Vgl. मधुरलता.

मधुलिका f. 1) **schwarzer Senf*. — 2) N. pr. einer der Mütter im Gefolge Skanda's.

मधुलिह् 1) Adj. am Ende eines Comp. *der den Honig von — geleckt hat*. — 2) m. *Biene*.

*मधुलेहिन् und *मधुलोलुप m. *Biene* RÂǴAN. 19,127.

मधुवचस् Adj. *lieblich —, freundlich redend*.

मधुवटी f. N. pr. einer Oertlichkeit.

मधुवत् Adv. 1) *wie Honig* Spr. 6178. — 2) *wie durch ein berauschendes Getränk* MBH. 2,62,6.

1. मधुवन n. 1) N. pr. *des honigreichen Waldes des Affen* Sugrîva. — 2) *der Wald des* Asura Madhu (an der Jamunâ).

2. *मधुवन m. *der indische Kuckuck*.

मधुवर्ण 1) Adj. *honigfarben oder von lieblichem Ansehen*. — 2) m. N. pr. eines Wesens im Gefolge Skanda's.

*मधुवल्ली f. 1) *Süssholz* RÂǴAN. 6,148. — 2) *eine Traubenart* RÂǴAN. 11,103. — 3) *süsse Citrone* RÂǴAN. 11,157.

मधुवातीय Adj. (f. आ) *mit* मधु वाता: (ṚV. 1,90,6) *beginnend*.

*मधुवार m. Pl. *Zechgelage*.

मधुवाहन Adj. *Süssigkeit (Milch, Honig) fahrend* (Wagen).

मधुवाहिन् 1) Adj. *Honig führend* (Fluss). — 2) f. °नी N. pr. eines Flusses.

मधुविद्या f. *eine best. Lehre*.

मधुविद्विष् m. Bein. Vishṇu-Kṛshṇa's.

मधुविला f. Bein. des Flusses Samaṅgâ.

*मधुवृक्ष m. *Bassia latifolia* RÂǴAN. 11,92.

मधुवृध् Adj. *reich an Süssigkeit* (vielleicht Bez. *der Wolke*).

मधुवृष Adj. *Süssigkeit träufelnd*.

मधुव्रत 1) Adj. (f. आ) *mit Süssigkeit beschäftigt*. — 2) m. *Biene*. — 3) मधुव्रती f. *eine weiblich gedachte Biene* BÂLAR. 127,4. VIKRAMÂṄKAḰ. 10,12.

मधुव्रतपति m. *Bienenkönig*, d. i. — *königin*.

मधुशर्करा f. *Honigzucker* RÂǴAN. 14,104.133.

मधुशाख 1) Adj. *süsse Zweige habend*. — 2) *m. *Bassia latifolia*.

मधुशिग्रु und °क (ḰARAKA 6,18) m. *Moringa pterygosperma (rubriflora)*.

मधुशिष्ट n. *Wachs*.

मधुशीर्षक n. v. l. für मधुमस्तक ḰAKR. zu SUÇR. 1,234,12.

मधुशुक्त n. *ein saures Getränk mit Honig*.

मधुशेष n. *Wachs* RÂǴAN. 13,76. BHÂVAPR. 2,68. ḰARAKA 1,3.

मधुश्चुत् Adj. *Süssigkeit träufelnd, von S. überfluthend*.

मधुश्च्युत Adj. dass.

मधुश्च्युन्निधन n. Name eines Sâman LÂṬJ. 4,6,3. Auch प्रजापतेर्मधु° ÂRSH. BR.

मधुश्रव und °श्रवा fehlerhaft für मधुस्रव und °स्रवा.

मधुश्री f. *Frühlingspracht* (personificirt).

*मधुश्रेणी f. *Sanseviera Roxburghiana* RÂǴAN. 3,7.

*मधुश्वासा f. *eine best. Pflanze*, = जीवन्ती.

मधुषुत् Adj. 1) *Süssigkeit auspressend*. — 2) *Süssigkeit von sich gebend* (Soma).

*मधुष्ठान n. *Bienenstock*.

मधुष्ठाल n. *Honigtopf* MAITR. S. 1,11,7 (169,12). KÂṬH. 14,8. ÂPAST. ÇR. 18,5.

*मधुष्ठील m. *Bassia latifolia* RÂǴAN. 4,92.

मधुष्पन्द und मधुष्यन्द m. N. pr. = मधुस्यन्द.

मधुस् n. *Süssigkeit*.

*मधुसख m. *der Liebesgott*.

मधुसंकाश Adj. (f. आ) *süss blickend. lieblich erscheinend*.

मधुसंदृश् Adj. *lieblich aussehend*.

*मधुसंधान n. *ein berauschendes Getränk*, namentlich *Branntwein* RÂǴAN. 14,136.

मधुसंभव 1) m. Pl. Bez. *bestimmter* Ǵina LALIT. 508,8. — 2) *n. *Wachs* RÂǴAN. 13,75.

मधुसखाय m. *der Liebesgott.*

*मधुसात् Adv. mit भू *zu Honig werden.*

*मधुसारथि m. *der Liebesgott.*

*मधुसिक्थक m. *ein best. Gift.*

*मधुसुहृद् m. *der Liebesgott.*

मधुसूक्त n. Bez. *des Liedes* AV. 9,1 VAITÂN.

मधुसूदन 1) m. *a)* **Biene.* — *b)* *Vernichter des* Daitja Madhu, Bein. Vishṇu-Kṛshṇa's. — *b)* N. pr. eines Gelehrten. Auch °गुरु. — 2) *f. ई *Beta bengalensis.*

मधुसूदनशिक्षा f. Titel eines Werkes OPP. Cat. 1.

मधुसूदनसरस्वती m. N. pr. eines Autors.

मधुसूदनायतन n. Vishṇu-*Tempel.*

मधुसेन m. N. pr. eines Fürsten.

मधुस्कन्द n. N. pr. eines Tîrtha.

मधुस्तोकॅ m. *Honigtropfen.*

*मधुस्थान n. *Bienenstock.*

*मधुस्य्, °स्यति *nach Honig Verlangen haben.*

मधुस्यन्द m. N. pr. eines Sohnes des Viçvâmitra.

मधुस्पन्दिन् m. *ein best. Saiteninstrument* S. S. S. 185.

मधुस्रव 1) Adj. *Süssigkeit träufelnd* MBH. 3, 145,22. — 2) *m. *a)* *Bassia latifolia* RÂǴAN. 11,92. — *b)* *Sanseviera zeylanica* RÂǴAN. 3,80. — 3) f. आ *a)* **Sanseviera Roxburghiana* RÂǴAN. 3,7. — *b)* **Süssholz.* — *c)* **Hoya viridiflora* BHÂVAPR. 1,200. — *d)* **eine Dattelart* RÂǴAN. 11,61. — *e)* *= जीवन्ती. — *f)* *= हंसपदी RÂǴAN. 5,110. — *g)* *der dritte Tag in der lichten Hälfte des* Çrâvaṇa. — *h)* N. pr. eines Flusses.

*मधुस्रवस् m. *Bassia latifolia.*

*मधुस्वर m. *der indische Kuckuck.*

मधुहन् m. 1) *Honigsammler* VP. 2,6,23 (nach dem Comm. *Vernichter eines Bienenstockes*). — 2) *ein best. Raubvogel* KARAKA 1,27. — 3) *Tödter des* Asura Madhu, Bein. Vishṇu-Kṛshṇa's.

मधुहन्तृ m. Bein. Râma's als einer Incarnation Vishṇu's.

(मधुहस्त्य) मँधुहस्तिय Adj. *Süssigkeit in der Hand haltend.*

मधूक 1) m. *a)* *Biene.* — *b)* *Bassia latifolia* RÂǴAN. 11,92.96. — 2) n. *a)* *die Blüthe der Bassia latifolia.* — *b)* **die Frucht der B. l.* RÂǴAN. 11,93. — *c)* *Süssholz* RÂǴAN. 6,146. — *d)* **Wachs* RÂǴAN. 13,75.

मधूकव्रत n. *eine best. Begehung.*

मधूच्छिष्ट n. *Honig* RÂǴAN. 13,75. °स्थित Adj. *auswendig mit Wachs bestrichen.*

मधूत्थ n. 1) Adj. *aus Honig bereitet.* — 2) n. *Wachs* RÂǴAN. 13.75.

*मधूत्थित n. *Wachs.*

मधूत्सव m. *das Frühlingsfest am Vollmondstage im Monat* Ḱaitra.

मधूदक n. *Honigwasser.*

मधूद्यान n. *Frühlingsgarten.*

मधूद्युतँ Adj. *mit Honig gemischt* MAITR. S. 2,4, 8 (45,18).

मधूपघ्न (*m. n.) N. pr. einer Stadt.

*मधूय्, °यति Denomin. von मधु.

मधूयु Adj. *nach Süssigkeit begierig* ṚV.

मधूल 1) *m. *eine Art Bassia.* — 2) f. ई *a)* *eine best. Körnerfrucht.* — *b)* **eine Citronenart.* — *c)* **der Mangobaum* RÂǴAN. 11,10. — *d)* **eine best. Heilpflanze.* — *e)* **Süssholz.* — *f)* **Blüthenstaub* RÂǴAN. 2,34.

मधूँलक 1) *Adj. *süss.* — 2) *m. *eine Art Bassia.* — 3) f. मधूलिका *a)* *eine Bienenart.* — *b)* *eine best. Körnerfrucht.* — *c)* *eine Art Bassia.* — *d)* **Sanseviera zeylanica.* — *e)* **eine Citronenart.* — *f)* **Süssholz.* — 4) n. *Honigseim* oder *Süssigkeit* überh.

*मधूषित n. *Wachs* RÂǴAN. 13,76.

मँध्य 1) Adj. (f. आ) *a)* *medius.* मँध्ये समुद्रे *mitten im Meere.* — *b)* *der mittlere, in der Mitte befindlich.* — *c)* *mittlerer Art, von mittlerer Grösse* u. s. w.; *die Mitte haltend, mittelmässig.* — *d)* *die Mittelstrasse gehend, gemässigt.* — *e)* *zwischen zwei feindlichen Parteien stehend, unbetheiligt, neutral.* — *f)* bei den Mathematikern *mittel,* so v. a. *theoretisch* (Gegensatz स्पष्ट, स्फुट) SÛRJAS. 1,70. — *g)* **der niedrigste, schlechteste.* — 2) m. (ausnahmsweise) und n. *die Mitte des Leibes,* insbes. *die Taille eines Frauenzimmers.* Am Ende eines adj. Comp. f. आ. — 3) f. मध्या *a)* **der Mittelfinger.* — *b)* *eine best. Tonfarbe* S. S. S. 23. — 4) f. (मध्या) und n. *ein best. Metrum.* — 5) m. oder n. *the middle term, or the mean of the progression.* — 6) n. *a)* *Mitte, Centrum, das Innere.* मध्यम् Acc. *mitten —, hinein in, zwischen, unter;* mit Gen. oder am Ende eines Comp. मँध्येन *dazwischen, innerhalb, zwischen, mitten durch;* mit Gen., Acc. oder am Ende eines Comp. मध्यात् *aus, ex, unter* (Mehreren); mit Gen. oder am Ende eines Comp. मध्ये *inmitten, dazwischen, mitten in, in* (auf die Frage wo oder *wohin*), *zwischen, unter;* mit Gen. oder im Comp. vorangehend. मध्ये कर् α) *in die Mitte thun,* so v. a. *zum Vermittler machen.* — β) *rechnen für* (im Comp. vorangehend) KÂD. 121,15. — γ) मध्येकृत्य so v. a. *in Bezug auf.* — °मध्य° so v. a. °मध्यम् und °मध्ये. — *b)* *Culminationspunct.* — *c)* *ein Zustand zwischen* (Gen.). — *d)* *zehntausend Billionen.*

मध्यकौमुदी f. = मध्यसिद्धान्तकौमुदी.

मध्यक्षामा f. *ein best. Metrum.*

मध्यग Adj. (f. आ) *sich befindend in, auf* oder *unter, enthalten in, weilend unter;* mit Gen. oder am Ende eines Comp.

मध्यगत 1) Adj. *inmitten seiend, sich befindend zwischen* oder *unter;* mit Gen. oder am Ende eines Comp. — 2) (wohl n.) *die mittlere Silbe.* गुरु° Adj. *dessen mittlere Silbe lang ist.*

*मध्यगन्ध m. *der Mangobaum.*

मध्यचारिन् Adj. *einhergehend zwischen* oder *unter* (Gen.).

मध्यजिह्व n. *die Mitte der Zunge.*

मध्यज्या f. *Meridian-Sinus.*

मध्यतःकारिन् m. Bez. *der vier Hauptpriester:* Hotar, Adhvarju, Brahman *und* Udgâtar.

मध्यतमस् n. *eine ringförmige Finsterniss.*

मध्यतँस् Adv. 1) *aus der Mitte, mitten, in der* oder *die Mitte.* Mit Gen. oder am Ende eines Comp. *aus, ex, zwischen.* — 2) *von mittlerer Beschaffenheit* GAUT. — 3) *vom Culminationspunct.*

मध्यता f. *Mittelmässigkeit.*

मध्यतापिनी f. Titel einer Upanishad.

मध्यत्व n. Nom. abstr. zu मध्य 1) *f)* Comm. zu SÛRJAS. 1,70.

मध्यदिन fehlerhaft für मध्यंदिन.

मध्यदीपक n. *eine best. rhetorische Figur.* Beispiel BHAṬṬ. 10,24.

मध्यदेश m. 1) *der mittlere Raum.* — 2) *Meridian.* — 3) *die Mitte des Leibes, Taille.* Am Ende eines adj. Comp. f. आ. — 4) *das Mittelland, das Land zwischen* Himavant, Vindhja, Vinaçana *und* Prajâga. Pl. *die Bewohner dieses Landes.*

मध्यदेशीय Adj. *aus dem Mittellande stammend, dort wohnend.*

मध्यदेश्य Adj. (f. आ) dass.

मध्यदेह m. *die Mitte des Leibes.*

मध्यनगर n. *das Innere einer Stadt* PAṄḰAD.

मध्यनिहित Adj. *hineingesteckt.*

1. मध्यँदिन 1) m. (*n.) *Mittagszeit.* Auch mit दिवँस् Gen. — 2) m. *a)* *Mittag,* kurz gesagt für *Mittagsfeier, Mittags-*Savana oder *Mittags-*Pavamâna. — *b)* **Pentapetes phoenicea* RÂǴAN. 10,120. — *c)* N. pr. eines Schülers des Jâǵńavalkja. — 3) n. *der personificirte Mittag* ist ein Sohn Pushpârṇa's von der Prabhâ.

2.*मध्यंदिन Adj. = माध्यंदिन.

मध्यंदिनीय Adj. *mittäglich.*

मध्यन्य Adj. *eine Mittelstufe einnehmend, nicht ganz hoch und nicht ganz niedrig stehend.*

मध्यपातित Adj. *dazwischen liegend.*

मध्यपात m. *Verkehr, Umgang.*

*मध्यप्रसूता Adj. f. (eine Kuh) *die nicht vor gar langer Zeit gekalbt hat* RÂGAN. 15,33.

मध्यभक्त Adj. *während der Mahlzeit eingenommen* (Arzenei).

मध्यभाग m. (adj. Comp. f. आ) 1) *der mittlere Theil. Loc. darin. im Innern von* (Gen.). — 2) *die Mitte des Leibes, Taille.*

मध्यभाव m. *eine mittlere Entfernung.*

मध्यमे 1) Adj. (f. आ) a) *medius.* मध्यमे गुल्मे *in der* (die) *Mitte des Soldatentrupps.* — b) *der mittlere, in der Mitte befindlich.* — c) *von mittlerer Beschaffenheit, Stärke, Grösse u. s. w., mittelmässig.* — d) *zwischen zwei feindlichen Parteien stehend, unbetheiligt, neutral.* Auch neben उदासीन. — e) = मध्य 1) f) SÛRJAS. 1 in der Unterschr. — 2) m. a) *das Mittelland,* = मध्यदेश 4). — b) *die 4te* oder *5te Note.* — c) *die mittlere Scala.* — d) * *ein best.* Râga — e) *die zweite Person.* — f) * *Gouverneur einer Provinz.* — g) * *eine Gazellenart.* — h) *der 18te* Kalpa 2) h). — i) Pl. α) *eine best. Götterklasse* ÇÂÑKH. ÇR. 14,72,1. — β) *eine best. buddhistische Secte.* — 3) m. n. *die Mitte des Leibes, Taille.* Am Ende eines adj. Comp. f. आ. — 4) f. आ a) *Mittelfinger.* — b) *Uterus.* — c) * *ein mannbares Frauenzimmer.* — d) * *Samenkapsel der Lotusblüthe.* — e) * *ein Metrum von 4 Mal drei Silben.* — f) *eine best.* Mûrkhanâ S. S. S. 30. — g) Bez. *eines best. Lautes.* — 5) n. a) *Mitte.* — b) *Culminationspunct* SÛRJAS. 13,14. — c) Titel des 12ten (14ten) Kâṇḍa im ÇAT. BR.

मध्यमक 1) Adj. (f. °मिका) *gemeinsam.* — 2) f. °मिका a) * *ein mannbares Frauenzimmer.* — b) Titel des 2ten Grantha des Kâṭhaka. Vgl. माध्यमिका. — 3) n. *das Innere.* °कं प्र-विश् so v. a. *hineintreten* MṚKKH. 46,19.

मध्यमकवृत्ति f. Titel eines Werkes.

मध्यमकाण्ड n. Titel des 2ten Kâṇḍa in MAITR. S.

मध्यमकालकार m. und मध्यमकालीक m. Titel zweier Werke.

मध्यमकेय m. Pl. N. pr. eines Volkes.

मध्यमखण्ड n. *das mittlere Glied in einer algebraischen Gleichung.*

मध्यमग्राम m. *die mittlere Scala* S. S. S. 28. 29.

मध्यमजात Adj. *in der Mitte geboren, der mittlere* (Sohn).

मध्यमटीका f. Titel eines Werkes.

मध्यमध्या f. *eine best.* Mûrkhanâ S. S. S. 30.

मध्यमनोरमा f. Titel eines Werkes.

मध्यमन्दिर 1) m. N. pr. eines Autors. — 2) n. a) *die weibliche Scham* und *der After.* — b) Titel eines Werkes.

मध्यमपदलोपिन् Adj. (ein Compositum) *in welchem das Mittelglied* (angeblich) *ausgefallen ist.*

मध्यमपर्ण n. etwa *ein Blatt mittlerer Grösse* MAITR. S. 1,10,20 (160,7).

मध्यमपुरुष m. 1) *eine best. Personification* GAUT. — 2) *die zweite Person* NIR. 7,1. Chr. 237,6.

मध्यमपूरुष m. *ein mittelmässiger Mensch* Spr. 3577.

मध्यमभाव m. *eine mittlere Entfernung.*

*मध्यमयान n. bei den Buddhisten *das mittlere zur Erkenntniss führende Vehikel.*

मध्यमरात्र m. *Mitternacht.*

मध्यमलोक m. *die mittlere Welt, die Erde.*

मध्यमलोकपाल und °लोकेन्द्र m. *Fürst, König.*

मध्यमवयस् n. *das mittlere Alter.*

*मध्यमवयस्क Adj. *von mittlerem Alter.*

मध्यमवंह् (stark °वाह्) Adj. nach SÂJ. *mit mittlerer Geschwindigkeit fahrend;* vielleicht *in der Mitte* (zwischen Göttern und Menschen) *fahrend.*

मध्यमशी m. etwa *intercessor.*

*मध्यमस्थ Adj. gaṇa ब्राह्मणादि.

मध्यमस्था Adj. *in der Mitte von* — (Gen.) *stehend, den Mittelpunct* (einer Gemeinschaft) *bildend.*

मध्यमस्थेय n. Nom. abstr. zu मध्यमस्था.

मध्यमागम m. Bez. *eines der 4* Âgama bei den Buddhisten EITEL, Chin. B.

मध्यमाङ्गिरस् m. *der zwischen dem grossen und kleinen* Añgiras *liegende* Añgiras.

*मध्यमाङ्गुलि m. *Mittelfinger.*

मध्यमात्रेय m. *der zwischen dem grossen und kleinen* Âtreja *liegende* Âtreja.

मध्यमादि m. und °दी (!) f. *eine best.* Râgiṇî S. S. S. 81. 101. 65.

मध्यमाष्टका f. *der achte Tag in der dunkelen Hälfte des* Mâgha KULL. zu M. 4,176. VP.[2] 3, 109.

मध्यमाहरण n. *die Elimination des mittleren Gliedes in einer algebraischen Gleichung.*

मध्यमिक m. Pl. *eine best. buddhistische Schule.* Richtiger wohl मा°. मध्यमिका s. u. मध्यमक.

मध्यमिकवृत्ति f. Titel eines Werkes.

*मध्यमीय Adj. *zur Mitte gehörig.*

मध्यमेश्वर m. Name eines Liñga in Benares.

मध्यमेष्ठा f. *ein best. Theil des Wagens* MAITR. S. 2,2,1 (14,11). TS. 2,3,1,5.

मध्यमेष्ठे Adj. मध्यमस्था.

मध्यमोच्चैस्तर Adj. (f. आ) *halb laut und sehr laut* VAITÂN.

मध्ययोगिन् Adj. *factisch und theoretisch in Conjunction stehend.*

मध्यरात्र m. und °रात्रि f. *Mitternacht.*

मध्यरेखा f. *die Linie, welche man sich von* Lañkâ, Uggajinî, Kurukshetra *und andern Orten nach dem* Meru *gezogen denkt.*

मध्यलग्न n. *der Punct, in welchem sich die Ekliptik und ein Meridian schneiden.*

*मध्यलोक m. *die Erde.*

*मध्यलोकेश m. *Fürst, König.*

मध्यवयस् Adj. *von mittlerem Alter.*

°मध्यवर्तिन् Adj. *sich befindend in, zwischen* oder *unter.*

मध्यवल्ली f. wohl Titel einer Valli der TAITT. UP.

मध्यविदरण n. *eine der zehn Weisen, auf welche eine Finsterniss endet.*

मध्यविवर्तिन् Adj. *sich drinnen befindend* und zugleich *unparteiisch, vermittelnd* Ind. St. 14,382.

*मध्यवृत्त n. *Nabel.*

मध्यशरीर Adj. *von mittlerer Körperfülle.*

मध्यशायिन् Adj. *drinnen liegend.*

मध्यसिद्धान्तकौमुदी f. Titel einer Grammatik.

मध्यसूत्र n. *Hauptmeridian.*

मध्यस्थ Adj. (f. आ) 1) *in der Mitte befindlich.* — 2) *im Luftraum befindlich.* — 3) *drinnen seiend.* Mit Gen. oder am Ende eines Comp. *sich befindend in, unter* oder *zwischen.* — 4) *den Vermittler zwischen* — (Gen.) *machend.* — 5) *von mittlerer Beschaffenheit, von mittlerer Art, mittelmässig.* — 6) *gleichgültig zusehend, unbetheiligt, gleichgültig, zwischen zwei Parteien stehend, unparteiisch, neutral.* — 7) *in der Mitte stehend,* so v. a. *Keinem angehörend* oder *beiden Theilen angehörig.*

मध्यस्थता f. *Gleichgültigkeit, Indifferenz* (316, 19); *Unparteilichkeit.*

मध्यस्थल n. (adj. Comp. f. ई) *Hüfte.*

मध्यस्थान n. *der Luftraum.* °देवता f. *eine Gottheit des Luftraums.*

मध्यस्थित Adj. 1) *befindlich zwischen* (Gen.). — 2) *gleichgültig.* Nom. abstr. °ता f.

मध्यस्वरित Adj. *den* Svarita *auf der mittle-*

ren Silbe habend.

मध्या Instr. Adv. *zwischen* (mit Gen.), *inzwischen* RV. 10,61,6.

मध्यान्तरविस्तरलिपि f. *eine best. Schriftart.*

*मध्याङ्गुलि und *°ली f. *Mittelfinger.*

मध्यादित्य m. *die Sonne zur Mittagszeit.* °गते ऽह्नि so v. a. *zur Mittagszeit.*

मध्यान्तयमक n. *Paronomasie in der Mitte und am Ende der Stollen.* Beispiel Bhaṭṭ. 10,17.

*मध्यान्तविभङ्गशास्त्र oder *मध्यान्तविभाग° n. Titel eines Werkes.

*मध्यान्तिक m. N. pr. eines buddhistischen Arhant's.

*मध्याम्लकेसर *Citrone.*

मध्यायिन् Adj. *mit dem mittleren Tone hergesagt* Saṁhitopan. 8,4.

मध्यायु Adj. vielleicht *Vermittelung suchend* oder *Vermittler.*

मध्यार्जुन N. pr. einer Oertlichkeit. °तीर्थ n. N. pr. eines Tîrtha.

मध्यावर्ष n. *die Mitte der Regenzeit.*

*मध्यास्थि *Grewia asiatica.*

मध्याह्न m. 1) *Mittag.* — 2) N. pr. eines Schülers des Çaṁkarâkârja.

*मध्याह्निक m. *Pentapetes phoenicea* Bhâvapr. 1,229.

*मध्येगङ्गम् Adv. *in der* — oder *in die Gaṅgâ.*

*मध्येगुरु Adj. wohl *in der Mitte eine lange Silbe habend.*

मध्येछन्दस् Pâr. Gṛhj. 3,3,5 nach den Erklärern *die Sonne* oder *Mitte des Jahres.*

मध्येजठरम् Adv. *im Leibe* Bhâm. V. 1,60.

मध्येजलात् Abl. *mitten aus dem Wasser* Bhaṭṭ. 3,50.

मध्येज्योतिस् f. *ein best. vedisches Metrum.*

मध्येनगरम् Adv. *innerhalb einer Stadt.*

मध्येनदि Adv. *im —, in den Fluss.*

मध्येनरेश्वरसभम् Adv. *mitten in der Versammlung der Fürsten* Bâlar. 108,9.

मध्येनिधन Adj. *das* 1. निधन 5) *in der Mitte habend* Lâṭj. 3,9,7. 6,4,5. 7,8,13.14.

मध्येपद्मम् Adv. *in einer Lotusblüthe.*

मध्येपृष्ठम् Adv. *auf dem Rücken.*

मध्येपृष्ठ 1) Adj. *die* 1. पृष्ठ *genannten Opfertage in der Mitte habend* Çâṅkh. Çr. 13,21,4.12.13. — 2) n. *ein best.* Ajana Tâṇḍja-Br. 25,1,2.3.

मध्येमध्यमाङ्गुलिकर्पूरम् Adv. *zwischen Mittelfinger und Ellbogen.*

मध्येयज्ञम् Adv. *mitten im Opfer* Comm. zu Âpast. Çr. 9,4,4.

मध्येरणम् Adv. *in der Schlacht* Bhâm. V. 1,126.

मध्येरथ्यम् Adv. *mitten auf der Strasse* Bhâm. V. 2,40.

मध्येवारि Adv. *in's —, unter's Wasser.*

मध्येविन्ध्याटवि Adv. *in den Wäldern des Vindhja.*

मध्येविन्ध्यान्तर् Adv. *mitten im Vindhja* Kathâs. 4,1.

मध्येव्योम Adv. *im Luftraum* Bâlar. 14,2.

मध्येसभम् Adv. *in der Versammlung, in der Gesellschaft, vor Allen* Dh. V. 33,12.

मध्येसमुद्रम् Adv. *mitten im Meere* Prasannar. 132,16.

मध्योदात्त Adj. *auf der mittleren Silbe den Udâtta habend.*

मध्व m. N. pr. des Gründers einer Secte (s. माध्व). Auch °गुरु und मध्वाचार्य.

मध्वक m. *Biene.*

मध्वक्ष Adj. *honiggelbe Augen habend.*

मध्वगुरु s. u. मध्व.

*मध्वञ्च् Adj. (f. मधूची) zur Erklärung von माधूची gebildet Mahîdh. zu VS. 37,18.

मध्वतत्त्वचपेटाप्रदीप m. und °तन्त्रमुखमर्दन n. (Opp. Cat. 1) Titel von Werken.

(मध्वद्) मधुअद् Adj. *Süsses essend.*

मध्वभाष्य n., °टीका f., °व्याख्या f., मध्वमतखण्डन n., °मतप्रकरण n., °मतमुखभङ्ग m., °मतमुखमर्दन n., °मतविध्वंस m. (Burnell, T.), °मतविध्वंसन n., मध्वमुखभङ्ग m. und मध्वमुखमर्दन n. Titel von Werken Opp. Cat. 1.

(मध्वर्णस्) मधुअर्णस् Adj. *süsse Wellen führend.*

*मध्वल m. *Zecherei.*

मध्वविजय m. (Opp. Cat. 1), मध्वविध्वंसन n. und मध्वशास्त्र n. Titel von Werken.

*मध्वश्व anzunehmen für *माध्वश्वि.

मध्वष्टक n. Titel eines Werkes Burnell, T.

मध्वष्ठीला f. *Honigklumpen.*

*मध्वस्य्, °स्यति *nach Honig Verlangen haben.*

मध्वसहस्रनामभाष्य n. Titel eines Werkes Opp. Cat. 1.

मध्वाचार्य m. s. u. मध्व.

*मध्वाधार m. *Wachs* Bhâvapr. 2,63.

मध्वापात m. *Honig beim ersten Anblick.*

*मध्वाम्र m. *eine Mangoart* Râgan. 11,19.

*मध्वालु u. °क n. *ein Gewächs mit süsser Knolle.* Nach Mat. med. 305 *Dioscorea aculeata.*

*मध्वावास m. *der Mangobaum* Râgan. 11,11.

मध्वाशिन् Adj. *Süssigkeit geniessend.*

मध्वासव m. *ein aus Honig bereitetes berauschendes Getränk.*

*मध्वासवनिक m. *ein Bereiter berauschender Getränke.*

मध्वाहुति f. *eine aus Süssigkeiten bestehende Opferspende.*

मध्वाह्निक n. Titel eines Werkes Opp. Cat. 1.

*मध्विरा f. *ein berauschendes Getränk.* Beruht auf einer falschen Lesart.

मन्, मनते, मनुते, मन्यते; metrisch auch Act. 1) *meinen, glauben, sich einbilden, sich vorstellen, vermuthen, dafürhalten, glauben von* (Acc.), — *an* (Acc.), so v. a. *für gewiss, für wahrscheinlich halten.* किं बहु मन्यसे so v. a. *wozu stellst du grosse Betrachtungen an?* मन्ये *so meine ich* wird in einem Satze vorangestellt oder eingeschoben ohne einen Einfluss auf die Construction zu haben. — 2) *halten für,* mit doppeltem Acc. चिरं तन्मेने यद्वासः पर्यधास्यत so v. a. *es schien ihm zu lange das Gewand zuvor umzunehmen.* Bisweilen ist der eigentliche Objects-Acc., wie तद्, zu ergänzen. Wenn eine Geringachtung ausgedrückt werden soll, kann das Prädicat auch im Dat. stehen. Zum Prädicat tritt bisweilen इव, oder es erscheint als Adv. auf वत्. Nicht selten ist das Prädicat auch ein anderes Adverb. Mit बहु *für viel halten, hochhalten, zu schätzen wissen;* mit लघु *gering halten, — anschlagen;* mit साधु *für gut halten, gutheissen, billigen, loben.* Bisweilen folgt noch इति auf साधु. — 3) *sich halten —, gehalten werden —, gelten für, erscheinen als, sich zeigen;* das Prädicat im Nomin. (bisweilen mit folgendem इव), ausnahmsweise aber auch im Acc. (Spr. 7645). — 4) *meinen,* so v. a. *für gut befinden, Etwas* (Acc.) *billigen.* — 5) *Jmd* (Acc.) *beistimmen.* — 6) *denken an,* so v. a. *mit Sinn und Herz zugewandt sein, ehren, schätzen.* मनानं *andächtig.* Mit न *verschmähen, für Nichts achten.* — 7) *im Sinne haben, wollen, wünschen, begehren, das Absehen haben auf;* mit Acc. oder Gen. (ausnahmsweise). — 8) *gedenken* (im Gebet u. s. w.), *erwähnen, meminisse, commemorare;* mit Acc. oder Gen. (seltener). — 9) *erdenken, ersinnen.* — 10) *wahrnehmen, innewerden, erfahren, erkennen, zur Einsicht gelangen, wissen, begreifen;* mit Gen. oder Acc. — 11) *Jmd* (Acc.) *zudenken,* so v. a. *schenken, verehren.* — 12) मत a) *erscheinend als, geltend —, angesehen werdend für* (Nomin. oder ein Adv.). बहुमत *hoch gehalten, geachtet;* साधुमत *in hoher Achtung stehend bei* (Gen.) MBh. 5,191,11. — b) *gut befunden, gebilligt, für angemessen erachtet* Spr. 7623. — c) *geachtet, geehrt, gern gesehen von*

(Gen.), *hoch angeschlagen.* — d) *gewollt, beabsichtigt.* — e) *empfunden, vermuthet* 283,32. — f) *erkannt, bekannt* MBH. 4,14,8. — 13) मनित a) *gekannt, verstanden.* — b) PAÑKAR. 3,12,20 wohl fehlerhaft. — Caus. 1) मानयति (metrisch auch Med.) *ehren, Ehren erzeigen, Etwas berücksichtigen.* Auch mit उरु, बहु und साधु. मानित *geehrt, berücksichtigt.* — 2) *मानयते a) स्तम्भे. — b) गर्वके. — Desid. मीमांसते (metrisch auch Act.) 1) *überlegen, bedenken, erwägen, prüfen.* मीमांसित *erwogen.* — 2) *in Frage stellen, bezweifeln.* Mit Loc. der Sache, in Bezug auf welche die Befähigung oder Zulassung einer Person fraglich ist. मीमांसित *gegen den man ein Bedenken hat.* — *Desid. vom Desid. मीमांसिषते. — Mit अति 1) *geringschätzen, verschmähen.* — 2) *für zu klein halten, für geringer halten als* (Instr.). — 3) *sich überheben.* — Caus. अतिमानित *in hohem Grade geehrt.* — Mit अधि *hochhalten, hochachten.* — Mit अनु 1) *zustimmen, einwilligen; billigen, zugestehen, gestatten, zugeben, gutheissen, anerkennen* (mit Acc. [RV. 7,31,7] oder Infin.; statt des Acc. auch °कृते), *anerkennen als* (mit doppeltem Acc.). अनुमत *gestattet, erlaubt, genehmigt, gebilligt, anerkannt* VS. 12,70. — 2) *belieben, gewillt sein.* अनुमत *gern gesehen, erwünscht.* — 3) *Jmd* (Dat.) *Etwas* (Acc.) *gewähren, zu Theil werden lassen, verleihen.* — 4) *gutheissen,* so v. a. *sich einer Sache hingeben, befolgen;* mit Acc. अनुमत *befolgt.* — 5) *Jmd* (Acc.) *begünstigen zu* (Dat.), so v. a. *verhelfen zu* RV. 5,46,4. — 6) *Jmd* (Acc.) *zulassen, anerkennen, — als* (Acc.). अनुमत *zugelassen —, anerkannt von* (im Comp. vorangehend). — 7) *Jmd* (Acc.) *Erlaubniss geben, gestatten;* das Wozu im Dat. Mit einem prädicativen Acc. eines Partic. praes. oder fut. *Jmd gestatten, dass er —.* अनुमत *die Erlaubniss habend, — von* (Instr.). — 7) *Jmd* (Acc.) *nachgeben.* — 8) *Jmd* (Acc.) *nachsehen, verzeihen.* — 9) mit न *zurückstossen, Nichts wissen wollen von* (Acc.), *sich aus Etwas* (Acc.) *Nichts machen.* — Caus. 1) *Jmd* (Acc.) *um Erlaubniss bitten, um Jmds Zustimmung bitten* MÂN. ÇR. 1,8,3. 2,1,3. GṚHJ. 2,4. — 2) *Jmd um Erlaubniss bitten fortzugehen, sich verabschieden bei* (Acc.). — 3) *um Etwas* (Acc.) *bitten.* — 4) *ehren, ehrenvoll aufnehmen.* — 5) *berücksichtigen, in Anschlag bringen.* — Desid. *erschliessen, folgern.* — Mit समनु 1) °मत *die allgemeine Zustimmung habend von* (Instr.). — 2) *allgemein anerkennen als,* mit doppeltem Acc. — Mit अप Caus. *Jmd missachten, Geringachtung gegen Jmd* (Acc.) *an den Tag legen.* — Mit अभि 1) *Absichten haben auf, begehren, Verlangen haben nach;* mit Acc. — 2) *gern haben, mögen.* अभिमत *gewünscht, erwünscht, gern gesehen, lieb, genehm.* Compar. °तर. — 3) *böse Absichten gegen Jmd* oder *Etwas haben, zu beschädigen suchen, Jmd Etwas anzuthun suchen, nachstellen, bedrohen.* — 4) *tödten, umbringen.* — 5) *Etwas* (Acc.) *zugeben, freistellen, zugeben, dass Etwas geschehe* (Acc. eines Partic.). अभिमत *zugegeben.* — 6) *Etwas* (Acc.) *Jmd* (Dat.) *zur Verfügung stellen.* — 7) *dafür halten, meinen, sich einbilden.* — 8) *glauben an, annehmen, voraussetzen;* mit Acc. — 9) *halten für,* mit doppeltem Acc. Statt des prädicativen Acc. auch Instr. eines davon gebildeten Nom. abstr. — *Caus. अभिमानयति. — Mit अव 1) *Jmd missachten, geringachten, seine Geringschätzung gegen Jmd an den Tag legen;* mit Acc. अवमन्यते auch mit passiver Bed. अवमत *missachtet, gering geachtet, geringschätzig behandelt.* — 2) *Etwas* (Acc.) *geringachten, nicht beachten, verschmähen.* अवमत *verabscheut.* — Caus. 1) *Jmd missachten, geringachten, seine Geringschätzung gegen Jmd an den Tag legen.* — 2) *nicht beachten.* — Mit अभ्यव *Etwas* (Acc.) *missachten, verschmähen* ÂPAST. 1,19,14. — Mit आ *hinverlangen zu Jmd* (Acc.). आमनति s. u. म्ना. — Mit प्रत्या, °मनति s. u. म्ना. — Mit समा, °मनति s. u. म्ना. — Mit उप *halten für,* mit doppeltem Acc. — Desid. in उपमीमांसा. — Mit नि *halten für,* mit doppeltem Acc. — Mit परि *übersehen, hintansetzen, vernachlässigen, vergessen* RV. 7,93,6. 10,31,2. — Mit प्र *ersinnen, aussprechen.* — Mit अभिप्र *halten für* (Nomin. mit इति). — Mit प्रति *erwiedern, Jmd Etwas entgegenhalten;* mit doppeltem Acc. — Caus. 1) *Jmd ehren.* — 2) *Etwas in Ehren halten.* — 3) *gut —, mit Beifall aufnehmen.* — 4) *beachten, berücksichtigen.* — Mit वि 1) *unterscheiden.* — 2) विमत a) Pl. *uneins.* — b) *missachtet, beleidigt.* — c) *beliebig, jedweder, jeglich* Comm. zu NJÂJAS. 1,1,1. 26. 2,4. 2,3,16. 3,6,11. 4,1,4. SARVAD. 133,5. GOVINDÂN. S. 458. 592. 1103. — Caus. *entehren, mit Geringachtung behandeln, geringschätzen* SAṂHITOPAN. 36,3. LALIT. 162,15. 16. — Mit सम् 1) *meinen, wähnen.* — 2) *halten für,* mit doppeltem Acc. संमत *gehalten für* (Nomin.). — 3) *gedenken, beabsichtigen.* — 4) *schätzen, ehren.* संमत *geschätzt, geehrt, in Ehren stehend, — bei* (Gen.), *in Ruf stehend.* — 5) *Etwas billigen, anerkennen, gutheissen.* Nur संमत *anerkannt, — von* (Gen. oder im Comp. vorangehend), *übereinstimmend mit* (im Comp. vorangehend). युष्माकं यदि संमतम् so v. a. *wenn es euch recht ist.* — 6) *Jmd* (Acc.) *bevollmächtigen, die Erlaubniss zu Etwas geben;* s. असंमत. — संमत auch fehlerhaft für संगत. — Caus. 1) *Jmd ehren, Jmd Ehre erweisen.* संमानयित्वा KÂD. 91,23 fehlerhaft für मानयित्वा, wie die andere Ausg. 164,15 liest. — 2) *Etwas beachten.* — 3) *Jmd* (Gen.) *Etwas versichern.* — Mit अनुसम्, अनुसंमत *gebilligt —, gutgeheissen von* (Instr.). — Mit अभिसम्, अभिसंमत *geehrt —, geschätzt von* (im Comp. vorangehend).

1. मनु m. Du. *ein best. Schmuck* RV. 8,78,2. — मना f. s. bes.

2. मन 1) m. a) **Nardostachys Jatamansi.* — b) N. pr. eines Sohnes des Çambara. — 2) n. einmal im Comp. = मनस्.

*मनग्राप Adj. *herzgewinnend, reizend, schön.*

मनऊ m. = منع *eine best. Constellation* Ind. St. 2,282.

मनश्शृङ्ग Adj. nach SÂJ. मनसा प्रसाधनं यस्य सः.

मनःकान्त Adj. = मनस्कान्त.

मनःक्षेप m. *Geistesverwirrung.*

मनःपति m. *Herr des Herzens,* Beiw. Vishṇu's.

मनःपर्याय m. bei den Gaina *die zur vollkommenen Klarheit gelangte Einsicht* (die vorletzte Stufe in der Erkenntniss der Wahrheit).

मनःपूत Adj. *der Gesinnung nach rein.*

मनःप्रसाद m. *Heiterkeit des Sinnes.*

मनःप्रिय Adj. (f. आ) *dem Herzen lieb* KIR. 2,1.

मनःप्रीति f. *Herzensfreude.*

मनक m. N. pr. eines Mannes HEM. PAR. 5,61.

मनन 1) Adj. *bedächtig, sorgsam.* — 2) n. *das Denken, Nachdenken, Betrachten im Geiste, Erwägen.*

मननग्रन्थ m. und मननप्रकरण n. (BURNELL, T.) Titel von Werken.

मनना Instr. Adv. *bedächtig.*

मननादिनिघण्टु m. Titel eines Werkes OPP. Cat. 1.

*मननीय Adj. bei der Erklärung von मन्मन्.

मनत्रशस् (!) m. N. pr. eines Fürsten VP.^{2} 4,69.

(मनन्य) मननिग्र Adj. nach SÂJ. = स्तुत्य.

*मनयितर् Nom. ag., f. °त्री in einer Erklärung SÂJ. zu RV. 1,124,3.

1. मनश्चित् Adj. *mit dem Geist geschichtet.*

2. मनश्चित् Adj. *denkend.*

मनःशिक्षा f. Titel eines Werkes.

मनःशिल (m. oder n. metrisch) und शिला f.

(Râǵan. 13,49) *Realgar, rother Arsenik.* Am Ende eines adj. Comp. f. आ.

मनःशीघ्र Adj. *gedankenschnell.*

म॑नःषष्ठ Adj. *mit dem* Manas *sechs seiend.*

म॑नस् n. 1) *der innere Sinn, das innere Organ, Geist, Verstand, Gemüth, Seele, Gewissen, Herz* nebst deren Functionen und Aeusserungen: *Denken, Vorstellen, Gedenken; Erdenken, Ersinnen, Nachdenken* (vielleicht auch *das Ersonnene, Erfindung*); *Wunsch, Wille, Geneigtheit; Lust, Verlangen, Streben, Trieb; Gesinnung, Stimmung.* Das Manas entflieht mit dem Tode aus dem Körper; das Thier hat nicht Manas, sondern Asu. In den philosophischen Systemen ist Manas *das Organ der Erkenntniss, das Erkenntnissvermögen mit der Fähigkeit Vorstellungen zu verbinden und zu haben;* es gilt, ausser im Njâja, für vergänglich. *a)* Acc. mit कर् *beschliessen; Jmd* (Gen.) *geneigt werden, sich zu Jmd hingezogen fühlen;* mit कर्, प्र-कर्, धा, वि-धा, धर्, बन्ध् und नि-वेशय् *seine Gedanken richten auf, denken an* (die Ergänzung im Loc., Dat., Acc. mit प्रति oder Infin.); mit समा-धा *sich fassen;* mit *हन्, मनोहत्य so v. a. *bis das Verlangen gestillt ist.* — *b)* म॑नसा *mit dem Geiste; in Gedanken* (Gegensatz *in Wirklichkeit*); *von Herzen, gern; mit Vergunst von* (Gen.); *vermöge des blossen Willens;* मनसैव so v. a. *in einem Nu;* mit मन् *im Geiste denken,* so v. a. *Willens sein;* mit सम् गम् *einmüthig werden.* — *c)* मनसि mit कर् *beherzigen; in's Herz schliessen, im Herzen gedenken* 104,15. Ind. St. 15,314. mit नि-धा *dem Geiste einprägen, im Geiste sich vorführen* Chr. 155,21; mit वर्त् so v. a. *im Kopfe herumgehen.* — *d)* am Ende eines adj. Comp. nach einem Nom. act. oder nach einem Infin. auf तु *den Wunsch habend —, beabsichtigend zu.* — 2) मनसो दोहः Name eines Sâman. — 3) *der 26ste* Kalpa 2) *h*). — 4) *der See* Mânasa.

मनसा॑ 1) m. N. pr. eines Mannes (nach Sâj.). — 2) f. आ N. pr. *a)* einer Göttin, einer Partikel der Prakṛti; sie ist eine Tochter Kaçjapa's und Gattin Ǵaratkâru s. Sie schützt die Menschen vor Schlangengift. — *b)* einer Kiṁnara-Jungfrau Kâraṇḍ. 5,22. — 3) n. am Ende einiger Comp. = मनस् 1). Am Ende eines adj. Comp. f. आ Pâr. Gṛhj. 1,4,15.

म॑नसस्प॑ति m. *der Genius des geistigen Vermögens und Lebens des Menschen.*

*मनसागुप्ता f. संज्ञायाम्.

*मनसाज्ञायिन् Adj. *mit dem Geiste wahrnehmend.*

*मनसादत्ता f. संज्ञायाम्.

*मनसादेवी f. = मनस 2) *a*).

मनसापञ्चमी f. *der der Göttin* Manasâ *geweihte fünfte Tag in der dunkelen Hälfte des* Âshâḍha.

मनसाराम m. N. pr. eines Mannes.

मनसिकार m. *Beherzigung, attentio animi* Lalit. 218,2. 6.

मनसिज m. 1) *Geschlechtsliebe, der Liebesgott.* Nom. abstr. °ता f. Naish. 8,105. — 2) *der Mond.*

मनसिजतरु m. *die Geschlechtsliebe als Baum.*

मनसिजरुजा f. *Liebesschmerz* Vikr. 51.

मनसि॑न् Adj. *Sinn —, Geist habend.*

मनसिशय m. *Geschlechtsliebe, der Liebesgott.*

मनस्क॑ 1) n. Demin. von मनस् 1). — 2) am Ende eines adj. Comp. (f. आ) Çiç. 11,27 *dessen Geist* oder *Gedanken gerichtet sind auf.*

मनस्कान्त Adj. *dem Herzen lieb, angenehm.* सर्वभूत° *allen Wesen lieb.*

मनस्कार m. *attentio animi* (neben चित्त) Lalit 28,8. 29,2. चित्त° als Adj. (!) 28,6.

मनस्केत॑ m. *Vorstellung.*

मनस्ताप m. 1) *Herzeleid, Herzenskummer.* — 2) *Reue.*

*मनस्ताल m. N. pr. des Löwen der Durgâ.

म॑नस्तेजस् Adj. *mit des Geistes Schärfe versehen.*

*मनस्तोका f. Bein. der Durgâ.

मनस्त्व n. Nom. abstr. zu मनस् 1).

मनस्पाप AV. 6,45,1 vom Padap. als Comp. gefasst. AV. Paipp. liest मनसस्पते, wonach मनस्पते zu vermuthen wäre.

मनस्म॑य Adj. *geistig* (Gegensatz *materiell*).

मनस्य्, मनस्य॑ति, °ते 1) *im Sinne haben.* — 2) *denken, überlegen.* — Mit अभि *wünschen* oder *billigen.*

मनस्यु॑ 1) Adj. etwa *wünschend, begehrend.* — 2) m. N. pr. zweier Fürsten.

म॑नस्वन्त् 1) Adj. *a) sinnvoll* oder *muthvoll.* — *b) das Wort* मनस् *enthaltend.* — 2) f. मनस्वती Tâṇḍja-Br. 14,3,3 fehlerhaft für अनस्वती.

मनस्वि॑न् 1) Adj. *a) sinnvoll, verständig* (Person). Nom. abstr. मनस्विता f. (= अभिमानिता Comm.) Kir. 1,43. — *b) guten Muths, froh;* vgl. अमनस्विन् (Nachtr. 2). — *c) verständig,* so v. a. *geschickt.* Compar. मनस्वितर. — 2) m. *a)* **das fabelhafte Thier* Çarabha Râǵan. 19,3. — *b)* N. pr. α) eines Schlangendämons. — β) eines Sohnes des Devala VP.[2] 2,24. — 3) f. मनस्विनी *a)* *Bein. der Durgâ. — *b)* **Momordica mixta* Râǵan. 7, 183. — *c)* N. pr. α) der Mutter des Mondes. — 3) der Gattin Mṛkaṇḍu's.

मनःसंवर m. *Zügelung des Herzens* Lalit. 34,19.

मनःसंकल्प m. *Herzenswunsch.*

मनःसङ्ग m. *beständiges Denken an den Geliebten.*

मनःसद्॑ Adj. *im Sinne sitzend.*

मनःसंताप m. *Herzeleid, Herzenskummer.*

मनःसमुन्नति f. *eine hohe Denkweise* 96,9.

मनःसारमय Adj. *den Kern des Sinnes, des Herzens bildend.*

मनःसिद्धि f. N. pr. einer Göttin Ind. St. 15,420.

मनःसुख Adj. *den Sinnen angenehm, wohlschmekkend.*

मनःस्थ Adj. (f. आ) *im Herzen wohnend.*

मनःस्थिरीकरण n. *Stärkung —, Kräftigung des Sinnes.*

मनःस्पर्श Adj. *das Herz rührend, in's Herz dringend* Bhâg. P. 3,21,10.

मनःस्वामिन् m. N. pr. eines Brahmanen.

मनहंस (!) *ein best. Metrum.*

मना॑ f. *Wunsch, Eifer; Eifersucht.*

मनाक् Adv. 1) *ein wenig, etwas, in geringem Maasse.* काले मनाक् *eine kurze Zeit, nicht lange.* न मनागपि, मनागपि न u. न मनाक् (187,12) *nicht im Geringsten, durchaus nicht.* — 2) *in kurzer Zeit, gar bald, sofort, sogleich* Prasannar. 142,11. — 3) *bloss, nur,* μονον 292,28. Spr. 7743. — 4) mit न und einem Partic. praet. pass. mit अस्मि u. s. w. *daran fehlte wenig, dass ich u. s. w. nicht — worden bin,* so v. a. *beinahe wäre ich u. s. w. — worden* 43,4. Mârk. P. 172,25 (wo न पातितः st. निपातितः zu lesen ist).

*मनाका f. *Elephantenkuh.*

*मनाक्कर n. *eine Art Agallochum.*

मनाग Lalit. 10,7 fehlerhaft für मनाप.

मनाङ्य oder मनाय्य n. Du. गौतमस्य oder गौतमस्य Name zweier Sâman Ârsh. Br.

मनानक् Adv. *ein wenig.*

मनाप Adj. = मनआप Lalit. 10,7 (मनाग gedr.). 29,19.

मनाय्, मनाय॑ति 1) *eifrig —, anhänglich sein.* — 2) vielleicht *beherzigen, gedenken.*

मना॑यी f. *Manu's Gattin* Maitr. S. 1,8,6.

मनायु॑ Adj. 1) *eifrig, anhänglich.* — 2) *begehrend, betend.*

मनावसु Adj. *reich an Anhänglichkeit* ṚV.

मना॑वी f. *Manu's Gattin.*

मनिङ्गा f. N. pr. eines Flusses. अनङ्गा v. l.

मनित्थ (Weber, Lit.) oder मनिन्ध m. N. pr. eines Astronomen. v. l. मणित्थ, मानिन्ध.

*मनी Adv. mit कर् etwa *beherzigen.*

*मनीक n. *Augensalbe.*

मनीमुषग्राम m. N. pr. eines *Dorfes.*

मनीवक N. pr. 1) m. eines Sohnes des Bhavja. — 2) n. eines nach ihm benannten Varsha.

मनीषा f. 1) *Nachdenken, Verstand, Begriff.* परो मनीषया *über alle Vorstellung.* — 2) *Aeusserung des Nachdenkens und der Weisheit in Spruch, Gebet, Gedicht* u. s. w. — 3) *Bitte, Begehren.*

मनीषापञ्चक n. Titel eines Werkes Burnell, T.

मनीषिका f. 1) *Einsicht, Verstand.* स्वमनीषिकया *nach eigenem Verstande, — Gutdünken.* — 2) *Erwartung* Bâlar. 93,13.

मनीषिणा (!) f. *ein best. Metrum* Çrut. 24.

मनीषित 1) Adj. (f. आ) *gewünscht.* — 2) n. *Wunsch, Verlangen.* °वर्षिन् Adj. Râgat. 7,1281.

मनीषिता f. *Weisheit* Venîs. 182.

मनीषिन् 1) Adj. *a) nachdenkend, verständig, weise.* — *b) Andacht darbringend, betend, lobend.* — 2) m. N. pr. eines Fürsten VP.² 4,174.

1. मनु 1) Adj. *verständig.* — 2) m. *a) Mensch, Mann; Menschheit.* — *b) Denkkraft, Gedanke;* Pl. *die Geisteskräfte.* — *c) Spruch, Gebet, Zauberspruch.* — *d)* N. pr. eines *göttlichen Wesens, Vaters der Menschen.* Es werden Manu s mit folgenden patronymischen Bezeichnungen genannt: Sâmvaraṇa oder Sâmvaraṇi, Vivasvant oder Vaivasvata (zwei Manu als Söhne des Sonnengottes 100,7. 11), Sâvarṇa, Vâsishṭha, Tâpasa und Svâjambhuva oder Hairaṇjagarbha. In der späteren Chronologie eröffnet Manu Svâjambhuva die Reihe von sieben Manu, von denen jeder einer best. Zeitperiode (मन्वन्तर) vorsteht und in dieser als Schöpfer und Erhalter der Geschöpfe auftritt. Die übrigen heissen Svârokisha, Auttami (Uttama), Tâmasa, Raivata, Kâkshusha und Vaivasvata. Später werden noch sieben zukünftige Manu angereiht. Daher — *e)* Bez. *der Zahl vierzehn.* — *f)* N. pr. α) eines Agni. — β) eines Rudra. — γ) eines Sohnes des Kṛçâçva. — δ) eines Astronomen. — 3) *f. *a)* Manu's *Gattin.* — *b) Trigonella corniculata* Râgan. 12,134.

2. मनु m. *Mensch.* Nur in der Verbindung मनोर्वधि.

मनुकपाल n. Manu's *Schale* Kap. S. 46,4.

मनुकुलादित्य m. N. pr. eines Fürsten.

मनुग N. pr. 1) m. eines Sohnes des Djutimant VP. 2,4,48. — 2) n. des von ihm beherrschten Varsha ebend.

मनुज 1) m. *Mensch.* — 2) f. (आ und *ई) *ein menschliches Weib.*

मनुजनाथ (Daçak. 18,4) und मनुजपति m. *Fürst, König.*

मनुजलोक m. *die Welt der Menschen. die Erde.*

मनुजात 1) Adj. *vom Menschen* oder *von* Manu *stammend.* — 2) m. *Mensch.*

मनुजात्मज 1) *m. *Menschensohn,* so v. a. *Mann.* — 2) f. आ *Weib.*

मनुजाधिप und मनुजाधिपति m. *Fürst, König.*

1.*मनुजी f. s. मनुज 2).

2. मनुजी Adv. mit कर् *in einen Menschen verwandeln.*

मनुजेन्द्र m. *Fürst, König.*

मनुजेन्द्रपुत्र 1) *m. *Prinz.* — 2) f. ई *Prinzessin.*

मनुजेश्वर m. *Fürst, König.*

*मनुज्येष्ठ m. *Schwert.*

मनुतन्तु m. N. pr. eines Mannes.

मनुतीर्थ n. N. pr. eines Tîrtha.

मनुत्व n. *die Würde eines* Manu.

मनुदिवि (!) Titel eines Werkes Opp. Cat. 1.

मनुप्रवर्ह oder °प्रवल्ह m. Bez. *der Sprüche* R.V. 8,29 Çâṅkh. Çr. 10,11,20.

मनुप्रीत Adj. *von Menschen geliebt.*

*मनुभू m. *Mensch.*

मनुमुक्तावलि f. Titel eines Werkes Opp. Cat. 1.

मनुयुग n. *die Periode eines* Manu, 311,040,000 *Jahre.*

*मनुराज् m. Bein. Kubera's.

मनुर्हित Adj. *menschenfreundlich, gut für die Menschen.*

मनुवत् Adv. *wie bei* Manu Kâtj. Çr. 3,2,11.

मनुवश m. N. pr. eines Fürsten VP.² 4,69.

मनुवृत Adj. *von Menschen gewählt.*

मनुश्रेष्ठ m. Bein. Vishṇu's.

मनुष 1) m. *Mensch.* — 2) *f. मनुषी *ein menschliches Weib.*

मनुषेन्द्रपुत्री Kathâs. 29,198 fehlerhaft für मनुजेन्द्र°.

मनुष्य, मनुषिय 1) Adj. (f. आ) *a) menschlich.* — *b) für Menschen tauglich.* — *c) menschenfreundlich.* — 2) m. *a) Mensch.* — *b) Mann* (Gegensatz *Weib*). — *c) Gatte.* — *d)* Pl. *eine Klasse von Manen: die menschlichen Väter, welche das* Piṇḍa-*Opfer empfangen.*

मनुष्यकार m. *die That eines Menschen, menschliche Anstrengung.*

मनुष्यकिल्बिष n. *ein Vergehen gegen Menschen* Âpast. Çr. 7,21,6.

मनुष्यकृत Adj. *gegen Menschen begangen.*

मनुष्यगन्ध m. *Menschengeruch.*

मनुष्यगन्धर्व m. Pl. *die menschlichen* Gandharva. Vgl. देवगन्धर्व.

मनुष्यगवी f. Pl. Bez. *bestimmter Sprüche* Âpast. Çr. 4,10,4.

मनुष्यग्रन्थि m. *Menschenknoten* Kap. S. 40,1.

मनुष्यचर Adj. *mit Menschen verkehrend.*

मनुष्यचित्त n. *Menschenwille.*

मनुष्यच्छन्दस n. *Menschen-Metrum.*

मनुष्यजन्मन् Adj. *von einem Menschen erzeugt* Çiç. 1,35.

मनुष्यजा Adj. *von Menschen geboren.*

मनुष्यजात n. *Menschengeschlecht* Gaut. 8,2.

मनुष्यजातक n. Titel eines Werkes.

मनुष्यजाति f. *Menschengeschlecht* Spr. 4698.

मनुष्यत् Adv. = मनुष्वत्.

मनुष्यता f. 1) *das Menschsein.* — 2) *das Mannsein.*

मनुष्यत्रा Adv. *unter Menschen.*

मनुष्यत्व n. *das Menschsein, Menschlichkeit.*

मनुष्यदुर्ग Adj. *schwer zugänglich wegen der starken Bevölkerung;* n. *ein solcher Ort* MBh. 12, 86,5.

मनुष्यदेव m. *ein Gott unter den Menschen:* 1) *ein Brahmane.* — 2) *Fürst, König.*

मनुष्यधर्मन् m. Bein. Kubera's Çiç. 1,55.

मनुष्यपात्र n. *Menschenbecher* Tâṇḍja-Br. 6,5,9.

मनुष्यपोत m. *Knäblein* Mahâvirak. 13,10. 103, 13. 104,6.

मनुष्यप्रकृति Adj. *von menschlicher Herkunft* Âpast.

मनुष्ययज्ञ m. *ein den Menschen geltendes Opfer,* so v. a. *Mildthätigkeit, Gastfreundschaft.* Sehr künstlich erklärt im Comm. zu Gaut. 16,34.

मनुष्ययशस n. *menschliche Herrlichkeit* TS. 3, 1,9,1.

मनुष्ययशसिन् Adj. *menschliche Herrlichkeit besitzend* ebend.

मनुष्ययोनि m. *Menschenschooss* Çat. Br. 7,4,2,40.

मनुष्यरथ m. *ein Wagen der Menschen.*

मनुष्यराज und °राजन् m. *ein menschlicher König.*

मनुष्यरूप n. *Menschengestalt.*

मनुष्यलोक m. *Menschenwelt.*

मनुष्यविश् f., विश n. und °विशा f. *Menschenvolk.*

मनुष्यशिरस् m. *ein Wasserthier mit einem menschenähnlichen Kopfe* Âpast.

*मनुष्यसभा f. *eine Versammlung von Menschen.*

मनुष्यसव m. *Menschenlibation.*

मनुष्यसादय n. *das Zeugesein der Menschen.* Loc.

so v. a. vor Menschen als Zeugen.

मनुष्यहार m. Menschenraub Ind. St. 15,348.

मनुष्यायुषं n. Lebenszeit der Menschen.

मनुष्यालयचन्द्रिका f. und मनुष्यालयलक्षण n. Titel zweier Werke Opp. Cat. 1.

मनुष्येन्द्र m. der Beste der Menschen (nicht Fürst).

मनुष्येश्वर m. Fürst, König.

मनुष्येषु m. oder f. ein von Menschen geschleuderter Pfeil AV. 1,19,2.

मनुष्यैनस् n. Menschensünde AV. 6,113,3.

मनुष्वत् Adv. 1) als Mensch oder als Menschen, wie M., wie bei —, wie unter —, wie für M. — 2) wie Manu, wie bei M.

मनुस् m. 1) Mensch, die Menschen. — 2) Mann.

मनुसंहिता f. Manu's Gesetzsammlung.

मनुसत्र m. eine best. Opferhandlung.

मनुस्मृति f. Manu's Gesetzbuch Opp. Cat. 1.

मनोगत 1) Adj. (f. आ) im Herzen ruhend, — verborgen Venis. 90,18. — 2) n. a) Gedanke, Meinung. — b) Wunsch, Verlangen.

1. मनोगति f. Wunsch, Verlangen.

2. मनोगति Adj. nach Belieben gehend, der dahin geht, wohin er oder man will.

*मनोगत्री f. Wunsch.

*मनोगुप्ता f. 1) rother Arsenik Râgan. 13,49 (मनसश्च गुप्ता heisst und गुप्ता hinter मनस्, indem मनसस् als Abl. zu fassen ist). — 2) eine Art Zuckerrohr Râgan. 2,64.

मनोगृहीत Adj. am Sinne ergriffen, — gefangen genommen Maitr. S. 2,3,2 (28,13). Kâth. 12,2.

मनोग्रहण n. das Ergreifen —, Gefangennehmen des Sinnes Maitr. S. 2,3,2 (28,10).

मनोग्राहिन् Adj. den Sinn gefangen nehmend, — hinreissend. सर्वभूत° aller Wesen.

मनोग्राह्य Adj. 1) mit dem Sinne zu fassen. — 2) = मनोग्राहिन्.

मनोग्लानि f. Niedergeschlagenheit Daçak. 24,19.

मनोघ्न Adj. einschüchternd Bhâvapr. 3,107.

मनोज und मनोजन्मन् (Prasannar. 151,2) m. Geschlechtsliebe, der Liebesgott.

1. मनोजव m. Eile —, Raschheit des Gedankens.

2. मनोजव 1) Adj. (f. आ) a) gedankenschnell. मनोजवम् Adv., मनोजवता f. Nom. abstr. Âpast. — b) *dem Vater ähnlich. — 2) m. N. pr. a) eines Sohnes des Anila (Windes). — b) eines Sohnes des Rudra Îçâna. — c) Indra's im 6ten Manvantara. — d) eines Sohnes des Medhâtithi. — e) eines fabelhaften Rosses. — 3) f. मनोजवा a) Bez. einer der sieben Flammenzungen. — b) *Methonica superba. — c) N. pr. α) einer der Mütter im Gefolge Skanda's. — β) eines Flusses in Krauńćadvîpa VP. 2,4,55. — 4) n. N. pr. a) eines Tîrtha. — b) des von 2) d) beherrschten Varsha.

मनोजवस् 1) Adj. gedankenschnell. — 2) m. Bez. Jama's (nach Mahîdh.).

*मनोजवस Adj. dem Vater ähnlich.

मनोजविन् Adj. gedankenschnell. Nom. abstr. °वित्व n.

मनोजविष्ठ (Conj.) Adj. überaus schnell wie der Gedanke 10,27.

*मनोजवृद्धि m. ein best. Strauch Râgan. 4,200.

मनोजात Adj. im Sinn geboren, geistentsprungen.

मनोजिघ्र Adj. Jmds Gedanken witternd, — errathend.

मनोजू Adj. gedankenschnell.

मनोज्ञ 1) Adj. (f. आ) dem Sinn entsprechend, angenehm, schön, reizend. — 2) m. a) ein angenehmer Platz Vishnus. 85,63. — b) *Pinus longifolia Ratnam. 144. — c) N. pr. eines Gandharva. — 3) *f. आ a) die Sennapflanze Râgan. 3,123. — b) eine Art Kümmel Râgan. 6,64. — c) Jasminum grandiflorum Râgan. 10,114. — d) = वन्ध्याकर्कोटकी Râgan. 3,49. — e) ein berauschendes Getränk Râgan. 14,137. — f) rother Arsenik Râgan. 13,49. — g) Prinzessin.

*मनोज्ञघोष m. N. pr. eines Mannes.

मनोज्ञता f. reizendes Wesen, Schönheit.

मनोज्ञशब्दाभिगर्जित m. eine best. Zeitperiode bei den Buddhisten.

मनोज्ञस्वर m. N. pr. eines Gandharva Kârand. 2,17.

मनोज्योतिस् Adj. dessen Licht der innere Sinn ist Çat. Br. 14,6,9,11.

मनोतर् und मनोतृ Nom. ag. 1) Ersinner, Erfinder. — 2) Walter, Schalter. Auch in Verbindung mit einem Femin.

मनोता f. 1) das Lied RV. 6,1 (welches das Wort मनोता enthält). Auch मनोतासूक्त n. — 2) die Gottheit, für welche das unter Aufsagung dieses Liedes Dargebrachte bestimmt ist. Agni nach der Auffassung der Brâhmana.

मनोदण्ड m. vollständige Herrschaft über die Gedanken.

मनोदत्त 1) Adj. im Geiste —, in Gedanken gegeben, angewünscht. — 2) *f. आ संज्ञायाम् P. 6,3,4, Sch.

*मनोदाहिन् m. der Liebesgott.

मनोदुष्ट Adj. durch schlechte Gedanken verunreinigt.

मनोधातु m. die Welt des Manas.

मनोधृत् Adj. besonnen, verständig.

मनोऽनवस्थान n. Unaufmerksamkeit, Zerstreutheit.

मनोनाश m. das Verschwinden des Sinnes.

मनोऽनुकूल Adj. angenehm, zusagend Varâh. Jogaj. 7,21.

मनोऽनुग 1) Adj. (f. आ) dem Sinne zusagend, erfreulich, angenehm. — 2) m. N. pr. einer Oertlichkeit.

मनोन्मनी f. eine Form der Durgâ Hemâdri 1, 611,1. 2. 14. 2,a,86,13. 15.

मनोऽपहारिन् (Conj.) Adj. herzraubend, erfreulich.

मनोऽपेत Adj. keinen Verstand habend Kaush. Up. 3,3.

मनोभव 1) Adj. im Sinne —, im Geiste entstanden, ein Gebilde der Phantasie seiend. — 2) m. (adj. Comp. f. आ) a) Liebe (Gegensatz Zorn). — b) Geschlechtsliebe, der Liebesgott.

मनोभवशासन m. Bein. Çiva's Bhâm. V. 4,33.

*मनोभवागार cunnus Bhâvapr. 1,18,14.

मनोऽभिप्राय m. Herzenswunsch. °ग Adj. erwünscht, angenehm.

मनोऽभिराम 1) Adj. (f. आ) das Herz erfreuend. — 2) N. pr. einer Oertlichkeit.

मनोभू m. Geschlechtsliebe, der Liebesgott.

मनोभृत् Adj. den Geist tragend, — erhaltend.

मनोमथन m. der Liebesgott.

मनोमय Adj. (f. ई) aus Geist bestehend, geistig, nicht materiell, nur gedacht VP. 5,19,1 (मनोमम gedr.).

मनोमुषिगृहीत Adj. besessen vom Dämon, der den Verstand raubt.

मनोमुह् Adj. sinnverwirrend.

मनोमृग m. das Herz als Gazelle 183,32.

मनोमोहिनी f. N. pr. einer Surâñganâ Ind. St. 15,444.

मनोयायिन् Adj. nach Belieben gehend, der dahin geht, wohin er oder man will.

मनोयुज् Adj. 1) durch oder nach dem blossen Willen (ohne Handanlegung) sich anspannend oder schirrend. — 2) dem Sinne oder Verständniss sich fügend, — angemessen, verständig.

*मनोयोनि m. der Liebesgott.

मनोरञ्जन 1) m. N. pr. eines Mannes. — 2) n. Titel eines Commentars.

मनोरथ 1) m. a) Wunsch. Am Ende eines adj. Comp. f. आ. — b) Phantasie, Wahn Çank. zu Bâ-

DAR. 2,1,6. 4,4,8. — c) in der Dramatik *ein auf indirecte Weise ausgesprochener Wunsch.* — d) *das als Wagen gedachte Herz.* — e) N. pr. verschiedener Männer. — 2) f. आ N. pr. eines Frauenzimmers, = मनोरथप्रभा.

मनोरथतीर्थ n. N. pr. eines Tîrtha.

मनोरथतृतीया f. *der dritte Tag in der lichten Hälfte des* Kaitra. °व्रत n. BURNELL, T.

मनोरथदायक 1) Adj. *Wünsche erfüllend.* — 2) m. N. pr. eines Kalpavṛksha KATHÂS. 22,18.

मनोरथद्वादशी f. *der 12te Tag in einer best. Monatshälfte.*

मनोरथप्रभा f. N. pr. eines Frauenzimmers.

मनोरथमय Adj. (f. ई) 1) *aus Wünschen bestehend, voller Wünsche seiend* BHÂM. V. 1,57. — 2) *der Gegenstand eines Wunsches seiend* NAISH. 5,109.

मनोरथसिद्ध m. N. pr. fehlerhaft für °सिद्धि.

1. मनोरथसिद्धि f. *Erfüllung eines Wunsches.*

2. मनोरथसिद्धि m. N. pr. eines Mannes. Am Ende eines adj. Comp. °क.

मनोरम 1) Adj. (f. आ) *den Sinn erfreuend, reizend, schön, ansprechend, zusagend* Comm. zu NAISH. 7,62. — 2) m. N. pr. a) eines Schlangendämons. — b) eines Berges. — 3) f. आ a) **Gallenstein des Rindes* RÂǴAN. 12,59. — b) *ein best. Metrum.* — c) Titel verschiedener Werke OPP. Cat. 1. — d) N. pr. α) einer Apsaras. — β) *einer buddh. Göttin. — γ) einer Gandharva-Jungfrau KÂRAND. 5,6. — δ) einer Tochter des Vidjâdhara Indîvara. — ε) verschiedener Frauen PRIJ. 25,2. — ζ) eines Flusses. — 4) n. a) **eine Art Haus* GAL. — b) N. pr. eines Lustgartens HEM. PAR. 1,255.

मनोरमाकुचमर्दन n., °मर्दनी f., °रमाखण्डन n. und °रमाव्याख्या f. Titel von Werken OPP. Cat. 1.

मनोराज्य n. *das Reich der Phantasie, — der Empfindung.* °राज्यानि कर् so v. a. *Luftschlösser bauen* RÂǴAT. 2,158.

*मनोऽर्ति f. *Seelenschmerz, Herzenskummer* H. an. 2,239.

*मनोर्हत oder *मनोर्हित (!) m. N. pr. eines buddh. Patriarchen EITEL, Chin. B.

मनोलक्षण n. Titel eines Werkes BURNELL, T.

मनोलय m. *das Verschwinden des Sinnes.*

मनोलौल्य n. *Laune* 155,10.

मनोवती f. N. pr. 1) einer Apsaras. — 2) einer Tochter des Vidjâdhara Kitrâṅgada. — 3) einer Tochter des Asurapati Sumâja. — 4) eines Frauenzimmers. — 5) einer mythischen Stadt auf dem Meru.

मनोऽवलम्बिका f. Titel eines Werkes.

मनोवल्लभा f. *Herzensgeliebte* DAÇAK. 32,2.

मनोवहा f. *Herzader* MBH. 12,214,19. 22.

मनोवात Adj. *vom Sinne begehrt, angenehm, erwünscht.*

मनोवाद m. Titel eines Werkes.

मनोविद् m. *Kenner des Geistes.*

°मनोविनयन n. *das Zähmen des Sinnes von* —.

मनोविरुद्ध m. Pl. *eine best. Gruppe göttlicher Wesen.*

मनोवृत्ति f. *Thätigkeit des Gemüthes* (266,27), — *des Geistes, Gedankengang, Gemüthsstimmung.*

मनोवेग m. N. pr. eines Helden Ind. St. 14, 126. 129.

मनोवेदशिरस् n. Pl. Bez. *bestimmter Sprüche.*

*मनोहत Adj. *in seinen Erwartungen getäuscht.*

मनोहन् 1) Adj. *geisttödtend.* — 2) m. *ein best. verderblicher* Agni.

मनोहर 1) Adj. (f. आ und ई) *das Herz fortreissend, reizend, schön, ansprechend, zusagend.* Compar. °तर 47,30. Nom. abstr. °तरत्व n. *grössere Schönheit.* — 2) m. a) **Jasminum multiflorum* oder *pubescens.* — b) *der dritte Tag des bürgerlichen Monats.* — c) Titel eines Werkes. — 3) f. आ a) **Jasminum grandiflorum.* — b) **gelber Jasmin.* — c) N. pr. α) einer Apsaras. — β) einer Kiṁnara-Jungfrau KÂRAND. 7,1. — γ) verschiedener Frauen VP.². — 4) *n. *Gold* RÂǴAN. 13,8.

मनोहरवीरेश्वर m. N. pr. eines Lehrers.

मनोहरशर्मन् m. N. pr. eines Autors.

मनोहरसिंह m. N. pr. eines Fürsten.

मनोहर्तर् Nom. ag. *Herzensräuber.*

मनोहा m. = मनोहन् 2) MANTRABR. 1,7,1.

मनोहारिका f. N. pr. eines Frauenzimmers.

मनोहारिन् Adj. = मनोहर 1).

*मनोहारी f. *ein untreues Weib.*

मनोह्लाद m. *Herzensfreude.*

मनोह्लादिन् Adj. *das Herz erfreuend, ansprechend, schön.*

*मनोऽह्वा f. *rother Arsenik* RÂǴAN. 13,49.

मन्तर् Nom. ag. 1) *Denker.* — 2) *der da zustimmt, einwilligt* ÂPAST.

मन्तलक m. N. pr. eines Fürsten VP.² 4,201.

मन्तवे (ṚV. 1,112,2) und मन्तवै (ṚV. 7,4,8) Dat. Infin. zu मन्.

मन्तव्य oder मन्तव्य 1) Adj. a) *zu denken.* — b) *anzusehen —, zu halten für* (Nomin.). दोषेण *eines Fehlers zu zeihen* (गन्तव्य v. l.). — c) *anzunehmen, zu statuiren.* — d) *zu beachten, gut zu heissen.* अनुमन्तव्य v. l. — 2) n. impers. *zu meinen, anzunehmen* 210,21. 211,33.

*मन्ति f. Nom. act. von मन्.

मन्तु m. 1) *Berather; Walter, Lenker, arbiter.* Auch als f. — 2) *Rathschlag, Rath; das Walten.* — 3) *Beleidigung.* — 4) **Mensch.* — 5) *= प्रजापति.

मन्तुमन्त् Adj. (nur Voc. मन्तुमस्) *rathreich, waltend, sorgsam.*

*मन्तूय्, °यति u. °यते (अपराधे, क्रोधे). In BHAṬṬ. *sich ärgern* oder *eifersüchtig werden.*

मन्त्र m. (n. ausnahmsweise; adj. Comp. f. आ) 1) *Spruch, Gebet, Lied* als *Erzeugniss des Geistes.* — 2) *ein vedisches Lied, ein heiliger Spruch.* Als Bein. Vishṇu's VISHṆUS. 1,53. Çiva's MBH. 12, 284,90. — 3) *magische Besprechung, Zauberspruch.* Bei den ekstatischen Çaiva als beseeltes Wesen gedacht. — 4) *Verabredung, Berathung, Entschliessung; Rath, Plan, geheimer Plan.* — 5) in der Astrol. *das 5te Haus* VARÂH. JOGAJ. 4,1.

मन्त्रक *ein heiliger Spruch* HEMÂDRI 1,793,6. 14.

मन्त्रकमलाकर m. Titel eines Werkes.

मन्त्रकरण n. 1) **das Hersagen eines heiligen Spruches.* — 2) *ein vedischer Spruch.*

मन्त्रकल्पद्रुम m. Titel eines Werkes.

मन्त्रकार m. *der Hersager der heiligen Sprüche* (bei der Hochzeit) MÂN. GṚHJ. 1,8.

मन्त्रकाल m. *Berathungszeit, die Zeit, da man Berathung hält,* M. 7,149.

मन्त्रकुशल Adj. *rathserfahren.*

मन्त्रकृत् Adj. Subst. 1) *Liederdichter.* — 2) *einen heiligen Spruch hersagend.* — 3) *Rathgeber.* — 4) *ein Abgesandter.*

मन्त्रकोश (*Spruchschatz*) m., मन्त्रकौमुदी f., मन्त्रखण्ड (OPP. Cat. 1) und मन्त्रगणपतितन्त्ररत्न n. Titel von Werken.

मन्त्रगण्डक m. wohl *eine Art Amulet* KÂD. 72,10 (134,2. 3). Nach HÂR. = विद्या.

मन्त्रगुप्त m. N. pr. eines Mannes.

मन्त्रगुप्ति f. *Geheimhaltung* 1) *eines Zauberspruchs.* — 2) *einer Berathung.*

*मन्त्रगूढ m. *Späher.*

मन्त्रगृह n. *Berathungsgemach.*

मन्त्रचन्द्रिका f., मन्त्रचिन्तामणि m. und मन्त्रचूडामणि m. Titel von Werken OPP. Cat. 1.

मन्त्रजल n. *durch Besprechung geheiligtes Wasser.*

मन्त्रजागर m. *das auch die Nacht hindurch dauernde Hersagen vedischer Sprüche in ihren verschiedenen* Pâṭha HAUG. Acc. 58.

मन्त्रजिह्व m. *Feuer.*

मन्त्रज्ञ 1) Adj. *a) die heiligen Sprüche kennend.* — *b) rathserfahren.* — 2) *m. *Späher.*

मन्त्रज्येष्ठ Adj. *bei dem sich der Vorrang nach der Kenntniss heiliger Sprüche richtet* Spr. 4390.

मन्त्रज्योतिस् n. Titel eines Werkes.

मन्त्रण n. und मन्त्रणा f. *das Berathen, Berathung.*

*मन्त्रणार्ह gaṇa उत्करादि.

*मन्त्रणार्हीय Adj. von मन्त्रणार्ह.

मन्त्रतत्त्वनेत्र n. und °तत्त्वप्रकाश m. Titel zweier Werke.

मन्त्रतत्त्वविद् Adj. *das Wesen der Berathung kennend, sehr rathserfahren* 61,23.

मन्त्रतस् Adv. 1) *von Seiten der heiligen Sprüche* Âpast. Çr. 3,11,2. — 2) *unter Hersagung heiliger Sprüche* R. Gorr. 1,64,22.

मन्त्रतोय n. *mit einem Zauberspruch besprochenes Wasser.*

मन्त्रद Adj. 1) *die heiligen Sprüche lehrend.* — 2) *Rath ertheilend.*

मन्त्रदर्शिन् Adj. *die heiligen Sprüche kennend* Saṁhitopan. 38,3.

मन्त्रदातर् Nom. ag. = मन्त्रद 1).

*मन्त्रदीधिति m. *Feuer.*

मन्त्रदीपक n. Titel eines Werkes. मन्त्राणां दीपकम् metrisch.

मन्त्रदृश् Adj. Subst. 1) *Sprüche schauend, — erfindend, Liederdichter.* — 2) *die heiligen Sprüche kennend.* — 3) *rathserfahren, Rathgeber.*

मन्त्रदेवता f. *die in einem heiligen Spruche angerufene Gottheit.*

मन्त्रदेवताप्रकाश m. (Opp. Cat. 1), °देवताप्रकाशिका f. (Burnell, T.) und °देवप्रकाशिका f. Titel von Werken.

मन्त्रद्रष्टर् Nom. ag. *ein Dichter heiliger Sprüche* P. 4,1,114, Sch.

मन्त्रद्रुम m. N. pr. Indra's im 6ten Manvantara.

मन्त्रधर und °धारिन् m. *Rathhalter, Rathgeber.*

मन्त्रपति m. *Herr —, Eigenthümer eines heiligen Spruches.*

मन्त्रपत्त्र n. *ein mit einem heiligen Spruche beschriebenes Blatt.*

मन्त्रपद n. *Zauberwort* Kir. 1,24.

मन्त्रपाठ m. *die Recitation eines heiligen Spruches* Comm. zu Kâtj. Çr. 1,5,7. 9,5,11.

मन्त्रपाद Titel eines Mantra Opp. Cat. 1.

मन्त्रपारायण n. Titel eines Werkes.

मन्त्रपुस्तिका f. *Zauberbuch* 122,7.

मन्त्रपूत Adj. *durch einen heiligen Spruch gereinigt* Ragh. 17,16.

*मन्त्रपूतात्मन् m. Bein. Garuḍa's.

मन्त्रप्रकरण (Bühler, Rep. No. 478) und मन्त्रप्रकाश m. Titel zweier Werke.

मन्त्रप्रभाव m. *die Macht eines Zauberspruchs* 322,5 (im Prâkrit).

मन्त्रप्रयोग m. 1) *der Gebrauch eines heiligen Spruches* Ind. St. 10,426. — 2) *Zaubermittel.*

मन्त्रप्रश्न m. Du. (Burnell, T. Opp. Cat. 1), °काण्ड, °भाष्य n. (Burnell, T.) und मन्त्रप्रस्तार m. (Opp. Cat. 1) Titel von Werken.

मन्त्रबल n. 1) *das Uebergewicht —, Vorgehen eines heiligen Spruches* Kâtj. Çr. 1,5,7. — 2) *Zaubermacht* 62,23. 122,31. 137,23.

मन्त्रबीज n. 1) *das Samenkorn —*, d. i. *die erste Silbe eines Zauberspruchs.* — 2) *die als Samenkorn (zarter Keim) gedachte Berathung.*

मन्त्रब्राह्मण n. 1) Du. *die heiligen Lieder und die* Brâhmaṇa Ind. St. 10,436. — 2) Titel eines Werkes Opp. Cat. 1.

मन्त्रब्राह्मणविद् Adj. *die heiligen Lieder und die* Brâhmaṇa *kennend* Gaut. 15,28.

मन्त्रभागवत n. Titel eines Werkes.

मन्त्रभाष्य n. desgl. Opp. Cat. 1.

मन्त्रभेद m. 1) *ein best. Zauberspruch; Pl. Zaubersprüche verschiedener Art.* — 2) *Verrath einer Berathung, — eines gefassten Planes.*

मन्त्रमय Adj. *aus Zaubersprüchen bestehend.*

मन्त्रमहोदधि m. Titel eines Werkes.

मन्त्रमाला f. 1) desgl. — 2) N. pr. eines Flusses in Kuçadvîpa Bhâg. P. 5,20,16.

मन्त्रमुक्तावली f. Titel eines Werkes.

मन्त्रमूर्ति Adj. *dessen Körper aus heiligen Sprüchen besteht* (Çiva).

मन्त्रमूल Adj. (f. आ) *in der Berathung wurzelnd.*

मन्त्रय्, मन्त्रयति und मन्त्रयते 1) *sprechen, reden.* — 2) *rathschlagen, — mit* (Instr. mit und ohne सह), *über* (Dat.). मन्त्रित n. impers. — 3) mit einem Infin. so v. a. *beschliessen.* — 4) *Etwas berathen, besprechen;* mit Acc. मन्त्रित *berathen, besprochen.* — 5) *Jmd Etwas* (Acc.) *rathen.* — 6) *Jmd berathen, Jmd einen Rath ertheilen;* mit Acc. मन्त्रित *dem ein Rath ertheilt worden ist.* — 7) *mit einem Spruch besprechen.* मन्त्रित *besprochen.* — Mit अनु 1) bestimmte Worte (durch इति hervorgehoben) *auf Etwas* (Acc.) *folgen lassen, Jmd* (Acc.) bestimmte Worte *nach — oder zurufen.* तथानुमन्त्रितस्तेन *mit diesen Worten von ihm entlassen.* — 2) *Jmd ermahnen.* अनुमन्त्रित *ermahnt.* — 3) *mit einem Spruche besprechen, einsegnen.* अनुमन्त्रित *besprochen.* — 4) *Jmd* (Acc.) *um Erlaubniss bitten, sich entfernen zu dürfen, sich bei Jmd verabschieden.* — 5) *Jmd die Erlaubniss ertheilen.* अनुमन्त्रित *der die Erlaubniss erhalten hat von* (Instr.). — Mit अभि 1) *anreden, sprechen zu;* mit Acc., auch mit doppeltem Acc. — 2) *ein Mädchen anreden,* so v. a. *sie zur Ehe verlangen.* — 3) *mit einem Spruche besprechen, — weihen.* अभिमन्त्रित *besprochen, geweiht.* — 4) *Jmd begrüssen.* आतिथ्येन so v. a. *Jmd Gastfreundschaft anbieten.* अभिमन्त्रित *begrüsst.* — 5) *Jmd* (Acc.) *Lebewohl sagen.* — Mit समभि *übereinstimmen* Hâsj. — Mit आ 1) *Jmd anreden, fragend* oder *auffordernd zu Etwas* (Dat.) *ansprechen.* Statt des Dat. auch ein prädicativer Acc. आमन्त्रित *angeredet* 31,8. — 2) *herbeirufen, citiren; einladen.* आमन्त्रित *citirt.* — 3) *Jmd bitten.* आमन्त्रित *gebeten.* — 4) *Jmd begrüssen.* — 5) *Jmd* (Acc.) *Lebewohl sagen, sich bei Jmd verabschieden.* आमन्त्रित *bei dem man sich verabschiedet hat.* — Mit उदा in उदामन्त्रण. — Mit उपा 1) *Jmd anreden, auffordern zu* (Loc. oder Dat.). उपामन्त्रित *aufgefordert.* — 2) *Jmd* (Acc.) *Lebewohl sagen, sich bei Jmd verabschieden.* — Mit समा 1) *anrufen, herbeirufen.* — 2) *Jmd* (Acc.) *Lebewohl sagen, sich bei Jmd verabschieden.* — Mit उप 1) *herzurufen, zusichrufen.* उपमन्त्रित *zusichgerufen.* — 2) *auffordern zu* (Dat.), *bereden.* उपमन्त्रित *angegangen, gebeten, beredet.* — 3) भोजनेन so v. a. *Jmd Speise anbieten.* — 4) उपमन्त्रित *angeredet.* — Mit अभ्युप *mit einem Spruche besprechen.* — Mit नि 1) *Jmd einladen wohin* (Loc.) oder *wozu* (Loc. oder Infin.). — 2) mit Instr. der Sache *Jmd mit Etwas einladen,* so v. a. *Jmd Etwas anbieten.* — Mit अभिनि *auffordern zu* (°अर्थम्). — Mit उपनि 1) *Jmd einladen.* — 2) mit Instr. der Sache *Jmd mit Etwas einladen,* so v. a. *Jmd Etwas anbieten.* — Mit संनि *Jmd einladen.* — Mit निस् *hinaus —, wegsprechen.* — Mit परि *mit einem Spruche besprechen.* — Mit प्रति 1) *Jmd* (Acc.) *zurufen.* — 2) *mit einem Spruche besprechen* Gobh. 2,4,2. — Mit सम् 1) *rathschlagen, — mit* (सह, समम् oder blosser Instr.). — 2) *seine Meinung äussern.* — 3) *berathen.* — 4) *begrüssen.*

मन्त्रयन्त्र n. *ein Amulet mit einem Zauberspruch.*

मन्त्रयन्त्रप्रकाश m. Titel eines Werkes.

मन्त्रयितव्य n. impers. *zu rathschlagen.*

मन्त्रयुक्ति f. *Zaubermittel.*

मन्त्रयोग m. 1) *Anwendung eines heiligen Spruches.* — 2) vielleicht *Zauberei.*

मन्त्ररत्न n., °रत्नकोश m., °रत्नाकर m., °रत्नावली f. und मन्त्ररहस्यप्रकाशिका f. Titel von Werken.

मन्त्रराज m. *ein best. Zauberspruch.*

मन्त्रवचन n. *das Hersagen eines heiligen Spruches* Kâtj. Çr. 1,7,9.

मन्त्रवत् Adv. *nach allen Regeln der Berathung.* Vgl. मन्त्रवत् 2).

मन्त्रवत् 1) Adj. *a) mit heiligen Sprüchen oder Liedern verbunden; besprochen.* — *b) mit den heiligen Sprüchen vertraut* Âpast. — 2) °वत् Adv. *unter Hersagen heiliger Sprüche* Mân. Gṛhj. 2,2. MBh. 1,52,2. Vgl. मन्त्रवत्.

मन्त्रवर्ण m. 1) *der Wortlaut eines heiligen Spruches* oder *Liedes* Gobh. 3,4,13. Bâdar. 2,3,44. — 2) Pl. *die Silben eines Spruches*, insbes. *eines Zauberspruches* Sarvad. 170,14. 16. 18.

मन्त्रवह Adj. als Beiw. Vishṇu's Vishṇus. 1,53.

मन्त्रवाद m. 1) *der Ausspruch —, der Inhalt eines heiligen Spruches.* श्लोकाः so v. a. Çloka's *in Spruchform* 44,17. — 2) *Zauberkunst* Spr. 7651.

मन्त्रवादिन् m. *Hersager von Zaubersprüchen, Besprecher.*

मन्त्रविद् 1) Adj. *spruchkundig, Zaubersprüche kennend.* Superl. °वित्तम. — 2) *m. *Späher.*

मन्त्रविद्या f. *Zauberkunst.*

मन्त्रविधि m. Titel eines Werkes Opp. Cat. 1.

मन्त्रशक्ति f. *Zauberkraft, Zaubermittel* 122,22.

मन्त्रशारीरक n. Titel eines Werkes.

मन्त्रशास्त्र n. *Zauberlehre*, Titel eines Werkes.

मन्त्रशास्त्रसारसंग्रह m. (Burnell, T.) und मन्त्रशोधन n. Titel von Werken.

मन्त्रश्रुति f. *eine abgelauschte Berathung.*

मन्त्रश्रुत्य n. *Folgsamkeit, Gehorsam.*

मन्त्रसंवरण n. *das Geheimhalten einer Berathung, — eines gefassten Planes* R. 1,7,9. R. Gorr. 2,72,11.

मन्त्रसंस्कार m. *eine durch Sprüche vollzogene Weihe.* °कृत्पतिः *ein eingesegneter, geweihter Gatte.*

मन्त्रसंस्क्रिया f. *das Zurechtmachen von Zaubersprüchen.*

मन्त्रसंहिता f. *die Sammlung der vedischen Hymnen.*

मन्त्रसमुच्चय m. Titel eines Werkes Opp. Cat. 1.

मन्त्रसाधक m. *Zurechtmacher eines Zauberspruchs.*

मन्त्रसाधन n. und °ना f. (Ind. St. 15,276) *das Zurechtmachen eines Zauberspruchs.*

मन्त्रसाध्य Adj. 1) *dem mit Zaubersprüchen beizukommen ist, durch einen Zauberspruch zu erreichen.* Nom. abstr. °त्व n. — 2) *dem mit Rath zu helfen ist, mit Hülfe einer Berathung zu erreichen.*

मन्त्रसिद्ध Adj. 1) *dem durch einen Zauberspruch geholfen worden ist.* — 2) *mit Zaubersprüchen vollkommen vertraut* 61,26.

मन्त्रसिद्धि f. 1) *die Wirkung eines Zauberspruchs.* — 2) *das in Erfüllung Gehen eines Rathes.*

मन्त्रसूत्र n. *ein an einer Schnur befestigter Zauberspruch.*

मन्त्रस्नान n. *ein durch Hersagung bestimmter Sprüche ersetztes Bad* VP.² 3,114.

*मन्त्रस्पृश् Adj. = मन्त्रेण स्पृशति.

मन्त्रहेमाद्रि m. Titel eines Werkes Opp. Cat. 1.

मन्त्राक्षर n. *eine Silbe in einem Zauberspruche* Sarvad. 170,19.

मन्त्राङ्गनाटक n. und °प्रयोग m. Titel zweier Werke Opp. Cat. 1.

मन्त्राधिराज m. *das Oberhaupt über alle Zaubersprüche* (ein Vetâla) 137,29.

मन्त्रानुक्रमणी f. (Burnell, T.) und मन्त्रानुष्ठान n. Titel von Werken.

मन्त्रान्त m. *das Ende eines heiligen Spruches* Mân. Çr. 1,1,1.

मन्त्राराधन n. *das Zugewinnensuchen durch Zaubersprüche, das Beschwören.*

मन्त्रार्ण m. *eine Silbe in einem Zauberspruche* Sarvad. 170,15.

मन्त्रार्णव m. Titel eines Werkes Opp. Cat. 1.

मन्त्रार्थदीप m. und °दीपिका f. (Bühler, Rep. No. 26) Titel zweier Werke.

मन्त्रार्थमञ्जरी f. Titel eines Werkes Burnell, T.

मन्त्रार्षाध्याय m. *das Kapitel über die vedischen* Ṛshi.

मन्त्रावली f. *eine Reihe von Sprüchen.*

मन्त्रि (metrisch) m. = मन्त्रिन् *Rathgeber eines Fürsten.*

1. मन्त्रिक m. fehlerhaft für मान्त्रिक.

2. मन्त्रिक am Ende eines adj. Comp. = मन्त्रिन् *Rathgeber eines Fürsten.*

मन्त्रिका und मन्त्रिकोपनिषद् f. (Opp. Cat. 1) Titel einer Upanishad.

मन्त्रित 1) Adj. und n. impers. s. u. मन्त्रय्. — 2) n. *Berathung, Plan* MBh. 1,2,235. R. 7,39,18.

मन्त्रिता f. und मन्त्रित्व n. *das Amt —, der Beruf eines fürstlichen Rathgebers.*

मन्त्रिन् Adj. Subst. 1) *verständig, klug* (Maliden.) oder *beredt.* — 2) *einen Zauberspruch* oder *Zaubersprüche kennend, Beschwörer, Besprecher.* — 3) *Rathgeber eines Fürsten, Minister.* Im Schachspiel so v. a. *Königin* Pańkad. — 4) in der Astrol. *das 12te Haus* Varâh. Jogaj. 4,1.

मन्त्रिपति m. *der erste Minister.*

मन्त्रिपुत्र m. *der Sohn eines Ministers* 112,11. 113,5.

मन्त्रिप्रधान (*n.), मन्त्रिमुख्य m., मन्त्रिवर m. und मन्त्रिश्रेष्ठ m. *der erste Minister.*

मन्त्रिषिक m. Pl. N. pr. eines Volkes.

मन्त्रिसुत und मन्त्रिसूनु m. *der Sohn eines Ministers* 114,6. 115,3. 117,29. 120,16.

मन्त्रेश und मन्त्रेश्वर m. *Herr der Zaubersprüche,* bei den mystischen Çaiva Bez. eines best. erhabenen Wesens.

मन्त्रोक्त Adj. *in einem heiligen Liede genannt* Vaitân.

मन्त्रोदक n. *durch einen Spruch geheiligtes Wasser.*

मन्त्रोपनिषद् f. Titel einer Upanishad Burnell, T.

मन्त्रोपनिषद् n. *die heiligen Lieder und die* Upanishad Kûlikop. 10.

मन्थ् s. 1. मथ्.

मन्थ 1) m. *a) Quirlung.* — *b) Tödtung* Bâlar. 284,9. — *c) ein Getränk, in welches ein anderer Stoff eingerührt wird, Rührtrank;* gewöhnlich *geröstetes Gerstenmehl in Milch verrührt.* Nach Mat. med. 10 *pulverisirter Arzeneistoff in vier Theilen verrührt.* — *d) Rührlöffel.* — *e) Butterstössel.* — *g) eine Gazellenart.* — *h)* *eine best. Augenkrankheit, Augenschmalz.* — 2) n. *ein best. Werkzeug zum Reiben des Feuers.* — मन्था s. bes.

मन्थक 1) Adj. *reibend, Reiber.* — 2) *m. N. pr. eines Mannes. Pl. *seine Nachkommen.*

*मन्थज n. *Butter.*

मन्थदण्ड und °क m. *Butterstössel.*

*मन्थन् m. dass. Nur in den stärksten Casus.

मन्थन 1) Adj. *ausreibend* (Feuer). — 2) m. *Butterstössel.* — 3) *f. ई *Butterfass.* — 4) n. *a) das Ausreiben des Feuers mit Hölzern.* — *b) das Rütteln, Umschütteln, Quirlen.* — *c) das Herausquirlen.* — *d) ein Werkzeug zum Reiben des Feuers;* vielleicht m.

*मन्थनघटी f. *Butterfass.*

मन्थनदण्ड m. *Butterstössel* Spr. 7755.

°मन्थनीय in अग्नि° unter अग्निमन्थन.

*मन्थपर्वत m. *der Berg* Mandara, *der bei der Quirlung des Milchmeeres als Butterstössel diente.*

मन्थर 1) Adj. (f. आ) *a) langsam, schleppend, träge.* °म् und मन्थर° Adv. — *b)* am Ende eines

Comp. langsam in, träge zu. — c) träge von Geist, einfältig. — d) krumm, gebogen, bucklig, verwachsen. — e) *breit, weit. — 2) m. a) *Schatz (कोश), Haupthaar (केश) oder Zorn (कोप). — b) *Frucht. — c) *Butterstössel. — d) *Späher. — e) *Hinderniss. — f) *der Monat Vaiçâkha. — g) *Gazelle. — h) *Festung. — i) N. pr. einer Schildkröte. — 3) f. आ N. pr. einer buckligen Magd der Kaikejî. — 4) *n. = कुसुम्भी.

मन्थरक m. N. pr. 1) eines Mannes. — 2) einer Schildkröte. — 3) eines einfältigen Webers. — 4) eines buckligen Mannes.

मन्थरता f. Langsamkeit.

मन्थरित Adj. träge gemacht, erschlafft.

*मन्थरु m. der durch den Fliegenwedel erzeugte Wind.

*मन्थरेषण m. N. pr. eines Mannes. Pl. seine Nachkommen.

*मन्थशैल m. = मन्थपर्वत.

मन्था 1) *m. (nur Nom. मन्थास्) Butterstössel. — 2) f. मन्था a) Quirl. — b) = मन्थ 1) c) AV. 20, 127,9 (Hdschrr.). Çâṅkh. Çr. 12,17,3. — c) *Trigonella Foenum graecum Râǵan. 6,70.

मन्थाचल und मन्थाद्रि m. = मन्थपर्वत.

मन्थान m. 1) Schüttler, Beiw. Çiva's. — 2) ein best. Werkzeug zum Reiben des Feuers. — 3) Butterstössel Pr. P. 116. — 4) ein best. Werkzeug zum Rühren Káraka 1,15. — 5) *Cassia fistula Râǵan. 9,44. — 6) ein best. Metrum.

*मन्थानक m. eine best. Grasart Râǵan. 8,135.

मन्थानभैरव m. N. pr. eines Autors.

मन्थानाद्रि m. = मन्थपर्वत Bâlar. 188,21.

मन्थावल m. ein best. Thier, wohl der fliegende Fuchs. Vgl. मातालव, मान्थाल, मान्थालव und मान्धाल.

मन्थितर् Nom. ag. Rührer, Schüttler.

मन्थितव्य Adj. zu reiben (Feuer) Maitr. S. 1,8, 9 (130,1).

मन्थिन् 1) Adj. erschütternd, aufregend Bhaṭṭ. — 2) m. a) Soma-Saft, welchem Mehl beigerührt ist. — b) der männliche Same in ऊर्ध्व°. — 3) f. मन्थिनी a) *Butterfass. — b) N. pr. einer der Mütter im Gefolge Skanda's.

मन्थिप Adj. den Rühr-Soma trinkend.

मन्थिपात्र n. der für den Rühr-Soma bestimmte Becher.

मन्थिवत् Adj. mit Rühr-Soma verbunden Âpast. Çr. 12,23,4.

मन्थिशोचिस् Adj. wie Rühr-Soma glänzend.

मन्थीवत् Adj. = मन्थिवत्.

मन्थु m. N. pr. eines Mannes.

*मन्थोदक m. das Milchmeer. Richtig wohl मण्डोदक.

मन्थ्य Adj. zu reiben (Feuer).

मन्थ्यग्र Adj. mit dem Rühr-Soma beginnend TS. 7,2,2,3.

मन्द् s. 1. und 3. मद्.

मन्द 1) Adj. (f. आ) a) langsam, schleppend, träge, — in (Loc. oder im Comp. vorangehend); lässig, so v. a. keine Lust zu Etwas (Dat.) habend Vikramâṅkak. 8,81. मन्दम् und मन्द° Adv. langsam, träge, allmählich; मन्दं मन्दम् ganz langsam, — allmählich. — b) schwach, schwächlich, gering. अग्नि schwache Verdauung; गिर्, वचन, वाच् eine schwache, leise Stimme. मन्दम् Adv. schwach, wenig, mit schwacher Stimme; मन्दतरम् Adv. mit ganz schwacher Stimme. — c) schwach, so v. a. nachsichtig, — gegen (Loc.). — d) schwach von Verstande, einfältig, dumm. — e) unglücklich. — f) krank. — g) *schlecht, böse (Menschen). — h) *dem Trunke ergeben. — i) * = मन्द्र. — 2) m. a) der Planet Saturn. — b) eine Elephantenart. — c) die obere Apsis einer Planetenbahn. — d) *Weltende. — e) *Bein. Jama's. — 3) f. आ a) *Topf, Fass, Dintenfass. — b) eine best. Çruti S. S. S. 23. — c) in der Astr. eine best. Conjunction (संक्रान्ति). — d) Name der Dâkshâjaṇî auf dem Himavant. — मन्दे आसिथ Çat. Br. 13,7,1,15 fehlerhaft für मीं दिदासिथ (Ait. Br. 8,21,10).

मन्दक 1) Adj. a) spärlich, wenig. — b) einfältig, dumm. — 2) m. Pl. N. pr. eines Volkes.

मन्दकर्णि m. N. pr. eines Muni. मान्द° v. l.

1. मन्दकर्मन् n. das Verfahren bei der Gleichung der Apsis.

2. मन्दकर्मन् Adj. der wenig zu thun hat, unthätig.

मन्दकारिन् Adj. thöricht zu Werke gehend.

मन्दकिरण Adj. schwachstrahlig. Nom. abstr. °त्व n. Suçr. 1,20,12.

मन्दग 1) Adj. (f. आ) langsam sich bewegend, — fliessend. — 2) m. a) der Planet Saturn. — b) Pl. Bez. der Çûdra in Çâkadvîpa. — c) N. pr. eines Sohnes des Djutimant VP.[2] 2,197. — 3) f. आ N. pr. eines Flusses. — 4) n. N. pr. des von 2) c) beherrschten Varsha VP.[2] 2,197.

मन्दगति Adj. langsam sich bewegend Dhûrtan. 15. Nom. abstr. °त्व n.

*मन्दगमना f. Büffelkuh Râǵan. 19,23.

*मन्दगामिन् Adj. = मन्दगति Sûrjas. 1,58.

मन्दचेतस् Adj. 1) wenig Bewusstsein habend, geistesabwesend. — 2) einfältig, dumm (Person) 55,12. 77,7.

मन्दच्छाय Adj. von geringer Schönheit, unansehnlich Megh. 77.

*मन्दजननी f. Saturns Mutter.

मन्दजरस् Adj. langsam alternd.

मन्दजात Adj. langsam entstanden.

*मन्दट m. der Korallenbaum.

मन्दता f. 1) Trägheit. — 2) Schmächtigkeit, Wenigkeit, Unbedeutendheit. — 3) Einfältigkeit, Dummheit.

मन्दत्व n. Geringheit, Unbedeutendheit, Schwäche. अग्नेः Schwäche der Verdauung.

मन्दद्वीर Adj. Männer ergötzend.

मन्दधार Adj. in langsamem Strahle strömend Suçr. 1,297,5.

मन्दधी Adj. von geringer Einsicht, einfältig, dumm 82,18. zu Spr. 2082.

मन्दध्यै Dat. Infin. zu 1. मद्, मन्द् Ṛv. 4,16,2.

मन्दन 1) Adj. (f. आ) a) lustig. — b) * = मन्द्र. — 2) m. N. pr. eines Schülers des Çaṁkarâkârja. Auch °मिश्र. Vgl. मण्डन. — 3) n. a) bei den ekstatischen Çaiva ein best. hinkender Gang. — b) *Preis, Lob.

*मन्दनाग m. N. pr. = वात्स्यायन. Richtig wohl मल्लनाग.

मन्दपरिधि m. Epicykel der Apsis.

मन्दपाल m. N. pr. eines Ṛshi.

मन्दपीठ Kaurap. (A.) 97 wohl fehlerhaft für भद्रपीठ.

मन्दपुण्य Adj. unglücklich (Person) Harshak. 134,5.

मन्दप्रज्ञ Adj. von geringem Verstande, dumm.

मन्दप्रबोध m. Titel eines Werkes Burnell, T.

मन्दप्राणविचेष्टित Adj. ausser Athem und langsam sich fortbewegend MBh. 3,22,18.

मन्दप्रेमन् Adj. wenig Zuneigung habend Spr. 4276.

1. मन्दफल n. Gleichung der Apsis.

2. मन्दफल Adj. (f. आ) 1) wenig Früchte tragend. — 2) einen geringen Erfolg —, eine geringe Wirkung habend Comm. zu Âpast. Çr. 5,26,4.

मन्दबुद्धि Adj. von geringem Verstande.

मन्दभागिन् Adj. unglücklich (Person) Harshak. 135,5.

1. मन्दभाग्य n. Missgeschick.

2. मन्दभाग्य Adj. (f. आ) unglücklich, elend (Person) 66,18. Nom. abstr. °ता f.

मन्दभाज् Adj. dass.

मन्दभाषिणी f. ein best. Metrum.

मन्दमति 1) Adj. von geringem Verstande, dumm. — 2) m. N. pr. a) eines Wagners. — b) eines Löwen.

मन्दमन्दम् Adv. 1) *ganz langsam, — gemächlich, allmählich* Spr. 7729. — 2) *ganz leise.*

मन्दमन्दातप Adj. *von ganz geringer Hitze, kühl* Megh. 105.

*मन्दमेधस् Adj. *von geringem Verstande.*

मन्दय्, °यति *schwächen.* क्षुधाम् so v. a. *den Hunger stillen.*

मन्दयत्सख Adj. *die Freunde erheiternd.*

मन्दयध्यै Dat. Infin. zum Caus. von 1. मद्, मन्द् ṚV. 4,29,3.

*मन्दयन्ती f. Bein. der Durgâ.

मन्दयु Adj. *lustig, froh.*

मन्दर 1) *Adj. a) = मन्द. — b) = बहल. — 2) m. a) *ein Perlenschmuck von 8 oder 16 Schnüren.* — b) *Paradiesbaum* (einer der 5 Bäume in Indra's Himmel). Vgl. मन्दार. — c) **Spiegel.* — d) *ein best. Metrum.* — e) N. pr. α) eines Sohnes des Hiraṇjakaçipu. v. l. मन्दार. — β) eines Vidjâdhara. — γ) eines Brahmanen. — δ) eines heiligen Berges, des Sitzes verschiedener Götter, der bei der Quirlung des Oceans als Butterstössel diente. Auch personificirt VP.[2] 1,157. — f) **Himmel.* — मन्दरं द्रोणयाम् LA. 54,16 fehlerhaft für मन्दरद्रो°.

*मन्दरकन्थ n. v. l. für मडरकन्थ.

मन्दरदेव N. pr. 1) m. eines Fürsten der Vidjâdhara. — 2) f. ई einer Schwester dieses Fürsten.

मन्दरदेवीय Adj. von मन्दरदेव 1).

मन्दरवासिनी Adj. *auf dem Berge* Mandara *wohnend* (Durgâ).

मन्दरश्मि Adj. *schwachstrahlig.*

मन्दरहरिण m. N. pr. eines der acht Upadvîpa in Ǵambudvîpa.

मन्दराद्रि m. *der Berg* Mandara Ind. St. 14,367.

मन्दराय्, °यते *den Berg* Mandara *darstellen* Daçak. 1,9.

मन्दरावासा Adj. f. *den Berg* Mandara *bewohnend* (Durgâ).

मन्दवाहिनी f. N. pr. eines Flusses.

मन्दविचेष्टित Adj. (f. आ) *sich langsam bewegend* 217,27.

मन्दविरिक्त Adj. *nicht hinreichend purgirt* Suçr. 2,354,19.

मन्दविष 1) Adj. *wenig Gift enthaltend.* — 2) m. N. pr. einer Schlange.

मन्दविसर्प m. N. pr. einer Schlange.

मन्दविसर्पिन् 1) Adj. *langsam kriechend.* — 2) f. °पी N. pr. einer Laus.

मन्दवीर्य Adj. *von geringer Männlichkeit, schwach* R. 3,54,19. Mṛkkh. 83,23.

मन्दवेदन Adj. *wenig schmerzend.* Nom. abstr. °ता f. Suçr. 1,61,17.

मन्दशिशिर Adj. *ein wenig kühl* R. 3,78,8.

मन्दसान 1) Adj. *sich ergötzend, heiter, fröhlich, begeistert, berauscht.* — 2) *m. a) *Feuer.* — b) *Leben.* — c) *Schlaf.*

*मन्दसानु m. 1) *Leben.* — 2) *Schlaf.* — Richtig मन्दसान.

मन्दसुबोधिनी f. Titel eines Commentars Burnell, T.

1. मन्दहास m. *leises Lachen* Pańkar. 3,11,4.

2. मन्दहास Adj. *leise lächelnd* Bhâm. V. 2,87. °म् Adv. Daçak. 4,3.

मन्दाकिनी f. 1) N. pr. a) verschiedener Flüsse (auch im Himmel). — b) eines Berges. — 2) *ein best. Metrum.* — 3) in der Astr. *eine best. Conjunction.*

मन्दाक्रान्त 1) Adj. (f. आ) *langsam herankommend.* — 2) f. आ *ein best. Metrum.*

मन्दाक्ष 1) Adj. *ein mattes Auge habend.* — 2) n. *Verlegenheit, Schamgefühl.*

1. मन्दाग्नि m. *Verdauungsschwäche.*

2. मन्दाग्नि Adj. *an Verdauungsschwäche leidend* Hemâdri 1,138,9.

मन्दाग्निधाराचलमाहात्म्य n. und मन्दाग्निकर्मेषदान n. Titel von Werken Burnell, T.

मन्दाचार Adj. *der sich wenig um guten Wandel kümmert* Mârk. P. 51,97.

मन्दात्मन् Adj. *einfältig, dumm* (Person).

मन्दादर Adj. *wenig Rücksicht nehmend auf, wenig besorgt um* (Loc.).

मन्दानल Adj. *an Verdauungsschwäche leidend.* Nom. abstr. °त्व n.

मन्दानुसारिन् Adj. *langsam verlaufend* Suçr. 2, 133,11.

मन्दाभिनिवेश Adj. *wenig Hang habend zu* (Loc.) Daçak. 82,14.

मन्दाय्, °यते 1) *zögern.* — 2) *schwach —, matt werden.*

मन्दायुस् Adj. *nicht lange lebend.*

मन्दार 1) m. a) *Korallenbaum, Erythrina indica;* zugleich als einer der fünf himmlischen Bäume betrachtet. — b) **eine weisse Varietät der Calotropis gigantea* Râǵan. 10,31. — c) **Stechapfel.* — d) **der Himmel.* — e) **Elephant.* — f) N. pr. α) eines Sohnes des Hiraṇjakaçipu MBh. 13,14,74. मन्दर v. l. — β) eines Vidjâdhara. — γ) einer Einsiedelei. — δ) eines Berges. v. l. मन्दर. — 2) f. ई *eine best. Pflanze.*

मन्दारक 1) m. *Erythrina indica.* — 2) f. °रिका ein Frauenname.

मन्दारकदिन n. *ein best. Tag.*

मन्दारदेव m. N. pr. eines Fürsten.

मन्दारमञ्जरी f. Titel eines Werkes Burnell, T.

मन्दारमाला f. 1) *ein Kranz von* Mandâra-*Blumen.* — 2) N. pr. eines göttlichen Weibes, einer Tochter Vasu's.

मन्दारव m. = मन्दार 1) *a*).

मन्दारवती f. ein Frauenname.

मन्दारवनमाहात्म्य n. Titel eines Werkes Burnell, T.

मन्दारषष्ठी f. *der sechste Tag in der lichten Hälfte des* Mâgha.

मन्दारसप्तमी f. *ein best. siebenter Tag.*

मन्दारि Adj. *wenig Feinde habend.* Nom. abstr. °ता f.

मन्दारिन् Adj. *mit Korallenbäumen besetzt.* Nom. abstr. °रिता f.

*मन्दारु m. = मन्दार 1) *a*).

मन्दासु Adj. *dem der Athem ausgeht.*

*मन्दास्य n. *Verlegenheit, Schamgefühl.* Richtig मन्दाक्ष.

मन्दिकुकुर m. *ein best. Fisch.*

मन्दि Adj. = मन्दिन् 1). Nur Acc. मन्दिम् ṚV. 1,9,2.

मन्दितमानिन् Adj. R. Gorr. 2,7,2 fehlerhaft für पण्डितमानिन्.

मन्दिन् Adj. 1) *ergötzend, erheiternd, begeisternd.* — 2) *sich freuend, fröhlich, begeistert.*

मन्दिनिस्पृश् Adj. *nach* Soma *lüstern.*

*मन्दिमन् m. Nom. abstr. von मन्द.

मन्दिर 1) n. a) *Behausung, Gemach, Haus, Wohnung, Burg, Palast, Tempel.* — b) **Pferdestall;* vgl. मन्दुरा. — 2) *m. a) *das Meer.* — b) *Kniekehle.* — c) N. pr. eines Gandharva.

*मन्दिरपशु m. *Katze.*

*मन्दिरमणि m. Bein. Çiva's.

मन्दिष्ठ Adj. *am meisten ergötzend.*

मन्दी Adv. 1) mit कर् *schwächen, verringern.* — 2) mit भू *sich langsamer bewegen* (Vasishṭha 11, 36); *schwach —, matt werden; sich verringern.* °भूत *geringer —, schwächer geworden* Kâd. 31,21. 71,6.

मन्दीर 1) m. N. pr. eines Mannes. v. l. मञ्जीर. — 2) *n. fehlerhaft für मञ्जीर.

मन्दु Adj. *fröhlich, begeistert.*

*मन्दुरज Adj. etwa *in einem Pferdestall geboren.*

मन्दुरा f. 1) *Pferdestall* 209,24. Râǵat. 7,904. Kâd. 98,17. 239,4. — 2) **Matratze.*

मन्दुरापति m. *Stallmeister* Ind. St. 15,210.

मन्दुरापाल m. *Stallknecht* Kâd. 98,16. 239,5.

*मन्दुराभूषण n. *eine Affenart* Râǵan. 19,49.

मन्दुरिक m. = मान्दुरिक Ind. St. 15,233.

मन्देह m. Pl. 1) *eine Art von* Rakshas. — 2) Bez. *der* Çûdra *in* Kuçadvîpa.

मन्दोच्च m. *die obere Apsis einer Planetenbahn.*

मन्दोत्साह Adj. *wenig Lust zu Etwas habend* Çâk. 23,12.

मन्दोदक Adj. *wasserarm* Daçak. 44,1.

मन्दोदरी f. N. pr. 1) der ältesten Gemahlin Râvaṇa's. — 2) einer der Mütter im Gefolge Skanda's. — 3) der Mutter des Lexicographen Gaṭâdhara.

*मन्दोदरीश m. Bein. Râvaṇa's.

*मन्दोदरीसुत m. Metron. Indraǵit's.

मन्दोपकारिणी f. Titel eines Commentars Burnell, T.

*मन्दोष्ण Adj. *lauwarm.*

मन्दोष्मन् Adj. *nicht sehr heiss, kühl.* Nom. abstr. °ष्मता f. Suçr. 1,61,17.

मन्दौत्सुक्य Adj. *wenig Verlangen habend zu* (प्रति) Çâk. 18,22.

मन्द्र 1) Adj. (f. आ) a) *angenehm, lieblich.* — b) *lieblich klingend, — redend, wohllautend.* Compar. मन्द्रतर, Superl. मन्द्रतम. — c) *dumpf, tief* (von der Stimme und andern Lauten). मन्द्रम् Adv. — 2) m. a) **eine Art Trommel.* — b) *eine Elephantenart* Râǵan. 19,17.

मन्द्रकर्षण n. *ein best.* Svara Saṁhitopan. 17,5.6.

मन्द्रजिह्व Ad. *eine liebliche Stimme führend.*

*मन्द्रय्, मन्द्रयते = अर्चति.

मन्द्रयु Adj. *froh* oder *lieblich klingend.*

मन्द्रस्वर Adj. *den* mandra *genannten Ton habend* Saṁhitopan. 22,3.

मन्द्राजनी f. 1) *die liebliche Töne aussendende Zunge.* — 2) * = वाच्.

मन्ध m. *eine Gazellenart.* v. l. मन्थ.

मन्धातृ Nom. ag. 1) *der Sinnige, Denkende; auch der Andächtige, Fromme.* — 2) N. pr. eines Mannes.

मन्मथ 1) m. a) *Geschlechtsliebe, der Liebesgott.* Am Ende eines adj. Comp. f. आ. — b) **Feronia elephantum.* — c) *das 29ste (dritte) Jahr im 60-jährigen Jupitercyclus.* — d) N. pr. eines Arztes. — 2) f. आ Name der Dâkshâjaṇî auf dem Hemakûṭa.

मन्मथकर m. N. pr. eines Wesens im Gefolge Skanda's.

मन्मथबन्धु m. *der Mond* Vikramâṅkak. 11,44.

मन्मथमथ् Adj. *den Liebesgott vernichtend* Bâlar. 133,8.

मन्मथलेख m. *Liebesbrief.*

मन्मथसंजीवनी f. N. pr. einer Surâṅganâ Ind. St. 15,241.

मन्मथसमान Adj. *von gleicher Liebe beseelt* Daçak. 25,22.

मन्मथसुहृद् m. *der Frühling* Bâlar. 190,10.

*मन्मथानन्द m. *eine Mango-Art* Râǵan. 11,19.

मन्मथायतन n. *die Schamgegend* (beim Weibe) MBh. 3,46,10.

*मन्मथालय m. *der Mangobaum* Râǵan. 11,10.

*मन्मथावास m. *eine Mango-Art* Râǵan. 11,17.

मन्मथेश्वरतीर्थ n. N. pr. eines Tîrtha.

मन्मन् n. 1) *Sinn, Gedanke, Verständniss; geistige Thätigkeit* überh. — 2) *Ausdruck des Sinnes: das ersonnene Gebet, Gedicht; Wunsch, Bitte.*

मन्मन m. 1) *vertrauliches Flüstern.* — 2) *Geschlechtsliebe, der Liebesgott.*

मन्मनत्व n. *ein best. Gebrechen der Sprachorgane.*

मन्मनस Adj. (f. आ) *an mich denkend* Pâr. Gṛhj. 1,4,15.

मन्मय Adj. *aus mir hervorgegangen, — hervorgehend.*

मन्मला Adv. mit भू = मलमला Kâṭh. 40,41. Wohl fehlerhaft.

मन्मशस् Adv. *jeder nach seinem Sinne.*

मन्मसाधन Adj. *Sinn* — oder *Wunsch erfüllend.*

मन्य 1) Adj. am Ende eines Comp. *sich haltend —, gehalten werdend —, geltend für.* — 2) Bez. *der Wurzel* मन् 229,26. — मन्या s. bes.

मन्यति m. Bez. *der Wurzel* मन् 229,27. 230,4.

मन्यत्ती f. N. pr. einer Tochter des Agni Manju.

मन्या, मनिया f. Du. und Pl. *die Nackenmuskeln, Musculus cucullaris s. trapezius, Nacken.*

*मन्याका f. = मन्या.

मन्याग्रह m. *Nackenkrampf.*

मन्यास्तम्भ m. *Steifheit des Nackens.*

मन्यु m. (*f.) 1) *Muth* (als Seelenstimmung). — 2) *Sinn.* — 3) *heftiger Muth, Eifer.* — 4) *Unmuth, Zorn, Grimm, Wuth, — über* (Loc. 117,27). मन्युं कर् *seinen Zorn auslassen gegen, sich ärgern über* (Loc. oder Acc. mit प्रति). — 5) *Herzeleid, Kummer, Betrübniss* Harshak. 134,13. 135,6. — 6) **Opfer.* — 7) *der Unmuth, Zorn, Grimm* personificirt; insbes. als Agni, als Kâma (AV. 9,2,23) und als ein Rudra. — 8) N. pr. a) eines Liedverfassers mit dem Patron. Tâpasa und eines andern mit dem Patron. Vâsishṭha. — b) eines Fürsten.

मन्युत in अमन्युत.

मन्युतस् Adv. *aus Unmuth, im Zorn* AV. 2,7,2.

मन्युदेव m. N. pr. eines Mannes.

मन्युपरिप्त Adj. *im Zorn fortgeworfen* Maitr. S. 1,7,1 (108,5) = TS. 1,5,3,2.

मन्युमत् 1) Adj. a) *muthig, eifrig.* — b) *grimmig, zornig, aufgebracht.* Superl. मन्युमत्तम. — 2) m. *ein best.* Agni.

मन्युमय Adj. (f. ई) *aus Zorn gebildet, — bestehend, den Z. darstellend.*

मन्युमी 1) (feindlichen) *Muth* oder *Grimm vernichtend.* — 2) *im Grimm vernichtend, zornmüthig.*

मन्युशमन Adj. *Zorn dämpfend, besänftigend.*

मन्युषाविन् Adj. *im Zorn* (*bösen Muth*) Soma *bereitend.*

मन्युसूक्त n. wohl Bez. *der Hymnen* RV. 10,83.84.

मन्यूय्, °यते; mit प्रति in अप्रतिमन्यूयमान.

मन्वन्तर 1) m. (einmal im Bhâg. P.) und n. *eine* Manu-*Periode, ein Zeitraum von 71 göttlichen* Juga, *dem ein besonderer* Manu *mit seinen Göttern und seinen 7 Weisen vorsteht.* Sechs solcher Manvantara sind verflossen, im gegenwärtigen siebenten herrscht Manu Vaivasvata; sieben fernere sollen noch folgen. Es wird aber auch von unzähligen Manv. gesprochen. — 2) f. आ a) *der 10te Tag in der lichten Hälfte des* Âshâḍha. — b) *der 8te Tag in der dunkelen Hälfte des* Âshâḍha. — c) *der dritte Tag in der lichten Hälfte des* Bhâdra.

मन्वर्थचन्द्रिका f. (Opp. Cat. 1), °र्थमुक्तावलि f. (ebend.) und °वली f. Titel von Werken.

मन्विद्ध Adj. *von Menschen entzündet.*

मन्वीश m. Çvetâçv. Up. 3,13 wird durch ज्ञानेश erklärt; es ist aber मनीषा (= मनीषया) zu lesen.

*मपष्ट, *°क, *मपुष्टक und *मपुष्ठक m. *eine Bohnenart.*

*मभ्, मभति (गतौ).

मम Gen. zu अहम् *ich.*

ममक Adj. *mein.*

ममकार m. *das Beziehen der Dinge auf sich, das Hängen an, Interesse für* (Loc.).

ममकृत्य (Conj.) n. dass.

ममत् Adv. mit folgendem चन oder चिद् öfters wiederholt *bald — bald — bald* u. s. w.

ममता f. 1) *das Gefühl für Mein, das Hängen an, Interesse für* (Loc.); *Selbstsucht.* ममताशून्य Adj. *in keiner näheren Beziehung zu uns stehend, an dem wir kein Interesse haben.* — 2) **Hochmuth.* — 3) N. pr. der Gattin Utathja's und Mutter des Dîrghatamas.

ममत्व n. = ममता 1). °त्वं कर् *hängen an* (Loc.) und *sein Selbstgefühl Jmd gegenüber* (Gen.) *geltend machen.*

ममथ n. v. l. für माथाथ Ârsh. Br.

ममसत्यँ n. *ein Streit über Mein und Dein.*

ममाथ n. Name eines Sâman. Richtig माथाथ.

*ममापताल m. = विषय.

ममाय्, °यते *Jmd* (Acc.) *beneiden.*

*मम्ब्, मम्बति (गतौ).

मम्म m. N. pr. eines Mannes.

मम्मक m. desgl.

मम्मट m. N. pr. eines Autors. Auch °भट्ट.

मम्मस्वामिन् m. Name eines von Mamma errichteten Heiligthums.

मम्रि Adj. *sterblich* in अँमम्रि.

*मय्, मयते (गतौ).

1. मय 1) adj. Suffix (f. ई, metrisch auch आ) *gebildet aus.* — 2) m. N. pr. eines Asura, eines vollendeten Werkmeisters und Kenners aller Zauberkünste, Lehrers der Astronomie und Kriegskunst. — 3) *f. आ *ärztliche Behandlung.*

2. मँय 1) m. a) *Ross.* — b) **Kamel.* — c) **Maulthier.* — 2) f. मयी *Stute.*

मयक्षेत्र n. N. pr. einer Oertlichkeit. °माहात्म्य n.

मयग्राम m. N. pr. eines *Dorfes.*

*मयट m. = प्रसाद (प्रासाद?) und तृणकुम्य.

मयदीपिका f. Titel eines Werkes Hemâdri 1, 176,16. 2,a,89.5. 92,19.

मँयन्त n. (Maitr. S. 2,8,2) und मँयन्द n. (VS. 14, 9) *ein best. Metrum.*

मयमत n. Titel eines Werkes Opp. Cat. 1.

मयशिल्प n. desgl. Burnell, T.

*मयष्ठ (Râǵan. 16,54) und *°क m. *eine Bohnenart.*

मँयस् n. *Labung, Ergötzung, Ergötzen, Freude.*

मयसरस् n. N. pr. eines *Sees.*

मयस्कँर Adj. *Freude machend.*

मयाराम m. N. pr. eines Mannes.

मयिवँसु Adj. *in mir gut.*

मयुँ m. 1) *ein* Kimpurusha 1) a) oder *ein best. menschenähnliches Thier.* — 2) **Gazelle.*

*मयुराज m. Bein. Kubera's.

*मयुष्टक m. *eine Bohnenart.*

*मयूक m. = मयूर *Pfau.*

मयूँख m. 1) *Pflock,* namentlich *zum Aufspannen eines Gewebes, einer Haut* u. s. w. — 2) *Strahl.* n. Kaush. Up. 6,35. — 3) **Flamme.* — 4) *ein best.* Agni. — 5) abgekürzter Titel eines Werkes.

मयूखमाला f. u. °मालिका f. Titel eines Werkes.

मयूखमालिन् m. *die Sonne* Kâd. 132,7.

मयूखवन्त् Adj. *strahlenreich.*

मयूखादित्य m. *eine Form der Sonne.*

मयूखावलि f. Titel eines Werkes Opp. Cat. 1.

मयूखिन् Adj. *strahlend.*

मयूखेश m. Bein. *der Sonne* Hemâdri 1,420,15.

मयूँर 1) m. a) *Pfau.* Nom. abstr. मयूरता f. (Kâd. 104,19) und °मयूरत्व n. — b) *eine best. Pflanze.* Nach den Lexicographen *Hahnenkamm, Celosia cristata* und *Achyranthes aspera.* — c) *ein best. zur Bestimmung der Zeit dienendes Instrument.* — d) *eine best. Gangart* S. S. S. 253. — e) N. pr. α) eines Asura. — β) eines Dichters (Prasannar. 8,2) und eines andern Mannes. — γ) eines Berges. — 2) f. मयूँरी a) *Pfauhenne.* — b) **eine best. Gemüsepflanze.* — 3) n. a) *eine best. Art zu sitzen.* — b) N. pr. einer Stadt Eitel, Chin. B.

मयूरक 1) m. a) **Pfau.* — b) *eine best. Pflanze.* Nach den Lexicographen *Celosia cristata* und *Achyranthes aspera.* — c) N. pr. eines Dichters. — 2) *m. (verdächtig) und n. *eine Art Kupfervitriol.* — 3) f. °रिका a) *ein best. giftiges Insect.* — b) **Hibiscus cannabinus* Râǵan. 4,79.

*मयूरकर्ण m. N. pr. eines Mannes. Pl. *seine Nachkommen.*

मयूरकेतु m. Bein. Skanda's.

मयूरगति f. *ein best. Metrum.*

*मयूरग्रीव und *°क n. *eine Art Kupfervitriol* Bhâvapr. 2,99. Râǵan. 13,103.

मयूरघृत n. *ein best. Medicament.*

*मयूरचटक m. *Haushahn.*

मयूरचित्रक n. 1) Titel des *buntscheckigen* 47sten Adhjâja in Varâh. Brh. S. — 2) Titel eines Werkes Bühler, Rep. No. 544.

मयूरचूड 1) *n. *eine Art Galläpfel* Râǵan. 12,137. — 2) f. आ *Celosia cristata.*

*मयूरजङ्घ m. *Bignonia indica* Râǵan. 9,27.

*मयूरतुत्थ n. *eine Art Kupfervitriol* Râǵan. 13, 103.

मयूरपत्त्रिन् Adj. *mit Pfauenfedern geschmückt* (Pfeil) 99,5.

*मयूरपदक n. *eine einer Pfauenspur gleichende, mit den Fingernägeln bewirkte Verwundung.*

मयूरपर्वत m. N. pr. eines *Gebirges,* Schröder in der Einl. zu Maitr. S. 1,xxiv.

मयूरपिच्छ n. *Pfauenschwanzfeder* Kâd. 34,6.

मयूरपिच्छमय Adj. (f. ई) *aus Pfauenschwanzfedern bestehend* Kâd. 2,12,16.

मयूरपुर n. N. pr. eines Hügels. °माहात्म्य n.

मयूरपोषक m. N. pr. des Vaters von Kandragupta Hem. Par. 8,225.

मयूरमय Adj. *aus Pfauen bestehend* Kâd. 171,24.

*मयूरस्थ m. Bein. Skanda's.

मयूँररोमन् Adj. *pfauenhaarig* Hariv. 3,63,9.

मयूरवर्मन् m. N. pr. eines Fürsten Ind. Antiq. 10,249. °वर्मचरित्र n. Titel eines Werkes.

मयूरविदला f. *Hibiscus cannabinus* Bhâvapr. 1,74.

*मयूरव्यंसक m. = धूर्तमयूर.

मयूरशतक n. Titel eines Gedichts.

मयूरशर्मन् m. N. pr. eines Dichters.

*मयूरशिखा f. *Celosia cristata* Mat. med. 309. Râǵan. 5,18. Bhâvapr. 1,223.

(मयूरशेप्य) मयूँरशेपित्र Adj. *pfauenschwänzig.*

मयूरसारिन् 1) Adj. *wie ein Pfau einherschreitend.* — 2) f. °णी *ein best. Metrum.*

मयूरस्तुति f. Titel eines *Lobgedichts* Opp. Cat. 1.

मयूरस्थलमाहात्म्य n. Titel eines Mâhâtmja Burnell, T.

*मयूरारि m. *Chamäleon, Eidechse.*

मयूराष्टक n. Titel eines Gedichts.

*मयूरिकाबन्धम् Absol. P. 3,4,42, Sch.

1. मयूँरी f. s. मयूँर 2).

2. मयूरी Adv. mit भू *sich in einen Pfau verwandeln.*

मयूरेश m. N. pr. einer Person.

मयूरेश्वर n. Name eines Linga.

*मयूरोल्लासक m. *die Regenzeit* Râǵan. 21,66.

मयोभँव 1) Adj. = मयोभू. — 2) m. a) *Labung, Erquickung, Ergötzung* Âpast. Çr. 10,22,12. — b) N. pr. eines Mannes. Pl. *seine Nachkommen.*

मयोभुँ und °भूँ 1) Adj. (f. °भू) *labend, erquickend, ergötzend, wohlthuend.* — 2) m. मयोभू *ein best.* Agni Çâṅkh. Grhj. 5,2. — 3) n. मयोभु *ein best. Lied.*

मयोभुव Adj. = मयोभुँ Âpast. Çr. 5,13,8.

मयोभूँ s. u. मयोभुँ.

मय्य m. N. pr. eines Brahmanen.

1. मर्, मरति, मँरते, म्रियँते (metrisch auch म्रियति) *sterben.* ममृवँस् (f. मम्रुँषी) *moribundus.* मृतँ 1) *gestorben, verstorben, todt* (auch von Pflanzen), *todtenähnlich, erstarrt.* — 2) *geschwunden.* संज्ञा *Bewusstsein* (in Folge des Todes). — 3) *todt,* so v. a. *für Nichts und wieder Nichts daseiend,* — *geschehend, vergeblich.* — 4) *calcinirt* (Quecksilber) Spr. 7771. — Caus. मारँयति (metrisch auch Med.) 1) *Jmd* (Acc.) *tödten, zum Tode führen, sterben lassen, den Tod herbeiführen.* — 2) *calciniren.* — Desid. मुमूर्षति *dem Tode entgegen gehen, im Begriff stehen zu sterben, zu sterben beabsichtigen.* — Intens. मरीमर्ति *Todesqualen empfinden* Spr. 7623. — Mit अनु *nach Jmd* (Acc.) *sterben, Jmd im Tode folgen.* अनुमृत mit act. Bed. — Mit अभि *Jmd* (Acc.) *durch den Tod berühren,* — *afficiren,* — *be-*

flecken. अभिमृत mit pass. Bed. Auch so v. a. *vom Tode bedroht* ÂPAST. ÇR. 9,12,4. — Mit आ in अनामृत. — Mit उप, उपमृत *abgestorben, todt* TS. 6,2,8,6. — Caus. *in's Wasser werfen, untertauchen.* Mit Hinzufügung von अप्सु ÂPAST. ÇR. 8, 8,12. — Mit परि *um Jmd* (Acc.) *her sterben* 26, 22. 23. — Mit प्र, प्रमृत *gestorben, todt.* — Caus. *zum Tode führen.*

2. मर्, मृणाति (Partic. मृणत् hierher oder zu मृण्) *zermalmen, zerschlagen, zerdrücken, zerstören* RV. 8,97,3. मूर्ण *zermalmt, zerbrochen.* — मृणीहि AV. 6,142,1 nach AUFRECHT (KUHN'S Z. 27,218) fehlerhaft für पृणीहि. — Mit आ in आमरीतर्, आमुर und आमुरि. — Mit उप, Pass. °मूर्यते *aufgerieben werden.* — Mit परि in परिमूर्ण (°र्णा). — Mit नि *zermalmen.* — Mit प्र *zermalmen, zerstören.* Partic. प्रमूर्ण. — Mit अभिप्र in अभिप्रमुर. — Mit वि *zermalmen, zerstören.* विमृणत् hierher oder zu मृण्.

मर m. 1) *das Sterben, Tod.* — 2) *die Welt des Sterbens, die Erde.* — 3) Pl. *Höllenbewohner* ÂRJABH. 4,12. — मराः HARIV. 8464 fehlerhaft für नराः.

मरक m. 1) *Seuche.* — 2) Pl. N. pr. eines Volkes.

मरकत n. *Smaragd* RÂGAN. 13,164.

*मरकतपत्त्री f. *eine best. Pflanze* RÂGAN. 10,168.

मरकतमय Adj. (f. ई) *smaragden.*

मरकतवल्लीपरिणय m. (sic) Titel eines Schauspiels BURNELL, T.

*मरक्त n. = मरकत *Smaragd.*

मरण n. 1) *das Sterben, Tod.* मरणम् mit कर् Med. *sterben* 77,16. Am Ende eines adj. Comp. *durch — den Tod findend.* — 2) *das 8te astrol. Haus* UTPALA zu VARÂH. BRH. 1,20. — 3) *das Ersterben, Aufhören.* — 4) **ein best. Gift* RÂGAN. 6, 225. Richtig wohl मारण. — 5) *Zuflucht.*

1. मरणधर्मन् m. *das Gesetz des Todes.* Instr. mit dem Caus. von युज् *Jmd* (Acc.) *zu Tode befördern* R. 3,29,18.

2. मरणधर्मन् Adj. *sterblich.*

मरणात्मक Adj. (f. °त्मिका) *den Tod bringend.*

मरणान्त und मरणान्तिक Adj. *mit dem Tode endend, dessen Ausgang der Tod ist.*

मरणान्धतमस n. *Todesfinsterniss* KÂD. 2,69,20.

*मरत m. *Tod.*

मरन्द (*m.) *Blumensaft* Spr. 7658. Pl. BHÂM. V. 1,115.

*मरन्दौकस् oder *°कस n. *Blume.*

*मराकाली f. *Tragia involucrata.*

मराय 1) m. *ein best.* Ekâha. — 2) n. Name eines Sâman. राशिमराये und मरायराशिने (v. l. °राशिनी richtiger) ÂRSH. BR.

मरायिन् m. etwa N. pr. eines Mannes. Nach SÂJ. Adj. = शत्रूणां मारकः.

मरायु Adj. *sterblich.*

*मरार m. *Kornkammer.*

मराराम m. N. pr. eines Daitja.

मराल 1) *Adj. *a) sanft, weich.* — *b)* = विस्तृत und प्रभ VIÇVA in MÂLATIM. ed. Bomb. S. 108. — 2) m. *a) eine Art Gans, Ente* oder *Schwan* zu Spr. 795. — *b)* **Pferd.* — *c)* **Elephant* VIÇVA a. a. O. — *d)* **ein Wald von Granatbäumen.* — *e)* **Bösewicht.* — *f)* **Wolke.* — *g)* **Lampenruss.* — *h) eine best. Verbindung der Hände.* — 3) *f. ई f. zu 2) *a)* RÂGAN. 19,103.

मरालक 1) m. *a)* * = मराल 2) *a).* — *b) eine best. Verbindung der Hände.* — 2) f. °लिका = मराल 3) RÂGAN. 19,101. DAÇAK. 29,23. 30,1.

मरालगमना f. N. pr. einer Surâṅganâ Ind. St. 15,241.

मरिच 1) m. *a) Pfefferstaude.* Auch °लुप. — *b)* **eine Art Ocimum.* — *c)* **Strychnos potatorum* RÂGAN. 11,200. मरीच v. l. — *d)* N. pr. eines Mannes. — 2) n. *a) Pfefferkorn.* — *b)* * = कक्कोलक *ein best. wohlriechender Stoff.*

*मरिचपत्त्रक m. *Pinus longifolia.*

*मरिमन् m. *Tod.*

मरी in *कारमरी.

मरीच 1) m. *a) Pfefferstaude.* Auch °लुप HARIV. 1,40,12. — *b)* **Strychnos potatorum* RÂGAN. 11, 200. मरिच v. l. — *c)* **Majoran* RÂGAN. 10,157. — *d)* N. pr. des Vaters des Kaçjapa und eines Sohnes des Sunda. — 2) n. *Pfefferkorn* ÂPAST.

मरीचि 1) m. (nur in TAITT. ÂR.) und f. *Lichtatom; Lichtstrahl.* सोमस्य auch so v. a. *Mondschein.* Auch मरीची f. — 2) m. *a)* **Geizhals.* — *b)* N. pr. α) eines Pragâpati und eines der 7 Weisen. Am Himmel *der Stern η im grossen Bären* 218,21. — β) eines Daitja. — γ) eines Fürsten und verschiedener anderer Personen. — 3) f. *a)* Titel eines Commentars. — *b)* N. pr. einer Apsaras.

मरीचिक 1) m. N. pr. einer buddhistischen Welt. — 2) f. आ *a) Luftspiegelung, vorgespiegeltes Wasser in der Wüste.* — *b)* Titel eines Commentars zum Brahmasûtra.

मरीचिगर्भ m. Pl. N. pr. 1) einer Welt. — 2) einer Klasse von Göttern unter Manu Dakshasâvarṇi.

मरीचितोय n. *vorgespiegeltes Wasser.*

मरीचिन् m. *die Sonne.*

मरीचिप 1) Adj. *Lichtatome schlürfend, von diesen sich nährend.* — 2) m. Pl. *a)* **Lichtstrahlen.* — *b)* N. pr. eines mythischen Ṛshi-Geschlechts.

मरीचिपटल Titel eines Werkes OPP. Cat. 1.

मरीचिपत्तन n. N. pr. einer *Stadt.*

मरीचिमत् 1) Adj. am Ende eines Comp. — *zu Strahlen habend.* — 2) m. *die Sonne.*

मरीचिमालिन् 1) Adj. *strahlenumkränzt* (die Sonne). — 2) m. *die Sonne* KÂD. 8,2. 165,1.

मरीचोपपुराण n. Titel eines Werkes OPP. Cat. 1.

*मरीमृज Adj. vom Intens. von मर्ज्.

मरीमृश Adj. *betastend.*

मरीस n. in *अवि°.

मरु m. 1) *Wüste, Sandöde.* Häufig Pl. — 2) *die Kasteiung der Wüste, das Nichttrinken.* — 3) *Berg, Fels.* — 4) *eine best. Pflanze* BHÂVAPR. 1,229. — 5) N. pr. *a)* Pl. eines Volkes. — *b)* eines Daitja — *c)* eines Vasu. — *d)* verschiedener Fürsten.

*मरुक m. *Pfau.*

मरुकच्छ m. N. pr. eines Landes und Volkes (Pl.). Vgl. भरुकच्छ.

मरुचीपट्टन n. N. pr. einer *Stadt.*

मरुच्छदा f. *eine best. Staude.* Vgl. मधुच्छदा.

*मरुज 1) m. *a) Unguis odoratus.* — *b) ein der Mimosa Catechu verwandter Baum* RÂGAN. 7,211. — 2) f. आ *Koloquinthe.*

*मरुजाता f. *Carpopogon pruriens* oder *eine verwandte Pflanze.*

*मरुटा f. *eine Frau mit hoher Stirn.*

मरुण्ड 1) m. N. pr. *a)* eines Fürsten. — *b)* Pl. α) einer Dynastie. — β) eines Volkes. — 2) *f. आ *eine Frau mit hoher Stirn.*

मरुण्डराज m. N. pr. eines Fürsten Ind. St. 15, 279. fg.

मरुत् 1) m. *a)* Pl. α) *Name der Götter des Windes* (Gefährten Indra's). — β) *die Götter überh.* — *b) der Gott des Windes.* — *c) Wind* (auch des Körpers). — *d) Luft.* — *e) Athem.* — *f) eine best. Pflanze* BHÂVAPR. 1,229. — *g)* * = ऋत्विज्. — *h)* Bein. des Fürsten Bṛhadratha. — *i)* N. pr. eines Sâdhja. — *k)* MÂRK. P. 40,3 fehlerhaft für मरु. — 2) *f. *Trigonella corniculata.* — 3) *n. *ein best. Parfum.*

मरुत m. 1) *Wind.* — 2) **ein Gott.* — 3) **Bignonia suaveolens.* — 4) N. pr. verschiedener Männer.

*मरुत्कर m. *Dolichos Catjang.*

मरुत्कर्मन् n. und *मरुत्क्रिया f. *das Farzen, Blähung.*

मरुत्त m. N. pr. verschiedener Fürsten. Soll

aus मरुद्दत्त entstanden sein Pat. zu P. 1,4,58. 59, Vârtt. 4.

*मरुत्तक m. eine best. Pflanze Bhâvapr. 1,229, v. l. Richtig मरुवक.

मरुत्तम 1) Adj. ganz den Marut gleichend. — 2) m. Verz. d. B. H. 122 fehlerhaft für मरुत्त.

मरुत्तरुणी f. eine Vidjâdharî Bâlar. 67,11.

मरुत्पट m. Segel.

मरुत्पति m. Beiw. und Bein. Indra's.

मरुत्पथ m. der Luftraum Kâd. 123,5.

*मरुत्पाल m. Bein. Indra's.

*मरुत्पुत्र m. Patron. Bhîma's.

*मरुत्प्लव m. Löwe.

*मरुत्मत् Adj. = मरुत्वत्.

मरुत्वतीय Adj. auf Indra Marutvant bezüglich, ihm gehörig u. s. w. मरुत्वतीयप्रहोम m. Vaitân. Insbes. 1) drei Graha bei der Mittagsspende. — 2) Çastra, das nach dem Genuss jener Graha recitirt wird. — 3) die den Kerntheil desselben bildende Hymne Çâṅkh. Çr. 10,2,4.

*मरुत्वत्प Adj. dass.

मरुत्वत् 1) Adj. a) von den Marut begleitet. — b) das Wort मरुत् enthaltend. — 2) m. a) Bein. Indra's. — b) * Wolke. — c) * Bein. Hanumant's. — d) N. pr. eines Sohnes des Dharma von der Marutvatî. Pl. ihre Nachkommen, eine best. Klasse von Göttern. — 3) f. मरुत्वती N. pr. einer Tochter Daksha's.

मरुत्सख 1) Adj. den Wind zum Genossen habend (Wolken). — 2) m. Bein. a) des Feuers. — b) * Indra's.

मरुत्सखि Adj. (nur Nom. m. f. °सखा) die Marut zu Genossen habend.

मरुत्सहाय Adj. den Wind zum Genossen habend (Feuer).

मरुत्सुत m. Patron. Hanumant's.

मरुत्स्तोत्र Adj. wo das Lob der Marut vorhanden (einheimisch) ist.

मरुत्स्तोम m. ein Stoma der Marut, ein best. Ekâha Vaitân.

*मरुदान्दोल m. eine Art Fächer.

*मरुदिष्ट m. Bdellium. Richtig मरुदेश्य.

मरुदेव N. pr. 1) m. a) eines Fürsten. — b) des Vaters des Arhant Ṛshabha. — c) eines Berges. v. l. मारु°. — 2) f. आ und ई der Mutter von 1) b).

*मरुदेश्य m. Bdellium Râǵan. 12,109.

1. मरुद्गण m. (adj. Comp. f. आ) die Schaar der Marut, — der Götter.

2. मरुद्गण 1) Adj. mit oder unter der Schaar der Marut befindlich. — 2) N. pr. eines Tîrtha.

*मरुद्दत्त Adj. von den Marut gegeben Pat. zu P. 1,4,58. 59, Vârtt. 4.

*मरुद्भूल n. in der Luft herumfliegende Baumwollenflocken.

*मरुद्वद्ध m. 1) ein best. Opfergefäss. — 2) eine Abtheilung des Sâmaveda. — 3) Bein. Vishṇu's.

*मरुद्रवा f. eine best. Pflanze, = ताम्रमूला. Nach Râǵan. 4,192 Baumwolle.

*मरुद्रथ m. 1) Pferd. — 2) ein Wagen, auf welchem Idole herumgefahren werden.

*मरुद्रुम m. Vachellia farnesiana.

*मरुद्वर्त्मन् n. der Luftraum.

*मरुद्वाह m. 1) Rauch. — 2) Feuer.

मरुद्विधा f. fehlerhaft für मरुद्वृधा.

*मरुद्विप m. Kamel.

*मरुद्वृता f. fehlerhaft für मरुद्वृधा.

मरुद्वृद्धा f. N. pr. eines Flusses.

मरुद्वृध 1) Adj. des Windes oder der Marut froh. — 2) f. आ N. pr. eines Flusses.

मरुद्वेग m. N. pr. eines Daitja.

मरुधन्व m. = मरुधन्वन् 1).

मरुधन्वन् m. 1) Wüstenei, Sandöde. — 2) N. pr. des Vaters der Gattin des Vidjâdhara Indîvara.

*मरुधन्न n. fehlerhaft für मरुद्भूल.

मरुनन्दन m. N. pr. eines Fürsten VP.² 4,192.

मरुन्त m. N. pr. Hariv. 1,32,118 fehlerhaft für मरुत्त.

मरुन्ध N. pr. einer Stadt. v. l. मरून्ध.

मरुन्नाम Adj. Namen der Marut enthaltend; Subst. Pl. solche Sprüche.

मरुन्मय Adj. (f. ई) aus Wind bestehend Harshaḱ. 210,3.

*मरुन्माला f. Trigonella corniculata Bhâvapr. 1,194.

मरुपथ m. Wüstenei, Sandöde.

*मरुप्रिय m. Kamel.

मरुभव m. Wüstenbewohner.

*मरुभू f. Pl. N. pr. eines Landes.

मरुभूति und °क m. N. pr. eines Sohnes des Jaugaṁdharâjaṇa.

मरुभूमि f. 1) Wüstenei, Sandöde. Nom. abstr. °त्व n. — 2) N. pr. eines Landes.

मरुभूरुह् m. Capparis aphylla.

मरुभौम m. Pl. N. pr. eines Volkes VP.² 2,169.

मरुमरीची f. Wüstenei, Sandöde.

*मरुल m. eine Entenart.

मरुल्लोक m. die Götterwelt.

*मरुव m. Majoran Râǵan. 10,156.

मरुवक m. 1) * Vanguerta spinosa. — 2) * Majoran Râǵan. 10,156. — 3) * eine Art Ocimum. — 4) * Clerodendrum phlomoides. — 5) eine best. Blume Bâlar. 129,11 (मरुबक). — 6) * Tiger. — 7) * Kranich. — 8) * Bein. Râhu's.

*मरुसंभव 1) n. eine Art Rettig Râǵan. 7,17. — 2) f. आ a) eine Art Alhagi Râǵan. 4,57. — b) = महेन्द्रवारुणी.

मरुस्थल n. und °स्थली f. Wüstenei, Sandöde.

*मरुस्था f. eine Art Alhagi Râǵan. 4,57.

मरू Adv. mit भू zu einer Wüstenei —, zu einer Sandöde werden.

*मरूक m. 1) eine Gazellenart. — 2) Pfau. — 3) Curcuma Zerumbet.

*मरूद्भवा f. 1) die Baumwollenstaude. — 2) Alhagi Maurorum Dhanv. 1,5. Râǵan. 4,44. — 3) eine Art Khadira.

मरून्ध N. pr. einer Stadt Çaṅk. Viǵ. 164,4. v. l. मरुन्ध.

*मरोलि und *°क m. das Seeungeheuer Makara.

*मर्क् (गत्याम्, सर्पे).

1. मर्क m. Verfinsterung (der Sonne).

2. मर्क m. 1) N. pr. a) des Purohita der Asura. — b) eines den Kindern nachstellenden Dämons. — c) eines Jaksha. — 2) * der Wind im Körper.

3. मर्क m. = मर्कट Affe.

मर्कट 1) m. a) Affe. — b) ein best. Vogel, der Adjutant. — c) * Spinne. — d) * ein best. Gift. — e) * quidam coeundi modus. — f) N. pr. eines Mannes. — 2) f. मर्कटी a) Aeffin. — b) eine best. Pflanze. Nach den Lexicographen Galedupa piscidia, Carpopogon pruriens, Achyranthes aspera und = अजमोदा Bhâvapr. 1,206. Râǵan. 3,88. 4,91. 6,110.

मर्कटक 1) m. a) * Affe. — b) * Spinne. — c) * ein best. Fisch. — d) * ein Daitja. — e) eine best. Körnerfrucht Âpast. Çr. 16,19. — 2) f. °टिका Aeffin.

*मर्कटतिन्दुक m. eine Art Ebenholzbaum Bhâvapr. 1,243.

*मर्कटपिप्पली f. Achyranthes aspera Râǵan. 4,91.

*मर्कटप्रिय m. = क्षीरवृक्ष.

*मर्कटवास m. Spinngewebe.

*मर्कटशीर्ष n. Mennig.

मर्कटह्रद m. N. pr. eines Teiches.

*मर्कटास्य n. Kupfer.

1. मर्कटी f. s. u. मर्कट.

2. मर्कटी Adv. mit भू sich in einen Affen verwandeln.

*मर्कटेन्दु m. Diospyros tomentosa.

*मर्कर 1) m. Eclipta prostrata. — 2) f. आ a) Höhle. — b) ein unterirdischer Gang. — c) Geschirr, Gefäss. — d) ein unfruchtbares Weib.

मर्च्, मर्चयति 1) verletzen, beschädigen, verschren. मर्चयत् (त्सरु) *verletzend, so* v. a. *scharf.* — 2) *शब्दार्थ. — 3) *gehen.* — 4) *als Sautra-Wurzel प्रकृणे. — Vgl. अमृक्त, मृंच्.

मर्छ्, मृच्छते *vergehen, zu Grunde gehen.* — Mit अभि, °मर्छति MBh. 12,2939 fehlerhaft für °गच्छति.

1. मर्ज्, 1) मृजति, °ते, मार्ष्टि, *मार्जति, °ते (episch), मृञ्जते und °मृज्यात् (ausnahmsweise), मर्जयति, °ते, मार्जयति, °ते; a) *abwischen, so* v. a. *reinigen, putzen, blank —, glatt machen* (z. B. das Ross), *herausputzen, zurechtmachen* überh. Med. auch *sich reinigen, sich schmücken.* — b) *streicheln.* — c) *abwischen, so* v. a. *wegwischen, wegkehren, wegnehmen, entfernen;* insbes. *sich von Etwas* (Acc.) *befreien.* — d) *Etwas* (Schlechtes) *auf Jmd* (Loc.) *abstreifen;* Med. (ausnahmsweise Act. Âpast. 1,19,16) *Etwas* (Unreines, eine Schuld) *von sich auf einen Andern* (Loc.) *abstreifen.* — e) Med. *einstreichen, so* v. a. *davontragen, erbeuten* Ṛv. 1,174,4. — 2) *मार्ष्टि (गतिकर्मन्). — 3) मृष्ट a) *gereinigt, geputzt, blank gemacht, rein, blank.* — b) *rein, lauter* in übertragener Bed. — c) *bestrichen, — mit* (Instr.). — d) *aufgestrichen.* — e) *sauber —, lecker zubereitet, lecker, wohlschmeckend.* Superl. मृष्टतम. — f) *angenehm, lieblich* (Geruch, Worte). — 4) मृजित *abgewischt, entfernt.* — 5) मार्जित a) *gereinigt, rein, blank.* — b) *bestrichen, — mit* (Instr.). — c) *abgewischt, entfernt.* — Intens. (मर्मृज्यते, मरीमृज्यते, *मर्मार्ष्टि, मर्मृज्म, मर्मृजत, मर्मृजत्त, मर्मृजत् Partic., मर्मृजानं) *wiederholt abreiben, — putzen* u. s. w.; Med. *sich reinigen* u. s. w. — Mit अनु *entlang —, glattstreichen, glätten.* — Intens. (°मर्मृजान) *wiederholt hinstrecken* (die Arme). — Mit अप 1) *abstreifen, abwischen.* — 2) *Etwas von sich auf einen Andern* (Loc.) *abstreifen.* — Mit अभि *abwischen, so* v. a. *reinigen.* अभिमृष्ट *gereinigt.* — अभ्यमृज्यत्त Çat. Br. 14,1,2,12 fehlerhaft für अभ्यसृज्यत्त. — Mit अव 1) *abwärts streichen, — wischen* Maitr. S. 1,8,5 (121,13). Vaitân. — 2) *abwischen, wegwischen.* — 3) Pass. अवमृज्यते *sich* (sibi) *Etwas abwischen.* गात्राणि *den Körper* (nach dem Bade). — Mit आ 1) *abwischen, so* v. a. *reinigen.* — 2) *abwischen, so* v. a. *wegwischen, abwaschen.* — Intens. (आ मर्मृजत् Partic.) *glätten.* — Mit अपा in अपामार्ग und अपामार्जन. — Mit व्या, °मृष्ट *abgewischt, weggewischt.* — Mit उद् 1) *aufwärts streichen, — wischen* Vaitân. — 2) *abwischen, ausputzen:* Med. *sich abwischen* u. s. w. ररटात् *sich den Schweiss von der Stirn wischen.* उन्मृष्ट *verwischt, abgewischt;* उन्मार्जित *gereinigt, blank gemacht.* — 3) *sich den Mund abwischen.* Nur उन्मृज्य. — 4) Med. *davontragen, empfangen.* — Mit समुद् *aufwärts bestreichen, von unten nach oben hin abputzen* Maitr. S. 3,9,4. 4,4,5. Mân. Çr. 1,3,1. 8,2. Gṛhj. 2,7,11. — Mit उप *streichen, bestreichen, wischen, putzen* Ṛv. 9,15,7. — Mit नि 1) *reiben an, streichen, schmieren an* (Loc.), *aufschmieren, auftragen.* — 2) *abwischen* (37,20), *abstreichen* (Âçv. Çr. 2,6,5). Med. *sich abwischen, — abreiben.* — 3) *Jmd* (Loc.) *Etwas zuwenden, zuführen, hingeben;* Med. *an sich nehmen, einziehen.* — नि मिमृतुः Ṛv. 1,64,4 fehlerhaft für नि मिमितुः (von म्यत्). — Mit निस् *abwischen, auswischen, austilgen.* निर्मृष्ट *abgewischt.* — Mit परा *abwischen, reinwaschen.* — Mit परि 1) *rings abwischen, reiben, putzen, reinigen, poliren; reinigen, läutern* in übertragener Bed. चक्षुषी so v. a. *sich die Thränen aus den Augen wischen.* परिमृष्ट (Âpast.), °मृजित und °मार्जित *geputzt, gereinigt, aufgeputzt, geglättet.* — 2) *sich den Mund abwischen* Gaut. Âpast. 1,16,9. Gobh. 1,2,5 (Med.). — 3) *streichen, über Etwas hinfahren, streicheln.* — 4) *abwischen, wegwischen, abwaschen, abstreifen, entfernen, sich befreien von* (Acc.). परिमृष्ट *abgewischt, abgewaschen, entfernt.* — 5) Pass. *abgerieben werden, sich abreiben* (von Zähnen) Spr. 253. — परिमार्ष्टुम् Çak. 83,7 fehlerhaft für परामर्ष्टुम् (von मर्श्). — Intens. (°मर्मृज्यते) *umherstreichen an* (Acc.). — Mit प्र 1) *wischen, abputzen, reinigen, putzen.* प्रमृष्ट *abgeputzt, gereinigt, rein, blank gemacht, polirt, geglättet.* — 2) *streichen, hinfahren über, streicheln.* परिमृष्ट *bestrichen mit* (Instr.). — 3) *wegwischen, abstreifen, abwaschen, entfernen, wegschaffen, verscheuchen.* प्रमृणानानि Gop. Br. 2,1,24. प्रमृष्ट *weggewischt, verscheucht, entfernt, weggeschafft.* — 4) *vereiteln* (einen Wunsch). — 5) *wegschaffen, so* v. a. *vertilgen.* — 6) प्रमृष्ट so v. a. *aufgegeben.* v. l. प्रसृष्ट. — Mit विप्र *reinwischen.* — Mit संप्र 1) dass. — 2) *wegwischen, abwaschen, entfernen.* संप्रमार्जित. — Mit प्रति 1) *glattstreichen.* — 2) *Etwas abwaschen, so* v. a. *rächen.* प्रतिमार्जित. — Mit वि 1) *ausputzen, ausreiben, reinigen, reiben, trockenreiben, abtrocknen.* Med. mit तन्वम् *sich putzen, sich rüsten* Ṛv. 7,95,3. — 2) *streichen, hinfahren über, streicheln.* — 3) *abwischen, wegwischen.* — 4) *einreiben, bestreichen, — mit* (Instr.). विमृष्ट *bestrichen.* — Mit अनुवि *einreiben, bestreichen.* अनुविमृष्ट. — Mit अभिवि dass. — Mit सम् 1) *reiben, putzen, abwaschen, reinwaschen, fegen, reinigen, läutern* (in übertragener Bed.). Insbes. von der Behandlung des Soma und des Feuers (durch Anschüren, Entfernung der Asche u. s. w.). संमृष्ट und संमार्जित *abgewaschen, gefegt, gereinigt.* — 2) *streichen, hinfahren über, streicheln.* — 3) *wegkehren, verscheuchen, entfernen.* संमार्जित.

2. *मर्ज्, मर्जति und मृञ्जति (शब्दार्थ).

*मर्ज् 1) m. a) *Wäscher.* — b) = पीठमर्द. — 2) f. *das Waschen, Reinigen.*

(मर्ज्य) मर्जिय Adj. *zu putzen, zu reinigen.*

मर्ड्, मृडति (मृळति), मृडसे (nur einmal), मृडयति (मृळयति), °ते, *मृडाति (wohl so, nicht मृड्नाति), *मृणडयति (?); 1) *gnädig sein, verzeihen, verschonen;* mit Dat. der Person und Acc. der Sache. — 2) *Jmd* (Acc.) *gnädig behandeln, erfreuen, beglücken.* — Vgl. मर्ष्. — Mit अभि *Jmd* (Dat.) *Etwas* (Abl.) *verzeihen.* — Mit प्र in प्रमृड.

मर्डितर् Nom. ag. *Einer der Gnade übt, Erbarmer.*

मर्ण् s. मृण्.

मर्त 1) m. a) *ein Sterblicher, Mensch.* — b) **die Welt der Sterblichen, die Erde.* — 2) f. मर्ता (sc. संहिता) Saṁhitopan. 22,2. मर्तापदं विद्यते यस्यां सा Comm.

मर्तभोजन n. *Speise der Sterblichen, Menschennahrung.*

मर्तवत् Adj. *das Wort* मर्त *enthaltend.* °वती f. *ein solcher Spruch* Çat. Br. 3,9,2,32.

मर्तवे Dat. Infin. zu 1. मर् AV. Paipp. 9,2,5. 19,14,3.

मर्तव्य n. impers. *moriendum.* °व्ये सति *da gestorben werden müsste,* °व्ये कृतनिश्चया Adj. *fest entschlossen zu sterben.*

मर्त्य, मर्तिय 1) Adj. *sterblich.* — 2) m. a) *ein Sterblicher, Mensch.* — b) *die Welt der Sterblichen, die Erde.* — 3) f. मर्त्या *das Sterben* in पुत्र°. — 4) n. *das Sterbliche, der Körper.*

मर्त्यकृत, मर्तिअकृत Adj. *von Menschen gethan* Ṛv. 8,19,6.

मर्त्यता f. 1) *Sterblichkeit.* — 2) *das Menschsein, der menschliche Zustand.*

(मर्त्यत्रा) मर्तिअत्रा Adv. *unter Menschen.*

मर्त्यत्व n. *das Menschsein, der menschliche Zustand.*

(मर्त्यत्वन) मर्तिअत्वन n. *die Weise der Menschen.*

मर्त्यधर्म m. 1) Pl. *die für Sterbliche geltenden Gesetze, die menschlichen Eigenheiten.*

मर्त्यधर्मन् und °धर्मिन् (MBh. 3,32,56) m. *ein Sterblicher, Mensch.*

मर्त्यनिवासिन् m. *Erdenbewohner* Hariv. 7670. 7673. आनर्तनिवासिन् v. l.

मर्त्यभाव m. der menschliche Zustand, Menschennatur.

मर्त्यभुवन n. die Welt der Sterblichen, die Erde.

मर्त्यमण्डल n. dass. Bâlar. 101,12.

*मर्त्यमहित m. ein Gott.

*मर्त्यमुख m. ein Kiṃnara, ein Jaksha.

मर्त्यलोक m. die Welt der Sterblichen, die Erde.

मर्त्यामृत n. die Unsterblichkeit eines Sterblichen Âpast. 2,24,1.

*मर्त्येन्द्रमातृ f. Solanum Jacquini Râǵan. 4,61.

(मर्त्येषित) मर्त्ये॑षित Adj. von Menschen gesandt.

मर्द्, मृद्नाति, मर्द॑ति (accentuirt nur Nigh.) und मर्दते (episch), मृदि॒त Partic. 1) heftig drücken, — andrücken. — 2) zerdrücken, zerstampfen, zertreten, zerbrechen, zerreiben, aufreiben, verwüsten, hart mitnehmen. — 3) reiben, sich reiben —, hinstreifen an. Med. mit ललाटम् sich den Schweiss von der Stirn reiben. — 4) verreiben, einrühren in (Instr.). — 5) sich reiben an in der Astr. so v. a. ein Sternbild berühren, durch ein Sternbild durchgehen. — 6) sich reiben an, so v. a. übertreffen Bhaṭṭ. — 7) wegreiben, abwischen, vernichten. — मृद्त्ति beim Schol. zu Çāṅkh. Çr. 14,40,14 fehlerhaft für मृद्नत्ति, मृद्नमाना: MBh. 6,470 fehlerhaft für मृद्नत्स्व, मर्दन् 14,228 fehlerhaft für नर्दन्. — Vgl. म्रद्. — Caus. मर्दयति, °ते (metrisch) 1) stark drücken. — 2) zerdrücken, zerbrechen, zerstampfen, aufreiben, bedrängen, hart mitnehmen, quälen, peinigen. — 3) reiben. — 4) zerstampfen lassen. — मर्दित = अन्वित fehlerhaft für संदित. — Intens. मर्मर्त्ति zermalmen. — Statt अमरीमृत्स्यन्त Çat. Br. 4,5,1,10 ist vielleicht अमरीमृत्सन्त oder अमरीमृशन्त zu lesen. — Mit अति Caus. hart bedrängen, — mitnehmen. — Mit अप in अपमर्द. — Mit अभि 1) zerstampfen, zertreten, zerbrechen, zerstören, aufreiben, hart mitnehmen. — 2) in der Astr. so v. a. bekämpfen, in Opposition treten. — Mit अव 1) = अभि 1). — 2) reiben. — अवमर्दत: MBh. 7,1831 fehlerhaft für अपि मज्जत:. — Caus. 1) zerbrechen, zerstören. — 2) °मर्दित entwickelt, reif Text zu Lot. de la b. l. 68. — Mit आ 1) zerreiben. — 2) verreiben —, mengen mit (Instr.). — Mit अभ्या in *अभ्यामर्द. — Mit व्या, °मृदित eingerieben. — Mit उद् 1) einreiben. उन्मृदित eingerieben mit (im Comp. vorangehend). — 2) zerreiben —, mengen mit (Instr.). — 3) Med. sich reiben. पादौ seine Füsse abreiben, sich die Füsse reinigen. — Caus. reiben, frottiren. — Mit उप 1) in der Astr. sich reiben an, durchgehen durch (Acc.). — 2) bei Seite schaffen, beseitigen, verschwinden machen. — Caus. 1) zerstören, verwüsten. — 2) bei Seite schaffen, beseitigen, verschwinden machen. — Mit नि 1) zermalmen, zerbrechen Âpast. Çr. 4,15,3. 6,18,2. — 2) wegreiben, abstreifen. — Mit परा zerstampfen, zertreten. — Mit परि 1) dass. Pass. zerrieben werden, sich abreiben Spr. 233 (Conj.). परिमृदित zerrieben. — 2) reiben, streichen. — 3) abwischen, wegwischen (Thränen). — 4) übertreffen. — Mit प्र zerstampfen, zertreten, zerbrechen, hart mitnehmen, aufreiben, verwüsten. — Caus. zerdrücken, zertreten. — Mit संप्र zerstampfen, zertreten, aufreiben, hart mitnehmen. — Mit प्रति dass. — Mit वि 1) zerdrücken, zerreiben, zermalmen, zerbrechen, verwüsten. — 2) reiben. — Caus. 1) zerdrücken, zerstampfen, zerreiben, zerbrechen. — 2) reiben. — 3) einreiben. विमर्दित eingerieben mit (im Comp. vorangehend). — Mit संवि in संविमर्द. — Mit सम् zerdrücken, zerreiben, zermalmen. — संमर्दमाना: MBh. 8,4195 fehlerhaft für संनर्दमाना:. — Caus. zerdrücken, zerreiben, zermalmen.

मर्द॑ 1) Adj. am Ende eines Comp. zerdrückend, zerreibend, zermalmend, vernichtend, zu Grunde richtend. — 2) m. a) ein heftiger Druck, starke Reibung. — b) Reibung an einander, Zusammenstoss in ग्रह° (Nachtr. 2). — c) Reissen (in den Gliedern) in अङ्गमर्द (Nachtr. 2).

°मर्दक Adj. Reissen —, Schmerzen verursachend in.

मर्दन 1) Adj. (f. ई) zerdrückend, zerreibend, zermalmend, vernichtend, hart mitnehmend, angreifend, plagend, quälend; mit Gen. oder am Ende eines Comp. समर° und समिति° im Kampfe die Feinde hart mitnehmend. — 2) m. N. pr. eines Fürsten der Vidjâdhara. — 3) n. a) das Zerdrücken, Zerreiben, Zermalmen, Verwüsten, Vernichten, Verschwindenmachen. — b) das Reiben, Frottiren. °शाला f. Ind. St. 15,398. — c) in der Astr. Reibung, so v. a. Kampf, Opposition (der Planeten). — d) das Einreiben, Einsalben, — mit (Instr.) — e) das Kämmen in केश°.

मर्दनीय Adj. zu zerdrücken, niederzutreten.

मर्दल und *°क m. eine Art Trommel.

मर्दितव्य Adj. zu verwüsten, zu Grunde zu richten.

मर्दिन् 1) Adj. am Ende eines Comp. zerdrückend, zerstampfend, vernichtend. — 2) f. °नी eine best. Composition S. S. S. 121. Vgl. मेदिनी.

मर्ध्, म॑र्धति überdrüssig werden, vernachlässigen, vergessen, im Stich lassen, missachten; mit Acc. मृध्ये (Gegensatz वीर्यवत्) verlassen, so v. a. hülflos Maitr. S. 1,9,3 (132,17). — मृध्नत्ति Kâtj. Çr. 22,3,45 fehlerhaft für मृद्नत्ति. — Mit परि lässig werden, nachlassen. — Mit वि in विमृध् und विमृधे. — Mit सम्, संमृध्नत्ति Kauç. 27. 36 fehlerhaft für संमृद्नत्ति.

*मर्ब्, मर्बति (गतौ).

*मर्मकील m. Gatte.

मर्मग Adj. (f. आ) in die Gelenke dringend, überaus schmerzhaft, heftig verletzend (eig. u. übertr).

मर्मघात m. eine Verwundung der edlen oder empfindlichen Theile.

मर्मघ्नी Adj. f. s. मर्महन्.

*मर्मचर (!) n. = हृद्.

मर्मच्छिद् Adj. die Gelenke durchschneidend, überaus schmerzhaft, stark verletzend.

मर्मच्छेद m. das Durchschneiden der Gelenke, Verursachung eines heftigen Schmerzes.

मर्मच्छेदिन् Adj. = मर्मच्छिद् Nâgân. 69,20 (90,8).

*मर्मज n. Blut Râǵan. 18,66.

मर्मज्ञ Adj. 1) die verwundbaren —, die schwachen Stellen kennend (eig. und übertr.). — 2) eine tiefe Einsicht habend, überaus klug. Am Ende eines Comp. mit dem Kern einer Sache vertraut.

मर्मताडन Adj. (f. आ) die Gelenke treffend, heftig verletzend (eig. und übertr.) Bhâg. P. 8,11,9.

म॑र्मन् n. Gelenk, offene Stelle des Körpers, welche der tödlichen Verwundung besonders ausgesetzt ist; übertr. die schwache, leicht verwundbare Seite eines Menschen, die er geheim zu halten sucht.

°मर्मपारग Adj. mit dem innersten Kern von — vertraut.

मर्मभेद m. 1) das Treffen der empfindlichen, leicht verwundbaren Stellen eines Menschen (in übertragener Bed.). — 2) *Kernschuss.

*मर्मभेदन m. Pfeil.

मर्मभेदिन् 1) Adj. die empfindlichen, leicht verwundbaren Stellen eines Menschen treffend (eig. und übertr.). — 2) m. Pfeil.

मर्ममय Adj. aus den schwachen und daher geheim zu haltenden Seiten eines Menschen bestehend, diese betreffend.

मर्मर 1) Adj. rauschend. — 2) m. a) das Rauschen. — b) *eine Art Gewand. — 3) f. ई a) *Pinus Deodora. — b) eine best. Ader im Ohrläppchen Vâgbh. 479,34.

मर्मरक Adj. (f. °रिका) in Verbindung mit सिरा eine best. Ader im Ohrläppchen.

मर्मराज m. N. pr. eines Mannes.

मर्मराय्, °यते rauschen.

1. मर्मरी f. s. u. मर्मर 3).

2. मर्मरी Adv. mit भू zu rauschen anfangen. °भूत rauschend.

मर्मविद् Adj. die schwachen, verborgenen Seiten eines Menschen kennend.

मर्मविदारण Adj. die Gelenke —, die tödtlichen Stellen zerreissend, tödtlich verwundend.

मर्मविभेदिन् Adj. = मर्मभेदिन् 1).

मर्मवेगिता f. Kâm. Nîtis. 19,7 wohl fehlerhaft für °वेदिता.

मर्मवेदिन् Adj. = मर्मविद्. Nom. abstr. °दिता (Conj.) f.

मर्मवेधिन् Adj. die empfindliche Seite eines Menschen treffend, stark verletzend in अ°.

मर्मव्यथा f. ein bis in's innerste Mark dringender Schmerz Hâs. 65.

मर्मस्पृश् Adj. die Gelenke —, die empfindlichen Seiten eines Menschen berührend, stark verletzend (eig. und übertr.) Ḱaṇḍak. 87,6.

मर्मघ्न Adj. (f. °घ्नी) die Gelenke verletzend, überaus schmerzhaft, stark verletzend (Rede).

मर्मातिग Adj. tief in die Gelenke —, in die empfindlichen Stellen des Körpers eindringend, starke Schmerzen verursachend.

*मर्माभिघात m. = मर्मघात Bhâvapr. 4,122.

मर्मावरण n. Panzer.

मर्माविध् Adj. 1) an gefährlichen Stellen wund AV. 11,10,26. — 2) gefährliche Stellen durchbohrend, stark verletzend (Reden) Mahâvîraḱ. 41,8.

*मर्माविन् Adj. von मर्मन्.

मर्मिक Adj. v. l. für मार्मिक Bhâm. V. 4,7.

मर्मृजेन्य, मर्मृजेनिय Adj. fleissig zu putzen.

*मर्मृत्यु gaṇa वनस्पत्यादि.

मर्य, मर्यिय m. 1) Mann, namentlich ein junger Mann; daher auch so v. a. Geliebter, Freier. Pl. Leute häufig in der Anrede. — 2) Hengst. — 3) *Kamel.

मर्यक m. Männchen.

मर्यतस् Adv. von oder unter den jungen Männern oder Freiern.

मर्यश्री Adj. den Schmuck eines Freiers tragend, geputzt.

*मर्या f. = मर्यादा.

मर्याद 1) m. AV. 5,1,8 von unbekannter Bed. 2) f. आ (adj. Comp. f. आ) a) Marke, Markzeichen, Grenzzeichen, Grenze, Endpunkt (auch in der Zeit). षण्मासमर्यादया so v. a. innerhalb von sechs Monaten. — b) die Grenze —, die Schranken des Meeres, Meeresküste. — c) ein fest abgegrenztes Verhältniss. स्त्रीपुंसयोः zwischen Mann und Frau. — d) gesetzliche —, sittliche —, gesellschaftliche Schranken, festgesetzte Ordnung. — e) eine bestimmte Verordnung, eine feste Bestimmung. — f) ein festes Bündniss. — g) Bez. eines Amuletringes. — h) N. pr. zweier Fürstinnen.

मर्यादागिरि und मर्यादाचल m. ein die Grenze bildender Berg.

मर्यादाधावन n. das Rennen nach einem Ziele.

मर्यादापर्वत m. = मर्यादागिरि Hemâdri 1,295,19.

मर्यादापर्वतवन्त् Adj. mit die Grenzen bildenden Bergen versehen Hemâdri 1,294,9.

मर्यादाभेदक m. Zerstörer der Grenzzeichen 206,16.

मर्यादामय Adj. die gesellschaftlichen Schranken selbst seiend Kâd. 100,23.

मर्यादावचन n. Angabe des Endpunktes, — des Zieles P. 3,3,136.

मर्यादासिन्धु m. Titel eines Werkes.

मर्यादिन् Adj. 1) Grenznachbar. — 2) sich innerhalb der Schranken haltend (eig. und übertr.).

मर्यादी Adv. mit कर् zur Grenze machen, reichen bis (Acc.).

मर्यादोक्ति f. = मर्यादावचन P. 3,3,136, Sch.

मर्याधीरे AV. 5,31,10 nach Padap. मर्याधी°.

मर्याध्य n. Maitr. S. 1,4,8 (56,18).

*मर्व्, मर्वति (पूरणे, गतौ), मर्वयति (शब्दार्थ). मव्वत्ति im Prâkrit (= मर्वति) Bâlar. 238,7 etwa so v. a. bammeln.

मर्श्, मृशति (hier und da auch Med.), मृष्ट Partic. Häufig verwechselt mit मर्ष्. 1) mulcere, anfassen, berühren. — 2) mit dem geistigen Organ berühren, betrachten, überlegen. — Intens. (अमरीमृशन्त Conj.) packen, fassen. — Mit अति in अतिमर्शम् (Nachtr. 4). — Mit व्यति in °मर्शम्. — Mit अभ्यधि anfassen, berühren Âpast. 1,5,22. — Mit अनु 1) derb anfassen, packen. — 2) in Betracht ziehen, berücksichtigen. — Caus. अनुमर्शयति betasten. — Mit अप in अपमर्श. — Mit अभि 1) berühren, anfassen, in Berührung bringen mit (Instr.); Med. anfassen, berühren; an sich Etwas berühren. — 2) अभिमृष्ट a) berührt, getroffen. — b) berührt, so v. a. beschlafen (ein Weib). — c) angetrieben, aufgefordert. — Caus. 1) berühren lassen. — 2) berühren. — Intens. (अभि-मर्मृशत्) greifen —, so v. a. verlangen nach (Acc.). — Mit प्रत्यभि berühren, anfassen Vaitân. — Mit अव 1) berühren, anfassen, tasten nach (Acc.). — 2) bedenken, erwägen. — Caus. 1) berühren lassen. — 2) betasten, so v. a. stören, unterbrechen. — Mit अन्वव berühren, anfassen. — Mit प्रत्यव 1) anfassen. — 2) Betrachtungen anstellen. — Mit समव anfassen. — Mit आ 1) berühren. — 2) berühren, so v. a. geniessen. — 3) untersuchen, betrachten. — 4) आमृष्ट a) berührt. — b) berührt, so v. a. entehrt (ein Weib); v. l. परामृष्ट. — c) in Beschlag genommen Kumâras. 2,31. — Caus. Betrachtungen anstellen, überlegen. — Mit उद् 1) aufrütteln, in Bewegung bringen. — 2) Med. herausgreifen, erheben zu (Dat.). — Mit परा 1) berühren, anfassen, ergreifen, packen. — 2) anfassen, so v. a. hart behandeln. — 3) betasten, so v. a. entweihen. — 4) ein Weib berühren, so v. a. entehren. — 5) Etwas berühren, so v. a. sich beziehen —, deuten auf, Etwas meinen. Pass. gemeint sein 226,20. °मृष्ट Comm. zu TS. Prât. — 6) überlegen Bhâm. V. 2,51. — Mit अनुपरा packen. — Mit उपोप परा dreist anfassen. — Mit प्रतिपरा dass. — Mit परि 1) betasten, berühren. पवनैः परिमृश्यमानः so v. a. befächelt. — 2) anfassen, ergreifen. — 3) mit dem geistigen Organ (auch mit Hinzufügung von चेतसा) befühlen, so v. a. untersuchen, betrachten, erwägen. — 4) Jmd untersuchen, so v. a. befragen. — 5) finden, wahrnehmen. — Caus. betasten lassen durch (Instr.) Ḱaraka 5,3. — Intens. (परि मर्मृशत्) umfassen, umspannen. — Mit प्र anfassen, berühren, betasten 111,24. — Mit अभिप्र raffen, fassen. — Intens. (प्राभि मर्मृशत्) dass. — Mit प्रति antasten. — Mit वि 1) befühlen, streicheln. — 2) mit dem geistigen Organ befühlen, so v. a. untersuchen, betrachten, überlegen (mit und ohne Object). अविमृश्य ohne weiter nachzudenken. — 3) prüfen, examiniren, — in (Loc.). — 4) mit einem Infin. sich bedenken Etwas zu thun, Anstand nehmen zu. — Caus. betrachten, überlegen, erwägen. विमर्शितौ (लोकौ) हेयतया पुरस्तात् so v. a. die zu verlassen er vorher schon gedacht hatte. — Mit अनुवि nachdenken, überlegen, erwägen. — Mit प्रवि und संवि dass. — Mit सम् Act. Med. anfassen, berühren. Med. auch sich anfassen. — Mit अभिसम् anpacken Maitr. S. 2,1,11 (12,18).

मर्श m. ein best. Schnupfmittel Mat. med. 18. Bhâvapr. 2,135.

मर्शन n. 1) das Berühren, insbes. eines Weibes. — 2) das Prüfen, Untersuchen.

मर्ष्, मृष्यति; °ते, मृषन्त् Partic. (Bhâg. P.), *मर्षति, *°ते. In der älteren Sprache nur ausnahmsweise Act. Häufig fehlerhaft für मर्श्. 1) vergessen, vernachlässigen, sich aus dem Sinne schlagen

Maitr. S. 1,5,12 (81,3. 5). — 2) *geduldig ertragen, sich gefallen lassen, ruhig hinnehmen, leiden* (243, 28). तात्राद्यं पितृतः प्राप्तान्—न मृष्यते *er kann es nicht ruhig ansehen, dass sie die Herrschaft vom Vater erhielten.* न मृष्यति मां जीवितुम् *er duldet es nicht, dass ich lebe.* मुहूर्तं मृष्यताम् (impers.) so v. a. *gedulde dich einen Augenblick.* — 3) *Jmd es* (Gen.) *nachsehen.* — 4) *Jmd ertragen,* so v. a. *mögen.* Mit न *Jmd nicht mögen.* — ममर्षत् MBh. 7,5381 fehlerhaft für अमर्षात्. — Caus. मर्षयति, °ते 1) *machen, dass man Etwas* (Acc.) *vergisst,* Maitr. S. 1,5,12 (81,5). — 2) *Etwas dulden, ertragen.* *न मर्षयामि oder *न मर्षये *ich leide nicht, dass* (Potent. oder Fut., Potent. mit जातु, यच्च, यदि oder यदा, Fut. mit किं किल). — 3) *Etwas nachsehen, entschuldigen, ruhig hinnehmen, verzeihen.* — 4) mit Acc. der Person *Jmd gewähren lassen, ruhig zusehen dass* (mit einem prädicativen Acc.). Mit न *Jmd nicht in Ruhe lassen, behelligen* 55,16. — 5) mit Gen. der Person *sich Etwas von Jmd gefallen lassen.* — Intens. (मामृषत्) *ertragen, gestatten.* — Mit *अप, °मृषित. — Mit अपि *vergessen, vernachlässigen.* — Mit आ *geduldig ertragen.* — Caus. 1) dass. — 2) mit शक्तिम् und न so v. a. *nicht im Stande sein.* — Mit उप Caus. *geduldig ertragen, ruhig hinnehmen, nachsehen.* उपमर्षित so v. a. *gegönnt.* — Mit परि *ungehalten sein auf Jmd* (Dat.). — Mit प्र *vergessen, vernachlässigen;* mit Acc oder Dat. (hier Act.). — Mit वि *erwägen, überlegen.* Einmal hat die v. l. richtig विमृशसि st. विमृष्यसि, das andere Mal steht विमृष्यति metrisch sicher.

*मर्ष m. *geduldiges Ertragen.*

मर्षण 1) Adj. am Ende eines Comp. *vergebend, verzeihend.* — 2) n. *geduldiges Ertragen.*

मर्षणीय Adj. 1) *nachzusehen, zu verzeihen* Harshak. 132,2. — 2) *Ansprüche auf Nachsicht habend.*

मर्षिन् Adj. *geduldig, langmüthig, nachsichtig.*

मर्षोका f. *ein best. Metrum.*

*मल्, मलति (धारणे), मलयति (धृतौ).

मॆल 1) m. n. (älter) *a) Schmutz, Unrath, Unreinigkeit* (in der physischen und in der moralischen Welt). In der Medicin *Ausscheidung* überh., insbes. *diejenige der* Dhâtu. Bei den Çaiva *die angeborene geistige Unreinheit.* Am Ende eines adj. Comp. f. आ. — *b)* **Kampfer.* — *c)* **Os sepiae.* — 2) *f. मला *Flacourtia cataphracta.* — 3) n. *a) etwa ein schmutziges Gewand* RV. 10,136,2. — *b) ein best. geringes Metall.* Nach H. *Messing.* — 4) *Adj. *a) geizig.* — *b) ungläubig, gottlos.*

मलक 1) m. Pl. N. pr. einer Völkerschaft. — 2) *f. मलिका v. l. für मसिका.

मलकर्षण Adj. *den Schmutz wegschaffend.*

*मलकूट N. pr. eines Landes. Vgl. मालाकूट.

मलकोष्टक (lies °कोष्ठक) m. N. pr. eines Mannes.

मलगं m. etwa *Walker, Wäscher.*

*मलयक्चि Adj.

*मलघ्न m. *die Wurzel der Salmalia malabarica* Râǵan. 7,106.

*मलघ्नी f. *Artemisia vulgaris* oder *Alpinia nutans* Râǵan. 5,82.

मलज 1) m. Pl. N. pr. eines Volkes. — 2) *n. *Eiter.*

मलजु Adj. *mit schmutzigen Knieen* Mân. Gṛhj. 1,2.

मलत्व n. *das Schmutzsein.*

मलद N. pr. 1) m. Pl. eines Volkes. — 2) f. आ einer Tochter Raudrâçva's. v. l. मलंदा.

मलदायक Adj. *Jmd einen Makel anhängend* Kâd. 2,7.

*मलदूषित Adj. *besudelt, schmutzig.*

मलद्रव m. *die unbrauchbare Ausscheidung aus dem Speisesaft, die den Urin liefert.*

*मलद्राविन् n. *der Same von Croton Tiglium* Râǵan. 6,165.

*मलधात्री f. *eine Wärterin, die den Schmutz eines Kindes zu entfernen hat.*

*मलधारिन् m. *ein Ǵaina-Mönch.*

मलन 1) *m. *Zelt.* — 2) n. *das Zerdrücken, Zerreiben* Daçin. 3,34. 37.

मलंदा f. N. pr. einer Tochter Raudrâçva's Hariv. 1,31,9. मलदा v. l.

मलपङ्क *Schmutz* MBh. 3,68,13. 13,152,14.

मलपङ्किन् Adj. *mit Schmutz bedeckt, schmutzig* (Person).

मलपू 1) f. *a) Ficus oppositifolia* Bhâvapr. 2,101, 2. Karaka 6,7. — *b)* = *क्षीर und विदारी. — 2) *n. (wohl °पु) = भृङ्गी und नल.

मलप्रालदेश m. N. pr. eines *Landes.* Davon Adj. °देशीय.

*मलभुज् m. *Krähe.*

*मलभेदिनी f. wohl *Helleborus niger* Râǵan. 6,133.

मलमल्लक n. *ein um die Schamtheile geschlagenes Tuch.*

मलमास m. *Schaltmonat.*

मलमासकथा f., °मासतत्त्व n., °मासनिरूपण n., °मासनिर्णय m., °मासनिर्णयतन्त्रसार m. und °मासमाहात्म्य n. Titel von Werken Burnell, T.

मलमासव्रत n. *eine best. Begehung.*

मलमासाघमर्षणी f. Titel eines Werkes Burnell, T.

मलमूत्रपरित्याग m. *die Entleerung des Leibes und des Blase* Spr. 4733.

मलय 1) m. *a)* N. pr. α) eines Gebirges in Malabar, der Heimat des Sandelbaumes. — β) Pl. eines Volkes. — γ) eines Sohnes des Garuḍa. मालय v. l. — δ) eines Sohnes des Ṛshabha. — ε) *eines Haines der Götter. — *b)* **Garten.* — *c) ein best. Tact* S. S. S. 236. — 2) f. आ *a)* **Ipomoea Turpethum.* — *b)* N. pr. eines Frauenzimmers.

मलयकेतु m. N. pr. verschiedener Fürsten Ind. St. 14,109.

मलयगन्धिनी f. N. pr. 1) einer Vidjâdharî. — 2) *einer Gefährtin der Umâ.

मलयगिरि m. 1) *das Gebirge* Malaja in Malabar. — 2) N. pr. eines *Gebirges* auf Ceylon. — 3) N. pr. eines Autors.

मलयज 1) Adj. *am* Malaja-*Gebirge gewachsen.* — 2) m. *Sandelbaum;* m. n. *Sandelholz, Sandel* Spr. 7682. — 3) n. Bez. Râhu's.

मलयजरजस् n. *Sandel.*

मलयजरस m. *Sandelwasser* Vâmana 50.11.

मलयजालेप m. *Sandelsalbe.*

मलयदेश m. N. pr. eines *Landes* Weber, Lit.

मलयद्रुम m. *Sandelbaum.*

मलयध्वज m. N. pr. zweier Fürsten.

मलयपर्वत m. *das Gebirge* Malaja.

मलयपुर n. N. pr. einer *Stadt.*

मलयप्रभ m. N. pr. eines Fürsten.

मलयभूभृत् m. *das Gebirge* Malaja.

मलयभूमि f. N. pr. eines Gebietes im Himâlaja.

मलयमरुत् m. *ein vom Gebirge* Malaja *wehender Wind.*

मलयमालिन् m. N. pr. eines Mannes.

मलयवती f. N. pr. 1) einer Surâṅganâ Ind. St. 15,232. — *b)* verschiedener Frauen.

मलयवात m. = मलयमरुत्.

मलयवासिनी f. Bein. der Durgâ.

मलयसिंह m. N. pr. zweier Fürsten.

मलयाचल m. *das Gebirge* Malaja. °खण्ड Titel eines *Abschnittes* in einem Purâṇa Opp. Cat. 1.

मलयाद्रि m. dass. °वायु m. *ein daher blasender Wind* Spr. 7811

मलयानिल m. = मलयमरुत् 294,26.

मलयावती f. ein Frauenname.

*मलयू f. *Ficus oppositifolia* Râǵan. 11,136. Bhâvapr. 6,38.

मलयोद्भव (*n.) *Sandel* Ragh. 16,49.

*मलर *eine best. hohe Zahl* (buddh.).

*मलरोध m. und *°रोधन n. *Verstopfung* Gal. Rāǵan. 20,12.

*मलवद्देश m. N. pr. *eines Landes*.

मलवद्वासस् Adj. f. *menstruirend* Âpast. Mân. Gṛhj. 1,2. Gaim. 3,4,18.

मलवत् Adj. *schmutzig* Gaut.

मलवानर m. Pl. N. pr. eines Volkes VP.² 2,178.

मलवाहिन् Adj. *Schmutz führend, — in sich enthaltend* (der Körper).

*मलविनाशिनी f. *Andropogon aciculatus*.

मलविशोधन Adj. *Schmutz wegwaschend*.

मलविसर्जन n. *das Reinigen* (eines Tempels).

*मलवेग m. *Durchfall* Rāǵan. 20,13.

*मलवैशम्य n. *eine Art Dysenterie* Gal. Richtig वैशद्य.

*मलकृत्तर m. *die Wurzelknolle der Salmaria malabarica* Rāǵan. 7,156.

मलह्वा f. N. pr. einer Tochter Raudrâçva's.

*मलाकर्षिन् m. *Feger, Auskehrer*.

*मलाका f. 1) *Botin, Liebesbotin*. — 2) *ein verliebtes Frauenzimmer*. — 3) *Elephantenkuh*.

*मलापकर्षण n. *das Wegschaffen des Schmutzes, — der Sünde*.

*मलापह्वा f. 1) *ein best. Präparat* Rāǵan. 13,90, v. l. — 2) N. pr. eines Flusses.

मलाभ Adj. *schmutzig aussehend*.

मलायन n. *Weg der Excretionen, z. B. der After*.

*मलारि m. *eine Art Natrum* Rāǵan. 6,260.

मलावह Adj. *Verunreinigung herbeiführend*.

मलाशय m. *Unterleib*.

मलिक m. = ملك *König*.

मलिन 1) Adj. (f. आ) a) *schmutzig, befleckt, unrein* (eig. und übertr.). — b) f. आ *menstruirend*. Angeblich auch ई. — c) *von unbestimmter dunkler Farbe, grau, dunkelgrau, schwarz*. — 2) m. a) *ein ein schmutziges Gewand tragender religiöser Bettler*, vielleicht *ein* Pâçupata Vishṇus. 63,36. — b) N. pr. eines Sohnes des Tamsu. v. l. अनिल. — 3) n. a) *eine Gemeinheit, Schlechtigkeit* Viddh. 7,5. — b) **Buttermilch*. — c) **Borax* Rāǵan. 6,242.

मलिनता f. *Schmutzigkeit, Unreinlichkeit*.

मलिनत्व n. 1) *Schwärze*. — 2) *Bosheit*.

मलिनमनस् Adj. *schmutzigen Herzens*.

*मलिनमुख 1) Adj. *gemein, niederträchtig*. — 2) m. a) *Feuer*. — b) *eine Affenart*. — c) *ein Verstorbener, Geist, Gespenst*.

मलिनय्, °यति *besudeln, beschmutzen, beflecken* (eig. und übertr.). मलिनित *besudelt* Bâlar. 153,5.

मलिनात्मन् Adj. 1) *gefleckt* (der Mond) Spr. 7849. — 2) *von schmutziger Gesinnung* Spr. 6219. 7849.

*मलिनाम्बु n. *Dinte*.

*मलिनास्य Adj. *gemein, niederträchtig*

मलिनिमन् m. 1) *Schwärze* Spr. 6126. Çiç. 6,4. — 2) *Bosheit, Gemeinheit* Spr. 6126.

1. *मलिनी f. s. u. मलिन 1) b).

2. मलिनी Adv. 1) mit कर् a) *besudeln, beschmutzen, beflecken* (eig. und übertr.) 104,14. — b) *verdunkeln, verfinstern*. — 2) mit भू a) *schmutzig werden*. — b) *dahingehen, schwinden* Comm. zu Naish. 5,133.

मलिनीकरण n. 1) *das Besudeln, Beflecken*. — 2) *eine unrein machende Handlung*.

मलिनीकरणीय Adj. *was eine Verunreinigung zu bewirken geeignet ist*.

मलिम्लु und मलिम्लु (AV.) m. *Räuber* VS. 11,78 = Maitr. S. 2,7,7 (83,17. 19).

मलिम्लुसेना f. *Räuberbande*.

मलिम्लुच् m. 1) *Räuber* Mân. Çr. 6,1,3. — 2) *ein best. Dämon* Âpast. Çr. 15,25.

मलिम्लुच m. 1) *Dieb, Räuber*. — 2) *ein best. Dämon*. — 3) **ein Brahmane, der die fünf grossen Opfer unterlässt*. — 4) *Schaltmonat*. — 5) **Feuer*. — 6) **Wind*. — 7) **Mücke, Stechfliege*. — 8) **Frost* oder *Schnee*.

मलिम्लुचतत्त्व n. Titel eines Werkes.

*मलिष्ठा Adj. f. *menstruirend*.

मलीमस 1) Adj. (f. आ) a) *schmutzig, unrein* (eig. und übertr.). — b) *von schmutzig grauer Farbe*. — 2) *m. (!) *Eisen*. — 3) *m. (!) n. *gelblicher Eisenvitriol* Rāǵan. 13,80.

*मलीयस् Adj. *überaus schmutzig*.

*मलुक m. *Bauch* Gal.

*मलुद und *मलुम *best. hohe Zahlen* (buddh.).

मलूक m. *eine Art Wurm*. °चन्द्रिका f. Titel eines medic. Werkes.

मलोत्सर्ग m. *Entleerung des Leibes* Ind. St. 15,272.

मलोद्वासस् Adj. f. *die ihre schmutzige Wäsche* (nach der Menstruation) *abgelegt hat*.

मल्मला Adv. °भवन्त् Adj. *blitzend, blinkend* (*knisternd* Comm.) Maitr. S. 2,13,19.

*मल्ल्, मल्लते (धारणे).

मल्ल 1) m. a) *ein Ringer von Profession*. — b) *Athlet, ein überaus kräftiger Mann*. — c) *eine best. Mischlingskaste*. — d) Bein. Nârâjaṇa's. — e) **Trinkgefäss, Gefäss überh*. — f) **ein best. Fisch*. — g) **Wanze*. — h) **Ueberbleibsel von einem Opfer*. — i) *= कपालिन्. — k) N. pr. α) Pl. eines Volkes. — β) eines Asura; s. मल्लासुर. — γ) verschiedener Männer. — 2) f. आ a) **Weib*. — b) ein Frauenname. — 3) *Adj. *gut, vorzüglich*.

मल्लक 1) m. a) **Zahn*. — b) **Lampengestell*. — c) **Lampe*. — d) **ein aus einer Cocosnuss verfertigtes Geschirr*. — e) N. pr. α) Pl. eines Volkes. — β) eines Brahmanen. — 2) f. मल्लिका a) *Jasminum Sambac* (*die Pflanze* und *die Blüthe*). Am Ende eines adj. Comp. f. ebenso. — b) *ein irdenes Geschirr von best. Form*. Nur im Prâkrit zu belegen. — c) *= 1) b) c) d). — d) **ein best. Fisch*. — e) Name zweier *Metra*.

मल्लकसपुट wohl *ein aus zwei Hälften* (*Schale und Deckel*) *bestehendes Geschirr* Karaka 6,19. 24.

मल्लकोष्ट u. °क m. N. pr. eines Mannes. Vielleicht °कोष्ठ und °कोष्ठक zu lesen.

मल्लग N. pr. 1) m. eines Sohnes des Djutimant. — 2) n. eines von diesem beherrschten Varsha VP.² 2,197.

मल्लघटी f. *eine Art Pantomime*.

*मल्लज n. *schwarzer Pfeffer*.

मल्लटसूत्र n. Titel eines Werkes Opp. Cat. 1.

मल्लताल m. *ein best. Tact* S. S. S. 211.

*मल्लतूर्य n. *eine Art Trommel, die während eines Kampfes zwischen Ringern gerührt wird*.

मल्लदेव m. N. pr. eines Mannes B.A.J. 10,47.54.

मल्लद्वादशी f. *der zwölfte Tag eines best. Halbmonats*.

मल्लनाग m. 1) Bein. Vâtsjâjana's. — 2) *Indra's *Elephant*. — 3) **Briefträger*.

मल्लनाथ m. N. pr. eines Mannes Pischel, de Gr. pr. 27.

मल्लपुर n. N. pr. einer *Stadt*.

मल्लप्रकाश m. Titel eines Werkes.

मल्लप्रिय m. Bein. Kṛshṇa's Hariv. 10407.

मल्लभटीतूर्य n. = मल्लतूर्य Bâlar. 216,12.

मल्लभावन m. Bein. Kṛshṇa's Hariv. 10407.

*मल्लभू f. *Kampfplatz für Ringer*.

*मल्लभूमि f. 1) dass. — 2) N. pr. eines Landes.

*मल्लयात्रा f. *ein Aufzug von Ringern*.

मल्लयुद्ध n. *Faustkampf* VP. 5,20,18.

मल्लराज m. *Hauptringer* VP. 5,20,66.

मल्लराष्ट्र n. N. pr. eines *Reiches*.

मल्लव m. Pl. N. pr. eines Volkes. बल्लव v. l.

*मल्लवास्तु n. N. pr. einer Oertlichkeit

मल्लशिलायुद्ध n. *ein Kampf mit Steinen zwi-*

schen Ringern.

मल्लादर्श m. Titel eines Werkes.

मल्लादि m. Bein. Kṛshṇa's Hariv. 10407. मल्लारि v. l.

मल्लानकग्राम m. N. pr. eines *Dorfes.*

मल्लार 1) m. *ein best.* Râga S. S. S. 34. — 2) f. ई *eine best.* Râgiṇî S. S. S. 37. — 3) m. ई N. pr. eines Scholiasten, f. Titel seines Commentars.

मल्लारि m. Bein. 1) Kṛshṇa's Hariv. 2,121,19. मल्लादि v. l. — 2) Çiva's.

मल्लारिकवच n. Titel eines Kavaka Burnell, T.

मल्लारिका f. *eine best.* Râgiṇî S. S. S. 111.

मल्लारिप्रतिष्ठा f., मल्लारिमाहात्म्य n. und मल्लारिसहस्रनामन् n. Titel von Werken Burnell, T.

मल्लार्जुन m. N. pr. eines Fürsten.

मल्लार्यष्टक n. und मल्लार्यष्टोत्तरनामावली f. Titel von Werken Burnell, T.

मल्लासुर m. N. pr. eines Asura.

मल्लि 1) *m. N. pr eines Arhant's der Gaina. — 2) f. *मल्लि und मल्ली *Jasminum Sambac* Prasannar. 30,18.

*मल्लिक m. 1) *eine Art Gans mit dunkelgefärbten Beinen und eben solchem Schnabel* Râǵan. 19, 102. — 2) *Weberschiff.* — 3) *der Monat* Mâgha. — मल्लिका f. s. u. मल्लक.

मल्लिकपूर्व Adj. *das Wort* मल्लिक *vor sich habend.* °र्जुन = मल्लिकार्जुन.

मल्लिकाक्ष 1) Adj. Bez. einer Gattung von Pferden (*mit weissen Flecken an den Augen*) Râǵan. 19,36. R. 5,12,35. — 2) m. *eine Art Gans.*

मल्लिकाख्य Adj. als Beiw. von Hunden Varâh. Bṛh. S. 62,2. Richtig wohl मल्लिकाक्ष.

मल्लिकाख्य 1) m. *eine Art Gans.* — 2) *f. श्रा *eine Art Jasmin.*

*मल्लिकागन्ध n. *eine Art Agallochum* Râǵan. 12,97.

*मल्लिकाछद्द und *°छद्दन n. *Lampenschirm.*

मल्लिकापीड m. N. pr. eines Fürsten Prasannar. 11,16.

*मल्लिकापुष्प m. 1) *Citrus decumana.* — 2) *Wrightia antidysenterica* Râǵan. 9,52.

मल्लिकामारुत n. Titel eines Schauspiels Burnell, T.

मल्लिकामोद m. *ein best. Tact* S. S. S. 210.

मल्लिकार्जुन m. *eine Form Çiva's*; n. Name eines *ihm geweihten* Liṅga.

मल्लिकार्जुनशृङ्ग N. pr. einer Oertlichkeit.

*मल्लिगन्धि 1) Adj. *nach Jasminum Sambac riechend.* — 2) n. *eine Art Agallochum.*

मल्लिनाथ m. N. pr. eines Dichters und berühmten Scholiasten.

मल्लिनाथचरित्र n. Titel eines Werkes Bühler, Rep. No. 653.

*मल्लिनी f. *Gaertnera racemosa.*

*मल्लिपत्त्र n. *Pilz.*

मल्लिभूषणदेव m. N. pr. eines Mannes.

मल्लिषेणसूरि m. N. pr. eines Scholiasten Ind. St. 15,290.

मल्ली s. u. मल्लि.

*मल्लीकर m. *Dieb.*

*मल्लु m. *Bär.*

*मल्लूर wohl fehlerhaft Uǵǵval. zu Uṇâdis.

मल्व Adj. *unbesonnen, thöricht, läppisch.*

मल्हन Adj. (f. श्रा) *mit einer Wamme versehen.*

मल्हण m. N. pr. eines Dichters und eines andern Mannes.

मल्हणीय n. Titel eines Stotra Opp. Cat. 1.

मव्, मवति *binden* Bhaṭṭ. *मवित und *मूत (s. auch bes.) *gebunden.* Vgl. 1. मू. — *Intens. मम्मव्यते, मामव्यते, मामोति, मामवीति u. s. w.

*मवर *eine best. hohe Zahl* (buddh.).

*मव्य्, मव्यति *binden.*

*मश्, मशति (शब्दे रोषकृते च).

*मश m. 1) *Gesumme.* — 2) *Zorn.* — 3) *Mücke.*

मशक m. 1) *Stechfliege, Mücke.* — 2) *eine best. Hautkrankheit: schwärzliche, einer Bohne ähnliche Knoten.* — 3) *Schlauch.* — 4) N. pr. *a)* Pl. des von Kshatrija bewohnten Gebietes in Çâkadvîpa. — *b)* eines Lehrers.

मशककल्प m. Titel eines Werkes Burnell, T.

*मशककुटि und *°कुटी f. *ein Wedel* (?) *zum Verscheuchen der Mücken.*

मशकदम्भन Adj. (f. ई) *Mücken vertreibend.*

*मशकवरण *ein Wedel zum Verscheuchen der Mücken.*

*मशकहरी f. *ein Bettvorhang zum Schutz gegen Mücken.*

*मशकावती f. N. pr. einer Oertlichkeit oder eines Flusses.

*मशकिन् m. *Ficus glomerata.*

*मशच्छद्द m. *Andropogon serratus.*

मशशीर m. N. pr. eines Mannes.

*मशहरी f. = मशकहरी.

*मश्रुन m. *Hund.*

*मष्, मषति (हिंसायाम्).

मषम् Adv. mit कर् Caus. *pulverisiren.*

मषि (*m. f.) und मषी f. 1) *Pulver.* मषिं (Çâṅkh. Gṛhj. 1,24, v. l.) oder मषीं कर् *zu Pulver zerreiben* Vaǵrakkh. 44,14. — 2) मषि (*m. f.) und मषी f. *Schwärze aus gebrannten Knochen* u. s. w., *Beinschwarz*; mit Wasser vermischt als *Dinte* gebraucht. Auch als *Augenschminke* verwendet.

*मषिकूपी f. *Dintenfass.*

*मषिजल n. *Dinte.*

*मषिधान n. *Dintenfass.*

*मषिपण्य m. *Schreiber.*

*मषिपथ m. *Schreibstift.*

*मषिप्रसू f. 1) *Dintenfass.* — 2) *Schreibstift.*

*मषिमणि m. *Dintenfass.*

*मषिवर्धन n. *Myrrhe.*

मषी s. u. मषि.

मषीकूर्चक m. *ein mit Dinte angefeuchteter Pinsel* Viddh. 33,7.

*मषीजल n. *Dinte.*

*मषीधानी f. *Dintenfass.*

मषीपात्र n. dass. Hemâdri 1,548,14. 559,2.

मषीभाण्ड n. dass. Hemâdri 1,549,17. 557,17.

मषीभावुक Adj. *zu Beinschwarz —, pechschwarz werdend* Naish. 6,63.

मषीमय Adj. *aus Beinschwarz bestehend, pechschwarz* Naish. 9,63.

*मष्क्, मष्कते (गतौ).

मष्णार N. pr. eines Landstrichs.

मष्मषा Adv. mit कर् *zu Staub zerreiben, zermalmen.* Vgl. मस्मसा und मृस्मृसा.

1. *मस्, मस्यति (परिमाणे, परिणामे).

2. मस् = मास् in चन्द्रमस्.

*मस m. *Maass, Gewicht.*

मसक schlechte Schreibart für मशक.

*मसन n. 1) *das Messen.* — 2) *Leidzufügung.* — 3) *Vernonia anthelminthica.*

*मसमसा Adv. Vgl. मस्मसा.

*मसरा f. *Linsen.*

मसार und *°क m. *Sapphir* oder *Smaragd.*

मसारगल्वर्कमय Adj. *aus Sapphir* (*Smaragd*) *und Krystall bestehend.*

मसि 1) मसि (*m. f.) und मसी f. ungenaue Schreibart für मषि und मषी. — 2) *f. मसी *der Stil von Nyctanthes arbor tristis.*

*मसिक 1) m. *das Loch einer Schlange.* — 2) f. श्रा *Nyctanthes arbor tristis.*

*मसिन Adj. *fein zerstampft, — zermahlen.*

मसी s. u. मसि.

*मसीना f. *Linum usitatissimum.*

मसीर m. Pl. N. pr. eines Volkes MBh. 6,9,53. समीर v. l.

*मसुर 1) m. *Linsen.* — 2) f. श्रा *a)* dass. — *b) Hure.*

*मसुरकर्ण m. N. pr. eines Mannes.

*मसुरक्षित (!) m. N. pr. eines Fürsten.

मसूर 1) m. *a) Linsen.* — *b)* **Kopfkissen.* — 2) *f. मसूरा *a) Linsen.* — *b) Hure.* — 3) *f. मसूरी *a)*

Blattern. — b) *Ipomoea Turpethum.* — Vgl. गल्लमसूरी.

मसूरक 1) m. *Kopfkissen, eine Art K.* Harshaḱ. 184,18. — 2) f. °रिका a) *Ausschlag* oder *Blattern, einer Linse ähnlich.* — b) *ein Bettvorhang zum Schutz gegen Mücken.* — c) * *Kupplerin.* — 3) n. *ein best. Schmuck an* Indra's *Banner.*

*मसूरकर्ण m. N. pr. eines Mannes. Pl. *seine Nachkommen.*

मसूरविदल 1) wohl *eine gespaltene Linse.* — 2) *f. आ a) *Ipomoea Turpethum.* — b) *Ichnocarpus frutescens.*

मसूरसंघाराम m. N. pr. eines *buddhistischen Klosters* Eitel, Chin. B.

मसूराभ Adj. (f. आ) *linsenähnlich* Rāǵan. 20,8.

*मसूरि f. *Hämorrhoiden* Gal.

मसूस्य n. *eine Getraide-Art.*

मसृण 1) Adj. *weich, zart, glatt, sanft.* Nom. abstr. °त्व n. — 2) *f. आ *Linum usitatissimum.*

मसृणय्, °यति *weich —, glatt machen* Harshaḱ. 204,4. मसृणित Adj. *weich —, glatt gemacht.*

*मस्क्, मस्कते (गतौ).

*मस्कर m. *Bambus, hohles Bambusrohr.*

मस्करिन् m. 1) *Bettelmönch.* — 2) *der Mond.* — 3) N. pr. eines Mannes.

मस्करीय n. Titel eines Werkes Opp. Cat. 1.

मस्त (*n.) *Kopf.*

मस्तक m. n. 1) *Kopf, Schädel.* — 2) *Gipfel von Bergen, Bäumen, überh. der obere Theil eines Gegenstandes.* चुल्लीमस्तकमारोप्य so v. a. *auf den Heerd —, auf's Feuer stellend.* — 3) *die gipfelförmigen Blattknospen verschiedener Palmarten, Palmkohl.* — 4) *Kopf, Bez. einer best. Form, in der man sich* Çiva *denkt.*

मस्तकज्वर m. *Kopfschmerz.*

*मस्तकमूलक n. *Hals.*

*मस्तकलुङ्ग *Hirnhaut.*

मस्तकशूल n. *Kopfschmerz.*

*मस्तकस्नेह m. *Gehirn.*

*मस्तकाख्य m. *Baumgipfel.*

*मस्तकोद्भव n. *Gehirn* Rāǵan. 18,72.

मस्तदारु n. *Pinus Deodora* Bhāvapr. 1,185.

*मस्तमूलक n. *Hals.*

*मस्ति f. *das Messen, Wägen.*

*मस्तिक n. *Kopf.*

मस्तिष्क m. n. 1) *Gehirn* Rāǵan. 18,72. — 2) *ein auf das Gehirn wirkendes Mittel.*

मस्तिस्क fehlerhaft für मस्तिष्क.

मस्तु n. *saurer Rahm.* Auch andere Formen der *Milch* Rāǵan. 15,1. 5. Bhāvapr. 2,47.

मस्तुलुङ्ग und *°क m. n. *Gehirn.*

मस्मसा Adv. v. l. für मष्मषा.

मस्मा f. N. pr. zweier Fürstinnen.

1. मह्, *महति, महते, मह॑यति, °ते; मह॑त् s. bes. 1) Act. (selten Med.) a) *ergötzen, erfreuen.* — b) *munter machen, beleben, erregen.* — c) *verehren, feiern, hoch in Ehren halten.* महित *geehrt, gefeiert, verehrt, hoch in Ehren gehalten, — stehend bei* (Gen. oder im Comp. vorangehend); von Personen und Sachen. — 2) Med. a) *sich ergötzen, sich erfreuen an* (Instr. oder Acc.). मामहान॑ etwa *erregt, munter* (von kochender Flüssigkeit). — b) *hingeben, schenken* ṚV. 1,94,16. 117,17. 5.27,1. 7, 52,2. 8,1,32. 2,42. 12,6. 10,122,3. Stets in den reduplicirten Formen मामहे u. s. w. — Mit आ *ergötzt* — oder *gefeiert werden.* — Mit सम् 1) *freudig anregen, anfeuern.* — 2) *verherrlichen, feiern.*

2. मह॑ 1) Adj. (f. ebenso und मही॑) a) *gross, gewaltig, mächtig, reichlich.* — b) *alt, bejahrt.* — 2) f. मही॑ a) *die Erde.* Als Bez. der *Zahl Eins* Gaṇitā, Ḱandragr. 3. — b) *Erdboden.* Pl. Spr. 1509. — c) *Boden, Grund, Land.* — d) *Reich.* — e) *Erde als Stoff.* — f) *Basis eines Dreiecks oder einer anderen Figur.* — g) Du. *Himmel und Erde.* — h) *Raum.* — i) *Heerschaar.* — k) *Kuh.* — l) Pl. *Flüsse, Gewässer.* — m) * *Hingtscha repens.* — n) *ein best. Metrum.* — o) N. pr. α) einer Genie. — β) eines Flusses Hariv. 9509.

1. मह m. 1) *Feier, Fest.* — 2) *ein best.* Ekâha Çāñkh. Çr. 14,22,4. — 3) * *Opfer.*

2. मह॑ 1) Adj. *gross, reichlich.* — 2) *m. a) *Büffel.* — b) *Glanz, Licht.* — 3) *f. महा a) *Kuh.* — b) *Ichnocarpus frutescens.* — 3) n. Pl. *Grossthaten.*

महऋषि॑ m. = महर्षि 1).

*महक m. 1) *ein ausgezeichneter Mann.* — 2) *Schildkröte.* — 3) Bein. Vishṇu's. — 4) N. pr. eines Mannes; vgl. माहकि.

*महक्क m. *ein sich weit verbreitender Wohlgeruch.*

महंकाल (!) m. = महाकाल 1) α) Ind. St. 15, 286. 289. fg.

महच्छब्द m. *der Titel „Gross".*

महत् Adv. mit भू *gross —. voll werden* (vom Monde).

महता f. *Grösse.*

महत्कथ Adj. *von Grossen erwähnt, im Munde Grosser lebend.*

महत्काण्ड Bez. *eines Abschnitts der* AV.-Saṁhitâ.

महत्कुल n. *ein vornehmes Geschlecht* Paṅḱad.

महत्क्षेत्र Adj. *ein grosses Gebiet einnehmend.*

महत्तत्त्व n. *das Princip* Mahant, *der Intellect.*

महत्तर 1) Adj. a) *grösser, stärker, — als* (Abl.). — b) *überaus gross, — mächtig, — stark.* — 2) m. a) *Aeltester, der Angesehenste, Oberhaupt.* — b) * *Dorfältester.* — c) *Höfling, Kämmerling.* — d) N. pr. eines Sohnes des Kâçjapa (Kaçjapa). — 3) f. आ f. zu 2) a). — 4) f. ई *eine best. Form der buddhistischen Göttin* Târâ.

महत्तरक 1) m. = महत्तर 2) c). — 2) f. °रिका *Kammerjungfer, — frau* Kād. 74,3.

महत्ता f. 1) *Grösse.* — 2) *hohe Stellung.*

महत्त्व n. 1) *Grösse, grosser Umfang.* — 2) *Grösse, Stärke, Heftigkeit.* — 3) *hohe Stellung, hohes Ansehen.* — 4) *sittliche Grösse* 137,14. Spr. 7718.

महत्पति m. Bein. Vishṇu's Vishnus. 98,26.

महत्सेन m. N. pr. eines Fürsten.

महद Daçak. 3,1 nach Bühler Adj. *Grösse* (!) *verleihend.* Es ist wohl महदायुध zu verbinden.

महदभिख्य Adj *einen hochklingenden Namen führend* Daçak. 7,12.

महदायुध n. *eine grosse Waffe* Daçak. 3,1.

महदावास m. *eine grosse —, geräumige Wohnung.*

महदाशा f. *eine grosse Erwartung.*

महद्गुण Adj. *die Vorzüge grosser Männer besitzend.* Nom. abstr. °त्व n.

महद्गौरव n. *an den Tag gelegte grosse Hochachtung* Paṅḱad.

*महद्बिल n. *der Luftraum.* Vgl. महाबिल.

महद्भय n. *grosse Gefahr, — Noth.*

महद्भूताधिपति m. *ein best. Genius* Shaḍv. Br. 5,8.

महद्युमन् N. pr. eines Tîrtha, *nach Andern* Bez. *der Sonne.*

महद्वत् Adj. *mit dem Worte* महत् *verbunden.*

*महद्वारुणी f. *eine best. Pflanze.*

महद्व्यतिक्रम m. *ein grosses Vergehen.*

मह॑न् n. *Grösse, Reichlichkeit, Macht.* Nur Instr. Sg. und ein Mal Pl. Auch adverbial *mächtig, gewaltig; tüchtig.*

महन n. *das Preisen.*

महनीय Adj. *rühmenswerth, preiswürdig* MBh. 4,65,3.

मह॑त् 1) Adj. (stark महा॑न्त्, f. मह॑ती; im Epos häufig महत् st. महान्तम् und einmal महान्तम् st. महत् (vgl. jedoch 1. महान्त 1). Am Anfange eines Comp. nur ausnahmsweise, in der Regel महा. (महत्तर s. bes.) *magnus, gross.* a) *im Raume: gross, weit, lang* (Weg), *umfangreich, hoch, tief;* auch erwachsen. भूतानि *die groben Elemente*; उक्थ n. *ein best.* Uktha *von 720 Versen*; श्रौकथ्य n. *ein best.* Sâman. — *b*) in der Zeit: *lang, weit vorgerückt.* महत्यपराह्णे so v. a. *ganz spät am Nachmittage.* — *c*) der Menge nach: *zahlreich, viel, reichlich.* जन m. Sg. *eine Menge von Menschen.* Mit einem Instr. oder am Ende eines Comp. *reich an.* — *d*) dem Grade nach: *bedeutend, mächtig, vielsagend, bedeutsam, wichtig, werthvoll, heftig, intensiv, dicht* (Finsterniss), *laut* (Ton). महतो महान् *lauter als laut*; आत्मन् m. *die grosse Seele,* so v. a. *der Intellect*; महती द्वादशी *der 12te Tag in der lichten Hälfte des* Bhâdrapada. — *e*) der Stellung nach von Personen: *gross, hoch, vornehm, mächtig, edel.* महत्तम *überaus hochstehend.* — 2) m. *a*) *ein grosser, hochstehender, edler Mann.* महत्तम *ein überaus hochstehender Mann.* — *b*) *Vorsteher eines Klosters.* — *c*) * *Kamel* Râǵan. 19,21. — *d*) Bez. Rudra's. — *e*) N. pr. α) eines Rudra. — β) eines Dânava. — γ) (sc. गण) *einer best. Klasse von Manen.* — δ) zweier Fürsten VP.^{2} 4,130.143. — 3) m. n. (seltener) *der Intellect.* — 4) f. महती *a*) * *die Eierpflanze* Râǵan. 4,23. Bhâvapr. 1,198. — *b*) Nârada's *siebensaitige Laute.* — 5) n. *a*) *ein grosses Ding, Grösse* (concret). — *b*) *etwas Grosses, Bedeutendes.* — *c*) *Grösse, Macht.* — *d*) *der grosse —, der grössere Theil* Âpast. Çr. 6,10,2. महति रात्रिये und महति रात्र्यै so v. a. *noch mitten in der Nacht.* — *e*) *die heilige Weisheit.*

महत्त m. *Vorsteher eines Klosters.*

महम्मदइदल m. N. pr. = محمّد عديل.

महम्मद m. N. pr. = محمّد.

(महयाय्य) महयायित्र n. *Ergötzung, Lustigkeit.*

महये Dat. Infin. zu 1. मह् *zur Freude, zum Ergötzen* ṚV. 10,65,3.

महय्य Adj. *zu ergötzen, zu erfreuen.*

महर् (Indecl.), महर्जगत् (Nâdab. Up. 3) und महर्लोक m. *die vierte von den sieben aufsteigenden Welten.*

महर्जगत् s. u. महर्.

महर्त्विक्त्व n. Nom. abstr. von महर्त्विज् TBr. 3,8,3,4.

महर्त्विज् und महर्त्विज् m. Bez. *der vier Hauptpriester*: Adhvarju, Brahman, Hotar und Udgâtar.

महर्द्धि Adj. 1) *sehr reich.* — 2) *sehr mächtig* R. 1,31,6. Kathâs. 34,136. — 3) *sehr weise* Râǵat. 5,33.

महर्द्धिक Adj. 1) *sehr reich* Kampaka 167. — 2) *mit grosser übernatürlicher Kraft versehen* Kâraṇḍ. 10,15.

महर्द्धिन् Adj. *sehr reich.*

महर्द्धिप्राप्त m. N. pr. eines Fürsten der Garuḍa.

महर्द्धिमत् 1) Adj. *grossen Segen bringend.* — 2) m. *ein grosser Weiser* J. R. A. S. 1870, S. 441.

महर्लोक s. u. महर्.

महर्षभ m. *ein grosser Stier.*

महर्षि m. 1) *ein grosser* Ṛshi. — 2) Bein. *a*) Çiva's. — *b*) *Buddha's. — 3) N. pr. eines Mannes.

*महल्ल m. *ein Eunuch im Harem eines Fürsten.*

महल्लक 1) Adj. (f. °ल्लिका) *hinfällig,* von lebenden Wesen (Lalit. 114,21. Kâraṇḍ. 48,12) und Sachen. — 2) *m. *a*) = महल्ल. — *b*) *ein grosses Haus.* — 3) f. °ल्लिका N. pr. einer Tochter Prahlâda's.

*महल्लिक m. = महल्ल.

महवीर्य (!) m. N. pr. eines Lehrers.

1. महस् n. 1) *Lust, Ergötzen.* — 2) *Feier, Fest.* — 3) *Festgesang, die bei der Feier eines Gottes gesprochenen Worte.* — 4) * *Opfer.*

2. महस् Adv. *gern, freudig; lustig, munter; rasch.*

3. महस् n. 1) *Grösse, Macht, Herrlichkeit*; auch Pl. महोभिस् Instr. *mächtig, gewaltig.* — 2) *Licht, Glanz* (Bâlar. 41,10. Prasannar. 147,20); *Machtglanz.* Auch Pl. — 3) *Menge, Fülle, Ueberfluss.* — 4) * *Wasser.* — 5) Name eines Sâman Ârsh. Br.

*महस n. 1) *Kenntniss, Wissen.* — 2) *Art, Weise.*

महसेन m. N. pr. eines Fürsten Prij. 32,15.

*महसेननरेश्वर m. N. pr. eines Mannes.

महसेण m. desgl.

महस्त्व n. Nom. abstr. zu 3. महस् 2).

1. महस्वत् Adj. *ergötzlich, erfreuend.*

2. महस्वत् 1) Adj. *gross, mächtig* oder *glanzvoll.* — 2) m. N. pr. eines Fürsten.

महस्विन् Adj. *strahlend, glänzend.*

महा Adj. *gross.* Selbstständig nur im Acc. महाम्. Am Anfange eines Comp. erscheint sowohl in der älteren, als auch in der späteren Sprache, mit einigen wenigen Ausnahmen, महा und nicht महत्, wenn das Compositum als die Verbindung eines Adj. mit seinem Subst. oder eines Adv. (*sehr, in hohem Grade*) mit seinem Adj. aufzufassen ist.

*महाकङ्कर *eine best. hohe Zahl* (buddh.).

1. महाकच्छ m. *eine hohe Cedrena Toona* MBh. 1,70,21.

2. *महाकच्छ m. 1) *das Meer.* — 2) *der Gott des Meeres,* Varuṇa. — 3) *Berg.*

*महाकण्टकिनी f. *Cactus indicus.*

महाकथकचक्र n. *ein best. magisches Diagramm.*

*महाकन्द m. *Knoblauch, Rettig* und *andere Knollengewächse* Râǵan. 7,17.51.58.59.67.

महाकन्य m. N. pr. eines Mannes. Pl. *seine Nachkommen.*

महाकपाल m. N. pr. 1) eines Râkshasa. — 2) *eines Wesens im Gefolge Çiva's.

महाकपि m. N. pr. 1) eines Fürsten. — 2) *eines Wesens im Gefolge Çiva's. — 3) *einer der 34 Incarnationen Buddha's.

*महाकपित्थ m. *Aegle Marmelos.*

महाकपिलपञ्चरात्र n. Titel eines Werkes.

महाकपोत m. *eine best. Schlangenart.*

*महाकपोल m. N. pr. eines Wesens im Gefolge Çiva's.

महाकम्बु Adj. *starknackig* (Çiva).

महाकर m. N. pr. eines Buddha.

*महाकरञ्ज m. *Galedupa piscidia* Râǵan. 9,67. Bhâvapr. 1,206.

*महाकरभ *eine best. hohe Zahl* (buddh.).

महाकरम्भ m. *eine best. Giftpflanze.*

महाकरुण 1) Adj. *überaus mitleidig.* Nom. abstr. °ता f. — 2) f. आ *allgemeines Mitleidsgefühl* Lalit. 217,13.

महाकरुणापुण्डरीक n. Titel eines buddh. Sûtra.

महाकरुणाचन्द्रि m. N. pr. eines Bodhisattva.

*महाकर्कारु m. *eine best. Pflanze.*

महाकर्ण 1) Adj. *grossohrig* (Çiva). — 2) m. N. pr. eines Schlangendämons. — 3) f. ई N. pr. einer der Mütter im Gefolge Skanda's.

महाकर्णि m. N. pr. eines Mannes.

*महाकर्णिकार m. *Cathartocarpus* (*Cassia*) *fistula* Râǵan. 9,46.

1. महाकर्मन् n. *ein grosses Werk.*

2. महाकर्मन् Adj. *grosse Werke vollbringend* (Çiva).

महाकला f. *Neumondsnacht.*

महाकलाप m. Pl. *eine best. Schule.* Vgl. महाकालाप.

महाकल्प m. 1) *eine grosse Weltperiode.* — 2) Beiw. Çiva's. = दिव्यभूषण Adj. Comm.

महाकल्याण n. *eine best. Mixtur.*

महाकल्याणक Adj. *überaus trefflich.* घृत n. Suçr. 2,419,16. गुड m. Bhâvapr. 3,161.

महाकवि m. 1) *ein grosser, — klassischer Dichter.* — 2) Bein. Çukra's.

महाकात्यायन m. N. pr. eines Schülers Çâkjamuni's.

*महाकान्त 1) m. Bein. Çiva's. — 2) f. आ *die Erde.*

महाकापोल m. Pl. *eine best. Schule des* Sâmaveda Ârjav. 47,10.

महाकाय 1) Adj. *grossleibig, von grossem Um-*

fange (Baum R. 4,18,11. 6,17,28). Nom. abstr. °त्व n. — 2) m. *a*) **Elephant*. — *b*) N. pr. α) eines Wesens im Gefolge Çiva's. — β) eines Fürsten der Garuḍa. — 3) f. आ N. pr. einer der Mütter im Gefolge Skanda's.

महाकायशिरोधर Adj. *grossen Leibes und starken Nackens.*

महाकायिक m. Bein. Vishṇu's Vishṇus. 98,39.

महाकार Adj. *gross, umfangreich.*

महाकारण n. *prima causa* Ind. St. 9,141.

महाकारुणिक Adj. *überaus mitleidig* Lalit. 217,1.

महाकार्तयश n. Name eines Sâman Ârsh. Br.

महाकार्त्तिकी f. *die Vollmondsnacht im Monat* Kârttika, *wenn der Mond im Mondhause* Rohiṇî *steht*, Hemâdri 1,65,22.

महाकाल 1) m. *a*) *eine Form* Çiva's *und ein dieser Form des Gottes geweihtes Heiligthum*, insbes. *ein* Liñga (n.) *in* Uǵǵajinî. — *b*) Beiw. Vishṇu's. — *c*) = विष्णुत्रपाखण्डखण्डायमानसमयः (?). — *d*) *eine Gurkenart, Trichosanthes palmata* Mat. med. 308. — *e*) **einer der 9 Schätze bei den* Ǵaina. — *f*) N. pr. α) eines Wesens im Gefolge Çiva's. Nom. abstr. °त्व n. — β) eines Lehrers. — γ) eines fabelhaften Berges Kâraṇḍ. 91,13. — 2) f. ई *a*) *eine Form der* Durgâ. — *b*) N. pr. α) eines Wesens im Gefolge der Durgâ. — β) *einer der 16 Vidjâdevî bei den Ǵaina. — γ) *einer Göttin, welche die Befehle des 5ten Arhant's der gegenwärtigen Avasarpiṇî ausführt. — 3) n. s. u. 1) *a*).

महाकालकवच n. *ein best. Zauberspruch* Burnell, T.

महाकालतन्त्र n. Titel eines Werkes.

महाकालपुर n. Bein. von Uǵǵajinî.

महाकालमत n. Titel eines Werkes.

महाकालवेय m. Pl. *eine best. Schule.*

महाकालसंहिता f. Titel eines Werkes.

महाकालेत m. Pl. *eine best. Schule.*

महाकालेय n. Name eines Sâman.

महाकालेश्वर n. Name eines Liñga in Uǵǵajinî.

महाकालेप m. Pl. *eine best. Schule.*

महाकाव्य n. *ein grosses —, klassisches Dichtwerk.*

महाकाश m. N. pr. eines Varsha.

महाकाशी f. N. pr. der Schutzgöttin der Matañgaǵa.

महाकाश्यप m. N. pr. eines Schülers Çâkjamuni's.

महाकीटपर्वत m. N. pr. eines *Berges.*

महाकीर्ति Adj. *hochberühmt* R. 5,30,2.

महाकुण्ड m. N. pr. 1) *eines Wesens im Gefolge Çiva's. — 2) eines Mannes Ind. St. 14,137.

महाकुमार m. *Erbprinz.*

*महाकुमुदा f. *Gmelina arborea.*

महाकुम्भी f. *eine best. Pflanze.*

1. महाकुल n. *ein vornehmes, edles Geschlecht.* °लोत्पन्न Adj. 132,16.

2. महाकुल Adj. *aus vornehmem, edlem Geschlecht.*

महाकुलीन Adj. (f. आ) dass. Nom. abstr. °ता f.

*महाकुश m. N. pr. eines Ḱakravartin.

महाकुष्ठ n. Bez. *bestimmter Formen des Aussatzes.*

*महाकुसुमिका f. *Gmelina arborea* Bhâvapr. 1,196.

महाकुह m. *ein best. parasitischer Wurm* Bhâvapr. 4,38. Ḱaraka 1,19. 3,7. Vgl. महागुह.

महाकूप m. *ein tiefer Brunnen.*

महाकूर्म m. N. pr. eines Fürsten.

1. महाकूल Adj. (f. आ) *hohe Ufer habend.*

2.*महाकूल (!) Adj. = 2. महाकुल.

महाकृच्छ्र n. *grosse Kasteiung*, als Bein. Vishṇu's.

महाकृत्यापरिमल m. *ein best. Zauberspruch.*

महाकृष्ण m. *eine best. Schlangenart.*

महाकेतु Adj. *ein grosses Banner habend* (Çiva).

महाकेश Adj. *starkes Haar habend* (Çiva).

1. महाकोश m. *eine grosse Degenscheide* R. 3,18,39.

2. महाकोश 1) Adj. *starkhodig* (Çiva). — 2) f. ई N. pr. *a*) der Schutzgöttin der Matañgaǵa. — *b*) eines Flusses.

*महाकोशातकी f. *eine best. Cucurbitacee* Râǵan. 7,171. Bhâvapr. 1,287.

महाकौषीतक n. Titel eines vedischen Textes.

महाकौषीतकि m. N. pr. eines Lehrers. °ब्राह्मण n. Weber, Lit.

महाकौष्ठिल und °कौष्ठिल्य m. N. pr. eines Schülers Çâkjamuni's.

महाक्रतु m. *ein grosses Opfer.*

*महाक्रम m. Bein. Vishṇu's.

महाक्रूरा f. N. pr. einer Joginî Hemâdri 2,*a*,96,6. 8.

महाक्रोध Adj. *sehr zum Zorn geneigt* 57,24.

*महाक्ष Adj. *grossäugig* (Çiva).

महाक्षत्रप m. *Grosssatrap.*

महाक्षपटलिक m. *Oberarchivar* Bâlar. 255,12.

*महाक्षार m. *eine Art Natrum* Râǵan. 6,260.

*महाक्षीर 1) m. *Zuckerrohr.* — 2) f. आ *Büffelkuh* Râǵan. 19,23.

*महाक्षोभ्य *eine best. hohe Zahl* (buddh.).

महाक्षौहिणी f. desgl. (*Eins mit 21 Nullen*) Cantor 1,517.

महाखण्डन m. Titel eines Glossars.

महाखल्लव oder महाखल्वल m. Pl. *eine best. Schule.*

महाखात n. *ein tiefer Graben* Harshaḱ. 175,20.

महाख्यात Adj. *sehr berühmt.*

महागङ्गा f. N. pr. eines Flusses.

महागज m. *ein mächtiger Elephant*; auch Bez. *eines die Erde tragenden Elephanten.* °लक्षण n. Titel eines Werkes Opp. Cat. 1.

महागण m. *eine grosse Schaar, ein grosser Haufe, eine grosse Körperschaft.*

महागणपति m. Bez. Gaṇeça's und *einer Form* Gaṇeça's.

महागणपतिविद्या f. Titel eines Werkes Bühler, Rep. No. 77.

महागणेश m. Bez. Gaṇeça's.

*महागति *eine best. hohe Zahl* (buddh.).

1. महागद m. *ein grosses Antidoton, eine best. Mixtur* 217,10.

2. महागद m. 1) *eine schwere Krankheit* Ḱaraka 6,17. — 2) **Fieber* Râǵan. 20,14. — 3) *eine best. Krankheit* Ḱaraka 1,19. 6,15.

3. महागद Adj. *mit einer grossen Keule bewaffnet.*

महागन्ध 1) Adj. (f. आ) *stark riechend, überaus wohlriechend.* — 2) *m. *a*) *Calamus Rotang.* — *b*) *Wrightia antidysenterica* Râǵan. 9,53. — 3) *f. आ *a*) *Uraria lagopodioides* Râǵan. 4,106. — *b*) *eine best. Blume* Râǵan. 10,118. — 4) *n. *a*) *eine Art Sandel* Râǵan. 12,25. — *b*) *Myrrhe* Râǵan. 6,117.

महागन्धहस्तिन् m. *ein best. stark wirkendes Antidoton* Ḱaraka 8,21.

महागय Adj. *einen grossen Hausstand habend.*

महागर्त m. Bein. Çiva's.

महागर्भ 1) Adj. *einen grossen Mutterleib habend* oder m. *ein grosser Mutterleib* (Çiva). — 2) m. N. pr. eines Dânava Hariv. 3,71,7.

महागल Adj. *einen langen oder dicken Hals habend.*

*महागव m. *Bos Gavaeus* Râǵan. 19,28.

महागिरि m. 1) *ein grosser Berg.* — 2) m. N. pr. *a*) eines Dânava. — *b*) eines Sthavira bei den Ǵaina Hem. Par. 10,36. 11,1.

महागीत Adj. *ein grosser Sänger* (Çiva).

1. महागुण m. *Haupttugend.*

2. महागुण 1) Adj. *grosse Vorzüge besitzend, ausgezeichnet, sehr verdienstlich* (170,26), *sehr wirksam.* Nom. abstr. °त्व n. *Besitz kräftiger Eigenschaften.* — 2) *m. N. pr. eines Lehrers.

महागुरु m. *eine überaus ehrwürdige Person.*

*महागुल्मा f. *die* Soma-*Pflanze* Râǵan. 3,87.

महागृध्र 1) m. *eine Gattung parasitischer Würmer.* Vgl. महाकुष्ठ. — 2) *f. आ *Hemionitis cordifolia* Râǵan. 4,37.

*महागृष्टि f. *eine ausgewachsene Kuh.*

महागृह n. *ein grosses Haus* Mṛkkh. 51,21.

महागोधूम m. *grobkörniger Weizen* Bhâvapr. 1,271.

महागौरी f. 1) *eine der neun Formen der* Durgâ. — 2) N. pr. eines Flusses.

महागौरीवित n. Name eines Sâman Ârsh. Br.

महाग्नि m., °चयन n., °चयनकारिका f., °चयनव्याख्या f., °चयनसूत्र n. und °सर्वस्व n. (Burnell, T.) Titel von Werken Opp. Cat. 1.

महाग्रन्थिक Adj. *grosse Knoten bildend.*

महाग्रह m. Bein. 1) Râhu's. — 2) *des Planeten Saturn.*

महाग्राम m. 1) *eine grosse Schaar.* — 2) *ein grosses Dorf.* — 3) *N. pr. der alten Hauptstadt von Ceylon.

महाग्राह m. *ein grosser Haifisch* MBh. 12,28,44.

महाग्रीव 1) Adj. *langhalsig* (Çiva). — 2) m. a) **Kamel.* — b) N. pr. α) eines Wesens im Gefolge Çiva's. — β) Pl. eines Volkes.

*महाग्रीविन् m. *Kamel.*

महाघट m. *ein grosser Krug.*

महाघण्टाधर Adj. (f. आ) *mit einer grossen Glocke versehen* (Schiff) R. ed. Bomb. 2,89,11.

*महाघस m. N. pr. eines Wesens im Gefolge Çiva's.

*महाघास m. = महतो महत्या वा घासः

*महाघूर्णा f. *Branntwein.*

महाघृत n. *sehr lange aufbewahrtes Ghee.*

महाघोर 1) Adj. *überaus grausig.* — 2) *m. *eine best. Hölle.*

1.*महाघोष 1) m. *ein lautes Geräusch.* — 2) f. आ a) *Boswellia thurifera,* = कर्कटशृङ्गी (*eine Art Galläpfel* Râǵan. 6,157) und = शृङ्गी.

2. महाघोष 1) Adj. (f. आ) *laut schallend* 84,7. — 2) *n. *Markt.*

*महाघोषस्वरराज m. N. pr. eines Bodhisattva.

*महाघोषानुगा f. N. pr. einer Tantra-Gottheit.

*महाघोषेश्वर m. N. pr. eines Fürsten der Jaksha.

महाङ्ग 1) Adj. *einen grossen Körper* —, *grosse Glieder habend* (Çiva). — 2) *m. a) *Kamel* Râǵan. 19,21. — b) *eine Art Ratte* Râǵan. 19,58. — c) *Asteracantha longifolia* Râǵan. 4,40. — d) *Plumbago zeylanica* Râǵan. 6,47.

1. महाचक्र n. *ein grosses Rad, ein grosser Discus.*

2. महाचक्र m. N. pr. eines Dânava. v. l. महावक्त्र.

*महाचक्रप्रवेशज्ञानमुद्रा f. *eine best.* Mudrâ (buddh.).

महाचक्रवर्तिन् m. *Grosskaiser.* Nom. abstr. °र्तिता f.

महाचक्रवाड (Kâraṇḍ. 91,12 darnach zu verbessern) und °वाल m. N. pr. eines mythischen Gebirges.

*महाचञ्चु f. *eine best. Gemüsepflanze* Râǵan. 4,148.

*महाचण्ड 1) m. N. pr. a) eines der zwei Diener Jama's. — b) eines Wesens im Gefolge Çiva's. — 2) f. आ Bein. der Kâmuṇḍâ.

महाचतुरक m. N. pr. eines Schakals.

महाचपला f. *ein best. Metrum.*

*महाचमस m. N. pr. eines Mannes.

*महाचम्पा f. N. pr. eines Reiches.

महाचर्या f. *der Wandel eines* Bodhisattva.

महाचल m. *ein grosser Berg.*

महाचार्य m. *ein grosser Lehrer* (Çiva).

महाचित् f. *grosser Intellect.* Nom. abstr. °चित्त्व n.

*महाचित्त 1) gaṇa सुतंगमादि. — 2) f. आ N. pr. einer Apsaras.

*महाचित्रपटल *eine best. Pflanze.*

महाचीन m., *Gross-China;* Pl. *die Bewohner dieses Landes.*

*महाचुन्द m. N. pr. eines buddh. Bettlers.

महाचूडा f. N. pr. einer der Mütter im Gefolge Skanda's.

*महाचूत m. *eine Mango-Art* Râǵan. 11,18.

महाचैतन्य Adj. *der grosse Intellect seiend* Ind. St. 9,132.

*महाच्छद m. *Lipeocercis serrata.*

*महाच्छाय m. *der indische Feigenbaum* Râǵan. 11,118.

*महाछिद्रा f. *eine best. Heilpflanze.*

1. महाज m. *ein grosser Bock.*

2.*महाज Adj. *hochgeboren, edel.*

*महाजङ्घ m. *Kamel* Râǵan. 19,21.

महाजट 1) Adj. *grosse Flechten tragend* (Çiva). — 2) *f. आ *eine best. Pflanze* Râǵan. 3,68.

महाजत्रु Adj. *ein grosses Schlüsselbein habend* (Çiva).

1. महाजन m. Sg. (Pl. ausnahmsweise) 1) *Menschenmenge, viele Menschen, die grosse Menge, das Volk.* — 2) *ein grosser* —, *bedeutender Mann, grosse* —, *edle Männer* Naish. 9,13. — 3) *Kaufmann* (?).

2. महाजन Adj. *von vielen Menschen besetzt* (Haus) MBh. 4,14,10.

*महाजनीय Adj. von 1. महाजन.

*महाजम्बु und *°जम्बू f. *eine best. Pflanze* Râǵan. 11,26. Bhâvapr. 1,243.

*महाजम्भ m. N. pr. eines Wesens im Gefolge Çiva's.

महाजय 1) m. N. pr. eines Schlangendämons. — 2) *f. आ Bein. der Durgâ.

महाजव 1) Adj. (f. आ) *überaus rasch, schnell laufend* (54,19) — *fliegend* (Pfeil), — *fliessend* (Fluss R. 3,11,2). — 2) *m. *Antilope* Râǵan. 19,47. — 3) f. आ N. pr. einer der Mütter im Gefolge Skanda's.

*महाजाति f. *Gaertnera racemosa* Râǵan. 10,91.

*महाजातीय Adj. *ziemlich gross.*

महाजानु m. N. pr. 1) eines Brahmanen. — 2) *eines Wesens im Gefolge Çiva's.

*महाजाबाल m. N. pr. eines Mannes.

महाजालिनि (metrisch für °नी f. *eine best. Pflanze* Karaka 7,4.

*महाजाली f. 1) *eine gelb blühende* Ghoshâ. — 2) *eine roth blühende* Koçâtakî. — 3) *eine best. Schlingpflanze* Râǵan. 3,123.

महाजिह्व 1) Adj. *langzüngig* (Çiva). — 2) m. N. pr. eines Daitja.

*महाज्ञानगीता f. N. pr. einer Tantra-Gottheit.

महाज्ञानयुता f. Bein. der Göttin Manasâ.

महाज्ञानिन् 1) Adj. *vielwissend* (Çiva). — 2) m. *ein grosser Wahrsager.*

महाज्यैष्ठी f. Bez. *einer mit bestimmten Himmelserscheinungen zusammenfallenden Vollmondsnacht im Monat* Ǵjaishṭha.

*महाज्योतिष्मती f. *eine best. Pflanze.*

महाज्योतिस् Adj. *einen grossen Glanz habend* (Çiva).

महाज्वर m. *grosse Betrübniss* Kathâs. 18,120.

महाज्वराङ्कुश m. *eine best. Mixtur gegen Fieber* Bhâvapr. 3,33. Rasendrak. 80.

महाज्वाल 1) Adj. *stark lodernd* (Çiva). — 2) m. *eine best. Hölle.*

महाञ्जन m. N. pr. eines Berges.

महाञ्जि Adj. *breitgefleckt.*

महाटव m. Pl. N. pr. eines Volkes.

महाटवी f. *ein grosser Wald.*

महाडकर m. Bein. eines Gaṅgâdhara.

महाडीन n. *ein best. Flug* MBh. 8,41,27.

महाढ्य 1) Adj. *sehr reich.* — 2) *m. *Nauclea Cadamba.*

महाणामी (!) f. *Buhlerin.* Vgl. महानाम्नी.

महातत्त्व n. *der Intellect.*

महातत्त्वा f. N. pr. eines Wesens im Gefolge der Durgâ.

महातन्त्र n. Titel eines Çaiva-Werkes.

महातप (metrisch) Adj. = महातपस् 1) *b)* Hariv. 14534.

महातपन m. *eine best. Hölle* Eitel, Chin. B.

महातपस् 1) Adj. *a) sehr betrübt* 61,12. — *b) strenge Askese übend.* — 2) m. *a)* *Bein. Vishṇu's. — *b)* N. pr. eines Muni.

महातपस्विन् Adj. *schwer vom Schicksal heimgesucht* 39,8.

महातपःसप्तमी f. *ein best. 7ter Tag.*

*महातमःप्रभा f. *eine best. Hölle.*

महातमस् n. *grosse Finsterniss*, Bez. *eines der fünf Grade der* Avidjâ.

*महातरु m. *Tithymalus antiquorum.*

महातल n. *eine best. Hölle.*

महातापश्चित n. *ein best.* Sattra.

*महातारा f. N. pr. einer buddhistischen Gottheit.

*महाताली f. *eine best. Schlingpflanze.* Richtig °जाली.

महातालेश्वर m. *eine best. Mixtur* Mat. med. 43.

महातिक्त 1) Adj. *überaus bitter.* सर्पिस् n. *eine best. Mixtur* Karaka 6,11. — 2) *m. *Melia sempervirens* Râgan. 9,11. — 3) *f. आ *a) Clypea hernandifolia.* — *b)* = यवतिक्ता.

महातिक्तक Adj. *überaus bitter;* in Verbindung mit सर्पिस् n. *eine best. Mixtur.*

*महातिटिम *eine best. hohe Zahl* (buddh.).

महातिथि f. *der sechste lunare Tag.*

*महातीक्ष्णा f. *Tintenbaum.*

महातुषित m. Bein. Vishṇu's Vishṇus. 98,48. MBh. 12,338, No. 48.

*महातुष्टिज्ञानमुद्रा f. *eine best.* Mudrâ (buddh.).

महातेज (metrisch) Adj. = महातेजस् 1).

महातेजस् 1) Adj. *viel Feuer —, viel Glanz —, viel Würde besitzend;* von Göttern und Menschen. — 2) m. *a)* *Feuer.* — *b)* Bein. Skanda's. — *c)* N. pr. α) eines Fürsten der Garuḍa. — β) eines Kriegers. — 3) *n. *Quecksilber* Râgan. 13,107.

महातेजोगर्भ m. *ein best.* Samâdhi.

महातैल n. *kostbares Oel* oder Bez. *eines best. Oels.*

महातोद्य n. *eine grosse Trommel.*

1. महात्मन् m. 1) *die Weltseele.* — 2) *der Intellect.*

2. महात्मन् 1) Adj. *a) eine edle Natur habend, edel, hochherzig.* — *b) hochbegabt, überaus klug.* — *c) hochstehend, mächtig, gewaltig, vornehm* (Geschlecht). — 2) m. *a)* (sc. गण) *eine best. Klasse von Manen.* — *b)* N. pr. eines Sohnes des Dhîmant VP.[2] 2,107.

महात्मवन्त् Adj. *hochbegabt, überaus klug.*

महात्म्य n. fehlerhaft für माहात्म्य.

1. महात्यय m. *grosses Leid.*

2. महात्यय Adj. *grosses Leid verursachend.* Als Beiw. von ज्वर m. Suçr. 2,409,14 nach Bhâvapr. 3,27 = महाकष्ट, गम्भीर oder चातुर्थिक.

महात्ययिक Adj. *mit grosser unmittelbarer Gefahr verbunden* Karaka 6,11.

1. महात्याग m. *grosse Freigebigkeit.*

2. महात्याग 1) Adj. *überaus freigebig.* °चित्त Adj. *überaus freigebig gesinnt* Lalit. 217,12. — 2) *m. N. pr. eines Mannes.

महात्यागमय Adj. *in grosser Freigebigkeit bestehend.*

महात्यागिन् Adj. *überaus freigebig* (Çiva).

महात्रिककुद् und °ककुभ् m. *ein best.* Stoma.

महात्रिपुरसुन्दरीकवच n. *ein best. Zauberspruch.*

महात्रिपुरसुन्दरीतापनीयोपनिषद् und °सुन्दर्युत्तरतापनी f. Titel zweier Upanishad Opp. Cat. 1.

महादंष्ट्र 1) Adj. *grosse Spitzzähne habend.* — 2) m. N. pr. *a)* eines Vidjâdhara. — *b)* eines Mannes.

1. महादण्ड m. 1) *ein grosser Stab* oder *ein langer Arm.* — 2) *eine grosse Strafe.*

2. महादण्ड 1) Adj. *einen langen Stab tragend.* — 2) m. N. pr. eines Schergen Jama's.

महादण्डधर Adj. (f. आ) *mit einem grossen Mast versehen* (Schiff) R. Gorr. 2,97,17.

1. *महादन्त m. *Fangzahn eines Elephanten.*

2. महादन्त Adj. *grosse Zähne habend* Suparn. 13,2.

महादमत्र m. N. pr. eines Lehrers.

महादम्भ Adj. *grossen Betrug übend* (Çiva).

महादरिद्र Adj. *überaus arm.*

1. महादान n. Bez. *bestimmter werthvoller Gaben.*

2. महादान Adj. *von grossen Gaben* (*Opfergeschenken*) *begleitet.*

महादानपति m. *ein überaus freigebiger Mann* Lalit. 217,9.

महादानपद्धति f. (Burnell, T.) und °दानानुक्रमणिका f. (Opp. Cat. 1) Titel von Werken.

महादारु n. *Pinus Deodora.*

*महादिकटभी f. *eine Achyranthes-Art.* v. l. महालिकटभी.

महादिवाकीर्त्य n. Name eines Sâman.

महादिश् f. *eine Hauptweltgegend* (*Osten, Süden, Westen, Norden*) Comm. zu Âpast. Çr. 8,13,3.

महादुःख n. *ein grosses Leid* 175,8.

*महादुन्दु m. *eine grosse Kriegstrommel.*

महादुर्ग n. *eine grosse Widerwärtigkeit*, — *Gefahr.*

*महादूत Titel eines buddh. Sûtra.

महादूषक m. *eine Getraideart.*

महादृति m. *ein grosser Schlauch*, — *Balg.*

महादेव 1) m. *a) der grosse Gott*, insbes. Bez. *eines zu dem Kreise des* Rudra *gehörigen Gottes* und *des* Rudra (Çiva) *selbst.* Maitr. S. 2,9,1. Mân. Gṛhj. 2,14. Auch *eine der 8 Formen* Rudra's oder Çiva's. — *b)* Bein. Vishṇu's. — *c)* N. pr. α) verschiedener Männer. Auch दीक्षित°, द्विवेदि°, °पण्डित, °भट्ट, °भट्टदिनकर, °वादीन्द्र, °सर्वज्ञवादीन्द्र und °सरस्वती. — β) eines Berges. — 2) f. महादेवा f. N. pr. einer Tochter Devaka's VP.[2] 4,98. Richtig सहदेवा. — 3) f. महादेवी *a)* Bein. α) der Pârvatî. — β) der Lakshmî. — *b)* Name der Dâkshâjaṇî in Çâlagrâma. — *c) die erste Gemahlin eines Fürsten.* — *d)* **Koloquinthe* Râgan. 7,112. — *e)* N. pr. verschiedener Frauen. — 4) n. Titel eines Tantra Ârjav. 160,17.

महादेवकृत्या f. *eine gegen Çiva verübte Uebelthat* 39,10.

महादेवगिरि m. N. pr. eines *Berges.*

महादेवगृह n. *ein Çiva-Tempel.*

महादेवत्व n. Nom. abstr. zu महादेव 1) *a).*

*महादेवपुर n. N. pr. einer *Stadt.*

*महादेवमणि m. *eine best. Heilpflanze.*

महादेवस्तोत्र n. Titel eines Stotra Burnell, T.

महादेवहृत Adj. *von* Rudra *getödtet* Âpast. Çr. 10,19,2.

महादेवीत्व n. *die Würde der ersten Gemahlin eines Königs.*

महादेवीय Adj. *von* Mahâdeva *verfasst.*

महादेह Adj. *von grossem Körperumfange* Bhâvapr. 2,12.

महादैत्य m. N. pr. 1) eines Daitja. — 2) des Grossvaters des 2ten Ḱandragupta.

महादैर्घतमस n. Name eines Sâman.

महाद्भुत 1) Adj. *sehr wunderbar.* — 2) n. *ein grosses Wunder.*

महाद्युति Adj. *glanzvoll.*

महाद्युतिकर m. Bein. *der Sonne* Taitt. Âr. 10,1,7.

*महाद्योता f. N. pr. einer Tantra-Gottheit.

महाद्रावक m. *eine best. Mixtur.*

महाद्रुम 1) m. *a) ein grosser Baum.* — *b)* **Ficus religiosa.* — *c)* N. pr. eines Sohnes des Bhavja VP. 2,4,60. — 2) n. N. pr. des von 1) *c)* beherrschten Varsha VP. 2,4,60.

*महाद्दंद्व m. *eine grosse Kriegstrommel.*

महाद्वादशीविचार m. Titel eines Werkes Bühler, Rep. No. 479.

महाद्वार m. n. *Hauptthor* Hariv. 14460.

महाद्वारा Adj. f. *eine weite Scheide habend* Suçr. 1,290,10.

1. महाधन n. 1) *ein grosser Kampfpreis, eine grosse Beute.* — 2) *ein grosser Kampf.* — 3) *grosser Reichthum.* — 4) **Ackerbau.*

2. महाधन 1) Adj. (f. आ) a) *viel Geld kostend, kostbar, werthvoll* 175,4. — b) *viel Geld habend, reich.* — 2) m. N. pr. eines Kaufmannes. — 3) *n. a) *Gold.* — b) *Weihrauch.* — c) *ein kostbares Gewand.*

महाधनपति m. *ein sehr reicher Mann.*

महाधनिक Adj. *überaus reich* Utpala zu Varâh. Bṛh. 21 (19),7.

महाधनुर्धर m. *ein grosser Bogenschütze.*

महाधनुष्मन्त् m. dass.

महाधनुस् Adj. *mit einem grossen Bogen versehen* (Çiva).

महाधर्म m. N. pr. eines Fürsten der Kimnara.

महाधवलपुराण n. Titel eines Werkes.

महाधातु m. 1) **Gold.* — 2) **Lymphe.* — 3) Beiw. Çiva's. Nach Nilak. = मेरुपर्वत.

महाधी Adj. *von grossem Verstande.*

महाधुर MBh. 2,200,123 nach Nilak. = महान्धूःसदृशः प्रवाहः.

*महाधुर m. P. 5,4,74, Sch.

महाधुर्य m. *ein grosses, ausgewachsenes Zugthier* R. 2,73,14. Gorr. 2,11,11.

महाधृति m. N. pr. eines Fürsten.

*महाध्वग m. *Kamel* Râǵan. 19,21.

महाध्वनि m. N. pr. eines Dânava.

महाध्वनिक Adj. *der die grosse Reise angetreten hat, verstorben.*

*महाध्वान m. *ein lauter Ton.*

महानक m. *eine Art grosser Trommel.*

महानख Adj. *grosse Nägel (Krallen) habend* (Çiva).

*महानगर n. *eine grosse Stadt* oder N. pr. einer Stadt.

महानग्न 1) m. a) *Buhler.* — b) *Athlet* Burn. Intr. 363. Lot. de la b. l. 452. Lalit. 245,6. Kârand. 41, 21 (°मग्न gedr.). — 2) f. आ (Âpast. Çr. 15,20,8) und ई *Buhlerin.*

महानग्नी f. AV. 14,1,36 fehlerhaft für °नग्नी.

*महानट m. Bein. Çiva's.

1. महानद 1) m. a) *ein grosser Fluss, Strom.* — b) N. pr. eines *Flusses.* — 2) f. ई a) *Strom.* — b) Bein. der Gaṅgâ. — c) N. pr. verschiedener *Ströme.*

2. महानद Adj. *in einem grossen Fluss befindlich* (Wasser) Âpast. Vielleicht ist महानद (*in einem Strom*) उदकम् zu lesen.

महानन Adj. *einen grossen Mund —, oder ein grosses Gesicht habend.*

महानन्द 1) m. a) *grosse Wonne.* Nom. abstr. °त्व n. — b) **die letzte Befreiung der Seele.* — c) *eine Art Flöte* S. S. S. 196. — d) N. pr. α) eines Schülers Çâkjamuni's. — β) eines Fürsten. — γ) eines Flusses. — 2) f. आ a) **Branntwein* Râǵan. 14,138. — b) **eine best. Pflanze*, = आरामशीतला Râǵan. 10,177. — c) *der neunte Tag in der lichten Hälfte des* Mâgha. — d) N. pr. eines Flusses.

महानन्दि und °न्द (VP. 4,24,3) m. N. pr. eines Fürsten.

महानयप्रकाश m. Titel eines Werkes Bühler, Rep. No. 480.

महानरक m. *eine best. Hölle.*

महानरेन्द्र m. *ein grosser Beschwörer, — Zauberer* Kâd. 71,18.

*महानल m. *Arundo bengalensis.*

महानवमी f. *der neunte Tag in der lichten Hälfte des* Âçvina.

महानस 1) n. a) *Lastwagen.* — b) *Küche.* Einmal m. — c) *Küchengeräth* (?). — 2) m. N. pr. eines Berges. — 3) f. ई *Köchin, Küchenmagd.*

महानसाध्यक्ष m. *Oberaufseher über die Küche.*

महानाग 1) m. 1) *eine grosse Schlange* Suparn. 13, 2. — 2) *ein grosser Elephant.* — 3) *ein die Erde tragender Elephant.* — 4) *Bein. Vâtsjâjana's Gal.

महानागहन (sic) Adj. Beiw. Çiva's.

महानाटक n. 1) *ein glänzendes Schauspiel* Bâlar. 91,16. — 2) Bez. *einer Art von Schauspielen.* — 3) = हनुमन्नाटक.

*महानाडी f. *Sehne* Râǵan. 18,74.

1. महानाद m. *lauter Ton, lautes Geschrei, — Gebrüll* u. s. w.

2. महानाद 1) Adj. (f. आ) *einen lauten Ton von sich gebend, laut tönend, — brausend, — brüllend* u. s. w. — 2) m. a) **eine grosse Trommel.* — b) **Muschel.* — c) **Regenwolke.* — d) **Elephant.* — e) **Löwe.* — f) **Kamel.* — g) **Ohr.* — h) *= शयानक (भयानक?). — i) Bein. Çiva's. — k) N. pr. eines Râkshasa.

महानानाल n. Bez. *gewisser Ritualbestimmungen.*

महानाभ 1) Adj. *mit einer grossen nabelähnlichen Vertiefung versehen* (शूल) R. 6,87,10. — 2) m. a) *ein best. über Waffen gesprochener Zauberspruch.* — b) N. pr. zweier Dânava.

महानामन् 1) m. N. pr. eines Vetters Çâkjamuni's. — 2) f. महानाम्नी Pl. Bez. *bestimmter vedischer Verse* Ârsh. Br.

महानाम्निक Adj. von महानामन् 2) Gobh. 3,2, 1. 54.

महानाम्नीव्रत n. *eine best. Begehung.*

महानायक m. 1) *ein grosser Anführer, ein grosses Oberhaupt* J. A. O. S. 6,548,3. 4. Vâsav. 17,1. — 2) *ein grosser Mittelstein in einer Perlenschnur* Vâsav. 17,1.

महानारायण m. *der grosse* Nârâjaṇa, d. i. Vishṇu.

महानारायणोपनिषद् f. Titel einer Upanishad.

महानास Adj. *grossnasig* (Çiva).

महानिद्र Adj. *fest —, lange schlafend* R. 6,37, 30.

*महानिद्रा f. *der lange Schlaf*, so v. a. *Tod.*

*महानिनाद m. N. pr. eines Schlangendämons.

महानिमित्त n. Bez. *einer best. Lehre.*

महानिम्न n. *Eingeweide, Unterleib.*

महानिम्ब m. *Melia Bukajun* Râǵan. 9,11.

*महानिम्बरजस् n. *eine best. hohe Zahl* (buddh.) Vjutp. 185.

महानियम m. *ein grosses Gelübde* als Beiw. Vishṇu's.

*महानियुत n. *eine best. hohe Zahl* (buddh.).

महानिरय m. *eine best. Hölle.*

महानिरष्ट m. *ein verschnittener Stier.*

महानिर्णयतन्त्र n. Titel eines Werkes Opp. Cat. 1.

महानिर्वाण n. *das vollständige Erlöschen der Individualität* (buddh.).

महानिर्वाणतन्त्र n. Titel eines Tantra.

महानिल m. N. pr. eines Schlangendämons VP.[2] 2,74.

महानिश् f. *tiefe Nacht, ein best. Theil der Nacht.*

महानिशा f. 1) dass. Hemâdri 1,81,12. 14. — 2) *Bein. der Durgâ.

महानिशीथ n. Titel eines Ǵaina-Werkes.

*महानीच m. *Wäscher.*

महानील 1) Adj. *dunkelblau, — schwarz.* — 2) m. a) *Sapphir* Râǵan. 13,181. Hemâdri 1,608,1. — b) **eine Art Bdellium* Bhâvapr. 1,186. — c) **Verbesina scandens* Râǵan. 4,142. — d) N. pr. α) eines Schlangendämons. — β) eines Berges. — 3) *f. आ *eine best. Pflanze* Râǵan. 11,26. — 4) *f. ई a) *eine blaue Varietät von Clitoria ternatea* Rāǵan. 3,78. — b) *= बृहन्नीली. — 5) n. *ein best. Augenmittel.*

महानीलतन्त्र n. Titel eines Tantra.

महानीलमय Adj. *aus Sapphir bestehend.*

महानीलाभ्रजालीय्, °यति *einer dichten Masse schwarzer Wolken gleichen.*

महानीलोपल m. *Sapphir.*

महानुभाव Adj. (f. आ) von Personen 1) *von grosser Macht, mächtig.* — 2) *hochherzig, hochsinnig, edelmüthig* 315,23. Kād. 204,2. Nom. abstr. °ता f. (Kād. 121,1. Mārk. P. 54,23 im Prâkrit) und °त्व n. (Kathās. 17,153).

महानृत्य Adj. *ein grosser Tänzer* (Çiva).

महानेत्र Adj. *grossäugig* (Çiva).

*महानेमि m. *Krähe.*

1. महान्त 1) Adj. *gross* Suparn. 13,1. — 2) m. N. pr. eines Fürsten.

2. महान्त Adj. *mit* महत् *endigend.*

महान्तक m. *ein grosser Endemacher* (*Tod*), von Çiva gesagt.

महान्धकार m. *dichte Finsterniss, vollkommene Verfinsterung des Geistes.*

*महान्ध m. Pl. N. pr. eines Volkes.

महान्धक m. N. pr. eines Fürsten. v. l. महीधक.

महान्याय m. *Hauptregel.*

महान्यास m. Titel zweier Werke Opp. Cat. 1.

महान्यासविधि m. Titel eines Werkes Burnell, T.

महान्वय Adj. (f. आ) *aus einer vornehmen Familie stammend.*

महापक्ष 1) Adj. *eine grosse Partei —, einen grossen Anhang habend.* — 2) *m. a) *eine Entenart.* — b) Bein. Garuḍa's. — 3) *f. ई *Eule.*

महापगा f. 1) *ein grosser Fluss, Strom* MBh. 6,9,28. — 2) N. pr. (?) eines *Flusses.*

महापङ्क *tiefer Koth* 140,33. 147,25.

महापङ्क्ति f. *ein best. Metrum.*

महापञ्चमूल n. *eine Zusammenstellung von fünf verschiedenen Wurzeln* Rāǵan. 22,24.

*महापञ्चविष n. *die fünf starken Gifte* Rāǵan. 22,39.

*महापट m. *Haut* Gal.

महापण्डित Adj. *überaus gelehrt; m. ein grosser Gelehrter.*

*महापत्त्रा f. *Uraria lagopodioides* Rāǵan. 4,105.

महापथ 1) m. a) *Hauptstrasse* (*in einer Stadt*), *Landstrasse* Gaut. Āpast. Auch als Beiw. Çiva's. Am Ende eines adj. Comp. f. आ. — b) *die lange Reise*, so v. a. *der Weg in's Jenseits.* °पथं या so v. a. *sterben.* — c) *die lange Reise zum Heiligthum des Çiva auf dem Berge* Kedāra oder *die im Geiste dahin vollbrachte Reise*, d. i. *tiefe Versenkung in Çiva's Wesen.* — d) *die auf diesem Wege erlangte Kenntniss von Çiva's Wesen.* — e) *die Bergspitze, von der sich die Gläubigen stürzen, um schneller in den Himmel zu gelangen.* — f) Titel *des über diese Gegenstände handelnden Werkes.* — g) *eine best. Hölle.* — 2) n. = ब्रह्मरन्ध्र. — 3) Adj. (f. आ) *einen grossen Pfad habend* Pār. Gṛhy. 3,4,8.

*महापथगम m. *das Sterben.*

महापथगिरि m. N. pr. eines Berges Kathās. 111,91.

महापथिक Adj. *grosse Reisen unternehmend.*

महापथिकृदिष्टि f. *ein best. Opfer* Bhāradvāǵa im Comm. zu Āpast. Çr. 9,8,5.

महापद n. etwa *grosser Raum.*

महापदपङ्क्ति f. *ein best. Metrum.*

महापद्म 1) (*m.) n. *eine best. hohe Zahl.* — 2) m. a) **einer der 9 Schätze* Kubera's. — b) **einer der Schätze bei den* Ǵaina (in dem ein gleichnamiger Schlangendämon haust). — c) *einer der 8 Schätze, die zu der Zauberkunst* Padminī *in Beziehung stehen.* — d) *eine best. Hölle.* — e) Bein. Nanda's. — f) N. pr. α) eines Schlangendämons. — β) eines Dānava. — γ) des Weltelephanten im Süden. — δ) *eines Sohnes des Nanda. — 3) n. a) *eine weisse Lotusblüthe.* — b) *die Gestalt einer weissen Lotusblüthe.* — c) *eine best. Oelmixtur* Karaka 6,27. — d) N. pr. *einer Stadt.*

महापद्मपति m. *Besitzer von Millionen*, Beiw. Nanda's.

महापद्मसरस् n. N. pr. eines *Sees.*

महापद्मसलिल n. desgl.

महापद्यषट्क n. Titel *eines aus sechs klassischen Versen bestehenden Gedichts* (angeblich von Kālidāsa).

*महापन्थक m. N. pr. eines Schülers Çākjamuni's.

महापराक m. *eine best. Kasteiung* Hemādri 1,269,10.

महापराध m. *eine grosse Beleidigung* 151,3.

*महापराह्ण m. *später Nachmittag.*

महापरिनिर्वाण und °सूत्र n. Titel eines buddh. Sūtra.

महापर्वत m. *ein hoher Berg* R. 1,1,62.

महापवित्र Adj. 1) *überaus läuternd.* — 2) *vor ungünstigen Einflüssen in hohem Grade schützend.*

महापवित्रेष्टि f. Titel eines Werkes.

महापशु m. *grosses Vieh.*

*महापाटल *eine best. Pflanze.*

1. महापात m. *weiter Flug.*

2. महापात Adj. *weit fliegend* (Geschoss).

महापातक n. *ein schweres Verbrechen* (*Brahmanenmord, Genuss von Branntwein, Diebstahl, Unzucht mit der Frau des Lehrers* und *Umgang mit solchen, die sich jener Verbrechen schuldig gemacht haben*) Gaut.

महापातकिन् Adj. *der ein schweres Verbrechen begangen hat.*

महापात्र n. *der erste Minister.*

महापाद Adj. *grossfüssig* (Çiva).

महापान n. *ein köstliches Getränk.*

महापाप n. *ein schweres Verbrechen* MBh. 3,200,123.

महापाप्मन् Adj. *viel Unheil anrichtend.*

1. महापार m. *eine best. Personification* Gaut.

2. महापार Adj. *mit weit entfernten Ufern, breit* (Meer) MBh. 6,96,12.

महापारणिक m. N. pr. eines Schülers Çākjamuni's.

महापारिषद m. *ein zum grossen Gefolge* (eines Gottes) *Gehöriger.*

*महापारुषक *eine best. Pflanze.*

*महापारेवत n. *ein best. Fruchtbaum* Rāǵan. 11,90.

महापार्श्व 1) Adj. (f. आ) *mit breiter Seite* (Blutegel) 217,6. — 2) m. N. pr. a) eines Dānava. — b) eines Rākshasa.

*महापाल m. N. pr. eines Fürsten.

महापाश m. N. pr. 1) eines Schergen Jama's. — b) *eines Schlangendämons.

महापाशुपत 1) Adj. mit व्रत n. *das grosse Gelübde eines Verehrers des Çiva Paçupati.* — 2) m. *ein eifriger Verehrer des Çiva Paçupati* Harshak. 204,5.

*महापासक m. Trik. 1,1,25 fehlerhaft für महोपासक.

*महापिण्डीतक m. *eine best. Pflanze* Rāǵan. 8,70.

*महापिण्डीतरु m. *ein best. Baum* Rāǵan. 9,147.

महापीठ n. *ein hoher Sitz* Ind. St. 9,140.

*महापीलु m. *ein best. Baum* Rāǵan. 11,86.

*महापीलुपति m. (?).

महापुंस m. *ein grosser Mann.*

महापुण्य 1) Adj. (f. आ) a) *überaus günstig, glücklich* (Tag) Hemādri 1,63,13. 65,13. — b) *überaus gut, — schön.* — c) *überaus reinigend, — heilig.* — 2) f. आ N. pr. eines Flusses.

*महापुत्र m. gaṇa सुतंगमादि.

*महापुत्रीय्, °यति Denomin. von महापुत्र.

महापुमंस् m. wohl N. pr. eines Berges.

महापुर 1) n. a) *eine grosse Festung.* — b) N. pr. eines Tîrtha. — 2) f. °पुरी *eine grosse Burg, — Stadt.*

महापुराण n. *ein grosses —, ausführliches* Purâṇa.

महापुरुष m. 1) *ein grosser, bedeutender Mann.* Nom. abstr. °ता f. — 2) *der grosse Geist* Gaut. Mit dem *Jahre* identificirt Ait. Âr. 348. Auch Bein. Vishṇu's.

महापुरुषदत्ता f. *Asparagus racemosus* Káraka 6,14.

*महापुरुषदन्तिका f. dass. Râǵan. 4,122.

महापुरुषपावनकवच n. *ein best. mystisches Gebet.*

महापुरुषविद्या f. *ein best. Spruch.*

महापुरुषस्तोत्र n. Titel eines Stotra Burnell, T.

महापुष्प 1) m. a) **Bauhinia variegata* Râǵan. 10,24. — b) *ein best. Wurm.* — 2) *f. आ *Clitoria ternatea.*

महापूजा f. *eine best. Ceremonie* Hemâdri 1,385, 4. fgg.

महापूत Adj. *überaus rein.*

महापूरुष m. = महापुरुष 2).

महापूर्ण m. N. pr. eines Fürsten der Garuḍa.

महापृष्ठ 1) Adj. *einen breiten Rücken habend.* — 2) *m. *Kamel* Râǵan. 19,21. — 3) n. Bez. *von sechs* Anuvâka *im 4ten* Ashṭaka *des* ṚV. Vgl. °पृष्ठ्य.

महापृष्ठगलस्कन्ध Adj. Hip. 2,4 fehlerhaft für महावृत्तगल°.

महापृष्ठ्य Bez. *bestimmter* Anuvâka TS. Prât. Vgl. महापृष्ठ 3).

महापैङ्ग्य n. Titel eines vedischen Textes.

महापैठीनसि m. N. pr. eines Lehrers.

महापैशाचिक Adj. घृत n. *eine best. Salbe.*

*महापोटगल m. *eine best. hochwachsende Schilfart.*

महापौरव m. N. pr. eines Fürsten VP.² 4,143.

महापौर्णमासी f. *eine Nacht, in der Jupiter mit dem Vollmond in Conjunction tritt,* Hemâdri 1, 65,13.

महाप्रकरण n. *die hauptsächliche Behandlung eines Gegenstandes* Comm. zu Âpast. Çr. 5,25,1.

महाप्रकाश m. Titel eines Werkes.

महाप्रजापति 1) m. *der grosse Herr der Geschöpfe,* Beiw. Vishṇu's Vishṇus. 98,16. — 2) f. °ती N. pr. der Tante und Amme Çâkjamuni's.

महाप्रजावती f. = महाप्रजापति 2).

महाप्रज्ञापारमितासूत्र n. Titel eines buddh. Sûtra.

*महाप्रणाद m. N. pr. eines Kakravartin.

महाप्रतिभान m. N. pr. eines Bodhisattva.

महाप्रतीहार m. *Oberthürsteher.*

महाप्रदीप m. N. pr. eines Mannes.

महाप्रपञ्च m. *die grosse Welt* 270,18.

महाप्रभ Adj. *hell leuchtend, überaus glänzend, — prächtig* 72,15.

महाप्रभा f. *grosse Helle.*

*महाप्रभामण्डलव्यूहज्ञानमुद्रा f. *eine best.* Mudrâ (buddh.).

महाप्रभाव Adj. (f. आ) *überaus mächtig, gewaltig.*

महाप्रभास N. pr. eines Tîrtha. °प्रभासोत्पत्तिवर्णन n. Titel eines Werkes.

महाप्रभु m. 1) *ein grosser, mächtiger Herr, Fürst, König.* Nom. abstr. °त्व n. — 2) *Haupt, Chef.* — 3) Bein. Vishṇu's.

महाप्रमाण Adj. *von grossem Umfange* Pańkat. ed. orn. 6,3.

महाप्रलय m. 1) *die vollkommene Vernichtung der Welt am Ende eines* Kalpa VP. 6,1,2. Kâd. 140,5. °काल m. 127,23. 24. — 2) Titel eines Werkes (in Hindî).

*महाप्रवृद्ध Adj. *hoch gewachsen u. s. w.*

महाप्रश्न m. *eine schwierig zu lösende Frage* 132, 12. 136,1.

1. महाप्रसाद m. *ein grosses Gnadengeschenk.*

2. महाप्रसाद Adj. *überaus gnädig.*

*महाप्रसुत *eine best. hohe Zahl* (buddh.).

महाप्रस्थान n. *der Antritt der grossen Reise, der Abschied vom Leben.*

महाप्रस्थानिक Adj. *auf die grosse Reise —, auf das Sterben bezüglich* MBh. 1,2,81. 364. 368.

महाप्राज्ञ Adj. *überaus klug, — einsichtsvoll* (Person) 114,30.

1. महाप्राण m. 1) *starker Hauch* (bei der Aussprache gewisser Laute). — 2) *grosse Kraft.*

2. महाप्राण 1) Adj. a) *mit starkem Hauche ausgesprochen.* — b) *von grosser Leibeskraft, — Ausdauer* Kâd. 85,1. 90,3. 110,23. — 2) *m. *Rabe* Râǵan. 19,90.

महाप्राव्राज्य n. *das schwierige Leben eines umherziehenden frommen Bettlers* Mârk. P. 53,39.

महाप्रास्थानिक Adj. = महाप्रस्थानिक MBh. 1, 629. 633. °प्रस्थानिक v. l.

*महाप्रीतिवेगसंभवमुद्रा f. *eine best.* Mudrâ (buddh.).

*महाप्रीतिहर्षा f. N. pr. einer Tantra-Gottheit.

महाप्लव m. *eine grosse Flut* Mârk. P. 74,8.

*महाफणक m. N. pr. eines Schlangendämons.

1. महाफल n. 1) *eine grosse Baumfrucht.* — 2) *Hode* Vishṇus. 1,6. — 3) *grosser Lohn.*

2. महाफल 1) Adj. (f. आ) a) **grosse Früchte habend.* — b) *grossen Lohn bringend.* — 2) *m. *Aegle Marmelos.* — 3) *f. आ a) *Koloquinthe* Râǵan. 3, 61. — b) *eine* Ǵambû-*Art* Râǵan. 11,26. — c) *Citronenbaum* Râǵan. 11,155. 157. — d) *eine Art Speer.*

महाफेत्कारीय n. Titel eines Tantra Verz. d. Oxf. H. 93,a,42.

*महाफेणा f. *Os sepiae.*

महाबन्ध m. *eine best. Stellung der Hände oder Füsse.*

महाबभ्रु m. *ein best. höhlenbewohnendes Thier.*

महाबल 1) Adj. (f. आ) *überaus stark, — kräftig, — mächtig, — wirksam.* — 2) m. a) **Wind.* — b) **ein* Buddha. — c) (sc. गण) *eine best. Klasse von Manen.* — d) N. pr. α) eines Wesens im Gefolge Çiva's (?). — β) Indra's im 4ten Manvantara. — γ) *eines Schlangendämons. — δ) eines Fürsten und verschiedener anderer Personen. — 3) f. आ a) **Sida cordifolia* und *rhombifolia.* — b) N. pr. einer der Mütter im Gefolge Skanda's. — 4) n. a) **Blei.* — b) **eine best. hohe Zahl* (buddh.). — c) Name eines Liṅga.

महाबलपराक्रम Adj. *von grosser Macht und Kraft* (Vishṇu) Vishṇus. 1,50.

महाबलराम m. Titel eines Werkes Bühler, Rep. No. 756.

*महाबलशाक्य m. N. pr. eines Fürsten.

*महाबलसूत्र n. Titel eines buddh. Sûtra.

*महाबलात्त *eine best. hohe Zahl* (buddh.).

महाबलेश्वर n. Name eines Liṅga.

महाबाध Adj. *grossen Schaden bringend* MBh. 4,4,24.

महाबार्हत Adj. von महाबृहती 2).

महाबाहु 1) Adj. *langarmig.* Auch als Beiw. Vishṇu's. — 2) m. N. pr. a) eines Dânava. — b) eines Râkshasa. — c) eines Sohnes des Dhṛtarâshṭra. — d) eines Fürsten.

*महाबिम्बर *eine best. hohe Zahl* (buddh.).

महाबिल n. 1) *eine tiefe Höhle* 43,24. — 2) **der Luftraum.* — 3) **a water jar.* — 4) **the heart, the mind.*

महाबीज Adj. *samenreich* (Çiva).

*महाबीज्य n. *Perinaeum.*

महाबुद्ध m. *der grosse* Buddha.

1. महाबुद्धि angeblich f. *der Intellect* VP.² 5,199. Die richtige Lesart ist °बुद्ध Voc. VP. 6,4,29.

2. महाबुद्धि 1) Adj. *von grossem Verstande, über-*

aus klug. — 2) m. N. pr. *a*) eines Asura. — *b*) eines Mannes. — °बुद्धे MBh. 5,5982 fehlerhaft für °युद्धे.

महाबुध्न Adj. *mit breitem Fuss versehen* (Berg).

महाबृहती f. 1) **Solanum Melongena.* — 2) *ein best. Metrum.*

1.*महाबोधि m. oder f. *die grosse Intelligenz eines* Buddha.

2.*महाबोधि m. 1) *ein* Buddha. — 2) *eine best. Incarnation* Buddha's.

*महाबोधिसंघाराम m. N. pr. eines *buddh. Klosters.*

*महाबोध्यङ्गवती f. N. pr. einer Tantra-Gottheit.

महाब्ज m. N. pr. eines Schlangendämons.

महाब्रह्म und °न् m. *der grosse* Brahman (der Gott). Pl. *eine best. Klasse von Göttern bei den Buddhisten.*

महाब्राह्मण 1) m. *a*) *ein grosser Brahmane.* — *b*) *ein grosser Brahmane* (in spöttischem Sinne) Mārkh. 18,6. Chr. 302,14. — 2) n. *das grosse* Brāhmaṇa, d. i. *das* Tāṇḍja-Brāhmaṇa Opp. Cat. 1. — °भाग्य MBh. 3,13248 fehlerhaft für ब्राह्मणमहाभाग्य.

महाभट m. 1) *ein grosser Krieger.* — 2) N. pr. *a*) eines Dānava. — *b*) eines *Kriegers.*

महाभट्टारिका f. Bein. der Durgā.

महाभद्र 1) m. N. pr. eines Berges. — 2) f. आ *a*) **Gmelina arborea* Rāgan. 9,36. — *b*) *Bein. der Gaṅgā. — 3) n. N. pr. eines Sees.

1. महाभय 1) n. *grosse Gefahr, — Noth.* — 2) m. personificirt als ein Sohn des Adharma von der Nirṛti.

2. महाभय Adj. (f. आ) *mit grosser Gefahr —, mit grosser Noth verbunden, sehr gefahrvoll, — furchtbar.*

*महाभरी f. *Alpinia Galanga* Bhāvapr. 1,168.

महाभाग 1) Adj. (f. आ) *dem ein grosser Theil —, dem ein schönes Loos zugefallen ist, in hohem Grade ausgezeichnet, vor Andern hervorragend, überaus ausgezeichnet.* Zumeist von Personen und häufig in der Anrede. — 2) m. N. pr. eines Fürsten VP.² 4,72. — 3) f. आ Name der Dākshājaṇī in Mahālaja.

महाभागवत 1) m. *ein grosser Verehrer* Bhagavant's (Vishṇu's). — 2) n. *das grosse* Bhāgavatapurāṇa.

महाभागिन् Adj. *überaus glücklich.*

महाभाग्य n. *hohe Stellung, — Bedeutung.* Vgl. माहाभाग्य.

महाभाण्डागार n. *Hauptschatzkammer* Rāgat. 4, 142. Viddh. 10,7.

*महाभार m. *eine grosse Bürde, — Last.*

महाभारत Adj. 1) in Verbindung mit आहव, युद्ध oder Subst. mit Ergänzung eines Wortes für *Kampf: der grosse Kampf der* Bharata. — 2) in Verbindung mit आख्यान oder n. *die grosse Erzählung vom Kampfe der* Bharata (das bekannte grosse epische Gedicht).

महाभारततात्पर्यनिर्णय m., °भारतदर्पण m., °भारतव्याख्यान n. und °भारतसंग्रहदीपिका f. (Burnell, T.) Titel von Werken.

महाभारतिक m. wohl *ein Kenner des* Mahābhārata.

महाभाष्य n. *der grosse Commentar,* Titel von Patańgali's *Commentar* zu den Sûtra Pâṇini's und den Vârttika Kâtjâjana's. °कार m. Bez. Patańgali's Comm. zu Âpast. Çr. 9,10,1. °टीका f. (Opp. Cat. 1), °त्रिपदी (Gaṇar.), °दीपिका f., °प्रदीप m., °रत्नावलि f. (Opp. Cat. 1) und °व्याख्या f. (ebend.) Titel von Erklärungen zum Mahâbhâsbja.

महाभासुर Adj. *überaus glänzend* (Vishṇu).

महाभास्करटीका f. Titel eines Werkes Opp. Cat. 1.

महाभास्वर Adj. *überaus glänzend* (Vishṇu) Vishṇus. 98,43.

महाभिक्षु m. *der grosse Bettler,* Bein. Çâkjamuni's.

महाभिजन m. *eine hohe, edle Abstammung.*

महाभिज्ञाज्ञानाभिभू m. N. pr. eines Buddha.

महाभियोग m. *eine grosse Anklage* Jâǵń. 2,95.

महाभिष m. N. pr. eines Fürsten Kâd. 2,110,6.

महाभिषव m. *die grosse Kelterung des* Soma Âpast. Çr. 13,10,5.

महाभिषेक m. 1) *eine feierliche Salbung.* °प्रयोग m. und °विधि m. Burnell, T. — 2) Titel des 14ten Lambaka in Kathâs.

महाभिस्यन्दिन् Adj. *Hypertrophie erzeugend* Karaka 1,26. Nom. abstr. °न्दित्व n. ebend. Superl. °न्दितम ebend. Nom. abstr. °तमत्व n. ebend.

महाभीत 1) Adj. *in hohem Grade erschrocken.* — 2) *f. आ *Mimosa pudica.*

*महाभीति f. *grosse Gefahr, — Noth.*

*महाभीम m. 1) Bein. Çâmtanu's. — 2) N. pr. eines Wesens im Gefolge Çiva's.

*महाभीरु m. *eine Art Mistkäfer.*

महाभीशु Adj. *glanzvoll* Mahâvirak. 78,10.

महाभीषणक Adj. *grosse Angst erregend, überaus furchtbar.*

*महाभीष्म m. Bein. Çâmtanu's.

महाभुज Adj. *langarmig.*

महाभूत 1) Adj. *gross seiend, gross.* — 2) m. *ein grosses Geschöpf, — Wesen.* — 3) n. *Element* (*Erde, Wasser, Feuer, Luft, Aether*).

महाभूतघट m. *ein Topf mit den bildlichen Darstellungen der fünf Elemente* Hemâdri 1,167,8 (°घट gedr.). 343,2.

महाभूमि f. 1) *ein grosses Reich.* — 2) *das ganze Gebiet* (eines Fürsten) Naishadh. 6,7,2.

महाभूषण n. *ein kostbarer Schmuck.*

*महाभृङ्ग m. *eine blau blühende Verbesina* Râǵan. 4,142.

*महाभेरीहारक und *°परिवर्त m. Titel zweier buddh. Sûtra.

1. महाभैरव m. *eine Form* Çiva's oder Bhairava's.

2. महाभैरव Adj. (f. ई) *zu* 1. Mahâbhairava *in Beziehung stehend.*

1. महाभोग Adj. *einen grossen Umfang habend.*

2. महाभोग 1) Adj. *grosse Windungen habend, — Ringe bildend* (Schlange). — 2) m. *eine grosse Schlange.*

3. महाभोग m. *Hochgenuss.*

4. महाभोग Adj. (f. आ) *grosse Genüsse verschaffend* (Durgâ).

महाभोगवत् Adj. = 2. महाभोग 1) Bhâg. P. 5, 24,29.

महाभोगिन् Adj. dass. Bhâg. P. 5,24,31.

महाभोज m. 1) *ein grosser Fürst.* — 2) N. pr. eines *Fürsten.*

महाभोट *Gross-Tibet.*

महाभौम m. N. pr. eines Fürsten.

महाभ्र n. *eine grosse* oder *dicke Wolke.*

महामख m. *ein grosses Opfer, Hauptopfer* MBh. 1,165,8. 13,6,38.

महामग्न m. Kâraṇḍ. 41,21 fehlerhaft für महानग्न.

महामञ्जुषक (!) n. (Kâraṇḍ. 79,1) und *मञ्जूषक m. Bez. *einer best. himmlischen Blume.*

महामणि m. 1) *ein kostbarer Edelstein.* Auch als Beiw. Çiva's. — 2) N. pr. eines Fürsten VP. 4,18,1.

*महामणिचूड m. N. pr. eines Schlangendämons.

महामणिधर m. N. pr. eines Bodhisattva Kâraṇḍ. 74,14.

महामणिरत्न m. N. pr. eines fabelhaften Berges Kâraṇḍ. 91,16.

महामण्डल m. N. pr. eines Fürsten.

*महामण्डलिक m. N. pr. eines Schlangendämons.

महामण्डलेश्वर m. *ein adelicher Lehnsmann* Ind. Antiq. 10,250.

*महामण्डूक m. *eine Froschart* RÂGAN. 19,78.

महामति 1) Adj. *von grosser Einsicht, klug.* — 2) m. *a)* **der Planet Jupiter.* — *b)* N. pr. *a)* *eines Fürsten der Jaksha. — β) eines Bodhisattva. — γ) eines Sohnes des Sumati. — 3) f. N. pr. eines Frauenzimmers. — 4) °ती *ein best. lunarer Tag*, personificirt als eine Tochter des Añgiras.

महामत्त Adj. *in voller Brunst stehend* (Elephant).

महामत्स्य m. *ein grosser Fisch.*

1. महामद m. 1) *heftige Brunst* (eines Elephanten). — 2) **Fieber* GAL.

2.*महामद m. *ein brünstiger Elephant*, *Elephant überh.*

महामनस् 1) Adj. *a)* *stolzen Sinnes, stolz, hochfahrend.* — *b)* *hohen Sinnes, grossgesinnt.* — 2) m. *a)* **das fabelhafte Thier* Çarabha RÂGAN. 19, 3. — *b)* N. pr. eines Fürsten.

महामनस्विन् m. *ein best.* Samâdhi KÂRAND. 92,19.

महामनुष्य m. 1) *ein vornehmer Herr* 133,22. — 2) N. pr. eines Dichters.

महामन्त्र m. *ein überaus wirksamer Zauberspruch* (insbes. gegen Schlangengift) KÂD. 49,22. 120,6.

महामन्त्रादिसेवाप्रकार m. Titel eines Werkes OPP. Cat. 1.

महामन्त्रानुसारिणी f. N. pr. einer buddh. Göttin.

महामन्त्रिन् m. *der oberste Rathgeber eines Fürsten.*

*महामन्दारव m. *eine best. himmlische Pflanze* EITEL, Chin. B.

महामयूरी f. N. pr. einer buddh. Göttin.

1. महामरकत m. *ein grosser Smaragd.*

2. महामरकत Adj. *mit grossen Smaragden verziert.* Vgl. महामारकत.

महामरुत्वतीय Adj. ग्रह m. *ein best. dem* Indra Marutvant *geweihter Bechervoll.*

महामर्ष Adj. *überaus grimmig* (Schlange) BHÂG. P. 5,24,31.

महामलयपुर n. Bez. *der sieben in Felsen ausgehauenen Pagoden im Süden von Madras.*

महामलहरी f. *eine best.* Râgiṇî S. S. S. 111.

महामल्ल m. Bein. Kṛshṇa's HARIV. 10407.

1. महामह 1) Adj. *grossmächtig.* — 2) f. आ *a)* *eine best. Constellation.* — *b)* *eine best. Pflanze* KÂRAKA 3,8. Richtig महासहा.

2. महामह m. *ein grosser Festaufzug* Ind. St. 15, 286.

महामहस् n. *ein grosses Licht* (am Himmel) Spr. 1245.

1. महामहिमन् m. *wahre Grösse.* °शालिन् Adj. *w. Gr. besitzend.*

2. महामहिमन् Adj. *übergross, wahrhaft gross.* Nom. abstr. °मत्व n.

महामहिव्रत Adj. *grossmächtige Herrschaft ausübend.*

*महामहेश्वरायतन n. *eine best. Götterregion* (buddh.).

महामहोपाध्याय m. *Oberoberlehrer* HÂSJ. 23,16.

महामांस 1) n. *köstliches Fleisch*, Bez. *verschiedener Fleischarten*, *insbes. des Menschenfleisches.* — 2) *f. ई *ein best. kleiner Strauch* RÂGAN. 5,58.

महामाघी f. *wohl der Vollmondstag im Monat* Mâgha *unter bestimmten andern Himmelserscheinungen* HEMÂDRI 1,776,15.

महामातर् f. Pl. Bez. *bestimmter personificirter Energien der Götter* PAÑKAD.

महामातृगणेश्वर m. Bein. Vishṇu's PAÑKAR. 4, 3,64.

महामात्य m. *Hauptminister eines Fürsten.*

महामात्र 1) Adj. *dem Maasse nach gross, gross, der grösste, beste, vorzüglichste, — unter* (im Comp. vorangehend). — 2) m. *a)* *ein im Range hochstehender Mann, ein hoher Beamter des Fürsten, Minister.* — *b)* *Elephantenlenker.* — 3) *f. ई *die Frau des Lehrers.*

*महामानसिका f. N. pr. einer der 16 Vidjâdevî bei den Gaina.

महामानिन् Adj. *überaus stolz.*

महामान्दार *eine best. Blume* KÂRAND. 65,4. 79,1.

महामान्य Adj. *hoch in Ehren stehend bei* (Gen.) BHÂM. V. 1,5.

महामाय 1) Adj. (f. आ) *a)* *wobei grosser Trug angewendet wird.* — *b)* *grossen Trug anwendend, gross im Täuschen* 119,14. — 2) m. *a)* Bein. α) Vishṇu's. — β) Çiva's. — *b)* N. pr. α) eines Asura. — β) eines Vidjâdhara. — 3) f. आ *a)* Bein. der Durgâ. — *b)* N. pr. einer Gattin Çuddhodana's. — 4) *f. ई Bein. der Durgâ.

महामाया f. *die grosse Täuschung, die göttliche Macht der Täuschung, welche die Welt als wirklich bestehend erscheinen lässt und sie also gewissermassen schafft.* Wird auch mit der Durgâ identificirt.

महामायाधर Adj. Beiw. Vishṇu's.

महामायाशम्बर n. (ÂRJAV. 160,15) und °तन्त्र n. Titel eines Tantra.

महामायूर 1) n. *a)* *ein best. Heilmittel.* — *b)* *ein best. Gebet.* Nur am Ende eines adj. Comp. HARSHAK. 120,15. — 2) f. ई N. pr. eines der 5 Talismane und einer der 5 Schutzgöttinnen bei den Buddhisten.

महामारकत Adj. (f. आ) *reichlich mit Smaragden verziert.* Vgl. 2. महामरकत.

महामारी f. *eine Form der* Durgâ *und eines nach ihr benannten Zauberspruchs* AGNI-P. 137, 1. fgg.

महामार्ग m. *Hauptstrasse.*

महामार्गपति m. *Oberaufseher über die Strassen* 4te RÂGAT. 92.

महामाल Adj. *einen grossen Kranz tragend* (Çiva).

महामालिका f. *ein best. Metrum.*

महामाष m. *eine grosse Bohnenart.*

महामाहेश्वर m. *ein grosser Verehrer Çiva's.*

महामीन m. *ein grosser Fisch.*

1. महामुख n. 1) *ein grosser Mund.* — 2) *eine grosse Flussmündung.*

2. महामुख 1) Adj. (f. ई) *a)* *grossmäulig* (Çiva). — *b)* *eine grosse Mündung habend.* — 2) m. *a)* **Krokodil.* — *b)* **ein* Gina GAL. — *c)* N. pr. eines Mannes.

महामुचिलिन्द 1) **eine best. Pflanze.* — 2) m. N. pr. eines fabelhaften Berges KÂRAND. 91,12.

महामुचिलिन्दपर्वत m. N. pr. eines fabelhaften Berges.

*महामुण्डनिका u. *°मुण्डी f. *eine Art Sphaeranthus* RÂGAN. 5,20.

महामुद्रा f. 1) *eine best. Stellung der Hände oder Füsse* (im Joga). — 2) **eine best. hohe Zahl* (buddh.).

महामुनि 1) m. *a)* *ein grosser* Muni. Insbes. Bein. eines Buddha und eines Gina. — *b)* **Zanthoxylon hastile* RÂGAN. 11,187. — *c)* N. pr. eines Ṛshi im 5ten Manvantara VP. 3,1,22. — 2) *n. *a)* *der Same von* 1) *b)*. — *b)* *Heilkraut, Arzenei.*

महामुनिस्वाध्याय m. Titel eines Werkes.

महामूढ Adj. *sehr dumm: m. ein Einfaltspinsel.*

महामूर्ख m. *ein grosser Thor.*

महामूर्ति Adj. *von grosser Gestalt* (Vishṇu).

महामूर्धन् Adj. *grossköpfig* (Çiva).

*महामूल n. 1) *ein ausgewachsener Rettig.* — 2) *eine Zwiebelart* RÂGAN. 7,58.

*महामूल्य 1) Adj. *kostbar, werthvoll.* — 2) m. n. *Rubin.*

*महामूषक oder *°मूषिक m. *eine Rattenart* RÂGAN. 19,58.

महामृग m. 1) *Grosswild.* — 2) *Elephant* R. 2,

28,28. तथा मृगाः st. महामृगाः ed. Bomb. — 3) *das fabelhafte Thier Çarabha Râgan. 19,3.

महामृत्यु m. 1) Haupttod. — 2) *Bein. Çiva's.

महामृत्युंजय 1) Adj. mit लौह ein best. medicinisches Präparat Mat. med. 64. — 2) m. ein best. an Çiva gerichteter Spruch. Auch °मन्त्र m.

महामृत्युंजयहोम m. Titel eines Werkes Opp. Cat. 1.

महामृध n. eine grosse Schlacht MBh. 1,2,114. 3,169,23. Kathâs. 46,145.

महामेघ m. 1) eine grosse oder dicke Wolke Ait. Âr. 353,12. °स्वन Adj. MBh. 3,42,5. °निवासिन् Adj. als Beiw. Çiva's. — 2) Bein. Çiva's. — 3) N. pr. eines Mannes.

महामेघगिरि m. N. pr. eines Berges Hariv. 12846.

*महामेद m. und °मेदा f. eine best. Heilpflanze Râgan. 5,27. Bhâvapr. 1,170.

महामेध m. ein grosses Opfer.

महामेधा f. die grosse Intelligenz, Beiw. der Durgâ.

महा॑मेरु m. 1) der grosse Berg Meru 101,7. — 2) N. pr. eines Varsha.

महामेरुधर m. ein best. Samâdhi Kârand. 77,15.

*महामैत्र m. ein Buddha.

*महामैत्री f. grosse Zuneigung, grosses Mitleid.

*महामैत्रीसमाधि m. ein best. Samâdhi.

*महामोद m. eine Jasminart Râgan. 10,113.

महामोह 1) m. grosse Geistesverwirrung, — Verblendung des Geistes. — 2) f. आ Beiw. der Durgâ.

महामोहन Adj. in hohem Grade verwirrend.

महामोहमन्त्र m. ein überaus wirksamer Zauberspruch. Nom. abstr. °त्व n. Kathâs. 18,406.

*महामोहिन् m. Stechapfel Bhâvapr. 1,203.

महामौद्गल्यायन m. N. pr. eines Schülers Çâkjamuni's.

*महाम्बुज n. eine best. hohe Zahl (Eins mit 12 Nullen).

*महाम्ल n. die Frucht der indischen Tamarinde.

महायक्ष m. 1) ein grosser Jaksha, ein Fürst der Jaksha. — 2) *N. pr. des Dieners des 2ten Arhant's der gegenwärtigen Avasarpinî.

महायक्षसेनापति m. ein Heerführer des grossen Jaksha. *Erscheint auch unter den Tantra-Gottheiten.

महायज्ञ m. ein grosses Opfer, Hauptopfer Âpast. Auch °यज्ञक्रतु m. महायज्ञ und °भागहर unter den Beiwörtern Vishṇu's.

महायति m. ein grosser Asket Mârk. P. 41,22.

महायन्त्र n. ein grosses Kunstwerk MBh. 5,132,15.

महायमं m. der grosse Jama.

महायमक n. eine best. Paronomasie, wobei die beiden ersten Stollen lautlich mit den beiden letzten übereinstimmen. Beispiel Bhaṭṭ. 10,20.

महायशस् 1) Adj. eines grossen Ruhmes sich erfreuend (Person). — 2) m. N. pr. a) *des 4ten Arhant's der vergangenen Utsarpiṇî. — b) eines Gelehrten. — 3) f. N. pr. einer der Mütter im Gefolge Skanda's.

*महायशस्क Adj. = महायशस् 1).

महायस Adj. mit vielem Eisen versehen (Pfeil). Nach Nilak. mit einer grossen Spitze versehen.

महायात्रा f. Titel eines Werkes.

महायात्रिक m. N. pr. eines Mannes Hâss.

1. महायान n. das grosse Vehikel, Bez. einer späteren, durch Nâgârguna aufgekommenen Phase der buddhistischen Lehre, die in den Mahâjâna-sûtra vertreten wird. Kârand. 13,6.

2. महायान m. N. pr. eines Fürsten der Vidjâdhara.

महायानदेव m. Ehrenname des Hiouen-thsang.

*महायानपरिग्रहक m. ein Anhänger des 1. महायान.

महायानप्रभास m. N. pr. eines Bodhisattva.

महायानयोगशास्त्र n., °यानसंग्रह m. und °यानसंपरिग्रहशास्त्र n. Titel von Werken.

महायानसूत्ररत्नराज m. ein überaus kostbares Mahâjâna-Sûtra Kârand. 13,20.

महायानाभिधर्मसंगीतिशास्त्र n. Titel eines Werkes.

महायाम n. Name eines Sâman.

महायाम्य Adj. als Beiw. Vishṇu's.

महायुग n. ein grosses Juga = 4 Juga = 4,320,000 Jahre.

*महायुत eine best. hohe Zahl (buddh.).

महायुद्ध n. ein grosser Kampf MBh. 5,175,7.

महायुध Adj. grosse Waffen tragend (Çiva).

महायोगिन् m. 1) ein grosser Jogin Ind. St. 15,338. Auch Beiw. Vishṇu's und Çiva's. — 2) *Hahn.

महायोगेश्वर m. ein grosser Meister im Joga.

महायोनि f. eine übermässige Erweiterung der weiblichen Geschlechtstheile.

महायौधाजय n. Name eines Sâman.

(महाय्य) महा॑य्यिय Adj. zu ergötzen, zu erfreuen. Nach Sâj. zu ehren.

महारक्षस् n. ein grosser Râkshasa.

महारक्षा f. eine grosse Schutzgöttin (buddh.). Es werden deren 5 genannt.

*महारक्षित m. N. pr. eines Mannes.

महारङ्ग m. eine grosse Schaubühne Hariv. 4642.

महारजत 1) n. Gold Râgan. 13,8. — 2) *m. Stechapfel. — 3) Adj. fehlerhaft für 2. महारजन.

1. महारजन n. 1) Saflor MBh. 8,2528. — 2) *Gold; vgl. महारजत.

2. महारजन Adj. mit Saflor gefärbt.

*महारजनगन्धि oder °न् n. eine Art Rubin Garbe zu Râgan. 13,151.

महारञ्जन Saflor MBh. 8,52,9. Richtig महारजन.

महारण m. 1) eine grosse Schlacht Comm. zu Âpast. Çr. 10,4,1. — 2) N. pr. v. l. für महोरण VP.² 2,192.

महारण्य n. ein grosser Wald.

महारत्न n. ein kostbares Juwel, die Perle der Perlen.

महारत्नप्रतिमण्डित m. eine best. Weltperiode (buddh.).

महारत्नमय Adj. aus kostbaren Juwelen bestehend.

महारत्नवत् Adj. mit kostbaren Juwelen verziert.

*महारत्नवर्षा f. N. pr. einer Tantra-Gottheit.

महारत्नाभिषेकरामध्यान n. Titel eines Werkes Burnell, T.

1. महारथं m. 1) ein grosser Wagen. — 2) ein grosser Kämpfer, — Kriegsheld. — 3) N. pr. a) eines Râkshasa. — b) eines Sohnes des Viçvâmitra. — c) eines Fürsten. — d) eines Ministers. — 4) *Lust, Verlangen.

2. महारथ Adj. mit grossen Wagen versehen.

महारथत्व n. Nom. abstr. zu 1. महारथ 2).

महारथ्या f. eine grosse Strasse, Hauptstrasse. Am Ende eines adj. Comp. f. आ.

1. महारम्भ m. eine grosse Unternehmung.

2. महारम्भ 1) Adj. unternehmend, rührig, fleissig. — 2) *n. eine Art Salz.

1. महारव m. lautes Gebrüll, — Geschrei Hit. 92,8.

2. महारव 1) Adj. (f. आ) laut tönend, — schreiend Mârk. P. 91,18. — 2) m. a) *Frosch Râgan. 19,78. — b) N. pr. α) eines Daitja Hariv. 3,40,12. — β) eines Mannes.

महारश्मिजालावभासगर्भ m. N. pr. eines Bodhisattva.

1. महारस m. 1) Bez. von acht als Medicamente benutzten Metallen oder Mineralien Râgan. 22,48. — 2) *Quecksilber Râgan. 13,107. — 3) Wohlgeschmack R. 3,62,37.

2. महारस 1) Adj. überaus schmackhaft. — 2) *m. a) Zuckerrohr. — b) Phoenix sylvestris. — c) Scirpus Kysoor. — 3) *n. saurer Reisschleim.

महारसवती f. eine best. sehr wohlschmeckende

Speise.

महाराज m. 1) *ein grosser König, — Fürst, ein regierender Fürst, Landesherr.* — 2) *eine best. Gottheit* MAITR. S. 2,9,1 (hier ein Name des *Mondes*). MÂN. GṚHJ. 2,14 (°राजन्!). ÂPAST. Auch Bein. Kubera's und Vishṇu's. — 3) Pl. *eine best. Klasse göttlicher Wesen bei den Buddhisten.* — 4) **ein* Gina GAL. — 5) *Bein. Mańguçrî's. — 6) Bez. *der Nachkommen des Sectenstifters* Vallabhâkârja. — 7) **Fingernagel.*

*महाराजक m. = महाराजिक 2).

*महाराजचूत m. *eine Mango-Art* RÂGAN. 11,7.

*महाराजद्रुम m. *Cathartocarpus fistula* RÂGAN. 9,46.

*महाराजफल m. *eine Mango-Art* RÂGAN. 11,18.

महाराजमिश्र m. N. pr. eines Mannes.

महाराजाङ्गण (R. ed. Bomb. 2,3,20) und °राजाङ्गन (R. Schl. 2,3,19) n. *der Hof im Palast eines regierenden Fürsten.*

महाराजाधिराज m. *Kaiser* KÂD. 249,11.

महाराजिक m. 1) Bein. Vishṇu's VISHṆUS. 98,40. — 2) *Pl. *eine best. Klasse von Göttern.*

महाराज्ञी f. 1) *eine regierende Fürstin, Königin.* — 2) Bein. der Durgâ.

महाराज्ञोत्सव m. Titel eines Werkes BÜHLER, Rep. No. 160.

महाराज्य n. *die Würde eines regierenden Fürsten.*

महारात्र n. *die Zeit nach Mitternacht, Ende der Nacht.* Nach Einigen auch *Mitternacht.*

महारात्रि f. 1) dass. — 2) *die Nacht, in der die Welt vollständig zu Grunde geht.* — 3) *der achte Tag in der lichten Hälfte des* Âçvina.

महारात्री f. *eine best.* Çakti Çiva's VP.[2] 1,104.

महारामायण n. *das grosse* Râmâjana.

महाराव m. *ein lautes Geschrei* 156,7.

महाराष्ट्र 1) m. Pl. *die Mahratten.* — 2) f. ई a) *die mahrattische Sprache.* — b) *ein best. Gemüse.* — c) **Commelina salicifolia* RÂGAN. 4,108. — 3) n. *ein best. Metrum.*

महाराष्ट्रक 1) Adj. (f. °ष्ट्रिका) *mahrattisch.* — 2) m. Pl. *die Mahratten.*

महाराष्ट्रीय Adj. (f. आ) *mahrattisch.*

*महारिष्ट m. *ein der Melia Bukayun verwandter Baum* RÂGAN. 9,13.

महारुज् und °रुज Adj. *sehr schmerzhaft.*

महारुद्र 1) m. *eine Form* Çiva's. — 2) f. आ *eine Form der* Durgâ HEMÂDRI 1,63,13. — 3) f. ई desgl. Richtig wohl °रौद्री.

महारुद्रप्रयोगपद्धति f. Titel eines Werkes BURNELL, T.

महारुरु m. *eine Antilopenart.*

महारूप 1) Adj. *gross von Gestalt* (Çiva). — 2) m. *eine best. Weltperiode* (buddh.). — 3) f. आ N. pr. eines Wesens im Gefolge der Durgâ.

*महारूपक n. *eine Art Schauspiel.*

महारूपिन् Adj. *gross von Gestalt.*

महारेतस् Adj. *samenreich* (Çiva).

महारोग m. *eine gefährliche Krankheit.*

महारोगिन् Adj. *eine gefährliche Krankheit habend.*

*महारोच *eine best. Pflanze.*

महारोमन् 1) Adj. *stark behaart am Körper* (Çiva). — 2) m. N. pr. *a)* eines Fürsten. — *b)* *eines buddhistischen Oberhauptes (*रोम gedr.).

महारोमश Adj. *stark behaart.*

महारौद्र 1) Adj. (f. आ) *überaus furchtbar.* — 2) f. ई *eine Form der* Durgâ.

महारौरव 1) m. *eine best. Hölle* ÇAṄK. zu AIT. UP. S. 182. — 2) n. Name eines Sâman.

महारौहिण m. N. pr. eines Dämons.

महार्घ 1) Adj. *a) kostbar, werthvoll.* — *b) kostspielig, theuer* BÂLAR. 281,14. — 2) *m. *Perdix chinensis.*

महार्घता f. *Kostbarkeit, hoher Werth.*

महार्घरूप Adj. (f. आ) *von prächtiger Gestalt.*

महार्घ्य Adj. = महार्घ 1) *a*). Nom. abstr. °ता f.

महार्चिस् Adj. *stark flammend.*

महार्णव m. 1) *Ocean.* °निपानविद् Adj. Beiw. Çiva's. — 2) Pl. N. pr. eines Volkes. — 3) Titel eines Werkes.

महार्णवकर्मविपाक m. Titel eines Werkes BURNELL, T.

1. महार्थ m. *eine grosse Sache, Grosses.*

2. महार्थ 1) Adj. (f. आ) *a) reich.* — *b) bedeutsam, gewichtig.* — 2) m. N. pr. eines Dânava. — 3) n. Bez. *des* Mahâbhâshja.

*महार्थक Adj. *werthvoll.*

महार्थता f. *Inhaltsschwere* (einer Rede).

महार्थप्रकाश m. Titel eines Werkes BÜHLER, Rep. No. 481.

महार्थमञ्जरी f. desgl. ebend. No. 483. fgg.

महार्थवत् Adj. *sehr bedeutungsvoll, — bedeutsam.*

*महार्द्रक n. *wilder Ingwer.*

*महार्ध m. *eine best. Pflanze.*

महार्बुद n. *eine best. hohe Zahl, 1000 Millionen.*

*महार्म P. 6,2,90.

महार्ह 1) Adj. *werthvoll, köstlich, prächtig.* — *n. *weisses Sandelholz* RÂGAN. 12,6.

महालक्ष्मी f. 1) *die grosse* Lakshmî, Nârâjaṇa's Çakti. Wird auch mit der Durgâ und der Sarasvatî identificirt; desgleichen Name der Dâkshâjaṇî in Karavîra. — 2) Bez. *eines dreizehnjährigen nicht menstruirenden Mädchens, welches bei der* Durgâ-*Feier diese Göttin darstellt.* — 3) *ein best. Metrum.* — 4) N. pr. eines Frauenzimmers.

महालक्ष्मीकल्प m. Titel eines Werkes OPP. Cat. 1.

महालक्ष्मीतीर्थ n. N. pr. eines Tîrtha.

महालक्ष्मीरत्नकोश m. Titel eines Werkes.

महालक्ष्मीविलास m. *ein best. medicinisches Präparat* Mat. med. 79.

महालक्ष्मीव्रत n. *eine best. Begehung.*

महालक्ष्मीस्तोत्र n. Titel zweier Stotra BURNELL, T.

महालय 1) m. *a) *Kloster.* — *b) *Wallfahrtsort.* — *c) *die Allseele.* — *d) ein best. Halbmonat.* — *e)* N. pr. α) einer Oertlichkeit VISHṆUS. 85,18. — β) eines Mannes. — 2) f. आ *ein best. heiliger Tag.* — 3) (wohl n.) Name eines Liṅga.

महालयश्राद्धपद्धति f. Titel eines Werkes BURNELL, T.

महालसा f. N. pr. eines Frauenzimmers.

*महालिकटभी f. *eine Achyranthes-Art.*

1. महालिङ्ग n. 1) *ein grosses* Liṅga. — 2) N. pr. einer Oertlichkeit.

2. महालिङ्ग Adj. *ein grosses männliches Glied habend* (Çiva).

महालीलासरस्वती f. *eine Form der Göttin* Târâ.

महालुगिपद्धति f. Titel eines Werkes.

*महालोध und *°लोध्र m. *eine Symplocos-Art.*

*महालोमन् m. N. pr. eines buddh. Oberhauptes (°लोम gedr.).

*महालोल m. *Krähe* RÂGAN. 19,89.

*महालोह n. *Magneteisen* RÂGAN. 13,37.

महावंश्य Adj. *von edler Familie.*

महावकाश Adj. *geräumig* KAUÇ. 24.

महावक्त्र 1) Adj. *grossmäulig.* — 2) m. N. pr. eines Dânava.

महावक्षस् Adj. *breitbrüstig* (Çiva).

महावज्रक Adj. तैल n. *ein mit vielerlei Species gemischtes Oel zu Heilzwecken.*

महावटूरिन् Adj. *überaus breit* (nach SÂJ.).

महावणिज् m. *ein grosser Kaufmann.*

महावद m. *Verkünder des Grossen, d. i. des hauptsächlichsten vedischen Wissens.*

महावध Adj. *ein gewaltiges Geschoss führend.*

1. महावन n. 1) *ein grosser Wald.* — 2) n. N. pr. *a)* *eines *Waldes.* — *b) eines in einem Walde gelegenen* buddh. *Klosters.*

2. *महावन Adj. *einen grossen Wald habend.*

महावनसंघाराम m. N. pr. *eines buddhistischen Klosters.*

महावन्ध्या Adj. f. *vollkommen unfruchtbar* PAÑ́KAR. 1,8,34.

*महावप m. *eine best. Pflanze.*

*महावरा f. Dûrvâ-*Gras.*

महावराह m. 1) *der grosse Eber*, Bez. Vishṇu's in seiner Verkörperung als *Eber* RAGH. 7,53. — 2) Titel eines Werkes; vgl. महावाराह. — 3) N. pr. eines Fürsten.

*महावरोह m. *Ficus infectoria* RÂǴAN. 11,127.

महावर्ति f. *ein grosser Docht* VISHṆUS. 90,20.

महावल्ली f. 1) *eine grosse Schlingpflanze.* — 2) *Gaertnera racemosa.*

*महावस m. *Delphinus gangeticus.*

महावसु Adj. *grosses Gut besitzend.*

महावस्तु n. Titel eines Werkes.

महावाक्य n. 1) *eine grosse Menge von Sätzen, ein grosses Gefüge von Sätzen, ein literarisches Product.* Nom. abstr. °त्व n. — 2) *ein grosser Satz, — Gedanke;* Bez. von zwölf *Aussprüchen* der Upanishad's, insbes. der mystisch gedeuteten *Silben* तत्त्वम्. — 3) Titel einer Upanishad.

महावाक्यन्यास m. (BURNELL, T.), °वाक्यपञ्चीकरण n., °वाक्यमन्त्रोपदेशपद्धति f. (OPP. Cat. 1), °वाक्यमुक्तावली f., °वाक्यरत्नावलि f. (OPP. Cat. 1), °वाक्यरहस्य n., °वाक्यविचार m., °वाक्यविवरण n., °वाक्यविवेक m., °वाक्यविवेकार्थनातिविवरण n. (BURNELL, T.), °वाक्यव्याख्या f. (ebend.), °वाक्यसिद्धान्त m., °वाक्यार्थ m., °वाक्यार्थदर्पण m. (BURNELL, T.), °वाक्यार्थप्रबोध m., °वाक्यार्थविचार m. und °वाक्योपनिषद् f. (OPP. Cat. 1) Titel von Werken.

महावात m. *Sturmwind.*

महावातव्याधि m. *eine grosse Nervenkrankheit.*

महावात्सप्र n. Name eines Sâman.

*महावादिन् m. *ein Meister in gelehrtem Streite.*

महावामदेव्य n. Name eines Sâman.

महावायु m. *Sturmwind* SPR. 7731.

महावाराह m. Titel eines Werkes; vgl. महावराह 2).

महावारुणी f. Bez. *eines best. Tages.*

महावार्त्तिक n. *das grosse* Vârttika, Bez. von Kâtjâjana's Vârttika zu den Sûtra Pâṇini's.

*महावार्षिका f. *eine best. Pflanze.*

महावालखिल्य m. 1) N. pr. eines Maharshi und Bez. *einer von ihm erfundenen Versetzung von Verstheilen bei der Recitation der* Vâlakhilja ÂÇV. ÇR. 7,2,16. 8,2,18. SÂJ. zu AIT. BR. 6,28,3.

1. महावास्तु n. *ein grosser Raum* BHÂVAPR. 5,23.

2. महावास्तु Adj. *einen grossen Raum einnehmend* BHÂVAPR. 5,23.

*महावाहन *eine best. hohe Zahl* (buddh.).

महाविक्रम 1) Adj. *überaus muthig.* — 2) m. N. pr. *a)* eines Löwen. — *b)* *eines Schlangendämons.

महाविक्रमिन् m. N. pr. eines Bodhisattva.

महाविघ्न m. n. *ein grosses Hinderniss* MÂN. GṚHJ. 2,14.

महाविज्ञ Adj. *überaus verständig.*

महाविदग्ध Adj. *überaus klug* ÇIÇVATA 806.

महाविदेह 1) Adj. (f. आ) वृत्ति f. im Joga Bez. *eines bestimmten Verhaltens des* Manas. — 2) n. N. pr. eines mythischen Landes ḰAMPAKA 511.

महाविद्या f. 1) *das grosse Wissen* als Bein. *a)* der Lakshmî VP. 1,9,117. = विष्णूपासना Comm. — *b)* der Durgâ. — 2) Titel eines Mantra OPP. Cat. 1.

महाविद्यास्तोत्र n. Titel eines Stotra BURNELL, T.

*महाविद्युत्प्रभ m. N. pr. eines Schlangendämons.

महाविद्येश्वरी f. wohl *eine Form der* Durgâ.

महाविपुला f. *ein best. Metrum.*

*महाविभाषाशास्त्र n. Titel eines Werkes.

*महाविभूत *eine best. hohe Zahl* (buddh.).

1. महाविभूति f. 1) *grosse Machtäusserung, eine Fülle von Macht* Ind. St. 9,147. BHÂG. P. 5,4,1. — 2) *die grosse Göttin der Wohlfahrt*, Lakshmî BHÂG. P. 3,28,26.

2. महाविभूति Adj. *von grosser Macht* BHÂG. P. 8, 5,32.

महाविरह m. *eine schwere Trennung* PR. P. 114.

*महाविवाह *eine best. hohe Zahl* (buddh.).

*महाविशिष्ट Adj. angeblich *unter Grossen ausgezeichnet.*

1. महाविष n. *ein best. Gift.*

2. महाविष 1) Adj. *überaus giftig.* — 2) *m. *Coluber Naga.*

महाविषुव n. Bez. *eines unter bestimmten Verhältnissen eintretenden Aequinoctium.*

महाविष्णु m. *der grosse* Vishṇu.

महाविष्णुपूजापद्धति f. Titel eines Werkes.

महाविस्तर Adj. *sehr umfangreich, — ausführlich* SPR. 1721.

महाविहार m. 1) *ein grosses buddhistisches Kloster.* — 2) N. pr. *eines buddh. Klosters* auf Ceylon.

महाविहारवासिन् m. Pl. *eine best. buddhistische Secte* SCHIEFNER, TÂRAN.

महावीचि m. *eine best. Hölle.*

महावीणा f. *eine Art Laute* LÂṬJ. 4,2,3.

महावीत N. pr. 1) m. eines Sohnes des Savana VP. 2,4,73. — 2) n. des von ihm beherrschten Varsha VP. 2,4,74. — महावीर v. l.

महावीर 1) m. *a) ein grosser Held.* Auch als Beiw. Vishṇu's. — *b)* **Bogenschütze.* — *c) ein grosser irdener Topf, der über Feuer gesetzt werden kann* (namentlich beim Pravargja gebraucht). — *d) Opferfeuer.* — *e)* **Donnerkeil.* — *f)* **Löwe.* — *g)* **ein weisses Pferd.* — *h)* **der indische Kuckuck.* — *i)* **der Vogel* Garuḍa. — *k)* **Helminthostachys laciniata* RÂǴAN. 8,17. — *l)* *= ज्राटक. — *m)* N. pr. α) verschiedener Fürsten. — β) des letzten Arhant's der gegenwärtigen Avasarpiṇî. — 2) *f. आ *eine best. Knolle.*

महावीरचरित n. Titel eines Schauspiels.

महावीरचरित्र n. Titel zweier Werke.

महावीरानन्द Titel eines Schauspiels HALL in der Einl. zu DAÇAR. 30.

महावीर्य 1) Adj. *gewaltig, sehr kräftig, — wirksam.* — 2) m. *a)* **Yamswurzel* RÂǴAN. 7,86. — *b)* N. pr. α) des Indra im 4ten Manvantara. — β) *eines Buddha. — γ) verschiedener Fürsten. — δ) *eines buddh. Bhikshu. — 3) *f. महावीर्या *a) die wilde Baumwollenstaude.* — *b)* = महाशतावरी RÂǴAN. 4,128. — *c)* Bein. der Saṁǵñâ, Gemahlin des Sonnengottes.

महावीर्यपराक्रम Adj. *von grosser Macht und grossem Heldenmuth* MBH. 1,152,2.

महावृक्ष m. 1) *ein grosser Baum.* — 2) *eine Euphorbia* RÂǴAN. 8,50. ḰARAKA 7,10. — 3) *= महापीलु RÂǴAN. 11,86.

महावृक्षगलस्कन्ध Adj. *bei dem Hals und Schultern entsprechenden Theilen eines grossen Baumes gleichen* MBH. 1,152,4.

महावृद्ध Adj. *hochbetagt.*

महावृन्द n. *eine best. hohe Zahl,* = 100,000 Vṛnda.

महावृष m. 1) *ein grosser Stier.* — 2) Pl. N. pr. eines Volkes.

महावेग 1) Adj. (f. आ) *a) stark bewegt* (Meer). — *b) sich schnell bewegend, rasch fliessend* (Fluss MBH. 6,59,12), *— fliegend, überaus flink, — rasch.* — 2) *m. *a) Affe.* — *b) der Vogel* Garuḍa. — 3)

f. आ N. pr. einer der Mütter im Gefolge Skanda's.

*महावेगलब्धस्थाम m. N. pr. eines Fürsten der Garuḍa.

महावेगवती f. *eine best. Pflanze.*

महावेदि f. *die grosse* Vedi, d. i. *die ganze* Vedi. Neben उत्तरवेदि Âpast. Çr. 14,8,5. 23,11.

महावेध m. *eine best. Stellung der Hände oder Füsse* (beim Joga).

महावैपुल्य n. *grosser Umfang.* °सूत्र n. Bez. bestimmter buddh. Sûtra.

महावैर n. *grosse Feindschaft* Spr. 3781.

महावैराज 1) n. Name eines Sâman Gaut. — 2) f. ई *eine best. Begehung* (इष्टि).

महावैलस्थ Adj. etwa *in einem ganz entlegenen Schlupfwinkel gelegen.*

महावैश्वदेव m. *ein best.* Graha (*Bechervoll*).

महावैश्वानरव्रत n. Name zweier Sâman Ârsh. Br.

महावैश्वामित्र n. Name zweier Sâman Ârsh. Br.

महावैष्टम्भ n. Name eines Sâman.

महाव्याधि m. *eine schwere Krankheit.*

महाव्याहृति f. *der grosse Ausruf,* Bez. der Formel भूर्भुवः स्वः Gaut..

महाव्युत्पत्ति f. Titel eines sanskritisch-tibetischen Wörterbuchs.

महाव्यूह m. 1) *ein best.* Samâdhi. — 2) N. pr. eines Devaputra.

महाव्रण n. *eine böse Wunde.*

1. महाव्रत n. 1) *eine grosse Pflicht, Grundpflicht.* Die Ǵaina nehmen deren fünf an. — 2) *ein grosses Gelübde.* — 3) *eine grosse Begehung.* — 4) Bez. eines Sâman (Vishṇus. 56,24) oder Stotra, *das am vorletzten Tage des* Gavâmajana *zu singen ist.* Daher auch Bez. *dieses Tages* und *seiner Ceremonien.* Nach den Erklärern auch *das auf das* Stotra *folgende* Çastra. — 5) *die Regeln der* Pâçupata.

2. महाव्रत Adj. (f. आ) 1) als Erklärung von मैहिव्रत. — 2) *der grosse Pflichten —, ein grosses Gelübde übernommen hat.* — 3) *die Regeln der* Pâçupata *befolgend; m. ein* Pâçupata.

महाव्रतधर Adj. = 2. महाव्रत 2) Bhâg. P. 6,17,8.

महाव्रतवत् Adj. *mit* 1. महाव्रत 4) *verbunden.*

महाव्रतस्तोत्र n. Titel eines Werkes Opp. Cat. 1.

महाव्रतिक Adj. 1) *zu* 1. महाव्रत 4) *in Beziehung stehend.* — 2) *die Regeln der* Pâçupata *befolgend; m. ein* Pâçupata.

महाव्रतिन् 1) Adj. a) *die fünf Grundpflichten der* Ǵaina *ausübend.* — b) *die Regeln der* Pâçupata *befolgend.* — 2) m. a) *Bein. Çiva's. — b) *ein* Pâçupata.

महाव्रतीय Adj. *zu* 1. महाव्रत 4) *in Beziehung stehend.*

महाव्रात Adj. *von einer grossen Schaar begleitet.*

महाव्रीहि m. *grosser Reis* Hemâdri 1,349,21.

महाव्रीहिमय Adj. *aus grossem Reis bestehend* Hemâdri 1,305,13. 348,17.

महाश m. N. pr. eines Sohnes des Kṛshṇa.

*महाशकुनि m. N. pr. eines Ḱakravartin.

महाशक्ति 1) Adj. *überaus mächtig* (Çiva). — 2) m. a) *Bein. Kârttikeja's. — b) N. pr. eines Sohnes des Kṛshṇa.

महाशक्य m. Râǵat. 1,141 fehlerhaft für °शाक्य.

महाशङ्कु m. *der Sinus der Sonnenhöhe.*

महाशङ्ख 1) m. a) *eine grosse Muschel.* — b) *Schläfebein.* — c) **Menschenknochen.* — d) **eine best. hohe Zahl,* = 10 Nikharva. — e) **ein best. Schatz.* — f) N. pr. eines Schlangendämons. — 2) *m. n. *Stirnbein.*

महाशङ्खमय Adj. (f. ई) *aus Schläfebeinen gebildet.*

*महाशठ m. *eine Art Stechapfel* Râǵan. 10,21.

*महाशणपुष्पिका f. *eine best. Pflanze* Râǵan. 4,71.

महाशतकोटि f. Titel eines Werkes Opp. Cat. 1.

*महाशता und *°शतावरी f. *eine best. Pflanze* Râǵan. 4,122. Bhâvapr. 1,212.

महाशन 1) Adj. (f. आ) *viel essend, gefrässig* (Blutegel 217,18), *ein grosser Esser.* — 2) m. N. pr. eines Asura.

महाशनिध्वज m. *ein Banner mit einem grossen Donnerkeil* 99,5.

महाशफर m. *eine Karpfenart* Bhâvapr. 2,13.

1. महाशब्द m. 1) *lauter Ton, lautes Schreien* u. s. w. — 2) *das Wort* महा. — 3) *eine mit* महा *beginnende Würde, ein solches Amt.* Deren werden fünf angenommen Ind. Antiq. 10,250.

2. महाशब्द Adj. (f. आ) *überaus laut.*

महाशंभु m. *der grosse* Çiva.

1. महाशय m. *das Meer.*

2. महाशय Adj. *hochgesinnt, edel* (Person).

*महाशयन n. *ein hohes Lager.*

महाशय्या f. *ein prächtiges Ruhebett.*

*महाशर m. *eine Art Rohr* Râǵan. 8,83.

महाशरीर Adj. *einen grossen Körper habend* 217,17.

महाशल्क m. *eine Art Seekrabbe.*

महाशस्त्र n. *eine mächtige Waffe.*

महाशाक n. *ein best. Gemüse* Râǵan. 4,105.

महाशाक्य m. *ein grosser, vornehmer* Çâkja.

*महाशाख 1) Adj. *grosse Zweige habend.* — 2) f. आ *Uraria lagopodioides.*

महाशाखा f. *eine grosse (richtige) traditionelle Recension eines vedischen Textes.*

महाशान्ति f. 1) *eine beschwichtigende (Unheil abwendende) Begehung und Recitation.* — 2) Titel eines Werkes Opp. Cat. 1.

महाशाम्बवक m. N. pr. eines Mannes Ind. St. 15,154.

1. महाशाल m. *eine grosse Vatica robusta.*

2. महाशाल m. 1) *Besitzer eines grossen Hauses, ein grosser Hausherr.* — 2) N. pr. eines Sohnes des Ǵanameǵaja.

महाशालि m. *grosser Reis* Râǵan. 16,18.

महाशालीन Adj. *überaus bescheiden.*

महाशाल्वण n. *ein best. Heilmittel.*

1. महाशासन n. *grosse Herrschaft.*

2. महाशासन Adj. *eine grosse Herrschaft ausübend, viel zu befehlen habend.*

*महाशिम्बी f. *eine Art Dolichos* Râǵan. 7,178.

महाशिरस् 1) Adj. *grossköpfig.* — 2) m. a) *eine Schlangenart.* — b) *eine Eidechsenart.* — c) N. pr. α) eines Dânava. — β) eines Mannes.

*महाशिरःसमुद्भव m. N. pr. des 6ten schwarzen Vâsudeva bei den Ǵaina.

महाशिरोधर s. महाकायशिरोधर.

*महाशिला f. *eine best. Waffe.*

महाशिव m. *der grosse* Çiva.

महाशिवरात्रिनिर्णय m., °रात्रिव्रत n., °रात्रिव्रतनिर्णय m. und °रात्र्युद्यापन n. Titel von Werken Burnell, T.

*महाशीतवती f. N. pr. einer der fünf grossen Schutzgottheiten der Buddhisten.

*महाशीता f. *Asparagus racemosus.*

*महाशीर्ष m. N. pr. eines Wesens im Gefolge Çiva's.

महाशील m. N. pr. eines Sohnes des Ǵanameǵaja.

*महाशुक्ति f. *Perlenmuschel* Râǵan. 13,128.

*महाशुक्ला f. Bein. der Sarasvatî.

*महाशुभ्र n. *Silber* Râǵan. 13,14.

महाशूद्र 1) m. a) *ein* Çûdra *höheren Ranges, ein höherer Diener.* — b) **Kuhhirt.* — 2) *f. आ = महती शूद्रा. — 3) *f. ई *Kuhhirtin* oder *die Frau eines Kuhhirten.*

महाशून्य n. *die grosse Leere,* Bez. *eines best. geistigen Zustandes beim* Jogin.

*महाशून्यता f. *die grosse Leere*, Bez. einer der 18 *Leeren* bei den Buddhisten.

*महाशृङ्ग m. *eine Hirschart* Râǵan. 19,45.

महाशीतवती f. = महाशीतवती.

महाशैरीष n. Name zweier Sâman Ârsh. Br.

महाशैल m. 1) *ein grosser Fels*, — *Berg*. — 2) N. pr. eines *Berges*.

महाशैवतन्त्र n. Titel eines Werkes Burnell, T.

महाशोण m. N. pr. eines Flusses.

*महाशोण्डी f. *eine Achyranthes-Art*.

महाशोषिर s. महातोषिर.

महाश्मन् m. *Edelstein*.

महाश्मशान n. 1) *eine grosse Leichenstätte* 110, 25. — 2) Bein. der Stadt Benares.

महाश्यामा f. 1) *Ichnocarpus frutescens*. — 2) **Dalbergia Sissoo* Râǵan. 9,132.

महाश्रम m. N. pr. einer geheiligten *Einsiedelei*.

*महाश्रमण m. 1) Bein. Çâkjamuni's. — 2) *ein* Ǵina Gal.

महाश्रावक m. *ein grosser* Çrâvaka, — *Schüler* (Çâkjamuni's oder Ǵina's).

*महाश्रावणिका f. *eine best. Pflanze* Râǵan. 5,19.

महाश्रावणी f. desgl.; vielleicht *Sphaeranthus indicus*.

*महाश्री f. 1) Bein. der Lakshmî. — 2) N. pr. einer buddh. Göttin.

महाश्रुति m. N. pr. eines Gandharva.

*महाश्लक्ष्णा f. *Sand* Râǵan. 13,139, v. l.

महाश्व m. N. pr. eines Mannes.

महाश्वशाला f. *Obermarstall, Obermarstallamt*.

महाश्वास m. *eine best. Form des Asthma*.

महाश्वासारिन् Adj. mit लौह *ein best. Eisenpräparat* Mat. med. 52.

महाश्वेत 1) *Adj. *blendend weiss*. — 2) f. आ a) *eine best. Pflanze*. Nach den Lexicographen *Batatas paniculata, Clitoria ternatea* und *eine Achyranthes-Art*. — b) **weisser Zucker*. — c) Bein. α) der Durgâ. — β) *der Sarasvatî. — d) N. pr. eines Frauenzimmers.

*महाश्वेतघण्टी f. *eine best. Pflanze* Râǵan. 4,71.

*महाषट्पलतैल n. *eine best. Mixtur* Bhâvapr. 3,119.

महाषष्ठी f. *eine Form der* Durgâ.

महाषोढान्यास m. Bez. *einer best. Stellung der Hände und Füsse* (bei den Kaulika).

महाष्टमी f. *der achte Tag in der lichten Hälfte des* Âçvina. °निर्णय m. Titel eines Werkes.

महासंसृष्ट m. N. pr. eines fabelhaften Berges Kârand. 91,13.

महासंहिता f. *eine grosse Verbindung*.

महासंकट n. *eine grosse Gefahr*, — *Noth*.

महासंघिक fehlerhaft für °सांघिक.

*महासंज्ञा f. *eine best. hohe Zahl* (buddh.).

महासती f. *eine überaus treue Frau, ein weibliches Muster ehelicher Treue*.

महासतोबृहती f. *ein best. Metrum*.

महासतोमुखा f. desgl.

महासत्ता f. *absolutes Sein*.

महासत्त्र n. *eine grosse* Soma-*Opferfeier* Âpast.

1. महासत्त्व m. *ein grosses Geschöpf*, — *lebendes Wesen*.

2. महासत्त्व 1) Adj. a) *charakterfest*. — b) *ein grosses*, d. i. *edles Wesen habend, edel* (Person). Bei den Buddhisten stehendes Beiw. von बोधिसत्त्व. — c) *überaus muthig* 110,29. MBh. 3,178,18. — d) *grosse Thiere in sich bergend*. — 2) m. a) **ein* Buddha. — b) *Bein. Kubera's. — c) Name Çâkjamuni's als Thronerben.

3. महासत्त्व n. = महासत्ता.

महासत्त्वता f. Nom. abstr. von 2. महासत्त्व *charakterfest* und *grosse Thiere in sich bergend* Spr. 7863.

*महासत्य m. Bein. Jama's.

महासन n. *ein prächtiger Sitz*.

महासंधिविग्रह m. *das Amt eines ersten Ministers des Friedens und des Krieges*.

*महासन्न m. Bein. Kubera's.

महासन्नि m. *ein best. Tact* S. S. S. 226.

महासप्तमी f. *ein best. siebenter Tag*.

*महासमङ्गा f. *eine best. Pflanze* Râǵan. 4,98.

*महासमय Titel eines buddh. Sûtra.

*महासमाप्त *eine best. hohe Zahl* (buddh.).

महासमुद्र m. *der Ocean*.

महासंभव m. N. pr. einer buddh. Welt.

*महासंमत m. N. pr. zweier Fürsten.

*महासंमतीय m. Pl. *eine best. buddhistische Schule*.

महासंमोहन n. Titel eines Tantra Ârjav. 160,17.

महासरस्वती f. *die grosse* Sarasvatî.

महासरस्वतीद्वादशनामस्तोत्र n. Titel eines Stotra Burnell, T.

*महासरोज *eine best. hohe Zahl* (buddh.).

महासर्ग m. *eine grosse, vollkommen neue Schöpfung* (nach einem Weltuntergange).

*महासर्ज m. 1) *Terminalia tomentosa* Râǵan. 9, 138. — 2) *Artocarpus integrifolia* Râǵan. 11,32.

महासर्प n. Name verschiedener Sâman Ârsh. Br.

महासह 1) *m. *Rosa moschata* (nach Mat. med.) Râǵan. 10,103. — 2) f. आ *eine best. Pflanze* Kâraka 3,8 (महामहा gedr.). Hemâdri 1,284,11. Nach den Lexicographen *Gomphraena globosa* und *Glycine debilis* Râǵan. 3,18. 10,130. Bhâvapr. 1,200.

महासहस्रप्रमर्दन 1) *n. Titel eines buddh. Sûtra. — 2) f. ई N. pr. einer der 5 Schutzgottheiten bei den Buddhisten.

महासहस्रप्रमर्दिनी f. = महासहस्रप्रमर्दन 2).

*महासागरप्रभागम्भीरघर m. N. pr. eines Fürsten der Garuḍa.

महासांख्यायन m. N. pr. eines Lehrers.

महासांघिक m. Pl. *eine best. buddhistische Schule* Schiefner, Târan.

महासाधनभाग m. *die oberste Vollziehungsbehörde*.

महासाधु 1) Adj. *überaus gut*. — 2) f. °ध्वी = महासती.

महासांतपन m. *eine best. Kasteiung*.

महासांधिविग्रहिक m. *der oberste Minister des Friedens und des Krieges* Ind. Antiq. 11,72.

महासामन् n. *ein grosses* Sâman.

महासामन्त m. *ein grosser Vasall*.

महासामराज n. Name eines Sâman.

महासामान्य n. *Allgemeinheit im weitesten Sinne*.

महासार 1) Adj. a) *fest, stark, kräftig*. — b) *werthvoll, kostbar*. — 2) *m. *ein der Acacia Catechu verwandter Baum* Râǵan. 8,28. — 3) *n. N. pr. einer Stadt.

*महासारथि m. Bein. Aruṇa's, des *Wagenlenkers* des Sonnengottes.

महासावेतस n. Name zweier Sâman Ârsh. Br.

महासाहसिक 1) Adj. *überaus verwegen, sehr tollkühn, sehr unbesonnen zu Werke gehend* Sarvad. 26,14. — 2) m. *Räuber*.

महासाहसिकता f. *grosse Energie*. Instr. *auf ganz entschiedene Weise*.

महासाहसिन् Adj. = महासाहसिक 1) Bhâg. P. 5,24,30.

महासिंह m. 1) *ein grosser Löwe*. — b) **das fabelhafte Thier* Çarabha Râǵan. 19,3. — 3) N. pr. zweier Fürsten.

महासिंहतेजस् m. N. pr. eines Buddha.

*महासिता f. *eine Crotolaria* Râǵan. 4,70.

महासिद्ध m. *ein ganz vollendeter* Jogin, *ein Heiliger*.

महासिद्धान्त m. Titel von Ârjabhaṭa's (des jüngern) *Astronomie*.

महासिद्धि f. *eine grosse Zauberkraft*.

*महासुख 1) m. *ein* Buddha. — 2) n. *Beischlaf*.

महासुगन्ध 1) *Adj. *überaus wohlriechend*. — 2) f. आ *eine best. Pflanze*. Nach den Lexicographen *Piper Chaba* (Râǵan. 7,94) und = सर्पाक्षी.

महासुगन्धि m. *ein best. Antidoton.*

*महासुदर्शन m. N. pr. eines Kakravartin Schiefner, Târan.

महासुन्दरीतन्त्र n. Titel eines Werkes Comm. zu R. 7,17,38.

महासुपर्ण m. *ein grosser Vogel.*

महासुर 1) m. a) *ein grosser* Asura. — b) N. pr. eines Dânava Hariv. 1,3,86. — 2) f. ई a) *eine grosse Unholdin* MBh. 3,173,7. — b) Bein. der Durgâ.

महासुहय m. *ein stolzes Ross.*

1. महासूक्त n. *ein grosses Lied. Pl. die grossen Lieder im 10ten Buche des* ṚV.

2. महासूक्त m. *Verfasser der grossen Lieder.*

महासूक्ष्म 1) Adj. *überaus fein* Ind. St. 9,141. — 2) *f. आ *Sand* Râǵan. 13,139.

महासूचि Adj. व्यूह m. *eine best. Art der Truppenaufstellung in einer Schlacht.*

*महासृत m. *Kriegstrommel.*

महासेतु m. Bez. *bestimmter heiliger Silben, die vor einer mystischen Formel ausgesprochen werden.*

महासेन 1) Adj. *ein grosses Heer habend.* — 2) m. a) Bein. Skanda's Mân. Gṛhj. 2,14. — b) N. pr. verschiedener Fürsten.

*महासेननरेश्वर m. = *महसेननरेश्वर.

महासेना f. *ein grosser Heer.*

*महासेनाव्यूहपराक्रम m. N. pr. eines Jaksha.

महासोम m. *eine best. Art der* Soma-*Pflanze.*

महासौख्य Adj. *die höchste Lust empfindend* Ind. St. 10,312.

महासौर n. Titel eines Werkes Opp. Cat. 1.

महासौषिर m. *Scorbut des Mundes.*

*महास्कन्धा f. *Eugenia Jambolana* Râǵan. 11,24.

*महास्कन्धिन् m. *das fabelhafte Thier* Çarabha.

*महास्तूप m. N. pr. *eines grossen Reliquientempels der Buddhisten auf Ceylon.*

महास्तोत्र n. *das grosse* Stotra Vaitân.

महास्तोम Adj. *mit einem grossen* Stoma *versehen.*

महास्त्र n. *ein grosses, d. i. mächtiges Geschoss, ein solcher Bogen* Muṇḍ. Up. 2,2,3.

*महास्थली f. *die Erde.*

महास्थविर m. *ein Alleraltester unter den buddhistischen* Bhikshu.

महास्थान n. *ein hoher Platz, eine hohe Stellung.*

महास्थानप्राप्त (wohl fehlerhaft) und महास्थामप्राप्त (Kâraṇḍ. 1,14) m. N. pr. eines Bodhisattva. °स्थामप्राप्त als Beiw. Buddha's Lalit. 560,16.

*महास्थाल *eine best. Pflanze.*

महास्थूल Adj. *überaus grob* Ind. St. 9,141.

महास्नान n. *eine grosse Waschung* Hemâdri 1, 385,4. fgg.

*महास्नायु m. *eine grosse Arterie* Râǵan. 18,74.

*महास्नेह m. *eine Verbindung der vier Fette* Bhâvapr. 2,110.

महास्पद Adj. *gewaltig.*

महास्मृति f. *die grosse profane Ueberlieferung.* Auch als Beiw. der Durgâ.

महास्मृतिमय Adj. (f. आ metrisch) *die grosse profane Ueberlieferung in sich enthaltend.*

महास्य Adj. *grossmäulig.*

महास्रग्विन् Adj. *einen grossen Kranz tragend* (Çiva).

महास्रोतस् n. *Eingeweide, Unterleib.*

1. महास्वन m. *ein lauter Ton, lautes Getön* u. s. w. 65,1. R. 2,40,29. 3,1,25.

2. महास्वन 1) Adj. (f. आ) *laut tönend, — schallend, — schreiend* u. s. w., *laut* (Ton). — 2) m. a) **eine Art Trommel.* — b) N. pr. eines Asura.

महास्वर Adj. *laut tönend.*

महास्वाद Adj. *schmackvoll, geschmackvoll.*

महास्वामिन् m. N. pr. eines Scholiasten.

महाहंस m. Bein. Vishṇu's.

महाहनु 1) Adj. *mit grossen Kinnbacken versehen.* — 2) m. N. pr. a) eines Schlangendämons. — b) eines Dânava. — c) eines Wesens im Gefolge Çiva's.

महाहय m. N. pr. eines Fürsten.

महाहर्म्य n. *ein Prachtgebäude.*

महाहव m. *ein grosser Kampf.*

1. महाहविस् n. 1) *das Hauptopfer der* Sâkamedha *genannten Feier* Âpast. Çr. 8,12,1. — 2) *geklärte Butter.* — 3) Bein. Çiva's (vgl. हविस्).

2. महाहविस् m. N. pr. eines Hotar Maitr. S. 1, 9,5 (135,7). Taitt. Âr. 3,5,1. Çâṅkh. Çr. 10,18,5.

महाहस्त Adj. *grosshändig* (Çiva).

महाहस्तिन् Adj. dass.

1. महाहास m. *lautes Lachen.*

2. महाहास Adj. *laut lachend* R. 6,21,19.

महाहि m. *eine grosse Schlange.*

*महाहिगन्धा f. *Piper Chaba* Râǵan. 6,42.

महाहिमवन्त् m. N. pr. eines Berges.

महाहिवलय Adj. (f. आ) *eine grosse Schlange als Armband tragend* (Durgâ).

*महाहेतु *eine best. hohe Zahl* (buddh.).

महाहेमवन्त् Adj. *reich mit Gold geschmückt.*

*महाहैलिहिल P. 6,2,38.

महाह्न m. *vorgerückter Tag, Nachmittag.*

महाह्रद m. 1) *ein grosser Teich.* — 2) Bein. Çiva's. — 3) N. pr. a) eines Tîrtha Ind. St. 13,377. — b) eines mythischen *Teiches* Golâdhj. Bhuv. 35.

*महाह्रस्वा f. *Mucuna pruritus.*

1. महि s. मह्य.

2. महि 1) Adj. (nur Nom. Acc. Sg. n.) = महन्त् *gross.* — 2) Adv. *gross, hoch; sehr, viel.* — 3) m. n. *Grösse.* — 4) m. *der Intellect.* — 5) *f. = मही *die Erde.*

महिका f. 1) *Schnee, Kälte* in महिकांशु. — 2) **Nebel.* — 3) N. pr. eines Flusses VP.² 2,149.

महिकांशु m. *der Mond* Naish. 5,99.

महिकेरु Adj. *hoch preisend, viel lobend.* Nach Sâj. = प्रौढकर्मन्.

महिक्षत्र Adj. *grosse Herrschaft innehabend.*

महित 1) Adj. s. u. 1. मह्. — 2) m. a) (sc. गण) *eine best. Klasse von Manen.* — b) N. pr. α) eines Devaputra. — β) *eines Mannes. — 3) f. आ N. pr. eines Flusses. v. l. अहिता. — 4) *n. Çiva's *Dreizack.*

1. महिता s. महित 3).

2. महिता f. *Grösse.*

3. महिता f. Nom. abstr. von 2. महिन्.

महित्व n. *Grösse, Fülle, Macht.*

महित्वन n. dass. Instr. °ना auch Adv.

महिदत्त m. N. pr. eines Mannes.

महिदास m. N. pr. eines Sohnes der Itarâ Ait. Âr. 245,5 v. u.

महिदासबुध m. N. pr. eines Scholiasten. Wohl fehlerhaft. Vgl. महीदासभट्ट.

1. महिन् Adj. = महन्त् *gross, gewaltig, umfänglich.* Superl. महितम.

2. महिन् Adj. *Feste feiernd, wo Feste gefeiert werden* Nalod.

महिन 1) Adj. (f. आ) = 1. महिन्. — 2) *n. *Herrschaft.*

महिनस m. *eine Form* Rudra's.

1. महिना f. zu महिन 1).

2. महिना Instr. = महिम्ना (von महिमन्).

*महिन्धक m. 1) *Ratze.* — 2) *Ichneumon.* — 3) *der Strick am Schulterjoch, an dem die Last befestigt wird.*

महिप m. N. pr. eines Mannes.

महिम 1) am Ende eines adj. Comp. Pañkar. 4, 3,4 = महिमन् *Grösse.* Wohl fehlerhaft. — 2) f. आ (metrisch) *Grösse* u. s. w.

महिमघ Adj. *grosse Spenden — oder Schätze habend.*

महिमन् m. 1) *Grösse, Fülle, Majestät, Macht, Würde, Energie.* Instr. महिम्ना und महिना auch als Adv. *mächtig, gewaltig, gewaltsam.* — 2) *Grösse.*

so v. a. *ein mächtiges Wesen.* — 3) *die Zauberkraft sich beliebig gross zu machen.* — 4) महिम्नः स्तवः, —स्तुतिः und —स्तोत्रम् *das Lob der Majestät* (Çiva's), Titel eines Gedichts. महिम्नः स्तवराजप्रदीपः Burnell, T. — 5) Du. Bez. *zweier* Graha (*Bechervoll*) *beim* Açvamedha TBr. 3,9,10,1. Âpast. Çr. 20,12. — 6) N. pr. eines Mannes.

महिमत् Adj. *viel, reichlich.*

महिमभट्ट m. N. pr. eines Autors.

महिमसुन्दर m. N. pr. eines Mannes.

महिमा f. s. महिम 2).

महिमातंग m. Titel eines Werkes.

महिमावत् m. (sc. गण) *eine best. Gruppe von Manen.*

महिमार m. N. pr. eines Fürsten.

*महिर m. *die Sonne.*

*महिरकुल m. N. pr. eines Fürsten. Vgl. मिहिरकुल.

महिरत्न Adj. *grosse Kostbarkeiten besitzend* ṚV. 1,141,10.

महिला f. 1) *Frau, Weib* Bhâm. V. 2,66. — 2) **ein betrunkenes Weib.* — 3) **ein best. wohlriechender Arzeneistoff* Râǵan. 6,113. = प्रियङ्गु Bhâvapr. 1,192. — 4) N. pr. eines Flusses Ind. St. 15,252.

*महिलाह्वया f. = महिला 3).

महिलारोप्य n. N. pr. einer Stadt im Süden. Vgl. मिहिला°.

महिवृध् Adj. etwa *hoch sich freuend.* Nach Sâj. = महतां धनानां वर्धयिता.

महिव्रत Adj. *gewaltig* — oder *weit herrschend.*

महिष 1) Adj. (f. महिषी) *gewaltig.* सुपर्ण m. *die Sonne,* मृग m. *der Büffel.* — 2) m. a) *Büffel.* — b) *ein grosser Priester* (nach Mahîdh.). — c) N. pr. α) Pl. eines Volkes. — β) eines Asura, den Durgâ (oder Skanda) erschlägt. — γ) eines Sâdhja. — δ) eines Mannes. — ε) eines Gebirges in Çâlmaladvîpa VP. 2,4,27. — 3) f. महिषी a) *Büffelkuh.* — b) Bez. *ausgezeichneter Frauen,* insbes. *der ersten Gemahlin eines Fürsten* (auch Pl. st. Sg.); auch *Gemahlin eines Fürsten* überh. und *Weibchen* (eines Vogels). समुद्रस्य Bez. der Jamunâ. — c) **ein liederliches Weib* und *das Geld, welches man aus der Prostitution seines Weibes löst.* — d) **eine best. Heilpflanze.*

महिषक m. Pl. N. pr. eines Volkes.

*महिषकन्द m. *ein best. Knollengewächs.*

महिषग Adj. *auf einem Büffel reitend* (Jama) Varâh. Brh. S. 58,57.

महिषघ्नी f. Bein. der Durgâ Hemâdri 1,674,6.7.

महिषचर Adj. *auf einem Büffel reitend* (Jama) Kâṇḍak. 20,7.

महिषत्व n. *der Zustand eines Büffels.*

*महिषध्वज m. Bein. Jama's.

महिषपाल und °क m. *Büffelhirt.*

*महिषमथनी f. Bein. der Durgâ.

महिषमर्दिनी f. 1) dass. — 2) *ein an sie gerichteter Spruch.*

महिषयमन m. Bein. Jama's Dhûrtan. 14

*महिषवल्ली f. *eine best. Schlingpflanze.*

*महिषवाहन m. Bein. Jama's.

महिषशतक n. Titel eines Gedichts Opp. Cat. 1.

*महिषाक्ष und *°क m. *eine Art Bdellium.*

महिषानना f. N. pr. einer der Mütter im Gefolge Skanda's.

महिषार्दन m. Bein. Skanda's.

महिषासुरघातिन् 1) Adj. *der den* Asura Mahisha *erschlagen hat.* — 2) f. °नी Bein. der Durgâ.

*महिषासुरजोत्थ m. *eine Art Räucherwerk* Gal.

महिषासुरमर्दिनी f. Bein. der Durgâ. °स्तोत्र n. Burnell, T.

*महिषासुरसंभव m. *eine Art Bdellium* Râǵan. 12,114

महिषासुरसूदिनी f. Bein. der Durgâ.

महिषासुरापहा f. desgl. Hariv. 2,120,43.

महिषासुरार्दिनी f. desgl.

महिषि m. Pl. N. pr. eines Volkes VP.² 4,214.

*महिषीकन्द m. = महिषकन्द Râǵan. 7,78.

*महिषीगोष्ठ n. *ein Stall für Büffelkühe* P. 5,2,29, Vârtt. 3, Sch.

महिषीदानमन्त्र m. *ein best. Spruch* Burnell, T.

महिषीदानविधि m. Titel eines Werkes Burnell, T.

महिषीप m. N. pr. eines Mannes Ind. St. 14,126.

*महिषीपाल m. *Hüter von Büffelkühen.*

*महिषीप्रिया f. *eine Grasart* Râǵan. 8,150.

महिषीभाव m. *der Zustand einer Büffelkuh.*

महिषीशतक n. Titel eines Gedichts Burnell, T.

महिष्ठ Adj. *der grösste.*

महिष्मत् 1) *Adj. *reich an Büffeln.* — 2) m. N. pr. eines Fürsten. — 3) f. °ती *ein best. lunarer Tag,* personificirt als eine Tochter des Añgiras.

महिस्वणि Adj. *geräuschvoll.*

महिष्वत् Adj. etwa *ergötzend, erquickend.* Nach Sâj. = ऋबीस.

1. मही f. s. u. 2. मह्.

2. मही Adv. mit कर् *gross machen, erhöhen.*

महीकम्प m. *Erdbeben.*

महीक्षित् m. *Fürst, König.*

महीचन्द्र m. N. pr. eines Fürsten.

महीचर und °चारिन् Adj. *auf der Erde wandelnd, — gehend.*

महीज 1) Adj. von Pferden wohl so v. a. *aus der Steppe stammend.* — 2) m. a) *Pflanze, Baum.* — b) Metron. *des Planeten Mars.* — 3) *n. *frischer Ingwer* Râǵan. 6,28.

महीजीवा f. *der Horizont* Golâdhj. 13,34.

महीतट N. pr. einer Oertlichkeit.

महीतपत्तन (!) N. pr. einer *Stadt.*

महीतल n. *Erdboden.*

महीदासभट m. N. pr. eines Scholiasten.

महीदुर्ग Adj. *durch die Beschaffenheit des Bodens schwer zugänglich; n. ein solcher Ort* M. 7,70. MBh. 12,86,5.

महीधर 1) Adj. *die Erde tragend.* — 2) m. a) *Berg.* — b) Bein. Vishṇu's VP. 5,5,21. — c) N. pr. α) eines Devaputra. — β) verschiedener Männer.

महीधरदत्त m. N. pr. eines Mannes.

महीध्र m. 1) *Berg.* — 2) Bez. *der Zahl sieben.* — 3) Bein. Vishṇu's (*Erhalter der Erde*).

महीध्रक m. N. pr. eines Fürsten. v. l. महान्ध्रक.

महीन und महीनाथ m. *Fürst, König.*

महीन्द्र m. dass. महीन्द्रेन्द्र m. *ein* Indra *unter den Fürsten* 46,3.

महीप m. 1) *Fürst, König.* — 2) N. pr. eines Lexicographen.

महीपतन n. *das zur Erde Fallen, eine demüthige Verneigung bis zur Erde.*

महीपति m. *Fürst, König.* Nom. abstr. °त्व n.

महीपाल m. 1) dass. — 2) N. pr. verschiedener Fürsten. Auch °देव.

महीपालपुत्र m. *Prinz.*

महीपुत्र m. 1) *Sohn der Erde.* — 2) *der Planet Mars.*

महीपृष्ठ n. *Erdboden* 166,4.

महीप्रकम्प m. *Erdbeben.*

महीप्ररोह m. *Baum.*

*महीप्राचीर m. n. und *महीप्रावर m. *das Meer.*

महीभट्ट m. N. pr. eines Grammatikers.

महीभर्तर् m. *Fürst, König.*

महीभार m. *eine Last für die Erde.*

महीभुज् m. *Fürst, König.*

महीभृत् m. 1) *Berg.* — 2) *Fürst, König.*

महीमघवन् m. *Fürst, König* Naish. 8,1.

महीमण्डल n. *der Umkreis der Erde, die ganze Erde* Kâd. 259,8.

महीमय Adj. (f. ई) *irden.* नौ f. *die Erde als Schiff.*

महीमहिकांशु m. *ein Mond auf Erden, ein glänzender Fürst* Naish. 5,99.

महीमहेन्द्र m. *Fürst, König.*

महीमृग m. *eine irdische Gazelle* (Gegens. तारामृग).

महीय्, महीयते (einmal महीयसे) 1) *fröhlich —, ausgelassen —, übermüthig —, selig sein.* — 2) *sich hoch erheben* (von einem Hause). — 3) *gedeihen.* — 4) *hoch in Ehren stehen bei* (Gen.). — 5) *hoch in Ehren halten* Bhaṭṭ.

महीयंस् Adj. *major, grösser, mächtiger* u. s. w.; *recht gross* u. s. w. °हास m. *sehr lautes Lachen.* °कुल n. *ein vornehmes Geschlecht* Bâlar. 78,21.

महीया 1) *Lustigkeit.* Nach dem Comm. zu TS. = पूजा. महीयै Dat. Ṛv. 1,113,6. — 2) Bez. *des Verses* TS. 3,2,5,4 Âpast. Çr. 13,22,5. Comm. zu 8,8,18.

महीयु Adj. *fröhlich, lustig.*

महीरजस् n. *Erdstaub, Sandkorn.*

महीरण m. N. pr. eines Sohnes des Dharma und eines der Viçve Devâs.

महीरत m. N. pr. eines Fürsten. ब्रह्मीनर v. l.

महीरन्ध्र n. *ein Loch in der Erde.*

महीरुह् m. (Nom. °रुट्) *Pflanze, Baum.*

महीरुह m. 1) dass. — 2) **Tectona grandis.* Richtig महीसह.

*महीलता f. *Regenwurm.*

*महीला f. *Weib.*

महीलुका f. *Kuh.*

महीवल्लभ m. *Fürst, König* Daçak. 13,7.

महीशासक m. Pl. *eine best. buddhistische Schule* Schiefner, Târan.

महीश्वर m. *Fürst, König.*

महीसंगम m. N. pr. einer Oertlichkeit.

*महीसह m. *Tectona grandis* Râǵan. 9,130.

महीसुत m. Metron. *des Planeten Mars.*

महीसुर m. *ein Gott auf Erden, ein Brahmane.*

*महीसूनु m. Metron. *des Planeten Mars.*

महीस्वामिन् m. *Fürst, König* Pańkad.

महे Dat. Infin. *zur Freude, zum Ergötzen* Ṛv. 1,62,2 u. s. w.

महेच्छ Adj. *nach Grossem strebend* (Ragh. 18, 32), *ehrgeizig.* Nom. abstr. °ता f. *Ehrgeiz.*

महेत्थ N. pr. eines Landes.

महेनदि Voc. zu महिनदी (nicht zu belegen) *ein grosser Fluss* Ṛv.

महेन्द्र 1) m. *a) der grosse* Indra. Auch übertragen auf Vishṇu und Çiva. — *b) ein best. Stern.* — *c) Oberhaupt.* — *d)* **eine best. hohe Zahl* (buddh.). — *e)* N. pr. α) zweier Fürsten. — β) eines Gebirges. — 2) महेन्द्रा f. N. pr. eines Flusses. — 3) *f. महेन्द्री *eine best. Pflanze.*

*महेन्द्रकदली f. *eine Pisang-Art.*

महेन्द्रकेतु m. Indra's *Banner.*

महेन्द्रगुप्त m. N. pr. eines Fürsten.

महेन्द्रगुरु m. *der Planet Jupiter* Varâh. Bṛh. 4,21. Jogaj. 4,31.

महेन्द्रचाप m. *Regenbogen.*

महेन्द्रत्व n. *der Name —, die Würde des grossen* Indra.

महेन्द्रदेवी f. Indra's *Gattin* Javaneçvara bei Utpala zu Varâh. Bṛh. 2,5.

महेन्द्रध्वज m. Indra's *Banner.*

*महेन्द्रनगरी f. Indra's *Stadt* Amarâvatî.

महेन्द्रपाल m. N. pr. eines Fürsten Vorrede zu Bâlar. 1,8.

महेन्द्रमन्त्रिन् m. *der Planet Jupiter.*

महेन्द्रमन्दिर n. Indra's *Palast* Vikr. 35,2.

महेन्द्रमहोत्सव m. *ein grosses Fest zu Ehren* Indra's.

महेन्द्रयागप्रयोग m. Titel eines Werkes Burnell, T.

महेन्द्रयाजिन् Adj. *der dem grossen* Indra *opfert, ihn verehrt* Mân. Çr. 1,1,1.

महेन्द्रवर्मन् m. N. pr. eines Fürsten Ind. Antiq. 8,277.

*महेन्द्रवारुणी f. *eine best. Pflanze* Râǵan. 3,61.

महेन्द्रशक्ति m. N. pr. eines Mannes.

महेन्द्रसिंह m. N. pr. eines Fürsten.

महेन्द्राणी f. *die grosse Gattin* Indra's, Çakî.

महेन्द्रादित्य m. N. pr. eines Fürsten.

महेन्द्राद्रि m. N. pr. eines *Gebirges* Bhâg. P. 10, 79,12.

*महेन्द्रिय Adj. *dem grossen* Indra *geweiht* u. s. w.

महेन्द्रीय Adj. dass.

महेभ्य m. *ein sehr reicher Mann, Kapitalist* Kampaka 242 u. s. w.

महेमते Voc. zu महिमति (nicht zu belegen) *grossgesinnt* Ṛv.

*महेरणा und *महेरुणा f. *Boswellia thurifera.*

महेला und *महेलिका f. *Weib, Frau.*

महेवृध् Adj. v. l. zu महिवृध्.

महेश m. 1) *der grosse Herr, Gott.* — 2) Bein. Çiva's. — 3) N. pr. *a)* einer buddhistischen Gottheit. — *b)* verschiedener Männer.

महेशतीर्थ m. N. pr. eines Scholiasten des Râmâjaṇa.

महेशनेत्र n. Çiva's *Augen,* Bez. *der Zahl drei.*

*महेशबन्धु m. *Aegle Marmelos.*

महेशाख्य Adj. *ein grosser Herr heissend, vornehm* Lalit. 26,16. Saddh. P. 100,6. Ind. St. 10,315.

महेशान Bein. 1) m. Çiva's. — 2) f. ई der Pârvatî.

महेशितर् m. Bein. Çiva's.

महेश्वर 1) m. *a) ein grosser Herr, Oberherr, Haupt.* — *b) Gott.* — *c)* Bez. α) Çiva's. — β) Vishṇu's. — γ) Pl. der Welthüter Indra, Jama, Agni und Varuṇa. — *d)* N. pr. α) eines Devaputra. — β) verschiedener Männer. — 2) f. ई *a)* Bein. der Durgâ. — *b)* Name der Dâkshâjaṇî in Mahâkâla. — *c)* **eine Art Messing* Râǵan. 13,29. — *d)* **Clitoria ternatea.*

*महेश्वरकारच्युता f. Bein. des Flusses Karatojâ.

महेश्वरतीर्थ m. N. pr. eines Scholiasten des Râmâjaṇa.

महेश्वरत्व n. Nom. abstr. zu महेश्वर 1) *a).*

महेश्वरदत्त m. N. pr. eines Kaufmanns Hem. Par. 2,314.

महेश्वरदीक्षित m. N. pr. eines Gelehrten. °दीक्षितीय n. Titel seines Werkes Opp. Cat. 1.

महेश्वरदीप m. Titel eines Werkes Opp. Cat. 1.

महेश्वरन्यायालंकार m. N. pr. eines Gelehrten.

महेश्वरभट्ट m. desgl. °भट्टीय n. Titel seines Werkes Opp. Cat. 1.

महेश्वरलिङ्ग n. Name eines Linga.

महेश्वरवैद्य m. N. pr. eines Lexicographen.

महेश्वरसिद्धान्त m. *das von* Çiva *geoffenbarte heilige Buch der* Pâçupata.

महेश्वरीय n. Titel eines Werkes Opp. Cat. 1.

1. महेषु m. *ein grosser Pfeil.*

2.*महेषु Adj. *mit einem grossen Pfeil bewaffnet.*

महेषुधि f. *ein grosser Köcher* MBh. 3,37,18. 167,21.

महेष्वास m. *ein grosser Bogenschütze.*

महैकोद्दिष्ट n. *eine best. Todtenfeier.*

महैतरेय n. Titel eines vedischen Textes.

*महैरण्ड m. *eine Ricinus-Art* Râǵan. 8,60.

*महैला f. *grosse Kardamomen.*

महैश्वर्य n. *grosse Macht.*

महोक्ष m. *ein grosser, ausgewachsener Stier* Râǵan. 19,26. Nom. abstr. महोक्षता f.

महोच्छ्रय Adj. *sehr hoch, — gross* R. 3,74,14.

महोच्छ्रायवत् Adj. dass. Pańkat. 104,6.

*महोटिका und *महोटी f. *die Eierpflanze* Râǵan. 4,23. Bhâvapr. 1,198.

*महोत्का f. *Blitz.* Richtig wohl महोल्का.

महोत्तम etwa *Wohlgeruch.*

महोत्पल 1) n. *die Blüthe von Nelumbium speciosum.* — 2) f. आ Name der Dâkshâjaṇî in Kamalâksha.

*महोत्सङ्ग *eine best. hohe Zahl* (buddh.).

महोत्सव m. 1) *ein grosses Fest.* Am Ende eines adj. Comp. f. आ. — 2) **der Liebesgott.*

महोत्सविन् Adj. *grosse Feste feiernd* HEMÂDRI 1,383,13.

महोत्साह Adj. 1) *eine grosse Macht besitzend.* — 2) *einen festen Willen habend, von grosser Energie,* — *Ausdauer.*

महोदधि m. *Meer, Ocean* (es werden deren 4 angenommen). Neben समुद्र 81,2.

महोदधिज m. *Muschel.*

1. महोदय m. 1) *grosses Glück, grosser Segen.* — 2) **Oberherrschaft.* — 3) **die letzte Befreiung der Seele.*

2. महोदय 1) Adj. *a) grosses Glück verleihend, sehr segensreich.* — *b) sich überaus glücklich fühlend.* — 2) m. *a) *Herr, Besitzer.* — *b) *saure Milch mit Honig.* — c) N. pr. α) verschiedener Männer. — β) eines Berges. — 3) (*m. f. आ) n. Bein. der Stadt Kânjakubǵa BÂLAR. 306,6. — 4) f. आ *a)* **Uraria lagopodioides* RÂǴAN. 4,105. — *b)* N. pr. α) einer mythischen Stadt auf dem Meru. — β) eines Saales in der Mondwelt.

महोदयस्वामिन् m. Name eines von einem Mahodaja errichteten Heiligthums.

1. महोदर n. *Wasserbauch, Bauchwassersucht* Ind. St. 14,375.

2. महोदर 1) Adj. (f. ई) *dickbäuchig* ḰARAKA 1,27 (S. 196 ed. Calc.). — 2) m. N. pr. *a)* eines Schlangendämons. — *b)* eines Dânava. — *c)* eines Râkshasa. — *d)* verschiedener Männer. — 3) f. ई *a)* **Asparagus racemosus* BHÂVAPR. 1,212. — *b)* N. pr. einer Tochter Maja's VP.[2] 2,72.

महोदरमुख m. N. pr. eines Wesens im Gefolge der Durgâ.

महोदरेश्वर n. Name eines Linga.

महोदर्य m. N. pr. eines Mannes MBH. 13,166, 52. v. l. महोदर.

महोद्यम Adj. 1) *sich stark anstrengend, arbeitsam, fleissig.* — 2) *beflissen, eifrig mit Etwas beschäftigt;* die Ergänzung ein Infin. oder ein Nom. act. im Dat.

महोधस् Adj. *ein grosses Euter habend,* so v. a. *reich an Wolken,* — *Wasser* (Parǵanja).

महोन्नत 1) Adj. *überaus hoch.* — 2) *m. *die Weinpalme.*

महोन्नति f. *hohe Stellung, hoher Rang.*

*महोन्मद m. *ein best. Fisch.*

महोन्मान Adj. *umfänglich* oder *gewichtig.*

महोपनिषद् f. Titel einer Upanishad. °षदीपिका f. Titel eines *Commentars* dazu.

महोपनिषद् n. *eine grosse Geheimlehre.*

महोपमा f. N. pr. eines Flusses. v. l. महापगा.

महोपाध्याय m. *ein grosser Lehrer.*

*महोपासक m. s. u. महापासक.

महोरग m. 1) *eine grosse Schlange, ein grosser Schlangendämon.* *Bei den Ǵaina bilden sie eine Klasse der Vjantara. — 2) *n. *die Wurzel der Tabernaemontana coronaria.*

महोरगलिपि f. *eine best. Art zu schreiben.*

महोरस्क Adj. *weitbrüstig.*

महोर्मिन् Adj. *stark wogend* MBH. 3,20,17.

महोल्का f. 1) *ein grosser Feuerbrand.* — 2) *ein grosser Meteor.*

महोविशीय n. प्रजापतेः °ये Name zweier Sâman ÂRSH. BR.

महोष्ठ Adj. *starklippig* (Çiva).

महौघ 1) Adj. (f. आ) *eine starke Strömung habend* KATHÂS. 65,20. — 2) m. N. pr. eines Sohnes des Tvashṭar.

महौजस् 1) Adj. *voller Lebenskraft, überaus kräftig,* — *mächtig.* — 2) m. N. pr. *a)* eines Fürsten. — *b)* Pl. eines Geschlechts oder einer Völkerschaft.

*महौजस 1) n. Vishṇu's *Discus.* — 2) f. ई *eine best. Pflanze,* = तेजस्विनी DHANV. 1,103.

*महौजस्क Adj. = महौजस् 1).

*महौदनी f. *Asparagus racemosus* RÂǴAN. 4,120.

महौदवाहि m. N. pr. eines vedischen Lehrers.

महौषध n. 1) *ein überaus wirksames Heilmittel.* — 2) Bez. *bestimmter wirksamer Heilmittel.* Nach den Lexicographen *getrockneter Ingwer, Allium ascalonicum, langer Pfeffer, Aconitum ferox, Yamswurzel,* = भूम्याहुल्य und वत्सनाभ RÂǴAN. 4,173. 5,62. 6,225.

महौषधि und °धी f. 1) *eine überaus wirksame Heilpflanze* SUÇR. 2,171,15. 19. Leuchtet RAGH. 9, 70. — 2) °धि *a)* **Dûrvâ-Gras.* — *b)* **Mimosa pudica.* — *c)* N. pr. einer Nâga-Jungfrau KÂRAṆḌ. 4,2. — 3) *f. °धी *Hingtscha repens, Aconitum ferox, getrockneter Ingwer,* = कटुका, ब्राह्मी und श्वेतकण्टकारी RÂǴAN. 4,34. 6,33. 136. 7,86. 8,109.

मह्ला s. मह्वा.

मह्वा f. *ein best. Ausruf* (मह्वा GOBH. 3,2,23); Pl. Bez. *der* Mahânâmnî-*Verse* TÂṆḌJA-BR. 13, 4,1. मह्वा ÂRSH. BR. 2,26.

मह्मदखान m. N. pr. = محمد خان.

मह्नन् m. *Grösse* AV. 10,2,6.12.

मह्य 1) Adj. *hoch in Ehren stehend.* — 2) m. Pl. N. pr. eines Volkes VP.[2] 2,165. — 3) मह्या s. u. मह्वा.

मह्यम् Dat. zu अहम् *ich.*

मह्युत्तर m. Pl. N. pr. eines Volkes. समन्तर und ब्रह्मोत्तर v. l.

मह्लण m. N. pr. eines Fürsten.

मह्लणस्वामिन् m. Name eines von Mahlaṇa errichteten Heiligthums.

मह्लापुर n. N. pr. einer *Stadt.*

1. मा Adv. Conj. *nicht* (in prohibitiven Sätzen), *dass nicht, ach wenn doch nicht, damit nicht.* 1) mit Conj. Imperf., insbes. Aor.; ausnahmsweise auch mit Aor. Indic. (mit Augment, namentlich im Epos). Auch मा मा; in der Bed. *damit nicht* auch यथा मा und मा-यथा. Bemerkenswerth ist der Gebrauch des Wortes im Satze मा भूदागतः (*sollte er nicht in diesem Augenblick gekommen sein?*) und in Verbindung mit कथम् (*wie sollte nicht sein?* u. s. w.). मा न mit Aor. Conj. so v. a. Imperativ ohne Negation 109,4. 5. 14 (BHAṬṬ.). — 2) mit Imperat. मैवं मैवम्-भव 105,29. गच्छ वा मा वा so v. a. *gleichviel, ob du gehst oder nicht;* ähnlich भवतु मा वास्तु, सत्तु मा सत्तु वा, देहि मा देहि वा, निर्यातु मा यातु वा. मा कथं नु भवतु *wie sollte nicht sein?* BÂLAR. 30,10. — 3) mit Potent. — 4) mit Prec. nur einmal. — 5) mit Fut. in der Bed. *damit nicht.* — 6) mit dem Praes. von अर्ह् metrisch, aber auch ungenau für न. — 7) mit einem Partic. praes. मा जीवन् *der verdient nicht zu leben* ÇIÇ. — 8) mit einem Partic. praet. गतः स मा। वत्तः किंचिद्गृहीत्वा so v. a. *er wird doch nicht beim Weggange Etwas von dir erhalten haben?* — 9) mit einem Partic. fut. pass. BHÂG. P. — 10) elliptisch ohne Verbum *nicht so!* Auch मैवं मैवम् (333,29), मा मा, मा तावत्, मा ते विचारणा (sc. भूत्), मा शब्दः (v. l. शब्दम्) *keinen Lärm gemacht;* मा नाम रक्षिणः *wenn es nur nicht die Wächter sind!* — 11) मो (मा उ) *und nicht* (prohibitiv). — 12) मा स्म mit Conj., insbes. Aor. (ausnahmsweise auch mit Augment), und Imper. (58,1) *nicht* (prohibitiv) und *damit nicht* (Aor.). स्म मो-मो (मो ÇAT. BR.) स्म 29,23.

2. मा enklitischer Acc. zu अहम् *ich.*

3. मा माति, मिमीते (auch Act. मिमीहि u. s. w.), *मायते; मीयते Pass. 1) *messen, abmessen, ausmessen.* — 2) *durchmessen* (eine Bahn). — 3) *abmessen,* so v. a. *durch Grenzen abstecken, begrenzen.* — 4) *abmessen gegen, vergleichen mit* (Instr.). — 5) माति *dem Maasse entsprechen,* so v. a. *gross —, lang genug sein für* (Gen.). — 6) माति *dem Maasse entsprechen,* so v. a. *Raum finden —, hin-*

eingehen in (Loc.). — 7) माति mit न ausser sich sein vor (Instr.) VIKRAMÂÑKAK. 2,79. — 8) zumessen, zutheilen, gewähren. — 9) Jmd (Acc.) verhelfen zu (Dat.). — 10) zurichten, zubereiten; bilden, verfertigen; bauen, machen. — 11) entfalten, offenbaren, zeigen. — 12) sich entfalten, sich bilden. — 13) folgern, schliessen. — 14) * = याच्ञाकर्मन्. — 15) मित a) so und soviel (Acc.) messend, aus so und so viel bestehend. — b) im Maasse, an Zahl u. s. w. gleichkommend mit (Instr. oder im Comp. vorangehend). — c) abgemessen, so v. a. begrenzt durch (Instr.). — d) abgemessen, so v. a. mässig, kärglich, wenig, kurz, klein. — e) ermessen, erkannt, erforscht. — Caus. मापयति 1) messen lassen, messen, abmessen, ausmessen. — 2) bauen lassen, bauen, herrichten ÂPAST. 2,25,2. MÂN. GṚHJ. 2,11. — Desid. मित्सति (s. u. निस्), * °ते. — *Intens. मेमीयते. — Mit अनु 1) im Maasse nachstehen, nicht gleichkommen an (Acc.) mit (Dat.). — 2) abmessen; Pass. gemessen —, bestimmt werden ÂRJABH. 3, 1. — 3) sich von Jmd oder Etwas (Acc.) eine Vorstellung machen, sich Etwas (auch Gen. BHÂG. P.) denken, — als oder wie (Acc. mit इव oder यथा; MBH. 12, 51,8 ist वपुः zu मघस्य zu ergänzen). अनुमित wovon man sich eine Vorstellung gebildet hat, was man sich gedacht hat. — 4) aus Etwas (Abl. oder Instr.) schliessen auf (Acc.), erschliessen, folgern, schliessen, dass ist (mit doppeltem Acc.). Praes. nur in den reduplicirten Formen (अनुमिमीरन् Comm. zu GAIM. 1,3,2) und अनुमिनोति (s. u. 1. मि mit अनु). अनुमित geschlossen, gefolgert. — Caus. bewirken, dass man auf Etwas (Acc.) schliesst, — dass man Etwas folgert, beweisen KÂD. 148,19. — Mit अप abmessen AV. 18,2,40. 19,57,6 (Conj.). — Mit अभि darauf messen ÂPAST. ÇR. 12,9,3. — Mit अव abmessen. — Mit उद्, उन्मित messend, das Maass von (im Comp. vorangehend) habend. — Mit उप 1) Act. Med. zutheilen, verleihen. — 2) Med. vergleichen mit (Instr.) 249,29. उपमित verglichen, gleichgesetzt, gleich (250,30). — 3) Pass. zu Passe kommen, von Nutzen sein. — Mit नि 1) anbilden. — 2) निमित a) dem Maasse nach bestimmt, gemessen; vgl. चतुर्निमित und दुर्निमित. — b) veranlasst durch (Instr.). — Mit *परिणि und *प्रणि. — Mit निस् 1) ausmessen AV. 18,2, 42. — 2) herausbilden, herstellen, machen aus (Abl. oder Instr.), verfertigen, bauen, schaffen, bilden überh. — 3) verfassen. — 4) Reden bilden, so v. a. führen. — 5) hervorbringen, bewirken. — 6) an den Tag legen, zeigen. — 7) निर्मित a) hergestellt, gemacht, verfertigt, erbaut, geschaffen, gebildet überh., — von (Instr. oder im Comp. vorangehend), — aus (Abl., Instr. [122,28. 137,5. 152,19] oder im Comp. vorangehend). — b) bewirkt. — c) begangen, gefeiert. — d) festgesetzt, bestimmt, eingeführt, eingesetzt. — e) abgesondert, für sich stehend. — Caus. verfertigen —, bauen —, schaffen —, bilden lassen. — Desid. निर्मित्सति zu bauen —, zu verfertigen beabsichtigen NAISH. 2,36. — Mit अभिनिस् 1) hervorbringen, insbes. durch Wunderkraft schaffen LALIT. 80,11. 111, 1. KÂRAṆḌ. 32,17. 43,15. 45,11. 46,21. Präsens °मिमीते; vgl. 1. मि mit अभिनिस्. °निर्मित gebaut, geschaffen (LALIT. 230,15), gebildet. — 2) verfassen. — Mit परिनिस्, °निर्मित 1) verfertigt, gebildet, geschaffen. Als Beiw. Vishṇu's VISHṆUS. 98,50. — 2) abgegrenzt, abgesteckt. — 3) festgesetzt, bestimmt. — Mit विनिस् 1) verfertigen, bauen, schaffen, bilden, — aus (Abl. oder Instr.). — 2) °निर्मित a) verfertigt, geschaffen, gebildet, — aus (Abl. [HEMÂDRI 1,533,17] oder im Comp. vorangehend), angelegt (Garten). — b) bestimmt, festgesetzt, — als (Nomin.). — c) begangen, gefeiert. — Mit प्रविनिस्, °निर्मित verfertigt aus (im Comp. vorangehend) Ind. St. 14,385. — Mit संनिस्, संनिर्मित zusammengesetzt aus (Abl.). — Mit परि 1) ringsum messen, durchmessen, erfüllen, umfassen mit (Instr. NAISH. 2,35). — 2) bemessen, ermessen. — 3) परिमित a) bemessen, umschrieben, begrenzt, dem Maasse oder der Zahl nach genau bestimmt. — b) beschränkt, so v. a. wenig. — Mit प्र 1) messen, abmessen, abschätzen AV. 18, 2, 39. SUÇR. 2, 151, 21. प्रमित a) gemessen; am Ende eines Comp. so und so viel messend, so und so gross u. s. w. मास° so v. a. einmal im Monat vorkommend. — b) abgemessen, so v. a. mässig, gering, wenig. — 2) bilden, schaffen, zurechtmachen. — 3) sich eine richtige Vorstellung bilden über (Acc.). प्रमित worüber man sich eine r. V. gebildet hat. — Mit प्रति 1) nachbilden, nachahmen. — 2) प्रतिमित wieder gespiegelt, sich abspiegelnd. — Mit वि 1) ausmessen ÇULBAS. 3,69. — 2) durchzählen, zählen. — 3) durchmessen, durchlaufen. — 4) anordnen, fertigmachen, festsetzen. — Mit अभिवि Pass. bei sich vorausgesetzt werden ÇAṄK. zu KHÂND. UP. S. 223 und zu BÂDAR. 1,2,32. — Mit सम् 1) messen, abmessen. — 2) nach dem Maasse eines Andern (Instr.) machen, gleichmachen (an Grösse, Zahl u. s. w.), nachbilden. — 3) vergleichen mit (Instr.). — 4) zumessen, zutheilen. — 5) अधंवांसि etwa den Lauf —, die Fahrt richten. — 6) संमाति und Pass. संमीयते Platz finden —, hineingehen in (Loc.) ÇAṄK. zu BÂDAR. 2,2,34. — 7) संमित a) abgemessen; genau so viel messend, gerade so gross, — viel. — b) gleichgemacht, gleichkommend, gleich lang, — breit, — hoch, — weit, entsprechend, angemessen; aussehend wie, geltend für; die Ergänzung im Instr. (ausnahmsweise Gen.) oder im Comp. vorangehend. — c) vielleicht symmetrisch. — d) versehen mit, bestehend aus (Instr. oder im Comp. vorangehend). — e) bestimmt zu (im Comp. vorangehend). — 8) संमितम् Adv. durchgängig, stets KÂRAṆḌ. 13,5. fgg. 64,20. Richtig समितम्.

4. मा f. 1) Maass. — 2) ein best. Metrum. — Vgl. 2. म 2).

5. मा (मी), मिमाति, °मिमीयात्, *मिमीते, *मीमति, मीमयति (zu belegen nur मीमयत्), अमीमेत्; blöken, brüllen (namentlich von Kühen und Kälbern). — Intens. Partic. मेम्यत् (मेमिग्रत्) blökend (vom Bock). — Mit अनु blöken zu, — nach (Acc.). — Mit आ anblöken. — Mit *परिणि und *प्रणि, °मिमीते.

6. मा, मयते tauschen. Simplex nicht zu belegen. — *Desid. मित्सते. — Mit अप 1) durch Tausch vergüten, heimgeben. Nur अपमित्य. — 2) *abwechseln. अपमित्य याचते oder याचित्वापमयते er bettelt abwechselnd P. 3,4,19, Sch. — *Desid. अपमित्सते. — Mit नि vertauschen gegen (Instr.). — Mit *परिणि und *प्रणि, °मयते. — Mit विनि in °मय. — Mit वि Pl. etwa sich gegenseitig abwechseln ṚV. 10,40,10. v. l. AV.

7. मा in einigen Formen von 1. मि und 1. मी.

8. मा Monat im Loc. मासु TS. 7,5,2,2.

माश्चत्तु 1) Adj. etwa falb. — 2) Pl. *मांश्चत्वस् unter den Namen für Pferd.

1. मांश्चत्व Adj. gelblich.

2. मांश्चत्व Adj. wohl dass.

मांस् n. Fleisch. Zu belegen nur am Anf. einiger Composita.

मांस 1) n. Sg. und Pl. Fleisch, auch das der Fische, Krebse und des Obstes. — 2) m. a) eine best. Mischlingskaste; nach NILAK. Fleischverkäufer. — b) * Wurm. — c) * Zeit. — 3) f. मांसी a) Nardostachys Jatamansi. — b) * = कक्कोली. — c) * = मांसच्छदा.

मांसकच्छप m. fleischiger Abscess am Gaumen.

मांसकन्दी f. Fleischknoten, knotige Anschwellung.

*मांसकाम Adj. gern Fleisch essend.

*मांसकारिन् n. Blut.

*मांसकील m. Geschwulst, Knoten, Polyp MED. d. 19. Warze VJUTP.

*मांसकीलक m. *Geschwulst, Knoten, Polyp* H. an. 3,325.

मांसक्षय m. *die Behausung des Fleisches, der Körper* MBh. 13,32,29.

मांसखण्ड n. *ein Stück Fleisch* 181,13.

मांसचक्षुस् n. *ein fleischliches Auge* Vagraḱkh. 38,12. fgg.

मांसचरु m. *Fleischbrühe* Gobh. 4,1,6.

*मांसच्छदा f. *eine best. Pflanze* Râǵan. 12,155.

मांसच्छेद m. *eine best. Mischlingskaste;* f. ई.

मांसच्छेदिन् m. dass.

मांसज 1) Adj. *am Fleische sich bildend* (Auswuchs) Suçr. 1,260,9. — 2) *n. *Fett.*

मांसतस् Adv. *an der Fleischseite* (eines Felles; Gegensatz लोमतस्) Mân. Çr. 1,5,1.

मांसतान m. *Polyp in der Kehle.*

*मांसतेजस् n. *Fett.*

मांसत्व n. *das Fleischsein, die etymologische Bedeutung von Fleisch.*

*मांसदलन m. *Amoora Rohitaka.*

*मांसद्राविन् m. *Rumex vesicarius* Râǵan. 6,130.

मांसधावन n. *Wasser, in welchem Fleisch gewaschen worden ist,* Suçr. 1,84,17. 259,13. 2,193,9.

मांसधौत Adj. *mit Fleisch* —, d. i. *mit der Hand gereinigt* Âpast. Çr. 6,12,3.

*मांसनिर्यास m. *das Haar am Körper.*

मांसन्वत् Adj. *fleischig.* Vgl. मांसन्वत्.

मांसप 1) Adj. *an Fleisch saugend.* — 2) m. N. pr. eines Dânava.

*मांसपचन n. = मांस्पचन.

मांसपाक m. *eine best. Krankheit des männlichen Gliedes, bei der dasselbe zerstört wird.*

मांसपिण्ड m. n. *Fleischklumpen, Geschwulst* Suçr. 1,87,12. 288,2. Spr. 4777.

*मांसपित्त n. *Knochen.*

*मांसपुष्पिका f. *eine best. Pflanze,* = भ्रमरमारी Râǵan. 10,126.

मांसपेशी f. 1) *ein Stück Fleisch* Gobh. 4,2,12. — 2) *Bez. des Fötus vom 8ten bis zum 14ten Tage.* — 3) *Muskel.*

मांसप्ररोह m. *Fleischauswuchs* Suçr. 1,87,14. 258,7. Vgl. मांसजाः प्ररोहाः 260,9.

*मांसफल 1) m. *Cucurbita Citrullus* Râǵan. 7,167. — 2) f. आ *Solanum Melongena.*

मांसबुद्बुदवन्त् Adj. *mit fleischigen Erhöhungen versehen* Suçr. 1,87,18.

मांसभक्ष 1) Adj. *Fleisch essend.* — 2) m. N. pr. eines Dânava.

मांसभिक्षा f. *Bitte um Fleisch.*

मांसभृत् Adj. 1) *Fleisch seiend, eine Lockspeise bildend* 78,6. — 2) *mit Fleisch verbunden.* °भूतोदन *Reisbrei mit Fleisch* R. 2,52,83.

मांसभेत्तर् Nom. ag. *der Jmd eine Wunde in's Fleisch schlägt.*

मांसमय Adj. (f. ई) *aus Fleisch bestehend.* पेशी f. so v. a. *ein Stück Fleisch.*

*मांसमाषा f. *Glycine debilis* Râǵan. 3,18.

मांसयोनि m. *ein Wesen mit Fleisch und Blut.*

मांसरस m. 1) *Fleischbrühe.* — 2) * *Blut* Gal.

मांसरुचि Adj. *Fleisch mögend* 144,25.

*मांसरुहा, *°रोहा, *°रोहिका, *°रोहिणी und *°रोही f. *eine best. wohlriechende Pflanze* Râǵan. 12,154. fg. Bhâvapr. 1,207.

मांसल 1) Adj. *a) fleischig.* — *b) massig* (Ind. St. 14,387), *kräftig, stark* (Ton u. s. w.) Bâlar. 192,7. — 2) *m. *Phaseolus radiatus* Râǵan. 16,43.

मांसलता f. *Runzel.*

*मांसलफला f. *Solanum Melongena* Râǵan. 7,191.

मांसवन्त् Adj. *mit Fleisch versehen.* Vgl. मांसन्वत्.

मांसवर्षिन् Adj. *Fleisch* (*Heuschrecken?*) *regnend* MBh. 6,2,30.

मांसविक्रय m. *Fleischverkauf.*

मांसविक्रयिन् und °विक्रेतर् m. *Fleischverkäufer.*

मांसविवेक m. Titel eines Werkes, Burnell, T.

*मांसशील Adj. *an Fleischnahrung gewöhnt.*

मांसशुक्रल Adj. *Fleisch und Samen erzeugend* Karaka 1,27.

मांसशोणितपङ्किन् Adj. *mit Fleisch und Blut besudelt* (Fluss) MBh. 8,52,32.

मांससंघात m. *Fleischanschwellung.*

1.*मांससार m. 1) *Fett* Râǵan. 18,68. — 2) *Blut* Gal.

2.मांससार Adj. *bei dem* (unter den sieben Bestandtheilen des Körpers) *das Fleisch vorwaltet.*

*मांसस्नेह m. *Fett* Râǵan. 18,68.

*मांसहासा f. *Haut.*

मांसाङ्कुर m. *Fleischauswuchs* Suçr. 1,288,2. 307,1.

मांसाद्, मांसाद und मांसादिन् Adj. *Fleisch essend,* — *fressend.*

मांसानशन n. *das Sichenthalten von Fleischnahrung* Çâṅkh. Çr. 3,13,47.

मांसार्गल *ein zum Munde heraushängendes Stück Fleisch* MBh. 2,44,30.

मांसार्बुद m. *eine best. Krankheit des männlichen Gliedes.*

मांसाशन n. *der Genuss von Fleisch, Fleischspeise.*

मांसाशा f. *ein Verlangen nach Fleisch* Çat. Br. 11,7,1,2. Âpast. Çr. 7,28,8.

मांसाशिन् Adj. *Fleisch geniessend, von Fl. sich nährend.* Nom. abstr. °शित्व n.

मांसाष्टका f. *der achte Tag in der dunkelen Hälfte des* Mâgha.

मांसिक 1) *Adj. = मांसाय प्रभवति und मांसं नियुक्तं दीयते ऽस्मै. — 2) m. *Fleischer, Fleischverkäufer* Text zu Lot. de la b. l. 168.

*मांसिका und *मांसिनी (Râǵan. 12,98) f. *Nardostachys Jatamansi.*

मांसीय्, मांसीयति *Fleisch zu essen verlangen* Âpast. Çr. 7,28,8.

मांसेपाद (stark °पाद्) m. *ein best. Thier.*

*मांसेष्टा f. *Fledermaus* Râǵan. 19,92.

मांसोदन m. = मांसौदन Mân. Gṛhj. 2,9, v. l.

मांसोन्नति f. *Erhebung des Fleisches, Anschwellung.*

मांसोपजीविन् m. *Fleischhändler.*

मांसौदन m. *gekochter Reis mit Fleisch.* मांसौदनपिण्ड Mân. Gṛhj. 2,9.

*मांसौदनिक Adj. (f. ई) von मांसौदन.

मांस्पचन Adj. (f. ई) *zum Kochen des Fleisches dienend.*

*मांस्पाक m. = मांसपाक.

मांस्पृष्ट Adj. Çat. Br. 14,7,2,11 nach dem Comm. = मामनुप्राप्तः oder मया लब्धः. Man könnte अमांस्पृष्ट vermuthen; dieses würde bedeuten: *nicht vom Fleische berührt,* d. i. *von keinem Wesen mit Fleisch und Blut betreten;* vgl. मांसधौत.

माकन्द 1) m. *der Mangobaum.* — 2) f. ई *a)* * *Myrobalanenbaum, Myrobalane.* — *b)* * *eine andere Pflanze* Râǵan. 7,42. — *c)* * *gelber Sandel.* — *d)* N. pr. einer Stadt.

माकन्दक 1) *Adj. von माकन्द 2) *d).* — 2) f. °न्दिका N. pr. einer Stadt, = माकन्द 2) *d).*

माकन्दिक m. *Metron. von मकन्दिका und N. pr. eines Mannes.

माकर 1) Adj. (f. ई) *zum Meerthier* Makara *in Beziehung stehend.* व्यूह m. *eine best. Art der Truppenaufstellung;* आकर m. *Fundgrube von* M., so v. a. *das Meer;* सप्तमी f. = मकरसप्तमी *der 7te Tag in der lichten Hälfte des* Mâgha. — 2) m. Pl. N. pr. eines Volkes.

माकरन्द Adj. *von Blumensaft herrührend.*

*माकलि m. 1) *der Mond.* — 2) N. pr. von Indra's Wagenlenker; vgl. मातलि.

*माकष्टेय m. Patron. von मकष्टु.

माकारध्यान n. *eine best. Vertiefung des Geistes.*

*माकिम् Indecl.

माकिस् Adv. 1) *ne.* — 2) *ne quis.*

माकी f. Du. nach Sâj. Bez. von *Himmel und Erde.*

मौकीन Adj. (f. आ) *mein.*

मौकीम् Adv. *ne.*

माकुलि m. *eine Schlangenart.*

माक्कोट N. pr. einer Oertlichkeit.

माक्षव्य m. Patron. von मक्षु gaṇa गर्गादि in der Kâç. N. pr. eines Lehrers Ait. Âr. 305,6.

*माक्षव्यायणी f. zu माक्षव्य gaṇa लोहितादि in der Kâç.

माक्षिक 1) Adj. a) *von der Biene kommend.* — b) in Verbindung mit धातु = 2) b). — 2) n. a) *Bienenhonig.* — b) *Schwefelkies* Râǵan. 13,3. 82.

*माक्षिकज n. *Wachs* Râǵan. 13,76.

*माक्षिकधातु m. *Schwefelkies* Râǵan. 13,83.

*माक्षिकफल m. *eine Art Cocosnussbaum* Râǵan. 11,83.

माक्षिकस्वामिन् m. N. pr. einer Oertlichkeit.

*माक्षिकाशर्करा (!) f. *Zucker in Stücken* Râǵan. 14,104.

*माक्षिकाश्रय n. *Wachs.* Richtig मक्षि°.

माक्षीक 1) m. f. (आ) *Spinne* Brahmop. S. 247. — 2) n. a) *Honig* Râǵan. 14,110. — b) **Schwefelkies* Râǵan. 13,82.

माक्षीकधातु m. *Schwefelkies.*

*माक्षीकशर्करा f. = माक्षिकाशर्करा.

माख (wohl n.) *ein auf ein gemeinsam dargebrachtes Opfer sich stützendes Verhältniss* Hariv. 2,65,9. v. l. मौख.

*मागद्य Adj. von मगदिन्. n. N. pr. einer Stadt oder Oertlichkeit Ganar. 4,275.

मागध 1) Adj. (f. ई) *zu den* Magadha *in Beziehung stehend, von dorther stammend, dort befindlich, — gebräuchlich u. s. w., magadhisch.* — 2) m. a) *ein Fürst der* Magadha. — b) *eine best. Mischlingskaste, der Sohn einer* Kshatrijâ *und eines* Vaiçja, *Lobsänger eines Fürsten* Gaut. — c) Pl. Bez. *der Kriegerkaste in* Çâkadvîpa. — d) **weisser Kümmel.* — e) N. pr. α) Pl. eines Volkes, = मगध. — β) einer Dynastie VP.² 4,184. — γ) eines der 7 Weisen unter dem 14ten Manu. — δ) eines Sohnes des Jadu. — 3) f. आ a) *eine Prinzessin der* Magadha. — b) **langer Pfeffer.* — 4) f. ई a) *die Sprache der* Magadha. — b) *eine Prinzessin der* Magadha 123,30. — c) *die Tochter einer* Kshatrijâ *und eines* Vaiçja, *Lobsängerin eines Fürsten* Kâd. 2,20,3. — d) **Jasminum auriculatum.* — e) *eine Art Gewürz.* Nach den Lexicographen *langer Pfeffer, weisser Kümmel, Anis, Dill* und *eine Art Kardamomen.* — f) **Zucker.* — g) *ein best. Metrum.* — h) N. pr. eines Flusses.

मागधक 1) Adj. *magadhisch* Kâraṇḍ. 48,8. — 2) m. Pl. N. pr. eines Volkes, = मगध. — 3) f. °धिका Sg. und Pl. *langer Pfeffer.*

मागधदेशीय Adj. *aus dem Lande der* Magadha *stammend.*

मागधपुर n. N. pr. einer *Stadt.*

मागधिक m. *ein Fürst der* Magadha.

माघ 1) Adj. (f. ई) *zum Mondhaus* Maghâ *in Beziehung stehend.* — 2) m. a) *ein best. Monat, dessen Vollmond im Mondhaus* Maghâ *steht* (beginnt mit dem Wintersolstitium). — b) N. pr. des Verfassers von Çiçupâlavadha und eines Kaufmanns (Ind. St. 14,123). — 3) f. माघी a) *der Vollmondstag im Monat* Mâgha. — b) **Hingtscha repens.*

माघकाव्य n. Mâgha's *Kunstgedicht,* = शिशुपालवध.

माघचैतन्य m. N. pr. eines Autors.

माघपाक्षिक Adj. (f. ई) *zu einer der zwei Hälften des Monats* Mâgha *gehörig.*

माघपुराण n. Titel eines Werkes Burnell, T.

माघमा f. *Krebsweibchen.*

माघमासिक Adj. (f. ई) *zum Monat* Mâgha *gehörig* MBh. 14,85,4.

माघमाहात्म्य n. und °संग्रह m. Titel zweier Abschnitte im Padmapurâṇa Burnell, T.

माघवत 1) Adj. Indra *gehörig.* — 2) *f. ई *Osten.*

माघवतचाप m. n. *Regenbogen.*

माघवन Adj. (f. ई) Indra *gehörig.* ककुभ् f. *Osten* Râǵan. 21,82.

माघव्याख्या f. (Mallinâtha's) *Commentar zum* Çiçupâlavadha Opp. Cat. 1.

*माघष्टेय m. Patron. von मघष्टु gaṇa शुभ्रादि in der Kâç.

माघस्नानविधि m. Titel eines Werkes Burnell, T.

माघीपक्ष m. *die dunkele Hälfte im Monat* Mâgha Kâtj. Çr. 15,1,6.

माघोन 1) n. *Freigebigkeit.* — 2) *f. माघोनी *Osten.*

*माघ्य n. *die Blüthe von Jasminum grandiflorum oder pubescens.*

माङ् Bez. der prohibitiven Partikel 1. मा 244, 7. 10.

*माङ्क्ष, माङ्क्षति (काङ्क्षायाम्).

*माङ्क्षव्य m. Patron. von मङ्क्षु; *f. माङ्क्षव्यायणी. Richtig माक्षव्य und माक्षव्यायणी.

माङ्गल n. Pl. Bez. *bestimmter Verse in einem den* Açvin *geweihten liturgischen Abschnitte.*

माङ्गलि m. Patron. N. pr. eines Lehrers.

माङ्गलिक 1) Adj. (f. ई) a) *dem es um den guten Erfolg einer Sache zu thun ist.* — b) *Glück verheissend, — wünschend* (Worte) Bhâm. V. 2,55. — 2) (wohl n.) *ein Glück verheissender Gegenstand, Amulet u. s. w.* Vet. (U.) 31,36.

माङ्गलिका f. N. pr. eines Frauenzimmers.

माङ्गलिक्य (wohl n.) = माङ्गलिक 2) Bâlar. 310,16.

माङ्गल्य 1) Adj. *Glück bringend, — verheissend.* — 2) *m. *Aegle Marmelos.* — 3) n. a) *ein Glück verheissender Gegenstand, Amulet u. s. w.* — b) *Segensspruch.* — c) *eine Glück verheissende —, festliche Ceremonie.* — d) Du. Bez. *zweier bestimmter Verse* Mân. Gṛhj. 1,11.

माङ्गल्यनामन् Adj. *einen Glück verheissenden Namen habend* Maitr. S. 4,4,6. v. l. मङ्ग°.

माङ्गल्यमृदङ्ग m. *eine bei festlichen Gelegenheiten geschlagene Trommel.*

*माङ्गल्यार्हा f. *Ficus heterophylla.* Vgl. मङ्ग°.

*माङ्गुष्य m. Patron. von मङ्गुष.

*माच m. *Weg.*

*माचल m. 1) *Dieb, Räuber.* — 2) *= ग्राह oder ग्रह. — 3) *Krankheit.* — Vgl. *करि° und *गल°.

माचाकीय m. N. pr. eines Grammatikers TS. Prât. 10,22.

माचाल in *पर्णमाचाल.

*माचिका f. 1) *Fliege.* — 2) *Hibiscus cannabinus* Râǵan. 4,79. Bhâvapr. 1,174. — Vgl. काक°.

माचिरम् Adv. *schnell, alsbald* in befehlenden Sätzen nach einem Imper. oder einem Aor. ohne Augment; fast immer am Ende eines Çloka. Metrisch auch ungenau für नचिरम्.

माची f. in काक° und *धाङ्क्ष°.

*माचीपत्त्र n. *ein best. heilkräftiges Kraut.* Vgl. मश्चिपत्त्र (Râǵan. 10,175).

*माञ्जल m. *der blaue Holzhäher.*

माञ्जलपुर n. N. pr. einer *Stadt.*

माञ्जव m. Pl. N. pr. eines Volkes VP.² 2,180.

माञ्जिक m. N. pr. eines Mannes.

*माञ्जिरक m. Patron. von मञ्जिरक.

माञ्जिष्ठ (Gaut. Âpast.), °क und °ष्ठिक Adj. *mit Krapp gefärbt, krapproth.*

माञ्जिष्ठी Adv. mit कर् *krapproth färben* Bâlar. 58,9.

*माञ्जीरक m. Patron. von मञ्जीरक.

*माटाम्रक m. *ein best. Baum.*

माटियारि und माटीयारि N. pr. einer Stadt.

*माठ m. *Weg.*

माठर 1) m. a) N. pr. α) verschiedener Männer,

auch eines alten Lehrers (Kauç. 138. Vaitân.) und eines Schülers des Paraçurâma's (Bâlar. 32,6). — β) eines Wesens im Gefolge des Sonnengottes. — γ) Pl. eines Volkes MBh. 8,73,19. v. l. रामठ. — b) *Bein. Vjâsa's. — c) *ein Brahmane Gal. — 2) f. ई N. pr. eines Frauenzimmers in कौश्यपीबालाक्यामाठरीपुत्र.

*माठरक Adj. von माठर.

*माठरायण m. Patron. von माठर.

*माठर्य m. Patron. von मठर.

माठव्य m. N. pr. eines Brahmanen.

*माठी f. *Harnisch, Rüstung* Berl. Mon. 1879, S. 811.

*माठ्य m. = माठ *Weg.*

*माड्, माडति, °ते (माने).

*माड m. 1) *Maass, Quantität.* — 2) *Caryota urens* Râǵan. 9,95.

माडव m. *eine best. Mischlingskaste.*

*माडाद्रुम m. *ein best. Baum,* = माड 2).

*माडार्य Adj. von मडार.

*माडि m. *Palast.*

*माड्डुक und *माड्डुकिक m. *Trommelschläger.*

*माढि f. 1) *Blattader.* — 2) *Verehrung.* — 3) *Niedergeschlagenheit, Traurigkeit.* — 4) *ein best. Zahn.* — 5) *the hem or border of a garment.* — 6) N. pr. einer Gegend.

*माढो f. = दन्तसिरा.

*माण m. *eine best. Pflanze,* = माणक.

माणक 1) *m. *Arum indicum.* — 2) n. *die Knolle von Arum indicum* — Mat. med. 252. 308. Von unbestimmbarer Bed. Mârk. P. 34,98.

माणकीव्रत n. *eine best. Begehung.*

माणव m. 1) *Junge, Bube, Bursch;* insbes. *ein Brahmanenknabe.* अन्वचो माणवो ज्ञेयः Kâtj. Karm. 27,11. Vgl. दण्ड°. — 2) *ein Perlenschmuck von 16 Schnüren.* — 3) *einer der 9 Schätze bei den Ǵaina.

माणवक 1) m. a) = माणव 1). माधव्य° *der Brahmanenjunge* (verächtlich von einem Erwachsenen) Mâdhavja. — b) *ein Perlenschmuck von* 16 (*20, *48) *Schnüren* Pańkad. — 2) f. °विका *ein junges Mädchen, Dirne* Ind. St. 13,416. 420. — 3) n. *ein best. Metrum.*

माणवकक्रीड n., °क्रीडनक n. °क्रीडा f. und °क्रीडितक n. *ein best. Metrum.*

*माणवीन Adj. *für Knaben geeignet.*

*माणव्य n. *eine Menge —, eine Gesellschaft von Knaben.*

माणहल m. Pl. N. pr. eines Volkes.

माणिक 1) m. *Juwelenhändler* Kampaka 2. — 2) f. आ *ein best. Gewicht.*

माणिकाम्बा oder °काम्बू f. N. pr. eines Frauenzimmers.

माणिक्य 1) n. *Rubin* Râǵan. 13,6. 146. — 2) *f. आ *eine kleine Hauseidechse.* — 3) m. N. pr. eines Mannes.

माणिक्यचन्द्र m. N. pr. eines Fürsten.

माणिक्यचन्द्रक m. und माणिक्यपुञ्ज m. N. pr. Ind. St. 14,159.

माणिक्यमय Adj. *aus Rubinen gemacht, — bestehend.*

माणिक्यमल्ल m. N. pr. eines Fürsten.

माणिक्यमिश्र, माणिक्यमुकुट (Ind. St. 14,159), माणिक्यमुख (ebend.), माणिक्यरत्न (ebend.), माणिक्यराय, माणिक्यसूरि und माणिक्यादित्य m. (Ind. St. 14,159) N. pr. verschiedener Männer.

माणिक्याद्रि m. N. pr. eines *Berges* Bâlar. 15,4.

माणिक्यानन्तक m. N. pr. eines Mannes Ind. St. 14,159.

माणिचर m. *eine best. Gottheit.*

माणिचार m. N. pr. eines Fürsten der Jaksha, = माणिभद्र und मणिभद्र.

माणिपार m. Patron.

*माणिपाल Adj. = मणिपाल्या धर्म्यम्.

*माणिपालिक m. Metron. von मणिपाली.

*माणिबन्ध n. = माणिमन्थ.

माणिभद्र m. N. pr. eines Fürsten der Jaksha, = मणिभद्र Sâmav. Br. 3,3,3.

माणिमन्थ n. *eine Art Steinsalz* Bhâvapr. 1,180. 3,101.

*माणिरूप्य n. N. pr. eines Dorfes Mahâbh. 4,72, b,7. Davon *Adj. °क.

माणिवर m. = माणिचर.

मौणिट m. N. pr. eines Lehrers. Pl. *seine Nachkommen.*

माण्ड m. N. pr. eines Mannes.

माण्डकर्णि m. Patron. N. pr. eines Muni.

माण्डप Adj. *zu einem Tempel gehörig.*

*माण्डरिक Adj. von मण्डर.

माण्डलिक Adj. *eine Provinz beherrschend;* m. *Kreisfürst, Gaugraf.*

माण्डव 1) n. Name verschiedener Sâman Ârsh. Br. — 2) f. ई (f. zu माण्डव्य) a) Name der Dâkshâjaṇî in Mâṇḍavja. — b) N. pr. einer Tochter Kuçadhvaǵa's.

मौण्डव्य 1) m. a) Patron. N. pr. eines Lehrers. Pl. *seine Nachkommen.* — b) Pl. N. pr. einer Völkerschaft. — 2) m. oder n. N. pr. einer Oertlichkeit.

माण्डव्यपुर n. N. pr. einer *Stadt.*

माण्डव्यश्रुति f. Titel eines heiligen Textes.

माण्डव्यायन 1) m. Patron. von माण्डव्य. — 2) *f. ई f. zu माण्डव्य 1) a).

माण्डव्येश्वर n. Name eines Liṅga.

माण्डव्येश्वरतीर्थ n. N. pr. eines Tîrtha.

माण्डूक 1) Adj. (f. ई) *von den* Maṇḍûka 2) *herrührend.* शिला f. — 2) m. Pl. *eine best. Schule.* — 3) f. मौण्डूकी N. pr. einer Frau. °पुत्र m. N. pr. eines Lehrers.

माण्डूकायन 1) m. Pl. *eine best. Schule.* — 2) f. मौण्डूकायनी N. pr. einer Frau. °पुत्र m. N. pr. eines Lehrers.

मौण्डूकायनि m. N. pr. eines Lehrers.

*माण्डूकि m. Patron. von मण्डूक.

माण्डूकेय m. Patron. N. pr. eines Lehrers Ait. Âr. 305,4. Âçv. Gṛhj. 3,4,4. Çâṅkh. Gṛhj. 4,10. Pl. *seine Nachkommen.*

माण्डूकेयीय Adj. *zu* Mâṇḍûkeja *in Beziehung stehend* Ait. Âr. 370,10.

माण्डूक्यश्रुति, माण्डूक्युपनिषद् (Bühler, Rep. No. 27; माण्डूकी wohl Adj.) und माण्डूक्योपनिषद् f. Titel einer Upanishad. °षट्दीपिका f. u. °षड्भाष्य n. Opp. Cat. 1.

1. मातै wohl Partic. von मा = मन् RV. 5,45,6. Vgl. देवमात und निर्मात (Nachtr. 4).

2.*मात am Ende einiger adj. Compp. = मातृ *Mutter.*

3. मात m. Metron. von मति; f. मातैी.

मातङ्ग 1) m. a) *Elephant.* — b) am Ende eines Comp. so v. a. *der Beste in seiner Art.* मातङ्ग° Bâlar. 201, 8. — c) * *Ficus religiosa.* — d) *der 24ste astronomische Joga.* — e) *ein* Ćaṇḍâla (Kâd. 2,128, 2. °कुमारी f. 1, 8, 21. Nom. abstr. °त्व n. 10, 20), *ein Mann niedrigsten Standes, eine Art* Kirâta. — f) N. pr. α) *eines Schlangendämons. — β) *eines* Pratjekabuddha. — γ) eines Autors und verschiedener anderer Männer. — 2) f. ई a) *die Urmutter der Elephanten.* — b) f. zu 1) e). Als solche *eine Form der* Durgâ. — c) *N. pr. der Gattin Vasishṭha's.

मातङ्गक m. N. pr. eines Ćaṇḍâla-Häuptlings Kâd. 35,1.

मातङ्गज Adj. *vom Elephanten kommend.*

मातङ्गदिवाकर m. N. pr. eines Dichters.

मातङ्गनक्र m. *ein elephantengrosses Krokodil* Ragh. 13,11.

*मातङ्गमकर m. *ein best. grosses Seeungeheuer* Râǵan. 19,72.

मातङ्गलीला f., °प्रकाशिका f. und °व्याख्या f Titel von Werken Opp. Cat. 1.

मातङ्गीकर्णाटककथा f., °ङ्गीक्रम m., °ङ्गीदण्डक (Burnell, T.) und °ङ्गीरहस्य n. Titel von Werken.

*मातय्, मातयति künstliches Denomin. von मातर् *Mutter*.

1. मातर् f. 1) *Mutter*, auch *Mutterthier*. Du. *Vater und Mutter*. — 2) *die Erde*; Du. *Himmel und Erde*. — 3) *Kuh* 40,18. Auch लोकस्य माता. — 4) Pl. *die Gewässer*. — 5) Du. und Pl. *die Hölzer, aus denen das Feuer gerieben wird*. Einmal mit einem Adj. m. verbunden. — 6) Bein. *a*) der Lakshmî. — *b*) der Durgâ und der Dâkshâjanî an einem bestimmten Orte. — 7) Pl. *die göttlichen Mütter als personificirte Energien verschiedener Götter*. Es werden deren 7, 8, 9 und 16 (darunter 10 लोकमातरः oder °मातृकाः Hemâdri 1,140,21. fgg.) mit Namen aufgeführt. Sie stehen in nächster Beziehung zu Çiva. Auch die 13 Gattinnen Kaçjapa's führen den Namen लोकानां मातरः. Skanda, dem ursprünglich nur 7 Mütter beigelegt werden, hat deren später eine zahllose Menge. — 8) Pl. *die acht menschlichen Mütter* oder *weiblichen Mahnen* sind: *Mutter, Grossmutter* und *Ahne; Grossmutter —, Ahne — und Urahne der Mutter; des Vaters und der Mutter Schwester*. — 9) auf den Namen *Mutter* haben auch *andere nahestehende weibliche Verwandte und ehrwürdige* (auch jüngere) *Personen* Anspruch Bâlar. 102, 11. Kâd. 2,116,15. Die Sarajû redet die Gangâ so an Prasannar. 85,13. In vertraulicher Sprache wird auch *eine nicht verwandte ältere Frau* oft *Mutter* genannt (114,17). — 10) **Koloquinthengurke* Râǵan. 3,57. — 11) **Salvinia cucullata* Râǵan. 3,55. — 12) **Nardostachys Jatamansi* Râǵan. 12,99. — 13) **Sphaeranthus indicus* (?) Râǵan. 5,20. — 14) **der Luftraum*. — 15) * = विभूति. — 16) * = रेवती.

2. मातर् Nom. ag. 1) *Messer, metitor, der da durchmisst* (mit Acc.) RV. 8,41,4. — 2) *der Inhaber einer richtigen Vorstellung*. — 3) *eine best. Mischlingskaste*. Vielleicht ist st. मातरम् (!) माडवम् zu lesen. — 4) N. pr. eines Autors (?).

*मातरपितरौ Nomin. Du. m. *Vater und Mutter, die Eltern*. Zu belegen मातरा पितरा.

*मातरिपुरुष m. *ein Mann der Mutter gegenüber, ein feiger Prahler*.

मातरिभ्वरी Adj. f. nach Sâj. = मातरि भवन्ती RV. 10,120,9.

मातरिश्व m. N. pr. eines Rshi, = मातरिश्वन् 5) *a*).

*मातरिश्वक Adj. *das Wort* मातरिश्वन् *enthaltend*.

मातरिश्वन् m. 1) N. pr. eines göttlichen Wesens, welches als Bote des Vivasvant den vorher verborgenen Agni zu den Bhrgu vom Himmel herabbringt. — 2) Geheimname des Agni selbst. — 3) *Wind*. — 4) Bein. Çiva's. — 5) N. pr. *a*) eines Rshi. — *b*) eines Sohnes des Garuḍa.

मातरिश्वरी Adj. f. nicht sicher stehende Lesart für मातरिभ्वरी AV. 5,2,9.

मातलि m. N. pr. von Indra's Wagenlenker.

मातलिसारथि m. Bein. Indra's.

मातली m. (Nomin. ebenso) N. pr. eines göttlichen Wesens in der Umgebung Jama's und der Väter. Nach Sâj. ist मातली Nomin. von मातलिन् (Accent!) und dieses Adj. von मातलि. — *मातली f. fehlerhaft für माताली.

मातलीय Adj. Mâtali *betreffend*.

मातल्युपाख्यान n. Titel eines Werkes.

मातवचस m. Patron. von मतवचस्.

मातवै Dat. Infin. zu 5. मा *blöken* RV. 1,164,28.

माता f. = 1. मातर् *Mutter* in विश्व° *Allmutter*.

माताडुहितर् f. Du. *Mutter und Tochter* 135,25.

मातापितर् m. Du. *Vater und Mutter, die Eltern* Gaut. Âpast. Pl. मातापितरः TS. 1,3,10,1. 6, 3,11,3. Am Anfange eines Comp. मातापितृ Chr. 199,11.

मातापितृघातक m. Pl. *Vater- und Muttermörder* Kâraṇḍ. 94,23.

मातापितृसंज्ञिन् Adj. *als Vater und Mutter betrachtend* Lalit. 348,14.

मातापुत्र m. Du. *Mutter und Sohn*.

1. मातामह 1) m. *der mütterliche Grossvater*. Du. *die Grosseltern mütterlicherseits*; Pl. *der Vater, Grossvater* und *die Ahnen der Mutter*. — 2) f. ई *die mütterliche Grossmutter*.

2. मातामह Adj. (f. ई) *zum Vater der Mutter in Beziehung stehend, ihm gehörig u. s. w.*

मातामहीय Adj. dass.

मातालव m. (Padap. मान्धालव) wohl *der fliegende Fuchs* Maitr. S. 3,14,19. Vgl. मान्धालँ, मान्धाल und मन्धावल.

*माताली f. 1) *der Mutter Freundin*. — 2) N. pr. eines Wesens im Gefolge der Durgâ.

*माति f. 1) *Maass*. — 2) *richtige Erkenntniss*.

मातु m. = वाग्वर्णसमुदाय S. S. S. 118. 119.

मातुर am Ende einiger gesteigerter Adjectiva von मातर् *Mutter*; z. B. द्वै° = द्विमातर् *zwei Mütter habend*.

मातुर्धात्रै (so die Hdschr.) m. *Mutterbruder* Maitr. S. 1,6,12 (106,4).

मातुल 1) m. *a*) *Mutterbruder* Gaut. Âpast. So nennen in der Fabel die Mäuse die Katze, der Schakal den Esel und dieser den Schakal. — *b*) **das Sonnenjahr*. — *c*) **Stechapfel* (*der Baum*). — *d*) **eine Art Getraide*. — *e*) **eine Schlangenart*. — 2) *f. आ *die Frau des Mutterbruders*. — 3) *f. ई *a*) dass. — *b*) *Hanf*.

1. मातुलक m. 1) *Mutterbruder* (zärtlicher als मातुल). In der Fabel wird der Kranich der *Mutterbruder* des Krebses genannt. — 2) **Stechapfel*.

2.*मातुलक Adj. *vom Mutterbruder kommend* u. s. w.

मातुलङ्ग m. *Citronenbaum*; n. *Citrone*.

*मातुलपुत्रक m. 1) *ein Söhnchen des Mutterbruders*. — 2) *Stechapfel* (*die Frucht*).

मातुलाङ्ग n. *Citrone* Hemâdri 2,*a*,123,20.

*मातुलात्मज m. *der Sohn des Mutterbruders* Gal.

मातुलानी f. 1) *die Frau des Mutterbruders*. — 2) **Hanf* oder *Crotolaria juncea*. — 2) **eine Erbsenart*. — 4) **Fennich*.

*मातुलाहि m. *eine Schlangenart*.

*मातुलि m. angeblich = मातलि.

मातुलिङ्ग (*m.) f. (ई Hem. Par. 2,35) *Citronenbaum*; n. *Citrone* Hariv. 2,89,61. Hemâdri 1,237, 15. 266,16.

मातुलुङ्ग 1) m. *Citronenbaum*; n. *Citrone*. — 2) f. (*आ) ई *eine besondere Species des Citronenbaumes*.

*मातुलुङ्गक 1) m. *Citronenbaum*. — 2) f. °ङ्गिका *der wilde Citronenbaum* Râǵan. 11,155.

मातुलेय 1) m. *ein Sohn des Mutterbruders*. — 2) f. ई *eine Tochter des Mutterbruders*.

मातुल्य (wohl n.) *das Haus des Mutterbruders*.

*मातुःष्वसर् und *°स्वसर् f. *Mutterschwester*.

मातृक 1) Adj. *von der Mutter kommend, mütterlich*. — 2) m. *Mutterbruder*. — 3) f. आ *a*) *Mutter*. Am Ende eines adj. Comp. f. आ. — *b*) *eine göttliche Mutter*; vgl. 1. मातर् 7). — *c*) **Amme*. — *d*) *Grossmutter*. — *e*) Bez. *von acht Gefässen auf beiden Seiten des Nackens* (wohl nach den 8 *göttlichen Müttern* so genannt). — *f*) Bez. *der in Diagramme u. s. w. geschriebenen Buchstaben, denen eine magische Kraft beigelegt wird*; als Coll. auch *die Gesammtheit solcher Buchstaben, das in solcher Weise angeordnete Alphabet, Alphabet* überh. Bhar. Nâṭjaç. 18,4. Hemâdri 1,827,12. Pl. Lalit. 145,6. — *g*) *ein in der Erde steckender Holzpflock, der Indra's Bannerstock stützt*. — *h*) * = करण. — *i*) bei den Buddhisten Bez. des Abhidharmapiṭaka. — *k*) N. pr. der Gattin Arjaman's. — 4) n. *die Natur der Mutter*.

*मातृकच्छिद् (!) m. Bein. Paraçurâma's.

*मातृकल्पिक Adj.

मातृकानिघण्ट (Verz. d. B. H. No. 911) und °निघण्टु m. Titel eines Werkes Opp. Cat. 1.

मातृकाप्रवण Titel eines Mantra Opp. Cat. 1.

मातृकाभेदतन्त्र n. Titel eines Werkes.

मातृकामय Adj. (f. ई) *aus mystischen Buchstaben bestehend* Hemâdri 1,826,21.

मातृकामह m. in प्र°.

मातृकार्णव m. Titel eines Tantra.

मातृकार्थचिन्तन n. Titel eines Werkes Opp. Cat. 1.

मातृकाहृदय n. Titel eines Tantra.

मातृकृत Adj. *gegen die Mutter —, oder von der Mutter gethan.*

*मातृकेशट m. *Mutterbruder.*

मातृगण m. *die Schaar der göttlichen Mütter.*

मातृगन्धिनी f. so v. a. *Rabenmutter.*

मातृगर्भ m. *Mutterleib.*

मातृगामिन् Adj. *der mit seiner Mutter Unzucht treibt.*

मातृगुप्त m. N. pr. eines Fürsten.

मातृगृह n. *ein Tempel der göttlichen Mütter* Kâd. 2,104,4.

मातृग्रह m. Pl. Bez. *bestimmter Krankheitsdämone* Agni-P. 31,31.

मातृग्राम m. *das weibliche Geschlecht, die Weiber* Lalit. 69,8. 9. 161,10. °दोष m. Pl. *die Schwächen des weiblichen Geschlechts* 27,18. 29,1.

*मातृघात, °घातक (R. 2,78,22) und °घातिन् m. *Muttermörder.*

*मातृघातुक m. Bein. Indra's.

मातृघ्न m. *Muttermörder.*

मातृचक्र n. 1) *ein mystischer Kreis mit den göttlichen Müttern.* — 2) *der Kreis —, die Schaar der göttlichen Mütter.*

मातृचक्रप्रमथन m. Bein. Vishṇu's.

मातृचेट m. N. pr. eines Mannes.

मातृज्ञ Adj. *die Mutter anerkennend, — achtend* Lalit. 26,17.

मातृतमा Adj. f. *mütterlichst* (von Gewässern).

मातृतस् Adv. *von Seiten der Mutter.* Auch स्व°.

मातृता f. *das Verhältniss einer Mutter.*

मातृतीर्थ n. N. pr. eines Tîrtha.

मातृदत्त N. pr. 1) m. verschiedener Männer. — 2) f. आ eines Frauenzimmers.

मातृदत्तीय n. Titel eines Werkes.

मातृदेव Adj. *die Mutter als Gottheit verehrend* Taitt. Up. 1,11,2.

मातृनन्दन m. Bein. Skanda's.

*मातृनन्दिन् m. *eine Karaṅga-Art* Râgan. 9,70.

मातृनामन् n. Bez. *einer Klasse von Sprüchen im* AV. (Vaitân.); m. Name des angeblichen *Verfassers* und der angeblichen *Gottheit* derselben.

मातृपालित m. N. pr. eines Dânava.

मातृपूजन n. und °पूजा f. *Verehrung der göttlichen Mütter.*

मातृबन्धु 1) m. *ein Verwandter mütterlicherseits* Gaut. 4,5. — 2) f. °बन्धू *nur den Namen einer Mutter führend, Rabenmutter.* — 3) n. *mütterliche Blutsverwandtschaft.*

मातृबान्धव m. *ein Verwandter mütterlicherseits.*

मातृभेदतन्त्र n. Titel eines Tantra.

*मातृभोगीण Adj.

मातृमण्डल n. 1) *die Schaar der göttlichen Mütter* Kâd. 140,13. Pañkad. °विद् m. *ein Priester derselben.* — 2) *eine best. Sterngruppe.*

मातृमन्त् Adj. *von einer Mutter begleitet, eine Mutter habend.*

*मातृमातर् f. Bein. der Pârvatî.

*मातृमुख Adj. *dumm, einfältig.*

मातृमृष्ट Adj. (f. आ) *von der Mutter geputzt.*

मातृमोदक Titel von Uvaṭa's Commentar zu VS. Prât.

मातृयज्ञ m. und °याग m. (Çâṅkh. Gṛhj. 4,4. Ind. St. 15,118. 158. Hemâdri 1,140,18) *ein Opfer an die Mütter.*

मातृवंश m. *die Familie der Mutter* Çâṅkh. Gṛhj. 4,10. Ind. St. 13,412.

मातृवंश्य Adj. *zur Familie der Mutter gehörig* Spr. 4076.

मातृवत् Adv. = मातरमिव und मातरीव.

मातृवत्सल m. Bein. Skanda's.

मातृवध m. *Muttermord.*

मातृवर्तिन् m. N. pr. eines Jägers.

*मातृवाहिनी f. *Fledermaus* Râgan. 19,92.

*मातृशासित Adj. *dumm, einfältig.*

मातृश्राद्ध n. *eine den mütterlichen Ahnen geltende Todtenspende* Verz. d. Oxf. H. 382, *a*, No. 450.

मातृष्वसर् f. *Mutterschwester.*

मातृष्वसेय 1) m. *der Mutterschwester Sohn.* — 2) f. ई *der Mutterschwester Tochter* MBh. 3,224,5.

*मातृष्वस्रीय m. = मातृष्वसेय 1).

मातासिंही f. *Justicia Gendarussa.*

मातृस्वसर् und मातृस्वसेया fehlerhaft für °ष्वसर् und °ष्वसेयी.

मातृहन् m. *Muttermörder* AV. Paipp. 9,4,3.

*मात्पुत्र m. Pl. *die Schüler meines Sohnes.*

मात्या f. Metron. von मति Maitr. S. 2,7,19 (104,12).

मात्र 1) m. *ein Brahmane auf der niedrigsten Stufe, der sich nur auf seine Geburt zu berufen vermag,* Hemâdri 1,26,3. 8. — 2) f. मात्रा *a) Maass, Maassstab.* भूयस्या मात्रया *in starkem Maasse.* — *b) Ausdehnung, Umfang.* — *c) Quantum, Menge.* — *d) Zeitmaass, Dauer, Lebensmaass.* — *e) Zahlenmaass, Zahlenverhältniss.* — *f) Maasseinheit, Maassfuss.* — *g) das Grundmaass der Zeit, Moment* (in populärem Gebrauch, nicht mathematisch bestimmt). = निमेष VP. 6,3,6. — *h) metrische Einheit, die Zeitdauer eines kurzen Vocals.* — *i) Zeitmaass in der Musik* (deren drei). — *k)* am Ende eines Comp. *das volle Maass, nur soviel als das vorangehende Wort besagt.* Nur einmal, sonst in dieser Bed. मात्र n. — *l) das richtige Maass, — Verhältniss, Ordnung.* — *m) ein kleiner Theil, Partikel, Kleinigkeit, ein Weniges.* Instr. *in kleinen Partien, in kleinem Maasse, mässig;* *Loc. *ein wenig* Ganar. 1,6. राज्ञेति कियती मात्रा so v. a. *mit einem Fürsten fertig zu werden, ist eine Kleinigkeit für* (Gen.). का मात्रा समुद्रस्य *mit dem Meere ist leicht fertig zu werden.* — *n) Element, Grundstoff* (deren fünf). — *o) Materie, die sinnliche Welt.* — *p) Habe, Gut, Besitz, Geld.* Pl. Vasishṭha 20,45. — *q) Hausgeräthe.* — *r) Spiegel* Vishṇus. 65,14. — *s) Ohrenschmuck, Schmuck* überh. Kâd. 18,3. — 3) n. मात्र *a) Element, Grundstoff.* Nur Bhâg. P. — *b)* am Ende eines Comp. α) *Maass im Raume: Höhe, Tiefe, Breite, Länge, Entfernung, Grösse.* — β) *Quantum, Menge.* — γ) *Dauer.* — δ) nach einem Zahlwort pleonastisch. शतमात्र = शत. — ε) *Alles was das vorangehende Wort besagt, Etwas im weitesten Sinne des Wortes.* राज° *Alles was* राजन् *heisst,* कृष्ट° *gepflügt, gleichviel ob gut oder schlecht.* — ζ) *nur soviel als das vorangehende Wort besagt.* Wiederzugeben durch *Nichts als, nur, bloss.* ज्ञातमात्रे *beim blossen Erfahren,* so v. a. *für die blosse Nachweisung;* भुक्तमात्रे *wenn man nichts Anderes als gegessen hat,* so v. a. *unmittelbar nach dem Essen.* Zum Ueberfluss tritt noch एक an मात्र. — 4) am Ende eines adj. Comp. (f. आ u. ई) *a) so und so lang, — hoch, — breit, — dick, — tief, — weit, — gross, — viel.* Nach einem Zahlwort pleonastisch. — *b) nur soviel als —, nicht mehr als — besitzend, — betragend, — ausmachend, nur aus — bestehend.* — *c) der Nichts als — ist, ein einfacher —; mit — abgethan,* so v. a. *unmittelbar auf — folgend.* Nach einem Partic. praes. pass. durch *kaum, eben, nur* wiederzugeben. — *d) aus so und so vielen* *metrischen Einheiten bestehend.* — e) *so und so viele Momente während* GAUT. 1,49. — f) — *als Habe besitzend.*

मात्रक 1) n. am Ende eines Comp. = मात्र 3) b) α) ε) und ζ). — 2) f. °त्रिका a) = मात्र 2) h). — b) *Model, Muster* BÂLAR. 217,14. — 3) am Ende eines adj. Comp. (f. °त्रिका) = मात्र 4) a) b) c) (भ-रत° m. *ein einfacher Schauspieler* PRASANNAR. 2, 16) und d).

°मात्रता f. Nom. abstr. zu मात्र 3) b) ζ) LA. 86,16.

मात्रत्रय Adj. *dreifach, in dreifacher Zahl vorhanden* MÂRK. P. 23,35. 37.

°मात्रत्व n. Nom. abstr. zu मात्र 3) b) ζ) 274,5. 6. 281,18.

मात्राच्युतक (wohl n.) vielleicht *Ergänzung einer ausgefallenen metrischen Einheit* (ein best. Spiel) KÂD. 7,21 (8,4).

मात्राछन्दस् n. *ein nur nach der Zahl der Moren gemessenes Metrum.*

मात्राप्रयोग m. Titel eines Werkes OPP. Cat. 1.

मात्राभस्त्रा f. *Geldbeutel.*

मात्रावत्त् Adj. *ein gegebenes Maass haltend, — habend; das richtige Maass habend* ḰARAKA 8,6.

मात्रावस्ति m. *ein best. öliges Klystier* ḰARAKA 8,4.

मात्रावृत्त n. = मात्राछन्दस्.

*मात्राशित n. *mässiges Essen.*

मात्राशितीय Adj. *über mässiges Essen handelnd.*

मात्राशिन् Adj. *mässig essend.*

मात्रासमक n. *ein best. Metrum.*

मात्रासुर m. N. pr. eines Asura Ind. St. 14, 105. 107.

मात्रिक 1) am Ende eines Comp. भृगमात्रिका: (wohl मृग° zu lesen) *alle Arten von Antilopen.* — 2) Adj. *eine* Mora *enthaltend.*

*मात्री Adv. mit कर् *zur Mutter machen.*

मात्रीय् 1) °यति *Jmd* (Acc.) *für seine Mutter halten, als Mutter behandeln.* Vgl. P. 3,1,10. — 2) *°यति, °यते *sich eine Mutter wünschen.*

*मात्सर Adj. = मत्सर 1) c) d).

मात्सरिक Adj. *Neid —, Missgunst verrathend.*

मात्सर्य n. 1) *Neid, Missgunst.* — 2) *Unwille, Unzufriedenheit.*

*मात्सिक m. *Fischer* PAT. zu P. 1,1,68, Vârtt. 8.

मात्स्य 1) Adj. *vom Fisch herrührend, ihm eigen, ihn betreffend.* — 2) m. N. pr. eines opferkundigen Ṛshi.

मात्स्यक Adj. = मात्स्य 1).

मात्स्यगन्ध m. Pl. N. pr. eines Geschlechts.

*मात्स्यिक m. *Fischer.*

मात्स्येय m. Pl. *das Volk der* Matsja.

माथ m. 1) *das Aufreiben, Zunichtemachen.* — 2) * *Weg.*

माथक m. *Vernichter* BÂLAR. 100,7.

माथवँ m. Patron. = माधव SÂJ.

माथाथ n. Name zweier Sâman ÂRSH. BR.

*माथितिक Adj. *mit* मथित *handelnd.*

माथुर 1) Adj. (f. ई) a) *aus* Mathurâ *kommend, dort geboren, zu M. in Beziehung stehend.* — b) *zu* Mathura *in Beziehung stehend, von ihm verfasst.* — 2) m. a) *ein Bewohner von* Mathurâ 234,11. — b) N. pr. α) eines Sohnes des Kitragupta. — β) des Inhabers eines Spielhauses. — 3) f. ई Titel verschiedener Werke OPP. Cat. 1, 8166. fgg.

माथुरक m. *ein Bewohner von* Mathurâ.

माथुरदेश्य Adj. (f. आ) *aus der Gegend von* Mathurâ *stammend.*

*माद m. 1) *Freude.* — 2) *Trunkenheit, Berauschtheit, Betäubung.* — 3) *Kampf* SÂJ. zu ṚV. 3,35,4. — Vgl. गन्धमाद und सधमाँद.

मादक 1) Adj. *berauschend, betäubend.* Nom. abstr. °त्व n. — 2) *m. *eine Hühnerart.*

*मादद्य Adj. von मदद्दिन्.

माँदन 1) Adj. a) *ergötzend.* — b) *berauschend.* — 2) *m. a) *der Liebesgott.* — b) *Vanguiera spinosa.* — c) *Stechapfel.* — 3) *f. मादनी Name zweier *Pflanzen,* = माकन्दी (RÂGAN. 7,42) und विजया (dieses ist मादिनी). — 4) n. a) * *das Berauschen.* — b) * *Gewürznelken.* — c) *eine best. mythische Waffe.*

मादनीय 1) Adj. *berauschend.* — 2) n. *ein berauschendes Getränk* MBH. 1,64,10.

*मादयितर् Nom. ag. *Erfreuer* u. s. w. f. °त्री SÂJ. zu ṚV. 9,1,1.

मादयित्नु und मादयिष्णु Adj. *berauschend.*

मादानक (मादनक?) n. *eine Art Holz* KAUÇ. 12.

मादानन्द m. N. pr.

मादायन m. Patron. von मद. Auch Pl.

*मादिन् 1) Adj. in गन्धमादिनी. — 2) f. °नी *Hanf* BHÂVAPR. 1,180.

माडुक m. ein Mannsname PAṄKAD.

माडुघ Adj. *zu der* Madugha *genannten Pflanze in Beziehung stehend.*

माडुर्णा f. N. pr. eines Dorfes.

माडुष n. und Nom. abstr. °त्व n. ein zu etymologischen Zwecken gebildetes Wort AIT. BR. 3,33,6.

मादृश् und मादृश (f. ई) Adj. *mir ähnlich, Einer von meines Gleichen.*

माद्य n. fehlerhaft für मान्द्य.

माद्र 1) *m. *ein Fürst der* Madra MAHÂBH. 4,82, a. — 2) f. ई a) * *eine best. Pflanze,* = अतिविषा RÂGAN. 6,137. — b) *eine Prinzessin* der Madra, Bez. der Gattinnen Pâṇḍu's, Sahadeva's, Kroshṭu's und Kṛshṇa's.

माद्रक 1) m. *ein Fürst der* Madra. — 2) f. °द्रिका *eine Frau vom Volke der* Madra. v. l. मद्रिका.

*माद्रकूलक Adj. von मद्रकूल.

*माद्रनगर Adj. von मद्रनगर.

*माद्रबाह्नेय m. Metron.

माद्रवती f. *eine Prinzessin der* Madra. °सुत m. Metron. Sahadeva's und Nakula's.

माद्रिनन्दन (metrisch) m. Metron. Sahadeva's und Nakula's. Pl. ungenau für Du.

*माद्रीपति m. Bein. Pâṇḍu's.

*माद्रुकस्थलक Adj. von मद्रुकस्थली.

माद्रेय m. 1) Metron. Sahadeva's und Nakula's. — 2) Pl. N. pr. eines Volkes.

माँधव 1) Adj. (f. ई; *आ in der Verbindung तनू und in der Bed. von मधव्या) a) *zum Frühling in Beziehung stehend, vernalis, vernus.* — b) *den Nachkommen* Madhu's —, *den* Jâdava *eigen.* लक्ष्मी f. *das Glück der* Jâdava. — c) Kṛshṇa *darstellend* (Bild) HEMÂDRI 1,606,8. 9. — 2) m. a) *der zweite Frühlingsmonat.* — b) *Frühling.* — c) * *Bassia latifolia* RÂGAN. 11,92. — d) * *Phaseolus Mungo* RÂGAN. 16,38. — e) *ein Sohn* oder *Nachkomme* Madhu's, *ein Mann aus* Jadu's *Geschlecht.* Sg. Patron. Kṛshṇa's (Vishṇu's) und Paraçurâma's (als einer Incarnation Vishṇu's). Auch auf Çiva übertragen. Pl. Bez. der Jâdava's oder Vṛshṇi's. — f) N. pr. α) eines Sohnes des 3ten Manu. — β) eines der 7 Weisen unter Manu Bhautja. — γ) eines andern alten Weisen und verschiedener anderer Männer. — 3) f. माधवी a) *die Erde.* Auch mit dem Beiw. देवी. — b) * *Honigzucker* RÂGAN. 14,104. — c) * *ein berauschendes Getränk.* — d) *Gaertnera racemosa.* — e) * *eine Art Panicum.* — f) * *Basilienkraut.* — g) * *Anethum Sowa* RÂGAN. 4,10. — h) * *Kupplerin.* — i) * *Gedeihen des Hausviehes.* — k) *eine best.* Râgiṇî S. S. S. 55. — l) *eine Frau aus* Madhu's *oder* Jadu's *Geschlecht.* — m) Name der Dâkshâjaṇî in Çrîçaila. *Auch Bein. der Durgâ. — n) Titel eines Commentars. — o) N. pr. α) einer der Mütter im Gefolge Skanda's. — β) einer Tochter Jajâti's. — 4) *n. *Süsse.*

माधवक 1) *m. *ein aus Honig bereitetes berauschendes Getränk.* — 2) f. °विका *a) Gaertnera racemosa.* — *b) ein best. Metrum.* — *c)* N. pr. eines Frauenzimmers.

माधवकर m. N. pr. = माधवचन्द्रकर.

माधवकालनिर्णय m. Titel eines Werkes.

माधवगुप्त m. N. pr. eines Mannes Harshak. 105, 4. 203,24.

माधवचन्द्रकर m. N. pr. eines medicinischen Autors.

माधवचम्पू f. (Opp. Cat. 1) und माधवचरित n. Titel zweier Werke.

माधवदेव m. N. pr. zweier Männer.

*माधवद्रुम m. *Spondias mangifera* Rāǵan. 11,9.

माधवनिदान n. Titel eines medicinischen Werkes.

माधवपण्डित m. N. pr. eines Mannes.

माधवपुर n. N. pr. einer *Stadt* B. A. J. 4,115.

माधवप्राची f. N. pr. einer Oertlichkeit.

*माधवप्रिय n. *eine Art Sandel* Gal.

माधवभट्ट m. N. pr. verschiedener Gelehrter.

माधवभित्तु m. N. pr. eines Mannes.

माधवमागध m. N. pr. eines Dichters.

माधवयतीन्द्र und माधवयोगिन् m. N. pr. zweier Männer.

माधवराज m. N. pr. eines *Fürsten* B.A.J.4,115.

माधवरामानन्दसरस्वती m. N. pr. eines Mannes.

माधवलघुकारिका f. Titel eines Werkes.

माधववल्ली f. *Gaertnera racemosa.*

माधवविजय m. Titel eines Kâvja.

माधवसरस्वती m. N. pr. eines Mannes.

माधवसिंह m. N. pr. eines Fürsten.

माधवसेन und °सेनाराजन् m. N. pr. zweier Fürsten.

माधवसोमयाजिन् m. N. pr. eines Mannes.

माधवस्तवराज m. Titel eines *Lobgedichts* Opp. Cat. 1.

माधवाचार्य m. N. pr. eines berühmten *Lehrers* Burnell, Vaṃçabr. IX. XXIV.

माधवानन्दकाव्य n. Titel eines *Gedichts.*

माधवानल 1) m. N. pr. eines Mannes. — 2) n. Titel eines Schauspiels.

माधवानलकथा f. Titel eines Werkes Burnell, T.

माधवानलनाटिका f. desgl.

माधवाभ्युदय n. Titel eines Kâvja.

माधवाश्रम m. N. pr. eines Mannes.

माधवि m. Patron. Pradjumna's VP. 5,27,18.

माधवीय 1) Adj. *zu* Mâdhava oder Mâdhavâkârja *in Beziehung stehend, ihm gehörig, — gewidmet, von ihm verfasst.* — 2) m. Pl. *die Schüler des* Mâdhavja Mahâbh. (K.) 1,143,1. — 3) f. ग्रा Titel eines Commentars Burnell, T. — 4) n. *ein Werk des* Mâdhavâkârja Opp. Cat. 1.

माधवीयनिदान n. Titel eines Werkes, = माधवनिदान Opp. Cat. 1.

माधवीयवेदार्थप्रकाश m. Titel eines Werkes Burnell, T.

माधवीलता f. *Gaertnera racemosa* 311,18.

माधवीवन n. N. pr. eines *Waldes.* °माहात्म्य n.

माधवेन्द्रपुरी m. N. pr. eines Autors.

*माधवेष्टा f. 1) *Yamswurzel* Rāǵan. 7, 85. — 2) Bein. der Durgâ.

*माधवोचित n. *ein best. wohlriechender Stoff.*

*माधवोद्भव m. *ein best. Baum,* = राजादनी Rāǵan. 11,71.

*माधवोषित n. *Kubebe* Nigh. Pr.

*माधव्य m. Patron. von मधु.

माधुक 1) Adj. *a) vom Baume* Madhuka *kommend.* — *b) Meth bereitend* als Beiw. der Mischlingskaste Mairejaka. — 2) *m. *eine best. Mischlingskaste.*

माधुकर 1) Adj. (f. ई) *a) der Biene eigen.* — *b) von der Biene —,* so v. a. *von Bienenhonig herkommend.* — 2) *f. ई *das Einsammeln von Almosen nach Art der Bienen, indem man von Haus zu Haus geht.*

*माधुकर्णिक Adj. (f. ई) von मधुकर्ण.

माधुकि m. Patron. von मधुक.

माधुच्छन्दस 1) Adj. *zu* Madhuk̀k̀handas *in Beziehung stehend, ihn betreffend, von ihm herrührend.* — 2) m. Patron. von Madhuk̀k̀handas. — 3) n. Name eines Sâman.

माधुतैलिक Adj. *aus Honig und Oel bestehend.*

माधुपर्किक Adj. (f. ई) *zum* मधुपर्क 1) *in Beziehung stehend, bei dieser Ceremonie gereicht, — geschenkt.*

*माधुमत 1) Adj. *a) aus* Madhumant *stammend.* — *b) zum Fluss* Madhumatî *gehörig* u. s. w. Rāǵan. 14,25. — 2) m. Pl. *die Bewohner von* Kaçmîra.

*माधुमतक Adj. von मधुमत्त्.

माधुर 1) Adj. (f. ई) *a)* *von Madhura *verfasst.* — *b) zu* Madhurâ *in Beziehung stehend.* — 2) f. ई *a) Süsse.* — *b) Lieblichkeit, Reiz, Anmuth* Prasannar. 103,11. — *c) Wein, Meth.* — 3) n. *die Blüthe von Jasminum Zambac.*

माधुरि (metrisch) f. = माधुर 2) *b)* Bhoǵa-Pr. 65,2.

माधुर्य 1) n. *a) Süsse.* — *b) Lieblichkeit, Reiz, Anmuth.* — *c) Freundlichkeit, Liebenswürdigkeit.* — *d)* in der Rhetorik *Anmuth des Stils* (Kâvjapr. 8,3. Vâmana 3,2,10); insbes. *das abgesonderte Hervortreten der einzelnen Wörter im Satze* (Gegensatz श्लेष) Vâmana 3,1,18. — 2) Adj. *süss —, freundlich redend.*

माधुर्यकादम्बिनी f. Titel eines Werkes.

माधूक Adj. 1) *aus der Bassia latifolia bereitet.* — 2) *süss —, freundlich redend* als Beiw. der Mischlingskaste मैत्रेयक.

माधूकर Adj. *nach Art der Bienen eingesammelt.* Vgl. माधुकर.

माधूची f. Du. wohl Bez. der Açvin. Vgl. माधी 2) *a).*

माधूल m. Patron. von मधूल. Auch Pl.

माध्य Adj. *in der Mitte befindlich* TS. 3,5,1,2.

माध्यंदिन 1) Adj. (f. ई) *mittäglich* Viddh. 30,8. — 2) m. *a)* = माध्यंदिनः पवमानः Çāṅkh. Çr. 14, 27,9. — *b)* Pl. α) *eine best. Schule, ein Zweig der* Vâǵasanejin Ind. Antiq. 12,164. — β) *eine best. astronomische Schule, die den Anfang der Planetenbewegungen in den Mittag setzt.* — *c)* N. pr. eines Geschlechts. — 3) n. *a)* = माध्यंदिनं सवनम् Kâtj. Çr. 10,1,1. — *b)* N. pr. eines Tîrtha.

माध्यंदिनगृह्य n. Titel eines Werkes Ind. St. 15,134.

माध्यंदिनवत् Adv. *wie beim* माध्यंदिनं सवनम् Kâtj. Çr. 10,5,5.

माध्यंदिनशाखा f. *die Schule der* Mâdhjamdina 2) *b)* α).

माध्यंदिनशाखीय Adj. *zur Schule der* Mâdhjamdina 2) *b)* α) *gehörig.*

माध्यंदिनसंध्याप्रयोग m. Titel eines Werkes Burnell, T.

माध्यंदिनायन m. N. pr. eines Lehrers.

माध्यंदिनि m. N. pr. eines Grammatikers.

माध्यंदिनीय Adj. (f. ग्रा) 1) *beim Mittagsopfer üblich* Âpast. Çr. 14,19. — 2) *zur Schule der* Mâdhjamdina 2) *b)* α) *gehörig.*

माध्यंदिनीयक 1) Adj. = माध्यंदिनीय 2) Prâtiśâkhja... Pratiǵñâs. 73. — 2) n. N. pr. eines Tîrtha.

माध्यंदिनेय m. Pl. = माध्यंदिन 2) *b)* α).

माध्यम 1) Adj. *zur Mitte gehörig, die Mitte des Landes bewohnend.* — 2) m. Pl. *a) die* Ṛshi *derjenigen Theile der* ṚV.-Saṃhitâ, *welche die Mitte des Buches* (Maṇḍala 2—7) *bilden.* — *b)* N. pr. eines Geschlechts.

माध्यमक 1) Adj. (f. °मिका) *auf die Mitte (das Luftreich) bezüglich, dazu gehörig.* — 2) f. °मिका Bez. des *mittleren Abschnittes im* Kâṭhaka. Vgl. मध्यमक 2) *b).*

माध्यमकेय m. Pl. N. pr. eines Volkes. v. l. मध्य°.

*माध्यमस्थ्य n. Nom. abstr. von मध्यमस्थ.

माध्यमिक 1) Adj. *a) auf die Mitte (das Luftreich) bezüglich, dazu gehörig.* — *b)* als Bez. eines best. Zeuges. — 2) m. Pl. *a)* N. pr. eines Volkes im *Mittellande* 240,31. — *b) eine best. buddhistische Schule.*

*माध्यमिकीय Adj. = मध्यमिकायां भवः.

*माध्यमिनेय m. Metron. von मध्यमा.

माध्यस्थ 1) Adj. *Gleichgültigkeit —, Unbetheiligtheit verrathend.* — 2) n. *a) Gleichgültigkeit.* — *b) das Maasshalten.*

माध्यस्थ्य n. *Gleichgültigkeit, Unbetheiligtheit, Neutralität, Unparteilichkeit* Bâlar. 92,17.

माध्याह्निक Adj. (f. ई) *mittäglich.*

माध्याह्निकसंध्याप्रयोग m. Titel eines Werkes Burnell, T.

माध m. *ein Anhänger* Madhva's. — माँधी s. bes.

*माधक n. *ein aus Honig bereitetes berauschendes Getränk.*

*माधाश्वि m. von मधश्व.

माधसिद्धान्तसार Titel eines Werkes.

माधिक m. *Honigsammler.*

माँधी 1) Adj. f. *süss* R̥V. 1,90,6. 8. — 2) f. *a)* Du. *die zwei Süssigkeiten,* Bez. der beiden Açvin. — *b)* Pl. Bez. *des Wassers* Maitr. S. 1,3,36. TS. 3,3,3,1. — *c) ein best. geistiges Getränk* Râǵan. 14,143. — *d) Gaertnera racemosa* Vâs. 13. — *e) *Dattel* Râǵan. 11,58. — *f) *ein best. Fisch.* — *g)* N. pr. einer Frau, einer eifrigen Verehrerin Vishṇu's.

माधीक 1) n. *ein best. berauschendes Getränk; Weingeist* Mat. med. 272. Râǵan. 14,136. — 2) *f. आ *Dolichos sinensis* Râǵan. 16,67.

*माधीकपल m. *eine Art Cocosnussbaum.*

*माधीमधुरा f. *eine Dattelart.*

*मान्, मानति (पूजायाम्).

1. मान m. n. (dieses ausnahmsweise in Bed. 4); adj. Comp. f. आ) 1) *Meinung, Vorstellung.* — 2) *Absicht, Wille.* — 3) *eine hohe Meinung von sich, Selbstgefühl, Hochmuth, Stolz.* — 4) *Ansehen, die Achtung —, die Ehre, die man bei seinen Mitbürgern geniesst.* — 5) *Achtungsbezeugung, Ehrenerweisung.* — 6) *auf gekränktem Ehrgefühl beruhender Unmuth, Groll in Folge von Eifersucht* (insbes. beim Weibe), *das Schmollen.* — 7) *das 10te astrologische Haus.* — 8) **a blockhead;* **an agent;* **a barbarian.*

2. माँन 1) m. *a) Bau, Gebäude, Wohnung.* — *b) Altar* Âpast. 2,18,14. 16. — 2) f. मानी *Maass* in तिर्यङ्मानी. — 3) n. *a) das Messen, Messung.* — *b) das Machen* (?). — *c) Maass* (ganz allgemein), *Dimension, Umfang, Höhe, Grösse, Gewicht, Dauer; Maassstab.* — *d) ein best. Gewicht.* — *e) Bild, Erscheinung, species.* — *f) Aehnlichkeit.* — *g) Beweis, Beweismittel* 283,19.

3. मान m. etwa so v. a. *praeparatum, Gebräu.*

4. माँन m. N. pr. des Vaters von Agastja; auch wohl Bez. Agastja's selbst. Pl. *das Geschlecht des* Mâna.

मानक 1) n. *Maass, Gewicht* Hemâdri 2,58,3. — 2) *m. n. *Arum indicum* Bhâvapr. 1,291. Vgl. मापाक. — 3) f. °निका *a) ein best. Gewicht.* — *b) *ein berauschendes Getränk.* — मानक Trik. 3,3, 278 vielleicht fehlerhaft für नाणक.

*मानकन्द m. *Arum indicum* Bhâvapr. 1,144.

1. मानकलह m. *Rivalitätsstreit, Eifersüchteleien.*

2. मानकलह m. Pl. N. pr. einer Völkerschaft.

मानकलि m. *gegenseitiger Groll.*

मानकृत् Adj. *Andere ehrend, Andern Achtung bezeugend.*

मानक्षति f. *Ehrenverletzung, Ehrenkränkung.*

मानगृह n. N. pr. einer Oertlichkeit in Nepal Ind. Antiq. 9,167.

मानग्रन्थि m. *heftiger —, anhaltender Groll* Kandak. 10,1.

मानतन्तव्य m. N. pr. eines Lehrers Gobh. 1,6,1. Richtig मानु°.

मानतस् Adv. *ehrenhalber.*

मानता f. *das Beweissein* Njâjam. 1,3,1.5.11.

मानतुङ्ग m. 1) *ein auf der Höhe der Ehre stehender Mann* Ind. St. 14,376. — 2) N. pr. eines Autors ebend. 14,359. fgg. Auch °सूरि und °तुङ्गाचार्य.

मानत्व n. *das Maassstabsein.*

मानद 1) Adj. (f. आ) *Andern Ehre erweisend, Andern Achtung bezeugend.* Gewöhnlich in der Anrede. — 2) m. *a)* mystische Bez. *des Lautes* आ. Am Ende eines adj. Comp. f. आ. — *b)* Pl. N. pr. einer Völkerschaft. — 3) f. आ *die zweite* Kalâ *des Mondes.* — 4) n. *eine best. mythische Waffe.*

मानदण्ड m. *Messstab.*

मानदेव m. N. pr. eines *Fürsten* Ind. Antiq. 9,165.

मानधन Adj. *dessen Reichthum die Ehre bildet.*

*मानधानिका f. *eine Gurken — oder Kürbisart.*

मानन 1) *Adj. *ehrend, als Ehrenbezeugung dienend.* — 2) n. (selten) und f. आ *das Ehren, Bezeugen der Achtung, — Verehrung.*

माननीय Adj. *zu ehren, verdienend geehrt zu werden von* (Gen.) 165,24. 327,28. m. *ein ehrenwerther Mann* Kâd. 258,22.

मानपर 1) Adj. (f. आ) *überaus stolz.* — 2) f. आ N. pr. eines Frauenzimmers.

मानपरिखण्डन n. *Verlust der Ehre.*

मानपुरःसरम् Adv. *unter Ehrenbezeugungen* Pañkat. 16,4.

मानप्राण Adj. *dem die Ehre soviel wie das Leben gilt.*

मानभङ्ग m. *Verlust —, Kränkung der Ehre.*

मानभद्रक m. *eine Art Pavillon* Vâstuv. 832.

°मानभाज् Adj. *in höherer Achtung stehend als* M. 2,139.

मानभाण्ड n. *Messgefäss* Kâraka 1,15.

मानभृत् Adj. *stolz* Kir. 2,44.

मानमनोहर Titel eines Werkes.

मानमय m. *ein best. Gegenstand des Genusses.*

मानमहत् Adj. *überaus stolz.*

*मानंपच Adj. *ein best. Maass kochend.*

मानयितर् Nom. ag. *Ehrer, Andern Achtung bezeugend.*

मानयितव्य Adj. *zu ehren, geehrt zu werden verdienend.*

मानयोग m. Pl. *die verschiedenen Anwendungen des Maasses* 208,30.

मानरथ m. N. pr. eines Fürsten VP.² 3,334. Richtig मीनरथ.

*मानरन्ध्रा oder *°रन्ध्री f. *eine Art Wasseruhr.*

मानवँ 1) Adj. (f. ई) *a) menschlich, dem Menschen eigen.* — *b) den Menschen gewogen.* — *c) von* Manu *stammend, ihm eigen, zu ihm in Beziehung stehend.* — 2) m. *a) Menschenkind, Mensch.* — *b) Mann.* — *c)* Pl. *die Unterthanen.* — *d)* Pl. *Menschenstämme, Völkerstämme* (5 oder 7 an Zahl). — *e) *Knabe;* richtig माणव. — *f)* Patron. von Manu. — *g) eine best. Weltperiode* VP.² 1,lxx. — *h)* Pl. *eine best. Schule des schwarzen* Jagus Hemâdri 1,519,21. — 3) f. ई *a) Menschentochter, ein menschliches Weib.* — *b)* Patron. von Manu. — *c)* Pl. Bez. *bestimmter Verse* Gaut. — *d)* N. pr. α) *einer Vidjâdevî. — β) *einer Gottheit, welche die Befehle des 11ten Arhant's der gegenwärtigen Avasarpiṇî ausführt. — γ) eines Flusses MBh. 6,9,32. v. l. तामसी. — 4) n. *a) Mannslänge als best. Maass.* — *b) eine best. Kasteiung.* — *c)* Name verschiedener Sâman Ârsh. Br. — *d)* Manu's *Gesetzbuch* Vasishtha 4,5. — *e)* N. pr. eines Varsha Verz. d. Oxf. H. 41,*a*, N. 2.

मानवकल्पसूत्र n. Titel eines Werkes.

मानवगृह्यसूत्र n. desgl. Ind. St. 9,175.

मानवदेव m. *Fürst, König.*

मानवधर्मशास्त्र n. Manu's *Gesetzbuch.*

मानवत् Adj. 1) *Ehren geniessend.* — 2) °वती

grollend; Subst. ein schmollendes Weib.

मानवपति m. *Fürst, König.*

मानवपुराण n. Titel eines Werkes.

मानवर्ज्जक m. Pl. N. pr. eines Volkes.

मानवर्जित Adj. 1) *der Ehre bar, ehrlos.* — 2) *die Ehre verletzend, ehrenrührig.*

मानवर्तिक m. Pl. N. pr. eines Volkes. v. l. मानवर्ज्जक.

मानवर्धन Adj. *Jmds Ansehen verstärkend, womit man Jnd eine Ehre erweist* M. 9,115.

मानवलक m. Pl. N. pr. eines Volkes. v. l. मानवर्ज्जक.

मानववास्तुलक्षण n. Titel eines Werkes Opp. Cat. 1.

मानवशुल्बभाष्य n. desgl.

मानवश्रौतसूत्र n. desgl. Ind. St. 10,175.

मानवसार n. desgl. Burnell, T.

मानवसूत्र n. desgl.

मानवस्य्, nur Partic. °वस्यन्त् *nach menschlicher Weise zu Werke gehend.*

मानवाचल m. N. pr. eines *Berges.*

मानवाद्य n. Name eines Sâman.

मानविक्रयिन् Adj. *seine Ehre preisgebend* Kathâs. 43,83.

मानवीय 1) Adj. *von* Manu *herrührend.* — 2) n. *eine best. Kasteiung.*

मानवीयसंहिता f. Titel eines Abschnittes aus dem Âditjapurâṇa Burnell, T.

मानवेद्चम्पू f. und मानवेन्द्रीयचरित n. Titel von Werken Opp. Cat. 1.

मानवेन्द्र m. *Fürst, König.*

मानवेय 1) Adj. *von* Manu *herrührend.* — 2) m. Patron. von मनु.

मानवोत्तर n. Name eines Sâman.

मानवौघ m. Pl. *eine Klasse von* Mantra-*Verfassern bei den* Çâkta.

मानव्य 1) m. Patron. von मनु. — 2) *n. *eine Menge von Knaben;* richtig माणव्य.

*मानव्यायनी f. Patron. f. zu मानव्य 1).

मानःशिल Adj. *aus Realgar bestehend.*

1. मानस 1) Adj. (f. ई; einmal आ) *dem Sinn —, dem Geiste entsprungen, — angehörig, geistig, beseelt; im Sinne —, in Gedanken ausgeführt, im Geiste vorgestellt, dem Geiste gegenwärtig.* — 2) m. *a) eine Form* Vishṇu's. — *b)* Pl. *eine best. Klasse von Manen.* — *c) eine Art von Asketen.* — *d)* Pl. Bez. *der* Vaiçja *in* Çâkadvîpa. — *e)* Pl. Bez. *der Welten der* Somapa's Hariv. 998. — *f)* N. pr. α) eines Schlangendämons. — β) eines Sohnes des Vapushmant VP. 2,4,23. — 3) f. मानसी N. pr. *a)* einer Kiṁnara-Jungfrau Kâraṇḍ. 5,22. — *b)* *einer Vidjâdevî. — 4) n. *a) das geistige Vermögen, Sinn, Geist, Gemüth, Herz.* Am Ende eines adj. Comp. f. आ. — *b) eine Art Salz.* — *c) das 25ste Mondhaus vom Geburtsmondhause* Varâh. Jogaj. 9, 2. 10. 18. — *d)* Titel eines Werkes Opp. Cat. 1. — *e)* N. pr. α) eines heiligen Sees und Wallfahrtsortes auf dem Kailâsa, der Heimat (des Brüteplatzes) der wilden Gänse oder Schwäne. — β) eines Sees im Hain Nandana Golâdhj. Bhuv. 35. VP. 2,2,24. LA. 33,2. — γ) des von 2) *f)* β) beherrschten Varsha VP. 2,4,29.

2. मानस Adj. *den See* 1. मानस 4) *e)* α) *bewohnend.*

मानसगणितविधि m. Titel eines Werkes Opp. Cat. 1.

मानसचारिन् m. *Gans, Schwan.*

मानसजन्मन् m. *der Liebesgott.*

मानसत्व n. *das dem Geiste Angehören, eine Ausführung in Gedanken.*

मानसनयन n. Titel eines Werkes. °प्रसादनी f. Titel eines Commentars dazu.

मानसमुच्चयटीका f. Titel eines *Commentars* Opp. Cat. 1.

मानसरुज् f. *Seelenkrankheit.*

मानसवेग 1) *gedankenschnell* Kâd. 34,12. — 2) m. N. pr. eines Fürsten.

मानसशुच् f. *Seelenleiden.*

मानससंताप m. *Herzeleid, Herzenskummer.*

मानसाचल m. N. pr. eines *Berges* VP. 2,8,7.

मानसापूजाविधि m. Titel eines Werkes Burnell, T.

*मानसायन m. Patron. von मनस्.

1. मानसार m. oder n. *ein hoher Grad von Hochmuth* Daçak. 3,3.

2. मानसार m. N. pr. eines Fürsten der Mâlava ebend.

*मानसालय m. *Gans, Schwan* Râgan. 19,101.

मानसिंह m. N. pr. eines Mannes. °कीर्तिमुक्तावली f. Titel eines Werkes.

मानसिक 1) Adj. *a) im Geiste verübt* (पाप) Hemâdri 1,752,5. — *b) nur gedacht, imaginär* Kâraṇḍ. 75,17. — 2) m. Bein. Vishṇu's (*geistig*).

मानसूत्र n. 1) *Messschnur.* — 2) **eine um den Leib getragene Schnur von Gold oder anderem Stoffe.*

मानसोक (!) m. Titel eines Werkes Bühl. Guz. 4,82.

मानसोत्तर m. N. pr. eines Gebirges.

मानसोल्लास m. Titel eines Werkes. Commentare dazu: °प्रबन्ध m., °वृत्तान्त m., वृत्तान्तविलास m. und °व्याख्या (Opp. Cat. 1).

मानसौकस् 1) Adj. *am See* 1. मानस 4) *e)* α) *wohnend.* — 2) m. *Gans, Schwan.*

मानस्कृत् m. nach einer Erklärung = पूजाया अभिमानस्य वा कर्ता, nach einer anderen Patron. von मनस्कृत्.

*मानस्थलक Adj. von मानस्थली.

*मानस्थली f. gaṇa धूमादि.

मानस्थिति f. *richtiges Maass* und zugleich *starkes Ehrgefühl* Ind. St. 15,270.

*मानस्य m. Patron. von मनस्.

मानहन् Adj. *den Hochmuth vernichtend.*

मानाङ्क m. N. pr. eines Autors. Richtig wohl मालाङ्क.

मानाङ्गुलमहातन्त्र n. Titel eines Tantra.

मानाधिक Adj. *über das Maass hinausgehend, zu gross* Varâh. Bṛh. S. 53,79.

मानानन्द m. N. pr. eines Autors.

मानान्ध Adj. *von Hochmuth geblendet* Venis. 87,1 v. u.

*मानायन m. Patron. von मनु.

*मानाय्य m. Metron. von मनायी.

*मानाय्यायनी f. zu मानाय्य.

मानार्ह Adj. *Anspruch auf Achtung habend* M. 2,137.

मानासक्त Adj. *hochmüthig.*

मानिक (von मानिन्) in पण्डित°. — मानिका f. s. u. मानक.

मानित 1) Adj. s. u. Caus. von मन्. — 2) n. *Ehrenerweisung* Hariv. 6210.

*मानितसेन m. N. pr. eines Fürsten.

°मानिता f. 1) *das Voraussetzen bei sich.* — 2) *das Ehren.*

मानित्व n. 1) am Ende eines Comp. *a) das Voraussetzen bei sich.* — *b) das Sichhalten für.* — 2) *Hochmuth.* — 3) *das Geehrtwerden.*

1. मानिन् 1) Adj. *a)* am Ende eines Comp. α) *annehmend, ansehend —, haltend für.* — β) *bei sich voraussetzend, zu haben meinend.* — γ) *sich haltend für.* — δ) *erscheinend als, geltend für.* — ε) *ehrend, hoch in Ehren haltend.* — *b) meinend, der Meinung seiend.* — *c) eine hohe Meinung von sich habend, hochmüthig, stolz, — gegen* (प्रति), *— auf* (Adv. auf तस्). — *d) auf seine Ehre haltend, stolz* in guter Bed. — *e) hoch in Ehren stehend, hochgeachtet.* रण° *im Kampfe.* — *f)* f. *grollend, schmollend* (mit dem Geliebten). — 2) *m. *Löwe.* — 3) f. °नी *a)* am Ende eines Comp. so v. a. *Gattin.* — *b)* **Aglaia odorata.* — *c)* **ein best. Metrum;* richtig मालिनी. — *d)* N. pr. α) einer Ap-

saras VP.² 3,27. — β) einer Tochter Vidûrastha's.

2. मानिन् Adj. *ein Maass habend, messbar* VP. 6, 8,57.

मानीन्ध m. N. pr. eines Astronomen. मनिन्ध v. l.

मानुतन्तव्य m. Patron. von मनुतन्तु.

मानुष und मानुष 1) Adj. (f. ई) *a) menschlich.* — *b) menschenfreundlich.* — 2) m. *a) Mensch.* Am Ende eines adj. Comp. f. आ. — *b)* Pl. *Menschenstämme* (5 angenommen). — *c)* Bez. *der Zodiakalbilder Zwillinge, Jungfrau und Wage* (nebst ihren Unterabtheilungen, den नवांश). — 3) f. मानुषी *ein menschliches Weib.* — 4) n. *a) Menschenweise, — art.* — *b) Menschenzustand, Menschheit.* — *c) menschliches Thun, — Handeln.* — *d)* N. pr. eines Ortes.

मानुषक Adj. in दैव° *vom Schicksal oder vom Menschen kommend.*

मानुषता f. *das Menschsein, Menschenzustand.*

मानुषत्व n. 1) dass. — 2) *das Mannsein, Mannheit.*

मानुषप्रधन Adj. *für die Menschen kämpfend.*

मानुषमांसाद् Adj. *Menschenfleisch essend* MBh. 1,152,2.

मानुषराक्षस 1) m. *ein Unhold in Menschengestalt, ein wahrer Teufel.* — 2) f. ई *ein solches Weib.*

मानुषलौकिक Adj. *der Welt der Menschen —, den Menschen eigen, menschlich.*

मानुषाद् m. *Menschenfresser.* Nom. abstr. °त्व n. Kâd. 2,110,4.

मानुषिबुद्ध m. *ein menschlicher* Buddha.

1. मानुषी f. s. u. मानुष.

2. मानुषी Adv. mit भू *Mensch werden.*

मानुष्य 1) n. *das Menschsein, Menschenzustand, Menschennatur.* — 2) Adj. (f. आ) *menschlich* Gobh. 1,6,1. Hemâdri 1,648,8.

मानुष्यक 1) Adj. *menschlich* Kâraṇḍ. 54,5. 60, 20. — 2) n. *a) das Menschsein, Menschenzustand, Menschennatur* Kâd. 224,7. Loc. so v. a. *nach Menschenvermögen* 69,3. — *b)* * *eine Menge von Menschen.*

*मानोज्ञक n. *Schönheit.*

मानोन्नति f. *hohes Ansehen, grosse Ehren.*

मानोन्माद m. *an Wahnsinn grenzender Hochmuth.*

*मानोन्मानिका f. gaṇa शाकपार्थिवादि.

मानोन्मुक्त Adj. *der Ehre baar, ehrlos* Varâh. Bṛh. S. 15,21.

*मान्तव्य m. Patron. von मन्तु.

*मान्तव्यापनी f. zu मान्तव्य.

मान्त्रवर्णिक Adj. (f. ई) *in dem Wortlaut der* Veda-*Lieder enthalten* Comm. zu Kâty. Çr. 3,3, 4. zu Âpast. Çr. 3,6,6. 7,17,3. zu Njâjam. 2,2,7. 10, 1,12. Nom. abstr. °त्व n. zu 2,2,7.

मान्त्रिक m. *Hersager eines Spruchs, — Zauberspruchs, Zauberer* Spr. 7695. Ind. St. 15,295.

*मान्त्रित Adj. von मान्त्रित्य.

*मान्त्रित्य m. Patron. von मन्त्रित.

*मान्थ्, मान्थति = मन्थ् = 1. मथ्.

*मान्थरैषणि m. Patron. von मन्थरैषण.

मान्थर्य n. 1) *Langsamkeit* Bhâm. V. 2,165. — 2) *Schwäche.*

मान्थाल m. wohl *der fliegende Fuchs* TBr. 2,5, 8,4. Vgl. मातालव, मान्थालव, मान्थीलव, मान्थावल und मान्धाल.

मान्थालव m. desgl. Padap. zu Maitr. S. 3,14,19.

मान्थीलव m. desgl. TS. 5,5,18,1.

*मान्थ्य Adj. von मन्थ.

1. मान्द Adj. (f. आ) *erfreuend*, f. Bez. des *Wassers* in einigen Formeln.

2. मान्द 1) Adj. *zur oberen Apsis einer Planetenbahn in Beziehung stehend.* — 2) *n. = मान्द्य.

मान्दार (Kâraṇḍ. 65,4. 79,1) und मन्दारव *eine best. mythische Blume.*

(मान्दार्य) मान्दारिव m. N. pr. eines Mannes. Anders Sâj. und Mahîdh.

मान्दुरिक m. *Stallmeister* Ind. St. 15,271. Vgl. मन्दुरिक.

मान्दोदरेय m. Metron. von मन्दोदरी Bâlar. 208,16.

मान्द्य n. 1) *Langsamkeit, Trägheit.* — 2) *Schwäche* Hemâdri 1,215,18. 715,18 (अग्नेः *der Verdauung*). — 3) *Krankheit.* °व्याज m. *eine simulirte Krankheit.*

*मान्द्र Adj. von मन्द्र.

*मान्धातकि m. Patron. gaṇa तौल्वल्यादि in der Kâç.

मान्धातर् m. N. pr. eines alten Fürsten, eines Sohnes des Juvanâçva.

मान्धातापुर n. N. pr. einer *Stadt.*

मान्धात्र 1) Adj. Mândhâtar *betreffend.* — 2) m. Patron. von मान्धातर्.

मान्धाल m. wohl *der fliegende Fuchs* Gaut. Vasishtha 14,48. Vgl. मन्थावल, मातालव, मान्थाल, मान्थालव und मान्थीलव.

मान्धुक Adj. TS. 3,4,8,3. Âpast. Çr. 17,14 st. बान्धुक des Kâth.

मान्ध्योद (!) m. Patron.

मान्मथ Adj. (f. ई) *zur Geschlechtsliebe in Beziehung stehend, sie betreffend, durch sie hervorgerufen, von ihr beherrscht* (Viddh. 12,8), *dem Liebesgott gehörig* Vikramâñkak. 8,2.

1. मान्य 1) Adj. *zu ehren, ehrenwerth, in Ehren stehend* Gaut. — 2) *f. आ *Trigonella corniculata.* Richtig मात्या.

2. मान्य, मानित्र m. Patron.

मान्यत्व n. *das in Ehren Stehen bei* (Gen.).

मान्यमान m. *Stolzling, Prahlhans.*

मान्यव Adj. *auf* Manju *bezüglich.*

मान्यवती f. N. pr. einer Prinzessin. Richtig wohl मात्यवती.

मापक Adj. *zum Messen von* (Gen.) *dienend* Nîlak. zu MBh. 3,121,8.

*मापत्य n. (!) *der Liebesgott.*

मापन 1) *m. *Wage.* — 2) f. आ *Messung, Ausmessung.* — 3) n. *das Bilden, Formen, Gestalten.*

मापय्, °यति Caus. von 3. मा und 1. मी.

माप्य Adj. in अमाप्य (Nachtr. 3).

माम् Acc. zu अहम् *ich.*

माम m. so v. a. *Onkel.* Nur im Voc. und in der Fabel als Anrede des Kranichs (von Seiten der Krebse, Fische und Schildkröten) und des Esels (von Seiten des Schakals).

मामक 1) Adj. (f. मामिका und मामकी) *a) mein, der Meinige.* — *b)* * *selbstsüchtig, geizig.* — 2) *m. *Mutterbruder.* — 3) f. ई N. pr. einer buddh. Gottheit.

मामकीन Adj. *mein.*

*मामकेसर m. *Mutterbruder* Gal. (°केशर).

मामतेय m. Metron. des Dîrghatamas.

मामनसायति (!) m. Patron.

मामल्लदेवी f. N. pr. der Mutter Çrîharsha's.

मामिडि m. N. pr. eines Mannes.

मामुखी f. N. pr. einer buddh. Gottheit.

मामुदगज्ञनवी m. N. pr. محمود غزنوى

मांपश्य Adj. *mich ansehend*, so v. a. *deine Blicke auf mich ziehend.*

माय 1) Adj. *a)* * am Ende eines Comp. *messend.* — *b) Trugbilder schaffend* (Vishṇu). — 2) f. माया *a) Kunst, ausserordentliches Vermögen, Wunderkraft, Kunstgriff.* — *b) List, Hinterlist, Anschlag, Trug, Betrug, Täuschung, Gaukelei.* Am Anfange eines Comp. α) *nur in der Absicht zu täuschen —, nur dem Scheine nach —, nicht in Wirklichkeit* dieses oder jenes. — β) *in einer verstellten, anderen Gestalt* dieses oder jenes. — *c) ein künstliches Gebilde, Trugbild, Blendwerk.* Am Ende eines Comp. *ein Trugbild in der Gestalt von.* — *d)* इन्द्रस्य माये Name zweier Sâman Ârsh. Br. — *e)* Bez. *zweier Metra.* — *f)* * *Mitleid.* — *g)* Bein. der Durgâ. — *h) der Trug* personificirt als eine Tochter Anṛta's und Adharma's. — *i)* N. pr.

α) *der Mutter Çâkjamuni's. — β) einer Stadt.

मायण m. N. pr. des Vaters von Sâjaṇa.

मायवँ m. Patron.

मायवत्त् (metrisch) Adj. *zauberkräftig.* Compar. मायँवत्तर.

मायाकापालिक n. Titel eines Schauspiels.

*मायाकार und *मायाकृत् m. *Gaukler, Taschenspieler.*

मायाचण Adj. *bekannt durch seine Gaukeleien* Bhaṭṭ.

मायाचार Adj. *mit List —, mit Trug zu Werke gehend.*

मायाछ्रपर Adj. *nur auf Hinterlist und Trug bedacht* Spr. 4834.

*मायाजीविन् m. *Gaukler, Taschenspieler.*

मायातन्त्र n. Titel eines Tantra.

मायाति (!) m. *Menschenopfer.*

मायात्मक Adj. (f. °त्मिका) *dessen Wesen Täuschung ist.*

*मायाद m. *Krokodil.*

मायादेवी f. N. pr. 1) der Mutter Çâkjamuni's. — 2) der Gattin Pradjumna's.

*मायादेवीसुत m. Metron. Çâkjamuni's.

मायाधर 1) Adj. *mit Gaukeleien —, mit Zauberkünsten vertraut.* — 2) m. N. pr. eines Fürsten der Asura.

मायाधिक Adj. *reich an Zauberkünsten* R. 6, 82,174.

मायापटु Adj. *mit Gaukeleien —, mit Zauberkünsten vertraut.*

मायापति m. Bein. Vishṇu's.

मायापुर f. und °पुरी f. N. pr. einer *Stadt.*

*मायाफल n. *Gallapfel* Râǵan. 6,262.

मायाबटु m. N. pr. eines Fürsten der Çabara.

मायाबीजकल्प m. Titel eines Werkes Bühler, Rep. No 487.

मायाभ्युदयन m. N. pr. eines Kâjastha.

मायामय 1) Adj. (f. ई) *auf Täuschung beruhend, ein Blendwerk bildend, hingezaubert, keine Wirklichkeit habend.* — 2) m. N. pr. eines Râkshasa Bâlar. 12,7.

मायामोह m. *Truggestalt, Blendwerk* als Bez. Gina's oder Buddha's VP. 3,17,41. fgg. 18,1. fgg.

मायायन्त्र n. *Zauberwerk.* Am Anfange eines Comp. durch *Zauber* — wiederzugeben.

मायारति f. = मायादेवी 2) VP. 2,27,13.

*मायारसिक Adj. s. u. मायावसिक.

मायावचन n. *eine gleissnerische Rede.*

मायावनि m. N. pr. eines Vidjâdhara Bâlar. 89,11.

मायाँवत् 1) Adj. *a) zauberkräftig; Trug anwendend, schlau, pfiffig* Bâlar. 75,3. Compar. मायावत्तर Ait. Br. 8,23,6 (Çat. Br. besser मायँवत्तर). — *b) wobei viele Zauberkünste angewandt werden.* — 2) *m. Bein. Kaṁsa's. — 3) f. मायावती *a) eine best. personificirte Zauberkunst.* — b) N. pr. α) der Gattin Pradjumna's. — β) der Gattin eines Vidjâdhara. — γ) einer Prinzessin. — δ) einer Verfasserin von *Zaubersprüchen.*

*मायावसिक Adj. = परप्रतारक. Richtig wohl मायारसिक.

मायावाद m. *die Annahme, dass Alles Täuschung sei,* Bez. der Einheitslehre des Vedânta und des Buddhismus. °खण्डन n. (Burnell, T.), °खण्डनटीप्पणी f. (Opp. Cat. 1), °खण्डनटीका f. (ebend.), °खण्डविवरण n. (Burnell, T.) und °संदूषणी f. Titel von Werken.

मायाविद् Adj. *in Zauberkünsten erfahren.*

मायाविँन् 1) Adj. *a) zauberkräftig, Trug anwendend, Andere täuschend, — hintergehend.* Nom. abstr. °विता f. Bâlar. 270,15. — *b) in Täuschung bestehend, ein Blendwerk bildend.* — 2) m. *a) Zauberer, Gaukler, Taschenspieler.* — *b)* **Katze* Râǵan. 19,13. — c) N. pr. eines Sohnes des Maja.

मायाशील Adj. *hinterlistig* Spr. 4835.

*मायासुत m. Metron. Çâkjamuni's.

मायासुर m. N. pr. eines Asura Ind. St. 14,105. 106. 108.

मायिक 1) Adj. *a) in Täuschung bestehend, ein Blendwerk bildend.* — *b)* **Trug anwendend, Andere täuschend.* — 2) *m. *Gaukler, Taschenspieler.* — 3) *n. und f. (आ) *Gallapfel* Râǵan. 6,262.

मायिकभैरव n. Titel eines Tantra.

मायिकाय m. N. pr. eines Grammatikers TS. Prât.

मायिता f. Nom. abstr. zu मायिन् 1) a) Naish. 4,14.

मायिँन् 1) Adj. *a) kunstreich, wunderkräftig; listig, Trug anwendend.* — *b) in der Gewalt der Täuschung stehend.* — 2) m. *a) Zauberer, Gaukler, Taschenspieler.* — b) *Bein. Brahman's, Çiva's, Agni's und Kâma's. — 3) n. *a) Zauberhaftes, Zauberkunst.* — *b)* **Gallapfel* Râǵan. 6,262.

1. मायुँ 1) *Adj. = आदित्य. — 2) *Zauber* in दुर्मायुँ. — 3) मायुँ AV. 18,4,4.

2. मायुँ m. 1) *das Blöken, Brüllen.* — 2) *Blöker, Brüller,* Bez. *eines best. Thieres* oder Beiw. des किंपुरुष.

3. *मायु n. *Galle.*

*मायुकँ Adj. = ह्रस्व.

*मायुराज m. N. pr. eines Sohnes des Kubera.

मायुस् m. N. pr. eines Sohnes des Purûravas VP.[2] 4,13.

मायूक Adj. *brüllend.*

मायूर 1) Adj. (f. ई) *a) dem Pfau eigen, von ihm kommend.* — *b) aus Pfauenfedern gemacht.* — *c) Pfauen lieb.* — *d) von Pfauen gezogen.* — 2) f. ई *a)* **eine best. Pflanze,* = अजमोदा. — *b) eine best.* Râgiṇî S. S. S. 62. — 3) n. *ein best. Niesemittel* Karaka 6,24.

मायूरक 1) m. *Pfauenfänger* oder *der Arbeiten aus Pfauenfedern verfertigt.* — 2) f. °रिका *eine best.* Râgiṇî S. S. S. 62.

*मायूरकर्णि m. Patron. von मयूरकर्ण.

मायूरकल्प m. *eine best. Weltperiode.*

मायूरराज m. N. pr. eines Dichters.

*मायूरि m. Patron. von मयूर.

*मायूरिक m. *Pfauenjäger, — fänger.*

*मायेय Adj. von माया.

मायोभव und °भव्य n. *Wohlsein, Ergötzung.*

माय्य in पुरुमाँय्य.

मार 1) Adj. am Ende eines Comp. *tödtend, vernichtend.* — 2) m. *a) Tod, Pestilenz.* — *b) Tödtung.* — *c) Hinderniss.* — *d) der Liebesgott, die Geschlechtsliebe.* — *e)* bei den Buddhisten *der Versucher, Teufel* (mit dem Beiw. पापीयंस्). Auch Pl. — *f)* **Stechapfel.* — 3) f. ई *a) Tödtung* Prasannar. 59,17. — *b) Pestilenz.* Personificirt als *Todesgöttin.* — c) Bein. der Durgâ.

मारक 1) am Ende eines Comp. Adj. (f. °रिका) *a) tödtend, Mörder.* — *b) calcinirend.* — 2) m. *a) Seuche, Pestilenz.* Personificirt als *Todesgott.* — *b)* **Falke.* — 3) f. °रिका *Seuche, Pestilenz.*

मारकत Adj. (f. ई) *smaragden.* धातु m. so v. a. *Smaragd.* Nom. abstr. °त्व n. *smaragdene Farbe.*

मारकायिक Adj. *zum Gefolge des Versuchers gehörig.*

मारचित्ता f. N. pr. einer buddh. Göttin.

*मारजित् m. Beiw. und Bein. eines Buddha.

मारण 1) n. *a) das Tödten, Umkommenlassen* Âpast. °णं प्र-आप् *den Tod erleiden.* — *b) eine die Vernichtung des Feindes bezweckende Zauberceremonie.* — *c) eine best. mythische Waffe.* — *d) das Calciniren* Bhâvapr. 2,83. — 2) f. ई Bez. *einer der neun* Samidh.

मारणकर्मन् n. u. मारणकृत्य n. = मारण 1) *b*).

*मारद n. *Fleisch* Gal.

मारदाकार m. N. pr. eines Mannes.

मारप m. desgl.

मारपापीयंस् m. *der böse Versucher, Teufel* LALIT. 397,9.

मारपुत्र m. *ein Sohn des Versuchers,* so v. a. *Versucher* LALIT. 394,16. 397,7.

मारफी f. *eine best.* Râgiṇî S. S. S. 108.

मारबीज n. *eine best. Zauberformel.*

माररिपु m. Bein. Çiva's PRASANNAR. 12,14 (im Prâkrit.

मारव 1) Adj. (f. ई) *eine Wüstenei bildend, in einer W. liegend, in eine W. führend* Z. d. d. m. G. 36,535. — 2) f. ई *eine best. musikalische Scala.*

मारवत् Adj. *von Geschlechtsliebe erfüllt.*

मारवराज्य RÂGAT. 2,15 fehlerhaft für मडवराज्य.

मारसिंह m. N. pr. eines Fürsten VP.² 4,211.

मारहाटी, *हाट्टा und °हाठी f. *eine best.* Râgiṇî S. S. S. 63. 110. 55.

मारात्मक Adj. *mordsüchtig.*

*माराभिभु m. Bein. eines Buddha.

माराभिराम Adj. *mordsüchtig* DAÇAK. 13,20.

मारारि m. Bein. Çiva's.

*माराविक oder *माराविद Adj. als Beiw. von प्रुक PAT. zu P. 2,2,11.

*मारि f. 1) *Seuche, Pestilenz.* — 2) *das Tödten.* — 3) *Regen.*

मारिच Adj. *aus Pfeffer gemacht.* चूर्ण n. *gestossener Pfeffer.*

*मारिचिक Adj. *mit Pfeffer zubereitet, gepfeffert.* Vgl. व्यक्त°.

°मारिन् Adj. 1) *sterbend.* — 2) *tödtend, Mörder.*

*मारिव्यसनवारक m. Bein. Kumârapâla's.

मारिष 1) m. a) *ein ehrenwerther Mann;* fast immer in der Anrede. Nach MAX MÜLLER wahrscheinlich aus dem Pâli मारिस (= मादृश) zurückübersetzt; also so v. a. *College.* — b) **ein best. Gemüse, Amaranthus oleraceus* Mat. med. 309. BHÂVAPR. 1,282. — c) Pl. N. pr. eines Volkes. — 2) f. आ N. pr. a) der Mutter Daksha's. — b) der Gattin Çûra's. — c) eines Flusses.

मारीच 1) Adj. *zu* Marîki *in Beziehung stehend.* — 2) m. a) Patron. von Marîki. — b) **ein königlicher Elephant.* — c) **ein best. Baum,* = कक्कोल. — d) N. pr. eines Râkshasa. — 3) f. ई N. pr. a) *einer Göttin. — b) *einer Apsaras. — c) *der Gattin* Parganja's VP.² 2,263. — d) *der Mutter Çâkjamuni's. — 4) n. a) *ein Wald von Pfefferstauden.* — b) Titel eines Commentars.

मारीचि m. 1) Patron. von मरीचि. Auch Pl. (मारिचयः geschr.). — 2) *Metron. von मरीची. — 3) HARIV. 12944 fehlerhaft für मरीचि.

मारीच्य m. Patron. von मरीचि. Pl. M. 3,195.

मारीमृत *Gespenst.*

मारीय Adj. *dem Liebesgott gehörig.*

मारुक 1) Adj. (f. आ) *umkommend* MÂN. GṚHJ. 2,11. — 2) m. Pl. N. pr. eines Volkes VP.² 2,133.

*मारुण्ड m. 1) *Schlangenei.* — 2) *Kuhfladen* (गोमयमण्डल). — 3) *Weg.*

मारुत (älter) und मारुत 1) Adj. (f. ई) a) *den* Marut *gehörig, auf sie bezüglich* u. s. w. — b) *zum Winde in Beziehung stehend, aus ihm hervorgegangen.* — 2) m. a) Bez. α) Vishṇu's. — β) Rudra's. — b) Patron. von मरुत्. — c) *Wind, Luft, der Windgott.* Am Ende eines adj. Comp. f. आ. — d) *Wind im Körper* (medic.). — e) *Hauch.* — f) Pl. *die* Marut. — g) **ein Fürst der* Marut. — h) *ein best.* Agni. — i) N. pr. α) eines Marut. — β) Pl. eines Volkes MBH. 6,50,51. — 3) f. मारुता N. pr. eines Frauenzimmers. — 4) f. मारुती *Nordwest.* — 5) n. a) *das Mondhaus* Svâti. — b) Name eines Sâman.

मारुततन्तव्य m. Patron. fehlerhaft für मानुतन्तव्य.

मारुतमय Adj. *aus Wind bestehend, das Wesen der Luft* (als eines der fünf Elemente) *habend.*

मारुतरोग m. = वातरोग.

मारुतसूनु m. Patron. Hanumant's.

मारुतात्मज m. 1) Bez. *des Feuers.* — 2) *Patron. Hanumant's.

*मारुतापह m. *Capparis trifoliata.*

मारुतायन n. *Luftloch, ein rundes Fenster* BHÂM. V. 2,55. Vgl. वातायन.

मारुताशन 1) Adj. *von blosser Luft sich nährend.* — 2) m. a) **Schlange.* — b) N. pr. α) eines Wesens im Gefolge Skanda's. — β) eines Dânava.

मारुताश्व m. N. pr. eines Mannes.

मारुति m. Patron. Djutâna's, Bhîma's und Hanumant's.

मारुतिमञ्जरी f. Titel eines Stotra OPP. Cat. 1.

मारुतेश्वरतीर्थ n. N. pr. eines Tîrtha.

मारुदेव m. N. pr. eines Berges. v. l. मरु°.

मारुध N. pr. einer Oertlichkeit.

मारुवार N. pr. eines Landes.

*मार्क m. *Eclipta prostrata.*

मार्कट Adj. (f. ई) *dem Affen eigen, äffisch.*

*मार्कटपिपीलिका f. *eine kleine schwarze Ameise.*

मार्कटि m. Patron. von मर्कट.

मार्कण्ड 1) m. Patron. = मार्कण्डेय. — 2) Adj. *von* Mârkaṇḍa *verfasst.*

*मार्कण्डिका und *मार्कण्डी f. *eine best. Pflanze* BHÂVAPR. 1,222.

*मार्कण्डीय n. *ein best. Strauch* RÂGAN. 4,173.

मार्कण्डेय 1) m. Patron. N. pr. eines alten Weisen. Pl. *seine Nachkommen.* — 2) f. ई N. pr. der Gattin des Ragas VP.² 2,263. — 3) Adj. *von* Mârkaṇḍeja *verfasst.* — 4) n. N. pr. eines Tîrtha.

मार्कण्डेयकवीन्द्र m. N. pr. eines *Dichters.*

मार्कण्डेयतीर्थ n. N. pr. eines Tîrtha.

मार्कण्डेयदर्शनस्तोत्र n. Titel eines Stotra BURNELL, T.

मार्कण्डेयपुराण n. Titel eines Purâṇa.

मार्कण्डेयस्तोत्र n. Titel eines Stotra BURNELL, T. 199,a. OPP. Cat. 1.

*मार्कण्डेश्वरतीर्थ n. N. pr. eines Tîrtha.

*मार्कर m. fehlerhaft für मार्कव.

मार्कव m. *Eclipta prostrata* RÂGAN. 4,140.

1. मार्ग्, मार्गति, °ते, मार्गयति (selten), मार्गित Partic. 1) *suchen, aufsuchen.* — 2) *durchsuchen.* — 3) *Etwas suchen,* so v. a. *in den Besitz von Etwas zu gelangen suchen, zu erlangen streben, einer Sache nachgehen, trachten nach* (Acc.). — 4) *zu erstehen —, zu kaufen suchen.* — 5) *Etwas* (Acc.) *von Jmd* (Abl.) *verlangen, fordern, sich erbitten* BÂLAR. 99, 15. 16. Auch mit doppeltem Acc. — 6) ein Mädchen *zur Ehe verlangen.* — Mit अनु *durchsuchen.* — Mit परि 1) *suchen.* — 2) *durchsuchen.* — 3) *zu erlangen streben, trachten nach* (Acc.). — 4) *bitten um* (Acc.). — Mit संपरि in °मार्गण. — Mit प्रति *verlangen, fordern.*

2.*मार्ग्, मार्गयति (संस्कारे, गतौ) eine auf einem Missverständniss beruhende Wurzel.

1.*मार्ग m. *das Suchen.*

2. मार्ग 1) Adj. *vom Wild —, von der Gazelle kommend.* — 2) m. a) **Moschus.* — b) *der Monat* Mârgaçîrsha. — c) **das Mondhaus* Mṛgaçiras. — d) (*Fährte —, Wechsel des Wildes*) *Pfad, Weg, Bahn* (eig. und übertr.), — *der Gestirne. des Windes, Weg nach* (Loc. oder im Comp. vorangehend), — *durch* (im Comp. vorangehend). मार्गं दा oder यम् *Jmd* (Gen.) *den Weg geben,* so v. a. *Jmd aus dem Wege gehen, freien Durchgang gewähren.* °मार्गेण या *den Weg von — gehen,* so v. a. *dasselbe Schicksal wie — haben.* °मार्गेण und °मार्ग° *durch* (z. B. die Thür), *über — hin, — entlang;* °मार्गेस् *durch* 319,10. मार्गाय so v. a. *um Jmd* (Gen.) *den Weg zu eröffnen.* मार्गे *am Wege* und *unterweges;* मार्गे प्र-चल् *sich auf den Weg machen;* निजमार्गं गम् *seiner Wege gehen.* Ausnahmsweise auch n.; am Ende eines adj. Comp. f. आ. — e) *der richtige Weg* (eig. und übertr.). — f) *Weg,* so v. a. *Reise, Fussreise.* — g) *Weg, Durchgang, Kanal* (im Körper); *insbes. *Darmkanal,*

After. — h) *Weg zu.* so v. a. *Mittel zu* (Gen. oder im Comp. vorangehend). °मार्गेण *vermittelst.* — i) *Art, Weise, Verfahren, Verfahrungsart, Art und Weise der Erscheinung.* — k) *die rechte Weise, der gute Brauch, die alte Sitte.* — l) *Rechtsfall.* — m) *Stil, Schreibart.* — n) *edler Tanz,* d. i. *Pantomime.* — o) *edler Gesang* (im Gegensatz zum *vulgären*) S. S. S. 3. 4. — p) in der Dramatik *das Zeigen des Weges zu Etwas, Mittheilung wie Etwas zu Stande kommen oder sich ereignen soll.* — q) *das 7te astrologische Haus* VARÂH. JOGAJ. 4,1. — r) *(*in geometry) a section.* — 3) n. *Fleisch vom Wildpret* LÂṬJ. 8,2,9. GAUT.

3. मार्ग m. v. l. für मग VP.² 2,200.

*मार्गक m. *der Monat* Mârgaçîrsha.

मार्गण 1) Adj. am Ende eines Comp. *verlangend, fordernd.* — 2) m. a) *ein Bittender, Bettler* RÂGAT. 7,933. — b) *Pfeil.* — c) Bez. *der Zahl fünf.* — 3) n. a) *das Suchen, Nachforschen, Ausforschen.* — b) **das Bitten, Betteln.* Auch *मार्गणा f.

*मार्गणक m. *ein Bittender, Bettler.*

मार्गणता f. *das Pfeilsein.*

मार्गणप्रिया f. N. pr. einer Tochter der Prâdhâ.

मार्गताल m. Pl. *eine best. Gattung von Tacten* S. S. S. 202. fgg.

मार्गतोरण n. *ein über einen Weg errichteter Ehrenbogen.*

मार्गदत्तक m. *Einer der sich auf das Wegebauen versteht* R. ed. Bomb. 2,82,20. v. l. मार्गरक्षक.

मार्गदर्शक m. *Wegweiser* MṚKKH. 65,4.

मार्गदायिनी f. Name der Dâkshâjaṇî in Kedâra.

मार्गदङ्ग m. oder °ङ्गा f. *eine auf dem Wege gelegene Stadt* RÂGAT. 8,1992.

मार्गद्रुम m. *ein am Wege stehender Baum.*

*मार्गधेनु m. und *°क n. *ein Jogana (Wegemaass).*

मार्गप und °पति m. *Wegemeister,* Bez. *eines best. Amtes.*

मार्गपथ m. *Bahn.*

मार्गपाली f. N. pr. einer Göttin.

मार्गबन्धन n. *das Versperren des Weges.*

मार्गमर्षि m. N. pr. eines Sohnes des Viçvâmitra. v. l. मार्दमर्षि.

मार्गमित्र m. Patron. Auch Pl.

मार्गयथ (!) m. desgl. Auch Pl.

मार्गरक्षक m. *Wegehüter.*

मार्गरोधिन् Adj. *der Weg versperrend.*

मार्गव m. *eine best. Mischlingskaste.*

मार्गवटी f. Bez. *einer Schutzgöttin auf Reisen.*

मार्गवशागत, °वशानुग (f. आ) und °वशायात Adj. *am Wege liegend.*

मार्गवासस् Adj. *in ein Antilopenfell gekleidet* MÂN. GṚHJ. 1,1.

मार्गविनोदन n. *eine Unterhaltung auf Reisen* 129,24.

मार्गवीय n. Name eines Sâman ÂRSH. BR. Vgl. मार्गीयव.

मार्गवेय m. Patron. oder Metron. eines Râma.

मार्गशाखिन् m. *ein am Wege stehender Baum.*

मार्गशिर m. *der Monat* Mârgaçîrsha.

मार्गशिरलक्ष्मीवारव्रतकल्प m. Titel eines Mantra OPP. Cat. 1.

मार्गशिरस् m. *der Monat* Mârgaçîrsha.

मार्गशीर्ष 1) *Adj. (f. ई) *unter dem Mondhause* Mṛgaçiras *geboren.* — 2) m. (mit und ohne मास) *der Monat, in welchem der Vollmond im Sternbilde* Mṛgaçiras *steht, der zehnte* (später *der erste*) *Monat im Jahre.* — 3) f. (*आ) ई (mit und ohne पौर्णमासी) *der Tag, an welchem der Vollmond im Sternbilde* Mṛgaçiras *steht.*

मार्गशीर्षक m. = मार्गशीर्ष 2).

मार्गशीर्षमाहात्म्य n. und °शीर्षादिपूजा f. Titel von Werken BURNELL, T.

मार्गशोधक m. *Wegereiniger.*

मार्गसंदर्शन m. *ein best.* Samâdhi KÂRAṆḌ. 52, 16. 93,11.

मार्गस्थ Adj. *auf dem richtigen Wege bleibend* (eig. und übertr.) 163,28. KATHÂS. 88,56.

*मार्गस्थिति f. *das Umherwandern* GAL.

मार्गागत und मार्गायात Adj. *von der Reise kommend;* m. *ein Reisender, Wanderer.*

मार्गारि m. nach den Erklärern Patron. von मृगारि, Metron. von मृगी oder *der mit den Händen Fische zu fangen pflegt.*

मार्गाली f. *Geleise* VIKRAMÂÑKAK. 8,36.

मार्गावलोकिन् Adj. *auf den Weg hinschauend,* so v. a. *Jmd sehnsüchtig erwartend* 134,5.

*मार्गिक m. 1) *Jäger.* — 2) *Wanderer.*

मार्गितव्य Adj. 1) *zu suchen.* — 2) *zu durchsuchen.* — 3) *wonach man zu streben hat.*

मार्गिन् m. *Wegereiniger, Wegehüter* oder *Wegweiser.*

मार्गीयव n. Name zweier Sâman ÂRSH. BR. 1, 115. Auch °यवाच्य n.

मार्गेश m. = मार्गप.

मार्गोपदिश् m. *Wegweiser, Führer.*

मार्ग्य Adj. *wegzuwischen* BHAṬṬ.

*मार्ज्, मार्जयति (शब्दार्थ). — Vgl. 1. und 2. मर्ज्.

मार्ज m. 1) **Reiniger, Putzer, Wäscher.* — 2) **Bein. Vishṇu's.* — 3) **Reinigung.* — 4) Pl. N. pr. eines Volkes VP.² 2,171. — Vgl. *अस्त्र° und *शस्त्र°.

मार्जक 1) *Adj. *reinigend, putzend* in केश°. — 2) समार्जक SUÇR. 2,461,3 fehlerhaft für सक्षार्जक (सह् + अ°) zu lesen ist.

मार्जन 1) Adj. (f. ई) *abwischend, reinigend, putzend;* Subst. *Wäscher, Wäscherin* u. s. w. — 2) *m. *Symplocos racemosa.* — 3) f. आ a) *Waschung, Reinigung, das Abwischen* BÂLAR. 75,4. — b) *der Laut einer Trommel.* — c) wohl *Trommelfell* BÂLAR. 38,17. — 4) f. ई a) *Reinigung* ÂPAST. ÇR. 4,10,8. — b) *Besen* oder *Bürste.* — c) *eine best.* Çruti S. S. S. 23. — d) *N. pr. eines Wesens im Gefolge der Durgâ. — 5) n. a) *das Abwischen, Abreiben, Reinigen, Fegen, Wegkehren.* — b) *das Verwischen, Wiedergutmachen.*

मार्जार 1) m. a) *Katze* GAUT. — b) *eine wilde Katze.* — c) **Zibethkatze.* — d) **Plumbago rosea* RÂGAN. 6,47. — 2) f. ई a) *Katze (das Mutterthier).* + b) **Zibethkatze.* — c) **Moschus* DHANV. 3,19.

मार्जारक m. 1) *Katze.* — 2) **Pfau.*

*मार्जारकण्ठ m. *Pfau.*

*मार्जारकर्णिका und *°कर्णी f. Bein. der Kâmuṇḍâ.

*मार्जारगन्धा f. *eine Art Phaseolus.*

*मार्जारगन्धिका f. *Phaseolus trilobus* RÂGAN. 3, 22. BHÂVAPR. 1,200.

मार्जारलिङ्गिन् Adj. *eine Katzennatur habend.*

मार्जारि m. N. pr. eines Sohnes des Sahadeva.

*मार्जारीय m. 1) *Katze.* — 2) *ein* Çûdra. — 3) *Einer der nach Katzenart sich beständig reinigt.*

*मार्जाल m. *Katze.*

मार्जालीय 1) Adj. *Reinigung liebend* als Beiw. Çiva's. Nach NILAK. = शुद्धदेह oder किरात. — 2) m. a) *ein Erdaufwurf rechts von der* Vedi, *auf welchem die Opfergefässe gereinigt werden.* — b) **Katze.* — c) **ein* Çûdra. — d) **Einer der nach Katzenart sich beständig reinigt.*

(मार्जाल्य) मार्जालीय Adj. *der sich gern reinigen lässt, Reinigung liebend.*

मार्जित 1) Adj. s. u. 1. मर्ज्. — 2) (*m. f. आ) *gekäste Milch mit Zucker und Gewürz.* — 3) n. *eine vollbrachte Reinigung.* Loc. *nach geschehener Reinigung* KÂTJ. ÇR. 6,7,29. 9,7.

*मार्डाकव m. Patron. von मृडाकु.

*मार्डाकवायन m. Patron. von मार्डाकव.

मार्डीकं n. *Erbarmen, Gnade.*

मार्डर्य m. N. pr. eines Mannes. Pl. *seine Nachkommen.*

मार्णाल Adj. *an der Lotuswurzel befindlich* DHŪRTAN. 42.

मार्तण्ड m. 1) *der Vogel am Himmel, die Sonne, der Sonnengott; eine Statue des Sonnengottes.* — 2) Pl. *die* Âditja; daher Bez. *der Zahl zwölf.* — 3) **Eber.*

मार्तण्डतिलकस्वामिन् m. N. pr. eines Gelehrten.

मार्तण्डमण्डल n. *Sonnenscheibe* Ind. St. 15,374.

मार्तण्डमाहात्म्य n. Titel eines Werkes BÜHLER, Rep. No. 78.

*मार्तण्डवल्लभा f. *Polanisia icosandra* RÂGAN. 4,183.

मार्तण्डवेदोद्धार m. Titel eines Werkes BÜHLER, Rep. No. 28.

मार्तण्डार्चन n. Titel eines Werkes.

मार्तण्डीय Adj. *solaris* BÂLAR. 10,21.

मार्तवत्स n. *Todtgeburt.*

मार्ताण्ड m. 1) *Vogel.* — 2) *der Vogel am Himmel, die Sonne, eine Statue des Sonnengottes.*

मार्त्तिक 1) Adj. (f. ई) *aus Lehm gemacht, thönern* MÂN. ÇR. 7,1,1. KARAKA 6,1. HEMÂDRI 2,42,3. — 2) *m. *eine flache, irdene Schüssel, Teller.* — 3) n. *ein irdenes Geschirr* GAUT. MÂN. ÇR. 1,2,1. GṚHJ. 2,15.

मार्त्तिकावत 1) N. pr. *a)* (wohl m.) eines Landes. — *b)* (wohl n.) einer Stadt. — *c)* m. Pl. α) eines Volkes. — β) eines fürstlichen Geschlechts. — 2) m. *ein Fürst von* Mârttikâvata.

मार्त्तिकावतक Adj. *zum Lande* Mârttikâvata *in Beziehung stehend.* Auch °वतिक, aber mit der v. l. °वतक.

मार्त्य n. *das Körperliche.*

मार्त्यवे 1) m. Patron. des Antaka. — 2) f. ई (Conj.) f. zu 1).

मार्त्युञ्जयी (Conj.) f. Patron. von मृत्युंजय.

मार्त्स्न Adj. (f. आ) *fein zerrieben.*

*मार्दङ्ग 1) m. *Trommelschläger.* — 2) n. *Stadt.*

मार्दङ्गिक m. *Trommelschläger.*

मार्दमर्षि m. N. pr. eines Sohnes des Viçvâmitra MBH. 13,4,57. v. l. मागमर्षि.

मार्दव 1) *m. *a)* Patron. von मृडु. — *b) eine best. Mischlingskaste.* — 3) n. (adj. Comp. f. आ) *a) Weichheit, Geschmeidigkeit, Sanftheit, Gelindigkeit.* — *b) Sanftmuth, Milde, Gutmüthigkeit,* — *gegenüber von* (Gen.). ÂPAST.

मार्दवभाव m. = मार्दव 3) *a).*

*मार्दवायन m. Patron. von मार्दव.

मार्दवी Adv. mit कर् *weich* —, *nachsichtig machen.* °कृत so v. a. *nachsichtig gegen sich selbst* —, *lass geworden.*

*मार्दय m. Patron. oder Metron. von मृदि.

*मार्दयपुर n. N. pr. einer *Stadt.*

मार्द्वीक 1) Adj. *aus Trauben bereitet.* — 2) *n. *Wein.*

मार्मिक Adj. *sich auf Etwas* (Loc. oder im Comp. vorangehend) *gut verstehend* BHÂM. V. 1,7. 4,41.

मार्ष m. 1) *ein ehrenwerther Mann.* Nur im Voc. — 2) **ein best. Gemüse, Amaranthus oleraceus* BHÂVAPR. 1,282.

मार्षि m. N. pr. eines Sohnes des Sâraṇa VP.² 4,109. v. l. मार्ष्टि.

*मार्षिक m. *ein best. Gemüse.*

मार्षिमत् m. N. pr. eines Sohnes des Sâraṇa VP.² 4,109. v. l. मार्ष्टिमत्.

मार्ष्टव्य Adj. *zu reinigen, zu kehren.*

मार्ष्टि 1) f. *a)* **Waschung, Reinigung.* — *b)* **Einsalbung mit Oel.* — *c)* N. pr. der Gattin Duḥsaha's VP.² 1,LVI. Vgl. निर्मार्ष्टि. — 2) m. N. pr. eines Sohnes des Sâraṇa VP. 4,15,14. v. l. मार्षि.

मार्ष्टिमत् m. N. pr. eines Sohnes des Sâraṇa VP. 4,15,14. v. l. मार्षिमत्.

माल 1) m. *a)* N. pr. α) Pl. eines Volkes. — β) einer Gegend. — *b)* *Bein. Vishṇu's. — 2) f. आ *a) Kranz.* — *b) Rosenkranz.* — *c) Halsband.* — *d) Reihe, Streif.* नाम्नां माला *eine in Reihen geordnete Sammlung von Wörtern, Wörterbuch* (mit Ausschluss der Wurzeln). — *e) eine best. Form des* Kramapâṭha. — *f)* Name *verschiedener Metra.* — *g)* in der Dramatik *das Darbringen (Anbieten) mehrerer Dinge um das Gewünschte zu erreichen.* — *h)* in der Astrol. *ein best.* Dalajoga BÂDAR. bei UTPALA zu VARÂH. BṚH. 12,2. — *i)* **Trigonella corniculata.* — *k)* Titel eines Wörterbuchs. — *l)* N. pr. eines Flusses. — 3) n. *a) Feld.* — *b)* **Wald.* — *c)* **ein Wald im Bereich eines Dorfes.* — *d)* **Betrug, Hinterlist.* — *e)* am Anfange einiger Comp. = माला *Kranz.*

मालक 1) m. *a)* etwa *Laube* Ind. St. 15,219. 266. 267. — *b)* **Melia sempervirens.* — *c)* **ein Wald im Bereich eines Dorfes.* — *d)* Pl. N. pr. eines Volkes VP.² 2,180. — 2) *f. आ *Kranz.* — 3) *f. ई gaṇa गौरादि. — 4) f. °लिका *a) Kranz.* — *b) Halsband.* — *c) Reihe, eine in Reihen geordnete Menge, Trupp.* — *d)* **Linum usitatissimum* und * = मसला. — *e)* **ein best. Vogel.* — *f)* **ein berauschendes Getränk.* — *g)* **Tochter.* — *h)* *N. pr. eines Flusses. — 5) n. *a) Kranz, Ring.* — *b)* **Hibiscus mutabilis.*

मालकोश (?) und °कौशिक (S. S. S. 82) m. *ein best.* Râga.

*मालचक्रक n. *Hüftgelenk.*

*मालजातक m. *Zibethkatze* RÂGAN. 19,14.

मालति f. *Jasminum grandiflorum.*

मालतिका f. N. pr. 1) einer der Mütter im Gefolge Skanda's. — 2) eines Frauenzimmers.

मालती f. 1) *Jasminum grandiflorum* (*die Pflanze* und *die Blüthe*) RÂGAN. 10,75. — 2) **eine andere Pflanze,* = विशल्या. — 3) **Knospe, Blüthe.* — 4) **Jungfrau.* — 5) **Mondschein.* — 6) **Nacht.* — 7) Name *verschiedener Metra.* — 8) * = काचमाली. — 9) Titel eines Commentars. — 10) N. pr. *a)* eines Frauenzimmers. — *b)* eines Flusses.

मालतीजारक m. wohl *Borax.*

*मालतीतीर (!) m. *Borax.*

*मालतीतीरसंभव n. *weisser Borax* RÂGAN. 6,244.

*मालतीपत्त्रिका f. *Muskatblüthe* RÂGAN. 12,78.

*मालतीफल n. *Muskatnuss* RÂGAN. 12,80. BHÂVAPR. 1,187.

मालतीमाधव n. Titel eines Schauspiels.

मालतीमाला f. 1) *ein Kranz von Jasminblüthen.* — 2) *ein best. Metrum.* — 3) Titel eines Wörterbuchs.

मालद m. Pl. N. pr. eines Volkes.

मालधान्य m. N. pr. eines Mannes VP.² 4,221.

*मालभञ्जिका f. *ein best. Spiel.*

मालभारिन् Adj. *einen Kranz tragend.* Zu belegen nur am Ende eines Comp. *e. Kr. von — tr.*

मालमङ्गल m. N. pr. eines Autors. °भाण m. Titel eines von ihm verfassten *Schauspiels* OPP. Cat. 1.

मालय्, °यति *bekränzen.*

मालय 1) Adj. *vom Gebirge* Malaja *kommend.* — 2) m. *a)* **Sandelholz.* — *b)* N. pr. eines Sohnes des Garuḍa MBH. 5,101,14. — 3) n. *a)* **Karawanserai.* — *b)* **Cerasus Puddum* RÂGAN. 12,147.

1. मालव m. N. pr. 1) eines Landes. — 2) Pl. eines Volkes.

2. मालव 1) Adj. (f. ई) *zum Volke der* Mâlava *in Beziehung stehend, ihnen gehörig.* — 2) m. *a) ein Fürst der* Mâlava. — *b) ein best.* Râga S. S. S. 54. — *c)* **weiss blühender* Lodhra RÂGAN. 6, 214. — *d)* N. pr. eines Mannes. — 3) f. आ N. pr. eines Flusses. — 4) f. ई *a) eine Prinzessin der* Mâlava. — *b) eine best.* Râgiṇî S. S. S. 37 (भालवी gedr.). 55. 65. — *c) ein best. Prâkrit-Metrum.* — *d)* **Clypea hernandifolia* RÂGAN. 6,123. — *e)* N. pr. der Gattin Açvapati's und Ahnfrau der Mâlava.

मालवक 1) *Adj. = मालवो भक्तिरस्य. — 2) m.

das Land der Mâlava. — 3) f. °विका *a)* **Ipomoea Turpethum* Râǵan. 6,168. — *b)* ein Frauenname.

मालवगुप्त m. N. pr. eines Autors.

मालवगौड m. *ein best.* Râga S. S. S. 99. Gît. S. 2. 13.

मालवरुद्र m. N. pr. eines Dichters.

मालवर्ति m. Pl. N. pr. eines Volkes.

मालवश्री f. *eine best.* Râgiṇî S. S. S. 38. 89.

मालवानक m. Pl. N. pr. eines Volkes.

मालविकाग्निमित्र n. Titel eines Schauspiels.

मालवीय Adj. *aus* Mâlava *stammend.*

मालव्य 1) *Adj. *zu den* Mâlava *in Beziehung stehend, ihnen gehörig.* °देश m. — 2) m. *a)* **ein Fürst der* Mâlava. — *b)* Bez. *eines der fünf ausserordentlichen Menschen, welche unter best. Constellationen geboren werden.*

मालश्री f. *eine best.* Râgiṇî S. S. S. 37. 65.

मालसिका f. desgl. S. S. S. 89.

मालसी f. 1) **eine best. Pflanze.* — 2) *eine best.* Râgiṇî S. S. S. 89.

मालह्वानय (!) m. Patron.

*मालाकण्ठ m. *Achyranthes aspera* Râǵan. 4,92.

*मालाकन्द m. *ein best. Knollengewächs* Râǵan. 7,97.

*मालाकर m. = मालाकार.

*मालाका f. = मालिका (s. u. मालक).

मालाकार 1) m. *Kranzwinder, Gärtner (eine best. Mischlingskaste).* — 2) f. ई f. zu 1).

मालाकारिणी f. *Kranzwinderin* Pańkad.

मालाकुट N. pr. eines Reiches Eitel, Chin. B.

मालाकुटदन्ती f. N. pr. einer Râkshasî.

*मालागुण m. *Kranzschnur, Halsschnur.* °परिक्षिप्त Adj. so v. a. *mannbar geworden.*

मालागुणा f. *eine best. giftige Spinne.*

*मालाग्रन्थि m. *eine Art* Dûrvâ-*Gras* Râǵan. 8,114.

मालाङ्क m. N. pr. eines fürstlichen Autors.

*मालातृण und *°क n. *Andropogon Schoenanthus* Râǵan. 8,121.

मालादामन् n. *Blumenguirlande* R. 2,33,2.

मालादीपक n. *eine best. Redefigur, eine verkettete Klimax.*

*मालादूर्वा f. *eine Art* Dûrvâ-*Gras* Râǵan. 8,114.

मालाधर 1) Adj. *einen Kranz tragend.* — 2) m. *a)* **eine best. Klasse göttlicher Wesen* (buddh.). — *b)* N. pr. eines Mannes. — 3) f. ई N. pr. einer Râkshasî. — 4) n. *ein best. Metrum.*

*मालाप्रस्थ m. N. pr. einer Stadt. Davon *Adj. °क.

*मालाफल n. *der Same von Elaeocarpus Ganitrus.*

मालामनु und मालामन्त्र m. *ein in Kranzform geschriebener Spruch.*

°मालामय Adj. in कुण्ठाश्म° (Nachtr. 4).

मालायन m. Patron. Auch Pl.

*मालारिष्टा f. *eine best. Pflanze.* Richtig मल्लारिष्टा.

मालारूप Adj. (f. आ) *reihenförmig* Kâvyapr. 290, 16. Sâh. D. 671. 278,17. 279,6. Nom. abstr. °ता f. 199,19. °त्व n. 675.

*मालालिका und *मालाली f. *Trigonella corniculata* Râǵan. 12,134.

*मालावत n. *der Wohnort der* Mâlâvant.

मालावत् 1) Adj. *bekränzt.* — 2) *m. vielleicht *Gärtner.* — 3) f. °वती N. pr. zweier Frauen.

मालि 1) Adj. am Ende eines Comp. = मालिन् *bekränzt mit.* — 2) m. N. pr. eines Sohnes des Râkshasa Sukeça.

मालिक m. 1) *Kranzwinder, Gärtner.* — 2) **ein best. Vogel.* — 3) **Färber.* — Halâj. 2,434 schlechte Lesart für मायिक. मालिका f. s. u. मालक.

°मालित Adj. *bekränzt mit, umgeben von.*

मालिन् 1) Adj. *bekränzt* (Âpast.), — *mit* (Instr.). Gewöhnlich am Ende eines Comp. *mit einem Kranze* oder *Halsbande von — versehen, bekränzt mit, umgeben von, durchzogen von.* — 2) m. *a) Kranzwinder, Gärtner.* — *b)* N. pr. eines Sohnes des Râkshasa Sukeça. — 3) f. °नी *a) die Frau eines Kranzwinders, — Gärtners.* — *b)* **Alhagi Maurorum* und *= अग्निशिखा. — *c) eine best.* Çruti S. S. S. 24. — *d)* Name *verschiedener Metra.* — *e)* Bein. der Durgâ. — *f) ein siebenjähriges Mädchen, welches bei der Feier der* Durgâ *diese Göttin darstellt.* — *g)* Titel eines Tantra, = °तन्त्र Ârjav. 160,17. — *h)* N. pr. α) einer himmlischen Jungfrau. — β) einer der 7 Mütter Skanda's. — γ) eines Wesens im Gefolge der Durgâ. — δ) einer Râkshasî. — ε) der angenommene Name der Draupadî beim Fürsten Virâṭa. — ζ) der Mutter des Manu Raukja und verschiedener anderer Frauen. — η) einer Stadt. — ϑ) verschiedener Flüsse.

मालिनीतन्त्र n. Titel eines Tantra.

मालिनीविजय m. Titel eines Werkes.

मालिन्ध्य m. N. pr. eines Berges.

मालिन्य 1) *Adj. gaṇa संकाशादि. — 2) n. *das Beflecktsein, Unreinheit, Trübung; Schwärze.* वदन° so v. a. *Schamröthe im Gesicht* Bâlar. 80,19.

*मालीय्, *यति *sich einen Kranz wünschen.*

*मालीय Adj. *zu einem Kranze bestimmt, — sich eignend.*

मालु 1) m. *a) eine best. Mischlingskaste.* माल्ल v. l. — *b)* *N. pr. eines Wesens im Gefolge Çiva's. — 2) f. *a) eine best. Schlingpflanze.* Auch °लता. — *b)* **Frauenzimmer.*

मालुक m. Pl. N. pr. eines Volkes VP.² 2,133. — Vgl. *कच्छमालुक.

*मालुद *eine best. hohe Zahl* (buddh.).

मालुधान 1) *m. *eine Art Schlange.* — 2) f. ई *eine best. Schlingpflanze* Bâlar. 168,18.

*मालूक m. *Ocimum sanctum* Râǵan. 10,162.

मालूर m. *eine best. Pflanze* Harshaé. 197, 10. Nach den Lexicographen *Aegle Marmelos* und *Feronia elephantum* Râǵan. 11,182. Bhâvapr. 1,196. 3,97. 146.

मालेय 1) m. Patron. von मालि 2). — 2) *f. आ *eine Art Kardamomen.*

मालोपमा f. *eine best. Redefigur, Kettengleichniss.*

माल्य 1) m. Patron. Auch Pl. — 2) *f. आ *Trigonella corniculata.* — 3) n. *a) Kranz.* — *b)* **Blume.*

माल्यगुणाय्, °यते *zur Schnur eines Kranzes werden, als solche erscheinen.*

माल्यजीवक m. *Kranzwinder, Kranzverkäufer.*

माल्यदामन् n. *Blumenguirlande.*

माल्यपिण्डक m. N. pr. eines Schlangendämons.

*माल्यपुष्प m. *Cannabis sativa* oder *Crotolaria juncea* Râǵan. 4,77.

*माल्यपुष्पिका f. *eine best. Pflanze,* = शणपुष्पी Râǵan. 4,67.

माल्यवत् 1) Adj. *bekränzt, mit Kränzen geschmückt.* — 2) m. N. pr. *a)* eines Râkshasa. — *b)* eines Dieners im Gefolge Çiva's. — *c)* eines Berges. — 3) f. °वती N. pr. eines Flusses.

माल्यवृत्ति m. *Kranzwinder, Kranzverkäufer.*

माल्यापण m. *ein Markt, auf dem Kränze verkauft werden.*

माल्ल m. *eine best. Mischlingskaste.* v. l. मालु.

*माल्लवास्तव Adj. von मल्लवास्तु.

*माल्लवी f. *ein Aufzug von Ringern.*

मौल्य n. *Unbesonnenheit, Albernheit* Maitr. S. 2,4,2 (39,16).

मावत्त Adj. *mir ähnlich, Einer von meines Gleichen.*

माविलम्बम् und माविलम्बितम् Adv. *unverzüglich* (befehlend).

मावेलक m. Pl. N. pr. eines Volkes. v. l. मावेल्लक.

मावेल्ल m. N. pr. eines Sohnes des Vasu, Fürsten der Ḱedi.

मावेल्लक m. Pl. N. pr. eines Volkes.

मावेल्वक m. Pl. v. l. für मावेल्लक.

माशकीया fehlerhaft für माचाकीय.

*माशब्दिक Adj. *Ruhe gebietend.*

माष m. 1) *Bohne* (Sg. *die Pflanze*, Pl. *die Kerne*); in der späteren Zeit ist *Phaseolus radiatus* darunter gemeint Rāǵan. 16,43. Bhāvapr. 1,276. Mat. med. 309. — 2) अकृष्टा माषाः *wildwachsende Bohnen* als Bez. eines Ṛshigaṇa, Kinder der Surabhi. — 3) *ein best. Gewicht*, auch als *Goldwerth*. — 4) **ein bohnenähnlicher Ausschlag*. — 5) **Thor, Dummkopf*. — 6) *N. pr. eines Mannes gaṇa बाह्वादि.

माषक 1) m. *Böhnchen*. — 2) m. n. *ein best. Gewicht*, auch als *Goldwerth*.

माषतिल m. Du. *Sesam und Bohnen*.

माषतैल n. *ein öliges Präparat aus Bohnen* Mat. med. 288.

*माषपत्त्रिका und माषपर्णी f. *Glycine debilis* und = पृश्निपर्णी Mat. med. 309. Rāǵan. 3,18. 19.

माषपिष्ट n. *Bohnenmehl*.

माषपेषम् Absol. mit पिष् *Jmd* (Acc.) *wie Bohnen zermalmen* Mahāvīraḱ. 112,16.

माषमन्थ m. *ein Rührtrank mit Bohnenmehl*.

माषमय Adj. *aus Bohnen bestehend* Hemādri 1, 307,4. 351,11.

माषमुद्गमय Adj. (f. ई) *aus Phaseolus radiatus und Ph. Mungo bestehend* Hemādri 1,412,9.

*माषवर्धक m. *Goldschmied*.

माषशरावि m. Patron. Auch Pl.

*माषशराविन् (Conj.) m. N. pr. eines Mannes.

*माषशस् Adv. Māsha-*weise*.

*माषस्थलक Adj. von माषस्थली gaṇa धूमादि in der Kāç.

*माषस्थली f. ebend.

माषाज्य Adj. *mit Bohnenöl gesalbt* Āpast. Çr. 9, 3,22.

*माषाश m. *Pferd*.

माषिक Adj. (f. ई) *einen* Māsha *werth* u. s. w. Zu belegen nur in पञ्च°.

माषी f. N. pr. der Gattin Çūra's VP.² 4,100.

*माषीण n. *Bohnenfeld*.

*माषोण Adj. *woran ein* Māsha *fehlt*.

*माष्य Adj. 1) *für Bohnen geeignet*. — 2) am Ende eines Comp. nach Zahlwörtern *so und so viele* Māsha *werth* u. s. w.

1. मास् n. = मांस *Fleisch*.

2. मास् m. (Instr. Pl. माद्भिस्) 1) *Mond*. — 2) *Monat*.

1. मास m. 1) *Monat*. मासम् *einen Monat lang* (227, 21), *für die Dauer eines Monats* (227,22), मासमेकम् *einen M. lang* (146,29); मासेन *im Laufe eines Monats* (227,27); मासे *nach Ablauf eines Monats*. Am Ende eines adj. Comp. f. ई. — 2) Bez. *der Zahl zwölf*.

2.*मास m. falsche Schreibart für माष.

मासक m. *Monat*.

मासकालिक Adj. *für den Zeitraum eines Monats geltend*.

मासकृत् nach Nir. 5,21 = मासानां चार्धमासानां च कर्ता; es ist aber Ṛv. 1,105,18 मा सकृत् gemeint.

मासचारिक Adj. *einen Monat lang einer Sache obliegend*.

*मासजात Adj. *einen Monat alt*.

*मासज्ञ m. *eine Hühnerart*.

*मासतम Adj. *nach einem Monat eintretend* u. s. w.

मासताला f. wohl Bez. *bestimmter Theile eines Felles, aus denen Trommelfelle bereitet werden*, MBh. 2,21,16.

मासदर्पण m. Titel eines Werkes.

*मासदेय Adj. *binnen eines Monats zu entrichten*.

*मासद्वयोद्भव m. *in 60 Tagen reifender Reis* Rāǵan. 16,11.

मासधा Adv. *monatweise*.

*मासन n. *der Same von Vernonia anthelminthica*.

मासनामन् n. *Monatsname* Mān. Çr. 1,7,5. 8.

मासनिर्णय m. Titel eines Werkes Opp. Cat. 1.

मासपाक Adj. *in einem Monat Folgen zeigend*.

*मासपूर्व Adj. *um einen Monat früher*.

मासप्रवेश m. *der Eintritt eines Monats*.

मासप्रवेशानयन n. 1) *das Berechnen des Eintritts eines Monats*. — 2) Titel eines Werkes.

मासफल Adj. (f. आ) *in einem Monat Folgen zeigend*.

मासभाज् Adj. *an einem Monat Theil habend* Çat. Br. 10,4,4,4.

मासभावाध्याय m. Titel eines Werkes.

मासभुक्ति f. *Monatslauf* (der Sonne) Bhāg. P. 5, 22,8.

*माससमान m. *Jahr*.

मासर n. *ein besonderes gegorenes Getränk, eine Mischung der Brühe von gekochtem Reis mit zerriebener Hefe, Gräsern u. s. w.* Āpast. Çr. 19,4. Nach Andern m. *Mehl von leichtgerösteter Gerste mit saurer Milch oder Buttermilch vermengt und mit Gras bedeckt*. Nach den Lexicographen m. *Reisschleim*.

मासलोका Adj. f. Bez. *bestimmter Backsteine* Çat. Br. 10,4,3,19.

*मासवर्तिका f. *eine Art Bachstelze*.

*मासल m. *Jahr*.

माससशस् Adv. *monatweise*.

मासशिवरात्रिव्रतकल्प m. (Opp. Cat. 1.) und °रात्र्युद्यापन n. (Burnell, T.) Titel von Werken.

माससंचयिक Adj. *Vorräthe für einen Monat habend*.

माससस्तोम m. *ein best.* Ekâha.

मासाधिप und °पति m. *der Regent* (ein Planet) *eines Monats*.

मासाधिपत्य n. Nom. abstr. zu मासाधिपति Utpala zu Varāh. Bṛh. 4,9.

मासानुमासिक Adj. *allmonatlich erfolgend*.

मासान्त m. *Ende eines Monats*.

मासापवर्ग Adj. *höchstens einen Monat dauernd*. Nom. abstr. °ता f. und °त्व n. Comm. zu Kātj. Çr. 23,1,1.

मासाहार Adj. *einmal im Monat Speise zu sich nehmend*.

मासिक 1) Adj. (f. ई) *a)* am Ende eines Comp. *zum Monat — in Beziehung stehend*. — *b) monatlich, jeden Monat erfolgend, j. M. gegeben werdend*. — *c) einen Monat während, — vorhaltend, — Etwas seiend*. — *d) innerhalb eines Monats —, nach einem Monat erfolgend, — fertig werdend, — herzustellen*. — *e)* **nach einem Monat zu entrichten*. — *f)* **auf einen Monat in Dienst genommen*. — *g)* **einem best. Monat geweiht*. — 2) n. *ein allmonatliches* Çrāddha.

मासिकार्थवत् Adj. = मासिक 1) *b)* (!) Vishṇus. 21,19.

मासिश्राद्ध n. *ein allmonatliches* Çrāddha Āpast.

मासी Adv. mit कर् *in Monate verwandeln*.

मासीन Adj. 1) *monatlich*. — 2) **einen Monat alt*.

*मासुरकर्ण m. Patron. von मसुरकर्ण.

*मासुरी f. *Bart*.

मासूर Adj. (f. ई) 1) *linsenförmig*. — 2) *aus Linsen gemacht* Bhāvapr. 1,147.

मासेश्वरफल n. Titel eines Werkes.

मासोपवास n. °क m. *Fasten einen Monat hindurch* Agni-P. 204,1. fgg.

मासोपवासिनी f. 1) **ein Frauenzimmer, das einen Monat hindurch fastet*. — 2) so v. a. *Kupplerin*.

मास्य Adj. *einen Monat alt.*

*माह्, माह्ते (माने).

*माहकस्थलक Adj. von माहकस्थली.

*माहकस्थली f. gaṇa धूमादि.

माहकि m. Patron. N. pr. eines Lehrers AV. Pariç. 44 am Ende.

*माहकीप्रस्थ Adj. (f. ई) Kâç. zu P. 4,2,110. v. l. माह्किप्रस्थ.

*माहत 1) Adj. von महत्त. — 2) n. Nom. abstr. von महत्त.

*माहन m. *ein Brahmane.*

माहनीय Adj. fehlerhaft für महनीय.

*माहा f. *Kuh.*

*माहाकुल und *°कुलीन Adj. *aus vornehmem Geschlecht stammend.*

माहाचमस्य m. Patron. von महाचमस.

*माहाचित्त Adj. von महाचित्त.

*माहाजनिक und *°जनीन Adj. von महाजन.

माहात्मिक Adj. *einem Hochstehenden eigen u. s. w., hoch, hehr.*

माहात्म्य n. (adj. Comp. f. आ) *hohes Wesen, hoher Sinn, Grösse, Majestät, Macht, Würde.*

*माहानद Adj. (f. ई) von महानद.

*माहानस Adj. (f. ई) von महानस.

माहानामन, *°नामिक und *°नाम्निक Adj. von महानाम्नी.

*माहापुत्रि Adj. von महापुत्र.

*माहाप्राण Adj. von महाप्राण.

माहाभाग्य n. = महाभाग्य.

माहारजन Adj. (*f. ई) *mit Safran gefärbt.*

*माहाराजिक Adj. (f. ई) *dem regierenden Fürsten zugethan, ihn verehrend.*

माहाराज्य n. *die Würde eines regierenden Fürsten.*

माहाराष्ट्र 1) Adj. (f. ई) *mahrattisch.* — 2) f. ई *die mahrattische Sprache.*

*माहावार्त्तिक Adj. *mit* (Kâtjâjana's) Mahâvârttika *vertraut.*

माहाव्रती f. *die Lehre der* Pâçupata.

माहाव्रतीय fehlerhaft für महा°.

माहिक m. Pl. N. pr. eines Volkes.

*माहिकीप्रस्थ Adj. (f. ई). v. l. माहकीप्रस्थ.

*माहित Adj. von माहित्य.

माहित्य m. Patron. N. pr. eines Lehrers.

*माहित्य m. Patron. von महित.

माहित्र n. Bez. *des Liedes* RV. 10,185 Vasishtha 26,5.

माहिन 1) Adj. (f. आ) *a) fröhlich, freudig, lustig, erregt. — b) ergötzlich, erfreuend.* — 2) *n. *Herrschaft.*

माहिनावत् Adj. *in Erregung befindlich.*

*माहिर m. Bein. Indra's.

माहिष 1) Adj. (f. ई) *dem Büffel —, der Büffelkuh eigen, von ihnen kommend.* — 2) m. Pl. N. pr. eines Volkes.

माहिषक m. 1) **Büffelhirt.* — 2) Pl. N. pr. eines Volkes.

*माहिषस्थलक Adj. von माहिषस्थली.

*माहिषस्थली f. N. pr. einer Oertlichkeit.

माहिषिक m. 1) *Büffelhirt, der von Büffelzucht lebt* VP. 2,6,21. — 2) *der Liebhaber eines liederlichen Weibes.* — 3) **der von der Prostitution seines Weibes lebt.*

माहिषिका und °की f. N. pr. eines Flusses.

माहिषेय m. 1) *ein Sohn der ersten Gemahlin eines Fürsten* Âpast. Çr. 9,20,7. — 2) N. pr. eines Commentators des TS. Prât.

माहिष्म m. Pl. N. pr. eines Volkes VP.[2] 4,220.

माहिष्मती f. N. pr. einer Stadt Bâlar. 66,14.15.

*माहिष्मतेयक Adj. von माहिष्मती.

माहिष्य m. *eine best. Mischlingskaste, der Sohn eines* Kshatrija *von einer* Vaiçjâ, Gaut.

माहीन m. vielleicht Patron. oder Adj. = माहिन.

*माहीयव Adj. *mit den Worten* महीयव (?) *beginnend.* v. l. माहीयल. Vgl. ग्रामहीयव.

*माहीयल Adj. *mit den Worten* महीयल (?) *beginnend* gaṇa विमुक्तादि in der Kâç. Vgl. ग्रामहीयव.

माहुरदत्त N. pr. eines Ortes.

माहुल 1) m. Patron. — 2) f. आ *eine best.* Râgiṇî S. S. S. 111.

माहेन्द्र 1) Adj. (f. ई) *a) auf den grossen* Indra *bezüglich, ihm gehörig u. s. w.* धनुस् n. *Regenbogen,* अम्भस् *Regenwasser,* दिश् f. und आशा f. *Osten.* — *b) östlich, in östlicher Richtung laufend.* — 2) m. *a) ein best. Bechervoll* Kâtj. Çr. 13,3,10. — *b)* * = शुभदण्डविशेष. — *c) Bez. des 7ten* Muhûrta. — *d)* Patron. — *e)* Pl. N. pr. *einer Dynastie* VP. 4,24,18. — 3) f. माहेन्द्री *a) Osten.* — *b) eine best.* Ishṭi. — *c)* Pl. *best. den* Indra *verherrlichende Verse.* — *d)* **Kuh.* — *e)* Indra's *Energie, eine der sieben göttlichen Mütter.* Pl. unter den Müttern Skanda's. — 4) n. *das Mondhaus* Gjeshṭha Varâh. Jogaj. 7,7.

*माहेन्द्रज m. Pl. *eine best. Klasse von Göttern bei den* Gaina.

माहेन्द्रवाणी f. N. pr. eines Flusses.

माहेय 1) Adj. (*f. ई) *irden* Vasishtha 15,20. — 2) m. *a)* Metron. *des Planeten Mars.* — *b)* **Koralle.* — *c)* Pl. N. pr. eines Volkes. — 3) f. ई *Kuh* Râgan. 19,27.

माहेल m. Patron.

माहेश 1) m. unter den Mânavaugha. — 2) f. ई Bein. der Durgâ.

माहेश्वर 1) Adj. (f. ई) *a) auf den grossen Herrn* (Çiva) *bezüglich, ihm gehörig u. s. w.* धारा N. pr. eines heiligen Badeplatzes. — *b)* Çiva *verehrend.* — 2) m. *ein Verehrer des* Çiva, *ein* Çivait. Vier Secten derselben Govindân. S. 392. परम° Kâd. 249,11. Harshaé. 71,10. Nom. abstr. °ता f. — 3) f. ई *a)* Çiva's *Energie, eine der sieben göttlichen Mütter,* = दुर्गा. — *b)* **eine best. Pflanze* Râgan. 3,65. — *c)* N. pr. eines Flusses.

माहेश्वरपद n. und माहेश्वरपुर n. N. pr. zweier Tîrtha.

माहेश्वरीतन्त्र n. Titel eines Tantra.

1. मि, मिनोति, मिनुते (einmal mit वि); Pass. मीयते, मित Partic. 1) *in den Boden einsenken, befestigen; gründen, aufrichten; errichten, bauen; construiren* Çulbas. 1,41. — 2) *messen.* — 3) *ermessen, erkennen, wahrnehmen.* — *Desid. मित्सति, °ते. — Mit अनु (nur Praes. °मिनोति u. s. w.) = 3. मा 4) Comm. zu Njâjas. 1,1,36.37. 2,1,6. — Mit उद् *aufrecht einsenken, aufrichten.* — Mit उप *daneben stecken, anstecken.* उपमित Vaitân. — Mit नि 1) *einsenken, befestigen; errichten, erbauen.* Partic. निमित. — 2) vielleicht *ermessen, erkennen, wahrnehmen.* — Mit *प्रणि. — Mit अभिनिस् (nur °निर्मिणवत्ति) *hervorbringen, schaffen* Lalit. 448,2; vgl. 3. मा mit अभिनिस् 1). — Mit परि *rings bestecken, umlegen.* — Mit प्र 1) *errichten, erbauen* in प्रमित (Nachtr. 4). — 2) *ermessen, erkennen, wahrnehmen; logisch erfassen* Comm. zu Njâjas. S. 1, Z. 13. — Mit प्रति in प्रतिमित्. — Mit वि *einsenken, befestigen; bauen, errichten.* Vgl. विमित. — Mit सम् *gleichzeitig* oder *zusammen befestigen, — errichten, — bauen.*

2. मि, *मिनोति, *मिनति (!) und *मिनोति = गतिकर्मन् Nigh. 2,14. *मयति, *माययति (गतौ, मत्याम्) Dhâtup. *मिनोति = श्रयति; *मीयते (vgl. मी mit उद्) = प्रमीयते = गच्छति. — Mit आ *herkommen* im Partic. Fut. आ-मेष्यन् Ait. Br. आ मिमीयात् (gehört zu मी) wird durch प्रविशेत् erklärt. — Mit परा *zurückkehren* im Partic. Fut. परा-मेष्यन् Ait. Br. — Mit वि, °मयते s. u. 6. मा mit वि. — Mit सम्, समिन्वान *zusammen gehend, sich verbindend* in einer Etymologie.

3. मि, मिनोति, मिनोति s. u. 1. मी.

1. मित्, मिमित्तति, Perf. मिमित्तुस् u. s. w. *mischen, zusammenrühren, — mit* (Instr.), *schmackhaft zu-*

bereiten. Med. (मिमिक्षे) sich mischen oder gemischt werden. — Caus. मेक्षयति umrühren, mengen, — mit (Instr.) Âpast. Çr. 13, 9, 6. — Mit आ in आमिक्षा. — Mit सम् = Simpl.

2. मिद् s. म्यद्.

मिघ् = मिह् in निर्मेघमान 1) sich übergiessend Ṛv. 2,34,13. — 2) so v. a. sich berauschend Ṛv. 8,4,10.

मिङ्गिल in der Verbindung तिमिमिङ्गिल° Suçr. 1,206,17 fehlerhaft für तिमिङ्गिल (तिमितिमिङ्गिल°).

मिचिता f. N. pr. eines Flusses. v. l. निश्चिता.

मिच्छक (Eitel, Chin. B.) oder मिच्छ्क m. N. pr. des 6ten buddh. Patriarchen.

*मिच्छ्, मिच्छति (उत्क्लेशे, बाधे).

*मिञ्ज्, मिञ्जयति (भाषार्थ oder भासार्थ).

मिञ्जिकामिञ्जिक n. Sg. N. pr. eines aus Rudra's Samen stammenden Paares.

मिणिमिणा Adj. undeutlich durch die Nase sprechend. Nom. abstr. °त्व n.

1. मित् f. ein aufgerichteter Pfosten, Säule.

2. मित् Adj. म zum stummen Buchstaben habend (eine Wurzel) 236,17.

1. मित s. u. 3. मा.

2. मित s. u. 1. मि.

3. मित m. N. pr. eines Ṛshi im dritten Manvantara VP.^{2} 3,7.

*मितंगम 1) Adj. (f. आ) gemessenen Schrittes gehend. — 2) m. Elephant. — 3) f. आ Elephantenkuh.

मितज्ञु Adj. wohlgefügte —, feste Kniee habend und vielleicht auch das Knie aufstemmend, knieend.

मितदक्षिण Adj. (f. आ) wofür ein bestimmter Opferlohn besteht Tâṇḍja-Br. 16,1,7.

मितद्रु 1) Adj. feste Beine habend, gut laufend. — 2) *m. das Meer.

मितध्वज m. N. pr. eines Fürsten.

मितप्रकाशिका f. Titel eines Werkes Opp. Cat. 1.

मितभाषितर् Nom. ag. wenig sprechend.

मितभाषिन् 1) Adj. dass. Nom. abstr. °षिता f. Ind. St. 15,351. — 2) f. °षिणी Titel verschiedener Commentare.

मितभुक्त und मितभुज् Adj. mässig im Essen.

मितभोजन Adj. wenig Nahrung zu sich nehmend Âpast.

मितमति Adj. beschränkten Verstandes.

मितमेध Adj. (f. आ) von festwurzelnder Kraft.

मितंपच Adj. (f. आ) 1) wenig kochend, mässig gross (Kochgeschirr). — 2) karg, geizig.

*मितराविन् Adj. als Erklärung von मरुत्.

*मितराचिन् Adj. desgl.

*मितवाच् Adj. wenig redend.

मितशायिन् Adj. wenig schlafend.

मिताक्षर 1) Adj. a) in gebundener Rede abgefasst, metrisch. — b) kurz und bündig (Rede). — 2) f. आ Titel verschiedener Commentare Opp. Cat. 1.

मिताङ्क Titel eines astron. Tractats.

1. मितार्थ m. Gemessenes, Wohlerwogenes. °भाषिन् Adj.

2. मितार्थ Adj. gemessen —, vorsichtig zu Werke gehend; m. Bez. einer Art von Abgesandten.

मितार्थक m. = 2. मितार्थ.

मिताशन Adj. mässig —, wenig essend.

1. मिताहार m. mässiges Essen.

2. मिताहार Adj. wenig Speise zu sich nehmend.

1. मिति f. 1) Maass, Gewicht, Werth. — 2) richtige Erkenntniss.

2. मिति f. das Einsenken, Aufrichtung.

मितोक्ति f. weniges Reden.

मित्य etwa Preis Râgat. 7,1417.

मित्र, मित्रति sich als Freund benehmen.

मित्र 1) m. a) Gefährte, Freund. — b) Name eines Âditja, welcher gewöhnlich mit Varuṇa zusammen angerufen wird. Im Dual auch ohne Hinzufügung von वरुणा Bez. beider Götter. — c) die Sonne. — d) Bez. des dritten Muhûrta. — e) N. pr. α) eines Marut. — β) eines Sohnes des Vasishṭha und verschiedener anderer Männer VP.^{2}. — 2) f. मित्रा N. pr. a) einer Apsaras. v. l. चित्रा. — b) der Mutter Maitreja's und der Maitreji. — c) *der Mutter Çatrughna's. — 3) n. a) Freundschaft. — b) Freund. In der Politik heisst der unmittelbar an den benachbarten Fürsten (der अरि Feind heisst) grenzende Fürst — Freund. Der auf diesen folgende Fürst heisst अरिमित्रम् Kâm. Nîtis. 8,16. Auch auf Planeten übertragen. — c) Freund, so v. a. Ebenbild von (Gen. Bâlar. 120,1); am Ende eines Comp. gleichend, ähnlich (Vikramâṅkak. 12, 1. 28). — d) = 1) b). Wird unter den 10 Feuern genannt MBh. 14,21,4. — e) eine best. Art zu fechten Hariv. 3,124,18.

मित्रक m. N. pr. eines Mannes.

मित्रकरण n. das sich zum Freunde Machen.

मित्रकर्मन् n. Freundschaftsdienst, Freundschaft. °कर्म कर् Freundschaft schliessen mit (Instr.) Gaut. 15,12.

मित्रकाम Adj. sich Freunde wünschend.

मित्रकार्य n. die Sache des Freundes, Freundschaftsdienst.

मित्रकृत् m. N. pr. eines Sohnes des 12ten Manu.

मित्रकृति f. Freundesdienst (nach Sâj.). °कृत्येव könnte aber auch als °कृत्य (Absol. zum Freunde machend) इव gefasst werden.

मित्रकृत्य n. die Sache des Freundes, Freundschaftsdienst.

मित्रकौस्तुभ m. N. pr. eines Mannes.

मित्रक्रु oder °क्रू m. oder f. wohl Bez. unholder Wesen.

मित्रगुप्त 1) Adj. von Mitra gehütet. — 2) m. N. pr. eines Mannes.

मित्रघ्न N. pr. 1) m. a) eines Râkshasa. — b) eines Sohnes des Divodâsa VP.^{2} 4,147. — 2) f. आ eines Flusses. v. l. चित्रघ्नी.

मित्रजित् m. N. pr. eines Sohnes des Suvarṇa VP. 4,22,3. v. l. अमित्रजित्.

मित्रज्ञ m. N. pr. eines unholden Wesens, welches Opfer bestiehlt.

मित्रता f. 1) das Verhältniss eines Freundes, Freundschaft. — 2) Gleichheit, Aehnlichkeit mit (im Comp. vorangehend) Vikramâṅkak. 2,20.

मित्रतूर्य n. Sieg der Freunde.

मित्रत्व n. = मित्रता 1).

मित्रदेव m. N. pr. eines Sohnes des 12ten Manu und eines andern Mannes.

मित्रद्रुह् Adj. (Nom. °ध्रुक्) der dem Freunde zu schaden sucht, Verräther eines Freundes, treubrüchig TBr. Kâd. 2,53,19.

मित्रद्रोह m. am Freunde geübter Verrath, Bundesbruch. °द्रोह्णा Kathâs. 60,5 fehlerhaft für °द्रोहिणा.

मित्रद्रोहिन् Adj. = मित्रद्रुह्.

*मित्रद्विष् Adj. den Freund anfeindend, ihm zu schaden suchend.

मित्रधर्मन् m. N. pr. eines unholden Wesens, welches Opfer bestiehlt.

मित्रधा Adv. freundlich.

मित्रधित n., मित्रधिति f. und मित्रधेय n. Freundschaftsbund.

मित्रपति m. Herr der Freunde oder der Freundschaft Ṛv.

मित्रपथादिकुण्डमाहात्म्य n. Titel eines Werkes Bühler, Rep. No. 80.

*मित्रपद n. N. pr. einer Oertlichkeit.

मित्रबाहु m. N. pr. eines Sohnes 1) des 12ten Manu Hariv. 1,7,78. मित्रवाहु v. l. — 2) Kṛshṇa's.

मित्रभ n. 1) ein befreundetes Gestirn, — astrologisches Haus. — 2) Mitra's Mondhaus, Anurâdhâ.

मित्रभानु m. N. pr. eines Fürsten.

मित्रभाव m. das Verhältniss eines Freundes, Freundschaft.

मित्रभू m. N. pr. eines Mannes.

मित्रभृत् Adj. *den Freund hegend, — erhaltend* TS.

मित्रभेद m. *Entzweiung von Freunden. Freundschaftsbruch.* Auch Titel des 1sten Buches im Pankat.

मित्रमहस् Adj. etwa *eine Fülle von Freunden habend, reich an Freunden*, Gewöhnlich im Voc.

मित्रमित्र n. *des Feindes Feind* heisst in der Politik der durch *Feind* (der nächste Nachbar), *Freund* (des Vorangehenden Nachbar) und *Feindes Freund* (des Vorangehenden Nachbar) *eines Fürsten getrennte Fürst* Kâm. Nîtis. 8,16.

मित्रमिश्र m. N. pr. eines Autors.

मित्रयज्ञ m. N. pr. eines Mannes.

मित्रयु 1) *Adj. a) *freundschaftlich gesinnt.* — b) *Lebensklugheit besitzend.* — 2) m. N. pr. eines Lehrers und eines Sohnes des Divodâsa. Pl. मित्रयुवस् *die Nachkommen* Mitraju's; soll auch Pl. zu मैत्रेय sein.

मित्रयुज् 1) Adj. *einen Bund geschlossen habend, verbündet.* — 2) m. N. pr. eines Mannes. Pl. *seine Nachkommen.*

*मित्रयुद्ध n. *ein Streit zwischen Freunden.*

मित्रलाभ m. *Gewinnung von Freunden.* Auch Titel des ersten Buches im Hit.

मित्रवत् Adv. *wie einen Freund* 184,6.

मित्रवत्सल Adj. *liebevoll gegen Freunde, Freunden ergeben* Mudrâr. 137,8 (204,10).

मित्रवन n. N. pr. eines *Waldes.*

मित्रवत् 1) Adj. *Freunde habend.* — 2) m. N. pr. *a*) eines unholden Wesens, welches Opfer bestiehlt. — *b*) eines Sohnes α) des 12ten Manu. — β) Kṛshṇa's. — 3) f. °वती N. pr. einer Tochter Kṛshṇa's.

मित्रवरण n. *das Wählen von Freunden* Varâh. Bṛh. S. 99,6.

मित्रवर्चस् m. N. pr. eines Mannes.

*मित्रवर्ध gaṇa धूमादि. v. l. °वर्ध्र.

मित्रवर्धन 1) Adj. *die Freunde beglückend.* — 2) m. N. pr. eines unholden Wesens, welches Opfer bestiehlt.

*मित्रवर्ध्र v. l. für मित्रवर्ध.

मित्रवर्मन् m. N. pr. eines Mannes.

मित्रवाह m. N. pr. eines Sohnes des 12ten Manu. v. l. मित्रबाहु.

*मित्रविद् m. *Späher.* Richtiger मन्त्रविद्.

मित्रविन्द 1) Adj. *Freunde gewinnend* als Bez. eines Agni. — 2) m. N. pr. *a*) eines Sohnes α) des 12ten Manu. — β) Kṛshṇa's. — *b*) eines Lehrers. — 3) f. आ *a*) *eine best.* Ishṭi. — *b*) N. pr. α) einer Gattin Kṛshṇa's. — β) eines Flusses in Kuçadvîpa Bhâg. P. 5,20,16.

मित्रविन्देष्टिप्रयोग m. Titel eines Werkes Burnell, T.

मित्रवैर n. *Zwiespalt unter Freunden.*

मित्रशर्मन् m. N. pr. verschiedener Männer.

*मित्रशिस् Adj.

मित्रसप्तमी f. *der 7te Tag in der lichten Hälfte des* Mârgaçîrsha.

मित्रसंप्राप्ति f. *Gewinnung von Freunden*, Titel des zweiten Buches im Pankat.

मित्रसह m. N. pr. 1) eines Fürsten, der auch Kalmâshapâda genannt wird. — 2) eines Brahmanen.

मित्रसाह Adj. *nachsichtig gegen seine Freunde.*

मित्रसाह्वया f. N. pr. eines göttlichen Wesens.

मित्रसेन m. N. pr. 1) eines Gandharva VP.² 2,293. — 2) eines Sohnes des 12ten Manu. — 3) eines Enkels des Kṛshṇa. — 4) eines Fürsten der Draviḍa. — 5) *eines Buddhisten.

मित्रस्नेह m. *Freundesliebe, Freundschaft* Mudrâr. 138,1. 2. 140,9 (205,7. 208,7).

मित्रहन् (MBh. 9,43,38) und °हन Adj. *einen Freund mordend.*

*मित्रहू Adj. = मित्रं ह्वयति.

मित्राख्य Adj. *nach* Mitra *benannt.*

मित्राचार m. *das einem Freunde gegenüber zu beobachtende Verfahren.*

मित्रातिथि m. N. pr. eines Mannes RV.

मित्रानुग्रहण n. *das Beglücken der Freunde.*

मित्राभिद्रोह m. = मित्रद्रोह.

मित्रायु 1) Adj. *Freundschaft suchend.* — 2) m. N. pr. 1) eines Lehrers. — 2) eines Sohnes des Divodâsa.

मित्रावरुण m. Du. Mitra *und* Varuṇa. मित्रावरुणयोरयनम् und °वरुणयोरिष्टिः Bez. *bestimmter Opfer.* °वरुणयोः संयोजनम् Name eines Sâman. — Sg. Hariv. 11361 fehlerhaft für मैत्रावरुण.

मित्रावरुणवत् Adj. *von* Mitra *und* Varuṇa *begleitet.*

मित्रावरुणसमीरित Adj. *von* Mitra *und* Varuṇa *angetrieben* TBr. 3,7,5,6.

*मित्रावरुणीय n. fehlerhaft für मैत्रा°.

मित्रावसु m. N. pr. eines Sohnes des Viçvâvasu, Fürsten der Siddha.

मित्रिन् Adj. *befreundet, verbündet.*

मित्रिय Adj. *freundlich, vom Freunde kommend, auf ihn sich beziehend* u. s. w.

मित्री Adv. 1) mit कर् *sich Jmd* (Acc.) *zum Freunde machen.* — 2) mit भू *ein Freund werden, sich befreunden mit* (Instr.).

मित्रीय्, °यति 1) *Jmd sich zum Freunde zu machen suchen.* — 2) *Jmd für seinen Freund halten, als Freund —, als Kameraden behandeln.* — 3) *zur Freundschaft —, zu einem Bündniss geneigt sein* Harshak. 118,18.

मित्रेयु m. N. pr. eines Sohnes des Divodâsa.

मित्रेरुह् Adj. etwa *bundbrüchig, treulos.*

मित्रेश्वर m. in Verbindung mit रुद्र m. Name einer von Mitraçarman errichteten Statue Çiva's.

मित्रोदय m. 1) *Sonnenaufgang.* — 2) *eines Freundes Wohlergehen.* — 3) Titel eines Werkes.

मित्र्य, मित्रिय Adj. = मित्रिय. *Am Ende eines Comp. *zu den Freunden des und des gehörig.*

1. मित्स्, मित्सति, *°ते Desid. von 3. मा.

2.*मित्स्, मित्सति, °ते Desid. von 1. मि.

3.*मित्स्, मित्सति Desid. von 1. मी.

मिथ्, मेथति und मिथति 1) *sich zugesellen.* — 2) (*auf einen Nebenbuhler stossen*) *hart aneinander kommen, zanken, gegenreden, Jmd* (Acc.) *Vorwürfe machen, altercari*; Med. *in Streit gerathen.* Nach den Lexicographen मेथति, °ते (मेधायाम्, हिंसायाम्, सङ्गे, वधे), मेथति (संगमे). — Mit अभि *Jmd* (Acc.) *zornig —, beschimpfend anreden* Vaitân. — Mit प्रत्यभि *mit Schimpfreden antworten.*

मिथत्या Instr. Adv. *abwechselnd* oder *wetteifernd.* मिथति = हिंसा Sâj.

मिथस् Adv. 1) *zusammen, — mit* (Instr.), *gemeinschaftlich, zu —, mit einander, gegenseitig, unter einander.* — 2) *wechselsweise, abwechselnd, alternatim.* — 3) *unter einander,* so v. a. *unter vier Augen, im Geheimen.* — 4) *durch Zwiespalt* Bhâg. P.

मिथस्तुर् Adj. *auf einander folgend, sich gegenseitig ablösend.*

मिथ[:]स्पृध्य Absol. *unter sich wetteifernd.* Nach den Erklärern Adj.

मिथि m. N. pr. eines Fürsten von Mithilâ.

मिथित m. N. pr. eines Mannes.

मिथिल 1) m. *a*) N. pr. α) Pl. eines Volkes. — β) eines Fürsten, Gründers der Stadt Mithilâ. — *b*) *ein Fürst von* Mithilâ. Richtig मैथिल. — 2) f. आ N. pr. der Hauptstadt der Videha. मिथिलाधिपति m. Bein. Ǵanaka's.

मिथु und मिथू Adv. 1) *abwechselnd.* — 2) *falsch, verkehrt.*

मिथुन 1) Adj. (f. आ) *gepaart, ein Paar bildend;* m. *Paar* (*ein männliches und ein weibliches Indi-*

viduum), *Paar* überh. Gewöhnlich Du., später meist n. Sg. (auch *Zwillingspaar*). Am Ende eines adj. Comp. f. आ. — 2) n. *a*) *der andere Theil, Complement.* — *b*) *Paarung, Begattung;* auch *Paarung* im weitesten Sinne. — *c*) *die Zwillinge im Thierkreise*, überh. *der dritte Bogen von* 30° *in einem Kreise.* Auch m. Golâdhj. 7,28. Utpala zu Varâh. Brh. 1,11. — *d*) *eine mit einer Praeposition verbundene Wurzel.* — *e*) Bez. *bestimmter Statuetten* (*Pendants*) *am Eingange eines Tempels* Varâh. Brh. S. 56,15.

मिथुनत्व n. und मिथुनभाव m. *das Gepaartsein, Bildung eines Paares.*

मिथुनयमक n. *eine best. Paronomasie.* Beispiel Bhatt. 10,12.

मिथुनव्रतिन् Adj. *dem Beischlaf huldigend, ihn vollführend.*

*मिथुनाय्, °यते *sich paaren, sich begatten.*

मिथुनी Adv. 1) mit कर् *a*) *Paarung zu Stande bringen*, — *mit* (Instr.), *sich paaren lassen* Ait. Âr. 236,14. — *b*) *paarweise zusammenstellen* Çaṅk. in der Einleitung zu Bâdar. S. 10, Z. 1. — 2) mit भू und अस् *sich paaren, sich begatten*, — *mit* (Instr.). मिथुनी भूत्वा (!) Gaut. — 3) mit भू *sich paarweise stellen, sich zusammenstellen mit* (सह).

मिथुनीचारिन् Adj. *sich begattend.*

मिथुनीभाव m. *Begattung*, — *mit* (Instr.).

मिथुनेचर m. *der Vogel* Kakravâka.

मिथुया Adv. *verkehrt, falsch, unrichtig.* Mit कर् so v. a. *Etwas ungeschehen machen* Âpast.

मिथुस् Adv. 1) *gegenseitig* Bhâg. P. — 2) = मिथुया. Mit भू *missrathen, fehlschlagen.*

मिथू s. u. मिथु.

मिथूकृत् Adj. *in Unordnung gerathen.*

मिथूदृश् Adj. *abwechselnd sichtbar*, — *erscheinend.*

*मिथो Adv. neben मिथस्.

मिथोऽवद्यप Adj. *gegenseitig Mangel* oder *Noth von sich abwendend.*

मिथोयोध m. *das unter sich handgemein Werden.*

मिथोविनियोग m. *eine gegenseitig angewiesene Beschäftigung mit* (Loc.) Âpast. 1,13,16.

मिथ्या Adv. 1) *verkehrt, falsch, unrichtig.* Häufig in Verbindung mit कर्; mit dem *Caus. von कर् Act. *einmal falsch aussprechen*, Med. *zu wiederholten Malen falsch aussprechen.* Mit प्र-वर्त् *sich ungebührlich gegen Jmd* (Loc.) *benehmen.* — 2) *falsch*, so v. a. *nicht der Wahrheit gemäss, unwahr, lügnerisch.* Mit ब्रू, वच् und वद् *eine falsche Aussage thun, lügen, vorgeben.* Mit कर् *a*) ein gesprochenes Wort (Acc.) *nicht wahr machen*, mit न *es halten* 82,7. — *b*) *wegleugnen, in Abrede stellen.* — Mit भू *sich als unwahr erweisen.* — 3) *nicht in Wirklichkeit, scheinbar.* — 4) *ohne wahren Zweck, für Nichts und wieder Nichts, vergebens.* — 5) substantivirt und als Gattin Adharma's personificirt.

मिथ्याकृत Adj. *verkehrt gethan.*

मिथ्याकोप m. *ira simulata.*

मिथ्याक्रय m. *ein falscher Preis.*

मिथ्याग्रह m. *zweckloses Bestehen auf Etwas, unnütze Hartnäckigkeit.*

मिथ्याग्लह m. *falsches Würfelspiel* MBh. 5,48,91.

*मिथ्याचर्या f. *Heuchelei.*

1. मिथ्याचार m. *unrichtiges Verhalten*, — *Verfahren.*

2. मिथ्याचार Adj. *heuchlerisch verfahrend.*

मिथ्याजल्पित n. *verkehrtes* —, *falsches Gerede.*

मिथ्याजीवातु m. ein Mannsname Kautukas.

मिथ्याज्ञान n. *falsche Auffassung, Irrthum.*

मिथ्याज्ञानखण्डन n. Titel eines Schauspiels Hall in der Einl. zu Daçak. 30.

मिथ्यात्व n. 1) *das Falschsein, Unrealität.* — 2) bei den Gaina *a*) *Verkehrtheit*, als einer der 18 Fehler eines Systems. — *b*) *Verblendung*, als die niedrigste Stufe auf dem Wege zur Erlösung.

मिथ्यात्वानुमानखण्डनटिप्पणी f. Titel eines Werkes Opp. Cat. 1.

मिथ्यात्विन् Adj. *sich im Zustande der Verblendung befindend.*

मिथ्यादर्शन n. 1) *eine falsche Erscheinung.* — 2) **Irrlehre.*

मिथ्यादृष्टि f. *Irrlehre* Lalit. 34,20.

मिथ्याधीत n. *ein in unrichtiger Weise betriebenes Studium* Âpast.

मिथ्याध्यवसिति f. *eine best. Redefigur: Ausdruck der Unmöglichkeit einer Sache dadurch, dass für die Wirklichkeit derselben ein anderes Unmögliches vorausgesetzt wird.*

*मिथ्यानिरसन n. = शपथ.

मिथ्यापण्डित Adj. (f. आ) *nur scheinbar unterrichtet*, — *klug.*

मिथ्यापुरुष m. *nur dem Scheine nach ein Mann.*

मिथ्याप्रतिज्ञ Adj. *wortbrüchig.*

मिथ्याप्रवादिन् Adj. *unwahr sprechend, lügnerisch.*

मिथ्याप्रवृत्ति f. *falsche Function* (der Sinne).

मिथ्याफल n. *ein vorgespiegelter* —, *eitler Vortheil*, — *Lohn.*

मिथ्याबुद्धि f. *falsche Auffassung* Çaṅk. zu Bâdar. 1,1,5 (S. 98, Z. 8).

मिथ्याभिधा f. *ein falscher Name.*

मिथ्याभिधान n. *eine falsche, unwahre Aeusserung*, — *Aussage.*

*मिथ्याभियोग m. *eine falsche Klage.*

मिथ्याभियोगिन् Adj. *eine falsche Klage vorbringend* Jâǵn. 2,11.

मिथ्याभिशंसन n. *eine falsche Beschuldigung* Spr. 5460, v. l.

मिथ्याभिशंसिन् Adj. *Jmd falsch beschuldigend* Jâǵn. 3,285. Spr. 5460. Bhâg. P. 10,8,35.

मिथ्याभिशस्त Adj. *fälschlich beschuldigt* Jâǵn. 3,285. Spr. 5460.

मिथ्याभिशस्ति f. *eine falsche Beschuldigung.*

मिथ्याभिशाप m. 1) dass. — 2) *eine falsche Voraussagung.*

मिथ्याभिषङ्ग m. *eine ungerechte Verwünschung* MBh. 13,94,14.

*मिथ्यामति f. *Irrthum.*

*मिथ्यामान m. *falscher Stolz.*

मिथ्यायोग m. *falscher Gebrauch, falsche Anwendung.*

मिथ्यारम्भ m. *falsche Behandlung* Karaka 1,18.

मिथ्यार्णव m. ein Mannsname Kautukas. Hâsj.

मिथ्यावचन n. *das Sagen einer Unwahrheit* Gaut.

मिथ्यावाक्य n. *eine unwahre Rede, Lüge.*

मिथ्यावाच् Adj. *unwahr redend, lügend.*

1. मिथ्यावाद m. *eine unwahre Rede, Lüge.*

2. मिथ्यावाद Adj. *unwahr redend, lügnerisch.*

मिथ्यावादिन् Adj. *unwahr redend* (316,29), *lügnerisch.*

मिथ्याव्यापार m. *eine falsche Beschäftigung, eine B. mit Sachen, die Einen nicht angehen.*

मिथ्याव्याहारिन् Adj. *unwahr redend, lügend* MBh. 15,5,30.

मिथ्यासाक्षिन् m. *ein falscher Zeuge.* °क्षिप्रदातर् *falsche Zeugen vorführend.*

मिथ्यास्तव m. *falsche, ungegründete Lobpreisung.* Pl. Râǵat. 3,153.

मिथ्यास्तोत्र n. dass. Pl. Spr. 7596.

मिथ्याहार m. *verkehrte Nahrung, falsche Diät.*

*मिथ्योत्तर n. *eine unwahre Erwiederung* (eines Angeklagten vor Gericht).

मिथ्योपचार m. 1) *eine erheuchelte Dienstleistung*, — *Freundlichkeit* 79,10. Pl. 143,4. — 2) *falsche Behandlung* (in medic. Sinne).

1. मिद्, मेद्यति, मेदते (nur मेदेताम्); *fett werden.* *Pass. मिद्यते, *Partic. मिन्न, *impers. auch मेदितं. — Caus. मेदयति *fett machen.* — Mit अति Caus.

fetter —, voller machen Tâṇḍja-Br. 5,2,12. — Mit अनु *nach Jmd fett werden*. — Mit *प्र 1) *anfangen fett zu werden*. Partic. प्रमिन्न und प्रमेदित. — 2) प्रमेदित *angefangen habend Gefühle der Zuneigung zu zeigen* Bhaṭṭ.

2.* मिद्, मेदति, °ते (मेधाहिंसयोः).

मिदि m. Bez. *der Wurzel* 1. मिद् MBh. ed. Vardh. 8,42,30. v. l. मिन्दि.

मिद्ध n. *geistige Trägheit, Indolenz* Lalit. 159,2. Nach den Lexicographen = चित्ताभिसंक्षेप (चित्ताभिसंक्षेप), निद्रा, आलस्य (लसित oder अलसित) und वित्त.

*मिध् und *मेध्, मेधति, °ते (मेधाहिंसयोः); *मेध्, मेधति (संगमे).

मिनुति m. Bez. *der Wurzel* 1. मि MBh. 8,42,31.

*मिन्द्, मिन्दयति (स्नेहने).

मिन्दा f. *ein körperlicher Fehler, Mangel, menda.*

मिन्दि m. Bez. *der Wurzel* मिन्द् MBh. 8,42,31.

मिन्मिन Adj. = मिणिमण.

*मिन्व्, मिन्वति (सेचने oder सेवने).

*मिमङ्क्षा f. *das Verlangen in's Wasser zu gehen, — zu baden.*

मिमङ्क्षु Adj. *im Begriff stehend in's Wasser zu gehen.*

*मिमत m. N. pr. eines Mannes.

*मिमन्थिषा f. *das Verlangen Jmd zu schütteln, zu zerzausen, hart mitzunehmen* u. s. w.

*मिमन्थिषु Adj. *Jmd zu schütteln* u. s. w. *im Begriff stehend.*

मिमर्दयिषु und मिमर्दिषु Adj. *zu zerdrücken —, zu zermalmen im Begriff stehend.*

मिमारयिषु Adj. *tödten wollend* Hem. Par. 5,23.

मिमिक्ष Adj. *gemischt.*

मिमिक्षु Adj. *gemischt* oder *sich mengend.*

मियेध m. am Ende eines Pâda = मेध.

मियेधस् n. = मेधस् ṚV. 10,70,2.

(मियेध्य) मियेधिअ Adj. *an der Opferspeise betheiligt, sie empfangend* u. s. w. ṚV.

*मिरफ *eine best. hohe Zahl* (buddh.).

*मिरा f. *Grenze* Hem. Pr. Gr. 1,87. Vgl. मीर.

मिराखान m. N. pr. eines *Chans.*

*मिरिका f. *eine best. Pflanze.*

मिर्मिर Adj. *blinzelnd* (nach dem Comm.).

मिल्, मिलति, *°ते 1) *sich vereinigen mit, sich zu Jmd gesellen, Jmd begegnen, sich einstellen —, sich einfinden bei, zusammenkommen mit Jmd* (Instr. mit und ohne सह, Gen. oder Loc.); *sich zusammenfinden, zusammenkommen, — treffen, sich vereinigen.* मिलित *zusammengekommen mit Jmd, sich einfindend u. s. w., zusammengetreten, vereinigt; feindlich zusammengestossen.* — 2) *zusammenstossen, — kommen, sich verbinden, sich einstellen, eintreten* von Unbelebtem. कर्दमः कर्दमाय मिलतु *Koth komme zu Koth*, so v. a. *wer einmal gesündigt hat, kann es auch zum zweiten Male thun* Kampaka 256. fg. °मिलत् und °मिलित *verbunden mit.* मिलित auch *eingetroffen, in Erfüllung gegangen.* — Diese später so häufig vorkommende Wurzel kennt weder das Epos noch Kâlidâsa. Nach Vâmana fehlt sie auch im Dhâtup. — Caus. मेलयति *Jmd mit Jmd* (Gen.) *zusammenführen, zusammenkommen lassen, zusammenrufen* 130, 18. — Mit परि, °मिलित 1) *verbunden mit* (Instr.). — 2) Pl. *von allen Seiten zusammengekommen* Prasannar. 2,2. — Mit सम् *zusammenkommen, sich einfinden, sich zu Jmd gesellen.* संमिलित *sich eingefunden habend*, auch so v. a. *in Jmds* (Gen.) *Besitz gelangt.* — Mit अभिसम् Maitr. S. 1,5,12 fehlerhaft für °मील्.

मिलन n. *das Zusammentreffen, — kommen mit* (Gen. Kampaka 465), *Begegnung, Berührung.*

मिला und मिलिका f. in दुर्मिला und दुर्मिलिका.

मिलिन्द m. *Biene* Bhâm. V. 1,7.

मिलिन्दक m. *eine Art Schlange.*

मिलीमिलिन् Adj. als Beiw. Çiva's.

मिल्ला f. N. pr. eines Frauenzimmers.

*मिश्, मेशति (शब्दे, रोषकृते).

*मिशि und *मिशी f. 1) *Anethum Panmori* und *An. Sowa, Dill* Râǵan. 4,14. — 2) *Nardostachys Jatamansi*; vgl. मिषिका. — 3) *eine Art Zuckerrohr* Râǵan. 8,91.

मिश्रूष N. pr. einer Oertlichkeit.

मिश्र 1) Adj. (f. आ) a) *vermischt, vermengt, verschlungen.* वचांसि मिश्रा कर् so v. a. *Worte wechseln, sich unterreden.* — b) *gemischt*, so v. a. *mannichfaltig, verschiedenartig, vielartig.* — c) *vermischt —, vermengt mit, begleitet —, sich in Gesellschaft befindend von, versehen mit;* die Ergänzung im Instr., Instr. mit समम्, Gen. oder im Comp. vorangehend. Ausnahmsweise geht मिश्र im Comp. voran, z. B. पर्जन्यो मिश्रवातः *Regen von Wind begleitet.* — d) Pl. in Comp. mit einem Personennamen *im Gefolge von — seiend*, *der und der und seine Genossen.* In Comp. mit ehrenden Beiwörtern so v. a. *u. s. w. u. s. w.* Häufig auch im Sg. am Ende und am Anfange von Personennamen, insbes. von Gelehrten, als Ehrenbezeichnung. — e) am Ende eines Comp. = मिश्रक *mischend*, so v. a. *verfälschend.* — 2) m. a) **eine Art von Elephanten.* — b) *ein best. Tact* S. S. S. 234. — c) Abkürzung für verschiedene auf मिश्र ausgehende Personennamen. — d) N. pr. verschiedener Männer. — 3) n. a) *Kapital nebst Zinsen* u. s. w. Lîlâv. 31,3. fgg. — b) **eine Art Rettig* Râǵan. 7,18. Vgl. विस्र.

मिश्रक 1) Adj. *gemischt, nicht rein.* — b) *vermischt, miscellan.* — c) mit गुणस्थान n. bei den Ǵaina Bez. der dritten Stufe auf dem Wege zur Erlösung. — d) *mischend, verfälschend* (Korn u. s. w.) — e) *aus der Tonart fallend* (Sänger) S. S. S. 118,2. — 2) n. a) **Steppensalz.* Vgl. विमिश्रक. — b) N. pr. α) eines Tîrtha. — β) *eines Götterhains.

मिश्रकव्यवहार m. = मिश्रव्यवहार Lîlâv. 31,1.

मिश्रकावण und °वन (fehlerhaft) n. N. pr. von Indra's *Lusthain.*

मिश्रकेशव m. N. pr. eines Autors.

मिश्रकेशी f. N. pr. einer Apsaras.

मिश्रचतुर्भुज m. N. pr. eines Mannes.

मिश्रचोर und °चौर (Comm.) m. *Fälscher von Getraide* Vishṇus. 45,10.

*मिश्रज m. *Maulthier* Râǵan. 19,40.

*मिश्रजाति Adj. *von gemischter Herkunft, dessen Eltern zu verschiedenen Kasten gehören.*

मिश्रण n. 1) *das Mischen, Mischung.* — 2) *Addition.* — Vgl. वाङ्मिश्रण.

मिश्रता f. *das Vermischtsein, Vermischung.*

मिश्रधन n. = मिश्र 3) a) Lîlâv. 32,6 fgg.

1. मिश्रधान्य n. *vermischte Körnerfrucht.*

2. मिश्रधान्य Adj. *aus verschiedenen Körnern gemischt.*

*मिश्रपुष्पा f. *Trigonella foenum graecum* Bhâvapr. 1,167.

मिश्रप्रकृतिक Adj. *von gemischter Natur* Râǵan. 21,14.

मिश्रभाव m. N. pr. des Verfassers des Bhâvaprakâça.

मिश्रय्, °यति 1) *mischen, vermengen, vermischen mit* (Instr.). मिश्रित *gemischt, vermischt mit* (im Comp. vorangehend), *durch einander gemischt* (Geschmack). — 2) *addiren.* — Mit व्यति *vermischen mit, mischen unter* (Instr.). — Mit अनु, °मिश्रित *untermischt mit* (Instr.). — Mit व्या *vermengen mit, mischen unter* (Instr.). — Mit वि *unter einander mischen.* विमिश्रित *vermengt, untermischt mit, begleitet von* (Instr. oder im Comp. vorangehend). Bisweilen in etwas freier unlogischer Stellung. — Mit सम्, संमिश्रित *vermengt, untermischt mit* (Instr.). — Mit प्रतिसम्, °संमि-

मिश्रित *mit einem Andern verbunden, an etwas Anderes gebunden.* v. l. °संयुक्त.

मिश्रलटकन m. N. pr. eines Mannes.

मिश्रवर्ण 1) *Adj. *von gemischter Farbe.* — 2) m. *a)* **eine Art Zuckerrohr* Râǵan. 14,80. — *b) ein best. Tact* S. S. S. 208. — 3) *n. *eine Art Aloe.*

*मिश्रवर्णफला f. *Solanum Melongena.*

मिश्रव्यवहार m. *investigation of mixture, ascertainment of composition, as principal and interest joined, and so forth.*

*मिश्रशब्द m. *Maulthier* Râǵan. 19,40.

मिश्रिन् m. N. pr. eines Schlangendämons.

मिश्री Adv. 1) mit कर् *vermischen mit* (Instr.) Mahîdh. zu VS. 7,10. — 2) mit भू *sich vermischen, sich verschlingen, sich vermischen mit* (Instr.; auch geschlechtlich), *zusammentreffen* (Blicke).

मिश्रीकरण n. *Ingredienz, Zuthat zu einer Speise.*

मिश्रीभाव m. *Vermischung* (intrans.), *geschlechtliche V.* Káraka 4,4.

*मिश्रेया f. *Anethum Panmori* oder *Dill* Mat. med. 173. Râǵan. 4,15.

मिम्ल Adj. = मिश्र in आ°, नि° und सं°.

1. मिष्, मिषति 1) *die Augen aufschlagen, — offen haben.* Nur Partic. praes.; am häufigsten der Gen. mit einem Subst. in der Bed. *im Angesicht von, vor Augen* des und des. — 2) *स्पर्धायाम्. Woher diese Bed. mit Uebergehung der ersten im Dhâtup.? — Mit उद् 1) *die Augen aufschlagen.* Einmal उन्मिषमाण. — 2) *sich öffnen* (von den Augen und von Knospen). उन्मिषित *geöffnet, aufgeblüht.* — 3) *sich öffnen* vom Gesicht, so v. a. *sich zum Lächeln verziehen.* Nur उन्मिषित. — 4) *erglänzen, aufstrahlen.* — 5) *erblühen*, so v. a. *sich entfalten, sich erheben, entstehen.* — Mit प्रोद् *erblühen*, so v. a. *sich erheben, entstehen.* — Mit प्रत्युद् *sich erheben* oder *erglänzen.* — Mit समुद् 1) *sich erheben aus* (Abl.). — 2) *erglänzen, aufstrahlen.* — Mit नि 1) *das Augenlid schliessen, einnicken.* — 2) *sich schliessen* (von den Augen). निमिष्यन्ति (Fut.!) R.

2. *मिष्, मेषति (सेचने).

1. *मिष m. *Wetteifer.*

2. मिष n. (adj. Comp. f. आ) *Betrug, Täuschung, falscher Schein, Vorwand.* Pl. Râǵat. 8,127. In der Regel im Abl. मिषात्, als Adv. मिषतस् oder im Instr. मिषेण (Spr. 7746. Bhâm. V. 1,109) und zwar in Comp. mit dem *was die Täuschung verursacht* und mit dem *was simulirt wird, blosser Schein ist.*

मिषमिषाय्, °यते *knistern.*

*मिषि f. = मिसि.

*मिषिका f. *Nardostachys Jatamansi.* Vgl. मिशि.

मिष्ट 1) Adj. *schmackhaft, lecker;* auch *süss* von einer Rede und *angenehm* vom Geruch (Varâh. Jogaj. 6,17). — 2) n. *ein leckeres Gericht, Leckerbissen.*

मिष्टकर्तर् Nom. ag. *Bereiter schmackhafter Speisen.*

मिष्टता f. *Süsse* Naish. 8.51.

*मिष्टनिम्बू *süsse Citrone* Bhâvapr. 1,250.

मिष्टपाचक Adj. *schmackhafte Speisen kochend.*

मिष्टवाक्य Adj. *eine süsse Rede führend.*

मिष्टान्न n. *süsse Speise* Râǵan. 20,74.

*मिस्, मिस्यति (गतिकर्मन्).

मिसरुमिश्र m. N. pr. eines Mannes.

मिसि f. 1) *Anethum Sowa* und *An. Panmori* Râǵan. 4,10. — 2) **Nardostachys Jatamansi.* — 3) *= अजमोदा. — 4) **eine best. Grasart*, = उशीरी.

1. मिह्, मेहति, मेहते (metrisch); मीढ (s. auch bes.) Partic. 1) *mingere, seichen* (mit dem Acc. des Stoffes), — *auf* (Loc. oder Acc.), *nach der Richtung von* (Acc.). — 2) *Samen entlassen.* — 3) *मिमिढि = याच्ञाकर्मन्. — Caus. मेहयति *seichen lassen.* — Mit अति MBh. 13,5979 fehlerhaft für प्रति. — Mit अभि *beharnen.* — Mit अव *seichen auf, nach der Richtung von* (Acc.); *seichen* schlechtweg. — Mit उप Caus. *benetzen.* — Mit नि *seichen* Âpast. Çr. 9,18,9. — Intens. निमेमिह्त्यस् Çat. Br. 9,1,2,19. — Mit परि, °मीढ *umpisst.* — Mit प्र *seichen.* *प्रमीढ = मूत्रित und घन. — Mit प्रति *harnen gegen* (Acc.). — Mit सम्, hierher nach den Commentatoren मिमिद्ध्व *überschütte.*

2. मिह् f. *Nebel, Dunst; wässeriger Niederschlag.* Auch Pl.

मिहिका f. 1) *Schnee.* — 2) **Nebel.* — 3) **Kampfer* Râǵan. 12,61.

मिहिर m. 1) *die Sonne.* — 2) **Greis.* — 3) **Wolke.* — 4) **Wind.* — 5) **der Mond.* — 6) N. pr. *a)* als Abkürzung von वराह°. — *b)* einer Familie VP.² 5,382.

मिहिरकुल m. N. pr. eines Fürsten.

मिहिरदत्त m. N. pr. eines Mannes.

मिहिरपुर n. N. pr. einer *Stadt.*

मिहिररति m. N. pr. eines Mannes.

मिहिरापद् f. *Sonnenfinsterniss* Hemâdri 1,67,20 (मिहिरापदि zu lesen).

मिहिरेश्वर m. N. pr. eines Heiligthums.

मिहिरापदि (!) m. oder f. Hemâdri 1,67,22 angeblich *Sonnenfinsterniss.* Richtig मिहिरापद्.

मिहिलारोप्य n. N. pr. einer Stadt. v. l. महिला°.

मिहे Dat. Infin. zu 1. मिह् RV. 1,64,6.

मी, मिनाति (*प्रमीणाति), मिनोति, मीयते und मीयते, मिमीतस्, मिमीयात्; °मीत Partic. 1) *mindern, aufheben;* Med. Pass. *sich mindern, vergehen, verloren gehen.* — 2) *verfehlen* (die Richtung). — 3) *übertreten, verletzen; vereiteln, verändern.* — Caus. मापयति nur mit प्र zu belegen. स मापितः Bhâg. P. 7,8,51 fehlerhaft für समापितः. — *Desid. मित्सति, °ते. — Mit अनु, °मीय MBh. 3,286 fehlerhaft für °नीय. — Mit आ 1) *stören, vereiteln.* — 2) (feindlich) *beseitigen, verdrängen, verschwinden machen* (beim falschen Spiel). — 3 *bei Seite schieben* (die Thür). — 4) Med. *sich entziehen, sich davonmachen, verschwinden.* — 5) *wechseln, vertauschen.* — Intens. (आमेमियान) *wechseln, vertauschen.* — Mit उद् *verschwinden.* — Mit प्र 1) *vereiteln, aufheben; zerstören, vernichten;* Med. Pass. *zu Nichte werden, vergehen, zu Grunde gehen, sterben, umkommen.* प्रमीत *gestorben, todt;* **geschlachtet.* — 2) *ändern, wechseln.* — 3) *verfehlen, versäumen* (Weg, Zeit), *vergessen; vernachlässigen, übertreten.* — 4) *verschwinden machen, beseitigen.* — 5) *hinter sich lassen, übertreffen.* — Caus. प्रमापयति 1) *vernichten, tödten.* — 2) *tödten lassen.*

2. मी Adj. *vernichtend* in मन्युमी.

3. मी, मिमीते, मिमीहि s. u. 3. मा.

4. मी, *मिमीते s. u. 5. मा.

मीडम् Adv. *leise.*

मीढ 1) Adj. s. u. 1. मिह्. — 2) f. आ N. pr. einer Frau. — 3) n. *a)* मीढे, मीळ्हे α) *Preis, Lohn.* — β) *Kampf, Wettkampf.* — *b)* मीढ *Koth, stercus.* °घट m. Lalit. 203,6. 11. 259,12. °गिरि m. 240,4.

*मीढु, *मीळ्हु m. = घन Nigh. 2,10.

मीढुष m. N. pr. eines Sohnes des Indra.

मीढुष्टम, मीळ्हुष्टम s. u. मीढ्वंस्.

मीढुष्मत्, मीळ्हुष्मत् Adj. = मीढ्वंस् 1) *a)*.

मीढ्वंस् (मीळ्हुषे u. s. w.) 1) Adj. *a)* etwa *spendend, freigebig.* Superl. मीळ्हुष्टम. — *b) gut befruchtend* (Bock). — 2) m. N. pr. eines Sohnes des Daksha.

मीन 1) m. *a) Fisch.* °द्वय n. und °युग n. *zwei in einander geschlungene Fische* (eine bekannte Figur). Am Ende eines adj. Comp. f. आ. — *b) die Fische im Thierkreise.* Auch °युग n. — *c) eine best. Gangart* S. S. S. 253. — 2) f. आ N. pr. einer Tochter der Ushâ.

*मीनकेतन m. *der Liebesgott.*

मीनकेतु m. desgl. VIKRAMÂÑKAK. 13,90.

मीनकेतूदय m. Titel eines Kâvja.

मीनगन्धा f. Bein. der Satjavatî.

*मीनगोधिका f. *Teich.*

*मीनघातिन् m. 1) *Fischer.* — 2) *Kranich* RÂGAN. 19,97.

मीनधावनतोय n. *Wasser, in welchem Fische gewaschen worden sind,* SUÇR. 2,2,20.

मीनध्वज m. *der Liebesgott* VṚSHABH. 38.

मीननयनाष्टक n. Titel eines Werkes BURNELL, T.

मीननाथ m. N. pr. eines Joga-Lehrers.

*मीननेत्रा f. *eine Grasart* RÂGAN. 8,116.

*मीनर m. *ein best. Meerthier,* = मकर.

*मीनरङ्क m. *Eisvogel.*

मीनरथ m. N. pr. eines Fürsten.

मीनराज m. 1) *Fischkönig.* — 2) N. pr. eines Astrologen.

मीनराजजातक n. Titel eines astrol. Werkes.

मीनलाञ्छन n. *der Liebesgott.* क्ष्मातल° so v. a. *Fürst, König* VIKRAMÂÑKAK. 13,17.

मीनवत् Adj. *reich an Fischen.*

मीनाक्ष 1) Adj. *mit einem Fischauge gezeichnet* (Perle) GARBE zu RÂGAN. 13,156. — 2) m. N. pr. eines Daitja. — 3) f. आ *a)* **eine Soma-Pflanze.* — *b)* **eine Art Dûrvâ-Gras* RÂGAN. 8,128. — *c)* N. pr. einer Tochter Kubera's. Richtig wohl मीनाक्षी. — 4) *f. ई *eine Grasart* BHÂVAPR. 2,89. 97.

मीनाक्षीपरिणय m. Titel eines Werkes BURNELL, T.

मीनाक्षीस्तोत्र n. Titel eines Stotra OPP. Cat. 1.

*मीनाघातिन् m. 1) *Fischer.* — 2) *Kranich.*

*मीनाण्डी f. *Sandzucker* RÂGAN. 14,99.

*मीनाम्बीण m. 1) *eine Art Brühe.* — 2) *Bachstelze.*

*मीनालय m. *das Meer.*

*मीनास्त्रीण v. l. für मीनाम्बीण.

1\. मीम्, अमीमेत् und मीमयत् s. u. 5. मा.

2\. *मीम्, मीमति (गतौ, शब्दे).

मीमांसक 1) m. *a) Erwäger, Prüfer* in काव्य°. — *b) ein Anhänger des Mîmâṁsâ-Systems.* — 2) f. °सिका = मीमांसा 2) HEMÂDRI 1,517,1

मीमांसा f. 1) *Reflexion, Ueberlegung, Ansicht; Abwägung, Erörterung, Beanstandung.* — 2) *die Erörterung des heiligen Textes,* Bez. eines best. philosophischen Systems, das sich in die पूर्व° oder कर्म° und in die उत्तर°, ब्रह्म°, शारीरक° oder वेदान्त spaltet. Als Gründer des ersten gilt Gaimini, als der des 2ten Bâdarâjaṇa. Ueber dieses System handeln die folgenden Werke: °कौतूहलवृत्ति f., °कौस्तुभ n., °जीवरक्षा f., °तत्त्वचन्द्रिका f., °तन्त्रवार्त्तिक n., °नयविवेक m., °नयविवेकदीपिका f., °नयविवेकशङ्कादीपिका f., °नयविवेकालंकार m., °न्यायप्रकाश m., °न्यायविवेक m. (richtig °नयविवेक), °परिभाषा f., °बालप्रकाश m., °भाष्य n., °भाष्यवार्त्तिक n., °भाष्यविवरण n., °मकरन्द m. (OPP. Cat. 1), °र्थप्रदीप m., °वादार्थ m. (OPP. Cat. 1), °वार्त्तिक n., °विधिभूषण n., °व्याख्या f. (OPP. Cat. 1), °शारीरकभाष्य n. (BURNELL, T.), °शास्त्रप्रकाश m. (OPP. Cat. 1), °शास्त्रसर्वस्व n., °श्लोकवार्त्तिक n., °संग्रह m. (OPP. Cat. 1), °संग्रहकौमुदी f. (BÜHLER, Rep. No. 407), °सर्वस्व n., °सारसंग्रह m., °सिद्धान्तार्या (BURNELL, T.), °सूत्र n., °सूत्रदीधिति f. und °स्तबक.

मीमांसाशिरोमणि m. Bein. eines Nîlakaṇṭha.

मीमांस्य Adj. *einer Abwägung bedürfend, zu beanstanden.*

*मीर m. 1) *das Meer.* — 2) *ein best. Theil des Berges.* — 3) *Grenze;* vgl. मिर. — 4) *Getränk.*

मीरमीरा f. N. pr. eines Frauenzimmers.

मीरह्लदेवी f. N. pr. einer Tochter Çiva's Ind. St. 14,115.

मील्, मीलति 1) *die Augen schliessen.* मीलित *der die Augen geschlossen hat, schlummerig.* Compar. मीलिततर. — 2) *sich schliessen* (von den Augen). — 3) *verschwinden.* Nur मीलित *verschwunden, zu sein aufgehört.* — 4) = मिल् *sich zusammenthun, sich verbinden, sich vereinigen.* मीलित *zusammengetroffen mit* (Instr.), *zusammengenommen, im Ganzen genommen.* — Caus. मीलयति *schliessen* (die Augen, Blüthen) 252,13. मीलित *geschlossen* (Augen), **noch nicht aufgeblüht.* — Mit अनु Caus. *schliessen* (die Augen). — Mit अभि Med. *das Auge abwenden* ÂPAST. ÇR. 6,7,4. — Mit आ Caus. *schliessen* (die Augen). — Mit व्या Caus. dass. — Mit उद् 1) *die Augen öffnen.* उन्मीलित *die Augen öffnend.* — 2) *öffnen* (die Augen). — 3) *sich öffnen* (von Augen). — 4) *zum Vorschein kommen, sich zeigen.* — Caus. 1) *öffnen* (die Augen, Blüthen). उन्मीलित *geöffnet* (Auge), *aufgeblüht.* — 2) *entfalten, zum Vorschein bringen, vor Augen führen* Comm. zu LÂṬJ. 10,4,4. उन्मीलित *an den Tag gelegt.* — Mit प्रोद् 1) *die Augen öffnen.* — 2) *aufblühen.* — 3) *zum Vorschein kommen, sich zeigen.* — Caus. 1) *öffnen* (die Augen). — 2) *entfalten, zum Vorschein —, an den Tag bringen.* प्रोन्मीलित *an den Tag gelegt.* — Mit समुद् *zum Vorschein kommen, sich zeigen.* — Caus. 1) *öffnen* (die Augen). — 2) *entfalten, zum Vorschein —, an den Tag bringen.* समुन्मीलित *an den Tag gelegt.* — Mit नि 1) *die Augen schliessen.* निमीलित *die Augen geschlossen habend.* — 2) *sich schliessen* (von Blüthen). निमीलित *geschlossen;* auch n. impers. mit Instr. des Subjects. — 3) *verschwinden.* निमीलित *verschwunden.* — Caus. metrisch auch Med. 1) *schliessen* (die Augen, Augenlider, Blüthen). निमीलित *geschlossen.* — 2) *die Augen schliessen.* — 3) *Jmd* (Acc.) *die Augen schliessen machen.* Nur निमीलित. — Mit विनि, °मीलित *geschlossen* (Auge) NAISH. 6,27. — Mit संनि *schliessen* (die Augen). — Mit प्र *die Augen schliessen.* प्रमीलित *geschlossene Augen habend.* — Mit सम् 1) *die Augen schliessen.* संमीलत् *die Augen schliessend,* संमीलित *die Augen geschlossen habend.* — 2) *sich schliessen* (von Blüthen). संमीलित vom Herzen zur Zeit des Schlafes, Gegens. विबुद्ध. — Caus. 1) *schliessen* (die Augen, Augenlider). संमीलित *geschlossen.* — 2) *die Augen schliessen.* — 3) *Jmd die Augen schliessen lassen,* so v. a. *Jmd den Garaus machen.* — Mit अभिसम् *unsichtbar machen* MAITR. S. 1,5,12 (81,6) nach der richtigen Lesart.

मीलन n. 1) *das Schliessen der Augen.* — 2) *das Sichschliessen* (der Augen, der Blüthen). — 3) *ein verdecktes, nur angedeutetes Gleichniss.*

मीलिक in *नील°.

मीलित 1) Adj. s. u. मील्. — 2) n. in der Rhetorik *ein verdecktes (unentwickeltes), in einem anderen Begriff enthaltenes, nur angedeutetes Gleichniss* KÂVJAPR. 10,44. SÂH. D. 744.

1\. मीव्, मीवति *movere.* Vom Simplex nur Partic. मूत in काममूत. — Mit आ 1) *schieben, drängen, aufdrücken* (eine Thür). Nur Partic. आ-मीवित. — 2) *öffnen.* Nur आमीवत्. — Mit नि *zudrängen, niederdrücken.* Nur Partic. निमीवती. — Mit प्र *hinschieben zu, drängen, bewegen.* — Mit प्रति 1) *zurückschieben, — drängen.* — 2) *zudrücken, zuschliessen.*

2\. *मीव्, मीवति (स्थौल्ये).

*मीवग *eine best. hohe Zahl* (buddh.).

*मीवर 1) Adj. *a) Andern Leid zufügend.* — *b) ehrenwerth.* — 2) m. *Heerführer.*

*मीवा f. *Eingeweidewurm.*

*मु m. 1) *Band.* — 2) *die letzte Befreiung der Seele.* — 3) Bein. Çiva's. — 4) *Scheiterhaufen.* — 5) *die rothbraune Farbe.*

*मुकन्दक fehlerhafte v. l. für मुकुन्दक.

*मुकय m. u. *मुकयी f. *ein best. lebendes Wesen.*

मुका f. N. pr. einer Stadt VP.[2] 2,165.

मुकारिणा f. = مقارنة, *ein best. aspectus planetarum.*

मुकाविला f. = مقابلة, desgl.

*मुकु m. = मुक्ति. Ein zur Erklärung von मुकुन्द erfundenes Wort.

मुकुट 1) m. n. (adj. Comp. f. आ) *Diadem.* — 2) m. N. pr. *a)* Pl. eines Volksstammes. — *b)* Abkürzung von रायमुकुट. — 3) f. आ N. pr. einer der Mütter im Gefolge Skanda's. — 4) *f. ई *Schnippchen.* — 6) n. N. pr. eines Tîrtha.

मुकुटिन् Adj. *mit einem Diadem geschmückt.*

*मुकुटेकार्षापण n. Bez. *einer best. für das Diadem des Fürsten erhobenen Abgabe* oder *eines solchen Tributs.*

मुकुटेश्वर 1) m. N. pr. eines Fürsten. — 2) f. ई N. der Dâkshâjanî in Mukuṭa.

मुकुटेश्वरतीर्थ n. N. pr. eines Tîrtha.

मुकुट्ट m. N. pr. eines Mannes.

मुकुपठ m. Pl. N. pr. eines Volkes VP.² 2,165.

मुकुन्द m. 1) Bein. Vishṇu's. Wird auch auf Çiva übertragen. — 2) *ein best. Schatz.* — 3) **ein best. Edelstein.* — 4) **Quecksilber.* — 5) *eine best. Körnerfrucht,* = मुकुन्दक Karaka 1,27. — 6) **das Harz der Boswellia thurifera* Bhâvapr. 1,187. — 7) **eine Art Trommel* oder *Pauke.* — 8) *ein best. Tact* S. S. S. 214. — 9) N. pr. *a)* verschiedener Gelehrter. Auch °पण्डित. — *b)* eines Gebirges VP.² 2,117.

मुकुन्दक m. 1) *eine best. Körnerfrucht.* — 2) *fehlerhafte v. l. für मुकन्दक *Zwiebel.*

मुकुन्ददेव m. N. pr. verschiedener Fürsten.

मुकुन्दप्रिय m. N. pr. eines Lehrers.

मुकुन्दभट्ट m. N. pr. eines *Gelehrten.* Auch °गाडेगिल.

मुकुन्दभट्टीय n. und मुकुन्दमाला f. Titel zweier Werke.

मुकुन्दमिश्र, मुकुन्दमुनि, मुकुन्दराज und मुकुन्दराम m. N. pr. verschiedener Männer.

मुकुन्दविजय m. Titel eines Werkes.

मुकुन्दविलास m. desgl. Burnell, T.

मुकुन्दानन्द und °भाण m. Titel eines Bhâṇa Opp. Cat. 1.

*मुकुन्दु m. *das Harz der Boswellia thurifera.*

*मुकुम् Indecl. ein zur Erklärung von मुकुन्द erfundenes Wort mit den Bedeutungen निर्वाण, मोक्ष, भक्ति, रस, प्रेमन्.

मुकुर m. 1) *Spiegel.* — 2) **das Stäbchen —, die Schiene des Töpfers.* — 3) **Mimusops Elengi.* — 4) **Jasminum Sambac.* — 5) *Knospe.*

*मुकुरित Adj. von मुकुर.

मुकुल 1) (*m.) n. *a) Knospe* Spr. 7734. Uneigentlich von Zähnen; करास्त *eine aus den zusammengelegten Händen gebildete Knospe.* Am Ende eines adj. Comp. f. आ. — *b)* **Leib, Körper.* — *c)* **Seele.* — 2) m. *a) eine aus einer Hand durch Zusammenbringen der Finger gebildete Knospe.* — *b)* N. pr. verschiedener Männer. — 3) n. *ein best. Metrum.* — 4) Adj. (f. आ) *geschlossen* (Auge) Citat im Comm. zu Mâlat. ed. Bomb. 112.

मुकुलय् 1) °यति *schliessen* (die Augen) Mâlat. 49,9 (112,5). — 2) मुकुलित *a) mit Knospen versehen.* — *b) knospenähnlich geschlossen* (Augen, Blüthen, Hände), *verschlossen.* °म् Adv.

मुकुलाय n. *ein best. chirurgisches Instrument mit einer knospenähnlichen Spitze.*

मुकुलाय्, °यते *sich knospenartig schliessen, einer geschlossenen Knospe gleichen* Harshaé. 186, 15. Kâd. 2,87,17.

मुकुलित 1) Adj. s. u. मुकुलय्. — 2) f. आ N. pr. einer Gandharva-Jungfrau Kârand. 4,18.

मुकुलिन् Adj. *mit Knospen versehen.*

मुकुली Adv. mit कर *knospenartig schliessen* Vikramâṅkaé. 17,59.

मुकुलीभाव m. *das Sichschliessen, Geschlossensein* (von Blüthen).

*मुकुष्ठ 1) Adj. = मन्थर. — 2) m. *eine Bohnenart.*

*मुकुष्ठक m. = मुकुष्ठ 2).

*मुकूलक m. = मकूलक.

मुक्त 1) Adj. s. u. 1. मुच्. — 2) m. N. pr. *a)* eines Ṛshi unter Manu Bhautja. — *b)* eines Kochs. — 3) f. आ *a) Perle* Râǵan. 13,152. — *b)* **Hure.* — *c)* **eine best. Pflanze,* = रास्ना. — *d)* N. pr. eines Flusses VP.² 2,194. — 4) मुक्ते Präp. mit Instr. *ausser — auch* Mahâbh. 5,32,*b*. 33,*a*. 50,*a*. 7,130,*a*. Chr. 239,16. 22. 240,12. 242,28.

मुक्तक 1) Adj. *abgelöst, für sich bestehend, selbstständig.* — 2) n. *a)* **Wurfgeschoss.* — *b) ein abgelöster, für sich bestehender, dem Sinne nach abgeschlossener* Çloka. — *c) einfache Prosa ohne zusammengesetzte Wörter.* — अथ मुक्तकानि Hariv. 8411 fehlerhaft für अतिमुक्तकानि. — मुक्तिका s. bes.

मुक्तकच्छ m. *ein Buddhist.* °मत n. *die Lehre der Buddhisten* Govindân. S. 581.

*मुक्तकञ्चुक Adj. *mit abgeworfener Haut, sich gehäutet habend* (Schlange).

मुक्तकण्ठ Adj. und °म् Adv. (Daçak. 41,1) in Verbindung mit क्रन्द्, रुद् u. s. w. so v. a. *aus vollem Halse schreien, — weinen.*

मुक्तकर Adj. *eine offene Hand habend, freigebig.*

मुक्तकेश Adj. (f. आ und ई) *aufgelöstes —, hängendes Haar habend* Vasishṭha 2,21. Kampaka 426.

*मुक्तचक्षुस् m. *Löwe.*

मुक्ताचिन्तामणि m. Titel eines Werkes.

मुक्तता f. und मुक्तत्व n. *das Erlöstsein, Erlösung von allen weltlichen Banden.*

मुक्तनिद्र Adj. *erwacht* Kathâs. 10,72.

*मुक्तनिर्मोक Adj. = मुक्तकञ्चुक.

मुक्तबन्धन Adj. *von den Banden befreit.*

मुक्तबुद्धि Adj. *dessen Geist erlöst ist.*

मुक्तमण्डूककण्ठ Adj. (f. आ) *besetzt mit Fröschen, die aus vollem Halse quaken,* Varâh. Bṛh. S. 27,6.

मुक्तमूर्धज Adj. (f. आ) = मुक्तकेश.

मुक्तवसन m. *ein* Ǵaina-*Mönch.*

*मुक्तव्यापार Adj. *der sein Amt aufgegeben hat.*

मुक्तशिख Adj. *aufgelöstes —, hängendes Haar habend* Gaut. 20,5.

मुक्तशैशव Adj. (f. आ) *erwachsen* Daçak. (1925) 2,96,11.

मुक्तसंशय Adj. *frei von Zweifel, keinem Zweifel unterliegend, sicher stehend.*

मुक्तसूर्या Adj. f. mit दिश् *die so even von der Sonne verlassene Gegend* Ind. St. 10,202.

मुक्तस्वामिन् m. Name eines Heiligthums.

मुक्तहस्त Adj. (f. आ) *eine offene Hand habend, freigebig.*

मुक्ताकण m. N. pr. eines Mannes.

मुक्ताकलाप m. *ein aus Perlenschnüren bestehender Schmuck.*

मुक्ताकलापी Adv. mit कर *zu einem Perlenschmuck machen.*

मुक्ताकार Adj. *das Aussehen einer Perle habend.* Nom. abstr. °ता f.

मुक्ताकाव्य n. Titel eines Kâvja.

मुक्ताकेशव m. Name einer Statue Kṛshṇa's.

मुक्ताख्य m. *eine best. Art die Trommel zu schlagen* S. S. S. 194.

*मुक्तागार n. *Perlenmuschel.*

मुक्तागुण m. 1) *Perlenschnur* Vikr. 157. — 2) *der Vorzug —, die Vorzüglichkeit einer Perle, das klare Wasser einer P.*

मुक्ताचरित्र n. Titel eines Werkes.

मुक्ताजाल n. *Perlenschmuck.*

मुक्ताजालमय Adj. (f. ई) *aus Perlen bestehend.*

मुक्तात्मन् Adj. *befreit, erlöst.*

मुक्तादामन् n. *Perlenschnur.*

मुक्तापीड m. N. pr. eines Fürsten und eines Dichters.

मुक्तापुर n. N. pr. einer mythischen *Stadt.*

*मुक्तापुष्प m. *Jasminum multiflorum* oder *pubescens* Râǵan. 10,118.

*मुक्ताप्रलम्ब m. = °प्रालम्ब.

*मुक्ताप्रसू f. *Perlenmuschel* Râǵan. 13,128.

*मुक्ताप्रालम्ब m. *Perlenschnur, — schmuck.*

मुक्ताफल 1) n. a) *Perle* Râǵan. 13,153. Nom. abstr. °ता f. — b) **eine best. Blume.* — c) **die Frucht der* Lavalî. — d) **Kampher.* — e) Titel eines Werkes. — 2) m. N. pr. eines Fürsten der Çabara.

मुक्ताफलकेतु m. N. pr. eines Fürsten der Vidjâdhara.

मुक्ताफलजाल n. = मुक्ताजाल.

मुक्ताफलध्वज m. N. pr. eines Fürsten.

मुक्ताफलमय Adj. *aus Perlen gebildet* Hemâdri 1,423,16. 425,11.

मुक्ताफललता f. *Perlenschnur.*

*मुक्ताभा m. *Jasminum Sambac* Râǵan. 10,85.

मुक्तामणि m. *Perle.*

मुक्तामणिसर m. *Perlenschnur* Uttar. 13,9 (18,6).

मुक्तामय Adj. (f. ई) *aus Perlen bestehend, — gebildet.*

*मुक्तामातृ f. *Perlenmuschel* Râǵan. 13,128.

मुक्तामाला f. Titel eines Werkes.

मुक्तामुक्त Adj. *geschleudert und nicht geschleudert* von einer Waffe, *die man schleudern, aber auch als Handwaffe gebrauchen kann*

*मुक्तामोदक m. *ein best. Backwerk* Bhâvapr. 2,25.

मुक्ताम्बर m. *ein* Ǵaina-*Mönch* Govindân. S. 381.

मुक्तारत्न n. *Perle.*

मुक्तारश्मिमय Adj. *von Perlen strahlend* Hemâdri 1,764,9.

मुक्तालता f. 1) **Perlenschnur.* — 2) N. pr. eines Frauenzimmers.

मुक्तावलि und °ली f. 1) *Perlenschnur.* *°लि. — 2) voller oder abgekürzter Titel verschiedener Werke. °किरण m., °टीका f. (Opp. Cat. 1), °दीपिका f., °प्रकाश m., °प्रभा f. (Opp. Cat. 1) und °व्याख्या f. Titel von Commentaren. — 3) f. °ली N. pr. der Gemahlin Ḱandraketu's.

मुक्तावलीमय Adj. *aus Perlenschnüren gebildet* Hemâdri 1,341,4.

मुक्ताशुक्ति f. *Perlenmuschel.*

1\. मुक्तासन n. *die Art und Weise, wie Erlöste sitzen.*

2\. मुक्तासन Adj. *vom Sitze aufgestanden* oder *aufstehend.*

मुक्तासेन m. N. pr. eines Fürsten der Vidjâdhara.

*मुक्तास्फोट m. (Râǵan. 13,128) und *°टा f. *Perlenmuschel.*

*मुक्तास्रज् f. *Perlenschnur.*

मुक्ताहारषष्ठीव्रत n. *eine best. Begehung* Verz. d. Oxf. H. 284,*b*,47.

1\. मुक्ताहार m. *Perlenschnur* 134,11. Spr. 7701.

2\. मुक्ताहार Adj. *keine Speise zu sich nehmend* Spr. 7701.

मुक्ताहारलता f. *Perlenschnur* Spr. 4876.

मुक्ति f. 1) *Befreiung, — aus* oder *von* (im Comp. vorangehend). — 2) *Erlösung von den weltlichen Banden, Seligkeit.* — 3) *das Abwerfen, Ablegen, Aufgeben;* in Comp. mit seinem Object. — 4) **das Abtragen* (einer Schuld). — 5) *das Abschiessen, Werfen, Schleudern.* — 6) N. pr. eines göttlichen Wesens, der Gattin Satja's.

मुक्तिकलश m. N. pr. eines Vorfahren des Bilhaṇa Vikramâṅkaḱ. 18,75.

मुक्तिका f. 1) **Perle* Râǵan. 13,153. — 2) Titel einer Upanishad. Auch मुक्तिकोपनिषद् Opp. Cat. 1.

मुक्तिकोपाख्यान n. Titel eines Werkes Opp. Cat. 1.

मुक्तिक्षेत्र n. 1) *ein Ort, an dem man zur Erlösung gelangt.* — 2) N. pr. eines best. heiligen Ortes. °माहात्म्य n.

मुक्तिखण्ड Titel eines Werkes Opp. Cat. 1.

मुक्तिग्रन्थ m. *ein über die Erlösung handelndes Werk.*

मुक्तिचिन्तामणिमाहात्म्य n. Titel eines Werkes.

मुक्तित्रयभेदनिरूपण n. desgl. Opp. Cat. 1.

मुक्तिपति m. *Herr der Erlösung.*

मुक्तिपरिणाय m. Titel eines Werkes Burnell, T.

मुक्तिपुर n. N. pr. eines Dvîpa.

मुक्तिपूर्दस्यु m. *ein Räuber an der Burg der Erlösung.*

मुक्तिमण्डप m. N. pr. eines *Tempels.*

मुक्तिमती f. N. pr. eines Flusses.

*मुक्तिमुक्त m. *Weihrauch.*

मुक्तिवत् Adj. *befreit von* (Abl.).

मुक्तिवाद m., °विचार m., मुक्तिसप्तशती f. (Opp. Cat. 1) und मुक्तिसार (ebend.) Titel von Werken.

*मुक्तिसेन m. N. pr. eines Mannes.

मुक्ते Präp. s. u. मुक्त 4).

मुक्तेश्वर n. Name eines Liṅga.

मुक्षीजा f. *Schlinge, Netz.*

मुख 1) (*m.) n. (adj. Comp. f. आ und ई) a) *Mund, Maul, Rachen.* Am Ende eines adj. Comp. nach einem Subst. *im* oder *zum Munde habend.* — b) *Gesicht, Schnauze des Thieres.* Am Ende eines adj. Comp. ist das vorangehende Wort α) ein attributives Adj. — β) das womit das *Gesicht* verglichen wird. अज° *ein Bocksgesicht habend.* — γ) das was sich auf dem *Gesicht* zeigt. — δ) das wohin das *Gesicht* gerichtet ist. — c) *Gesichtsrichtung —, Richtung überh. nach.* Am Ende eines adj. Comp. *gerichtet nach.* °मुखम् Adv. *nach — hin.* — d) *Schnauze eines Gefässes.* — e) *Oeffnung, Eingang, Ausgang, Eingang in* (Gen. oder im Comp. vorangehend). — f) *Vordertheil, Spitze.* नाव° Kâd. 262,8. — g) *Schneide.* — h) *Oberfläche, die obere Seite* Comm. zu Ârjabh. 2,8. — i) *das Haupt, der Beste, Vorzüglichste.* — k) *Anfang, Beginn.* Am Ende eines adj. Comp. — *zum Anfang habend, beginnend mit* —. Zum Ueberfluss wird noch आदि an मुख gefügt. — l) in der Dramatik *der erste Anlass der Handlung.* — m) *the first term, the initial quantity of the progression.* — n) *Anfang,* so v. a. *Anlass, Veranlassung, — zu* (Gen. oder im Comp. vorangehend). — o) *Mittel.* °मुखेन *vermittelst.* — p) * = वेद. — 2) *m. *Artocarpus Locucha.*

*मुखखुर m. *Zahn.*

मुखगत Adj. 1) *im Munde befindlich.* — 2) *im Gesicht befindlich* Halâj. 2,369. — 3) *im Angesicht seiend.*

*मुखगन्धक m. *Zwiebel* Râǵan. 7,55.

मुखग्रहण n. *das Küssen des Mundes* Daçak. 40,8.

*मुखघण्टा f. *ein best. mit dem Munde hervorgebrachter Ton.*

मुखचन्द्र m. *Antlitzmond* 252,29. Spr. 2169.

मुखचन्द्रमस् m. dass. 252,25.

मुखचपल 1) Adj. (f. आ) *geschwätzig, schwatzhaft.* Nom. abstr. °त्व n. — 2) f. आ *ein best.* Ârjâ-*Metrum.*

मुखचपेटिका f. *Ohrfeige.*

मुखचापल्य n. *Schwatzhaftigkeit* Dhûrtan. 11.

मुखचालि f. *Eingangstanz* S. S. S. 239.

*मुखचीरी f. *Zunge.*

मुखच्छवि f. *Gesichtsfarbe, Teint* Daçak. (1925) 2,121,4.

मुखज 1) Adj. a) **aus dem oder im Munde entstanden.* — b) *auf dem Gesicht befindlich.* अभिनय m. so v. a. *Mienenspiel* S. S. S. 246. — 2) m. a) *ein Brahmane* Ind. St. 15,313. — b) **Zahn.*

*मुखजन्मन् m. *ein Brahmane* Gal.

*मुखजाह n. *Schlundkopf.*

*मुखणाडी f. *eine Art Waffe.*

*मुखतःकारम् Absol.

1\. मुखतस् Adv. 1) *vom Munde her, am Munde, mittelst des Mundes.* — 2) *vorn, an der Spitze, von vorn.*

2\.*मुखतस् Adj. = मुखे तस्यति.

*मुखतीय Adj. von 1. मुखतस्.

मुखद्घ्न Adj. *bis an den Mund reichend.*

*मुखदूषण n. *Zwiebel* Râǵan. 7,55.

*मुखदूषणक m. dass. Bhâvapr. 1,179.

मुखदूषिका f. *das Gesicht verunstaltender Ausschlag bei jungen Leuten.*

*मुखधौता f. *Clerodendrum siphonanthus.*

मुखनासिक n.Sg. *Mund und Nase* AV.Prât. 1,27.

मुखनिरीक्षक Adj. *träge, faul.*

मुखपङ्कज m. *Antlitzlotus* 233,1.

मुखपट m. *Schleier.*

मुखपाक m. *Entzündung des Mundes.*

मुखपिण्ड *ein in den Mund gesteckter Bissen.*

*मुखपूरण n. *ein Mundvoll Wasser u. s. w.*

मुखप्रिय 1) Adj. *im Munde angenehm.* — 2) * m. *Orange.*

मुखप्रेक्ष Adj. *auf Jmds Gesicht sehend, Jmds Wünsche von den Augen ablesend* MBh. 3,233,6.

मुखबन्धन n. 1) * *Deckel.* — 2) *Einleitung, Vorwort.*

मुखभगा Adj. f. *den Mund als vulva gebrauchen lassend* Hariv. 11178. Vgl. मुखेभगा und भगास्य.

मुखभङ्ग m. 1) *ein Schlag auf's Gesicht.* उपानन्मुख° *mit dem Schuh* Spr. 2046. — 2) *ein krankhaft verzogenes Gesicht, Grimasse* Kâd. 119,23.

मुखभङ्गी f. *das Verziehen des Gesichts* Comm. zu Naish. 5,120.

*मुखभूषण n. 1) *Betel.* — 2) *Zinn* (?).

मुखभेद m. *das Verziehen des Gesichts.*

*मुखमण्डनक m. *Clerodendrum phlomoides* Râǵan. 10,42.

मुखमण्डल n. *Gesicht* Spr. 7756.

मुखमण्डिका und °मण्डिनिका f. *eine best. Krankheit* und *die Genie derselben.*

मुखमण्डी f. N. pr. einer der Mütter im Gefolge Skanda's.

1. मुखमात्र n. Loc. °त्रे *in der Höhe des Mundes* Kâtj. Çr. 4,14,12.

2. मुखमात्र Adj. (f. ई) *bis zum Munde reichend* Ind. St. 13,273.

मुखमाधुर्य n. *eine best. Schleimkrankheit.*

मुखमारुत m. *Hauch des Mundes, Athem* Ragh. 5,69. Çâk. (Pisch.) 66,7. Mâlav. 48.

मुखमुद्रा f. *das Verziehen des Gesichts* oder *Schweigen* (wahrscheinlicher) Naish. 5,120.

मुखमोटन n. *das Schnalzen* Hem. Par. 6,119. 12,248.

*मुखमोद m. *Hyperanthera Moringa* Râǵan. 7,28.

*मुखंपच m. *Bettler.*

*मुखपत्त्रण n. *Gebiss am Pferdezaum.*

*मुखयोनि m. = ग्रासेक्य Bhâvapr. 1,23.

मुखर 1) Adj. (f. ग्रा) a) *geschwätzig* (auch von Vögeln und Bienen). — b) *schallend, Lärm machend* (von Schmucksachen und musikalischen Instrumenten). — c) am Ende eines Comp. *beredt —, sich auslassend —, sich ergiessend in, erhallend von.* — 2) m. a) * *Krähe* Râǵan. 19,88. — b) * *Seemuschel* Râǵan. 13,123. — c) *Anführer, Rädelsführer.* — d) N. pr. α) eines Schlangendämons. — β) eines Schelmen. — 3) f. ग्रा N. pr. einer Schlangenjungfrau Kâraṇḍ. 4,9. — 4) f. ई *Gebiss am Pferdezaum.*

मुखरक 1) m. N. pr. eines Schelmen. — 2) f. °रिका a) *Gebiss am Pferdezaum.* — b) *Gerede, Geschwätz.*

मुखरता f. *Geschwatzigkeit, Schwatzhaftigkeit.*

मुखरन्ध्र n. *das Mundloch einer Flöte* S.S.S. 180.

मुखरय्, °यति 1) *geschwätzig machen,* so v. a. *zum Sprechen bringen* Bâlar. 13,9. 39,24. — 2) *ertönen machen, — lassen* Naish. 4,53. मुखरित Partic.

मुखराग m. *Gesichtsfarbe.*

मुखरी Adv. mit कर् 1) *schwatzhaft machen* Ind. St. 14,365. — 2) *ertönen machen.*

मुखरुज् f. *Mundkrankheit.*

मुखरेखा f. *Zug im Gesicht, Miene* Prasannar. 113,6.

मुखरोग m. *Mundkrankheit.*

मुखरोगिक Adj. *auf die Mundkrankheit bezüglich.*

मुखरोगिन् Adj. *mundkrank.*

*मुखलाङ्गल m. *Schwein.*

मुखलेप m. 1) *das Bestreichen* a) *des Mundes.* — b) *der oberen Seite einer Trommel.* — 2) *eine best. Schleimkrankheit.*

मुखवत् Adj. *mit einem Munde versehen.*

*मुखवल्लभ m. *Granatbaum.*

मुखवस्त्रिका f. *der beim Sprechen vorgehaltene Tülllappen* Hem. Par.

*मुखवाटिका f. *eine best. Pflanze,* = ग्रम्बष्ठा Râǵan. 4,80.

मुखवाद्य n. 1) * *Blaseinstrument.* — 2) *eine* (beim Çiva-Cultus) *mit dem Munde veranstaltete Musik.*

मुखवास m. 1) *ein Parfum für den Mund, um den Athem wohlriechend zu machen.* — 2) * *wohlriechendes Gras* Râǵan. 8,124.

*मुखवासन n. = मुखवास 1).

मुखविपुला f. *ein best.* Ârjâ-*Metrum.*

*मुखविलुण्ठिका f. *Ziege.*

*मुखविष्ठा f. *eine Art Schabe.*

मुखव्यादान n. *das Oeffnen des Mundes* 154,7.

*मुखशफ Adj. *ein loses Maul habend, Lästermaul.*

मुखशशिन् m. *Antlitzmond* 294,29.

मुखशुद्धि f. *Reinigung des Mundes.*

*मुखशृङ्ग m. *Nashorn* Râǵan. 19,20.

मुखशेष 1) Adj. *von dem nur das Gesicht übrig geblieben ist.* — 2) m. Bein. Râhu's.

मुखशोधन 1) * Adj. a) *den Mund reinigend.* — b) *scharf, beissend* (Geschmack). — 2) n. a) *das Reinigen des Mundes.* — b) * *Zimmet* Râǵan. 6,172.

*मुखशोधिन् 1) Adj. *den Mund reinigend.* — 2) m. *Citrone, Citronenbaum* Râǵan. 11,178.

मुखशोष m. *Trockenheit des Mundes.*

मुखशोषिन् Adj. *an Trockenheit des Mundes leidend.*

मुखश्री f. *Schönheit des Gesichts, ein schönes Gesicht* 248,19. 22.

*मुखष्ठील (wohl मुखाष्ठील) Adj. = मुखशफ.

मुखसंधि m. *in der Dramatik die* मुख (s. मुख 1) l) *genannte Fuge* Sâh. D. 126,15.

*मुखसंभव m. *ein Brahmane.*

मुखसंमित Adj. *bis zum Munde reichend* Çat. Br. 3,2,1,34. Kâtj. Çr. 7,4,1.

मुखसुख n. *Erleichterung der Aussprache.*

*मुखसुर n. *Lippennektar.*

मुखसेचक m. N. pr. eines Schlangendämons MBh. 1,57,15.

मुखस्राव m. 1) *Speichelfluss.* — 2) * *Speichel* Râǵan. 18,59.

मुखाकार m. *Miene.*

मुखाक्षेप m. *das Aufwerfen der Erde mit der Pflugschar* und zugleich *eine aus dem Munde kommende Schmähung* Spr. 7725.

*मुखाग्नि m. 1) *Waldbrand.* — 2) *a sort of goblin with a face of fire.* — 3) *fire put into the mouth of the corpse at the time of lighting the funeral pile.* — 4) *a sacrificial or consecrated fire.*

*मुखाग्र n. *Spitze der Schnauze* und *Spitze überh.*

मुखाङ्ग n. *Gesichtstheil* 251,27.

मुखादित्व n. Nom. abstr. von मुखादि *das Gesicht u. s. w.* 253,5.

मुखानिल m. = मुखमारुत Comm. zu Âpast. Çr. 6,28,12.

मुखाब्ज n. *Antlitzlotus* Ind. St. 14,368.

*मुखामय m. *Mundkrankheit* Râǵan. 20,4.

*मुखामोदा f. *Boswellia thurifera* Râǵan. 11,197.

मुखाम्बुज n. *Antlitzlotus* Ind. St. 14,390.

मुखार्चिस् n. *heisser Athem* (?).

*मुखार्जक m. *Ocimum pilosum* Râǵan. 10,159.

*मुखालु n. *eine Arum-Art* Râǵan. 7,67.

मुखावरी f. *eine best.* Râgiṇî S. S. S. 109.

मुखावलेप m. *Klebrigkeit des Mundes* Suçr. 1, 155,1.

मुखासव m. *Lippennektar.*

*मुखास्त्र m. *Krebs.*

मुखास्राव m. *Speichelfluss.*

मुखास्वाद m. *das Küssen des Mundes* Jâǵn. 3, 229.

*मुखी Adv. mit भू.

मुखीन in ब्राह्मणा°.

°मुखीय Adj. *am Eingang —, an der Spitze* u. s. w. *befindlich.*

*मुखुण्ठी f. *eine Art Waffe.* Vgl. मुखण्डी.

मुखेभगा Adj. f. = मुखभगा MBh. 3,188,41.

मखेभव Adj. (f. आ) *im Munde sich bildend.*

मुखेन्दु m. *Antlitzmond* 251,16. 252,7. 14. 31. Spr. 2468.

*मुखेबलिन् m. *Nashorn* Râǵan. 19,20.

मखोत्कीर्ण m. N. pr. eines Mannes.

*मुखोल्का f. *Waldbrand.*

मुख्य 1) Adj. (f. आ) *a) in oder am Munde oder Gesichte befindlich, aus dem Munde kommend* Gaut. — *b) an der Spitze —, am Anfange befindlich; der erste, vornehmste, hauptsächlich, principalis, ursprünglich; der beste, vorzüglichste, — unter* (im Comp. vorangehend), *vorzüglich.* Ausnahmsweise und aus metrischen Rücksichten steht मुख्य in der Bed. von मुख = आदि am Ende eines adj. Comp. वस्त्रमुख्यस्त्वलंकारः so v. a. *beim Schmuck ist aber das Kleid die Hauptsache.* — 2) m. *a) Anführer.* — *b) ein best. Genius, der einem Theile des astrologisch in 81 oder 63 Fächer* (पद) *getheilten Hausplanes vorsteht,* Hemâdri 1,652,2. 654,17. — *c)* Pl. *eine best. Klasse von Göttern unter* Manu Sâvarṇi. — 3) f. आ N. pr. der Residenz Varuṇa's VP. 2,8,10. — 4) *n. *Schnurrbart* Gal.

मुख्यतस् Adv. *vorzugsweise.*

मुख्यता f. *die erste Stelle, der oberste Rang, Vorrang, — unter* (Gen. oder im Comp. vorangehend) 44,14.

मुख्यत्व n. dass. Comm. zu Âpast. Çr. 6,29,5.

*मुख्यनृप m. *Oberfürst, regierender Fürst.*

मुख्यमन्त्रिन् m. *der erste Minister.* Nom. abstr. °न्त्रित्व n.

*मुख्यराज् und *°राजन् m. = मुख्यनृप.

मुख्यशस् Adv. *vor Allem, zunächst.*

मुख्यसदृश Adj. *dem principalen* (Stoff) *ähnlich* Bhâvapr. 1,172.

1. मुख्यार्थ m. *Hauptbedeutung, die ursprüngliche Bedeutung* (eines Wortes) Ǵaim. 3,8,35. Comm. zu Âpast. Çr. 5,15,1. 29,13.

2. मुख्यार्थ Adj. *die ursprüngliche Bedeutung habend, in der u. B. gebraucht.*

*मुख्याश्रमिन् m. *ein Brahmanenschüler* Gal.

*मुगूह m. *eine Hühnerart.*

मुग्ध s. u. 1. मुह्.

मुग्धता f. *schlichte Einfalt, Naivetät.*

मुग्धत्व n. *Anmuth.*

मुग्धदृश् f. *eine Schönäugige.*

मुग्धधी Adj. *dumm, einfältig, Einfaltspinsel*

मुग्धबुद्धि Adj. dass.

मुग्धबोध n. Titel einer Grammatik. °कार m. Bez. Vopadeva's. °प्रदीप m. und °सुबोधिनी f. Titel von Commentaren zu der Gr., °परिशिष्ट n. *Nachträge* dazu.

मुग्धबोधिनी f. Titel zweier Commentare.

मुग्धभाव m. *einfältiges Wesen, Unerfahrenheit.*

मुग्धवत् Adj. *verwirrt, keine richtige Einsicht habend in* (Loc.).

मुग्धस्वभाव m. *Naivetät* Venîs. 63,7.

मुग्धाक्षी f. *eine Schönäugige.*

मुग्धाग्रणी f. *der Dümmste unter den Dummen.*

मुग्धाचक्र n. *ein best. mystischer Kreis.*

मुग्धात्मन् Adj. *einfältig, dumm* Spr. 7630.

*मुग्धिमन् m. Nom. abstr. zu मुग्ध.

मुग्धेक्षणा f. *eine Schönäugige* Prij. 51,5.

मुङ्ग und मुङ्गट m. N. pr. zweier Männer.

1. मुच्, Präsensstämme: मुञ्च, मुञ्चे, मुञ्च्य (Med.), मुमुच् (मुमोच्) und मुमोच; Act. Med. 1) *Jmd losmachen, freimachen, befreien, — von* (Abl. oder Adv. auf तस् 80,2); Med. Pass. *sich losmachen, sich befreien von* (Abl., Instr. und ausnahmsweise Gen.), *entrinnen.* मुक्त *freigelassen, befreit von* (Abl. oder Instr.), — **durch* (Abl. oder Instr. 231,5). — 2) *verschonen* 81,6. — 3) *ablösen, abbinden, lösen.* कण्ठम् *die Kehle lösen, so v. a. seine Stimme erheben.* प्राणान् *Jmds* (Gen.) *Lebensgeister lösen, so v. a. Jmd das Leben nehmen.* मुक्त *losgebunden; abgelöst, herabgefallen* (Frucht); *aufgelöst,* so v. a. *erschlafft* (die Glieder des Körpers). — 4) *loslassen, freilassen* (326,9. 327,20), die Zügel *schiessen lassen* (Partic. मुक्त); *entlassen, gehen lassen.* पदात्पदम् mit न *den einen Fuss nicht vom andern lassen,* so v. a. *sich nicht von der Stelle bewegen.* उभयोर्हस्तयोर्मुक्तमन्नम् so v. a. *Speise, die man nicht mit beiden Händen hält,* Vasishtha 11,25. — 5) *einen Platz verlassen.* मुक्त *verlassen, frei gelassen* (Weg), *frei gelegt* (Megh. 41). मुक्ता दिक् heisst *diejenige Weltgegend, welche die Sonne so eben verlassen hat.* — 6) *Jmd oder Etwas fahren lassen, im Stich lassen, aufgeben, ablegen, absetzen* (Kampaka 92), *deponiren* (ebend. 407. 410). कलेवरम् (Chr. 55,20), देहम्, प्राणान्, जीवितम् (313,6) *den Körper, die Lebensgeister, das Leben fahren lassen, in den Tod gehen, sterben.* मुक्त *fahren gelassen, verlassen, ausgezogen, abgelegt, deponirt* (Kampaka 473), *weggeworfen* (Kleider Âpast. 2,21,11), *fahren gelassen, aufgegeben, nicht mehr da seiend, verschwunden* (insbes. am Anfange eines adj. Comp.). — 7) *aus sich entlassen, von sich geben, ausstossen, vergiessen* (Thränen). मुक्त *aus sich entlassen, von sich gegeben, ausgestossen, vergossen* (Thränen). — 8) *von sich geben,* so v. a. *verleihen; übergeben, abgeben* Kampaka 281. — 9) *werfen, schleudern, abschiessen, — auf* (Loc., Dat., Gen. oder Acc. mit प्रति). आत्मानम् *sich stürzen von* (Abl.). मुक्त *hingeworfen* (Megh. 84), *geschleudert, abgeschossen.* पादप्रहार *ein versetzter Fusstritt,* आत्मन् *selbst sich gestürzt habend von* (Abl.). — 10) *schicken in* (Loc.). मुक्त Kampaka 230. — 11) Med. *ausfahren* — 12) Pass. *a) befreit —, erlöst werden von einer Sünde, — von den Sünden, — von den Banden der Welt.* मुक्त्वा *erlöst seiend* 288,29. मुक्त *von einer Sünde befreit* (Âpast. 1,24,21), *erlöst von den Sünden, — von den Banden der Welt.* — *b) lassen von* (Abl.) Spr. 6469. — *c) kommen um* (Instr.) 49,30. — *d) ermangeln,* mit Instr. मुक्त *ermangelnd,* die Ergänzung im Instr. oder im Comp. vorangehend. — 13) मुक्त्वा Absol. *mit Ausnahme von, ausser;* mit Acc. — Caus. मोचयति, °ते (metrisch) 1) *befreien, — von* (Abl., ausnahmsweise Instr.), *loslassen, frei einhergehen lassen.* — 2) *ablösen, abbinden, lösen, abspannen.* — 3) *öffnen.* — 4) *einlösen* (ein Pfand). — 5) *verausgeben, vergeben.* — 6) *Jmd veranlassen aufzugeben, — fahren zu lassen;* mit doppeltem Acc. — 7) *Jmd veranlassen aus sich zu entlassen, — von sich zu geben;* mit doppeltem Acc. — Desid. 1) मुमुक्षति, °ते *a)* Act. *im Begriff stehen* α) **frei zu machen.* — β) *fahren zu lassen, aufzugeben.* — γ) *zu schleudern.* — *b)* Med. *sich zu befreien wünschen, — von* (Abl.). Partic. Act. मुमुक्षत् (metrisch) *Erlösung suchend.* — 2) मोक्षते *a) sich zu lösen suchen, sich zu befreien wünschen, Rettung suchen* Maitr. S. 2,2,1 (14,18). — *b) sich befreien von* (Acc.). — Desid. vom Caus. मुमोचयिषति *Jmd von den Banden der Welt zu erlösen gewillt sein.* — Mit अति Pass. *vermeiden, entgehen;* mit Acc. अतिमुक्त *entgangen,* mit Acc.

Çat. Br. 2,3,2,10. — Desid. अतिमोक्षते *sich retten vor* (Acc.). — Mit अधि Pass. *sich hingezogen fühlen zu* (Acc.) Vaǵrakkh. 30,14. 38,10. °अधिमुक्त *sich hingezogen fühlend zu* Lalit. 26,6. 7. — Mit व्यप Schmucksachen *ablegen von* (Abl.). — Mit अभि 1) *loslassen.* — 2) *von sich geben, ausströmen.* — 3) *schleudern, abschiessen.* — Mit अव 1) *ablösen, abspannen.* — 2) *loslassen, fahrenlassen.* — 3) *ablösen, ausziehen;* Med. *von sich abstreifen, ablegen, abnehmen von* (Abl.) 42,30. — Mit व्यव *von sich ablösen, ablegen.* Nur Absol. — Mit आ 1) *anlegen* (Andern oder sich ein Kleidungsstück, einen Schmuck). आमुक्त a) *angelegt* Lalit. 186,18. — b) *bekleidet mit* (im Comp. vorangehend) Venis. 53. **geharnischt* Gal. — c) *gekleidet in* (Acc.). — 2) *ablegen.* Nur Partic. आमुक्त *abgelegt* (ein Kleidungsstück). — 3) *werfen, schleudern, — auf* (Loc.), den Blick *werfen auf* (Loc.) Megh. 35. — 4) आमुक्त fehlerhaft für आसक्त. — Mit पर्या *rund herum ablösen und abnehmen.* — Mit व्या *entlassen, von sich lassen.* — Mit उद् 1) *befreien, — von* (Abl.); Pass. *loskommen, gerettet sein.* °उन्मुक्त *frei von, ermangelnd.* — 2) *auflösen, losmachen;* Med. auch *sich losmachen.* — 3) *aufmachen, erbrechen* (einen Brief) Bâlar. 116,19. — 4) *ausziehen, ablegen.* उन्मुक्त *ausgezogen, abgelegt.* — 5) *verlassen.* — 6) *abtragen* (eine Schuld). — 7) *entlassen, von sich geben, ausstossen, erheben* (ein Geschrei). उन्मुक्त *entlassen, — aus* (im Comp. vorangehend), *ausgestossen.* — 8) *schleudern, — auf* (Loc.). — Caus. 1) *Jmd befreien, — von* (Abl.). — 2) *lösen* (das Haar). — 3) *ablösen, abnehmen.* — Mit प्रोद्, प्रोन्मुक्त *aufgelöst* (Haar) Venis. 166. — Mit समुद् *zugleich fahren lassen, — aufgeben* (den Körper, so v. a. *sterben*). Nur समुन्मुक्त Kâd. 2,141,22. — Mit उप Med. *sich Etwas anziehen, — anlegen.* — Mit निस् 1) *befreien, — von* (Abl.); Pass. *freigelassen werden* (Saṁhitopan. 8,8), *sich befreien von* (Abl.). निर्मुक्त *befreit, Jmd* (Instr.) *entkommen, errettet von* (Abl.), *frei von* (Abl. oder im Comp. vorangehend). — 2) *lösen, aufbinden.* निर्मुक्त *abgelöst.* — 3) *fahren lassen, aufgeben;* nur Pass. निर्मुक्त a) am Anfange eines adj. Comp. *aufgegeben, verloren, verschwunden, nicht mehr daseiend.* — b) **an Nichts hängend.* — 4) *schleudern;* nur निर्मुक्त *geschleudert.* — 5) Pass. a) *sich von seiner Haut befreien, sich häuten* (von einer Schlange). निर्मुक्त *sich vor Kurzem gehäutet habend.* — b) *verlustig gehen, kommen um* (Instr.). °निर्मुक्त *ermangelnd.* Ohne Ergänzung **aller Habe entbehrend, Nichts besitzend.* — निर्मुक्त auch fehlerhaft für निर्युक्त. — Caus. *befreien von* (Abl.), *einlösen* (ein Pfand) *von Jmd* (Abl.) Vishnus. 5,181 (zu lesen तस्माद्नि°). — Desid. in निर्मोक्ष. — Mit अधिनिस् Pass. *sich befreien von* (Abl.). — Mit अभिनिस्, अभिनिर्मुक्त Bhâg. P. 11,26,8 und sonst oft fehlerhaft für अभिनिर्मुप्त. — Mit विनिस् 1) Pass. *sich befreien, sich losmachen von* (Instr.). विनिर्मुक्त *davongekommen, entronnen, sich befreit habend —, frei von* (Abl., Instr. oder im Comp. vorangehend). — 2) *fahren lassen, aufgeben.* कलेवरम् *den Körper,* so v. a. *sterben.* — 3) *schleudern;* nur विनिर्मुक्त *geschleudert.* — Mit परि 1) *befreien, — von* (Abl.). Med. Pass. *sich befreien —, sich losmachen von* (Abl., Gen. oder Instr.). परिमुक्त *befreit, — von* (im Comp. vorangehend). — 2) *lösen, ablösen, abnehmen.* परिमुक्त *abgenommen.* — 3) *verlassen, fahren lassen, aufgeben.* Pass. in derselben Bed. wohl nur fehlerhaft (v. l. अपविध्येत st. परिमुच्येत). परिमुक्त *aufgegeben.* — 4) *aus sich entlassen, von sich geben.* — 5) Pass. *von den Banden der Welt erlöst werden.* — Caus. परिमोचित *errettet, erlöst* Vaǵrakkh. 42,9. fgg. — Desid. in परिमोक्ष. — Mit विपरि Pass. *sich befreien von* (Abl.). — Mit प्र 1) *freilassen, laufen lassen, befreien von* (Abl.); Pass. *sich befreien von* (Abl. oder Instr.) Gaut. प्रमुच्य *sich befreiend von* (Abl.), प्रमुक्त *befreit von* (Abl. oder Instr.). — 2) *auflösen, aufknüpfen, aufbinden, ablösen;* Pass. *sich auflösen, sich ablösen, abfallen* (von Früchten), *— von* (Abl.). — 3) *verscheuchen, von sich abschütteln.* — 4) *Jmd im Stich lassen;* nur प्रमुक्त *im Stich gelassen.* — 5) *Etwas fahren lassen, aufgeben.* प्रमुक्त *aufgegeben.* — 6) *aus sich entlassen, von sich geben, ausstossen.* अश्रूणि *Thränen vergiessen* Kâraṇḍ. 70,4. प्रमुक्त *von sich gegeben, ausgestossen; vergossen* (Thränen Kâraṇḍ. 70,2). — 7) *schleudern, abschiessen.* प्रमुक्त *geschleudert, abgeschossen.* — 8) *verleihen, schenken.* — 9) Pass. *nachlassen, aufhören.* — Caus. 1) *befreien von* (Abl.). — 2) *auflösen, aufbinden.* — Desid. प्रमुमुक्षते *aufzugeben —, fahren zu lassen im Begriff stehen.* — Mit अनुप्र *nach einander loslassen.* — Mit परिप्र Med. *sich losmachen von* (Abl.). — Mit प्रतिप्र ein Kalb *zulassen zur Mutter.* — Mit विप्र 1) *befreien;* Pass. *sich befreien von* (Abl.). *frei ausgehen, nicht bestraft werden* 169,10. विप्रमुक्त *befreit —, frei von* (Instr. oder im Comp. vorangehend). — 2) *ablösen, abnehmen.* — 3) *verscheuchen.* Nur विप्रमुक्त am Anfange eines adj. Comp. *verscheucht,* so v. a. *nicht vorhanden.* — 4) *schleudern, abschiessen.* विप्रमुक्त *abgeschossen.* — Mit संप्र *vollständig lösen.* Pass. *sich befreien von* (Abl.) Gop. Br. 2,1,21. संप्रमुच्य *sich befreiend von* (Abl.). — Mit प्रति 1) *Jmdm* (Dat., Loc. oder Gen.) *Etwas anziehen, anlegen;* Med. (später auch Act.) *sich anziehen, anlegen, annehmen* (eine Gestalt u. s. w.), *sich* (*sibi*) *setzen auf* (Loc.). प्रतिमुक्त *aufgetragen* (Salbe) *auf* (Loc.). — 2) *Jmd* (Loc.) *Etwas anhängen,* so v. a. *anthun.* — 3) *befestigen, anbinden an* (Loc.). प्रतिमुक्त *gebunden.* — 4) *freilassen, entlassen;* Pass. *sich befreien von* (Abl.) und *befreien* (!). प्रतिमुक्त *freigelassen, befreit von* (Abl.). — 5) *Etwas fahren lassen, aufgeben.* प्रतिमुक्त *aufgegeben.* — 6) *abtragen* (eine Schuld). — 7) *werfen, schleudern, — auf* (Loc.). प्रतिमुक्त *geschleudert.* — Caus. *befreien, erretten.* — Desid. in प्रतिमोक्ष. — Mit संप्रति, °मुक्त *gebunden, gefesselt.* — Mit वि 1) *ablösen, losbinden, abspannen;* Med. *an sich* oder *für sich ablösen* (z. B. die *eigenen* Pferde *abspannen*); Med. Pass. *sich lösen* (auch mit वितराम् 24,30), *abgehen* (von einer Leibesfrucht). विमुक्त *ledig, nicht angespannt; aufgebunden, aufgelöst* (Haar). — 2) Act. Med. *abspannen,* so v. a. *Halt machen, einkehren.* — 3) *ablegen* (Kleider, Schmucksachen u. s. w.); ausnahmsweise Med. — 4) *freigeben, laufen lassen, befreien;* Pass. *sich von Jmd* (Abl.) *befreien, sich Jmds Gewalt entziehen; Jmd* (Gen.) *entkommen; sich befreien —, befreit werden von* (Abl., Adv. auf तस् oder Instr.). Ohne Ergänzung *frei kommen, erlöst werden,* insbes. *von den Banden der Welt.* विमुक्त *befreit —, frei von* (Abl., Instr. oder im Comp. vorangehend), *entkommen aus* (Abl.). Ohne Ergänzung *frei —, flott gemacht* (Schiff); *erlöst,* insbes. *von den Banden der Welt.* — 5) *einen Ort verlassen.* — 6) *Jmd oder Etwas fahren lassen, Jmd im Stich lassen* (Spr. 7709), *aufgeben.* प्राणान् *die Lebensgeister fahren lassen,* so v. a. *sterben.* विमुक्त *im Stich gelassen von* (im Comp. vorangehend), *fahren gelassen, aufgegeben* (insbes. am Anfange eines adj. Comp. 120,23). — 7) *aufgeben, vermeiden.* — 8) *verlieren.* संज्ञाम् *das Bewusstsein.* — 9) *erlassen, verzeihen.* — 10) *aus sich entlassen, von sich geben, ausstossen* (Laute u. s. w.). ग्रस्तम् *einen verschluckten* (*verfinsterten*) Himmelskörper *wieder von sich geben,* so v. a. *von der Verfinsterung befreien.* विमुक्त *entlassen von,* so v. a. *sich ergiessend aus* (im Comp. vorangehend 292,20). — 11) *werfen, schleudern, abschiessen, — auf* (Loc.). आत्मानम् *sich* *stürzen in* (Loc.). विमुक्त *geworfen, geschleudert.* — 12) *gelangen lassen zu* (Loc.), *verleihen.* — 13) *annehmen* (eine Gestalt). — 14) Act. mit न *nicht ablassen, nicht ruhen* (von Pferden). — 15) Pass. *verlustig gehen Jmds* (Instr.). प्राणैस् *des Lebens* 145,2. 19. विमुक्त *gekommen um* (Instr.), *verlustig gegangen.* — 16) विमुक्त *a) sich vor Kurzem gehäutet habend.* — *b) frei von aller Leidenschaft.* — *c)* am Anfange eines adj. Comp. *gewichen.* विमुक्तशाप 108,5 = शापविमुक्त. — *d) verbunden mit* (im Comp. vorangehend). — Caus. 1) *ablösen, abspannen.* — 2) *befreien,* — *von* (Abl.). — 3) *von sich abhalten.* — Desid. विमुमुक्षति *zu befreien im Begriff stehen,* Med. *sich zu befreien wünschen.* Vgl. विमोक्तृ. — Mit प्रवि 1) *Jmd entlassen.* — 2) *Etwas loslassen, fahren lassen, aufgeben.* — 3) Pass. *sich befreien von* (Abl.). — Mit सम् *aus sich entlassen, von sich geben, vergiessen* (Thränen). — Caus. *befreien.*

2. मुच् 1) Adj. am Ende eines Comp. *a) befreiend von.* — *b) entlassend, von sich gebend, ausströmend.* — *c) schleudernd.* — 2) f. *Befreiung* in अमुंच्.

3.*मुच्, मोचते (कल्कने).

°मुच Adj. = 2. मुच् in अंमुची, *नखमुच und रश्मि°.

*मुचक्र m. *Gummilack.*

मुचकुन्द Pańkar. 4,3,145 fehlerhaft für मुचुकुन्द.

*मुचि m. N. pr. eines Kakravartin.

*मुचिर 1) Adj. *freigebig.* — 2) m. *a) Tugend.* — *b) Wind.* — *c) Gottheit.*

मुचिलिन्द 1) m. *a)* **eine best. Blume.* — *b)* N. pr. α) eines Schlangendämons Lalit. 491,14. fgg. — β) *eines Kakravartin. — γ) eines Berges Kâraṇḍ. 91,12. — 2) f. आ N. pr. einer Schlangenjungfrau Kâraṇḍ. 3,23.

मुचिलिन्दपर्वत m. N. pr. eines mythischen Gebirges.

मुचुकुन्द m. 1) *Pterospermum suberifolium* Râgan. 10,105. Mat. med. 123. — 2) N. pr. *a)* *eines Daitja. — *b)* eines alten Fürsten, der sich von den Göttern einen festen Schlaf erbeten hatte, aus dem man ihn nicht erwecken durfte. — *c)* verschiedener anderer Männer. °कवि Bhoǵapr. 55,3.

मुचुकुन्दमोक्ष m. und मुचुकुन्दस्तुति f. Titel von Werken Opp. Cat. 1.

मुचुटी f. 1) *eine chirurgische Zange.* — 2) **Faust.* — 3) **Schnippchen.*

*मुछ्, मुच्छति (प्रमादे).

*मुज्, मुञ्ज्, मोजति und मुञ्जति (शब्दार्थे), मोजयति und मुञ्जयति (मृजाद्यन्योः).

1. मुञ्च् s. 1. मुच्.

2.*मुञ्च्, मुञ्चति (गत्यर्थे).

3.*मुञ्च्, मुञ्चते (कल्कने).

*मुञ्चक m. *ein best. Baum* Râgan. 11,211.

मुञ्चात m. Pl. N. pr. eines Geschlechts VP.[2] 4,28.

*मुञ्ज् s. u. मुज्.

मुञ्ज 1) m. *a) Schilfgras,* namentlich *die Blattscheide;* insbes. heisst so das zu Flechtwerk vielfach gebrauchte *Saccharum Munjia* Râgan. 8,85. Bhâvapr. 1,209. — *b)* **Pfeil* (?). — *c)* N. pr. verschiedener Männer. — 2) f. मुञ्जा N. pr. eines Flusses VP.[2] 2,153.

मुञ्जक m. = मुञ्ज 1) *a).*

मुञ्जकुलाय n. *ein Geflecht aus Schilfgras.*

मुञ्जकेतु m. N. pr. eines Mannes.

मुञ्जकेश 1) Adj. *dessen Haare Schilfgras gleichen,* Beiw. Vishṇu's und Çiva's. — 2) m. N. pr. verschiedener Männer.

मुञ्जकेशवत् Adj. = मुञ्जकेश 1) als Beiw. Kṛshṇa's.

मुञ्जकेशिन् 1) *Adj. dass., Beiw. Vishṇu's. — 2) m. N. pr. eines Mannes, Conj. für मोञ्ज°.

मुञ्जग्राम m. N. pr. eines *Dorfes.* रम्यग्राम v. l.

मुञ्जधारिन् Adj. *Schilfgras in der Hand haltend.*

*मुञ्जनक m. *Saccharum Munjia* Râgan. 8,85.

मुञ्जनेजन Adj. *vom Schilf gereinigt.*

*मुञ्जधय Adj. (f. ई) *an Schilfgras saugend.*

मुञ्जपृष्ठ m. N. pr. einer Oertlichkeit auf dem Himâlaja.

मुञ्जमय Adj. (f. ई) *aus Schilfgras gemacht.*

मुञ्जमेखलिन् Adj. *mit Schilfgras umgürtet,* Beiw. Vishṇu's und Çiva's.

*मुञ्जर n. *eine essbare Lotuswurzel.*

मुञ्जवट N. pr. eines Wallfahrtsortes.

मुञ्जवत् 1) *Adj. *schilfbewachsen.* — 2) m. *a)* Bez. *einer Gattung der* Soma-*Pflanze.* — *b)* N. pr. eines Berges im Himâlaja.

मुञ्जवल्शं m. *Schilfrohrschössling.*

मुञ्जवासस् Adj. *in Schilfgras gekleidet,* Beiw. Çiva's.

मुंञ्जविवयन Adj. (f. आ) *aus Schilfrohr geflochten* Çat. Br. 12,8,3,6.

मुञ्जसूनु m. N. pr. eines Scholiasten Weber, Lit.

मुञ्जात m. *eine best. Pflanze* Karaka 6,24.

मुञ्जातक m. 1) *ein best. Baum.* — 2) *eine Art Gemüse* Karaka 1,27. — 3) **Saccharum Munjia* Bhâvapr. 1,209.

मुञ्जादित्य m. N. pr. eines Autors.

मुञ्जाद्रि m. N. pr. eines *Berges.*

मुञ्जाल m. N. pr. eines Astronomen.

मुञ्जावट N. pr. einer Oertlichkeit, = मुञ्जपृष्ठ.

मुञ्जी Adv. mit कर् *zu Schilfgras machen,* d. i. *zu Fasern zerschlagen.*

*मुञ्जेषीकतूल n. *eine Rispe von* Muṅga-*Gras* P. 6,3,65, Sch.

मुट्, मुटति (आक्षेपप्रमर्दनयोः), मोटति (प्रमर्दने), मोटयति (संचूर्णने). Vom Simplex nur मोटक fgg. — Mit अव in अवमोटन. — Mit उद्, उन्मोटते *abknicken, abreissen.* — Mit परि in °मोटन. — Mit प्रति, Caus. °मोटयति *Jmd* (Acc.) *den Garaus machen.*

मुट *Korb* oder *Bündel* Kâraṇḍ. 28,17. 52,23 (मूट). 71,8. Vgl. मूत, *निमुट und beng. मोट.

*मुड् मोडति (प्रमर्दने).

*मुण्, मुणति (प्रतिज्ञाने).

*मुण्ट्, मुण्टति (प्रमर्दने).

*मुण्ठ्, मुण्ठते (पलायने oder पालने).

*मुण्ड्, मुण्डति (प्रमर्दने, खण्डने, मार्जने, मज्जने, मुण्डने). मुण्डय् s. bes.

मुण्ड 1) Adj. (f. आ) *a) kahl* (auch *kurz*) *geschoren* (Gaut.), *kahl* (Kopf im Alter). — *b) keine Hörner habend* (Kuh, Ziege). — *c) der Spitze* —. *der Krone beraubt* (Baum). — *d) keine Spitze habend, stumpf.* — *e) ohne Grannen* (Getreide) Râgan. 16, 34. — 2) m. *a) ein Mann mit kahl rasirtem Kopfe, — mit einer Glatze.* — *b)* **Barbier.* — *c)* *Bein. Râhu's. — *d)* N. pr. α) eines Daitja. — β) Pl. einer Völkerschaft. — γ) eines Fürsten. — δ) Pl. einer Dynastie. — 3) (*m.) n. *Kopf.* — 4) *f. आ *a) Bettlerin.* — *b) Wittwe* Gal. — *c) eine best. Pflanze.* — 5) f. ई *a)* **Sphaeranthus hirtus* Bhâvapr. 1,214. — *b)* N. pr. einer der Mütter im Gefolge Skanda's. — 6) *n. *a) Eisen* Râgan. 13,44. — *b) Murrhe* Râgan. 6,116.

मुण्डक 1) m. *a) Baumstamm, Balken.* — *b)* **Barbier.* — 2) *f. मुण्डिका *eine best. Pflanze.* — 3) n. *a)* **Kopf.* — *b)* Bez. *der Abschnitte* in *der* Muṇḍakopanishad.

मुण्डकोपनिषद् f. Titel einer Upanishad. °निषद्दीपिका f. und °निषद्भाष्य n. Titel von Commentaren dazu Opp. Cat. 1.

*मुण्डचणक m. *eine Erbsenart.*

*मुण्डज n. *Stahl* Râgan. 13,45.

मुण्डधान्य (Conj.) n. *Korn ohne Grannen.* v. l. वृन्धान्य.

मुण्डन n. 1) *das Kahlscheeren des Kopfes.* Auch mit Beifügung von शिरसः. — 2) **das Schützen, Behüten.*

*मुण्डनक 1) m. *eine Art Reis* Râgan. 16,17. — 2) f. °निका in मत्ता°.

मुण्डपृष्ठ N. pr. einer Oertlichkeit.

*मुण्डफल m. *Cocosnussbaum.*

मुण्डमथना (!) Adj. f. Beiw. der Durgâ.

मुण्डमाला f. und °तन्त्र n. Titel eines Tantra.

मुण्डमालिनी f. *eine Form der* Durgâ.

मुण्डय्, °यति *kahl scheeren* (den Kopf). मुण्डित *kahl geschoren.*

*मुण्डरिका f. *eine best. Pflanze.*

*मुण्डलोह n. *Eisen.*

मुण्डवेदाङ्ग m. N. pr. eines Schlangendämons.

*मुण्डशालि m. *eine Art Reis* Râgan. 16,17.

मुण्डशृङ्खलिक m. Pl. Bez. *einer Unterabtheilung der* Pâçupata Ind. Antiq. 9,174.

*मुण्डाख्या f. *eine best. Pflanze* Râgan. 5,20.

*मुण्डायस n. *Eisen* Râgan. 13,44.

मुण्डार n. N. pr. einer der Sonne geheiligten Oertlichkeit.

मुण्डासन n. *eine best. Art des Sitzens.*

मुण्डित 1) Adj. s. u. मुण्डय्. — 2) *f. आ *Wittwe* Gal. — 3) *n. *Eisen.*

*मुण्डितिका f. *Sphaeranthus hirtus* Mat. med. 310.

मुण्डिन् 1) Adj. *a) kahl geschoren* (auch als Beiw. Çiva's). — *b) hornlos* Bhâvapr. 2,2. — 2) *m. *Barbier.*

*मुण्डिनिका f. = मुण्डितिका Râgan. 5,17, v. l.

मुण्डिभ m. N. pr. eines Mannes.

मुण्डीकल्प m. Titel eines Werkes Burnell, T.

*मुण्डीरिका und *मुण्डीरी f. *eine best. Pflanze.*

मुण्डीश्वरतीर्थ und मुण्डेश्वरतीर्थ n. Namen von Tîrtha's.

मुतव *eine Grasart* Gobh. 1,5,18.

मुत्कल m. N. pr. eines Mannes.

मुत्खलिन् m. N. pr. eines Devaputra.

*मुत्य n. *Perle.*

मुथशिल *der dritte astrol.* Joga, = متّصل.

मुथशिलित und °शिलिन् Adj. von मुथशिल.

मुथहा astrol. Ind. St. 2,274.

1. मुद्, मोदते (metrisch auch Act.) *lustig —, fröhlich sein, sich freuen, sich erfreuen an* (Loc. oder Instr.). मुदित *erfreut, froh, sich erfreuend an* (Instr. oder im Comp. vorangehend). Auch fehlerhaft für नुदित und मूदित. — Caus. मोदयति, °ते (Bhatt.) *erfreuen.* — Mit अनु 1) *in die Freude eines Andern einstimmen,* mit Acc. der Person. — 2) *Jmd* (Acc.) *zujubeln, jubelnd einstimmen in* (Acc.). — 3) *sich freuen über* (Acc.). — 4) *Jmd seinen Beifall bezeugen, Jmd ermuntern;* mit Acc. — 5) *sich über Etwas oder Jmd freuen, sich mit Etwas oder Jmd einverstanden erklären, Etwas gutheissen* (mit Acc. der Sache oder Person), *Jmd* (Acc.) *Etwas* (Dat. eines Nom. act.) *gestatten* Mahâvîrak. 62,2. Act. Saddh. P. 120. — Caus. 1) *erfreuen.* अनुमोदित *erfreut.* — 2) *mit Beifall aufnehmen* Kâraṇḍ. 29, 15. — 3) अनुमोदित *a) gewonnen, günstig gestimmt.* — *b) Jmds* (Instr. oder im Comp. vorangehend) *Zustimmung —, Einwilligung habend.* — *c) mit Beifall aufgenommen* (Kâraṇḍ. 36,19), *mit Freuden begrüsst, gutgeheissen.* — Mit अभ्यनु Caus. °मोदित *Jmds* (Instr.) *Zustimmung habend.* Vgl. अभ्यनुमोदनीय (Nachtr. 5). — Mit अभि s. अभीमोदमुद्. — Mit आ *schön duften* Kâd. 2,49,20 (59,5). आमोदित (von आमोद) s. in Nachtr. 4. — Mit उद्, उन्मुदित *frohlockend.* — Mit संपरि *weit und breit frohlocken.* — Mit प्र *lustig werden, sich freuen, jubeln.* प्रमुदित *ausgelassen, erfreut, froh;* von Unbelebtem so v. a. *in vollem Schmucke prangend.* शरद् 84,23. Auch n. impers. प्रमुदित auch fehlerhaft für प्रचुदित (metrisch st. प्रचोदित). — Caus. *erfreuen.* — Mit अनुप्र Caus., °मोदित *die Einwilligung —, die Erlaubniss bekommen habend.* — Mit संप्र in °मोद. — Mit प्रति *entgegenjubeln, zujauchzen, mit Freuden auf Jmd* oder *Etwas zugehen* oder *Etwas entgegennehmen;* mit Acc. und ausnahmsweise mit Gen. — Caus. Med. *erheitern, lustig machen.* — Desid. vom Caus. प्रमुमोदयिषति *erheitern wollen.* — Mit सम् in संमोद und संमोदन.

2. मुद् f. 1) *Lust, Fröhlichkeit, Freude.* Auch Pl. — 2) die personificirte *Lust* ist eine Tochter der Tushṭi. — 3) Pl. *eine best. Klasse von* Apsaras VP.[2] 2,82; vgl. VS. 18,38. — 4) **ein best. Heilkraut,* = वृद्धि Râgan. 5,29. — 5) **Weib.*

3. *मुद्, मोदयति (संसर्गे).

मुद 1) Adj. in कुसमुद. — 2) m. N. pr. eines Lehrers Ind. St. 13,435. — 3) f. मुदा *Lust, Freude.*

मुदकर m. Pl. N. pr. eines Volkes.

मुदर m. N. pr. v. l. für मृडर.

मुदानादत m. N. pr. eines göttlichen Wesens Hem. Par. 1,267.

मुदावत् 1) Adj. *erfreut, froh* in नाति° (Nachtr. 4). — 2) f. °वती N. pr. einer Tochter des Fürsten Vidûratha.

मुदावसु m. N. pr. eines Sohnes des Pragâti.

मुदित 1) Adj. s. u. 1. मुद्. — 2) m. Bez. *einer Art von Dienern.* — 3) f. आ *Freude* Lalit. 35,6. — 4) n. Bez. *einer best. Umarmung der Geliebten.*

मुदितपुष्पा f. N. pr. einer Gandharva-Jungfrau Kâraṇḍ. 4,19.

*मुदितभद्र m. N. pr. eines Mannes.

मुदिर m. 1) *Wolke* Bhâm. V. 2,86. — 2) **Liebhaber.* — 3) **Frosch.*

*मुदिरफल m. *Asteracantha longifolia* Râgan. 11,219.

*मुदी f. *Mondschein.*

मुद्ग m. 1) *Phaseolus Mungo, die Pflanze und die Bohne* Râgan. 16,37. — 2) **a cover, as a lid or cloth.* — 3) **Seerabe;* richtig मद्गु.

मुद्गगिरि m. N. pr. einer Stadt.

मुद्गप m. N. pr. eines Mannes.

मुद्गपर्णी f. *Phaseolus trilobus* Râgan. 3,22. Bhâvapr. 1,200.

*मुद्गभुज् und *मुद्गभोजिन् m. *Pferd.*

मुद्गमोदक m. *eine Art Gebäck* Bhâvapr. 2,26.

*मुद्गयूष n. *Bohnenbrühe* Râgan. 16,42.

मुद्गर 1) m. *a) Hammer, eine hammerähnliche Waffe.* — *b)* **Knospe.* — *c)* **eine Art Jasmin;* n. *die Blüthe.* — *d)* **ein best. Fisch* Râgan. 19,71. — *e)* N. pr. eines Schlangendämons. — 2) n. *eine best. Art zu sitzen.*

मुद्गरक 1) am Ende eines adj. Comp. (f. °रिका) *Hammer.* — 2) *m. *Averrhoa Carambola* Râgan. 11,110.

*मुद्गरगोमिन् m. N. pr. eines Mannes.

मुद्गरपर्णक (MBh. 5,103,13) und मुद्गरपिण्डक m. Namen von Schlangendämonen.

*मुद्गरफल m. *Averrhoa Carambola* Râgan. 11,110.

मुद्गल 1) m. *a)* N. pr. eines Ṛshi und verschiedener anderer Männer. Pl. *die Nachkommen* Mudgala's. — *b)* Pl. N. pr. eines Volkes. — 2) n. *a)* **eine best. Grasart* Râgan. 8,99. — *b)* Titel einer Upanishad.

मुद्गलपुराण n. und मुद्गलस्मृति f. (Opp. Cat. 1) Titel von Werken.

मुद्गलानी f. *die Gattin* Mudgala's.

मुद्गलार्या f. Titel eines Werkes Burnell, T.

मुद्गलोपनिषद् f. Titel einer Upanishad Opp. Cat. 1.

*मुद्गवत् Adj. zur Erklärung von मुद्गल.

*मुद्गष्ट, *°क, *मुद्गष्ठ und *°क m. *eine Bohnenart.*

मुद्गार्द्रकवट m. *eine Art Getränk.*

मुद्गौदन m. *Mus von* Mudga-*Bohnen.*

मुद्द astrol. Ind. St. 2,276.

मुद्र Adj. *lustig, fröhlich.* — मुद्रा s. bes.

मुद्रण n. *das Verschliessen.* कपाट° Vikramâṅkak. 17,6. मुखमुद्रणाय *um Jmd* (Gen.) *den Mund zu stopfen.*

मुद्रणापत्त्र n. *Correcturbogen* Ârjav. Vorrede S. 2, Z. 16.

मुद्रय्, °यति 1) *siegeln, stempeln.* मुद्रित *gesiegelt, gestempelt, mit einem Abdruck von Etwas versehen.* निद्रा° so v. a. *in Schlaf versunken* Da-

Çák. 11,8. — 2) *drucken.* मुद्रित *gedruckt.* — 3) मुद्रित *a) geschlossen* (Auge [174,5], Blüthe, Hand). °मुद्रितकर Adj. *eine durch — geschlossene Hand habend,* so v. a. — *in der Hand haltend.* — *b) abgeschlossen,* so v. a. *unterlassen, vermieden* Naish. 5,12. Ind. St. 15,296. — Mit उद् 1) *entsiegeln, öffnen* (einen Brief) Kampaka 284. — 2) उन्मुद्रित *entfesselt, befreit.* — Mit परि *schliessen,* so v. a. *verschwinden machen* Bhâm. V. 2,29. — Mit वि 1) *verschliessen, verkorken.* — 2) *eröffnen,* so v. a. *anheben, anfangen* Vikramâñkak. 13,26. 44.

मुद्रा f. 1) *Siegelring, Siegel* (sowohl das *Petschaft* als auch der *Abdruck*) 213,6. 13. 214,9. — 2) *Type, Holztype.* — 3) *Ring* überh., z. B. an einem chirurgischen Instrumente. — 4) **eine geprägte Münze.* — 5) *Abdruck* überh. 114,28. 115,17. — 6) *Stempel,* so v. a. *Zeichen, Kennzeichen* Naish. 8,45. Ind. St. 15,349. *Typus, Charakter* Bâlar. 241, 10. — 7) *Verschluss, Schloss* Spr. 1229. *Stöpsel* (auf einem Tiegel) Bhâvapr. 2,89. 101. मुद्राक्षाः so v. a. *geschlossene Augen* Kaṇḍak. 68,4. मुद्रानन° so v. a. *das Schweigen* Naish. 5,37. — 8) *Mysterium.* — 9) *ein auf den Körper aufgetragenes Zeichen eines göttlichen Attributs* u. s. w. — 10) allgemeine Bez. *für Fingerstellungen* oder *Fingerverschlingungen bei religiösen Vertiefungen und magischen Verrichtungen* Kâraṇḍ. 74,8. fgg. — 11) bei den Buddhisten *das Handrechnen.* — 12) in der Rhetorik *der schlichte Abdruck der Wirklichkeit in Worten, das Nennen eines Dinges bei seinem wahren Namen.* — 13) *ein mit der Ueberlieferung übereinstimmender Tanz* S. S. S. 252.

मुद्राक्षर n. *Type.*

°मुद्राङ्क und °मुद्राङ्कित Adj. *gestempelt mit, mit einem Abdruck von — versehen, gekennzeichnet durch.*

मुद्राधारणमाहात्म्य n. Titel eines Werkes Burnell, T.

मुद्राप्रकाश m. Titel eines Commentars zum Mudrârâkshasa.

मुद्राबल n. *eine best. hohe Zahl* (buddh.).

मुद्रामार्ग m. = ब्रह्मरन्ध्र.

मुद्रायन्त्र n. *Buchdruckerpresse.*

मुद्रायन्त्रालय m. *Druckerei.*

मुद्राराक्षस n. Râkshasa (N. pr. eines Ministers) *und der Siegelring,* Titel eines Schauspiels.

मुद्राराक्षसकथासंग्रह m. und °कथासार Titel von Werken Opp. Cat. 1.

मुद्रार्णव m. Titel eines Werkes.

मुद्रालिपि f. *Druck, Holzdruck.*

मुद्राविवरण n. Titel eines Werkes.

मुद्रिका f. 1) *Siegelring, Ring* Prasannar. 121,12. 16. Vikramâñkak. 8,60. — 2) *ein best. chirurgisches Instrument.* — 3) *eine geprägte Münze.* — 4) *Fingerstellung, Fingerverschlingung.*

मुद्रित 1) Adj. s. u. मुद्रय्. — 2) n. *das Eindrücken eines Siegels auf* (Loc.) Spr. 677.

मुधा Adv. 1) *umsonst, vergebens, für Nichts und wieder Nichts.* — 2) *irriger Weise.*

मुनि 1) m. *a)* etwa *Drang, Andrang.* — *b) ein Begeisterter, Verzückter;* später *ein ausgezeichneter Weiser, Seher, Asket* überh., insbes. *ein solcher, der das Gelübde des Schweigens gethan hat.* Nach Hemâdri 1,26,4. 27,3 *ein Brahmane auf der 8ten (der höchsten) Stufe.* Der im Herzen befindliche *Seher* ist das *Gewissen.* — *c)* Pl. *die sieben Sterne des grossen Bären.* — *d)* Bein. eines Buddha oder Arhant. — *e)* Bez. verschiedener Pflanzen. Nach den Lexicographen *Agati grandiflora, Buchanania latifolia, Butea frondosa, Terminalia Catappa, der Mangobaum* und *Artemisia indica.* — *f)* N. pr. verschiedener Männer VP. 2, 4,48. — 2) f. *a)* *f. zu 1) *b).* — *b)* N. pr. einer Tochter Daksha's und Gattin Kaçjapa's, Mutter einer Klasse von Gandharva und Apsaras. — 3) n. N. pr. eines nach einem Fürsten Muni benannten Varsha VP. 2,4,48.

मुनिक m. N. pr. eines Mannes. Richtig wohl मुणिक.

मुनिकेश Adj. *langes Haar tragend wie ein* Muni.

*मुनिखर्जूरिका f. *eine Dattelart* Râǵan. 11,62.

मुनिचन्द्र m. N. pr. eines Mannes Gaṇar. S. 3, N. 11.

*मुनि[illegible]त [illegible]ṇa सुतंगमादि.

*मुनिच्छद m. *Alstonia scholaris* Râǵan. 12,35.

*मुनितरु m. *Agati grandiflora.*

मुनिदेश m. N. pr. einer *Oertlichkeit.*

*मुनिद्रुम m. 1) *Agati grandiflora* Râǵan. 10,46. — 2) *Calosanthes indica* Râǵan. 9,28.

*मुनिनिर्मित m. *eine best. Pflanze.* = डिण्डिश Bhâvapr. 1,288.

मुनिपतिचरित्र n. Titel eines Werkes Pischel, de Gr. pr.

*मुनिपदी f. gaṇa कुम्भपद्यादि.

मुनिपरंपरा f. *eine ununterbrochene Ueberlieferung.*

*मुनिपित्तल n. *Kupfer.*

मुनिपुंगव m. Bein. eines Ǵina Ind. St. 14,384.

मुनिपुत्र m. 1) *der Sohn eines Asketen* 107,28. — 2) **Artemisia indica* Bhâvapr. 1,230.

*मुनिपुत्रक m. *Bachstelze.*

*मुनिपुष्पक n. *die Blüthe von Agati grandiflora.*

*मुनिपूग m. *Areca triandra.*

मुनिभावप्रकाशिका f. Titel eines Werkes Opp. Cat. 1.

*मुनिभेषज n. 1) *das Fasten.* — 2) *Agati grandiflora.* — 3) *Terminalia Chebula* oder *citrina.*

मुनिमतमणिमाला f. Titel eines Werkes Bühler, Rep. No. 356.

मुनिमरण n. N. pr. einer Oertlichkeit.

मुनिवन n. *ein von Asketen bewohnter Wald.*

मुनिवर m. *der Beste der Muni,* Bein. Vasishṭha's *als des Sterns* ζ *im grossen Bären* 218,24. *der Beste der Asketen* 61,13.

*मुनिविष्टर m. *eine best. Pflanze* Râǵan. 8,148.

मुनिवीर्य m. N. pr. eines der Viçve Devâs.

मुनिव्रत Adj. *das Gelübde des Asketen* —, d. i. *das Schweigen beobachtend.*

*मुनिश Adj. *voller Asketen.*

मुनिसत्त्र n. *eine best. fortgesetzte* Ishṭi-*Feier.*

*मुनिसुव्रत N. pr. zweier Arhant bei den Ǵaina.

*मुनिस्थल gaṇa कुमुदादि 2.

*मुनिस्थान n. *Aufenthaltsort von Asketen.*

मुनिहत m. Bein. des Fürsten Pushjamitra.

मुनीन्द्र 1) m. *a) ein Fürst unter den Weisen,* — *Asketen, ein grosser Weiser,* — *Asket.* — *b)* Bein. eines Buddha und Ǵina Ind. St. 14,368. 370. — *c)* Bez. α) Çiva's. — β) *Çâkjamuni's. — γ) Bharata's. — *d)* N. pr. eines Dânava. — 2) f. आ N. pr. einer Kiṁnara-Jungfrau Kâraṇḍ. 6,21.

मुनीन्द्रता f. *die Würde eines grossen* Muni.

मुनीमुष N. pr. einer Oertlichkeit.

*मुनीवती f. N. pr.

*मुनीवह P. 6,3,121, Sch.

मुनीश m. *ein Fürst unter den Weisen,* — *Asketen, ein grosser Weiser,* — *Asket.* Beiw. Çâkjamuni's, eines Ǵina (Ind. St. 14,364. 371. 383. 388) und Vâlmîki's.

मुनीश्वर m. 1) dass. Beiw. Vishṇu's und Buddha's. — 2) N. pr. eines Scholiasten.

मुन्थहा (= منتهى) und मुन्था astrol.

मुन्नभट्ट m. N. pr. eines Mannes.

मुन्यन्न n. Pl. *die Speise der Asketen.*

मुन्ययन n. *eine best. fortgesetzte tägliche* Ishṭi-*Feier.*

मुन्यालयतीर्थ n. N. pr. eines Tîrtha.

मुमुक्षा f. *das Verlangen nach Befreiung,* — *Erlösung,* — *von* (Abl.).

मुमुक्षु Adj. 1) *Jmd* (Acc.) *von Etwas* (Abl.) *zu*

befreien wünschend. — 2) frei zu werden verlangend, nach Erlösung trachtend. — 3) fahren zu lassen —, aufzugeben wünschend; mit Acc. — 4) Etwas (Acc. oder im Comp. vorangehend) aus sich zu entlassen —, von sich zu geben beabsichtigend. — 5) Pfeile (Acc.) abzuschiessen im Begriff stehend auf (Loc.).

मुमुक्षुजनकल्प m. Titel eines Werkes.

मुमुक्षुता f. und मुमुक्षुत्व n. Nom. abstr. zu मुमुक्षु 2).

*मुमुचान m. Wolke.

मुमुचु m. N. pr. eines Ṛshi.

मुमुषिषु m. Dieb Bhaṭṭ.

मुमूर्षा f. das Verlangen —, das im Begriff Stehen zu sterben.

मुमूर्षु Adj. verlangend —, im Begriff stehend zu sterben, moribundus.

मुमोक्षयिषु Adj. zu befreien wünschend, — beabsichtigend.

मुमोचयिषु Adj. Jmd (Acc.) zu befreien beabsichtigend.

मुम्मडिदेव m. N. pr. eines Mannes.

मुम्मुनि m. desgl.

1. मुर् s. u. 2. मर्.

2.*मुर्, मुरति (संवेष्टने).

3. मुर् nach Sâj. ein Sterblicher, nach Benfey Mauer, nach Grassmann Verderber, Feind.

4.*मुर् Nom. ag. von मुर्छ्.

5.*मुर् Nom. ag. von मुर्व्.

मुर 1) m. N. pr. eines von Vishṇu-Kṛshṇa erschlagenen Daitja. मुरं विद्विषन्त् m. Bein. Vishṇu's Naish. 8,95. — 2) f. आ a) eine best. wohlriechende Pflanze Râǵan. 12,139. Bhâvapr. 1,191. 3,30.101. — b) N. pr. der Mutter Kandragupta's. — 3) *n. das Umfangen.

*मुरगण्ड m. Ausschlag im Gesicht.

मुरङ्गी f. Moringa pterygosperma.

मुरची f. N. pr. eines Flusses.

मुरचीपत्तन n. N. pr. einer Stadt.

मुरज 1) m. a) eine Art Trommel, Tambourin. Am Ende eines adj. Comp. f. आ. — b) in der Gestalt einer Trommel künstlich geschriebene Çloka. Vollständig °बन्ध m. Kâvjapr. S. 250. — 2) *f. आ a) eine grosse Trommel. — b) N. pr. der Gattin Kubera's.

मुरजक m. N. pr. eines Wesens im Gefolge Çiva's.

*मुरजफल m. Artocarpus integrifolia.

मुरजित् m. Bein. Vishṇu-Kṛshṇa's Ind. St. 15,351. Prasannar. 15,20.

मुरण्ड m. Pl. N. pr. eines Volkes.

मुरद्विष् m. Bein. Vishṇu-Kṛshṇa's.

*मुरन्दला f. N. pr. eines Flusses.

मुरभिद् m. Bein. Vishṇu-Kṛshṇa's.

*मुरमण्ड fehlerhaft für मुरगण्ड.

मुरमर्दन und मुररिपु m. Bein. Vishṇu-Kṛshṇa's.

मुरल 1) m. a) ein best. Flussfisch. — b) Pl. N. pr. eines Volkes. — c) ein Fürst der Murala. — 2) f. आ N. pr. eines Flusses. — 3) *f. ई Flöte.

मुरलिका f. ein Frauenname.

*मुरलीधर m. Bein. Kṛshṇa's.

मुरवार m. N. pr. eines Fürsten der Turushka.

मुरवैरिन् m. Bein. Vishṇu-Kṛshṇa's Dh. V. 3,4.

मुरसिदाबाद N. pr. einer Stadt, = مرشد آباد.

*मुरहन् m. Bein. Vishṇu-Kṛshṇa's.

मुराद m. N. pr. eines Mannes, = مراد.

मुरारि m. 1) Bein. Vishṇu-Kṛshṇa's. — 2) N. pr. a) des Verfassers des Anargharâghava. — b) eines Scholiasten.

मुरारिगुप्त m. N. pr. eines Schülers des Ḱaitanja.

मुरारिनाटक n. Titel eines Schauspiels, = अनर्घराघव. °व्याख्या f. und °व्याख्यापूर्णसरस्वती f. Titel von Commentaren Opp. Cat. 1.

मुरारिभट्ट m. N. pr. eines Lehrers.

मुरारिमिश्र m. N. pr. 1) = मुरारि 2) a). — b) eines andern Gelehrten.

मुरारिमिश्रीय n. Titel eines Werkes Opp. Cat. 1.

मुरारिविजय n. Titel eines Schauspiels.

मुरु 1) m. a) N. pr. α) eines Landes. — β) eines Daitja. — b) *eine best. Pflanze. — c) *eine Art Eisen. — 2) f. मुरु eine Art Tanz S. S. S. 258.

मुरुङ्गी f. Moringa pterygosperma.

मुरुज Paṅkar. 1,11,2 fehlerhaft für मुरज.

*मुरुण्टक m. Pl. eine best. buddh. Schule.

मुरुण्ड m. N. pr. 1) Pl. eines Volkes und einer Dynastie (VP.² 4,206). — 2) eines Fürsten.

मुरुण्डक m. N. pr. eines Berges in Udjâna.

मुहुण्ड m. Pl. v. l. für मुरुण्ड VP.² 4,206.

मुर्छ् s. मूर्छ्.

*मुर्भिणी f. Kohlenbecken.

मुर्मर m. (adj. Comp. f. आ) Hülsenfeuer Viddh. 74,12. Richtig मुर्मुर.

मुर्मुर 1) m. a) eine verglimmende Kohle Maitr. S. 1,8,6 (123,10) = Kap. S. 4,6. — b) Hülsenfeuer, brennende Hülsen Naish. 4,105. Vgl. कुकूल°. — c) *der Liebesgott. — d) *N. pr. eines Sonnenrosses. — 2) f. मुर्मुरा N. pr. eines Flusses.

*मुर्मुरीय्, °यति Denomin. von मुर्मुर.

*मुर्व्, मूर्वति (बन्धने).

मुर्वामय Adj. fehlerhaft für मूर्वामय.

*मुल्, मोलयति (रोपणे, रोहणे, उन्मनि).

मुलालिन् m. oder °ली f. wohl eine essbare Lotuswurzel.

मुवल Hariv. 2204 fehlerhaft für मुसल.

*मुशटी f. v. l. für मुसटी.

मुशल्लह astrol. = مصالحة.

1. मुष्, मुष्णाति, मुष्णीते, मोषति, मुषति; 1) rauben, stehlen, an sich reissen; berauben, plündern, bestehlen; Jmd einer Sache berauben (mit doppeltem Acc.). मुषित und ausnahmsweise मुष्ट geraubt, gestohlen; beraubt, geplündert, bestohlen, ausgeplündert, ausgezogen, beraubt um (Acc.). — 2) rauben, so v. a. entziehen. मुषित entzogen, so v. a. zu Nichte gemacht 317,21. — 3) die Augen, den Sinn bestehlen, so v. a. diese um ihre Kraft bringen, blenden, verdüstern. मुषित geblendet, verdüstert. — 4) fortreissen, hinreissen, ravir (Jmd, den Sinn, die Augen). अमोषि Harshak. 93,21. मुषित fortgerissen, hingerissen, ravi. — 5) übertreffen 251,5. — 6) मुषित a) nackt Mân. Gṛhj. 1,1. Kâṭh. Gṛhj. 1, Vgl. Çat. Br. 1,2,2,16. — b) hintergangen, betrogen, angeführt 319,32. — c) gefoppt Râǵat. 7,1131. — *Desid. मुमुषिषति; vgl. मुमुषिषु. — Mit अभि Jmd um Etwas bestehlen, mit doppeltem Acc. Ṛv. 9,97,39 (अद्रि für अद्रिम्). — Mit अव wegnehmen. — Mit आ an sich reissen, wegnehmen. — Mit उद्, उन्मुषित gestohlen. — Mit निस् entreissen Vaitân. — Mit परि rauben, berauben, — um (mit doppeltem Acc.). — Mit प्र 1) rauben, wegnehmen, entziehen. प्रमुषित und प्रमुष्ट geraubt, entzogen. — 2) प्रमुषित fortgerissen, hingerissen; ausser sich. — Mit *संप्र, °मुषित hingerissen. — Mit वि, °मुषयन्त् raubend, so v. a. zu Nichte machend. विमुष्ट geraubt, zu Nichte gemacht. — Mit सम् rauben, benehmen.

2. °मुष् 1) raubend, wegnehmend. — 2) zu Nichte machend. — 3) übertreffend 297,3. Bâlar. 294,8. Kâd. 227,9.

3.*मुष्, मोषति (हिंसार्थः).

4.*मुष्, मुष्यति (खण्डने).

*मुषक m. = मूषक Maus.

*मुषा f. = मूषा Schmelztiegel.

मुषाय्, मुषायति rauben, an sich reissen Ṛv. 1,61,7. 130,9. 175,4. 4,30,4. 5,44,4. 6,28,2. 31,3. — Mit आ an sich reissen Ṛv. 1,130,9. — Mit प्र plündern Ṛv. 7,18,19.

मुषि Adj. in मनोमुषि.

मुषितक n. gestohlenes Gut.

मुषीवन् m. *Räuber, Dieb.*

मुषे Dat. Infin. zu 1. मुष् ṚV. 5,34,7.

मुष्कं m. 1) *Hode.* — 2) Du. *die weibliche Scham.* — 3) *Arm* (?). — 4) * *Schrebera Swietenioides* Rāǵan. 11,211. — 5) * *ein fleischiger, starker Mann.* — 6) * *Dieb.* — 7) * *Menge, Masse.*

मुष्कक m. *ein best. Baum.*

मुष्ककच्छू f. *Ausschlag am Hodensack.*

मुष्कभार Adj. *testiculatus.*

मुष्कर 1) Adj. dass. — 2) m. wohl *ein best. kleines Thier.*

मुष्कवन्त् Adj. *testiculatus.* Bein. Indra's als Verfassers von ṚV. 10,38.

*मुष्कशून्य Adj. *verschnitten;* m. *Eunuch.*

मुष्कस्रोतस् n. *vas deferens* oder *funiculus* Suçr. 2,37,12.

मुष्काबर्ह m. *Verschneider.*

मुष्टामुष्टि Adv. *mit gegenseitigen Faustschlägen* Mahâvîraḱ. 109,3.

मुष्टि m. f. 1) *die geschlossene, geballte Hand, Faust.* — 2) *Handvoll, manipulus.* — 3) *Handvoll* als *ein best. Maass.* — 4) *Griff* (eines Schwertes u. s. w.). — 5) *kurzer Inhalt.* — 6) * *penis.*

मुष्टिक 1) m. *a) Handvoll* in चतुर्मुष्टिक. — *b) eine best. Handstellung.* — *c)* * *Goldschmied.* — *d)* N. pr. α) Pl. eines verachteten Stammes. — β) eines Asura. — 2) f. आ in अन्तर°. — 3) wohl n. *a) Faustkampf.* — *b) ein best. Spiel* Ind. St. 15, 419.

मुष्टिकघ्न Adj. Beiw. Vishṇu's.

मुष्टिकरण n. *das Ballen der Faust* Kâtj. Çr. 7,4,4.

मुष्टिकर्मन् n. dass. Âpast. Çr. 16,3.

मुष्टिकस्वस्तिक m. *eine best. Stellung der Hände beim Tanz.*

मुष्टिकाचिन्तामणि m. Titel eines Werkes.

*मुष्टिकान्तक m. Bein. Baladeva's.

मुष्टिग्राह्य Adj. *mit einer Hand zu umfassen* (Taille) Kathâs. 74,217.

मुष्टिघात m. *Faustschlag* Comm. zu VP. 5,20,54.

मुष्टिदेश m. *die Stelle des Bogens, die man mit der Hand umfasst, die Mitte d. B.*

*मुष्टिद्यूत n. *das Spiel paar oder unpaar.*

*मुष्टिंधम Adj. (f. ई) *in die Faust blasend.*

मुष्टिंधय 1) Adj. *a)* * *an der Faust saugend.* — *b)* Verz. d. Oxf. H. 252,*b*,33 vielleicht fehlerhaft für °धम und ungefähr so v. a. पाणिंधम *keinen Platz findend.* — 2) *m. *Knabe.*

मुष्टिप्रहार m. *Faustschlag* Suçr. 1,288,5.

मुष्टिबन्ध m. 1) * *das Ballen der Faust.* — 2) * *das Schliessen der Hand beim Fassen.* — 3) *Handvoll.*

*मुष्टिबन्धम् Absol. Kâç. zu P. 3,4,41.

*मुष्टिमुख Adj. *ein faustähnliches Gesicht habend.*

मुष्टिमेय Adj. *mit einer Hand zu messen, — zu umfassen* (Taille) Kathâs. 55,49.

मुष्टिंपच Adj. in नीवार° und श्यामाक°.

मुष्टियुद्ध n. *Faustkampf.*

मुष्टियोग m. *Darreichung einer Handvoll, — in kleinen Quantitäten* Pr. P. 79.

मुष्टिवध m. *Verwüstung der Saat* Daçak. 91,15.

मुष्टिविसर्ग m. *das Oeffnen der Faust* Kâtj. Çr. 7,4,17.

मुष्टिस्थ *ein best. Spiel* Ind. St. 15,419.

मुष्टिहत्या f. *Faustkampf, Handgemenge.*

मुष्टिहन् Adj. *im Handgemenge kämpfend.*

मुष्टी Adv. mit कर *die Hand ballen* Ait. Br. 1,3,19. Auch mit Hinzufügung eines Wortes für Hand im Acc.

*मुष्टीमुष्टि Adv. = मुष्टामुष्टि.

मुष्ट्यङ्गुल m. n. *ein best. Längenmaass* Comm. zu Amṛt. Up. S. 99.

*मुष्ठक m. *schwarzer Senf.*

*मुस्, मुस्यति (खण्डने).

*मुसटी f. *eine weisse Varietät von Panicum italicum.*

मुसल 1) m. n. *a) Mörserkolben, Stössel.* — *b) Keule* Âpast. — *c) der Klöppel an einer Glocke* Kathâs. 65,135. — *d) ein best. chirurgisches Instrument.* — *e) eine best. Constellation.* — 2) m. N. pr. eines Sohnes des Viçvâmitra. — 3) *f. मुसली *a) Curculigo orchioides* Râǵan. 7,117. Mat. med. 250. — *b) Salvinia cucullata.* — *c) Hauseidechse* Râǵan. 19,64.

मुसलक 1) m. N. pr. eines Berges. — 2) f. *°लिका *Hauseidechse.*

*मुसलामुसलि Adv. *Keule gegen Keule* (im Kampf).

मुसलायुध m. Bein. Baladeva's.

*मुसलित Adj. von मुसल.

मुसलिन् 1) Adj. *eine Keule in der Hand haltend* Gaut. — 2) m. Bein. Baladeva's.

1.*मुसली f. s. u. मुसल.

2.मुसली Adv. mit भू *zu einer Keule werden.*

*मुसलीय und मुसल्य (Harshaḱ. 161,18) Adj. *verdienend mit einer Keule erschlagen zu werden.*

मुसल्लक = मुशल्लक.

मुसारगल्व *eine Art Koralle* Ḱaraka 6,19.

*मुस्त्, मुस्तयति (संघाते).

मुस्त m. f. (आ Varâh. Jogas. 7,6) n. *Cyperus rotundus* Râǵan. 6,140. Bhâvapr. 1,191.

मुस्तक 1) m. f. (आ) n. dass. Bhâvapr. 1,190. 194. — 2) *m. *ein best. vegetabilisches Gift.*

मुस्तगिरि m. N. pr. eines Berges.

*मुस्ताद m. *Schwein, Eber.*

*मुस्ताभ m. *eine Cyperus-Art.*

*मुस्तु m. f. *Faust.*

*मुस्र n. 1) *Thräne.* — 2) = मुसल.

1. मुह्, मुह्यति, metrisch oder ungenau auch Med. 1) *irre werden, die Richtung —, den Faden —, die Besinnung verlieren, in Verlegenheit kommen, sich nicht zu helfen wissen, fehlen, sich verwirren.* — 2) *in Unordnung kommen, fehlschlagen, missrathen.* — 3) Partic. *a)* मुग्ध α. *verirrt, verloren gegangen.* — β) *verwirrt.* — γ) *dumm, thöricht, einfältig* (von Personen). In Comp. mit dem, wobei man seine Dummheit an den Tag gelegt hat. — δ) *einfältig,* so v. a. *unerfahren, unschuldig, naiv* (von Mädchen und jungen Frauen). — ε) *durch jugendliche Naivetät reizend, reizend, hold.* Compar. मुग्धतर. — ζ) *jung.* — η) am Ende eines Comp. *täuschend ähnlich* Vikramâṅkaḱ. 12, 58. 15,28. Bâlar. 130,9. — *b)* मूढ α) *verirrt, aus der Richtung gekommen* (Schiff). Insbes. von der Leibesfrucht, *welche sich auf unrechte Weise zur Geburt stellt.* — β) *verwirrt, nicht wissend was man thut* oder *thun soll, kein klares Bewusstsein habend, unsicher in* (Loc. oder im Comp. vorangehend). — γ) *dumm, thöricht, einfältig.* Superl. मूढतम. — δ) *in Bezug worauf man nicht in's Klare kommen kann* Âpast. — ε) *Verwirrung hervorrufend, verwirrend.* — Caus. मोहयति, °ते (metrisch) 1) *irre machen, verwirren, des klaren Bewusstseins berauben, bethören.* मोहित *irre gemacht* u. s. w. — 2) *in Unordnung bringen.* — 3) *verfehlen machen.* अध्वानम् so v. a. *auf einen Abweg führen.* — Intens. मोमुह्यते *in grosser Verwirrung sein.* — Mit अति *in grosser Verwirrung sein, gar nicht wissen, was zu thun* Pr. P. nach 133. अतिमुग्ध *in grosser Verwirrung seiend* Daçak. 70, 15. — Mit व्यति, °मूढ *überaus verwirrt.* — Mit अनु *nach Jmd* (Acc.) *verwirrt werden, — die klare Einsicht verlieren.* — Mit अभि *ohnmächtig werden.* — Mit व्या Med. *irre werden in* (Loc.) Kâd. 2,8,1. °मूढ *verwirrt, bethört, irre geleitet.* — Caus. *verwirren, bethören, irre leiten, behexen.* — Mit उद्, उन्मुग्ध 1) *irre geworden.* — 2) *einfältig, dumm.* — Mit निस् Caus. *verwirren.* — Mit विनिस् s. विनिर्मूढ. — Mit परि *irre —, verwirrt werden, irren, fehl gehen* (in übertragener Bed.). परिमूढ *verwirrt.* — Caus. 1) *verwirren*

(angeblich Med., welches aber nicht zu belegen ist). °मोहित verwirrt, nicht wissend was zu thun, kein klares Bewusstsein habend. — 2) in Unordnung bringen. — Mit प्र 1) verwirrt werden, das klare Bewusstsein verlieren; ohnmächtig werden. — 2) प्रमुग्ध a) kein klares Bewusstsein habend, ohnmächtig. — b) überaus reizend. — 3) प्रमूढ a) verwirrt, kein klares Bewusstsein habend. — b) bethört, thöricht. — c) aus seinen Fugen gekommen. — Caus. verwirren, des klaren Bewusstseins berauben. °मोहित verwirrt. — Mit विप्र Caus. 1) in Verwirrung bringen, so v. a. unkenntlich machen. — 2) °मोहित verwirrt, kein klares Bewusstsein habend. — Mit संप्र in Verwirrung gerathen, sich verfinstern (vom Geiste). °मूढ verwirrt, in Verwirrung gebracht. Vgl. संप्रमुग्धव. — Caus. verwirren, des klaren Bewusstseins berauben. — Mit प्रति Caus. verwirren. — Mit वि 1) in Verwirrung gerathen, das klare Bewusstsein verlieren, ohnmächtig werden. — 2) विमुग्ध in Verwirrung gerathen. — 3) विमूढ a) in Verwirrung gerathen, nicht wissend was zu thun, unsicher in (im Comp. vorangehend). — b) thöricht, einfältig. — Caus. 1) verwirren, des klaren Bewusstseins berauben, bethören, irre leiten. — 2) verwirren, so v. a. unkenntlich machen (einen Weg) Sâj. zu ṚV. 10,18,2. — Mit सम् 1) in Verwirrung gerathen, das klare Bewusstsein verlieren. — 2) sich verwirren, so v. a. unkenntlich werden für (von den Himmelsrichtungen). — 3) संमुग्ध a) verirrt. — b) verwirrt, nicht im Klaren über Etwas seiend. — c) verworren, nicht klar erkannt. — d) °म् Adv. auf verstohlene Weise. — 4) संमूढ a) verwirrt, kein klares Bewusstsein habend, nicht klar sehend, — in Bezug auf (im Comp. vorangehend). — b) gestört, verrückt. — c) thöricht, einfältig, einfältiger als (Abl.). — d) auseinander gerissen (Wolken). — Caus. verwirren, des klaren Bewusstseins berauben, bethören, irreleiten. संमोहित verwirrt u. s. w.; von einer Leibesfrucht so v. a. auf einen falschen Weg gebracht. — Mit अभिसम्, अभिसंमूढ in Verwirrung gerathen. — Mit विसम्, विसंमूढ dass.

2. मुह् Adj. verwirrend in मनोमुह्.

मुहरपर्णक MBh. 5,3629 fehlerhaft für मुद्गरपर्णक.

*मुहिर m. 1) Dummkopf. — 2) der Liebesgott.

मुहिष m. N. pr. eines Berges VP.² 2,194.

मुहु und मुहू Adv. plötzlich, augenblicklich, im Nu.

मुहुकै n. Augenblick. Instr. Pl. = मुहु.

मुहुर् Adv. 1) plötzlich, augenblicklich, im Nu; öfters mit nachgesetztem ओ. — 2) für einen Augenblick, eine Weile. मुहुर् — मुहुर् bald — bald. — 3) verdoppelt und einfach jeden Augenblick, wiederholt. — 4) dagegen.

मुहुर्गिर् Adj. plötzlich verschlingend.

*मुहुर्भाषा f. Wiederholung des Gesagten.

*मुहुर्भुज् m. Pferd.

*मुहुर्भाविन् m. dass. Râgan. 19,33.

*मुहुर्वचस् n. = मुहुर्भाषा.

मुहुश्चारिन् Adj. sich wiederholend.

*मुहुस्काम Adj. (f. आ) immer und immer wieder nach Etwas verlangend.

मुहून् Adv. = मुहुर् 3) Âpast. Sicher fehlerhaft.

मुहूर्त 1) m. n. a) Augenblick. Abl. nach einem Augenblick, alsbald; Instr. in einem Augenblick, nach einer Weile; am Anfange eines Comp. im Augenblick, einen A. — b) ein best. Zeitabschnitt, ein Dreissigstel des Tages, eine Stunde von 48 Minuten. m. Pl. personificirt als Kinder der Muhûrtâ. — 2) f. मुहूर्ता N. pr. einer Tochter Daksha's und Gattin Dharma's oder Manu's.

मुहूर्तक 1) Augenblick. — 2) Stunde.

मुहूर्तकल्पद्रुम m. Titel eines Werkes.

मुहूर्तकोविद् m. Astrolog Kaurap. (A.) 32.

मुहूर्तगणपति m. und मुहूर्तचिन्तामणि m. Titel von Werken.

मुहूर्तज (metrisch) m. Pl. die Kinder der Muhûrtâ VP. 1,15,108.

मुहूर्तटीका f., मुहूर्ततत्त्व n., मुहूर्तदर्शन n., मुहूर्तदीपक m., °दीपिका f., मुहूर्तनिर्णय m. (Burnell, T.), मुहूर्तपदवी f., मुहूर्तपरीक्षा f., मुहूर्तभाग m., मुहूर्तभूषण n., मुहूर्तभैरव, मुहूर्तमणि m., मुहूर्तमाधवीय n., मुहूर्तमार्तण्ड m. (°मार्ताण्ड fehlerhaft), मुहूर्तमाला f., मुहूर्तरत्न n., मुहूर्तरत्नाकर m., मुहूर्तराजीय n., मुहूर्तलक्षणपटल, मुहूर्तवल्लभा f., मुहूर्तशास्त्र n., मुहूर्तसंग्रह m., मुहूर्तसर्वस्व n., मुहूर्तसार m. (Burnell, T.) und मुहूर्तसिद्धि f. Titel von Werken Opp. Cat. 1.

मुहूर्तस्तोम m. Pl. ein best. Ekâha.

मुहूर्तार्क m. und मुहूर्तालंकार m. Titel von Werken.

मुहे Dat. Infin. zu 1. मुह् ṚV. 6,18,8.

*मुहेर m. Dummkopf.

1. *मू, मवते (बन्धने), मूत gebunden. — Caus. Aor. अमीमवत्. — Desid. vom Caus. मिमावयिषति. — Vgl. मव्, मव्य् und मूत.

2. *मू Adj. bindend oder f. das Binden.

मूक (मूकै Çat. Br. 1,4,2,15) 1) Adj. (f. आ) stumm (sowohl nicht sprechen könnend, keinen Laut von sich zu geben vermögend, als auch momentan schweigend, keinen Laut von sich gebend, lautlos überh.). — b) *in einem kläglichen Zustande sich befindend. — 2) m. a) *Fisch. — b) N. pr. α) eines Dânava. — β) eines Schlangendämons. — γ) eines Dichters Opp. Cat. 1, No. 596. Auch °कवि (1308. 6638. 6773. 6980) und °महाकवि (2250).

मूकता f. und मूकत्व n. Stummheit, das keinen Laut von sich Geben.

मूकपञ्चशती f. Titel eines Stotra Opp. Cat. 1. Auch fälschlich °पञ्चाशति gedr.

मूकलराय m. N. pr. eines Fürsten.

मूकाम्बिका f. vielleicht eine Form der Durgâ. °कायाः सदनम् N. pr. einer Oertlichkeit.

*मूकिमन् m. Stummheit.

मूकी Adv. mit कर् stumm —, verstummen machen.

मूचीप m. Pl. N. pr. eines barbarischen Volksstammes.

मूजवन्त् 1) m. N. pr. a) eines Berges. — b) Pl. eines Volksstammes. — 2) Adj. so v. a. मौजवत vom Berge Mûgavant kommend. Soma Âpast. Çr. 12,5,11.

मूञ्जालदेव m. N. pr. eines Mannes.

मूट s. u. मुट.

मूटक (Kampaka 495) und मूडक (Pañkad.) = मुट Korb.

मूढ 1) Adj. s. u. 1. मुह्. — 2) m. Pl. im Sâmkhja Bez. der Elemente Tattvas. 16. — 3) n. Verworrenheit des Geistes Sarvad. 163,9. 12. Verz. d. Oxf. H. 229,a,5 v. u.

मूढगर्भ m. schwere Geburt.

मूढचेतन (Conj.) und °चेतस् Adj. thöricht, einfältig, dumm.

मूढता f. das Verwirrtsein, Mangel an klarem Bewusstsein. — 2) das Verirrtsein, Ausartung. — 3) das Irren, Hinundherziehen (einer Geschwulst). — 4) Mangel an richtiger Einsicht, Einfalt, Dummheit.

मूढत्व n. 1) das Verwirrtsein, Mangel an klarem Bewusstsein. — 2) Einfalt, Dummheit. — 3) das Verwirren.

मूढदृष्टि Adj. thörichten Blickes, einfältig, dumm 261,33.

मूढधान्य Suçr. 2,510,6 vielleicht fehlerhaft für मुण्ड° v. l. वृद्धधान्य.

मूढधी Adj. thöricht, einfältig, dumm.

मूढप्रभु m. ein grosser Dummkopf.

मूढबुद्धि, मूढमति und मूढमनस् (Ind. St. 15,296) Adj. = मूढधी.

मूढरथ m. N. pr. eines Mannes; Pl. *seine Nachkommen.*

मूढात्मन् Adj. *bewusstlos.*

मूढेश्वर m. *ein grosser Dummkopf* als N. pr. eines Mannes.

1.*मूत Adj. s. u. 1. मू.

2. मूत Adj. in कौममूत.

3. मूत m. n. *ein geflochtener Korb* Vaitân.

मूतक n. *Körbchen.*

मूतकार्य Adj. *wie ein Korb geformt.*

मूतिब m. Pl. N. pr. eines Volksstammes.

मूत्र n. (adj. Comp. f. आ) *Harn.* Auch Pl. °दशक n. Râǵan. 22,53. °पञ्चक n. 41.

मूत्रकर Adj. *Harn erzeugend.*

मूत्रकृच्छ्र m. n. 1) *Strangurie* Hemâdri 1,613,18. fgg. — 2) *eine Klasse von Harnkrankheiten* (in acht Formen). Pl. Agni-P. 31,22.

मूत्रकृच्छ्रिन् Adj. *mit der Strangurie behaftet.*

मूत्रकृत Adj. *in Harn* (als *Beize*) *eingeweicht.* Vgl. अमौत्रधौत.

मूत्रकोश m. *Scrotum.*

मूत्रक्षय m. *ungenügende Harnerzeugung.*

मूत्रग्रन्थि m. *Knoten* oder *Verhärtung am Halse der Blase.*

मूत्रघात m. vielleicht nur fehlerhaft für मूत्राघात.

मूत्रजठर m. n. *Anschwellung des Unterleibes in Folge von Harnverhaltung.*

मूत्रदोष m. *Harnkrankheit.*

मूत्रनिरोध m. *Harnverhaltung.*

*मूत्रपतन m. *Zibethkatze.*

*मूत्रपुट m. *Unterleib.*

मूत्रप्रतिघात m. *Harnverhaltung* Suçr. 1,262,9.

मूत्रप्रसेक m. *Harnröhre.*

*मूत्रफला f. *Cucumis utilissimus* (Râǵan. 7,199) *und eine andere Gurkenart.*

मूत्रमार्ग m. *die Röhre, welche den Harn aus der Blase abführt,* Rasar. 663.

मूत्रय्, °यति, °ते 1) *harnen.* मूत्रित *einer der sein Wasser gelassen hat* Gaut. — 2) Act. *bepissen.* — *Intens. मोमूत्र्यते. — Mit अव *bepissen.* °मूत्रित *bepisst,* so v. a. (von einem giftigen Insect) *mit seinem Saft benetzt.* — Mit प्र *zu harnen anfangen* प्रमूत्रित n. impers. Ind. St. 16,210. — Mit सम् in संमूत्रण.

*मूत्ररोध m. *Harnverhaltung* Râǵan. 20,19. Bhâvapr. 2,106.

मूत्रल 1) Adj. *Harn treibend.* — 2) *f. आ *Cucumis utilissimus und eine andere Gurkenart.* — 3) *n. *eine Art Gurke* Râǵan. 7,199.

मूत्रवर्ति f. *Hodensackbruch* Suçr. 2,134,14.

*मूत्रवर्त्मरोध m. *Strangurie* Gal.

मूत्रवह Adj. *Harn führend.*

मूत्रविबन्धघ्न Adj. *Harn lösend, — abführend.*

मूत्रविष Adj. *durch Harn giftig.*

मूत्रवृद्धि f. 1) *reichliche Harnausscheidung.* — 2) *Hodensackbruch.*

मूत्रशुक्र n. *eine Krankheit, bei der Samen mit Harn vermischt sich ergiesst.*

मूत्रशूल n. *Harnkolik.*

मूत्रसंक्षय m. *ungenügende Harnerzeugung.*

मूत्रसङ्ग m. *gehemmte schmerzhafte und blutige Harnergiessung.*

मूत्रसङ्गिन् Adj. *mit* मूत्रसङ्ग *behaftet.*

मूत्रसात् Adv. mit भू *zu Harn werden.*

मूत्राघात m. *Harnkrankheit* (in 12 oder 13 Formen).

मूत्रातीत m. *eine best. Art von Harnverhaltung* Káraka 8,9.

मूत्रातीसार m. *Harnruhr* Rasar. 663.

मूत्रार्ति f. *Harnbeschwerde* Suçr. 2,218,18.

मूत्राशय m. 1) *Harnbehälter.* — 2) * *Unterleib.*

मूत्रासाद m. = मूत्रौकसाद.

मूत्रित 1) Adj. s. u. मूत्रय्. — 2) n. *das Harnen.*

मूत्रोच्चार, Loc. *bei der Entleerung von vorn und hinten* Gaut. 9,37.

मूत्रोत्सङ्ग m. = मूत्रसङ्ग Káraka 8,9.

मूत्रौकसाद m. *eine Krankheit, bei welcher je nach der Störung der Harn verschiedene Farben und Eigenschaften annimmt und schmerzhaft abgeht,* Káraka 8,9.

मूत्र्य Adj. *zum Harn in Beziehung stehend.*

1. मूर Adj. (f. आ) *stumpfsinnig, blöde, dumm.*

2. मूर Adj. *drängend, stürmisch.* Nach Sâj. = मारक.

3. मूर n. = मूल *Wurzel.*

मूरदेव m. Pl. Bez. *gewisser Unholde.*

मूरू N. pr. eines Landes.

मूर्ख 1) Adj. (f. आ) *stumpfsinnig, dumm, unverständig, dumm —, unerfahren in* (Loc.); m. *Dummkopf, Thor.* Angeblich auch = गायत्रीरह्वित oder सार्धगायत्रीरह्वित. — 2) *m. *Phaseolus radiatus.*

मूर्खता f., मूर्खत्व n. und *मूर्खभूय n. *Stumpfsinnigkeit, Dummheit, Thorheit.*

*मूर्खभ्रातृक Adj. *einen Dummkopf zum Bruder habend.*

*मूर्खलिका f. *ein Pfeil von der Form eines Vogelherzens.*

*मूर्खिमन् m. = मूर्खता.

मूर्खी Adv. mit भू *dumm —, einfältig werden.*

मूर्छ्, मूर्छति 1) *gerinnen, erstarren, fest werden.* — 2) *ohnmächtig —, betäubt werden.* — 3) *fest werden, sich verdichten,* so v. a. *erstarken* (AV. 20,34,12), *an Umfang gewinnen, sich in Menge einfinden* (Suçr. 2,109,4. 373,3), *intensiver werden, Macht bekommen, — haben.* — 4) *betäuben.* — 5) *kräftig ertönen lassen.* — 6) Partic. *a)* मूर्त α) *geronnen.* — β) *festgeworden, gestaltet, körperhaft, substantiell, verkörpert.* — γ) *ohnmächtig, betäubt.* — *b)* मूर्छित α) *ohnmächtig, betäubt.* Auch n. impers. mit Instr. des Subjects. — β) *erstarrt* von einem best. Zustande des Quecksilbers Râǵan. 13,112; vgl. Garbe zu d. St. — γ) *dicht, mächtig, stark, intensiv* (*geworden*), *weit verbreitet, angewachsen, angeschwollen* Suçr. 2,307,14. Am Ende eines Comp. *voller —, erfüllt von* (73,11); auch so v. a. *vereinigt —, versetzt mit.* — δ) *zurückgeprallt* (Strahlen). — ε) *aufgeregt.* — ζ) fehlerhaft für मुच्छित. — Caus. मूर्छयति, °ते (metrisch) 1) *gerinnen machen, festwerden lassen, gestalten.* — 2) *betäuben.* — 3) *verstärken.* — 4) *aufregen.* — 5) *ertönen lassen.* — Mit अभि 1) *sich ansammeln, sich anhäufen* Káraka 1,26. — 2) °मूर्छित *a) verstärkt.* — *b) aufgeregt.* — Mit अव *sich vermindern, sich legen.* — Mit उद् *ohnmächtig —, betäubt werden* Spr. 4460. Mahâvîrak. 101,13. — Mit प्रोद् *in Menge erscheinen* Dh. V. 3,9. — Mit प्र *eine feste Gestalt annehmen* Çat. Br. 10,5,3,3. fgg. — Mit वि 1) विमूर्त *geronnen, festgeworden.* — 2) विमूर्छित *a) zusammengeronnen, zu einer gallertartigen Masse geworden.* — *b)* am Ende eines Comp. α) *voller, voll von, stark vermischt mit* Káraka 8,8. — β) *voll —, stark ertönend von.* — Mit सम् 1) *zusammengerinnen, sich zusammenballen, sich verdichten, fest werden.* — 2) *erstarken, an Umfang gewinnen, intensiver werden.* — 3) *laut erschallen.* — 4) संमूर्छित *a) betäubt.* — *b) verstärkt, an Umfang gewachsen, in grosser Menge entstanden, intensiver geworden.* Am Ende eines Comp. *erfüllt von.* — *c) zurückgeprallt* (Strahlen) Varâh. Brh. S. 34,1. — *d) modulirt* (Ton) Bharata im Comm. zu Naish. 1,52. — 5) संमूर्छितवन्त् als Erklärung von अमूर्छयत् *formte, gestaltete.* — Caus. *betäuben.* — Mit अभिसम् *festwerden —, sich gestalten in Beziehung zu oder in Verbindung mit.*

मूर्छन 1) Adj. *a) betäubend.* — *b)* am Ende eines Comp. *kräftigend, befestigend.* — 2) f. (आ) und n. (metrisch) *a) das Ohnmächtigwerden.* — *b)* =

3) *b)* Rasar. 169. Rasendrak. 5. — *c) Melodie* Bharata im Comm. zu Naish. 1,52. Am Ende eines adj. Comp. f. आ. — 3) n. *a) das Mächtigsein, Walten, Wüthen* (von Krankheiten und vom Feuer). — *b) das Erstarrenmachen* (des Quecksilbers durch einen best. Process) Bhâvapr. 2,99. 101. — *c) eine best. mythische Waffe.*

मूर्छा f. 1) *das Gerinnen, Festwerden* (des Quecksilbers durch Amalgamation) Spr. 7771. — 2) *Ohnmacht, Betäubung* Spr. 7771. — 3) *geistige Betäubung*, so v. a. *Verblendung.* — 4) *Melodie.*

मूर्छाक्षेप m. in der Rhetorik *eine durch eine Ohnmacht an den Tag gelegte Erklärung, dass man mit Etwas nicht einverstanden sei.* Beispiel Spr. 4889.

मूर्छाखान m. N. pr. eines *Chans.*

मूर्छामय Adj. *ohnmachtartig* Naish. 3,113.

मूर्छाय m. *Ohnmacht* Bhâvapr. 4,104. fg. Karaka 1,24. 27.

*मूर्छाल Adj. 1) *ohnmächtig.* — 2) *zu Ohnmachten geneigt* Bhâvapr. 2,113.

मूर्छित 1) Adj. s. u. मूर्छ्. — 2) n. *eine Art Gesang.*

मूर्ण Adj. 1) *zermalmt* u. s. w. s. u. 2. मर्. — 2) **gebunden* Râjam. zu AK. 3,2,44.

मूर्त s. u. मूर्छ्.

मूर्तत्व n. *das Gestaltetsein, Körperhaftigkeit.*

मूर्तय m. N. pr. eines Sohnes des Kuça.

मूर्ति 1) f. *a) ein fester Körper, eine feste —, materielle Gestalt, Körper.* Pl. *feste Bestandtheile.* Am Ende eines adj. Comp. *gebildet aus.* — *b) Erscheinungsform, Manifestation* TBr. 3,12,9,1. Insbes. Çiva's Hemâdri 1,410,16. 411,1. 3. — *c) Person* 97,12. — *d) Bild.* — *e) Aussehen.* — *f) das erste astrol. Haus.* — *g)* N. pr. einer Tochter Daksha's und Gattin Dharma's. — 2) m. N. pr. *a)* eines Ṛshi unter dem 10ten Manu. — *b)* eines Sohnes des Vasishṭha VP.² 3,5. — मूर्तिलाघवम् Pañkat. II,107 fehlerhaft für मूर्तं लाघवम्; vgl. Spr. 4925.

मूर्तिप scheinbar Hemâdri 1,372,4, da hier wohl मूर्तय: st. मूर्तिपा: zu lesen ist; vgl. 411,3.

मूर्तित्व n. *das ein Körper Sein.*

मूर्तिधर Adj. *einen Körper habend, körperhaft, leibhaftig.*

मूर्तिध्यान n. Titel eines Werkes Burnell, T.

मूर्तिप m. *ein das Bildniss eines Gottes hütender Priester.*

मूर्तिप्रतिष्ठा f. Titel eines Werkes Burnell, T.

मूर्तिमन्त् 1) Adj. *eine feste Form —, eine körperliche Gestalt habend, leibhaftig, personificirt.* Am Ende eines Comp. *aus — gebildet.* — 2) m. N. pr. eines Sohnes des Kuça. — 3) *n. *Körper.*

मूर्तिमय Adj. *eine bestimmte Form habend.* प्रजापते: so v. a. *in Pragâpati's Form gekleidet.*

मूर्तिलक्षण n. Titel eines Werkes Burnell, T.

मूर्तिलिङ्ग n. wohl = प्राग्ज्योतिष, N. pr. der Stadt Naraka's.

मूर्तिविघ्नेश m. Pl. *die acht Erscheinungsformen* Çiva's und *die verschiedenen* Gaṇeça Hemâdri 1, 411,1. In Verbindung mit मन्त्रा: *Sprüche, die an sie gerichtet sind*, 410,16 (wo °विघ्नेशै: st. °विघ्नेशै: zu lesen ist).

मूर्तिविघ्नेश s. u. मूर्तिविघ्नेश.

*मूर्त्सा f. = मूर्छा *Ohnmacht* Gal.

मूर्ध am Ende einiger adj. Compp. = मूर्धन् *Kopf.*

*मूर्धक m. *ein* Kshatrija.

*मूर्धकर्णी f., *मूर्धकर्परी f. und *मूर्धखोल n. *Regenhut, Regenschirm.*

मूर्धग Adj. *sich Jmd auf den Kopf setzend* 172,28.

मूर्धज m. 1) Pl. *a) Haupthaar.* Am Ende eines adj. Comp. f. आ. — *b) Mähne.* — 2) N. pr. eines Kakravartin.

मूर्धज्योतिस् n. = ब्रह्मरन्ध्र.

*मूर्धटक m. N. pr. einer Tantra-Gottheit bei den Buddhisten.

मूर्धतस् Adv. *aus dem Kopfe* (Maitr. S. 1,8,1. 2, 5,3), *auf dem K.*

मूर्धतैलिक Adj. in Verbindung mit वस्ति m. Bez. *einer Gattung von Errhina.*

मूर्धधर Adj. (f. आ) *den Kopf erhaltend.* सिरा f. *ein Gefäss, das in den Kopf läuft*, Bhâvapr. 4,141.

मूर्धन् m. 1) *Stirn, Vorderkopf, Schädel, Kopf* überh. मूर्ध्ना कर् und मूर्ध्नि आ-दा *auf den Kopf setzen* und मूर्ध्नि धर् (251,18) *auf dem Kopfe tragen* auch so v. a. *hoch aufnehmen, hoch in Ehren halten, einen grossen Werth auf Etwas* (Acc.) *legen.* — 2) *der vorderste, höchste, vorragendste Theil, Oberfläche, Höhe, Gipfel* (eines Berges, eines Baumes), *Spitze* (einer Schlacht). Loc. und Abl. *an der Spitze von, im Anfang, vor, über.* मूर्ध्नि वर्त् *über Allem stehen* 141,11. — 3) *der Vorderste, Erste.* — 4) in der Geometrie *Basis.* Dieses wäre eher बुघ्न. — 5) bei den Buddhisten Bez. *eines best. geistigen Zustandes.*

मूर्धन्य 1) Adj. *a) auf dem Schädel, Scheitel, Kopfe befindlich.* — *b) aus dem Schädel kommend, im Sch. gebildet*, Bez. derjenigen Laute, welche die europäischen Grammatiker *cerebrale* oder *linguale* nennen. — *c) der oberste, vorzüglichste* Kap. S. 32,13. Nom. abstr. °त्व n. ebend. — 2) f. आ N. pr. der Mutter des Vedaçiras.

मूर्धन्वन्त् 1) Adj. *das Wort* मूर्धन् *enthaltend* Âpast. Çr. 16,22. — 2) m. N. pr. *a)* eines Gandharva. — *b)* eines Âṅgirasa.

मूर्धपात m. *das Zerspringen des Schädels.*

*मूर्धपिण्ड m. *Ballen am Kopf* (bei Elephanten in der Brunstzeit).

*मूर्धपुष्प m. *Acacia Sirissa.*

मूर्धभिन्न Adj. *mit gespaltenem Kopfe* Suparn. 25,6.

*मूर्धरस m. *Reisschleim.*

*मूर्धवेष्टन n. *Turban.*

मूर्धान्त m. *Scheitel.*

मूर्धाभिषिक्त 1) Adj. *a) geweiht* (als Fürst). — *b) geweiht*, so v. a. *von Allen anerkannt, von Niemand beanstandet.* — 2) m. *a) ein geweihter König.* — *b) *ein Mann aus der Kriegerkaste.* — *c) *Minister.* — *d) eine best. Mischlingskaste.* v. l. मूर्धावसिक्त.

मूर्धाभिषेक m. *die Weihe zum Fürsten.*

मूर्धावसिक्त m. 1) *eine best. Mischlingskaste, der Sohn eines Brahmanen von einer* Kshatrijâ Gaut. — 2) **ein geweihter Fürst.*

मूर्धज्ञ und मूर्धन् fehlerhaft für मूर्धज und मूर्धन्.

मूर्वा f. *Sanseviera Roxburghiana, bowstring hemp* Râgan. 3, 7. Bhâvapr. 1, 218. *°वन und *°वण n.

मूर्वामय Adj. *aus* मूर्वा *verfertigt.*

*मूर्विका f. = मूर्वा.

*मूल्, मूलति, °ते (प्रतिष्ठायाम्). — Caus. मूलयति (रोहणे). — Vgl. उन्मूल् und निर्मूलय्.

मूल 1) n. (adj. Comp. f. आ und ई) *a) Wurzel*, insbes. *eine essbare.* मूलं कर् oder बन्ध् *Wurzel schlagen* auch so v. a. *festen Fuss fassen.* — *b) *Rettig* (Râgan. 7,14. Bhâvapr. 1,290) und **die Wurzel α) von Arum campanulatum.* — β) *vom langen Pfeffer.* — γ) *von Costus speciosus oder arabicus.* — *c) dasjenige Ende eines Dinges, mit dem es an Etwas befestigt ist, Wurzel* in uneigentlicher Bed., *Fuss* (z. B. eines Berges), *Basis, der untere Theil* überh., *Grund, Boden.* Beim Sonnenschirm *der an den Ueberzug stossende Theil.* — *d) unmittelbare Nähe.* मम मूलम् so v. a. *zu mir.* — *e) Wurzel*, so v. a. *Grundlage, Ausgangspunct, Anfang.* Am Anfange eines Comp. so v. a. *Haupt —.* मूलादारभ्य und आ मूलात् *von Anfang an*, मूलात् *von Grund aus* (z. B. Jmd kennen). Am Ende eines adj. Comp. *wurzelnd in*, so v. a. *beruhend auf.* — *f) das Ursprüngliche, Richtige.* — *g) Hauptplatz, Hauptstadt.* — *h) Kapital* Sâmav. Br. 3,7,9. Ârjabh. 2,25. — *i) Text* im Gegensatz zu *Commentar* (R. ed.

Bomb. I,179,*a*, Z. 1 v. u.), *Glosse, Ueberarbeitung.* — *k) der im augenblicklichen Possess einer Sache ist* im Gegensatz zum *eigentlichen Besitzer* M. 8,202. Chr. 216,7. — *l) Quadratwurzel.* — *m) eine best. Stellung der Finger.* — *n) *Gebüsch, Dickicht.* — 2) m. (*f. आ) n. *das 17te (19te) Mondhaus.* — 3) m. Bein. Sadâçiva's. — 4) *f. मूला *Asparagus racemosus.* — 5) *f. मूली *eine kleine Hauseidechse.* — 6) Adj. (?) *a) der erste.* — *b)* *= निज.

मूलक 1) am Ende eines adj. Comp. (f. °लिका) *wurzelnd in, hervorgegangen aus.* Nom. abstr. °त्व n. — 2) *Adj. *unter dem Mondhaus* Mûla *geboren.* — 3) (*m.) n. *Rettig.* — 4) m. *a) *ein best. vegetabilisches Gift.* — *b)* N. pr. eines Fürsten, Sohnes des Açmaka. — 5) f. (°लिका) *Zauberwurzel* Ind. St. 15,354. 357. — 6) n. *Wurzel.*

*मूलकपर्णी f. *Moringa pterygosperma.*

मूलकपोतिका und *°पोती f. *Rettig, Radies* Bhâvapr. 1,290.

*मूलकमूला f. *Lipeocercis serrata.*

मूलकर्मन् n. *Zauberei mit Wurzeln.*

मूलकार m. *der Verfasser eines Originalwerkes.*

मूलकारण n. *Grundursache, die erste Veranlassung* Comm. zu TS. Prât.

*मूलकारिका f. *Ofen.*

मूलकृच्छ्र m. n. *eine best. Kasteiung, bei der man nur Wurzeln geniesst,* Vishnus. 46,15.

मूलकृत् Adj. *Wurzeln* (als Zaubermittel) *zurechtmachend.*

*मूलकेसर m. *Citrone.*

*मूलकोपदंशम् Absol. *mit einem Zubiss von Rettig* P. 3,4,47, Sch.

मूलक्रिया f. = मूलकर्मन्.

मूलखानक m. *Wurzelgräber.*

मूलग्रन्थ m. *Originaltext,* Bez. der von Çâkjamuni *selbst gesprochenen Worte.*

*मूलग्रन्थि f. *eine Art* Dûrvâ-*Gras* Râgan. 8,114.

मूलच्छिन्न Adj. (f. आ) *mit der Wurzel abgeschnitten,* so v. a. *ganz dahin seiend* (Hoffnung) Daçak. 63,3.

मूलच्छेद m. *das Abschneiden der Wurzeln, das Abhauen* (eines Baumes) *bei der Wurzel.*

मूलज 1) Adj. *a) aus der Wurzel schiessend.* — *b) auf Baumwurzeln sich bildend.* — 2) *n. *frischer Ingwer.*

मूलजाति f. *Hauptentstehungsart.*

मूलतस् Adv. 1) आ °मू *von der Wurzel an.* — 2) *an der unteren Seite, unten.* — 3) आ °मू *von Anfang an* (Etwas erzählen).

°मूलता f. *das Wurzelsein von, das Bilden des Ausgangspunctes für, das die Quelle Sein von* Daçak. 92,15.

मूलत्रिकोण n. *das dritte astrologische Haus.*

मूलत्व n. *das Wurzelsein von* (im Comp. vorangehend), *das Bilden des Ausgangspunctes, das eine Quelle Sein.* — Vgl. अदृढमूलत्व unter अदृढमूल (Nachtr. 2) und तन्मूलत्व (Nachtr. 4).

मूलदेव m. 1) *Bein. Kamsa's. — 2) N. pr. verschiedener Männer.

*मूलद्रव्य n. *Kapital.*

मूलद्वार n. *Hauptthür.*

मूलद्वारवती f. *die ursprüngliche —, alte* Dvâravatî oder *der ältere Theil dieser Stadt.*

*मूलधन n. *Kapital.*

*मूलधातु m. *Lymphe.*

मूलनक्षत्रशान्ति f. und °प्रयोग m. Titel von Werken Burnell, T.

*मूलनगर n. *Altstadt* (Gegensatz *Vorstadt*).

मूलनाथीय n. Titel eines Werkes Opp. Cat. 1.

मूलनाश und °क m. N. pr. eines Barbiers.

°मूलनिकृन्तन Adj. (f. ई) *Etwas vollständig zu Nichte machend.*

*मूलपर्णी f. *eine best. Pflanze,* = मण्डूकपर्णी.

मूलपुलिशसिद्धान्त m. *der ursprüngliche* Siddhânta *des* Puliça.

*मूलपाक m. gaṇa न्यङ्क्वादि.

मूलपुरुष m. *Stammhalter.*

*मूलपुष्कर n. *die Wurzel von Costus speciosus* oder *arabicus* Râgan. 6,155.

*मूलपोती f. *eine best. Pflanze* Râgan. 7,139.

मूलप्रकृति f. 1) *die Urmaterie, die Materie im chaotischen Zustande.* — 2) Pl. Bez. *der bei einem Kriege zunächst in Betracht kommenden Fürsten.*

मूलप्रणिहित Adj. *wohl von früher her durch Spione bekannt* (Diebe).

मूलफल n. Sg. 1) *Wurzeln und Früchte* Çâṅkh. Grhj. 4,7. Chr. 219,8. — 2) *die Zinsen eines Kapitals* Ârjabh. 2,25.

*मूलफलद m. *Brodfruchtbaum.*

1. मूलबन्ध m. *eine best. Stellung der Finger.*

2. मूलबन्ध Adj. *tiefwurzelnd* (Sünde).

मूलबर्हण 1) Adj. (f. ई) *entwurzelnd.* — 2) f. (ई) n. *das Mondhaus* Mûla. — 3) n. *das Entwurzeln.*

*मूलभद्र m. Bein. Kamsa's.

मूलभव Adj. (f. आ) *aus Wurzeln schiessend.*

मूलभाग m. *der untere Theil* Comm. zu Mrkkh. 170,15.

*मूलभार m. *eine Last Wurzeln.*

मूलभावप्रकाशिका f. Titel eines Werkes Opp. Cat. 1.

मूलभृत्य m. *ein angestammter Diener, d. i. ein Diener, dessen Vorfahren schon Diener waren.*

मूलमन्त्र m. 1) *Haupt-, Anfangs-Spruch* Hemâdri 1,139,22. 140,3. 612,15. 733,5.6. 734,16. Vgl. अङ्गमन्त्र. — 2) *Zauberspruch* Kâd. 115,6.

मूलमन्त्रमय Adj. *aus Zaubersprüchen gebildet,* so v. a. *wie ein Zauberspruch wirkend* Harshaḱ. 192,24.

मूलमन्त्रार्थसार und मूलमाथुरीय n. Titel von Werken Opp. Cat. 1.

मूलमाधव N. pr. einer Oertlichkeit.

मूलमित्र m. N. pr. eines Mannes.

*मूलरस m. *Sanseviera zeylanica.*

मूलराज m. N. pr. eines *Fürsten.*

मूलरामायण n. *das ursprüngliche* Râmâjaṇa, Vâlmîki's R.

मूलराशि m. *Grundzahl* Ind. St. 8,329.

मूलवचन n. *Grundworte, Grundtext.*

*मूलवणिग्धन n. *das Kapital eines Kaufmanns.*

मूलवत् 1) Adj. *a) mit* (essbaren) *Wurzeln versehen.* — *b) aufrecht stehend.* — 2) m. angeblich *ein* Rakshas.

मूलवाप m. *Stecker —, Pflanzer von* (essbaren) *Wurzeln.*

मूलवारिन् m. N. pr. eines Mannes.

मूलवासिन् Adj. als Beiw. von यवना: Ind. St. 14,104.

*मूलवित्त n. *Kapital.*

मूलविद्या f. *Hauptspruch,* Bez. *eines best. Spruchs.*

मूलविनाशन n. *vollständiges Zugrunderichten.*

*मूलविभुज Adj. *Wurzeln niederbiegend.*

मूलविरेचन n. *eine Laxanz aus Wurzeln.*

मूलव्यसनवृत्तिमत् Adj. *dessen Lebensunterhalt eine vererbte tadelnswerthe Beschäftigung ist.*

मूलव्याधि m. *Hauptkrankheit* Bhâvapr. 3,125.

मूलव्रतिन् Adj. *sich ausschliesslich von Wurzeln nährend.*

मूलशकुन m. *der erste Vogel* (bei einem Augurium).

*मूलशाकट n. und *मूलशाकिन n. *ein mit* (essbaren) *Wurzeln bestandenes Feld.*

मूलश्रीपतितीर्थ n. N. pr. eines Tîrtha.

*मूलस Adj. von मूल.

मूलसंघ m. Name 1) einer *Genossenschaft* oder *Secte.* — 2) einer der Gruppen des Gaina-Siddhânta (nach Weber).

मूलसर्वास्तिवाद und *°वादिन् m. Pl. *eine best. buddhistische Schule.*

मूलसाधन n. *Hauptwerkzeug, Hauptbülfsmittel.*

मूलसूत्र n. 1) *Anfangs-Sûtra* Kâṇ. 3 (ed. Weber). Comm. zu TS. Prât. — 2) *eine best. Klasse von Werken bei den Ǵaina* Weber, Lit.

मूलस्तम्भनिर्णय m. Titel eines Werkes Burnell, T.

मूलस्थान 1) n. a) *Fundament.* — b) *Hauptplatz.* — c) **der Luftraum.* — d) **ein Gott.* — e) *Multan.* — 2) *f. ई Bein. der Gaurî.

मूलस्थानतीर्थ n. N. pr. eines Tîrtha.

मूलस्थायिन् Adj. *seit Anfang bestehend* (Çiva).

मूलस्रोतस् n. *Hauptlauf eines Flusses.*

मूलहर Adj. *Jmd* (Gen.) *die Wurzeln fortnehmend,* so v. a. *Jmd vollständig zu Grunde richtend.* Nom. abstr. °त्व n. *vollständiger Ruin.*

मूलाग्र, °ग्री Nṛs. Tâp. Up. in Ind. St. 9,140 fehlerhaft für मूलाग्री, wie in der Calc. Ausg. 155 gelesen wird.

मूलाचार m. Titel eines Werkes Bühler, Rep. No. 656.

*मूलाट und *मूलाटी f. gaṇa गौरादि.

मूलाधार n. 1) *ein best. mystischer Kreis oberhalb der Geschlechtstheile.* — 2) *Nabel.*

*मूलाभ n. *Rettig.*

मूलाभिधर्मशास्त्र n. *das ursprüngliche* Abhidharmaçâstra.

मूलायतन n. *der ursprüngliche Sitz.*

मूलालवाल n. = आलवाल 1) Vikr. 41. मूल ist hinzugefügt worden um den Gen. तरोः anschliessen zu können.

मूलाविद्याविनाशक Adj. *die ursprüngliche Unwissenheit vernichtend.*

मूलाशिन् Adj. *von Wurzeln sich nährend.*

*मूलाह्व n. *Rettig* Râǵan. 7,14.

मूलिक 1) Adj. *ursprünglich.* — 2) *m. *Asket (von Wurzeln sich nährend).*

मूलिन् 1) Adj. a) *eine Wurzel habend.* — b) = मूलकृन्त्. — 2) *m. *Pflanze, Baum.*

1.*मूली f. s. u. मूल 5).

2.मूली Adv. mit कर् *die Quadratwurzel ziehen aus* (Acc.) Comm. zu Ârjabh. 3,24.

मूलीकरण n. *das Ziehen der Quadratwurzel* Comm. zu Ârjabh. 2,28.

*मूलीकर्मन् n. = मूलकर्मन्.

*मूलेर m. 1) *Fürst, König.* — 2) = जटा.

मूलोच्छेद m. *vollständiges Zugrunderichten.*

मूलोत्खात 1) Adj. *mit der Wurzel ausgegraben, vollständig zu Grunde gerichtet.* — 2) n. *das Ausgraben von Wurzeln.*

मूलोद्धरण n. *ein Mittel Etwas* (Gen.) *mit der Wurzel auszureissen, — zu Nichte zu machen* Spr. 4119.

मूलौषधि f. *eine best. Pflanze.*

मूल्य 1) Adj. a) *an der Wurzel befindlich.* — b) **zum Ausreissen mit der Wurzel geeignet.* Auch = मूल्येनानाम्यम् und मूलेन समः. — 2) n. (adj. Comp. f. आ) a) *Preis, Werth einer Sache, Kaufpreis, Kaufschilling.* मूल्येन दा so v. a. *verkaufen,* मूल्येन मार्ग् *zu erstehen suchen,* मूल्येन ग्रह् (Ind. St. 15,422) *kaufen,* मूल्येन *als Bezahlung.* — b) *Lohn, Bezahlung für geleistete Dienste.* — c) *Verdienst, was man sich erwirbt.* — d) *Kapital.*

मूल्यक n. *Preis, Werth* Comm. zu Ârjabh. 2,30.

मूल्यकरण n. *das Verwerthen, in Geld Umsetzen.*

मूल्यत्व n. Nom. abstr. zu मूल्य 2) a) Comm. zu Âpast. Çr. 5,19,4.

मूल्यद्रव्य n. *Kaufsumme* Ind. St. 15,436. fg.

मूल्यविवर्जित Adj. *keinen Preis habend, unschätzbar.*

मूल्याध्यायविवरण n. Titel eines Werkes.

मूवीप m. Pl. N. pr. eines Volkes, v. l. für मूचीप.

मूशाखान m. N. pr. eines *Chans.*

1.*मूष्, मूषति = 1. मुष्. मूषित = मुषित.

2.मूष् *Maus.*

मूष 1) m. (*f. आ und ई) *Ratte, Maus.* — 2) (*m.) f. (आ und *ई) *Schmelztiegel.* — 3) f. आ a) *Lipeocercis serrata* Karaka 1,27. — b) * *Luftloch, ein rundes Fenster.*

मूषक 1) m. a) *Dieb, Räuber.* — b) *Ratte, Maus.* — c) *ein best. Theil des Gesichts.* — d) *ein best. Metrum.* — e) Pl. N. pr. eines Volkes. — 2) f. मूषिका a) *Ratte, Maus.* — b) *eine Blutegelart.* — c) **Salvinia cucullata.* — d) **Schmelztiegel.*

मूषककर्णिका, *°कर्णी und *मूषकमारी f. *Salvinia cucullata* oder *Anthericum tuberosum* Râǵan. 4,138. 5,136.

मूषकाद m. N. pr. eines Schlangendämons.

*मूषकाराति m. *Katze* Râǵan. 19,13.

मूषल fehlerhaft für मुसल.

*मूषवाहन m. Bein. Gaṇeça's Gal.

*मूषाकर्णी f. *Salvinia cucullata.*

*मूषातुत्थ n. *eine Art Vitriol.*

मूषिक m. 1) *Ratte, Maus* Gaut. Am Ende eines adj. Comp. f. आ. — 2) **Acacia Sirissa.* — 3) Pl. N. pr. eines Volkes. — मूषिका s. u. मूषक.

*मूषिकका f. Demin. von मूषिका.

मूषिकपर्णी f. *Salvinia cucullata* Râǵan. 3,54.

*मूषिकरथ m. Bein. Gaṇeça's.

मूषिकविषाण n. *Mäusehorn* (als ein Unding).

मूषिकस्थल n. *Maulwurfshaufen.*

मूषिकाकृति Adj. *gestaltet wie ein Rattenschwanz* 217,14. 15.

*मूषिकाङ्क und *मूषिकाञ्चन m. Bein. Gaṇeça's.

मूषिकाद m. N. pr. eines Schlangendämons.

*मूषिकादन्त Adj. *Zähne einer Maus habend.*

*मूषिकार m. *das Männchen der Maus.*

*मूषिकाराति m. *Katze.*

मूषिकाह्वया f. *Anthericum tuberosum* Râǵan. 4, 138. Karaka 7,12.

*मूषिकिका f. Demin. von मूषिका.

मूषिकोत्कर m. *Maulwurfshaufen.*

*मूषिपर्णिका f. *Salvinia cucullata.*

*मूषीक m. f. (आ) *Ratte, Maus.*

*मूषीककर्णी f. *Salvinia cucullata.*

मूषीकरण n. *das Schmelzen im Tiegel.*

*मूष्यायण Adj. अज्ञातपितृक. Richtig आमुष्यायण.

मूसरिफ und मूसरीफ (مُصْرِف) *der 4te astrol.* Joga.

मृकण्ड, *°क und मृकण्डु m. N. pr. eines alten Weisen, Vaters des Mârkaṇḍeja.

मृक्तवाहस् m. Bein. des Âtreja Dvita.

मृक्त m. etwa *Striegel, Kamm.*

मृक्तकनाटक n. Titel eines *Schauspiels.*

मृक्तिणी f. etwa *Sturzbach, torrens.*

मृग 1) m. a) *ein Thier des Waldes, Wild.* — b) *das Wild aus dem Antilopen- und Hirschgeschlecht, Gazelle;* insbes. *Bisamthier.* In den Flecken des Mondes sieht der Inder eine *Gazelle* (oder einen *Hasen*). — c) *die Gazelle am Himmel:* α) *das Mondhaus* Mṛgaçiras. — β) *der Steinbock im Thierkreise* oder überh. *der 10te Bogen von 30° in einem Kreise.* — d) *ein Elephant mit bestimmten Merkmalen* Râǵan. 19,17. — e) *Vogel,* namentlich *ein grosser, hochfliegender.* — f) Bez. eines von Indra bekämpften Dämons. — g) Bez. *einer best. Art von Männern, deren Benehmen beim coitus dem des Rehbocks ähnlich ist.* — h) N. pr. α) eines Genius, der eine best. Stelle in einem in 81 Fächer eingetheilten Hausplane einnimmt, Hemâdri 1,651,19. 654,11. — β) eines hauptsächlich von Brahmanen bewohnten Gebietes in Çâkadvîpa. v. l. मङ्ग. Auch Bez. *der Brahmanen selbst in* Çâkadvîpa VP.[2] 2,199. v. l. मग. — γ) eines Rosses des Mondgottes VP.[2] 2,299. — i) = मृगनाभि, मृगमद *Moschus.* — k) *der Monat Mârgaçîrsha. — l) **ein best. Opfer.* — m) *Nom. act. α) *das Suchen.* — β) *das Bitten.* — 2) f. मृगा = मृगवीथी VP.[2] 2,277. — 3) f. मृगी a) *Hirschkuh.* — b) N. pr. *der Urmutter der Gazellen.* — c) *Bez. *einer Art von Frauenzimmern.* — d) *eine* *best. Gangart einer Tänzerin* S.S.S. 253. — e) *ein best. Metrum.* — f) * *Besessenheit, Fallsucht.*

मृगकानन n. *ein wildreicher Wald, Wildgehege.*

मृगकायन (!) m. Patron. Auch Pl.

*मृगक्षीर n. *Milch von einer Hirschkuh.* Vgl. मृगीक्षीर.

*मृगगामिनी f. *Embelia Ribes.*

*मृगघर्मज m. *Zibeth* Gal.

मृगचर्मीय m. N. pr. eines Autors.

मृगचर्या f. *das Verfahren nach Art des Wildes, — der Gazelle* (eine best. Kasteiung).

मृगचारिन् Adj. *nach Art des Wildes* (*der Gazellen*) *verfahrend* (um sich zu kasteien).

*मृगचिर्भिटा f. *Koloquinthe* Râgan. 7,211.

*मृगचैटक (!) m. *a wild or pole cat.*

*मृगजालिका f. *ein Netz zum Fangen des Wildes.*

मृगजीवन m. *ein Jäger von Profession.*

मृगटङ्क m. *die Gazelle als Merkmal* und zugleich *der Mond* Comm. zu Ârjabh. S. 1, Z. 3.

*मृगणा f. *das Suchen.*

मृगएयु Adj. *Wild jagend.*

मृगतीर्थ n. *Wildpfad*, so heisst der Weg, *auf welchem die Priester am Ende der* Savana *den heiligen Raum verlassen um körperliche Bedürfnisse zu befriedigen.*

*मृगतृष् f., °तृषा f., °तृष्णा f., °तृष्णि f. und °तृष्णिका f. *des Wildes Durst*, Bez. *einer Luftspiegelung, bei der man Wasser zu sehen wähnt.*

मृगतोय n. *das* (nicht vorhandene) *Wasser in einer Luftspiegelung.*

मृगत्व n. *das Gazelle Sein, der Zustand einer Gazelle.*

*मृगदंश und *°दंशक m. *Jagdhund, Hund* überh. Râgan. 19,11.

*मृगदर्प m. *Moschus* Nirghaṇṭu bei Utpala zu Varâh. Bṛh. S. 78,1.

मृगदाव m. *Wildpark.*

मृगदृश् 1) m. *der Steinbock im Thierkreise.* — 2) f. *eine Gazellenäugige* Spr. 7657. Prasannar. 7,15.

मृगद्युत् Adj. *eine Gazelle angreifend* Bhaṭṭ.

मृगद्यू Adj. *an einer Gazelle Gefallen findend* Bhaṭṭ.

मृगधर m. 1) *der Mond.* — 2) N. pr. eines Ministers des Prasenagit.

मृगधर्म (Comm.) und °धर्मन् (Tâṇḍja-Br. 6,7,10) Adj. *die Natur des Wildes habend.*

मृगधूम N. pr. eines Tîrtha.

*मृगधूर्त und *°धूर्तक m. *Schakal* Râgan. 19,7.

मृगनाभि m. 1) *Moschus* Râgan. 12,47. Bhâvapr. 1,183. Spr. 7597. — 2) *Bisamthier.*

मृगनाभिज 1) Adj. (f. आ) *vom Bisamthier kommend.* — 2) *f. आ *Moschus.*

मृगनाभिमय Adj. *aus Moschus gebildet* Hemâdri 1,435,8.

मृगनेत्र 1) Adj. (f. आ) *das Mondhaus* Mṛga *zum Führer habend.* — 2) *f. आ *eine Gazellenäugige.*

मृगपति m. 1) *der Herr des Wildes*, Bez. a) *des Löwen* Râgan. 19,1. — b) *des Tigers.* — 2) *der Gatte der Gazelle, Rehbock.*

मृगपतिगमना f. N. pr. einer buddh. Gottheit.

*मृगपद n. = मृग्याः पदम्.

*मृगपालिका f. *Bisamthier.*

*मृगपिप्लु m. *der Mond.*

मृगप्रभु m. *der Herr des Wildes*, Bez. *des Löwen.*

*मृगप्रिय m. 1) *Jasminum Sambac* Râgan. 10,79. — 2) *eine Grasart* Râgan. 8,133.

*मृगबन्धिनी f. *ein Netz zum Fangen des Wildes.*

*मृगभक्ता f. *Nardostachys Jatamansi* Râgan. 12,100.

मृगभोजनी f. *Koloquinthe.*

मृगमद m. *Moschus* Râgan. 12,47. Bhâvapr. 1, 183. Auch Pl.

*मृगमदवासा f. *Moschusbeutel.*

मृगमन्द 1) m. *eine Art von Elephanten.* — 2) f. आ N. pr. *der Urmutter der Löwen*, Sṛmara (und Ḱamara).

मृगमन्द्र m. *eine Art von Elephanten.*

मृगमय Adj. *vom Wild kommend.*

मृगमातृक m. und °का f. *ein best. Thier* Bhâvapr. Ḱaraka 1,15. 27.

मृगमास m. *der Monat* Mârgaçîrsha.

मृगमुख m. *der Steinbock im Thierkreise.*

मृगय्, मृगयते (metrisch auch Act.) 1) (*dem Wilde*) *nachsetzen, verfolgen, jagen.* — 2) *suchen.* — 3) *durchsuchen.* — 4) *besuchen.* — 5) *Etwas suchen*, so v. a. *zu erlangen streben, einer Sache nachgehen, trachten nach* (Acc.). — 6) *Etwas* (Acc.) *von Jmd* (Abl., Adv. auf तस्, Gen. oder Gen. mit सकाशात्) *verlangen, fordern, sich erbitten.* — Mit परि *suchen.* — Mit प्र in प्रमृगय. — Mit वि 1) *suchen.* — 2) *untersuchen, prüfen* Hariv. 2,35,7.

मृगय m. N. pr. eines von Indra bekämpften Dämons. — मृगया s. bes.

मृगयस् m. *Wild.*

मृगया f. 1) *Jagd.* Der Acc. wird verbunden mit अट्, परि-अट्, गम्, चर्, परि-धाव् (58,12), या, निस्-या, प्र-या und वि-हृर्; der Dat. mit या, निस्-गा und वि-हृर्. — 2) personificirt im Gefolge des Revanta.

मृगयाक्रीडन n. und °क्रीडा f. *Jagdvergnügen.*

मृगयाधर्म m. *Jagdrecht* MBh. 3,39,21.

मृगयायान n. *das auf die Jagd Gehen, Jagen.*

मृगयारण्य n. und मृगयावन n. *ein zum Jagen eingerichteter Wald, Wildgehege.*

1. मृगयाविहार Adj. *Jagdvergnügen.*

2. मृगयाविहार Adj. *sich an der Jagd vergnügend* Bhâg. P. 5,26,24.

मृगयाविहारिन् Adj. dass.

मृगयाव्यसन n. *eine Widerwärtigkeit auf der Jagd.*

मृगयाशील Adj. *der Jagd ergeben, ein leidenschaftlicher Jäger.*

मृगयु m. 1) *Jäger* Gaut. Âpast. Kâd. 31,12. — 2) **Schakal.* — 3) *Bein. Brahman's.

*मृगरसा f. *eine best. Pflanze* Râgan. 4,101.

मृगराज् m. *der König der Thiere des Waldes:* 1) *Löwe.* — 2) *der Löwe im Thierkreise.* — 3) *Tiger.*

मृगराज m. = मृगराज् und ausserdem *der Mond.*

मृगराजता f. *die Herrschaft über die Thiere des Waldes* Vikramâṅkaḱ. 5,38.

मृगराजधारिन् m. Bein. Çiva's. Vgl. Jacobi in Z. d. d. m. G. 30,802.

मृगराजलक्ष्मन् Adj. *den Löwen* oder *den Mond zum Zeichen habend*, so v. a. *diesen Beinamen führend.*

मृगराजिनी f. N. pr. einer Gandharva-Jungfrau Kâraṇḍ. 5,10.

*मृगराटिका f. *eine best. officinelle Pflanze, die auch als Gemüse genossen wird.*

मृगरिपु m. 1) * *Löwe.* — 2) *der Löwe im Thierkreise* Gaṇit. Bhagrah. 12.

*मृगरोमज Adj. *wollen.*

मृगर्क्ष n. Sg. *eine Gazelle und (oder) ein Bär* R. 3,75,17.

मृगलक्ष्मन् m. und मृगलाञ्छन (Kâd. 59,2) m. *der Mond.*

मृगलाञ्छनज m. Patron. *des Planeten Mercur.*

मृगलेखा f. *der als Gazelle erscheinende Streifen im Monde.*

*मृगलोचना f. *eine Gazellenäugige.*

मृगलोमिक Adj. *wollen* Vishṇus. 23,24.

*मृगव *eine best. hohe Zahl* (buddh.).

मृगवती f. N. pr. *der Urmutter der Bären und* Sṛmara.

*मृगवधाजीव m. und *°जीविन् m. *ein Jäger von Profession.*

मृगवन n. *ein wildreicher Wald, Wildgehege* Ragh. 9,50.

मृगवनतीर्थ n. N. pr. eines Tîrtha.

मृगवर्मन् m. N. pr. eines Mannes Ind. Antiq. 10,249.

*मृगवल्लभ m. *eine best. Grasart* Râgan. 8,119.

*मृगवाहन m. *der Gott des Windes, Wind.*

मृगवीथिका (VP.² 2,276) und °वीथी f. *Bez. eines best. Theils der Mondbahn.*

मृगवैणिक n. *eine best. Art zu sitzen.*

मृगव्य n. *Jagd.* मृगव्याम् Mân. P. 112,1 fehlerhaft für मृगव्यम् oder मृगयाम्.

मृगव्याध m. 1) *Jäger.* — 2) *der Stern Sirius.* — 3) N. pr. eines der 11 Rudra. — 4) Bein. Çiva's.

मृगव्याधीय n. Titel eines Kapitels im Vâsishtharâmâjaṇa.

मृगशायिका f. *die Art und Weise, wie die Gazellen liegen.* °कां शी so v. a. *ruhig liegen wie eine Gazelle.*

मृगशाव m. *das Junge einer Gazelle.* Am Ende eines adj. Comp. °क.

मृगशावाक्षी f. *eine Rehkalbäugige.*

मृगशिर n. und *°शिरा f. *das Mondhaus* Mṛgaçiras.

मृगशिरस् 1) n. *das dritte* (später *fünfte*) *Mondhaus.* — 2) *Adj. *unter dem Mondhaus* Mṛgaçiras *geboren.* — 3) m. *eine best. Stellung der Hand.*

मृगशीर्ष 1) n. = मृगशिरस् 1). — 2) Adj. *unter dem Mondhaus* Mṛgaçiras *geboren.* v. l. मार्ग° und मार्गशिर. — 3) m. a) *der Monat* Mârgaçîrsha. — b) *eine best. Stellung der Hand.* — c) N. pr. eines Schlangenfürsten Kâraṇḍ. 2,12.

मृगशीर्षक m. = मार्गशीर्ष 3) b).

*मृगशीर्षन् n. = मृगशिरस् 1).

मृगशृङ्ग n. *Hirschhorn* Mat. med. 281. Vaitân.

*मृगशृङ्गव्रतिन् m. Pl. *eine best. buddhistische Secte.*

मृगश्रेष्ठ m. Bez. *des Tigers.*

*मृगसक्थ n. = मृगस्य सक्थि.

मृगसत्त्र n. *eine best. 19tägige Feier.*

मृगहन् m. *Jäger.*

मृगाक्षी f. 1) *eine Gazellenäugige.* — 2) **Koloquinthe* Râgan. 7,210. — 3) *= त्रियामा.

मृगाखर m. *Lager —, Aufenthalt des Wildes* Mân. Gṛhj. 2,14. AV. Prâjaçk. 6,7.

मृगाख्य Adj. (f. आ) *nach der Gazelle benannt.* वीथी f. *der Theil der Mondbahn, welcher die drei Mondhäuser von* Maitra *an umfasst.*

मृगाङ्क m. 1) *der Mond.* — 2) **Kampfer.* — 3) **Wind.* — 4) N. pr. a) eines Schwertes. — b) eines Mannes.

मृगाङ्कक m. = मृगाङ्क 4) a).

मृगाङ्कतनय m. Patron. *des Planeten Mercur* Comm. zu Varâh. Bṛh. 2,3.

मृगाङ्कदत्त m. N. pr. verschiedener Männer.

मृगाङ्कदत्तीय Adj. Mṛgâṅkadatta *betreffend.*

मृगाङ्कबन्धु m. *der Liebesgott* Bâlar. 35,10.

मृगाङ्कमणि m. *der Stein* Kandrakânta Kâd. 2,2,3.

मृगाङ्कमाला f. ein Frauenname Vâs. 20.

मृगाङ्कमौलि m. Bein. Çiva's Prasannar. 63,7.

मृगाङ्करस m. *eine best. Mixtur* Mat. med. 58.

मृगाङ्कर्त n. *das Mondhaus* Mṛgaçiras Varâh. Jogaj. 7,3.

मृगाङ्कलेखा f. N. pr. 1) der Tochter eines Fürsten der Vidjâdhara. — 2) einer Frau Hâsj.

मृगाङ्कवती f. N. pr. verschiedener Fürstinnen (auch der Vidjâdhara).

मृगाङ्कशतक n. Titel eines Werkes Burnell, T.

मृगाङ्कसेन m. N. pr. eines Fürsten der Vidjâdhara.

मृगाङ्गक Kathâs. 10,73 fehlerhaft für मृगाङ्कक.

मृगाङ्गना f. *Hirschkuh.*

*मृगाजीव m. 1) *Jäger.* — 2) *Hyäne.*

मृगाटवी f. *ein wildreicher Wald, Wildgehege.*

*मृगाण्डकी f. (Râgan. 12,48) und *मृगाण्डजा f. *Moschus.*

*मृगाद् m. *Tiger.*

*मृगाद m. *Hyäne* Râgan. 19,8.

मृगादन 1) *m. a) *Hyäne.* — b) *Jagdleopard.* — 2) f. ई *Koloquinthe.* Auch *Sida rhombifolia* und *= सहदेवी Râgan. 3,57. 4,100. 7,210.

मृगाधिप m. *Löwe* Spr. 7829.

मृगाधिपत्य n. *die Herrschaft über die Thiere des Waldes.*

मृगाधिराज m. *Löwe.*

*मृगान्तक m. *Jagdleopard* Râgan. 19,5.

मृगार m. 1) N. pr. a) des Verfassers von AV. 4,23—29. — b) eines Ministers des Prasenagit. — 2) = मृगारसूक्त.

मृगारसूक्त n. Bez. von AV. 4,23—29.

मृगाराति m. 1) *der Gazellen Feind, — Verfolger.* — 2) *Löwe.* — 3) **Hund.*

मृगारि m. 1) *Löwe* oder *Tiger.* — 2) **Hund* Râgan. 19,11. — 3) **eine roth blühende Moringa* Râgan. 7,32.

मृगारेष्टि f. Bez. von TS. 4,7,15 und wohl auch AV. 4,23—29. °प्रयोग m. Burnell, T.

मृगावती f. 1) Name der Dâkshâjaṇî an der Jamunâ. — 2) N. pr. verschiedener Prinzessinnen.

मृगावतीचरित्र n. Titel eines Werkes.

*मृगाविध् m. *Jäger.*

मृगाष्टक n. Titel eines Werkes.

मृगास्य 1) Adj. *das Gesicht —, den Kopf einer Gazelle habend.* — 2) m. *der Steinbock im Thierkreise.*

मृगीकुण्ड n. N. pr. eines Tîrtha.

मृगीक्षीर n. *Milch von einer Hirschkuh* Âpast. Vgl. *मृगक्षीर.

मृगीत्व n. *der Zustand einer Hirschkuh.*

मृगीदृश् f. *eine Gazellenäugige* Prasannar. 149,12. Hâsj. 75.

मृगीपति m. *der Gatte der* Mṛgî *genannten Frauen* (Kṛshṇa).

मृगीलोचना f. *eine Gazellenäugige.*

मृगू f. angeblich N. pr. der Mutter des Râma Mârgaveja.

मृगेक्षण n. *Gazellenauge* 249,13.

मृगेक्षणा f. 1) *eine Gazellenäugige.* — 2) **Koloquinthe* Râgan. 7,210.

मृगेन्द्र 1) m. a) *der Fürst der Thiere des Waldes.* — b) *Löwe.* — c) *der Löwe im Thierkreise.* — d) *Tiger.* — e) *ein best. Metrum.* — f) N. pr. eines Fürsten (VP.² 4,200) und eines Autors. — 2) (wohl n.) Titel von Mṛgendra's Werke und eines Tantra.

*मृगेन्द्रचटक m. *Falke.*

मृगेन्द्रता f. *die Herrschaft über die Thiere des Waldes.*

मृगेन्द्रमुख n. *ein best. Metrum.*

मृगेन्द्रस्वातिकर्ण m. N. pr. eines Fürsten VP.² 4,200.

*मृगेन्द्राणी f. *Gendarussa vulgaris.*

*मृगेन्द्रासन n. *Thron.*

मृगेन्द्रास्य Adj. *ein Löwengesicht habend* (Çiva).

मृगेभ n. Sg. *eine Gazelle und (oder) ein Elephant* M. 12,67.

मृगेर्वारु 1) *Koloquinthe* Râgan. 7,210. — 2) *m. *a white deer.*

मृगेर्वारुक m. *ein best. im Versteck wohnendes Thier.*

मृगेश und °वरवर्मन् m. N. pr. eines Mannes Ind. Antiq. 9,236. 7,35.

मृगेश्वर m. 1) *Löwe.* — 2) *der Löwe im Thierkreise.*

*मृगेष्ट m. *eine Art Jasmin* Râgan. 10,79.

मृगैर्वारु = मृगेर्वारु 1).

मृगैर्वारुक m. = मृगेर्वारुक Suçr. 1,24,7.

मृगोत्तम 1) m. *eine überaus schöne Gazelle.* — 2) n. *das Mondhaus* Mṛgaçiras.

मृगोत्तमाङ्ग n. *das Mondhaus* Mṛgaçiras.

*मृगोद्भव m. *Moschus* Nighaṇṭu bei Utpala zu

VARÂH. BṚH. S. 78,1.

मृग्य्, मृग्यति 1) jagen. — 2) suchen. — 3) *zu erlangen suchen, trachten nach (Acc.).

मृग्य Adj. 1) zu suchen, gesucht werdend, ausfindig zu machen. — 2) wonach man zu trachten hat. — 3) zu untersuchen, so v. a. fraglich, ungewiss Comm. zu ÂPAST. ÇR. 1,14,18.

मृंच् f. Drohung oder Versehrung. Nach SÂJ. Fanggarn.

मृचय Adj. etwa dem Verderben unterliegend, hinfällig, vergänglich.

मृच्चय m. Erdhaufen.

मृच्छकटिक 1) n. und °का f. Titel eines Schauspiels. — 2) f. आ ein irdenes Wägelchen.

मृच्छिलामय Adj. aus Thon oder Stein gebildet.

मृज् Adj. in धर्म°.

मृज 1) Adj. am Ende eines Comp. abwischend, wegwischend, entfernend. — 2) *m. eine Art Trommel. — 3) f. आ a) Reinigung, Waschung NAISH. 7,46. — b) Reinheit, Reinlichkeit. — c) reine Haut, guter Teint. — d) Teint überh.

मृजानगर n. N. pr. einer Stadt.

मृजावत् Adj. sauber —, rein am Körper.

मृज्य Adj. wegzuwischen, zu entfernen BHATT.

1. मृड 1) Adj. Erbarmen übend, gnädig. — 2) m. a) Name Agni's bei der Pûrṇâhuti. — b) Bein. Çiva's. — 3) *f. आ und ई Bein. der Pârvatî.

2. मृड in अष्टा° (Nachtr. 1) und उपचाय°.

*मृडङ्कण m. Kind, Knabe.

मृडन n. das Begnaden, Beglücken, Erfreuen.

मृडय Adj. in अमृडय.

मृळयत्तम Adj. (f. आ) überaus gnädig.

मृळयाकु Adj. Erbarmen übend, gnädig, beglückend.

*मृडाकु m. N. pr. eines Mannes.

मृडानी f. die Gattin Mṛḍa's, d. i. Pârvatî.

मृडानीकान्त m. Bein. Çiva's BÂLAR. 109,1.

मृडानीतन्त्र n. Titel eines Werkes.

मृडानीपति m. Bein. Çiva's HÂSJ. 1.

मृडानीश्वर m. desgl. HÂSJ. 40.

मृडितर् Nom. ag. = मर्डितर्.

मृडीक, मृळीक 1) n. Gnade, Erbarmen, gütige Gesinnung. — 2) m. a) N. pr. eines Liedverfassers. — b) *Bein. Çiva's. — c) *Gazelle. — d) *Fisch.

मृण् (hervorgegangen aus 2. मर्), मृणाति 1) zermalmen, zerschlagen. Statt मृणात AV. 3,1,2 liest AV. PAIPP. मृडात. — 2) dreschen. — Caus. (अमीमृणन्) zermalmen, zerschlagen. Statt अमीमृणन् AV. 3,1,2 liest AV. PAIPP. अमीमृडन्. — Mit आ in अनामृण. — Mit नि niederschmettern. — Mit प्र वि und सम् zermalmen, zerstören.

मृणाल 1) (*m.) f. (ई) n. die essbare röhrige an den Knoten mit Fasern besetzte Wurzel der Lotusarten RÂǴAN. 10,193. Nach Andern die feinen Fasern am Blüthenstengel des Nelumbium. Das f. soll eine kleinere Wurzel bezeichnen. — 2) *n. die Wurzel von Andropogon muricatus RÂǴAN. 12,160.

मृणालक 1) am Ende eines adj. Comp. = मृणाल 1). — 2) f. °लिका a) desgl. 304,30. — b) N. pr. eines Frauenzimmers.

मृणालकण्ठ m. ein best. Wasservogel.

मृणालभङ्गम् Absol. mit भञ्ज् wie eine Lotuswurzel zerbrechen BÂLAR. 82,10.

मृणालमय Adj. aus Lotuswurzeln bestehend KÂD. 244,23.

मृणाललतिका f. Lotusranke, — stengel.

मृणालवत् Adj. mit der Wurzel des Lotus versehen.

मृणालिकामय Adj. aus Lotuswurzeln bestehend NAISH. 4,40. KÂD. 244,14.15.

मृणालिन् 1) *m. Lotus. — 2) f. °नी Lotuspflanze (KÂD. 246,7), eine Gruppe von Lotuspflanzen RÂǴAN. 10,193.

मृण्मय Adj. fehlerhaft für मृन्मय.

मृत 1) Adj. s. u. 1. मर्. — 2) m. ein Verstorbener, Leichnam (auch der eines Thieres). — 3) n. a) Tod. — b) das Betteln, erbettelte Speise. — 4) *m. oder n. Grabmal.

मृतक 1) m. n. ein Verstorbener, Leichnam. — 2) n. Todesfall.

मृतकम्बल m. Leichentuch KAṆḌAK. 64,14. 74,13. 94,3. 5.

मृतकल्प Adj. scheintodt DAÇAK. (1925) 2,79,15.

*मृतकान्तक m. Schakal.

मृतगर्भा Adj. f. deren Leibesfrucht abstirbt HEMÂDRI 2,a,46,15.

*मृतगृह n. Grabmal.

मृतचेल n. eines Verstorbenen Kleid M. 10,52.

मृतजात Adj. todtgeboren VISHṆUS. 22,26. DAÇAK. (1925) 2,73,1.

मृतजातक n. Titel eines Werkes.

*मृतजीव m. Clerodendrum phlomoides RÂǴAN. 10,42.

मृतजीवन Adj. (f. ई) Todte auferweckend.

*मृतण्ड m. 1) N. pr. des Vaters der Sonne. — 2) die Sonne.

मृतदेह m. Leichnam 121,1. 123,19.

*मृतधवा Adj. f. deren Gatte todt ist.

मृतधार und °क Adj. einen Leichnam —, ein Cadaver tragend 58,8. 10.

मृतनन्दन m. eine Art Halle mit 58 Säulen VÂSTUV. 830. 835.

मृतनिर्यातक m. Leichenträger.

मृतप m. Leichenwächter.

मृतपा m. N. pr. eines Asura.

मृतपुरुषशरीर n. ein menschlicher Leichnam 136,30.

मृतपूरुषदेह m. dass. 135,32.

मृतप्रजा Adj. f. आ deren Kinder gestorben sind M. 9,81. BHÂG. P. 6,19,25.

*मृतप्रिया f. Wittwe.

मृतभर्तृका Adj. f. deren Gatte todt ist KATHÂS. 28,174.

मृतभ्रज् Adj. dessen Erectionsfähigkeit erloschen ist.

*मृतमत्त und *°क m. Schakal.

मृतमनस् Adj. bewusstlos.

मृतमातृक Adj. dessen Mutter todt ist KATHÂS. 65,2.

मृतवत् Adv. wie todt 141,21. आत्मानं मृ° संदर्श्य sich todt stellend 143,16. 155,26.

मृतवत्सका HEMÂDRI 1,52,18 fehlerhaft für °वत्सिका.

मृतवत्सा und मृतवत्सिका Adj. f. deren Leibesfrucht oder Neugeborenes wegstirbt.

मृतवस्त्रभृत् Adj. Kleider Verstorbener tragend M. 10,35.

*मृतवार्षिक bei den Buddhisten die Zeit eines kurzen Regens (währt 24 Stunden).

मृतवासर m. Todestag HEMÂDRI 1,603,11.

मृतशब्द m. Gerücht vom Tode einer Person.

*मृतसंस्कार m. Leichenbegängniss.

मृतसंजीवन 1) Adj. Todte belebend. — 2) f. ई das Aufleben eines Todten. — 3) n. dass. oder das Beleben eines Todten.

मृतसंजीविन् 1) Adj. Todtes belebend. Beiw. verschiedener Heilmittel Mat. med. 274. RASENDRAK. 92. BHÂVAPR. 3,88. — 2) f. °नी a) *ein best. kleiner Strauch. — b) Titel eines Commentars.

मृतसूतक 1) m. ein best. Quecksilberpräparat. — 2) n. die Geburt eines todten Kindes.

मृतस्त्री Adj. dessen Frau gestorben ist Cit. bei SÂJ. zu AIT. BR. 7,9,16.

*मृतस्नात Adj. der sich nach einem Todesfall oder Leichenbegängniss abgewaschen hat.

*मृतस्नान n. Abwaschung nach einem Todesfall oder Leichenbegängniss.

*मृतस्वमोक्तृ Nom. ag. Beiw. Kumârapâla's.

मृतहार und °हारिन् m. Leichenträger.

मृताङ्ग Leichnam. °लग्न so v. a. die Bekleidung eines Leichnams JÂT. 2,303.

मृताङ्गार m. ein Mannsname.

1.*मृताण्ड n. ein (scheinbar) todtes, — lebloses Ei (im Gegensatz zu den lebenden Eiern, d. i. Testikeln des Thieres. Anzunehmen für मार्ताण्ड.

2. मृताण्ड 1) Adj. f. (आ) deren Leibesfrucht abstirbt HEMÂDRI 2,a,46,14.15. — 2) *m. die Sonne.

*मृतामद m. blauer Vitriol.

*मृतालक n. Alaunschiefer RÂGAN. 13,63.

*मृताशन Adj. im Alter von 90 bis 100 Jahren stehend.

मृताशौच n. Verunreinigung in Folge eines Todesfalles Verz. d. Oxf. H. 277,a,8 v. u.

मृताह m. (VISHNUS. 21,11), मृताहन् n. und मृताहस् n. Todestag.

मृति f. Tod.

मृतिमन् m. Sterblichkeit.

मृतिरेखा f. Todeslinie (auf der Hand) DAÇAK. 5,19.

मृतिसाधन Adj. den Tod herbeiführend ebend.

मृतोत्थित Adj. gestorben und wieder lebendig geworden BHÂG. P. 6,18,75.

*मृतोद्भव m. das Meer. Richtig अमृतोद्भव.

मृत्कण m. ein Klümpchen Lehm. Nom. abstr. °ता f.

*मृत्कर m. Töpfer.

मृत्कर्मन् n. Lehmarbeit. °कर्मसंपन्न so v. a. mit Lehm verstrichen.

*मृत्कांस्य n. ein irdenes Geschirr.

*मृत्किरा f. eine Art Grille, — Heimchen.

*मृत्क्षार n. Rettig RÂGAN. 7,14.

मृत्खन m. Lehmgrube ÂPAST. ÇR. 15,1.9.16,3.

*मृत्खलिनी f. eine best. Pflanze, = चर्मकशा.

*मृत्ताल und *°क n. Alaunschiefer.

मृत्तिक (metrisch im Comp.) und मृत्तिका f. 1) Lehm, Thon. — 2) *f. मृत्तिका Alaunschiefer RÂGAN. 13,63.

मृत्तिकावत n. (VP.² 4,344) und मृत्तिकावती f. (KÂD. 90,11) N. pr. einer Stadt.

मृत्पच (Conj.) m. Töpfer.

मृत्पात्र n. Thongefäss MAITR. S. 4,1,3. RAGH. 6,76.

मृत्पिण्ड m. Lehmkloss.

*मृत्फली f. Costus speciosus oder arabicus.

मृत्यव m. MAITRJUP. 2,6. 3,3 fehlerhaft für मृत्पच.

मृत्यु m. 1) Tod; Pl. Todesarten. °मृत्यु m. Tod durch, Adj. den Tod durch — findend. — 2) personificirt als Todesgott. Gilt für einen Sohn Adharma's, Brahman's, Kali's oder der Mâjâ, führt die Patronymica Prâdhvaṃsana und Sâmparâjaṇa, erscheint unter den 11 Rudra, als Vjâsa im 6ten Dvâpara, als Lehrer u. s. w. Ausnahmsweise auch f. — 3) *der Liebesgott. — 4) ein best. Ekâha. — 5) das 8te astrol. Haus. — 6) der 17te astrol. Joga. — 7) मृत्योर्हरः und मृत्योर्विकर्णभासे Namen von Sâman.

मृत्युक Tod am Ende eines adj. Comp. in स्वच्छन्द°.

मृत्युकन्या f. die Todesgöttin.

मृत्युकर Adj. den Tod herbeiführend VARÂH. BṚH. S. 8,35.

मृत्युकाल m. Todesstunde Spr. 5515. 6533.

मृत्युजित् m. 1) N. pr. eines Autors. Auch °जिद्भट्टारक und °जिदमृतेश. — 2) Titel eines Werkes.

मृत्युंजय 1) Adj. den Tod überwindend. Beiw. verschiedener Heilmittel Mat. med. 98. RASENDRAK. 56. BHÂVAPR. 3,80. In Verbindung mit मन्त्र oder m. mit Ergänzung desselben Bez. des Verses ṚV. 7,59,12. °जप m. KÂD. 2,138,24. — 2) m. a) Bein. Çiva's RÂGAT. 8,2436. — b) N. pr. eines Autors. Auch °भट्टारक.

मृत्युंजयता f. Nom. abstr. zu मृत्युंजय 1) und 2) a) Spr. 7636.

मृत्युंजयतीर्थ n. N. pr. eines Tîrtha.

मृत्युंजयध्यान n. Titel eines Werkes BURNELL, T.

मृत्युंजयमानस n. und मृत्युंजयादिहोमविधि m. Titel zweier Werke OPP. Cat. 1.

मृत्युतीर्थ n. N. pr. eines Tîrtha.

मृत्युतूर्य n. eine bei Leichenbegängnissen geschlagene Trommel.

मृत्युदूत m. Todesbote AV.

मृत्युद्वार n. das zum Tode führende Thor zu Spr. 316.

*मृत्युनाशक m. Quecksilber RÂGAN. 13,109.

मृत्युनाशन n. ein Unsterblichkeitstrank.

मृत्युनिवर्तक Adj. den Tod aufhebend (Vishṇu) PAÑKAR. 4,3,71.

मृत्युपथ m. ein zum Tode führender Weg.

मृत्युपा Adj. den Tod schlürfend (Çiva).

मृत्युपाश m. Fessel des Todes MANTRABR. 1,1,9.

*मृत्युपुष्प m. Zuckerrohr.

*मृत्युफल 1) m. eine Gurkenart. — 2) f. आ und ई Musa sapientum.

मृत्युबन्धु (ṚV.) u. मृत्युबन्धु (TS.) Todesgenosse.

*मृत्युबीज m. Bambusrohr.

*मृत्युभङ्गक m. eine bei Leichenbegängnissen geschlagene Trommel.

मृत्युभय n. 1) Todesfurcht. — 2) Todesgefahr.

*मृत्युभृत्य m. Krankheit RÂGAN. 20,1. Vgl. मृत्युसेवक.

मृत्युमत् Adj. 1) mit dem Tode behaftet, dem Tode unterworfen. — 2) *todt.

मृत्युमहिषीदान n. und °विधि m. Titel von Werken BURNELL, T.

*मृत्युमार m. Bez. eines der 4 Teufel bei den Buddhisten.

मृत्युमृत्यु m. der Tod des Todes, so v. a. ein Abwehrer des Todes. Nom. abstr. °त्व n.

मृत्युराज् m. der Gott des Todes.

मृत्युरूपिणी f. mystische Bez. des Lautes श.

मृत्युलङ्गलोपनिषद् f., मृत्युलाङ्गल, °लाङ्गलोपनिषद् (BURNELL, T.) oder मृत्युलाङ्गूल Titel einer Upanishad WEBER, Lit. 189.

मृत्युलाङ्गूलस्तोत्र n. Titel eines Stotra BURNELL, T.

मृत्युलाङ्गूल s. u. मृत्युलङ्गलोपनिषद्.

मृत्युलोक m. 1) die Welt des Todes, die fünfte unter 7 Welträumen. — 2) Jama's Behausung, die Welt der Todten.

*मृत्युवञ्चन m. 1) Bein. Çiva's. — 2) Rabe. — 3) Aegle Marmelos.

मृत्युविजय m. N. pr. eines Elephanten DAÇAK. (1925) 2,71,8.

मृत्युसंयुत Adj. mit dem Tode verbunden, dem Tode unterworfen TS. 1,5,9,4.

मृत्युसंजीवनी f. ein Todte auferweckender Zauberspruch.

मृत्युसंधित Adj. dem Tode verfallen MBH. 5,64,8. v. l. मृत्युसंमित.

मृत्युसंमित Adj. dass. MBH. 5,2462. v. l. मृत्युसंधित.

मृत्युसात् Adv. mit कर् Jmd dem Tode überliefern.

मृत्युसुत 1) m. Bez. einer Art von Kometen. — 2) f. आ Patron. der Sunîthâ HARIV. 293. Vgl. VP. 1,13,11.

*मृत्युसूति f. Krebsweibchen.

मृत्युसेना f. das Heer des Todesgottes.

*मृत्युसेवक m. Krankheit GAL. Vgl. मृत्युभृत्य.

मृत्य्वष्टक n. Titel eines Werkes BURNELL, T.

*मृत्सा f. 1) guter Lehm. — 2) eine wohlriechende Erdart. — 3) Alaunschiefer RÂGAN. 13,63.

मृत्स्तोम m. Erdhaufen UTPALA zu VARÂH. JOGAJ. 7,13.

मृत्स्न 1) m. oder n. Staub, Pulver. — 2) f. आ a) Lehm, Thon. — b) *guter Lehm. — c) *eine wohlriechende Erdart. — d) *Alaunschiefer BHÂVAPR. bei GARBE zu RÂGAN. 13,63.

*मृत्स्नाभाण्डक n. ein best. irdenes Gefäss.

मृद् f. 1) *Lehm, Thon.* — 2) *ein Erd —, Lehmklumpen* zu Spr. 2849. — 3) *eine wohlriechende Erdart.* — 4) **Alaunschiefer* Râǵan. 13,63.

*मृदङ्कुर und *मृदङ्कुर m. *Columba Hariola.*

मृदङ्ग 1) m. a) *eine Art Trommel* Gaut. — b) **Lärm, Geräusch.* — c) **Bambusrohr.* — 2) *f. ई *eine best. Pflanze,* = घोषातकी.

मृदङ्गक n. *ein best. Metrum.*

मृदङ्गफल 1) *m. *Brodfruchtbaum.* — 2) n. *Luffa acutangula* Karaka 7,6.

*मृदङ्गफलिनी f. *eine best. Pflanze,* = कोशातकी Râǵan. 3,36.

*मृदर 1) m. a) *Krankheit.* — b) *Höhle.* — 2) Adj. a) *sportive, sporting.* — b) *passing quickly away, transient.*

मृदव n. in der Dramatik *Hervorhebung der Vorzüge an dem Tadelnswerthen und umgekehrt.*

मृदा f. *Lehm, Thon.*

मृदानी f. fehlerhaft für मृडानी.

*मृदाह्वया f. *eine wohlriechende Erdart.*

*मृदि m. N. pr. eines Mannes.

मृदित 1) Adj. s. u. मर्द्. — 2) n. *eine best. Krankheit des männlichen Gliedes.*

*मृदिनी f. *gute Erde, guter Boden.*

मृदिष्ठ *der weichste Theil* Âçv. Çr. 5,17,5. Richtig wäre म्रदिष्ठ.

मृदु 1) Adj. (f. मृदु und मृद्वी) a) *weich, zart, geschmeidig* (Compar. मृदुतर TS. Prât. Chr. 296,14); *mild, sanft.* So heissen die Mondhäuser Anurâdhâ, Kitrâ, Revatî und Mṛgaçiras. — b) *mild,* so v. a. *schwach, mässig.* — c) *schwach, keinen Widerstand zu leisten vermögend.* — d) *langsam;* in der Astron. so v. a. *in der oberen Apsis stehend* Gaṇit. Grah. 14. — 2) m. n. *Milde.* — 3) m. a) *der Planet Saturn.* — b) N. pr. verschiedener Männer VP.². — 4) *f. मृदु *Aloe perfoliata* Râǵan. 5,45. — 5) *f. मृद्वी *Weinstock mit röthlichen Trauben* Râǵan. 11,103.

मृदुक 1) Adj. *weich.* °म् Adv. *zart, leise.* — 2) f. आ N. pr. einer Apsaras Kâraṇḍ. 3,13.

मृदुकर्मन् n. = 1. मन्दकर्मन् Golâdhj. 5,86.

*मृदुकृष्णायस n. *Blei* Râǵan. 13,25.

मृदुकोप Adj. *wenig zum Zorn geneigt, sanftmüthig* Varâh. Bṛh. S. 68,111.

मृदुकोष्ठ Adj. *leicht zu Stuhl gehend.*

मृदुक्रिया f. *das Erweichen.*

मृदुगण m. *die Gruppe der* मृदु *genannten Mondhäuser.*

*मृदुगन्धिक m. *eine best. Pflanze.*

*मृदुगमना f. *das Weibchen der Gans oder eines ähnlichen Vogels.*

*मृदुगामिनी f. desgl. Râǵan. 19,103.

मृदुगिर् Adj. *sanftstimmig* Mṛkkh. 44,13.

*मृदुग्रन्थि m. *eine Grasart* Râǵan. 8,132.

*मृदुचर्मिन् m. *Betula Bhojpatra.*

मृदुचाप m. N. pr. eines Dânava.

मृदुचारुभाषिन् Adj. *milde und liebliche Töne von sich gebend* Varâh. Bṛh. S. 63,3.

*मृदुच्छद m. 1) *Betula Bhojpatra.* — 2) *eine Pîlu-Art.* — 3) *Blumea lacera* Madanav. 30,307. — 4) *ein der Weinpalme ähnlicher Baum* Râǵan. 9,89. — 5) *Amphidonax Karka* Râǵan. 8,104. — 6) *eine Grasart,* = शिल्पिका Râǵan. 8,129.

*मृदुजातीय Adj. *ziemlich weich* u. s. w.

मृदुता f. *Weichheit, Milde, Schwäche.*

*मृदुताल m. *ein der Weinpalme verwandter Baum* Râǵan. 9,89.

मृदुतीक्ष्ण 1) Adj. *zugleich milde und scharf.* Compar. °तर. — 2) n. Sg. *die Mondhäuser Kṛttikâ und Viçâkhâ.*

मृदुत्व n. *Weichheit, Zartheit, Milde.*

*मृदुत्वच् m. *Betula Bhojpatra.*

*मृदुत्वक (!) n. *Gold.*

*मृदुपत्त्र 1) m. *Rohrschilf* Râǵan. 8,104. — 2) f. ई *eine best. dem Spinat verwandte Gemüsepflanze* Râǵan. 7,125.

*मृदुपर्वक und *°पर्वन् m. *eine Art Calamus.*

*मृदुपीठक m. *eine Art Wels, Silurus Pelorius.*

*मृदुपुष्प und *°क (Râǵan. 9,58) m. *Acacia Sirissa.*

मृदुपूर्व Adj. (f. आ) *zart* (Rede). °म् Adv. *auf eine zarte Weise.*

मृदुप्रयत्न Adj. *mit geringer Thätigkeit des Mundes ausgesprochen.*

मृदुप्रिय m. N. pr. eines Dânava.

*मृदुफल m. 1) *Flacourtia sapida* Râǵan. 9,162. — 2) *Asteracantha longifolia* Râǵan. 11,218. — 3) *eine Art Cocosnussbaum.*

मृदुभाव m. *Milde.*

मृदुभाषिन् Adj. *sanft redend* Vikr. 88. Varâh. Bṛh. S. 86,9. Nom. abstr. °षिता f. Daçak. 6,12.

मृदुमध्या f. *eine best.* Mûrkhanâ S. S. S. 30.

मृदुमध्याधिमात्र Adj. *milde, die Mitte haltend oder übermässig* Jogas. 2,34. Nom. abstr. °त्व n. 1,22.

मृदुयुद्ध Adj. *lässig kämpfend.* Nom. abstr. °ता f. MBh. 6,59,65. 83.

मृदुर m. 1) *ein best. Wasserthier* Âpast. = मकर Comm. — 2) N. pr. eines Sohnes des Çvaphalka.

मृदुरस्वन m. N. pr. eines Asura.

मृदुरि m. N. pr. v. l. für मृदुविद् VP.² 4,96.

*मृदुरोमवत् m. *Hase.*

मृदुल 1) Adj. *weich, zart, mild.* — 2) *m. *Amyris Agallocha.*

*मृदुलता f. *eine Grasart,* = मूली Râǵan. 8,150.

*मृदुलोमक m. *Hase.*

मृदुवर्ग m. *die Gruppe der* मृदु *genannten Mondhäuser.*

मृदुवाच् Adj. *mild in der Rede* 209,7.

मृदुविद् m. N. pr. eines Sohnes des Çvaphalka.

*मृदुसारा f. *Thespesia populnea* Râǵan. 9,98.

मृदुसूर्य Adj. *mit mild scheinender Sonne* (Tag) 86,5.

मृदुस्पर्श Adj. (f. आ) *weich —, sanft bei der Berührung.*

मृदुहृदय Adj. *weichherzig.* Superl. °तम Çat. Br. 1,6,2,10.

मृदू Adv. mit भू *sanft —, weich werden* 162,11.

मृदूच्च n. *die obere Apsis einer Planetenbahn* Gaṇit. Spasht. 18,25.

मृदूभाव m. 1) *das Weichwerden.* — 2) *das Gelinderwerden, Nachlassen* (eines Fiebers) Karaka 6,3.

*मृद्गु m. *ein best. Fisch.*

मृद्घट m. *ein irdener Krug.*

मृद्दारुशैल Adj. *aus Lehm, Holz oder Stein gemacht* Hemâdri 1,670,4.

मृद्दुर्ग Adj. *schwer zugänglich wegen des Lehmbodens;* n. *ein solcher Ort* MBh. 12,86,5.

मृद्भाण्ड n. *Thongefäss.* मृद्भाण्डावशेषम् Adv. *Alles mit Ausnahme der Thongefässe* (stehlen) Benf. Chr. 188,14.

मृद्वङ्ग 1) Adj. (f. ई) *zart gebaut* 122,1. — 2) *n. *Zinn.*

मृद्ववग्रह m. *leise Trennung der Compositionsglieder.*

मृद्वीका f. *Weinstock, Weintraube,* namentlich *eine röthliche* Râǵan. 11,103.

मृध् f. 1) *Kampf* ṚV. 1,174.7 nach Sâj. Es ist vielleicht मृदि zu lesen. — 2) *Verächter; Feind, Gegner* überh.

मृध m. n. *Kampf, Schlacht.*

मृधभू f. *Schlachtfeld* Mahâvirak. 100,20. 112,13.

मृधस् n. 1) *Geringachtung.* Nur in der Verbindung मृधस्कर *geringachten, verschmähen.* — 2) **Kampf, Schlacht.*

*मृधा Adv. = मृषा.

मृध्र n. Pl. 1) *Verachtung, Schmähung.* — 2) *Verächter, Feind.*

मृध्रवाच् Adj. *verächtliche Reden führend, schmä-*

hend.

मृन्मय 1) Adj. (f. ई) *aus Erde —, Lehm —, Thon bestehend, — gemacht, irden.* गृह् so v. a. *Grab.* — 2) m. oder n. *ein aus Lehm gemachter Gegenstand, ein irdenes Geschirr* Ârsh. Br. 5,3. Âpast.

मृन्मयक Adj. = मृन्मय 1) Hemâdri 1,690,16.

*मृन्मरु m. *Stein, Fels* (?).

*मृन्मान als Erklärung von कूप.

मृन्मूषा f. *ein irdener Tiegel* Bhâvapr. 2,84.

मृल्लोष्ट n. *Erd —, Lehmklumpen.*

मृशय Adj. v. l. für मृचय.

मृशाखान m. N. pr. v. l. für मूशाखान.

मृषा Adv. 1) *umsonst, fruchtlos, vergebens.* — 2) *irrig, falsch, unrichtig, nicht der Wahrheit gemäss, unwahr, lügnerisch, verstellter Weise.* मृषैव तत् *das ist nicht wahr;* वर्जनीयं मृषा बुधैः *Kluge müssen die Unwahrheit vermeiden;* mit मन् oder ज्ञा (308,13) *für unwahr halten;* mit कर् *Etwas simuliren.* — 3) personificirt als Gattin Adharma's. — कृतमृषा Kathâs. 124,171 fehlerhaft für कृतमिषा.

मृषाज्ञान n. *falsches Wissen, Unwissenheit, Dummheit.*

मृषात्व n. *Unrichtigkeit, Falschheit.*

मृषादान n. *das Betrügen beim Geben, — Schenken, ein leeres Versprechen, dass man Etwas schenken wolle.*

मृषादृष्टि Adj. *eine falsche Ansicht —, eine irrige Meinung habend.*

*मृषाध्यानिन् und *मृषाध्यायिन् m. *Ardea nivea* Râgan. 19,97.

मृषानुशासिन् Adj. *auf ungerechte Weise strafend.*

मृषाभाषिन् Adj. *unwahr redend, Lügner.*

मृषाय्, °यते *eine irrige Meinung hegen.*

मृषार्थ (Pr. P. 10) und *°क Adj. *unwahr.*

*मृषालक m. *der Mangobaum.*

मृषावचन n. (Kautukas.) und °वाच् f. *unwahre Rede; Spottrede, Ironie.*

1. मृषावाद m. dass. Kâd. 120,2 (*eine unwahre Rede*).

2. मृषावाद Adj. *unwahr redend, Lügner.*

मृषावादिन् Adj. dass.

मृषिक m. Pl. N. pr. eines Volkes. Richtig मूषिक.

1. मृषोद्य n. *das Sagen der Unwahrheit, Lügen* Âpast.

2. *मृषोद्य Adj. *unwahr redend, Lügner.*

1. मृष्ट 1) Adj. s. u. 1. मर्ज्. — 2) *n. *Pfeffer.*

2. मृष्ट Partic. s. u. मर्श्.

*मृष्टलुञ्चित Adj. *ausgerissen und gewaschen* (Wurzel).

मृष्टवत् Adj. *eine Form von* 1. मर्ज् *enthaltend.*

मृष्टवाक्य Adj. *süsse Rede führend.*

मृष्टशलाक Adj. Hemâdri 1,11,3. 5 angeblich = उज्ज्वलपञ्जर. Richtig अष्टशलाक *mit acht Rippen versehen* (Sonnenschirm), wie MBh. 12,235,21 gelesen wird.

मृष्टाशन (Comm.) und मृष्टाशिन् Adj. *Leckerbissen essend* Vishnus. 45,27.

मृष्टि f. 1) *Reinigung, saubere Zubereitung* Maitr. S. 1,4,7 (54,14). — 2) *Leckermahl.*

*मृष्टेरुक Adj. 1) *leckere Speisen geniessend, Leckermaul.* — 2) *Gäste nicht mögend.* — 3) *freigebig.*

मृस्मृसा Adv. mit कर् *zu Staub zerreiben, zermalmen* Maitr. S. 2,7,7 (84,3). Vgl. मष्मषा und मस्मसा.

1. मे enklitischer Gen. und Dat. zu अहम् *ich.* Nach Vâmana 5,2,11 auch = मया, nach Pischel in Z. d. d. m. G. 35,715 = मा *mich* ṚV. 5,12,3.

2. मे onomatop. vom *Meckern* des Ziegenbocks. मे मे कर् *meckern* Spr. 7698. Vgl. *मेनाद.

*मेक m. *Bock* Râgan. 19,41.

मेकल 1) m. N. pr. *a*) Pl. eines Volkes. — *b*) Pl. einer Dynastie VP. 4,24,17. — *c*) eines Ṛshi (?), Vaters des Flusses Narmadâ VP.[2] 2,160. — *d*) eines Berges. — 2) f. आ *a*) Bein. des Flusses Narmadâ. — *b*) N. pr. einer Stadt VP.[2] 4,64. 214. fgg.

मेकलक m. Pl. = मेकल 1) *b*) VP.[2] 4,215.

मेकलकन्यका und *°कन्या f. Bein. des Flusses Narmadâ Râgan. 14,81.

मेकलशैल m. N. pr. eines *Berges.*

मेकलशैलकन्या f. Bein. des Flusses Narmadâ Bâlar. 67,4.

*मेकलाद्रि m. N. pr. eines *Berges.*

*मेकलाद्रिजा f. Bein. des Flusses Narmadâ.

मेक्षण n. *hölzerner Rührstab, Rührlöffel zum Umrühren und Ausheben kleiner Theile des* Karu *dienend* (einen Prâdeça lang).

मेखल 1) m. oder n. *Gurt, Gürtel.* — 2) m. Pl. N. pr. eines Volkes; richtig मेकल. — 3) f. मेखला *a*) *Gurt, Gürtel;* bei Männern, Frauen und Pferden; auch übertragen auf *Alles, was Etwas gürtelartig umschliesst.* Am Ende eines adj. Comp. f. आ. — *b*) *das Anlegen des Gürtels, die dabei stattfindende Ceremonie.* — *c*) **Schwertriemen, Wehrgehenk.* — *d*) Bez. *der um den Altar gezogenen Stricke.* — *e*) **Gürtelgegend, Hüfte.* — *f*) *ein best. Theil an einer Feuergrube* Hemâdri 1,130,9. 14.133,22.23.134,8.23.24.135,3.fgg. 136,7.12.fgg. — *g*) *Abhang, Thalwand eines Berges.* — *h*) **Hemionitis cordifolia* Râgan. 4,37. — *i*) *Bein. des Flusses Narmadâ; richtig मेकला. — *k*) N. pr. *α*) einer Oertlichkeit (?). — β) verschiedener Frauen Viddh. 37,1.

*मेखलकन्यका f. v. l. für मेकलकन्यका.

मेखलापद n. *Gürtelgegend, Hüfte.*

मेखलापद्धति f. Titel eines Werkes Bühler, Rep. No. 30.

मेखलाल Adj. als Beiw. Rudra's nach Nilak. *mit einem Gürtel geschmückt.*

मेखलावत् Adj. *mit einem Gurt* oder *Reif versehen.*

*मेखलाविन् Adj. *einen Gürtel tragend.*

मेखलि s. u. मेखलिन् 2).

*मेखलिक Adj. *einen Gürtel tragend.*

मेखलिन् 1) Adj. *einen Gürtel tragend.* Am Ende eines Comp. *mit einem — Gürtel —, mit einem G. von — versehen.* — 2) m. *ein Brahmanenschüler.*

मेखलीनाम् metrisch für मेखलिनाम्.

मेघ s. मिघ्.

मेघ 1) m. *a*) *Wolke;* auch so v. a. *trübes Wetter.* In गृह्° so v. a. *Menge.* Am Ende eines adj. Comp. f. आ. — *b*) **Cyperus rotundus.* — *c*) *ein best.* Râga. Vgl. मेघराग. — *d*) **ein* Rakshas. — *e*) N. pr. *α*) Pl. einer Dynastie VP.[2] 4,216. — β) eines Fürsten VP.[2] 4,46. — γ) *eines Gaina-Heiligen. — δ) eines Dichters. — 2) *n. *Talk.*

*मेघकफ m. *Hagel.*

मेघकर्णा f. N. pr. einer der Mütter im Gefolge Skanda's MBh. 9,46,30.

मेघकाल m. *Regenzeit.*

मेघकुमारचरित n. Titel eines Gaina-Werkes Pischel, de Gr. pr.

मेघकुमारदेव m. N. pr. eines göttlichen Wesens Ind. St. 15,410.

मेघकूटाभिगर्जितेश्वर m. N. pr. eines Bodhisattva.

*मेघगर्जन n. *das Donnern, Donner.*

मेघंकर Adj. *Wolken erzeugend* Bhaṭṭ.

*मेघचिन्तक m. *der Vogel* Kâtaka.

मेघज Adj. *aus der Wolke kommend.* अम्बु n. *Regen.*

*मेघजाल n. 1) *Wolkenmasse, dichtes Gewölk.* — 2) *Talk.*

*मेघजीवक und *°जीवन (Râgan. 19,115) m. *der Vogel* Kâtaka.

*मेघज्योतिस् n. *Wetterleuchten* oder *Blitz.*

मेघडम्बर m. *Wolkengetöse, Donner.*

मेघतरु m. *eine best. Wolkenbildung.*

*मेघतिमिर n. *Dunkelheit in Folge eines bewölkten Himmels, trübes Wetter.*

मेघत्व n. Nom. abstr. zu मेघ *Wolke.*

*मेघदीप m. *Blitz.*

मेघदुन्दुभि m. N. pr. eines Asura.

मेघदुन्दुभिनिर्घोष (MBh. 1,221,76) und °दुन्दुभिराविन् (R. 1,54,7) Adj. *brüllend wie eine Wolke oder eine Pauke.*

मेघदुन्दुभिस्वरराज m. N. pr. eines Buddha.

मेघदूत m. Titel eines Gedichts.

मेघदूतपादसमस्या f. Titel eines Werkes.

*मेघद्वार n. *der Himmel.*

1. मेघनाद m. *Donner.*

2. मेघनाद 1) Adj. *donnerähnliche Töne hervorbringend, laut schallend, — tönend, — brüllend.* — 2) m. *a)* *Bein. Varuṇa's. — *b)* * *Amaranthus polygonoides.* — *c)* * *Butea frondosa.* — *d)* N. pr. α) eines Wesens im Gefolge Skanda's. — β) eines Dânava oder Daitja Ind. St. 14,125. — γ) eines Sohnes des Râvaṇa, der später den Namen Indraǵit erhielt. — δ) eines Menschen. — ε) eines Frosches. — 3) f. आ N. pr. einer Joginî Hemâdri 2,*a*,98,14. fgg.

*मेघनादजित् m. Bein. Lakshmaṇa's.

मेघनादतीर्थ n. N. pr. eines Tîrtha.

मेघनादमण्डप m. *eine Art Pavillon* Pańkad.

*मेघनादानुलासक und *°लासिन् m. *Pfau* Râǵan. 19,95.

मेघनादिन् 1) Adj. *a)* = 2. मेघनाद 1). — *b) beim Erscheinen von Wolken* (freudige) *Töne von sich gebend.* — 2) m. *a) ein laut rasselnder Wagen.* — *b)* N. pr. eines Dânava.

*मेघनामन् m. *Cyperus rotundus.*

1.*मेघनिर्घोष m. *Donner.*

2. मेघनिर्घोष Adj. = 2. मेघनाद 1).

मेघपर्वत m. N. pr. eines *Berges.*

मेघपालीतृतीयाव्रत n. *eine best. Begehung.*

1.*मेघपुष्प n. 1) *Wasser.* — 2) *Hagel.* — 3) = नादेय oder नाद.

2. मेघपुष्प m. N. pr. eines der 4 Pferde Vishṇu-Kṛshṇa's.

मेघपृष्ठ N. pr. m. eines Sohnes des Ghṛtapṛshṭha, n. des von ihm beherrschten Varsha.

मेघप्रदीप m. Titel eines Werkes.

मेघप्रवाह m. N. pr. eines Wesens im Gefolge Skanda's.

*मेघप्रसर und *मेघप्रसव m. *Wasser* Râǵan. 14,2.

मेघब्रह्म m. *eine best. Mixtur.*

मेघबल m. N. pr. eines Mannes.

मेघभगीरथठक्कुर m. N. pr. eines Autors.

*मेघभूति m. *Donnerkeil.*

मेघमञ्जरी f. N. pr. einer Prinzessin.

मेघमठ m. N. pr. eines *Klosters* oder *Collegiums.*

मेघमय Adj. *aus Wolken gebildet* Harshaḱ. 203,10.

मेघमल्लारिका f. *ein best.* Râga S. S. S. 82.

मेघमाल N. pr. 1) m. *a)* eines Berges. — *b)* eines Râkshasa. — *c)* eines Sohnes des Kalki. — 2) f. आ einer der Mütter im Gefolge Skanda's.

मेघमाला f. 1) *ein Kranz —, Reihen von Wolken.* — 2) Titel eines Werkes.

मेघमालिन् m. N. pr. 1) eines Wesens im Gefolge Skanda's. — 2) eines Asura. — 3) eines Fürsten.

*मेघमोदिनी f. *Eugenia Jambolana* Râǵan. 11,24.

मेघयन्ती Adj. f. *trübes Wetter machend;* als Subst. Name einer der 7 Kṛttikâ.

मेघयाति m. N. pr. eines Fürsten VP.[2] 4,46.

*मेघयोनि m. *Rauch.*

मेघरङ्गिका und °रङ्गी f. *ein best.* Râga S. S. S. 101. 107.

मेघरथ m. N. pr. eines Vidjâdhara Hem. Par. 2,645.

मेघरव m. *Donner.*

मेघरवा f. N. pr. einer der Mütter im Gefolge Skanda's.

मेघराग m. *ein best.* Râga S. S. S. 37.

मेघराज m. N. pr. eines Buddha.

मेघराजी f. *Wolkenstreif.*

मेघराव m. *ein best. Wasservogel* Ḱaraka 1,27.

मेघरेखा und मेघलेखा f. *Wolkenstreif.*

मेघवन N. pr. eines Agrahâra.

मेघवत् 1) Adj. *in Wolken gehüllt, mit W. bezogen.* — 2) m. N. pr. eines Berges.

मेघवपुस् n. *eine geformte Wolkenmasse.*

मेघवर्ण 1) Adj. *wolkenfarbig.* — 2) m. N. pr. *a)* eines Mannes. — *b)* einer Krähe. — 2) *f. आ *die Indigopflanze.*

*मेघवर्त्मन् n. *der Luftraum.*

*मेघवह्नि m. *Wetterleuchten, Blitz.*

मेघवासस् m. N. pr. eines Daitja.

मेघवाहन m. 1) Bein. Indra's. — 2) *ein best.* Kalpa 2) *h*). — 3) N. pr. verschiedener Fürsten.

मेघवाहिनी f. N. pr. einer der Mütter im Gefolge Skanda's MBh. 9,46,17.

मेघवितान 1) m. n. *eine ausgebreitete Wolkenmasse, ein stark bezogener Himmel.* — 2) n. *ein best. Metrum.*

मेघविस्फूर्जित 1) n. *das Tosen der Wolken, Donnern.* — 2) f. आ *ein best. Metrum.*

मेघवेग m. N. pr. eines Mannes MBh. 7,48,15.

*मेघवेश्मन् n. *der Luftraum.*

1. मेघसख m. N. pr. eines Berges.

2. मेघसख Adj. (f. आ) *die Wolke zum Freunde habend* Suparn. 3,2.

मेघसंदेश m. = मेघदूत Opp. Cat. 1.

मेघसंधि m. N. pr. eines Fürsten.

*मेघसंभव m. N. pr. eines Schlangendämons.

*मेघसार n. *eine Art Kampfer* Râǵan. 12,70.

*मेघसुहृद् m. *Pfau.*

*मेघस्कन्दिन् m. *das fabelhafte Thier Çarabha* Râǵan. 19,4.

मेघस्तनित n. *Donner.*

*मेघस्तनितोद्भव m. *Asteracantha longifolia* Râǵan. 11,219.

मेघस्वना f. N. pr. einer der Mütter im Gefolge Skanda's.

मेघस्वर und °राज m. N. pr. zweier Buddha.

मेघस्वाति m. N. pr. eines Fürsten.

मेघहीन Adj. *wolkenlos, so v. a. des Regens entbehrend* Spr. 4972.

मेघहृत् MBh. 5,3597 fehlerhaft für मेषहृत्.

मेघह्लाद Adj. *wie eine Wolke donnernd, — brüllend.*

मेघात m. N. pr. eines Fürsten.

मेघाख्य 1) m. v. l. für मेघात. — 2) *n. *a) Cyperus rotundus.* — *b) Talk.*

मेघागम m. *die Regenzeit* Spr. 4973.

*मेघागमप्रिय m. *Nauclea cordifolia* Râǵan. 9,103.

मेघाटोप m. *eine dicke Wolke.*

मेघाडम्बर m. *Donner.*

*मेघानन्दा f. *eine Kranichart* Râǵan. 19,104.

*मेघानन्दिन् m. *Pfau* Râǵan. 19,93.

*मेघान्त m. *der Herbst* Râǵan. 21,67.

मेघाय्, °यते = मेघं करोति. 1) *wolkicht werden.* Davon nur die Dative मेघायते, मेघायिष्यते und मेघितोय. — 2) *Wolken darstellen, wolkenartig aufsteigen* Harshaḱ. 176,13. मेघायित n. impers. Dh. V. 22,2.

मेघाराव m. v. l. für मेघराव Ḱaraka 1,27.

*मेघारि m. *Wind.*

मेघावली f. N. pr. einer Fürstin.

*मेघास्थि n. *Hagel.*

*मेघास्पद n. *der Luftraum.*

मेघेश्वरतीर्थ n. N. pr. eines Tîrtha.

मेघोदक n. *Regen.*

मेघोदय m. *ein heraufziehendes Gewölk.*

*मेघोदर *eine falsche Form.*

*मेघोपल m. *Hagel* Çâçvata 736.

*मेघ्य Adj. *in einer Wolke befindlich.*

मेङ्गनाथज्ञन wohl N. pr. einer Oertlichkeit.

मेङ्गनाथभट्ट m. N. pr. eines Mannes.

मेच m. N. pr. eines Dichters. v. l. मेघ.

मेचक 1) Adj. (f. आ) *dunkelblau, dunkelfarbig.* Als Bez. der *15ten unbekannten Grösse* Colebr. Alg. 228. — 2) m. a) **die dunkelblaue Farbe, Schwärze.* — b) *das Auge im Pfauenschweife* Hemâdri 1,549,1. 3. 5. — c) *ein best. Edelstein, Cyanit* Bull. de l'Ac. des Sc. de St. P. 23,65. — d) **Brustwarze.* — e) **Rauch.* — f) **Wolke.* — g) **Moringa pterygosperma.* — 3) *n. a) *Finsterniss.* — b) *Schwefelantimon* Râgan. 13,87.

मेचकचातनी f. *eine best. Pflanze.* v. l. मचक°.

*मेचकापगा f. Bein. der Jamunâ.

मेचकाभिधा f. *eine Art Cocculus* Râgan. 3,90.

*मेचकित Adj. 1) *versehen mit Verzierungen, die dem Auge im Pfauenschweife gleichen,* Hemâdri 1,548,23. — 2) *dunkelblau schillernd* Kâd. 153,21. Harshak. 202,10.

*मेचुरादि (!) N. pr. einer Oertlichkeit.

*मेट्, मेटति (उन्मादे).

मेटि m. und मेटी f. v. l. für मेथि und मेढी.

*मेटुला f. *Myrobalanenbaum.*

*मेठ m. 1) *Elephantenwärter.* — 2) *Widder.*

मेठि m. und मेठी f. v. l. für मेढी, मेथि und मेथी.

मेठीभूत Adj. = मेढीभूत.

*मेड्, मेडते v. l. für मेट्.

मेडि, मेण्डि m. *das Knistern, Sprühen, Rauschen, Klingen.* Auch Pl.

मेडु m. v. l. für मेडि.

*मेढ m. *Elephantenführer* Gal.

मेढी f. = मेथि, मेथी. °भूत Adj. so v. a. *ein festes Centrum seiend, um welches alles Andere sich dreht, nach welchem a. A. sich richtet.*

मेढ्र 1) m. (ausnahmsweise) und n. *das männliche Glied.* — 2) *m. *Widder.*

मेढ्रक m. = मेढ्र 1) und *2).

मेढ्रचर्मन् n. *Vorhaut.*

मेढ्रज m. Bein. Çiva's.

*मेढ्रशृङ्गी f. *Odina pennata.*

मेण्ठ m. 1) *Elephantenwärter* Hem. Par. 2,553. — 2) N. pr. eines Dichters.

*मेण्ड m. 1) *Elephantenwärter.* — 2) *Widder* Râgan. 19,42.

*मेण्ढ m. *Widder.*

मेण्ढक m. 1)* *Widder.* — 2) N. pr. eines Mannes.

मेण्ढ्र m. 1) *das männliche Glied.* — 2) **Widder.*

मेतर् Nom. ag. *Aufrichter einer Säule, Baumeister.*

मेतार्य m. N. pr. eines der 11 Gaṇâdhipa bei den Gaina.

मेत्यित Adj. *zugesellt* TBr. 3,7,2,7 = Âpast. Çr. 9,3,1. Vgl. मिथ्.

मेथ् s. मिथ्.

मेथन n. *Schmährede* Vaitân.

मेथि 1) m. *Pfeiler, Pfosten,* insbes. *ein Pfosten in der Mitte der Tenne, an welchen die Ochsen gebunden werden* und *ein Pfosten zum Anbinden des Viehes* überh. Auch मेथी f. — 2) *eine Schutzhütte für das Vieh* AV. 8,5,20. मेथी f. Tândja-Br. 13,9,17. — 3) *eine Stütze um die Deichsel des Wagens zu tragen.* Auch मेंथी f. — 4) मेथी f. *Trigonella foenum graecum* Pańkad.

*मेथिका und *मेथिनी f. *Trigonella foenum graecum* Mat. med. 144. Râgan. 6,69.

मेथिष्ठ Adj. *um den Pfosten, an welchen das Vieh angebunden wird, stehend* oder *in der Viehhütte st.*

मेद् s. 1. und 2. मिद्.

मेद 1) m. a) *Fett.* — b) **eine best. Pflanze,* = अलम्बुषा. — c) *eine best. Mischlingskaste.* — d) N. pr. eines Schlangendämons. — 2) f. आ *eine dem Ingwer ähnliche Wurzel* Râgan. 5,23. Bhâvapr. 1,170. Madanav. 1,80.

मेदआहुति f. *eine Opferspende von Fett.*

मेदःपुच्छ m. *das fettschwänzige Schaf.*

मेदक m. *geringer Branntwein* Mat. med. 273. Bhâvapr. 2,92. Karaka 1,15.

*मेदकृत् n. *Fleisch* Gal.

*मेदज m. *eine Art Bdellium.*

मेदन n. *Mastung.*

मेदपाठ m. N. pr. eines Zweiges des Vatsa-Geschlechts.

मेदशिरस् m. N. pr. eines Fürsten.

मेदस् n. 1) *Fett.* मेदस्तस् *vom Fett an.* Ausnahmsweise Pl. und m. — 2) *Fettleibigkeit.* — 3) mystische Bez. des Lautes व.

*मेदस्कृत् n. *Fleisch.*

*मेदस्तेजस् n. *Knochen.*

*मेदस्पिण्ड m. *ein Klumpen Fett.*

मेदस्वन्त् Adj. *fett* TBr. 2,4,4,9.

मेदस्विन् Adj. *fettleibig.*

मेदःसार 1) Adj. *bei dem* (unter den 7 Bestandtheilen des Körpers) *das Fett vorwaltet.* — 2) *f. आ *eine best. Heilpflanze* Râgan. 5,23.

मेदिन् 1) Adj. Subst. m. *Genosse, Theilhaber, Verbündeter.* — 2) f. मेदिनी a) *die Erde.* — b) *Erdboden, Boden.* — c) *Land, Reich.* — d) *Platz, Stelle.* — e) **Gmelina arborea.* — f) **eine dem Ingwer ähnliche Wurzel.* — g) *eine best. Composition* S. S. S. 138. Vgl. मर्दिनी. — h) Titel eines Wörterbuchs. Auch °कोश und मेदिनिकोश m.

मेदिनि s. u. मेदिन् 2) h).

मेदिनीज m. Metron. *des Planeten Mars.*

मेदिनीदान n. Titel eines Werkes Burnell, T.

मेदिनीदिन n. *ein natürlicher Tag* Gaṇit. 1,20.

*मेदिनीद्रव m. *Staub.*

मेदिनीधर m. *Berg* Bhâm. V. 4,34.

मेदिनीनन्दन m. Metron. *des Planeten Mars* Hâsj. 44.

मेदिनीपति m. *Fürst, König.*

मेदिनीश 1) m. dass. — 2) n. Titel eines Tantra.

मेदुर 1) Adj. a) *fett* Çat. Br. 5,4,3,19. — b) *dick, dicht,* — *wie* (im Comp. vorangehend), *dick —, voll —, erfüllt —, ganz bedeckt von* (Instr. oder im Comp. vorangehend) Kâd. 129,19. 2,71,20. — 2) *f. आ *eine best. Arzeneipflanze* Râgan. 3,13.

मेदुरित Adj. *dick —, dicht geworden durch* (im Comp. vorangehend).

मेदोगण्ड m. *eine Species des Kropfes.*

मेदोगला f. *eine der Mimosa pudica verwandte Pflanze* Bhâvapr. 1,220.

मेदोग्रन्थि m. *Fettknoten.*

*मेदोज n. *Knochen.*

मेदोदोष m. *Fettleibigkeit.*

*मेदोद्भवा, *मेदोभवा und *मेदोवती f. *eine dem Ingwer ähnliche Pflanze* Bhâvapr. 1,170.

मेदोरूप Adj. *als Fett erscheinend* TS. 6,3,11,5.

मेद्य Adj. 1) *fett.* — 2) *dick, consistent.*

मेध् s. मिध्.

मेध m. 1) *Fleischsaft, Fettbrühe, kräftiger Saft* oder *Brühe* überh., *kräftiger Trank.* — 2) *Saft und Kraft,* bes. *des Opferthiers, das was in ihm wesentlich und werthvoll ist.* — 3) *Opferthier.* — 4) *Thieropfer.* गवाम् MBh. 3,85,34. — 5) N. pr. verschiedener Männer. — मेधी s. u. मेधि.

मेधज Adj. *aus dem Opfer hervorgegangen* (Vishṇu).

मेधपति und मेधपति m. *Herr des Thieropfers.*

मेधपु Adj. *nach Lohn —, nach Preis begierig.* Nach Sâj. = संग्रामेच्छु oder यज्ञकर्मणेच्छु.

1\. मेधस् 1) n. *Opfer.* — 2) m. N. pr. eines Sohnes a) des Manu Svâjambhuva. — b) des Prijavrata VP. 2,1,7.

2\. मेधस् 1) Adj. *sinnig.* मेधा गिरम् RV. 5,42,13. — 2) am Ende eines adj. Comp. = मेधा *Einsicht, Verstand.*

मेधस m. N. pr. eines Mannes.

मेधसाति f. *das Gewinnen oder Verdienen eines Lohnes, — Preises.* Nach den Comm. *das Empfangen oder Geben des Opfers.*

मेधा f. 1) *Lohn*. — 2) *Geisteskraft, Verstand, Einsicht, Weisheit*. — 3) Pl. *die Erzeugnisse des Verstandes: Erkenntnisse, Gedanken, sententiae*. — 4) *die Einsicht* wird häufig personificirt, insbes. als Tochter Daksha's und Gattin Dharma's, als eine Form der Dâkshâjaṇî und Sarasvatî. — 5) mythische Bez. *des Lautes* ध. — मेधाम् s. auch u. 2. मेधस् 1).

मेधाकाम Adj. *Jmd* (Gen.) *Verstand —, Einsicht wünschend* Mân. Gṛhj. 1,22.

मेधाकार Adj. *Geisteskraft* oder *Einsicht weckend*.

*मेधाकृत् m. *eine best. Gemüsepflanze* Râǵan. 4,51.

मेधाचक्र m. N. pr. eines Fürsten.

मेधाजनन 1) Adj. *Einsicht erzeugend*. — 2) n. *eine best. Ceremonie und der dazu gehörige Spruch, wodurch bei Neugeborenen oder Jünglingen geistige und leibliche Fähigkeit erzeugt werden soll*.

*मेधाजित् m. Bein. Kâtjâjana's.

मेधातिथि m. 1) N. pr. *a*) eines Kâṇva (auch Vaters des Kaṇva). — *b*) eines Sohnes des Manu Svâjambhuva. — *c*) eines der 7 Weisen unter Manu Sâvarṇa. — *d*) eines Sohnes des Prijavrata. — *e*) eines Gelehrten und eines Commentators des Manu Kull. zu M. 9,125. — *f*) eines Flusses. — 2) * *Papagei*.

मेधातिथीय n. Medhâtithi's *Commentar zum* Manu Opp. Cat. 1.

मेधाधृति m. (VP.² 3,25) oder मेधामृति (VP. 3, 2,22) N. pr. eines Ṛshi im 9ten Manvantara.

*मेधाय्, °यति *schnell fassen, — begreifen*.

*मेधारुद्र m. Bein. Kâlidâsa's.

मेधावत् 1) * Adj. *einsichtig, verständig, weise*. — 2) f. °वती *a*) * *eine best. Pflanze*. — *b*) N. pr. eines Frauenzimmers.

मेधावर m. N. pr. eines Mannes.

मेधाविक n. N. pr. eines Tîrtha.

मेधाविता f. *Klugheit, Gescheidtheit*.

मेधाविन् 1) Adj. *mit Geisteskraft ausgerüstet, verständig, klug, weise*. — 2) m. *a*) * *Papagei* Râǵan. 19,113. — *b*) * *ein berauschendes Getränk* Râǵan. 14,36. — *c*) * Bein. Vjâḍi's. — *d*) N. pr. verschiedener Männer. — 3) * f. मेधाविनी *a*) Bein. der Gattin Brahman's. — *b*) *Predigerkrähe* Râǵan. 19,114. — *c*) *eine Art* Ǵjotishmatî Râǵan. 3,73. — 4) n. N. pr. eines nach einem Medhâvin benannten Varsha.

मेधासूक्त n. *ein best. Veda-Lied*.

मेधि und मेधी v. l. für मेथि und मेढी. मेधीभूत Adj. (Ârjabh. 3,15) = मेढीभूत. मेधी auch = मेघ Ind. St. 9,42.

मेधिन् in गृहमेधिन्.

मेधिर Adj. = मेधाविन् 1).

*मेधिष्ठ und *मेधीयस् Superl. und Compar. zu मेधाविन् 1) Vop. 7,54.

1. मेध्य, मेधिम्र 1) Adj. (f. म्रा) *a*) *saftig, kräftig; frisch, unversehrt*. — *b*) *zum Opfer geeignet, opferrein; rein, so v. a. durch die Berührung —, durch den Gebrauch nicht verunreigend*. Compar. मेध्यतर, Superl. मेध्यतम. — 2) m. *a*) * *Ziege, Bock* Râǵan. 19,41. — *b*) * *Acacia Catechu* Râǵan. 8,22. — *c*) * *Gerste* Râǵan. 16,33. — *d*) N. pr. verschiedener Männer. — 3) f. मेध्या *a*) * *Bez. verschiedener für rein geltender Pflanzen* Râǵan. 3,70. 73. 120. 5,63. 6,54. 8,33. 10,68. — *b*) * *Gallenstein des Rindes*. — *c*) *eine best. Ader*. — *d*) N. pr. eines Flusses.

2. (मेध्य) मेधिम्र Adj. = मेधाविन् 1).

मेध्यता f. und मेध्यत्व n. *Reinheit* (in rituellem Sinne).

मेध्यमन्दिर m. N. pr. eines Mannes.

मेध्यमय Adj. *aus reinem Stoffe bestehend*.

(मेध्यातिथि) मेधिम्रातिथि m. N. pr. eines Ṛshi.

मेन 1) m. *a*) Bein. Vṛshaṇaçva's. — *b*) fehlerhaft für मीन. — 2) f. मेना *a*) *Weib, Weibchen eines Thieres*. — *b*) * = वाच्. — *c*) N. pr. α) der Tochter Vṛshaṇaçva's. — β) der Gattin des Himavant. — γ) eines Flusses.

मेनका f. N. pr. 1) der Tochter Vṛshaṇaçva's. — 2) einer Apsaras.

*मेनकात्मजा f. Metron. der Pârvatî.

*मेनकाप्राणेश m. Bein. des Himavant.

मेनकाहित n. Titel eines Râsaka.

*मेनाजा f. Metron. der Pârvatî.

*मेनाद (vgl. 2. मे) m. 1) *Ziege, Bock*. — 2) *Katze*. — 3) *Pfau*.

*मेनाधव m. Bein. des Himavant.

मेनि f. 1) *Wurf* — oder *Schleudergeschoss*. — 2) * = वाच्.

मेनिला f. N. pr. einer Prinzessin.

मेनुल m. N. pr. eines Mannes.

*मेन्धिका und *मेन्धी f. *Lawsonia alba* Mat. med. 309.

*मेप्, मेपति (गतौ, सेवने?).

*मेब्, मेबते = मेव्.

मेमिष Adj. in ग्रति°.

मेम्यत् s. u. 5. मा.

मेय Adj. 1) *messbar, gemessen werdend* AV. 6, 137,2. — 2) *ermessbar, erkennbar, zu beweisen*.

*मेरक 1) m. oder n. *ein mit Baumrinde gepolsterter Sitz*. — 2) m. N. pr. eines Feindes des Vishṇu.

मेरण्डु (!) = मेलान्धु *Dintenfass* Kâraṇḍ. 92,7.

मेरु 1) m. *a*) N. pr. eines Berges aus Gold, der im Mittelpuncte Ǵambudvîpa's liegen soll und um den man die Gestirne kreisen lässt. Auch Pl. bei den Buddhisten. Nom. abstr. °त्व n. — *b*) *eine best. Gattung von Tempeln*. — *c*) *das über die andern herüberragende Kügelchen im Rosenkranze*. — *d*) *die bei bestimmten Fingerstellungen über die andern herüberragenden Fingergelenke*. — *e*) N. pr. α) des Palastes der Gândhârî, einer der Frauen Kṛshṇa's. — β) verschiedener Männer. — 2) f. N. pr. der Gattin Nâbhi's und Mutter Ṛshabha's.

मेरुक 1) *m. *Weihrauch*. — 2) N. pr. eines Volkes oder Landes.

मेरुकल्प m. N. pr. eines Buddha.

मेरुकूट 1) m. oder n. *der Gipfel des* Meru. — 2) m. N. pr. eines Buddha.

*मेरुटू *eine best. hohe Zahl* (buddh.).

*मेरुण्डा f. fehlerhaft für भेरुण्डा.

मेरुतन्त्र n. Titel eines Tantra Opp. Cat. 1.

मेरुतुङ्ग m. N. pr. eines Ǵaina.

*मेरुडु *eine best. hohe Zahl* (buddh.).

मेरुदुहितर् f. *eine Tochter* 1) * *des Berges* Meru. — 2) *der* Meru.

*मेरुदृश्वन् Adj. *der den Berg* Meru *gesehen —, besucht hat*.

मेरुदेवी f. N. pr. = मेरु 2).

मेरुधामन् Adj. *auf dem* Meru *seine Wohnstätte habend* (Çiva).

मेरुध्वज m. N. pr. eines Fürsten.

मेरुनन्द m. N. pr. eines Sohnes des Svarokis.

*मेरुपुत्री f. *eine Tochter des Berges* Meru.

मेरुपृष्ठ n. 1) *die Höhe —, der Gipfel des* Meru. — 2) * *der Himmel*.

मेरुप्रभ n. N. pr. eines Waldes.

मेरुप्रस्तार m. *eine best. veranschaulichende Darstellung aller möglichen Combinationen eines Metrums in Gestalt eines* Meru-*Berges*.

*मेरुबलप्रमर्दिन् m. N. pr. eines Fürsten der Jaksha.

मेरुभूत m. Pl. N. pr. eines Volkes.

मेरुमन्दर m. N. pr. eines Berges.

मेरुयन्त्र n. *Spindel*.

मेरुवर्धन m. N. pr. eines Mannes, der das Heiligthum श्रीमेरुवर्धनस्वामिन् errichtet.

मेरुवर्ष n. N. pr. eines Varsha.

मेरुव्रज n. N. pr. einer Stadt.

*मेरुशिखरधरकुमारभूत m. N. pr. eines Bodhisattva.

*मेरुशृङ्ग n. *der Gipfel des* Meru, *der Himmel* Gal.

मेरुश्री f. N. pr. einer Schlangenjungfrau Kâraṇḍ. 4,11.

मेरुश्रीगर्भ m. N. pr. eines Bodhisattva.

मेरुसावर्ण m. Bez. *der 4 letzten unter den 14* Manu Hariv. 1,7,60. Nom. abstr. °ता f. 44.

मेरुसावर्णि m. 1) = मेरुसावर्ण. Nom. abstr. °ता. — 2) N. pr. des 11ten Manu VP.² 3,25.

*मेरुसुसंभव m. N. pr. eines Fürsten der Kumbhâṇḍa.

*मेर्वद्रिकर्णिका f. *die Erde.*

मेल 1) m. *Zusammenkunft, Verkehr.* — 2) f. आ a) *Zusammenkunft, Versammlung, Gesellschaft.* — b) *Tonleiter* Kampaka 42. Geschlecht ungewiss. — c) **eine best. hohe Zahl* (buddh.). — मेला s. auch bes.

मेलक m. 1) *das Zusammentreffen, Zusammenkunft.* मेलकं कर् *sich versammeln.* ग्रह° *Conjunction der Planeten.* — 2) Pl. N. pr. fehlerhaft für मेकल.

*मेलकलवण n. *eine Art Salz* Râǵan. 6,106.

मेलन n. *das Zusammentreffen, — kommen, — stossen, Vereinigung.*

मेलन्दुक (!) = मेलान्धुक *Dintenfass* Kâraṇḍ. 28,24.

*मेला f. 1) *Schwärze zum Schreiben, Dinte.* — 2) *Augensalbe.* — 3) *die Indigopflanze.* — Vgl. auch मेल 2).

*मेलानन्द m. und *°न्दा f. *Dintenfass.*

मेलानन्दाय्, °यते *zum Dintenfass werden.*

*मेलान्धु und *°क m. *Dintenfass.*

मेलापक m. 1) *Vereinigung, Zusammenführung; Conjunction der Planeten.* — 2) *der zweite Theil einer Composition* S. S. S. 120. 182.

*मेलामन्दा f. und *मेलाम्बु (!) m. *Dintenfass.*

मेलायन (मेलापन?) n. *Verbindung.*

*मेलु und *मेलुद Bez. *zweier hoher Zahlen* (buddh.).

*मेव्, मेवते (सेवने).

मेवार्य m. N. pr. fehlerhaft für मेतार्य.

मेषॅ 1) m. a) *Schafbock, Widder, Schaf:* in der älteren Sprache auch *das Vliess des Schafes* und *was daraus gemacht wird.* — b) *der Widder im Thierkreise* oder überh. *der erste Bogen von 30° in einem Kreise.* — c) *eine best. Pflanze* Suçr. 2, 342,11. — d) **ein best. Dämon* Cit. im Comm. zu H. 210. Vgl. कुमारापतुयष (Nachtr. 4) und नेगमेष. — 2) *f. मेषा *kleine Kardamomen.* — 3) f. ई a) *Schafmutter.* — b) **Nardostachys Jatamansi* Râǵan. 12,99. — c) **Dalbergia ougeinensis* Râǵan. 9,119.

*मेषक 1) m. *eine Art Portulak.* Richtig जीवनेषक. — 2) f. °षिका *Schafmutter.*

*मेषकम्बल m. *ein als Ueberwurf dienendes Schaffell* oder *eine wollene Decke.*

*मेषकुसुम m. *Cassia Tora.*

*मेषपुष्पा f. *eine best. Pflanze.*

मेषलोचन m. *Cassia Tora.*

*मेषवल्ली f. *Odina pinnata.*

मेषवाहिनी f. N. pr. einer der Mütter im Gefolge Skanda's. मेघवाहिनी v. l.

*मेषविषाणिका f. *Odina pinnata.*

1. मेषवृषण m. Du. *Bockshoden* 88,28.

2. मेषवृषण Adj. *Bockshoden habend* 88,31.

मेषशृङ्ग 1) m. a) *ein best. Baum.* — b) **eine best. Giftpflanze.* — 2) f. ई *Odina pinnata* Râǵan. 9,32. Nach Mat. med. 309 *Gymnema sylvestre.*

मेषसंधि MBh. 1,6988 fehlerhaft für मेघसंधि.

मेषहृत् m. N. pr. eines Sohnes des Garuḍa MBh. 5,101,12.

*मेषाक्षीकुसुम m. *Cassia Tora.*

*मेषाण्ड Adj. *Bockshoden habend;* m. Bein. Indra's.

मेषानन m. *ein best. den Kindern schädlicher Dämon* Verz. d. Oxf. H. 307,b,25.

*मेषाह्वी f. *Argyreia speciosa* oder *argentea* Râǵan. 3.84.

मेषाय् *einen Ziegenbock darstellen.* मेषायित Adj. *e. Z. darstellend.*

*मेषालु m. *eine best. Pflanze.*

मेषास्य Adj. *widderköpfig* Suçr. 2,394,5.

*मेषाह्वय m. *Cassia Tora* Râǵan. 4,202.

1. मेषी f. s. मेषॅ 3).

2. मेषी f. Bez. *des Wassers* in einer formelhaften Aufzählung TS. 3,3,3,1.

मेषूरण n. μεσουράνημα, *das 10te astrol. Haus.*

मेष्क m. *ein best. reissendes Thier.* °हत Adj. Âpast. Çr. 10,19,1.

मेह m. 1) *Urin.* मेहं कर् *harnen.* — 2) *krankhafter Harnfluss* Karaka 6,6. — 3) *= मेष *Widder.*

*मेहघ्नी f. *Gelbwurz.*

मेहत्नू f. N. pr. eines Flusses.

मेहन 1) n. a) *das männliche Glied.* — b) *Harnröhre.* — c) *Urin.* — 2) *m. *Schrebera Swietenioides* Râǵan. 11,211. — 3) *f. मेहना = महिला.

मेहना Instr. Adv. *reichlich (in Strömen).*

मेहनावत् Adj. *reichlich spendend.*

मेहमुद्गरस m. *eine best. Mixtur gegen Harnkrankheit* Mat. med. 53.

मेहवत् Adj. *an krankhaftem Harnfluss leidend* Hemâdri 1,439,8.

°मेहिन् Adj. *harnend.*

मैघ Adj. (f. ई) *von der Wolke stammend.*

मैणिमण्य n. = मिणिमणत्व Karaka 1,26 (मैर्मि° gedr.).

मैत्रॅ 1) Adj. (f. ई) a) *vom Freunde kommend.* — b) *die Gefühle eines Freundes habend, — verrathend, wohlwollend, liebevoll.* — c) *dem* Mitra *gehörig* u. s. w. — 2) m. a) **ein Brahmane.* — b) *eine best. Mischlingskaste.* — c) *ein best. auf Zuneigung gegründetes Bündniss.* — d) *der 12te astrol.* Joga. — e) **After.* — f) ein gangbarer Mannsname, der wie चैत्र dem lateinischen Cajus entspricht. — g) N. pr. α) eines Âditja, = मित्र VP.² 2,289. — β) eines Lehrers. — 3) f. मैत्री a) *Wohlwollen, freundschaftliche Gesinnung, ein freundschaftliches Verhältniss, Freundschaft.* Auch Pl. — b) *nahe Berührung, innige Verbindung* (mit Unbelebtem). श्रोत्रमैत्रीं गा so v. a. *zu Ohren kommen* Vikramâṅkak. 8,1. — c) *Gleichheit —, Aehnlichkeit mit* (im Comp. vorangehend) Vikramâṅkak. 8,4. 12,74. Prasannar. 43,4. — d) das personificirte *Wohlwollen* erscheint auch als Tochter Daksha's und Gattin Dharma's. — e) **das Mondhaus* Anurâdhâ. — 4) n. a) *Freundschaft.* Am Ende eines adj. Comp. f. आ. — b) *Freundesschaar* (nach Nilak.) MBh. 5,143,9. — c) *das unter* Mitra *stehende Mondhaus* Anurâdhâ. Auch °नक्षत्र n. und *°भ n. — d) *das am frühen Morgen an* Mitra *gerichtete Gebet.* — e) *das unter* Mitra *stehende Geschäft der Ausleerung.* मैत्रं कर् *seine Nothdurft verrichten.* — f) = मैत्रसूत्र. — g) **Freund.*

मैत्रक n. *Freundschaft.*

मैत्रकन्यक m. N. pr. eines Mannes.

1. मैत्रचित्त n. *eine wohlwollende Gesinnung* Kâraṇḍ. 12,14.

2. मैत्रचित्त Adj. *wohlwollend gesinnt* Lalit. 59,20.

मैत्रता f. 1) *Wohlwollen.* — 2) fehlerhaft für मित्रता.

*मैत्रवर्धक Adj. von मित्रवर्ध.

*मैत्रवर्धक Adj. von मित्रवर्ध.

मैत्रशाखा f. *eine best. Schule.*

मैत्रसूत्र n. Titel eines Sûtra.

मैत्रातिज्योतिक m. *ein best. Gespenst.*

मैत्राबार्हस्पत्यॅ Adj. *dem* Mitra *und* Bṛhaspati *gehörig* Mân. Çr. 9,1,2.

मैत्रायण 1) m. a) *Patron. α) von मित्र. — β) von मित्रयु; richtig मैत्रेय. — b) Pl. *eine best. Schule*

Hemâdri 1,519,19. — 2) f. ई N. pr. *a*) einer Lehrerin. — *b*) der Mutter Pûrṇa's. — 3) n. *wohlwollendes Verfahren.*

*मैत्रायणक Adj. von मैत्रायण.

मैत्रायणगृह्यपद्धति f. Titel eines Werkes.

मैत्रायणि m. 1) Bez. Agni's Mân. Gṛhj. 1,21. — 2) Titel einer Upanishad.

मैत्रायणीपरिशिष्ट n. Titel eines Werkes.

मैत्रायणीपुत्र m. Metron. Pûrṇa's.

मैत्रायणीब्राह्मणभाष्यदीपिका f. und °ब्राह्मणोपनिषद् f. Titel von Werken Burnell, T.

मैत्रायणीय m. Pl. *eine best. Schule des schwarzen* Jagurveda ÇKDr. 5,4873,*b*,8. Ârjav. 44,19.

मैत्रायणीयपरिशिष्ट n. Titel eines Werkes.

मैत्रायणीयोपनिषद् f. Titel einer Upanishad Opp. Cat. 1.

मैत्रायणीशाखा f. *eine best. Schule.*

मैत्रायणीसंहिता f. Titel einer Samhitâ, die von L. v. Schröder herausgegeben wird.

मैत्रायण्य m. 1) Patron. — 2) Pl. *eine best. Schule* Hemâdri 1,519,20. Metrisch st. मैत्रायण.

मैत्रावरुण॑ 1) Adj. (f. ई॑) *a*) *von* Mitra *und* Varuṇa *herstammend, ihnen gehörig u. s. w.* TS. 2,5,5,4. — *b*) *zum Priester* Maitrâvaruṇa *in Beziehung stehend.* — 2) m. *a*) Patron. — *b*) *ein best. Priester, der erste Gehülfe des* Hotar. — 3) f. ई॑ Patron.

मैत्रावरुणप्रयोग m. und °वरुणसोमप्रयोग m. Titel von Werken Burnell, T.

मैत्रावरुणि m. Patron. verschiedener Männer Bâlar. 310,1 (des Vasishṭha).

मैत्रावरुणीय 1) Adj. *zum Priester* Maitrâvaruṇa *in Beziehung stehend.* — 2) n. * *dessen Amt.*

मैत्रि m. Metron. N. pr. eines Lehrers.

मैत्रिक am Ende eines adj. Comp. *Freundschaftsdienst.*

मैत्रिन् m. *Freund.*

मैत्रिनाथ m. N. pr. eines Autors.

मैत्रीकरुणामुदित m. *ein best.* Samâdhi Kâraṇḍ. 83,9.

*मैत्रीबल m. 1) *ein* Buddha. — 2) N. pr. eines Fürsten.

मैत्रीभाव m. *Freundschaft.*

मैत्रीमय Adj. *menschenfreundlich* Harshaḱ. 205,16.

मैत्रेय 1) Adj. *a*) Adj. *von Wohlwollen erfüllt.* — *b*) *wohl von* Maitri *herrührend.* — 2) m. *a*) Patron. oder Metron. verschiedener Männer. Auch Pl. — *b*) *eine best. Mischlingskaste,* = मैत्रेयक. — *c*) N. pr. α) eines alten Ṛshi. — β) eines Bodhisattva und zukünftigen Buddha. — γ) eines Vidûshaka. — δ) eines Grammatikers. — 3) f. मै॑त्रेयी Patron. verschiedener Frauen.

मैत्रेयक 1) m. *eine best. Mischlingskaste.* — 2) *f. °यिका *a*) *die Abstammung von* Mitraju. — *b*) *ein Kampf zwischen Freunden.*

मैत्रेयरक्षित m. N. pr. eines Grammatikers.

मैत्रेयवन n. N. pr. eines *Waldes.*

मैत्रेयसूत्र n. Titel eines Sûtra.

मैत्रेयीब्राह्मण n. Bez. von Çat. Br. 14,5. fgg. Comm. zu Çat. Br. 14,5,4,1.

मैत्रेयोपनिषद् f. Titel einer Upanishad Opp. Cat. 1.

मैत्र्य n. *Freundschaft.*

मैत्र्याभिमुख (मैत्र्यभि°?) m. *ein best.* Samâdhi Kâraṇḍ. 93,7.

मैथिल 1) Adj. (f. ई) *zu* Mithilâ *in Beziehung stehend.* — 2) m. *a*) *ein Fürst von* Mithilâ. — *b*) Pl. α) *das Volk von* Mithilâ. — β) Name einer Dynastie. — 3) f. ई Bein. der Sîtâ, der Gattin Râma's.

मैथिलवाचस्पति und मैथिलश्रीदत्त m. N. pr. zweier Männer.

मैथिलिक m. Pl. *die Bewohner von* Mithilâ.

मैथिलेय m. Metron. von मैथिली.

मैथुन॑ 1) Adj. (f. ई) *a*) *gepaart, ein Paar verschiedenen Geschlechts bildend.* — *b*) *verschwägert.* — *c*) *zur Begattung in Beziehung stehend, bei der B. stattfindend,* — *getragen* (Kleid), *B. bezweckend.* धर्म m. so v. a. *Begattung.* — 2) n. *a*) *Paarung, Begattung.* Am Ende eines adj. Comp. f. आ. — *b*) * *Vereinigung, Verbindung.*

मैथुनगत Adj. *im Beischlaf begriffen.*

मैथुनगमन n. *das Vollziehen des Beischlafes.*

मैथुनज्वर m. *Geilheit.*

मैथुनधर्मिन् Adj. *der Begattung fröhnend, sich begattend.*

°मैथुनिक Adj. *den Beischlaf vollziehend.*

मैथुनिका f. *Verschwägerung.*

मैथुनिन् 1) Adj. *den Beischlaf vollziehend.* — 2) *m. *Ardea sibirica.*

मैथुनीभाव m. *Begattung.*

मैथुनोपगमन n. = मैथुनगमन.

मैथुन्य Adj. *zur Begattung in Beziehung stehend, sie bezweckend.*

मैधातिथ 1) Adj. *zu* Medhâtithi *in Beziehung stehend.* — 2) n. Name eines Sâman.

*मैधाव m. *der Sohn eines klugen Mannes.*

*मैधावक n. *Klugheit, Weisheit.*

मैध्यातिथ n. Name eines Sâman.

मैनवी (von मीन) f. *eine best. Gangart* S. S. S. 252.

मैनाक॑ m. N. pr. 1) eines Berges; nach der Sage ein Sohn Himavant's von der Menâ (Menakâ), der, als Indra alle Berge der Flügel beraubte, allein die seinigen behielt. — 2) eines Daitja Hariv. 3,47,3.

मैनाकप्रभव m. Bein. des Flusses Çoṇa VP.² 2,141.

*मैनाकस्वसर् f. Bein. der Pârvatî.

मैनाग॑ m. v. l. für मैनाक॑ 1).

मैनाल॑ und मैनिक m. *Fischer.*

मैनेय m. Pl. N. pr. eines Volkes.

मैन्द m. N. pr. eines Affen. *°मर्दन und *°हन् m. Bein. Vishṇu-Kṛshṇa's.

*मैमत, *मैमतायन und मैमतायनि (Ḱaraka 1,1) m. Patron. von मिमत.

मैरव Adj. (f. ई) *zum Berge* Meru *gehörig.*

मैराल m. N. pr. eines mythischen Wesens Ind. St. 13,115. 135. 157.

मैरावण m. N. pr. eines Asura. °चरित्र n. Titel eines Werkes Opp. Cat. 1.

मैरेय m. n. *ein aus Zucker und andern Stoffen bereitetes berauschendes Getränk.* Nach Ḱakr. zu Suçr. 1,190 *eine Verbindung von* सुरा *und* आसव.

मैरेयक 1) m. n. dass. — 2) m. *eine best. Mischlingskaste.*

मैर्मिण्य n. Ḱaraka 1,26 fehlerhaft für मैाणिण्य.

मैलन्द m. *Biene.*

मैश्रधान्य n. *ein aus mancherlei Körnerfrüchten gemischtes Gericht.*

मैहिक Adj. *den krankhaften Harnfluss betreffend.*

मोक 1) n. *ein abgezogenes Fell.* — 2) f. मोकी *Nacht.*

मोकलिन् m. N. pr. eines Mannes.

मोक्तर् Nom. ag. *der da löst, abträgt* (eine Schuld).

मोक्तव्य Adj. 1) *zu befreien, frei zu lassen* Kâd. 2,131,8 (160,21). — 2) *fahren zu lassen, herauszugeben, auszuliefern.* — 3) *zu verlassen, aufzugeben, worauf man zu verzichten hat* Ḱampaka 27. — 4) *zu schleudern,* — *auf* (Loc. oder Acc. mit प्रति).

मोक्य Adj. in अमोक्य॑.

मोत्त्, मोक्षते s. u. Desid. von 1. मुच्, मोक्षयति s. u. मोक्षय्.

मोक्ष m. (adj. Comp. f. आ) 1) *das Freiwerden, Befreiung,* — *von* (Abl., ausnahmsweise Gen. oder im Comp. vorangehend). — 2) *Befreiung von allen*

Banden der Welt, Erlösung. Angeblich auch Tod. — 3) Bez. bestimmter zur Erlösung führender Gesänge. — 4) in der Astron. Befreiung des verdunkelten (verschlungenen) Gestirns, Ende einer Finsterniss. — 5) das Sichablösen, Abfallen, Herabfallen. — 6) Erguss. — 7) das Freilassen, Laufenlassen (eines Verbrechers) Gaut. — 8) Lösung, Losbindung. — 9) Lösung (einer Frage). — 10) das Fliessenlassen. — 11) das Schleudern, Abschiessen, Werfen. — 12) das Streuen, Ausstreuen. — 13) das Ausstossen (eines Fluchs). — 14) das Fahrenlassen, Aufgeben Kathâs. 5,132. 7,27. Chr. 171,16. — 15) *Schrebera Swietenioides Râgan. 11,211.

मोक्षक 1) Adj. der da löst, abbindet, frei macht. — 2) am Ende eines adj. Comp. = मोक्ष 2). — 3) m. ein best. Baum, der Pottasche liefert, und Schrebera Swietenioides Bhâvapr. 1,197. 236.

मोक्षकारणतावादार्थ m. Titel eines Werkes Opp. Cat. 1.

मोक्षण 1) Adj. befreiend, erlösend. — 2) n. a) das Befreien, Erretten. — b) das Freilassen, Laufenlassen (eines Verbrechers). — c) das Lösen, Losbinden. — d) das Fliessenlassen. — e) das Fahrenlassen, Aufgeben, im Stich Lassen.

मोक्षणीय Adj. fahren zu lassen, aufzugeben, zu vernachlässigen.

मोक्षतीर्थ n. N. pr. eines Tîrtha.

*मोक्षदेव m. Bein. des Hiouen-thsang.

मोक्षद्वार n. das Thor zur Erlösung als Beiw. der Sonne.

मोक्षधर्म m. 1) Bestimmungen in Betreff der Erlösung. — 2) Titel des Abschnittes im 12ten Buch des MBh. von Adhjâja 174 bis zum Schlusse. Auch °पर्वन् n. Commentare dazu: °टीका f., °दीपिका f. und °व्याख्या f. Opp. Cat. 1.

मोक्षधर्मव्याख्यान (Opp. Cat. 1,2676) n. und °धर्मार्थदीपिका f. Titel von Werken.

मोक्षनिर्णय m. desgl.

मोक्षपति m. ein best. Tact S. S. S. 237.

मोक्षपुरी f. Bein. der Stadt Kâñkî.

मोक्षप्रवेशव्यवस्थान m. ein best. Samâdhi Kâraṇḍ. 83,10.

मोक्षभाव m. Befreiung, Erlösung 68,27.

*मोक्षमहापरिषद् f. Bez. der grossen Kirchenversammlungen bei den Buddhisten.

मोक्षमार्ग m. Titel eines Gaina-Werkes.

मोक्षय्, °यति (metrisch auch Med.) 1) Jmd befreien, erlösen, — von oder aus (Abl.) Gaut. 9,74. — 2) befreien, erlösen in philosophischem Sinne. — 3) auflösen, aufbinden. — 4) ablösen —, herausziehen aus (Abl.). — 5) Etwas von Jmd befreien, so v. a. Jmd (Abl.) Etwas entziehen Hariv. 2,68,17. — 6) fliessen lassen. शोणितम् Blut lassen. — 7) schleudern, werfen. — Desid. in मुमोक्षयिषु. — Mit आ in आमोक्षण. — Mit परि Jmd befreien. — Mit प्र in प्रमोक्षण. — Mit संप्र Med. frei machen für sich, sich sichern. — Mit प्रति in प्रतिमोक्षण. — Mit वि Jmd befreien von oder aus (Abl.). — Mit सम् dass.

मोक्षयितर् Nom. ag. Befreier, — von (Abl.).

मोक्षयितव्य Adj. der erlöst werden soll Çaṁk. zu Bâdar. 1,1,7.

मोक्षलक्ष्मीविलास m. 1) N. pr. eines Tempels. — 2) Titel eines Werkes.

मोक्षलक्ष्मीसाम्राज्यतन्त्र n. Titel eines Werkes Burnell, T.

मोक्षलक्ष्मीसाम्राज्यसिद्धि f. desgl.

मोक्षवन्त् Adj. mit der Erlösung verbunden.

मोक्षवाद m. Titel eines Werkes Burnell, T.

मोक्षविंशक n. Bez. der zwanzig Sprüche Hariv. 14348. fgg.

मोक्षशास्त्र n. die Lehre von der Erlösung.

मोक्षसाधन n. Mittel zur Erlösung.

मोक्षसाधनोपदेश m. Titel eines Werkes.

मोक्षहेतुतावाद m. desgl. Opp. Cat. 1.

मोक्षाय्, °यते zur Erlösung werden.

मोक्षिन् Adj. 1) nach der Erlösung strebend. — 2) erlöst.

मोक्षोपाय m. Mittel zur Erlösung.

मोक्ष्य Adj. zu befreien, zu retten.

*मोग m. Wasserpocken.

मोघ (मोघँ Maitr. S. 1,6,12) 1) Adj. (f. आ) a) eitel, zwecklos, fruchtlos, vergeblich, Nichts zu bedeuten habend. मोघम् und मोघ° Adv. eitel u. s. w., ohne Grund. — b) der sein Ziel verfehlt 78,9. — 2) *m. Einfriedigung, Hecke, Zaun. — 3) *f. मोघा a) Bignonia suaveolens. — b) Embelia Ribes.

मोघकर्मन् Adj. zwecklosen Handlungen obliegend.

मोघज्ञान Adj. dessen Wissen fruchtlos ist.

मोघता f. das Eitelsein, Vergeblichsein.

*मोघपुष्पा Adj. f. unfruchtbar (Weib).

मोघाश Adj. eitlen Hoffnungen sich hingebend.

मोघी Adv. 1) mit कर् machen, das Etwas vergeblich ist, vereiteln. — 2) mit भू zwecklos —, vergeblich werden.

*मोघालि m. Einfriedigung, Hecke, Zaun.

मोच 1) m. Moringa pterygosperma; wohl auch Musa sapientum. — 2) f. आ a) Musa sapientum Naish. 7,31. — b) *die Baumwollenstaude Mat. med. 122. Râgan. 8,8. — c) *die Indigopflanze Râgan. 4,82. — 3) *f. ई Hingtscha repens. — 4) n. Banane (die Frucht).

मोचक 1) Adj. a) befreiend, erlösend von (im Comp. vorangehend). — b) *der alle Leidenschaften aufgegeben hat. — 2) *m. a) Moringa pterygosperma. — b) Musa sapientum. — c) Schrebera Swietenioides Râgan. 11,211. — 3) *f. °चिका a) eine best. Pflanze. — b) ein best. Fisch Bhâvapr. 2,12. — 4) *n. eine Art Fussbekleidung Deçîn. 1,33. 2,5.

मोचन 1) Adj. (f. ई) am Ende eines Comp. a) befreiend von. — b) schleudernd. — 2) *f. ई eine best. Pflanze, = कण्टकारी. — 3) n. a) das Befreien, Freilassen, Loslassen, — aus (Abl.), das Befreien von (im Comp. vorangehend). — b) das Lösen, Abspannen. — c) das Entlassen, Fliessenlassen.

मोचनक 1) Adj. (f. °निका) befreiend in बन्ध°. — 2) f. °निका N. pr. eines Frauenzimmers.

*मोचनपट्टक Filter.

*मोचनिर्यास m. = मोचरस Râgan. 8,12.

मोचनीय Adj. freizulassen, loszulassen.

मोचयितव्य Adj. zu befreien, vermittelst Jmd (Instr.) von Jmd (Instr.) befreit werden könnend.

मोचरस m., *मोचसार m., *मोचस्राव m. und *मोचस्रुत् m. das Harz der Gossampinus Rumphii Mat. med. 122. Râgan. 8,12.

*मोचाट m. 1) das Mark der Banane. — 2) der Kern der Banane. — 3) Nigella indica. — 4) Sandel.

*मोचाह्न m. = मोचरस Bhâvapr. 4,20.

मोचि f. in हिल°.

*मोचिक m. Gerber, Schuhmacher.

मोचितव्य Adj. v. l. für मोचयितव्य.

°मोचिन् befreiend in बन्ध°.

मोच्य Adj. 1) frei zu lassen. — 2) herauszugeben, zurückzugeben. — 3) von dem Etwas (ein Glied, Acc.) abzulösen, — abzuhauen ist Gaut. 12,1.

मोञ्जकेशिन् m. N. pr. fehlerhaft für मुञ्ज°.

मोटक 1) m. n. Kügelchen, Pille. — 2) m. N. pr. eines Autors. — 3) f. ई *eine best. Râgiṇî. — 4) n. ein geknicktes, zusammengelegtes Blatt.

मोटन 1) Adj. zerknickend, Jmd den Garaus machend in *गल°. — 2) *m. Wind. — 3) n. a) das Knicken, Brechen. — b) das Erdrosseln, Garausmachen.

मोटनक n. 1) *das Erdrosseln, Garausmachen.* — 2) *ein best. Metrum.*

*मोटा f. 1) *Sida cordifolia* Rāǵan. 4,96. — 2) *Sesbania aegyptiaca* Rāǵan. 4,133.

मोटि und मोटी f. in *कर्ण°.

मोठ m. N. pr. eines Geschlechts.

मोठक m. N. pr. eines Mannes.

मोठशतक n. Titel eines Werkes.

*मोण m. 1) *getrocknetes Obst* — 2) *eine Art Fliege.* — 3) *Schlangenkorb.*

मोद 1) m. a) *Lust, Fröhlichkeit.* Häufig Pl. — b) *Wohlgeruch.* — c) Bez. *der Formel* मदा मोद इव मोदा मोद इव Āpast. Çr. 13,14,15. 14,3,5. Vgl. TS. 3,2,1,5 und Ind. St. 10,37. — d) N. pr. eines Muni. — 2) *f. मोदा a) *eine best. Pflanze,* = अजमोदा Rāǵan. 6,110. — b) *ein Andropogon* Rāǵan. 10,171.

मोदक 1) Adj. am Ende eines Comp. *erfreuend* MBh. 7,36,38. — 2) m. n. *kleines rundes Confect* (Mān. Gṛhj. 2,6); auch *Arzeneistoffe in Form süsser Pasten* oder *Pillen* Mat. med. 11. Rāǵan. 14, 106. 18. Bhāvapr. 2,25. — 3) m. *eine best. Mischlingskaste, der Sohn eines* Kshatrija *und einer* Çudrā. — 4) f. ई N. pr. einer mythischen Keule. — 5) n. *ein best. Metrum.*

मोदककार m. *Zuckerbäcker.*

*मोदकमय Adj. *zumeist aus Confect bestehend.*

मोदकर m. N. pr. eines Muni.

*मोदकवल्लभ m. Bein. Gaṇeça's Gal.

*°मोदकिका f. द्वि°कां दा *immer zu zwei Confecten geben.*

मोदति m. Bez. *der Wurzel* मुद् MBh. 8,42,31.

मोदन 1) Adj. *erfreuend.* — 2) *f. ई *Moschus* Rāǵan. 12,49. — 3) n. a) *das Erfreuen.* — b) * *Wachs.*

मोदनीय Adj. *worüber man sich freuen muss, erfreulich.*

मोदमान Partic. von 1. मुद्. m. vielleicht N. pr. vgl. मोदमानिक.

*मोदमोदिनी f. *Eugenia Jambolana.* Richtig मेघमोदिनी.

*मोदयन्तिका und मोदयन्ती f. *Ptychotis Ajowan.*

मोदाकि m. n. v. l. für मौदाकिन् 1) b) und 2) VP.[2] 2,198.

मोदाकिन् m. wohl N. pr. eines Berges. v. l. मौदाकिन्.

*मोदाढ्य m. *der Mangobaum* Rāǵan. 11,10.

मोदागिरि m. N. pr. eines Reiches.

*मोदाख्या f. *eine best. Pflanze,* = अजमोदा Rāǵan. 6,111.

मोदापुर n. N. pr. einer *Stadt.*

मोदायनि m. Patron. von मोद. Richtig wohl मौ°.

मोदिन् 1) Adj. a) *sich freuend, froh, heiter.* — b) am Ende eines Comp. *erfreuend.* — 2) *f. °नी a) *Jasminum Sambac, — auriculatum* u. s. w. Rāǵan. 10,83. 85. 97. — b) = अजमोदा Rāǵan. 6,112. — c) *Moschus.* Vgl. मोदन 2). — d) *ein berauschendes Getränk* Rāǵan. 14,137.

मोदिनीश n. Titel eines Tantra Ārjav. 160,22. Vgl. मेदिनीश 2).

मोदोष m. N. pr. eines Lehrers.

मोमुघ Adj. *irre, toll.*

*मोरक n. *eine Art Stahl.*

मोरट 1) m. a) *eine best. Pflanze mit süssem Milchsaft* Rāǵan. 3,80. — b) *die Milch einer Kuh, die vor Kurzem gekalbt hat.* Auch *saure Buttermilch* (vgl. मोरण) Bhāvapr. 2,43. Angeblich auch n. — 2) f. आ *Sanseviera Roxburghiana* Rāǵan. 3,7. — 3) *n. a) *die Wurzel des Zuckerrohrs* Rāǵan. 14,88. — b) *die Blüthe* und *die Wurzel* von *Alangium hexapetalum.*

*मोरटक n. *die Wurzel des Zuckerrohrs* Rāǵan. 14,88.

*मोरण m. *saure Buttermilch* Ḱakr. zu Suçr. 1, 179. Vgl. मोरट 1) b).

मोराक m. N. pr. eines Ministers, der einen *Tempel* °भवन n. erbaute.

मोरिका f. 1) * *Seitenthür, Hinterthür* Gal. — 2) N. pr. einer Dichterin.

*मोरी N. pr. eines Geschlechts.

मोर्वणीकर m. Bein. Naraharidîkshita's.

मोष m. 1) *Räuber, Dieb.* आत्म° *an seiner eigenen Person.* — b) *Raub, Beraubung, Plünderung, Diebstahl.* — c) *geraubtes —, gestohlenes Gut.* — 2) *f. आ *Raub, Diebstahl.*

*मोषक m. *Räuber, Dieb.*

मोषकृत् Adj. *Diebstahl verheissend, — ankündigend.*

मोषण 1) Adj. am Ende eines Comp. *raubend, entziehend.* — 2) n. a) *das Entreissen.* — b) *das Berauben, Bestehlen.* — c) *das Unterschlagen.*

*मोषपितृ m. 1) *ein Brahmane.* — 2) *der indische Kuckuck.*

*मोष्टर् Nom. ag. *Räuber, Dieb.*

मोष्य Adj. *stehlbar* Vasishṭha 19,22.

मोह m. (adj. Comp. f. आ Naish. 8,15) 1) *Verlust der Besinnung, Mangel an klarem Bewusstsein, Verwirrung, das Irrewerden, Irresein, Verblendung, Irrthum.* मोहं ब्रू *sprechen, was Jmd irre macht.* मोहस्त्वत्र न कार्यस्ते *lass dich dadurch nicht irre machen.* मोहात् *aus Mangel an klarem Bewusstsein, aus Unverstand.* In Comp. mit einem im Gen., Loc. oder Instr. gedachten Worte. — 2) in der Philosophie *eine anhaltende Verfinsterung des Geistes, die Einen verhindert die Wahrheit zu erkennen.* — 3) *krankhafte, bis an Bewusstlosigkeit grenzende und in diese übergehende Trübung des Geistes, Betäubung, Ohnmacht.* — 4) *eine die Verwirrung des Feindes bezweckende Zauberceremonie.* — 5) * *Staunen, Wunder.* — 6) personificirt als ein Sohn Brahman's.

*मोहकारिन् m. *Caryota urens* Rāǵan. 9,95.

मोहचूडोत्तर n. und °शास्त्र n. Titel eines Werkes Hemâdri 1,135,22 (°चूडोत्तर gedr.). 134,5.

मोहन 1) Adj. (f. ई) *irre führend, verwirrend, bethörend, betäubend.* — 2) m. a) * *Stechapfel.* — b) Name *eines der fünf Pfeile des Liebesgottes.* — c) N. pr. verschiedener Männer. — 3) *f. आ a) *die Blüthe einer best. Jasminart.* — b) *Trigonella corniculata.* — 4) f. ई a) * *Portulaca quadrifida* Rāǵan. 7,135. — b) *ein best. Blendwerk, — Trugbild.* — c) *ein best. Zauberspruch.* — d) N. pr. α) einer Apsaras. — β) einer Unholdin, einer Tochter des Garbhahantar. — 5) n. a) *das Sichirren, Bethörtsein, Verwirrung.* — b) *Betäubung,* so v. a. *das Betäubtsein.* — c) *Betäubung,* euphemistisch für *Beischlaf.* — d) *das Irremachen, Irreführen, Verwirren.* — e) *Blendwerk, Täuschung.* — f) *Mittel zu verwirren.* — g) *eine die Verwirrung eines Feindes bezweckende Zauberceremonie* und *der dazu verwandte Spruch.* So heissen *die Lieder* AV. 3,1. 2. — h) N. pr. einer Stadt.

मोहनक 1) *m. *der Monat* Ḱaitra. Conj. für मोहनक. — 2) f. °निका *eine best. Pflanze.*

मोहनदास m. N. pr. eines Mannes.

मोहनप्रकृति m. N. pr. eines Schülers des Çaṁkarâkârja.

मोहनभोग m. *ein best. süsses Gericht.*

मोहनवल्लिका u. *°वल्ली f. *eine best. Pflanze.*

मोहनास्त्र n. Name *eines der fünf Geschosse des Liebesgottes.*

मोहनिद्रा f. *das Schlafen im Irrthum, eine unbesonnene Zuversicht.*

मोहनीय Adj. 1) *auf Irrthum —, auf einer Verwirrung des Geistes beruhend, daraus hervorgegangen.* — 2) *Alles was in den Bereich der Verwirrung gehört, Alles was Verwirrung hervorbringt, verwirrend.*

मोहपरिमुक्ता f. N. pr. einer Gandharva-Jungfrau Kâraṇḍ. 5,13.

मोहम m. *eine best. Personification* Gaut. Sâmav. Br. 1,2,5.

मोहमन्त्र m. *ein Zauberspruch, mit dem man Jmd bethört, verwirrt.* Auch in Comp. mit dem, der verwirrt wird.

मोहमय Adj. (f. ई) *in Verblendung des Geistes —, in Irrthum bestehend.*

मोहमुद्गर m. Titel zweier Werke.

मोहयितर् Nom. ag. *Verwirrer.*

मोहराजपराजय m. Titel eines Schauspiels.

मोहरात्रि f. Bez. *der Nacht beim Weltuntergange.*

मोहवन्त् Adj. *im Irrthum befangen.*

मोहशास्त्र n. *Irrlehre.*

मोहमूलोत्तर n. Titel eines Werkes.

मोहात्मक Adj. *Irrthum bewirkend* Ind.St. 9,162.

मोहार्त्त m. *tiefste Verwirrung des Geistes* Çat. Br. 14,7,3,14.

मोहान्धसूर्य m. *ein best. Heilmittel* Rasendrak. 89.

मोहिन् 1) Adj. *verwirrend.* — 2) f. °नी a) *die *Blüthe einer Jasminart.* — b) N. pr. α) einer Apsaras. — β) einer Tochter Rukmâñgada's VP.² 1,lii.

मौक्क Adj. *in Verwirrung gerathend.*

मोहोपमा f. *eine rhetorische Figur, in der man Jmd das Verglichene mit dem, womit es verglichen wird, verwechseln lässt.*

मौक m. Patron. von मूक.

*मौकलि m. *Rabe.*

मौकुन्द Adj. zu Mukunda (Vishṇu) *in Beziehung stehend.*

मौकुलि m. *Krähe.*

मौक्तिक 1) Adj. *nach der Erlösung strebend* (von मुक्ति). — 2) m. (einmal im MBh.) und n. (adj. Comp. f. आ) *Perle* Râǵan. 13,152.

मौक्तिकगुम्फिका f. *Perlenaufreiherin.*

*मौक्तिकतण्डुल m. *weisser* Jâvanâla Râǵan. 16,26.

मौक्तिकदामन् n. 1) *Perlenschnur.* — 2) *ein best. Metrum.*

*मौक्तिकप्रसवा f. *Perlenmuschel* Râǵan. 13,128.

मौक्तिकमाला f. 1) *ein Halsschmuck aus Perlen.* — 2) *ein best. Metrum.*

मौक्तिकत्व n. *Perle.* Nom. abstr. °ता f.

*मौक्तिकशुक्ति f. *Perlenmuschel* Râǵan. 13,128.

मौक्तिकावलि u. °ली (119,20) f. *Perlenschnur.*

मौक्य n. *Stummheit.*

मौत्त n. Name eines Sâman.

मौत्तिक Adj. *zum Ende einer Finsterniss in Beziehung stehend.*

मौख Adj. 1) *zum Munde in Beziehung stehend;* Subst. *ein solcher Makel.* — 2) *auf Unterricht beruhend.*

मौखर Adj. als Bez. eines Geschlechts Harshak. 108,7.

मौखरि m. Patron.

मौखर्य 1) n. *Geschwätzigkeit.* — 2) *f. आ f. zu मौखरि.

*मौखिक Adj. von मुख.

*मौख्य n. *Vorrang.* Hit. 66,6 fehlerhaft.

मौग्ध (fehlerhaft) und मौग्ध्य n. (Çiç. 12,39. Kampaka 249) *Einfalt, Unschuld, Unerfahrenheit, reizende Naivetät.*

मौघ्य n. *Vergeblichkeit.*

मौच n. *Banane* (die Frucht).

मौञ्जवत 1) Adj. *vom Berge* Mûǵavant *kommend.* — 2) m. angeblich Patron. Aksha's.

मौञ्ज 1) Adj. (f. ई) a) *aus* Muńga-*Gras gemacht.* — b) *dem* Muńga-*Gras ähnlich* oder *darauf lebend.* — 2) *m. N. pr. eines Dorfes der Bâhîka. — 3) f. ई *ein Gürtel aus* Muńga-*Gras* Gaut. 1,15. Vikramâñkak. 18,81. Metrisch auch मौञ्जि.

मौञ्जक Pl. Muńga-*Halme.*

मौञ्जकायन m. Patron.

*मौञ्जवत Adj. *vom Berge* Muńgavant *kommend.*

मौञ्जविवान Adj. (f. आ) *aus* Muńga-*Gras geflochten* Âpast. Çr. 10,29,7.

मौञ्जायन 1) m. a) Patron. N. pr. eines Mannes. — b) *Pl. N. pr. eines kriegerischen Stammes. — 2) *f. ई *eine Fürstin der* Mauńǵâjana.

*मौञ्जायनीय m. *ein Fürst der* Mauńǵâjana.

मौञ्जि f. s. u. मौञ्ज 3).

मौञ्जिन् Adj. *mit einem Gürtel von* Muńga-*Gras umgürtet.* Vgl. नाग°.

*मौञ्जीपत्त्रा f. *Eleusine indica* Râǵan. 8,97.

मौञ्जीय Adj. (f. आ) 1) *aus* Muńga-*Gras gemacht.* — 2) *Adj. von मौञ्ज 2).

मौञ्ज्य m. *eine best. Personification* Gaut.

मौद्य m. Patron. fehlerhaft für मौघ.

मौढ्य 1) m. Patron. — 2) n. *Einfalt, Dummheit.*

*मौण्डिनिकाय m. N. pr. P. 6,2,94, Sch.

मौण्ड्य n. *das Kahlgeschorensein des Kopfes.*

मौत्र n. *Beize* in अमौत्रधौत. Vgl. मूत्रकृत.

मौत्रकृच्छ्रिक Adj. (f. ई) *wie bei der Strangurie* Karaka 3,5.

मौद m. *ein Anhänger des* Muda; *Pl. *eine best. Schule.*

1\. मौदक n. *die von den* Mauda *angenommene Textesrecension.*

2\. मौदक Adj. (f. ई) *Confect betreffend, darüber handelnd.*

*मौदकिक 1) Adj. *zumeist aus Confect bestehend.* — 2) m. *Confecthändler.*

*मौदनिक Adj. (f. आ und ई) von मोदन.

*मौदनेयक Adj. von मोदन.

*मौदमानिक Adj. (f. आ und ई) von मोदमान.

मौदक्रायन m. Patron. Auch Pl.

मौदाकि m. n. N. pr. v. l. für मौदाकिन् 1) b) und 2) VP.² 2,198.

मौदाकिन् N. pr. 1) m. a) wohl eines Berges MBh. 6,11,26. v. l. मोदाकिन्. — b) eines Sohnes des Bhavja VP. 2,4,60. — 2) n. N. pr. des von 1) b) beherrschten Varsha ebend.

मौद्ग 1) Adj. *fabaceus.* — 2) m. N. pr. eines Lehrers.

मौद्गल 1) *Adj. von मौद्गल्य. — 2) m. Pl. N. pr. eines Geschlechts.

मौद्गलादि m. N. pr. eines Lehrers VP.² 3,62.

*मौद्गलि m. *Krähe.*

*मौद्गलिकेर m. Metron.

मौद्गल्य 1) Adj. *von* Mudgala *stammend.* — 2) m. a) Patron. von Mudgala und N. pr. verschiedener Männer. Auch Pl. Hariv. 1,32,57. — b) *eine best. Mischlingskaste.*

मौद्गल्यायन m. Patron. N. pr. eines Schulers Çâkjamuni's.

*मौद्गल्याय Adj. von मौद्गल्य.

*मौद्गिक Adj. *für Bohnen eingetauscht.*

*मौद्गीन Adj. *mit Phaseolus Mungo besäet.*

मौन 1) m. a) Patron. von मुनि. — b) Pl. N. pr. einer Dynastie. — 2) f. ई *der 15te Tag in der dunkelen Hälfte des* Phâlguna, *an dem man unter Beobachtung des Schweigens* eine Abwaschung *vornimmt.* — 3) n. a) *der Stand des* Muni. — b) *das Schweigen.*

मौनगोपाल Titel eines Werkes Opp. Cat. 1.

मौनधारिन् Adj. *Schweigen beobachtend.*

मौनभट्ट m. N. pr. eines Mannes.

मौनमन्त्रावबोध m. Titel eines Werkes.

मौनवृत्ति Adj. = 2. मौनव्रत 174,4.

1\. मौनव्रत n. *das Gelübde des Schweigens.*

2\. मौनव्रत Adj. (f. आ) *das Gelübde des Schweigens beobachtend, der sich vorgenommen hat nicht zu sprechen* Dh. V. 35,15.

मौनव्रतधर (MBh. 1,49,29), °व्रतधारिन् (R. 3,1, 35) und मौनव्रतिन् Adj. dass.

*मौनिक Adj. Muni-*artig.*

*मौनिचिति Adj. von मुनिचित.

मौनित्व n. *das Schweigen.*

मौनिन् 1) Adj. *Stillschweigen beobachtend, nicht sprechend.* — 2) *m. = मुनि.

*मौनिस्थलिक Adj. von मुनिस्थल.

मौनेय 1) Adj. (f. आ) *von der* **Muni** *stammend,* Bez. einer Klasse von **Gandharva** und **Apsaras**. — 2) m. Pl. *eine best. Schule.* — 3) n. मौनेय *der Zustand eines* **Muni**.

मौन्द m. N. pr. eines Lehrers.

मौन्य m. Patron. fehlerhaft für मौन.

*मौरजिक m. *Trommelschläger.*

मौरव Adj. *vom Daitja* **Muru** *herrührend.*

मौरुण्ड m. Pl. N. pr. eines Volkes, = मुरुण्ड VP.² 4,209.

मौर्ख्य n. *Dummheit.*

मौर्य m. (*Patron. von मुर und *Metron. von मुरा) Hem. Par. 8,347. Pl. N. pr. einer mit **Kandragupta** beginnenden Dynastie.

मौर्यदत्त m. N. pr. eines Mannes.

मौर्यपुत्र m. N. pr. eines der 11 **Gaṇâdhipa** bei den **Gaina**.

1. मौर्व 1) Adj. (f. ई) *aus der Sanseviera Roxburghiana gemacht, von ihr kommend, zu ihr gehörend.* — 2) f. ई a) *ein aus* **Mûrvâ** *gemachter Gürtel* Gaut. 1,15. — b) *Bogensehne.* — c) in der Geometrie *Sehne, Sinus.*

2. मौर्व Adj. (f. ई) *aus dem* **Muru** *genannten Eisen verfertigt.*

मौर्विका f. in der Geometrie *Sehne, Sinus.*

मौर्वीक am Ende eines adj. Comp. von मौर्वी *Bogensehne.*

मौर्वीमेखलिन् Adj. *mit einem Gürtel aus* **Mûrvâ** *umgürtet* MBh. 7,17,23.

मौल 1) Adj. (f. आ) a) *von Wurzeln herkommend* (Gift) Harshak. 6,23. — b) *von Alters her bestehend, altherkömmlich.* — c) *von Alters her in einem Lande lebend, eingeboren* 210,13. — d) *von Alters her —, von Vater und Grossvater her ein Amt bekleidend, — im Dienste eines Fürsten stehend* (als Krieger). — e) in Verbindung mit पार्थिवाः so v. a. मूलप्रकृतयः; unter den 12 मौला राजानः oder प्रकृतयः sind die शाखाप्रकृतयः mit eingeschlossen. — 2) m. *ein von Vater und Grossvater her das Amt bekleidender Minister.*

*मौलभारिक Adj. *eine Last Wurzeln tragend.* — *fahrend.*

मौलि 1) m. a) *Kopf.* मौलौ नि-धा *auf den Kopf legen,* so v. a. *mit Ehrerbietung entgegennehmen.* — b) *Gipfel, Spitze überh.* — c) **Jonesia Asoka.* — d) Patron. — e) Pl. N. pr. eines Volkes. — 2) m. f. a) *Diadem.* — b) **ein Büschel von Haaren auf dem Scheitel des Kopfes, der bei der Tonsur des Kindes stehen bleibt.* — c) **geflochtenes und auf dem Kopfe zusammengelegtes Haar.*

मौलिक 1) Adj. a) **Wurzeln tragend* u. s. w. — b) *ursprünglich.* — c) *niedrig stehend, von niederer Herkunft.* — 2) m. a) *Wurzelgräber* oder *Wurzelhändler.* — b) Pl. N. pr. eines Volkes. — Kathâs. 116,65 fehlerhaft für मौक्तिक.

*मौलिक्य n. Nom. abstr. von मूलिक.

मौलिन् 1) Adj. a) *zu oberst habend* in चक्र° (Nachtr. 4). — b) *an der Spitze —, obenan stehend, Alles übertreffend* Spr. 7680. — c) *mit einem Diadem geschmückt* Hemâdri 1,335,20. 336,1. — Mârk. P. 112,9 fehlerhaft für मौनिन्.

मौलिपृष्ठ n. *Scheitel.*

मौलिबन्ध m. *Diadem* Ind. St. 14,386.

मौलिमण्डन n. *Kopfschmuck.*

मौलिमण्डनमालिका f. *ein auf dem Scheitel getragener Kranz.*

मौलिमन्दनमालिका Kathâs. 73,21 fehlerhaft für °मण्डन°.

मौलिमाला und °मालिका (132,16) f. *ein auf dem Scheitel getragener Kranz.*

°मौलिमालिन् Adj. — *als Kranz auf dem Scheitel tragend.*

मौलिमुकुट m. *Diadem* Dhûrtas. 4.

मौलीन्दु m. *ein Mond auf dem Kopfe* Hemâdri 1,371,15. 18. 22.

मौलेय m. Pl. N. pr. eines Volkes; vgl. विन्ध्य°. — Mârk. P. 61,35. 46 fehlerhaft für मौनेय.

मौल्य 1) Adj. *an der Wurzel befindlich.* — 2) n. = मूल्य *Preis, Kaufpreis* Pańkad.

मौल्याध्याय m. Titel eines Werkes.

मौल्याभरण n. *Kopfschmuck.*

मौषिक Adj. *murinus* zu Spr. 2041.

*मौषिकार m. Metron.

*मौषिकि m. Metron. von मूषिका.

मौषिकीपुत्र m. N. pr. eines Lehrers.

*मौष्टा f. *Faustkampf.*

मौष्टिक m. *Schelm, Betrüger* Text zu Lot. de la b. l. 168.

मौसल 1) Adj. a) *keulenförmig, keulenartig.* — b) *mit Keulen ausgeführt* (ein Kampf). Subst. *ein solcher Kampf.* — c) *auf den Kampf mit Keulen bezüglich, denselben beschreibend.* पर्वन् n. Titel des 16ten **Parvan** im MBh. — d) Bez. eines **Madhuparka**, *der aus* **Surâ** *und* **Âgja** *besteht.* — e) **zu* **Mausalja** *in Beziehung stehend.* — 2) m. Pl. N. pr. eines Geschlechts.

*मौसल्य m. Patron. von मुसल.

मौसुल m. *ein Moslim.*

मौहूर्त m. *ein Sternkundiger, Astrolog.*

मौहूर्तिक 1) Adj. a) *einen Augenblick während, momentan.* — b) *zu einer bestimmten Stunde in Beziehung stehend.* — c) *mit der Astrologie vertraut* Spr. 7737. — 2) m. a) *Astrolog* Spr. 7703. — b) Pl. *eine best. Klasse von Göttern, Kinder der* **Muhûrtâ**.

म्न in चर्मम्न *Gerber.*

म्ना, मनति (अभ्यासे). Simplex nicht zu belegen. — Mit आ *erwähnen, anführen, erwähnen als, annehmen —, ansehen als* oder *für* (Acc.) Mahâvîrak. 60,12. 61,4. Pass. आम्नायते, आम्नात Partic. auch so v. a. *überliefert, gelehrt.* — Mit प्रत्या (°म्नायुस्) *wieder hersagen.* — Mit समा 1) *erwähnen, aufführen, aufzählen; annehmen als* oder *für* (Acc.). Partic. समाम्नात. — 2) Med. *hersagen.*

म्यक्ष्, म्यक्षति (Perfect-Stamm मिम्यक्ष् und मिमिक्ष्) 1) *festsitzen, haften in* oder *an* (Loc.). Pass. *stehen* (von einem Bau). — 2) *sich befinden, vorhanden sein.* — Mit अप *fernhalten.* — Mit आ *gehalten werden, sich befinden.* — Mit नि *halten;* Med. *an sich haben.* — Mit परा *sich zur Seite befinden* RV. 1,167,4. — Mit सम् Act. Med. *zusammenhalten, sich zusammenthun.*

म्रक्ष्, मृक्षति, म्रक्षति 1) *striegeln, reiben; bestreichen.* म्रक्षित *bestrichen.* — 2) *संघाते. — Caus. म्रक्षयति und *मृक्षयति 1) *bestreichen.* — 2) *म्लेच्छने und *संघाते. — Mit अभि Simpl. (°अमृक्षत) und Caus. (°मृक्षयति) *einreiben, salben.* — Mit नि *sich reiben.* — Mit सम् *einreiben;* nur संम्रक्षित.

म्रक्ष 1) Adj. *zerreibend* in तुविम्रक्ष. — 2) m. a) **Salbe* Râgan. 15,3. — b) *das Verstecken der eigenen Gebrechen* Lalit. 39,19. Text zu Lot. de la b. l. 280.

म्रक्षकृत्वन् Adj. *zerreibend, zerstörend.*

म्रक्षण n. 1) *das Einreiben, Salben.* — 2) *Einreibemittel, Salbe, Oel* Râgan. 15,3.

म्रद्, म्रदते *reiben.* Simplex nicht zu belegen. — Caus. म्रदयति *glätten* TS. 6,1,4,4. — Mit प्र *aufreiben* in प्रम्रदे. — Mit वि 1) Act. (°म्रद) *mürbe machen, erweichen.* — 2) Med. *sich erweichen für* (Dat.) Maitr. S. 1,6,3 (90,6).

म्रद in ऊर्णम्रद (Nachtr. 4).

म्रदस् in ऊर्णम्रदस् und ऊर्णा° (Nachtr. 2).

म्रदिमन् m. 1) *Weichheit* (eig. Naish. 8,24); *Milde, Sanftmuth.*

*म्रदिष्ठ Adj. Superl. zu मृदु. Vgl. मृदिष्ठ.

म्रदीयंस् Adj. (Compar. zu मृदु) *weicher, sanfter.*

*म्रातन n. *Cyperus rotundus.*

म्रित्, म्रित्यति *zerfallen, sich auflösen.* — Mit निस् in निर्म्रितुक. — Mit वि *zerfallen, zerbröckeln.*

म्रुच्, म्रोचति (गत्यर्थ). — Mit नि *untergehen* (von der Sonne). — Mit अभिनि *untergehen über* (Acc.) MAITR. S. 1,8,7 (125,18. 21). अभिनिम्रुक्त *derjenige, welchen die untergehende Sonne schlafend findet,* ÂPAST. 2,12,13. 22. Häufig fehlerhaft अभिनिर्मुक्त geschrieben.

*म्रुञ्च्, म्रुञ्चति = म्रुच्.

*म्रेट्, म्रेटति v. l. für म्रेड्.

म्रेड्, *म्रेडति (उन्मादे). — Mit आ Caus. आम्रेडयति (आम्रेलयति ÇÂÑKH. ÇR. 8,7,2) *wiederholen.* आम्रेडित *wiederholt.* — Mit उपनि (°म्रेडते) *erfreuen, beglücken.*

म्रेल् s. u. म्रेड् mit आ.

म्रोके m. Bez. *eines verderblichen* Agni.

*म्लक्त (!) Adj. *gestohlen.*

*म्लत्, म्लतयति (छेदने).

म्लपय् s. u. Caus. von म्ला.

म्ला, म्लायति, म्लायते u. म्लाति (episch). 1) *welken.* — 2) *ein welkes, leidendes, verstelltes Ansehen erhalten* (durch Krankheit, Sorgen, Leidenschaften). Insbes. vom Gesicht. — 3) *erschlaffen, schwach werden* überh. — 4) *den Kopf hängen lassen, sich dem Schmerz hingeben* Spr. 7833. — 5) *dahinschwinden* BÂLAR. 63,2. — 6) Partic. *a)* म्लात *durch Gerben weich geworden.* — *b)* म्लान α) *verwelkt, welk.* — β) *welk, ein leidendes, verstelltes Ansehen habend.* — γ) *erschlafft, ermattet, matt* DAÇAK. (1925) 2,70,11. Vom penis ḰARAKA 6,30. — δ) *zusammengeschrumpft* ḰARAKA 6,19. — ε) *niedergeschlagen, betrübt, kleinmüthig* DAÇAK. 28,11. — ζ) *geschwunden, dahin seiend* Spr. 7686. NAISH. 5,133. — η) *schwarz, dunkelfarbig.* — ϑ) **schmutzig.* — Caus. 1) म्लापयति *welk machen, die Spannkraft benehmen* ḰARAKA 1,26. — 2) म्लपयति *zerdrücken.* — Mit अभि in अनभिम्लातवर्ण und *अनभिम्लान. — Mit आ, आम्लान *welk oder ein wenig welk.* — Mit परि 1) *dahin schwinden.* — 2) परिम्लान *a) verwelkt* 304,22. — *b) erschlafft.* — *c) dünner geworden* ḰARAKA 6,18. — *d) geschwunden, dahin seiend* VÂMANA 49,13. — Mit विपरि, °म्लान *vollkommen verwelkt.* — Mit प्र 1) *verwelken, welk werden.* — 2) *dahinschwinden.* — 3) प्रम्लान *a) verwelkt.* — *b) ein leidendes Aussehen habend.* — *c) ausgemergelt.* — *d) schmutzig, verunreinigt.* — Mit वि 1) *erschlaffen.* — 2) विम्लान *verwelkt* und *zugleich um sein Ansehen gekommen.* — Caus. (विम्लापयति) *welk machen.*

म्लान 1) Adj. s. u. म्ला. — 2) n. *Welkheit, Abwesenheit alles Glanzes.* — MÂRK. P. 35,24 fehlerhaft für प्लान.

म्लानता f. *Welkheit, Schlaffheit.*

*म्लानाङ्गी Adj. f. *die monatliche Reinigung habend* RÂGAN. 18,20.

म्लानि f. 1) *das Verwelken.* — 2) *Erschlaffung.* — 3) *das Verschwinden* KÂD. 233,24. — 4) *Kleinmuth* KATHÂS. 46,79. — 5) *Verunreinigung* Z. d. d. m. G. 36,367. — 6) *Schwärze* in अति° (Nachtr. 1). — 7) *Gemeinheit, niedrige Gesinnung* NAISH. 5,127.

*म्लानीय Partic. fut. pass. von म्ला.

°म्लापिन् Adj. *verwelken machend* NAISH. 3,133.

म्लायिन् Adj. 1) *welk werdend.* — 2) *hinschwindend.*

*म्लास्नु Adj. *welk werdend.*

म्लिच्छ् 1) म्लेच्छति *wälschen, eine unverständliche* oder *fremde Sprache sprechen.* — 2) *म्लिष्ट *a) unverständlich.* — *b)* = म्लान. — *Caus. म्लेच्छयति = Simpl. म्लेच्छित = म्लिष्ट.

म्लिच्छ PAŃḰAR. 4,3,105 wohl fehlerhaft für म्लेच्छ.

म्लित् = म्रित्. Nur असंम्लेत्य (Absol. vom Caus. mit सम्) *ohne zu zerkauen* ÂPAST. ÇR. 3,19,7 (vgl. Comm. zu TS. 2.770).

म्लुच्, म्लोचति *niedergehen, zur Rast gehen.* — Intens. etwa *zur Ruhe bringen* in der Stelle सीसे मलिम्लुचामन्हे शिरोशतिमुपबर्हणे (lies शिरोर्तिमु°) MÂN. GṚHJ. 2,1. Statt मलि° wird AV. 12,2,20 मलं सादयित्वा gelesen. Vgl. देवमलिम्लुच् und मलिम्लुच. — Mit अनु *sich aus der Ruhe* oder *Verborgenheit erheben, aufgehen.* — Mit अप, अपम्लुक्त *zurückgezogen, verborgen.* — Mit उप *sich zurückziehen —, sich verbergen hinter* (Acc.). — Mit नि 1) *untergehen.* ḰHÂND. UP. ist निमुम्लोच st. न निम्लोच zu lesen. — 2) *untergehen über* (Acc.). — Mit अभिनि *untergehen über* (Acc.). — Mit प्र *niedergehen.*

*म्लुञ्च्, म्लुञ्चति = म्लुच्.

म्लुप् Nebenform zu म्लुच्. — Mit उप, उपम्लुप्त *verborgen, zurückgezogen.* — Mit अभिनि in सूर्याभिनिम्लुप्त *derjenige, den die Sonne beim Untergehen schlafend findet,* GOBH. 3,3,35.

म्लेच्छ् s. म्लिच्छ्.

म्लेच्छ 1) m. *a) Wälscher, Barbar.* — *b)* **ein Mann, der Hang zum Bösen hat.* — *c) das Wälschen. Unkenntniss der Landessprache; Barbarismus* Comm. zu NJÂJAM. 1,3,29. — 2) f. म्लेच्छी f. zu 1) *a)* HEM. PAR. 2,668. fg. — 3) *n. *a) Kupfer.* — *b) Zinnober* RÂGAN. 13,57.

*म्लेच्छकन्द m. *Allium ascalonicum.*

म्लेच्छता f. Nom. abstr. zu म्लेच्छ 1) *a)* 106,11.

*म्लेच्छद्विष्ट m. *Bdellium* GAL.

म्लेच्छन n. *das Wälschen, Sprechen einer fremden Sprache.*

*म्लेच्छभोजन 1) m. *Weizen.* — 2) n. *eine best. aus Gerstenkörnern bereitete Speise.*

*म्लेच्छमुख n. (RÂGAN. 13,18) und *म्लेच्छाख्य n. *Kupfer.*

*म्लेच्छाश m. *Weizen.*

*म्लेच्छास्य n. *Kupfer.*

*म्लेच्छित 1) Adj. s. u. म्लिच्छ्. — 2) n. *eine fremde Sprache.*

म्लेच्छितक n. *eine verabredete, Andern unverständliche Sprache.*

म्लेच्छितवै Dat. Infin. *zu wälschen* MAHÂBH. (K.) 1,2,8.

*म्लेट्, म्लेटति und *म्लेड्, म्लेडति (उन्मादे).

*म्लेव्, म्लेवते (सेवने).

1\. य Pron. rel. (f. या) 1) *wer, welcher.* यद्वो बलम् mitten in einem Satze so v. a. *pro robore vestro.* Die correlativen Demonstrativa sind: सः (der Einfachheit wegen setze ich hier und in der Folge stets nur den Nomin. Sg. m.), स्यः (ṚV. 1,32,1. 61,15. 63,8. 178,1. 8,10,3), एषः, अयम्, असौ, स एषः, एष स्यः (ṚV. 1,87,5. 9,108,4. 5), अयं सः, सो ऽयम् (250,8), तादृशः, एतावान् (191,3), ईदृक्, तथा (in Correlation mit यद् *was*). Das erwartete Demonstrativ fehlt bisweilen (GAUT. 12,1. 19,9. 20,15), andererseits aber auch das Relativ. Zwei und mehrere Relativa in einem und demselben Satze (यस्मिन्नह्नि यदह्नः). Ein oder mehrere Subjecte werden durch das Relat. zu einem Satze verbunden und dadurch hervorgehoben (यस्त्वं कथं वेत्थ so v. a. *woher weisst du Etwas?* यश्च कामसुखं लोके यच्च दिव्यं महत्सुखम् — एते). Nicht selten wird ein auf diese Weise erweitertes Subject andern Subjecten angereiht, ohne dass ein besonderer Nachdruck darauf läge, aus rein metrischen Rücksichten (अन्धो जडः पीठसर्पी सप्तत्या स्थविरश्च यः statt des einfachen स्थविरश्च). Auffallender ist, dass sogar ein Object in einen solchen relativen Satz aufgelöst und andern Objecten angereiht wird (ये च मानुषाः = मानुषांश्च). Das auf solche Weise ein Subject hervorhebende Relat. erscheint ohne Rücksicht auf Genus und Numerus des Subjects häufig im Nomin. Sg. n. (यज्ञ उ ह वा एष प्रत्यक्षं यद्ब्रह्म). Ein solches यद् lässt sich durch *was — betrifft* wiedergeben. In dem Satze तं ते देवा एतं वज्रं ददृशुर्यदपः steht यद् vor einem Acc. und bedeutet so v. a. *nämlich.* यद् nach einer directen, mit इति schliessenden Rede lässt sich durch *beim*

Gedanken „—“ übersetzen (304,1. 12. 323,19). Das Relat. verbindet sich gern mit andern Pronomm.: यँस्त्वम्, योऽयम्, यः सः, यं एषः, योऽसौ, सँ यः, असौ यः. — 2) verdoppeltes य bedeutet *wer —, welcher —, was immer*. Ihm entspricht ein verdoppeltes oder auch ein einfaches (32,12. 103, 25) स. Die Partikel हि kann zwischen die beiden Relativa treten. — 3) mit dem Demonstr. स *beliebig, gleichviel wer, — welcher*. Häufig ist die Verbindung यद्वा तद्वा. — 4) mit dem Interr. क und einer nachfolgenden Partikel: *a)* यः कश्च und यः—कश्च *wer —, welcher immer, der erste beste, gleichviel wer, — welcher*. Auch यद्यत्किं च. — *b)* यः कश्चित् (Gaut. 26,22) und यः—कश्चित् dass. — *c)* यः कश्चिदपि dass. — *d)* यः कश्चन und यः—कश्चन dass. — *e)* यः को वा dass. — *f)* यः कोऽपि dass. Noch nicht bei M. — 4) mit त्वद् *oder irgend ein anderer*. — 5) योऽहम् (यस्त्वम् u. s. w.) *der ich*, so v. a. *da ich, dass ich* (nach einer vorangehenden Frage). Das persönliche Pronomen kann auch fehlen, da es sich aus dem Verbum fin. ergiebt. यस्य मे so v. a. *du mir*. — 6) so v. a. *wenn Jemand* (gewöhnlich mit einem Optativ). यस्य *si cui*, याम् *si quam*. — 7) m. im Sâmkhja Bez. *der Seele*. — यद्, यस्मात् und येन s. auch bes.

2.*य 1) m. = गन्तर् (यातर्), वायु, यमन, यशस्, योग, यम, *barley, light (lustre)* und *abandoning*. — 2) f. या = लक्ष्मी (H. 226), यात्रा, प्राप्ति, धूमित, त्याग, वारण, योग, समाज्ञा, यान und *pudendum muliebre*.

यक Pron. rel. (f. यका) = यं *wer, welcher* Hem. Par. 2,231.

यकन् und यकृत् (nur dieses am Anfange eines Comp.) n. *Leber*.

यकार m. *der Laut* य TS. Prât.

यकारादिपद n. *ein mit* य *anlautendes Wort* euphemistisch für *eine Form von* यभ्.

यकृत् s. u. यकन्.

यकृदरिलोह n. *ein best. Heilmittel* Mat. med. 52.

*यकृदात्मिका f. *eine Art Schabe*.

यकृउदर, यकृदाल्य und यकृदाल्युदर n. *Leberanschwellung*.

यकृल्लोम und यकृल्लोमन् m. Pl. N. pr. eines Volkes.

यक्ष्, यक्षति und *यक्षयते. Zu belegen nur यक्षानम् als Erklärung von यक्ष in der Bed. *ehren* nach dem Comm. — Mit प्र (nur प्र यक्षत्त und प्रयक्षन् Partic.) 1) *vorwärts eilen, — streben*. — 2) *einer Sache nachstreben, erstreben, erreichen;* mit Acc.

1. यक्ष 1) n. *ein lebendes oder übernatürliches Wesen; eine unkörperliche, geisterhafte Erscheinung, Ding, Spukgestalt*. Sg. coll. *die Wesen* u. s. w. Die Commentatoren erklären das Wort durch यज्ञ, पूजा, पूजित, पूज्य und ähnlich. — 2) m. *a)* Bez. *besonderer Genien im Gefolge* Kubera's (ganz ausnahmsweise auch Vishṇu's). Gelten für Söhne Pulastja's, Pulaha's, der Khasâ, der Krodhâ, Kaçjapa's; sollen aus Brahman's Füssen entstanden sein und Besessenheit bewirken. — *b)* Bein. Kubera's Varâh. Jogaj. 6,1. — *c)* N. pr. α) eines Muni. — β) eines Sohnes des Çvaphalka VP.² 4,95. — γ) *von Indra's Palast. — 3) f. यक्षा N. pr. einer Frau Hem. Par. 8,25. 9,78. 10,37. — 4) f. यक्षी *a) ein weiblicher* Jaksha. यक्षीणां प्रथमा यक्षी (angeblich = कुबेरमातर्) wird Durgâ genannt Hariv. 2,3,15. — *b)* *Kubera's *Gattin*.

2. यक्ष in क्षेत्रयक्ष und क्षेत्रायक्ष.

यक्षक m. = यक्ष 2) *a)*.

यक्षकर्दम m. *ein Gemisch von Kampfer, Agallochum, Moschus, Sandel und* Kakkola Hemâdri 2,a,44,11.

यक्षकूप m. N. pr. einer Oertlichkeit.

यक्षग्रह m. *eine best. Tobsucht*.

यक्षण n. = अक्षण *das Essen, Verzehren*.

*यक्षतरु m. *Ficus indica* Râgan. 11,119.

यक्षता f. u. यक्षत्व n. *der Zustand eines* Jaksha.

यक्षदत्ता f. N. pr. einer Frau Hem. Par. 8,25.

यक्षदर N. pr. einer Oertlichkeit.

यक्षदासी f. N. pr. einer Frau.

यक्षदृश् Adj. *einer ungewöhnlichen* oder *geisterhaften Erscheinung gleichend*. Nach Sâj. = उत्सवस्य द्रष्टा.

यक्षदेवगृह n. *ein* Jaksha-*Tempel*.

यक्षधूप m. *ein best. Räucherwerk* Hemâdri 2,a,50, 18. Nach den Lexicographen *das Harz der Shorea robusta*. Auch *°धूपक Gal.

यक्षन् Mârk. P. 51,121 wohl fehlerhaft für यक्ष्मन्.

*यक्षनायक m. N. pr. des Dieners des 4ten Arhant's der gegenwärtigen Avasarpiṇî.

यक्षपति m. 1) *ein Fürst der* Jaksha. — 2) Bein. Kubera's.

*यक्षपाल m. N. pr. eines Fürsten.

यक्षप्रश्न m. Titel eines Werkes Opp. Cat. 1.

यक्षभवन n. *ein* Jaksha-*Tempel*.

यक्षभृत् Adj. *die Wesen tragend, — erhaltend* (?).

यक्षमल्ल m. N. pr. eines der 5 Lokeçvara bei den Buddhisten.

*यक्षरस m. *ein best. berauschendes Getränk*.

यक्षराज् m. 1) Bein. *a)* Kubera's. — *b)* Maṇibhadra's. — 2) **eine Palaestra*.

यक्षराज m. Bein. Kubera's.

*यक्षराट्पुरी f. Kubera's *Stadt* Alakâ.

*यक्षरात्रि f. *ein best. Festtag*.

यक्षवर्मन् m. N. pr. eines Scholiasten.

यक्षवित्त Adj. *dessen Besitz dem der* Jaksha *gleicht*, so v. a. *eine Habe bloss hütend, nicht benutzend*.

*यक्षसेन m. N. pr. eines Fürsten.

यक्षस्थल m. (!) N. pr. einer Oertlichkeit.

यक्षाङ्गी f. N. pr. eines Flusses

यक्षाधिप und °पति m. Bein. Kubera's.

*यक्षामलक n. *die Frucht einer Dattelart*.

यक्षायतन n. *ein* Jaksha-*Tempel*.

*यक्षावास m. *Ficus indica* Râgan. 11,119.

यक्षिणीत्व n. *der Zustand einer* Jakshiṇî.

यक्षिन् 1) Adj. *lebendig, wesenhaft*. Nach Sâj. = पूजनीय. — 2) f. यक्षिणी *a) ein weiblicher* Jaksha. — *b)* *Kubera's *Gattin*.

यक्षीत्व n. *der Zustand einer* Jakshî.

यक्षु m. Sg. und Pl. N. pr. eines Volksstammes.

यक्षेन्द्र m. 1) *ein Fürst der* Jaksha. — 2) Bein. Kubera's.

*यक्षेश m. N. pr. der Diener des 11ten und 18ten Arhant's der gegenwärtigen Avasarpiṇî.

यक्षेश्वर m. 1) *ein Fürst der* Jaksha. — 2) Bein. Kubera's.

*यक्षोडुम्बरक n. *die Frucht der Ficus religiosa*. यक्षोडु° gedr.

यक्ष्म m. *Krankheit* überh. oder Bez. *einer ganzen Klasse von Krankheiten, etwa der mit Abmagerung verbundenen;* später *Auszehrung*.

यक्ष्मगृहीत Adj. *von der Auszehrung heimgesucht*.

यक्ष्मग्रह m. *Auszehrung*.

*यक्ष्मघ्नी f. *Weintraube*.

यक्ष्मन् m. *Auszehrung*.

यक्ष्मनाशन 1) Adj. (f. ई) *Krankheit vertreibend*. — 2) m. N. pr. des angeblichen Verfassers von RV. 10,161.

यक्ष्मिन् Adj. *die Auszehrung habend*.

यक्ष्मोधा f. etwa *Sitz der Krankheit*.

(यक्ष्य) यक्षिय Adj. etwa *rührig*. Nach Sâj. = यष्टव्य.

यङ् Bez. *der Silbe* य *als Charakters des Intensivum*. यङ्लुक् *der Ausfall dieses* य. यङ्लुक्तशिरोमणि m. Titel einer Abhandlung.

यच्छन्दस् Adj. *welches* (rel.) *Metrum habend*.

यच्छील Adj. *welchen* (rel.) *Charakter habend* MBh. 5,74,8.

यच्छ्रद्ध Adj. *welches* (rel.) *Glaubens* BHAG. 17,3.

यच्छ्, यच्छति s. यम्.

1. यज्, यजति, °ते 1) einen Gott *verehren, huldigen*, auch *mit Gebet und Darbringung*, daher *weihen, opfern*. In der alten Sprache in der Regel Act., wenn Agni oder ein anderer Mittler handelt, und Med., wenn der Mensch *für sich verehrt* und *darbringt;* später Act. vom Opferpriester, Med. vom Veranstalter des Opfers. Ausnahmen sind jedoch häufig. *a)* mit Acc. des Gottes, Dat. der Person oder des Zweckes, für welchen, und Instr. der Sache (auch partitivem Gen.) oder des Werkzeuges, womit die Handlung vollzogen wird. इष्ट *derjenige, welchem geopfert worden ist.* Auch impers. mit Instr. der Person, die das Opfer darbringt, und Instr. des dargebrachten Opfers JÂGN. 1,358. — *b)* mit Acc. des Opfers, Liedes u. s. w., worin sich die Cultushandlung vollzieht. *Opfern* und zugleich *darbringen, hingeben, schenken* MBH. 13,31,10. इष्ट *geopfert, dargebracht.* — *c)* mit Dat., Loc. oder Acc. mit प्रति der Person und Acc. der Sache. — *d)* Med. *verehren —, opfern um Etwas* (Acc.). — 2) Act. im Ritual *durch die* Jâǵjâ-*Strophen zum Opfer einladen.* — Caus. याजयति (metrisch auch Med.) 1) *Jmd* (Acc.) *zum Opfer verhelfen, für Jmd als Opferpriester thätig sein;* mit Instr. der Feier. — 2) *Jmd* (Acc.) ein Opfer (Instr.) *darbringen heissen vermittelst Jmds* (Instr.). — 3) *Jmd* ein Opfer *darbringen heissen*, mit doppeltem Acc. — Desid. यियक्षति, °ते *zu opfern verlangen.* — *Intens. यायज्यते, यायजीति. — Mit अति Med. *mit dem Opfer* eine Gottheit (Acc.) *übergehen.* — Mit अनु 1) *den* Anujâǵa *darbringen* ÂPAST. ÇR. 8,3,10. — 2) *nachher verehren durch* (Instr.). — PAŃKAR. 3,7,17 ist तदनु य° zu trennen. — Mit अप *mit einem Opfer vertreiben, wegopfern;* Med. *durch ein Opfer abkaufen* MANTRABR. 1,2,5. — Mit अभि 1) *mit Opfer ehren*, den Göttern (Acc.) *opfern* MAITR. S. 1,4,5. — 2) ein Opfer (Acc.) *darbringen* MAITR. S. 1,4,8 (56,8). — Mit अव *durch Opfer oder Gebete abwenden, vertreiben, durch Gaben abfinden.* — Mit निरव *abfinden gegenüber von* (Abl.). — Mit आ 1) *huldigend darbringen, weihen.* — 2) *verehren*, mit Acc. — 3) *eropfern*, überh. *verschaffen* (den Menschen von den Göttern), *zuwenden;* Med. auch *sich verschaffen.* ऐष्ट *eropfert, durch Verehrung gewonnen.* — Mit समा *verschaffen.* — Mit उप *dazu opfern.* — Mit अत्युप *weiter dazu opfern.* Mit परि 1) *eropfern, erlangen, verschaffen.* — 2) im Ritual *vor und nach Jmd opfern, — verehren, eine Opferhandlung durch andere gleichsam unterstützen.* — Vgl. परीष्ट (auch ÂPAST. ÇR. 9,12,11). — Mit प्र 1) *verehren, huldigen, Jmd* (Acc.) *Opfer darbringen.* — 2) *ein best. Opfer* (प्रयाज) *darbringen.* — Mit प्रति 1) *dagegen opfern.* — 2) *in der Richtung auf Etwas zu* (Acc.) *opfern* ÂPAST. ÇR. 8,3,12. — Mit अनुप्र Med. *verehren.* — Mit सम् 1) *zusammen* (den Göttern) *opfern, — huldigen; opfern* überh. — 2) *zusammen darbringen.* — 3) *huldigen, ehren* (Ehrenwerthe). — 4) *weihen* BHAṬṬ. — Caus. 1) *zusammen opfern lassen*, die Patnîsaṁjâǵa *machen.* — 2) *für Jmd* (Acc.) *als Opferpriester thätig sein.*

2. °यज् Adj. *opfernd* u. s. w. in दिविंयज् und देवयज्.

यज 1) m. ein zur Erklärung von यजुस् gebildetes Wort. Vgl. अनीयज. — 2) f. यजा *eine best. Genie.*

यजत 1) Adj. (f. आ) *verehrungswürdig, dem man huldigen muss, heilig, göttlich; Ehrfurcht —, Staunen einflössend, hehr.* — 2) m. *a)* **Priester.* — *b)* **der Mond.* — *c)* *Bein. Çiva's. — *d)* N. pr. eines Ṛshi.

यजति m. technischer Ausdruck für *diejenigen Opferhandlungen, welche im Ritual mit dem Zeitwort* यजति (nicht जुहोति) *bezeichnet werden*, ǴAIM. 2,3,14.

यजत्र 1) Adj. (f. आ) *a) dem göttliche Verehrung und Opfer gebühren.* — *b)* **Feueropfer darbringend, das heilige Feuer unterhaltend.* — 2) *m. = याग. — 3) *n. = अग्निहोत्र.

यजथ *Verehrung* (der Götter), *das Huldigen, Opfern;* nur im Dat. und construirt wie ein Infin.

यजध्यै Dat. Infin. zu 1. यज् RV.

यजन n. 1) *das Opfern.* तव यजनाय *um dir zu opfern.* — 2) *Opferplatz.* — 3) N. pr. eines Tîrtha.

यजनीय Adj. (mit अहन् und Subst. mit Ergänzung von अहन्) *Weihetag, Opfertag* GOBH. 4,5,12. 6,4. 8,23.

यजप्रैष Adj. *wobei die Aufforderung* (प्रैष) *mit dem Worte* यज *geschieht.*

यजमान 1) Adj. *opfernd* u. s. w. — 2) m. *a) der Opferer*, d. h. *derjenige, welcher ein Opfer für sich veranstaltet und bestreitet.* यजमानलोक m. AIT. BR. 3,46,7. — *b) ein Mann, der auf seine Kosten Opfer zu veranstalten im Stande ist, ein reicher Mann.* — 3) f. यजमानी *die Frau des* Jagamâna 1) *a)*.

यजमानक m. = यजमान 2) *a)*.

यजमानचमस n. *der Becher des Veranstalters eines Opfers.*

यजमानत्व n. Nom. abstr. zu यजमान 2) *a)*.

यजमानदेवत्य Adj. *den Veranstalter des Opfers zur Gottheit habend* TBR. 2,2,6,4.

यजमानप्रयोग m. Titel eines Werkes BURNELL, T.

यजमानब्राह्मण n. *das* Brâhmaṇa *des Darbringenden.*

यजमानभाग m. *der Antheil des Veranstaltens eines Opfers.*

यजमानमन्त्रानुक्रमणी f. und यजमानहौत्रानुक्रमणी f. Titel zweier Werke BURNELL, T.

यजस् n. *Verehrung.* = याग SÂJ.

*यजाक Adj. *spendend.*

यजि 1) Adj. *verehrend, opfernd* in दव°. — 2) m. *a) das Opfern, Opferhandlung* PAT. zu P. 1,3,72. NJÂJAM. 2,3,16. 18. — *b) die Wurzel* यज्.

यजिन् m. *Verehrer, Opferer.*

यजिमत् Adj. *mit dem Zeitwort* यजति *bezeichnet werdend* Comm. zu ǴAIM. 2,3,14.

यजिष्ठ Adj. *am besten —, am meisten verehrend* oder *opfernd.*

यजिष्णु Adj. *den Göttern huldigend, — opfernd.*

यजीयस् Adj. *besser —, mehr verehrend* oder *opfernd, ausgezeichnet verehrend.*

*यजु m. N. pr. eines der 10 Rosse des Mondgottes.

यजुर्गति Adj. Beiw. Kṛshṇa's PAŃKAR. 4,8,27.

यजुर्मय Adj. *aus* Jaǵus *bestehend.*

यजुर्युक्त Adj. *unter Aufsagung eines Spruchs geschirrt* AIT. ÂR. 4,4,1.

यजुर्लक्ष्मी f. scheinbar *ein best. Spruch.* Ist in zwei selbständige Worte zu zerlegen.

यजुर्विद् Adj. *der Opfersprüche —, der Weihesprüche kundig.*

यजुर्विधान n. *Bestimmungen über den Gebrauch der* Jagus AGNI-P. 259,1. fgg.

यजुर्वेद m. *der* Veda *der* Jaǵus. Titel dazu gehöriger Werke. °त्रिकाण्डभाष्य n., °पद n., °प्रथमकाण्डभाष्य n., °ब्राह्मण n., °ब्राह्मणकाण्डत्रयभाष्य n., °भाष्य n., °लक्षण n., °शाखा f., °श्राद्ध n., °संहिता f., °संहिताब्राह्मण n., °संहिताभाष्य n., °स्मार्त n. und °वेदारण्यक n. OPP. Cat. 1.

यजुर्वेदिन् Adj. *mit dem* Jaǵurveda *vertraut.*

यजुर्वेदवृषोत्सर्गतत्त्व n. und °वेदिश्राद्धतत्त्व n. Titel zweier Werke.

यजुःशाखिन् Adj. *mit einer Schule des* Jaǵurveda *vertraut.*

यजुःश्राद्ध n. *eine von mit dem* Jaǵurveda *vertrauten Brahmanen dargebrachte Todtenspende*

Verz. d. Oxf. H. 289,*b*, No. 693.

यजुष in ऋग्यजुष.

यजुष्क Adj. P. 8,3,39, Sch. Zu belegen nur श्र-यजुष्क.

*यजुष्कल्प Adj. P. 8 3,39, Sch.

*यजुष्काम्य्, °म्यति Jagus mögen ebend.

यजुष्कृत Adj. *mit einem Opferspruch geweiht.*

यजुष्कृति f. *Weihe mit einem Opferspruch.*

यजुष्क्रिया f. *eine mit* Jagus *verbundene Handlung.*

*यजुष्टम n. Superl. und *यजुष्टर n. Compar. von यजुस्.

यजुष्टस् Adv. *von Seiten des* Jagus, *in Beziehung auf das* J., *im Gebiete des* J. 21,2. Âpast. Çr. 9,16,4.

*यजुष्टा f. und यजुष्ट्व n. (Ind. St. 10,427) Nom. abstr. von यजुस्.

यजुष्पति m. Bein. Vishṇu's.

यजुष्पवित्र n. Bez. von TS. 1,2,1,1 Âpast.

*यजुष्पात्र n. gaṇa कस्कादि.

यजुष्प्रिय Adj. *Opfersprüche mögend* (Kṛshṇa) Pańkar. 4,8,28.

यजुष्मन्त् Adj. *von einem Weihespruch begleitet.* °न्त्य इष्टका: Bez. *bestimmter Backsteine.*

यजुष्य Adj. *zum Cult gehörig.*

यजुस् 1) n. *a) heilige Scheu, Verehrung.* — *b) Verehrung*, so v. a. *Opferhandlung.* — *c) Weihespruch, Opferspruch* als technische Bez. der von den *Hymnen* (ऋच्) und *Gesängen* (सामन्) *unterschiedenen liturgischen Worte; der* Jagurveda (Sg. und Pl.). — *d)* Bez. *eines best. Spruches* Nṛs. Tâp. Up. (in der Bibl. ind.) 1,3 (zweimal). — *e)* neben बह्वृच und सामवेदिन् ungenau für यजुर्वेदिन्. Pl. im P. W. u. श्राद्ध. — 2) m. N. pr. eines Mannes.

*यजुस्सात् Adv. von यजुस्.

यजुःस्वामिन् m. N. pr. eines Purohita.

यजूदर Adj. *die* Jagus *zum Bauche habend.*

यज्ञ m. 1) *Gottesverehrung* im weitesten Sinne. *a) Verehrung in Worten der Andacht, Preis, Huldigung.* — *b) Gottesdienst, Weihehandlung, Opfer.* In Comp. mit dem Darbringer, mit dem, welchem dargebracht wird, und mit dem, was bildlich als *Opfer* betrachtet wird. — 2) wohl concret *Verehrer, Opferer* ṚV. 3,30,15. 32,12. — 3) * *Feuer.* — 4) * = आत्मन्. — 5) personificirt und zwar *a)* mit dem Patron. Prâgâpatja. — *b)* als *eine Form* Vishṇu's. — *c)* als Indra unter Manu Svâjambhuva. — *d)* als ein Sohn Ruki's vor der Âkûti.

यज्ञक Hypokoristikon 1) *m. von यज्ञदत्त Mahâbh. 5,72,*a.* — 2) f. °श्रा von यज्ञदत्ता. — यज्ञक MBh. 13,4818 fehlerhaft für याज्ञक.

1. यज्ञकर्मन् n. *Opferhandlung.*

2. यज्ञकर्मन् Adj. *mit einem Opfer beschäftigt.*

यज्ञकल्प Adj. *opferähnlich.*

यज्ञकाम Adj. *nach Gottesdienst begierig.*

यज्ञकार Adj. *mit einem Opfer beschäftigt.*

यज्ञकाल m. 1) *Opferzeit.* — 2) * *der letzte Tag in einem Halbmonat.*

*यज्ञकीलक m. *Opferpfosten.*

यज्ञकुणपी f. *ein best. Vogel* Maitr. S. 4,8,2.

*यज्ञकुण्डल n. = होमकुण्ड.

यज्ञकृत् 1) Adj. *a) Gottesdienst verrichtend, mit einem Opfer beschäftigt, O. darbringend* 75,18. — *b) Opfer veranlassend* (Vishṇu). — 2) m. N. pr. eines Fürsten VP. 4,9,8.

यज्ञकृत m. N. pr. eines Fürsten VP.² 4,44. Vgl. यज्ञकृत् 2).

यज्ञकृन्तत्र n. *Opferspalte.* Pl. so v. a. *die Gefahren bei einem Opfer* Çat. Br. 12,2,3,12 (vgl. v. l.).

यज्ञकेतु 1) Adj. *durch das Opfer ein Zeichen gebend.* — 2) m. N. pr. eines Râkshasa.

यज्ञकोप m. N. pr. eines Râkshasa.

यज्ञक्रतु m. 1) *eine gottesdienstliche Handlung, Ritus; das Ganze einer Feier, Haupthandlung.* — 2) personificirt als *eine Form* Vishṇu's. — 3) Pl. *die* Jagńa *und* Kratu *genannten Opfer.*

यज्ञक्रिया f. *Opferhandlung.*

यज्ञगम्य Adj. *durch Opfer zugänglich* (Vishṇu-Kṛshṇa) Vishṇus. 98,56. Pańkar. 4,8,27.

यज्ञगाथा f. *rituelle Gedenkvers.*

यज्ञगिरि m. N. pr. eines *Berges.*

यज्ञगुह्य Adj. Beiw. Kṛshṇa's Pańkar. 4,8,28.

यज्ञघ्न m. *ein Opfer störender Dämon.*

यज्ञज्ञ Adj. *des Gottesdienstes kundig.*

यज्ञतति f. *Opferdarbringung.*

यज्ञतनू f. 1) *eine Form —, Species des Gottesdienstes.* — 2) Bez. *a) bestimmter* Vjâhṛti Vaitân. Âpast. Çr. 13,1,4. 14,7,2. 17,6.

यज्ञतन्त्र n. *das Sichhinziehen eines Opfers* Âpast.

यज्ञतन्त्रसुधानिधि m. Titel eines Werkes

यज्ञतन्त्रसूत्र n. Titel eines Sûtra.

यज्ञत्रातर् Nom. ag. Bein. Vishṇu's.

यज्ञदक्षिणा f. *ein den dienstthuenden Priestern verabfolgtes Opfergeschenk.*

यज्ञदत्त 1) m. ein häufig vorkommender Mannsname, der auch beispielsweise wie *Cajus* gebraucht wird. — 2) *f. °त्ता ein Frauenname; vgl. यज्ञका.

*यज्ञदत्तक Hypokoristikon 1) m. von यज्ञदत्त. — 2) f. °त्तिका von यज्ञदत्ता Mahâbh. 7,118,b.

यज्ञदत्तवध m. Titel einer Erzählung im Râmâjaṇa.

यज्ञदत्तशर्मन् m. ein wie *Cajus* beispielsweise gebrauchter Mannsname.

*यज्ञदत्तीय Adj. von यज्ञदत्त Pat. zu P. 1,1,73, Vârtt. 5.

यज्ञदासी f. N. pr. einer Frau Daçak. (1925) 2, 74,7.

यज्ञदीक्षा f. *Weihe zu einem Opfer.*

यज्ञदृश् Adj. *einem Opfer zuschauend* MBh. 3, 133,4.

यज्ञदेव m. N. pr. eines Mannes.

यज्ञद्रव्य n. *ein zum Opfer erforderlicher Gegenstand.*

*यज्ञद्रुह् m. *ein* Râkshasa.

*यज्ञधर m. Bein. Vishṇu's.

यज्ञधीर Adj. *der Götterverehrung kundig.*

यज्ञनारायण m. N. pr. eines Mannes. Auch °दीक्षित.

यज्ञनिधन m. Bein. Vishṇu's Vishṇus. 98,57.

यज्ञनिष्कृत् Adj. *den Gottesdienst ordnend.*

यज्ञनी Adj. *den Gottesdienst leitend.*

यज्ञनेमि Adj. als Beiw. Kṛshṇa's.

यज्ञपति m. 1) *Herr des Gottesdienstes*, so heisst *a) derjenige, welcher eine Ceremonie anstellen lässt und bestreitet.* — *b) derjenige, welchem zu Ehren ein Opfer dargebracht wird;* Bein. Soma's (nach Mahîdh.) und Vishṇu's. — 2) N. pr. eines Autors.

यज्ञपत्नी f. *die am Opfer theilnehmende Gattin des Veranstalters eines Opfers.* Nom. abstr. °त्व n. MBh. 12,272,6.

यज्ञपथ m. *Pfad der Verehrung oder des Opfers.*

यज्ञपदी Adj. f. etwa *im Opfer fussend.*

यज्ञपरिभाषा f. und °सूत्र n. Titel eines Sûtra des Âpastamba.

यज्ञपरुस् n. *Fuge des Opfers.*

यज्ञपशु m. 1) *Opferthier.* — 2) * *Ross.*

यज्ञपात्र n. *Opfergeräth.*

यज्ञपात्रीय Adj. *zu einem Opfergeräth geeignet.*

यज्ञपार्श्व n. Titel eines Werkes. Nach Aufrecht m. N. pr. eines Autors.

यज्ञपुच्छ n. *Schwanz —*, d. i. *Endstück eines Opfers* Baudh. im Comm. zu Âpast. Çr. 10,4,13.

यज्ञपुंस् m. *die Seele des Opfers*, Bein. Vishṇu's.

यज्ञपुरश्चरण n. Titel eines Werkes.

यज्ञपुरुष und °पूरुष m. = यज्ञपुंस्.

यज्ञप्राप्य Adj. *durch Opfer zu erreichen* (Kṛshṇa) Pańkar. 4,8,27.

यज्ञप्रिय Adj. *Opfer mögend* (Kṛshṇa) Pañkar. 4,8,27.

यज्ञप्री Adj. *am Opfer sich vergnügend.*

यज्ञफलद Adj. *Opfer belohnend* (Vishṇu).

यज्ञबन्धु m. *Opfergenosse.*

यज्ञबाहु m. 1) *Feuer.* — 2) N. pr. eines Sohnes des Prijavrata.

1. यज्ञभाग m. *Antheil am Opfer.*

2. यज्ञभाग 1) Adj. *einen Antheil am Opfer habend.* — 2) m. *ein Gott.*

यज्ञभागभुज् m. *ein Gott.*

यज्ञभागेश्वर m. Bein. Indra's.

*यज्ञभाजन n. *Opfergeräth.*

यज्ञभाण्ड n. dass.

यज्ञभावन Adj. *Opfer fördernd* (Vishṇu).

यज्ञभुज् m. *ein Gott*, insbes. Bez. Vishṇu's.

यज्ञभूमि f. *Opferstätte.*

*यज्ञभूषण n. *weisses* Darbha-*Gras* Bhâvapr. 2,210.

यज्ञभृत् m. 1) *der Veranstalter eines Opfers.* — 2) Bein. Vishṇu's.

यज्ञभोक्तर् Nom. ag. Beiw. Kṛshṇa's.

यज्ञमण्डल n. *Opferstätte.*

यज्ञमनस् Adj. *auf das Opfer merkend.*

यज्ञमन्मन् Adj. *opferwillig.*

यज्ञमय Adj. *das Opfer in sich enthaltend* Hariv. 3,8,52.

यज्ञमहोत्सव m. *eine grosse Opferfeier.*

यज्ञमालि m. N. pr. eines Mannes.

यज्ञमुख n. *Mund und Eingang eines Opfers.*

यज्ञमुष् m. *ein dem Opfer nachstellender Dämon.*

यज्ञमुह् Adj. *das Opfer störend* Çāñkh. Br. 12,1.

यज्ञमूर्ति m. 1) Bein. Vishṇu's Vishṇus. 1,52. — 2) N. pr. eines Mannes.

यज्ञमेनि f. *das Opfer als Wurfgeschoss* Çat. Br. 11,2,3,24.

यज्ञयशस् n. *Opferherrlichkeit* Âpast. Çr. 11,1,4.

यज्ञयोग m. Bein. Vishṇu's Vishṇus. 98,55.

*यज्ञयोग्य m. *Ficus glomerata* Râǵan. 11,119.

यज्ञरस m. Bez. des Soma.

*यज्ञराज् m. *der Mond.* Wohl fehlerhaft.

यज्ञरुचि m. N. pr. eines Dânava.

1. यज्ञरूप n. *Opferform, Opferattribut* Çat. Br. 5,3,5,20. 12,8,3,15. Kâtj. Çr. 15,5,11. °धृक् als Beiw. Kṛshṇa's Pañkar. 4,8,26.

2. यज्ञरूप Adj. *opfergestaltig* Muṇḍ. Up. 1,2,7.

यज्ञरेतस् n. Bez. des Soma.

यज्ञर्त Adj. etwa *opfergerecht.*

यज्ञलिङ्ग Adj. als Beiw. Vishṇu's. Bhâg. P. 3,13,13.

1. यज्ञवर्चस् AV. 11,3,19 fehlerhaft für यज्ञवतस् (Gen.), wie AV. Paipp. liest.

2. यज्ञवचस् N. pr. eines Lehrers. Pl. *sein Geschlecht.*

यज्ञवनस् Adj. *Opfer liebend.*

यज्ञवत् 1) Adj. *verehrend.* — 2) f. यज्ञवती N. pr. einer Frau Daçak. 31,13.

यज्ञवराह m. Vishṇu *als Eber.*

यज्ञवर्धन Adj. *Opfer fördernd* AV.

यज्ञवर्मन् m. N. pr. eines Fürsten.

*यज्ञवल्क m. N. pr. eines Mannes.

*यज्ञवल्ली f. *Cocculus cordifolius.*

यज्ञवाट m. *Opferstätte.*

यज्ञवाम m. N. pr. eines Mannes.

यज्ञवास्तु n. 1) *Opferstätte.* — 2) *eine best. Ceremonie* Gaut. 25,4. Gobh. 1,8,29.

यज्ञवाह् 1) Adj. *das Opfer geleitend, — zu den Göttern befördernd.* — 2) m. N. pr. eines Wesens im Gefolge Skanda's.

यज्ञवाहन 1) Adj. *das Opfer geleitend*, so v. a. *— vollführend.* — 2) *dessen Vehikel das Opfer ist* als Beiw. Vishṇu's und Çiva's.

यज्ञवाहस् Adj. 1) *Verehrung darbringend.* — 2) *Verehrung empfangend.*

यज्ञवाहिन् Adj. in अ° (Nachtr. 4).

यज्ञविद् Adj. *opferkundig.*

यज्ञविद्या f. *Opferkunde.*

यज्ञविभ्रष्ट Adj. *der keinen Erfolg beim Opfer gehabt hat.*

यज्ञवीर्य Adj. *dessen Macht auf dem Opfer beruht* (Vishṇu).

*यज्ञवृक्ष m. *Ficus indica* Râǵan. 11,121.

यज्ञवृद्ध Adj. *durch Opfer ergötzt.*

यज्ञवृध् Adj. *opferfroh* oder *opferreich.*

यज्ञवेशस n. *Einbruch in den Gottesdienst, Opferstörung, Entweihung.*

यज्ञवैभवखण्ड Titel eines Werkes Opp. Cat. 1.

यज्ञवोढवे (metrisch st. यज्ञं वो°) Dat. Infin. *um die Opfer zu geleiten, — zu den Göttern zu befördern.*

यज्ञव्रत Adj. *in der Observanz des Opfers stehend.*

यज्ञशत्रु m. N. pr. eines Râkshasa.

यज्ञशमल n. *ein Fehler am Opfer.*

यज्ञशरण n. *Opferschuppen.*

यज्ञशाला f. *Opferhalle.*

यज्ञशास्त्र n. *die Lehre vom Opfer.*

यज्ञशिष्ट n. *Ueberbleibsel von einem Opfer* Spr. 5025.

यज्ञशील 1) Adj. *häufig Opfer darbringend.* — 2) m. N. pr. eines Brahmanen.

यज्ञशेष m. 1) *das Uebrige eines Opfers, das was an einem Opfer zu Ende zu führen ist* Lâṭj. 5,12,4. — 2) = यज्ञशिष्ट.

यज्ञश्री 1) Adj. *das Opfer fördernd.* — 2) m. N. pr. eines Fürsten.

यज्ञश्रेष्ठ 1) m. *das beste der Opfer* Kauç. 73. — 2) *f. आ f. *Cocculus cordifolius* Râǵan. 3,86.

यज्ञसंशित Adj. *vom Opfer getrieben.*

यज्ञसंसिद्धि f. *das Gelingen eines Opfers* Gobh. 1,6,17.

यज्ञसंस्था f. *Opfergrundform.*

यज्ञसच् (stark °साच्) Adj. in अयज्ञसच्.

यज्ञसदन n. *Opferhalle.*

यज्ञसदस् n. *Opferversammlung.*

यज्ञसंमित Adj. *dem Opfer entsprechend* Çat. Br. 1,2,5,5.

यज्ञसाध् Adj. *Gottesdienst vollführend.*

यज्ञसाधन Adj. 1) dass. — 2) *Opfer zuwegebringend, — veranlassend* (Vishṇu).

यज्ञसार m. 1) Bein. Vishṇu's. — 2) **Ficus glomerata.*

यज्ञसारथि n. Name eines Sâman Ârsh. Br.

यज्ञसिद्धि f. Titel eines Werkes Burnell, T.

यज्ञसूकर m. Vishṇu *als Eber.*

यज्ञसूत्र n. *die beim Opfer über die linke Schulter hängende heilige Schnur.*

यज्ञसेन m. 1) N. pr. *a*) verschiedener Männer — *b*) eines Dânava. — 2) Bein. *a*) Vishṇu's. — *b*) Drupada's.

यज्ञसोम m. N. pr. verschiedener Brahmanen.

यज्ञस्थ Adj. *mit einem Opfer beschäftigt* Jâǵn. 1,59.

यज्ञस्थल n. 1) *Opferstätte.* — 2) N. pr. *a*) eine Agrahâra. — *b*) eines Dorfes. — *c*) einer Stadt.

यज्ञस्थाणु m. *ein Stumpf* —, so v. a. *ein Stein des Anstosses beim Opfer.*

*यज्ञस्थान n. *Opferstätte.*

यज्ञस्वामिन् m. N. pr. eines Brahmanen.

यज्ञहन् Adj. *Gottesdienst —, Opfer störend, verderbend.*

यज्ञहन m. N. pr. eines Râkshasa.

यज्ञहन्तर् Nom. ag. *Verderber des Opfers* (Kṛshṇa) Pañkar. 4,8,27.

यज्ञहुत् m. *Opferpriester* Vishṇus. 99,14.

यज्ञहृदय Adj. *der das Opfer über Alles gern hat.*

यज्ञहोतर् m. 1) *Opferer im Gottesdienst* RV. — 2) N. pr. eines Sohnes des Manu Uttama. Burnouf nimmt °होत्र an.

यज्ञांशभुज् m. *ein Gott.*

यज्ञागार n. *Opferschuppen.*

यज्ञाङ्ग 1) n. *Glied —*, d. h. *Theil —*, *Mittel —*, *Werkzeug des Opfers.* — 2) m. *a)* Bein. Vishṇu-Kṛshṇa's. — *b)* * *Ficus glomerata.* — *c)* * *Acacia Catechu* Râǵan. 8,21. — *d)* * *Clerodendrum siphonanthus.* — 3) *f. ग्रा *Cocculus cordifolius.*

यज्ञातीत Adj. als Beiw. Kṛshṇa's Pańkar. 4, 8,28.

यज्ञात्मन् m. Bein. Vishṇu's.

यज्ञात्ममिश्र m. N. pr. eines Mannes.

यज्ञानूकाशिन् Adj. *Opfer beschauend.*

1.*यज्ञान्त m. *Beschluss eines Opfers.*

2.यज्ञान्त Adj. *mit dem Worte* यज्ञ *endigend* Pâr. Gṛhj. 1,10,2.

यज्ञान्तकृत् Adj. *Opfer verderbend.* Beiw. Vishṇu-Kṛshṇa's Pańkar. 4,8,28.

यज्ञापेत m. N. pr. eines Râkshasa VP.² 2,285.

यज्ञाय्, nur Partic. यज्ञायँत् *im Gottesdienst thätig.*

यज्ञायज्ञिय n. Name verschiedener Sâman. यज्ञायज्ञीय Ait. Br. 3,14,3. Çâṅkh. Çr. 17,11,5.

यज्ञायतन n. *Opferstätte.*

यज्ञायुधँ n. 1) *Opfergeräthe.* — 2) Pl. *eine best. Litanei.*

यज्ञायुधिन् Adj. *mit dem Opfergeräthe versehen.*

यज्ञायुस् n. *des Opfers Lebensdauer* TBr. 3,7,4,9.

यज्ञारङ्गेशपुरी (!) f. N. pr. einer *Stadt.*

यज्ञारण्यँ n. *Opferwildniss* Tâṇḍja-Br. 18,6,24. Pl. so v. a. *die Gefahren bei einem Opfer* Çat. Br. 12,2,2,12.

यज्ञाराध्य Adj. *durch Opfer zu gewinnen* (Vishṇu) VP.² 1,61.

*यज्ञारि m. Bein. Çiva's.

*यज्ञार्ह 1) Adj. *Opfer verdienend, zum Opfer geeignet.* — 2) m. Du. Bez. der Açvin.

यज्ञावकीर्ण Adj. *dem Opfer untreu geworden, es unrichtig darbringend* Tâṇḍja-Br. 17,4,3.

यज्ञावचरँ Adj. *im Opfer Anwendung findend* Maitr. S. 1,6,7 (98,7). 12 (106,7. 11. 13).

यज्ञावयव Adj. *dessen Glieder aus Opfern bestehen* (Vishṇu).

यज्ञावृत्ति f. *Wiederholung eines Opfers* Kauç. 72.

*यज्ञाशन m. *ein Gott.*

यज्ञासँह् (stark °साँह्) Adj. *des Opfers mächtig.*

*यज्ञिक m. 1) *Butea frondosa.* — 2) Hypokoristikon von यज्ञदत्त.

यज्ञिन् Adj. *opferreich* (Vishṇu).

यज्ञिय्, Partic. यज्ञियँत्, als Erklärung von ग्रघँयत्.

यज्ञियँ 1) Adj. (f. ग्रा) *a) verehrungswürdig, opferwürdig, am Opfer Theil habend, heilig, göttlich;* gewöhnliches Beiwort der Götter und was ihnen heilig ist. — *b) im Gottesdienst thätig, — kundig, dazu fähig u. s. w.; andächtig, fromm.* — *c) zur Verehrung —, zum Gottesdienst —, zum Opfer gehörig, — passend, — sich eignend u. s. w.; heilig.* Superl. °तम. — 2) m. *a) ein Gott.* — *b)* **das dritte Zeitalter.* — *c)* * *Ficus glomerata* Râǵan. 11,129.

*यज्ञियशाला f. *Opferhalle.*

यज्ञीय 1) Adj. *zum Opfer passend, — gehörig.* भाग m. *Opferantheil.* — 2) *m. *a) Ficus glomerata.* — *b) Flacourtia sapida* Râǵan. 9,162.

यज्ञेश m. 1) *Herr des Opfers* Mahîdh. zu VS. 33, 79. — 2) Bein. *a)* Vishṇu's. — *b)* der Sonne.

यज्ञेश्वर 1) m. *a)* Bein. α) Vishṇu's. — β) des Windgottes Hemâdri 1,180,11. — γ) des Mondes Hemâdri 1,180,14. — *b)* N. pr. eines Autors. — 2) f. ई Bez. einer best. Göttin. °विद्यामाहात्म्य n.

यज्ञेश्वरार्य m. N. pr. eines Mannes.

यज्ञेँषु m. desgl.

*यज्ञेष्ट n. *ein best. wohlriechendes Gras.*

यज्ञोत्सव (Conj.) m. *ein Opfer als Festtag* Spr. 5026.

यज्ञोत्सववत् Adj. *reich an Opfern und Festen* MBh. 3,207,6.

*यज्ञोडुम्बर m. *Ficus glomerata.* °डुम्बर geschr.

यज्ञोपकरण n. *Opferzubehör.*

यज्ञोपवीतँ n. *die für das Opfer übliche Behängung mit der heiligen Schnur über die linke Schulter;* später *die heilige Schnur selbst.*

यज्ञोपवीतदान n. (Burnell, T.), यज्ञोपवीतप्रतिष्ठा f. (Opp. Cat. 1) und °सञ्चिका f. (ebend.) Titel von Werken.

यज्ञोपवीतिन् Adj. *die für das Opfer übliche Schnur auf der linken Schulter tragend.*

यज्ञोपासक m. *ein Verehrer der Opfer.*

यज्ञोपेत m. v. l. für यज्ञापेत VP.² 2,292.

यज्य n. und यज्या f. in देवयँज्य und देवयज्याँ.

यँज्यु 1) Adj. *a) verehrend, huldigend, fromm.* — *b) der Verehrung theilhaftig.* — 2) *m. *der Veranstalter eines Opfers.* — *b) ein diensthuender Priester.*

यँज्वन् Adj. Subst. (f. यँज्वरी, *यज्वनी) 1) *Verehrer, Gläubiger, Frommer; Opferer.* *यज्वनां पतिः Bez. *des Mondes.* — 2) *sacrificalis.* — 3) *Darbringer, Schenker* Hemâdri 1,471,12. 20.

यँज्वरी s. u. यज्वन्.

यज्विन् Adj. Subst. = यज्वन् 1).

यज्ञँ m. ein zur Erklärung von यज्ञँ erfundenes Wort Çat. Br. 3,9,4,23.

यण् Bez. *der Halbvocale* य, र, ल und व. यणादेशसूत्र n. Titel eines Werkes Opp. Cat. 1.

यण्व n. Name eines Sâman. याण्वापत्ये n. Du. Ârsh. Br.

यत्, यँतति, °ते 1) Act. *in Ordnung* (*Reihe und Glied*) *bringen, anschliessen, aneinander fügen, verbinden.* — 2) Act. *Schritt halten, in einer Reihe —, auf einer Stufe stehen —, wetteifern mit* (Instr.). — 3) Med. *sich anschliessen, — anreihen, in Reihen ziehen.* — 4) Med. *sich verbinden, — vereinigen, zusammentreffen mit* (Instr.). क्रँतुभिः so v. a. *sich in Jmds* (Gen.) *Willen fügen.* — 5) Med. *feindlich zusammengerathen, im Kampfe liegen.* — 6) Med. *sich zu vereinigen suchen mit* (Loc.), *zu erreichen suchen* (einen Ort), *zustreben, auf Etwas zuhalten.* — 7) Med. (metrisch auch Act.) *streben nach, sich bemühen um, bedacht sein auf, sich einer Sache ganz hingeben;* die Ergänzung im Loc., Dat., Acc., Gen. (einmal), °ग्रर्थे, °ग्रर्थाय (auch mit Gen.), °ग्रर्थम्, °हेतोस्, im Acc. mit प्रति oder ein Infin. (Gaut.). Ohne Ergänzung *sich anstrengen, alle seine Kräfte anwenden, Sorge tragen, auf seiner Hut sein, sich vorsehen.* — 8) Med. *sich gefasst machen auf* (Acc.). — 9) Partic. *a)* यत्त α) Pl. *im Kampfe liegend.* — β) *bedacht auf, bereit zu;* die Ergänzung im Loc., Dat. oder Acc. mit प्रति. Ohne Ergänzung *zu Allem vorbereitet, seine Maassregeln getroffen habend, auf seiner Hut seiend, sich vorsehend.* — γ) *besorgt, gelenkt* (Wagen, Pferde). — *b)* यतित mit einem Infin. *derjenige, den zu — man sich bemüht hat.* n. impers. mit Infin. *man* (Instr.) *ist darauf bedacht gewesen.* — Caus. यातँयति, °ते 1) Act. *in Ordnung stellen, vereinigen;* Med. *sich verbünden.* — 2) Act. *anfügen, anbringen.* — 3) Act. *kämpfen lassen* Ait. Br. 1,14. — 4) Act. *Jmd* (Gen.) *Etwas* (Acc.) *an's Herz legen.* — 5) Act. Med. (ausnahmsweise) *ausgleichen, vergelten* (*lohnen oder strafen*), *erwidern* (eine Feindseligkeit). किल्बिषम् *als Fehler rügen.* — 6) Med. *Jmd* (Acc. oder Gen.) *Etwas* (Acc.) *abtreten.* — 7) Act. Med. *Jmd peinigen, quälen.* — Nach dem Dhâtup. निकारे (निराकारे, खेदे) und उपस्कारे. यातिष्ये Mârk. P. 121,39 fehlerhaft für यतिष्ये. — Mit ग्रधि Med. *sich einen Schmuck* (Acc.) *anlegen auf* (Loc.). — Caus. Med. *einen Ort* (Acc.) *erreichen.* — Mit ग्रनु Med. *zu —, hinstreben zu* (Acc.). — Mit ग्रा 1) *anlangen, eintreten in, Fuss fassen, wohnen, bleiben, — in oder bei* (Loc.), *hinstreben zu* (Dat.). — 2)

°आयत्त a) *sich befindend in* (Loc. oder Acc.). — b) *abhängig von, beruhend auf, zu Jmdes Verfügung stehend*; die Ergänzung im Loc., Gen. oder im Comp. vorangehend. Auch ohne Ergänzung. — c) *sich anstrengend, sich bemühend*. — d) *auf seiner Hut seiend, sich vorsehend*. — e) *bereit stehend*. — Caus. Act. 1) *anlangen machen in* (Loc.). — 2) als Erklärung von यातयति nach dem Comm. = कर्मसु प्रवर्तयति. — Mit अत्या Med. *sich sehr bemühen um, sehr bedacht sein auf* (Loc.). — Mit अन्वा, अन्वायत्त *betheiligt bei, verbunden mit, in Beziehung stehend zu, abhängig von, beruhend —, sich erstreckend auf, vorhanden in oder bei*; mit Loc. oder Acc. — Caus. Act. *anreihen, folgen lassen; in Verbindung bringen, sich betheiligen lassen*; mit Loc. oder Acc. Mân. Gṛhj. 2,2. fgg. Âpast. Çr. 6,30,12. Comm. zu 29,8. — Mit व्या Caus. Act. 1) *geordnet hinstellen* Âpast. Çr. 15,6,5. — 2) *gesondert befestigen an* (Loc.) Âpast. Çr. 15,6, 17. 18. — Mit समा, °यत्त *beruhend auf, abhängig von* (Loc.). — Mit उप Med. *betreffen*. — Mit नि Med. *anlangen bei* (Loc.). — Mit निस् Caus. 1) *fortreissen, fortschaffen, wegführen*. — 2) *herausholen, herbeischaffen, — aus* (Abl.). — 3) *herausgeben, schenken* (Lalit. 474,13. Saddh. P. 91,b. Kâraṇḍ. 36,17. 49,1), *ausliefern, zurückgeben*. — 4) वैरम् *eine Feindschaft erwidern, Rache nehmen*. — 5) *verbringen, verleben*. — Mit प्रतिनिस् Caus. *wieder ausliefern, zurückgeben*. — Mit परि *umstellen, umringen*. परियत्त *umstellt*. — Mit प्र 1) Med. *einwirken*. — 2) Med. Act. (metrisch) *sich bestreben, sich bemühen um, bedacht sein auf, sich befleissigen*; die Ergänzung im Loc., Dat., Acc., अर्थे, अर्थम्, हेतोस् oder im Infin. प्रयत्त *sich bestrebend, ganz bei der Sache seiend*; प्रयतितं n. impers. — Mit संप्र Med. *sich bemühen um, bedacht sein auf* (Dat.). — Mit प्रति *entgegenwirken*, mit Acc. — Caus. *erwidern*. वैराणि, वैरम् so v. a. *Rache nehmen*. — Mit वि Med. etwa *in verschiedene Reihen bringen*. — Caus. 1) *anreihen, anbringen*. — 2) *büssen*. — 3) *peinigen, quälen*. — Mit अधिवि Caus. *anreihen, anbringen*. — Mit सम् 1) Act. *vereinigen*. — 2) Med. *sich aneinander reihen*. — 3) Med. *sich vereinigen, zusammentreffen, sich verbinden mit* (Instr.). — 4) Med. *an einander gerathen, in Streit kommen*. संग्रामम् *einen Kampf beginnen*. संयत्त Pl. *in Streit gerathen*, संग्रामे संयत्ते *beim Ausbruch des Kampfes* TS. 2,1, 3,1. 2. 8,4. — 5) संयत्त *vorbereitet, ganz bei der Sache seiend, seine Massregeln getroffen habend, auf der Hut seiend, sich vorsehend*. — Mit अभिसम्, °संयत्त *besorgt, gelenkt* (Rosse). — Mit प्रतिसम् 1) Med. *bekämpfen*. — 2) °संयत्त *vollkommen vorbereitet, — gerüstet*.

यत 1) Adj. s. u. यम्. — 2) *n. *die Fussbewegungen des Führers beim Lenken eines Elephanten*.

यतकृत् m. N. pr. eines Mannes. Fehlerhaft.

यतगिर् Adj. *die Rede hemmend, schweigend*.

यतंकर m. etwa *Vergelter*.

यतनीय n. impers. *bedacht zu sein auf* (Loc.).

यतम Adj. (f. आ) *welcher von Mehreren*.

यतमथा Adv. *auf welche unter mehreren Weisen*.

यतर Adj. (f. आ) *welcher von Zweien*.

यतरथा Adv. *auf welche von zwei Weisen*. यतरथैव कतरथा च *gleichviel auf welche von beiden Weisen* Shaḍv. Br. 3,1.

यतरश्मि Adj. *mit angespannten Strängen oder Zügeln*.

यतवाच् Adj. *die Rede hemmend, schweigend*. Nom. abstr. °वाक्त n.

यतव्य Adj. (f. आ) zu तनू v. l. यातव्य.

यतव्रत Adj. (f. आ) *an seinem Vorhaben festhaltend*.

यतस् Adv. 1) in der Bed. des Abl. von 1. य in allen Zahlen und Geschlechtern: *aus —, von wem*, oder *welchem, woher, woraus, wovor* (z. B. sich fürchten); auch *durch wen* oder *was*. चरकेभ्यो वा यतो वा *von Karaka's oder von irgend einem Andern*; यतो यतः *je von welchem, je woher, je woraus*; यतस्ततः *vom ersten Besten, von diesem oder jenem; woher es auch sei, woher immer, irgendwoher*; यत एव कुतश्च *von diesem oder jenem, woher immer*. — 2) *wo*. — 3) *wohin*. यतो यतः *wohin immer*; यतस्ततः *wohin es auch sei, irgendwohin*. — 4) *aus welchem Grunde, in Folge wovon*. — 5) *da, weil*. Häufig einen Vers anknüpfend, der einen ausgesprochenen Gedanken begründen soll. — 6) *von wann an, seitdem*. यतः प्रभृति dass. यतो जाता so v. a. *von ihrer Geburt an*. — 7) *sobald als*. — 8) *dass* nach einem Fragesatze und vor einer oratio directa (wie ὅτι). — 9) *auf dass*, mit Potent.

यतस्रुच् Adj. *der die Opferschale ausstreckt, — darbietet, — bereit hält*.

यतात्मन् Adj. *sich zügelnd, — beherrschend* 48,15.

यताहार Adj. *wenig essend* R. 2,28,17. v. l. यथाहार.

1. यति Adj. Pl. (Nom. Acc. यति) *quot, wie viele*. AV. 10,3,6 vielleicht fehlerhaft für यदि.

2. यति m. 1) etwa *Ordner* (*Geber* nach Sâj.). — 2) Pl. N. pr. eines mit den Bhṛgu zusammenhängenden Geschlechts. Auch Sg. neben भृगु. Gilt für einen Sohn Brahman's, Nahusha's oder Viçvâmitra's. — 3) *ein Asket, ein Mann, der der Welt entsagt hat*. — 4) * = निकार oder कार (Çâçvata).

3. यति f. 1) *Festhaltung, Leitung*. — 2) *Pause* (in der Musik), *Caesur* (im Verse). — 3) **Wittwe*; auch *यती.

यतिचान्द्रायण n. *eine best. Kasteiung*.

यतितव्य n. impers. *zu sorgen, — für Etwas* (Loc.).

यतिताल m. *ein best. Tact* S. S. S. 227. Gir. S. 6. 9. 16.

यतित्व n. *der Stand eines Asketen*.

यतिथ Adj. (f. ई) *der wievielste*.

यतिधर्म m. *die Pflichten eines Asketen*.

यतिधर्मन् m. N. pr. eines Sohnes des Çvaphalka.

यतिधर्मसंग्रह m. (Burnell, T.) und °धर्मसमुच्चय m. (Opp. Cat. 1) Titel von Werken.

यतिधर्मिन् m. = यतिधर्मन् Hariv. 1,34,13.

यतिधा Adv. *in vielen Theilen, — Orten*.

यतिन् 1) m. *Asket*. — 2) *f. °नी *Wittwe*.

यतिनृत्य n. *ein best. Tanz* S. S. S. 255.

यतिपञ्चक n., यतिप्रतिवन्दनखण्डन n. (Opp. Cat. 1), यतिप्रयोग m. (Burnell, T.) und यतिप्रणवकल्प m. (Opp. Cat. 1) Titel von Werken.

यतिभ्रष्ट Adj. *der geforderten Caesur ermangelnd* Vâmana 2,2,3.

*यतिमैथुन n. *das unkeusche Leben von Asketen*.

यतिराजविंशति f., °राजविजय m. und °राजसप्तति f. Titel von Werken Opp. Cat. 1.

यतिरेखा f. *eine best. Stellung der Glieder beim Tanz* S. S. S. 255.

यतिलग्न m. *ein best. Tact* S. S. S. 208.

यतिलिङ्गसमर्थन n., यतिवन्दननिषेध m., °वन्दनशतदूषणी f. und °वन्दनसमर्थन n. Titel von Werken Opp. Cat. 1.

यतिवर्य m. N. pr. eines Autors.

यतिविलास m. N. pr. eines Mannes.

यतिशेखर m. *ein best. Tact* S. S. S. 226.

यतिसांतपन n. *eine best. Kasteiung, dreitägiges* Pañkagavja.

यतीन्द्र m. *ein Fürst unter den Asketen*.

यतीन्द्रमतदीपिका f. und यतीश्वरप्रार्थना f. Titel zweier Werke.

यतु anzunehmen für यतव्य.

*यतुका f. *eine best. Pflanze*.

यतुन Adj. nach den Commentatoren = गन्तर्

oder यतनशील.

*यतूका f. = यतुका.

यतोजा und यतोद्भव Adj. *woraus entstanden.*

यतोबृहतीक Adj. *an welcher Stelle die* **Bṛhatî** *habend* Çâṅkh. Çr. 11,12,1.

यतोमूल Adj *worin wurzelnd.*

*यत्कर Adj. (f. आ) *was thuend, — vornehmend.*

यत्काम Adj. *was wünschend* Maitr. S. 2,1,2. 5, 7. Âpast. Çr. 6,10,1.

यत्काम्या Instr. Adv. *in welcher Absicht.*

यत्कारणम् Adv. 1) *aus welchem Grunde, in Folge wovon, weshalb.* — 2) *da, weil.* Auch यत्कारणात्.

यत्कारिन् Adj. *was vornehmend* Hemâdri 1,148, 9. 10.

यत्कार्यम् Adv. *in welcher Absicht.*

यत्किंचनकारक Adj. *das erste Beste thuend, auf's Gerathewohl handelnd* MBh. 12,118,20.

यत्किंचनकारिन् Adj. dass. Kâd. 256,2. 2,22,8. Harshak. 148,8. Nom. abstr. °रिता f. Kâd. 134,22.

यत्किंचनप्रलापिन् Adj. *allerhand Zeug schwazzend* R. 4,17,5.

यत्किंचनवाद m. *eine Behauptung auf's Gerathewohl* Comm. zu Njâjas. 4,1,36.

यत्किंचिदपिसंकल्प m. *ein Verlangen nach irgend Etwas* Spr. 5042.

यत्किंचिद्दुःखक n. Pl. *unbedeutende Schmerzen, welcher Art sie auch seien,* Mahâvîrak. 133,19.

यत्कुल Adj. *aus welchem Geschlecht* Hariv. 2, 118,44.

यत्कृते Adv. *wessentwegen.*

यत्क्रतु Adj. *welchen Entschluss fassend.*

यत्न m. (adj. Comp. f. आ) 1) *Willensthätigkeit, Bestrebung.* — 2) *Verrichtung, Arbeit.* — 3) Sg. und Pl. *Bemühung, Mühe, Anstrengung, — in Betreff von* (Loc. oder im Comp. vorangehend). यत्नं कर्, आ-स्था, समा-स्था, आ-धा *sich Mühe geben, Mühe auf Etwas wenden, sich angelegen sein lassen;* mit Loc. oder Infin. यत्नेन und यत्नैस् *sorgfältig, eifrig, alles Ernstes;* यत्नेनापि *trotz aller Anstrengung;* यत्नात् *bei aller Anstrengung; sorgfältig, eifrig;* महतो यत्नात् *mit grosser Anstrengung;* यत्नतस् *sorgfältig, eifrig;* यत्न° *mit Mühe, nicht leicht.* — 4) *eine besondere, ausdrückliche Bemerkung* Comm. zu Âpast. Çr. 7,20,5. 8,7,3.

यत्नवन्त् Adj. 1) *Willensthätigkeit besitzend.* Nom. abstr. °वत्त्व n. — 2) *sich Mühe gebend, sich Etwas angelegen sein lassend;* die Ergänzung im Loc.

यत्नाक्षेप m. in der Rhetorik *eine Erklärung, dass man mit Etwas nicht einverstanden sei, trotz des Bestrebens es sein zu wollen.*

यत्पराक्रम Adj. *von welchem Muthe* MBh. 1,94, 1. 228,19. 5,74,8.

यत्पृष्ठ Adj. *mit welchem* पृष्ठ 4) *verbunden* Çâṅkh. Çr. 14,22,6.

*यत्प्रथम Adj. *was zum ersten Male thuend* P. 6, 2,162, Sch.

*यत्य Partic. fut. pass. von यत्.

यत्र, यत्रा Adv. 1) = Loc. von 1. य *wer, welcher* in allen Zahlen und Geschlechtern. — 2) *wo, woselbst.* चतुष्पथे यत्र वा *oder sonst wo.* — 3) *bei welchem Anlass, bei welcher Gelegenheit, in welchem Falle, wenn.* — 4) *wohin.* — 5) *da, quum.* — 5) *wann, als.* — 6) *damit.* — 7) *dass* nach einem Fragesatze und *nach *nicht glauben, — zugeben, tadeln, sich wundern.* — 8) यत्र यत्र *a) wo immer, wo es auch sei.* — *b) wohin immer, wohin es auch sei.* — 9) यत्र तत्र *a)* = यस्मिंस्तस्मिन् u. s. w. — *b) wo immer, an jedem beliebigen Orte, am ersten besten Orte.* — *c) bei jedem Anlass, bei jeder Gelegenheit.* — *d) wohin immer, wohin es sich trifft, an den ersten besten Ort, weiss Gott wohin.* — 10) यत्र तत्रापि *wohin immer* 182,32. — 11) यत्र कुत्र *a)* = यस्मिन्कस्मिन् u. s. w. — *b) überall.* — 12) यत्र कुत्रापि = यस्मिन्कस्मिन्नपि u. s. w. — 13) यत्र क्व च *a)* = यस्मिन्कस्मिंश्च u. s. w. यत्र क्व चोत्पादितः so v. a. *mit dem ersten besten Weibe erzeugt* Devala. — *b) wo immer.* — *c) so oft, jedesmal wenn.* — *d) wohin immer.* — 13) यत्र क्व चन *a)* = यस्मिन्कस्मिंश्च. यत्र क्व चनोत्पादितः so v. a. *mit dem ersten besten Weibe erzeugt* Vishṇus. 15,27. — *b) an einem beliebigen Orte.* — *c) irgendwann, wann es auch sei.* — *d) weiss Gott wohin.* — 14) यत्र क्व वा *wo es auch sei.* — 15) यत्र क्वापि *irgendwohin, hierhin oder dorthin.*

यत्रकामम् Adv. *wohin das Verlangen geht.*

यत्राकामावशायिता und °शायित्व fehlerhaft für °सायिता und °सायित्व.

यत्रकामावसाय m. *die Zauberkraft sich dahin zu versetzen, wohin man gerade Lust hat.*

यत्रकामावसायिन् Adj. *die Zauberkraft besitzend sich dahin zu versetzen, wohin man gerade Lust hat.* Nom. abstr. °यिता f. und °यित्व n.

यत्रतत्रशय Adj. *sich hinlegend, wo es sich gerade trifft, dem es einerlei ist wo er schläft.*

यत्रत्य Adj. *wo seiend, wo wohnend.*

यत्रसायंगृह Adj. *dort seine Wohnung aufschlagend, wo Einen der Abend ereilt,* R. 2,67,20.

यत्रसायंप्रतिश्रय Adj. (f. आ) dass.

यत्रस्थ Adj. *wo sich aufhaltend.*

यत्राकूत n. *das beabsichtigte Ziel.*

यत्रास्तमितशायिन् Adj. *sich hinlegend, wo Einen der Sonnenuntergang ereilt,* MBh. 12,61,8.

यत्रेच्छक Adj. *wo es Einem beliebt* MBh. 3,276,14.

यत्व n. Nom. abstr. von य *der Laut* य Comm. zu TS. Prât.

यत्संख्याक Adj. *in welcher Anzahl* 215,1.

यत्सेन Adj. *welches —, ein wie starkes Heer habend* MBh. 5,74,8.

यत्स्वभाव Adj. *von welcher Natur, — Art und Weise zu sein ebend.*

यथर्षि Adv. *je nach dem* **Ṛshi.**

यथर्चम् Adv. *je nach der* **Ṛk.**

यथर्तु Adv. *der jedesmaligen Zeit (Jahreszeit) entsprechend* Âpast. Çr. 6,31,14.

यथार्षि Adv. *je nach dem* **Ṛshi** Âpast. Çr. 2,16,6.

यथर्ष्याधान n. Bez. *bestimmter Sprüche* Âpast. Çr. 5,11,6. 7. 13,8. 15,6. 17,1.

यथा (in der ersten Bed. am Ende eines **Pâda** im **Ṛgveda** auch tonlos) 1) *wie, gleichwie* (einem तथा, तथा तथा [106,33], एवं, एवम् oder तद्वत् entsprechend). यथा वा (nach einem vorangehenden वा) *oder wie sonst.* यथा चित्, यथा ह, यथा ह वै (33,7), यथा-इव, इव यथा, यथेवाङ्ग (RV. 10,86,7), यथेव ह (Chr. 36,22). *Auch als Ausruf der Verwunderung. यथो एतत् *was das betrifft (dass).* यथा-तथा oder यथा-तेन सत्येन bei Betheuerungen und festen Behauptungen *so gewiss — so wahr;* ausnahmsweise wechseln in diesem Falle यथा und तथा ihre Stellen. — 2) *wie,* so v. a. *zum Beispiel.* — 3) elliptisch so v. a. *wie es sich verhält, — verhielt.* — 4) *ut, auf dass, damit, (so) dass;* mit Opt. und Conj., später auch Fut., Praes., Imperf., Perf. und Aor. In der älteren Sprache gern dem ersten Worte des Satzes nachgestellt. Auch mit Ergänzung von स्यात् oder भवेत्. — 5) *da.* यथा-तथा *da — so* 291,24. Spr. 7634. — 6) *dass* nach *wissen, glauben, meinen, sagen, melden, anweisen, hören, bekannt werden, zweifeln* u. s. w. vor einer oratio directa mit oder ohne इति am Schluss. — 7) *so wie,* so v. a. *sobald.* — 8) *wie wenn,* mit Potent. — 9) = यथावत् *wie es sich gehört, richtig.* — 10) यथा यथा (einem तथा तथा oder एवैव entsprechend) *je nachdem, in welchem Maasse, jemehr* Çaṅk. zu Bâdar. 2,2,9. Kâd. 118,13. — 11) यथा यथैव *dass* (einem तद् das entsprechend); mit Potent. Spr. 5135. — 12) यथा तथा *a) wie immer, wie es auch sei, auf irgend eine Weise, auf belie-*

bige W. Mit einer Negaton *auf keine Weise.* सो ऽपि नास्ति यथा तथा so v. a. *aber auch der ist genau genommen nicht da.* — b) = यथातथम्, wie die v. l. hat. — 13) यथा कथं चित् *auf irgend eine Weise, wie es sich gerade macht.* — 14) तद्यथा *dieses wie,* so v. a. *nämlich, zum Beispiel.* — 15) तद्यथापि नाम mit Potent. *gleich wie nämlich* oder *gleich wie wenn* Vaǵrakkh. 27,8. 9. 32,14. 16. 17.

यथाकनिष्ठम् Adv. *dem Alter nach vom Jüngsten zum Aeltesten hinauf.*

यथाकर्तव्य Adj. *was in einem betreffenden Falle zu thun ist.*

यथाकर्म Adv. *je nach der betreffenden Thätigkeit, je nach den Handlungen.*

यथाकर्मगुणम् Adv. *je nach den Handlungen und je nach den (drei) Qualitäten.*

यथाकल्पम् Adv. *dem Ritus gemäss.*

यथाकाण्डम् Adv. *je nach den Abschnitten.*

यथाकाम Adj. 1) *je welches Verlangen habend.* — 2) *nach Belieben verfahrend* Hemâdri 1,498,7.

यथाकामचार m. *ein im eigenen Belieben stehendes —, ein unbeschränktes Verfahren.*

यथाकामज्येय Adj. *nach Belieben zu bedrücken.*

यथाकामप्रयाप्य Adj. *nach Belieben wegzuschicken.*

यथाकामम् (ṚV.) und °कामम् (Çat. Br.) Adv. *nach Wunsch, nach Belieben, gemächlich.*

यथाकामवध्य Adj. *nach Belieben zu züchtigen.*

यथाकामविचारिन् Adj. *nach Belieben umherstreichend.*

यथाकामार्चितार्थिन् Adj. *Bedürftige nach Wunsch befriedigend.*

यथाकामिन् Adj. *nach Belieben verfahrend.* Nom. abstr. °मित्व n. Çaṁk. zu Ait. Up. S. 165, Z. 5. 7.

यथाकाम्य n. fehlerhaft für याथा°; vgl. Mahâbh. 8,19,*b*.

यथाकायम् Adv. *je nach dem Umfange (des* Jûpa).

*यथाकारम् Adv. *auf welche Weise.*

यथाकारिन् Adj. *wie handelnd.*

यथाकार्य Adj. = यथाकर्तव्य.

यथाकाल 1) m. *ein entsprechender Zeitpunct.* द्वितीय so v. a. *die zweite Essenszeit.* — 2) °म् Adv. *je zur Zeit, zur richtigen —, gewöhnlichen Zeit.* Am Anf. eines Comp. °काल°.

यथाकुलधर्मम् Adv. *je nach Familienbrauch.*

यथाकृत 1) Adj. a) *recht gemacht* in अयथा°. — b) *verabredet.* — 2) °कृतम् Adv. a) *wie gewöhnlich, wie sonst.* — b) *in der Weise, wie es geschah.* — c) *in verabredeter Weise.* — d) *je nach der Anfertigung.*

यथाकृष्टम् Adv. *Furche um Furche.*

यथाकृप्ति Adv. *in entsprechender, angemessener Weise.* v. l. यथाज्ञप्ति.

यथाक्रतु Adj. *welchen Entschluss fassend.*

यथाक्रम°, °क्रमम् und °क्रमेण Adv. *der Reihe nach, successive, respective.*

यथाक्रियमाण Adj. (f. आ) *wie gethan werdend,* so v. a. *gebräuchlich, üblich* Harshaḱ. 61,5. 93,20. 154,6.

यथाक्रोशम् Adv. *nach der Zahl der* Kroça.

यथाक्षमम् Adv. *nach Möglichkeit, so viel als möglich.*

यथाक्षरम् Adv. *Silbe um Silbe* Saṁhitopan. 23,1.

यथाक्षिप्रम् Adv. *so schnell als möglich.*

यथाक्षेमेण Instr. Adv. *in aller Ruhe, — Behaglichkeit.*

यथाखातम् Adv. *je nachdem gegraben ist.*

यथाख्यम् Adv. *den Benennungen entsprechend.*

यथाख्यात Adj. *früher erzählt, — erwähnt, — angegeben.*

यथाख्यानम् Adv. *dem Bericht —, der Angabe gemäss.*

यथागत 1) Adj. a) *auf dem (Wege) man vorher gekommen ist* Vikramâṅkaḱ. 10,4. — b) **wie zur Welt gekommen, dumm, einfältig.* — 2) °गतम् und °गतेन Adv. *des Weges, auf dem man gekommen ist.*

यथागम 1) Adj. *rechtgläubig* Çâṅkh. Gṛhj. 6,6,16. — 2) °म् Adv. *der Ueberlieferung gemäss* Âpast. 1,17,13. 2,5,18.

यथागात्रम् Adv. *Glied um Glied.*

यथागुणम् Adv. *den Qualitäten —, den Vorzügen gemäss.*

यथागृहम् Adv. *in sein (u. s. w.) respectives Haus.*

यथागृहीतम् Adv. 1) *je nach der Reihe des Fassens.* — 2) *nach der Reihe des Aufführens.*

यथागोत्रकुलकल्पम् Adv. *je nach dem Brauch der Familie oder des Geschlechts* Gobh. 2,9,25.

यथाग्नि Adv. 1) *nach der Grösse des Feuers.* — 2) *der Verdauungskraft entsprechend* Karaka 6,2.18.

यथाग्रहणम् Adv. *der Angabe gemäss.*

यथाङ्गम् Adv. *Glied um Glied.*

यथाचमसम् Adv. Kamasa *um* Kamasa, *je auf seinen K.* Vaitân.

यथाचारम् Adv. *dem Brauche gemäss, wie üblich.*

यथाचारिन् Adj. *wie zu Werke gehend, wie verfahrend.*

यथाचिति Adv. *Schicht um Schicht* Kâtj. Çr. 18,4,15.

यथाचिन्तित Adj. *vorher bedacht, beabsichtigt* Pańkat. 226,18.

यथाचोदितम् Adv. *je nach der Aufforderung.*

यथाछन्दसम् Adv. *ein Metrum um's andere.*

यथाजात Adj. 1) *wie zur Welt gekommen.* — 2) *dumm, einfältig* Kâd. 2,35,17.

यथाजातम् Adv. *Geschlecht um Geschlecht.*

यथाजातरूपधर Adj. *splitternackt* Ǵâbâlop. S. 434.

यथाजाति Adv. *Art um Art.*

यथाजातीयक Adj. *wie geartet* Comm. zu Njâjas. 2,2,16.

यथाजोषम् Adv. *nach Herzenslust.*

यथाज्ञप्त Adj. *vorhin befohlen, anbefohlen.*

यथाज्ञप्ति Adv. *dem Befehle gemäss* R. ed. Bomb. 2,80,15.

यथाज्ञानम् Adv. *nach Wissen, so gut man es weiss* Gobh. 3,9,21.

यथाज्ञेयम् Adv. dass. Hemâdri 1,271,7.

यथाज्यगान n. *ein dem* Âǵja *entsprechender Gesang* Lâṭj. 7,13,10.

यथाज्येष्ठम् Adv. *dem Alter nach, vom Aeltesten zum Jüngsten hinab.*

यथातत्त्व° und °तत्त्वम् Adv. *der Wahrheit gemäss, wie es sich wirklich verhält, genau.*

यथातथम् Adv. *wie es sich in Wirklichkeit verhält, genau, wie es sich gebührt, wie es sich gehört.*

यथातथ्यम् und °तथ्येन Adv. *der Wahrheit gemäss.*

यथात्मक Adj. *welche Natur immer habend.*

यथादत्त Adj. *wie immer gegeben.*

यथादधिभक्षम् Adv. *nach Art des* Dadhibhaksha Çâṅkh. Çr. 8,9,11.

यथादर्शन° und यथादर्शनम् Adv. *bei jedem Vorkommen, in jedem einzelnen Falle.*

यथादायम् Adv. *je nach dem Erbtheil.*

यथादिक् und यथादिशम् (Varâh. Jogaj. 7,20) Adv. *nach den verschiedenen Himmelsrichtungen, nach der entsprechenden H., je nach der H.*

यथादिष्ट 1) Adj. *der Angabe —, der Anweisung entsprechend.* — 2) °दिष्टम् Adv. *der Angabe —, der Anweisung gemäss.*

यथादीक्षम् Adv. *den übernommenen religiösen Observanzen gemäss.*

यथादृष्टम् Adv. *wie man Etwas gesehen hat.*

यथादेवतम् Adv. *Gottheit um Gottheit* Vaitân.

यथादेशकालदेहावस्थानविशेषम् Adv. *je nach der Verschiedenheit des Ortes, der Zeit und der Körpergestalt.*

1. यथादेशम् Adv. *je nach dem Platze, — Orte.*

2. यथादेशम् Adv. *je nach der Weisung, nach Vorschrift* Gobh. 1,1,4.

यथाद्रव्य Adj. *je welchen Besitz habend, je woran reich.*

यथाधर्मम् Adv. 1) *in richtiger Ordnung, nach Recht und Gebühr.* — 2) *dem Wesen —, der Natur gemäss* Çulbas. 3,135.

यथाधिकार° und °म् (Gaut.) Adv. *der Berechtigung gemäss, je nach der B.*

यथाधिष्ण्यम् Adv. *nach der Reihe der* Dhishṇja Vaitân.

यथाधीत Adj. und °म् Adv. *wie gelernt, wie der Text lautet,* d. h. *in der Grundform ohne wesentliche Abänderung.*

यथाध्यापकम् Adv. *in Uebereinstimmung mit dem Lehrer.*

यथानाम 1) Adj. (f. आ) *je welchen Namen habend* Âpast. Çr. 15,9,4. — 2) °नाम Adv. *Name um Name.*

यथानारदभाषित Adj. (f. आ) *genau so seiend, wie es* Nârada *verkündet hat.*

यथानिकायम् Adv. *je nach dem Körper* Çvetâçv. Up. 3,7.

यथानिक्षिप्तम् Adv. *wie hingeworfen.*

यथानिर्दिष्ट Adj. *wie angegeben, wie beschrieben, wie gekennzeichnet* 300,23.

यथानिलयम् Adv. *in sein entsprechendes Nest, in seine entsprechende Wohnstätte.*

यथानिवासिन् Adj. *wo gerade wohnend.*

यथानिवेशम् Adv. *in seine entsprechende Wohnstätte* R. 6,16,23.

यथानिशान्तम् Adv. *nach der angenommenen, üblichen Weise* Âçv. Çr. 7,12,13. 14. 8,3,22.

यथानिःसृतम् Adv. *wie hinausgegangen.*

यथानुपूर्वम्, °पूर्व्य° und °पूर्व्या (Instr.) Adv. *der Reihe nach, respective.*

यथानुभूतम् Adv. *wie man es erfahren hat, — es erlebt hat.*

यथानुरूपम् Adv. *regelrecht, genau entsprechend.*

यथान्तरम् Adv. *je nach dem Zwischenraume* Kauç. 8.

यथान्यस्तम् Adv. *in der Weise, wie es deponirt war.*

यथान्यायम् Adv. *nach der Regel, nach Gebühr.*

यथान्यासम् Adv. *dem niedergeschriebenen Wortlaut des* Sûtra *gemäss, wie geschrieben steht* Mahâbh. 5,58,b.

यथान्युप्त 1) Adj. *wie je hingeworfen.* — 2) °प्तम् Adv. *Wurf um Wurf.*

यथापण्यम् Adj. *je nach der Waare, für jede Waare.*

यथापदम् Adv. *Wort für Wort.*

यथापरम् Adv. etwa *wie sonst* MBh. 6,1,28, wo ed. Calc. und Vardh. कृत्स्नं st. कस्य चित् lesen.

यथापराधदण्ड Adj. *nach dem Vergehen strafend.*

यथापराधम् Adv. *je nach dem Vergehen.*

यथापरिधि Adv. Paridhi *um* Paridhi Mân. Çr. 1,3,1. 4. Hillebr. N. 82. Vgl. परिधि 8).

यथापरिलिखितम् Adv. *nach dem Umriss* Kâtj. Çr. 8,5,7.

यथापरीत्तम् Adv. *wie übergeben* Çâñkh. Gṛhj. 2,12.

यथापरु Adv. *Gelenk um Gelenk, Glied um Glied.*

यथापर्युक्षितम् Adv. *wie besprengt* Kâtj. Çr. 4,14,30.

यथापर्व Adv. *je nach dem* Parvan Çâñkh. Çr. 14,10,4.

यथापाठ 1) Adj. *der Herzählung entsprechend* Utpala zu Varâh. Bṛh. 1,14. — 2) °म् Adv. *je nach der Recitation* MBh. 12,63,18.

यथापुरम् Adv. *wie früher, wie ehemals* Âpast. Çr. 9,20,7. Gop. Br. 1,3,13. Kauç. 72.

यथापुरुषम् Adv. *je nach dem Manne* Ind. St. 13,239.

यथापूर्व 1) Adj. *wie ehemals seiend.* Nom. abstr. °त्व n. Kâṭh. 27,5. — 2) Adv. °पूर्वम् a) *nach einander, der Reihe nach.* — b) *wie ehemals, wie sonst.*

यथापृष्ठ्य Adj. *dem* Pṛshṭhja *entsprechend* Çâñkh. Çr. 14,8,11.

यथाप्रकृति Adv. *dem Schema —, der Norm gemäss* Lâṭj. 10,11,13. 18,11. Kâtj. Çr. 8,2,27. Çâñkh. Çr. 11,13,4.

यथाप्रज्ञम् Adv. *nach bester Einsicht, so gut man es versteht.*

यथाप्रतिगुणैस् Instr. Pl. *je nach den Eigenschaften, — Vorzügen,* so v. a. *so gut man es vermag.*

यथाप्रतिज्ञाभिस् Instr. Pl. *wie man übereingekommen war.*

यथाप्रतिरूपम् Adv. *wie es passend ist.*

यथाप्रत्यक्षदर्शनम् Adv. *als wenn es vor Augen geschähe, als wenn man es mit eigenen Augen sähe.*

*यथाप्रत्यर्हम् Adv. *je nach Verdienst.*

यथाप्रदानम् Adv. *der Darbringung entsprechend, in derselben Reihenfolge, wie diese erfolgte,* Gaim. 5,4,3.

यथाप्रदिष्टम् Adv. *der Vorschrift gemäss, wie es sich gehört.*

यथाप्रदेशम् Adv. 1) *an der entsprechenden, richtigen Stelle, an die richtige Stelle, je auf seinen Platz* Pañkad. — 2) *nach allen Seiten hin.* — 3) *der Vorschrift gemäss, wie es sich gehört.*

यथाप्रधानतम् Adv. *je nach dem Vorzug, — Vorrang.*

यथाप्रधानम् Adv. 1) *je nach der Grösse* Kâd. 198,7. — 2) = यथाप्रधानतस्.

यथाप्रपन्नम् Adv. *wie hereingetreten* Çâñkh. Çr. 5,18,12. 20,7. 17,12,5.

यथाप्रभावम् Adv. *nach Kräften* Çat. Br. 4,5,10,7.

यथाप्रयोगम् Adv. *je nach dem Gebrauch* Aupamanjava im Comm. zu Âpast. Çr. 8,1,2.

यथाप्रवृतम् Adv. *wie erwählt* Kâtj. Çr. 9,8,16.

यथाप्रवेशम् Adv. *wie man hereingetreten ist* Daçak. 88,14.

यथाप्रश्नम् Adv. *den Fragen gemäss* Suçr. 1,195,5.

यथाप्रसृतम् Adv. *wie hineingeschlichen* Âçv. Çr. 6,12,2.

यथाप्रस्तारम् Adv. *wie beim* Prastara Lâṭj. 2,5,18.

यथाप्रस्तुतम् Adv. *wie schon begonnen war,* so v. a. *endlich einmal* Mâlatîm. 146,3 (ed. Bomb. 305,4).

यथाप्राणम् und °प्राणेन Instr. (92,11) Adv. *aus Leibeskräften, nach Kräften.*

यथाप्राप्त 1) Adj. (f. आ) a) *wie angetroffen, der erste beste* Kâd. 2,127,1. — b) *aus den Verhältnissen —, aus den Umständen sich ergebend, entsprechend, angemessen.* — c) *aus einer vorangegangenen grammatischen Regel sich ergebend* 244,6. — 2) Adv. °म् *der Regel gemäss, regelmässig* 240,12.

यथाप्राप्ति Adj. fehlerhaft für °प्राप्त.

यथाप्रार्थितम् Adv. *nach Wunsch.*

यथाप्रीति Adj. *nach Herzenslust.*

यथाप्रेषितम् Adv. *der Aufforderung* (in der Liturgie) *gemäss* Kâtj. Çr. 2,6,35. Mân. Çr. 1,8,6.

यथाप्रैषम् Adv. dass. Vaitân.

यथाफलम् Adv. *je nach dem Ertrage.*

यथाबलम् Adv. 1) *nach Kräften.* — 2) *in Bezug auf die Kraft.* — 3) *je nach dem Bestande des Heeres.*

यथाबीजम् Adv. *je nach dem Samen.*

यथाबुद्धि Adj. *nach bestem Wissen.*

यथाभक्त्या Instr. Adv. *mit voller Hingebung.*

यथाभक्षितम् Adv. *wie gegessen.*

यथाभव Adj. scheinbar Bhâg. P. 4,27,11, da hier यथा भवान् *wie du* zu trennen ist.

यथाभवनम् Adv. *Haus für Haus.*

यथाभागम् Adv. 1) *je nach dem Antheil.* — 2) *je an ihrem Platze, am rechten Platze.*

यथाभाजनम् Adv. *je an richtiger Stelle.*

1. यथाभाव m. 1) *das Wie, das wahre Verhältniss* KULL. zu M. 8,95. — 2) *Schicksal.*

2. यथाभाव Adj. *welche Natur habend.*

यथाभिकामम् Adv. *nach Wunsch.*

यथाभिज्ञाय 1) Adj. = यथाभिप्रेत 1) KARAKA 3,8. — 2) °ज्ञायम् Adv. *je wie man erkannte.*

यथाभिप्रेत 1) Adj. *erwünscht* in अयथा°. — 2) Adv. °म् *nach eigenem Gefallen, wie es Jmd* (Gen.) *will* LÂṬJ. 4,3,16. PAÑKAT. ed. Bomb. 5,84,9.

यथाभिमत 1) Adj. *erwünscht, wonach man Verlangen hat, was Einem behagt, beliebig.* — 2) Adv. °म *nach eigenem Gefallen, wohin Einen das Verlangen zieht, nach Lust.*

यथाभिरुचित Adj. *woran man Gefallen hat, beliebt.*

*यथाभिरूपम् Adv. = अभिरूपस्य योग्यम्.

यथाभिलषित Adj. *erwünscht* 290,20.

यथाभिलिखित Adj. *in der angegebenen Weise geschrieben.*

यथाभिवृष्टम् Adv. *so weit als es geregnet hat.*

यथाभीष्ट Adj. *erwünscht, Einem gut dünkend.*

यथाभूतम् Adv. *wie es sich zugetragen, der Wirklichkeit —, der Wahrheit gemäss* LALIT. 446,2. fgg.

यथाभूमि Adv. *in das respective Land* KÂD. (ed. Bomb.) 2,336,7 (°भूमिम् fehlerhaft die anderen Ausgg. 108,17 = 133,19).

यथाभूयम् Adv. *nach der Anciennetät* VISHṆUS. 73,2.

यथाभूयसोवाद m. *eine allgemeine Regel.*

यथाभ्यर्थित Adj. *worum man vorher gebeten hatte.*

यथामङ्गलम् Adv. *je nach der Sitte.*

यथामति Adv. 1) *nach Gutdünken, — von* (Gen.), *wenn es Einem gut dünkt.* — 2) *nach bestem Verstande, so weit Jmds Einsicht reicht* TS. PRÂT.

यथामनसम् Adv. *nach Herzenslust* ÂPAST.

यथामनोषिमम् Adv. *nach Wunsch.*

यथामन्त्रवर्णम् Adv. *nach dem Wortlaut eines Spruches* oder *Liedes* KÂTJ. ÇR. 6,3,23.

यथामात्रम् Adv. in अ°.

यथामानम् Adv. *je nach dem Maasse, — Umfange* MBH. 4,56,12.

*यथामुखम् Adv. *von Angesicht zu Angesicht.*

यथामुख्यम् Adv. *was die Hauptpersonen betrifft, soweit von diesen die Rede ist.*

यथामुख्येन Instr. Adv. *vorzugsweise, vor Allem.*

यथामूल्य Adj. *preiswürdig* HEMÂDRI 1,448,4.

यथाम्नातम् und यथाम्नायम् Adv. *nach dem Wortlaut des Textes, der Ueberlieferung gemäss.*

यथायजुम् Adv. *je nach dem Jagus.*

यथायतनम् Adv. *je auf der Stelle, je an seiner St., je an seine St.* AIT. UP. 2,3. °नात् *je von seiner Stelle* TS. 7,5,6,4.

यथायथम् Adv 1) *wie es sich gebührt, richtig, in der Ordnung, entsprechend* 233,2. ÇAṀK. zu BÂDAR. 2,2,19. — 2) *Eins um's Andere, nach und nach, allmählich.*

यथायाचित Adj. *je erbeten* Ind. St. 15,318.

यथायुक्त 1) Adj. *a) wie verbunden* TS. PRÂT. — *b) gerichtet auf, betreffend;* mit Loc. MBH. 5,191, 5. — 2) Adv. °म् = यथायुक्ति.

यथायुक्ति und °तस् Adv. *nach Umständen, nach Bewandtniss.*

यथायूथम् Adv. *je nach den Heerden.*

यथायूपम् Adv. *den Jûpa's entsprechend* KÂTJ. ÇR. 8,8,22.

यथायोगम् Adv. 1) *nach Umständen, nach Bewandtniss, nach Bedürfniss* ÇULBAS. 1,52. 135. — 2) *nach Brauch, wie es bisher üblich war.*

यथायोगेन Instr. Adv. = यथायोगम् 1).

यथायोग्यम् Adv. *nach Gebühr, wie es sich schickt.*

यथायोनि Adv. 1) *je nach dem Mutterleibe.* — 2) *in der ursprünglichen Weise* LÂṬJ. 7,9,6.

यथारब्ध Adj. *früher begonnen.*

यथारम्भम् Adv. *wie beim Beginn, in derselben Reihenfolge.*

यथारुचम् Adv. *nach Gefallen.*

यथारुचि Adv. *nach Gefallen, je nach Geschmack.*

यथारूप 1) Adj. (f. आ) *a) wie beschaffen.* — *b) ein entsprechendes Aussehen habend, überaus schön.* — *c) ausserordentlich gross.* — 2) Adv. °रूपम् *a) in passender Weise, angemessen, richtig, wahr* ÇAT. BR. 6,2,1,19. 7,1,1,20. — *b) dem Aussehen nach, desselben Aussehens.*

यथार्थ 1) Adj. (f. आ) *entsprechend, angemessen, zutreffend, richtig, wahr, einen zutreffenden Namen führend.* स्वप्न m. *ein Traum, der in Erfüllung geht;* जन्मन् n. *ein Leben im wahren Sinne des Wortes;* नामन् n. u. s. w. *ein zutreffender Name.* — 2) यथार्थ° und यथार्थम् Adv. *a) je nach Ziel, — Geschäft, — Zweck. — Bedürfniss, passend.* — *b) nach Belieben.* — *c) wie es sich in Wirklichkeit verhält, zutreffend, gehörig, genau.*

यथार्थक Adj. *richtig, wahr.* स्वप्न m. *ein Traum, der in Erfüllung geht.*

यथार्थकृतनामन् Adj. *zutreffend benannt*

यथार्थतत्त्वम् Adv. *der Wahrheit gemäss, so wie es sich in Wirklichkeit verhält.*

यथार्थतस् Adv. *der Wahrheit gemäss.*

यथार्थता f. *das Zutreffen, — eines Namens.*

यथार्थनामक Adj. *einen zutreffenden Namen führend.* Nom. abstr. °त्व n.

यथार्थनामन् Adj. dass. 86,2. PRIJ. 32,14. BHÂVAPR. 3,53.

यथार्थाक्षर Adj. *buchstäblich wahr.*

यथार्थाख्य Adj. *einen zutreffenden Namen führend.*

यथार्थित Adj. *wie gebeten, vorher erbeten.*

यथार्थिनम् Adv. *je nach der Absicht.*

यथार्पित Adj. *wie übergeben.*

यथार्षम् Adv. *je nach der heiligen Abstammung* (?) MÂN. ÇR. 1,5,4. Richtig wohl यथार्थम्.

यथार्ह 1) Adj. *a) je welche Würde habend.* — *b) dem Verdienst entsprechend, angemessen.* — 2) यथार्ह° und यथार्हम् Adv. *nach Werth, nach Würde, nach Verdienst, nach Gebühr* GAUT. यथार्हकृतपूज Adj. *nach Gebühr geehrt.*

यथार्हणम् Adv. *nach Verdienst, nach Gebühr.*

यथार्हतम् Adv. *nach Würde, nach Verdienst, nach Gebühr, wie es sich gehört.*

*यथार्हवर्ण m. *Späher.*

यथालब्ध Adj. *was man gerade findet, gerade zur Hand seiend* HEMÂDRI 1,606,5.

यथालाभ° (JÂGN. 1,236) und °लाभम् Adv. *wie man es gerade hat, wie es sich gerade trifft.*

यथालिङ्गम् Adv. *je nach dem charakteristischen Worte, dem Kennzeichen —, dem Stichwort gemäss* MÂN. ÇR. 1,8,4. 5,2,11.11,2. ÂPAST. ÇR. 15,13,2. 17,2.

यथालोकम् Adj. *je nach dem Raum, — Platz, am entsprechenden Platze, an den entsprechenden Platz, je an seinen Platz* MAITR. S. 1,6,2 (88,9). 7 (97,8. 10). 8,6 (124,2). MÂN. ÇR. 4,3. ÂPAST. ÇR. 5, 18,1. 27,1. यथालोक° LÂṬJ. 10,4,9.

यथावकाशम् Adv. 1) *nach Verhältniss des Raumes, wie eben Raum ist.* — 2) *an seinen Ort, an die richtige Stelle.* — 3) *bei erster Gelegenheit.*

यथावचनकारिन् Adj. *Jmds Befehle vollziehend, gehorsam.*

यथावचनम् Adv. *je nach dem Ausdruck* NIR. 1,3.

यथावचस् scheinbar R. 4,63,6, da प्रभाषधे यथा वच: zu lesen ist.

यथावत् Adv. 1) *wie es sich gebührt, regelmässig, gehörig, richtig, genau.* — 2) = यथा *wie* 80,9.

यथावत्तम् Adv. *wie abgeschnitten* KÂTJ. ÇR. 20, 8,8.

यथावदानम् Adv. *Abschnitt um Abschnitt* Mân. Çr. 1,3,2.

यथावनिक्तम् Adv. *wie gereinigt* Kâtj. Çr. 4,1, 11. 5,9,19.

यथावभृथम् Adv. *dem* Avabhṛtha *entsprechend* Kâtj. Çr. 22,7,20.

यथावयम् Adv. 1) *dem Alter nach.* — 2) *desselben Alters.*

यथावयसम् Adv. *dem Alter nach.*

यथावर्णम् Adv. *den Kasten nach, je nach der Kaste* Vaitân.

यथावर्णविधानम् Adv. *nach den Regeln der Kasten.*

यथावशम् Adv. *nach Belieben.*

यथावषट्कारम् Adv. *dem* Vashaṭkâra *entsprechend* Çâñkh. Çr. 7,8,10.

यथावसरम् Adv. *bei jeder Gelegenheit.*

यथावस्तु Adv. *nach dem Sachverhalt, genau.*

यथावस्थम् Adv. *dem Zustande —, der Lage gemäss, je unter denselben Verhältnissen.*

यथावस्थितार्थकथन n. *das Darstellen einer Sache, wie sie sich in Wirklichkeit verhält,* 210, 27.

यथावास m. N. pr. eines Mannes.

यथावासम् Adv. *in die respective Wohnung.*

यथावास्तु Adv. *dem Boden —, dem Platze gemäss.*

यथावितानम् Adv. *den* Vitâna *entsprechend* Kauç. 137.

यथावित्तम् Adv. 1) *dem Funde gemäss* Ait. Br. 3,28. — 2) *nach dem Vermögen, im Verhältniss zum Besitz.*

यथावित्तानुसारम् und °सारेण (Instr.) Adv. *je nach den Vermögensverhältnissen* Hemâdri 1,486, 20. 756,1.

यथाविद्यम् Adv. *je nach dem Wissen.*

यथाविध Adj. *qualis.*

यथाविधानम् und °धानेन Adv. *nach Vorschrift.*

यथाविधि Adv. 1) dass. — 2) *entsprechend, übereinstimmend, wie es Jmd* (Gen.) *verdient.*

यथाविधिम् (metrisch) Adv. *nach Vorschrift.*

यथाविनियोगम् Adv. *in der aufgeführten Reihenfolge* Comm. zu Njâjas. 1,1,14.

यथाविभव°, °भवतस् (Hemâdri 1,439,6. 492,10 [श्रयावि° gedr.]. 556,5. 618,5. Mârk. P. 34,71), °भवम् (Hemâdri 1,419,8), °भवमानेन (ebend. 1, 491,10), °भवविस्तरम् (ebend. 411,13. 780,14), °भवविस्तरैस् (ebend. 548,9), °भवविस्तारम् (ebd. 258,9. 278,16) und °भवसंभवात् (ebend. 664,4) Adv. *je nach den Vermögensverhältnissen.*

यथाविभागम् Adv. *je nach dem Antheil* Çâñkh. Gṛhj. 1,3.

यथाविषयम् Adv. *je nachdem es sich um dieses oder jenes handelt* 242,28.

यथावीर्य 1) Adj. *von welcher Kraft* 50,21. — 2) Adv. °म् *im Verhältniss zur Mannheit, in Betreff des Heldenmuthes.*

यथावृत्त 1) Adj. *a) wie geschehen, wie erfolgt.* — *b) wie sich benehmend, — betragend.* — 2) Adv. °वृत्त° und °वृत्तम् *a) wie Etwas sich ereignet, — begeben hat.* — *b) je nach dem Metrum.* — 3) n. *a) eine frühere —, vorangegangene Begebenheit.* — *b) die näheren Umstände einer Begebenheit* Harshak. (Çaka 1936) 417,15.

यथावृत्तान्त *Erlebniss, Abenteuer* Harshak. 194,5.

यथावृत्ति Adv. *in Bezug auf die Art und Weise des Lebensunterhaltes.*

यथावृद्ध° und °म् Adv. *dem Alter nach, so dass der Aeltere stets vorangeht.*

यथावृद्धि Adv. *dem Wachsthum* (des Mondes) *gemäss.*

यथावेदम् Adv. *je nach dem* Veda Kâtj. Çr. 7, 1,8. Vaitân.

यथावेदि Adv. *je nach seiner* Vedi Kâtj. Çr. 5, 4,8.

यथाव्यवहारम् Adv. *dem Brauche gemäss.*

यथाव्याधि Adv. *der Krankheit gemäss.*

यथाव्युत्पत्ति Adv. *je nach der Bildungsstufe.*

यथाशक्ति (Gaut.) und °शक्त्या (Instr.) Adv. *nach Vermögen, nach Kräften.*

यथाशयम् Adv. 1) *wie es Jmd am Herzen liegt.* — 2) *je nach den Bedingungen, — Voraussetzungen.*

यथाशरीरम् Adv. *Leib für Leib.*

यथाशास्त्र° und °म् Adv. *nach Vorschrift, nach den vorgeschriebenen Regeln.*

यथाशिषम् Adv. *dem Bittgebet entsprechend* Lâtj. 6,2,3.

यथाशीलम् Adv. *dem Charakter gemäss.*

यथाश्रद्धम् Adv. *nach Neigung* Gaut. Hemâdri 1, 347,15.

यथाश्रमम् Adv. *nach dem Lebensstadium.*

यथाश्रयम् Adv. *in Bezug auf die Art und Weise des Anschlusses, — der Verbindung.*

यथाश्राद्धम् Adv. *dem Todtenmahl entsprechend* Kauç. 141.

यथाश्रुत 1) Adj. *übereinstimmend mit dem, was man davon gehört hat.* — 2) Adv. °म् Adv. *a) wie man es gehört hat.* — *b) den Kenntnissen gemäss.* — *c) nach den Vorschriften der heiligen Bücher.* Richtig °श्रुति. — 3) n. *eine bezügliche Ueberlieferung.*

यथाश्रुति Adv. *nach den Vorschriften der heiligen Bücher.*

यथाश्रेष्ठम् Adv. *in der Weise, dass der Beste vorangeht.*

यथाश्लक्ष्ण Adj. Pl. *je nach der Stärke sich verhaltend, so dass der schwächere stets vorangeht,* Ârjabh. 4,4.

यथासंवेदम् Adv. *je nach der Verabredung* Kâtj. Çr. 20,8,24.

यथासंस्थम् Adv. *nach Umständen.*

यथासंहितम् Adv. *der* Saṁhitâ *gemäss* Upalekha 3,3,5.

यथासख्यम् Adv. *im Verhältniss zur Freundschaft.*

यथासंकल्पित Adj. *den Wünschen entsprechend.*

यथासंख्यम् und °संख्येन (Instr.) Adv. *je nach der Zahl* (°संख्यम् Çulbas. 3,135); *Zahl für Zahl,* d. i. *in der Weise, dass in zwei Reihen mit Gliedern von gleicher Anzahl die einzelnen Glieder der Reihe nach sich entsprechen.*

यथासङ्गम् Adv. *nach Bedarf, entsprechend.*

यथासत्यम् Adv. *der Wahrheit gemäss.*

यथासनम् Adv. *je auf dem gehörigen Platze, je an der* (die) *betreffenden* (betreffende) *Stelle* Vasishṭha 16, 4. 5 (die Stellen sind verdorben).

यथासंदिष्टम् Adv. *wie angewiesen* R. 2,82,22.

यथासंधि Adv. *je nach dem grammatischen* Saṁdhi.

यथासन्नम् Adv. *so wie Jmd in die Nähe kommt* 49,19.

यथासभक्तम् Adv. *je mit dem betreffenden Mitesser* Âçv. Çr. 5,6,19.

यथासमयम् Adv. *der Zeit gemäss, zu rechter Zeit.*

यथासमर्थितम् Adv. *wie für gut gehalten worden ist* Mâlav. 50,10 (58,16).

यथासमाम्नातम् Adv. *der Aufführung —, der Erwähnung gemäss.*

यथासमीहित 1) Adj. *wie man Etwas wünscht, dem Wunsche entsprechend* Pañkat. 191,8. — 2) Adv. °म् *dem Wunsche gemäss* 298,16 (im Prâkrit).

यथासमुदितम् Adv. *wie verabredet* Çat. Br. 13, 5,4,27.

यथासंपद् Adv. *wie es sich trifft.*

यथासंप्रकीर्णम् Adv. *wie vermengt* Çâñkh. Çr. 18, 24,25.

यथासंप्रत्ययम् Adv. *nach der Uebereinkunft.*

यथासंप्रदायम् Adv. *nach der Ueberlieferung.*

यथासंप्रेषितम् Adv. *wie aufgefordert* Çāṅkh. Çr. 3,7,10.

यथासंबन्धम् Adv. *nach der Verwandtschaft.*

यथासंभव 1) Adj. *nach Möglichkeit entsprechend.* — 2) Adv. °म् *wie sich Etwas zu etwas Anderm fügt, je nach der vorkommenden Verbindung, respective.*

यथासंभविन् und °भावित Adj. *entsprechend.*

यथासवनम् Adv. 1) *nach der Folge der* Savana (*Kelterungen*) Kâtj. Çr. 25,12,7. Vaitân. — 2) *der Zeit gemäss.*

यथासवम् Adv. *dem* Sava *entsprechend* Kauç. 63.

यथासाम Adv. *nach der Folge der* Sâman.

यथासारम् Adj. *je nach der Güte, — Qualität.*

यथासिद्ध Adj. *wie gerade fertig.*

यथासुख° und °म् Adv. *nach Bequemlichkeit, nach Behagen, nach Lust, nach Belieben.* °सुखचारिन् AV. Prâjaçk. 3,7.

यथासुखमुख Adj. *richtend das Gesicht, wohin es Einem bequem ist.*

यथासूक्तम् Adv. *Lied für Lied* Çāṅkh. Gṛhj. 2,7.

यथासूक्ष्म Adj. Pl. *je nach der Grösse sich verhaltend, so dass der kleinere vorangeht,* Comm. zu Ârjabh. 4,4. °म् Adv. Kâd. 2,121,15.

यथास्तम् Adv. *in die respective Heimat* Mân. Gṛhj. 1,13.

यथास्तुत् Adv. Stut *für* Stut.

यथास्तुतम् Adv. *nach der Folge der* Stoma Vaitân.

यथास्तोत्रियम् Adv. *nach der Folge der* Stotrija (*oder* Stotrijâ) Çāṅkh. Çr. 11,3,3.

यथास्तोमम् Adv. *nach der Folge der* Stoma.

1\. **यथास्थान** n. *die betreffende —, die richtige Stelle.* Nur Loc. Sg. und Pl.

2\. **यथास्थान** 1) Adj. *je an seiner Stelle befindlich.* — 2) Adv. °स्थानम् *je an der (die) betreffenden (betreffende) Stelle, am gehörigen Platze, an den gehörigen Platz* Gaut.

यथास्थाम Adv. = 2. यथास्थान 2).

यथास्थितम् Adv. 1) *je nach dem Standorte.* — 2) *sicher, gewiss.*

यथास्थिति Adv. *der Gewohnheit gemäss, wie sonst.*

यथास्थूल° und °म् Adv. *im Groben, im Grossen, ohne in das Detail zu gehen* Karaka 3,8. 6,1. 26.

यथास्मृति Adv. 1) *nach dem Gedächtniss, wie man sich einer Sache erinnert.* — 2) *nach den Vorschriften der Gesetzbücher.*

यथास्मृतिमय Adj. *wie dem Gedächtniss eingeprägt.*

यथास्व 1) Adj. (f. आ) *je sein, je ihr, je der gehörige.* — 2) Adv. यथास्व° und °म् *jeder —, jeden —, jedem für sich, — besonders, je auf seine Weise, je für den Fall* Gaut. Bhâvapr. 3,45.

यथास्वरम् Adv. *dem Tone entsprechend* Vaitân. 1,10.

यथास्वैर° und °म् Adv. *frei, ungehemmt, nach Herzenslust.*

यथाहार Adj. *die erste beste Nahrung zu sich nehmend, essend was sich eben trifft.*

यथाहृतम् Adv. *wie herbeigeholt* Lâṭj. 4,11,16.

यथेक्षितम् Adv. *wie man es mit eigenen Augen sah.*

यथेच्छ 1) Adj. *den Wünschen entsprechend.* — 2) Adv. यथेच्छ° und °म् *nach Wunsch, nach Belieben, nach Herzenslust.*

यथेच्छकम् und **यथेच्छया** (Instr.) Adv. = यथेच्छ 2).

यथेतम् Adv. *wie gekommen* Lâṭj. 5,2,5. Bâdar. 3,1,8.

यथेप्सया Instr. Adv. *nach Wunsch, nach Belieben.*

यथेप्सित 1) Adj. *den Wünschen entsprechend, gewünscht.* — 2) Adv. °म् *nach Wunsch, nach Herzenslust.*

यथेष्ट 1) Adj. *den Wünschen entsprechend, gewünscht, beliebig.* Nom. abstr. °त्व n. — 2) Adv. यथेष्ट° und °म् *nach Wunsch, nach Belieben.*

यथेष्टगति Adj. *gehend wohin man will.*

***यथेष्टचारिन्** m. *Vogel.*

यथेष्टतस् Adv. *nach Wunsch, nach Belieben* MBh. 3,2,4.

1\. **यथेष्टम्** s. यथेष्ट 2).

2\. **यथेष्टम्** Adv. *nach der Reihenfolge der Opfer.*

यथेष्टासन Adj. *sitzend wie es Einem bequem ist.*

यथेष्टि Adv. *dem* इष्टि *genannten Opfer entsprechend* Çat. Br. 5,2,3,6. 4,5,16. 11,1,3,1.

यथैतम् Adv. = यथेतम्.

यथोक्त 1) Adj. (f. आ) *wie angegeben, oben angegeben, früher erwähnt, — genannt, — besprochen* Gaut. 9,1. 10,4. — 2) Adv. यथोक्त°, °म् (Âpast.) und यथोक्तेन *nach Angabe, auf die angegebene, vorgeschriebene Weise.*

यथोचित 1) Adj. *angemessen, entsprechend, geziemend.* — 2) Adv. यथोचित° und °म् *wie es sich geziemt.*

यथोद्धृतम् Adv. *wie aufgerichtet* Kâtj. Çr. 8,8,26.

यथोर्जितम् Adv. *je nach dem errungenen Siege* Ait. Br. 2,25,3.

यथोत्तर 1) Adj. *je der Reihe nach folgend.* — 2) Adv. °म् *Eines um's Andere, der Reihe nach.*

यथोत्पत्ति Adv. *je nach dem Zustandekommen* Kauç. 63.

यथोत्साहम् Adj. *den Kräften entsprechend* Lâṭj. 8,11,63. °म् Adv. *nach Kräften* Gaut.

यथोदय 1) Adj. *worauf Beliebiges folgen kann.* — 2) Adv. °म् *im Verhältniss zum Erwerb, — zum Einkommen, nach den Vermögensverhältnissen* Jâgn. 2,43.

यथोदित 1) Adj. *wie angegeben, wie angeführt, früher besprochen.* °फल Adj. (f. आ) Hemâdri 1,422, 2. — 2) Adv. °म् *wie angegeben, nach der Angabe.*

***यथोद्गत** Adj. *wie zur Welt gekommen, dumm, einfältig.*

यथोद्गमन° Adv. *je im Verhältniss zum Aufsteigen, je höher desto mehr* Kâd. 2,121,11 (149,5).

यथोद्दिष्ट 1) Adj. *a) wie angegeben. — b) wie angewiesen von* (Instr.). — 2) Adv. °म् *auf die angegebene Weise.*

यथोद्देशम् Adv. *der Anweisung gemäss* MBh. 3,158,33.

यथोद्भवम् Adv. *je nach der Entstehung.*

यथोपकीर्णम् Adv. *wie hingestreut* Çat. Br. 4,4,2,7.

यथोपजोषम् Adv. *nach Gefallen, nach Behagen.*

यथोपदिष्ट 1) Adj. *wie —, vorher angegeben.* — 2) Adv. °म् *auf die angegebene, vorgeschriebene Weise* P. 6,3,109.

यथोपदेशम् Adv. *der Anweisung —, der Angabe —, der Lehre —, der Vorschrift gemäss* Âpast.

यथोपपत्ति Adv. *wie es sich trifft.*

यथोपपन्न Adj. *gerade vorhanden —, da seiend* (43,3. 4. MBh. 13,52,28), *wie gerade sich machend, ungesucht, ungezwungen*

यथोपपातम् Adv. Âpast. Çr. 15.20,9 fehlerhaft für यथोपपादम्.

यथोपपादम् Adv. *wie oder wo es sich trifft* Gaut. Comm. zu Âpast. Çr. 5,23,2. °पादे (!) Kauç. 138.

यथोपमुक्तम् Adv. *wie angelegt* Kâtj. Çr. 14,5,36.

यथोपयोग° und °म् Adv. *je nach dem Gebrauch, je nach Bedarf, je nach den Umständen.*

यथोपलम्भम् Adv. *wie man es gerade anfasst, gleichviel woran man zuerst geht* Âpast. Çr. 6,4,3. Gobh. 2,8,24.

यथोपस्थितम् Adv. *wie man dazu gekommen ist* Lâṭj. 3,3,10.

यथोपस्मारम् Adv. *wie es Einem beifällt.*

यथोपाधि Adv. *je nach den Bedingungen, — Vor-*

aussetzungen.

यथोप्त Adj. *wie gesäet, der Saat entsprechend.*

यथोकसम् Adv. *je an seinen besonderen Wohnsitz.*

यथौचित्यम् und °त्यात् (Abl.) Adv. *in entsprechender Weise, nach Gebühr.*

यद् 1) Nom. und Acc. Sg. n. und am Anfange eines Comp. *was, welches;* s. u. 1. य. — 2) Conj. *a) dass.* Nach *sagen, denken* u. s. w. vor einer directen Rede und zwar in der Regel ohne nachfolgendes इति Pańkat. 160,24. 172,7. 213,18. 218, 2. 236,2. — *b) so dass.* — *c) was das betrifft, dass.* — *d) weshalb, wessentwegen.* — *e) wann, als.* — *f) wenn, wofern* 33,18. 39,10. Nach Delbrück's Beobachtungen in den Brâhmaṇa mit Potent. bei einer nicht eintretenden Voraussetzung. — *g) weil, da* 21,19. 28,25. 29. 31,9. — *h) auf dass, damit* Pańkat. 160,17. — *i)* अध यद् *wenn auch, obschon* ṚV. 1,167,2. 169,6. 186,9. — *k)* यद्यपि *wenn auch, obgleich.* — *l)* यद् *wie* — एवम् *so.* — *m)* यदुत α) = 2) *a)* Bâlar. 18,13. 87,7. 99,23. 115,14. — β) *nämlich, und zwar* Kâraṇḍ. 66,4. — *n)* यत्किल = 2) *a)* Prasannar. 9,10. — *o)* यच्च α) *wenn nämlich, und zwar* Ќaraka 2,3. — β) *dass mit Potent. nach *nicht für möglich halten, nicht glauben (hoffen), nicht leiden, tadeln, Wunder.* — *p)* यद्वा α) *oder* Bâlar. 132,13. — β) *jedoch, indessen* Bâlar. 8,1. 29,14. 30,6. 35,8. — γ) mit folgendem यदि वा *wenn — oder wenn.*

यदन्न Adj. *welche Speise geniessend* R. 2,103,30.

*यदम् am Ende eines adv. Comp. = यद् = 1. य.

यदर्थ Adj. *welches Ziel vor Augen habend, was bezweckend.*

यदर्थम् Adv. 1) *weshalb, weswegen, wessentwegen* u. s. w. — 2) *da, quum.*

यदर्थे Loc. Adv. = यदर्थम् 1).

यदवधि Adv. *seitdem* Bhâm. V. 2,56.

यदवसान Adj. *womit endigend* Lâṭj. 6,6,1.

यदशन Adj. *welche Speise geniessend* R. 2,103,30.

यदा Conj. *wann, als, wenn.* Im Demonstrativsatze entsprechen आत् (ṚV. 1,113,4. 7,3,2), आदित् (ṚV. 1,82,1. 161,4. 163,7 u. s. w.), अध, अध (AV. 14,2,20), तद् (AV. 11,4,5), तदा, ततस्, तर्हि (Bhâg. P.) oder einfacher Nachsatz. Häufig ist die Copula zu ergänzen, insbes. nach einem Partic. auf त. यदेत्, यदेव (— तदैव), यदेव खलु (— तदा प्रभृत्येव), यदा प्रभृति (— तदा प्रभृति). यदा यदा *quandocumque, so oft* (— तदा तदा oder einfach तदा); das einfache यदा mit wiederholtem Verbum fin. dass. यदा कदा च *so oft;* यदा कदा चित् *jederzeit;* यदा तदा *stets* Naish. 8,39.

यदात्मक Adj. *wessen Wesen habend.*

यदानिकामम् Adv. *wann es beliebt* Çat. Br. 12, 3,3,1.

यदार्षेय Adj. *von welcher heiligen Abstammung* Ind. St. 10,90.

यदावानदावरी f. Pl. Name eines Sâman.

यदि und यदी (metrisch) Conj. 1) *wenn,* mit Indic., Conj., Pot. und Fut. in der älteren Sprache; gewöhnlich einfacher Nachsatz ohne Partikel. यदि चित्, यदि ह वै, यदीत्, यद्यु (35,25. 36,23), यद्यु वै. In den späteren Werken (von M. an) *a)* mit Praes.; im Nachsatz α) Praes.; auch mit अथ, तद्, ततस्, तदा oder तर्हि. — β) Fut.; auch mit ततस्, तदा oder तर्हि. — γ) Participialfut. — δ) Imperat.; auch mit तद्, तदा (156,20), ततस् (39,11) oder तर्हि. — ε) Potent.; auch mit तत्र oder तस्मात्. — ζ) kein Verbum fin.; auch mit अत्र, ततस्, तदा, तर्हि oder तदानीम्. — *b)* mit Fut.; im Nachsatz α) Fut.; auch mit ततस् oder तद्. — β) Praes.; auch mit ततस्. — γ) Imperat. 177,12. — δ) kein Verbum fin.; auch mit ततः परम्. — *c)* mit dem Particialfut., im Nachsatz das andere Fut. — *d)* mit Potent.; im Nachsatz α) Potent.; auch mit ततस्, तद्, तदा, अथ oder तर्हि. — β) Condit. mit Potent. abwechselnd. — γ) Praes. M. 9,91; auch mit तद्. — δ) Imperat. 248,21. — ε) Fut. 71,22. — ζ) Participalfut. — η) kein Verbum fin.; auch mit तद्, तदा, ततस् oder तर्हि. — *e)* mit Condit.; im Nachsatz α) Condit.; auch तद्, ततस् oder च (न च). — β) Potent.; auch mit तद् oder ततस्. — γ) Aor. — *f)* mit Imperf.; im Nachsatz α) Condit. — β) Potent. — *g)* mit Aor.; im Nachsatz *a)* Condit. — β) Potent. — *h)* Perf. (आह); im Nachsatz ततस् ohne Verbum fin. — *i)* ohne Verbum fin.; im Nachsatz α) Praes.; auch mit अत्र, तद् oder तदा. — β) Fut.; auch mit तद् und तदा (157, 16). — γ) Imperat.; auch mit तद्, ततस् oder तदा. Im Nachsatz auch मा स्म कृथाः = Imperat. — δ) Potent. 59,32. — ε) Perf. (आह). — ζ) kein Verbum fin.; auch mit तद्, ततस्, तदा, तर्हि oder तथा. — 2) *wenn,* so v. a. *so wahr* bei Betheuerungen; im Nachsatz Imperat. ohne oder mit तथा oder तेन (48,13. 14), oder Potent. mit तद्. — 3) *ob,* mit Potent., Praes. oder ohne Verbum fin.; zum Ueberfluss wird auch noch किम् hinzugefügt. यदि — न वा *ob — oder nicht.* — 4) *wenn,* so v. a. *dass* nach *nicht glauben, nicht für möglich halten, nicht dulden;* mit Praes. oder Potent. दुष्करं यदि mit Potent. oder Praes. so v. a. *schwerlich;* कथं चिद्यदि mit Praes. dass. — 5) *ob nicht vielleicht, vielleicht dass;* mit Potent. (mit und ohne इति), mit Fut. oder Praes. Harshak. (Çaka 1936) 213, 11. 464,8. यदि तावदेवं क्रियताम् so v. a. *wie, wenn man nun etwa so thäte?* यदि तावत् — पृच्छामि so v. a. *wie, wenn ich früge.* — 6) यदि चेत् = यदि *wenn.* — 7) überflüssig nach पुरा *bevor, ehe.* — 8) यद्यपि *auch wenn, obgleich, etsi;* im Nachs. तथापि, तदपि oder ohne diese. Auch अपि यदि — तथापि. यदि — यदि च — यद्यपि *wenn — und — und auch.* यद्यप्येक: ungenau st. यद्येको ऽपि. — 9) यदि — यदि वा, यदि वा — यदि वा, यदि वा — यदि, यदि वा — वा, वा — यदि वा, यद्वा — यदि वा *wenn — oder wenn, ob — oder;* यदि — वा न वा *ob — oder nicht;* वा — यदि वा — यदि वा — तथापि *ob — oder — oder — dennoch;* यदि वा und वा यदि allein *oder wenn, oder.* Bisweilen bedeutet यदि वा so v. a. *jedoch, indessen.*

यदिच्छा Kathâs. 121,100 fehlerhaft für यदृच्छा.

यदु m. N. pr. eines Stammes (später stets Pl.) und Stammhelden, gewöhnlich neben Turvaça (Turvasu) genannt. तुर्वशा यदू Du. Turvaça und Jadu. Im Epos ist Jadu ein Sohn Jajâti's, Vasu's (Fürsten der Ќedi) und auch Harjaçva's. In seinem Geschlecht wird Kṛshṇa geboren und heisst demzufolge यदुवीरमुख्य, यदुपति, *यदुनाथ, यदुश्रेष्ठ, यदूद्वह und यदुकुलोद्वह.

यदुध्र m. N. pr. eines Ṛshi.

यदुनन्दन m. Bein. Akrûra's VP. 5,17,23.

यदृच्छा f. *Zufall* Ќaraka 1,11. °मात्रतस् *nur ganz zufällig;* यदृच्छया, यदृच्छातस्, यदृच्छा° und einmal यदृच्छ° *zufällig, von ungefähr, ganz von selbst, ohne besondere Veranlassung, unerwarteter Weise.* यदृच्छाशब्द m. *ein zufällig entstandenes Wort, das eigentlich Nichts bedeutet,* Ind. St. 13,421.

यद्गोत्र Adj. *zu welcher Familie gehörig* Ќhând. Up. 4,4,2.

यद्देवत Adj. *welche Gottheit habend* Âpast. Çr. 7,22,4.

यद्देवत्य Adj. dass.

यद्ध्र्यञ्च् fehlerhaft für यद्य्राञ्च्.

यद्वृद्ध n. Name eines Sâman.

यद्धेतोस् Abl. Adv. *weshalb, wessentwegen.*

यद्बल Adj. *von welcher Macht* MBh. 5,74,8.

यद्भविष्य Adj. *der da sagt „was kommt das kommt";* m. *Fatalist* als N. pr. eines Fisches.

यद्यञ्च् fehlerhaft für यद्य्रञ्च्.

यद्र्यञ्च् Adj. *nach welcher Richtung gewandt.*

यद्रूपविचार m. Titel eines Werkes Opp. Cat. 1.

यद्रीचञ्च् Adj. = यद्र्यञ्च् Maitr. S. 2,1,10 (12,6).

यद्वत् Adv. *wie;* im Nachsatz तद्वत् oder एवम्.

*यद्वद् Adj. *in's Blaue schwatzend, Ungereimtes redend*

*यद्वन् m. Pl. *eine best. Klasse von* Ṛshi.

*यद्वा f. = बुद्धि.

यद्वाहिष्ठीय n. Sg. und अग्नेर्यद्वाहिष्ठीय n. Du. Namen von Sâman Ârsh. Br.

यद्विध Adj. *qualis.*

यद्वीर्य Adj. *von welchem Heldenmuth* MBh. 1,94,1. 228,19.

यद्वृत्त n. 1) *Begebenheit, Ereigniss, Erlebniss, Abenteuer.* — 2) *eine Form von* 1. य.

यन्त् Partic. von 3. इ. *अब्दे यति *heuer.*

यन्तर् Nom. ag. 1) *Lenker* (der Rosse, des Wagens), *Wagenlenker, Elephantentreiber.* — 2) *Lenker, Regierer.* — 3) *befestigend, aufrichtend.* — 4) *gebend.* — 5) *zurückhaltend,* so v. a. *Jmd* (Loc.) *Etwas vorenthaltend, Nichts gebend* Âpast. — 6) *= याञ्चाकर्मन्.

यन्तवे Dat. Infin. zu यम् RV. 8,15,3.

यन्तव्य Adj. *zu lenken, im Zaum zu halten; zu hemmen* Maitr. S. 1,8,4.

*यन्ति f. Nom. act. von यम्.

यन्तुर m. *Lenker.*

यन्तृक am Ende eines adj. Comp. = यन्तर् *Lenker.*

यन्त्र n. (f. आ MBh. 6,2659 falsche Lesart) 1) *Mittel zum Halten, Stütze, Befestigung; Schranke; Stränge am Wagen* u. s. w. — 2) *Werkzeug zum Halten,* so heissen in der Chirurgie *alle stumpfen Instrumente,* wie *Zangen, Haken, Röhren* und dergl. im Gegensatz zu den *Messern* (शस्त्र); *Zange, Zwinge* (zum Martern). — 3) *eine zusammengesetzte* oder *künstliche Vorrichtung* überh., *Maschine;* bei einer Thür so v. a. *Riegel, Schloss;* bei einem Schiffe so v. a. *Ruder, Segel* u. s. w.; in Comp. mit einem Kunstproducte (vorangehend oder folgend) häufig so v. a. *mit beweglichen Gliedern versehen* (vgl. *Gliederpuppe*), *sich bewegend, sich von selbst bewegend, Zauber* —. — 4) *Amulet, ein dazu dienendes Diagramm.*

यन्त्रक 1) am Ende eines adj. Comp. = यन्त्र 3) Hemâdri 1,657,4. — 2) m. Nom. ag. (f. यन्त्रिका) a) *Bändiger.* — b) *Maschinist.* — 3) *f. यन्त्रिका schlechte Lesart für यन्त्रणा. — 4) n. a) **Drechselrad.* — b) etwa *Handmühle* Hemâdri 1,558,17. Ind. St. 15,328.

यन्त्रकरण्डिका f. *Zauberkorb.*

यन्त्रकर्मकृत् m. *Maschinist.*

यन्त्रकर्मन् n. *Gebrauch von Werkzeugen.*

*यन्त्रगृह n. *Oelmühle.*

*यन्त्रगोल m. *eine Art Erbsen.*

यन्त्रचिन्तामणि m. Titel eines Werkes Opp. Cat. 1.

यन्त्रचेष्टित n. *Zauberwerk.*

यन्त्रच्छेद्य n. *eine best. Kunst* Kâd. 84,16 (153,1). Richtig पत्त्र°.

यन्त्रणा 1) n. f. (आ; adj. Comp. f. आ) a) *das Anlegen eines Verbandes.* — b) *Beschränkung, Zwang.* In Comp. mit dem, woher der *Zwang,* die *Gêne* herrührt. — 2) *f. ई *der Frau jüngere Schwester.* — 3) *n. *das Schützen, Hüten.*

यन्त्रतक्षन् m. *Maschinenbauer, Verfertiger von Zauberwerken,*

यन्त्रधारागृह n. *eine Badstube mit Wasserwerk,* — *mit Douchen.* Nom. abstr. °त्व n.

यन्त्रनाल n. *ein künstliches Rohr, ein rohrartiges Geräthe* Mârk. P. 39,43.

यन्त्रपीडा f. *das Pressen* (von Körnern u. s. w.) *mittelst einer künstlichen Vorrichtung.* Vgl. यन्त्रापीड.

यन्त्रपुत्रक m. und °पुत्रिका f. *Gliederpuppe.*

*यन्त्रपेषणी f. *Handmühle.*

यन्त्रप्रकाश m. und यन्त्रप्रतिष्ठा f. (Burnell, T.) Titel von Werken.

यन्त्रप्रवाह m. *ein künstlicher Wasserstrom, Wasserwerk.*

यन्त्रमय Adj. *künstlich nachgebildet.* काष्ठ° *aus Holz.*

यन्त्रमयूरक m. *ein künstlicher Pfau* Kâd. 242,22.

यन्त्रमातृका f. Bez. *einer der 64* Kalâ.

यन्त्रमार्ग m. *Wasserleitung.*

यन्त्रय्, °यति 1) *in Binden —, in Schienen legen* u. s. w. — 2) यन्त्रित a) *in Binden —, in Schienen gelegt; gebunden, gefesselt* überh. °सायक Adj. so v. a. *ein Selbstgeschoss angelegt habend.* — b) *gebunden,* so v. a. *verschlossen* Hemâdri 1,649,13. — c) *gebunden,* so v. a. *in der Gewalt stehend —, abhängig von* (Instr., Abl. oder im Comp. vorangehend). — d) *sich Zügel anlegend, sich in der Gewalt habend.* — e) *der sich anspannt, — zusammennimmt, eifrig bemüht, — um* (°कृते). — Mit उप, °यन्त्रिता M. 11,177 fehlerhaft für °मन्त्रिता. — Mit नि 1) *zügeln, im Zaum halten.* — 2) नियन्त्रित a) *gebunden, gefesselt.* — b) *eingedämmt.* — c) *beschränkt, abhängig —, in der Gewalt stehend von* (Instr. oder im Comp. vorangehend). — Mit सम्, संयन्त्रित *angehalten* (Wagen).

यन्त्रराजव्याख्यान n. Titel eines Werkes Burnell, T.

यन्त्रराजागम m. desgl.

यन्त्रवत् Adj. *mit einer künstlichen Vorrichtung versehen.*

यन्त्रवै angeblich Dat. Infin. *um in Schranken zu halten* MBh. 5,108,4. v. l. in den anderen Ausgg.

यन्त्रशर m. *Selbstgeschoss.*

*यन्त्रसद्मन् n. *Oelmühle* Gal.

यन्त्रसूत्र n. 1) *die Schnur einer Gliederpuppe.* — 2) *ein über (Kriegs-) Maschinen handelndes* Sûtra.

यन्त्राकार m. Titel eines Werkes.

यन्त्रापीड Adj. Bez. *eines an Fieberkrämpfen Leidenden* Bhâvapr. 3,80.

यन्त्रिन् 1) Adj. a) *mit Geschirr versehen* (ein Ross). — b) *mit einem Amulet versehen.* — c) *peinigend;* Subst. *Peiniger, Quäler.* — 2) *f. °णी *der Frau jüngere Schwester.*

यन्त्रेय n. = यन्त्र 1).

यन्त्रोद्धार m. Titel eines Werkes.

यन्त्रोपल Pl. *Mühle.*

यन्नामन् Adj. *wie heissend* Hariv. 9970.

यन्निमित्त Adj. *wodurch veranlasst* Spr. 5303.

यन्निमित्तम् Adv. *wessentwegen, in Folge wovon.*

यन्मंहिष्ठीय n. अग्नेर्यन्मंहिष्ठीय Name zweier Sâman Ârsh. Br.

यन्मय Adj. *aus welchem hervorgegangen, — gebildet, — bestehend* u. s. w.

यन्मात्र Adj. *welches Maass habend, von welchem Umfange.*

यन्मूल Adj. *worin wurzelnd, von wem* oder *wovon abhängig* Spr. 5303. Daçak. 56,16.

यप्य n. Bhar. Nâṭjaç. 20,22 wohl fehlerhaft für जप्य.

यभ्, यभति, यभते (Vet. [U.] 116,3) *futuere* Bhâg. P. ed. Bomb. 3,20,26. — Desid. यियप्सति *futuere velle* Âçv. Çr. 10,8,11 (यी° gedr.). — Mit प्र und प्रति *futuere.*

यभ्या Adj. f. *futuenda* in अ° und सु°.

यम्, यमति, यमते, यच्छति, °ते; यत Partic. 1) *halten, festhalten, tragen, sustentare;* Med. *sustentari, sich stützen auf* (Loc.). — 2) *erheben, schwingen* (in der Hand); Med. mit den Waffen (Instr.) *auslangen.* — 3) *aufrichten, errichten, über Jmd* (Dat.) *halten* (ein Obdach, einen Schirm u. s. w.); Med. *sich vor Jmd* (Dat.) *ausbreiten* (शर्मवत् *wie ein Schirm*) Ait. Br. 2,40,3. — 4) *in die Höhe treiben* (die andere Wagschale), so v. a. *ziehen, mehr wiegen.* — 5) *ausbreiten, hinstrecken.* दन्तान् so v. a. *die Zähne zeigen.* — 6) *zusammenhalten, cohibere, zügeln, bändigen* (auch den Sinn, die Sinnesorgane, Leidenschaften), *zurückhalten, an sich halten* (den Athem, die Stimme), *anziehen* (die Zügel). — 7) *Jmd* (Dat. oder Loc.) *darreichen, darbieten, verleihen, gewähren, hingeben.* मार्गम् *Jmd*

(Gen.) den Weg einräumen, so v. a. aus dem Wege gehen MBh. 13,145,18. *Mit प्रति und Abl. Etwas für Etwas geben, so v. a. eintauschen gegen 228, 19. Med. sich Jmd (Dat.) darbieten. — 8) Jmd beschenken mit (Instr.). — 9) (darbringend) erheben (einen Ruf, Gesang u. s. w.). — 10) aufstellen, so v. a. zu Stande bringen. — 11) Med. Stand halten. — 12) Med. stille halten, sich fügen, gehorchen, treu bleiben; mit Dat. — 13) Med. Feuer fangen TBr. 2,1,10,1; im Comm. S. 406 zu lesen: यूपो ऽयं नि°. — Caus. यमँयति, यमयते (metrisch), *यामयति 1) in Schranken halten. — 2) einhalten (die Stimme). — 3) in Ordnung bringen. — Intens. *यंयम्यते, यंयमीति (nur mit उद् zu belegen). — Mit अधि 1) aufrichten, ausbreiten über (Dat.). — 2) erheben (Wünsche) zu (Loc.). — Mit अनु Act. Med. 1) lenken, richten. — 2) Med. sich richten nach, nachfolgen; mit Acc. — 3) Act. etwa anordnen, aneinander reihen. — 4) अँनुयत verfolgt von (Geschossen, Instr.). — Mit अन्तर् anhalten, Einhalt thun; drinnen halten. — Mit आ 1) anspannen, aufziehen (ein Gewebe u. s. w.), dehnen, ziehen (eine Linie u. s. w.), ausstrekken (अनु zu — hin Çulbas. 3,157), verlängern; Med. a) eingespannt sein (vom Wagen). — b) ausstrecken (ein Glied des eigenen Körpers). पदानि so v. a. grosse Schritte machen. — c) *lang herabhängen lassen. — 2) einen Bogen spannen, einen Pfeil anlegen, eine Lanze schwingen; ohne Obj. zielen. — 3) *hinaufziehen aus (Abl.). — 4) zügeln (das Herz, den Geist). — 5) anhalten (den Athem). — 6) zurückziehen (einen Pfeil) Bhatt. — 7) hinziehen (den Ton). — 8) herbeiziehen, — bringen, hinbringen. — 9) ausbreiten, an den Tag legen Bhatt. — 10) आँयत a) angelegt (Pfeil). — b) gezogen —, sich ausdehnend —, sich erstreckend nach (im Comp. vorangehend). — c) gestreckt, gedehnt, lang (auch in der Zeit); von der Stirn so v. a. breit Kâd. 32,22. — d) hingezogen zu, gerichtet auf (Loc.). — Vgl. auch आँयत. — Caus. °यामयति (Padap. °यमयति) 1) hinbringen zu, versetzen in (Loc.). — 2) strecken. — 3) entfalten, an den Tag legen. — 4) *Med. Caus. zu आयम् Med. — Mit अपा ausstrecken, ausdehnen Culbas. 1,35. — Mit अभ्या 1) ziehen (das Euter beim Saugen). — 2) dehnen, hinziehen (den Ton). — 3) Med. anziehen, an sich nehmen. — 4) zielen auf (Acc.). — 5) verwechselt mit अभ्या-गम्. — Mit उदा 1) herausheben —, herausholen aus (Abl.). — 2) *Med. गन्धने. — Mit उपा Med. zeigen, an den Tag legen Bhatt. — Mit निरा 1) herauskriegen. — 2) निरायत ausgestreckt. — Mit पर्या, °यत überaus lang. — Mit व्या 1) auseinanderziehen, — zerren. — 2) Med. Act. (metrisch) sich um Etwas (Loc.) zerren. — abmühen, — streiten, kämpfen. — 3) व्यायत a) auseinandergerissen, getrennt in अ°. — b) lang, aus der Ferne erfolgend (Kampf). व्यायत° Adv. weit (laufend). — c) kräftig (von Personen). — d) über das gewöhnliche Maass hinausgehend, gesteigert. °म् Adv. überaus, in hohem Grade. — e) *beschäftigt. — Caus. (व्यायाम्य) sich abmühen. — Mit समा 1) anziehen (die Stränge), zusammenziehen (Med. an sich) Mân. Çr. 2,2,1. Grhj. 1,11. — 2) in द्वियोजनसमायत zwei Jogana lang kann समायता auch in सम gleich und आयत zerlegt werden. — Mit अभिसमा befestigen an (Acc.). — Mit उद् 1) erheben, in die Höhe strecken (die Arme, Waffen u. s. w.), aufheben; *Med. mit medialer Bed. — 2) durch eine Unterlage erhöhen und stützen. — 3) aufrichten, aufstellen; erhöhen, höher legen, in die Höhe bringen, hinaufbringen, — befördern. — 4) erheben, so v. a. aufgehen lassen (Strahlen, Licht). — 5) die Stimme erheben. — 6) Opfergaben, Anrufungen u. s. w. erheben, darbringen. — 7) Jmd Etwas hinhalten, antragen, darbieten, anbieten. — 8) droben halten, aufhalten. — 9) aufrütteln, aufschütteln, auftreiben. — 10) zügeln, lenken. — 11) Act. Med. sich anschicken, sich rüsten, an Etwas gehen, an's Werk gehen, sich bemühen um (Dat. oder °अर्थम्); *Act. auch mit Acc. उद्यम्योद्यम्य mit der grössten Anstrengung MBh. 12,177,11. — 12) verwechselt mit उद्-गम्. — 13) उद्यत a) erhoben. Im Comp. häufig verstellt (पाशोद्यतकर = उद्यतपाशकर). Compar. °तर höher. — b) dargeboten, angeboten. Subst. Dargebotenes, insbes. dargebotene Speise Gaut. Auch mit passivisch zu übersetzenden Infin. — c) auf sich genommen, — geladen, unternommen, begonnen. — d) sich anschickend, gerüstet —, im Begriff stehend zu, begriffen in, bedacht auf, entschlossen —, bereit zu, beschäftigt mit, sich befleissigend; die Ergänzung ein Infin., Dat., Loc., °अर्थम् (120, 18) oder im Comp. vorangehend. Ohne Ergänzung frisch an's Werk gehend, ganz bei einer Sache seiend, Etwas angelegentlich betreibend, gerüstet, zu handeln bereit; auf Etwas wartend (Spr. 6067). — e) verwechselt mit उद्गत. — Caus. उद्यमयति aufrichten Çilânka 1,272. — Intens. ausstrecken. — Mit अभ्युद्, अभ्युद्यत 1) erhoben. — 2) dargeboten, angeboten. — 3) im Begriff stehend —, gerüstet —, bereit zu, beschäftigt mit, begriffen in; die Ergänzung ein Infin., Loc. oder im Comp. vorangehend. इहाभ्युद्यतमानस: dessen Geist mit dem Hier beschäftigt ist, — sich hierher sehnt. — 4) fehlerhaft für अभ्युद्गत ehrfurchtsvoll begrüsst; aufgetreten, erschienen. — Mit उपोद् aufstellen mittels einer Unterlage oder dgl. Mân. Çr. 1,5,3. — Mit प्रोद् 1) erheben. प्रोद्यत erhoben. — 2) प्रँ — उँद्यत erhoben (von der Stimme). — 3) प्रोद्यत im Begriff stehend zu (Infin.). — Mit प्रत्युद् 1) Jmd (Acc.) das Gleichgewicht halten, aufwiegen. — 2) प्रत्युद्यत a) dargeboten, angeboten. — b) fehlerhaft für प्रत्युद्गत. — Mit समुद् 1) erheben, aufheben. — 2) zügeln, lenken. — 3) समुद्यत a) erhoben, aufgehoben. — b) dargeboten, angeboten; auch mit einem passivisch aufzufassenden Infin. — c) was man zur Hand hat, worüber man im Augenblick verfügen kann. — d) wozu man sich angeschickt hat, beabsichtigt. — e) begonnen, seinen Anfang genommen habend Hariv. 10764. — f) im Begriff stehend, sich anschickend (die Ergänzung ein Infin., Dat. oder °अर्थ° [123.15]), begriffen in (Loc.), im Begriff stehend auf Jmd (Acc. mit प्रति) loszugehen. Ohne Ergänzung gerüstet, zu handeln bereit. — Mit उप 1) ergreifen fassen; Med. Bhatt. — 2) stützen, als Unterlage einschieben, unterfassen, unterlegen. — 3) darbieten, reichen. — 4) annehmen, entgegennehmen Bhatt. — 5) sich aneignen, sich vertraut machen mit (Acc.) Bhatt. — 6) Med. und ausnahmsweise Act. (Gaut. 28,20. Gobh. 2,1,8) zum Weibe nehmen. — 7) Act. Med. inire (feminam). Richtig उप-गम्. — Mit नि 1) anhalten (einen Wagen u. s. w.), — bei Jmd (Loc.), festhalten, zum Stehen bringen; Med. sich aufhalten, bleiben. — 2) einfangen. — 3) befestigen —, festbinden an (Loc.), aufbinden (die Haare) निँयत festgebunden an (Loc.); zusammengelegt (अञ्जलि); gebunden an, verbunden mit, abhängend von (Loc.). — 4) über Jmd halten (einen Schutz, ein Obdach). — 5) nach unten kehren (die Hand). — 6) festhalten, herbeiziehen. — 7) dauernd verleihen, einpflanzen. — 8) bei sich behalten, versagen (trans.); Med. auch versagen (intrans.). — 9) abhalten von (Abl.), zurückhalten, zügeln, bändigen, lenken, anziehen (die Zügel). नियत zurückgehalten, gezügelt, gebändigt. — 10) anhalten, unterdrücken, hemmen. निगत unterdrückt, eingestellt. — 11) unterdrücken, so v. a. verläugnen, deserere. — 12) unterdrücken so v. a. zu Nichte machen. — 13) festsetzen, *bestimmen;* Pass. *feststehen.* नियत *bestimmt, festgestellt, sicher —, feststehend.* नियतम् Adv. *bestimmt, gewiss, ganz sicher.* — 14) *regelmässig vollbringen.* नियत *constant, regelmässig.* — 15) *beschränken* 238,2. नियत *beschränkt, — auf* (im Comp. vorangehend), *mässig, von beschränkter Anzahl* (310,9); *sich beschränkend, ein einziges bestimmtes Ziel verfolgend, nur mit einer Sache beschäftigt, ganz bei einer Sache seiend, ganz gerichtet auf* (Loc.). — 16) in der Grammatik *niedrig halten,* so v. a. *mit dem* Anudātta *aussprechen.* — 17) नियत heisst *der* Saṁdhi von आस् *vor Tönenden.* — 18) häufig verwechselt mit निगम्. — Caus. नियमयति, नियमित Partic. 1) *zurückhalten, festhalten, befestigen, anhalten, zügeln, bändigen, fesseln, — an* (Loc.). — 2) *unterdrücken, hemmen.* — 3) *bestimmen.* नियमित mit Infin. *bestimmt — zu werden.* — 4) *beschränken.* — Mit प्रतिनि, °यत *für jeden einzelnen Fall besonders bestimmt, je anders bestimmt, je ein anderer* Kap. 5,6.6,14. Çaṁk. zu Bādar. 2,1,18. — Mit विनि 1) *zügeln, bändigen, im Zaum halten.* °यत *gezügelt.* — 2) *zurückziehen, einziehen.* — 3) *hemmen, unterdrücken, von sich fern halten* Kir. 1,27. — 4) विनियत *beschränkt, mässig.* — 5) विनियतम् Bhāg. P. 1,15,38 fehlerhaft für विनायिनम्. — Mit संनि 1) *festhalten, anziehen* (die Zügel), *Jmd zurückhalten, zügeln, bändigen, im Zaum halten.* — 2) *unterdrücken, hemmen.* संनियत *unterdrückt, gehemmt.* — 3) *unterdrücken,* so v. a. *zu Nichte machen.* — Mit निम् in *निर्याम. — Caus. in निर्यामक fg. — Mit परि *zielen* mit einem Geschosse (Instr.). — Caus. °यमयति *ministrare.* — Mit प्र 1) *strecken, vorstrecken.* प्रयत *vorgestreckt, langgestreckt, weit reichend.* — 2) *über Jmd halten* (ein Obdach). — 3) *stellen —, setzen auf* (Loc.) 56,8. प्रयत *gesetzt auf* (Loc.). — 4) die Augen *richten auf* (अभि). — 5) *absenden* (Boten) *zu* (Dat.). — 6) *darreichen, anbieten, darbringen, geben, hergeben, übergeben, dahingeben, verleihen, bringen* (so v. a. *bewirken, verursachen*). विक्रयेण so v. a. *verkaufen;* उत्तरम् *eine Antwort geben, beantworten* (Hemādri 1,583,10); शापम् so v. a. *über Jmd* (Gen.) *einen Fluch aussprechen;* युद्धम् *Jmd* (Gen.) *einen Kampf gewähren,* so v. a. *mit Jmd kämpfen;* बुद्धौ so v. a. *dem Geiste vorführen.* प्रयत *dargebracht* u. s. w. — 7) *abliefern, herausgeben, zurückgeben.* ऋणम् *eine Schuld abtragen;* कृतम् *eine Wohlthat erwiedern.* — 8) *in die Ehe geben* (vom Vater, der die Tochter verheirathet). — 9) प्रयत *eine dem Ernst des Augenblicks entsprechende Stimmung und Haltung zeigend, innerlich und äusserlich zu einer ernsten Handlung* (Loc. oder im Comp. vorangehend) *gehörig vorbereitet, rein in rituellem Sinne* Āpast. In der letzten Bed. auch von einem Orte und einem Gefässe (Āpast. 1,17,11). — Mit अतिप्र *hinüberreichen, weitergeben.* — Mit अनुप्र *reichen, geben, schenken, übergeben* Kāraṇḍ. 27,12. 16.28,3.15. 35,14.69,13. — Mit आप्र *darreichen.* — Mit उपप्र *dazu reichen.* — Mit प्रतिप्र *wieder ausliefern, zurückgeben; weitergeben.* — Mit संप्र 1) (*zusammen*) *übergeben, hingeben, darbringen, geben, verleihen, — Jmd* (Dat., Gen. oder *Instr.), *abtreten für* (Instr.); Med. auch *sich gegenseitig darreichen.* — 2) *wiedergeben.* — 3) eine Tochter *in die Ehe geben.* — Mit प्रति 1) *Jmd* (Acc.) *das Gleichgewicht halten, aufwiegen.* — 2) *dauernd verleihen.* — 3) *wiedergeben.* — Mit वि 1) *aufrichten, ausbreiten* (einen Schutz, ein Obdach u. s. w.). — 2) *ausgreifen* (von Rossen im Lauf). — 3) *ausspreizen, ausstrecken, auseinanderhalten.* वियत *ausgestreckt, ausgebreitet.* वियतम् Adv. *auseinandergehalten, in Absätzen.* — Mit सम् 1) *zusammenhalten, — ziehen, anziehen* (die Zügel), *festhalten, zügeln, in der Gewalt haben, lenken* (Rosse). संयत *festgehalten, gezügelt, in der Gewalt gehalten; der sich zügelt, — beherrscht, — in der Gewalt hat, — in Bezug auf* (Loc., Instr. oder im Comp. vorangehend Gaut.); in der Bed. *sich zügelnd* auch संयतवत्. — 2) *zusammenbinden, aufbinden* (die Haare), *binden, anbinden, fesseln.* संयत *zusammengebunden, aufgebunden, gebunden, angebunden, gefesselt, gefangen.* — 3) *andrücken.* — 4) *schliessen.* संयत *geschlossen.* — 5) *in Ordnung halten;* nur संयत *in O. gehalten.* — 6) *einschränken.* — 7) *hemmen, unterdrücken, unterlassen.* संयत *gehemmt, unterdrückt.* — 8) *unterdrücken,* so v. a. *aufheben, zu Nichte machen.* — 9) *Med. *zusammenthun —, aufhäufen für sich.* — 10) **Jmd beschenken,* Med. und Instr. der Person, wenn es eine unerlaubte, Act. und Dat. der Person, wenn es eine erlaubte Handlung ist. — 11) संयत *im Begriff stehend, gerüstet, bereit;* mit Infin. Vgl. संयत्त u. यत् mit सम्. — Caus. संयमयति 1) *bezwingen.* संयमित *bezwungen* (Feind). — 2) das Haar *aufbinden, in Ordnung bringen.* — 3) संयमित a) *gebunden, gefesselt, umschlungen* (von den Armen, Instr.). — b) *gesammelt, fromm gestimmt.* — Vgl. संयमित. — Mit अभिसम् etwa *hinhalten gegen* (Acc.) Gobh. 1,1,20. Nach dem Comm. *unterhalten* (das Feuer). — Mit उपसम् 1) *anlegen, — an* (Loc.) Mān. Çr. 1,3,4. 6,1. — 2) उपसंयत *eingezwängt in* (Loc.).

1. यम 1) *Zügel.* — 2) *Lenker* ṚV. 8,24,22. — 3) *Hemmung, Unterdrückung.* — 4) in der Philosophie *Selbstbezwingung, das Verbot der Beschädigung Anderer durch Wort oder That und der Ueppigkeit, ein allgemeines Sittengesetz, eine grosse Pflicht* (vgl. नियम). — 5) *Observanz, Regel* überh.

2. यम 1) Adj. (f. आ und ई) *geminus, von Geburt doppelt, gepaart.* यम्यौ Nomin. Du. f. ṚV. 3,55,11. — 2) m. a) *Zwilling,* Du. *Zwillinge.* — b) Bez. *der Zahl zwei* Hemādri 1,135,23. — c) Du. Bez. *der* Açvin. — d) Name des Gottes, der im Himmel über die Seligen herrscht, deshalb auch König heisst, ein Sohn Vivasvant's. Die nachvedische Zeit sieht in ihm den in der Unterwelt thronenden *Todesgott* und fasst seinen Namen als *Bändiger* (s. 1. यम). Die wirkliche Bed. ist *Zwilling:* Jama und Jamī sind das erste Menschenpaar. Wie diese nach der Legende von Vivasvant mit der Saraṇjû (Saṁǵńâ 100,6.7) erzeugt sind, so zeugt derselbe mit dem Abbilde der Saraṇjû (mit Saṁǵńâ 100,6.7) den Manu, eine andere Form des Erstlings der Menschen. Im MBh. und später ist Jama ein jüngerer Bruder Manu's. Trauer der Jamī über den Tod Jama's Maitr. S. 1,5,12. Jama ist Welthüter des Südens, Regent des Mondhauses Apabharaṇī (Bharaṇī), Verfasser von Liedern und eines Gesetzbuches. यमस्यार्कः Name eines Sâman Ârsh. Br. — e) *der Planet Venus* (gilt gleichfalls für einen Sohn Vivasvant's). — f) **Krähe.* — g) N. pr. α) eines Wesens im Gefolge Skanda's. — β) Pl. einer Klasse von Göttern bei den Buddhisten; richtig याम. — 3) f. ई N. pr. der Zwillingsschwester Jama's (Maitr. S. 1,5,12), die in der nachvedischen Zeit der Jamunâ gleichgesetzt wird. — 4) n. a) *Paar.* — b) in der Grammatik α) *Zwillingslaut;* so heissen gewisse von den Grammatikern angenommene *nasale Zwischenlaute zwischen Mutis und folgenden Nasalen.* — β) *Tonlage.*

1. *यमक 1) m. n. = संयम. — 2) m. = व्रत.

2. यमक 1) Adj. *doppelt, zweifach.* — 2) m. *zwei verbundene Stoffe: Oel und Ghee* Káraka 6,9. — 3) f. यमिका (sc. हिक्का) *eine Art von singultus* Bhâvapr. 4,82. — 4) n. a) *Doppelverband.* — b) *Wiederkehr gleichlautender Silben, Agnominatio, Paronomasie.* Nom. abstr. °त्व n. Sâh. D. 261,12. — c) *ein best. Metrum.*

यमककाव्य n. Titel eines dem Ghaṭakarpara

zugeschriebenen *Dichtwerkes.*

यमकभारत n., यमकरत्नाकर m., यमकशिखामणि m. (Opp. Cat. 1) und यमकार्णव m. (Burnell, T.) Titel von Werken.

*यमकालिन्दी f. Bein. der Saṃgñâ, der Mutter Jama's.

यमकावली f. *eine ununterbrochene Reihe von Paronomasien.* Beispiel Bhaṭṭ. 10,9.

यमकाष्टक n. Titel eines Werkes.

यमकिंकर m. Jama's *Scherge.*

*यमकीट m. *Holzwurm.*

*यमकील m. Bein. Vishṇu's.

यमकेतु m. Jama's *Fahne*, so v. a. *Todeszeichen.*

यमकोटि und °टी f. N. pr. einer Stadt, die nach den Astronomen 90° östlich vom Meridian von Lañkâ liegen soll. Auch °कोटिपत्तन n. und °कोटिपुरी f. VP.² 111. 113. Vgl. यवकोटि.

यमक्षय m. Jama's *Behausung.*

यमगाथा f. *ein über* Jama *handelnder Vers oder ein solches Lied.*

यमगीता f. *der über* Jama *handelnde Gesang,* Bez. des 7ten Kapitels im 3ten Buche des VP.

यमगृह n. Jama's *Behausung* Pañkad.

यमघण्ट m. *ein best. astr.* Joga.

यमघ्न Adj. Jama (*den Tod*) *vernichtend,* Beiw. Vishṇu's.

यमज, °जात und °जातक Adj. *von Geburt doppelt;* m. Du. *Zwillinge.*

*यमजित् m. Bein. Çiva's.

यमजिह्वा f. N. pr. 1) einer Joginî Hemâdri 2,a,101,15. fgg. — 2) einer Kupplerin.

यमतीर्थ n. N. pr. eines Tîrtha.

यमता f. *das Todesgott-Sein.* °तां या *zum Todesgotte werden,* so v. a. *Jmd* (Gen.) *den Tod bringen* Harshak. (Çaka 1936) 421,12.

यमत्व n. *das Jama-Sein.*

यमदंष्ट्र m. N. pr. 1) eines Asura. — 2) eines Râkshasa. — 3) eines Kriegers auf Seiten der Götter.

यमदंष्ट्रा f. 1) Jama's *Spitzzahn* Pañkad. (hier wohl so v. a. *Dolchstich*). °दंष्ट्रान्तरं गतः so v. a. *dem Tode verfallen.* — 2) *ein best. Gift* Rasendrak. 43.

*यमदाग्नि m. falsche Schreibart für जमदग्नि.

यमदण्ड m. Jama's *Keule.*

यमदिश् m. Jama's *Weltgegend, Süden* Hemâdri 1,785,7.

यमदूत 1) m. a) Jama's *Bote.* — b) Pl. N. pr. eines Geschlechts Hariv. 1465. — 2) f. ई Bez. *einer der neun* Samidh.

*यमदूतक 1) m. a) Jama's *Bote.* — b) *Krähe.* — 2) f. °तिका *die indische Tamarinde.*

यमदेवत 1) Adj. Jama *zur Gottheit habend* Çat. Br. 14,6,9,22. Gobh. 4,7,24. — 2) *f. यमदेवता *das unter* Jama *stehende Mondhaus* Bharaṇî.

यमदेवत्य Adj. Jama *zur Gottheit habend* Maitr. S. 1,4,13. 3,3,10.

यमदैवत Adj. Jama *zum Beherrscher habend.*

*यमद्रुम m. *Bombax heptaphyllum.*

यमद्वितीया f. *der zweite Tag in der lichten Hälfte des* Kârttika. °व्रत n. *eine best. Begehung.*

यमद्वीप m. N. pr. einer *Insel.* Vgl. यवद्वीप.

यमधर्मनिर्भयस्तोत्र n. Titel eines Stotra Burnell, T.

यमधानी f. Jama's *Behausung.*

*यमधार m. *eine best. zweischneidige Waffe.*

यमन 1) Adj. (f. ई) *bändigend, lenkend.* — 2) *m. *der Gott* Jama. — 3) n. a) *das Bändigen, Zügeln.* — b) **das Binden.* — c) **das Aufhören.*

यमनक्षत्र n. Jama's *Sternbild.*

यमनगरातिथि m. *Gast in* Jama's *Stadt,* so v. a. *todt* Daçak. 17,2.

*यमनिका f. falsche Schreibart für यवनिका.

यमनेत्र Adj. Jama *zum Führer habend.*

यमन्वा f. *eine durch* Vṛddhi *gesteigerte Nominalform.*

यमपट m. *ein Tuch, auf welchem* Jama *mit seiner Umgebung und die Strafen der Hölle dargestellt sind,* Mudrâr. 9,1 (25,11).

यमपटिक m. *ein Mann, der einen* Jamapaṭa *herumträgt,* Harshak. 120,4. 124,4.

यमपद n. *ein wiederholtes Wort* Ind. St. 10,420.

यमपालक m. Jama's *Scherge* Kâraṇḍ. 36,24.

यमपालपुरुष m. dass. Kâraṇḍ. 9,17. 23,10,6. 36,8.

यमपुरुष m. dass. Mân. Gṛhj. 2,12. Kâraṇḍ. 37,1.

यमप्रस्थपुर n. N. pr. einer *Stadt.*

*यमप्रिय m. *Ficus indica.*

*यमभगिनी f. Jama's *Schwester, der Fluss* Jamunâ.

यमभट m. Jama's *Scherge* Agni-P. 38,35.

यमम् Acc. Infin. abhängig von शक् RV. 1,73,10. 2,5,1. 3,27,3.

यममन्दिर n. Jama's *Behausung* Hariv. 5955.

यममार्ग m. Jama's *Pfad.* °गमन n. *das Betreten dieses Pfades,* so v. a. *das Empfangen des Lohnes für seine Thaten.*

यमयज्ञ m. *ein best. Opfer* Comm. zu Taitt. Âr. 6,5,1.

यमयन als Beiw. Çiva's fehlerhaft für अङ्गमथन (s. Nachtr. 4).

यमया *ein best. astr.* Joga, = جمعه Weber, Lit.

यमयाग m. *eine best.* Jâgjâ Sâj. in der Einleitung zu RV. 10,14.

यमयिष्णु Adj. fehlerhaft für नमयिष्णु.

*यमराज् m. *König* Jama.

यमराज m. 1) *dass. — 2) N. pr. eines Arztes.

1. यमराजन् m. *König* Jama.

2. यमराजन् Adj. Jama *zum König habend,* Jama's *Unterthan.*

यमराज्य n. Jama's *Herrschaft.*

यमराष्ट्र n. Jama's *Reich.*

यमर्क्ष n. *das unter* Jama *stehende Mondhaus* Bharaṇî.

यमल 1) Adj. (f. आ) *verzwillingt, gepaart, doppelt;* von einem Sänger so v. a. *Duettsänger* S. S. S. 118. — 2) m. a) *Zwilling,* Du. *Zwillinge.* — b) Bez. *der Zahl zwei.* — 3) f. आ a) *eine best. Form des Schluchzens (singultus).* — b) N. pr. α) einer Tantra-Gottheit. — β) eines Flusses. — 4) *f. ई *ein Paar Stöcke.* — 5) *n. *Paar.*

यमलक m. *Duettsänger* S. S. S. 118.

*यमलच्छद m. *Bauhinia variegata* Râgan. 10,23.

*यमलपत्रक m. *Bauhinia tomentosa* Râgan. 9,39.

यमलशान्ति f. *eine Sühnungshandlung nach der Geburt von Zwillingen.*

यमलसू Adj. f. *Zwillinge gebärend, — werfend* Hemâdri 1,448,21.

यमलार्जुन und °क m. Du. Bez. zweier Feinde Kṛshṇa's, die später als Verwandlungen Nalakûbara's und Maṇigrîva's, zweier Söhne Kubera's, angesehen werden.

यमलार्जुनभञ्जन m. Bein. Vishṇu-Kṛshṇa's.

यमलोक m. Jama's *Welt.*

यमलोद्भव m. *Geburt von Zwillingen.*

यमवत्सा Adj. f. *Zwillingskälber werfend.*

यमवत् Adj. *der sich bändigt, seine Leidenschaften in der Gewalt hat.*

*यमवाहन m. *Büffel.*

यमविषय m. Jama's *Reich.*

यमव्रत n. 1) *eine dem* Jama *geltende Observanz.* — 2) Jama's *Verfahren, — Weise.* — 3) Name eines Sâman.

यमशान्ति f. Titel eines Werkes Burnell, T.

यमशिख m. N. pr. eines Vetâla.

यमश्रेष्ठ Adj. *deren Erster* Jama *ist.*

यमश्व m. Jama's *Hund.* Du. Maitr. S. 1,6,9.

यमसंहिता f. Titel einer Saṃhitâ.

यमसत्त्ववत् Adj. Jama's *Charakter habend* Suçr. 1,335,12, v. l.

यमसदन n. Jama's *Sitz, — Behausung.*

*यमसभ n. und यमसभा f. Jama's *Gericht.*

*यमसभीय Adj. *über* Jama's *Gericht handelnd*.

यमसात् Adv. mit कर् *dem Todesgotte zuführen* Bhaṭṭ.

यमसादन n. Jama's *Sitz, — Behausung* Âpast.

यमसान Adj. *Zügel —, Gebiss führend*.

यमसू 1) Adj. f. *Zwillinge gebärend, — werfend* Gaut. Âpast. — 2) *m. Jama's *Erzeuger*, der *Sonnengott*.

यमसूक्त n. *die* Jama-*Hymne*.

यमसूर्य n. *ein Gebäude mit zwei Hallen, von denen die eine nach Westen, die andere nach Norden gerichtet ist*.

यमस्तोत्र n. Titel eines Stotra Burnell, T.

यमस्तोम m. *ein best*. Ekâha.

यमस्मृति f. Titel eines *Gesetzbuchs* Opp. Cat. 1.

यमस्वसर् m. Jama's *Schwester*, Bein. 1) der Jamunâ Râǵan. 14,18. Harshaḱ. 150,22. — 2) * der Durgâ.

यमह्वार्दिका f. N. pr. eines Wesens im Gefolge der Devî.

यमह्वासेश्वरतीर्थ n. N. pr. eines Tîrtha.

यमाङ्गिका f. N. pr. einer Joginî Hemâdri 2,*a*, 102,7. v. l. यमान्तिका.

यमातिरात्र m. *ein best. 49tägiges* Sattra.

यमादर्शनत्रयोदशी f. *ein best. 13ter Tag*. °व्रत n. *eine best. Begehung*.

यमादित्य m. *eine Form der Sonne*.

*यमानिका f. *Ptychotis Ajowan*. Vgl. यवानिका.

*यमानी f. dass. Mat. med. 172. Vgl. यवानी.

यमानुग Adj. *in* Jama's *Gefolge seiend*. पुरुष m. Jama's *Scherge*.

यमानुचर m. Jama's *Scherge*.

यमान्तक 1) m. *a*) Jama *als Todesgott*. — *b*) Du. Jama *und der Todesgott*. — *c*) *Bein. Çiva's. — 2) f. °न्तिका N. pr. einer Joginî Hemâdri 2,*a*,102, 8. v. l. यमाङ्गिका.

यमाय्, °यते *den Todesgott* Jama *darstellen*.

यमारि m. Jama's *Feind*, Bein. Vishṇu's.

यमालय m. Jama's *Behausung*.

यमिक n. अगस्त्यस्य यमिके Name zweier Sâman.

यमितवै Dat. Infin. zu यम् RV. 1,28,4.

यमिन् Adj. *der sich zügelt*.

यमिनी Adj. f. *Zwillinge werfend*.

यमिष्ठ Adj. *am Besten zügelnd*.

यमुना f. N. pr. 1) eines Flusses. Wird mit यमी, der Zwillingsschwester Jama's, identificirt. — 2) einer Tochter des Muni Matanga. — 3) einer Kuh Comm. zu Kâtj. Çr. 22,11,14.

यमुनाचार्यस्तोत्र n. Titel eines Stotra Burnell, T.

*यमुनाजनक m. *der Sonnengott*.

यमुनातीर्थ n. N. pr. eines Tîrtha. °माहात्म्य n.

यमुनादत्त m. N. pr. eines Frosches.

*यमुनाद्वीप m. N. pr. einer Oerlichkeit.

यमुनापति m. Bein. Vishṇu's.

यमुनापूजा f. Titel eines Werkes Burnell, T.

यमुनाप्रभव m. *die Quelle der* Jamunâ (ein Wallfahrtsort).

*यमुनाभिद् m. Bein. Baladeva's.

*यमुनाभ्रातर् m. *der Bruder der* Jamunâ, d. i. Jama.

यमुनाष्टक n. Titel eines Gedichts.

यमुनाष्टपदी f. Titel eines Werkes.

*यमुन्द m. N. pr. eines Mannes.

यमुषदेव *eine Art Zeug*.

*यमेरुका f. *eine Art Pauke, auf der die Stunden angeschlagen werden*.

यमेश n. *das unter* Jama *stehende Mondhaus* Bharaṇî.

यमेश्वर n. Name eines Linga.

यमेष्ट n. *ein dem* Jama *dargebrachtes Opfer* TS. 1,8,14,2.

1.*यम्य Partic. fut. pass. von यम्.

2.(यम्य) यमिय Adj. *verzwillingt* scheinbar RV. 3, 55,11, da hier यम्या Nomin. Du. f. von यमी ist.

*यम्या f. *Nacht*.

ययाति m. N. pr. eines Stammhauptes der Vorzeit, eines Sohnes des Nahusha. ययातिवत् Adv.

ययातिक (metrisch) m. = ययाति Agni-P. 12,2.

ययातिचरित n. 1) Jajâti's *Geschichte*. — 2) Titel eines Schauspiels.

ययातिजा f. Patron. der Mâdhavî.

ययातिपतन n. N. pr. eines Tîrtha.

ययातिविजय m. Titel eines Werkes.

ययावर Adj. v. l. für यायावर.

ययि und ययी 1) Adj. *laufend, eilend*. — 2) m. ययि *Wolke*. — 3) *m. ययी *a*) *Ross*. — *b*) Bein. Çiva's.

*ययिन् m. Bein. Çiva's.

1.ययु 1) Adj. *laufend, eilend*; m. Bez. *des Rosses*. Nach den Lexicographen auch *ein zum Rossopfer bestimmtes (frei umherlaufendes) Ross*. — 2) N. pr. eines der Rosse des Mondgottes VP.² 2,299.

2.ययु AV. 4,24,2 in einer verdorbenen Stelle. Fehlt in der anderen Rec.

*यर्वन् schlechte Aussprache für यद्दन्.

यर्हि Conj. *wann*, mit Indic. und Potent. Es entsprechen ihr तर्हि und एतर्हि. Nur in TS. Ait. Br. und Bhâg. P. Im letzten Werke in der Bed. 1) *wann, als, wenn*; mit Perf., Imperf., Aor., Praes., Potent. und ohne Verbum fin.; im Demonstrativsatze तत्र, तदा, अथ oder तत्प्रभृति. — 2) *da, weil*.

यल्लभट्ट m. N. pr. eines Autors. °भट्टीय n. Titel seines Werkes Opp. Cat. 1.

यल्लाजि m. N. pr. eines Autors. °जीय n. Titel seines Werkes ebend.

1.यव m. (*adj. Comp. f. आ) 1) *Getraide*, in ältester Zeit vermuthlich *mehlgebende Körnerfrucht* überh.; in der Folge *Gerste*, Pl. *Gerstenkörner*. Zum Spruch यवो ऽसि (Jâǵń. 1,230) und यवो ऽसि धान्यराजो ऽसि (Mit. 1,35,*a*,16) vgl. VS. 5,26,*d*. 6,1,*d* (= Gobh. Çrâddhak. 2,9) und Vishṇus. 48,17 (= Baudh. 3,6,5. Âçv. Gṛhj. Pariç. 2,14). — 2) *Gerstenkorn* als Maass = 1/6 oder 1/8 (Agni-P. 39,21) Angula, als Gewicht = 6 oder 12 Senfkörner = 1/2 Guńǵâ. — 3) *Korn, Samenkorn* überh. Bhâvapr. 1,280. — 4) in der Chiromantie *eine dem Gerstenkorn ähnliche Figur an der Hand*. — 5) *eine best. Constellation, wenn nämlich die günstigen Planeten in den Häusern 4 und 10, die ungünstigen in 1 und 7 stehen*.

2.यव m. Pl. *die lichten Monatshälften*. Vgl. यावं.

3.यव Adj. *fernhaltend, abwehrend*.

यवक 1) *Adj. *gerstenartig*. — 2) m. *Gerste*.

यवकोटि und °टी f. = यमकोटि Ârjabh. 4,13 nebst Comm.

*यवक्य Adj. *mit Gerste besäet*.

यवक्रिन्, °क्री und °क्रीत m. N. pr. eines Sohnes des Bharadvâǵa.

यवक्षा f. N. pr. eines Flusses.

यवक्षार m. *aus der Asche von grünen Gerstenähren bereitetes Aetzkali* Mat. med. 87.

यवक्षेत्र n. *Gerstenfeld*.

*यवखद gaṇa ब्रीह्यादि.

*यवखदिक Adj. von यवखद.

यवखल m. *Tenne* Çâńkh. Çr. 14,40,15.

*यवगण्ड m. = युवगण्ड.

यवगोधूमवत् Adj. *mit Gerste und Weizen besetzt* 86,15.

यवग्रीव Adj. *dessen Hals einem Gerstenkorne gleicht*.

यवचतुर्थी f. *ein best. Spiel am 4ten Tage in der lichten Hälfte des* Vaiçâkha, *bei dem man sich mit Gerstenmehl bestreut*.

यवचूर्ण n. *Gerstenmehl*.

*यवज m. 1) = यवक्षार Râǵan. 6,258. — 2) = यवानी Râǵan. 6,40.

यवतिक्ता f. *eine best. Pflanze* Râǵan. 3,64. Mat. med. 216. Ḱaraka 7,11.

यवद्वीप m. *die Insel* Java Schiefner, Târan. 263.

यवन् m. *die lichte Monatshälfte.*

1. यवन 1) Adj. *fernhaltend, abwehrend* in द्वेषोयवन. — 2) n. *das Vermengen,* insbes. *mit Wasser* Njâjam. 10,1,22.

2. यवन 1) m. a) *ein Grieche, ein Fürst der Griechen,* als Bez. *einer best. Kaste* Gaut. Pl. *die Griechen, die griechischen Astrologen;* auch Name einer Dynastie. Später bezeichnet das Wort *einen Muhammedaner* und überh. *einen Mann fremden Stammes.* — b) * *Weizen* Râgan. 16,30. — c) * *Möhre.* — d) * *Olibanum* Râgan. 12,105. — 2) f. ई *eine Griechin.*

3. *यवन 1) Adj. *rasch, schnell;* richtig जवन. Mâlav. 71,2 ist जवनेन, पावनेन oder यवनानाम् zu lesen. — 2) m. *ein schnell laufendes Pferd, Renner.*

4. यवन m. fehlerhaft für पैजवन.

यवनक 1) *m. *eine best. Getraideart.* — 2) f. °निका *eine Griechin.*

यवनजातक n. Titel eines Gâtaka.

यवनदेशज Adj. *aus dem Lande der* Javana *stammend* Bhâvapr. 1,187.

*यवनद्विष्ट n. *Bdellium* Râgan. 12,108.

यवनपुर n. N. pr. einer *Stadt,* wohl *Alexandrien.*

*यवनप्रिय n. *Pfeffer.*

*यवनमुण्ड m. *ein kahl geschorener* Javana.

यवनसेन m. N. pr. eines Mannes.

यवनाचार्य m. N. pr. eines *Lehrers.*

*यवनानी f. *die Schrift der* Javana.

यवनारि m. 1) * Bein. Kṛshṇa's. — 2) N. pr. eines Fürsten.

यवनाल m. *Andropogon bicolor* oder *Sorghum* Râgan. 16,25. Mat. med. 324.

*यवनालज m. *Aetzkali aus der Asche von* Javanâla.

1. यवनिका f. s. u. यवनक.

2. यवनिका f. = जवनिका *Vorhang.*

1. यवनी f. s. u. 1. यवन.

2. *यवनी f. = यवनिका *Vorhang.*

यवनेश्वर m. N. pr. 1) *eines Fürsten der* Javana Harshak. (Çaka 1936) 420,12. — 2) eines Astrologen.

*यवनेष्ट 1) m. a) *Zwiebel, Schalotte* oder dgl. Râgan. 7,51. 58. Bhâvapr. 1,179. — b) *Azadirachta indica* Râgan. 9,8. — 2) f. आ *der wilde Dattelbaum* Râgan. 11,56. — 3) n. a) *Blei* Râgan. 13,24. — b) *Zwiebel* Râgan. 6,31. — c) *Pfeffer* Râgan. 13,24.

*यवपाल m. *Hüter eines Gerstenfeldes.*

यवपिष्ट n. *Gerstenmehl.* Pl. Mân. Çr. 8,2.

यवप्रख्या f. *ein best. Ausschlag.*

*यवफल m. 1) *Bambusrohr* Râgan. 7,34. — 2) *Nardostachys Jatamansi.* — 3) *Wrightia antidysenterica* Râgan. 9,53. — 4) *Ficus infectoria.* — 5) *Zwiebel* (?).

*यवबुस n. *Gerstenspreu.*

*यवबुसक Adj. *zur Zeit der Gerstenspreu abzutragen* (Schuld).

यवमणि m. *ein best. Amulet* Kauç. 19.

*यवमत्य्, °त्यति = यवमानिवाचरति.

यवमध्य 1) Adj. (f. आ) *dessen Mitte der eines Gerstenkorns gleicht,* d. i. *in der Mitte am stärksten und nach den Enden abnehmend.* — 2) m. a) *ein best.* Pañkarâtra Çat. Br. 13,6,1,9. — b) * *eine Art Tambourin.* — 3) n. a) *ein best. Längenmaass.* — b) *eine Art* Kândrâjaṇa.

यवमध्यम 1) m. *ein best. Längenmaass* Agni-P. 39,20. — 2) n. *eine Art* Kândrâjaṇa.

यवमन्त् 1) Adj. *Gerste enthaltend, mit Gerste vermengt.* — 2) m. a) *Kornbauer.* — b) N. pr. α) eines Gandharva. — β) des Verfassers von VS. 2,19. — 3) f. यवमती *ein best. Metrum.* — 4) n. *Kornreichthum.*

यवमय Adj. *aus Gerste bestehend, — bereitet.*

यवमर्दन n. *Tenne* Comm. zu Çâñkh. Çr. 14,40,15.

यवमात्र Adj. *so gross wie ein Gerstenkorn.*

यवमुष्टि m. oder f. *eine Handvoll Gerste* Gobh. 3,7,7.

*यवय्, °यति Denomin. von युवन्.

यवयस N. pr. 1) m. eines Sohnes des Idhmagihva. — 2) n. des von diesem beherrschten Varsha in Plakshadvîpa.

यवयावन् Adj. *abwehrend.*

यवयु Adj. *Korn wünschend.*

यवलक (?) m. *ein best. Vogel* Suçr. 1,201,2.

यववक्त्र Adj. (f. आ) *mit einer dem Gerstenkorn ähnlichen Spitze versehen* Suçr. 2,343,18.

यववेला f. *die Zeit der Gerstenernte* Lâtj. 8,3,7.

यवशिरस् Adj. *dessen Kopf die Gestalt eines Gerstenkorns hat.*

*यवशूक und *°ज m. = यवक्षार Râgan. 6,258.

यवस् in अंयवस् (Nachtr. 3).

यवस m. (Comm. zu Âpast. Çr. 7,28,7) n. Sg. und Pl. *Gras, Futter, Weide.* यवसोदके *Futter und Wasser.*

यवसक्तु m. Pl. *Gerstengrütze* Çat. Br. 12,9,1,5.

यवसप्रथम Adj. nach Mahîdh. *unter den Speisen die erste Stelle einnehmend;* eher *mit der Weide beginnend,* d. h. *auf guter Weide beruhend, wohlgenährt.*

यवसमुष्टि m. oder f. *eine Handvoll Gras* Çâñkh. Çr. 3,20,1.

यवसाद् Adj. *Gras verzehrend, weidend.*

*यवसाह्व m. *Ptychotis Ajowan* Râgan. 6,39.

यवसिन् und यवस्यु in सूयवसिन् und सूयवस्यु.

*यवसुरा f. *ein aus Gerstenmehl bereitetes berauschendes Getränk* Madanav. 96,67.

यवागू f. *Reismehlbrühe,* auch *dünne Abkochungen von andern Körnern und Stoffen* Mat. med. 10. 268. Häufig in Comp. mit dem Stoffe, aus oder mit dem die Brühe hergestellt wird. Bei den Medicinern *ein Decoct, für welches 4 Theile eines Stoffes in 64 Theilen Wasser gesotten und der Abguss auf die Hälfte eingekocht wird.*

*यवागूमय Adj. (f. ई) von यवागू.

यवाग्रज m. 1) = यवक्षार Râgan. 6,258. Bhâvapr. 1,182. Karaka 6,5. — 2) * = यवानी Râgan. 6,39.

यवाग्रयण n. *Gerstenerstlinge.*

यवाचित Adj. *mit Gerste* (Korn) *beladen.*

यवाद् Adj. *Gerste essend.*

*यवान Adj. *rasch, schnell.* Richtig जवान, Partic. von 1. जू.

यवानिका (Karaka 6,20) und यवानी f. *Ptychotis Ajowan* Râgan. 6,39. Bhâvapr. 1,165. 284.

यवान्तर n. *ein best. Zeitmaass* Comm. zu Lâtj. 1,11,27. 2,2,6.

*यवापत्य n. = यवक्षार Râgan. 6,258.

*यवाम्लज n. *saurer Gerstenschleim* Râgan. 15,91.

यवाशिर् Adj. *mit Getraide vermengt, gemalzt.*

यवाष m. *ein best. kleines schädliches Thier, Insect* oder dgl. Vgl. यवाष.

*यवाषिक und *यवाषिन् Adj. von यवाष.

*यवास 1) m. a) *Alhagi Maurorum, die Mannapflanze* Dhanv. 1,5. Râgan. 4,44. — b) *eine Art* Khadira. — 2) f. आ *ein best. Gras.* Richtig wohl जलवासा.

यवासक m. *die Mannapflanze* Dhanv. 1,5. Karaka 6,3. Verdorrt beim Eintritt der Regenzeit Chr. 173,29. zu Spr. 2214.

यवासशर्करा f. *Mannazucker* Madanav. 101,16. Râgan. 14,106.

*यवासिनी f. *eine mit* Javâsa *bestandene Gegend.*

यवाह्व m. = यवक्षार.

*यविक, *यविन् und *यविल Adj. von 1. यव.

यविष्ठ 1) Adj. *der jüngste.* Sehr häufig heisst so *das jüngste,* d. h. *eben aus den Hölzern geborene* oder *auf den Altar gesetzte Feuer.* Daher Bein. Agni's und Agni Javishṭha als angeblicher Liedverfasser. — 2) m. a) * *ein jüngerer Bruder.* — b) N. pr. eines Brahmanen; Pl. *seine Nachkommen.*

यविष्ठवत् Adj. *das Wort* यविष्ठ *enthaltend.*

(यविष्ठ्य) यविष्ठ्य Adj. = यविष्ठ 1) von Agni. Nur am Ende eines Pâda.

यवीनर m. N. pr. verschiedener Männer.

यवीयंस् 1) Adj. *a) jünger.* मातर्, जननी, अम्बा *eine jüngere Stiefmutter;* भूत im Gegensatz zu महाभूत; auch von den Çûdra im Gegensatz zu den drei höheren, früher entstandenen Kasten. Metrisch Acc. Sg. m. auch यवीयसम्, Nom. Pl. m. auch यवीयसस्. — *b) geringer, schlechter, der geringste, schlechteste* MBh. 12,150,13. 167,8. — 2) m. *ein jüngerer Bruder.* — 3) f. °यसी *eine jüngere Schwester.*

यवीयस m. N. pr. eines Lehrers. — Vgl. auch u. यवीयंस् 1) *a).*

यवीयुध् Adj. *kriegerisch, streitbar.*

*यवोत्थ n. *saurer Gerstenschleim.*

यवोदर n. *der Leib —, die dicke Stelle eines Gerstenkorns als best. Längenmaass.*

यवोर्वरा f. *Gerstenacker.*

1. यव्य 1) * Adj. *zu Gerste geeignet, mit Gerste besäet, — bestanden.* — 2) m. *a)* nach Mahîdh. *Gersten—, Fruchtvorrath* Maitr. S. 3,11,19 = VS. 23,8.

2. यव्य n. Bez. *bestimmter* Homamantra.

3. यव्य m. *Monat* Çat. Br. 1,7,2,26.

(यव्या) यवीया f. nur Instr. Sg. (gleichlautend) und Pl. *in Strömen, in Menge.* Nach Nigh. *Fluss.*

यव्यावती f. N. pr. eines Flusses oder einer Oertlichkeit.

यव्युध् Adj. = यवीयुध्.

यश = यशस् in अतियश.

यशःकर्ण und यशःकेतु m. N. pr. verschiedener Fürsten.

यशःखण्डिन् Adj. *den Ruhm zu Nichte machend* Pr. P. 34.

*यशःपटह m. *Pauke.*

यशःपाल m. N. pr. eines Fürsten.

*यशद n. *Zink* Mat. med. 71. Bhâvapr. 1,254. 2, 91. Ohne Zweifel ein Fremdwort.

यशश्चन्द्र m. N. pr. eines Fürsten.

यशःशेष Adj. *von dem nur der Ruhm nachgeblieben ist, d. i. todt.* Nom. abstr. °ता f. °तां प्राप् *so v. a. sterben,* °तां नी *tödten.*

यशःशेषी Adv. mit भू *sterben.*

1. यशस् n. 1) *Ansehen, schöne oder stattliche Erscheinung; Schönheit, Würde, Herrlichkeit* MBh. 3,53,10. R. 1,16,14. — 2) *Ansehen, Ehre, Lob, Ruhm.* Auch Pl. Personificirt als ein Sohn Kâma's von der Rati und Dharma's von der Kîrti. — 3) *Gegenstand der Ehre, Respectsperson.* — 4) *gefälliges oder angenehmes Wesen, Gunst.* — 5) Name verschiedener Sâman Ârsh. Br. — 6) * nach Nigh. = उदक, अन्न und धन.

2. यशस् 1) Adj. *a) ansehnlich, schön, würdig, herrlich.* Compar. यशस्तर (RV. 8,2,22. 9,97,3), Superl. यशस्तम. — *b) angesehen, geehrt.* — *c) angenehm, werth.* — 2) m. N. pr. eines Mannes. — यशसा auch fehlerhaft für यशसा.

यशस n. = 1. यशस् in देवयशस (Nachtr. 3), मनुष्ययशस und श्रीयशस.

यशसिन् Adj. in देवयशसिन् (Nachtr. 3) und मनुष्ययशसिन्.

यशस्कर 1) Adj. (f. ई) *Ruhm verleihend, ruhmvoll, — für* (im Comp. vorangehend). — 2) m. N. pr. verschiedener Männer.

यशस्करस्वामिन् m. N. pr. eines von einem Jaçaskara errichteten Heiligthums.

यशस्काम 1) Adj. *ehrbegierig.* — 2) m. N. pr. eines Bodhisattva.

यशस्काम्य्, °म्यति *nach Ruhm verlangen* Bhaṭṭ.

यशस्कृत् Adj. *Ansehen verleihend.*

यशस्य 1) Adj. *a) Ansehen gebend, ruhmvoll.* — *b) stattlich, anständig aussehend* Kâraka 5,12. — *c) geehrt.* — 2) * f. यशस्या *a) eine best. Knolle.* = ऋद्धि Râǵan. 5,28. — *b)* = जीवन्ती (*eine best. Pflanze*) Râǵan. 3,25.

यशस्यु Adj. *Gunst suchend.*

यशस्वत् 1) Adj. *a) ansehnlich, schön, herrlich, würdig.* — *b) ruhmvoll, ehrenvoll.* — *c) angenehm, werth.* — 2) f. यशस्वती N. pr. eines Frauenzimmers.

यशस्विन् 1) Adj. *a) ansehnlich, schön, herrlich, würdig.* Superl. °स्वितम. — *b) hoch angesehen, berühmt* (meist von Personen). Superl. °स्वितम. — 2) f. °स्विनी *a) eine best. Arterie.* — *b)* * Name verschiedener Pflanzen: *die wilde Baumwollenstaude,* = महाज्योतिष्मती und यवतिक्ता Râǵan. 3,65. 73. — *c)* N. pr. einer der Mütter im Gefolge Skanda's.

यशोगोपि m. N. pr. eines Scholiasten.

यशोघ्न Adj. *den Ruhm vernichtend* M. 8,127. Bhâg. P. 4,2,10. — °घ्नी s. u. यशोहन्.

यशोद 1) * Adj. *Ansehen —, Ruhm verleihend.* — 2) * m. *Quecksilber* Râǵan. 13,110 v. l. für यशोधा. — 3) f. आ N. pr. *a)* der geistigen Tochter einer Klasse von Manen. — *b)* der Frau des Kuhhirten Nanda, der Kṛshṇa gleich nach seiner Geburt als Kind untergeschoben wurde, und die daher als seine Mutter angesehen wird. °गर्भसंभूता Beiw. der Durgâ. — *c)* der Gattin Mahâvîra's.

यशोदत्त m. N. pr. eines Mannes.

यशोदा 1) Adj. *Ansehen gebend.* — 2) f. Bez. *bestimmter Backsteine* Âpast. Çr. 17,5.

यशोदानन्दन (Pańkar. 4,3,115. 8,14) und °दासुत (Spr. 5567) m. Metron. Kṛshṇa's.

यशोदेव N. pr. 1) m. *a)* eines buddh. Bhikshu. — *b)* eines Sohnes des Râmakandra. — 2) f. ई einer Tochter Vainateja's.

यशोधन 1) Adj. *dessen Reichthum im Ruhm besteht, reich an Ruhm, berühmt* (Person). — 2) m. N. pr. eines Fürsten.

यशोधर 1) Adj. *Jmdes Ruhm erhaltend.* — 2) m. *a) der fünfte Tag im bürgerlichen Monat.* — *b)* N. pr. eines Sohnes des Kṛshṇa (MBh. 13,14,33), * zweier Arhant' bei den Ǵaina und verschiedener anderer Männer. — 3) f. आ *a) die vierte Nacht im bürgerlichen Monat.* — *b)* N. pr. verschiedener Frauen Hem. Par. 1,391.

*यशोधरेय m. fehlerhaft für याशो°

यशोधा 1) Adj. *Ansehen —, Ruhm verleihend.* — 2) * m. *Quecksilber* Râǵan. 13,110. Eher यशोधस्.

यशोधामन् n. *eine Stätte des Ruhms.*

यशोधास्यै Pâr. Gṛhj. 2,6,20 nach dem Comm. Dat. *zur Ruhmverleihung.* Stenzler vermuthet Conj. Fut. (यशो धा°).

यशोनन्दि m. N. pr. eines Fürsten.

यशोनिधि Adj. *reich an Ruhm, berühmt* Pr. P. 6.

यशोभगिन् Adj. *ruhmreich.*

*यशोभगीन und *°भग्य Adj.

यशोभद्र m. N. pr. eines der Çrutakevalin bei den Ǵaina Hem. Par. 5,90. 6,1.

यशोभृत् Adj. *Ruhm besitzend, berühmt oder Ruhm bringend.*

यशोमङ्गलस्तोत्र n. Titel eines Werkes Bühler, Rep. No. 165.

यशोमती f. *die dritte lunare Nacht.*

यशोमत्य m. Pl. N. pr. eines Volkes.

यशोमाधव m. *eine Form* Vishṇu's.

यशोमित्र m. N. pr. verschiedener Männer Hem. Par. 2,39.

यशोराज m. N. pr. eines Mannes.

यशोरात m. desgl. Cunningham, Arch. Surv. 6,60.

यशोलेखा f. N. pr. einer Fürstin.

यशोवति (metrisch) f. N. pr. einer mythischen Stadt Varâh. Bṛh. S. 14,28. Vgl. यशोवती 2).

यशोवती f. N. pr. 1) verschiedener Frauen. — 2) einer mythischen Stadt auf dem Meru.

यशोवर m. N. pr. eines Sohnes des Kṛshṇa. v. l. यशोधर.

यशोवर्धन m. N. pr. eines Mannes Cunningham, Arch. Surv. 6,60.

यशोवर्मक am Ende eines adj. Comp. von यशोवर्मन्.

यशोवर्मन् m. N. pr. verschiedener Männer.

यशोहन् Adj. (f. °घ्नी) 1) *das Ansehen —, die Schönheit vernichtend* Pâr. Gṛhj. 1,11,2. — 2) *Jmds Ruhm vernichtend.*

यशोहर 1) Adj. *den Ruhm raubend, Schande bereitend, schändend.* — 2) N. pr. einer Oertlichkeit. °जित् Bein. Kakurâja's.

यष्टॄ und यँष्टृ Nom. ag. *Verehrer, Opferer* Njâjam. 10,2,17. Compar. यष्टृतर, f. यष्ट्री Comm. zu Âpast. Çr. 8,8,3. Nom. abstr. यष्टृता f. Comm. zu Njâjam. 10,2,18. यष्टृत्व n. zu 21.

यँष्टवे Dat. Infin. zu 1. यज् ṚV. 1,13,6. 4,37,7.

यष्टव्य 1) Adj. *dem geopfert werden muss.* — 2) n. impers. *zu opfern.* यष्टव्ये मतिं कर् *zu opfern sich entschliessen.*

1. यष्टि (*m.) f. 1) *Stab, Stock, Keule, Flaggenstock.* — 2) *Stengel.* — 3) in Comp. mit *Arm* oder *Körper* so v. a. *ein langer, schlanker Arm* oder *Körper.* — 4) in Comp. mit *Schwert* so v. a. *Klinge.* — 5) *Perlenschnur.* — 6) *ein best. Perlenschmuck.* — 7) *Süssholz.* — 8) * *Clerodendrum siphonanthus.*

2.*यष्टि f. Nom. act. von 1. यज्. Richtig इष्टि.

यष्टिक 1) am Ende eines adj. Comp. = 1. यष्टि 5) in शत°. — 2) *m. *ein best. Wasservogel.* — 3) f. आ *a) Stab.* — *b)* **ein best. Perlenschmuck.* — *c) Süssholz.* — *d)* **ein länglicher Teich.*

यष्टिगृह n. N. pr. einer Oertlichkeit. °क Harshak. v. l. für यष्टिग्राम.

*यष्टिग्रह Adj. *einen Stab tragend.*

यष्टिग्राम m. N. pr. einer Oertlichkeit Harshak. (Çaka 1936) 39,21. v. l. यष्टिगृहक.

*यष्टिग्राहम् Absol. *Stöcke ergreifend* P. 3,4,53, Sch.

यष्टिनिवास m. *ein mit Querhölzern versehener aufrecht stehender Pfahl als Nachtquartier von zahmen Tauben.*

यष्टिप्राण Adj. *dessen Kraft im Stabe liegt, ohne Stab Nichts vermögend.*

*यष्टिमधु n., *°मधुक n. (Râǵan. 6,147) und *°मधुका f. *Süssholz.*

यष्टिमत् Adj. in शक्तीकनक°.

*यष्टिमौद्गल्य m. N. pr. Maudgalja *mit dem Stabe.*

यष्टियन्त्र n. *ein best. astronomisches Instrument* Golâdhj. 11,28. fgg.

*यष्टिलता f. *eine best. Pflanze,* = भ्रमरारि Râǵan. 10,126.

*यष्टी f. und *यष्टीक n. *Süssholz.*

*यष्टीपुष्प m. *Putranjiva Roxburghii.*

यष्टीमधु n., °क n. (Karaka 4,8), यष्ट्याह्व m., यष्ट्याह्वय m. und यष्ट्याह्वा f. (Karaka 6,7) *Süssholz* Bhâvapr. 1,172.

यष्ट्युत्थान n. *das Aufstehen mit Hülfe eines Stabes* 177,27.

*यष्ट्रस्क (!) m. Pl. N. pr. eines Volkes.

यस्, यँस्यति, यसति, ययस्ति *sich's heiss werden lassen, sich abmühen.* धनुषा Karaka 8,1 (ed. Calc. S. 652). — Mit अव in अवयासँ. — Mit आ 1) *sich's heiss werden lassen, sich anstrengen.* — 2) *ermüden* (intrans.) Bhaṭṭ. — 3) आयस्त *a) angefacht.* — *b) angestrengt, sich anstrengend, eifrig beschäftigt mit* (im Comp. vorangehend) Kâd. 78,3. 2,129,14. °नयन Adj. so v. a. *die Augen aufreissend.* — *c) ermüdet, erschlafft.* नित्यायस्त *für immer erschlafft,* so v. a. *todt.* — *d) niedergeschlagen.* — Caus. आयासयति, *°ते 1) *anstrengen, ermüden, quälen, peinigen, belästigen* Kâd. 70,8 78,3. Einen Bogen *anstrengen,* so v. a. *häufig in Bewegung setzen.* Pass. *sich abhärmen, sich quälen.* — 2) Med. *verkümmern, schmälern* Bhaṭṭ. — Mit समा, °यस्त *hart bedrängt.* — Mit उद् in उद्यासँ. — Mit नि, °यस्य MBh. 9,3586 fehlerhaft für °यम्य. — Mit निस् in निर्यासँ. — Mit प्र 1) *in's Wallen gerathen.* प्रँयस्त *überwallend, im Wallen befindlich.* — 2) *sich bemühen.* प्रयस्त *sich bemühend, eifrig.* — 3) *प्रयस्त *schmackhaft zubereitet.* — Caus. in प्रयासित. — Mit संप्र in संप्रयास. = Mit वि in *वियास. — Mit सम् in संयासँ.

यस्क m. N. pr. eines Mannes. Pl. *seine Nachkommen* und *eine best. Schule.*

यँस्मात् Abl. von 1. य. Als Conj. 1) *weil, da* Gaut. 23,31. Mit entsprechendem तस्मात्, ततस्, तद्, तेन, अतस् und auch ohne correlative Partikel. — 2) *da,* so v. a. *dass.*

यस्य Adj. *zu tödten, dem Tode verfallen.* Nom. abstr. °त्व n. Bhaṭṭ.

*यँह्स् n. 1) *Wasser.* — 2) *Kraft.*

यँह्व Adj. 1) *gross* (Sâj.). — 2) *der jüngste.* Nach Nigh. m. *Kind.*

यह्वँ 1) Adj. (f. ई) *der jüngste, neueste; immer jung.* Oft von Agni, wie यँविष्ठ. Von Gewässern und desgl. *beständig neu, jugis.* Nach Nigh. *gross.* — 2) *m. = यजमान. — 3) f. ई Pl. *fliessendes Wasser.*

यह्वँत् Adj. (f. यह्वँती) = यह्वँ 1) *beständig neu, jugis.*

1. या, यँाति (metrisch auch Med.) 1) *fahren* (in weiterem Sinne), *gehen, ziehen, marschiren* (auch so v. a. gegen den *Feind ziehen*); überh. *sich in Bewegung setzen, reisen; fortgehen, aufbrechen, von dannen gehen, sich entfernen* (auch so v. a. *sich fern halten, nicht kommen* Spr. 7347), *fliehen* (auch पलाय्य या); *entfliehen, entkommen; gehen* von einem Wege, *laufen* von Adern. यातँ *gefahren, gegangen* u. s. w.; *fortgegangen, von dannen gegangen;* auch n. impers. mit Instr. des Subjects. — 2) *verstreichen, vergehen, verlaufen, verfliessen.* यात *verstrichen, zu Ende gegangen.* — 3) *hingehen,* so v. a. *zu Grunde gehen, zu Nichte werden* 186,7. यात *zu Grunde gegangen.* — 4) *gehen,* so v. a. *von Statten gehen, gelingen, zu Stande kommen.* न यान्ति वक्तुम् so v. a. *lassen sich nicht ausdrücken* Ind. St. 14,379. — 5) *verfahren, sich benehmen.* — 6) यातु so v. a. *dem sei wie ihm wolle.* — 7) mit Acc. *a)* यात्राम् *einen Marsch unternehmen, aufbrechen;* गतिम्, मार्गम्, अध्वानम्, पन्थानम्, पदवीम् *einen Weg ziehen, — gehen, — fahren, — wandeln, — einschlagen.* यात mit pass. Bed. — *b) gehen —, kommen —, sich begeben —, fahren —, reisen —, gelangen zu, nach* oder *in, marschiren gegen; stossen auf; gehen nach* (von einem Wege), *sich bewegen in der Richtung von* (von Gestirnen). महीम् so v. a. *sich bis zur Erde verneigen;* पादौ मूर्ध्ना *sich mit dem Kopfe zu Jmds Füssen verneigen;* °पथम्, गोचरम् (mit Gen. oder am Ende eines Comp.) *in den Bereich von — kommen;* °हस्तम् *in die Hand von — gelangen;* कर्णौ *zu Ohren kommen;* अन्तम् *an's Ende zu stehen kommen, zu Ende kommen* und *fertig werden mit* (Gen.). यात mit act. Bed. mit Acc. oder am Ende eines Comp. — *c)* zu einem Weibe *gehen, inire* feminam. — *d) gehen,* so v. a. auf eine best. Entfernung *reichen, — sich erstrecken* (Varâh. Bṛh. S. 68,1, wo गच्छति zu lesen ist); *für* eine best. Zeit *hinreichen.* — *e) an Etwas gehen,* in einen Zustand —, in eine Lage —, in ein Verhältniss *kommen, gerathen; theilhaftig werden, erlangen, — von* (Abl.). उत्सवाद् उत्सवम् so v. a. *ein Fest nach dem andern erleben.* — *f) angehen, anflehen;* mit doppeltem Acc. — *g) hinter Etwas kommen, erkennen.* यात mit pass. Bed. — 8) mit प्रति und Acc. *in der Richtung von — sich bewegen, marschiren gegen.* — 9) mit Loc. *gehen in, nach* oder *zu, gelangen zu, sich wenden zu* (auch vom Geiste). यात *gegangen —, gelangt in* oder *zu.* करे *in die Hand gelangt;* यातं मया पादयोः so v. a. *ich habe mich (ihr) zu Füssen geworfen* 316,31. क तद्यातम् so v. a. *was ist daraus geworden? wie steht es damit?* — 10) mit Dat. *hingehen zu, nach* (*फलेभ्यः *nach Früchten gehen*), *um zu* (Nom. act.): *Jmd zu Gute kommen.* — 11)

mit Infin. *gehen zu;* daneben auch ein Acc. des Ortes. — 12) mit Adverbien: खण्डशस् und दलशस् *in Stücke gehen;* शतधा *in hundert St. g.;* स्वस्ति so v. a. *mit heiler Haut davonkommen.* — 13) यात bisweilen fehlerhaft für ज्ञात. — Caus. यापयति 1) *Jmd gehen heissen, aufbrechen lassen, — nach* (*Acc. 225,24), *zu einem Marsche veranlassen; entlassen.* — 2) दृष्टिम् *den Blick gehen lassen, — richten auf* (Loc.). — 3) *vertreiben, verscheuchen; lindern* (eine Krankheit). — 4) *verstreichen lassen* (MBh. 6,96,12), *zubringen* (eine Zeit). — 5) *gelangen lassen zu, theilhaftig werden lassen;* mit doppeltem Acc. — 6) यापित Benfey, Chr. 194,4 fehlerhaft für पावित; vgl. Daçak. 67,2. — Desid. यियासति *zu gehen —, zu reisen —, zu marschiren —, fortzugehen —, zu gelangen beabsichtigen, — sich anschicken, — im Begriff stehen;* mit Acc. des Ortes. अस्तं महीधरम् von der Sonne so v. a. *im Begriff sein unterzugehen.* — Intens. ईयायते *sich bewegen.* — Mit अच्छ *herbei —, nahekommen;* mit Acc. Âpast. Çr. 10,24,2. — Mit अति 1) *vorübergehen, passiren, vorüberkommen an, überholen; superare;* mit Acc. °यात mit act. Bed. — 2) *übergéhen.* — 3) *übertréten.* — Mit व्यति 1) *durchdringen.* — 2) *verstreichen, verfliessen.* °यात *verstrichen.* — Mit समति *verstreichen, verfliessen.* — Mit अधि *entkommen* Bhatt. — Mit अनु 1) *hingehen zu, hinfahren, sich hinbegeben zu;* mit Acc. गृहान् so v. a. *von Haus zu Haus gehen.* अनुयात mit act. Bed. — 2) *nachgehen, nachfolgen, nachwandeln;* mit Acc. भर्तारम् *dem Gatten im Tode folgen,* so v. a. *sich mit ihm verbrennen lassen.* अनुयात mit act. (*secutus*) und pass. (*begleitet von*) Bed. — 3) *folgen,* so v. a. *gleichen Schritt mit Jmd halten, Jmd nachkommen;* mit Acc. — 4) *nachgehen,* so v. a. *befolgen.* अनुयात mit act. Bed. — 5) *nachthun, nachmachen, erreichen, gleichkommen;* mit Acc., ausnahmsweise mit Gen. der Person. अनुयात mit act. und pass. Bed. — 6) *erreichen, erlangen.* अनुयात mit act. Bed. — 7) अन्वयात् MBh. 4,55,31 vielleicht fehlerhaft für अन्वच्छात् *hieb ab.* — Caus. *Jmd theilhaftig werden lassen;* mit doppeltem Acc. समनुयात mit pass. Bed. — Mit अन्तर् in *अन्तर्याणीय. — Mit अप *fortgehen, sich entfernen, sich zurückziehen, fliehen, weichen, ablassen;* mit Abl. अपयास्यति MBh. 5, 7486 fehlerhaft für उप°. — Mit अभ्यप scheinbar MBh. 4,1669, da hier ऽप्यपयात् st. ऽभ्यपयात् zu lesen ist. — Mit व्याप scheinbar MBh. 3,775, da hier व्यपयात् st. व्यापायात् zu lesen ist. — Mit प्रत्यप *sich zurückziehen, heimwärts fliehen.* रथान्तरम् so v. a. *seinen Wagen verlassen und einen andern besteigen.* — Mit व्यप 1) *fortgehen, sich entfernen, sich zurückziehen, weichen.* — 2) *verstreichen.* — Mit अपि AV. 4,37,7 fehlerhaft. Chr. 104,5 ist अपि यान्ति zu trennen. — Mit अभि 1) *adire, zugehen auf, hingehen —, treten —, kommen —, sich hinbegeben zu, sich drohend wenden gegen, begegnen;* mit Acc. स्वर्गम् *zum Himmel gehen,* so v. a. *sterben.* अभियात mit act. und pass. Bed. Ohne Object *herbeikommen, einen Angriff machen.* अभियात *herbeigekommen.* — 2) *kommen* von der Zeit. अभियात so v. a. अतियात *verstrichen.* — 3) *an Etwas gehen, sich hingeben;* mit Acc. वासम् so v. a. *sich niederlassen.* — 3) *theilhaftig werden,* mit Acc. अभियात mit act. Bed. — Caus. *herbeikommen lassen, hinsenden.* — Mit प्रत्यभि *auf Jmd* (Acc.) *losgehen.* — Mit समभि (*zusammen*) *zugehen auf, hingehen zu* (Acc.); *herbeikommen.* — Mit अव 1) *herabkommen von* (आँ mit Abl.). — 2) *fortgehen* in अवयै (Nachtr. 1). — 3) *abbitten, abwenden.* — Mit आ 1) *herbei —, herankommen, — aus* (Abl.), *kommen nach, in* oder *zu* (Acc., ausnahmsweise Loc.); auch mit अच्छ. संमुखम् *entgegenkommen;* अभिमुखायात *entgegengekommen* 133, 9. अस्तम् *untergehen* und *sterben;* कर्णपथम् *zu Ohren kommen.* Mit पुनर् *wiederkommen* und *wiedergeboren werden.* आयात mit act. Bed.; auch n. impers. mit Instr. des Subjects. — 2) *eingehen —, aufgehen in* (Acc.). — 3) in einen Zustand —, in eine Lage —, in ein Verhältniss *kommen, — gerathen; theilhaftig werden, erlangen;* mit Acc. — 4) *sich bei Jmd* (Gen.) *einstellen* (z. B. vom Schlaf). — 5) *Jmd treffen, zu Theil werden;* mit Acc. — 6) *hervorgehen, resultiren.* — 7) *angehen; sich für Jmd* (Gen.) *schicken;* mit Infin. — Caus. in आयापन. — Mit अत्या *vorübergehen an* (Acc.). — Mit अन्वा *herbeikommen längs* (Acc.) RV. 7,7,2. — Mit अभ्या *herbeikommen* (RV. 1,108,6), *kommen nach* oder *zu* (Acc.). — Mit उदा *sich hinaufbegeben zu* (Acc.). — Mit उपा 1) *herbeikommen, kommen nach* oder *zu* (Acc.); auch mit Dat. der Person. अस्तम् *untergehen* und *sterben.* — 2) in einen Zustand — in eine Lage —, in ein Verhältniss *kommen;* mit Acc. — Mit अभ्युपा *hinzu —, herankommen.* — Mit समुपा *hinkommen nach* (तत्र), *— zu Jmd* (Acc.). समुपायात *gekommen* (Zeit). — Mit पर्या *herkommen, — von* (Abl.), *zu* (Acc.). — Mit अनुपर्या v. l. für अनुपरि. — Mit प्रा *herbeikommen, — zu* (Acc.). — Mit प्रत्या 1) *zurückkommen, — kehren, — nach* (Acc.). — 2) *entgegengehen* 321,5. — Mit समा 1) *zusammen herbeikommen, zusammenkommen* (auch von Wegen), *hinzukommen, herantreten, kommen* (auch von der Zeit), *herangeflogen kommen* (von einem Geschoss), *aufziehen* (von Wolken), *hervorkommen aus* (Abl.), *kommen von* (Abl.), *nach* oder *zu* (Acc.; auch mit Loc. des Ortes), *hingehen nach* (Acc.), *zugehen auf* (Acc.). समायात mit act. Bed. — 2) *verstreichen, verfliessen.* — 3) *zurückkehren auf* (Acc.). समायात mit act. Bed. Hemâdri 1,547,19. — 4) *über Jmd kommen, treffen;* mit Gen. — 5) in einen Zustand —, in eine Lage —, in ein Verhältniss *kommen, theilhaftig werden;* mit Acc. — Mit अभिसमा *zusammen herbeikommen.* — Mit उद् 1) *aufgehen* (von der Sonne) RV. 10,37,3. — 2) *hinausgehen —, weggehen von* (Abl.). — 3) *abfliegen von* (Abl.). — 4) *sich erheben, — in* (Acc.). — 5) *sich erheben,* so v. a. *entstehen.* — 6) *überragen, übertreffen;* mit Acc. — Mit अभ्युद्, अभ्युद्यात *sich gegen Jmd erhoben habend.* v. l. अभ्युद्यत. — Mit प्रत्युद् *sich erheben und Jmd* (Acc., ausnahmsweise Gen.) *entgegengehen* (in freundlicher oder feindlicher Absicht). प्रत्युद्यात mit pass. Bed. MBh. 7, 185,15. — Mit समुद् *sich gegen Jmd* (Acc.) *erheben.* समुद्यात mit act. Bed. — Mit उप 1) *herbeikommen, kommen* (auch von einer Zeit), *besuchen, hingehen —, kommen nach* oder *zu, sich Jmd nähern* (insbes. um Schutz zu suchen); mit Acc., auch mit Loc. (इह, यत्र) des Ortes. उपयात mit act. und pass. Bed. — 2) *eingehen in* (Acc.). — 3) *inire feminam* (Acc.). उपयाता mit pass. Bed. — 4) *Jmd* (Acc.) *begegnen, treffen, zu Theil werden.* — 5) in einen Zustand —, in eine Lage —, in ein Verhältniss *kommen, — gerathen; theilhaftig werden, erlangen, finden;* mit Acc. उपयात mit act. Bed. — 6) *sich hingeben, fröhnen;* mit Acc. 104,33. — Mit अभ्युप 1) *herbeikommen, hingehen zu, losgehen auf.* — 2) in einen Zustand *kommen, — gerathen; theilhaftig werden;* mit Acc. — Mit उपोप *gelangen zu, antreten* (eine Zeit); mit Acc. उपोपयात mit act. Bed. — Mit प्रत्युप *zurückkehren, — nach* oder *in;* mit Acc. und प्रति (78,32) oder mit Loc. — Mit समुप 1) *zusammen herbeikommen; hingehen —, sich begeben zu* (Acc.). — 2) in einen Zustand u. s. w. *kommen,* mit Acc. — Mit नि 1) *überfahren* (mit einem Wagen), *hinüberfahren über* (Acc.). — 2) *herabkommen zu* (Acc.). — 3) *gerathen in* (Acc.). — Mit *परिणि. — Mit प्रणि *gerathen in* (Acc.) Bhatt. — Mit निस् 1) *hinausgehen, — fahren, — ziehen, — treten, — aus* (Abl.), *nach* oder *in* (Acc.,

क चित्), *um zu* (Dat. eines Nom. act.), *das Haus verlassen, hervorkommen aus* (Abl.). मृगयाम् *auf die Jagd gehen.* निर्यात *hervorgekommen* u. s. w. *aus* (Abl. oder im Comp. vorangehend). — 2) *aus dem Leben scheiden* Karaka 6,18. — 3) *vergehen, verstreichen.* — 4) *bereinigen* (ein Feld). — 5) *bei Seite legen* (Geld). — 6) निर्यात *vollkommen vertraut mit* (Loc. oder im Comp. vorangehend) Lalit. 215, 12. 343,1. Text zu Lot. de la b. l. 189. Wechselt mit निर्ज्ञात. — Caus. 1) *hinausgehen —, hinausziehen lassen, hinausjagen aus* (Abl.). — 2) *wegschaffen, aufheben.* — 3) *beginnen, unternehmen.* — Desid. in निर्यियासु. — Mit अभिनिस् *hinausgehen, — ziehen, — aus* (Abl.), *um zu* (Dat. eines Nom. act.). — Mit प्रतिनिस् *wieder herauskommen aus* (Abl.), *auf* (Loc.). — Mit विनिस् *hinausgehen, — fahren, — ziehen, — aus* (Abl.), *um zu* (Dat. eines Nom. act.), *gegen* (प्रति). °विनिर्यात *hinausgegangen* u. s. w. *aus.* — Mit परा *weggehen, hingehen.* — Caus. *weggehen heissen.* — Mit परि 1) *umherwandern, — wandeln.* परियात *umhergewandert* Hemâdri 1,572,4. — 2) *umwandeln, umfahren, durchwandern.* — 3) *durchlaufen,* so v. a. *der Reihe nach annehmen* (Gestalten). — 4) *umringen, umgeben.* — 5) *umgehen,* so v. a. *hüten.* — 6) *umgehen,* so v. a. *vermeiden.* — 7) *herbeikommen.* — 8) *abrinnen* (vom Soma). — Caus. *Jmd umherwandeln —, die Runde machen lassen.* — Mit अनुपरि *rings durchfahren.* — Mit प्र 1) *sich auf den Weg machen, aufbrechen, eine Fahrt antreten.* प्रयात *sich in Bewegung gesetzt habend, gehend, sich bewegend, fliegend.* — 2) *gehen —, sich hinbewegen —, fahren zu* (Acc., auch mit अच्छ, mit Acc. und प्रति und mit Loc., wie तत्र u. s. w.), *von* oder *aus* (Abl.), *ziehen gegen* (Acc.), *gehen —, laufen nach* (Acc., von Wegen und Flüssen), *gelangen —, kommen in* (Acc. Spr. 7823). प्रयात mit act. Bed. — 3) = या *wandeln, gehen, sich bewegen, fahren.* — 4) *von dannen gehen, vergehen, verschwinden* Spr. 7750. 7770. — 5) *auseinandergehen, — fliegen.* — 6) *sich auf den Weg machen,* so v. a. *sterben.* प्रयात *gestorben.* — 7) *verfliessen, verstreichen.* प्रयात *verstrichen, verflossen* 139,13. — 8) *in einen Zustand —, in eine Lage —, in ein Verhältniss kommen, — gerathen, theilhaftig werden;* mit Acc. — 9) *vorgehen,* so v. a. *sich benehmen.* — 10) *gelangen lassen zu, führen in* (Acc.) Hemâdri 1,515,3. 5. — Caus. *aufbrechen heissen.* — Desid. *sich auf den Weg machen wollen.* — Caus. vom Desid. प्रयियासयति *veranlassen, dass Jmd sich auf den Weg machen will* Bhatt. — Mit अनुप्र 1) *nach Jmd* (Acc.) *aufbrechen, Jmd begleiten* TBr. 3,7,1,1. 2. अनुप्रयात mit act. und pass. Bed. — 2) *den Weg einschlagen nach* (Acc.). — Mit समनुप्र *seines Weges gehen* Maitr. S. 2,12,4 (148,1). — Mit अभिप्र 1) *herbeikommen zu* (Acc.). — 2) *aufbrechen, — nach* oder *in* (Acc.). — 3) *angreifen.* °यात mit act. Bed. — Mit उपप्र *herbeikommen, — fahren* Ṛv. 7,70,6. *sich aufmachen zu* (Acc.). — Mit परिप्र *umfahren.* — Mit प्रतिप्र 1) *herbeikommen* Ṛv. 7,70,5. — 2) *heimkehren, — zu* oder *in* (Acc.). °यात mit act. Bed. — 3) *zurückfliessen.* — Mit विप्र, °यात *auseinander gegangen, — gelaufen.* — Mit संप्र 1) (*zusammen*) *aufbrechen, hingehen —, hinfliessen zu* (Acc., auch mit प्रति). संप्रयात mit act. Bed. — 2) *sich bewegen* (von Gestirnen). — 3) (*zusammen*) in ein Verhältniss —, in eine Lage —, in einen Zustand *kommen;* mit Acc. — 4) संप्रयात *vorgegangen mit* (Instr.), so v. a. *sich bedienend.* — Mit अनुसंप्र *hingehen.* — Mit अभिसंप्र *hingehen, sich nähern.* — Mit उपसंप्र *hingehen.* — Mit प्रति 1) *herkommen —, hingehen zu* (Acc., auch mit प्रति), *losgehen auf Jmd* (Acc.). °यात mit act. Bed. °यातबुद्धि Adj. *dessen Sinn gerichtet ist auf* (Dat.). — 2) *heim —, wiederkehren, — nach* oder *in* (Acc.). — 3) *wieder von dannen gehen.* प्रतियातनिद्र Adj. so v. a. *erwacht.* — 4) *Jmd* (Acc.) *willfahren.* — 5) *Jmd* (Acc.) *gleichkommen.* — 6) *vergolten werden.* — Caus. *heimkehren lassen nach* (Acc.). — Mit वि 1) *durchfahren,* mit dem Wagen —, mit den Rädern *durchschneiden* Maitr. S. 1,10,14 (= Kâth. 36,8. Nir. 5,5). — 2) *durchlaufen, — schneiden, zwischen durch gehen. — fahren.* — 3) *weggehen, sich abwenden.* — 4) *abtrünnig werden* Maitr. S. 2,1,1. — 5) *वियात *dreist, unverschämt.* — AV. 3,31,5 scheint der Text entstellt zu sein. — Mit अभिवि *hinfahren zu* (Acc.). — Mit सम् 1) *zusammen gehen, — fahren, gehen, wandeln, fahren.* — 2) *zusammenkommen, sich vereinigen.* — 3) *mit Jmd* (Acc.) *feindlich zusammenkommen, kämpfen.* — 4) *hingehen, — zu* (Acc., auch mit प्रति). — 5) *kommen, herankommen, herbeifahren* (MBh. 3,271,11). संयात *herbeigekommen.* — 6) *in einen Zustand —, in eine Lage —, in ein Verhältniss treten, theilhaftig werden;* mit Acc. — 7) *sich richten nach* (Acc.). — संययुः Hariv. 15892 fehlerhaft für स्वं ययुः. — Mit अनुसम् 1) *auf- und abgehen.* — 2) *hingehen zu* oder *nach, besuchen;* mit Acc. अनुसंयात mit act. Bed. — Mit अभिसम् 1) *besuchen, kommen zu* (Acc.). — 2) *losgehen auf Jmd* (Acc.). अभिसंयात mit act. Bed. — Mit उपसम् *vereint kommen zu* (Acc.) AV. 6,73,1. — Mit प्रतिसम् *auf Jmd losgehen, Jmd angreifen.* प्रतिसंयात mit Acc.

2. °या Adj. *gehend.*

3. या f. zu 1. य.

4. *या f. zu 2. य.

*याकृत्क Adj. von यकृत्.

*याकृल्लोम Adj. von यकृल्लोम.

याक्ष Adj. *den* Jaksha *eigen.*

याग m. 1) *Opfer.* — 2) *Darbringung, Schenkung* Hemâdri 1,487,6.

यागकर्मन् n. *Opferhandlung.*

यागमण्डप *Opferhalle* Hemâdri 1,368,3.

*यागसंतान m. Bein. Gajanta's (Sohnes des Indra).

यागसूत्र n. *Opferschnur.*

याच्, याचति, °ते 1) *flehen, heischen, betteln, bittend angehen, anflehen;* mit Acc. der Person und der Sache; die Person häufig auch im Abl., seltener im Gen.; die Sache auch in Comp. mit अर्थे oder अर्थम्, im Acc. mit प्रति und im Dat. (bei einem Nom. act.). Pass. *gebeten werden. — um* (Acc.), ausnahmsweise *erbeten werden.* Mit पुनर् *zurückfordern, wiederhaben wollen.* याचित a) *erbeten, gefordert; geborgt* (Gaut.). — b) *gebeten, um eine Gabe angegangen.* — 2) *um ein Mädchen* (Acc.) *werben,* ein Mädchen *zur Ehe verlangen von Jmd* (Abl., seltener Acc.), *für Jmd* (कृते, °अर्थे). Auch mit विवाहार्थम्. याचिता *zur Ehe verlangt.* — 3) *Jmd* (Dat.) *Etwas* (Acc.) *anbieten.* — 4) vielleicht so v. a. *versprechen.* — Caus. याचयति 1) *werben lassen.* — 2) *Etwas* (Acc.) *für Jmd* (°अर्थे) *erbitten* Pańkat. 25,15 = ed. Bomb. 1,25,12. — *Desid. यियाचिषते *anflehen wollen.* — Mit अनु *Jmd* (Acc.) *in Bezug auf Etwas anflehen.* — Mit प्रत्यनु *Jmd* (Acc.) *anflehen.* — Mit अभि 1) *flehen, heischen, anflehen, bittend angehen;* mit Acc. der Person und der Sache. अभियाचित *angefleht, gebeten, — um* (Acc.). — 2) *um* ein Mädchen *bei Jmd werben,* ein Mädchen *zur Ehe verlangen von;* mit doppeltem Acc. 47,16. — Mit समभि *anflehen.* — Mit आ *flehen, — um* (Acc.). — Mit उप, °याचित 1) *gebeten* (Person) Kâd. 52,7. — 2) *worum man gebeten hat.* — Mit निस् *losbitten, sich ausbitten, — von* (Abl.); *sich Etwas von Jmd erbitten* (mit doppeltem Acc.) Tâṇḍja-Br. 24,18,2. — Mit प्र *flehen, bitten um, heischen, anflehen, bittend angehen;* mit Acc. der Person und der Sache. — Mit संप्र *Jmd um Etwas bitten,* mit doppeltem Acc. — Mit सम् *Jmd bittend angehen.*

याचक 1) m. *ein Bittender, Bettler.* — 2) f. ई *Bettlerin.*

याचन 1) n. *a) das Bitten, Betteln, das Bitten um* (im Comp. vorangehend). — *b)* am Ende eines Comp. *das Werben um ein Mädchen.* — 2) f. आ *a) das Bitten, Betteln, Bitte, das Bitten um* (im Comp. vorangehend), *das Anbetteln Jmds* (im Comp. vorangehend). °नां कर् Med. *eine Bitte erfüllen.* — *b)* * schlechte v. l. für यातना.

याचनक m. *Bettler* Kâraṇḍ. 29,23.

याचनीय 1) Adj. *zu fordern, zu verlangen.* — 2) n. impers. *eine Bitte zu richten an* (Abl.).

*याचि und *°का f. *Bitte* Kâç. zu P. 3,3,110.

याचितक 1) Adj. *geborgt* Naish. 7,56. — 2) n. *eine geborgte Summe, ein zum Gebrauch entlehnter Gegenstand* Jolly, Schuld. 296.

याचितर् Nom. ag. 1) *Heischer, ein Bittender, Bettler* Gobh. Çrâddhak. 2,37. — 2) *Werber* (um ein Mädchen).

याचितव्य Adj. 1) *zu bitten.* — 2) *bei dem Jmd* (Instr.) *um ein Mädchen* (Acc.) *werben soll.*

°याचिन् Adj. *heischend, flehend um.*

याचिष्णु Adj. *bittend, Bittsteller.* Nom. abstr. °ता f. *Bettelei.*

याच्ञ्छ्रेष्ठ Adj. (f. आ) *bestmöglich.*

याच्ञा f. 1) *das Heischen, Bitten, — um* (im Comp. vorangehend), *Betteln; Bitte, Gesuch.* याच्ञां कर् Act. Med. *eine Bitte erfüllen.* — 2) *Werbung um ein Mädchen.*

याच्ञाजीवन n. *das Leben vom Betteln.*

याच्ञाभङ्ग m. *Fehlbitte.*

याच्ञावचस् n. Pl. *beim Betteln ausgestossene Worte.*

याच्य m. und याच्या f. = याच्ञा 1).

याच्य 1) Adj. *a) zu Etwas aufzufordern, anzugehen, um ein Almosen anzusprechen.* — *b) zu umwerben.* Nom. abstr. °ता f. — *c) zu fordern, zu verlangen, worum man bitten muss* oder *kann, worum man bettelt.* — 2) n. *das Betteln.*

याज् m. *Opferer.*

याज m. 1) am Ende eines Comp. *a) Opferer.* — *b) Opfer.* — 2) **gekochter Reis* oder *Speise* überh. — 3) N. pr. eines Brahmarshi. — याजभोजय: MBh. 7,804 fehlerhaft für ऋषभो ऽय:.

याजक m. 1) *Opferpriester.* In Comp. mit dem Veranstalter des Opfers und mit der Gottheit, der geopfert wird. Nom. abstr. °त्व n. — 2) **ein königlicher Elephant.* Auch °गज m. — 3) **ein brünstiger Elephant.*

याजन n. *das Versehen des Opfers für Jmd* (Gen. oder im Comp. vorangehend).

याजनीय Adj. *für den man als Opferpriester thätig sein darf.*

याजमान n. *die Handlung, welche der Veranstalter eines Opfers selbst vollzieht.*

याजमानिक Adj. *den Veranstalter eines Opfers betreffend.*

याजयितर् Nom. ag. *der fungirende Opferpriester.*

*याजि 1) f. *Opfer.* — 2) m. = यष्टर्.

*याजिका f. *Opfer.*

याजिन् Adj. *opfernd, der geopfert hat;* m. *Opferer.* Gewöhnlich in Comp. mit dem dargebrachten Opfer oder mit der Gottheit, der man opfert.

याजुक Adj. in इष्टियाजुक.

याजुर्वैदिक und °वदिक Adj. *zum* Jagurveda *in Beziehung stehend.*

याजुष 1) Adj. (f. ई) *zu den* Jagus *in Beziehung stehend.* याजुषाम्नाय m. *der* Jagus-*Text* Prâtiçâkhyas. 73. — 2) *m. *Rebhuhn* (wegen तैत्तिरीय) Râgan. 19,122.

याजुष्मत Adj. (f. ई) in Verbindung mit इष्टका Bez. *bestimmter Backsteine.* Vgl. यजुष्मन्त्.

याज्ञ Adj. *zum Opfer gehörig* Saṁhitopan. 27,1.

याज्ञतुर 1) m. Patron. Ṛshabha's. — 2) n. Name eines Sâman.

*याज्ञदत्त Adj. von यज्ञदत्त Pat. zu P. 1,1,73, Vârtt. 5.

*याज्ञदत्तक Adj. desgl.

*याज्ञदत्ति m. Patron. von यज्ञदत्त.

*याज्ञदत्त्या f. zu याज्ञदत्ति Mahâbh. 4,35,b.

याज्ञदेव m. N. pr. eines Autors. Richtig याज्ञिकदेव.

*याज्ञपत Adj. von यज्ञपति.

*याज्ञवल्क Adj. *von* Jâgńavalkja *herrührend, zu ihm in Beziehung stehend.*

याज्ञवल्कीय 1) Adj. dass. — 2) n. Jâgńavalkja's *Gesetzbuch.*

याज्ञवल्कीयधर्मशास्त्रनिबन्ध m. Titel eines Werkes Bühler, Rep. No. 358. fgg.

1. याज्ञवल्क्य m. Patron. N. pr. eines Lehrers. Pl. N. pr. eines Geschlechts Hariv. 1466.

2. याज्ञवल्क्य 1) Adj. = याज्ञवल्क. — 2) n. Titel einer Upanishad.

याज्ञवल्क्यगीता f., °वल्क्ययोग m., °वल्क्यशिता f., °वल्क्यस्मृति f. und °वल्क्योपनिषद् f. Titel von Werken Opp. Cat. 1.

याज्ञसेन Patron. 1) m. des Çikhaṇḍin. — 2) f. ई der Draupadî.

याज्ञसेनि m. Patron. des Çikhaṇḍin.

*याज्ञायनि m. Patron. von यज्ञ.

याज्ञिक 1) Adj. (f. ई) *zum Opfer gehörig, darauf bezüglich* u. s. w. उपनिषद् f. Weber, Lit. — 2) m. *a) ein Kenner des Opfers, Liturgiker.* — *b)* *Kuça-*Gras, eine Art* Kuça-*Gras, Ficus religiosa, Butea frondosa* und *roth blühender* Khadira Râgan. 8,26. 10,36. 11,114.

याज्ञिकदेव m. N. pr. eines Scholiasten.

याज्ञिकवल्लभा f. Titel eines Werkes.

याज्ञिकसर्वस्व n. desgl. Opp. Cat. 1.

याज्ञिकानन्त m. N. pr. eines Autors.

याज्ञिकाश्रय Adj. als Beiw. Vishṇu's.

याज्ञिक्य n. *die Regeln der Liturgiker* 233,9.

*याज्ञिकायक n. *ein schlechtes* Jâgńikja.

याज्ञिय 1) Adj. *zum Opfer gehörig, — geeignet.* — 2) m. *ein Kenner des Opfers, Liturgiker.*

याज्ञीय Adj. = याज्ञिय 1).

याज्ञीयमन्त्र m. Titel eines *Spruches* Opp. Cat. 1.

याज्य 1) Adj. *a) zu dessen Gunsten ein Opfer darzubringen ist* oder *dargebracht wird.* — *b) was geopfert werden darf* in अयाज्य 2). — 2) m. *Opferherr* Bâlar. 25,5. Nom. abstr. °ता f. und °त्व n. — 3) f. आ *die Worte, welche im Augenblick der Hingabe des Opfers gesprochen werden, Begleitspruch.* याज्यानुवाक्या: TS. 1,5,2,1. याज्यानुवाक्ये Ait. Br. 1,4,8. याज्याहोम m. Vaitân. याज्यावत् Adv. Çâñkh. Çr. 3,7,9.

याज्यवत् Adj. *mit einem Begleitspruch versehen.*

*याज्वन m. *der Sohn eines Opferers.*

1. यात् Abl. Adv. Conj. *in soweit als, so viel als; so lange als, seit.*

2. यात् Adj. in ऋणयात्.

यात 1) Adj. s. u. 1. या. — 2) n. *a) Fahrt* Ṛv. 10,131,3. — *b) Gang, incessus.* — *c)* **der Ort, wo Jmd gegangen ist.* 238,20. — *d) das Vergangene, Vergangenheit.* — *e)* **das Lenken eines Elephanten mit dem Haken.*

*यातऊतीय n. *die Hymne* Ṛv. 6,25 Çâñkh. Çr. 18,19,3.

यातन 1) n. *das Vergelten.* वैरस्य *das Racheüben.* — 2) f. आ *a)* dass. °नां दा *es Jmd vergelten.* Vgl. वैर°. — *b) Strafe, Geldstrafe* Comm. zu TS. 2,796, 17. — *c)* Sg. und Pl. *Qual, Pein;* insbes. *Höllenqual.* Personificirt als Tochter von Bhaja (*Furcht*) und Mṛtju (*Tod*).

यातनागृह m. *Folterkammer.*

यातनार्थीय Adj. *Qualen ausgesetzt* M. 12,16.

यातयज्जन Adj. *die Leute in Ordnung bringend, — in gleichmässige Bewegung setzend.*

यातयाम und यातयामन् Adj. 1) *was seinen Gang*

gemacht —, *was seine Arbeit gethan hat*, d. i. *erschöpft, ausgenützt, verbraucht*; überh. *untauglich, unbrauchbar geworden, unnütz; schal* (कामाः). Nom. abstr. यातयामत्व n. — 2) *der seine Zeit mit Etwas* (im Comp. vorangehend) *zugebracht hat*. — 3) **alt an Jahren* Râǵan. 18,16.

1. यातर् Nom. ag. 1) *gehend, fahrend, auf der Reise —, auf einem Marsche befindlich* ṚV. 7,34,5. 8,59,1 (8,70,1), *ausgehend auf* (Acc.) 10,99,3. *Wagenfahrer*. Am Ende eines Comp. *reitend auf, gehend zu, Besucher* (Hemâdri 1,558,1). — 2) *Wagenführer*. — 3) Fut. von 1. या.

2. यातर् Nom. ag. *Rächer*.

3. यातर् f. *die Frau des Bruders des Gatten*.

यातलाराय m. N. pr. eines *Fürsten*.

यातवे Dat. Infin. zu 1. या ṚV. AV.

*यातवै desgl. P. 3,4,9, Sch.

1. यातव्य Adj. (f. श्रा) *gegen Spuk —, gegen Hexerei dienend* Maitr. S. 2,3,1.

2. यातव्य 1) Adj. *petendus, impugnandus* Mâlav. (ed. Boll.) 10,1. — 2) n. impers. *eundum, proficiscendum, zu marschiren, abzureisen*; Dat. *zur Abreise*. °काष्ठा *die Gegend, wohin der Zug gehen soll* Varâh. Jog. 8,9.

यातस्रुच n. Name eines Sâman.

*यातानप्रस्थ N. pr. einer Oertlichkeit. Davon *Adj. °क.

*यातानुयात n. wohl *das Gehen und Folgen*.

यातायात n. 1) *das Gehen und Kommen*. — 2) *Ebbe und Fluth* Saduktik. 1,186.

याति in श्रक्रंयाति.

*यातिक m. *Wanderer, Reisender*. Vgl. यात्रिक.

1. यातु 1) m. a) *Spuk, Hexerei*. — b) Bez. *einer Gattung von Dämonen, die in allerhand spukhaften Formen erscheinen*. — 2) *n. *ein* Rakshas.

2. *यातु m. 1) *Reisender*. — 2) *Wind*. — 3) *Zeit*.

*यातुघ्न n. *Bdellium*.

यातुचातन Adj. *die* Jâtu *verscheuchend*.

यातुजम्भन Adj. *die* Jâtu *verschlingend*.

यातुजू Adj. *von* Jâtu *getrieben, besessen*.

यातुधान 1) m. = 1. यातु 1) b). — 2) f. यातुधानी f. zu 1).

यातुधानक्षयण Adj. *die* Jâtu *vernichtend* AV. 6,32,1.

यातुधानप्रेषित Adj. *von den* Jâtu *geschleudert* Çat. Br. 7,4,1,29.

यातुमन्त् und यातुमावन्त् Adj. *Spuk treibend, hexend*.

यातुविद् Adj. *des Spuks kundig*.

यातुहन् Adj. *Spuk vertreibend*.

*यातृक m. *Wanderer, Reisender*. Richtig यात्रिक.

*यातोपयात n. *das Gehen und Kommen*.

*यातोपयातिक Adj. von यातोपयात.

यात्निक m. Pl. *eine best. buddhistische philosophische Schule* Hodgson, Essays 23. fgg. 41. 57. 82. fg.

*यात्य m. *Höllenbewohner*.

यात्रा f. 1) *Gang*, — *nach* (im Comp. vorangehend), *Aufbruch, Fahrt, Reise, Marsch, Kriegszug*. यात्रां या *sich auf die Reise machen, einen Feldzug unternehmen*; यात्रां दा *einen F. unt*. प्राणान्तिकी und श्रौर्ध्वदेहिकी so v. a. *Tod*. — 2) *ein festlicher Zug, Procession*. — 3) *Festlichkeit* überh. Bâlar. 61,3. 23. 90,21. — 4) *Lebensunterhalt*. — 5) *das Thun und Treiben*. — 6) **Mittel*. — 7) Bez. *einer gewissen Gattung astrologischer Werke*. — 8) *eine best. dramatische Unterhaltung*; s. The Yâtrâs; or, the popular dramas of Bengal. By Nisikânta Chattopâdhyâya.

यात्राकर Adj. *das Leben fristend* Káraka 1,18 (ed. Calc. 115,20).

यात्राकार m. *der Verfasser eines Werkes von der Art der* यात्रा 7).

यात्रागमन n. *Feldzug*.

यात्रामहोत्सव m. *ein grosser festlicher Aufzug*.

यात्राश्राद्ध n. *ein vor der Abreise gefeiertes* Çrâddha VP.[2] 3,147.

यात्रिक 1) Adj. a) *zu einem Marsche, einem Feldzuge in Beziehung stehend*. — b) *zum Unterhalt erforderlich*. — 2) n. a) *Marsch, Feldzug*. — b) Titel *einer gewissen Gattung astrologischer Werke*.

यात्रिन् Adj. *auf einem Zuge befindlich*.

यात्रोत्सव m. *ein festlicher Aufzug, Procession*.

यात्सत्त्र n. *fahrende Feier*, Bez. *gewisser langdauernder Feier, welche* Sârasvata *heissen*.

याथ in दीर्घयाथ.

*याथाकथाच n. *ein Stattfinden unter allen Umständen*.

याथाकामी f. (Âpast. 4,19. Âpast. Çr. 6,31,7. 7,24,2. 8,7,22 u. s. w. Çulbas. 1,18) und °काम्य n. (Çaṅk. zu Bâdar. 3,3,59) *das Handeln nach Gutdünken, Willkür*.

याथातथ्य n. *ein richtiges Verhältniss, die gebührliche Art, Wahrheit*. °तथ्यम्, °तथ्येन und °तथ्यतस् *der Wahrheit gemäss, nach Gebühr*.

याथात्म्य n. *die wahre Natur, das wahre Wesen*.

*याथार्थिक Adj. = यथार्थ.

याथार्थ्य n. *die wahre Bedeutung*.

याथासंस्तरिक Adj. *den Teppich in seiner ursprünglichen Lage belassend*.

याद्, nur Partic. यादमान *eng verbunden —, im Verein mit* (Instr.).

*यादईश m. *das Meer*.

*यादःपति m. 1) dass. — 2) Bein. Varuṇa's.

यादव 1) Adj. (f. ई) *zu* Jadu *in Beziehung stehend, von ihm herstammend*. — 2) m. a) *ein Nachkomme* Jadu's. Auch Pl. — b) N. pr. eines Lexicographen und eines Astronomen. — 3) f. ई a) *ein weiblicher Nachkomme des* Jadu. — b) *Bein. der Durgâ. — 4) *n. *Reichthum an Hausvieh*.

यादवक m. *ein Nachkomme* Jadu's. Pl.

यादवकोश m. Titel eines *Wörterbuchs*.

यादवगिरि m. N. pr. einer Oertlichkeit. °माहात्म्य n. Burnell, T.

यादवचम्पू f. Titel eines Werkes.

यादवपण्डित m. N. pr. eines Autors.

यादवराघवपाण्डवीय n. und यादवराघवीय n. Titel zweier Werke Opp. Cat. 1.

यादवराय m. N. pr. eines *Fürsten*.

यादवव्यास m. N. pr. eines Autors.

यादवशार्दूल m. Bein. Kṛshṇa's.

यादवाचार्य m. N. pr. eines *Lehrers*.

यादवाभ्युदय m. Titel eines Werkes Opp. Cat. 1.

यादवीपुत्र m. Metron. Judhishṭhira's MBh. 12,69,71.

यादवेन्द्र m. 1) Bein. Kṛshṇa's. — 2) N. pr. eines Autors. Auch श्रीयादवेन्द्रपुरी.

यादवोदय m. Titel eines Werkes.

यादस् n. 1) etwa *Lust, Wollust*. — 2) *ein im Wasser lebendes Ungeheuer, ein grosses Wasserthier* Râǵan. 19,69. यादसां *नाथः und — प्रभुः Bein. Varuṇa's, — पतिः desgl. und **das Meer*. — 3) **Wasser*. — 4) **Samenerguss*. — 5) **Fluss*.

*यादायनि m. Patron. von यदु (1. यु).

*यादु m. *Wasser*.

यादुर Adj. etwa *wollüstig umarmend*. Nach Sâj. *reichliche Flüssigkeit ergiessend* (beim coitus).

*यादृक्त Adj. *wie aussehend, qualis*.

यादृग्गुण Adj. *welcherlei Eigenschaften besitzend* 189,21.

यादृच्छिक Adj. (f. ई) 1) *zufällig —, unerwartet zugefallen, auf's Gerathewohl geschehend* Comm. zu TS. Prât. — 2) *dem Zufall Alles anheimstellend, kein bestimmtes Ziel verfolgend*.

यादृश् Adj. *wie aussehend, qualis* यादृक्कीदृक् *quale tale*.

यादृश Adj. (f. ई) dass. In Verbindung mit तादृश *der erste beste, welcher immer*. Auch componirt यादृशतादृश MBh. 13,122,10. Kathâs. 24,152.

यादोनाथ m. 1) Bein. Varuṇa's. — 2) **das Meer*

Râǵan. 14,7.

*यादोनिवास m. *das Meer.*

(याद्राध्यम्) याद्राधिँयम् Adv. *so weit es sich thun lässt, so gut* oder *so schnell als möglich.* Nach Sâj. Adj. *für die Gehenden (Lebenden) erreichbar.*

(याद्व) यौँद्व 1) Adj. Jadu oder *seinem Geschlecht gehörig.* — 2) m. Patron. von Jadu.

यौँन 1) Adj. *führend* (von einem Wege), — *zu* (Gen. oder Adv. auf °त्रौँ) ṚV. 10,110,2. 73,7. — 2) f. यौँनी *Bahn* in einer Formel Maitr. S. 2,8,13. — 3) n. a) *das Gehen, Fahren, Reiten, Marschiren* (*gegen den Feind*). Das Wohin im Loc. oder im Comp. vorangehend, das Worauf im Instr. oder im Comp. vorangehend, das Wogegen im Acc. mit प्रति. Am Ende eines adj. Comp. f. ग्रा. — b) *Bahn* TBr. 3,1,2,10. — c) *Fuhrwerk, Wagen, Vehikel* überhaupt. In Comp. mit dem Zugthiere. — d) bei den Buddhisten *das zur Erkenntniss führende Vehikel, das Mittel zur Erlösung von der Wiedergeburt.*

यानक n. *Fuhrwerk, Wagen.*

यानकर् m. *Wagner.*

यानपात्र n. *Schiff, Boot.*

यानपात्रिका f. *ein kleines Schiff, Boot.*

यानभङ्ग m. *Schiffbruch.*

*यानमुख n. *der Vordertheil eines Wagens.*

यानयान n. *das Fahren* oder *Reiten* Káraka 6,23.

यानवन्त् Adj. *mit einem Wagen versehen, zu W. fahrend.*

यानशाला f. *Wagenschauer.*

यान्त्रिक Adj. 1) *von den stumpfen chirurgischen Messern handelnd.* — 2) *künstlich gepresst* (Zuckersaft) Bhâvapr. 2,65.

याप m. in कालयाप.

यापक Adj. *bringend, verleihend.*

यापन 1) Adj. a) *verstreichen lassend, zu Ende bringend.* — b) *erleichternd, lindernd;* so heisst ein gewöhnlich aus Honig und Oel bereitetes Klystier Káraka 6,3. — c) *das Leben fristend, unterhaltend.* — d) संघ m. *eine best.* Ǵaina-*Secte* Bhadrab. 4,152. — 2) f. (ग्रा) und n. a) * *das Verjagen.* — b) *das Verstreichenlassen der Zeit, Aufschieben, Versäumen, Versäumniss.* — c) *das Lindern* (einer Krankheit) Káraka 6,3. — d) *das Fristen, Erhalten.* — e) * *Lebensunterhalt.* — f) *das Ausüben, Ueben.*

यापनीय 1) *Adj. = याप्य. — 2) m. Pl. *ein best.* Ǵaina-*Secte* Ind. Antiq. 1878,34.

*यापनीयक Adj. = याप्य Çâçvata 503.

यापयितव्य Adj. *gering, unbedeutend.*

*यापा f. *Flechte* (जटा).

याप्य 1) Adj. a) *fortzuschicken, fortzujagen* Gaut. 13,23 (*dem ein Verweis zu ertheilen ist* Bühler). — b) *zu lindern, sich lindern lassend* (Krankheit). Nom. abstr. °त्व n. — c) *gering, unbedeutend.* — d) *gemein, schlecht* (Handlung) Gaut. 19,2. — 2) *m. *des Vaters älterer Bruder* Gal.

*याप्ययान n. *Sänfte.*

याभ m. *fututio.*

याभवन्त् Adj. *fututor, bene futuens.*

यौँभिस् Instr. Conj. *damit.*

1. यौँम m. 1) *das Aufhören, Schluss* TS. 6,6,6,2. — 2) * = यम, संयम u. s. w. Vgl. ग्रत्तर्यामँ.

2. यामँ 1) Adj. (f. ई) Jama *betreffend, von ihm kommend* (Çaṅk. zu Bâdar. 3,1,13), *für ihn bestimmt* u. s. w. — 2) n. Name verschiedener Sâman.

3. यौँम 1) m. a) *Fahrt, Lauf; Bahn; Fortgang.* — b) *Wagen.* — c) *Nachtwache, ein Zeitraum von drei Stunden.* Am Ende eines adj. Comp. f. ग्रा. — d) Pl. *eine best. Klasse von Göttern* — e) यामस्यार्कः als Name eines Sâman fehlerhaft für यमस्यार्कः. — 2) f. यामी N. pr. a) einer Tochter Daksha's und Gattin Dharma's (Manu's). — b) einer Apsaras.

*यामक m. Du. *das Mondhaus* Punarvasu.

यामककरेणुका f. = यामकरेणुका Kâd. 97,20 (173,10).

यामककुञ्जर m. = यामकुञ्जर Kâd. 109,19 (97, 22 ed. Bomb.).

यामकरेणुका f. *eine zu bestimmten Stunden an einem best. Platze parat stehende Elephantenkuh* Kâd. (ed. Bomb.) 87,10.

यामकि Çâṅkh. Br. 27,1 = यामि *ich gehe;* s. Aufrecht in Z. d. d. m. G. 34,176.

यामकिनी f. 1) *eine die Wache habende Dienerin* Harshak. (Çaka 1936) 276,17. — 2) * = ञामि 2) a).

यामकुञ्जर m. *ein zu bestimmten Stunden an einem best. Platze parat stehender Elephant* Kâd. 101,3 (180,4 ed. Bomb. 90,6).

यामकोशँ m. *Wagenkasten.* Nach Sâj. Adj. *den Weg sperrend.*

*यामघोष 1) m. *Hahn.* — 2) m. f. (ग्रा) *eine metallene Platte* oder *eine Pauke, an der die Nachtwachen angeschlagen werden.*

यामचेटी f. *eine die Wache habende Dienerin* Harshak. 172,12.

यामतूर्य n. und यामडुन्दुभि m. = यामघोष 2).

यामदूत m. Pl. N. pr. eines Geschlechts.

1. यौँमन् n. 1) *Gang, Lauf, Flug, Fahrt; das Kommen;* insbes. *Marsch, Kriegszug.* — 2) *das Angehen* (mit Bitten u. s. w.), *Anrufen,* überh. *das Nahen zu den Göttern.* — Der Loc. scheint bisweilen *hac vice, dieses Mal* oder dem Aehnliches zu bedeuten.

2. यामन् n. angeblich = नियमन Comm. zu Tâṇḍja-Br. 20,3,5.

यामन, यामनी Hip. 1,38 fehlerhaft für याविमी.

*यामनादिन् m. *Hahn* Bhâvapr. 2,8, v. l.

*यामनाली f. = यामघोष 2).

*यामनेमि m. Bein. Indra's.

यामभद्र m. *eine Art Pavillon* Vâstuv. 833. 838.

यामयम m. *eine für jede Stunde bestimmte Beschäftigung.*

यामरथ m. *eine best. zu* Jama *in Beziehung stehende Observanz.*

यामल n. 1) * *Paar.* — 2) *eine best. Klasse von* Tantra-*Schriften.* Nom. abstr. °ता f.

यामलसार Titel eines Werkes Opp. Cat. 1.

*यामलायन Adj. von यमल.

यामलाष्टकतन्त्र n. Titel eines Werkes Burnell, T.

यामलीय n. Titel eines Werkes oder *eine best. Gattung von Werken.*

यामवती f. *Nacht* Kâd. 2,50,22. 98,7 (60,10. 120,15).

यामवृत्ति f. *das Wachestehen.*

यौँमश्रुत Adj. nach Sâj. *durch raschen Lauf berühmt.*

यामस्तम्बेरम m. = यामकुञ्जर Vikramâṅkaḱ. 18,45.

यामहूँ Adj. *der durch Bitten sich rufen lässt, hülfsbereit.* Nach Sâj. *zum Kommen* oder *zur Zeit bereit.*

यौँमहूति f. *Hülferuf.*

*यामातर् m. = जामातर् *Tochtermann.*

यामातक m. dass.

यामायन m. Patron. verschiedener Ṛshi.

यामावस्थित Adj. *zu bestimmten Stunden an einem best. Platze parat stehend* Kâd. 97,1 (172,4 ed. Bomb. 94,20). 106,8 (192,6). Harshaḱ. 40,6.

1. यामि f. = ञामि 2) a) Gop. Br. 1,9,9. Neuerer Fehler.

2. यामि f. = 3. याम 2) a).

यामिक 1) Adj. *auf der Wache stehend, die Wache habend.* पुरुष m. oder °भट m. = 2). °विलासिनी Harshaḱ. 92,17. — 2) m. *Nachtwächter, ein auf der Wache stehender Mann* Naish. 5,110. Vikramâṅkaḱ. 9,68. Kâd. (Çaka 1793) 197,16. °लोक m. 2,56,17 (74,22). Nom. abstr. यामिकता f. Vikramâṅkaḱ. 2, 70. — 3) f. *यामिका *Nacht.*

यामिकस्थित Adj. = यामावस्थित (so v. l.) Kâd. 2,47,14 (36,10).

यामित्र n. = जामित्र.

यामिन् Adj. in अन्तर्यामिन्. — **यामिनी** s. bes.

यामिनय्, °यति *als Nacht erscheinen* Kâvjapr. 270,6.

यामिनी f. 1) *Nacht.* — 2) N. pr. a) einer Tochter Prahlâda's. — b) der Gattin Târksha's.

यामिनीदयित (Vikramâñkak. 11,59. 14,45), **यामिनीनाथ** (Viddh. 66,1) und **यामिनीपति** m. *der Mond.*

यामिनीपूर्णतिलका f. fingirter Name einer Prinzessin Kaurap. (A.) 3.

यामिनीप्रियतम (Vikramâñkak. 11,19) und **यामिनीरमण** (ebend. 11,57) m. *der Mond.*

यामिल in ब्रह्म° und रुद्र°.

यामी f. = जामि 2) a). Vgl. auch 3. याम 2).

*__यामीर__ 1) m. *der Mond.* — 2) f. आ *Nacht.*

यामुन 1) Adj. *zur* Jamunâ *in Beziehung stehend, von ihr kommend, an ihr wachsend u. s. w.* — 2) m. a) Metron. von Jamunâ. — b) Nom. pr. α) Pl. eines Volkes. — β) eines Berges. — γ) eines Autors. Auch यामुनाचार्य und यामुनाचार्यस्वामिन्. — 3) n. a) *Schwefelantimon* Râgan. 13,87. — b) N. pr. eines Tîrtha.

*__यामुनेष्टक__ n. *Blei.*

*__यामुन्दायनि__ m. Patron. von यमुन्द.

*__यामुन्दायनिक__ und *__यामुन्दायनीय__ m. Patron. von यामुन्दायनि.

1.*__यामेय__ m. *der Schwester Sohn.*

2. **यामेय** m. Metron. von 3. याम 2) a).

यामोत्तर n. Name eines Sâman.

याम्य 1) Adj. (f. आ) *zu* Jama *in Beziehung stehend, ihm gehörend, ihm eigen u. s. w.* ऋक्ष n. *das unter* Jama *stehende Mondhaus* Bharaṇî. Insbes. *südlich.* Loc. und Instr. *im Süden, in südlicher Richtung.* Auch Bez. einer Species von Fieber Bhâvapr. 3,71. 74. — 2) m. a) *die rechte Hand* Hemâdri 2,a,100,3. 8. 102,17. — b) *ein Scherge* Jama's. — c) Bein. α) Çiva's. — β) Vishṇu's. — γ) *Agastja's. — d) **Sandelbaum.* — 3) f. (आ) und n. *das Mondhaus* Bharaṇî VP.² 2,266. 277. — 4) f. आ *Süden.*

याम्यतस् Adv. *von Süden her.*

याम्यतीर्थ n. N. pr. eines Tîrtha.

याम्यसत्त्ववत् Adj. Jama's *Charakter habend* Suçr. 1,335,12.

*__याम्या__ f. *Nacht.* — S. auch u. याम्य 3) 4).

याम्यायन n. *der Gang der Sonne nach Süden.*

याम्योत्तर Adj. 1) *südlich und nördlich.* — 2) *von Süden nach Norden gehend.*

*__याम्योद्भूत__ m. *ein der Weinpalme ähnlicher Baum.*

यायजूक Adj. (f. आ) *fleissig opfernd.*

यायात 1) Adj. Jajâti *betreffend, ihm gehörend u. s. w.* — 2) n. Jajâti's *Geschichte.*

*__यायातिक__ Adj. *die Geschichte der* Jajâti *kennend.*

यायावर 1) Adj. *umherwandernd, keinen festen Wohnsitz habend* Âpast. Çr. 5,3,22. 11,17,1. Kâraka 6,1. — 2) m. a) *ein umherwandernder Bettler.* — b) **ein zum Rossopfer bestimmtes (frei umherwanderndes) Ross.* — c) Pl. N. pr. eines Brahmanengeschlechts, zu welchem Gâratkâru gehört; auch in Verbindung mit गणाः. *Sg. = जरत्कारु. — 3) n. *das Leben eines umherziehenden Bettlers.*

*__यायष्टि__ f. Nom. act. vom Intens. von 1. यज् Pat. zu P. 1,1,58, Vârtt. 7.

यायिन् Adj. *gehend, reisend, marschirend, laufend, fahrend, fliegend, sich bewegend;* insbes. *in's Feld ziehend* (auch von Planeten im ग्रहयुद्ध). Das Worauf, Wohin, Wo, Wieweit und Wie im Comp. vorangehend.

यार्कायण m. Patron. Auch Pl.

1. **याव** m. Pl. = 2. यव *die lichten Monatshälften.*

2. **याव** 1) Adj. *aus Gerste bestehend, — bereitet.* — 2) *m. *eine best. aus Gerste bereitete Speise.* — 3) *f. ई *Andrographis paniculata* Râgan. 3,65.

3. **याव** m. *Lackfarbe* Vikramâñkak. 12,17. Râgat. 8,3404.

1. **यावक** 1) m. n. *eine best. aus Gerste bereitete Speise* Gaut. 27,11. — 2) n. (nach Nilak.) *Gerstenkörner* MBh. 13,26,38. — Vgl. प्रसृति°.

2. **यावक** m. *Lackfarbe.*

यावककृच्छ्र m. *eine best. Kasteiung.*

यावकव्रतिन् Adj. *der sich nur von den mit dem Koth der Kühe abgehenden Gerstenkörnern nährt* Nilak. zu MBh. 13,26,38.

*__यावक्रीतिक__ m. *die Geschichte des* Javakrîta *kennend.*

यावच्छक्तितस् Adv. *nach Kräften* Kâd. 174,12 (298,13).

यावच्छक्य 1) Adj. *möglichst weit u. s. w.* Comm. zu Âpast. Çr. 1,2,11. — 2) °म् Adv. *nach Möglichkeit.*

यावच्छराव Adj. *aus der erforderlichen Anzahl von* Çarâva *genannten Kornmaassen bestehend* Âçv. Çr. 12,8,35.

यावच्छर्करम् Adv. *im Verhältniss zur Menge des Kieses* Âpast. Çr. 1,6,13. Baudh. im Comm. zu 12.

यावच्छस् Adv. *wie vielfach.*

यावच्छास्त्रम् Adv. *wie weit das* Çastra *reicht.*

यावच्छेषम् Adv. *wie viel übrig ist.*

यावच्छ्रेष्ठ Adj. *bestmöglich.*

*__यावच्छ्लोकम्__ Adv. *im Verhältniss zur Zahl der* Çloka.

यावज्जन्म Adv. *das ganze Leben hindurch.*

यावज्जीव° (Hemâdri 1,606,20) und °**जीवम्** Adv. *das ganze Leben hindurch, auf Lebenszeit.*

यावज्जीविक Adj. *lebenslänglich* Gaim. 2,4,1. Comm. zu Âpast. Çr. 5,25,1. Nom. abstr. °ता f. Comm. zu Kâtj. Çr. 1,2,11.

यावज्जीवेन Instr. Adv. = यावज्जीवम् 179,2.

यावत् Indecl. s. u. यावन्त्.

यावतिथ Adj. *der wievielte.*

यावत्कपालम् Adv. *nach dem Umfange der Schalen.*

यावत्कर्तृ Adv. *nach der Anzahl der Handelnden, — der Theilnehmer am Opfer* Comm. zu Kâtj. Çr. 1,2,11.

यावत्कामम् Adv. *in beliebiger Länge.*

यावत्कालम् Adv. 1) *wie lange es dauert.* — 2) *eine Zeit lang.*

यावत्कृत्वस् Adv. *wie oft.* यावत्कृत्वस् Çat. Br. 9,1,1,41.

यावत्क्रतु Adj. *wie viele Vorsätze habend* Çat. Br. 10,6,3,1.

यावत्तरसम् Adv. *nach Vermögen* Maitr. S. 1,10,8 (148,21). यावत्तरसम् Taitt. Âr.

यावत्तावत्कल्पन n. *das = X Setzen* Bîgag. 107.

यावत्तूतम् Adv. *wie weit mit Fett getränkt.*

यावत्प्रमाण Adj. *wie gross.*

यावत्सत्त्वम् Adv. *so weit der Verstand reicht, nach bestem Verstande.*

यावत्संबन्धु Adv. *wie weit die Verwandtschaft reicht, mit Inbegriff aller Verwandten* AV. 18,4,37.

यावत्सामिधेनि Adj *aus wie vielen* Sâmidhenî-*Versen bestehend* Kâtj. Çr. 3,1,9.

यावत्स्मृति Adv. *so vieler man sich erinnert* Kâtj. Çr. 14,5,21.

यावत्स्वम् Adv. *so viele man besitzt.*

यावदङ्गीन Adj. *ein wie grosses Glied habend.*

यावदन्तम् und **यावदन्ताय** (Gṛhjâs. 2,42.44) *bis zum Ende.*

यावदभीक्ष्णम् Adv. *für die Dauer eines Augenblicks.*

*__यावदमत्रम्__ Adv. *nach der Anzahl der Krüge.*

यावदर्थ Adj. 1) *so viel wie nöthig, dem Bedarf entsprechend.* यावदर्थ° und यावदर्थम् Adv. — 2) *nicht mehr als nöthig an Etwas* (Loc.) *hängend.*

यावदह्न n. *der wievielte Tag.*

यावदादिष्ट Adj. *so viel wie angegeben* Çâṅkh. Çr. 5,11,11.

यावदाभूतसंप्लवम् Adv. *bis zum Untergange der*

Geschöpfe, bis zum Ende der Welt.

यावदायुषम् Adv. das ganze Leben hindurch, für's g. L.

यावदायुस् Adv. dass. °युःप्रमाण Adj. lebenslänglich.

यावदाह्लूतसंप्लवम् Adv. fehlerhaft für यावद्भूत°.

यावदिच्छम् Adv. nach Belieben Karaka 6,1.

यावदित्थम् Adv. so viel wie nöthig Spr. 606. — ṚP. 1,15,14 bedeutet यावदित्थम् (zwei Worte) so lange auf diese Weise.

यावदिष्टकम् Adv. nach der Anzahl der Backsteine Kâtj. Çr. 18,6,13.

यावदीप्सितम् Adv. so viel Einem beliebt.

यावदुक्त Adj. so viel wie angegeben ist. °म् Adv.

यावदुत्तमम् Adv. bis zur äussersten Grenze.

यावदौपम्य n. eine blosse Vergleichung Vágrakkh. 35,11.

यावद्गमम् Adv. so schnell man gehen kann.

यावद्गृहीतिन् Adj. so oft man geschöpft hat Lâtj. 3,2,6.

यावद्ग्रहणम् Adv. bis zum Erfassen Pâr. Grhj. 2,5,15.

यावद्देय° Adv. bis zur Abtragung einer Schuld Jolly, Schuld. 300.

यावद्देवत्य Adj. an wieviele Gottheiten gerichtet Çat. Br. 1,2,2,22.

यावद्धविस् Adv. nach der Zahl der Opfergaben Kâtj. Çr. 3,3,26.

यावद्धा Adv. wie oft, wie viele Male Kâtj. Çr. 16,4,16. Lâtj. 1,9,7.

यावद्बलम् Adv. nach Kräften.

यावद्भाषित Adj. so viel wie gesprochen worden ist.

यावद्यजुस् Adj. so weit das Jagus reicht Lâtj. 1,1,5.

यावद्राज्यम् Adv. für die ganze Regierungszeit.

यावद्वचनम् Adv. so weit die Angabe reicht Lâtj. 4,10,20.

यावद्विंशति Adj. bis zwanzig, bis zum zwanzigsten R. 7,94,16.

यावद्वीर्यवत् Adj. wie wirksam Çat. Br. 1,2,3,7.

*यावद्वेदम् Adv. so viel man bekommt.

यावद्व्याप्ति Adv. wie weit Etwas reicht.

1. यावन् Nom. ag. Reisiger oder Angreifer. Am Ende eines Comp. gehend, fahrend.

2. यावन् in अयावन्.

1. यावन 1) Adj. im Lande der Javana geboren. — 2) *m. Olibanum.

2. यावन n. Mischung in अयावन.

3. यावन n. das Entfernen, Fernhalten Sâj. zu RV. 5,53,14.

यावनाल 1) m. = यवनाल Bez. verschiedener Arten von Sorghum Râgan. 8,80. 16,25. Ind. St. 15, 236. — 2) *f. ई aus Sorghum gewonnener Zucker Râgan. 14,98. 102.

*यावनालनिभ m. und *नालशर m. eine dem Andropogon bicolor ähnliche Rohrart.

यावत् 1) Adj. wie gross, wie weit reichend, wie lange dauernd, wie viel, wie vielfach, aus wie vielen Theilen bestehend, wie oft sich wiederholend, wie viele Jahre zählend, qualis. यावत्तम् quot auch mit Gen. Pl. construirt. इति यावत् so viel als bei Erklärungen 212,14. यावच्चर्म दारु च so v. a. nichts als Haut und Holz. यावत्तावत् wie viel immer, bei den Mathematikern Bez. der ersten unbekannten Grösse, des X Bîgag. 12. यावत्तः किंयत्तः wie viele immer. यावद्वा यावद्वा so viel als möglich Çat. Br. 4, 4,5,13. — 2) यावत् Indecl. a) wie weit, wie hoch, wie viel, in welcher Menge, — Anzahl, in welchem Betrage, in welchem Maasse, wie oft, wie sehr. यावत्सूर्य उदेति स्म यावच्च प्रतितिष्ठति so v.a. von Sonnenaufgang bis Sonnenuntergang (räumlich). यावद्यावत् — तावत्तावत् je wie weit — je so weit 28,7. — b) wie lange, während. — c) mittlerweile, inzwischen; mit der 1sten Person Praes. (ganz ausnahmsweise Potent.) als Ankündigung eines Vorhabens, die 3te Person steht im Imper. — d) bis dass, mit Praes., Potent., Fut., Aor., Imperf. oder mit Ergänzung der Copula. — e) sobald als, in der Zeit —, in dem Augenblicke dass; mit Praes., Potent., Perf., Aor. oder mit Ergänzung der Copula. न — यावत् noch nicht — als schon; यावत् — यदा mit folgendem तदा sobald als — da. — f) न परम् und न केवलम् — यावत् nicht nur — sondern sogar. — g) mit einer Negation so lange nicht, bevor, ehe, bis dass: mit Praes., Potent., Fut., Imperf. oder mit Ergänzung der Copula. यावन्न auch falls nicht und ob nicht. — h) Praep. mit vorangehendem (häufiger) oder folgendem Acc. α) während, — β) bis (räumlich und zeitlich). Statt des Acc. auch Nomin. mit इति (पञ्च यावदिति mit verstelltem इति). अद्य यावत् bis heute Kap. 1, 158. — i) Praep. mit folgendem Abl. bis · auch यावदा. — 3) यावता Instr. a) wie weit (Âpast.), wie lange. — b) bis dass, mit Potent. Mit einer Negation so lange nicht, bevor. — c) sobald als, in dem Augenblick dass; mit Praes. — d) sofern, da. — 4) यावति Loc. wie weit, wie lange. यावति — तावति Daçak. 117,7.

यावन्मात्र Adj. (f. ई) 1) welches Maass habend, wie gross, wie weit sich erstreckend Hemâdri 1, 535,3. °म् Adv. wie lange ṚV. 10,88,19. — 2) mässig, unbedeutend, winzig. °म् Adv. ein wenig, einigermaassen.

यावयत्सख m. ein abwehrender, d. h. vertheidigender, schützender Gefährte.

यावयद्द्वेषस् Adj. Feinde fernhaltend.

*यावयितर् Nom. ag. Zuwender. f. °त्री Sâj. zu ṚV. 1,113,7.

यावशूक m. aus der Asche von Gerstenstroh gewonnenes Aetzkali Karaka 1,27.

*यावस m. = तृणसंतति.

यावसिक m. Grasschneider Lalit. 357,10.

*यावास Adj. von यवास.

याविहोत्र n. ein best. Opfer Çat. Br. 1,7,2,26.

*यावेय n. Gerstenfeld Gal.

*याव्य 1) Partic. fut. pass. von यु. — 2) = याप्य unbedeutend.

याशु n. nach Sâj. Umarmung, coitus; eher die beim coitus stattfindende Ergiessung.

*याशोधरेय m. Metron. des Râhula.

याशोभद्र m. der 4te Tag im bürgerlichen Monat.

*याष्टि f. Nom. act. vom Caus. von 1. यज् Pat. zu P. 1,1,58, Vârtt. 7.

याष्टीक Adj. (*f. ई) mit einem Stocke —, mit einer Keule bewaffnet.

1. यास् = यस्. अवयासिसीष्ठास् Kâth. 34,19 (VS. 21,3).

2. यास् Adj. in अयास्.

यास 1) m. Alhagi Maurorum. °शर्करा f. Karaka 1,27 (याष° gedr.). — 2) *f. आ Predigerkrähe.

*यासक m. Alhagi Maurorum Dhanv. 1,6.

यास्क 1) m. a) Patron. N. pr. eines Lehrers. Pl. die Nachkommen Jaska's. — b) *Pl. die Schüler Jaska's. — 2) *f. यास्की f. zu 1). Auch Pl.

यास्कनिरुक्त n. Jâska's Nirukta Opp. Cat. 1.

*यास्कायनि m. Patron. von यास्क.

*यास्कायनीय und *यास्कीय m. Pl. die Schüler Jâskâjani's.

*यित्य m. N. pr. eines Mannes.

यियत्सु Adj. zu opfern im Begriff stehend 214,1.

यियविषु Adj. Jmd (Acc.) mit Etwas (Instr.) zu bedecken —, zu überschütten im Begriff stehend Bhaṭṭ.

यियासा f. Lust zu gehen Hem. Par. 1,157.

यियासु Adj. zu gehen —, aufzubrechen —, davonzufliegen —, in's Feld zu ziehen —, auf Jmd loszugehen im Begriff stehend; mit Acc., Dat. oder Acc. mit प्रति.

1. यु pronom. Stamm der 2ten Person in den Formen: 1) Du. युवम् Nomin., युवाम् Acc. (in der spä-

teren Sprache auch Nomin.), युव॑भ्याम् und युवा॑भ्याम्, युव॑त्, युवो॑स् und युव॑योस्. युव (युवा) und युवत् am Anfange einiger Compp., युव auch in einigen Derivaten. — 2) Pl. यू॑यम्, युष्मा॑न् (daneben auch f. युष्मा॑स् fehlerhaft), युष्मा॑भिस्, युष्मभ्य॑म्, युष्मा॑त्, युष्मा॑कम् (vor Vocalen öfters mit Elision des Endconsonanten), युष्मा॑सु und युष्मे॑ (Loc.). युष्म (युष्मा) und युष्मत् am Anfange eines Comp.; युष्म auch in einigen Derivaten.

2. यु, यौति, युते, युव॑ति, °ते 1) *anziehen, anspannen; anbinden, festhalten.* — 2) *an sich ziehen, an sich herankommen lassen, in Besitz nehmen, in die Gewalt bekommen.* — 3) *drängen hin zu* (Acc.) AV. 11,10,16. — 4) *Jmd* (Dat.) *Etwas in die Gewalt geben,* so v. a. *verschaffen.* — 5) यौति = *अर्चतिकर्मन्. — 6) युत *a) befestigt an* (im Comp. vorangehend). — *b) hinzugefügt.* — *c) verbunden, — mit, vereinigt, in Conjunction stehend mit, vermehrt um, versehen mit, im Besitz seiend von;* die Ergänzung im Instr. oder im Comp. vorangehend. स्वपत्न्या युतो वणिक् so v. a. *der Kaufmann mit seiner Frau.* — *d) zusammengefügt —, bestehend aus* (im Comp. vorangehend). — *e) verbunden mit* (Instr.), so v. a. *vollbringend obliegend.* — *f) in Verbindung stehend mit, betreffend;* am Ende eines Comp. — *Caus. यावयति. — Desid. युयू॑षति, *यियविषति *an sich ziehen —, festhalten wollen.* — *Desid. vom Caus. यियावयिषति. — *Intens. योयोति, योयुवाति; s. u. आ und नि. — Mit व्यति *untereinander mengen, vermischen* BHAṬṬ. — Mit अनु in अनुयू॑. — Mit अभि, °युत *enthalten —, eingefasst in* (Loc.). — Mit आ 1) *an sich ziehen* (auch die Zügel, die Flügel), *erfassen, in seine Arme ziehen.* — 2) *anziehen* (intrans. von einem Zugthiere). — 3) *ansichziehen,* so v. a. *sich bemächtigen, einnehmen* (das Herz). — 4) *Jmd Etwas verschaffen.* — 5) *mischen, umrühren* MÂN. ÇR. 2,1,1. GṚHJ. 1,9. — 6) °आयुत *verbunden —, versehen mit.* Stets am Ende eines Çloka, also metrisch st. युत. TARKAS. 37 fehlerhaft für अयुत. — Intens. (आयो॑युवान) *sich zusammenziehen, — hineinschmiegen.* — Mit अभ्या (mit Flügelschlag) *zustreben auf* (Acc.). — Mit उदा *aufstören, aufrühren.* Vgl. दर्व्युदायुवन (Nachtr. 3). — Mit पर्या *mischen, umrühren* MÂN. GṚHJ. 2,2. — Mit समा 1) dass. MAITR. S. 3,6,2. — 2) समायुत *a) zusammengebracht, — getrieben.* — *b) zusammengefügt —, bestehend aus* (im Comp. vorangehend). — *c) verbunden mit* (im Comp. vorangehend). — Mit उद् 1) *in die Höhe ziehen.* — 2) उ॑द्युत *a) gemischt* in मधूद्युते॑. — *b) verrückt* (मे॑नस्). — Mit नि 1) *anbinden, festmachen.* नि॑युत *angebunden.* — 2) *Jmd Etwas in die Gewalt geben, verschaffen.* — 3) *in seine Gewalt bringen.* — Intens. (°योयुवे) *anbinden.* — Mit परि, °युत *rings umfassend.* — Desid. *umspannen wollen* ṚV. 6,62,1. — Mit प्र 1) *umrühren, mengen* MAITR. S. 3,10,4. ÂPAST. ÇR. 7,25,4. 5. प्रयुत *gemengt mit* (Instr.) MÂN. ÇR. 2,3,7. — 2) *stören, zerstören.* प्र॑युत *zerstört, zu Nichte gemacht* (द्वेषस्, द्वेषांसि) MAITR. S. 1,2,16 = MÂN. ÇR. 1,8,4 = ÂPAST. ÇR. 7.20,4. Vgl. 1. मथ्. — 3) प्रयुत *verworren* (Traum) MÂN. GṚHJ. 2,14. — Mit प्रतिप्र in °यवण. — Mit प्रति *anbinden, hemmen.* Vgl. प्रतियुवन. — Mit वि nicht zu scheiden von 4. यु mit वि. — Mit प्रवि, °युत *vollgestopft.* — Mit सम् 1) *an sich bringen, in sich aufnehmen, verzehren.* — 2) *Etwas mit Jmd verbinden,* so v. a. *mittheilen.* — 3) *verbinden, vermengen, in Verbindung bringen mit* (Instr.). — 4) सं॑युत *a) gebunden.* — *b) zusammengefügt, verbunden, — mit* (Instr., Instr. mit सह oder im Comp. vorangehend), *in Conjunction stehend mit* (im Comp. vorangehend), *vermehrt um* (अशीतिसंयुतं शतम् *hundert und achtzig*). — *c) bestehend aus* (Instr.), *Etwas* (im Comp. vorangehend) *enthaltend.* — *d) Bezug habend auf* (im Comp. vorangehend), *gerichtet gegen* (Loc.). — *e) gehäuft, allerhand.* — *f)* verwechselt mit संयत.

3. यु॑ (= 2. यु) m. *Geselle, Gefährte* MAITR. S. 1,4,2 (द्वा यू॑ zu lesen). ÇAT. BR. 3,7,4,10. ÂPAST. ÇR. 11,19,8. Comm. zu KÂTJ. ÇR. 6,4,3.

4. यु, युयो॑ति (auch Med.), °युवति, °युवते, °यवते. 1) *fernhalten, abwehren, trennen von* (Abl.). — 2) *bewahren vor* (Abl.). — 3) *verwehren, vorenthalten.* — 4) *sich fern halten, getrennt bleiben, — werden, — von* (Abl.). युत॑ *getrennt.* — Caus. यव॑यति und याव॑यति = Simpl. 1) 2) 3). — Intens. (अयोयवीत्, यो॑युवत् Partic.) 1) *sich zurückziehen, zurückweichen.* — 2) *klaffen, eine Lücke zeigen.* — 3) *fernhalten von* (Abl.) MAITR. S. 2,1,10 (12,3). — Mit अप *beseitigen, abwenden von* (Abl. oder Dat.). — Mit अव *abtrennen.* °युत *getrennt von* (Abl.). — Caus. *fernhalten.* — Mit निस् *beseitigen.* — Mit प्र 1) dass. — 2) प्र॑युत *abwesend, zerstreut, achtlos, sorglos.* — Mit वि 1) *sich trennen, — scheiden.* — 2) *getrennt werden von, beraubt werden, einer Sache verlustig gehen;* mit Instr. वि॑युत *getrennt von, privatus* (die Ergänzung im Instr. oder im Comp. vorangehend), *nicht in Conjunction stehend mit* (im Comp. vorangehend); *vermindert, wovon abgezogen worden ist.* — 3) *ablösen von, bringen um* (Instr.). — 4) *von sich fern halten* ÇIÇ. 6,62. — 5) *scheiden, auseinander bringen.* — 6) *spreiten, zerstreuen.* — 7) *öffnen.*

5. यु॑ Adj. *fahrend.* — ṚV. 8,89,13 ist wohl द्यु॑ st. यु॑ zu vermuthen.

युक्त॑ 1) Adj. s. u. 1. युज्. — 2) m. N. pr. *a)* eines Sohnes des Manu Raivata. — *b)* eines Ṛshi unter Manu Bhautja. — 3) *f. युक्ता *eine best. Pflanze.* — 4) n. *a) Gespann.* — *b) Verbindung* 227,13. 228,4. 5. 230,11. 12. 231,26. 232,10. — *c) das Passen, Angemessenheit.* युक्ते॑न *auf angemessene Weise, gehörig* ṚV. 5,27,3. BHÂVAPR. 2,25. बुद्धियुक्तेन *auf eine dem Verstande entsprechende Weise* RÂGAT. 7,209. — *d)* *ein best. Längenmaass;* richtig युत.

युक्तक n. *Pärchen.*

युक्तकर्मन् Adj. *zweckmässig.* Nom. abstr. °र्मता f. BHÂVAPR. 1,130.

युक्तकारिन् und युक्तकृत् Adj. *Angemessenes thuend, auf passende Weise zu Werke gehend.*

युक्त॑ग्रावन् Adj. *der die Soma-Steine zur Hand genommen —, — in Thätigkeit gesetzt hat.*

*युक्ततरक Adj. *ganz in Ordnung, — richtig.*

युक्तत्व n. 1) *das Verwendetsein.* — 2) *das Beschäftigtsein.* — 3) *Angemessenheit, das am Platze Sein* 278,11.

युक्तदण्ड Adj. *Strafe anwendend; gerecht strafend.* Nom. abstr. °ता f.

युक्त॑मनस् Adj. *angespannten Geistes, aufmerksam.*

*युक्तयोग Adj. *in Contemplation begriffen* L. K. 1052.

युक्तरथ 1) m. *ein best. reinigendes Klystier.* — 2) n. *ein best. Wunderelixir.*

*युक्तरसा und *युक्तरास्ना f. *eine best. Pflanze* RÂGAN. 6,82.

युक्तरूप Adj. *idoneus, geeignet, angemessen, entsprechend, passend;* mit Loc. oder Gen. °म् Adv.

युक्तरूपक n. *eine angemessene Metapher* 252,2.

युक्त॑वत् Adj. *eine Form von 1.* युज् *enthaltend.*

युक्तवादिन् Adj. *Angemessenes —, Passendes sprechend* VENÎS. 71,22.

युक्तसेन Adj. *dessen Heer zum Ausmarsch bereit ist.* Davon Adj. °सेनीय *über einen solchen handelnd.*

*युक्तायस् n. *a sort of wooden spade or shovel.*

*युक्तारोहिन् Adj. P. 6,2,81.

युक्तार्थ Adj. *sinnreich, sinnvoll, vernünftig.*

युक्ता॑श्व (viersilbig) Adj. *wofür die Rosse geschirrt sind.*

युक्ति f. 1) *Verbindung, Verknüpfung* AIT. BR. 6,

23. Tāṇḍja-Br. 11,1,6. — 2) *Alliage, Legirung.* — 3) in der Astr. *Conjunction.* — 4) *Verbindung von Worten, Satz.* — 5) etwa *Ligatur von Schriftzeichen* Vishṇus. 7,12. — 6) *Summe.* — 7) *das Darangehen, Anstalten zu Etwas* (Nomen act. im Loc. oder im Comp. vorangehend). — 8) *Anwendung, Gebrauch, Praxis.* — 9) *Mittel,* insbes. *Zaubermittel, ein fein ausgedachtes Mittel, Kunstgriff, Kniff;* die Ergänzung ein Nomen act. im Loc. oder Dat., oder ein Satz mit यथा und Potent. युक्तिं कर् *ein Mittel finden, eine List anwenden, — angeben.* °युक्त्या, °युक्तितस्, °युक्तिभिस् und °युक्ति° *vermittelst, vermöge.* युक्त्या, युक्तितस् (115,17. 117, 14), युक्तिभिस् und युक्ति° *auf eine feine, schlaue, versteckte Weise, durch —, mit List, vermittelst einer List, unter irgend einem Vorwande.* — 10) *Argument, Beweisgrund, Argumentation, ratiocinatio.* °तस् *vermittelst eines Arguments* Kap. 1, 59. — 11) *Grund, Motiv.* — 12) *das Zutreffen, Passen, Angemessenheit, Richtigkeit.* युक्त्या und युक्तितस् *in angemessener Weise, in richtigem Maasse, wie es sich gehört.* — 13) in der Dramatik *eine verständige Betrachtung, Erwägung der Umstände.*

युक्तिकर Adj. *passend, angemessen* oder *begründet.*

युक्तिकल्पतरु m. Titel eines Werkes.

युक्तिज्ञ Adj. 1) *sich auf Mischungen* (von Wohlgerüchen) *verstehend.* — 2) *die rechten Mittel kennend.*

युक्तिदीपिका f. und युक्तिप्रकाश m. Titel von Werken Bühler, Rep. No. 374. 658.

युक्तिबाह्य Adj. *mit der richtigen Anwendung* (von Heilmitteln) *nicht vertraut* Karaka 1,1.

युक्तिभाषा f. Titel eines Werkes.

युक्तिमन्त् Adj. 1) am Ende eines Comp. *verbunden —, verknüpft mit.* — 2) *geschickt,* mit Infin. — 3) *mit Argumenten versehen, begründet.* Nom. abstr. °मत्त्व n. — 4) *angemessen, passend* Naish. 5,49.

युक्तिमालिका f. Titel eines Werkes Opp. Cat. 1.

युक्तियुक्त Adj. 1) *erfahren.* — 2) *passend, angemessen* oder *begründet, sehr wahrscheinlich* (Bālar. 15,15).

युक्तिशास्त्र n. *die Lehre von dem, was sich schickt, — passt.*

युक्तिस्नेहप्रपूरणी f. Titel eines Werkes.

युक्त्वाय Absol. von 1. युज् TS. 4,1,1,1.

युक्पादयमक n. *Paronomasie des zweiten und vierten Stollens.* Beispiel Bhaṭṭ. 10,2.

युगँ n. (in der 1sten und 4ten Bed. ausnahmsweise m.) 1) *Joch.* Damit werden Arme verglichen. — 2) *Paar.* Am Ende eines adj. Comp. f. आ. — 3) *Doppel-*Çloka, *zwei* Çloka, *durch welche ein und derselbe Satz durchgeht.* — 4) *Geschlecht, Generation, Lebensperiode; der durch Abstammung zusammengehörige Stamm.* — 5) *eine Periode von fünf* (auch *sechs* Ind. St. 10,379) *Jahren,* insbes. *ein Lustrum im 60jährigen Jupitercyclus.* — 6) *Weltperiode, Weltalter, Cyclus* (Kṛta oder Satja, Tretâ, Dvâpara und Kali). — 7) als *Längenmaass* = 86 Añgula Çulbas. 1,12. = 4 Hasta nach den Lexicographen. — 8) Bez. *der Zahlen vier* und *zwölf.* — 9) *eine best. Configuration des Mondes.* — 10) *eine best. Constellation, wenn nämlich alle Planeten in zwei Häusern stehen.* — 11) **eine best. Heilpflanze,* = वृद्धि. — 12) युगेन TBr. 3,7,10,1 nach dem Comm. = युगपद्.

*युगकीलक m. *Pflock am Joche.*

युगक्षय m. *Ende eines* Juga, *Weltende.*

युगधार m. wohl *der Zapfen, mit dem das Joch an die Deichsel befestigt wird,* Mân. Gṛhj. 1,10.

युगंधर 1) Adj. (f. आ) *das Joch tragend* (?). — 2) (*m. n.) *Deichsel.* — 3) m. a) *ein best. über Waffen gesprochener Zauberspruch.* — b) N. pr. α) Pl. eines Volkes. — β) eines Fürsten. — γ) eines Berges. — δ) eines Waldes.

युगप m. N. pr. eines Gandharva.

युगपत्कर्मन् n. *eine gleichzeitige Handlung.*

युगपत्काल Adj. *gleichzeitig stattfindend* Âpast. Çr. 8,5,18.

*युगपत्त्र m. *Bauhinia variegata.*

*युगपत्त्रक 1) m. dass. Bhâvapr. 1,204. — 2) f. °त्त्रिका *Dalbergia Sissoo.*

युगपत्प्राप्ति f. *gleichzeitige Erreichung.*

युगपद् Adv. *gleichzeitig, zugleich, — mit* (*Instr.). Vgl. युगशॅरम्.

युगपद्भाव m. *Gleichzeitigkeit.*

*युगपार्श्वक und *°पार्श्वग Adj. *zur Seite des Joches gehend* (ein junger Stier).

युगपुराण n. Titel eines Abschnitts in der Garga-Saṁhitâ.

युगभङ्ग m. *das Zerbrechen des Joches.*

1. युगमात्र n. *die Länge eines Joches, vier Handlängen.* Beim Gehen *nur so weit vor sich blicken,* so v. a. *die Augen zur Erde richten, nur auf seine Füsse sehen* VP. 3,12,39. °दर्शिन् Lalit. 231,6. °दृश् Karaka 1,8. °प्रेक्षिन् Lalit. 230,17.

2. युगमात्रॅ Adj. (f. ई) *Joch-gross, vier Hände lang.*

युगल 1) m. n. (adj. Comp. f. आ) *Paar.* युगलो भू *mit einem Andern zur Seite gehen.* — 2) *Doppelgebet,* Bez. *eines best. Gebetes an* Lakshmî *und* Nârâjaṇa.

युगलक n. 1) *Paar.* — 2) *ein Doppel-*Çloka, *durch welchen ein und derselbe Satz durchgeht.*

युगलज m. Du. *Zwillinge* Hem. Par. 2,255.

युगलभक्त m. Pl. *eine best.* Vishṇu'*itische Secte.*

*युगलाक्ष oder *युगलाख्य m. *eine best. Pflanze.*

युगलाय् *ein Paar darstellen.* पाशयुगलायित Adj. *ein Paar Schlingen darstellend.*

युगलिन् Adj. so v. a. *egoistisch* Ind. St. 15,294.

*युगवरत्रा f. *Jochriemen.*

*युगव्या f. scheinbar = अर्गला(!); es ist aber im Comm. zu Ragh. ed. Calc. 3,5 zu lesen युगव्यायतार्गलवत्.

युगशम्य n. *Joch sammt Zapfen* Çat. Br. 3,5,1,24.

युगशॅरम् Adv. *zugleich mit* (Instr.) Maitr. S. 2, 4,1 (38,3) = Kâṭh. 12,10. Vgl. युगपद्.

युगसंवत्सर m. *das zur Ausfüllung des 5jährigen* Juga *dienende lunare Jahr* Ind. St. 10,299.

युगसहस्राय्, °यते *zu tausend Weltperioden werden,* so v. a. *unendlich lang erscheinen* Kâd. 187,21.

*युगांशक m. *Jahr.*

युगादि m. *der Anfang eines* Juga, *Weltanfang.* °कृत् m. Bein. Çiva's.

युगादिजिन (Pañkad.), युगादिदेव (ebend. Ind. St. 15, 269. 362. 387), युगादिपुरुष (Ind. St. 15,397) und युगादीश m. Bez. des Ġina Ṛshabha.

युगाद्या f. (sc. तिथि) *der erste Tag einer Weltperiode* VP. 3,14,13.

युगाध्यक्ष m. *Aufseher über eine Weltperiode,* Bein. Pragâpati's.

युगान्त m. 1) *Ende des Joches.* — 2) *Meridian.* युगान्तमधिरूढः सविता so v. a. *es ist Mittagszeit.* — 3) *Ende einer Generation.* — 4) *Ende einer Weltperiode, Weltende.*

युगान्तक m. = युगान्त 4).

युगान्तर n. 1) **eine Art Joch, ein besonderes Joch.* — 2) *die zweite Hälfte des durch den Meridian durchschnittenen Bogens, den die Sonne am Himmel beschreibt.* युगान्तरमधिरूढः सविता so v. a. *es ist Mittag vorbei.* — 3) *eine andere —, eine folgende Generation.*

युगाय्, °यते *lang wie ein* Juga —, *wie eine Ewigkeit erschienen.*

युगिन् in वस्त्र°.

युगेश m. *der Beherrscher eines Lustrum.*

युगोरस्य m. Bez. *einer best. Truppenaufstellung.*

युग्म 1) Adj. (f. आ) *paarig, geradzahlig.* — 2) n. (adj. Comp. f. आ) a) *Paar.* — b) *Zwillinge.* —

c) die Zwillinge im Thierkreise. — d) ein Doppel-Çloka, durch welchen ein und derselbe Satz durchgeht. — e) Vereinigung —, Zusammenfluss zweier Flüsse. — f) häufig fehlerhaft für युग्य.

युग्मक 1) Adj. = युग्म 1). — 2) n. (adj. Comp. f. आ) = युग्म 2) a) und d).

युग्मकृष्णल Doppel-Kṛshṇala Kauç. 11. 32.

युग्मचारिन् Adj. paarweise herumgehend.

*युग्मज m. Du. Zwillinge.

युग्मजननशान्ति f. Titel eines Werkes Burnell, T.

युग्मजन्मन् m. Du. Zwillinge Hem. Par. 2,263.

युग्मधर्मन् Adj. von unbestimmter Bed. Çatr. 3,5.

युग्मन् und युग्मन्त् Adj. = युग्म 1).

*युग्मपत्त्र m. Bauhinia variegata.

*युग्मपत्त्रिका f. Dalbergia Sissoo.

*युग्मपर्ण m. 1) Bauhinia variegata. — 2) Alstonia scholaris.

*युग्मफला f. 1) Koloquinthengurke Rāǵan. 3,57. — 2) Tragia involucrata. — 3) = गन्धिका (?).

*युग्मफलोत्तम m. Asclepias rosea.

युग्मलाङ्गलिन् Adj. zwei Pflüge besitzend Hemādri 1,483,3.

युग्मविपुला f. ein best. Metrum.

युग्मशुक्र n. zwei weisse Flecken im dunkeln Theile des Auges.

युग्मापत्या Adj. f. Mutter von Zwillingen seiend.

युग्मिन् m. Pl. von unbestimmter Bed. Çatr. 3,4.

युग्य n. 1) Wagen. — 2) Jochthier, Zugthier. Auch in collect. Bed. — 3) जमदग्नेर्युग्यं दशस्तोभम् Name eines Sâman Ârsh. Br.

युग्यवाह m. Wagenlenker, Kutscher.

युग्वन् in अभियुग्वन्, सयुग्वन् und स्वयुग्वन्.

*युङ्ग्, युङ्गति (वर्जने).

युङ्ग in अयुङ्ग.

युङ्गिन् m. eine best. Mischlingskaste

युच्छ्, युच्छति weichen, sich wegmachen von (Abl.). — Mit निरा (?) Çāṅkh. Çr. 12,22,3. — Mit प्र abwesend sein. Mit und ohne मनसा gleichgültig —, achtlos sein.

1. युज्, युनक्ति (metrisch auch अयुञ्जम्, युञ्जीयात्), युङ्क्ते (metrisch auch युञ्जते, युञ्जसे, युञ्जत = अयुङ्क्त); ved. auch युज्, युञ्ज und योज als Präsensstämme. 1) schirren, anschirren an (Loc. oder Instr.), anspannen, bespannen mit (Instr.). युञ्जान fahrend mit (Instr.). — 2) anspannen in verschiedenen Uebertragungen, so v. a. in Thätigkeit setzen, in Gebrauch nehmen, zurüsten, ausrüsten (ein Heer), verrichten, darbringen (Segenswünsche, Verehrung), anbringen, anwenden (Karaka 8,11). Pass. sich rüsten zu (Dat.). — 3) auflegen Geschosse (sc. auf den Bogen), — gegen Jmd (Loc.), befestigen (Schmucksachen), setzen —, fügen auf oder in, thun —, schliessen in (Loc.). Pass. und Med. sich hängen an (Loc.) eig. und übertr. — 4) Jmd anstellen bei, beauftragen mit (Loc. oder Dat. 106,26). धुरि so v. a. an die Spitze stellen. युज्यमान beschäftigt mit (Loc.). — 5) auftragen, befehlen, injungere; mit Acc. — 6) eine Zuneigung u. s. w. Jmd (Loc.) zuwenden. — 7) आत्मानम्, मनस् (TS. 1,2,13,1. 4,1,1,1), मानसम्, चेतस्, चित्तम्, चित्ताम्, धियस् (TS. 1,2,13,1. 4,1,1,1) den Geist, den Sinn, die Gedanken auf einen Punct richten; die Ergänzung im Loc. — 8) Act. Med. sich vertiefen, auch mit beigefügtem योगम्. — 9) sich Etwas (Acc.) vergegenwärtigen, sich in's Gedächtniss zurückrufen. — 10) verbinden, aneinanderreihen, anreihen, zusammenbringen —, zusammenführen mit (Instr.). Pass. Med. sich verbinden (auch ehelich Gaut. 18,20) —, sich umgeben —, in Conjunction treten mit (Instr.). — 11) Jmd (Acc.) mit Etwas (Instr.) verbinden, so v. a. versehen —, beschenken mit, Jmd einer Sache theilhaftig machen. Pass. einer Sache (Instr. oder Instr. mit सह) theilhaftig werden. — 12) mit sich verbinden, in Conjunction treten mit; mit Acc. — 13) Med. theilhaftig werden, mit Acc. — 14) Jmd (Loc. oder Gen.) Etwas (Acc.) zu Theil werden lassen, zukommen lassen, verleihen. Med. mit आत्मनि so v. a. selbst geniessen. Pass. Jmd (Gen.) zu Theil werden. — 15) Pass. passen, — zu (Instr.), wohin (Loc.), sich schicken, — für Jmd (Loc.; statt des Loc. द्वयोस् Pańkat. ed. Bomb. 2,11,6 hat ed. Koseg. द्वाभ्याम्), gemäss sein, sich ziemen, sich eignen zu, so v. a. Etwas (Nomin.) zu sein verdienen, Etwas aller Ordnung nach sein müssen, zukommen, — Jmd (Loc. oder Gen.), recht sein, logisch richtig sein. Mit न und Infin. sich nicht schicken —, nicht gerathen sein —, nicht am Platze sein, zu, — für Jmd (Instr. oder Gen.); nicht dürfen (mit passivisch wiederzugebendem Infin.; die Person, durch die Etwas nicht geschehen soll, im Instr. oder Gen.). — 16) युञ्जान (s. auch bes.) dem es wohlgeht, sich in guten Verhältnissen befindend. — 17) युक्त a) angeschirrt, — an (Loc.), angespannt, bespannt mit (Instr.). — b) in Thätigkeit —, an's Werk gesetzt, angestellt, beschäftigt, obliegend, sich befleissigend, bedacht auf; die Ergänzung im Loc. oder im Comp. vorangehend. — c) angewandt. — d) gerüstet, — zu (Dat. oder im Comp. vorangehend). — e) beschäftigt mit, begriffen in (Instr.). सिसृक्षया so v. a. zu schaffen beabsichtigend. — f) versenkt (in übertr. Bed.) in (Loc.). — g) gesammelt, aufmerksam, vertieft, ganz bei der Sache seiend. युक्ततर gar sehr auf seiner Hut seiend gegenüber Jmd (Loc.). युक्ततम im höchsten Grade gesammelt u. s. w. — h) geübt, geschickt, erfahren, — in (Loc.). — i) verbunden, vereinigt, hinzugefügt, aneinander gereiht, regelmässig aufeinander folgend. युक्तैम् in Schaaren. — k) verbunden —, in Conjunction stehend —, versehen mit, begleitet —, im Besitz von; die Ergänzung im Instr. oder im Comp. vorangehend. युक्तः कालेन यश्च न so v. a. und wer nicht die rechte Zeit benutzt. — l) in Beziehung gekommen mit (Instr.). — m) verbunden mit, so v. a. bezüglich auf (im Comp. vorangehend). — n) gebunden an, abhängig von (im Comp. vorangehend). — o) passend, angemessen, sich schickend, sich ziemend, — für (Gen. oder Loc.), recht, richtig. युष्माभिर्दर्शने so v. a. sehenswerth für euch. Am Ende eines Comp. gemäss, entsprechend. युक्तम् mit folgendem यद् es ist passend, dass; युक्तं तत्र स्वर्गं प्राप्तुम् es ziemt sich, dass die Krieger in den Himmel kommen; न युक्तमनयोस्तत्र गन्तुम् es ziemt sich nicht, dass sie dahin gehen; न युक्तं भवता mit Infin. es ziemt sich nicht, dass du; प्रतिक्रिया कर्तुं युक्ता त्वया oder तव es ziemt sich, dass du Vergeltung übst; न युक्तं भवताद्यानृतेनोपचरितुम् so v. a. es ziemt sich nicht, dass du mich mit einer Unwahrheit bedienst. युक्तम् und युक्त° Adv. auf passende Weise, angemessen, gehörig. युक्तशीतोष्ण nicht zu kalt und nicht zu heiss. युक्तं त्यक्ष्यामि es ist angemessen, dass ich verlasse; न युक्तं वसत so v. a. wohnet nicht, da es unangemessen wäre. — p) günstig (Schicksal, Augenblick). — q) dem es wohlergeht, sich in guten Verhältnissen befindend. — r) beschaffen, seiend. Mit तथा in solchem Zustande sich befindend (MBh. 3, 76,8), so verfahrend (Spr. 4843). — s) in der Grammatik primitiv (Gegensatz abgeleitet). — Caus. योजयति, °ते (metrisch) 1) schirren, anschirren an (Loc.), anspannen, bespannen mit (Instr.). — 2) rüsten (ein Heer). — 3) hinstellen, aufstellen (Truppen). — 4) gebrauchen, anwenden, verrichten, pflegen (Gespräche u. s. w.). — 5) unternehmen, beginnen. — 6) Jmd einsetzen, anstellen bei, beauftragen mit (Loc.). — 7) Jmd zu Etwas (Dat.) antreiben. — 8) Jmd zu Etwas (Loc.) verhelfen. — 9) stellen, auswerfen (Schlingen, Netze). — 10) auflegen (insbes. Pfeile), — auf (Loc.), richten (Pfeile) auf (Loc.). — 11) anfügen, hinzufügen. — 12) befestigen an (Loc.), hineinthun —, ver-

setzen in (Loc.). — 13) मनस्, ग्रात्मानम् *den Geist richten auf, sich vertiefen in* (Loc.). ग्रात्मानं योज्य *sich sammelnd, sich zusammennehmend.* — 14) *verbinden, vereinigen, zusammenfügen, — bringen, — mit* (Instr.). — 15) *zusammenfügen,* so v. a. *verfassen.* — 16) *umfangen, umschlingen mit* (Instr.). — 17) *zu Ende bringen.* — 18) *Etwas* oder *Jmd* (Acc.) *mit Etwas* (Instr.) *versehen, ausstatten, theilhaftig machen, beschenken* (mit Gutem oder Bösem). वाक्यमात्रेण so v. a. *nur Worte wechseln mit* (Acc.). योजित *versehen mit* (Instr. oder im Comp. vorangehend). — 19) *Jmd* (Loc.) *Etwas* (Acc.) *zu Theil werden lassen.* — 20) **die Conjunction eines Sternbildes* (Instr.) *mit dem Monde angeben können.* — 21) *Med. *geringachten.* — Desid. युयुत्तति 1) *Jmd anzustellen, — an ein Geschäft zu setzen Willens sein.* — 2) Pfeile *aufzulegen —, zu richten Willens sein auf* (Dat.). — 3) Med. *sich zu vertiefen gesonnen sein* Bhaṭṭ. — Mit ग्रधि *auflegen, aufladen.* — Mit ग्रनु 1) *einzuholen suchen, verfolgen;* mit Acc. Ait. Br. 4, 26. Çat. Br. 5,4,3,3. — 2) *Jmd* (Acc.) *befragen, fragen nach* (Acc.); auch mit doppeltem Acc. ग्रनुयुक्त *befragt,* so v. a. *der unterrichtet wird.* — 3) *eine Lehre ertheilen.* — 4) *sich bedanken.* — 5) *sich Jmd* (Acc.) *anschliessen, in Jmds Dienste treten.* — 6) ग्रनुयुक्त a) *begleitet von* (im Comp. vorangehend) Hemâdri 1,655,19. — b) *ganz hingegeben, obliegend;* mit Acc. Kâraṇḍ. 73,5. — ग्रनुयुक्त Spr. 299 und ग्रनुयुज्यमान 762 fehlerhaft für ग्रनियुक्त und ग्रनियुज्यमान. — Caus. Act. 1) *auflegen* (ein Geschoss). — 2) *anfügen, anreihen* Vaitân. 5,10. — Desid. *zu fragen nach* (Acc.) *Willens sein.* — Mit ग्रभ्यनु (nur °युज्य) *befragen.* — Mit पर्यनु *fragen, befragen, Jmd mit Fragen zusetzen.* Nur °युज्य (Naish. 6,102) und °युक्त (Karaka 3,8). — Vgl. पर्यनुयोक्तव्य fgg. — Mit संमनु (nur °युज्य und °युङ्क्ते) 1) *fragen nach.* — 2) *Jmd anweisen, Jmd einen Befehl ertheilen;* mit Acc. — Mit ग्रप Med. *sich lösen von* (Abl.). — Mit ग्रभि 1) Med. *sich den Wagen anspannen für* oder *zu* (Acc.). — 2) Act. *wiederholt —, doppelt anspannen.* — 3) Med. (ausnahmsweise auch Act.) *Jmd angreifen; einen Zug unternehmen gegen* (Acc. Varâh. Jogaj. 6,3). Pass. auch *heimgesucht werden von* (Instr.). ग्रभियुक्त *angegriffen.* — 4) Pass. *angeklagt werden eines Vergehens* (Acc.). ग्रभियुक्त *angegriffen.* — 4) Pass. *angeklagt werden eines Vergehens* (Acc.). ग्रभियुक्त *angeklagt, verklagt* 214,2. — 5) Act. *Jmd* (Acc.) *an Etwas* (Loc.) *stellen, mit Etwas beauftragen.* — 6) Med. *seine Thätigkeit entfalten, wirksam sein.* — 7) Act. *sich machen —, gehen an, sich kümmern um;* mit Acc. — 8) Med. *sich anschicken,* mit Infin. — 9) Med. (ärztlich) *behandeln mit* (Instr.). — 10) ग्रभियुक्त a) *ganz bei einer Sache seiend, hingegeben, bedacht auf* (Loc. oder im Comp. vorangehend). — b) *bewandert in* (Loc.), *eine Sache verstehend, Sachkenner.* — c) *bloss berührt.* — d) *worauf man Ansprüche erhebt.* — Caus. *Jmd* oder *Etwas* (Acc.) *mit Etwas* (Instr.) *versehen, theilhaftig machen.* — Mit प्रत्यभि 1) Med. *einen Gegenangriff auf Jmd* (Acc.) *machen* Bâlar. 208,6. — 2) °युक्त *angegriffen von* (Instr.). — Caus. *eine Gegenklage gegen Jmd* (Acc.) *vorbringen.* — Mit ग्रा 1) *anschirren, — an* (Loc.). ग्रायुञ्जन् MBh. 1,7948 fehlerhaft für ग्रयुञ्जन्. *ग्रायुक्त *angeschirrt an* (Loc.) 234,3; erklärt durch ईषयुक्त. — 2) Med. *anlegen, befestigen, hineinlegen in* (Loc.) Ṛv. 1,64,7 (wenn पदा ग्ररुणीषु angenommen wird). — 3) Med. *Jmd* (Loc.) *Etwas* (Acc.) *zu Theil werden lassen.* — 4) ग्रायुक्त (s. auch bes.) a) *ganz bei einer Sache seiend.* — b) **beauftragt mit, angestellt bei* (Loc. oder Gen.) 233,32. fg. — c) *behaftet mit* (im Comp. vorangehend). — Caus. 1) *fügen —, thun auf* (Loc.), *befestigen an* (Loc.). — 2) *zusammenfügen, bilden.* — Mit ग्रभ्या, °युक्त *folgend auf* (Acc.) Kâṭh. 28,3(?). — Mit उपा *anschirren.* — Mit समुपा, °युक्त *versehen mit, erfüllt von* (Instr.). — Mit व्या (nur °युज्य) *sich trennen, auseinandergehen.* — Mit समा 1) *schirren, rüsten, zurechtmachen.* °युक्त *zurechtgemacht.* — 2) *Jmd* (Loc.) *Etwas* (Acc.) *auftragen, anvertrauen.* Nur °युक्त. — 3) (feindlich) *zusammenstossen mit* (Acc.). — 4) समायुक्त a) *feindlich zusammengestossen mit* (Instr.). — b) *in Berührung gekommen mit* (Instr.). — c) *verbunden —, versehen —, ausgerüstet —, ausgestattet —, behaftet mit* (Instr. oder im Comp. vorangehend). — Caus. *versehen mit* (Instr.). — Mit ग्रभिसमा, °युक्त *verbunden —, versehen mit* (Instr.). — Mit उद् 1) *sich rüsten, Anstalten treffen;* mit Infin. उद्युक्त *gerüstet, schlagfertig, zur That bereit, an's Werk gehend, mit allem Eifer sich an Etwas machend;* die Ergänzung im Dat., Loc., Acc. mit प्रति oder im Comp. vorangehend. — 2) *sich auf und davon machen.* पदेन पदम् so v. a. *auf Schritt und Tritt Jmd* (Gen.) *nacheilen.* — Caus. 1) *aufregen, anfeuern, antreiben, — zu* (Dat.). — 2) उद्योजित *erregt* von Wolken, so v. a. *zusammengetrieben.* — Mit समुद् Caus. *anfeuern zu* (Dat.). — Mit उप Med. Act. (ausnahmsweise) 1) *anschirren, — an* (Loc.). — 2) *dazu schirren.* — 3) *sich anschliessen an* (Acc.). — 4) *sich an Jmd anschliessen,* so v. a. *in Jmds Dienste treten;* mit Acc. — 5) *sich aneignen, für sich nehmen; annehmen.* — 6) *sich machen an, sich kümmern um;* mit Loc. — 7) *verwenden, anwenden, gebrauchen, geniessen* (auch von Speisen), *verzehren.* उपयुक्त *verzehrt* (41,3. 45,13), *verbraucht.* — 8) Pass. *zur Anwendung kommen, tauglich —, nützlich —, erforderlich sein, sich eignen, am Platze sein* (das Wobei im Loc., das Wofür im Dat.), *sich eignen für Jmd* (Gen.). उपयुक्त *zur Anwendung kommend, nöthig, erforderlich, — für Jmd* (Gen.), *am Platze seiend* (das Wobei oder Wofür im Loc. oder im Comp. vorangehend); *tauglich, würdig* (von Personen) Pat. zu P. 1, 4,29. — 9) °उपयुक्त *versehen mit* Hemâdri 1, 581,2. — Caus. 1) *berühren, zusammenstossen mit* (Acc.). — 2) *anwenden.* — 3) *mittelst Etwas verzehren lassen,* mit doppeltem Acc. Mân. Gṛhj. 1, 3. — Desid. in उपयुयुत्सु. — Mit पर्युप, °युक्त *verbraucht.* — Mit व्युप *sich machen an, sich kümmern um* (Loc.). v. l. उप. — Mit समुप Simpl. und Caus. *geniessen, verzehren.* — Mit नि (gewöhnlich Med.) 1) *anbinden, fesseln, — an* (Loc.); insbes. das Opferthier an den Pfosten. धुरि *an die Deichsel spannen* auch so v. a. *voran stellen, Jmd die schwerste Arbeit aufbürden.* गौरिव गुरुधूर्षु नियुज्यमानः 41,13. नियुक्त *angebunden, gefesselt* 24,12. 19. — 2) *verbinden, zusammenfügen.* — 3) *an Jmd* (Dat. oder Loc.) *binden, mit Jmd verbinden,* so v. a. *von ihm abhängig machen.* नियुक्त *gekettet an Jmd* (Loc.). — 4) *Jmd anhalten, zu Etwas treiben.* — 5) *Jmd anhalten —, anweisen zu, anstellen bei* oder *zu, betrauen —, beauftragen mit* (Loc., Dat., °ग्रर्थम् oder Infin.). नियुक्त eben so verbunden und auch am Ende eines Comp.; ohne Ergänzung *angehalten, angewiesen, angestellt, beauftragt, aufgefordert.* — 6) *Jmd einsetzen als,* mit doppeltem Acc. — 7) *Jmd* (Loc.) *Etwas* (Acc.) *aufladen, auftragen.* — 8) *Jmd zur Rechenschaft ziehen* in नियोक्तव्य. — 9) *stellen an, bringen auf;* mit Loc. — 10) den Blick, den Geist, die Gedanken *richten auf* (Loc. oder Dat.). नियुक्त *gerichtet auf* (Loc.). — 11) *verwenden.* — 12) नियुक्त *bestimmt, vorgeschrieben;* von einer Composition *in Metrum und Tact beschränkt* S. S. S. 121 (v. l. निर्युक्त 138). °म् Adv. *durchaus, auf jeden Fall, nothwendig.* — 13) कृतत्रेतानियुक्तानि Hariv. 523 fehlerhaft für कृतत्रेतादियुक्तानि. — Caus. 1) *anspannen, — an* (Loc.). — 2) *binden, befestigen.* °नियोजित *gefasst*

(Edelstein) *in.* — 3) *Jmd anweisen, antreiben* —, *auffordern zu* (Dat., Acc. mit प्रति und °अर्थम्). — 4) *anhalten, zwingen zu* (Loc. oder °अर्थम्). — 5) an ein Amt —, an eine Beschäftigung *stellen,* in eine Würde *einsetzen;* mit Loc. — 6) *Jmd einsetzen als, machen zu;* mit doppeltem Acc., das Wozu im Infin. Hit. 102,2. — 7) ein Geschäft (Acc.) *Jmd* (Loc.) *übertragen.* — 8) *hinstellen, aufstellen, legen* —, *auftragen auf, hinbringen zu* (Loc.). — 9) den Sinn, den Geist *richten auf.* °नियोजित *gerichtet auf.* — 10) *Jmd versetzen* —, *bringen in* oder *zu* (Loc.). — 11) *Jmdm* (Loc.) *geben, hingeben;* das Wozu im Dat. — 12) *anwenden, in's Werk setzen.* बुद्धिम् *den Verstand anwenden.* — 13) *Jmd* (Acc.) *mit Etwas* (Instr.) *versehen, theilhaftig machen, belegen mit* (einer Strafe, einem Fluch). — Mit अनुनि *an Jmd* (Loc.) *binden, mit Jmd verbinden,* so v. a. *von ihm abhängig machen.* — Mit उपनि Med. *ketten an* (Loc.). — Mit विनि Med., selten Act. 1) *lösen, abtrennen;* Pass. *auseinander fallen.* — 2) *abschiessen,* — *auf* (Loc.). — 3) *anstellen, beauftragen, stellen an, bestimmen zu* (Loc., Dat. oder °अर्थम्). सख्ये so v. a. *zum Freunde erwählen.* — 4) den Sinn *richten auf.* प्रत्येकं विनियुक्तात्मा. — 5) *Etwas anwenden, verwenden* (Káraka 8,10), *gebrauchen.* — 6) *geniessen, zu sich nehmen.* — Caus. 1) *Jmd stellen an, anweisen zu, beauftragen mit* (Loc., °अर्थाय oder °अर्थम्). पशुत्वे विनियोजितः so v. a. *zum Opferthier erkoren.* — 2) *Jmd* (Loc.) *Etwas* (Acc.) *übertragen.* — 3) *Jmd* (Dat.) *Etwas* (Acc.) *anbieten, darreichen.* — 4) *anwenden* (Káraka 7,12), *gebrauchen.* — 5) *verrichten.* — Mit संनि 1) *bringen* —, *versetzen in* (Loc.). — 2) *Jmd anweisen, beauftragen.* संनियुक्त 216,5. — 3) °संनियुक्त *verbunden mit.* — Caus. 1) *bringen auf* oder *in, versetzen in* (Loc.). — 2) *stellen an, anweisen zu, betrauen* —, *beauftragen mit* (Loc., °अर्थाय oder °अर्थम्). संनियोजित *angewiesen, angetrieben* 68,15. — 3) *zuweisen, bestimmen.* — Mit निस्, निर्युक्त 1) *hergerichtet, hergestellt, erbaut, errichtet* Hariv. 3438. 4528 (vgl. 2,28,6). 4530. 4655. 12538. — 2) am Ende eines Comp. *gerichtet auf* Hariv. 11785. — 3) von einer Composition *im Metrum und Tact beschränkt* S. S. S. 138. v. l. नियुक्त 121. — Mit प्र Med., ausnahmsweise Act. प्रयुक्त stets mit pass. Bed. 1) *anschirren, anspannen,* — *an* (Loc.). — 2) *sich rüsten zu* (Dat.) Ṛv. 5,52,8. — 3) *verbinden mit* (Instr.). — 4) *in Bewegung setzen, werfen* (auch Würfel), *schleudern, schwingen, abschiessen,* — *auf* (Loc. oder Dat.). — 5) Worte u. s. w. *richten an, vorbringen, hersagen, aussprechen.* — 6) *auslassen, äussern, an den Tag legen* (Groll, Verachtung u. s. w.), — *gegen* (Loc.). — 7) den Sinn, die Gedanken *richten auf* (Loc.). — 8) *Jmd antreiben, anweisen, heissen;* das Wozu im Dat. oder Loc. — 9) *Jmd erwählen zu,* mit doppeltem Acc. — 10) *Jmd hinführen zu* oder *auf, bringen in* (Acc.). — 11) *hinstellen* (Hillebr. N. 11, N. 4. Mân. Çr. 1,1,2. 2,1. 7,3. 4,1), *setzen,* — *an* (Loc.), *legen auf* (Loc.); *beifügen.* — 12) *anwenden, gebrauchen, in Gebrauch nehmen.* Pass. *im Gebrauch sein.* प्रयुक्ततम *am meisten gebraucht.* — 13) *anstellen, verrichten, vollziehen, ausführen, vollbringen* (Âpast. 2,13,10); *feiern* (ein Opfer u. s. w.); *aufführen* (ein Schauspiel). प्रयुक्त n. impers. *gehandelt* —, *verfahren gegen* (Loc. oder Acc. mit प्रति). — 14) *beginnen, unternehmen* Vaitân. — 15) *bewirken, hervorbringen.* — 16) *ausleihen, borgen* (auf Zinsen) Harshak. 147,4. — 17) Pass. *entsprechen, am Platze sein.* सिद्धये so v. a. *zum Ziele führen.* प्रयुक्त *entsprechend, am Platze seiend.* — Caus. 1) *werfen, schleudern, abschiessen,* — *auf, gegen* (Loc.). — 2) *vorbringen, hersagen.* — 3) *auslassen, äussern, an den Tag legen, üben, erweisen,* — *gegen* (Dat. oder Loc.). — 4) मनस् *den Geist auf einen Punct richten.* — 5) *Jmd antreiben, anweisen, absenden,* — *in* (Loc.). — 6) *Jmd* an ein Geschäft (Loc.) *stellen.* — 7) *Jmd* (Dat.) *Etwas* (Acc.) *übertragen.* — 8) *unternehmen, beginnen.* — 9) *aufführen, darstellen.* — 10) *darstellen lassen durch* (Instr.). — 11) *anwenden, gebrauchen.* वृद्धिम् so v. a. *Zinsen nehmen,* प्रयोगम् *Geld auf Zinsen geben.* — 12) *zur Anwendung kommen.* — 13) *bezwecken.* — Desid. *anwenden* —, *gebrauchen wollen,* so v. a. *nöthig haben.* — Mit अतिप्र Med. *überspringen, übertreffen* Tâṇḍja-Br. 9,3,2. — Mit अनुप्र Med. 1) *hinten anfügen, anfügen nach* (Abl.). — 2) *verfolgen.* — 3) *sich anschliessen, nachfolgen.* — 4) *einholen.* — Mit अभिप्र Med. *anfassen, angreifen, bemeistern.* — Mit प्रतिप्र 1) Act. *anfügen statt eines andern, substituiren.* — 2) Med. *abtragen* (eine Schuld). v. l. प्रति. — Mit विप्र *trennen von* (Instr.), so v. a. *berauben.* Pass. *getrennt werden von* (Instr.). विप्रयुक्त *getrennt,* — *von, fernseiend* —, *frei von, ohne* — *seiend;* die Ergänzung im Instr. oder im Comp. vorangehend. सर्वतस् *entblösst von Allem.* आकरैर्विप्रयुक्तार्थाः so v. a. *keine Reichthümer aus Minen beziehend.* — Caus. *trennen von* (Instr.), so v. a. *berauben* und auch *befreien von.* — Mit संप्र *anschirren, bespannen.* Nur °युक्त. — 2) Pass. *verbunden werden, sich verbinden,* — *mit* (Instr.), *hinzugefügt werden, sich* (äusserlich) *anschliessen; sich fleischlich vermischen mit* (Instr.). °युक्त *a) verbunden, vermischt, verbunden* —, *vereinigt* —, *versehen mit* (Instr. oder im Comp. vorangehend) Hemâdri 1,266,17. — *b) in Berührung gekommen mit* (Instr.). — *c)* Du. *feindlich aneinander gekommen.* — *d)* am Ende eines Comp. *beschäftigt mit.* — *e) gebunden an, abhängig von* (Loc.). — 3) *in Thätigkeit setzen, freien Lauf gewähren* in असंप्रयुञ्जन्त Nachtr. 4. — 4) *Jmd antreiben.* Nur °युक्त (64,20) und °युक्तवन्त्. — 5) *ausführen, vortragen* (einen Gesang). Nur Pass. — 6) *Jmd mit Etwas* (Instr.) *verbinden,* so v. a. *veranlassen zu.* Nur °युज्य. — 7) Pass. *theilhaftig werden, sich schuldig machen;* mit Instr. — 8) संप्रयुक्त *der seine ganze Aufmerksamkeit auf einen Gegenstand gerichtet hat.* — Caus. 1) *ausrüsten, fertig machen.* — 2) *vereinigen, verbinden,* — *mit* (Instr.). — 3) *vorbringen* (eine Frage). — 4) *anwenden, gebrauchen.* — Mit प्रति 1) *befestigen an* (Acc.). — 2) *abtragen* (eine Schuld) MBh. 9,5,44. — Caus. *auflegen* (den Pfeil auf den Bogen). — Mit वि 1) *ablösen, trennen;* Pass. *getrennt werden,* — *von* (Instr.). वियुक्त *getrennt;* Du. *uneins.* — 2) Act. Med. *befreien von, bringen um* (Instr., selten Abl.). Pass. *befreit werden von, verlustig gehen, kommen um* (Instr.); in dieser Bed. auch वियोक्ष्यावस् und वियुज्य. वियुक्त *getrennt von* (Instr. oder im Comp. vorangehend), *ermangelnd, frei von, los* —. — 3) Med. *verlassen, von Jmd weichen;* mit Acc. Kir. 2,49. — 4) Med. und Pass. *sich lösen, erschlaffen, nachlassen, weichen.* — 5) वियोक्ष्यसि MBh. 5,7362 fehlerhaft für विमोक्ष्यसि. — Caus. 1) *trennen.* वियोजित *getrennt von* (Instr. oder im Comp. vorangehend). — 2) *Jmd befreien von* (Abl.). — 3) *Jmd bringen um* (Instr.). वियोजित *gebracht um* (Instr. oder im Comp. vorangehend). — 4) *rauben.* — 5) *subtrahiren* Lîlâv. 8, 20. — Mit सम् 1) Act. *verbinden, in Zusammenhang bringen, zusammenbringen, vereinigen.* Pass. mit रत्या oder ग्राम्यधर्मतया *sich fleischlich vermischen.* संयुक्त (TS. 2,5,3,5) *verbunden, zusammengefügt, unmittelbar aufeinander folgend* (Consonanten). Pl. *alle insgesammt.* संयुक्तमेतत्क्षरमक्षरं च so v. a. *sowohl vergänglich als auch unvergänglich. Verbunden* auch so v. a. *verwandt.* — 2) Act. *binden, fesseln* Vaitân. — 3) Pass. *sich verbinden* (auch ehelich) —, *zusammenkommen* —, *zusammentreffen mit* (Instr.). संयुक्ता

ehelich verbunden mit (Instr.). — 4) Act. versehen —, ausrüsten mit, theilhaftig werden lassen; Pass. theilhaftig werden; mit Instr. संयुक्त verbunden —, versehen —, ausgestattet —, angefüllt mit (Instr. oder im Comp. vorangehend). — 5) Act. Du. sich verbünden. — 6) Act. den Geist richten auf (Loc.). — 7) संयुक्त a) am Ende eines Comp. verbunden mit, so v. a. in Verbindung —, in Beziehung stehend zu, betreffend. सुरासुरसंयुक्तं युद्धम् so v. a. der Kampf der Götter mit den Asura. — b) gesteckt —, versetzt in (Loc.). — Caus. 1) schirren, bespannen, anspannen. — 2) zusammenhalten, bändigen (die Sinne). — 3) ausrüsten (ein Heer). — 4) auflegen, abschiessen (ein Geschoss). — 5) den Blick, den Geist richten auf (Loc.). — 6) befestigen auf (Loc.). — 7) hinzufügen zu (Loc.). — 8) Jmd anstellen (an ein Amt). — 9) Etwas (Acc.) Jmd (Gen.) übergeben, einhändigen. — 10) verbinden, zusammenfügen, — bringen, — führen, — mit (Instr.). — 11) versehen —, beschenken mit, theilhaftig machen, ausstatten, — mit (Instr.). — 12) in's Werk setzen, thun, vollbringen, veranstalten. — 13) Med. sich vertiefen. — Mit अनुसम्, °अनुसंयुक्त begleitet von. — Mit अभिसम्, अभिसंयुक्त versehen —, behaftet mit (Instr.). — Caus. verbinden —, in Verbindung bringen mit (Instr.). — Mit उपसम्, °उपसंयुक्त verbunden —, versehen mit Hemâdri 1,641,7. — Caus. Jmd (Acc.) mit Etwas (Instr.) versehen. — Mit प्रति, प्रतिसंयुक्त mit einem Andern verbunden, an etwas Anderes gebunden MBh. 12,219,43. — Mit विसम्, विसंयुक्त getrennt von, ermangelnd, entbehrend, sich fernhaltend von, so v. a. nicht beobachtend, vernachlässigend; mit Instr.

2. युज् 1) Adj. a) zusammengejocht. Am Ende eines Comp. bespannt mit. — b) verbunden, vereinigt, verbunden —, versehen —, behaftet mit (Instr., gewöhnlich im Comp. vorangehend). — c) am Ende eines Comp. verbunden mit, so v. a. gewährend. — d) paarig, geradzahlig. — 2) m. a) das an demselben Wagen mitziehende Thier. — b) Gefährte, Genosse. — c) wohl Du. die Zwillinge im Thierkreise. — d) *Du. die beiden Açvin. — 3) Paar, Zweizahl.

युज in अयुज.

युजे Dat. Infin. zu 1. युज् RV. 8,41,6.

युज्य, युज्य 1) Adj. a) verbunden, verbündet, verwandt. — b) angemessen, passend, geeignet; gleichartig, zusammengehörig. — 2) n. a) Bund, Zusammengehörigkeit, Verwandtschaft. — b) जमदग्नेर्युज्यं दृशस्तोभम् Name eines Sâman. v. l. युग्य.

युञ्ज् (Nomin. युङ्) 1) Adj. a) zusammengejocht. — b) erregend, mit Gen. Bhaṭṭ. — 2) m. a) das an demselben Wagen mitziehende Thier. — b) Gefährte, Genosse Maitr. S. 4,4,6. (युङ्ङसि).

°युञ्जक Adj. vollziehend, übend.

युञ्जवत् m. N. pr. eines Berges Mârk. P. 130,12 fehlerhaft für मुञ्जवत्.

युञ्जान 1) Adj. Partic. von 1. युज्. — 2) m. a) *Wagenlenker. — b) ein Jogin Nîl. K.

*युञ्जानक Adj. das Wort युञ्जान enthaltend.

1. युत् Adj. in द्वेषोयुत्.

2.*युत्, योतते = द्युत्.

1. युत 1) Adj. s. u. 1. यु. — 2) *n. ein best. Längenmaass, = 4 Hasta.

2. युत Adj. s. u. 4. यु.

1.*युतक 1) Adj. verbunden. — 2) n. a) Paar. — b) ein best. Gewand, — Frauengewand, der Saum eines Gewandes, — Frauengewandes. — c) = चलनाग्र. — d) = शूर्पाग्र. — e) = संशय Zweifel oder संश्रय Zuflucht. — f) das Sichbefreunden.

2.*युतक n. = यौतक.

युतद्वेषस् Adj. von Feinden befreit.

युति f. 1) das Zusammentreffen, — kommen, — mit (im Comp. vorangehend). — 2) das Versehenwerden mit, in den Besitz Gelangen von (Instr. oder im Comp. vorangehend). — 3) Summe. — 4) die hinzuzuaddirende Zahl Bîǵag. 31.

युत्कार Adj. kämpfend.

युद्ध 1) Adj. s. u. 1. युध्. — 2) m. N. pr. eines Sohnes des Ugrasena VP.[2] 4,99. — 3) n. (adj. Comp. f. आ) Kampf, Schlacht. In der Astr. Planetenkampf, so v. a. Opposition.

युद्धक n. Kampf, Schlacht.

युद्धकाण्ड n. das Buch von der Schlacht, Titel des 6ten Buches in Vâlmîki's Râmâjaṇa und im Adhjâtmarâmâjaṇa.

युद्धकारिन् Adj. kämpfend. Nom. abstr. °रित्व n.

युद्धकीर्ति m. N. pr. eines Schülers des Çaṁkarâkârja.

युद्धगान्धर्व n. Schlachtmusik MBh. 2,5,9. R. 6,28,26.

युद्धजयार्णव m. Titel eines Abschnitts im Agnipurâṇa Burnell, T.

युद्धजयोपाय m. Titel eines Werkes.

युद्धतन्त्र n. Kriegswissenschaft Viddh. 98,1.

युद्धद्यूत n. der als Glücksspiel gedachte Kampf.

युद्धधर्म m. Kampf —, Kriegsrecht Mahâvirak. 88,21 (Pl.).

युद्धपुरी f. N. pr. einer Stadt. °माहात्म्य n.

युद्धप्रवीण Adj. kriegskundig Pr. P. 120.

युद्धभू f. und युद्धभूमि f. Kampfplatz, Schlachtfeld.

युद्धमय Adj. aus dem Kampf hervorgegangen, darauf beruhend.

युद्धमार्ग m. Sg. und Pl. die verschiedenen Arten des Kampfes.

युद्धमुष्टि m. N. pr. eines Sohnes des Ugrasena.

युद्धमेदिनी f. Kampfplatz, Schlachtfeld.

युद्धयोजक Adj. Kampf anwendend, kampflustig MBh. 5,33,9.

1. युद्धरङ्ग m. Kampfbühne, Kampfplatz.

2.*युद्धरङ्ग m. Bein. Kârttikeja's.

*युद्धवत् Adj. von युद्ध.

युद्धवस्तु n. Kriegsgeräthe.

युद्धवीर m. 1) ein Held in der Schlacht. — 2) Heroismus (als Rasa).

युद्धशालिन् Adj. tapfer.

*युद्धसार m. Pferd.

युद्धाचार्य m. Fechtlehrer.

युद्धाजित् m. N. pr. fehlerhaft für युधाजित्.

युद्धाधन् Adj. sich in die Schlacht begebend, sich in einen Kampf einlassend.

*युद्धिन् Adj. von युद्ध.

युद्धोन्मत्त 1) Adj. kampfberauscht. — 2) m. N. pr. eines Râkshasa.

युद्धोपकरण n. Kriegsgeräthe AV. Anukr. zu 6,126.

युद्भू f. Kampfplatz, Schlachtfeld.

1. युध्, युध्यते, auch Act. (in der nachvedischen Sprache nur metrisch) kämpfen, — mit (Instr. oder Instr. mit सह, समम्), — für oder um (Loc.), bekämpfen (mit Acc.); zuweilen im Kampfe überwinden. युद्ध bekämpft. — युध्यति angeblich गतिकर्मन्. — Caus. योधयति (metrisch auch Med.) 1) in Kampf verwickeln, zum Kampfe führen, kämpfen lassen. — 2) bekämpfen, glücklich bekämpfen. — 3) kämpfen lassen, so v. a. vertheidigen. — Desid. युयुत्सति (in der klass. Sprache nur metrisch), युयुत्सते zu bekämpfen Willens sein, sich zur Wehr setzen, bekämpfen wollen, kämpfen wollen mit (Instr.). — Caus. vom Desid. युयुत्सयति Jmd kampflustig machen Bhaṭṭ. — Intens. in यवीयुध्. — Mit अनु Jmd (Acc.) im Kampfe beistehen. — Mit अभि 1) bekämpfen, besiegen. — 2) erkämpfen. — 3) kämpfen, — mit (Instr.). — Mit आ bekämpfen. — Mit प्रा kämpfen mit (Instr.). — Mit उद् 1) streitig oder zornig sich gegen Jmd (Dat.) setzen, — auffahren. — 2) aufwallen (vom Wasser). — Mit नि kämpfen, — mit (सह, साकम्). — Mit प्र den Kampf beginnen, angreifen (mit Acc.), kämpfen. प्रयुद्ध im Kampfe begriffen, kämpfend. — Caus. 1) den Kampf eröffnen lassen. — 2) angreifen, bekämpfen. — Desid. kämpfen wollen, — mit (Instr.). — Mit संप्र den

Kampf beginnen, kämpfen. °युद्ध *im Kampfe begriffen, kämpfend.* — Mit प्रति *bekämpfen, siegreich bekämpfen, es mit Jmd* (Acc.) *im Kampfe aufnehmen; kämpfen.* °युद्ध *bekämpft.* — Caus. *bekämpfen, siegreich bekämpfen, es mit Jmd* (Acc.) *im Kampfe aufnehmen.* — Mit सम् *zusammen kämpfen, kämpfen mit* (Instr. oder Instr. mit सार्धम्), *bekämpfen* (mit Acc.). — Caus. 1) *zusammen in's Gefecht bringen.* — 2) *bekämpfen.* — Desid. *zu kämpfen Willens sein.* — Mit प्रतिसम् *einem Angriff gemeinschaftlich widerstehen.*

2. युध् 1) m. *Kämpfer.* — 2) f. *Kampf, Schlacht.*

युधये Dat. Infin. zu 1. युध् ṚV.

युधांश्रौष्टि m. N. pr. eines Mannes.

युधाजि m. desgl. Ârsh. Br.

युधाजित् 1) Adj. *durch Kampf siegend.* — 2) m. N. pr. verschiedener Männer.

युधाजीव m. N. pr. eines Mannes Ârsh. Br.

*युधान m. *Feind.*

युधामन्यु m. N. pr. eines Kriegers.

युधासुर m. Bein. eines Fürsten Nanda.

*युधिक (!) Adj. *kämpfend, streitend.*

युधिंगम (so die Hdschrr.) Adj. *in den Streit ziehend.*

युधिष्ठिर m. N. pr.; auch *Pl. 1) des ältesten im Ehebette Pâṇḍu's und der Kuntî vom Gotte Dharma erzeugten Sohnes. — 2) eines Sohnes des Kṛshṇa. — 3) verschiedener anderer Männer.

युधिष्ठिरविजय m. Titel eines Werkes Burnell, T.

(युधेन्य, युधेनिम Adj. *zu bekämpfen.*

युध्म m. 1) *Kämpfer.* — 2) **Schlacht.* — 3) **Pfeil.* — 4) **Bogen.* — 5) * = शरसंधान. — 6) * = शरभ.

युध्य Adj. in अयुध्य.

युध्यामाधि m. N. pr. eines Mannes.

युध्वन् Adj. *streitbar, kriegerisch.*

*युन्ध्, युन्धति v. l. für युन्ध्.

युप्, *युप्यति (विमोहने d. i. व्याकुलीकरणे. एकीकरणे, समीकरणे); zu belegen nur Perf. und युपित. 1) *verwischen, so v. a. verscheuchen, dem Auge entziehen.* — 2) *verwischen, so v. a. zerstören, verwirren.* — 3) *verwischt —, unsichtbar sein.* — Caus. योपयति *verwischen, dem Auge entziehen* Maitr. S. 1,2,7 (16,11). Mân. Çr. 3,4. Vgl. Caus. von 1. लुप्, लुप् mit सम्, लुभ् und लुभ् mit सम्. — Intens. योयुप्यते *glatt streichen, schlichten* Âpast. Çr. 2, 3,9. — Mit आ. आयुपिता योनिः Âpast. Çr. 1,4,11 Druckfehler für अयुपिता योनिः; vgl. Maitr. S. 1, 1,2. — Caus. *turbare.* — Mit सम् Caus. *verwischen, glätten.*

*युयु m. *Pferd.* Aufrecht vermuthet ययु.

*युयुक्खुर m. = तुरुव्याघ्र.

युयुक्षु Adj. mit Acc. *zu verbinden wünschend* Naish. 3,117.

युयुजानसप्ति Adj. *mit Rossen fahrend.*

युयुत्सा f. *Kampflust, Streitlust.*

युयुत्सु 1) Adj. *kampflustig, zu kämpfen verlangend mit* (Instr. mit und ohne सार्धम् u. s. w.). — 2) m. N. pr. eines Sohnes des Dhṛtarâshṭra.

युयुधन् m. N. pr. eines Fürsten von Mithilâ.

युयुधान m. 1) **ein Kshatrija.* — 2) *Bein. Indra's. — 3) N. pr. eines Sohnes des Satjaka.

युयुधि Adj. *zum Streit sich rüstend, gerüstet* ṚV. 10,115,4.

युयुवि Adj. Padap. st. यूयुवि.

1. युव Pron. s. u. 1. यु 1).

2. युव = युवन् in प्रतियुवम् (Nachtr. 5).

युवक m. *Jüngling* Çâktân. 1.

*युवखलति (f. ई) *als junger Mann (junges Mädchen) schon kahlköpfig.*

*युवगण्ड m. *Ausschlag auf dem Gesicht junger Leute.*

*युवजरत् Adj. (f. °रती) *als junger Mann (junges Mädchen) schon alt erscheinend.*

युवजानि Adj. *ein junges Weib habend.*

युवते s. u. 1. यु 1).

युवता f. *Jugend* Subhâshitâv. 2149.

युवति und युवती 1) Adj. f. und Subst. *jung, Jungfrau, junges Weib.* So heissen Ushas, die Finger, (Du.) Nacht und Morgen, Himmel und Erde. *इभ° *ein junges Elephantenweibchen.* Am Ende eines adj. Comp. f. statt युवन् *Jüngling.* — 2) Adj. als Beiw. eines *Pfeils* wohl so v. a. *eben abgeschossen;* vgl. jedoch युवा. — 3) f. *a) die Jungfrau im Thierkreise.* — *b) *Gelbwurz.*

युवतिदा Adj. *Jungfrauen verleihend* Âpast. Çr. 17,5.

*युवतीष्टा f. *gelber Jasmin* Râǵan. 10,98.

युवत्व n. *Jünglingsalter, Jugend* Sâj. zu ṚV. 10. 39,8 (युवत्र fehlerhaft).

युवद्देवत्य Adj. *euch beide zur Gottheit habend.*

युवद्र्यक् Adv. *nach euch beiden gerichtet.*

युवधित Adj. *von euch beiden eingesetzt, geordnet.*

युवन् (schwach यून्) 1) Adj. (*f. यूनी) und Subst. *jung, Jüngling, ein junger Mann* (nach Râǵan. 18,16 bis zum 30sten Jahre). So heissen Indra, Agni, die Marut und andere Götter. — 2) m. *a) in der Grammatik ein jüngerer Nachkomme eines Mannes bei Lebzeiten eines älteren.* — *b) das 9te Jahr im 60jährigen Jupitercyclus.* — *c) *ein 60jähriger* (!) *Elephant* Gal.

युवनाश्व m. N. pr. verschiedener Männer, unter andern des Vaters des Mândhâtar. *°ज m. Patron. Mândhâtar's.

युवन्त Adj. *jung.* युवन्तम् (!) Suparn. 7,4.

युवन्यु Adj. *jugendlich sich gebärdend.*

*युवपलित Adj. (f. आ) *als junger Mann (junge Frau) schon grauhaarig.*

युवप्रत्यय m. *ein Suffix, welches* Juvan *genannte Patronymica bildet.*

युवमारिन् Adj. *jung sterbend* Âpast. Vgl. अ°.

युवयु Adj. *nach euch beiden verlangend.*

युवराज m. 1) *Kronprinz und Mitregent.* Nom. abstr. °त्व n. — 2) *Bein. Maitreja's, des zukünftigen Buddha. — 3) N. pr. eines Dichters Sarasvatîk.

युवराजदिवाकर m. N. pr. eines Dichters Sarasvatîk.

युवराजन् m. = युवराज 1).

युवराज्य n. *die Würde eines Kronprinzen und Mitregenten.*

युवल n. *ein best. Metrum* Maitr. S. 2,8,2.

*युववलिन Adj. (f. आ) *schon als junger Mann (junge Frau) Runzeln habend.*

युवश Adj. *jugendlich;* m. *Jüngling.*

युवसेन m. N. pr. eines Dichters Sarasvatîk.

युवहन् Adj. (f. °घ्नी) *das Kind tödtend* Kâraka 1,19.

युवा f. heisst *ein Pfeil* Agni's.

युवाकु Adj. *euch beiden angehörig, — ergeben.* Bisweilen flexionslos in Verbindung mit einem Gen. oder Dat.

युवादत्त Adj. *euch beiden gegeben.*

युवानक Adj. *jung* Hemâdri 1,717,9.

युवानीत Adj. *euch beiden gebracht.*

युवाम N. pr. einer Stadt.

युवायु Adj. *nach euch beiden verlangend.*

युवायुज् Adj. *für euch beide — oder durch euch beide geschirrt.*

युवावत् Adj. *euch beiden gehörig.*

युवी Adv. mit भू *jung werden.*

युष्टग्राम m. N. pr. eines *Dorfes.*

युष्म und युष्मत् s. u. 1. यु 2).

युष्मत्तस् Adv. *vor euch* (sich fürchtend) R. 7,8,7.

युष्मदीय 1) Adj. *euer.* — 2) m. *ein Landsmann von dir* 322,6.

युष्मद्विध Adj. *einer von eures Gleichen.*

युष्मय्, *°यति Denomin. von युष्म. युष्मयन्त् *euch suchend.*

युष्मा॑क Adj. (f. आ) *euer.* युष्मा॑कम् s. u. 1. यु 2).

युष्मा॑दत्त Adj. *von euch gegeben.*

युष्मादृश् und °दृश Adj. *einer von eures Gleichen.*

युष्मा॑नीत Adj. *von euch geleitet.*

युष्मा॑वत् Adj. *euch gehörig.*

युष्मे॑षित Adj. *von euch gesandt.*

युष्मो॑त Adj. *von euch geschützt, — geliebt.*

*यू m. *Brühe.*

यू॑क m. und (häufiger) यूका f. *Laus.* Auch als Längenmaass Agni-P. 39,20.

यूकदेवी f. N. pr. einer *Fürstin.*

*यूकर gaṇa कृशाश्वादि.

यूति f. Nom. act. in *गो° und *बहिर्यूति (Nachtr. 4).

यू॑थ 1) m. n. (in der älteren Sprache nur dieses) *Schaar, Heerde, Menge* überh. Am Ende eines adj. Comp. f. आ. — 2) *f. यूथी *eine Art Jasmin.*

यूथक am Ende eines adj. Comp. = यूथ 1).

यूथग m. *eine best. Götterschaar unter* Manu Kâkshusha.

यूथचारिन् Adj. Pl. *in Schaaren umherziehend.*

यूथता f. Nom. abstr. von यूथ 1).

यूथत्वा f. dass. Dat. यूथत्वायै Kauç. 24. AV. Pariç. 18.

यूथनाथ m. *Beschützer —, Haupt einer Schaar, — Heerde.*

यूथप m. (adj. Comp. f. आ) *Hüter —, Haupt einer Schaar, — Heerde* (insbes. eines *Elephantentrupps*).

यूथपति m. dass.

यूथपरिभ्रष्ट Adj. (f. आ) *aus der Heerde verlaufen.*

*यूथपशु m. *eine best. Abgabe.*

यूथपाल m. = यूथप.

यूथभ्रष्ट Adj. = यूथपरिभ्रष्ट.

यूथमुख्य m. *das Haupt einer Schaar.*

*यूथर Adj. von यूथ.

यूथशस् Adv. *schaaren —, heerdenweise.*

यूथहृत Adj. = यूथपरिभ्रष्ट.

यूथाग्रणी m. *das Haupt einer Schaar.*

यूथिका f. 1) *Jasminum auriculatum.* — 2) **Kugelamaranth.* — 3) **Clypea hernandifolia.*

1.*यूथी f. s. यूथ 2).

2. यूथी Adv. mit कर् *zu einer Heerde machen, in eine H. vereinigen.*

यूथ्य, यूथि॑अ 1) Adj. *zur Heerde gehörig.* Am Ende eines Comp. *zur Schaar —, zur Heerde von — gehörig.* — 2) f. आ *Heerde, Rudel.*

यून्, यूना s. u. युवन्.

यून n. *Band, Schnur.*

यूनर्वन् m. von unbekannter Bed.

*यूनि f. *Verbindung, Vereinigung.*

यू॑प m. 1) *Pfosten, Balken, Säule;* insbes. *der Pfosten, an welchen das Opferthier gebunden wird.* Nom. abstr. यूपत्व॑ n. TS. 6,3,4,7. — 2) *eine best. Constellation von der Gattung* Âkṛtijoga, *wenn nämlich alle Planeten in den Häusern 1, 2, 3 und 4 stehen.*

यूपक 1) m. = यू॑प 1) Njâjam. 3,1,16 (metrisch). Insbes. am Ende eines adj. Comp. — 2) *n. *ein best. Holz* Râǵan. 9,97.

*यूपकटक m. als Erklärung von चषाल.

*यूपकर्ण n. *die mit Ghee bestrichene Stelle eines Opferpfostens.*

यूपकवत् Adj. *wobei ein Opferpfosten sich befindet* Comm. zu Âçv. Çr. 9,2,3.

यूपकेतु m. Bein. des Bhûriçravas.

यूपकेशिन् m. N. pr. eines Dâmons Mân. Gṛhj. 2,14.

यूपच्छेदन n. *das Abhauen des Opferpfostens* Kâtj. Çr. 7,1,34.

*यूपदारु n. *Holz zu einem Pfosten* Sch. zu P. 1,2,43. 6,2,43.

*यूपद्रु und *°द्रुम m. *Acacia Catechu* Râǵan. 8,26.

यूपध्वज Adj. *einen Opferpfosten zur Fahne habend* als Beiw. des personificirten *Opfers.*

यूपमूर्ध m. *der Kopf eines Opferpfostens* Mân. Çr. 1,8,2.

यूपलक्षण n. Titel eines Pariçishṭa des Kâtjâjana.

*यूपलक्ष्य m. *Vogel.*

यूपवत् Adj. *wobei ein Opferpfosten sich befindet.*

यूपवासस् n. *ein am Opferpfosten hängendes Gewand* Vaitân.

यूपवाह॑ Adj. *den Pfosten herbeiführend.*

यूपवेष्टन n. 1) *das Umwinden des Opferpfostens* Kâtj. Çr. 14,1,20. — 2) Pl. *die zum Umwinden des Opferpfostens gebrauchten Tücher* Kâtj. Çr. 14,5,35.

यूपव्रस्क॑ Adj. *den Pfosten behauend.*

यूपशकल॑ m. *ein Spahn vom Opferpfosten* Çat. Br. 3,7,1,22.

यूपाक्ष oder यूपाख्य m. N. pr. eines Râkshasa.

यूपाङ्ग n. *Etwas zum Opferpfosten Gehöriges* Gaim. 4,4,23.

यूपावट m. *die Grube, in welche der Opferpfosten gestellt wird,* Âpast. Çr. 7,3,10. 9,6. Mân. Çr. 5,2,12.

यूपावट्य Adj. von यूपावट. m. mit Ergänzung von शङ्कु Kâtj. Çr. 16,7,31.

यूपाहुति f. *das Opfer bei Errichtung des Opferpfostens* Âpast. Çr. 7,1,7.

यूपी Adv. mit कर् *zu einem Opferpfosten bearbeiten* Comm. zu Njâjam. 10,1,9.

यूपीय Adj. *zu einem Opferpfosten geeignet* Comm. zu Njâjam. 10,1,11.

यू॑पैकादशिनी f. *eine Elfzahl von Pfosten* Vaitân.

यूपोलूखलिक Adj. *mit Opferpfosten und Mörsern versehen* MBh. 3,129,14.

यूप्य Adj. = यूपीय Âpast. Çr. 7,1,15. 19.

यूय॑म् s. u. 1. यु 2).

यू॑युधि (Padap. यु॑युधि) = यु॑युधि RV. 10,149,4.

यू॑युवि (Padap. यु॑युवि) Adj. *beseitigend.*

*यूष्, यूषति (हिंसायाम्).

यूष 1) m. n. *Fleischbrühe, Brühe* überh., *jus.* — 2) *m. *der indische Maulbeerbaum.*

यूष॑न् (nur in den schwachen Casus) = यूष 1) Âpast. Çr. 7,24,12. Comm. zu 9,19,9.

यू॑स् dass. Nur Nomin. यू॑स् zu belegen.

ये॑न (Instr. von 1. य) als Adv. und Conj. 1) *nach welcher Richtung, wohin.* — 2) *wo* Kâraṇḍ. 79,8. 89,3. — 3) *auf welche Weise.* — 4) **wie in Bezug auf* (Acc.). — 5) *woher, warum, weswegen, wodurch, in Folge wessen.* — 6) *dass, quod, da* 38,23. 107,18. — 7) *weil, da.* — 8) *auf dass, damit;* mit Potent. oder Praes. (300,32). — 9) *ut, dass* (einem *so, talis* entsprechend); mit Potent., Praes. oder Fut. auf तत्.

*येमन n. = जेमन *das Essen, Verspeisen.*

येयजामहे m. so heisst *der Spruch* ये यजामहे, auf welchen die Jâǵjâ folgt, Âpast. Çr. 5,28,9.

ये॑वाष m. *ein best. schädliches kleines Thier, Insect* oder dgl. Vgl. यवाष.

1. येष्, येषति *wallen, sprudeln.* — Mit निस् *herausquellen, ausschwitzen.*

2.*येष्, येषते (प्रयत्ने) v. l. für पेष्.

येष्टिह m. als Bez. bestimmter Muhûrta.

ये॑ष्ठ (dreisilbig) Adj. *am meisten —, am schnellsten gehend* oder *fahrend.*

*योक् Indecl. Vgl. ज्योक्.

योक्त॑र् Nom. ag. 1) *Anschirrer, Anspanner, Wagenlenker.* — 2) vielleicht *der in Thätigkeit setzt.* — 3) *seine Bemühungen richtend auf* (Loc.) Âpast.

योक्तव्य॑ 1) Adj. a) *in's Werk zu setzen, anzuwenden* (Strafe), *woran man zu gehen hat.* — b) *anzustellen* (an ein Geschäft, Loc.). — c) *zu versehen —, auszustatten mit, theilhaftig zu machen;* mit Instr. — d) *zu sammeln, auf einen Punct zu richten.* — 2) n. impers. *sich zu rüsten zu* (Loc.)

यो॑क्त्र n. *Strick, Seil, Gurt; das Band* am Besen.

योक्त्रपाश m. Mân. Çr. 1,3,5. 2,1,4. Gṛhj. 1,11. 14; vgl. Vaitân. 4,11. Vgl. दृ॑श°.

योत्क्रक n. dass.

योत्क्रय्, °यति *umbinden, umschlingen* MBh. 4,22,74.

योग 1) m. (adj. Comp. f. आ) a) *das Anschirren.* योगो योगः so v. a. *angespannt! angespannt!* — b) *Anschirrung,* so v. a. *Fahrt.* — c) *Gespann, Gefährt, Geschirr* 85,8. — d) *das Rüsten* (eines Heeres). — e) *das Auflegen* (eines Pfeiles) MBh. 6,112,5. — f) *das Anstellen, Insweksetzen, Ausführung, Anwendung, Gebrauch,* — *von* (Gen. oder im Comp. vorangehend). — g) *Anwendung eines Medicaments, Mittel, Kur.* — h) *Mittel* überh., — *zu* (Dat.), *schlaues Mittel, Kniff.* योगेन *unter Anwendung eines Mittels, auf eine schlaue Weise;* बहुभिर्योगैः *durch verschiedene Mittel.* — i) *ein übernatürliches Mittel, Zauber.* — k) *Betrug;* am Anfange eines Comp. so v. a. *pseudo* —. — l) *Unternehmen, Werk, Geschäft, That.* — m) *Gelegenheit.* — n) *Verbindung, Vereinigung, das Zusammentreffen, Berührung,* — *mit* (Instr., Instr. mit सह oder im Comp. vorangehend). योगम् mit इ *sich einigen, sich fügen, nachgeben.* — o) *Verbindung verschiedener Stoffe, Mischung, Gemisch.* — p) *Zusammenhang, Beziehung, Relation.* °योगात्, °योगतस् und °योगेन *vermittelst, in Folge von, gemäss.* — q) *Verbindung mit* (Instr. oder im Comp. vorangehend), so v. a. *das Theilhaftwerden.* — r) *Erwerb, Gewinn.* — s) *Zusammenstellung, Reihenfolge, Anordnung.* — t) *Summation, Summe.* — u) *das Passen zu einander, Angemessenheit.* योगेन und योगतस् *wie es sich gebührt, auf die richtige Weise.* — v) *Anspannung der Kräfte, Bemühung, Fleiss, Aufmerksamkeit.* योगतस् *mit Anspannung der Kräfte* u. s. w. तद्योग Adj. *darin geübt,* — *erfahren* Âpast. 2,10,10. पूर्णेन (auch हृत्पूर्णेन) योगेन so v. a. *aus vollem Herzen, aus unwiderstehlichem Drange.* — w) *Sammlung* —, *Concentration der Geistesthätigkeit, feste Richtung der Erkenntniss auf einen Punct, Meditation, Contemplation; die zur Kunstfertigkeit erhobene Contemplation; die systematische Begründung derselben, der* Joga *als ein bestimmtes philosophisches System* (als Gründer desselben gilt Jâǵnavalkja). Auch *eine einzelne Handlung, welche dem* Joga *förderlich ist.* Der personificirte Joga ist ein Sohn Dharma's. — x) im Sâṁkhja *die Einheit der Seele und der Natur.* — y) bei den Pâçupata *die Verbindung der Einzelseele mit Gott oder der Allseele.* — z) bei den Pâñkarâtra *Andacht, andächtiges Suchen Gottes.* — aa) bei den Ǵaina *Berührung mit der Aussenwelt.* — bb) *Etymologie, Ableitung der Bedeutung eines Wortes aus seiner Wurzel, die aus der Etymologie sich ergebende Bedeutung eines Wortes.* — cc) *Abhängigkeit eines Wortes von einem andern, Rection, Construction.* — dd) *eine grammatische Regel.* — ee) in der Astr. α) *Conjunction.* — β) *Constellation.* — γ) *eine best. Zeiteintheilung;* es wird eine Gruppe von 27 und eine andere von 28 angenommen. — ff) *ein Anhänger des* Joga-*Systems* Çaṁk. zu Bâdar. 2,1,3. — gg) **einer der das Vertrauen missbraucht, Verräther;* vgl. 1) k). — hh) **Späher.* — ii) N. pr. eines Autors. — 2) f. योगा a) *eine best.* Çakti. — b) Bein. der Pîvarî, einer Tochter der Manen Barhishad.

योगकक्षा f. = योगपट्ट.

योगकन्या f. Name der zur Göttin erhobenen Tochter der Jaçodâ, die Kaṁsa in der Meinung, dass sie ein Kind der Devakî sei, um's Leben gebracht hatte.

योगकर m. *ein best.* Samâdhi Kâraṇḍ. 52,11. 93,5.

योगकरण्डक N. pr. 1) m. eines Ministers des Brahmadatta. — 2) f. °ण्डिका einer Bettelnonne.

योगकुण्डलिनी und °कुण्डल्युपनिषद् (Opp. Cat. 1) f. Titel einer Upanishad.

योगक्षेम m. Sg. und Pl. (in der späteren Sprache auch m. Du. und n. Sg.) *Besitz des Erworbenen, Erhaltung des Vermögens; Vermögen, Subsistenz; Wohlfahrt.* Wird gewöhnlich erklärt als *Erwerb und Erhaltung des Besitzes.* Gaut. 28,46 *zu frommen Zwecken bestimmtes Vermögen.* योगक्षेमाशङ्कम् Adv. Kauç. 126. 127.

योगक्षेमवन्त् Adj. *zu frommen Zwecken bestimmtes Vermögen besitzend* Bṛhaspati bei Aparârka.

योगगति f. *Vereinigung, das Zueinswerden.*

योगगामिन् Adj. *mittelst Zauberkraft* (durch die Luft) *gehend* VP. 5,32,24.

योगचक्षुस् Adj. *bei dem die Meditation das Auge vertritt* (Brahman).

योगचन्द्रिका f. Titel eines Werkes.

***योगचर** m. Bein. Hanumant's.

योगचर्या f. (Burnell, T.), योगचिन्तामणि m. und योगचूडोपनिषद् f. (Opp. Cat. 1) Titel von Werken.

योगचूर्ण n. *magisches Pulver.*

योगज 1) Adj. *durch Meditation* —, *durch* Joga *hervorgerufen.* — 2) *n. *Agallochum.*

योगतत्त्व n. 1) *das Wesen des* Joga. — 2) Titel einer Upanishad. Auch °तत्त्वोपनिषद् f. Opp. Cat. 1.

योगतन्त्र n. 1) Joga-*Lehre, ein über den* Joga *handelndes Werk.* — 2) Bez. einer Klasse von Werken bei den Buddhisten.

योगतरंग m. Titel eines Werkes.

योगतल्प n. Joga-*Lager,* so v. a. योगनिद्रा.

योगतारका und °तारा f. *der Hauptstern eines Mondhauses.*

योगतारावली f. Titel eines Werkes.

योगत्व n. *das* Joga-*Sein.*

योगदण्ड m. *Zauberstab* Ind. St. 15,384.

योगदीपिका f. Titel eines Werkes.

योगदृष्टिसमुच्चयव्याख्या f. desgl. Bühler, Rep. No. 758.

योगदेव m. N. pr. eines Ǵaina-Autors.

योगधर्मिन् Adj. *der Meditation* —, *dem* Joga *huldigend.*

योगनन्द m. *der falsche* Nanda.

योगनाथ m. *Herr des* Joga, Beiw. 1) Çiva's. — 2) Datta's.

***योगनाविक** m. *ein best. Fisch.*

योगनिद्रा f. *halb Meditation, halb Schlaf; ein Zustand zwischen Schlaf und Wachen, leichter Schlaf* Vikramâṅkak. 18,105. Insbes. Vishṇu's *Schlaf am Ende eines* Juga. Wird auch personificirt.

***योगनिद्रालु** m. Bein. Vishṇu's.

योगनिलय m. Bein. Çiva's.

योगंधर m. 1) *ein best. über Waffen gesprochener Zauberspruch.* v. l. यौगंधर. — 2) N. pr. verschiedener Männer.

योगन्यास m. Titel eines Werkes Opp. Cat. 1.

योगपट्ट (Hemâdri 2,a,114,2) und °क (Harshak. 74,15) m. *das bei der Contemplation um Rücken und Kniee geschlungene Tuch.*

योगपति m. *Herr des* Joga (Vishṇu).

योगपत्नी f. *Gattin des* Joga, Bein. der Pîvarî.

योगपथ m. *der zum* Joga *führende Weg.*

योगपद n. *der Zustand der Contemplation.*

योगपदक n. fehlerhaft für योगपट्टक.

योगपातञ्जल 1) m. *ein Anhänger des* Patańǵali *als* Joga-*Lehrers.* — 2) wohl n. Patańǵali's Jogasûtra Opp. Cat. 1.

योगपादुका f. *Zauberschuh* Ind. St. 15,329 u. s. w.

योगपारग Adj. als Beiw. Çiva's.

योगपीठ n. *eine best. Art zu sitzen bei der Contemplation.*

योगबीज n. Titel eines Werkes.

योगभारक m. *ein Schulterjoch zum Tragen von Lasten* Harshak. 72,8. 14 (233,7. 15).

योगभावना f. *composition by the sum of the products.*

योगभाष्य n. und योगभास्कर m. Titel von Werken.

योगभ्रष्ट Adj. *um die Contemplation gekommen* Comm. zu Âpast. Çr. 9,4,5.

योगमञ्जरी f. (Opp. Cat. 1) und योगमणिप्रभा f. Titel von Werken.

योगमय Adj. (f. ई) *aus der Contemplation —, aus dem* Joga *hervorgegangen.*

योगमल्लिमन् m. Titel eines Werkes.

योगमातर् f. 1) *Mutter des* Joga. — 2) Bein. der Pîvarî.

योगमाया f. 1) *Zauber* 138,28. — 2) *die* Mâjâ *der Contemplation.*

योगमार्ग m. = योगपथ Çiç. 14,64. Çaṅk. zu Bâdar. 2,1,18 (S. 417, Z. 2).

योगमार्तण्ड m., योगमाला f. und योगमुक्तावली f. Titel von Werken.

योगमूर्तिधर m. Pl. *eine best. Klasse von Manen.*

योगयाज्ञवल्क्य n., °गीता f. (Burnell, T.) und °स्मृति f. (Bühler, Rep. No. 363) Titel von Werken.

योगयात्रा f. 1) *der Gang zur Versenkung des Geistes, — zum* Joga. — 2) Titel eines astrol. Werkes des Varâhamihira.

योगयुक्त Adj. *in tiefes Nachdenken versunken, dem* Joga *obliegend.*

योगयुक्ति f. *Vertiefung in den* Joga Kâçikh. 3,78.

योगयुज् Adj. *der sich so eben dem* Joga *ergeben hat* VP. 6,7,33. 55. 72.

योगयोगिन् Adj. = योगयुक्त.

*योगर m. *Bez. der Figuren auf einer damascirten Säbelklinge* Gal.

*योगरङ्ग m. *Orangenbaum* Râgan. 11,174.

योगरत्न n. 1) *Zauberjuwel.* — 2) Titel eines medic. Werkes.

योगरत्नमाला f., °रत्नसमुच्चय m. (Opp. Cat. 1), °रत्नाकर m. und °रत्नावली f. Titel von Werken.

योगरथ m. *der* Joga *als Wagen.*

योगरसायन n. und योगरहस्य n. Titel von Werken.

योगराज m. 1) *ein best. medic. Präparat* Bhâvapr. 3,94. Mat. med. 96. Karaka 6,18. — 2) *ein Fürst —, ein Meister im* Joga.

योगराजगुग्गुलु m. *ein best. medicinisches Präparat* Bhâvapr. 4,179. Mat. med. 133.

योगराजोपनिषद् f. Titel einer Upanishad.

योगरूढ Adj. von Wörtern, *die neben ihrer etymologischen weiteren Bedeutung noch eine engere haben.* Nom. abstr. °ता f.

योगरोचना f. *eine best. Zaubersalbe.*

योगवत् Adj. 1) *verbunden, vereinigt.* — 2) *der Contemplation —, dem* Joga *obliegend.*

योगवर्तिका f. *Zauberdocht.*

°योगवह Adj. *vermittelnd, fördernd.*

योगवाचस्पत्य n. und योगवार्त्तिक n. Titel von Werken.

योगवासिष्ठ n. Titel eines Werkes. °तात्पर्यप्रकाश m., °शास्त्र n., °सार, °सारचन्द्रिका f., °सारविवृति f. und °सारसंग्रह m. Titel dazu gehöriger Werke.

योगवासिष्ठीय Adj. *zum* Jogavâsishtha *gehörig.*

योगवाह 1) m. fehlerhaft für अयोगवाह. — 2) *f. ई a) *Alkali.* — b) *Honig* (als f.!). — c) *Quecksilber* (als f.!).

योगवाहक Adj. *auflösend* (in chemischem Sinne) Râgan. 13,111.

योगवाहिन् 1) Adj. a) *ein Anderes in sich aufnehmend, — sich assimilirend* Bhâvapr. 1,29. — b) vielleicht *Ränke schmiedend.* Nom. abstr. °हित्व n. — 2) n. *Auflösungsmittel, Menstruum.*

योगविद् Adj. 1) *die rechten Mittel —, die rechte Weise kennend, wissend was sich schickt, — sich gebührt.* — 2) *mit dem* Joga *vertraut.*

योगविद्या f. Joga-*Kenntniss, der* Joga (als System) Prasannar. 50,23.

योगविभाग m. *Spaltung einer grammatischen Regel, indem man aus dem, was zu einander gehört und in einer Regel gesagt werden könnte, zwei Regeln macht,* 232,12. 236,29. 240,6.

योगवृत्तिसंग्रह m., योगशत n., योगशतक n. (Burnell, T.) und °शतकाख्यान n. Titel von Werken.

योगशब्द m. 1) *das Wort* Joga. — 2) *ein Wort, dessen Bedeutung sich aus der Etymologie von selbst ergiebt.*

योगशरीरिन् Adj. *dessen Leib* Joga *ist.*

योगशायिन् Adj. *halb schlafend, halb in Gedanken versunken.*

योगशास्त्र n. Joga-*Lehre* (unter andern die des Patańgali). °सूत्रपाठ m. Titel eines Werkes.

योगशिक्षा f. wohl nur fehlerhaft für योगशिखा.

योगशिखा f. und °शिखोपनिषद् f. (Opp. Cat. 1) Titel einer Upanishad.

*योगस n. = समाधि und काल.

योगसंग्रह m. Titel eines Werkes.

योगसमाधि m. *die dem* Joga *eigenthümliche Versenkung des Geistes.*

योगसार 1) *ein Universalmittel* Bhâvapr. 4,229. — 2) m. Titel eines Werkes Burnell, T. °संग्रह m., °समुच्चय m. und °सारावलि f. (Opp. Cat. 1) desgl.

योगसिद्ध 1) Adj. *durch* Joga *im Zustande der Vollkommenheit seiend.* — 2) f. आ N. pr. einer Schwester Bṛhaspati's VP. 1,15,118.

योगसिद्धान्तचन्द्रिका f. Titel eines Werkes.

योगसिद्धि f. *gleichzeitiges Zustandekommen* Gaim. 4,3,28.

योगसिद्धिप्रक्रिया f. Titel eines Werkes.

योगसिद्धिमन्त् Adj. *in der Zauberkunst erfahren.*

योगसुधाकर m. (Burnell, T.) und °सुधानिधि m. Titel von Werken.

योगसूत्र n. das dem Patańgali zugeschriebene Sûtra *über* Joga. °गूढार्थद्योतिका f., °चन्द्रिका f. (Burnell, T.), °भाष्य n., °वृत्ति f., °व्याख्यान n. und °सूत्रार्थचन्द्रिका f. Titel dazu gehöriger Werke.

योगस्वामिन् m. *ein Meister im* Joga Hemâdri 2,a,114,9.

योगहृदय n. Titel eines Werkes.

योगाग्निमय Adj. *durch's Feuer des* Joga *hindurchgegangen.*

योगाङ्ग n. *ein Bestandtheil des* Joga, deren acht, sieben und auch sechs angenommen werden. Vgl. Prasannar. 50,23.

1. योगाचार m. 1) *die Observanz des* Joga. — 2) *ein best.* Samâdhi Kâraṇḍ. 83,10. — 3) Titel eines Werkes.

2. योगाचार m. Pl. *eine best. buddhistische philosophische Schule* Comm. zu VP. 3,18,17. Sg. *ein Anfänger dieser Schule.* °भूमिशास्त्र (Conj. für योगाचार्य°) n. Titel eines Werkes.

योगाचार्य m. 1) *ein Lehrer der Zauberkunst.* — 2) *ein Lehrer des* Joga. — 3) fehlerhaft für 2. योगाचार.

योगाञ्जन n. 1) *Heilsalbe.* — 2) *der* Joga *als Salbe.*

योगात्मन् Adj. *dessen Wesen der* Joga *ist, dem* Joga *obliegend.*

योगानन्द m. 1) *die Wonne des* Joga. — 2) fehlerhaft für योगनन्द.

योगानन्दप्रहसन n. Titel eines Werkes Burnell, T.

योगानुगता f. N. pr. einer Kiṁnara-Jungfrau Kâraṇḍ. 6,22.

योगानुशासन n. *die* Joga-*Lehre* Patańgali's. °सूत्र n. und °सूत्रवृत्ति f. Titel von Werken.

योगान्त (im Comp.) und योगान्तिका Adj. f. (sc. गति) Bez. *einer der sieben Theile, in welche nach* Parâçara *die Bahn Mercurs getheilt wird* (umfasst Mûla und die beiden Ashâḍhâ.

योगापत्ति f. *Modification des Gebrauchs, — der Anwendung.*

योगाभ्यासक्रम m., योगाभ्यासप्रकरण n. (Burnell, T.), योगाभ्यासलक्षण n. und योगामृत n. Titel von Werken Opp. Cat. 1.

योगाम्बर m. N. pr. einer buddh. Gottheit.

योगाय्, °यते *zum* **Joga** *werden.*

योगायन (?).

योगायोग m. 1) Pl. *die gehörige Menge* 218,8. v. l. योगायोगातियोगान्. — 2) Du. *Angemessenheit oder Unangemessenheit* 251,32.

***योगारङ्ग** m. *Orangenbaum* Râǵan. 11,174.

योगार्णव m. Titel verschiedener Werke Opp. Cat. 1. Bühler, Rep. No. 545. 659.

योगासन n. *eine dem* **Joga** *entsprechende Art zu sitzen.*

योगि im Gen. Pl. योगीनाम् metrisch und ungrammatisch st. योगिनाम्.

***योगित** Adj. *toll* (Hund).

°**योगिता** f. *das Zusammenhängen mit, in Beziehung Stehen zu.*

योगित्व n. 1) am Ende eines Comp. dass. — 2) *der Zustand eines* **Jogin.**

योगिन् 1) Adj. a) am Ende eines Comp. α) *verbunden mit.* — β) *in Conjunction stehend mit.* — γ) *zusammenhängend mit, in Beziehung stehend zu.* — b) *dem* **Joga** *obliegend;* m. *ein* **Jogin**, f. °नी *eine dem* **Joga** *obliegende Frau.* — 2) m. a) Bez. α) **Jâǵńavalkja's.** — β) ***Arǵuna's.** — γ) **Vishṇu's.** — δ) ***Çiva's.** — ε) *eines **Buddha.** — b) *eine best. Mischlingskaste.* — 3) f. °नी a) *ein best. mit Zauberkraft ausgestattetes weibliches Wesen, Fee, Hexe* (im Gefolge Çiva's und der **Durgâ**). Es werden deren 64 angenommen, ihre Namen Hemâdri 2,a,93. fgg. — b) *Bein. der **Durgâ.** — c) *eine best.* **Çakti** *bei den* **Tântrika.** — d) bei den Buddhisten *ein Frauenzimmer, welches die von Jmd verehrte Göttin darstellt.*

योगिनीज्ञानशम्बर n., **योगिनीज्ञानार्णव** m. und **योगिनीतन्त्र** n. Titel von Werken.

योगिनीपुर n. N. pr. einer *Stadt* Ind. St. 15,387.

योगिनीभैरव n. und **योगिनीहृदय** n. Titel von Werken.

योगिपत्नी f. *Gattin der* **Jogin.** v. l. योगपत्नी.

योगिमातर् f. *Mutter der* **Jogin.** v. l. योगमातर्.

***योगिमार्ग** m. *der Luftraum* Gal.

योगिराज् m. *ein Fürst unter den* **Jogin.**

योगीन्द्र m. 1) dass. — 2) Bein. a) **Jâǵńavalkja's.** — b) **Vâlmîki's** Bâlar. 7,17.

योगीय्, °यति *für* **Joga** *halten.*

योगीश m. 1) *ein Fürst unter den* **Jogin.** — 2) *Bez. **Jâǵńavalkja's.**

योगीश्वर 1) m. a) *ein Meister in der Zauberei.* Ein **Vetâla** so angeredet 129,12. — b) *ein Fürst unter den* **Jogin.** — c) Bez. **Jâǵńavalkja's** 215,15. Prasannar. 50,1. — 2) f. ई N. pr. einer Göttin.

***योगेष्ट** n. *Blei* Râǵan. 13,24.

योगेन्द्र m. *ein Meister im* **Joga.**

योगेश m. 1) dass. — 2) *Bez. a) **Jâǵńavalkja's.** — b) der Stadt **Brahman's.**

योगेशार्णव m. Titel eines Werkes Opp. Cat. 1.

योगेश्वर 1) m. a) *ein Meister in der Zauberei.* Ein **Vetâla** so angeredet 120,11. — b) *ein Meister im* **Joga** Hemâdri 2,a,114,10. — c) Bez. **Jâǵńavalkja's.** — d) N. pr. α) eines Sohnes des **Devahotra.** — β) eines **Brahmarâkshasa.** — γ) eines Dichters Saduktik. — 2) f. ई a) *eine Fee.* — b) *eine Meisterin im* **Joga.** — c) *eine Form der* **Durgâ** Hemâdri 2,a,89,15.16. — d) **eine best. Pflanze.* — e) N. pr. α) einer Göttin. — β) einer **Vidjâdharî.**

योगेश्वरतीर्थ n. N. pr. eines **Tîrtha.**

योगेश्वरत्व n. *Meisterschaft im* **Joga.**

***योगेष्ट** n. 1) *Zinn.* — 2) *Blei.*

योगैश्वर्य m. *Meisterschaft im* **Joga.**

योगोक m. N. pr. eines Dichters Saduktik.

योगोपनिषद् f. Titel einer **Upanishad.**

योग्य, **योगिअ** 1) Adj. a) *zum Zug tauglich.* — b) *zu einer best. Kur gehörig.* — c) *brauchbar, angemessen, entsprechend, zukommend, geeignet, passend, gut zu Etwas, zu Gute kommend; geschickt, fähig, gewachsen;* von Personen und Sachen. Die Ergänzung im Gen., Loc., Dat., Infin. oder im Comp. vorangehend. Ein vorangehendes Nom. act. oder ein Infin. ist bisweilen passivisch zu übersetzen. Ausnahmsweise auch in Comp. mit dem, was *geeignet* u. s. w. macht. — d) *sinnlich wahrnehmbar* Kap. 5,44. — 2) m. a) *Zugthier.* — b) **das Mondhaus* **Pushja.** — 3) f. योग्या, योगिआ a) *Veranstaltung, Werk.* — b) *Ausübung, exercitatio, praktische Uebung, Praxis.* — c) *Leibesübung, Gymnastik, kriegerische Uebung.* — d) *Strang* (nach Grassmann) R̥V. 3,6,6. — e) *N. pr. der Gattin des Sonnengottes. — 4) *n. a) *eine best. Heilpflanze (Knolle).* — b) *Sandel.* — c) *Kuchen.* — d) *Milch.*

योग्यता f. *Angemessenheit, das Geeignetsein, Befähigung,* — *zu* (im Comp. vorangehend).

योग्यतावाद m. Titel eines Werkes.

योग्यत्व n. = योग्यता Kap. 6,33.

योजक m. Nom. ag. 1) am Ende eines Comp. *Anschirrer, Anspanner.* — 2) *der Etwas anwendet, Gebrauch von Etwas macht* Spr. 7666. — 3) Name **Agni's** bei der Hochzeitsfeier Gr̥hjâs. 1,5.

योजन 1) n. a) *das Anschirren, Anspannen.* — b) *Gespann, Gefährt, Geschirr.* — c) *Fahrt,* so v. a. *Bahn.* — d) *Fahrt,* so v. a. *Wegstrecke, welche in einer Anspannung durchlaufen wird, Station; ein best. Wegemaass* (nach Einigen etwa 2 geographische Meilen, nach Andern nur $2^1/_2$ englische Meilen). Nach Râǵan. 21,88 = 4 **Kroça** = 8000 **Daṇḍa.** Ausnahmsweise (metrisch) m.; am Ende eines adj. Comp. f. आ. — e) *das Anweisen, Antreiben.* — f) *Sammlung —, Concentration der Geistesthätigkeit, feste Richtung der Erkenntniss auf einen Punct.* — g) = स्तोत्र. — h) **Finger.* — i) **die Weltseele.* — 2) f. (योजना) n. (häufiger) a) *Anordnung, Zurüstung, Bereitung, Veranstaltung.* — b) *das Herstellen, in Ordnung Bringen.* — c) *das Aufbauen, Erbauen* Râǵat. 7,115. — d) *Vereinigung —, Verbindung mit* (Instr. oder im Comp. vorangehend) 267,16. — 3) f. योजना *Construction* (in grammatischem Sinne).

योजनक am Ende eines adj. Comp. (f. °निका) = योजनिक.

योजनगन्ध 1) Adj. *dessen Geruch sich ein* **Joǵana** *weit verbreitet.* — 2) f. आ a) **Moschus.* — b) Bein. α) der **Satjavatî**, der Mutter **Vjâsa's**, Kâd. 34,14. — β) *der **Sîtâ.**

***योजनगन्धिका** f. = योजनगन्ध 2) b) α).

***योजनपर्णी** f. *Rubia Munjista.*

योजनबाहु Adj. *ein* **Joǵana** *lange Arme habend, über die Maassen langarmig;* m. Bein. **Râvaṇa's** Mahâvîraḱ. 82,20/ Kâd. 23,21.

योजनभाज् Adj. *auf ein* **Joǵana** *hin wirksam* AV. Pariç. 61.

***योजनवल्लिका** und *°**वल्ली** f. *Rubia Munjista* Dhanv. 1,4. Râǵan. 6,192.

योजनिक am Ende eines adj. Comp. nach einem Zahlwort *so und so viel* **Joǵana** *lang, — messend.*

योजनीय 1) Adj. a) *anzuwenden.* — b) *zu verbinden mit* (Instr.). कर्मणा so v. a. *in's Werk zu setzen,* मृषादोषैः so v. a. *fälschlich zu beschuldigen* Bâlar. 43,10. — c) *grammatisch zu verbinden, zu construiren.* — 2) n. impers. *in Verbindung zu setzen mit, zu denken an* (Instr.) Sâj. zu R̥V. 1,165,1.

योजन्य (metrisch) in षष्टि° Adj. *60* **Joǵana** *entfernt.*

योजयितर् Nom. ag. *Fasser* (eines Edelsteins).

योजयितव्य Adj. 1) *zu gebrauchen, auszuwählen.* — 2) *auszustatten —, zu versehen mit* (Instr.).

°**योजितर्** Nom. ag. *vereinigend, verbindend, zusammenfügend.*

योज्य Adj. 1) *zu richten auf* (Loc.). — 2) *anzustellen —, angestellt zu werden verdienend an*

(Loc. oder im Comp. vorangehend). — 3) *anzuhalten zu* (im Comp. vorangehend). — 4) *anzuwenden, in Anwendung zu bringen.* — 5) *herzusagen.* — 6) *beizufügen* (215,4), *hinzuzufügen zu* (Loc.). — 7) *zu versehen mit* (Instr.), *theilhaftig zu machen.* — 8) *auf den die Geistesthätigkeit fest zu richten ist, der Gegenstand des* **Joga** *seiend.*

योत्क m. *Constellation.*

यौतवे und यौतवै Dat. Infin. zu 4. यु ṚV. 8,18, 5. 71,15.

योतिमत्सक m. Pl. N. pr. eines Volkes MBh. 5, 4,20. v. l. पोतिमत्सक und पोतिमत्स्यक.

*योतु m. = परिमाण.

यौतोस् Gen. Infin. zu 4. यु ṚV. 6,18,11.

योत्र n. *Strick, Seil.*

योत्रप्रमाद m. ein aus यो त्र प्रमादः künstlich gebildeter Name nach Aufrecht.

योद्धर् Nom. ag. *Kämpfer, Streiter, Kriegsmann, Soldat; kämpfend mit* (Instr.), *für* (Gen.). f. योद्ध्री Sāj. zu ṚV. 10,39,8.

योद्धव्य 1) Adj. *zu bekämpfen.* — 2) n. impers. *zu kämpfen, pugnandum.* Loc. *wo es zu kämpfen gilt* (*galt*).

योधँ m. 1) *Krieger, Streiter, Kriegsmann, Soldat.* वृष m. *ein zum Kampf abgerichteter* oder *geeigneter Stier.* n. Gaṇar. 2,66. Am Ende eines adj. Comp. f. आ. — 2) *Kampf* in दुर्योध und मिथोयोधँ. — 3) *ein best. Metrum.* — 4) Pl. *das dritte astrol. Haus* Varāh. Jogaj. 4,1.

योधक m. = योध 1).

योधन n. *Kampf.*

योधनपुरतीर्थ n. N. pr. eines Tirtha.

योधनीपुर n. N. pr. einer *Stadt.*

योधनीय Adj. *zu bekämpfen* Bālar. 43,9.

योधागार m. *Wohnhaus der Kriegsleute, Kaserne.*

योधिक n. *eine best. Art zu fechten* Hariv. 3,124, 20. v. l. यौधिक.

○योधिन् Adj. *kämpfend, streitend; bekämpfend, Bekämpfer.*

योधिवन n. N. pr. einer Oertlichkeit.

यौधीयस् Adj. *streitbarer.*

योधेय m. 1) **Krieger, Streiter.* — 2) Pl. N. pr. eines Geschlechts Hariv. 1,31,26.

योध्य, यौधिय 1) Adj. *zu bekämpfen.* — 2) m. Pl. N. pr. eines Volkes.

*योनल m. = यवनाल.

यौनि m. f. (dieses in der alten Sprache seltener) und योनी f. 1) *Schooss; Geburtsort, Mutterleib, vulva.* — 2) *Heimat, Haus, Lager, Nest, Stall* u. s. w. — 3) *Stätte des Entstehens* oder *Bleibens;* daher *Ursprung, Quelle, Ausgangspunct,* (zum Empfang zubereiteter) *Raum, Behälter, Sitz* u. s. w. Der *Ursprung* —, die *Grundlage* eines Sâman ist die erste Ṛk eines Tṛka Comm. zu Njâjam. 9,2,6. Am Ende eines adj. Comp. *entstanden* —, *hervorgegangen aus.* — 4) *Geburtsstätte,* so v. a. *Familie, Geschlecht, Stamm, Kaste, Race, die durch die Geburt bestimmte Daseinsform* (als Mensch, Brahmane u. s. w., Thier u. s. w.). — 5) *ein best. Theil an einer Feuergrube* Hemâdri 1,136,11. fgg. — 6) *Fruchtkorn, Same.* — 7) *der Regent des Mondhauses* Pûrvaphalgunî. — 8) Bez. *des Spruches* इषे ते यौनिः (VS. 7,12,c. 23,2,b) Kâtj. Çr. 19,2,14. — 9) mystische Bez. *des Lautes* ए. — 10) **Wasser.* — 11) योनी N. pr. eines Flusses in Çâlmaladvîpa VP. 2,4,28.

योनिक = योनि 8) in घर्मयोनिक.

योनिकुण्ड n. *eine best. mystische Figur.*

योनिगान n. = योनिग्रन्थ Comm. zu Njâjam. 9, 1,24.

योनिग्रन्थ m. *der erste Theil der* Sâmasamhitâ Comm. zu Njâjam. 9,2,6.

योनिज Adj. *aus einem Mutterleibe hervorgegangen.*

योनित्व n. *das Ursprungsein, Quellesein* Comm. zu Njâjam. 9,2,6. Am Ende eines Comp. *das Entstandensein aus, das Gegründetsein auf.*

योनिदुष्ट Adj. *der sich geschlechtlich vergangen hat* Hariv. 7755. 7760 (wo mit der neueren Ausg. ○दुष्टस्त्रियाः zu lesen ist).

*योनिदेवता f. *das Mondhaus* Pûrvaphalgunî.

योनिदोष m. 1) *ein Gebrechen der vulva* Verz. d. B. H. No. 972. — 2) *ein geschlechtliches Vergehen* Hariv. 2,78,6.

योनिद्वार n. 1) *Muttermund.* — 2) N. pr. eines Tîrtha.

योनिन् 1) = योनि am Ende eines adj. Comp. — 2) n. गृत्समदस्य योनिनी द्वे Namen von Sâman Ârsh. Br.

*योनिनासा f. *the upper part of the vulva, or the union of the labiae.*

योनिनिरय m. *der als Hölle gedachte Mutterleib* Hemâdri 1,516,15.

योनिभ्रंश m. *Vorfall der Gebärmutter.*

यौनिमत् Adj. 1) *mit seinem Mutterschooss* u. s. w. *verbunden.* — 2) *einem Mutterleibe entstammend* Maitr. S. 2,3,3 (30,8). — 3) *aus guter Familie stammend* Hemâdri 1,25,2. 4.

योनिमन्त्र m. *der Spruch* VS. 8, 29 Hemâdri 1, 628,22. 629,5.

योनिमुक्त Adj. *von der Wiedergeburt befreit.*

योनिमुख n. *Muttermund.*

योनिमुद्रा f. *eine best. Stellung der Finger.*

*योनिरञ्जन n. *Menstruation.*

योनिरोग m. *Krankheit der weiblichen Geschlechtstheile.*

*योनिलिङ्ग n. *Klitoris.*

योनिवेश wohl fehlerhaft MBh. 6,371.

योनिशस् Adv. *gründlich, gehörig* Lalit. 36,9. Vagrakkh. 34,15.

योनिशास्त्र n. Bez. bestimmter *Werke* VP.[2] 5,287.

*योनिसंवरण n. (Bhâvapr. 6,188) und *योनिसंवृत्ति (Conj. für ○संवृत्ति) f. *contraction or closure of the vagina.*

योनिसंकर m. *fleischliche Verbindung zwischen verschiedenen Kasten, Missheirat.*

योनिसंबन्ध m. *ein Blutsverwandter,* — *von* (Gen.) Âpast.

योनिसंभव Adj. *einem Mutterleibe entsprossen.*

योनिह्न Adj. *die Gebärmutter versehrend* Mantrabr. 2,5,4.

(योन्य) योनियँ Adj. *einen Schooss* —, *einen Behälter bildend.*

योन्यर्शस् n. *eine best. Krankheit der weiblichen Geschlechtstheile.*

योपन in जनयोपन, जीवितयोपन, पदयोपन und शपथयोपन.

योयुपन n. *das Glattstreichen* Comm. zu TS. 2, 740,3.

यौषणा und einmal योषँणा (nach Sâj. = स्तुति) f. *Mädchen, junges Weib, Gattin* ṚV. 8,46,33.

यौषन् f. dass.; so heissen auch *die Finger.*

यौषा f. = यौषणा; nach Sâj. auch *Stute.* दारुमयी *eine hölzerne Gliederpuppe.*

योषिज्जन m. *das Weibervolk, die Frauen* 324,33.

योषित् f. = यौषणा. Auch *Weibchen* (eines Vogels) und übertragen auf *weibliche Sachen.* योषिता मन्त्राः *weibliche Zaubersprüche.*

योषिता f. = यौषणा Pratiǵnâs. 72.

योषित्प्रतियातना f. *eine weibliche Statue* Ragh. 16,17.

*योषित्प्रिया f. *Gelbwurz* Bhâvapr. 1,177.

योषित्वा Absol. (eines Denomin. von योषा) *in ein Weib verwandelnd.*

योषिद्ग्राह Adj. *der die Frau* (eines Verstorbenen) *nimmt* Jâǵn. 2,51.

योषिन्मय Adj. (f. ई) *als Weib geformt, ein Weib darstellend.*

यौस् *Heil, Wohl.* Nur in der Verbindung शं यौः und शं च यौश्च.

योङ्कल (!) m. N. pr. eines Mannes.

*योकरीय Adj. von यूकर.

यौक्तस्रुच n. und यौक्ताश्व n. Namen von Sâman.

योक्तिक 1) Adj. *passend, zutreffend* in अ°. — 2) *m. *der Gefährte eines Fürsten, der diesen durch Scherz und Spässe aufheitert.*

*यौग m. *ein Anhänger des* Joga.

*यौगक Adj. von योग.

यौगंधर 1) *Adj. *zu* Jugaṁdhara *in Beziehung stehend.* — 2) m. *ein best. über Waffen gesprochener Zauberspruch.*

*यौगंधरक Adj. = यौगंधर 1).

यौगंधरायण m. Patron. Als N. pr. eines Ministers des Udajana 291,9.

यौगंधरायणीय Adj. *zu* Jaugaṁdhara *in Beziehung stehend, ihm eigen.*

*यौगंधरि m. *ein Fürst der* Jugaṁdhara.

यौगपद (ausnahmsweise) n. und यौगपद्य n. *Gleichzeitigkeit.* °पद्येन = युगपद् *gleichzeitig.*

*यौगवरत्र n. = युगवरत्राणां समूहः.

यौगिक Adj. (f. ई) 1) *zur Kur gehörig, der Kur förderlich, bei einer Kur anwendbar* Káraka 3,8. 7,7. — 2) *zur Anwendung kommend.* — 3) *der Etymologie genau entsprechend, aus der Et. von selbst sich ergebend, die der Et. genau entsprechende Bedeutung habend* 211,20. Nom. abstr. °त्व n. — 4) *zum* Joga *in Beziehung stehend, aus ihm hervorgegangen.*

यौगिकरूढ Adj. *eine etymologisch klare, daneben aber auch eine aus der Etymologie sich nicht ergebende Bedeutung habend.*

*यौजनशतिक Adj. 1) *der hundert* Jogana *geht.* — 2) *zu dem man aus einer Entfernung von hundert* Jogana *kommt.*

*यौजनिक Adj. *hundert* Jogana *gehend.*

*यौट्, यौटति und *यौड्, यौडति (संबन्धे).

यौतक 1) Adj. *eigenthümlich Jmd gehörend.* — 2) n. a) *Geschenk* Bhoǵa-Pr. 61,12. — b) *Privatvermögen, — besitz;* insbes. *die Mitgift einer Frau.*

*यौतकि m. Patron.

*यौतक्या f. zu यौतकि.

*यौतव n. = पौतव *Gewicht.*

यौतुक n. = यौतक 2) b).

*यौत्र n. = योत्र *Strick, Seil.*

यौथिक m. *Gefährte, Kamerad.*

*यौथ्य Adj. von यूथ.

यौध Adj. *kriegerisch.*

यौधाजय n. Name verschiedener Sâman Gaut. Comm. zu Njâjam. 9,2,9.

यौधिक n. v. l. für योधिक.

यौधिष्ठिर 1) Adj. (f. ई) *zu* Judhishṭhira *in Beziehung stehend, ihm gehörig* u. s. w. — 2) m. Patron. von युधिष्ठिर. Pl. MBh. 7,98,32. — 3) f. ई f. zu 2).

यौधिष्ठिरि m. Patron. von युधिष्ठिर.

यौधेय m. 1) a) **Kämpfer.* — b) Pl. N. pr. eines Kriegerstammes. — c) **ein Fürst der* Jaudheja. — d) N. pr. eines Sohnes des Judhishṭhira. — 2) *f. ई f. zu 1) c).

यौधेयक m. Pl. = यौधेय 1) b).

1. यौन 1) Adj. a) *auf Heirat beruhend, durch H. entstanden, — verwandt.* — b) am Ende eines Comp. *hervorgegangen aus.* — 2) n. a) *die ehelichen Pflichten* Cit. im Comm. zu Gobh. 1,6,7 (218,12). — b) *eheliche Verbindung, Heirat* (Vasishtha 20, 45), *Verwandtschaft durch Heirat.*

2. यौन m. Pl. N. pr. eines Volkes. Wohl = यवन.

यौप Adj. (f. ई) *zum Opferpfosten in Beziehung stehend.*

*यौप्य Adj. von यूप.

यौयुधानि m. Patron. von युयुधान.

1. यौवत n. *eine Schaar junger Mädchen oder Frauen.*

2. *यौवत n. = यौतव.

*यौवतेय m. *der Sohn einer jungen Frau.*

यौवन n. 1) *Jugendalter, — kraft, — blüthe.* Auch Pl.; am Ende eines adj. Comp. f. आ. — 2) **eine Schaar junger Leute,* insbes. *Mädchen.* — 3) Bez. *des dritten Grades in den Mysterien der* Çâkta.

*यौवनक n. = यौवन 1).

*यौवनकण्टक m. n. = यौवनपिडका.

यौवनपदवी f. *das beginnende Jünglingsalter* Pańkat. 87,14.

यौवनपिडका f. *Jugendausschlag, das Erscheinen von Eruptionen im Gesicht junger Leute.*

यौवनमत्ता f. *ein best. Metrum.*

*यौवनलक्षण n. 1) *der weibliche Busen.* — 2) *Anmuth.*

यौवनवन्त् Adj. *in der Jugendblüthe stehend.*

यौवनाश्व m. Patron. des Mândhâtar und seines Enkels.

*यौवनाश्वक m. Patron. des Mândhâtar.

यौवनाश्वि m. desgl.

*यौवनिक m. (!) und f. (आ) = यौवन 1).

यौवनिन् Adj. *im Jugendalter stehend.*

यौवनीय Adj. *jugendlich.* °द्वार f. *der Eingang zum Jugendalter* Naish. 6,38.

यौवनेश्वर m. N. pr. eines Fürsten Harshaḱ. 166, 16. Richtig v. l. यवनेश्वर.

*यौवनोद्भेद m. *Geschlechtsliebe, der Liebesgott.*

*यौवराजिक Adj. (f. आ und ई) von युवराज.

यौवराज्य n. (adj. Comp. f. आ) *die Würde eines Thronerben und Mitregenten.*

यौषिण्य n. *Weiblichkeit.*

यौष्माक und यौष्माकीण (Hem. Par. 1,153) Adj. *euer.*

र 1) Adj. am Ende eines Comp. *sich angeeignet habend, habend* Naish. 7,29. — 2) *m. a) = तीक्ष्ण. — b) *Feuer.* — c) *love, desire.* — d) *speed.* — 3) *f. आ = विभ्रम, दान und काञ्चन. — 4) *f. री = गति. — 5) n. *Glanz* (in einer Etymologie).

रंसु Adj. *erfreulich, ergötzlich.* Nur Adv., das Sâj. durch रमणीयेषु erklärt.

रंसुजिह्व Adj. *eine angenehme Zunge (Stimme) habend.*

रंह्, रंहति, °ते; Act. *rinnen machen,* Med. (Bhaṭṭ. auch Act.) *rinnen, rennen.* Act. *von dannen gehen* Çaṁk. zu Bâdar. 3,1,1. रंहित *eilend* Kauç. 119. — Caus. रंहयति, °ते 1) = Simpl. — 2) *Act. *sprechen* oder *leuchten.* — Intens. रारह्राणाँ *eilend, eilig* Maitr. S. 4,9,11.

रंह = रंहस् *Schnelle, Geschwindigkeit* in वातरंह Adj.

रंहस् 1) n. a) *Schnelle, Geschwindigkeit.* — b) *impetus, Heftigkeit, Feuer.* — b) *die personificirte Geschwindigkeit* als Beiw. Çiva's und Vishṇu's. — 2) angeblich Adj. = सूक्ष्म. — Vgl. वीतरंहस्.

रंहस am Ende eines adj. Comp. = रंहस् 1) a).

रंहि f. 1) *das Rinnen, der rinnende Strom.* — 2) *das Rennen, Jagen, Eile, Flug.*

*रक्, राकयति (आस्वादने).

*रक m. 1) *the sun gem.* — 2) *crystal.* — 3) *a hard shower.*

रकसा f. *eine Gattung des leichteren Aussatzes.*

रकार m. *der Laut* र.

रक्क m. N. pr. eines Mannes. °जया f. Bez. einer von ihm errichteten Bildsäule der Çrî.

रक्त 1) Adj. (f. आ) a) *gefärbt.* — b) *roth.* Fünf oder sieben Körpertheile müssen *roth* sein. — c) *nasalirt.* — d) *lieblich, reizend* (Stimme, Sprache). — e) *aufgeregt, mit Leidenschaft an Etwas* (Loc. oder im Comp. vorangehend) *oder Jmd* (Gen. oder im Comp. vorangehend) *hängend, zugethan, liebend, verliebt; entzückt von* (Instr.). Compar °तर. — f) **an Spielen seine Freude habend.* — 2) m. a) **Safflor.* — b) **Barringtonia acutangula.* — c) *der Planet Mars* Satja bei Utpala zu Varâh. Bṛh. 2,?. — 3) f. आ a) *Lack* (लाक्षा). — b) *Abrus precatorius.* Das Korn als *Maass* und *Gewicht*. = रक्तिका Ḱaraka 7,12. — c) **Rubia Munjista*. — d) **Echinops echinatus* Râǵan. 10,142. — e) **eine der sieben Zungen des Feuers*. — f) *eine best.* Çruti S. S. S. 23. — 4) n. a) *Blut*. — b) *eine best. Augenkrankheit* Hemâdri 1,745,12. — c) **Kupfer* Râǵan. 13,18. — d) **Mennig* Râǵan. 13,51. — e) **Zinnober* Râǵan. 13,57. — f) **Saffran*. — g) **die Frucht der Flacourtia cataphracta*. — h) *= पद्मक n.

रक्तक 1) Adj. a) *roth*. — b) **mit Leidenschaft an Etwas* oder *Jmd hängend*. — c) **angenehm unterhaltend*. — d) *blutig*. — 2) *m. a) *ein rothes Kleid*. — b) *Pentapetes phoenicea*. — c) *Kugelamaranth*. — d) *eine roth blühende Moringa* Râǵan. 7,32. — e) *rother Ricinus*. — f) *Caesalpina Sappan* Râǵan. 12,18. — 3) f. रक्तिका a) *das Korn von Abrus precatorius als bestimmtes Maass und Gewicht* Hemâdri 1,784,16. — b) *eine best.* Çruti S. S. S. 23.

*रक्तकाङ्गु m. *Panicum italicum*.

*रक्तकाण्ड m. *eine Species von Celastus*.

रक्तकण्ठ 1) Adj. (f. ई) *eine reizende Stimme habend*. — 2) m. a) *der indische Kuckuck*. — b) N. pr. eines Vidjâdhara Bâlar. 89,16.

रक्तकण्ठिन् Adj. = रक्तकण्ठ 1).

रक्तकदम्ब m. *rother* Kadamba.

*रक्तकदली f. *eine Spezies von Musa*.

*रक्तकन्द m. 1) *Koralle*. — 2) *Dioscorea purpurea* Râǵan. 7,71. — 3) *eine Art Zwiebel*, = राजपलाण्डु Râǵan. 7,59.

*रक्तकन्दल m. *Koralle*.

*रक्तकमल n. *eine rothe Lotusblüthe*.

*रक्तकरवीर und *°क m. *Nericum odorum rubro-simplex* Râǵan. 10,14.

रक्तकल्लोल m. ein Mannsname Hâsj.

*रक्तकाञ्चन m. *Bauhinia variegata*.

*रक्तकाण्डा f. *eide roth blühende* Punarnavâ Râǵan. 5,117.

*रक्तकाल n. *eine best. Erdart* Garbe zu Râǵan. 13,142.

*रक्तकाष्ठ n. *Caesalpina Sappan* Râǵan. 12,18.

*रक्तकुमुद n. *die Blüthe der Nymphaea rubra*.

*रक्तकुसुम m. *Isora corylifolia* Râǵan. 9,14.

*रक्तकृमिजा f. *Lack* (लाक्षा).

रक्तकृष्ण Adj. *dunkelroth* Çâṅkh. Gṛhj. 1,12.

*रक्तकेसर m. 1) *Rottleria tinctoria*. — 2) *Korallenbaum*.

*रक्तकैरव n. = रक्तकुमुद.

*रक्तखदिर m. *roth blühender* Khadira Râǵan. 8,27.

*रक्तखाडव m. *eine ausländische Dattelart*.

*रक्तगन्धक n. *Myrrhe* Râǵan. 6,116.

*रक्तगर्भा f. *Lawsonia alba*.

रक्तगुल्म m. *eine best. Form der* Gulma *genannten Krankheit*.

रक्तगुल्मिन् Adj. *an* Raktagulma *leidend*.

*रक्तगैरिक n. *eine Art Ocker*.

रक्तगौर Adj. *rothgelb* oder *rothweiss* Dhjânab. Up. 12.

रक्तग्रन्थि m. 1) **eine Mimosenart*. — 2) *eine best. Harnkrankheit*, = मूत्रग्रन्थि Ḱaraka 8,9.

*रक्तग्रीव m. 1) *eine Taubenart*. — 2) *ein* Râkshasa.

*रक्तघ्न m. *Andersonia Rohitaka*.

*रक्तघ्नी f. *eine Art* Dûrvâ-*Gras*.

रक्तचन्दन n. *rother Sandel* und *Caesalpina Sappan* Râǵan. 12,21. Bhâvapr. 1,184.

*रक्तचित्रक m. *Plumbago rosea* Râǵan. 6,47. Mat. med. 186. 315.

*रक्तचिल्लिका f. *eine Art Chenopodium*.

*रक्तचूर्ण n. *Mennig*.

*रक्तचूर्णक m. *das rothe Pulver auf den Kapseln der Rottleria tinctoria* Râǵan. 13,101.

रक्तच्छद Adj. *rothblätterig*. Nom. abstr. °त्व n. Subhâshitar. 1818.

रक्तच्छर्दि f. *Blutspeien*.

रक्तज Adj. *aus dem Blute stammend*.

*रक्तजन्तुक m. *eine Art Schnecke* Râǵan. 13,55.

*रक्तजिह्व 1) Adj. *rothzüngig*. — 2) m. *Löwe*.

रक्ततर 1) Adj. Compar. s. u. रक्त 1) e). — 2) *n. *eine Art Ocker*.

रक्तता f. 1) *Röthe*. — 2) *die Natur des Blutes*.

*रक्ततुण्ड m. *Papagei* Râǵan. 19,113.

*रक्ततुण्डक m. *eine Art Schnecke* Râǵan. 13,55.

*रक्ततृणा f. *ein best. Gras* Râǵan. 8,128.

*रक्ततेजस् n. *Fleisch*.

*रक्तत्रिवृत् f. *eine roth blühende Ipomoea*. रक्तात्रिवृत् Râǵan. 6,171.

रक्तत्व n. *Röthe*.

रक्तदन्त् Adj. *rothe* —, d. i. *schmutzige Zähne habend* Âpast.

रक्तदन्तिका und *°दन्ती f. Bein. der Durgâ.

*रक्तदला f. 1) *ein best. kleiner Strauch* Râǵan. 5,74. — 2) = नलिका Râǵan. 12,163.

रक्तदूषण Adj. *das Blut verderbend*.

*रक्तदृश् m. *Taube*.

*रक्तद्रुम m. *eine roth blühende Terminalia* Râǵan. 9,141.

*रक्तधातु m. 1) *Kupfer* Râǵan. 13,18. — 2) *Ocker* Râǵan. 13,60.

*रक्तनयन 1) Adj. *rothäugig*. — 2) m. *Perdix rufa*.

रक्तनाडी f. *eine vom Blut herrührende Zahnfistel*.

*रक्तनाल 1) *eine Lotusart*. — 2) = जीवन्ती Râǵan. 7,150.

*रक्तनासिक m. *Eule*.

*रक्तनिर्यासक m. = रक्तद्रुम Râǵan. 9,141.

रक्तनील Adj. *blauroth* Garbe zu Râǵan. 13,185.

रक्तनेत्र Adj. *rothäugig*. Nom. abstr. °ता f. und °त्व n.

*रक्तप 1) Adj. *Blut trinkend*. — 2) m. *ein* Râkshasa. — 3) f. आ a) *Blutegel* Râǵan. 19,79. — b) *eine* Ḍâkinî.

*रक्तपक्ष m. Bein. Garuḍa's.

रक्तपट m. *ein buddhistischer Mönch* Çaṁk. zu Bâdar. 2,2,35.

रक्तपटव्रतवाहिनी f. *eine buddhistische Nonne* Kâd. 234,15.

रक्तपटी Adv. mit कर् *zu einem* Raktapaṭa *machen* Spr. 7610, v. l.

रक्तपतन n. *Bluterguss aus* (Abl.) Varâh. Bṛh. S. 93,5.

*रक्तपत्त्र 1) m. *ein best. Knollengewächs* Râǵan. 7,75. — 2) f. आ *Boerhavia erecta rubra*.

*रक्तपत्त्राङ्ग n. *eine Art rothen Sandels*.

*रक्तपत्त्रिका f. 1) *eine roth blühende* Punarnavâ Râǵan. 5,117. — 2) = नाकुली Râǵan. 7,93.

*रक्तपदी f. *eine best. Pflanze*.

रक्तपद्म n. *eine rothe Lotusblüthe*.

*रक्तपर्णा *eine roth blühende* Punarnavâ.

*रक्तपल्लव m. *Jonesia Asoka* Râǵan. 10,55.

*रक्तपाकी f. *die Eierpflanze*.

*रक्तपाता f. *Blutegel*.

रक्तपाद 1) m. a) *ein Vogel mit rothen Füssen*. — b) **Papagei*. — c) **Elephant*. — d) *= स्यन्दन. — 2) *f. ई *Mimosa pudica* Râǵan. 5,109.

रक्तपान (?) Adj. (f. आ) Hemâdri 2,a,98,5.

*रक्तपायिन् 1) Adj. *Blut trinkend*. — 2) m. *Wanze* Râǵan. 19,68. — 3) f. °नी *Blutegel* Râǵan. 19,79.

*रक्तपारद m. n. *Zinnober*.

रक्तपिटिका f. *eine rothe* — oder *Blutbeule*.

*रक्तपिण्ड m. 1) *Hibiscus rosa sinensis*; n. *die Blüthe*. — 2) *Ventilago madraspatana*. — 3) *a spontaneous discharge of blood from the nose and mouth*. — 4) *a red pimple or boil*.

*रक्तपिण्डक und *°पिण्डालु m. *Dioscorea purpurea* Râǵan. 7,71.

रक्तपित्त n. *Blutsturz* Ḱaraka 6,4. °कास m. *der damit verbundene Husten*.

*रक्तपित्तहा f. *eine Art* Dûrvâ-*Gras*.

रक्तपित्तिक und °पित्तिन् Adj. *zum Blutsturz geneigt, daran leidend* Káraka 4,8. 6,4.

*रक्तपुच्छिका f. *eine rothschwänzige Eidechsenart.*

*रक्तपुनर्नवा f. *eine roth blühende* Punarnavâ Râǵan. 5,117.

1. रक्तपुष्प n. *eine rothe Blume.*

2. रक्तपुष्प 1) Adj. *rothe Blüthen habend.* — 2) *m. a) *Bauhinia variegata purpurascens.* — b) *Nerium odorum.* — c) *Granatbaum.* — d) *Rottleria tinctoria* Râǵan. 10,40. — e) *Pentapetes phoenicea* Râǵan. 10,120. — f) *Andersonia Rohitaka.* — g) = बक. — 3) *f. ग्रा *Bombax heptaphyllum* Râǵan. 8,9. — 4) f. *ई a) *Grislea tomentosa.* — b) *Bignonia suaveolens.* — c) *Hibiscus rosa sinensis* Râǵan. 10,124. — d) *die Sennapflanze* Râǵan. 3,123. — e) *Artemisia vulgaris* oder *Alpinia nutans.* — f) *Echinops echinatus* Râǵan. 10,142. — g) = करुणी Râǵan. 10,107.

*रक्तपुष्पक 1) m. a) *Butea frondosa.* — b) *Salmalia malabarica* Râǵan. 8,8. — c) *Andersonia Rohitaka.* — d) *Oldenlandia herbacea* Râǵan. 5,9. — 2) f. °ष्पिका a) *Mimosa pudica.* — b) *eine roth blühende* Punarnavâ Râǵan. 5,117. — c) *Bignonia suaveolens* Râǵan. 10,49. — d) = भूपाटली Râǵan. 5,130.

रक्तपूय *eine best. Hölle.*

*रक्तपूरक n. *die getrocknete Schale der Mangostana* Râǵan. 6,125.

रक्तपैत्त und रक्तपैत्तिक Adj. *den Blutsturz betreffend, damit verbunden u. s. w.*

रक्तप्रदर m. *Mutterblutfluss.*

*रक्तप्रसव 1) m. a) *Nerium odorum rubro-simplex* Râǵan. 10,14. — b) *rother Kugelamaranth* Râǵan. 10,132. — 2) n. *Pterospermum suberifolium* Râǵan. 10,105.

रक्तफल 1) Adj. *rothe Früchte habend.* — 2) *m. *der indische Feigenbaum* Râǵan. 10,14. — 3) *f. ग्रा a) *Momordica monadelpha.* — b) = स्वर्णवल्ली Râǵan. 7,185.

*रक्तफेनज m. *Lunge.*

रक्तबिन्दु m. 1) **a red spot forming a flaw in a gem.* — 2) *Blutstropfen.*

रक्तबीज m. 1) **Granatbaum* Râǵan. 11,74. — 2) N. pr. eines Asura.

*रक्तबीजका f. *eine best. stachlige Pflanze* Râǵan. 8,78.

*रक्तभव n. *Fleisch.*

रक्तभाव Adj. (f. ग्रा) *verliebt.*

*रक्तमञ्जर m. *Barringtonia acutangula.*

रक्तमण्डल 1) Adj. a) *eine rothe Scheibe habend* (Mond). — b) *ergebene Unterthanen habend.* — 2) m. *eine roth geringelte —, roth gefleckte Schlangenart.* — 3) f. ग्रा *ein best. giftiges Thier.* — 4) *n. *eine rothe Lotusblüthe.*

रक्तमण्डलता f. *das durch Blut hervorgebrachte Erscheinen rother Flecken am Körper.*

रक्तमत्त Adj. *bluttrunken* (Blutegel).

*रक्तमत्स्य m. *ein best. rother Fisch* Râǵan. 17,52. 59.

*रक्तमस्तक 1) Adj. *rothköpfig.* — 2) m. *Ardea sibirica.*

रक्तमांसल Adj. *aus Blut und Fleisch bestehend* (Speise) Suçr. 1,234,9.

रक्तमाड्री f. *eine best. Frauenkrankheit.*

रक्तमुख 1) Adj. *eine rothe Schnauze habend.* — 2) m. a) **ein best. Fisch* Bhâvapr. 2,12. — b) N. pr. eines Affen.

रक्तमूत्रता f. *Bluthanen.*

*रक्तमूलक m. *ein best. Baum* Râǵan. 9,157.

*रक्तमूला f. *Mimosa pudica* Râǵan. 5,105.

रक्तमूलि (metrisch) f. *eine best. Pflanze* Káraka 8,8.

*रक्तमेलक = राजबदर n. Med. r. 307.

रक्तमेह m. *Bluthanen.*

रक्तमेहिन् Adj. *an Bluthanen leidend* Káraka 2,4.

रक्तमोक्ष m. (Suçr. 1,331,10) und °मोक्षण n. *Aderlass.*

*रक्तयष्टि f. und *°का f. *Rubia Munjista* Dhanv. 1,4. Râǵan. 6,193. Bhâvapr. 1,176.

*रक्तयावनाल m. *eine best. Kornart* Râǵan. 16,27.

*रक्तर Nom. ag. *Färber.* Richtig wäre रङ्क्तर.

रक्तराजि 1) m. f. (°जी) *ein best. giftiges Insect.* — 2) *eine best. Augenkrankheit.* — 3) *f. °जी *Kresse.*

*रक्तरेणु m. 1) *Mennig* Garbe zu Râǵan. 13,52. — 2) *eine Knospe der Butea frondosa.* — 3) *Rottleria tinctoria* Râǵan. 10,10. — 4) *a sort of cloth.* — 5) *an angry man.*

*रक्तरेणुका f. *eine Knospe der Butea frondosa.*

*रक्तरैवतक m. *ein best. Fruchtbaum* Râǵan. 11,90.

*रक्तलशुन m. *Knoblauch.*

*रक्तला f. 1) = काकादनी Râǵan. 3,98. — 2) *Sanseviera Roxburghiana* Râǵan. 3,7.

*रक्तलोचन 1) Adj. *rothäugig.* — 2) m. *Taube* Bhâvapr. 2,9.

*रक्तवटी f. 1) *Blattern.* — 2) *Hämorrhoiden* Gal.

*रक्तवरटी f. *Blattern.*

*रक्तवर्ग m. *die rothe Gruppe,* d. i. 1) *Lack* (लाक्षा). — 2) *Granatbaum.* — 3) *Butea frondosa.* — 4) *Pentapetes phoenicea.* — 5) *zwei Arten Curcuma.* — 6) *Rubia Munjista.* — 7) *Saflor.*

1. रक्तवर्ण m. *die rothe Farbe* oder *die Farbe des Blutes.*

2. रक्तवर्ण 1) Adj. *rothfarbig.* — 2) *m. *Coccinelle* Râǵan. 19,126. — 3) *n. *Gold.*

*रक्तवर्णक Adj. *von rother Farbe.* m. (sc. वर्ग) = रक्तवर्ग Râǵan. 22,61.

रक्तवर्त्मक m. *ein best. Vogel.*

*रक्तवर्धन m. *Solanum Melongena.*

*रक्तवर्षाभू f. *eine roth blühende* Punarnavâ Râǵan. 5,118.

*रक्तवसन 1) Adj. *roth gekleidet.* — 2) m. *ein Brahmane im 4ten Stadium als frommer Bettler.*

*रक्तवस्त्रिन् m. = योगिन् Gal.

रक्तवात m. *eine best. Krankheit.*

*रक्तवारिज n. *eine rothe Lotusblüthe* Râǵan. 10,184.

*रक्तवालुक n. f. (ग्रा) *Mennig.*

रक्तवासस् Adj. *in ein rothes Gewand gehüllt* M. 8,256. Márk. P. 34,54.

रक्तवासिन् Adj. dass.

रक्तविद्रधि m. *Blutgeschwür.*

रक्तविरक्त Adj. *mit und ohne Leidenschaft* (Çiva) MBh. 12,284,100.

रक्तवृन्त m. *ein best. Baum,*

*रक्तवृन्ता f. *Nyctanthes arbor tristis.*

रक्तशालि m. *rother Reis, Oryza sativa* Râǵan. 16,16.

*रक्तशासन n. *Mennig.*

*रक्तशिग्रु m. *eine roth blühende Moringa* Râǵan. 7,32.

रक्तशीर्षक m. 1) *eine Reiherart* Káraka 1,27 — 2) **Pinus longifolia* oder *ihr Harz.*

रक्तशुक्रता f. *blutige Beschaffenheit des Samens.*

रक्तशूल *eine best. Frauenkrankheit* Hemâdri 1. 615,18. 19.

*रक्तशृङ्गक n. und *°शृङ्गी f. *Gift* Râǵan. 6,223.

रक्तश्याम Adj. *dunkelroth.*

रक्तष्ठीवनता f. und °ष्ठीवी f. *Blutspeien.*

*रक्तसंकाच m. *Saflor.*

*रक्तसंकोचक n. *eine rothe Lotusblüthe.*

*रक्तसंज्ञ n. *Saffran*

*रक्तसंदंशिका f. *Blutegel* Râǵan. 19,79.

*रक्तसंध्यक n. *die Blüthe der Nymphaea rubra*

*रक्तसरोरुह n. dass.

रक्तसर्षप m. *Sinapis ramosa.* Pl. *die Körner* Râǵan. 16,76. Suçr. 1,108,8.

*रक्तसह्वा f. *rother Kugelamaranth* Râǵan. 10,133.

रक्तसार 1) Adj. *bei dem das Blut vorwaltet, von sanguinischem Temperament.* — 2) m. *eine best. Pflanze.* Nach den Lexicographen *Rumex vesicarius* und *rother* Khadira Râǵan. 6,129. 8,26. — 3) *n. *rother Sandel* und *Caesalpina Sappan* Râǵan. 9,141. 12,21. Bhâvapr. 1,184.

रक्तसूर्याय्, °यते *eine rothe Sonne darstellen, ihr gleichen.*

*रक्तसौगान्धक n. *eine rothe Lotusblüthe.*

रक्तस्रगनुलेपिन् Adj. *mit einem rothen Kranze versehen und gesalbt* MBh. 13,14,292.

रक्तस्राव m. 1) *Fliessen von Blut.* — 2) *eine *Art Sauerampfer*

रक्तहंस 1) m. *eine best.* Râga S.S.S. 36. — 2) *f. आ *eine best.* Râgiṇî.

रक्तांशुक 1) m. *ein rother Strahl* Vâsavad. 250,1. — 2) n. *ein rothes Gewand* ebend.

*रक्ताकार m. *Koralle* Râǵan. 13,159.

*रक्ताक्त n. *rother Sandel* oder *Caesalpina Sappan.*

रक्ताक्ष 1) Adj. (f. ई) a) *rothäugig.* — b) **furchtbar, Grausen erregend.* — 2) m. a) **Büffel* Râǵan. 19, 22. — b) **Perdix rufa.* — c) **Taube.* — d) **der indische Kranich.* — e) N. pr. α) eines Zauberers. — β) einer Eule. — 3) f. ई N. pr. einer Joginî (*Hexe*) Hemâdri 2,a,98,5. 7. — 4) n. *das 58ste Jahr im 60jährigen Jupitercyclus.*

रक्ताक्षि n. = रक्ताक्ष 4).

*रक्ताख्य n. *eine Art Rubin* Garbe zu Râǵan. 13,151.

*रक्ताङ्क m. *Koralle.*

*रक्ताङ्कुर m. dass. Râǵan. 13,159, v. l.

रक्ताङ्ग 1) m. a) *ein best. Vogel.* — b) **Wanze* Râǵan. 19,68. — c) **das rothe Pulver auf den Kapseln der Rottleria tinctoria* Râǵan. 13,101. — d) *der Planet Mars.* — e) **Sonnen-* oder *Mondscheibe.* — f) N. pr. eines *Schlangendämons.* — 2) *f. आ *eine best. Pflanze,* = जीवन्ती. — 3) *f. ई a) *Rubia Munjista.* — b) *Koralle.* — 4) *n. a) *Koralle.* — b) *Saffran.* — c) = 1) c).

रक्तातिसार m. *blutiger Durchfall.*

रक्ताधरा f. *eine* Kiṁnarî.

*रक्ताधार m. *Haut* Râǵan. 18,62.

*रक्ताधिमन्थ m. *eine best. Augenkrankheit.*

*रक्तापह n. *Myrrhe* Râǵan. 6,116.

*रक्तापामार्ग m. *eine roth blühende Achyrantes* Râǵan. 4,94.

रक्ताभ Adj. *ein röthliches Aussehen habend.*

रक्ताभिष्यन्द m. *von Blut herrührende Ophthalmie.*

रक्तामिषाद Adj. *Blut und Fleisch essend.*

1. रक्ताम्बर n. *ein rothes Gewand.*

2. रक्ताम्बर 1) Adj. *in ein rothes Gewand gehüllt* 91,20. Nom. abstr. °त्व n. — 2) f. आ N. pr. einer Göttin.

रक्ताम्बुरुह् n. *eine rothe Lotusblüthe.*

*रक्ताम्भोज n. dass. Râǵan. 10,184.

*रक्ताम्र m. *Mangifera sylvatica* Râǵan. 11,14. 15,119.

*रक्ताम्लातक m. und *रक्ताम्लान m. *rother Kugelamaranth* Râǵan. 10,132.

रक्तारुण Adj. (f. आ) *blutroth.*

*रक्तार्ति f. *eine best. Krankheit des Blutes* Râǵan. 20,22.

रक्तार्बुद m. *Blutgeschwulst.*

रक्तार्मन् n. *eine best. Augenkrankheit.*

रक्तार्शस् n. *eine Form der Hämorrhoiden.*

*रक्तालु und रक्तालुक m. *Dioscorea purpurea* Mat. med. 315. Râǵan. 7,71.

*रक्ताशय m. *viscus in which the blood is contained or secreted, viz. the heart, the liver, and the spleen.*

रक्ताशोक m. *roth blühender* Açoka.

रक्तासुर m. N. pr. eines Asura Ind. St. 14.

रक्ति f. 1) **Reiz, Lieblichkeit.* — 2) *das Hängen an* (Loc.), *Zugethansein.* — 3) = रक्तक 3) a).

रक्तिका f. s. u. रक्तक 3).

रक्तिमन् m. *Röthe.*

रक्तिमत् Adj. *reizend, lieblich.*

रक्ती Adv. mit कर् *roth färben* Hemâdri 2,a,89,1.

*रक्तेक्षु m. *rothes Zuckerrohr* Râǵan. 14,86.

*रक्तैरण्ड m. *rother Ricinus* Madanav. 10,94. Râǵan. 8,57.

*रक्तैर्वारु m. *Koloquinthengurke.*

रक्तोत्क्लिष्ट m. *eine best. Augenkrankheit.*

रक्तोत्पल 1) *m. *Bombax heptaphyllum* Madanav. 46,81. Râǵan. 12,9. — 2) n. *die Blüthe der Nymphaea rubra* Râǵan. 10,184.

रक्तोदर Adj. *rothbauchig* Bhâvapr. 2,12.

*रक्तोपल n. *Röthel, rubrica.*

1. रत्न्, रक्षति, °ते (रक्ष्ये Fut. 89,28) 1) *bewachen, Wache halten, bewahren, beschützen, hüten* (auch das Vieh), *behüten, in Acht nehmen, schonen, erhalten, erretten, servare,* — *vor* (Abl.), *verwahren; sorgfältig achten auf* (Acc., ganz ausnahmsweise Loc.), *beobachten* (ein Gesetz u. s. w.). Das Land —, das Reich *beschützen,* so v. a. *regieren.* रक्षमाण AV 18,4,70 mit passiver Bed. oder fehlerhaft für रक्ष्यमाण. रक्षित *bewacht* u. s. w. रक्षितम् Adv. *wohl verwahrt.* — 2) *in Acht nehmen,* so v. a. *nicht antasten.* — 3) *sich hüten vor, verhüten;* mit Acc. — 4) Med. *sich hüten,* so v. a. *sich fürchten.* — 5) Med. *vielleicht verstecken.* — Caus. रक्षयति *schützen,* — *vor* (Abl.) *bewahren.* — Desid. रिरक्षिषति *zu beschützen beabsichtigen vor* (Abl.). — Intens. रारक्षाणः *fleissig hütend.* — Mit अधि *bewachen, behüten.* v. l. कि रक्षति st. ऽधिरक्षति. — Mit अनु *hütend nachgehen; behüten, beschützen.* — Mit अभि *bewachen, behüten, beschützen,* — *vor* (Abl.), *hegen, pflegen, bewahren, beobachten* (Gesetze u. s. w.). Ein Heer *hüten,* so v. a. *befehligen.* — Mit समभि *bewahren, behüten, beschützen.* — Mit अव MBh. 8,45,43 fehlerhaft. Unter रक्ष् ist अवरक्षः st. अवरक्षः vermuthet worden, ed. Vardh. liest अतितक्षः (!). — Mit आ *behüten, beschützen, bewahren, bewachen,* — *vor* (Abl.). — Mit उप in *उपरक्षण. — Mit *प्रनि. — Mit परि 1) *bewachen, bewahren, beschützen, hüten, behüten, in Acht nehmen, erhalten, erretten, servare,* — *vor* (Abl.), *schonen, vor Berührung bewahren, aufbewahren, beobachten* (ein Gesetz u. s. w.), *bedacht sein auf.* Eine Stadt u. s. w. *hüten,* so v. a. *beherrschen.* — 2) *vermeiden;* Med. mit Gen. *Jmd vermeiden, machen, dass man mit Jmd nicht zusammenkommt.* — Mit संपरि *beschützen.* — Mit प्र *bewahren, schützen vor* (Abl.), *erretten von* (Abl.). — Mit प्रति 1) *behüten, beschützen, treu halten* (ein Versprechen). — 2) *sich abwehrend verhalten gegen, fürchten.* — Mit वि *behüten, beschützen, bewahren.* — Mit सम् *bewachen, bewahren, beschützen, hüten, behüten, erhalten, verschonen, erretten, servare,* — *vor* (Abl.). *sichern, verwahren, aufbewahren.*

2. °रक्ष् *bewahrend, hütend* in *गोरक्ष्.

3. रक्ष् (nur रक्षीस्) *beschädigen, verletzen* AV.

रक्ष 1) Adj. (f. ई) *bewachend, beschützend, hütend, erhaltend, bewahrend, beobachtend;* m. *Wächter, Hüter* Suparn. 27,1. Gewöhnlich in Comp. mit dem Object. — 2) f. रक्षा a) *Schutz, Erhaltung, Bewahrung.* Häufig in Comp. mit dem Wessen, ausnahmsweise mit dem Wovor oder Wo. Am Ende eines adj. Comp. f. आ. — b) *Wache* (concret). — c) *was zum Schutze dient, eine zum Schutz einer Person vorgenommene Handlung; Amulet, mystische Zeichen.* — d) **Asche.*

*रक्षईश m. Bein. Râvaṇa's.

रक्षःपति m. desgl. Subhâshitâv. 1467. Bhatt. 9,44.

रक्षःपाल Adj. *vor Rakshas beschützend* Matsjap. 23,19.

रक्षक 1) Nom. ag. (f. रक्षिका) *Wächter, Hüter.* — 2) f. रक्षिका = रक्ष 2) c).

रक्षकाम्बा f. N. pr. eines Frauenzimmers.

रक्षण 1) m. *Beschützer, Hüter* (Vishṇu). — 2) f. आ *das Beschützen, Hüten.* — 3) *f. ई a) *Zügel.* — b) *Ficus heterophylla* Râǵan. 5, 56. — 4) n. रक्षण a) *das Bewachen, Schützen, Hüten* (auch des Viehes), *Behüten, Bewahren, Pflegen, Schutz.* Das Object im Gen. oder im Comp. vorangehend, ausnahmsweise auch im Loc. — b) *eine prophylaktische Ceremonie.*

*रक्षणारक m. *Harnverhaltung.*

रक्षणीय Adj. 1) *zu beschützen, zu behüten, verdienend beherrscht zu werden* (ein Volk), — *von* (Instr. oder Gen.). — 2) *zu vermeiden, wovor man* (Instr.) *sich zu hüten hat.*

*रक्षणीरक m. v. l. für रक्षणारक.

रक्षपाल und °क 1) m. *Hüter, Wächter.* — 2) f. °लिका *Hüterin, Wächterin* Pañḱad.

रक्षपुरुष m. fehlerhaft für रक्षापुरुष.

रक्षभगवती f. = प्रज्ञापारमिता. Auch रक्षा भ°.

1. रक्षस् Adj. *hütend* in पथिरक्षस्.

2. रक्षस् n. 1) *Beschädigung.* — 2) *Beschädiger,* Bez. *nächtlicher Unholde, welche das Opfer stören und den Frommen schädigen.* Wird auch mit Nirṛti oder Nairṛta (VP.² 2,112) identificirt. दुर्नृपरक्षस् *ein* Rakshas *von einem boshaften Könige.* — 3) *Pl. N. pr. eines Kriegerstammes.

3. रक्षस् n. = रक्षस् 2).

रक्षस in असुररक्षस.

रक्षस्त्व n. *Schadenfreude* oder *dämonische Natur.*

रक्षस्य Adj. *anti-rakshasisch.*

रक्षस्विन् Adj. *unhold, rakshasisch.*

*रक्षःसभ n. *eine Menge von* Rakshas.

1. रक्षा f. s. रक्ष 2).

2.*रक्षा f. = राक्षा, लाक्षा Bhâvapr. 1,176 (Hdschr.).

रक्षाकरण्डक n. *ein Amulet in Form eines Körbchens.* Nur im Prâkrit zu belegen.

रक्षागृह n. *das Gemach einer Wöchnerin.*

रक्षाधिकृत 1) Adj. *mit dem Schutz* (des Landes, des Ortes) *betraut.* — 2) m. *Polizeibeamter.*

रक्षाधिपति und रक्षापति m. *Polizeidirector.*

रक्षापोटलिका f. *ein Bündel von Amuleten* Bhavishjott. P. 122.

*रक्षापत्त्र m. *Betula Bhojpatra* Râǵan. 9,116.

रक्षापरिघ m. *Sicherheitsriegel* Ragh. 16,84.

रक्षापुरुष m. *Wächter, Hüter.*

*रक्षापेक्षक m. 1) *a doorkeeper or porter.* — 2) *a guard of the women's apartments.* — 3) *a catamite.* — 4) *an actor, a mime.*

रक्षाप्रदीप m. *eine zum Schutz* (gegen Unholde u. s. w.) *brennende Lampe.*

रक्षाभूषण n. *ein zum Schutz* (gegen Unholde u. s. w.) *dienender Schmuck.*

रक्षाभ्यधिकृत m. *Polizeibeamter.*

रक्षामङ्गल n. *eine zum Schutz* (gegen Unholde u. s. w.) *vorgenommene Ceremonie.*

रक्षामणि m. *ein zum Schutz* (gegen Unholde u. s. w.) *dienendes Juwel.* जगद्रक्षा° von einem Fürsten, *der als ein solches Juwel die Erde hütet.*

रक्षामल्ल m. N. pr. eines Fürsten.

रक्षामहौषधि f. *ein zum Schutz* (gegen Unholde u. s. w.) *dienendes Wunderkraut.*

रक्षारत्न n. *ein zum Schutz* (gegen Unholde u. s. w.) *dienendes Juwel.*

रक्षारत्नप्रदीप m. *eine zum Schutz* (gegen Unholde u. s. w.) *dienende Lampe, die mit ihren Edelsteinen leuchtet.*

रक्षावन्त् Adj. *des Schutzes geniessend, geschützt durch* (Instr.).

रक्षासर्षप m. *ein* (vor Unholden u. s. w.) *schützendes Senfkorn.*

रक्षि Adj. *hütend, schützend* in पथिरक्षि, पशुरक्षि und सोमरक्षि.

रक्षिक m. *Wächter, Hüter.* °पुरुष m. dass.

रक्षित 1) Adj. s. u. 1. रक्ष्. — 2) m. N. pr. verschiedener Männer. आर्य° Hem. Par. 13,3. — 3) f. रक्षिता N. pr. einer Apsaras.

रक्षितक 1) Adj. in दार° (Nachtr. 5). — 2) f. °तिका N. pr. einer Frau.

रक्षितृ Nom. ag. *Hüter, Beschützer,* — *vor* (Abl.), *Wächter.* Das Object im Gen., in der späteren Sprache (unaccentirt) auch mit Acc. f. रक्षित्री. रक्षिता auch als Fut.

रक्षितवन्त् Adj. *den Begriff* रक्षित *enthaltend.*

रक्षितव्य Adj. 1) *zu hüten* (auch Vieh), *zu schützen, zu bewachen, zu bewahren,* — *vor* (Abl.). — 2) *wovor man sich hüten muss* in einer Etymologie.

रक्षिन् Adj. Subst. 1) *hütend, beschützend, Hüter, Beschützer, Bewacher, Wächter.* Häufig in Comp. mit dem Wessen, seltener mit dem Wovor. Nom. abstr. °रक्षित्व n. — 2) *vermeidend, sich scheuend vor* (im Comp. vorangehend).

*रक्षिवर्ग m. *Leibwache.*

रक्षोगणभोजन m. *eine best. Hölle.*

रक्षोघ्न 1) Adj. Rakshas *zurückschlagend* oder *tödtend* VP. 3,15,30. — 2) m. a) *ein solcher Zauberspruch.* — b) **Semecarpus Anocardium.* — c) **weisser Senf.* — 3) *n. a) *saurer Reisschleim.* — b) *Asa foetida.* — रक्षोघ्नी s. u. रक्षोहन्.

रक्षोजन m. Pl. *das Volk der Unholde* Gobh. 1,4,11.

*रक्षोजननी f. *Nacht.*

रक्षोदेवता f. Pl. *die Gottheiten —, die göttlichen* Rakshas Vasistha 23,3.

रक्षोदेवत्य Adj. (f. आ) *die* Rakshas *zur Gottheit habend, den* Rakshas *geweiht* Maitr. S. 1,4, 12 (61,16). Kauç. 4.

रक्षोदैवत Adj. dass. Vasishtha 23,1.

रक्षोऽधिदेवता f. *die an der Spitze der* Rakshas *stehende Göttin.*

रक्षोभाष् Adj. *wie die* Rakshas *bellend, wie das Gebell der* Rakshas *klingend.*

*रक्षोमुख m. N. pr. eines Mannes; Pl. *seine Nachkommen.*

रक्षोयुज् m. *Gefährte der* Rakshas.

रक्षोवाह m. Pl. N. pr. eines Volksstammes.

रक्षोविक्षोभिणी f. N. pr. einer Göttin.

रक्षोविद्या f. Rakshas-*Kunde* Çâṅkh. Çr. 16,2,19.

*रक्षोहण Adj. = रक्षोहन् 1). *°क Adj. *dieses Wort enthaltend.*

रक्षोहत्य n. *das Schlagen der* Rakshas.

• रक्षोहन् 1) Adj. (f. °घ्नी) *die* Rakshas *schlagend.* — 2) m. a) *ein best. Spruch.* रक्षोहणं जपति Kauç. 44. — b) **Bdellium* Râǵan. 12,108. — c) N. pr. eines Liedverfassers. — 3) *f. °घ्नी *Acorus calamus* Râǵan. 6,52.

रक्ष्ण m. *Hütung, Bewachung, Schutz.* रक्ष्णं कृ *schützen —, hüten vor* (Abl.) Bhatt. 7,66.

रक्ष्य Adj. 1) *zu hüten, zu schützen, zu bewahren, in Acht zu nehmen,* — *vor* (Abl. Âpast.), *zu bewachen.* Superl. °तम. — 2) *vor dem oder wovor man sich hüten muss, zu vermeiden.* — 3) fehlerhaft für रक्ष Mṛkkh. 58,18.

*रख्, रखति (गतौ).

*रग्, रगति (शङ्कायाम्), रागयति (आस्वादने). — Vgl. आरागय् Nachtr. 3.

*रघ्, राघयति (आस्वादने). — Vgl. रङ्घ्.

रघट् m. *ein best. Vogel* AV. 8,7,24.

रघीयंस् Adj. Compar. *leichter an Gewicht* TS. 7,4,9,1.

रघु 1) Adj. (f. रघ्वी) a) *rennend, dahinschiessend.* — b) *leicht, wandelbar.* — 2) m. a) *Renner.* — b) N. pr. α) eines alten Königs und Vorfahren Râma's. Es werden auch zwei Raghu unter den Vorfahren Râma's angenommen. Pl. *die Nachkommen* Raghu's. — β) eines Sohnes des Çâkjamuni. — γ) eines Autors. — c) *= रघुवंश 2).

*रघुकार m. Bein. Kâlidâsa's.

रघुकुलोत्तंस m. Bein. Râma's Prasannar. 5,19.

रघुज Adj. *vom Renner stammend.*

रघुटिप्पणी f. *ein Commentar zum* Raghuvaṃçâ.

रघुतिलक m. Bein. Râma's Prasannar. 5,11.

रघुदेव 1) m. N. pr. eines Gelehrten. Auch °न्यायालंकारभट्टाचार्य und °भट्टाचार्य. — 2) f. ई Titel eines von ihm verfassten Commentars.

रघुद्रु Adj. *rasch —, wie ein Renner laufend.*

रघुनन्दन m. 1) Patron. Râma's. — 2) N. pr. eines Autors. Auch °दीक्षित, °भट्टाचार्य und °नन्दनाचार्यशिरोमणि.

रघुनाथ m. 1) Bein. Râma's. — 2) N. pr. verschiedener Männer. Auch °चक्रवर्तिन्, °तर्कवागीशभट्टाचार्य, °दास, °दीक्षित, °भट्ट, °भट्टाचार्य, °भट्टाचार्यतार्किकशिरोमणि, °भट्टाचार्यशिरोमणि, °शिरोमणिभट्टाचार्य und °सरस्वती.

रघुनाथचरित n. und °नाथविलास m. Titel von Werken Burnell, T.

रघुनाथाभ्युदय m. Titel eines Gedichtes.

रघुनाथीय n. *ein Werk* Raghunâtha's Opp. Cat. 1.

रघुनायक m. Bein. Râma's.

रघुपति m. 1) dass. Vikramâñkak. 18,57. — 2) N. pr. des Vaters des Lexicographen Gaḍâdhara.

रघुपतिरहस्य n. Titel eines Werkes.

रघुपत्मजंहस् Adj. *raschen Fluges auffahrend.*

रघुपत्वन् Adj. *schnell fliegend.*

रघुप्रवर m. Bein. Râma's.

रघुमणि m. N. pr. eines Autors Râjendr. Not. 1,141.

रघुमन्यु Adj. *raschen Eifers voll* RV.

रघुमख m. N. pr. eines Mannes Ind. St. 14,142.

रघुपत्त्व Adj. *rasch dahineilend.* Vgl. रघुपत्त्.

रघुया Adv. *rasch, leichthin.*

रघुयामन् Adj. *rasch fahrend.*

रघुराम m. N. pr. eines Mannes.

रघुवंश m. 1) Raghu's *Stamm.* — 2) Titel des bekannten Kunstepos.

रघुवर m. Bein. Râma's.

रघुवर्तनि Adj. *schnell dahineilend* (Wagen, Ross).

रघुविलापनाटक n. Titel eines *Schauspiels* Bühler, Rep. No. 760.

रघुवीर m. 1) Bein. Râma's. — 2) N. pr. eines Autors.

रघुवीरगद्य n. Titel eines Stotra Opp. Cat. 1.

रघुवीरचरित n. Titel eines Werkes ebend.

रघुष्यद् Adj. *eilig.*

रघुष्यन्त्, Gen. रघुष्यतः Âpast. Çr. 13,7,16 statt रघुष्यदः AV. 3,7,1.

रघुसुत m. Patron. Râma's Bhatt. 10,70.

*रघुस्यद m. *schnelles Dahineilen* Mahâbh. 8,33,b.

रघुस्वामिन् (Vikramâñkak. 18,107), रघूत्तम und रघूद्वह (Bâlar. 188,23) m. Bein. Râma's.

रङ्क m. *Hungerleider, Bettler* Hem. Par. 1,275. Kampaka 491.

रङ्कक m. dass. Bharaṭaka 10. Kampaka 493.

रङ्कु m. 1) *eine Art Antilope* Râgan. 19,46. Vâsav. 265,2. Damajantîk. 2. — 2) *N. pr. einer Oertlichkeit.

रङ्कुमालिन् m. N. pr. eines Vidjâdhara.

रङ्क्षु N. pr. eines Flusses. Richtig wohl वङ्क्षु.

*रङ्ख्, रङ्खति (गतौ).

रङ्ग्, रङ्गति *sich hinundher bewegen* Ind. St. 14,375. Damajantîk. 2. रङ्गित s. bes.

रङ्ग 1) m. a) *Farbe* Karaka 6,18. Lalit. 334,4. — b) *nasale Färbung eines Vocals.* — c) *Theater, Schaubühne, Schauplatz, Arena.* — d) *Theater,* so v. a. *die Zuschauer.* — e) *ein best. Tact* S. S. S. 207. — f) **Borax.* — g) **Catechu-Extract* Râgan. 8,31. — h) N. pr. eines Mannes. — 2) *m. n. (dieses besser beglaubigt) *Zinn* Râgan. 13,21.

रङ्गकार und °क m. *Färber.*

*रङ्गकाष्ठ n. *Caesalpina Sappan* Râgan. 12,18.

*रङ्गक्षार m. *Borax* Râgan. 6,241.

रङ्गक्षेत्र n. N. pr. einer Oertlichkeit.

रङ्गचर m. *Schauspieler, Gladiator* u. s. w.

*रङ्गज n. *Mennig.*

*रङ्गजीवक m. 1) *Färber.* — 2) *Schauspieler.*

रङ्गण n. vielleicht *das Tanzen.*

रङ्गतरंग m. N. pr. eines Schauspielers Vṛshabh. 257,b,15.

रङ्गताल m. *ein best. Tact* S. S. S. 230.

*रङ्गद 1) m. a) *Borax* Râgan. 6,241. — b) *Catechu-Extract* Râgan. 8,31. — 2) f. आ *Alaun* Râgan. 13,119.

रङ्गदत्त (wohl n.) Titel eines Schauspiels.

*रङ्गदायक n. *eine best. Erdart* Râgan. 13,141.

*रङ्गदृढा f. *Alaun* Râgan. 13,119.

रङ्गद्वार n. *die Thür —, der Eingang zu einem Theater, — zu einer Schaubühne.*

रङ्गद्वार n. *der Prolog in einem Schauspiele.*

*रङ्गधातु m. *rother Ocker* Râgan. 13,60.

रङ्गनाथ m. N. pr. 1) verschiedener Männer. — 2) einer Oertlichkeit.

रङ्गनाथनामरत्न n., °नाथमाहात्म्य n. und °नाथस्तोत्र n. Titel von Werken Burnell, T.

रङ्गनाथीय n. *das Werk* Raṅganâtha's Opp. Cat. 1.

*रङ्गनामक oder *°नायक n. *eine best. Erdart* Madanav. 15,148.

रङ्गपताका f. N. pr. eines Frauenzimmers.

*रङ्गपत्री und *रङ्गपुष्पी f. *die Indigopflanze* Râgan. 4,84. *Hibiscus rosa sinensis* 10,124.

रङ्गप्रदीपक m. *ein best. Tact* S. S. S. 208.

*रङ्गबीज n. *Silber.*

*रङ्गभूति f. *die Vollmondsnacht im Monat* Âçvina.

रङ्गमङ्गल 1) m. N. pr. eines Schauspielers Vṛshabh. 238,a,15. — 2) n. *eine Feierlichkeit auf der Bühne.*

रङ्गमठन m. N. pr. eines Schauspielers Dh. V. 4,9.

रङ्गमण्डप *Schauspielhaus, Theater.*

रङ्गमल्ल 1) m. N. pr. eines Mannes. — 2) *f. ई *die indische Laute.*

*रङ्गमाणिक्य n. *Rubin* Râgan. 13,146.

*रङ्गमातर् f. 1) *Lack* (लाक्षा) Râgan. 6,206. — 2) *Kupplerin.* — 3) = त्रुटि.

*रङ्गमातृका f. *Lack* (लाक्षा).

रङ्गराज m. N. pr. eines *Fürsten* und eines Gelehrten. Auch °दीक्षित, °राजाध्वरिन्, °राजाध्वरिवर und °राजाध्वरीन्द्र.

रङ्गराजस्तव m. Titel eines *Lobgedichts* Opp. Cat. 1.

रङ्गराट्छन्दस् n. Titel eines Werkes über *Metrik* ebend.

रङ्गरामानुज und °नुजाचार्य m. N. pr. eines Autors. °नुजीय n. Titel seines Werkes ebend.

*रङ्गलता f. *die Sennapflanze* Râgan. 3,123.

*रङ्गलासिनी f. *Nyctanthes arbor tristis.*

रङ्गलील m. *ein best. Tact* S. S. S. 230.

रङ्गवती f. N. pr. einer Frau.

रङ्गवल्लिका und °वल्ली f. *eine best. beim Opfer gebrauchte Pflanze.*

रङ्गवस्तु n. *Farbestoff.*

रङ्गवाट m. *ein eingehegter Schauplatz für Kämpfe, Spiele, Tänze.*

रङ्गवाराङ्गना f. *Bajadere.*

रङ्गविद्याधर m. *ein Meister in der Schauspielkunst.*

*रङ्गशाला f. *Schauspielhaus, Tanzsaal.*

रङ्गसंगर m. *Bühnenwettstreit* Prasannar. 3,10.

रङ्गाङ्गण n. *Schauplatz, Arena.*

*रङ्गाङ्गा f. *Alaun* Râgan. 13,119.

*रङ्गाजीव m. 1) *Maler.* — 2) *Schauspieler.*

रङ्गाभरण m. *ein best. Tact* S. S. S. 209.

*रङ्गारि m. *wohlriechender Oleander.*

रङ्गारोहण n. Titel eines Werkes Opp. Cat. 1.

रङ्गावतरण n. *das Betreten der Bühne, die Beschäftigung eines Schauspielers.*

रङ्गावतारक und °तारिन् m. *Schauspieler.*

रङ्गित Adj. *schön gefärbt,* so v. a. *schmuck, hübsch* Hemâdri 1,544,8. Damajantîk. 2.

रङ्गिन् 1) Adj. a) *hängend —, Genuss findend an*

(im Comp. vorangehend). — *b*) *die Bühne betretend.* — 2) *f. °णी *a*) *Asparagus racemosus.* — *b*) = कैवर्तिका.

रङ्गेशपुर n. N. pr. einer *Stadt* (Seringapatam) Vaṁçabr. XXXI.

*रङ्गेष्टालु und *°क n. *eine Art Zwiebel.*

रङ्गोजि m. N. pr. eines Mannes. Auch रङ्गोजीभट्ट.

रङ्गोद्योत m. *ein best. Tact* S. S. S. 208.

रङ्गोपजीविन् und °जीव्य m. *Schauspieler.*

रङ्घ्, रङ्घते *eilen, rennen* Bhaṭṭ. Diese Wurzel kennt Kâlidâsa (96,32). — *Caus. रङ्घयति *sprechen* oder *leuchten.*

रङ्घनाथ fehlerhaft für रङ्गनाथ 2).

रङ्घस् n. *Eile.*

रङ्घ्या f. *eine best. Krankheit* Kâçikh. 24.

रच् *verfertigen.* Nur रचिष्यति Hariv. 6373 mit der v. l. करिष्यति. — Caus. रचयति 1) *verfertigen, bilden, errichten, bereiten, zurechtmachen, hervorbringen, zu Stande bringen, verfassen, bewirken.* चिन्ताम्, चिन्ताः *sich Sorgen machen.* रचित *verfertigt* u. s. w., — *aus* (Instr. oder im Comp. vorangehend). मृषा so v. a. *erfunden, ausgedacht.* — 2) *machen zu,* mit doppeltem Acc. Bâlar. 230,17. रचित *gemacht zu* (Nomin.). — 3) *anbringen, thun an* oder *in* (Loc.). रचित *angebracht* u. s. w., *ausgestellt auf* (im Comp. vorangehend Megh. III), *gerichtet auf* (Loc.). — 4) *bewirken, dass Jmd Etwas thut, bringen zu;* mit doppeltem Acc. — 5) *tummeln* (ein Ross). — 6) रचित *a*) *versehen mit* (Instr. oder im Comp. vorangehend). — *b*) *in Anspruch genommen von, beschäftigt mit* (im Comp. vorangehend) Bâlar. 231,1. — Mit आ Caus. 1) *bereiten, verfassen.* — 2) *sich* (sibi) *aufsetzen.* — 3) *versehen mit* (Instr.). — Mit उप Caus. *machen, bilden, herstellen, hervorbringen, zu Stande bringen, bewirken, errichten* Kâd. 75,2. 79,12. °रचित *gebildet, hervorgebracht* u. s. w. 83,20. 122,2. 3. 134,3. — Mit समुप Caus., °रचित *hergestellt, errichtet* Kâd. 76,1. — Mit वि Caus. (ausnahmsweise Med.) 1) *verfertigen, bilden, errichten, bereiten, zurechtmachen, vollbringen, hervorbringen, verfassen, erfinden, ersinnen.* विरचित *verfertigt* u. s. w. — 2) *anbringen, thun an* oder *in* (Loc.). विरचित *angebracht* u. s. w. — 3) विरचित *versehen mit* (Instr.).

रचन 1) n. *das Ordnen, Anordnen, Einrichten, Vorbereiten; Verfassen.* — 2) f. आ *a*) *Ordnung, Anordnung, Einrichtung, Vorbereitung, Betreibung, Bewerkstelligung.* — *b*) *das Anbringen, Daranthun, Anlegen* (eines Gewandes). — *c*) *das Ausfindigmachen, Ersinnen.* — *d*) *Stil, Art der Darstellung durch Worte.* — *e*) *Erzeugniss, Werk, That, Gebilde, literärische Composition.* — *f*) *die Ordnung* u. s. w. personificirt als Gattin Tvashṭar's.

रचयितर् Nom. ag. *Verfasser.*

रचित 1) Adj. s. u. रच् Caus. — 2) *m. N. pr. eines Mannes.

रचितत्व n. *das Verfasstsein.*

रचितधी Adj. *dessen Gedanken gerichtet sind auf* (Loc.) Bhâg. P. 4,7,29.

रचितपूर्व Adj. *früher bereitet, — vollzogen* (Darbringung) Çâk. 96, v. l.

रचितव्य Hariv. 8234 fehlerhaft für रतितव्य.

रचितार्थ Adj. *der sein Ziel erreicht hat* Kathâs. 67,112.

रज्, रञ्ज् 1) रज्यति, °ते *a*) *sich färben, sich röthen, roth sein.* — *b*) *in Aufregung gerathen, aus seiner Gemüthsruhe kommen, sich hinreissen lassen, entzückt sein von, seine Freude haben an* (Instr.), *froh werden, — sein.* Gewöhnlich mit Loc. *Gefallen finden an, sich hingezogen fühlen zu, sich verlieben in.* रञ्जतु fehlerhaft für रज्यतु. — 2) *रजति, *°ते (रागे). — 3) *रेजति (गतिकर्मन्). — रक्त s. bes. — Caus. 1) रजयति (nur AV. 1,23,1) und रञ्जयति; Pass. रज्यते. *a*) *färben, röthen.* रञ्जित *gefärbt, geröthet.* सम° *gleich gefärbt.* — *b*) *erhellen, erleuchten.* रञ्जित *erhellt, erleuchtet.* — *c*) *zur Freude stimmen, erfreuen, beglücken, entzücken, zufriedenstellen.* रञ्जित *erfreut, beglückt, zufrieden gestellt.* — 2) *रजयति und *रञ्जयति (अर्चतिकर्मन्). — 3) *रजयति मृगान् = रमयति मृगान्. — Mit अनु, °रज्यति, °ते (°रञ्जति u. s. w. fehlerhaft für °रज्यति u. s. w.) 1) *sich entsprechend färben, — röthen.* — 2) *sich hinreissen lassen, entzückt sein, Gefallen finden,* mit Instr. — 3) *sich hingezogen fühlen zu Jmd, Jmd treu anhängen, Jmd lieben;* mit Acc. oder Loc. der Person. — 4) अनुरक्त *a*) *gefärbt, geröthet.* — *b*) *geliebt.* — *c*) *treu anhängend, zugethan, ergeben, liebend; Jmd zugethan, hängend an, verliebt in* (die Person im Acc., Loc. oder im Comp. vorangehend); *Gefallen findend an Etwas, einer Sache hingegeben, unter dem Einfluss von Etwas stehend* (die Sache im Loc. oder im Comp. vorangehend). — *d*) *daran hängend, — befestigt.* — Caus. अनुरञ्जयति, अनुरज्य und अनुरञ्ज्य Absol., अनुरञ्जित Partic. 1) *entsprechend färben, — röthen.* — 2) *verklären, heben, steigern.* — 3) *für sich gewinnen, an sich ziehen, — fesseln.* — Mit अप, °रज्यते 1) *sich entfärben.* अपरक्त *entfärbt, bleich.* — 2) *abwendig werden.* अपरक्त *abgeneigt.* — Caus. अपरञ्जयति *sich abgeneigt machen, Jmdes Liebe verscherzen;* mit Acc. der Person. — Mit अभि, °रज्यते 1) *entzückt sein, grosse Freude haben an* (Instr.). — 2) अभिरक्त *a*) *ergeben, zugethan, hängend an* (im Comp. vorangehend). — *b*) *entzückend, reizend.* — Caus. अभिरञ्जित *gefärbt.* — Mit समभि, °रज्यते *roth erscheinen, funkeln.* — Mit उद् Intens. (°रारजीति) *in Aufregung gerathen.* — Mit उप 1) *verfinsternd über Etwas* (Acc.) *sich legen.* Nur Absol. °रज्य. — 2) उपरक्त *a*) *gefärbt, geröthet.* — *b*) *verfinstert* (Sonne oder Mond). — *c*) *stehend unter dem Einfluss von* (Instr. oder im Comp. vorangehend). — *d*) **niedergedrückt, niedergebeugt.* — Caus. उपरञ्जयति, °रञ्जित Partic. 1) *färben.* — 2) *afficiren, Einfluss üben auf* (Acc.). — Mit प्रति Caus. °रञ्जित *entsprechend gefärbt, — geröthet.* — Mit वि, °रज्यति, °ते 1) *sich entfärben, seine ursprüngliche Farbe verlieren.* — 2) *gleichgiltig werden, das Interesse für Personen oder Sachen verlieren, erkalten;* mit Abl. oder Loc. — 3) विरक्त *a*) *entfärbt.* — *b*) *gleichgiltig geworden,* so v. a. *kein Interesse mehr für Personen oder Sachen habend, erkaltet, abhold;* die Ergänzung im Abl., Loc., im Acc. mit प्रति oder im Comp. vorangehend. — *c*) *gleichgiltig geworden,* so v. a. *kein Interesse mehr erregend, für den man erkaltet ist.* — Caus. विरञ्जयति 1) *färben,* so v. a. *fleckig machen.* — 2) विरञ्जित *gleichgiltig gestimmt, erkaltet.* — Mit सम्, संरज्यते 1) *sich färben, sich röthen.* — 2) संरक्त *a*) *geröthet.* — *b*) *Liebe empfindend* in अ° Nachtr. 3. — *c*) *entzückend, reizend* (Gesang, संरक्ततरम् Adv.), *hinreissend* (im Gesange). — Caus. संरञ्जयति 1) *färben, röthen.* संरञ्जित *gefärbt, geröthet.* — 2) *erfreuen, beglücken.* — Mit अनुसम्, अनुसंरक्त *ergeben, zugethan;* mit Acc. — Mit अभिसम्, °अभिसंरक्त *hängend an, ergeben.*

रज m. 1) *Staub.* In पादरजोपम kann eine unregelmässige Contraction (पादरजउपम) angenommen werden. — 2) *Blüthenstaub.* — 3) **Menstrualblut;* auch n. — 4) **Leidenschaft.* — 5) N. pr. *a*) eines Wesens im Gefolge Skanda's. — *b*) eines Sohnes des Viraga.

रजउद्वासा Adj. f. *die ihre schmutzige Wäsche* (nach der Menstruation) *abgelegt hat.*

रजःकण m. *Staubkorn;* Pl. *Staub* Ragh. 1,85.

रजःपुत्र m. *ein Sohn der Leidenschaft, — der Lust,* so v. a. *ein sonst ganz unbekannter Mensch.*

रजक 1) m. *a*) *Wäscher* (der sich auch mit dem Färben von Kleidern beschäftigt). Im System *eine* best. verachtete Mischlingskaste. — b) * = प्रुक oder श्रप्रुक. — c) N. pr. eines Fürsten. Fehlerhaft für राजक. — 2) f. रजिका Wäscherin. — 3) f. रजकी a) dass. oder die Frau eines Wäschers. — b) Bez. eines Frauenzimmers am dritten Tage der Menses Bhâvapr. 1,19.

रजकास(स्वती f. N. pr. einer Dichterin Saduktik.

रजत 1) Adj. a) weisslich, silberfarbig. हिरण्य n. weissliches Gold, so v. a. Silber. — b) silbern. — 2) n. a) Silber Râǵan. 13,14. — b) * Gold. — c) * Perlenschmuck. — d) * Elfenbein. — e) * Blut. — f) * Sternbild. — g) * N. pr. α) eines Berges. — β) eines Sees.

रजतकूट N. pr. einer Kuppe im Gebirge Malaja.

रजतदंष्ट्र m. N. pr. eines Sohnes Vaǵradamshtra's, eines Fürsten der Vidjâdhara.

*रजतद्युति m. Bein. Hanumant's.

रजतनाभ m. N. pr. eines mythologischen Wesens.

रजतनाभि 1) Adj. einen weisslichen Nabel habend. — 2) m. N. pr. eines Abkömmlings des Kubera.

रजतपद्मदान n. Titel eines Werkes Burnell, T.

रजतपर्वत m. 1) ein Berg von Silber, insbes. ein künstlicher als Geschenk für Brahmanen. — 2) N. pr. eines Berges.

रजतपात्र n. Silbergefäss.

*रजतप्रस्थ m. Bein. des Berges Kailâsa.

रजतभाजन n. Silbergefäss.

रजतमय Adj. (f. ई) silbern.

रजतवाह्न m. N. pr. eines Mannes. Pl. seine Nachkommen.

रजताचल (Spr. 7754) und रजताद्रि m. Silberberg, Bein. des Kailâsa.

रजन 1) Adj. (f. रजनी) färbend AV. 1,23,1 = TBr. 2,4,4,1. — 2) m. a) Strahl. — b) N. pr. eines Mannes. — 3) * n. Safflor. — रजनी s. bes.

रजनक m. N. pr. = रजन 2) b).

रजनि (metrisch) f. = रजनी Nacht.

रजनिकर m. der Mond 322,25.

रजनिचर m. 1) Nachtwandler, ein Râkshasa. — 2) Nachtwächter Viddh. 82,1.

रजनिपुरंधी f. eine best. Form der Upamâ.

रजनिंमन्य Adj. sich für Nacht haltend (Tag) Bhatt.

रजनिराक्षसी f. die Nacht als Râkshasî gedacht 132,6.

रजनी f. 1) Nacht. — 2) Curcuma longa. Du. und °द्वय n. Curcuma longa und aromatica. — 3) * die Indigopflanze. — 4) * Weintraube. — 5) * Lack (लाक्षा). — 6) Bein. der Durgâ. — 7) eine best. Personification Mân. Gṛhj. 2,13. — 8) eine best. Mûrkhanâ S. S. S. 31. — 9) N. pr. a) einer Apsaras Bâlar. 89,7. — b) eines Flusses.

रजनीकर m. der Mond.

रजनीकरनाथ m. schlechte v. l. für रजनीचरनाथ.

*रजनीगन्ध m. f. (श्रा) Polianthes tuberosa Mat. med. 315.

रजनीचयनाथ m. schlechte v. l. für रजनीचरनाथ.

रजनीचर 1) Adj. in der Nacht wandelnd (Mond). — 2) m. a) Nachtwandler. — b) ein Râkshasa Kâd. 23,9. — c) * Nachtwächter. — d) * Dieb.

रजनीचरनाथ m. der Mond.

*रजनीजल n. Thau, Reif.

रजनीपति m. der Mond.

रजनीमुख n. Abend.

रजनीय Adj. MBh. 4,2088 fehlerhaft für मह्नीय.

रजनीरमण und रजनीश (Vikramâṅkak. 11,63) m. der Mond.

*रजनीह्वासा f. Nyctanthes arbor tristis Mat. med. 189.

रजायित्री f. Färberin.

रजःशय 1) Adj. (f. श्री) silbern Maitr. S. 1,2,7 (17,4). — 2) f. श्रा Bez. der Worte यौ ते ऽग्ने रजःशया तनूः (VS. 5,8) Ind. St. 10,364.

रजःशुद्धि f. richtige Beschaffenheit der Menses.

रजस् 1) n. a) Dunstkreis, Luftkreis, insofern darin Nebel, Wolken u. s. w. sich bewegen; Pl. die Lüfte. Im Besondern α) eines der Weltgebiete. — β) irdischer und himmlischer Dunstkreis. — γ) drei und sechs Dunstkreise. — δ) Du. die untere und die obere Region (über der Erde). — ε) die obere und untere Grenze des Dunstkreises. — b) Dunst, Nebel; Düsterkeit, Dunkel. — c) Staub; Unreinigkeit, kleine Partikeln irgend eines Stoffes; Staubkörnchen. — d) Blüthenstaub. — e) das Staubige, d. i. das aufgerissene und bebaute Land, Feld. — f) die menses. — g) Leidenschaft; in der Philosophie die mittlere der drei Qualitäten, die den Geist verdüsternde Leidenschaftlichkeit. — h) * Zinn. — i) * eine best. Pflanze, = पर्पट Râǵan. 5,8. Bhâvapr. 3,101. — k) * = ज्योतिस्, उदक, लोक, अह्न्. — 2) m. N. pr. eines Sohnes des Vasishtha.

रजस 1) Adj. a) trübe, dunkel. — b) im Trüben lebend. — 2) am Ende eines adj. Comp. (f. ई) die menses Gṛhjâs. (ed. Bloomfield) 2,18.

*रजसय्, °यात = रजस्विनमाचष्टे.

*रजसानु m. 1) Wolke. — 2) Geist, Herz.

रजस्क am Ende eines adj. Comp. (f. श्रा) = रजस् in नी° und वि°.

रजस्तमस्क Adj. von den Qualitäten रजस् und तमस् beherrscht.

रजस्तमोमय Adj. die Natur der Qualitäten रजस् und तमस् habend.

रजस्तुर् Adj. durch den Dunstkreis kommend, die Lüfte durcheilend.

रजस्तोक m. (* n.) das Kind der Leidenschaftlichkeit, d. i. die Habsucht.

*रजस्य्, °स्यति zu Staub werden, zerstieben.

रजस्य Adj. dunstig oder staubig.

रजस्वल 1) Adj. (f. श्रा) a) bestäubt, mit Staub erfüllt, staubig Âpast. — b) f. die menses habend; Subst. eine Frau während der menses. Auch so v. a. mannbar, ein mannbares Mädchen. — c) von der Qualität रजस् erfüllt, voller Leidenschaft. — d) als Erklärung von रजिष्ठ so v. a. उदकवत्. — 2) * m. Büffel.

रजस्विन् Adj. voller Blüthenstaub und zugleich von der Qualität रजस् erfüllt.

रजःसुवासिनी f. ein schon menstruirendes, aber noch im Hause des Vaters lebendes Mädchen Mân. Gṛhj. 1,2.

रजःस्पृश् Adj. den Staub —, die Erde berührend.

रजाशय 1) Adj. = रजःशय. — 2) f. श्रा = रजःशय 2) Âpast. Çr. 11,4,5.

1. रजि m. 1) N. pr. a) eines von Indra bezwungenen Dämons oder Fürsten. Nach Sâj. N. pr. eines Mädchens oder so v. a. Reich. — b) eines Âṅgirasa Ârsh. Br. — c) eines Sohnes des Âjus. — 2) उभौ रजी nach Sâj. Himmel und Erde oder Sonne und Mond.

2. रजि f. Richtung, Linie.

रजिष्ठ Adj. Superl. (f. श्रा) 1) der geradeste. — 2) der redlichste Ṛv. 7,51,2. — Vgl. ऋजिष्ठ.

*रजी Adj. mit कर् in Staub verwandeln.

*रजीयंस् Adj. Compar. = ऋजीयंस्.

रजु häufig fehlerhaft für रज्जु.

रजीषित Adj. nach Sâj. von Kamelen oder Eseln getrieben.

रजोगात्र m. N. pr. eines Sohnes des Vasishtha.

रजोगुणमय Adj. die Qualität Raǵas habend.

*रजोग्रन्थि Adj.

रजोजुष् Adj. mit der Qualität रजस् verbunden Kâd. 1,1.

रजोदर्शन n. das Erscheinen der ersten menses.

रजोऽधिक Adj. bei dem die Qualität रजस् vorherrscht Varâh. Bṛh. S. 69,8.

*रजोबल oder *रजोवल n. Finsterniss.

रजोमेघ m. Staubwolke.

*रजोरस m. Finsterniss.

*रजोबल n. s. रजोवल.

रजोहर m. 1) *der Besen bei den* Gaina Hem. Par. 8,76. — 2) * *Wäscher.*

*रजोहरण n. = रजोहर 1) Zach. Beitr. 88,2 v. u.

*रजोहरणधारिन् m. = व्रतिन्.

रज्जव्य n. *Seilzeug.*

रज्जु f. 1) *Strick, Seil.* Auch रज्जू; am Ende eines Comp. auch रज्जु m. रज्जुम् आ-स्था Med. so v. a. *sich erhängen.* In Comp. mit dem Stoffe, aus dem der Strick gemacht ist, ausnahmsweise auch mit dem Wozu. — 2) in der Medicin *Sehnen, die von der Wirbelsäule ausgehen.* — 3) * *Haarflechte.* — 4) *eine best. Constellation.* — 5) * *Caryota urens* Râǵan. 9,95.

रज्जुक am Ende eines adj. Comp. (f. आ) = रज्जु 1).

*रज्जुकण्ठ m. N. pr. eines Lehrers.

रज्जुदाल m. 1) *ein best. Baum.* — 2) *das wilde Huhn* Vishnus. 51,29.

रज्जुदालक m. *das wilde Huhn.*

रज्जुपीठिका f. *eine an Stricken hängende Bank* 116,2.

रज्जुपेडा f. *ein an Stricken hängender Korb* Kathâs. 64,107.

रज्जुबन्ध m. *das Binden mit Stricken.* °बन्धेन बन्ध् *Jmd mit einem Strick umbinden* Kathâs. 18, 300.

*रज्जुभार m. N. pr. eines Lehrers.

रज्जुमय Adj. *aus Stricken bestehend* Âpast. Çr. 15,15,1.

रज्जुयन्त्र n. *ein aus Fäden bestehender Mechanismus* (bei einer Gliederpuppe) Kathâs. 43,25.

रज्जुलम्ब m. *Hängestrick* 118,7.

*रज्जुशारद Adj. *so eben vom Strick kommend, so eben geschöpft* (Wasser).

रज्जुसंदान n. Sg. *Strick und Fussfessel* Çat. Br. 14,3,1,22. Vgl. Comm. zu Kâtj. Çr. 26,2,10. 5,1.

रज्जुसर्ज m. *Seiler.*

रज्जूत Adj. (f. आ) *aus Stricken künstlich zusammengefügt* Kâtj. Çr. 15,7,1.

रञ्छ् in निरञ्छन. Vgl. लाञ्छ्.

1. रञ्ज्, रञ्जति, °ते, रञ्ज्यति, °ते; 1) *sich strecken, ausgreifen* (im Laufe). — 2) *erstreben, verlangen nach* (Acc.). — 3) ऋञ्जसान *a) herbeieilend.* — *b) erstrebend.* — Mit अभि *nach Etwas greifen, auf Etwas zueilen;* mit Acc. — Mit आ Med. *erstreben, herbeiwünschen.* — Mit नि Med. 1) *erreichen, gewinnen.* — 2) *erwischen, unter sich bringen.* — Mit प्र *hinstreben zu* (Acc.) RV. 3,43,6. — Mit सम् Med. *zusammen streben, sich vereinigen auf* (Loc.).

2. रञ्ज् s. रज्.

रञ्ज 1) m. in *जलरञ्ज. — 2) f. आ *eine Art Trommel* S. S. S. 177.

रञ्जक 1) Adj. (f. रञ्जिका) *a) färbend.* — *b) angenehm erregend, entzückend, erfreuend.* — 2) *m. *das rothe Pulver auf den Kapseln der Rottleria tinctoria* Râǵan. 13,101. — 3) f. ई *Färberin.* — 4) *n. *Zinnober* Râǵan. 13,58.

रञ्जन 1) Adj. (f. ई) *a) färbend.* Nom. abstr. °त्व n. — *b)* am Ende eines Comp. *angenehm erregend, entzückend, erfreuend* Spr. 1598. — 2) *m. *Saccharum Munjia* Râǵan. 8,86. — 3) f. ई *a)* wohl so v. a. *freundliche Begrüssung.* — *b)* * *die Indigopflanze.* — *c)* * *Nyctanthes arbor tristis.* — *d)* * *Gelbwurz.* — *e)* * *ein best. wohlriechender Stoff.* — *f) eine best.* Çruti S. S. S. 23. — 4) n. *a) das Färben.* — *b) Farbe.* — *c) das Nasaliren.* — *d) das Entzücken, Erfreuen, Beglücken, Zufriedenstellen.* — *e)* * *rother Sandel.* — *f)* * *Zinnober* Râǵan. 13,57.

*रञ्जनक m. *ein best. Baum,* = कट्फल Râǵan. 9,19.

*रञ्जनद्रु m. *ein best. Baum.*

*रञ्जनद्रुम m. *Shorea (Vatica) robusta.*

रञ्जनीय Adj. 1) *gut zu stimmen, zu erfreuen, zufriedenzustellen.* — 2) *woran man seine Freude hat.*

*रञ्जिनी f. 1) *die Indigopflanze.* — 2) *Rubia Munjista.* — 3) = शुण्डारोचनिका.

रट्, रटति 1) *heulen, brüllen, schreien, krächzen, laut wehklagen* (Hem. Par. 1,187); *schallen, rauschen, rauschend —, laut verkünden.* — 2) *zujauchzen,* mit Acc. Nur रटित *wozu man jauchzt.* — *Caus. रटयति = Simpl. — Intens. रारटीति (Partic. f. रारटती) *schreien, krächzen* Bhoǵa-Pr. 79, 24. — Mit आ *schreien, krächzen* Kâd. 256,23. 2,40,5. 83,9. — Mit परि in *°राटक und *°राटिन्. — Intens. °रारटीति *laut schreien, — rufen.*

रटन n. *Beifallsruf.*

रटन्ती f. *der 14te Tag in der dunkelen Hälfte des* Mâgha.

रटरटाय्, °यते *quaken* zu Spr. 2808.

रटित 1) Adj. s. u. रट्. — 2) n. *Geschrei, Geheul, Geknarre u. s. w.* Kâd. 251,20. Harshaḱ. 121,12.

रट्टा f. N. pr. einer Fürstin.

*रठ्, रठति (परिभाषणे).

रडि f. neben रति Kâth. Grhj. 20. 47 nach dem Schol. = क्रीडा. In andern Texten fehlt रडि; vgl. Pâr. Grhj. 3,9,4. Vishnus. 86,9.

रडु N. pr. 1) m. eines Mannes. — 2) f. आ einer Fürstin.

रण् s. रन्.

रण 1) m. *a) Behagen, Ergötzen, Lust, Freudigkeit.* — *b)* * *Laut, Ton.* — *c)* * *Gang.* — *d)* * = कोण. — 2) m. n. (dieses ausnahmsweise) *Kampf,* — um (im Comp. vorangehend).

रणक m. N. pr. eines Fürsten.

रणकर्मन् n. *Kampf.*

रणकाम्य्, °म्यति *Kampf wünschen, kampflustig sein* Çiç. 19,65.

रणकारिन् Adj. *Kampf verursachend.*

रणकृत् Adj. 1) *Freude machend.* — 2) *kämpfend, Kämpfer.*

रणक्षिति f., रणक्षेत्र n., रणक्षोणि f. (Prab. 3, 15) und रणक्षौणि f. (v. l. ebend.) *Kampfstätte, Schlachtfeld.*

रणगोचर Adj. *im Kampfe begriffen, kämpfend.*

रणजम्बुक m. ein Mannesname Hâsj.

रणंजय m. N. pr. eines Fürsten.

*रणतूर्य n. *Kriegstrommel.*

रणत्कार m. *Geklingel, Gerassel, Gesumme* (der Bienen).

रणदर m. N. pr. eines Mannes.

रणदुन्दुभि m. *Kriegstrommel* Hariv. 8056.

रणदुर्गा f. Bein. der Durgâ Hariv. 9426.

रणधुर् f. (R. 6,82,43) und °धुरा f. (Venis. 60) *die schwere Bürde des Kampfes.*

रणधृष्ट m. N. pr. verschiedener Männer VP².

*रणपत्त्रिन् m. *eine Falkenart* Râǵan. 19,86.

रणप्रिय 1) Adj. (f. आ) *den Kampf mögend, kampflustig* Hariv. 9426. — 2) *m. *Falke* Râǵan. 19,86. — 3) *n. *die wohlriechende Wurzel von Andropogon muricatus.*

रणभट m. N. pr. eines Mannes.

रणभू f. und रणभूमि f. *Kampfplatz, Schlachtfeld.*

*रणमत्त m. *Elephant.*

रणमुख n. 1) *der Rachen der Schlacht.* — 2) *Vordertreffen* Varâh. Jogaj. 4,12. Venis. 78. 98.

*रणमुष्टिका f. *eine best. Pflanze* Râǵan. 4,185.

रणमूर्धन् m. *die Spitze einer Schlacht, Vordertreffen* MBh. 5,192,21. R. 3,25,18. 6,53,7. 55,1. 68. Kathâs. 48,137.

रणयज्ञ m. *ein als Opfer gedachter Kampf* Venis. 15,7.

*रणरङ्क m. *die Gegend zwischen den Fangzähnen eines Elephanten.*

रणरङ्ग m. *Schlachtbühne, — platz, Kampffeld.*

रणरङ्गमल्ल m. = भोजराज, भोजपति.

*रणरण 1) m. *Mücke.* — 2) n. *Sehnsucht.*

रणरणक 1) m. (Hem. Par. 1,130) f. (आ Daçak. [1925] 2,128,21. 130,12) (*n.) *Sehnsucht, sehnsüchtige, wehmüthige Gedanken um einen geliebten* gegenstand Harshak. 10,5. 25,7. 141,16. Kâd. 236, 7. — 2) m. *der Liebesgott* Dhûrtan. 50.

रणरणाय्, °यित Adj. *laut rasselnd, — tönend* Kâd. 15,16.

रणरसिक Adj. *kampflustig, zu kämpfen begierig mit* (im Comp. vorangehend) Bâlar. 109,14. 112,5.

रणलक्ष्मी f. *Kriegsglück, Schlachtgöttin.*

रणवङ्गमल्ल m. vielleicht fehlerhaft für रणरङ्गमल्ल.

रणवन्य m. N. pr. eines Fürsten.

रणविक्रम m. N. pr. eines Mannes B. A. J. 2,10.

रणविग्रह m. desgl. ebend. 4,111.

रणवृत्ति Adj. *dessen Handwerk der Kampf ist.*

रणशिक्षा f. *Kriegskunst.*

रणशिरस् n. *die Spitze einer Schlacht, Vordertreffen* Çâk. 157. 185. Spr. 3093.

रणशूर m. *Kriegsheld.*

*रणसंकुल n. *Schlachtgetümmel.*

रणसत्त्र n. *die als Opferhandlung gedachte Schlacht.*

रणस्तम्भभ्रमर N. pr. einer Oertlichkeit VP.² 2,158.

रणस्तम्भ desgl. Nach Hall, VP.² 2,158 fehlerhaft.

रणस्थ Adj. *im Kampfe begriffen, kämpfend* MBh. 3,120,12.

रणस्थान n. *Kampfstätte, — platz.*

रणस्वामिन् m. *eine Statue* Çiva's *als Herrn der Schlachten.*

रणाग्नि m. *die als Feuer gedachte Schlacht.*

रणाग्र n. *Spitze einer Schlacht, Vordertreffen* Kathâs. 47,78.

रणाङ्ग n. *ein Werkzeug der Schlacht, Schwert u. s. w.* Bhatt.

रणाङ्गण und रणाङ्गन n. *Kampfplatz, Schlachtfeld.*

रणाजि m. N. pr. eines Sâdhja.

रणाजिर n. *Kampfplatz, Schlachtfeld.*

रणातोद्य n. *Schlachttrommel.*

रणादित्य m. N. pr. verschiedener Männer.

रणान्तकृत् Adj. *dem Kampf ein Ende machend* (Vishṇu).

*रणायुध m. *Hahn* Bhâvapr. 2,8.

रणारम्भा f. N. pr. einer Fürstin. °स्वामिदेव m. Name einer von ihr errichteten Statue.

*रणालंकरण m. *Reiher* Râgan. 19,87.

रणावनि f. *Schlachtfeld.*

रणाश्व m. N. pr. eines Fürsten.

रणित 1) Adj. s. u. 1. रन्. — 2) n. *Geklinge, Getöne, Gesumme* (von Bienen).

रणितर् Nom. ag. *sich ergötzend an* (Loc.).

रणेचर Adj. *auf dem Schlachtfelde wandelnd* (Vishṇu).

रणेश und रणेश्वर m. = रणस्वामिन्.

*रणेस्वच्छ (!) m. *Hahn.*

रणोत्कट 1) Adj. *rasend im Kampfe.* — 2) m. N. pr. a) eines Wesens im Gefolge Skanda's. — b) eines Daitja.

रणोद्देश m. *Kampfplatz* R. 5,56,126.

रण्ड 1) *Adj. *verkrüppelt, verstümmelt.* Richtig बण्ड. — 2) m. etwa *Verräther an* (im Comp. vorangehend). — 2) f. आ a) als verächtliche Bez. eines Weibes etwa so v. a. *Vettel.* — b) *Wittwe.* — c) *Salvinia cucullata. — d) *ein best. Metrum.*

*रण्डक m. *ein unfruchtbarer Baum.*

रण्डानन्द m. N. pr. eines Dichters Subhashitâv. 2344.

रण्डाश्रमिन् Adj. *nach dem 48sten Jahre sein Weib verlierend.*

1. रण्य, रण्विय 1) Adj. *ergötzlich, erfreulich.* — 2) n. a) *Ergötzlichkeit, Freude.* — b) *Kampf.*

2. (रण्य) रण्विय AV. 9,3,6 von unbekannter Bed.

रण्यजित् Adj. *im Kampfe siegend.*

रण्यवाच् Adj. *erfreulich redend.*

रण्व्, रण्वति 1) *ergötzen* TS. Vgl. Ind. St. 13, 68. — 2) *गतौ.

रण्व Adj. (f. आ) 1) *behaglich, erfreulich, lieblich.* — 2) *fröhlich, lustig.*

रण्वन्, nur Intr. Pl. रण्वभिस्; nach Sâj. = रमणीयाभिःस्तुतिभिः.

रण्वसंदृश् Adj. *lieblich anzuschauen.*

रण्वित Adj. *fröhlich.* Nur रण्विते Nom. Du. f.; nach Sâj. = शब्दिते, स्तुते oder परस्परं गच्छन्त्यौ.

रत 1) Adj. s. u. रम्. — 2) f. आ N. pr. der Mutter des Tages. — 3) n. a) *Liebeslust, Liebesgenuss, coitus.* — b) *die Schamtheile.*

रतकील m. *Hund* Vâsav. 76,2. 77,1.

*रतगुरु m. *Gatte.*

*रतगृह n. *vulva* Gal.

*रतज्वर m. *Kräne.*

*रततालिन् m. *Wollüstling.*

*रतताली f. *Kupplerin.*

*रतनाराच oder *रतनाराच m. 1) *Wollüstling.* — 2) *Hund.* — 3) *der Liebesgott.* — 4) *sonus, quem mulier in coitu edit.*

*रतनिधि m. *Bachstelze.*

*रतबन्ध m. *die Stellung beim Beischlaf.*

*रताहिक n. 1) *Tag.* — 2) *ein Bad zum Vergnügen.* — 3) *eine Gruppe von acht glückbringenden Dingen.*

रतवत् Adj. *eine Bildung aus der Wurzel* रम् *enthaltend.*

*रतव्रण und *रतशायिन् m. *Hund.*

*रतहिण्डक m. *Weiberverführer.*

*रतान्दुक m. *Hund.*

*रतान्धी f. *Nebel.*

*रतामर्द m. *Hund.*

*रताम्बुक (!) n. Du. *die beiden Vertiefungen unmittelbar über den Hüften.*

रति f. 1) *Rast, Ruhe.* — 2) *Lust, Behagen, Gefallen, — an* (Loc. oder im Comp. vorangehend). रतिम् आप्, लभ्, उप-लभ्, अधि-गम्, विद् कृ (zu Spr. 3613) und बन्ध् *Gefallen finden.* — 3) *Wollust, Liebeslust, Liebesgenuss, coitus.* Personificirt als *eine der Gattinnen des Liebesgottes* 134, 21. — 4) *die Schamtheile.* — 5) elliptisch für रतिगृह *Lusthaus.* — 6) *die sechste* Kalâ *des Mondes.* — 7) *ein best. über Waffen gesprochener Zauberspruch.* — 8) *ein best. Metrum.* — 9) mystische Bez. *des Lautes* न. — 10) N. pr. a) einer Apsaras. — b) der Gattin Vibhu's und Mutter Pṛthushena's.

रतिकर 1) Adj. (f. ई) a) *Lust —, Freude bereitend.* — b) *der Liebe pflegend.* — 2) *m. *ein best.* Samâdhi. — 3) f. आ N. pr. einer Apsaras Kâraṇḍ. 3,14.

रतिका f. *eine best.* Çruti S. S. S. 23.

रतिकान्ततर्कवागीश m. N. pr. eines Scholiasten.

रतिकामपूजा f. Titel eines Werkes Burnell, T.

*रतिकुहर n. *pudendum muliebre.*

रतिक्रिया f. *Beischlaf.*

रतिगृह n. 1) *Lusthaus.* — 2) **pudendum muliebre.*

*रतिचरणसमन्तस्वर m. N. pr. eines Gandharva.

रतिजनक m. N. pr. eines Fürsten.

*रतिजह m. *ein best.* Samâdhi.

रतिज्ञ Adj. *liebestüchtig* 150,11.

रतितस्कर m. *Einer, der den Liebesgenuss als unerkannter Dieb stiehlt,* Hariv. 9963. 9995.

रतिताल m. *ein best. Tact* S. S. S. 212.

रतिद Adj. (f. आ) *Lust —, Behagen verleihend* Varâh. Jogaj. 5,30.

रतिदेव Sâv. 2,17 fehlerhaft für रन्तिदेव.

रतिनाग m. *quidam coeundi modus.*

रतिपति m. *der Gatte der* Rati, *der Liebesgott* Ind. St. 14,381.

रतिपाश m. *quidam coeundi modus.*

रतिप्रपूर्ण m. *eine best. Weltperiode bei den Buddhisten.*

रतिप्रिय 1) Adj. *beim coitus erwünscht* Vâsav. 229,1. — 2) *m. *der Geliebte der* Rati, *der Liebesgott.* — 3) f. आ *a)* ein Name der Dâkshâjaṇî. — *b)* N. pr. einer Surâṅganâ Ind. St. 15.

रतिभवन n. *Lusthaus.*

रतिमञ्जरी f. Titel eines Werkes.

*रतिमदा f. *eine* Apsaras.

रतिमत् Adj. 1) *lustig, froh, seine Lust habend an* (Loc.). — 2) *verliebt* 291,28. — 3) *von der* Rati *begleitet* 291,28.

रतिमन्दिर n. 1) *Lust* —, *Liebesgemach.* — 2) **pudendum muliebre.*

रतिमित्र m. 1) *quidam coeundi modus.* — 2) N. pr. eines Dichters Subhâshitar. 1709. 1749.

रतिरमण m. *der Geliebte der* Rati, *der Liebesgott* Mâlatim. 13,3 (15,18).

1. रतिरस m. *Liebesgenuss* 187,13.

2. रतिरस Adj. *wie Liebesgenuss schmeckend.*

रतिरहस्य n. Titel eines Werkes. °दीपिका f. Burnell, T.

*रतिलक्ष m. *Beischlaf.*

रतिलील 1) m. *ein best. Tact* S. S. S. 207. — 2) f. आ N. pr. einer Surâṅganâ Ind. St. 15,241.

रतिलोल m. N. pr. eines bösen Dämons (buddh.).

रतिवर m. 1) **der Geliebte der* Rati, *der Liebesgott.* — 2) *ein der* Rati *gewährtes Gnadengeschenk.*

रतिवर्धन Adj. *die Liebeslust befriedigend.*

रतिवल्ली f. *die als Liane gedachte Liebeslust.*

रतिशूर m. *ein Held im Liebesgenuss, ein Mann von ausserordentlicher Potenz.*

रतिसंयोग m. *Beischlaf.*

रतिसंग्रहव्याख्या f. Titel eines Werkes.

*रतिसत्वरा f. *Trigonella corniculata.*

रतिसर्वस्व n. Titel eines Werkes.

रतिसहचर m. *der Gefährte der* Rati, *der Liebesgott* Daçak. (1925) 2,130,9.

रतिसुन्दर m. *quidam coeundi modus.*

रतिसेन m. N. pr. eines Fürsten.

रतीश m. *der Gatte der* Rati, *der Liebesgott* Naish. 6,31. 7,64.

*रतू f. 1) *der Götterfluss.* — 2) *eine wahre Rede.* — Vgl. वतू.

रतोत्सव m. *ein Fest des Liebesgenusses.*

*रतोद्वह m. *der indische Kuckuck.*

रत्न 1) n. (am Ende eines adj. Comp. f. आ) *Gabe; Habe, Besitz, Gut.* — *b) Kleinod, Juwel, Edelstein* (Râgan. 13,145), insbes. *Perle.* विद्यारत्न *das Juwel Gelehrsamkeit,* स्त्रीरत्न *eine Perle von Weib,* अश्वरत्नौ (m.!) *zwei Juwele von Pferden.* Nom. abstr. रत्नता f. Bâlar. 295,21. — *c) Magnet.* — *d)* **Diamant* Râgan. 13,174. — *e)* **Rubin* Râgan. 13,147. — *f)* verkürzt für रत्नहविस्. — *g)* nach Weber *Bez. der Zahl 14* in Hdschrr. — 2) m. N. pr. eines Mannes. Auch भट्ट°.

रत्नक m. N. pr. eines Mannes.

रत्नकण्ठ m. N. pr. verschiedener Autoren Bühler, Rep. No. 166. 206. 337.

*रत्नकन्दल m. *Koralle.*

*रत्नकर m. Bein. Kubera's.

रत्नकरण्डक m. Titel eines Werkes Bühler, Rep. No. 660.

रत्नकलश m. N. pr. eines Mannes.

रत्नकला f. ein Frauenname.

रत्नकिरीटिन् m. N. pr. eines Fürsten der Kiṁnara Kâraṇḍ. 3,1.

रत्नकीर्ति m. N. pr. eines Buddha.

रत्नकूट N. pr. 1) m. *a)* *eines *Berges.* — *b)* eines Bodhisattva. — 2) n. einer Insel.

रत्नकूटसूत्र n. Titel eines buddh. Sûtra.

रत्नकेतु m. 1) N. pr. *a)* eines Buddha. — *b)* eines Bodhisattva. — 2) der gemeinschaftliche Name von 2000 künftigen Buddha. Auch °राज m.

रत्नकेतूदय m. Titel eines Schauspiels Burnell, T.

*रत्नकोटि m. *ein best.* Samâdhi.

रत्नकोश m., °कारमतवाद m. (Opp. Cat. 1), °कारिकाविचार m., °वाद (Burnell, T.) und °वादरहस्य n. Titel von Werken.

रत्नच्छत्रकूटसंदर्शन m. N. pr. eines Bodhisattva. v. l. रत्नच्छत्रकूट°.

रत्नखानि f. *eine Fundgrube für Edelsteine.*

रत्नगर्भ 1) Adj. *Edelsteine* —, *Perlen bergend, mit ihnen besetzt.* — 2) m. *a)* **das Meer.* — *b)* N. pr. α) eines Bodhisattva. — β) eines Scholiasten. — 3) f. आ *die Erde* Prasannar. 53,23. Ind. St. 15,270.

रत्नगिरि m. N. pr. eines *Berges* Eitel, Chin. B.

रत्नगिरिरस m. *ein best. medicinisches Präparat* Rasendrak. 78. Mat. med. 92.

रत्नग्रीवतीर्थ n. N. pr. eines Tîrtha.

रत्नचन्द्र m. N. pr. 1) eines eine *Edelsteingrube* hütenden Gottes. — 2) eines Bodisattva. — 3) *eines Sohnes des Bimbisâra.

रत्नचन्द्रामति m. N. pr. eines Bhikshu.

रत्नचूड m. N. pr. 1) eines Bodhisattva. — 2) eines mythischen Fürsten.

रत्नचूडमुनि (Conj.) m. N. pr. eines Mannes.

रत्नचूडापरिपृच्छा f. Titel eines Werkes.

रत्नचूडोपाख्यान (Conj.) n. desgl.

रत्नचूर m. und °चूरोपाख्यान n. wohl fehlerhaft für °चूड und °चूडो°.

रत्नच्छत्र n. *ein Sonnenschirm von Edelsteinen.*

रत्नच्छत्रकूटसंदर्शन m. v. l. für रत्नत्रेत्रकूट°.

रत्नच्छत्राभ्युद्गतावभास m. N. pr. eines Buddha.

रत्नच्छाया f. *Edelsteinschimmer* Megh. 35.

रत्नतल्प m. *ein mit Edelsteinen verziertes Lager* Daçak. 83,1.

रत्नतूलिका f. Titel eines Werkes Opp. Cat. 1.

रत्नतेजोऽभ्युद्गतराज m. N. pr. eines Buddha.

रत्नत्रय n. *die drei Juwele.* Bei den Buddhisten so v. a. बुद्ध, धर्म und संघ (Sukhâv. 1,2), bei den Gaina (Hem. Par. 1,370) so v. a. सम्यग्दर्शन, सम्यग्ज्ञान und सम्यक्चारित्र.

रत्नत्रयजयमाला (wohl °जपमाला) f. Titel eines Gaina-Werkes Bühler, Rep. No. 661.

रत्नत्रयपरीक्षा f. Titel eines Vedânta-Werkes.

रत्नत्रयविधानकथा f. und °त्रयोद्यापन n. Titel von Gaina-Werken Bühler, Rep. No. 662. fg.

रत्नदण्डातपत्रिन् Adj. *mit einem mit Juwelen verzierten Stabe und Sonnenschirm versehen* Hemâdri 1,550,21.

रत्नदत्त m. N. pr. verschiedener Männer.

रत्नदर्पण m. 1) *ein aus Edelsteinen bestehender Spiegel.* — 2) Titel eines Commentars.

रत्नदीप m. *eine Lampe, in der Edelsteine die Stelle des Dochtes vertreten.*

रत्नदीपिका f. Titel eines Werkes.

रत्नद्रुम m. wohl *Koralle.*

रत्नद्रुममय Adj. wohl *aus Korallen bestehend.*

रत्नद्वीप m. N. pr. einer *Insel.*

रत्नधे॑ und रत्नधा॑ Adj. 1) *Gaben* —, *Güter verschaffend,* — *spendend.* Superl. रत्नधा॑तम. — 2) *Güter besitzend.*

रत्नधर m. N. pr. verschiedener Männer Bühler, Rep. No. 117.

रत्नधा॑ Adj. s. u. रत्नधे॑.

रत्नधेनु m. *eine durch Juwelen symbolisch dargestellte Mutterkuh.*

रत्नधे॑य n. *das Güterspenden.*

*रत्नध्वज m. N. pr. eines Bodhisattva.

रत्ननदी f. N. pr. eines *Flusses.*

रत्ननाभ Adj. *dessen Nabel ein Edelstein ist* (Vishṇu).

*रत्ननायक m. *Rubin* Râgan. 13,146.

रत्ननिधि m. 1) *eine Fundgrube für Edelsteine* oder *Perlen,* Bez. *a)* des *Meeres.* — *b)* des Meru. — *c)* Vishṇu's. — 2) **Bachstelze;* richtig रत्ननिधि.

रत्नपञ्चक n. *die fünf Juwele, d. i. Gold, Silber, Perlen, eine Art Diamant* (राजावर्त) *und Korallen* Hemâdri 2,a,47,5. 6.

रत्नपरीक्षा f. Titel eines Werkes Burnell, T.

रत्नपर्वत m. *ein Berg, der Edelsteine birgt*, insbes. Bez. des Meru.

रत्नपाणि m. N. pr. 1) eines Bodhisattva Kâraṇḍ. 1,13. 17,1. fgg. — 2) eines Grammatikers.

रत्नपाल m. N. pr. eines Fürsten Ind. St. 14, 399. fg.

रत्नपीठा f. N. pr. einer Gandharva-Jungfrau Kâraṇḍ. 5,14.

रत्नपुर n. N. pr. einer *Stadt* Ind. St. 14,122.

रत्नप्रकाश m. Titel eines Wörterbuchs.

रत्नप्रदीप m. = रत्नदीप. Am Ende eines adj. Comp. °क.

रत्नप्रभ 1) m. N. pr. *a*) Pl. einer Klasse von Göttern (buddh.). — *b*) eines Fürsten. — 2) f. आ *a*) *die Erde*. — *b*) **eine best. Hölle bei den Ǵaina*. — *c*) N. pr. α) verschiedener Frauen. — β) eines weiblichen Schlangendämons. — γ) einer Apsaras Bâlar. 89,7. — *d*) Name des 7ten Lambaka im Kathâs., so benannt nach einer Fürstin gleiches Namens.

रत्नप्रासाद m. *ein mit Juwelen verzierter Palast* 134,26.

रत्नबन्धक m. *Juwelier* Schol. zu Harshaḱ. (Çaka 1936) 402,9.

*रत्नबाहु m. Bein. Vishṇu's.

रत्नभाज् Adj. 1) *Gaben austheilend*. — 2) *im Besitz von Kleinodien seiend*.

रत्नभूति m. N. pr. eines Dichters Subhâshitâv. 2354.

रत्नमञ्जरी f. N. pr. einer Vidjâdharî.

रत्नमति m. N. pr. eines Grammatikers (Gaṇar.) und einer anderen Person (Eitel, Chin. B.).

रत्नमय Adj. (f. ई) *aus Edelsteinen gebildet, daraus bestehend, damit reichlich versehen*.

रत्नमाला f. 1) *ein Halsband aus Juwelen, Perlenschmuck* 291,15. 323,26. Am Ende eines adj. Comp. f. आ 317,29. — 2) vollständiger und abgekürzter Titel verschiedener Werke. — 3) N. pr. einer Gandharva-Jungfrau Kâraṇḍ. 4,19.

रत्नमालावती f. N. pr. eines Wesens im Gefolge der Râdhâ.

रत्नमालिका f. in कुल°.

रत्नमालिन् Adj. *mit einem Halsband aus Juwelen versehen*.

रत्नमालीयपुण्डरीक m. N. pr. eines Dichters Saduktik. 4,218.

रत्नमित्र m. desgl. Subhâshitâv. 1170.

*रत्नमुकुट m. N. pr. eines Bodhisattva.

*रत्नमुख्य n. *Diamant*.

*रत्नमुद्रा f. *ein best.* Samâdhi.

*रत्नमुद्राहस्त m. N. pr. eines Bodhisattva.

रत्नमेघसूत्र n. Titel eines buddh. Sûtra Eitel, Chin. B.

रत्नयष्टि m. N. pr. eines Buddha.

रत्नयुग्मतीर्थ n. N. pr. eines Tîrtha.

रत्नरक्षित m. N. pr. eines buddh. Gelehrten

*रत्नराज् m. *Rubin* Râǵan. 13,146.

रत्नराजि f. *Perlenschnur*.

रत्नराशि m. 1) *ein Haufen Edelsteine, Perlenmenge* 110,14. Ind. St. 14,379. — 2) **das Meer*.

रत्नरेखा f. N. pr. einer Fürstin.

रत्नलक्षण n. Titel eines Werkes Opp. Cat. 1.

रत्नलिङ्गेश्वर m. bei den Buddhisten Bez. Svajambhû's in seiner sichtbaren Form.

रत्नवत् 1) Adj. *a*) *von Gaben begleitet*. — *b*) *reich an Edelsteinen* oder *Perlen, damit verziert*. — 2) m. N. pr. eines Berges. — 3) f. रत्नवती *a*) **die Erde*. — *b*) N. pr. verschiedener Frauen.

रत्नवर्धन m. N. pr. eines Mannes.

रत्नवर्धनेश m. *eine von* Ratnavardhana *errichtete Statue* Çiva's.

रत्नवर्मन् m. N. pr. eines Kaufmanns.

रत्नवर्ष m. N. pr. eines Fürsten der Jaksha.

*रत्नवर्षुक n. *der mythische Wagen* Pushpaka.

रत्नविशुद्ध m. N. pr. einer Welt (buddh.).

*रत्नवृक्ष m. = विद्रुम (in einer anderen Bed. als *Koralle*).

रत्नशास्त्र n. Titel eines Werkes.

रत्नशिखण्ड m. N. pr. eines mythischen Vogels, Gefährten des Ǵaṭâju, Bâlar. 171,10. fgg.

*रत्नशिखर m. N. pr. eines Bodhisattva.

रत्नशिखिन् m. N. pr. eines Buddha.

रत्नशेखर m. N. pr. eines Mannes.

रत्नशोणा f. Titel eines Werkes Opp. Cat. 1.

रत्नषष्ठी f. *eine best. Begehung* Comm. zu Mṛkkh. 54,16.

रत्नसंग्रह m. Titel eines Werkes.

रत्नसंघात m. *eine Menge von Juwelen*.

रत्नसंघातमय Adj. (f. ई) *aus einer Menge von Juwelen gebildet, — bestehend*.

*रत्नसमुद्गल (°समुद्गक?) m. *ein best.* Samâdhi.

रत्नसंभव m. N. pr. 1) eines Dhjânibuddha. — 2) eines Buddha. — 3) eines Bodhisattva. — 4) einer Oertlichkeit.

रत्नसागर m. Titel eines Werkes.

रत्नसानु m. Bein. des Berges Meru Anarghar. 43. Bhâm. V. 4,38. Ind. St. 15,420.

रत्नसारपर्वत m. desgl. Ind. St. 15,420.

रत्नसिंह m. N. pr. eines buddh. Gelehrten M. Müller, Ren. 312.

रत्नसू 1) Adj. *Edelsteine erzeugend*. — 2) *f. *die Erde*.

रत्नसूति f. *die Erde*.

रत्नसेन m. N. pr. eines Fürsten Ḱampaka 37.

रत्नस्थलनगर n. N. pr. einer *Stadt* Ḱampaka 37. 68.

रत्नस्वामिन् m. Name einer von einem Ratna errichteten *Statue*.

रत्नहविस् n. *eine best. Opferhandlung im* Râǵasûja, *welche Personen betrifft, die als kostbare Besitzthümer eines Fürsten gelten*. Vgl. रत्निन् 2).

रत्नाकर m. (adj. Comp. f. आ) 1) *eine Fundgrube für Juwelen*. Nom. abstr. °त्व n. Ind. St. 15,351. — 2) *das Meer*. — 3) Titel verschiedener Werke. — 4) N. pr. *a*) eines Buddha, eines Dichters und verschiedener anderer Personen. — *b*) eines mythischen Rosses. — *c*) einer Stadt; vielleicht n.

रत्नाकरनिघण्ट m. Titel eines *Wörterbuchs*.

रत्नाकरमेखला f. *die Erde* (*die Meerumgürtete*) Daçak. 3,14.

रत्नाकरायित Adj. *einer Fundgrube von Juwelen — oder dem Meere gleichend* Hemâdri 1,4,9.

*रत्नाङ्क m. N. pr. des Wagens von Vishṇu.

*रत्नाङ्ग m. *Koralle* Râǵan. 13,159.

रत्नाङ्गुरीयक und रत्नाङ्गुलीयक n. *ein Fingerring mit Edelsteinen*.

रत्नादेवी f. N. pr. einer *Fürstin*.

रत्नाद्रि m. N. pr. eines mythischen *Berges*.

रत्नाधिपति m. 1) Bein. Agastja's Bâlar. 296, 4. — 2) N. pr. eines Fürsten.

रत्नापण m. Titel eines Werkes Opp. Cat. 1.

रत्नापुर n. N. pr. einer *Stadt*.

रत्नायित Adj. *Juwelen gleichend* Spr. 7823.

रत्नार्चिस् m. N. pr. eines Buddha.

रत्नावती f. N. pr. 1) einer Frau Harshaḱ. 162, 2. — 2) einer Stadt.

रत्नावभास m. *eine best. buddhistische Weltperiode*.

रत्नावलि f. s. u. रत्नावली 3).

रत्नावली f. 1) *Perlenschnur*. — 2) *eine best. rhetorische Figur*. — 3) Titel verschiedener Werke, unter anderen des bekannten Schauspiels. रत्नावलि Opp. Cat. 1. — 4) N. pr. verschiedener Frauen.

रत्नावलीनिबन्ध m. Titel eines Werkes.

रत्नासन n. *ein mit Juwelen verzierter Thronsessel*.

रत्नि m. = 1. अरत्नि 1) *Ellbogen*. — 2) *Elle*.

रत्निन् 1) Adj. *Gaben habend, — empfangend*. — 2) m. Bez. *derjenigen Personen, in deren Wohnung von Fürsten das* Ratnahavis *dargebracht wird*, Âpast. Çr. 18,12. Nom. abstr. रत्नित्वं.

*रत्नपृष्ठक n. *Ellbogen.*

रत्नेन्द्र m. *ein überaus kostbarer Edelstein.*

रत्नेश्वर N. pr. 1) m. verschiedener Männer. — 2) n. eines Liñga. Auch °लिङ्ग n.

रत्नोत्तम N. pr. 1) m. eines Buddha Kârand. 69,23. 24. 70,7. — 2) *f. आ einer Tantra-Gottheit (buddh.).

रत्नोद्भव m. N. pr. 1) eines buddh. Heiligen. — 2) des Sohnes eines Padmodbhava Daçak. 2,19.

*रत्नोल्का f. N. pr. einer Tantra-Gottheit (buddh.).

*रत्यङ्ग n. *pudendum muliebre.*

1. रथ 1) m. *a) Wagen, namentlich der zweiräderige Streitwagen* (auch *Fahrzeug der Götter*); *Vehikel* überh. अश्वरथ *ein mit Rossen bespannter Wagen.* Am Ende eines adj. Comp. f. आ. — *b) Kämpfer, Kriegsheld.* — *c) *Körper.* — *d) *Glied, Theil.* — *e) *Calamus Rotang* Bhâvapr. 1,207. — *f) *Dalbergia ougeinensis* Râǵan. 9,119. — *g)* *= पौरुष. — 2) f. रथी *ein kleiner Wagen, Karren* Çiç. 12,8.

2. रथ m. *Behagen, Ergötzen, Lust* in 2. रथजित् und मनोरथ.

रथक m. Pl. *best. Theile des Hauses* Agni-P. 42, 13. 14.

रथकट्या (Pârçvan. 4,172) und *°कड्या f. *eine Menge von Wagen.*

*रथकर m. = रथकार.

रथकल्पक m. *Zurüster von Wagen, Wagenmeister.*

रथकाम्य्, °म्यति *nach dem Wagen verlangen, angespannt sein wollen.*

रथकाय m. *die Abtheilung der Wagen* (in einem Heere), *die Wagen.*

रथकार m. *Wagner, Zimmermann.* Im System *eine best. Mischlingskaste.* °कारकुल n. Çat. Br. 13,4,2,17. Nom. abstr. °कारत्व n.

*रथकारक m. dass.

रथकुटुम्ब (Bhâg. P. 1,9,39), *°कुटुम्बिक und °कुटुम्बिन् (R. 6,89,19) m. *Wagenlenker.*

रथकूबर m. oder n. *Wagendeichsel.*

रथकृच्छ्र m. N. pr. eines Jaksha VP.² 2,291.

रथकृत् m. 1) *Wagner, Zimmermann.* Im System *eine best. Mischlingskaste.* — 2) N. pr. eines Jaksha.

रथकृत्स्न m. *eine best. Personificaton* Maitr. S. 2,8,10 रथगृत्स VS.

रथकेतु m. *Wagenbanner.*

रथक्रान्त 1) Adj. (f. आ) *von Wagen befahren* Taitt. Âr. 10,1,8. — 2) m. *ein best. Tact.*

रथक्रीत Adj. *um den Preis eines Wagens erkauft.*

रथक्षय Adj. *im Wagen sitzend.*

*रथगणक m. *vielleicht der das Amt hat die Wagen zu überzählen.*

*रथगर्भक m. *Sänfte.*

*रथगुप्ति f. *eine am Wagen zum Schutz desselben angebrachte Vorrichtung.*

रथगृत्स m. *ein gewandter Wagenlenker, Leibkutscher* als *best. Personification.* रथकृत्स्न Maitr. S.

*रथगोपन n. = रथगुप्ति.

रथग्रन्थि m. *Wagenknopf.*

रथघोष m. *Wagengerassel* MBh. 3,169,8. 9.

रथचक्र n. *Wagenrad.* m. MBh. 6,1894 fehlerhaft. °चक्राकृति Adj. Paddh. zu Kâtj. Çr. S. 356, Z. 17.

रथचक्रचित् Adj. *in Form eines Wagenrades geschichtet* Çulbas. 3,214. Bhatt. 6,128.

रथचरण m. 1) *Wagenrad.* — 2) **Anas Casarca.*

रथचर्या f. (häufig Pl.) *das Fahren zu Wagen* Kâd. 84,12. — रथचर्य MBh. 8,4215 fehlerhaft für रथचर्या.

रथचर्षण *ein best. Theil des Wagens, Behälter* oder dgl.

रथचर्षणि angeblich Adj. = रथगमन. °चर्षणे könnte Loc. von °चर्षण sein.

रथचित्र N. pr. 1) m. eines Jaksha VP.² 2,285. — 2) f. आ eines Flusses.

रथजङ्घा f. *ein best. Theil des Wagens, Hintertheil.*

1. रथजित् 1) Adj. *Wagen gewinnend.* — 2) m. N. pr. eines Jaksha VP.² 2,293.

2. रथजित् Adj. *Zuneigung gewinnend, liebreizend.*

रथजूति Adj. *rasch zu Wagen fahrend* oder m. N. pr.

रथज्ञान n. *die Kenntniss des Wagenlenkens.*

रथज्ञानिन् Adj. *mit der Kunst des Wagenlenkens vertraut.*

रथतुर Adj. *den Wagen befördernd.*

*रथदारु n. *zum Bau von Wagen sich eignendes Holz.*

रथदुर्ग n. *Wagengedränge* MBh. 7,139,84.

*रथद्रु und *रथद्रुम m. *Dalbergia ougeinensis.*

रथधुर् f. *Wagendeichsel* MBh. 3,198,9. 271,18.

रथधुर्य m. *ein vorzüglicher Kämpfer* MBh. 13, 160,29.

रथनाभि f. *Nabe am Wagen* Muṇḍ. Up. 2,2,6.

रथनीड m. n. *der innere Raum des Wagens.*

रथनेमि f. *Radkranz.*

रथंतर 1) n. Name verschiedener Sâman. — 2) m. *a) eine Form* Agni's (Sohnes des Tapas). — *b) eine best. Weltperiode* Hemâdri 1,537,6. — *c)* N. pr. eines Sâdhja VP.² 2,22. — 3) f. रथंतरी N. pr. einer Tochter Taṁsu's.

रथंतरपाद Titel eines Werkes Opp. Cat. 1.

रथंतरपृष्ठ Adj. *das* Sâman Rathaṁtara *zum* Pṛshṭha *genannten* Stotra *habend* Lâṭj. 4,5,10.

रथंतरवर्ण Adj. (f. आ) *von der Art des* Sâman Rathaṁtara Lâṭj. 1,12,10. 7,11,6.

रथंतरसामन् Adj. *ein* Rathaṁtara *zum* Sâman *habend* Âpast. Çr. 21,8. 9. 14. 15. 22,2. 5. 6. 23,12.

रथपथ m. *Bahn des Wagens, Fahrweg* Amṛt. Up. 3.

*रथपर्याय m. *Calamus Rotang.*

रथपाद m. 1) **Wagenrad.* — 2) *Discus* Varâh. Jogaj. 4,30.

रथप्रा 1) Adj. nach Sâj. *den Wagen füllend.* — 2) f. N. pr. eines Flusses

रथप्रोत m. *eine best. Personification* Maitr. S. 2,1,3 (4,3).

रथप्रोष्ठ m. N. pr. eines Mannes. Pl. *sein Geschlecht.*

*रथप्सा f. N. pr. eines Flusses.

रथबन्ध m. 1) *Alles was einen Wagen zusammenhält* MBh. 7,191,22. — 2) *Kämpferbund* MBh. 8,53,21.

रथभङ्ग m. *Wagenbruch* MBh. 6,109,4.

रथभृत् m. N. pr. eines Jaksha VP.² 2,293.

रथमध्य Adj. (f. आ) *die Mitte des Wagens einnehmend* Einschiebung nach R̥V. 5,87 (Vers 3) = Mân. Gṛhj. 2,13.

रथमहोत्सव m. *die feierliche Procession eines Idols zu Wagen.*

रथमार्ग m. *Wagenweg, Fahrweg* MBh. 7,139,83.

रथमित्र m. N. pr. eines Jaksha VP.² 2,293.

रथमुख n. *Vordertheil des Wagens.*

रथर्या f. *Lust nach Wagen.*

रथयात्रा f. = रथमहोत्सव. Auch °यात्रामहोत्सव m.

रथयान n. *das Fahren zu Wagen.*

रथयावन् Adj. *zu Wagen fahrend.*

रथयु Adj. *nach Wagen begehrend.*

रथयुग m. (sic) *Wagenjoch* Bhâg. P. 5,21,15.

रथयुज् 1) Adj. *a) den Wagen schirrend.* — *b) an den Wagen geschirrt.* — 2) m. *Wagenlenker.*

रथयुद्ध n. *ein Kampf zu Wagen.*

रथयूथप m. *ein Hauptkämpfer.*

रथयोग m. 1) *Wagengespann* (Pferde u. s. w.) Çat. Br. 14,7,1,11. — 2) *Gebrauch des Wagens, die Kunst den Wagen zu lenken* MBh. 3,169,8.

रथयोजक m. *Wagenanspanner.*

रथयोध m. *ein Kämpfer zu Wagen* MBh. 5,117,55.

रथरश्मि m. *Wagenstrang* 93,10.

*रथरात्र m. N. pr. eines Ahnen Çâkjamuni's.

रथरेणु m. *vom Wagen aufgewirbelter Staub* als *best. Körpermaass* Agni-P. 39,19.

रथरेष m. *Beschädigung des Wagens* Maitr. S. 4,3,8.

रथर्य्, रथर्यति *im Wagen fahren.*

रथर्वी Adj. oder Subst. *Bez. einer Schlange.*

रथवंश m. *eine Menge von Wagen.*

रथवत् 1) Adj. *a) von Wagen begleitet, W. habend.* — *b) das Wort* रथ *enthaltend.* — 2) n. *Besitz an Wagen* RV. 7,27,5.

रथवर m. 1) *der beste Kämpfer* MBh. 5,167,24. — 2) N. pr. eines Fürsten VP.² 4,68.

रथवर्त्मन् n. *Weg für Wagen, Fahrstrasse.*

रथवाह 1) Adj. (f. ई) *einen Wagen ziehend.* — 2) m. *a) Wagenpferd, ein an einen Wagen gespanntes Pferd.* — *b) Wagenlenker.*

रथवाहक m. *Wagenlenker.*

रथवाहण s. u. °वाहन 2).

रथवाहन 1) m. N. pr. eines Mannes. — 2) n. *ein bewegliches Gestell, auf welches der Wagen gesetzt wird, Untersatz.* Auch °वाहण (!).

रथवाहनवाह m. *ein den Untersatz des Wagens ziehender Stier* TS. 1,8,20,1.

रथविज्ञान n. und रथविद्या f. (Comm. zu Kâtj. Çr. S. 16, Z. 10) *die Kenntniss des Wagenlenkens.*

रथविमोचन n. *das Abschirren des Wagens.*

रथविमोचनीय Adj. *auf das Abschirreen des Wagens bezüglich* Çat. Br. 5,4,3,14. Kâtj. Çr. 15, 6,23.

रथवीति m. N. pr. eines Mannes.

रथवीथी f. *Weg für Wagen, Fahrstrasse.*

रथव्रज m. und रथव्रात m. *eine Menge von Wagen.*

रथशक्ति f. wohl *der Fahnenstock auf einem Kriegswagen* MBh. 9,16,42. R. 6,19,49.

रथशाला f. *Wagenschuppen.*

रथशिक्षा f. *die Theorie des Wagenlenkens.*

रथशिरस् n. *Vordertheil des Wagens* Mahâvîrak. 110,4.

रथशीर्ष n. dass.

रथश्रेणि f. *Wagenreihe.*

रथसङ्ग m. *feindliches Zusammentreffen von Wagen.*

रथसप्तमी f. *der 7te Tag in der lichten Hälfte des* Âçvina. °कालनिर्णय m., °पूजा f., °व्रत n. und °स्नानविधि m. Burnell, T.

रथसूत्र n. *Regeln über Wagenbau.*

रथस्थ 1) Adj. *auf einem Wagen stehend (Wagenlenker, Kämpfer)* R. 6,89,19. Spr. 5711. — 2) f. आ N. pr. eines Flusses.

रथस्पति m. *der Genius des Behagens, des Ergötzens* oder *des Streitwagens.*

रथस्पष्ट Adj. *durch Wagenspuren kenntlich* TS. 2,5,6,1.

रथस्पृश् Adj. *den Wagen berührend.*

*रथस्या f. N. pr. eines Flusses Mahâbh. 6,58,a.

1. रथस्वन m. (adj. Comp. f. आ) *Wagengerassel.*

2. रथस्वन m. 1) *eine best. Personification.* — 2) N. pr. eines Jaksha.

1. रथाक्ष m. *Wagenachse.* Als Längenmass = 104 Añgula. रथाक्षमात्र Adj. *von solcher Länge.*

2. रथाक्ष m. N. pr. eines Wesens im Gefolge Skanda's.

रथाग्र MBh. 5,1832 fehlerhaft für रथाग्र्य *der beste Kämpfer.*

रथाङ्का f. N. pr. eines Flusses. v. l. रथाह्वा.

रथाङ्ग 1) n. *a) Wagentheil.* — *b) Wagenrad.* — c) *Discus,* insbes. der Kṛshṇa's oder Vishṇu's. — *d) die Scheibe des Töpfers.* — 2) m. *a) Anas Casarca* Râgat. 7,1691. — *b)* N. pr. eines Dichters Saduktik. 2,18. 3,139. 233. — 3) f. आ N. pr. eines Flusses. v. l. रथाह्वा. — 4) f. ई *eine best. Heilpflanze* Râgan. 5,28.

रथाङ्गतुल्याह्वयन m. *Anas Casarca.*

रथाङ्गध्वनि m. *Rädergerassel.*

*रथाङ्गनामक und °नामन् (Kir. 6,8. 8,56) m. *Anas Casarca.*

रथाङ्गनेमि f. *Radkranz.*

रथाङ्गपाणि m. Bein. Vishṇu's Kâd. 139,22.

रथाङ्गसंज्ञ, रथाङ्गसाह्व, रथाङ्गाह्व und *रथाङ्गाह्वय m. *Anas Casarca.*

रथाङ्गाह्वयन Adj. *nach dem Rade benannt.* द्विज m. *Anas Casarca.*

रथाङ्गिन् m. Bein. Vishṇu's Pr. P. 120.

रथानीक n. *ein Heer von Streitwagen.*

रथान्तर 1) m. fehlerhaft für रथीतर und रथंतर 2) *b).* — 2) n. *ein anderer Wagen* Comm. zu TS. 1,1029,3. 1050,18.

रथाभिप्रा f. N. pr. einer Schlangenjungfrau Kâraṇḍ. 4,6.

*रथाभ्र m. und *°पुष्प m. *Calamus Rotang.*

रथारथि Adv. *Wagen gegen Wagen.*

रथारोह m. 1) *Kämpfer zu Wagen.* — 2) *das Besteigen des Wagens.*

*रथारोहिन् m. *Kämpfer zu Wagen.*

*रथार्भक m. *ein kleiner Wagen.*

रथावट m. N. pr. eines Mannes.

रथावर्त m. N. pr. 1) eines Wallfahrtsortes. — 2) eines Berges Hem. Par. 13,178.

रथाश्व 1) m. *Wagenpferd.* — 2) n. *Wagen und Pferd.*

रथासह Adj. (stark ebenso) *dem Wagen gewachsen, ihn zu ziehen tüchtig.*

रथाह्न m., रथाह्न (wohl m. Kâtj. Çr. 25,14,25) und रथाह्न्य n. (Âpast. Çr. 14,20) *Tagereise zu Wagen.*

रथाह्वा f. N. pr. eines Flusses.

रथिक m. 1) *Besitzer eines Wagens, Einer der zu Wagen fährt, Kutscher* Mahâbh. 1,170,b. Hem. Par. 1,165.167. — 2) *Wagner* in भूमि°. — 3) **Dalbergia ougeinensis* Râgan. 9,119.

रथित Adj. *in dem Besitz eines Wagens gelangt.*

रथिन् 1) Adj. *a) einen Wagen besitzend, im W. fahrend; m. Besitzer eines Wagens, Kämpfer zu Wagen; Kutscher* Hem. Par. 1,162. fgg. Auch so v. a. ein Kshatrija MBh. 1,146,7. Superl. रथितम. — *b) aus —, in Wagen bestehend.* — *c) Wagenlasten bildend* oder *auf Wagen gefahren.* — *d) zum Wagen gehörig, — geübt* (Rosse). — 2) *f. रथिनी *eine Menge von Wagen.*

*रथिन Adj. = रथिन् 1) *a).*

रथिर Adj. 1) *einen Wagen besitzend, im Wagen fahrend.* — 2) *eilig.*

रथिराय्, Partic. रथिरायत् *herbeieilend.*

रथी Adj. Subst. 1) *zu Wagen fahrend, Wagenlenker, Kämpfer zu Wagen.* Compar. °तर, Superl. °तम. — 2) *Lenker, Leiter überh.; Herr, Gebieter.* — 3) *Wagenbestand bildend* oder *auf Wagen gefahren.* — 4) *zum Wagen gehörig* (Rosse).

रथीकार m. N. pr. eines Mannes.

रथीतर 1) Adj. s. u. रथी 1). — 2) m. N. pr. verschiedener Männer VP.². Pl. *ihre Nachkommen.*

रथीनर m. fehlerhaft für रथीतर 2).

रथीय्, Partic. रथीयत् *fahren wollend.*

रथेचित्र m. *eine best. Personification.*

रथेश m. *Besitzer eines Wagens, Kämpfer zu Wagen.*

रथेशुभ् Adj. *im Wagen dahinfliegend.*

रथेषा f. *Wagendeichsel.*

रथेषु m. *eine Art Pfeil.*

रथेष्ठ (RV. 2,17,3. 8,4,13) und °ष्ठा Adj. Subst. *auf dem Wagen stehend, zu W. fahrend, Kämpfer zu Wagen.*

रथोळ्ह Adj. *auf einem Wagen gefahren* RV.

रथोत्सव m. *die feierliche Procession eines Idols zu Wagen.*

रथोद्धत 1) Adj. *stolz auf seinen Wagen.* — 2)

f. आ *a) ein best. Metrum.* — *b)* Titel eines Werkes.

*रथोद्दह m. 1) *Wagenpferd* Çâçvata 759. — 2) *der indische Kuckuck.* Richtig रतोद्दह.

रथोपस्थ॑ m. *Schooss (Fond) des Wagens.*

रथोरग m. Pl. N. pr. eines Volkes.

रथोष्मा f. N. pr. eines Flusses.

रथौघ m. *eine Menge von Wagen*

रै॑थौजस् m. 1) *eine best. Personification* Maitr. S. 2,8,10 (114,13). — 2) N. pr. eines Jaksha VP.² 2,285.

र॑थ्य, र॑थिय und र॑थि॑य 1) Adj. *zum Wagen gehörig, an den Wagen gewöhnt* u. s. w.; m. *Wagenpferd* (insbes. am Streitwagen). आजि॑ *Wagenrennen.* — *b)* vielleicht *an Landstrassen seine Freude habend.* — 2) f. रथ्या *a) Fahrstrasse.* Am Ende eines adj. Comp. f. आ. — *b)* **eine Menge von Wagen.* — 3) n. *a)* र॑थ्य *Wagenzeug, Wagengeschirr, Rad* u. s. w. Angeblich auch m. — *b)* रथ्य॑ (र॑थिय) etwa *Wagenrennen, Wagenkampf; Wagenzug* RV. 3,36,6 (रथ्य॑मिव gemeint). Vielleicht auch *Fuhrwerk.*

रथ्यचय m. *Pferdegespann* Daçak. 6,5.

रथ्यचर्या R. 1,19,19 fehlerhaft für रथचर्या.

रथ्यापङ्क्ति f. *Strassenreihe, Strasse*

रथ्यामुख n. *Strasseneingang* 292,11. 12 (im Prakrit).

*रथ्यामृग m. *Hund* Zach. Beitr. 69.

रथ्यालि f. = रथ्यापङ्क्ति.

रथ्योपसर्पण n. *das auf die Strasse Gehen* Jâǵn. 1,196.

रद्, र॑दति (ausnahmsweise auch Med.) 1) *kratzen, ritzen, hacken, nagen, — an* (Loc.). रदि॑त *angebissen* AV. 11,9,7. — 2) (eine Bahn) *schürfen, vorzeichnen, öffnen.* — 3) *in eine Bahn leiten.* — 4) *Jmd* (Dat.) *Etwas zuleiten, zuführen.* — Mit प्र *einritzen, schürfen.* — Mit वि 1) *zertrennen.* — 2) *eröffnen* oder *zuführen.*

रद 1) Adj. am Ende eines Comp. *aufritzend, nagend an.* — 2) m. *a) Zahn.* — *b)* Bez. der Zahl *zweiunddreissig.* — *c) Fangzahn eines Elephanten.* — *d)* **das Kratzen, Ritzen* u. s. w.

रदच्छद m. *Lippe* Viddh. 24,5.

रदन m. 1) *Zahn.* — 2) *Fangzahn eines Elephanten.* Pl. ungenau für Du.

रदनच्छद m. *Lippe.*

रदनिका f. ein Frauenname.

*रदनिन् m. *Elephant* Râǵan. 19,15.

रदाङ्कुर m. *Zahnspitze* H. 297.

*रदायुध m. *ein wilder Eber* Râǵan. 19,15.

रदावलिद्वंद्व, °द्वंद्वति *wie zwei Reihen Zähne erscheinen* Naish. 7,44.

रदा॑वसु Adj. *Güter eröffnend, — zuführend* RV.

*रदिन् m. *Elephant.*

रद्द *der 11te astrol.* Joga.

रद्धर् Nom. ag. *Bezwinger, Unterdrücker, Peiniger, Quäler* Bhatt.

रध्, रन्ध्, र॑ध्यति 1) *in die Gewalt kommen, Jmd* (Dat.) *unterthan —, dienstbar werden.* — 2) *Jmd* (Acc.) *in die Gewalt geben von* (Dat.), *unterwerfen.* रद्धे॑ *unterworfen.* — 3) *peinigen, quälen.* — Caus. रन्ध॑यति, °ते (ausnahmsweise) 1) *in die Gewalt geben, — von* (Dat.), *dahingeben, dienstbar machen, — Jmdm* (Dat.) *unterwerfen.* — 2) *peinigen, quälen.* — 3) *zu Nichte machen.* — 4) *zubereiten* (eine Speise) Mân. Grhj. 2,9. — Intens. (रारन्धि॑ d. i. रारन्द्धि॑, und रारत्त, d. i. रारन्त्त) *in die Gewalt geben.* रारन्धि॑ RV. 10,59,5 gehört zu 1. रन्. — Mit उप Caus. *quälen, peinigen.* — Mit नि *Jmdm* (Dat.) *in die Gewalt geben.* — Caus. (Conj.) *in seine Gewalt bringen.* — Mit परि Caus. °रन्धित *zu Nichte gemacht.*

रध्र॑ Adj. *willig, gehorsam.* Nach Sâj. = समृद्ध, राधक oder आराधक.

रध्रचोद॑ und °चोदन Adj. *Gehorsame fördernd*

रध्रतु॑र Adj. wohl dass.

1. रन् (= रम्), र॑णति (ausnahmsweise auch Med.) und रणयति 1) *stillstehen.* रत्त *standen still.* — 2) *sich gütlich thun, sich behagen lassen, sich vergnügen an* oder *bei* (Loc., selten Acc.). — 3) *ergötzen.* — 4) Partic. रणत् (294,30. 299,22. 322,28) und रणित *klingend, tönend.* — Caus. रणय॑ति, °ते 1) *sich gütlich thun, sich ergötzen an, gern sein bei, sich's wohl sein lassen bei;* mit Loc. — 2) *Jmd ergötzen mit* (Instr.) oder *bei* (Loc.) — 3) Act. *ertönen lassen.* — Intens. (रार॑णत्, रार॑णस्, रार॑न्, रारन्धि॑, रारत्तु) = Caus. 1) und 2). — Mit नि Pass. *ergötzt werden durch* (Instr.). — Mit वि Caus. Act. *ertönen lassen.*

2. र॑न् RV. 1,120,7 nach Sâj. Partic. Praes. von रा und zwar Sg. st. Du., also so v. a. दातारौ.

रै॑न्तर् Nom. ag. *verweilend —, gern bleibend bei* (Loc.).

रन्तव्या Adj. f. *mit der man der Liebe pflegen soll.*

1. रै॑न्ति m. vielleicht *Kämpfer.*

2. रै॑न्ति f. *das gern Verweilen, — bei* (Loc.). — 2) als Schmeichelname der Kuh etwa so v. a. *Ergötzen.*

3. रन्ति m. = रन्तिदेव N. pr. eines Lexicographen.

रन्तिदेव m. 1) *Bein. Vishnu's. — 2) N. pr. *a)* eines Fürsten Harshak. (Çaka 1936) 425,2. — *b)* eines Verfassers von Mantra bei den Çâkta. — *c)* eines Lexicographen.

रन्तिनार und रन्तिभार m. N. pr. eines Fürsten.

*रन्तु f. 1) *Weg.* — 2) *Fluss.*

(रन्त्य) रै॑न्तिय Adj. *belustigend, behaglich.*

रन्दला f. Bein. der Saṁǵńâ, der Gattin des Sonnengottes.

रन्ध् s. रध्.

*रन्ध m. Nom. act. Kâç. zu P. 7,1,61.

*रन्धक Adj.

रन्धन 1) Adj. am Ende eines Comp. *vernichtend.* — 2) n. *a) das Vernichten.* — *b) das Kochen, Zubereiten von Speisen* Comm. zu TS. 3,3,9,2 und Gobh. 1,7,21.

रन्धनाय्, °यति *Jmd* (Dat.) *in die Gewalt geben* RV.

*रन्धस् oder *रन्धस m. N. pr. eines Mannes.

रै॑न्धि f. 1) *Unterwerfung.* — 2) *das Garwerden.*

*रन्धिन् Adj. साधु° Kâç. zu P. 7,1,61.

रै॑न्ध्र 1) n. (im Bhâg. P. bisweilen auch m.) *a) Oeffnung, Spalte, Höhlung.* Am menschlichen Leibe werden 10 *Oeffnungen* angenommen: je zwei an Nase, Augen und Ohren, dann Harnröhre. After. Mund und eine vermeintliche am Schädel. — *b)* so v. a. *vulva.* — *c) ein best. Theil am Körper des Pferdes.* — *d) Fehler, Mangel.* — *e) Blösse, Schwäche, schwache Stelle.* — *f) das achte astrologische Haus.* — 2) m. N. pr. eines Sohnes des Manu Bhautja VP.² 3,29. v. l. ब्रध्न.

रन्ध्रक am Ende eines adj. Comp. (f. रन्ध्रिका) = रन्ध्र 1) in *बक्रुरन्ध्रिका.

*रन्ध्रकण्ट m. *eine Acacienart* Râǵan. 8,40.

*रन्ध्रबभ्रु m. *Ratte.*

*रन्ध्रवंश m. *hohler Bambus* Râǵan. 7,36.

रन्ध्रागत n. *ein best. Uebel der Pferde,* vielleicht *der Dampf.*

रप्, र॑पति *schwatzen* (leichthin oder unbedacht), *flüstern.* — Intens. रारपीति dass. — Mit आ *zuflüstern, ansagen.* — Mit परि in परिरा॑प् fg. — Mit प्र *schwatzen.* — Mit प्रति *zuflüstern.*

रै॑पस् n. *Gebrechen, körperlicher Schaden, Verletzung.* — RV. 1,69,8. 6,31,3 nach Sâj. = रत्तस्, nach Aufrecht's sicherer Vermuthung (Kuhn's Z. 25,601) ist aber विवे॑रु अपांसि und अविवेरु अपांसि zu trennen.

रप्श्, रप्शते (Simplex nur in रप्श॑दूधन्). — Mit प्र *hinausreichen.* — Mit वि *zum Ueberschwang oder zum Platzen voll sein, strotzen, — von* (Gen.), *übergenug haben an* (Instr.).

रप्श॑दूधन् Adj. *ein strotzendes Euter habend.*

*रप्सु angeblich = रूप.

रप्सुदा Nomin. Du. f. von unbekannter Bedeutung.

रफ् 1) *रफति (गतौ, हिंसायाम्). — 2) *रूफति (हिंसायाम्). — 3) रफित etwa *herabgekommen, elend.*

*रब्धर् Nom. ag. *der da fasst, — anfasst.* *f. रब्धी.

रब्धा f. *Speise* Hem. Par. 13,292. 296.

रभ्, रभते (Act. meist metrisch) *fassen, umfassen.* — अरभत् *begann* Hariv. 8106 fehlerhaft für आरभत्. — Caus. रम्भयति (Simplex nicht zu belegen). — Desid. रिप्सते (Simplex nicht zu belegen). — Mit अनु *packen, ergreifen* AV. 3,5,2. — Mit अभि *umfassen, umarmen.* — Caus. 1) dass. Nur Partic °रम्भित. — 2) *Jmd Etwas zu Theil werden lassen, versetzen in;* mit doppeltem Acc. — Mit आ 1) *erfassen, anfassen, sich festhalten —, sich klammern an, sich stützen auf;* mit Acc. — 2) *sich an Jmd machen, sich mit Jmd messen;* mit Acc. — 3) *Fuss fassen, betreten.* — 4) *erreichen.* — 5) *sich an Etwas machen, unternehmen, anfangen, beginnen, incipere;* mit Acc. oder Infin. अब्धिम् so v. a. *zu quirlen anfangen,* वेदादिम् so v. a. *herzusagen beginnen.* Pass. auch *beginnen,* so v. a. *seinen Anfang nehmen.* — 6) *machen, bilden, zusammenfügen, hervorbringen* Comm. zu Njâjam. 2,1,9.10. — 7) Absol. आरभ्य *von — an,* mit Abl. oder Acc. अद्यारभ्य *von heute an,* तदारभ्य *seitdem* (Daçak. 15,15). Nach wörtlichen Citaten steht इति vor आरभ्य. — 8) आरब्ध a) mit act. Bed. α) *gefangen habend* (vom Feuer). — β) *der sich an Jmd gemacht —, Jmd angegriffen hat;* mit Acc. — γ) *begonnen —, angefangen habend;* mit Acc. oder Infin., ausnahmsweise mit Loc. — b) mit pass. Bed. α) *woran man sich gemacht hat, unternommen, angefangen, begonnen.* क्रियाभिर्व्रणाः so v. a. *zu curiren begonnen.* केनापि देवायतनं (Nomin.) कर्तुमारब्धम् *Jmd begann ein Kloster zu bauen,* तेन भक्तयितुमारब्धम् (impers.) *der begann zu essen.* — β) *beginnend, seinen Anfang nehmend.* — γ) *gebildet, zusammengefügt aus* (Instr.), *hervorgebracht durch* (Instr.). — Caus. आरम्भित *angefangen, begonnen.* — Desid. आरिप्सते *beginnen wollen* Gop. Br. 2,1,12. Vaitân. — Intens. (आ — रारभे) *befestigt sein —, hängen an* (Loc.). — Mit अन्वा *von hinten anfassen, — berühren, sich an oder zu Jmd halten, sich von Jmd nachziehen lassen;* mit Acc. अन्वारब्ध mit act. (mit Loc. Vaitân.) und pass. Bed. — Caus. अन्वारम्भयति 1) *von hinten anfassen lassen,* mit doppeltem Acc. Maitr. S. 2,1,2 (3,17). Âpast. Çr. 10,30,5 (°रम्भयित्वा). — 2) *nach Jmd* (Loc.) *stellen.* — Mit व्यन्वा *nach verschiedenen Seiten berühren.* — Mit समन्वा *sich anfassen* (von Mehreren gesagt), *gemeinschaftlich anfassen.* समन्वारब्ध *angefasst* (38,8); Pl. *sich gegenseitig anfassend* Vaitân. — Mit अभ्या 1) *anfassen, berühren, beschreiten.* — 2) *sich an Etwas machen, beginnen.* सेतुम् so v. a. *zu bauen beginnen.* — Mit समुपा, °रब्ध *angefangen, begonnen.* — Mit प्रा 1) *anfassen.* — 2) *anfangen, unternehmen, beginnen;* mit Acc. oder Infin. — 3) प्रारब्ध a) *angefangen, unternommen, begonnen.* क्षीराब्धिः प्रारब्धो मथितुं सुरैः *die Götter begannen das Milchmeer zu quirlen.* — b) *begonnen, seinen Anfang genommen habend* 300,25. — c) *der begonnen hat,* mit Infin. — Mit प्रत्या in प्रत्यारम्भ. — Mit व्या °रब्ध *von verschiedenen Seiten erfasst, — festgehalten.* — Mit समा 1) *sich an Etwas machen, anfangen, unternehmen, beginnen;* mit Acc. oder Infin. — 2) *sich machen an,* so v. a. *beizukommen suchen;* mit Acc. — 3) Absol. समारभ्य mit vorangehendem Acc. *von — an.* — 4) समारब्ध a) *angefangen, unternommen, begonnen; zu bauen angefangen.* — b) *begonnen, eingetreten.* Compar. °तर so v. a. *häufiger vorkommend.* — c) *der begonnen hat,* mit Acc. oder Infin. — Mit अनुसमा *sich an Jmd* (Acc.) *hängen, — reihen.* — Caus. Med. *sich* (Loc.) *Jmd* (Acc.) *anreihen.* — Mit उपसमा *sich in eine Reihe stellen.* — Mit परि *umfangen, umfassen, umarmen.* परिरब्ध mit act. und pass. Bedeutung. — Mit संपरि *zusammen umfangen, — umfassen.* — Mit सम् 1) *anfassen, packen, zugreifen; sich gegenseitig anfassen* (zum Tanz, Kampf u. s. w.). — 2) *theilhaftig werden,* mit Instr. — 3) (*innerlich erfasst werden*) *in Eifer —, in Aufregung gerathen* Bâlar. 26,21. संरम्भस्व (!) 33,17. — 4) संरब्ध a) *Hand in Hand, eng verbunden mit* (Instr.). °म् Adv. — b) *in Eifer gerathen, angeregt.* — c) *aufgeregt, aufgebracht, wüthend* (von Menschen, Thieren und vom Herzen), — *gegen* (प्रति); *zornig* (Rede). Compar. °तर. संरब्धम् n. impers. Bâlar. 83,21. — d) *verstärkt, vermehrt, gesteigert.* — e) *schwellend, geschwollen.* — f) Hariv. 9120 fehlerhaft für संरुद्ध. — Mit अनुसम् *anfassen, sich halten an* (Acc.); *sich gegenseitig halten.* — Mit अभिसम् 1) *anfassen, festhalten.* — 2) अभिसंरब्ध *in Eifer gerathen, aufgeregt, aufgebracht, wüthend.* — Mit प्रतिसम् 1) *Jmd packen, angreifen.* प्रतिसंरब्ध Pl. *einander haltend* (an den Händen). — 2) प्रतिसंरब्ध *aufgeregt, wüthend.*

रभ m. N. pr. eines Affen.

रभस् n. *Ungestüm, Gewalt.* Instr. *mit Ungestüm, gewaltsam, unsanft, leidenschaftlich, vor Wuth.*

रभस 1) Adj. (f. आ) a) *wild, ungestüm, mit Ungestüm verlangend nach* (im Comp. vorangehend), *gewaltig* überh.; vom Soma so v. a. *stark, scharf.* — b) *von lebhafter, stechender Farbe.* — 2) m. a) *Ungestüm, Schnelligkeit, Heftigkeit, Eifer* (Prasannar. 50,12); *heftiges Verlangen nach* (im Comp. vorangehend Prasannar. 22,11. Chr. 321,5). रभसात्, रभसेन und रभस° *mit Ungestüm, leidenschaftlich* (313,20), *in aller Eile, in Hast, schnell.* Am Ende eines adj. Comp. f. आ. — b) * *Freude.* — c) *ein best. über Waffen gesprochener Zauberspruch.* — d) N. pr. α) eines Dânava. v. l. रश्मिस. — β) eines Fürsten, eines Sohnes des Rambha. — γ) eines Lexicographen. — δ) eines Affen. — 3) *f. रभसा = 2) a).

रभसपाल m. N. pr. eines Lexicographen.

रभसान Adj. wohl = रभस 1) b).

रभस्वन्त् Adj. *ungestüm.*

रभि f. *ein best. Theil des Wagens,* etwa *Zugscheit.*

रभिनेय (!) m. Patron. Auch Pl.

रभिष्ठ Adj. (f. आ) 1) *überaus ungestüm.* — 2) *überaus stark.*

रभीयंस् Adj. = रभिष्ठ.

रभेणाक m. N. pr. eines Schlangendämons.

रभोदा Adj. *ungestüme Kraft verleihend.*

रभ्यंस् Adj. = रभीयंस्.

रम्, रमति, °ते, रम्णाति (ved.), (उप) रम्येताम्; Act. nur in transit. Bed. oder metrisch. 1) *zum Stillstand bringen, festmachen.* — 2) Act. Med. *Jmd* (Acc.) *ergötzen,* inbes. *futuere.* — 3) *stillstehen, ruhen; verweilen —, bleiben —, gern bleiben bei* (Loc. oder Dat.). — 4) *stehen bleiben bei,* so v. a. *sich genügen lassen —, sich ergötzen —, Gefallen finden an* (Loc., Instr. oder Infin.). Ohne Ergänzung *vergnügt sein, sich ergötzen,* insbes. an einem Orte (Loc.). — 5) *sich mit Jmd vergnügen,* insbes. *mit Jmd der Liebe pflegen;* mit blossem Instr. (Spr. 7818) oder Instr. mit समम् (159,21), सह, साकम् oder सार्धम्. रमस्व सहितो मया = सह मया. Ohne Ergänzung *der Liebe pflegen, sich begatten.* — 6) *sich vergnügen an Etwas* (Instr.), so v. a. *spielen mit, auf's Spiel setzen* Bhatt. — 7) रत a) *sich genügen lassend, sich ergötzend, Gefallen findend an, einer Sache ganz ergeben, — als gewohnter Beschäftigung obliegend;* die Ergänzung im Loc., Instr. oder im Comp. vorangehend. Ohne Ergänzung *vergnügt, froh.* — b) *der Liebe pflegend, buhlend mit* (im Comp. vorangehend). — Caus. 1)

रमॅयति und रामॅयति zum Stillstehen bringen. — 2) रमयति, ते (metrisch) a) ergötzen, insbes. durch Befriedigung der Liebeslust. रमयतितराम् 312,17. रमित MBh. 13,13,53. — b) *मृगान् die Gazellen sich begatten lassen, so v. a. melden, dass die Gazellen sich begatten. — c) sich ergötzen. — Desid. in रिरंसा und रिरंसु. — *Intens. रंरम्यते und रंरमीति. रारन्धि (vgl. u. रध् und 1. रन्) wird auch hierher gezogen. — Mit अति höchst entzückt sein. v. l. अभि. अतिरत R. 1,70,31 fehlerhaft für अभिरत. — Mit अनु 1) Act. inne halten. — 2) Med. seine Freude an Etwas haben. अनुरत Gefallen findend an (Loc. oder im Comp. vorangehend). Ohne Ergänzung verliebt. — Mit अप, अपरत 1) sich nicht aufhaltend. — 2) ruhend, feiernd, sich jeglicher Thätigkeit enthaltend. — Mit अभि 1) Gefallen finden, sich befriedigt fühlen, sich ergötzen, — an (Loc. oder Instr.), sich ergötzen mit Jmd (Instr. mit सह). अभिरत befriedigt, sich genügen lassend, sich ergötzend, Gefallen findend an, einer Sache ganz ergeben, — als gewohnter Beschäftigung obliegend; die Ergänzung im Loc. (Gaut. 8,9), °क्रेतोस्, °र्थे oder im Comp. vorangehend. — 2) अभिरत Mârk. P. 61,21 fehlerhaft für अभिहृत. — Caus. अभिरमयति und अभिरामयति (hier v. l.) ergötzen; der Liebe pflegen mit einem Weibe (Acc.) Gaut. 9,28. अभिरमित ergötzt. — Mit अव in अनवरत. — Mit उपाव sich behaglich fühlen. — Mit आ Act. 1) einhalten (zu reden); abstehen. आरत aufgehört. — 2) sich ergötzen, Gefallen finden, — an (Loc.), sich geschlechtlich ergötzen mit (Instr. oder Instr. mit समम्). — Mit उपा Act. (ausnahmsweise Med.) 1) ruhen, ausruhen. — 2) abstehen, — von (Abl.) MBh. 7,162,47. — 3) उपारत a) ruhend, sich jeder Thätigkeit enthaltend; zur Ruhe gekommen, aufgehört, nachgelassen. — b) zur Ruhe gekommen, so v. a. ruhend —, fest gerichtet auf (Loc.). — c) der abgestanden ist —, abgelassen hat —, frei von (Abl.). — Mit व्युपा Act. abstehen, ablassen. — Mit समा, समारत der abgestanden ist, abgelassen hat. — Mit उद् Act. einhalten (zu reden). — Mit उप Act. in trans., Act. Med. in intrans. Bed. 1) stillhalten (im Laufe), am Orte bleiben ṚV. 3,33,5 (vgl. Nir. 2,25). — 2) zur Ruhe kommen, aufhören thätig zu sein, sich dem Quietismus ergeben. — 3) inne halten (mit Rede, Handlung u. s. w.), nachlassen, aufhören. — 4) abstehen von, entsagen; mit Abl. — 5) abwarten, mit Acc. — 6) *beruhigen. — 7) उपरतॅ (l Çat. Br. 14) a) zur Ruhe gekommen. — b) geduldig. — c) nachgelassen, aufgehört, verschwunden, nicht mehr da seiend. — d) zur Ruhe gekommen, so v. a. gestorben. — e) der abgestanden ist von, der entsagt hat, gleichgültig geworden; die Ergänzung im Abl. oder im Comp. vorangehend. — Caus. उपरमयति zur Ruhe bringen, beruhigen. — Mit व्युप 1) verschiedentlich pausiren in व्युपरमम्. — 2) Act. Med. zur Ruhe gelangen, aufhören. व्युपरत zur Ruhe gelangt, aufgehört. — 3) Act. abstehen von (Abl.). — In augmentirten Formen kann auch व्युपा angenommen werden. — Mit नि 1) Med. sich zur Ruhe begeben, aufhören. — 2) निरत sich genügen lassend, sich ergötzend, Gefallen findend an, einer Sache oder einer Person ganz ergeben, sich gern mit Etwas beschäftigend, treu hängend an; die Ergänzung im Loc., Instr. oder im Comp. vorangehend (Gaut. 9,72). — Caus. 1) निरामयति aufhalten, festhalten, hemmen. — 2) निरमयति geschlechtlich ergötzen. — Mit परि Act. Gefallen finden an, sich freuen über (Abl.). — Caus. परिरमिता geschlechtlich ergötzt. — Mit प्र Caus. प्ररमयति in einen angenehmen Zustand versetzen. — Mit प्रति 1) mit Freude entgegensehen, erwarten; mit Acc. Kâraṇḍ. 68,20. — 2) प्रतिरत Gefallen findend an, gern obliegend; mit Loc. — Mit वि Act. und ausnahmsweise (insbes. metrisch) Med. 1) einhalten (zu reden u. s. w.), pausiren, aufhören, nachlassen, zu Ende gehen (z. B. von der Nacht), erlöschen (vom Feuer); Allem entsagen. — 2) abstehen von, entsagen, aufgeben; mit Abl. — 3) विरम्यताम् Mâlav. 24,11 fehlerhaft; vgl. ed. Boll. — 4) विरत a) der eingehalten hat (zu reden), aufgehört, nachgelassen. विरतं (impers.) वाचा die Rede verstummte. — b) der abgelassen hat von, der entsagt hat; die Ergänzung im Abl., Loc. (ausnahmsweise) oder im Comp. vorangehend. Mit einem Nom. act. im Abl. oder im Comp. vorangehend aufgehört habend zu. — Caus. विरमयति und विरामयति 1) zur Ruhe bringen. विरमित zur Ruhe gebracht. — 2) zu Ende bringen (die Nacht). — Mit प्रवि, °रत der abgestanden ist von (Abl.). — Mit सम् Med. 1) sich ergötzen —, Gefallen finden an Bhaṭṭ. — 2) sich geschlechtlich ergötzen mit (साकम्).

रम 1) Adj. am Ende eines Comp. ergötzend, erfreuend. — 2) *m. a) Geliebter, Gatte. — b) der Liebesgott. — c) roth blühender Açoka. — 3) f. आ a) Bein. der Lakshmî. — b) Glück, Reichthum. — c) Pracht, Schönheit Bhâm. V. 2,156. 160. — d) der 11te Tag in der lichten Hälfte des Kârttika. — e) N. pr. einer Tochter Çaçidhvaǵa's. — f) *schlecht v. l. für रामा. — रमहर्षित Padma-P. 16,44 fehlerhaft für रोमहर्षित; in Betreff von Pankat. I,369 s. Spr. 4736.

***रमक** Adj. sich ergötzend, spielend, scherzend.

रमट m. Pl. N. pr. eines Volkes. v. l. रमठ und रामठ.

रमठ 1) m. Pl. N. pr. eines Volkes. — 2) *n. Asa foetida.

***रमठध्वनि** m. Asa foetida.

रमण 1) Adj. (f. ई) ergötzend, erfreuend. — 2) m. a) Geliebter, Gatte. — b) *der Liebesgott. — c) *Esel. — d) *Testikel. — e) *ein der Melia Bukayun verwandter Baum Râǵan. 9,13. = तिन्दुक 11,78. — f) *Bein. Aruṇa's, Wagenlenkers der Sonne. — g) N. pr. α) einer mythischen Person, eines Sohnes der Manoharâ. — β) Pl. eines Volkes. — γ) eines Mannes. — 3) f. आ a) *ein junges reizendes Weib. — b) ein best. Metrum. — c) Name der Dâkshâjaṇî in Râmatîrtha. — 4) f. ई a) ein junges reizendes Weib, Geliebte, Gattin. — b) *Aloe indica. — c) ein best. Metrum. — d) N. pr. eines weiblichen Schlangendämons. — 5) n. a) Vergnügen. — b) sinnliches Vergnügen, Beischlaf, Begattung. — c) das Ergötzen, Erfreuen. — d) das Ergötzen durch Befriedigung der Sinneslust, mit Acc. des Mannes. — e) *Hinterbacke; Schamgegend. — f) *die Wurzel von Trichosanthes dioeca. — g) N. pr. eines Waldes.

रमणक N. pr. 1) m. a) eines Sohnes α) des Jaǵńabâhu. — β) des Vîtihotra. — b) eines Dvîpa. — 2) n. eines Varsha.

रमणीय्, °यते Jmds (Gen.) Geliebte —, Gattin darstellen.

रमणीय 1) Adj. (f. आ) vergnüglich, ergötzlich, anmuthig, schön. — 2) f. आ N. pr. einer Sängerin Mâlav. 65,21 (im Prâkrit). — 3) n. N. pr. einer Stadt Hem. Par. 3,186.

रमणीयक 1) N. pr. einer Insel Suparṇ. 7,2. — 2) n. fehlerhaft für रामणीयक.

रमणीयडामरत्व n. Nom. abstr. von रमणीय reizend und डामर Staunen erregend Mâlatim. 74,16 (159,1).

रमणीयता f. Anmuth, Schönheit.

रमणीयतारक Titel eines Mantra Opp. Cat. 1.

रमणीयत्व n. Anmuth, Schönheit.

रमण्य Adj. = रमणीय 1) in सु°

1. **रमॅति** f. Ort des angenehmen Aufenthalts.

2. **रमॅति** 1) Adj. gern bleibend, anhänglich; von einer Kuh, die sich nicht verläuft. — 2) *m. a) Liebhaber. — b) der Liebesgott. — c) Krähe. — d)

Himmel. — *e*) *Zeit.*

रमयत्तिका f. N. pr. einer Tänzerin DAÇAK. 82,18.

रमलशास्त्र n. Titel eines Werkes BÜHLER, Rep. No. 546.

रमाकान्त, रमाधव und रमाधिप m. Bein. Vishṇu-Kṛshṇa's.

रमानाथ m. 1) desgl. — 2) N. pr. verschiedener Männer.

रमापति m. Bein. Vishṇu-Kṛshṇa's.

*रमाप्रिय n. *Lotusblüthe.*

*रमावेष्ट m. *Terpentin.*

रमाश्रय m. Bein. Vishṇu's.

*रमितंगम m. संज्ञायाम्.

रमेश und रमेश्वर m. Bein. Vishṇu-Kṛshṇa's.

*रम्फ्, 1) रम्फति (गतौ, हिंसायाम्). — 2) रम्फति (हिंसायाम्).

1. रम्ब्, रँम्बते *schlaff herabhängen.* — Mit अव dass. — Mit आ in आरम्बण (अनारम्बणँ).

2.*रम्ब्, रम्बते (शब्दे, गतौ).

1. रम्भ् s. रभ्.

2. रम्भ्, रम्भते *brüllen.* — Mit उप *mit Schall erfüllen, erschallen lassen.*

1. रम्भँ 1) m. *a*) *Stab, Stütze.* — *b*) *der fünfte* 2. कल्प *h*). — *c*) N. pr. α) des Vaters des Asura Mahisha. — β) eines Schlangendämons VP.². — γ) verschiedener Fürsten. — δ) eines Affen. — 2) f. रम्भा *a*) *Musa sapientum, Pisang.* Mit ihrem Stamme werden häufig die weiblichen Lenden verglichen. — *b*) **eine Art Reis.* — *c*) *Buhldirne* zu Spr. 1686. — *d*) *ein best. Metrum.* — *e*) Name der Dâkshâjaṇî im Malaja-Gebirge. — *f*) N. pr. einer Apsaras KÂD. 90,10.

2. रम्भ 1) Adj. *brüllend* in गो°. — 2) *f. आ *Gebrüll.*

रम्भक m. N. pr. eines Mannes.

रम्भातृतीया f. *ein best. dritter Tag.*

रम्भाभिसार Titel eines Schauspiels.

रम्भाल SUÇR. 2.14.2 vielleicht fehlerhaft für रसाल.

रम्भाव्रत n. *eine best. Begehung.*

रम्भास्तम्भ m. *Pisang-Stamm* NAISH. 7,7.

रम्भास्तम्भन n. *das Verwandeln der* Apsaras Rambhâ *in eine Säule* MAHÂVÎRAK. 3,19. Vgl. R. 1,64,12. fgg.

रम्भिँन् Adj. 1) *einen Stock tragend;* m. so v. a. *Greis.* Nach SÂJ. *Thürsteher.* — 2) f. रम्भिँणी etwa *Schaft* (des Speers).

रम्भोरु Adj. (f. eben so, aber häufiger °रू) *mit Lenden, die Pisang-Stämmen gleichen,* Spr. 7641. 7656.

रम्यँ 1) Adj. (f. आ) *a*) *ergötzlich, angenehm, anmuthig, schön.* — *b*) *=बलकर. — 2) m. *a*) **Michelia Champaka.* — *b*) **eine andere Pflanze,* = बक. — *c*) N. pr. eines Sohnes des Âgnîdhra. — 3) m. oder n. *ein anmuthiger Ort* VISHṆUS. 99, 16. — 4) f. रम्या *a*) *Nacht* HARIV. 3588. — *b*) **Hibiscus mutabilis* RÂǴAN. 5,80. = महेन्द्रवारुणी 3,61. — *c*) *eine best.* Çruti S. S. S. 23. — *d*) N. pr. einer Tochter Meru's. — 5) *n. *a*) *die Wurzel von Trichosanthes dioeca.* — *b*) *der männliche Same.*

रम्यक 1) m. *a*) **Melia sempervirens* BHÂVAPR. 1, 204. — *b*) N. pr. eines Sohnes des Âgnîdhra. — 2) f. (आ) und n. *eine der acht Vollkommenheiten im* Sâmkhja. — 3) n. *a*) *die Wurzel von Trichosanthes dioeca* SUÇR. — *b*) N. pr. α) des von 1) *b*) beherrschten Varsha. — β) eines Waldes.

रम्यग्राम m. N. pr. eines *Dorfes* MBH. 2,31,14.

रम्यता f. *Anmuth, Schönheit* 294,23. HEM. PAR. 2,18.

रम्यत्व n. dass.

*रम्यपथ Adj. *mit anmuthigen Wegen versehen* L. K. 1063.

*रम्यपुष्प m. *Bombax heptaphyllum* RÂǴAN. 8,9.

*रम्भफल m. *Strychnos nux vomica* RÂǴAN. 9,149.

रम्यरूप Adj. *von lieblichem Aussehen, reizend* BHÂM. V. 4,18.

रम्यश्री m. Bein. Vishṇu's.

रम्याति m. N. pr. eines Mannes.

*रम्र m. 1) = अरुण. — 2) = शोभा.

*रय्, रयते (गतौ).

रय m. (adj. Comp. f. आ) 1) *Strömung, Strom.* — 2) *schnelle Bewegung, Geschwindigkeit.* रयेण (KÂD. 2,12,3) und रयात् *eiligst, stracks.* — 3) *Lauf* in übertragener Bed. — 4) *heftiger Drang, Heftigkeit, Innigkeit.* — 5) N. pr. zweier Fürsten.

रयक m. v. l. für रवक.

रयणासार Titel eines Werkes BÜHLER, Rep. No. 664.

रयप्रश्नसूत्रसिद्धान्त m. Titel eines Werkes.

रयमणि m. विष्णो °मणी Name zweier Sâman ÂRSH. BR.

रयस् in अमूर्तरयस्.

रयिँ 1) m. f. (selten) Sg. und Pl. *Habe, Besitz;* auch wohl *Werthgegenstand, Kleinod.* — 2) m. *a*) *Stoff.* — *b*) N. pr. eines Âṅgirasa; fehlerhaft für रश्मि. — 3) vielleicht Adj. *reich* ṚV. 8,31,11. 9, 101,7.

रयिक m. N. pr. = रैक्व.

रयिदँ oder °दाँ Adj. *Besitz gebend.*

रयिँन्तम Adj. *überaus viel besitzend.*

रयिपँति m. *Herr des Besitzes.*

रयिमँत् Adj. 1) *mit Besitz verbunden; wohlhabend, reich.* — 2) *das Wort* रयि *enthaltend.*

रयिवँत् Adj. *reich.*

रयिविँद् Adj. *Habe findend, — besitzend.*

रयिवृँध् Adj. *am Besitz sich erfreuend.*

रयिषँच् (stark °षाँच्) Adj. *Besitzes theilhaft.*

रयिषँह् (stark °षाँह्) Adj. *über Besitz gebietend.*

रयिष्ठ n. Name verschiedener Sâman.

रयिष्ठा, रयिष्ठान (AV. 7,76,6) und रयिस्थान Adj. *begütert;* m. *ein reicher Mann.*

रयीयँत् Adj. *Besitz wünschend.*

रयीषिँन् (!) Adj. *Schätze begehrend.*

रय्यावट् m. N. pr. eines Mannes. Vgl. रथावट्.

रराँट 1) n. = ललाट *Vorderkopf, Stirn.* — 2) f. रराँटी *a*) dass. nur BHÂG. P. — *b*) *Gewinde von Gras, welches am östlichen Eingange des Schuppens für die sogenannten* Havirdhâna *angebracht wird,* ÂPAST. ÇR. 11,8,1.

रराट्य 1) Adj. (f. आ) *zur Stirn in Beziehung stehend.* — 2) f. आ *a*) = रराट 2) *b*) ÇAT. BR. 3,5, 3,24. — *b*) *Horizont.*

रँरावन् Adj. scheinbar ṚV. 8,39,2. 10,40,7. Es ist mit DELBRÜCK अँरावन् anzunehmen und zwar 8,39,2 in der Bed. *feindselig,* 10,40,7 in der Bed. *Ross.*

*रर्फ्, रर्फति (गतौ).

रलमानाथ m. N. pr. eines Dichters.

रलरोल etwa *Geheul, Wehklage* HEM. PAR. 12,314.

रला f. *ein best. Vogel.*

रल्लक m. 1) *eine Hirschart* KÂD. 128,23. 137,2. — 2) *ein wollenes Tuch, eine wollene Decke.* — 3) **die Augenwimpern.*

रँव m. (adj. Comp. f. आ) *Gebrüll, Gedrön, Donner, Geschrei, Gesumme, Gesang; Laut, Ton* überh.

रवक m. *eine Zahl von 30 Perlen, wenn diese ein* Dharaṇa *wiegen,* HEMÂDRI 1,546,7.

रवण 1) Adj. *a*) *brüllend, schreiend, singend* u. s. w. BHAṬṬ. — *b*) *= तीक्ष्ण. — *c*) *= चञ्चल. — 2) *m. *a*) *Kamel* RÂǴAN. 19,21. — *b*) *der indische Kuckuck.* — *c*) *Bachstelze* (भाण्डक). — *d*) N. pr. α) eines Schlangendämons. — β) eines Mannes. — 3) *n. *Messing.*

*रवणक *ein Seihgefäss mit einer Röhre* (buddh.).

रवत m. = रव ÂPAST. ÇR. 8,11,19. 20.

रवँथ m. 1) dass. — 2) **der indische Kuckuck.*

रवस् in पुरुरँवस् und बृहँद्रवस्.

रवस in पुरुरवस.

रवि m. 1) *eine best. Form der Sonne, Sonne überh.; der Sonnengott.* — 2) = रविदिन *Sonn-*

tag. — 3) N. pr. eines der 12 Âditja. — 4) Bez. *der Zahl zwölf* HEMÂDRI 1,388,1. Ind. St. 15,282. — 5) **Calotropis gigantea* RÂGAN. 10,27. — 6) **Berg.* — 7) N. pr. *a*) eines Sauvîraku. — *b*) eines Sohnes des Dhṛtarâshṭra.

रविकर m. N. pr. eines Scholiasten.

*रविकान्त m. *der Sonnenstein (eine Art Adular)* RÂGAN. 13,205

रविकान्तमय Adj. *aus Samensteinen bestehend* NAISH. 2,93.

रविकिरणकूचिका f. Titel eines Werkes OPP. Cat. 1.

रविकुलदीपप्रकाश m. desgl. BURNELL, T.

रविगुप्त m. N. pr. eines Dichters.

रविग्रह m. und °ग्रहण n. *Sonnenfinsterniss.*

रविचक्र n. *ein best. astrol. Figur: die Sonne als Mann, auf dessen Glieder Sterne aufgetragen werden.*

रविज m. 1) Patron. *des Planeten Saturn.* — 2) Pl. Bez. *bestimmter Meteore* oder *Kometen.*

रवितनय m. Patron. 1) *des Planeten Saturn.* — 2) Jama's 105,10.

रवितर Nom. ag. *Schreier.*

रवितीर्थ n. N. pr. eines Tîrtha.

रविदत्त m. N. pr. 1) eines Priesters. — 2) eines Dichters.

रविदास m. N. pr. eines Dichters HALL in der Einl. zu DAÇAR. 30.

रविदिन n. *Sonntag.*

रविदीप्त Adj. *von der Sonne beschienen, der S. zugekehrt.*

*रविदुग्ध n. = अर्कदुग्ध (Nachtr. 5) BHÂVAPR. 2,90.

रविदेव m. N. pr. eines Dichters.

रविनन्दन m. Patron. 1) des Manu Vaivasvata. — 2) des Affen Sugrîva.

रविनाग m. N. pr. eines Dichters SADUKTIK. 1,56.

*रविन्द n. = अरविन्द *Lotusblüthe.*

रविपतिगुरुमूर्ति Titel eines Werkes Ind. St. 14,148.

*रविपत्त्र m. *Calotropis gigantea.*

रविपुत्र m. Patron. *des Planeten Saturn.*

रविपुला f. *ein best. Metrum.*

रविप्रभु m. N. pr. eines Brahmanen Ind. St. 14,119.

रविप्रिय 1) *m. *a*) *Calotropis gigantea.* — *b*) *Nerium odorum rubro-simplex.* — *c*) *Artocarpus Locucha* (लकुच). — 2) f. आ Name der Dâkshâjaṇî in Gaṅgâdvâra. — 3) *n. *a*) *eine rothe Lotusblüthe.* — *b*) *Kupfer* RÂGAN. 13,18.

रविबिम्ब n. *Sonnenscheibe.*

रविमणि m. *der Sonnenstein (eine Art Adular)* ÇÂRṄG. PADDH. 140,8. BHAṬṬ. 13,19.

रविमण्डल n. *Sonnenscheibe.*

रविमासक m. *Sonnenmonat* SÛRJAS. 1,39.

रविरत्न n. = रविकान्त.

*रविरत्नक n. *Rubin* RÂGAN. 13,146.

रविरथ m. *der Sonnenwagen* Ind. St. 15,371.

रविलोचन Adj. *sonnenäugig* (Vishṇu und Çiva).

*रविलोह n. *Kupfer* RÂGAN. 13,18.

रविवंश m. *das Sonnengeschlecht* NAISH. 5,62.

रविवर्मन् m. N. pr. eines Mannes B. A. J. 9,238.

रविवार m. und रविवासर m. n. *Sonntag.*

रविसंक्रान्ति f. *der Eintritt der Sonne in ein Zeichen des Thierkreises.*

*रविसंज्ञक n. *Kupfer.*

*रविसारथि m. *der Wagenlenker der Sonne,* Aruṇa.

रविसुत m. Patron. 1) *des Planeten Saturn.* — 2) des Affen Sugrîva.

रविसुन्दररस m. *eine best. Mixtur* BHÂVAPR. 3,36.

रविसेन m. N. pr. eines Dichters SUBHÂSHITAR. 612. fg.

रवीन्द्र, रवीन्द्री HARIV. 4946 fehlerhafte Lesart für सुरेन्द्री.

*रवीषु m. *der Liebesgott.*

*रवीष् 1) m. *Orange* RÂGAN. 11,174. — 2) f. आ *Polanisia icosandra* RÂGAN. 4,182.

रशनासंमित Adj. (f. आ) *so lang wie das Seil* (am Jûpa).

1. रशना f. *Strick, Riemen; Zügel, Gurt; Gürtel,* insbes. *Frauengürtel.* Bildlich von den *Fingern.* Am Ende eines adj. Comp. (f. आ) *umgürtet mit, gebunden an.* Häufig fehlerhaft रसना geschrieben.

2. *रशना f. *Zunge.* Richtig रसना.

रशनाकलाप und °क (ÇIÇ. 9,45) m. *ein aus mehreren Schnüren gedrehter Frauengürtel.*

रशनाकृत Adj. *mit dem Zügel hergelenkt.*

रशनागुणास्पद n. *der Sitz der Gürtelschnur, die Taille.*

*रशनापद n. *Hüfte* RÂGAN. 18,45.

रशनायमान Adj. (f. आ) etwa *dem Zügel folgend.*

रशनोपमा f. *ein Gleichniss, in welchem mit dem, was zuerst verglichen wurde, ein Andres verglichen wird, mit diesem ein drittes und so fort.* Beispiel Spr. 2248.

रश्मन् m. *Zügel.* Nur Instr. रश्मा und in अरश्मन् und स्थूरश्मन्.

रश्मि m. (ganz ausnahmsweise f.) 1) *Strang, Riemen; Leitseil, Zügel; Peitsche; Messschnur.* Bildlich von den *Fingern.* — 2) *Strahl.* — 3) *Glanz, Machtglanz.* — 4) angeblich = अन्न. — 5) * = पक्ष्म oder पक्ष्मन्.

रश्मिक am Ende eines adj. Comp. in अरश्मिक.

रश्मिकलाप m. *ein aus 54 (* 56) Schnüren bestehender Perlenschmuck.*

1. रश्मिकेतु m. *ein best. Komet.*

2. रश्मिकेतु m. N. pr. eines Râkshasa.

रश्मिक्रीड desgl.

रश्मिजाल n. *Strahlennetz, — menge* 272,28.

रश्मिन् am Ende eines adj. Comp. = रश्मि *Zügel.*

रश्मिप m. Pl. Bez. *bestimmter Manen* VP.[2] 3,339.

रश्मिपति 1) Adj. f. TAITT. ÂR. 1,1,2. 21,1. Nach dem Comm. = आदित्यरश्मय इव पातारो यासाम् (अपाम्). — 2) *m. *Calotropis gigantea* RÂGAN. 4,176.

रश्मिपवित्र Adj. *durch Strahlen gereinigt.*

रश्मिप्रभास m. N. pr. eines Buddha.

रश्मिमण्डल n. *Strahlenkranz.*

रश्मिमत् 1) Adj. *strahlenreich* (die Sonne). — 2) m. *a*) *die Sonne.* — *b*) N. pr. eines Mannes.

रश्मिमय Adj. *aus Strahlen gebildet, — bestehend.* बुद्धि° *durch die Strahlen des Verstandes leuchtend.*

रश्मिमालिन् Adj. *strahlenbekränzt.*

रश्मिमुच m. *die Sonne.*

रश्मिरसकप्रयोग m. Titel eines Werkes BURNELL, T.

रश्मिराज m. N. pr. eines Mannes.

रश्मिवत् 1) Adj. *a*) *strahlenreich.* — *b*) *das Wort* रश्मि *enthaltend;* f. °वती *ein solcher Vers* KÂṬH. 22,12. — 2) m. *die Sonne.*

रश्मिशतसहस्रपरिपूर्णध्वज m. N. pr. eines Buddha.

रश्मिस m. N. pr. eines Dânava HARIV. 3,47,8. v. l. रभस und नभस.

रश्मीवत् Adj. = रश्मिवत् 1).

रष्, रर्षति s. 2. अर्ष्.

1. रस्, रसति, °ते (ausnahmsweise) 1) *brüllen, wiehern, heulen, schreien, dröhnen, ertönen.* रसित *unarticulirte Laute von sich gebend; ertönend, klingend* KÂD. 15,2. — 2) *अर्चतिकर्मन्. — Intens. रारस्यते *laut schreien* BHAṬṬ. — Mit अनु, °रसित *von einem Geschrei u. s. w. begleitet.* — Mit अभि *zuwiehern,* mit Acc. — Mit आ *brüllen, schreien* KÂD. 31,10. आरसित *schreiend* 24,9 (42,4). — Mit नि, निरसित *schreiend* R. 4,13,45. — Mit प्रति *wiederhallen* KANDAK. 73,10. — Mit वि *schreien.*

2. रस्, रसति, रस्यति, रसयति, रसयते; 1) *schmecken.* — 2) *schmackhaft finden,* so v. a. *gern kosten wollen* BÂLAR. 27,17. — 3) *empfinden.* — 4) *स्निह्ने.

— रसति MBh. 14,571 fehlerhaft für रसवं. — Desid. रिरसयिषति *zu schmecken verlangen.*

रस 1) m. (adj. Comp. f. आ) *a) Saft, aus Pflanzen, insbes. Früchten gewonnener wohlschmeckender Saft;* auch *Flüssigkeit* überh. (neben भोजन *Speise,* so v. a. *Trank*). Bildlich *das Beste, Feinste, Kräftigste, flos.* — b) poetische Bez. *des Wassers.* — c) *der Saft des Zuckerrohrs.* — d) *Chylus* (aus Speise entstehend und durch die Galle in Blut umgewandelt). — e) *Samenfeuchtigkeit.* — f) *Quecksilber* Râgan. 13,107. — g) *Mineral* oder *ein metallisches Salz.* — h) *Mixtur; Lebenselixir, Zaubertrank.* — i) *Gifttrank.* — k) * *Milch.* — l) * *geschmolzene Butter.* — m) * *Gold.* — n) * *Myrrhe.* — o) *Geschmack* (als Haupteigenschaft des Flüssigen). Es werden 6 Hauptarten desselben angenommen. — p) Bez. *der Zahl sechs.* — q) *schmeckender Stoff.* — r) *Geschmacksorgan, Zunge.* — s) *Geschmack* —, *Genuss* —, *Lust an, Liebe* —, *Neigung zu, Verlangen nach;* die Ergänzung im Loc. (auch mit beigefügtem उपरि) oder im Comp. vorangehend. — t) *das worauf der Geschmack, die Neigung, das Verlangen gerichtet sind; Alles was Genuss gewährt und reizt; Genuss, Reiz* in concreter Bed. — u) *der Geschmack* eines Kunstwerks ist sein *Charakter,* sein *Grundton,* seine *Grundstimmung.* Es werden deren 8, 9 oder 10 angenommen. — v) *der Grundton im Charakter eines Menschen.* — w) bei den Vaishṇava *Gemüthsstimmung in der auf Glauben beruhenden Liebe zur Gottheit.* — x) *ein Metrum von 4 Mal 70 Silben.* — y) Bez. *der heiligen Silbe* ओम् Çāṅkh. Gṛhj. 2,13. — z) * = शब्द्. — 2) f. रसा *a) Feuchtigkeit.* — b) *ein mythischer Strom, der die Erde und Luft umfliesst.* — c) N. pr. eines Flusses. — d) *die Unterwelt.* — e) *die Erde, Land.* — f) * *Zunge.* — g) * *Clypea hernandifolia.* — h) * *Boswellia thurifera.* — i) * *Panicum italicum* — k) * *Weinstock.* — l) * = काकोली. — 3) n. a) * *Myrrhe.* — b) * *Milch.* — c) *Geschmack* (nur einmal Varâh. Bṛh. S. 51,31). — d) Nir. 11,25 wohl fehlerhaft; vgl. ṚV. 5,53,9.

रसक (* m.) n. *Brühe, Fleischbrühe.*

रसकर्पूर n. *Quecksilbersublimat* Mat. med. 29. Bhâvapr. 2,102. Rasendrak. 90,13.

रसकर्मन् n. 1) *eine mit Genuss von Flüssigkeiten verbundene Opferhandlung* Kauç. 21. — 2) = रसकल्पना.

रसकल्पना f. *Behandlung des Quecksilbers, ein mit dem Q. vorgenommener Process.*

रसकल्याणीव्रत n. *eine best. Begehung.*

रसकुल्या f. N. pr. eines Flusses in Kuçadvîpa.

रसकेतु m. N. pr. eines Prinzen.

*रसकेसर n. *Kampfer.*

रसकोमल n. *ein best. Mineral.*

रसक्रिया f. *das Einkochen eines Saftes zum Dickwerden und Anwendung desselben als Bähmittel* Bhâvapr. 2,78. 157. Karaka 6,24.

रसगङ्गाधर m. N. pr. eines Autors Bühl. Guz. 3,54. Cat. C. Pr. 102.

रसगङ्गाधरीय n. Titel eines Werkes Opp. Cat. 1.

*रसगन्ध m. n. *Myrrhe* Râgan. 6,117. v. l. रसभङ्ग.

*रसगन्धक m. 1) dass. — 2) *Schwefel* Râgan. 13,71.

*रसगर्भ n. 1) *unter Zusatz von Curcuma präparirtes Kupfervitriol* Bhâvapr. 1,177. 6,117. — 2) *Salbe aus Messingschlacke* Râgan. 13,94. — 3) *Zinnober* Râgan. 13,58.

रसगोविन्द m. Titel eines Werkes Bühl. Guz. 4,234.

रसग्रह 1) Adj. *Sinn habend für das, was wahren Genuss gewährt.* — 2) m. *das Organ des Geschmacks.*

रसग्राहक Adj. *den Geschmack empfindend.*

रसघन m. *Nichts als Saft, aus lauter Saft bestehend* Çat. Br. 14,7,3,13.

*रसघ्न m. *Borax* Râgan. 6,241.

रसचन्द्रिका f. und रसचिन्तामणि m. (Bhâvapr. 3,32. 91. 4,31. 73) Titel von Werken.

रसचूडामणि m. *ein best. Präparat* Rasendrak. 90.

रसज 1) Adj. *a) in Flüssigkeiten entstehend.* — b) *vom Chylus herrührend.* — 2) * m. *Zucker.* — 3) * n. *Blut.*

*रसजात n. *aus Messingschlacke zubereitete Salbe* Râgan. 13,95.

रसज्ञ 1) Adj. *wissend wie Etwas schmeckt* (eig. und übertr.), *erkennend welchen wahren Genuss Etwas* (Gen. oder im Comp. vorangehend) *gewährt; vertraut mit Etwas* (Loc. oder im Comp. vorangehend). — 2) f. (आ) und n. *Zunge.*

रसज्ञता f. *die Kenntniss des Geschmacks einer Sache, das Vertrautsein mit Etwas* (Gen. oder im Comp. vorangehend).

रसज्ञान n. *Kenntniss der Geschmäcke* (ein Kapitel der Medicin).

*रसज्येष्ठ m. *der süsse Geschmack.*

रसज्वर m. etwa *Magenkatarrh* Hem. Par. 1,457.

रसतन्मात्र n. *der Urstoff des Geschmacks.*

रसतम m. *der Saft aller Säfte, die Quintessenz aller Quintessenzen.*

रसतरंगिणी f. Titel verschiedener Werke Burnell, T. Opp. Cat. 1.

रसतस् Adv. *dem Geschmack nach* MBh. 13,116,7.

रसता f. 1) *flüssiger Zustand.* °तामुपेतम् *flüssig geworden* Kâd. 137,17. — 2) Nom. abstr. zu रस 1) u).

*रसतेजस् n. *Blut.*

रसत्व n. Nom. abstr. zu रस 1) d) MBh. 14,19,39

रसद 1) Adj. *Säfte von sich gebend, Harz ausschwitzend.* — 2) m. *Arzt.*

रसदण्ड m. etwa *Zauberstab* Pańkad.

रसदर्पण m. Titel eines Werkes

*रसदालिका f. *eine Art Zucker* Râgan. 14,82.

रसदीपिका f. Titel eines Werkes Opp. Cat. 1.

*रसद्राविन् m. *eine Citronenart.*

*रसधातु m. *Quecksilber* Râgan. 13,109.

रसधेनु f. *eine aus Fruchtsäften dargestellte Kuh* Hemâdri 1,407,11. 434,13. 17. Verz. d. Oxf. H. 35, b,41. 59,a,22.

1. रसन n. *das Brüllen, Schreien, Quaken, Dröhnen u. s. w.* Bâlar. 144,5.

2. रसन 1) m. *Phlegma, Schleim* (als Vermittler des *Geschmacks*). — 2) f. आ *a) Zunge.* — b) * Bez. *zweier Pflanzen,* = गन्धभद्रा und रास्ना Râgan. 6, 82. Bhâvapr. 1,174. — 3) n. *a) das Schmecken, Geschmack.* — b) *Geschmacksorgan.* — c) *das Empfinden, Fühlen.*

रसना f. oft fehlerhaft für 1. रशना.

*रसनाथ m. *Quecksilber* Râgan. 13,107.

*रसनाभ n. *aus Messingschlacke zubereitete Salbe* Râgan. 13,95.

*रसनामल n. *Unreinigkeit auf der Zunge.*

रसनामूल n. *Zungenwurzel* zu Spr. 3140.

रसनायक m. Bein. 1) Kâma's Vikramâṅkak. 16, 29. — 2) * *Çiva's.*

*रसनारद m. *Vogel.*

*रसनालिह् m. *Hund*

रसनिरूपण n. Titel eines Werkes Kumârasv. zu Pratâpar. 186,23.

रसनीय Adj. *was geschmeckt wird.*

*रसनेत्रिका f. *Realgar, rother Arsenik.*

रसनेन्द्रिय n. *Geschmacksorgan.*

रसत्तमं m. = रसतम, nasalirt und oxytonirt um einen Anklang an रथंतरं zu gewinnen.

रसपति m. *Quecksilber* Bhoǵa-Pr. 69,14.

रसपद्धति f. Titel eines Werkes.

रसपद्माकर m. desgl.

रसपर्पटी f. *ein best. Quecksilberpräparat* Mat. med. 32. Bhâvapr. 3,36.

*रसपाकज m. *Zuckersyrup* Râgan. 14,96.

रसपाचक m. *Koch.*

रसपारिजात m. Titel eines Werkes.

*रसपुष्प n. *ein best. Quecksilberpräparat.*

रसप्रदीप m. Titel verschiedener Werke.

रसप्रबन्ध m. (adj. Comp. f. आ) *ein dichterisches Product*, insbes. *ein Schauspiel.*

रसप्राशनी f. Bez. *des Verses* AV. 5,2,3 KAUÇ. 21.

*रसफल m. *Cocosnussbaum* RÂGAN. 11,47.

रसबन्धन n. wohl *ein best. Theil der Eingeweide* R. 5,25,46. Statt °बन्धनम् liest ed. Bomb. 5,24,40 च सबन्धनम्.

*रसभङ्ग m. s. u. रसगन्ध.

*रसभव n. *Blut.*

रसभस्मविधि m. Titel eines Werkes OPP. Cat. 1.

रसभावविद् Adj. *die Grundstimmungen und Affecte kennend* ÇIÇ. 2,83.

रसभेद m. 1) *verschiedene Mixturen;* vgl. °भेदीय. — 2) *ein best. Quecksilberpräparat.*

रसभेदीय Adj. *sich auf verschiedene Mixturen beziehend, darüber handelnd* LÎLÂV. 83.

रसभोजन Adj. *von Flüssigkeiten sich nährend.*

रसमञ्जरी f., °परिमल m. (BÜHLER, Rep. No. 258) und °प्रकाश m. Titel von Werken.

रसमय Adj. (f. ई) 1) *aus Saft —, aus Flüssigkeit gebildet, — bestehend.* — 2) *aus Quecksilber* (*Quintessenz*) *bestehend.* — 3) *dessen Wesen Geschmack ist* (Wasser). — 4) *geschmackvoll, voller Reiz.*

रसमल m. oder n. *der Unrath des Körpers.*

रसमहार्णव m. Titel eines Werkes.

*रसमातर् f. (GAL.) und *°मातृका f. *Zunge.*

रसमात्र n. = रसतन्मात्र.

रसमिश्र Adj. *mit Flüssigkeiten gemischt* KAUÇ. 11. 22. 23.

रसमूला f. *ein best. Metrum.*

रसय् s. u. 2. रस्.

रसयति m. oder f. *das Schmecken.*

रसयामल n. Titel eines Werkes.

रसयितर् Nom. ag. *Schmecker.*

रसयितव्य Adj. *schmeckbar, was geschmeckt wird.*

रसयोग m. Pl. *künstlich gemischte —, präparirte Säfte.*

रसरत्न n., °रत्नदीपिका f., °रत्नप्रदीप m. und °रत्नप्रदीपिका f. (BURNELL, T.) Titel von Werken.

रसरत्नमय Adj. (f. ई) *aus Fruchtsäften und Perlen bestehend* HEMÂDRI 1,405,13.

रसरत्नसमुच्चय m. (BURNELL, T.), °रत्नहार m., °रत्नाकर m., °रत्नावली f. und रसरहस्य m. Titel von Werken.

रसराज m. 1) *Quecksilber* RÂGAN. 13,107. — 2) *= रसाञ्जन.

रसराजलक्ष्मी f., °राजशंकर m. und °राजहंस m. Titel von Werken.

*रसलेह (fehlerhaft) und *रसलोह m. *Quecksilber* RÂGAN. 13,107.

रसवतीस्तवार्थ m. Titel eines Werkes BÜHLER, Rep. No. 759.

रसवत्ता f. *Saftigkeit, Schmackhaftigkeit, die Eigenschaft des Geschmackvollen.*

रसवत् 1) Adj. a) *saftig, schmackhaft, kräftig.* Compar. रसवत्तर. — b) *die gehörige Feuchtigkeit habend.* — c) *mit Saft gefüllt.* — d) *überfliessend von* (Instr.). — e) *mit Reizen versehen, reizend, geschmackvoll.* — 2) f. रसवती a) *Küche* Z. d. d. m. G. 36,526. Hierher oder zu c) ANARGHAR. 7,61. — b) *Mahlzeit* HEM. PAR. 1,124. 3,88. 6,46. 8,288. — c) *gekäste Milch mit Zucker und Gewürz;* s. u. a). — d) Titel verschiedener Werke. — 4) n. *geschmackvoller Stil* Comm. zu BHATT. 10,47.

रसवह Adj. *Saft führend.*

रसवाद m. *Alchemie.*

रसविक्रयिन् m. *Verkäufer von Säften, — Flüssigkeiten.*

रसविक्रेतर् Nom. ag. dass. इक्ष्वादि° KULL. zu M. 3,159.

रसविद् Adj. *den Geschmack kennend, — empfindend, einen feinen Geschmack* (in übertragener Bed.) *habend.*

रसविवेक m. und रसशब्दसरणिनिघण्टु m. Titel von Werken OPP. Cat. 1.

रसशार्दूल m. *ein best. Quecksilberpräparat* RASENDRAK. 57, 5.

रसशास्त्र n. *Alchemie.*

रसशुक्त n. *ein saures Getränk mit Fruchtsaft.*

रसशोधन 1) *m. *Borax.* — 2) n. *das Reinigen des Quecksilbers.*

रससंग्रहसिद्धान्त m. Titel eines Werkes.

रससंयाक्षी f. N. pr. einer Joginî HEMÂDRI 2,a, 97,13. 15.

रससमुच्चय m. (OPP. Cat. 1), रससर्वस्व n. (BURNELL, T.), रससागर m., रससार m. (BURNELL, T) und °संग्रह m. (OPP. Cat. 1) Titel von Werken.

रससिद्ध Adj. 1) *der durch Quecksilber Vollkommenheit erlangt hat, mit der Alchemie vertraut.* — 2) *mit den poetischen* Rasa *vertraut.*

रससिद्धान्तसागर m. Titel eines Werkes.

रससिद्धि f. *durch Quecksilber erlangte Vollkommenheit, das Vertrautsein mit der Alchemie.*

रससिन्धु m., रससुधाकर m. und °सुधाम्भोधि m. Titel von Werken.

*रसस्थान n. *Mennig.*

रसहरण Adj. (f. ई) *Saft führend* KARAKA ed. Calc. 354,12.

रसहृद्घार् (Conj.) Adj. dass. KARAKA 4, 4 (ed. Calc. 353).

रसहृदय n. und रसाकर m. Titel von Werken.

*रसाखन m. *Hahn.*

*रसाग्रज n. = रसाञ्जन 3) RÂGAN. 13,94.

*रसाङ्क m. *das Harz der Pinus longifolia* RÂGAN. 12,157.

रसाञ्जन n. 1) *unter Zusatz von Curcuma präparirtes Kupfervitriol.* — 2) *Extract von Berberis asiatica* Mat. med. 107. — 3) **aus Messingschlacke zubereitete Salbe* RÂGAN. 13,94.

*रसाढ्य 1) m. *Spondias mangifera.* — 2) f. आ *eine best. Pflanze* RÂGAN. 6,82.

रसातल 1) n. (adj. Comp. f. आ) a) *Unterwelt, Hölle;* auch eine best.: *die 7te oder 4te* (268,4). — b) *das vierte astrologische Haus.* — c) *Erdboden* SUBHÂSHITAR. 829 (zugleich *Unterwelt*). — 2) m. N. pr. eines Dichters SUBHÂSHITAR. 652.

रसात्मक Adj. *dessen Wesen* 1) *Saft, Flüssigkeit, Nectar ist* (der Mond). — 2) *Geschmack ist* (Wasser). — 3) *Schmackhaftigkeit ist, geschmackvoll* (Rede).

*रसादान n. *das Ansichziehen der Flüssigkeiten, Austrocknen, Ausdörren.*

रसादिशुद्धि f. Titel eines Werkes OPP. Cat. 1.

*रसाधार m. *die Sonne.*

रसाधिक 1) Adj. *geschmackvoll* oder *reich an Genüssen.* — 2) *m. *Borax* RÂGAN. 6,241. — 3) *f. आ *eine best. Weintraube ohne Kerne* RÂGAN. 11,106.

रसाधिपत्य n. *die Herrschaft über die Unterwelt.*

रसाध्यक्ष m. *ein Aufseher über die Säfte, — Flüssigkeiten.*

रसान्तर n. 1) *ein Unterschied des Geschmacks.* °विद् *verschiedene Geschmäcke kennend* 165,7. — 2) *ein anderer Geschmack, — Genuss.* — 3) *eine verschiedene Gemüthsstimmung, Wechsel der Stimmung.* — 4) *eine andere Grundstimmung* (in einem Gedicht u. s. w.) VÂMANA S. 34, Z. 24.

*रसापायिन् m. *Hund.*

रसाभास m. *der blosse Schein einer Gemüthsstimmung, die Uebertragung einer Gemüthsstimmung auf nicht-fühlende Wesen, das Erscheinenlassen einer Gemüthsstimmung an unpassender Stelle.*

रसाभिव्यञ्जनी f. (BURNELL, T.), रसाभिव्यञ्जिका f., रसामृत n., रसामृतसिन्धु m., रसाम्भोधि m. und रसाम्भोनिधि m. Titel von Werken.

*रसाम्ल 1) m. *Rumex vesicarius* RÂGAN. 6,128. — 2) f. आ *eine best. Sehlingpflanze* RÂGAN. 3,134. — 3) n. *Fruchtessig* RÂGAN. 6,125. BHÂVAPR. 1,182.

*रसायक m. *eine best. Grasart.*

रसायन 1) * m. *a) Embelia Ribes. — b) ein Alchemist. — c)* Bein. Garuḍa's. — 2) f. आ s. u. 4) *a)*. — 3) f. ई *a) Kanal der Flüssigkeiten* (im Körper) Karaka 6,21. — *b)* * *Solanum indicum* Rāǵan. 4,135. — *c)* * *Cocculus cordifolius* Rāǵan. 3,1. — *d)* * *eine Art* Karañǵa Rāǵan. 9,66. — *e)* * *ein best. kleiner Strauch,* = गोरक्षदुग्धा Rāǵan. 5,143. — *f)* * = मांसचक्रा Rāǵan. 12,155. — 4) n. *a) eine Klasse von Mitteln, die den Organismus kräftigen, erneuern und langes Leben verleihen sollen; Alterativum, Elixir, Lebenselixir;* auch vom *ersten befruchtenden Regen im Beginn der Regenzeit.* Richtet sich hier und da nach dem Geschlecht des Nomens, auf welches es bezogen wird; f. आ. °कर Adj. *ein Elixir abgebend* Rāǵan. 13,148. — *b)* * *Buttermilch. — c)* * *Gift. — d)* * *langer Pfeffer.*

रसायननिधान n. Titel eines Werkes Opp. Cat. 1.

*रसायनफला f. *Terminalia Chebula* oder *citrina.*

*रसायनश्रेष्ठ m. *Quecksilber* Rāǵan. 13,110.

रसायनामृतलोह m. *ein best. medicinisches Präparat* Mat. med. 128.

रसायनिन् Adj. *Lebenselixire anwendend* Daçap. 3,44.

(रसाय्य) रसाँयिश्र Adj. *saftig, schmackhaft.*

रसारसा f. = रसालसा Lalit. 120,19. 20.

रसार्णव m. und °सुधाकर m. Titel von Werken Opp. Cat. 1.

रसाल 1) m. *a) der Mangobaum* Prasannar. 7,9. — *b)* * *Zuckerrohr* Rāǵan. 14,80. — *c)* * *Brodfruchtbaum. — d)* * *eine best. Grasart* Rāǵan. 8,119. — *e)* * *Weizen* Rāǵan. 16,30. — *f) eine Mausart.* — 2) f. आ *a) gekäste Milch mit Zucker und Gewürz. — b)* * *Zunge. — c)* Dûrvâ-*Gras. — d)* * *Desmodium gangeticum. — e)* * *Weinstock.* — 3) * f. ई *Zucker* Rāǵan. 14,82. — 4) n. *Weihrauch* oder *Myrrhe.*

रसालंकार m. 1) *Aesthetik* Kaurap. (A.) 13. — 2) Titel eines medicinischen Werkes.

रसालय m. 1) *ein Sitz der Reize, — alles dessen was entzückt.* — 2) Pl. N. pr. eines Volkes.

*रसालसा f. *ein Flüssigkeit führendes Gefäss des Körpers, Ader* u. s. w.

*रसालिह्वा f. *Hemionitis cordifolia.*

रसावतार m. Titel eines Werkes.

*रसावेष्ट m. *das Harz der Pinus longifolia* Rāǵan. 12,158.

रसाश m. und रसाशिन् Adj. in अ°.

रसाशिर Adj. *mit Saft (Milch* nach Sāj.) *gemischt.*

*रसाश्वासा f. *eine best. Schlingpflanze.* Richtig रास्नाा.

रसास्वाद m. *Lustempfindung* 286,15. 29.

*रसास्वादिन् m. *Biene.*

*रसाह्व 1) m. *das Harz der Pinus longifolia.* — 2) f. आ *Asparagus racemosus* Rāǵan. 4,119.

रसिक 1) Adj. (f. आ) *a) einen richtigen Geschmack habend, Sinn für das Schöne habend. — b) Geschmack —, Gefallen an —, Sinn —, das richtige Verständniss für Etwas habend, sich verstehend auf;* die Ergänzung im Loc. oder im Comp. vorangehend. — *c) eine besondere Leidenschaft —, ein Steckenferd habend, versessen auf* (Loc. oder im Comp. vorangehend). — *d) geschmackvoll.* — 2) * m. *a) Ardea sibirica* Rāǵan. 19,99. — *b) Pferd. — c) Elephant.* — 3) f. आ *a) ein leidenschaftliches Weib. — b)* * *Zuckerrohrsaft. — c)* * *gekäste Milch mit Zucker und Gewürz. — d)* * *Chylus* Rāǵan. 18,65. — *e)* * *Zunge. — f)* * *Gürtel.*

रसिकता f. *Geschmack an, Sinn für* (Loc.) Vikramâñkak. 6,2.

रसिकत्व n. *Versessenheit* Spr. 7854.

रसिकभूषण n. (Opp. Cat. 1), रसिकरञ्जन n. (Burnell, T.), रसिकरञ्जनी f., रसिकरञ्जिनी f. (Burnell, T.), रसिकरमण n. und रसिकसंजीविनी f. (Bühler, Rep. No. 169) Titel von Werken.

रसिकेश्वर m. Beiw. Kṛshṇa's.

1. रसित 1) Adj. s. u. 1. रस्. — 2) n. *Gebrüll, Geschrei, Getön, Donner; Gerassel, Geklingel* Kād. 15,5.

2. *रसित Adj. *mit Gold* u. s. w. *überzogen, — ausgelegt.*

1. रसितर् Nom. ag. *Brüller, Toser.*

2. रसितर् Nom. ag. *Schmecker.*

रसिन् Adj. 1) *saftig, kräftig.* — 2) *einen richtigen Geschmack habend, Sinn für das Schöne habend.*

*रसुन m. *Allium ascalonicum.*

*रसेतु m. *Zuckerrohr* Rāǵan. 14,80.

रसेन्द्र m. *Quecksilber* Rāǵan. 13,108. Kāṇḍak. 80,13.

रसेन्द्रकल्पद्रुम m., रसेन्द्रचिन्तामणि m. und रसेन्द्रसारसंग्रह m. Titel von Werken.

रसेश्वर m. *Quecksilber.*

रसेश्वरदर्शन n. *die Lehre der Alchemisten.*

रसेश्वरसिद्धान्त m. Titel eines Werkes.

*रसोत्तम 1) m. *a) Quecksilber* Rāǵan. 13,107. — *b) Phaseolus Mungo* Rāǵan. 16,37. — 2) n. *Milch.*

रसोदधि m. Titel eines Werkes.

*रसोद्भव n. 1) *Perle.* — 2) *Zinnober* Rāǵan. 13,58.

*रसोद्भूत n. *aus Messingschlacke zubereitete Salbe* Rāǵan. 13,94.

रसोन und *°क m. *Allium ascalonicum* Rāǵan. 7,49.

*रसोपल n. *Perle.*

रसोल्लास 1) m. *das Erwachen des Verlangens nach* (im Comp. vorangehend). — 2) f. आ (sc. सिद्धि) *eine best. Vollkommenheit: das spontane Erscheinen der Säfte im Körper* VP. 1,6,16.

रसोल्लासभाणा m. Titel eines Werkes Burnell, T.

°रसोल्लासिन् Adj. *ein Erwachen des Verlangens nach — empfindend.*

1. रसौकस् n. Pl. *die Wohnungen der Unterwelt.*

2. रसौकस् m. *ein Bewohner der Unterwelt.*

*रसौदन n. *Reis in Fleischbrühe* Bhâvapr. 3,44. fgg.

*रस्न 1) n. *Ding, Gegenstand.* — 2) f. आ *Zunge.*

रस्य 1) Adj. *a) schmeckbar. — b) schmackhaft.* — 2) * f. आ = रास्ना Rāǵan. 6,82. — 3) * n. *Blut.*

रस्यमानता f. *das Empfundenwerden* Sāh. D. 24,2.

रह्, रहति 1) *trennen, scheiden.* — 2) * *verlassen, aufgeben.* — Caus. रहयति 1) *verlassen, im Stich lassen.* — 2) *veranlassen Etwas* (Acc.) *aufzugeben* Bālar. 289,10. — 3) रहित *a) verlassen, einsam* (Ort). रहिते und रहितेषु *an einem einsamen Orte, im Geheimen. — b) getrennt —, geschieden —, frei von, ohne — seiend, — los;* die Ergänzung im Instr. oder im Comp. vorangehend. — *c)* am Anf. eines adj. Comp. *verlassen, aufgegeben,* so v. a. *fehlend, nicht da seiend.* — Intens. रारहाणें gehört zu रह्. — Mit वि Caus. 1) *verlassen.* — 2) विरहित *a) verlassen. — b) getrennt, allein stehend. — c) getrennt —, frei von, ohne — seiend, — los;* die Ergänzung im Instr., Gen. (ausnahmsweise) oder im Comp. vorangehend. — *d)* विरहितात् *mit Ausnahme von* (Gen.) Kāraṇḍ. 48,14.

रह (* m.) = 2. रहस्. Am Anfange eines Comp. so v. a. *im Geheimen* Bhāg. P.

रहण n. *Trennung.*

रहंपाति m. Hariv. 1658 fehlerhaft für अहंपाति.

रहःशील Adj. *verschwiegen* Âpast.

रहःशुचि Adj. *der sich seines geheimen Auftrages erledigt hat.*

1. रहस् (metrisch) n. = रंहस् *Schnelle, Geschwindigkeit.*

2. रहस् 1) n. *a) Einsamkeit, ein einsamer Ort.* रहसि und रहस्सु *an einsamem Orte, im Geheimen. — b) Geheimniss. — c)* * *Beischlaf.* — 2) Adv. *an einsamem Orte, im Geheimen, heimlich.*

रहस in *अनु°, *अव° und *तप्त°.

रहःसनन्दिन् oder रहःसानन्दिन् N. pr. eines Grammatikers.

रहःसू Adj. f. *heimlich gebärend* nach Sâj.

रहस्कार Adj. *Jmdes* (Gen.) *geheimen Auftrag ausführend*

रहस्काम Adj. *die Einsamkeit mögend*. Nom. abstr. °ता f. Karaka 2,7.

रहस्य 1) Adj. *geheim* Vasishtha 5,4. °रोमाणि so v. a. *die an den geheimen Stellen befindlichen Haare*. — 2) f. आ a) * = रास्ना. — b) N. pr. eines Flusses. — 3) n. a) *Geheimniss, geheime Lehre, Mysterium;* auch Bez. der Upanishad. — b) Titel eines Werkes Opp. Cat. 1. — 4) रहस्यम् Adv. *im Geheimen*.

रहस्यगान n. = ऊह्यगान Burnell, T.

रहस्यत्रय n., °चुलुक m., °चूडामणि m., °मीमांसा f., °सार m., °सारदीपिका f. und रहस्यदीपिका f. Titel von Werken Burnell, T. Opp. Cat. 1.

रहस्यधारिन् Adj. *im Besitz eines Geheimnisses seiend, in ein Geheimniss eingeweiht*.

रहस्यनवनीत n. Titel eines Werkes Opp. Cat. 1.

रहस्यनिक्षेप m. *ein anvertrautes Geheimniss* Vikr. 18,6.

रहस्यपदवी f. Titel eines Werkes Opp. Cat. 1.

रहस्यभेद m. und °भेदन n. *Verrath eines Geheimnisses*.

रहस्यमञ्जरी f., रहस्यमातृका f. und रहस्यरत्न f. Titel von Werken Opp. Cat. 1.

रहस्यसंरक्षण n. *das Bewahren eines Geheimnisses*.

रहस्यसंदेशविवरण n. Titel eines Werkes Opp. Cat. 1.

रहस्यु m. N. pr. eines Mannes.

रहस्योपनिषद् f. Titel einer Upanishad Burnell, T.

रहःस्थ Adj. (f. आ) 1) *an einem einsamen Orte —, bei Seite stehend, allein seiend* Hem. Par. 2,323. — 2) euphemistisch so v. a. *im Liebesgenuss begriffen*.

*रहाट m. 1) *counsellor, a minister*. — 2) *a ghost, a spirit*. — 3) *spring*.

*रहाय्, °यते Denomin. von 2. रहस्.

°रहितत्व n. *das ohne Etwas Sein, Ermangeln* Kampaka 11.

रही Adv. 1) mit *कर् *bei Seite schaffen*. — 2) mit भू *sich an einen einsamen Ort zurückziehen, abseits gehen* Bhatt.

रहूगण m. N. pr. eines Mannes B. A. J. 1,218.

रहूगण m. N. pr. 1) Pl. eines zu den Ângirasa gezählten Geschlechts. — 2) eines Liedverfassers.

रहोगत Adj. (f. आ) 1) *an einem einsamen Orte —, allein seiend*. — 2) *geheim*.

1. रा, राति (in der älteren Sprache als Aor. angesehen), रासे; reduplicirte Präsensstämme: ररा (ररते), ररा (ररी) und रिरी; रात Partic. *verleihen, gewähren, überlassen, übergeben, geben*. — Mit *व्यति, °राते, व्यत्यरे. — Mit सम् *verleihen, gewähren*.

2. °रा Adj. *verleihend, gewährend*.

3. रा, रायति 1) *bellen*. — 2) *anbellen*. — Mit अभि *anbellen*.

4. रा (nur Acc. राम्) = रै.

5.*रा f. s. र 3).

राउल m. N. pr. eines Mannes.

राका f. 1) *die Genie des wirklichen Vollmondstages* (gilt später als Tochter des Aṅgiras); *Vollmondstag, Vollmond*. — 2) **ein eben mannbar gewordenes Mädchen*. — 3) **Krätze*. — 4) N. pr. a) einer Râkshasî. — b) eines Flusses.

राकाचन्द्र m. *Vollmond*.

राकानिशा f. *Vollmondsnacht*.

राकापति m. *Vollmond*.

राकायज्ञ m. *Vollmondsopfer*.

राकारमण m. *Vollmond*.

राकाविभावरी f. *Vollmondsnacht*. °जानि m. *Vollmond*.

राकाशशाङ्क und राकाशशिन् m. *Vollmond*.

राकासुधाकर m. 1) dass. Mahâvirak. 134,2. — 2) Titel eines Gedichts Opp. Cat. 1.

राकिणी f. N. pr. einer Tantra-Gottheit. Vgl. डाकिनी und लाकिनी.

राकेन्दीवरबन्धु m. *Vollmond*.

राकेन्दु m. dass. Bhâm. V. 2,174.

राकेश m. dass. Auch als Bein. Çiva's.

*राक्य Adj. *aus Raka stammend*.

राक्षस 1) Adj. (f. ई) *den Rakshas eigen, rakshasisch*. विवाह m. Gaut. Âpast. — 2) m. a) *ein Rakshas, nächtlicher Unhold*. राज° so v. a. *ein Teufel von Fürst*. Am Ende eines adj. Comp. f. आ (ई fehlerhaft). — b) **ein Fürst des Kriegerstammes Rakshas* — c) *der 30ste Muhûrta*. — d) *ein best. astr. Joga*. — e) N. pr. α) eines Ministers des Nanda. — β) eines Dichters. — 3) m. n. *das 49ste Jahr im 60jährigen Jupitercyclus*. — 4) f. ई a) f. zu 2) a). — b) **Nacht*. — c) **eine best. Pflanze*, = चण्डा. — d) **Spitzzahn, Fangzahn*. — e) N. pr. einer Joginî Hemâdri 2, a,93,7.9.

राक्षसकाव्य n. Titel eines *Gedichts*.

राक्षसग्रह m. *ein best. Krankheitsdämon*.

राक्षसता f., राक्षसत्व n. und राक्षसभाव m. (107, 27) *der Zustand eines* Râkshasa.

राक्षसालय m. Bein. *der Insel* Laṅkâ Sûrjas. 1,62.

1. राक्षसी Adj. und Subst. f. s. राक्षस 1) 3).

2. राक्षसी Adv. 1) mit कर् *in einen* Râkshasa *verwandeln*. — 2) mit भू *in einen* Râkshasa *verwandelt werden*.

राक्षसेन्द्र (108,9), *राक्षसेश und राक्षसेश्वर m. *ein Fürst der* Râkshasa, insbes. Bein. Râvaṇa's.

राक्षसोत्पत्ति f. Titel eines Gedichts Opp. Cat. 1.

*राक्षा f. *Lack* (लाक्षा).

राक्षोघ्न 1) Adj. (f. ई) *vom Schläger der* Rakshas *handelnd*. — 2) n. Name verschiedener Sâman Ârsh. Br.

*राक्षोऽसुर Adj. (f. ई) *zu den* Rakshas *und* Asura *in Beziehung stehend, über diese handelnd, sie betreffend*. — 2) *die Worte* रक्षोऽसुर *enthaltend*.

*राख्, राखति (शोषणालमर्थयोः).

राखडी (Conj.) f. *ein best. Schmuck* Pańkad.

राग 1) m. (adj. Comp. f. आ und *ई) a) *das Färben*. — b) *ein best. Process, dem das Quecksilber unterworfen wird*. — c) *Farbe*. — d) *Röthe*. Auch so v. a. *Entzündung* Karaka 6,30. — e) *Nasalirung*. — f) *Reiz, Lieblichkeit* (der Stimme, des Gesanges). — g) *eine musikalische Weise* (deren 6, 7 und 26 angenommen werden). Auch personificirt. — h) **eine musikalische Note*. — i) *Leidenschaft, heftiges Verlangen nach Etwas, Sympathie, Zuneigung, Liebe, Freude an;* die Ergänzung im Loc. oder im Comp. vorangehend. — k) *Würze* Karaka 6,12. — l) **Fürst, König*. — m) **die Sonne*. — n) **der Mond*. — 2) f. आ a) **Eleusine coracana*. — b) N. pr. einer Tochter des Aṅgiras. — 3) *f. ई = 2) a) Mat. med. 314.

*रागकाष्ठ n. *das Holz der Caesalpinia Sappan* Râgan. 12,18.

*रागखाडव fehlerhaft für °खाण्डव.

रागखाण्डव (*m.) *eine Art Zuckerwerk* R. ed. Bomb. 5,11,18. Vgl. खाण्डवराग.

रागखाण्डविक m. *ein Verfertiger von solchem Zuckerwerk*.

रागग्राहवत् Adj. *wo die Leidenschaft die Krokodile vertritt* Spr. 1047.

*रागचूर्ण m. 1) *Acacia Catechu*. — 2) *ein rothes Pulver, mit dem man sich beim Feste* Holâkâ *bestreut*. Eher n. — 3) *Lack* (लाक्षा). — 4) *der Liebesgott*.

*रागचक्र m. 1) *der Liebesgott*. — 2) Bein. Râma's.

*रागद् 1) m. *eine best. Staude* Râǵan. 4,129. — 2) f. आ *Krystall.*

*रागदालि m. *Linsen* Râǵan. 16,56.

*रागदृश् m. *Rubin* Râǵan. 13,147.

रागद्रव्य n *Farbestoff.*

रागद्वेषमोहक्षपरिमोक्षण m. *ein best.* Samâdhi Kâraṇḍ. 77,13.

रागपट्ट *eine Art Edelstein.* Richtig राजपट्ट.

रागपरिमुक्ता f. N. pr. einer Gandharva-Jungfrau Kâraṇḍ. 5,12.

*रागपुष्प 1) m. *a) Pentapetes phoenicea* Râǵan. 10,120. — *b) rother Kugelamaranth.* — 2) f. ई *die chinesische Rose.*

*रागप्रसव m. = रागपुष्प 1) *a)* und *b)* Râǵan. 10,133.

रागप्रस्तार m. Titel eines Werkes Burnell, T.

रागप्राप्त Adj. *dem Verlangen entsprechend, sinnlich angenehm* Comm. zu Âpast. Çr. 8,4,5.

रागबन्ध m. *Aeusserung der Zuneigung, Zuneigung.*

रागभञ्जन m. N. pr. eines Vidjâdhara.

रागमञ्जरिका f. Demin. von रागमञ्जरी.

रागमञ्जरी f. N. pr. eines Frauenzimmers.

रागमय Adj. 1) *roth.* — 2) *verliebt.*

रागमाला f. Titel 1) eines Kapitels über *die musikalischen* Râga. — 2) eines Werkes.

*रागयुज् m. *Rubin.*

रागरज्जु m. *der Liebesgott* Vâsav. 32,1.

रागरत्नाकर m. und रागलक्षण n. Titel von Werken Burnell, T.

*रागलता f. Rati, *die Gattin des Liebesgottes.*

रागलेखा f. 1) *Farbenstrich.* — 2) ein Frauenname Vâsav. 157,5.

रागवत् Adj. 1) *roth.* — 2) *liebend, verliebt* Çiç. 6,32. 10,52.

रागवर्धन m. *ein best. Tact* S. S. S. 213.

रागविबोध m. Titel eines Werkes.

*रागवृन्त m. *der Liebesgott.*

रागषाडव und °षाढव m. *ein Zuckerwerk aus Granatäpfeln und Weintrauben mit einer Brühe von Phaseolus Mungo,* nach Andern *halbreife Mangofrüchte in Syrup eingemacht mit Ingwer, Kordamomen, Butter* u. s. w. Richtig रागखाण्डव.

*रागसूत्र n. 1) *ein seidener Faden.* — 2) *der Strick an der Wage.*

*रागाङ्गी, *रागाढ्या (Râǵan. 6,194) und *रागाढ्या (fehlerhaft) f. *Rubia Munjista.*

रागानुगाविवृति (wohl 2 Worte) f. Titel eines Werkes.

*रागारुह Adj. *der in Bezug auf eine Gabe Hoffnungen erweckt, sie aber nicht erfüllt.*

रागार्णव m. Titel eines Werkes.

*रागाशनि m. *ein* Buddha.

*रागितरु m. *Jonesia Asoca* Râǵan. 10,56.

रागिता f. *das Verlangen nach* (Loc. oder im vorangehend).

रागिन् 1) Adj. *a) gefärbt, farbig.* — *b)* **färbend.* — *c) roth.* — *d) von Leidenschaften ergriffen, Wünsche habend, in der Gewalt der Liebe stehend, verliebt, mit Leidenschaft an Etwas* oder *Jmd hängen, grossen Geschmack findend an;* die Ergänzung im Loc. oder im Comp. vorangehend. — *e)* am Ende eines Comp. *ergötzend, erfreuend.* — 2) *m. *eine best. Kornart.* — 3) f. रागिणी *a) eine Modification der* Râga *genannten Weisen* (30 oder 36 an der Zahl), personificirt sind sie Gemahlinnen der Râga. — *b) eine Form der* Lakshmî. — *c)* N. pr. einer Tochter der Menakâ.

रागोत्पत्ति f. Titel eines Werkes Opp. Cat. 1.

*राघ्, राघते (सामर्थ्ये).

राघव m. 1) *ein Nachkomme* Raghu's, Patron. Aǵa's, Daçaratha's und Râma's. Du. Bez. Râma's und Lakshmaṇas, राघवसिंह Bez. Râma's. — 2) N. pr. *a)* verschiedener Männer. Auch °पञ्चाननभट्टाचार्य. — *b)* *eines Schlangendämons. — 3) **Meer.* — 4) **ein best. grosser Fisch.*

राघवचरित्र n. Titel eines Werkes Burnell, T.

राघवचैतन्य und राघवदेव m. N. pr. verschiedener Männer.

राघवपण्डित m. N. pr. eines Autors. °पण्डितीय n. Titel seines Werkes Opp. Cat. 1.

राघवपाण्डवीय n. Titel eines künstlichen Gedichts.

राघवप्रबन्ध m. Titel eines Werkes Burnell, T.

राघवभट्ट m. N. pr. eines Autors.

राघवयादवीय n. und °चरित n. Titel zweier Werke Opp. Cat. 1.

राघवविलास m. Titel eines Werkes.

राघवानन्द m. 1) N. pr. verschiedener Männer. Auch °मुनि und °सरस्वती. — 2) Titel eines Schauspiels Burnell, T.

राघवाभ्युदय m. Titel eines Schauspiels Burnell, T.

राघवायण n. *die Geschichte* Râma's, = रामायण.

राघवाष्टक n. Titel eines Werkes Burnell, T.

राघवीय n. *das von* Râghava *verfasste Werk.* Auch °काव्य n. Opp. Cat. 1.

राघवेन्द्र m. N. pr. verschiedener Männer. Auch °यति.

राघवेन्द्रीय n. *das von* Râghavendra *verfasstes Werk* Opp. Cat. 1.

राघवेश्वर N. eines nach Râghava benannten Liṅga.

*राङ्कल m. *Dorn.*

राङ्कव 1) Adj. *a) der* Raṅku *genannten Antilope gehörig, — eigen; aus den Haaren derselben verfertigt, wollen.* — *b)* **aus* Raṅku *stammend* (aber nicht von Menschen). — 2) m. *eine wollene Decke.*

*राङ्कवक Adj. *aus* Raṅku *stammend* (von Menschen).

*राङ्कवायण Adj. dass. (aber nicht von Menschen).

राङ्ग m. *etwa Schauspieler.*

*राङ्गण m. *eine best. Blume.*

*राचित m. Patron. von रचित.

*राचितायन m. Patron. von राचित.

1. राज्, राजति, राजते, राष्टि 1) *walten, herrschen; Fürst —, König —,* überh. *der Erste sein;* mit Gen. *gebieten über,* mit Acc. *regieren, lenken.* — 2) *sich auszeichnen, ein Ansehen haben, besonders in die Augen fallen, prangen, glänzen; erscheinen wie* (इव). — 3) राजित (könnte der Form nach auch zum Caus. gehören) *sich auszeichnend, prangend, glänzend, verschönert.* — Caus. Act. Med. *walten, herrschen.* — Mit अति *hinfahren über* (Acc.). — Mit अनु *nachahmen.* — Mit अप, अपाराट् (?) Maitr. S. 1,6,3 (90,5). 4,8,3. — Mit अभि *prangen.* — Mit उप an zwei verdorbenen Stellen mit v. l. — Mit निस् Caus. 1) *prangend machen, erglänzen lassen.* Partic. नीराजित. — 2) *die* नीराजन *genannte Ceremonie vollziehen an* (Acc.). Partic. नीराजित. — Mit परि *nach allen Seiten hin Glanz verbreiten.* — Mit प्रति *in seinem Glanze erscheinen wie* (इव). — Mit वि 1) = Simpl. 1) und *bemeistern* (mit Gen. oder Acc.), *hervorragen über, überragen* (mit Abl.). — 2) = Simpl. 2). — 3) विराजित (könnte auch zum Caus. gehören) = राजित. — Caus. *prangen machen, mit Glanz erfüllen, Glanz verleihen, erhellen;* mit Acc. Metrisch auch Med. — Mit अतिवि (अति वि) *in hohem Grade prangen, — glänzen.* ṚV. 3,10,7 ist अति mit स्रिधः zu verbinden. — Mit अधिवि *vorherrschen, sich auszeichnen vor* (Acc.). — Mit अनुवि *nachlenken, nachfolgen;* mit Acc. — Mit अभिवि 1) als Erklärung von वि-राज् wohl *regieren.* — 2) *prangen, einen Glanz um sich verbreiten.* °राजित *prangend, in vollem Glanze stehend.* — Mit संवि *prangen.* — Mit सम् *walten über* (Gen.).

2. राज् (Nomin. राट्) 1) m. *a) Gebieter, Herrscher, Fürst* ṚV. 1,121,3. In der späteren Sprache nur am Ende eines Comp. शङ्ख° so v. a. *die Muschel der Muscheln.* ṚV. 6,12,1 ist राट् wohl Verbum

fin. und der Accent zu tilgen. — *b) ein best.* **Ekâha.** — 2) f. *a) ein best. Metrum* ṚV. PRÂT. 17,4. — *b)* N. pr. einer Göttin TBR. 3,1,11,20. Wird durch राजमाना erklärt.

°राज m. *Fürst, König, der Erste unter seines Gleichen.* व्यूह° *die beste der Schlachtordnungen.* Am Ende eines adj. Comp. f. आ.

राजऋषि m. = राजर्षि.

राजक 1) m. *a) regulus.* Aus metrischen Rücksichten und am Ende eines adj. Comp. = राजन् *Fürst, König.* — *b)* N. pr. verschiedener Männer. — 2) n. *eine Menge von Fürsten, — Königen* HARSHAK. 175,17.

राजकथा f. *Geschichte der Fürsten, — Könige.*

*राजकदम्ब m. *Nauclea Cadamba* oder *ein verwandter Baum.*

राजकन्दर्प m. Titel eines Werkes.

राजकन्यका f. *Fürstentochter, Prinzessin.*

राजकन्या f. 1) dass. — 2) * *eine best. Blume* RÂǴAN. 10,118.

राजकर m. *der dem Fürsten zukommende Tribut* Ind. St. 15,318.

राजकरण n. *Gericht, Gerichtshof* MṚKKH. 144, 12, v. l.

*राजकर्कटी f. *eine Gurkenart.*

राजकर्ण m. *Fangzahn des Elephanten.*

राजकर्तर् m. *Königsmacher; Pl. diejenigen Personen, welche den König auf den Thron setzen.*

राजकर्मन् n. 1) *die Obliegenheiten eines Fürsten* PAT. zu P. 2,1,1, Vârtt. 2. — 2) *ein dem Fürsten zu leistender Dienst.* — 3) **Soma**-*Handlung.*

राजकर्मिन् Adj. *für einen Fürsten arbeitend* PAT. zu P. 1,4,49, Vârtt. 2.

राजकलश m. N. pr. verschiedener Männer VIKRAMÂÑKAḰ. 18,77.

राजकला f. *der 16te Theil der Mondscheibe, Mondsichel.*

राजकलि m. *der Schlechteste der Fürsten.*

*राजकसेरु 1) m. oder f. *Cyperus rotundus* RÂǴAN. 6,141. — 2) n. *die Wurzel von Cyperus pertenuis.*

राजकसेरुका f. *Cyperus rotundus* ḰARAKA 3,8. 8,10.

राजकार्य n. 1) *eine Obliegenheit des Fürsten, Staatsgeschäft* 61,27. — 2) *ein Auftrag des Fürsten* 214,2.

*राजकिनेय m. Metron. von राजकी.

राजकिल्बिषिन् Adj. *der als Fürst sich ein Vergehen hat zu Schulden kommen lassen* 59,2.

राजकीय 1) Adj. *fürstlich, königlich.* — 2) m. *Diener eines Fürsten.*

*राजकीर m. *eine Papageienart.*

राजकुमार m. *Prinz.*

राजकुमारिका f. *Prinzessin.*

राजकुल n. 1) *ein fürstliches Geschlecht, die Familie eines Fürsten.* Pl. so v. a. *Fürsten* Ind. St. 15,378 u. s. w. — 2) *der Palast eines Fürsten* (wo auch Recht gesprochen wird) ÂPAST. — 2) *Hauptstrasse* R. ed. Bomb. 2,15,40.

राजकुलभट्ट m. N. pr. eines Dichters SUBHÂSHITÂV. 261.

राजकुलवत्त् scheinbar R. 2,67,30. Es ist राजाकुलवतां zu lesen.

*राजकुष्माण्ड m. *Solanum Melongena.*

राजकृत् m. = राजकर्तर्.

राजकृत Adj. *vom Fürsten gemacht.*

राजकृत्य n. *eine Obliegenheit des Fürsten, Staatsgeschäft.*

राजकृत्वन् Adj. mit Acc. = राजकर्तर् BHATT.

*राजकृष्ण m. *Oldenlandia herbacea* RÂǴAN. 3,115.

*राजकोल m. *eine Art Judendorn* RÂǴAN. 11,143.

राजकोलाहल m. *ein best. Tact* S. S. S. 236.

राजकोशनिघण्टु m. Titel eines Werkes BURNELL, T.

राजकोशातक 1) n. *Gurke* oder *Kürbis* Mat. med. 314. — 2) f. ई *Luffa foetida* oder *eine andere Species* ḰARAKA 7,4.

राजक्रय m. **Soma**-*Kauf.*

राजक्रयणी f. Bez. *einer als Kaufpreis für die* **Soma**-*Pflanze dienenden Kuh.*

राजक्रिया f. *das Geschäft eines Fürsten.*

राजक्षवक m. *eine Art Senf* RÂǴAN. 16,78. ḰARAKA 1,4. 27. 3,8.

*राजखर्जूरी f. *eine Art Dattelbaum* RÂǴAN. 11,62.

राजगवी f. *Bos grunniens.*

राजगामिन् Adj. *zum Fürsten gelangend, an ihn gerichtet* M. 11,55.

राजगिरि m. 1) * *eine best. Gemüsepflanze.* — 2) N. pr. einer Oertlichkeit.

राजगिरीय m. Pl. *eine best. buddhistische Schule* EITEL, Chin. B.

राजगुरु m. *Rathgeber —, Minister eines Fürsten.*

1. राजगृह 1) n. *die Wohnung eines Fürsten, Palast.* — 2) f. (ई einmal) und n. N. pr. der Hauptstadt der **Magadha.** °माहात्म्य n.

2. राजगृह Adj. *bei der Stadt* **Râǵagṛha** *befindlich.*

*राजगृहक Adj. von 1. राजगृह.

राजगृहनिर्माण n. Titel eines Werkes BURNELL, T.

राजगेह n. = 1. राजगृह 1) SUÇR. 1,123,1.

*राजग्रीव m. *ein best. Fisch.*

राजघ m. *Besieger feindlicher Fürsten.* Nach Andern *der Beste der Fürsten* oder = तीक्ष्ण.

राजघातक m. *Königsmörder* GAUT.

राजचक्र n. *das über die Länder fahrende Rad eines Fürsten.* °क्रं प्र-वर्तय् so v. a. *die Oberherrschaft erlangen* MBH. 13,89,8.

*राजचम्पक m. *eine Art* **Ḱampaka** RÂǴAN. 10,61.

राजचिह्न n. Pl. *die fürstlichen Insignien* Ind. St. 15,267.

*राजचिह्नक n. *die Geschlechtstheile.*

राजचूडामणि m. *ein best. Tact* S. S. S. 208.

*राजजक्ष्मन् m. fehlerhafte Schreibart für °यक्ष्मन्.

राजजम्बू f. *ein best. Baum.* Nach den Lexicographen *eine Art* **Ǵambû** oder *eine Art Dattelbaum* RÂǴAN. 11,26. BHÂVAPR. 1,242.

राजझंकार m. *ein best. Tact* S. S. S. 233.

राजत 1) Adj. (f. ई) *silbern.* — 2) n. *Silber.*

राजतनय 1) m. *Fürstensohn, Prinz.* — 2) f. आ *Fürstentochter, Prinzessin.*

राजतरंगिणी f. 1) Titel verschiedener *Chroniken* von **Kâçmîra.** °संग्रह m. BÜHLER, Rep. No. 176. fgg. — 2) ein Frauenname VÂS.

*राजतरणी f. *Kugelamaranth* RÂǴAN. 10,130.

राजतरु m. *ein best. Baum.* Nach den Lexicographen *Cathartocarpus fistula* und *Pterospermum acerifolium* RÂǴAN. 9,42. 45.

राजता f. *Königthum, königliche Würde.*

राजताद्रि m. *der Berg* **Kailâsa** ÇIÇ. 11,53.

राजताल 1) (*m.) f. (ई) *Betelnussbaum.* — 2) m. *ein best. Tact* S. S. S. 208.

*राजतिमिष m. *Cucumis sativus.*

राजतीर्थ n. N. pr. eines **Tîrtha.**

राजतुङ्ग m. N. pr. eines Mannes.

*राजतेमिष m. = राजतिमिष.

राजत्व n. = राजता.

राजदण्ड m. *königliche Gewalt, eine vom Fürsten verhängte Strafe.*

राजदत्ता f. N. pr. eines Frauenzimmers.

राजदन्त m. 1) *Hauptzahn, Vorderzahn.* — 2) *N. pr. eines Mannes.

*राजदन्ति m. Patron. von राजदन्त.

राजदर्शन n. 1) *das Zugesichtkommen eines Fürsten, Audienz bei einem Fürsten.* मां °नं कारय so v. a. *führe mich zum Fürsten.* — 2) Titel eines Gedichts.

राजदार m. Pl. *eine Gemahlin* — oder *die Gemahlinnen eines Fürsten.*

राजदुहितर् f. 1) *Fürstentochter, Prinzessin.* — 2) *Moschusratte* MIT. 3,41,*b*,8.

राजदुहितृमय Adj. (f. ई) *aus Prinzessinnen bestehend.*

राजदूर्वा f. *eine Art* Dûrvâ-*Gras.*

*राजदृषद् f. wohl *der grössere von den beiden Mühlsteinen.*

राजदेव m. N. pr. eines Lexicographen.

राजदैविक Adj. *vom Fürsten oder vom Schicksal kommend* (Unfall) Jâǵn. 2,113.

राजद्रुम m. *ein best. Baum.* Vgl. राजवृक्ष.

राजद्वार् f. und °द्वार n. *das Thor eines fürstlichen Palastes.*

राजद्वारिक m. *Thorsteher an einem fürstlichen Palast.*

*राजधत्तूर und *°क m. *eine Art Stechapfel* Râǵan. 10,21.

राजधर्म m. *die Pflichten eines Fürsten;* Pl. *die für einen Fürsten geltenden Bestimmungen.* °धर्मानुशासन n. oder einfach राजधर्म (Opp. Cat. 1) Titel des 1sten Abschnittes im 12ten Buch des MBh.

राजधर्मकौस्तुभ m. Titel eines Werkes Burnell, T.

राजधर्मन् m. N. pr. eines Reihers, eines Sohnes des Kaçjapa.

राजधर्मभृत् Adj. *die Pflichten eines Fürsten aufrechthaltend, — erfüllend* MBh. 13,2499.

राजधर्मलक्षण n. Titel eines Werkes Opp. Cat. 1.

राजधर्मविद् Adj. *die Pflichten eines Fürsten kennend* MBh. 13,47,1.

राजधर्मसारसंग्रह m. Titel eines Werkes Burnell, T.

*राजधानक n. = राजधानी.

राजधानी f. *die Residenz eines Fürsten.* °तस् 110,32.

राजधान्य n. *eine best. Getreideart.* Nach Râǵan. 6,8. 85 *Panicum frumentaceum* oder *eine Reisart.*

राजधामन् n. *der Palast —, die Residenz eines Fürsten.*

राजधीर m. N. pr. eines Mannes.

*राजधुर m. und *°धुरा f. *das Joch, an dem ein Fürst zu ziehen hat, die Last der Regierung.*

*राजधुस्तूरक und *राजधूर्त m. *eine Art Stechapfel.*

1. राजन् 1) m. *a) Fürst, König.* Am Ende eines adj. Comp. (*f. राजन् und राज्ञी) 43,31; in einem subst. Compositum findet man häufiger राज als राजन्. — Schlechtweg *Fürst* heisst α) sowohl *der* Soma-*Saft* als auch *die ganze Pflanze.* — β) *der Mond* (सोम). — *b) ein Mann aus der Kriegerkaste.* — *c)* **ein* Jaksha. — *d)* *N. pr. eines der 18 Diener des Sonnengottes und zwar einer Form Guha's. — 2) f. राज्ञी *a) Fürstin, Königin.* राज्ञीपद n. *die Würde —, die Stellung einer Fürstin.* — *b)* Bez. *der nach Westen gerichteten Seite des Gehäuses der Weltseele.* — *c)* **gelbes Messing.* — *d)* N. pr. der Gattin des Sonnengottes.

2. राजन् *Lenkung, regimen.*

राजन 1) *Adj. *aus fürstlichem Geschlecht stammend, aber nicht zur Kriegerkaste gehörig.* — 2) f. ई *a)* N. pr. eines Flusses. — *b)* *= गौतमी H. an. 3,465. — 3) n. राजनं Name verschiedener Sâman Ârsh. Br.

राजनय m. *Staatsklugheit, Politik.*

राजनाथ m. N. pr. eines Autors Burnell, T.

*राजनापित m. 1) *ein Bartscheerer des Fürsten.* — 2) *ein Bartscheerer ersten Ranges.*

*राजनामन् m. *Trichosanthes dioeca* Râǵan. 3,9.

राजनारायण m. *ein best. Tact* S. S. S. 212.

राजनि 1) m. Patron. von राजन. — 2) als Name eines Sâman Vasishtha 22,9 Druckfehler für राजन, wie der Index hat.

राजनिघण्ट, °निघण्टु (die richtige Form) und °निर्घण्ट m. Titel eines *Wörterbuchs.*

राजनिवेशन n. *der Palast eines Fürsten.*

राजनीति f. *Staatsklugheit, Politik.* Auch Titel eines Werkes Burnell, T. °शास्त्र n. desgleichen.

*राजनील m. *Smaragd.*

*राजनीलिका f. *eine best. Pflanze* Râǵan. 4,86.

राजन्य, राजन्यि 1) Adj. (f. श्रा) *fürstlich, königlich.* — 2) m. *a) ein Angehöriger des fürstlichen Stammes, Adelicher,* älteste Bez. *der zweiten Kaste.* — *b)* Pl. N. pr. eines *kriegerischen* Stammes. — *c)* **eine Art Dattelbaum.* — 2) f. राजन्या f. zu 2) *a).*

राजन्यक 1) *Adj. *von Kriegern bewohnt.* — 2) n. *eine Schaar von Kriegern.*

राजन्यकुमार m. *Prinz* 98,21.

राजन्यत्व n. *das Kriegersein, das zur Kriegerkaste Gehören.*

राजन्यबन्धु m. *Fürstengenosse* (gewöhnlich geringschätzig gebraucht). Auch = राजन्य 2) *a).*

राजन्यर्षि m. *ein* Rshi *von fürstlicher Herkunft.*

राजन्यवत् Adj. *mit einem Fürstlichen verbunden.*

*राजन्यावर्तक m. *Lapis lazuli* Râǵan. 13,214.

राजन्वत् Adj. *einen guten Fürsten habend, von einem guten Fürsten beherrscht* Harshak. 54,16. Ind. St. 15,270.

*राजपटोल 1) m. *Trichosanthes dioeca.* — 2) f. ई *eine best. Pflanze.*

*राजपटोलक m. = राजपटोल 1).

राजपट्ट m. *eine Art Edelstein, ein Diamant von geringerer Güte.*

राजपट्टिका f. 1) *etwa der Umgang eines Fürsten* Vet. (U.) 44,15. 21. Vgl. राजपाटिका. — 2) **der Vogel* Kâtaka.

राजपति m. *Fürstenherr.*

राजपत्नी f. *die Gemahlin eines Fürsten* Vasishtha 19,33.

राजपथ m. (adj. Comp. f. श्रा) *Hauptstrasse.*

राजपथाय्, °यते *eine Hauptstrasse darstellen.*

राजपद्धति f. *Hauptstrasse.*

*राजपर्णी f. *Paederia foetida* Râǵan. 5,35.

*राजपलाण्डु m. *eine Art Zwiebel* Râǵan. 7,58.

राजपाटिका f. = राजपट्टिका 1) Pańkad.

राजपाल m. N. pr. 1) eines Fürsten. — 2) *eines fürstlichen Geschlechts.

*राजपिण्डा f. *eine Dattelart* Râǵan. 11,62.

राजपितर् m. *Königsvater.*

*राजपीलु m. *ein best. Baum* Râǵan. 11,86.

1. राजपुत्र 1) m. *a) Fürstensohn, Prinz.* — *b) ein Radschput,* im System *eine best. Mischlingskaste.* — *c)* Patron. *des Planeten Mercur* Matsjop. 24,3. — *d)* **eine Mangoart* Râǵan. 11,18. — 2) f. °त्री *a)* f. zu 1) *a).* — *b)* f. zu 1) *b).* — *c)* **eine wilde Gurkenart* Râǵan. 3,42. — *d)* **Jasminum grandiflorum.* — *e)* *= जाती Râǵan. 10,76. — *f)* **ein best. Arzeneistoff,* = रेणुका Râǵan. 6,113. Bhâvapr. 1,192. — *g)* **Rothmessing* Râǵan. 13,29. — *h)* **Moschusratte* Râǵan. 19,59.

2. राजपुत्र Adj. (f. श्रा) *Fürsten zu Söhnen habend.*

राजपुत्रक 1) m. *a) Fürstensohn, Prinz* 119,11. — 2) f. °त्रिका *a) Prinzessin.* — *b)* **ein best. Wasservogel.* — 3) *n. *eine Menge von Prinzen.*

राजपुत्रलोक m. *Prinzenschaar* Harshak. 119,4.

राजपुत्रीय n. Titel eines Werkes über die Behandlung von Elephanten Matsjop. 24,3.

राजपुंस् m. *ein Diener —, Beamter des Fürsten* Vasishtha 19,23.

राजपुर 1) n. N. pr. einer *Stadt.* — 2) f. ई desgl.

राजपुरुष m. = राजपुंस्.

राजपुरुषवाद m. Titel eines Werkes Opp. Cat. 1.

*राजपुष्प 1) m. *Mesua Roxburghii.* — 2) f. ई *eine best. Pflanze* Râǵan. 10,107.

राजपूरुष (metrisch) m. = °पुरुष 128,22. Hem. Par. 2,423.

राजपौरुषिक Adj. *im Dienste eines Fürsten stehend.*

*राजपौरुष्य n. Nom. abstr. von राजपुरुष.

राजप्रकृति f. *Minister eines Fürsten.*

*राजप्रत्येनस् n. wohl *der nächste Thronerbe.*

राजप्रसादपट्टक n. *ein fürstliches Gnadendiplom* Lokapr. 2.

राजप्रिय 1) *m. *eine Art Zwiebel.* — 2) f. श्रा *a) die Geliebte eines Fürsten* Spr. 7760. — *b) die Geliebte des Mondes* Spr. 7757. 7760. — *c)* **eine best. Pflanze* Râǵan. 10,107.

राजप्रेष्य 1) m. *ein Diener des Fürsten* MBH. 12, 63,4. — 2) n. *Fürstendienst.*

*राजफणिज्झक m. *Orangenbaum.*

1.*राजफल n. *die Frucht von Trichosanthes dioeca.*

2.*राजफल 1) m. *a) Mangifera indica* RÂǴAN. 11, 16. — *b)* = राजादनी RÂǴAN. 11,71. — 2) f. श्रा *Eugenia Jambolana* RÂǴAN. 11,24.

*राजबदर 1) m. *eine Art Judendorn* RÂǴAN. 11,143. — 2) n. *a)* = रक्तमेलक. — *b)* = लवण.

राजबन्दिन् m. N. pr. eines Mannes KATHÂS. 58, 38 (°वन्दिन् gedr.).

*राजबला f. *Paederia foetida* RÂǴAN. 5,34.

राजबलेन्द्रकेतु m. N. pr. eines Mannes.

राजबान्धव 1) m. *ein Verwandter des Fürsten.* — 2) f. ई *eine Verwandte des Fürsten.*

राजबीजिन् Adj. *von fürstlicher Abstammung.*

*राजब्राह्मण m. P. 6,2,59.

*राजभक्त m. *eine best. Pflanze* RÂǴAN. 9,57.

राजभट m. *Söldling eines Fürsten, Soldat.* VP. 2,6,10 nach dem Comm. = दूत *Abgesandter.*

*राजभट्टिका f. *ein best. Wasservogel.*

*राजभद्रक m. 1) *Costus speciosus* oder *arabicus.* — 2) *Azadirachta indica.*

राजभय n. 1) *Furcht vor einem Fürsten.* — 2) *Gefahr von Seiten eines Fürsten.*

राजभवन n. *der Palast eines Fürsten.*

*राजभूय n. = राजता.

*राजभृत् gaṇa संकलादि.

1. राजभृत m. = राजभट.

2.* राजभृत Adj. von राजभृत्.

राजभृत्य m. *ein Diener des Fürsten.*

*राजभोगीन Adj. *einem Fürsten zum Genuss gereichend, — heilsam.*

*राजभोग्य 1) m. *Buchanania latifolia.* — 2) n. *Muskatnuss.*

*राजभोजन Adj. *von Fürsten genossen.*

राजभ्रातृ m. *Königsbruder.*

राजमणि m. *eine Art Edelstein.*

*राजमण्डूक m. *eine grosse Froschart* RÂǴAN. 19,78.

राजमन्दिर n. 1) *der Palast eines Fürsten.* — 2) N. pr. der Hauptstadt der Kaliṅga.

*राजमल्ल m. *ein fürstlicher Ringer.*

राजमल्लि n. N. pr. einer Stadt.

राजमहिषी f. *die erste Gemahlin eines Fürsten, Gemahlin eines Fürsten* überh. HARSHAĆ. 131,24.

राजमहेन्द्रतीर्थ n. N. pr. eines Tîrtha.

राजमातृ f. *des Fürsten Mutter.*

राजमात्र Adj. *der auf den Namen „Fürst" Anspruch hat, ein Mann fürstlichen Ansehens* KÂRAKA 1,15.

राजमानत्व n. *das Prangen, Glänzen.*

राजमानुष m. *ein fürstlicher Beamter.*

राजमार्ग m. 1) *Hauptstrasse; die grosse Strasse* in übertragener Bed. — 2) *des Fürsten Art und Weise, — Verfahren,* so v. a. *Kampf.*

राजमार्तण्ड m. 1) *ein best. Tact* S. S. S. 214. — 2) Titel verschiedener Werke.

राजमाष m. *Dolichos Catjang* MBH. 13,64,31.

*राजमाष्य Adj. *zum Anbau von* राजमाष *geeignet, damit bestanden.*

राजमास m. MBH. 13,3282 fehlerhaft für राजमाष.

राजमुख n. *das Antlitz eines Fürsten* TBR. 3,8, 22,1.

*राजमुद्ग und °मुद्गक (HEMÂDRI 1,657,16) m. *eine Bohnenart.*

राजमुनि m. = राजर्षि.

राजमृगाङ्क m. 1) *ein best. Tact* S. S. S. 214. — 2) *eine best. Mixtur* BHÂVAPR. 4,73. Mat. med. 34. — 3) Titel eines Werkes BURNELL, T.

राजंभव्य Adj. Subst. *zur Herrschaft designirt, Thronerbe* ÂPAST. ÇR. 13,24,8.

राजयक्ष्म und °यक्ष्मन् m. 1) *eine best. lebensgefährliche Krankheit;* bei Späteren *Lungenschwindsucht.* — 2) °यक्ष्मन् N. pr. eines Genius HEMÂDRI 1,652,7. 655,4. Auch °यक्ष्मनामन्.

राजयक्ष्मगृहीत Adj. *von der Krankheit* Râǵajakshma *ergriffen* MAITR. S. 2,2,7.

राजयक्ष्मिन् Adj. *die Schwindsucht habend* KÂRAKA 5,9.

राजयज्ञ m. *Königsopfer.*

राजयाजक Adj. *der einen Krieger zum Opferpriester hat* MBH. 8,40,31. 45,25. 26.

राजयान n. *ein fürstliches Vehikel, Palanquin.*

*राजयुध्वन् m. *Bekämpfer eines Fürsten.*

राजयोग m. 1) *eine Constellation, unter welcher Fürsten geboren werden* Ind. St. 14,355. — 2) *eine best. Stufe der Meditation.* — 3) Titel eines Werkes BURNELL, T. — 4) neben मल्लयोग und लययोग.

राजयोषित् f. *die Gemahlin eines Fürsten.*

*राजरङ्ग n. *Silber.*

राजरथ m. *ein fürstlicher Wagen.*

राजरम्भा f. *eine Art Pisang* BÂLAR. 38,3.

राजराज् m. 1) *Oberfürst.* — 2) *der Mond.*

राजराज m. 1) *Oberfürst, Oberkönig.* — 2) Bein. Kubera's. — 3) **der Mond.* — 4) N. pr. verschiedener Männer.

राजराजगिरि m. Bein. des Himavant DAÇAK. 25,19. 42,6.

राजराजता f. und °राजत्व n. *die Würde eines Oberkönigs.*

राजराजेश्वरीतन्त्र n. Titel eines Werkes BURNELL, T. 199,*b*.

राजराजेश्वरीस्तोत्र n. Titel eines Stotra BURNELL, T.

राजराज्य n. *die Herrschaft über alle Fürsten.*

राजराणक m. etwa *Vasall* J. A. S. Beng. 47, 405,30. 31 (°रानक gedr.). Vgl. रायराण Ind. St. 15, 398 und राजानक.

राजरामनगर n. N. pr. einer *Stadt.*

*राजरीति f. *Rothmessing* RÂǴAN. 13,29.

राजर्षि m. *ein Ṛshi fürstlicher Abkunft.* °लोक m. *die Welt dieser Ṛshi.*

राजर्षिन् (metrisch) dass. Nur राजर्षिणाम्.

राजर्षिभट्ट m. N. pr. eines Autors BURNELL, T.

राजलक्षण n. *ein Merkmal, dessen Besitz einen Fürsten,* insbes. *einen künftigen anzeigt.*

1. राजलक्ष्मन् n. *ein königliches Abzeichen* in अ° Nachtr. 3.

2.*राजलक्ष्मन् m. Bein. Judhishṭhira's.

राजलक्ष्मी f. 1) *der Glanz —, die Herrlichkeit —, die gute Genie eines Fürsten* LA. 25,16. — 2) N. pr. einer Prinzessin.

*राजलिङ्ग n. *ein königliches Abzeichen.*

राजलीलानामन् n. Pl. Titel einer Sammlung von *Beinamen* Kṛshṇa's, *die auf seine Belustigungen als Fürst Bezug haben.*

राजलोक m. *eine Gesellschaft von Fürsten* 290, 29. HARSHAĆ. 138,9. Pl. PAÑKAD.

राजवंश m. *ein fürstliches Geschlecht.*

राजवंशावली f. Titel eines Werkes.

राजवंश्य Adj. *aus fürstlichem Geschlecht stammend;* m. *ein* Kshatrija MAHÂVIRAĆ. 37,5.

राजवत् Adv. 1) *wie ein Fürst.* — 2) *wie einen Fürsten* Spr. 5747. — 3) *wie bei einem Fürsten.*

राजवदन m. N. pr. eines Mannes.

राजवर्ध m. *Königswaffe.*

राजवत् 1) Adj. *einen Fürsten habend, reich an Fürsten.* राजवति so v. a. *in Gegenwart des Fürsten* ÂPAST. — 2) m. N. pr. eines Sohnes des Djutimant. — 3) f. °वती N. pr. der Gattin des Gandharva Devaprabha.

राजवन्दिन् m. s. राजबन्दिन्.

*राजवर्चस n. *die königliche Würde.*

राजवर्चसिन् Adj. *in königlichen Diensten stehend* HEM. PAR. 7,51.

राजवर्णक n. Titel eines Werkes BURNELL, T.

राजवर्त्मन् n. 1) **Hauptstrasse.* — 2) *ein best. Edelstein* HEMÂDRI 1,738,17. Vgl. राजावर्त.

*राजवर्धन m. N. pr. fehlerhaft für राज्यवर्धन.

राजवल्लभ m. 1) *der Liebling eines Fürsten.* °तुरंगम m. *Lieblingsross eines Fürsten* Kâd. 109, 18. Nom. abstr. °वल्लभता f. — 2) **eine Art Judendorn.* — 3) **eine Art* Âmra. — 4) *= राजादनी Râǵan. 11,16. — 5) *eine Art Räucherwerk.* — 6) Titel eines Werkes.

*राजवल्ली f. *Momordica Charantia* Râǵan. 11,72.

राजवसति f. *das Leben am Hofe eines Fürsten.*

राजवहन 1) Adj. *Fürsten tragend, von F. geritten werdend* MBh. 2,61,16. — 2) n. *der Wagen, auf dem der* Soma *gefahren wird,* Vaitân.

राजवह्लिका f. s. °वाह्लिका.

राजवाधव्य (?) m. Patron.

राजवार्त्तिक n. Titel eines Werkes.

*राजवाह m. *Pferd.*

राजवाहन m. N. pr. eines Prinzen.

राजवाह्लिका f. nach Weber *eines Fürsten Tagebuch* Ind. St. 15,286. v. l. °वह्लिका.

*राजवाह्य m. *ein königlicher Elephant.*

*राजवि m. *der blaue Holzheher.*

राजविजय m. *eine best.* Râga S. S. S. 108.

राजविद्या f. *Fürsten —, Staatslehre.*

राजविद्याधर m. *ein best. Tact* S. S. S. 210.

राजविनोदताल m. desgl.

राजविहार m. 1) etwa *ein königliches Lustschloss* Ind. St. 14,134. 136. — 2) *ein königliches —, vom König erbautes Kloster.*

राजवीथी f. *Hauptstrasse.*

राजवृक्ष m. *ein best. Baum.* Nach den Lexicographen *Cathartocarpus fistula* (Káraka 7,8), *Buchanania latifolia* und *Euphorbia Tirucalli* Bhâvapr. 1,172. 2,117.

राजवृत्त n. *das Verfahren —, der Beruf eines Fürsten.*

राजवेत्रिन् m. *ein Trabant des Fürsten* Pańkad.

राजवेश्मन् n. *der Palast eines Fürsten.*

राजवेष m. *ein fürstlicher Anzug.*

*राजशण m. *Corchorus olitorius.*

*राजशफर m. *Clupea alosa.*

*राजशयन n. (P. 6,2,151, Sch.) und *°शय्या f. *ein fürstliches Ruhebett.*

*राजशाक n. *Melde, Chenopodium* Râǵan. 7,121.

*राजशाकनिका und *°शाकिनी f. *eine best. Gemüsepflanze* Râǵan. 7,133.

राजशासन n. *ein königlicher Befehl.*

राजशास्त्र n. *Fürsten —, Staatslehre.*

राजशीर्षक m. *ein best. Tact* S. S. S. 236.

*राजशुक m. *eine Papageienart mit rothen Streifen an Hals und Flügeln* Râǵan. 19,113.

*राजशृङ्ग 1) m. *Macropteronatus Magur.* — 2) n. *ein fürstlicher Sonnenschirm mit goldenem Griffe.*

राजशेखर m. N. pr. verschiedener Autoren. Auch °कवि Burnell, T.

राजशैल m. N. pr. *eines Berges.*

राजश्यामलीपाशक m. Pl. *eine best. Secte.*

राजश्यामाक m. *eine best. Körnerfrucht.*

राजश्रवस् m. N. pr. eines Vjâsa VP.² 3,35. 37. v. l. °स्रवस्.

राजश्री f. 1) *der Glanz —, die Herrlichkeit eines Fürsten.* — 2) N. pr. einer Gandharva-Jungfrau Kâraṇḍ. 4,20.

राजस 1) Adj. (f. ई) *der Qualität* रजस् *angehörig, zu ihr in Beziehung stehend* R. 5,51,10 (zu trennen राजसं भा°). Nom. abstr. °त्व n. — 2) m. Pl. *eine Klasse von Göttern im 5ten* Manvantara VP.² 3,17. — 3) *f. ई Bein. der Durgâ.

राजसंसद् f. *eine von Fürsten abgehaltene Gerichtssitzung.*

राजसत्त्र n. *ein von einem Fürsten veranstaltetes Opfer.*

*राजसदन n. *ein fürstlicher Palast.*

राजसद्मन् n. dass.

राजसभा f. *die Versammlungshalle —, der Hof eines Fürsten, eine vom Fürsten abgehaltene Gerichtssitzung* Spr. 2077. Kathâs. 102,146. Pańkad.

*राजसर्प m. *eine Schlangenart.*

राजसर्षप m. (*f. आ Râǵan. 16,78) *Sinapis ramosa.* Ein *Kern dieser Senfart* als Gewicht = 3 Likshâ.

राजसाह N. pr. eines Landes.

राजसाक्षिक Adj. *vom Fürsten bezeugt* (Document) Vishṇus. 7,2. 3.

राजसात् Adv. mit भू (Hem. Par. 2,424) oder सम्पद् *dem Fürsten zufallen.*

राजसामन् n. Pl. Bez. *bestimmter* Sâman Tâṇḍja-Br. 18,10,17.

*राजसायुज्य n. *Königthum.*

*राजसारस m. *Pfau.*

राजसिंह m. 1) *ein Löwe von Fürst, ein ausgezeichneter König.* — 2) N. pr. zweier Fürsten.

राजसिक Adj. = राजस 1) Satja im Comm. zu Varâh. Bṛh. 2,7.

राजसुख n. *die Freude —, das Glück eines Fürsten.*

राजसुत 1) m. *Königssohn, Prinz.* — 2) f. आ *Prinzessin.*

राजसुन्दरगणि m. N. pr. eines Lehrers.

राजसू Adj. f. *zum König machend.*

राजसूनु m. *Königssohn, Prinz* 118, 10.

1. राजसूय 1) m. n. *die religiöse Feier der Königsweihe* °सूयविध Adj. Lâṭj. 8,11,7. — 2) Titel eines Werkes Opp. Cat. 1. — 3) *n. *a) Lotusblüthe.* — *b) eine Art Reis.* — *c) Berg* (als n.!).

2.*राजसूय Adj. = राजसूयिक.

राजसूययाजिन् Adj. *die Königsweihe feiernd.*

राजसूयारम्भपर्वन् n. Titel der Adhjâja 12—16 im 2ten Buche des MBh.

राजसूयिक Adj. (f. ई) *zur Königsweihe in Beziehung stehend, davon handelnd* u. s. w. Comm. zu Âpast. Çr. 8,2,2.

राजसूयेष्टि f. *die religiöse Feier der Königsweihe.*

राजसे Dat. Infin. zu 1. राज् RV. 8,97,10. 9 86,36.

राजसेन m. N. pr. eines Mannes Mudrâr. 30,11 (53,2).

राजसेवक m. 1) *der Diener eines Fürsten* zu Spr. 1598. — 2) *ein* Radshput.

राजसेवा f. *Fürstendienst.*

राजसेविन् und राजसेवोपजीविन् m. *Fürstendiener.*

राजसौध *ein königlicher Palast* Pańkad.

*राजस्कन्ध m. *Pferd.*

*राजस्तम्ब m. N. pr. eines Mannes.

राजस्तम्बायन, राजस्तम्बायन und राजस्तम्बि m. Patron.

राजस्त्री f. *die Gattin eines Fürsten.*

*राजस्थलक Adj. von राजस्थली.

*राजस्थली f. N. pr. einer Oertlichkeit.

राजस्थानाधिकार m. *Statthalterschaft* Râǵat. 7, 602.

राजस्थानीय m. *Vicekönig, Statthalter* Ind. Antiq. 5,107.

राजस्रवस् m. N. pr. eines Vjâsa VP. 3,3,17. v. l. °श्रवस्.

राजस्व n. *das Eigenthum eines Fürsten.*

*राजस्वर्ण m. *eine Art Stechapfel* Râǵan. 10,21.

राजस्वामिन् m. Bein. Vishṇu's.

राजहंस 1) m. *a) eine Art Gans* oder *Schwan.* Am Ende eines adj. Comp. f. आ (ई fehlerhaft). — *b) *ein ausgezeichneter Fürst.* — *c)* N. pr. verschiedener Männer. — 2) f. ई f. zu 1) *a)* 303,15.

राजहंसीय, °यति *sich wie eine* राजहंसी *gebaren* Alaṁkârat. 15,*b*.

राजहर्म्य n. *der Palast eines Fürsten.*

*राजहर्षण n. 1) *Tabernaemontana coronaria.* — 2) *Stadt;* beruht auf einer Verwechselung von तगर mit नगर.

*राजहस्तिन् m. *ein stattlicher Elephant.*

राजहार m. *Bringer des* Soma.

*राजहासक m. *Cyprinus Catla.*

राजाङ्गण n. *der Hofraum in einem fürstlichen Palast.*

*राजातन m. 1) *Buchanania latifolia.* — 2) *Butea frondosa.* — 3) *Mimusops Kauki* (oder *Kanki*).

राजात्मकस्तव m. *ein best. Lobspruch auf* Râma.

*राजात्यावर्तक m. fehlerhaft für राजन्यावर्तक.

राजादन m. (*f. ई) *ein best. Baum* Harshak. 198, 9. Nach den Lexicographen *Buchanania latifolia* (n. *die Nuss*), *Mimusops Kauki* (richtiger *Kanki*) oder *hexandra* (n. *die Frucht*) und *Butea frondosa.*

*राजाद्रि m. *eine best. Gemüsepflanze* Râǵan. 7,133.

राजाधिकारिन् und राजाधिकृत m. *Richter.*

राजाधिदेय m. Hariv. 2032 fehlerhaft für राजाधिदेव 1).

राजाधिदेव 1) m. Bein. Çûra's Hariv. 1,38,1. 2. — 2) f. ई N. pr. einer Tochter Çûra's.

राजाधिराज m. *Oberkönig.*

राजाधिष्ठान n. *die Residenz eines Fürsten.*

राजाधीन n. *ein Diener des Fürsten* Âpast.

राजाध्वन् m. *Hauptstrasse.*

*राजान्, °नति Denomin. von 1. राजन्.

राजानक m. *regulus, ein kleiner Prinz.* °महिमाचार्य m. N. pr. eines Autors Burnell, T.

राजानुजीविन् m. *ein Diener des Fürsten.*

राजान्न n. 1) *von einem Fürsten* oder Kshatrija *empfangene Speise.* — 2) **eine Art Reis* Râǵan. 16,8.

राजान्यत्व n. *Thronwechsel.*

राजापत्याशान्ति (!) f. Titel eines Werkes Burnell, T.

राजाभिषेक m. *Königsweihe.* Auch als Titel eines Werkes. °पद्धति f. und °प्रयोग m. desgl. Burnell, T. Vgl. राज्याभिषेक.

*राजाम्र m. *eine Art* Âmra Râǵan. 11,16. Madanav. 71,96.

*राजाम्ल m. *Rumex vesicarius* Râǵan. 6,129.

राजाय्, °यते *sich wie ein Fürst gebaren, den Fürsten spielen* Spr. 1298.

*राजार्क m. *Calotropis gigantea* Râǵan. 10,31.

राजार्ह 1) Adj. *einem Fürsten zukommend, ihm gebührend, seiner würdig.* — 2) *f. आ *Eugenia Jambolana* Râǵan. 11,24. — 3) *n. *a) Agallochum.* — *b) eine Reisart* Râǵan. 16,8.

*राजार्हण n. *ein fürstliches Ehrengeschenk.*

*राजालाबू f. *eine Gurkenart.*

*राजालुक m. *ein best. Knollengewächs.*

राजावर्त m. (Râǵan. 13,7. 214) n. (Hemâdri 2,a,47, 5) *Lapis lazuli* Bâlar. 241,2. = राजमणि Utpala zu Varâh. Bṛh. S. 80,4. Auch राजावर्तोपल m.

राजावलि f., °ली f. und °लीपताका f. (Bühler, Rep. No. 179) Titel von *Fürstenchroniken.*

राजाश्व m. *ein starker Hengst.*

राजासन n. *Königssitz, Thron* P. 6,2,151, Sch.

राजासन्दी f. *ein Schemel, auf den der* Soma *gesetzt wird.*

राजासलक्षण m. N. pr. eines Mannes.

*राजाहि m. *eine Art Schlange.*

1\. राजि m. N. pr. eines Sohnes des Âju. v. l. रजि.

2\. राजि und राजी f. 1) *Streifen, Reihe.* राजितस् Adv. *in langen Reihen.* — 2) *राजी *a) schwarzer Senf* Râǵan. 16,76. 78. — *b) Vernonia anthelminthica* Râǵan. 4,64.

राजिक 1) Adj. in षोडश° *von 16 Königen handelnd.* — 2) m. *a)* * = नरेन्द्र (nicht *König*). — *b)* N. pr. eines Muni. — 3) f. आ *a)* **Streifen, Reihe.* — *b)* **Feld.* — *c) Sinapis ramosa.* Ein Korn *dieser Senfart* als Gewicht. — *d) eine Art Ausschlag.*

*राजिकाफल m. *Sinapis glauca.*

राजिचित्र m. *eine Schlangenart* (*buntgestreift*).

राजिन् 1) m. N. pr. eines Rosses des Mondgottes VP.[2] 2,299. — 2) *f. °नी v. l. für रज्जिनी.

*राजिफला oder *°फली (Bhâvapr. 3,101) f. *eine Gurkenart.* Vgl. राजीफल.

राजिमन्त् 1) Adj. *gestreift.* — 2) m. *eine Gattung von Schlangen* Karaka 6,23. — 3) f. °मती f. zu 2) Suçr. 2,266,4.

राजिल m. 1) *eine Gattung von Schlangen.* — 2) **Elephant* Gal.

राजी s. u. 2. राजि.

राजीक m. Pl. N. pr. eines Volkes.

राजीकृत Adj. *gestreift, Streifen bildend.*

*राजीफल m. *Trichosanthes dioeca.*

राजीमन्त् 1) Adj. *gestreift.* — 2) *eine Gattung von Schlangen.*

*राजीय्, °यति Denomin. von 1. राजन्.

राजीव 1) Adj. (f. आ) *gestreift* Âpast. Çr. 21,14, 8. — 2) m. *a) ein best. Fisch* Râǵan. 19,71. — *b)* **eine gestreifte Antilopenart* Bhâvapr. 2,2. 121. — *c)* **Elephant.* — 3) n. *eine blaue Lotusblüthe.*

राजीवनेत्र Adj. *lotusäugig.*

राजीवपृश्नि Adj. nach dem Comm. *lotusfarbige Flecken habend.*

*राजीवफल m. *eine Gurkenart* Râǵan. 7,216.

राजीवमुख Adj. *lotusantlitzig* Vikramâṅkak. 16, 36. °खी f. *eine Schöne mit einem Lotusantlitz* 9, 23. 136. 13,27.

राजीवलोचन 1) Adj. (f. आ) *lotusäugig.* — 2) f. आ N. pr. einer Tochter Ǵarâsaṁdha's MBh. 2, 14,46.

राजीवविलोचन Adj. *lotusäugig* Vikramâṅkak. 12,49.

राजीविनी f. *Nelumbium speciosum* (die Pflanze selbst), *eine Gruppe von Nel. sp.*

राजीविनीजीवितवल्लभ m. *der Mond* Vikramâṅkak. 1,35.

राजेन्द्र m. 1) *ein ausgezeichneter Fürst, Oberkönig, Kaiser.* — 2) *ein best.* Samâdhi Kâraṇḍ. 92,22. — 3) N. pr. verschiedener Männer.

राजेन्द्रगिरि m. N. pr. eines Mannes.

राजेय Adj. *von* Râǵi *abstammend.*

राजेयु m. N. pr. v. l. für रुद्रेयु.

राजेश्वर m. N. pr. eines Mannes.

*राजेष्ट 1) m. *eine Art Zwiebel* Râǵan. 7,59. — 2) f. आ *a) Musa sapientum* Râǵan. 11,37. — *b) eine Dattelart* Râǵan. 11,62. — 3) n. *eine Art Reis* Râǵan. 16,8.

राजोक m. N. pr. eines Dichters Saduktik.

*राजोद्दानसंज्ञक m. *ein best. Baum* Râǵan. 9,155.

राजोपकरण n. Pl. *die Insignien eines Fürsten.*

राजोपचार m. *einem Fürsten erwiesene Aufmerksamkeiten* Vikr. 56,9. Kathâs. 18,205.

राजोपसेवा f. *Königsdienst.*

राजोपसेविन् m. *ein königlicher Diener.*

*राज्जुकण्ठिन् m. Pl. *die Schule des* रज्जुकण्ठ.

राज्जुदाल Adj. *aus dem Holze von* Raǵǵudâla *gemacht* Çâṅkh. Çr. 16,3,4.

*राज्जुभारिन् m. Pl. *die Schule des* Raǵǵubhâra.

राज्ञी f. s. u. 1. राजन् 2).

राज्य 1) Adj. *zur Herrschaft berufen, königlich.* — 2) n. (auch राज्य, राज्यं und राजित्र) *Herrschaft, Königthum,* — *über* (Loc.); *Reich* (also = राष्ट्र). राज्यं कर्, कारय्, उप-आस् und वि-धा so v. a. *regieren.* Am Ende eines Comp. *Herrschaft des* und *H. über;* am Ende eines adj. Comp. f. आ.

1\. राज्यकर Adj. *regierend.*

2\. राज्यकर m. *der Tribut eines tributären Fürsten.*

राज्यकर्तर् R. 2,67,1 fehlerhaft für राजकर्तर्.

राज्यकृत् (Conj.) Adj. *regierend.*

*राज्यक्ता f. Bez. *bestimmter Pillen* Bhâvapr. 2,19.

राज्यखण्ड n. *Königreich* R. 2,105,3.

राज्यच्युति f. *Verlust der Herrschaft, Entthronung* Daçak. 24,3.

राज्यतन्त्र n. Sg. und Pl. *Regierungssystem, Regierung.*

राज्यदेवी f. N. pr. der Mutter Bâṇa's.

राज्यद्रव्य n. *ein zur Herrschaft* —, insbes. *zur Königsweihe erforderlicher Gegenstand.* °मय Adj. *dazu gehörend.*

राज्यधर m. N. pr. eines Mannes (*Regent*).

राज्यपद n. *Königswürde* J. A. O. S. 7,7, Çl. 19.

राज्यपाल m. N. pr. eines Fürsten. v. l. राजपाल.

राज्यभङ्ग m. *Verfall der Herrschaft* 157,26.

राज्यभेद m. *Zwietracht im Reich* Spr. 4927.

राज्यलक्ष्मी f. *Glanz der Regierung* Ind. St. 15, 219. 395.

राज्यलाभ m. *Erlangung der Herrschaft, das auf den Thron Gelangen.* °स्तोत्र n. Burnell, T.

राज्यलीलायित n. *das den Fürsten Spielen.*

राज्यलोक m. Kathâs. 42,195 fehlerhaft für रा-ज्ञलोक.

राज्यवती f. N. pr. einer Fürstin Ind. Antiq. 9,165.

राज्यवर्धन m. N. pr. zweier Fürsten Harshak. 93, 22. fgg. 104,3.

राज्यश्री f. 1) *die fürstliche Würde, — Stellung* Hem. Par. 1,234. Personificirt Harshak. 140,13. — 2) N. pr. einer Tochter Pratâpaçîla's Harshak. 107,6. 216,4.

राज्यसेन m. N. pr. eines Fürsten.

राज्यस्थ und °स्थायिन् Adj. *regierend, die Herrschaft führend.*

राज्यस्थिति f. *Regierung.*

राज्याधिदेव m. N. pr. eines Fürsten VP.[2] 4,99.

राज्याधिदेवता f. *die Schutzgottheit des Königthums* Kâd. 8,10.

राज्याभिषिक्त Adj. *zur Herrschaft —, zum Fürsten geweiht.*

राज्याभिषेक m. *Weihe zur Herrschaft, Fürstenweihe* Venis. 170. Ind. St. 15,267 u. s. w. °पद्धति f. Titel eines Werkes VP.[2] 2,339. 3,190. Vgl. रा-ज्ञाभिषेक.

राज्याश्रममुनि m. *ein Muni in der Einsiedelei „Herrschaft", so v. a. ein frommer Fürst* Ragh. 1,58.

राज्योपकरण n. Pl. *Reichsinsignien.* Vgl. राजो-पकरण.

*राटि f. *Schlacht, Kampf.*

राटिका f. in *मृग°.

राठ m. *Vangueria spinosa* Râgan. 8,67. Bhâvapr. 1,173. Karaka 6,24. 7,1.

राड (!) = राढा 2) Colebr. Misc. Ess. 2,179.

राढा f. 1) *Schönheit, Pracht.* — 2) N. pr. einer Landschaft im westlichen Bengalen und der Hauptstadt darin.

राढीय Adj. zu राढा 2).

*राण n. 1) *Blatt.* — 2) *Pfauenschweif.* — Vgl. u. राजराणक.

राणक 1) Titel eines Commentars. — 2) *f. °णिका *Zügel.* — Vgl. राजराणक.

राणकोञ्जीविनी f. Titel eines Werkes Opp. Cat. 1.

राणाड्य m. Bein. Dâmodara's.

राणायन 1) *m. Patron. von राण. — 2) f. ई f. zu 1). °पुत्र m. N. pr. eines Lehrers. °सूत्र n.

राणायनीय 1) m. *a)* N. pr. eines Lehrers. — *b)* Pl. *die Schule des* Râṇâjana Çaṁk. zu Bâdar. 3, 3,23. — 2) n. *das* Sûtra *des* Râṇâjana.

राणायनीयि m. N. pr. eines Lehrers.

राणायिनीपुत्र m. wohl fehlerhaft für राणायनी-पुत्र; s. u. राणायन 2).

*राणि m. Patron. von रण.

राणिग m. N. pr. eines Mannes.

राण्ड्य Adj. nach Sâj. = रमणीय. Die Ausgaben lesen रान्ध्य.

राते 1) Adj. s. u. 1. रा. — 2) m. N. pr. eines Lehrers.

रातमनस् Adj. *bereitwillig,* — zu (Dat. eines Nom. act.).

रातवे Dat. Infin. zu 1. रा Bhâg. P. 4,17,11.

रातहविस् Adj. = रातहव्य 1) *a).*

रातहव्य 1) Adj. *a) der die Opfergabe* (den Göttern) *willig überlässt, ein freigebiger Opferer.* — *b) derjenige, welchem die Opfergabe überlassen wird, — gehört.* — 2) m. N. pr. eines Âtreja.

राति 1) Adj. *bereitwillig, günstig; zu geben willig.* — 2) f. *a) Verleihung, Gunst, Gnadenbezeugung; Gabe, Opfergabe.* — *b)* इन्द्रस्य राती (v. l. रा-तिः) Namen von Sâman Ârsh. Br.

रातिन् Adj. *Gabe enthaltend, — bringend* RV. 3,19,2. 4,6,3.

रातिषाच् Adj. *Gunst verleihend, über Gaben verfügend, freigebig;* auch Bez. von *spendenden Genien.*

रातुल m. N. pr. eines Sohnes des Çuddhodana.

रात्न Adj. (ई) *aus Perlen bestehend* Hem. Par. 5,31.

रात्र n. 1) *Nacht.* Nur einmal im MBh. Am Ende eines Comp. m. oder n. der regelmässige Vertreter von रात्रि oder रात्री. — 2) angeblich = ज्ञान in 2. पञ्चरात्र 2) *b).*

रात्रक 1) Adj. (f. रात्रिका) *a) nächtlich.* — *b)* **ein Jahr lang im Hause einer Buhldirne wohnend.* — 2) *n. = 2. पञ्चरात्र 2) *a).*

रात्रि f. 1) रात्रि (später) und रात्री *Nacht* (auch personificirt und auch als einer der 4 Körper Brahman's gedacht). Maitr. S. 1,5,12 (81,3. 5) रात्री im Munde der Götter, रात्रि in dem des Dichters. Am Ende eines Comp. ist रात्रि verdächtig (v. l. रात्र). — 2) abgekürzt *a)* für अतिरात्र 2) *a).* — *b)* für रात्रिपर्याय. — *c)* für रात्रिसामन्. — 3) *Gelbwurz.* — 4) N. pr. *a)* einer Bhâradvâgî. — *b)* eines Flusses in Kraunkadvîpa VP. 2,4,55. — 5) रात्री: MBh. 14,2668 fehlerhaft für पात्रीः.

रात्रिक Adj. *nächtlich* Pańkad. Am Ende eines Comp. nach einem Zahlwort *so und so viele Nächte* (*Tage*) *verweilend, für so und so viele Nächte* (*Tage*) *ausreichend.*

रात्रिकर m. *der Mond.*

रात्रिचर 1) *m. *a) Dieb.* — *b) Nachtwächter.* — *c) ein* Râkshasa. — 2) f. ई f. zu 1) *c)* Bhaṭṭ.

रात्रिचर्या f. 1) *das Umherstreichen in der Nacht.* — 2) *eine bei Nacht vor sich gehende Verrichtung.*

रात्रिच्छन्दस् n. *ein beim* Atirâtra *zur Anwendung kommendes Metrum* Çâṅkh. Br. 30,11.

*रात्रिज n. *Stern.*

*रात्रिजल n. *Nebel.*

1. रात्रिजागर m. *Nachtwachen.*

2.*रात्रिजागर m. *Hund* Râgan. 19,10.

*रात्रिजागरद m. *Mosquito* Râgan. 19,130.

रात्रिंचर m. *ein* Râkshasa.

*रात्रितरा f. *tiefe Nacht.*

रात्रितिथि f. *eine lunare Nacht.*

रात्रिदिवम् Kathâs. 76,26 fehlerhaft für रात्रिं-दिवम्.

रात्रिदेवत Adj. (f. आ) *die Nacht zur Gottheit habend* Âçv. Gṛhj. 2,4,12.

रात्रिनाथ m. *der Mond* Vâstuv. 838.

*रात्रिनाशन m. *die Sonne.*

रात्रिंदिव n. *Tag und Nacht.* °दिवम् (122,15) und °दिवा Adv. *bei Tag und bei Nacht.*

रात्रिपदविचार m. Titel eines Werkes.

रात्रिपरिशिष्ट n. = रात्रिसूक्त.

रात्रिपर्याय m. *die drei wiederkehrenden Reihen in der Recitation der* Atirâtra-*Nacht.*

*रात्रिपुष्प n. *eine best. in der Nacht sich öffnende Lotusblüthe* Râgan. 10,198.

रात्रिपूजा f. *nächtliche Verehrung einer Gottheit.*

*रात्रिबल m. *ein* Râkshasa.

रात्रिभुजंग m. *der Mond* Vikramâṅkak. 11,36.

रात्रिभृत् Adj. *der die* Dîkshâ *nur einige Nächte unterhält* Çulbas. 2,79.

रात्रिभोजन n. *das Essen zur Nachtzeit.* °नि-षेध m. Titel eines Werkes.

रात्रिमट m. *ein* Râkshasa.

*रात्रिमणि m. *der Mond.*

रात्रिमय Adj. *nächtlich* Hemâdri 1,694,14.

*रात्रिमारण n. *ein an einem Schlafenden verübter Mord.*

*रात्रिंमन्य Adj. *für Nacht geltend, — angesehen werdend.*

रात्रिरक्षक m. *Nachtwächter.*

*रात्रिराग m. *Dunkel, Finsterniss.*

रात्रिलग्ननिरूपण n. Titel eines Werkes.

रात्रिलोक Adj. (f. आ) *die Nacht vertretend* Çat. Br. 10,4,2,13.

रात्रिवासस् n. 1) *Nachtgewand.* — 2) **Dunkel,*

Finsterniss.

*रात्रिविगम m. *Ausgang der Nacht, Tagesanbruch.*

*रात्रिविश्लेषगामिन् m. *Anas Casarca* (चक्रवाक).

*रात्रिवेद und *°वेदिन् m. *Hahn.*

रात्रिशृत Adj. *in der Nacht gekocht* Kâtj. Çr. 4,11,15.

रात्रिशेष m. *der Rest —, der letzte Theil der Nacht* Âçv. Gṛhj. 3,7,1. R. 2,49,1. Chr. 240,19.

रात्रिषामन् n. = रात्रिसामन्.

रात्रिसत्त्र n. *Nachtfeier* Âçv. Çr. 11,6,16.

रात्रिसहस्र n. *tausend Nächte* Çat. Br. 10,4,4,4.

रात्रिसाचर्य Adj. *in der Nacht zusammenkommend* Çat. Br. 7,3,2,19.

रात्रिसामन् n. *ein zur* Atirâtra-*Nacht gehöriges* Sâman.

रात्रिसूक्त n. Bez. der nach ṚV. 10,127 eingeschalteten *Hymne an die Nacht* Çâṅkh. Gṛhj. 5,5.

*रात्रिहास m. *eine in der Nacht sich öffnende Lotusblüthe.*

*रात्रिहिण्डक m. *ein Wächter im Gynaeceum.*

रात्रिहुत n. *das in der Nacht Geopferte* Kâtj. Çr. 20,5,18.

1. रात्री f. s. u. रात्रि 1).

2. रात्री Adv. mit कर् *in Nacht verwandeln;* s. °करण.

रात्रीकरण Adj. (den Tag, Gen.) *in Nacht verwandelnd* Hem. Par. 1,224.

रात्रीण in एक° und द्वि°.

रात्रीदैवोदास n. Name eines Sâman.

रात्रीसूक्त n. = रात्रिसूक्त.

रात्रीहैवोदास n. v. l. für रात्रीदैवोदास.

*रात्र्यट m. *ein* Râkshasa.

रात्र्यन्ध Adj. *nachtblind.* °ता f. *Nachtblindheit* Kâd. 256,4.

रात्र्युपाय m. *Anbruch der Nacht* Lâṭj. 8,1,13. 14.

*राथकारिक Adj. (f. ई) von रथकार.

*राथकार्य m. Patron. von रथकार.

*राथगणक n. *die Beschäftigung —, das Amt des* रथगणक.

राथजितेयी f. Pl. Bez. *bestimmter* Apsaras.

राथंतर 1) Adj. (f. ई) von रथंतर 1). — 2) m. Patron. — 3) f. राथंतरी m. N. pr. einer Lehrerin.

*राथंतरायण m. Patron. von राथंतर.

राथप्रोष्ठ m. Patron. des Asamâti.

राथीतर m. 1) Patron. und N. pr. eines Lehrers Baudhâjana im Comm. zu Âpast. Çr. 2,19,9. — 2) f. राथीतरी in राथीतरीपुत्र m. N. pr. eines Lehrers.

*राथीतरायण m. Patron. von राथीतर.

1 (राथ्य) राथ्यम् n. *Wagenbesitz.* रथ्य Padap.

2. राथ्य Adj. *zum Wagen tauglich.*

राद्ध s. u. राध्.

राद्धान्त m. = सिद्धान्त *Schlusssatz, conclusio, ein bewiesener Satz.*

राद्धान्तमुक्ताहार m. Titel eines Werkes Burnell, T.

राद्धान्तित Adj. *als Schlusssatz sich ergebend, logisch bewiesen.*

राद्धान्न n. *zubereitete Speise* Hem. Par. 12,143.

राद्धि f. *richtiges Zutreffen, Gelingen, Glück, — in* (Loc.) Âpast.

राध्, राधति (vedisch), राध्नोति; राध्यति und राध्यते nur mit intransit. Bed. 1) *gerathen, gelingen, fertig werden* (Taitt. Up. 3,10,1), *Gelingen haben, den Zweck erreichen, zurecht kommen, Glück haben mit* (Instr.). — 2) *sich passend fügen.* — 3) *theilhaftig werden, gelangen in* oder *nach;* mit Dat. (Âpast.) oder Loc. — 4) **Jmd* (Dat.) *wahrsagen* 223,23 (राध्यति) — 5) *richtig* oder *glücklich durchführen, zu Stande bringen, fertig —, zurecht machen;* mit Acc. — 6) *richtig treffen.* — 7) *Jmd zurecht bringen,* so v. a. *gewinnen, befriedigen.* — 8) *beschädigen* Bhaṭṭ. — 9) राद्ध a) *fertig geworden, zu Stande gekommen, fertig, vollendet, vollkommen geworden.* राद्धम् impers. mit Instr. der Person und Sache *es ist der und der damit zu Stande gekommen, es hat der und der dieses erreicht.* — b) *dem es gelungen ist, glücklich.* — c) *zu Theil geworden, zugefallen.* नयनमूलम् so v. a. *zu Gesicht gekommen.* — Caus. राधयति 1) *zu Wege bringen* MBh. 5,33,116. — 2) *befriedigen.* — Mit अनु 1) *glücklich fertig werden mit* (Gen.). — 2) अनुराद्ध *zu Theil geworden, zugefallen.* — Mit अप 1) *fehlen, verfehlen* (z. B. das Ziel). — 2) *Schuld haben, — tragen, — sein an* (Loc. Karaka 1,7), *sich Etwas zu Schulden (haben) kommen lassen, sich vergehen gegen Etwas* (Loc.) oder *Jmd* (Gen.), *Etwas verbrochen haben gegen Jmd* (Gen.). Häufig in Verbindung mit किम् *was?* und किं चित् *Etwas.* — 3) अपराद्ध a) *gefehlt —, nicht getroffen habend* (mit Abl.) von einem Pfeile. — b) *der sich Etwas hat zu Schulden kommen lassen, schuldig, der sich vergangen hat an Jmd* (Gen., selten Loc.). — c) *gefehlt —, gesündigt von* (Instr.) *gegen* (Gen.). Nur mit dem Subject किम् *was?* und यद् *was.* किमपराद्धं कारणत्वेन so v. a. *was ist daran auszusetzen, das es Ursache ist.* — d) impers. *es ist gefehlt —, verbrochen —, gesündigt worden von* (Instr., selten Gen.) *gegen* (Gen., selten Loc.). — Mit अभि, °राद्ध *befriedigt, gewonnen.* — Caus. *zufriedenstellen, befriedigen.* — Desid. vom Caus. अभिरिराधयिषति (in einem Relativ-Satze) *befriedigen wollen.* — Mit अव 1) *missrathen.* — 2) *einen Fehler machen.* — Mit आ Caus. 1) *befriedigen, zufriedenstellen, sich geneigt machen, zu gewinnen suchen, Jmd seine Verehrung bezeigen, — dienen;* mit Acc. Daçak. 71,13. — 2) *Etwas gewinnen, theilhaftig werden;* mit Acc. — 3) *vollziehen, vollbringen* Lalit. 295,17. Kampaka 390 fg. 506. 513. — *Desid. आरिरात्सति. — Desid. vom Caus. in आरिराधयिषु. — Mit उपा Caus. *Jmd* (Acc.) *dienen.* — Mit समा Caus. = आ 1). Metrisch auch Med. — Mit उप Caus. in *उपराधय. — Mit प्र in प्रराधस्. — Caus. in प्रराध्य. — Mit प्रति *Jmd entgegen wirken, feindlich entgegentreten;* mit Acc. Nur °राध्य Absol. und °राद्ध mit act. Bed. (Gaut. Âpast.). — *Desid. प्रतिरित्सति. — Mit वि 1) *um Etwas* (Instr.) *kommen.* — 2) *zu nahe treten, ein Leid anthun, beleidigen.* — Caus. *uneins werden.* — Mit सम्, संराद्ध *zu Theil geworden.* — Caus. 1) *eins werden über, sich einigen auf* (Loc.) Âpast. Çr. 10,20,2. संराधयन्तः *einträchtig.* — 2) *Jmd befriedigen, zufriedenstellen.* — Mit अभिसम् Caus. in अभिसंराधन.

राध 1) m. oder n. = राधस् 1) ṚV. — 2) m. a) *ein best. Monat.* — b) N. pr. verschiedener Männer. — 3) f. आ a) **Reichthum.* — b) **ein best. Mondhaus,* = विशाखा. — c) **Blitz.* — d) **eine best. Stellung beim Bogenschiessen.* — e) **Myrobalanenbaum.* — f) **Clitoria ternatea.* — g) N. pr. α) der Gattin Adhiratha's und Pflegemutter Karṇa's. — β) einer Hirtin, die als Geliebte Kṛshṇa's später göttlich verehrt wurde. — γ) einer Sclavin.

राधगुप्त m. N. pr. eines Ministers des Açoka.

*राधन 1) n. = साधन, प्राप्ति, तोष. °द्रव्य n. als Erklärung von पाचल. — 2) f. आ = भाषण.

*राधरङ्क m. = सीर, सीरक (!) und घनोपल. Vgl. राधरङ्कु.

*राधरङ्कु m. = सार, शीकर und जलदोपल. Vgl. राधरङ्क.

राधस् n. 1) *Erweisung des Wohlwollens, Wohlthat, Liebesgabe;* insbes. *Geschenk, Gabe.* — 2) *Wohlthätigkeit, Freigebigkeit.* — 3) *das Gelingen, Zustandekommen* Bhâg. P. — 4) *das Streben, Ringen nach* Bhâg. P. — 5) *Macht* Bhâg. P.

राधस्पति m. *Herr der Gaben* ṚV.

राधाकान्त m. Bein. Kṛshṇa's.

राधाकृष्ण m. N. pr. eines Autors.

राधाजन्माष्टमी f. *ein best. achter Tag, der Ge-*

burtstag der Râdhâ.

*राधातनय m. Metron. Karṇa's.

राधातन्त्र n. Titel eines Tantra.

राधादामोदर m. N. pr. eines Mannes.

*राधानगरी f. N. pr. einer Stadt.

*राधानुराधीय Adj. zu den Mondhäusern Râdhâ und Anurâdhâ in Beziehung stehend.

राधाभर्तर् m. Bein. Adhiratha's MBh. 1,111,23.

*राधाभेदिन् m. Bein. Arguna's.

राधामन्त्र m. ein best. Spruch.

राधामाधव und राधामोहनशर्मन् m. N. pr. zweier Autoren.

राधारमण m. Bein. Kṛshṇa's.

राधारससुधानिधि m. Titel eines Werkes.

राधावन्त् Adj. reich.

राधाविनोद m. und °काव्य n. (Burnell, T.) Titel eines Gedichts.

राधावेधिन् 1) etwa nach der Scheibe schiessend Ind. St. 15,420. — 2) *m. Bein. Arǵuna's.

राधासुत m. Metron. Karṇa's.

राधासुधानिधि m. Titel eines Werkes.

राधि und *राधी f. gaṇa बह्वादि. Vgl. कृष्टराधि.

राधिक 1) m. N. pr. eines Fürsten. — 2) f. आ Hypokoristikon von राध 3) g) β) Spr. 7765.

राधिकाविनोद m. = राधाविनोद.

राधेश und राधेश्वर m. Bein. Kṛshṇa's.

राधोगूर्त Adj. durch Wohlthun angenehm, — beliebt.

राधोदेय n. Erweisung von Gunst, das Geben von Geschenken.

राधोपासक m. ein Verehrer der Râdhâ.

(राध्य) राधिय Adj. 1) durchzuführen, was man recht machen soll. — 2) zu gewinnen, zu befriedigen, zu verehren. — 3) dessen man theilhaft werden kann.

राध्रेवकि (!) m. Patron.

रान्ध्य Adj. nach Sâj. = रमणीय.

*रान्धस m. Patron.

*राप्य Partic. fut. pass. von रप्.

*राभसिक Adj. = आपःफूलिक Viṭṭhala zu Prakrijâk. 5,2,76.

राभस्य n. als Bedeutung von रभ्.

राम (verschiedenen Ursprungs) 1) Adj. (f. आ) a) dunkelfarbig, schwarz. शकुनि der schwarze Vogel, so v. a. Krähe Kâṭh. Gṛhj. 50,20 (mit unterdrücktem शकुनि 21 und Vishṇus. 73,26). — b) *weiss. — c) erfreuend, entzückend, lieblich, reizend. रामाद्रामम् lieblicher als lieblich. — 2) m. a) eine Hirschart Kâraka 1,27. — b) *Pferd. — c) Liebhaber. — d) Lust, Freude. — e) *Bein. Varuṇa's. — f) N. pr. α) verschiedener Männer. In der älteren Literatur wird ein Mârgaveja und ein Aupatasvini erwähnt. Im Epos und später spielen 3 Râma eine grosse Rolle: Ǵâmadagnja (auch als Liedverfasser genannt) oder Bhârgava = Paraçurâma, Râghava oder Dâçarathi und Balarâma oder Halâjudha (ein älterer Bruder Kṛshṇa's). Die beiden ersten gelten für Incarnationen Vishṇu's. In der späteren Literatur ist Râma ein häufig vorkommender Mannesname. — β) einer der 7 Weisen unter Manu Sâvarṇi. — γ) Pl. eines Volkes. — g) Bez. der Zahl drei Hemâdri 1,135,23. Vgl. u. f) α). — h) *रामस्य इषुः eine Art Rohr, = रामकाण्ड Râǵan. 8,77. — 3) f. रामा a) eine Dunkle, so v. a. ein Weib gemeiner Herkunft. — b) eine Schöne, ein junges reizendes Weib, Geliebte, Frau. — c) * Jonesia Asoka Râǵan. 10,56. — d) *eine weiss blühende Kaṇṭakârî Râǵan. 4,34. — e) * Aloe perfoliata Râǵan. 5,46. — f) *eine best. Pflanze mit wohlriechenden Blättern Râǵan. 10,177. — g) * Asa foetida. — h) *Gallenstein des Rindes Râǵan. 12,59. — i) * Röthel, rubrica. — k) * Mennig. — l) * Fluss. — m) ein best. Metrum. — n) ein best. Tact S. S. S. 227. — o) N. pr. α) einer Apsaras. — β) einer Tochter Kumbhâṇḍa's. — γ) *der Mutter des 9ten Arhant's der gegenwärtigen Avasarpiṇî. — 4) f. रामी Dunkel, Nacht. — 5) n. a) Dunkel. — b) *das Blatt der Laurus Cassia Râǵan. 6,175. — c) *Chenopodium album. — d) * = कुष्ठ Râǵan. 12,122.

रामक m. 1) eine best. Tempelform Hemâdri 2,a, 58,10 (कामरामकौ zu lesen). — 2) eine best. Mischlingskaste Vasishṭha 18,4. — 3) N. pr. a) = राम und wohl der Râghava Agni-P. 42,25. — b) eines Berges.

रामकण्ठ m. N. pr. eines Autors.

रामकथासंग्रह m. Titel eines Werkes.

*रामकरी f. eine best. Râgiṇî. Richtig रामकिरी.

रामकर्णामृत n. Titel eines Werkes Burnell, T.

*रामकर्पूर und *°क m. ein best. wohlriechendes Gras.

रामकल्पद्रुम m. Titel eines Werkes.

रामकवच n. ein best. Zauberspruch.

*रामकाण्ड m. eine Rohrart Râǵan. 8,78.

रामकान्त m. 1) *eine Art Rohr. Richtig रामकाण्ड. — 2) N. pr. eines Scholiasten.

रामकिरी f. eine best. Râgiṇî S. S. S. 37. Angeblich auch °कीरी.

रामकुतूहल n. Titel eines Werkes.

रामकुमार m. N. pr. eines Mannes. Auch °मिश्र.

रामकृत् m. ein best. Râga S. S. S. 81.

रामकृष्ण m. N. pr. verschiedener Männer. Auch °तीर्थ, °दीक्षित, °देव, °पण्डित, °भट्ट, °भट्टाचार्य, °भट्टाचार्यचक्रवर्तिन्, °राय, °कृष्णाचार्य, °कृष्णाध्वरिन् und °कृष्णानन्दतीर्थ.

रामकृष्णकाव्य n. Titel eines künstlichen Gedichts.

रामकृष्णदीक्षितीय n. das Werk Râmakṛshṇadîkshita's (vgl. u. रामकृष्ण) Opp. Cat. 1.

रामकृष्णपद्धति f. Titel eines Werkes.

रामकृष्णविलोमकाव्य n. = रामकृष्णकाव्य.

रामकृष्णीय n. Titel verschiedener Werke Opp. Cat. 1.

रामकेली f. eine best. Râgiṇî S. S. S. 55.

रामकेशवतीर्थ n. N. pr. eines Tîrtha.

रामकौतुक n. Titel eines Werkes.

रामक्री f. ein best. Râga S. S. S. 82.

रामक्षेत्र n. N. pr. einer Oertlichkeit.

रामगङ्गा f. N. pr. eines Flusses.

रामगायत्री f. eine best. Hymne auf Râma (Dâçarathi).

रामगिरि m. N. pr. eines Berges.

रामगिरी f. vielleicht so v. a. रामकिरी Git. S. 9.

रामगीतगोविन्द Titel eines Gedichts.

रामगीता f. Sg. und Pl. Titel eines Abschnittes im Adhjâtmarâmâjaṇa.

रामगोविन्दतीर्थ m. N. pr. eines Lehrers.

रामग्राम m. N. pr. eines Reiches.

रामचक्र oder रामाचक्र n. ein best. mystischer Kreis.

रामचन्द्र m. 1) Bez. Râma's, des göttlich verehrten Sohnes des Daçaratha. — 2) N. pr. verschiedener späterer Fürsten, Autoren, Lehrer u. s. w. Auch °कवि (Burnell, T.), °कविराज, °गुह, °दास, °दीक्षित (Burnell, T.), °परमहंस, °भट्ट, °भारत्याचार्य, °शर्मन्, °शेष (Burnell, T.), °सरस्वती, °चन्द्राचार्य und °चन्द्रेन्द्रसरस्वती.

रामचन्द्रकरुणासागरचन्द्रिका f. (Opp. Cat. 1), °चन्द्रकाव्य n. (Burnell, T.), °चन्द्रचम्पू f., °चन्द्रचरित्रसार n. und °चन्द्रपूजाविधि m. (Burnell, T.) Titel von Werken.

रामचन्द्रस्तवराज m. Titel eines Abschnittes in der Sanatkumârasaṁhitâ.

रामचन्द्राश्रम N. pr. 1) m. eines Autors. — 2) n. eines Tîrtha.

रामचन्द्रोदय m. Titel eines Werkes.

*रामचर m. N. pr. = बलराम.

रामचरण m. N. pr. eines Scholiasten.

रामचरित n. Râma's (Sohnes des Daçaratha)

Thaten.

*रामचर्कूर्दनक m. *eine best. Pflanze.* v. l. रामाच्छर्दनक.

रामज्ञ m. und रामज्ञीवन m. N. pr. von Männern.

रामठ 1) m. *a)* Pl. N. pr. eines Volkes MBh. 3, 51,25. — *b)* **Alangium hexapetalum.* — 2) (*m.) n. *Asa foetida* Râǵan. 6,74. — 3) f. ई *das Harz der Gardenia gummifera* Râǵan. 6,77.

रामण 1) *m. *a) Diospyros embryopteris.* रमण Râǵan. 11,78. — *b) ein der Melia Bukayun verwandter Baum* Râǵan. 9,13. — 2) f. ग्रा N. pr. einer Apsaras. v. l. वामना.

रामणि m. Patron.

रामणीयक 1) n. *Lieblichkeit, Schönheit* Bâlar. 21,3. Prasannar. 30,13. Naish. 5,65. — 2) m. oder n. N. pr. eines Dvîpa. — 3) *Adj. = रमणीय.

रामतपन n. Titel einer Upanishad Ind. St. 3, 325,1.

*रामतरणी (Râǵan. 10,128) oder *°तरुणी f. *eine best. Blume.*

रामतर्कवागीश m. N. pr. eines Grammatikers Pischel, de Gr. pr.

रामतापनी f., °तापनीय n., °तापनोपनिषद् f. (Burnell, T.) und °तापिनी f. (Opp. Cat. 1,6778) Titel einer Upanishad.

रामतारकब्रह्मोपनिषद् f. desgl. Opp. Cat. 1.

रामतीर्थ m. N. pr. 1) n. eines Tîrtha. — 2) m. verschiedener Personen. Auch °यति.

रामत्रयोदशशती f. und रामत्रैलोक्यमोहनकवच n. Bez. bestimmter *Sprüche* Burnell, T.

रामत्व n. Nom. abstr. zu राम (N. pr. eines Sohnes des Daçaratha).

रामदत्त m. N. pr. eines Autors.

रामदास m. N. pr. verschiedener Personen.

रामदुर्ग Titel eines Werkes Burnell, T.

*रामदूत 1) m. Bein. Hanumant's. — 2) f. ई *eine Art Basilienkraut.*

रामदेव m. 1) Bez. Râma's, Sohnes des Daçaratha. — 2) N. pr. verschiedener Männer. Auch °मिश्र.

रामद्वादशी f. *der 12te Tag in der — Hälfte des* Ǵjaishṭha.

रामधर m. N. pr. eines Mannes.

रामध्यान n. Titel eines Werkes Burnell, T.

रामन् in मयूर° Hariv. 13994 fehlerhaft für रोमन्.

रामनगर n. N. pr. einer *Stadt.*

रामनवमी f. *der 9te Tag in der lichten Hälfte des* Kaitra, *der Geburtstag* Râma's, Sohnes des Daçaratha. °पूजा f. Burnell, T.

रामनवमीनिर्णय m. Titel eines Werkes.

रामनाटक n. Titel eines *Schauspiels* Opp. Cat. 1.

रामनाथ m. 1) Bez. Râma's, Sohnes des Daçaratha. °स्तोत्र n. Burnell, T. — 2) N. pr. verschiedener Männer.

रामनामव्रत n. *eine best. Begehung.*

रामनारायण m. N. pr. eines Grammatikers.

रामनारायणजीव m. N. pr. eines Fürsten.

रामनृपति m. N. pr. eines *Fürsten.*

रामन्यायालंकार m. N. pr. eines Mannes.

रामपटल n. und रामपट्टाभिषेक m. Titel von Werken Burnell, T.

रामपण्डित m. N. pr. eines Mannes.

रामपद्धति f. Titel eines Werkes Burnell, T.

रामपाल m. N. pr. eines Mannes.

रामपुत्र m. Patron. Rudraka's Lalit. 306,2. fgg.

रामपुर n. N. pr. eines Dorfes.

*रामपूग m. *Areca triandra.*

रामपूजाविधानपद्धति f. (Burnell, T.), °पूजाविधि m. (ebend.) und °पूजाशरणि (richtig °सरणि) f. Titel von Werken.

रामपूर्वतापनीय n. *der erste Theil des* Râmatâpanîja.

रामप्रकाश m. Titel eines Commentars.

रामप्रसादतर्कवागीश m. und °तर्कालंकार m. N. pr. zweier Gelehrten.

रामबाण m. 1) **eine Art Rohr* Râǵan. 8,78. — 2) *ein best. medicinisches Präparat* Mat. med. 100. Bhâvapr. 4,31.

रामभक्त m. 1) *ein Verehrer* Râma's (Sohnes des Daçaratha). — 2) N. pr. eines Mannes.

रामभट्ट m. N. pr. verschiedener Männer.

रामभद्र m. 1) Bez. Râma's, Sohnes des Daçaratha. — 2) N. pr. verschiedener Personen. Auch °दीक्षित (Burnell, T.), °भट्ट, °भट्टाचार्य, °यति, °सरस्वती, °सार्वभौमभट्टाचार्य und °भद्राश्रम.

रामभुजंग Titel eines Werkes Burnell, T.

राममन्त्र m. n. *ein an* Râma (Sohn des Daçaratha) *gerichteter Spruch.* °पटल n. Titel *einer Sammlung solcher Sprüche*, °पठनविधि m. Burnell, T.

राममिश्र m. und राममोहन m. N. pr. zweier Männer.

रामयन्त्र n. *ein best. Diagramm.*

रामरत्न f. Titel eines Werkes Burnell, T.

रामरत्नाकर m. Titel eines Werkes.

रामरहस्य n. und °रहस्योपनिषद् f. (Opp. Cat. 1) Titel einer Upanishad.

रामराज m. N. pr. eines Autors Bhâvapr. 2,92. Auch fehlerhaft für कामराज.

रामराम m. N. pr. eines Lehrers.

रामरुद्रभट्ट 1) m. N. pr. eines Autors. — 2) f. ई Titel eines von ihm verfassten Werkes.

रामरुद्रभट्टीय n. und रामरुद्रीय n. Titel eines von Râmarudrabhaṭṭa verfassten Werkes Opp. Cat. 1.

रामल m. N. pr. eines Mannes.

*रामलवण n. *eine Art Salz.*

रामलिङ्गकृति m. N. pr. eines Autors.

रामलीलासूची f. Titel eines Kâvja Opp. Cat. 1.

रामलेखा f. N. pr. einer Fürstin.

रामल्य m. N. pr. eines Mannes Bhadrab. 2,88. 3,46. 4,4.

रामवज्रपञ्जरकवच n. *ein best. Spruch* Burnell, T.

रामवर्धन m. N. pr. eines Mannes.

रामवर्मन् m. N. pr. eines Scholiasten.

*रामवल्लभ n. *Zimmt* Râǵan. 6,172.

रामवाजपेय oder °पेयिन् m. N. pr. eines Autors.

रामविज्ञापनस्तोत्र n. Titel eines Stotra Burnell, T.

रामविलास m. und °काव्य n. Titel zweier Kâvja.

*रामवीणा f. *eine Art Laute.*

रामव्याकरण n. Titel einer *Grammatik.*

*रामव्रतिन् m. Pl. *eine best. buddhistische Schule.*

*रामशर m. *eine Art Rohr* Râǵan. 8,78.

रामशर्मन् m. N. pr. eines Autors Comm. zu Vṛttaratnâkara 1,3.

*रामशीतला f. = *आरामशीतला Râǵan. 10,177.

रामश्रोपाद m. N. pr. eines Autors.

रामषडक्षरमन्त्रराज m. *ein best. sechssilbiger an* Râma *gerichteter Spruch.*

रामषोडशनामन् n. Pl. Titel eines Werkes Burnell, T.

रामसंयमिन् m. N. pr. eines Autors.

*रामसख m. Bein. des Affen Sugrîva.

रामसपरत्न n. Titel eines Werkes Burnell, T.

रामसमुद्धार m. N. pr. eines Mannes.

रामसरस् n. N. pr. eines heiligen *Sees.*

रामसहस्रनामन् n. Pl. Titel eines Werkes Burnell, T. °नामस्तोत्र n. Titel eines Abschnitts im Brahmajâmalatantra.

रामसाहि m. N. pr. eines *Fürsten.*

रामसिंह m. N. pr. eines Mannes. Auch °देव.

रामसिद्धान्त m. Titel eines Werkes.

रामसूक्त n. *eine best. Hymne.*

रामसूरि m. N. pr. eines Autors Burnell, T.

रामसेतु m. N. pr. einer Oertlichkeit. °प्रदीप m. Titel eines Werkes Bühler, Rep. No. 181.

*रामसेनक m. 1) *Gentiana Cherayta* Bhâvapr. 1, 173. — 2) *Myrica sapida* Râǵan. 9,20.

रामसेवक m. N. pr. eines Mannes.

रामस्तवराज m. (Burnell, T.), रामस्तुति f. und रामस्तोत्र n. Titel von Werken.

रामस्वामिन् m. Name einer Bildsäule des Râma.

रामहृदय n. Titel eines Abschnitts im Adhjâtmarâmâjaṇa

रामाचक्र n. wohl fehlerhaft für रामचक्र.

रामाचार्य m. N. pr. verschiedener *Lehrer*.

*रामाच्छर्दनक m. v. l. für रामच्छर्दनक.

रामाण्डार (!) N. pr. eines Autors und Titel seines Werkes Opp. Cat. 1. Als Autor wird auch Vishṇukitta angegeben.

रामाण्डार m. N. pr. eines Autors. °भाष्य n.

रामात्मैक्यप्रकाशिका f. Titel eines Werkes.

रामादेवी f. N. pr. der Mutter Ǵajadeva's.

रामानन्द m. N. pr. verschiedener Personen. Auch °तीर्थ, °यति, °राज, °सरस्वती, °स्वामिन्.

रामानन्दीय 1) Adj. *von* Râmânanda *verfasst* Opp. Cat. 1. — 2) n. *ein Werk* Râmânanda's ebend.

रामानुज 1) m. N. pr. eines berühmten Vedânta-Philosophen und Vaishṇava und verschiedener anderer Männer. Auch °दास und °जाचार्य Burnell, T. — 2) n. Râmânuǵa's *Lehre*.

रामानुजचम्पू f., रामानुजचरित्र n., रामानुजभाष्य n., रामानुजसिद्धान्तसंग्रह m. und रामानुजीय n. Titel von Werken Opp. Cat. 1.

रामानुष्टुभ् f. *ein best. an* Râma *gerichteter Spruch*.

रामानुस्मृति f. Titel eines Werkes Burnell, T.

रामाभिनन्द m., रामाभिषेक m. (Burnell, T.), रामाभ्युदय m., °तिलक (Opp. Cat. 1) und °व्याख्यान n. (Burnell, T.) Titel von Werken.

रामायण 1) Adj. (f. ई) Râma (den Sohn Daçaratha's) *betreffend*. — 2) f. ई *Enkelin der oder des Schwarzen*. — 3) n. *ein oder das die Schicksale* Râma's *besingendes (besingende) Epos*.

रामायणकथा f. *die im* Râmâjaṇa *erzählte Geschichte*.

रामायणकथाप्रश्न m., °कथासार (Bühler, Rep. No. 182), °णचम्पू f., °णतात्पर्यसंग्रह m., °णतिलक, °णदीपिका f., °णनाटक n., °णनिर्वचन n., °णपठनफल n., °णप्रबन्ध m., °णमञ्जरी (Ind. St. 14,405), °णमहिमादर्श m., °णमाहात्म्य n., °णरत्नी f., °णविवेक m., °णविरोधभञ्जनी f., °णव्याख्या f., °णसंक्षेप m., °णसत्तबिम्ब, °णसारसंग्रह m. und °व्याख्यान n. Titel von Werken Burnell, T. Opp. Cat. 1.

*रामायणिक Adj. *das* Râmâjaṇa *vortragend* Gaṇar. 6,360.

रामायणीय Adj. *zum* Râmâjaṇa *in Beziehung stehend*.

रामायणोपन्यास m. und रामार्चनचन्द्रिका f. Titel von Werken Opp. Cat. 1. Burnell, T.

रामार्य m. N. pr. eines Lehrers.

*रामालिङ्गनकाम m. *rother Kugelamaranth* Râǵan. 10,132.

*रामावत्तोगोपम m. *Anas Casarca* Râǵan. 10,98.

रामाश्रम m. N. pr. eines Gelehrten.

रामाश्वमेध m. Râma's *Rossopfer*, Titel eines Abschnitts im Padmapurâṇa.

रामाश्वमेधिक Adj. *auf* Râma's *Rossopfer bezüglich*.

रामाष्टोत्तरशतनामन् n. Pl. Titel eines Werkes Burnell, T.

रामि m. Patron. von राम. Auch Pl.

रामिन् Adj. *geschlechtlich ergötzend* in *नाण°.

रामिल m. 1) **Geliebter, Gatte*. — 2) **der Liebesgott*. — 3) N. pr. eines Dichters.

रामुष N. pr. einer Oertlichkeit.

रामेन्द्रयति m. N. pr. eines Autors.

रामेन्द्रवन m. N. pr. eines Lehrers.

रामेश 1) m. N. pr. eines Mannes. Nur °भट्ट und °भारती (Burnell, T.). — 2) n. Name eines Liñga.

रामेश्वर 1) m. N. pr. verschiedener Männer. Auch भट्ट°, °भट्ट, °भट्टारक, °राय und °शर्मन्. — 2) n. *a*) Name eines Liñga. Auch °लिङ्ग n. — *b*) N. pr. eines Tîrtha. Auch °तीर्थ n.

रामेश्वरपूजा f. Titel eines Werkes Burnell, T.

रामेषु m. 1) **eine Art Rohr*. Vgl. राम 2) *h*). — 2) N. pr. eines Mannes.

रामोत्तरतापनीय n. *der zweite Theil des* Râmatâpanîja.

*रामोद m. N. pr. eines Mannes.

रामोदन्त m. Titel eines Werkes Opp. Cat. 1.

*रामोदायन m. Patron. von रामोद.

रामोपनिषद् f. Titel einer Upanishad.

रामोपाध्याय m. N. pr. eines Lehrers.

रामोपासक m. *ein Anbeter* Râma's (Sohnes des Daçaratha).

*राम्भ m. *Bambusstock*.

राम्या (RV. 2,2,8) und राम्या (dreisilbig) f. *Nacht*.

1. राय in अराय und अराय.

2. राय m. 1) am Anfange und am Ende von Personennamen = राज *Fürst*. — 2) N. pr. Richtig रय.

*रायण n. = पीडा.

रायणेन्द्रसरस्वती m. N. pr. eines Scholiasten.

रायन s. u. रायान.

*रायभाटी f. *Strömung eines Flusses*.

रायमदनपाल m. N. pr. eines Autors Burnell, T.

रायमुकुट und °मणि m. N. pr. eines Autors.

रायरङ्गाल oder रायवङ्गाल n. *eine Art Tanz* S. S. S. 260.

रायराघव m. N. pr. eines Autors.

रायवङ्काल m. *ein best. Tact* S. S. S. 211.

रायवङ्गाल s. u. रायरङ्गाल.

रायस्काम Adj. *besitzlustig, reich zu werden wünschend*.

रायस्पोष 1) m. *Vermehrung des Reichthums, Zunahme des Wohlstandes*. Am Ende eines adj. Comp. f. आ in बहुरायस्पोषा. — 2) *Reichthümer vermehrend* (Kṛshṇa). — Varâh. Bṛh. S. 48,74 ist रायस्पोषादिक्षिभिः zu lesen; vgl. VS. 34,50.

*रायस्पोषक Adj. von रायस्पोष 1).

रायस्पोषदा und °दावन् Adj. *Wachsthum des Besitzes schenkend*.

रायस्पोषवनि Adj. *wachsenden Reichthum verschaffend* Âpast. Çr. 6,6,8.

रायाणानीय m. N. pr. eines Lehrers. v. l. राणायनीय.

रायान (!) m. N. pr. eines Hirten. Einmal रायन.

रायोवाज m. N. pr. eines Mannes.

रायोवाजीय n. Name eines Sâman.

रारा f. N. pr. = राढा 2).

रारीय Adj. = राढीय.

*राल m. und रालक *das Harz der Shorea robusta* Râǵan. 12,116. Bhâvapr. 1,187. Mat. med. 120.

*रालकार्य m. *Shorea robusta*. Wohl fehlerhaft, vgl. Râǵan. 9,80.

राव m. (adj. Comp. f. आ) *Gebrüll, Geschrei, Getöse, Gesumme, Gesang, Schall, Laut*.

रावट् in einer Formel Maitr. S. 2,4,7 (44,1. fgg.).

रावण 1) Adj. *schreien —, wehklagen machend* Hariv. 1,41,138. Nur zur Erklärung des Namens des gleichnamigen Râkshasa gebraucht. — 2) m. N. pr. *a*) des zehnköpfigen Fürsten der Râkshasa, jüngern Bruders des Kubera und Beherrschers von Lañkâ, der von Râma besiegt wird. — *b*) eines Fürsten von Kâçmîra. — 3) n. *ein best.* Muhûrta.

रावणगङ्गा f. N. pr. eines Flusses auf Lañkâ.

रावणचरित्र n. Titel eines Werkes Burnell, T.

रावणभट्ट desgl. Opp. Cat. 1. °भट्ट Ind. St. 13,482.

*रावणहस्त *ein best. Saiteninstrument*.

रावणह्रद m. N. pr. eines *Sees*.

*रावणारि m. Bein. Râma's (Sohnes des Daçaratha).

रावणार्जुनीय n. Titel eines Werkes Bühler, Rep. No. 184.

रावणि m. Patron. Indraǵit's und Siṁhanâda's (Bâlar. 211,15). Pl. *die Söhne* Râvaṇa's.

1. रावन् Adj. *spendend.*

2. रावन् Adj. *schreiend, rufend* in बह्वावन्.

रावित 1) Adj. s. u. 1. रु Caus. — 2) n. *Laut, Schall.*

राविन् Adj. *brüllend, tosend, schreiend,* — *wie* (im Comp. vorangehend).

*रावैाट m. N. pr. eines fürstlichen Geschlechts.

राश्, राशते *schreien, krächzen.* Richtig रास् oder वाश्.

राशभ Mârk. P. 48,26 fehlerhaft für रासभ.

राशि m. (*f.) 1) *Haufe, Menge, Masse, Schaar, Gruppe, Quantität, Zahl; ein Haufen von* (im Comp. vorangehend) auch so v. a. *ein Ausbund von.* — 2) als *Maass* so v. a. द्रोण. — 3) (*Sterngruppe*) *Zodiakalbild, ein Zwölftel der Ekliptik, ein astrologisches Haus.* — 4) *ein best.* Ekâha Vaitân.

°राशिक Adj. nach einem Zahlwort *aus so und so vielen Quantitäten, Zahlen bestehend.*

राशिचक्र n. 1) *der Zodiakus.* — 2) *ein best. mystischer Kreis.*

राशित्रय n. *Regel de Tri.*

राशिप m. *der Regent eines astrologischen Hauses.*

राशिप्रविभाग m. *Vertheilung der 12 Zodiakalbilder* (unter die 28 Mondhäuser).

राशिभागानुबन्ध m. *addition of a fraction of the quantity.*

राशिभागापवाह्र m. *subtraction of the fraction of an unit.*

राशिभेद m. *Theil des Zodiakalbildes,* — *eines astrologischen Hauses.*

राशिमराय n. Du. Name zweier Sâman Ârsh. Br.

राशिव्यवहार m. *praktische Regel für die Berechnung des Inhalts von Getreidehaufen* Lilâv. 90,8.

राशिशस् Adv. *haufenweise* Çiç. 19,108.

राशिस्थ Adj. *in Haufen stehend, aufgehäuft.*

राशी Adv. 1) mit कर् *auf einen Haufen bringen, zusammenhäufen.* — 2) mit भू *sich anhäufen.*

राशीकरण n. *das Zusammenhäufen.*

राशीकरणभाष्य n. und राशीकरभाष्य n. Titel eines Werkes.

राश्यंश m. = नवांश.

राश्यधिप m. = राशिप.

राष्ट्र 1) m. n. a) *Reich, Herrschaft; Gebiet, Land; Unterthanen, Volk.* Nur einmal m.; am Ende eines adj. Comp. f. आ. — b) **Calamität, Elend, Noth.* — 2) m. N. pr. eines Fürsten.

राष्ट्रक 1) am Ende eines adj. Comp. = राष्ट्र *Reich.* — 2) Adj. *im Reiche* —, *im Lande wohnend.* — 3) *f. राष्ट्रिका *eine Art Solanum* Râǵan. 4,23.

राष्ट्रकाम Adj. *nach dem Reich verlangend.*

राष्ट्रकूट m. N. pr. 1) Pl. eines Volkes. — 2) eines Mannes Hem. Par. 1,288. 357. 359.

राष्ट्रगोप m. *Hüter des Reiches.*

राष्ट्रतन्त्र n. *Regierungssystem, Regierung.*

राष्ट्रदा Adj. *Herrschaft gebend* Maitr. S. 2,6,7.

राष्ट्रदिप्सु Adj. *Land oder Leute beschädigen wollend,* — *bedrohend.*

राष्ट्रदेवी f. N. pr. der Gattin Kitrabhânu's.

*राष्ट्रपत Adj. von राष्ट्रपति.

राष्ट्रपति m. *Herr des Reiches, König.*

राष्ट्रपाल 1) m. a) *Hüter des Reiches, Herrscher, König.* — b) N. pr. verschiedener Männer. — 2) f. ई N. pr. einer Tochter Ugrasena's.

*राष्ट्रपालपरिपृच्छा f. Titel eines Werkes.

राष्ट्रपालिका f. = राष्ट्रपाल 2).

राष्ट्रभङ्ग m. *Verfall des Reiches.*

राष्ट्रभय m. *eine dem Reiche drohende Gefahr.*

राष्ट्रभृत् 1) m. a) etwa *ein abhängiger Fürst, Tributpflichtiger.* — b) Bez. von *Würfeln.* — c) N. pr. eines Sohnes des Bharata. — 2) f. a) Pl. Bez. *gewisser Sprüche* (VS. 18,38) und *Opferungen* Mân. Çr. 6,2,5. Gṛhj. 1,11. Nom. abstr. राष्ट्रभृत्त्व TS. 3,4,6,2. — b) N. pr. einer Apsaras.

राष्ट्रभृति f. und °भृत्य n. *Aufrechthaltung der Herrschaft.*

राष्ट्रभेदिन् m. *Empörer* 132,20.

राष्ट्रमुख्य m. *der Oberste im Reiche* Daçak. 92,1.

राष्ट्रवर्धन 1) Adj. *das Reich in die Höhe bringend.* — 2) m. N. pr. eines Ministers.

*राष्ट्रवासिन् m. *Bewohner eines Reiches, Unterthan.*

राष्ट्रान्तपाल m. *Hüter der Grenzen des Reiches.*

राष्ट्री f. *Herrscherin, Gebieterin* Gobh. 4,10,12.

राष्ट्रिक m. 1) *Bewohner eines Reiches, Unterthan.* — 2) *Beherrscher eines Reiches.*

राष्ट्रिन् Adj. *ein Reich innehabend.*

राष्ट्रिय 1) Adj. *etwa *über das Reich handelnd* P. 4,3,87, Sch. — 2) m. a) *Thronfolger und Prätendent* Maitr. S. 2,1,12, v. l. — b) *Schwager des Königs* (in der Bühnensprache). Auch °स्याल.

राष्ट्री f. etwa *Verwalterin, Schaffnerin.*

राष्ट्रीय m. 1) *Thronfolger und Prätendent* Maitr. S. 2,1,12. — 2) *Schwager des Königs.*

रास्ता f. fehlerhaft für रास्ना 2).

1. रास्, रासति, °ते *heulen, schreien.* Die v. l. hat hier und da वाश्. — Intens. रारास्यते *laut schreien,* — *wehklagen.* v. l. वावाश्यमान. — Mit परि *mit Geschrei begleiten.* v. l. वाश्.

2. रास् Aoriststamm zu 1. रा.

रास m. (adj. Comp. f. आ) 1) *ein best. Hirtenspiel, ein Tanz, den* Kṛshṇa *mit seinen Hirtinnen aufführte.* Auch °क्रीडा, °गोष्ठी, °महोत्सव, °यात्रा, रासोत्सव; *der Anführer* oder *die Anführerin eines solchen Tanzes* heissen °प्रणेतर्, रासेश्वर, रासेश्वरी, रासाधिष्ठात्री. °मण्डल n. Kṛshṇa's *Spielplatz.* — 2) *Spiel* überh. — 3) so v. a. *Legende* nach Bühler in नर्मदासुन्दरी°. — 4) **Geschrei von verschiedenen Seiten, Laut, Ton* überh. — 5) *= भाषाशृङ्खलक.

रासक 1) m. a) *eine Art Tanz* Harshaḱ. 99,3. — b) *eine Art von Liedern* Harshaḱ. 99,24. — c) *ein best. Tact* S. S. S. 134. 230. — 2) m. n. *eine Art von Schauspielen.*

1. रासन Adj. *zur Zunge in Beziehung stehend, schmeckbar.*

2. रासन Adj. *schreiend* u. s. w. in *घोर°.

रासपञ्चाध्यायी f. Titel eines Werkes Bühler, Rep. No 81.

रासभ 1) m. *Esel, Eselhengst.* — 2) f. रासभी *Eselin* zu Spr. 1417.

रासभसेन m. N. pr. eines Fürsten.

राससुन्दर Titel eines Werkes.

रासायन Adj. von रसायन *Elixir.*

रासिन् Adj. *schreiend* u. s. w. in *घोर°.

*रासेरस m. रससिद्धबलौ शृङ्गारह्रासयोः षष्ठीजागरके रसगोष्ठ्याम् H. an., गोष्ठ्यां रासशृङ्गारयोः रससिद्धिरसावासषष्ठीजागरके Med., उत्सवे Çabdar., परिहासे Gaṭâbh.

रास्ना f. 1) *Gurt.* — 2) *die Ichneumonpflanze.* — 3) **Mimosa octandra.* — 4) **Vanda Roxburghii* Mat. med. 258. — 5) **Acampe papillosa* Râǵan. 6,82. Bhâvapr. 1,174. — 6) **eine weiss blühende* Kaṇṭakârî Râǵan. 4,35. — 7) **Bdellium* Bhâvapr. 4,155.

रास्नाका f. *Bänachen.*

रास्नावन् Adj. *mit einem Gurt versehen.*

रास्पिन Adj. *rauschend, geräuschvoll.*

रास्पिर Adj. wohl dass.

रास्य in गो° (Nachtr. 5).

*राहक्षति m. Patron. v. l. राहक्षिति.

राहडी f. *eine Art Composition* S. S. S. 167.

*राहवि m. Patron. von राहु.

राहवीय Adj. *dem* Râhu *eigen* u. s. w. Bâlar. 244,1.

°राहित्य n. *das ohne* — *Sein, Nichthaben.*

राहिल m. N. pr. eines Mannes.

राहु m. 1) *der Ergreifer,* Bez. des Dämons, der Sonne und Mond *packt* und dadurch die Verfinsterung derselben bewirkt. Bei der Quirlung des Oceans trank er vom Unsterblichkeitstrank, wofür ihm Vishṇu den Kopf abschlug. Der unsterblich gewordene Kopf rächte sich an Sonne und Mond, die ihn verrathen hatten. Râhu wird auch zu den Planeten gezählt. Als Ursache der Finsterniss ist Râhu *der Drachenkopf, der aufsteigende Knoten des Mondes* oder, was dasselbe ist, *die Abweichung in Breite der Mondbahn von der Ekliptik.* Auch die *Eklipse* selbst und namentlich *der Moment des Eintritts der Finsterniss* wird durch Râhu bezeichnet. Râhu ist Regent von Südwesten. Den Buddhisten nehmen viele Asura Râhu an. — 2) = *त्याग.

राहुकन्य m. fehlerhaft für राहूगण्य.

राहुगत Adj. *verfinstert* (Sonne, Mond).

राहुगम्य Adj. Râhu *zugänglich, der Verfinsterung unterliegend* Ind. St. 14,368.

राहुग्रसन n. *das von* Râhu *kommende Verschlingen, das Verfinstern der Sonne* oder *des Mondes.*

राहुग्रह m. *der Dämon* Râhu Spr. 986.

राहुग्रहण n. *das von* Râhu *kommende Ergreifen, das Verfinstern der Sonne* oder *des Mondes.*

*राहुग्रास und *राहुग्राह m. *Sonnen-* oder *Mondfinsterniss.*

*राहुच्छत्त्र n. *das Kraut der Ingwerpflanze* Râǵan. 6,29.

राहुदर्शन n. *Eklipse* Âpast.

*राहुभेदिन्, *राहुमूर्धभिद् und *राहुमूर्धहर m. Bein. Vishṇu's.

*राहुरत्न n. *Hyacinth* Râǵan. 13,187.

राहुल m. N. pr. verschiedener Personen, unter andern eines Sohnes des Çâkjamuni.

राहुलक m. N. pr. verschiedener Personen Deçîn. 4,4.

राहुलत m. N. pr. eines buddh. Patriarchen Eitel, Chin. B.

*राहुलसू m. Bein. Çâkjamuni's.

राहुशान्ति f. Titel eines Werkes Burnell, T.

*राहुसंस्पर्श m. *Sonnen-* oder *Mondfinsterniss.*

राहुसूतक n. Râhu's *Geburt*, so v. a. Râhu's *Erscheinen, eine Sonnen-* oder *Mondfinsterniss.*

राहूगण 1) *Adj. von राहूगण्य. — 2) m. Patron. von रहूगण.

*राहूगण्य m. Patron. von रहूगण.

*राहूच्छिष्ट n. und *राहूत्सृष्ट n. *Allium ascalonicum.*

1. रि, री, रिणाति, रिणीते, रीयते, *रियति; 1) *freilassen, — machen, laufen lassen.* — 2) *losmachen, ablösen, abtrennen, — von* (Abl.). — 3) *entlassen,* so v. a. *verleihen.* — 4) Med. *in Stücke gehen, sich auflösen; in's Fliessen gerathen.* रीण *aufgelöst, verschwunden* Çiç. 14,63. — *Caus. रेपयति. — Mit अनु Med. *nachfliessen,* mit Acc. — Mit आ 1) *laufen lassen.* — 2) Med. *laufen.* — Mit नि 1) *auflösen, trennen, zerstören; zerreissen.* — 2) *freimachen,* so v. a. *enthüllen.* — 3) Med. *sich frei machen, entrinnen.* — Mit निस् 1) *ablösen.* — 2) *anlocken* oder *verführen.* — Mit प्र 1) *abtrennen, austreiben.* — 2) Med. etwa *eindringen in* (Dat.) RV. 5,7,8. — Mit वि *zertrennen.* — Mit सम् 1) *zusammenspülen* VS. 6,18. — 2) *zusammenfügen, herstellen, einrichten.*

2. रि am Ende eines adj. Comp. = रै. Vgl. *अतिरि (unter *अतिरै) und बृहद्रि.

3. रि *die zweite Note.* Abkürzung von ऋषभ.

रिःफ n. = ῥιφη *das 12te astrologische Haus.*

*रिक्णस् n. fehlerhaft für रेक्णस्.

रिक्त 1) Adj. s. u. रिच्. — 2) m. *a)* Bez. *einer der vier ominösen Bachstelzen* Varâh. Bṛh. S. 45,3. — *b)* *N. pr. eines Mannes. — 3) f. आ Bez. *des 4ten, 9ten und 14ten lunaren Tages.* — 4) *n. *Wald* (*Einöde*).

रिक्तक Adj. *leer.* Von einer Person so v. a. *kein Gepäck habend.*

रिक्तकुम्भ n. (m. Hdschrr.) Pl. *Leertöpfigkeit,* vielleicht so v. a. *leeres Geschwätz.*

रिक्तकृत् Adj. *leer machend, eine Leere bewirkend.*

*रिक्तगुरु P. 6,2,42.

रिक्तता f. *Leere* Çiç. 17,40.

रिक्तपाणि Adj. 1) *leere Hände habend, Nichts in der Hand haltend* Âpast. 1,15,7. — 2) *kein Geschenk bringend* Âpast. 1,8,23.

रिक्तमति Adj. *leeren Sinnes, an Nichts denkend* Bhâg. P. 4,22,39.

रिक्तहस्त Adj. *leere Hände habend,* so v. a. *kein Geschenk mitbringend* (Pańkad.) und *kein Geschenk erhalten habend.*

रिक्तहार Bhâg. P. 8,22,9 fehlerhaft für रिक्थहार.

रिक्तार्क m. *ein auf einen* रिक्त *genannten Tag fallender Sonntag.*

रिक्ती Adv. mit कर् 1) *räumen, verlassen* Harshaḱ. 124,11. Kâd. 183,14. — 2) *forträumen, fortschaffen.*

रिक्थ n. 1) *Nachlass, Erbe.* — 2) *Vermögen, Besitz* überh.

रिक्थग्राह, रिक्थभागिन्, रिक्थभाज् (Gaut. 12, 40. 28,32), रिक्थहर, रिक्थहार und रिक्थहारिन् Adj. *erbend;* m. *Erbe.*

रिक्थाद Adj. *erbend;* m. so v. a. *Sohn.*

रिक्थिन् 1) Adj. *erbend;* m. *Erbe.* — 2) m. *Erblasser* Jâǵń. 2,51.

रिक्थीय Adj. in अरिक्थीय.

*रिक्वन् m. = स्तेन.

*रिप्ता f. = लिप्ता.

रिख् 1) रिखति = लिख्. Simplex nicht zu belegen. — 2) *रेखति (गतौ). — Mit आ *anritzen, aufreissen* RV.

रिङ्ख्, रिङ्खति 1) *kriechen* (von Kindern, die noch nicht gehen können). — 2) *langsam von Statten gehen.*

*रिङ्ख 1) m. *a) disappointing, deceiving.* — *b) a horse's hoof.* — *c) one of a horse's paces.* — *d) dancing.* — *e) sliding, slipping.* — 2) f. आ *a) ein best. Gang der Pferde.* — *b) das Tanzen.* — *c) Carpopogon pruriens.*

रिङ्खण n. *das Kriechen von Kindern.*

रिङ्ग्, रिङ्गति, °ते *kriechen* (von Kindern, die noch nicht gehen können), *sich mit Mühe fortbewegen, sich langsam bewegen* Çiç. 11,47. — Caus. रिङ्गयति *kriechen lassen.*

*रिङ्गण 1) n. = रिङ्खण. — 2) f. ई *a) eine best. Pflanze,* = कैवर्तिका Râǵan. 3,108. — *b) Phaseolus trilobus* Râǵan. 3,22.

रिङ्गि f. *Gang, Bewegung.*

रिङ्गित n. *das Wogen.*

रिङ्गिन् Adj. *kriechend* (von kleinen Kindern gesagt).

रिच्, रिणक्ति, *रेचति, रिच्यते und रिच्यते; 1) Act. *a) räumen, leeren.* — *b) freilassen, loslassen.* — *c) überlassen, preisgeben, hingeben, feil haben für* (Instr.). — *d) hinterlassen.* — *e) verdrängen.* so v. a. *an die Stelle von Etwas* (Acc.) *treten.* — 2) Med. Pass. *sich entleeren, leer werden* Taitt. Âr. 2,16. रिरिचान *leer geworden.* — 3) Pass. *a) kommen um, verlustig gehen, befreit werden von;* mit Instr. — *b) zu Nichte —, zu Schanden werden.* — 4) रिक्त und *रिक्त *a) leer.* मध्यरिक्त so v. a. *hohl* (Hand). — *b)* am Ende eines Comp. *ermangelnd, — los.* — *b) Nichts besitzend, arm.* — *c) eitel, hohl, werthlos.* — *d)* in Verbindung mit दिन, तिथि *der 6te, 9te und 14te lunare Tag.* — Caus. रेचयति 1) *leer machen.* — 2) *verlassen, aufgeben.* रेचित *verlassen* Çiç. 10,55. — 3) mit und ohne मारुतम् *den Athem entlassen.* — Mit अति 1) Med. Pass. *hinter sich lassen, hinausreichen über, überragen, vorwalten, übertreffen, überschüssig —, überlegen —, zu lang —, zu gross —, mehr sein, schwerer wie-*

gen, besser —, schlimmer —, ärger sein, sich höher dünken als (Spr. 7660); die Ergänzung im Acc. oder Abl. — 2) अतिरिक्त *a) überschüssig, übermässig, überflüssig* (so v. a. *unnütz* HEMÂDRI 2,*a*, 12,8), *zu gross, zu viel, noch mehr, zu spät;* mit einem Acc. *übersteigend um* (Instr.). Am Ende eines Comp. α) *einen Ueberschuss —, zu viel von Etwas habend.* — β) *übertreffend* KÂD. 154,19. 158,3. — *b) verschieden von* (Abl. oder im Comp. vorangehend), *besonder.* — Caus. *überschüssig machen, zu viel thun* VAITÂN. — Mit अत्यति Pass. *bedeutend mehr sein, — wiegen als* (Instr.). — Mit अभ्यति Med. Pass. *zu Gunsten von Jmd oder Etwas* (Acc.) *übrigbleiben, Jmd oder Etwas zu Gute kommen* MAITR. S. 2,2,13. KÂTH. 26,4. TS. 2,3,6,1. 7,1,5,6. TBR. 1,2,5,3. 4,5,1. ÇAT. BR. 1, 9,1,18. 3,9,3,34. 11,1,2,5. KÂTJ. ÇR. 25,13,17. TÂṆḌJA-BR. 9,7,2. — Mit व्यति 1) Pass. *a) hinausreichen über, überragen, vorzüglicher sein, übertreffen;* mit Acc. oder Abl. — *b) sich trennen von* (Abl.). — *c) sich unterscheiden von* (Acc. oder Abl.). — 2) व्यतिरिक्त *a) überschüssig, übermässig, im Uebermaass versehen mit* (im Comp. vorangehend), *übrig geblieben von* (im Comp. vorangehend). — *b) getrennt* in अ° (Nachtr. 5). — *c) unterschieden, verschieden, ein anderer als* (Abl. oder im Comp. vorangehend). — *d)* am Ende eines Comp. *frei von.* — Mit अनु Med. *nach Jmd sich entleeren.* — Mit आ *Jmd* (Dat.) *Etwas* (Acc.) *überlassen.* — Caus. 1) *den Athem entlassen.* — 2) आरेचित in Verbindung mit भ्रू f. so v. a. *verzogen.* — Mit उद् 1) Med. Pass. *hinausreichen über, hervorragen, vorzüglicher sein als* (Abl.). — 2) उद्रिक्त *a) überschüssig, übermässig, im Ueberfluss vorhanden, überflüssig, übrig.* — *b) hinausreichend über* (Acc.) — *c) im Uebermaass —, reichlicher versehen mit, überlegen an;* die Ergänzung im Instr. oder im Comp. vorangehend. — *d) gesteigert durch* (im Comp. vorangehend). — *e) hochmüthig.* — Caus. *steigern.* — Mit समुद्, समुद्रिक्त *im Uebermaass versehen mit* (Instr.). — Mit नि in 1. निरेके. — Mit प्र Med. Pass. 1) *hinausreichen, hervorragen über* (Abl.). — 2) *in hohem Grade sich entleeren, — leer werden* TAITT. ÂR. 2,16. — Caus. 1) *übriglassen.* — 2) *lassen, hingeben.* — Mit वि Med. Pass. 1) *hinausreichen über* (Abl.). — 2) *Durchfall bekommen.* विरिक्त *entleert* (KARAKA 8,9), *der seinen Leib entleert hat.* — Caus. 1) *leeren, leer machen.* — 2) *von sich geben, entlassen.* — 3) *laxiren, ausputzen.*

*रिज्, रेजते (भर्जने).

रिट in भृङ्गिरिट.

*रिटि f. 1) *the crackling or roaring of flame.* — 2) *a musical instrument.* — 3) *black salt.* — Vgl. भृङ्गि°, भृङ्गी°.

रिणीनगर n. N. pr. einer *Stadt.*

*रिण्व्, रिण्वति (गतौ).

रित् Adj. *entrinnend.*

*रिद्ध Adj. *reif* (Korn).

*रिधम m. 1) *Frühling.* — 2) *Liebe.*

1. रिप् (= लिप्) 1) *schmieren —, kleben an* (Loc.). Nur रिप्रे. — 2) *anschmieren, betrügen.* Nur रिरिपुस्. — Mit अपि, अपिरिप्त *verklebt,* so v. a. *erblindet.*

2. रिप् f. 1) *Betrug, Kniff.* — 2) *Betrüger.* — 3) vielleicht *Erde.*

रिपु 1) Adj. *betrüglich, verrätherisch.* — 2) m. *a) Betrüger, Schelm.* — *b) Widersacher, Feind.* In der Astrol. *ein feindlicher Planet.* — *c) das sechste astrologische Haus.* Auch °भवन n., °भाव m. und °स्थान n. — *d)* **Gallapfel* RÂGAN. 12,144. — *e)* N. pr. eines Sohnes des Çlishṭi, des Jadu und des Babhru (VP.² 4,118).

*रिपुघातिनी f. *Abrus precatorius.*

रिपुंजय 1) Adj. *den Feind besiegend.* — 2) m. N. pr. verschiedener Fürsten.

रिपुता f. *das Feindsein.*

रिपुपक्ष Adj. *auf der Seite des Feindes stehend;* m. *Feind* MAHÂVÎRAK. 119,7. Es ist aber vielleicht °पक्षे *auf der Seite des Feindes* zu lesen.

रिपुमल्ल m. N. pr. eines Fürsten.

रिपुराक्षस m. N. pr. eines Elephanten.

रिपुराशि m. *das sechste astrol. Haus* VARÂH. JOGAJ. 4,2. 9.

रिप्तलेप m. *was* (an der Hand) *kleben geblieben ist* ÂPAST. ÇR. 8,16,8.

रिप्र 1) n. *Schmutz, Unreinigkeit,* auch in übertragener Bed. — 2) m. N. pr. eines Sohnes des Çlishṭi. v. l. विप्र.

रिप्रवाह् Adj. *das Unreine entführend.*

*रिप्सु Adj. vom Desid. von रभ्.

रिफ्, रिफति, रेफति (mit आ) 1) *knurren.* — 2) रिफ्यते *geschnarrt werden, die Aussprache des r haben oder bekommen.* रिफित *geschnarrt, als r ausgesprochen.* — Die indischen Autoritäten geben der Wurzel die Bedeutungen कथन (कत्थन), युद्ध, निन्दा, हिंसा, दान und क्लेश. — Mit व्यप *umreissen* (also रिफ् = रिख् = लिख्). व्यपरिफन्ता विवोतरवेदिं परिक्रामतः ÂPAST. ÇR. 12.22,7. = विलिखन्तौ Comm. — Mit अव dass. — Mit आ *schnarchen.* — Mit वि, विरिफित *der r-Aussprache verlustig.*

रिभ्, रेभति 1) *knarren, knistern, murmeln* (von Flüssigem). — 2) *plaudern, schwatzen, laut werden.* — 3) *jubeln, bejauchzen.* — Mit अभि *anknurren, anbellen.* — Mit वि, विरिब्ध (s. bes.), *विरिभित und *विरेभित.

*रिम्बन् m. = स्तेन.

*रिमेद m. = अरिमेद.

*रिम्फ्, रिम्फति (हिंसायाम्).

*रिम्फ m. *der Thierkreis.*

*रिम्ब्, रिम्बति v. l. für रिण्व्.

*रिय्, रियति Denomin. von रै. Vgl. auch u. 1. रि.

रिरंसा f. *das Verlangen sich zu ergötzen,* insbes. *geschlechtlich, Geilheit.*

रिरंसु Adj. *das Verlangen habend sich zu ergözzen* (ÇIÇ. 6,1), insbes. *geschlechtlich, — mit* (Acc. HEM. PAR. 2,274), *geil.*

रिरक्षा (ungrammatisch BHÂG. P. und SUBHÂSHITAR. 1467) und रिरक्षिषा f. *das Verlangen zu bewachen, zu hüten, zu bewahren, zu schützen* (HARSHAK. 175,19), *aufrechtzuerhalten.*

रिरक्षिषु und रिरक्षु (ungrammatisch BHÂG. P.) Adj. (mit Acc.) *das Verlangen habend zu bewachen, zu hüten, zu bewahren, zu schützen, aufrechtzuerhalten.*

रिरमयिषु Adj. (mit Acc.) *das Verlangen habend zu ergötzen,* insbes. *geschlechtlich.*

रिरिक्षु Adj. *versehren wollend.*

*रिरी f. *gelbes Messing.*

रिल्हण m. N. pr. fehlerhaft für बिल्हण.

रिवक m. v. l. für रवक.

रिश्, रिशति (हिंसायाम्), °ते 1) *rupfen, abreissen;* daher *abweiden.* — 2) रिष्ट *gezerrt, aus der Lage gebracht, zerrissen, zerbrochen.* — Mit आ Med. *abweiden.* — Mit वि, विरिष्ट *aus der Lage gezerrt, gebrochen* (eig. und übertr.) VAITÂN.

रिशा f. *die Rupfende, Zerrende* als Bez. *eines best. Thierchens.*

रिशादस् Adj. als Beiw. der Marut und anderer Götter.

रिश्य m. = ऋश्य.

रिश्यपद् Adj. (f. °पदी) = ऋश्यपद् AV. 1.18,4.

1. रिष्, रिष्यति, रिष्यते (nur intrans.), रिषति, रेषति; 1) *versehrt werden, Schaden nehmen; versagen, misslingen, zu Schanden werden.* रिष्ट *misslungen.* — 2) *beschädigen.* — Caus. रेषयति *versehren, Schaden thun, beschädigen, versagen —, fehlen machen.* Med. *sich Schaden thun; misslingen, zu Schanden werden.* — Desid. रिरिक्षति *beschädigen wollen.* — Mit अनु (°रिष्यति) *nach Jmd* (Acc.) *versehrt*

werden, — Schaden nehmen. Mit अभि *misslingen.* — Mit आ Caus. *schädigen.*

2. रि॑ष् f. *Schaden* oder *Schädiger.* रि॒षे॑ Dat. Infin.

रिष in नघारि॑षे.

रिषण्य्, रिषण्य॑ति *fehlen, versagen, unzuverlässig werden, fallere.*

रिषण्य Adj. in अ॑रिषण्य.

रिषण्यु॑ Adj. *unzuverlässig, trügerisch.*

रिषय॑ध्यै Dat. Inf. von 1. रिष् Caus. ṚV. 1,129,8.

*रिषि m. = ऋषि.

रिषीक, रिषीकाणामयनम् als Beiw. Çiva's.

रिषोकर (Conj.) Adj. = हिंस्र Nîlak. zu Hariv. 2,72,36.

रि॒ष्ट॑ 1) Adj. s. u. रिश् und 1. रिष्. — 2) m. *a)* **Schwert.* — *b)* **Sapindus detergens.* Vgl. अरिष्ट. — *c)* N. pr. *α)* eines Daitja. — *β)* eines Sohnes des 7ten Manu. — 3) f. रिष्टा N. pr. der Mutter der Apsaras. Richtig wohl अरिष्टा. — 4) n. *a) Unheil, Unglück* Utpala zu Varâh. Bṛh. 6,12. — *b) ein ungünstiges Vorzeichen.* — *c)* **Glück, Heil.*

*रिष्टक m. *Sapindus detergens.*

*रिष्टताति Adj. = क्षेमंकर.

1. रि॑ष्टि f. *Schaden; das Misslingen, Fehlschlagen.*

2. रिष्टि m. = ऋष्टि *Schwert.* Diese Bed. soll das Wort in अरिष्टामय (Nachtr. 5) nach dem Comm. haben.

*रिष्टीय्, रिष्टीयति = रिषण्य्.

रिष्फ n. = रिःफ.

*रिष्य und रिष्यमूक ungenaue Schreibart für ऋश्य und ऋश्यमूक.

*रिष Adj. = हिंस्र.

रिह् 1) रि॑हन्ति (अर्चतिकर्मन्), रेढि (रे॑ह्लि), रिहाणा॑ und रि॑हाण; रीढ in अ॑रीढ; *lecken, belecken, ablecken; liebkosen.* — 2) *रेहति (वधे). — Intens. (रेरिह्य॑ते, रे॑रिहत् Partic., रे॑रिहाण) *wiederholt belecken, küssen.* — Mit आ *belecken, benagen.* — Mit परि *rings belecken.* — Mit प्रति *belecken.* — Mit सम् *gemeinsam belecken.*

*रिहम् Adv. *wenig.*

*रि॑ह्वायम् m. = स्तेन.

रिह्लण m. N. pr. fehlerhaft für बिल्ह्ण.

*रिह्वन् m. = स्तेन.

1. री, री॑यते s. u. 1. रि.

2. री = रै in ऋधद्री.

3.*री f. s. u. र 4).

*रीङ्गा f. = घृणा und लज्जा.

रीटि in *भृङ्गिरीटि.

*रीठा f. und *°करञ्ज m. *eine Art* Karañga Râǵan. 9,72.

*रीढक m. *Rückgrat.*

रीढा f. *Geringachtung.*

री॒ति॑ f. 1) *Strömung, Strom.* — 2) *Lauf, Bewegung.* — 3) *Strich, Linie, Reihe* Naish. 7,31. — 4) (*Lauf der Dinge*) *Art, Weise.* — 5) *Stil, Diction* Vâmana 1,2,6. fgg. — 6) *gelbes Messing.* — 7) *Eisenrost. Schlacke.*

रीतिक 1) *n. *eine Salbe aus Messingasche* Râǵan. 13,92. — 2) f. आ *a) Messing* Râǵan. 13,1. 30. — *b)* *= 1).

*रीतिकुसुम n., *रीतिज n. und *रीतिपुष्प n. = रीतिक 1) Râǵan. 13,92 nebst Note.

रीती Adv. mit भू *sich in eine Reihe stellen* Pâr. Gṛhj. 3,10,23.

रीत्य॑प्, रीति॑आप् (stark रीत्या॑प्, रीति॑आप्) Adj. *Wasser strömend.*

*रीरी f. *gelbes Messing.*

*रीव्, रीवति, °ते (आदानसंवरणयोः).

1. रु, रु॑वति, रौति (अर्चतिकर्मन्), रवति (buddh.), *रवीति; auch Med. (रवस्व Âpast. Çr. 7,17,2); Partic. रु॑वत्, ausnahmsweise auch रवत्, रवमाण und रवाण. 1) *brüllen, heulen, laut schreien, toben, quaken, summen, dröhnen.* — 2) °रुत *erklingend vom Geschrei u. s. w. von.* — Caus. रावयति 1) *brüllen lassen, zum Schreien bringen.* — 2) °रावित *erklingen gemacht durch das Geschrei u. s. w. von.* — 3) अनूरुवन् in der Bed. des Intens. Bhâg. P. — *Desid. रुरूषति. — *Desid. vom Caus. रिरावयिषति. — Intens. (रो॑रवीति, रोरुह्वि, रोरूयते, °ति, Partic. रो॑रुवत्) *heftig brüllen, — schreien, — tosen, — dröhnen.* — Mit अनु 1) *Jmds* (Acc.) *Geschrei u.s.w. nachahmen.* — 2) *Jmds* (Acc.) *Geschrei u. s. w. erwiedern, losbrüllen auf* Âpast. Çr. 7,17,2. — 3) °अनुरुत *erklingend vom Geschrei u. s. w. von.* — Mit अभि 1) *anbrüllen, anheulen, anschreien.* — 2) °अभिरुत *erklingend vom Geschrei* (auch mit Hinzufügung von शब्द u. s. w.) u. s. w. *von.* — Mit आ 1) *her--, hinbrüllen, — dröhnen, aufschreien.* — 2) *anbrüllen.* — Intens. *anbrüllen.* — Mit उप in उपरव॑ und *उपराव. — Mit प्र *laut brüllen.* — Mit प्रति *Jmds* (Acc.) *Geschrei erwiedern.* °रुत mit pass. Bed. — Mit वि 1) *heulen, laut schreien, summen, klingen, knarren.* — 2) *anschreien, anrufen.* विरुत mit pass. Bed. — 3) विरुत *erklingend vom Geschrei u. s. w. von* (Instr. oder im Comp. vorangehend). — Caus. 1) *laut schreien.* — 2) *ertönen machen.* Nur विरावित in pass. Bed. — Mit सम् *gemeinschaftlich schreien.*

2.*रु m. 1) *Laut.* — 2) *fear, alarm.* — 3) *war, battle.*

3. रु *zerschlagen, zerschmettern.* Zu belegen nur रावि॑षम् (ṚV.) und रु॒तं. Nach dem Dhâtup. hat रवते die Bedeutungen रेषण (रोषण, वध), गति und भाषण. — Intens. (रो॑रुवत्) dass.

4.*रु m. *cutting, dividing.*

*रुंश्, रुंशति und रुंशयति (भाषायाम्).

*रुक्क Adj. *freigebig.*

रु॑क्काम Adj. *nach Glanz begierig.*

रुक्केश m. *eine best. Mixtur* Mat. med. 229.

*रुक्प्रतिक्रिया f. *Behandlung einer Krankheit, ärztliche Praxis.*

रुक्म॑ 1) m. n. (nur AV.) *Schmuck von Gold* (*vielleicht auch von Edelsteinen*); in den Brâhmana *Goldscheibe, Goldplättchen zum Anhängen.* — 2) m. *a)* **Mesua Roxburghii.* — *b)* **Stechapfel.* — *c)* N. pr. eines Mannes. — 3) n. *a) Gold* Râǵan. 13,8. — *b)* **Eisen.*

रुक्मकवच m. N. pr. eines Enkels des Uçanas.

*रुक्मकारक m. *Goldarbeiter.*

रुक्मकेश m. N. pr. eines Sohnes des Bhîshmaka.

रुक्मधर m. N. pr. eines Fürsten VP.[2] 4,143.

रु॑क्मवत् Adj. *glänzend* (Agni).

रुक्मपाश॑ m. *die Schnur, an welcher die Goldscheibe hängt,* Vaitân. 28,27.

रुक्मपुर n. *Goldstadt,* Bez. der Stadt Garuḍa's.

रुक्मपुरुष॑ m. Du. Bez. *bestimmter Backsteine* Çat. Br. 6,1,2,30. 10,4,3,14. 5,5,10. Vgl. 8,7,4,8. 10,4,1,6. 5,2,7. 21. 4,15.

रुक्मपृष्ठ Adj. *von Aussen mit Gold belegt, vergoldet* MBh. 3,146,11. R. 2.100,19. R. Gorr. 2, 108,19.

रुक्म॑प्रस्तरण Adj. *einen mit Goldschmuck verzierten Ueberwurf habend.*

रुक्मबाहु m. N. pr. eines Sohnes des Bhîshmaka.

रुक्ममय Adj. *aus Gold verfertigt, golden.*

1. रुक्मरथ m. *ein goldener Wagen, der Wagen* Rukmaratha's (Droṇa's).

2. रुक्मरथ 1) Adj. *einen goldenen Wagen habend.* — 2) m. *a)* Bein. Droṇa's. — *b)* N. pr. verschiedener Männer. Auch Pl.

रुक्मललाट Adj. *mit einem Goldschmuck an der Stirn* (Ross).

*रुक्मलोह oder *°लौह n. *ein best. Arzeneistoff* Bhâvapr. 4,55. 56.

रुक्म॑वक्षस् Adj. *mit Goldbehängen an der Brust* (die Marut).

रुक्मवत् 1) m. N. pr. des ältesten Sohnes des Bhîshmaka, = रुक्मिन्. — 2) f. °वती *a) ein best. Metrum.* — *b)* N. pr. einer Enkelin Rukmiṇ's.

रुक्मवाहन m. Bein. Droṇa's. Vgl. 2. रुक्मरथ 2) a).

रुक्माङ्गद m. N. pr. verschiedener Männer.

रुक्माङ्गदचरित n. und °चरित्र n. Titel eines Werkes Opp. Cat. 1. Burnell, T.

रुक्मि m. N. pr. = रुक्मिन् 2) a). Nur रुक्मिम् (metrisch).

रुक्मिणीनन्दन (metrisch) m. Metron. Pradjumna's.

रुक्मिणीकल्याण n. Titel eines Werkes Opp. Cat. 1.

रुक्मिणीतीर्थ n. N. pr. eines Tîrtha.

रुक्मिणीपरिणय m. Titel eines Schauspiels Burnell, T.

रुक्मिणीव्रत n. eine best. Begehung.

रुक्मिणीश m. Bein. Vishṇu-Kṛshṇa's. °विजय m. Titel eines Werkes Opp. Cat. 1.

रुक्मिणीस्वयंवर m. Titel eines Werkes Opp. Cat. 1.

रुक्मिणीह्रद n. N. pr. eines Tîrtha.

*रुक्मिदर्प (!), *रुक्मिदारण und *रुक्मिदारिन् m. Bein. Baladeva's.

रुक्मिन् 1) Adj. Goldschmuck tragend, damit verziert. — 2) m. N. pr. a) des ältesten Sohnes des Bhîshmaka und Gegners Kṛshṇa's, der seine Schwester geraubt hatte. Wird von Baladeva getödtet. — b) *eines Gebirges. — 3) f. रुक्मिणी a) *eine best. Pflanze, = स्वर्णक्षीरी Râǵan. 5,53. — b) N. pr. α) einer Tochter Bhîshmaka's, die Kṛshṇa mit Gewalt entführte und ehelichte. Sie ist die Mutter Pradjumna's und wird später mit Lakshmî identificirt. — β) verschiedener anderer Frauen Hem. Par. 12,243. — c) Name der Dâkshâjaṇî in Dvâravatî.

*रुक्मिभिद् m. Bein. Baladeva's.

रुक्मिशासन m. Bein. Vishṇu-Kṛshṇa's.

रुक्मेषु m. N. pr. eines Fürsten.

1. रुक्ष m. Gewächs, Baum.

2. रुक्ष Adj. ungenaue Schreibart für रूक्ष.

रुक्षम Râǵat. 5,433 fehlerhaft für रूक्ष.

*रुक्सद्मन् n. Koth, Excremente.

रुगन्वित Adj. von Schmerz begleitet, schmerzhaft.

रुगार्त Adj. (f. आ) von Schmerzen geplagt, krank Venis. 161. Kampaka 465.

रुग्ण 1) Adj. s. u. 1. रुज्. — 2) n. Riss, Spalte ṚV. 3,31,6.

रुग्णवत् Adj. eine Ableitung von 1. रुज् enthaltend. f. °वती (sc. ऋच्) Âpast. Çr. 12,15,5.

रुग्दाह m. eine Art Fieber Bhâvapr. 3,76. 78. 99.

रुग्न fehlerhaft für रुग्ण.

रुग्भेषज n. Arzeneimittel, Heilkraut.

रुग्विनिश्चय m. Titel eines medic. Werkes.

*रुग्विवर्तन n. Genesung, Gesundheit Râǵan. 20,67.

रुच्वत् Adj. das Wort रुच् enthaltend. f. रुच्वती ein solcher Spruch.

1. रुच्, रोचते (metrisch auch Act.; Perf. Act. im Veda meist mit transit. Bed.) 1) scheinen, leuchten, hell sein (von Sonne, Feuer, Sternen u. s. w.). रुचिते leuchtend, so v. a. von der Gluth bestrahlt; glänzend, blank. — 2) scheinen —, leuchten lassen. Nur Perf. act. — 3) leuchten, so v. a. in vollem Glanze erscheinen, prangen. — 4) schön —, gut erscheinen, gefallen, — Jmd (Dat. oder Gen.). Häufig ist die Person zu ergänzen; auch mit Infin. (70,15). रोचमान und रुचित gefallend, erwünscht, lieb. उभयतो रुचिते wenn es beiderseits gefällt. रुचित angeblich auch lecker. — 5) Gefallen finden, — an (Acc.), verlangen nach (Dat.). — Caus. रोचयति, रोचयते 1) Act. scheinen —, leuchten lassen. — 2) Act. beleuchten, erhellen. — 3) Act. gefallen —, angenehm machen. — 4) Act. bewirken, dass Jmd (Acc.) Gefallen findet, — Verlangen fühlt nach (Dat.). — 5) Act. Med. (sich Etwas schön —, gut erscheinen lassen) Gefallen finden an, belieben, gutheissen, für gut finden (mit Acc. oder Infin.); erwählen, — zu (mit doppeltem Acc.); beabsichtigen, im Sinne haben. Pass. gefallen, erwünscht sein. — 6) Jmd (Dat.) gefallen. — Intens. (रोरुचान) hell leuchten ṚV. 4,1,7. — Mit अति 1) Med. durchleuchten, hinleuchten über (Acc.). — 2) Med. Act. heller leuchten als, überstrahlen; mit Acc. MBh. 7,23,81. — Caus. 1) Etwas unangenehm empfinden MBh. 5,189,17. — 2) mit कर्मणा so v. a. Etwas in's Werk zu setzen suchen MBh. 5,93,7. — Mit अनु Caus. Act. Gefallen finden an, für gut finden, erwählen; mit Acc. — Mit अभि 1) leuchten, in vollem Glanze erscheinen, prangen. — 2) Jmd (Dat.) gefallen. अभिरुचित gefallend, erwünscht, genehm, — Jmd (Dat. oder Gen.) 302,33. — 3) °अभिरुचित Gefallen findend an. — Caus. 1) Act. bereiten, dass Jmd Gefallen findet an (Instr.), angenehm unterhalten; mit Acc. MBh. 13,10,45. — 2) Act. Med. Gefallen finden an, belieben, für gut finden, gern haben; mit Acc. oder Infin. Mit Dat. eines Nom. act. sich entschliessen zu. कर्मणा so v. a. in's Werk zu setzen suchen. — Mit अव Med. herabglänzen. — Mit आ in आरोक, आरोचक und *आरोचन; आरुचय् s. u. रुचय्. — Caus. 1) Med. Gefallen finden an, billigen, gutheissen; mit Acc. v. l. रोचये st. आरोचये. — 2) Act. (einmal Med.) Jmd (Gen., einmal Acc.) mittheilen, melden Lalit. 103,18. 156,21. 161,5. 162,2 (Med.). 244,16. 334,7. Kâraṇḍ. 32,1. 24 (mit Acc.). 55,23. 89,6. Saddh. P. 6, Anf. Vaǵrakkh. 27,19. — Mit उद् Med. erglänzen. — Mit उप Med. strahlend nahen. — Mit निस् Act. (Perf.) durch Glanz vertreiben. — Mit परि Med. ringsum leuchten. — Mit प्र Med. 1) hervorleuchten. — 2) einleuchten, gefallen. — Caus. Act. 1) erleuchten, erhellen. — 2) leuchten lassen. — 3) scheinbar —, stattlich —, gefällig machen. — 4) empfehlen, anpreisen. Nur प्ररोचित. — 5) Gefallen finden an, gut befinden. Nur प्ररोचित. — Mit संप्र Med. gefallen, gut scheinen. — Mit प्रति Med. Jmd (Acc.) gefallen. — प्रत्यरोचत MBh. 7,1028 fehlerhaft für अत्यरोचत. — Caus. Act. Gefallen finden an, belieben, beschliessen. — Mit वि 1) Med. scheinen, erglänzen, glänzen, hell sein; erscheinen, — wie (Nomin.), sichtbar werden, — sein: einen Glanz um sich verbreiten (in übertragener Bed.), ansehnlich werden, ein Ansehen haben, prangen. Aor. in der klassischen Sprache Act. — 2) Med. überstrahlen, mit Acc. — — 3) Act. Perf. scheinen lassen, erhellen. — 4) Med. Jmd (Gen.) einleuchten, gefallen. — Caus. Act. 1) scheinen lassen, erhellen. — 2) Gefallen finden an (Acc.). स्त्रीधर्मम् so v. a. geil werden (von einem Weibe). — Desid. (विरुरुचिषेत !) zu gefallen wünschen Ait. Âr. 364,3 v. u. (das vorangehende न wohl zu tilgen). — Mit अतिवि Med. mit zum Ueberfluss wiederholtem अति überstrahlen. v. l. अभिव्यरोचत st. अतिव्य°. — Mit अभिवि Med. glänzen, strahlen. — Mit सम् Med. gleichzeitig —, in die Wette scheinen, glänzen, strahlen. — Caus. Act. Gefallen finden an, belieben, für gut befinden, beschliessen (mit Acc.), erwählen zu (mit doppeltem Acc.).

2. रुच् f. 1) Helle, Licht, Glanz. — 2) Ansehen, Pracht. — 3) Farbe 300,25. — 4) am Ende eines adj. Comp. Aussehen 251,22. — 5) Gefallen an, Gutfinden, Verlangen nach. — 6) Pl. eine best. Klasse von Apsaras VP.^{2} 2,82.

रुच 1) Adj. licht. — 2) f. रुचा a) Gefallen, Gutfinden. तद्वै तस्मै न रुचामभ्युपैति das gefällt ihm nicht. — Nach Çabdar. = दीप्ति, शोभा, इच्छा, शारिकाशुभाशुभ (सारिका°?).

रुचक 1) *Adj. a) überaus gross. — b) agreable, pleasing. — c) sharp, acrid. — d) tonic, stomachic. — 2) m. n. a) Zahn. *m. — b) ein best. glückbringender Stoff. — c) ein best. Goldschmuck, Halsschmuck Daçak. 73,9. *m. *n. — d) Ring. *m. *n. — e) *Citrone Râǵan. 11,150. — 3) m. a) *Taube. — b) *Ricinus communis. — c) einer der fünf Wundermenschen, welche unter bestimmten Constellationen geboren werden. — d) eine viereckige Säule. — e) N. pr. α) eines Sohnes des Uçanas. — β) eines Fürsten (v. l. रुरुक) VP.[2] 3,289. — γ) eines Autors Kumârasv. zu Pratâpar. 329,1. 331,23. 354,27. 374,21. — δ) eines Berges. — 4) n. a) * Pferdeschmuck. — b) * Kranz. — c) * Embelia Ribes. — d) * Sochalsalz Râǵan. 6,93. — e) * Natrum. — f) * süsser Saft. — g) * Gallenstein des Rindes. — h) * a stomachic. — i) ein Gebäude, das von drei Seiten Terrassen hat und nur von der Nordseite geschlossen ist. — Vgl. अधर°, अधरौष्ठ° und ओष्ठ° in Nachtr. 5.

रुचय्, °यते mit आ herglänzen R̥V. 3,6,7.

रुचि (AV.), रुचिॅ (Maitr. S. 4,9,5) 1) f. a) Licht, Glanz. — b) Pracht, Schönheit. — c) Farbe. — d) Gefallen, Geschmack, Lust, — an oder zu (Loc., Acc. mit प्रति, Infin. oder im Comp. vorangehend). रुचिं दा Jmd (Gen.) gefallen, रुचये भू dass., रुचिम् आ-वह् Lust machen zu (Dat.). रुच्या und स्वरुच्या nach Gefallen, — Belieben, — Wunsch. Am Ende eines adj. Comp. Gefallen findend an, Verlangen habend nach. — e) Appetit. — f) eine Art von Umarmung. — g) * Gallenstein des Rindes Râǵan. 12,58. — h) N. pr. α) einer Apsaras. — β) der Gattin Devaçarman's. — 2) m. a) die Wurzel रुच् 222,26. fg. — b) N. pr. α) eines Praǵâpati. — β) eines Sohnes des Viçvâmitra. — γ) eines Fürsten.

रुचिक m. ein best. Schmuck R̥kt. 1, Z. 4 v. u. Richtig wohl रुचक.

रुचिकर 1) Adj. a) Lust machend, das Verlangen erregend. — b) Appetit machend. — 2) m. N. pr. eines Fürsten.

रुचितॅ 1) Adj. s. u. 1. रुच्. — 2) f. आ ein best. Metrum. Richtig रुचिरा.

रुचितवत् Adj. eine Form der Wurzel रुच् enthaltend; f. °वती ein solcher Vers.

रुचिता f. am Ende eines adj. Comp. Nom. abstr. von °रुचि Gefallen, Geschmack. अधर्मरु° MBh. 13,5628 fehlerhaft für अधर्मरु°.

रुचित्व n. dass.

रुचिदत्त m. N. pr. eines Autors. Auch °मिश्र.

रुचिदत्तीय n. Titel eines Werkes Opp. Cat. 1.

रुचिदेव m. N. pr. eines Mannes.

रुचिधामन् n. die Stätte des Lichts, die Sonne.

रुचिनाथ m. N. pr. eines Autors.

रुचिपति m. N. pr. eines Scholiasten.

रुचिपर्वन् m. N. pr. eines Mannes.

रुचिप्रद Adj. Appetit machend.

रुचिप्रभ m. N. pr. eines Daitja.

*रुचिफल n. 1) Birne. — 2) die Frucht der Momordica monadelpha Râǵan. 7,185.

रुचिभर्तर् m. 1) der Herr des Lichtes, die Sonne. — 2) der Herr der Lust, Gatte.

रुचिर 1) Adj. (f. आ) a) hell, glänzend. — b) prächtig, schön. — c) gefallend, genehm, zusagend, ansprechend, — Jmd (Gen. oder im Comp. vorangehend). — d) appetitlich. — e) * lecker. — 2) m. N. pr. eines Sohnes der Senaǵit. — 3) f. आ a) Gallenstein des Rindes Râǵan. 12,58. — b) Name zweier Metra. — c) N. pr. eines Flusses. — 4) * n. a) Silber Râǵan. 13,14. — b) Safran. Richtig रुधिर. — c) Rettig Râǵan. 7,15. — d) Gewürznelken. Richtig सुषिर. — Vgl. ओष्ठरुचिर.

रुचिरकेतु m. N. pr. eines Bodhisattva.

*रुचिराञ्जन m. Moringa pterygosperma Râǵan. 7,29.

रुचिरदेव m. N. pr. eines Prinzen.

रुचिरधी m. N. pr. eines Fürsten.

*रुचिरप्रभासमंभव m. N. pr. eines Schlangendämons.

रुचिरभाषण Adj. von glänzender Rede, schön redend Daçak. 36,21.

रुचिरमूर्ति Adj. von schöner Gestalt Daçak. 9,11.

रुचिरश्रीगर्भ m. N. pr. eines Bodhisattva.

*रुचिरातनय m. Metron. Kakshîvant's Gal.

रुचिराश्व m. N. pr. eines Sohnes des Senaǵit.

*रुचिरासुत m. Metron. Pâlakâpja's.

रुचिरुचि m. N. pr. eines Mannes Ârsh. Br.

*रुचिवह् Adj. Licht bringend.

रुचिष्य Adj. 1) gefallend, genehm, erwünscht. — 2) Appetit machend. — 3) * lecker.

रुचिस्थ Adj. Suçr. 1,219,15 fehlerhaft für रुचिष्य Appetit machend.

रुची (metrisch) f. = रुचि Licht, Glanz. Pl. Naish. 8,28.

रुचेॅ Dat. Infin. zu 1. रुच् 1) R̥V. 9,23,2. AV. 10,2,16.

रुच्य 1) Adj. (f. आ) a) gefallend, prächtig, schön Naish. 8,28. — b) Appetit machend Râǵan. 13,33. 129. 131. 135. 165. — 2) * m. a) Geliebter, Gatte. — b) Strychnos potatorum Râǵan. 11,200. — c) Aegle Marmelos. — d) Reis. — 3) * f. आ a) schwarzer Kümmel Râǵan. 6,61. — b) eine Gurkenart Râǵan. 7,216. — 4) * n. Sochalsalz Râǵan. 6,93.

*रुच्यकन्द m. Arum campanulatum Râǵan. 7,63.

रुच्यवाहन m. N. pr. eines der 7 R̥shi unter Manu Rohita. v. l. हव्यवाहन.

1. रुज्, रुजॅति 1) erbrechen, zerbrechen, zertrümmern, zerpflücken. रुग्णॅ zerbrochen, zerschmettert. शोकरुग्ण vor Kummer gebrochen. — 2) Jmd (Acc.) Schmerzen bereiten, Pein verursachen. Bei unpersönlicher (in Bhatt. auch persönlicher) Ausdrucksweise auch mit Gen. des Objects 235,30. fgg. — Caus. रोजयति einen Schlag versetzen auf (Loc.). — Desid. in रुरुजॅषा. — Mit अभि Schmerzen bereiten, mit Acc. Káraka 2,6. — Mit अव abbrechen. अवरुग्ण abgebrochen. अवरुग्णम् MBh. 7,1345 schlechte Lesart für अवस्थानम्. — Mit आ (hier und da auch Med.) erbrechen, zerbrechen, abbrechen, ausbrechen, zerhauen, zerfleischen. केशानारुज्य sich die Haare ausraufend. आरुग्ण zerbrochen u. s. w. — Mit समा zerbrechen, abbrechen. — Mit उद् Med. (उद्रुजे) sich von einem Schlage erholen. — Mit समुप oder समुपा einhauen auf, hart bedrängen. — Mit परि rings aufbrechen. — Mit प्र zerbrechen. — Mit वि zerbrechen, zerschmettern, zerreissen. विरुग्ण zerrbrochen u. s. w. विरुग्न (!) Ind. Antiq. 8,241. — Mit सम् 1) zerbrechen. संरुग्ण zerschmettert. — 2) Schmerzen bereiten, mit Acc. Káraka 2,6.

2. रुज् 1) Adj. am Ende eines Comp. zerbrechend, zerschmetternd. — 2) f. a) Schmerz, Krankheit. मानसी Seelenschmerz. — b) Costus speciosus Bhâvapr. 3,95. Utpala zu Varâh. Bṛh. S. 78,1.

3. रुज्, रुजामि R̥V. 4,4,11 = TS. 1,2,14,4 vielleicht so v. a. ऊर्जयामि.

रुजॅ 1) Adj. (f. आॅ) zerbrechend, zerschmetternd VS. 10,8 (nach Mahidh.). Vgl. वलंरुजॅ. — 2) m. von unbekannter Bed. AV. 16,3,2. — 3) f. रुजा a) das Zerbrechen Megh. 26. — b) Schmerz. Am Ende eines adj. Comp. f. आ. — c) * Costus speciosus oder arabicus. — d) * Schafmutter.

रुजस्कर Adj. Schmerzen bereitend.

रुजाकर 1) Adj. (f. ई) dass. — 2) * m. Krankheit. — 3) * n. die Frucht der Averrhoa Carambola.

रुजॅाना f. R̥V. 1,32,6 nach Nigh. 1,13 und Nir. 6,4 Fluss.

रुजापह् Adj. Schmerzen vertreibend.

रुजावत् Adj. schmerzhaft.

*रुजाविन् ved. Adj. wohl dass.

*रुजासह् m. Grewia elastica Râǵan. 9,114.

*रुट्, रोटते (प्रतिघाते, दीप्तौ), रोटयति (रोषे, भाषार्थ oder भासार्थ).

रुठ्, *रोठति (उपघाते), रोठते (प्रतिघाते) quälen, peinigen.

*रुणस्करा f. eine Kuh, die sich leicht melken lässt.

*रुण्ट्, रुण्टति (स्तेये).

*रुण्ठ्, रुण्ठति (गतौ, आलस्ये, प्रतिघाते, खोटे, स्तेये).

*रुण्ड्, रुण्डति (स्तेये).

रुण्ड Adj. *verstümmelt*; m. *ein verstümmelter Mensch, ein blosser Rumpf* PAÑKAD. 17,4. Am Ende eines adj. Comp. f. आ.

रुण्डक 1) m. = रुण्ड. Nur am Ende eines adj. Comp. (f. आ). — 2) *f. रुण्डिका *a) Schlachtfeld.* — *b) Liebesbotin.* — *c) Thürschwelle.* — *d)* = विभूति.

रुत 1) Adj. s. u. 1. und 3. रु. — 2) n. *Gebrüll, Geschrei, Gewieher* (VARÂH. JOGAJ. 8,5), *Gesang* (der Vögel) u. s. w. Häufig Pl.

रुतज्ञ Adj. *die Sprache* (der Thiere oder Vögel) *verstehend*; m. *Augur.*

रुतवेत्तर् Nom. ag. dass.

रुताभिज्ञ Adj. dass.

रुथ m. N. pr. eines Mannes.

1. रुद्, रोदिति (रुद neben रुदिहि, रोदेत् = रुद्यात् BAUDH. 1,7,15,30), रुदति (ved.); episch auch Med. (रुदते, रुदमान, रोदताम्, रोदमान); 1) *jammern, heulen, weinen.* रुद्यमाने *wenn geweint wird.* रुदिता *weinend* 125,18 wohl fehlerhaft für रुदती. — 2) *bejammern, beweinen.* — 3) रुदित *von Thränen benetzt.* — रोत्स्यति gehört zu रुध्. — Caus. रोदयति *jammern —, heulen —, weinen machen.* — Desid. *रुरुदिषति; vgl. रुरुदिषु. — Intens. (रोरुद्यते, रोरुदती) *heftig jammern* u. s. w. — Mit अनु 1) *hinterdrein weinen.* — 2) *weinen um* oder *über* (Acc.). — 3) *Jmd* (Acc.) *nachjammern, in Jmds Jammer einstimmen.* — 4) *weinen* (?). — Mit अभि, °रुदित *jammernd ausgestossen* (Laute). — Mit अव, °रुदित *worauf Thränen gefallen sind.* — Mit उपा *bejammern, beweinen* BHAṬṬ. — Mit उप *wehklagen über* (Acc.) HEMÂDRI 1,29,21. — Mit नि, निरुदित *weinerlich vorgetragen* SAṂHITOPAN. 7,3. — Mit प्र 1) *zu jammern —, zu heulen, — zu weinen anfangen.* प्ररुदित *der angefangen hat zu weinen, so v. a. weinend.* — 2) *laut jammern, heulen.* — 3) *mit Jmd* (Acc.) *weinen.* — Mit वि *laut jammern, — heulen, — weinen.* — Mit सम् in संरोदन.

2. रुद् Adj. *jammernd, heulend* in अघरुद् und *भवरुद्.

*रुदथ m. 1) *Kind.* — 2) *Hund.* — 3) *Hahn.*

रुदन n. *das Jammern, Weinen* in einer Etymologie.

*रुदन्तिका und *रुदन्ती f. *ein best. kleiner Strauch* RÂǴAN. 5,58.

रुदित 1) Adj. s. u. 1. रुद्. — 2) n. *das Jammern, Heulen, Weinen.*

रुद्धक n. *Citrone.* Vielleicht fehlerhaft für रुचक.

रुद्धमूत्र Adj. *an Harnverhaltung leidend.*

रुद्र (auch dreisilbig) 1) Adj. als Beiw. verschiedener Götter nach den Erklärern *heulend, heulen machend, mit Gebrüll laufend, schrecklich; Uebel vertreibend; zu preisen* u. s. w. — 2) m. *a) der Sturmgott*, Name des Beherrschers der Marut. Schon in den BRÂHMAṆA wird Rudra zuweilen als eine Form des Agni aufgefasst; in der Folge wird Çiva mit ihm identificirt. — *b)* Du. s. भवारुद्र und सोमारुद्र. — *c)* Pl. *die Söhne* Rudra's, *eine best. Schaar von Winden, die* Marut; später werden sie auch als Kinder Kaçjapa's und der Surabhi gefasst. Man nimmt ihrer *eilf* (die Namen variiren stark) und auch *dreiunddreissig* an. — *d)* Bez. *der Zahl eilf* RÂǴAN. 4,176. — *e) der eilfte.* — *f)* abgekürzte Bez. *der an* Rudra *gerichteten Sprüche* MÂN. ÇR. 11,2,1. GṚHJ. 1,4. GAUT. 19,12. VASISHṬHA 22,9. — *g)* Bez. *des ersten* Muhûrta Ind. St. 10,296. — *h) ein best. Saiteninstrument* S. S. S. 185; vgl. 4) und रुद्रवीणा. — *i)* mystische Bez. *des Lautes* ए. — *k)* N. pr. α) Pl. eines Volkes VP.[2] 2,132. v. l. पुण्ड्र. — β) verschiedener Männer. — γ) eines zu den Viçve Devâs gezählten göttlichen Wesens. Richtig रुरु. — 3) f. रुद्रा *a)* **eine best. Schlingpflanze.* — *b)* N. pr. α) einer Gattin Vasudeva's. — β) einer Tochter Raudrâçva's VP.[2] 4,129. v. l. भद्रा. — 4) *f. रुद्री *eine Art Laute;* vgl. 2) *h*).

रुद्रक m. N. pr. eines Mannes. v. l. उद्रक.

रुद्रकलश m. *ein best. beim Planetenopfer gebrauchter Topf.*

रुद्रकल्प m., °तन्त्र m., रुद्रकवच n. (OPP. Cat. 1) und °स्तोत्र n. Titel von Werken BURNELL, T.

रुद्रकवीन्द्र m. N. pr. eines Autors.

रुद्रकाटि f. N. pr. fehlerhaft für °कोटि.

रुद्रकाली f. *eine Form der* Durgâ.

रुद्रकोटि f. N. pr. eines Tîrtha. °माहात्म्य n.

रुद्रकोश m. Rudra's *Wörterbuch.*

रुद्रगण m. Rudra's *Schaar, die* Rudra.

रुद्रगर्भ m. Bein. Agni's.

रुद्रगायत्रि (metrisch) und °त्री f. Bez. *des Spruches* तत्पुरुषाय — तन्नो रुद्रः प्रचोदयात् (TAITT. ÂR. 1,10,5) und *einer Modification desselben* HEMÂDRI 1,198,15. 196,16. 746,15. 16.

रुद्रगीत n. und °गीता f. Sg. und Pl. *das Lied von* Rudra.

रुद्रचण्डिक *ein best. Spruch.*

रुद्रचण्डी f. *eine Form der* Durgâ.

रुद्रचन्द्र m. N. pr. eines Fürsten.

रुद्रच्छत्त्र m. N. pr. eines Mannes.

*रुद्रज m. *Quecksilber* RÂǴAN. 13,109.

रुद्रजटा f. *eine best. Schlingpflanze* BHÂVAPR. 3, 120. RÂǴAN. 3,67.

रुद्रजप m. *ein best. an* Rudra *gerichtetes Gebet.* °कल्प MÂN. ÇR. 11,7.

रुद्रजपन n. *das leise Hersagen des* Rudraǵapa.

रुद्रजापक und °जापिन् Adj. *den* Rudraǵapa *leise hersagend.*

रुद्रजाप्य n. *ein best. an* Rudra *gerichtetes Gebet.*

रुद्रजाबालोपनिषद् f. Titel einer Upanishad.

रुद्रट m. N. pr. = रुद्रभट्ट.

रुद्रतनय m. Rudra's *Sohn*, Bez. 1) der *Strafe.* — 2) *des *Schwertes.* — 3) *des dritten schwarzen Vâsudeva bei den Ǵaina.

रुद्रत्रिपाठिन् m. N. pr. eines Autors HALL in der Einl. zu DAÇAR. 30.

रुद्रत्व n. Nom. abstr. zu रुद्र 2) *a*) KAP. S. 38,4.

रुद्रदत्त 1) m. N. pr. eines Autors. — 2) Titel eines medic. Werkes.

रुद्रदत्तवृत्ति f. Titel eines Werkes.

रुद्रदामन् m. N. pr. eines Fürsten Ind. Antiq. 10,157.

रुद्रदेव m. N. pr. verschiedener Männer.

रुद्रधर m. N. pr. eines Autors.

*रुद्रनिर्माल्य n. *eine best. Pflanze* BHÂVAPR. 3, 119,*f*.

रुद्रन्यायवाचस्पतिभट्टाचार्य m. N. pr. eines Autors.

रुद्रपण्डित m. N. pr. eines *Gelehrten.*

*रुद्रपत्नी f. 1) Rudra's *Gattin.* — 2) *Linum usitatissimum.*

रुद्रपद्धति f. Titel eines Werkes.

रुद्रपाल m. N. pr. eines Mannes.

रुद्रपुत्र m. Patron. des 12ten Manu.

रुद्रपुर n. N. pr. eines Staates.

रुद्रपूजन n. und °पूजा f. Titel von Werken.

रुद्रप्रताप m. N. pr. eines Fürsten.

रुद्रप्रतिष्ठा f. Titel eines Werkes BURNELL, T.

रुद्रप्रयाग m. Bez. *des Zusammenflusses der* Mandâkinî mit der Gangâ.

रुद्रप्रश्न m. Titel eines Werkes OPP. Cat. 1.

*रुद्रप्रिया f. *Terminalia Chebula.*

रुद्रभट्ट m. und °भट्टाचार्य m. N. pr. von Gelehrten.

रुद्रभाष्य n. Titel verschiedener Werke OPP. Cat. 1.

*रुद्रभू f. *Leichenstätte.*

रुद्रभूति m. N. pr. 1) eines Lehrers. — 2) eines Heerführers Ind. Antiq. 10,157.

रुद्रभैरवी f. *eine Form der* Durgâ.

रुद्रमय Adj. Rudra's *Wesen habend.*

रुद्रमहादेवी f. N. pr. einer *Fürstin.*

रुद्रयज्ञ m. *ein dem* Rudra *geltendes Opfer.*

रुद्रयामल n., °तन्त्र n. (Burnell, T.) und °यामिल n. (Opp. Cat. 1) Titel eines Tantra.

रुद्रराय m. N. pr. eines *Fürsten.*

रुद्रराशि m. N. pr. eines Mannes.

रुद्ररोदन n. *Gold.*

रुद्ररोमन् f. N. pr. einer der Mütter im Gefolge Skanda's.

*रुद्रलता f. *eine best. Schlingpflanze.*

रुद्रलोक m. Rudra's *Welt* VP.² 2,230.

रुद्रवट N. pr. eines Tîrtha.

रुद्रवद्गण Adj. *die aus* Rudra's *bestehende Schaar um sich sammelnd* (Soma).

रुद्रवत् Adj. Rudra oder *die* Rudra *mit sich habend.*

रुद्रवर्तनि Adj. Beiw. der Açvin.

*रुद्रविंशति f. Bez. *der letzten 20 Jahre im 60-jährigen Jupitercyclus.*

रुद्रविधान n. und °पद्धति f. Titel von Werken.

रुद्रवीणा f. *eine Art Laute* S. S. S. 189.

रुद्रव्रत n. *eine best. Begehung.*

रुद्रशर्मन् m. N. pr. eines Brahmanen.

रुद्रसंहिता f. Titel eines Werkes VP². 2,151.

रुद्रसंप्रदायिन् m. Pl. *eine best. Secte.*

रुद्रसंमित Adj. *eilf zählend* Râǵan. 10,79.

रुद्रसरस् n. N. pr. eines *Sees.*

रुद्रसर्ग m. 1) *die von* Rudra *ausgehende Schöpfung.* — 2) *die Schöpfung der* Rudra's (Obj.).

रुद्रसहस्रनामन् n. Titel eines Stotra Opp. Cat. 1.

रुद्रसामन् n. Name eines Sâman.

रुद्रसावर्णि m. N. pr. des 12ten Manu.

रुद्रसावर्णिक Adj. *dem* Rudrasâvarṇi *gehörig, unter ihm stehend.*

रुद्रसावित्री f. *eine best. Nachbildung der* Sâvitrî AV. Pariç. 40,2.

रुद्रसिंह m. N. pr. verschiedener Männer.

रुद्रसीह m. N. pr. eines Fürsten Ind. Antiq. 10,157.

रुद्रसुत m. Patron. Skanda's Kâd. 2,12,8.

रुद्रसुन्दरी f. N. pr. einer Göttin.

*रुद्रसू f. *eine Mutter von eilf Kindern.*

रुद्रसूक्त n. *eine best. Hymne.*

रुद्रसूरि m. N. pr. eines Autors.

रुद्रसृष्टि f. *die Schöpfung* Rudra's *oder der* Rudra (Obj.).

रुद्रसेन m. N. pr. eines Kriegers.

रुद्रसेना f. Rudra's *Heer.* Pl. Çâṅkh. Çr. 4,19,9.

रुद्रसोम N. pr. 1) m. eines Brahmanen. — 2) f. आ der Gattin eines Somadeva Hem. Par. 13,1.

रुद्रस्कन्द m. N. pr. eines Scholiasten.

रुद्रस्वर्ग m. Rudra's *Himmel.*

रुद्रस्वामिन् m. N. pr. eines Mannes.

रुद्रहास m. N. pr. eines göttlichen Wesens Bâlar. 89,17.

रुद्रहिमालय m. N. pr. eines Gipfels des Himâlaja.

रुद्रहूति Adj. *die Anrufung von den* Rudra (*Lobsänger nach* Mahîdh.) *habend, von ihnen angerufen.* Vgl. रुद्रहोतर्.

रुद्रहृदय n. und °हृदयोपनिषद् f. Titel von Werken Burnell, T.

रुद्रहोतर् Adj. *die* Rudra *zu Anrufern habend, von ihnen angerufen* Taitt. Âr. 4,10,3. Vgl. रुद्रहूति.

रुद्राक्रीड m. *Leichenstätte.*

रुद्राक्ष 1) m. *Elaeocarpus Ganitrus; n. die* (*zu Rosenkränzen verwendete*) *Beere.* — 2) = रुद्राक्षमाला. — 3) Titel einer Upanishad.

रुद्राक्षमाला (Harshak. 74,8) und °मालिका (Kâd. 254,20) f. *Rosenkranz.*

रुद्राक्षमाहात्म्य n. und °वर्णन n. Titel von Werken Burnell, T.

रुद्राक्षवलय *Rosenkranz* Kâd. 45,15.

रुद्राक्षोपनिषद् f. Titel einer Upanishad Burnell, T.

रुद्राङ्कुश m. Rudra's *Dreizack* Bâlar. 29,8.

रुद्राचार्य m. N. pr. eines Mannes.

रुद्राणी f. 1) Rudra's *Gattin.* — 2) *ein eilfjähriges nicht menstruirendes Mädchen, welches bei der* Durgâ-*Feier diese Göttin darstellt.* — 3) **eine best. Pflanze,* = रुद्रजटा Râǵan. 3,68.

रुद्राध्याय m. Bez. *bestimmter an* Rudra *gerichteter Gebete* Hemâdri 1,200,16.

रुद्राध्यायिन् Adj. *die* Rudrâdhjâja *genannten Gebete hersagend.*

रुद्रानुज m. N. pr. eines Autors Burnell, T.

रुद्राभिषेकविधि m. Titel eines Werkes Burnell, T.

रुद्रायण m. N. pr. eines Fürsten.

रुद्रायतन n. *ein dem* Rudra *geweihter Tempel* Varâh. Bṛh. S. 46,6.

*रुद्रारि m. *der Liebesgott.*

रुद्रावर्त N. pr. eines Tîrtha.

रुद्रावसृष्ट Adj. *von* Rudra *abgeschossen.*

*रुद्रावास m. Rudra's *Wohnstätte,* d. i. Kâçi.

रुद्राह्व Adj. *eilf Namen habend* Râǵan. 6,47.

रुद्रिय 1) Adj. (f. आ) *dem* Rudra *oder den* Rudra's *gehörig* u. s. w. — 2) m. Sg. und Pl. *die Schaar der* Marut. — 3) n. Rudra's *Macht.* Nach Sâj. auch = सुख.

रुद्रीय Adj. (f. आ) = रुद्रिय 1) Kap. S. 38,2.

रुद्रैकादशकमन्त्र m. Pl. (Hemâdri 1,410,10) und रुद्रैकादशिनी f. *die eilf* Rudra-*Hymnen* (Anuvâka in der TS.).

रुद्रोपनिषद् f. Titel zweier Upanishad.

रुद्रोपस्थ m. N. pr. eines Berges.

1. रुध्, रोधति *wachsen, sprossen.* — Mit अव in 1. अवरोध und 1. अवरोधन. — Mit उद् in उद्रोधन. — Mit प्र in प्ररोधन. — Mit वि *wachsen, sprossen.*

2. रुध्, रुणद्धि, रुन्द्धे; episch रुन्धति, °ते, रोधति; रुद्ध Partic. 1) *zurückhalten, aufhalten, unhalten, in seiner Bewegung hemmen.* — 2) *zurückstossen* Bhaṭṭ. — 3) *zurückhalten, festhalten, vor einem Falle bewahren.* — 4) *einschliessen, einsperren,* — *in* (Loc.). Angeblich auch mit doppeltem Acc. — 5) *einen Weg oder Platz versperren* Kâd. 95,8. — 6) *einen Feind, einen Ort einschliessen, belagern, besetzen.* — 7) *verschliessen.* — 8) *verhüllen, verdecken.* — 9) *verstopfen, erfüllen, anfüllen.* — 10) *erfüllen, ergreifen* von einer Gemüthsstimmung Bâlar. 42,9. — 11) *hemmen, unterdrücken, verhindern, wehren, verwehren.* रुद्ध von einem Zauberspruche so v. a. *nicht wirkend.* — 12) *zurückhalten,* so v. a. *bei sich behalten.* — 13) *sparen, kargen mit;* mit Acc. — 14) *einbüssen, verlieren* TS. 2,6,8,5. Çat. Br. 12,4,1,4. 3,8. 5,1,17. 14,4,2,19 (Chr. 32,8). — 15) *etwa zerreissen* AV. 19,29,3. — Caus. रोधयति, °ते (metrisch) 1) *zurück —, aufhalten.* — 2) *Jmd durch Jmd einsperren lassen,* mit doppeltem Acc. — 3) *belagern lassen durch* (Instr.). — 4) *verschliessen* (mit einem Deckel) Bhâvapr. 2,89. — 5) *Macht ausüben auf, fesseln;* mit Acc. — 6) *quälen, peinigen.* In dieser Bed. auch रुन्धयति. — Mit अनु 1) *einen Weg versperren.* — 2) *einschliessen, umzingeln.* — 3) *fesseln, in seine Gewalt bringen, beherrschen.* — 4) °रुध्यते *sich einschliessen in, sich hängen an* (Acc.). — 5) *Jmd* (Acc.) *auf dem Fusse folgen.* अनुरुध्य *unmittelbar nach* (Acc.). — 6) *kleben —, haften bleiben* (von einer Unreinheit) M. 5,63. — 7) *an Jmd oder Etwas hängen, Jmd zugethan sein, — seine Zuneigung zu erkennen geben, einer Sache sich hingeben, obliegen, sich angelegen sein lassen, an Etwas halten* (*nicht aufgeben*), *Gefallen finden an;* mit Acc. Gewöhnlich अनुरुध्यते, °ति (metrisch); °रुन्ध्यते u. s. w. fehlerhaft. स्वर्गार्थमनुरुद्ध: so v. a. *den Himmel im Auge habend.* — 8)

Med. Act. (metrisch), insbes. °रुध्यते sich richten nach, Rücksicht nehmen auf; mit Acc. — 9) Med. billigen, gutheissen; mit Acc. — 10) in Verwirrung —, in Unordnung bringen. v. l. besser उप. — Mit अप abhalten, abwehren; verstossen, ausschliessen, namentlich von Herrschaft oder Besitz (Abl.) vertreiben. — अपरुद्ध Kâm. Nîtis. 13,73 fehlerhaft für उपरुद्ध. — Desid. अपरुरुत्स्यमान den man abschaffen will. — Mit व्यप Intens. (मा स्मैनं व्यपरोरुधः) Jmd verstossen, der Herrschaft berauben R. ed. Bomb. 2,58,23. — Mit अभि 1) abwehren, abhalten. — 2) belästigen, beunruhigen. v. l. उप. — Mit अव 1) Jmd abhalten, zurückhalten, — von (mit doppeltem Acc. Kauç. 19). अवरुद्ध Gaut. 12,33. — 2) festhalten, einschliessen. — 3) absondern, zurückstellen, einsperren, einschliessen, einhegen, — in (Loc., ausnahmsweise Acc.); beseitigen. अवरुद्ध eingesperrt in (Acc.) Ṛv. 10,28,10. — 4) zuziehen, zusammenbinden. Nur अवरुद्ध. — 5) versperren, hemmen. — 6) belagern. — 7) umlagern, umgeben. — 8) bedecken, verhüllen. Nur अवरुद्ध verhüllt auch so v. a. unerkannt. — 9) verstossen, ausschliessen, vertreiben, — aus (Abl.). — 10) verschaffen, — von (Abl.). — 11) an Jmd hängen, Jmd zugethan sein; mit Acc. — 12) Med. a) in sich schliessen, enthalten. — b) erhalten, erlangen, erreichen. अवरुद्ध erhalten, erlangt. — c) bei sich behalten, so v. a. nicht gewähren. — Caus. in वेगावरोधित verstopft. — Desid. अवरुरुत्सते (Bhâg. P. auch Act.) zu erlangen wünschen, einzuholen suchen. — Intens. (मा स्मैनमवरोरुधः) aus der Herrschaft vertreiben, der H. berauben. — Mit अवाव Bhâg. P. ed. Bomb. 2,7,21 sehr künstlich gedeutet. — Mit पर्यव in *°रोध. — Mit प्रत्यव 1) hemmen, unterdrücken. Nur °रुद्ध. — 2) wiedererlangen. Nur °रुध्य Absol. — Mit समव 1) einsperren, einschliessen. — 2) erlangen, erhalten. Nur °रुद्ध. — 3) Pass. a) enthalten sein in (Loc.). — b) ausgeschlossen werden, einer Sache verlustig gehen Hariv. 3,17,49. — Mit आ 1) einschliessen, einsperren. — 2) umzingeln, belagern. — 3) abwehren, verscheuchen. — 4) Med. a) festhalten, herholen, beitreiben. Ausnahmsweise auch Act. — b) Kaush. Up. 2,2 nach Çaṅk. = समन्तादावृत्य स्था. — Mit समा versperren (einen Weg). — Mit उद् hinaustreiben, verdrängen aus (Abl.). — Mit उप 1) einsperren, einschliessen, eintreiben (Vieh). उपरुद्ध gefangen, ein Gefangener. — 2) einen Feind, eine Stadt einschliessen, umzingeln, belagern. — 3) Jmd aufhalten, zurückhalten. — 4) zurückhalten, behalten, nicht aus der Hand geben. — 5) hemmen, unterbrechen, stören. — 6) verhüllen, verdecken. — 7) belästigen, plagen, beunruhigen, behelligen. — 8) bedrohen, in Gefahr bringen. — 9) verstossen, von der Regierung ausschliessen. — Caus. verkürzen, verringern, Einbusse erleiden lassen. — Mit प्रत्युप, °रुद्ध verstopft (Kehle). — Mit समुप hemmen, unterbrechen, stören. — Mit नि 1) zurück —, fest —, auf —, anhalten, in seiner Bewegung hemmen. — 2) anhalten, so v. a. einholen. — 3) den Wagen zurückhalten, so v. a. lenken. — 4) abhalten, abwehren. — 5) zurückbehalten, nicht herausgeben. — 6) einschliessen, einsperren. — 7) einen Weg versperren. — 8) einen Ort einschliessen, belagern. — 9) verschliessen, schliessen; die Sinne, das Herz verschliessen (vor der Aussenwelt). — 10) hemmen, unterdrücken, verhindern, wehren. — 11) unterdrücken, so v. a. verschwinden machen. Pass. verschwinden. — 12) halten. पाणिपुटे निरुद्धा (वेणी) in der Hand gehalten Spr. 7784. — 13) verstossen. Nur निरुद्ध = अपरुद्ध. — 14) verhüllen, verdecken. Nur निरुद्ध. — 15) erfüllen, anfüllen. Nur निरुद्ध erfüllt von, angefüllt mit (Instr. oder im Comp. vorangehend) 129,22. — निरुध्य MBh. 3,962 fehlerhaft für निरुप्य, निरुध्यतु 13.4530 für विरुध्यतु; निरुध्यत्पदम् Râǵat. 2,165 wohl auch fehlerhaft. — Caus. 1) einschliessen. — 2) verschliessen lassen. — Mit उपनि einsperren, einschliessen, eintreiben (Vieh). — Mit संनि 1) zurückhalten, festhalten. Nur संनिरुद्ध. — 2) einschliessen, gefangen halten. — 3) das Feuer zusammenschüren. Nur संनिरुद्ध. — 4) die Sinne verschliessen (vor der Aussenwelt). — 5) hemmen, unterdrücken, aufheben. — 6) erfüllen, anfüllen, voll machen. Nur संनिरुद्ध mit Instr. des Womit. — Mit परि 1) einschliessen in परिरोधम्. — 2) Jmd zurückhalten. — 3) परिरुद्ध angefüllt mit (im Comp. vorangehend). — Mit प्र 1) Jmd zurückhalten. — 2) hemmen, sperren. — Mit संप्र Pass. ausgeschlossen werden, einer Sache verlustig gehen. — Mit प्रति 1) abhalten, zurückhalten, hemmend entgegentreten, sich widersetzen. — 2) unterbrechen, stören. Nur °रुद्ध. — 3) einschliessen, einsperren, absperren. — 4) die Sinne u. s. w. verschliessen (gegen die Aussenwelt). — 5) verhüllen, verdecken. — Mit वि 1) Med. Widerstand finden von Seiten Jmds (Instr.). — 2) विरुध्यते und °ति (metrisch) a) streiten, in Feindschaft leben, Feindschaft beginnen, kämpfen mit (Instr., Instr. mit सह, Gen., Loc. oder Acc. mit प्रति). — b) in Widerspruch stehen mit Etwas (Instr.), einen Widerspruch bilden. — 3) hemmen, unterdrücken. — 4) belagern. — 5) verschliessen, zuhalten. — 6) विरुद्ध a) im Streite liegend, in Feindschaft lebend, in Opposition stehend, feindselig gestimmt, verfeindet; die Ergänzung im Instr., Gen. oder im Comp. vorangehend. Auch von Planeten gesagt. — b) unverträglich (unter sich) von Speisen Bhâvapr. 3,132. — c) feindselig, so v. a. unerwünscht, widerwärtig, gehässig; die Ergänzung im Comp. vorangehend). — d) in Widerspruch stehend, einen W. enthaltend, widerstreitend, — sprechend, entgegengesetzt, logisch einander ausschliessend; die Ergänzung im Gen., Instr. oder im Comp. vorangehend. — e) verboten, unerlaubt. — f) misslich, bedenklich, gefährlich. — g) festgehalten. — h) gehemmt. — i) Pañkat. IV, 78 fehlerhaft für अ°; vgl. Spr. 165. — Caus. 1) verfeinden, entzweien. — 2) gegen Jmd feindlich auftreten, befeinden, bekämpfen; mit Acc., ausnahmsweise mit Gen. — 3) Etwas bestreiten, Einwendungen machen gegen (Acc.). — 4) in Widerspruch bringen. देशकालविरोधित mit Ort und Zeit in W. gebracht. — Desid. विरुरुत्सति Feindschaft zu beginnen trachten. — Mit प्रतिवि scheinbar R. 5,41,8, da hier प्रति mit dem vorangehenden Acc. zu verbinden ist. — Mit सम् 1) eintreiben (Vieh), einschliessen, einsperren, absperren, gefangen halten. — 2) einschliessen, umgeben. Nur संरुद्ध umgeben von (im Comp. vorangehend). — 3) einen Weg versperren. — 4) eine Stadt einschliessen, belagern. — 5) den Geist verschliessen (vor der Aussenwelt). — 6) aufhalten, zurückhalten, hindern. — 7) in feindlicher Absicht Jmd aufhalten, angreifen. — 8) festhalten, fesseln. — 9) festhalten, zuhalten. Nur संरुद्ध. — 10) zurückhalten, abwehren, hemmen. — 11) verhalten, vorenthalten, versagen. — 12) verhüllen, bedecken. Nur संरुद्ध bedeckt mit (Instr.). — 13) verstopfen. Nur संरुद्ध verstopft —, angefüllt mit (im Comp. vorangehend). — Mit अतिसम्, अतिसंरुद्ध ganz erfüllt von, überfliessend vor (Instr.). — Mit अभिसम् 1) hindrängen zu, halten bei; mit doppeltem Acc. — 2) zurückhalten, abhalten. — 3) verhüllen, verdecken. Nur अभिसंरुद्ध. — Mit उपसम् hindrängen zu, halten bei; mit Acc. — Mit प्रतिसम्, प्रतिसंरुद्ध in sich eingeschlossen, eingezogen.

3. °रुध् Adj. zurückhaltend, hemmend.

रुध Adj. in अंगोरुध.

रुधिक्रा m. N. pr. eines von Indra besiegten

Dämons.

रुधिर 1) Adj. (रुधिर) *roth, blutig.* — 2) m. *der Planet Mars.* — 3) n. (रुधिर) a) *Blut.* Am Ende eines adj. Comp. f. आ. — b) *Safran* Râǵan. 12,40. Karaka 1,1. — c) N. pr. einer Stadt.

रुधिरपात m. *Blutung* Kautukar.

रुधिरलेप m. *Blutfleck.*

रुधिरवर्ष n. *Blutregen* Shaḍv. Br. 5,8.

रुधिरसार Adj. *bei dem das Blut vorwaltet.*

रुधिराक्ष (Varâh. Jogaj. 6,9) und रुधिराख्य m. *ein best. Edelstein.*

रुधिरादान n. *Blutentziehung* Spr. 7687.

रुधिराध्याय m. Titel eines *Abschnitts* im Kâlikâ-Purâṇa.

रुधिरानन n. Bez. *einer der fünf rückläufigen Bewegungen des Mars.*

रुधिरान्ध m. *eine best. Hölle* VP. 2,6,3. 22.

रुधिरामय m. *Blutsturz.*

रुधिराशन Adj. *vor Blut sich nährend* (Râkshasa, Pfeile).

रुधिरोद्गारिन् m. *das 57ste Jahr im 60jährigen Jupitercyclus.*

°रुन्द्र Adj. *reich an* Ind. Antiq. 6,23. fg.

रुन्ध् s. u. 2. रुध्.

1. रुप्, रुप्यति 1) *Reissen im Leibe haben.* — 2) *विमोहने. — Caus. रोपयति 1) *Reissen verursachen.* — 2) *abbrechen.* — Mit आ in आरुपित; vgl. auch 1. रुह् mit आ Caus. 9).

2. रुप् f. *die Erde* (Comm.).

रुपू m. AV. 18,3,40, v. l. für द्रुपू.

*रुभेटि f. *Nebel, Dampf.*

रुम N. pr. 1) m. eines Mannes. — 2) f. रुमा a) eines Flusses Kakr. zu Suçr. — b) *einer Salzgrube. — c) einer Frau des Affen Sugrîva.

रुमण्वत्क am Ende eines adj. Comp. von रुमण्वन्त् 1).

रुमण्वन्त् m. N. pr. 1) verschiedener Männer 291,19. 320,21. 321,10. — 2) *eines Berges.

*रुम्र Adj. = अरुण und शोभन.

रुरु m. 1) *eine Hirschart, Antilope picta* Râǵan. 19,46. — 2) *ein best. reissendes Thier,* wohl eine zur Erklärung von रौरव erfundene Bedeutung. Angeblich *Hund.* — 3) **ein best. Fruchtbaum.* v. l. तुरुरु. — 4) *eine Form* Bhairava's. — 5) N. pr. a) eines Sohnes des Pramati von der Apsaras Ghṛtâkî. — b) eines Sohnes des Ahinagu VP. 4,4,47. — c) eines der Viçve Devâs. — d) eines der 7 Ṛshi unter Manu Sâvarṇi. — e) eines von der Durgâ getödteten Dânava.

रुरुक m. N. pr. eines Fürsten 105,23.

रुरुक्षणि Adj. mit Acc. *zu zerstören fähig.*

रुरुत्सु Adj. mit Acc. *zurückzuhalten bestrebt* Naish. 6,20.

रुरुदिषा f. *das Weinenwollen* Çiç. 6,17.

रुरुदिषु Adj. *zu weinen im Begriff stehend, weinerlich gestimmt.*

रुरुनखधारिन् Adj. als Beiw. Kṛshṇa's Pańkar. 4,8,35.

रुरुभैरव m. *eine Form* Bhairava's.

रुरुमुण्ड m. N. pr. eines Berges. v. l. उरुमुण्ड.

रुरुविदारिणी f. Bein. der Durgâ Kathâs. 53,171.

रुरुशीर्षन् Adj. *das Haupt eines* रुरु *genannten Hirsches habend,* so v. a. *eine Hornspitze habend* (Pfeil).

रुवण्य् *grobe oder kreischende Töne von sich geben.* Nur रुवण्यत् Ṛv.

रुवण्यु Adj. *kreischend.*

रुवथ m. 1) *Gebrüll* Maitr. S. 1,10,16 (155,9). — 2) **Hund.*

रुवु, *रुवुक und *रुवूक m. *Ricinus communis.* Nach Râǵan. 8,57 und Mat. med. 231 *rother Ricinus.*

रुश्, रुशति (हिंसायाम्). Nur Partic. रुशन्ती *abrupfend, abweidend* AV. 4,21,7 (रिशन्ती Ṛv.). Vgl. auch रुशन्त्.

रुशङ्गु m. N. pr. eines Ṛshi. v. l. नृषङ्गु.

रुशत्पशु Adj. *weisses Vieh —, weisse Heerden habend.*

रुशदूर्मि Adj. *weiss —, lichtwogig.*

रुशद्गु 1) Adj. *weisse Rinder habend.* — 2) m. N. pr. eines Mannes. Conjectur für रुशङ्गु u. s. w.

रुशद्रथ m. N. pr. eines Fürsten.

रुशद्वत्स Adj. (f. आ) *weisskalbig.*

रुशना f. N. pr. einer der Gattinnen Rudra's.

रुशन्त् Adj. (f. रुशती) 1) *licht, lichtfarbig, hell, weiss* AV. 12,3,54. — 2) *widerwärtig, ungünstig; widerlich, abscheulich* AV. 3,28,1. 4,16,6. 14,1,38. Kauç. 102. Bhâg. P. 4,4,17. 9,9,24. Insbes. रुशती von einer Rede so v. a. *verletzend* 6,10,28; in dieser Verbindung auch रुषती (MBh. 5,75,5. = रोषवती Comm.) und उषती geschrieben; vgl. Spr. 3542. 3646. 4732. रुषती Hariv. 7796 könnte *Böses im Sinne habend gegen* (Gen.) bedeuten.

रुशम (SV. रुषम) 1) m. N. pr. eines Mannes Ṛv. 8,3,12. Pl. रुशमाः *seine Nachkommen.* — 2) f. रुशमा N. pr. einer Frau.

रुशेकु m. N. pr. eines Fürsten.

1. रुष् 1) रोषति a) *Etwas übel aufnehmen.* — b) *Jmd* (Gen.) *missfallen.* — 2) रुष्यति *unwirsch —, missmuthig sein, zürnen, — auf* (Gen.). रुष्ट und रुषित *ergrimmt, aufgebracht, erzürnt auf* (Gen., Loc. oder Acc. mit प्रति), *zornig.* — रुषित auch fehlerhaft für दूषित. — Caus. रोषयति, °ते (metrisch) *Jmd unmuthig machen, erzürnen, aufbringen.* — Mit अभि, °रुषित *ergrimmt, aufgebracht.* — Mit आ Caus. आरोषित dass. — Mit संप्र, °रुष्ट dass. — Mit वि, °रुष्यमाण *heftig zürnend auf* (Gen.). °रुष्ट *sehr aufgebracht.* — Mit सम्, संरुषित *ergrimmt, aufgebracht.* — Caus. *Jmd erzürnen, in Zorn versetzen.* Vgl. auch दूष् mit सम्.

2. रुष् f. (Nom. रुट्) *Ingrimm, Zorn, Wuth.*

रुषङ्गु m. N. pr. eines Brahmanen. Vielleicht रुशङ्गु zu lesen.

रुषती s. u. रुशन्त्.

रुषद्गु m. N. pr. eines Fürsten VP. 4,12,1. Vgl. रुशद्गु.

रुषद्रथ m. N. pr. eines Fürsten VP.² 4,122. v. l. उषद्रथ. Vgl. रुशद्रथ.

रुषा f. = 2. रुष्. Nur am Ende eines adj. Comp. zu belegen.

रुष्ट 1) Adj. s. u. 1. रुष्. — 2) m. N. pr. eines Muni.

*रुष्टि gaṇa मघादि.

*रुष्टिमन्त् Adj. von रुष्टि.

*रुष्य gaṇa मघादि.

*रुष्यमन्त् Adj. von रुष्य.

1. रुह्, रोहति (Med. und °रुहति metrisch) 1) *ersteigen, erklimmen.* — 2) *erklimmen,* so v. a. *erreichen* (einen Wunsch). — 3) *wachsen.* — 4) *verwachsen, heilen.* — 5) *wachsen,* so v. a. *sich entwickeln, sich bilden, hervorgehen.* — 6) *wachsen,* so v. a. *gedeihen, an Umfang gewinnen, zunehmen.* Mit न *nicht gedeihen,* so v. a. *unnütz sein.* — Zu मना रुहाणाः Ṛv. 1,32,8 vgl. Pischel in Z. d. d. m. G. 35,723. fg. — 7) रूढ a) *aufgeladen.* — b) *gewachsen.* — c) *verwachsen, geheilt.* — d) *entstanden, sich eingestellt habend, hervorgegangen aus* (im Comp. vorangehend). — e) *gediehen, emporgeschwungen, gross geworden* (in übertragener Bed.). Mit Loc. *recht erfahren in* Gaṇit. Tripr. 104. — f) *verbreitet, allgemein bekannt, offenkundig.* — g) *überliefert, allgemein bekannt* von Wörtern, *deren Bedeutung etymologisch sich nicht erklären lässt; eine specielle, von der Etymologie unabhängige* (nach indischer Auffassung) *Bedeutung habend.* Insbes. Pl. Bez. *der Namen von Kriegerstämmen, die zugleich das von ihnen bewohnte Land bezeichnen.* — Caus. रोहयति und रोपयति (später) 1) *in die Höhe bringen, aufsteigen machen, aufrichten* (einen Stein). — 2) *legen auf, bringen*

in, stecken in oder *an, richten auf;* mit Acc. und Loc. — 3) *übergeben, übertragen.* — 4) *pflanzen, säen, in die Erde stecken,* einen Garten *anlegen.* — 5) *wachsen machen,* so v. a. *ausbreiten, vermehren.* — 6) *wachsen* —, *verwachsen machen, heilen lassen, heilen* (trans.). — Mit अति 1) *hinaussteigen über* (Acc.). — 2) *grösser wachsen.* — Vgl. अतिरूढ (Nachtr. 2). — Mit व्यति 1) *grösser wachsen,* — *werden.* — 2) *in grösserem Umfange theilhaftig werden,* mit Acc. — Caus. *vertreiben, der Herrschaft berauben.* — Mit अधि 1) *ersteigen, besteigen* (mit Acc., einmal mit Loc.), *treten* —, *sich setzen auf* (Acc.). तुलाम् *sich auf die Wagschale stellen, sich messen können mit* (Instr. 251,6). पादाभ्यां पादुके *mit den Füssen in die Schuhe fahren.* अधिरूढ *hinaufgestiegen, erstiegen* —, *bestiegen habend, sitzend auf* (die Ergänzung im Acc. [42,12. 45,11. 17. 291,26] oder im Comp. vorangehend); *oben gelegen.* — 2) *besteigen,* so v. a. *beschlafen.* — 3) *sich in die Luft erheben, aufsteigen.* — 4) *erklimmen,* so v. a. *erreichen, gelangen zu* (Acc.). परां कोटिम् *den höchsten Grad erreichen* 292,14. परस्परतुलाम् so v. a. *einander ähnlich werden.* प्रतिज्ञाम् so v. a. *sein Wort lösen.* अधिरूढ mit pass. und act. Bed. (die Ergänzung im Acc. [Kâd. 173,16] oder im Comp. vorangehend). — Caus. 1) *besteigen machen, hinaufgehen lassen, setzen auf* (Loc. oder Acc.). मूर्धानम् *Jmd* (Acc.) *an die Spitze von* (Gen.) *stellen.* — 2) *hineinstecken, einsäen.* — 3) *spannen* (einen Bogen). तन्त्रे *auf einen Webstuhl* 44,15. — 4) *einsetzen*—, *versetzen*—, *schliessen in* (Loc.). — 5) *anlegen, anthun* (Schuhe). — 6) *Jmdm* (Loc.) *übergeben, übertragen.* — 7) *beilegen, ertheilen* (einen Namen). — Mit अन्वधि *nach Jmd* (Acc.) *hinaufsteigen* Lâṭj. 3,12,8. — Mit उपाधि *zu Jmd* (Acc.) *hinaufsteigen.* — Mit समधि 1) *besteigen* (Ait. Âr. 52,9), *hinaufsteigen* Hariv. 2, 58,40. — 2) समधिरूढ *a) bestiegen habend.* तुलाम् so v. a. *in eine gefährliche Lage gerathen* Bâlar. 79, 18. — *b) der auf Etwas gekommen ist, sich von Etwas überzeugt hat;* mit Acc. — Mit अनु 1) *besteigen.* — 2) Med. *verwachsen.* — Mit व्यप Caus. 1) *ablegen, ausziehen.* — 2) *Jmd um Etwas* (Abl. oder Instr.) *bringen.* — Mit अपि *verwachsen, zuwachsen.* — Mit समपि dass. — Mit अभि 1) *hinsteigen zu, besteigen.* — 2) *zu Jmd* (Acc.) *hinaufsteigen, sich zu Jmd erheben.* — Mit समभि *zusammen hinaufsteigen, besteigen.* — Caus. *aufladen.* — Mit अव 1) *herabsteigen,* — *von* (Abl.), *auf* (Acc.). — 2) *treten auf* (Loc.) — 3) *betreten, beschreiten.* — 4) *herabsteigen von,* so v. a. *kommen um* (Abl.). — 5) अवरूढ *a) herabgestiegen* 115,32. — *b) abgenommen, abgeladen.* — *c) herangestürzt.* — Caus. 1) *herabsteigen lassen,* — *von* (Abl.). — 2) *betreten lassen.* — 3) *aussteigen lassen* (aus einem Schiffe). — 4) *herabnehmen,* — *von* (Abl.). — 5) *pflanzen, stecken* Vaǵrakkh. 22,20. 23,1. — 6) *Jmd entsetzen, bringen um* (Abl.). — 7) *herabsetzen, vermindern.* — 8) *herunterbringen, zu Nichte machen.* — Mit अध्यव *herabtreten auf* (Acc.). — Mit अन्वव *nach Jmd betreten.* — Mit अभ्यव *herabtreten auf* (Acc.). — Mit उपाव 1) *herabsteigen auf* oder *zu* (Acc.). — 2) *heraustreten,* — *aus* (Abl.) Çâṅkh. Gṛhj. 5,1. — Caus. 1) *niedersetzen lassen auf* (Loc.) Comm. zu TS. 1,1040,4 v. u. — 2) *heraustreten lassen aus* (Abl.), technischer Ausdruck für das *Wiederhervorholen* des durch eine symbolische Handlung in den Reibhölzern u. s. w. geborgenen Feuers. — Mit प्रत्यव 1) *wieder heruntersteigen, herabsteigen von* (Abl.), *auf* (Acc.). — 2) *vor Jmd* (Acc.) *ehrerbietig herabsteigen* (vom Sitz, Wagen), — *von* (Abl.) Âpast. 2,8,1. — 3) *die* Pratjavarohaṇa *genannte Feier begehen,* beziehungsweise *das Lager aus der Bettstelle wieder auf den Erdboden verlegen.* — Caus. *Jmd herabbringen von, bringen um* (Abl. oder Instr.). — Mit अभिप्रत्यव *herabsteigen auf* (Acc.). — Mit व्यव *besteigen.* — Caus. *Jmd entsetzen, bringen um* (Abl.). — Mit आ 1) *besteigen, ersteigen; aufsteigen* —, *sich erheben zu, einsteigen in, sich aufschwingen* —, *sich setzen auf* (Acc. oder Loc.); *beschreiten, betreten.* द्याम् u. s. w. *zum Himmel hinaufsteigen,* so v. a. *sterben.* अग्निम् *den Scheiterhaufen besteigen.* कक्षाम् *auf die Wagschaale treten,* so v. a. *sich messen können mit* (Gen.) 250,18. उपानहौ *in die Schuhe fahren* Hemâdri 1,98,18. Ohne Ergänzung auch so v. a. *reiten.* — 2) *besteigen,* so v. a. *bespringen, beschlafen.* — 3) eine Bogensehne *steigt,* wenn *das unbefestigte Ende derselben mit der oberen Spitze des aufrecht stehenden Bogens verbunden wird.* — 4) *anwachsen.* — 5) *aufsteigen,* so v. a. *hervorgehen, entstehen, sich entwickeln.* — 6) *an Etwas gehen, zu machen beginnen* (प्रसादम् so v. a. *im Begriff stehen seine Gunst zu beweisen* Vikramâṅkaḱ. 2,50); *sich begeben* —, *gerathen in, erreichen, gelangen zu.* प्रतिज्ञाम् so v. a. *geloben.* — 7) न वारोदयामि R. Gorr. 2,68,36 fehlerhaft für नान्वारो°. — 8) आरूढ *a)* mit pass. Bed. *α) bestiegen, geritten von* (im Comp. vorangehend). — *β) woran man sich gemacht hat, wozu man gelangt ist.* — *b)* mit act. Bed. *α) emporgestiegen, erstiegen habend, sich erhoben habend zu, reitend* —, *sitzend* —, *stehend* —, *gesetzt auf* (die Ergänzung im Loc., Acc., °उपरि oder im Comp. vorangehend). Ohne Ergänzung auch *reitend, eingestiegen* (in ein Schiff), *obenauf sitzend, aufgesteckt.* — *β) hervorgegangen, entstanden, sich entwickelt habend.* — *γ) gerathen in, erlangt habend, erreicht habend, gelangt zu;* die Ergänzung im Acc. oder im Comp. vorangehend. — *δ) enthalten* —, *liegend in* (Loc.). — Caus. Act. Med. (metrisch) 1) *aufsteigen machen, besteigen* —, *einsteigen lassen, setzen* —, *legen* —, *stellen* —, *laden auf* (Acc. oder Loc.), *betreten lassen* (mit Acc.). Bisweilen ist रथम् oder रथे, नावम् oder नावि zu ergänzen. तुलाम् *auf die Wagschale stellen,* so v. a. *in Gefahr bringen;* vollständiger संशयतुलाम् 325,25. पत्त्रम् so v. a. *zu Papier bringen, niederschreiben.* Med. auch **sich besteigen lassen.* — 2) *pflanzen.* — 3) *aufschlagen* (ein Dach). — 4) *einen Bogen mit der Sehne beziehen.* — 5) eine Bogensehne *aufrichten,* so v. a. *das unbefestigte Ende derselben mit der oberen Spitze des aufrecht stehenden Bogens verbinden.* आरोपितभ्रू f. *bogenförmig zusammengezogene Brauen.* — 6) *steigen lassen,* so v. a. *befördern, an einen hohen Platz stellen.* राज्ये *in die Herrschaft einsetzen.* — 7) *legen* —, *stecken* —, *thun in* (Loc. oder Acc.), *anbringen an* (Loc.), *richten auf* (Loc.). मनोविषयम् so v. a. *in sein Herz schliessen.* — 8) *hervorgehen lassen, bewirken, hervorrufen, an den Tag legen.* — 9) *beilegen, zuschreiben, übertragen auf* (Loc.). मललेन so v. a. *fälschlicher Weise zu einem Flecken machen.* आरुपित metrisch für आरोपित Bhâg. P. — 10) *besteigen.* — 11) आरोहयामास Hariv. 6933 fehlerhaft für आरोधयामास. — Desid. *zu ersteigen* —, *zu besteigen wünschen.* — Mit अत्या *über seine Grenzen hinaus steigen.* अत्यारूढ *die Grenzen überschreitend, übermässig.* — Mit अध्या 1) *besteigen, ersteigen; betreten.* — 2) *sich in die Luft erheben.* — 3) *अध्यारूढ *über das gewöhnliche Maass gehend.* — Caus. 1) *besteigen lassen,* mit doppeltem Acc. — 2) *Jmd befördern zu, stellen an* (Loc.) — 3) *überbringen nach* (Acc.) Bâlar. 91,5. — 4) °पत्त्रम् so v. a. *in die Kategorie von — bringen* Kâd. 121,5. — 5) *bei Jmd* (Gen.) *die falsche Vorstellung von* (Acc.) *hervorrufen* Kâd. 227,18. — 6) *voraussetzen bei, fälschlich übertragen auf* (Loc.). — 7) *übertreiben.* — Mit अन्वा 1) *nachsteigen, nach Jmd* (Acc.) *sich erheben,*

— *besteigen.* अन्वारूढ mit act. Bed. — 2) *ersteigen, betreten, beschreiten.* — 3) अन्वारूढ *besetzt von* (Instr.), *worin enthalten ist.* — Caus. 1) *wieder hinaufbringen, — hinaufsetzen auf* (Acc.). — Desid. *nach Jmd Etwas zu erklimmen wünschen.* — Mit उपान्वा *nach Jmd* den Wagen (Acc.) *besteigen* und *neben ihm Platz nehmen.* — Mit समन्वा *nach Jmd* (Acc.) *besteigen* (sc. den Scheiterhaufen). — Mit अभ्या *ersteigen, besteigen, sich emporschwingen —, sich hinaufsetzen zu, sich erheben zu* oder *über;* mit Acc. अभ्यारूढ *der sich emporgeschwungen hat, hochstehend.* — Mit अवा Caus. *herabbringen von* (Abl.). — Mit उदा *sich erheben zu* (Acc.). — Mit उपा 1) *hinaufsteigen zu, besteigen;* mit Acc. प्रमाणपदवीम् so v. a. *als Beweis gelten.* उपारूढ mit act. Bed. *bestiegen habend* (mit Acc.), *gelegen auf* (Loc.). — 2) *herankommen, sich nähern, kommen —, gelangen zu* (Acc.). उपारूढ *gekommen, da seiend, gelangt zu* (Acc.). — Caus. *zu sich heraufsteigen lassen auf* (Acc. oder Loc.). — Mit समुपा *besteigen.* °रूढ *bestiegen habend, reitend auf* (Acc.). — Mit पर्या *heraufsteigen aus.* — Mit प्रा *hinaufsteigen zu, besteigen;* mit Acc. — Mit प्रत्या Caus. *wieder hinaufsteigen lassen, — hinaufbefördern.* — Mit समा 1) *hinaufsteigen zu* oder *auf* (Acc., Loc. oder °उपरि), *besteigen, betreten* (mit Acc.). — 2) *losgehen auf* (Acc.). — 3) *an Etwas gehen, antreten, sich an Etwas machen;* mit Acc. Kaush. Up. 3,6. तुलाम् so v. a. *Aehnlichkeit bekommen mit* (Instr.). — 4) समारूढ *a)* mit pass. Bed. *bestiegen, geritten, — von* (Instr.). — *b)* mit act. Bed. α) *hinaufgestiegen, — zu, bestiegen habend, reitend auf* (die Ergänzung im Acc., Loc. oder °उपरि), *betreten habend, gerathen auf* (Acc.). — β) *hineingegangen.* — γ) *zugewachsen, zugeheilt.* — δ) *gewachsen, zugenommen habend, stärker geworden* 315,4. — ε) *der auf Etwas* (Acc.) *eingegangen ist.* — Caus. 1) *hinaufsteigen —, besteigen lassen;* mit doppeltem Acc. oder mit Acc. und Loc. — 2) *aufgehen lassen* (ein Gestirn). — 3) *aufladen, auflegen.* — 4) *in die Höhe heben, aufheben.* — 5) *befördern, an einen hohen Platz stellen.* — 6) *aufführen, errichten.* — 7) *setzen in, versetzen in* oder *unter* (Acc.). — 8) das Feuer *versetzen in* (Acc. oder Loc.) vom symbolisches Auffangen desselben in einen andern Gegenstand durch Wärmen der Hände, Reibhölzer u. s. w. Auch ohne Angabe des Ortes. Med. *sich aufnehmen lassen.* — 9) einen Bogen *mit der Sehne beziehen.* — 10) *Jmdm* (Loc.) *Etwas übergeben, übertragen.* — 11) *beilegen, zuschreiben, übertragen auf* (Loc.). — 12) *an den Tag legen.* — Mit अनुसमा *aufsteigen nach* (Acc.). — Mit अभिसमा zu einem Opfer (Acc.) *in den heiligen Raum schreiten.* — Mit उप 1) *verwachsen.* — 2) उपरूढ *a) verwachsen.* — *b) übergegangen in* (Acc.). — *c) haftend —, befindlich an* (Loc.). — Caus. *verwachsen —, vernarben lassen.* — Mit नि, निरूढ 1) *gewachsen.* — 2) *fest wurzelnd.* — 3) *gebräuchlich* Dâjabh. 9,2. — 4) *aus der Etymologie nicht erklärbar.* — Mit निस् in नीरोह्. — Mit प्र 1) *hervorwachsen, treiben, sprossen.* प्ररूढ *gewachsen, lang gewachsen; bewachsen mit* (im Comp. vorangehend). — 2) *verwachsen, vernarben.* प्ररूढ *vernarbt.* — 3) *wachsen,* so v. a. *gedeihen, zunehmen, stärker werden.* प्ररूढ *gewachsen,* so v. a. *weit verbreitet, gross —, stark geworden.* Angeblich auch *alt.* — 4) प्ररूढ *hervorgegangen, entstanden, sich gebildet habend, — aus* (im Comp. vorangehend). — Caus. 1) *pflanzen; pflanzen auf* (Loc.) bildlich so v. a. *Jmd erweisen.* — 2) *stecken —, befestigen an* oder *in* (Loc.). — Mit अनुप्र *nachwachsen.* — Mit अभिप्र *sprossen.* — Mit प्रति 1) *wieder sprossen, — treiben.* — 2) प्रतिरूढ *nachgeahmt.* — Caus. 1) *je an seine Stelle pflanzen.* — 2) *wieder pflanzen, — einsetzen* (auch bildlich von Fürsten). — Mit वि 1) *auswachsen, austreiben.* विरूढ *ausgewachsen, gewachsen, gekeimt.* सर्वबीज° *mit aufgegangenem Samen aller Art bestanden.* — 2) विरूढ *a) hervorgegangen, entstanden, sich gebildet habend* Âpast. 2,24,2. — *b) bestiegen —, geritten von* (Instr.). — Caus. 1) *wachsen machen.* — 2) *pflanzen.* — 3) *verwachsen —, vernarben machen.* — 4) *entsetzen, vertreiben aus* (Abl.). — Mit सम् 1) *wachsen.* संरूढ *gewachsen.* — 2) *zusammenwachsen, verwachsen, vernarben.* संरूढ *verwachsen, vernarbt.* — 3) *hervorbrechen, zum Vorschein kommen.* संरूढ *hervorgebrochen, zum Vorschein gekommen.* — 4) संरूढ *fest wurzelnd, — haftend.* मनसि संरूढं करु *Etwas dem Gemüth fest einprägen.* — Caus. 1) *wachsen machen.* — 2) *pflanzen, einsetzen* (auch bildlich von Fürsten); *säen.* — 3) *zusammenwachsen —, vernarben lassen.* — Mit उपसम् *verwachsen, vernarben.*

2. रुह् 1) f. *Wuchs, Trieb, Schoss.* — 2) Adj. am Ende eines Comp. *hervorschiessend, wachsend.*

रुह 1) Adj. (f. आ) am Ende eines Comp. *wachsend, gewachsen, entstanden.* — 2) *f. आ *a) Panicum Dactylon.* — *b)* = रोहिणी Bhâvapr. 3,120.

*रुहक n. *Loch, Oeffnung.*

रुहरुहिका (Schol. zu Harshaḱ. [Çaka 1936] 77,1. 85,1. 174,11) und रुहिरुहिका f. *Sehnsucht.*

*रुहृन् m. *Baum, Pflanze.*

1. रूक्ष 1) Adj. (f. आ) *rauh —, trocken anzufühlen; dürr, mager, aridus, saftlos.* Auch von Speisen, Arzeneien (*frei von Fett*), vom Geschmack (*trocken auf der Zunge, kratzend*), Geruch, von Lichterscheinungen (*das Auge unsanft berührend*), Winden (*rauh*), von der Hitze (*ausdörrend*), von der Stimme und von Worten (*das Ohr —, das Gemüth unangenehm berührend, unwirsch*), von Personen (*unwirsch, unfreundlich*), von einer Behausung (*unheimlich*). Adv. in रूक्षवाशिन् (so zu lesen) Kâm. Nîtis. 16,26. — 2) *m. *eine Grasart* Râǵan. 16,89. — 3) *f. आ *Croton polyandrum* oder *Tiglium* Râǵan. 6,160.

2.*रूक्ष m. = वृक्ष *Baum.*

*रूक्षगन्धक m. *Bdellium* Râǵan. 12,108.

रूक्षण 1) Adj. *mager machend.* — 2) n. *das Magermachen, Behandlung mit Mitteln, die das Fett mindern,* Ḱaraka 6,11.

*रूक्षणात्मिका f. *eine best. Körnerfrucht* Râǵan. 16,60.

रूक्षणीय Adj. *mit Mitteln, die das Fett mindern, zu behandeln* Ḱaraka 1,22.

रूक्षता f. und रूक्षत्व n. (216,19) *Rauhheit, Dürre, Trockenheit, Magerkeit, ausdörrende Natur; rauhes —, unfreundliches Wesen.*

*रूक्षदर्भ m. *eine Art* Kuça-*Gras* Râǵan. 8,94.

*रूक्षपत्त्र m. *Trophis aspera* Râǵan. 9,129.

*रूक्षपेषम् Absol. mit पिष् *trocken, — d. i. ohne Zusatz von Fett* oder *Flüssigkeit zerreiben.*

*रूक्षप्रिय m. *eine best. auf dem* Himavant *wachsende Knolle.*

रूक्षभाव m. *rauhes —, unfreundliches Wesen* 306,11.

रूक्षय्, °यति 1) *dünn —, mager machen* Çat. Br. — 2) *besudeln, beschmieren.* — Mit वि *bestreichen.* 217,29.

*रूक्षस्वादुफल m. *Grewia elastica* Râǵan. 9,114.

रूक्षी Adv. mit करु *besudeln, beschmutzen.*

रूखर m. Pl. *eine best. Çiva'itische Secte.*

रूचक *ein best. Goldschmuck, Halsschmuck.* Richtig रुचक.

रूढ Adj. s. u. 1. रुह्.

रूढपर्याय Adj. *in wachsenden Kehrsätzen sich bewegend.*

रूढवंश Adj. *hohen Geschlechts.*

रूढि f. 1) *das Steigen.* रूढिमेति *kommt hoch* (in übertragener Bed.) *zu stehen.* — 2) *Wachsthum.* दृढां रूढिं नी *zu festem Wachsthum verhelfen.* — 3)

Entscheidung. रूढिं कर् *eine Entscheidung treffen* Rāǵat. 7,1613. — 4) *allgemeines Bekanntsein, Allbekanntheit* Çiç. 15,26. — 5) *hergebrachter Brauch; Sprachgebrauch* Njājam. 1,3,20. — 6) *eine überlieferte, nicht unmittelbar aus der Etymologie sich ergebende Bedeutung eines Wortes* Hemādri 1,285,10. °शब्द् m. *ein solches Wort;* Nom. abstr. °शब्दता Rāǵat. 8,243.

रूप 1) n. (adj. Comp. f. आ, ausnahmsweise auch ई) a) *äussere Erscheinung,* sowohl *Farbe* (namentlich Pl.) als *Gestalt, Form, Aussehen.* °रूपेण *in der Gestalt von.* रूपं कर् *eine Gestalt —, die Gestalt von* (Nomin., Gen., ein mit रूपम् congruirendes Adj. oder im Comp. vorangehend) *annehmen.* रूपं भू *Jmds* (Gen.) *Gestalt annehmen.* Am Ende eines adj. Comp. *die Farbe von — habend, ein — Aeusseres habend, die Gestalt von — habend, in der G. von — auftretend, das Aussehen von — habend, erscheinend —, auftretend als, dem ähnlich; bestehend aus* oder *in —.* Häufig suffixartig nach einem Adj. oder Partic., die Bedeutung derselben verstärkend (*sehr, recht,* z. B. Text. zu Lot. de la b. l. 124. 227), aber auch oft pleonastisch. *पचतिरूपम् *er kocht recht gut.* — b) Pl. *Traum—, Spukgestalten.* — c) *Bild, Bildniss.* — d) *Lautform, Form* eines *Wortes.* — e) *eine schöne Gestalt, Schönheit.* — f) *Naturerscheinung, Erscheinung.* — g) *Symptom, Anzeichen.* — h) *Abzeichen, charakteristisches Zeichen, Eigenthümlichkeit, Erscheinungsform, Jmds Natur, Repräsentation, Symbol.* — i) *Umstände.* — k) *Art.* — l) *Spur von* (im Comp. vorangehend). — m) *ein einzelnes Stück, Exemplar.* — n) *Bez. der Zahl Eins.* — o) *eine best. Münze,* wohl *eine Rupie.* — p) *Schaustück, Schauspiel.* — q) bei den Mathematikern *the arithmetical unit, absolute number;* Pl. *integer number.* — r) in der Dramatik *eine in der Katastase* (गर्भ) *angestellte Betrachtung.* — s) **Vieh, Viehheerde.* — t) **ein* Çloka. — u) **Laut, Wort* (शब्द). — v) *= ग्रन्थावृत्ति. — 2) m. a) von unbekannter Bed. AV. 18,3,40. — b) N. pr. eines Mannes. — 3) f. रूपा N. pr. eines Flusses.

रूपक 1) Adj. *bildlich bezeichnend.* — 2) m. a) *eine best. Münze,* wohl *eine Rupie* 215,29.31. Ārjabh. 2,30. — b) *ein best. Tact* S. S. S. 235. °ताल (so zu lesen) Git. S. 23. — 3) f. रूपिका *Füchsin* oder *Schakalweibchen* AV. 11,9,15. Vgl. im Zend *urupi.* — 4) f. रूपिका a) *Schwalbenwurz, Asclepias lactifera.* — 5) n. a) = 1. रूप 1) a) Agni-P. 30,6. Gewöhnlich am Ende eines adj. Comp. (f. °पिका). — b) *Figur, Bildniss.* — c) *Erscheinungsform, Art.* — d) *Metapher, Tropus.* — e) *Schaustück.* — f) **ein best. Gewicht,* = 3 गुञ्जा. — g) = मूर्त oder धूर्त.

रूपकतल Git. S. 23 fehlerhaft für °ताल; s. u. रूपक 2) b).

रूपकनृत्य n. *ein best. Tanz* S. S. S. 266.

रूपकपरिभाषा f. Titel eines Werkes Opp. Cat. 1.

रूपकरूपक n. *eine best. Metapher* 253,2.

रूपकर्तर् Nom. ag. *Bildner von Gestalten,* Beiw. Viçvakrt's.

रूपकान्ता f. N. pr. einer Surāṅganā Ind. St. 15,222. 444.

रूपकार m. *Bildhauer.*

रूपकृत् 1) Adj. *Gestalten bildend* (Tvashṭar). — 2) m. *Bildhauer.*

रूपगोस्वामिन् m. N. pr. eines Autors.

*रूपग्रह m. *Auge* (*Farben —, Formen wahrnehmend*).

रूपचिन्तामणि m. Titel eines Werkes.

रूपजीव Adj. R. 2,36,3 fehlerhaft für रूपाजीव.

रूपज्ञ Adj. in अरूपज्ञ.

रूपण n. 1) *bildliche Bezeichnung* 252,5. 253,5. — 2) *Untersuchung, Prüfung.*

*रूपतत्त्व n. *Natur, Wesen.*

रूपंतम n. *die Farbe der Farben.*

रूपतर्क m. etwa *Münzwardein.*

रूपता f. Nom. abstr. zu den auf 1. रूप 1) a) ausgehenden adj. Compp.

रूपत्व n. Nom. abstr. zu 1. रूप 1) a) und = रूपता (Kap. 5,19. 66. 93. 6,39).

रूपधर 1) Adj. am Ende eines Comp. *die Farbe von —, eine — Gestalt —, die Gestalt von — habend* 100,16. 102,21. — 2) m. N. pr. eines Fürsten.

रूपधातु m. bei den Buddhisten *die Welt der Formen* Eitel, Chin. B.

रूपधारिन् Adj. 1) *eine Gestalt tragend.* चतुर्गुण° *eine viermal grössere Gestalt habend* Pañkad. Nom. abstr. °रित्व n. — 2) *mit Schönheit ausgestattet.*

°रूपधृत् Adj. *die Gestalt von — tragend.* विविध° *verschiedene Gestalten habend.*

रूपधेय n. 1) *Gestalt und Farbe.* — 2) *Schönheit* Naish. 5,63.

रूपनयन m. N. pr. eines Scholiasten.

रूपनारायण m. N. pr. eines Autors.

*रूपनाशन m. *Eule.*

रूपप m. Pl. N. pr. eines Volkes.

रूपंपति m. *Herr der Bildungen* (Tvashṭar).

रूपपुर n. N. pr. einer *Stadt.*

रूपप्रभ m. Titel seines Werkes Opp. Cat. 1.

रूपभागानुबन्ध m. *addition of the fraction of an unit* Colebr. Alg. 15.

रूपभागापवाह m. *subtraction of the fraction of an unit* ebend.

रूपभाज् Adj. *mit Schönheit ausgestattet* Vishṇus. 90,24.

°रूपभृत् Adj. *das Aussehen von — habend* Varāh. Jogaj. 8,11.

रूपभेद 1) m. *Verschiedenheit a) der Erscheinungsform.* — b) *der Lautform* AK. Einl. — 2) n. Titel eines Tantra.

रूपमञ्जरी f. 1) Titel eines Werkes. — 2) N. pr. eines Frauenzimmers.

रूपमती (!) f. N. pr. einer Prinzessin Ind. Antiq. 9,188, Çl. 7.

रूपमाला f. Titel einer Grammatik.

रूपमाली (!) f. *ein best. Metrum.*

रूपय्, रूपयति 1) *Gestalt verleihen, zur Anschauung bringen;* in der Bühnensprache *darstellen, durch Gebärden zu erkennen geben.* रूपित *zur Anschauung gebracht, dargestellt.* बहुरूप° *in vielfacher Form erscheinend.* — 2) **betrachten, beschauen.* — 3) *Med. wohl *sich* (*se*) *zur Anschauung bringen, erscheinen.* — 4) रूपित *vorgestellt, eingebildet.* — Mit नि 1) in der Bühnensprache *darstellen, durch Gebärden zu erkennen geben.* — 2) *erblicken, wahrnehmen.* — 3) *sich eines Dinges* (Acc.) *vergewissern.* — 4) *ausfindig machen.* — 5) *genau hinsehen, betrachten, untersuchen, erwägen, erforschen, prüfen, wissenschaftlich betrachten, — untersuchen, erörtern.* — 6) *festsetzen, bestimmen.* — 7) *einsetzen, erwählen, — zu* (mit doppeltem Acc.), *bestimmen zu* (Loc., Dat. oder Infin.). — 8) *richten* (ein Geschoss), *abschiessen.* — 9) निरूप्य und निरूप्यते auch oft fehlerhaft für निरुप्य und निरुप्यते (von वप्). — Mit प्र *darlegen, auseinandersetzen, erklären.* Vgl. प्ररूपण, °णा. — Mit वि s. विरूपय्.

रूपयौवनवत् Adj. *schön und jung* Kathās. 35,126. Hit. 115,5, v. l.

रूपयौवनोत्साहिन् Adj. *schön, jung und entschlossen* Sāh. D. 64.

रूपरत्नाकर m. Titel eines Werkes.

रूपरसगन्धस्पर्शवत् Adj. *Farbe, Geschmack und Geruch habend und tastbar* Kaṇ. 2,1,1.

रूपरसस्पर्शवत् Adj. *Farbe und Geschmack habend und tastbar* Kaṇ. 2,1,2.

रूपलता f. N. pr. einer Prinzessin.

रूपवज्रा f. N. pr. einer buddh. Göttin.

रूपवत् 1) Adj. a) *Gestalt oder Farbe habend; verkörpert, leibhaftig.* Am Ende eines Comp. *die*

Gestalt von — habend, in der G. von — erscheinend. — b) *schön geformt* oder *schönfarbig, eine schöne Gestalt habend, schön.* Superl. °वत्तम Pâr. Grhj. 3,9,6. — 2) f. °वती N. pr. a) verschiedener Frauenzimmer. — b) eines Flusses.

रूपवासिक oder रूपवाह्लिक m. Pl. N. pr. eines Volkes.

रूपविचार m. Titel eines Werkes Opp. Cat. 1.

रूपविपर्यय m. *Entstellung der Gestalt.*

रूपविभाग m. *Theilung einer ganzen Zahl* Colebr. Alg. 6. 10.

रूपशस् Adv. *je nach ihrer Eigenthümlichkeit.*

रूपशालिन् Adj. *schön, hübsch* (Mädchen) Hemâdri 1,641,6.

रूपशिखा f. N. pr. einer Tochter des Râkshasa Agniçikha.

रूपसनातन m. N. pr. eines Autors.

रूपसमृद्ध Adj. 1) *von vollkommen passender Form.* — 2) *vollkommen schön.*

रूपसमृद्धि f. *eine entsprechende Form.*

रूपसंपद् f. *Schönheit der Form, Schönheit.*

रूपसंपन्न Adj. 1) *mit Schönheit ausgestattet* MBh. 3,53,13. R. 1,4,27. — 2) *modificirt* Nir. 1,15.

रूपसिद्धि m. N. pr. eines Mannes.

रूपसेन m. N. pr. 1) eines Vidjâdhara. — 2) eines Fürsten.

रूपसौभाग्यवत् Adj. *von reizender Schönheit* (Person) Vishnus. 90,2. Hemâdri 1,227,19. Kampaka 285.

रूपस्थ Adj. *eine Gestalt habend.*

रूपस्पर्शवत् Adj. *Farbe habend und tastbar* Kan. 2,1,3.

रूपस्विन् 1) Adj. *schön* Vet. (U.) XX. Ind. St. 15,362. 402. Superl. °स्वितम. — 2) f. °स्विनी f. ein Frauenname Ind. St. 15,338.

रूपाजीव 1) Adj. (f. आ) *aus der Schönheit ein Gewerbe machend, von der Prostitution lebend.* — 2) f. आ *Hure.*

रूपायुधभृत् im Comp. *schöne und Waffen tragende Männer* 219,29.

रूपावचर m. Pl. *eine best. Klasse von Göttern bei den Buddhisten.*

रूपावतार m. Titel einer Grammatik Burnell, T.

रूपाश्रय m. *ein Behälter für Schönheit* oder Adj. *überaus schön.*

*रूपास्त्र m. *der Liebesgott.*

*रूपिक *gemünztes Gold* oder *Silber.*

रूपिणिका f. N. pr. einer Buhldirne.

रूपिन् 1) Adj. a) *eine Gestalt habend, eine best. Gestalt annehmend* (Çiç. 19,94), *körperhaft, verkörpert, leibhaftig.* Am Ende eines Comp. *die Gestalt —, das Aussehen von — habend.* — b) *eine schöne Gestalt habend, schön* (von Personen). — c) am Ende eines Comp. *den Charakter von — habend, gekennzeichnet —, sich äussernd als.* — 2) m. N. pr. eines Sohnes des Agamîḍha.

रूपेन्द्रिय n. *das Organ für Farben und Gestalten, das Auge.*

रूपेश्वर N. pr. 1) m. eines Gottes. — 2) f. ई einer Göttin.

रूपोपजीवन n. *das Gewinnen des Lebensunterhalts durch eine schöne Körperform, das Auftreten in nackter oder leicht verhüllter Gestalt als Broderwerb.*

रूपोपजीविन् Adj. *durch eine schöne Körperform den Lebensunterhalt gewinnend.*

रूप्य 1) Adj. a) **eine schöne Gestalt —, ein schönes Aussehen habend.* — b) **einen Stempel tragend, geprägt.* — c) *was bildlich bezeichnet wird.* — d) *am Ende eines Comp. *ehemals im Besitz von — gewesen.* — 2) m. N. pr. a) *eines Mannes. — b) eines Berges. — 3) *f. आ *ein best. Parfum* Gal. — 4) n. a) *Silber.* — b) **gestempeltes* oder *geprägtes Gold* oder *Silber.*

रूप्यक in सुवर्ण°.

*रूप्यधौत n. *Silber* Râgan. 13,15.

रूप्यमय Adj. (f. ई) *silbern, silberhaltig.*

रूप्यरुक्ममय Adj. *silbern und golden* MBh. 13, 71,24. 13,3247 (ed. Calc.).

रूप्यस्वर्णमणिमय Adj. *aus Silber, Gold und* (oder) *Edelsteinen bestehend* Hem. Par. 1,30.

रूप्याचल m. *der Berg* Kailâsa.

*रूप्याध्यक्ष m. *Münzmeister.*

रूर Adj. *hitzig* (Fieber), *heiss* (Feuer) Tândja-Br. 7,5,10.

*रूवुक m. *Ricinus communis.*

रूष् 1) *रूषति (भूषायाम्). — 2) रूषित a) *bestäubt, bestreut* (mit Pulver), *beschmiert, — mit* (im Comp. vorangehend). — b) *klebend an* (im Comp. vorangehend). — c) angeblich = नष्ट. — d) fehlerhaft für रुषित. — *Caus. रूषयति (विस्फुरणे) — Mit सम् Caus. संरोषयति (!) *bestreuen.*

*रूषक m. *Gendarussa vulgaris* Madanav. 5,37.

रूषण n. 1) *das Bestreuen.* — 2) *das Verunreinigen* Râgan. 21,3.

रे Interj. der Anrede. Auch verdoppelt.

रेउइ N. pr. eines Dorfes.

*रेक्, रेकते (शङ्कायाम्).

*रेक m. 1) *Ausleerung* Bhâvapr. 2,89. — 2) *Besorgniss, Furcht.* — 3) *ein Mann niedrigen Standes.* — 4) *Frosch.*

रेकु Adj. *leer, öde.*

रेक्णस् n. *ererbter Besitz; Eigenthum, Habe; Werthgegenstand.*

रेक्णस्वत् Adj. *reich.*

रेख 1) m. a) metrisch = 2) a). — b) *N. pr. eines Mannes. — 2) f. आ a) *ein* (*geritzter*) *Streifen, Linie, Strich.* Bei Edelsteinen so v. a. *Riss* Râgan. 13,177. 190. प्रथमैकरेखा so v. a. *das Beste und Einzige unter* (Gen.). — b) *Zeichnung.* — c) *die richtige Stellung aller Glieder beim Tanze* S. S. S. 251. — d) *der erste Meridian.* — e) *Schein.* °रेखया *unter dem Scheine von,* (*scheinbar*) *als* Bâlar. 8,19 (anders Aufrecht in Z. d. d. m. G. 36,368). Hierher vielleicht auch die Redensart रेखां न लभ् *den Schein nicht gewinnen, so v. a. im Entferntesten nicht gleichkommen* Vikramânkak. 18,29. = छद्मन् H. an. — f) **ein Bischen;* vgl. Ragh. 1,17. — g) *= आभोग.

रेखक in *बिन्दुरेखक.

*रेखांश m. *Längengrad.*

रेखागणित n. *Geometrie.*

*रेखान्तर n. *geographische Länge.*

रेखान्यास m. *gezogene Striche* 178,29.

*रेखाय्, °यते (श्लाघसादनयोः).

रेखायनि m. Patron. Auch Pl.

रेखिन् Adj. *Linien* (auf der Handfläche) *habend.* बहुरेखा° *viele solcher L. h.*

रेखी Adv. mit कर् *in Linienform bringen* Harshak. 220,16.

रेच m. im Joga *Entleerung der Brust, das Ausstossen des Athems.*

रेचक 1) *Adj. a) *die Brust entleerend.* — b) *den Unterleib entleerend, abführend* Mat. med. 6. — 2) m. a) *das Ausschnaufen* (bei Hunden). Im Joga *das Ausstossen des Athems.* — b) *Spritze.* — c) *eine best. Bewegung der Füsse* VP. 5,7,46. — d) **Salpeter.* — e) **Croton Jamalgota* Râgan. 6,165. — f) **Clerodendrum phlomoides* Râgan. 10,42. — g) N. pr. α) Pl. eines Volkes. v. l. आरोचक. — β) eines Mannes. v. l. रेधक. — 3) *n. *eine best. Erdart* Râgan. 13,141.

रेचकित Adj. = भ्रमित.

रेचन 1) Adj. *abführend; leer —, frei machend* (den Kopf) Káraka 8,9. — 2) *f. ई a) *Ipomoea Turpethum.* — b) *Croton polyandrum.* — c) = काम्पिल्ल. — d) = गुन्द्रा. — e) = काम्पिल्ल. — 3) n. a) *das Leerwerden, Schmalerung.* — b) *das Entleeren der Brust, Ausstossen des Athems.* — c) *Entleerung des Unterleibs; das Leer —, Freimachen* (des Kopfes) Káraka 8,9. —

d) *eine best. Erdart Madanav. 15,148. — e) *Nasenschleim Gal.

*रेचनक m. ein best. rothes Pulver Râǵan. 13,101.

रेचित 1) Adj. s. u. रिच् Caus. — 2) m. eine best. Stellung der Hände beim Tanze. — 3) n. ein best. Gang der Pferde Kâd. 124,21.

*रेचिन् m. 1) Alangium hexapetalum Râǵan. 9, 74. — 2) ein best. rothes Pulver Râǵan. 13.101.

रेच्य m. = रेच.

1. रेज्, रेजति, °ते 1) Act. hüpfen —, beben machen. — 2) Med. hüpfen, beben, zittern, zucken. — Caus. रेजयति erzittern —, beben machen. — Mit प्र Med. erbeben. — Caus. erbeben machen. — Mit सम् Med. zittern.

2. रेज् (Nom. रेट्) 1) Adj. etwa zitternd VS. 6,18 = Maitr. S. 1,2,17. रेट् könnte auch रेड् und रेष् sein. — 2) *m. Feuer.

रेज्ञ Adj. nach dem Comm. = तेजिष्ठ Çiç. 19,102.

*रेट्, रेटति (परिभाषणे, याचे, वाचि).

रेड्, *रेळते = क्रुध्यति. Vgl. अरेडत् (Nachtr. 5) und 2. रेज्.

रेणा f. N. pr. eines Frauenzimmers Hem. Par. 8,23.

रेणु 1) m. (*f. n.) Staub, Staubkorn; Blüthenstaub. Auch als ein best. Maass. — 2) m. a) ein best. medicinischer Staub; Oldenlandia herbacea Râǵan. 5,8. Piper aurantiacum (?) 6,113. — b) N. pr. verschiedener Männer. Pl. ihre Nachkommen. — 3) f. N. pr. einer Gattin Viçvâmitra's. — Hariv. 108 fehlerhaft für वेणु.

रेणुक 1) m. a) ein best. über Waffen gesprochener Zauberspruch. — b) N. pr. α) eines Jaksha. — β) eines Sohnes des Reṇu VP.² 4,28. — γ) eines mythischen Elephanten. — 2) f. आ a) *ein best. Arzeneistoff; Piper aurantiacum (?) Râǵan. 6,113. — b) Titel einer von Harihara verfassten Kârikâ. — c) N. pr. α) der Gattin Ǵamadagni's und Mutter Paraçurâma's. — β) eines Flusses VP.² 2,199. — 3) *n. eine best. Erdart Garbe zu Râǵan. 13,142.

रेणुककाट Adj. nach dem Comm. Staub durchfurchend oder — aufwirbelnd.

*रेणुकदम्बक m. eine Art Kadamba Râǵan. 9,104.

रेणुकाकवच n. Titel eines Kavaka Burnell, T.

रेणुकाचार्य m. N. pr. eines Autors.

रेणुकातनय m. Patron. Paraçurâma's. Nom. abstr. °ता f. Çiç. 14,80.

रेणुकातीर्थ n. N. pr. eines Tîrtha.

रेणुकामाहात्म्य n., रेणुकारिका f., रेणुकाष्टक n. und रेणुकासहस्रनामन् n. Titel von Werken Burnell, T.

रेणुकासुत m. Metron. Paraçurâma's.

रेणुकास्तोत्र n. Titel eines Stotra Burnell, T.

रेणुत्व n. Nom. abstr. von रेणु Staub.

रेणुदीक्षित m. N. pr. eines Autors.

रेणुप m. Pl. N. pr. eines Volkes. v. l. वेणुप.

रेणुपालक m. N. pr. eines Mannes.

रेणुमत् m. N. pr. eines Sohnes des Viçvâmitra.

*रेणुरूषित m. Esel.

रेणुशस् Adv. mit कर् in Staub verwandeln.

*रेणुसार und *°क m. Kampfer.

रेत = रेतस् der männliche Same. Vgl. रेतज.

रेतःकुल्या f. ein Bach von männlichem Samen.

रेतःपात m. Samenergiessung Cit. bei Kull. zu M. 5,63.

रेतःपातिन् Adj. Samenergiessung habend, einem Weibe (Loc.) beiwohnend ebend.

रेतःपीत Adj. der männlichen Samen verschluckt hat Taitt. Âr. 1,27,6.

रेतज 1) Adj. aus dem eigenen Samen erzeugt, leiblich (Sohn). — 2) *f. आ Sand.

*रेतन n. der männliche Same.

रेतस् n. 1) Guss, Strom; Libation. — 2) Samenerguss, Same. रेतसो ऽन्ते nach der Samenergiessung 100,17. — 3) Same, so v. a. Nachkommenschaft, Generation. — 4) *Quecksilber.

रेतस = रेतस् in अग्निरेतस und कपोतरेतस.

रेतस्य Adj. (f. आ) Samen führend. आच् f. und रेतस्या f. heisst der erste Vers des Bahishpavamâna Stotra Lâṭj. 7,12,3. Du. Gaut.

रेतस्वन्त् Adj. samenreich, befruchtend Maitr. S. 1,5,5 (73,9).

रेतस्विन् Adj. samenreich.

रेतःसिच् 1) Adj. Samen ergiessend. — 2) f. Bez. bestimmter Backsteine Âpast. Çr. 17,1. 4.

रेतःसिच्य n. Samenergiessung.

रेतःसेक m. Samenerguss, das Beiwohnen einem Weibe (Loc.) M. 11,58.

रेतःसेक्तर् Nom. ag. Befruchter, Nachkommenschaft habend Nilak. zu MBh. 1,74,111. Comm. zu Bhâg. P. 9,20,21.

रेतःस्कन्दन n. Samenerguss Gaut. 23,20.

रेतःस्खलन n. dass. Kull. zu M. 5,63.

रेतिन् Adj. samenreich oder besamend.

रेतोधस् Adj. besamend, befruchtend. पितर् so v. a. ein leiblicher Vater Mahâvirak. 82,12. m. ohne पितर् dass. Âpast. (darnach derselbe Vers in MBh., Hariv. und Bhâg. P. zu verbessern).

1. रेतोधा Adj. besamend, befruchtend.

2. रेतोधा f. das Besamen.

रेतोधेय n. dass.

रेतोमार्ग m. Samenweg.

रेतोवह Adj. Samen herbeischaffend Bhâvapr. 2,44.

*रेत्य n. Glockengut.

*रेत्र n. v. l. für वेत्र.

रेधक m. N. pr. eines Mannes. v. l. रेचक.

*रेप्, रेपते (गतौ, शब्दे).

*रेप Adj. 1) verächtlich. — 2) grausam.

रेपस् 1) n. Fleck, Schmutz. — 2) *Adj. = अधम, क्रूर und कृपण.

रेफ 1) m. a) der Schnarrlaut, das र. °संधि m. Saṁhitopan. 17,1. — b) Wort Bhâg. P. — c) Creticus (—◡—). — d) * = राग. — 2) *Adj. verächtlich.

रेफवन्त् Adj. den Schnarrlaut enthaltend; m. der Vocal ऋ.

रेफविपुला f. ein best. Metrum.

*रेफस् Adj. = अधम, क्रूर, दुष्ट, कृपण.

रेफाय्, °यति glänzen, strahlen. v. l. रेभाय्.

रेफिन् Adj. den Schnarrlaut —, ein र enthaltend, die Natur des र habend.

*रेभ्, रेभते (शब्दे). Vgl. रिभ्.

रेभ 1) Adj. knisternd, knasternd, plätschernd, laut tönend. — 2) m. a) Rufer, Recitator, Declamator. — b) Schwätzer, Plauderer. — c) N. pr. eines Mannes. Pl. seine Nachkommen. — 3) *f. रेभा = शोभा Comm. zu Âpast. 2,14,13.

*रेभण n. das Brüllen der Kühe.

रेभसूनु m. Rebha's Sohn. Du. N. pr. zweier Liedverfasser.

रेभाय्, °यति glänzen, strahlen Âpast. 2,14,13.

°रेभिन् Adj. erschallen lassend Çiç. 19,66.

रेभिल und °क m. N. pr. eines Mannes.

*रेमि Pat. zu P. 3,2,171, Vârtt. 2.

रेरिवन् Adj. nach dem Comm. = प्रेरयितर्.

रेरिह् Adj. beständig leckend.

*रेरिहाण m. 1) Bein. Çiva's. Vgl. लेलिहान MBh. 14,8,19. — 2) Dieb. — 3) = अम्बर, वर oder असुर.

*रेव्, रेवते (प्लवगतौ).

रेव 1) m. N. pr. eines Sohnes des Ânarta. — 2) f. आ a) *die Indigopflanze. — b) *Bein. der Rati, der Gattin des Liebesgottes. — c) ein best. Râga S. S. S. 110. — d) N. pr. eines Flusses, die Narmadâ Hem. Par. 2,397. — 3) n. Name verschiedener Sâman.

*रेवट 1) m. a) Eber. — b) Bambusrohr (वेणु) oder Staub (रेणु). — c) Wirbelwind. — d) Giftarzt. — e) oil of the Morunga tree. — f) a plantain, the fruit. — 2) n. eine Muschel mit von rechts *nach links gehenden Windungen.*

रेवण m. N. pr. eines Mannes.

रेवत m. 1) *eine best. Pflanze.* Nach den Lexicographen *Citronenbaum* und *Cathartocarpus fistula.* — 2) N. pr. *a*) verschiedener Männer. — *b*) eines Varsha (?). — रेवती s. u. रेवत्.

रेवतक n. 1) **eine Dattelart.* Richtig रैवतक. — 2) m. N. pr. einer Mannes.

रेवति f. 1) *Bein. der Rati, der Gattin des Liebesgottes. — 2) = रेवती N. pr. der Gattin Balarâmas.

*रेवतिपुत्र m. *ein Sohn der* Revatî.

रेवतीद्वीप m. N. pr. einer *Insel* Ind. Antiq. 8,241.

रेवतीपृष्ठ Adj. *dessen* Pṛshṭha 4) *aus den* Revatî-*Versen besteht* Lâṭy. 10,13,12.

*रेवतीभव m. *der Planet Saturn.*

रेवतीरमण m. Bein. Balarâma's. Auf Vishṇu übertragen.

*रेवतीश m. Bein. Balarâma's.

रेवतीसुत m. Metron. Skanda's.

रेवतीह्वालात्त m. Titel eines Werkes Burnell, T.

रेवत्य n. Name eines Sâman. Ḱhând. Up. 2,18, ist रेवत्यः zu lesen.

रेवत् 1) Adj. *a*) *besitzend, wohlhabend, reich.* — *b*) *reichlich, reich.* — *c*) *prangend, prunkend, prächtig.* रेवत् Adv. — 2) f. रेवती *a*) Pl. α) *die Reichen, Prangenden* als Bez. *der Kühe.* — β) *Gewässer.* — γ) Bez. *der nach dem Anfangsworte benannten Verse* ṚV. 1,30,13, *aus welchen das* Raivata Sâman *gebildet wird.* Auch Name dieses Sâman Ârsh. Br. — *b*) Sg. und Pl. *ein best. Mondhaus.* — *c*) *eine best.* Râginî S. S. S. 110. — *d*) **eine unter dem Mondhaus* Revatî *Geborene.* — *e*) *Pl. *die göttlichen Mütter* Zach. Beitr. — *f*) N. pr. α) *der Unholdin einer best. Krankheit* und einer Joginî (Hemâdri 2,*a*,102,12). Wird auch mit der Durgâ und Aditi identificirt. — β) der Gattin Mitra's. — γ) einer Tochter des Lichtglanzes (कान्ति) des Mondhauses Revatî und Mutter des Manu Raivata. — δ) der Gattin Balarâma's. — ε) verschiedener anderer Frauen Hem. Par. 1,288. — *g*) fehlerhaft für रेवती. — 3) n. Name eines Sâman Ârsh. Br.

रेवन्त m. N. pr. eines Sohnes des Sonnengottes und Hauptes der Guhjaka 100,17.

*रेवन्तमनुस् f. Bein. der Saṁǵñâ, einer Gemahlin des Sonnengottes.

रेवन्तोत्तर Titel eines Werkes.

रेवाखण्ड n. und रेवामाहात्म्य n. Titel von Werken VP.².

रेवोत्तरस् m. N. pr. eines Mannes.

*रेशय Adj. = हिंसक.

*रेशयदारिन् oder *°दाशिन् Adj. als Erklärung von रिशादस्.

रेशी f. Pl. Bez. *des Wassers* Maitr. S. 1,3,36.

1.*रेष्, रेषते *heulen, wiehern.*

2. रेष् s. 2. रिष्.

रेष m. *das Schadennehmen.* Vgl. रथरेष. — रेषा s. bes.

1. रेषण 1) Adj. *versehrend.* — 2) n. *Schaden, das Fehlschlagen.*

2.*रेषण n. *das Geheul des Wolfes.*

*रेषा f. dass.

रेषिन् Adj. *versehrend, verletzend* in पुरुष°.

रेष्टर् Nom. ag. *Beschädiger, Versehrer* Bhaṭṭ.

रेष्मच्छिन्न Adj. *vom Sturm abgerissen.*

रेष्मण्य Adj. = रेष्म्य Maitr. S. 2,9,7 (126,1).

रेष्मन् m. *Wirbelwind, Sturmwolke.* वातेन रेष्मणा सह AV. Paipp. 15,4,5. Nach einem Comm. *Weltuntergang.*

रेष्ममथित Adj. = रेष्मच्छिन्न.

रेष्म्य Adj. *im Sturm* oder *in der Sturmwolke befindlich.*

*रेह्नत् oder *रेह्नस् (Kâç.).

*रेह्नाय्, °यते Denomin. von रेह्नत् oder रेह्नस्.

रै m. f. (seltener) *Besitz, Habe, Gut, Kostbarkeit.* *रै कर् *zum Besitz machen.*

रैक्क m. N. pr. eines Mannes.

रैक्कपर्ण m. Pl. N. pr. einer Oertlichkeit.

*रैख m. Patron. von रेख.

रैचीक्य m. N. pr. eines Mannes Hemâdri 1,368,16.

रैणव 1) m. Patron. von रेणु. — 2) n. Name eines Sâman.

*रैणुकेय m. Metron. Paraçurâma's.

रैतस Adj. *seminalis.*

रैतिक und रैत्य Adj. *messingen.*

रैभ 1) m. Patron. von रेभ. — 2) f. रैभी Bez. *bestimmter Verse im Ritual.*

रैभ्य und रैभ्य m. 1) Patron. verschiedener Männer. Auch Pl. — 2) N. pr. einer Götterschaar.

*रैय्, रैयति *Reichthümer wünschen.*

रैव m. N. pr. eines Fürsten VP.² 3,249.

रैवत 1) Adj. (f. ई) *a*) *aus wohlhabendem Hause stammend, reich.* — *b*) *zu* Manu Raivata *in Beziehung stehend.* — *c*) *zum* Sâman Raivata *gehörig.* — *d*) mit ऋषभ m. Name eines Sâman. — *e*) mit इष्टि f. Bez. *eines best. Gebets* oder *Opfers.* — 2) m. *a*) **Wolke.* — *b*) *eine* (imaginäre) *Art* Soma. — *c*) **ein best. Knollengewächs* (सुवर्णालु, woraus auch zwei Bedeutungen gemacht werden). — *d*) *Bein. Çiva's. — *e*) Patron. von रेवत und Metron. von रेवती und N. pr. α) des Dämons einer best. Kinderkrankheit. — β) eines der 11 Rudra. — γ) *eines Daitja. — δ) des 5ten Manu. — ε) eines Ṛshi, Brahmarshi und verschiedener Fürsten. — ζ) eines Gebirges. Auch °गिरि, रैवताचल und रैवताद्रि. — 3) n. Name verschiedener Sâman Ârsh. Br. Vasishtha 28,12.

रैवतक 1) m. N. pr. *a*) eines Gebirges. Pl. *die Bewohner dieses Gebirges.* — *b*) eines Paramahaṁsa Ǵâbâlop. S. 453. v. l. रैवतिक. — *c*) eines Fürsten VP. 4,1,21. — *d*) eines Thürstehers. — 2) *n. *eine Dattelart* Râǵan. 11,88.

रैवतगर्भ n. Name eines Sâman Çâṅkh. Çr. 15,7,5.

रैवतपृष्ठ Adj. = रेवतीपृष्ठ Çâṅkh. Çr. 10,7,1. Br. 23,4.

रैवतमदनिका f. Titel eines Schauspiels.

रैवतस्तोत्र n. Titel eines Stotra Burnell, T.

रैवतिक m. Metron. N. pr. v. l. für रैवतक 1) *b*).

*रैवतिकीय Adj. von रैवतिक.

रैवत्य 1) Adj. mit ऋषभ m. Name eines Sâman. v. l. रैवत. — 2) n. *Reichthum.*

रैह्लायन m. Patron. Auch Pl.

1. रोक 1) m. *a*) *Licht, Helle.* — *b*) *= क्रयभिद्. — 2) *n. *a*) *Loch, Höhle.* — *b*) *Boot, Schiff.* — *c*) = चर oder चल. — *d*) = कृपणभेद.

2. रोक m. oder रोकस् n. *Lichterscheinung.*

रोग m. (adj. Comp. f. आ) 1) *Gebrechen, Krankheit.* प्रजारोग so v. a. *eine Plage für die Unterthanen.* Auch personificirt als *Genius.* — 2) *eine kranke Stelle* 217,31. — 3) **Costus speciosus* oder *arabicus.*

रोगघ्न 1) Adj. *Krankheit vertreibend* Çiç. 19,89. — 2) *n. *Arzenei.* — °घ्नी s. u. रोगहन्.

*रोगज्ञ m. *Arzt* Gal.

रोगण in श्ररोगण.

रोगद Adj. *Krankheit verursachend.*

रोगनाशन Adj. *Krankheit vertreibend.*

रोगनिर्णय m. Titel eines Werkes Burnell, T.

रोगपालक m. *Krankenpfleger.*

*रोगपुष्ट m. *Fieber* Gal.

रोगप्रद Adj. *Krankheit verursachend.*

*रोगप्रेष्ठ m. *Fieber* Râǵan. 20,14. v. l. रोगश्रेष्ठ.

रोगभाज् Adj. *krank, kränklich.*

*रोगभू f. *der Körper.*

रोगमुक्त Adj. *von einer Krankheit befreit, genesen.*

रोगमुरारि m. Titel eines Werkes.

रोगराज् m. *die schlimmste der Krankheiten, Fieber* Karaka 6,3. Suçr. 2,427,15.

*रोगराज m. *Lungenschwindsucht* Râǵan. 20,1.

रोगलक्षण n. *Pathologie* Verz. d. B. H. No. 973. Opp. Cat. 1.

रोगवैरूप्य n. *eine Entstellung in Folge einer Krankheit.*

रोगशम m. *Genesung* Kâraka 6,18.

*रोगशान्तक m. *Arzt.*

*रोगशिला f. *Realgar* Râǵan. 13,49.

*रोगशिल्पिन् m. *eine best. Pflanze.*

*रोगश्रेष्ठ m. *Fieber* Râǵan. 20,14. v. l. रोगप्रेष्ठ.

रोगसंघात m. dass. Suçr. 2,427,15.

रोगसंबद्ध Adj. *krank* Âpast. 2,4,12 nach der richtigen Lesart.

रोगसंबन्ध Adj. Âpast. fehlerhafte Lesart für °संबद्ध.

रोगहन् Adj. (f. °घ्नी) *Krankheit vertreibend.*

रोगहर 1) Adj. dass. — 2) *n. *Arzenei.*

*रोगहारिन् m. *Arzt.*

रोगहृत् m. dass.

*रोगाधीश m. *Schwindsucht* Râǵan. 20,2.

रोगानीक n. *eine Kategorie von Krankheiten, eine Species von Krankheit* Kâraka 3,6. 6,18.

रोगानीकराज् m. Bez. *des Fiebers.*

रोगाभ्यागम m. *Krankheitserscheinung* Varâh. Jogaj. 9,10.

रोगारम्भ m. Titel eines Werkes Opp. Cat. 1.

रोगार्त Adj. *krank* 171,5. 193,5. 214,5.

रोगार्दित und रोगाविष्ट (Âpast.) Adj. dass.

*रोगाह्वय n. *Costus speciosus* oder *arabicus* Bhâvapr. 1,175.

रोगित Adj. 1) *mit einer Krankheit behaftet.* — 2) * *toll* (Hund).

*रोगितरु m. *Jonesia Asoca.* Richtig रागितरु.

रोगिन् Adj. *krank, kränklich.*

*रोगिवल्लभ n. *Arzenei.*

*रोग्य Adj. *Krankheit erzeugend, ungesund.*

रोच् in einer Formel Maitr. S. 4,9,5.

रोच॑ 1) Adj. *leuchtend.* — 2) *m. N. pr. eines Fürsten. — 3) *f. ई *Hingcha repens.*

रोचक 1) Adj. *Appetit machend.* — 2. m. a) *ein Verfertiger von unächten Schmucksachen.* — b) * *Appetit, Hunger.* — c) * *eine den Durst reizende Speise.* — d) * *Musa sapientum.* — e) * *eine Zwiebelart.* — f) * = ग्रन्थिपर्णभेद.

रोचकिन् Adj. *Gefallen findend an* (Loc.) Bâlar. 210,8. Vgl. अरोचकिन्.

रोचन॑ 1) Adj. (f. ई und आ) a) *licht, hell, blank, leuchtend.* — b) *Gefallen erweckend, gefallend, lieblich.* — c) *Appetit machend.* — 2) m. a) * *Andersonia Rohitaka.* — b) * *Alangium hexapetalum* Râǵan. 9,76. — c) * *Cathartocarpus fistula* Râǵan. 9,44. — d) * *Pongamia glabra* Râǵan. 9,62. — e) * *Granatbaum* Râǵan. 11,75. — f) * *Zwiebel* Râǵan. 7,56. — g) * *eine weiss blühende Moringa* Râǵan. 7,30. — h) * *eine Art Crinum* Bhâvapr. 1,172. — i) *Gallenstein des Rindes.* v. l. रोचना. — k) *ein best. Krankheitsdämon.* — l) * *einer der fünf Pfeile des Liebesgottes.* — m) N. pr. α) eines Sohnes des Vishṇu von der Dakshiṇâ. — β) Indra's unter Manu Svârokisha. — γ) eines der Viçve Devâs VP.² 3,189. fgg. — δ) eines Berges. — 3) f. आ॑ a) *Lichthimmel.* — b) * *ein schönes Weib.* — c) *Gallenstein des Rindes.* — d) * *eine rothe Lotusblüthe.* — e) * *Tabaschir.* — f) * *dunkler* Çâlmali. — g) N. pr. a) einer Gattin Vasudeva's. — b) einer Surâṅganâ Ind. St. 15,444. — 4) f. ई a) *Gallenstein des Rindes* Râǵan. 12,58. — b) * *Realgar.* — c) * *Convolvulus Turpethum.* — d) * *Myrobalanenbaum* Râǵan. 11,160. — e) * *Croton polyandrum.* — f) * wohl *eine Art Crinum* (काम्पिल्ल). — 5) n. a) *Licht, Glanz; Lichtraum des Himmels.* Pl. *Lichter, Gestirne; Lichthimmel* (deren drei). — b) *das Erregen des Verlangens nach* (im Comp. vorangehend). — c) रुचिरुचे रोचनम् Name eines Sâman Ârsh. Br.

*रोचनक 1) m. *Citronenbaum* Râǵan. 11,178. — 2) f. °निका a) Name *verschiedener Pflanzen.* — b) *Tabaschir* Râǵan. 6,188.

*रोचनफल 1) m. *Citronenbaum* Râǵan. 11,150. — 2) f. आ *eine Gurkenart* Râǵan. 7,208.

रोचनस्था॑ Adj. *im Lichtraum des Himmels befindlich.*

1. रोचना॑ f. s. रोचन 3).

2. *रोचना Adv. mit कर्.

रोचनामुख m. N. pr. eines Daitja.

रोचना॑वत् (°नावत् Padap.) Adj. *licht, hell.*

रोचमान 1) Adj. Partic. von 1. रुच्. — 2) m. a) *ein Haarwirbel am Halse eines Pferdes.* — b) N. pr. eines Fürsten. — 3) f. आ N. pr. einer der Mütter im Gefolge Skanda's.

रो॑चस् n. *Licht, Glanz* Maitr. S. 4,9,5. Vgl. स्वै॑रोचस्.

रोचि f. *Licht, Strahl* Hariv. 3,23,12.

रोचिन् Adj. in *मित°.

रोचिष m. N. pr. eines Sohnes des Vibhâvasu.

रोचिष्णु॑ Adj. 1) *leuchtend, glänzend, funkelnd* (Kâd. 247,7). *schmuck.* — 2) *Appetit machend.*

रोचिष्मत् 1) Adj. *leuchtend.* — 2) m. N. pr. eines Sohnes des Manu Svârokisha.

रोचि॑स् 1) n. *Licht, Glanz.* — 2) *Anmuth.*

रोचु॑क Adj. *Gefallen erweckend* Maitr. S. 1,4,12 (62,2). Vgl. अरोचुक॑ (Nachtr. 2).

रोच्य॑ Adj. in einer Formel Maitr. S. 4,9,5.

रोट in *पूगरोट.

रोटकव्रत n. *eine best. Begehung.*

रोटिका f. *eine Art Gebäck, Fladen,* — aus (im Comp. vorangehend) Bhâvapr. 2,17.18. 4,17.

*रोड्, रोडति (उन्मादे, अनादरे).

*रोड 1) Adj. *gesättigt, befriedigt.* — 2) m. *das Zerstampfen.*

*रोढर् Nom. ag. von 1. रुह्.

*रोणी f. P. 4,2,78.

*रोणीक N. pr. einer Oertlichkeit. Davon Adj. *°कीय.

रो॑द m. *Klageton, das Winseln.*

रोदन 1) n. a) *das Weinen* Âpast. Pl. Suçr. 1,373,11. Wird zu den Kinderkrankheiten gezählt. — b) * *Thränen.* — 2) *f. ई *Alhagi Maurorum.*

*रोदनिका f. *Alhagi Maurorum* Râǵan. 4,44.

रोदर 1) Adj. *ein* र *im Innern habend.* — 2) *Anas Casurca* (चक्रवाक).

रो॑दस् n. Du. *Himmel und Erde.* Am Anfange eines Comp. Çiç. 19,106. रोदोरन्ध्र (Çiç. 18,15), रोदःकुहर (Nalod. 3,32), रोदःकन्दरकुहर (Bâlar. 95,7) und रोदोगृह (ebend. 126,20) *eine zwischen Himmel und Erde gelegene Höhlung* u. s. w. In स्वर्गरोदःकुहर Bâlar. 23,15 hat रोदस् wie auch रोदसी die Bedeutung *Erde.*

रोदसिप्रा॑ Adj. *welterfüllend.*

रोदसी f. 1) रो॑दसी a) Du. *Himmel und Erde.* Einmal auch als Sg. construirt. — b) = 2). — 2) रोदसी॑ *die Gattin* Rudra's, *Gefährtin der* Marut, *Blitz.* — 3) रोदसी *die Erde* R. ed. Bomb. 6,22,6. Hemâdri 1,569,18. 573,20.

रोदस्त्व॑ n. Nom. abstr. zur Etymologie von रोदसी gebildet.

रोदाका (?) f. Vaitân.

रोदितव्य n. impers. *zu weinen.* न °व्यं पश्यामि *ich sehe keine Veranlassung zum Weinen für* (Gen.). Loc. *wo man weinen sollte.*

रोद्धर् Nom. ag. *Einschliesser, Belagerer.*

रोद्धव्य Adj. *zu verschliessen* (Thür).

रोद्धोस् Gen. Infin. von 2. रुध्. नि वा रोद्धोः Ait. Br. 1,10,2.

1. रोध m. vielleicht *Bewegung hinan.*

2. रोध m. (adj. Comp. f. आ) 1) *das Zurückhalten, Festhalten.* — 2) *Einsperrung,* — in (Loc.). — 3) *Versperrung* (eines Weges), — durch (im Comp. vorangehend). — 4) *Einschliessung, Belagerung* (einer Stadt). — 5) *Verstopfung des Leibes* Kâraka 6,24. — 6) *Verwehrung, Hemmung, Unterdrückung.* — 7) *das Befehden.* — 8) *Damm, Ufer.* — 9) *eine*

best. Hölle VP. 2,6,2. — 10) *N. pr. eines Mannes.

°रोधक Adj. *einsperrend, einschliessend, belagernd.*

रोधकृत् m. *das 45ste Jahr im 60-jährigen Jupitercyclus.*

रोधचक्र Adj. (f. आ) *etwa am Ufer Wirbel bildend.*

रोधन 1) *m. *der Planet Mercur.* — 2) f. आ *Damm, Wall.* — 3) n. रोधन a) *das Einsperren, Einschliessen, Verschluss.* — b) *das Aufhalten, Zurückhalten, Hemmen, Unterdrücken.*

*रोधवक्रा f. v. l. für रोधोवक्रा.

*रोधवेदी f. *Fluss* Rāǵan. 14,10.

रोधस् n. 1) *Erdaufwurf, Damm, Wall, Schutzwehr.* — 2) *Hügel, hohes Ufer.* — 3) *die abschüssige Wand* (eines Brunnens, einer Wolke), *Bergwand.* — 4) *die weibliche Hüfte.*

रोधस्वत् 1) Adj. *mit hohen Ufern versehen* (Sāj.). — 2) f. रोधस्वती N. pr. eines Flusses.

रोधिन् 1) Adj. am Ende eines Comp. a) *zurückhaltend, aufhaltend.* — b) *versperrend.* — c) *verwehrend, hemmend, hindernd, störend.* — d) *übertönend.* — e) *erfüllend.* — 2) *eine best. Pflanze.* Vielleicht fehlerhaft für रोध्र.

रोधोभू Adj. *am Ufer wachsend* Kir. 5,46.

*रोधोवक्रा und *रोधोवती f. *Fluss.*

*रोधोवप्र m. *ein reissender Fluss.*

रोध्य Adj. *zurückzuhalten* in अ° (Nachtr. 5).

रोध्र 1) m. *Symplocos racemosa* (mit gelber Blüthe; aus seiner Rinde wird rothes Pulver bereitet). — 2) *m. n. *Sünde.* — 3) *n. *Beleidigung.*

रोध्रपुष्प m. 1) **Bassia latifolia.* Vgl. लोध्रपुष्प. — 2) *eine zu den Ringschlangen gezählte Schlangenart.*

रोध्रपुष्पक m. 1) *eine best. Körnerfrucht.* — 2) = रोध्रपुष्प 2).

*रोध्रपुष्पिणी f. *Grislea tomentosa* Rāǵan. 6,217.

*रोध्रशूक m. *eine Reisart.*

1.*रोप n. *Loch, Höhle.*

2. रोप m. 1) *das Pflanzen.* — 2) *Pfeil* Naish. 8, 105. Çiç. 19,94. 120.

रोपक m. 1) Nom. ag. *Pflanzer.* — b) **a weight of metal or a coin, the seventieth part of a Suvarṇa.* — 2) f. °पिका *Same* Bhadrab. 4,129.

1. रोपण 1) Adj. *Leibschneiden verursachend.* — 2) n. = विमोहन oder उपद्रव.

2. रोपण 1) Adj. (f. ई) a) *aufsetzend, ansetzend.* — b) *verwachsen machend, heilend* (Wunden). — 2) n. a) *das Aufrichten, Aufstellen.* — b) *das Heilenmachen, Mittel zum Heilen.* — c) *das Pflanzen, Anpflanzen, Versetzen* (von Pflanzen).

रोपणाका f. *Predigerkrähe* (nach Sāj.).

रोपणीय Adj. 1) *aufzurichten.* — 2) *zu pflanzen, anzupflanzen.* — 3) *zum Zuheilen tauglich.*

रोपय् s. Caus. von 1. रुह्.

रोपयितर् Nom. ag. 1) *Aufsetzer, Aufleger;* mit Gen. oder Acc. — 2) *Pflanzer, Anpflanzer.*

रोपयिष्णु Adj. *zerfleischend.*

रोपि f. *reissender Schmerz, Leibschneiden,* auch wohl *Kollern im Leibe* AV. Paipp. 9,2,5. 15,5,1.

°रोपिन् Adj. *pflanzend, anpflanzend.*

रोपुषी f. *Zerstörerin.*

रोप्य Adj. 1) *zu pflanzen, anzupflanzen, zu säen.* — 2) *zu heilen* (von Wunden) Káraka 6,13.

1. रोम am Ende eines adj. Comp. (f. आ) = रोमन् *Haar* Hemâdri 1,423,17.

2.*रोम 1) m. *Loch, Höhle.* — 2) n. *Wasser.*

3. रोम m. 1) *Rom.* — 2) Pl. N. pr. eines Volkes VP.[2] 2,133.

1. रोमक n. = रोमन् *Haar* Hemâdri 1,290,17. 508, 5. Insbes. am Ende eines adj. C... (f. °मिका) 402,21.

2. रोमक 1) m. a) N. pr. α) Pl. *die Römer, die Bewohner des Römerreiches.* — β) *Rom.* — γ) *eines Dorfes im Nordlande. — δ) eines Astronomen. — b) *eine best. Mischlingskaste,* v. l. für रामक Vasishtha 18,4. — c) abgekürzt für °सिद्धान्त. — 2) n. a) *salzhaltige Erde* und *das aus ihr gezogene Salz* Râǵan. 6,108. Nach Mat. med. 85 *Salz aus dem* Sambar-*See in* Aǵmir. Vgl. रोमक 2). — b) **Magneteisen* Râǵan. 13,39.

*रोमकन्द m. *Dioscorea globosa* Râǵan. 7,69.

रोमकपत्तन und रोमकपुर (Weber, Lit.) n. *die Stadt Rom.*

*रोमकर्णक m. *Hase.*

रोमकविषय m. *das Römerland* Ârjabh. 4,13.

रोमकसिद्धान्त m. Titel eines der fünf Haupt-Siddhânta zu Varâhamihira's Zeit und auch eines späteren Machwerkes.

रोमकाचार्य N. pr. eines *Lehrers* der Astronomie.

रोमकायण m. N. pr. eines Autors.

रोमकूप m. n. *Haargrübchen, Pore der Haut.* भवतां °कूपाणि प्रहृष्टान्युपलक्षये so v. a. *ich bemerke, dass eure Härchen am Körper sich sträuben.*

*रोमकेसर n. angeblich = रोमगुच्छ.

रोमगर्त = रोमकूप Gop. Br. 1,1,2.

*रोमगुच्छ m. und *रोमगुत्स n. *der als Fliegenwedel gebrauchte Schweif des Bos grunniens.*

रोमण्वत् Adj. *behaart, haarig.*

रोमत्यज् Adj. *das Haar verlierend* (Pferd).

1. रोमन् n. *Haar am Körper der Menschen und Thiere* (in der Regel mit Ausschluss der langen Kopf- und Barthaare, der Mähne und des Schweifes), *Gefieder der Vögel, Fischschuppe.* Am Ende eines adj. Comp. f. °रोम्णी.

2. रोमन् m. Pl. N. pr. eines Volkes.

रोमन्थ m. 1) *das Wiederkäuen* Kâd. 30,10. 129, 1. — 2) *das Kauen* des Betels. — 3) *oftmaliges Wiederholen.* — 4) *der Unrath von Insecten.*

रोमन्थाय्, °यते *wiederkäuen* Vâsav. 265,4.

रोमपाद m. N. pr. zweier Fürsten.

रोमपुलक m. = रोमहर्ष.

*रोमफला f. *eine best. Pflanze.*

रोमबद्ध Adj. *aus Haar gewebt.*

रोमबन्ध m. *Haargewebe.*

*रोमभू (Gal.) und *°भूमि f. *die Haut.*

रोममूर्धन् Adj. *auf dem Kopfe behaart* (von Insecten).

*रोमरसासार (!) m. *Bauch.*

रोमराजि und °राजी f. *Haarreihe, — linie, — streifen;* insbes. oberhalb des Nabels beim Weibe, als Zeichen der Pubertät.

रोमराजिपथ m. *Taille, die Mitte des Leibes.*

*रोमलता und °लतिका f. *die Haarlinie oberhalb des Nabels* (beim Weibe).

रोमवत् Adj. *behaart.*

*रोमवल्ली f. *Mucuna pruritus* Râǵan. 3,40.

रोमवाहिन् Adj. *haarscharf* (Messer).

*रोमविकार m. = रोमहर्ष.

रोमविक्रिया f. dass.

*रोमविध्वंस m. *Laus.*

रोमविवर 1) n. = रोमकूप. — 2) m. n. Bez. *bestimmter mythischer Regionen* Kârand. 59,15. 60. 3. fgg. 62,4. fgg. 64,8. fgg. 65,12. fgg. 84,13. fgg.

रोमवेध m. N. pr. eines Autors.

रोमश 1) Adj. (f. आ) a) *stark behaart, haarig.* — b) Bez. *einer best. fehlerhaften Aussprache der Vocale.* — 2) m. a) **Widder, Schaf.* — b) **Eber* Râǵan. 19,30. — c) *Name zweier Pflanzen,* = कुम्भी und पिण्डालु Râǵan. 9,109. 7,69. — d) *= उच्छाल. — e) N. pr. eines Ṛshi und eines Astronomen. — 3) f. आ a) **Cucumis utilissimus.* — b) **eine andere Pflanze,* = दुग्धा Râǵan. 9,127. — c) N. pr. der angeblichen Verfasserin von ṚV. 1 126,7. — 4) n. *das männliche Glied.*

*रोमशफल m. *eine best. Pflanze* Bhâvapr. 1,288

रोमशातन n. *ein Mittel zum Entfernen der Haare* Z. d. d. m. G. 31,768.

*रोमस्रुक n. *eine best. wohlriechende Pflanze.*

रोमहर्ष m. *das Sträuben der Härchen des Körpers, Rieseln der Haut* (vor Kälte, Furcht, Freude, Zorn, Geilheit).

रोमहर्षण 1) Adj. *Haarsträuben verursachend*, d. i. *Grauen* oder *grosse Freude erregend*. — 2) m. *a*) **Terminalia Bellerica*, deren Nüsse als (*Grauen erregende*) Würfel gebraucht werden. — *b*) Bein. Sûta's, des Erzählers der Purâṇa; auch der Vater Sûta's wird so genannt. — 3) *n. = रोमहर्ष.

रोमहर्षणक Adj. (f. °णिका) VP.² 3,66. 227 fehlerhaft für रो°

रोमहर्षणि und °हर्षिणि m. fehlerhaft für रोमहर्षणि.

रोमहर्षित (Conj.) Adj. *bei dem die Härchen am Körper sich sträuben.*

रोमहर्षिन् Adj. dass. Çiç. 19,19.

रोमाङ्कुर m. *ein sich aufrichtendes Härchen am Körper* Kâd. 74,14.

रोमाञ्च्, रोमाञ्चति *ein Rieseln der Haut empfinden.*

रोमाञ्च m. (adj. Comp. f. आ) = रोमहर्ष.

*रोमाञ्चकिन् m. N. pr. eines Schlangendämons.

*रोमाञ्चिका f. *ein best. kleiner Strauch* Râǵan. 5,58.

रोमाञ्चित Adj. *emporgerichtete Härchen habend, n Rieseln der Haut empfindend.* ऊर्ध्व° dass.

रोमाञ्चिन् Adj. dass. Kâd. 2,16,4. 5.

रोमाञ्चोद्गतराजिमत् Adj. *von emporstehenden Reihen sich sträubender Härchen umgeben* Hariv. 2902.

*रोमालविटपिन् m. *ein best. Baum* Râǵan. 9,109.

रोमाली f. 1) *Härchenreihe* (oberhalb des Nabels beim Weibe) Spr. 7759. — 2) **Pubertät.*

*रोमालु m. 1) *Dioscorea globosa* Râǵan. 7, 69. Dhanv. 4,88. — 2) *Mucuna pruritus* Râǵan. 3,40.

*रोमालुविटपिन् m. *eine best. Pflanze.*

रोमावली f. = रोमाली

*रोमाश्रयफला f. *ein best. Strauch.* Fehlerhaft, vgl. Râǵan. 4,205.

रोमोत्पात m. = रोमहर्ष Hemâdri 1,215,18.

रोमोद्गति f. das

रोमोद्गम m. (adj. Comp. f. आ) dass. न्यक्त° Adj.; davon Nom. abstr. °त्व n.

रोमोद्भेद m. dass.

1. रोर m. *ein best. Körpertheil* (= अंसग्रन्थि Mahîdh.). Du. Maitr. S. 3,15,3 = VS. 25,3.

2. रोर m. *Arbeiter* (?) Hem. Par. 13,291. रोर 8,72.

रोरवण n. *heftiges Brüllen.*

रोरुक N. pr. eines Landes oder einer Stadt.

*रोरुद्दा f. *heftiges Weinen.*

रोरुदावत् Adj. *heftig weinend* Bhaṭṭ.

*रोरूय Adj. vom Intens. von 1. रु.

रोल 1) *m. *a*) *Flacourtia cataphracta.* — *b*) *frischer Ingwer.* — 2) f. आ *ein best. Metrum.*

रोलदेव m. N. pr. eines Malers.

रोलम्ब m. *Biene* Râǵat. 7,1236. Hem. Par. 2,37.

रोलम्बराज m. N. pr. eines Autors. °राजीय n. Titel *seines Werkes* Opp. Cat. 1. Vgl. लोलिम्बराज.

रोलिचन्द्र (!) m. N. pr. eines Mannes.

*रोशंसा (!) oder *रोसंसा (!) f. *wish, desire.*

*रोष Adj. = हिंस्र, वधक.

रोष m. (adj. Comp. f. आ) *Zorn, Wuth,* — *gegen, auf* (im Comp. vorangehend) Âpast. रोषं कर *zürnen auf* (प्रति).

रोषण 1) Adj. *zornig, zum Zorn geneigt, leicht in Wuth gerathend, zornig auf, aufgebracht gegen* (Gen. oder im Comp. vorangehend). — 2) *m. *a*) *Probirstein.* — *b*) *Quecksilber.* — *c*) *salzhaltiger Boden.* — *d*) *Grewia asiatica.*

रोषणता f. *Geneigtheit zum Zorn, Leidenschaftlichkeit.*

रोषभाज् Adj. *erzürnt* Çiç. 18,42.

रोषमय Adj. *aus Zorn —, aus Wuth hervorgegangen.*

रोषाक्षेप m. in der Rhetorik *eine durch Zorn an den Tag gelegte Erklärung, dass man mit Etwas nicht einverstanden sei.*

*रोषाण (!) Zach. Beitr.

रोषावरोह m. N. pr. eines Kriegers auf Seiten der Götter im Kampfe gegen die Asura.

रोषिदश्व Mân. Gṛhj. 2,7 wohl fehlerhaft für रोहिदश्व.

रोषिन् Adj. *zornig, wüthend.*

रोष्टर् Nom. ag. dass. Bhaṭṭ.

*रोसंसा s. u. रोशंसा.

रोह 1) Adj. *hinaufsteigend, reitend auf* (im Comp. vorangehend). — 2) m. *a*) *Erhebung, Höhe.* — *b*) *das Aufsteigen, — zu* (Gen.). — *c*) *das Aufgehen* (eines Samenkorns), *Wachsen.* °सहस्रमेति *geht tausendfältig auf.* — *d*) *das Aufsteigen,* so v. a. *Zunahme.* — *e*) **Spross, Schoss.* — रोहा s. bes.

रोहक 1) Adj. *a*) *reitend;* m. *Reiter.* — *b*) *wachsend* in *ग्राव° (Nachtr. 5). — 2) *m. *eine Art von Gespenstern.*

*रोहतिति (!) m. Patron. gaṇa वैलादि in der Kâç. राहतिति v. l.

*रोहग m. N. pr. eines Berges.

रोहण 1) m. N. pr. eines Berges, der Adamspik auf Ceylon. Auch रोहणपर्वत und रोहणाचल. — 2) f. ई *a*) *ein Mittel zum Verheilen.* — *b*) Çiç. 12,40 fehlerhaft für रोहिणी. — 3) n. *a*) *ein Mittel zum Ersteigen von* (Gen.). — *b*) *das Besteigen, Betreten, Reiten, Sitzen, Stehen,* — *von oder auf* (im Comp. vorangehend). — *c*) *das Anlegen, Befestigen* (einer Bogensehne). — *d*) *das Verwachsen, Heilen* (einer Wunde). — *e*) *das Hervorgehen, Entstehen* Vâsav. 150,3, v. l. Uttamaǵ. 197. — *f*) **der männliche Same* Râǵan. 18,70.

*रोहणद्रुम m. *der Sandelbaum.*

*रोहत्पर्वा f. *eine Art* Durvâ-*Gras* Râǵan. 8,114. v. l. रोहित्पर्वा.

*रोहन्त 1) m. *ein best. Baum* oder *Baum* überh. — 2) f. ई *eine best. Schlingpflanze* oder *Schlingpflanze* überh.

रोहपूर्व Adj. *wobei die Töne aufsteigen* Sâṁhitopan. 17,1.

रोहस् n. *Erhebung, Höhe.*

रोहसेन m. N. pr. eines Mannes.

*रोहाय्, °यते Denomin. von रोहत्, Partic. von 1. रुह्.

रोहि m. 1) *eine Art Gazelle.* — 2) **Same.* — 3) **Baum.* — 4) *= व्रतिन्.

रोहिण 1) Adj. *unter dem Mondhause* Rohiṇî *geboren.* Unter den Beiwörtern Vishṇu's. — 2) m. *a*) Bez. *verschiedener Pflanzen.* Nach den Lexicographen *Andersonia Rohitaka, Ficus indica* und *Andropogon Schoenanthus* Râǵan. 8,14. 121. 11,118. — 3) *n. *der 9te* Muhûrta. — रोहिणी s. bes.

रोहिणि (metrisch) f. = रोहिणी *ein best. Mondhaus.*

रोहिणिका f. 1) *Halsentzündung.* — *b*) **ein roth aussehendes Frauenzimmer.*

रोहिणित्व n. = रोहिणीत्व.

रोहिणिनन्दन (metrisch) m. Metron. Balarâma's MBh. 7,181,10.

*रोहिणिपुत्र m. *der Sohn der* Rohiṇî als N. pr.

*रोहिणिषेण und *°सेन m. N. pr. eines Mannes.

रोहिणी 1) Adj. f. *a*) zu रोहिन्. — *b*) रोहिणी zu रोहित *roth.* — *c*) *रोहिणी *unter dem Mondhause* Rohiṇî *geboren.* — 2) f. *a*) रोहिणी *eine röthliche Kuh,* im Veda vielleicht auch *eine röthliche Stute.* — *b*) रोहिणी und रोहिणी *ein best. Mondhaus* und *der damit verbundene lunare Tag;* ausnahmsweise auch Pl. TS. 4,4,10,1. 2 und TBr. 1,5,1,1. 4 erscheinen zwei Mondhäuser dieses Namens. In der Figur des Sternbildes sieht der Inder einen *Karren,* einen *Tempel* oder einen *Fisch.* Personificirt als Tochter Daksha's und bevorzugte Gattin des Mondes. — *c*) रोहिणी α) *Kuh* Çiç. 12,40 (im Text fehlerhaft

रोहणी). — β) *ein Mädchen, das eben die Regeln bekommen hat*, Gṛhjâs. 2,18. — γ) *eine best. Gemüsepflanze*. Nach den Lexicographen *Helleborus niger*, *Acacia arabica*, *Gmelina arborea*, *Rubia Munjista*, *Terminalia Chebula* und = *कटुंभरा Râǵan. 6,132. 193. 9,36. 11,122. Bhâvapr. 1,173. 3,31. — δ) *Halsentzündung in verschiedenen Formen* Ḱaraka 1,5. — ε) *eine best.* Çruti S.S.S. 23. — ζ) *eine best.* Mûrkhanâ S. S. S. 30. 31. — η) **Blitz*. — ϑ) **eine Art Stahl*. — ι) N. pr. a) einer Tochter der Surabhi und Mutter des *Rindes* (auch der Kâmadhenu). — b) zweier Gattinnen Vasudeva's und der Mutter Balarâma's VP.². — c) einer Gattin Kṛshṇa's. — d) der Gattin Mahâdeva's. — e) einer Tochter Hiranjakaçipu's. — f) *einer Vidjâdevî. — g) *eines Flusses VP.².

रोहिणीक f. = रोहिणिका *Halsentzündung* Ḱaraka 1,18.

रोहिणीकान्त m. *der Mond*.

रोहिणीचन्द्रव्रत n. *eine best. Begehung*.

रोहिणीचन्द्रशयन n. desgl.

रोहिणीतनय m. Metron. Balarâma's Çiç. 15,24.

रोहिणीतपस् n. Titel eines Werkes.

रोहिणीतरु m. *ein best. Baum* Kathâs. 59,37.

रोहिणीतीर्थ n. N. pr. eines Tîrtha.

रोहिणीत्व n. Nom. abstr. von रोहिणी als Name *eines Mondhauses*.

रोहिणीपति (Vikramâṅkaḱ. 2,17) und रोहिणीप्रिय m. *der Mond*.

रोहिणीभव m. *der Planet Mercur*.

रोहिणीयोग m. *die Conjunction des Mondes mit dem Mondhause* Rohiṇî. Vollständiger चन्द्र°.

रोहिणीरमण m. 1) *Stier* Râǵan. 19,24. — 2) *der Mond* Harshaḱ. 186,24. Vâs.

*रोहिणीवल्लभ m. *der Mond*.

रोहिणीव्रत n. *eine best. Begehung*. °व्रतोद्यापन n. Titel eines Werkes Bühler, Rep. No. 665.

रोहिणीश m. *der Mond* Çiç. 3,60.

रोहिणीशान्ति f. Titel eines Werkes Burnell, T.

*रोहिणीषेण m. N. pr. eines Mannes.

*रोहिणीसुत m. *der Planet Mercur*.

*रोहिणेय Trik. 3,3,319 fehlerhaft für रौहिणेय.

रोहिण्यष्टमी f. *der achte Tag in der dunkelen Hälfte des* Bhâdra, *wenn der Mond in Conjunction mit dem Mondhause* Rohiṇî *steht*.

रोहित् 1) Adj. a) *roth* in रोहिदश्व. — b) f. angeblich = ऋतुमती. — 2) *m. a) *die Sonne*. — b) *Cyprinus Rohita* Râǵan. 19,71. — 3) f. a) *eine rothe Stute*. — b) *das Weibchen einer Gazelle*. — c) *Pl. α) *Flüsse*. — β) *die Finger*. — d) **eine best. Schlingpflanze*.

1. रोहित 1) Adj. (f. *रोहिता und रोहिणी; s. dieses bes.) *roth, röthlich*. — 2) m. a) *ein rothes Ross, Fuchs*. — b) bildlich von der *Sonne* in den Liedern AV. 13,1,1. fgg. — c) Pl. Bez. *dieser Lieder*. Auch रोहितौ. — d) *eine best. Hirschart*. — e) *ein best. Fisch, Cyprinus Rohita*. Auch रोहितमत्स्य. — f) *ein best. Baum, Andersonia Rohitaka* Râǵan. 8,14. Auch रोहितवृक्ष. — g) **eine Art Perlenschmuck*. — h) *eine best. unvollkommene Form eines Regenbogens*. — i) N. pr. α) eines Sohnes des Hariçkandra. — β) eines Manu. — γ) eines Sohnes des Kṛshṇa Hariv. 2,103,8. रोहित v. l. — δ) eines Sohnes des Vapushmant. — ε) Pl. einer Klasse von Gandharva. — ζ) Pl. einer Klasse von Göttern unter dem 12ten Manu. — η) *eines Flusses. — 3) n. a) *ein best. Metrum* Ait. Br. 5,10. — b) *eine best. unvollkommene Form eines Regenbogens*. — c) **Blut*. — d) **Saffran*. — e) N. pr. des von 2) i) δ) beherrschten Varsha VP. 2,4,22. 23.

2. रोहित (vom Caus. von 1. रुह्) n. *Versetzung —, Translation in* (Loc.) MBh. 4,271 = ed. Vardh. 4,8,28.

रोहितक 1) m. a) *ein best. Baum, Andersonia Rohitaka* Mat. med. 315. Râǵan. 8,14. Maitr. S. 3,9,3. रोहीतक v. l. — b) N. pr. α) Pl. einer Völkerschaft. — β) *eines Flusses. — γ) *eines Stûpa. — 2) *f. रोहितिका *ein roth aussehendes Frauenzimmer*.

रोहितकारण्य n. N. pr. einer Oertlichkeit.

रोहितकूल desgl.

रोहितकूलीय n. Name eines Sâman.

*रोहितगिरि m. N. pr. eines *Gebirges*.

*रोहितगिरीय m. Pl. *die Bewohner von* Rohitagiri.

रोहितपुर n. N. pr. der von Rohita (Hariçkandra's Sohne) gegründeten *Stadt*.

रोहितवत् Adj. *rothe Rose habend*.

रोहितवस्त्र N. pr. einer Oertlichkeit Lalit. 528,4.

रोहिताक्ष 1) Adj. *rothäugig*. — 2) m. N. pr. eines Mannes Mudrâr. 30,11 (53,2).

रोहिताङ्ग Adj. *rothscheckig*.

रोहितायन (!) m. Patron. Auch Pl.

रोहिताश्व 1) *Adj. *rothe Rosse habend*. — 2) m. a) **der Gott des Feuers, Feuer*. — b) N. pr. eines Sohnes des Hariçkandra 105,22.

रोहितास्य m. = रोहिताश्व 2) b). Vielleicht fehlerhaft.

*रोहितेय m. *Andersonia Rohitaka*.

रोहितैत Adj. *rothbunt* TS. 5,6,18,1.

*रोहित्पर्वा f. s. रोहत्पर्वा.

रोहिदश्व Adj. *mit rothen Rossen fahrend*.

रोहिन् 1) Adj. a) *aufgehend*. Am Ende eines Comp. *sich erhebend zu* Çiç. 20,61. — b) *in die Höhe geschossen, lang*. — c) am Ende eines Comp. *wachsend auf* oder *in*. — d) *an Zahl zunehmend*. — 2) *m. a) *Andersonia Rohitaka*. — b) *der indische Feigenbaum*. — c) *Ficus religiosa*. — रोहिणी s. bes.

*रोहिष (!) 1) m. *eine Hirschart*. — 2) f. *das Weibchen einer Gazelle*.

रोहिष m. 1) *eine best. Grasart* Râǵan. 8,99. Bhâvapr. 1,210. 3,119. Ḱaraka 7,1. — 2) **ein best. Fisch*. — 3) **eine Gazellenart* Râǵan. 19,46.

रोहिष्यै Dat. Infin. *zum Wachsthum*.

रोही f. 1) *das Weibchen einer Gazelle*. रौही v. l. — 2) N. pr. eines Flusses.

रोहीतक m. 1) *Andersonia Rohitaka* Râǵan. 8,14. Bhâvapr. 1,233. 3,119. Maitr. S. 3,9,3. v. l. रोहितक. — 2) N. pr. eines Berges (nach Nîlak.).

रौक्म Adj. (f. ई) *golden, mit Gold verziert*.

रौक्मिणेय m. Metron. Pradjumna's.

रौक्षक m. Patron. Auch Pl.

रौक्षायण m. desgl. Auch Pl.

रौक्ष्य n. 1) *Dürre, Trockenheit, Magerkeit*. — 2) *Rauhheit, Härte* in übertragener Bed. — रौक्ष्यः bei Uǵǵval. zu Uṇâdis. 3,66 wohl fehlerhaft für रूक्ष्यः (Nom. Pl. f.).

रौचनिक Adj. (f. ई) *mit Gallenstein vom Rinde gefärbt, diese Farbe habend*.

1. रौच्य m. 1) **ein Stab aus* Bilva-*Holz*. — 2) Patron. des 13ten (9ten) Manu. Auch Pl.

2. रौच्य Adj. zu Manu Rauḱja *in Beziehung stehend*.

*रौट्, रौटति und *रौड्, रौडति (अनादरे).

*रौडि m. Patron.

*रौढीय m. Pl. *eine best. grammatische Schule*.

*रौण Adj. von रोण.

रौद्र und रौद्र 1) Adj. (f. आ und ई) a) *dem* Rudra *oder den* Rudra *gehörig, von R. kommend, R. geltend, an R. gerichtet, nach R. benannt*. — b) Rudra-*ähnlich*, so v. a. *ungestüm, wild, furchtbar, Unglück verheissend, — bringend*. रौद्रम् Adv. *auf eine furchtbare Weise*. — c) in Verbindung mit गण m. Bez. *best. böser Geister*. — 2) m. a) *ein Sprössling* Rudra's. — b) *ein Verehrer* Rudra's. — c) Pl. Bez. *best. böser Geister*. — d) *Bein. Jama's. — e) **die kalte Jahreszeit*. — f) *ein best. Meteor* (केतु). — g) *das 54ste Jahr im 60jährigen Jupitercyclus*. — h) Pl. N. pr. eines Volkes. — 3) (*m. n.) *Hitze*. — 4) m. (verdächtig) (*f. ई) und n.

das unter Rudra stehende Mondhaus Ârdrâ. Auch रौद्रर्क्ष n. — 5) f. रौद्री a) *Bein. der Gaurî. — b) eine der neun Samidh Gṛhjâs. 1,27. — c) eine best. Çruti S. S. S. 23. — d) eine best. Mûrkhanâ S. S. S. 30. — e) eine best. Çakti Hemâdri 1.611,5. — f) *eine best. Schlingpflanze. — g) Titel eines von Rudrabhaṭṭâkârja verfassten Commentars. — 6) n. a) wildes —, furchtbares Wesen, Furchtbarkeit, eine furchtbare Erscheinung. — b) Name verschiedener Sâman Ârsh. Br. — c) N. pr. eines Liṅga.

*रौद्रक = रुद्रेण कृतम् (संज्ञायाम्).

1. रौद्रकर्मन् n. eine Furchtbares bezweckende Zauberhandlung.

2. रौद्रकर्मन् 1) Adj. Furchtbares vollbringend. — 2) m. N. pr. eines Sohnes des Dhṛtarâshṭra.

रौद्रकर्मिन् Adj. = 2. रौद्रकर्मन् 1) Hemâdri 1, 496,6.

रौद्रता f. wildes —, furchtbares Wesen, Furchtbarkeit.

रौद्रनेत्रा f. N. pr. einer buddh. Göttin.

रौद्रपाद wohl das Mondhaus Ârdrâ.

रौद्रमनस् Adj. wilden Sinnes.

रौद्राग्न Adj. zu Rudra und Agni in Beziehung stehend.

रौद्राणी f. wohl fehlerhaft für रुद्राणी.

रौद्रायण m. Patron. von रुद्र. Auch Pl.

रौद्राश्व m. Patron. N. pr. 1) eines Sohnes oder entfernteren Nachkommen des Pûru. — 2) eines Rshi.

रौद्रि m. Patron. von रुद्र.

रौद्रीकरण n. das Vollbringen von furchtbaren Dingen Mân. Çr. 11,7,1.

रौद्रीभाव m. Rudra's (Çiva's) Charakter.

रौद्रीशान्ति f. Titel eines Werkes Burnell, T.

*रौध m. Patron. von रोध.

रौधादिक Adj. zu der mit रुध् anfangenden (d. i. zur 7ten) Klasse von Wurzeln gehörig

रौधिर Adj. aus Blut bestehend, von Blut stammend.

रौप्य 1) Adj. silbern. — 2) f. आ N. pr. einer Oertlichkeit. — 3) n. Silber Râǵan. 13,1. 14

रौप्यक Adj. silbern Hemâdri 1,557,17.

रौप्यनाभ m. N. pr. eines Râkshasa VP.² 1,188.

रौप्यमय Adj. (f. ई) silbern.

रौप्यरुक्ममय Adj. Pl. silbern und golden.

रौप्यायण m. Patron. Auch Pl.

*रौप्यायणि m. Patron. von त्रप्य.

रौप्यायसहिरण्मय Adj. Pl. silbern, eisern und golden.

रौम 1) m. a) Pl. = रौम्य VP.² 1,130. — b) N. pr. eines Mannes. — 2) *n. eine Art Salz.

रौमक 1) Adj. a) *von रोमक N. pr. eines Dorfes im Nordlande. — b) römisch, von den Bewohnern des Römerreichs gesprochen. — c) vom Astronomen Romaka herrührend. — 2) n. eine Art Salz Suçr. 1,157,8 nach der Lesart von Kakr. (= रुमानदीभव). Auch *°लवण n.

*रौमकीय Adj. von रोमक.

*रौमण्य Adj. von रोमन्.

*रौमशीय Adj. von रोमश.

रौमहर्षणक Adj. (f. °णिका) von Romaharshaṇa verfasst. संहिता VP. 3,6,17.

रौमहर्षणि m. Patron. Sûta's.

*रौमायण Adj. von रोमन्.

रौम्य m. Pl. Bez. bestimmter böser Geister im Dienste Çiva's.

रौर m. s. u. 2. रोर.

रौरव 1) Adj. (f. ई) a) von der Ruru genannten Hirschart stammend. — b) *furchtbar. — c) *unstät. — d) *betrügerisch. — 2) m. a) eine best. Hölle. Personificirt als Gatte der Vedanâ und Vater des Duḥkha. — b) ein best. Kalpa 2) h). — 3) n. a) *die Frucht der Pflanze Ruru. — b) Name verschiedener Sâman.

*रौरवक = रुरुणा कृतम् (संज्ञायाम्).

रौरुकिन् 1) m. Pl. eine best. Schule Gobh. 3,2,7. — 2) n. Pl. die von dieser Schule überlieferten Jagus Lâṭj. 2,3,1.

रौरुकीय Adj. von रौरुकिन् 1) Comm. zu Lâṭj. 2,3,1.

रौशर्मन् m. N. pr. eines Mannes.

*रौहिक Adj. = रुह इव.

रौहिण 1) Adj. (f. ई) mit dem Mondhause Rohiṇî in Verbindung stehend, *unter diesem Mondhause geboren. — 2) m. a) Sandelbaum oder der indische Feigenbaum Suparn. 13,5. 14,4. — b) Bez. bestimmter Opferfladen beim Pravargja Âpast. Çr. 15,15,1. — c) ein best. Agni. — d) *Wolke. — e) *Pl. eine best. grammatische Schule. — f) N. pr. α) eines von Indra besiegten Dämons. — β) eines Mannes. — 3) n. a) der 9te Muhûrta des Tages AV. Ǵjot. 1,9. — b) इन्द्रस्य रौहिणे und धातु रौहिणम् Namen von Sâman Ârsh. Br. राजनरौहिणे Vasishṭha 22,9.

रौहिणक n. Name eines Sâman.

रौहिणकपाल n. die für die Rauhiṇa-Fladen bestimmte Schüssel Çat. Br. 14,1,2,17. 19. fgg. 3,1.

रौहिणहवनी f. der für die Rauhiṇa-Fladen bestimmte Löffel Çat. Br. 14,1,3,1. 3,1,20. Kâtj. Çr. 26,2,10. 7,18.

रौहिणायन m. Patron. von रौहिण. Auch Pl.

रौहिणि m. desgl.

*रौहिणिक n. Edelstein Râǵan. 13,145.

रौहिणिनन्दन m. MBh. 7,8222 fehlerhaft für रौ°.

रौहिणेय 1) m. a) *Kalb (Sprössling der Kuh). — b) Metron. α) Balarâma's. — β) des Planeten Mercur Utpala zu Varâh. Bṛh. 2,3. — 3) *n. Smaragd Râǵan. 13,164.

रौहिणेश्वरतीर्थ n. N. pr. eines Tîrtha.

रौहिण्य m. Patron. Auch Pl.

रौहित 1) Adj. a) vom Thiere oder Fische Rohita stammend. — b) zum Manu Rohita in Beziehung stehend. — 2) m. N. pr. eines Sohnes des Kṛshṇa. v. l. रोहित.

रौहितक Adj. aus dem Holze der Andersonia Rohitaka gemacht, von ihr kommend (Blüthe) Karaka 6,6.

रौहित्यायनि m. Patron.

रौहिदश्व m. Patron. des Vasumanas.

*रौहिष (!) m. eine Hirschart.

*रौहिष 1) m. a) eine Hirschart. — b) Cyprinus Rohita. — 2) f. ई a) f. zu 1) a). — b) Schlingpflanze — c) Dûrvâ-Gras. — 3) ein best. wohlriechendes Gras Bhâvapr. 2,125.

रौही f. das Weibchen einer best. Hirschart MBh. 3,281,7.

रौहीतक 1) Adj. a) = रौहितक Âpast. Çr. 7,1, 15. — b) aus der Gegend Rohita stammend. — 2) m. Andersonia Rohitaka.

*रौह्य Adj. von रोह.

ल m. 1) der gemeinschaftliche Name für alle Tempora und Modi, Verbum finitum; übertragen auch auf einige Kṛt-Suffixe, die wie ein Verbum finitum construirt werden, 238,23. fgg. — 2) *Bein. Indra's. — 3) *cutting. — ला f. s. bes.

*लक्, लाकयति (आस्वादने).

*लक m. 1) the forehead. — 2) the ear or spike of wild rice.

*लकच m. = लकुच.

लकार m. 1) der Laut ल. Am Ende eines adj. Comp. f. आ. — 2) = ल 1). °वाद m., °विशेषार्थनिरूपण n. und लकारार्थप्रक्रिया f. Titel darüber handelnder Kapitel in einer Grammatik.

लकुच m. Artocarpus Locucha (n. die Frucht) Râǵan. 9,159. Madanav. 67,49. Bhâvapr. 1,240.

लकुट m. Knüttel Âpast. Çr. 10,27,7. Karaka 1,7.

लकुटिन् Adj. mit einem Knüttel versehen.

*लकुल gaṇa बलादि.

लकुलिन् m. N. pr. eines Muni.

*लकुल्य Adj. von लकुल.

लक्कक m. N. pr. eines Mannes.

लक्त in *गूथलक्त.

लक्ष्, लक्षति, °ते 1) *bemerken, wahrnehmen, erkennen.* — 2) *betrachten.* — लक्षय् s. bes.

लक्ष 1) m. oder n. a) *ein ausgesetzter (angehefteter) Preis.* — b) *Zeichen, Mal.* — 2) (*n.) a) *Ziel, Zielpunct.* आकाशे लक्षं बन्ध् *sein Ziel auf den Luftraum richten,* so v. a. *ohne bestimmtes Ziel in's Blaue sehen.* — b) *Schein, Verstellung.* °सुप्त *sich schlafend stellend* Daçak. (1925) 2,88,19. — c) **Perle* Râǵan. 13,152. — 3) m. (*f. आ) n. *hunderttausend.* Am Ende eines adj. Comp. f. आ.

लक्षक 1) Adj. *indirect bezeichnend, elliptisch —, metonymisch ausdrückend.* — 2) m. ein Mannsname. — 3) n. *hunderttausend.*

लक्षण 1) Adj. *Etwas mittelbar ausdrückend* 275,29. 276,32. — 2) m. a) **Ardea sibirica.* — b) N. pr. eines Mannes. Auch mit लक्ष्मण verwechselt. — 3) f. आ a) *Ziel.* — b) *eine indirecte Bezeichnung, eine elliptische —, metonymische Ausdrucksweise.* — c) *das Weibchen der Ardea sibirica.* — d) **das Weibchen der Gans.* — e) N. pr. einer Apsaras. — 4) n. (adj. Comp. f. आ) a) *Merkmal, Zeichen, Charakter, Attribut* (häufig Sg. in collectiver Bed.). Am Ende eines adj. Comp. *gekennzeichnet —, sich kennzeichnend durch;* auch so v. a. *versehen mit.* — b) *Marke, Strich,* insbes. *die auf der Opferstätte gezogenen Linien* (auch *das Ziehen derselben* u. s. w. Gobh. 1,1,10); *Stichwort* u. s. w. — c) *ein glückliches Merkmal, günstiges Zeichen.* — d) *Symptom einer Krankheit.* — e) *Geschlechtsmerkmal, die Geschlechtstheile.* — f) *nähere Bestimmung, Definition.* — g) *Bezeichnung,* so v. a. *Name.* — h) *Erscheinungsform, Art, Species.* Am Ende eines adj. Comp. *erscheinend —, sich äussernd als.* — i) *Ziel, Richtung, Hindeutung auf.* Am Ende eines adj. Comp. so v. a. *betreffend, sich beziehend auf, unter den Begriff von — fallend.* — k) *Wirkung, Einfluss.* — l) *Veranlassung, Gelegenheit.*

लक्षणक am Ende eines adj. Comp. (f. °णिका) = लक्षण *Merkmal.*

लक्षणकर्मन् n. *Angabe der Merkmale, nähere Bestimmung, richtige Definition* Âpast. 2,29,13 (°कर्मणा तु zu lesen).

लक्षणज्ञ Adj. 1) *die Zeichen* (am Körper) *zu deuten verstehend.* — 2) *Jmds* (im Comp. vorangehend) *gute Merkmale erkennend.*

लक्षणत्व n. *das eine Definition Sein.*

लक्षणदीपिका f. Titel eines Werkes Opp. Cat. 1.

लक्षणप्रशस्त Adj. *wegen der guten Anzeichen gerühmt* Gobh. 2,1,2.

लक्षणभ्रष्ट Adj. *aller günstigen Zeichen verlustig gegangen, unglücklich* Jâǵn. 3,217. v. l. अलक्षणा भ्रष्टाः st. लक्षणभ्रष्टाः.

लक्षणरत्न n. (Opp. Cat. 1.), °मालिका f. (Burnell, T.) und लक्षणराशि f. (ebend.) Titel von Werken.

लक्षणलक्षणा f. *eine best. elliptische* oder *metonymische Ausdrucksweise.*

लक्षणवन्त् Adj. 1) *gekennzeichnet durch* (Instr.) MBh. 12,251,14. — 2) *mit guten Zeichen versehen* Mân. Gṛhj. 2,14. — 3) *richtige Definitionen gebend* Ḱaraka 3,8(294,1). — 4) am Ende eines Comp. nach einem Zahlwort *so und so viele Erscheinungsformen habend.*

लक्षणवाद m. (Opp. Cat. 1), °रहस्य n., लक्षणशतक n. (Burnell, T.) und लक्षणसंग्रह m. Titel von Werken.

लक्षणसंनिपात m. *Brandmarkung.*

लक्षणसमुच्चय m. Titel eines Werkes.

लक्षणसंपद् f. *ein Vollauf von Kennzeichen* Vaǵraḱḱh. 22,3. fgg. 40,15. fgg.

लक्षणामृत n. Titel eines Werkes Opp. Cat. 1.

लक्षणालक्षणतस् Adv. *in Bezug auf die Kennzeichen und Nichtkennzeichen* Vaǵraḱḱh. 22,5. 6.

लक्षणावली f. Titel eines grammatischen Werkes.

लक्षणिन् Adj. = लक्षणज्ञ 1).

लक्षणीय Adj. 1) *sichtbar oder zu vermuthen, anzunehmen.* — 2) *was elliptisch, metonymisch ausgedrückt wird.*

लक्षणोत्तमा f. N. pr. einer Kiṁnara-Jungfrau Kâraṇḍ. 6,16.

*लक्षणोरु Adj. (f. °रू).

लक्षण्य Adj. 1) *als Merkmal dienend.* — 2) *mit guten Zeichen versehen.* सर्वलक्षण° *mit allen g. Z. v.*

लक्षतुलसीव्रतोद्यापन n. und °तुलस्युद्यापनविधि m. Titel von Werken.

लक्षदत्त m. N. pr. eines Fürsten.

लक्षदीपबिल्वोद्यापन n., °दीपव्रतोद्यापन n., लक्षनमस्कारविधि m. und लक्षपार्थिवलिङ्गव्रतोद्यापन n. Titel von Werken Burnell, T.

लक्षपुर n. N. pr. einer Stadt.

लक्षपुष्पपूजोद्यापन n., °पुष्पव्रत n., °व्रतोद्यापनविधि m., लक्षपूजोद्यापन n., लक्षप्रदक्षिणाविधि m. und °प्रदक्षिणाव्रतविधि m. Titel von Werken Burnell, T.

लक्षभूत Adj. (f. आ) *das Ziel seiend,* so v. a. *von Allen gesucht* Verz. d. Oxf. H. 217,a,26.

लक्षय्, लक्षयति, °ते (metrisch) 1) *bezeichnen, kennzeichnen.* लक्षित *bezeichnet —, gekennzeichnet durch, erkennbar an* (Instr. oder im Comp. vorangehend). — 2) *näher bezeichnen, definiren.* — 3) *mittelbar bezeichnen, — ausdrücken.* लक्षित auch *nicht an und für sich, sondern erst in übertragener Bedeutung unanständig.* — 4) *auf ein Ziel richten.* Nur °लक्षित *gerichtet auf* (von Pfeilen). — 5) *sein Augenmerk richten auf, im Auge haben, meinen* 229,10. 233,18. 19. 241,14. Pass. *gemeint sein.* — 6) *bezeichnen als, nennen.* Nur Pass. mit doppeltem Nomin. — 7) *bezeichnen als,* so v. a. *halten —, ansehen für* (mit doppeltem Acc.; auf den appositionellen Acc. kann auch इव folgen), *von Jmd* (Acc.) *annehmen, dass* (directe Rede mit इति). — 8) *an bestimmten Zeichen* (Instr.) *erkennen, — als* (mit doppeltem Acc.), — *dass* (directe Rede mit इति). — 9) *sein Augenmerk richten auf,* so v. a. *beachten, untersuchen.* — 10) *bemerken, wahrnehmen, erblicken* (häufig mit einem zweiten appositionellen Acc., auf den noch इव folgen kann), *sehen dass* (यद्); Pass. *erblickt werden, aussehen, zu sein scheinen* (mit einem appositionellen Nomin., auf den noch इव folgen kann); *erscheinen, sich einstellen.* लक्षित *bemerkt, erblickt, wahrgenommen, gesehen; verstanden* (302,6). — लक्ष्यते MBh. 5,7042 fehlerhaft für लप्स्यते, लक्ष्यताम् R. 5,82,19 für भक्ष्यताम्, अलक्ष्य Pańkat. 4,2,25 für आलक्ष्य. — Desid. लिलक्षयिषित *zu bezeichnen —, auszudrücken beabsichtigt, im Auge gehabt, gemeint* Çaṁk. zu Bâdar. S. 45, Z. 5. S. 91, Z. 3. — Mit अति in अनतिलक्षित (Nachtr. 5.) fehlerhaft für अनभिलक्षित. — Mit अनु *sein Augenmerk richten auf, im Auge haben* Sâj. zu ṚV. 1,113,13. — Mit अभि 1) dass. — 2) Pass. *zu sein scheinen,* mit appositionellem Nomin. — 3) अभिलक्षित a) *bezeichnet —, bestimmt durch* (Instr.). — b) *ausersehen zu* (Nomin.). — c) *berichtet, kund gethan.* — d) *erblickt, gesehen, bemerkt* 304,21. — Mit आ 1) *erblicken, gewahr werden, sehen;* auch mit appositionellem Acc.; Pass. *erblickt werden, erscheinen* (mit appositionellem Nomin.). आलक्षित *erblickt, wahrgenommen, vernommen, gehört.* — 2) आलक्षित auch fehlerhaft für अलक्षित. — Mit उपा *erblicken, gewahr werden;* auch mit appositionellem Acc. — Mit समा 1) dass. — 2) *auf Etwas sehen,* so v. a. *— warten.* — Mit उप 1) *bezeichnen, kennzeichnen.* Nur उपलक्षित *bezeichnet, gekennzeichnet, erkenn-*

bar an (Instr. oder im Comp. vorangehend). — 2) *näher bestimmen, definiren.* — 3) *uneigentlich bezeichnen, — ausdrücken;* Pass. auch *metonymisch dienen zu* (Dat.). अङ्गाद्यम्पोपलक्षिता: so v. a. *die* Aṅga *mit Einschluss von* Kampâ. — 4) *sein Augenmerk richten auf, beachten.* — 5) *betrachten als, halten für;* mit doppeltem Acc. — 6) *erblicken, bemerken, wahrnehmen, sehen;* auch mit appositionellem Acc.; Pass. *erblickt werden* u. s. w., *zu sein scheinen* (mit doppeltem Nomin.), *den Anschein haben als wenn* (directe Rede mit Opt.). — 7) *erkennen, recognosciren* Hem. Par. 1,212. 219. 221. 364. Uttamak. 213. — 8) *vernehmen, hören.* — 9) *wahrnehmen,* so v. a. *empfinden.* v. l. उपलभ्. — Mit अभ्युप, °लक्षित *erblickt, wahrgenommen.* — Mit समुप 1) *sein Augenmerk richten auf, beobachten.* — 2) *erblicken, wahrnehmen.* — Mit संप्रति Pass. *wahrgenommen werden* MBh. 13,49,21. — Mit वि 1) *kennzeichnen.* Nur विलक्षित *gekennzeichnet, erkennbar an* (Instr. oder im Comp. vorangehend). — 2) *erblicken, wahrnehmen;* auch mit appositionellem Acc. — 3) (*das Ziel aus dem Auge verlieren*) *verwirrt werden.* विलक्षित *bestürzt, verlegen.* — 4) विलक्षित *ungehalten.* — Mit सम् 1) *kennzeichnen.* Nur °संलक्षित *gekennzeichnet durch, erkennbar an.* — 2) *erblicken, wahrnehmen, erfahren* (auch mit appositionellem Acc.); Pass. *erblickt werden, erscheinen als* (Nomin.). — 3) *vernehmen, hören.*

लक्षरामनामलेखनव्रत n., लक्षवर्तिकथा f., °वर्तिदीपव्रतकल्प m., °वर्त्युद्यापन n. und °विधान n. Titel von Werken Burnell, T.

लक्षहोम m. *ein best. Opfer an die Planeten* Agni-P. 149,4. 12. 15. °पद्धति f. Titel eines Werkes.

लक्षात्पुरी f. N. pr. einer *Stadt.*

लक्षान्तर n. *eine Entfernung von hunderttausend* (Jogana) 173,1.

लक्षावतार m. Titel eines Commentars zum MBh. Opp. Cat. 1.

लक्षितत्व n. *das mittelbar Ausgedrücktsein* 279,21.

लक्षितव्य Adj. *zu definiren.*

लक्षिन् Adj. *mit Gutes verheissenden Merkmalen versehen.*

लक्षी Adv. 1) mit कर् *a) zum Ziele machen, zielen auf* Bâlar. 237,14. — *b) zum Ziele machen,* so v. a. *sich wenden —, aufbrechen nach* Naish. 6,1. — *c) der Zahl nach bestimmen, berechnen.* परार्धपरया लक्षीकृता: संख्यया so v. a. *mehr als ein* Parârdha *betragend* Naish. 12,106. — 2) mit भू *zum Ziele —,* z. Z. *von* (im Comp. vorangehend) *werden.*

लक्षेश m. *ein Besitzer von hunderttausend* (Goldstücken) Spr. 3791.

लक्ष्म n. = लक्ष्मन् in देवलक्ष्म॑.

लक्ष्मक m. N. pr. eines Mannes.

लक्ष्मकणिका f. *ein kleiner Fleck* Spr. 7828.

लक्ष्मण॑ 1) Adj. (f. आ॑) *a) mit Mälern —, mit Kennzeichen versehen.* — *b)* **mit glücklichen Zeichen versehen, glücklich.* — 2) m. *a) Ardea sibirica* Âpast. — *b)* N. pr. verschiedener Personen, unter andern eines Sohnes des Daçaratha und jüngern Bruders des Râma. Am Ende eines adj. Comp. f. आ. — 3) f. आ *a) das Weibchen der Ardea sibirica.* — *b)* **das Weibchen einer Gans.* — *c) eine best. Gemüsepflanze* Karaka 1,27 (177,21). Nach den Lexicographen *Hemionitis cordifolia* oder *Uraria lagopodioides,* = पुत्रकन्दा und *eine weiss blühende* Kaṇṭakârî Râgan. 4,33. 7,114. Madanav. 30,313. Bhâvapr. 1,199. 208. — *d)* N. pr. α) einer Gattin Kṛshṇa's. — β) einer Tochter Durjodhana's. — γ) einer Apsaras. v. l. लक्षणा. — δ) einer buddh. Göttin. — ε) *der Mutter des 8ten Arhant's der gegenwärtigen Avasarpiṇî. — 4) n. *a) Mal, Zeichen.* v. l. häufig लक्षणा. — *b)* **Name.*

*लक्ष्मणक m. *Pterospermum suberifolium* Râgan. 10,105.

लक्ष्मणकवच n. Titel einer Hymne.

लक्ष्मणकवि m. N. pr. eines Autors Burnell, T.

लक्ष्मणकुण्डक n. N. pr. einer Oertlichkeit.

लक्ष्मणखण्डप्रशस्ति f. Titel eines Werkes.

लक्ष्मणचन्द्र m. N. pr. eines Fürsten.

लक्ष्मणचम्पू f. (Opp. Cat. 1) und लक्ष्मणचूर्णिका f. (Burnell, T.) Titel von Werken.

लक्ष्मणदेव m. N. pr. eines Mannes.

*लक्ष्मणप्रसू f. Bez. der Sumitrâ (einer Gattin Daçaratha's).

लक्ष्मणभट्ट m. N. pr. verschiedener Gelehrter.

लक्ष्मणराजदेव m. N. pr. eines *Fürsten.*

लक्ष्मणसूरि m. N. pr. eines Autors Burnell, T.

लक्ष्मणसेन m. N. pr. und Bein. verschiedener Personen. Auch °देव Ind. Antiq. 10,346 (N. pr. eines *Fürsten*).

लक्ष्मणस्वामिन् m. 1) N. pr. eines Mannes B. A. J. 2, 11. — 2) Name einer Bildsäule des Lakshmaṇa.

लक्ष्मणाचार्य m. N. pr. eines Mannes.

*लक्ष्मणोरु Adj. (f. °रू).

लक्ष्मण्य, लक्ष्मणि॑य 1) Adj. *als Zeichen dienend, weithin sichtbar* Comm. zu Âpast. Çr. 5,6,1. — 2) m. N. pr. eines Mannes (nach Sâj. *Sohn des* Lakshmaṇa).

लक्ष्मन् n. 1) *Mal, Merkmal, Marke, Zeichen;* Sg. bisweilen in collectiver Bed. — 2) *ein gutes Merkmal, Vorzug.* — 3) *ein schlimmes Zeichen, Makel, Schandfleck* Bâlar. 153,6. 212,13. — 4) *Definition.* — 5) **das Haupt, der Vorzüglichste.* — 6) **Perle* Garbe zu Râgan. 13,153.

लक्ष्मवीथी f. Hariv. 4635 fehlerhaft für लक्ष्यवीथी.

लक्ष्मि (metrisch) f. = लक्ष्मी *Glück* in °वर्धन Adj. *Glück mehrend* und °संपन्न Adj. *mit Glück versehen, glücklich.*

लक्ष्मिनृसिंह m. N. pr. eines Fürsten Ind. Antiq. 9,188,3.

लक्ष्मी॑ f. (Nomin. लक्ष्मी॑म् und लक्ष्मी॑ः; am Ende eines adj. Comp. m. ebenso, n. लक्ष्मि) 1) *Mal, Zeichen.* — 2) mit oder ohne पापी॑ *ein schlimmes Zeichen, bevorstehendes Unglück, Unglück* Âpast. Çr. 4,15,4. — 3) *ein gutes Zeichen* (in der älteren Sprache gewöhnlich mit पुण्या verbunden), *gute Anwartschaft, ein bevorstehendes Glück, Glück.* Auch Pl. — 4) *die gute Genie eines Fürsten, die königliche Würde, Herrlichkeit* überh. — 5) *Reichthum, Reichthümer* Râgat. 7,346. — 6) *Schönheit, Anmuth, Pracht.* — 7) personificirt als *Göttin des Glückes und der Schönheit.* पतिर्लक्ष्म्या: so v. a. *ein Liebling der Glücksgöttin.* Erscheint als Gattin des Sonnengottes, Pragâpati's, Dharma's (und Mutter Kâma's), Nârâjaṇa's oder Vishṇu's und Dattâtreja's; als Schwester oder Mutter Dhâtar's und Vidhâtar's; als Name der Dâkshâjaṇî in Bharatâçrama; als eine Manifestation der Prakṛti; entsteht bei der Quirlung des Oceans. Wird auch mit Sitâ identificirt (vgl. लक्ष्मीव). — 8) *ein best. Spruch* Nṛs. Tâp. Up. 1,3. — 9) Bez. *verschiedener Pflanzen.* Nach den Lexicographen *Hibiscus mutabilis, Mimosa Suma, Gelbwurz, eine weisse* Tulasî, = ऋद्धि, वृद्धि, प्रियङ्गु und फलिनी Râgan. 5,29. 6,200. 8,33. 10,155. Bhâvapr. 1,171. — 10) Bez. *der 11ten* Kalâ *des Mondes.* — 11) Name *zweier Metra.* — 12) **die Gattin eines Helden.* — 13) **Perle* Garbe zu Râgan. 13,153. — 14) ein Frauenname.

लक्ष्मीक am Ende eines adj. Comp. = लक्ष्मी 3) 4) 5).

लक्ष्मीकल्प m. *eine best. Zeitperiode* Hemâdri 1,538,15.

लक्ष्मीकवच n. Titel verschiedener Kavaka Burnell, T.

लक्ष्मीकान्त m. 1) Bein. Vishṇu's. — 2) N. pr.

eines Autors. °शिक्षा f. Titel seines Werkes Opp. Cat. 1.

लक्ष्मीकुलतन्त्र n. und °कुलार्णव m. Titel von Werken.

*लक्ष्मीगृह n. 1) *Münzstätte* Gal. — 2) *eine rothe Lotusblüthe.*

लक्ष्मीचरित्र n. Titel eines Werkes.

लक्ष्मीजनार्दन n. Sg. Lakshmî *und* Ǵanârdana.

लक्ष्मीतन्त्र n. Titel eines Werkes Opp. Cat. 1.

लक्ष्मीताल m. 1) **ein der Weinpalme ähnlicher Baum.* — 2) *ein best. Tact* S. S. S. 226. 233.

लक्ष्मीत्व n. *das* Lakshmî-*Sein* (der Sîtâ).

लक्ष्मीदास m. N. pr. verschiedener Männer.

लक्ष्मीदेवी f. N. pr. einer gelehrten Frau.

लक्ष्मीद्वादशनामस्तोत्र n. Titel eines Stotra Burnell, T.

लक्ष्मीधर 1) m. N. pr. verschiedener Männer. Auch °कवि, °दीक्षित, °देशिक (Burnell, T.), °भट्ट, °सूरि und °धराचार्य. — 2) (wohl n.) *ein best. Metrum.* — 3) Titel eines Commentars Burnell, T.

लक्ष्मीनरसिंह m. N. pr. eines Fürsten Ind. Antiq. 9,190,23. 25.

लक्ष्मीनाथ m. 1) Bein. Vishṇu's. — 2) N. pr. eines Autors Burnell, T.

लक्ष्मीनामामृत n. Titel eines Stotra Opp. Cat. 1.

लक्ष्मीनारायण 1) m. Du. und n. Sg. Lakshmî *und* Nârâjaṇa Hemâdri 1,741,4. — 2) N. pr. eines Prinzen Ind. Antiq. 9,188,7. — 3) Adj. von 1) व्रत n. Hemâdri 1,739,21.

लक्ष्मीनारायणपूजाविधान n. Titel eines Werkes Opp. Cat. 1.

लक्ष्मीनारायणयति m. N. pr. eines Lehrers.

लक्ष्मीनारायणव्रत n. *eine best. Begehung.*

लक्ष्मीनारायणसंवाद m., °नारायणस्तोत्र n. und °नारायणहृदय n. Titel von Werken Opp. Cat. 1.

लक्ष्मीनिवास m. *die Wohnstätte der Glücksgöttin.*

लक्ष्मीनिवासाभिधान n. Titel eines Werkes.

लक्ष्मीनृसिंह 1) n. Sg. Lakshmî *und* Vishṇu *als Mannlöwe.* — 2) m. N. pr. *a*) eines Fürsten. — *b*) eines Autors Burnell, T. Auch °कवि ebend.

लक्ष्मीनृसिंहपञ्चरत्नमालिका f., °नृसिंहमहाष्टोत्तर (vgl. लक्ष्म्यष्टोत्तर) n., °नृसिंहस्तवराज m. und °नृसिंहस्तोत्र n. Titel von Werken Burnell, T. Opp. Cat. 1.

लक्ष्मींददा f. N. pr. einer Kiṁnara-Jungfrau Kâraṇḍ. 6,1.

लक्ष्मीपञ्चाशत् f. Titel eines Werkes Opp. Cat. 1.

लक्ष्मीपति m. 1) *Fürst, König* Kir. 1,44. — 2) Bein. Vishṇu-Kṛshṇa's Vishṇus. 98,28. — 3) **Betelpalme.* — 4) **Gewürznelkenbaum.*

*लक्ष्मीपुत्र m. 1) Metron. *a*) Kâma's. — *b*) Kuça's und Lava's, der Söhne Râma's. — 2) *Pferd.*

लक्ष्मीपुर n. N. pr. verschiedener *Städte* Ḱampaka 147. °माहात्म्य n. Burnell, T.

लक्ष्मीपुरुषकार m. Titel eines Werkes Opp. Cat. 1.

*लक्ष्मीपुष्प n. 1) *Gewürznelken* Gal. — 2) *Rubin.*

लक्ष्मीपूजा f. *ein best. Fest am 15ten Tage in der dunkelen Hälfte des* Âçvina.

*लक्ष्मीफल m. *Aegle Marmelos.*

लक्ष्मीमन्दिर n. fingirtes Nom. pr. einer Stadt Ḱaurap. (A.) 2.

लक्ष्मीयजुस् n. *ein best. Spruch.* Richtig लक्ष्मी und यजुस् als Bez. *zweier Sprüche;* vgl. Nṛs. Tâp. Up. 1,3.

लक्ष्मीरमण m. Bein. Vishṇu's.

लक्ष्मीवत् 1) Adj. *a*) *glücklich, mit Glücksgütern ausgestattet.* — *b*) *schön.* — 2) *m. *a*) *Artocarpus integrifolia.* — *b*) *Andersonia Rohitaka* Râǵan. 8, 15. — 3) f. °वती ein Frauenname Hem. Par. 8,5. Uttamaḱ. 3.

लक्ष्मीवर्मदेव m. N. pr. eines *Fürsten.*

लक्ष्मीवल्लभ m. N. pr. eines Autors.

लक्ष्मीवसति f. *die Wohnstätte der* Lakshmî als Bez. *der Blüthe von Nelumbium speciosum.*

लक्ष्मीविलास m. 1) Pl. *das Gebaren der Herrscherwürde.* — 2) *eine best. Mixtur* Rasendraḱ. 71,10.

*लक्ष्मीवेष्ट m. *das Harz der Pinus longifolia.*

लक्ष्मीश m. 1) Bein. Vishṇu's. — 2) **der Mangobaum.* — 3) *ein best. Tact* S. S. S. 212.

*लक्ष्मीश्रेष्ठा f. *Hibiscus mutabilis* Râǵan. 5,79.

लक्ष्मीसंहिता f. Titel eines Abschnitts im Vâjupurâṇa Burnell, T.

लक्ष्मीसख m. *ein Freund —, ein Günstling der Glücksgöttin.*

*लक्ष्मीसमाह्वया f. Bein. der Sîtâ.

*लक्ष्मीसहज m. *der Mond.*

लक्ष्मीसूक्त n. *eine best. Hymne.*

लक्ष्मीसेन m. N. pr. eines Mannes.

लक्ष्मीस्तुति f. Titel eines Stotra Opp. Cat. 1.

लक्ष्मीस्तोत्र n. 1) *Preis der* Lakshmî. — 2) Titel verschiedener Stotra Burnell, T. Opp. Cat. 1.

लक्ष्मीहृदय n. Titel eines Werkes Burnell, T.

लक्ष्म्यष्टोत्तर n. Titel eines Stotra Opp. Cat. 1. °शतनामन् n. Burnell, T.

*लक्ष्म्याराम m. N. pr. eines *Waldes.*

लक्ष्य 1) Adj. (f. आ) *a*) *zu definiren.* — *b*) *was angedeutet —, mittelbar bezeichnet* oder *ausgedrückt wird.* — *c*) *zu halten für, anzusehen als* (Nomin.). — *d*) *worauf man sein Augenmerk richtet, was man im Auge hat.* — *e*) *worauf man sein Augenmerk zu richten hat, zu beobachten.* — *f*) *zu erkennen, erkennbar an* (Instr. oder im Comp. vorangehend). — *g*) *sichtbar, wahrnehmbar.* — 2) m. *ein best. über Waffen gesprochener Zauberspruch.* — 3) n. *a*) *ein ausgesetzter Preis.* — *b*) *Ziel* Gaut. लक्ष्यं लभ् *sein Ziel erreichen, Erfolg haben;* लक्ष्यं बन्ध *sein Ziel richten auf.* (Loc.); आकाशे लक्ष्यं बन्ध *sein Ziel auf den Luftraum richten,* so v. a. *ohne bestimmtes Ziel in's Blaue sehen.* Ausnahmsweise m. (v. l. aber n.). — *c*) *hunderttausend.* — *d*) *Schein, Verstellung.* — *e*) *Merkmal;* richtig लक्ष्मन्. — *f*) vielleicht *Beispiel.*

लक्ष्यज्ञत्व n. *Kenntniss des Zieles* oder — *von Beispielen.*

लक्ष्यता f. 1) *das Sichtbarsein.* — 2) *das Zielsein.*

लक्ष्यत्व n. 1) Nom. abstr. zu लक्ष्य 1) *b*). — 2) *das Zielsein,* — *von* (im Comp. vorangehend).

लक्ष्यवीथी f. *die überall sichtbare Strasse.* Nach Nîlak. = ब्रह्मलोकमार्ग, देवयान.

*लक्ष्यहन् 1) Adj. *das Ziel treffend.* — 2) m. *Pfeil.*

लक्ष्यालक्ष्य Adj. (f. आ) *sichtbar und nicht sichtbar,* so v. a. *kaum sichtbar.*

लक्ष्यी Adv. 1) mit कर् *zum Ziele machen,* — *von* (im Comp. vorangehend). — 2) mit भू *zum Ziele werden,* — *von* (im Comp. vorangehend).

*लख्, लखति (गतौ).

लखमादेवी f. N. pr. einer Fürstin.

लग्, लगति und *लग्यति 1) *sich heften —, haften an* (Loc.). पादयोः *sich an Jmds Füsse schmiegen,* so v. a. *sich Jmd zu Füssen werfen;* हृदि *in's Herz dringen.* — 2) *sich heften an* (Loc.), so v. a. *berühren, schneiden* (von einer Linie). — 3) *sich heften an,* so v. a. *sich unmittelbar anschliessen, unmittelbar folgen, sich entspinnen* (von einem Streite). — 4) *hingehen* (von der Zeit). — 5) लग्न *a*) *hängen geblieben, festsitzend, hängend —, sich anschmiegend —, geklammert an, sich berührend mit, steckend an, auf* oder *in, geheftet auf* (mit Loc. oder am Ende eines Comp.). पृष्ठे, पृष्ठतस् oder पृष्ठ° *sich an den Rücken schmiegend,* so v. a. *auf dem Fusse folgend;* मार्गे *auf dem Wege bleibend, den Weg verfolgend;* हृदये *in's Herz gedrungen.* — *b*) *sich berührend mit* (Loc.), so v. a. *schneidend* (von einer Linie). — *c*) *sich anschliessend, unmittelbar folgend* Ḱampaka 455 (किं चटिष्यति zu lesen). — *d*) darüber (तत्र) *hingegangen* (von der Zeit). — *e*) *hängen geblieben bei,* so v. a. *verausgabt an* (Instr.) Kull. zu M. 7,127. — *f*) mit

Infin. *angefangen habend zu* Pańkat. 244,6. Ḱampaka 480. — *g*) **toll, wüthend* (von einem Elephanten). — 6) लगित etwa *hineingeschlüpft in* (Acc.). — *Caus. लागयति (ग्रासादने oder ग्रास्वादने). — Mit ग्रनु, °ग्रनुलग्न *unmittelbar folgend, nachgehend*. — Mit ग्रव 1) *verweilen* (तत्र) Kâd. 2,103,13 (127,13). — 2) ग्रवलग्न *herabhängend, hangend an* (im Comp. vorangehend). — Caus. ग्रवलगयति *anheften, anknüpfen*. — Vgl. ग्रवलगन (Nachtr. 2). — Mit ग्रा *sich anheften, sich anschmiegen*. °ग्रालग्न *sich anhängend an*. — Caus. ग्रालगयति *anheften, anknüpfen*. — Mit समा, °लग्न Pl. *zusammengefügt, einander auf den Leib gerückt*. — Mit परि, °परिलग्न *hängen geblieben an*; nur im Prâkrit zu belegen. — Mit वि 1) *sich anhängen an* (Loc.). — 2) विलग्न *a*) *hängen* —, *stecken geblieben, festsitzend, hängend* —, *sich klammernd an, steckend* —, *liegend* —, *ruhend* —, *gerichtet auf, anstossend an* (Loc. oder im Comp. vorangehend). तीर° so v. a. *gelandet*. — *b*) *herabhängend, hängend* (Brüste); vielleicht so v. a. *im Käfig hängend*. — *c*) *vergangen, verflossen*. — *d*) *dünn, schmal* (Taille). — 3) *विलगित (उपतापे). — Mit सम्, संलग्न 1) *stecken geblieben, steckend in, stossend* —, *hängend an, sich berührend mit* (Loc. oder im Comp. vorangehend) Sâj. zu R̥V. 3,33,13. Du. so v. a. *handgemein geworden*. — 2) *herkommend von oder aus* (im Comp. vorangehend). — Caus. संलागयति *fest legen auf* (Loc.).

*लगड Adj. *hübsch, schön*.

लगडाचार्य m. N. pr. eines Astronomen Ârjabh. Einl. IX.

लगण m. *eine best. Krankheit des Augenlides* Suçr. 2,308,3. 309,21.

लगत und लगध m. N. pr. eines Astronomen.

लगनीय n. impers. *sich anzuhängen an* (Loc.).

लगालिका f. *ein best. Metrum*.

लगुड m. 1) *Knüttel*. Am Ende eines adj. Comp. f. ग्रा. — 2) **Nerium odorum* Bhâvapr. 1,203.

लगुडिन् Adj. *mit einem Knüttel versehen* Kâd. 2,129,16 (159,1).

लग्न 1) Adj. s. u. लग् und 1. लज्. — 2) *m. *ein Sänger, dessen Amt es ist, den Fürsten am Morgen zu wecken*. — 3) m. n. (adj. Comp. f. ग्रा) *a*) *der Punct, in dem sich zwei Linien schneiden*, insbes. *der Punct, in dem der Horizont und die Bahn der Sonne oder der Planeten zusammentreffen, der Aufgangspunct der Sonne und der Planeten*. *m. — *b*) in der Astrol. *Horoscop* und auch *das ganze erste Haus*. *m. — *c*) *ein von den Astrologen zu einem Unternehmen* (im Comp. vorangehend) *als günstig* (auch mit Hinzufügung von शुभ, शोभन, ग्रनुकूल u. s. w.) *bezeichneter Zeitpunct* Ḱampaka 49. 50. Uttamaḱ. 245. Gewöhnlich m. — *d*) *der entscheidende Augenblick, Entscheidung*. *n.

*लग्नक m. *Bürge*.

लग्नकाल m. *der von den Astrologen zu einem Unternehmen als günstig bezeichnete Zeitpunct*.

लग्नग्रह Adj. *fest auf Etwas bestehend, zudringlich*.

लग्नग्रहण n. *das Berechnen* —, *Bestimmen des zu einem Unternehmen günstigen Zeitpunctes* Ḱampaka 48.

लग्नचन्द्रिका f. Titel eines Werkes.

लग्नदिन n. und लग्नदिवस m. *der von den Astrologen zu einem Unternehmen als günstig bezeichnete Tag*.

लग्नदेवी f. Name einer fabelhaften Kuh aus Stein.

लग्नवेला f. und लग्नसमय m. = लग्नकाल und *ein günstiger Zeitpunct* überh.

लग्नाह m. = लग्नदिन.

*लग्निका f. fehlerhafte v. l. für नग्निका.

*लघट् und *लघटि m. *Wind*.

लघत्ती f. N. pr. eines Flusses. लङ्गती v. l.

लघय्, °यति 1) *erleichtern, vermindern, schwächen, lindern*. — 2) *leicht erscheinen lassen*. — 3) *übertreffen* Harshaḱ. (Çaka 1936) 481,8.

लघिमन् m. 1) *Leichtigkeit* Çiç. 20,24. — 2) *die übernatürliche Kraft sich nach Belieben leicht zu machen* VP. 4,4,39. — 3) *das Gefühl der Leichtigkeit*, — *der Bürdelosigkeit* Çiç. 19,105. — 4) *Leichtsinn* Kâd. 151,13. — 5) *geringes Ansehen, die Jmd zu Theil werdende Geringachtung* Çiç. 7,14.

लघिष्ठ und लँघीयंस् Superl. und Compar. zu लघुँ.

लघीयस्त्व n. *geringes Ansehen, das Geringgeschätztwerden*.

लघुँ 1) Adj. (f. लघ्वी und लघु, Compar. लँघीयस्, und लघुतर, Superl. लघिष्ठ) *a*) *rasch, schnell, behende*. Bez. eines best. Fluges der Vögel und der Mondhäuser Hasta, Açvinî und Pushja. लघु Adv. wiederholt Kâraṇḍ. 58,4. — *b*) *leicht* d. i. *nicht schwer*. — *c*) *leicht zu verdauen, nicht schwer im Magen liegend*. — *d*) *leicht*, so v. a. *sich leicht fühlend, keine Last empfindend*. — *e*) **gesund* Râǵan. 20,46. — *f*) *leicht*, so v. a. *ohne Gefolge*. — *g*) *leicht zu vollbringen, leicht von Statten gehend*. — *h*) *leicht articulirt* (der Laut व). — *i*) *leicht*, so v. a. *leicht machend*. — *k*) *prosodisch kurz*. — *l*) *kurz der Zeit nach* (von einer Unterdrückung des Athems). — *m*) *klein, kurz, winzig, gering, wenig, unbedeutend*. — *n*) *klein, schwach, elend, unbedeutend, unansehnlich, gering geachtet* (von Personen gesagt). लघु मन् *gering achten*, लघु कर् (im Prâkrit 303,29) *verhöhnen*. — *o*) *jünger* Hem. Par. 1,270. Pańkad. °भ्रातर् *ein jüngerer Bruder* Ind. St. 15,246. 270. Hem. Par. 1,292. Ḱampaka 22. — *p*) *leise*. — *q*) *angenehm, ansprechend, hübsch, schön*. — 2) *f. लघु *Trigonella corniculata*. — 3) *f. लघ्वी *a*) *ein leichter Wagen*. — *b*) *Trigonella corniculata*. — 4) n. *a*) *ein best. Zeitmaass*, = 15 Kâshṭhâ = $^1/_{15}$ Nâḍikâ. — *b*) **Agallochum, eine best. Species von A*. — *c*) **die Wurzel von Andropogon muricatus* Râǵan. 12,151. Bhâvapr. 1,193.

*लघुकङ्कोल m. *Pimenta acris* oder *eine ähnliche Myrtacee*.

*लघुकण्टका f. *Mimosa pudica*.

*लघुकर्कन्धु m. f. *eine kleine Art Zizyphus*.

*लघुकर्णिका f. *Sanseviera Roxburghiana* Râǵan. 3,7.

*लघुकाय 1) Adj. *einen leichten Körper habend*. — 2) m. *Ziege*.

*लघुकाश्मर्य m. *ein best. Baum*, = कट्फल Râǵan. 9,20.

लघुकोष्ठ Adj. *nicht viel im Magen habend* Kâm. Nîtis. 7,36.

लघुकौमुदी f. Titel einer Grammatik.

लघुक्रम Adj. *einen raschen Schritt habend, rasch an Etwas gehend, eilend*. °म् Adv. *raschen Schrittes, schnell*.

*लघुखट्टिका f. *Sessel, Lehnstuhl*.

लघुखर्तर N. pr. eines Geschlechts.

लघुगङ्गाधर m. *ein best. Pulver gegen Durchfall*.

लघुगति Adj. *schnellen Schritts* Megh. 16.

*लघुगर्ग m. *ein best. Fisch*.

*लघुगोधूम m. *eine kleine Weizenart* Râǵan. 13,32.

लघुग्रहमञ्जरि f. Titel eines Werkes.

लघुचच्चरी f. *ein best. Tact* S. S. S. 230.

लघुचन्द्रिका f. Titel eines Werkes.

लघुचाणक्यराजनीति f. desgl. Opp. Cat. 1.

लघुचित्त Adj. (f. ग्रा) *leichtsinnig, flatterhaft*. Nom. abstr. °ता f.

लघुचित्रहस्त Adj. *eine besondere Geschicklichkeit in den Händen besitzend* MBh. 3,270,15.

लघुचिन्तन n. Titel eines Werkes.

लघुचिन्तामणिरस m. *eine best. Mixtur*.

*लघुचिर्भिटा f. *Koloquinthe* Râǵan. 7,211.

लघुचेतस् Adj. *niedern Sinnes, kleinen Geistes*.

*लघुच्छद्रा f. *eine Spargelart*.

लघुच्छेद्य Adj. *leicht auszurotten*, — *zu vernichten*. Richtig wohl लघूच्छेद्य.

*लघुजङ्गल m. *Perdix chinensis.*

लघुज्ञातक n., लघुज्ञातिविवेक m., लघुज्ञानकीय n. (Opp. Cat. 1) und लघुज्ञानवासिष्ठ n. (ebend.) Titel von Werken.

लघुता f. 1) *Behendigkeit, Geschicklichkeit.* — 2) *Leichtigkeit* Çiç. 7,59. — 3) *das Gefühl der Leichtigkeit. — der körperlichen Frische* Kâraṇḍ. 18,8. — 4) *prosodische Kürze.* — 5) *Kleinheit, Kürze, Geringigkeit, Unbedeutendheit* Çiç. 7,59. — 6) *Leichtsinn, Uebereilung, Unüberlegtheit.* — 7) *geringes Ansehen, Mangel an Würde, Erniedrigung.*

लघुताल m. *ein best. Tact* S. S. S. 233.

लघुत्व n. 1) *Behendigkeit, Geschicklichkeit.* — 2) *Leichtigkeit.* — 3) *das Gefühl der Leichtigkeit.* — 4) *prosodische Kurze.* — 5) *Leichtsinn, Uebereilung, Unüberlegtheit.* — 6) *Mangel an Würde, geringes Ansehen, Erniedrigung.*

*लघुदन्ती f. *eine Art Croton* Bhâvapr. 1,213.

लघुदीपिका f. Titel eines Commentars Burnell, T.

*लघुदुन्दुभि m. *eine kleine Trommel.*

*लघुद्राक्षा f. *eine Art Weintraube ohne Kerne.*

लघुद्राविन् Adj. *leicht in Fluss gerathend* Sarvad. 99,18.

*लघुद्वारवती f. *die jüngere* Dvâravatî *oder der jüngere Theil der Stadt* Dv.

लघुनाभमण्डल n. *ein best. mystischer Kreis.*

*लघुनामन् n. *Agallochum.*

लघुनारदीय n. *das kürzere* Nâradîja.

लघुनालिक n. *Muskete* Çukran. 4,1029.

लघुन्यायसुधा f. und लघुन्यास m. Titel von Werken.

*लघुपञ्चमूल n. *eine Zusammenstellung von fünf verschiedenen Wurzeln.*

लघुपण्डित m. N. pr. eines Autors. °पण्डितीय n. Titel seines Werkes Opp. Cat. 1.

लघुपतनक m. N. pr. einer Krähe.

*लघुपत्रक m. *eine best. Pflanze,* = रोचनी.

*लघुपत्रफला f. *Ficus oppositifolia* Râǵan. 11,133.

*लघुपत्री f. *der kleine* Pippala-*Baum* Râǵan. 11,123.

लघुपद्धति f. Titel eines Werkes.

लघुपराक्रम Adj. *schnell entschlossen* R. Gorr. 1,77,38.

लघुपराशर m. *der kürzere* Parâçara.

लघुपरिक्रम Adj. *schnell sich bewegend* (= त्वरितगति Comm.) Kâm. Nîtis. 12,25.

लघुपरिभाषावृत्ति f. Titel eines *Commentars.*

*लघुपर्णिका f. *Asparagus racemosus* Râǵan. 4,119.

*लघुपर्णी f. *eine best. Pflanze.*

1. लघुपाक m. *Verdaulichkeit.*

2. लघुपाक Adj. 1) *rasch alt werdend* Bhâvapr. 1,110. — 2) *leicht verdaulich.*

लघुपाकिन् Adj. *leicht verdaulich.*

लघुपातिन् m. N. pr. einer Krähe (*schnell fliegend*).

लघुपाराशर्य n. Titel eines Werkes Opp. Cat. 1.

*लघुपिच्छिल m. *Cordia Myxa* Râǵan. 11,209.

लघुपुलस्त्य m. *der kurze* Pulastja.

*लघुपुष्प m. *eine* Kadamba-*Art* Râǵan. 9,105.

लघुप्रमाण Adj. (f. आ) *kurz* Varâh. Bṛh. S. 70,14.

लघुप्रयत्न Adj. *mit geringer Articulation ausgesprochen.* Compar. °तर.

*लघुबदर 1) m. *eine Art Judendorn.* — 2) f. ई desgl. Râǵan. 11,145.

लघुबुद्धपुराण n., लघुबोध m. und लघुब्रह्मवैवर्त n. Titel von Werken.

*लघुब्राह्मी f. *eine Art Raute.*

लघुभव m. in ग्रल्लघुभव (Nachtr. 5).

*लघुभागवत n. Titel eines Werkes.

लघुभाव m. *Leichtigkeit.*

लघुभावप्रकाशिका f. und लघुभास्करीय n. Titel von Werken Opp. Cat. 1.

लघुभुज् Adj. *wenig essend.*

*लघुभूतद्रुम m. *Cordia Myxa* Râǵan. 11,210.

लघुभूषणकान्ति f. und लघुमञ्जूषा f. Titel von Werken.

*लघुमन्थ m. *Premna spinosa* Râǵan. 9,25.

*लघुमांस 1) m. *Rebhuhn.* — 2) f. ई *eine Art Valeriana* Râǵan. 12,102.

1. लघुमात्र n. *eine Kleinigkeit, eine unbedeutende Sache* Âçv. Çr. 8,14,4.

2. लघुमात्र Adj. *mit wenig Besitz, mit geringer Habe* MBh. 14,46,40.

लघुमानस n. Titel eines Werkes.

1. लघुमूल n. *in algebra, the least root with reference to the additive quantities* oder *the lesser root of an equation.*

2. लघुमूल Adj. *unbedeutende Wurzeln habend,* so v. a. *am Anfange unbedeutend.*

*लघुमूलक n. *Radieschen.*

लघुमेरु m. *ein best. Tact* S. S. S. 218.

लघुयम m. *der kurze* Jama (als *Verfasser eines Gesetzbuchs*).

लघुराशि Adj. in Verbindung mit पक्ष m. *set of fewer terms* Colebr. Alg. 35.

लघुलक्षहोम m. *ein best. Opfer* Verz. d. B. H. 91,4.

*लघुलय n. *die Wurzel von Andropogon muricatus.*

लघुललितविस्तर m., लघुवसिष्ठसिद्धान्त m., लघुवाक्यवृत्ति f., °प्रकाशिका f., लघुवायुस्तुति f. (Burnell, T.), लघुवार्त्तिक n. und लघुवासिष्ठसिद्धान्त m. Titel von Werken.

1. लघुविक्रम m. *ein rascher Schritt.*

2. लघुविक्रम Adj. *einen raschen Schritt habend, behend auf den Füssen, eilend.*

लघुविष्णु m. *der kurze* Vishṇu (als *Verfasser eines Gesetzbuchs*).

1. लघुवृत्ति f. Titel eines *Commentars.*

2. लघुवृत्ति Adj. 1) *ein leichtes Wesen habend, leicht.* — 2) *leichtsinnig.* Nom. abstr. °ता f. Kir. 2,53.

लघुवृत्तिकारिका f. (Opp. Cat. 1) und लघुवृत्त्यवचूरिका f. Titel von Werken.

लघुवेधिन् Adj. *geschickt treffend.*

लघुवैयाकरणभूषण n. (Opp. Cat. 1), °वैयाकरणसिद्धान्तमञ्जूषा f. und लघुव्याकरणभूषणसार (Opp. Cat. 1) Titel von Werken.

*लघुशङ्ख m. *eine best. kleine Muschel* Madanav. 53,56.

लघुशब्दरत्न n., °शब्देन्दुशेखर m., लघुशान्तिपुराण n. und °शान्तिविधान n. (Bühler, Rep. No. 666) Titel von Werken.

लघुशिखरताल m. *ein best. Tact.*

लघुशिवपुराण n. Titel eines Werkes.

*लघुशीत m. *Cordia Myxa* Râǵan. 11,209.

लघुशेखर m. *ein best. Tact* S. S. S. 234.

लघुशौनकी f., लघुसंग्रह m. und लघुसंग्रहणीसूत्र n. Titel von Werken.

लघुसत्त्व Adj. *einen schwachen Charakter habend.*

*लघुसदाफला f. *Ficus oppositifolia* Râǵan. 11,133.

लघुसप्ततिकास्तव m. und °सप्तशती f. (Burnell, T.) Titel von Werken.

लघुसमुत्थान Adj. *schnell an's Werk gehend, schnell bei der Hand seiend* Kâm. Nîtis. 4,70. Daçak. 92,11.

लघुसहस्रनामस्तोत्र n. Titel eines Stotra Burnell, T.

लघुसांख्यवृत्ति f. und °सांख्यसूत्रवृत्ति f. Titel eines *Commentars.*

लघुसार Adj. *winzig, unbedeutend, werthlos.*

लघुसिद्धान्तकौमुदी f. und °सिद्धान्तचन्द्रिका f. Titel von Werken.

लघुसुदर्शन n. *ein best. medicinisches Pulver.*

लघुस्थानता f. fehlerhaft für लघूत्थानता Kâraṇḍ. 89,13.

*लघुस्यद m. *schnelles Dahineilen* Mahâbh. 8,33,b.

लघुहस्त Adj. *Geschicklichkeit in den Händen besitzend* (Bogenschütze, Schreiber u. s. w.). Nom. abstr. °ता f. und °त्व n.

लघुहस्तवन्त् Adj. dass. Hariv. 2,73,69.

लघुहारीत m. *der kurze* Hârîta. °स्मृति f.

BURNELL, T.

लघुहृदय Adj. *leichtsinnig* KÂD. 221,20.

*लघुहेमदुग्धा f. *Ficus oppositifolia* RÂGAN. 11,133.

लघुहोमपद्धति f. Titel eines Werkes BURNELL, T.

लघुहोरा f. desgl. OPP. Cat. 1

लघू Adv. mit कर् 1) *leichter machen, erleichtern, vermindern* MÂLATIM. 42,10. VENIS. 47,1. ÇIÇ. 1,36. — 2) *klein* — (NAISH. 6,84), *kürzer machen* (die Tage). — 3) *um das Ansehen bringen, erniedrigen* NAISH. 6,84. — 4) *gering anschlagen* Comm. zu MṚKKH. 6,3. 4.

°लघूकरण n. *das Vermindern, Verringern.*

लघूक्ति f. *eine kurze Ausdrucksweise.*

लघूत्थान Adj. 1) *woran man schnell geht* KÂM. NITIS. 11,63. — 2) *bei Allem schnell bei der Hand seiend, zu Allem wohl aufgelegt.* Nom. abstr. °ता f. Lot. de la b. l. 426,2.

लघूत्थित Adj. *schnell bei der Hand seiend* KÂM. NITIS. 18,66.

*लघूदुम्बरिका f. *Ficus oppositifolia* RÂGAN. 11,133

लघूय्, लघूयति *geringschätzen.*

लघ्वक्षर Adj. *kurzsilbig* ṚV. PRÂT. 18,33.

*लघ्वञ्जीर n. *eine geringere Feige.*

लघ्वत्रि m. *der kürzere* Atri (als Verfasser eines Gesetzbuchs).

लघ्वष्टवर्ग m. Titel eines Werkes OPP. Cat. 1.

लघ्वाचार्य m. N. pr. eines Autors BURNELL, T.

लघ्वार्यसिद्धान्त m. Titel eines Werkes.

लघ्वाशिन् und लघ्वाहार Adj. *wenig essend.*

लघ्वाह्निक n. Titel eines Werkes OPP. Cat. 1.

लङ् *die Personalendungen des Imperfectum, das Imperfectum* 240,25. 242,5.

लङ्क 1) *m. N. pr. eines Mannes. °शान्तमुखाः *die Nachkommen* Lañka's *und* Çântamukha's. — 2) f. आ *a)* N. pr. α) der Hauptstadt von Ceylon und Bez. der ganzen Insel, die das Epos von Râkshasa unter ihrem Führer Râvaṇa bewohnt sein lässt. — β) eines Sees. — γ) einer Joginî HEMÂDRI 2,*a*,94,13. — *b)* *eine Çâkinî oder N. pr. einer Çâk. — *c)* **ein liederliches Weib.* — *d)* **Zweig.* — *e)* **eine Erbsenart* RÂGAN. 16,69.

लङ्कटङ्कटा f. N. pr. einer Tochter der Saṁdhjâ und Mutter Sukeça's.

*लङ्कादाहिन् m. Bein. Hanumant's.

लङ्कानिल m. *Wind von Ceylon her, so v. a. Südwind* VIKRAMÂNKAK. 7,74.

*लङ्कापिका und *लङ्कायिका f. *Trigonella corniculata.*

लङ्कारि m. Bein. Râma's.

*लङ्कालिका f. *Trigonella corniculata.*

लङ्कावतार m. Titel eines buddh. Sûtra.

*लङ्कास्थायिन् m. *eine best. Pflanze.*

लङ्केशवनारिकेतु m. Bein. Arǵuna's.

लङ्केश्वर 1) m. Bein. Râvaṇa's. — 2) f. ई N. pr. einer Joginî HEMÂDRI 2,*a*,95,3. 4.

*लङ्कोटिका f. v. l. für लङ्कोपिका BHÂVAPR. 1,194.

लङ्कोदय m. *Sonnenaufgang in* Lañkâ.

*लङ्कोपिका und *लङ्कोयिका f. *Trigonella corniculata* BHÂVAPR. 1,194

*लङ्ख्, लङ्खति (गतौ).

*लङ्ग्, लङ्गति (गतौ, खञ्जे). — Mit वि, विलङ्गयन् PAÑKAT. I,369 fehlerhaft für विलङ्घयन्. Partic. विलाङ्गित.

लङ्ग 1) Adj. *lahm.* — 2) *m. *a) Wüstling, ein liederlicher Geselle.* — *b)* = सङ्ग. — *c)* = टार.

*लङ्गक m. = वल्लभ.

लङ्गल 1) n. = लाङ्गल *Pflug.* — 2) *N. pr. eines Reiches.

लाङ्गिमन् m. etwa *Verbindung* Ind. Antiq. 10, 343. Vgl. लाङ्गिमन्.

°लाङ्गिमय Adj. etwa *verbunden mit.* v. l. लाङ्गिमय.

*लङ्गुरा f. *Fennich* GAL.

*लङ्गूल n. = लाङ्गूल.

लङ्घ्, लङ्घति, °ते 1) Med. *überschreiten, hinübergehen über* (Acc.) PAÑKAD. — 2) Act. *springen auf* (Acc.) BHAṬṬ. — 3) Act. **fasten.* — 4) Act. *abzehren.* — Caus. लङ्घयति, °ते (metrisch), लङ्घित Partic. 1) *springen über, überschreiten, hinübergehen über;* mit Acc. मर्यादाम्, स्थितिम् *die Grenzen überschreiten;* अध्वानम् *einen Weg zurücklegen.* — 2) *besteigen, betreten, hinüberfahren über, von oben berühren.* — 3) *übertreten, verletzen, zuwiderhandeln.* — 4) *hinüberkommen über, entgehen.* — 5) *hintertreiben, vereiteln, hemmen.* — 6) *sich über Jmd hinwegsetzen,* so v. a. *gegen Jmds Willen handeln, sich vergehen gegen Jmd, beleidigen, verletzen.* — 7) *Jmd übertreffen.* — 8) *Etwas übertreffen, verdunkeln.* — 9) *fortschaffen, transportiren* KÂRAND. 71, 8. — 10) *Jmd fasten* (Essenszeiten *übergehen*) *lassen.* लङ्घित KARAKA 6,3. — Desid. vom Caus. लिलङ्घयिषति *zu überschreiten gedenken.* — Mit अति Caus. *übertreten, verletzen.* — Mit अभि Caus. 1) *springen über, überschreiten.* — 2) *übertreten, verletzen.* — 3) *sich vergehen gegen Jmd* (Acc.). — Mit अव Caus. *hinwegkommen über* (eine Zeit), *verbringen.* सर्वकालमवलङ्घ्य so v. a. *keine Zeit eingehalten habend.* — Mit आ Caus. आलङ्घित *besetzt mit* (im Comp. vorangehend) VIDDH. 18,6. — Mit उद् Caus. 1) *überschreiten, hinübergehen über, passiren.* अध्वानम् *einen Weg zurücklegen.* — 2) *über eine Zeit hinwegkommen, eine Zeit zubringen, verleben.* — 3) *sich schwingen —, zu sitzen kommen auf* (Acc.). — 4) *übertreten, verletzen, zuwiderhandeln* KAMPAKA 34. सत्पथम् *den Weg der Guten verlassen.* — 5) *hinüberkommen über, entgehen.* — 6) *sich vergehen gegen Jmd, beleidigen.* — Mit समुद् Caus. 1) *übertreten, verletzen, vernachlässigen.* — 2) *hinüberbringen, hinüberschaffen* HARSHAK. 181,20. — Mit परि Caus. *abspringen von, verlassen* (einen Weg). — Mit प्रति Caus. 1) *sich schwingen —, sich setzen auf* (Acc.). — 2) *übertreten, verletzen.* — Mit वि *springen, sich erheben zu* (Acc.) व्यलङ्घिषुस् ÇIÇ. 17,55. — अविलंघते Verz. d. Oxf. H. 76,*b*, N. 2 wohl fehlerhaft für अविलम्बितम्. — Caus. 1) *springen über, überschreiten, hinübergehen über, passiren.* अध्वानम् *einen Weg zurücklegen* 311, 10. स्थितिम् *die Grenzen überschreiten* ÇIÇ. 17,12. — 2) *eine Zeit überspringen, nicht einhalten.* विलङ्घ्य so v. a. *gewartet habend.* — 3) *sich erheben zu* oder *gen* (Acc.). — 4) *sich einer Sache* (Acc.) *entziehen, nicht Folge leisten* 213,29. — 5) *übertreten, verletzen, zuwiderhandeln.* — 6) *hinüberkommen über,* so v. a. *überwinden.* — 7) *vereiteln.* — 8) *übergehen, bei Seite lassen.* — 9) *übertreffen.* — 10) *sich vergehen gegen Jmd, beleidigen.* — 11) *fasten lassen.* — Mit अतिवि Caus. *vorübergehen bei Jmd, Jmd bei Seite lassen, nicht einkehren bei.* — Mit संवि Caus. *bei Seite liegen lassen, vernachlässigen, unterlassen.* — Mit सम्, संलङ्घित *vorübergegangen* (Nacht).

लङ्घक Adj. *der Andern zuwiderhandelt* oder *Andere beleidigt.*

लङ्घती f. N. pr. eines Flusses MBH. 2,9,23.

लङ्घन 1) n. *a) das Springen, Hinüberspringen —, Hinübersetzen über, Ueberschreiten* (das Object im Gen. oder im Comp. vorangehend). दीर्घाध्व° *das Zurücklegen eines langen Weges.* शीघ्र° Adj. *schnell fliegend* (Wolke). — *b) ein best. Gang des Pferdes, Courbette.* — *c) das Sicherheben zu* oder *gen* (im Comp. vorangehend). — *d) das Bespringen* (eines Weibchens). — *e) Einnahme, Eroberung.* — *f) Besiegung.* — *g) das Uebertreten* (eines Gebotes u. s. w.). — *h) das Verschmähen* Spr. 7623. — *i) ein Vergehen gegen Jmd, Beleidigung, das Leidanthun.* भर्तुः पूर्वस्य *eine dem ersten* (verstorbenen) *Gatten angethane Beleidigung, so v. a. Wiederverheirathung.* आतप° *ein von der Hitze angethanes Leid.* — *k) das Fasten, Hungercur* KARAKA 1,22. 6,3. Spr. 7623. KAMPAKA 158 (zu lesen तव ह्यन्याम्). —

2) f. आ = 1) i).

लङ्घनीय Adj. 1) *worüber man hinübersetzen kann oder muss, zu überschreiten, zu passiren.* — 2) *zu ereilen, erreichbar.* — 3) *zu übertreten.* — 4) *dem man zu nahe treten darf, gegen den man sich vergehen darf.* — 5) *den man fasten lassen muss, einer Hungercur zu unterwerfen* Kâraka 1,22. — Vgl. अ° (auch in Nachtr. 1).

लङ्घनीयता f. und लङ्घनीयत्व n. in अ° (Nachtr. 5).

लङ्घिमन् m. Dhûrtas. 2,9 und लङ्घिममय Adj. 10, 12 v. l. für लङ्घिमन् und लङ्घिममय.

लङ्घ्य Adj. 1) *zu überspringen, zu überschreiten, zu passiren* Spr. 7671. *zurückzulegen* (ein Weg). — 2) *erreichbar.* — 3) *zu übertreten.* — 4) *zu vernachlässigen.* — 5) *dem man zu nahe treten kann, antastbar.* — 6) *den man fasten lassen muss.* — 7) *wogegen Fasten —, strenge Diät anzuwenden ist* Kâraka 6,4.

*लच्छ्, लच्छति (लक्षणे). Vgl. लाञ्छ्.

1. लज्, लजते *sich schämen* Bhatt. *लग्न *sich schämend, beschämt.*

2.*लज्, लजति (भर्त्सने oder भर्जने).

3.*लज्, लजयति (प्रकाशने).

लज्ज्, लज्जते (metrisch und ungenau auch Act.) 1) *verlegen werden* (Lalit. 405,14), *sich schämen,* — *vor Jmd* (Abl.), *Jmds* (Instr. oder Gen. Spr. 7420 nebst v. l.), *einer Sache* (Instr.), *zu* (Infin.). — 2) लज्जित a) *verlegen, sich schämend, beschämt, sich Jmds* (Instr.) oder *einer Sache* (im Comp. vorangehend) *schämend.* — b) *verschämt, verlegen, so v. a. von Scham —, von Verlegenheit begleitet.* — Caus. लज्जयति *Jmd sich schämen machen, Jmds Schamgefühl erwecken;* mit Acc. — Mit अधि, °लज्जित *sich schämend, beschämt über* (Loc.). Vielleicht अतिल° zu lesen. — Mit वि *sich schämen,* — *zu* (Infin.). विलज्जित *sich schämend, beschämt,* — *über* (im Comp. vorangehend). — Mit सम् *sich schämen.*

*लज्ज m. N. pr. eines Mannes; Pl. *seine Nachkommen.* लज्जा s. bes.

*लज्जका f. *der wilde Baumwollenbaum.*

*लज्जरी f. *eine weisse Sinnpflanze.*

लज्जा f. 1) *Scham, Schamgefühl, Verlegenheit, das Sichschämen einer Sache* (im Comp. vorangehend 124,23). पुत्री युवां मे का लज्जा *ihr seid meine Kinder, warum sollte ich mich schämen?* Kathâs. 2,53. Die personificirte *Scham* ist eine Gattin Dharma's und Mutter Vinaja's. — 2) **Mimosa pudica* Râǵan. 5,104.

लज्जाकर Adj. (f. ई) *beschämend, Jmd* (im Comp. vorangehend) *b.* 248,27.

लज्जाकृति Adj. *Scham heuchelnd* Spr. 1780.

लज्जाधार m. N. pr. eines Berges VP.² 2,198. Richtig जलाधार.

लज्जाय्, लज्जायित Partic. *verschämt, verlegen.*

लज्जायित 1) Adj. s. u. लज्जाय्. — 2) n. *das Verlegensein, Verlegenheit.* Pl. Kâd. 2,8,3 (8,6).

लज्जालु 1) *Adj. *schamhaft.* लज्जालुए (d. i. °लुके Voc.) im Prâkrit 317,30. — 2) f. *Mimosa pudica* Râǵan. 5,104. Bhâvapr. 1,220.

लज्जावन्त् Adj. *verschämt, verlegen.* Nom. abstr. °वत्ता f.

लज्जावह Adj. (f. आ) *beschämend, Schande bringend.*

लज्जाशील Adj. *schamhaft, verlegen.* Nom. abstr. °त्व n. Comm. zu TBr. 1,136,9. 10.

लज्जित 1) Adj. s. u. लज्ज्. — 2) n. (adj. Comp. f. आ) *Scham, Schamgefühl.*

*लज्जिनी und *लज्जिरी f. *Mimosa pudica* Râǵan. 5,104.

*लज्या f. *Scham, Schamgefühl.*

लञ्चा f. *Geschenk* Zach. Beitr. Nilak. zu MBh. 12,56,51. Oefters gebraucht von Neriosengh in seiner Uebersetzung des Jaçna.

*लञ्जन m. *Eleusine corocana.*

1.*लञ्ज्, लञ्जति भर्त्सने oder भर्जने.

2.*लञ्ज्, लञ्जयति (हिंसाबलादाननिकेतनेषु, प्रकाशने, भाषार्थ oder भासार्थ).

*लञ्ज 1) m. a) = पद. — b) = कच्छ. — c) = पुच्छ. — d) = पङ्गु. — 2) f. आ a) *an adulteress.* — b) *sleep.* — c) *a current.* — d) Bein. der Lakshmî.

*लञ्जापय्, °यति (प्रकाशने).

*लञ्जिका f. *Hure.*

1.*लट्, लटति (बाल्ये, परिभाषणे).

2. लट् *die Personalendungen des Präsens, Präsens* 242,13.

*लट m. 1) *Dieb.* — 2) = प्रमादवचन. — 3) = दोष.

*लटक m. *ein schlechter Mensch.*

लटकन m. मिश्र° N. pr. eines Mannes.

लटकमिश्र m. desgl.

*लटपर्ण n. *Zimmt* oder *gröberer Z.*

लटभ 1) Adj. *hübsch, schön, lieblich, reizend* Vikramânkak. 8,6. 10,58. 18,69. — 2) f. आ *eine Schöne, ein hübsches Mädchen* ebend. 8,81 (v. l. लडहे भावे nach Aufrecht in Z. d. d. m. G. 16,209). 9,68. 11, 18. — Vgl. लटह und लडह.

लटह Adj. = लटभ 1) Mândavja bei Utpala zu Varâh. Brh. 15,4.

लटूषक s. लट्टूषक.

*लट्ट m. *ein schlechter Mensch.*

*लट्व्, लट्वति (प्रमादवचने).

लट्व 1) *m. a) *Pferd.* — b) = जातिविशेष. — c) *ein best.* Râga. — 2) f. आ a) *ein best. Vogel* Suçr. 1,201,20 (लड्वा gedr.). Verz. d. B. H. No. 897 (लट्वादीन् st. लड्वादीन् zu lesen). — b) **Saflor.* — c) **eine* Karanǵa-*Art.* — d) **die Frucht einer* Karanǵa-*Art.* — e) **Frucht.* — f) **Würfelspiel.* — g) * = धमरक. — h) * = शिली. — i) * = वाद्य oder अवद्य. — k) * = तूलिका oder तुलिका.

लट्वाका f. *ein best. Vogel* MBh. 12,180,31.

लड्, लडति (विलासे) *sich hinundher bewegen* Râǵat. 7,928. *लडित = ललित. — *Caus. लडयति (जिह्वोन्मथने, जिह्वोन्मथनयोः, °माथनयोः, आत्तेपे), लाडयति (आत्तेपे, उपसेवायाम्, °ते (इच्छायाम्).

लडक m. Pl. N. pr. eines Volkes. v. l. धेनुक.

लडर्थवाद m. Titel eines Werkes über *die Bedeutung des Praesens.*

लडह 1) Adj. *hübsch, schön, reizend, lieblich* Bâlar. 75,1 (im Prâkrit). 304,9. Kâd. 2,3,12 (2,7). Ind. St. 16,208. fg. Zach. Beitr. Vgl. लटभ und लटह. — 2) m. Pl. N. pr. eines Volkes.

लडितमहेश्वर m. N. pr. eines Çiva-Heiligthums Ind. Antiq. 9,171.

*लडु m. *ein schlechter Mensch.*

लड्डु *eine Art Gebäck* Madanav. 116,73.

लड्डुक m. n. desgl. Agni-P. 27,34. Hemâdri 1, 654,16. 22.

लड्वा f. N. pr. eines Frauenzimmers.

लड्वाका f. v. l. für लट्वाका. Wohl fehlerhaft.

*लण्ड्, लण्डयति (उत्तेपणे, भाषार्थ).

लण्ड n. *Unrath des Körpers, stercus* Kâvjapr. S. 155, N. 51. Vgl. लेण्ड.

लण्ड्र *London.*

लता f. 1) *Schlinggewächs, Liane.* Damit verglichen werden: Brauen, Arme, eine Schwertklinge, Locken, ein schlanker weiblicher Körper und der Blitz (Çiç. 6,71). Am Ende eines adj. Comp. f. आ. — 2) *Ranke.* — 3) **Panicum italicum.* — 4) **Trigonella corniculata* Bhâvapr. 1,194. — 5) **Cardiospermum Halicacabum.* — 6) *Gaertnera racemosa* Bhâvapr. 6,182. — 7) **Panicum Dactylon.* — 8) * = कैवर्तिका Râǵan. 3,108. — 9) * = सारिवा Râǵan. 12,125. — 10) **Moschus.* — 11) *Riemen an einer Peitsche, Geissel.* — 12) *Streifen.* वारां लताः *so v. a. feine Wasserstrahlen* Bâlar. 43,4. — 13) *Perlenschnur.* — 14) *ein schlankes Weib, Weib überh.* — 15) *ein best. Metrum.* — 16) N. pr. a) einer Apsaras. — b) einer Tochter Meru's.

लताकर m. *eine best. Stellung der Hände beim Tanz.* Du. S. S. S. 240.

*लताकरञ्ज m. *Guilandina Bonduc* Râǵan. 8,63.

लताकस्तूरिका f. (Suçr. 1,215,10) und *°कस्तूरी f. *eine best. aromatische Arzeneipflanze* Bhâvapr. 1,183. *Hibiscus moschatus* nach Mat. med. 123. 307.

लतागहनवत् Adj. *von Schlingpflanzen dicht durchzogen* R. 4,50,3.

लतागृह n. (adj. Comp. f. आ) *eine aus Lianen gebildete Laube* Vâsav. 256,1.

*लताङ्गी f. *eine Art Gallapfel* Râǵan. 6,158.

*लताजिह्व m. *Schlange.*

*लतातरु m. 1) *Shorea robusta.* — 2) *Borassus flabelliformis.* — 3) *Orangenbaum.*

*लताद्रुम m. *Shorea robusta.*

लतानन m. *eine best. Stellung der Hände beim Tanz.*

लतान्त (*n.) *Blume.*

लतान्तबाण m. *der Liebesgott* Daçak. 25,2.

*लतापनस m. *Wassermelone.*

*लतापर्णी 1) m. Bein. Vishṇu's. — 2) f. ई a) *Curculigo orchioides.* — b) *Trigonella foenum graecum.*

लतापाश m. *eine aus einer Liane gebildete Schlinge* 315,25. 26.

लतापुटकी f. *Cardiospermum Halicacabum* Comm. zu Ḱaraka 1,1.

*लतापृक्का f. *Trigonella corniculata.*

लताफल n. *die Frucht der Trichosanthes dioeca.*

*लताभद्रा f. *Paederia foetida.*

लताभवन n. = लतागृह in अप°.

*लतामणि m. *Koralle* Râǵan. 13,159.

लतामण्डप m. = लतागृह.

*लतामरुत् f. *Trigonella corniculata.*

लतामाधवी f. *Gaertnera racemosa.*

*लतामृग m. *Affe.*

*लताम्बुज n. *Flaschengurke.*

*लतायष्टि f. *Rubia Munjista.*

*लतायावक n. *Schoss, junger Trieb.*

*लतारद m. *Elephant* Gal.

*लतारसन m. *Schlange.*

*लतार्क m. *eine grüne Zwiebel.*

*लतालक m. *Elephant.*

लतालय m. *eine aus Schlingpflanzen gebildete Wohnung* (einer Eule).

लतालिङ्ग (?) Verz. d. B. H. 274,*a*,3.

लतावलय = लतागृह.

लतावलयवत् Adj. *mit Lauben aus Schlingpflanzen versehen.*

*लतावृन्त m. 1) *Cocosnussbaum.* — 2) *Shorea robusta.*

लतावेष्ट m. 1) *quidam coeundi modus.* — 2) N. pr. eines Berges.

*लतावेष्टन n. *Umarmung.*

लतावेष्टित m. = लतावेष्ट 2).

लतावेष्टितक n. 1) *das Umschlingen einer Liane* (subj.) Naish. 7,96. — 2) *eine Art Umarmung* ebend.

*लताशङ्कुतरु m. *Shorea robusta.* Richtig लतातरु und शङ्कुतरु.

*लताशङ्ग m. dass. Fehlerhaft.

लतिका f. 1) *eine kleine Liane.* Arme (Çiç. 7,4. Kâd. 2,4.24) und ein schlanker Körper werden damit verglichen. — 2) *Perlenschnur.*

*लतु m. N. pr. eines Mannes.

लतोद्गम m. als Erklärung von अवरोह *Luftwurzel.*

*लत्तिका f. *eine Eidechsenart.*

लद्नी f. N. pr. einer Dichterin.

लद्दूषक (लटूषक?) m. *ein best. Vogel* Ḱaraka 1,27. Suçr. 1,201,20.

लड्ढनदेव m. N. pr. eines Mannes.

लड्ढा in लड्ढादीन् Verz. d. B. H. No. 897 fehlerhaft für लट्वा.

1. लप्, लपति (metrisch auch Med.) 1) *schwatzen* (auch von Vögeln), *herausschwatzen.* — 2) *flüstern, hersagen.* *लपित *gesprochen.* — 3) *wehklagen.* — Caus. लापयति *zum Reden veranlassen.* — Intens. 1) लालपीति *sinnlos herausschwatzen, Unsinn schwatzen.* — 2) लालप्यते (metrisch auch Act.) *a) wehklagen, jammern.* — *b) wiederholt anreden.* — Mit अनु in *अनुलाप. — Mit अप 1) *abläugnen, läugnen.* — 2) अपलपित *unterschlagen* (Geld u. s. w.). — Mit अभि 1) *schwatzen —, sprechen über.* — 2) *bezeichnen, benennen* Çaṁk. zu Bâdar. 2,1,3. 36. 2,20. 3,32. 3,4,20 und zu Bṛh. Âr. Up. S. 148. — Mit आ 1) *Jmd* (Acc.) *anreden, sich unterhalten, — mit* (समम् oder सह). — 2) *reden, sprechen* (auch von Vögeln), *Etwas zu Jmd sagen* (mit doppeltem Acc.). — Caus. *sich mit Jmd* (Acc.) *in eine Unterhaltung einlassen, zu Jmd* (Acc.) *sprechen.* — Mit उपा *sprechen von, erwähnen* Bhâm. V. 2,11. — Mit समा *sich unterhalten mit* (Acc.). — Mit उद् Caus. *liebkosen* VP. 5,20,9. Hem. Par. 2,72. 293. — Mit समुद् *die Stimme erheben, zu sprechen beginnen* Bâlar. 207,14. — Mit प्र 1) (*unbedacht*) *herausreden, schwatzen, faseln.* — 2) *schwatzen,* so v. a. *sich unterhalten.* — 3) *eine Rede vorbringen, sprechen.* — 4) *ausrufen.* — 5) *wehklagen.* — 6) *wehklagend Etwas sprechen, — erzählen.* प्रलपित *wehklagend gesprochen.* — 7) *wehklagend anrufen.* — Caus. *Jmd zum Sprechen veranlassen.* — Mit विप्र 1) *sich ausführlich aussprechen;* vgl. विप्रलप्त. — 2) *wehklagen, jammern.* — Mit संप्र in संप्रलाप. — Mit वि 1) *unverständliche —, klägliche Töne ausstossen, jammern, wehklagen, — über* (प्रति). — 2) *wehklagend Etwas sprechen.* — 3) *bewehklagen.* — 4) *vielfach sprechen, — ertönen lassen.* — Caus. 1) *Jmd wehklagen —, jammern machen.* — 2) *viel reden lassen* (Med.). — Intens. *Unsinn schwatzen* Maitr. S. 2,4,2 (39,19). — Mit प्रवि in प्रविलापिन्. — Mit सम् 1) *sich unterhalten, sich unterreden* Hem. Par. 2,125. — 2) *benennen.* — Caus. *Jmd anreden.*

2. लप् Adj. *jammernd* in अभीलापलप्.

लपन n. *Mund* Çiç. 4,22. Harshak. 129,1.

लपित 1) *Adj. s. u. 1. लप्. — 2) f. आ N. pr. einer Çârṅgikâ (*eines best. Vogels*), mit der Maṇḍapâla sich begattete. — 3) n. लपित॑ *Geschwätz, Gesumme.*

लपेटिका f. N. pr. eines Wallfahrtsortes.

लपेत m. *Kläffer* als Bez. eines den Kindern schädlichen Dämons.

लप्सिका f. *ein best. Gericht* Bhâvapr. 2,17. Madanav. 11,75.

*लप्सुद n. *Bocksbart.*

लप्सुदिन् Adj. *bärtig* (Bock).

लप्स्यन n. (?) Nir. 4,10.

लब॑ m. 1) *ein best. Vogel* (*Perdix chinensis*) Râǵan. 19,122. — 2) angeblich N. pr. eines Liedverfassers.

लबसूक्त n. Bez. *des Liedes* ṚV. 10,119.

लब्ध 1) Adj. s. u. लभ्. — 2) *f. आ *eine best. Heroine.*

लब्धक Adj. in दुःखलब्धिका.

लब्धतीर्थ Adj. *eine Gelegenheit zu Etwas habend* Bhâg. P. 3,19,4.

लब्धदत्त m. N. pr. eines Mannes, *der wieder fortgab, was er erhielt.*

लब्धनामन् Adj. *einen Namen erlangt habend, in gutem Rufe stehend, berühmt, — durch* (Loc. 321,29 im Prâkrit).

लब्धनाश m. *Verlust des Gewonnenen.*

लब्धप्रणाश m. dass., Titel des 4ten Buches im Pańkatantra Pańkat. 5,10. 205,1.

लब्धप्रत्यय Adj. *fest an Etwas glaubend.* Nom. abstr. °ता f. 300,20 (im Prâkrit).

लब्धप्रसर Adj. (f. आ) *freien Lauf erlangt habend, sich frei bewegend, ungehemmt* 175,22. 293,7 (im Prâkrit).

लब्धर Nom. ag. *Bekommer, Erhalter, Erlanger, Gewinner.* Auch als Fut. von लभ्.

लब्धलक्ष 1) Adj. *der den Preis —, der den Sieg*

davongetragen hat, bewährt, erprobt, — *in* (Loc.). — 2) m. N. pr. eines Mannes.

लब्धलक्षणा Adj. *eine Gelegenheit zu Etwas habend* Daçak. (ed. W.) 135,4.

लब्धलक्ष्य Adj. = लब्धलक्ष 1).

लब्धलाभ Adj. (f. आ) 1) *der seinen Gewinn erhalten hat, der sein Ziel erreicht hat, zufriedengestellt* Kâraṇḍ. 84,6. — 2) *in den glücklichen Besitz von Etwas* (im Comp. vorangehend) *gelangt* ebend. 68,11. 80,20. — 3) *glücklich erlangt*, — *erreicht* ebend. 35,19. 83,24.

लब्धवर 1) Adj. *der seinen Wunsch erlangt hat, dem ein besonderer Vorzug in Folge seiner Bitte und in Berücksichtigung seiner Verdienste von einer höheren Macht in Gnaden ertheilt worden ist.* — 2) m. N. pr. eines Tanzlehrers.

लब्धवर्ण Adj. *unterrichtet, gelehrt*, — *in* (im Comp. vorangehend).

लब्धव्य Adj. *zu bekommen, zu erhalten, zu erlangen.*

लब्धशब्द Adj. = लब्धनामन्.

लब्धान्तर Adj. *der eine Gelegenheit gefunden hat, eine G. habend.* Nom. abstr. °त्व n. Çâk. (Pisch.) 79.

लब्धावसर Adj. (f. आ) dass. Hem. Par. 2,48.

लब्धि f. 1) *Erlangung* (das Object im Gen. oder im Comp. vorangehend); ohne Obj. *Gewinn.* — 2) *Gewinnung*, so v. a. *Erhaltung* (eines Lebens). — 3) *Ausfindigmachung, Wahrnehmung* Çiç. 7,41. — 4) *Ausfindigmachung*, so v. a. *Bestimmung* Comm. zu Sûrjas. 9,17. — 5) *Quotient.*

लब्धोदय Adj. *emporgekommen* Spr. 974.

लब्धिम Adj. *gewonnen, erhalten* Bhaṭṭ.

लभ्, लभते (लम्भत्ते u. s. w. fehlerhaft; अलभत्त auch fehlerhaft für आलभन्त), लभति (metrisch und ungenau); लब्ध Partic. 1) *erwischen, fassen, sich Jmds bemeistern; antreffen, finden, zu sehen bekommen* (61,29); Pass. *gefunden* —, *angetroffen werden.* अन्तरम् *eine Gelegenheit finden, sich Eingang verschaffen bei, Eindruck machen auf* (Gen.); अवकाशम् *Platz* —, *einen freien Spielraum finden, sich Eingang verschaffen, am Platze sein;* कालम् *den richtigen Zeitpunct für Etwas* (Loc. eines Nom. act.) *finden;* पदम् *Platz finden*, so v. a. *sich Eingang verschaffen.* — 2) *erhalten, erlangen*, — *von* (Abl.), — *als* (Acc.), *bekommen, in den Besitz von Etwas gelangen, theilhaftig werden* (Pass. *zu Theil werden*), *wiedererlangen.* — 3) mit Dat. eines Nom. act. oder mit Infin. *zu* — *bekommen, in den Fall kommen zu* —. न चैनं कश्चिदारोढुं लभते so v. a. *es gelingt Niemand zu sehen, wie er hinauf steigt;* पशुं ततो नालभत द्विजान् *er fand keinen Brahmanen zum Opfern.* Pass. *vergönnt sein, können, dürfen.* नाधर्मो लभ्यते कर्तुम् *es kann*—, *es darf kein Unrecht verübt werden.* — 4) *besitzen, haben.* — 5) *erfahren, empfinden, wahrnehmen, erkennen, herausbringen, hinter Etwas kommen;* Pass. *sich ergeben, sich herausstellen, zu Tage treten* (auch als Resultat einer Rechnung). — 6) Pass. so v. a. *unter den Begriff von Etwas* (Abl.) *fallen.* — Caus. लम्भयति 1) *bewirken, dass Jmd Etwas erlangt, bekommt, theilhaftig wird;* mit doppeltem Acc. (ausnahmsweise auch mit Instr. der Sache). संज्ञाम् *Jmd* (Acc.) *ein Zeichen geben.* — 2) *bekommen, erhalten.* — 3) *herausbringen, hinter Etwas kommen.* — Desid. लिप्सते (ली° TBr.) und °ति (metrisch) *zu ergreifen* —, *zu erwischen* —, *zu bekommen* —, *zu erlangen* —, *zu erhalten* —, *zu gewinnen suchen*, — *von* (Abl.); mit Acc. oder partitivem Gen. — Mit अनु (*von hinten*) *erwischen, erhaschen.* — Desid. *zu erwischen suchen.* — Mit अभि 1) *anfassen, berühren.* — 2) *bekommen, erhalten, erlangen*, — *von* (Abl.), *theilhaftig werden.* — Desid. *zu erhaschen* —, *zu bekommen wünschen.* — Mit आ 1) *erwischen, erfassen.* — 2) *anfassen, berühren.* आयुधम्, पादौ oder पदौ (Jmds Naish. 6,110), मूर्धानम् und आत्मानम् mit oder ohne Hinzufügung von सत्येन, तेन सत्येन, सत्यम् oder तथा als Schwurformeln. — 3) das Opferthier *fassen* und es *anbinden*, daher auch euphemistisch für *schlachten, opfern* (ein Opferthier oder ein Thieropfer). — 4) *anfangen, unternehmen* TBr. 2,2,2,1. 2. — 5) *Jmd gewinnen.* — 6) *erlangen, theilhaftig werden.* — 7) आलालम्भे Râǵat. 2,212 fehlerhaft für आलालम्बे. — Caus. 1) *anfassen* —, *berühren lassen.* — 2) *beginnen lassen* Maitr. S. 1,8,9 (129,10). 2,1,10 (11,19). TS. 2,2,2,2. — Desid. 1) *berühren wollen.* — 2) *anbinden* —, d. i. *schlachten wollen.* — Mit अन्वा 1) (*von hinten*) *erfassen, in die Hand nehmen, berühren* Gaut. — 2) *sich halten an* (Acc.). — Mit उपा 1) *berühren.* — 2) *zum Opfer hinzunehmen* in उपालम्भ्य. — 3) *tadeln, Vorwürfe machen;* mit Acc. der Person. — 4) häufig fehlerhaft für उप. — Caus. *Jmd tadeln, Jmd Vorwürfe machen.* — Mit पर्या, संवत्सरे पर्यालभ्यत्ते Maitr. S. 2,5,2 (49,9). TS. 2,1,2,6. 4,2 ungenau für सं° पर्या°. — Mit प्रत्या 1) *von der andern Seite her fassen.* — 2) *sich zur Wehr setzen* in अप्रत्यालभमान. — Mit समा 1) *anfassen, berühren.* °समालब्ध *in Berührung gekommen mit* Vâsav. 132,3. — 2) *erlangen, gewinnen.* — 3) *salben.* — Mit उप 1) *erwischen, habhaft werden, finden.* — 2) *bekommen, erhalten, theilhaftig werden* (Pass. *zu Theil werden*); *wiedererlangen.* गर्भम् *eine Leibesfrucht empfangen.* — 3) *wahrnehmen.* Pass. auch *wahrgenommen werden als* (Instr. eines Nom. abstr. statt des einfachen Nomin.). — 4) *erfahren, in Erfahrung bringen, kennen lernen, erkennen, sich Gewissheit verschaffen über, einsehen, wissen, kennen*, — *als* (Acc.). Pass. mit न *nicht gekannt werden* auch so v. a. *unbegreiflich sein.* — 5) Pass. auch in der Bed. von 3) und 4). — 6) उपलब्ध R. 2,40,45 fehlerhaft für उपालब्ध. — Caus. 1) *bewirken, dass Jmd Etwas erhält, zukommen lassen.* — 2) *Jmd Etwas erfahren* —, *erkennen lassen.* — 3) *bewirken, dass Jmd* oder *Etwas erkannt wird, erkennbar machen.* — Desid. etwa *eingreifen wollen in* (Acc.). — Mit प्रत्युप *wiedererlangen, wiederbekommen.* — Mit समुप 1) *erlangen, bekommen.* — 2) *erfahren, kennen lernen.* — Mit परि *erlangen, bekommen.* — Mit प्र 1) *ergreifen, packen, sich Jmds bemeistern.* — 2) *erlangen, bekommen.* — 3) *Jmd hintergehen, anführen, foppen, zum Narren halten.* — Caus. *Jmd anführen, foppen, zum Narren halten.* — Mit विप्र 1) *Jmd anführen, hintergehen, täuschen* (156,5. 317,3), *verhöhnen, zum Narren halten.* धर्मम् *das Gesetz verhöhnen*, so v. a. *ohne alle Rücksicht verletzen.* — 2) *wiedererlangen, wiederbekommen* MBh. 14,58,52. v. l. प्रवि, richtig wohl प्रति. — Mit प्रति 1) *wiedererlangen, wiederbekommen.* दर्शनम् so v. a. *wiedersehen.* — 2) *erlangen, bekommen, theilhaftig werden* Âpast. 2,21,10. Vaǵrakkh. 23,3. 44,1. Pass. *zu Theil werden, sich darbieten.* — 3) *seinen Theil bekommen*, so v. a. *bestraft werden.* — 4) *erfahren*, — *dass sei* (mit doppeltem Acc.). — 5) *erwarten, abwarten.* — Caus. *Jmd versehen* —, *beschenken mit* (Instr.) Hem. Par. 1,311. 415. — Mit वि 1) *auseinandernehmen.* — 2) *wegziehen* (den Dünger aus dem Stalle). — 3) *verleihen, verschaffen.* — 4) *abtreten, überlassen, einhändigen, übergeben* Kâd. 2,35,17 (41,18). Harshaḱ. 175,14. — 5) *wählen* Hem. Par. 8,242. — Caus. *Jmd Etwas zu Theil werden lassen*, mit doppeltem Acc. — Desid. *auseinandernehmen* —, *vertheilen wollen.* — Mit प्रवि *wiedererlangen, wiederbekommen.* v. l. विप्र, richtig wohl प्रति. — Mit सम् 1) *ringen mit Jmd* (Instr.) Maitr. S. 2,4,1 (38,3) = Kâṭh. 12,10 (Ind. St. 3,464,11). Du. *sich gegenseitig fassen.* — 2) *erlangen, bekommen, theilhaftig werden.* — Desid. in संलिप्सु.

लभ m. Nom. act. in *ईषल्लभ, दुर्लभ und सुलभ.

लभन n. 1) *das Finden, Antreffen, Habhaftwerden.* — 2) *Empfängniss* (?).

*लभस m. 1) *Pferdefessel.* — 2) *Reichthum.* — 3) *Bittsteller, Bettler.*

लभ्य Adj. 1) *zu finden, anzutreffen.* — 2) *wer* oder *was in Jmds Besitz gelangen kann* oder *soll, erreichbar, erlangbar, erhaltbar.* — 3) *zu fassen, zu erkennen, zu verstehen, verständlich.* — 4) *entsprechend, angemessen, passend.* Mit einem Infin. so v. a. *nicht dürfend* (mit passivisch zu übersezzendem Infin.). — 5) *auszustatten —, zu versehen mit* (Instr.).

लम् (nur ललाम) *sich ergötzen* (geschlechtlich).

*लमक m. 1) = तीर्थशोधक. — 2) N. pr. eines Mannes; Pl. *seine Nachkommen.*

लम्न m. Pl. Bez. *einer best. Klasse von Menschen.*

लम्पक m. Pl. *eine best. Secte der* Gaina.

लम्पट 1) Adj. (f. आ) *gierig, lüstern, — nach* (Loc. oder im Comp. vorangehend). Nom. abstr. °त्व n. — 2) f. आ *eine best. Personification* Cunningham, Arch. Surv. 9,66.

लम्पा f. N. pr. einer Stadt und eines Reiches.

लम्पाक 1) *Adj. = लम्पट. — 2) m. Pl. N. pr. eines Volkes. — 3) f. ई *eine Frau vom Volke der* Lampâka Bâlar. 128,19. — 4) Titel eines Werkes Opp. Cat. 1,327. 2019.

*लम्पापटह m. *eine Art Trommel.* Vgl. लम्बापटह.

*लम्फ m. *Sprung.*

1. लम्ब्, लम्बते (metrisch auch Act.) 1) *herabhängen, hängen an* (Loc.) Suparn. 7,1. लम्बित *herabhängend, hängend an* (Instr. oder im Comp. vorangehend). — 2) *herabsinken, sich senken.* लम्बित *gesenkt, hinabgeglitten, abgefallen.* — 3) *sich hängen an,* so v. a. *sich klammern —, sich halten an* (Loc.). रश्मिषु so v. a. *die Zügel schiessen lassen.* लम्बित *sich klammernd —, sich haltend an, gestützt auf, hängen geblieben an;* die Ergänzung im Comp. vorangehend. अन्योऽन्यलम्बितकरौ so v. a. *Hand in Hand.* — 4) *zurückbleiben, nachbleiben* (im Raume), *sich langsamer bewegen.* — 5) *nachbleiben* (in der Zeit), *zögern, säumen.* लम्बित *langsam, gemessen* (Tact). — Caus. लम्बयति, °लम्बित Partic. 1) *herabhängen lassen, herablassen.* — 2) *aufhängen* Kathâs. 122,62 (अलम्बयत् zu lesen). — 3) *sich anklammern lassen.* करम् *die Hand anlegen an* (Dat. eines Nom. act.). — 4) wohl *demüthigen* MBh. 1,31,10. — Desid. लिलम्बिषते *im Begriff stehen sich zu senken* Harshak. 91,15, v. l. — Mit अव 1) *herabhängen.* अवलम्बित *herabhängend, hängend an* (Loc.). — 2) *herabsinken, sich senken.* अवलम्बित *der sich herabgelassen —, niedergesetzt hat.* — 3) *sich klammern —, sich halten an, sich stützen —, sich verlassen —, vertrauen auf* (Acc., ausnahmsweise Loc. oder Instr.). अवलम्बमान *anhängend,* अवलम्बित *gestützt, — auf* (im Comp. vorangehend). — 4) *fassen, anfassen, packen;* mit Acc. अवलम्बित *gefasst.* — 5) *halten* (damit Jmd oder Etwas nicht falle), in übertragener Bed. so v. a. *aufrichten, aufrecht erhalten.* अवलम्बित *daran gehalten, darauf gelegt; aufrecht erhalten* (Kathâs. 106,144). — 6) *zu Etwas greifen, sich hingeben, obliegen;* mit Acc. — 7) *theilhaftig werden,* mit Acc. — 8) nach einer best. Weltgegend *greifen,* so v. a. eine best. Richtung *einschlagen.* — 9) *abhängen —, abhängig sein von, beruhen auf, in nächster Beziehung stehen zu* (Acc.). — 10) *zurückbleiben, nachbleiben.* Nur अवलम्बित *zurückgeblieben.* — 11) *zögern, säumen.* — 12) *अवलम्बित auch fehlerhaft für अविलम्बित. — Caus. 1) *herabhängen lassen, herablassen.* — 2) *aufhängen, — an* (Loc.). — 3) *ergreifen.* — 4) *stützen, halten, vor einem Fall bewahren.* — 5) *aufladen, aufbürden.* — Mit व्यव in व्यवलम्बिन्. — Mit समव *fassen, anfassen, in seine Arme schliessen.* — Mit आ 1) *herabhängen, hängen.* Nur °आलम्बित *herabhängend von.* — 2) *sich klammern —, sich hängen —, sich halten an, sich stützen auf;* mit Acc. (125,14), ausnahmsweise auch Loc. — 3) *ergreifen, fassen, packen.* — 4) *einnehmen, erobern.* — 5) *gefangen halten, fesseln* (das Herz). — 6) *halten, stützen.* आलम्बित *gehalten, gestützt.* — 7) *zu Etwas greifen, sich anlegen, annehmen* (auch so v. a. *an sich zur Erscheinung bringen, zeigen* u. s. w. Prasannar. 71,7. 72,13), *an Etwas gehen, sich hingeben;* mit Acc. आलम्बित *wozu man gegriffen hat* u. s. w. — 8) nach einer best. Weltgegend *greifen,* so v. a. eine best. Richtung *einschlagen.* — 9) *abhängen von, beruhen auf;* mit Acc. — 10) *halten, stützen,* so v. a. *wahrscheinlich erscheinen lassen* Comm. zu TS. Prât. 4,12 (wohl आलम्ब्यते richtig). — Caus. 1) *sich anklammern lassen.* आलम्बितकर *der die Hand angelegt hat.* — 2) *anhängen, aufhängen* Kâd. 53,6 (97,8). — 3) आलम्बयत् Kathâs. 122, 62 fehlerhaft für अलम्बयत्. — Mit अध्या *einholen, erreichen.* Vielleicht अध्यालम्बेषु: st. अध्यालम्बेषु: zu lesen. — Mit अपा in अपालम्ब. — Mit व्या 1) *sich herabsenken* Megh. 45. — 2) *von allen Seiten herabhängen* Harshak. (Çaka 1936) 196,24. — Mit समा 1) *sich klammern an, sich stützen —, sich verlassen auf;* mit Acc. — 2) *zu Jmd* (Acc.) *halten.* — 3) *sich halten an Etwas,* so v. a. *Rücksicht nehmen auf* (Acc.). — 4) *ergreifen, fassen, packen.* — 5) *zu Etwas greifen, annehmen, sich hingeben;* mit Acc. — 6) *theilhaftig werden,* mit Acc. — 7) *Jmd* (Loc.) *zu Theil werden.* — Caus. *hängen* (trans.) *an* (Loc.). — Mit उद्, उल्लम्बित *hängend* 111,13. — Caus. *aufhängen, aufknüpfen.* — Mit समुद्, समुल्लम्बित *hängend.* — Mit परि 1) *verbleiben an einem Orte* (Loc.). — 2) *ausbleiben, nicht kommen.* — 3) *zurückbleiben, sich langsamer bewegen.* — परिलम्ब्य Gît. 11,25 fehlerhaft für परिरभ्य. — Mit प्र *herabhängen* Daçak. 79,10. प्रलम्बित *herabhängend.* In buddh. Stile in अलंकार° u. s. w. scheinbar *behangen mit,* aber in Wirklichkeit ungenau für प्रलम्बितालंकार (adj. Comp.) u. s. w. Lalit. 266,15. Kâraṇḍ. 7,17. 18. 86,16. 17. — Mit अभिप्र, °लम्बित *herabhängend.* — Mit प्रति Caus. *aufhängen, aufknüpfen.* — Mit वि 1) *auf beiden Seiten hängen an* (Acc.). — 2) *herabhängen, hängen an* (Loc.). विलम्बित *herabhängend.* — 3) *sich senken, sich neigen.* — 4) *hängen bleiben,* so v. a. *langsam von der Stelle kommen, längere Zeit verweilen bei, säumen, zögern, — mit* (प्रति Gaut.). विलम्ब्य *säumend, zögernd, langsam, so spät;* अविलम्ब्य *ohne Verzug.* विलम्बित *verweilt; säumend, zögernd, verzögert; langsam, gemessen.* विलम्बितम् Adv. und auch n. impers. *verweilt —, gezögert worden.* मा विलम्ब Pańkat. 107,25 fehlerhaft für माविलम्बम्. — 5) °विलम्बित *in nächster Beziehung stehend zu.* — Caus. 1) *hängen an* (Loc.). विलम्बयित्वा Pańkat. 116, 19 fehlerhaft für विलम्ब्य, wie ed. Bomb. 2,15,3 gelesen wird. — 2) *Jmd verweilen machen, aufhalten.* — 3) *versäumen, unnütz verstreichen lassen* Hariv. 2,26,67. — 4) *säumen, zögern.* Metrisch auch Med. — Mit प्रवि 1) *vorhängen, hervorragen* in अतिप्रविलम्बित (Nachtr. 5) und प्रविलम्बिन्. — 2) *lange zögern* in प्रविलम्बित (Nachtr. 5). — Caus. *aufhängen, aufknüpfen.*

2.* लम्ब्, लम्बते (शब्दे).

लम्ब 1) Adj. (f. आ) *herabhängend, hängend an* (im Comp. vorangehend), *herabhängend bis* (आजानु°, आगण्ड°), *lang herabhängend.* — 2) m. *a*) *eine Senkrechte.* — *b*) *Complement der Breite.* °रेखा f. dass., °ज्या f., °ज्यका f. und °गुण m. *der Sinus desselben.* — *c*) * *Bez. eines best. Wurfes oder Zuges in einem best. Spiele.* — *d*) * *Geschenk.* Richtig लञ्चा. — *e*) * = नर्तक, कान्त und अङ्ग. —

f) N. pr. α) eines Muni. — β) eines Daitja. — *g*) Karaka 5,12 fehlerhaft für लम्भ. — 3) f. आ *a*) *eine Art Gurke* Karaka 6,24. 7,3 (=इत्त्वाकु). — *b*) **Geschenk*. Richtig लञ्चा. — *c*) *eine Form der* Durgâ. Nach den Lexicographen = दुर्गा, गौरी. — *d*) *Bein. der Lakshmî. — *e*) N. pr. α) einer der Mütter im Gefolge Skanda's. — β) einer Tochter Daksha's und Gattin Dharma's (oder Manu's). — γ) einer Râkshasî. — 4) *f. ई *ein best. Gericht aus Körnern* Madanav. 118,100.

लम्बक 1) m. *a*) *eine Senkrechte* Ârjabh. 2,13. Sûrjas. 12,44. — *b*) *Complement der Breite*. — *c*) **ein best. Geräthe*. — *d*) *der 15te astrol.* Joga. — *e*) Bez. *der grösseren Abschnitte* (18 an der Zahl) im Kathâsaritsâgara. — *f*) Kathâs. 61,24 fehlerhaft für लम्भक. — 2) f. लम्बिका *das Zäpfchen im Halse*.

लम्बकर्ण 1) Adj. (f. आ und ई) *lang herabhängende Ohren habend*. — 2) m. *a*) **Ziegenbock, Ziege*. — *b*) **Elephant*. — *c*) **Falke* Râgan. 19,86. — *d*) *ein Râkshasa. — *e*) **Alangium hexapetalum* Râgan. 9,76. — *f*) N. pr. α) *eines Wesens im Gefolge Çiva's. — β) eines Esels. — γ) eines Hasen.

लम्बकेशक m. N. pr. eines Muni.

लम्बजिह्व 1) Adj. *die Zunge hängen lassend*. — 2) m. N. pr. eines Râkshasa.

*लम्बदन्ता f. *eine Art Pfeffer* Râgan. 6,18.

लम्बन 1) Adj. als Beiw. Çiva's *herabhängend* oder *herabhängen lassend*. — 2) m. *a*) etwa *Trossknecht* Harshak. 178,15 (443,12). — *b*) **Phlegma, Schleim*. — *c*) N. pr. eines Sohnes des Gjotishmant VP. 2,4,36. — 3) n. *a*) **Franse*. — *b*) **ein lang herabhängender Halsschmuck*. — *c*) *Parallaxe in Länge*. — *d*) *eine best. Kampfart* Hariv. 3,124,19. — *e*) N. pr. eines Varsha in Kuçadvîpa (benannt nach 2) *c*).

लम्बपयोधरा 1) Adj. f. *hängende Brüste habend*. — 2) f. N. pr. einer der Mütter im Gefolge Skanda's.

*लम्बबीजा f. *eine Art Pfeffer* Râgan. 6,17.

लम्बमाल Adj. Hariv. 3653 fehlerhaft für लम्बमान Partic.

लम्बर m. *eine Art Trommel*.

लम्बस्तनी Adj. f. *mit schlaffen Brüsten* Suçr. 1,371,18.

लम्बात m. N. pr. eines Muni.

लम्बापटह m. *eine Art Trommel* Harshak. 175,2.

*लम्बाविश्वयसौ m. Du. gaṇa वनस्पत्यादि fehlerhaft für बम्बा°.

लम्बिक m. *der indische Kuckuck* Kâraṇḍ. 73,24.

लम्बिकाकोकिला f. N. pr. einer Gottheit.

लम्बिन् 1) Adj. *herabhängend, hängend an, herabhängend bis zu*. — 2) f. °नी N. pr. einer der Mütter im Gefolge Skanda's.

लम्बुक m. 1) *der 15te astrol.* Joga. v. l. लम्बक. — 2) *N. pr. eines Schlangendämons.

*लम्बुषा f. *ein Perlenschmuck aus sieben Schnüren*. Vgl. अलम्बुष.

लम्बोदर 1) Adj. (f. ई) *a*) *einen Hängebauch habend*. Nom. abstr. °ता f. Kâd. 256,4. — *b*) **gefrässig*. — 2) m. *a*) Bein. Gaṇeça's. — *b*) N. pr. α) eines Fürsten. — β) eines Muni. — 3) f. ई N. pr. *a*) einer Unholdin. — *b*) eines Flusses. °नदीमाहात्म्य n. Bühler, Rep. No. 82.

लम्बोष्ठ und लम्बौष्ठ 1) Adj. *der die Unterlippe hängen lässt*. — 2) *m. *Kamel* Râgan. 19,21.

*लम्भ्, लम्भते (शब्दे). लम्भय् s. u. लभ्.

लम्भ 1) m. *a*) *das Finden, Wiederfinden*. — *b*) *Erlangung* (fehlerhaft लम्ब Karaka 5,12), *Wiedererlangung*. — *c*) *Einnahme* (einer Festung). — 2) *f. आ *Hecke, Einfriedigung*.

लम्भक Adj. *findend, Finder*. Vgl. वर्ष°.

लम्भन n. *das Erlangen, Bekommen, Wiedererlangen*. — 2) *das Verschaffen* Hem. Par. 2,37.

लम्भनीय Adj. *zu erlangen*.

*लम्भम् Absol. von लभ्.

लम्भुक Adj. *der Etwas* (Acc.) *zu erhalten —, zu bekommen pflegt*.

*लय्, लयते (गतौ).

लय 1) Adj. *den Geist träge machend*. — 2) m. (adj. Comp. f. आ) *a*) *das Sichanheften, Ankleben* Çiç. 6,78. लयं गा *bei Jmd* (Loc.) *hängen bleiben*. — *b*) *das Sichducken, Niederhocken* MBh. 7,139,76. — *c*) *das Verschwinden —, Eingehen in* (Loc. oder im Comp. vorangehend) Kap. 1,121. 2,21. 3,54. लयं या, गम् u. s. w. *verschwinden —, eingehen —, aufgehen in* (Loc.). लयं संगताः *versteckten sich*. — *d*) *Untergang, Tod*. लयं या *untergehen, zu Grunde gehen, zu Nichte werden*. Auch Pl. — *e*) *Rast, Ruhe*. — *f*) *geistige Trägheit* Kap. 6,30. — *g*) *Scherz, heiteres Spiel, — Treiben* (= विलास) Vâsav. 205,2. — *h*) *Tempo* (deren drei: द्रुत, मध्य und विलम्बित). — *i*) *ein best. Tact* S. S. S. 213. — *k*) *ein best. Ackerwerkzeug*, etwa *Egge* oder *Hacke*. — 3) f. लया N. pr. einer Joginî Hemâdri 2,a,94,13. जया v. l. — 4) *n. *die Wurzel von Andropogon muricatus*. Vgl. Bhâvapr. 1,193.

लयन n. 1) *Rast, Ruhe*. — 2) *Ruhestätte* Çiç. 13,52. *Zelle* Prab. 48,16. Kâraṇḍ. 7,10. 11. Nach den Erklärern und Lexicographen *Stätte, Haus, Sitz*.

*लयपुत्री f. *Tänzerin, Schauspielerin*.

लययोग m. neben मन्त्रयोग und राजयोग.

लयस्थान n. 1) *Auflösungsstätte* 259,17. 260,15. 266,12. — 2) *Tempo und Lage der Stimme* MBh. 2,132. लये स्थाने v. l. für लयस्थाने.

*लयारम्भ m. *Tänzer, Schauspieler*.

लयार्क m. *die Sonne beim Untergange der Welt* Bhâg. P. 10,77,35.

*लयालम्ब m. *Tänzer, Schauspieler*.

लयुँ m. in einer Formel Maitr. S. 2,11,4 (141,16). ललाय Kap. S.

लरमानाथ m. N. pr. eines Autors.

*लर्ब्, लर्बति (गतौ).

लल्, ललति, °ते (metrisch) *tändeln, scherzen, spielen, sich frei gehen lassen* Spr. 7711. ललित n. impers. Vgl. ललित. — Caus. 1) लालयति *a*) (*tändeln lassen*) *liebkosen, zärtlich sein gegen Jmd, streicheln, schmeicheln, hätscheln, hegen und pflegen* Prasannar. 49,8. Kâd. 196,9. Metrisch auch Med. — *b*) *schwingen*. — *c*) *begünstigen*. — 2) *लालयते (ईप्सायाम्). — 3) ललयति *a*) Pañkat. 229,22 fehlerhaft für लालयति. — *b*) *ईप्सायाम्. — Mit अनु Caus. (°लालयति) *Jmd in eine gute Laune versetzen*. — Mit उपा Caus. *hätscheln* in उपालाल्य. — Mit उद् in उल्लाल. — Caus. उल्लालयति 1) *in Aufregung versetzen* Naish. 4,106. — 2) *aufspringen*. उल्लालयित्वा (!) Pañkat. ed. Bomb. 4,40,22. — Mit उप Caus. (°लालयति) *liebkosen, zärtlich sein gegen Jmd, hegen und pflegen*; mit Acc. Kâd. 113,28. — Mit वि Caus. विलालयति s. u. लालय्. — Mit सम् Caus. (संलालयति) *liebkosen, zärtlich sein gegen Jmd, hegen und pflegen*; mit Acc.

*लल्, m. *ein best. Parfum* Gal.

ललजिह्व Adj. fehlerhaft für ललज्जिह्व 1) *a*).

ललज्जिह्व 1) Adj. (f. आ) *a*) *dessen Zunge spielt*, d. h. *hinundher geht, züngelnd* Hemâdri 1,807,8. — *b*) * = हिंस्र. — 2) *m. *a*) *Hund*. — *b*) *Kamel*.

*ललदम्बु m. *Citronenbaum*.

ललन 1) Adj. *spielend, schillernd* (von Licht und Farbe). — 2) *m. *a*) *Vatica robusta* Râgan. 9,81. 12,116. — *b*) *Buchanania latifolia* Râgan. 11,65. — 3) f. आ *a*) *ein tändelndes Weib, Weib überh., Gattin*. — *b*) **Zunge*. — *c*) Name verschiedener *Metra*. — *d*) N. pr. eines mythischen Wesens. — 4) n. *a*) **Spiel, Tändelei*. — *b*) *das Spielen der Zunge*, so v. a. *das Hinundhergehen derselben*.

*ललनाप्रिय 1) Adj. *Weibern lieb*. — 2) m. *Nauclea Cadamba* Râgan. 9,101. — 3) n. *eine Art Andropogon* Râgan. 10,170.

ललनिका f. *Weibchen, ein armes W.*

*ललन्तिका f. *ein lang herabhängender* (*baumelnder*) *Halsschmuck.*

ललल्ल onomatop. vom Laute eines *Lallenden.*

ललाट n. (adj. Comp. f. आ) *Stirn.* ललाटे *a fronte, vorn.*

ललाटक 1) n. *a*) *Stirn* Agni-P. 25,44. — *b*) **eine schöne Stirn.* — 2) f. °टिका *a*) **Stirnschmuck.* — *b*) *ein mit Sandel* oder *Asche auf die Stirn aufgetragenes Zeichen* Kâd. 176,18. 186,6.

ललाटतट m. *Stirnplatte.*

ललाटंतप Adj. *die Stirn brennend* als Beiw. einer glühenden Sonne Harshak. 32,13. 160,16. Bhoga-Pr. 87,7.

ललाटपट्ट m. (Kâd. 81,8. Ind. St. 15,326), °पट्टक m. (Kâd. 16,9) und °पट्टिका f. *Stirnplatte.*

*ललाटपुर n. N. pr. einer *Stadt.*

ललाटफलक n. *Stirnplatte.*

ललाटलिखित Adj. (vom Schicksal) *auf die Stirn geschrieben.*

ललाटलेखा f. 1) (die vom Schicksal) *auf die Stirn geschriebenen Züge.* — 2) *Stirnstreifen,* so v. a. *eine überaus schmale Stirn* Çiç. 14,85.

ललाटाक्ष Adj. (f. ई) *auf der Stirn ein Auge habend.*

ललाटिक Adj. *vorn befindlich* Âpast. Çr. 11,4,12. — ललाटिका f. s. u. ललाटक.

ललाटिकाय्, °यते *ein Stirnzeichen darstellen.*

*ललाटूल Adj. *eine hohe* oder *schöne Stirn habend.*

ललाम 1) Adj. (f. ई) *mit einer Blässe* (*Stirnfleck*) *versehen, mit einem* (*hellen*) *Fleck versehen* überh. — 2) m. n. *Schmuck, Zierde* 306,7. — 3) f. ई *a*) *eine best. Unholdin.* — *b*) **ein best. Ohrenschmuck.* — 4) *n. *a*) *Blässe, Stirnfleck.* — *b*) *Mal, Sectenzeichen.* — *b*) *Zeichen* überh. — *d*) *Banner, Flagge.* — *e*) *Schweif.* — *f*) *Horn.* — *g*) *Pferd.* — *h*) = प्रभाव. — *i*) *= रम्य.

*ललामक n. *ein auf der Stirn liegender Blumenkranz.*

ललामगु m. scherzhafte Bez. des *penis.*

ललामन् n. 1) *Schmuck, Zierde* Vikramâñkak. 18,72. Ind. Antiq. 8,241. — 2) **Mal, Sectenzeichen.* — 3) * *Zeichen* überh. — 4) * *Banner, Flagge.* — 5) * *Schweif.* — 6) * *Horn.* — 7) * *Pferd.* — 8) * = प्रभाव. — 9) * = रम्य und सुख.

ललामवन्त् Adj. *mit einer Blässe versehen.*

ललाय m. in einer Formel Kap. S. 28,8. लयुँ Maitr. S.

ललित 1) Adj. (f. आ) *a*) *zuckend* Bâlar. 55,5. — *b*) *naiv, arglos, einfältig.* — *c*) *anmuthig, lieblich, schön, hübsch.* °म् Adv. — *d*) *erwünscht, beliebt, genehm.* — 2) m. *a*) *eine best. Stellung der Hände beim Tanze.* — *b*) *ein best. Tact* S. S. S. 212. Vgl. ललितताल. — *c*) *ein best.* Râga. — 3) f. आ *a*) **Moschus.* — *b*) Name *verschiedener Metra.* — *c*) *eine best.* Mûrkhanâ S. S. S. 30. — *d*) *eine best.* Râginî S. S. S. 37. — *e*) Titel eines Commentars Burnell, T. — *f*) Bein. der Durgâ und *eine Form derselben* Hemâdri 1,395,17. — *g*) N. pr. α) einer Hirtin, die mit der Durgâ und der Râdhikâ identificirt wird. — β) der Gattin eines Çatâjudha Hem. Par. 3,261. — γ) eines Flusses. — 4) n. *a*) *Scherz.* — *b*) *eine natürliche, ungesuchte Handlung.* — *c*) *liebenswürdige Einfalt, Naivetät, Anmuth, Liebreiz.* — *d*) *Schönheit, Pracht.* — *e*) Name *zweier Metra.* — *f*) * *eine Art Perlenschmuck.* क्वार wohl fehlerhaft für क्वाव. — *g*) N. pr. einer Stadt.

ललितक n. N. pr. eines Tîrtha MBh. 3,84,34. v. l. ललितिक.

ललितचैत्य m. Name eines Kaitja.

ललितताल m. *ein best. Tact.*

ललितपद 1) Adj. (f. आ) *aus lieblichen Worten bestehend.* — 2) f. आ *ein best. Metrum.*

ललितपुर n. N. pr. einer *Stadt.*

ललितपुराण n. = ललितविस्तर पुराण.

ललितप्रिय m. *ein best. Tact* S. S. S. 212.

ललितमाधव n. Titel eines Schauspiels. Vgl. ललितामाधव.

ललितललित Adj. *überaus lieblich.*

ललितलोचन 1) Adj. (f. आ) *schönäugig.* — 2) f. आ N. pr. einer Tochter des Vidjâdhara Vâmadatta.

ललितविस्तर m. und °पुराण n. Titel eines buddh. Sûtra.

ललितव्यूह m. 1) *ein best.* Samâdhi. — 2) N. pr. *a*) eines Devaputra. — *b*) eines Bodhisattva.

ललिताखण्ड n. Titel eines Werkes Opp. Cat. 1.

ललिताङ्ग 1) m. N. pr. eines Mannes Hem. Par. 3,231. — 2) f. ई *eine Schöne* Vikramâñkak. 13,25.

ललिताङ्गनरेश्वरचरित n. Titel eines Werkes Bühler, Rep. No. 761.

ललितातन्त्र n. Titel eines Tantra.

ललितातृतीया f. *ein best. dritter Tag.* °व्रत n. *eine best. Begehung.*

ललितात्रिशती f. Titel eines Werkes Burnell, T.

ललितादिकीर्ति m. N. pr. eines Mannes Bhadrab. 4,173.

ललितादित्य m. N. pr. eines Fürsten. °पुर n. N. pr. der von ihm gegründeten *Stadt.*

ललितापञ्चशती f. Titel eines Werkes Burnell, T.

ललितापीड m. N. pr. eines Fürsten.

ललितापूजाविधान n., ललिताभट्टभास्कर m. und ललिताभाष्य n. Titel von Werken Opp. Cat. 1.

ललितामाधव n. Titel eines Schauspiels. Vgl. ललितमाधव.

ललितार्चनचन्द्रिका f. Titel eines Werkes.

ललिताव्रत n. *eine best. Begehung.*

ललिताषष्ठी f. *ein best. sechster Tag.* °व्रत n. *eine best. Begehung.*

ललिताष्टोत्तरशतनामन् n. Pl. Titel eines Werkes Burnell, T.

ललितासप्तमी f. *der siebente Tag in der lichten Hälfte des* Bhâdra.

ललितासहस्र n., °सहस्रनामन् n. Pl., °नामभाष्य n. Titel von Werken Opp. Cat. 1.

ललितिक n. v. l. für ललितक.

ललितोपाख्यान n. Titel eines Werkes Burnell, T.

ललित्थ m. 1) Pl. N. pr. eines Volkes. — 2) *der Fürst dieses Volkes.*

ललीतिका f. N. pr. eines Tîrtha.

लल्यान N. pr. einer Oertlichkeit.

लल्ल N. pr. 1) m. eines Astronomen und eines Ministers. — 2) f. आ einer Buhldirne.

लल्लवाराहसुत m. Patron. eines Autors.

लल्लिय m. N. pr. eines Mannes.

लल्लुजीलाल m. N. pr. eines Autors.

लव 1) m. *a*) *das Schneiden, Abschneiden, Abpflücken* (von Blumen). कुसुम° so v. a. *gepflückte Blumen.* — *b*) *Schur, Wolle; Haar* (einer Kuh). — *c*) *Abschnitt, Stück, eine Partikel von, ein Minimum, ein Bischen, Tropfen.* Zum Ueberfluss kann noch लेश angehängt werden. लवम् Adv. *ein wenig.* Angeblich auch n. Am Ende eines adj. Comp. f. आ. Vgl. पदाति°. — *d*) *ein best. sehr kleiner Zeittheil.* Häufig personificirt. — *e*) bei den Astronomen *Grad.* — *f*) *Zähler eines Bruchs.* — *g*) * *Untergang.* — *h*) * *Ausgelassenheit.* — *i*) N. pr. α) eines Sohnes des Râma und der Sîtâ. — β) eines Fürsten von Kâçmîra. — 2) *n. *a*) *Muskatnuss.* — *b*) *Gewürznelke* Râgan. 12,85. — *c*) *die Wurzel von Andropogon muricatus* Râgan. 12,151.

लवक 1) *Adj. *schneidend, Schnitter.* — 2) Bez. *eines best. Stoffes.*

लवङ्ग 1) m. *Gewürznelkenbaum; n. Gewürznelke* Râgan. 12,82. Bhâvapr. 1,188. Madanav. 41,22. — 2) f. ई N. pr. einer Apsaras Bâlar. 89,7.

लवङ्गक 1) *n. *Gewürznelke.* — 2) f. °ङ्गिका N. pr. einer Frau Vâsav. 225,4.

*लवङ्गकलिका f. *Gewürznelke* Râgan. 12,85.

*लवङ्गलता f. *Limonia scandens* Roxburgh, Flora ind. 3,380.

लवट m. N. pr. eines Mannes.

लवण 1) Adj. (f. आ) *salzig, gesalzen.* *लवणंकृत्वा und *लवणंकृत्य *salzend.* — 2) m. *a) eine best. Hölle.* v. l. सवन. — *b)* N. pr. *α)* eines Râkshasa oder Daitja. — *β)* eines Fürsten aus Hariçkandra's Geschlecht. — *γ)* eines Sohnes des Râma. Sonst लव. — *δ)* eines Flusses. — *c)* * = बल und अस्थिभेद. — 3) f. आ *a)* **Glanz, Schönheit.* — *b)* * *Cardiospermum Halicacabum* Râǵan. 3,71. — *c)* N. pr. eines Flusses. — 4) f. ई N. pr. verschiedener Flüsse. — 5) n. *a) Salz,* insbes. *Seesalz.* — *b) Anmuth* in निर्लवण und लवणाकर 2). — *c) eine best. Art zu kämpfen.* Richtig लम्बन.

लवणकटुक Adj. *salzig und scharf* Suçr. 1,75,9. 2,546,2.

लवणकलायी (wohl लवनकलापी) f. etwa *Futtertrog* Harshaḱ. 173,10. v. l. लवणसाधिका.

लवणकषाय Adj. *salzig und zusammenziehend* Suçr. 1,75,9. 2,546,2.

*लवणकिंशुका f. *Cardiospermum Halicacabum* Râǵan. 3,71.

*लवणक्षार m. 1) *eine Art Salz* Râǵan. 6,254. — 2) *ein best. Präparat aus Zuckerrohrsaft* Râǵan. 14,94.

*लवणखानि f. *Salzgrube.*

लवणजल 1) Adj. *salziges Wasser habend.* — 2) m. *das Salzmeer, Meer.*

लवणजलधि m. (173,13) und °जलनिधि m. *das Salzmeer, Meer.*

लवणजलोद्भव m. *Seemuschel.*

लवणता f. *Salzigkeit.*

लवणतिक्त Adj. *salzig und bitter* Suçr. 1,75,9. 2,546,2.

*लवणतृण n. *eine Grasart* Râǵan. 8,138.

लवणतोय 1) Adj. *salziges Wasser habend.* — 2) m. *das Salzmeer, Meer.*

लवणत्व n. *Salzigkeit.*

लवणधेनु f. *eine durch Salz symbolisch dargestellte Mutterkuh.*

लवणपर्वत m. *ein durch Salz symbolisch dargestellter Berg.*

*लवणपाटलिका f. *Salzbeutel.*

लवणपुर n. N. pr. einer *Stadt.*

*लवणमद m. *eine Art Salz.*

लवणमन्त्र m. *ein von einer Salzdarbringung begleitetes Gebet.*

लवणमेहिन् Adj. *an salziger Harnruhr leidend.*

लवणय्, *°यति *salzen.* लवणित *gesalzen* Kâraka 3,7. 8,13.

लवणवारि 1) Adj. *salziges Wasser habend.* — 2) m. *das Salzmeer, Meer* 169,25.

लवणसमुद्र m. *das Salzmeer, Meer.*

लवणसाधिका (wohl लवन°) f. s. u. लवणकलायी.

*लवणसिन्धु m. *das Salzmeer, Meer* Comm. zu Çiç. 3,80.

लवणस्थान n. N. pr. einer Oertlichkeit.

*लवणस्य्, °स्यति *nach Salz verlangen.*

लवणाकर m. 1) **Salzgrube.* — 2) *eine Fundgrube —, Fülle von Anmuth.*

लवणाचल m. = लवणपर्वत.

लवणान्तक m. Bein. Çatrughna's (*Tödter des* Râkshasa Lavaṇa).

लवणाब्धि m. *das Salzmeer, Meer.*

*लवणाब्धिज n. *Seesalz* Râǵan. 6,103.

लवणाम्बुराशि, लवणाम्भस्, लवणार्णव und लवणालय m. *das Salzmeer, Meer.*

लवणाश्व m. N. pr. eines Brahmanen.

लवणासुर m. N. pr. eines Asura Ind. St. 14,134.

*लवणासुरज n. *eine Art Salz* Râǵan. 6,254.

लवणिमन् m. *Anmuth* Prasannar. 153,3. Ind. St. 15,297.

1. लवणी f. s. u. लवण.

2. *लवणी Adv. mit कर् *salzen.*

*लवणीय्, °यति Denomin. von लवण.

लवणोत्तम n. *Kochsalz* Bhâvapr. 3,98.

*लवणोत्थ n. *eine Art Salz* Râǵan. 6,254.

लवणोद m. *das Salzmeer, Meer.*

1. *लवणोदक n. *Salzwasser.*

2. लवणोदक 1) Adj. *salziges Wasser habend.* — 2) *m. *das Salzmeer, Meer.*

लवणोदधि m. *das Salzmeer, Meer.*

लवन 1) *Adj. *der da schneidet, Schnitter.* — 2) *f. ई *Anona reticulata.* — 3) n. *a) das Schneiden* (des Kornes), *Mähen; Zerschneiden* Comm. zu Njâjam. 9,4,8. °कर्तर् Nom. ag. *Schnitter, Mäher.* — *b) ein Werkzeug zum Schneiden.*

लवनकलायी f. s. u. लवणकलायी.

लवनसाधिका f. s. u. लवणसाधिका.

*लवनीय Adj. = लव्य.

लवन्य m. Bez. *einer best. Klasse von Menschen.*

*लवय्, लवयति = लवमाचष्टे.

लवराज m. N. pr. eines Brahmanen.

लवलि (metrisch) f. = लवली 1) Viddh. 21,4.

लवली f. 1) *Averrhoa acida* Dhanv. 5,19. Bhâvapr. 1,244. Harshaḱ. 203,6. Çiç. 6,78. Vâsav. 268, 3. — 2) *ein best. Metrum.*

लवशस् Adv. 1) *in kleine Stücke.* — 2) *nach Augenblicken, auf Augenblicke.*

*लवाक m. 1) *ein Werkzeug zum Schneiden.* — 2) *das Schneiden.* — Richtig लवाणक.

*लवाणक m. *ein Werkzeug zum Schneiden, Sichel.*

लवापवाह m. *das Wegschaffen von Brüchen* Lîlâv. 9,16.

*लवि m. = लवाणक.

लवितव्य Adj. *zu schneiden.* Nom. abstr. °त्व n. Comm. zu Njâjam. 9,4,8.

*लवित्र n. = लवाणक.

लवेरणि m. N. pr. eines Mannes. Pl. *seine Nachkommen.* Richtig wohl ला°.

लव्य Adj. 1) *abzuhauen, niederzuhauen.* — 2) *zu durchbohren, zu treffen* in डुःख°.

*लश्, लाशयति (शिल्पयोगे).

लशुन m. (selten) und n. *Lauch, Knoblauch* Dhanv. 4,37. Madanav. 80,71. Râǵan. 7,49. Bhâvapr. 1,178. Mat. med. 262. Gaut. Spr. 7668.

1. लष्, लषति, °ते (meist metrisch) und लष्यति (Bhatt.), *°ते 1) *begehren, Verlangen haben nach* (Acc.). — 2) *hinstreben zu,* so v. a. *sich nähern;* mit Acc. Utpala zu Varâh. Brh. 6,2. — Mit अप in *अपलाषिका fgg. — Mit अभि *begehren —, Verlangen haben nach* (Acc. oder Infin.). अभिलषित *begehrt, gewünscht* (auch mit Infin.). — Mit समभि, आ und परि *begehren nach.*

2. लष्, लाषयति (शिल्पयोगे).

*लषण Adj. von 1. लष्.

लषमण m. N. pr. eines Mannes.

लषमादेवी f. N. pr. *einer Fürstin.* Vgl. लखमा°.

*लष्व m. *Tänzer.*

लस्, लसति (श्लेषणक्रीडनयोः) 1) *strahlen, glänzen, prangen.* Nur लसत् und लसमान (nur Vâsav. 230,3 und Nalod. einmal) *strahlend* u. s. w. — 2) *erscheinen, zum Vorschein kommen, entstehen.* Nur लसत्. — 3) *erschallen, ertönen.* Nur लसत्. — 4) *spielen, sich vergnügen, sich der Freude hingeben.* — Caus. लासयति (शिल्पयोगे oder शिल्पोपयोगे) 1) *tanzen.* — 2) *tanzen lassen, — lehren.* — Mit अनु in *अनुलासक. — Mit अभि hier und da fehlerhaft für अभि-लष्. — Mit उद् 1) *erglänzen, strahlen, prangen.* Nur उल्लसत्, उल्लसमान (ausnahmsweise) *erglänzend* u. s. w. und उल्लसित *glänzend, strahlend.* कीलालोल्लसित so v. a. *von Blut triefend* Bâlar. 107,15. — 2) *erscheinen, zum Vorschein kommen, entstehen* Naish. 4,115. उल्लसित *zum Vorschein gekommen, entstanden.* — 3) *ertönen, erschallen* Prasannar. 63,16. — 4) *spielen, sich vergnügen, sich der Freude hingeben, ausgelassen sein.* उल्लसित *freudig erregt* 142,18. °म् Adv. — 5) *sich hinundher* bewegen. Nur उल्लसत् (Naish. 6,101) und उल्लसित. — 6) wachsen, zunehmen Naish. 5,33. — Caus. 1) erglänzen —, strahlen machen. — 2) erscheinen lassen, bewirken. — 3) ertönen —, erschallen lassen. — 4) freudig erregen, in eine frohe Laune versetzen Naish. 6,34. — 5) tanzen lassen, in Bewegung versetzen Kâd. 94,17 (168,13). — Mit अत्युद् stark aufleuchten, — glänzen Çiç. 5,2 (अभ्युल्लसत् im Text). Pr. P. 136. — Mit अभ्युद् Çiç. 5,2 fehlerhaft für अत्युद्. — Mit पर्युद्, पर्युल्लसत् ringsumher strahlend Ind. St. 14,372. — Mit प्रत्युद् erscheinen, zum Vorschein kommen Bâlar. 74,8. — Mit प्रोद्, प्रोल्लसत् 1) erglänzend. — 2) ertönend, erschallend. — 3) sich hinundher bewegend. — Caus. freudig erregen. — Mit समुद् 1) erglänzen. Nur समुल्लसत् (Çiç. 13,6) erglänzend und समुल्लसित strahlend. — 2) erscheinen, zum Vorschein kommen Çiç. 17,3. 4. Ind. St. 15,297. — 3) erschallen Prasannar. 31,22. — Mit उप, nur उपलसत् erglänzend Çiç. 17,69. — Mit परि, परिलसत् ringsumher strahlend. — Mit वि 1) glänzen, strahlen. विलसत् und विलसित glänzend, strahlend. Verbum fin. nur Bhatt. — 2) erscheinen, zum Vorschein kommen, entstehen, sich zeigen Spr. 7828. zu 1851. Çiç. 15,14. Gewöhnlich विलसत् und विलसित. — 3) ertönen, erschallen. Nur विलसत्. — 4) spielen, sich vergnügen, sich der Freude hingeben, ausgelassen sein. विलसित n. impers. — 5) sich hinundher bewegen, zucken (vom Blitz). Nur विलसत् und विलसित. — Caus. tanzen lassen Vâsav. 233,2. — Mit प्रवि 1) stark strahlen, — glänzen. — 2) stark hervorbrechen, in hohem Mausse erscheinen. Nur प्रविलसत्.

लस 1) Adj. in अलसँ. — 2) *f. आ Gelbwurz.

*लसक 1) Adj. = लासक. — 2) m. ein best. Baum Zach. Beitr. 88. — 3) f. लसिका Speichel. — 4) (wohl n.) ein best. Arzeneimittel Zach. Beitr. 87.

लसीका f. 1) eine best. wässerige Flüssigkeit im Körper (Bhâvapr. 6,20): Lymphe, Serum, Jauche oder dgl. Káraka 1,26. 2,5. 4,7 (372,3). 6,6. 11. — 2) *Zuckerrohrsaft.

*लस्तक m. die Mitte des Bogens.

*लस्तकिन् m. Bogen.

लस्पूजनी f. eine grobe Nadel.

*लह्का f. gaṇa क्षिपकादि.

लहड m. Pl. N. pr. eines Volkes.

लहर m. N. pr. 1) Pl. eines Volkes. — 2) einer Provinz in Kâçmîra.

लहरि und लहरी f. Welle, Woge.

लहलहाय्, °यते etwa schnaufen Pańkad.

*लाहिक m. Hypokoristikon von लहोड.

*लहोड m. N. pr. eines Mannes.

*लह्य m. N. pr. eines Mannes. Pl. seine Nachkommen.

लह्वा f. ein best. Vogel Suçr. 1,201,20. Richtig लट्वा.

1. ला, लाति 1) ergreifen, mit sich —, zu sich nehmen Ind. St. 15,274. 353. 366 (लाह्वि). Hem. Par. 2,441. Kampaka 225. 281. Uttamak. 117. 307. लात्वा lässt sich häufig durch mit, in Begleitung von wiedergeben. — 2) auf sich nehmen, sich unterziehen. दीनाम् Kampaka 512. — 3) *geben. — Mit आ an sich ziehen, in sich aufnehmen in einer Etymologie.

2. *ला f. 1) das Nehmen. — 2) das Geben.

लाकिनी f. N. pr. einer Tantra-Gottheit. Vgl. डाकिनी.

लाकुच Adj. von der Arthocarpus Locucha kommend u. s. w.

लाकुचि m. Patron. von लकुच. Auch Pl.

लाकुटिक m. Diener (einen Stab tragend) Pańkat. ed. Bomb. 4,41,22. लागुडिक v. l.

लाक्ष Adj. Ind. St. 1,110,7 nach Kuhn fehlerhaft für लाक्ष्म an die Lakshmî gerichtet.

लाक्षकी f. Bein. der Sîtâ.

लाक्षण Adj. der sich auf die charakteristischen Merkmale eines Dinges versteht.

*लाक्षणि m. Patron. von लक्षण.

लाक्षणिक Adj. (f. ई) 1) sich auf die Zeichen verstehend; m. Zeichendeuter. — 2) uneigentlich gemeint, nicht direct unter Etwas verstanden, eine übertragene Bedeutung habend Kâvjapr. 2,14. Nom. abstr. °त्व n. Çaṁk. zu Bâdar. 2,4,17. 19.

लाक्षण्य 1) Adj. sich auf die Zeichen verstehend, dieselben deutend. — 2) *m. Patron.

लाक्षा f. 1) eine best. Pflanze AV. — 2) Lack, sowohl die von der Schildlaus kommende rothe Farbe als auch das rothe brennbare Harz eines best. Baumes Mat. med. 276. Madanav. 46,72. Râgan. 6,205. Bhâvapr. 1,176.

लाक्षागृह n. = जतुगृह.

*लाक्षातरु m. Butea frondosa Mat. med. 276.

*लाक्षातैल n. ein best. medic. Oel Mat. med. 276. Bhâvapr. 3,31.

लाक्षापुर n. N. pr. einer Stadt Ind. St. 14,111.

*लाक्षाप्रसाद m. und *°प्रसादन m. eine Art Lodhra Râgan. 6,214.

लाक्षाभवन n. = जतुगृह.

लाक्षावाणिज्य n. Handel mit Lack und ähnlichen Artikeln.

*लाक्षावृक्ष m. 1) Butea frondosa. — 2) Mangifera sylvatica Râgan. 11,14.

लाक्षिक Adj. (f. ई) mit Lack gefärbt Bhatt.

लाक्षेय m. Patron. Auch Pl.

लाक्ष्म Adj. s. u. लाक्ष.

लाक्ष्मण 1) Adj. von der Pflanze लक्ष्मणा kommend u. s. w. — 2) m. Patron. von लक्ष्मण.

लाक्ष्मणि m. Patron. von लक्ष्मण. Auch Pl.

*लाक्ष्मणेय m. Patron. von लक्ष्मणा, wenn ein वासिष्ठ gemeint ist.

*लाक्षिक Adj. (f. ई) = लक्षणमधीते वेद वा.

*लाख्, लाखति (शोषणालमर्थयोः).

लागन्त n. eine Art Tanz S. S. S. 260.

लागुडिक m. = लाकुटिक.

*लाघ्, लाघते (सामर्थ्ये). उल्लाघय् s. bes.

लाघरकोऽलस (!) m. eine best. Form der Gelbsucht.

लाघव n. (adj. Comp. f. आ) 1) Schnelligkeit, Geschwindigkeit. — 2) Geschicklichkeit, Gewandtheit, — in (im Comp. vorangehend). — 3) Leichtigkeit, Gefühl der L., Erleichterung. — 4) Leichtsinn, Uebereilung, Unüberlegtheit. — 5) Geringheit, Wenigkeit, Unbedeutendheit. — 6) Kürze einer Silbe. — 7) Kürze im Ausdruck, Sparsamkeit in Worten, Concision. अर्धमात्रा° die Ersparung einer halben Mora Paribh. 122. — 8) geringes Ansehen, Schmälerung des Ansehens, Mangel an Würde.

लाघवकारिन् Adj. entehrend.

लाघवायन m. N. pr. eines Autors.

लाघविक Adj. sich kurz fassend.

लाघविन् m. Gaukler Ind. St. 15,428.

*लाङ्काकायनि m. Metron. von लङ्का.

*लाङ्कायन m. Patron. von लङ्क.

लाँङ्गल 1) n. a) Pflug. — b) eine Stange zum Abbrechen des Obstes Comm. zu R. ed. Bomb. 2,32,30. — c) *ein best. pflugähnliches Stück an einem Hause. — d) eine best. Gestalt des Mondes. — e) *die Weinpalme. — f) *eine best. Blume. — g) *penis. Vgl. लाङ्गूल. — 2) m. a) eine Art Reis Káraka 1,27. — b) Pl. eine best. Schule Saṁhitopan. 29,1. — c) N. pr. α) Pl. eines Volkes. — β) eines Sohnes des Çuddhoda. — 3) f. लाङ्गली a) Name verschiedener Pflanzen. Nach den Lexicographen Jussiaea repens, Hemionitis cordifolia, Rubia Munjista, Hedysarum lagopodioides, Cocosnussbaum und = रास्ना. — b) N. pr. eines Flusses.

लाङ्गलक 1) Adj. pflugähnlich (ein chirurgischer Schnitt). — 2) f. °लिका (Harshak. [Çaka 1936] 65,9. Nach Mat. med. 263 Methonica superba) und लाङ्गलकी Jussiaea repens. — 3) n. Pflug. °मार्ग m. Furche Hemâdri 1,290,16.

*लाङ्गलग्रह m. *Pflüger, Landmann.*

लाङ्गलचक्र n. *ein best. pflugähnliches Diagramm.*

लाङ्गलध्वज m. Bein. Balarâma's.

*लाङ्गलपद्धति f. *Furche.*

लाङ्गलाख्य m. *Jussiaea repens.*

लाङ्गलायन m. 1) Patron. — 2) Pl. *eine best. Schule.*

लाङ्गलाह्वया f. *Jussiaea repens.*

लाङ्गलि m. Patron. N. pr. eines Lehrers.

लाङ्गलिक 1) m. a) **ein best. vegetabilisches Gift.* — b) Pl. *eine best. Schule des* Sâmaveda Ârjav. 47,10. 11. — 2) *f. ई *Methonica superba.* — लाङ्गलिका s. u. लाङ्गलक.

लाङ्गलिन् 1) Adj. in फालकुद्दाल° und युग°. — 2) m. a) Bein. Balarâma's. — b) **Cocosnussbaum* Râǵan. 11,47. — c) N. pr. eines Lehrers. — 3) *f. °लिनी *Methonica superba* Râǵan. 4,130.

*लाङ्गलीषा f. *Deichsel am Pfluge.*

*लाङ्गलेगृह्य Absol. *am Pfluge fassend* gaṇa मयूरव्यंसकादि in der Kâç.

लाङ्गुल n. 1) *Schweif, Schwanz.* — 2) **penis.*

*लाङ्गुलिका f. *Uraria lagopodioides.*

लाङ्गुलिनी f. N. pr. eines Flusses.

*लाङ्गुलेगृह्य Absol. *am Schwanze fassend.*

लाङ्गूल 1) n. a) *Schweif, Schwanz.* Am Ende eines adj. Comp. f. आ Hemâdri 1,436,22. — b) **penis.* — c) **Kornkammer* (fehlerhaft). — 2) f. ई *Uraria lagopodioides.*

*लाङ्गूलगृह्य Absol. *am Schwanze fassend.*

*लाङ्गूलिका (Râǵan. 4,37) und °लिकी (Karaka 1,27) f. *Hemionitis cordifolia.*

लाङ्गूलिन् 1) *m. a) *Affe.* — b) *eine best. auf dem* Himavant *wachsende Knolle* Râǵan. 5,15. — 2) f. °लिनी N. pr. eines Flusses.

*लाज्, लाजति (भर्जने oder भर्त्सने).

लाज॑ 1) m. f. (आ) Pl. *geröstete Körner* Râǵan. 16,94. Bhâvapr. 2,30. लाजाधारी Adj. f. Mân. Gṛhj. 1,10.11. — 2) *n. *die Wurzel von Andropogon muricatus.*

लाजस्फोटम् Absol. mit स्फुट् *wie geröstete Körner auseinander springen* Bâlar. 121,4.

लाजाय्, °यते *gerösteten Körnern gleichen* Bâlar. 84,10.

लाजिन् nach einem Comm. Adj. = लाजोपलक्षित, nach Mahîdh. m. *eine Menge gerösteter Körner.*

लाञ्छ्, *लाञ्छति (लक्षणे). — Caus. लाञ्छयति *kennzeichnen, markiren* Hemâdri 1,126,11. 20. लाञ्छित *gekennzeichnet, markirt, versehen mit* (Instr. oder im Comp. vorangehend). — Mit निस् in निर्लाञ्छन.

लाञ्छन n. 1) *Zeichen, Abzeichen, Mal.* पादकृत so v. a. *Fussspur* Sâj. zu Ṛv. 1,65,1. Am Ende eines adj. Comp. (f. आ) *gekennzeichnet durch,* so v. a. *versehen mit.* — 2) **Name, Benennung.*

लाञ्छनता f. *das Geflecktsein, Beflecktsein.*

*लाञ्छवी und *लाञ्छिका f. *eine untreue Frau.*

*लाञ्ज्, लाञ्जते = लाज्.

लाट 1) m. Pl. N. pr. eines Volkes; Sg. Name des Landes Uttamak. S. 305, N. 7. — 2) Adj. (f. ई) *zu den* Lâṭa *in Beziehung stehend.* Subst. f. = लाटी स्त्री Vâsav. 138,4. — 3) *n. a) *Kleid, Gewand.* — b) *abgetragene Schmucksachen* u. s. w.

लाटक Adj. (f. °टिका) *zu den* Lâṭa *in Beziehung stehend, bei ihnen gebräuchlich.*

लाटाचार्य m. N. pr. eines Astronomen Comm. zu Harshak. (Çaka 1936) 285,6.

लाटानुप्रास m. in der Rhetorik *Wiederholung desselben Wortes in derselben Bedeutung aber in anderer Verbindung* Kâvjapr. 9,4.

लाटायन m. fehlerhaft für लाट्यायन.

लाटीय Adj. (f. आ) = लाटक.

*लाट्य्, लाट्यति (जीवने, दीप्तौ, पूर्वभावे, धौर्त्ये, स्वप्ने).

लाट्यायन m. N. pr. eines alten Autors.

*लाड्, लाडयति (आक्षेपे, क्षेपे).

लाड m. N. pr. 1) eines Mannes. — 2) *eines fürstlichen Geschlechts.

लाडखान m. N. pr. eines *Chans.*

लाडन 1) m. N. pr. eines Mannes. Auch °मल्ल. — 2) n. = लालन *das Liebkosen, Hätscheln, Hegen und Pflegen.*

लाडम m. N. pr. eines Mannes.

*लाडि m. Patron.

*लाड्या f. zu लाडि.

लाडाचार्य m. fehlerhaft für लाटाचार्य.

लातव्य m. Patron. N. pr. verschiedener Männer Tâṇḍja-Br. 8,6,8. Gop. Br. 1,1,25.

लाति in *देवलाति.

लान्त m. mystische Bez. *des Lautes* व.

*लान्तक m. Pl. *eine Klasse von Göttern bei den* Ǵaina.

*लान्द्र gaṇa यावादि.

*लान्द्रक Adj. von लान्द्र.

लापय्, °यति Caus. von 1. लप् und 1. ली.

लापिका in अन्तर्लापिका und बहिर्लापिका.

लापिन् Adj. 1) am Ende eines Comp. *sprechend, sagend, verkündend.* — 2) *jammernd, wehklagend.*

लापिनिका f. etwa *Unterhaltung* Ind. St. 15,227.

ला॑पु m. oder n. *ein best. Geräthe.* सर्पा॑ अङ्कुद्रा ला॑पुना विष॑म् Maitr. S. 4,2,13.

*लाप्य Partic. fut. pass. von 1. लप्.

लाब m. 1) *eine Art Wachtel, Perdix chinensis* Râǵan. 19,122. Auch *f. लाबा. — 2) *eine best. Gangart* S. S. S. 253.

लाबक 1) m. = लाब 1) Râǵan. 19,122. Kâd. 200,1. Bâlar. 31,12. — 2) f. ई f. zu 1).

*लाबात und °क m. *eine Art Reis.*

*लाबु und *लाबू f. = अ°.

लाबुकायन m. N. pr. wohl fehlerhaft für लामकायन.

*लाबुकी f. *eine Art Laute.*

*लाभ्, लाभयति (प्रेरणे).

लाभ m. (adj. Comp. f. आ) 1) *das Finden, Antreffen.* — 2) *das Bekommen, Kriegen, Erlangung;* das Object im Gen. oder im Comp. vorangehend. — 3) *das Erhaltene, Bekommene* Âpast. — 4) *Gewinn, Vortheil.* — 5) *Einnahme,* so v. a. *Eroberung.* — 6) *Auffassung, Erkenntniss* Kap. 6,34. — 7) *das elfte astrol. Haus* Varâh. Jogaj. 4,2. Auch °स्थान n.

लाभक m. *Gewinn, Vortheil.*

लाभतस् Adv. = यथालाभम् Karaka 8,7.

*लाभम् Absol. von लभ्.

लाभलिप्सा f. *Gewinnsucht.*

लाभवन्त् Adj. 1) *einen Gewinn habend, im G. seiend.* — 2) am Ende eines Comp. *in den Besitz von — gekommen.*

लाभालाभ m. Du. und n. Sg. *Gewinn und Verlust.*

°लाभिन् Adj. *findend, bekommend, erlangend* Pr. P. nach 21. Kâraṇḍ. 27,20.

*लाभ्य n. = लाभ.

लामकायन m. Patron. N. pr. eines Lehrers. Auch Pl.

लामकायनि m. Patron.

लामकायनिन् m. Pl. *die Schule des* Lâmakâjana.

लामगायन m. N. pr. = लामकायन Gop. Br. 1,3,16.

लामगायनि (Conj.) m. = लामकायनि.

लामज्जक n. *die Wurzel von Andropogon muricatus* Râǵan. 12,151. Karaka 1,3. Harshak. 197,7.

ला॑य m. etwa *Geschoss* (nach Grassmann).

*लायक Adj. von 1. ली.

लार्ग (!) m. Pl. N. pr. eines Volkes VP.^{2} 2,171.

लाल m. N. pr. eines Astronomen.

लालक 1) Adj. (f. °लिका) *liebkosend, schmeichelnd* Nalod. — 2) m. *Hofnarr* Utpala zu Varâh. Bṛh. S. 69,31. — 3) *n. (?) Deçîn. 5,19.

लालन 1) m. *ein best. giftiges mausartiges Thier.* — 2) n. *das Liebkosen, Hätscheln, Hegen und Pflegen.*

लालनीय Adj. *zu liebkosen, zu hätscheln, zu hegen und zu pflegen.*

लालमणि m. N. pr. eines Autors BURNELL, T.

लालमती f. N. pr. einer Fürstin Ind. Antiq. 9, 158, Çl. 9.

1. लालय् Caus. von लल्.

2.*लालय् mit वि *schmelzen* (transit.) P. 7,3,39, Sch.

लालयितव्य Adj. = लालनीय.

लालवत् Adj. *den Speichel triefen lassend.*

लालस 1) Adj. (f. आ) *heisses Verlangen tragend, begierig, — nach; Gefallen findend an, ganz hingegeben;* die Ergänzung im Loc. oder im Comp. vorangehend. Nom. abstr. °ता f. — 2) m. f. (आ) *heisses Verlangen, grosse Anhänglichkeit an* (Loc.) BÂLAR. 27,11. Auch Pl. — 3) f. आ *a) ein best. Metrum.* — *b)* N. pr. einer Joginî HEMÂDRI 2,*a*, 95,6. 7. — लालसः MBH. 10,84 fehlerhaft für नालसः, जटिललालसान् 7,3383 für जटिलाननान्.

लालसिंह m. N. pr. eines Astronomen.

लाला f. *Speichel.* °पान n. 172,26.

लालाट 1) Adj. *auf der Stirn befindlich.* — 2) f. ई *Stirn.*

लालाटि m. Patron. Auch Pl.

लालाटिक 1) Adj. *a) an der Stirn befindlich.* — *b)* **auf die Stirn* (des Herrn) *schauend.* — *c)* **zu einem Geschäft untauglich.* — 2) *m. *eine Art Umarmung.*

*लालाध m. *Epilepsie* RÂGAN. 20,30.

लालाभक्ष m. *eine best. Hölle.*

*लालामिक Adj. (f. ई) = ललामं गृह्णाति.

लालामेह m. *Absonderung schleimigen Harnes* KARAKA 2,4.

लालाय्, °यते *den Speichel triefen lassen.* लालायित *Geifer entlassend.*

लालालु Adj. *Speichel entlassend, geifernd* KARAKA 6,36.

लालाविष Adj. *dessen Speichel Gift ist.*

*लालास्रव m. *Spinne.*

1. लालास्राव m. *Speichelfluss.*

2.*लालास्राव m. *Spinne.*

लालास्राविन् Adj. *mit Speichelfluss verbunden, solchen bewirkend.*

*लालिक m. *Büffel.*

लालितक m. *Günstling, Liebling.* Vielleicht auch N. pr. eines Mannes.

लालित्य n. *Anmuth* HEMÂDRI 1,554,3.

लालिन् Adj. *hätschelnd, hegend und pflegend* ÇIÇ. 19,84.

*लाली f. *Besessenheit* GAL.

लालील्ल m. ein Name Agni's.

लाल्य (Conj.) Adj. = लालनीय.

1. लाव Adj. (f. ई) am Ende eines Comp. 1) *schneidend, abschneidend, pflückend.* — 2) *zerhauend, tödtend.*

2. लाव m. schlechte Schreibart für लाब.

1. लावक m. *Abschneider, Mäher.*

2. लावक m. und f. ई schlechte Schreibart für लाबक, °की.

लावण 1) Adj. *salzig, gesalzen.* — 2) f. ई *eine Art Tanz* S. S. S. 259.

लावणक N. pr. einer Oertlichkeit 325,1. 328,5. Vgl. लावाणक.

लावणसैन्धव Adj. (f. ई) *am Salzmeer —, am Meer gelegen* ÇIÇ. 3,80.

लावणिक 1) Adj. *a) mit Salz handelnd* ÇIÇ. 10, 38. — *b) reizend* ebend. — 2) *n. *Salzgefäss.* — Vgl. *उद° und *दक°.

लावण्य n. (adj. Comp. f. आ) 1) *Salzigkeit.* — 2) *Anmuth, Schönheit* UTTAMAK. 237.

लावण्यमञ्जरी f. ein Frauenname.

लावण्यमय Adj. (f. ई) 1) *ganz aus Reiz bestehend, verkörperter Reiz seiend* KÂD. 94,5 (168,2). — 2) *anmuthig, schön.*

लावण्यलक्ष्मी f. N. pr. einer Surâṅganâ Ind. St. 15,241.

लावण्यवत् 1) Adj. = लावण्यमय 2). — 2) f. °वती *a)* N. pr. einer Surâṅganâ Ind. St. 15. — *b)* ein Frauenname.

लावण्यशेष Adj. *von dem nur die Anmuth übrig geblieben ist.* Nom. abstr. °ता f. KATHÂS. 71,94.

लावण्यार्जित Adj. *durch Anmuth erlangt,* Bez. *desjenigen unantastbaren Besitzes einer Frau* (स्त्रीधन), *den sie als Hochzeitsgeschenk von ihren Schwiegereltern erhielt.*

°लावम् Absol. बिसलता° लू *wie einen Lotus abschneiden* BÂLAR. 47,13. Vgl. पङ्कजलावम्.

लावाणक m. 1) N. pr. einer Oertlichkeit. Vgl. लावणक. — 2) Titel des dritten Lambaka im Kathâsaritsâgara.

लावानक fehlerhaft für लावाणक.

*लाविक m. *Büffel.*

°लाविन् in *पुष्प°.

*लावु, *लावू und *लावुकी schlechte Schreibart für लाबु, लाबू, लाबुकी.

*लावेरणि m. Patron.

*लावेरणीय Adj. von लावेरणि.

*लावेरिणि (!) m. Patron.

*लाव्य Adj. *was durchaus geschnitten werden muss.*

*लाषुक Adj. *begehrlich, habsüchtig.*

लास m. 1) *das Springen, Hüpfen, Sichhinundherbewegen.* — 2) **Tanz, Frauentanz.* — 3) **Fleischbrühe, Brühe.*

लासक 1) Adj. *hinundher bewegend.* Nach Med. = लसक. — 2) m. *a) Tänzer.* Neben नर्तक als Beiw. Çiva's. — *b)* **Pfau.* — *c)* N. pr. eines *Tänzers.* — *d)* * = वेष्ट. — 3) m. oder n. *eine best. Waffe* KÂD. 2,129,16 (159,1). — 4) f. लासिका *a) Tänzerin* VIKRAMÂṄKAK. 17,21. VÂSAV. 61,4. — *b) eine Art Schauspiel.* — 5) *f. ई *Tänzerin.* — 6) *n. = अट्ट.

लासन n. *das Hinundherbewegen, Schwingen* MBH. 7,142,45.

लासवती f. ein Frauenname.

लासिक Adj. *tanzend* ÇIÇ. 13,66.

लासिन् Adj. in *रङ्गलासिनी.

*लास्फोटनी (!) f. = आस्फोटनी.

लास्य 1) n. *Tanz, Tanz mit Begleitung von Instrumentalmusik und Gesang;* auch *Tanz* in uneig. Bed. लता° KÂD. 2,136,1. नयनं सलास्यम् Spr. 7745. — 2) m. *a) Tänzer.* — *b)* N. pr. eines Fürsten VP.[2] 4,30. — 3) *f. आ *Tänzerin.*

*लास्यक n. = लास्य 1).

लाहरिमल्ल m. N. pr. eines Feldherrn.

*लाहल m. = शबरविशेष HEM. PR. GR. 1,256. VARARUKI 2,40. Vgl. लकुड, लहर.

*लाह्य m. Patron. von लह्य.

लाह्यायनि m. Patron. von लाह्य.

*लि m. 1) *weariness, fatigue.* — 2) *loss, destruction.* — 3) *end, term.* — 4) *equality, sameness.* — 5) *a bracelet.*

लिकाबन्ध Verz. d. B. H. No. 845 wohl fehlerhaft.

लिकुच 1) m. = लकुच *Artocarpus Locucha* RÂGAN. 9,159. KARAKA 1,26. — 2) *n. *Fruchtessig* RÂGAN. 7,123.

*लिक्का f. = लिक्षा.

लिक्ष (metrisch) m. oder n. und लिक्षा f. *Niss, das Ei einer Laus* RÂGAN. 19,133. Auch als *best. Maass.*

*लिक्षिका f. dass.

लिख्, लिखति, लिखित Partic. 1) *ritzen, aufreissen, furchen, kratzen, ritzen* mit der Lanzette, *picken an;* mit Acc. — 2) *durch Ritzen* u. s. w. *Etwas hervorbringen, eine Linie* (mit und ohne लेखाम्) *ziehen, einritzen, einkratzen, reissen, zeichnen, schreiben, niederschreiben, aufschreiben, verzeichnen, malen.* लिखित इव oder चित्रलिखित इव *wie gemalt,* so v. a. *unbeweglich.* लिखित Bez. eines Zeugen, *der in einem Document verzeichnet ist,* NÂRADA (a.) 2,1,150. — 3) *glätten, poliren.* — 4) *coire* (?). — Caus. लेखयति 1) *einritzen —, reissen —, schreiben —, aufschreiben —, malen lassen.* — 2) *ritzen.* — 3) *schreiben, malen.* — *Desid. लिलिखिषति und लिलेखिषति. — Mit अप *abschaben.* — Mit अभि 1) *einritzen, reissen, zeichnen, schreiben, malen.* — 2) *bezeichnen, auf Etwas* (Acc.) *schreiben, — zeichnen* MBH. 11,7,12. — Caus. *verzeichnen* — (216,9), *schreiben —, malen lassen.* — Mit अव 1) *anritzen, wund machen.* — 2) *wegritzen, auslöschen* (Geschriebenes) AIT. ÂR. 469,4. — Mit व्यव *Trennungslinien ziehen* ÇULBAS. 3,202.209. — Mit आ 1) *ritzen, kratzen, scharren, streifen an* (Acc.). — 2) *anritzen, mit einem Riss bezeichnen.* — 3) *einritzen, reissen, Linien ziehen hin zu* (प्रति ÇULBAS. 3,255), *zeichnen, aufschreiben, malen.* आलिखित इव *wie gemalt,* so v. a. *unbeweglich.* — Caus. *malen lassen.* — Mit व्या 1) *ritzen, streifen an* (Acc.). — 2) *schreiben.* — Mit समा *reissen, zeichnen, schreiben, malen* HEMÂDRI 1,405,23. — Mit उद् 1) *furchen, eine Linie ziehen, kratzen, — auf* (Loc.) NAISH. 6,37. — 2) *aufritzen, ritzen* (auch medic.), *aufreissen, aufschlitzen, picken auf, sich reiben an.* — 3) *einritzen* (eine Linie); *hineinritzen, hineinschreiben* AIT. ÂR. 469,4. — 4) *ausschnitzeln, meisseln* HARSHAK. 186,14. — 5) *glatt machen, schleifen, poliren.* — 6) *durchziehen, durchflechten.* — 7) ein musikalisches Instrument *schlagen.* — 8) in der Medicin *aufreissen,* so v. a. *aufstören* und dadurch *verringern* KÂRAKA 1,13. 6,3. 8. 7,12. 8,6. — 10) *wegwischen* KÂD. 2,74,12 (91,4). — 11) *zu einem Bilde gestalten,* so v. a. *zur Anschauung bringen.* — 12) *scharf hervortreten lassen* HARSHAK. 200,6. — Caus. 1) = उद् Simpl. 8). — 2) Caus. dazu KÂRAKA 3,7. — Mit प्रोद् 1) *ritzen, Striche ziehen in* (Acc.). — 2) *einritzen.* — Mit समुद् 1) *rings umfurchen und ausheben, ausstechen.* — 2) *ritzen, furchen, sich reiben an* (Acc.). — 3) *aufschreiben, niederschreiben, aufführen* (in einem Buche). — 4) = उद् 8) KÂRAKA 1,5. — समुल्लिखद्भिः MBH. 3,2453 fehlerhaft für खमुल्लि°. — Mit उप *umreissen, umgrenzen.* — Caus. *abschreiben lassen* oder *schreiben* HEMÂDRI 1,544,10. — Mit निस् 1) *ätzen, wund machen.* — 2) *auskratzen* ÂPAST. 1,17,12. — Mit विनिस् 1) *schröpfen.* — 2) *abschaben, von einer Unreinigkeit befreien* KÂRAKA 1,5. — Mit परि 1) *rings umreissen, mit einer Furche —, mit einem Striche umziehen, einen Kreis ziehen um.* पॅरिलिखित *in einen Kreis eingeschlossen.* — 2) *rings bekratzen, — glatt machen.* — 3) *abschreiben* HEMÂDRI 1,536,13. 538,6. — Mit विपरि *rings umreissen.* — Mit प्र 1) *ritzen, Striche ziehen in* (Acc.). — 2) *zeichnen, schreiben* HEMÂDRI 1,581,12. — 3) Act. Med. *zusammenscharren* PÂR. GṚHJ. 2,14,15. fgg. — 4) Med. *sich kämmen* (nach dem Comm. *zeichnen*). — Mit प्रति 1) *zurückschreiben, in einem Schreiben antworten.* — 2) *abwischen, reinigen* HEM. PAR. 1,248. fg. — Mit वि 1) *ritzen, zerkratzen, aufreissen, wund machen; sich reiben an* (Acc.). — 2) व्हृदयम् *Jmds* (Gen.) *Herz ritzen,* so v. a. *Jmd ärgerlich sein* (impers.). — 3) *einritzen, reissen, zeichnen, schreiben, aufschreiben, malen.* — 4) etwa = उद् 8) KÂRAKA 1,26. — Caus. *einritzen —, schreiben lassen.* — Mit सम् 1) *aufritzen, schröpfen.* — 2) *einritzen, schreiben.* — 3) ein musikalisches Instrument *schlagen.* — 4) सँलिखित ein Spielausdruck.

*लिख Adj. *ritzend* u. s. w.

लिखन n. 1) *das Ritzen, Kratzen.* — 2) *das Einritzen, Schreiben.* — 3) *schriftliche Aeusserung, — Bemerkung* Comm. zu MṚKKH. 47,2.

लिखापय्, °यति *schreiben lassen* (mit doppeltem Acc.) HEMÂDRI 1,536,17. 536,22. Verz. d. B. H. No. 53, Z. 4. — Mit वि *niederschreiben lassen* WEBER, KṚSHṆAG. 283.

लिखित 1) Adj. s. u. लिख्. — 2) m. N. pr. eines Ṛshi, der auch als Verfasser eines Gesetzbuches fast immer in Verbindung mit Çaṅkha genannt wird. Ihm soll, weil er in der Einsidelei seines Bruders Çaṅkha ohne dessen Erlaubniss Früchte gebrochen und gegessen hatte, der Fürst Sudjumna beide Hände abgehauen haben. °स्मृति f. OPP. Cat. 1. Vgl. शङ्खलिखित. — 3) n. *Schrift, Schriftstück, ein geschriebenes Document* 215,22.

लिखितत्व n. *das Niedergeschriebensein* 214,17.

लिखितपाठ m. *das Lesen von Niedergeschriebenem, das Lernen nach Büchern.*

लिखितपाठक Adj. *Geschriebenes hersagend, ablesend.*

लिखितर् Nom. ag. *Maler* VIDDH. 25,6.

लिख्य m. und लिख्या f. *Niss, das Ei einer Laus* BHÂVAPR. 4,37. Auch als *best. Maass* AGNI-P. 39,20 (f.).

*लिगी f. in आँलिगी und विँलिगी.

*लिगु 1) m. a) *Thor, Dummkopf.* — b) *ein Thier des Waldes, Gazelle.* — c) = भूप्रदेश. — d) N. pr. eines Mannes. — 2) n. *Herz, Gemüth, Geist.*

लिङ् *die Personalendungen des Potentialis und Precativs, der Potentialis* 240,18. 243,20. लिङर्थवाद m. Titel eines Werkes.

लिङ्गवाराहतीर्थ n. N. pr. eines Tîrtha.

लिङ्ख्, लिङ्खति (गतौ).

लिङ्ग्, *लिङ्गति (गतौ). Zu belegen nur लिङ्ग्य in der Bed. von आलिङ्ग्य *umfassend.* Vgl. लिङ्गय् und आलिङ्ग्.

लिङ्ग n. (m. NṚS. UP. 1,3 in der Bibl. ind.; adj. Comp. f. आ, ई in *विष्णुलिङ्गी) 1) *Kennzeichen, Abzeichen, Merkmal, das Charakteristische,* τεκμήριον; daher *Stichwort, Kennwort, Andeutung* und desgl. इन्द्र° Adj. so v. a. *an* Indra *gerichtet.* — 2) *ein angemaasstes, Einem nicht zukommendes Abzeichen, ein angenommenes äusseres Zeichen, durch welches man Andere zu täuschen beabsichtigt.* — 3) *Beweismittel,* τεκμήριον ÂPAST. 2,29,6), *corpus delicti* (Chr. 212,14). — 4) *Geschlechtszeichen, Geschlechtsglied.* — 5) *das grammatische Geschlecht.* — 6) *das göttlich verehrte Geschlechtsglied* Çiva's (Rudra's), Çiva *in der Form eines Phallus.* — 7) *Götterbild.* — 8) *der feine Körper, das Urbild des groben, sichtbaren Körpers, das durch den Tod nicht vernichtet wird.* — 9) *etwas Entstandenes und daher wieder zu Nichte werdendes* KAP. 1,124.136. — 10) = आकाश KÂRAṆḌ. 15,9. — 11) *der Urstoff.* — 12) *Nominalthema.* — 13) = लिङ्गपुराण. — 14) so v. a. तल्लिङ्ग Adj. *solche Abzeichen habend* KÂTJ. ÇR. 22,3,19.

लिङ्गक 1) am Ende eines adj. Comp. a) = लिङ्ग 1) HEMÂDRI 1,410,23. — b) = लिङ्ग 5). — 2) *m. *Feronia elephantum.* — 3) *f. लिङ्गिका *eine best. Pflanze* BHÂVAPR. 3,66.

लिङ्गकारणवाद m. Titel eines Werkes BURNELL, T.

लिङ्गकारणतावाद m. desgl. OPP. Cat. 1.

लिङ्गक्लृप्त Adj. *mit dem richtigen Merkmale versehen* ÇÂṄKH. ÇR. 14,22,5.

*लिङ्गज 1) m. *Unreinigkeit am penis* GAL. — 2) f. आ *eine best. Pflanze* RÂGAN. 3,34.

लिङ्गतोभद्र n. *ein best. Zauberkreis.* °प्रयोग m. BURNELL, T.

लिङ्गत्व n. Nom. abstr. zu लिङ्ग 1).

लिङ्गदेह m. n. = लिङ्ग 8).

लिङ्गद्वादशव्रत n. *eine best. Begehung.*

°लिङ्गधर Adj. — *Abzeichen tragend, die blossen Abzeichen von — tragend, den blossen Schein von — habend, Etwas simulirend.*

लिङ्गधारण n. *das Ansichtragen der Abzeichen* (an denen man erkannt wird).

लिङ्गधारणचन्द्रिका f. und °धारणदीपिका f. Titel von Werken OPP. Cat. 1.

लिङ्गधारिणी f. Name der Dâkshâjaṇî in Naimisha.

लिङ्गनाश m. 1) *das Verschwinden —, Zugrundegehen des Charakteristischen, — des eigentlichen* (obgleich *unsichtbaren*) *Wesens.* — 2) *eine best. Augenkrankheit, die in der Linse ihren Sitz hat.*

लिङ्गनिर्णय m. Titel verschiedener Werke Opp. Cat. 1. Bühler, Rep. No. 762. °भूषण n. Burnell, T.

लिङ्गपीठ n. *Piedestal eines Phallus des Çiva.*

लिङ्गपुराण n. Titel eines Purâṇa.

लिङ्गपूजापद्धति f. Titel eines Werkes Burnell, T.

लिङ्गपूजाफल n. desgl. Opp. Cat. 1.

लिङ्गपूजोद्यापन n. desgl. Burnell, T.

लिङ्गप्रतिष्ठाविधि m. *Regeln über die Errichtung eines Phallus des Çiva.*

लिङ्गभट्टीय n. Titel eines Werkes Opp. Cat. 1, 5636. Sonst लिङ्गभट्टीय geschrieben.

लिङ्गमात्र n. *der Intellect* Jogas. 2,19.

लिङ्गमाहात्म्य n. Titel eines Abschnitts in verschiedenen Purâṇa. °दीपिका f. Opp. Cat. 1.

लिङ्गमूर्ति Adj. *die Form eines Phallus habend* (Çiva).

लिङ्गय्, °यति (चित्रीकरणे) ein Wort *nach den verschiedenen Geschlechtern variiren.* Vgl. लिङ्ग् und आलिङ्ग्. — Mit उद् *aus Merkmalen erschliessen.*

लिङ्गलेप m. *eine best. Krankheit.*

लिङ्गवत्त् Adj. 1) *Merkmale besitzend, ein Charakteristicum enthaltend* Vaitân. — 2) *verschiedene Geschlechter habend.* — 3) *mit einem Phallus versehen,* Bez. einer best. Çiva'itischen Secte.

*लिङ्गवर्ति f. *eine best. Krankheit der Geschlechtstheile* Bhâvapr. 6,14.

*लिङ्गवर्धन m. *Feronia elephantum* (*Erection bewirkend*). लिङ्गवर्ध ÇKDr.

*लिङ्गवर्धिनी f. *Achyranthes aspera* (*Erection bewirkend*).

लिङ्गवाद m. Titel eines Werkes Opp. Cat. 1.

लिङ्गविशेषविधि m. Titel einer Abhandlung *über das grammatische Geschlecht.*

*लिङ्गवृत्ति Adj. *den Lebensunterhalt durch falsche äussere Abzeichen gewinnend, heuchlerisch.*

लिङ्गशरीर n. = लिङ्ग 8) Kap. 6,69.

लिङ्गशास्त्र n. 1) *ein Lehrbuch über das grammatische Geschlecht.* — 2) Titel eines Werkes Opp. Cat. 1.

*लिङ्गसंभूता f. *eine best. Pflanze.*

लिङ्गसूरि m. N. pr. eines Scholiasten Burnell, T.

लिङ्गस्थ nach Kull. = ब्रह्मचारिन्.

*लिङ्गहनी f. *Sanseviera Roxburghiana.*

*लिङ्गाग्र n. *glans penis.*

लिङ्गानुशासन n. *die Lehre vom grammatischen Geschlecht* Opp. Cat. 1. Pańkad.

लिङ्गभट्टीय n. Titel eines Werkes Opp. Cat. 1. Burnell, T. Vgl. लिङ्गभट्टीय.

लिङ्गार्चनतन्त्र n. Titel eines Tantra.

लिङ्गार्चाप्रतिष्ठाविधि m. Titel eines Werkes.

*लिङ्गार्शस् n. und *°गोपदेश m. *eine best. Krankheit der Geschlechtstheile* Bhâvapr. 6,14.

*लिङ्गालिका f. *eine Mausart.*

लिङ्गिन् 1) Adj. *a) mit einem Merkmale versehen, Träger eines Merkmals, derjenige, welchen das Kennwort bezeichnet.* Am Ende eines Comp. *die Merkmale —, das Charakteristische von — besitzend, das Aussehen von — habend.* — *b) falsche —, ihm nicht zukommende Abzeichen tragend, Heuchler.* Am Ende eines Comp. *nur den Schein von — habend, Jmd spielend.* — *c) mit Recht seine Abzeichen tragend, dessen äussere Erscheinung mit dem innern Wesen übereinstimmt;* m. *Mitglied einer geistlichen Brüderschaft, — eines Ordens,* insbes. *ein Asket.* Auch f. लिङ्गिनी als Subst. — *d) mit einem Phallus versehen;* m. Pl. *eine best. Çiva'itische Secte.* — *e) mit einem feinen Körper versehen.* — *f)* Beiw. Paraçurâma's als *Trägers des Urstoffs.* — *g) das worin sich Etwas auflöst;* Subst. *die Ursache.* — 2) *f. लिङ्गिनी *eine best. Pflanze* Râǵan. 3,32.

लिङ्गोद्धार m. *das Ausreissen des männlichen Gliedes* Gaut. 12,2.

लिङ्गोपनिषद् f. Titel einer Upanishad Opp. Cat. 1.

लिङ्गोपह्वितलैङ्गिकभानिरासरहस्य n. und °गानविचार m. Titel zweier Abhandlungen.

लिच्छवि m. N. pr. eines fürstlichen Geschlechts und dessen mythischen Ahnherrn Ind. Antiq. 9, 178. °कुल n. 168. 173.

लिट् *die Personalendungen des Perfects, das Perfect* 239,29. 241,24.

*लिप्, लिव्यति (अल्पकुत्सनयोः).

लिन्दु Adj. *schleimig, schlüpfrig.*

लिप्, लिम्पति, लिम्पते, लिप्यते Pass. 1) *Etwas* (Acc.) *mit Etwas* (Instr.) *bestreichen, beschmieren; besudeln, verunreinigen* (auch in übertragener Bed.). Statt des Acc. ausnahmsweise Loc. लिप्त *bestrichen, beschmiert; besudelt, verunreinigt; mit Gift bestrichen, vergiftet.* लिप्तवासित *gesalbt und parfümirt* Bhaṭṭ. लिप्तवत्त् *der sich verunreinigt hat.* — 2) *Etwas* (Acc.) *an Etwas* (Loc.) *schmieren, anheften;* Pass. *kleben, heften an.* लिप्ते *klebend, haftend an* (Loc.) Çat. Br. 6,1,1,11. — 3) *anflammen, entzünden* Bhaṭṭ. — 4) *लिप्त *gegessen.* — Caus. 1) लेपयति *a) Etwas* (Acc.) *mit Etwas* (Instr.) *bestreichen, — beschmieren* (Hemâdri 1,305,8. 549,12); — *überziehen, — verdecken.* — *b) Etwas* (Acc.) *an Etwas* (Loc.) *schmieren.* — *c) Jmd Etwas* (*Böses*) *anhängen* Sâj. zu R̥V. 5,85,8. — 2) लिम्पयति *Etwas* (Acc.) *mit Etwas* (Instr.) *bestreichen* Hemâdri 1,313,11. — Desid. लिलिम्पिषमाण Harshać. 91,15 fehlerhaft für लिलम्बिषमाण. — Mit अनु *bestreichen, einsalben, — mit* (Instr.) Vaitân. Med. (ausnahmsweise auch Act.) *sich salben.* अनुलिप्त *bestrichen, beschmiert, gesalbt, überzogen mit* (Instr. oder im Comp. vorangehend). स्नातानुलिप्त *gebadet und gesalbt.* — Caus. अनुलेपयति *einsalben* Naish. 6,20. — Mit अभि *bestreichen mit* (Instr.). — Caus. अभिलेपयति dass. — Mit अव 1) *bestreichen, beschmieren;* Med. *sich (sibi) Etwas* (Loc.) *bestreichen mit* (Instr.). अवलिप्त *bestrichen, beschmiert, — mit* (im Comp. vorangehend zu Spr. 2309); *überzogen, belegt* (Zunge). — 2) Pass. *hochmüthig sein* Spr. 7652. Mahâvîrać. 45,2. अवलिप्त *hochmüthig, stolz.* — 3) अवलिप्तं *von verschwommener Farbe* TS. 5,6,23,1. Maitr. S. 2,5,5 (53, 16. 17). — Mit आ 1) *bestreichen, beschmieren, salben, — mit* (Instr.). आलिप्य auch *sich bestreichend.* आलिप्त *bestrichen* u. s. w. — 2) *aufschmieren, auftragen.* — Caus. आलेपयति (Hemâdri 1,320,5. 610,10) und आलिम्पयति *bestreichen, beschmieren, salben.* — Mit समा Med. *sich salben* Bhaṭṭ. — Caus. समालेपयति *salben.* — Mit उप 1) *bestreichen, beschmieren, salben, — mit* (Instr.); *verunreinigen.* उपलिप्त *bestrichen* u. s. w., — *mit* (Instr. oder im Comp. vorangehend) Hemâdri 1, 556,18. — 2) *sich anhängen an, überziehen;* mit Acc. — Caus. उपलेपयति *beschmieren, bestreichen, salben, — mit* (Instr.) Hemâdri 1,320,15. 556,17. — Mit पर्युप *rings bestreichen* Gobh. 1,5,13. — Mit नि 1) *anschmieren,* Med. *sich (sibi) anschmieren.* — 2) *verschwinden machen,* Med. *verschwinden, unsichtbar werden.* — Mit परि *rings bestreichen, — beschmieren.* — Mit प्र 1) *beschmieren, bestreichen, beflecken;* Med. *sich (sibi) beschmieren* u. s. w. — 2) प्रलिप्त *klebend —, haftend an* (Loc.). — Caus. प्रलेपयति *bestreichen, beschmieren.* — Mit वि 1) *bestreichen, beschmieren, überziehen, salben, — mit* (Instr.); *sich salben* (Act.!) 108,20. विलिप्त *bestrichen, beschmiert, gesalbt.* — 2) *streichen —, schmieren auf* (Instr.!). — Caus. विलेपयति *bestreichen, beschmieren, — mit* (Instr.) Hemâdri 1,305,7. 761,2. *विलिम्पित *bestrichen, beschmiert.* — Mit प्रवि *bestreichen* Agni-P. 33,22. — Mit सम् *bestreichen, beschmieren, — mit* (Instr.) Hemâdri 1,702, 7. — Caus. संलेपयति dass.

लिपि f. 1) *das Bestreichen u. s. w.* — 2) *das Schreiben, Schrift, Art und Weise zu schreiben; eine geschriebene Zeile, ein geschriebener Buchstab; Inschrift.* Einmal m. °ज्ञ Adj. Hemâdri 1,548,13. Nom. abstr. °त्व n. — 3) *äusserer Schein.* लिपिम् आप् *den Schein von* (Gen.) *annehmen* Vikramâñkak. 15,8. चित्रां लिपिं नी so v. a. *prachtvoll ausstaffiren* 7,74.

लिपिकर m. 1) *Tüncher.* — 2) *Schreiber, Abschreiber.*

लिपिकर्मन् n. *Malerei.* °कर्मनिर्मित so v. a. *gemalt* Çiç. 13,47.

*लिपिका f. *Schrift.*

*लिपिकार m. *Schreiber, Abschreiber.*

लिपिन्यास m. *das Schreiben.*

लिपिफलक n. *Schreibtafel.*

लिपिशाला f. *Schreibstube* (wo die Kinder schreiben lernen).

लिपिशास्त्र n. *Schreibekunst.*

लिप्त 1) Adj. s. u. लिप्. — 2) f. आ (λεπτή) *Minute, der 60ste Theil eines Grades.*

*लिप्तक Adj. *mit Gift bestrichen, vergiftet* (Pfeil). — लिप्तिका s. bes.

लिप्ति f. *Salbe, Teig* Naish. 5,51.

लिप्तिका f. = लिप्त 2).

लिप्ती Adv. mit कर् *auf Minuten reduciren.*

लिप्सा f. *der Wunsch habhaft zu werden, — zu erhalten, das Begehren, Verlangen, — nach* (Loc. oder im Comp. vorangehend).

लिप्सितव्य Adj. *was zu erhalten man wünschen muss, wünschenswerth* Çañk. zu Bâdar. 3,3,50.

लिप्सु Adj. *habhaft zu werden —, zu erlangen wünschend, ein Begehren habend, verlangend, wünschend;* das Object im Acc. oder im Comp. vorangehend.

लिप्सुता f. *das Verlangen nach* (im Comp. vorangehend).

*लिप्स्य Adj. *was man zu erhalten —, zu haben wünscht.*

लिबुजा f. *Schlinggewächs, Liane.*

लिम्प् s. लिप्.

*लिम्प 1) Adj. von लिप्. — 2) m. N. pr. eines Wesens im Gefolge Çiva's.

*लिम्पट Adj. *den Mädchen nachgehend.*

*लिम्पाक m. 1) *Esel.* — 2) *Citronenbaum;* n. *Citrone* Mat. med. 126.

लिम्पि f. *Schrift.*

लिम्बपट्ट m. N. pr. eines Mannes.

*लिवि f. *das Schreiben, Schrift.*

*लिविकर und *लिविंकर m. *Schreiber, Abschreiber.*

*लिवी f. *das Schreiben, Schrift.*

1. लिश्, *लिशति (गतौ), लिशते, *लेश्यति (अल्पीभावे). Simplex nicht zu belegen. — Mit आ Med. *auf die Weide gehen.* Vgl. अनालेश (Nachtr. 4). — Mit वि Med. *aus den Fugen gehen, brechen, zerrissen werden.* विलिष्ट *aus den Fugen gegangen, gebrochen.*

2.*लिश् Adj. zu 1. लिश्.

*लिष m. *Tänzer.*

1. लिह्, लेढि, लीढे, लिहति und लिहेत (metrisch), लिहान; *lecken, belecken, leckend geniessen* (leicht zergehende oder dickflüssige Körper), *lekken an* (Loc.); uneigentlich *weglecken,* so v. a. *vernichten* (von einem Pfeile) Daçak. 77,18. लीढ *woran man geleckt hat, beleckt; weggeleckt, vernichtet* (Spr. 7750). — अङ्गे ऽघ लेह्यते MBh. 13,3872 fehlerhaft für अङ्गेषालह्यते. — Caus. लेहयति 1) *lecken lassen.* — 2) *als Latwerge gebrauchen* Karaka 6,25. — Intens. (लेलिह्यते, लेलिह्यत्, लेलिहत् und लेलिहत्त्, लेलिहान) *beständig lecken, züngeln, züngeln nach;* mit Acc. लेलिहान (vgl. रेरिहाण) auch als Beiw. Çiva's. — Mit अव *belecken, lecken an, mit Maul* oder *Schnabel berühren; auf der Zunge schmelzen lassen.* अवलीढ *beleckt; bestrichen, berührt* (Daçak. 24,22). — Intens. *beständig lecken, züngeln.* — Mit आ 1) *belecken, lecken an.* आलीढ *beleckt;* auch so v. a. (gleichsam dämonisch) *ergriffen von* (Instr.) Hem. Par. 1,63. — 2) आलीढ a) *geschliffen, polirt.* v. l. उल्लीढ. — b) als Beiw. des Liebesgottes Hemâdri 1,352,4 vielleicht *eine best. Stellung als Schütze einnehmend;* vgl. आलीढ 2) und प्रत्यालीढ. — Intens. *stark belecken, züngeln nach.* — Mit *प्रत्या, °लीढ a) *verzehrt.* — b) *links gestreckt* Vyutp. 105. — Mit उद् 1) *belecken* Gobh. 3,6,3. — 2) उल्लीढ *geschliffen, polirt.* — Mit उप Med. *belecken, lekkend geniessen* Çiç. 11,41. — Mit निस् *nippen, ablecken* Âpast. Çr. 6,12,2. — Mit परि *belecken.* °लीढ *beleckt.* — Intens. *beständig lecken.* — Mit प्र *auflecken, auf der Zunge zergehen lassen.* — Mit प्रति Caus. *lecken lassen an,* mit doppeltem Acc. — Mit वि *belecken, lecken an, auflecken, auf der Zunge zergehen lassen.* — Intens *beständig belecken, züngeln nach.* — Mit सम् *belecken, lecken an; geniessen.* — Mit परिसम् *belekken, lecken an.*

2.°लिह् Adj. *leckend; ableckend,* so v. a. *ablesend* (Etwas an den Augen).

लिह् Adj. *beleckend, streifend an; beleckt werdend* in अर्ध° und गो°.

1. ली 1) *लिनाति (श्लेषणे) *sich Etwas anheften,* so v. a. *theilhaftig werden.* — 2) *लयति *sich ergiessen in* (Loc.). — 3) लीयते a) *sich schmiegen an, sich andrücken, hängen an* (in übertragener Bed.); mit Loc. लीन *liegend an* (im Comp. vorangehend), *ganz hingegeben einer Sache* (Loc. oder im Comp. vorangehend). — b) *stecken bleiben, stocken.* लीन *stecken geblieben;* दन्त° *worin die Zähne stecken.* — c) *sich niedersetzen, sich setzen auf* oder *in* (von Vögeln und Insecten 297,19; gleichsam *sich anheften*), *sich legen auf* (ein Lager); mit Loc. लीन *sitzend auf* oder *in* (im Comp. vorangehend). — d) *sich ducken, kauern, sich verstecken, hineinschlüpfen —, verschwinden —, aufgehen in* (Loc.). लीन (auch n. impers.) *sich versteckt habend, versteckt* (auch in übertragener Bed.), *steckend —, verborgen —, hineingeschlüpft —, verschwunden —, aufgegangen in* (Loc. oder im Comp. vorangehend). — गृध्राणि लीयन्ते MBh. 6,5203 fehlerhaft für गृध्रा निलीयन्ते; लीन auch mit नील verwechselt. — *Caus. लापयति (संमानशालीनीकरणयोः, प्रलम्भने, पूजाभिभवे). — Mit अनु (°लीयते) *nach Etwas* (Acc.) *verschwinden.* — Mit अप Caus. (°लापयते) *Jmd demüthigen* oder *anführen, hintergehen* Bhatt. — Mit अभि (°लीयते) 1) *sich schmiegen an* (Acc.). अभिलीन *angeschmiegt.* — 2 *sich setzen auf* oder *in* (von Vögeln und Insecten). अभिलीन *besetzt von* (im Comp. vorangehend). — Mit अव (°लीयते) 1) *stocken.* — 2) *sich niedersetzen* (von Vögeln). अवलीन *sitzend.* — 3) *sich ducken, hineinschlüpfen in* (Loc.). अवलीन *der sich geduckt —, versteckt hat in* (Loc. oder im Comp. vorangehend). — Mit व्यव (°लीयते) *sich ducken, kauern.* — Mit समव (°लीयते) *aufgehen —, verschwinden in* (Loc.). — Mit आ (°लीयते) 1) *sich anschmiegen an* (Loc.). आलीन *angeschmiegt an* (Acc.), *aufliegend.* — 2) *sich setzen auf* oder *in.* आलीन *darin sitzend.* — 3) *sich ducken, kauern, sich verstecken.* आलीन *versteckt, sich versteckt haltend, — in* (im Comp. vorangehend). — Mit प्रत्या (°लिल्ये) *sich hängen an* (Acc.) — *Mit उद् Caus. Med. = वञ्चयति und न्यग्भावयति. — Mit उप (°लीयते) *sich anschmiegen an* (Acc.). — Mit नि 1) (°लीयते) *ankleben, sich anheften.* निलीन *angeklebt, sich angeheftet habend, — an* (Loc. oder im Comp. vorangehend); *ganz vertieft in* (Loc.). — 2) (°लीयते, °लीयेत्, °लीयेयुस्, °लिल्ये) *sich niedersetzen, — auf* (Loc.) von Vögeln u. s. w. निलेतुम् Çiç. 18,1. निलीन *sitzend auf* (im Comp. vor-

angehend) 19,34. — 3) (°लीयते, °लायत *), °लीयते, °लिल्ये, °लिल्युम्, °लयां चक्रे, °अलेष्ट, °लीय TBr. 1,2,1,5. °लीय) *sich verstecken, sich verschlüpfen, verschwinden, unsichtbar werden, — vor* (Abl.), *— in* (Loc.). निलीन *versteckt, — in* (Loc.); *in dem sich Jmd* (Instr.) *versteckt hat.* — Mit अपनि (°लयते) *sich verstecken, verschwinden.* — Mit अभिनि in अभिनिलीयमानक. — Mit संनि (°लीयते) 1) *sich niedersetzen* (von Vögeln). — 2) *sich verstecken, verschwinden in* (Loc.). — Mit प्र (°लीयते) 1) *sich verstecken* in प्रलीयम्. — 2) *sich auflösen, aufgehen in* (Loc.), *verschwinden, sterben.* प्रलीन *verschwunden, dahingegangen, verloren gegangen, aufgegangen in* (Loc.), *gestorben.* — 3) प्रलीन *a) aufgelöst*, so v. a. *erschlafft, ermüdet* Ait. Br. 5,28,4. — *b) davongeflogen* MBh. 12,261,38. v. l. प्रडीन. — Mit विप्र, °लीन *auseinandergeflogen* (ein geschlagenes Heer). — Mit संप्र (°लीयते) *verschwinden, aufgehen —, untergehen in* (Loc.). °लीन *verschwunden, aufgegangen —, enthalten in* (Loc.). — Mit प्रति 1) (°लीयते) *verschwinden.* — 2) प्रतिलीन *unverrückt* oder *zurückgezogen.* — Vgl. अप्रतिलीना (Nachtr. 3). — Mit वि (°लीयते, °लिल्युम्, °लीय, *°लाय) 1) *sich anschmiegen* (319,9), *sich heften an* (Loc.). महीतले so v. a. *sich auf den Erdboden ducken.* विलीन *geheftet an, — auf* (vom Blick), *vertieft in;* die Ergänzung im Loc. oder im Comp. vorangehend. — 2) *sich setzen auf* (von Vögeln). विलीन *sitzend auf.* — 3) *stocken.* विलीन *stockend.* — 4) *sich verstecken, — verschlüpfen; verschwinden, zu Nichte werden.* विलीन *versteckt; verschwunden, zu Nichte geworden, hingegangen; verschwunden —, verschwindend —, aufgehend in* (Loc.) Spr. 7761. — 5) *zergehen, sich auflösen, schmelzen.* विलीन *zergangen, aufgelöst, geschmolzen.* — Caus. विलापयति und विलाययति 1) *verschwinden machen, aufgehen lassen in* (Loc.), *zu Nichte machen.* — 2) *schmelzen* (transit.). — Mit अनुवि (°लीयते) *sich auflösen in* (Acc.). — Mit अभिवि (°लीयते) *sich auflösen* Karaka 6,19. — Caus. (°लापयति) *schmelzen lassen.* — Mit प्रवि (°लीयते) *verschwinden, zu Nichte werden.* — Caus. (°लापयति) 1) *verschwinden machen* (Çaṁk. zu Bâdar. 3,2,21), *aufgehen lassen in* (Loc.) Comm. zu Bhâg. P. 3,9,20. — 2) *auflösen, schmelzen.* — Mit संप्रवि Caus. in °लापन. — Mit सम् (संलीयते) 1) *sich anschmiegen, — an* (Acc.). संलीन *sich anschmiegend, — an* (Loc.). — 2) *hineingehen —, Platz finden in* (Loc.). संलीन *hineingegangen in* (Loc.). — 3) *sich verstecken, sich versteckt halten.* संलीन *versteckt, sich versteckt haltend in* (Loc. oder im Comp. vorangehend). — 4) *sich ducken, kauern, sich zusammenziehen.* संलीन *geduckt, gekauert, zusammengezogen in* (Loc.). °मानस Adj. so v. a. *kleinmüthig.* — Mit प्रतिसम् in प्रतिसंलयन und प्रतिसंलीन (Nachtr. 5).

*) Wäre bis auf das ल ein regelmässiges Imperfect von अय्, अयते mit निस्.

2.*ली f. 1) = श्लेषण. — 2) = चपल.

3. ली Intens. *schwingen, schaukeln, zittern.* Zu belegen: लेलायते, लेलीयति (auch Âpast. Çr. 2,19,11), अलेलायत्, लेलायत् (Âpast. Çr. 6,9,2; statt dessen Perf. लेलाय Maitr. S. 1,8,6 [123,12]; vgl. 2,2,3 [16,21], लेलायन्ती, लेलीयतम् (Gen.), लेलीयमान (Citat im Comm. zu Âpast. Çr. 2,19,11), अलेलीयत्, लेलेति (Citat im Comm. zu Âpast. Çr. 2,19,11) und अलेलेत्. Vgl. लेलया.

लीका f. Pl. Bez. *bestimmter böser Geister.*

*लीक्षा und *लीत्ता f. = लित्ता *Niss, das Ei einer Laus.*

लीन 1) Adj. s. u. 1. ली. — 2) n. *das Sichanschmiegen an* (Loc.).

लीनता f. 1) *das Sichanschmiegen an* (Loc.). — 2) *das Verstecktsein in* (im Comp. vorangehend). — 3) *vollständige Zurückgezogenheit, Vermeidung jedes Zusammenseins mit Andern* Hem. Jogaç. 4,88.

लीनत्व n. *das Stecken in Etwas, Verstecktsein.*

*लीनय्, °यति mit वि *schmelzen* (transit.) P. 7,3,39, Sch.

लीप्सितव्य Adj. *begehrenswerth.*

लीला f. 1) *Spiel, Scherz, Belustigung.* Instr. und लीला° *zur Belustigung, um sich zu belustigen.* आत्म° und स्व° dass. — 2) *die in der Nachahmung des Geliebten bestehende Belustigung eines Mädchens.* — 3) *blosses Spiel, blosse Belustigung,* so v. a. *eine ohne alle Anstrengung von der Hand gehende Handlung.* Instr. und लीला° *ohne alle Anstrengung, mit der grössten Leichtigkeit.* लीलामात्रेण und लीलान्यायेन dass. — 4) *blosses Spiel,* so v. a. *blosses Aussehen, Schein.* न तु लीलया *nicht aber zum blossen Schein.* In Comp. mit dem, was *blosser Schein* (Prasannar. 143,9. Bâlar. 196,20. Kâd. 183,18) ist, und mit dem, was *den Schein* bewirkt. गजेन्द्रलील Adj. *einen Elephanten darstellend, einem E. gleichend.* — 5) *beabsichtigter Schein, Verstellung.* Instr. und लीला° *zum blossen Schein, verstellter Weise.* — 6) *Anmuth, Liebreiz.* — 7) *ein best. Metrum.* — 8) N. pr. einer Jogini Hemâdri 2,a,94,8. 10.

लीलाकमल n. *eine zum Spielen dienende Lotusblüthe.*

लीलाकर m. *ein best. Metrum.*

लीलाकलह m. *ein scherzhafter, nicht ernstlich gemeinter Streit.*

लीलाखेल 1) Adj. *anmuthig sich wiegend.* — 2) n. *ein best. Metrum.*

लीलागार n., लीलागृह n. (Naish. 1,38) und लीलागेह n. *Lusthaus.*

लीलाङ्ग Adj. als Beiw. eines Stiers angeblich = विलसिताङ्ग, aber wohl fehlerhaft für नीलाङ्ग.

लीलाचल m. N. pr. eines Gebietes.

लीलातनु f. *eine zum blossen Vergnügen angenommene Form, Scheinform.*

लीलातामरस n. = लीलाकमल.

लीलाताल m. *ein best. Tact* S. S. S. 212.

लीलादेवी f. N. pr. einer *Fürstin* Ind. Antiq. 6,195.

लीलाद्रि m. = लीलाचल.

लीलानृत्य n. *ein scheinbarer Tanz, gleichsam ein Tanz* 253,2.

लीलापद्म n. = लीलाकमल.

लीलापर्वत m. N. pr. eines *Berges.*

लीलापुर n. N. pr. einer *Stadt* Ind. Antiq. 6,195.

लीलाब्ज n. = लीलाकमल.

लीलाभरण n. *ein Scheinschmuck* (z. B. ein Armband aus Lotusfasern).

लीलामधुकर m. Titel eines Schauspiels.

लीलामनुष्य m. *dem Schein nach —, nicht in Wirklichkeit Mensch.*

लीलामन्दिर n. *Lusthaus* Daçak. 30,2.

°लीलामय Adj. *in Spielen —, in Belustigungen mit — bestehend, davon handelnd.*

लीलामानुषविग्रह Adj. *der nur zu seiner Belustigung* oder *zum Schein einen menschlichen Körper hat* (Kṛshṇa).

लीलाम्बुज n. = लीलाकमल.

लीलाय्, °यति und °यते *spielen, sich belustigen.* लीलायित 1) *sich belustigend, sich freuend, triumphirend* Bâlar. 16,1. Auch n. impers. — 2) am Ende eines Comp. *Etwas spielend, darstellend,* so v. a. *ähnlich* Bhoga-Pr. 66,1. 2.

लीलायित 1) Adj. und n. impers. s. u. लीलाय्. — 2) n. *a) Spiel, Belustigung* Ind. St. 15,399. — *b) eine mit Leichtigkeit ausgeführte Grossthat* Bâlar. 47,8.

लीलायुध m. Pl. N. pr. einer *Völkerschaft.* v. l. नीलायुध.

लीलारति f. *Belustigung mit* (Loc.).

लीलारविन्द n. = लीलाकमल.

लीलावज्र n. *ein wie ein Donnerkeil aussehendes Werkzeug.*

लीलावतार m. *das Erscheinen Vishṇu's auf Erden zu seiner eigenen Belustigung.*

लीलावत् 1) Adj. *anmuthig, reizend* Hemâdri 2,*a*,94,8. Nur f. — 2) f. °वती *a) eine anmuthige Schöne.* — *b)* Bein. der Durgâ. — *c) ein best. Metrum.* — *d)* Titel verschiedener Werke; auch abgekürzt für न्याय°. Commentare: °प्रकाश m. und °व्याख्या f. (Opp. Cat. 1). — *e)* N. pr. α) der Gattin des Asura Maja. — β) einer Surâṅganâ Ind. St. 15,222 u. s. w. — γ) einer Gattin Avîkshita's. — δ) einer Kaufmannstochter.

लीलावापी f. *Lustteich.*

लीलावेश्मन् n. *Lusthaus.*

लीलाशुक m. Bein. des Dichters Bilvamaṅgala.

लीलासंपादनक्रम m. Titel eines Werkes Opp. Cat. 1.

लीलास्वात्मप्रिय m. N. pr. eines Autors von Mantra bei den Tântrika.

लीलेश्वरदेव m. N. pr. eines Heiligthums Ind. Antiq. 6,195.

लीलोद्यान n. *Lustgarten.*

लीलोपचती (!) f. *ein best. Metrum.*

लु s. 1. लू.

1. लुक् (nur लुकिष्यति und लुकित) *zusammentreffen mit* (समम्, सह). Eine zur Erklärung von लुकेश्वर erfundene Wurzel.

2. लुक् 1) in der Gramm. *a) Abfall, Schwund.* — *b)* Adj. *abgefallen, geschwunden.* — 2) *Blutegel* (nach Bühler) Vasishtha 21,11.

लुकेश्वर n. und °तीर्थ n. N. pr. eines Tîrtha.

लुगि in महालुगिपद्धति.

लुङ् *die Personalendungen des Aorists, der Aorist* 240,15. 18. 242,26. 244,7.

*लुङ्ग = मातुलुङ्ग *Citrone.*

लुञ्च्, लुञ्चति (लुलुञ्चे Bhâg. P.) 1) *raufen, ausraufen, rupfen, berupfen.* लुञ्चिता:, लुञ्चितकेशा: und लुञ्चितमूर्धजा: von den Gaina gesagt. लुञ्चितकेशमत n. *die Lehre der* Gaina Govindân. S. 591. — 2) *ausreissen, abreissen* (Ohren, Nase Bhaṭṭ.), *herunterreissen* (Hem. Par. 1,85). — 3) *enthülsen.* लुञ्चित *enthülst.* — Mit अव *abreissen, ausreissen.* — Mit आ *ausraufen, raufen an.* — Mit उद्, उल्लुञ्चित *ausgerupft, berupft.* — Mit निस् in निर्लुञ्चन. — Mit वि *ausraufen.*

लुञ्च in अलुञ्च (Nachtr. 5) und कुलुञ्च.

लुञ्चक 1) Adj. *ausraufend* in केश°. — 2) m. wohl *eine best. Körnerfrucht.*

लुञ्चन 1) Adj. *ausraufend* in केश° 1). — 2) n. *das Ausraufen* Bhâvapr. 4,109. Vgl. केश° 2).

*लुञ्ज्, लुञ्जयति (हिंसाबलादाननिकेतनेषु [v. l. दान st. आदान], भाषार्थ oder भासार्थ).

लुट्, *लोटते (गतिकर्मन्, प्रतिघाते, दीप्तिप्रतिहत्योः), *लोटति (विलोडने, विलोटने), लुट्यति (विलोडने). Zu belegen nur लुट्यन्त् *sich wälzend* (Bhaṭṭ.) und लुटन्त् *umherliegend.* — *Caus. लोटयति (भाषार्थ oder भासार्थ).

1. लुठ् 1) लुठति (संश्लेषणे, लोठे) *a) sich wälzen, sich wälzend hinbewegen zu* (अभि), *sich hinundher bewegen, rollen, flattern, bammeln* Z. d. d. m. G. 36,369. Naish. 4,47. Ind. St. 15,277. Pañkad. *herabrollen von* (Abl.) Hem. Par. 2,214 (von Thränen). Auch Med. लुठित *sich wälzend, rollend.* — *b) berühren.* — *c) in Aufregung versetzen.* — 2) *लोठते (गतिकर्मन्). — 3) *लोठति (उपघाते), *लोठते (प्रतिघाते). — Caus. लोठयति 1) *in Bewegung —, in Aufregung versetzen* Comm. zu Bhâg. P. 1,15,18. — 2) *in Bewegung setzen*, so v. a. *ertönen machen* Viddh. 19,19. — 3) *umsichschlagen* Bhaṭṭ. 14,26. — Desid. लुलुठिषते *im Begriff sein —, nahe daran sein zu rollen.* — Intens. लोलुठीति *sich wälzen* (von einem Betrunkenen). — Mit अधि (°लुठति) *sich hinaufwinden* Bâlar. 297,14. — Mit अभि Caus. °लोठित *wogend* (Haar) Hem. Par. 2,358. — Mit उद् (उल्लुठति) *sich krampfhaft bewegen.* — Mit निस्, निर्लुठित 1) *herabgerollt.* — 2) *herausgetreten* (die Frucht aus dem Mutterleibe). — Caus. *herabwälzen.* — Mit परिनिस् (°लुठति) *herabrollen.* — Mit परि (°लुठति) *hinundher rollen.* — Mit प्र (°लुठति) *sich wälzen.* प्रलुठित *sich wälzend* und प्रलोठित *der sich zu wälzen angefangen hat* Bhaṭṭ. — Mit वि (°लुठति) 1) *sich wälzen, sich hinundher bewegen, hinundher zucken* Bhâvapr. 3,79. — 2) विलुठित *in Bewegung gebracht, in Aufregung versetzt.*

2. लुठ्, लोठयति *plündern.* — Mit निस् *plündern* (Râgat. 7,962, wo nach Kern निर्लो° st. भिरलो° zu lesen ist), *rauben, stehlen.*

लुठन n. *das Sichwälzen.*

लुठनेश्वरतीर्थ n. N. pr. eines Tîrtha.

लुठित 1) Adj. s. u. 1. लुठ्. — 2) *n. *das Sichwälzen* (eines Pferdes).

लुठेश्वर n. N. pr. eines Tîrtha.

लुड्, *लुडति (संश्लेषणे, श्लेषे, संवृतौ), *लोडति (विलोडने, मन्थे). — Caus. लोडयति *rühren, aufrühren, in Bewegung —, in Unruhe versetzen* Çiç. 19,69. — Mit अव Caus. *umrühren, durchwühlen* Venîs. 88,12. — Mit आ Caus. 1) *rühren, umherbewegen, umrühren* (Hemâdri 1,650,12. Venîs. 87,16), *mengen, hineinrühren.* — 2) *in Unordnung bringen, verwirren, in Unruhe versetzen* Venîs. 52,15. — 3) *durchwühlen* (ein Buch), *sich vertraut machen mit;* mit Acc. — Mit व्या Caus., *°लोडित = मथित. व्यालोडयत् Hariv. 9091 fehlerhaft für व्यलोडयत्. — Mit समा Caus. 1) *zusammenrühren, — mit* (Instr.), *umrühren* (Agni-P. 27,12), *hineinrühren.* — 2) *verwirren, in Unordnung bringen.* — 3) *durchwühlen* (ein Buch), *sich vertraut machen mit;* mit Acc. — Mit निस् Caus. *gründlich durchwühlen, genau durchforschen.* — Mit परि Caus. *verwirren, in Unordnung bringen.* — Mit विप्र Caus. *verwühlen, in Unordnung bringen.* — Mit प्रति Caus. dass. — Mit वि Caus. 1) *verrühren, umrühren, aufrühren, hineinrühren* Hemâdri 1,229,23. — 2) *hinundher bewegen.* — 3) *umstürzen.* — 4) *verwühlen, verwirren, in Unordnung bringen, in Aufregung versetzen.* — 5) *sich hineinbegeben in* (Acc.) Comm. zu Naish. 5,3. — Mit अतिवि Caus. *umstürzen, verwüsten.* — Mit सम् Caus. 1) *hinundher bewegen.* — 2) *in Unordnung —, in Verwirrung bringen.* — 3) Pass. *zu Schanden werden.*

लुण्ट् 1) लुण्टति *stehlen, berauben* Hem. Par. 2,177. 192. — 2) *लुण्टयति (अवज्ञाचौर्ये). — 3) लुण्टित *enthülst.* v. l. लुञ्चित. — Mit निस् *stehlen, plündern.* Nur निर्लुण्ट्यमान mit der v. l. निर्लुण्ठ्यमान. — Mit वि *enthülsen.* Nur विलुण्ट्य mit der v. l. लुञ्चित्वा.

लुण्टक m. 1) **eine best. Gemüsepflanze.* — 2) N. pr. eines Mannes.

*लुण्टा f. = लुठन.

लुण्टाक m. 1) *Dieb, Plünderer* Vikramâṅkak. 3,76. Hem. Par. 2,177. 8,396. सर्व° Kampaka 422. — 2) **Krähe.*

लुण्ठ्, लुण्ठति (स्तेये, आलस्ये, प्रतिघाते, खोटे, गतौ) 1) *aufrühren, in Bewegung —, in Aufregung versetzen.* — Caus. लुण्ठयति 1) *rauben, stehlen, plündern.* लुण्ठ्यते Pass. (vielleicht vom Simpl.). लुण्ठित *geraubt, gestohlen, geplündert.* — 2) *plündern lassen* Ind. St. 15,401. — 3) *enthülsen.* — Mit अव in अवलुण्ठन. — Mit उद् in उल्लुण्ठा. — Mit निस् (nur निर्लुण्ठ्यमान und निर्लुण्ठित) *stehlen, plündern.* — Mit वि 1) *rauben, stehlen, plündern.* — 2) विलुण्ठित = विलुठित *sich wälzend.*

लुण्ठ *eine Grasart* Gobh. 1,5,18.

लुण्ठक m. *Plünderer* Harshak. 178,15. ग्राम°.

लुण्ठन n. 1) *das Plündern.* ग्राम°. — 2) = लुञ्चन 2). — 3) *= लुठन.

लुण्ठनदी f. N. pr. eines *Flusses.* कुण्डनदी v. l.

*लुण्ठा f. = लुठन.

लुण्ठाक m. 1) *Plünderer, Räuber* Ind. Antiq. 11,

12.13. Nom. abstr. °ता f. Bâlar. 138,18. — 2) **Krähe.*

लुण्ठि f. *Plünderung.*

*लुण्ठी f. = लुठन.

*लुण्ड्, लुण्डति und लुण्डयति (स्तेये).

लुण्डिका f. 1) *Ballen.* — 2) **regelrechtes, — gebührendes Benehmen.*

1.*लुण्डी f. 1) = लुण्डिका 2). — 2) = निगम.

2.लुण्डी Adv. mit कर् *zusammenballen, zusammenrollen.*

*लुन्थ्, लुन्थति (हिंसासंक्लेशयोः).

1.लुप् 1) लुम्पति, लुम्पते (metrisch) *a) zerbrechen, beschädigen;* Pass. *reissen, entzweigehen.* लुप्त *beschädigt.* — *b) Jmd packen, über Jmd herfallen;* mit Acc. — *c) rauben, plündern;* ohne Object so v. a. *betrügen* (von einen Kaufmann) Kampaka 417. लुप्त *geraubt, geplündert;* am Ende eines Comp. *einer Sache verlustig gegangen, gekommen um.* — *d) verschwenden, verthun.* Pass. अलुप्यत्त Harshak. 101,24. — *e) unterdrücken, beseitigen, verschwinden machen;* लुप्यते (nur in TS. einmal accentuirt) *unterdrückt werden, unterbleiben, verschwinden, verlorengehen, abfallen, ausfallen, zu Nichte werden.* लुप्त *unterdrückt, verschwunden, verloren gegangen, abgefallen, zu Nichte geworden; unvollständig* (Gegens. पूर्ण) Vâmana 4,2,4. 6. Kâvjapr. 10,1. — 2) *लुप्यति (विमोहने). — 3) लुप्यते *sich verwirren.* — Caus. लोपयति 1) *Etwas unterlassen, versäumen; zuwiderhandeln, verletzen.* — 2) *Jmd von Etwas* (Abl.) *abbringen.* — 3) Med. *verschwinden machen, verwischen* (die Spur) Mân. Gṛhj. 2, 1. Citat bei Sâj. zu Taitt. Âr. 6,10,2. Act. Sâj. selbst. Vgl. Caus. von सम्-लुप्, युप्, लुभ् und सम्-लुभ्. — Intens. लोलुप्यते (भावगर्हायाम्). 1) लोलुपत् *Jmd verwirrend.* — 2) *gierig sein* in अलोलुप्यमान. Vgl. Intens. von लुभ्. — Mit अप 1) *ausraufen, abtrennen* Maitr. S. 1,6,5 (95,2. fgg.). — 2) Pass. (°लुप्यन्ते) *abfallen, fallen.* — Mit अभि *rauben, plündern.* — Mit अव 1) *abtrennen, abstreifen.* अवलुप्त *abgetrennt, abgestreift.* — 2) *Jmd packen, über Jmd herfallen.* — 3) *entreissen.* — 4) *unterdrücken, verschwinden machen.* — Mit अन्वव Pass. *nach Jmd abfallen.* — Mit समव *abstreifen* Baudh. im Comm. zu Âpast. Çr. 7,20,9. — Mit आ 1) *ausraufen.* — 2) *abtrennen.* — 3) *entreissen* AV. 12,4,34. — 4) Pass. *eine Störung erleiden, unterbrochen werden.* — Mit व्या *zu Nichte machen;* Pass. *verschwinden, zu Nichte werden.* — Mit उद् *herausgreifen, — fischen, — aus* (Abl.). उल्लुप्त *herausgegriffen, — gefischt aus* (Abl.). — Mit समुद् *herausziehen, wegnehmen, to pick up.* — Mit नि in *निलोपम् (Nachtr. 5). — Mit निस् *herausziehen* Maitr. S. 1,6,12 (106,9.10). — Mit परि 1) *wegnehmen, entfernen, zu Nichte machen;* Pass. *wegfallen.* — 2) Pass. *eine Einbusse erleiden* in अपरिलुप्त (Nachtr. 3). — Mit विपरि, °लुप्त *aufgehoben, zu Nichte gemacht.* — Mit प्र 1) *ausraufen.* — 2) *rauben,* प्रलुप्त *geraubt; gekommen um* (°तस्). — Mit विप्र 1) *entreissen, rauben.* विप्रलुप्त *entrissen, geraubt.* — 2) *heimsuchen.* — 3) *stören, unterbrechen.* विप्रलुप्त *gestört, unterbrochen.* — Mit संप्र *rauben* oder *schänden* (ein Mädchen). — Mit वि 1) *zerreissen, zerpflücken, zerkratzen* (Spr. 2819), *ausreissen.* विलुप्त *zerpflückt* u. s. w. — 2) *entreissen, wegnehmen, fortnehmen, rauben* (uneig. 251,5), *plündern.* विलुप्त *entrissen* u. s. w. — 3) *zerstören, zu Grunde richten, zu Nichte machen;* Med. und Pass. *zerfallen, zu Grunde gehen, zu Nichte werden, verschwinden, fehlen, nicht da sein.* विलुप्त *zu Grunde gegangen* u. s. w. — Caus. 1) *es fehlen lassen an, vorenthalten, entziehen.* — 2) *auslöschen.* — 3) *ausser Acht lassen, vernachlässigen.* Metrisch Med. — Mit प्रवि, °लुप्त *verschwunden, entfernt, zu Nichte geworden.* — Caus. *aufgeben, fahren lassen.* — Mit सम् *zupfen, zerren; wegreissen* Sâj. zu Ṛv. 10,38,5. — Caus. 1) *verwischen* (die Spur) Cit. bei Sâj. zu Taitt. Âr. 6,10,2. Vgl. लुभ् mit सम् Caus. — 2) *zerstören, zu Grunde richten.*

2.लुप् 1) *Abfall, Ausfall, Schwund* (eines Lautes u. s. w.). — 2) Adj. = लुप्त *abgefallen.*

लुप्त 1) Adj. s. u. 1. लुप्. — 2) *n. *a) geraubtes, gestohlenes Gut.* — *b) das Verschwinden.*

लुप्तविसर्ग Adj. *wo der* Visarga *fehlt* Sâh. D. 219,17.

लुप्तविसर्गक n. und °विसर्गता f. *das Fehlen des* Visarga.

लुप्ताकृतविसर्ग Adj. *wo der* Visarga *verschwunden oder* (mit dem vorangehenden अ) *in* ओ *übergegangen ist.* Nom. abstr. °ता f. Du. Sâh. D. 575.

लुप्तोपम Adj. *wobei die Vergleichungspartikel fehlt* Sâj. zu Ṛv. 1,116,24. 7,103,1. 8.

लुप्तोपमा f. *ein unvollständiges, elliptisches Gleichniss.*

लुप्तोपमान Adj. = लुप्तोपम Mahidh. zu VS. 19,4.

लुबजा f. = लिबुजा Kauç. 35.

लुब्ध 1) Adj. s. u. लुभ्. — 2) m. *Jäger* MBh. 12, 176,19.

लुब्धक m. 1) *Jäger.* — 2) *der Stern Sirius.* — 3) *bildliche Bez. des Afters.*

लुब्धता f. *Habgier.*

लुब्धत्व n. dass. Am Ende eines Comp. *heisses Verlangen nach.*

लुभ्, *लुभति, लुभ्यति, लुलुभे; 1) *irre werden, in Unordnung gerathen.* लुब्ध *irre geworden, verworren;* लुब्धम् Adv. Vgl. अलुभित (Nachtr. 5). — 2) *Verlangen empfinden, — nach* (Loc. oder Dat.), *sich interessiren für* (°अर्थे). लुब्ध *Verlangen empfindend nach, hängend an* (Loc. oder im Comp. vorangehend). Ohne Ergänzung *gierig, habsüchtig* Gaut. — 3) *locken, an sich ziehen.* — Caus. लोभयति 1) *in Unordnung bringen* Çat. Br. 4,1,1,18. — 2) *verwischen* (die Spur) Âpast. Çr. 9,10,16. Vgl. Caus. von युप्, 1. लुप् und लुभ् mit सम्. — 3) *Jmds Verlangen erregen, locken, unlocken, an sich ziehen.* Metrisch auch Med. — Intens. लोलुभ्यते *ein heftiges Verlangen haben nach* (Loc.). — Mit अनु Caus. *ein Verlangen haben nach.* — Mit अभि Caus. *anlocken.* — Mit अव in अनवलोभन. — Mit आ *in Unordnung gerathen.* — Desid. vom Caus. आलुलोभयिषति *in Unordnung bringen —, stören wollen.* — Mit उप Caus. *Jmds Verlangen erregen, locken, verführen.* — Mit परि (°लोभस) dass. — Caus. dass. — Mit प्र 1) Med. *sich vergehen* (vom Weibe in geschlechtlicher Beziehung) Çâṅkh. Gṛhj. 3,13. प्रलुब्धा *die eine unerlaubte Neigung gefasst hat zu* (सह). — 2) *Jmds Verlangen erregen, locken, verführen.* प्रलुब्ध *verleitet, verführt, fortgerissen.* — Caus. *Jmds Verlangen erregen, locken, heranlocken, zu verführen suchen; Jmds Aufmerksamkeit ablenken durch* (Instr.). — Mit उपप्र in उपप्रलोभन. — Mit विप्र Caus. Med. (metrisch) *locken, zu verführen suchen.* — Mit संप्र Caus. dass. — Mit प्रति Caus. 1) *irre machen, bethören.* — 2) *an sich locken, heranlocken.* — Mit वि *in Verwirrung —, in Unordnung gerathen.* Nur विलुभित Bhaṭṭ. — Caus. 1) *irre führen.* — 2) *Jmds Verlangen erregen, locken, zu verführen suchen.* — 3) *zerstreuen, angenehm unterhalten, ergötzen an* (Loc.). — Mit सम् *in Verwirrung gerathen.* — Caus. 1) *verwirren, untereinander bringen.* — 2) *verwischen* (die Spur); vgl. Caus. von युप्, 1. लुप्, सम्-लुप् und लुभ् Simpl. — 3) *locken, heranlocken, zu verführen suchen.*

लुम्प् s. 1. लुप्.

*लुम्ब्, लुम्बति (अर्दने), लुम्बयति (अर्दने oder अदर्शने).

*लुम्बिका f. *ein best. musikalisches Instrument.*

लुम्बिनि (metrisch) und लुम्बिनी f. N. pr. *einer Fürstin und eines nach ihr benannten Haines.*

लुम्बिनीय Adj. von लुम्बिनी.

लुम्बी f. *Frucht* Hem. Par. 8,173. 174. 179.

लुल्, लोलति 1) *sich hinundher bewegen.* Nur लोलत् *sich hinundher bewegend* und लोलमान dass. Çiç. 10,59. *sich wälzend* 18,45. — 2) *verschwinden* Çiç. 10,36. — 3) लुलित *a) sich hinundher bewegend, bewegt, flatternd, wogend, in Unruhe versetzt* (der Geist). — *b) berührt, woran Etwas streift* Kâd. 156,24. — *c) mitgenommen, Schaden genommen habend, beschädigt, gelitten.* — Caus. लोलयति 1) *in Bewegung versetzen, hinundher bewegen* Pańkad. — 2) *in Verwirrung bringen, zu Schanden machen.* — Mit अभि, °लुलित *berührt, woran Etwas streift.* — Mit आ, आलुलित *leise bewegt.* — Mit उद् in उल्लोल. — Mit वि, विलुलित 1) *hinundher bewegt.* — 2) *herabgestürzt.* — 3) *auseinandergegangen, — gefallen, in Unordnung —, in Verwirrung gerathen.* — Caus. 1) *hinundher bewegen.* — 2) *nach allen Seiten auseinanderwerfen.* — Mit सम्, संलुलित 1) *in Berührung gekommen mit* (im Comp. vorangehend). — 2) *verwirrt, in Unordnung gebracht.*

लुलाप m. *Büffel* Hemâdri 2,a,94,17. 96,6. Dhûrtan. 33.

लुलाय m. dass. Râǵan. 19,22. Bâlar. 208,12. 209,16.

*लुलायकन्द m. *ein best. Knollengewächs* Râǵan. 7,78.

*लुलायकान्ता f. *Büffelkuh* Râǵan. 19,23.

लुलायलक्ष्मन् m. Bein. Jama's Bâlar. 254,14.

लुलित 1) Adj. s. u. लुल्. — 2) n. *Bewegung.*

लुश und लुशाकपि m. N. pr. zweier Männer.

*लुष्, लोषति (स्तेये).

*लुषभ m. *ein brünstiger Elephant.*

*लुह्, लोहति (गार्ध्ये).

1. लू, लुनोति, लुनाति, लुनीते (लुवा Âpast. Çr. 1, 4,8) 1) *schneiden* (Gras, Getreide u. s. w.), *abschneiden, zerschneiden, abhauen, niederhauen, durchbohren* (zu Spr. 1626), *zerreissen* (bildlich). लून *geschnitten, abgeschnitten, abgehauen, gepflückt, abgenagt, zerstochen, zerhauen, ausgehauen.* — 2) *zerschneiden,* so v. a. *zu Nichte machen.* लून *zu Nichte gemacht.* — *Caus. लावयति *schneiden lassen.* — *Desid. लुलूषति. — *Desid. vom Caus. लिलावयिषति. — Intens. लोलूयते *vollkommen abschneiden* Bhatt. — *Desid. vom Intens. लोलूयिषते. — Mit *व्यति 1) Act. *gemeinsam schneiden.* — 2) Med. und Act. (wenn die Gegenseitigkeit besonders ausgedrückt ist) *sich gegenseitig schneiden.* — Mit अभि in *अभिलाव. — Mit अव, अवलून *abgehauen* Çiç. 18,71. — Mit आ Med. *abreissen, zerreissen* Prasannar. 118,15. आलून *abgeschnitten, abgepflückt.* — Mit न्या, °लून *abgeschnitten* Hariv. 2,109,54. v. l. व्यालून. — Mit व्या, °लून dass. — Mit उद्, उल्लून *geschnitten.* — Mit निस्, निर्लून *zerhauen, abgehauen* Bâlar. 207,14. 270, 12. Çiç. 19,55. — Mit परि, °लून *abgeschnitten, abgetrennt* Káṇḍak. 29,5. — Mit प्र *abschneiden* Hem. Par. 2,374. — Mit विप्र, °लून *abgeschnitten, abgepflückt.* — Mit वि *abschneiden, abhauen* Bâlar. 206,8. 10. विलून *abgeschnitten, abgehauen* 207,2. 252,20. *प्रबद्धविलून (f. आ und ई) P. 4,1, 52, Vârtt. 4.

2. *लू Adj. *schneidend, abschneidend.*

लूक्ष Adj. *rauh* TS. 5,5,10,6. Âpast. Çr. 22,14.

लूत Adj. angeblich = पूर्वविच्छिन्न TS. 7,5,9,1.

लूता f. 1) *Spinne* Agni-P. 31,28. — 2) **Ameise.* — 3) *eine best. Hautkrankheit* Râǵan. 20,11. Agni-P. 31,24. Auch लूतामय m.

*लूतामर्कटक m. 1) *Affe.* — 2) *arabischer Jasmin.* — 3) *Puppe.*

*लूतारि m. *ein best. kleiner Strauch* Râǵan. 5,98.

*लूतिका f. *Spinne.*

लून 1) Adj. s. u. 1. लू. — 2) n. *Schwanz.*

*लूनक 1) Adj. = भिन्न, भेदित. — 2) m. *Vieh.*

*लूनयवम् Adv. *nachdem die Gerste geschnitten ist.*

लूनविष Adj. *im Schwanze das Gift habend.*

*लूनि f. 1) *das Schneiden, Abschneiden.* — 2) *Reis.*

*लूनी Adj. von लूनीय्.

*लूनीय् Denomin. von लून.

*लूम n. *Schwanz, Schweif.*

*लूयमानयवम् Adv. *wann die Gerste geschnitten wird.*

*लूलुक m. *Frosch* Râǵan. 19,77.

*लूष्, लूषति (स्तेये), लूषयति (हिंसायाम्, स्तेये).

लूष in *अर्कलूष.

लूह 1) *Adj. *schlecht.* — 2) m. N. pr. eines Mannes.

लूहसुदत्त m. = लूह 2).

लृट् *die Personalendungen des Futurum auf* स्य, *dieses Futurum* 241,6. 243,17.

लेक m. in einer Formel, angeblich N. pr. eines Âditja.

लेकुञ्चिक m. N. pr. eines Mannes.

लेख 1) m. *a) Strich, Linie* Mân. Gṛhj. 2,14. — *b) ein Schreiben, Brief.* Sg. und Pl. — *c)* Pl. *eine best. Klasse von Göttern* MBh. 13,18,74. — *d) ein Gott* überh. Çiç. 17,69. — *e)* *= आभोग (wegen गण्डलेख) Zach. Beitr. 41. — *f)* *N. pr. eines Mannes. — 2) f. लेखा *a) Riss, Strich, Linie, Streifen, Furche, Reihe.* — *b) die schwache Sichel* (des Mondes). — *c) Saum, Rand.* — *d)* **das Zeichnen.* — *e) Zeichnung, Bild, Figur; Abdruck.* — *f)* = शिखा und चूडाग्र.

लेखक 1) m. *a) Schreiber, Abschreiber, Secretär.* — *b) Rechnung.* लेखकं कर् *eine Rechnung machen, rechnen.* — 2) f. लेखिका *Streifchen* Kâd. 186,5.

लेखकमुक्तामणि m. Titel eines Werkes.

लेखन 1) Adj. (f. ई) *a) aufritzend, wund machend, scarificirend.* — *b) aufreizend, störend, abkratzend, in Fluss bringend, attenuans* Mat. med. 6. Bhâvapr. 1,154. — 2) f. ई *a) Schreibstift, Schreibrohr, Schreibpinsel* Hemâdri 1,549,7. 557,16. Pańkad. — *b) Löffel* in *घृत°. — *c)* **Saccharum spontaneum* Râǵan. 8,89. — 3) n. *a) das Wundmachen, Scarificiren* Karaka 6,13. — *b) das Anstreifen, Berühren* (von Himmelskörpern beim Planetenkampf). — *c) das Niederschreiben, Abschreiben.* Vgl. पुनर्लेखन. — *d) ein Werkzeug zum Furchen.* — *e)* **Betula Bhojpatra.*

लेखनवस्ति *eine best. Art von Klystier.*

लेखनि f. metrisch für लेखनी *Schreibstift* u. s. w.

*लेखनिक 1) Adj. *der einen Andern für sich ein Document unterschreiben lässt.* — 2) m. *der Ueberbringer eines Briefes, Briefträger.* — Vgl. लेखोलक.

लेखनिका f. *Pinsel* in *चित्र°.

लेखनीय Adj. 1) *als attenuans dienend* Mat. med. 2. Karaka 1,4. — 2) *zu zeichnen, zu malen; zu schreiben* 214,13. 215,14.

लेखपत्त्र n. und °पत्त्रिका f. *Brief.*

लेखप्रतिलेखलिपि f. *eine besondere Art zu schreiben.*

*लेखर्षभ m. Bein. Indra's.

लेखशाला f. *Schreibstube, Schreibschule* Kampaka 230. 232.

लेखशालिक m. *ein Schüler in der Schreibschule* Kampaka 233.

लेखसंदेशहारिन् Adj. *einen schriftlichen Auftrag überbringend.*

लेखहार und °हारक (Kâd. 251,4. Uttamak. 347. 350) m. *der Ueberbringer eines Briefes, Briefträger.*

°लेखहारिन् Adj. *einen Brief mit — überbringend.* Nom. abstr. °रित्व n.

लेखाधिकारिन् m. *der Secretär eines Fürsten.*

*लेखाभ्र m. N. pr. eines Mannes. Pl. *seine Nachkommen.*

*लेखाभ्रू m. v. l. für लेखाभ्र. °भ्रुमन्य *geltend für —.*

*लेखाय्, °यते (विलासे, स्खलने).

*लेखार्ह oder *लेखार्ह्य m. *ein der Weinpalme ähnlicher Baum* Râǵan. 9,89.

लेखासंधि m. *Vereinigungspunct der Brauen*

Mantrabr. 1,3,1. Gobh. 2,3,6.

लेखास्थवृत्त Adj. *an die Vorschrift sich haltend* Ḱaraka 4,4 (356,18).

लेखिन् 1) Adj. am Ende eines Comp. *ritzend, streifend an, berührend.* — 2) *f. °नी *Löffel* in *घृत° (Nachtr. 5).

*लेखीलक Adj. soll die richtige Form für लेखनिक sein Zach. Beitr. 90.

लेखेश m. Bein. Indra's Dhûrtan. 62.

*लेख्य्, लेख्यति = लेखाय्.

लेख्य 1) Adj. *a) scarificandus.* — *b) zu schreiben, niederzuschreiben* 214,13. — *c) zu malen.* — *d) mit Farben dargestellt, gemalt.* — *e) zu rechnen, zu zählen* in अलेख्य (Nachtr. 5). — *f)* als Beiw. Vishṇu's Vishṇus. 98,63 nach dem Comm. so v. a. *den Göttern hold.* — 2) n. *a) das Schreiben, die Kunst des Schreibens.* — *b) das Abschreiben.* — *c) das Zeichnen, Malen.* — *d) Schriftstück, Brief, ein schriftliches Document* (Vishṇus. 7,1.13), *etwas Niedergeschriebenes* (Hemâdri 1,550,2.3), *Inschrift.* अमरगणना° so v. a. *ein Verzeichniss der Götter.* — *e) ein gemaltes Bild.*

लेख्यगत Adj. *gemalt.*

*लेख्यचूर्णिका f. *Pinsel zum Malen.*

*लेख्यदल m. = लेखार्द्ध Râǵan. 9,89.

लेख्यपत्त्र 1) *m. *Weinpalme.* — 2) n. *Schriftstück, Brief* Mudrâr. 69,2 (114,2).

*लेख्यपत्त्रक m. *Weinpalme.*

लेख्यमय und लेख्यरूप Adj. *gemalt.*

*लेख्यस्थान n. *Schreibstube.*

लेट m. *eine best. Mischlingskaste.*

*लेट्, लेट्यति (दीप्तिपूर्वभावस्वप्नधौर्त्येषु).

लेण्ड n. *Unrath des Körpers, stercus.* Vgl. लण्ड.

*लेत m. n. *Thränen.*

लेदरी f. N. pr. eines Flusses 2te Râǵat. 106.

*लेप्, लेपते (गतौ, सेवने).

लेप m. 1) *das Anstreichen, Bestreichen.* — 2) *was aufgestrichen wird, Salbe, Teig, Tünche.* — 3) *Unreinigkeit, Schmutz, Fleck* (auch *moralischer*), namentlich *Fett, das an Gefässen, Händen u. s. w. hängen bleibt,* Gaut. — 4) *Speise* Bhadrab. 3,31. 36. 64. 98. 4,72. 76. — 5) *eine best. Krankheit* Ḱaraka 5,8.

1. लेपक = लेप in अलेपक.

2. लेपक m. 1) *Tüncher* Harshaḱ. 109,11. — 2) **Bossirer.*

लेपकर m. *Maurer, Tüncher.*

*लेपकामिनी f. *eine bossirte weibliche Figur.*

लेपन 1) * m. *Olibanum* Râǵan. 12,106. — 2) n. (adj. Comp. f. आ) *a) das Anstreichen, Bestreichen* (Hemâdri 1,305,6), *Tünchen,* — *mit* (Instr. oder im Comp. vorangehend). — *b) das womit Etwas bestrichen wird, Salbe, Teig, Tünche.* Am Ende eines adj. Comp. *bestrichen u. s. w. mit.* — *c)* **Fleisch.* — *d)* **Blut* Gal.

लेपिन् 1) Adj. am Ende eines Comp. *a) beschmierend —, überziehend mit.* — *b) beschmiert —, überzogen mit.* — 2) *m. *Bossirer.*

लेप्य 1) Adj. *a) bossirt.* — *b) zu verunreinigen, zu beflecken.* — 2) *n. *das Bossiren.*

लेप्यकार (Harshaḱ. 109,12) und *लेप्यकृत् m. *Bossirer.*

*लेप्यनारी f. *eine bossirte weibliche Figur.*

लेप्यमय Adj. (f. ई) *bossirt* Hem. Par. 2,179.

*लेप्ययोषित् f. = लेप्यनारी.

*लेप्यस्त्री f. *ein parfümirtes Weib.*

लेय m. λέων, *der Löwe im Thierkreise.*

लेलय् s. u. 3. ली.

लेलया Instr. Adv. *schwank, in unruhiger Bewegung.*

लेलाय् s. u. 3. ली.

लेलायमाना f. Name *einer der 7 Zungen des Feuers* Muṇḍ. Up. 1,2,4. Gṛhjâs. 1,14.

लेलितक s. लेलीतक.

लेलिह् 1) Adj. als Bez. gewisser parasitischer Würmer (कृमि) Ḱaraka 1,19.3,7. — 2) m. *Schlange.* — 3) f. आ *eine best. Fingerstellung.*

लेलिहान 1) Adj. s. Intens. von 1. लिह्. — 2) m. *a) Schlange.* — *b)* Bein. Çiva's MBh. 14,8,19. Vgl. रेरिहाण. — 3) f. आ *eine best. Fingerstellung.*

लेलीतक *Schwefel* Ḱaraka 8,5. v. l. लेलितक.

*लेल्य Adj. vom Intens. von 1. ली.

लेवार m. N. pr. eines Agrahâra.

लेश m. 1) *Partikel, Minimum, ein Bischen, Tropfen, ein geringer Theil* —, *ein geringes Maass von* (Gen. oder im Comp. vorangehend). लेशेन, लेशतस् (am Ende eines Comp. *bei der geringsten Spur von*) und लेश° *ganz wenig,* — *schwach,* — *kurz.* Bisweilen zum Ueberfluss noch mit लव verbunden. Am Ende eines adj. Comp. f. आ. — 2) **ein best. kleiner Zeittheil,* = 2 Kalâ. — 3) *ein best. Gesang* Hariv. 2,89,82. — 4) in der Rhetorik *a) Anwendung der Vergleichung statt des directen Ausspruches.* Beispiel Venîs. 31. — *b) Darstellung als Nachtheil, was sonst als Vorzug gilt, und umgekehrt.* — 5) N. pr. eines Fürsten.

लेशिक m. *Grasschneider* Harshaḱ. 45,16 (152, 6). 172,17. 178,15.

°लेशिन् Adj. *mit Theilchen von — versehen* Harshaḱ. 87,7.

लेश्य und लेश्या f. *Licht.*

*लेष्टव्य Partic. fut. pass. von लिश्.

लेष्टु m. *Erdkloss, Erdscholle* Hemâdri 1,264,4.

*लेष्टुघ्न m. und *लेष्टुभेदन m. *Egge oder ein anderes Werkzeug zum Zerschlagen der Erdschollen.*

*लेसक m. *Reiter auf einem Elephanten.*

लेह 1) m. *a) Lecker, Schlürfer.* मधुनो लेहः so v. a. मधुलिह् *Biene* Bhatt. — *b) Leckmittel, Electuarium, Latwerge.* — *c)* Bez. *einer der zehn Weisen, auf welche eine Eklipse erfolgen kann.* — 2) f. ई *eine best. Krankheit des Ohrläppchens.*

लेहन n. *das Lecken.*

लेहम् Absol. in क्षीर° (Nachtr. 5).

लेहिन् Adj. in *मधुलेहिन्.

*लेहिन (!) m. *Borax.*

लेह्य 1) Adj. *woran man leckt, was man leckend geniesst.* — 2) *n. *Nektar.*

*लैख m. Patron. von लेख.

*लैखाभ्रेय m. Patron. von लेखाभ्र oder °भ्रू.

*लैगवायन m. Patron. von लिगु.

*लैगव्य m. desgl.

*लैगव्यायनी f. Patron. f. zu लैगव्य.

लैङ्ग 1) Adj. *das grammatische Geschlecht betreffend.* — 2) *f. ई *eine best. Pflanze.* — 3) n. Titel eines Purâṇa (Hemâdri 1,537,14) und Upapurâṇa. Auch °पुराण n.

लैङ्गिक 1) Adj. *dem Charakteristicum entsprechend, darauf beruhend* (Sâj. in der Einleitung zu Ṛv. 3,33), *auf einem beweisenden Merkmal beruhend.* — 2) m. *Bildhauer.*

लैङ्गिकभाववाद m. Titel eines Werkes Opp. Cat. 1.

लैङ्गीक Adj. fehlerhaft für लैङ्गिक.

लैङ्गोद्भव n. *die Geschichte von der Entstehung des* Liṅga Bâlar. 29,14.

*लैण्, लैणति (गतिप्रेरणाश्लेषणेषु).

लो 1) *Adj. von लवप्; Nomin. लौस्. — 2) m. N. pr. eines Mannes.

लोक्, लोकते *erblicken, gewahr werden.* — Caus. लोकयति (भाषार्थ oder भासार्थ) 1) *schauen, anschauen, betrachten.* — 2) *erblicken, gewahr werden.* — 3) *erkennen, inne werden.* — Mit अभि Caus. *betrachten, mustern.* — Mit अव 1) *sehen, die Fähigkeit des Sehens besitzen.* — 2) *hinschauen, hinsehen.* — Caus. (hierher अवलोक्य und अवलोकित; Med. metrisch) 1) *aufschauen, hinschauen, hinsehen.* — 2) *hinsehen nach, sehen auf, ansehen, anblicken, beschauen, betrachten, mustern;* mit Acc. — 3) *hinsehen nach,* so v. a. *achten auf, sich umsehen nach.* — 4) in der Astrol. *anblicken vom adspectus planetarum.* — 5) *gnädig anblicken.* —

6) *erblicken, gewahr werden.* — Mit समव Caus. 1) *hinschauen, sich umsehen.* — 2) *hinsehen nach, beschauen, betrachten, mustern.* — 3) *erblicken, gewahr werden.* — Mit आ 1) *hinsehen nach, schauen auf;* mit Acc. — 2) *erblicken.* — Caus. (hierher आलोक्य und आलोकित; Med. metrisch) 1) *sehen, vor Augen haben.* हृदि so v. a. *denken an.* — 2) *hinsehen, hinschauen.* — 3) *anblicken, ansehen, betrachten, beschauen.* — 4) *gnädig anblicken.* — 5) in der Astrol. *ansehen vom adspectus planetarum.* — 6) *hinsehen auf,* so v. a. *zielen auf* (Acc.). — 7) *untersuchen, prüfen, studiren.* Auch mit Hinzufügung von धिया oder बुद्ध्या. — 8) *erblicken, gewahr werden, erfahren, erkennen, — als* (mit doppeltem Acc.). — 9) स्वप्नम् *einen Traum haben.* — आलोक्य Pańkat. 78,14 fehlerhaft für आलोड्य. — Mit प्रा Caus. *in der Ferne erblicken.* प्रालोक्य Kâd. 2,104,4 (128,8). v. l. आलोक्य. — Mit समा Caus. 1) *hinschauen, — auf, — nach, anblicken, anschauen.* — 2) *vor Augen haben, in Betracht ziehen.* — 3) *erblicken, gewahr werden, erkennen als* (mit doppeltem Acc.). — Mit उद् Caus. Med. *hinaufblicken zu* (Acc.). — Mit परि Caus. *sich umsehen, umherschauen; rings beschauen.* — Mit वि 1) *anblicken, ansehen.* — 2) *prüfen, studiren.* — Caus. (hierher विलोक्य, विलोकयते und विलोकित) 1) *sehen, die Fähigkeit des Sehens besitzen* zu Spr. 3895. — 2) *hinschauen, hinsehen, — nach, ansehen, anblicken, beschauen, betrachten.* — 3) *sein Augenmerk richten auf, beobachten, prüfen, studiren.* — 4) *hinsehen auf,* so v. a. *Rücksicht nehmen auf* (Acc.). — 5) *erblicken, gewahr werden;* Pass. *sichtbar sein.* — 6) *hinübersehen über* (Acc.). — Mit प्रवि Caus. 1) *hinschauen, hinblicken, betrachten, beschauen, beobachten* (astronomisch). — 2) *in Gedanken betrachten, erwägen.* — 3) *erblicken, gewahr werden, sehen* Ind. St. 14,389. — Mit सम् Du. mit उभयतस् *einander anblicken.*

लोॅक (ursprünglich wohl उलोॅक) m. (adj. Comp. f. आ) 1) *freier Platz, das Freie; Raum* überh., *Platz, Stelle; freies Gebiet, freie Bewegung.* लोॅकं, उरुं लोॅकं mit कर् oder अनु-नी *Raum —, Luft —, Freiheit schaffen, — gewähren.* लोके mit Gen. *statt.* — 2) *Zwischenraum.* — 3) *Strecke, Gebiet, Land.* — 4) *der grosse Raum, die Welt, Weltraum, jede imaginäre Welt;* insbes. *Himmel, Stelle im Himmel.* अयं लोॅकः *diese Welt.* इह लोके *hier auf Erden.* असौ oder परो लोकः *jene Welt.* Unter zwei *Welten* versteht man *Himmel und Erde,* unter *drei Welten — diese und den Luftraum* oder *die Unterwelt.* Es werden *Welten* von verschiedener Art und Zahl angenommen; insbes. *sieben.* — 5) Bez. *der Zahl sieben.* — 6) *die Erde.* लोके *hier auf Erden,* कृत्स्ने लोके *auf der ganzen Erde.* — 7) Sg. und Pl. *die Leute, die Menschen, das Volk* (auch im Gegensatz zum *Fürsten*). — 8) Pl. *die Männer* (im Gegensatz zu den *Frauen*). — 9) *Gemeinschaft, Gesellschaft;* insbes. am Ende eines Comp. zur Bildung von Collectiven. — 10) *das gemeine Leben* (oft im Gegensatz zur *Wissenschaft,* insbes. *der heiligen, dem Veda*); *weltliche Angelegenheiten.* लोके *im gemeinen Leben, in der Sprache des Volkes.* — 11) *Sehkraft* in चतुर्लोॅक. — 12) लोकानां सामनी und लोकानां व्रतानि Namen von Sâman Ârsh. Br. — 13) Taitt. Âr. 6,7,1 fehlerhaft für लोॅगं.

लोककण्टक m. *ein Dorn für die Menschen, ein schädlicher Mensch.*

लोककर्तर् Nom. ag. *Schöpfer der Welt,* Bein. 1) Brahman's. — 2) Vishṇu's. — 3) Çiva's.

लोककल्प 1) Adj. *a) weltähnlich, in der Gestalt der Welt auftretend.* — *b) von den Menschen angesehen —, gehalten für* (Nomin.). — 2) m. *Weltperiode.*

लोककान्त 1) Adj. *von Jedermann gern gesehen, Jedermann gefallend.* — 2) *f. आ *eine best. Heilpflanze* Râǵan. 5,28.

लोककाम Adj. *sich nach einer best. Welt sehnend* 77,30.

लोककार m. *Schöpfer der Welt* als Beiw. Çiva's.

लोककृॅत् (auch wohl उलोककृॅत्) 1) Adj. *Raum schaffend, Luft machend, befreiend.* — 2) m. *Schöpfer der Welt.*

लोककृॅत्नु (wohl उलोककृॅत्नु) Adj. = लोककृॅत् 1).

लोकक्षित् Adj. *den Himmel bewohnend.*

लोकगति f. *das Thun und Treiben der Menschen.*

लोकगाथा f. *ein im Munde des Volkes lebender Vers.*

लोकगुरु m. *Lehrer der Welt, — des Volkes.*

लोकचक्षुस् n. 1) Pl. *die Augen der Menschen.* — 2) **das Auge der Welt, die Sonne.* Angeblich m.

लोकचर Adj. *die Welten durchwandernd.*

लोकचारित्र n. *der Hergang in der Welt.*

लोकचारिन् Adj. *die Welten durchwandernd.*

*लोकजननी f. *die Mutter der Welt,* Bein. der Lakshmî.

लोकजिॅत् 1) Adj. *a) Gebiet gewinnend.* — *b) den Himmel gewinnend.* लोकजिॅतं स्वर्गम् so v. a. स्वर्गलोकजितम्; vgl. Gop. Br. 1,5,25 (S. 88, Z. 5).

— 2) *m. Bein. eines Buddha.

लोकज्ञ Adj. *die Welt —, die Menschen kennend.* Nom. abstr. °ता f.

*लोकज्येष्ठ Adj. *der vorzüglichste unter den Menschen* als Beiw. Buddha's.

लोकतत्त्व n. *Kenntniss der Welt, Menschenkenntniss.*

लोकतन्त्र n. *der Lauf der Welt.*

लोकतस् Adv. 1) *von Seiten der Leute, von den Leuten, aus dem Gerede der Leute* R. 2,36,3. Kathâs. 43,139. Chr. 113,27. 130,25. — 2) am Ende eines Comp. *von Seiten der Gemeinschaft von.* ज्ञाति° *von Seiten der Verwandten* Varâh. Bṛh. S. 52,8. — 3) *wie üblich* Çâṅkh. Gṛhj. 4,19.

लोकता f. MBh. 7,6519 fehlerhaft (zu lesen गन्ता सलोकताम्). Vgl. तल्लोक (Nachtr. 3).

*लोकतुषार m. *Kampfer.*

लोकत्रय n. (44,25) und °त्रयी f. (Spr. 2655) *die drei Welten: Himmel, Erde und Luftraum* (oder *Unterwelt*).

लोकदम्भक Adj. *die Leute betrügend.*

लोकदूषण Adj. *den Menschen Schaden bringend* R. 2,109,7.

लोकद्वय n. *die beiden Welten: Himmel und Erde* Kâm. Nîtis. 7,55. 10,24. Râǵat. 5,184.

लोकद्वार n. *das Thor zum Himmel.*

लोकद्वारीय n. Name eines Sâman.

लोकधर्म m. *eine weltliche Sache* Lalit. 9,13.

लोकधातर् Nom. ag. 1) *Schöpfer der Welt* als Beiw. Çiva's. — 2) f. °धात्री Bein. *der Erde* (!) Kâṇḍak. 40,10. Vielleicht ist लोकधर्त्री zu lesen; vgl. लोकधारिणी.

लोकधातु m. f. *Weltregion, Welttheil* Vaǵrakkh. 24,11. 27,20. Saddh. P. Kâraṇḍ. 13,22. 17,6.

लोकधात्वीश्वरी f. Bein. der Mârîkî, Gattin Vairokana's Sâdhanam. 83.

लोकधारिणी f. Bein. *der Erde* Taitt. Âr. 10,1,8.

1. लोकनाथ m. 1) *Herr der Welten,* Bein. Brahman's, Vishṇu-Kṛshṇa's, Çiva's, der Götter überh. und der Sonne. — 2) *Beschützer des Volkes, Fürst, König* Spr. 7713. — 3) *ein Buddha.* — 4) Bein. Avalokiteçvara's Râǵat. 1,138. Ind. Antiq. 9,192. — 5) *eine best. Mixtur* Rasendrak. 83. — 6) N. pr. *a)* eines Buddha. — *b)* eines Autors.

2. लोकनाथ Adj. *unter dem Schutze der Menschen stehend* Spr. 7713.

लोकनाथचक्रवर्तिन् m. N. pr. eines Scholiasten.

लोकनाथभट्ट m. N. pr. eines Autors Burnell, T.

लोकनाथरस m. *eine best. Mixtur.*

लोकनायक m. Führer der Welten (die Sonne) Hemâdri 1,615,8.

लोकनिन्दित Adj. von Jedermann getadelt.

लोकनेतर् Nom. ag. Führer der Welten (Çiva).

लोकप m. 1) Hüter einer Welt. — 2) Welthüter (deren acht).

लोकपक्ति f. die geistige Entwickelung der Welt.

लोकपङ्क्ति f. fehlerhaft für लोकपक्ति.

लोकपति m. 1) der Herr der Welt, Bein. Brahman's und Vishṇu's. — 2) Gebieter über das Volk, Fürst, König.

लोकपथ m. ein allgemeiner Weg, die gewöhnliche Art und Weise.

लोकपद्धति f. ein allgemeiner Weg.

लोकपार्य m. N. pr. eines Mannes B. A. J. 1,219.

लोकपाल m. 1) Welthüter, deren bei Manu und später vier oder acht angenommen werden, je nachdem vier oder acht Weltgegenden gezählt werden; ausnahmsweise auch fünf Kâd. 2,129,6 (158,12). — 2) Hüter des Volkes, Fürst, König. — 3) N. pr. verschiedener Fürsten Bhadrab. 4,38. 42. — 4) das Hüten des Volkes (!).

लोकपालक m. = लोकपाल 1) und 2).

लोकपालता f. und °पालत्व n. Nom. abstr. zu लोकपाल 1).

लोकपालाष्टकदान n. Titel eines Werkes Burnell, T.

लोकपालिनी f. Welthüterin, Bein. der Durgâ Kautukar. 97.

लोकपितामह m. Bein. Brahman's.

लोकपुण्य N. pr. einer Oertlichkeit Râǵat. 7,1251.

लोकपुरुष m. die personificirte Welt.

लोकपूजित 1) Adj. allgemein geehrt. — 2) m. N. pr. eines Mannes.

लोकप्रकाश m. (Bühler, Rep. No. 339) und °क n. Titel von Werken.

*लोकप्रकाशन m. Erleuchter der Welt, die Sonne.

लोकप्रत्यय m. allgemeine Geltung, Landläufigkeit.

लोकप्रदीप m. N. pr. eines Buddha.

लोकप्रवाद m. ein allgemein gebrauchter —, landläufiger Ausspruch, — Spruch.

लोकप्रसिद्धि f. allgemeine Geltung. Instr. nach der herrschenden Gewohnheit.

लोकबन्धु m. der allgemeine Freund, Bein. Çiva's und *der Sonne.

*लोकबान्धव m. dass., Bein. der Sonne.

*लोकबाह्य Adj. aus der menschlichen Gesellschaft ausgeschlossen.

लोकबिन्दुसार n. Titel des letzten der 14 Pûrva bei den Ǵaina.

लोकभर्तर् Nom. ag. Erhalter —, Ernährer des Volkes.

लोकभाज् Adj. Raum einnehmend.

लोकभावन und °भाविन् Adj. die Welt —, die Menschen fördernd, den M. Heil bringend.

लोकमय Adj. (f. ई) 1) geräumig. — 2) die Welt in sich enthaltend.

लोकमर्यादा f. die Schranken der Welt LA. 87,8.

लोकमहादेवी f. N. pr. einer Fürstin Ind. Antiq. 7,16.

लोकमहेश्वर m. Bein. Kṛshṇa's Bhag. 10,3.

लोकमातर् f. Mutter der Welt Spr. 7819 (Bein. der Gaurî).

लोकमातृका f. dass. Pl. Hemâdri 1,140,22.

लोकंपृण 1) Adj. die Welt erfüllend, überallhin dringend. — 2) f. आ Bez. a) der gewöhnlichen zum Bau des Feueraltars dienenden Backsteine, die mit dem allgemeinen Spruch लोकं पृण u. s. w. aufgesetzt werden, Âpast. Çr. 16,14. 33. 17,24. 25. Ǵaim. 5,3,20. — b) des Spruches लोकं पृण u. s. w.

लोकयात्रा f. 1) das gewöhnliche Thun und Treiben, Handel und Wandel Varâh. Jog. 4,25. — 2) das tägliche Brot, Lebensunterhalt.

*लोकयात्रिक als Erklärung von देवयु.

लोकरक्ष m. Hüter des Volkes, Fürst. °रक्षाधिराज m. das Haupt aller Fürsten.

लोकरञ्जन n. das Zufriedenstellen der Menschen 211,1.

लोकरव m. das Gerede der Leute.

लोकलेख m. ein gewöhnlicher Brief, Alltagsbrief.

लोकलोचन n. 1) das Auge der Welt, die Sonne Vâsav. 221,3. Angeblich m. — 2) Pl. die Augen der Menschen.

लोकवत् Adv. wie im Alltagsleben Ǵaim. 1,2,20. Comm. zu TS. Prât.

लोकवत् Adj. die Welten enthaltend.

लोकवर्तन n. das Mittel, wodurch die Welt besteht.

लोकवाद m. das Gerede der Welt.

लोकवाधिन् Adj. Raum einnehmend Çulbas. 2,42.

लोकवार्त्ता f. Gerücht.

लोकविक्रुष्ट Adj. worüber Jedermann aufschreit.

लोकविज्ञात Adj. allgemein bekannt.

लोकविद् Adj. 1) Raum —, Freiheit besitzend, — gewährend, verschaffend Maitr. S. 1,2,15 (25, 10). — 2) die Welten kennend. — 3) die Welt kennend (ein Buddha) Kâraṇḍ. 14,13. 15,14.

लोकविद्विष्ट Adj. allgemein verhasst.

लोकविधि m. 1) Gründer der Welt. — 2) die in der Welt geltende Ordnung.

लोकविनायक m. Pl. eine best. Klasse von Krankheitsdämonen.

लोकविन्दु Adj. = लोकविद् 1).

लोकविरुद्ध Adj. notorisch im Widerspruch stehend Vâmana 2,2,23.

लोकविरोध m. das im Widerspruch Stehen mit der Ansicht des Volkes.

लोकविश्रुत Adj. allgemein bekannt

लोकविसर्ग m. 1) das Aufhören —, Ende der Welt. — 2) Schöpfung der Welt Bhâg. P. 3,8,32.

लोकविसर्गिक Adj. (f. ई) auf das Schaffen der Welt gerichtet MBh. 12,347,73.

लोकविसर्गिन् Adj. die Welt schaffend MBh. 12,13522.

लोकविस्तर m. allgemeine Verbreitung.

लोकवीर m. Pl. sämmtliche Helden der Erde.

लोकवृत्त n. die allgemeine Sitte; das Verfahren des grossen Haufens, — der Unterthanen MBh. 2, 55,6. 4,4,8.

लोकवृत्तान्त m. der Hergang in der Welt.

लोकव्यवहार m. 1) dass. — 2) die herkömmliche, gewöhnliche Benennung P. 1,2,53, Sch.

लोकव्रत n. 1) die allgemein verbreitete Weise, — Art und Weise zu leben. — 2) Name verschiedener Sâman.

लोकशब्द m. das Geräusch der Welt, der Lärm des Tages Dhûrtan. 43.

लोकश्रुति f. allgemeines Bekanntsein, allgemeine Verbreitung.

लोकसंव्यवहार m. Verkehr mit der Welt, Handel und Wandel.

लोकसंसृति f. die Wanderung durch die Welt, Jmds Schicksale.

लोकसंकर m. eine Verwirrung —, ein Durcheinander in Bezug auf die Menschen, das Spielen einer falschen Rolle.

लोकसंक्षय m. der Untergang der Welt.

लोकसंग्रह m. 1) die aus dem Verkehr mit Menschen gewonnene Erfahrung. — 2) das Gewinnen der Menschen Bhag. 3,20. Spr. 3735, v. l. — 3) die Gesammtheit der Welten VP. 1,2,56.

लोकसंग्राहिन् Adj. die Menschen gewinnend.

लोकसनि Adj. Raum —, Freiheit schaffend Vaitân.

लोकसंपन्न Adj. mit der Welt vertraut, lebensklug MBh. 2,38,21.

लोकसाक्षिक Adj. von der Welt —, von Andern bezeugt. °म् Adv. vor Zeugen.

1. लोकसाक्षिन् m. der Zeuge der Welt, — von Allem.

2. लोकसाक्षिन् Adj. = लोकसाक्षिक.

लोकसात् Adv. mit कर् *zum Gemeingut machen.*

लोकसाधक Adj. *Welten bildend, — schaffend.*

लोकसाधारण Adj. *banal* (Rede) DAÇAK. 31,10.

लोकसामन् n. Name eines Sâman.

लोकसिद्ध Adj. *gewöhnlich, gemein.*

लोकसीमातिवर्तिन् Adj. *die Grenzen des Alltäglichen überschreitend, ungewöhnlich, übernatürlich.*

लोकसुन्दर 1) Adj. (f. ई) *allgemein für schön geltend.* — 2) m. N. pr. eines Buddha.

लोकस्थल n. *ein Fall des gemeinen Lebens.*

लोकस्थिति f. 1) *Bestand der Welt.* — 2) *ein allgemein geltendes Gesetz.*

लोकस्पृत् Adj. = लोकसनि.

लोकस्मृत् Adj. v. l. für लोकस्पृत्. Angeblich = पृथिवीलोकस्य स्मर्ता.

लोकहास्य Adj. *ein Gegenstand des allgemeinen Spottes seiend.* Nom. abstr. °ता f. KATHÂS. 61,6. 277. 63,194.

लोकहित n. *das Heil der Welt* ÇÂK. 64,21, v. l. 194.

लोकाकाश m. *der Weltraum.*

लोकाक्षि und °न् m. N. pr. eines Lehrers.

लोकाचार m. *das gewöhnliche Thun und Treiben, Herkommen, die allgemeine Sitte.*

लोकातिग, लोकातिशय und लोकातीत (KÂD. 2, 99,19) Adj. = लोकसीमातिवर्तिन्.

लोकात्मन् m. *die Seele der Welt.*

लोकादि m. *der Anfang der Welt, so v. a. der Schöpfer d. W.*

लोकाधार Adj. (f. आ) *auf das Volk —, auf die Unterthanen sich stützend* Spr. 5870.

लोकाधिप m. *ein Oberherr der Welt, ein Gott.*

लोकाधिपति m. *der Oberherr der Welt.*

लोकानुकम्पक Adj. *Mitleid habend mit der Welt* LALIT. 217,3. 12.

लोकानुग्रह m. *das Heil der Welt, — des Volkes.*

लोकानुराग m. *die Liebe der Menschen, die allgemeine Liebe.*

लोकानुवृत्त n. *der Gehorsam des Volkes* Spr. 3093.

लोकानुवृत्ति f. *das Sichrichten nach Andern, Abhängigkeit von A.* ÇIÇ. 18,64.

लोकान्तर n. *die andere Welt, das Jenseits.* °रं गम् oder या *sich in's Jenseits begeben, sterben.*

लोकान्तरिक Adj. (f. ई) *zwischen Welten wohnend, — gelegen.*

लोकान्तरित Adj. *hingeschieden, gestorben* KÂD. 2,116,2 (143,1).

लोकापवाद m. *der Tadel der Welt, eine üble Nachrede.*

लोकाभिलषित 1) Adj. *allgemein begehrt, — geliebt.* — 2) m. N. pr. eines Buddha (°लाषित gedr.).

लोकाभिलाषित (fehlerhaft für °लषित) und *°लाषिन् m. N. pr. eines Buddha.

लोकाभ्युदय m. *das Heil der Welt.*

लोकायत 1) Adj. *materialistisch.* — 2) m. *ein Materialist.* — 3) n. *der Materialismus, die Lehre des Kârvâka.*

*लोकायतन (!) m. *ein Materialist.*

लोकायतिक m. 1) dass. — 2) etwa *ein welterfahrener Mann* MBH. 1,70,46 = HARIV. 14068.

लोकायतिकपक्षनिरास m. Titel eines Werkes OPP. Cat. 1.

लोकायती Adv. mit कर् *für materialistisch halten.*

लोकायन Adj. etwa *zu dem die Welt hinstrebt, in den die Welt aufgeht.*

लोकार्यपञ्चाशत् f. Titel eines Stotra OPP. Cat. 1.

लोकालोक 1) Sg. n. und Du. m. *die Welt und die Nichtwelt.* Sg. m. wohl fehlerhaft. — 2) m. Bez. *des mythischen Gebirges, das die Welt von der Nichtwelt trennt, des Walles am Ende der Welt, der von der einen Seite hell, von der anderen dunkel ist,* ÇIÇ. 16,83.

लोकालोकिन् Adj. *die Welten durchschauend* ÇIÇ. 18,98.

लोकावेक्षण n. *die Sorge um das Volk.*

लोकिन् 1) Adj. *die beste Welt besitzend* (nach dem Comm.). — 2) m. Pl. *die Bewohner der Welten.*

लोकेश m. 1) *Herr der Welt.* — 2) * Bein. Brahman's. — 3) * *Quecksilber* RÂGAN. 13,108. — 4) N. pr. eines Buddha.

लोकेश्वर m. 1) *Herr der Welt.* — 2) Bein. Avalokiteçvara's Ind. Antiq. 9,180. 192. — 3) N. pr. eines Buddha. Auch °राज.

लोकेश्वरशतक n. Titel eines Gedichts J. R. A. S. 1875, S. 23.

*लोकेश्वरात्मजा f. N. pr. einer buddh. Göttin.

लोकेष्टका f. Bez. *bestimmter Backsteine* ÂPAST. ÇR. 17,9. Vgl. लोगेष्टका.

लोकेष्टि f. *eine best.* Ishṭi.

लोकैकबन्धु m. *der einzige Freund der Welt,* Beiw. Gotama's und Çâkjamuni's.

लोकैषणा f. *das Verlangen nach dem Himmel* ÇAT. BR. 14,6,4,1. 7,2,26. ÇAÑK. zu BÂDAR. 3,4,9. Comm. zu NJÂJAS. 4,1,62.

लोकोक्तिमुक्तावली f. Titel eines Werkes BURNELL, T.

लोकोक्ति f. *Gerede der Leute* (PAÑKAD.); *ein landläufiger Ausspruch, Sprüchwort.*

लोकोत्तर 1) Adj. (f. आ) *über das Alltägliche hinausgehend, ungewöhnlich, ausserordentlich* Spr. 7733. Am Anf. eines Comp. als Adv. HEM. PAR. 1, 205. — 2) m. *ein ungewöhnlicher Mensch.*

*लोकोत्तरपरिवर्त m. Titel eines Werkes.

लोकोत्तरवादिन् m. Pl. *eine best. buddhistische Schule* MAHÂVASTU (ed. SENART) 2,13.

लोकोद्धार n. N. pr. eines Tîrtha.

लोकोपकार m. *ein Nutzen für's Volk* PAÑKAD.

लोकोपकारिन् Adj. *dem Volke nützend* PAÑKAD.

लोक्य 1) Adj. (f. आ) a) *Gebiet —, freie Stellung gewährend.* — b) *über die ganze Welt verbreitet* MBH. 13,30,32. — c) *die Gewinnung des Himmels bezweckend.* — d) *statthaft, ordentlich, üblich, richtig, wirklich.* — e) *gewöhnlich, alltäglich* MBH. 5, 123,7. — 2) n. *eine freie Stellung.*

लोक्यता f. *das Erlangen einer besseren Welt* (nach dem Comm.).

लोग m. *Erdkloss, Scholle.*

*लोगाक्ष m. N. pr. eines Mannes.

लोगेष्टका f. *ein aus einem Erdkloss bestehender Backstein.* Vgl. लोकेष्टका.

लोच्, लोचते (दर्शने). Simplex nicht zu belegen. — Caus. लोचयति (भाषार्थ oder भासार्थ). Simplex nicht zu belegen. — Mit आ *eine Betrachtung anstellen.* — Caus. Act. Med. (metrisch). 1) *vor Augen führen, sehen machen.* — 2) *sich Etwas vor Augen halten, dem Geiste vorführen, erwägen, eine Betrachtung anstellen.* Hierher आलोच्य, आलोचित (auch n. impers. VÂSAV. 240,3) und आलोचितवत्. — Mit अन्वा Caus. *sich Etwas vor Augen halten, dem Geiste vorführen, in Erwägung ziehen.* — Mit अवा *eine Betrachtung anstellen* BHATT. — Mit पर्या Caus. (hierher °लोच्य, °लोचित und °लोचितवत्) *sich Etwas vor Augen halten, dem Geiste vorführen, in Erwägung ziehen, eine Betrachtung anstellen zu* Spr. 3567. — Mit समा Caus. dass. — Mit उद् in *उल्लोच. — Mit निस् Caus. (निर्लोच्य) *in Erwägung ziehen, eine Betrachtung anstellen.* — Mit वि in 1. विलोचन.

*लोच n. *Thränen.*

लोचक 1) * Adj. *unvernünftig, dumm.* — 2) m. a) * *ein dunkles Kleid.* — b) *Augenstern* ÇIÇ. 4,35. — c) * *Lampenruss.* — d) * *Fleischklumpen.* — e) * *ein best. Stirnschmuck der Frauen.* — f) * *ein best. Ohrschmuck.* — g) * *Bogensehne.* — h) * *Musa sapientum.* — i) * *schlaffe Haut* oder *schlaffe Augenlider.* — k) * *eine abgestreifte Schlangenhaut.* — 3) f. लोचिका *ein best. Gebäck.*

लोचन 1) Adj. *erhellend, erleuchtend.* — 2) m. N. pr. eines Autors. — 3) f. आ N. pr. einer buddhistischen Göttin. — 4) * f. ई *eine best. Pflanze*

RÂǴAN. 5,19. — 5) n. *a) Auge.* Am Ende eines adj. Comp. f. श्रा. — *b)* Titel eines Werkes OPP. Cat. 1. °व्याख्या f., °व्याख्याकौमुदी f. und °व्याख्यानाञ्जन n. ebend.

लोचनकार m. *der Verfasser des* Lokana.

लोचनगोचर Adj. (f. श्रा) *im Bereich der Augen seiend* 175,17.

लोचनत्रयपथ m. *der Bereich der drei Augen* (Çiva's) 290,2.

लोचनपथ m. *der Bereich der Augen.*

लोचनपरुष Adj. *wild blickend* DAÇAK. 14,6.

लोचनपात m. = लोचनापात Spr. 5974, v. l.

लोचनमय Adj. (f. ई) *aus Augen bestehend* KÂD. 157,4 (274,13).

*लोचनहित 1) Adj. *den Augen heilsam.* — 2) f. श्रा *a) ein best. Präparat* RÂǴAN. 13,90. — *b) Dolichos uniflorus* RÂǴAN. 5,69.

लोचनाञ्चल m. (adj. Comp. f. श्रा) *Augenwinkel* Spr. 2545. Comm. zu ÇÂK. (PISCH.) 16,2. Fehlerhaft लोचनाञ्चल ÇAMK. zu ÇÂK. 23.

लोचनापात m. *Blick* Spr. 5974.

*लोचनामय m. *Augenkrankheit.*

लोचनोडुारक N. pr. eines Dorfes.

लोचनोत्स N. pr. einer Oertlichkeit.

*लोचमर्कट m. und *लोचमस्तक m. *Celosia cristata.* Letzteres = श्रग्नमोदा nach BHÂVAPR. 1,165.

1.*लोट्, लोटति (उन्मादे).

2. लोट् *die Personalendungen des Imperativs, der Imperativ* 237,6.

लोट 1) in *उपलोट und शकलोट. — 2) *f. श्रा *Sauerampfer* RÂǴAN. 5,101.

लोटन n. Nom. act. v. l. für लोडन.

लोटिका f. 1) **Sauerampfer.* — 2) N. pr. einer Prinzessin.

*लोटुल m. = श्रभिलोटक.

लोष्ट्, लोष्टति (धौर्त्ये, पूर्वभावे, स्वप्ने, दीप्तौ).

*लोठ m. Nom. act. von लुठ्.

लोठन 1) m. N. pr. eines Mannes. — 2) n. *das Wackeln* (des Kopfes) KARAKA 6,3. BHÂVAPR. 3,69.

*लोड्, लोडति (उन्मादे).

लोडन n. *das Belästigen.*

लोद्य in श्रङ्क°, श्रङ्ग°, ग°, गा° und गि°

*लोणातृण n. *eine Grasart* RÂǴAN. 8,138.

*लोणा und *लोणाम्ला f. *Oxalis pusilla* RÂǴAN. 5,101.

*लोणार m. *eine Art Salz* RÂǴAN. 6,254.

लोणिका f. 1) *Portulacca oleracea* MADANAV. 78, 52. — 2) **Oxalis pusilla.*

लोणितक m. N. pr. eines Dichters.

लोणी f. in श्रम्ललोणी.

लोणीका f. = लोणिका 1) KARAKA 1,27.

*लोत 1) m. *a) Thränen.* — *b) Zeichen.* — 2) n. *Beute, geraubtes Gut.*

*लोत्र n. 1) *Thränen.* — 2) *Beute, geraubtes Gut.*

लोदी N. pr. eines Geschlechts.

लोध्रँ m. 1) wohl *ein best. rothes Thier.* Nach SÂJ. Adj. = लुब्ध. — 2) * = लोध्र.

लोध्र und *लोध्रक m. *Symplocos racemosa* RÂǴAN. 6,211. BHÂVAPR. 1,178.

लोध्रतिलक n. in der Rhetorik *eine best. Form der* Upamâ, *eine Species der* Samsṛshṭi.

*लोध्रपुष्प m. *Bassia latifolia* RÂǴAN. 11,92.

लोप 1) m. *a) Abtrennung, Wegfall, Abfall* (eines Lautes, eines Suffixes); *Mangel, Verlust, das Fehlen, Unterbrechung, Störung, das zu Nichte Werden.* — *b) das Entwenden.* — 2) f. लोँपा *a) ein best. Vogel* TS. 5,5,18,1. — *b)* = लोपामुद्रा.

लोपक 1) Adj. am Ende eines Comp. *unterbrechend, zu Nichte machend.* — 2) f. लोपिका *eine Art Gebäck* AGNI-P. 40,11. HEMÂDRI 1,654,19. Vgl. उल्लापिक.

लोपन n. 1) *das Verletzen* (eines Gelübdes). — 2) **Mund* GAL. Richtig लपन.

लोपम् Absol. *plündernd, bestehlend;* mit Acc. NAISH. 7,59.

लोपाक m. *eine Art Schakal* KARAKA 1,27. 6,9.

*लोपापक 1) m. dass. — 2) f. °पिका *das Weibchen davon.*

लोँपामुद्रा f. N. pr. der Gattin Agastja's.

लोपामुद्रापति und °मुद्रासहचर m. Bein. Agastja's.

लोपाशँ m. *Schakal, Fuchs* oder *ein ähnliches Thier.*

*लोपाशक (mit स fehlerhaft) 1) m. N. pr. eines Mannes. — 2) f. °शिका *a) das Weibchen eines Schakals.* — *b) Fuchs.*

लोपिन् Adj. 1) am Ende eines Comp. *Einbusse bewirkend, beeinträchtigend.* — 2) *einem Ausfall unterworfen, einen A. erleidend* TS. PRÂT. Vgl. मध्यमपद°.

लोप्तर् Nom. ag. 1) m. *Unterbrecher, Beeinträchtiger.* — 2) f. लोप्त्री *ein Klumpen Teig.*

लोप्त्र n. *geraubtes* oder *gestohlenes Gut, Beute* 212,14.

लोँप्य Adj. 1) *abzuwerfen, wegzulassen* (in grammatischem Sinne). — 2) *an einem unzugänglichen Orte befindlich* (nach MAHÎDH.).

लोभ m. 1) *Verwirrung* in 1. श्रलोभ 1). — 2) *Verlangen nach* (Gen., Loc. oder im Comp. vorangehend). — 3) *heftiges Verlangen,* so v. a. *Ungeduld* 52,11. — 4) *Gier, Habsucht.* Personificirt als ein Sohn der Pushṭi oder des Dambha und der Mâjâ.

लोभन 1) *Adj. *verlockend, reizend.* — 2) *f. ई *eine Art Sphaeranthus* RÂǴAN. 5,20. — 3) n. *a) das Locken, Verlocken, der Versuch Jmd zu verführen.* — *b)* **Gold.*

लोभनीय Adj. *verlockend, reizend,* — *durch* oder *für* (im Comp. vorangehend). Superl. °तम.

लोभमञ्जरी f. Spottname einer Hetäre DAÇAK. 65,7.

लोभशून्य Adj. *frei von Habsucht.* Nom. abstr. °त्व n. VISHNUS. 2,17.

लोभायन (!) m. Patron. Auch Pl. Vgl. श्रालोह्वायन.

लोभिन् Adj. 1) *gierig nach* (im Comp. vorangehend). Nom. abstr. °लोभिता f. KAMPAKA 470. Ohne Object *gierig, habsüchtig.* — 2) am Ende eines Comp. *verlockend, reizend.*

*लोभ्य 1) Adj. = लोभनीय. — 3) m. *Phaseolus Mungo.*

लोम am Ende einiger Compp. = लोमन्. *n. angeblich *Schweif.*

लोमक 1) am Ende einiger Compp. = लोमन्. — 2) *m. N. pr. eines Mannes.

*लोमकरणी f. *eine best. Pflanze* RÂǴAN. 12,155.

*लोमकर्ण m. *Hase* BHÂVAPR. 2,7.

*लोमकागृह n. N. pr.

*लोमकिन् m. *Vogel.*

लोमकीट m. *Laus.*

लोमकूप m. *Haargrübchen, Pore der Haut.*

लोमगर्त m. dass.

*लोमघ्न n. *krankhaftes Ausfallen der Haare.*

लोमटक m. *Fuchs* ÇILÂNKA 2,43.

लोमतस् Adv. *an der Haarseite* (eines Felles; Gegensatz मांसतस्) MÂN. ÇR. 1,5,1.

लोमद्वीप m. *eine Art parasitischer Würmer* KARAKA 1,19. 3,7.

लोमाधि oder म° m. N. pr. eines Fürsten.

लोँमन् n. *Haar am Körper der Menschen und Thiere* (in der Regel mit Ausschluss der langen Kopf- und Barthaare, der Mähne und des Schweifes; nach H. aber auch *Schweif*). भरद्वाजस्य लोमनी Namen von Sâman ÂRSH. BR.

*लोमन m. n. gaṇa श्रर्धर्चादि.

लोमपाद m. N. pr. eines Fürsten der Añga. *°पुर und *°पुरी f. (GAL.) Bein. der Stadt Kampâ.

लोमप्रवाहिन् Adj. *haarscharf* (Pfeil) MBH. 6, 48,57.

*लोमफल n. *die Frucht der Dillenia indica* RÂǴAN. 11,97.

लोममणि m. *ein Amulet aus Haaren.*

लोमयूक m. *Laus.*

लोमरुह् Adj. (f. आ) *worauf wieder Härchen wachsen* Karaka 6,13.

*लोमलताधार m. *Bauch* Gal.

लोमवन्त् Adj. *behaart.*

लोमवाहन Adj. = लोमवाहिन्, wie die v. l. hat.

लोमवाहिन् Adj. *haarscharf* (Pfeil).

लोमविवर n. 1) *Haargrübchen, Pore der Haut.* — 2) = रोमविवर 2) Kârand. 65,23.

लोमविष Adj. *dessen Gift in den Haaren steckt.*

लोमवेताल m. *ein best. Dämon.*

लोमश 1) Adj. (f. आ) a) *behaart* (am Körper), *stark behaart, haarig.* Nom. abstr. लोमशत्व n. Ind. St. 13,389. — b) *Thierhaare enthaltend.* — c) *in wolligen Thieren* (Schafen u. s. w.) *bestehend* (Reichthum). — d) *bewachsen mit Gras* u. s. w. — 2) m. a) * *Widder* Râǵan. 19,43. — b) N. pr. α) eines Rshi. — β) einer Katze. — 3) m. oder n. *eine best. Heilpflanze oder deren Wurzel* Karaka 6,27. — 4) *f. आ a) *Fuchs* Râǵan. 19,51. — b) *Aeffin.* — c) *Nardostachys Jatamansi.* — d) *Leea hirta.* — e) *Carpopogon pruriens.* — f) *Sida cordifolia* und *rhombifolia.* — g) *Cucumis utilissimus* Râǵan. 6, 52. Bhâvapr. 1,168. — h) = एर्वारु Râǵan. 7,204. — i) *eine Art Valeriana,* = गन्धमांसी Râǵan. 12,101. — k) *eine Art Crotolaria* Râǵan. 4,67. — l) *eine best. Heilpflanze,* = महामेदा. — m) *Veilchenwurzel,* = वचा. — n) *Eisenvitriol.* — o) N. pr. einer Çâkinî. — 5) f. ई Titel einer Çikshâ Weber, Pratiǵńâs. — 6) n. *ein best. Metrum.*

लोमशकर्ण m. *ein best. Höhlen bewohnendes Thier.*

*लोमशकाण्डा f. *Cucumis utilissimus* Râǵan. 7, 199.

*लोमशपत्त्रिका f. *eine Kürbisart* Râǵan. 3,47.

*लोमशपर्णिनी und *लोमशपर्णी (Bhâvapr. 1,200) f. *Glycine debilis.*

*लोमशपुष्पक m. *Acacia Sirissa* Râǵan. 9,59.

*लोमशमार्जार m. *Zibethkatze* Râǵan. 19,14.

लोमशवक्षण Adj. (f. आ) *am Leibe behaart* AV.

लोमशसक्थ und °सक्थि Adj. *an den Hinterfüssen stark behaart.* Nach Mahîdh. *einen haarigen Schwanz habend.*

लोमशातन n. *ein Mittel zum Entfernen der Kopfhaare.*

लोमश्य n. *Rauhheit, Bez. einer best. fehlerhaften Aussprache der Sibilanten.*

लोमसंहर्षण Adj. *Haarsträuben verursachend.*

*लोमसार m. *Smaragd.*

*लोमसिका in Verz. d. B. No. 897 fehlerhaft für लोपाशिका oder लोमाशिका.

लोमहर्ष m. 1) *das Sträuben der Härchen am Körper, Rieseln der Haut* Karaka 6,7. — 2) N. pr. eines Rakshasa.

लोमहर्षण 1) Adj. (f. आ) *Haarsträuben bewirkend,* d. i. *Grauen- oder grosse Freude verursachen.* — 2) m. Bein. Sûta's, Schülers des Vjâsa. Auch der Vater Sûta's wird so genannt. — 3) *n. *das Sträuben der Härchen des Körpers, Rieseln der Haut.*

लोमहर्षणक Adj. (f. °णिका) fehlerhaft für लोम°.

लोमहर्षिन् Adj. = लोमहर्षण 1).

लोमहारिन् Adj. *haarscharf* (Pfeil).

*लोमहृत् n. *Auripigment.*

लोमाद m. *eine Art parasitischer Würmer* Karaka 1,19. 3,7.

लोमायपणि (!) m. Patron.

*लोमालिका f. *Fuchs.*

लोमाश m. *Schakal* oder *Fuchs.*

*लोमाशिका (°सिका die Hdschrr.) f. *das Weibchen des Schakals* oder *Fuchses.*

*लोराय्, °यति (विलोचने).

लोल 1) Adj. (f. आ) *sich hinundher bewegend, unruhig, unstät, unbeständig.* — b) *Begehren empfindend, begehrend, verlangend —, lüstern nach;* die Ergänzung im Loc., Infin. oder im Comp. vorangehend. — 2) m. a) **penis* Gal. — b) N. pr. eines Mannes. — 3) f. आ a) * *Zunge.* — b) *Blitz.* — c) Bein. α) der Lakshmî, *der unstäten Göttin des Glückes.* — β) der Dâkshâjaṇî in Utpalâvartaka. — d) Name zweier Metra. — e) N. pr. α) einer Joginî Hemâdri 2,a,94,15. 16. — β) der Mutter des Daitja Madhu. — 4) f. ई *eine Art Composition* S. S. S. 168.

लोलकर्ण Adj. (f. ई) *Jedem das Ohr leihend.*

लोलचक्षुस् Adj. *lüstern schauend auf* (Loc.) Çiç. 1,61.

लोलता f. *Verlangen nach* (Loc.); *Lüsternheit*

लोलत्व n. 1) *Beweglichkeit, Unbeständigkeit* Çiç. 8,47. — 2) *Begehrlichkeit, Lüsternheit* ebend.

लोलन m. Pl. N. pr. eines Volkes.

लोललोल Adj. *in steter Beweglichkeit seiend.*

लोलाक्षिका und लोलाक्षी (Prasannar. 153,5) f. *eine Schöne mit beweglichen Augen.*

लोलार्क m. *eine Form der Sonne.*

*लोलिका f. *Oxalis pusilla.*

लोलिम्बराज und लोलिम्मराज (wohl fehlerhaft) m. N. pr. eines Autors.

लोलुप 1) Adj. (f. आ) *Begierden habend, begehrlich, gierig nach* (Loc. [107,21] oder im Comp. vorangehend). — 2) f. आ a) *Begierde —, Verlangen nach* (Loc.), *Begehrlichkeit* MBh. ed. Vardh. 12,326,49. — b) N. pr. einer Joginî Hemâdri 2, a,100,8. fgg.

लोलुपता f. und लोलुपत्व n. *Begierde, Gier nach* (im Comp. vorangehend).

लोलुभ Adj. (f. आ) *gierig —, heftig verlangend nach* (im Comp. vorangehend).

*लोलुव Adj. vom Intens. von 1. लू.

*लोलूय 1) desgl. — 2) f. आ Nom. act. vom Intens. von 1. लू.

*लोलूयम् Absol. vom Intens. von 1. लू P. 6,1, 194, Sch.

लोलेक्षण Adj. (f. आ) *mit beweglichen Augen* 248,25. Hâsj. 25.

लोलेार n. N. pr. einer Stadt.

लोहट m. N. pr. eines Autors.

लोशशारायणि (!) m. desgl.

*लोष्ट्, लोष्टते *anhäufen.*

लोष्ट 1) m. n. *Erdkloss, Lehmklumpen.* लोष्टवत् Adv. — 2) m. oder n. *ein best. als Marke verwandter Gegenstand.* — 3) *n. *Eisenrost.* — 4) m. N. pr. eines Mannes.

लोष्टक 1) m. = लोष्ट 1). लोष्टकः कृतः so v. a. *zusammengehauen.* Am Ende eines adj. Comp. f. आ. — 2) m. oder n. = लोष्ट 2). — 3) m. N. pr. verschiedener Männer.

लोष्टकपाल Adj. *wobei ein Erdkloss als Schale gilt* Kâtj. Çr. 20,3,17.

लोष्टगुटिका f. *Lehmkügelchen* Mṛkkh. 79,20 (19).

लोष्टघात m. *ein Schlag mit einem Lehmklumpen* Hâsj. 30,15.

लोष्टघातम् Absol. mit हन् *mit Lehmklumpen tödten, steinigen* Mudrâr. 45,15 (76,14).

*लोष्टघ्न m. *ein Werkzeug zum Zerschlagen der Erdklösse.*

लोष्टधर (लोष्ठ° gedr.) m. N. pr. eines Mannes.

लोष्टन् m. oder n. = लोष्ट 1).

*लोष्टभेदन m. n. = लोष्टघ्न.

लोष्टमय Adj. *aus Lehm gemacht, irden.*

लोष्टवत् Adj. *mit Erdbröckchen vermengt.*

लोष्टश m. N. pr. eines Mannes.

लोष्टाद (लोष्ठाद gedr.) m. desgl.

*लोष्टु m. = लोष्ट 1).

लोष्ट्र desgl. Vielleicht nur fehlerhaft.

लोष्ठ desgl. Âpast.

लोष्ठक desgl. in घ° (Nachtr. 3).

लोष्टधर s. लोष्टधर.

लोष्टाक्त s. लोष्टाक्त.

लोस्तानी oder लोस्तोनी f. N. pr.

लोह 1) Adj. *a) röthlich* Âpast. Çr. 10,29,5. MBh. 1,135,23. — *b) kupfern* und *eisern*. — 2) m. n. *röthliches Metall, Kupfer;* später *Eisen* und *Metall* überh. m. *Eisen* Râǵan. 13,44. n. *Stahl* und *Weissmessing* 45. 32. — 3) m. *a) die röthliche Ziege* Gaut. 15,15. — *b)* wohl *ein best. Vogel*. — *c)* N. pr. α) Pl. eines Volkes. — β) *eines Mannes. — 4) n. *a) ein aus Eisen gemachter Gegenstand, ein solcher Behälter* 208,27. Auch vom *Angelhaken*. — *b) Agallochum* Râǵan. 12,93. Bhâvapr. 3,100.

लोहक *Metall* in *अष्ट°, *इन्दु°, *त्रि° und *पञ्च°.

लोहकटक *eine eiserne Kette* Comm. zu Kâtj. Çr. 4,15,17.

*लोहकण्टक m. *Vanguiera spinosa*.

*लोहकान्तक n. *Magneteisen* Râǵan. 13,37.

लोहकार 1) m. *Grobschmied*. — 2) f. ई Beiw. der Tantra-Gottheit Atibalâ.

*लोहकारक m. *Grobschmied*.

लोहकिट्ट n. *Eisenrost* Râǵan. 13,42.

लोहकील m. *ein eiserner Bolzen* Comm. zu Kâtj. Çr. 4,8,26.

लोहगिरि m. N. pr. eines *Berges*.

*लोहघातक m. *Grobschmied*.

लोहचर्मवन्त् Adj. *mit eisernen oder metallenen Platten belegt* MBh. 3,15,8.

लोहचारिणी f. N. pr. eines Flusses. v. l. °तारिणी und लोहिततारणी.

लोहचूर्ण n. *Eisenrost* Râǵan. 13,42.

लोहज 1) Adj. (f. आ) *eisern* Çiç. 19,59. — 2) *n. *a) damascirter Stahl* Râǵan. 13,35. — *b) Messing*. — *c) Eisenrost* Râǵan. 13,42.

लोहजङ्घ m. N. pr. 1) Pl. eines Volkes. — 2) eines Brahmanen.

लोहजाल n. *ein eisernes Netz, Panzerhemd*.

*लोहजित् m. *Diamant*.

लोहतारणी (VP.[2] 2,147) und °तारिणी f. N. pr. eines Flusses. v. l. लोहिततारणी.

लोहदण्ड m. *ein Stab von Eisen* Gaut. 22,25.

लोहदारक m. *eine best. Hölle*.

*लोहद्राविन् 1) Adj. *Kupfer* u. s. w. *zum Schmelzen bringend*. — 2) m. *Borax* Râǵan. 6,241.

लोहनगर n. N. pr. einer *Stadt*.

*लोहनाल m. *ein eiserner Pfeil*.

लोहपट्टिका f. *eine eiserne Platte* Paddh. zu Kâtj. Çr. 4,7 (S. 353, Z. 6. 8. S. 363, Z. 7. 9).

लोहपाश m. *eine eiserne Kette*.

लोहपुर n. N. pr. einer Oertlichkeit.

लोहपृष्ठ m. *ein best. zu den* Pratuda *gezählter Vogel* Káraka 1,27. *Reiher* nach den Lexicographen (auch Râǵan. 19,87).

लोहमय Adj. (f. ई) *kupfern* oder *eisern*.

*लोहमल n. *Eisenrost* Râǵan. 13,42.

*लोहमारक 1) Adj. *Metall calcinirend*. — 2) m. *Achyranthes triandra*.

*लोहमुक्तिका f. *eine rothe Perle*.

लोहमुख m. Pl. N. pr. eines Volkes R. ed. Bomb. 4,40,26.

लोहमेखल 1) Adj. *einen metallenen Gürtel tragend*. — 2) f. आ N. pr. einer der Mütter im Gefolge Skanda's.

लोहयष्टी f. N. pr. einer Oertlichkeit.

लोहर N. pr. eines Gebietes Vikramâñkak. 18,47.

लोहरजस् n. *Eisenfeil* oder *Eisenrost*.

*लोहल 1) Adj. *lispelnd, undeutlich redend*. — 2) m. = शृङ्खलाधार्य oder शृङ्खलाचार्य.

*लोहलिङ्ग n. *Blutgeschwür*.

लोहवन्त् Adj. *in's Röthliche spielend*.

लोहवाल m. *eine Art Reis* Káraka 1,27.

लोहशङ्कु m. *eine best. Hölle*.

लोहशयन n. *ein eisernes Bett* Gaut. 23,8.

*लोहशुद्धिकर m. *Borax* Râǵan. 6,244.

*लोहश्लेषण 1) Adj. *Metalle verbindend*. — 2) m. *Borax*.

*लोहसंकर 1) m. *Mischung —, Verbindung verschiedener Metalle* Râǵan. 13,143. — 2) n. *damascirter Stahl* Râǵan. 13,35.

*लोहसिंहानिका f. *Eisenrost* Bhâvapr. 1,256.

लोहस्थ Adj. *im Eisen befindlich* Spr. 7839.

लोहाकर N. pr. einer Stadt.

लोहाकर्ण Adj. (f. ई) *rothohrig*.

लोहाचल m. N. pr. eines *Berges*. °माहात्म्य n.

लोहाचार्य m. N. pr. eines Âdjâñgadhârin Vardhamânak. 1,50.

लोहाज m. *die rothe Ziege*.

लोहाजवक्त्र m. N. pr. eines Wesens im Gefolge Skanda's.

*लोहाण्ड Adj. (f. ई).

*लोहाभिसार m. *eine best. kriegerische Ceremonie, welche am 10ten Tage nach dem* Nirâǵana *stattfindet*. Nach Andern = नीराजन. Vgl. लोहाभिसारिकप्रयोग.

*लोहाभिहार m. = नीराजन.

लोहायस 1) Adj. *von röthlichem Metall, kupfern* Mân. Çr. 1,7,2. — 2) n. *irgend ein mit Kupfer versetztes Metall* oder *Kupfer*.

लोहार्गल n. N. pr. eines Tîrtha.

*लोहासव m. *ein best. Eisenpräparat* Bhâvapr. 2,59. Vgl. लोहासव.

*लोहि n. *eine Art Borax*.

लोहित 1) Adj. (f. लोहिता und लोहिनी) *a) röthlich, roth*. लोहिनी Kâd. 28,3 (48,11). 30,16 (53,5). — *b) kupfern, metallen*. — 2) m. *a) eine best. Krankheit der Augenlider*. — *b) ein best. Edelstein* (nicht *Rubin*). — *c) eine Reisart* Râǵan. 16,16. Bhâvapr. 1,280. — *d)* *Linsen. — *e)* *Dioscorea purpurea* Râǵan. 7,71. — *f)* *Cyprinus Rohita*. — *g)* *eine Hirschart*. — *h)* *Schlange*. — *i) der Planet Mars*. — *k)* N. pr. α) Pl. einer Klasse von Göttern unter dem 12ten Manu. — β) eines Schlangendämons. — γ) eines Mannes. Pl. *seine Nachkommen*. — δ) eines Flusses (des Brahmaputra). — ε) eines Meeres. — ζ) eines Sees. — η) eines Landes. — 3) *f. लोहिता *a) Mimosa pudica*. — *b) eine roth blühende* Punarnavâ Râǵan. 5,117. — 4) *f. लोहिनी *eine Frau von röthlicher Hautfarbe*. — 5) n. *a) rother Stoff* Çat. Br. 14,7,1,20. 2,12. Khând. Up. 8,6,1. — *b) Kupfer, Metall*. — *c) Blut*. लोहितं कर *Blut vergiessen*. Am Ende eines adj. Comp. f. आ. — *d)* *Rubin Garbe zu Râǵan. 13,147. — *e)* *Safran*. — *f)* *rother Sandel*. — *g)* *eine best. unvollkommene Form eines Regenbogens*. — *h)* *Schlacht*.

लोहितक 1) Adj. (f. °तिका und *लोहिनिका) *röthlich, roth* Âpast. Als Bez. *der fünften unbekannten Grösse* Colebr. Alg. 228. — 2) (*m. n.) *Rubin* Râǵan. 13,147. Çiç. 13,52. — 3) m. *a) eine Reisart*. — *b)* *der Planet Mars*. — *c)* *N. pr. eines Stûpa. — 4) f. लोहितिका *a) ein best. Blutgefäss*. — *b) eine best. Pflanze*. — 5) *n. *Messing* Râǵan. 13,28.

*लोहितकल्माष Adj. *roth gesprenkelt*.

लोहितकशालि m. *rother Reis* Káraka 1,25.

लोहितकूट N. pr. einer Oertlichkeit.

लोहितकृष्ण Adj. *röthlich schwarz*. °वर्ण Adj. (f. आ).

लोहितक्षय m. *Blutverlust*.

लोहितक्षयक Adj. *Blutverlust erleidend*.

लोहितक्षीर Adj. (f. आ) *rothe oder blutige Milch gebend*.

लोहितगङ्ग 1) N. pr. einer Oertlichkeit. — 2) *°म् Adv. *da wo die* Gaṅgâ *roth erscheint*.

लोहितगङ्गक N. pr. einer Oertlichkeit.

लोहितग्रीव Adj. *rothnackig;* m. Bein. Agni's 81,5.

लोहितचन्दन n. *Safran* Bhâvapr. 3,30.

लोहितजङ्ग m. N. pr. eines Mannes. Pl. *seine Nachkommen.*

लोहिततूल Adj. *mit rothen Büscheln* Kâṭh. 34,3.

लोहितत्व n. *Röthe.*

लोहितदर्शन n. *das Erscheinen —, Fliessen von Blut* Gaut. 21,22.

*लोहितदला f. *ein Chenopodium* Râǵan. 7,125.

लोहितद्रप्स m. *Blutstropfen* Kauç. 36.

लोहितध्वज 1) Adj. *eine rothe Fahne habend.* — 2) *m. Pl. N. pr. einer best. Körperschaft.

लोहितपचनीय Adj. *beim Kochen roth werdend* Âpast. Çr. 15,3,20.

लोहितपांसु Adj. *rothe Erde habend* Gobh. 4,7,6.

लोहितपात्र Adj. *ein rothes Gefäss in der Hand haltend* Gaut. 23,18.

लोहितपादक Adj. (f. °दिका) *dessen Fusssohlen noch roth sind* (in der ersten Kindheit).

*लोहितपाददेश m. N. pr. einer *Oertlichkeit.*

लोहितपिण्डै m. *ein rother Klumpen* Çat. Br. 14,6,11,3.

लोहितपित्तिन् Adj. *zum Blutsturz geneigt, daran leidend.*

लोहितपुर N. pr. einer Oertlichkeit.

लोहितपुष्प 1) Adj. *rothblumig.* — 2) *f. ई *Echinops echinatus* Râǵan. 10,142.

*लोहितपुष्पक m. *Granatbaum.*

लोहितप्रवाण Adj. *mit rother Verbrämung* Lâṭj. 8,6,20.

लोहितमय Adj. *blutroth* Harshaḱ. 139,1.

लोहितमिश्रै Adj. *mit Blut vermischt* Çat. Br. 12,7,3,4.

लोहितमुक्ति f. *eine Art Edelstein.*

*लोहितमृत्तिका f. *Röthel, rubrica.*

लोहितरस Adj. *rothsaftig* Çat. Br. 13,4,4,10.

लोहितलवण n. *rothes Salz* Kauç. 31.

लोहितवत् Adj. *Blut enthaltend.*

लोहितवर्ष *Blutregen* Kauç. 94.

लोहितवासस् Adj. *ein rothes* (Lâṭj. 8,5,8) oder *blutiges Gewand habend.*

लोहितशतपत्त्र n. *eine rothe Lotusblüthe.*

*लोहितशवल Adj. *rothschekig.*

लोहितशुक्लकृष्ण Adj. (f. आ) *roth, weiss und schwarz* Çvetâçv. Up. 4,5, v. l.

लोहितसारङ्ग Adj. *rothscheckig* Âpast. Çr. 10, 29,5.

लोहितस्मृति f. Titel eines *Gesetzbuchs.*

1. लोहिताद m. *ein rother Würfel.*

2. लोहिताक्षै 1) Adj. (f. ई) *rothäugig.* — 2) m. *a) eine Schlangenart.* — *b)* **der indische Kuckuck.* — *c)* *Bein. Vishṇu's. — *d)* N. pr. *α)* einer Gottheit Mân. Gṛhj. 2,14 (Z. d. d. m. G. 36,430). — β) eines Wesens im Gefolge Skanda's. — γ) eines Mannes. Pl. *seine Nachkommen.* — 3) f. ई N. pr. einer der Mütter im Gefolge Skanda's. — 4) n. *ein Theil des Armes und des Schenkels am Anschluss derselben an den Rumpf,* f. (°तसंज्ञा) *ein an dieser Stelle liegendes Blutgefäss* Bhâvapr. 1,59.

*लोहितागिरि m. N. pr. eines *Berges.*

लोहिताङ्ग m. 1) *der Planet Mars.* — 2) **ein best. rothes Pulver* Râǵan. 13,101.

लोहिताज 1) m. *ein röthlicher Bock* Kauç. 39. — 2) f. आ *eine röthliche Ziege* Kauç. 19. 35.

लोहिताद Adj. *Blut verzehrend* Mantrabr. 2,5,4.

लोहिताधिप m. *der Planet Mars* VP.[2] 2,259.

*लोहितानन 1) Adj. *rothmäulig.* — 2) m. *Ichneumon.*

लोहितामुखी f. N. pr. einer Keule.

लोहिताय्, °यति (Kâd. 169,11. Harshaḱ. 139,5) und °यते *roth werden, sich röthen.*

लोहितायन m. Patron. Auch Pl. °यनाः Hariv. 1,27,54.

लोहितायनि (metrisch für °नी) f. Patron.

*लोहितायस् n. *Kupfer.*

लोहितायसै 1) Adj. *aus röthlichem Metall gemacht;* Subst. *ein solches Scheermesser* Maitr. S. 4,4,4. TBr. 1,5,6,5. 6. — 2) n. *Kupfer* Maitr. S. 2,11,5 (142,7).

लोहितारणी f. N. pr. eines Flusses MBh. 6,9, 18. v. l. लोहतारणी.

लोहितार्चिस् m. *der Planet Mars* VP.[2] 2,259.

लोहितार्ण N. pr. 1) m. eines Sohnes des Ghṛtapṛshṭha. — 2) n. des von diesem Fürsten beherrschten Varsha.

लोहितार्द्र Adj. *feucht von Blut, von Blut triefend.*

लोहितार्मन् n. *eine best. Krankheit des Weissen im Auge: Auswüchse von rother Farbe.*

लोहितालंकृत Adj. *mit Roth verziert* Kauç. 47.

*लोहितालु m. *rothe Batate* Râǵan. 7,71. 75.

लोहितावभास Adj. *röthlich.*

लोहिताशोक m. *roth blühender* Açoka.

लोहिताश्व Adj. *mit rothen Rossen fahrend* MBh. 4,55,41. Auch Beiw. Çiva's.

लोहिताश्वत्थ m. *ein best. Baum* Kauç. 48.

लोहितास्य Adj. *einen rothen, blutigen Mund habend.*

लोहिताहिँ m. *eine rothe Schlange.*

लोहितिमन् m. *Röthe.*

*लोहिती Adv. mit भू *roth werden, sich röthen.*

*लोहितेतु m. *rothes Zuckerrohr* Râǵan. 16,86.

*लोहितेत Adj. *rothbunt.*

लोहितोत्पल n. *die Blüthe der Nymphaea rubra.*

लोहितोद 1) Adj. (f. आ) *rothes Wasser* — oder *Blut statt Wasser enthaltend.* — 2) m. *eine best. Hölle.*

लोहितोर्णी Adj. (f. ई) *rothwollig.*

लोहितोष्णीष Adj. *eine rothe Kopfbinde tragend* Âçv. Çr. 9,7,4. Lâṭj. 8,5,8. Nom. abstr. °ता f. Comm. zu Ǵaim. 1,416,3.

लोहित्य 1) m. *a)* **eine Art Reis.* — *b)* N. pr. *α)* eines Mannes. — β) eines Flusses (des Brahmaputra). — γ) eines Dorfes. — 2) f. आ N. pr. *a)* eines göttlichen Wesens Hariv. 2,109,49. — *b)* eines Flusses.

लोहित्यायनमातर् f. N. pr. eines göttlichen Wesens. v. l. लोहित्या जनमाता.

लोहिनिका s. u. लोहितक.

लोहिनी s. u. लोहित.

लोहिनीका f. *rothe Glut* Âpast. Çr. 6,9,1.

लोहिन्य (!) m. Patron.

*लोह्वोत्तम n. *Gold.*

*लौकात m. Pl. *eine best. Schule.*

लौकायतिक m. *ein Anhänger der Lehre des* Kârvâka, *ein Materialist.*

लौकिक 1) Adj. (f. ई) *a) das gemeine Leben betreffend, ihm angehörig, darin vorkommend, gemein, gewöhnlich, alltäglich, landläufig.* — *b)* am Ende eines Comp. *zu der Welt von — gehörig.* — 2) m. Pl. *a) gewöhnliche —, alltägliche Menschen.* — *b) mit der Welt vertraute Männer.* — *c) Menschen überh.* — 3) n. *a) was in der Welt vorgeht, die Gesetze der Welt, allgemeine Sitte.* — *b) die gewöhnliche Beschäftigung.* — *c)* लौकिकेषु (Gegens. वैदिकेषु) so v. a. लोके *in der gewöhnlichen Rede.*

लौकिकत्व n. *Gewöhnlichkeit, Alltäglichkeit.*

लौकिकन्यायसंग्रह m. (Burnell, T.), लौकिकविषयतावाद m. (Opp. Cat. 1) und °विषयविचार m. Titel von Werken.

लौक्यै 1) Adj. *a) zur Welt gehörig, was in der Welt ist.* — *b) über die ganze Welt verbreitet.* — *c) gewöhnlich, alltäglich.* — 2) m. N. pr. eines Mannes.

लौगाक्षि m. Patron. N. pr. eines alten Lehrers.

लौगाक्षिभास्कर m. N. pr. eines neueren Autors.

लौठरथ m. N. pr. eines Mannes.

*लौड्, लौडति (उन्मादे).

लौप्स n. Name eines Sâman.

*लौम Adj. von लोमन्.

*लौमकायन Adj. von लोमक.

*लोमकायनि m. Patron. von लोमक.

*लोमकीय Adj. von लोमक.

*लोमन (vgl. P. 6,4,167) und *लोमन्य Adj. von लोमन्.

*लोमशीय Adj. von लोमश.

लोमहर्षणक Adj. (f. °णिका) *von* **Lomaharshaṇa** *verfasst.*

लोमहर्षणि m. Patron. von लोमहर्षण.

*लोमायन 1) Adj. von लोमन्. — 2) Pl. ist Pl. zu लोमायन्य.

*लोमायन्य und *लोमि m. Patron. von लोमन्.

*लोयमानि m. Patron. von लूयमान.

लोलाक्ष N. pr. einer Oertlichkeit.

लोल्य n. 1) *Unruhe.* — 2) *Unbeständigkeit.* — 3) *Lüsternheit, Gier, Verlangen,* — *nach* (Loc. oder im Comp. vorangehend).

लोल्यता f. = लोल्य 3).

लोल्यवन्त् Adj. *gierig, habsüchtig.*

लोश n. Name verschiedener **Sâman** Ârsh. Br.

लोह 1) Adj. (f. ई) *a) kupfern, metallen* Âpast. — *b) roth.* — *c) von der rothen Ziege kommend.* — 2) *f. आ *Kessel, ein metallener Kochtopf.* — 3) n. *Metall,* insbes. *Eisen.*

लोहकार m. *Grobschmied.*

*लोहकारि m. Patron. von लोहकार.

लोहचारक m. *eine best. Hölle.* Vgl. लोहदारक.

*लोहज n. *Eisenrost.*

लोहप्रदीप m. Titel eines Werkes.

*लोहभाण्ड n. *ein metallener Mörser.*

*लोहभू f. *Kessel, ein metallener Kochtopf.*

*लोहमल n. *Eisenrost.*

लोहशङ्कु m. = लोहशङ्कु.

लोहशास्त्र n. *ein über Metalle handelndes Lehrbuch.*

*लोहसार *salts of iron* Mat. med. 46.

लोहाचार्य m. *ein Lehrer der Metallkunde.*

*लोहात्मन् m. = लोहभू.

लोहाभिसारिकप्रयोग m. Titel eines Werkes Burnell, T. Vgl. लोहाभिसार.

*लोहायन m. Patron. von लोह.

लोहायस Adj. *von röthlichem Metall, kupfern* Mân. Gṛhj. 1,21.

*लोहासव m. *ein best. Eisenpräparat* Mat. med. 49. Vgl. *लोहासव.

लोहि m. N. pr. eines Sohnes 1) des **Ashṭaka.** — 2) des **Alarka** VP.² 4,38.

*लोहित m. *Çiva's Dreizack.*

*लोहितध्वज m. *ein Angehöriger der* **Lohitadhvaga.**

लोहिताश्व Adj. MBh. 4,1738 fehlerhaft für लोहिताश्व.

*लोहितीक Adj. *in's Röthliche schimmernd.*

लौहित्य 1) m. *a) eine Art Reis* Çâçvata 382. Kâraka 1,27. Vgl. लोहित्य. — *b)* Patron. Auch Pl. — *c)* N. pr. *α)* eines Flusses (des **Brahmaputra**). — *β)* eines Meeres. — *γ)* eines Berges. — *δ)* eines **Tîrtha.** Vielleicht n. — 2) n. *Röthe.*

लौहित्यभट्टगोपाल m. N. pr. eines Autors Burnell, T.

*लौहित्यायनी f. zu लौहित्य 1) *b*).

लौहेयी f. N. pr. einer **Apsaras** VP.² 2,82.

*लौहेष Adj. *eine metallene Deichsel habend.*

*ल्पी, ल्पिनाति (श्लेषणे).

ल्यप् *das Suffix* य *des Absolutivs* 231,21.

*ल्यी, ल्यिनाति (श्लेषणे).

*ल्वी, ल्विनाति und ल्वीनाति (गतौ).

Nachträge und Verbesserungen.

1. अक 1) *Unheil* Kâçikh. 24,17.

अकदद् Adj. *nicht schlecht—, gut redend* Çiç. 14,1.

अकलि Adj. *nicht streitend,—hadernd* Çiç. 19,98.

अकल्ककलिल Adj. *von keiner Gemeinheit beseelt* Çiç. 19,98.

अकल्मष m. N. pr. des 4ten Manu Matsjap. 9,17.

अकाकु Adj. *unverändert* von der Stimme Çiç. 11,1.

अकामविक्रिय Adj. *keine Liebesregung empfindend* Hem. Par. 2,112.

अकुञ्चित Adj. *nicht krumm, gerade* Vâsav. 285,6.

अकृच्छ्रलङ्घ्य Adj. *ohne Beschwerden zurückzulegen* (Weg) Râgat. 3,224.

*अक्ति f. *Salbung* Zach. Beitr.

अक्रियाक Adj. *unthätig, unbeweglich* Çiç. 20,17.

अक्लैब्य, Nom. abstr. °त्व n. Vâmanap. 9.

2. अक्त 7) vgl. Zach. Beitr.

अक्तधाना f. Pl. Gobh. 3,3,6 nach dem Comm. *geröstete Gerstenkörner.*

अक्षर 2) *l*) zu streichen; vgl. Zach. Beitr.

अखञ्ज Adj. *nicht hinkend, hübsch gehend* Vâsav. 285,7.

अखात 2) *a*) Matsjap. 234,4.

अखिललोकनाथ m. *Beschützer aller Welten* (Vishṇu) Bhâg. P. 2,7,15.

अगण्य Adj. *nicht zu zählen.* Nom. abstr. °ता Çiç. 16,6 (in der neueren Ausg.).

अगस्तिकुसुम m. *die Blüthe von Agati grandiflora* (der Sonne geweiht) Bhavishjap. 92,*b*. 119,*b*. 137,*b*.

*अगस्ती und *अगस्तीय zu streichen; vgl. *आगस्ती und *आगस्तीय.

अगुणयता f. Çiç. 16,6 fehlerhaft für अगणयता.

अग्नि 7) so v. a. अग्निनेत्र Âpast. Çr. 14,8,5.

अग्निजिह्व m. N. pr. eines **Vetâla** Kâçikh. 68,73.

अग्निपूत Adj. *durch Feuer gereinigt* Ind. St. 9,115.

अग्निवर्चस् Adj. *den Glanz des Feuers habend* Kâçikh. 10,30.

अग्निशकटी f. *ein Wägelchen mit einem Kochheerd* Alaṁkarat. 10,*b*.

1. अग्र 5) *ein Almosen von vier Bissen* Mârk. P. 29,35. — 8) *c*) auch *vorhin* Hem. Par. 1,171.

अग्रगत्वर Adj. *vorangehend* Brahma-P. Uttarakh. 18.

अग्रतोरथ Adj. *dessen Wagen andern vorangeht* Sâj. zu RV. 10,39,11.

अग्रभाग auch *der erste Antheil* Vasishṭha 11,5.

अग्रवक्र n. = अग्रवक्त्र.

3. अग्रह m. *kein Planet* Vâsav. 113,3.

अग्रेसर 2) *der vorzüglichste unter* (Gen.) Khandapr. 105.

अग्रेसरी mit भू *an die Spitze kommen* Nâgân. 112 (113).

अघशंसिन् Adj. Nârada (a.) 2,1,83 nach den Commentatoren *auf Unheil bedacht* oder *eines Andern Vergehen angebend.*

अङ्क 10) *zu Platz, Stelle* vgl. Zach. Beitr.

अङ्कावङ्के n. = अङ्काङ्के (so TS.) Maitr. S. 2,8,7 (112,4).

अङ्कुरय् auch so v. a. *bewirken* Subhâshitâv. 1489.

अङ्कुश 1) *b*) n. Subhâshitâv. 643.

अङ्कुशेश्वर N. pr. eines **Tîrtha** an der **Narmadâ** Matsjap. 191,1.

अङ्ग 3) Pârçvan. 5,40. Matsjap. 4,1.

अङ्गभूत n. N. pr. eines **Tîrtha** Matsjap. 22,51.

अङ्गलोमन् n. Pl. *die Haare am Körper* (Gegensatz केशाग्र) Gobh. 3,1,4.

अङ्गवाहक Adj. (f. °हिका) *die Glieder streichend* Matsjap. 24,14.

अङ्गारक 2) f. °रिका *ein mit Kohle gemachtes Zeichen auf der Stirn* Kathârṇava 28,62,*a*.

अङ्गारवाहिका f. N. pr. eines Flusses Matsjap. 22,35.

अङ्गारसात् Adv. mit कर् *auf Kohlen legen* Comm. zu Âpast. Çr. 13,24,18.

अङ्गारीय Harshak. (1936) 475,11.

अङ्गारेश्वर N. pr. eines **Tîrtha** Matsjap. 189,9. 190,58.

अङ्गुलराजि m. *eine Schlangenart* Suçr. 2,265,16.

अङ्गुलीभङ्ग m. *das Krümmen der Finger* (zum Spotte) Matsjap. 186,41.

अच् mit समुद् (auch Nachtr. 4) *sich erheben* Saduktik. 5,23.

अचरित n. M. 8,49 nach Mit. zu Jâǵn. 2,40 *das Nichtessen, Enthaltung von Speisen.*

अचरिष्यन्त् Adj. *der das Gelübde nicht einhalten will* Gobh. 3,1,13.

अचिररोचिस् Çiç. 6,28.

अचिरोढा Çiç. 10,43.

अच्छन्द (Nachtr. 2), °तस् = अच्छन्देन Nârada (a.) 2,1,29.

*अच्छमण्डक Zach. Beitr.

अच्छिद्रयामन् zu streichen. Es ist verlesen für अच्छिद्रयामन्.

अच्छिन्नपत्त्र, f. आ.

अजगति Adj. etwa *steil* oder *mit Zickzackwegen versehen* (Berg) MBh. 1,207,46. Anders Nîlak.

अजननि Sarasvatîk. 1,71.

अजरान्तरिष्णु Adj. *durch Alter nicht hinfällig werdend* Khila 6 zu ṚV. 10,151.

अजीवनि Sarasvatîk. 1,71.

अजन्य Bhadrab. 4,21. 23.

अजातरजस् Adj. *noch blüthenstaublos* und zugleich *noch nicht menstruirend* Spr. 378.

1. अजाय्य, das Sternchen zu streichen.

अजू Adj. *nicht vorwärts dringend* ved. Citat bei Sâj. zu ṚV. 7,82,3.

अजोष, f. आ.

अज्ञातलिप्सम् Adv. *mit unbekanntem Begehren,* so v. a. *nicht um eine bestimmte Gabe bittend* MBh. 12,9987. °लिप्साम् ed. Bomb. 12,278,20.

अञ्जन m. nach dem Comm. = शिग्रु Kâçikh. 1,26. — Zu 1) *f) g)* vgl. Zach. Beitr.

अटाट्या f. *das Herumwandern* Subhâshitâv. 574.

2. अट्ट 1) vgl. Zach. Beitr.

अणहिल्लपाटक N. pr. einer Stadt (Anhalvâr) Ind. Antiq. 6,195. fgg.

अण्ठ्, अण्ठति eine Gegend *besuchen* Saddh. P. 92,*b*. रुगण्ठित *heimgesucht* von also richtig.

अतद्वीर्यविद्वंस् Adj. *dessen Mannheit nicht kennend* Bhâg. P. 6,17,10.

अतितर्पण n. *Uebersättigung* Bhâvapr. (Hdschr.) 36,*b* nach Aufrecht.

अतितुद् Adj. *heftig stossend,* — *geisselnd* Çiç. 19,3.

अतिनयन in दक्षिणातिनयन weiter unten.

अतिनिर्लिप्त Adj. *ganz unbefleckt* Pańkar. 1,1,4.

अतिप्रणाय auch *Feuerentnahme* Gobh. 4,4,6.

अतिप्रलोभित Adj. *in hohem Grade angelockt* —, *hingezogen zu* (Loc.) Bhâg. P. 4,29,54.

अतिप्रविलम्बित Adj. *zu sehr vorhängend* Suçr. 2,239,5.

अतिप्रविष्ट (Nachtr. 2) auch *zu tief eingesunken* (Auge) Suçr. 2,338,17.

अतिप्रवृत्त Adj. (f. आ) *sehr mit Etwas beschäftigt* 119,15.

अतिप्रेषण n. *das darüber hinaus Auffordern* Comm. zu Âpast. Çr. 12,27,7.

अतिप्रेषितर् Nom. ag. *der darüber hinaus auffordert* Comm. zu Âpast. Çr. 12,27,6.

अतिप्रैष m. = अतिप्रेषण Comm. zu Âpast. Çr. 12,27,6. 7.

अतिभय auch *grosse Furcht* Gît. 3,3.

अतिरजस्वल Adj. *ganz von Leidenschaft erfüllt* Bhâg. P. 5,14,9.

अतिरटित n. *heftiges Kreischen.* Pl. Spr. 379.

1. अतिरस auch *heftiges Verlangen.* °तस् Kathâs. 47,120.

अतिरिरंसा f. *grosse Geilheit* Bhâg. P. 3,23,11.

अतिरुष्ट Adj. *sehr erzürnt* Bhâg. P. 4,19,34.

अतिरोचमान m. *mit noch schöneren Haarwirbeln am Halse versehen* (Pferd) Çiç. 5,4.

अतिरोदन n. *übermässiges Weinen* Hem. Par. 1,224.

अतिलालावन्त् Adj. *stark den Speichel triefen lassend* Suçr. 2,281,14.

अतिलोलुप Adj. *heftige Begierden habend* Bhâg. P. 3,20,23.

अतिलौल्यवन्त् Adj. *zu —, sehr gierig* Kathâs. 22,200.

अतिवरीयंस् Adj. *ganz vorzüglich* Hem. Par. 2,91.

अतिवल्लभ auch *viel lieber als* (Abl.) Hem. Par. 1,431. Bhâg. P. 9,9,43. Nom. abstr. °ता f. Pańkat. 221,4. 5.

अतिवाहन n. in कालाति° weiter unten.

अतिविक्लव Adj. (f. आ) *sehr niedergedrückt,* — *betrübt* Hariv. 7101. Prab. 91,5.

अतिविगर्ह्य Adj. *sehr tadelnswerth.*

अतिविग्रहिन् Adj. *zu viel Krieg führend* Kâm. Nîtis. 9,74 (विद्यानति° zu lesen).

अतिविज्ञ Adj. *sehr kundig,* — *gelehrt* Verz. d. Oxf. H. 141,*a*,20

अतिविमनस् Adj. *sehr entmuthigt, ganz verzagt.*

अतिविराजिन् Adj. *überaus prächtig.*

अतिविरूप Adj. (f. आ) *sehr missgestaltet,* — *unförmlich,* — *hässlich.*

अतिविलम्ब m. *langes Zögern.*

अतिविषम Adj. (f. आ) auch *sehr beschwerlich,* — *unbequem* Spr. 1871.

अतिविसंष्ठुल Adj. *überaus schwankend.*

2. अतिविस्तर Adj. (f. आ) *sehr ausführlich* Verz. d. Oxf. H. 63,*a*, No. 111.

अतिविस्मय Adj. *überaus staunenswerth* Bhâg. P. 3,13,42.

अतिविस्रत्व n. *starker muffiger Geruch.*

अतिश्लक्ष्णता (auch Nachtr. 1), Nom. abstr. °ता f. Karaka 2,5.

अतिसस्पृह Adj. (f. आ) *grosses Wohlgefallen findend an* (Loc.) Hem. Par. 2,32.

अतिस्फुट Adj. (f. आ) *ganz deutlich vor Augen liegend* Çiç. 14,26.

अतीचार (Nachtr. 2) m. 1) = अतिचार 2; Kâçikh. 56,23. — 2) *Uebertretung.* व्रतातीचार Hem. Par. 1,385. Vgl. निरतीचार weiter unten.

अतीरेकं, so zu betonen.

अतुन्दिल Adj. *nicht dickbauchig* Harshak. (1936) 481,11.

अतुषारकर m. *die Sonne* Çiç. 9,7.

अत्यत्तिक, lies सन्नात्यात्तिके.

अत्यल्प auch *viel geringer als* (Abl.) Hem. Par. 2,190.

अत्याग्रह m. *heftiges Bestehen auf* (Loc.) Hem. Par. 2,118.

अत्यानन्द auch *übergrosse Freude* Kathâs. 55,184.

अदब्धनीति, zu lesen अदब्धधीति *dessen Einsicht nicht zu täuschen ist* oder *dessen Absicht man nicht vereitelt.*

अदानीय Adj. *kein Geschenk verdienend* Âpast. Çr. 13,7,13.

अदास, Nom. abstr. °ता f. MBh. 2,81,28.

अदुन्वन्त् Adj. *keine Gewissensbisse empfindend, leichten Herzens* Hem. Par. 1,185.

अदूष्य Adj. *nicht dem Verderben ausgesetzt* Hem. Par. 2,147.

अदृष्टरजस् Adj. f. auch *die Regeln nicht habend* Halâj. 2,329.

1. अदोष auch *kein Fehler* Sâj. zu ṚV. 1.13.1.

अद्युत्, so zu accentuiren.

अधःकाय m. *Unterkörper* MBh. 3,232,7.

अधररुचक n. *reizende Lippen* Kâd. 157,7 (275, 2. 3. ed. Pet. 139,19). 73,1 (ed. Pet.) Vgl. ओष्ठरुचक und ओष्ठरुचिर weiter unten.

अधरोष्ठरुचक dass. R. 4,33,40.

अधर्मचरण n. *ungesetzliches —, sündiges Verfahren* Gobh. 3,1,15.

अधस्पदं, Z. 3 lies अधस्पदम्.

अधाराग्रह m. *der nicht aus fliessendem Wasser geschöpfte* Graha Âpast. Çr. 12,18,11.

अधिकाधिक auch *überaus gross* u. s. w. Hem. Par. 1,394. 430. °म् Adv. *immer mehr und mehr* 2,391.

°अधिकृति f. *Obergewalt über* Kâçікн. 22,90.

अधिकेतनम् Adv. *an das Banner* Çıç. 17,28.

अधिनागम् Adv. *auf die Elephanten* und *zugleich auf die Schlangen* Çıç. 19,45.

अधिनिशम् Adv. *zur —, in der Nacht* Çıç. 11,28.

अधिमुक्त 1) Adj. s. u. 1. मुच् mit अधि. — 2) m. *ein best.* Samâdhi Kâraṇḍ. 52,15.

अधिरुक्मकमन्दिरगवाक्षम् Adv. *am Luftloch des goldenen Palastes* Çıç. 13,35.

°अधिरुह् (Nachtr. 1) auch *sich emporwindend an* Çıç. 7,46.

अधिरूढ 1) Adj. s. u. 1. रुह् mit अधि. — 2) *f. आ *eine Frau vom 33sten bis zum 50sten Jahre* Bhâvapr. (Hdschr.) 46,*a* nach Aufrecht.

अधिरोपण auch *das Uebertragen auf* (Loc.) Sarasvatîk. 1,72.

अधिरोहण 1) mit Gen. Kâçікн. 19,15.

अधिरोहिणी Harshač. 109,5.

अधिलवङ्गम् Adv. *auf der Gewürznelke* Çıç. 6,66.

अधिवक्षस् Adv. *an die* oder *an der Brust* Çıç. 18,22.

°अधिवीर m. *ein Hauptheld unter* Uttamač. 34.

अधिश्रेष्ठि Adv. *auf* Çreshṭhin (werfen) Hem. Par. 2,67.

अधिष्ठान 1) in der Baukunst *Grundlage, Fundament* Râm Râs, Architecture, S. 4 nach Aufrecht. — 3) auch buddh. *Macht, mächtiger Wille;* vgl. Lalit. 34,4. 6. 7.

अधीशितर् *Oberherr.* जगताम् Çıç. 13,21.

अधस्य 1) *b*) vgl. Zach. Beitr.

अधोँवर्चस् ist Conjectur, die Hdschrr. lesen अधोँवचस्.

अधोवासस् n. *Untergewand* Mahânâṭaka nach Aufrecht.

अध्यध्वम् Adv. *auf dem Wege* Çıç. 12,32.

अध्याकाशम् Adv. *in der Luft* Çıç. 18,73.

°अध्यापिन् Adj. *lehrend* Comm. zu Âpast. Çr. 14,7,20.

अध्यास 4) * = शूर्प Zach. Beitr.

अध्युरस् Adv. *auf der* oder *auf die Brust* Çıç. 13,11.

अध्वन् 8) vgl. Zach. Beitr.

अनग्नक (f. °ग्निका) *nicht nackt;* f. so v. a. *nicht mehr nackt gehend, mannbar* Vasishtha 5,2.

अनङ्गलतिका f. N. pr. einer Apsaras Kâçікн. 9,9.

अनङ्गलेखा f. 1) *Liebesbrief* Çıç. 7,39. — 2) ein Frauenname Vâsav. 225,4. 226,1.

अनङ्गवती f. ein Frauenname Vâsav. 130,1.

अनडुह्, f. अनड्वाहीं als Adj. *einen Wagen ziehend* Maitr. S. 2,6,3 (64,18). Vgl. TS. 1,8,3,1 (वह्निनीं धेनुंः).

अनतिप्रणीत Adj. *nicht vorübergebracht, zurückgelassen* (Feuer) Gobh. 3,7,16.

अनतिलित Adj. Kâm. Nitis. 12,9 fehlerhaft für अनभिलषित.

अनतिलुलित Adj. *nicht stark berührt* Çâk. 61, v. l.

अनधीतिन् Adj. *der den* Veda *nicht studirt hat* Kâçікн. 43,45.

अननुचर Adj. *ohne Begleiter* Gobh. 3,5,36.

अननुवषट्कार Adj. *nicht von dem wiederholten* Vashaṭ-*Ruf begleitet* Âpast. Çr. 12,23,9.

अनन्त, f. ई N. pr. der Gattin des Manu Svâjambhuva Matsjap. 4,33.

अनन्तराय m. N. pr. eines Mannes Ind. Antiq. 1878, S. 7.

अनन्तिकस्थ Adj. *nicht in der Nähe seiend, entfernt* Sâj. zu Ṛv. 1,165,2.

अनन्नश्रद्धाजनन (Conj.) Adj. *keine Esslust machend, den Appetit vertreibend* Karaka 1,25 (Calc. Ausg. 151,9).

अनन्यगामिन् Adj. *zu keinem Andern gehend* Mahîdh. zu VS. 7,10.

अनन्यज 2) Harshač. 16,21. 37,22.

अनन्यवाच्य Adj. *keinem Andern zu sagen* Verz. d. Oxf. H. 28,*b*,38.

अनन्वित (Nachtr. 1), Nom. abstr. °त्व n. Alaṁkârat. 13,*a*.

अनपवृक्त Çâṅkh. Çr. 13,4,1 fehlerhaft für अनपवृक्त.

अनपशब्दम् Adv. *grammatisch richtig* Çıç. 14,20.

अनभिधंसयत् Adj. *nicht bespritzend* Âpast. Çr. 12,14,15.

अनभिनिर्वृत्त Adj. *nicht zu Stande gekommen, — vorhanden.* Nom. abstr. °त्व n. P. 6,1,101, Sch.

अनभिनिविष्ट Adj. *nicht auf seinem Kopfe bestehend* Hem. Jog. 1,52.

अनभ्युदित Adj. *nicht ausgesagt, — ausgedrückt* Kenop. 4.

अनर्वाण 1) Ṛv. 8,31,12. — 2) Ṛv. 5,51,11.

अनल्, °लति *zu Feuer werden* Subhâshitâv. 3128.

अनलसख m. *Wind* Çıç. 17,55.

अनवकेशिन् Adj. *üppig belaubt* Harshač. 202,3 (485,3).

अनवद्रानीयँ, so zu lesen st. अनवद्रनीयँ und Maitr. S. 2,5,5 (54,3) hinzuzufügen.

2. अनवधान Hem. Par. 2,410.

अनवबुद्ध Adj. *nicht wahrgenommen* Çıç. 12,39.

अनवमृष्य Adj. *nicht unter die Füsse zu bringen, nicht unterzukriegen.* Nom. abstr. °ता f. Lalit. 37,11.

अनवलिप्त Adj. *nicht hochmüthig, nicht stolz* Hariv. 4243.

अनवलोकयत् Adj. *nicht hinsehend.* पश्चात् *sich nicht umsehend* MBh. 12,9,19. *nicht hinsehend nach* (Acc.) Bhag. 6,13.

अनवहिंसित Adj. *dem kein Leid zugefügt worden ist* Sâj. zu Ṛv. 4,42,10.

अनशन Adj. *keine Speise habend* Sâj. zu Ṛv. 10, 39,2.

अनस्ति am Anfange eines adj. Comp. *nicht vorhanden* Naish. 12,39.

अनागत 2) Loc. *in der Zukunft* M. Müller, Ren. 299.

अनात्मवेदिन् Adv. *sich selbst* oder *den* Âtman *nicht kennend.* Nom. abstr. °दिता f. Çıç. 15,22.

अनादिशत् Adj. *nicht vorschreibend, seine Einwilligung versagend* Hem. Par. 1,443.

अनाभु Adj. als Beiw. Rudra's Maitr. S. 1,8,5 (121, 10). अनाभव st. dessen Âpast. Çr. 6,11,3.

अनामिष (Nachtr. 1), lies *keinen Gewinn bringend.*

अनाभव Adj. s. u. अनाभु oben.

अनाल Adj. *stengellos* Çıç. 19,84.

अनालीढ Adj. *nicht beleckt* Ragh. 10,46.

अनालोचित Adj. *nicht erwogen, nicht überlegt* Pańkat. 239,4. Spr. 168.

अनावर्तयत् Adj. *nicht umdrehend* Çâṅkh. Çr. 16,1,20.

अनाविग्न Adj. *nicht in Aufregung gerathen, — bestürzt* Hariv. 4234.

अनावृत (auch Nachtr. 1) auch *nicht eingeschlossen, frei, sui juris; offen, frei* (Blick, Rede).

2. अनाश (vgl. Nachtr. 1) m. *das nicht zu Grunde Gehen* Çıç. 18,31.

अनाश्रमिन् Adj. *zu keinem* Âçrama 3) *gehörig* Hârita in Prâjaçkittav. 209,*a* und Daksha ebend. 154,*a*.

अनासनयोगविक्लित Adj. *dem kein Sitz angeboten worden ist* Âpast. 1,6,26.

अनिदाघदीधिति m. *der Mond* Çıç. 13,51.

अनिर्लोडित Adj. *nicht genau durchforscht* Çıç. 2,27.

अनिर्विष्ट Adj. 1) = अनिविष्ट. — 2) *nicht abgetragen, nicht bezahlt.*

अनिलगुल्मिन् Adj. = वातगुल्मिन् Suçr. 2,453,5.

अनिलसंभव m. Bein. *des Feuers, des Feuergottes* MBh. 2,31,48.

अनिलात्मज m. Patron. Bhîma's Çıç. 13,59.

अनिविष्ट Adj. *der sich nicht häuslich niedergelassen hat, unverheirathet* MBh. 1,195,24.

अनिश्चेय Adj. *nicht zu entscheiden* Sâj. zu Ṛv. 1,165,1.

अनिंःशस्त, Accent zu streichen, da das Wort

im Voc. steht.

अनिःसरत् Adj. *nicht herauskommend* Pańkat. 195,8.

अनीदृगात्मन् Adj. *einzig in seiner Art* Çiç. 14,43.

अनीदृश Adj. *ungehörig* Kampaka 135.

अनुकम्पक 1) mit Gen. Çrimâlâm. 5,4.

अनुकार 2) Kâvjapr. 134,15. Verz. d. Oxf. H. 307, b,35.

अनुक्त auch *unaufgefordert.*

अनुगापन n. *das Nachsingenlassen* Gobh. 3,2,54.

अनुतर्ष *Durst* und *ein berauschendes Getränk* Çiç. 10,2.

अनुत्सारित Adj. *nicht beseitigt, — abgethan* Nârada (a.) 1,2,42.

अनुत्सूत्रपदन्यास Adj. (f. आ) *wobei kein Schritt gethan wird, der den Regeln der Politik widerspräche* und zugleich *wobei kein Wort gebraucht wird, das den grammatischen Regeln widerspräche,* Çiç. 2,112.

अनुदक्या Adj. f. *nicht die Menses habend* Vasishtha 5,2.

अनुदात्ततर, lies P. 1,2,40, Sch.

अनुनीति f. *freundliches Benehmen, Freundlichkeit* Çiç. 16,55.

अनुपनाह m. *kein anhaltender Groll* Lalit. 36,2.

अनुपरिहारम् Absol. *umkreisend* TS. 5,3,1,3.10,1.

अनुपलीढ Adj. *nicht beleckt* Kauç. 33.

अनुपारत Adj. *nicht abstehend von* (Abl.) Ragh. 16,3.

अनुबन्ध, vgl. Zach. Beitr.

अनुबिम्बन n. *das Sichabspiegeln* Naish. 12,85.

अनुमेय (Nachtr. 4) *zu messen an der angegebenen Stelle.*

अनुरसित 1) Adj. s. u. 1. रस् mit अनु. — 2) n. *Widerhall.*

अनुवर्णयितव्य Adj. *zu schildern, auseinanderzusetzen, mitzutheilen* Suçr. 1,13,19. 14,5.

अनुव्रज्य Adj. *zu begleiten* Jâń. 3,1.

अनुशयवत् Adj. *Reue empfindend* Çiç. 8,61.

अनुशासिन् am Ende eines Comp. auch *regierend* Vârâhap. Kap. 208.

अनुशिष्टि f. *Befehl* Karaka 3,8. Dhâtup. 24,67.

अनुश्रोतव्य Adj. *zu hören, zu vernehmen* Suçr. 1,13,19. 14,5.

अनुषक्ति f. *das Anhaften* Verz. d. Oxf. H. 307,b,36.

अनुषर Adj. Gobh. 4,7,8 fehlerhaft für अनूषर, wie nach Knauer ein Comm. liest.

अनुष्टुप्कारम् Absol. *in eine* Anushṭubh *verwandelnd* Âçv. Çr. 6,3,12.

अनुष्टुब्गायत्रीकारम् Absol. *in eine* Anushṭubh *und in eine* Gâjatrî *verwandelnd* Âçv. Çr. 6,2,8.

अनुष्ठिति f. = अनुष्ठान 1) Samkshepaç. 7,73.

अनुष्यन्दे Dat. Infin. zu 1. स्यन्द् mit अनु RV. 2,13,2.

अनुसंतति Adv. *in ununterbrochener Reihenfolge* Çiç. 20,11.

अनुसंधानीय Adj. *worauf man seine Aufmerksamkeit zu richten hat* Comm. zu Kâvjâd. 2,199.

अनुस्तवत्सा f. (sc. विवृत्ति) *ein Hiatus zwischen einer kurzen und einer langen Silbe* Prâtiçâkh. 108.

अनूच्यमानत्व n. *das Studirtwerden* Çamk. zu Brh. Âr. Up. S. 3.

अनूढ auch *unverheirathet* vom Manne AK. 2, 7,35. H. 526.

अनृणीकरण n. *das Befreien von einer Schuld* Hem. Par. 1,38.

अनृतवादिन्, Nom. abstr. °दिता f. Çiç. 14,4.

अनेक, Compar. °तर Vâsav. 220,2.

अनेलमूक Adj. wohl *stumpfsinnig* Harshak. (1936) 28,2. Vgl. अनेडमूक.

2. अनौषध Adj. *wogegen es kein Heilmittel giebt* Çiç. 17,7.

अन्त 5) अन्ताय कर् so v. a. *auf Tod und Leben kämpfen* MBh. 1,101,10.

अन्तःपुराधिपत्य n. *Herr —, Besitzer eines Harems* Vasishtha 29,12.

अन्तनामन् (Nachtr. 1), so betont TS. 7,4,8,1.

अन्तरावेदि, so zu lesen st. °वेदी. Vgl. H. an. 3, 185. Viçva im Comm. zu Çiç. 19,65. Die Bedeutung ist wohl *Scheidewand.*

अन्तर्गेह n. = गर्भगृह 2) Kâçikh. 64,68.

अन्तर्मास (Nachtr. 1) Âpast. Çr. 10,8,12.

अन्तर्लीन Adj. *hineingeschlüpft, drinnen steckend, steckend in* (im Comp. vorangehend). °म् Adv. *innerlich.*

अन्तर्वावत् Adv., lies °वत् (von *अन्तर्व *graviditas*) Adj. *gravidus, voll.*

अन्त्यार्ध m. *Hintertheil* M. Müller, Ren. 323.

*अन्त्रावरण n. *Eingeweide* Deçîn. 1,85. 157.

अन्दू Çiç. 11,7.

अन्धक 2)b)γ) eines Schergen Jama's Kâçikh. 8,71.

अन्धतामिस्र 2) wohl m. wie °क Vâmanap. Kap. 11. रोषान्धतामिस्र Anarghar. S. 153.

अन्धंभविष्णु (auch Nachtr. 2) Anarghar. 5,11. Nom. abstr. °ता f. Naish. 19,36.

अन्नविकार auch *zubereitete Speise* P. 5,1,2, Vârtt. 4.

अन्नविकृति f. dass. MBh. 13,145,12.

अन्नविद्वेष m. *Widerwille gegen Speise, Appetitlosigkeit.* °कर Adj. (f. ई) *diese bewirkend.*

अन्नावृध्, so zu betonen.

अन्यथाकरण n. *das Aendern* Kampaka 72. 171.

अन्यथाभवन (Conj.) n. *das Anderswerden* Kampaka 318. fg.

अन्यराष्ट्रिय Adj. = अन्यराष्ट्रीय Kâth. 37,11.

अन्यलोहमय Adj. (f. ई) *messingen* Halâj. 1,131.

अन्यवर्ण, Nom. abstr. °त्व n. Suçr. 1,117,16.

अन्यापदेश m. (Nachtr. 2) = अन्योक्ति 2) Subhâshitar. 9.

अन्यायिन् Adj. *sich ungebührlich betragend* Uttamak. 172.

अन्योक्ति, die erste Bedeutung nach Aufrecht zu streichen.

अन्योक्तिमुक्तावली f. und अन्योक्तिशतक n. Titel von Werken.

अन्योदर्य, so zu betonen.

अन्वजिरवति Adv. *längs der* Agiravatî Harshak. (1936) 132,11.

अन्वष्टकी (s. u. अन्वष्टका) Vasishtha 11,43.

अन्वारोहण Vishṇu in Mit. zu Jâǵń. 1,86, Z. 4

अन्वेषिषिषु Adj. als Erklärung von दिदृत्सु Comm. zu R. ed. Bomb. 1,1,71.

अपकर्षसम (auch Nachtr. 1) lies Njâjas.

अपक्रामम् Absol. *weggehend* Maitr. S. 1,4,12 (61,8.12).

अपतपातिन् Adj. *mit den Flügeln nicht fliegend* und *parteiisch* für Vishṇu (अ) Vâsav. 113,1. Auch *unparteiisch.*

अपचिकीर्षु Adj. *Jmd zu nahe zu treten beabsichtigend* Kâçikh. 43,66.

अपतंसन n. *das Herausfallen* Verz. d. Oxf. H. 313,a,27.

अपपात्र, f. आ Vasishtha 20,16.

अपमुद् Adj. *unerfreulich* Çiç. 19,9.

अपयाएय (!) n. Vasishtha 15,19 nach Bühler *das Abbüssen einer Sünde.*

अपयोधरव Adj. *kein Kampfgeschrei mehr erhebend* Çiç. 19,21.

अपयोधरवारण Adj. *durch keine Wolken aufgehalten* Çiç. 19,21.

अपररात्रि f. *die zweite Hälfte der Nacht* Comm. zu TS. 1,688,1 v. u.

अपरवल्लभ m. Pl. N. pr. eines Volkes MBh. 6, 370. अपरबल्लव v. l.

अपराजित m. auch N. pr. eines Çrutakevalin bei den Digambara Bhadrab. 1,17. Vardhamânak. 1,43.

अपरिवृत, der Accent zu streichen.

अपरित्रासिमन् m. *Unvermögen zu* (Infin.) Çiç. 5,41.

अपरिषक्त Adj. *nicht umschlungen —, nicht begleitet von* (Instr.) Çamk. zu Bâdar. 3,1,1.

अपर्याण Adj. (f. आ) *ungesattelt* Kâd. (Çaka 1793) 192,14.

अपर्हाण (Nachtr. 4), nach Aufrecht Text und Comm. अपरिह्राण.

अपवाद् 5) *Lockton* Çiç. 6,9.

अपविद्या f. *schlechtes Wissen, Unwissenheit* Mârk. P. in Çaktân. Kap. 1. Kirât. 16,32.

अपशील Adj. *ungesittet, gemein* (Person) Kâçikh. 75,37.

अपसुब्रह्मण्य Adj. *ohne den* Subrahmaṇja Comm. zu Âpast. Çr. 12,23,13.

अपस्पश (Nachtr. 3), an der angeführten Stelle zugleich *ohne die Einleitung* Patañgali's *zum* Mahâbhâshja.

अपाकेस्थे zu streichen; vgl. आपाकेस्थे.

अपाच्ये 1) ṚV. 8,28,2.

अपानुनुत्सु Adj. mit Acc. *zu verscheuchen —, zu entfernen beabsichtigend* Kâçikh. 81,4.

अपारायणीय (Nachtr. 3) ist nach Aufrecht Adj. *nicht dem* Pârâjaṇîja *gemäss.*

अपार्थी Adv. mit कर् *verschmähen* Z. d. d. m. G. 36,510.

अपावृत् Adj. *keine Fesseln kennend, ungehemmt* Bhâg. P. 5,18,5. 11,29,12.

अपुनर्निर्वृत्ति f. *Nichtwiederkehr* Çiç. 14,64.

अपुरोगव AV. 20,135,7.

अपेय, f. आ.

अप्रपात Adj. *nicht vorgebeugt* Gobh. 1,2,15.

अप्रति auch Adv.

अप्रतिगत Adj. als Erklärung von अप्रतीत Sâj. zu ṚV. 4,42,6.

अप्रतिवारित Adj. *nicht zurückgehalten, — abgehalten, — abgewehrt.*

अप्रतिविन्दमान Adj. *Nichts wissend von* (Acc.) MBh. 1,192,14.

अप्रभूत Adj. *nicht ausreichend* Çiç. 10,83.

अप्रयोगिन् Adj. *nicht angefügt —, nicht ausgesprochen werdend* Zach. Beitr.

अप्रविष्ट Adj. 1) *nicht eingetreten —, nicht eingedrungen in* (Loc.) Bhâg. P. 2.9.34. 7,49,4. — 2) *nicht betreten* Ragh. 11,18.

अप्राप्तरजसी Adj. f. *noch nicht die Menses habend* Gṛhjâs. 2,18 in Z. d. d. m. G. 35,544.

अप्राप्तविभाषा f. = अप्राप्तविकल्प P. 1,3,43, Sch.

अप्राप्तव्यवहार (Nachtr. 3) Nârada (a.) 1,1,54.

अप्रायु Adv. ṚV. 5,80,3.

अप्रावेश्य n. *das Vorrecht der Unbetretbarkeit für* (Gen.) Ind. Antiq. 9,175.

अप्रेक्ष्यमाण Adj. *nicht gesehen werdend, dem Auge entzogen* Hem. Par. 1,247.

अप्वा, lies अप्पुत्रा.

*अप्सुचर Adj. *in den Gewässern wandelnd.*

अबन्धुर (Nachtr. 4), °म् Adv. *traurig* Çiç. 6,29.

अबलाग्नि Adj. *schlecht verdauend.* Nom. abstr. °ता f. Kampaka 498.

अब्धिमथन n. Titel eines Werkes in Apabhraṃça Alaṁkârat. 7,b.

अभवनि f. *das Nichtsein, Tod* (bei Verwünschungen) Subhâshitâv. 1019.

अभिकृष्णम् Adj. *zu* Kṛshṇa *hin* Çiç. 13,41.

अभिक्रान्ति, so zu betonen.

अभिक्रामम् Maitr. S. 1,4,12 (61,10).

अभिचैद्यम् Adv. *gegen den Fürsten der* Kedi Çiç. 2,1. 20,3.

अभिज्ञ्, °ज्ञाति *erfahren —, verständig werden* Kulârṇava 9,60.

अभिताडन n. *das Schlagen, Schlag* Çiç. 17,15.

अभिदूतम् Adv. *zum Boten hin* Çiç. 17,5.

अभिनन्ध ist mit * zu versehen.

*अभिनार, vgl. Zach. Beitr.

अभिमुखीकृति in विषयाभि°.

अभियान, nach 1) ein * zu setzen.

अभिरक्ष्य Adj. *zu hüten vor* (Abl.) Varâh. Bṛh. S. 78,10.

अभिरोधन n. *Belagerung* Verz. d. Oxf. H. 29,b,7.

अभिलेखित n. *ein schriftliches Document* Jâgñ. 2,149.

अभिलेश (?) Ind. St. 17,145.

अभिवननीय Adj. als Erklärung von अभिवान्य Comm. zu Âpast. Çr. 8,11,17.

अभिवासिन् Adj. in बस्ताभिवासिन्.

अभिशत्रु Adv. *gegen den Feind* Çiç. 15,28.

अभिशौरि Adv. *gegen* Kṛshṇa Çiç. 20,2.

अभिषङ्ग, nach 7) ein * hinzuzufügen.

°अभिसंवादिन् Adj. *stimmend zu, in Einklang stehend mit* Prasannar. 2,22.

अभिसंघर्ष m. *Aneinanderreibung* Bhâvapr. (Hdschr.) 8,a nach Aufrecht.

अभिसर, vgl. Zach. Beitr.

2. *अभिह्व m. *Anruf* P. 3,3,72.

2. अभीक ist mit einem * zu versehen.

अभीग Adj. *unerschrocken* Çiç. 19,44.

अभीषह्, füge (stark °षाह्) hinzu.

अभेदज्ञ Adj. *keinen Unterschied kennend zwischen* (Gen. Du.) Hem. Par. 1,167.

अभेद्याशय Adj. *dessen Absicht* oder *Denkweise nicht zu brechen ist.* Nom. abstr. °ता f. Lalit. 34,14.

अभ्यवहारिन् Kâçikh. 34,20.

अभ्याम्नाय m. *Erwähnung, Aufführung* Nir. 2,13.

अभ्रमय Adj. *in Wolken gehüllt* Hem. Par. 1,405.

1. अमति 3) st. चन्द्र wird auch चण्ड gelesen; vgl. Zach. Beitr.

2. अमत्र auch Âpast. und in ज्वलामत्र weiter unten.

अमनोरम Adj. *nicht reizend.* Nom. abstr. °ता f. Çiç. 20,15.

अमर, f. ई *Göttin* Hem. Par. 2,413.

अमरद्रुम m. *Götterbaum, der* Pârigâta Çiç. 13,12.

अमरविवेक m. Titel eines Commentars zum Amarakoça.

अमलपतत्रिन् m. *Gans, Schwan* Çiç. 8,12.

1. अमा 2) *zusammen mit* (Instr.) Bhadrab. 1,52.

अमिलत् Adj. Pl. *nicht zusammenkommend, sich getrennt haltend.* परस्परम् Hem. Par. 1,160.

अमृतकवल m. *der Mond* Alaṁkârav. 66,a.

*अमृतनिर्गम m. desgl. Zach. Beitr.

अमृतरस Adj. (f. आ) *wie Necktar schmeckend* Pañkat. 248,12.

अमोतकपुत्रक (Nachtr. 3), lies अमोतपुत्रक.

अम्णस् Adv. = अम्नस् Maitr. S. 1,6,10 (102,8). 10,10 (150,12).

अम्नस् bedeutet *sogleich, soeben.* अम्नरस्तमिते so v. a. *unmittelbar nach Sonnenuntergang* Âpast. Çr. 6,4,6.

अम्बुपद्धति f. *Strömung* Çiç. 14,77.

अम्बुमय Adj. (f. ई) *aus Wasser bestehend* Kâçikh. 34,38.

अम्भस्तस् Adv. *aus dem Wasser* Çiç. 8,64.

अम्भृणी 3) zu streichen; vgl. आम्भ्रिणी.

अम्लानि Adj. *nicht verwelkend* Çiç. 19,20.

अयःकीलक m. *ein eiserner Bolzen* Comm. zu Kâtj. Çr. 4,8,26. Vgl. अयस्कील Nachtr. 1.

अयथा Adv. *anders als es sein sollte* Bhâg. P. 10,87,15.

*अयवन n. *das Nichtvermischen* Sâj. zu Çat. Br. 1,7,2,26 in einer Etymologie.

अयस्पात्री f. *eine eiserne Pfanne* Hem. Par. 2,365.

अयात्रिक und अयात्रीय Adj. *infaustus* Sâdh. zu Hâla (1723) 25. Nom. act. अयात्रीयत्व n. ebend.

*अयुकपर्ण m. *Alstonia scholaris* Deçin. S. 9, Z. 8.

*अयुगलपर्ण m. dass. ebend. S. 23, Z. 6.

अयुगसप्ति m. = सप्तसप्ति *die Sonne* Çiç. 11,61.

अयुगार्चिस् m. = सप्तार्चिस् *Feuer* Çiç. 20,59.

अयोनिसंभव Adj. *keinem Mutterleibe entsprossen* Verz. d. Oxf. H. 25,b,14.

अयोविकार m. *etwas aus Eisen* oder *Metall Gemachtes* P. 4,1,42.

अयोगिक Adj. *nicht zur Anwendung kommend* Kâm. Nîtis. 13,86.

अरक्ष्य Adj. *nicht zu schützen, keinen Schutz verdienend* Kathâs. 62,82.

अरजोवित्ता Adj. f. *noch nicht die Menses habend* Kauç. 37.

अरङ्यन्त् Adj. *keine Freude an Etwas habend* Kathâs. 112,88.

अरञ्जित Adj. *nicht befriedigt* Kathâs. 14,36.

*अरण्यचारी f. *eine best. Pflanze* Deçîn. 2,6.

अरथिन् Adj. *keinen Wagen habend* Spr. 3666.

अरमणीय Adj. *nicht anmuthig, — schön* Pańkat. 123,20.

अरम्य Adj. *unangenehm* Mâlav. 10 (11).

अररे Ind. St. 15,349.

अरविन्दनाभि m. Bein. Vishṇu's Çiç. 3,65.

अरश्मिवन्त् Adj. *strahlenlos* Verz. d. Oxf. H. 51,*a*,29.

अराज्य Adj. (f. आ) *der Herrschaft beraubt* Hariv. 1630.

अराडीतार (so zu verbinden nach Leumann) Adj. *sehr langhörnig* Çat. Br. 4,5,8,5. Vgl. अराड (Nachtr. 4) und अराड्यं.

अरिक्त Adj. auch *nicht mit leerer Hand* und *im Ueberfluss vorhanden*.

अरिता f. *Feindschaft* Çiç. 19,109.

1. अरित्र 3) n. *ein best. Theil des Wagens* Ṛv. 1,46,8.

अरित्रैं, f. आं.

अरिष्ट 4) *d*) Kâçikh. 11,6.

अरिष्टरोग m. *eine best. Krankheit* Comm. zu Kâtj. Çr. 20,3,16.

अरिष्टामय m. desgl. Kâtj. Çr. 20,3,16.

अरुचिर Adj. *nicht gefallend, — zusagend* Comm. zu TS. Prât. 1,18.

अरुणप्सु, so zu betonen.

अरुद्ध Adj. *unwiderstehlich* Hariv. 2,103,23.

अरेडन्त् Adj. etwa *non fallens* TS. 1,6,8,2. Kâth. 32,2. = अनादरमकुर्वन् Comm.

अरोगित n. *Gesundheit* Jâǵń. 1,263.

अरोचक 1) Adj. auch *den Appetit benehmend* Verz. d. Oxf. H. 129,*a*,12.

अरोध्य Adj. *nicht zurückzuhalten, unwiderstehlich* Pańkar. 4,3,14.

अर्क्, अर्कति *zur Sonne werden* Subhâshitâv. 3128.

*अर्कदुग्ध n. *Milch der Calotropis gigantea* Bhâvapr. 2,90.

(अर्चत्र्य) अर्चात्रिंग्र, so zu lesen.

अर्द् mit अव, अवार्दति (!) TS., अवार्दन्त् Çat. Br. — Mit आ *Schaden nehmen* Maitr. S. 1,8,3 (118,19), wo यदार्दति statt यदार्डति zu lesen ist.

अर्णक 2) Suçr. 2,461,3, wo सद्यार्णकम् zu lesen ist.

*अर्ति m. = 1. अरत्नि Subhûti bei Râjamukuṭa zu AK. nach Aufrecht.

1. अर्थकाम Z. 2, lies M. 2,13 st. M. 2,23.

अर्थकाम्य, °म्यति *nach Geld verlangen* Çiç. 14,49. Subhâshitâv. 655.

अर्थमातर् f. *eine Mutter mit zutreffendem Namen* Hem. Par. 2,317.

अर्थय् mit प्र in der Bed. 1) प्रार्थन्त् Hem. Par. 2,474.

अर्थाचन n. oder °ना f. *das Betreiben seiner Sache, Verfolgung seines Zieles, Bemühung.* Am Ende eines adj. Comp. Bhâg. P. 3,9,10. 23,8.

अर्थलोप m. auch *Verlust an Geld* MBh. 3,311,21.

अर्थविशारद Adj. *der Sache —, dem Zwecke entsprechend, sinnvoll* (Lob) MBh. 13,141,24.

अर्थसंसिद्धि f. *das Gelingen einer Sache* Kathâs. 61,55. एकार्थ° *das G. einer gemeinsamen Sache* Spr. 4566.

अर्थसम m. *dem Sinne nach gleich, synonym* Zach. Beitr.

अर्थागम, lies m. st. n.

अर्थोगा Adj. *seinem Berufe nachgehend* Âpast. Çr. 9,16,7.

अर्थेप्सु Adj. *Reichthum wünschend* Kâtj. Paribh. 2,7.

*अर्धद्रौणिक, so zu lesen st. °द्रोणिक.

अर्धपरासु Adj. *halbtodt* Hem. Par. 2,329.

अर्धपुलायित n. *ein best. Gang des Pferdes* Çiç. 5,10. Vgl. पुला weiter unten.

अर्धफालक 1) m. oder n. *ein best. Kleidungsstück* Bhadrab. 3,82. — 2) m. Pl. *eine best. Gaina-Secte* Bhadrab. 4,46. — 3) Adj. मत n. *die Lehre der* Ardhaphâlaka Bhadrab. 4,30.

अर्धमारित Adj. *halb todt gemacht* Hem. Par. 2, 330.

अर्धमासूर Adj. (f. ई) *einer halben Linse ähnlich* Suçr. 1,27,18.

अर्धमुकुली Adv. mit कर् *halb schliessen* (die Augen) Çiç. 10,64.

अर्धलक्ष्य Adj. *halb sichtbar* Daçak. 73,9.

अर्धलाङ्गलक Adj. *einem halben Pfluge ähnlich* ein chirurgischer Schnitt) Suçr. 2,59,5.

अर्धविदल n. als Erklärung von अर्धबृगलं Çaṁk. zu Bṛh. Âr. Up. S. 139.

अर्धशराव *ein halbes* Çarâva *genanntes Maass* Âpast. Çr. 8,14,14.

°अर्धसंलीन Adj. *halb steckend in* Hariv. 4677.

1. अर्य *m. *Herr, Gebieter.* *f. अर्या *Herrin, Gebieterin.*

1. अर्वन्, die adj. Bed. zu streichen. In der Bed. *Ross* Hem. Par. 2,21.

अर्वाक्कालीन Adj. *aus jüngerer Zeit stammend* Sâj. zu Ṛv. 10,18,5.

अर्हद्दत्त (!) m. N. pr. eines Gaina-Lehrers Vardhamânak. 1,51.

2. अलक्षण 3) *sich durch Nichts auszeichnend, unbedeutend* Spr. 2095. — 4) *ohne Veranlassung geschehen* R. 6,93,19.

अलक्षण्य Adj. *Unglück verheissend* MBh. 6,5209.

अलक्षमाण Adj. *nicht wahrnehmend, — inne werdend* Bhâg. P. 3,16,12.

अलक्षित 2) °म् Adv. Kathâs. 28,105. 34,46.

अलक्ष्मन् Adj. *Unglück verheissend* MBh. 6,112,12.

2. अलक्ष्मी Adj. auch *unschön.* n. अलक्ष्मि R. Gorr. 2,33,22.

अलघु (vgl. Nachtr. 1) 5) *laut* Bhâg. P. 10,35,10.

अलघुभव m. *keine Erniedrigung* Spr. 4253, v. l.

अलङ्घनीयता f. Nom. abstr. zu अलङ्घनीय *nicht zu überschreiten und dem man nicht zu nahe treten darf* Spr. 2579.

अलङ्घनीयत्व n. Nom. abstr. zu अलङ्घनीय *dem man nicht zu nahe treten darf* Râǵat. 6,2.

अलंधन Adj. *hinreichendes Vermögen besitzend* M. 8,162.

अलब्धनिद्राक्षण Adj. *keine Zeit zum Schlafen findend* Bhâg. P. 5,14,21.

अलब्धव्य Adj. *nicht zu erlangen, dessen man nicht theilhaftig werden soll, kann oder darf* MBh. 5,114,4.

अलभमान Adj. 1) *nicht antreffend, nicht findend* 149,7. — 2) *nicht habend* Sâj. zu Ṛv. 1,125,1.

अलन्वयम् *keinen logischen Zusammenhang habend* Sâh. D. 12,2. 15,6. — 3) *nicht hinter Etwas kommend, nicht herausbringend* Kull. zu M. 8,109.

अलभ्य auch *nicht zu erkennen, — verstehen, unverständlich* Sâh. D. 11,8. Z. 3 ist 3,281,21 zu lesen.

अलमक m. v. l. für अलिम्पक Zach. Beitr.

अलंपुर n. und अलंबुध n. N. pr. zweier Tîrtha Matsjap. 22,50. 51.

अलंभविष्णु Adj. *im Stande seiend zu* (Infin.) Brahma-P. Uttarakh. Kap. 3.

अलाघव n. *keine Erleichterung.* मनसः *des Herzens* M. 11,233.

अलालस Adj. *keine Begierden habend* MBh. 12, 231,14.

2. अलिङ्ग 1) Nom. abstr. °त्व n. MBh. 12,203,15. — Als n. = अव्यक्त n. Jogas. 2,19.

अलिङ्गिन् Adj. *nicht das Recht habend bestimmte Abzeichen zu tragen* M. 4,200.

अलिन्दक Subhâshitâv. 2416.

*अलिमक, *अलिम्पक und *अलिम्बक, vgl. oben

*अलमक.

अलुञ्च Adj. etwa *der Einen nicht rupft und zupft* Bhar. Nâṭjaç. 34,102.

अलुभित Adj. *nicht in Unordnung gerathen* Âpast. Çr. 1,4,12.

अलून, so zu betonen nach TS. 2,5,11,3.

अलेख्य Adj. *nicht zu rechnen —, nicht zu zählen zu* (Loc.) Spr. 1536.

1. अलेप m. *kein Rest von* (im Comp. vorangehend) Ind. St. 1,20,14.

2. अलेप Adj. *unbefleckt, rein* MBh. 12,219,46.

अलोकव्रत n. *die nicht allgemeine Art und Weise zu leben* Bhâg. P. 8,3,7.

अलोपयन्त् Adj. *nicht abbringend von* (Abl.) Ragh. 12,9.

अलोमश Adj. (f. आ) *unbehaart* R. 6,23,11.

अव् mit अभि RV. 9,97,39.

अवकर्णप्रावृत Adj. *verhüllt mit Ausschluss der Ohren* Âpast. Çr. 13,15,5. Vgl. सकर्णप्रावृत.

अवकेशिन्, vgl. oben अनवकेशिन्.

अवकोटक m. *Ardea nivea* Vâsav. 99,1.

अवक्रग Adj. *gerades Weges gehend* (eig. und übertr.) Kathâs. 27,156.

अवक्रचेतस् Adj. *geraden Sinnes* Kathop. 5,1.

अवखादॅ führt Aufrecht (wie प्रखादॅ und विखादॅ) auf खद् = खिद् zurück und giebt dem Worte die Bedeutung *Hinderung, Hinderniss*.

*अवगणना f. *Geringschätzung, Verachtung* Deçîn. 1,17.

अवग्राह 4) *Wanne* Harshaḱ. (1936) 444,10.

अवघ्र (Nachtr. 2) 2) auch Âpast. Çr. 8,16,12. 13, 17,9.

°अवचिचीषा f. *das Verlangen zu pflücken* Çiç. 6,10.

अवञ्चक Adj. *icht betrügend, ehrlich.*

अवञ्चित Adj. *nicht angeführt, — getäuscht, — hintergangen, — betrogen, — um* (Loc.).

अवटुज m. Pl. *das Haar im Nacken* Çiç. 10,52.

अवॅण्ड (Nachtr. 3) *zu streichen*; vgl. अॅबण्ड.

अवतारण 5) vgl. Zach. Beitr.

अवतारणिका f. *Einleitung* Ḱaṇḍidâsa zu Kâvjapr. 1,1 (nach Aufrecht).

अवत्सा f. *eine Kuh, deren Kalb gestorben ist,* Jâǵn. 1,170.

अवदोल, der Comm. zu Ragh. 9,46 soll nach Leumann नवदोल annehmen.

*अवद्रव्य n. v. l. für अपद्रव्य Zach. Beitr.

अवनाम m. in पादावनाम (weiter unten).

अवनिरुह् m. *Baum* Çiç. 7,26.

अवन्तिसेना f. ein Frauenname Vâsav. 225,3.

अवभृति, lies einer Stadt st. eines Flusses.

अवमृच्य in अनवमृच्य oben.

अवॅरुणग्राह m. *das Nichtergriffenwerden von* Varuṇa.

अवरुद्धत्व n. *das Eingesperrtsein.* तामवरुद्धत्वमनैषीत् so v. a. *sperrte sie in seinem Harem ein* Râǵat. 4,677.

अवरुधक 2) f. °धिका Pl. *die Frauen im Harem* Çiç. 12,20.

अवर्तिन् Adj. *sich ungebührlich betragend.*

अवलित Adj. *nicht gebogen, — krumm* Varâh. Bṛh. S. 68,36.

अवलीढ 1) Adj. s. u. 1. लिह् mit अव. — 2) n. Suçr. 1,125,7 nach dem Comm. = अनुपद्रुत (!).

अवलुप्त 1) Adj. s. u. 1. लुप् mit अव. — 2) *n. Nom. act. वृकाव° *das Heranspringen nach Art eines Wolfes* P. 6,2,145, Sch.

अवलेपवन्त् Adj. *hochmüthig* Daçak. 90,19.

अवलोप auch *das Verletzen, Verwunden* Çiç. 7,45.

अवलोपन n. *das Abhauen* und *Vernichten* Vâsav. 72,3.

अवल्गु Adj. *nicht schön, unangenehm;* n. *Schlimmes* Bhaṭṭ. 12,66.

अवल्गुकारिन् Adj. *nicht schön handelnd an* (Loc.) MBh. 5,133,29.

अववर्तिन् zu streichen, da TBr. 1,2,6,1 अववर्ति Aor. von वर्त् ist; vgl. उपाववर्ति TS. 6,2,7,4.

अवश्य Adj. *sich Jmds Willen nicht fügend* Kathop. 3,5. Spr. 1767. अवश्यम् s. bes.

अवष्टम्भ 6) 7), vgl. Zach. Beitr.

अवसर, vgl. Zach. Beitr.

अवसानपति m. *Herr des Ruheortes* Âpast. Çr. 9,16,7.

अवस्कन्दन n. etwa *Angriff auf* (प्रति) Kâvjapr. 120,10.

अवस्त्रद Adj. *keine Gewänder schenkend* MBh. 3,200,51.

अवस्त्री Adv. mit कर् *der Kleider berauben* Vâsav. 196,1. Vom Comm. auch auf verschiedene andere Weisen künstlich erklärt.

*अवस्नान n. *Mehl von Linsen u. s. w.* Deçîn. 2,110.

अवस्युवात Adj. (f. आ) TS. 4,4,12,3 nach dem Comm. = रक्षयितारो वायवो यस्य.

अवहन्त् Adj. *nicht fliessend, stehend* (Wasser) Âçv. Gṛhj. 4,4,10.

अवहार 3) vgl. Zach. Beitr. — 7) nach Leumann wohl *Abgaben;* vgl. jedoch auch das folgende Wort.

अवहारक n. *Weggeworfenes, was man aufgelesen hat,* Nârada (a.) 1,2,36.

अवह्नि Adj. wohl *keine Gaben den Göttern darbringend* Nir. 3,6.

अवाग्दुष्ट Adj. (f. आ) *keine groben Reden führend* Hariv. 7757.

अवाग्र (auch Nachtr. 2) Harshaḱ. (1936) 481,4 nach dem Schol = अवनत.

अवाचंयम Adj. *die Rede nicht an sich haltend, nicht schweigend* TBr. 3,2,3,8.

अवाच्य 4) *keinen Tadel verdienend.*

अवाच् 1) c) *südlich* Daçak. 85,9.

अवान्त Adj. *nicht ausgebrochen, — ausgespien* Hem. Par. 1,376.

अवारित Adj. Çiç. 12,26 nach dem Comm. = अपरिमित.

अवार्त्त Adj. *nicht werthlos, von Bedeutung* Sarvad. 100,19.

अवालम्ब m. = अपालम्ब Âpast. Çr. 12,25,27.

अवास्तव Adj. *nicht wirklich, — real.* Nom. abstr. °त्व n.

अविकच Adj. *nicht geöffnet, geschlossen* (Auge, Blüthe) Çiç. 8,1.

अविकत्थिन् Adj. *nicht prahlend* Spr. 6233.

अविकल्पक Adj. *sich nicht lange bedenkend* MBh. 18,6,17.

अविकाङ्क्षा f. *kein Bedenken.* Instr. *ohne B.*

अविकार auch *keine feindliche Gesinnung an den Tag legend, sich nicht auflehnend.*

अविकारिन्, Nom. abstr. °रिता f. Kâm. Nîtis. 2,30. — 2) *keine Miene verziehend* Kathâs. 16,42. — 3) *nicht abfallend, treu bleibend* M. 7,190. Nom. abstr. °रिता f. Prij. 6,4.

अविकासभाव m. *das Unaufgeblühtsein* Kumâras. 3,29 (अविकाश° gedr.).

अविकुण्ठ Adj. *scharf, durchdringend, unwiderstehlich* Bhâg. P. 3,31,14.

अविकृषित Adj. *nicht auseinandergehalten* (von Lauten) Comm. zu AV. Prât. 4,12. Vgl. अविकृष्ट.

2. अविक्रम Adj. *keinen Muth an den Tag legend* Spr. 6149.

अविक्रमण n. *Unterdrückung des* क्रम 11) RV. Prât. 14,25.

अविक्रय्य Adj. *was nicht verkauft werden darf.*

2. अविग्रह Adj. *unbestreitbar* Râǵat. 4,76.

2. अविघात Adj. *ungehemmt* Bhâg. P. 1,6,32.

अविघ्नतस् Adv. *ohne Hindernisse* R. ed. Bomb. 1,62,12. Râǵat. 4,157.

अविचक्षण auch *nicht gut sehend.*

अविचल Adj., f. आ.

2. अविचार Adj. auch *von keiner Ueberlegung begleitet* Lalit. 439,7.

अविचार्य MBh. 15,3,43 schlechte Lesart für अविचाल्य.

अविज्ञानक Adj. *nicht kennend, — vertraut mit* (Gen.) MBh. 13,107,130.

अवितथ 1) auch *nicht unnütz, — vergeblich.*

अवितरण n. *das nicht weiter Leiten, das nicht Uebertragen* Suçr. 1,285,12.

अवितर्क Adj. *mit keinem Zweifel verbunden* Lalit. 439,7.

अवितान Adj. *nicht leer* und zugleich *ohne Traghimmel* Çiç. 3,50.

अवितृप्तक Adj. *der sich noch nicht gesättigt hat an* (Gen.) Spr. 6692.

अवितृष् Adj. *dessen Durst —, Verlangen nicht gestillt werden kann* Bhâg. P. 4,29,40.

अवितृष Adj. dass. Bhâg. P. 10,51,59.

अविद्व Adj. *unwissend* Bhâg. P. 3,10,19.

अविदूषक Adj. *der Einen nicht verunglimpft, — beleidigt* R. ed. Bomb. 1,7,11.

अविधुर Adj. (f. आ) auch *nicht ohne Deichsel* und *wohlgemuth* Çiç. 12,8.

अविधेय (auch Nachtr. 1) auch *unbrauchbar, nicht anwendbar.* Nom. abstr. °त्व n. MBh. 16,7,65.

अविध्य Adj. *nicht zu durchbohren, — erschiessen* MBh. 16,3,40.

2. **अविनय** Adj. (f. आ) *sich ungesittet betragend.*

अविनश्वर Adj. *unvergänglich* Spr. 6727.

अविनाश auch *das nicht zu Grunde Gehen* MBh. 5,191,14.

अविनियोग m. *Nichtanwendung.*

अविन्दत् Adj. *nicht findend, — ausfindig machend* M. 8,109.

अविपक्व in Nachtr. 2 zu streichen.

अविपर्यास m. *keine Vertauschung, — Verkehrung* Sâj. zu Ṛv. 10,18,5.

अविप्रमोह m. *das Nichtbegehen eines Fehlers, das kein Versehen Machen.*

अविबर्ह m. *das Nichtzerstreuen* Çâṅkh. Br. 17,2.

अविबुध Adj. auch *nicht ohne kluge Männer* und m. *kein Gott* Kâvjâd. 2,322.

अविभागविद् Adj. *keinen Unterschied kennend zwischen* (Gen.) MBh. 8,69,53.

अविभागिन् auch *sich nicht betheiligend an* (im Comp. vorangehend) Hem. Par. 1,141.

अविमलप्रभ m. N. pr. eines Devaputra Lalit. 334,2. v. l. विमल°.

अविमानना f. *keine geringschätzige Behandlung.*

अविमुखम् Adv. *ohne das Gesicht abzuwenden, gerades Weges* MBh. 15,93, v. l. अभिमुखम्.

अविमृष्टविधेयांश n. (Pratâpar. 61,a,8. b,4) und °भाव m. (Sâh. D. 574) *unmotivirte Bezeichnung einer kleineren Zahl durch Theilung einer grösseren.*

अविरत 3) *der nicht Allem entsagt hat* Hem. Par. 2,108.

अविरलित Adj. *nicht anliegend.*

अविरहित Du. *ungetrennt, verbunden* Vikr. 86,11.

अविरागिन् Adj. *nicht gleichgültig, für Alles Interesse habend* R. 5,33,30.

अविरामम् Adv. *ohne Unterlass* Git. 11,9.

अविरुद्ध auch *nicht verfeindet, nicht in Feindschaft lebend mit* (Instr., Gen. oder im Comp. vorangehend) Spr. 165. R. 1,7,8. MBh. 12,116,18. Ragh. 10,81. *ungehemmt* Vikr. 49,11. *nicht widerwärtig, — gehässig, — unangenehm, gefällig* Kathâs. 71,210. Spr. 165.

अविरोध auch *ein freundliches Verhältniss zwischen* (Gen. oder im Comp. vorangehend), *— mit* (Instr.).

अविरोधन n. *das Nichthadern, friedliches Verhältniss.*

अविरोधवत् Adj. *Nichts beeinträchtigend.*

अविरोधिन् auch *nicht in Feindschaft lebend, sich vertragend.*

अविलक्षण Kâm. Nitis. 8,14 fehlerhaft für अरिलक्षण.

अविलक्षित Adj. *unbemerkt* Bhâg. P. 5,6,6.

अविलम्बित n. *eine best. fehlerhafte Aussprache der Vocale* Mahâbh. (K.) 1,13,3 v. u.

अविलीन Adj. *nicht zu Nichte geworden.* Mit भू so v. a. *leben bleiben, leben* Uttarar. 124,12 (168,7).

अविलेपनिन् Adj. *ungesalbt.*

अविलेपिन् Adj. *nicht klebrig.*

अविलोलुप Adj. (f. आ) s. विलोलुप.

अविवक्षित auch *worüber Nichts verabredet ist* Nârada (*a.*) 1,2,36.

अविवादिन् auch *worüber Niemand streitet.*

अविवाह m. *keine eheliche Verbindung, Verbot der Eheschliessung.*

°**अविशङ्किन्** Adj. *nicht vermuthend, — voraussetzend* Kathâs. 40,72.

अविशारद Adj. *nicht vertraut mit* (Gen.) MBh. 7,135,6.

अविशाल Adj. (f. आ) *nicht gross* (Verstand).

अविश्रसनीय, lies °त्व n. st. °ता f.

अविश्वास्य Adj. *kein Vertrauen verdienend, — einflössend.*

अविषमय Adj. *nicht gifthaltig, — giftig* Bhâg. P. 3,15,29.

अविषह्य 3) Nom. abstr. °ता f. Bhâg. P. 4,22,60.

अविसंवाद m. *das Worthalten* MBh. 12,139,18.

अविसंवादित Adj. *keinem Widerspruch unterliegend, allgemein anerkannt.*

अविसृष्ट auch *nicht entlassen* Hem. Par. 1,325. 327. 328.

अविस्मित auch *nicht verwundert, — verblüfft* Çiç. 17,19.

°**अविस्मृति** f. *das Nichtvergessen* H. 1373.

अविहिंसत् Adj. *der Niemand ein Leid zufügt* MBh. 12,265,13.

अविह्वल auch *sich nicht lange bedenkend.*

अवीतक *kein umzäunter Platz* Jâǵn. 2,271.

अवृथार्थ Adj. *eine zutreffende Bedeutung —, einen zutreffenden Namen habend.* Nom. abstr. °ता f. Çiç. 6,47.

अवृष्ट Adj. *nicht geregnet —, keinen Regen gesandt habend* Pańkat. 51,16.

अवेदयान Adj. *nicht kennend* M. 8,32.

अवेदित Adj. Kathâs. 123,158 fehlerhaft für अविदित.

°**अव्यतिरिक्त** 1) *nicht getrennt von* Kathâs. 33,70. — 2) *nicht verschieden von.* Nom. abstr. °त्व n. Sarvad. 113,1.

अव्यथिन् *nicht aus der Fassung kommend* Çiç. 15,12.

अव्यवधायक Adj. *nicht dazwischentretend.* Nom. abstr. °त्व n. Sâj. zu Ṛv. 1,13,1.

अव्युत्सृजत् Adj. *nicht aus der Hand gebend* Âpast. Çr. 12,25,2.

अव्युप्तकेश (Nachtr. 1), richtig v. l. व्युप्तकेश.

अव्युप्तवक्ष Adj. *mit nicht geschorener Schulter,* d. i. *mit nicht abgescheuerten Haaren auf der Schulter* (Ross) Maitr. S. 2,5,9 (59,8. 13).

अशन्, Z. 3 lies 10,27,15.

अशनैस् Adv. *heftig, in hohem Grade* Çiç. 15,8.

अशरण्य 2) lies *eines* st. *keines* und füge R. 3,35,65 hinzu.

अशास्य auch *nicht zu bestrafen, schuldlos* MBh. 5,98,21.

अशिक्षित 2), die Ergänzung auch im Acc.

अशित्र, streiche den Accent.

अशिमिद्विष् Taitt. Âr. 1,9,5.

अशिरस् auch *wobei man die Strafe nicht auf sich nimmt* Nârada (a.) 2,1,270. Z. d. d. m. G. 9,679.

अशीतकर (Çiç. 6,43), **अशीतमरीचि** (ebend. 7,63) und **अशीतरुच्** (ebend. 9,5) m. *die Sonne.*

अशुद्ध 3) *unbekannt, verdächtig* Jâǵn. 2,266. = अप्रज्ञात Comm.

अशुध्यमान Adj. *nicht rein werdend* Suçr. 1,15,16.

अशुभ 2) zu streichen, da H. 935, Sch. nach Aufrecht यच्छाश्वतः die richtige Lesart ist. Vgl. Çâçvata 661.

अश्राद्ध Adj. *nicht würdig an einem Çrâddha theilzunehmen* Nârada (*a.*) 2,1,178.

अश्रुलेश m. *Thränentropfen* Megh. 103. Bhâg. P. 6,16,32.

अश्रुवदन Adj. (f. आ) *mit Thränen auf dem Gesicht* Bhâg. P. 1,16,19. 17,3.

अश्रोत्रिय auch *woran kein schriftkundiger Brahmane theilnimmt.*

अश्लेषा Maitr. S. 2,13,20 (165,15) nach dem Padap.

अश्ववाह्याली f. *eine Reitbahn für Pferde* Uttamak. 11. Vgl. तुरगवाह्याली (weiter unten) und वाह्याली.

*अश्वोरस n. *ein vorzügliches Pferd* P. 5,4,93, Sch.

*अष्टकिक, nach Kâç. zu P. 5,2,116 und *अष्टकिन्.

अष्टारत्नि Adj. *acht Ellen lang* MBh. 8,72,30.

अष्टावर Adj. als Beiwort von इध्म J. A. O. S. Procc. 1883, Oct. VIII.

1. अस् 8) चिन्तयामासिवान् = चिन्तयामास Hem. Par. 1,327.

2. अस् mit विपरि, विपर्यस्त auch *entgegengesetzt*, mit Abl. Sâm̃khjak. 23.

असंयत्त (vgl. Nachtr. 4) auch *nicht beunruhigt* ṚV. 1,83,3.

असंयत्, so richtiger betont in einigen Hdschrr.

असंयुक्त TS. 2,5,2,5.

असंलक्षित Adj. *unbemerkt* Kathâs. 78,132.

*असंलुलित Adj. *nicht verwirrt* (Haar) Vjutp. 12.

असंवर्तमान, so zu betonen.

असत्यवचन Adj. (f. आ) *unwahr redend, lügnerisch* MBh. 1,74,73.

असंनिविष्ट Adj. *nicht aufgehend —, nicht enthalten in* (Loc.) R. 2,21,57.

असमाधान n. *Unbedachtsamkeit* Kampaka 460.

असमावृत्त Adj. = असमावृत्तक Âpast. 2,6,12.

असंप्रदत्त Z. 2, lies 790 st. 709.

असंभाष्य auch *nicht zur Unterredung geeignet* (Ort) M. 8,55.

असक्त 1) *a*) *b*) auch mit Gen.

असक्त 1) *b*) Nom. abstr. °ता f. Uttamak. 146.

असहाय m. auch N. pr. eines Commentators des Nârada.

2. असाधन 2) zu streichen.

असाध्यमानत्व n. *Undurchführbarkeit* Asahâja.

असामान्य auch *nicht Mehreren* oder *Allen gemeinsam.*

असाहसिक, f. ई Çiç. 9,59.

असुबोध Adj. *nicht leicht zu erlernen* Çiç. 15,19.

असुरविश n. *das Volk der* Asura Ait. Br. 6,36,14.

असूय Z. 3, 1) zu streichen und Z. 4 st. 2) zu setzen Mit अभि.

असूर्यंपश्य 1) Nom. abstr. °ता f. Hem. Par. 2,139.

असूर्म, Whitn. nimmt असूर्म an.

असृक्पङ्कपेषम् Absol. mit पिष् *zu einem Blutsumpf zermalmen* Çiç. 18,45.

असेवा f. *das Nichtfröhnen, das Sichnichthingeben* M. 2,96.

असोढर् Nom. ag. *nicht ertragend* Çâçvata 32.

अस्मैनामन् zu streichen, da Çat. Br. (Chr. 31,29) अस्मै नामार्यम् gemeint ist.

असौष्ठव n. *Schlaffheit, languor.* अङ्गेषु Sâh. D. 222.

अस्खलत् Adj. *nicht strauchelnd, nirgends hängen bleibend* Hem. Par. 1,181.

2. अस्ता, so zu betonen.

*अस्त्रखदिर, vgl. *अस्रखदिर, welches nach Leumann wohl richtiger ist.

अस्त्रीक Adj. *wo Weiber fehlen* (Wald) Hem. Par. 1,128. 167.

अस्थिचित् (Nachtr. 1) streiche *nicht.*

अस्थिर (Nachtr. 3), अस्थिरत्व an der angeführten Stelle bedeutet *Nichtverhärtung.*

अस्फुट n. *Unklarheit des Ausdrucks.*

अस्मद्दात्र Adj. *von uns gegeben* TS. 1,4,43,2.

अस्वार्थ Adj. *nutzlos* Bhâg. P. 6,10,10.

अहकम् Bhadrab. 1,109.

अहंघात m. *Selbstmörder* Kâraṇḍ. 94,23.

अहंमति Adj. *eine hohe Meinung von sich habend* Brahmavaiv. 2,38,22.

अहरादि m. *Tagesanbruch* Çiç. 11,62.

अहार्य 2) *a*) angeblich Kumâras. 5,8; vgl. Zach. Beitr.

अहित 3) f. auch Bez. *bestimmter Adern* Jâǵn. 3,108.

*अहिदत्त Adj. = अहिदत् P. 5,4,145, Sch.

अहिनिर्त्वयनी Çat. Br. 14,7,2,10 fehlerhaft für अहिनिर्ल्वयनी.

अहिपति m. *der Schlangendämon* Çesha Çiç. 9,25.

*अहिफेन, lies n. statt m.

अहिममयूख m. *die Sonne* Kir. 7,9.

अहिमरोचिस् m. dass. Çiç. 11,51.

अहिर्बुध्न्य, so zu betonen. Auch Bein. Çiva's Harshak. (1936) 332,1 (अहिर्बुध्न gedr.).

अहिशुष्मसत्वन्, der Padap. und Sâjaṇa fassen अहिशुष्म als Voc. auf.

अही auch **Kuh* Nigh. 2,11.

2. अहीन 1) *a*) auch *vorzüglich.*

अहीरमणी f. *eine zweiköpfige Schlange* Harshak. (1936) 481,21. Vgl. अहीरणी.

(अह्नवाय्यौ), lies अह्नवायिनौ.

अह्रीतमुख Adj. (f. ई) *schamlosen Antlitzes, schamlos* Âpast. Çr. 13,15,11.

1. आ 3) auch in der Bed. von 2) *c*) α).

आकम्प्र Adj. *zitternd* Çiç. 18,37.

आकलन n. *das Anbinden* Çiç. 5,42.

आकृतिलोष्ट (Nachtr. 1) ist *ein Erdkloss in seiner natürlichen Gestalt;* s. J. A. O. S. Procc. 1883, Oct. VIII.

आकोटना (!) f. *Bestrafung* Asahâja zu Nârada.

आखण्डल 1) so v. a. *Fürst —, Beherrscher von* (im Comp. vorangehend) Vikramâñkak. 18,47.

आखण्डलककुभ् f. *Osten* Vâsav. 252,4.

*आखात, lies m. statt n.

आखु 5), das Sternchen zu streichen.

आखुराज m. *Mäusekönig* Gobh. 4,4,31.

आगमन, 2) zu streichen.

आगम्य (Conj.) n. impers. *veniendum* Kampaka 274.

*आगस्ती f. Patron. von अगस्त्य Kâç. zu P. 6,4,149.

*आगस्तीय Adj. von अगस्त्य ebend.

आगस्विन् m. *Uebelthäter* Alam̃kârav. 110,*b.*

आग्रहारिक Harshak. 179,9 (445,11).

आघर्ष m. *Reibung* Çiç. 12,64.

आघाटन n. = आघाट *Grenze* Ind. Antiq. 6,68. 193. 13,78.

आघोष Nachtr. 3 zu streichen, da ṚV. 8,64,4 आघोषन् Partic. ist.

आङ्गिरस (f. ई), so zu betonen.

आचपराच; vgl. आ च परा च ṚV. 10,17,6.

*आच्युतदन्ति, so zu lesen st. आच्युतन्ति.

*आजकरोणा st. °रोणा Kâç.

आजातशात्रव auch Adj. (f. ई) von अजातशत्रु Çiç. 2,114.

आजिपति, lies 6,6 st. 5,14.

आजिभूमि f. *Schlachtfeld* Çiç. 18,56. 79.

आजीव 2) nach Kern *eine Art von Mönchen,* aber kein *buddhistischer* und auch kein Ǵaina-*Mönch.*

आज्ञाविधायिन् Adj. *Jmds Befehle ausführend, gehorsam* Kathâs. 52,336.

आड्यभुज्, das Sternchen zu streichen.

आञ्जनीकारी, so zu betonen.

आञ्जिगवि m. N. pr. eines Rituallehrers bei Baudhâjana Comm. zu Âpast. Çr. 13,24,12.

*आटीलक n. *das Springen der Kälber.*

*आढ्यपदि, lies द्विदण्ड्यादि st. द्विपद्यादि.

आढ्यराज m. N. pr. eines Dichters Harshak. 1,16 (12,3).

*आणावय्, st. dessen आणपय् P. 1,3,1, Vârtt. 12 in Kielhorn's Ausg.

आण्डपीत (Accent!) Adj. *Eier geschlürft habend* Taitt. Âr. 1,27,6.

*आण्डवत् und *आण्डीर, nach der Kâç. अण्डवत् und अण्डीर.

आतर्पण n. *eine Art Mörtel* oder dgl. Harshak. (1936) 313,12.

आता, lies आताभिस् ohne Accent.

आतायिन् und आताम zu verstellen.

आतितांसु Adj. mit Acc. *überziehen wollend* Çiç. 5,11.

आतींे s. u. आतिं.

आत्मघोष 1) Vâsav. 74,1.

आत्मन्, zu 10) 11) 14) vgl. Zach. Beitr.

आत्मनिवेदन n. *das Sichhingeben* (einem Gotte).

आत्मपरित्याग m. *das Aufgeben seiner selbst.*

आत्मप्रभ Adj. *durch sich selbst glänzend.*

आत्मप्रीति f. *Selbstgenuss, Selbstbefriedigung.*

आत्मबन्धु m. *ein naher Verwandter* (ein Sohn von des Vaters oder der Mutter Schwester und ein Sohn von der Mutter Bruder).

आत्ममय auch *sich selbst gehörig, selbstständig.*

आत्मंभरि, Nom. abstr. °ता f. Harshak. (1936) 395,12.

आत्मरूपं n. *die eigene Schönheit* TS. 6,1,6,1. -

आत्मवश्य Adj. *wen oder was man in seiner Gewalt hat* Bhag. 2,64.

आत्मविकत्थन n. *Prahlerei.* Pl. Verz. d. Oxf. H. 185,b,6.

आत्मवित्ता f. *Selbsterkenntniss* Ragh. 8,10 (ed. Bomb.) nach Leumann.

आत्मश्लाघाकर Adj. in अनात्म°.

आत्मालम्भ m. *Selbstberührung,* so v. a. *Berührung der Herzgegend mit der Hand* Khândogjap. in Dravjaç. 127,a.

आदादिक Adj. *zu den mit* अद् *beginnenden Wurzeln —, zur zweiten Klasse der Wurzeln gehörig* Sâj. zu RV. 10,18,8.

आदिता f. *das Anfang-, Ursprungsein* Çiç. 14,65.

आदित्यारम्भण Adj. *mit dem* Âditja-Graha *beginnend* Âpast. Çr. 13,9,1.

*आदृतत्व n. *das Geehrtsein, Berühmtheit* Çâçvata 190.

आद्यकोल m. = आदिवराह Çiç. 14,43.

आद्याङ्गधारिन् m. *ein Kenner des ersten* Anga *der* Gaina Vardhamânak. 1,51.

आनुकूलिक *gefällig.* Nom. abstr. °ता f. *Gefälligkeit gegen* (Gen.) Çiç. 10,79.

आनशंस m. (sic) *Vorzug, Vortheil, Verdienst* Saddh. P. in der Unterschrift von Kap. 28.

आनेय auch *dem* (einem Gemüthszustande) *man sich hingeben darf* Uttamak. 64. 65. Kampaka 322.

आन्दोलिका f. *Sänfte* Daçak. 17,17.

आपलि m. *eine best.* Gaina*-Secte* Bhadrab. 4 in der Unterschr. v. l.

आपार्ष्णि Adv. *bis an die Fersen* Mâlav. 85.

2. आपि (von पी) Adj. *schwellend, erfrischend* RV. 5,53,2.

आपोद m. Patron. des Rshi Dhaumja MBh. 1,3,21. आयोद v. l.

आभील 2) *traurige Lage* Harshak. 29,17.

आभोग्य als Erklärung von आभोगि Sâj. zu RV. 1,113,5.

आम्रोचत्ती f. N. pr. einer Apsaras Maitr. S. 2, 8,10 (114,20).

आयतसमलम्ब Adj. *rechtwinkelig* Colebr. Alg. 58.

आयान 3) *ein best. Pferdeschmuck* Harshak. (1936) 437,9. Comm. zu 441,11.

आरम्भ 5) **Tödtung;* richtig आलम्भ Zach. Beitr.

आरम्भयज्ञ m. *ein best. Opfer* Vasishtha 26,9.

आरसित 1) Adj. s. u. 1. रस् mit आ. — 2) n. *Gebrüll, Geheul.*

2. आराग्र 2) f. आ *eine best. Anordnung von 11 Opferpfosten in der Weise, dass der mittelste der höchste ist und die übrigen nach beiden Seiten hin niedriger werden,* Âpast. Çr. 14,6,3.

आरादुपकारिन्, Nom. abstr. °रित्व n. Comm. zu Âpast. Çr. 14,5,6.

आरुत n. *Geschrei.*

आरूपित, der Padap. आरूपित.

आरोहण n. auch *das Hervorgehen, Entstehen* Vâsav. 150,2. 3. v. l. रोहण.

आर्तिकर Adj. *Unheil schaffend* Âpast. Çr. 12, 23,12.

आर्षोढा f. *eine nach der Weise der* Rshi *geehlichte Frau* M. 3,38.

आलपित n. *Unterredung mit* (Gen.) MBh. 5,29, 8. *Gerede* Chr. 299,3 (im Prâkrit).

आलम्बनप्रत्ययध्यानशास्त्रव्याख्या f. Titel eines buddh. Werkes M. Müller, Ren. 310, N. 3.

*आलस्यवत् Adj. *träge, faul* Deçin. 1,46.

आलाल *eine best. schleimige Substanz des menschlichen Körpers* Karaka 2, 4. °मेहिन् Adj. *eine solche mit dem Harn entlassend* ebend.

आलोकवत् auch *sehend* (Gegensatz *blind*) Hem. Par. 1,245.

आलोलिका f. *das zum Einschläfern eines Kindes angewendete Summen* Vâsav. 168,6.

आवर्तक 2) lies °र्तिका st. ई.

आवर्तम् Absol. *wiederholend* Kâtj. Çr. 20,2,4. द्विर्हिरावर्तम् 19,3,10.

आवलेखन Adj. (f. ई) *aus einem best. Stoffe gemacht* J. A. O. S. Procc. 1883, Oct. VIII.

आवसथवासिंन् Adj. *im Hause übernachtend* Çat. Br. 12,4,4,6.

आवाप 11) Zach. Beitr.

आविर्भूतत्व n. *das Offenbargewordensein, Erscheinung* Sâj. zu RV. 8,29,1.

आवृतत्व n. *das Geschlossensein* (einer Thür) Pańkat. 195,8.

आवेशिक 2) Vâsav. 286,2.

आशोकेय 2) Patron. oder Metron. Maitr. S. 3,5, 4. Z. 2 ist अशोका zu lesen.

2. आश्विन m. *ein den* Açvin *geweihter Becher mit* Soma Lâtj. 4,12,15; vgl. 5,4,15.

आस्पटी mit कर् Hem. Par. 2,388.

आह्स m. *leises Lachen* Vâsav. 205,1.

आकृतिमत् Adj. = आकृतिवत् Gobh. 1,7,15.

आह्वातर् Nom. ag. *Herbeirufer* Sâj. zu RV. 1, 13,4.

3. इ mit वि, वीत auch *unbrauchbar* und *beruhigt.*

*इकटी oder *इक्कटी f. *eine best. Pflanze* Zach. Beitr.

इङ्गाल m. prâkritisch für अङ्गार *Kohle* Harsha im Comm. zu Vâsav. 191. Vgl. Hem. Pr. Gr. 1,47. 254 und die Anm. zu 1,47.

इतस् 8) इतश्च am Anfange eines Satzes anreihend: *und da, alsdann, und da war* (*geschah*) *es dass* Hem. Par. 1,390. 2,1. 75. 166. Kampaka 57. 72. 87. 107. 130. 241. 289. 352. 364. 367. 474. Uttamak. 26. 31. 47. 62. 81. 113. 156. 163. 188. 226. 238. 240. 320. 330. 347. Çatr. 1,599. 2,454. 3,4. 7,1. 10,2. 133. 303. 399. 933. 14,104. 192. 283. Im letztgenannten Werke wird auch इतस् ohne च ähnlich gebraucht.

इतात Adj. *hinübergelangt* Çiç. 19,118. = प्राप्तपार Comm.

इन्दिन्दिरा, auch *इन्दिन्दिर m. Deçin. 1,79.

इन्दुदल *Mondsichel* Çiç. 16,71.

इन्द्रकर्मन् n. *ein Opfer an* Indra Sâj. zu TBr. 2, 549,6.

इन्द्रसुत m. Patron. Arguna's Çiç. 13,22.

*इन्द्रोत्थापन n. *das Erwecken* Indra's Deçin. 1, 82. Vgl. Wilson, Sel. Works 1,127.

इलासुर m. *ein Brahmane* M. Müller, Ren. 300.

1. इष् mit अतिप्र *darüber hinaus auffordern* Âpast. Çr. 12,27,6. 14,34,4. Vaitân.

इषत्स्विन्न Adj. *ein wenig gesotten* Paddh. zu Mân. Grhj. 2.

इषीकाञ्जि Adj. *rohrartig gestreift* J. A. O. S. Procc. 1883, Oct. VIII.

इष्टनि nach Aufrecht = इषं तन्वन्.

उक्तं als Adj. und n. so betont.

उच्चय 4) = नीवी *Schurz* Deçin. 1,102.

उच्चषक n. (nach dem Comm.) *ein geleerter oder stehen gebliebener Becher* Harshak. (1936) 336,14. = अपगतपानभाजन Schol.

°उच्चिचीषा f. *das Verlangen zu pflücken* Çiç. 7,48.

उच्चैरभिजन Adj. *von hoher Abstammung* Mu-

DRÂR. 131,1 (194,4).

उच्छिन्नक n. *etwas als unbrauchbar Weggeworfenes* Comm. zu NÂRADA (a.) 1,2,36.

उज्जिगमिषा f. *das Verlangen zum Vorschein zu kommen* KÂVJÂL. 37,*a*,1.

उञ्छभुज् Adj. *Aehren geniessend* KÂÇIKH. 11,19.

उत्कण्ठितचित्ती Adv. mit भू *von Sehnsucht nach einem geliebten Gegenstand ergriffen werden* Comm. zu NAISH. 1,37.

उत्कोप Adj. *erzürnt* ALAMKÂRAS. 32,*b*.

उत्कोरक Adj. *dessen Knospen hervorgebrochen sind* HEM. PAR. 1,241.

उत्तमचरित्र m. N. pr. eines Fürsten UTTAMAK. 3. fgg.

उत्तरसाक्षिन् m. *ein indirecter Zeuge, einer der die Aussage eines wirklichen Zeugen gehört hat* NÂRADA (a.) 2,1,150.

उत्तुङ्गित Adj. *in die Höhe gehoben* ÇIÇ. 11,3.

उत्तुङ्गी Adv. mit कर् *in die Höhe heben* Comm. zu ÇIÇ. 11,3.

उत्तेजना f. *das Schleifen* ÇIÇ. 3,6.

उत्पत्त Adj. *mit ausgebreiteten Flügeln* HEM. PAR. 2,212.

उत्पश्य HEM. PAR. 1,407.

उत्पुंसन n. *das Abwischen, Wegwischen, Entfernen* ZACH. Beitr. ALAMKÂRAR. 21,*b*.

उत्पुंसय ist richtig; vgl. Z. d. d. m. G. 32,99 und ZACH. Beitr. उत्पुंसित SUBHÂSHITÂV. 880. ALAMKÂRAR. 22,*a*. Vgl. 2. पुंस्. — Mit समुद् in समुत्पुंसन.

उत्प्रेक्षाक्षेप m. *eine best. rhetorische Figur* Comm. zu VÂSAV. 126.

उत्सङ्गित Adj. *beigemischt* ÇIÇ. 3,79.

°उत्सारिन् Adj. *sich ausdehnend —, sich richtend auf* GÎT. 2,19.

उत्सुक 1) *e*) °म् Adv. so v. a. *angelegentlich* HEM. PAR. 1,398.

उत्सूत्र (Nachtr. 2) auch *vom Faden abgelöst* (Perlen) ÇIÇ. 8,53. Vgl. oben अनुत्सूत्रपदन्यास.

उत्सेद्य (Nachtr. 1), so zu accentuiren nach TS. 7,5,2,1.

उत्सृष्टलोमन् Adj. *das Abschneiden der Haare einstellend* GAUT. 16,8.

उत्सेचन n. s. उदकोत्सेचन weiter unten.

*उत्स्राविन् Adj. *entspringend* SÂJ. zu ṚV. 5,85,2.

*उदकगाह्, lies m. *das sich in's Wasser Tauchen.*

उदकोत्सेचन n. *Wasserlibation* GOBH. 3,3,12.

उदक्शिरस् Adj. *mit dem Kopf nach Norden* GOBH. 2,8,2

उदगपवर्ग Adj. *im Norden abschliessend* ÂPAST. ÇR. 14,5,19.

उदगाह् m. = उदकगाह् ÇIÇ. 8,45.

उदग्वंश Adj. *dessen Tragbalken nach Norden gerichtet sind* KÂTJ. ÇR. 4,7,9.

उदञ्च् 1) Adj. füge „schwach उदीच्“ hinzu. In der Bed. *nördlich* DAÇAK. 85,7.

उदरस्थित Adj. = उदरस्थ (Nachtr. 2) *im Mutterleibe befindlich* HEM. PAR. 2,372.

उदास्थित 1) *ZACH. Beitr.

उदित n. *das Gesprochene, Rede, Worte.*

उदूर्मि Adj. *mit hochgehenden Wogen* HEM. PAR. 1,324.

°उद्ग्राहिणिका (उद्ग्राहणिका?) f. *das Geldempfangen für* KAMPAKA 278.

उद्ग्रीविका f. *das Aufrichten des Halses* VÂSAV. 46,3.

उद्द्योतकर m. N. pr. eines Autors VÂSAV. 235,3. M. MÜLLER, Ren. 290.

उद्धान etwa *übergehend vor Freude* (Augen) HEM. PAR. 1,223.

*उद्रङ्ग, vgl. ZACH. Beitr.

उद्रश्मि Adj. *aufstrahlend* ÇIÇ. 11,42.

उद्रेक Adj. dass. VÂSAV. 24,2.

उद्वासय 1) auch *aus seiner Stelle zu entfernen* MAITR. S. 1,8,4 (119,17).

उद्विजितव्य n. impers. *zu schaudern vor* (Abl.) ÇIÇ. 16,19.

1. उद्वेष्टन n. auch *das Entsetzen* (eines belagerten Ortes) HEM. PAR. 8,307.

उन्मूर्धन् Adj. *mit aufgerichtetem Kopfe* ÇIÇ. 18,32.

उपकरण VASISHTHA 3,57 nach BÜHLER *heaping (pure earth).*

उपकरणीय Adj. *dem ein Dienst zu erweisen ist, dem ein D. erwiesen wird.* Nom. abstr. °ता f. ÇIÇ. 17,66.

उपकर्णम् ÇIÇ. 7,60.

उपकृतिमत् Adj. *mit einer Diensterweisung verbunden* ÇIÇ. 9,33.

उपक्रम auch *das sich an Etwas Machen*, so v. a. *Anstrengung* KAMPAKA 115. fg. 153. 174. fg.

उपचित्र 3) vgl. ZACH. Beitr.

उपधान, vgl. ZACH. Beitr.

°उपनायिन् Adj. *in die Lehre aufnehmend* NÂRADA (a.) 2,1,181.

उपनाह 5) s. oben अनुपनाह.

उपनिनीषु Adj. *darzureichen beabsichtigend* Comm. zu ÂPAST. ÇR. 12,17,4.

उपनिवर्तम् Absol. *wiederholt* ÇÂNKH. BR. 11,5.

उपप्रसन्नर्षि Adv. *zum* Ṛshi Prasanna(kandra) HEM. PAR. 1,470.

उपरक्त 1) Adj. s. u. रञ्ज् mit उप. — 2) *m. Bez. Râhu's H. an. 4,100.

उपरागवत् Adj. *verfinstert* (durch Râhu) ÇIÇ. 20,45.

उपरिमर्त्य bedeutet nach v. BRADKE *die Sterblichen emporhebend.*

उपरिष्टाद्दीक्षित Adj. *zu einer nachfolgenden Weihe in Beziehung stehend* GOBH. 4,5,13.

उपरुदित n. *Wehklage*. Pl. MUDRÂR. 133,18 (198,7).

उपरुद्ध 1) Adj. s. u. 2. रुध् mit उप. — 2) n. *ein abgeschlossenes Gemach.* प्रमदोप° so v. a. *Harem* KATHÂS. 34,259.

*उपरोधम् Absol. *einschliessend, einsperrend* P. 3,4,49.

उपवनम् Adv. *im Walde* ÇIÇ. 6,62.

उपवर्णनीय Adj. *mitzutheilen, anzugeben* Verz. d. Oxf. H. 269,*b*,36.

उपश्लोकयितव्य Adj. *in* Çloka (mit hinzugefügtem श्लोकैः) *zu besingen* MUDRÂR. 55,19 (88,12).

उपसागरम् Adv. *beim* (Ṛshi) Sâgara HEM. PAR. 1,454.

उपस्थित 1) *ZACH. Beitr. Auch = द्वारमेद ebend.

उपाकरण m. *Einleitungsspruch* ÂPAST. ÇR. 12,17,8.

उभयतःफल Adj. (f. आ) *auf beiden Seiten Früchte habend* GOBH. 2,6,6.

उभयतोमोद Adj. *auf beiden Seiten mit der Formel* Moda *versehen* ÂPAST. ÇR. 13,13,8. 15,14. 14,3,4.

उभयतोवाह Adj. (f. आ) *nach beiden Seiten fliessend* BHÂG. P. 6,5,8.

उभयतोविवध Adj. *sich das Gleichgewicht haltend, gleich schwer beladen* KÂṬH. 27,10.

उभयवर्तनिन् Adj. *beide Räder habend* SHADV. BR. 1,5.

उरगाशन ÇIÇ. 5,13.

उल्कपात (fehlerhaft) und उल्कापात (v. l.) m. *das Fallen von Meteoren* GOBH. 3,3,18.

उल्लक *ein best. Fruchtsaft* HARSHAK. 185,4.

उल्लभ्य MṚKKH. ed. CAL. 342,16. fg. fehlerhaft.

उल्लापिक, vgl. लोपिका.

उल्लोच HEM. PAR. 2,134. KALPAS. 104, N. 32. Vgl. ZACH. Beitr.

उल्लोपम् Absol. *herausziehend, — fischend* KAUÇ. 43.

*उष्णीषविजय m. und *°धारणी f. *eine best. Gebetsformel* SCHIEFNER, TÂRAN. 121. 123. 125.

उष्णीषविजया f. N. pr. *einer* Tantra-*Gottheit* ebend. 121, N. 1. J. R. A. S. 1876, S. 50 (°वीजया).

*उष्कार m. *Schildkröte* H. 1353, Sch.

उह्यमानक Adj. *getrieben werdend von* (Wellen, Instr.) MBH. 3,308,26.

ऊढ (wohl n.) *Verheirathung* (eines Weibes).

ऊढात्प्रभृति MBH. 5,83,42.

ऊनेन्दुपूर्णिमा f. *der Mond einen Tag vor dem Vollmond* Çâçvata 195.

ऊरुभङ्ग m. *Schenkelbruch* Vâsav. 297,8.

1. ऊह् mit व्यप 2) व्यपोढ *offenbart, an den Tag gelegt* MBH. 8,34,152. — Mit विनिस्, विनिर्व्यूढ *unverschoben, in regulärer Reihenfolge* Âpast. Çr. 4, 14,9. — Mit प्र 4) *ausnehmen, excludere* Vop. 6, 53, Anf. — Mit निर्वि 4) b) Prij. 6,6.

ऊह्विन् Adj. von Bühler angenommen Vasishtha 16,4. 5. Beide Sûtra sind offenbar verdorben.

ऋञ्जसे Dat. Infin. zu 1. ऋञ्ज् RV. 8,4,17.

ऋण 2) c) d) vgl. Zach. Beitr. 33.

ऋत 1) f) vgl. Zach. Beitr. 48.

ऋतुदेवत Adj. (f. आ) *die Jahreszeiten zur Gottheit habend* Âçv. Grhj. 2,4,12.

ऋद्ध 2) vgl. Zach. Beitr.

एकनाराशंस Adj. *einmal mit dem* Nârâçamsa-*Becher versehen* Âpast. Çr. 12,25,26.

2. एकपति Adj. f. *nur einen Gatten habend.* Nom. abstr. °त्व n. Hem. Par. 2,288.

एकभूयंस् Adj. *um Eins überschüssig, so v. a. unpaar* Gobh. 4,5,21.

एकवर्तनिन् Adj. *einrädrig* Shadv. Br. 1,5.

एकवसन Adj. (f. आ) = एकवस्त्र MBH. 1,130,8. 3,65,60.

एकवारम् auch *irgend ein Mal* Pañkat. ed. orn. 64,22.

एकविंशवर्तनि Adj. *die Bahn für einen* Ekavimçastoma *bildend* TS. 4,3,3,2.

एकसर्ग Çiç. 19,38.

एकस्थालीसहाय m. *ein Gen e, mit dem man aus demselben Topfe isst,* Nârada (a.) 2,1,180.

एकादशाङ्गविद् und एकादशाङ्गिन् m. *ein Kenner der 11* Añga *der* Gaina Vardhamânak. 1,48.

1. एकान्त 1) Loc. so v. a. *unter vier Augen* Daçak. 81,6.

एणतिलक Vâsav. 118,5.

एतत्प्रभृति Adj. *damit beginnend* Gobh. 2,1,24. 3,6.

एष् mit अधि, अध्येषित (buddh.) = अधीष्ट *ersucht, angegangen* J. R. A. S. 1876, S. 27.

ऐकमन्त्र्य n. *das dieselben* Mantra *Haben* Comm. zu Âpast. Çr. 12,24,9.

ऐरण्ड *n. *die Wurzel des langen Pfeffers* Deçin. 1,120.

ऐश्वरकारणिक m. *ein Deist der* Njâja-*Schule* Harshak. (1936) 489,12.

ओघी Adv. mit भू *zu einer Masse anschwellen* Çiç. 18,69 nach der richtigen Lesart.

*ओघोपकरण n. als Erklärung von पवित्र *Besen* Zach. Beitr.

ओषधिहोम m. *eine best. Spende* Âpast. Çr. 20,11.

ओषधीवल्लभ m. *der Mond* Alañkârar. 16,b.

ओष्ठरुचक *reizende Lippen* Hariv. 2233. 12366. Çiç. 10,9 (n. nach dem Comm.). Vgl. अधररुचक und अधरोष्ठरुचक oben und das folg. Wort.

ओष्ठरुचिर dass. Vishnus. 1,8 in derselben Verbindung wie im Hariv.

औत्तक Çiç. 5,62.

औत्कट्य n. *Uebermaass, grosse Menge* Comm. zu Çiç. 5,53.

औदार्चिष Adj. *an* Agni *gerichtet* Çiç. 20,59.

औपेन्द्र Adj. *dem* Vishṇu *eigen u.s.w.* Çiç. 20,79.

औलुण्ड्य, das * zu streichen.

औष्ट्रक 2) Harshak. (1936) 218,7. Çiç. 5,65.

कंस m. auch N. pr. eines Ekâdaçâñgin Vardhamânak. 1,48.

ककुम्मुख n. = दिङ्मुख *Himmelsgegend* Çiç. 20,38.

*कक्किण्ड m. *Eidechse* Zach. Beitr.

2. कक्ष्य 2) a) आबद्ध° Adj. *sich zur Arbeit gerüstet habend* Harshak. 109,4.

कङ्कवाजित Adj. *mit Reiherfedern besetzt* (Pfeil) MBH. 6,116,10.

*कचवर m. = पूरोटि Zach. Beitr.

कचार *Teich* Bhadrab. 2,13. 37.

कचोलक n. *eine Art Wassergefäss* Uttamak. 125. Vielleicht auch 70 so st. चलुक zu lesen.

कच्छपारावत m. *eine Taubenart* Alañkârav. 205,b.

कट 1) f) Vâsav. 75,2.

कटिस्थ Adj. *an die Hüfte gelehnt, so v. a. noch auf den Armen getragen werdend* Hem. Par. 1,228. 2,372. Vgl. J. Jolly in der Deutschen Rundschau 1883/84, No. 13, S. 30.

कणाटीर Vâsav. 100,1. 2.

कणिक्किक angeblich = मणि J. A. O. S. Proc. 1883, Oct. VIII.

कण्डु 1) c) so v. a. *heftiges Verlangen nach* (im Comp. vorangehend) Çiç. 14,72.

कण्डुल und कण्डूल (f. आ) *juckend, so v. a. heftig verlangend nach* (im Comp. vorangehend) Comm. zu Çiç. 17,11. 19,42.

कथंकथा f. *Zweifel* Saddh. P.

2. कथाप्रसङ्ग 2) Kir. 1,24. Zach. Beitr.

कदध्वग m. *ein Irrgläubiger, Ketzer* Bhadrab. 3,85.

कदाशय Adj. *ränkevoll* Kampaka 458.

कनकाम्बुज n. *eine Art Lotusblüthe* Hem. Par. 1,395.

कन्दुकलीला f. *Ballspiel* Kumâras. 5,19. Bhâg. P. 8,12,18. 22. शिरः° *B. mit Köpfen* 5,9.19.

कपिकेतु m. Bein. Arguna's Çiç. 13,18.

*कपीनप m. *ein best. Baum,* = राजादन Comm. zu Harshak. 198,9.

कमेर N. pr. eines Volkes oder Landes Ind. Antiq. 9,127. 133.

कम्बा f. etwa *Masche* Uttamak. 78.

1. कर् mit अन्वव, lies *mit Etwas* (Instr.) *über Etwas* (Acc.) *entlang fahren.* — Mit पर्या auch *umgiessen* Maitr. S. 1,8,3 (119,1). — Mit वि, विकृत auch *gefärbt* Pâr. Grhj. 2,7,17. — Desid. विचिकीर्षित *mit dem man eine Veränderung vorzunehmen wünscht* Bhâg. P. 11,29,34.

*करणेश्वर m. = आत्मन् Zach. Beitr.

करभीय Adj. *für Kamele bestimmt, mit der Pflege derselben betraut* Harshak. 67,10 (218,7).

करालाय्, °यते *Schauder erregend werden* Vâsav. 78,2.

करुण 2) b) Gît. 1,31.

*करोटिका f. = करोटि 1) Deçin. 2,38. 6,3.

कर्णदारिन् Adj. *Ohren zerreissend, — sprengend* (Trommel) MBH. 6,48,21.

*कर्णपाशी oder *°पासी f. = कर्णलालिका Zach. Beitr.

कर्णरसायन m. f. (आ) *ein Zaubertrank für die Ohren, Ohrenweide.*

कर्णरसायनी Adv. mit कर् *zu einer Ohrenweide machen.*

*कर्णलालिका f. = कर्णपाशी Zach. Beitr.

कर्णवंश Vâsav. 149,1.

*कर्णसुवर्ण N. pr. eines Landes Hiouen-thsang.

2. कल् S. 32, Sp. 1, Z. 2 v. u. lies 120,24 st. 120,14.

कलत्र 3) Vâsav. 236,2.

कलशोदधि m. *das Meer als Butterfass* MBH. 1, 17,12.

1. कलि 1) i) *Held* Ind. Antiq. 8,242.

कल्पतरु, कल्पपादप, कल्पवृक्ष u.s.w. auch kurz für कल्पतरुदान u.s.w. *die Schenkung eines künstlichen kostbaren Baumes, der den fabelhaften Baum dieses Namens vorstellen soll,* Hemâdri 1,245. fgg.

कल्पवासिन् Adj. *einen* Kalpa (*Weltperiode*) *bestehend* Bhâg. P. 4,9,20.

कल्पसुन्दरी f. ein Frauenname Daçak. 78,4.

कल्याण 4) d) e) vgl. Zach. Beitr.

कवचधर, richtig कवचहर in der anderen Ausg. 326,6.

कवचय्, °यति *einen Panzer anlegen* Harshak. 152,24 (396,1).

कषायय्, °यति *beschmutzen* und *belästigen* Vâsav. 71,3. 4. Vgl. कषायित.

1. कस् Z. 2 vom Ende, lies Prasannar.

कांस n. (nach dem Comm.) *ein best. Maass,* = द्रोण Gobh. 4,6,13.

*काकनील *ein best. Baum* Zach. Beitr.

*काङ्कुष्ठ Zach. Beitr.

*काचिघ 3) vgl. Zach. Beitr. 86, wo अच्छमण्डके st. शेमण्डके als eine Lesart in H. an. 3,135 angeführt wird. Vgl. auch die Note dazu.

काण्ड 1) *i*) statt रुक्म् lesen Andere सक्म् Zach. Beitr. 19.

काण्डलवण n. *eine Art Salz* Suçr. 2,36,16.

1. काक्ष 2) *f*) vgl. Zach. Beitr.

कापेय, f. ई *eine best. Form der Opferung von 11 Thieren* Comm. zu Âpast. Çr. 14,7,20.

कायसंस्थिति f. = कायस्थिति Bhadrab. 3,91.

कायस्थिति f. *Unterhalt des Körpers, das Zusichnehmen von Nahrung* Bhadrab. 2,57. 3,28.

कायोढज (metrisch statt कायोढाज) Adj. *geboren von einer nach der Weise des* Prağâpati *geehlichten Frau* M. 3,38.

कारंधमिन् 1) *Alchymist, Adept der alchymistischen Philosophie* Harshać. (1936) 489,13.

कारा 3) 5) vgl. Zach. Beitr.

कार्तस्वरमय Adj. *golden* und *kläglich tönend* Vâsav. 144,4.

कार्यकारिन् Adj. *zweckdienlich, erforderlich, nöthig* Ќampaka 75.

1. कालक 5) *d*) N. pr. eines Waldes Vasishtha 1,8.

कालजिह्व Adj. *schwarzzüngig* MBh. 1,71,38.

कालवञ्चन n. *Zeitgewinnung.*

कालातिवाहन n. *das Hinbringen der Zeit* Devibhâg. 3,12,20. 21.

कालोरग m. *eine schwarze Schlange* Vâsav. 191,2.

काव्यजीवज्ञ = शुक्रगुरुबुध und काव्यस्याशयज्ञ: Vâsav. 114,1.

काष m. *das Reiben.* गण्ड° Çiç. 5,43.

काष्ठवाहक m. *Holzträger* Ќampaka 132.

काष्ठशालिक m. etwa *Holzhändler* Ќampaka 4.

काष्ठालुक, lies काष्ठालुकलता f. *die Flaschengurke (die Pflanze)* und vgl. Harshać. (1936) 478,3.

काहल 1) (f. आ) *e*) *f*) und 3) *a*) Çiç. 18,54.

किंस्त्य soll = शङ्ख *Seemuschel* sein; s. J. A. O. S. Procc. 1883, Oct. VIII.

किक्किट oder °टा *ein best. Lockton* Comm. zu TBr. 1,1,9,9. Vgl. किक्किटा.

*किंदरा f. *die Laute der* Ќaṇḍâla Zach. Beitr. Vgl. किंनरा, किंनरी.

किमाहारविहारिन् Adj. *welche Speise geniessend und welchen Vergnügungen nachgehend?* Hariv. 11171.

किशोर auch *ein Thierjunges.* मयूर° Vâsav. 233, 2. Nach Dharaṇi im Comm. ebend. auch = श्रेष्ठ.

किशोरक 1) *a*) Vâsav. 231,2.

कीर्ति 1) *b*). Dass das Wort nicht, wie Kull. zu M. 4,94 und 11,40 annimmt, *Ruhm nach dem Tode* bedeute, ersieht man aus M. 2,9. 5,166. 8,81. Wenn es 4,94 und 11,40 und Spr. 6683 neben यशस् erscheint, so ist damit wohl nichts Anderes gemeint als im Deutschen mit *Ruhm und Ehre.* Dasselbe gilt von यसो वा किति वा in einer Açoka-Inschrift (Z. d. d. m. G. 37,573. 575).

कीर्तिशेष Vâsav. 7,4.

*कुटकण्ठ m. *ein best. Gefäss* Deçin. 2,20.

कुटीरी Adv. mit कर् *zur Hütte —, zur Wohnung erwählen* Vâsav. 264,2.

कुट्टाक 1) *einschneidend, scharf* Harshać. (1936) 413,15. 529,8 (224,22).

कुतस्त्न Adj. (f. ई) *woher kommend? wie möglich?* Bhadrab. 4,88. 99.

कुन्ताकुन्ति Adv. *Speer gegen Speer* Ќampaka 144.

कुमारजीव m. N. pr. eines Autors M. Müller, Ren. 308.

कुमारराज m. Bein. Harshavardhana's ebend. 286.

कुमृत्यु Adj. *einen schlechten Tod habend* Hem. Par. 2,108.

कुयव 3) die Bed. *Missernte* passt nicht in den Zusammenhang VS. 18,10 = Maitr. S. 2,11,4 (142,1) = Kap. S. 28,9. Aufrecht vermuthet मे ऽकुयवम् *keine Missernte.* TS. hat statt dessen कूयवाः (Nachtr. 4).

कुयवाच् (°वाच) ist nach Aufrecht *ein Dämon, der Missernte* (कुयव) *hervorruft.*

कुरहस्य n. *ein niederträchtiges Geheimniss* Kathâs. 32,140.

कुरूता auch ein Frauenname Vâsav. 229,2.

कुलघ्न n. *ein Unheil verkündender Augenblick* Kathâs. 32,95.

कुलबालिका Hem. Par. 2,69.

कुलराजधानी f. *Hauptresidenzstadt* Ragh. 16,36.

कुलिक auch *Richter* Nârada (a.) 2,1,187 nach Vîram. Nach Andern *Haupt einer Kaste.*

कुलिशपाणि m. Bein. Indra's Çiç. 11,43.

कुलुण्ठक m. *Knüttel* Harshać. (1936) 447,9.

कुवैकटिक m. *ein schlechter Juwelier* Harshać. (1936) 402,9.

कुसुमकेतु m. *der Liebesgott* Vâsav. 190,4. 283,4.

कुसुमलावी f. *Blumenleserin* Spr. 3702.

कुसुमशरासन m. *der Liebesgott* Gît. 11,4.

कुहर, vgl. Zach. Beitr.

कू mit उद्, उत्कौति *schreit auf* Sarasvatîk. 1,22.

1. कूट 16) m. oder n. Harshać. (1936) 475,19.

कूयव (Nachtr. 4) n. Sg. Maitr. S. 2,11,4 (142,1), v. l. Vgl. कुयव oben.

कृतलक्षण 1) Adj. (f. आ) *d*) am Ende eines Comp. α) *veranlasst durch* R. 6,95,19. — β) *betreffend, sich beziehend auf* MBh. 13,16,23. Hariv. 5031.

कृतवाप (M. 11,108) und °वापन (M. 11,78) Adj. *kahl geschoren.*

कृत्य 1) *c*) wird auf कर्त् zurückgeführt Zach. Beitr. 45. Dem Worte wird auch die Bedeutung विद्विष्, विद्विष्ट zugetheilt.

कृश m. auch *ein best. Vogel* J. A. O. S. Procc. 1883, Oct. VIII.

कृषितन्त्र Pl. *Feldfrüchte* MBh. 2,5,117.

कृष्टमती Adv. mit कर् *pflügen und walzen* Hem. Par. 2,357. Vgl. मती.

कृष्टसमी Adv. mit कर् dass. Çiç. 12,21.

कृष्णाक्ष m. *ein schwarzer Würfel* MBh. 4,1,25.

केतयितर् Nom. ag. *Aufforderer.* f. °त्री Sâj. zu Ṛv. 1,113,19.

केरलिका f. ein Frauenname Vâsav. 227,4.

केशान्तकरण n. *die Ceremonie des Haarschneidens* Gobh. 3,1,2.

कैतवापह्नुति f. *eine best. rhetorische Figur* Comm. zu Vâsav. 283.

कैदारिक Çiç. 12,42.

कोट्टपुर n. N. pr. einer *Stadt* in Magadha Bhadrab. 1,30. 53.

कोण 6) Harshać. 12,23.

कोलता f. Nom. abstr. zu कोल *Eber* Çiç. 14,86.

कौनाल Adj. (?) Ind. Antiq. 8,242.

कौर्प = कौर्पि, कौर्प्य M. Müller, Ren. 326.

क्रतुकरण n. *eine best. Spende* Âpast. Çr. 12,6, 5. 14,1,5.

क्रन्द् mit अव Caus. 1) zu streichen, wenn चक्रदत् und चक्रदस् zum Simplex gezogen werden.

क्रम् mit प्रत्यति *zurück* (d. i. *auf dem Wege, den man gekommen ist*) *vorüberschreiten* Âpast. Çr. 14,8,9.

क्रीडारसमय Adj. *aus dem Wasser „Spiel" bestehend* Kathâs. 28,99.

क्रुध्मि, so zu lesen st. क्रुध्मिन्.

क्लेदिन् Adj. *nässend, feucht* Kâvjapr. 190,5.

क्षणदाकृत् m. *der Mond* Vâsav. 190,1.

1. क्षत्रिय m. auch N. pr. eines der Daçapûrvin Vardhamânać. 1,45.

क्षमी Adv. mit भू *in die Lage kommen Etwas* (Dat.) *zu vermögen* Hem. Par. 1,229.

क्षार 3) *c*) zu streichen; vgl. Zach. Beitr.

*क्षारकीट m. *ein best. Insect* Zach. Beitr.

1. क्षिप् mit आ 12), lies *verlassen* st. *entlassen.*

*क्षीरमृत्स्न m. *ein best. Baum* Comm. zu Harshać. 198,9.

क्षीरलेह्म् Absol. *an Milch leckend* Kauç. 30.

*क्षीरोदक m. *ein best. Baum* Comm. zu Harshaḱ. 198,9.

क्षुल्लक (?) Hem. Par. 1,336.

क्षुल्लकवैश्वदेव (auch Nachtr. 3), °देवस्य स्तोत्रे (= आज्यानामादिमे स्तोत्रे Comm.) Baudhâjana im Comm. zu Âpast. Çr. 13,1,12.

क्षेपणिक m. *Schiffer, Bootsmann* und Adj. = नाशक Vâsav. 199,1. = कर्करादि Zach. Beitr.

क्षौमदशा f. *ein leinenes Tuch mit Fransen* Gobh. 4,2,32.

3. क्ष्वेडित Partic. *gekaut* Saddh. P. 74,b. Vgl. क्ष्वेड्.

खड्गाखड्गि Adv. *Schwert gegen Schwert* Kampaka 144.

खण्डरक्ष (Nachtr. 2) nach Leumann, Aup. Gl. *Zollwächter.*

खदा soll *eine natürliche Höhle* sein J. A. O. S. Procc. 1883, Oct. VIII.

खरप्राणा *ein best. Geschirr* Harshaḱ. (1936) 482,11.

खर्वी mit भू *klein werden, verkrüppeln* Comm. zu Çiç. 2,63.

खलता f. auch *eine in der Luft schwebende Schlingpflanze,* so v. a. *ein Unding* Çiç. 16,24.

खलु mit einem Absol. so v. a. *stehe ab von* Nir. 1,5. P. 3,4,18. Çiç. 2,70.

खलेकपोतन्याय m. und खलेकपोतिका f. *die Art und Weise, wie eine Taubenschaar über eine Getreidescheune herfällt,* Comm. zu Çiç. 10,16. Alaṁkâras. 86,b.

खल्ल, vgl. Zach. Beitr.

खल्वङ्ग *ein best. Insect* J. A. O. S. Procc. 1883, Oct. VIII.

खात्र (wohl n.) *Bresche.* खात्रं दा *eine Bresche legen, in Jmds* (Gen.) *Haus einbrechen* Kampaka 431. °खनन n. *das Graben von Breschen* Hem. Par. 2,170.

खिखिरत (?) Adj. Vâsav. 156,5. 6.

खुडुल m. N. pr. eines Gelehrten Çâçvata 806. Vgl. XVIII, N. 2.

खेटन auch *das Entgehen* Asahâjâ zu Nârada. Vgl. mahratt. खेटणें.

*खेडु und *°ताल Zach. Beitr.

खोल 2) Harshaḱ. (1936) 437,2. Nach dem Comm. m.

ख्या mit अन्तर् bedeutet *erkunden.*

गगनलिह् Adj. *bis an die Wolken reichend* Çiç. 17,39.

गगनाङ्गण n. *Himmelszelt, Himmelsgewölbe* Vâsav. 183,2. Vgl. नभोऽङ्गण weiter unten.

गङ्ग m. N. pr. eines der 11 Daçapûrvin Vardhamânaḱ. 1,45.

*गङ्गेष्टिका f. *ein best. Baum* Zach. Beitr.

गड 3) *n. गिरिगडम् = पृथुशिला Deçîn. 2,110.

गणरात्र Harshaḱ. 20,21 (69,3).

गणकत्व, n. Nom. abstr. zu गणक 3) *a)* Uttamaḱ. 389.

*गणस्थराज m. *ein best. Baum* Zach. Beitr.

गण्डलेखा f. *Backengegend* Ragh. 7,24. 10,12. Kumâras. 7,82. Kir. 16,2.

गतलक्ष्मीक Adj. *seiner Schönheit beraubt, entstellt* R. Gorr. 1,60,17.

गतस्वार्थ Adj. *nutzlos* Bhâg. P. 1,13,24.

गत्वर (f. ई) am Ende eines Comp. *sich an einen Ort begebend* Harshaḱ. (1936) 477,3.

गन्धन 2) *b) das Verhöhnen* Harshaḱ. (1936) 307,3.

गन्धहस्तिन् 3) N. pr. eines Scholiasten Çîlâṅka 1,3.

गम् mit अभि Caus. auch *zukommen lassen* Sâj. zu R̥V. 9,1,4. — Mit निस् Caus. auch *verlieren, einbüssen* Kampaka 396. 484.

गमनवन्त् Adj. *hingehend, vergehend* Sâj. zu R̥V. 1,113,15.

गमिष्णु, lies *sich zu begeben beabsichtigend* statt *zu d. b.*

3. गर् mit उद्, Harshaḱ. (1936) 367,19 liest स राजको जजागार.

गरुडकेतु m. Bein. Vishṇu's Uttamaḱ. 87.

गर्भ auch **Feuer* Zach. Beitr. 34.

गर्भपुरोडाश m. *ein Embryo*-Puroḍâça. Wird nach dem Paçupuroḍâça dargebracht, wenn ein weibliches Thier trächtig ist, Âpast. Çr. 9,19,6. 7.

गर्मुट्, Harshaḱ. (1936) 478,2 liest गर्मुति st. गर्मुटि. Nach dem Comm. ist गर्मुत् *eine Schlingpflanze.*

गलरन्ध्र n. *Kehle* (sowohl *Luft-* als *Speiseröhre*) Nîlak. zu MBh. 12,283,54. Kampaka 35.

1. गा mit अधि Caus. अध्यजीगपत् Hem. Par. 1,398.

3. गा auch *sagen, sprechen,* — *zu Jmd* (Acc.) Kampaka 126. 137. 338. 438. 472. Uttamaḱ. 107. 285.

गाढवर्चस्, Nom. abstr. °वर्चस्त्व n. Suçr. 1,49,20.

गात्रिकाग्रन्थि m. *eine Art Knoten* Harshaḱ. (1936) 22,4.

गान्धर्वविद्या f. *Musik* Comm. zu Âpast. Çr. 13,7,8.

गिरिरूप Adj. *berggestaltet, bergähnlich* TBr. 3, 10,11,4.

*गुच्छार्क v. l. für गल्वर्क Zach. Beitr.

गुटिकास्त्र n. *ein Bogen, von dem Tonkugeln abgeschossen werden,* Vâsav. 183,1.

गुणरत्नमय Adj. *mit juwelenartigen Vorzügen ausgestattet* Hem. Par. 2,53.

गुप्ती Adv. mit कर् *verstecken, verbergen* Uttamaḱ. 337.

गुमगुमायित n. *das Summen* Vâsav. 141,1.

गुरुवर्तक Adj. = गुरुवर्तिन् R. Gorr. 2,107,19.

गुरुवर्तिन्, Nom. abstr. °र्तिता f. R. 2,115,19.

*गुह्यपतिविद्या f. *ein best. Gebet* Schiefner, Târan. 121.

गूढवर्चस् Adj. *dessen Glanz verborgen ist* Bhâg. P. 1,19,28.

गूढोदक wohl *ein Wassergefäss mit einem engen Halse, so dass das Wasser darin nicht zu sehen ist,* Uttamaḱ. 71.

गृध्रशीर्षन् Adj. (f. °शीर्ष्णी) *geierköpfig* Taitt. Âr. 1,28,1.

गृहाय्, °यते *zu einem Hause werden* Kulârṇava 9,59.

गृहावग्रहणी f. *Hausschwelle, der Platz vor einem Hause* Harshaḱ. (1936) 335,6.

2. गृह्य 1) Maitr. S. 2,9,8 (126,8).

*गोकुणिक m. v. l. für गोकण्टक Zach. Beitr.

गोधनगिरि m. N. pr. eines *Berges* Harshaḱ. (1936) 423,8.

गोप 4) *d)* **Abrus precatorius* Zach. Beitr.

गोपय् mit वि etwa *Jmd blossstellen* Kampaka 269. Ist wohl Denomin. von विगोप.

गोपाचल m. und गोपालगिरि m. N. pr. eines *Berges* Uttamaḱ. 365. S. 305, N. 7.

गोमतल्लिका Çiç. 12,41.

गोमुण्ड m. Vâsav. 192,3. सीमानिर्माणार्थं रक्षार्थं वा क्षेत्रे गोमुण्डः समारोप्यते Comm.

गोरास्य Adj. als Beiw. Kṛshṇa's Pañkar. 4,8,16.

गोलक Gobh. 4,4,26 nach dem Comm. = पलाश.

गोवर्धन m. auch N. pr. eines der 5 Çrutakevalin Vardhamânaḱ. 1,43. — Z. 5 ist 2) st. *b)* zu lesen.

गोविन्दपाल m. N. pr. eines Fürsten J. R. A. S. 1876, S. 3.

गौतम m. auch N. pr. eines der 3 Kevalin Vardhamânaḱ. 1,41.

गौर्जर auch *Guzerat* Uttamaḱ. S. 305, N. 7.

*ग्रन्थावृत्ति f. vielleicht *Citat* Trik. 3,3,278. H. an. 2,299. Med. p. 10.

ग्रहणक auch *Verpfändung.* °के मुच् *verpfänden* Kampaka 410. 473.

ग्रहिली in ग्राहक° mit भू so v. a. *dem Drängen nachgeben* Hem. Par. 2,262.

ग्रामघातिन् m. *Dorfschlächter* M. Müller, Ren. 269.

ग्रामरजक m. *Dorfwäscher* ebend.

ग्रामलेखक m. *Dorfschreiber, Dorfrechenmeister* ebend.

ग्रामेयक, f. ग्रामेयका (!) Harshak. (1936) 477,4.

ग्राम्यमृग Çiç. 15,15.

*ग्रावरोहक m. *Physalis flexuosa.*

ग्राहयितव्य Adj. *zu veranlassen Etwas* (Acc.) *zu übernehmen* Daçak. 91,11.

ग्राह्यरूप Adj. *beherzigenswerth, beachtenswerth* MBh. 1,220,23.

घङ्गशाला f. *ein Gebäude ohne Fenster* Çilâñka 1,415.

घट्, Z. 11 lies 3) st. 2). घटाम् अट् *sich rechtfertigen lassen* Bhadrab. 4,92. 94.

घट्ट् 1) c) * = शुल्कदेश Zach. Beitr.

घण्टाकर्णी f. N. pr. einer Göttin Hemâdri 2,a, 92,1. 2.

घर्मतोय n. (adj. Comp. f. आ) *Schweiss* Çiç. 17,2.

घर्मभानु m. *die Sonne* Çiç. 11,58. 12,67.

घर्मवारि n. *Schweiss* Çiç. 13,45.

घुट् mit व्या, °घुटत् Hem. Par. 1,327. °व्याघुटत् 326. °घुट्य 2,240.

1. घुष् mit आ 1) mit Acc. oder Gen. (RV. 8,64,4).

*घृतलेखिनी f. *Butterlöffel* H. 836, Sch.

चक्रयोधिन् m. N. pr. eines Dânava VP. 1,21,12.

चक्रिन् 2) d) *Fürst, König* Hem. Par. 1,391.

चक्षूराग m. *Augenlust, Augenweide* Râgat. 5,382.

चटचट्, °टति *knistern* Vâsav. 242,4. 243,1.

चतुरवरार्ध्य Adj. *wenigstens vier* Gobh. 4,2,6.

चतुरष्टक Adj. *vier* Ashṭakâ *genannte Tage habend* Gobh. 3,10,4.

चतुर्वक्त्र 1) f. आ Vasishṭha 28,21.

चतुर्विंशिक mit अहन् = चतुर्विंश 3) Sâj. in der Einl. zu RV. 3,35,4.

चतुष्क m. * = स्वस्तिकादि Zach. Beitr.

*चान्दिल m. *Barbier* Zach. Beitr.

चन्द्रकीर्ति m. auch N. pr. eines Fürsten von Uggajinî Bhadrab. 4,33.

चन्द्रगुप्ति m. N. pr. eines Fürsten von Avanti Bhadrab. 2,7. 3,96.

चन्द्रस्थलनगर n. N. pr. einer *Stadt* Kampaka 44. 68.

चन्द्रादिगुप्ति m. = चन्द्रगुप्ति Bhadrab. 3,89.

चर् mit अन्वभ्यव *heranschleichen* Maitr. S. 1, 10,20 (160,17).

चरणक n. *Füsschen* Çiç. 11,3.

चर्च् Caus. auch *besprechen* Harshak. (1936) 447,5.

चर्मपुट *ein lederner Sack* oder *Blasebalg* Harshak. 172,2.

चषक 1) m. Harshak. (1936) 531,2.

चाक्रवाक Adj. *der Anas Casarca entsprechend* u. s. w. Mân. Gṛhj. 1,14.

चातुर्विंशक = चतुर्विंश 3) Sâj. in der Einl. zu RV. 1,165.

*चमरस्नु f. gaṇa देवपथादि in der Kâç. वामरस्नु v. l.

चामुण्ड 3) f. ई N. pr. einer Stadt Harshak. 167, 19 (424,7).

चार 2) c) etwa *Fanggrube* Hem. Par. 1,353.

चारदृश् Adj. *Späher als Augen benutzend* Naish. 1,13.

चारितार्थ्य n. auch *Angemessenheit, das Entsprechen* Comm. zu R. ed. Bomb. 1,2,38.

चालक Zach. Beitr.

चिकिन 1) *stumpf* (Kinn) Harshak. (1936) 481, 3. = स्थूलेषङ्गस्व Comm.

चित्तचौर m. *Herzensdieb, der Liebste* Vâsav. 157,4.

चित्तनाथ m. *Herzensgebieter, der Liebste* Çiç. 10,28.

चित्यग्नि Pl. *die zur* Kiti *dienenden Backsteine* Âpast. Çr. 14,8,6.

चित्ययूप m. *ein Pfosten auf der Leichenstätte* Gobh. 3,3,34. Wird auch als copul. Comp. erklärt.

*चिरप्रसूता Adj. f. *vor langer Zeit gekalbt habend* (Kuh) Râgan. 15,33.

चिरोषित Adj. 1) *lange abwesend gewesen.* — 2) *lange gestanden* —, — *gelegen habend* (von Speisen).

चुट्, चोटयति mit आ *kratzen* Saduktik. 2,414. 5, 13,27.

1. चुम्ब् mit अभि *küssen* Daçak. 90,2. — Mit आ dass. ebend. 40,13.

चुच्छ 1) *triefend* (Augen) Harshak. (1936) 480,15.

1. चूर्णी, streiche das Sternchen davor.

चूष् mit निस् Caus. *aussaugen* Comm. zu Âpast. Çr. 13,17,6.

चेतिष्ठ ist Superl. 1) zu चेतृ *am meisten aufmerkend, wachsam auf* (Gen.) RV. 1,65,9. 128,5. 5,27,1. 7,16,1. 10,29,7. — 2) zu चित्र *am meisten in's Auge fallend* RV. 8,46,20. VS. 27,15.

चौर Adj. *räuberisch* Hem. Par. 2,170.

चौर्यसुरत n. = चौर्यरत Alaṁkâras. 65,a.

छद 2) e) * *Lippe* Zach. Beitr.

*छमण्डल = प्रदेशविशेष Zach. Beitr.

छागरोममय Adj. *aus Ziegenhaar* Çâçvata 102.

छिन्नमस्तकी Adv. mit कर् *enthaupten* Comm. zu Naish. 4,68.

छुट् Caus. छोटित *abgeschnitten* Uttamak. 316.

छोटन n. *das Abschneiden* Uttamak. 300. S. 302, N. 5.

जन्, निर्जात (mit निर्यात wechselnd) bedeutet *vollkommen vertraut mit*, steht also richtig nach.

जनचन्द्र m. N. pr. eines Dichters. Nach Aufrecht richtig जलचन्द्र.

जनरञ्जन 1) Adj. *die Menschen erfreuend* Gît. 1, 19. Verz. d. Oxf. H. 199,b, No. 472. — 2) f. ई *eine best. Gebetsformel* Pañkar. 3,15,32.

जन्मतपोविद्याचारवर्णाश्रमवत् Adj. *durch Geburt, Askese, Wissenschaft, Sitte, Kaste und Lebensstadium hervorragend* Bhâg. P. 5,26,30.

जन्य 4) d) *eine Neuvermählte* Kampaka 243. 313.

जन्यपात्रा f. *Brautfahrt* Kampaka 240.

जम्बू m. N. pr. eines Mannes Hem. Par. 2,53. 59. 71.

जम्बूस्वामि (sic) m. N. pr. eines Kevalin Vardhamânak. 1,41.

जयबाहु m. N. pr. eines Âdjâṅgadhârin Vardhamânak. 1,50.

जयरथ ist richtig.

जयवत् Adj. *der gesiegt hat* Hem. Par. 1,317.

जरिष्ठ Adj. in अजरा° oben.

जलकपि Vâsav. 277,5.

जलकान्त und °कान्ताश्मन् m. *ein best. Stein* Uttamak. 59. 263. 336. °कान्तमय Adj. *daraus bestehend* 52.

जलचन्द्र m. N. pr. eines Dichters Saduktik. 4,273.

जलमानुष 3) f. ई f. zu 1) Vâsav. 98,3.

जलरेखा auch *Wasserstreifen* Spr. 4952.

2. जलवास 4) *f. आ *ein best. Gras* Râgan. 8,148.

जलामत्र n. *Wassereimer* Uttamak. 68. 69. 77. 140.

जाङ्गलीक m. *Giftbeschwörer* Harshak. 30,3. v. l. (95,7) जाङ्गुलिक.

जाञ्झायन (v. l. जाग्मायन) Adj. als Beiwort von उदकपात्र J. A. O. S. Procc. 1883, Oct. VIII.

जात्यरत्नमय Adj. *aus ächten Juwelen bestehend* Hem. Par. 2,47.

जात्यश्व m. *ein Pferd von edler Race* Sâj. zu RV. 1,65,3.

जारूथ्य m. N. pr. eines Fürsten von Ajodhjâ Harshak. (1936) 424,16.

जिघत्नु 2) Nom. abstr. °ता f. Uttamak. 147.

जीवद्भर्तृका Adj. f. *deren Gatte am Leben ist* Sâj. zu RV. 10,18,7.

जीवद्वत्सा Adj. f. *deren Kind am Leben ist.*

*जीवमेषक m. *eine Art Portulak* Râgan. 7,150.

जीवितेश 1) b) c) Ragh. 11,20.

जुक m. ζυγόν, *die Wage im Thierkreise* M. Müller, Ren. 326. Richtig जूक, vgl. Ind. St. 2,259.

जुगुप्सनीय und जुगुप्स्य Adj. *widerlich, eklig* Hem. Par. 1,378. *widerlicher als* (Abl.) 381.

जुङ्गित (s. u. जुङ्ग) m. *ein aus der Kaste Gestossener* Vasishṭha 21,10.

जेमन auch * = मिष्टान्न Râgan. 20,74.

1. ज्ञा mit प्र Desid. Med. *ausfindig zu machen*

suchen oder *durchforschen, durchsuchen* Maitr. S. 2,5,5 (53,19).

ज्ञातेय *verwandtschaftliche Gefühle* Harshač. 31, 3 (98,5). Gedruckt ज्ञातेय und ज्ञातीय, die richtige Lesart in einer Hdschr.

ज्ञानवृद्ध Adj. *den Kenntnissen nach alt* (neben वयोबाल) R. 2,45,8.

1. ज्या mit सम् (संज्ञीयते) = Simpl. 2) AV. 11,3,55 in der Paipp.-Rec. (सर्वाः संज्ञीयते st. सर्वज्यानिं जीयते).

ज्यायु angeblich = ज्या *Bogensehne* J. A. O. S. Procc. 1883, Oct. VIII.

ज्युत् (Nachtr. 3), lies ज्योतते.

ज्येष्ठगृह्य m. *der älteste (erste) Hausgenosse* Çat. Br. 12,4,1,4. Vgl. ज्येष्ठबन्धु (Nachtr. 4).

ज्येष्ठवर्णिन् m. *ein Brahmane* Kâm. Nîtis. 2,19.

ज्योक्ति f. etwa *langes Leben* in einer Formel Âpast. Çr. 13,3,1.

ज्योगपरुद्ध Adj. *längst vertrieben* TS. 2,1,4,7.

ज्योत् mit कर् Simpl. und Caus. *Abschied nehmen, Lebewohl sagen* Comm. zu Harshač. (1936) 354,5. 357,14.

ज्योत्स्नावापी f. *der Mond* Alaṁkârav. 66,*a*.

ज्वलन oder ज्वलन (Padap.) 2) *a*) Maitr. S. 2, 9,1 (120,10).

*ककट Zach. Beitr.

टल्, Caus. टालयति *verhindern, vereiteln* Kampaka 108.

टापरग्राम m. N. pr. eines *Dorfes* M. Müller, Ren. 300.

डीतर zu streichen; vgl. oben अराडीतर.

तंस् mit अप in अपतंसन oben.

तक Bhadrab. 4,22. 151.

तक्राट Vâsav. 73,2.

1. तन् mit अति, °तनन्तः MBh. ed. Vardh. 8,45,43 st. अवरतन्तः der anderen Ausgg. Zu vermuthen ist अधितरन्तः, resp. अवतरन्तः.

तटभू f. *Ufer* Çiç. 8,19.

तटाय्, °यते *wie ein Abhang erscheinen* Alaṁkârav. 38,*b*.

तत्पृष्ठ Adj. *mit dem* पृष्ठ 4) *verbunden* Çâṅkh. Çr. 14,22,6.

तत्रभव Adj. *dort befindlich, dabei verwendet* Comm. zu Âpast. Çr. 14,5,1.

तथाविधान Adj. *Solches ausführend, so verfahrend* Hit. 101,12.

तथ्यवचन n. *Gelöbniss, Versprechen* Pañkat. 5,1.

तद्देवताक Adj. = तद्देवत्य Sâj. in der Einl. zu Ṛv. 10,18.

तद्वसति Adj. *dieses zum Wohnsitz habend, dort wohnend* M. Müller, Ren. 300.

तनितर् Nom. ag. *Zusammenfüger, Ausführer* Sâj. zu Ṛv. 10,39,14.

तनुजन्मन् m. *Sohn* Hem. Par. 1,395. 2,12. 294. 298.

तनुत्रिन् Adj. *gepanzert* Çiç. 19,99.

तनूकर्तर् Nom. ag. *Schwächer, Mitnehmer* (der Feinde) Sâj. zu Ṛv. 5,34,6.

तन्त्रपति m. Zach. Beitr.

तन्त्र्य Adj. *der Doctrin gemäss, gesetzlich* Dattakatilaka in Dattakaç.

तमनी f. Zach. Beitr. Vgl. नाग°.

तमाखु m. *Tabak* Subhâshitaratnabhâṇḍâgâra 131 nach Aufrecht.

तमोमणि 2) Vâsav. 177,2.

1. तर् mit अव Z. 2, lies अवतीर्यता. — Mit समव, °तीर्ण *abgestiegen* Daçak. 46,18. — Mit उद् Caus. 4) Nägel *abnehmen*, so v. a. *beschneiden* Hem. Par. 1,185.

तरण्ड 1) m. oder n. Hem. Par. 2,220.

तरत्सम m. oder °मा f. Pl. = तरत्समन्दी Vasishtha 28,11.

तरवारि *ein einschneidiges Schwert* (nach dem Comm.) Harshač. 166,23. Vgl. Ind. St. 16,38.

तरसारिक s. तलसारिक.

तलक m. auch *ein Wägelchen mit einem Feuerheerde* Harshač. 179,4 (445,3).

तलसारिक, so st. तलसारक Harshač. (1936) 443,14. Nach dem Comm. तरसारिक (so) m. = अश्वमुखपरिकोणीसूत्रमयी oder उरःपट्टिका.

तलारक्ष m. Kampaka 422. Vgl. तलवर bei Leumann, Aup. Gl. und Ind. St. 16,38. तलवारो im Prâkrit ist = तलवर = पुराध्यक्ष Bezzenberger, Beitr. 3,261.

तल्प auch = उपर्याधारो वेश्मनः Zach. Beitr.

तल्लोक Adj. *im Besitz seiner Welt seiend*. Nom. abstr. °ता f. Bhâg. P. 4,24,7.

तान *= तात्पर्य wegen एकतान Zach. Beitr.

तापक 1) Adj. auch *peinigend, bedrängend* Sâj. zu Ṛv. 3,35,3. — 2) m. auch *Kochheerd* Harshač. 179,4 (445,3). — 3) f. *eine Art Bratpfanne* ebend.

ताम्बूलिकसर्प m. *eine Schlangenart* Uttamač. 273.

तायिन् vgl. Zach. Beitr. und Kern in seiner Uebersetzung von Saddh. P. S. 25 u. s. w.

तिग्मद्युति (Çiç. 20,28) und तिग्मभास् (ebend. 45) m. *die Sonne*.

तिरोहितत्व n. = तिरोहितता Sâj. zu Ṛv. 1, 113,4.

तिर्यक्पातिन् Adj. *seitwärts fallend auf* (Loc.) Çiç. 10,40.

तिलक auch = त्रिश्लोकी Zach. Beitr.

तिस्रस्कारम् Absol. *in drei* (Ṛk) *verwandelnd* Âçv. Çr. 5,15,5.

तीक्ष्ण Adj. auch so v. a. *waghalsig* Zach. Beitr.

तीक्ष्णलवण Adj. *brennend salzig* Suçr. 1,34,12.

तीक्ष्णवक्त्र Adj. *mit scharfer Spitze* (Pfeil) MBh. 7,123,30.

तीरभुक्तीय Adj. *aus* Tirbut *stammend* Comm. zu Çâk. (Pisch.) 174,14.

तीर्थ 12) 13) 15) Zach. Beitr.

3. तुज् *Sohn* Bhadrab. 1,101.

तुरगवाह्याली f. *Reitbahn für Pferde* Kâd. 83, 21 (151,12). Vgl. अश्ववाह्याली oben und वाह्याली.

तुलाकोटि, s. Zach. Beitr.

तुलाभृत् m. *die Wage im Thierkreise* M. Müller, Ren. 324.

तुषारघरट्टिका f. *der Mond* Alaṁkârav. 66,*a*.

तुषारत्विष् m. dass. ebend. 74,*b*.

तुहिनक्षितिभृत् m. *der* Himavant Alaṁkârav. 31,*a*.

तुहिनय्, °यति *in Eis verwandeln, mit Eis überziehen* Çiç. 6,55.

*तृणशूल्य n. v. l. für तृणशून्य Zach. Beitr.

तेजन, f. ई auch **Schleifstein Polirstein* Zach. Beitr.

तेजस्क am Ende eines adj. Comp. = तेजस् Sâj. zu Ṛv. 1,116,8.

तैत्तिरीयक 3) n. *der Text der* Taittirîja Sâj. zu Ṛv. 1,65,2. 5. 4,42,8.

त्यज्ञप m. *eine best. Personification* Maitr. S. 2,9,1 (120,12).

त्रयस्त्रिंशवर्तनि Adj. *die Bahn für einen* Trajastriṁçastoma *bildend* TS. 4,3,3,2.

त्रिःपिब Adj. = त्रिपिब Cit. im Comm. zu R. ed. Bomb. 5,11,16.

त्रिणववर्तनि Adj. *die Bahn für einen* Triṇavastoma *bildend* TS. 4,3,3,2.

त्रिपादविग्रह Adj. *dreifüssig* Hariv. 2626.

त्रिवरूथ, auch त्रिवरूथ.

त्रिवाचिक Adj. *durch drei Worte bewirkt* Pañkat. 222,16. 17.

त्वकम् Bhadrab. 1,64. Instr. त्वयका 4,9.

त्वरितविक्रम Adj. *eilenden Schrittes* R. Gorr. 1,43,5. R. ed. Bomb. 7,107,8.

1. त्विष् Z. 6. 7 lies अव st. आ und *wohnen* st. *nehmen*.

त्वैषोरथि zu streichen, da तु रे° gemeint ist.

दक्षजा f. *eine Tochter* Daksha's; Pl. *die Weiber des Mondes* Hem. Par. 2,88.

दंक्षत् und धंक्षत् (Partic. vom Desid von 1. दह्) *glimmend, glostend* Ṛv. 1,130,8. 2,4,7. 10,91,7.

दक्षिणागवी f. Pl. *die Kühe des Opferlohnes*

Comm. zu Âpast. Çr. 12, 19,6

दक्षिणातिनयन m. *der Spruch, mit dem die als Opferlohn bestimmten Kühe nach Süden vorbeigetrieben werden*, Âpast. Çr. 13,6,9.

दक्षिणोत्तर, °राभ्यां पाणिभ्याम् *mit beiden Händen, so dass die rechte Hand oberhalb zu stehen kommt*, Gobh. 1,7,4.

दधिघन, so zu lesen st. दविघन.

दन्तपालि Vâsav. 190,5.

दन्तप्रवेष्ट *ein Reif um den Fangzahn eines Elephanten* Çiç. 18,47.

दन्तवेष्टन n. dass. ebend. Comm.

1. दभ् mit उप *Jmd* (Gen.) *zum Schaden gereichen.* न म इदमुपदम्भिषक् Âpast. Çr. 13,7,13. Zur Form vgl. Ind. St. 4,412.

दमघोषसुत m. Patron. Çiçupâla's Çiç. 16,1.

*दर्दराम्र auch *ein best. Baum* Zach. Beitr.

दर्पक auch = दर्प 1) Vâsav. 209,1.

दर्विभृत् m. *Haubenschlange* Çiç. 20,42.

दलाधीश्वर m. N. pr. (= दलपति) des Verfassers von Nṛsiṁhaprasâda nach Jolly.

दवर und °क m. *Faden, Strickchen* Uttamak. 300. 316. S. 302, N. 5. Kalpas. S. 123, N. 57.

दशरथललिताव्रत, so zu lesen st. दशरथललितव्रत.

दशलक्षण Adj. *Zehnerlei betreffend, — behandelnd* Bhâg. P. 2,9,43.

दशवर्ग m. *eine Gruppe —, eine Zusammenstellung von Zehnen.*

दशवर्षिन् Adj. *zehnjährig* MBh. 13,8,21.

दशवार Adj. *zehnmalig* Pańkar. 1,8,31.

दशावत्त् Adj. *mit Fransen versehen* Âpast. Çr. 12,14,11.

1. दा mit आ, आत्त, so zu betonen.

2. दा, Ṛv. 6,16,26 gehört zu 2. दाश्; s. weiter unten.

दाद m. *Gabe* Çiç. 19,114.

दादद (दाद + द) Çiç. 19,114.

5. दान n. *Brunst des Thieres, Liebesdrang.* Pl. Ṛv. 5,52,14. 8,33,8.

दानवशी Adv. mit कर् *durch Geschenke Jmd bestechen* 114,21.

*दात्तदेव, *दात्तभद्र und *दात्तसेन m. N. pr. verschiedener Männer M. Müller, Ren. 311, N. 1.

दाररक्षितक Adj. *auf den Schutz der Frauen bezüglich* Verz. d. Oxf. H. 216,a,2.

2. दाश् m. (Nomin. दाश्) *Verehrer* Ṛv. 6,16,26.

3. दाश्, दाशति = 1. दास्. Mit आ *verfolgen* (= 1. दास् mit अभि) Ṛv. 6,16,31.

दासीक am Ende eines adj. Comp. von दासी *Sclavin* MBh. 2,49,18.

दाह auch *Verbrennungsplatz* Vasishtha 19,26.

दिङ्गाद m. Vasishtha 13,35 wohl nur fehlerhaft für दिग्दाह.

दिण्डिक 1) m. *ein nackt einhergehender Lehrer* Alaṁkârav. 28,b. — 2) f. आ *Hure* ebend.

दिन्, दिनति *zum Tage werden* Kâvjapr. 270,5.

दिनवार m. *Wochentag.*

दिनादि Çiç. 11,52.

दिवाकीर्ति 2) Hem. Par. 1,184.

दिवाभीत 2) vielleicht Kumâras. 1,12 neben Bed. 1).

दिव्यता auch MBh. 3,252,5.

*दीक्ष्य Adj. = दीक्षणीय, शिष्य Zach. Beitr.

दीर्घकेश 1) f. ई MBh. 2,51,9.

*दीर्घलताद्रुम m. *Shorea robusta* Ratnam. 211. Vgl. लताद्रुम.

दीर्घवेणु m. Pl. N. pr. eines Volkes MBh. 2,52,36.

दुःखवसति f. = दुःखवास MBh. 3,280,43. 5,187,4.

दुःखासिका f. *das Gefühl des Unbehagens, Verstimmtheit* Comm. zu Harshak. (1936) 68,5.

दुग्धमुख Adj. *noch Milch am Munde habend,* so v. a. *blutjung* Hem. Par. 1,103.

दुरध्यय Adj. *schwer zu erlangen* Çiç. 12,11.

दुराधि m. *Unwille* Bhadrab. 1,34.

दुरानेय Adj. *schwer herbeizuführen* Hem. Par. 1,141.

दुरीक्ष Adj. *schwer zu erblicken.* Nom. abstr. °ता f. Çiç. 17,10.

दुर्ध्यान n. *böse Gedanken* Hem. Par. 2,4.

*दुर्नामिका f. *eine Art Muschel* Zach. Beitr.

दुर्भक्त Çiç. 18,76.

दुर्लिखित Adj. *schlecht geritzt* Suçr. 2,332,16.

दुष्यन्त, lies Gatten st. Vaters.

2. दूणाश, für Ṛv. 1,176,4. 7,32,7 nimmt Aufrecht ein Thema दूणाश् an und erklärt dieses mit दुष्टेन विधिना प्राप्तधनः.

2. दूष्य 1) b) *Gewand.* देव° Hem. Par. 2,147. Uttamak. 136.

दृषत्, eher fehlerhaft für रिशत्.

दृष्टपूर्विन् Adj. *von früher her von Angesicht kennend* Hem. Par. 1,212.

दृष्टिविक्षेप, lies *das Hinundhergehenlassen der Augen* Çák. Ch. 16,1.

देवक 4) a) α) देविकाहविस् n. Pl. Âpast. Çr. 13, 24,1. 12.

देवतेज्या f. *Götteropfer* Kâth. Çr. 25,4,14.

देवत्य 1) auch देवत्य; vgl. भ्रातृव्य° (weiter unten) und यजमान°.

देवप्रभ m. N. pr. eines Gandharva Kathâs. 36,113. fgg.

देवयानीय Adj. *zu den Göttern führend* Sâj. zu Ṛv. 10,18,2.

देवलक्ष्म, so zu betonen.

1. देवी f. s. u. 1. देव.

2. देवी Adv. mit भू *zu einem Gotte werden* Hem. Par. 2,415. 419.

देवेज्या f. *Götteropfer* Nir. 12,5.

देहम्भरवार्त्तिक Adj. *nur darauf bedacht den Leib zu ernähren* Bhâg. P. 5,5,3.

दैप Çiç. 11,18.

दैवविधि m. *Schicksal.* Pl. Spr. 7049.

दैवसिक Adj. (f. °सिका) *im Laufe eines Tages erfolgend, — erfolgt* MBh. 3,196,13.

दैविक als Subst. so v. a. *Naturereigniss* Jâgń. 2,66.

दैशिक n. *eine Art Tanz*, geschildert in Nṛtjasarvasva bei Mallin. zu Megh. 35 nach Aufrecht.

दोलायुद्ध n. *ein hinundher schwankender Kampf* Çiç. 18,80.

दोलारूढ Adj. (f. आ) 1) *in einem Palanquin sitzend* Pańkat. 256,16. — 2) *auf einer Schaukel sitzend*, so v. a. *schwankend, in Zweifel seiend, — über* (im Comp. vorangehend). Mit und ohne इव Kathâs. 32,9. 57,102. 67,30. 83,31. 119,190.

द्युरत्न n. *die Sonne* Kâvjapr. 307,8.

1. द्रव्य 10) विनय H. an. fehlerhaft für विनेय Zach. Beitr. Also = 3).

1. द्रा mit अभिप्र *zulaufen auf* (Acc.) Ṛv. 4,19,5.

2. द्रा mit नि, निद्रायित *eingeschlummert* Çaktân. Kap. 4. — Mit विनि, °द्रित *aus dem Schlafe erweckt* Kampaka 361.

4. द्रु 2) *Baum* oder *Ast* Hem. Par. 2,408.

द्वादशवत्सरी f. *ein Zeitraum von 12 Jahren* Hem. Par. 1,466.

द्वादशवर्ग m. *ein Verein —, eine Gruppe von Zwölfen* Verz. d. B. H. No. 875.

द्वादशयोग्य (v. l. द्वादशयोग) Adj. *mit zwölf* (Stieren) *bespannt* Maitr. S. 2,6,2 (64,16).

द्वितीयक 1) f. ई Hem. Par. 1,290.

द्विवृन्ताय्, °यते *zwei Stengel zu haben scheinen* Viddh. 18,16 (किंचिद्विवृन्तायते zu lesen).

द्वैधाकारम् Absol. *in zwei verwandelnd* Âçv. Çr. 6,2,7.

धैन्त s. oben u. द्वैन्त.

धनव् (von धनवत्), °वति *reich werden* Kulârnava 9,60.

धनविपर्यय m. *Verlust des Vermögens* Spr. 6050.

1. धर् mit संप्र, °धारित *getragen*, so v. a. *empfunden* (Schmerz) Hem. Par. 2,14.

धरण 2) f) zu streichen nach ZACH. Beitr.

धरणिदास m. N. pr. eines Lexicographen ZACH. Beitr. 2.

धर्म्, धर्मति *zu Recht —, zum Gesetz werden* KULÂRṆAVA 9,59.

धर्मय्, धर्मयति *Jmd die Gesetze befolgen lassen, gestatten, dass er die vorgeschriebenen Gesetze befolgt*, VASISHṬHA 15,15. 16.

*धर्मयशस् m. N. pr. eines Mannes M. MÜLLER, Ren. 312.

धर्मवाणिज्यक m. = धर्मवाणिजक MBH. 3,31,5.

धर्मवाह् Adj. *das Recht zum Vehikel habend, sich vom Gesetz leiten lassend* MBH. 13,139,44.

धर्मविरोधवत् Adj. *das Recht beeinträchtigend, alles Recht verletzend* R. ed. Bomb. 2,36,29.

धवल 2) c) HARSHAK. 178,8.

2. धवलपक्ष ÇIÇ. 6,45.

1. धा mit अभि, S. 152, Sp. 1, Z. 2 lies अभिभिहित. — Mit अभ्युप 3) streiche Med. — Mit अभिसम् 1) lies (Acc.) st. (Loc.).

धान्यकटक N. pr. eines Landes J. R. A. S. 1876, S. 27. Vgl. BURGESS, Archaeol. Survey of Southern India, No. 3, S. 45. 54. HIOUEN-THSANG 2,110.

धान्यराज (Nachtr. 4), der ganze Spruch VISHṆUS. 48,17.

1. धार 1) f. ई MÂN. GṚHJ. 1,10. 11.

धारलेपक n. wohl *eine best. Begehung* Verz. d. Oxf. H. 62,a,29.

धीता f. *Tochter* ZACH. Beitr.

धूमय् mit अभि, °धूमित in Verbindung mit दिश् = धूमित 2) (wie statt b) zu lesen ist) ÇIÇ. 17,41.

धूमरक्त Adj. *mit Rauch gefärbt* ÇAT. BR. 6,3,1,26.

*धूमरी f. *Nebel* ZACH. Beitr.

धूमोल 1) VÂSAV. 184,1.

*धूर्तलवण n. *eine Art Salz* ZACH. Beitr. 84.

धूर्ति als Beiw. Rudra's MAITR. S. 1,8,5 (121,10). धूर्त statt dessen ÂPAST. ÇR. 6,11,3.

*धूलिगुच्छक wohl = °क ZACH. Beitr.

धूलीकदम्ब HARSHAK. (1936) 486,8.

धृतश्री Adj. *dessen Glück feststeht* ÇIÇ. 3,82.

ध्यान m. *eine best. Personification* MAITR. S. 2,9,1.

*ध्वजवद् m. N. pr. eines Mannes gaṇa तिकादि in der KÂÇ.

*ध्वनिलाला und *ध्वनिलीला f. v. l. für ध्वनिनाला ZACH. Beitr. 92.

*ध्वन्य Adj. ZACH. Beitr.

ध्वस्मन्वत् 1) lies *befleckt*, so v. a. *verunehrt, verläumdet* ṚV. 6,15,12. 7,4,9. Es ist त्वा oder त्वद् zu lesen.

*ध्वाजवत m. N. pr. eines Mannes gaṇa तिकादि in der KÂÇ.

*ध्वाजवतायनि m. Patron. von ध्वाजवत ebend.

*ध्वाजवदायनि m. Patron. von ध्वजवद् ebend.

नक्षत्र m. N. pr. eines Ekâdaçâṅgin VARDHAMÂNAK. 1,48.

नक्षत्रदेवत Adj. (f. आ) *die Sterne* oder *die Mondhäuser zur Gottheit habend* ÂÇV. GṚHJ. 2,4,12.

नगरमण्डना f. *Hetäre* VÂSAV. 142,4.

नगाश्मन् m. *Felsblock* ÇIÇ. 15,10.

नट्, नटित wohl so v. a. *überdrüssig;* mit Instr. HEM. PAR. 1,172. Vgl. HÂLA, S. 27. — Mit वि, °नटित *hinundher tanzend, — schwärmend* (von Bienen) VÂSAV. 180,3. Vgl. विनटन.

नद् mit अभिवि *ein lautes Geschrei erheben.*

नदीमीस = फेनपिण्ड J. A. O. S. Proc. 1883, Oct. VIII.

नदेश m. *das Meer* VÂSAV. 73,1.

नन्द् mit अभि Caus. *erfreuen.*

नन्दनभट्टाचार्य m. N. pr. eines Autors Einl. zu ÇÂÇVATA XI, N. 2.

नन्दिमित्र m. N. pr. eines der 5 Çrutakevalin VARDHAMÂṆAK. 1,43.

नपुंसक 1) MAITR. S. 2,5,5 (53,18. 54,9).

नभोऽङ्गण n. *Himmelszelt, Himmelsgewölbe* VÂSAV. 252,1. Vgl. गगनाङ्गण.

नम् mit विपरि Caus. °णामयते ÇAṄK. zu KHÂND. UP. 6,8,3.

नय, über die Bed. des Wortes bei den Gaina s. ZACH. Beitr. Ind. St. 16,351. fg. 17,39. 63.

नयनवारि ÇIÇ. 11,35.

नरवीर m. *ein heldenmüthiger —, ausgezeichneter Mann* MBH. 3,69,29. °लोक m. so v. a. *die Menschenkinder* Spr. 5467.

1. नरी f. s. u. नर.

2. नरी Adv. mit भू *zu einem Menschen werden* HEM. PAR. 2,415.

नर्मद 3) a) zu streichen nach ZACH. Beitr.

*नर्माली f. ZACH. Beitr.

*नवप्रसूता Adj. f. *vor Kurzem gekalbt habend* (Kuh) RÂGAN. 15,33.

नवलक्षण Adj. (f. आ) *auf neunfache Weise sich äussernd* BHÂG. P. 7,5,24.

नववर्ग m. *eine Gruppe —, eine Zusammenstellung von Neunen.*

नवावसिति (wohl n.) *eine neue Wohnung* ÇAT. BR. 2,3,2,8. KÂTJ. ÇR. 4,13,8.

*नागतमनी f. = नागयष्टि ZACH. Beitr.

नागशर्मन् m. N. pr. eines Purohita BHADRAB. 1,39.

*नागाङ्गना f. v. l. नागाञ्चना ZACH. Beitr. 91.

*नागाञ्चना f. = नागयष्टौ द्विरदस्य च मुद्गरे ZACH. Beitr. 91.

नाडी auch **Riemen* ZACH. Beitr. 49.

नातिपृथु Adj. (f. eben so) *nicht zu breit* VARÂH. BṚH. S. 70,8.

नातिरोहिणी Adj. f. *nicht zu roth* (nach NÎLAK.) MBH. 2,65,33.

नातिलघुविपुल Adj. *nicht zu kurz und nicht zu ausführlich* VARÂH. BṚH. S. 1,2.

नातिलम्पट Adj. *nicht zu lüstern, — gierig* BHÂG. P. 10,81,38.

नातिलोमश (f. आ) *nicht sehr behaart* MBH. 2,65,38.

नातिविलम्बिन् Adj. *nicht gar zu langsam, — gemessen* Nom. abstr. °म्बिता f. H. 70.

नातिवृत्त Adj. *nicht weit entfernt von* (Abl.). यौवनात् so v. a. *noch recht jung* MÂRK. P. 61,11.

नातिवृद्ध Adj. *nicht gar alt.* वयसा *an Jahren* ebend.

नानादेवत Adj. = नानादेवत्य Comm. zu ÂPAST. ÇR. 14,7,4.

नानाबुद्धिरुच् Adj. *dessen Geist an Vielerlei Gefallen findet* MBH. 13,124,28.

नानारत्नाकरवत् Adj. *eine Fundgrube für mancherlei Juwelen habend* VARÂH. BṚH. S. 48,24.

नान्दी = *द्वादशतूर्यनिर्घोष ZACH. Beitr. 89.

नान्दीभाजन n. *ein best. Wassergefäss* UTTAMAK. 80.

नामन् 2) bisweilen tonlos KÂÇ. zu P. 8,1,27.

नारीय्, यते *zu einem Weibe werden* KÂVJAPR. 269,12.

नार्य n. *das Menschsein* BHADRAB. 1,104.

नालीक, vgl. ZACH. Beitr. 85.

नासीर, vgl. ZACH. Beitr.

°निकृन्तिन् Adj. *zerreissend* KÂÇIKH. 27,169.

निक्वाण ÇIÇ. 20,4 nach der richtigen Lesart.

निक्षिप्तवाद Adj. *der das Reden über Etwas eingestellt hat, kein Wort mehr sprechend, — über* (Gen.) MBH. 1,187,29. HARIV. 10797.

निगड m. N. pr. eines Lehrers Ind. St. 4,372.

1. निगद 6) zu streichen. Richtig निगड.

निज़ाम m. *Nizâm* Z. d. d. m. G. 37,546. Vgl. निज़ामशाह.

निटल KÂÇITILAKA 25 nach AUFRECHT.

नित्यस्थ Adj. *beständig seiend in* (Loc.) MBH. 2,31,48.

निदाघवार्षिक Adj. *zum Sommer und zur Regenzeit gehörig.* मासौ MBH. 7,30,10.

निदान 6) vgl. VASISHṬHA 1,14.

निदिद्रासु (Conj.) Adj. *schlafen wollend, schläfrig* RÂGAT. 8,2139.

निधातृ, lies *der welcher in* (die Fussstapfen) *tritt.*

निम्नगापति m. *das Meer* Çiç. 13,20.

निम्नगासुत m. Metron. Bhîshma's Çiç. 13,21.

निरतीचार Adj. *unverbrüchlich* Hem. Par. 1,389.

निरुक्त 2) *a*) am Ende eines adj. Comp. f. आ Bhâg. P. 12,6,58.

निर्दूप्य TBr. 1,8,4,3 fehlerhaft für निरूँप्य.

निर्ऋणिन् Adj. *schuldenfrei* Asahâja zu Nârada.

निरेनस् Adj. *schuldfrei* Çiç. 19,89.

°निरोधक 2) Nom. abstr. °ता f. Sâj. zu Ṛv. 1,113,17.

निरोष्ठ्य n. *das Fehlen aller Lippenlaute* Comm. zu Çiç. 19,11.

निर्कर 2) *a*) *c*) निर्नर v. l. Zach. Beitr. 59.

निर्णीज्, lies 1) *Klärung, Klares.* — 2) *glänzender Putz, glänzendes Gewand.*

निर्नर *m. = तुषाग्नि und अर्काग्न Zach. Beitr.

निर्नाभि, vgl. Zach. Beitr. 36.

निर्निद्रय्, °यति *aus dem Schlafe erwecken* Naish. 19,58.

निर्बर्ह Adj. *ohne Schwanzfedern* (Pfau) Vâsav. 288,5.

निर्भर्त्सन 2) Harshaḱ. bei Zach. Beitr. 40.

निर्भस्मित Adj. *zu Asche verbrannt, zu Nichte gemacht* Çiç. 12,69 nach der richtigen Lesart (निर्भर्त्सित die ältere Ausg.).

निर्यामक auch *Steuermann* Uttamaḱ. 51. 53. 58.

निर्विकार auch *nichts Abnormes habend.*

निर्ह्रादन n. *Geschrei* Kâvjapr. 140,4.

°निलायिन् Adj. *sich niedersetzend auf* oder *in* Çiç. 12,64. Nom. abstr. °यिता f. 6,41.

*निलोपम् Absol. *raubend* Vjutp. 127. *निलोपहारक Adj. ebend.

निवासाचार्य zu streichen, da der richtige Name श्री° ist.

निवृत्तसंतापीय n. *ein best. zu der Gattung der* Rasâjana *gezähltes Heilmittel* Suçr. 2,169,14; 1,10,2.

निशाचर 3) *a*) *b*) Ragh. 11,20.

निश्चयिन् Adj. *fest entschlossen, der festen Ansicht seiend* Hem. Par. 1,444.

निश्चेय Adj. in अ° oben.

निषद्या 2) Çiç. 18,15.

निष्कर Adj. *frei von Abgaben* Vasishtha 19,26.

निष्कालक ist Adj. *der sein Haar geschoren hat* Vasishtha 20,14. 42.

निष्कुटक = निष्कुट 1) MBh. 1,218,16.

निष्पतयालु Adj. *hervorstürzend* Saduktik. 2, 164. 179.

निष्पितृक Adj. *vaterlos* Kampaka 233.

निष्पीडना f. *das Andrücken, Zusammenpressen.* दन्त° Comm. zu Çiç. 10,75.

निष्प्रभित Adj. *des Glanzes beraubt* Saduktik. 2,35.

निष्प्रवाणि auch Subst. Harshaḱ. (1936) 80,15.

निष्फल 1) *b*) 1 (om. abstr. °ता f. Spr. 5853, v. l.

1:नी mit व्यव *ein*zeln eingiessen* Çat. Br. 5,1,2, 19. Âpast. Çr. 11,6,3. 12,27,8. 13,8,2. — Mit समव 1) *zusammenführen, vereinigen.* — 2) *zusammengiessen.* — Mit उप, zu उपनयति Çat. Br. 2,3,2,2 vgl. Oldenberg in Kuhn's Z. 27,281. — Mit अभिप्र auch *hinführen zu* (Acc.).

नीतितत्त्व als eine Bed. von आवाप Zach. Beitr.

नीरदिन् Adj. *mit Wolken bezogen* Çiç. 6,51.

नीरन्ध्र 2) als Adv. am Anfange eines Comp. *ununterbrochen* Uttar. 105,10 (143,2).

नीरराशि m. *das Meer* Çiç. 20,26.

नीराज्य Adj. *rein, klar* Kâçikh. 42,23.

नीरुच् Adj. *glanzlos, der Schönheit beraubt* Çiç. 11,27.

नीलकुण्ड n. N. pr. eines Tîrtha Matsjap. 22,22.

नीलाण्डज m. *eine Hirschart* Harshaḱ. (1936) 487,6.

नीलाश्मन् Çiç. 4,26.

नीलोपल Çiç. 4,1.

नीवी 4) Zach. Beitr. 28. 29.

नीहार (?) Vasishtha 19,14.

2. नु 1) नुवत्तम् *schreiend* Ṛv. 1,29,5 angeblich = पीडयत्तम् Verz. d. Oxf. H. 301,*a*,12.

नुतमित्र ist Adj. *gepriesene Freunde habend.*

नृकुलदेवा f. ein Frauenname Bhadrab. 4,133.

नेत्र n. auch *eine Art Zeug* Harshaḱ. (1936) 315,2. 438,7 (175,11). °वस्त्र Kâçikh. 30,44.

नेत्रपेय Adj. *woran sich die Augen laben* Vâsav. 226,2.

नैगम m. auch *= दृति Zach. Beitr. 88.

नैचिक 2) Harshaḱ. (1936) 129,10.

नैत्रामबाह m. N. pr. eines Fürsten Einl. zu Dalapati's Nṛsiṁhaprasâda (nach Jolly). Vgl. नित्राम.

नैद्र Adj. (f. ई Comm.) von निद्रा *Schlaf* Çiç. 6, 43. 11,5. 14,68.

नैयायिक m. auch *Schiedsrichter* Kathârṇava 19.

नैर्ग्रन्थ्य n. Nom. abstr. zu निर्ग्रन्थ 2) *a*) Bhadrab. 4,108.

नैर्जर Adj. (f. ई) *göttlich* Kâçikh. 64,32.

नैशित्य n. *Schärfe* Comm. zu Çiç. 9,66.

नैहारिक (?) Vasishtha 19,15.

नोपलक्षित Adj. *nicht wahrnehmbar* Bhâg. P. 5,18,30.

नौतन Adj. = नूतन 1) Bhadrab. 4,143.

न्यक्त 3) *a*) न्यक्तेण *vollständig* Çilâṅka nach Leumann.

न्यक्ते Loc. = न्यक्तेन Âpast. Çr. 13,12,9.

न्यस्तवाद Adj. *der das Reden über Etwas eingestellt hat, kein Wort mehr sprechend über* (प्रति mit Gen.) Hariv. 10967.

पक्तिमता f. *Reife* (in übertragener Bed.) Alaṁkâras. 13,*b*.

पक्क 2) *c*) *die verkohlten Reste und die Asche eines Leichnams* AV. 12,3,2. 7. 9. 34.

पक्कर्क nach Aufrecht Adj. *etwas gebildet, — verständig.*

पक्षकृत् m. *Partisan, Anhänger* Vâmanap. 55.

पङ्कपेषम् s. oben असृक्पङ्क°.

पङ्क्तिशस् Adv. *reihenweise* Çiç. 14,33.

पङ्गु 2) *a*) das Sternchen zu streichen.

पङ्गुवासर m. *Sonnabend* Kâçikh. 88,46.

पञ्चकूर्च (wohl n.) = पञ्चगव्य Kâçikh. 59,130.

पञ्चचूडक Adj. = पञ्चचूड 1) *b*) M. Müller, Ren. 299, N. 2.

पञ्चदशवर्तनि Adj. *die Bahn für einen* Paṅkadaçastoma *bildend* TS. 4,3,2,1.

*पञ्चपरिषद् f. *eine alle 5 Jahre stattfindende Versammlung* Hiouen-thsang.

पञ्चरात्रिक Adj. *fünf Nächte (Tage) verweilend in* (Loc.) MBh. 12,192,3.

1. पञ्चवर्ग 1) *d*) *das Quadrat von fünf.*

पञ्चोपचारक Adj. (f. °रिका) *aus fünf Darbringungen bestehend* Çaktân. Kap. 14.

पट् mit वि *ausreissen, fliehen* Çiç. 19,56.

पटमय n. (so zu lesen) Çiç. 5,24.

पटवास Çiç. 6,37.

पटवेश्मन् Çiç. 12,63.

पणसुन्दरी f. *Hetäre* Hem. Par. 2,235. 288.

पण्डितश्रीवर m. N. pr. eines Autors Verz. d. B. H. No. 566.

पण्यवीथी Vâsav. 174,1.

1. पत् mit अभ्युद् Caus. *auffliegen machen zu* (Acc.) Çat. Br. 1,8,2,14. — Mit अभिसम् 1) *hinfliegen, hineilen zu, stürzen auf* (Acc.) — 2) *einherfliegen.*

*पत्तोर्ण n. v. l. für पत्रोर्ण Zach. Beitr. 86.

पत्त्रच्छेद्य ist wohl n. Kâd. (ed. Bomb.) 75,17 bezeichnet es *eine best. Kunstfertigkeit* (केतकादिपत्त्रच्छेदन Glosse). Im Prâkrit पत्तच्छेज्ज Leumann, Aup. Gl.

पत्त्रपति m. Bein. Garuḍa's Çiç. 20,73.

पत्त्रवाह 1) Çiç. 18,73. — 2) Çiç. 20,25.

पथक auch *District, Canton* Ind. Antiq. 6,53. 211.

*पथसुन्दर *eine best. Pflanze* Zach. Beitr. 90. v. l. पत्रसुन्दर.

1. पद् mit विप्रति, °पन्न 1) auch *nicht übereinstimmend, einen Widerspruch enthaltend* Ṛv. Prât. 17,13.

पद्ता auch = पद्व Çiç. 10,75.

पदविराम, so zu lesen st. पद°.

पदाभिक्राम, so zu lesen st. पदाभिक्व.

*पदालिक *eine best. Pflanze* Zach. Beitr. 91.

पद्मकोशी Adv. mit कर् *zum Blumenkelche eines Taglotuses gestalten* Hem. Par. 1,70.

पद्मधर m. N. pr. eines Fürsten Bhadrab. 1,37.

पद्मामृततरंगिणीसोपान n. Titel eines Commentars Z. d. d. m. G. 37,544. fgg.

पयोभृत् m. *Wolke* Çiç. 16,61.

2. पर् mit अव Caus. *hinüberführen, erretten* Sâj. zu Ṛv. 10,39,6.

परमकाण्ड *ein sehr günstiger Augenblick* Vâsav. 202,1.

*परमप्रभ m. N. pr. eines Mannes M. Müller, Ren. 312.

परमर्द्धिक Adj. *überaus glücklich* Hem. Par. 1,483.

परमात्मँ m. *eine best. Personification* Maitr. S. 2,9,1 (120,14).

परमैश्वर्य Sâj. zu Ṛv. 1,165,11.

परद्रूप, Nom. abstr. °त्व n. Sâj. zu Ṛv. 1,65,2.

परवर्ग m. *die Partei eines Andern, eine fremde Partei* Spr. 906.

परागमन n. *das Fortgehen* Sâj. zu Ṛv. 10,18,1.

परागाय् *Blüthenstaub darstellen.* °यित n. impers. Saduktik. 106.

परागिन् Adj. *Blüthenstaub habend* Çiç. 6,11.

पराङ्ग auch *ein Bestandtheil des Folgenden* Sâj. zu Ṛv. 1,13,1.

परापातम् Absol. *davonfliegend* Maitr. S. 1,10, 13 (152,12. 13).

परिकर 2) °श्लोक *versus auxiliaris* Alaṁkârar. 2,a. परिकर allein dass. 6,a. 8,a.

परिक्षति f. *Verwundung* Çiç. 7,31.

परिघट्टन n. auch *das Reiben* Comm. zu Çiç. 9,64.

परिधानी Adv. mit कर् *zum Untergewand machend* Comm. zu Çiç. 13,32.

परिनाभि Adv. *um den Nabel herum* Çiç. 13,11.

परिपाण्डिमन् m. *ein sehr weisses Aussehen* Çiç. 6,36.

परिपिङ्गी Adv. mit कर् *stark röthlich braun färben* Çiç. 20,55.

परिफुल्ल Adj. 1) *weit aufgerissen* (Augen) Çiç. 13,14. — 2) *mit sich sträubenden Härchen bedeckt* Çiç. 13,16.

परिभावुक Adj. mit Acc. *übertreffend* Çiç. 20,69.

परिरम्भिन् auch *umarmend* Çiç. 10,49.

परिवर्तित 1) Adj. Partic. vom Caus. von वर्त् mit परि. — 2) n. *a) Umdrehung.* — *b) die Stelle, wo sich Jmd gewälzt hat.*

परिवलन n. *Umwindung, womit Etwas umwunden wird* Comm. zu Harshak. (1936) 518,7.

परिवस्त्रा f. *Vorhang* Harshak. (1936) 432,9. Die andere Ausg. 172,21 °वस्त्र.

परिविवदिषु Adj. mit Acc. *zu schmähen beabsichtigend* Çiç. 15,73.

परिवृत्त 1) Adj. s. u. वर्त् mit परि. — 2) n. *das Rollen, Sichhinundherbewegen, Sichwälzen* MBh. 11,162 (परिवृत्ति v. l.). Mâlatim. 76,10 (ed. Bomb. 164,2).

परिवृत्ति auch *das Rollen* MBh. 11,6,14.

परिवेदित n. *Wehklage* R. 2,39,40 (Gorr. 38,50). v. l. परिदेवन.

परिवेष 4) *Umwindung, womit Etwas umwunden wird* Harshak. (1936) 518,7. °वेश gedr.

परिव्राजिमन् s. oben अ°.

परिहरणीय, Nom. abstr. °ता f. Çiç. 8,54. 17,61.

परीवाप m. *das Scheeren* (der Haare) Zach. Beitr. 50,1.

परीषह m. *Mühsal, Gefahr.* Pl. Hem. Par. 2,282.

परुष्णँ 3) *a)* zu streichen. Ṛv. 4,22,2 und 5,52,9 (ऊर्णा ist Loc.) ist पँरुष्णी Adj. *zottig.*

पँरोंक्, die Kâṇva-Rec. des Çat. Br. nach Leumann परोङ्क्.

पर्द्, पर्दते Sarasvatîk. 1,22.

पर्युषणा und पर्युषितव्य nicht buddh., sondern in der Sprache der Gaina.

पर्वतरोधस् n. *Bergwand.*

पर्वदक्षिणा f. *der Lehrerlohn für die Erlernung eines best.* Veda-*Abschnittes* Gobh. 3,2,51.

पलाव Sg. *Angel, Angelhaken* Vâsav. 138,3.

पलितंकरण Adj. (f. ई) Vâsav. 297,2. Alaṁkârav. 47,b.

पलितवन्त् Adj. *graue Haare habend* Hem. Par. 1,202.

पवमानसख m. *Feuer* Çiç. 20,71.

पवित्रेष्टि f. *ein best. Opfer* Vasishṭha 22,10.

पश्चिमाचल m. N. pr. *eines fabelhaften Berges im Westen,* hinter dem die Sonne untergehen soll, Vâsav. 44,3.

पष्ठवँह् 1) *a)* Maitr. S. 2,8,2 (108,2). 11,6 (143, 16). Fraglich, ob gerade *vierjährig.* — 2) Maitr. S. 2,11,6 (143,16).

पस्पश Adj. Kâvjapr. 175,5 = निःसार nach einem Comm. (Mittheilung von Aufrecht). Statt पस्पशा f. hat der Comm. zu Çiç. 2,112 पस्पश m.

1. पा mit निस् Caus. *trinken lassen aus* (Abl.) Maitr. S. 2,3,5 (33,5. 6).

पांसुक्रीडन n. = पांसुक्रीडा Vâsav. 82,3.

पांसुविकर्षण n. *das Auseinanderlegen von Sand* (ein best. Kinderspiel) MBh. 1,128,16.

*पांसुसंचार m. Zach. Beitr. 66. 92.

पाकल 2) *a) Elephantenfieber* Harshak. (1936) 267,6.

*पाक्षिपत्तिन् m. wohl = पाक्षिक Zach. Beitr. 85.

पाटलकीट m. *ein best. Insect* Vâsav. 266,3.

पाटलोपल Çiç. 17,3.

पाटविक Çiç. 19,56.

पाटीर 8) vgl. Zach. Beitr. 74.

पाठान्तरय्, °यति *für Etwas* (Acc.) *eine andere Lesart haben* Pischel, die Recensionen der Çakuntalâ, S. 8.

पाडलीपुर n. = पाटलिपुत्र 1) Kâmpaka 403.

पाणिगृहीता Adj. f. *geehlicht* Hem. Par. 2,119.

पाणिग्राहम् Absol. *bei der Hand ergreifend* Çiç. 18,12.

पाणिग्राहवन्त् m. *Bräutigam* Sâj. zu Taitt. Âr. 6,1,3,14.

पाणिपुट *die hohle Hand* Spr. 7784.

पाण्डु 2) ζ) eines Ekâdaçâṅgin Vardhamânak. 1,48.

पाण्डुपत्त्र n. *ein gelbes, welkes Blatt* Çâk. 18.

पाण्डुरय्, °यति *weisslich gelb färben* Vâsav. 231, 3. Vgl. पाण्डुरित.

पात, *°भेद m. = तालकालक्रियाविशेष Zach. Beitr. 88.

पातुक 1) *herabstürzend* Çiç. 3,3.

पात्नीवत m. auch *ein best.* Jûpa Âpast. Çr. 14, 5,9.

पाद auch *Rad* Çiç. 12,21.

पादक 3) *f. पादिका = उपानह् und रसतूर्यणा वेधः स्वर्णादिकस्य Maṅkha bei Zach. Beitr. 72.

पादलग्न 1) auch *am Fusse hängend* 293,10.

पादावनाम m. *eine Verbeugung zu Jmds Füssen* Çiç. 11,35.

पायलिसंघ m. *eine best. Secte der* Gaina Bhadrab. 4 in der Unterschr. v. l.

पारंपरी f. *Aufeinanderfolge* Subhâshitâv. 1489.

5. पार्थ m. und पार्थोन m. παρθένος, *die Jungfrau im Thierkreise* M. Müller, Ren. 326.

पावन 2) *f)* st. व्यासे ist H. an. ऽध्यासे = अर्पे zu lesen; vgl. Zach. Beitr. 88.

पाशी f. = *Strick, Fessel* Çiç. 18,57.

*पिङ्गाणक Zach. Beitr. 91. 92.

पिङ्गेश auch Bein. Agni's MBh. 2,31,44.

*पिचुलिका f. Zach. Beitr. 92.

*पिच्चित Adj. = पिच्चट Zach. Beitr. 86.

*पिच्छोला f. = ओषधि Zach. Beitr. 85.

*पिच्युलिका f. Zach. Beitr. 92.

*पिण्डाभ्र = ओषधिभेद Zach. Beitr. 91.

पितृदेवत Adj. (f. श्रा) Âçv. Gṛhj. 2,4,12.

पितृवित्त 2) n. väterliches Vermögen Varâh. Bṛh. S. 68,39.

पितृव्यक Hem. Par. 2,304.

पित्तोपसृष्ट Adj. an der Galle leidend 216,24.

पिपृतु Adj. Jmd um Etwas zu fragen im Begriff stehend, mit doppeltem Acc. Bhadrab. 2,17.

पिशङ्ग 1) Nom. abstr. °ता f. Çiç. 15,7.

पिशितवसामय Adj. (f. ई) aus Fleisch und Fett bestehend Spr. 6154.

पिशुन 2) a) कप्यास्ये st. कार्पासे (wie im Pet. W. vermuthet wurde) H. an. 3,392 nach Zach. Beitr. 88.

पीड् mit उद् Caus. उत्पीडिततरम् Adv. heftig andrückend (umarmen) Daçak. 47,5.

पीतशेष Adj. beim Trinken übrig geblieben; Subst. die Ueberbleibsel eines Trankes Gobh. 3, 10,24. R. 2,27,8.

°पुंसवत् Adv. (wie bei — und) wie bei dem Manne Hem. Par. 2,190.

पुञ्जय् mit परि aufhäufen Çiç. 13,8.

पुटकिनी Vâsav. 174,2.

पुटभेदन Çiç. 13,26. Bhadrab. 4,46.

*पुणक m. N. pr. eines Mannes Comm. zu Harshak. (1936) 423,12.

पुण्डरीकेतण m. Bein. Kṛshṇa's MBh. 2,24,29.

पुण्यवर्धन als Adj. Verdienst mehrend Hariv. 14554.

पुण्यी Adv. mit कर् heiligen Hem. Par. 1,133.

पुत्रभूय n. Sohnschaft Hem. Par. 2,333.

पुत्ररोदम् Absol. mit रुद् einen Sohn beweinen Khând. Up. 3,15,2.

पुनर्णव und पुनर्नव, Maitr. S. 1,5,6. 7,2.8,4 oxytonirt wie in TS.

पुनर्विवाह m. Wiederverheirathung Sâj. zu Taitt. Âr. 6,1,3,14.

पुनस्तराम् Adv. immer und immer wieder Çiç. 17,6.

पुराणदृष्ट Adj. von den alten Weisen anerkannt, — angenommen Vasishṭha 17,12.

पुरुष auch = पुरुषक 2) Comm. zu Çiç. 5,56.

पुरुषक ebend. als m.

पुरुषवध auch Gattenmord LA. 17,2.

पुल, f. श्रा auch ein best. Gang der Pferde Citat im Comm. zu Çiç. 5,60. Vgl. अर्धपुलायित.

पुलकेशिन् m. N. pr. eines Fürsten M. Müller, Ren. 287. °केशिवल्लभ desgl. Ind. Antiq. 7,163. 8,13.

*पुलायित n. Galopp. Vgl. अर्ध°.

पुलिकेशिन् m. = पुलकेशिन् Fleet im Appendix zu Archaeol. Surv. of W. I. S. 133.

पुष्करविष्टर m. Bein. Brahman's Bhâg. P. 3, 19,31.

पुष्पविशिख m. der Liebesgott Alaṁkârav. 81,b.

पुष्पश्रीदासी f. ein Frauenname Kampaka 189. fgg.

पुष्पाय्, °यते zu einer Blume werden Kulârṇava 5,60.

1. पू, Desid. पुपूषति reinigen wollen Çiç. 14,7.

पूतर auch Svapnak. 2,22.

1. पूति wohl zu streichen, da auch Çat. Br. 1,1,4, 1. 3,1,2,10. 3,18 wahrscheinlich 2. पूति 1) gemeint ist: „Unrein ist ja der Mensch, weil er Unwahres redet; in Folge dessen stinkt er inwendig". Bei der anderen Auffassung würde man अस्य und भवति ergänzen müssen.

*पूरोटि = पुरोटि Zach. Beitr.

पूर्णचात्र n. eine mit Garn voll umwickelte Spindel Gobh. 2,7,7.

पूर्णरथ m. ein voller, ganzer Kriegsheld Kathâs. 47,14.

पूर्णलक्ष्मीक Adj. voller Pracht, — Reichthümer Kathâs. 20,181.

पूर्वभव m. ein vorangegangenes Leben Hem. Par. 1,435.

पूर्वयोग m. Vorzeit, Vorgeschichte Saddh. P. und J. R. A. S. 1876, S. 5.

पूर्वविदेह m. das Land der östlichen Videha. °लिपि f. ein best. Art zu schreiben.

पूर्वविप्रतिषेध m. ein Conflict zweier Bestimmungen, bei dem die vorangehende die folgende aufhebt, Comm. zu Âpast. Çr. 2,19,9. 5,27,5.

पूर्वोपक्रम Adj. (f. श्रा) von vorn oder im Osten angefangen Gobh. 4,2,16. Vgl. दक्षिणोपक्रम (Nachtr. 3).

पृथग्देवत Adj. seine besondere Gottheit habend Sâj. zu RV. 8,29,1.

पृथग्रसमय Adj. aus je einem besondern Saft gebildet Bhâg. P. 4,18,25.

पृष्ठताप m. die Mittagszeit MBh. 1,111,25.

2. पृष्ठा steht an unrechter Stelle.

पेंकि ein best. Vogel Svapnak. 1,98.

पैन्य n. Nom. abstr. von पीन Dhâtup. 9,46.

पोट (m. nach dem Comm.) angeblich = शकल Harshak. (1936) 478,8. Es ist aber wohl nach Kern पोटगल st. पोटद्दल zu lesen. — पोटा Hermaphrodit ebend. 413,13.

पौणकि m. Patron. von पुणक Harshak. (1936) 423,12.

प्या mit अन्वा anschwellen u. s. w. nach (Acc.) Maitr. S. 2,2,7 (21,11. 14).

प्रखादे führt Aufrecht auf खद् = खिद् zurück.

प्रघण 1) Harshak. (1936) 100,8. n. nach dem Comm. प्रघाण v. l.

प्रघाण 1) Harshak. 31,14. प्रघण v. l.

*प्रज्ञाचन्द्र m. N. pr. eines buddh. Gelehrten M. Müller, Ren. 312.

प्रणेत्र in वार्युप्रणेत्र.

प्रतट ein hohes Ufer Çiç. 20,70.

प्रतिग्रह 11) Zach. Beitr.

प्रतिजनम् Adv. in Jedermann Çiç. 14,59.

प्रतिपादुक Adj. mit Acc. wiedererlangend Çiç. 20,39.

°प्रतिमोक m. das Umlegen, Umhängen Comm. zu Çat. Br. 5,4,5,3. 6. 14. Vgl. Kâtj. Çr. 15,8,8.

प्रतियुवम् Adv. zum Jüngling hin Çiç. 8,35.

प्रतियूपम् Adv. Pfosten für Pfosten Âpast. Çr. 14, 5,20.

प्रतिरसित n. Wiederhall Venis. 22.

प्रतिरिपु Adv. gegen den oder die Feinde Çiç. 17,39.

प्रतिवनिता f. Nebenbuhlerin Çiç. 8,44.

प्रतिवर्गम् Adv. Gruppe für Gruppe Kâtj. Çr. 9,4,20.

प्रतिवारित 1) Adj. s. u. 1. वर् mit प्रति Caus. — 2) n. Verbot.

प्रतिवेश्म Adv. in jedem Hause Çiç. 13,37.

प्रतिष्ठासु Adj. aufzubrechen —, zu gehen beabsichtigend Çiç. 2,1.

प्रतिसंलीन n. vollständige Zurückgezogenheit (um sich der Meditation hinzugeben) Lalit. 184,17.

प्रतिसंस्कारणा f. Wiederherstellung Nachr. von der Kön. Ges. der Wiss. in Göttingen 1884,47.

प्रतिसंस्कारम् Adv. bei jeder Begehung Âpast. Çr. 14,5,4.

प्रत्यंश (auch Nachtr. 4) Lalit. 103,3.

प्रत्यंसम् Adv. auf die oder den Schultern Çiç. 8,68.

प्रत्यक्षधर्मन् Adj. die Verdienste (der Menschen) vor Augen habend MBh. 3,260,2.

प्रत्यनुप्रास m. eine Art Alliteration Comm. zu Çiç. 4,68.

प्रत्याकलित auch ein Nachtrag des Klägers zu der niedergeschriebenen Aussage zweier Rechtender Nârada (a.) 1,2,21.

प्रत्युक्तत्व n. das Widerlegtsein Çaṁk. zu Bâdar. 507,2.

प्रत्युरस 2) Çiç. 20,48.

प्रभूतता f. Menge, grosse Anzahl Çiç. 17,40.

प्रलब्धर् Nom. ag. Hintergeher, Betrüger MBh. 3,246,10.

*प्रलम्फन n. Sprung ÇKDr. unter लम्फ.

प्रलीनेन्द्रिय Adj. dessen Sinne erschlafft sind.

Nom. abstr. °त्व n. Sâj. zu Ṛv. 1,113,8.

2. प्रवयण 2) Çiç. 13,19.

प्रवर्तमानता f. *das Sichanschicken zu* (Loc.) Sarvad. 58,12.

प्रवाँचे Dat. Infin. zu वच् mit प्र Ṛv. 9,95,2.

प्रवालक n. *Koralle* Hemâdri 2,a,47,5.

प्रवाह् 1) a) *Fluss* als Bez. der *Kapitel* in Saduktik.

प्रविलम्बित 1) Adj. in अति° oben. — 2) n. *langes Zögern* Z. d. d. m. G. 27,73.

प्रवृत्त 3) f. आ N. pr. einer Unholdin Mârk. P. 51,42,b (zu lesen अथ प्रवृत्ता सा).

प्रवेष्ट, s. दन्त° oben.

प्रवेष्टर् nicht in Comp. Sâj. zu Ṛv. 1,13,6.

प्रशस्ति auch *Wohlgefallen, Lust zu Etwas*, z. B. *Esslust* Ṛv. 1,70,5. 181,1.

प्रसृतिंपच, अम्भः° so v. a. *nur wenig Wasser gebend* Alaṅkâras. 26,b. Alaṅkârav. 72,a. Alaṅkârar. 10,b.

प्रहेतव्य Adj. *wegzuschicken, zu entlassen* Kampaka 206.

प्राग्लज्ज Adj. (f. आ) *anfänglich sich schämend* Râgat. 4,37.

प्राग्वंशिक Adj. von 2. प्राग्वंश 2) Comm. zu Âpast. Çr. 13,23,3. 14,7,16.

प्राग्वाटकुल n. N. pr. eines *Geschlechts* Bhadrab. 4,157.

प्राङ्मुखाख्यान Adj. = प्राङ्मुख 1) Sâj. zu Ṛv. 10,18,3.

प्राचीनमात्रावासस् n. *ein best. Kleidungsstück der Frauen* Âpast. Çr. 10,9,11.

प्राचीप्रतीचितस् Adv. *von Ost oder von West* Uttamak. 133.

प्राणभाज् Adj. *Leben habend*; m. *ein lebendes Wesen* Çiç. 18,79.

प्रातिकूलिक, Nom. abstr. °ता f. Çiç. 10,70.

प्रातिपक्ष Adj. *dem Feinde —, dem Gegner gehörig* Çiç. 18,28.

प्रापयितर् Nom. ag. *der erlangen lässt, verleiht*, f. °त्री Sâj. zu Ṛv. 1,113,7.

प्रावृषिज Çiç. 16,75.

प्रावेश्य in अ° oben.

प्रासादिका f. *ein Zimmer auf dem Dache eines Hauses* Harshak. (1936) 335,13.

2. प्रियवचन Adj. *freundlich redend* Sâj. zu Ṛv. 1,13,8.

प्रियवच्य n. = प्रियवाद Âpast. Çr. 14,12,9.

प्रियाजन m. Pl. *die Geliebten* (f.) Çiç. 13,55.

प्रियाय् auch *sich befreunden mit* (Instr.) Ṛv. 3,53,9.

प्रीणयितर् Nom. ag. *Erfreuer*. f. °त्री Sâj. zu Ṛv. 4,42,10 (प्रीणायित्री fehlerhaft).

प्रेपस्विन् Adj. *eine Schmeichelei enthaltend* Kâvjâl. 40,a.

प्रोषध m. = पोषध *Fasten* Bhadrab. 3,15.

प्रोष्ठिल (प्रोष्ठिल?) m. N. pr. eines Daçapûrvin Vardhamânak. 1,45.

प्लाविन् auch *fliessend von* (im Comp. vorangehend) Çiç. 12,47.

*फङ्गा f. *ein best. Gemüse* Zach. Beitr.

*फरक m. = फलक oder स्फरक *Schild* Zach. Beitr. und Nöldeke in Sitzungsberichte der Berliner Akademie 1883, S. 1109.

बक, am Ende hinzuzufügen: 2) f. ई) a) *f. zu बक 1) a) Comm. zu Vâsav. 99. — b) = पूतना (die Unholdin).

बकुलमालिनीपरिणय, बकुलाभरणचाटु (Opp. Cat. 1,5153. 5637) und बकुलारण्यमाहात्म्य n. (Burnell, T. 196,a) Titel von Werken.

बटरक n. Pl. *kreisförmige Lichterscheinungen vor dem geschlossenen Auge* Ait. Âr. 353,7.

बटुचरित्रनाटक n. Titel eines *Schauspiels* Opp. Cat. 1,5638.

बडिश m. 1) (selten) (*f. आ und ई) und n. a) *Angel, Haken zum Fangen von Fischen*. Vgl. बिडिश. — b) *ein best. chirurgisches Instrument in Hakenform*. — 2) m. N. pr. eines Mannes.

बँद्ध् Çat. Br. 13,8,1,15. 3,10 = वँधि.

बन्ध 13) auch *Depositum*. बन्धे स्था so v. a. *in Verwahrung bleiben* Kampaka 466.

2. बन्धुर 1) a) f. आ Hem. Par. 2,85.

°बन्धुरीय MBh. 6,2659 fehlerhaft für °बन्धुरेष.

बप्प und °क m. N. pr. eines Fürsten.

बप्पनील N. pr. eines Landes Râgat. 8,1990 (व°). 1991.

बराती, बराशि Hem. Par. 1,186.

*बरिशी f. *Angel*. व° geschrieben.

*बरीवर्द m. = बलीवर्द *Stier*. व° geschrieben.

बलक m. N. pr. 1) eines Dämons, = 2. बल 2) c) a). — 2) eines Dânava (verschieden von 1). — Vgl. वलक.

बलारि m. Bein. Indra's Mṛkkh. 174,1, v. l. Bhâm. V. 2,31.

बलिद्वेषिन् m. Bein. Vishṇu's Alaṅkârav. 179,a.

*बलिश n. 1) *Angel*. — 2) *ein aus einem Gelenk hervorbrechender Spross*. — व° geschrieben.

*बलिशि und *बलिशी f. *Angel*. व° geschrieben.

बलिह् s. u. वल्ह् mit उप.

बलीवाक m. N. pr. eines Muni MBh. 2,109. v. l. बलिवाक.

बल्ज़ूक Adj. Kâtj. Çr. 22,4,20 = वल्ज़ूक.

बँष्किह्, so zu betonen. Vgl. वँष्किह्.

*बष्ट = मूर्ख Zach. Beitr.

बस्त्य in वाँजबस्त्य.

बहिर्दृश् Adj. *oberflächlich* (Person) Çaṁk. zu Çâk. (Pisch.) 182,5.

बहिर्योग 1) °गे *in der Verbindung mit* बहिस् könnte auch so v. a. *im Gegensatz zu* ब° bedeuten.

बहुदर्शिन् m. *ein erfahrener, kluger Mann* Çâçvata 142.

बहुरत्नाय्, °यते *viele Juwelen bergen* Ind. St. 15,248 (वहु र° gedr.).

बहुरूपिन् Adj. *vielgestaltig* Bhâg. P. 4,17,3.

बहुवक्तव्य Adj. *worüber sich viel sagen lässt* Râgat. 5,67.

बहुसंख्याक Adj. *zahlreich* Sâj. zu Ṛv. 10,18,12.

बाणरेखा f. *eine von einem Pfeil herrührende lange Wunde* R. 5,11,24.

बाणीय m. *ein Trabant des Bâṇa* Hariv. 11017 (S. 790) = 2,119,93.

1. बाध्, Desid. बिबाधिषते *verjagen wollen* Comm. zu Âpast. Çr. 14,7,3.

बाधयितर् Nom. ag. *Bedrücker*. f. °त्री Sâj. zu Ṛv. 10,18,10.

*बार्ध (वार्ध) n. Nom. abstr. von बृढ (वृढ).

*बार्बर Adj. *im Lande der Barbaren geboren*.

*बार्बरक Adj. von बर्बर.

*बालतनय, vgl. Zach. Beitr.

बालमरण n. bei den Gaina *die Art und Weise, wie ein Thor stirbt* (deren 12, darunter der Selbstmord), Uttamak. 150.

बालवत्सा Adj. f. *deren Kind noch ein Knabe ist*.

बाष्पोत्पीड, so zu lesen st. बोष्पोत्पीड.

बास्तिक n. *eine Menge von Böcken* R. 2,77,2.

बाहुबलिन् *m. N. pr. einer Person Zach. Beitr.

बाहुविमर्द m. *Faustkampf*.

बाह्याश्व m. N. pr. eines Mannes Hariv. 1,32,65. v. l. वाह्याश्व.

बाह्लीश्वर m. Pl. N. pr. einer Dynastie VP.² 4,157.

बिन्दुप्रतिष्ठानमय Adj. (f. ई) *den* Anusvâra *zur Grundlage habend*.

बिन्दुराजि m. *eine Schlangenart* Suçr. 2,265,16.

बिन्दुल m. *ein best. giftiges Insect*. वि° geschr.

बिल 2) b) hierher wohl Kumâras. 6,39.

बिलायन n. *Höhle, Versteck unter der Erde* Bhâg. P. 5,24,16.

बिल्ह 2) Suçr. 2,433,2 विल्ह geschrieben.

बिल्ववृत्तमाहात्म्य n., बिल्वारण्यमाहात्म्य n. und बिल्वाष्टक n. Titel von Werken Burnell, T.

*बिसशालूक m. (!) *Lotuswurzel*. Gedr. विष°.

बिसोर्णा f. *die Fasern des Unterstengels einer Lotuspflanze* Âpast. 1,23,2.

बुद्धक्षेत्रसमाधि, lies st. dessen बुद्धक्षेत्रवरलोचन.

बुद्धिल m. N. pr. eines Daçapûrvin Vardhamânak. 1,46.

बुद्बुद 1) a) auch **eine blasenähnliche Verzierung* Zach. Beitr.

बृहत्क्षत्रपति m. *ein best. Beamter* Bühler, Rep. 52.

बृहल्लक्षहोम m. *ein best. Opfer* Verz. d. B. H. 91,5.

बोधचित्तविवरण fehlerhaft für बोधि°.

बोधिचित्तविवरण n. richtig.

बोधिचित्तोत्पादनशास्त्र n. Titel eines buddh. Werkes M. Müller, Ren. 308.

बोधिसत्त्वचर्या f. *der Wandel eines* Bodhisattva Lalit. 103,4. J. R. A. S. 1876, S. 4.

ब्रह्मचारिवासिन् Adj. *als Brahmanenschüler wohnend* TS. 6,3,10,5.

ब्रह्मरसासव m. Brahman's *Nektar* Bhâg. P. 4,4,15.

ब्रह्मलौकिक Adj. Brahman's *Welt bewohnend* Jâgn. 3,194. MBh. 13,150 (151),46.

बुद्बुदका f. *ein best. Wassergefäss* Uttamak. 66. Man könnte बृहद्दका oder बृहद्दका vermuthen.

भक्तोग्यावापृथिवी f. Du. Bez. *der Gottheiten, denen der* Garbhapuroḍâça *dargebracht wird*, Comm. zu Âpast. Çr. 9,19,6.

भक्तोग्यावापृथिव्य Adj. *den beiden eben genannten Gottheiten geweiht* Âpast. Çr. 9,19,6. 7.

भगवृत्ति Adj. *von der vulva lebend* Nârada (a.) 2,1,183.

भगीन in विशो° und वैशभगीन.

भण्डिमन् m. *Betrug* Bhadrab. 4,90. 152.

भद्र 2) g) β) vgl. Zach. Beitr.

भद्रदोस् m. N. pr. eines Mannes Bhadrab. 4,174.

भद्रबाहु 2) *ein best. vierfüssiges Thier* Mâdhavîja Dhâtuvṛtti unter बाध् लोडने nach Aufrecht.

भद्रबाहुचरित्र n. Titel eines Werkes, herausgegeben von H. Jacobi in Z. d. d. m. G. 38,19. fgg.

भद्रभुज m. N. pr. eines Mannes Bhadrab. 1,129.

भद्राकरण auch *das* Karaṇa भद्रा Hemâdri 1, 762,17.

*भन्द् Zach. Beitr.

*भम्भराली Vâsav. 242,3.

भयाय्, भयायते *sich fürchten* Phetkâriṇî-Tantra 10 nach Aufrecht.

भर्तृभट्ट m. N. pr. = भर्तृमेण्ठ M. Müller, Ren. 314.

भल् mit निस् Caus. Saduktik. 4,183.

भलापय्, °यति *übergeben* Pañkad. 49. Uttamak. 355. S. 305, N. 1.

भवनन्दन m. Patron. Skanda's Vâsav. 223,1.

भस्म = भस्मन् *Asche*. भस्मस्य Çiva-P. (SK.) 28,77.

भस्मित Adj. *zu Asche —, zu Nichte gemacht* Vâsav. 186,6.

भागानुभाग Instr. *mit grösserem oder geringerem Antheil, in verschiedenem Verhältniss* MBh. 3, 276,8.

*भाञ्जी nach Durgâdâsa zu Vopadeva = पङ्कव्यञ्जनविशेष:. Mittheilung von Aufrecht.

भाण्ड्य n. *Possenreisserei* Subhâshitâv. 771.

*भात्कूट m. v. l. für भाकूट Zach. Beitr.

भानुतनया f. Patron. der Jamunâ Çiç. 13,25.

भारक, f. भारिका *Menge* Çiç. 17,63.

भारिन् Adj. auch *schwer* (Çiç. 19,66) und von einem Tone so v. a. *tief aus der Brust kommend* (Çiç. 19,33).

भावयतिन् m. *seinem Wesen —, seinem Leben nach Asket* Hem. Par. 1,465.

भावयती Adv. mit भू *wie ein wirklicher Asket zu leben anfangen* Hem. Par. 1,443. 458. 2,184.

भावाव Çiç. 19,86. = भावान् (= जन्तून्) अवति Comm.

*भिलाबिडाल m. (?) P. 6,2,72, Sch.

1. भिद् 7) mit मन्त्र *Verrath schmieden* Daçak. 19,8.

2. भिद् 2) d) *Unterschied* Vâgbhaṭâlaṁkâra 1,20 nach Aufrecht.

भिदेलिम Saduktik. 4,273.

भिन्नकी Adv. mit कर् *theilen, absondern* Çiç. 11,1.

भिन्नरुचि Adj. *verschiedenen Geschmack habend* Ragh. 6,30. Mâlav. 4.

भिषक्त्व n. *das Arztsein* Sâj. zu RV. 8,29,5.

भीमपूर्वज m. Bein. Judhishṭhira's Çiç. 16,44.

भीष्मकात्मजा f. Patron. der Rukmiṇî Çiç. 16,48.

भुक्तशेष auch Adj. *beim Genuss —, beim Essen übriggeblieben* R. ed. Bomb. 2,27,8. Pañkat. 252,10.

3. भुज् mit उप Desid. *zu geniessen* (ehelich) *Willens sein* Hem. Par. 1,380.

भुजबलिन् m. N. pr. eines Gaina-Lehrers Vardhamânak. 1,53.

भुवद्वत् Maitr. S. 2,6,1 (64,9).

2. भू 1) als m. *Sohn* Hem. Par. 1,357.

भूतता f. *Wahrhaftigkeit* Vâsav. 204,1.

भूदार *Schwein und das Aufwühlen der Erde* Kâçikh. 3,37.

*भूमिगर्भ m. N. pr. = भवभूति Gal.

भूमिगोचर m. *ein Erdenbewohner, ein Mensch* Uttamak. 339.

भूमिरुह auch Svapnak. 1,14. 2,52.

भूमिवर्धन *Leichnam* und zugleich = भूभार Çiç. 19,105.

भूयिष्ठता f. *grosse Anzahl* Çiç. 12,11.

भृङ्गरोल Vâsav. 261,2. Auch *Biene* und *ein best. Vogel* Dharaṇi ebend.

भेदनीय 1) Nom. abstr. °ता f. Hem. Par. 1,371.

भैरवप्रादुर्भावनाटक n. Titel eines *Schauspiels* J. R. A. S. 1876, S. 28.

2. भोग 1) i) deren acht Ind. Antiq. 4,276,a [57]; vgl. 278,b, N. 1.

भोगावास (adj. Comp. f. आ) *Schlafgemach* Vâsav. 51,2.

*भोगिक auch *Oberhaupt eines Dorfes* Zach. Beitr.

भ्रावायनै auf भ्रूँ zurückgeführt Maitr. S. 2,7,19 (103,15).

भ्रमरकेतु m. N. pr. eines Râkshasa Uttamak. 31. fgg.

भ्रमराय्, °यते *eine Biene darstellen* Subhâshitâv. 1994.

भ्रस्ता f. = भस्त्रा *Schlauch* Âpast. Çr. 13,9,8.

भ्रातृव्यदेवत्यं (f. आं), so betont TBr. 2,2,6,4.

2. म 2) vgl. 4. मा.

*मकरमुख 1) = मकराकारधारिन्. — 2) = जलनिर्गमनद्वार. — 3) = जानूर्ध्वावयव Zach. Beitr.

मङ्क 1) Harshak. (1936) 424,9.

मङ्गल्यनामन् Adj. v. l. für मा° Maitr. S. 4,4,6.

*मङ्गल्यार्हा, lies 5,56.

*मच्चिपत्त्र Râgan. 10,175.

मञ्जराय्, °यति *mit Blüthensträussen verzieren* Vâsav. 232,1.

मड्डुक v. l. für मण्डुक *Trommel* und *Schildgriff* Zach. Beitr.

मणिचीर n. wohl *ein mit Edelsteinen verziertes Gewand* MBh. 2,52,36.

मणिद्वीप m. 1) **die Haube der Schlange* Ananta. — 2) N. pr. einer mythischen *Insel*.

मण्डल 3) a) Vâsav. 74,1.

मण्डलत्व n. *Runde, Rundung* Çiç. 18,9.

मण्डलबन्ध m. *das Bilden einer Rundung* Çiç. 20,48.

मण्डलासन Adj. *im Kreise sitzend* Çiç. 12,38.

मण्डुक auch *eine Art Trommel* Zach. Beitr.

मतिसागर m. N. pr. eines Mannes Kampaka 146.

मदनशलाका 1) oder 2) Vâsav. 106,4.

मदाम्बु n. *Brunstsaft* (des Elephanten) Çiç. 12, 47. 60. 17,38.

मदाम्भस् n. dass. Çiç. 17,68.

मदालस 2) a) auch N. pr. einer Tochter des Râkshasa Bhramaraketu Uttamak. 93.

मदोदक n. = मदाम्बु Çiç. 17,37.

मधु 4) h) Pl. Bez. *bestimmter* Anuvâka Vasishṭha 22,9.

मधुच्छत्त्र *ein best. Baum* Vâsav. 44,3. 261,2.

*मधुतरु m. *Zuckerrohr* Comm. zu Vâsav. 287.

मधुतृण Vâsav. 287,1.

मधुवार Çiç. 10,14.

मधूदश्वित n. *Buttermilch mit Honig* oder *süsse Milch mit Wasser* Kauç. 31.

मधूद्वाप m. Pl. (?) Kauç. 29.

मध्यम, f. आ auch *Mitternacht* Zach. Beitr.

मध्यमपर्णा auch Gobh. 4,4,26.

मध्यमेष्ठेय Adj. = मध्यमस्था Maitr. S. 2,12,5 (149,3).

मध्येवार्धि Adv. *im Meer* Hem. Par. 2,9.

मध्येश्मशानम् Adv. *auf der Leichenstätte* Svapnak. 1,55.

मध्वृच् f. Pl. Bez. *bestimmter Hymnen* Vasishtha 28,13.

मनन n. auch *Ehrenbezeugung* Sâj. zu Ṛv. 1,165,4.

मननवन्त् Adj. *mit Ehrenbezeugungen verbunden* Sâj. zu Ṛv. 1,165,2.

मननीय Adj. *schätzenswerth* Sâj. zu Ṛv. 1,165,13. 15.

मनसिजबृसी f. *der Mond* Alaṁkârav. 66,*a*.

मनोत m. = मनोता 1) Citat im Comm. zu Âpast. Çr. 14,7,6.

2. मन्त्रवर्ण Adj. (f. ई) *spruchartig* Bhâg. P. 5,24,30.

मन्त्रवशी mit कर् *durch einen Zauberspruch bemeistern* Hem. Par. 1,190.

मन्दयितर् Nom. ag. *Erfreuer* Sâj. zu Ṛv. 1,165,15.

मन्दविभ्रंश Adj. *leicht ablösend, — abführend.*

मन्दाक्ष m. oder n. *zu grosse Nachsicht* Harshak. 18,5 (62,6).

मन्दिमन् Vâsav. 47,2. 75,1. 165,3.

मयका Instr. = मया Bhadrab. 2,49.

मयूरात m. N. pr. eines Lehrers M. Müller, Ren. 299, N. 2.

मराल 2) *a)* Nom. abstr. °ता f. Hem. Par. 1,392.

मरुजुष् m. *Wüstenbewohner* Alaṁkâras. 32,*b*.

मरुताङ्क m. *ein best. Thier* Svapnak. 2,18.

मरुमण्डल n. N. pr. eines Landes Uttamak. 8. S. 305, N. 7.

मर्त्यी Adv. mit भू *ein Sterblicher —, ein Mensch werden* Hem. Par. 2,415. 419.

मलयरुह् m. *Sandelbaum* Çiç. 11,14.

मल्लकूट N. pr. eines Dorfes Harshak. 39,19.

*मल्लारिष्टा f. *eine best. Pflanze* Râgan. 10,168.

2. मसी Adv. mit भू *sich schwarz färben* Çiç. 20,63.

मह्दाशा Daçak. 18,16 nach Bühler *hopes of (obtaining) liberation.*

मह्यै, so zu betonen.

महस्वसर n. *die grosse Stätte* Çat. Br. 4,3,5,20. Âpast. Çr. 13,10,1. Nach Weber ist महस्वसरस्य in Çat. Br. महः स्वसरस्य; vgl. Kâtj. Çr. 10,4,13.

महाक्षपणक m. N. pr. eines Lexicographen Zach. in der Einl. zu Çâçvata X.

महान्नप m. *eine best. Personification* Maitr. S. 2,9,1 (120,12).

महाप्रबन्ध m. *ein grosses literarisches Werk* M. Müller, Ren. 314.

महाप्रेत m. *ein grosser Verstorbener, — Geist.* ब्रह्मा विष्णुश्च रुद्रश्च ईश्वरश्च महाशिवः । एते पञ्च महाप्रेता भूताधिपतयो मताः ॥ Citat aus Rudrajâmala beim Schol. zu Ânandal. 94 nach Aufrecht.

2. महाभाग्य Adj. *überaus glücklich.* Nom. abstr. °ता f. Daçak. 17,20.

महाराष्ट्रवरिष्ठभाषामय Adj. *in der Sprache der Mahratten, der vorzüglichsten der Sprachen, abgefasst* Ind. Ind. 15,188.

महार्यसिद्धान्त m. Titel eines astron. Werkes M. Müller, Ren. 319, N. 2.

महाललाट Adj. *eine grosse Stirn habend* R. 3,55,4.

महाविराव Adj. (f. आ) *laut schreiend, — tosend.*

महाश्वेता f. N. pr. einer Göttin Harshak. 39,3. Nach Einigen = रविस्थदेवता.

महीतलविसर्पिन् m. *ein Erdenwaller* Hariv. 12085.

3. मा 15) मिते neben संमित Maitr. S. 2,11,1 (140,4). — Mit आ 1) *bilden, hervorbringen* Ṛv. 3,38,7. — 2) *herbeischaffen* Ṛv. 10,56,2. — Mit सम्, संमित Maitr. S. 2,11,1 (140,4).

माङ्गलिक्य Adj. = माङ्गलिक 1) *b)* Alaṁkârar. 14,*b*. Alaṁkârav. 205,*b*.

मातृका H. an. 3,81 vgl. Zach. Beitr.

मातृकुल, मातृदास und मातृविष्णु m. N. pr. verschiedener Männer M. Müller, Ren. 314, N. 1.

मात्रिक 1) vielleicht ist मृगमातृकाः die richtige Lesart.

मानास Adj. *den Hochmuth vertreibend* Çiç. 19,33.

मार्दलिक m. *Trommelschläger* S. S. S. 182. 183.

*मालुकाच्छद m. *ein best. Baum* Zach. Beitr.

मालुधान 1) *ein best. Thier*, aber wohl nicht *eine Schlangenart* Harshak. (1936) 479,7. Vgl. मान्धाल u. s. w.

माषीण Harshak. (1936) 443,1.

माहिष 3) n. *Frauengemach* J. A. O. S. Procc. 1883, Oct. VIII.

1. मिते s. oben u. 3. मा.

मिथःकृत्य etwa *eine gegenseitige Verpflichtung* MBh. 1,204,4.

मिथ्यालिङ्गधर Adj. *falsche Abzeichen tragend, nicht das seiend, was der Schein besagt,* Verz. d. Oxf. H. 58,*b*,34.

मिथ्याहारविहारिन् Adj. *verkehrte Nahrung zu sich nehmend und verkehrten Vergnügungen nachgehend* Suçr. 1,252,21.

मिन्दा f. auch Bez. *der Sprüche* यन्म आत्मनो मिन्दाभूत् und पुनरग्निश्चक्षुरदात् (TS. 3,2,5,4) Âpast. Çr. 13,17,8.

मीनमत्स्य m. Du. *die Fische im Thierkreise* M. Müller, Ren. 323.

मील् mit आ Caus. चैतन्यम् *das Herz verschliessen,* so v. a. *ganz in Beschlag nehmen* Mahâvîrak. 29,16.

*मुकुलिका und *मुखघण्टिका f. *das zum Einschläfern eines Kindes angewandte Summen* Comm. zu Vâsav. 168.

मुखवर्ण m. *Gesichtsfarbe.*

मुखेन्दुबिम्ब n. *Antlitzmond* 314,21.

मुखोत्कीर्ण, so zu lesen st. मखो°.

मुग्धद्वीप m. N. pr. einer *Insel* Uttamak. 26. S. 288, N. 6.

मुण्डन m. N. pr. eines Wesens im Gefolge Çiva's Kâçîkh. 66,31.

2. मुद् 5) in einer buddh. Inschr. (येषां मुद्विभवः परः परमुदः स्वप्ने ऽपि नाभूत्तनौ) nach E. Hultzsch.

मुष्टिघातम् Absol. mit हन् *mit den Fäusten dreinschlagen* Çiç. 18,12.

मुहूर्तभुवनोन्मार्तण्ड m. Titel eines Werkes M. Müller, Ren. 300.

मूलिक m. auch *Wurzelverkäufer* Nârada (a.) 2,1,182. Nach Andern मूलं विप्रलम्भस्तत्कारी.

मृगकेतन m. *der Mond* Alaṁkârav. 66,*a*.

1. *मेघपुष्प 2) nicht *Hagel*, sondern *eine best. Heilpflanze* Zach. Beitr. — 3) नादेय = वेतस die richtige Lesart ebend.

मेचकित, das Sternchen davor zu streichen.

मेठ 1) Harshak. (1936) 443,12.

मेण्ढ (?) Bhadrab. 4,18.

मेदपाट N. pr. eines Landes Uttamak. 7. 363. S. 305, N. 7.

*मेरुकदम्बक Zach. Beitr.

मैत्रावरुणचमसीय Adj. *in der Schale des Maitrâvaruṇa befindlich* Âpast. Çr. 12,16,11.

मैत्रीपारमिता f. *die höchste Stufe des Wohlwollens.*

मोक्षण 3) f. ई *die Zauberkunst Jmd zu befreien* Hem. Par. 2,182.

मोक्षवार्त्तिक Adj. *auf die Erlösung bedacht* MBh.

12,320,174.

मोघाय्, °यते *zwecklos werden, Nichts mehr zu bedeuten haben* Alaṁkârav. 205,*b*. Alaṁkârar. 14,*b*.

मोटपल्ली f. N. pr. eines am Meere gelegenen Landes Uttamak. 161. 189. 334. 344.

*मोर m. *Pfau* Zach. Beitr.

म्लानिमन् m. *das Verwelktsein, Verwelken* Vâsav. 48,3.

यज्ञतनू, füge am Ende hinzu: — *b) bestimmter Backsteine*.

यथाप्राग्र Adv. *möglichst schnell* Âpast. Çr. 7,13,3.

यदृच्छाभिज्ञ m. *ein zufälliger Zeuge* Nârada (a.) 2,1,150.

यातक n. in रथ° weiter unten.

युवराज 3) und युवराजदिवाकर, lies Saduktik. st. Sarasvatîk.

रक्तकमलिनी f. *eine Gruppe von rothen Lotusblüthen* Vâsav. 173,2.

रक्तपट्टमय Adj. *aus rothem Zeuge verfertigt* Vâsav. 172,6, v. l.

रक्तमण्डलता f. in verschiedenen Bedd. Vâsav. 230,3.

रक्ताशय = उरस् Bhâvapr. (Hdschr.) 16,*b* nach Aufrecht.

1. रज्ञ् Z. 1, lies सज्जति.

रणाखल *Schlachtfeld* Vâsav. 293,2.

रतिबन्धु m. *Geliebter, Gatte* Çiç. 11,52.

रत्नरत्न n. *die Perle der Perlen* Daçak. 20,6.

रत्नाकर 4) *d)* Pl. eines Volkes MBh. 2,50,21.

रत्नादिनन्दिन् (d. i. रत्ननन्दिन्) m. N. pr. eines Muni Bhadrab. 4,173.

रथयातक n. Instr. so v. a. *zu Wagen* Bühler, Rep. LXXXVII,8 in einer scenischen Bemerkung.

रशनसंमित auch Âpast. Çr. 14,6,10.

रैसवन्त Z. 6, lies Anarghar.

1. राजन् als Bez. *der Zahl sechzehn* Verz. d. Oxf. H. 172,*b*,20.

राजीमती f. N. pr. einer Frau. °परित्याग m. Titel eines Werkes Alaṁkârat. 8,*a*.

रात्रिभव Adj. *in der Nacht stattfindend* Comm. zu Âpast. Çr. 14,3,9.

रिपव्, °वति *zum Feinde werden* Subhâshitâv. 3128.

रिभ् bedeutet TS. 7,1,1,3 (vgl. Maitr. S. 1,8,2 [117,8. 9]) und Ait. Br. 1,25,15. 6,32,8 *glänzen*; vgl. Ind. St. 16,32.

रुष् (vgl. रूष्), रुषित *bestäubt, bestreut, beschmiert* Kir. 1,34. — Mit अधि, °रुषित dass. ebend. 10,46. — Mit प्रति, °रुषित dass. Anarghar. 3,51.

रुद्रावास Kâçikh. 26,4.

2. रुध् 14) प्रियं ज्ञातिं रुन्ध्यात् Âpast. Çr. 8,6,22.

रुधिरमय Adj. (f. ई) *blutig* Anarghar. 7,5.

रुमा f. N. pr. einer Oertlichkeit Sarasvatîk. 1, 49. Kâçikh. 18,62.

रूप 2) *c)* Pl. N. pr. eines Volkes MBh. 2,50,21.

रैणुकेय Anarghar. 4,56.

रौद्राक्ष Adj. *aus Galaeocarpus Ganitrus gemacht* Anarghar. 4,27.

लकार 3) euphemistisch für लिङ्ग *penis* Subhâshitâv. 2400.

लक्ष्मीनारायण 2) füge m. vor N. pr. hinzu.

लङ्घ् mit अति Caus. auch *hinüberspringen über* (Acc.) Daçak. 85,4.

लडहचन्द्र m. N. pr. eines Dichters Z. d. d. m. G. 36,557.

लड्डु n. Padjâvalî 117.

ललितोक m. N. pr. eines Dichters Z. d. d. m. G. 36,557.

1. लिह् mit नि, °निलीढ *aufgeleckt*, so v. a. *ergriffen* —, *übermannt von* (Schlaf) Daçak. 5,15.

SANSKRIT-WÖRTERBUCH

IN KÜRZERER FASSUNG

BEARBEITET

VON

OTTO BÖHTLINGK.

SECHSTER THEIL.

व — ष.

VORWORT.

Unter den zahlreichen Nachträgen und Verbesserungen zu diesem Theile befinden sich auch Beiträge von einem Gelehrten, der mir sein Scherflein in einem anonymen Briefe aus Oxford zuzusenden die Freundlichkeit hatte. Hat der liebenswürdige Mann aus Bescheidenheit sich nicht nennen wollen, so glaube ich doch keine Indiscretion zu begehen, wenn ich die gegründete Vermuthung ausspreche, dass der leider so früh verstorbene J. Schönberg jenen Brief an mich gerichtet hat. Meinen Dank, der für ihn zu spät kommt, mögen seine Freunde entgegennehmen.

Verzeichniss der in diesem Theile neu hinzugekommenen Citate von Werken nebst Angabe derjenigen Gelehrten, denen ich die Mittheilungen aus diesen Werken verdanke:

Alaṁkâraç(ekhara), lith. Ausg. Benares 1923 (Th. Aufrecht und R. Pischel).

Auḱitj(âlaṁkâra) (R. Pischel).

Bydragen (tot de Taal-, Land- en Volkenkunde van Nederlandsch Indie) (H. Kern).

Çâk. (Kâçm.) ist die von K. Burkhard in den Sitzungsberichten der phil.-hist. Klasse der Kais. Ak. d. Ww. in Wien, Bd. 107, veröffentlichte Kaçmirer Çakuntalâ-Handschrift (C. Cappeller).

Çukas(aṁdeça) in Journal of the Royal Asiatic Society of Great Britain & Ireland, Bd. XVI.

Ǵâtakam(âlâ), Hdschr. (H. Kern).

Ḱandrâloka (R. Pischel).

Kâvjâl(aṁkâra des Rudraṭa) (R. Pischel).

Kshem(endra's Kavikaṇṭhâbharaṇa), herausgegeben von J. Schönberg in den Sitzungsberichten der phil.-hist. Klasse der Kais. Ak. d. Ww. in Wien, Bd. 106 (C. Cappeller).

Nidânas(ûtra) (A. Weber).

Paramârth(asâra) (Th. Aufrecht).

Rudraṭâlaṁkâraṭ(ippaṇaka, auch Rudraṭakâvjâlaṁkâraṭ. genannt) (R. Pischel).

Sahṛdajâloka (R. Pischel).

Sarasvatîk(aṇṭhâbharaṇa), Calcutta 1883 (C. Cappeller).

Subhâshitaratnabh(âṇḍâgâra) (Th. Aufrecht).

Tattvak(aumudî) (H. Kern).

Vâgbh(aṭa's Alaṁkâra), Calcutta 1883 (C. Cappeller).

Weber, Bhag(avatî).

Leipzig, den 4ten April 1886.

O. Böhtlingk.

1. व Indecl. = इव wie 20,2 (Conj.).

2.*व 1) m. a) = सान्त्वन, वन्दन, मन्त्रणा, वसति, वरुण, वरुणालय, कल्याण, बलवन्त्, बाहु, वस्त्र, शार्दूल, शालूक und वात. — 2) f. आ going; hurting, injury; an arrow; weaving; a weaver (wohl m. वा, Nomin. वास्). — 3) n. = प्रचेतस् und वरुणबीज.

वंश 1) m. (adj. Comp. f. आ) a) Rohr, insbes. Bambusrohr; auch *Zuckerrohr und *Shorea robusta. — b) die Sparren und Latten eines Hauses, die auf den Balken aufliegen; insbes. die in der Längenrichtung des Daches laufenden, welche die Orientirung des Hauses anzeigen. — c) Querbalken, Querstrich, Diagonale. — d) Rohrpfeife, Flöte Çiç. 2,90. — e) Rückgrat. — f) Röhrknochen. — g) der höhere mittlere Theil eines Schwertes. — h) ein best. Längenmaass, = 10 Hasta. — i) Stammbaum, Stamm, Geschlecht. — k) Sohn. — l) ein edles Geschlecht; vgl. °भव. — m) am Ende eines Comp. eine Menge gleichartiger Dinge. Auch Pl. — n) ein best. musikalischer Ton Çiç. 2,90. — o) Stolz, Hochmuth Vâsav. 248,2. — p) *Tabaschir. — q) *Bein. Vishṇu's (?). — 2) f. वंशा N. pr. einer Apsaras. — 3) f. वंशी a) Flöte. — b) *Blutgefäss. — c) ein best. Körpermaass. — d) *ein best. Gewicht, = 4 Karsha. — e) *Tabaschir.

वंशऋषि m. ein in einem Lehrerverzeichniss genannter Ṛshi.

वंशक 1) m. a) eine Art Zuckerrohr. — b) Röhrknochen. — c) *ein best. Fisch. — d) N. pr. eines Fürsten VP.2 4,182. — 2) *f. वंशिका a) Flöte. — b) Agallochum. — 3) *n. Agallochum.

*वंशकठिन m. 1) eine Tragstange von Bambus. — 2) Bambus-Dickicht.

*वंशकफ m. in der Luft einherfliegende Pflanzenfäden.

वंशकर 1) Adj. Subst. ein Geschlecht fortpflanzend, Stammhalter. — 2) m. N. pr. eines Mannes. — 3) f. आ N. pr. eines Flusses.

*वंशकर्पूररोचना f. Tabaschir Râǵan. 6,188.

वंशकर्मकृत् m. Bearbeiter von Bambus, Korbmacher u. s. w.

वंशकृत् m. 1) dass. — 2) Begründer eines Geschlechts.

वंशकृत्य n. Flötenspiel Ragh. 2,12.

वंशक्रमागत Adj. ererbt.

वंशक्रमाहितगौरव Adj. von Alters her im Geschlecht hochgeachtet Harshak. 143,9.

*वंशक्षीरी f. Tabaschir Bhâvapr. 1,169.

*वंशगा f. dass. Râǵan. 6,187.

वंशगुल्म N. pr. eines Tîrtha.

वंशगोप्तर् Nom. ag. Hüter —, Aufrechthalter eines Geschlechts 46,11.

वंशचर्मकृत् m. Pl. Bearbeiter von Bambus und Leder R. ed. Bomb. 2,80,3.

वंशचिन्तक m. Genealog.

वंशच्छन्दसिक (wohl n.) ein best. Metrum Utpala zu Varâh. Bṛh. 2,10.

वंशच्छेत्तर् Nom. ag. der ein Geschlecht abschneidet, mit dem ein Geschlecht ausstirbt.

वंशज 1) Adj. (f. आ) a) aus Bambus gemacht. — b) am Ende eines Comp. aus einer — Familie stammend, im Geschlecht von — geboren, zur Familie von — gehörend. — c) zum selben Geschlecht gehörend. वंशजाः प्राक्तनाः so v. a. Ahnen Spr. 7824. — 2) *m. Same des Bambus. — 3) *f. आ Tabaschir Bhâvapr. 1,169. — 4) n. dass.

वंशजात Adj. aus Bambus gemacht Hariv. 1,44,9.

*वंशतण्डुल m. Same des Bambus.

*वंशदला f. eine Grasart Râǵan. 8,133.

वंशधर 1) Adj. Subst. ein Geschlecht erhaltend, Stammhalter 106,14. — 2) m. Nachkomme.

*वंशधान्य n. Korn des Bambus Râǵan. 16,37.

वंशधारा f. N. pr. eines Flusses.

वंशधारिन् Adj. = वंशधर 1).

वंशनर्तिन् m. Gaukler.

वंशनाडिका und °नाडी f. eine Röhre aus Bambus.

वंशनाथ m. Stammhalter. पार्थिव° so v. a. ein fürstlicher Sprössling.

*वंशनालिका f. Pfeife, Flöte.

वंशनिःश्रेणी f. eine Leiter aus Rohr Pańkad.

*वंशनेत्र n. Wurzel des Zuckerrohrs Râǵan. 14,88.

1. वंशपत्त्र n. 1) Bambus-Blatt. — 2) ein best. Metrum.

2.*वंशपत्त्र 1) m. Rohrschilf, Amphidonax Karka Râǵan. 8,104. — 2) f. ई a) eine Grasart Râǵan. 8,134. — b) das Harz der Gardenia gummifera Râǵan. 6,77. Bhâvapr. 1,219.

*वंशपत्त्रक 1) m. a) Rohrschilf, Amphidonax Karka. — b) eine Art Zuckerrohr. — c) ein best. Fisch. — 2) n. Auripigment.

वंशपत्त्रपतित 1) Adj. auf ein Bambus-Blatt gefallen. — 2) n. ein best. Metrum.

*वंशपत्त्रहरिताल n. blätteriges Auripigment Mat. med. 41.

वंशपात्री f. ein Gefäss aus Rohr Comm. zu Kâtj. Çr. 6,8,6.

*वंशपीत m. eine Art Bdellium Râǵan. 12,111.

*वंशपुष्पा f. eine best. Schlingpflanze.

*वंशपूरक n. Wurzel des Zuckerrohrs Râǵan. 14,88.

वंशपोत m. Rohrschössling und zugleich ein Kind aus guter Familie Vâsav. 113,2.

वंशबाह्य Adj. (f. आ) von der Familie verstossen Harshak. 147,14.

वंशब्राह्मण n. ein Verzeichniss alter Lehrer, auch als Titel eines bestimmten Werkes.

वंशभव Adj. aus Bambus gemacht und zugleich aus edlem Geschlecht stammend Bhâm. V. 1,78.

*वंशभार m. eine Tracht Bambus.

वंशभृत् m. Stammhalter.

वंशभोज्य Adj. dessen Genuss sich im Geschlecht forterbt.

वंशमय Adj. (f. ई) aus Bambus gemacht.

*वंशमूल n. Wurzel des Zuckerrohrs Râǵan. 14,88.

वंशमूलक n. N. pr. eines Tîrtha.

वंशमृन्मय Adj. aus Bambus oder Lehm gemacht.

*वंशयव m. Korn des Bambus Râǵan. 16,37.

वंशराज m. 1) ein hohes Bambusrohr. — 2) N. pr. eines Fürsten.

वंशराज्यधर Adj. *Geschlecht und Herrschaft erhaltend, — fortführend* Kathâs. 66,172.

*वंशरोचना, वंशलोचन (Karaka 6,20) und *वंशलोचना f. *Tabaschir* Râgan. 6,187. Mat. med. 271.

वंशवर्तिन् m. *eine best. Klasse* (गण) *von Göttern im dritten* Manvantara VP.² 3,6.

वंशवर्धन 1) Adj. *ein Geschlecht mehrend, — fortpflanzend.* — 2) m. *Sohn* Daçak. 44,9.

वंशवर्धिन् Adj. = वंशवर्धन 1).

वंशविस्तर m. *eine vollständige Genealogie.*

*वंशशर्करा f. *Tabaschir* Râgan. 6,188.

*वंशशलाका f. *ein Wirbel aus Rohr.*

वंशस्तनित n., वंशस्थ n. und °स्था (?) f. *ein best. Metrum.*

वंशस्थबिल n. 1) *die Höhlung in einem Bambusrohre.* — 2) *ein best. Metrum.*

वंशस्थिति f. *der Bestand eines Geschlechts.*

वंशहीन Adj. *der Familie verlustig gegangen, alleinstehend* Hit. 10,20.

वंशागत Adj. *ererbt.*

वंशाग्र n. 1) *die Spitze eines Bambusrohrs.* — 2) *Rohrschössling.* — 3) vielleicht *ein best. Theil der Bettstelle* Kauç. 36.

*वंशाङ्कुर m. *Rohrschössling* Râgan. 7,39.

वंशानुकीर्तन n. *das Herzählen der Geschlechter, Genealogie.*

वंशानुक्रम m. *Reihenfolge im Geschlecht, Genealogie.*

वंशानुग Adj. 1) *am höhern mittleren Theil eines Schwertes sich hinziehend, — sich befindend.* — 2) *von Geschlecht zu Geschlecht übergehend.*

वंशानुचरित n. Sg. und Pl. *die Geschichte der verschiedenen Geschlechter.*

*वंशानुवंशचरित n. *die Geschichte der älteren und neueren Geschlechter.*

*वंशान्तर m. *Amphidonax Karka* Râgan. 8,103.

*वंशावती f. N. pr. gaṇa शरादि.

*वंशाह्व m. *Same des Bambus* Râgan. 16,35.

*वंशिक n. *Agallochum* Bhâvapr. 1,185.

वंशिन् Adj. in स्व°.

वंशिवाद्य (!) n. *Flöte.*

वंशीगीत n. *Flötenspiel* Vṛshab. 55,a,19.

वंशीधर 1) Adj. *eine Flöte haltend.* — 2) m. N. eines Gelehrten.

वंशीय Adj. *zu Jmds* (Gen.) *Geschlecht gehörig.*

वंशीवदन m. N. pr. eines Scholiasten.

वंश्य Adj. 1) *zum Hauptbalken gehend, an den Hauptbalken sich ansetzend;* m. *Verbindungsstück, Querbalken* oder *— leisten.* — 2) *an das Rückgrad sich ansetzend;* Subst. *ein Arm-* oder *Beinknochen.* — 3) *zur Familie gehörig;* m. *Familienglied, ein Vorfahr* oder *Nachkomme.* Am Ende eines Comp. *aus der und der Familie stammend.* — 4) *Jmd* (Gen.) in einer Wissenschaft (Loc.) *vorangehend, Jmds Lehrer in — seiend* Âpast. 1,7,12.

वंश्यानुचरित n. *die Geschichte der Familienglieder.*

वंसग m. *Stier.*

1. वक् in विवक्वि vedisch von वच्.

2. वक् *rollen, volvi.* Nur वावक्रे R̥V.

वंकल m. *die innere Baumrinde, Bast.*

वकार m. *der Laut* व TS. Prât.

वकुश m. *ein best. im Laub der Bäume wohnendes Thier.*

*वक्, वक्कते (गतौ).

वक्कलिन् m. N. pr. eines R̥shi.

*वक्कस m. wohl nur fehlerhaft für वक्कस.

वक्कुल m. N. pr. eines Mannes.

वक्तर् Nom. ag. 1) *sprechend, aussagend, Sprecher, Redner, Verkünder, — von* (Gen. vedisch und klassisch, Acc. oder im Comp. vorangehend in der klass. Sprache). Vom *quakendem Frosche* 171, 10. 180,18. विग्रहे वक्ता *ein guter Kampfredner.* f. वक्त्री Comm. zu Mṛkkh. 72,5. Am Ende eines adj. Comp. f. वक्त्री Comm. zu Mṛkkh. 32,17. 18. — 2) *Redner,* so v. a. *ein beredter Mann.* — 3) *Lehrer, Meister.*

वक्तवे Dat. Infin. zu वच् R̥V. 7,31,5. Nach Sâj. वक्तु Adj. *harte Worte führend.*

वक्तव्य oder वक्तव्य 1) Adj. (adj. Comp. f. आ) a) *zu sprechen, zu sagen, zu verkünden, auszusprechen, auszusagen, was gesprochen wird;* mit Loc. oder Gen. der Person. n. impers. यामीति वक्तव्ये *wenn «ich gehe» gesagt werden soll,* वक्तव्यस्य कालः *Zeit zu reden.* — b) *zu benennen.* — c) *anzureden, zu dem man sprechen soll;* mit Acc. der Sache. — d) *tadelnswerth, übel berüchtigt* MBh. 7,198,28. — e) (*verantwortlich, Rede und Antwort zu geben verpflichtet*) *abhängig, in der Gewalt von* — (Gen. oder im Comp. vorangehend) *stehend.* — 2) n. *Tadel, Vorwurf.*

वक्तव्यता f. Nom. abstr. zu वक्तव्य 1) d) und e).

वक्तव्यत्व n. Nom. abstr. zu वक्तव्य 1) a).

वक्ति f. *Rede.*

वक्तु s. u. वक्तवे. वक्तुकाम Adj. *zu sprechen im Begriff stehend* 176,29.

वक्तृक am Ende eines adj. Comp. = वक्तर् *Sprecher.*

वक्तृता f. *Rednerei, Gewandheit in der Rede.*

वक्तोस् Abl. Infin. zu वच् Çat. Br. 1,5,2,10.

वक्त्र 1) n. a) *Mund, Maul, Gesicht, Schnauze, Schnabel.* वक्त्रं कर् *den Mund —, das Maul aufsperren.* Am Ende eines adj. Comp. f. आ. — b) *Spitze* (eines Pfeils). — c) *Schnauze* (eines Gefässes). — d) *Anfang.* — e) *the initial quantity of the progression, the first term.* — f) *ein aus 4 X 8 Silben bestehendes Metrum.* — g) **eine Art Zeug.* — h) **die Wurzel von Tabernaemontana coronaria.* — 2) m. N. pr. eines Fürsten der Karûsha MBh. 1,187,15. 188,19. v. l. वक्र. — Häufig mit वक्र verwechselt.

वक्त्रक am Ende eines adj. Comp. = वक्त्र 1) a).

*वक्त्रखुर m. *Zahn* (wohl *Backenzahn*). Vgl. वक्रखुर.

वक्त्रच्छद m. *eine über das Gesicht* (eines Elephanten) *gezogene Decke* Çiç. 18,28.

वक्त्रज m. 1) *Zahn* J. R. A. S. 1875, S. 84. — 2) **ein Brahmane.*

*वक्त्रताल n. *Blasinstrument.*

वक्त्रतुण्ड m. *Bein.* Gaṇeça's. Richtig वक्र°.

*वक्त्रदंष्ट्र m. fehlerhaft für वक्र°.

*वक्त्रदल (Conj.) n. *Gaumen.*

वक्त्रद्वार n. wohl *Mund* Pańkat. 236,9.

वक्त्रपट (adj. Comp. f. आ) *Schleier.*

*वक्त्रपट्ट *Futtersack, aus dem ein Pferd frisst.*

*वक्त्रभेदिन् Adj. *bitter.*

वक्त्रयोधिन् m. N. pr. eines Asura.

वक्त्ररुह *Schnauzhaar* (beim Elephanten).

वक्त्ररोगिन् Adj. *mit einer Mundkrankheit behaftet.*

वक्त्रवाक्य n. Çiç. 10,12 fehlerhaft für वक्त्र°.

*वक्त्रवास m. *Orange* Râgan. 11,174.

*वक्त्रशोधन n. *die Frucht der Dillenia speciosa* Râgan. 11,97.

*वक्त्रशोधिन् m. *Citronenbaum;* n. *Citrone.*

वक्त्राम्बुज n. *Antlitzlotus* 252,22.

*वक्त्रासव m. *Speichel.*

वक्त्रेन्दु m. *Antlitzmond* 314,7.

(वक्त्र्य) वक्त्रिय Adj. *auszusprechen, zu sagen.*

वक्मन् n. nach Sâj. = मागभूत.

वक्मराजसत्य Adj. nach Sâj. *treu den Ordnern der heiligen Reden* (d. i. den Stotar).

(वक्म्य) वक्मिय Adj. *verkündenswerth, preiswürdig.*

वक्र 1) Adj. (f. आ; Adv. वक्रम् und वक्र°) a) *gebogen, krumm, schief; gelockt* (Haare). — b) *rückläufig, in rückläufiger Bewegung begriffen* (von Planeten). — c) *prosodisch lang* (wegen der Gestalt des Längezeichens). — d) *unredlich, hinter-*

listig, zweideutig, falsch, verschlagen. — e) *feindlich, ungünstig* (Schicksal) zu Spr. 1918. — 2) m. a) *der Planet Mars.* — b) **der Planet Saturn.* — c) **eine best. Arzeneipflanze,* = पर्पट. — d) *Bein. α) Rudra's. — β) des Asura Bâṇa. — e) N. pr. α) eines Fürsten der Karûsha. v. l. वक्त्र. — β) eines Râkshasa. — γ) Pl. eines Volkes. v. l. चक्र. — 3) f. वक्रा a) *ein best. musikalisches Instrument.* — b) *ein best. Stadium in der Bahn des Mercurs.* — 4) n. a) *Krümmung eines Flusses.* — b) *ein best. partieller Beinbruch.* — c) *die rückläufige Bewegung eines Planeten.* — d) **ein best. Metrum;* richtig वक्त्र.

*वक्रकण्ट m. 1) *Judendorn* Râǵan. 11,40. — 2) *Acacia Catechu* Râǵan. 8,21.

*वक्रकण्टक m. *Acacia Catechu.*

*वक्रखड्ग m. *ein krummer Säbel.*

*वक्रखुर m. *Zahn* Gal. Richtig वक्त्रखुर.

वक्रग und वक्रगत Adj. *in rückläufiger Bewegung begriffen* (von Planeten). Vgl. अवक्रग (Nachtr. 5).

वक्रगति Adj. 1) *sich schlängelnd.* — 2) = वक्रग.

*वक्रगन्धनिबन्धकृत् m. Bein. des Dichters Bâṇa Gal.

वक्रगमन n. *die rückläufige Bewegung eines Planeten.*

वक्रगामिन् Adj. *sich schlängelnd.*

*वक्रग्रीव m. *Kamel.*

*वक्रचञ्चु m. *Papagei.*

वक्रण n. *das Krummsein, Sichkrümmen* Dhâtup. 7,3. 4.

वक्रता f. Nom. abstr. zu वक्र 1) a) (Çiç. 10,47; auch vom *schelen* Blick der Augen), b), d) (Prasannar. 7,16) und *das Schiefgehen,* so v. a. *Schlechtgehen, Misslingen.*

*वक्रताल n. und *°ताली f. *Blasinstrument.*

वक्रतु m. N. pr. einer Gottheit.

वक्रतुण्ड 1) Adj. *schiefmäulig.* — 2) m. a) **Papagei.* — b) Bein. Gaṇeça's. °तुण्डस्तोत्र n. und °तुण्डाष्टक n. Titel.

वक्रतोदिन् Adj. *hinterlistig stechend* Mantrabr. 2,7,2.

वक्रत्व n. Nom. abstr. zu वक्र 1) a) und d).

*वक्रदंष्ट्र m. *Wildschwein* Râǵan. 19,30, v. l.

वक्रदन्त 1) m. N. pr. eines Fürsten der Karûsha MBh. 2,14,13. v. l. दन्तवक्र und दन्तवक्त्र. — 2) *f. आ *Croton polyandrum* Râǵan. 6,160.

*वक्रदन्तीबीज m. *Croton Jamalgota* Râǵan. 6,165.

*वक्रदल n. fehlerhaft für वक्त्र°.

*वक्रदृश् Adj. *schielend* Gal.

1. वक्रधी f. *Hinterlist, Unredlichkeit.*

2. वक्रधी Adj. *hinterlistig, unredlich.*

*वक्रनक्र m. 1) *Papagei.* — 2) *ein hinterlistiger Mensch.*

*वक्रनाल n. *Blasinstrument.*

वक्रनास 1) Adj. *eine gebogene Nase —, einen krummen Schnabel habend.* — 2) m. N. pr. einer *Eule.*

*वक्रनासिक m. *Eule.*

वक्रपक्ष Adj. *mit eingebogenen Flügeln* Çulbas. 3,62. Ind. St. 13,239.

वक्रपाद 1) Adj. *krummbeinig.* — 2) *m. Bein. Gaṇeça's Gal.

*वक्रपुच्छ m. *Hund.*

वक्रपुर n. N. pr. einer *Stadt.*

*वक्रपुष्प m. 1) *Butea frondosa* Râǵan. 10,36. — 2) *Agati grandiflora* Râǵan. 10,46. — 3) *eine andere Pflanze,* = बक.

वक्रप्लुत Adj. *in gewundenen Linien springend* Kathâs. 27,156.

वक्रबुद्धि Adj. *hinterlistig, falsch* (Person) Hemâdri 1,472,4.

वक्रभणित n. *eine zweideutige Rede* 308,7 (im Prâkrit).

वक्रभाव m. 1) *das Gebogensein, Krummheit, Schiefheit, das Sichschlängeln.* — 2) *hinterlistiges Wesen, Hinterlist.*

*वक्रभुज m. Bein. Gaṇeça's Gal.

*वक्रम m. = अवक्रम *Flucht.*

वक्रमति Adj. *hinterlistig, falsch* (Person) MBh. 3,92,11.

*वक्रय m. = अवक्रय *Preis.*

वक्रयोधिन् m. N. pr. eines Dânava VP.² 2,72. v. l. चक्र° (Nachtr. 5) und वक्त्र°.

*वक्रलाङ्गूल m. *Hund* Râǵan. 19,10.

*वक्रवक्त्र m. *Eber.*

वक्रवाक्य n. *eine zweideutige Rede* Çiç. 10,12 (वक्त्र° gedr.).

*वक्रवालधि m. *Hund.*

*वक्रशल्या f. 1) *Capparis sepiaria* Râǵan. 3,98. — 2) *Abrus precatorius* Râǵan. 3,103.

*वक्रशृङ्ग Adj. (f. ई) *gebogene Hörner habend.*

*वक्राग्र n. *eine best. Pflanze.*

1. वक्राङ्ग n. (adj. Comp. f. ई) *ein gekrümmtes Glied.* Auch wohl fehlerhaft für वक्राङ्घ्रि.

2. *वक्राङ्ग m. 1) *Gans.* — 2) *Schlange.*

वक्राङ्घ्रि m. *Krummfuss.* °संग्राम wohl so v. a. *ein hinterlistiger Kampf.*

वक्रातप m. Pl. N. pr. eines Volkes.

*वक्रि Adj. *unwahr redend.*

वक्रित Adj. 1) *gekrümmt, gebogen* Naish. 3,58. — 2) *eine rückläufige Bewegung angetreten habend, in rückläufiger Bewegung seiend* (von Planeten).

वक्रिन् 1) Adj. a) *den Hals biegend* (Sänger) S. S. S. 117. — b) = वक्रित 2). — 2) m. a) *ein Schwächling besonderer Art* Káraka 4,2. — b) **ein* Buddha.

वक्रिम (?) Adj. *gekrümmt, grbogen.*

वक्रिमन् m. 1) *Krummheit, Schiefheit, das Sichschlängeln.* — 2) *Zweideutigkeit.*

वक्री Adv. 1) mit कर् *biegen, krümmen, rund biegen* (einen Bogen) Bâlar. 27,5. — 2) mit भू a) *krumm —, schief werden.* — b) *die rückläufige Bewegung antreten* (von einen Planeten). — c) *sich widerwärtig zeigen* (vom Schicksal).

वक्रेतर Adj. *gerade, schlicht, nicht gelockt* (Haar).

वक्रोक्ति f. 1) *eine indirecte Ausdrucksweise.* — 2) *ein zweideutiger Ausspruch, Wortspiel, Calembourg, Witzwort.*

वक्रोक्तिजीवित n. Titel eines Werkes.

वक्रोलक N. pr. 1) m. eines Dorfes. — 2) n. einer Stadt.

वक्रोष्ठिका f. *ein Lachen mit verzogenen Lippen* Hem. Par. 1,336 (am Ende eines adj. Comp.).

वक्व und वक्वन् (f. वक्वरी) Adj. *sich drehend, rollend, volubilis, sich tummelnd.*

वक्वरी f. zu वक्वन्.

वक्स m. *ein best. berauschendes Getränk.*

वक्ष्, *वक्षति (रोषे, संघाते) *heranwachsen, erstarken.* Zu belegen nur ववक्षे, ववक्षिथ, ववक्षतुस्, ववक्षुस्, वक्षते und ववक्षिरे. — Caus. वक्षयति *wachsen machen, erstarken lassen.* — Mit अति *überragen, überlegen sein;* mit Acc. ṚV. 1,81,5. 102,8. 3,9,3.

वक्षण 1) Adj. (f. ई) *stärkend, erfrischend.* — 2) n. a) *Stärkung, Erfrischung.* — b) **Brust.*

वक्षणा f. 1) Pl. *der hohle Leib, Bauch, die Weichen;* auch *Bauch* eines Berges, des Himmels, der Flüsse (so v. a. *Bett; Fluss* nach Nigh.). — 2) etwa für वक्षण 2) a) ṚV. 5,52,15.

वक्षणि Adj. *stärkend.*

वक्षणेस्था Adj. nach Sâj. = वङ्क्षौ स्थितः.

वक्षथ m. *Erstarkung, Kräftigung, Wachsthum, Zunahme.*

वक्षस् 1) n. Sg. und Pl. *der obere Theil des Leibes, Brust.* — 2) *m. *Ochs.*

वक्षस्कार m. etwa *Sack, Beutel* (der auf der *Brust* getragen wurde ?) als Bez. von *Abschnitten* in einem Buche Ind. St. 16,411. Vgl. den Gebrauch von करण्डक und पिटक bei den Buddhisten.

वक्षस्कारिका f. wohl dass. (zur Aufbewahrung von Werthsachen) UTTAMAK. 171. 232.

वक्षःस्थल n. und °स्थली f. (KÂD. 73,17) *Brustgegend, Brust.*

वक्षणी f. *Flamme.*

वक्षु *der Oxus.*

वक्षोग्रीव m. N. pr. eines Sohnes des Viçvâmitra.

वक्षोज m. Du. *die weiblichen Brüste* BHÂVAPR. 6,16. PRASANNAR. 23,22. Nom. abstr. °ता f. BHÂM. V. 2,121.

वक्षोमणि m. *ein auf der Brust getragenes Juwel* Çiç. 19,83.

वक्षोमण्डलिन् m. *eine best. Stellung der Hände beim Tanz.*

वक्षोरुह् und *°रुह m. *die weibliche Brust.*

वक्ष्यमाणत्व n. *das in der Folge Gesagtwerden.*

*वख्, वखति (गतौ).

वगला und °मुखी f. N. pr. einer Tantra-Gottheit.

वगाह m. = अवगाह *das Hineintauchen, Sichhineinbegeben* Z. d. d. m. G. 37,544, N.

वग्नु 1) m. *Ton, Ruf, Zuruf.* — 2) *Adj. = वाचाल.

वग्वन Adj. *schwatzhaft.*

वग्वनु m. *Ton, Geräusch, Ruf.*

वघा f. *ein best. schädliches Thier.*

वघापति m. *das Männchen der Vaghâ* AV.

*वङ्क्, वङ्कते (कौटिल्ये, गतौ).

वङ्क 1) m. a) *Vagabund* BHADRAB. 3,50. Vgl. वङ्कु. — b) * = भङ्गुर (नदीवक्र), नदीपात्र und पर्याणभाग (*Sattelknopf*). — 2) f. आ *Sattelknopf* Çiç. 12,6.

वङ्कट m. N. pr. eines Berges.

*वङ्कर m. *Biegung eines Flusses.*

*वङ्कसेन m. *ein best. Baum.*

वङ्कालकाचार्य m. N. pr. eines Astronomen.

वङ्काला f. N. pr. einer Oertlichkeit.

*वङ्किणी f. *eine best. Pflanze.*

*वङ्किल m. *Dorn.*

वङ्कु Adj. *taumelnd, schwankend.*

वङ्कु MBH. 2,1846 fehlerhaft für वङ्क्षु, wie ed. Vardh. 2,50,22 liest.

वङ्क्र Adj. *biegsam.*

वङ्क्रि f. 1) *Rippe.* Auch वङ्क्री. — 2) * *Rippe eines Daches* u. s. w. — 3) * *ein best. musikalisches Instrument.*

वङ्क्षण m. *Leisten, Weiche.* Auch f. आ, aber mit der v. l. वङ्क्षणा.

वङ्क्षु *der Oxus* MBH. ed. Vardh. 2,50,22.

*वङ्ख्, वङ्खति (गतौ).

वङ्खर 1) Adj. als Beiw. eines wohlgeformten Körpers. — 2) *m. N. pr. eines Mannes. °भण्डीरथाः *die Nachkommen des V. und* BH.

*वङ्ग्, वङ्गति (गतौ, खञ्जे).

वङ्ग 1) m. a) N. pr. α) eines Volkes (Pl.) und des von ihm bewohnten Gebietes (Sg.), *das eigentliche Bengalen.* — β) des Urahnen dieses Volkes. — b) *Baum* AIT. ÂR. 136,6 v. u. — c) *ein best. Baum* HARSHAK. 197,23. v. l. वङ्गक. — 2) *m. n. a) *Baumwolle.* — b) *Solanum Melongena.* — 3) n. *Zinn und Blei* RÂGAN. 13,21. 25.

वङ्गक m. *ein best. Baum* HARSHAK. (1936) 478,1. v. l. वङ्ग.

*वङ्गज n. 1) *Messing.* — 2) *Mennig.*

*वङ्गजीवन n. *Silber.*

वङ्गर m. N. pr. eines Fürsten VP.[2] 4,211.

*वङ्गला f. *eine best.* Râgiṇî.

वङ्गलिपि f. *bengalische Schrift.*

*वङ्गशुल्बज n. *Messing.* Richtig वङ्गज und शुल्बज.

वङ्गसेन m. 1) **ein best. Baum.* — 2) N. pr. eines medic. Autors BHÂVAPR. 3,18. 19. 87. 4,19.

*वङ्गसेनक m. = वङ्गसेन 1).

*वङ्गारि m. *Auripigment.*

वङ्गाल N. pr. 1) eines Sohnes des Râga Bhairava. — 2) f. ई der Gattin des Râga Bhairava.

वङ्गालिका f. = वङ्गाल 2).

वङ्गिरि m. N. pr. eines Fürsten.

*वङ्गीय Adj. *bengalisch.*

*वङ्गुला f. = वङ्गला.

वङ्गृद m. N. pr. eines Dämons.

*वङ्गेश्वररस m. *ein best. medic. Präparat* Mat. med. 69.

वङ्घ m. *ein best. Baum.*

1. वच्, विवक्ति (vedisch), वक्ति (वक्तु 129,9. 131,19); metrisch auch Med. in der Bedeutung des Act. 1) *sagen, sprechen, aussprechen, hersagen, ansagen, beschreiben, in Worte fassen, verkünden, angeben, — Jmdm* (Dat. oder Gen.), *zu Jmd* (Acc., ausnahmsweise Acc. mit प्रति) *sagen, — sprechen, — Etwas* (mit doppeltem Acc., oder Acc. der Sache und Dat. oder Gen. der Person), *berichten über* (Acc.), *erzählen von* (Acc.), *— von Jmd* (Abl.). मैवं वोचः nach इति चेत् *so sollst du nicht reden,* so v. a. *eine solche Behauptung wäre unrichtig;* प्रश्नम् *eine Frage beantworten;* mit पुनर् *antworten und wiederholen.* — 2) *bezeichnen als, nennen;* mit doppeltem Acc. Med. *sich ausgeben für* (Nomin.); Pass. *genannt werden, heissen, gelten für* (Nomin., bei den Lexicographen auch Loc.); *Geltung haben.* — 3) Pass. *ertönen, erschallen.* — 4) *Jmd Vorwürfe machen, seinen Unwillen gegen Jmd aussprechen;* mit Acc. der Person. — 5) उक्त a) *gesagt, gesprochen, besprochen, erwähnt, angegeben* (116,10), *gelehrt.* n. als impers. mit Instr. der Person; insbes. in der Verbindung इत्युक्ते (106,15) und एवमुक्ते (114,29). — b) *erklärt für, gemeint, — mit* (Instr.). — c) *angeredet, zu dem gesagt worden ist, — Etwas* (Acc.), *aufgefordert von* (im Comp. vorangehend). — Caus. वाचयति 1) *zu sagen —, zu sprechen veranlassen, sagen, —, hersagen —, aussprechen lassen;* mit doppeltem Acc. वाचयीत ÂÇV. GṚHJ. 1,21,6. 22,18. 2,3,13. 9,9. 4,6,19 neben वाचयति 1,22,21. Oefter ist ein Object wie स्वस्ति oder dgl. zu ergänzen. — 2) (etwas Geschriebenes *reden lassen*) *lesen.* — 3) *sagen, berichten* BHAṬṬ. — 4) *zusagen, versprechen.* — Desid. विवक्षति, °ते (metrisch) 1) *zu sprechen —, herzusagen —, zu verkündigen beabsichtigen.* विवक्षित *herzusagen u. s. w. beabsichtigt.* — 2) Pass. *gemeint sein* 226,16. 232,22. विवक्षित *was man im Sinne hat, gemeint, beabsichtigt.* — 3) विवक्षित *in naher Beziehung zu Jmd stehend, zu Jmd haltend; beliebt, Lieblings —.* = शोभन HALÂY. 5,16. — Intens. (अवावचीत्) *schreien* ṚV. 10,102,6. — Mit अच्छ *herbeirufen, begrüssen, einladen.* — Mit अति 1) *Jmd tadeln, Jmd Vorwürfe machen.* — 2) *Jmd über die Gebühr tadeln oder loben.* — Mit अधि *sprechen —, hülfreich eintreten für* (Dat.). — Mit अनु 1) *aufsagen* (Opfergebete u. s. w.) *für Jmd* (Dat. oder Gen.), *die Opfereinladung an Jmd richten.* — 2) *Jmd* (Acc.) *mit einem Spruche ansprechen.* Nur अनूक्त. — 3) *Jmd* (Dat.) *Etwas aufsagen,* so v. a. *lehren, mittheilen.* — 4) Med. (auch Act. BHÂG. P.) *nachsagen* (dem Lehrer u. s. w.), so v. a. *lernen, studiren.* अनूक्त *studirt, gelernt; gehört, vernommen.* — 5) *beistimmen, Recht geben.* — 6) *nennen.* Nur अनूक्त *genannt.* — Caus. 1) *Jmd die Formel* oder *Einladung für* (Dat.) oder *zu* (Gen.) *aussprechen lassen.* — 2) *einladen lassen auf* oder *zu* (Dat.). — 3) *lesen.* — Desid. Med. *zu lernen sich anschicken.* — Mit अभ्यनु *in Hinblick —, in Beziehung auf —, über Etwas sagen, Etwas mit Worten bezeichnen;* mit doppeltem Acc. अभ्यनूक्त *in Beziehung auf* (Acc.) *gesagt.* — Mit अप *abwehren.* अपवक्तारस् als Fut. AV. 5,15,1. — Caus. in अनपवाचन. — Mit अभि 1) = अभ्यनु. Nur अभ्युक्त = अभ्यनूक्त. — 2) *Etwas zu Jmd sagen,* mit doppeltem Acc. — 3) *Jmd für Etwas*

erklären; mit doppeltem Acc. MBh. 6,68,3. — Mit आ *Jmd anreden, Jmd zurufen.* — Mit उद् in उद्वाचन. — Mit उप *zusprechen, ermuntern, antreiben.* — Mit नि 1) *reden, sprechen.* — 2) *schmähen.* — *Caus. *schmähen.* — Mit निस् 1) *aussprechen, mit Worten bezeichnen, ausdrücklich nennen, erklären.* विदिर्ज्ञाने निरुच्यते *die Wurzel* विद् *wird durch* ज्ञान *erklärt.* निरुक्त *ausgesprochen, in Worte gefasst, erklärt, — für* (Nomin.); *deutlich gesprochen; ausdrücklich genannt, — vorgeschrieben; wobei der Göttername ausdrücklich genannt ist.* — 2) *herleiten —, ableiten von* (Abl.). — 3) *wegsprechen, durch Worte vertreiben.* — 4) निरुक्त *sich bewährt habend, in Erfüllung gegangen.* — Mit परा *für besiegt erklären.* परोक्त *für b. erklärt.* — Mit परि, पर्युक्त *besprochen mit einem Spruche* (Instr.). — Mit प्र 1) *verkünden, melden, mittheilen, beschreiben, aufführen, erwähnen, Jmd* (Dat. oder Gen.) *Etwas verkünden, lehren, praecipere.* प्रोक्त *verkündet, mitgetheilt, gelehrt, aufgeführt, erwähnt.* प्रोक्ते *wenn angezeigt worden ist.* — 2) *preisen.* — 3) *Jmd verrathen.* — 4) *überreichen, überantworten;* mit Acc. und Dat. (*wem oder wozu*). — 5) *sagen, sprechen, — zu Jmd* (Acc., ausnahmsweise Dat.) *Etwas* (Acc.). प्रोक्त *gesagt, gesprochen; zu dem gesagt worden ist* (mit Acc. der Sache 135,4). — 6) *erklären für, nennen;* mit doppeltem Acc. प्रोक्त *genannt, erklärt für, geltend, heissend, sogenannt;* bei den Lexicographen *die Bedeutung von* (Loc.) *habend.* रण° *genannt Schlacht.* — Caus. *verkünden lassen* Gobh. 1,3,16. — Desid. scheinbar MBh. 12,3767, da hier प्रविवित्ततः zu lesen ist. — Mit अनुप्र in *अनुप्रवचन, अनुप्रवचनीय. — Mit परिप्र *Jmd schelten, Jmd Vorwürfe machen;* mit Acc. — Mit प्रतिप्र 1) *Jmd* (Dat.) *anzeigen, melden.* — 2) *erwiedern, antworten.* प्रतिप्रोक्त *dem erwiedert worden ist.* — Mit संप्र 1) *zusammen erklären.* — 2) *Etwas verkünden, mittheilen, nennen, angeben.* संप्रोक्त *verkündet, mitgetheilt.* — 3) *zu Jmd sagen.* Nur संप्रोक्त *zu dem gesagt worden ist.* — Mit प्रति 1) Med. *melden, empfehlen.* — 2) *antworten, erwiedern, — Etwas* (Acc.) *Jmd* (Acc.), *beantworten.* प्रत्युक्त *erwiedert; Antwort empfangen habend* (mit Acc. der Sache). — 3) *widerlegen* Çaṁk. zu Bâdar. 3,1,17. 3,35. 4,11. — Caus. *vorlesen* Bâlar. 256,9. — Mit वि 1) *kund machen, anzeigen; deutlich machen, erklären, lösen* (eine Frage Âpast. 1, 32, 24); *entscheiden* in der Erklärung von विवाक Chr. 211,21. — 2) *bestreiten, anfechten;* Med. *verschieden* oder *gegen einander reden, sich streiten um* (Loc.). — Mit सम् 1) *verkünden, mittheilen.* — 2) *sprechen, sagen, — zu Jmd* (Acc. oder Acc. mit प्रति); Med. *sich unterreden.* — 3) *Jmd zusprechen, Vorstellungen machen;* mit Acc.

2. वच्, वच्यते s. u. वञ्च्.

वच 1) *Adj. *sprechend.* — 2) Nom. act. in दुर्वच. — 3) m. *a)* **Papagei.* — *b)* angeblich = सूर्य und कारण. — 3) f. आ *a)* **Predigerkrähe.* — *b) eine best. vielgebrauchte aromatische Wurzel* Spr. 7741. Harshaé. (1936) 478,1. *Acorus Calamus* nach Mat. med. 251.

वचःक्रम m. Pl. *mannichfache Reden.*

वचक in दुर्वचक.

*वचक्नु 1) Adj. *beredt.* — 2) m. *a) ein Brahmane.* — *b)* N. pr. eines Mannes.

*वचक्रु m. N. pr. fehlerhaft für वचक्नु.

*वचण्डा und *वचण्डी f. 1) *Predigerkrähe.* — 2) *Docht.* — 3) *Dolch, Messer.*

वचन 1) Adj. *a) redefertig.* — *b)* am Ende eines Comp. *besagend, bedeutend, ausdrückend.* Nom. abstr. °ता f. (232,22) und °त्व n. — *c) ausgesprochen werdend durch* (Instr. oder im Comp. vorangehend). Nom. abstr. °त्व n. — 2) n. (adj. Comp. f. आ) *a) das Sprechen.* — *b) Aussprache.* — *c) das Ansagen, Hersagen, Aussagen.* — *d) Benennung, ausdrückliche Nennung, — Erwähnung, Bestimmung, Anführung.* इति वचनात् *weil es so heisst* 215,1. — *e) das Etwas* (Gen.) *für Etwas* (im Comp. vorangehend) *Erklären, das Erklärtwerden für* (वा° *für facultativ* 239,1). — *f) Aussage, Ausspruch, Wort, Rede.* Bei den Grammatikern *der Auspruch des Lehrers, die von ihm aufgestellte Regel* 233,31. 234,26. 235,4. 237,3. — *g) Ausspruch,* so v. a. *Rath, Geheiss.* वचनं कर् *Jmds* (Gen.) *Rath befolgen, thun was Jmd sagt* 79,8. 319,31. वचने स्था dass. — *h)* वचनात् und वचनेन (seltener) so v. a. *im Namen von* (Gen. oder im Comp. vorangehend). — *i) Laut, Stimme.* — *k) grammatische Zahl, numerus* 250,13. — *l)* **trockner Ingwer.*

वचनकर, °कारक (MBh. 13,42,16) und °कारिन् Adj. *Jmds* (Gen.) *Rath* oder *Geheiss befolgend, folgsam, gehorsam.*

वचनगोचर Adj. *einen Gegenstand der Besprechung bildend.*

*वचनग्राहिन् Adj. *Jmds Worte beherzigend, folgsam, gehorsam.*

वचनपटु Adj. *im Reden geschickt, beredt.*

वचनमालिका f. Titel Burnell, T.

वचनरचना *geschickte Rede, Beredsamkeit* Pañkat. 68,5. 161,2.

वचनसंग्रह m. und वचनसारसंग्रह m. Titel von Werken Opp. Cat. 1.

वचनानुग Adj. *sich nach Jmds Worten richtend, folgsam, gehorsam.*

*वचनाबाध n. *Redehinderniss* P. 6,2,21, Sch.

वचनावत् Adj. *redefertig.*

वचनी Adv. mit कर् *dem Tadel aussetzen.*

वचनीय 1) Adj. *a) zu sagen, zu sprechen, was gesagt werden darf.* — *b) zu benennen.* — *c) Jmds* (Gen.) *Tadel unterliegend.* — 2) n. *Vorwurf, Tadel.*

वचनीयता f. *Tadelhaftigkeit.*

*वचनेस्थित Adj. *gehorsam, folgsam.*

*वचर m. 1) *Bösewicht.* — 2) *Hahn.*

*वचलु m. 1) *Feind.* — 2) *offence, fault.*

1. वचस् n. 1) *Rede, Wort, Sprache.* वचस् bisweilen = वचसा. द्राघाय चिद्वचसे = द्राघवचसे. वचसां पतिः Bein. Bṛhaspati's, *der Planet Jupiter* Varâh. Lagh. 5,10. — 2) *Ausspruch,* so v. a. *Rath, Geheiss.* वचसा मम *auf meinen Rath;* वचः कर् *Jmds* (Gen.) *Rath befolgen.* — 3) *Gesang* (der Vögel). — 4) *ein Ausspruch des Schicksals, fatum.*

2. वचस् in अघोवचस्; s. u. अघोवर्चस् (Nachtr. 5).

1. वचस = 1. वचस् 1) in आचार्यवचस.

2. वचस Adj. *schwankend.*

वचसांपति s. u. 1. वचस् 1).

*वचस्कर Adj. = वचनकर.

वचस्य, वचस्यते *sich hören lassen, plaudern* ṚV.

वचस्य Adj. *nennenswerth, rühmlich* AV. वचस्यु ṚV.

वचस्या f. *Redelust, Redefertigkeit.*

1. वचस्यु Adj. *beredt.*

2. वचस्यु Adj. *schwankend, wackelnd.* Anders Pischel in Z. d. d. m. G. 35,714. fg.

वचस्विन् Adj. *beredt* Çiç. 17,1.

वचाचार्य m. N. pr. eines Lehrers.

वचार्च m. *ein Verehrer der Sonne, ein Magier.*

वचि in °भेदात् = वचन 2) *d*).

*वचोग्रह m. *Ohr.*

वचोमार्गातीत Adj. *der über alle Worte erhaben ist, nicht zu schildern in Worten* Ind. St. 15,363.

वचोयुज् Adj. *auf's Wort sich schirrend.*

वचोविद् Adj. *redekundig.*

वचोविपरिलोप (!) m. *Verlust der Worte* Çat. Br. 14,7,1,26.

वचोहर m. *Bote, Gesandter* Çiç. 16,38.

वच्क m. f. (आ) = वत्स *Kind.* Voc. als Schmeichelwort Pañkad.

*वच्कल Adj. = वत्सल.

वच्छिका f. in *दीर्घ°.

*वज्र्, वज्रति (गतौ). वज्रयन्ति MBh. 2,1142 fehlerhaft für वर्जयन्ति. वाज्रय् s. bes.

वज्जडदेव m. N. pr. eines *Fürsten* Ind. Antiq. 5, 277. fg.

वज्र 1) m. n. *a*) *Donnerkeil* (*Blitzstrahl*), insbes. Indra's, aber auch anderer Götter und verderblicher Gewalten. Mythische Waffen, verderbliche Sprüche und dgl. werden auch वज्र genannt, namentlich ein *Wasserstrahl* (अपाम्). Auch als Bez. Manju's. Den *Donnerkeil* dachte man sich später in der Gestalt eines Andreaskreuzes (X); über die ältere Vorstellung vgl. Sâj. zu Ait. Br. 2,35,5. — *b*) *Diamant* Râgan. 13,6. 174. Gewöhnlich n. — *c*) **eine Art Talk* Râgan. 13,116. fg. — 2) m. *a*) *eine best. Heeresaufstellung.* Auch °व्यूह m. — *b*) *eine best. Säulenform.* — *c*) *eine best. Gestalt des Mondes.* — *d*) *ein best.* Ekâha Vaitân. — *e*) *eine best. Busse.* — *f*) *ein best. fest haftender Mörtel.* — *g*) *eine best. Zeiteintheilung* (योग) Vâstuv. 174. fgg. — *h*) **Euphorbia antiquorum* und *eine andere Species.* — *i*) **Asteracantha longifolia.* — *k*) **weiss blühendes* Kuça-*Gras.* — *l*) N. pr. α) eines Asura Ind. St. 14,127. — β) verschiedener Männer. — 3) f. वज्रा *a*) **Cocculus cordifolius.* — *b*) **Euphorbia antiquorum.* — *c*) Bein. der Durgâ. — *d*) N. pr. einer Tochter Vaiçvânara's. — 4) *f. वज्री *eine Art Euphorbia.* — 5) n. *a*) *Donnerwort.* Vgl. वाक्यवज्र und वाग्वज्र. — *b*) **Stahl.* — *c*) *eine best. Constellation, wenn nämlich die günstigen Planeten in den Häusern 1 und 7 stehen, die ungünstigen in 4 und 10.* — *d*) *eine best. Art zu sitzen.* Vgl. वज्रासन. — *e*) **Myrobalane.* — *f*) **Sesamblüthe.* — *g*) **eine Art Andropogon* Zach. Beitr. 50.

वज्रक 1) Adj. in Verbindung mit तैल n. *ein mit verschiedenen Species zubereitetes Oel gegen Aussatz.* — 2) m. N. pr. eines Berges. — 3) f. वज्रिका *eine best.* Çruti S. S. S. 23. — 4) n. *a*) **Diamant* Garbe zu Râgan. 13,174. — *b*) **eine Art Aetzkali.* — *c*) *eine best. Himmelserscheinung.*

*वज्रकङ्कट m. Bein. Hanumant's.

*वज्रकण्ट m. *Euphorbia neriifolia* oder *antiquorum.*

*वज्रकण्टक m. 1) dass. Râgan. 8,50. — 2) *Asteracantha longifolia* Râgan. 4,195.

वज्रकण्टकशाल्मली f. *eine best. Hölle.*

*वज्रकन्द m. *ein best. Knollengewächs.*

*वज्रकन्दक m. = वज्रकण्टक 1) Comm. zu Harshak. (1936) 477,14.

वज्रकपाटमत् Adj. *mit Diamanten verzierte Thürflügel habend* Bhâg. P. 3,23,18.

*वज्रकपाटरस m. *ein best. medic. Präparat* Mat. med. 32.

*वज्रकपालिन् m. N. pr. eines Buddha.

*वज्रकर्ण m. *ein best. Knollengewächs.*

वज्रकर्षण m. Bein. Indra's Mahâvîrak. 82,8.

वज्रकवच 1) *ein diamantener Panzer* Kârand. 73,22. — 2) m. *ein best.* Samâdhi Kârand. 77,9.

*वज्रकामा f. N. pr. einer Tochter Maja's VP.^{2} 2,72.

*वज्रकालिका f. Bein. der Mutter Çâkjamuni's.

*वज्रकाली f. *eine best.* Çakti *der* Gina.

वज्रकीट m. *ein best. Insect*, welches Holz und sogar Steine anbohren soll.

वज्रकील m. *Donnerkeil* Mahâvîrak. 78,3.

वज्रकीलाय् *einen Donnerkeil darstellen.* °यित n. impers.

वज्रकुक्षि m. 1) N. pr. einer Höhle Kârand. 23, 3. 24,12. — 2) *ein best.* Samâdhi Kârand. 93,3.

वज्रकुच m. *ein best.* Samâdhi Kârand. 52,2.

वज्रकूट 1) m. *a*) *ein aus Diamanten bestehender Berg.* — *b*) N. pr. eines *Berges.* — 2) n. N. pr. einer mythischen Stadt.

वज्रकेतु m. Bein. des Dämons Naraka.

*वज्रक्षार n. *eine Art Aetzkali* Râgan. 6,256. Bhâvapr. 5,25.

वज्रगर्भ m. N. pr. eines Bodhisattva.

*वज्रगोप m. *Coccinelle.*

वज्रघोष Adj. *wie ein Donnerkeil tosend.*

*वज्रचञ्चु m. *Geier.*

*वज्रचर्मन् m. *Rhinoceros.*

वज्रच्छेदकप्रज्ञापारमिता und °च्छेदिका प्र° f. Titel eines buddh. Sûtra.

*वज्रजित् m. fehlerhaft für वज्रिजित्.

वज्रज्वलन m. *Blitz.*

वज्रज्वाला f. 1) *dass. — 2) N. pr. einer Enkelin Vairokana's.

वज्रट m. N. pr. eines Mannes.

वज्रटङ्कीय n. Titel eines Werkes Opp. Cat. 1.

*वज्रटीक m. N. pr. eines Buddha.

*वज्रणाखा f. N. pr. Vgl. वज्रनख.

वज्रतर m. *ein best. fest haftender Mörtel.*

वज्रतुण्ड 1) Adj. *einen Schnabel von der Härte des Diamanten habend.* — 2) *m. *a*) *Geier* Râgan. 19,84. — *b*) *Stechfliege, Mücke* Râgan. 19,130. — *c*) Bein. α) Garuḍa's. — β) Gaṇeça's. — *d*) *Cactus Opuntia.*

*वज्रतुल्य m. *Beryll.*

वज्रदंष्ट्र 1) Adj. *Spitzzähne von der Härte des Diamanten habend.* — 2) m. *a*) = वज्रकीट. — *b*) N. pr. α) eines Râkshasa. — β) eines Asura. — γ) eines Fürsten der Vidjâdhara. — δ) eines Löwen.

वज्रदक्षिण Adj. *einen Donnerkeil in der Rechten haltend*, Beiw. und *m. Bein. Indra's.

वज्रदण्ड Adj. *einen mit Diamanten verzierten Stiel habend.*

*वज्रदण्डक m. *Cactus Opuntia.*

वज्रदत्त m. N. pr. verschiedener Männer Harshak. 187,13 (eines Fürsten). Hem. Par. 1,391 (eines Fürsten von Puṇḍarîkiṇî). श्री° N. pr. eines buddh. Autors.

*वज्रदन्त m. 1) *Eber.* — 2) *Ratte.*

*वज्रदशन m. *Ratte.*

*वज्रदृढनेत्र m. N. pr. eines Fürsten der Jaksha.

*वज्रदेश m. N. pr. einer *Oertlichkeit.*

वज्रदेहा f. N. pr. einer Göttin.

*वज्रद्रु m. und *वज्रद्रुम m. Bez. *verschiedener Arten von Euphorbia.*

*वज्रद्रुमकेसरध्वज m. N. pr. eines Fürsten der Gandharva.

वज्रधर 1) Adj. *den Donnerkeil tragend;* m. Bein. Indra's. — 2) m. N. pr. *a*) *eines buddhistischen Heiligen. — *b*) eines Fürsten.

वज्रधात्वी (fehlerhaft) und °धात्री f. N. pr. der Gattin Vairokana's und einer Tantra-Gottheit.

वज्रधार Adj. *dessen Schärfe* (*Spitze*) *von der Härte des Diamanten ist* R. 6,87,10. 17.

वज्रध्वज m. *ein best.* Samâdhi Kârand. 51,15.

वज्रनख Adj. *Krallen von der Härte des Diamanten habend.*

वज्रनगर n. Bez. der *Stadt* des Dânava Vagranâbha.

वज्रनाभ 1) Adj. *eine diamantene Nabe habend.* — 2) m. N. pr. *a*) eines Wesens im Gefolge Skanda's. — *b*) eines Dânava. — *c*) verschiedener Fürsten.

वज्रनाभीय Adj. *zum* Dânava Vagranâbha *in Beziehung stehend, von ihm handelnd.*

वज्रनिपातन n. VP 5,20,54 nach dem Comm. = आरत्निहृदयघात.

*वज्रनिर्घोष m. *Donnerschlag.*

वज्रनिष्कम्भ m. MBh. 5,3595 fehlerhaft für वज्रविष्कम्भ.

वज्रनिष्पेष m. *der Anprall des Donnerkeils, Donnerschlag.*

वज्रपञ्जर 1) m. *ein diamantener Käfig*, so v. a. *ein sicherer Zufluchtsort für, Beschützer von* (Gen. oder im Comp. vorangehend) Râgat. 7,148. Harshak. 69,3. Ind. Antiq. 5,278. — 2) Bez. *gewisser*

Gebete an die Durgâ. Wohl n. — 3) m. N. pr. eines Dânava.

*वज्रपत्त्रिका f. *Asparagus racemosus.*

वज्रपाणि 1) Adj. *a) den Donnerkeil in der Hand haltend;* m. Bein. Indra's. — *b) dessen Donnerkeil die Hand ist* (ein Brahmane). — 2) m. N. pr. *a)* einer Klasse von Genien bei den Buddhisten. — *b)* eines Bodhisattva Kârand. 1,8.

वज्रपाणित्व n. *das Halten des Donnerkeils in der Hand.*

वज्रपाणिन् Adj. = वज्रपाणि 1) *a).*

1. वज्रपात m. (adj. Comp. f. आ) *das Niederfallen des Donnerkeils, ein niederfallender Blitz, Donnerschlag* 175,16.

2. वज्रपात Adj. *wie ein Donnerkeil niederfahrend.*

वज्रपातन n. *das Schleudern des Donnerkeils* MBh. 1,21,15.

*वज्रपाषाण m. *eine Art Spath.*

वज्रपुर n. Bez. der *Stadt* des Dânava Vagranâbha.

वज्रपुष्प n. 1) *ein Diamant von Blume, eine kostbare Blume.* — 2) **Sesamblüthe.*

*वज्रपुष्पा f. *Anethum Sowa* Râgan. 4,11.

वज्रप्रभ m. N. pr. eines Vidjâdhara.

वज्रप्रभाव m. N. pr. eines Fürsten der Karûsha.

वज्रप्रस्तारिणी und °प्रस्ताविनी f. N. pr. einer Tantra-Gottheit.

वज्रप्राकार m. *ein best.* Samâdhi Kârand. 92,23.

वज्रबाहु 1) Adj. *den Donnerkeil in der Hand haltend.* — 2) m. N. pr. verschiedener Männer.

*वज्रबीजक m. *Guilandina Bonduc* Râgan. 8,63.

वज्रभूमि f. N. pr. einer Oertlichkeit.

*वज्रभूमिरजस् n. *ein dem Diamanten ähnlicher Edelstein.*

*वज्रभृकुटि N. pr. einer Tantra-Gottheit.

वज्रभृत् Adj. *den Donnerkeil haltend;* m. Bein. Indra's.

वज्रमणि m. *Diamant.*

वज्रमण्डा f. *eine best.* Dhâranî.

वज्रमति m. N. pr. eines Bodhisattva Kârand. 1,18.

वज्रमय Adj. (f. ई) *diamanten, hart —, unverwüstlich wie ein Diamant.*

वज्रमार m. *das Calciniren des Diamanten* Râgan. 13,56. Vgl. Bhâvapr. 2,108.

वज्रमाला f. 1) *ein best.* Samâdhi Kârand. 92, 20. — 2) N. pr. einer Gandharva-Jungfrau Kârand. 4,16.

वज्रमित्र m. N. pr. eines Fürsten.

वज्रमुकुट m. N. pr. eines Sohnes der Pratâpamukuta.

वज्रमुख m. *ein best.* Samâdhi Kârand. 92,23.

वज्रमुष्टि 1) Adj. *den Donnerkeil in der Hand haltend;* m. Bein. Indra's. — 2) m. N. pr. *a)* eines Râkshasa. — *b)* zweier Krieger. — 3) f. N. pr. einer Kimnara-Jungfrau Kârand. 6,4.

*वज्रमूली f. *Glycine debilis* Râgan. 3,19.

वज्रयोगिनी f. N. pr. einer Gottheit.

वज्ररथ Adj. *dessen Donnerkeil der Wagen ist* (ein Krieger).

*वज्ररद m. *Eber.*

वज्ररात्र n. N. pr. einer Stadt.

वज्रलिपि f. *ein best. Art zu schreiben.*

वज्रलेप m. *ein best. fest haftender Mörtel* Visav. 155,5. Vikramânkak. 5,37. Pl. Chr. 329,9.

वज्रलेपाय्, °यते *fest haften wie der* Vagralepa. °लेपायमानत्व n. Nom. abstr.

*वज्रलोहक *Magnet.*

वज्रवध m. *forked or oblique (that is, cross) multiplication.*

वज्रवरचन्द्र m. N. pr. eines Fürsten.

*वज्रवल्ली f. *Heliotropium indicum.*

वज्रवाह् (stark °वाह्) Adj. *den Donnerkeil führend.*

वज्रवारक Adj. ehrendes Beiwort einiger Weisen.

*वज्रवाराही f. Bein. der Mutter Çâkjamuni's.

वज्रविद्राविणी f. N. pr. einer buddh. Gottheit.

वज्रविष्कम्भ m. N. pr. eines Sohnes des Garuda MBh. 5,101,10.

वज्रविहत Adj. *vom Donnerkeil getroffen.*

वज्रवीर m. Bein. Mahâkâla's.

वज्रवृक्ष m. 1) *Cactus Opuntia.* — 2) **Euphorbia antiquorum* Râgan. 8,51.

वज्रवेग m. N. pr. 1) eines Râkshasa. — 2) eines Vidjâdhara.

वज्रव्यूह m. s. u. वज्र 2) *a).*

*वज्रशक्ति f. *eine best. Pflanze* Râgan. 5,76.

*वज्रशल्य 1) m. *Stachelschwein.* — 2) f. आ *eine best. Pflanze* Râgan. 5,76.

वज्रशाखा f. N. pr. einer *Secte* der Gaina.

वज्रशीर्ष m. N. pr. eines Sohnes des Bhrgu.

वज्रशुचि f. fehlerhaft für °सूचि.

*वज्रशृङ्खला f. N. pr. einer der 16 Vidjâdevî.

*वज्रशृङ्खलिका f. *Asteracantha longifolia.*

वज्रश्री f. N. pr. einer Gandharva-Jungfrau Kârand. 4,10.

वज्रसंहत m. N. pr. eines Buddha.

वज्रसंघात m. *ein best. fest haftender Mörtel.*

वज्रसत्त्व 1) *Adj. *eine diamantene Seele habend.* — 2) m. N. pr. eines Dhjânibuddha.

वज्रसत्त्वात्मिका f. N. pr. einer Tochter Vagrasattva's.

*वज्रसमाधि m. *ein best.* Samâdhi.

वज्रसार 1) Adj. *a) hart wie der Diamant.* — *b) diamanten.* — 2) m. oder n. *Diamant.* — 3) m. N. pr. verschiedener Männer.

वज्रसारमय Adj. *diamanten, hart wie der Diamant.* Nom. abstr. °त्व n.

वज्रसारी Adv. mit कर् *Etwas hart wie der Diamant machen.*

वज्रसिंह m. N. pr. eines Fürsten Pankad. S. 7, N. 2.

वज्रसूचि und °सूची f. 1) *eine diamantene Nadel* Harshak. 126,3. — 2) Titel *a)* einer Upanishad. — *b)* eines Werkes des Açvaghosha.

वज्रसूचिका f. = वज्रसूचि 2) *a)* Opp. Cat. 1.

वज्रसूच्योपनिषद् f. ebend. fehlerhaft für °सूच्युपनिषद्.

*वज्रसूर्य m. N. pr. eines Buddha.

वज्रसेन m. N. pr. 1) eines Bodhisattva Kârand. 1,5. — 2) verschiedener Männer Hem. Par. 13,180.

वज्रस्थान n. N. pr. einer *Oertlichkeit.*

वज्रस्वामिन् m. N. pr. eines Gaina-Heiligen Hem. Par. 12,1.

वज्रहस्त 1) Adj. *den Donnerkeil in der Hand haltend.* — 2) f. वज्रहस्ता *a)* Name *einer der 9* Samidh. — *b)* N. pr. einer buddh. Göttin.

वज्रहृदय n. Titel eines buddh. Werkes.

वज्रांशु m. N. pr. eines Sohnes des Krshna Hariv. 3,103,19. v. l. वज्रासु.

वज्राकर 1) m. *eine Fundgrube für Diamanten.* — 2) N. pr. einer Oertlichkeit.

वज्राकार (f. आ Varâh. Brh. S. 68,45) und वज्राकृति Adj. *die Gestalt des Donnerkeils* (X) *habend.*

*वज्राक्षी f. *Asteracantha longifolia* Râgan. 4, 195, v. l.

वज्राख्य 1) Adj. *den Namen* वज्र *führend.* — 2) m. *eine Art Spath.*

*वज्राङ्कुश N. pr. 1) m. eines Berges Kârand. 72, 1. 3. — 2) *f. ई einer Tantra-Gottheit.

*वज्राङ्ग 1) m. *Schlange.* Wohl nur fehlerhaft für वक्राङ्ग. — 2) f. ई *a) Heliotropium indicum.* — *b) Coix barbata.*

वज्राचार्य m. Bez. *eines verheiratheten buddhistischen Lehrers in Nepâl* Hodgson, Ess. 41. 52. 63. 69. 99. J. R. A. S. 1876, S. 7.

*वज्राण्डी f. *eine best. Pflanze* Bhâvapr. 5,86.

वज्रादित्य m. N. pr. eines Fürsten.

*वज्राभ m. *Kalkspath* Râgan. 13,134.

वज्राभ्यास m. *multiplication crosswise or zigzag* Bîǵ. 70.

*वज्राभ्र n. *eine dunkelfarbige Talkart* Mat. med. 76.

*वज्राम्बुजा f. N. pr. einer Tantra-Gottheit.

वज्राय्, °यते *zum Donnerkeil werden.*

वज्रायुध 1) Adj. *dessen Waffe der Donnerkeil ist;* m. Bein. Indra's. — 2) m. N. pr. eines Mannes.

वज्राशनि (*m. f.) Indra's *Donnerkeil.*

वज्रासन n. 1) *ein diamantener Thron,* insbes. *der* Buddha's *in* Buddhagajâ. — 2) *eine best. Art zu sitzen.*

वज्रासु m. N. pr. eines Sohnes des Kṛshṇa. v. l. वज्रांशु.

वज्रासुर m. N. pr. eines Asura Ind. St. 14,159.

*वज्रास्थि f. *Asteracantha longifolia.*

*वज्राह्का f. *Carpopogon pruriens.*

*वज्रिजित् m. Bein. Garuḍa's.

वज्रिन् 1) Adj. *a) den Donnerkeil habend.* — *b) das Wort* वज्र *enthaltend.* — 2) m. *a)* Bein. Indra's. — *b)* **ein* Buddha. — *c)* N. pr. eines der Viçve Devâs. — 3) f. वज्रिणी Bez. *bestimmter Backsteine.*

वज्रिवस् Voc. = वज्रिन् 1) *a)* ṚV.

1.*वज्री f. s. u. वज्र 4).

2. वज्री Adv. mit भू *zum Donnerkeil werden.*

वज्रीकरण n. *das zu einem Donnerkeil Machen.*

वज्रेन्द्र m. N. pr. verschiedener Männer.

वज्रेश्वरी f. N. pr. einer buddh. Göttin.

वज्रोदरी f. N. pr. einer Râkshasî.

वज्रोद्गत m. *ein best.* Samâdhi Kâraṇḍ. 51,10.

वज्रोली f. *eine best. Stellung der Finger.*

वञ्च्, वञ्चति 1) *wanken, wackeln, watscheln, schief —, krumm gehen.* — 2) *schleichen* (in böser Absicht). — 3) *gehen —, gelangen zu* (Acc.) Bhaṭṭ. — 4) Pass. वच्यते *a) sich schaukeln, sich drehen, rollen, volvi; sich tummeln* (von Rossen). — *b)* मेनमा *in der Brust sich bewegen* (von Liedern); हृदः ग्रा *aus dem Herzen hervordringen.* — 5) वञ्चते MBh. 12,10934 fehlerhaft für वञ्च्यते (Pass. vom Caus.). — Caus. वञ्चयति, °ते 1) Act. (metrisch auch Med.) einem Feinde, einer Gefahr *ausweichen, entgehen, entrinnen, entwischen;* mit Acc. वञ्चित *entronnen, entwischt.* — 2) Act. Med. (Pass. वञ्च्यते) *Jmd anführen, täuschen, hintergehen, betrügen, — um* (Instr. oder Abl.). कालम् so v. a. *Zeit gewinnen.* वञ्चित *angeführt, getäuscht, hintergangen, betrogen, — um* (Instr., Abl. oder im Comp. vorangehend); *um Etwas betrogen* auch so v. a. *dessen entbehrend.* — 3) वञ्चित *in seinen Erwartungen getäuscht,* so v. a. *überrascht.* — 4) वञ्चयसि Çvetâçv. Up. 4,3 fehlerhaft für वञ्चसि. — *Intens. वनीवञ्चीति, वनीवच्यते. — Mit ग्रच्छ *provolvi ad* (Acc.). — Mit ग्रनु *nachwanken.* — Mit ग्रभि Caus. °वञ्चित *hintergangen, betrogen.* — Mit ग्रा Pass. *hervorrollen, — quellen.* — Mit उद् *hinauswanken, — schleichen.* — Mit उप Caus. °वञ्चित *in seinen Erwartungen getäuscht.* — Mit निस् Med. *hintergehen.* — Mit परि *herumschleichen.* — Caus. परिवञ्चित *hintergangen, betrogen.* — Mit प्र Caus. *entrinnen, entwischen;* mit Acc. Hâsj. 86. — Mit सम् *schwanken.*

वञ्चक 1) Adj. (f. ग्रा) Subst. *der Andere anführt, Betrüger* Ind. St. 14,397. — 2) m. *a) Schakal* Visav. 75,2. — *b)* **Moschusratte.*

*वञ्चति (?) m. *Feuer.*

*वञ्चथ m. 1) *Betrug.* — 2) *Betrüger.* — 3) *der indische Kuckuck* H. an. 3,319. — 4) *Zeit* ebend. — Vgl. Zach. Beitr. 87.

वञ्चन n. und वञ्चना f. 1) *das Betrügen, Betrug, Täuschung.* °नं und °नां कर् *Jmd* (Acc.) *anführen, betrügen.* — 2) f. *verlorene Mühe, — Zeit.* — Vgl. काल° (Nachtr. 5) und शील°.

वञ्चनता f. in ग्र° (Nachtr. 4).

वञ्चनवत् Adj. *trügerisch.*

वञ्चनापण्डित Adj. *sich auf das Betrügen verstehend.* Nom. abstr. °त्व n.

वञ्चनामति m. N. pr. eines Mannes Ḱampaka 403. 424.

वञ्चनीय Adj. 1) *dem man entgehen, — entrinnen muss.* — 2) *zu hintergehen, anzuführen.*

वञ्चयितर् Nom. ag. *Betrüger.*

वञ्चयितव्य 1) Adj. *zu hintergehen, anzuführen.* — 2) n. impers. किं °व्यमस्ति *darf man hintergehen?* (mit Gen. des Obj.).

वञ्चित 1) Adj. s. u. dem Caus. von वञ्च्. — 2) f. ग्रा *eine Art Räthsel.*

वञ्चितक n. in पत्त°.

*°वञ्चिन् Adj. *anführend, betrügend.*

*वञ्चुक und *वञ्चूक Adj. *betrügerisch.*

*वञ्च्य Partic. fut. pass. von वञ्च्.

वञ्जरा f. N. pr. eines Flusses.

वञ्जुल 1) m. *a)* Bez. *verschiedener Pflanzen.* Nach den Lexicographen *Dalbergia ougeinensis, Jonesia Asoca* und *Calamus Rotang* Râǵan. 9,110. 10,54. Bhâvapr. 1,207. — *b) ein best. Vogel.* — *b)* N. pr. eines Flusses VP.[2] 2,155 (बञ्जुल). — 2) f. ग्रा *a)* **eine Kuh, die viel Milch giebt.* — *b)* N. pr. eines Flusses.

वञ्जुलक 1) m. *a) eine best. Pflanze.* Auch °द्रुम m. — *b) ein best. Vogel.* — 2) *f. °लिका *Oldenlandia herbacea* Râǵan. 3,116.

*वञ्जुलप्रिय m. *Calamus Rotang.*

1. वट्, *वटति (वेष्टने, परिभाषणे), *वटयति (ग्रन्थे, वेष्टने, विभाजने). Zu belegen nur वट्यन्ते *sie werden zerstossen* Vishṇus. 43,38. Vgl. चट्.

2. वँट् ein Opferausruf Âpast. Çr. 13,4,2 (vgl. Taitt. Âr. 4,9,3).

वट 1) m. *a) Ficus indica.* °तरु 111,7. — *b) ein best. Vogel.* — *c) Cypraea moneta, Otterköpfchen.* Hierher vielleicht °भूषण n. Pańkad. — *d) Bauer im Schachspiel.* — *e)* **Schwefel* Râǵan. 13,70. — *f)* * = साम्य. — *g)* N. pr. α) eines Tîrtha Vishṇus. 85,5. 66. — β) eines Wesens im Gefolge Skanda's. — 2) m. f. (ई) n. *Strick.* Zu belegen nur वट°. — 3) (*m.) f. (ई) *Klösschen, Knöpfchen, Kügelchen, Pille.* — 4) f. ई *a)* **ein best. Baum* Râǵan. 11,121. — *b)* गाढा *eine best. Lage im Spiel* Ḱaturaṅga.

वटक 1) m. (Vasishṭha 14,37. Ḱaraka 6,18), f. वटका (Dhûrtan. 35) und वटिका (Lalit. 186,11. 226,1. 249,1. Pańḱat. ed. Bomb. 5,59,9) n. *Kügelchen, Pille; Knöpfchen, Klösschen* (gewöhnlich aus Mehl von Hülsenfrüchten, eingeweicht, gewürzt und in Oel geschmort). वटकाद्रि Spr. 7616. — 2) m. *ein best. Gewicht,* = 8 Mâsha = 2 Çâṇa. — 3) f. वटिका *Schachfigur,* insbes. *der Bauer.*

वटकणिका (Nilak. zu MBh. 12,218,29) f., °कणीका f. (MBh. ed. Bomb. und Vardh. 12,218,29. 30) und °कणीय *die kleinste Partikel vom indischen Feigenbaum.*

*वटकिनी f. *eine best. Vollmondsnacht, in der Klösschen gegessen werden.*

*वटज m. P. 6,2,82.

वटतीर्थनाथ Name eines Liṅga. °माहात्म्य n.

वटनगर n. N. pr. einer *Stadt* Ind. Antiq. 11,159.

*वटपत्त्र 1) m. *weisses Basilienkraut* Râǵan. 10, 161. — 2) f. ग्रा *eine Art Jasmin* Râǵan. 10,85. — 3) f. ई *eine best. Pflanze,* = इरावती Râǵan. 5,39. Madanav. 25,255.

वटयक्षिणीतीर्थ n. N. pr. eines Tîrtha.

*वटर Adj. und m. = चञ्चल, शठ, चौर, कुक्कुट, वेष्ट.

*वटवती f. संज्ञायाम्.

*वटवासिन् m. *ein* Jaksha.

वटसावित्रीपूजा f., °सावित्रीव्रत n. und °व्रतकालनिर्णय m. Titel Burnell, T.

*वटाकर m. *Strick, Seil.*

*वटाकु m. N. pr. eines Mannes.

वटारक 1) (*m.) f. (ग्रा) *Strick, Seil.* Am Ende eines adj. Comp. f. ग्रा. — 2) *m. N. pr. eines Mannes. Pl. *seine Nachkommen.*

वटारकमय Adj. *aus einem Seil gebildet.*

वटारण्यमाहात्म्य n. Titel Burnell, T.

*वटावीक m. *ein Mann, der eines Andern Namen sich zueignet.*

*वटि f. *Termite.*

वटिक m. *Bauer im Schachspiel.* — वटिका s. u. वटक.

वटिन् 1) *Adj. *a) stringed, having a string.* — *b) circular, globular.* — 2) m. *Bauer im Schachspiel.*

*वटिभ Adj. von वटि.

वटूरिन् Adj. *breit* (nach Sâj.).

वटेश्वर m. 1) Name eines Linga. °माहात्म्य n. Opp. Cat. 1. — 2) N. pr. verschiedener Männer Z. d. d. m. G. 36,557 (eines Dichters).

वटेश्वरसिद्धान्त m. Titel eines Werkes.

वटोदका f. N. pr. eines Flusses.

वट्ट m. N. pr. Comm. zu Njâjam. 6,7,15. Richtig बर्कु.

*वट्ट्, वट्टति Pat. zu P. 1,3,1, Vârtt. 12.

वट्ट (बट्ट) m. N. pr. eines Mannes.

वट्टक m. *Kügelchen* Bhadrab. 1,53. 54. 60. Vgl. वटक.

वट्टदेव m. N. pr. eines Mannes.

वठ्य *ein best. Mineral.*

*वठ्, वठति (स्थौल्ये, पैन्ये).

वठर Adj. Subst. *dumm, einfältig, Tölpel;* auch wohl *ein erbärmlicher Wicht* Harshak. (1936) 213, 3. 443,12. 527,18. Nach den Lexicographen = शठ, मन्द, वक्र, मूर्ख, ग्रम्बष्ठ, शब्दकार.

वडबँ m. *ein männliches, aber einer Stute ähnelndes Pferd, das deshalb den Hengst anzieht,* Vaitân. 48,33.

वँडबा f. 1) *Stute.* Eine Gattin Vivasvant's wird als *Stute* die Mutter der beiden Açvin. — 2) *Hure* oder *Hausmagd.* — 3) * = द्विजस्त्री. — 4) N. pr. *a)* einer Frau mit dem Patron. Prâtitheji. — *b)* einer Gattin Vasudeva's. — *c)* eines Flusses. — *d)* eines Tirtha Vishnus. 85,37.

वडबाग्नि m. *das am Südpol gedachte Höllenfeuer, welches kein Wasser des Meeres zu löschen vermag.*

*वडबाग्निमल n. *ein best. schaumartiger Stoff auf dem Meere.*

वडबानल m. 1) = वडबाग्नि Spr. 7747. Personificirt Ind. St. 14,129. 140. — 2) *ein best. Pulver aus Pfeffer und andern scharfen Stoffen, das die Verdauung befördert,* Bhâvapr. 4,29.

वडबाभर्तर् m. Bez. *des mythischen Rosses* Ukkaihçravas Çiç. 20,43.

वडबाभृत m. *eine Art von Sclave.*

1. वडबामुख n. *das Stutenmaul,* Bez. *des Eingangs zur Hölle am Südpol.*

2. वडबामुख 1) Adj. in Verbindung mit ग्रग्नि oder m. mit Ergänzung dieses Wortes = वडबाग्नि. Personificirt als ein Maharshi, der mit Nârâjana identificirt wird. — 2) m. Pl. N. pr. eines mythischen Volkes. — 3) f. ई N. pr. einer Jogini Hemâdri 2,a,95,20. fgg.

वडबारथ m. *ein mit Stuten bespannter Wagen* Ind. St. 13,407.

वडबावक्त्र n. = 1. वडबामुख Spr. 7795. °कुतभुज् m. = वाडबाग्नि.

*वडबासुत m. Du. Bein. der Açvin.

वडबाहृत m. *eine Art von Sclave.*

*वडबिन् Adj. von वडबा.

वडभा f. *ein best. zu den* Pratuda *gezählter Vogel* Karaka 1,27.

वडभि und वडभी f. *Zinne eines Hauses, Söller.* Vgl. वलभी.

*वडभीकार m. N. pr. eines Mannes. Vgl. बाडभीकार.

वडव m. und वडवा f. spätere Schreibart für वडब und वडबा.

वडहंसिका und °हंसी f. *eine best.* Râgini S. S. S. 37. 110.

*वडा f. *Klösschen, Knöpfchen.*

वडिश s. बडिश (Nachtr. 5).

वडेरु m. N. pr. eines Mannes.

वडैसक N. pr. einer Oertlichkeit.

*वड्ड्, वड्डति Pat. zu P. 1,3,1, Vârtt. 12 in Kielhorn's Ausg.

*वड्ड Adj. *gross.*

वण्, *वणति (शब्दे). — *Caus. Aor. ग्रवीवणत् und ग्रववाणत्. — वणित v. l. für वेष्टित Comm. zu Kâty. Çr. 7,3,26. = व्यूत zu 7,9,28.

वण in धिग्वण.

वणथलग्राम m. N. pr. eines *Dorfes.*

वणिकव्रत n. *eine best. Begehung.* Richtig विज्ञयद्वादशीव्रत.

वणिक्कटक m. *Handelskarawane* Daçak. 24,11.

वणिक्कर्मन् n. *die Beschäftigung des Kaufmanns, Handel.*

वणिक्क्रिया f. dass.

वणिक्त्व n. *Kaufmannsstand* Mudrâr. 138, 6 (205,11).

वणिक्पथ m. 1) = वणिक्कर्मन् Mân. Grhj. 2,14. — 2) *Kaufmannsladen.* — 3) *Kaufmann.* — 4) *die Wage im Thierkreise.*

वणिक्पुत्र m. *Kaufmannssohn* 126,23. 128,30. 146,27. Auch so v. a. *Einer vom Kaufmannsstande, Kaufmann* Kâranp. 14,16. 52,23.

वणिक्पुरुष m. *Kaufmann* Kâranp. 53,10. 55,1.

वणिक्सार्थ m. *Handelskarawane.*

वणिक्सुत 1) m. *Kaufmannssohn* 128,17. — 2) f. ग्रा *Kaufmannstochter* 126,26. 127,7.

वणिक्सूनु m. *Kaufmannssohn* 128,20.

वणिग्ग्राम m. *Kaufmannsgilde* Daçak. (1925) 2, 123,10.

वणिग्जन m. *Kaufmann,* coll. *Kaufleute;* Pl. Varâh. Jogaj. 9,6.

*वणिग्बन्धु m. *die Indigopflanze.*

*वणिग्भाव m. *Kaufmannsstand, Handel.*

*वणिग्वह m. *Kamel.*

वणिग्वीथी f. *Marktstrasse, Bazar* Kandak. 47, 13. 49,10. 50,2.

वणिग्वृत्ति f. Pl. *Handel, Kram, Schacher.*

*वणिङ्मार्ग m. *Markt, Bazar.*

वणिँज् 1) m. *a) Kaufmann, Krämer.* — *b) die Wage im Thierkreise.* — *c) ein best.* 2. करण 4) *n).* — 2) f. *Handel* Gaut. 12,41.

वणिज m. 1) *Kaufmann* als Bein. Çiva's. — 2) *die Wage im Thierkreise.* — 3) *ein best.* 2. करण 4) *n).*

*वणिजक m. *Kaufmann.*

वणिज्य (*n.) und वणिज्या f. *Kram, Handel* Çat. Br. 1,6,4,20.

वण्ट्, *वण्टति und *वण्टयति *unter sich vertheilen.* Zu belegen nur वण्ट्यते und वण्ट्यमान Spr. 2445, v. l. Harshak. (1936) 340,3 (वण्ठ्यमान gedr.).

वण्ट 1) Adj. *a) ohne Schwanz* Gaut. Vgl. बण्डे. — *b)* *unverheirathet;* m. *ein unverheiratheter Mann.* — 2) *m. *a) Theil.* — *b) der Griff einer Sichel.*

*वण्टक m. *Theil.*

वण्टन n. *Theilung* (des Vermögens).

*वण्टापय्, °यति *vertheilen.*

*वण्टाल m. 1) *Schaufel.* — 2) *Schiff.* — 3) *eine Art Kampf.*

*वण्ठ्, वण्ठते (एकचर्यायाम्, एकचरे). Vgl. oben u. वण्ट्.

वण्ठ 1) *Adj. *a) verkrüppelt, verstümmelt.* — *b) unverheirathet.* — 2) m. *a) Diener, Bursche* Harshak. (1936) 443,12. — *b)* **Lanze.*

*वण्ठर m. 1) *die weibliche Brust.* — 2) = करीरकोश. — 3) *ein junger Schoss der Weinpalme.* — 4) *Hundeschwanz.* — 5) = स्थगिकारज्जु. — 6) *Hund.* — 7) *Wolke.*

*वण्ठाल m. v. l. für वण्टाल.

*वण्ड्, वण्डते (विभाजने, वेष्टने). — Caus. वण्डयति (विभाजने).

*वण्डाल m. v. l. für वण्टाल.

1. वत्, वँततति mit ग्रपि *verstehen, begreifen.* — Caus. वातँयति mit ग्रपि *verstehen —, begreiflich*

machen, wecken (einen guten Sinn).

2. वत् Adverbia bildendes Suffix mit der Bed. *in der Weise von*. पितृवत् = पितेव, पितरमिव, पित्र इव, पितुरिव und पितरीव.

वतंस m. (adj. Comp. f. आ) 1) = अवतंस *Kranz, reifenförmiger Schmuck* Naish. 5,62. Çiç. 10,67. — 2) = वोतंस Karaka 1,29.

वतंसक m. = वतंस 1).

वतण्ड 1) m. N. pr. eines Mannes. Pl. *seine Nachkommen*. — 2) *f. ई *ein weiblicher Nachkomme des* Vatanda.

वतरणी f. MBh. 3,8148 fehlerhaft für वैतरणी.

*वतायन m. Trik. 3,5,4 wohl fehlerhaft für वातायन.

*वति f. Nom. act. von वन्.

वतु oder वतू Interj. etwa *ruhig!* Harshak. 216,19.

*वतू f. = देवनदी, सत्यवाच्, पथ् und अतिरोग.

*वतोका f. = अवतोका.

वत्कार m. *das Suffix* वत् Çaṅk. zu Bâdar. S. 570, Z. 11.

वत्स 1) m. a) *Kalb, Junges; Kind*. Der Voc. *Kind* häufig als Schmeichelwort. Am Ende eines adj. Comp. f. आ. — b) *Jahr* in त्रिवत्स. — c) N. pr. α) verschiedener Männer. Pl. Vatsa's *Nachkommen*. — β) Pl. eines Volkes; Sg. des von ihm bewohnten Landes. — γ) eines Schlangendämons VP.² 2,287. 5,251. — 2) f. वत्सा f. zu 1) a). Der Voc. gleichfalls als Schmeichelwort. वत्सौ AV. 4,38,6. 7 fehlerhaft für वशौ. — 3) *m. n. *Brust*. Vgl. Zach. Beitr. 34.

वत्सक 1) m. a) *Kälbchen*. Am Ende eines adj. Comp. f. आ Hemâdri 1,419,11. — b) *Wrightia antidysenterica* Râgan. 9,52. — c) N. pr. α) eines Asura. — β) eines Sohnes des Çûra. — 2) f. वत्सिका *Kalbe, Kälbin, eine junge Kuh*. — 3) n. a) **gelblicher Eisenvitriol* Râgan. 13,80. — b) **der Same von* 1) b) Râgan. 9,55. — c) = वत्सनाभ 3) Vâstuv. 10,93.

वत्सकामा Adj. f. *ihr Kalb liebend* (Kuh).

वत्सच्छवी f. *Kalbsfell* Çâṅkh. Br. 25,15. Kâtj. Çr. 22,1,20. Lâtj. 8,2,1.

वत्सजानु (Kâtj. Çr. 1,3,23) und वत्सज्ञु (Âpast. Çr. 1,6,5) Adj. *von der Form eines Kalbsknies*.

वत्सणारकतीर्थ n. N. pr. eines Tîrtha.

वत्सतन्ती (Âpast. Gaut. 9,52) und °तन्त्री (Vasishtha 12,9. Vishnus. 63,42. M. 4,38) f. *ein langer Strick, an dem die Kälber einzeln vermittelst anderer kürzerer Stricke angebunden werden*.

वत्सतर m. und f. (ई) *das entwöhnte Junge, ein heranwachsendes Thier: junger Stier, Kälbin* (auch vom Ziegengeschlecht). Ausnahmsweise auch *ein noch saugendes Kalb* und auch *ein schon völlig ausgewachsenes Thier* (das vielleicht nicht zur Begattung zugelassen wird).

*वत्सतरार्ण n.

वत्सत्व n. Nom. abstr. von वत्स *Kalb*.

वत्सदन्त 1) m. a) Bez. von *Pfeilen, deren Spitzen Zähnen eines Kalbes gleichen*. — b) N. pr. einer mythischen Person Ind. St. 14,112. — 2) n. *eine einem Kalbszahne ähnelnde Pfeilspitze*.

*वत्सदन्तक m. = वत्सदन्त 1) a).

वत्सदेवी f. N. pr. oder Bez. einer *Fürstin* Nepâls Ind. Antiq. 9,178. 180.

वत्सनपात् m. N. pr. eines Bâbhrava.

वत्सनाभ 1) m. a) *ein best. Baum*. — b) N. pr. eines mythischen Wesens Hariv. 1,6,32. v. l. रत्ननाभ. — 2) (*m.) n. *ein best. vegetabilisches Gift* Râgan. 6,125. Bhâvapr. 1,269. 2,108. Nach Mat. med. 97 *Aconitum*, nach Molesworth *Methonica superba*. — 3) n. *ein Loch von bestimmter Form im Holze einer Bettstelle*.

वत्सनाभक n. = वत्सनाभ 3) Vâstuv. 10,95.

*वत्सनाभि m. *Kalbsnabel* Bhâvapr. 2,108.

वत्सनिकान्त Adj. *anhänglich an die Jungen* Maitr. S. 1,5,9 (77,20).

वत्सप m. 1) *Hüter von Kälbern*. — 2) N. pr. eines Dämons.

वत्सपति m. *ein Fürst der* Vatsa oder N. pr. *eines Fürsten der* Vatsa. Udajana so genannt Harshak. (1936) 422,4.

*वत्सपत्तन n. *die Stadt der* Vatsa, Kauçâmbî.

वत्सपाल und °क m. *Hüter von Kälbern*.

वत्सपालन n. *das Hüten der Kälber*.

वत्सपीता Adj. f. (eine Kuh) *an der ein Kalb gesogen hat* Spr. 3297.

वत्सप्रचेतस् Adj. *auf* Vatsa- oder *auf die* Vatsa *achtend* Ṛv.

वत्सप्रि (Sâj. in der Einl. zu Ṛv. 9,68), वत्सप्री und °प्रीति m. N. pr. eines Mannes.

वत्सप्रीय n. Bez. *des Liedes* Ṛv. 9,68 Sâj. in der Einl. zu Ṛv. 9,1. Vgl. वात्सप्रीय.

वत्सबन्धा Adj. Brâhman. 1,12 fehlerhaft für बद्धवत्सा.

वत्सबालक m. N. pr. eines Bruders des Vasudeva.

वत्सभूमि 1) f. *das Land der* Vatsa. — 2) m. N. pr. eines Sohnes des Vatsa.

वत्समित्र m. N. pr. eines Mannes Vaṅçabr. 3.

*वत्समुख Adj. *ein Kalbsgesicht habend*.

वत्सर 1) m. a) *das fünfte (sechste) Jahr im fünfjährigen (sechsjährigen) Cyclus*. — b) N. pr. α) eines Sâdhja. मत्सर v. l. — β) eines Sohnes des Kaçjapa. v. l. वत्सार. — 2) m. f. (ई nur Hem. Par. 1,466. 6,243) n. (nur Maitrjup. 6,4) *Jahr*. Das m. personificirt (Pl. M. 12,49), insbes. als ein Sohn Dhruva's und der Bhrami; auch Bein. Vishṇu's.

वत्सरफल n. Titel Opp. Cat. 1.

वत्सराज m. 1) *ein Fürst der* Vatsa 290,23. — 2) N. pr. eines Mannes. Auch °देव.

वत्सराज्य n. *die Herrschaft über die* Vatsa.

*वत्सरादि m. *der erste Monat des Jahres, der* Mârgaçîrsha.

*वत्सरान्तक m. *der letzte Monat des Jahres, der* Phâlguna.

*वत्सरार्ण n.

वत्सरूप m. *ein kleines Kalb* Harshak. 198,2 (478,5).

वत्सल 1) Adj. (f. आ) a) f. *zärtlich an ihrem Kalbe hängend*; Subst. *eine solche Kuh*. — b) *zärtlich, liebevoll*, — *gegen* (Loc., Gen., Acc. mit प्रति oder im Comp. vorangehend). रस m. *der zärtliche Grundton* (eines Kunstwerkes). — c) *von ganzer Seele einer Sache ergeben, ein Freund von* (im Comp. vorangehend). — 2) m. a) **ein durch Gräser genährtes* (schnell verlöschendes) *Feuer*. — b) N. pr. eines Wesens im Gefolge Skanda's.

वत्सलता f. und वत्सलत्व n. 1) *Zärtlichkeit, liebevolle Gesinnung*, — *gegen* (im Comp. vorangehend). — 2) *Freude an Etwas* (Loc. oder im Comp. vorangehend).

वत्सलय्, °यति *Jmd* (Acc.) *zärtlich machen*.

वत्सवन्त् 1) Adj. *ein Kalb habend*. — 2) m. N. pr. eines Sohnes des Çûra.

वत्सवृद्ध m. N. pr. eines Sohnes des Urukrija.

वत्सव्यूह m. N. pr. eines Sohnes des Vatsa.

*वत्सशाल Adj. *in einem Kälberstall geboren*.

*वत्सशाला f. *Kälberstall*.

वत्सहनु m. N. pr. eines Sohnes des Senagit.

*वत्सादनी f. *Cucumis maderaspatanus*.

वत्साजीव Adj. *durch Kälber seinen Lebensunterhalt gewinnend*, Bein. eines Piṅgala.

वत्सादन 1) *Adj. *Kälber fressend*. — 2) *m. *Wolf* Râgan. 19,9. Bhâvapr. 1,196. — 3) f. ई *Cocculus cordifolius* Râgan. 3,90. Karaka 1,27.

वत्सानुसारिणी f. (sc. विवृत्ति) *ein Hiatus zwischen einer langen und einer kurzen Silbe* Mând. Çikshâ 9,2. Comm. zu TS. Prât. 22,13.

वत्सानुसृत् (wohl °सृत्ति) f. der gemeinschaftliche Name für वत्सानुसारिणी und वत्सानुसृता (°ति)

Comm. zu TS. Prât. 22,13.

वत्सानुसृता f. (sc. विवृत्ति) *ein Hiatus zwischen einer kurzen und einer langen Silbe* Mând. Çikshâ 9,3.

वत्सानुसृति f. dass. Comm. zu TS. Prât. 22,13.

वत्साय्, °यति *ein Kalb darstellen.*

वत्सार m. N. pr. eines Sohnes des Kaçjapa.

वत्सासुर m. N. pr. eines Asura.

वत्साह्वय m. *Wrightia antidysenterica* Suçr. 2,222,6.

वत्सिन् Adj. 1) *ein Kalb habend.* — 2) als Beiw. Vishṇu's vielleicht *viele Kinder habend.*

वत्सिमन् m. *die erste Jugend, kindliches Alter.*

वत्सीपुत्र und °पुत्रीय fehlerhaft für वा°.

वत्सीय Adj. *mit der Aufsicht über die Kälber betraut.* °बालक m. *ein solcher Knabe* Harshaḱ. 32,2.

वत्सेश und वत्सेश्वर m. *ein Fürst der* Vatsa.

*वत्सोद्धरण N. pr. einer Oertlichkeit.

वत्स्य MBh. 13,1951 fehlerhaft für वत्स.

*वध्सर m. Paushkarasâdi's Schreibung für वत्सर.

वद्, वदति, °ते (उदेयम् AV., °वादत und °वादेयुस् metrisch für °वदत und °वदेयुस्) 1) Act. *reden, sagen, sprechen,* — *dass* (mit doppeltem Acc. [76,13] oder mit यद्), — *ob* (यदि), — *zu Jmd* (Acc., Gen. oder Acc. mit अभि), — *zu Jmd Etwas* (mit doppeltem Acc.). — b) *rathen zu* (Acc.). — c) *zusprechen, zusagen.* — d) *mittheilen, verkünden, angeben, besprechen, sprechen —, berichten über, sprechen von* (Acc.); mit Gen. oder Loc. der Person, zu der man spricht. — e) *ankündigen, voraussagen, anzeigen, verrathen* (von einem leblosen Subject 304,25), *besagen, bezeichnen.* — f) *behaupten, annehmen.* — g) *bezeichnen als, erklären für, nennen;* mit doppeltem Acc. oder mit Nomin. und इति. — h) *die Stimme* (auch mit Hinzufügung von वाचम्) *ertönen lassen* (von Vögeln u. s. w.); *tönen, schallen, klingen.* — i) अवदस् RV. 3,30,5 vielleicht fehlerhaft für अव दस् (von दर्). — 2) Med. a) *sagen, sprechen,* — *zu Jmd* (Acc.). — b) *besprechen, sprechen über, mittheilen, angeben, mit Namen nennen.* — c) *sich besprechen über* (Loc.). — d) *sich streiten um* (Loc.). — e) *Ansprüche machen auf* (Loc.) Ait. Br. 2,25,6. Diese Bed. ist wohl mit यत्न P. 1,3,47 gemeint. — f) wohl **eine Autorität sein, — hervorstechen, sich auszeichnen in* (Loc.). — g) *triumphiren* Bhaṭṭ. — 3) उदित a) *gesagt, gesprochen, — in Betreff von* (प्रति 190,7). इत्युदिते impers. 126,13. — b) *angeredet, angesprochen.* — c) *mitgetheilt, verkündet, angegeben.* — d) *gelehrt,* so v. a. *recipirt, richtig.* Compar. उदिततर. — e) *angedeutet.* — Caus. वादयति, वादयते (metrisch) 1) *Etwas sagen —, sprechen lassen.* — 2) *Jmd zum Reden veranlassen, — auffordern.* Nur वादित. — 3) *ertönen —, erklingen lassen, spielen* (ein musikalisches Instrument); mit Acc. (ausnahmsweise Loc.) des Instrumentes). Ohne Object *musiciren.* बहु so v. a. *viel Lärm von sich machen.* वादित *gespielt* (ein Instrument). — 4) **von Jmd* (Instr.) ein musikalisches Instrument (Acc.) *spielen lassen.* — 5) *sprechen, hersagen.* — Desid. विवदिषति *zu sagen —, zu sprechen beabsichtigen* Gobh. 1,5,25. — Intens. (वावदीति, वावदत्, वावद्यमान) *laut reden, — tönen.* — Mit अच्छ Act. *begrüssend anreden, einladen.* — Mit अति Act. 1) *übertönen, lauter oder besser reden, niederschwatzen, niederdisputiren.* — 2) *mehr sagen, überfordern.* — Mit अभ्यति Act. = 1) अति 1). — Mit अधि Act. *dabei —, dazu sprechen.* — Mit अनु 1) Act. a) *nachsprechen,* (Laute) *nachahmen.* — b) **nachtönen.* — c) *mit Worten begleiten.* — d) *abermals sagen, auf Etwas zurückkommen, Etwas wiederholen* (um die Wichtigkeit desselben hervorzuheben). — d) *schmähen.* — e) *Jmd um ein Almosen ansprechen.* — 2) Med. a) **Jmds* (Gen.) *Worte wiederholen.* — b) *erklingen wie* (Gen.) Bhaṭṭ. — Caus. 1) *ertönen —, erklingen lassen.* — 2) *widerhallen lassen* Ḱaraka 1,1. — Mit अभ्यनु Act. *in Beziehung auf Etwas sagen.* — Mit अप 1) Act. a) *seinen Unmuth auslassen gegen Jmd, tadeln, schmähen;* mit Gen. oder Acc. — b) *Jmd* (Acc.) *durch Reden zerstreuen.* — c) *ausnehmen* (*eine Ausnahme machen*). — d) *als unrichtig bezeichnen* Çaṁk. zu Bâdar. 2,1,14 (S. 447, Z. 10). — 2) Med. *geringschätzig sprechen von, schmähen, tadeln;* mit Acc. Ḱaraka 1,29. Çiç. 17,19. mit Instr. Bâlar. 44,12. mit Dat. Bhaṭṭ. — Caus. 1) *Jmd tadeln, schmähen, Etwas tadeln, missbilligen.* — 2) *ausnehmen* (*eine Ausnahme machen*). — Mit अभि Act. Med. (meist metrisch) 1) *Jmd anreden, begrüssen.* जारं चौरेत्यभिवदन् *den Ehebrecher mit Dieb anredend,* so v. a. *ihn Dieb scheltend.* — 2) *in Bezug auf — sagen, — erwähnen,* mit einem Worte u. s. w. *meinen, auf Etwas hinweisend sprechen.* — 3) *aussprechen, ausdrücken.* — 4) *erklären für, nennen;* mit doppeltem Acc. — 5) *sprechen.* — Caus. 1) Act. (meist metrisch) Med. *Jmd anreden, begrüssen;* oft mit Ergänzung der Person. — 2) *Med. *Jmd* (Acc.) *durch Jmd* (Acc. oder Instr.) *begrüssen lassen.* — 3) Med. *Jmd* (Dat.) *seine Verehrung bezeigen* Çâṅkh. Gṛhj. 4,12. — 4) Act. *Etwas hersagen lassen.* — 5) Act. *erklingen lassen, spielen* (ein musikalisches Instrument). — Mit प्रत्यभि Act. *einen Gruss erwiedern* Âpast. 1,14,20. — Caus. Med. dass. — Mit समभि Caus. *Jmd begrüssen.* Nur Absol. — Mit अव Act. 1) *durch Nachrede Abbruch thun, herabsetzen.* — 2) *unterweisen.* Nur buddh. अववादित (!). — Mit व्यव Act. 1) *beschreien.* — 2) *zu reden beginnen, das Schweigen unterbrechen.* — Mit आ Act. 1) *reden zu, anreden.* — 2) *ankündigen, zusprechen.* — Mit समा Act. *einen Ausspruch thun.* — Mit उद् Act. 1) *die Stimme erheben, sich hören lassen.* — 2) *aussprechen.* — Caus. Act. 1) *ausrufen lassen.* — 2) *erschallen lassen.* — Mit प्रत्युद् Caus. *dagegen erschallen lassen.* — Mit उप 1) Act. a) *missliebig reden über* (Acc.), *beschreien, berufen, Jmd anfahren* Ait. Âr. 314,2 v. u. — b) *anreden.* — c) *bitten.* — d) in der dunkelen Stelle ṚV. 4,5,8 zieht Sâj. उप zum Acc. — 2) Med. *Jmd bereden, an sich zu locken suchen* Bhaṭṭ. — Caus. Act. *ertönen lassen* Mân. Gṛhj. 1,9. — Mit प्रत्युप *durch Reden beleidigen.* Nur प्रत्युपोदित. — Mit नि Caus. Med. *erschallen lassen.* — Mit निस् Act. 1) *wegreden.* — 2) *hinausreden, hinausschallen lassen.* — 3) *seinen Unmuth gegen Jmd* (Acc.) *auslassen, Jmd schmähen.* Metrisch auch Med. — Mit अभिनिस् Act. *aussagen in Bezug auf* (Acc.). — Mit परा Act. *wegsprechen* AV. 6,29,3. — Mit अभिपरा *anreden.* — Mit परि Act. 1) *sich auslassen, einen Ausspruch thun, bereden, besprechen, sich auslassen über* (Acc.). — 2) *sich nachtheilig über Jmd auslassen, Jmd tadeln.* Metrisch auch Med. — Desid. in परिविवदिषु (Nachtr. 5). — Mit प्र Act. Med. (ausnahmsweise) 1) *heraussagen, reden, sprechen, aussagen, ansagen, verkünden; sprechen zu Jmd* (Acc. Bhaṭṭ.). प्रोदित *gesprochen.* — 2) *die Stimme ertönen lassen* (von Thieren und Vögeln), *rauschen* (vom Wasser). — 3) *annehmen, statuiren.* — 4) *bezeichnen als, erklären für, nennen;* mit doppeltem Acc. — 4) *anbieten, ausbieten zum Verkauf;* mit Instr. des Preises. — Caus. Act. *ertönen lassen, spielen* (ein musikalisches Instrument). Ohne Object *musiciren.* प्रवाद्यन्ति mit act. Bed. (!). — Mit अनुप्र Act. 1) *nachsprechen.* — 2) *aussagen über.* — Caus. *nachher ertönen lassen.* — Mit अभिप्र Caus. *zu Jmds Ehren ertönen lassen* Saddh. P. 88,a. — Mit उपप्र Act. *mit der Stimme einfallen.* — Mit विप्र Act. Med.

sich gegenseitig widersprechen Bhaṭṭ. — Mit संप्र 1) *laut aussprechen* in संप्रवदितोस्. — 2) Act. *gemeinschaftlich die Stimme erheben.* — 3) Med. *sich unterhalten* Bhaṭṭ. — Caus. in संप्रवादित. — Mit प्रति Act. 1) *zu Jmd* (Acc.) *reden.* — 2) *antworten.* — *Jmdm* (Acc.). — 3) *Jmd zurückweisen.* Nur प्रत्युदित. — 4) *nachsprechen, widerholen.* — Intens. (प्रतिवावदत्) *widerreden.* — Mit वि 1) Act. *Etwas widerreden.* व्युदित *strittig.* — 2) Act. Med. (älter) *sich mit Jmd* (Instr., ausnahmsweise Acc.) *in einen Wortstreit einlassen über* (Loc., ausnahmsweise Acc.), *sich gegenseitig widersprechen.* विवदमान auch *strittig*, विवदित (!) Pl. *im Streite liegend.* — 3) Act. *sich unterhalten.* — 4) Med. *die Stimme ertönen lassen* (von Vögeln). — Caus. Act. *einen Process einleiten, die Gerichtsverhandlung beginnen lassen.* — Intens. (विवावदत्) *die Stimme laut, widerholt ertönen lassen.* — Mit प्रतिवि Med. *dagegen reden* Âpast. Çr. 10,27,6 (vgl. Comm. zu Kâtj. Çr. 7,8,27). — Mit सम् 1) Act. (metrisch) Med. *zusammen —, zu einander sagen,* — *von* (Acc.), *sich unterreden mit* (Instr.), *sich bereden über* (Loc.). स्वेन क्रतुना *mit sich zu Rathe gehen.* — 2) *einen Pact schliessen.* Nur समुद्य. — 3) Act. *zusammen klingen* (von musikalischen Instrumenten). — 4) Act. Med. *übereinstimmen, zustimmen, seine Zustimmung zu Etwas* (Acc. Çiç. 13,3) *geben; zutreffen,* so v. a. *zusammen einen Sinn geben* 308,6 (im Prâkrit). समुदित *allgemein angenommen, gebräuchlich geworden.* — 5) Act. Med. *sprechen, sagen zu* (Acc.) Naish. 5,12. समुदित *angeredet.* — 6) Act. *bezeichnen als, erklären für, nennen;* mit doppeltem Acc. — Caus. 1) Act. *sich unterreden lassen mit* (Instr.). — 2) Med. *eine Unterredung hervorrufen über* (Loc.). — 3) Act. *sich über Etwas einigen* (संवाद्य Gaut.), *einstimmen.* संवादित *worüber man sich geeinigt hat.* — 4) *zutreffend angeben.* Nur Absol. — 5) Act. *Jmd zum Sprechen auffordern.* — 6) *ertönen lassen* (ein musikalisches Instrument). — Mit उपसम् in उपसंवाद. — Mit परिसम् Act. *sich gemeinschaftlich über Jmd* (Acc.) *äussern* MBh. 13,159, 15. — Mit प्रतिसम् Med. *sich mit Jmd* (Acc.) *einverstanden erklären.* — Mit विसम् Act. 1) *seiner Zusage untreu werden.* — 2) *Einwendungen machen, widersprechen.* — Caus. विसंवादित 1) *dessen Unzufriedenheit erregt worden ist.* — 2) *woran man Etwas auszusetzen hat, nicht allgemein anerkannt.*

वद 1) Adj. Subst. *sprechend, Sprecher, Redner.* Nur am Ende eines Comp. zu belegen. — 2) m. Name des ersten Veda bei den Magiern.

वदक Adj. in दुर्वदक.

वदन n. (adj. Comp. f. आ) 1) *das Reden, Sprechen, Tönen.* — 2) *Mund, Maul.* — 3) *Gesicht.* वदनं कर् *ein Gesicht machen,* so v. a. *das G. verziehen.* — 4) *der vordere Theil, Spitze.* — 5) *the first term, the initial quantity of the progression.* — 6) *the side opposite of the base; the summit* Ârjabh. 2,8.

वदनचक्र R. 5,25,15 fehlerhaft für रदनचक्र.

वदनदन्तुर m. Pl. N. pr. eines Volkes.

वदनपङ्कज n. *Antlitzlotus* 251,26.

वदनपवन m. *Athem* Çiç. 15,106 (72).

वदनमारुत m. dass. Çâk. (Pisch.) 65,9.

वदनरोग m. *Mundkrankheit.*

*वदनश्यामिका f. *eine best. Krankheit.*

*वदनामय m. *Mund- oder Gesichtskrankheit.*

*वदनासव m. *Speichel.*

वदनी Adv. mit भू *sich in ein Gesicht verwandeln.*

वदनोदर n. *Rachen* 184,15.

वदत्त, वदत्ति und वदत्ती in किं°.

वदत्तिक m. Pl. N. pr. eines Volkes.

*वदन्य Adj. = वदान्य 1) *a*).

वदान्य 1) Adj. (f. आ) *a*) *freigebig;* m. *ein freigebiger Mann* Ind. St. 15,220 u. s. w. दाह° so v. a. *heftig brennend;* Nom. abstr. °ता f. Harshaċ. 140,9. Naish. 4,48. Am Ende eines adj. Comp. f. आ Spr. 7723. — *b*) **beredt.* — *c*) **freundlich redend, liebenswürdig.* — 2) m. N. pr. eines Ṛshi.

*वदान्यश्रेष्ठ m. Bein. des Dadhjaṅk Gal.

*वदाम m. *Mandel.* Vgl. बादाम.

*वदाल m. 1) *eine Art Wels.* — 2) *Brandung.*

*वदालक m. = वदाल 1).

*वदावद Adj. *geschwätzig.* Vgl. अवदावद.

वदावदिन् Adj. dass.

°वदि als Datumsangabe *in der dunkelen Hälfte* des und des Monats.

वदितर Nom. ag. *Sprecher* (mit Gen.); *sprechend von, zur Sprache bringend;* mit Acc.

वदितव्य 1) Adj. *zu sprechen, zu sagen.* — 2) n. impers. *dicendum.*

वदितोस् Gen. Infin. von वद् TS. 2,1,2,6.

वदिष्ठ Adj. *am Besten redend.*

वद्क m. v. l. für वटुक Bhadrab. 1,53. 54. 60.

वद्दिवास N. pr. einer Oertlichkeit.

वद्री s. वध्री.

वद्मन् Adj. *redend, das Wort führend.*

°वद्य n. *Rede, Unterhaltung über.* Vgl. अवद्य.

वध् (vom Präsensstamm nur je einmal वधति, वध (Conj.), वधेयम् und वधेत्; Aor. अवधीत्, Prec. वध्यासम्, Fut. वधिष्यति, Pass. वध्यते und metrisch वध्यति) *schlagen* (eig. und auch den Feind, ein Heer), *zerschlagen, erschlagen, tödten, zu Nichte machen.* वध्यमान auch fehlerhaft für बाध्यमान und वध्यते für विध्यते. बध् bisweilen auch in vedischen Texten. — Caus. वधयति *erschlagen, tödten.* — Desid. बीभत्सते haben wir auf 1. बाध् zurückgeführt. — Mit अप 1) *abhauen, abschlagen.* — 2) *abschlagen,* so v. a. *verjagen,* — *von* (Abl.). — Mit अभि *auf Jmd* (Acc.) *schlagen.* — Mit समभि dass. — Mit आ *zermalmen, zerstückeln, zerschellen* (ein Schiff). — Mit अभ्या *schlagen auf* (Acc.). — Mit उद् 1) *ausreissen* Âpast. Çr. 4,6,1. — 2) *zerreissen.* — Mit उप 1) *anschlagen an* (Acc.). — 2) *erschlagen, tödten.* — Mit नि 1) *niederschleudern auf* (Loc.). — 2) *niederschlagen, niederhauen, tödten* Çiç. 15,23. — Mit निस् *vereiteln, zu Nichte machen* TS. 3,1,2,3. — Mit परा *spalten, zerreissen.* — Mit प्र *schlagen* (einen Feind). — Mit प्रति *zurückschlagen, abwehren.* — Mit वि *zerstören.*

वधै m. 1) *Tödter, Mörder, Ueberwinder.* — 2) *tödtliche Waffe,* namentlich Indra's *Geschoss.* — 3) *das Erschlagen, Tödtung, Mord, Untergang.* In Comp. mit dem Object und auch mit dem Werkzeuge. In den Gesetzbüchern sowohl *Todesstrafe* als *Leibesstrafe.* n. (!) Ind. St. 15,325. — 4) = वधभूमि *Richtplatz.* — 5) *Schlag, Verletzung.* — 6) *Schlag,* so. v. a. *Lähmung.* — 7) *Vernichtung, Zugrunderichtung.* बीज° Gaut. 3,23. — 8) *Verhinderung, Vereitelung* Gaut. 22,28. — 9) *Schwäche, Unvollkommenheit.* Deren 28 angenommen VP. 1,5, 10. — 10) *Multiplication.* — 11) *Product* Bîgaṇ. 32. — 12) N. pr. eines Râkshasa VP.[2] 2,285 u. s. w.

वधैक m. 1) *Mörder.* — 2) *Henker, Scharfrichter.* — 3) *ein best. Schilfrohr.*

वधकर्माधिकारिन् m. *Henker, Scharfrichter.*

वधकाम Adj. *Jmd zu tödten wünschend* Gobh. 4,8,12.

वधकाम्या fr. *die Absicht zu tödten* oder *zu schlagen.*

वधजीविन् Adj. *vom Tödten* (der Thiere) *lebend, Metzger, Jäger* u. s. w.

वधत्मैन्, °ना AV. 6,6,3 v. l. für ग्रैध त्मैना RV 10,133,5.

1. वधैत्र n. *Mordwaffe, Geschoss.*

2. वधत्रै Adj. *gegen Verletzung schützend* Çat. Br. 12,9,2,8.

वधदण्ड m. *körperliche Strafe.*

वध॑ना f. *tödtliche Waffe.*

वधनिग्रह m. *Todesstrafe* 128,30.

वधभूमि f. *Richtplatz.*

व॑धर् (nur in dieser Form), व॑धस् n. *Geschoss,* namentlich Indra's.

वधर्य्, nur वधर्य॑न्ती *Geschoss schleudernd (Blitz?).* Nach Sâj. *nach dem Blitzgeschoss* Indra's *verlangend.*

वधत्रैः (nur Instr. Pl.) Indra's *Geschoss.*

वधस्नु Adj. *ein Geschoss führend* RV.

*वधा Indecl.

*वधाङ्कक n. *Gefängniss.*

*वधिक *Moschus.*

*वधित्र n. *Geschlechtsliebe.*

°वधिन् Adj. *den Tod durch — findend.*

वधु f. 1) *Weib* Çiç. 11,28. — 2) **Schwiegertochter.*

*वधुका f. *Weib.*

*वधुटी f. *Schwiegertochter.*

वधू॑ f. 1) *Braut, junge Ehefrau, Eheweib; Weib* überh. — 2) *das Weibchen eines Thieres* RV. 5,47,6. 8,19,36. — 3) *Schwiegertochter* (Spr. 7693. Hem. Par. 2,305), überh. *die Frau eines jüngeren Verwandten* MBh. 12,1,16. — 4) **Trigonella corniculata.* — 5) **Echites frutescens.* — 6) **Curcuma Zerumbet.*

वधूक am Ende eines adj. Comp. von वधू *Eheweib* Hem. Par. 2,116.

वधूजन m. **Weib;* coll. *Weibervolk* 290,6.

*वधूटशयन n. *Fenster.* Richtig वधूटी°.

वधूटिका f. *ein junges Weib* Prasannar. 101,11.

वधूटी f. 1) *ein junges Weib* Bâlar. 165,17 (नव°). Prasannar. 115,6. Hem. Par. 2,149. Am Ende eines adj. Comp. °क Bâlar. 102,6. — 2) **Schwiegertochter.*

*वधूटीशयन n. *Fenster* Gal.

वधूत्व n. Nom. abstr. zu वधू *Braut* Vikramâñkak. 9,38.

वधूदर्श॑ Adj. *auf die Braut schauend.*

वधूपथ॑ m. *Brautweg.*

वधू॑मन्त् Adj. *mit weiblichen Thieren versehen, — bespannt, mit Inbegriff der weiblichen Thiere.* Vgl. Pischel in Z. d. d. m. G. 35,712. fg.

वधूयु॑ Adj. *heirathslustig, nach Weibern lüstern.*

वधूवर n. Sg. *Braut und Bräutigam, ein neu vermähltes Paar* Hem. Par. 1,195. m. Du. dass. 2,248. m. Pl. *die jungen Ehefrauen und der Bräutigam* 162.

वधूसरा f. N. pr. eines Flusses. Auch वधूसरक-ताह्वया.

वधैषिन् Adj. *mordsüchtig, die Absicht habend zu tödten.*

*वधोद्यत Adj. dass.

वधोपाय m. *die Art und Weise Jmd körperlich zu züchtigen.*

वध्र m. Pl. N. pr. eines Volkes. वध्र v. l.

व॑ध्य 1) Adj. a) *zu erschlagen, zu tödten, den Tod verdienend, dem Tode verfallen, — ausgesetzt; getödtet werdend;* überh. *zu züchtigen, körperlich zu strafen.* — b) *zu zerstören, zu vernichten, zu Grunde zu richten.* — 2) f. वध्या am Ende eines Comp. *Tödtung, Mord.*

वध्यघ्न Adj. *einen dem Tode Verfallenen hinrichtend, das Henkeramt verrichtend.*

वध्यचिह्न n. *das Kennzeichen eines dem Tode Verfallenen* Nâgân. 63,11 (82,21).

वध्यता f. und वध्यत्व n. Nom. abstr. zu वध्य 1) a).

वध्यपटह m. *eine Trommel, die bei der Abführung eines zum Tode Verurtheilten gerührt wird.*

वध्यपाल m. *Kerkermeister* VP. 2,6,11.

वध्यभू f. und °भूमि f. *Richtplatz.*

वध्यमाला f. *ein Kranz, der einem zum Tode Verurtheilten aufgesetzt wird.*

वध्यशिला f. 1) *ein Stein, auf dem hingerichtet* oder *geschlachtet wird, Schlachtbank, Schaffot* Nâgân. 72 (73). — 2) Titel eines Werkes.

वध्यस्थान n. *Richtplatz.*

वध्यस्रज् f. = वध्यमाला Mudrâr. 149,4 (217,13).

वध्यापित (!) Partic. Ind. St. 14,381. 391.

*वध्योष m. N. pr. eines Mannes gaṇa बिदादि in der Kâç. zu P. 4,1,104. v. l. वध्योग.

वध्र 1) m. (व॑ध्र Suparn. 15,4) f. (ई) n. *ein lederner Riemen.* वध्रोत्पीडन Kâd. 2,125,15. — 2) m. Pl. N. pr. eines Volkes MBh. 6,9,55. — 3) f. ई vielleicht *Speckstreifen.* — 4) *n. *Blei.* — Vgl. अवध्र॑.

*वध्रक (Conj.) n. *Blei.*

वध्रश्व m. fehlerhaft für वध्र्यश्व.

व॑ध्रि Adj. *verschnitten, entmannt, unmännlich.*

वध्रिका f. 1) *Riemen* Kâd. 2,130,19 (357,3). — 2) *(grammatisch als m. behandelt) *Eunuch* Kâç. zu P. 6,1,204.

वध्रिमती॑ Adj. f. *einen unvermögenden Gatten habend.*

व॑ध्रिवाच् Adj. *unmännliche Worte redend.*

वध्र्यश्व, वध्रिअश्व॑ m. N. pr. eines Mannes Hariv. 1,32,70. 71. Pl. *sein Geschlecht.*

*वध्वी f. = वधूटी 1).

*वधा Indecl.

1. वन् (Präsensstämme: व॑न, वन॑, वनु, वनो॑) Act. Med. Partic. वनित und °वात 1) *gern haben, lieben.* — 2) *wünschen, verlangen.* — 3) *erlangen, verschaffen für.* — 4) *sich verschaffen.* — 5) *bemeistern, bezwingen; siegen, gewinnen.* — 6) *verfügen über, innehaben.* — 7) *bereit machen, sich anschicken zu.* — 8) *das Absehen haben auf, petere, angreifen.* — Caus. *वनयति und वानयति. Vom Simplex nicht zu belegen. — Intens. (वाव॑नस् und वावन्धि॑) *gern haben, lieben.* Vgl. व॑नीवन्. — Mit अपि in अपिवान्यवत्सा. — Mit अभि *erwünschen, erstreben.* Vgl. अभित्रान्यवत्सा und अभिवान्या॑. — Mit आ 1) *begehren, wünschen, erflehen.* — 2) *durch Bitten herbeirufen.* — 3) *verschaffen.* — Mit नि in 2. निवात॑ und निवान्य. — Mit प्र 1) *gewinnen, siegen.* — 2) *haben.* — Mit सम् Caus. (संवानयति) *geneigt machen, an Jmd gewöhnen.*

2. व॑न् (nur Gen. und Loc. Pl.) 1) *Holz.* — 2) *Holzgefäss, Kufe.*

व॑न 1) n. (adj. Comp. f. आ) a) *Baum.* — b) *Wald, Dickicht* (von Pflanzen aller Art). Einmal m. — c) *Ferne, Fremde.* — d) *Menge.* — e) *Holz.* — f) *Kufe des* Soma. — g) *Wolke.* — h) vielleicht *Kufe des Wagens.* — i) *Wasser.* — k) **Quelle.* — l) *Aufenthaltsort* Nalod. — m) *Cyperus rotundus.* — n) * = रश्मि. — 2) m. N. pr. a) eines Sohnes des Uçînara. — b) eines der zehn auf Schüler Çaṁkarâkârja's zurückgeführten Bettelorden, dessen Mitglieder ihrem Namen das Wort वन anfügen. — 3) f. व॑ना *das Reibholz* (personificirt). — 4) f. वनी *Wald, Dickicht* Prasannar. 154,17. 156,18. Pañkad. Ind. St. 15,265.

2. वन n. vielleicht *Verlangen, Sehnsucht.*

3. *वन Indecl.

वनर्क्ष॑ Adj. verlesen für वनक्रक्ष॑.

वनक m. N. pr. eines der 7 Ṛshi in 4ten Manvantara VP.[2] 3,8. v. l. वमक u. s. w.

*वनकचु m. *Arum Colocasia.*

*वनकणा f. *wilder Pfeffer.*

*वनकण्डूल m. *ein best. Knollengewächs* Râgan. 77,65.

*वनकदली f. *wilder Pisang* Râgan. 11,40.

*वनकन्द m. Bez. *zweier Knollengewächse,* = धरणीकन्द (Râgan. 7,9) und वनशूरण (ebend. 7,65).

वनकपि m. *ein wilder Affe* 238,19.

वनकपीवन्त् m. N. pr. eines Sohnes des Pulaha.

वनकरिन् m. *ein wilder Elephant* Kâd. 17,1. 20,12.

वनकाम Adj. *den Wald liebend, gern im Walde weilend.*

वनकार्पासि (metrisch) und *°सी f. *die wilde Baumwollenstaude. Hibiscus vitifolius* Mat. med. 322.

वनकाष्ठिका f. *ein im Walde liegendes dürres Reis* Pańkat. 194,12. 19. 195,6.

*वनकुक्कुट m. *ein wilder Hahn.*

वनकुञ्जर m. *ein wilder Elephant.*

वनकुसुम n. *eine im Walde wachsende Blume* Spr. 5924.

वनकोकिलक n. *ein best. Metrum.*

*वनकोलि f. *wilder Judendorn.*

*वनकौशाम्बी f. N. pr. einer Stadt.

वनक्रन्तै Adj. etwa *in der Kufe brausend.*

वनखण्ड n. *Baumgruppe, Wäldchen.*

वनग m. *Waldbesucher* MBh. 3,1934. v. l. वनप.

वनगज m. *ein wilder Elephant.* °मद् m. Megh. 20.

*वनगव m. *Bos Gavaeus.*

वनगह्वन n. *Dickicht.*

*वनगुप्त m. *Späher.*

वनगुल्म n. *Waldstrauch, ein wilder Strauch* 133,14.

*वनगो m. *Bos Gavaeus* Rágan. 19,28.

वनगोचर Adj. (f. श्रा) 1) *im Walde wohnend;* m. *Waldbewohner* (von Menschen und Thieren). — 2) *im Wasser lebend.*

वनग्रामक m. *Walddörfchen, ein armseliges Walddorf* Harshak. (1936) 479,8.

वनंकरण n. *ein best. Körpertheil.*

*वनचन्दन n. 1) *Agallochum.* — 2) *Pinus Deodora.*

*वनचन्द्रिका f. *Jasminum Sambac* Rágan. 10,82.

*वनचम्पक m. *wilder Kampaka* Rágan. 10,63.

वनचर Adj. (f. ई) *im Walde umherschweifend, — wohnend;* m. *Waldbewohner* (von Menschen und Thieren).

वनचर्य n. (Saṁhj. Up. 2,3) und °चर्या f. *das Umherschweifen —, der Aufenthalt im Walde.*

वनचारिन् Adj. Subst. = वनचर.

*वनच्छाग m. 1) *die wilde Ziege.* — 2) *Eber.*

वनच्छिद् Adj. *der sich mit dem Fällen der Bäume im Walde abgiebt, Holzhauer.*

वनज 1) Adj. *im Walde geboren, silvaticus* (Çiç. 16,10); m. *Wäldner.* — 2) *m. a) *Elephant.* — b) *Cyperus rotundus, der wilde Citronenbaum* (Rágan. 11,54), *ein best. Knollengewächs* (वनशूरण Rágan. 7,65) und *Koriander* (Bhâvapr. 1,169). — 3) *f. श्रा *Phaseolus trilobus* (Rágan. 3,22), *die wilde Baumwollenstaude* (Rágan. 4,194), *wilder Ingwer, Physalis flexuosa, eine Art Curcuma, Anethum Panmori* und *eine best. Schlingpflanze.* — 4) n. *eine blaue Lotusblüthe.*

वनजपत्त्राक्ष Adj. (f. ई) *lotusäugig* MBh. 1,171,43.

वनजाल Adj. (f. ई) dass. Prasannar. 88,3.

वनजात Adj. *im Walde gewachsen, — wachsend, wild* 145,5.

*वनजीर m. *wilder Kümmel* Rágan. 6,67.

वनजीविका f. *ein im Walde* (durch Einsammeln von Blättern u. s. w.) *gewonnener Lebensunterhalt.*

वनतिक्त 1) *m. *Terminalia Chebula.* — 2) f. श्रा *eine best. Pflanze.* Nach den Lexicographen *Symplocos racemosa* und = श्वेतबुह्ना.

*वनतिक्तिका f. *Clypea hernandifolia.*

वनंद m. Pl. etwa *Verlangen, Sehnsucht.*

*वनद m. *Wolke.*

*वनदमन m. *eine wilde Artemisia.*

वनदारक m. Pl. N. pr. eines Volkes.

वनदाह m. *Waldbrand.*

*वनदीप m. *wilder Kampaka.*

वनदीभट्ट m. N. pr. eines Scholiasten.

वनदुर्ग Adj. *wegen des Waldes schwer zugänglich;* n. *ein solcher Ort* MBh. 4,5,2. 12,86,5. R. 2,82,14.

वनदुर्गोपनिषद् f. Titel einer Upanishad.

वनदेवता f. *eine Waldgöttin, Dryade.*

वनद्रुम m. *Waldbaum, ein im Walde stehender Baum.*

वनद्विप m. *ein wilder Elephant.*

वनधान्य n. Pl. *Körner von wildwachsendem Getraide* Hem. Par. 1,125.

वनधारा f. *Baumgang, Allee.*

वनंधिति f. etwa *Holzschicht.*

*वनधेनु f. *die Kuh des Bos Gavaeus* Rágan. 19,28.

वनन 1) *n. *Verlangen.* — 2) f. वनंना etwa *Wunsch.*

वननित्य m. N. pr. eines Sohnes des Raudrâçva.

वननीय Adj. *begehrenswerth.*

वनन्व् 1) वनन्वति *im Besitz —, vorhanden sein, suppetere.* — 2) वनन्वत् a) etwa *innehabend, besitzend, festhaltend.* — b) *im Besitz befindlich, zu eigen gehörig.*

वनप m. *Waldhüter* MBh. 3,24,63.

वनपन्नग m. *eine im Walde lebende Schlange.*

वनपर्वन् n. Titel des 3ten Buches im MBh.

*वनपल्लव m. *Hyperanthera Moringa.*

*वनपांसुल m. *Jäger.*

वनपार्श्व m. *Waldgegend, Wald.*

वनपाल m. 1) *Waldhüter.* °पालाधिप m. *Oberförster.* — 2) N. pr. verschiedener Männer.

वनपालक m. *Waldhüter* Dhûrtan. Ind. St. 15,367.

*वनपिप्पली f. *wilder Pfeffer* Rágan. 6,20.

*वनपुष्प n. *Wald —, Feldblume.*

वनपुष्पमय Adj. *aus Waldblumen gemacht, — bestehend.*

*वनपुष्पा f. *Anethum Sowa* Rágan. 4,12.

*वनपूरक m. *der wilde Citronenbaum* Rágan. 11,154.

वनपूर्व m. N. pr. eines Dorfes.

वनप्रतै Adj. v. l. des SV. für वनक्रन्तै. = वने लीयते Comm.

वनप्रवेश m. *das Betreten des Waldes,* insbes. *der feierliche Gang in den Wald um Holz für ein Götterbild zu schneiden.*

वनप्रस्थ 1) *ein hoch gelegener Wald.* — 2) N. pr. einer Oertlichkeit.

*वनप्रिय 1) m. a) *der indische Kuckuck.* — b) *eine Hirschart* Rágan. 19,45. — 2) n. *Zimmetbaum* Rágan. 6,173.

वनफल n. *Waldfrucht* Hem. Par. 1,125.

*वनबर्बर m. *Ocimum sanctum* Rágan. 10,162.

*वनबर्बरिका f. *Ocimum pilosum* Rágan. 10,164.

वनबर्हिण m. *ein wilder Pfau.* Nom. abstr. °त्व n.

वनबाल्हिक m. Pl. N. pr. eines Volkes. °वाह्लिक gedr.

वनबिडाल m. *wilde Katze* Kautukas.

*वणबीज m., *°क m. und *°पूरक m. *der wilde Citronenbaum* Rágan. 11,154.

*वनभद्रिका f. *Sida cordifolia.*

*वनभुज् m. *eine best. auf dem* Himavant *wachsende Knolle.*

वनभू f. und °भूमि f. (Spr. 7368. Pańkad.) *Waldgegend.*

*वनभूषणी f. *das Weibchen des indischen Kukkucks* Rágan. 19,112.

वनभोजनपुण्याहवाचनप्रयोग m., °भोजनप्रयोग m. und °भोजनविधि m. Titel Burnell, T.

*वनमक्षिका f. *Bremse.*

*वनमल्लिका f. *Jasminum Sambac* Mat. med. 322.

*वनमल्ली f. *wilder Jasmin.*

वनमातङ्ग m. *ein wilder Elephant* Daçak. 23,18.

वनमानुषिका f. *Waldweibchen* Kâd. 2,86,20.

वनमानुषी f. *Waldweib* Harshak. 185,8.

वनमाल Adj. *mit einem Kranze von Waldblumen geschmückt* (Vishṇu-Kṛshṇa).

वनमाला f. 1) *ein Kranz von Waldblumen* (*Feldblumen*), insbes. *der von* Kṛshṇa *getragene.* — 2) *ein best. Metrum.* — 3) Titel eines Werkes. — 4) N. pr. verschiedener Frauen Hem. Par. 1,420.

वनमालाधर (wohl n.) *ein best. Metrum.*

वनमालामिश्र m. N. pr. eines Autors. °मिश्रीय n. Titel seines Werkes Opp. Cat. 1.

वनमालिका f. 1) = वनमाला 1). — 2) **Yamswurzel.* — 3) *ein best. Metrum.* — 4) N. pr. α) eines Wesens im Gefolge der Râdhâ. — b) eines

Flusses.

वनमालिन् 1) Adj. *mit einem Kranze von Waldblumen geschmückt*, insbes. als Beiw. und Bein. Vishṇu-Kṛshṇa's Hemâdri 2,a,111,2. — 2) m. a) *ein best. Tact* S. S. S. 209. — b) N. pr. eines Dichters. — 3) *f. °नी a) *Dioscorea.* — b) ein Name der Stadt Dvârakâ.

वनमालीशा Adj. f. *den mit Waldblumen Geschmückten* (Kṛshṇa) *zum Herrn* (*Gatten*) *habend*, Beiw. der Râdhâ.

वनमुच् 1) Adj. *Wasser spendend.* — 2) *m. *Wolke.*

वनमुद्ग 1) m. a) *Phaseolus trilobus.* — b) * *Phaseolus aconitifolius* Râǵan. 16,54. — 2) *f. °आ *Phaseolus trilobus* Râǵan. 3,23.

*वनमूत m. *Wolke.*

*वनमूर्धजा f. *Gallapfel* Râǵan. 6,157.

वनमूलफल n. *Wurzeln und Früchte des Waldes.*

वनमृग m. *eine im Walde lebende Gazelle* Hem. Par. 1,123.

*वनमेथिका f. *Melilotus parviflora* Madanav. 36, 373. Mat. med. 322.

*वनमोचा f. *wilder Pisang* Râǵan. 11,40.

*वनयमानी f. *Cnidium diffusum* Mat. med. 172. 322.

वनयितर् Nom. ag. °तृतम Superl. als Erklärung von वनीयंस्.

*वनर m. = वानर *Affe.*

वनरत्निका f. ein Frauenname Vṛshabh. 258,a, 17. fgg.

*वनरम्भा f. *eine Art Musa* Râǵan. 11,42.

*वनराज m. *Löwe.*

वनराजि und °राजी f. 1) *Baumreihe, ein sich lang hinstreckender Wald.* — 2) °राजी N. pr. einer Sclavin Vasudeva's.

वनराज्य n. N. pr. eines *Reiches.*

वनराष्ट्र und °क m. Pl. N. pr. eines Volkes.

वनर्गु 1) Adj. *im Holze —, im Walde —, in der Wildniss sich umhertreibend;* m. *ein Wilder.* — 2) *m. *Räuber.*

*वनर्त्न m. *eine best. Pflanze.*

वनर्द्धि f. *ein Schmuck des Waldes.*

वनर्षद् Adj. *auf Bäumen —, im Holze sitzend, — nistend* RV. 10,132,7. Maitr. S. 2,10,1 (132,3).

*वनलक्ष्मी f. *Musa sapientum* Râǵan. 11,37.

वनलता f. *eine im Walde lebende Schlingpflanze* Çâk. 16.

वनलेखा f. = वनराजि 1).

वनवर्तिका f. *eine Art Wachtel.*

*वनवल्लरी f. *eine best. Grasart* Râǵan. 8,130.

वनवह्नि m. *Waldbrand.*

वनवात m. *Waldwind.*

1. वनवास m. 1) *das Wohnen —, der Aufenthalt im Walde.* — 2) N. pr. eines Landes.

2. वनवास Adj. *im Walde wohnend;* m. *Waldbewohner.*

वनवासक m. Pl. N. pr. eines Volkes. v. l. °वासिक.

*वनवासन m. *Zibethkatze.*

वनवासिक m. Pl. N. pr. eines Volkes MBh. 6,9,58. v. l. °वासक.

वनवासिन् 1) Adj. *im Walde wohnend;* m. *Waldbewohner.* — 2) m. a) *Bez. *verschiedener Pflanzen und Wurzeln* Râǵan. 5,15. 7,78. 106. 11,212. — b) * *Krähe* Râǵan. 19,90. — c) N. pr. eines Landes im Dekkhan. °सिमण्डल n. Ind. Antiq. 6,93. 7,302. Hierher oder zu वनवास्य 6,73. 76. 86. 7,163.

वनवासी f. N. pr. der Hauptstadt von Vanavâsimaṇḍala Ind. Antiq. 8,242.

वनवास्य (wohl n.) N. pr. eines Landes Hariv. 2,39,61. Vgl. u. वनवासिन् 2) c).

वनविरोधिन् m. *der zwölfte Monat.*

*वनविलासिनी f. *Andropogon aciculatus* Râǵan. 3,120.

वनवृत्ति f. *ein im Walde gewonnener Lebensunterhalt* Hem. Par. 1,140.

*वनवृन्ताकी f. *die Eierpflanze* Râǵan. 4,24.

*वनव्रीहि m. *wilder Reis.*

वनशिखण्डिन् m. *ein wilder Pfau* Ind. St. 14,380.

*वनशूकरी f. *Mucuna pruritus* Râǵan. 3,40.

*वनशूरण m. *ein best. Knollengewächs* Râǵan. 7,65.

*वनशृङ्गाट und *°क m. *Tribulus lanuginosus* Râǵan. 4,42. Bhâvapr. 1,199.

*वनशोभन n. *Lotusblüthe.*

वनश्वन् m. 1) *Schakal* Çç. 15,34. — 2) * *Tiger.* — 3) * *Zibethkatze.*

वनषण्ड *Baumgruppe, Wald.*

वनस् n. etwa *Verlangen, Anhänglichkeit* oder *Lieblichkeit.*

*वनस Adj. von 1. वन.

*वनसंकट m. *Linsen.*

वनसद् Adj. *im Holze —, im Walde sitzend* Pâr. Gṛhj. 3,15,12.

वनसंनिवासिन् m. *Waldbewohner* Kir. 1,26.

*वनसमूह m. *ein dichter Wald.*

वनसंप्रवेश m. = वनप्रवेश.

*वनसरोजिनी f. *die wilde Baumwollenstaude.*

*वनसाह्वया f. *eine best. Schlingpflanze.*

वनसिन्धुर m. *ein wilder Elephant* Hem. Par. 2,196.

वनस्तम्ब m. N. pr. eines Sohnes des Gada.

वनस्थ 1) *im Walde sich aufhaltend;* m. *Waldbewohner* zu Spr. 3421. °गज m. *ein wilder Elephant.* — 2) *m. *Gazelle.* — 3) *f. °आ a) *der kleine Pippala-Baum* Râǵan. 11,123. — b) *eine best. Schlingpflanze,* = अत्यम्लपर्णी Râǵan. 3,118.

वनस्थली f. *Waldgegend, Wald.*

*वनस्थान (?) n. N. pr. eines Reiches.

वनस्पति 1) m. a) *Waldbaum, Baum.* Im System *ein Baum, welcher Früchte trägt ohne in die Augen fallende Blüthen, ein grosser Waldbaum* (z. B. die Feigenbäume). — b) *Stamm, Balken, Pfahl, Holz.* — c) *die Soma-Pflanze, der König der Pflanzen.* — d) * *der indische Feigenbaum* Râǵan. 11,119. — e) * *Bignonia suaveolens.* — f) *der Opferpfosten.* — g) *ein Opfer an dem Opferpfosten.* — h) Du. *Keule und Mörser.* — i) *Todtenbaum, Baum,* so v. a. *Sarg* AV. 18,3,70. — k) Bez. *bestimmter Theile des hölzernen Wagens.* — l) *eine hölzerne Trommel.* — m) *ein hölzernes Amulet.* — n) *ein Block, in welchen ein Gefangener gezwängt wird.* — o) Bein. Vishṇu's Vishṇus. 98,21. — p) N. pr. eines Sohnes des Ghṛtapṛshṭha; n. Name des von ihm beherrschten Varsha. — 2) f. N. pr. einer Gandharva-Jungfrau Kâraṇḍ. 4,17. — 3) n. s. u. 1) p).

*वनस्पतिकाय m. *die Pflanzenwelt.*

वनस्पतियाग m. *ein best. Opfer* Vaitân.

वनस्पतिवत् Adj. in ओषधि° Nachtr. 6.

वनस्पतिसव m. *eine best. Opferhandlung* Vaitân.

वनस्पतिस्तव m. *ein best.* Ekâha.

वनस्पतिहोम m. *eine best. Spende* Âpast. Çr. 20,11.

वनस्या f. in सजातवनस्या.

वनस्यु Adj. in गिर्वणस्यु.

वनस्रज् f. *ein Kranz aus Waldblumen.*

वनहरि m. wohl *Löwe.*

*वनहरिद्रा f. *wilde Gelbwurz* Râǵan. 7,43.

*वनहास m. 1) *Saccharum spontaneum.* — 2) *eine Jasminart* Râǵan. 10,114.

*वनहासक m. *Saccharum spontaneum.*

वनहुताशन m. *Waldbrand.*

*वनाखु m. *Hase.*

*वनाखुक m. *Phaseolus Mungo.*

वनाग्नि m. *Waldbrand.*

*वनाज m. *die wilde Ziege.*

वनाटन n. *das Umherstreifen im Walde.* Auch Pl.

*वनाटु m. *eine blaue Fliegenart*

वनाधिवासिन् Adj. *im Walde wohnend* Kir. 1,7.

1. वनान्त m. *Waldgegend, Wald.*

2. वनान्त Adj. *durch einen Wald begrenzt.*

वनान्तभू f. *Waldgegend.*

वनान्तर n. *das Innere eines Waldes.* °रे *im Walde,* °रात् *aus dem Walde,* °रम् *in einen Wald,* चूतवनान्तरेषु *in Mango-Wäldern* Spr. 7843. वनान्तराणि *Wälder* VIKRAMÂÑKAK. 16,32. °चर und °चारिन् (Spr. 7817) Adj. *im Walde umherstreichend.*

वनान्तस्थली f. *Waldgegend.*

वनापग (metrisch st. °गा) *Fluss.*

वनाब्जिनी f. *eine im Walde wachsende Lotuspflanze* KATHÂS. 102,103.

*वनामल m. *Carissa Carandas.*

वनाम्बिका f. N. pr. der Schutzgottheit im Geschlecht Daksha's.

*वनाम्र m. *Mangifera sylvatica* RÂGAN. 11,14.

वनायु m. N. pr. 1) Pl. eines Volkes MBH. 6,9, 56. *Sg. des von ihm bewohnten Gebietes. °जा (HARSHAK. 43,20) und °देश्या हयाः: *Pferde aus dieser Gegend.* — 2) eines Sohnes der Purûravas. — 3) eines Dânava.

वनायुस् m. = वनायु 2) VP.² 4,13.

*वनारिष्टा f. *wilde Gelbwurz.*

*वनार्चक m. *Kranzwinder.*

*वनार्द्रक 1) n. *die Knolle des wilden Ingwers.* — 2) f. आ *wilder Ingwer* RÂGAN. 7,48. Mat. med. 255.

*वनालक्त n. *Röthel, rubrica.*

वनालय m. *ein Wald als Behausung.* °जीविन् Adj. *in Wäldern hausend.*

*वनालिका f. *Heliotropium indicum.*

वनाली f. = वनराजि 1) PRAB. 101,17.

वनाश्रम m. *das dritte Lebensstadium eines Brahmanen u. s. w., der Aufenthalt im Walde.* °निवासिन् = वनाश्रमिन् HARIV. 1,45,36.

वनाश्रमिन् m. *Anachoret, ein Brahmane u. s. w. im dritten Lebenstadium.*

वनाश्रय 1) Adj. *im Walde lebend;* m. *Waldbewohner.* — 2) *m. *Rabe.*

*वनाखु m. *Eber.*

वनि 1) f. *das Heischen, Verlangen, Wunsch.* ये एनां वनिमायन्ति *welche um sie bittend kommen.* — 2) *Nom. ag. am Ende eines Comp. — 3) *m. *Feuer.*

वनिक n. (metrisch) und वनिका f. *Wäldchen.* Nur in der Verbindung अशोक°.

वनिकावास m. N. pr. eines Dorfes.

वनित 1) *Adj. *geliebt, erwünscht, verlangt.* — 2) f. आ a) *Geliebte, Gattin; Mädchen, Frauenzimmer* überh. Auch *Thierweibchen.* — b) *ein best. Metrum.*

वनितर Nom. ag. mit Acc. *Inhaber, Besitzer.*

वनिताद्विष् m. *Weiberfeind.*

वनितामुख m. Pl. N. pr. eines Volkes.

वनिताराज्य n. *das Reich der Amazonen* J. R. A. S. 1871, S. 236. Vgl. स्त्रीराज्य.

वनितास n. N. pr. eines Geschlechts.

1. वनिन् Adj. 1) *heischend, verlangend.* — 2) *mittheilend, spendend.*

2. वनिन् m. 1) *Baum.* — 2) *die* Soma-*Pflanze.* — 3) vielleicht *Wolke.* — 4) *Anachoret, ein Brahmane u. s. w. im dritten Lebensstadium.*

वनिन n. *Baum* oder *Wald.*

*वनिल Adj. von 1. वन.

वनिष्ठ Adj. 1) *am Meisten ausrichtend, — erlangend.* — 2) *am Meisten mittheilend.*

वनिष्ठु m. *Mastdarm* oder *ein in der Nähe des Netzes liegender Körpertheil.*

वनिष्ठुसव m. *ein best.* Ekâha ÇÂÑKH. ÇR. 14, 73,3.

*वनीनु m. = अपान.

*वनीक und वनीपक (Ind. St. 15,357 mit der v. l. वनीयक) m. = वनीयक.

*वनीय्, °यति *betteln.*

वनीयंस् Adj. 1) *mehr erlangend.* — 2) *am meisten mittheilend —, gebend.*

वनीयक m. *Bettler, Bittsteller* R. ed. Bomb. 6,111,22. DHÛRTAN. 66. Ind. St. 15,357. °जन m. ÇIÇ. 14,48.

वनीवन् Adj. *heischend.*

वनीवाहन n. *das Hinundhertragen, — führen* VAITÂN.

वनु m. 1) *Nachsteller.* — 2) vielleicht *Anhänger, Ergebener.*

वनुष् (nur वनुषन्त) *erlangen* ṚV. 10,128,3. Vgl. तरुष्.

वनुष्य् 1) वनुष्यति *das Absehen haben auf, nachstellen, angreifen.* — 2) Med. *verlangen, erlangen.*

वनुस् Adj. 1) *verlangend, eifrig; anhänglich, liebend.* — 2) *eifrig in feindlichem Sinne, Angreifer, Nachsteller, kampfbereit.*

*वनेकिंशुक m. Pl. *Butea frondosa im Walde,* bildlich von *Dingen, die zu treffen man nicht erwartete.*

*वनेतुद्गा f. *Pongamia glabra.*

वनेचर Adj. (f. ई) *im Walde umherstreifend, — wohnend;* m. *Waldbewohner* (von Menschen und Thieren).

वनेज्ञ m. *Baum.*

*वनेज्य m. *eine hochgeschätzte Mango-Art* RÂGAN. 11,19.

*वनेबिल्वक m. Pl. *Aegle Marmelos im Walde,* bildlich von *Dingen, die zu treffen man nicht erwartete.*

वनेयु m. N. pr. eines Sohnes des Raudrâçva.

वनेराज् Adj. *im oder am Holze prangend.*

वनेषह् (stark °षाह्) Adj. *etwa im Holze schaltend.*

*वनेसर्ज m. *Terminalia tomentosa.*

वनैकदेश m. *eine Stelle im Walde* 142,12.

वनोद्देश m. *Waldgegend, eine Stelle im Walde.*

वनोद्भव 1) Adj. *im Walde entstanden, — befindlich, wild wachsend.* मार्ग m. *Waldweg.* — 2) *f. आ a) *die wilde Baumwollenstaude* RÂGAN. 4,194. — b) *Phaseolus trilobus* RÂGAN. 3,23. — c) *die wilde Citrone* RÂGAN. 11,154.

वनोपप्लव m. *Waldbrand.*

वनोपल m. *geformter und getrockneter Kuhdung* BHÂVAPR. 2,83. fgg.

वनोपेत Adj. *der sich in den Wald zurückgezogen hat* 219,3.

वनोर्वी f. *Waldgegend.*

वनौक m. *Waldbewohner.*

वनौकस् 1) Adj. *im Walde wohnend;* m. *Waldbewohner, Anachoret, ein im Walde lebendes Thier.* स्थाणु° *Çiva's Wald bewohnend.* — 2) m. a) *Eber.* — b) * *Affe.*

वनौघ m. 1) *Wassermenge* ÇIÇ. 6,73. — 2) N. pr. einer Oertlichkeit.

वनौषधि f. *ein wild wachsendes Kraut.*

वन्तर Nom. ag. mit Gen. *Inhaber, Besitzer.*

वन्तव (!) m. N. pr. eines Mannes.

*वन्ति f. Nom. act. von 1. वन्.

वन्द्, वन्दते (ausnahmsweise, meist metrisch auch Act.) 1) *loben, rühmen, preisen.* — 2) *Ehre erweisen, ehrfurchtsvoll begrüssen, Jmd oder Etwas seine Ehrfurcht erweisen;* mit Acc. — 3) dem Lehrer (Dat.) den Lohn (Acc.) *ehrfurchtsvoll reichen.* — Caus. वन्दयति *Jmd Ehre erweisen, ehrfurchtsvoll begrüssen.* — Mit अनु *Jmd Ehre erweisen.* — Mit अभि *Jmd Ehre erweisen, ehrfurchtsvoll begrüssen, Jmd* oder *Etwas seine Ehrfurcht bezeugen;* mit Acc. — Mit परि *loben, rühmen, preisen.* — Mit प्र *laut rühmen oder zu rühmen anfangen.* — Mit प्रति *vor Etwas* (Acc.) *seine Ehrfurcht bezeugen.* — Mit सम् *Jmd ehrfurchtsvoll begrüssen.*

वन्द Adj. *preisend* in देववन्द. — वन्दा s. bes.

*वन्दक 1) m. f. (आ) *Schmarotzerpflanze.* — 2) m. *ein buddhistischer Bettler* GAL.

*वन्दथ m. = स्तोतर् und स्तुत्य.

वन्द्दार Adj. fehlerhafte Lesart des SV. statt वन्दे दारुम्.

वन्द्दीर Adj. fehlerhafte Lesart des SV. st. मन्द्दीर.

वन्द्ध्यै Dat. Infin. zu वन्द् RV. 1,27,1. 61,5.

1. वन्दन 1) m. N. pr. eines Schützlings der Açvin. — 2) *f. वन्दना *Lob, Preis.* — 3) *f. वन्दनी = नति, जीवातु, वटी (oder कटी), माचलकर्मन् (oder याचनकर्मन्) und गोरोचन. — 4) n. *a) Lob, Preis, Ruhm, gefällige Rede.* — *b) Ehrenbezeugung, ehrfurchtsvolle Begrüssung.* — c) * = वदन.

2. वन्दन 1) n. *a) Schmarotzergewächs, Flechten* und desgl. Bhâvapr. 1,219. — *b) eine Krankheit, die sich auf die Glieder setzt, Ausschlag, Flechten.* Personificirt als Dämon. — 2) f. वन्दना *ein auf dem Körper mit Asche u. s. w. aufgetragenes Zeichen.*

वन्दनक n. *ehrfurchtsvolle Begrüssung* Çilâñka 1,95.

*वन्दनमाला f. *ein zur feierlichen Begrüssung eines Ankommenden über dem Eingang eines Hauses angebrachtes Laubgehänge.*

वन्दनमालिका f. dass. Am Ende eines adj. Comp. f. ebenso.

वन्दनश्रुत् Adj. *auf Lob —, auf Preis hörend* RV.

वन्दनीय 1) Adj. *dem Ehrfurcht zu bezeugen ist, ehrfurchtsvoll zu begrüssen* Vagrakkh. 34,11. — 2) *m. *eine gelb blühende Verbesina.* — 3) *f. आ *Gallenstein des Rindes.*

वन्दनेस्था Adj. *auf eine ehrfurchtsvolle (freundliche) Begrüssung sich einlassend* RV. 1,173,9.

*वन्दा f. 1) *Schmarotzerpflanze.* — 2) *Bettlerin.* — 3) = बन्दी *ein Gefangener.*

वन्दाक m., *°का f. und °की f. *Vanda Roxburghii* Râgan. 5,66. Madanav. 28,289. Bhâvapr. 1,219.

वन्दारु 1) Adj. *a) lobend, rühmend, preisend.* — *b) der Ehrfurcht zu bezeugen pflegt, ehrfurchtsvoll, — gegen* (im Comp. vorangehend) Mahâvirak. 125,5. — 2) m. N. pr. eines Mannes. — 3) n. *Lob, Preis.*

वन्दितर् und वन्दितर् Nom. ag. *laudator.*

वन्दितव्य Adj. 1) *zu loben.* — 2) *dem Ehrfurcht zu bezeugen ist, ehrfurchtsvoll zu begrüssen.*

°वन्दिन् Adj. *Ehrfurcht bezeugend.* Vgl. बन्दिन्.

वन्दिनीका oder वन्दिनीया f. ein Name der Dâkshâjaṇî.

*वन्दीक (!) m. Bein. Indra's.

वन्द्य, वन्दिश्र 1) Adj. *a) zu loben, lobenswerth, preisenswerth.* — *b) ehrfurchtsvoll zu begrüssen, zu verehren, dem Hochachtung gebührt* (von Göttern und Menschen). — *c) zu berücksichtigen, zu beachten.* — 2) m. N. pr. eines Mannes. — 3) f. वन्द्या *a) Schmarotzerpflanze.* — *b)* **Gallenstein des Rindes.* — c) N. pr. einer Jakshî.

वन्द्यता f. Nom. abstr. zu वन्द्य 1) *b).*

*वन्द्र 1) Adj. *ehrend.* — 2) n. *Menge* Deçîn. 7, 32. Hem. Pr. Gr. 1,53. 2,79; vgl. Anm. zu 1,53 (Thl. 2, S. 20).

*वन्धा Indecl.

वन्धुर m. = वन्धुर. Vgl. बन्धुर.

वन्धुर n. *Sitz des Wagenlenkers oder die Stelle am Ende der Gabeldeichsel; Wagensitz* überh., *Wagengehäuse.* Vgl. 1. बन्धुर und 2. बन्धुर.

वन्धुरायु Adj. *mit einem Wagensitz versehen.*

वन्धुरेष्ठा Adj. *auf dem Wagenstuhl sitzend.*

वन्ध्य 1) Adj. (f. आ) *a) f. unfruchtbar* (von Weibern, weiblichen Thieren und Pflanzen), *nicht menstruirend; f. ein unfruchtbares Weib* Spr. 7710. — *b) fruchtlos, unnütz, vergeblich* Mudrâr. 132, 7 (197,7). — c) mit Instr. oder am Ende eines Comp. *ermangelnd, bar* Ind. St. 14,389. — 2) *f. आ *ein best. Parfum.* — Vgl. बन्ध्य.

वन्ध्यता f. 1) *Fruchtlosigkeit, Nutzlosigkeit.* — 2) *Ermangelung, Mangel —, Armuth an* (Loc. oder im Comp. vorangehend).

वन्ध्यत्व n. *Fruchtlosigkeit, Nutzlosigkeit.*

वन्ध्यपर्वत m. N. pr. einer Oertlichkeit.

वन्ध्यफल Adj. *nutzlos, vergeblich.* Nom. abstr. °ता f.

*वन्ध्याकर्कोटकी f. *eine best. Arzeneipflanze, die unfruchtbaren Frauen gegeben wird.*

वन्ध्यातनय m. *der Sohn einer Unfruchtbaren* als Bez. *eines Undinges.*

वन्ध्यात्व n. *die Unfruchtbarkeit eines Weibes* Hemâdri 1,441,23.

वन्ध्यादुहितर् f. *die Tochter einer Unfruchtbaren* als Bez. *eines Undinges.*

वन्ध्यापुत्र m. = वन्ध्यातनय.

वन्ध्याय्, °यते *unnütz werden.*

वन्ध्यासुत m. = वन्ध्यातनय Spr. 7787.

वन्ध्यासूनु m. desgl.

वन्ना f. N. pr. eines Frauenzimmers.

1. वन्य in अजीतपुनर्वण्य und चतुर्वन्य.

2. वन्य, वनिश्र (AV. 6,20,3) 1) Adj. (f. आ) *a) im Walde lebend, — wachsend* u. s. w., *silvestris.* — *b)* etwa so v. a. *grünlich.* — *c) hölzern.* — *d) im oder am Holz befindlich.* — 2) m. *a) ein im Walde lebendes —, ein wildes Thier.* — *b) eine wild wachsende Pflanze.* — c) **ein best. Knollengewächs,* = वनशूरण Râgan. 7,65. — *d)* **Yamswurzel* Râgan. 7,86. — *e)* **Arundo bengalensis* Râgan. 8,106. — *f)* **ein buddh. Noviz* Gal. — 3) f. वन्या *a)* **ein grosser Wald.* — *b) ein Ueberfluss an Wasser, Regenfülle, grosse Nässe.* — *c)* **Physalis flexuosa.* — *d)* **eine Art Curcuma.* — *e)* **Abrus precatorius* Râgan. 3,102. — *f)* **eine Gurkenart* Râgan. 3,93. — *g)* **eine Cyperus-Art* Râgan. 6,141. — *h)* **Dill* Râgan. 4,15. — *i)* **Phaseolus trilobus* Râgan. 3,23. — 4) n. *a) im Walde Gewachsenes: Früchte und Wurzeln im Walde wachsender Pflanzen.* — *b)* **eine Sandelart* Râgan. 12,14. — *c)* **Zimmt* Râgan. 6,172.

*वन्यदमन m. *eine Artemisia* Râgan. 10,150.

वन्यवृत्ति Adj. *von Producten des Waldes lebend* Ragh. 1,88.

*वन्यान्नभोजन m. *Anachoret, ein Brahmane im dritten Lebensstadium* Gal.

वन्याशन Adj. = वन्यवृत्ति.

वन्याश्रम m. Hariv. 2538 fehlerhaft für वनाश्रम.

वन्येतर Adj. *nicht wild, zahm.* निवासाः *Wohnungen, die von denen im Walde verschieden sind.*

वन्येभ m. *ein wilder Elephant* Çiç. 12,28.

*वन्योपादकी f. *eine best. Schlingpflanze.*

*वन्न Adj. = विभागिन्.

1. वप्, वपति, °ते 1) *Haare oder Bart scheeren;* Med. *sich scheeren.* उप्त *geschoren.* — 2) *abscheeren, so v. a. abgrasen.* — Caus. वापयति, °ते *scheeren lassen, scheeren;* Med. *sich scheeren lassen.* *वापित *geschoren.* — Mit परि *rings scheeren.* — *Caus. °वापित *geschoren.* — Mit प्र *abscheeren* Mân. Gṛhj. 1,21. — Mit अनुप्र Med. *der Reihe nach sich (sibi) abscheeren, — abscheeren lassen* Tândja-Br. 4,9,22. — Mit वि *scheeren* in 1. व्युप्तकेश und अव्युप्तवक् (Nachtr. 5).

2. वप्, वपति (metrisch auch Med.) 1) *hinstreuen, hinwerfen* (insbes. Samen), *säen, hinstrecken.* उप्त *hingeworfen, liegend; zerstreut, gesäet, gepflanzt; gespendet.* उपित *gesäet.* — 2) *bestreuen, besäen.* उप्त *bestreut, besäet, bedeckt, übergossen, — mit* (Instr. oder im Comp. vorangehend). — 3) *aufschütten, so v. a. aufdämmen.* — Caus. वापयति *säen, stecken, pflanzen.* वापित *gesäet.* — Mit अधि Med. 1) *aufschütten, aufstreuen.* — 2) *an sich auftragen, — anbringen, sich (sibi) anlegen.* — Mit अनु 1) *bestreuen.* — 2) Med. *zerstieben machen.* — 3) Pass. *versinken in* (Acc.). — Mit अप *zerstreuen, zerstören, verjagen.* — Mit अपि *bestreuen, überstreuen.* — Mit अभि *bestreuen, bedecken.* — Mit आ 1) *einstreuen, hineinwerfen,*

legen in, beifügen, hinzufügen (Çulbas. 3,190), beimengen; hinstreuen, ausgiessen; das Worin, Worauf oder Wozu im Loc. In Verbindung mit आत्मन् (Loc.) Med. — 2) Act. Med. einschieben, einfügen, — in (Loc.). — 3) vollschütten mit (Instr.). — 4) ausstreuen, so v. a. vertheilen, mittheilen. — 5) darbringen, veranstalten (ein Todtenmahl). — Caus. 1) beimischen, beimengen 217,24. — 2) kämmen, ordnen (das Haar). — Mit अध्या darauf streuen. — Mit अन्वा beifügen. — Mit पर्या dass. — Mit प्रत्या wieder dazu werfen Mân. Gṛhj. 1,8. — Mit व्या scheinbar beim Schol. zu P. 3,1,34. 4,7. 94. Richtig Kâç. wie TS. व्यावयाति st. व्यावपाति. — Mit समा 1) zusammenwerfen, vermengen; hineinschütten in (Loc.), hinzuschütten Maitr. S. 1,10,20 (160,13. 14). समोप्त zusammengemengt, hineingeschüttet. — Mit उद् 1) ausschütten, herausschaffen, ausscharren, ausgraben; wegschleudern, wegschaffen. — 2) hinzufügen(?). — Caus. 1) ausgraben lassen. — 2) ausschütten, herausnehmen. — Mit उप 1) aufschütten, anhäufen. — 2) beschütten, bedecken, einscharren in (Loc.) Maitr. S. 1,10,20 (160,3). उपोपेत् fehlerhaft für उपवपेत्. उपोप्त Lâṭj. 10, 13,16. — Mit नि 1) hinschütten, hinwerfen (Âpast. 2,25,12), — auf (Loc.), säen. न्युप्त und निवप्त hingeschüttet, hingeworfen, geworfen (Würfel). — 2) aufdämmen (bes. den Opferwall). — 3) zu Boden werfen. — Mit उपनि dazu hinwerfen. — Mit *परिणि und *प्रणि. — Mit संनि zusammenwerfen. — Mit निस् 1) Act. Med. herausschütten, — schöpfen, — nehmen, schütten in oder auf (Loc.); ausscheiden für (Dat. oder Gen.), zutheilen, vertheilen (insbes. Fruchtkörner, die zu Opferzwecken aus einer grösseren Masse ausgesondert werden); von Etwas (Acc.) als Opfer darbringen, ein Opfer u. s. w. darbringen. — 2) कृषिम् so v. a. Ackerbau treiben MBh. 5,36,33. — Caus. 1) säen. — 2) (für die Götter) ausscheiden, austheilen. — Mit अनुनिस् nachher herausnehmen, — vertheilen. Mit अभिनिस् 1) vermengen mit (Instr.), hinzuschütten zu (Loc.). — 2) für Jmd (Dat.) ausschütten Mân. Gṛhj. 1,11. — Mit परिनिस् Desid. in परिनिर्विवप्सु. — Mit प्रतिनिस् als Gegenwerk ausstheilen u. s. w. — Mit विनिस्, विनिरुप्त halb dargebracht Âpast. Çr. 9,4,10. — Mit संनिस् zusammen austheilen. — Mit परा bei Seite werfen, — legen, beseitigen Maitr. S. 2,9,2 (121,19). Vgl. मन्युपरोप्त. — Mit परि bestreuen mit (Instr.). — Mit प्र 1) ausstreuen, ausschütten, ausspritzen; hinwerfen auf oder in (Loc.). — 2) bestreuen. — Caus. ausstreuen, ausschütten, ausspritzen Maitr. S. 1,5,6 (74,3). 10,5 (145,12). — Mit प्रति 1) einstecken, einlegen, einfügen. प्रत्युप्त eingesteckt u. s. w. in (Loc. oder im Comp. vorangehend). — 2) bestecken —, belegen mit (Instr.). प्रत्युप्त besteckt —, belegt mit (im Comp. vorangehend) Kâd. 247,7. — 3) auffüllen mit (Instr.). — 4) hinzufügen. — Caus. zugiessen. — Mit वि zerstreuen, verwühlen in 2. व्युप्तकेश. — Mit सम् einschütten, hineinbringen (in einen Topf z. B.); zusammenthun.

वप 1) m. Säemann. — 2) f. वपा a) Aufwurf in वल्मीकवपा. — b) * Höhlung, Loch. — Vgl. auch 1. वपा.

1. वपन 1) n. das Scheeren, Rasiren. — 2) *f. वपनी Barbierstube.

2. वपन n. 1) das Säen. — 2) das Aufstellen, Ordnen.

1. वपनीय in केशवपनीय.

2. वपनीय n. impers. zu säen.

1. वपा f. Eingeweidehaut, Netzhaut, omentum (nach den Lexicographen Fett). वपावत् Adv. Kâtj. Çr. 6,8,7. 11.

2. वपा f. s. u. वप 2).

वपाक von 1. वपा in अवपाक.

वपाटिका f. = अवपाटिका.

वपाधिश्रयणी f. Du. = वपाश्रपणी.

वपान्त m. das Ende der Netzhautspende.

1. वपामार्जन n. das Abwischen der Netzhaut Vaitân. 18,7. 30,11.

2. वपामार्जन Adj. (f. आ) woran die Netzhaut abgewischt wird Vaitân. 24,11.

वपावन्त् Adj. mit einer Netzhaut versehen, — umwickelt. Ṛv. 6,1,3 wohl fehlerhaft für वयावन्त्.

वपाश्रपणी f. Du. eine zweizinkige Gabel, auf der die Netzhaut gebraten wird, Mân. Çr. 1,8,1. 3. 4. Gṛhj. 2,4.

वपाश्रवणी f. Du. Maitr. S. 3,9,7 nach Schröder fehlerhaft für °श्रपणी.

वपाहुति f. und वपाहोम m. Netzhautspende.

*वपिल m. Säemann, so v. a. Vater.

वपु f. N. pr. einer Apsaras. — MBh. 7,661 fehlerhaft für चय.

*वपुन 1) m. ein Gott. — 2) n. Kenntniss; richtig वयुन.

वपुर्धर Adj. 1) Schönheit besitzend, mit Sch. ausgestattet. — 2) verkörpert, leibhaftig.

वपुष 1) Adj. wunderbar schön. — 2) *f. वपुषा = हवुषा Bhâvapr. 1,168. — 3) n. Wunder. Dat. zum W., so v. a. wunderbar zu schauen. — वपुषी s. u. वपुस् 2) e).

वपुष्टम 1) Adj. (f. आ) überaus wundersam, — schön AV. — 2) f. वपुष्टमा a) Hibiscus mutabilis. — b) N. pr. der Gattin Ǵanameǵaja's.

वपुष्टर und वपुष्टर Adj. wunderbarer, schöner. वपुषा वपुष्टरम् allerwunderbarst.

वपुष्मत m. N. pr. eines Fürsten. Nur वपुष्मतम् metrisch st. वपुष्मन्तम्.

वपुष्मन्त् 1) Adj. a) von schöner Gestalt, schön. — b) verkörpert, leibhaftig. — c) das Wort वपुस् enthaltend. — 2) m. N. pr. a) eines des Viçve Devâs. — b) eines der 7 Ṛshi im 11ten Manvantara VP. 3,2,30. — c) eines Sohnes des Prijavrata. — d) eines Fürsten der Kuṇḍina. — 3) f. °ष्मती N. pr. einer der Mütter im Gefolge Skanda's.

वपुष्य्, वपुष्यति bewundern.

वपुष्य, वपुषिय Adj. (f. वपुषिया) Adj. wundersam, wunderbar schön.

वपुष्या f. Bewunderung. Instr. (gleichlautend) bewundernd Ṛv. 1,183,2.

वपुस् 1) Adj. wundersam, bes. wunderbar schön. — 2) n. a) Wunder, Wundererscheinung, ungewöhnlich schöne Erscheinung oder Gestalt, species. Dat. zum Wunder, so v. a. wunderbar zu schauen. — b) schönes Aussehen, Schönheit. — c) Aussehen, Gestalt. वपुषान्वित: eine best. Gestalt habend, deutlich sichtbar. — d) Natur, Wesen. — e) Leib, Körper. Am Ende eines adj. Comp. f. °वपुषी. — f) *Wasser. — g) die Schönheit personificirt als Tochter Daksha's. — h) N. pr. einer Apsaras VP.² 2,81.

*वपुस्सात् Adv. von वपुस्.

*वपुःस्रव m. Chylus Râǵan. 18,65.

वपोदर Adj. fettleibig.

वपोद्धरण n. die Oeffnung, durch welche die Netzhaut herausgenommen wird, Âpast. Çr. 7,19,3. 21, 2. Pâr. Gṛhj. 3,11,4.

1. वप्तृ und वप्तृ Nom. ag. Scheerer.

2. वप्तृ Nom. ag. 1) Säemann. — 2) *Befruchter, Erzeuger, Vater. — 3) *Dichter.

वप्तव्य 1) Adj. zu säen. — 2) n. impers. zu säen.

वप्तृक in *प्रख्यातवप्तृक.

वप्पटदेवी oder वप्पट° f. N. pr. einer Fürstin.

वप्पिय m. N. pr. eines Fürsten.

*वप्पीह m. Cuculus melanoleucus.

वप्यटदेवी s. वप्पटदेवी.

वप्र 1) m. n. (adj. Comp. f. आ) a) Aufwurf von Erde, ein aufgeschütteter Erdwall (zur Vertheidigung von Städten und Häusern). °क्रिया und °क्रीडा die im Aufwerfen von Erde bestehende Belustigung (eines Elephanten). — b) ein hohes

Flussufer. Auch नदी°. — c) *Abhang eines Berges.* — d) *Graben.* — e) *Kugelzone.* — f) **Feld.* — g) **Staub.* — h) *= निष्कुट, वनज n., वाणिका (?) und पाटीर. — 2) m. a) **Vater.* — b) **Bein.* Pragâpati's. — c) N. pr. eines Sohnes des 14ten Manu. — 3) f. वप्रा a) *Beet.* °वत् Adv. *wie bei einem B.*, d. h. *wie beim Ebnen, — Herrichten des Platzes für das Feuer.* — b) **Rubia Munjista* Râǵan. 6, 193. — c) *N. pr. der Mutter Nimi's (eines Arhant's). — 4) *n. *Blei* Bhâvapr. b. i Garbe zu Râǵan. 13,25.

वप्रक m. *Kugelzone.*

*वप्रि = क्षेत्र, दुर्गति und समुद्र.

वप्रीवत् m. N. pr. eines Vjâsa VP. 3,3,14.

वप्सस् n. nach Sâj. *eine schöne Gestalt, schönes Aussehen.*

*वभ्, वभति (गतौ).

वभ्रुक m. v. l. für 2. बभ्रुक 1) Maitr. S. 3,14,7.

1. वम्, वमति, *वमिति *erbrechen, ausspeien; von sich geben, entlassen.* वचः *ein Wort ausspeien,* so v. a. *von sich thun wollen, bereuen.* बलम् so v. a. *die Kraft verlieren* Káraka 5,12. वान्त 1) *ausgebrochen, ausgespien; was man von sich gegeben —, entlassen hat.* वान्ते *wenn man vomirt hat.* — 2) *der vomirt hat.* — Caus. वामयति und वमयति *ausspeien machen, Erbrechen bewirken.* वमित *den man hat vomiren lassen* Káraka 6,3. — Mit अभि *bespeien, anspeien.* — Mit आ scheinbar Hariv. 15919, da hier अवमत् st. आवमत् zu lesen ist. — Mit उद् 1) *ausbrechen, ausspeien; Etwas von sich geben, entlassen* 321.7. उद्वान्त und *उद्वमित *ausgespien, erbrochen.* — 2) *von sich geben,* so v. a. *anstellen, vollbringen.* — Mit समुद्, समुद्वान्त *übergelaufen beim Kochen* Gop. Br. 1,3,11. Vaitân. — Mit निस् *ausspeien, auswerfen.* — Mit विनिस् dass. — Mit परा *wegspeien.*

2. वम् 1. Sg. Imperf. von 1. वर्. Nach Benfey (Gött. Nachr. 1880, No. 5) aus वम् entstanden.

*वम m. = वाम.

वमक m. N. pr. eines der 7 Rshi im 4ten Manvantara VP. 3,1,18. v. l. वनक u. s. w.

वमज्जन n. = अव° *das Untertauchen in* (Loc.) Âpast.

वमथु m. 1) *Erbrechen.* — 2) *Neigung zum Erbrechen, Uebelkeit* Káraka 6,3. 23. — 3) *das vom Elephanten aus dem Rüssel gespritzte Wasser* Harshak. (1936) 106,5. — 4) **Husten.*

वमन 1) m. a) **Hanf* Râǵan. 4,77. — b) Pl. N. pr. eines Volkes. — 2) f. ई a) **Blutegel.* — b) **die Baumwollenstaude* Ind. St. 17,28, N. 3. — c) N. pr. einer Jogini Hemâdri 2,*a*,100,11. fgg. — 3) n. a) *Erbrechen; das Vonsichgeben, Ausstossen, Entlassen.* — b) *Vomitiv* Káraka 1,15. — c) *= अर्दन. — d) *= आहुति.

वमनद्रव्य m. *Brechmittel.*

वमनार्थीय Adj. *als Vomitiv dienend* Káraka 7,12.

*वमनीया f. *Fliege* Râǵan. 19,129.

वमि 1) *m. a) *Feuer.* — b) *Stechapfel.* — 2) f. *Erbrechen, Uebelkeit.* Auch वमी.

वमितव्य Adj. *auszubrechen, auszuspeien.*

*वमिन् Adj. *auszubrechen —, auszuspeien pflegend.*

वम्य Adj. in अवम्य Nachtr. 6.

वम्याशान्ति f. Titel Burnell, T.

वम्र 1) m. f. (ई) *Ameise.* — 2) m. N. pr. eines Mannes.

वम्रक m. *Ameischen.*

*वम्रीकूट n. *Ameisenhaufen.*

*वय्, वयते (गतौ). — वयति s. u. 5. वा.

वय 1) *m. *Weber.* — 2) f. वयी *Weberin.* — वया s. bes.

वयःप्रमाण n. *Lebensalter* MBh. 3,71,33.

वयत् 1) Adj. Partic. von 5. वा. — 2) m. angeblich N. pr. eines Mannes.

वयम् Nom. Pl. *wir.* Nebst Verbum fin. im Pl. ungenau für Du. 91,15.

वयःशत n. *ein Alter von hundert Jahren* Bhâg. P. 3,11,32.

1. वयस् n. *Geflügel, Vogel,* insbes. *kleinere Vögel.*

2. वयस् n. 1) *Mahl, Essen, Speise.* — 2) *Kraft, körperliche und geistige, Gesundheit.* — 3) *Zeit der Kraft, jugendliches Alter, Altersstufe* überh., *Lebensalter. Lebensjahre.* सर्वाणि वयांसि so v. a. *Thiere jeden Alters.* वयसान्वितः *bejahrt,* वयसातीतः *alt geworden.* — 4) *Sorte, Art* in der Redensart वयांसि प्र ब्रूहि.

3. वयस् n. *Gewebe* RV. 2,31,5.

1. वयस m. *Vogel.*

2. वयस am Ende eines Comp. = 2. वयस्.

वयसिन् in पूर्व° und प्रथम°.

वयस्क in अभिनव°.

वयस्कृत् Adj. *Kraft gebend, gesund —, jung erhaltend.*

वयस्य 1) Adj. *in gleichem Alter stehend.* — 2) m. *Altersgenosse, Freund.* Häufig als Anrede. — 2) f. आ a) *Altersgenossin, Freundin, vertraute Dienerin.* Am Ende eines adj. Comp. f. आ. — b) Bez. von 19 *Backsteinen beim Bau eines Feueraltars, welche mit Sprüchen, die das Wort* वयस् *enthalten, gelegt werden.*

वयस्यक m. *Altersgenosse, Freund.*

वयस्यत्व n. und वयस्यभाव m. *Altersgenossenschaft. freundschaftliches Verhältniss.*

वयस्वत् Adj. *mit Kraft begabt, kräftig.*

वयःसंधि m. *Pubertät.*

*वयःसंधिमती f. *ein mannbares Mädchen* Gal.

वयःसम Adj. *altersgleich.*

वयःस्थ 1) Adj. (f. आ) a) *erwachsen, ausgewachsen.* — b) *bejahrt.* — c) *kräftig* (Fleisch). — 2) f. आ a) **Altersgenossin, Freundin.* — b) Bez. *verschiedener Pflanzen* Káraka 3,8. Nach den Lexicographen *Emblica officinalis, Terminalia Chebula* oder *citrina, Cocculus cordifolius, Bombax heptaphyllum,* = अत्यम्लपर्णी, काकोली, क्षीरकाकोली und ब्राह्मी. — c) **kleine Kardamomen.*

वयःस्थान n. *Jugendfrische.*

वयःस्थापन Adj. *die Jugendfrische erhaltend.*

1. वया f. 1) *Zweig, Ast.* — 2) *Zweig,* so v. a. *Geschlecht, Sippe.*

2. वया f. *Stärkung, Labung.* Nach Sâj. वयाम् = वयम्, nach Mahîdh. = वयसाम् Gen. Pl.

वयाकिन् Adj. *verästelt, surculosus.*

वयावत् Adj. = वयस्वत्.

वयित्री f. *Weberin* Tândja-Br. 1,8,9.

वयियु Adj. wohl = वयस्वत्. Nach Durga *Gewobenes, Gewänder.*

1. वयुन 1) n. a) *Richtzeichen, Merkzeichen, Ziel.* — b) *Regel, Bestimmung, Ordnung; Sitte.* Instr. वयुना *nach der Regel.* — c) (*Bestimmtheit*) *Deutlichkeit, Unterscheidbarkeit, Helligkeit.* Gewöhnlich Pl. अवयुनेषु etwa *deutlich, leibhaftig.* — d) Pl. *bestimmte Formen.* — e) *Kenntniss, Wissen.* — f) **Tempel.* — 2) m. N. pr. eines Sohnes des Kṛçâçva. — 3) f. वयुना a) *Kenntniss, Wissen.* — b) N. pr. einer Tochter der Svadhâ.

2. वयुन Adj. 1) *lebenskräftig.* — 2) *geistig* (Auge) Bhâg. P. 10,13,38.

वयुनवत् Adj. *hell, klar.*

वयुनशस् Adv. *je nach der besonderen Bestimmung, regelrecht.*

वयुनाधा oder °धा Adj. *die Regel —, die Ordnung festsetzend* Maitr. S. 2,8,1 (207,9).

वयुनाविद् Adj. *der Regel kundig.*

वयोगत 1) Adj. *bejahrt.* — 2) n. *das Dahinsein der Jugend.*

वयोजुष् Adj. *Kraft erregend, — erhöhend.*

वयोऽतिग Adj. (f. आ) 1) *bejahrt, betagt* 62,6. — 2) *an kein Lebensalter gebunden.*

वयोधस् Adj. 1) = वयोधा 1) a) b). — 2) **jung, frisch.*

वयोधा॑ 1) Adj. a) *Kraft —, Gesundheit gebend.* — b) *Kraft —, Gesundheit besitzend, kraftvoll.* — 2) f. *Stärkung, Kräftigung.* °धै॑ als Infin.

वयोऽधिक Adj. 1) *an Jahren überlegen, — älter.* — 2) *betagt;* m. *Greis.*

वयोधे॑य n. *Kräftigung.*

वयोनाधा॑ Adj. etwa *Gesundheit befestigend, — zusammenhaltend.*

वयोबाल Adj. *jung an Jahren* R. 2,45,8.

वयोरूपसमन्वित Adj. *mit Jugend und Schönheit ausgestattet* M. 8,182.

वयोवयःशय॑ Adj. vermuthlich entstellt.

वयोऽवस्था f. *Lebensalter* Suçr. 1,129,10. Spr. 1819. Daçak. 78,16. Bhâg. P. 5,24,13.

वयोविद्या f. anzunehmen für वायोविद्यिक॑.

व॑योविध Adj. *vogelartig.*

वयोविशेष m. *Verschiedenheit des Lebensalters* Âpast.

वयोवृद्ध Adj. *bejahrt* Âpast.

वयोवृ॑ध् Adj. *Kraft mehrend, stärkend* Âpast. Çr. 7,17,1.

वयोह्रानि f. *das Altern* Sâj. zu Ṛv. 1,48,5.

(वय्य) वयि॑श्र m. *Gefährte, Genosse.* Nach Sâj. auch N. pr. verschiedener Personen.

1\. वर्, वरति, व॑रते, वृणोति, वृणुते, *वृणाति, *वृणीते; 1) *verhüllen, bedecken, zudecken.* — 2) *umschliessen, umringen.* — 3) *schliessen* (eine Thür). — 4) *zurückhalten, gefangen halten.* — 5) *versperren* (einen Weg), *hemmen, abhalten, wehren, abwehren.* — 6) वृत॑ a) *verhüllt, bedeckt, bezogen, — mit, voll von* (Instr. oder im Comp. vorangehend). — b) *umringt, umgeben, — von* (Instr. oder im Comp. vorangehend). — c) *eingeschlossen, zurückgehalten.* — d) *erfüllt von,* so v. a. *behaftet —, versehen mit* (Instr. oder im Comp. vorangehend). — e) *umhüllend* Bhâg. P. — 7) व्राणा॑ *eingesperrt.* — Caus. वार॑यति, °ते (in der späteren Sprache nur metrisch) 1) *zurückhalten, gefangen halten.* — 2) *verbergen.* वारित *versteckt in* (Instr.) 296,22 (im Prâkrit). — 3) *Jmd* oder *Etwas abhalten, zurückhalten, abwehren* (z. B. Geschosse), *hemmen, Etwas unterdrücken, beseitigen, Jmd abhalten —, zurückhalten von* (Abl., Infin., ausnahmsweise auch mit doppeltem Acc.). — 4) *ausschliessen.* — 5) *verbieten, untersagen.* वारित *verboten.* — 6) *vorenthalten.* — *Desid. विवरिषति, °ते, विवरीषति, °ते, वुवूर्षति, °ते. — *Intens. वर्वर्ति. — Mit अनु 1) *zudecken mit* (Instr.), *überdecken, verhüllen, überschütten mit* (Instr.). — 2) *umringen, umgeben.* — Caus. Med. *hemmen, hindern.* — Mit अप oder अ॑पा *aufdecken, enthüllen, öffnen.* अ॑पावृत *aufgedeckt, enthüllt.* Vgl. अपा. — Caus. *verstecken.* Nur अपवारित *versteckt* H. 1476. Vgl. अपवारितम् und अपवार्य. — Mit अपि *verhüllen.* अ॑पीवृत *bedeckt, verhüllt, verschlossen.* — Mit अभि, अभिवृत und अभी॑वृत 1) *umgeben von* (Instr. oder im Comp. vorangehend), *eingefasst in* (Instr.). — 2) *bestiegen* Ṛv. 10,176,3. — 3) f. *bedeckt, beschritten, belegt von* (Instr.). — Caus. *Jmd zurückhalten, abwehren* MBh. 6,85,12. 109,9. — Mit आ 1) *bedecken, verhüllen, verstecken, verbergen.* — 2) *umgeben.* — 3) *einsperren in* (Loc.). — 4) *versperren* (einen Weg), *besetzen* (ein Thor), *in Beschlag nehmen.* — 5) *erfüllen, anfüllen* Vishṇus. 30,47 (darnach zu verbessern MBh. 12,108,22; vgl. auch Spr. 4991 und Saṁhitopan. 32. 35). — 6) *abwehren* Bhaṭṭ. — 7) आ॑वृत a) *bedeckt, umhüllt, verdeckt, bekleidet, bezogen, — mit* (Instr. oder im Comp. vorangehend), *verborgen.* — b) *umringt, umgeben, — von* (Instr. oder im Comp. vorangehend), *umschlossen, mit einer Mauer* u. s. w. *umgeben.* — c) *geschlossen* (Haus, Thür). — d) *verschlossen,* so v. a. *vorenthalten, gewehrt* 75,10. 12. — e) *gefangen gehalten.* — f) *besetzt, in Beschlag genommen, bewohnt, erfüllt von* (Instr. oder im Comp. vorangehend). — g) *behaftet* (mit einem Verbrechen, Instr.), *heimgesucht von* (Instr.). — आवृत्य विक्रमम् M. 3,214 fehlerhaft für आवृत्परि°. — Caus. 1) *bedecken, verhüllen, verstecken.* — 2) *erfüllen, anfüllen.* — 3) *abhalten, zurückhalten, abwehren, hemmen.* — Mit अपा (eigentlich nur ein gedehntes अप; vgl. u. अप) 1) *öffnen.* — 2) *enthüllen, offen legen* (217,32), *offenbar machen.* — 3) अपावृत a) *geöffnet, offen.* — b) *offen,* so v. a. *unbedeckt.* — c) *geoffenbart, enthüllt.* — d) *frei, unabhängig.* — e) *geschlossen.* — Mit उपा, उपावृत *verdeckt,* so v. a. *beschattet* (nach dem Comm.) Hariv. 2,58,54. — Mit समुपा *öffnen.* Man könnte समपा vermuthen. — Mit पर्या, पर्यावृत *verhüllt, verdeckt.* — Mit प्रा (eigentlich ein gedehntes प्र) 1) *bedecken, verhüllen* Gaut. Âpast. 1,30,15. — 2) *umthun, anlegen* (ein Kleid u. s. w.) Pañkad. — 3) *sich kleiden in* (Instr.) Harshak. 140, 15. — 4) *erfüllen, anfüllen* MBh. 5,44,9 (zu verbessern nach Vishṇus. 30,47). — 5) प्रा॑वृत a) *bedeckt, — mit* (Instr. oder im Comp. vorangehend). — b) *umgelegt, angelegt* (ein Kleid u. s. w.) 137,22. Harshak. 130,14. — c) *erfüllt von* (Instr.). — Mit संप्रा *erfüllen mit* (Instr.) Comm. zu Âpast. Çr. 10,9,8. — Mit व्या 1) °वृपवान nach Burnouf *sich verhüllend, — versteckend.* v. l. °पृपवान. — 2) व्यावृत *offen,* so v. a. *hell sehend* (Verstand). — Mit समा 1) *bedecken, verhüllen, — mit* (Instr.). — 2) *umgeben, umstellen mit* (Instr.). — 3) *erfüllen, anfüllen.* — 4) *verstopfen, hemmen.* — 5) समावृत a) *bedeckt, verhüllt mit* oder *durch, besetzt mit* (Instr. oder im Comp. vorangehend). — b) *gehüllt in,* so v. a. *geschützt durch* (Instr.). — c) *umgeben von* (Instr. oder im Comp. vorangehend). — d) *bezogen, überzogen* (Sonnenschirm). — e) *erfüllt —, bewohnt von* (im Comp. vorangehend). — f) *verschlossen für* (Gen.), so v. a. *vorenthalten.* — g) R. Gorr. 2,83,1 fehlerhaft für समावृत्त. — Mit उद् 1) *weit öffnen, aufreissen* (die Augen). उद्वृत्य MBh. ed. Vardh. 7,129,52. — 2) उद्वृत्य Pañkat. 135,3 fehlerhaft für उद्धृत्य, wie ed. Bomb. 2,34,22 liest. — Mit नि 1) *abwehren.* — 2) नि॑वृत a) *zurück —, festgehalten.* — b) **umgeben, umringt.* — Caus. 1) *zurückhalten, abhalten, — von* (Abl., ausnahmsweise Acc.), *abwehren, aufhalten, hemmen, unterdrücken, einer Sache Einhalt thun.* — 2) *verbieten, untersagen.* — 3) *vorenthalten.* — 4) *wegschaffen, entfernen, verbannen aus* (Abl.). Mit आदाय *Jmd abführen, wegführen.* — 5) *ablegen.* — Mit उपनि Caus. *Jmd zurückhalten.* — Mit प्रतिनि Caus. in प्रतिनिवारण. — Mit विनि Caus. 1) *zurückhalten, abhalten, abwehren, hemmen, unterdrücken, einer Sache Einhalt thun.* — 2) *verbieten, untersagen.* — 3) *wegschaffen, entfernen.* — 4) *entfernen,* so v. a. *des Amtes entsetzen, entthronen.* — Mit संनि Caus. *zurückhalten, abhalten, hemmen.* — Mit निस् 1) *befriedigt —, zufriedengestellt werden.* Bloss अनिर्वृत्य. — 2) निर्वृत a) *erloschen* Veṇîs. 159. — b) *zufriedengestellt, froh, vergnügt, beruhigt* Prasannar. 100,17. — Mit परिनिस्, परिनिर्वृत 1) *ganz erloschen.* — 2) *in's* Nirvâṇa *eingegangen* Kâraṇḍ. 28,3. 96,22. — Mit परि 1) *bedecken, verhüllen.* — 2) *umringen, umgeben.* — 3) *verschliessen, zurückhalten, hemmen.* — 4) प॑रीवृत a) *bedeckt, verhüllt.* — b) *erfüllt von* (im Comp. vorangehend). — c) *umgebend.* — 5) प॑रिवृत a) *bedeckt, verhüllt, bezogen, umhangen, — mit* (Instr. oder im Comp. vorangehend). — c) *umgeben —, begleitet von* (Instr. oder im Comp. vorangehend). — Caus. 1) *umgeben, umfassen* (बाहुभ्याम् *mit den Armen*), *umringen, begleiten* Mahâvîrak. 54,16. — 2) परिवारित a) *umgeben von* (Instr. oder im Comp. vorangehend). — b) *bedeckt mit, gehüllt in* (Instr. oder im Comp. vorangehend). — Mit अभिपरि, अभिपरीवृत *er-*

füllt von (Instr.). — Mit संपरि, संपरिवृत und संपरिवृत *umgeben*, — *von* (Instr.). — Caus. *umgeben, umringen*. — Mit प्र *abwehren*. — प्रवृता Kathâs. 103,169 fehlerhaft für प्रावृता. — Caus. 1) *abwehren*. — 2) प्रवारित *bekleidet mit* (Instr.) Kâraṇḍ. 44,11. — Mit प्रति Caus. 1) *Jmd zurückhalten, abhalten, abwehren, Jmd wehren; Etwas abwehren*, so v. a. *zuvorkommen* Kâraka 6,17. प्रतिवारित *zurückgehalten* u. s. w. — 2) *abweisen, widersprechen*. — Mit वि Act. Med. (in der späteren Sprache mit medialer Bed. oder metrisch) 1) *aufdecken, eröffnen, öffnen, aufreissen* (die Augen). द्वार: स्वयं व्यवर्यन्त *die Thore öffneten sich von selbst*. — 2) *entblössen* (das Schwert). — 3) *auseinanderthun, kämmen* (das Haar) Hem. Par. 1,94. — 4) *erhellen* (das Dunkel). — 5) *offenbaren, kundthun*. — 6) *erklären, commentiren*. — 7) *verdecken, verhüllen, verstopfen*. Wohl alter Fehler für पि = अपि. — 8) विवार Çiç. 19,100 nach dem Comm. = विवारयामास, जघान. — 9) विवृत a) *aufgedeckt, entblösst, nackt, bloss* (Erdboden), *bloss gelegt* (Zähne). °स्नान n. *das nackte Baden*, °स्मयन n. *ein Lächeln, wobei man die Zähne sieht*. — b) *unbedeckt* —, *frei von Wunden*. — c) *geöffnet, offen* von einem Organ beim Sprechen und von der Aussprache bestimmter Laute. Superl. °तम. — d) *offen zu Tage liegend*. °म् Adv. *vor aller Augen*. — e) *enthüllt, kundgethan, offenbart, auseinandergesetzt*. — f) *eröffnet*, so v. a. *dargeboten*. — g) Hariv. 3926 fehlerhaft für विधूत. — 8) वीवृत *kundgethan*. — Mit सम् Act. Med. (meist metrisch) 1) *zudecken, verhüllen, verbergen*. — 2) *verschliessen*. — 3) *zusammenlegen, in Ordnung bringen*. — 4) Med. *sich sammeln, sich vereinigen, sich mehren*. — 5) *Jmd abweisen, zurückweisen, hemmen, abwehren*. — 6) संवृत a) *verdeckt, bedeckt, eingehüllt in, verhüllt mit, geschützt durch* (Instr. oder im Comp. vorangehend) Kâraṇḍ. 98,11. 24. — b) *umspannt, umgürtet, umgeben von* (Instr., Instr. mit सह ausnahmsweise oder im Comp. vorangehend). — c) *eingeschlossen in* (Loc.). — d) *geschlossen* (auch von der Aussprache bestimmter Laute). — e) *geschlossen*, so v. a. *unthätig* (der Geist). — f) *verborgen, versteckt, geheim gehalten, bei Seite gelegt, verwahrt*. — g) *versteckt*, so v. a. *an und für sich anstössig, aber nicht verpönt* (ein Ausdruck). — h) *besetzt, in Beschlag genommen, erfüllt, voll von* (Instr. oder im Comp. vorangehend). — i) *versehen mit, begleitet von* (Instr. oder im Comp. vorangehend). — k) *gehemmt, unterdrückt*. — l) etwa *gedämpft* (vom Ton). — m) *gedeckt*, so v. a. *auf seiner Hut seiend*. — n) etwa *mit Allem wohl ausgerüstet*. — o) *woran Jmd* (im Comp. vorangehend) *Theil genommen hat*. — p) MBh. 7,68,10 vielleicht fehlerhaft für संभृत. — Mit अभिसम् 1) *verdecken, verhüllen*. — 2) अभिसंवृत a) *bedeckt, verdeckt, verhüllt*, — *mit* (Instr. oder im Comp. vorangehend). — b) *umgeben von* (Instr.) — c) *erfüllt von, besetzt mit, voll von* (Instr. oder im Comp. vorangehend). — d) *verbunden* —, *versehen* —, *im Verein mit* (Instr. oder im Comp. vorangehend). — Mit समभिसम्, समभिसंवृत *umgeben von* (Instr.). — Mit परिसम्, परिसंवृत *rings umgeben von* (Instr.) Gṛhjâs. 2,11. Vgl. Bloomfield in Z. d. d. m. G. 35,571.

2\. वर्, वरति, °ते, वृणाति, वृणीते, वृणोति, वृणुते; gewöhnlich Med.; अवृणीत Taitt. Âr. 2,2,1 statt अवृणात (!). 1) *sich erwählen*, — *zu Etwas* (Dat., Loc. oder Instr.), *zu Jmd* (Acc. oder °अर्थे MBh. 5,192,16), *zur Frau erwählen, werben* (um ein Mädchen, Acc.), *bei Jmd* (Acc.), *für Jmd* (कृते), *Jmd um Etwas bitten* (mit doppeltem Acc.), *sich erbitten von* (Abl.), *Jmd bitten, dass* (directe Rede mit Potent.), *zu* (Infin.). वृत *erwählt*, — *zu Etwas* (Acc.!), insbes. zur Gattin oder zum Gatten. — 2) *vorziehen, wünschen, lieber wollen als* (Abl., ausnahmsweise Instr.). — 3) *mögen, lieben* (Gegensatz *nicht mögen, hassen*). — 4) Act. *Jmd* (Dat.) *Etwas* (Acc.) *gewähren*. — 5) *Jmd zum Gnadenempfänger erwählen*, so v. a. *Jmd* (Acc.) *eine Gnade gewähren*. — Caus. वरयति, °ते 1) *sich erwählen*, — *zu Etwas* (Dat., Loc. oder °अर्थम्), *zu Jmd* (Acc.), *sich ausbitten, Jmd um Etwas angehen* (mit doppeltem Acc.), *bitten, dass Jmd sei* (mit doppeltem Acc.), *werben um* (Acc.), *für* (Dat. oder अर्थे), *zur Gattin* (auch mit Hinzufügung von पत्नीम्, दारान् oder पत्न्यर्थम्). वरयां प्रचक्रमु: MBh. 1,44,8. — 2) *Jmd* (Acc.) *hold sein*. — Mit अप Med. *Jmd abfinden mit* (Instr.). — Mit अभि Med. 1) *erwählen*, — *zu Etwas* (Loc.). अभिवृत *erwählt*. — 2) *vorziehen, lieber haben als* (Abl.). — Mit आ 1) *erwählen, erwünschen*. — 2) Act. *einen Wunsch erfüllen* ṚV. 1,143,6. *Jmd* (Loc.) *Etwas gewähren*. — Mit व्या Act. *erwählen* MBh. 1,112,2. — Mit उद्द scheinbar R. 2,11,9, da hier उद्धरस्व st. उद्वरस्व zu lesen ist. — Mit निस् *auswählen*. — Mit परि Med. *erwählen*. — Mit प्र Med. Act. (metrisch) 1) *erwählen*, — *zu Etwas* (Dat.), *zu Jmd* (Acc.). प्रवृत so v. a. *adoptirt als Sohn*. — 2) *gern annehmen*. — Caus. 1) प्रवरयति *erwählen*. — 2) प्रवारयति a) *Jmd befriedigen*. — b) *anbieten, ausbieten*. Nur प्रवारित (v. l. प्रचोदित). — Mit प्रति Med. *erwählen*. — Mit वि Act. *erwählen*. v. l. व्या. — Mit सम् *erwählen, aufsuchen*. संवृणुते 3te Pl. (!) Bhâg. P.

1\. वर m. 1) *Umkreis, Umgebung, Raum*. वरे आ पृथिव्या: *auf dem Erdenrund*. — 2) *das Hemmen*.

2\. वर 1) Adj. *wählend* in पतिंवरा. — 2) m. a) *Freier, Freiwerber*. — b) *Bräutigam, Geliebter, Gatte*. — c) *Eidam*. — d) * = विट, षिड्ग.

3\. वर 1) Adj. (f. वरा) a) *der vorzüglichste, beste, schönste*, — *unter* (Gen., Loc., Abl. oder im Comp. vorangehend; ein solches Comp. hat am Ende eines adj. Comp. im f. आ), *für* (Gen.). Häufig am Anf. eines Comp. Compar. °तर Ind. St. 15,354. Superl. °तम Çâçvata 214. — b) *vorzüglicher, besser*, — *als* (Abl., ausnahmsweise Gen.), *unter* (Abl. Spr. 97, v. l.). — 2) वरम् Adv. *vorzugsweise, lieber, besser*. a) in der ältesten Sprache construirt mit einfachem Abl. oder Abl. mit आ. — b) mit Praes. oder Imperat. *es ist besser* —, *es ist am besten, dass; es wäre besser, wenn*. Bisweilen ist das Hülfszeitwort zu ergänzen. — c) mit Potent. *eher könnte es geschehen, dass*. — d) prädicativ *besser*, — *als* (Abl., Abl. mit आ oder ausnahmsweise blosser Acc.). — e) वरम् — न, न च, न तु, न पुन:, तदपि न oder तथापि न α) *eher* — *als, lieber* — *als*. — β) *besser* (prädicativ) *als* (Nomin., ausnahmsweise Instr.). — f) वरम् — वरं न oder न च खलु वरम् *besser als* (Nomin.). — g) न हि — वरम् *ja nicht* — *sondern vielmehr*. — 3) m. n. (ausnahmsweise; adj. Comp. f. आ) a) *Wahl, Wunsch; ein als Geschenk oder Lohn zu wählender Gegenstand; das Wünschenswerthe, Erwünschte; Wahlgabe, Lohn*. वरं वर *einen Wunsch wünschen, eine Bedingung machen*; वरं याच्, काङ्क्, आ-काङ्क्, प्र-अर्थय्, ब्रू *einen Wunsch thun*, — *aussprechen*; वरं दा *einen Wunsch thun lassen, eine Wunschgabe gewähren, ein Geschenk* —, *den Lohn geben* (Pâr. Gṛhj. 1,8,14. 2,1,23); वरं प्र-दा स्वर्गाय *in den Himmel zu kommen*, प्र-यम् (107,2) *einen Wunsch gewähren*; वरं लभ् *seines Wunsches* —, *einer Wunschgabe theilhaftig werden*; मद्वरात् *in Folge der von mir gewährten Wunschgabe*; वरं वरम्, प्रति वरम् und वरमा *nach Wunsch, nach Belieben*; वराय *zur Wahl, zur Befriedigung, nach Herzenslust*; प्रभवो वरशापयो: *Wünsche zu gewähren und Flüche auszustossen mächtig*. Wird von den Commentatoren hier und da ohne Noth durch Rind erklärt. — b) *Vorzug, Privilegium*. — c) *Liebesgabe, Almosen*. — d) *Mitgift*. — 4) m. a) eine best. Körnerfrucht, = वरट. — b) * Bdellium. — c) * Sperling. — d) N. pr. eines Sohnes des Çvaphalka VP.² 4,96. — 5) f. वरा a) Bez. verschiedener Pflanzen und Pflanzenstoffe. Nach den Lexicographen die drei Myrobalanen, Clypea hernandifolia, Asparagus racemosus, Cocculus cordifolius, Gelbwurz, Embelia Ribes, eine dem Ingwer ähnliche Wurzel (Râǵan. 5,23), = ब्राह्मी und रेणुका. — b) * Bein. der Pârvatî. — c) N. pr. eines Flusses. — 6) * f. वरी a) Asparagus racemosus. — b) Bein. der Khâjâ, der Gattin des Sonnengottes. — 7) n. Saffran.

*वरंवरा f. ein dunkelfarbiges Ocimum.

1.*वरक 1) m. Mantel. — 2) n. a) Zeug. — b) Zelt.

2.वरक m. 1) Brautwerber. — 2) Wunsch.

3.वरक m. 1) * Phaseolus trilobus. — 2) * eine wilde Bohnenart. — 3) * eine Reisart. — 4) * eine best. Arzeneipflanze, = पर्पट Râǵan. 5,8. — 5) * = शरपर्णिका. — 6) N. pr. eines Fürsten. Wohl fehlerhaft.

*वरकल्याण m. N. pr. eines Fürsten.

*वरकाष्ठका f. 1) Clerodendrum siphonanthus. — 2) ein der वराटिका ähnliches Korn.

वरकीर्ति m. N. pr. eines Mannes.

*वरक्रतु m. Bein. Indra's.

वरग N. pr. einer Oertlichkeit.

*वरघण्टिका und *°घण्टी f. Asparagus racemosus.

*वरचन्दन n. 1) schwarzes Sandelholz. — 2) Pinus Deodora.

*वरज = चोरज.

वरजानुक m. N. pr. eines Ṛshi.

वरट 1) m. a) eine best. Körnerfrucht, vermuthlich der Same von Safflor Gṛhjâs. 2,78. — b) * eine Art Wespe Râǵan. 19,128. — c) * Gans. — d) Bez. eines best. Handwerkers. — e) * Pl. N. pr. eines barbarischen Volkes. — 2) f. आ a) * der Same von Safflor. — b) * eine Art Wespe. — c) das Weibchen der Gans Râǵan. 19,103. Harshaḱ 57,23. — 3) f. ई a) eine Art Wespe. — b) * H. an. 3,171 fehlerhaft für बदरी. — 4) * n. Jasminblüthe.

वरटक m. und *वरट्टिका f. = वरट 1) a).

1.वरण 1) m. a) * Wall, Damm. — b) Crataeva Roxburghii (ein heil- und zauberkräftiger Baum) Maitr. S. 1,6,7 (98,6. 7). Vgl. Comm. zu Ǵaim. 3, 1,22. — c) * Kamel. — d) eine Art Verzierung auf einem Bogen. — e) ein best. über Waffen gesprochener Zauberspruch. — f) * Bein. Indra's. — g) * Pl. N. pr. eines Volkes; Sg. eines Reiches. — 2) f. वरणा N. pr. a) eines Flusses bei Benares. — b) * einer Stadt. — 3) * n. a) das Umringen, Umgeben. — b) das Abwehren, Verbieten.

2.वरण 1) m. Pl. die Sprüche bei der Priesterwahl Âpast. Çr. 10,1,13. — 2) n. a) das Wählen, Wünschen, Werben. — b) * das Ehren u. s. w.

वरणक Adj. verdeckend, verhüllend.

वरणमाला f. ein Kranz, den ein Mädchen dem erwählten Bräutigam aufsetzt.

*वरणसी f. Benares.

वरणस्रज् f. = वरणमाला Naish. 6,79.

वरणावती f. vielleicht N. pr. eines Flusses.

*वरणाशी f. Benares Gal.

वरणीय Adj. zu wählen, zu erwählen.

वरण्ट in *जलवरण्ट.

*वरण्ड 1) m. a) Menge. — b) Ausschlag im Gesicht. — c) = वरण्डक 2) b). — d) a heap of grass. — e) the string of a fish hook. — f) a packet, a package. — 2) f. आ a) Predigerkrähe. — b) Dolch, Messer. — c) Docht.

वरण्डक 1) * Adj. a) rund. — b) gross, umfangreich. — c) miser, arm, elend. — d) erschrocken. — 2) m. a) eine kleine Erdaufschichtung. — b) ein Wall, der zwei kämpfende Elephanten von einander trennt, H. an. 4,32. Med. k. 202. Çiç. 19,65. Vâsavad. 61,2 (n. nach einem Citat im Comm.). Vgl. Ragh. 12,92. — c) * Wand H. an. — d) * Ausschlag im Gesicht. — e) * Menge Viçva im Comm. zu Çiç. 19,65.

*वरण्डालु m. ein best. Knollengewächs.

वरतनु 1) Adj. (f. ऊ) schönleibig; Subst. f. ein solches Weib Mâlav. 74. — 2) f. ein best. Metrum.

वरतन्तु m. N. pr. eines alten Lehrers. Pl. seine Nachkommen.

वरता f. das ein Segen Sein Kâd. 2,58,12.

*वरतिक्त m. 1) Wrightia antidysenterica. — 2) Azadirachta indica Râǵan. 9,8. — 3) = पर्पट Bhâvapr. 1,203. 3,96.

*वरतिक्तक 1) m. a) Azadirachta indica. — b) eine best. Arzeneipflanze, = पर्पट. — 2) f. °क्तिका Clypea hernandifolia.

वरतोया f. N. pr. eines Flusses.

*वरत्करी f. ein best. Arzeneistoff, = रेणुका.

वरत्र (einmal im Vergleich mit अहि Schlange) und वरत्रा f. Riemen. वरत्राकाण्ड Riemenstück Âpast. Çr. 10,27,6. Nach den Lexicographen auch Elephantengurt.

*वरत्वच् m. Azadirachta indica.

वरद 1) Adj. (f. आ) Wünsche thun lassend, — gewährend, bereit Wünsche zu erfüllen (von Göttern und Menschen) AV. 19,71,1. — 2) m. a) Name Agni's im Çântika. — b) Bez. einer best. Manengruppe. — c) ein best. Samâdhi Kâraṇḍ. 92,21. — d) N. pr. α) eines Wesens im Gefolge Skanda's. — β) eines der 7 Ṛshi im 4ten Manvantara VP.² 3,8. — γ) Pl. eines Volkes R. ed. Bomb. 4,43,12. — δ) eines Dhjânibuddha und eines andern Mannes. — 3) f. आ a) * Jungfrau, Mädchen. — b) * Physalis flexuosa. — c) * Polanisia icosandra. — d) * Helianthus. — e) * Linum usitatissimum. — f) * = त्रिपर्णी. — g) * Yams-Wurzel. — h) N. pr. α) der Schutzgöttin in der Familie des Varatantu. — β) einer Joginî Hemâdri 2,a,99,5. Vgl. वरप्रदा. — γ) eines Flusses Ind. Antiq. 8,242.

वरदगणपतिस्तोत्र n. Titel eines Stotra Burnell, T.

वरदचतुर्थी f. der 4te Tag in der lichten Hälfte des Magha. Richtig wohl वरदाचतुर्थी.

वरदत्त 1) Adj. in Folge eines ausgesprochenen Wunsches geschenkt, als Wahlgabe verliehen. — 2) m. N. pr. eines Mannes.

वरदभट्ट m. N. pr. eines Autors VP.² 3,223.

वरदराज m. N. pr. verschiedener Männer.

वरदराजचम्पू f., °राजपञ्चाशत् f., °राजशतक n. (Burnell, T.), °राजस्तव m., °राजाष्टक n. und °राजीय n. Titel von Werken Opp. Cat. 1.

वरदर्शिनी f. R. 2,55,21 wohl nur fehlerhaft für वरवर्णिनी.

वरदाचतुर्थी f. = वरदचतुर्थी.

वरदातर् Nom. ag. (f. °दात्री) = वरद 1).

*वरदातु m. Tectona grandis.

वरदाधीशयज्वन् m. N. pr. eines Autors.

वरदान n. 1) das Gewähren eines Wunsches, das Verleihen einer Wunschgabe. — 2) das Ausbezahlen des Lohnes. — 3) N. pr. eines Wallfahrtsortes.

वरदानमय Adj. aus der Gewährung eines Wunsches —, aus der Verleihung einer Wunschgabe hervorgegangen, darin wurzelnd.

वरदानिक Adj. dass.

वरदायक m. ein best. Samâdhi Kâraṇḍ. 94,8.

*वरदारु Tectona grandis Bhâvapr. 1,237.

वरदारुक eine best. Pflanze mit giftigen Blättern.

वरदाश्मन् Adj. = वरद 1).

*वरद्रुम m. Agallochum.

वरधर्मिन् m. N. pr. eines Fürsten VP.² 4,212.

वरधर्मी Adv. mit कर ein ausgezeichnetes Werk an Jmd (Acc.) thun.

वरपक्षिणी f. N. pr. einer Tantra-Gottheit.

वरपक्षीय m. ein Angehöriger des Bräutigams Pańkad.

वरपण्डित m. mit vorgesetztem श्री N. pr. eines Autors.

*वरपर्णाख्य m. *Lipeocercis serrata.*

वरपाण्ड्य m. N. pr. eines Mannes.

*वरपीतक *Talk.*

वरपोत 1) m. *eine Art Gazelle.* — 2) *wohl n. *ein best. Gemüse.*

वरप्रद 1) Adj. = वरद 1) 137,31. — 2) f. ग्रा a) *Bein. der Lopamudrâ. — b) N. pr. einer Jogini Hemâdri 2,a,99,3.

वरप्रदस्तव m. Titel eines *Lobgedichts* Opp. Cat. 1.

वरप्रदान n. = वरदान 1).

वरप्रभ 1) Adj. (f. ग्रा) *einen ausserordentlichen Glanz habend.* — 2) m. N. pr. eines Bodhisattva.

वरप्रार्थना f. *das Verlangen nach einem Gatten* Çâk. 15,11.

*वरफल m. *Cocosnussbaum.*

*वरबाल्हीक n. *Saffran.* °वाह्लीक geschrieben.

वरम् Adv. s. 3. वर 2).

*वरमुखी f. *ein best. Arzeneistoff.*

*वरयात्रा f. *die feierliche Procession eines Werbers, — Bräutigams.*

*वरयितर् Nom. ag. *Werber, Bräutigam, Geliebter, Gatte.*

वरयितव्य Adj. *zu wählen, — aus, unter* (Abl.). Nom. abstr. °त्व n. Comm. zu Âpast. Çr. 5,11,4.

वरयु m. N. pr. eines Mannes.

वरयुवति und °ती 1) *eine schöne Jungfrau.* — 2) *ein best. Metrum.*

वरयोग्य Adj. (f. ग्रा) 1) *einer Wunschgabe würdig.* — 2) f. *heirathsfähig* Prij. 11,4.

*वरयोनिक = केसर.

वरयोषित् f. *ein schönes Weib* Hemâdri 1,449,15.

वररुचि 1) Adj. *Gefallen an Wunschgaben habend* (Çiva). — 2) m. N. pr. eines Dichters, Mediciners, Grammatikers und Lexicographen, der hier und da mit Kâtjâjana identificirt und unter den 9 Perlen Vikramâditja's aufgeführt wird. Hem. Par. 8,11.

वररुचिकारिका f., °रुचिप्राकृतसूत्र n., °रुचिलिङ्गकारिका f. und °रुचिवाक्य n. Titel von Werken Opp. Cat. 1.

वररूप m. N. pr. eines Buddha.

*वरल 1) m. *eine Art Bremse.* — 2) f. ग्रा a) dass. — b) *das Weibchen der Gans* Râgan. 19,103. — 3) f. ई = वरटा.

वरलक्ष्मीपूजा f., °लक्ष्मीव्रतकथा f. und °लक्ष्मीव्रतकल्प m. Titel Burnell, T. Opp. Cat. 1.

*वरलब्ध m. 1) *Michelia Champaka.* — 2) *Bauhinia variegata.*

*वरवत्सला f. *Schwiegermutter.*

वरवरण n. 1) *das Wählen —, Thun eines Wunsches* Kâtj. Çr. 1,10,12. Lâtj. 3,8,17. — 2) *das Erwählen eines Bräutigams* Viddh. 98,12.

वरवर्ण *Gold.*

वरवर्णिन् 1) Adj. *eine schöne Gesichtsfarbe habend.* — 2) f. °र्णिनी a) *ein schönfarbiges —, schönes —, ausgezeichnetes Weib.* — b) Bein. α) der Durgâ. — β) *der Lakshmî. — γ) *der Sarasvatî. — c) **Gelbwurz* (Râgan. 6,199. Bhâvapr. 1,177), = प्रियङ्गु und फलिनी. — d) **Lack.* — e) **Gallenstein des Rindes.*

वरवासि (?) m. Pl. N. pr. eines Volkes.

*वरवाह्लीक s. वरबाल्हीक.

वरवृत Adj. *als Wahlgabe empfangen.*

*वरवृद्ध m. Bein. Çiva's.

वरशिख m. N. pr. eines Feindes des Indra.

*वरशीत *Zimmt.*

*वरश्रेणी f. *eine best. Pflanze.*

वरस् n. *Weite, Breite, Raum,* εὖρος.

वरसद् Adj. *im Kreise sitzend.*

*वरसान = दारिक.

वरसावित्रीचरित्र n. Titel eines Kâvja Opp. Cat. 1.

वरसुन्दरी f. 1) *ein überaus schönes Weib.* — 2) *ein best. Metrum.*

वरसुरत Adj. (f. ग्रा) *eingeweiht in die Geheimnisse des Liebesgenusses.*

*वरसेन (?) N. pr. eines Gebirgspasses.

वरस्त्री f. *ein ausgezeichnetes —, edles Weib* 51, 25. 132,16. 174,18

वरस्या f. *Wunsch, Bitte.*

वरस्रज् f. *der Kranz, den ein Mädchen dem erwählten Bräutigam aufsetzt.*

वराक 1) Adj. (f. ई) *elend, erbärmlich, jämmerlich, Mitleid erregend, armselig* (meist von lebenden Wesen) Vâsav. 299,1. Ind. St. 15,424. Pańkad. — 2) *m. a) Bein. Çiva's. — b) *Schlacht.* — c) *eine best. Pflanze.*

वराकक Adj. (f. °किका) = वराक 1) Pańkad.

वराकाङ्क्षिन् Adj. *einen Wunsch habend* Râgat. 3,394.

1. वराङ्ग n. 1) *Kopf.* — 2) *die weibliche Scham.* — 3) *Hauptstück.*

2. वराङ्ग 1) Adj. *in allen seinen Theilen schön.* — 2) m. a) **Elephant.* — b) *das* Nakshatra-*Jahr von 324 Tagen.* — c) Bein. Vishṇu's. — d) N. pr. eines Fürsten VP. 4,24,17. — 2) f. ई a) **Gelbwurz* Râgan. 6,198. — b) N. pr. einer Tochter Dṛshadvant's. — 4) *n. a) *grober Zimmt* (Bhâvapr. 1,188), *Cassiarinde* oder dgl. — b) *Sauerampfer.*

*वराङ्गक n. *grober Zimmt* oder dgl.

वराङ्गना f. *ein schönes Weib* 126,22. 134,27.

*वराङ्गिन् m. *Sauerampfer.*

वराजीविन् m. *Astrolog.*

वराट 1) m. a) *Otterköpfchen* (als Münze gebraucht) Râgan. 13,126. Spr. 7629. — b) **Strick.* — 2) f. ई *ein best.* Râga.

वराटक 1) m. f. (°टिका Râgan. 13,126. Naish. 3, 88. Ind. St. 15,401. Hem. Par. 1,370) *Cyprea moneta. Otterköpfchen.* — 2) m. a) *Samenkapsel der Lotusblume* Naish. 7,18. — b) *Strick, Seil.* Nur am Ende eines adj. Comp. (f. ग्रा) zu belegen. v. l. °वटारका. — 3) f. °टिका *Mirabilis Jalapa.* — 4) n. *ein best. Pflanzengift.*

*वराटकरजस् m. *Mesua Roxburghii.*

वराडिराग und वराडीराग m. *ein best.* Râga.

*वराण m. 1) *Crataeva Roxburghii.* — 2) Bein. Indra's.

वराणस 1) *Adj. von वराण. — 2) f. ई N. pr. a) eines Flusses MBh. 6,9,31. — b) *einer Stadt, das heutige *Benares.*

वरातकि Verz. d. B. H. 55,32 fehlerhaft für वाराटकि.

वरातिसर्ग m. *Verleihung einer Wunschgabe* 51,24.

वरातुष्ट (?) N. pr.

*वरादन n. *die Nuss der Buchanania latifolia.*

वरानना 1) Adj. f. *schönantlitzig.* — 2) f. N. pr. einer Apsaras VP.² 2,82.

*वराभिधा f. *Sauerampfer* Râgan. 6,130.

*वराम्र m. *Carissa Carandas.*

वराय् *eine Wunschgabe darstellen.* Nur वरायित n. impers.

*वरारक n. *Diamant.*

वराणि m. *Mutter.* Vgl. 1. ग्ररणि in Nachtr. 2.

1.*वरारोह m. 1) *ein vorzüglicher Reiter.* — 2) *Reiter auf einem Elephanten.* — 3) *Reiter überh.*

2. वरारोह 1) Adj. (f. ग्रा) *schöne Hüften habend,* καλλίπυγος. — 2) *m. Bein. Vishṇu's. — 3) f. ग्रा a) **Hüfte.* — b) Name der Dâkshâjaṇî in Someçvara.

वरार्था Adj. f. *sich einen Gatten wünschend* Bhâg. P. 3,8,5.

वरार्थिन् Adj. *um eine Wahlgabe bittend.*

वरार्ह Adj. (f. ग्रा) 1) *überaus würdig, in hohem Ansehen stehend.* — 2) *überaus kostbar.*

*वराल *Gewürznelke.*

*वरालक 1) dass. — 2) m. *Carissa Carandas.*

*वरालि m. 1) *der Mond.* — 2) *ein best.* Râga.

*वरालिका f. Bein. der Durgâ. Vgl. वा°.

वराशि s. बरासी.

1. वरासन n. 1) *ein prächtiger Sitz, Thron.* — 2) N. pr. einer Stadt.

2.*वरासन 1) m. a) *Thürhüter.* — b) = षिड्ग. — 2) n. *Hibiscus rosa sinensis.*

3.*वरासन n. *a cistern, a reservoir.* Richtig वारासन.

*वरासि s. बरासी.

वराह 1) m. a) *Eber, Schwein.* — b) *am Ende eines Comp. als *Ausdruck der Vorzüglichkeit.* — c) **Rind.* — d) **Widder.* — e) **Delphinus gangeticus.* — f) Vishṇu als *Eber* (hebt die Erde vom Grunde des Meeres mit seinen Hauern). — g) *eine best. Truppenaufstellung in Form eines Ebers.* — h) **ein best. Maass.* — i) **Cyperus rotundus.* — k) **Yamswurzel.* — l) Titel α) einer Upanishad. — β) = वराहपुराण. — m) N. pr. α) eines Daitja. — β) eines Muni. — γ) = वराहमिहिर. — δ) eines andern Gelehrten Çâçvata 807. — ε) des Sohnes eines Tempelhüters. — ζ) eines Berges. — η) *eines der 18 Dvîpa. — 2) *f. ई a) *eine Cyperus-Art* Râǵan. 6,140. — b) *Batatas edulis* Râǵan. 7,86.

वराहक 1) m. N. pr. eines Schlangendämons. — 2) *f. °हिका *Physalis flexuosa* Râǵan. 4,111. — 3) n. Titel einer Upanishad.

*वराहकन्द m. *Yamswurzel.*

वराहकर्ण 1) m. a) *eine Art von Pfeilen.* — b) N. pr. eines Jaksha. — 2) *f. ई *Physalis flexuosa* Râǵan. 4,111.

*वराहकर्णिका f. *eine Art von Geschossen.*

वराहकवच n. Titel eines Kavaka Burnell, T.

*वराहकान्ता f. *Yamswurzel.*

*वराहकालिन् m. *Sonnenblume.*

*वराहक्रान्ता f. *Mimosa pudica* Ratnam. 244.

वराहदंष्ट्र m. und °दंष्ट्रा f. *eine best. Krankheit.*

वराहदत्त m. N. pr. eines Kaufherrn.

*वराहदन्त und *°दन्त Adj. *Zähne eines Ebers habend.*

वराहदेव m. N. pr. eines Mannes Râǵat. 7,365.

वराहद्वादशी f. *der 12te Tag in der lichten Hälfte der* Mâgha.

वराहद्वीप m. N. pr. eines Dvîpa.

*वराहनामन् m. 1) *Mimosa pudica.* — 2) *Yamswurzel.*

वराहनामाष्टोत्तरशत n. Titel eines Stotra Opp. Cat. 1.

*वराहपत्त्री f. *Physalis flexuosa* Râǵan. 4,113.

वराहपर्वत m. N. pr. eines *Berges* Vishnus. 85,7.

वराहपुराण n. Titel eines Purâṇa.

वराहमाहात्म्य n. Titel eines Werkes.

वराहमिहिर m. N. pr. eines Astronomen.

वराहमूल n. N. pr. einer Oertlichkeit.

वराहयु Adj. *auf Eber begierig, zu ihrer Jagd tauglich.*

वराहविहत Adj. *vom Eber aufgewühlt* Maitr. S. 1,6,3 (90,4. 5).

वराहभृङ्ग m. Bein. Çiva's.

वराहशैल m. N. pr. eines *Berges.*

वराहसंहिता f. Titel eines Werkes Opp. Cat. 1.

वराहस्तुति f. Titel eines *Lobgesanges* Burnell, T.

वराहस्वामिन् m. N. pr. eines mythischen Fürsten.

वराहाद्रि m. N. pr. eines *Berges.*

वराहाश्व m. N. pr. eines Daitja MBh. 12,227,52.

वराह्व m. 1) *Eber, Schwein.* — 2) Pl. Bez. *bestimmter Winde.* — 3) *Pl. *best. Götterschaaren des mittleren Gebiets.*

वराहोपानह् f. Du. *Schuhe von Schweinsleder.*

वराहोपनिषद् f. Titel einer Upanishad Opp. Cat. 1.

वरिदास m. N. pr. = वरीदास VP.² 2,20.

वरिमत् und वरिमत् = 1. वरिमन्.

1. वरिमन् m. und वरिमन् n. *Umfang, Rund; Weite, Breite.*

2. वरिमन् m. *der vorzüglichste, beste, ausserordentlich.*

वरिवस् n. *Raum, Weite; Freiheit, Behaglichkeit, Ruhe.* Acc. mit कर्, धा und विद् *freie Bahn schaffen,* — *zu* (Dat.), *Jmd* (Dat.) *befreien.* Nach Nigh. = धन.

*वरिवसित Adj. *gepflegt, gehegt.*

वरिवस्कृत् Adj. *Raum schaffend, befreiend.*

वरिवस्य्, वरिवस्यति 1) *Raum geben, einräumen, verstatten, freimachen.* — 2) *es Jmd behaglich machen, zu Jmds Diensten sein, bedienen, pflegen;* mit Acc. der Person. वरिवस्यमान und *वरिवस्यित *gehegt, gepflegt.*

वरिवस्या f. *das Gewähren u. s. w.; Diensterweisung, Aufwartung, Pflege* Naish. 6,97. Prasannar. 96,4.

वरिवस्यारहस्य n. Titel eines Mantra Opp. Cat. 1.

वरिवोद Adj. *Raum —, Freiheit schenkend.*

वरिवोधा Adj. *Raum —, freie Bewegung schaffend.*

वरिवोविद् Adj. *Raum —, Freiheit schaffend, Behaglichkeit gewährend.*

वरिष 1) *m. = वर्ष. — 2) *f. (आ) Pl. = वर्षा Pl. — 3) n. *Jahr* (Conj.).

*वरिषाप्रिय m. *der Vogel* Kâtaka.

1. वरिष्ठ Adj. (f. आ) *der weiteste, breiteste, umfassendste.*

2. वरिष्ठ 1) Adj. (f. आ) a) *der vorzüglichste, beste,* — *unter* (Gen. oder im Comp. vorangehend). Hierher stellt Grassmann auch einige RV.-Stellen. — b) *besser als* (Abl.) — c) *der schlimmste, ärgste,* — *unter* (Gen.). — 2) m. a) **Rebhuhn.* — b) **Orangenbaum.* — c) N. pr. α) eines Sohnes des Manu Kâkshusha. — β) eines der 7 Weisen im 11ten Manvantara. — γ) eines Daitja. — 3) *f. आ *Polanisia icosandra.* — 4) *n. a) *Kupfer.* — b) *Pfeffer.*

वरिष्ठक Adj. = 2. वरिष्ठ 1) a).

वरिष्ठाश्रम m. N. pr. einer Oertlichkeit.

*वरी f. Pl. *Flüsse.*

*1. वरीतर् Nom. ag. von 1. वर्.

2. वरीतर् Nom. ag. *Bewerber* (um ein Weib). वरीता Fut. Bâlar. 27,17.

वरीताक्ष m. N. pr. eines Daitja.

वरीदास m. N. pr. des Vaters des Gandharva Nârada.

वरीधरा f. *ein best. Metrum.*

1. वरीमन् n. = 1. वरिमन्.

2. वरीमन् m. = 2. वरिमन्.

1. वरीयंस् 1) Adj. *weiter, breiter,* — *als* (Abl.), *freier.* — 2) वरीयस् Adv. *weiter, ferner ab.* — 3) n. *ein weiterer —, freierer Raum als* (Abl.); *freier Raum, Freiheit.*

2. वरीयंस् 1) Adj. *vorzüglicher, besser, lieber; der vorzüglichste, liebste, beste,* — *unter* (Gen.). — 2) m. a) *ein best. astrol.* Joga. — b) N. pr. α) eines Sohnes des Manu Sâvarṇa. — β) eines Sohnes des Pulaha. — 3) *f. °यसी *Asparagus racemosus* Râǵan. 4,121.

वरीवृत Adj. *sich schlängelnd.*

*वरीषु m. *der Liebesgott.* Vgl. स्त्रीषु.

वरु in der Verbindung वरो सुषाम्णे nach Sâj. N. pr. Wahrscheinlich ist वरोसुषामन् als ein Wort und als N. pr. aufzufassen.

वरुक m. *eine best. geringere Körnerfrucht.*

*वरुट m. Pl. Bez. einer Klasse von Mlekkha.

वरुड m. *eine best. Mischlingskaste.*

वरुण 1) m. a) *der Umfasser des Alls,* N. pr. eines Âditja, des obersten Herrn unter den Göttern des Veda. Diesem Gotte sind besonders zugeeignet die Gewässer, die Nacht und der Westen. Varuṇa ist der Richter, der die Sünde straft und um Vergebung der Schuld angerufen wird; er ist allwissend; von ihm kommen Krankheiten, besonders Wassersucht. Du. in Verbindung mit Indra und Mitra im Du. — *b) der Ocean.* — *c) Wasser.* — *d)* N. pr. α) eines Agni. — β) eines Devagandharva. — γ) eines Schlangendämons. — δ) eines Asura. — ε) eines Jaksha VP.[2] 2,293. — ζ) eines Sohnes des Kardama. — η) *eines Dieners des 20ten Arhant's der gegenwärtigen Avasarpiṇî. — *e)* Pl. *etwa die Götter.* — *f) Abwehrer* nach Sâj. — *g) ein best. über Waffen gesprochener Zauberspruch.* — *h) Crataeva Roxburghii.* वरुणं Taitt. Âr. 6,9,2. — 2) f. वरुणा N. pr. eines Flusses. — वरुणाम् MBh. 3,56,12 nach Schlegel's Vermuthung alter Fehler für वरणाम्.

वरुणक m. *Crataeva Roxburghii.*

वरुणगृहपति Adj. Varuṇa *zum* Gṛhapati 4) *habend* Maitr. S. 1,9,4 (133,8).

वरुणगृहीत Adj. (f. आ) *von* Varuṇa *ergriffen, durch Krankheit,* bes. *Wassersucht.*

वरुणग्राह in श्वेवरुणग्राह (Nachtr. 5).

वरुणज्येष्ठ Adj. Pl. *an deren Spitze* Varuṇa *steht* TBr. 3,7,4,7.

वरुणतीर्थ n. N. pr. eines Tîrtha.

वरुणतेजस् Adj. *dessen Lebenskraft* Varuṇa (*Wasser*) *ist* AV. 10,5,33.

वरुणत्व n. Varuṇa's *Wesen,* — *Natur.*

वरुणदेव n. *das unter* Varuṇa *stehende Mondhaus* Çatabhishaǵ.

वरुणदेवत्य Adj. Varuṇa *zur Gottheit habend* Maitr. S. 1,10,12 (151,18).

वरुणदैव und °दैवत n. = वरुणदेव.

वरुणध्रुत् Adj. Varuṇa *hintergehend.*

वरुणपाश m. 1) Varuṇa's *Schlinge,* — *Fessel.* — 2) **Haifisch.*

वरुणपुरुष m. Varuṇa's *Diener* Mân. Gṛhj. 2,12.

वरुणप्रघास m. 1) Pl. *das zweite Viermonat-Opfer, das auf den Vollmond des* Âshâḍha *oder* Çrâvaṇa *fällt.* Dabei wird zu Ehren des Gottes Gerste genossen. — 2) *ein best.* Ahîna.

वरुणप्राघासिक Adj. zu वरुणप्रघास 1) Comm. zu Lâṭj. 5,1,1.

वरुणप्रशिष्ट Adj. *von* Varuṇa *angewiesen,* — *geleitet.*

वरुणभट्ट m. N. pr. eines Astronomen.

*वरुणमति m. N. pr. eines Bodhisattva.

वरुणमित्र m. Bein. eines Gobhila Vaṅçabr. 3.

वरुणमेनि f. Varuṇa's *Geschoss.*

वरुणराजन् Adj. Varuṇa *zum König habend.*

वरुणलोक m. 1) Varuṇa's *Welt.* — 2) Varuṇa's *Gebiet, Wasser.*

वरुणवेगा f. N. pr. einer Kiṁnara-Jungfrau Kâraṇḍ. 5,23.

वरुणशर्मन् m. N. pr. eines mythischen Kriegers.

वरुणशेषस् Adj. nach Sâj. *wehrfähige Nachkommen habend.* Roth vermuthet वरुणशेषस् *Nachwuchs der eigenen Art habend.*

वरुणश्राद्ध n. *ein best. Todtenmahl.*

वरुणश्रोतस fehlerhaft für °स्रोतस.

वरुणसव m. *eine best. Opferhandlung* TS. 5, 6,2,1.

वरुणसामन् n. Name verschiedener Sâman Ârsh. Br.

वरुणसेना und °सैनिका f. N. pr. einer Prinzessin.

वरुणस्रोतस m. N. pr. eines Berges MBh. 3,81,10.

वरुणाङ्गरुह m. Patron. Agastja's.

*वरुणात्मजा f. *Branntwein.*

वरुणाद्रि m. N. pr. eines *Berges.*

वरुणानी f. Varuṇa's *Gattin.* Auch Pl. वरुणान्याः साम Ârsh. Br.

वरुणारिष्टकमय Adj. *aus Crataeva Roxburghii und dem Seifenbaum gemacht* Suçr. 2,388,17.

वरुणालय m. Varuṇa's *Behausung,* Beiw. und Bein. *des Meeres* Harshaḱ. 218,22. करुणा° *ein Meer der Barmherzigkeit.*

वरुणावास m. *das Meer.*

वरुणाविस् f. Bein. der Lakshmî.

*वरुणिक, *वरुणिय und *वरुणिल m. Hypokoristika von वरुणदत्त.

वरुणेश n. *das unter* Varuṇa *stehende Mondhaus* Çatabhishaǵ.

वरुणेशदेश m. *die unter* Varuṇa *stehende Weltgegend, Westen.*

वरुणेश्वरतीर्थ n. N. pr. eines Tîrtha.

वरुणोद n. N. pr. eines Sees.

वरुणोपनिषद् f. Titel einer Upanishad.

वरुण्य, वरुणिय Adj. (f. आ) *von* Varuṇa *kommend, ihm gehörig* u. s. w. आपः *stehendes Wasser.*

*वरुतर Nom. ag. = वरूतर.

*वरुत्र n. *Ueberwurf, Mantel.*

*वरुल = संभक्त.

वरूक m. = वरुक Ḱaraka 1,27.

वरूतर Nom. ag. mit Gen. 1) m. *Abwehrer, Beschirmer.* — 2) f. वरूत्री *Schirmerin, Schutzgenie,* Bez. *gewisser göttlicher Wesen* (Sg. und Pl.).

वरूत्रि f. = वरूत्री (s. u. वरूतर) TS. 4,1,6,2. 2,10,3. 5,1,7,2.

वरूथ 1) n. *a) Wehr, Schirm, Obdach, festes Haus.* — *b)* **Panzer.* — *c)* **Schild.* — 2) (*m. n.) *eine am Wagen zum Schutz angebrachte Einfassung.* — 3) m. oder n. *a) Heer.* — *b) Heerde.* — *c) Schwarm* (von Bienen). — *d) Menge, Masse.* — 4) m. *a)* *= निज़राष्ट्रक (?). — *b)* N. pr. α) eines Mannes. — β) eines Dorfes. — H. an. 3,319 ist वरुथ: st. वरूथ: zu lesen nach Zach. Beitr. 87.

वरूथप m. *Führer einer Schaar, Heerführer.*

वरूथशस् Adv. *schaaren* —, *haufenweise.*

वरूथाधिप m. *Heerführer.*

वरूथिन् 1) Adj. *a) Schutzwaffen tragend.* — *b) mit einem Schutzbrett versehen* (Wagen). — *c) Schirm* —, *Schutz gewährend.* — *d) zu Wagen sitzend.* — *e)* am Ende eines Comp. *von einer Schaar von* —, *von einer Menge von* — *umgeben.* — 2) m. *Kriegswagen* Çiç. 17,23. — 3) f. वरूथिनी *a) Heer.* — *b)* N. pr. einer Apsaras.

वरूथिनीपति m. *Heerführer.*

वरूथ्य, वरूथिय Adj. *Schirm* —, *Schutz gewährend.*

*वरेज = वरज.

*वरेण् Nom. ag. von वरेण्य्.

*वरेणा 1) m. *Wespe.* — 2) f. आ Bein. der Gattin Çiva's. Richtig wohl वरेण्या.

वरेण्य, वरेणिय 1) Adj. *a) wünschenswerth, liebenswerth.* — *b) vorzüglich, der vorzüglichste,* — *unter* (Gen.). — 2) m. *a) eine best. Gruppe von Manen.* — *b)* N. pr. eines Sohnes des Bhṛgu. — 3) *f. वरेण्या (Conj.) Bein. der Gattin Çiva's. — 4) n. *a) die höchste Wonne* VP. 5,1,41. — *b) Saffran.*

(वरेण्यक्रतु) वरेणियक्रतु Adj. *wohlgesinnt, einsichtig.*

*वरेण्यय, °यति Denomin. von वरेण्य.

वरेन्द्र m. oder n. und *वरेन्द्री f. Bez. eines Theiles von Bengalen.

वरेय, वरेयति *freien.*

वरेयम् Infin. *um zu freien.*

वरेयु m. *Freier.*

वरेश Adj. *über Wunschgaben verfügend, Wünsche zu gewähren im Stande seiend.*

वरेश्वर 1) Adj. dass. सर्वकाम° *alle Wünsche zu gewähren vermögend.* — 2) *m. Bein. Çiva's.

वरेषुधि Adj. *einen prächtigen Köcher tragend* R. 2,86,22.

*वरोट n. *eine best. Blume* (मरुवकपुष्प).

1. वरोरु m. *ein schöner Schenkel.*

2. वरोरु Adj. (f. °रु und °रू) *schöne Schenkel habend.*

*वरोल 1) m. *eine Art Wespe.* — 2) f. ई *eine andere Art Wespe.*

*वर्क्, वर्कते (आदाने).

*वर्करट m. 1) *Seitenblick.* — 2) *eine vom Fingernagel des Geliebten herrührende Verwundung auf der Brust eines Weibes.* — 3) *die Strahlen der aufgehenden Sonne.*

वर्करीकुण्ड N. pr. einer Oertlichkeit.

*वर्कुट m. *a pin, a bolt.*

*वर्त्, वृत्तते (वरणे) DHÂTUP. 16,3.

वर्ग (accentuirt nur in NIGH.) 1) Nom. ag. *Abwehrer, Beseitiger.* — 2) m. (adj. Comp. f. आ) *a) eine gesonderte, der Gleichartigkeit wegen zusammengestellte Anzahl von Dingen: Abtheilung, Gruppe, Klasse, Verein, — schaft.* Häufig Pl. st. Sg. In Comp. mit Zahlwörtern *eine aus — bestehende Abtheilung, — Gruppe.* Insbes. *eine Reihe nach irgend einem Eintheilungsgrunde zusammengehöriger Wörter* und *eine Consonantenreihe im Alphabet* (deren 7 oder 8 angenommen werden; चकार° oder च° *die Palatalen*). — *b) Alles was zu Jmds Gebiet gehört, — unter Jmd steht.* — *c)* = त्रिवर्ग, d. i. धर्म, काम und अर्थ. — *d) Section, Abtheilung in einem Buche, Unterabtheilung eines* Adhjâja im Ṛgveda *und in der* Bṛhaddevatâ. — *e) Quadrat, die zweite Potenz.* पञ्च° *das Quadrat von fünf.* — *f)* *=बल. — *g)* *N. pr. eines Landes. — 3) f. वर्गा N. pr. einer Apsaras.

वर्गकर्मन् n. Bez. *einer unbestimmten Aufgabe* COLEBR. Alg. 27. LILÂV. 18,15.

वर्गणा f. 1) *Eintheilung, Abtheilung* ÇILÂṄKA. — 2) *das Multipliciren.*

वर्गपद n. *Quadratwurzel.*

वर्गपाल m. *Beschützer seines Anhanges, — seiner Creaturen.*

वर्गप्रकृति f. *unbestimmte Aufgabe des zweiten Grades, affected square.*

वर्गप्रशंसिन् Adj. *seinen Anhang —, seine Creaturen preisend.* NILAK.: वर्गो वृजिनं पराभिभवः.

वर्गमूल n. *Quadratwurzel.*

वर्गय्, °यति *zum Quadrat erheben.* वर्गित LILÂV. 53,19. Vgl. वर्गणा.

वर्गवर्गस्थ Adj. Pl. *gruppenweise stehend.*

वर्गशस् Adv. *nach Abtheilungen, gruppenweise* Comm. zu ÂPAST. ÇR. 13,5,13.

वर्गस्थ Adj. (f. आ) *sich zu einer Partei haltend, parteiisch.*

वर्गान्त्य m. *der letzte Consonant in den fünf ersten Consonantenreihen.*

वर्गाष्टक n. *die acht Consonantenreihen, so v. a. alle Consonanten.*

वर्गिन् Adj. *zu Jmds Partei gehörend, Jmd untergeben.*

*°वर्गीण Adj. *zu der und der Kategorie —, — Sippe —, zu der Partei von — gehörend.*

°वर्गीय Adj. dass. क° *ein Guttural.*

वर्गोत्तम m. 1) *der Letzte in einer der fünf ersten Consonantenreihen, d. i. ein nasaler Consonant.* — 2) in der Astrol. *der Vornehmste in seiner Klasse, Bez. des ersten Neuntels in einem beweglichen Bilde* (Widder, Krebs, Wage, Steinbock), *des 5ten Neuntels in einem festen Bilde* (Stier, Löwe, Scorpion, Wassermann) *und des 9ten Neuntels in einem beweglichen und zugleich festen Bilde* (Zwillinge, Jungfrau, Schütze, Fische).

वर्ग्य 1) Adj. am Ende eines Comp. *zu einer Abtheilung, Partei u. s. w. gehörend.* — 2) m. *Zunftgenosse, College.*

1.*वर्च्, वर्चते (दीप्तौ).

2.*वर्च्, वृणक्ति (वर्जने).

वर्च m. N. pr. eines alten Weisen.

वर्चल gaṇa कृशाश्वादि. Vgl. सुवर्चल.

वर्चस् 1) n. *a) Lebenskraft, Lebhaftigkeit; Energie, vigor; Wirksamkeit, Regsamkeit; die leuchtende Kraft im Feuer und in der Sonne.* — *b) Licht, Glanz.* — *c) Farbe.* — *d) Koth, stercus, Mist.* — 2) m. N. pr. *a)* eines Sohnes des Soma. — *b)* eines Sohnes der Sutegas oder Suketas. — *c)* eines Râkshasa.

°वर्चस n. 1) *Glanz, Licht.* — 2) *Farbe.*

वर्चसिन् in ब्रह्मवर्चसिन् und सुवर्चसिन्.

वर्चस्क 1) n. *Glanz.* — 2) *Koth, stercus.*

वर्चस्कस्थान n. *Abtritt* KARAKA 4,8.

वर्चस्य 1) Adj. *a) Lebenskraft verleihend.* — *b) auf* वर्चस् *bezüglich* u. s. w. — *c) auf die Excremente wirkend.* — 2) *f. आ Bez. *von Backsteinen, welche mit Sprüchen, die das Wort* वर्चस् *enthalten, gelegt werden.*

वर्चस्वत् Adj. 1) *lebenskräftig, frisch.* — 2) *leuchtend.* — 3) **das Wort* वर्चस् *enthaltend.*

वर्चस्विन् 1) Adj. *lebenskräftig, frisch; m. ein energischer Mann.* — 2) m. N. pr. eines Sohnes des Varkas und Enkels des Soma.

वर्चःस्थान n. *Abtritt* KARAKA 4,8.

*वर्चाय्, °यते Denomin. von वर्चस्.

वर्चावसु m. 1) *ein best. Sonnenstrahl* Cit. im Comm. zu VP. 6,3,17. — 2) N. pr. eines Gandharva VP.² 2,293.

वर्चित PAÑKAT. 3,10 fehlerhaft für चर्चित.

वर्चिन् m. N. pr. eines von Indra bekämpften Dämons.

वर्चोग्रह m. *Verstopfung.*

वर्चोदा, वर्चोधस् (AV. 3,21,5) und वर्चोधा Adj. *Kraft u. s. w. verleihend.*

वर्चोनिरोध m. *Verstopfung.*

वर्चोभेद m. *Durchfall* KARAKA 6,8.

वर्चोभेदिन् Adj. *stark laxirend* KARAKA 1,27.

वर्चोविनिग्रह m. *Verstopfung* BHÂVAPR. 3,129. KARAKA 6,3.

वर्ज्, वर्जति, °ते, वृणक्ति, वृङ्क्ते, वृक्ते (verdächtig); 1) *wenden, drehen.* — 2) *abdrehen, ausraufen* (das Gras zur Streu am Altar). — 3) *Jmd* (Acc.) *den Hals umdrehen.* — 4) *ablenken* (vom Wege); *beseitigen.* — 5) Med. *a) Etwas von Jmd* (Abl. oder Gen.) *abwenden, abspannen, vorenthalten, abalienare* ÂPAST. 1,3,26. — *b) sich zueignen.* — *c) für sich erwählen.* — Caus. वर्जयति (metrisch auch Med.; ÂPAST. 1,18,35 hat die v. l. Act.) 1) *beseitigen, vermeiden, unterlassen, entsagen, verzichten auf;* mit Acc. der Person oder Sache GAUT. वर्जित *vermieden* u. s. w. — 2) Pass. *um Etwas kommen, einer Sache verlustig gehen;* mit Instr. वर्जित *a) dem es an Etwas gebricht, — fehlt, frei von, ohne Etwas seiend;* die Ergänzung im Instr. oder im Comp. vorangehend. भुक्ति° so v. a. *ungeniessbar.* — *b)* am Ende eines Comp. *ohne Etwas seiend,* so v. a. *mit Ausnahme von, wobei — nicht einbegriffen ist.* रसखण्डनवर्जितम् Adv. *ohne dass die Lust unterbrochen worden wäre.* — 3) *verschonen* 81, 13. R. 3,75,17. — 4) *ausnehmen, ausschliessen, auslassen.* वर्जयित्वा *mit Ausnahme von* (Acc.). वर्जित *ausgenommen.* आवर्जितं *mit Ausnahme von* आ. — Intens. (वरीवृजत् Partic.) *ablenken, devertere, einkehren.* — Caus. vom Intens. (वरीवर्जयन्ती) *hin- und her bewegen* (die Ohren). — Mit अधि *an oder über* (das Feuer) *rücken.* — Mit अनु in अनूवृज्. — Mit अप 1) *abwenden, beseitigen, verscheuchen.* — 2) *abdrehen, abreissen.* — 3) *beendigen, abschliessen, absolviren;* Pass. so v. a. *voll werden.* — 4) *zurücklegen* (einen Weg). — 5) Pass. *erlöst werden* ÇAṄK. zu BÂDAR. 3,3,32 (915,2). — Caus. 1) *meiden, vermeiden.* — 2) *überlassen, verleihen, geben, schenken.* — 3) *darbringen* (ein Todtenmahl). — 4) *abschliessen, beendigen.* प्रतिज्ञाम् *sein Versprechen lösen.* — 5) अपवर्जित *a) gemieden, vermieden, dem man entsagt hat.* — *b) beseitigt, nicht nothwendig, unnütz* Ind. St. 14,367. — *c) dem es an Etwas gebricht, — fehlt, frei von, ohne Etwas seiend;* die Ergänzung im Instr. oder im Comp. vorangehend. — *d) abgetrennt, abgerissen.* — *e) abgenommen, entfernt* 176,2. — *f) gestreut, geworfen.* — *g) zerstreut* DAÇAK. 46,13. — *h) umgestossen, umgewor-*

fen. — i) verstossen, geächtet. — k) überlassen, verliehen, geschenkt, verabfolgt. — Mit व्यप, व्यपवृक्त getrennt, gesondert. — Caus. व्यपवर्जित aufgegeben, verlassen. — Mit समप Caus. समपवर्जित Jmd (Dat.) überlassen, gegeben, geschenkt. — Mit अपि 1) Jmd (Loc.) Etwas zuwenden. — 2) hinrichten auf (Loc.). — Mit अभि in अभीवर्ग. — Mit अव abdrehen, abtrennen. — Caus. wegschaffen, beseitigen. — Mit आ 1) zuwenden. — 2) sich zuwenden, sich aneignen. — 3) Jmd (Abl.) Etwas vorenthalten. — 4) Jmd (Acc.) geneigt sein. — Caus. 1) neigen. — 2) sich Jmd geneigt machen, für sich gewinnen Kampaka 190.238. — 3) Jmd heranziehen, in Anspruch nehmen Bâlar. 220,9. — 4) आवर्जित a) geneigt, gesenkt. — b) ausgegossen. — c) ausgesogen aus (Abl.). — d) dargereicht Gaut. 9,11. Ragh. 6,76. — e) sich geneigt gemacht, für sich gewonnen. — f) Hariv. 3799 wohl fehlerhaft für आवर्तित. — Mit अपा, अपावृक्त beseitigt oder vermieden. — Mit प्रा erfüllen, anfüllen. — Mit व्या absondern, abtheilen. — Mit परिव्या trennen von, so v. a. retten vor (Abl.). — Mit समा an sich ziehen, sich aneignen. — Caus. समावर्जित geneigt, gesenkt. — Mit उद् heraustrennen, austilgen. — Intens. (उद्वरीवृजत् Partic.) schwingen. — Mit नि 1) niederbeugen, hinunterdrücken; zu Fall bringen. — 2) wegwerfen. — Mit अनुनि versenken. — Mit परा 1) abwenden. शीर्षा so v. a. fliehen. — 2) abdrehen, abreissen. — 3) wegwerfen, beseitigen, verstossen, im Stiche lassen. परावृक्त verstossen. — Mit परि 1) ausbiegen, ausweichen. — 2) umgehen, meiden, vermeiden Âpast. 2,5,19. — 3) übergehen, verschonen mit (Instr.). — 4) verstossen, ächten. — 5) umgeben, umschliessen. — Vgl. परिवृक्त. — Caus. 1) abhalten von, entfernen. — 2) meiden, vermeiden. — 3) Jmd aufgeben, verlassen. — 4) Jmd übergehen, nicht berücksichtigen. — 5) परिवर्जित a) gemieden, vermieden. — b) verlassen von Jmd, dem es an Etwas gebricht, — fehlt, frei von, ohne Etwas seiend; die Ergänzung im Instr. oder im Comp. vorangehend. संख्यया so v. a. unzählig. — c) umgeschlungen, umgelegt. — Mit संपरि Caus. meiden, vermeiden. — Mit प्र 1) hinwerfen (das Barhis). — 2) technischer Ausdruck für in oder an das Feuer setzen, also auch heiss oder glühend machen. प्रवृक्त Çat. Br. 14,3,2,2. — 3) so v. a. प्रवर्ग्यं कर्. — Mit अनुप्र hintennach werfen. — Mit प्रति dagegen werfen. — Mit वि, *Partic. f. विवृक्ता = डुर्भगा. — Caus. 1) meiden, vermeiden, aufgeben Vagrâkkh. 32,1 (विवर्जयित्वा). — 2) विवर्जित a) verlassen von Jmd, dem es an Etwas gebricht, — fehlt, frei von, ohne Etwas seiend; die Ergänzung im Instr. oder im Comp. vorangehend. मानविवर्जितम् Adv. ohne Ehre, ehrlos. — b) am Ende eines Comp. mit Ausnahme von, wobei — nicht einbegriffen ist. — c) verabreicht, gegeben. — Mit सम् Med. (Act. ganz ausnahmsweise) an sich ziehen, sich zueignen. — Desid. संविवृक्षते sich aneignen wollen.

°वर्ज Adj. (f. आ) 1) frei von, ermangelnd, — 2) mit Ausschluss von, wobei — nicht einbegriffen ist.

— वर्जम् s. bes.

°वर्जक Adj. meidend, vermeidend Hemâdri 1,603,5.

वर्जन n. 1) das Meiden, Vermeiden, Aufgeben, Fahrenlassen. — 2) das Vernachlässigen. — 3) das Weglassen. — 4) das Ausschliessen, Ausnehmen 228,15. 231,31. — 5) *das Tödten, Verletzen. — व्रतकस्यापि वर्जनम् Hariv. 7789 fehlerhaft für व्रतकस्यापवर्जनम्.

वर्जनीय Adj. zu meiden, zu vermeiden.

°वर्जम् Absol. mit Vermeidung —, mit Ausnahme von (Gaut.), ohne. Einmal selbständig mit Acc.

वर्जयितर् Nom. ag. 1) Vermeider. — 2) Ansichzieher in einer Etymologie.

वर्जयितव्य Adj. zu vermeiden.

°वर्जिन् Adj. vermeidend.

वर्जुषी in अ°.

वर्ज्य Adj. 1) zu meiden, zu vermeiden Kâraka 6,19. — 2) aufzugeben ebend. — 3) am Ende eines Comp. mit Ausnahme von, wobei — nicht einbegriffen ist MBh. 13,98,40. त्वद्वर्ज्यम् mit Ausnahme von dir Pańkat. 128,22 fehlerhaft für त्वद्वर्जम्.

वर्ण 1) m. (n. nicht zu belegen; adj. Comp. f. आ) a) *Ueberwurf, Decke, Kleid. — b) Deckel, Lid. — c) das Ansehen, Aussehen, das Aeussere. — d) Farbe. Auch in Verbindung mit राग. — e) Gesichtsfarbe, gute G. — f) Farbe zum Malen, — Schreiben. — g) Art, Geschlecht, Gattung. — h) Charakter, Wesen, Art und Weise, Form Erscheinungsform. — i) Kaste. — k) Buchstab, Laut, Vocal, Silbe, Wort. — l) ein musikalischer Ton. — m) Thierlaut. — n) Lob, Preis. — o) Ruhm. — p) eine unbekannte Grösse. — q) die Ziffer Eins. — r) *ein best. Tact. Vgl. °ताल. — s) *Gold. — t) *Gelübde. — u) angeblich Abwehrer Sâj. zu Ṛv. 1,104,2. — 2) *f. वर्णा Cajanus indicus. — 3) *n. Saffran; vgl. Zach. Beitr. 41.

वर्णक (von वर्णय् und वर्ण) 1) Adj. (f. वर्णिका) schildernd. darstellend Râgat. 4,654. — 2) m. a) *ein umherziehender Schauspieler. — b) eine best. Pflanze. — c) *N. pr. eines Mannes. Pl. seine Nachkommen. — 3) m. oder n. Probestück, Musterprobe, Specimen. — 4) m. f. (वर्णिका) (*n.) a) Farbe zum Malen, — zum Bestreichen des Körpers, Salbe, Schminke Ait. Âr. 469,3. Kâraka 6,7. Bhar. Nâṭjaç. 34,78. 80. Çiç. 11,29. 16,62. Am Ende eines adj. Comp. f. °वर्णका. Nach den Lexicographen auch Sandel. — 5) *f. वर्णका Gewebe, ein gewebter Stoff. — 6) f. वर्णिका a) *Schreibstift, Schreibpinsel. — b) Maske, Anzug eines Schauspielers. — c) Art, Beschaffenheit Hem. Par. 1,150. — 7) *f. (Form unbestimmt) vorzügliches —, gereinigtes Gold. — 8) n. a) Kapitel, Abschnitt Comm. zu Njâjam. 1,3,17. 19. 31. 2,1,7. — b) Kreis Hem. Par. 2,138. fg. — c) *Auripigment. — 9) am Ende eines adj. Comp. Silbe.

वर्णकदण्डक Farbenstock und zugleich ein best. Metrum.

वर्णकमय Adj. (f. ई) mit Farben hergestellt, gemalt.

*वर्णकवि m. N. pr. eines Sohnes des Kubera.

*वर्णकित Adj. von वर्णक.

*वर्णकूपिका f. Farbenbehälter, Dintenfass.

वर्णकृत् Adj. Farbe gebend.

वर्णक्रम m. 1) Reihenfolge der Farben. — 2) Reihenfolge der Kasten. — 3) eine Art क्रम 11) TS. Prât.

वर्णक्रमदर्पण m. Titel eines Werkes Opp. Cat. 1.

वर्णगत Adj. algebraisch.

वर्णगुरु m. Fürst, König Râgat. 3,85.

वर्णग्रथना f. eine künstliche Schreibweise von Versen Vâsav. 126,1.

*वर्णचारक m. Maler.

वर्णज Adj. aus den Kasten entspringend, auf die K. Bezug habend.

वर्णज्यायंस् Adj. der Kaste nach höher stehend Âpast.

वर्णज्येष्ठ 1) Adj. (f. आ) der Kaste nach höher oder am höchsten stehend. — 2) *m. ein Brahmane.

वर्णट m. N. pr. eines Mannes.

वर्णतनु f. ein best. Lied an die Sarasvatî.

वर्णतस् Adv. den Farben nach Ṛv. Prât. 17,8. 10. Agni-P. 43,13.

वर्णता f. Nom. abstr. zu वर्ण Kaste.

वर्णताल m. 1) ein best. Tact S. S. S. 231. — 2) N. pr. eines Fürsten.

वर्णतूलि f. *°तूलिका f. und *°तूली f. Schreibstift, Schreibpinsel.

वर्णत्व n. Nom. abstr. zu वर्ण *Kaste* und *Laut*.

*वर्णदा n. *ein best. wohlriechendes schwarzes Holz*.

*वर्णदात्री f. *Gelbwurz* RÂǴAN. 6,198.

वर्णदीपिका f. Titel eines Werkes BURNELL, T.

वर्णदूत m. *Brief*.

वर्णदूषक Adj. *die Kaste verunreinigend*.

वर्णदेशना f. Titel eines Wörterbuchs.

वर्णद्वयमय Adj. (f. ई) *zweisilbig*.

वर्णधर्म m. Sg. und Pl. *die für die Kasten geltenden Bestimmungen* GAUT. 19,1. M. 2,25. Verz. d. Oxf. H. 85,*a*,13.

वर्णन 1) n. f. (आ) *Beschreibung, Schilderung, Angabe*. — 2) *f. आ *Lob, Preis*. — 3) n. Titel eines Commentars BURNELL.

वर्णनाथ m. *der planetarische Herr einer Kaste* VÂSTUV. 157. 161.

वर्णनीय Adj. *zu beschreiben, zu schildern, anzugeben*. Vgl. शोणित°.

*वर्णपत्त्र n. *Palette*.

वर्णपरिध्वंस m. (Comm.) und °सा f. *Verlust der Kaste* ÂPAST.

वर्णपाठ m. *das Alphabet*.

*वर्णपात्र n. *Farbenkasten*.

*वर्णपुष्प n. *die Blüthe vom Kugelamaranth*.

*वर्णपुष्पक m. *Kugelamaranth* RÂǴAN. 10,138.

*वर्णपुष्पी f. *Echinops echinatus* RÂǴAN. 10,142.

वर्णप्रबोध m. Titel eines Werkes.

वर्णप्रसाद m. *eine reine Gesichtsfarbe*. Pl. (!) ÇVETÂÇV. UP. 2,13.

*वर्णप्रसादन n. *Agallochum* RÂǴAN. 12,93.

वर्णबुद्धि f. *der mit dem Laute verbundene Begriff* SARVAD. 141,21.

वर्णभिन्न m. *ein best. Tact* S. S. S. 208.

वर्णभीरु m. desgl. S. S. S. 236.

*वर्णभेदिनी f. *Fennich*.

वर्णमञ्चिका f. *ein best. Tact* S. S. S. 211.

वर्णमय Adj. (f. ई) *aus* (symbolischen) *Lauten bestehend, mit ihnen in Verbindung stehend*.

*वर्णमातृ f. *Schreisstift, Schreibpinsel*.

*वर्णमातृका f. Bein. der Sarasvatî.

वर्णमात्र n. *die blosse Farbe, nur die F.* 156,5.

वर्णमात्रा f. *ein best. Metrum*.

*वर्णमाला f. *das Alphabet*, insbes. *die zu Diagrammen verwandte Buchstabenreihe*.

वर्णय्, वर्णयति, °ते (metrisch) 1) *bemahlen, färben* Comm. zu ÇIÇ. 11,29. — 2) *beschreiben, schildern, darstellen, darlegen, erzählen, berichten über, angeben*. वर्णित *beschrieben* u. s. w. — 3) *betrachten*. — 4) *ausbreiten*. Nur वर्णित. — 5) *वर्णित *gepriesen, gelobt*. — Mit अनु 1) *beschreiben, schildern, erzählen, berichten über, auseinandersetzen, mittheilen, angeben, erklären, sagen*. अनुवर्णित *beschrieben* u. s. w. — 2) *loben*. — Mit समनु, समनुवर्णित *beschrieben, geschildert, worüber man berichtet hat*. — Mit अभि, अभिवर्णित dass. — Mit व्या *erzählen, schildern* DAÇAK. 71,3. RÂǴAT. 7,874. — Mit उप *beschreiben, schildern, erzählen, berichten über, mittheilen, angeben*. उपवर्णित *beschrieben* u. s. w. — Mit नि fehlerhaft für निस्. — Mit निस् 1) *betrachten, genau ansehen*, — *hinsehen* 293,8. 304, 12. 311,3. 323,15. 326,26. — 2) *beschreiben, schildern, darstellen*. — Mit विनिस् *betrachten, genau ansehen*. — Mit परि, परिवर्णित *beschrieben, geschildert* DHÛRTAN. nach Vers 24. — Mit प्र *mittheilen*. — Mit वि 1) (व्यवीवृणत्) *in der Schilderung übertreffen*. — 2) विवर्णित *missbilligt, verworfen* LALIT. 448,14. — Mit सम् 1) *mittheilen, erzählen*. — 2) *loben, gutheissen, sanctioniren*. संवर्णित LALIT. 448,13. — 3) संवर्णित so v. a. *entschlossen* (°मानस) LALIT. 255,9.

वर्णयति f. *ein best. Tact* S. S. S. 213.

वर्णयितृ Nom. ag. mit Acc. *Schilderer, Beschreiber* VIDDH. 24,6.

वर्णयितव्य Adj. *zu beschreiben, zu schildern*.

वर्णराशि m. *das Alphabet*.

*वर्णरेखा f. *Kreide*.

वर्णलील m. *ein best. Tact* S. S. S. 231.

*वर्णलेखा und *°लेखिका f. *Kreide*.

वर्णलोप m. *Schwund eines Lautes* NIR. 2,1. MAHÂBH. 6,1,11,*a*.

*वर्णवत् 1) Adj. *schön gefärbt*. — 2) f. °वती *Gelbwurz*.

वर्णवर्ति f. und °वर्तिका f. *Farbenpinsel*.

*वर्णवादिन् m. *Lobredner*.

वर्णविक्रिया f. *eine gegen die Kaste an den Tag gelegte feindselige Gesinnung* RAGH. 15,48.

*वर्णविलासिनी f. *Gelbwurz*.

*वर्णविलोडक m. 1) *Plagiarius*. — 2) *ein Dieb, der in ein Haus eindringt*.

वर्णविवेक m. Titel eines Wörterbuchs.

वर्णवृत्त n. *ein nach der Zahl der Silben gemessenes Metrum*.

वर्णवैकृत n. *Ausartung der Kaste* Verz. d. Oxf. H. 47,*b*,11. 14.

वर्णव्यतिक्रान्ता Adj. f. *die sich mit einem Manne einer niedrigeren Kaste geschlechtlich vergangen hat* ÂPAST.

वर्णव्यवस्था f. (Ind. St. 15,408) und °स्थिति f. *die Institution der Kasten, Kastenordnung, Kastensystem*.

वर्णशिक्षा f. *Lautlehre*.

वर्णश्रेष्ठ m. *der Kaste nach der Beste, ein Brahmane*.

*वर्णस Adj. von वर्ण.

वर्णसंयोग m. *eine eheliche Verbindung innerhalb der eigenen Kaste, eine ebenbürtige Ehe*.

वर्णसंसर्ग m. *Vermischung der Kasten durch unebenbürtige Ehen*.

वर्णसंस्कार m. *eine Versammlung, in der verschiedene* oder *alle Kasten vertreten sind*.

वर्णसंहिता f. *eine Art* Saṁhitâ TS. PRÂT.

वर्णसंकर m. 1) *Vermischung* —, *Mischung von Farben*. — 2) *Vermischung der Kasten durch unebenbürtige Ehen*. तद्वर्ण° GAUT. 7,24.

वर्णसंकरता f. Nom. abstr. zu वर्णसंकर 2). °तां गम् *sich eine Vermischung der Kasten zu Schulden kommen lassen* MBH. 13,143,14.

वर्णसंकरिक Adj. *der durch eine unebenbürtige Ehe eine Vermischung der Kasten bewirkt*.

वर्णसंघाट m., वर्णसंघात m. und वर्णसमाम्नाय m. *das Alphabet*.

वर्णसारमणि m. Titel eines Werkes OPP. Cat. 1.

*वर्णसि *Wasser*.

वर्णसूत्र n. Titel eines Sûtra WEBER, Lit.

वर्णस्थान n. *die Stelle des Mundes, an welcher ein Sprachlaut durch das* Karaṇa *hervorgebracht wird*.

*वर्णाङ्का f. *Schreibstift, Schreibpinsel*.

*वर्णाट m. 1) *Maler*. — 2) *Sänger*. — 3) *ein durch die Frau seinen Lebensunterhalt gewinnender Mann*. — 4) *Liebhaber*.

वर्णात्मक Adj. *articulirt* (Laut) TARKAS. 19.

*वर्णात्मन् m. *Wort*.

वर्णाधिप m. *der einer Kaste als Regent vorstehende Planet*.

वर्णानुप्रास m. *Alliteration, Paronomasie* VÂMANA 4,1,9.

वर्णान्तर n. 1) *eine andere Kaste* ÂPAST. °गमन n. *das Uebertreten in eine andere Kaste* GAUT. 4, 22. — 2) *ein anderer Laut, Lautwechsel* ǴAIM. 1,1,16.

वर्णान्यत्व n. *Wechsel der Gesichtsfarbe*.

वर्णापेत Adj. *seiner Kaste verlustig gegangen*.

वर्णाभिधान n. Titel eines Wörterbuchs ZACHARIAE in der Einl. zu ÇÂÇVATA XI, N. 2.

*वर्णार्ह m. *Phaseolus Mungo*.

वर्णाशा f. N. pr. zweier Flüsse VP.[2] 2,152.

वर्णाश्रमगुरु m. Bein. Çiva's.

वर्णाश्रमधर्म m. Titel eines Werkes OPP. Cat. 1.

वर्णाश्रमवत् und वर्णाश्रमिन् Adj. *den Kasten*

und den verschiedenen Lebensstadien angehörend (Person).

*वर्णि m. oder f. Gold.

*वर्णिक m. Schreiber. Richtig वार्णिक.

वर्णिन् 1) Adj. a) eine best. Farbe habend, gefärbt Agni-P. 43,12.13. — b) am Ende eines Comp. α) das Ansehen von — habend. — β) zu der und der Kaste gehörig. — 2) m. a) *Maler. — b) *Schreiber. — c) eine zu einer der vier Kasten gehörige Person. — d) ein Brahmane im ersten Lebensstadium, ein Brahmaḱârin. — e) Pl. ein best. Mönchsorden Harshaḱ. 42,11. 204,6. — f) wohl eine best. Pflanze. — 3) f. वर्णिनी a) Weib. — b) eine Frau aus hoher Kaste. — c) *Gelbwurz Râgan. 6,198.

*वर्णिल Adj. von वर्ण.

वर्णी Adv. mit भू sich zu einem articulirten Laute gestalten.

*वर्णु m. 1) die Sonne. — 2) N. pr. eines Flusses und des daran grenzenden Gebietes.

वर्णेश्वरी f. N. pr. einer Göttin.

वर्णोदक n. farbiges Wasser.

वर्णोपनिषद् f. Titel einer Upanishad Burnell, T.

1. वर्ण्य 1) Adj. der Farbe zuträglich, F. verleihend Ḱaraka 6,2. — 2) *n. Saffran.

2. वर्ण्य Adj. zu beschreiben (Ḱaraka 3,8), zu schildern, was beschrieben —, was geschildert wird.

वर्ण्यसम m. ein best. Sophisma Ḱaraka 3,8.

वर्त्, वर्तते, °ति, वर्त्ति (वर्ति), ववर्त्ति (ववर्ति); Aor. अववर्ति TBr. 1,2,6,1. उपावर्ति TS. 6,2,3,4; in der späteren Sprache Act. nur metrisch, Fut. und Condit. aber auch sonst. 1) sich drehen, rollen (auch von Thränen), sich rollend u. s. w. hinbewegen. — 2) verlaufen (von der Zeit). — 3) vor sich gehen, einen Verlauf nehmen, von Statten gehen. सागरिकायाः किं वर्तते so v. a. wie geht es der Sâg. 319,22. — 4) mit Instr. in einer bestimmten Weise erfolgen, — sich verhalten, — auftreten. एकापायेन so v. a. um Eins abnehmen. — 5) sich irgendwo befinden, weilen, verweilen, bleiben, wohnen 61,1. मूर्ध्नि obenan stehen; आत्मनि mit न nicht bei sich selbst sein, ausser sich sein, sich nicht halten können (vor Freude) Kathâs. 55,184 (wo तदा st. पदा zu lesen ist). — 7) हृदि, हृदये, मनसि am Herzen —, im Sinne liegen, im Kopfe herumgehen. — 7) vorhanden sein, sich finden, geben (impers.). — 8) sich bei Jmd (Loc. oder Gen.) vorfinden, — dasein. — 9) bei Jmd (Loc.) stehen, so v. a. von Jmd abhängen. — 10) mit Loc. sich in einem best. Lebensalter, in einer best. Lage, in einem best. Falle, bei einer best. Beschäftigung befinden, einer Sache obliegen, sich Etwas angelegen sein lassen Âpast. 2,21,2. 24,3. 29,4. — 11) mit Loc. in der Bedeutung von — stehen, die Bedeutung von — haben 223,27. — 12) leben von, mit Instr. oder einem Absol. एवम् auf diese Weise bestehen 40,10. 20. — 13) bestehen (Gegensatz vergehen). — 14) sich gegen Jmd (Loc., परस्परम्, इतरेतरम्; ausnahmsweise Dat., ja sogar Acc.) benehmen. — 15) in einem unerlaubten geschlechtlichen Verhältniss zu einer Frau (Loc.) stehen. — 16) verkehren mit Jmd (सह). — 17) अवर्तितुम् gegen Jmds (Abl.) Willen verfahren. — 18) zu Werke gehen, verfahren, sich benehmen; mit einem Adv. oder Absol. — 19) mit Instr. zu Werke gehen —, verfahren mit, so v. a. an den Tag legen, äussern, anwenden, gebrauchen, — gegen Jmd (Loc.), obliegen. पराज्ञया so v. a. unter eines Andern Befehlen stehen, पुत्ररूपेण so v. a. in der Gestalt eines Sohnes auftreten. — 20) mit Dat. gereichen zu. — 21) mit Dat. sich um Etwas kümmern, sich Etwas angelegen sein lassen. — 22) mit einem Adv. (insbes. कथम्) leben, so v. a. sich befinden, sich fühlen. — 23) im gegebenen Augenblick dasein, gegenwärtig sein. वर्तमान gegenwärtig, वर्तिष्यमाण und वर्त्स्यत् (Bhaṭṭ.) zukünftig. — 24) im gegebenen Augenblick noch dasein, am Leben sein. — 25) noch Geltung haben, fortgelten, so v. a. aus dem Vorhergehenden zu ergänzen sein. — 26) werden. महानववर्ति TBr. 1,2,6,1. — 27) sein als Copula. इति मे वर्तते बुद्धिः so ist meine Meinung, अतीत्य so v. a. übertreffen, चिरं वर्तते es ist lange her, dass (Partic. praet. im Gen.). — 28) hervorgehen aus (Abl.), entstehen in (Loc.). — 29) mit Acc. ein Verfahren einschlagen, anwenden, gebrauchen, — gegen (Loc.). प्रियम् Liebes erweisen Çat. Br. 14,7,3,5 (अवृतत्). किमिदं वर्तसे so v. a. was treibst du da? स्वानि seine Angelegenheiten betreiben, sich um sich selbst kümmern. — 30) वृत्त a) gedreht, in Schwung gesetzt. — b) rund. — c) erfolgt, geschehen, Statt gefunden habend Âpast. 1,13,18. 21. 2,17,16. 26,20. — d) am Ende eines Comp. so und so lange gewährt. — e) abgemacht, absolvirt. — f) *studirt. — g) *sich zu eigen gemacht. — h) vergangen, verflossen, verstrichen. — i) mit dem es vorüber ist, der dahin ist, gänzlich erschöpft. — k) verstorben. — l) am Anfange eines adj. Comp. vorhanden, da seiend. = अप्रतिहत Comm. — m) geworden. मुक्त frei geworden. — n) verfahren seiend —, sich benommen habend gegen (Loc.). — o) *fest. — p) * = वृत erwählt. — Caus. वर्तयति (Med. metrisch) 1) in drehende Bewegung setzen, schwingen, rollen lassen, schleudern. — 2) drehen, drechseln. — 3) Thränen vergiessen. — 4) eine Zeit verlaufen lassen, zubringen, verleben, das Leben hinbringen, ein best. Leben —, eine best. Lebensweise führen, ein Verfahren einhalten, — beobachten. — 5) Etwas vor sich gehen —, einen Vorlauf nehmen —, von Statten gehen lassen, verrichten. — 6) herrichten, zurichten. — 7) erheben (ein Geschrei u. s. w.) — 8) an den Tag legen, äussern. — 9) Etwas vorführen, erzählen, auseinandersetzen, verkünden, lehren, den Unterricht beginnen mit Jmd (Dat.) Çâṅkh. Gṛhj. 4,8. — 10) einsehen, erkennen. — 11) Jmd behandeln, mit Jmd verfahren. अधर्मेण प्रजाम् Ḱaraka 3,3. — 12) शिरस् oder शीर्षम् bei den Juristen so v. a. sich zu einer Strafe bereit erklären, wenn der Andere durch ein Gottesurtheil gereinigt wird. — 13) intrans. a) sein Leben hinbringen in, ein Leben führen, leben —, bestehen von; die Ergänzung im Instr. Âpast. 2,22,2. 10. 23,2. Kirât. 2,18 (Med.). — b) am Leben bleiben. — 14) वर्तित angeblich = पालित. — Desid. *विवर्तिषते und विवृत्सति, °ते. Simplex nicht zu belegen. — Intens. (वर्वर्त्ति, वरीवर्त्ति, °अवरीवर्, °अवरीवुर्, *वरिवर्त्ति, *वरीवृतीति, *वरिवृतीति, *वर्वृतीति, वर्वृतति, वर्वृतान, वरीवर्तते, वरीवर्त्यते und *वरीवृत्यते) 1) rollen, sich drehen. — 2) sich befinden, da sein (Ind. Antiq. 9,18, Çl. 13. 35. 192, Çl. 2), herrschen (von Finsterniss, Kälte) Spr. 7625. Dhûrtan. vor Vers 38. — Mit अच्छ Caus. herbeibringen. — Mit अति 1) trans. mit Acc. a) vorbeifahren —, passiren bei. — b) übersetzen über einen Fluss. — c) überschreiten, hinausgehen über. अतिवृत्त jenseits von (Acc.) gelegen. — d) hinübergelangen über eine Zeit, so v. a. so und so lange leben. — e) vorbeikommen bei, so v. a. übertreffen (Hariv. 2,86,49), überwiegen अन्यो ऽन्यम्. — f) hinwegkommen über, so v. a. überwinden, widerstehen, entgehen, entkommen, loskommen von, sich entziehen 213,30. — g) hinwegkommen über, so v. a. versäumen, vergessen, unterlassen, verletzen, übertreten, nicht halten (ein Versprechen) 135,16. — h) Jmd nicht beachten, keine Rücksicht nehmen auf Jmd, sich gleichgültig verhalten gegen. — i) sich vergehen gegen Jmd. अतिवृत्त der sich gegen Jmd vergangen hat. — 2) intrans. a) vorüberziehen. — b) verstreichen (von der Zeit), zu spät sein. — c) ablassen von (Abl.). — d) अतिवृत्त α) weit fortgelaufen. — β) weit entfernt von (Abl.). — γ) längst vergangen. — Caus. 1) *übertreten* —, *austreten lassen*. — 2) *Jmd nicht beachten, keine Rücksicht nehmen auf Jmd*; mit Acc. — Mit अभ्यति *bei Jmd* (Acc.) *vorbeifahren*. — Mit व्यति 1) trans. mit Acc. *a*) *übersetzen über, passiren*. — *b*) *hinüberkommen über*, so v. a. *entgehen, entrinnen*. — 2) intrans. *a*) *verstreichen* (von der Zeit). — *b*) *lassen* —, *weichen von* (Abl.). — Mit समति 1) trans. mit Acc. *a*) *vorüberziehen bei*. — *b*) *entgehen, entrinnen*. — 2) intrans. *davonlaufen* 92,2. — Mit अधि intrans. 1) *hinrollen über* (Loc.). — 2) *sich bewegen* —, *hinfliegen* irgendwohin (ein Adv. auf तस्). — 3) *betreten* (einen Weg) Prasannar. 142, 6. — Caus. *hinrollen* (trans.) *über* (Loc.) Bhâradvâga im Comm. zu Âpast. Çr. 6,29, 16. — Mit अनु 1) trans. mit Acc. *a*) *nachrollen, sich nach* —, *sich entlang bewegen, folgen, verfolgen, nachgehen* 371,25. — *b*) *Jmd nachgehen*, so v. a. *sich halten zu, anhängen, sich richten nach, nachstreben, sich hängen an*. — *c*) *Jmd gleichkommen an* (Instr.). — *d*) *Jmd beipflichten*. — *e*) *Jmd willfahren*. — *f*) *Etwas befolgen, sich bekennen zu, sich richten nach, anhängen, einer Sache nachgehen, sich hingeben, sich Etwas angelegen sein lassen*. — *g*) *sich nach Etwas richten, abhängen von Etwas*. — *h*) *gerathen in, theilhaftig werden*. — 2) intrans. *a*) *erfolgen, hinterher sich einstellen*, — *erscheinen*. — *b*) *fortdauern* 289,3. — *c*) *Geltung haben*. — *d*) *fortgelten*, so v. a. *aus dem Vorhergehenden zu ergänzen sein* 225,1. 232,14. 233,2. 242,27. — *e*) *heimkehren*. Wohl fehlerhaft für नि. — *f*) *sich benehmen gegen Jmd* (Loc. oder Acc.). — 3) अनुवृत्त *a*) *rund, voll*. — *b*) *folgend, nachfolgend*. — *c*) *durch Ueberlieferung erlangt, überliefert*. — *d*) *nach und nach besetzt von* (Gen.). — *e*) *an den Tag gelegt*. — *f*) *der sich einverstanden erklärt hat*. — *g*) *zu Willen seiend, gehorsam*. — Caus. 1) *fortrollen* —, *weiterrollen lassen*. — 2) Med. *sich* (*sibi*) *schlicht hinstreichen* (das Haar). — 3) *verfolgen lassen*. — 4) *nachfolgen lassen, anreihen an* (Loc.). — 5) *aus dem Vorhergehenden ergänzen*. — 6) *hineinlegen* —, *hineinthun in* (Loc.). — 7) *anwenden*. — 8) *Jmd anhalten zu Etwas* (Loc.). — 9) *hersagen* Pâr. Gṛhj. 2,3,5. — 10) *besprechen*. — 11) *beantworten*. — 12) *Etwas geschehen lassen*. — 13) *gutheissen, beipflichten*. — 14) *auf Jmds Gedanken eingehen, Jmd* (Acc.) *zu Willen sein*. — 15) *es Jmd* (Acc.) *nachthun*. — Mit समनु 1) *nachgehen, folgen*; mit Acc. — 2) *sich richten nach* (Acc.). — 3) *folgen*, so v. a. *gehorchen*. — 4) *folgen*, so v. a. *die Folge von Etwas sein*. — Caus. *Etwas geschehen lassen*. — Mit अप 1) *aus der Lage kommen, sich verdrehen*. — 2) *vom Wege abkommen*. — 3) *sich seitwärts wenden, sich zur Seite begeben*. — 4) *sich entfernen, sich fortbegeben*. — 5) अपवृत्त *a*) *abgerutscht*. — *b*) *abgeflogen, abgeschossen*. — — *c*) *umgekippt*. — *d*) *abhanden gekommen*. — *e*) oft fehlerhaft für अपवृक्त und auch für उपवृत्त. — Caus. 1) *abwenden, vertreiben* (Káraka 1,29), — *von* (Abl.). — 2) *durch Division reduciren*. — Mit व्यप 1) *sich abwenden*. — 2) *abstehen von* (Abl.). — Mit समप Caus. 1) *wegtreiben zu* (Acc.). — 2) = अप Caus. 2) Bîǵag. Çl. 51. — Mit अपि Caus. *hineinschleudern in* (Acc.). — Mit अभि 1) trans. mit Acc. *a*) *sich begeben* —, *kommen nach* oder *zu, sich ergiessen in, hinzutreten zu, sich Jmd nähern, an Jmd herantreten*. — *b*) *sich hinstrecken* —, *sich hinziehen nach*. — *c*) *losgehen auf Jmd, überfallen, angreifen*. — *d*) *überwinden, den Sieg davontragen* (ohne Object). — *e*) *über Jmd kommen, sich Jmds bemächtigen*. — *f*) *entgegenkommen*, so v. a. *Etwas freundlich aufnehmen, willfahren* Prasannar. 63,1. — *g*) Act. *bewirken*. दर्शनम् so v. a. *vor Jmd* (Dat.) *erscheinen*. — 2) intrans. *a*) *sich herbewegen, herbeikommen, aufziehen* (von Wolken). — *b*) *in feindlicher Absicht herankommen*. — *c*) *sich hinbewegen, sich hinwenden*. — *d*) *sich erheben, beginnen, anbrechen* (von der Nacht u. s. w.), *sich erheben*, so v. a. *ertönen*. — *e*) *da* —, *vorhanden sein, Statt finden*. — *f*) *sich befinden*. पूर्वम् so v. a. *obenan stehen*. — 3) अभिवृत्त *sich ergiessend in* (Acc.). — 4) fehlerhaft für अति. — Caus. 1) *überfahren*. — 2) *überwinden*. — 3) *zum Herren machen über* (Dat.). — 4) *bewirken* Comm. zu R. 7,53,25. — Mit समभि 1) trans. mit Acc. *a*) *sich Jmd nähern*. — *b*) *auf Jmd losgehen*. — 2) intrans. *a*) *heran* —, *herbeikommen*. — *b*) *wiederkehren, sich wiederholen*. — *c*) *anbrechen* (von der Nacht). — *d*) *sich verhalten*. तूष्णीम् *sich still v*. — 3) fehlerhaft für समति. — Mit अभ्यव *sich zuwenden*, — *zu* (Acc.) Âpast. Çr. 5,14,14. — Caus. *herwenden*. — Mit न्यव scheinbar MBh. 7,1046, da hier ये न्यवर्तन्त st. न्यववर्तन्त zu lesen ist. — Mit समव Caus. *zuwenden, zukehren*. समववृत्त *zugewandt, zugekehrt*. — Mit आ 1) trans., gewöhnlich Act. *a*) *herrollen lassen* (ṚV. 1,56,1), *herbeiwenden*, — *führen* (ṚV. 4, 1,2). Mit Ergänzung von रथम् so v. a. *herkommen zu* (Acc.). — *b*) *umdrehen*. — *c*) *vorbeigehen bei* Acc.). प्रदक्षिणम् *mit Zukehrung der rechten Seite* Gaut. 9,66. — 2) Med. intrans. *a*) *herbeirollen*, — *kommen*. — *b*) *sich drehen, sich wenden*. Auch mit dem Acc. आवृतम् Çâñkh. Gṛhj. 2, 3. — *c*) *sich neigen* (von der Sonne). — *d*) mit und ohne पुनर् *zurückkehren* —, *zu* (Acc.), *aus* (Abl.), auch so v. a. *wiedergeboren werden*. Auch mit dem Acc. आवर्तम्. — *e*) *sich wiederholen, wiederholt werden, sich erneuern*. — *f*) *sich losmachen von* (Abl.). — 3) आवृत्त *a*) *sich drehend*. — *b*) *hergewandt, hergebracht*. — *c*) *zur Seite geschoben*. — *d*) *umgebogen, umgewandt, umgekehrt*. — *e*) *abgewandt*, — *von* (Abl.). — *f*) *zurückgekehrt*. — *g*) *wiederholt*. — *h*) fehlerhaft für आवृत *bedeckt*. — *i*) * *gewählt*. — Caus. 1) *herwenden, sich wenden lassen, herführen*. रथम् auch so v. a. *den Wagen vorführen*. Mit Ergänzung von रथम् so v. a. *herbeikommen*. — 2) *heranziehen, an sich ziehen*. — 3) *herbeischaffen*. — 4) *drehen, umdrehen, verdrehen, umstellen, umwenden*. अक्षमालिकाम् so v. a. *den Rosenkranz abbeten*. आवर्तित vielleicht auch so v. a. *ein wenig gebogen*. — 5) *in Unordnung bringen*. — 6) *stören, zu Nichte machen*. — 7) *zurückführen*. — 8) *wiederholen* Gaut. 24,11. 12. — 9) *aufstellen*. — 10) *hersagen, hersprechen*. — 11) *heranziehen*, so v. a. *für sich gewinnen*. Vielleicht fehlerhaft für आवर्जयति, wie die v. l. einmal hat. — Intens. *sich eilig* —, *sich wiederholt bewegen, sich regen*. — Mit अन्वत्या Caus. *auf der Spur eines Andern herumführen* Maitr. S. 1,8,9 (130,11). TBr. 1,4,3,6. Vgl. अत् mit अनु (Nachtr. 4). — Mit अन्वा Med. (Perf. im Act.) *Jmd* (Acc.) *nachrollen, sich hinwenden nach* (Acc.) Çâñkh. Gṛhj. 2, 3. *Jmds* (Acc.) *Gang* (auch mit Hinzufügung von आवृतम् mit Gen.) *folgen*. दक्षिणाँन्वावृत्स्व so v. a. *rechts umkehren*. — Intens. *nachfahren, sich entlang bewegen*; mit Acc. — Mit अपा 1) *sich abwenden, sich trennen von* (Abl.). — 2) *zurückkehren von* (Abl.) Daçak. (1925) 2,73,20. — 3) अपावृत्त *a*) *umgekehrt, umgewandt*. — *b*) *abgewandt von* (Abl.), so v. a. *verschmähend*. — *c*) *geöffnet* (Thür) Kathâs. 18,280. Richtig अपावृत; vgl. jedoch Caus. — Caus. 1) *weggehen lassen, entfernen* Çiç. 12,34. — 2) *öffnen* Âpast. Çr. 2,6,1. — Mit अभ्या 1) *sich herwenden* —, *kommen zu, sich wenden an, seine Zuflucht nehmen zu*; mit Acc. — 2) अभ्यावृत्त *a*) *hingewandt* —, *hingekommen zu* (Acc.). — *b*) *zurückgekommen, zurückgebracht*. — Caus. 1) *herwenden*, mit Ergänzung von रथम् so v. a. *herkommen*. — 2) *wiederholen*. — Mit उदा Caus. 1) *hinaustreiben, verdrängen aus* (इतस्). — 2) (vom

Wege) ablenken Káraka (ed. Calc.) 382,15. Suçr. 2, 516,9. — Mit उपा 1) sich hinwenden —, herantreten —, gelangen zu (Acc. oder Loc.), hinzutreten. — 2) sich auf Jmds (Acc.) Seite stellen. — 3) sich wenden an, seine Zuflucht nehmen zu (Acc.). — 4) प्रदक्षिणम् Jmd (Acc.) die rechte Seite zuwenden. — 5) abbiegen von (Abl.). — 6) zurückkehren, heimkehren. — 7) theilhaftig werden, mit Acc. — 8) Jmd (Acc. oder Gen.) zufallen, zu Theil werden. — 9) sich niederlassen. — 10) Statt finden, geben (impers.). — 11) उपावृत्त a) sich wälzend. — b) hingewandt zu (Acc.). — c) gekommen zu (Acc.), herangekommen, gekommen (von einem Zeitpunct). — d) zurückgekehrt, heimgekehrt 39,13. — e) Hariv. 6547 fehlerhaft für उपावृत्. — Caus. 1) Jmd (Dat.) Etwas zuwenden. — 2) herbeiführen. — 3) herbringen, herziehen. — 4) zurückführen. — 5) zurückziehen. — 6) Jmd von Etwas abbringen. — 7) sich erholen lassen (Pferde). — Mit अभ्युपा 1) sich hinwenden zu, sich wenden an (Acc.). — 2) gelangen zu, theilhaftig werden; mit Acc. — 3) अभ्युपावृत्त zurückgekehrt. — Mit पर्युपा, °वृत्त zurückgekehrt. — Mit न्या Caus. Jmd von Etwas (Abl.) abstehen lassen, abhalten von. — Mit पर्या 1) umdrehen. पर्यावृत्य Âpast. Çr. 12,26,18. 19. — 2) sich umwenden, sich drehen, sich umdrehen, sich abwenden; seine Schritte zurückwenden nach (Dat.). — 3) sich umwandeln in (Instr.) Kâd. (ed. Bomb.) 305,9. — 4) in den Besitz gelangen von (Acc.). — Caus. umwenden, umdrehen. — Desid. °विवृत्सति umdrehen wollen. — Mit अनुपर्या sich wenden in der Richtung von, nachfolgen, dem Laufe von — folgen; sich stellen hinter; mit Acc. — Mit अपपर्या sich wegwenden, so v. a. Jmd beim Weggehen die linke Seite zuwenden Âpast. 1,7,2. — Mit अभिपर्या sich zuwenden zu, sich drehen nach oder um, umgehen, umschleichen TBr. 2,1,6,5. — Mit उपपर्या sich gegen Jmd wenden. — Mit प्रतिपर्या sich in entgegengesetzter Richtung wenden. — Mit विपर्या sich zurückwenden. — Caus. umwenden, so v. a. in fremde Hände bringen (die Herrschaft). — Mit प्रा (metrisch für प्र) Caus. zur Erscheinung bringen, bilden, schaffen. — Mit प्रत्या 1) sich wenden gegen (Acc.). — 2) zurückkehren, heimkehren. — 3) प्रत्यावृत्त a) zurückgewandt (Gesicht). — b) zurückgekehrt. — c) wiederholt. — Caus. zurücktreiben. — Mit व्या 1) sich trennen, sich scheiden, — von (Instr.), sich sondern als (Instr.). — 2) sich trennen von, so v. a. sich befreien von (Instr. oder Abl.), sich abwenden —, sich losmachen von (Abl.). — 3) sich theilen (mit einem Zahladverb auf धा). — 4) sich auflösen (von einem Heere) Hariv. 2,22,19. — 5) sich öffnen. — 6) sich umwenden. — 7) sich wälzen. — 8) umkehren (290,5), zurückkehren. — 9) abziehen, sich fortbegeben. — 10) sich neigen (von der Sonne). — 11) sich sondern, so v. a. distinct werden. — 12) auseinanderkommen, so v. a. eine Streitsache zur Erledigung bringen. — 13) sich absondern von, so v. a. sich nicht vereinbaren lassen —, sich nicht vertragen mit (Abl.). — 14) zu Ende gehen, aufhören, zu Nichte werden. — 15) व्यावृत्त a) abgewandt —, befreit —, sich losgemacht habend von (Instr. [Maitr. S. 2,5,9], Abl. oder im Comp. vorangehend). — b) gespalten, auseinander gehend. — c) verschieden von (im Comp. vorangehend) Kap. 6,50. — d) geöffnet. — e) umgewandt, abgewandt (auch in übertragener Bed.). — f) verdreht. — g) zurückgekehrt, — von (Abl.) Kampaka 41. — h) sich nicht vereinbaren lassend —, sich nicht vertragend mit (im Comp. vorangehend). — i) vollkommen frei (die Seele) Kap. 1,160. — k) zu Ende gegangen (Tag), aufgehört, zu Nichte geworden. — l) * = वृत gewählt. — Caus. 1) trennen —, sondern von (Instr. oder Abl.). व्यावर्त्य so v. a. mit Ausnahme von (Acc.) Bâlar. 53,6. — 2) befreien von (Instr.) Maitr. S. 2,5,9 (59,9.14). — 3) umdrehen, umwenden MBh. 8,26,14. Kâd. 135,21. — 4) zerstreuen, hierhin und dorthin werfen. — 5) vertauschen. — 6) Jmd von Etwas abbringen. — 7) beseitigen (einen Feind), aufheben (eine Regel). — 8) mit अन्यथा eine Rede zurücknehmen. — 9) व्यावर्तपत्या Daçak. (Wils.) 88,7 fehlerhaft für व्यावर्णपत्या. — Desid. व्याविवृत्सते sich befreien wollen von (Abl.). — Mit समा 1) wiederkehren, heimkehren, insbes. vom Schüler, der die Lehrzeit beendigt hat. — 2) sich wieder vereinigen. — 3) herantreten, herbeikommen. — 4) sich wenden. प्रदक्षिणम् Jmd (Acc.) die rechte Seite zukehren. — 5) von Statten gehen. — 6) vergehen, zu Nichte werden VS. 20, 23 nach Mahîdh. — 7) समावृत्त a) heimgekehrt, insbes. vom Schüler nach beendigter Lehrzeit. — b) herbeigekommen, — von (im Comp. vorangehend). — c) beendigt. — Caus. 1) heimtreiben. — 2) heimkehren lassen, entlassen (einen Schüler). — 3) hersagen Varâh. Jogaj. 6,5. Harshak. 38,18. — Mit अभिसमा heimkehren. — Mit उपसमा dass. — Mit उद् 1) abspringen (उद्वर्त). — 2) zu Grunde gehen Ait. Âr. 236,6 = Bhâg. P. 8,19,40. Mit Abl. so v. a. verschwinden aus. — 3) austreten. — 4) in Wallung, in Aufregung gerathen. — 5) उद्वृत्त a) angeschwollen, hervortetend (von Augen), hervorragend. — b) in Wallung gerathen, aufgeregt. — c) ausschweifend, ungebührlich sich benehmend. — d) nach dem Ausfall eines vorangehenden Consonanten übriggeblieben (Vocal) Hem. Pr. Gr. 1,8. = उज्झित H. an. — e) * nach H. an. = उत्तलित (उत्तुलित v. l.) und परिभुक्त. — Caus. 1) zersprengen. — 2) hinausschwingen oder schleudern. — 3) hinausdrängen. उद्वर्तित von Augen so v. a. hervortretend. — 4) zerstören, zu Grunde richten MBh. 3,204,27. 283,15. 5,48,65. Hariv. 10626. 13101. — 5) पद्भ्यामुद्वर्तित: der mit den Füssen sich Bewegung macht. — 6) salben Naish. 6,25. — Mit समुद्, समुद्वृत्त angeschwollen (Meer). — Caus. anschwellen machen, in Wallung versetzen, aufregen. — Mit उप 1) darauf treten. — 2) herantreten, herankommen. — 3) treffen, zu Theil werden; mit Acc. — 4) उपवृत्त a) herangetreten, angebrochen (Morgenröthe). — b) zappelnd. — c) sich erholt habend (von Pferden). — d) आत्ममांसोपवृत्त von einem Todten wohl so v. a. sich vom eigenem Fleische nährend. — Caus. 1) hinstreichen (die Haare). — 2) sich erholen lassen (Pferde). — Mit समुप sich benehmen, verfahren. — Mit नि 1) Act. trans. umdrehen RV. 8,46,23. — 2) zurückkehren, — aus (Abl.), nach (Acc., Acc. mit प्रति oder Dat.) — 3) umkehren (intrans.) 301,2. — 4) in's Leben zurückkehren, wiedergeboren werden. — 5) zurückgehen, rückwärts gehen (von Gewässern). — 6) zurückkehren, so v. a. abprallen. — 7) fortgehen aus der Schlacht (Abl.) oder in der Schlacht (Loc.), so v. a. den Rücken kehren, fliehen. — 8) sich abwenden (vom Auge und Geist). — 9) sich losmachen, sich befreien von Etwas (Abl.). Mit oder ohne संग्रामात् so v. a. den Kampf vermeiden, verweigern. — 10) sich lossagen von Jmd (Abl.). — 11) absehen von Etwas, keine weitere Rücksicht nehmen auf Etwas (Abl.). — 12) abstehen von Etwas (Abl.), so v. a. Etwas einstellen, aufgeben. Ohne Ergänzung 62,16. सामि in der Mitte aufhören. — 13) inne halten, verstummen. — 14) weichen, aufhören, vergehen, schwinden, sein Ende erreichen, sich legen (vom Staube), eingestellt werden (von einem Processe). Mit न so v. a. noch Spuren zeigen. — 15) seine Wirkung verlieren (von einer Rede). — 16) unnütz werden. — 17) enden mit oder bei (Abl.). — 18) unterbleiben, wegfallen, nicht eintreten. — 19) abgehen, nicht zukommen, Jmd (Acc. mit प्रति) abgehen im

Vergleich zu Jmd (Abl.). — 20) *fehlen, nicht da sein.* यतो वाचो निवर्तन्ते *wofür es keine Worte giebt.* — 21) *fortgehen zu*, so v. a. *übergehen auf* (Loc.) MBh. 12,138,179. — 22) *gerichtet sein auf* (Loc.). — 23) mit एवम् *der Art sein* (von einer Ansicht) *in Bezug auf* (Loc.). — 24) निवृत्ते Ragh. 12,56 fehlerhaft. — 25) निवृत्त *a) zurückgekehrt, — nach* (Acc.). — *b) abgeprallt von* (Abl.). — *c) aus der Schlacht geflohen.* — *d) sich geneigt habend* (von der Sonne). — *e) abgewandt, nicht mehr gerichtet auf* (Acc. mit प्रति oder im Comp. vorangehend). — *f) der sich losgesagt hat von, der von Etwas abgestanden ist, eingestellt, — aufgegeben habend;* die Ergänzung im Abl. oder im Comp. vorangehend. Ohne Ergänzung *der Welt —, den Freuden der Welt entsagt habend* Hemâdri 1, 27,2. 4. — *g) gekommen um* (Abl.). — *h) gewichen, aufgehört, vergangen, geschwunden.* — *i) aufgehört haben zu gelten, nicht mehr zu ergänzen* 237, 24. 242,20. — *k) unterblieben, weggefallen.* °मांस Adj. so v. a. *kein Fleisch geniessend.* — *l)* कर्मन् n. *eine Handlung, bei der man an keine Belohnung weder diesseits noch jenseits denkt.* — *m)* fehlerhaft für निर्वृत्त, विवृत्त und auch wohl निवृत. — Caus. 1) *nach unten drehen* (den Kopf). — 2) *kürzen, zurückschneiden* (das Haar). — 3) *zurückkehren machen, — heissen, zurückführen, zurückbringen.* — 4) *zurückhalten, abhalten, abbringen, ablenken, — von* (Abl.). — 5) *aufgeben, fahren lassen.* — 6) *vorenthalten.* — 7) *unterdrücken* (einen Fluch). — 8) *Etwas rückgängig machen.* — 9) *aufhören machen, entfernen, beseitigen.* — 10) *negiren* 253,5. — 11) *verschaffen, verleihen.* — 12) *vollführen* 91,16. — 13) *von Etwas abstehen.* — Mit अनुनि Caus. *zurückbringen.* — Mit अभिनि 1) *heimkehren, einkehren bei* (Acc.), *wiederkehren.* — 2) Act. *sich wiederholen.* — 3) अभिनिवृत्त *heimgekehrt von* (im Comp. vorangehend). — Caus. 1) *wiederholen.* — 2) *aufhören machen.* — Mit उपनि 1) *wiederkehren, sich wiederholen.* — 2) *umkehren*, so v. a. *anders werden, sich bessern.* v. l. परि. — Caus. *wieder herbeischaffen, — zuführen* Kâraka (ed. Calc.) 257,5. — Mit अभ्युपनि *wiederkehren, sich wiederholen.* — Mit परिनि *vorübergehen, vergehen.* — Mit प्रतिनि 1) *umkehren, zurückkehren, — gehen, rückwärts gehen.* — 2) *entrinnen, entgehen.* — 3) प्रतिनिवृत्त *a) zurückgekehrt, — aus* oder *von* (Abl. oder im Comp. vorangehend). — *b)* अ° *vollkommen aufgehört, — sich gelegt habend.* — Caus. *zurückkehren machen, zurückführen, rückwärts gehen machen, zurückwenden, abwenden.* — Mit विनि 1) *zurückkehren, umkehren.* — 2) *abstehen von* (Abl.), so v. a. *aufgeben.* — 3) *weichen, aufhören, verschwinden, erlöschen* (vom Feuer). — 4) *wegfallen, unterbleiben.* — 5) विनिवृत्त *a) zurückgekehrt, wiedergekehrt, umgekehrt.* — *b) abgewandt von* (Abl. oder im Comp. vorangehend). — *c) befreit von* (im Comp. vorangehend). — *d) der abgestanden ist von* (Abl.), so v. a. *der aufgegeben hat.* — *e) gewichen, aufgehört, verschwunden, aufgehört Etwas* (Nom. in.) *zu sein.* — *f) zu Ende gegangen.* — Caus. 1) *zurückkehren machen, — heissen, zurückführen, — aus* (Abl.). — 2) *zurückziehen* (ein Geschoss). — 3) *Etwas rückgängig machen* (in übertragener Bed.). — 4) *sich abwenden machen, ablenken.* — 5) *Jmd von Etwas* (Abl.) *abbringen.* अपत्यकामं भर्तारम् so v. a. *den Gatten davon abbringen, dass er Nachkommenschaft wünscht.* — 6) *aufgeben, fahren lassen.* — 7) *aufhören machen, beseitigen.* — Mit संनि 1) *umkehren, zurückkehren, — aus* (Abl.). — 2) *stocken.* — 3) *abstehen —, ablassen von* (Abl.). — 4) *verstreichen* MBh. 14,14,14. — 5) संनिवृत्त *a) zurückgekehrt.* — *b) umgewandt* (Auge). — *c) stockend* Suçr. 1,263,10. — *d) gewichen, aufgehört.* — Caus. 1) *zurückkehren heissen, zurückschicken, zurückführen.* — 2) *fortführen.* — 3) *ablenken, abbringen, — von* (Abl.) MBh. 7,34,18. — 4) *aufhören machen, unterdrücken.* — Mit निस् 1) Act. *herausrollen lassen, auswerfen* (Würfel aus dem Becher) MBh. 4,1,25. — 2) *hervorkommen, — gehen, entstehen, sich entwickeln, — zu, werden zu* (Nomin.). — 3) *erfolgen, zu Stande kommen.* — 4) *vollbracht werden, sein Ende erreichen.* — 5) *zurückkehren.* Richtig नि. — 6) निर्वृत्त *a) hervorgekommen, — gegangen, entstanden.* — *b) erbaut, angelegt.* — *c) fertig, zurecht gemacht.* — *d) ausgewachsen* (Frucht). — *e) erfolgt, zu Stande gekommen.* — *f) vollbracht, beendigt, zu Ende gegangen, vergangen* 117,11. — *g)* fehlerhaft für निर्वृत. — Caus. 1) *herausbringen, — schaffen, fortschaffen, — bringen* (Harîv. 3,58,53), *herauslassen aus* (Abl.). — 2) *hervorbringen, zu Stande bringen, bewirken.* — 3) *vollbringen, vollführen.* — 4) *zu Ende bringen* (Comm. zu Âpast. Çr. 10,25,16), *zubringen* (einen Tag). — 5) *erfreuen, zufriedenstellen.* v. l. अनिर्वृत्य (von 1. वर्) st. अनिर्वर्त्य. — Mit अभिनिस् 1) *hervorgehen, sich entwickeln* Kâraka 4,3. अभिनिर्वृत्त *hervorgegangen, entstanden, erst geworden* (so v. a. *Etwas nicht von Hause aus seiend*); *zur Entwickelung gekommen* Lalit. 76,2. — 2) *sich herausstellen, sich ergeben, zur Geltung kommen.* — Caus. 1) *hervorbringen* Kâraka 1,20. 4,3. — 2) *vollbringen, vollführen.* — Mit उपनिस् Caus. *Etwas erzeugen an* (Loc.). — Mit विनिस्, विनिर्वृत्त 1) *hervorgekommen —, hervorgetreten aus* (Abl.). — 2) *zu Ende gekommen, beendigt.* — 3) fehlerhaft für विनिवृत्त. — Mit परा 1) *sich umwenden, umkehren, den Rücken kehren;* mit Abl. — 2) *zurückkehren.* — 3) *abstehen von* (Abl.). — 4) परावृत्त *a) sich umgewandt habend, umgekehrt.* उपरि° *nach oben gewandt.* — *b) zurückgekehrt.* — *c) abgewandt von* (Abl.). — *d) geschwunden, vergangen* Hem. Par. 1,367. — Caus. 1) *umwenden* Mṛkkh. 119,13, v. l. — 2) *umkehren lassen* MBh. 7,199,8. — Mit विपरा *zurückkehren* Comm. zu Âpast. Çr. 8,6,25 zur Erklärung von इ mit विपरा. — Mit परि 1) *sich drehen, sich im Kreise bewegen, sich wälzen.* — 2) *umwandeln,* mit Acc. — 3) *umherreisen, — gehen, hinundher gehen, sich tummeln, sich hinundher bewegen.* हृदि (67,26), हृदये so v. a. *im Kopfe herumgehen.* — 4) *zurückkehren, sich zurückbegeben zu* (Acc.). — 5) *wiedergeboren werden in* (Loc.) 103,13. — 6) *sich umwenden, umkehren.* — 7) mit (164,14) und ohne (MBh. 12,76,14. Hemâdri 1,53,13) अन्यथा *sich anders wenden, einen Wechsel erfahren, umschlagen, anders werden, sich anders gestalten.* — 8) *verweilen, sich befinden, — in* (Loc.). एकत्वेन *immer als ein und derselbe erscheinen* Kap. 1,152. कारुण्ये so v. a. *zum Mitleid geneigt sein.* — 9) *sich benehmen, verfahren.* — 10) परिवृत्य Mṛkkh. 81,18 fehlerhaft für परिवर्त्य oder परावर्त्य. — 11) परिवृत्त *a) rollend.* — *b) nach allen Seiten hin verbreitet.* — *c) während, dauernd.* — *d) umgewandt, umgekehrt, umgedreht.* — *e) abgelaufen, verlaufen, verflossen.* — *f) geschwunden, dahin seiend.* — *g)* * = परिवृत *umringt, umgeben.* — Caus. 1) *sich drehen lassen, in die Runde bewegen* 44,17. 19. 45,9. — 2) *umfahren,* mit Acc. (ursprünglich wohl *den Wagen rollen lassen*). — 3) nach Sâj. *herbeirollen,* so v. a. *herbeifahren, herbeibringen* RV. 5,37,5. — 4) *umherbewegen.* — 5) *umdrehen, umwenden* 106,30. Mṛkkh. 81,18, v. l. Med. *sich umwenden, den Kopf herumwenden.* — 6) *umwerfen.* — 7) *umwickeln mit* (Instr.). — 8) *vertauschen, umwechseln, wechseln* (Lâṭj. 5,12,18), — *gegen* (Instr.), *ein Document erneuern.* — 9) *verdrehen* (Jmds Worte). — 10) *umwandeln in* (Instr.) Kâd. 2, 29,21 (34,19). 74,2 (90,5). Harshak. 183,8. — 11) *umwandeln in*, so v. a. *fälschlich erklären für* (Acc.) zu Spr. 6288. — 12) *um und um drehen*, so v. a. *zu Grunde richten, zu Nichte machen.* — 13) *um und um kehren*, so v. a. *genau durchsuchen.* — 14) *verengern, enger machen* Káraka 6,30. — 15) Med. *sich rund um* (das Haar) *schneiden.* — Intens. *sich beständig drehen um* (Acc.). — Mit अनुपरि *sich wiederholen.* — Mit विपरि 1) *sich drehen, sich im Kreise bewegen; sich wälzen.* — 2) *umherfahren, — wandern.* हृदि so v. a. *im Kopfe herumgehen.* — 3) *sich umwenden.* — 4) *sich umwandeln, sich ändern, wechseln* Çaṁk. zu Bâdar. 3,4,8. — 5) *beständig heimsuchen*, mit Acc. — Caus. 1) *umdrehen, hinundher führen.* — 2) *umwenden, umdrehen.* — 3) *abwenden.* — Mit संपरि 1) *sich drehen, — um* (Acc.), *sich wälzen, rollen* (von den Augen). हृदि, मनसि so v. a. *im Kopfe herumgehen.* — 2) *umkehren, heimkehren.* — 3) *sich frei machen von* (Abl.). — 4) संपरिवृत्त *umgedreht* Suçr. 1,277,1. — Caus. *herumführen.* — Mit प्र 1) *in eine rollende Bewegung gerathen, in Gang kommen.* — 2) *aufbrechen, sich auf den Weg machen, sich begeben.* — 3) वर्त्मनि, वर्त्मना, पथा *auf einem Wege sich fortbewegen, auf dem Wege* (eig. und übertr.) *bleiben.* अपथेन *sich auf Abwegen befinden.* — 4) *hervorkommen, heraustreten, auftreten, hervorbrechen, —, gehen, entstehen, — aus* (Abl. Kap. 2,18), *entspringen, zu Stande kommen, sich zeigen, erfolgen, eintreten, geschehen, ertönen, sich erheben* (vom Staube). — 5) *beginnen, seinen Anfang nehmen.* — 6) *beginnen —, anfangen —, anheben —, sich anschicken zu* (Infin. 119,14. 121, 2. 123,20), *gehen —, sich machen an, sich hingeben* (die Ergänzung im Dat., Loc. oder °अर्थम्). — 7) *sich an Jmd machen, feindselig gegen Jmd auftreten, sich vergreifen an;* mit Loc. — 8) *wirkend auftreten, seine Wirkung äussern, — mittelst* oder *durch* (Abl.); *zur Geltung —, zur Anwendung kommen.* — 9) *verweilen auf einem Gegenstande* (von den Augen), *sich richten —, gerichtet sein auf* (Loc.). — 10) *fortbestehen, fortwähren.* Mit einem Partic. praes. *fortfahren* Etwas zu thun. — 11) mit einem Adv. oder Absol. *verfahren, zu Werke gehen, — gegen, mit Jmd* (Loc.). — 12) mit Instr. (235,17) oder Abl. *bei seinem Verfahren — anwenden, mit — zu Werke gehen, gegen Jmd* (Loc.). — 13) *verfahren nach —*, so v. a. *sich richten nach* Jmds Worten (Instr. oder Loc.). — 14) mit अन्योऽन्यम् *unter einander Unzucht treiben.* — 15) *vorhanden, — da sein;* mit Gen. der Person *esse alicui* Vagrakkh. 21,4. fgg. 36,5. — 16) *dienen —, verhelfen zu* (Dat. oder °अर्थम्). — 17) *die Bedeutung von* (Loc.) *haben.* — 18) *vollbringen, vollführen.* — 19) *Jmd* (Gen.) *Etwas zukommen lassen, gewähren.* — 20) प्रवृत्त *a) rund* Çāṅkh. Br. 5,1. — *b) vorgefahren* (von einem Wagen). — *c) in Umlauf gekommen, sich verbreitet habend.* — *d) aufgebrochen, sich auf den Weg gemacht habend, — von* (°तस्), *nach* (Acc. oder Loc., दक्षिणेन *nach Süden*), *zu* (Infin. oder °अर्थम्). — *e)* पथा *sich auf einem Pfade* (bildlich) *befindend, einen Pfad eingeschlagen habend* Kathâs. 41,57. — *f) hervorgekommen, herausgetreten, hervorgebrochen, — aus* (Abl.), *entstanden, ertönt, sich gezeigt habend, geschehen durch* (im Comp. vorangehend), *zum Vorschein —, zu Stande gekommen, erfolgt.* — *g) wiedergekehrt, wieder da seiend.* — *h) begonnen, seinen Anfang genommen habend.* — *i) begonnen —, angefangen —, angehoben —, sich angeschickt habend zu* (Infin. 121,30. 178,28; auch प्रवृत्तवत्); *gegangen seiend —, sich gemacht habend an, beabsichtigend* (die Ergänzung im Dat., Loc. oder im Comp. vorangehend 151,24); *begriffen in, beschäftigt mit, hingegeben, obliegend* (die Ergänzung im Loc. oder im Comp. vorangehend). — *k) der sich an Jmd* (Acc.) *gemacht, sich an Jmd vergriffen hat.* — *l)* mit einem Adv. *verfahrend, zu Werke gehend* Kap. 3,69. — *m) da seiend, vorhanden.* — *n) was sich gerade darbietet* Âpast. 2,22,3. 23,2. — *o) geworden zu* (Nomin.). — *p)* कर्मन् n. *eine auf ein bestimmtes Ziel gerichtete Handlung, eine H., von der man sich einen Vortheil verspricht.* — *q)* fehlerhaft für प्रवृत्त, प्रनृत्त und auch wohl für अपवृत्त. — Caus. 1) *rollen machen, in Bewegung setzen.* — 2) *fortschleudern, — schieben, — werfen, — giessen* Maitr. S. 2,4,3 (40,7). — 3) *senden, schicken.* — 4) *in Gang —, in Umlauf bringen* (102,29), *verbreiten, einführen, einsetzen.* — 5) *entstehen lassen, bilden, hervorbringen, — aus* (Abl.), *errichten* (einen Damm), *vollbringen, vollführen, bewirken.* लोकयात्राम् so v. a. *sein Leben zubringen,* व्ययकर्म so v. a. *verausgaben,* कथाम् *eine Erzählung vorbringen*, so v. a. *erzählen.* — 6) *an den Tag legen, bezeugen.* — 7) *beginnen, unternehmen.* — 8) *anwenden, gebrauchen.* — 9) *Jmd zu Etwas* (Loc., Acc. fehlerhaft) *veranlassen, bewegen.* — 10) mit einem Adv. *verfahren, zu Werke gehen, — gegen Jmd* (Loc.) MBh. ed. Vardh. 5,179,30. — Mit अतिप्र 1) *übermässig hervorkommen* (von Blut). — 2) *stark sich äussern* (von Gift). — 3) अतिप्रवृत्त *a) übermässig hervorgekommen* (Blut). — *b) sehr mit Etwas beschäftigt* 119,15. — Mit अनुप्र 1) *hervorkommen entlang, — nach* (Acc.). — 2) अनुप्रवृत्त *folgend auf* (Acc.). — Mit अभिप्र 1) *hinrollen, sich hinbewegen zu* (Acc.) — 2) *sich ergiessen in.* — 3) *sich in Gang setzen.* — 4) अभिप्रवृत्त *a) f. beschritten* (eine Kuh). v. l. अभिवृत्ता. — *b) im Gange seiend, Statt findend.* — *c) begriffen in, beschäftigt mit* (Loc.) — Caus. *rollen lassen, schleudern, — gegen* (Acc. oder Dat.) Tândja-Br. 7,7,9. — Mit उपप्र Caus. *hinschleudern, — schieben, — hingiessen, — in* (Loc.) Maitr. S. 2,4,3 (40,4. 7. 8). — Mit परिप्र Caus. *herführen* (den Wagen). — Mit प्रतिप्र Caus. *hinführen.* — Mit संप्र 1) *hervorkommen, — gehen, — aus* (Abl.), *entspringen, entstehen.* — 2) मनसि *im Sinne —, im Kopfe herumgehen*, so v. a. *nahe gehen.* — 3) *beginnen, seinen Anfang nehmen.* — 4) *Statt finden, unternommen werden.* — 5) *beginnen —, anheben — sich anschicken zu, sich machen an;* mit Dat. oder Loc. — 6) mit einem Adv. oder einem Adj. im Nomin. *verfahren, zu Werke gehen, sich benehmen gegen Jmd* (Loc.). — 7) संप्रवृत्त *a) aufgebrochen, sich fortbegeben habend.* — *b) entstanden, gekommen, was da ist.* — *c) begonnen —, seinen Anfang genommen habend.* — *d) begonnen —, angehoben —, sich angeschickt habend zu* (Infin.), *sich gemacht habend an* (Dat. oder Loc.), *begriffen in* (Loc. oder im Comp. vorangehend). — *e)* MBh. 14,77 fehlerhaft für सम्यग्वृत्त. — Caus. 1) *in Gang —, in Umlauf bringen, verbreiten, einführen.* — 2) *beginnen, unternehmen.* — 3) *in Ordnung —, in's Geleise bringen* Káraka 6,10. — Mit अभिसंप्र, °वृत्त *begonnen, seinen Anfang genommen habend.* — Caus. *wechseln, ändern* (?). — Mit प्रति *Jmd* (Acc.) *zu Theil werden.* — Caus. *entgegen schleudern.* — Mit वि 1) *rollen, laufen, sich drehen, sich wälzen, sich krampfhaft bewegen, zappeln.* — 2) *sich hinundher bewegen, hinundher ziehen.* — 3) *sich wenden, sich umwenden.* — 4) *sich abwenden, sich entfernen, fortlaufen.* — 5) *sich trennen, sich theilen* (auch vom Haar), *abscheiden, — von* (Instr.), *seinen Platz ändern.* — 6) *vom rechten Wege abkommen.* v. l. नि. — 7) *zum Untergange sich neigen* (von der Sonne). — 8) *hervorkommen aus* (Abl.). — 9) *sich entfalten, sich entwickeln.* — 10) mit अतिक्रमम् *sich an Jmd* (Acc.) *wagen.* — 11) व्यवर्तत R. 2,42,10 fehlerhaft für न्यवर्तत. — 12) विवृत्त *a) sich schlängelnd, zerfahrend* (vom Donnerkeil), *sich nach allen Seiten drehend.* — b) *umgewandt, gebogen, verdreht.* — c) *geöffnet* (vom Rachen). Metrisch für त्रिवृत. — d) *bloss gelegt, sichtbar gemacht* Lalit. 319,11. — e) fehlerhaft für विवृत. — Caus. 1) *umdrehen, umwenden, umherdrehen.* विवर्तित *umgedreht, umgewandt, verbogen, verzogen* (Brauen), *umhergedreht, sich windend.* — 2) *drehen* —, *drechseln aus* (Instr.) 100,27. — 3) *entfernen, davongehen lassen* (auch mit Ergänzung von रथम्); *ausscheiden.* विवर्तित *von seiner Stelle entfernt* Çiç. 17,12. — 4) *auseinander halten* Ṛv. 7,80,1. — 5) *hinter sich lassen* Ṛv. 8,14,5. — 6) *vollführen, ausführen* Ait. Âr. 315,1. — Mit अतिवि Caus. *zu weit von einander entfernen*, so v. a. *zu stark unterscheiden.* — Mit अनुवि *entlang laufen*, mit Acc. — Caus. Med. *Jmd* (Acc.) *nacheilen.* — Mit सम् 1) *sich zuwenden, sich einstellen, einkehren; herankommen, sich nähern, auf Jmd* (Acc.) *losgehen.* — 2) *congredi.* — 3) *sich zusammenthun* (in coitu). Auch mit मिथस् Âpast. 2,11,20 (die Dehnung सांवर्तेते entweder fehlerhaft, oder wie die Dehnung bei vocalisch auslautenden Präpositionen zu erklären; vgl. सांवृत्ति). — 4) etwa *sich vereinigen, sich zusammenballen.* — 5) *sich bilden, entstehen, hervorgehen,* — *aus* (Abl.). — 6) *sich ereignen, eintreten* (auch von einem Zeitpuncte), *beginnen, seinen Anfang nehmen.* — 7) *da sein;* mit Gen. der Person *esse alicui.* — 8) *werden* (mit praedicativem Nomin.). — 9) *dienen zu, förderlich sein für* (Dat.) Lalit. 34,15.fgg. — 10) संवृत्त a) *angekommen, angelangt* Gaut. 5,43. — b) *sich ereignet habend, eingetreten.* — c) *in Erfüllung gegangen.* — d) *geworden* (mit prädicativem Nomin.), — *zu* (Dat.). — e) fehlerhaft für संवृत. — Caus. 1) *zusammenrollen, ballen* (die Faust). — 2) *rollen lassen* (die Augen). — 3) *einwickeln, einhüllen.* — 4) *schleudern, werfen.* — 5) *herbeiwenden.* वर्त्मनिम् so v. a. *auf seine Strasse bringen.* — 6) *zerknicken, zerbrechen, zu Grunde richten.* — 7) *herrichten, vollführen, vollbringen.* कामम् *einen Wunsch erfüllen.* — 8) *treffen, richtig finden* (ein Heilmittel) Káraka 5,12. — Desid. संविवृत्सति *inire velle* (feminam). — Mit अधिसम् *entspringen.* — Mit अभिसम् 1) *sich hinwenden zu* (Acc.). — 2) *sich anschicken* —, *beginnen zu* (Infin.).

वर्त m. in *अन्धक°, कल्य°, *बङ्क° und *त्रक्ष°. Nach Kaij. = वर्तन, वृत्ति Mahâbh. 5,28,b. Auch wohl fehlerhaft für वात.

वर्तक 1) Adj. in गुरु° (Nachtr. 5). — 2) m. a) *Wachtel* Káraka 1,30. — b) **Pferdehuf.* — 3) *f. आ *Wachtel.* — 4) f. वर्तिका dass. Wird auch vom m. unterschieden. वर्तिका s. auch bes. — 5) *f. ई dass. — 6) *n. *damascirter Stahl* Râgan. 13,35.

*वर्तजन्मन् m. *Wolke.*

*वर्ततीक्ष्ण n. *damascirter Stahl* Râgan. 13,35.

वर्तन 1) Adj. a) * = वर्तिष्णु. — b) *in Bewegung setzend, Leben verleihend.* Auch als Beiw. Vishṇu's. — 2) *m. *Zwerg.* — 3) f. ई a) * = वर्तन n. und जीवन. — b) = वर्तनि *Weg, Pfad* Hem. Par. 1,240. — c) **das Zerreiben, Mahlen* (पेषण). — d) **das Absenden* (प्रेषण). — e) *Spinnwirtel* oder *Spinnrocken* Lalit. 319,13. — 4) n. a) *das Sichdrehen, Rollen.* — b) *das Umdrehen* Káraka 6,2. — c) **das Drehen* (eines Strickes). — d) *das Fortrollen, Fortbewegen.* — e) *das Umherschweifen, Umhergehen.* — f) *das Verweilen* —, *Aufenthalt in* (Loc.). — g) *das Leben von* (Instr.), *Unterhaltung des Leibes* (Râgat. 7,1450), — *Lebens, Lebensunterhalt, Erwerb.* — h) *Lohn.* — i) *Verkehr* —, *Umgang mit* (सह). — k) *das Verfahren.* — l) *das Anwenden von* (im Comp. vorangehend). — m) **Spinnwirtel.* — n) **Spinnrocken.*

वर्तनि f. 1) *Radkreis, Radfelge.* — 2) *Radspur, Geleise.* — 3) *Wegspur, Weg, Bahn.* Vollständiger पथ्यो वर्तनिः. — 4) *Bahn der Flüsse.* — 5) *die Augenwimpern.* — 6) **das östliche Land.* — 7) * = स्तोत्र.

वर्तनिन् in उभय° (Nachtr. 5.), एक° (Nachtr. 5) und सकल°.

वर्तनीय n. impers. *sich zu machen an, obzuliegen;* mit Loc.

वर्तमान 1) Adj. Partic. von वर्त्; insbes. *praesens, was eben vor sich geht, gegenwärtig.* — 2) f. आ *die Personalendungen des Praesens.* — 3) n. *Gegenwart.* °वत् Adv. P. 3,3,131.

वर्तमानकाल m. *Gegenwart* 105,19. 238,12. 241,31. Nom. abstr. °ता f. Ind. St. 13,392. 488.

वर्तमानता f. *das Gegenwärtigsein, Gegenwärtigkeit.*

वर्तमानत्व n. 1) dass. Ind. St. 13,488. — 2) *das Sichbefinden in* (Loc.) Comm. zu TS. Prât.

वर्तमानाक्षेप m. in der Rhetorik *eine Erklärung, dass man mit Etwas, welches im Augenblick vorgeht, nicht einverstanden sei.* Beispiel Spr. 1789.

वर्तयध्यै Dat. Infin. zum Caus. von वर्त् Ṛv. 5,43,2.

वर्तर् Nom. ag. mit Gen. *der zurückhält, abhält, Abwehrer.*

*वर्तलक m. 1) *Pfütze.* — 2) *Krähennest.* — 3) *Thürsteher.* — 4) N. pr. eines Flusses.

*वर्तलोह n. *damascirter Stahl* Râgan. 13,35.

वर्तवे Dat. Infin. zu 1. वर् Ṛv. 2,25,3. 3,33,4. 8,43,29.

वर्तव्य fehlerhaft für कर्तव्य, चर्तव्य und वर्तितव्य. Vgl. वर्त्तव्य.

वर्ति und वर्ती f. 1) *Bäuschchen oder ähnliche Einlage in eine Wunde.* — 2) *Stengelchen, Paste, Pille* (als Form für Heilmittel, Wohlgerüche und Errhina), *Stuhlzäpfchen* (Bhâvapr. 3,46). — 3) *Docht.* — 4) *Zauberdocht.* — 5) **Lampe.* — 6) **die am Ende eines Gewebes herabhängenden Zettelfäden.* — 7) *Wulst* oder *Stab, der um ein Gefäss läuft.* — 8) *Zäpfchen, Polyp* oder dgl. *im Halse.* — 9) *der durch einen Unterleibsbruch gebildete Wulst.* — 10) *Schminke, Augensalbe.* — 11) *Streifen.* Vgl. धूम° 1).

*वर्तिक m. = वर्तक *Wachtel.*

1. वर्तिका f. s. u. वर्तक 4).

2. वर्तिका f. 1) *Stengel* MBh. 1,34,8. — 2) *Paste* Káraka 6,2. — 3) *Docht.* — 4) *Farbenpinsel.* — 5) *Farbe* (zum Malen). Richtig वर्णिका. — 6) **Odina pinnata.*

वर्तितव्य 1) Adj. *wo sich Jmd aufhalten* —, *wo Jmd verweilen darf.* — b) *welcher Sache man obliegen muss, zu beobachten.* वृत्तिः वर्तितव्या *es ist zu verfahren gegen* (Loc.). — c) *zu behandeln.* — 2) n. impers. a) *sich aufzuhalten* —, *zu verweilen* —, *sich zu befinden in, auf* oder *unter* (Loc.). अस्मद्वशे so v. a. *es ist uns zu gehorchen.* — b) *sich zu befleissigen, obzuliegen;* mit Loc. (Acc. fehlerhaft). — c) *zu leben, zu bestehen.* — d) mit einem Adv. oder Instr. *zu verfahren, zu Werke zu gehen,* — mit *Jmd* (Loc., Gen. oder Instr. mit सह); मातृवत् so v. a. मातरीव).

वर्तिता f. in गुरु° (Nachtr. 5).

°वर्तित्व n. *ein Verfahren wie gegen, das Behandeln wie.*

वर्तिन् 1) Adj. a) *sich aufhaltend, verweilend, sich befindend, gelegen, liegend;* meist am Ende eines Comp. nach einem im Loc. aufzufassenden Worte. — b) am Ende eines Comp. in irgend einem Zustande, einer Lage u. s. w. *sich befindend.* — c) am Ende eines Comp. *einer Sache obliegend, begriffen in.* — d) mit einem Adv. oder am Ende eines Comp. *verfahrend, sich benehmend, zu Werke gehend.* गुरुवत् so v. a. गुराविव. — e) *sich nach Gebühr benehmend gegen* (im Comp. vorangehend). — 2) m. *die Bedeutung eines Suffixes.*

*वर्तिर m. = वर्तीर.

*वर्तिष्णु Adj. = वर्तन, वर्तिन्.

वर्तिस् n. *Ort der Einkehr, Herberge.* Nach

den Commentatoren *Wohnplatz, Weg.*

1. वर्ती f. s. u. वर्ति.

2. वर्ती Adv. mit कर् *zu einer Paste —, zu einer Pille drehen.*

वर्तीर m. *ein der Wachtel oder dem Rebhuhn ähnlicher Vogel.*

1. वर्तु in दुर्वर्तु.

2. वर्तु in त्रिवर्तु.

वर्तुल 1) Adj. (f. आ) *rund* Hemâdri 1,329,14. — 2) *m. *eine Erbsenart* Madanav. 106,34. — 3) *f. आ *Spinnwirtel.* — 4) *f. ई *Scindapsus officinalis.* — 5) n. *a) Kreis.* — *b)* **die Knolle einer Zwiebelart* Râǵan. 7,19.

वर्त्तव्य n. impers. mit einem Adv. *zu verfahren* R. ed. Bomb. 2,118,3.

वर्त्मक = वर्त्मन् *Augenlid* in रक्त°.

वर्त्मकर्मन् n. *die Kunst Wege zu bahnen.*

वर्त्मद् m. Pl. *eine best. Schule des* AV.

वर्त्मन् n. 1) *Radspur* (Âpast.), *Wegspur; Bahn, Pfad* (auch bildlich); *Spur,* so v. a. *Furche, Strich; Weg* (von Flüssigem), *Rinnsal.* असि° so v. a. *Schwerthieb.* °वर्त्मना so v. a. *entlang, durch.* नद्यद्रिवनवर्त्मसु *über Flüsse, Berge und durch Wälder.* — 2) *Rand* Káraka 6,13. — 3) *Augenlid.* — 4) *Grundlage, Basis* RV. Prât. 11,32. Vgl. द्यूत°.

*वर्त्मनि f. = वर्तनि.

वर्त्मपात m. *das in den Weg Treten* Git. 7,1.

वर्त्मपातन n. *das Wegelagern* Hem. Par. 2,170.

वर्त्मबन्ध m. = वर्त्मावबन्धक.

वर्त्मरोग m. *Krankheit der Augenlider.*

वर्त्मशर्करा f. *bestimmte Verhärtungen in den Augenlidern.*

वर्त्माभिहोम m. *die Ausgiessung des Opfers auf die Radspur* Vaitân. 15,10.

वर्त्मायास m. *Ermüdung von der Reise.*

वर्त्मावबन्धक m. *eine best. Krankheit der Augenlider* Suçr. 2,307,19.

वर्त्मावरोध m. *Lähmung der Augenlider.*

वर्त्र 1) Adj. (f. ई) *abwehrend.* — 2) n. *Deich, Schutzdamm* AV. 1,3,7.

वर्त्स m. wohl nur fehlerhaft für बस्व. Davon Adj. वर्त्स्य.

1. वर्ध्, वर्धति, °ते 1) trans. Act. *a) erhöhen, grösser machen, verstärken, gedeihen machen.* — *b) erheben, freudig erregen, ergötzen, begeistern.* — 2) intrans. Med. (in der älteren Sprache Act. im Perf. und Aor.; in der späteren Sprache im Aor., Fut. und Condit.; metrisch auch sonst) *a) wachsen, erwachsen, sich mehren, sich stärken, sich verstärken, gross und dick werden, zunehmen, sich füllen, sich ausbreiten,* — *über* (Acc.), *länger werden* (von Tagen), *emporkommen, sich gross machen,* — *zeigen, gedeihen, guten Erfolg haben, Segen bringen.* — *b) wachsen —, gedeihen an* (Acc.). — *c) wachsen, in die Höhe gehen* beim Gottesurtheil mit der Wage, so v. a. *steigen* (in der Wagschale). — *d) gehoben —, freudig erregt werden, sich ergötzen, sich begeistern, — durch, an* oder *bei* (Instr., Loc. oder Gen.), *sich erregen lassen zu* (Dat.); *Grund zur Freude haben, sich glücklich schätzen können, — über* oder *wegen* (Instr., ausnahmsweise Abl.); insbes. mit दिष्ट्या (auch Kâd. 2,139,1). वृधस् und वृधत् als Ausrufe in Opferformeln, so v. a. *vergnüge dich* u. s. w. — *e)* häufig verwechselt mit वर्त्. — 3) वृद्ध (s. auch 1. वृद्ध) *a) erwachsen, gross geworden, angewachsen, vermehrt, gross, hoch, stark, heftig* u. s. w. क्रम° *progressiv zunehmend.* वृद्धतर *länger geworden* (Nächte). — *b) alt, bejahrt.* दशवर्ष° *zehn Jahre älter* Gaut. 6,15. Compar. वृद्धतर (Âpast.), Superl. वृद्धतम. — *c) erfahren, unterrichtet.* — *d) hervorragend —, sich auszeichnend durch* (Instr. oder im Comp. vorangehend). — *e) von grosser Bedeutung, wichtig.* — *f) freudig gestimmt, ergötzt, fröhlich, freudig* (auch von Liedern); *hochfahrend.* — *g) gesteigert zu* आ, ऐ oder औ. — *h) in der ersten Silbe ein* आ, ऐ oder औ *enthaltend* oder *so behandelt, als wenn ein solcher Vocal dastände.* — Caus. वर्धयति, °ते (in der späteren Sprache nur metrisch) 1) *erhöhen, grösser —, wachsen machen, mehren, verlängern* (Çulbas. 3,22), *verstärken, fördern.* Med. *sich* (sibi) *mehren.* वर्धित *aufgewachsen, gross geworden, vermehrt, blühend* (in übertragener Bed.). — 2) *grossziehen, aufziehen.* — 3) *Jmd gross machen, zur Gewalt verhelfen, in die Höhe bringen.* — 4) *erheben, freudig erregen, ergötzen, Jmd sich an Etwas* (Gen.) *ergötzen lassen.* Med. *sich erregen, sich begeistern, sich ergötzen —, sich gütlich thun an* (Instr.). — 5) mit und ohne दिष्ट्या so v. a. *beglückwünschen* Kâd. 2,138,17. 22. — *Desid. विवर्धिषते und विवृत्सति. — *Intens. वरीवृध्यते und वरीवृधीति. — Mit अति 1) Med. *hinauswachsen über, zu gross werden für* (Acc.). — 2) अतिवृद्ध *a) sehr alt.* वयसा *an Jahren.* — *b) sehr gross, — heftig, — stark.* — *c) sich sehr hervorthuend durch* (Instr.). — Mit अधि *sich erfreuen an* (Loc.) RV. 6,38,3. — Mit अनु 1) *nachwachsen, gleiche Ausdehnung gewinnen mit* (Acc.), *allmählich zunehmen, heranwachsen zu* (Nomin.). — 2) अनुवृद्ध fehlerhaft für अनुवृत्त. — Caus. 1) *ausdehnen nach* (Acc.). — 2) *grossziehen.* — Mit अभि 1) *heranwachsen, grösser —, stärker werden, zunehmen an, gedeihen an* (Instr.), *sich ausdehnen —, hinauswachsen über* (Acc.), *übertreffen.* — 2) fehlerhaft für अभि-वर्त्. — Caus. 1) *stärker —, grösser machen, vermehren, dehnen.* — 2) *grossziehen.* — 3) *Jmd freudig begrüssen, willkommen heissen* Kâd. 2,139, 23 (170, 21. 171, 1). — Mit समभि *wachsen, zunehmen.* — Caus. *grösser machen, verstärken, mehren.* — Mit आ 1) Act. *heranwachsen lassen.* — 2) Med. *heranwachsen —, sich heranbilden zu* (Acc. oder Dat.). — Mit उद्, उद्वृद्ध 1) *hervorgebrochen* (Leidenschaft). — 2) *stark, dick* (Waden) MBh. 7,175,7. — Caus. *grösser —, freudiger —, begeisterter machen.* — Mit नि scheinbar MBh. 4, 1918, da hier व्यवर्धत zu lesen ist. — Mit परि 1) *heranwachsen, wachsen, zunehmen.* — 2) परिवृद्ध *a) angewachsen, vermehrt, stark, heftig.* एकोत्तर° *der Reihe nach um Eins zunehmend.* — *b) hoch gestiegen, zu grossem Ansehen gelangt.* — 3) fehlerhaft für परि-वर्त्. — Caus. 1) *anschwellen machen* (das Meer). — 2) *aufziehen, grossziehen.* — 3) *ergötzen, erfreuen;* mit Gen. (!). — 4) fehlerhaft für परि-वर्तय्. — Mit प्र 1) Act. *erheben, ergötzen.* — 2) *heranwachsen, — zu* (Nomin.), *zunehmen, Kraft gewinnen, gedeihen.* — 3) *erregt werden.* — 4) verwechselt mit प्र-वर्त्. — 5) प्रवृद्ध *a) aufgewachsen* (Spr. 7808), *ausgetragen* (im Mutterleibe), *angeschwollen, gesteigert, heftig, stark, gross, hoch, zahlreich, viel.* — *b) blühend gemacht, zur Wohlfahrt gebracht, mächtig.* — *c) alt geworden.* वयसा *alt an Jahren.* — *d)* fehlerhaft für प्रवृत्त, प्रविद्ध und प्रबुद्ध. — Caus. 1) *vergrössern, verstärken, mehren, verlängern, zulegen.* — 2) *grossziehen.* — 3) *Jmd erhöhen, zur Wohlfahrt befördern.* — Mit अतिप्र 1) *überragen,* mit Acc. RV. 8,62,2. — 2) *noch dazu kommen* Citat im Comm. zu Âpast. Çr. 9,4,13. — 3) अतिप्रवृद्ध s. bes. — Mit अभिप्र *wachsen, stark zunehmen* Káraka 5, 6. — Caus. 1) *dehnen.* — 2) *in einen blühenden Zustand versetzen.* — Mit प्रतिप्र, °वृद्ध *verstärkt.* — Mit संप्र 1) *wachsen, sich verstärken, zunehmen, gedeihen.* — 2) संप्रवृद्ध *a) aufgewachsen, gross geworden, angeschwollen, zusammengeballt, verstärkt, zugenommen, wachsend, zunehmend.* — *b) reich an* (Instr.). — Caus. *Jmd zur Grösse verhelfen.* — Mit प्रति in प्रतिवर्धिन्. — Mit वि 1) *heranwachsen, zunehmen, verlängert werden, anschwellen, gedeihen.* — 2) *Grund haben sich zu freuen über, — sich glücklich zu schätzen in Folge*

von (Instr.). — 3) *sich erheben, entstehen.* — 4) विवृधत् (!) *vergrössernd* PAŃKAD. — 5) fehlerhaft für वि-वर्त्. — 6) विवृद्ध *a) herangewachsen, gross geworden, angewachsen* (Reichthümer), *gesteigert, gross, zahlreich.* — *b) zur Macht gelangt.* — Caus. 1) *grossziehen, gross —, höher machen, erhöhen, vergrössern, verlängern, vermehren, verstärken, steigern, fördern, gedeihen machen, zur Wohlfahrt verhelfen.* तपसा विवर्धितः *den man an Askese hat gewinnen lassen.* — 2) *ergötzen, erfreuen.* — Mit अभिवि in °वृद्धि. — Mit प्रवि Caus. *in hohem Grade steigern.* — Mit संवि *gedeihen.* — Desid. in संविवर्धयिषु. — Mit सम् 1) Act. *erfüllen, gewähren* (einen Wunsch). — 2) *heranwachsen, wachsen.* — 3) संवृद्ध *aufgewachsen, gross gewachsen, grossgezogen, grösser geworden, verstärkt, blühend* (in übertragener Bed.). — Caus. 1) *grossziehen, aufziehen, ernähren, füttern, pflegen* (Bäume), *verstärken, beleben* (eine Flamme), *vermehren, pflegen, zum Gedeihen bringen, verschönern.* °संवर्धित *reich an.* — 2) *beschenken mit* (Instr.). — 3) *erfüllen, gewähren* (einen Wunsch). — Mit अतिसम्, अतिसंवृद्ध *sehr gross.* — Mit अभिसम्, अभिसंवृद्ध *hoch gewachsen.*

2. वर्ध्, वृद्ध *abgeschnitten, in seiner Wurzel vernichtet* MBH. 12,73,8. Vgl. 2. वृद्ध. — Caus. *वर्धयति *abschneiden.* वर्धित 1) **abgeschnitten.* — 2) *gezimmert.* वास्तु काष्ठैः VÂSTUV. 409.

3. *वर्ध्, वर्धयति (भाषार्थ oder भासार्थ).

वर्ध॑ 1) Adj. *mehrend, verstärkend, erfreuend* in नन्दि° und *मित्र°. — 2) m. *a) das Gedeihenmachen, Fördern.* — *b)* **Clerodendrum siphonanthus.* — 3) *n. *Blei;* vgl. वर्ध. — वर्धाय s. bes.

1. *वर्धक 1) Adj. *mehrend, verstärkend* in *अग्नि°. — 2) m. *Clerodendrum siphonanthus.*

2. वर्धक 1) Adj. *abschneidend, scheerend* in *माष° und श्मश्रु°. — 2) m. *Zimmermann.*

वर्धकि und वर्धकिन् m. *Zimmermann.*

1. वर्ध॑न 1) Adj. (f. ई) *a) wachsend, zunehmend, reicher werdend.* — *b) mehrend, stärkend, fördernd, Wohlfahrt verleihend, Mehrer, Wachsthumgeber* u. s. w. Häufig in Comp. mit seinem Object. — *c) ergötzend, begeisternd, erfreuend.* Häufig in Comp. mit seinem Object. — 2) m. *a) Ueberzahn.* — *b) ein best. Tact* S. S. S. 213. — *c)* N. pr. α) eines Wesens im Gefolge Skanda's. — β) eines Sohnes des Kṛshṇa. — 3) f. वर्धनी *a)* **Besen.* — *b) ein Wasserkrug von bestimmter Form* HEMÂDRI 2, *b*,137,9. 10. 14. AGNI-P. 34,14. fgg. 40,23. Aus वार्धनी entstanden. — 4) n. *a) Wachsthum, Zunahme, das Gedeihen. Mächtigwerden.* — *b) Vergrösserung, Verstärkung, das Erheben, Befördern.* — *c) das Aufziehen, Grossziehen.* — *d) Stärkungsmittel, Labungsmittel.*

2. वर्धन n. 1) *das Abschneiden.* Vgl. नाभि°. — 2) am Ende von Städtenamen (z. B. पुण्ड्र°) wohl so v. a. *Stadt.* नगरे काशिवर्धने MAHÂV. 184,19. Vgl. altpersisch *vardana*, 2. वर्ध् Caus. und वर्धकि, वर्धकिन्.

वर्धनक 1) Adj. etwa *ergötzend* in चतुर्वर्धनिका. — 2) *f. °निका *ein zur Aufbewahrung geheiligten Wassers dienendes Fläschchen* (buddh.).

वर्धनसूरि m. N. pr. eines Ǵaina-Lehrers.

वर्धनस्वामिन् m. N. pr. eines best. Heiligthums (einer Statue).

वर्धनीय Adj. *zu mehren, zu verstärken, dessen Wohlfahrt zu fördern ist.*

*वर्धफल m. *Pongamia glabra* RÂǴAN. 9,62.

वर्धमान 1) Adj. Partic. von 1. वर्ध्. — 2) m. *a) Ricinus communis.* — *b) eine best. Verbindung der Hände.* — *c) eine best. Stellung beim Tanze* S. S. S. 240. — *d)* **eine Art Räthsel.* — *e)* *Bein. Vishṇu's. — *f)* N. pr. α) eines Berges und Districtes (das heutige *Burdwan*). — β) eines Dorfes. — γ) Pl. eines Volkes. — δ) verschiedener Männer, unter andern eines Ǵina Ind. Antiq. 6,31. — ε) des Weltelephanten des Ostens J. R. A. S. 1871, S. 274. — 3) *m. f. (आ RÂǴAN. 11,157) *süsse Citrone.* — 4) m. n. *a) eine best. Figur.* Geschlecht nicht zu entscheiden. — *b) eine Schüssel von best. Form.* — *c) ein Haus, das nach der Südseite keinen Ausgang hat.* — 5) f. आ *eine best. Form der* Gâjatrî. — 6) f. (आ) und n. N. pr. einer Stadt, = वर्धमानपुर. — 7) f. ई Titel eines von einem Vardhamâna verfassten Commentars. — 8) n. *ein best. Metrum.*

वर्धमानक m. 1) *eine Schüssel von best. Form.* — 2) *eine best. Verbindung der Hände.* — 3) Bez. *einer ein best. Gewerbe treibenden Person.* — 4) N. pr. *a)* *eines Schlangendämons. — *b)* verschiedener Männer. — *c)* einer Gegend oder eines Volkes.

वर्धमानद्वार n. N. pr. eines *Thores* in Hâstinapura.

वर्धमानपुर n. N. pr. einer *Stadt, Burdwan.* °द्वार n. *ein dahin hinausführendes Thor.*

वर्धमानपुराण n. Titel eines Werkes BÜHLER, Rep. No. 667.

वर्धमानपुरीय Adj. *aus* Vardhamânapura *gebürtig.*

वर्धमानमति m. N. pr. eines Bodhisattva.

वर्धमानमिश्र m. N. pr. eines Grammatikers.

वर्धमानस्वामिन् m. N. pr. eines Ǵina WEBER, BHAG. 1,375.

वर्धमानेन्दु m. Titel eines Commentars.

वर्धमानेश m. N. pr. eines Heiligthums (einer Statue).

*वर्धमाल m. N. pr. eines Brahmanen.

°वर्धयितर् Nom. ag. *Aufzieher, Grosszieher.*

वर्धापक 1) * = कञ्चुक, पांसुचामर und पूर्णपात्र vgl. jedoch ÇÂÇVATA 568. — 2) f. °पिका *Amme* HEM. PAR. 9,36.

वर्धापन (vom Caus. von 1. und 2. वर्ध्) n. 1) *das Abschneiden der Nabelschnur, die Feier an die Erinnerung dieses Tages, Geburtsfeier* und überhaupt *jede Feier, bei der man Jmd langes Leben und Gedeihen anwünscht.* — 2) * *Gewänder, Kränze u. s. w., die gute Freunde an Festen erbeuten.*

वर्धापनक n. 1) = वर्धापन 1). — 2) etwa *Gratulation, Gratulationsgeschenk* ḰAMPAKA 299.

वर्धापनिक Adj. etwa *eine Gratulation —, eine gute Nachricht bringend* ḰAMPAKA 301.

1. वर्धापय्, °यति *beglückwünschen* HARIV. 10886. 2,127,37. ḰAMPAKA 475.

2. वर्धापय्, °यति *abschneiden* (die Nabelschnur) WEBER, KṚSHṆAǴ. 302.

वर्धाय Absol. *beglückwünscht habend* HARIV. 10906 (v. l. वर्धाप्य). Vgl. यक्षाय.

वर्धित 1) Adj. Partic. vom Caus. von 1. und 2. वर्ध्. — 2) (wohl n.) *eine Art Schüssel.*

वर्धितक n. *eine Art Schüssel* PAT. zu P. 1,2. 45, Vârtt. 11 und 4,24, Vârtt. 3.

वर्धितर् Nom. ag. *Stärker, Mehrer.*

वर्धितव्य n. impers. *crescendum.*

°वर्धिनी Adj. f. *mehrend, verstärkend.*

वर्धिपथक (वर्द्धि° geschrieben) N. pr. eines Districts Ind. Antiq. 6,201.207.210.

वर्धिष्णु Adj. *wachsend, stärker werdend, zunehmend* ÇIÇ. 12,40.

वर्ध्म und वर्ध्मन् m. *Leistenbruch* BHÂVAPR. 5,95. KARAKA 1,18. 6,17.26. 8,2.9.12. Ueberall fehlerhafte Schreibarten.

वर्ध॑ 1) m. *Gurt, Band eines geflochtenen Stuhls.* — 2) (*f. ई) n. *Riemen* ÇIÇ. 5,53. 18,5. — 3) *n. *a) Leder.* — *b) Blei.*

*वर्धकठिन n. *Tragriemen* KÂÇ. zu P. 4,4,72.

वर्ध॑व्युत Adj. (f. आ) *mit Bändern umflochten.*

*वर्धिका f. *Riemen;* in übertragener Bed. vielleicht so v. a. *ein Kerl, der geschmeidig wie ein Riemen ist.* वधिका KÂÇ.

व॑र्पणीति Adj. *in verstellter Gestalt auftretend.*

व॑र्पस् n. 1) *verstelltes* oder *angenommenes Aussehen, Schreckbild; Bild* überh., *simulacrum.* — 2) *Anschlag, List, Kunstgriff.*

वर्पेयु m. N. pr. eines Sohnes des Raudrâçva VP.² 4,128.

*वर्फ्, वर्फति (गत्याम्, वधे).

*वर्फस् n. = वर्पस्.

वर्म am Ende eines adj. Comp. (f. आ) = वर्मन्.

वर्मक m. Pl. N. pr. eines Volkes.

*वर्मकण्टक m. *Gardenia latifolia* oder *Fumaria parviflora.* कर्म° Râgan. 5,8.

*वर्मकशा f. *eine best. Pflanze.*

*वर्मणा m. *Orangenbaum.*

व॑र्मण्वत् Adj. *gepanzert.*

*वर्मती f. N. pr. einer Oertlichkeit.

व॑र्मन् (*m.) n. 1) *Schutzrüstung, Panzer, Harnisch.* — 2) *Schutzwehr, Schirm* überh. (= गृह Nigh.). — 3) *Rinde.* — 4) Bez. *bestimmter schüzzender Gebetsformeln* (Varâh. Jogaj. 8,6), insbes. *der mystischen Silbe* हुम्. Auch वर्ममन्त्र.

वर्मवत् 1) Adj. *gepanzert.* — 2) n. *eine unbefestigte* (!) *Stadt.*

वर्मय्, °यति *mit einem Harnisch versehen* Comm. zu Çiç. 17,21. वर्मित *gepanzert, geharnischt.* °कवचित Lalit. 217,13.

वर्मशर्मन् m. N. pr. verschiedener Männer Ind. Antiq. 12,244. fg.

वर्महर Adj. *schon einen Panzer tragend, das Jünglingsalter habend.*

*वर्माय्, °यते Denomin. von वर्मन्.

वर्मि m. *ein best. Fisch.* °मत्स्य m. 217,6.

*वर्मिक Adj. *gepanzert, geharnischt.*

वर्मित s. u. वर्मय्.

वर्मि॑न् 1) Adj. *gepanzert, geharnischt.* — 2) *m. N. pr. eines Mannes Pat. zu P. 4,1,158, Vârtt. 2.

*वर्मुष m. *ein best. Fisch.*

व॑र्य 1) Adj. (f. आ) a) f. *wählbar, um die man freien kann.* — b) *vortrefflich, vorzüglich, der beste,* — *unter* (Gen. oder im Comp. vorangehend). — 2) *m. *der Liebesgott.* — 3) *f. वर्या *ein Mädchen, welches selbst den Gatten sich wählt.*

वर्व vielleicht *eine best. Münze.*

*वर्वणा f. *eine Fliegenart.* चर्मणा Râgan. 19,128.

वर्वर Adj. = बर्बर *kraus* Kâth. 25,7.

वर्वरक m. N. pr. eines Mannes Mudrâr. 44,22 (75,12). Richtiger बर्बरक.

वर्वरि m. desgl.

*वर्वि Adj. = घस्मर.

वर्वुरिक in *जाल°.

*वर्व्र् m. *Acacia arabica* Râgan. 8,37.

वर्व्रूक in *जाल°.

*वर्श्, वृश्यति (वरणे).

वर्श्मन् m. = zend. bareçman.

1. वर्ष्, व॑र्षति, °ते (in der späteren Sprache nur metrisch) 1) *regnen, in reichem Maasse ausschütten;* das Subject ist, wenn das Verbum nicht unpersönlich gedacht wird, der Regen, Parǵanja, Indra, der Gott, der Himmel, die Wolken u. s. w. व॑र्षति *während es regnet, bei Regen.* Das Herabfallende im Instr. oder Acc. — 2) *beregnen, überschütten mit* (Instr.). — 3) Med. *sich ausschütten,* so v. a. *verschwenderisch austheilen* ṚV. 6,26,1. — 4) वृष्ट mit act. (auch वृष्टवत्), neutr. und pass. (*als Regen niedergefallen*) Bedeutung. वृष्टे *wenn es geregnet hat.* — 5) nach dem Dhâtup. auch हिंसासंक्लेशनयोः und प्रजनैश्वर्ये. — Caus. 1) वर्षयति a) *regnen lassen* (Regen, den Parǵanja, den Indra, den Himmel oder ohne Object). — b) *Etwas als Regen herabfallen lassen.* वर्षित *als Regen herabgefallen.* — c) *beregnen,* — *mit* (Instr.). — 2) *वर्षयते (शक्तिबन्धने, प्रजनैश्वर्ये). — Mit अति *in Menge regnen* (vom Gott). अतिवृष्ट in act. (MBh. 7,178,30) und pass. (*als Regen herabgefallen*) Bed. — Mit अनु *hinregnen über* (Acc.). — Mit अभि 1) *beregnen, überschütten mit* (Instr.). — 2) *regnen, in reichem Maasse ausschütten;* mit Instr. oder Acc. des Herabfallenden. — 3) अभि॑वृष्ट a) *beregnet* (15,25), *worauf Regen gefallen ist, überschüttet mit* (Instr.). — b) *geregnet* —, *Regen herabgesandt habend.* — c) *als Regen herabgefallen.* — d) n. impers. *geregnet habend.* — Caus. *beregnen, überschütten mit* (Instr.). — Mit समभि *beregnen.* — Mit अव dass. — Mit आ 1) *beregnen, überschütten mit* (Instr.). — 2) Med. *sich* ein Getränk (Acc. oder Gen., aber auch ohne Obj.) *einschütten.* — Mit उद् Med. *sich ausschütten,* so v. a. *verschwenderisch austheilen.* — Mit निस्, निर्वृष्ट *ausgeregnet* —, *zu regnen aufgehört habend* Vâmana 43,19. Kâd. 31,19. — Mit परि *beregnen, beschütten mit* (Instr.). — Mit प्र 1) *zu regnen anfangen, regnen, in reichem Maasse ausschütten;* mit Instr. oder Acc. des Herabfallenden. — 2) *beregnen, überschütten mit* (Instr.). — 3) प्रवृष्ट *zu regnen* —, *zu schütten angefangen habend;* mit Instr. oder Acc. des Herabfallenden. प्रवृष्टे *wenn es regnet.* — Caus. *regnen machen.* — Mit अभिप्र 1) *beregnen.* — 2) *regnen.* — Mit संप्र, °वृष्ट (s. auch bes.) *zu regnen angefangen habend* (Indra) *mit* (Instr.). — Mit प्रति *beregnen, überschütten mit* (Instr.). — Mit वि Caus. dass. MBh. 8,20,32. — Mit सम् *beregnen.*

2. वर्ष् in व॑र्षिष्ठ, व॑र्षीयंस्, वर्ष्मन् und वृ॑षन्.

व॑र्ष 1) Adj. (f. आ) am Ende eines Comp. *regnend.* — 2) m. n. (nur dieses in der älteren Sprache; adj. Comp. f. आ) a) *Regen* (auch in übertragener Bed.). Mit einem Gen. oder am Ende eines Comp. — *Regen* (*Blumen-, Staub-* u. s. w.). — b) Pl. *Regenzeit.* — c) * *Wolke.* — d) *Jahr, Lebensjahr.* आ वर्षात् *ein Jahr lang,* वर्षात् *nach einem Jahre,* वर्षेण *binnen eines Jahres,* वर्षे वर्षे *in jedem Jahre.* — e) *Tag* (eine Klügelei). — f) *Welttheil;* im System *die zwischen Hauptbergen liegende Niederung.* Deren werden im Ǵambudvîpa neun und auch sieben angenommen. Angeblich auch = जम्बुद्वीप. — 3) m. N. pr. eines Grammatikers. — 4) f. व॑र्षा॑ a) Pl. *die Regenzeit.* Ausnahmsweise auch Sg. — b) *Regen, Regenmenge.* — c) * *Medicago esculenta.*

वर्षक 1) *Adj. *regnend, als Regen herabfallend.* — 2) * *Sommerhaus* (!). — 3) am Ende eines adj. Comp. = वर्ष *Jahr.*

*वर्षकरी f. *Grille, Heimchen.*

वर्षकर्मन् n. *die Thätigkeit des Regens.*

वर्षकाम Adj. *nach Regen begierig.* °कामेष्टि f. *ein von einem Solchen veranstaltetes Opfer.*

वर्षकृत्य 1) Adj. *jährlich zu vollbringen.* — 2) n. Titel eines Werkes.

वर्षकेतु m. 1) * *eine roth blühende* Punarnavâ. — 2) N. pr. eines Sohnes des Ketumant.

*वर्षकोश m. 1) *Monat.* — 2) *Astrolog.*

वर्षगण m. *eine grosse Reihe von Jahren.* Pl. M. 12,54.

वर्षगणितपद्धति f. Titel eines Werkes.

वर्षगिरि m. *ein zur Bildung eines* Varsha *dienender Berg.*

वर्षघ्न Adj. *den Regen abhaltend, vor R. schützend.*

वर्षज Adj. 1) *von Regen herrührend.* — 2) *vor einem Jahr entstanden, ein Jahr alt.*

वर्षण 1) Adj. (f. ई) meist am Ende eines Comp. *regnend.* अस्त्र n. *eine Regen bewirkende Waffe.* — 2) n. *das Regnen, Regnenlassen, Ausgiessen, Ausschütten von Gaben an* (im Comp. vorangehend).

*वर्षणि f. = वर्तन (oder वर्षण), कृति (oder क्रतु).

वर्षतन्त्र n. Titel eines Werkes.

वर्षत्र n. *Regenschirm* R. 2,107,18.

वर्षत्राण n. dass. Daçin. 1,83.

वर्षधर m. 1) * *Wolke.* — 2) *ein einen Welttheil begrenzender Berg.* — 3) *Gebieter über ein* Varsha. — 4) *Eunuch.*

*वर्षधार m. N. pr. eines Schlangendämons.

वर्षधाराधर Adj. *regenschwanger.*

वर्षनक्षत्रसूचक m. *ein Wetterprophet und ein Astrolog* Nârada (a.) 2,1,183.

वर्षनिर्णिक्त Adj. *in den Schmuck —, in das Gewand des Regens gekleidet.*

वर्षत् Partic. *regnend;* m. so v. a. *Regen* Çat. Br. 3,1,2,14.

*वर्षधर m. N. pr. eines Rshi Comm. zu Ârsh. Br. 1,144.

वर्षप und वर्षपति m. *Beherrscher eines* Varsha.

वर्षपद m. *Kalender.*

*वर्षपर्वत m. = वर्षगिरि.

वर्षपुप्रयोग m. Titel eines Werkes Opp. Cat. 1.

*वर्षपाकिन् m. *Spondias mangifera.*

वर्षपात m. *Regenguss.* Pl. Mṛkkh. 85,23.

वर्षपुरुष m. *Bewohner eines* Varsha.

वर्षपुष्प 1) m. N. pr. eines Mannes. — 2) *f. आ *eine best. Schlingpflanze* Râgan. 4,100.

वर्षपूग m. n. Sg. und Pl. 1) *Regenmenge* Bhâg. P. 3,17,26. — 2) *eine Reihe von Jahren* 87,8. MBh. 1,90,7. 5,27,7. 13,145,22. Bhâg. P. 2,3,34. 3,23,44. 4,12,42.

वर्षप्रतिबन्ध m. *Regenverhaltung, Dürre* P. 3, 3,51.

वर्षप्रदीप m. Titel eines Werkes.

वर्षप्रावन् Adj. nach dem Comm. (der ein Thema °प्रावा annimmt) *Regenfülle gebend.*

*वर्षप्रिय m. *der Vogel* Kâtaka.

वर्षफल n. Titel eines Werkes Burnell, T.

वर्षभुज् m. *Beherrscher eines* Varsha.

वर्षमर्यादागिरि m. = वर्षगिरि.

वर्षमहोदय m. Titel eines Werkes Bühler, Rep. No. 668.

वर्षमेदस् Adj. *durch Regen fett.* वर्षमेधस् AV. Paipp.

1. वर्षय् Caus. von 1. वर्ष्.

2. *वर्षय् *hoch u. s. w. machen.*

वर्षयन्ती Adj. f. *regnen lassend;* als Subst. Name einer der 7 Kṛttikâ TS. 4,4,5,1.

वर्षरात्र (R. ed. Bomb. 1,3,24) und °रात्रि (R. ed. Schl.) fehlerhaft für वर्षा°.

वर्षर्तुमासपक्षाहोवेलादेशप्रदेशवत् Adj. *mit Angabe des Jahres, der Jahreszeit, des Monats, des Halbmonats, des Tages, der Tageszeit, des Landes und des Ortes versehen* 214,24.

वर्षलम्भक m. wohl = वर्षगिरि MBh. 6,41,14.

वर्षवत् Adv. *wie beim Regen* Çâṅkh. Gṛhj. 4,7.

वर्षवर m. *Eunuch* Kâd. 99,23.

वर्षवसन n. *der Aufenthalt der buddhistischen Mönche in festen Wohnungen während der Regenzeit.* Richtiger wäre वर्षा°.

वर्षवृद्ध Adj. *im oder durch Regen erwachsen.*

वर्षवृद्धि f. 1) *Wachsthum der Jahre.* — 2) **die Feier des Geburtstages.*

वर्षवृद्धिप्रयोग m. Titel eines Werkes Burnell, T.

वर्षशतिन् Adj. *hundertjährig.*

वर्षसहस्र n. *Jahrtausend.*

वर्षसहस्राय्, °यते *wie tausend Jahre erscheinen* Kâd. 193,2.

*वर्षांश und *°क m. *Monat.*

वर्षाकाल m. *Regenzeit.* R. 4,29,1. Hit. 115,15. Vâsav. 284,3.

वर्षाकालिक Adj. *zur Regenzeit in Beziehung stehend* Comm. zu R. ed. Bomb. 1,3,24.

वर्षागम m. *der Anfang der Regenzeit.*

*वर्षाघोष m. *ein grosser Frosch* Râgan. 19,78.

*वर्षाङ्ग 1) m. *Monat.* — 2) f. ई *Boerhavia procumbens.*

वर्षाचर Adj. von unbekannter Bed. MBh. 13, 93,130; vgl. 94,33.

वर्षाज्य Adj. *dessen Opferbutter der Regen ist.*

वर्षाधिप m. *Jahresregent.*

वर्षाधृत Adj. *in der Regenzeit getragen* (Kleid).

वर्षानदी f. *ein in der Regenzeit sich füllender Fluss* Bhâm. V. 1,44.

*वर्षाबीज n. *Hagel.*

*वर्षाभव m. *eine roth blühende Boerhavia.*

वर्षाभू 1) *m. *a) Frosch.* — *b) Regenwurm.* — *c) Coccinelle.* — 2) f. °भू *a)* **Froschweibchen.* — *b) Boerhavia procumbens.* — 3) *f. °भ्वी *a) Froschweibchen.* — *b) Boerhavia procumbens.*

*वर्षामद m. *Pfau.*

*वर्षाम्भःपारणाव्रत m. *der Vogel* Kâtaka.

वर्षारात्र m. (R. 4,26,24. 7,64,10) und °रात्रि f. R. Gorr. 1,3,18) *die Regenzeit.*

*वर्षार्चिस् m. *der Planet Mars.*

वर्षार्ध *Halbjahr.* Abl. *nach einem halben Jahre* Varâh. Bṛh. S. 42,10. 97,5.

वर्षार्ह Adj. *auf ein Jahr hinreichend* Hemâdri 1,645,8.

*वर्षालङ्कायिका (!) f. *Trigonella corniculata.*

*वर्षाली Adv. mit कर्, भू und अस्.

*वर्षावसाय m. *Ende der Regenzeit, Herbst* Râgan. 21,67.

वर्षावस्तु n. Titel einer Abtheilung im Vinaja der Buddhisten.

वर्षाशरद् f. Du. *die Regenzeit und der Herbst* Çat. Br. 8,3,2,7. 8. 12,8,2,34 (°शरदौ !). 13,6,1,10.

*वर्षाशाटी f. *ein zur Regenzeit getragenes Gewand* (buddh.). Auch °चीवर. °शाटीगोपक m. *der Aufbewahrer solcher Gewänder.*

वर्षासमय m. *die Regenzeit* Kathâs. 19,65. Verz. d. Oxf. H. 123,a,26. Hem. Par. 2,357. Vâsav. 282,2.

*वर्षासुज Adj. *in der Regenzeit entstehend, — erscheinend.*

वर्षाह्निक m. *eine best. giftige Schlange.*

वर्षाह्वी f. 1) *Boerhavia procumbens* TS. 2,4,10, 3. — 2) *Frosch.*

°वर्षिक Adj. *— jährig.*

वर्षित 1) s. u. 1. वर्ष् Caus. — 2) n. *Regen* Hariv. 266. 12497. v. l. वर्षण.

वर्षितर् Nom. ag. *Regner.*

°वर्षिता f. *das Regnen, Spenden.*

वर्षिन् Adj. 1) *regnend, als Regen entlassend, ausschüttend, spendend, austheilend* (auch Schlimmes). Nur ausnahmsweise selbstständig in der Bed. *reichliche Thränen vergiessend.* — 2) am Ende eines Comp. *mit einem — Regen* (z. B. *Steinregen*) *verbunden.* — 3) am Ende eines Comp. *— jährig.*

वर्षिमन् m. *Weite.*

वर्षिष्ठ Adj. 1) *der höchste, oberste.* °म् Adv. *am höchsten.* — 2) *der längste, grösste, sehr gross.* — 3) **der älteste* (von वर्ष *Jahr*).

वर्षिष्ठक्षत्र Adj. *die höchste Herrschaft habend, Oberherr.*

वर्षीका f. *ein best. Metrum.*

*°वर्षीण Adj. *— jährig.*

°वर्षीय Adj. dass.

वर्षीयंस् Adj. 1) *der höhere, obere.* — 2) *länger, grösser, — als* (Abl. Âpast. 1,23,2). — *c) gross, sehr bedeutend* (Gunst). — *d) blühend, in gedeihlichem Zustande befindlich.* — *e) besser als* (Abl.) Âpast. 2,27,7. — *f) bejahrt, betagt* (von वर्ष) Bhadrab. 4,16.

वर्षु Adj. nach dem Comm. *lang* oder *regenentsprosst* VS.

वर्षुक 1) Adj. (f. आ) *a) regnerisch, regenreich.* — *b) regnend,* so v. a. *regnen lassend, ausschüttend;* mit Acc. Çiç. 14,46. — 2) *m. N. pr. eines Mannes. Pl. *seine Nachkommen.*

*वर्षेन्न Adj. = वर्षज.

वर्षेश m. *Jahresregent.*

वर्षोपल m. *Hagel.*

वर्षौघ m. *Regenstrom, Platzregen.*

वर्ष्टर् Nom. ag. *Regner.*

वर्ष्म m. Pâr. Gṛhj. 1,3,8, wo aber nach Weber वर्ष्मास्मि st. वर्ष्मो स्मि zu lesen ist.

1. वर्ष्मन् m. 1) *Höhe, das Oberste.* — 2) *Scheitel.*

2. वर्ष्मन् n. 1) *Höhe, das Oberste, Oberfläche, das Aeusserste, Spitze.* — 2) *Höhe, Grösse, Umfang.*

— 3) *Körper, Leib.* — 4) **eine schöne Gestalt.*

*वर्ष्मल Adj. von वर्ष्मन्.

वर्ष्मवत्त् Adj. *mit einem Körper versehen.*

वर्ष्मसेक m. *Begiessung des Körpers* (zur Abkühlung) HEM. PAR. 2,433.

वर्ष्य, वर्षिष्ठ und वर्ष्य 1) Adj. (f. ग्रा) *pluvialis* ÂPAST. ÇR. 8,22,5. — 2) f. वर्ष्या Pl. *Regenwasser.*

वर्सम und वर्स्म fehlerhaft für वर्ष्मन् (so der Index) VP.[2] 5,384.

वर्ह् s. 1. und 2. बर्ह्.

वल्, वलति, °ते 1) *sich wenden, sich hinwenden zu* (ग्रभिमुखम्, Loc. oder Acc.). नृत्यत्ति वलत्ति कृमत्ति HEMÂDRI 1,592,9. वलित *gewendet, gebogen;* auch n. impers. — 2) *heimkehren* UTTAMAK. 24. — 3) *heimkehren,* so v. a. *sich wieder entfernen* HEM. PAR. 1,331. UTTAMAK. 51. वलित *sich wieder entfernt habend* 59. — 4) *hervorbrechen, sich äussern, sich zeigen.* — 5) **verbergen, verstecken.* — 6) °वलित *begleitet von, verbunden mit.* — वलत् RÂGAT. 8, 2888 fehlerhaft für वल्गत्. — Caus. वलयति und वालयति (HEM. PAR. 2,110. PAÑKAD.) *sich wenden —, rollen machen, umwenden.* — Desid. vom Caus. in विवालयिषु. — Mit ग्रति in ग्रनतिवलित (Nachtr. 1). — Mit ग्रा, ग्रावलित 1) *umgewandt* KÂD. 10,15. 51,17. — 2) *flatternd* HARIV. 2,30,20. Richtig ग्रावल्गित v. l. — Mit वि *sich abwenden.* विवलित *abgewandt.* — Mit सम्, संवलित *zusammengetroffen, — gekommen, gemischt —, verbunden mit* (Instr. oder im Comp. vorangehend).

1. वल m. 1) *Höhle.* — 2) etwa *Balken, Stange* Comm. zu KÂTJ. ÇR. 8,4,24. 5,38. 6,3. — 3) N. pr. eines Dämons, einer Personification von 1); vgl. 2. बल 2) c) α).

2. वल = वलि in शतवल.

वलंरुत् Adj. *Höhlen zerbrechend.*

वलक 1) etwa *Balken, Stange.* — 2) n. *Procession.* — 3) m. N. pr. eines der 7 Weisen unter Manu Tâmasa. — Vgl. वलक in Nachtr. 5.

वलकेश्वरतीर्थ n. N. pr. eines Tîrtha.

वलग n. *ein in einer Höhlung* oder *Grube verborgenes —,* überh. *ein verstecktes Zaubermittel.*

वलगहन् Adj. *versteckten Zauber vernichtend.*

वलगिन् Adj. *der sich mit verstecktem Zauber abgiebt.*

वलती f. wohl nur ein verlesenes वलभी.

1. वलन 1) n. (adj. Comp. f. ग्रा) *a) das Sichwenden, Sichbiegen, Wogen, Wallen.* — *b) das Zutagetreten, Sichzeigen.* — 2) f. (ग्रा) n. *Variation in der Ekliptik.*

2. वलन = वरण in *काय°.

वलत्तिका f. *eine best. Art von Gesticulation.*

वलभि s. वलभी.

वलभिका f. 1) Demin. von वलभी 1) KÂD. 56,13. — 2) v. l. für वलत्तिका.

वलभिद् 1) m. die correctere, aber in den Bomb. Ausgg. nicht vorkommende Schreibart für बलभिद्. In der zweiten Bed. ÂPAST. ÇR. 22,11. — 3) n. बृहस्पतेर्वलभिदी oder इन्द्रस्य व° Name zweier Sâman ÂRSH. BR.

वलभी und seltener °भि f. 1) *First, Söller, Zinne eines Hauses.* — 2) N. pr. einer Stadt in Saurâshṭra. Richtig वल्लभी.

वलय 1) m. n. (adj. Comp. f. ग्रा) *a) ein am Handgelenk von Männern und Frauen getragenes Armband.* Wellen als *Armspangen* eines Teiches u. s. w. aufgefasst. — *b) Kreis.* — c) *Umkreis, Rund, runde Einfassung.* Am Ende eines adj. Comp. so v. a. *rundum begrenzt von.* — 2) m. *a) eine best. Krankheit des Schlundes.* — *b) eine best. Art von Truppenaufstellung.* — c) Pl. N. pr. eines Volkes. — 3) n. *a)* Bez. *gewisser runder Knochen* BHÂVAPR. 5,129. — *b) Schwarm, Menge* KÂD. 2,74,7 (90,10). — वलया भूतरंगाभाः HARIV. 4298 fehlerhaft für वलयो ऽग्र°.

वलयवत् in लता°.

वलयित Adj. 1) *rundum eingefasst —, umwunden von* (Instr. oder im Comp. vorangehend) BÂLAR. 268,8. — 2) *rundum angelegt* ÇIÇ. 8,44. — 3) *einen Kreis bildend* KÂD. 61,1.

वलयिन् Adj. 1) *mit einem Armband versehen.* — 2) am Ende eines Comp. *rundum eingefasst von.*

वलयी Adv. 1) mit कर् *Etwas zum Armband machen, als Armband verwenden* ÇIÇ. 13,32. Comm. zu 8,44. — 2) mit भू *zu einer ringförmigen Einfassung werden.*

*वलरसा f. *Schwefel* GARBE zu RÂGAN. 13,71.

वलवत् Adj. *das Wort 1.* वल *enthaltend.*

*वलाट m. *Phaseolus Mungo.*

वलि 1) वलि (m. Spr. 7723) und वली f. *a) Falte der Haut, Runzel, Falte* überh. — *b) Giebelbalken* oder dgl. VP.[2] 5,32. — 2) *वलि *a) Schwefel.* — *b) ein best. musikalisches Instrument.* — 3) f. वली *a)* **Welle.* — *b)* KATHÂS. 123,61 fehlerhaft für वल्ली. — Vgl. बलि.

*वलिक gaṇa पत्तादि.

वलित 1) Adj. s. u. वल्. — 2) m. *eine best. Stellung der Hände beim Tanze* Verz. d. Oxf. H. 202, a,32. — 3) *n. *schwarzer Pfeffer.*

वलिन Adj. *mit Falten versehen, runzelig.*

वलिभ Adj. (f. ग्रा) dass. ÇIÇ. 6,13.

वलिमत् Adj. dass.

*वलिमुख m. *Affe.*

*वलिर Adj. *schielend.*

वलिवाण्ड m. N. pr. eines Fürsten.

*वलिशान m. *Wolke.*

वली s. वलि.

वलीक 1) am Ende eines adj. Comp. = वली in त्रि°. — 2) n. *a) ein vorspringendes Stroh-* oder *Schilfdach.* °संतान GAUT. 16,14. — *b)* etwa *Schilf. Büschel* (als Fackel u. s. w. gebraucht).

वलीमत् Adj. *gekräuselt.*

वलीमुख 1) *Adj. *Runzeln im Gesicht habend.* — 2) m. *a) Affe.* — *b)* N. pr. eines Affen.

वलीमुखमुख m. Pl. N. pr. eines fabelhaften Volkes PR. P. 118.

वलीवदन m. *Affe* MÂLATIM. 152,13 (ed. Bomb. 323,8).

वलूक 1) Adj. nach den Erklärern *roth* oder *schwarz.* — 2) *m. *Vogel.* — 3) *m. n. *Lotuswurzel.*

*वल्क्, वल्कयति (परिभाषणे).

वल्क 1) m. n. *Bast, Splint* BÂLAR. 29,7. — 2) m. *Sprecher* in einer Etymologie. — 3) *n. *a) Fischschuppe.* — *b) Stück.*

वल्कज m. Pl. N. pr. eines Volkes.

*वल्कतरु m. *Betelpalme* RÂGAN. 11,240.

*वल्कद्रुम m. *Betula Bhojpatra* RÂGAN. 9,116.

*वल्कपत्र m. *Phoenix paludosa* RÂGAN. 9,92.

*वल्कफल m. *Granatbaum* RÂGAN. 11,74. v. l. कल्क°.

*वल्करोध m. *eine Art* Lodhra RÂGAN. 6,213. 215.

वल्कल 1) m. n. (adj. Comp. f. ग्रा) *a) Bast, Splint* KARAKA 6,13. KÂD. 130,9. — *b) ein Gewebe von Bast, ein aus Bast verfertigtes Gewand.* — 2) m. *a)* *वल्करोध RÂGAN. 6,214. — *b)* N. pr. eines Daitja. Richtig बल्वल. — 3) *f. ग्रा *eine best. Pflanze.* — 4) *n. *Cassiarinde* RÂGAN. 6,182.

वल्कलतेत्र n. N. pr. *eines heiligen Gebietes.* °माहात्म्य n.

वल्कलचीरिन् m. N. pr. eines Mannes HEM. PAR. 1,118.

वल्कलवत् Adj. *ein Gewand aus Bast tragend.*

वल्कलिन् Adj. 1) *Bast habend, — liefernd.* — 2) *ein Gewand aus Bast tragend.*

*वल्कवत् m. *Fisch.*

वल्कवासस् n. *Bastgewand.*

*वल्किल m. *Dorn.*

*वल्कुत n. *Bast.*

वल्ग् 1) वल्गति, वल्गते (metrisch) *a) die Glieder rasch bewegen, hüpfen, springen* (insbes. vor

Freude); auch von leblosen Dingen. — *b*) von Reden so v. a. *klingen*. — 2) वल्गित *a*) *hüpfend, springend* (MBh. 7,7,14), *flatternd, sich hinundher bewegend*. Auch n. impers. — *b*) *klingend, wohlklingend*. — ववल्गिरे Çiç. 14,29 fehlerhaft für ववल्गिरे. — Mit अति Caus. °वल्गयति *schüren* (das Feuer) Âpast. Çr. 6,11,3. — Mit अभि 1) *herbeihüpfen, — springen*. — 2) *aufwallen* (vom siedenden Wasser). — Mit आ *die Glieder rasch bewegen, hüpfen, springen*. आवल्गित *hüpfend, springend, flatternd*. — Mit व्या 1) *galoppiren*. — 2) *hüpfen, sich rasch hinundher bewegen, hinundher springen* Bâlar. 273,8. — 3) व्यावल्गित *dahinfahrend* (Wind). — Mit परा *wegspringen*. — Mit प्र *die Glieder rasch bewegen, hüpfen, springen*. प्रवल्गित *hüpfend, springend*. — Mit वि *hüpfen, springen*. — Mit सम् *sich in wallende, rollende Bewegung setzen*.

वल्गन n. *das Hüpfen, Springen, Galoppiren*.

वल्गा f. 1) *Zaum, Zügel* MBh. ed. Vardh. 7,26, 23. Çiç. 3,30. 5,60. — 2) N. pr. eines Frauenzimmers.

वल्गित 1) Adj. s. u. वल्ग्. — 2) n. *a*) *das Hüpfen, Springen* (insbes. vor Freude), *der springende Gang* (eines Pferdes), *das Hinundhergehen, Zittern*. — *b*) *Geberdenspiel*.

*वल्गिनी f. *Thorkette* Gal.

वल्गु 1) Adj. (f. eben so) *artig, zierlich, anständig, schmuck, lieblich, schön* (eig. *von angenehmer Geberde*); insbes. von Reden, Stimmen, Lauten. Superl. वल्गुतम. Adv. वल्गु. — 2) m. *a*) **Ziege*. — *b*) N. pr. α) einer der vier Schutzgottheiten des Bodhi-Baums. — β) *vielleicht einer Oertlichkeit. — Verwechselt mit फल्गु und MBh. 6,2138 fehlerhaft für बल.

वल्गुक 1) *Adj. = वल्गु 1). — 2) m. *ein best. Baum*. — 3) *n. *a*) *Sandel*. — *b*) *Gehölz, Wald*. — *c*) = पण.

*वल्गुज m. und *°जा f. = अवल्गुज.

वल्गुजङ्घ m. N. pr. eines Sohnes des Viçvâmitra.

वल्गुदत्तीसुत m. angeblich Metron. Indra's Comm. zu Kâm. Nîtis. 10,17.

*वल्गुपत्त्र m. *Phaseolus trilobus*.

*वल्गुपोदकी f. *Amaranthus polygamus* oder *oleraceus*.

*वल्गुला f. 1) *Serratula anthelminthica* Râgan. 4, 164. — 2) *ein best. Nachtvogel* Râgan. 19,192.

वल्गुलिका f. 1) *Kiste, Kasten*. — 2) **ein best. Nachtvogel* oder *eine Art Fledermaus*.

वल्गुली f. *ein best. Nachtvogel* oder *eine Art Fledermaus*.

वल्गूय्, वल्गूयति 1) *artig behandeln*. — 2) *frohlocken* Bhaṭṭ.

वल्भ्, वल्भते *essen, geniessen* Çiç. 14,29 (ववल्गिरे die ältere Ausg.).

*वल्भन n. *das Essen*.

*वल्मिक m. n. und *वल्मिकि m. n. *Ameisenhaufe*.

वल्मी f. verwechselt mit वल्ली.

वल्मीक 1) m. n. *a*) *Ameisenhaufe* (ein beliebter Aufenthaltsort von Schlangen) TBr. 1,1,3,4. *n. — *b*) *eine best. Krankheit: Knoten an Hand und Sohle u. s. w., von wunden Stellen umgeben*. — 2) m. *a*) * = सातपो मेघः und सूर्य. — *b*) N. pr. des Vaters von वाल्मीकि. Angeblich auch = वाल्मीकि. — 3) n. N. pr. einer Oertlichkeit.

वल्मीकजन्मन् (Bâlar. 7,18. Prasannar. 4,14.19) und वल्मीकभव (Z. d. d. m. G. 36,368) m. Patron. Vâlmîki's.

वल्मीकभौम n. *Ameisenhaufe* Shaḍv. Br. 6,6. v. l. वल्मीक°.

वल्मीकराशि m. dass.

वल्मीकल्प (!) m. *der 11te Tag in der dunkelen Hälfte im Monat* Brahman's.

वल्मीकवपा f. *Ameisenhaufe*.

*वल्मीकशीर्ष n. *Antimonium* Râgan. 13,98.

*वल्मीकसंभवा f. *eine Gurkenart* Râgan. 7,165.

वल्मीकाग्र n. N. pr. einer Kuppe des Râmagiri Megh. 15.

*वल्मीकि m. und *वल्मीकूट n. *Ameisenhaufe*.

*वल्युलय्, und *वल्यूलय्, °यति = पल्पूलय्.

*वल्ल्, वल्लते (स्तृतौ, संचरणे, संवरणे), वल्लत्त् Kathâs. 110,87 fehlerhaft für वेल्लत्त्.

वल्ल m. 1) *eine Weizenart*. — 2) *ein best. Gewicht*.

*वल्लकरञ्ज m. *Pongamia glabra*.

वल्लकि (metrisch) f. = वल्लकी 1).

वल्लकी f. 1) *eine Art Laute*. — 2) *eine best. Constellation, bei der alle Planeten in sieben Häusern stehen*. — 3) **Boswellia thurifera*.

वल्लन m. N. pr. eines Dichters Z. d. d. m. G. 36,557.

वल्लभ 1) Adj. (f. आ) *a*) *vor Allem lieb*, — Jmd (Gen., Loc. oder im Comp. vorangehend), *lieber als* (Abl. Pañkat. 228, 2); Subst. *Liebling, Günstling, Geliebter, Geliebte*. °तुरंग m. *Lieblingspferd* Kâd. 238, 24. समस्तगुण° *ein Liebling aller Vorzüge*, so v. a. *mit allen Vorzügen ausgestattet*. Ausnahmsweise auch von Unpersönlichem gebraucht. Compar. °तर (Nom. abstr. °तरता f. Kâd. 239,15), Superl. °तम; am Ende eines adj. Comp. (auch von वल्लभा f.) f. आ. — *b*) **die Aufsicht über Etwas habend*; nach Andern m. *Kuhhirt* (also fehlerhaft für बल्लव). — 2) m. *a*) **ein edles Pferd* (wohl *Lieblingspferd*; vgl. 323, 15). — *b*) **eine Art Agallochum* Gal. — *c*) N. pr. α) verschiedener Männer. — β) Pl. eines Volkes. — 3) *f. आ Bez. *zweier Pflanzen*, = अतिविषा und प्रियङ्गु. — 4) f. ई s. bes.

वल्लभगणि m. N. pr. eines Lexicographen VP.[2] 3,102. 197.

वल्लभजन m. *Geliebte*.

वल्लभजी f. N. pr. eines Lehrers, = वल्लभाचार्य.

वल्लभता f. *das Beliebtsein bei* (Gen., Loc. oder im Comp. vorangehend).

वल्लभदीक्षित m. N. pr. eines Lehrers, = वल्लभाचार्य.

वल्लभदेव m. N. pr. eines Dichters.

वल्लभन्यायाचार्य m. N. pr. eines Autors.

*वल्लभपालक m. *Rosshirt*.

वल्लभपुर n. N. pr. einer *Stadt* und eines Dorfes.

वल्लभराजदेव m. N. pr. und Bein. eines *Fürsten* Ind. Antiq. 6,196.199.201.203. 205. 207. fg.

वल्लभशक्ति m. N. pr. eines Fürsten.

वल्लभस्वामिन् m. N. pr. eines Lehrers, = वल्लभाचार्य.

वल्लभाचार्य m. N. pr. eines *Lehrers* und Gründers einer Vishṇu'itischen Secte.

वल्लभाष्टक n. Titel eines Gedichts. °विवृति f. Titel des *Commentars* dazu.

वल्लभी f. N. pr. einer Stadt.

वल्लभेश्वर m. N. pr. eines Fürsten.

*वल्लर n. = वल्लुर Râgan. 12,91. Zach. Beitr. 67.

वल्लरि und °री f. 1) *Ranke, Rankengewächs*. Auch bildlich, z. B. अलक° Kâd. 216,21 (359,12). — 2) **Trigonella foenum graecum* Bhâvapr. 1,167. — 3) *ein best. Metrum*.

वल्लरीक am Ende eines adj. Comp. von वल्लरी 1) Bâlar. 297,12.

वल्लापुर n. N. pr. einer *Stadt*.

वल्लारी f. *eine best.* Râgiṇî S. S. S. 55.

वल्लि (meist metrisch) und वल्ली f. 1) *Rankengewächs, Schlingpflanze; insbes. eine Klasse von Arzeneipflanzen*; nach den Lexicographen = अजमोदा, कैवर्तिका und चव्य. Häufig bildlich von Armen, Brauen, Blitz u. s. w. — 2) वल्ली *a*) Bez. *der Theile einiger* Upanishad. — *b*) = फलवल्ली Comm. zu Ârjabh. S. 49. fgg. — 3) *वल्लि *die Erde*.

*वल्लिकण्टकारिका f. *Jasminum Jacquini*.

°वल्लिका f. Demin. von वल्ली 1).

*वल्लिकाग्र *Koralle*.

वल्लिज m. *eine best. Pflanze mit giftiger Blüthe.* Nach den Lexicographen *Pfeffer* und *Tabaschir.*

*वल्लिदूर्वा f. *eine Art* Dûrvâ-*Gras* Râǵan. 8,114.

*वल्लिनी f. = वल्लिदूर्वा Râǵan. 8,114.

°वल्लिमन्त् *mit der Schlingpflanze — versehen.*

वल्लिराष्ट्र (?) m. Pl. N. pr. eines Volkes.

*वल्लिशाकटयोनिका f. *eine best. Pflanze* Râǵan. 7,140.

*वल्लिशूरण m. *eine best. Schlingpflanze* Râǵan. 3,118.

वल्ली f. s. u. वल्लि.

वल्लीकर्ण m. *eine best. Deformität des Ohres.*

वल्लीज m. *eine best. Klasse von Pflanzen.* Nach den Lexicographen (auch Râǵan. 6,31) *Pfeffer.*

*वल्लीबदरी f. *eine Art Judendorn* Râǵan. 11,145.

*वल्लीमुद्ग m. *Phaseolus aconitifolius* Râǵan. 16,54.

*वल्लीवृक्ष m. *Shorea robusta* Râǵan. 9,80.

*वल्लुर n. = शाद्वल, क्षेत्र, कुञ्ज, मञ्जरी, अनम्भस्, गहन und ओषध.

वल्लूर (*m. f. आ) n. 1) *getrocknetes Fleisch.* — 2) **Schweinefleisch.* — 3) *= वनक्षेत्र, वाहन, ऊषर, नक्षत्र, गहन.

वल्लूरक m. *eine best. Deformität des Ohres.*

वल्श m. *Schössling, Zweig.* Auch बल्श geschrieben.

वल्ह्, वल्हते प्राधान्ये, परिभाषणहिंसादानेषु [auch छादन st. दान], स्मृतिहिंसादानवाद्. — *Caus. वल्हयति भाषार्थ oder भासार्थ. — Mit उप (auch Act.) *Jmd mit einer Frage auf die Probe stellen, Jmd ein Räthsel aufgeben* Çat. Br. 12,4,2,8. Neben °वल्हामसि auch °बलिह्नामहे. — Mit प्र (°वल्ह्य) dass. प्रवल्हित *räthselhaft.*

*ववाङ्ग n. *die weibliche Scham.* Richtig वराङ्ग.

*ववूल m. *Acacia arabica* Madanav. 59,38.

वव्र 1) Adj. *sich versteckend, sich in sich zurückziehend.* — 2) m. *Höhle, Grube, Tiefe.*

वव्रय्, वव्रयते *sich zurückziehen von oder vor.*

वव्रि m. 1) *Versteck, Hülle, Gewand.* — 2) *körperliche Hülle, Leib.* — 3) angeblich N. pr. eines Liedverfassers.

वव्रिवासस् Adj. *etwa im Körper wohnend.*

वव्वोल m. *Acacia arabica* Mat. med. 160. Rasar. 627.

वश्, वष्टि, विवष्टि, वर्वष्टि 1) *wollen, gebieten;* auch mit Dat. Infin. उशमान *verfügend über, aufbietend.* — 2) *verlangen nach, begehren, gern haben, lieben;* auch mit Infin. — 3) *mit Entschiedenheit seine Meinung an den Tag legen, statuiren, behaupten, annehmen, erklären für* (mit doppeltem Acc.). — 4) उशन्त्, उशान und वावशान *willig, bereitwillig, gern, freudig, folgsam, verlangend.* उशन्त् (Superl. उशत्तम) häufig im Bhâg. P. in der Bed. *reizend, lieblich;* nach dem Comm. auch = शुद्ध, देदीप्यमान und स्वर्चित. Vgl. auch u. उषन्त् 2). — 5) Ṛv. 2,11,6 und 4,22,3 ist वाश्रा रुशन्तम् (*lichtfarbig, hell*) zu trennen und zu accentuiren. — Caus. वशयति *in seine Gewalt bekommen, sich unterthan machen.* — *Intens. वावश्यते. — Mit अनु *zustreben auf* (Acc.). — Mit अभि 1) *beherrschen.* — 2) *zustreben auf* (Acc.). — 3) Med. *begehren.* — Mit आ, hierher wohl ओशान *begehrt.* — Mit समा, °वशेत् Kâm. Nîtis. 4,57 fehlerhaft für °वसेत्.

1. वश 1) m. *a) Willen, Wunsch, Belieben.* Auch Pl. — *b) Befehl, Herrschaft, Gewalt, Botmässigkeit.* Acc. α) mit इ, अनु-इ, उप-इ, सम्-इ, गम्, आ-गम्, उपा-गम्, या, आ-या, प्र-या, प्र-आप्, आ-पद् und आ-स्था *in Jmds* (Gen. oder im Comp. vorangehend) *Gewalt kommen.* β) mit नी, आ-नी, उप-नी, प्र-नी und प्र-युज् *in Jmds —, in seine Gewalt bringen.* Loc. α) mit भू, स्था und सम्-स्था *in Jmds Gewalt stehen.* β) mit कर्, स्थापय्, सम्-स्थापय्, लभ् und नी (ausnahmsweise वशे st. वशम्) *in Jmds —, in seine Gewalt bringen.* वशेन, वशात् und वशतस् mit Gen. oder am Ende eines Comp. (dieses häufiger) *auf Geheiss, in Folge —, in Veranlassung von, zufolge, gemäss, vermittelst.* Am Ende eines adj. Comp. (f. आ) *in der Gewalt von — stehend.* — c) *die personificirte Herrschaft.* — d) **Geburt, Ursprung.* — e) **Hurenhaus.* Vgl. वेश. — f) N. pr. α) eines Schützlings der Açvin und angeblichen Liedverfassers von Ṛv. 8,46. Daher auch Bez. *dieses Liedes.* — β) Pl. eines Volkes. Vgl. Old. Buddha 401. — γ) angeblich = वाल्मीकि Gal. — 2) Adj. (f. आ) *unter Jmds* (Gen.) *Befehlen stehend, unterthan, abhängig.*

2. वश n. *flüssiges Fett.*

वशंवद Adj. (meist am Ende eines Comp.) *Jmds Willen —, Jmds Herrschaft folgend, folgsam, gefügig, ganz ergeben. — hingegeben, — von Etwas erfüllt, hingerissen —, überwältigt von* Prasannar. 58,14. Ind. St. 15,426. स्वेच्छा° *ganz vom eigenen Willen abhängig* Spr. 7730. Nom. abstr. °त्व n. *das Sichfügen in den Willen Anderer.*

वशंवदित Adj. *zu Willen gemacht, fascinirt* Bhâm. V. 2,155.

वशकर Adj. (f. ई) *sich unterthan machend, für sich gewinnend.*

*वशका f. *ein gehorsames Weib.*

वशकारक Adj. *zur Unterwerfung führend.*

*वशक्रिया f. *das sich zu Willen Machen, Bezaubern.*

वशग Adj. (f. आ) 1) *in der Gewalt von — stehend, unterthan, gehorsam, abhängig von;* die Ergänzung im Gen. oder am Ende eines Comp. Nom. abstr. °त्व n. *Abhängigkeit von* (im Comp. vorangehend). — 2) *Jmd* (im Comp. vorangehend) *in die Gewalt bringend.*

वशगत Adj. = वशग 1).

वशगमन n. *das in die Gewalt Kommen.*

वशगामिन् Adj. *in Jmds Gewalt kommend, unterthänig —, gehorsam werdend.*

°वशंकर Adj. *Jmd in seine Gewalt bringend.* वशंकरः Arǵ. 3,9 fehlerhaft für च शंकरः.

वशंकृत Adj. *in Jmds Gewalt gebracht.*

वशंगम 1) Adj. *beeinflusst*, Bez. gewisser Saṁdhi. — 2) m. Du. Bez. *eines best. Spruches* Gobh. 4,8,7.

वशतमा f. Superl. von 1. वशा 1).

वशता f. 1) *das in der Gewalt Stehen, Abhängigkeit von* (Gen. oder im Comp. vorangehend). — 2) *das Gewalthaben über* (Loc.), *Beherrschen.*

°वशत्व n. *das in der Gewalt von — Stehen.*

*वशन n. Nom. act. von वश्.

वशनीय Adj. *unterthan, leibeigen;* mit Gen.

वशवर्तिन् 1) Adj. *a) in Jmds Gewalt sich befindend, sich in Jmds Willen fügend, unterthan, gehorsam;* die Ergänzung im Gen. (103,14) oder im Comp. vorangehend. Als Beiw. Vishṇu's Vishṇus. 98,52. — *b) Alle in seiner Gewalt habend, übermächtig* Lalit. 375,9. 465,13. Am Ende eines Comp. *Gewalt habend über, beherrschend* 49,4. 465,13. 466,1. — 2) m. *a)* Sg. (sc. गण) und Pl. *eine best. Klasse von Göttern im dritten* Manvantara VP. 3,1,14. — *b)* N. pr. eines Brahman oder Mahâbrahman Lalit. 342,18. 343,20.

वशस्थ Adj. *in Jmds Gewalt stehend.*

1. वशा f. 1) *Kuh, im engern Sinne eine Kuh, welche weder trächtig ist, noch ein Kalb nährt;* nach den Comm. auch *eine unfruchtbare Kuh.* वशापशुपुरोडाश Vaitân. — 2) in Verbindung mit अवि f. *Mutterschaf.* — 3) *Elephantenkuh.* Am Ende eines adj. Comp. f. आ. — 4) **ein unfruchtbares Weib.* — 5) **Weib, Weibchen überh.* — 6) **Tochter.*

2. वशा Adj. f. s. u. वश 2).

3. वशा f. MBh. 7,1976 fehlerhaft für वसा.

*वशाकु m. *Vogel.* Richtig वाशाकु.

वशागत Adj. *in Folge von Etwas gekommen* u. s. w. in मार्ग°.

वशाजात n. *eine Kuh-Art* AV. 12,4,47.

*वशाघ्नक s. त्रसाघ्नक.

वशातल m. Pl. N. pr. eines Volkes MBh. 2,52,15.

वशाति, वशातिक und वशातीय schlechte Schreibart für वसाति u. s. w.

वशात्व n. Nom. abstr. zu 1. वशा 1) Maitr. S. 2,5,7 (56,6).

वशानुग Adj. (f. आ) 1) *seinem Willen folgend.* — 2) *Jmds Willen folgend, in Jmds Gewalt stehend, unterthan, gehorsam;* die Ergänzung im Gen. (R. 1,49,22. 2,10,32) oder im Comp. vorangehend. — 3) *in Folge von Etwas gekommen* u. s. w. in मार्ग°.

वशान्न Adj. *Kühe verzehrend.*

*वशापायिन् schlechte Schreibart für वसा°.

वशाभोग m. *Genuss —, Benutzung einer Kuh* AV. 12,4,13.

*वशामत्त Adj. von वशा.

*वशायित (?) Adj. Deçîn. Comm. zu 1,84 (36,4).

°वशायात Adj. *in Folge von Etwas gekommen, — eingetreten.* Vgl. मार्ग°.

*वशारोह schlechte Schreibart für वसा°.

वशि 1) Adj. nach Mahîdh. = कान्त. — 2) *n. = वशित्व.

वशिक Adj. *leer* Harshak. 57,21. Auch वसिक geschrieben; vgl. वशिन् 1) d).

वशितर् Nom. ag. *seinen Willen habend, unabhängig.*

वशिता f. *die übernatürliche Kraft Alles seinem Willen zu unterwerfen, unumschränkte Macht über* (im Comp. vorangehend) Lalit. 343,2. 19. Einem Bodhisattva werden zehn solcher Kräfte zugeschrieben.

वशित्व n. 1) *Willensfreiheit, das eigener Herr Sein.* — 2) *Herrschaft über* (Loc.). — 3) = वशिता. — 4) *die Herrschaft über sich selbst, Selbstbeherrschung.*

वशिन् 1) Adj. a) *gebietend;* m. *Herrscher, Gebieter über* (Gen.), f. वशिनी f. *Gebieterin* RV. 10,85,26. — b) *willig, gehorsam.* — c) *sich selbst beherrschend, sich in der Gewalt habend.* — d) *leer* (eig. *verfügbar*). — 2) m. N. pr. eines Sohnes des Kṛti. — 3) *f. वशिनी a) *Schmarotzerpflanze.* — b) *Prosopis spicigera* oder *Mimosa Suma.*

वशिमन् m. = वशिता.

वशिर und वशिष्ठ schlechte Schreibart für वसिर und वसिष्ठ.

1. वशी f. in उर्वशी.

2. वशी Adv. 1) mit कर् Act. Med. (später) *in die Gewalt bekommen, bezwingen, sich unterthan machen.* Vgl. दानवशी (Nachtr. 5). — 2) mit भू a) *in Jmds Gewalt kommen, unterthan werden* Vikramâñkak. 10,17. — b) °भूत α) *unterthänig, folgsam, gehorsam.* — β) *zur Macht gelangt.*

वशीकर Adj. *in die Gewalt bekommend, bezwingend, sich Jmd* (im Comp. vorangehend) *unterthan machend.*

वशीकरण n. *das in die Gewalt Bekommen, Bezwingung, das sich unterthan Machen* (insbes. durch Zaubermittel); das Object im Gen. oder im Comp. vorangehend.

वशीकरवाराही f. Titel zweier Werke Burnell, T.

वशीकार m., वशीकृति f. und वशीक्रिया f. = वशीकरण.

*वशीर m. 1) *Achyranthes aspera* Râgan. 4,91. — 2) *Scindapsus officinalis.*

वश्चिक m. N. pr. eines Agrahâra.

*वश्मसा Indecl. gaṇa ऊर्यादि.

वश्य 1) Adj. *in Jmds* (Gen. oder im Comp. vorangehend) *Gewalt stehend, sich in Jmds Willen fügend, gehorsam, folgsam, nach Wunsch zur Verfügung stehend.* — 2) m. N. pr. eines Sohnes des Âgnîdhra. — 3) f. आ = 4) b). — 4) n. a) *Macht, Gewalt.* — b) *die übernatürliche Macht Andere seinem Willen zu unterwerfen und eine darauf gerichtete Zauberhandlung.*

वश्यक 1) *Adj. (f. आ) *folgsam, gehorsam.* — 2) n. *eine Zauberhandlung, durch die man Gewalt über Andere zu erlangen beabsichtigt.*

वश्यकर Adj. *Gewalt über Andere verleihend.*

वश्यकर्मन् n. = वश्यक 2).

वश्यकारिन् Adj. = वश्यकर Râgan. 13,50.

वश्यता f. und वश्यत्व n. *das in der Gewalt Stehen von* (Gen. oder im Comp. vorangehend), *Unterwürfigkeit, Folgsamkeit, Gehorsam.*

*वष्, वषते (हिंसायाम्).

वषट् Indecl. ein Opferruf, vom Hotar am Schluss der Jâgjâ gesprochen, auf welchen der Adhvarju die Spenden in's Feuer wirft; wird mit einem Dat. verbunden. Mit कर् *diesen Ruf aussprechen;* वषट्कृत *worüber dieser Ruf gesprochen worden ist.* अनुवषट्कर् *einen vashaṭ-Ruf auf den ersten folgen lassen mit den Worten* सोमस्याग्ने वीहि oder ähnlich; अनुवषट्कृत Partic.

वषट्करण n. *das Ausrufen von* वषट् Comm. zu Gaim. 3,5,31.

वषट्कर्तर् Nom. ag. *Ausrufer von* वषट्.

वषट्कार m. (adj. Comp. f. आ) *der Ausruf* वषट्. Wird auch personificirt.

वषट्कारक्रिया f. *eine vom Ausruf* वषट् *begleitete Opferhandlung* Âçv. Çr. 2,19,27.

वषट्कारनिधन n. Name verschiedener Sâman.

वषट्कारिन् Adj. = वषट्कर्तर्.

वषट्कृति f. = वषट्कार. °कृति auch als Adv.

वषट्कृत्य n. impers. वषट् *zu sprechen.*

वषड्क्रिया f. = वषट्कारक्रिया.

*वष्क्, वष्कते (गतौ).

वष्किह Adj. = बष्किह Maitr. S. 3,13,14.

वष्टि Adj. *begehrend, begehrlich.*

1. वस् enklitischer Acc., Dat., Gen. und Instr. Pl. (Hariv. 2233. Bhâg. P. 6,4,13) des Pronomens der 2ten Person.

2. वस्, उच्छति 1) *illucescere, hell werden, — sein, leuchten* (vom Lichte des anbrechenden Morgens, vom Hellwerden der Nacht u. s. w.). — 2) *durch Leuchten Etwas bringen* RV. 1,113,17. — 3) mit दूरे *wegleuchten.* — 4) उच्छन्तु AV. 3,12,4 vielleicht fehlerhaft für उत्तन्तु. — 5) *उषित *hell geworden.* — Caus. वासयति *aufleuchten machen.* — Mit अधि, अध्युषिते *bei Tagesanbruch.* — Mit अप 1) *durch Helle vertreiben.* — 2) *erlöschen.* — Mit वि 1) *aufleuchten, in oder an das Licht treten, Tag werden.* — 2) *erhellen* in der Form विवस्ते (wegen विवस्वन्त्). — 3) व्युष्ट *hell geworden, dem Tage gewichen* (Nacht). — 4) व्युषिते *bei Tagesanbruch.* — Caus. *hell —, Tag werden lassen.* — Mit अभिवि *hell werden über* (Acc.), so v. a. *vor Beendigung von — Tag werden.* Med. व्युच्छेत vielleicht fehlerhaft für व्युच्छेत्. — *Caus. die Nacht (Acc.) *hell werden lassen*, so v. a. *bis Tagesanbruch erzählen* Pat. zu P. 3,1,26, Vârtt. 9. — Mit परिवि *aufleuchten von — her* (Abl.), so v. a. *nach.*

3. वस्, वस्ते (einmal वत्स्यति st. °त्ते) *anziehen, sich ein Gewand* (Âçv. Gṛhj. 1,19,11) *oder Hülle* (Acc.) *umlegen, eine Form der Erscheinung annehmen, sich hineinmachen —, eindringen in* (Acc.). — Caus. वासयति 1) *ein Gewand anziehen —, tragen lassen.* — 2) *bekleiden mit* (Instr.), *einhüllen in* (Instr.); Med. *sich hüllen in* (Instr.) °वासित *bekleidet mit* Hemâdri 1,434,12. — Mit अधि *anziehen.* — Mit अनु 1) *bekleiden, umfangen,* (schützend) *umgeben mit* (Instr.). — 2) *sich bekleiden, sich hüllen in* (Acc.). — Mit अभि *sich hüllen in* (Acc.). — Caus. *bekleiden, bedecken mit* (Instr.). — Mit उप Caus. in उपवासन. — Mit नि 1) *darüber anziehen, — umlegen.* — 2) *umthun, anlegen.* — 3) *sich kleiden, sich aufputzen* Bhaṭṭ. — 4) निवसित *gekleidet in* (Instr.). — Caus. 1) *anziehen.* — 2) निवासित a) *gekleidet in* (Instr.). — b) am Ende eines Comp. *beschäftigt mit.* — Mit प्रतिनि Caus. in *प्रतिनिवासन. — Mit संनि *umthun, anlegen.* — Mit परि 1) *anziehen.* — 2) *umgeben, um Etwas* (Acc.) *her sein.* — Mit प्र *anziehen, umnehmen.* — Mit प्रति dass. — Caus. प्रतिवासित ge-

hüllt in (Instr.). — Mit वि 1) die Kleider (Acc.) tauschen. — 2) anziehen, umlegen. — Caus. anziehen, umlegen. — Mit सम् sich kleiden in (Instr.). — Mit अभिसम् umnehmen.

4. °वस् gekleidet in.

5. वस्, वसति (metrisch auch Med.; in der älteren Sprache Med. nur वावसाने und mit सम्), Pass. उष्यते; 1) an einem Orte bleiben, Halt machen, übernachten (mit und ohne रात्रिम्; nicht selten ist zu einem Zahlwort oder Pronomen im Acc. रात्रीस् oder रात्रिम् zu ergänzen), verweilen (auch so v. a. ausbleiben, wegbleiben), sich aufhalten, seinen Standort haben (auch von Thieren), seinen Aufenthalt nehmen, wohnen, leben in oder bei, verbleiben (mit einem prädicativen Partic. praet. pass. in diesem Zustande —, in dieser Lage verbleiben, — liegen —, — stehen bleiben), stehen bleiben bei, inne halten, sich irgendwo befinden oder sein. Das Wo, Worin oder Wobei im Loc. दूरतस् sich fern halten, सुखम् auch so v. a. behaglich leben, sich behaglich fühlen. — 2) beiwohnen, geschlechtlichen Umgang haben mit (Loc.). — 3) ruhen auf (vom Auge), beruhen auf, sich halten zu; mit Loc. — 4) mit Acc. eines Nom. abstr. (insbesondere mit वासम् und वसतिम्) in einer Lage u. s. w. sich dauernd befinden, sich widmen, obliegen. — 5) an einem Orte (Acc.) verbleiben. — 6) Jmd (Acc.) betrauen —, sich beschäftigen lassen mit (Instr.). — 7) उषित a) zugebracht, verlebt (ein Tag); n. impers. geweilt —, die Zeit zugebracht worden (das Wo im Loc.). — b) wohin man sich zurückgezogen hat Spr. 7686. — c) Halt gemacht —, übernachtet —, verweilt —, sich aufgehalten —, irgendwo gelebt habend, abwesend gewesen, seinen Standort habend, gewartet habend (Hemâdri 1,416,13); der Ort im Loc. oder im Comp. vorangehend, die Zeit im Acc. oder im Comp. vorangehend. Auch mit Hinzufügung von °वासम् und °वसतिम्. — d) mit (सह) Jmd geschlechtlich gelebt habend. — e) gestanden —, gelegen habend (insbes. über Nacht) von Sachen; das Wo im Loc. oder im Comp. vorangehend, das Wielange im Acc. oder im Comp. vorangehend. — f) gefastet habend. — Caus. 1) वासयति, °ते (älter) a) über Nacht Halt machen lassen, — behalten, Quartier geben, beherbergen, wohnen lassen, — heissen. — b) mit Jmd (Instr.) den Beischlaf vollziehen lassen. — c) über Nacht Etwas stehen lassen. तिस्रस् sc. रात्रीस्. — d) warten lassen, hinhalten, aufhalten. — e) bestehen lassen, erhalten. — f) bevölkern. — g) stellen, setzen, an einen Ort (Loc.) thun. अनध्यायं मुखे so v. a. Stillschweigen beobachten, schweigen. — h) entstehen lassen, hervorrufen. — 2) *वसयति wohnen. — Mit अधि 1) einen Ort beziehen, zum Aufenthaltsort nehmen, einen Platz einnehmen (Prasannar. 74,12), bewohnen; liegen auf; mit Acc. — 2) sich halten an, so v. a. leben von, geniessen; mit Acc. MBh. 3,120,32. — 3) अध्युषित a) besetzt, eingenommen, innegehabt (von einem Orte), bewohnt, wo sich Jmd aufgehalten hat, worauf Jmd gelegen hat. मरुता so v. a. vom Winde bestrichen. — b) gewohnt —, zugebracht habend, — in (Loc.), *bewohnend (mit Acc.). अचिराध्युषित der nur kurze Zeit bei einem Lehrer zugebracht hat Varâh. Jogaj. 4,3. — c) dem man obliegt. — Caus. 1) über Nacht liegen lassen. — 2) heimsuchen. — 3) sich einverstanden erklären mit Jmd (Gen.), zustimmen. — 4) ertragen, erdulden Lalit. 452,5. — Vgl. वासय् mit अधि. — Mit अनु 1) Jmd nachziehen, Jmd an einen Ort folgen; mit Acc. der Person 240,13. *अनूषित mit passiver, neutraler und activer Bed. — 2) an einen Ort ziehen, zum Aufenthaltsort wählen. — 3) verweilen, irgendwo zubringen (eine Zeit, Acc.). — 4) längere Zeit stehen, älter werden (von Sachen). — 5) sich einem Gefühl (Acc.) hingeben Káraka 1,8 (अनुवसेत् zu lesen). — 6) अनुवत्स्यते MBh. 3,14758 fehlerhaft für अनुवत्स्यते. — Caus. das Kalb (Acc.) bei der Mutter belassen Âpast. Çr. 8,11,14. — Mit समनु obliegen, befolgen; mit Acc. Hariv. 3,3,39. — Mit अन्तर् 1) drinnen stecken. — 2) mitten in Etwas (Gen.) stecken bleiben. — Mit अभि, अभ्युषित verweilt —, zugebracht habend; mit Acc. der Zeit. — Mit आ 1) verweilen, sich aufhalten, wohnen, — in (Loc.). — 2) nahe oder gegenwärtig sein. — 3) beziehen (einen Ort), zum Aufenthaltsort wählen, bewohnen; mit Acc. Gaut. गृहान् so v. a. einen Haushalt gründen, गुरोस्तल्पम् so v. a. mit der Frau des Lehrers Ehebruch treiben. — 4) zubringen (eine Nacht, Acc.). — 5) sich begeben in, antreten (einen Stand). — 6) fleischlich beiwohnen (einer Frau, Acc.). — 7) statt मामा वसत्ति AV. 7,79,2 ist wohl अमा व° zu lesen; आवसित Kathâs. 54,124 fehlerhaft für आवासित. — Caus. 1) beherbergen, bei sich wohnen lassen. — 2) beziehen, zum Aufenthaltsort erwählen. प्रेमावासित in dem die Zuneigung ihre Wohnung aufgeschlagen hat. — 3) Halt machen, sich lagern (für die Nacht). आवासित mit act. Bed. Harshak. (ed. Bomb.) 470,4. — Mit अध्या 1) beziehen, zum Aufenthaltsort wählen, bewohnen MBh. 3,40,52. — 2) seinen Aufenthalt haben —, wohnen in (Loc.). — 3) sich begeben in, antreten, obliegen. — Mit उद्वा hinausziehen in oder zu (°वासम्). v. l. उप. — Caus. hinausbringen, — schaffen. — Mit उपा (metrisch st. उप) fasten. — Mit समा 1) Halt machen, sich lagern (für die Nacht). — 2) beziehen, zum Aufenthaltsort erwählen, bewohnen; mit Acc. — Caus. Halt machen, sich lagern, sich niederlassen 320,28. समावासित mit act. Bed. Vâsav. 172,1. — Mit उद्, उद्दुषित (Conj.) der das Haus verlassen hat, Asket geworden Hem. Par. 5,51. — Caus. Act. Med. 1) aus seiner Stelle entfernen (z. B. das Havis, das Feuer vom Altar Maitr. S. 1,8,4; auch mit Ergänzung von अग्निम्), abtrennen (den Kopf), fortschaffen (Vaitân. 7,3), fortgehen heissen (Vaitân. 12,1). — 2) verwüsten. — Mit अनूद् Caus. in der Richtung von (Acc.) wegrücken TBr. 2,1,3,5. — Mit अभ्युद् Caus. dass. Maitr. S. 1,8,4 (119,16). — Mit पर्युद् Caus. und mit समुद् Caus. = उद् Caus. 1). — Mit उप 1) verweilen bei Etwas (Acc.), bei Jmd (Gen.), in (Loc.), warten, abwarten. — 2) fasten, mit Acc. der Speise oder der Zeitdauer (Gaut. 27,4; mit Loc. 13.) उपवत्स्यद्भक्त n. Vaitân. 1,11. 6,12. Ausnahmsweise Med. in der Prosa. उपोषित a) gefastet habend, nüchtern. — b) in Fasten zugebracht. — 3) *beziehen, zum Aufenthaltsort erwählen. — 4) sich zu Jmd (Acc.) in die Lehre begeben. — 5) antreten, sich widmen, obliegen; mit Acc. — 6) उपवसित Âçv. Gṛhj. 1,14,7 fehlerhaft für उपावसित (von सा mit उपाव). — Caus. 1) über Nacht behalten, — liegen lassen, aufbewahren Sâmav. Br. 3,4,4. fgg. TS. 6,3,2,3. — 2) fasten lassen. — Mit समुप 1) fasten Hemâdri 1,401,20. समुपोषित gefastet habend. — 2) समुपोषित angetreten habend, obliegend; mit Acc. — Mit नि 1) verweilen, sich aufhalten, seinen Standort haben, (von Menschen und Thieren, bisweilen auch von Sachen), wohnen, — in (Loc.). निवसित n. impers. — 2) bewohnen, innehaben. — 3) geschlechtlich beiwohnen, mit Acc. — 4) sich dauernd in einer Lage befinden, sich unterziehen; mit Acc. — 5) न मे वैरेा निवसते Hariv. 6049 fehlerhaft für न मे वैरं प्रवसति. — Caus. 1) verweilen lassen, beherbergen, aufnehmen (in seinem Hause). — 2) bewohnt machen, bevölkern. — 3) zur Wohnstatt wählen, bewohnen. — 4) setzen auf (Loc.). — Mit अधिनि zur Wohnstatt wählen. — Mit संनि 1) zusammen wohnen, — leben mit (Instr.). समागमे in Verein mit (Gen.) leben. — 2) wohnen in (Loc.).

— Mit निस् *ausleben, zu Ende leben;* mit dem Acc. वासम् oder °वासम् MBh. 3,25,18. — Caus. 1) *aus seinem Wohnorte vertreiben, vertreiben, verbannen,* — *aus* (Abl.), *in* (Acc.), *zu* (Dat. eines Nom. act.). — 2) *entlassen.* — 3) *sich vertreiben, zubringen, verleben.* — Mit परि 1) *verweilen, leben mit* (Instr.). संसर्गितया *verkehren mit* (Acc.). — 2) पर्युषित a) *übernachtet habend.* — b) *über Nacht gelegen, — gestanden, gestrig* (Gaut.), überh. *abgestanden, alt, verdorben* (von Speisen und andern Stoffen); auch in Comp. mit der Zeitdauer oder mit dem Stoffe, in dem Etwas *gelegen hat.* — c) von einem Worte so v. a. *nicht zur Zeit gelöst.* — Caus. *über Nacht stehen lassen.* — Mit प्र 1) (*für die Nacht seine Wohnung verlassen*) *verreisen, sich entfernen.* — 2) *verschwinden, aufhören, nicht mehr vorhanden sein* Hariv. 2,50,84. 3,2,30. Von der Sonne so v. a. *nicht mehr scheinen.* — 3) *verweilen, sich aufhalten.* — 4) *verbannen.* वनवासे *zum Aufenthalt im Walde.* — 5) प्रोषित a) *vom Hause abwesend, in der Fremde weilend, abwesend.* — b) *verschwunden, verwischt; heliakisch untergegangen.* — c) *heimgegangen, gestorben* Harshak. 153,9. — Caus. *entfernen, Jmd aus seinem Wohnort vertreiben, verbannen.* — °प्रवासित: Kathâs. 73,222 fehlerhaft für °प्रवासत:. — Desid. प्रविवत्सति *zu verreisen beabsichtigen* Çiç. 13,120(86), *im Begriff stehen sich wegzubegeben aus* (Abl.) Kâraka 5,12 (प्रविवत्सताम् zu lesen). — Mit अतिप्र *über eine best. Zeit* (Acc.) *hinaus abwesend sein* Âpast. Çr. 6,26,7 und Baudh. im Comm. dazu. — Mit अपप्र in अनपप्रोषित. — Mit विप्र 1) *verreisen, in die Fremde ziehen, in der Fr. weilen.* विप्रोष्य *nach einer Reise* Gaut. Âpast. 1,11,11. — 2) विप्रोषित a) *verreist,* — *weggezogen in* (Acc.); *verbannt* (auch राज्य°). — 3) विप्रवसित n. impers. Loc. *nachdem* der und der (Instr.) *fortgegangen war.* — Caus. 1) *verbannen,* — *aus* (Abl.). — 2) *verscheuchen, entfernen, verschwinden machen.* — Mit संप्र, संप्रोषित *verschwunden, untergegangen* (Sonne) Dhûrtan. 37. — Mit प्रति *seinen Wohnsitz —, seinen Standort haben.* — Caus. 1) *beherbergen.* — 2) *ansässig machen.* — Mit वि 1) *sich ausquartieren, sich fortbegeben von* (Abl.). — 2) ब्रह्मचर्यम् so v. a. *in die Lehre gehen.* — 3) *zubringen, verleben;* mit Acc. der Zeit. — 4) वि-वत्स्यत: Âçv. Çr. 11,5,1 fehlerhaft für वि-वत्स्यन्त:. — 5) व्युषित a) *verreist, abwesend.* — b) *zugebracht —, verlebt habend;* mit Acc. der Zeit. — c) am Ende eines Comp. *bewohnt von.* — 6) व्युष्ट a) = 4) b). — b) * = पर्युषित. — Caus. 1) *zum Hause —, zum Lande hinausjagen, verbannen.* — 2) *fortsenden, entsenden.* — Mit निर्वि, निर्व्युषित *zugebracht, verlebt.* — Mit सम् 1) Act. Med. *sich beisammen aufhalten, zusammen wohnen, mit Jmd verkehren;* die Person im Instr., im Instr. mit सह oder im Acc. — 2) *mit Jmd zusammenkommen.* — 3) *sich aufhalten, seinen Wohnsitz haben, leben* an einem Orte (Loc.) Spr. 7843. — 4) *zubringen,* mit Acc. der Zeit. — 5) समुषित *zugebracht habend,* mit Acc. der Nacht. — Caus. 1) *zusammen wohnen lassen, zusammenbringen,* — *mit* (Instr. oder Instr. mit सह). — 2) *beherbergen.* — Mit अधिसम् *sich beisammen aufhalten, zusammen wohnen.* — Mit अभिसम्, अभिसंवसान *sich vereinigend um* (Acc.) Âpast. Çr. 7,17,1.

6. वस् etwa *Wohnsitz* oder *Ansässiger.* Nur Gen. Pl. वसाम्.

7. वस् (nur वसिष्व, °वावसे und वावसानँ) *den Angriff* oder *Lauf richten gegen, losstürmen auf.* रायँस् so v. a. *dem Erwerb nachjagen.* — Mit अनु *den Lauf richten nach* (Acc.). Nach Geldner (Kuhn's Z. 27,216. fg.) *verzehren.*

8. वस्, वासयति (स्नेहच्छेदापकरणेषु, वधे; st. अपकरण auch उपकरण und अवकरण). Simplex nicht zu belegen. — Mit उद् (?) in उद्वासन* 2). — Mit नि, निवासित *um's Leben gebracht,* v. l. निपातित. — Mit निस् in निर्वासन 3). — Mit परि *rings abschneiden, ausschneiden, abschneiden* Âpast. 1,25,1. — Mit प्र in प्रवासन* 2).

9.*वस्, वस्यति (स्तम्भे).

वस *das Wohnen in* दुर्वस.

वसति f. 1) *das Haltmachen für die Nacht, Uebernachten; das Verweilen, Wohnen, Aufenthalt.* तिस्रो वसतीरुषित्वा *drei Mal übernachtend;* वसतिं कर् und व° ग्रह् *die Nacht zubringen, sich niederlassen.* — 2) *Nest.* — 3) *Aufenthaltsort, Wohnung, Haus, Behausung, Niederlassung.* Auch *वसती Gal. — 4) **ein* Gaina-*Kloster.* — 5) *Behausung,* so v. a. *eine Stätte von* oder *für* (Gen. oder im Comp. vorangehend). — 6) *Nacht.*

वसतिद्रुम m. *ein Baum, unter dem man auf der Reise zu übernachten pflegt.*

वसतीवरी f. Pl. *am Vorabend des* Soma-*Opfers aus Fliessendem geschöpftes Wasser, übernächtiges Wasser* Vaitân. Ârjav. 82,15. fg.

*वसथ m. *Haus* Gal.

1. वसन 1) n. a) *Gewand, Kleid, Tuch, Zeug.* Du. *Ober- und Untergewand.* Am Ende eines adj. Comp. (f. आ) *gehüllt in* auch so v. a. (einer Lehre) *anhängend.* — b) *Belagerung.* — c) * *Zimmetblatt* Râgan. 6,176. — 2) * n. und f. आ = स्त्रीकटीभूषण.

2. वसन n. *das Verweilen, Aufenthalt, das Wohnen, Aufenthalt in* (im Comp. vorangehend).

वसनमय Adj. (f. ई) *aus einem Stücke Zeug bestehend.*

वसनवन्त् Adj. *bekleidet* Gobh. 4,9,9.

वसनसद्मन् n. *Zelt* Çiç. 5,22.

वसनार्णव Adj. (f. आ) *meerumkleidet.*

वसन्त m. (angeblich auch n.) 1) *Frühling.* Personificirt im Gefolge des Liebesgottes. — 2) *ein best. Metrum.* — 3) *ein best.* Râga. — 4) *ein best. Tact.* — 5) * *Durchfall.* — 6) N. pr. eines Mannes.

वसन्तक 1) m. a) *Frühling* 291,28. — b) * *ein best. Baum, eine Art* Çjonâka Râgan. 9,28. — c) ein Mannsname 291,28. 292,1. Am Ende eines adj. Comp. f. आ. — 2) f. °न्तिका N. pr. fehlerhaft für वासन्तिका.

वसन्तकाल m. Frühlingszeit.

*वसन्तकुसुम m. *Cordia latifolia* oder *Myxa.*

वसन्तकुसुमाकर m. *eine best. Mixtur.*

वसन्तगन्धि oder °न् m. N. pr. eines Buddha.

*वसन्तघोषिन् m. *der indische Kuckuck.*

*वसन्तजा f. 1) *eine Art Jasmin* Râgan. 10,91. — 2) *Frühlingsfest, ein Fest zu Ehren des Liebesgottes.*

वसन्ततिलक 1) n. a) *die Zierde des Frühlings.* — b) *die Blüthe des* Tilaka. — c) *eine best. Mixtur* Mat. med. 280. — 2) n. f. (आ) *ein best. Metrum.* — 3) m. N. pr. eines Mannes.

वसन्ततिलकतन्त्र n. Titel eines buddh. Werkes.

वसन्ततिलकभाण m. Titel eines *Schauspiels* Burnell, T. 172,a.

*वसन्तदूत 1) m. a) *der indische Kuckuck* Râgan. 19,109. — b) *der Mangobaum* Râgan. 11,10. — c) *der fünfte* Râga. — 2) f. ई a) *Kuckucksweibchen.* — b) *Gaertnera racemosa* Râgan. 10,91. — c) *Bignonia suaveolens* Râgan. 10,49. — d) *eine der Premna spinosa ähnliche Pflanze* Râgan. 10,111.

वसन्तदेव m. N. pr. eines *Fürsten,* = वसन्तसेन Ind. Antiq. 9,178. 181.

*वसन्तद्रु m. *der Mangobaum.*

वसन्तपञ्चमी f. *ein best. Fest am 5ten Tage in der lichten Hälfte des* Mâgha. °पूजा f. und °प्रयोग m. Burnell, T.

वसन्तपुर n. N. pr. einer *Stadt* Hem. Par. 2,648. 3,45. 214. Kampaka 464.

1. वसन्तपुष्प n. *Frühlingsblume.*

2.*वसन्तपुष्प m. *eine Art* Kadamba Râgan. 9,104.

वसन्तबन्धु m. *der Liebesgott.*

वसन्तभानु m. N. pr. eines Fürsten.

वसन्तभूषण Titel eines Bhâṇa Opp. Cat. 1.

*वसन्तमदना f. *eine der Premna spinosa ähnliche Pflanze* Rāǵan. 10,111.

वसन्तमहोत्सव m. *das grosse Frühlingsfest zu Ehren des Liebesgottes.*

*वसन्तमादनी f. = वसन्तमदना Rāǵan. 10,111.

*वसन्तमालतिरस m. *eine best. Mixtur* Mat. med. 72.

वसन्तमालिका f. *ein best. Metrum.*

वसन्तमास m. *Bez. des 9ten Monats* Ind. St. 10,298.

वसन्तयात्रा f. *der im Frühling stattfindende feierliche Umzug.*

वसन्तयोध m. *der Frühling als Kriegsmann.*

वसन्तराज m. 1) *der Fürst Frühling.* श्री° Ind. St. 15,367. — 2) N. pr. eines Grammatikers und Verfassers eines Çâkuna.

वसन्तराजीय n. *ein von* Vasantarâǵa *verfasstes Werk.*

वसन्तर्तु m. *die Frühlings-Jahreszeit.*

वसन्तलता f. ein Frauenname Dhûrtan.

वसन्तलतिका (Dhûrtan.) und वसन्तलेखा f. desgl.

वसन्तवर्णन n. *Beschreibung des Frühlings.* Titel eines Werkes Burnell, T.

वसन्तविलल m. *eine Form* Vishṇu's.

*वसन्तव्रण *die Blattern.*

वसन्तव्रत n. *eine best. Begehung.*

वसन्तशेखर m. N. pr. eines Kiṁnara.

वसन्तश्री f. *Frühlingspracht* 251,14.

वसन्तसख m. *der Freund des Frühlings:* 1) Beiw. *des vom* Malaja *wehenden Windes.* — 2) **der Liebesgott.*

वसन्तसमय m. *Frühlingszeit* 170,6. 292,6.

वसन्तसमयोत्सव m. *Fruhlingsfest, die schöne Zeit des Frühlings.*

वसन्तसहाय m. *der Liebesgott* Daçak. 29,21.

वसन्तसेन N. pr. 1) m. eines Fürsten, = वसन्तदेव Ind. Antiq. 9,167. — 2) f. आ verschiedener Frauen.

वसन्ता und वसन्ता Adv. *im Frühling.*

वसन्ताचार्य m. N. pr. eines Gelehrten Ind. Antiq. 6,52.

*वसन्ताध्ययन n. *das Studium im Frühling.*

वसन्तोत्सव m. *das Frühlingsfest* 290,15. 292,1. Mâlav. ed. Calc. 1,10 (vgl. S. 115. fg.).

वसर्हन् Adj. etwa *früh treffend* d. h. *in der Morgenfrühe die Nachtunholde vernichtend.*

वसवान m. *Güterbesitzer, Schätzebewahrer;* auch mit dem Gen. वस्वस्.

वसव्यं, वसविम्र 1) Adj. als Beiw. von Göttern wohl *reich.* — 2) n. *Güterbesitz, Reichthum.* वसैव्य AV.

वसा und वशा (TS.) f. 1) *Speck, Fett, Schmalz, adeps.* — 2) *Gehirn.* — 3) **eine dem Ingwer ähnliche Wurzel* Rāǵan. 5,23. — 4) N. pr. eines Flusses.

वसाकेतु m. *ein best. Komet.*

वसाग्रह m. *ein Becher voll Fett.*

*वसाढ्य und *°क m. *Delphinus gangeticus.*

वसाति 1) wohl f. *Morgendämmerung.* Nach einem Erklärer = जनपद. — 2) m. N. pr. *a)* Pl. eines Volkes. — *b)* verschiedener Männer.

वसातिक m. Pl. = वसाति 2) *a)* MBh. 7,157,29.

वसातीय Adj. *zum Volke der* Vasâti *gehörig;* m. *ein Fürst der* Vasâti MBh. 7,44,8. 11. 49,8.

*वसादनी f. 1) *Dalbergia Sissoo.* — 2) *Gendarussa vulgaris* Rāǵan. 4,47.

*वसापायिन् m. *Hund.*

वसापावन् Adj. *Fett trinkend* VS.

वसामय Adj. (f. ई) *aus Fett bestehend.*

वसामेह m. *Fettharnruhr* Ḱaraka 2,4.

वसामेहिन् Adj. *die Fettharnruhr habend.*

वसाय्, वसायँते *sich kleiden in* (Instr.) Ṛv. 9, 14,3.

*वसारोह m. *Pilz.*

वसावि oder °वी f. etwa *Schatzkammer.*

वसाहोम m. *Fettspende* Âpast. Çr. 7,25,1. वसाहोमशेष Mân. Gṛhj. 2,4.

वसाहोमहवनी f. *der Löffel zur Fettspende* Çat. Br. 3,8,2,13. Âpast. Çr. 7,8,3. 7. 23,11. 25,1.

*वसि m. oder f. = वस्त्र.

*वसिक Adj. *leer.* Vgl. वशिक, वशिन्.

*वसितर Nom. ag. von 3. वस्. वसितृतम als Erklärung von वँसिष्ठ.

वसितव्य Adj. *anzulegen, umzuthun.*

*वसिन् m. *Fischotter.*

वसिर 1) m. *Scindapsus officinalis* Bhâvapr. 1, 164 (वशिर). Ḱaraka 1,4. n. *die Frucht.* Nach Med. **Achyranthes aspera.* — 2) **n. Meersalz* Bhâvapr. (Hdschr.) 1,181 (वशिर). Rāǵan. 6,103 (वशीर).

वँसिष्ठ 1) Adj. *der trefflichste, beste, angesehenste, reichste.* — 2) m. *a)* N. pr. eines der hervorragendsten Ṛshi des Veda, Verfassers des 7ten Maṇḍala des Ṛv. Nachmals einer der 7 Weisen, der auch als Gesetzgeber genannt wird. वसिष्ठस्याङ्कुशः u. s. w. Namen von Sâman. Am Himmel *der Stern* ζ *im grossen Bären.* Pl. *das Geschlecht des* Vasishṭha. — *b)* **Bez.* eines Anuvâka Pat. zu P. 4,3,131, Vârtt. 2. — 3) **n. Fleisch* Gal.

वसिष्ठक m. = वसिष्ठ 2) *a).*

*वसिष्ठकश्यपिका f. *eine eheliche Verbindung zwischen den Nachkommen* Vasishṭha's *und* Kaçjapa's.

वसिष्ठतन्त्र n. Titel eines Tantra.

वसिष्ठत्व n. Nom. abstr. zu वसिष्ठ 2) *a).*

वसिष्ठनिह्नव m. Name eines Sâman.

वसिष्ठप्राची f. N. pr. einer Oertlichkeit.

वँसिष्ठयज्ञ m. *ein best. Opfer* Çat. Br. 2,4,4,2. Vaitân.

वसिष्ठवँत् Adv. *nach* Vasishṭha's *Art* Ṛv. 7, 96,3. MBh. 1,55,14.

वसिष्ठशफ m. Du. Name eines Sâman. वसिष्ठस्य शफौ Lâṭj. 1,6,32.

वसिष्ठशिक्षा f. Titel einer Çiksha Weber, Pratiǵñâs. 71.

वसिष्ठशिला f. N. pr. einer Oertlichkeit.

वसिष्ठसंसर्प m. *ein best.* Ḱaturaha.

वसिष्ठसंहिता f. Titel eines Werkes.

वसिष्ठसिद्धान्त m. Titel eines astron. Siddhânta.

वसिष्ठस्मृति f. Titel eines *Gesetzbuchs* Opp. Cat. 1.

वसिष्ठहनु VS. 39,8 verdorben; vgl. TS. 1,4,36,1.

वँसीयस् Adj. *besser,* — *als* (Abl.), *der besser daran ist, der sich wohler befindet, angesehener, reicher.*

वसीयोभूय n. *eine bessere Lage, das Obenaufsein* Maitr. S. 1,4,10 (59,1).

1. वँसु 1) Adj. (f. वँस्वी, वसु Mân. Gṛhj. 2,13) *a) zu Gute kommend, wohlthuend.* — *b)* **süss.* — *c)* **trocken.* — 2) m. *a)* Bez. *der Götter überh.*, insbes. der Âditja, Agni's, der Marut, Indra's, der Ushas, der Açvin, Rudra's, Vâju's, Vishṇu's, Çiva's und Kubera's. — *b) eine Klasse von Göttern;* ihr Haupt ist Indra, später Agni und Vishṇu. Gewöhnlich werden ihrer acht angenommen. — *c)* Bez. *der Zahl acht.* वसौ = अष्टमे. — *d) Strahl.* — *e) ein best. Sonnenstrahl* Citat im Comm. zu VP. 6,3,17; vgl. jedoch VP.² 2,297. — *f)* **die Sonne.* — *g)* **der Mond.* — *h)* **Strick, Seil, Gurt.* — *i)* **Baum.* — *k)* **Bez. zweier Pflanzen,* = बक und पीतमद्रु. — *l)* **Teich, See.* — *m)* **ein best. Fisch.* — *n)* = जिन Çîlâṅka 1,312. Vgl. अनु° (Nachtr. 3). — *o)* N. pr. α) verschiedener Personen: eines Liedverfassers mit dem Patron. Bhâradvâǵa, eines der sieben Weisen, eines Sohnes eines Manu, Vasudeva's, Kṛshṇa's, eines Fürsten der Ḱedi u. s. w. — β) eines nach einem Vasu benannten Landes. — 3) f. वसु *a)* **Licht, Glanz.* — *b)* **ein best. Arzeneimittel.* — *c)* N. pr. einer Tochter Daksha's und Mutter der Vasu 2) *b).* — 4) *f. वस्वी *Nacht.* — 5) n. *a)* Sg. und Pl. *Gut, Besitzthum, Habe, Reichthum.* Ausnahmsweise m. वसोष्पते etwa *Genius der Besitz-*

thümer AV. 1,1,2; statt dessen liest aber AV. Paipp. besser असोष्पते Genius des Lebens. वसोर्धारा Strom der Güter heisst α) eine Ghṛta-Spende beim Agnikajana. — β) Agni's Gattin. — γ) die himmlische Gangâ. — δ) ein Tîrtha. — ε) angeblich ein best. Gefäss. — b) Gold. — c) Juwel, Edelstein, Perle Râǵan. 13,145. Werthgegenstand überh. 144. — d) *ein best. Arzeneimittel. — e) *Wasser. — f) *eine Art Salz (रोमक) Râǵan. 6,108. — g) *Pferd (als n.!). — h) *= श्याम.

2. वसु Wohnung oder Bewohner in संवसु.

वसुर्क 1) m. a) in einer Formel, angeblich = वासयितर् Tâṇḍja-Br. 1,10,11. वसुर्केन वसुकाय वसुर्क ज्ञिन्व Maitr. S. 2,8,8 (113,2). — b) Bez. verschiedener Pflanzen Ḱaraka 1,4 (= बक Comm.). Nach den Lexicographen Calotropis gigantea, Agati grandiflora, Adhatoda Vasika und Chenopodium. — c) ein best. Tact. — 2) *n. eine Art Salz Râǵan. 6,108.

वसुकर्ण m. N. pr. eines Liedverfassers des ṚV.

वसुकल्पदत्त m. N. pr. eines Dichters Z. d. d. m. G. 36,557.

*वसुकीट m. Bettler.

वसुकृत् m. N. pr. eines Liedverfassers des ṚV.

वसुक्र m. desgl. °पत्नी f. einer solchen Frau. श्रीवसुक्र Gaṇar. 37,14. 47,1.

वसुगुप्त und °गुप्ताचार्य m. N. pr. eines Autors.

वसुचन्द्र m. N. pr. eines Kriegers.

वसुचरित n. Titel eines Werkes Burnell, T.

*वसुच्छिद्रा f. eine best. Heilpflanze Râǵan. 5,26. Bhâvapr. 1,173.

वसुजित् Adj. Güter gewinnend.

वसुज्येष्ठ m. N. pr. eines Fürsten VP.² 4,191.

वसुता f. Reichthum oder Freigebigkeit.

वसुताति f. dass.

वसुत्ति f. Bereicherung.

वसुत्व n. Reichthum.

वसुत्वन n. dass.

वसुद 1) Adj. (f. आ) Güter —, Reichthum verleihend. — 2) m. Bein. Kubera's. — 3) f. आ N. pr. a) einer Göttin. — b) einer der Mütter im Gefolge Skanda's. — c) einer Gandharvî.

वसुदत्त N. pr. verschiedener 1) m. Männer. — 2) f. आ Frauen, angeblich auch der Mutter Vararuki's.

*वसुदत्तक m. Hypokoristikon von वसुदत्त Ind. St. 13,427.

वसुदत्तपुर n. N. pr. einer Stadt.

वसुदा Adj. Güter gebend, freigebig.

वसुदान 1) Adj. dass. — 2) m. N. pr. verschiedener Männer; auch eines nach einem Vasudâna benannten Varsha (wohl n.).

वसुदाम N. pr. 1) m. eines göttlichen Wesens. — 2) f. आ einer der Mütter im Gefolge Skanda's.

वसुदामन् m. N. pr. eines Sohnes des Bṛhadratha.

वसुदावन् Adj. = वसुदा. Auch mit dem Gen. वसोः.

वसुदेय n. das Schenken von Gütern, Freigebigkeit.

वसुदेव 1) m. a) N. pr. α) eines Fürsten aus dem Stamme der Vṛshṇi, Vaters des Kṛshṇa. — β) eines Fürsten aus der Kaṇva-Dynastie. — γ) des Grossvaters des Dichters Mâgha. — b) Bein. Kṛshṇa's (neben वासुदेव). — 2) f. आ N. pr. einer Tochter Çvaphalka's VP.² 4,95. — 3) n. das Mondhaus Dhanishṭhâ.

वसुदेवजन्मन् m. Patron. Kṛshṇa's Çiç. 13,13.

वसुदेवत n. und *°देवता f. = वसुदेव 3).

वसुदेवता f. die Gottheit des Reichthums, eine Reichthum verleihende Göttin. Vgl. auch u. वसुदेवत.

वसुदेवपुत्र n. Patron. Kṛshṇa's Spr. 7647.

वसुदेवब्रह्मप्रसाद m. N. pr. eines Autors.

*वसुदेवभू m. Patron. Kṛshṇa's.

वसुदेवात्मज m. desgl.

*वसुदेव्या f. 1) das Mondhaus Dhanishṭhâ. — 2) die 9te Tithi.

वसुदैव und °दैवत n. das Mondhaus Dhanishṭhâ.

वसुधरा f. N. pr. einer buddh. Göttin.

वसुधर्मन् m. N. pr. eines Mannes.

*वसुधर्मिका f. Krystall.

वसुधा 1) Adj. Güter schaffend, freigebig. Compar. °तर (AV. 5,27,6), Superl. °तम. — 2) f. आ a) die Erde. — b) Land, Reich, Gegend. — c) Land, Boden. — d) Erde als Stoff. — e) Bein. der Lakshmî Vishṇus. 99,5. — f) Anapaest.

*वसुधाखर्जूरिका f. eine Dattelart Râǵan. 11,60.

वसुधागम m. Ertrag vom Boden.

वसुधातल n. 1) Erdoberfläche, so v. a. die Erde. — 2) Erdboden 106,26.

वसुधाधर 1) Adj. die Erde tragend, — erhaltend (Vishṇu). — 2) m. a) Berg. — b) Fürst, König Ind. St. 15,367.

वसुधाधव m. Fürst, König Ind. St. 15,367.

वसुधाधिप und वसुधाधिपति m. Fürst, König.

वसुधाधिपत्य n. Königthum.

वसुधान 1) Adj. (f. ई) Güter enthaltend, — aufbewahrend. — 2) n. das Schenken von Gütern.

वसुधानायक m. Fürst, König Kautukas.

वसुधापति m. Fürst, König.

वसुधापरिपालक m. Hüter der Erde (Kṛshṇa).

वसुधार 1) Adj. Reichthümer —, Geld bergend, — in Händen habend. — 2) m. N. pr. eines Berges. — 3) f. आ N. pr. a) einer buddh. Göttin. — b) eines Flusses. — c) *der Residenz Kubera's.

1. वसुधारा f. s. u. वसुधार.

2. वसुधारा f. ein Strom von Gütern, — Gaben MBh. 15,14,11. Harshaḱ. 102,17. Hem. Par. 1,426. Vgl. धारा वसूनाम् MBh. 3,200,41 und वसोर्धारा unter 1. वसु 5) a).

वसुधारामय Adj. aus einem Strom von Gütern bestehend Harshaḱ. 90,14.

वसुधारिणी f. die Erde.

वसुधारेणु m. Erdstaub.

वसुधासुत m. der Planet Mars.

*वसुधित ved. wohl n. Güterbesitz.

वसुधिति 1) Adj. Güter besitzend, — spendend. — 2) f. Güterspende oder Schatzkammer.

वसुधेय n. Güterspende oder Güterbesitz in einer Formel.

वसुनन्द m. N. pr. eines Fürsten.

*वसुनन्दक = खेटक.

वसुनीति Adj. Güter bringend.

वसुनीथ Adj. dass. VS.

*वसुनेत्र m. N. pr. eines Brahmanen.

वसुनेमि m. N. pr. eines Schlangendämons.

वसुंधर 1) Adj. Schätze bergend. — 2) m. a) Bez. der Vaiçja in Çâlmaladvîpa. — b) N. pr. verschiedener Männer, auch eines Dichters. — 3) f. आ a) die Erde. — b) Land, Reich. — c) Land, so v. a. Boden. — d) Erdboden. Auch °पृष्ठ n. — e) Bez. eines Theilchens der Prakṛti. — f) Du. Bez. zweier Kumârî an Indra's Banner. — g) N. pr. α) einer buddh. Göttin. — β) einer Tochter Çvaphalka's, einer Fürstin und anderer Frauen (321,16. fg.).

वसुंधराधर m. Berg Bâlar. 194,5.

वसुंधराधव m. Fürst, König.

वसुंधराभृत् m. Berg Vikramâṅkaḱ. 13,23.

वसुंधराशुनासीर m. Fürst, König Prasannar. 51,7 (°सुनासीर gedr.).

वसुंधरेशा Adj. f. den Berger von Gütern (d. i. Kṛshṇa) zum Herrn habend (Râdhâ).

वसुपति m. 1) Herr der Güter (auch mit dem Beisatz वसूनाम्), Beiw. Agni's, Indra's, Savitar's und Kubera's. — 2) Herr der Götterschaar Vasu (Kṛshṇa).

वसुपत्नी f. Herrin der Güter (mit dem Beisatz

वसूनाम्).

वसुपातर् Nom. ag. *Beschützer der Götterschaar* Vasu (Kṛshṇa).

वसुपाल m. *Beschützer der Güter*, so v. a. *König*.

वसुपालित m. N. pr. verschiedener Männer Hem. Par. 2,82.

*वसुपूज्यराज् m. N. pr. des Vaters des 12ten Arhant's der gegenwärtigen Avasarpiṇî.

वसुप्रद 1) Adj. *Güter verleihend* Vishṇus. 1,59. — 2) m. N. pr. eines Wesens im Gefolge Skanda's.

*वसुप्रभा f. 1) *eine der sieben Zungen des Feuers*. — 2) N. pr. der Residenz Kubera's.

*वसुप्राण m. *Feuer*.

वसुबन्धु (°बन्ध fehlerhaft) m. N. pr. eines berühmten buddh. Gelehrten Harshak. (ed. Bomb.) 490,20.

वसुभ n. 1) *das unter den* Vasu *stehende Mondhaus* Dhanishṭhâ. — 2) N. pr. einer Stadt Ind. St. 14,119. fgg.

वसुभृत m. N. pr. eines Gandharva.

वसुभूति m. N. pr. verschiedener Männer 291, 18. 323,11. fgg.

वसुभृद्यान m. N. pr. eines Sohnes des Vasishṭha.

वसुमति m. N. pr. eines Brahmanen.

वसुमती s. u. वसुमत्.

वसुमतीचित्रसेनीय n. Titel eines Schauspiels Opp. Cat. 1.

वसुमतीचित्रासन n. Titel eines Kâvja Opp. Cat. 1.

वसुमतीपति m. *Fürst, König*.

वसुमतीपृष्ठ n. *die Oberfläche der* (sphärischen) *Erde*.

वसुमतीसूनु m. Metron. Naraka's Bâlar. 65,7.8.

वसुमत्ता f. *Reichthum*.

वसुमद्गण 1) Adj. *die aus* Vasu *bestehende Schaar um sich sammelnd* (Soma) TS. 3,2,5,2. — 2) Bez. *der Stelle in* TS. 3,2,5,2, *welche mit diesem Worte beginnt*, Âpast. Çr. 12,24,8.

वसुमनस् m. N. pr. eines Liedverfassers und eines Fürsten von Kosala.

वसुमत् 1) Adj. a) *mit Gütern versehen, Güter enthaltend, begütert, reich*. Compar. वसुमत्तर. — b) *von den* Vasu *begleitet*. — 2) m. N. pr. a) eines Sohnes des Manu Vaivasvata, des Kṛshṇa und vieler anderer Personen. — b) eines Berges im Norden. — 3) f. वसुमती a) *die Erde*. — b) *Land, Reich, Gegend*. — c) *Erdboden*. — d) Bez. *zweier Metra*. — e) N. pr. verschiedener Frauen.

वसुमय Adj. (f. ई) *aus Gütern bestehend*.

वसुमित्र m. N. pr. verschiedener Männer.

वसुर Adj. etwa *werthvoll* oder *reich* Kâṭh.

वसुरक्षित m. N. pr. eines Mannes.

वसुरण्व Adj. *an Gütern sich ergötzend*. Vgl. TS. 1,3,7,1. 6,3,6,2 und Ind. St. 13,68.

वसुरथ m. N. pr. eines Dichters Z. d. d. m. G. 36,557.

वसुराज m. *König* Vasu.

वसुरात m. N. pr. eines Mannes.

वसुरुच् Adj. etwa *wie die* Vasu (d. i. *die Götter*) *glänzend*.

वसुरुचि m. N. pr. eines Gandharva.

वसुरूप Adj. Vasu-*artig* als Beiw. Çiva's. Im Piṇḍa-Opfer der Väter wird ein Ahnherr so angeredet.

वसुरेतस् m. *Feuer, der Gott des Feuers*. Auch als Beiw. Çiva's, wie auch वसुरेतःसुवपुस्.

वसुरोचिस् 1) m. N. pr. eines Mannes. Pl. *sein Geschlecht*. — 2) *n. = यज्ञ.

*वसुल m. 1) *ein Gott*. — 2) Hypokoristikon von वसुदत्त.

वसुलक्ष्मी f. N. pr. einer Schwägerin Agnimitra's Mâlav. 6,14 (im Prâkrit).

वसुवन् = वसुवनि mit dem Beisatz वसुधेयस्य.

वसुवन n. N. pr. eines mythischen Landes.

वसुवनि Adj. *Güter heischend* oder *verschaffend*.

वसुवत् Adj. *mit den* Vasu *verbunden*.

वसुवाक् m. N. pr. eines Ṛshi.

वसुवाहन Adj. *Güter führend* ṚV. 5,75,1.

वसुविद् Adj. *Güter verschaffend*.

वसुविन्द Adj. *Güter gewinnend* Gaut.

वसुवीर्य n. etwa *die Kraft der* Vasu Mân. Gṛhj. 2,11.

वसुवृष्टि f. *ein Regen von Gütern, — Schätzen*.

वसुशक्ति m. N. pr. eines Mannes.

वसुश्रवस् Adj. etwa *durch Reichthum bekannt* oder *R. strömend*. Auch Beiw. Çiva's.

वसुश्री f. N. pr. einer der Mütter im Gefolge Skanda's.

वसुश्रुत m. N. pr. eines Liedverfassers des ṚV.

वसुश्रेष्ठ 1) Adj. *der beste unter den* Vasu (Kṛshṇa). — 2) m. N. pr. eines Fürsten VP.² 4,191. — 3) *n. *Silber* Râǵan. 13,14.

वसुषेण 1) Adj. als Beiw. Vishṇu's Vishṇus. 1,59. — 2) m. a) Bein. Karṇa's. — b) N. pr. eines Kaufmanns Hem. Par. 2,82.

वसुसंपत्ति f. *das Zutheilwerden von Gütern* Vaitân.

*वसुसार 1) m. N. pr. eines Mannes. — 2) f. म्रा *die Residenz* Kubera's.

*वसुस्थली f. *die Residenz* Kubera's.

*वसुकृट् (Comm. zu Karaka 1,4) und *°क m. *ein best. Baum*, = बक.

वसुक्षेम m. N. pr. eines Fürsten der Aṅga.

*वसूक 1) m. *ein best. Baum*, = बक. n. *die Blüthe*. — 2) n. *eine Art Salz*.

वसूजू Adj. *Güter auftreibend*.

वसूत्तम m. *der Beste unter den* Vasu, Bez. Bhîshma's.

वसूद्रेक m. N. pr. eines Mannes.

वसूमती (metrisch) Adj. f. *reich*.

वसूय् (nur वसूयात् und Partic. वसूयत् ṚV. 1, 130,6. 4,10,15) *um Güter —, um Gaben angehen, nach Gaben verlangen*.

वसूया Instr. Adv. *mit dem Wunsch nach Gaben*.

वसूयु Adj. *Güter begehrend, erwerbslustig, begehrlich*. वसूयव म्रात्रेयाः als Liedverfasser.

वसोर्धारा s. u. 1. वसु 3) a).

वसोर्धारीय Adj. von वसोर्धारा Ind. St. 13,124.

*वस्क्, वस्कते (गतौ).

*वस्क m. = म्रध्यवसाय.

*वस्कराटिका f. *Scorpion*.

1. वस्त schlechte Schreibart für बस्त.

2. वस्त in *उपवस्त.

1. वस्तर in दोषा° und प्रातर्वस्तर.

2. वस्तर Nom. ag. 1) *Verhüller* nach Sâj. Könnte auch *Erheller* (also = 1. वस्तर) bedeuten. — 2) *anziehend* (ein Gewand).

3. वस्तर Nom. ag. Superl. वस्तृतम (in einer Etymologie) *am meisten wohnend*.

3. वस्तवे Dat. Infin. zu 2. वस् (nach Sâj. zu 5. वस्) ṚV. 1,48,2.

वस्तव्य 1) Adj. *zuzubringen* (eine Zeit). — 2) n. impers. *zu verweilen* (auch so v. a. *auszubleiben*), *sich aufzuhalten, zu wohnen, — in* oder *bei* (Loc.); mit Acc. der Zeitdauer.

वस्तव्यता f. *Aufenthalt*.

वस्ति m. f. 1) *Blase, Harnblase*. *f. — 2) *die Gegend unterhalb des Nabels*. *m. — 3) *Klystierblase, — beutel*; auch das *Klystier* selbst. Als f. nur वस्ती. — 4) *Sg. Pl. *Fransen*.

वस्तिक (बस्तिक) Adj. als Bez. eines in einem ehrlichem Kampfe nicht anzuwendenden Pfeiles.

वस्तिकर्मन् n. *Anwendung eines Klystiers* Verz. d. Oxf. H. 234,b,8. 10. ग्रल° 12.

*वस्तिकर्माढ्य m. *der Seifenbaum*.

वस्तिकुण्डल n. (Karaka 1,9.8,9) und °कुण्डलिका f. *eine best. Blasenkrankheit*.

वस्तिकोश m. *Blase, Beutel* Suçr. 2,352,5.

वस्तिपीडा f. *Blasenschmerzen*.

वस्तिबिल n. *Blasenöffnung*.

*वास्तिमल n. *Urin.*

वस्तिमूल (बस्ति°) n. *Blasenöffnung.*

वस्तिरुज् f. und वस्तिव्यापद् f. *Blasenkrankheit.*

वस्तिशीर्ष s. बस्ति°.

*वस्तिशोधन m. *Vangueria spinosa* Râǵan. 8,68.

1. वस्तु f. *das Hellwerden, Tagen; Morgen, Frühe.* वस्तोस् Gen. *am Morgen,* वस्तोर्वस्तोः *jeden Morgen,* वस्तोरस्याः *heute früh,* प्रति वस्तोः *gegen Morgen.* Vgl. वस्तवे.

2. वस्तु n. 1) *Sitz, Ort.* — 2) *Ding, Gegenstand, ein reales Ding; Geräthe, ein erforderliches Ding; das rechte Ding, ein würdiger Gegenstand* (*Werthgegenstand* Râǵan. 13,144), *ein Gegenstand des* (im Comp. vorangehend). Am Anfange eines Comp. = वस्तुतस् *in Wirklichkeit.* — 3) *Sache, Angelegenheit, Umstand* (290,24), *das worum es sich handelt.* — 4) *Inhalt, Stoff, Gegenstand* einer Rede u. s. w. — 5) *eine Art Composition* S. S. S. 164. — 6) bei den Buddhisten *Gegenstand,* so v. a. *Artikel* (deren 10 bei den Schismatikern). — MBh. 13,5519 fehlerhaft für बभ्रु.

3. वस्तु m. N. pr. eines Fürsten VP.[2] 4,67.

1. वस्तुक am Ende eines adj. Comp. (f. आ) — *zum Inhalt habend* Mâlav. 19,12 (21,12 Boll.). अनूनवस्तुका so v. a. *überaus gehaltvoll, ganz aussergewöhnlich* 7,22 (8,10 Boll.).

2. *वस्तुक n. = वास्तूक Râǵan. 7,121.

वस्तुजात n. *die Dinge.*

वस्तुतत्त्व Adj. *von Dingen —, von den Dingen abhängig, objectiv* Çaṁk. zu Bâdar. 1,1,2. 3,2,21. Nom. abstr. °त्व n. zu 1,1,2. 2,1,11.

वस्तुतस् Adv. 1) *von Seiten der* (erforderlichen) *Dinge, — Gegenstände.* — 2) *in Wirklichkeit.*

वस्तुता f. 1) am Ende eines Comp. *das Gegenstandsein von.* — 2) *Wirklichkeit.* Instr. *in Wirklichkeit.*

वस्तुत्व n. = वस्तुता 2).

वस्तुधर्म m. Sg. und Pl. *die Natur —, die wahre Beschaffenheit der Dinge.*

वस्तुपतित Adj. *körperlich geworden* Vaǵrakkh. 32,15. 16.

वस्तुपाल m. N. pr. eines Dichters.

वस्तुबल n. *die Macht der Dinge.*

वस्तुभाव m. *Realität, Wirklichkeit.* Instr. Pl. *in Wirklichkeit.*

वस्तुभूत Adj. *substanziell* VP. 2,12,39.

वस्तुभेद m. *ein wirklicher, wesentlicher Unterschied* VP. 2,12,40.

वस्तुरचना f. *Bearbeitung eines Stoffes* Sâh. D. 22. Chr. 290,17.

वस्तुवत् Adj. in उत्तम° *aus den vorzüglichsten Stoffen bestehend.*

वस्तुविचार m. *gründliches Urtheil* (personificirt).

वस्तुवृत्त n. 1) *das wirklich Vorgegangene, der wahre Sachverhalt.* — 2) *eine Erscheinung comme il faut* Comm. zu Mâlav. (ed. Boll.) 8,10.

वस्तुशक्ति f. Sg. und Pl. *die Macht der Dinge.* °तस् *durch d. M. d. D.*

वस्तुशासन n. *ein Original-Edict.*

वस्तुशून्य Adj. *keine Realität habend, unwirklich.*

*वस्तूकी f. *eine best. Gemüsepflanze.*

वस्तूत्थापना f. in der Dramatik *das Erfinden von Dingen, das Vorführen unwirklicher Dinge.*

वस्तूपमा f. *ein Gleichniss, bei dem zwei Dinge schlechtweg ohne Angabe des tertium comparationis, welches als bekannt vorausgesetzt wird, mit einander verglichen werden.*

1. वस्तोस् s. u. 1. वस्तु.

2. वस्तोस् Abl. Infin. zu 7. वस् RV. 1,174,3. Nach Geldner (Kuhn's Z. 27,217) *vor dem Verzehren.*

*वस्त्य n. *Wohnung.*

वस्त्र 1) (*m.) n. (adj. Comp. f. आ) *Gewand, Kleid; Tuch, Zeug.* — 2) f. वस्त्रा N. pr. eines Flusses VP.[2] 2,149. — 3) *n. *Zimmetblatt* Râǵan. 6,176.

वस्त्रक n. = वस्त्र 1).

*वस्त्रकुट्टिम n. 1) *Sonnenschirm.* — 2) *Zelt.*

वस्त्रक्नोपम् Absol. *bis zum Durchnässen des Gewandes* Çiç. 10,49.

*वस्त्रगृह n. *Zelt.*

वस्त्रगोपन n. Pl. Bez. *einer der 64 Künste.*

*वस्त्रग्रन्थि m. *Schurz.*

*वस्त्रघर्घरी f. *Sieb, Seihtuch.*

वस्त्रद Adj. *Gewänder schenkend* MBh. 3,200,51.

वस्त्रदशा f. *die Verbrämung eines Gewandes* Gobh. 4,9,8.

वस्त्रदा Adj. *Gewänder schenkend.*

वस्त्रदान n. Titel eines Werkes Burnell, T.

वस्त्रदानकथा f. Titel *einer Erzählung.*

वस्त्रधारक Suçr. 2,55,11 fehlerhaft für वस्त्राधारक.

वस्त्रधाविन् Adj. *Kleider waschend* Kathâs. 124,133.

वस्त्रप m. Pl. N. pr. eines Volkes.

*वस्त्रपञ्जुल m. *ein best. Knollengewächs* Râǵan. 7,83.

*वस्त्रपुत्रिका f. *eine Puppe aus Zeug.*

वस्त्रपेटा f. *Kleiderkorb* Kathâs. 62,195.

*वस्त्रपेशी f. *Franse.*

वस्त्रबन्ध m. *ein Tuch, das umgebunden wird.*

*वस्त्रभूषणा m. *eine best. Pflanze* Râǵan. 6,246.

वस्त्रमथि Adj. *Kleider abreissend.*

वस्त्रय्, °यति Denomin. von वस्त्र. — Mit सम् 1) *gleiche Kleider tragen* Kâṭh. Gṛhj. 1,12 (न संवस्त्रयेत) = Mân. Gṛhj. 1,1 (न संवस्त्रयेत्). — 2) *anziehen, anlegen* (ein Kleid) Vop. 21,7. संवस्त्र्य Bhaṭṭ.

वस्त्रयुगिन् Adj. *in ein Ober- und Untergewand gekleidet.*

*वस्त्रयोनि f. *der Stoff, aus dem ein Zeug bereitet wird.*

*वस्त्ररङ्गा f. *eine best. Pflanze* Râǵan. 3,108.

*वस्त्ररञ्जक n. *Saflor* Bhâvapr. 1,176.

*वस्त्ररञ्जनी f. *Rubia Munjista* Bhâvapr. 1,176.

*वस्त्ररञ्जन n. *Saflor.*

वस्त्रवत् Adj. *ein schönes Gewand habend, schön gekleidet.*

*वस्त्रवेश m. und *वस्त्रवेश्मन् n. *Zelt.*

वस्त्राञ्चल m. *Saum —, Zipfel eines Gewandes* Kathâs. 18,181. Hit. 63,8.

वस्त्राधारक *eine Unterlage von Tüchern.*

वस्त्रान्त m. *Saum —, Zipfel eines Gewandes* Çâṅkh. Gṛhj. 6,5. MBh. 3,57,27. R. 4,6,16. Kathâs. 18,199. Spr. 1780. Bhâg. P. 4,25,24.

वस्त्रान्तर n. (adj. Comp. f. आ) *Obergewand, Ueberwurf* Kathâs. 29,113.

वस्त्रापथतीत्र n. N. pr. einer Oertlichkeit.

वस्त्राय्, °यते *ein Kleid darstellen, als Kleid erscheinen.*

वस्त्रिन् Adj. = वस्त्रवत्.

वस्न (*m.) n. 1) *Kaufpreis, Werth.* — 2) **Lohn.* — 3) **Geld, Reichthum.* — 4) **Kleid, Gewand.* — 5) **Haut.*

*वस्नन n. = कटीभूषण.

वस्नय्, nur Partic. वस्नयन्त् *feilschend.*

वस्निका f. *ein werthvoller Einsatz* Tâṇḍja-Br. 14,3,13.

(वस्न्य) वस्निम्न Adj. *werthvoll.*

1. वस्मन् n. *Decke.*

2. वस्मन् n. *Nest.*

वस्य Adj. *anzuziehen* in स्नात°.

वस्यइष्टि f. *das Suchen —, Wünschen von Besserung, — von Wohlfahrt.*

वस्यस् 1) Adj. *besser, trefflicher, angesehener, reicher, — als* (Abl.). — 2) n. *das Bessere, Beste; Wohlfahrt, Ansehen.*

वस्यष्टि f. = वस्यइष्टि (in der concreten Bed. *zur Wohlfahrt gelangend*) in einer Formel TS. 3,5,2,5. 4,4,1,3. Maitr. S. 2,8,8 (113,3). Tâṇḍja-Br. 1,10,11. Gop. Br. 2,2,14.

वस्यस in पाप° und श्वोवस्यस.

वस्योभूय n. *Besserung, Mehrung der Wohlfahrt.*

1.*वस्र m. *Tag.*

2.*वस्र n. 1) *Haus, Wohnung.* — 2) *Kreuzweg.*

वस्वनन्त m. N. pr. eines Sohnes des Upagupta.

वस्वन्त Adj. *mit dem Worte* वसु *schliessend* Gobh. 4,5,4.

वस्वोकसारा und वस्वौक° f. N. pr. 1) eines Flusses. — 2) der Residenz Kubera's und Indra's (VP. 2,8,10).

1. वह्, वहति, °ते (später nur metrisch), उह्यति (ausnahmsweise), उह्यते Pass. 1) trans. *a) führen, fahren,* mit Gespann oder zu Schiffe (Instr.) *bringen, — fortführen,* den Wagen (Acc.) *ziehen,* die Rosse (Acc.) *führen,* so v. a. *lenken.* Agni *führt* oder *geleitet* die Gegenstände des Opfers zu den Göttern. Pass. *geführt —, gefahren —, gezogen werden, fahren mit* oder *zu* (Instr.). — *b)* Wasser u. s. w. *führen* (von Flüssen), *fliessen lassen* (Thränen). — *c) zuführen, bringen; verschaffen, bewirken.* — *d) darbringen* (ein Opfer). — *e) in die Weite führen, verbreiten.* — *f) wegführen, hintreiben, fortschleppen; rauben.* Pass. *weggeführt* u. s. w. *werden.* — *g) heimführen, heirathen* (vom Manne, ausnahmsweise auch vom Weibe). Med. Âpast. 2, 12,1. 2. — *h) mit sich —, bei sich führen.* — *i) tragen* (auch von Kleidungsstücken), — *auf* (Instr. oder Loc.). गर्भम् *eine Leibesfrucht tragen;* शिरस् (auch शिरांसि गर्वितानि und mit उच्चैस्तराम्) *den Kopf hoch tragen;* die Erde *tragen* auch so v. a. *regieren.* — *k) tragen,* so v. a. *am Leben erhalten.* — *l) ertragen, erdulden* 186,25. — *m) ertragen,* so v. a. *nachsehen, verzeihen.* — *n) an sich tragen,* so v. a. *haben* Spr. 7843. — *o) sich unterziehen, sich hingeben, sich unterwerfen.* अग्निम्, विषम्, तुलाम् *sich dem Gottesurtheil mit dem Feuer, dem Gift, der Wage unterwerfen.* — *p) empfinden* (einen Schmerz) 302,27. — *q) an den Tag legen, äussern* Pańkad. 38 (अवहत् zu lesen). — *r) bezahlen* (als Strafe). — *s) zubringen* (eine Zeit). — *t)* सहसा वहन् Hariv. 4453 fehlerhaft für मनसा ज्ञपन्. — 2) intrans. *a)* zu Wagen oder mit Pferden (Instr.) *fahren, den Wagen lenken, am Wagen* u. s. w. *ziehen, dahinfahren, laufen.* — *b)* zu Schiffe (Instr.) *fahren, dem Wasser entlang hinfahren, schwimmen.* — *c) dahinfahren* vom Winde, so v. a. *wehen* 187,15. — *d) dahinfliessen* (von Jahren) Harshak. 28,24. — 3) ऊढ *a) weggeführt, fortgetrieben, — geschleppt, geraubt.* — *b)* f. *heimgeführt,* so v. a. *geheirathet, verheirathet.* — *c) getragen, — auf* (im Comp. vorangehend). — *d) herangekommen.* ऊढवयस् Adj. so v. a. *erwachsen.* — *e) geäussert, an den Tag getreten* Bhâg. P. 2,7,25. — 4) वोढ *geehelicht* (भार्याशत). — Caus. वाहयति, °ते (metrisch) 1) *fahren lassen,* einen Wagen *laufen lassen,* Pferde u. s. w. *ziehen lassen,* — **Etwas* (mit doppeltem Acc.), *lenken.* Pass. *zum Ziehen angehalten werden* Hem. Par. 1,168. — 2) zu Wagen *Etwas führen.* — 3) **Jmd lenken lassen,* mit doppeltem Acc. — 4) ein Schiff *führen, — lenken.* — 5) *zu Wagen fahren, sich mittelst eines Vehikels begeben zu* (Acc.). — 6) Pass. *sich treiben lassen, getrieben —, angetrieben werden* (eig. und übertr.) Káraka 6,2. — 7) *Etwas tragen lassen, — von* (Instr.). — 8) *Jmd tragen lassen, — auf* (Loc.), *zum Tragen anstellen.* — 9) *sich tragen lassen auf,* so v. a. *reiten auf* (Acc.). — 10) Pass. *getragen werden.* — 11) *betreten* (einen Weg); nur Pass. — 12) *zurücklegen* (einen Weg). — 13) *Etwas in Bewegung setzen, wirken —, arbeiten lassen.* — 14) *verabreichen, eingeben* (eine Arzenei). मधुवाहित *in Honig eingegeben* Bhâvapr. 2, 114. — 15) *Jmd anführen, betrügen.* Nur वाहित *angeführt.* — Intens. 1) वनीवाह्यते *hinundher führen.* वनीवाह्यते Çat. Br. 6,8,1,3. — 2) वावहीति *tragen.* — Mit अति 1) *hinüberführen über.* — 2) den Wagen *vorbeifahren lassen.* — 3) *verbringen* (einer Zeit). — Caus. 1) *betreten* (einen Weg). Nur अतिवाहित. — 2) *versetzen, an einen andern Ort bringen.* — 3) *glücklich über Etwas* (Acc.) *hinüberkommen* 299,32 (im Prâkrit). — 4) *verbringen* (eine Zeit) Hem. Par. 1,246. — *Mit व्यति Med. (व्यतिवहते). — Mit समति Caus. *zubringen* (eine Zeit). — Mit अधि *tragen.* — अध्यूढ (s. auch bes.) in der Bed. *aufgesetzt auf* gehört zu 1. ऊह्. — Mit अनु 1) *führen entlang,* mit Acc. — 2) Pass. *fortgetrieben werden* (vom Strome). — 3) Med. *nachschlagen, ähnlich werden.* — 4) *betreiben* MBh. 12,56,51 (nach Kern अनुवहति st. अनुविहति zu lesen). — Mit अप 1) *wegfahren, wegführen.* — 2) *wegtreiben, verscheuchen.* — 3) *abwerfen* (ein Gewand). — 4) *aufgeben, fahren lassen.* — Caus. 1) *wegfahren, wegführen, abführen.* — 2) *vertreiben, verjagen.* अपोवाहित (!) Bhâg. P. — 3) *sich aus dem Staube machen.* — 4) *अपवाहित = पिहित Gal. — Mit प्रत्यप *zurückdrängen, — stossen.* — Mit व्यप, व्यपोह्य und व्यपोढ gehören zu 1. ऊह्, (vgl. auch Nachtr. 5). — Mit अभि *hinfahren, herbei —, hinführen zu* (Acc.). — Caus. *zubringen* (eine Zeit). Richtig अति. — Mit आ 1) *herbeiführen, zuführen, bringen, — in* (Acc.), *verschaffen.* Partic. आोढ. — 2) *heimführen* (als Gattin). — 3) *eintragen, bezahlen.* — 4) *fortführen, forttreiben.* — 5) *herbeifahren* (intrans.) RV. 4,14,3. 8,54,6. — 6) *sich ergiessen, fliessen.* — 7) *tragen.* राज्यम् so v. a. *regieren.* — 8) *an den Tag legen, anwenden.* — Caus. *herbeirufen,* insbes. die Götter zum Opfer u. s. w. — Mit अन्वा *herbeiführen.* — Mit अभ्या *herbeiführen, bringen* RV. 1,134,1. — Mit उदा 1) *davonführen, wegfahren.* — 2) *hinaufführen.* — 3) *heimführen, heirathen* (ein Weib) MBh. 6,119,34. — Mit समुदा 1) *hinausführen, — ziehen* Hariv. 2,89,85. — 2) *davonführen, forttragen.* — 3) *Jmd dahinziehen* (von Pferden). — 4) *heimführen, heirathen* (ein Weib). — Mit उपा *herbeiführen.* — Mit निरा 1) *entführen.* — 2) *holen.* — Mit समा 1) *zusammen herbeiführen, zusammenbringen, versammeln;* Med. etwa *sich zusammenfinden.* — 2) *herbeiführen, herbeiwehen.* — Mit उद् 1) *hinaufführen, — heben, — ziehen, aufheben.* — 2) *hinausführen, — schaffen, herausziehen* (z. B. Pfeile aus dem Köcher). — 3) *in die Höhe bringen* (in übertragener Bed.). — 4) *wegführen* (die junge Frau aus dem Vaterhaus), überh. *heimführen, heirathen.* उदूढा *geehelicht.* — 5) *zuführen, bringen, darbringen.* — 6) *tragen, — auf* (Instr.). भर्तारम् so v. a. *auf sich liegen haben;* महीम् oder राज्यम् so v. a. *regieren;* मनसा *im Herzen tragen,* so v. a. *gedenken.* — 7) *ertragen, erdulden.* — 8) *festhalten* (Gegensatz *aufgeben*). — 9) *an sich tragen, haben, besitzen* Hem. Par. 1,411. देवीशब्दम् *den Titel* Devî *führen* Chr. 328,29. — 10) *äussern, an den Tag legen.* — 11) *zu Ende führen.* — 12) *उदूढ = पीवर, स्थूल gehört wohl zu 1. ऊह्. — Caus. 1) *verheirathen* (ein Mädchen oder einen Mann), — *mit* (Instr.) Hem. Par. 1,210. 216. — 2) *heimführen, heirathen* (ein Mädchen). — Mit प्रोद् *äussern, an den Tag legen.* — Mit समुद् 1) *hinaus —, forttragen.* — 2) *heimführen, heirathen* (ein Mädchen). — 3) *aufheben.* — 4) *tragen.* मनसा oder हृदयेन *im Herzen tragen, eingedenk sein.* — 5) *ertragen, erdulden.* — 6) *an sich tragen, haben* 319,16 (im Prâkrit). — 7) *an den Tag legen, äussern.* — Mit उप 1) *herbeiführen, bringen, verschaffen.* उपोढ *herbeigeführt, bewirkt.* — 2) *Jmd zu Etwas bringen, — verleiten;* mit doppeltem Acc. — 3) *उपोढ = ऊढ. — Vgl. auch 1. ऊह् mit उप und उपोढ. — Mit समुप 1) *mit sich führen, strömen lassen.* — 2) Pass. *heranrücken, einbrechen, beginnen.* समुपोढ *aufgegangen* (Mond). Könnte auch zu 1.

उह् gehören. — Mit नि 1) *hernieder —, hereinführen zu* (Dat. oder Loc.). — 2) *fliessen.* — 3) *tragen, erhalten.* — Caus. *in Bewegung setzen.* — Mit *परिणि und *प्रणि. — Mit निस् 1) *herausführen —, retten aus* (Abl.); *wegschaffen, wegspülen.* — 2) *herausfliessen aus* (Abl.) MÂN. GṚHJ. 2,11. — 3) *ausführen, zu Stande bringen.* — 4) *zu Stande kommen, gelingen; zu seinem Ziele gelangen, glücklich über Etwas hinwegkommen.* — 5) *sein Leben unterhalten, leben von* (Instr.) ḰAMPAKA 147. — 6) *Jmd anstehen, sich geziemen für* (Gen.) HEM. PAR. 7,42. — Caus. 1) *verbringen, zu Ende bringen* (eine Zeit). — 2) *ausführen, vollführen, zu Stande bringen.* — Mit प्रतिनिस्, प्रतिनिरूढ *einzeln ausgeführt* Comm. zu ÂPAST. ÇR. 12,20,19. — Mit परा *wegführen, wegschaffen zu* (Dat.). — Mit परि 1) *herumführen, — tragen.* — 2) *umherschleifen.* — 3) *herumfliessen.* — 4) *den Hochzeitszug* oder *die Braut führen* (vom Vaterhaus in das des Gatten); *heimführen, heirathen.* — Mit प्र 1) trans. a) *weiterführen, vorwärts ziehen, — treiben* (ÂPAST. 1,11,8). — b) *im Fliessen entführen, wegspülen.* — c) *zuführen, bringen, hinführen zu* (Acc.). — d) *tragen.* — e) *an den Tag legen, äussern.* — 2) intrans. a) *vorwärts fahren, davonfahren* (Med. ṚV.). — b) *hinfliessen, fliessen.* — c) *hinbrausen, wehen.* — Caus. 1) *fortfahren lassen,* so v. a. *wegschicken.* — 2) *fortschwimmen lassen* HEM. PAR. 2,239. ḰAMPAKA 84. 86. — 3) *in Bewegung setzen, in Gang bringen.* — 4) लोकप्रवाहितम् MBH. 6,1919 fehlerhaft für °प्रवाहिनम्. — Mit अतिप्र *darüber hinaus führen, — ziehen.* — Mit अनुप्र 1) *umherfahren, — führen.* — 2) *vorwärts kommen.* — Mit अभिप्र *hinführen zu.* — Mit संप्र in संप्रवाह. — Mit प्रति *entgegenführen.* प्रत्यस्य वह TS. 1,3,2,1 fehlerhaft; vgl. VS. 3,8. — Mit वि 1) *entführen, wegführen, wegspülen, wegschwemmen.* — 2) *wegführen* (die Braut aus dem Elternhause); *heimführen, heirathen* (ein Mädchen) überh.; *eine eheliche Verbindung schliessen, — mit* (Instr.) GOBH. 2,10,6. Med. *eine Hochzeit feiern; sich verheirathen.* मिथो विवहमाना: *untereinander heirathend* ÂPAST. 1,29,8. व्यूढ *geheirathet, verheirathet.* — Caus. (वी° PAṄKAD.) 1) *verheirathen* (ein Mädchen), — *mit* (सह oder blosser Gen.) PAṄKAD. 45,2. विवाहित (vom Manne) *verheirathet mit* (Acc.) 34. 40. — 2) Med. *heimführen, heirathen ein Mädchen.* — Mit *संवि Med. *mit Andern* (Instr.) *eine Ehe eingehen.* — Mit सम् 1) *zusammenführen; führen, hinüberführen.* — 2) *ziehen, langsam fortbewegen.* — 3) *mit sich fortziehen, treiben* (vom Winde). — 4) *beladen* 85,8. — 5) Pass. *getragen werden von,* so v. a. *reiten auf* (Instr.). — 6) *entlang fahren mit der Hand* (Instr.) *über, streichen;* mit Acc. संववाहतुम् (!). — 7) *an den Tag legen, äussern.* — Caus. 1) *zusammenführen, sammeln.* — 2) *fahren, lenken* (einen Wagen u. s. w.), *hinfahren, hinführen.* — 3) *heimführen* (ein Weib). — 4) *jagen, treiben.* — 5) *entlang fahren mit der Hand über, streichen, reiben;* mit Acc. ÂPAST. 1,6,1. VÂSAV. 263,3. PAṄKAD. — 6) *in Bewegung setzen* KÂD. 100,10. 155,11. — Mit अनुसम् 1) *entlang führen.* — 2) *ziehend folgen.*

2. °वह् (stark वाह्, schwach उह् und ऊह्, welches mit einem vorangehenden अ zu औह् wird) *fahrend, ziehend, führend, tragend, haltend.*

वह 1) Adj. (f. आ) am Ende eines Comp. a) *fahrend, ziehend, führend.* — b) *hinfliessend in* oder *nach, durchfliessend, fliessend.* — c) *strömend, mit sich führend* HEMÂDRI 1,416,1. — d) *herbeiführend, — treibend.* — e) *bringend, bewirkend.* — f) *führend* (einen Namen), *habend, versehen mit.* — g) *sich aussetzend.* — 2) m. a) *Schulter des Joch- oder Zugthieres.* — b) *der Theil des Jochwagens, welcher auf der Schulter des Thieres liegt, Schulterstück des Joches.* — c) **Pferd.* — d) **Fluss.* — e) **Wind.* — f) **Weg.* — g) *ein best. Gewicht* (*Last*), = 4 Droṇa. — h) Nom. act. in दुर्वह und सुखवह. — 3) *f. वहा *Fluss.*

वहंलिह Adj. (f. आ) *die Schulter leckend* HARSHAḰ. (ed. Bomb.) 525,1.

वहत् f. etwa *Fahrzeug;* nach SÂJ. *Fluss.*

*वहत m. 1) *Stier.* — 2) *ein Reisender.*

*वहति m. 1) *Wind.* — 2) *Stier.* — 3) *Gefährte.*

*वहती f. *Fluss.*

वहतु m. 1) *Brautzug, der Zug in's Haus des Gemahls sammt Geleit und Mitgift,* überh. *Hochzeit.* Pl. *Gegenstände der Mitgift.* — 2) *das was befördert, vorwärts bringt* ṚV. 7,1,17. — 3) **Stier.* — 4) **Reisender.*

*वहद्गु Adv. *zur Zeit, wann die Stiere angespannt sind.*

वहन 1) Adj. am Ende eines Comp. *fahrend, führend, auf seinem Rücken tragend.* — 2) n. a) *das Fahren, Führen.* — b) *das Fliessen des Wassers.* — c) *das Mitsichführen.* — d) *das Tragen.* — e) *Schiff.* — f) *der unterste Theil einer Säule.*

वहनभङ्ग m. *Schiffbruch* 324,25.

वहनी Adv. mit कर् *zum Vehikel machen.*

वहनीय Adj. *zu fahren, zu führen, zu ziehen, zu tragen.*

*वहन्त m. 1) *Wind.* — 2) *Knabe.*

वहन्ती (Partic. von 1. वह्) f. Pl. *fliessendes Wasser* TS. 6,4,2,3. 7,4,11,1. KÂTH. 22,13. KAUÇ. 32. ÂPAST. ÇR. 8,7,21. 11,20,5.

वहराविन् Adj. *unter dem Joche Schmerzenstöne ausstossend.*

वहल 1) Adj. (f. आ) *im Joch gehend, zuggewohnt* HARSHAḰ. (ed. Bomb.) 525,1. — 2) *n. *Schiff.* Richtig wohl वहन.

वहस् n. v. l. der KÂṆVA-REC. für वह 2) a) ÇAT. BR. 1,1,2,9. 2,2,3,28. 4,5,1,15 nach EGGELING.

वहि m. N. pr. eines Piçâka in einer etymologischen Spielerei MBH. 8,44,41.

वहिका f. in राज°.

वहित्र und *°क n. *Schiff.*

वहित्रभङ्ग m. *Schiffbruch.*

वहिन् Adj. *im Joch gehend, zuggewohnt, gut ziehend* ÂPAST. ÇR. 5,20,8.

वहिष्ठ Adj. 1) *am besten fahrend, — führend, — ziehend.* — 2) *am besten fahrbar.*

वहीनर m. s. बहीनर.

वहीयस् Adj. 1) *besser —, trefflich fahrend.* — *fahrbarer.*

वहेदक (ब°) m. = विभीतक, विभीदक Comm. zu KÂTJ. ÇR. 21,3,20.

वह्नि m. 1) *Zugthier, Gespann.* — 2) *Darbringer einer Gabe an die Götter;* daher namentlich Agni. — 3) *der Fahrende* (*Reiter*), *Wagenlenker* (von verschiedenen Göttern gebraucht). — 4) *der fliessende* Soma. — 5) *ein best. Feuer.* — 6) *Feuer* überh., *der Gott des Feuers.* — 7) *das Feuer der Verdauung.* — 8) Bez. *der Zahl drei* (*drei heilige Feuer*). — 9) Bez. *verschiedener Pflanzen.* Nach den Lexicographen *Plumbago ceylanica, Semecarpus Anacardium, Poa cynosuroides* und *Citronenbaum* RÂGAN. 8,93. 11,67. 176. — 10) mystische Bez. *des Lautes* र. — 11) Name *des 8ten* Kalpa 2) *h*). — 12) N. pr. a) eines Daitja. — b) eines Sohnes α) des Kṛshṇa. — β) des Turvasu. — γ) des Kukura.

वह्निकन्या f. *eine Tochter des Feuergottes.* Pl.

*वह्निकर 1) Adj. *die Verdauung befördernd.* — 2) f. ई *Grislea tomentosa.*

वह्निकार्य Adj. *durch Feuer zu vollbringen* VARÂH. JOGAJ. 8,19.

*वह्निकाष्ठ n. *eine als Räucherwerk gebrauchte Art von Agallochum* RÂGAN. 12,95.

वह्निकुण्ड n. *eine Höhlung im Erdboden zur Aufnahme heiligen Feuers.*

*वह्निकुमार m. Pl. bei den Gaina *eine best. Klasse von Göttern.*

वह्निकृत् Adj. *Feuersbrunst verursachend.*

वह्निकोण m. *Südost.*

वह्निकोप m. *das Wüthen des Feuers, Feuersbrünste.*

*वह्निगन्ध m. *das Harz der Shorea robusta.*

*वह्निगर्भ 1) m. *Bambusrohr.* — 2) f. आ *Mimosa Suma.*

वह्निगृह n. *Feuergemach.*

*वह्निचक्रा f. *Methonica superba.*

*वह्निचूड n. = स्थूपक (?).

वह्निजाया f. Vahni's *Gattin* d. i. Svâhâ.

वह्निज्वाल 1) m. *eine best. Hölle.* — 2) *f. आ *Grislea tomentosa* Bhâvapr. 1,176.

वह्नितम Adj. 1) *am besten fahrend, — führend.* — 2) *am besten eine Gabe den Göttern darbringend.*

वह्निद Adj. (körperliches) *Feuer verleihend.*

वह्निदग्ध Adj. *gebrannt.*

*वह्निदमनी f. *Solanum Jacquini.*

*वह्निदीपक 1) m. *Safflor.* — 2) f. °पिका = अजमोदा.

वह्निदैवत Adj. Agni *zur Gottheit habend* MBh. 1,221,85.

वह्निधौत Adj. *rein wie das Feuer* Ind. St. 15, 293. Vgl. वह्निशुद्ध.

वह्निनाशन Adj. (körperliches) *Feuer löschend.*

*वह्निनी f. *Nardostachys Jatamansi.*

*वह्निनेत्र m. Bein. Çiva's (*drei Augen habend*).

वह्निपुराण n. Titel eines Purâṇa, = अग्निपुराण.

*वह्निपुष्पी f. *Grislea tomentosa* Râǵan. 6,216.

वह्निप्रिया f. *die Gattin des Feuergottes* d. i. Svâhâ Hariv. 2,77,17.

वह्निबीज n. 1) **Gold.* — 2) **Citronenbaum.* — 3) mystische Bez. *der Silbe* रम्.

वह्निभय m. *Feuersgefahr, Feuersbrunst.* °द Adj. *Feuersgefahr bringend* Varâh. Bṛh. S. 4,5.

*वह्निभोग्य n. *Schmelzbutter.*

वह्निमत्त् Adj. *Feuer enthaltend.* Nom. abstr. °मत्त्व n.

*वह्निमन्थ m. *Premna spinosa* Râǵan. 9,22.

वह्निमय Adj. *aus Feuer bestehend* Harshaḱ. 89,14.

*वह्निमारक 1) Adj. *Feuer zu Nichte machend.* — 2) n. *Wasser.*

*वह्निमित्र m. *Wind.*

वह्निरस m. *eine best. Mixtur.*

*वह्निरेतस् m. Bein. Çiva's.

वह्निरोहिणी f. *eine best. Krankheit.*

वह्निलोक m. Agni's *Welt.*

*वह्निलोहक n. *Weissmessing* Râǵan. 13,32.

*वह्निवक्त्रा f. *Methonica superba* Bhâvapr. 1,202.

*वह्निवधू f. Agni's *Gattin* d. i. Svâhâ.

वह्निवत् Adj. *das Wort* वह्नि *enthaltend.*

*वह्निवर्ण 1) Adj. *feuerfarben.* — 2) n. *eine rothe Lotusblüthe.*

वह्निवल्लभ 1) *m. *Harz.* — 2) f. आ Agni's *Gattin.*

वह्निवेश m. N. pr. eines Arztes, = अग्निवेश Karaka 1,13.

वह्निशाला f. *Feuergemach.*

*वह्निशिख 1) n. *a) Safflor.* — *b) Saffran* Râǵan. 12,40. — 2) f. आ *a) Methonica superba* Râǵan. 4, 131. — *b) Grislea tomentosa* Râǵan. 6,218. — *c) Commelina salicifolia* und *andere Species* Râǵan. 4,109, v. l. für वङ्कशिखा. — Vgl. auch °शिखा.

*वह्निशिखर m. *Celosia cristata.*

वह्निशिखा f. *Feuerflamme.* Vgl. auch अग्निशिख 2).

वह्निशुद्ध Adj. *rein wie das Feuer.* Vgl. वह्निधौत.

*वह्निशेखर n. *Saffran* Gal.

वह्निसंस्कार m. *Verbrennung eines Todten.*

*वह्निसख m. 1) *Wind.* — 2) *Kümmel* Râǵan. 6,57.

वह्निसाक्षिकम् Adv. *so dass das Feuer Zeuge ist oder war.*

वह्निसात् Adv. mit कर् *verbrennen* Venis. 152.

वह्निस्फुलिङ्ग m. *Feuerfunke* Vâmana 43,9.

वह्नीश्वरी f. Bein. der Lakshmî.

*वह्न्युत्पात m. *eine feurige Lufterscheinung.*

वह्य॑ 1) Adj. *zum Fahren tauglich* Âçv. Çr. 9,9, 14. — 2) *f. वह्या *die Gattin eines* Muni. — 3) n. *Tragsessel, Sänfte, Ruhebett* überh.

वह्यक 1) Adj. = वह्य 1). m. *ein solches Thier.* — 2) *f. आ N. pr. eines Frauenzimmers.

वह्यशी॑वरी Adj. f. *in einer Sänfte* oder *in einem Ruhebette liegend.*

*वह्यस्क m. N. pr. eines Mannes.

वह्येशी॑या Adj. f. = वह्यशीवरी.

1. वा Indecl. 1) *oder*, nachfolgend, metrisch aber auch vorangehend. न — वा *weder* — *noch*, वा — वा *entweder* — *oder* (bei einer Disjunction zweier Sätze wird das Verbum des ersten, ausnahmsweise auch das des zweiten Satzes betont), किं (Fragepartikel) वा — किं वा, किं वा — न वा, न वा — वा *weder* — *noch*, वा — न वा *entweder* — *oder nicht, vielleicht* — *vielleicht auch nicht* (28,13. 14), *ob* — *oder nicht*, वा न — वा *entweder nicht* — *oder*, यदि वा — वा *ob* — *oder*. Bei mehr als zwei Gliedern vom zweiten an wiederholt oder hier und da ausfallend; steht वा schon nach dem ersten Gliede, so ist es hier durch *entweder* oder *weder* (in einem negativem Satze) wiederzugeben. Eine Negation braucht an zweiter und folgender Stelle nicht wiederholt zu werden. Es wechselt वा auch mit च und अपि. Statt des einfachen वा auch अपि वा, अपि वा पुनः (an letzter Stelle), वापि, अथ वा, अथो वा, वाथ, अथ वापि, अथ वा पुनः (an letzter Stelle 69,31), यदि वा (य॑दि वा नं॑ *oder auch nicht* 19,27), यद्वा (166,10), उतं॑ वा, वो॑त (an erster Stelle), वा घ. In यज्ञ॑स्य वा नि॑शितिं वो॑दितिं वा ist das erste वा überschüssig. — 2) *oder*, so v. a. *entweder oder auch nicht, beliebig, facultativ.* — 3) = इव *wie* 250,25. Bhadrab. 1,21. 27. 31. 42. 44. 47. 50. 70. 127. 2,91. 3,59. — 4) = 1. एव 3) Bâdar. 3,3,21. Bâlar. 153,7. — 5) *selbst, sogar, gesetzt aber auch dass* (mit Fut.). — 6) *jedoch, indessen* Bâdar. 3,1,7. Bâlar. 174,7. Prasannar. 116,9. 121,4. Vgl. अथ वा unter अथ. — 7) nach interrogativen und relativen Pronomm. so v. a. *wohl, etwa.* — 8) metrisch statt च *und* MBh. 12,324,20. 25. — 9) nach den Lexicographen auch blosser Lückenbüsser.

2. वा, वा॑ति 1) *wehen* Âpast. 1,12,5. — 2) *Etwas herbeiwehen.* — 3) *anwehen.* — 4) *riechen*, so v. a. *Gerüche aushauchen, ausdünsten, sich verbreiten* (von einem Geruche). — 4) *einen Geruch* (Acc.) *riechen, olfacere* Vikr. drâv. 654,24. — 5) *हिंसायाम्. — Mit अति *hinauswehen über* (Acc.). — Mit अनु 1) *hinwärts wehen* Âpast. 1,6,15. — 2) *nachwehen*, mit Acc. — 3) *anwehen.* — 4) *anblasen, anfachen.* — 5) *wehen.* — Mit अप *ausdünsten.* — Mit अभि 1) *zuwehen, herbeiwehen.* — 2) *anwehen.* — 3) *herwehen* (intrans.). — Mit अव 1) *herabwehen.* — 2) *vom Lufthauch getragen werden in* (Loc.). — Mit आ 1) *herwehen* (intrans.), *wehen* Çiç. 11,19. — 2) *herbeiwehen*, mit Acc. — 3) *anwehen.* — Mit उद् *durch Luftzug erlöschen.* — Mit अनूद् *im Winde* (Acc.) *verwehen.* — Mit उप 1) *anwehen, anblasen.* — 2) = 3. वा mit उप *durch Vertrocknen ausgehen, eintrocknen* Kâtj. Çr. 25,12,10. 12. — Mit निस् 1) *wehen.* — 2) *erlöschen.* Vom Tageslicht Harshaḱ. 36,9. — 3) *sich abkühlen, gestillt* —, *erquickt werden* Çiç. 6,19. — 4) निर्वाण *a) erloschen;* von der Sonne so v. a. *untergegangen* Spr. 1276. — *b) bei dem das Lebenslicht erloschen ist, vollkommen beruhigt, erlöst von den Banden des Lebens.* — *c)* **unbeweglich.* — Vgl. अनिर्वाण. — Caus. निर्वापयति 1) *auslöschen* (trans.). — 2) *ablöschen, von der Gluth*

—, *von der Hitze befreien, abkühlen.* — 3) *stillen, zur Ruhe bringen, erquicken.* वैरम् *seine Rache stillen* Dh. V. 7,7. — 4) *blenden* (die Augen). — 5) *zum* Nirvâṇa *führen* Lalit. 376,8. — Mit अनुनिस् *erlöschen nach* (Acc.) Spr. 1276. — Mit परिनिस् *vollkommen erlöschen, — zur Ruhe gelangen* Lalit. 489,5.8.15. Vgl. अपरिनिर्वाण (Nachtr. 1). — Caus. परिनिर्वापयति *vollkommen erlösen durch die Einführung in das* Nirvâṇa Vagrakkh. 21,2. — Mit परा *wegwehen.* — Mit प्र 1) *wehen.* — 2) *ausdünsten, gerochen werden, sich verbreiten* (von einem Geruch). — Mit वि 1) *verwehen, auseinanderblasen.* — 2) *durchwehen.* — 3) *nach verschiedenen Richtungen hin wehen.* — Mit अनुवि *der Reihe* oder *der Länge nach durchwehen.* — Mit सम् *wehen* MBh. 12,328,37. — Mit अनुसम् *der Reihe nach* (*zusammen*) *anwehen.*

3. वा, वायति, वायते (episch) 1) *matt —, müde werden, sich erschöpfen, erliegen.* Mit einem Partic. Praes. *nicht müde werden* Etwas zu thun. — 2) Act. (Âpast. 1,12,3) Med. *wehen.* Verwechselung mit 2. वा; eben so weiter unten. — 3) *verlustig gehen,* mit Gen. Ṛv. 8,47,6. — 4) अवायत् MBh. 9,947 fehlerhaft für अवारयत्. — 5) वान *trocken.* — Mit अति *heftig wehen.* अतिवायति Loc. *bei heftigem Winde.* — Mit अप Med. *abgehen, eingehen,* so v. a. *schwinden* u. s. w. Gop. Br. 2,2,4. — Mit अभि, अभिवात *siech, krank.* Statt dessen fehlerhaft अभिवात Sâmav. Br. 1,8,13. fgg. — Mit उद् *matt werden, hinsterben;* vom Feuer *in sich erlöschen.* — Caus. उद्वापयति *ausgehen lassen* (Feuer). — Mit उप *durch Vertrocknen ausgehen, eintrocknen.* उपवात *trocken geworden, trocken* Baudh. 1,6,13,3. — Mit निस् *erlöschen.* — Mit प्र 1) Act. Med. *wehen.* — 2) प्रवात *erschöpft, müde* Karaka 1,7. — Mit अतिप्र *heftig wehen.* — Mit वि Med. *wehen.*

4. वा Nebenform von 1. वन्. °वात *begehrt, erwünscht.* — Desid. विवासति, °ते (परिचरणकर्मन्) *herbeiziehen, gewinnen* Ṛv. 1,74,9. 8,31,7. 9,98,4. — Mit अच्छ Desid. Act. dass. Ṛv. 6,16,12. — Mit आ Desid. 1) Act. Med. *zu gewinnen —, herbeizuziehen suchen, huldigen, locken.* — 2) Med. *begütigen, gut machen* (eine Schuld). — Mit अभ्या Desid. Act. *in feindlicher Absicht sich nähern.* — Mit उप Desid. Act. *zu gewinnen suchen.*

5. वा, वयति 1) *weben, flechten, künstlich ineinanderfügen,* auch Reden, Lieder u. s. w. — 2) *beweben, gleichsam zu einem Gewebe machen* Bhatt. — 3) उत und ऊत *geflochten, gewoben, genäht.* — *Caus. वाययति. — Mit अप *ein Gewebe auflösen.* — Mit आ *einweben, reihen* (z. B. Perlen an eine Schnur), — *an* (Loc.), *durchziehen.* ओत *eingewoben, angereiht,* — *an* (Loc.), *durchgezogen durch* (Loc.), *durchzogen von* (Instr.). — Mit समा Med. *anreihen, aufreihen auf* (Loc.). समोत AV. 11,5,24. — Mit उद् *hinaufbinden, aufhängen* Ait. Âr. 405,8. Partic. उद्दुत. — Mit उप, उपोयमान *eingesteckt werdend,* उपोत *eingesteckt.* — Mit *निस् Partic. निरुत. — Mit परि *durchweben; umstrikken, umbinden.* पर्युत *eingefasst.* — Mit प्र *daran weben, — knüpfen, anknüpfen an* (Loc.). प्रोत *gereiht auf, gespiesst an, gesteckt an* oder *in, steckend an* oder *in* (Loc. [Bâlar. 285,12] oder im Comp. vorangehend); *durchzogen von* (Instr.). — Mit अतिप्र *weiter daran setzen.* — Mit अनुप्र *daran heften.* — Mit संप्र *verflechten.* — Mit वि *flechten.* व्युत und व्यूत (Hem. Par. 1,39. Comm. zu Kâtj. Çr. 7,9,27) *geflochten, gewoben, buntgewoben.* व्युत von einem Wege so v. a. *gebahnt.* — Mit सम् 1) *zusammenheften.* — 2) *beweben* (mit Figuren u. s. w.). — 3) समुत *zusammengenäht* in तर्द्मसमुत.

वांश 1) Adj. von वंश *Zuckerrohr* Karaka 1,27. — 2) f. ई *Tabaschir* Râgan. 6,187. Bhâvapr. 1,169. Karaka 6,16.

*वांशकठिनिक Adj. *mit Tragstangen von Bambus handelnd.*

*वांशभारिक Adj. *eine Tracht Bambus tragend.*

*वांशिक 1) Adj. dass. — 2) m. *Flötenspieler.*

*वाःकिटि m. *Meerschwein.*

*वाःपुष्प n. *Gewürznelke.*

वाक 1) m. a) *Spruch, Recitation, Formel im Ritus.* — b) Pl. *Geschwätz, Gesumme.* — 2) f. आ = 1) a) VS. 17,57 = Maitr. S. 2,10,5 (137,7). — 3) n. Name verschiedener Sâman Ârsh. Br.

वाकलराशि m. N. pr. eines Çaiva-Asketen Ind. Antiq. 11,221.

वाकाटक m. Pl. N. pr. eines fürstlichen Geschlechts Ind. Antiq. 12,239.243.fgg. B. A. J. 7,56.

वाकारकृत् m. N. pr. eines Mannes.

वाकिन N. pr. 1) *m. eines Mannes. — 2) f. ई einer Tantra-Gottheit.

*वाकिनकायनि und *वाकिनि m. Patron. von वाकिन.

वाकु in कृकवाकु.

वाकुची f. *Vernonia anthelminthica* Mat. med. 183. Râgan. 4,63. Bhâvapr. 1,177.

वाकोपवाक n. *Dialog.*

वाकोवाक्य n. *Dialog;* auch Bez. *gewisser Stücke der vedischen Ueberlieferung* 212,2. Gop. Br. 1,1,21. 30.

वाक्कलह m. *Wortstreit.*

*वाक्कीर m. so v. a. *Jabruder,* Bez. *des Bruders der Frau.*

वाक्कूट m. N. pr. eines Dichters Z. d. d. m. G. 36,557.

वाक्केलि und वाक्केली f. *ein Scherz mit Worten, eine witzige Unterredung.*

वाक्कोक m. N. pr. eines Dichters Z. d. d. m. G. 36,557.

वाक्क्षत n. *eine Verletzung mit Worten* 184,12.

वाक्चक्षुस् n. Sg. *Rede und Blick.*

वाक्चपल Adj. *unbesonnen in der Rede, unüberlegt redend.*

वाक्चापल्य n. *Unbesonnenheit in der Rede.*

वाक्चित् Adj. *mit der Rede geschichtet* Çat. Br. 10,5,3,4.

वाक्छल n. 1) *der Schein einer Stimme* Kâd. 2,102,17. — 2) Sg. und Pl. *lügnerische Reden* Kathâs. 60,161. — 3) *Verdrehung der Worte seines Gegners in der Disputation.*

वाक्छल्य n. *der Rede Pfeil, ein verletzendes Wort.* Vgl. वाक्शल्य.

*वाक्त्वच n. Sg. angeblich copul. Comp.

*वाक्त्विष n. Sg. angeblich copul. Comp.

वाक्पटु Adj. *beredt.* Nom. abstr. °ता f. *Beredsamkeit.*

वाक्पति m. 1) *Herr der Rede.* — 2) **Meister der Rede, ein beredter Mann.* — 3) *der Planet Jupiter* Varâh. Jogaj. 4,10. — 4) *ein* Çaiva-*Heiliger auf einer best. Stufe der Vollkommenheit* Çaṁk. zu Bâdar. 4,4,18.

वाक्पतिराज m. N. pr. eines Dichters.

वाक्पतिराजदेव m. N. pr. und Titel eines *Fürsten* von Mâlava Ind. Antiq. 6,51.

वाक्पतीय n. und वाक्पत्य n. *Herrschaft der Rede.*

वाक्पथ m. 1) *die Gelegenheit —, der geeignete Augenblick zum Reden.* — 2) *Bereich der Rede.* अवापिता °पारम् so v. a. *unbeschreiblich geworden* Naish. 7,107. अतीत° Adj. *unbeschreiblich* Çiç. 14,60.

वाक्पवित्र Adj. *die Rede als Läuterungsmittel habend* TS. 6,4,5,3.

वाक्पा Adj. *Rede beschützend.*

वाक्पाटव n. *Beredsamkeit.* °निरुक्ति f. Titel eines Kâvja Opp. Cat. 1.

वाक्पारुष्य n. 1) *Rauhheit der Stimme.* — 2) *eine Beleidigung mit Worten.*

वाक्पुष्टा f. N. pr. einer Fürstin. °पुष्टाटवी f. N.

pr. eines nach ihr benannten *Waldes*.

वाक्पुष्प n. Pl. *Redeblüthen, schwungvolle Worte* 139,12. Kathâs. 72,395 (अर्चयत् zu lesen). 99,38.

*वाक्प्रदा f. Bein. des Flusses Sarasvatî Râǵan. 14,21.

वाक्प्रलाप m. *Redekunst, Beredsamkeit*.

वाक्प्रवदिषु Adj. *als Redner auftretend*.

वाक्प्रशस्त Adj. *ausdrücklich für rein erklärt* Gaut. 17,38. Vgl. वाक्शस्त.

वाक्प्रसारिकाम (°प्रसारिकाकाम oder °प्रसारकाम?) Adj. *wünschend, dass die Rede hervortrete,* so v. a. *dass* (das Kind) *zu sprechen anfange* Pâr. Gṛhj. 1,19,7.

वाक्य n. (adj. Comp. f. आ) 1) Sg. und Pl. *Ausspruch, Rede, Worte.* मम वाक्यात् so v. a. *in meinem Namen.* — 2) *Aussage vor Gericht.* — 3) *ausdrückliche Aussage* (Gegensatz लिङ्ग *Andeutung*). — 4) *Verlobung* Nâr. 12,30. 5) *Ausdrucksweise.* — 6) *Gesang der Vögel.* — 7) *Disputation.* — 8) *Satz* (in grammatischem Sinne). — 9) *Satzglied in einem Syllogismus.* — 10) *umschriebene Ausdrucksweise.*

वाक्यकण्ठ Adj. *dem die Rede* (schon) *im Halse steckt,* so v. a. *Etwas zu sagen im Begriff stehend* MBh. 12,167,20.

°वाक्यकर Adj. *Jmds Worte —, Jmds Geheiss ausführend.*

वाक्यकरणसिद्धान्त m. Titel eines Werkes.

वाक्यकार m. *der Verfasser eines* Vâkja *genannten* Vedânta-*Werkes.*

वाक्यगर्भित n. *Einschaltung eines Zwischensatzes.*

वाक्यग्रह m. *Lähmung der Sprache.*

वाक्यता s. u. गद्गदवाक्य.

वाक्यत्व n. 1) *das Wortsein, das Redesein* Sâj. in der Einl. zu ṚV. 3,33. — 2) *das Bestehen aus Worten.* — 3) *das Satzsein.* — 4) am Ende eines Comp. *Aussprache.*

वाग्दण्डक (wohl m.) Pl. *sich lang hinziehende Reden, ausführliche Rede* Káraka 3,8.

वाक्यदीपिका f., वाक्यपञ्चाध्यायी f. und वाक्यपदीय n. Titel von Werken Opp. Cat. 1.

वाक्यपूरण Adj. *den Satz ausfüllend.*

वाक्यप्रकरण n. (Burnell, T.) und वाक्यप्रकाश m. (Bühler, Rep. No. 763) Titel von Werken.

वाक्यप्रदीप m. fehlerhaft für वाक्यपदीय Bühler, Rep. No. 314.

वाक्यप्रबन्ध m. *fortlaufende Rede, Erzählung.*

वाक्यभेद m. *Verschiedenheit der Aussage* Ǵaim. 2,1,47. Pl. *sich widersprechende Aussagen* Mudrâr. 46,16 (77,16).

वाक्यभेदवाद m. Titel eines Werkes.

वाक्यमाला f. 1) *Aneinanderreihung mehrerer Sätze.* — 2) Titel eines Commentars.

वाक्यरचना f. *das Wortemachen, Reden* Comm. zu R. ed. Bomb. 2,44,30.

वाक्यवज्र n. Sg. und Pl. *Donnerworte.*

वाक्यवर Lalit. 34,18 fehlerhaft für वाक्संवर.

वाक्यविवरण n., वाक्यवृत्ति f., °प्रकाशिका f. und °व्याख्या f. Titel von Werken.

वाक्यशलाका f. *eine spitze, verletzende Rede* MBh. 5,162,1. Vgl. वाक्शलाका.

वाक्यशेष m. *Satzergänzung, ein zu ergänzendes Wort* Ǵaim. 1,4,29. 3,8,10. Vikr. 35,8. Comm. zu Âpast. Çr. 5,26,4. Nom. abstr. °त्व n. Ǵaim. 3,4,5.

वाक्यसंयोग m. *grammatische Construction.*

वाक्यसंकीर्ण n. *Vermengung zweier Sätze.*

वाक्यसार n. Titel eines Werkes.

वाक्यसारथि m. *Wortführer* R. 4,31,36.

वाक्यसिद्धान्तस्तोत्र n. und वाक्यसुधा f. Titel von Werken.

°वाक्यस्थ Adj. *Jmds Worte befolgend* Suçr. 1,123,20.

वाक्यस्वर m. *der Accent im Satze.*

*वाक्यहारिणी f. *Botin, Liebesbotin* Gal.

वाक्याडम्बर m. *Wortschwall.*

वाक्याध्याहार m. *Ergänzung eines Satzes.*

वाक्यामृत n. Titel eines Werkes Burnell, T.

वाक्यार्थ m. *der Sinn —, der Inhalt eines Satzes.*

वाक्यार्थदीपिका f. und वाक्यार्थविवेक m. (= महा°) Titel von Werken.

वाक्यार्थोपमा f. *ein Gleichniss, in welchem die Aehnlichkeit zweier Dinge im Einzelnen durchgeführt wird.*

वाक्यालंकार m. *Schmuck der Rede, — des Satzes.*

वाक्योपचार m. *das Verfahren mit Worten, das Reden* R. 2,44,24.

वाक्र, वाक्रं सुवात्रम् N. eines Sâman.

*वाक्र्य n. Nom. abstr. von वक्र.

वाक्शलाका f. = वाक्यशलाका MBh. 6,98,2.

वाक्शल्य n. = वाक्छल्य.

वाक्शवल्ह Adj. als Beiw. einer Saṁhitâ Saṁhitopan. 6,9. 7,3.

वाक्शस्त Adj. *ausdrücklich für rein erklärt* Ǵâǵñ. 1,191. Vgl. वाक्प्रशस्त.

वात्तसँद् Adj. in einer Formel. वात soll = वाच् sein.

वाक्संयम m. *Hemmung der Rede, Bändigung der Zunge.*

वाक्संवर m. *Zügelung der Rede, Vorsicht beim Sprechen* Lalit. 34,18 (वाक्यवर gedr.).

वाक्सङ्ग m. 1) *das Steckenbleiben beim Reden, schwerfälliges Sprechen* (im Alter) MBh. 1,84,19. — 2) *Lähmung der Sprache.*

वाक्सायक m. *ein als Pfeil wirkendes Wort* Spr. 6018. Çiç. 20,77.

वाक्सिद्ध n. *eine übernatürliche Vollkommenheit in Bezug auf die Rede.*

वाक्स्तम्भ m. *Lähmung der Sprache.*

वागतीत m. *eine best. Mischlingskaste.*

वागधिप m. Bein. Bṛhaspati's Kir. 2,2.

1. वागन्त m. *Ende der Stimme,* d. i. *die lauteste Stimme.*

2. वागन्त Adj. *mit* वाच् *endigend.*

वागपहारक Adj. *der unerlaubter Weise von Andern Gesprochenes sich aneignet* M. 11,51. Jâǵñ. 3,210.

वागपेत Adj. *um die Rede gekommen, stumm* Kaush. Up. 3,3.

*वागर m. = निर्णय, पण्डित (विशारद), परित्यक्तभय (गतातङ्क), मुमुक्षु, वाडव, वातवेष्टक, वारक, वृक und शाण.

*वागा f. *Zaum.* Richtig वल्गा.

वागाडम्बर m. *Wortschwall.*

वागादिपित्र्य n. ऋतूनां °म् Name eines Sâman Ârsh. Br.

वागायन m. Patron. Auch Pl.

*वागारु Adj. *ein Kind mit falschen Hoffnungen täuschend.*

*वागाशनि (!) m. *ein* Buddha.

*वागाशीर्दत्त m. ein Mannsname.

वागिन्द्र m. N. pr. eines Sohnes des Prakâça.

वागीश 1) Adj. Subst. *der Rede mächtig, ein Meister in der Redekunst* Çiç. 2,25. Häufig am Ende von Gelehrtennamen. — 2) m. *a)* Bein. Brahman's. — *b) der Planet Jupiter.* — 3) f. आ Bein. der Sarasvatî.

वागीशत्व n. Nom. abstr. zu वागीश 1).

वागीश्वर 1) m. *a) ein Meister in der Redekunst.* — *b)* *Bein. Brahman's. — *c)* N. pr. α) eines Ǵina. — β) eines Autors. — 2) f. ई Bein. der Sarasvatî.

*वागीश्वरकीर्ति m. N. pr. eines Lehrers.

वागीश्वरस्तोत्र und वागीश्वरीस्तोत्र n. Titel von *Lobgesängen* Burnell, T. 200,*a*.

वागु N. pr. eines Flusses.

*वागुजि (Med. m. 31) und *वागुञ्जी f. = वाकुची.

वागुञ्जार m. *ein best. Fisch* Râǵan. 19,71.

*वागुण n. *Averrhoa Carambola.*

वागुत्तर n. *das letzte Wort, das Ende einer Rede*

MBH. 1,176,9.

वागुरा f. *Fangstrick, ein Netz zum Einfangen von Wild, Garn;* auch in übertragener Bed.

वागुरि m. N. pr. eines Autors.

वागुरिक m. *ein mit Netzen dem Wilde nachstellender Jäger.*

*वागुलि = पटि.

*वागुस m. *ein best. grosser Fisch* RÂGAN. 19,71.

वागृषभ m. *ein Meister in der Rede.* Nom. abstr. °त्व n.

वागोयान N. pr. einer Oertlichkeit.

वाग्गुण m. *Redevorzug.*

वाग्गुद m. wohl *eine Art Fledermaus.* Vgl. BÜHLER in der Note zur Uebersetzung von GAUT. 17,34, *वल्गुला, वल्गुलिका, वल्गुली und वाल्गुद.

वाग्गुम्फ m. Pl. *Sprach-Gewinde,* so v. a. *eine künstliche Sprache.*

*वाग्गुलि und *°क m. *Betelträger eines vornehmen Herrn.*

वाग्घस्तवन्त् Adj. *der Sprache mächtig und Hände habend.*

वाग्जाल n. *Wortschwall* ÇIÇ. 2,27.

वाँग्ज्योतिस् Adj. *durch das Wort Licht empfangend* ÇAT. BR. 14,7,1,5.

वाग्डम्बर m. n. *Wortschwall, Phrasen, Grosssprecherei* Spr. 7200. PRASANNAR. 78,22. 130,1. 132,15.

वाग्दण्ड m. 1) Sg. *Verweis* JÂGN. 1,366. — 2) Du. *Wort und Stock.* °दण्डयोः —, °दण्डजं पारुष्यम् und वाग्दण्डपारुष्य Du. (GAUT. 12,1) *grobe Verbal- und Realinjurien, strenge Verweise und körperliche Züchtigungen* M. 7,48. 8,72. Spr. 4043 nebst v. l.

वाग्दत्ता Adj. f. *verlobt, versprochen.*

*वाग्दरिद्र Adj. *wortarm, wortkarg.*

*वाग्दल n. *Lippe.*

वाग्दा Adj. *Stimme verleihend* in einer Formel ÂPAST. ÇR. 17,5.

वाग्दान n. *Verlobung* Ind. St. 15,117. 121. °प्रयोग m. BURNELL, T.

वाग्दुरुक्त n. *harte, verletzende Worte* MBH. 1,79,12. 8,69,52.

वाग्दुष्ट 1) *a)* Adj. Subst. *grob, Grobian.* — *b)* * = व्रात्य. — 2) m. N. pr. eines Brahmanen.

वाग्देवता f. *die Göttin der Rede,* Sarasvatî VIKRAMÂÑKAK. 18,81. °गुरु m. Beiw. Kâlidâsa's. °स्तव m. OPP. Cat. 1.

वाग्देवताक Adj. *der* Sarasvatî *geweiht* KULL. zu M. 8,105.

वाग्देवत्य Adj. *der Rede geweiht.*

वाग्देवी f. *die Göttin der Rede,* Sarasvatî VIKRAMÂÑKAK. 18,83. Spr. 7705.

वाग्दैवत्य Adj. *der* Sarasvatî *geweiht.*

वाग्द्वार n. 1) *Eingang zur Rede.* कृत° Adj. so v. a. *zu dessen Beschreibung der Eingang erleichtert worden ist.* — 2) N. pr. einer Oertlichkeit.

वाग्बद्ध Adj. *schweigend, Nichts sagend* KATHÂS. 124,159.

वाग्बन्धन n. *das Schweigen.* °नं प्र-कर् *Jmd zum Schweigen bringen* 175,32.

वाग्बलि m. N. pr. eines Mannes.

वाग्ब्राह्मण n. *ein von der* Vâk *handelndes* Brâhmaṇa (*Theologumenon*) AIT. ÂR. 370,1.

वाग्भङ्ग m. = वाक्सङ्ग (so v. l.) 1) MBH. 1,3484.

वाग्भट m. N. pr. verschiedener Gelehrter, insbes. eines Rhetorikers und eines Arztes. °शारीरस्थान n. und °सूत्रस्थान n. OPP. Cat. 1.

वाग्भटालंकार m. Titel eines Werkes.

वाग्भट्ट m. fehlerhaft für वाग्भट.

वाग्भूषणकाव्य n. Titel eines Werkes.

वाग्भृ॑त् Adj. *Rede tragend, — erhaltend.*

*वाग्मायन m. Patron. von वाग्मिन्.

वाग्मिता f. und वाग्मित्व n. *Beredsamkeit.*

वाग्मि॑न् 1) Adj. *beredt.* — 2) m. *a)* **Papagei* (Conj.). — *b)* **der Planet Jupiter.* — *c)* N. pr. eines Sohnes des Manasju.

*वाग्य (!) Adj. = वाग्दरिद्र, निर्वेद und कल्य.

वाग्यज्ञ m. *ein in Worten dargebrachtes Opfer* Ind. St. 15,446.

वाग्यत Adj. *die Stimme an sich haltend, schweigend.*

वाग्यमन n. *das Schweigen.*

*वाग्याम Adj. = वाग्यत.

वाग्योग m. *richtiger Gebrauch der Worte.*

1. वाग्वज्र n. *Donnerwort.*

2. वाग्वज्र Adj. *dessen Worte Blitze sind.*

वाग्वट m. N. pr. eines Autors.

वाग्वद m. wohl *eine Art Fledermaus* HARADATTA zu GAUT. 17,34 bei BÜHLER, वल्गुद in der Telugu-Hdschr. nach STENZLER.

वाग्वत्त् Adj. *mit der Rede verbunden.*

*वाग्वाद m. N. pr. eines Mannes.

वाग्वादिनी f. N. pr. einer Göttin. °स्तोत्र n. BURNELL, T.

वाग्विद् Adj. *redekundig, beredt* 250,20. ÇIÇ. 14,1.

वाग्विदग्ध Adj. *redegewandt, beredt.* Nom. abstr. °ता f.

वाग्विधेय Adj. *durch das* (blosse) *Wort zu bewerkstelligen,* so v. a. *was man aus dem Gedächtniss hersagen kann.*

वाग्वि॑न् Adj. *beredt.*

*वाग्विप्रुष n. Sg. angeblich copul. Comp.

वाग्विरोध m. *Wortstreit* HEMÂDRI 1,725,13.

वाग्विलास m. *literärische Spielerei.*

*वाग्विलासिन् m. *Taube* RÂGAN. 19,107.

वाग्विसर्ग m. *das Ertönenlassen der Stimme, das Brechen des Schweigens, das Sprechen* GOBH. 2,3,14. 3,2,44. BHÂG. P. 1,5,11 = 12,12,51.

वाग्विसर्जन n. dass.

वाग्वीणा m. N. pr. eines Dichters Z. d. d. m. G. 36,557.

वाग्वीर m. *ein Held —, ein Meister im Reden* 168,17. 18.

वाँग्वीर्य Adj. *stimmkräftig.*

वाग्व्यवहार m. *Anwendung von Worten, vieles Reden* MÂLAV. 13,22. 23.

वाग्व्यापार m. *das Reden, Sprechen, Gerede* SÂH. D. 285. HIT. 85,21.

वाघ॑त् m. *der Veranstalter eines Opfers.* Nach NIGH. = ऋत्विज् und मेधाविन्.

वाघातक scheinbar ÂÇV. ÇR. 9,7,8, da hier वा zu streichen ist.

*वाघेछ N. pr. eines Geschlechts.

*वाङ्क m. *das Meer.*

*वाङ्, वाङ्क्ति (काङ्क्षायाम्).

वाङ्ग 1) m. *a) ein Fürst der* Vaṅga. — *b)* N. pr. eines Dichters. — 2) *f. ई *eine Fürstin der* Vaṅga PAT. zu P. 2,4,62, Vârtt. 4.

*वाङ्गक m. *ein Verehrer der* Vaṅga *oder des Fürsten der* Vaṅga.

वाङ्गारि m. Patron.

वाङ्गाल 1) m. *ein best.* Râga S. S. S. 82. — 2) f. ई *eine best.* Râgiṇî S. S. S. 37.

वाङ्निधन Adj. वाच् *zum Refrain habend.* क्रौञ्च n. und सौहविष n. Namen von Sâman.

वाङ्मती f. N. pr. eines Flusses.

वाङ्मत्सर m. *ein Wort des Neides, — der Missgunst* ÇÂÑKH. ÇR. 17,17,3.

वाङ्मधु n. Pl. *süsse Worte.*

वाङ्मधुर Adj. *süss in Worten, schöne Worte im Munde führend.*

वाङ्मनस् n. Du. (VÂSAV. 290,1) und °मनस n. Sg. (im Comp. GAUT.) *Rede und Geist.*

वाङ्म॑य 1) Adj. (f. ई) *aus Rede bestehend, auf der R. beruhend, dessen Wesen die R. ist, die R. betreffend.* Nom. abstr. वाङ्मयत्व n. — 2) *f. वाङ्मयी *die Göttin der Rede.* — 3) n. *a) Redekunst, Redeweise.* — *b) Rede.*

वाङ्मयदेवता f. *die Göttin der Rede* Ind. St. 15,289.

वाङ्माधुर्य n. *Lieblichkeit der Rede, — der Stimme.*

वाङ्मिश्रण n. *das Wortewechseln, Unterredung*

mit (Instr.) Prab. 20,19.

*वाङ्मुख n. *Eingang einer Rede.*

वाङ्मूर्ति Adj. *die Rede zum Körper habend.* देवता so v. a. Sarasvatî Pr. P. 3.

वा॑च् f. 1) *Sprache* (auch der Thiere), *Stimme* (auch so v. a. *Orakelstimme*), *Laut, Ton* (auch unbelebter Dinge). — 2) *Rede, Wort, Aussage, Ausspruch, Behauptung.* वाचं दा *die Rede richten an* (Dat.). वाचा auch so v. a. *ausdrücklich;* वाचा सत्यं कर् *ausdrücklich Etwas versprechen*, so v. a. *eine Verlobung veranstalten.* — 3) *Zunge.* — 4) वाचः साम und वाचो व्रतम् Name verschiedener Sâman Ârsh. Br. — 5) वाचः स्तोमः *ein best.* Ekâha. — 6) die *Rede* personificirt in unbestimmter Weise, aber auch als *Göttin* = Sarasvatî und als eine Tochter Daksha's und Gattin Kaçjapa's. — 7) defectiv für वाङ्निधन.

*वाच m. 1) *ein best. Fisch.* — 2) *eine best. Pflanze,* = मदन.

वाचंयम 1) Adj. (f. आ) *die Rede —, die Stimme an sich haltend, schweigend.* — 2) m. *a*) *ein* Muni, *Asket.* — *b*) N. pr. eines Mannes.

वाचंयमत्व n. *das Schweigen.*

वाचक Adj. (f. °चिका, fehlerhaft वाचका) 1) *Etwas* (Gen.) *sagend, sprechend;* m. *Sprecher, der Vortragende, Hersager* Hemâdri 1,541,3. — 2) *sprechend —, handelnd über, aussagend Etwas* (Gen. oder im Comp. vorangehend). — 3) *ausdrückend, bezeichnend.*

वाचकता f. und वाचकत्व n. Nom. abstr. zu वाचक 2) und 3).

वाचकपद Adj. *Etwas ausdrückende* (*nicht sinnlose*) *Worte enthaltend* 214,21.

वाचकमुख्य Titel eines Werkes.

वाचकलक्षकव्यञ्जकत्व n. *eine directe, indirecte oder implicirende Bezeichnung eines Dinges.*

वाचकाचार्य m. N. pr. eines *Lehrers.* Auch उमास्वाति°.

*वाचकूटी f. wohl fehlerhaft für वाचक्नवी.

वाचक्नवी f. N. pr. einer Lehrerin mit dem Patron. Gârgî.

वाचन 1) n. *a*) *das Hersagenlassen.* — *b*) *das Hersagen.* — *c*) *das Lesen* Bâlar. 292,21. — *d*) *das Ausdrücken, Bezeichnen.* — 2) f. आ *Lection, Kapitel* Hem. Par. 9,68.

वाचनक n. 1) *das Hersagen*, insbes. von स्वस्ति Hemâdri 1,90,22. 23 = 2,*a*,35,17. 18. — 2) **eine Art Backwerk.*

वाचनिक Adj. (f. ई) *auf einer ausdrücklichen Angabe beruhend, ausdrücklich erwähnt* Utpala zu Varâh. Brh. 20,10. Comm. zu Âpast. Çr. 7,32, 2. 8,11,6. 9,1,32. 10,31,6. 11,3,10.

वाचमि॑ङ्ख Adj. *die Stimme in Bewegung setzend, singend, recitirend* Maitr. S. 1,4,8 (56,15).

वाचमीङ्ख॑ Adj. *die Stimme in Bewegung setzend.*

वाचयितर् Nom. ag. *der Etwas hersagen lässt, Leiter einer Recitation.*

वाचश्रवस् m. N. pr. eines Mannes. Vielleicht fehlerhaft für वाज°.

वाचस् in वि॑वाचस् und सं॑वाचस्.

*वाचसांपति m. *der Planet Jupiter.* Richtig वचसां°.

वाचस्पत m. Patron. von वाचस्पति.

वाच॑स्प॑ति m. 1) *Herr der Stimme* oder *Rede*, ein Genius des menschlichen Lebens, das so lange dauert, als die Stimme im Leibe ist. Dieses Beiwort erhalten Soma, Viçvakarman, Pragâpati, Brahman, insbes. aber Bṛhaspati als *Herr der heiligen Rede* und als *Meister der Redekunst;* er ist Lehrer der Götter und Regent des Planeten Jupiter. — 2) *ein Meister der Rede.* — 3) N. pr. eines Ṛshi, eines Lexicographen, Philosophen u. s. w. Auch वैद्य°, °गोविन्द, °भट्टाचार्य und °मिश्र.

वाचस्पतिकल्पतरु m. Titel eines Werkes.

*वाचस्पतिवल्लभ m. *Topas* Garbe zu Râgan. 13,169.

वाचस्पत्य 1) Adj. *a*) *zum göttlichen* Vâkaspati *in Beziehung stehend* (Çiva). — *b*) *von* Vâkaspati (dem Philosophen) *verfasst.* — 2) n. *a*) *Beredsamkeit.* — *b*) Titel eines Werkes (des Philosophen Vâkaspati) Opp. Cat. 1.

वाचा f. 1) *Rede, Wort* Ind. St. 15,404. 442. Spr. 6025. Pańkad. — 2) *die Göttin der Rede.* — 3) MBh. 13,6149 fehlerhaft für वचा.

वाचाकर्मन् n. *eine allein mit der Stimme zu vollziehende Handlung* Comm. zu Âpast. Çr. 8,5,17.

वाचाकर्मीण Adj. *allein mit der Stimme geschehend* Âpast. Çr. 8,5,17 (Comm. zu Kâtj. Çr. 5,3,18).

वाचाट Adj. (f. आ) 1) *geschwätzig* (auch von Vögeln) Vâsav. 264,3. — 2) *grosssprecherisch* Bâlar. 111,12. 13. Nom. abstr. °ता f. Prasannar. 13,4. — 3) *vom Gesange von —* (im Comp. vorangehend) *erfüllt* 286,1.

वाचायन m. N. pr. eines Autors.

वाचारम्भण n. 1) *ein Nothbehelf der Rede, eine blosse Redensart* 284,5. — 2) Titel eines Werkes.

वाचाल Adj. (f. आ) 1) *geschwätzig* (auch von Vögeln) zu Spr. 408. — 2) *grosssprecherisch.* — 3) *geräuschvoll* (Harshak. 129,17), *vom Gesange —, vom Geräusch von —* (im Comp. vorangehend) *erfüllt* Vâsav. 168, 2.

वाचालता f. (Çiç. 1,40. Bhâvapr. 1,139) und वाचालत्व n. (Viddh. 9,12) *Geschwätzigkeit, Redseligkeit.*

वाचालना f. *das Geschwätzigmachen* Kâd. 2,129, 17 (159,2).

वाचालय्, °यति 1) *geschwätzig machen, zum Sprechen nöthigen* Bâlar. 102,16. Kâd. 2,71,1 (86, 8). — 2) *geräuschvoll machen, mit Geräusch erfüllen* Kâd. 142,3. 9 (249,11).

वाचाविरुद्ध Adj. *nicht mit Worten zu schildern;* m. Pl. *eine best. Gruppe göttlicher Wesen.*

वाचावृत्त oder वाचावृद्ध (VP. 3,2,41) m. Pl. *eine best. Göttergruppe im 14ten* Manvantara.

वाचासहाय m. *ein gesprächiger Kamerad, Unterhalter.*

वाचा॑स्तेन Adj. etwa *der durch Reden heimlich Abbruch thut.*

1. वाचिक 1) Adj. *durch Worte bewirkt, aus Worten hervorgebracht, in W. bestehend.* अभिनय m. so v. a. *Declamation;* in Verbindung mit विनाश m. so v. a. *angedroht.* — 2) n. *Auftrag*, insbes. *ein mündlicher* Naish. 8,55. Çiç. 2,70. Comm. zu 9,56.

2.*वाचिक m. Hypokoristikon von वागाशीर्दत्त.

*वाचिकपत्र n. *Schriftstück, Contract.*

वाचिकप्रश्न m. Titel eines Werkes Opp. Cat. 1.

*वाचिकहारक m. *Brief.*

°वाचिन् Adj. 1) *behauptend, annehmend.* — 2) *ausdrückend, bezeichnend* 230,30. 238,17. 243,28. Comm. zu TS. Prât. Nom. abstr. °चित्व n.

वाची f. in अम्बु°.

1. वाचोयुक्ति f. *eine angemessene Rede, ein treffendes Wort* Mâlatîm. 3,11 (ed. Bomb. 13,3).

2.*वाचोयुक्ति Adj. (?) *beredt.*

वाच्छल्य MBh. 12,535 fehlerhaft für वाकछल्य.

*वाच्य्, वाच्यति Denomin. von वाच्.

1. वाच्य 1) Adj. *a*) *zu sprechen, zu sagen, auszusagen, zu verkünden, mitzutheilen, zur Sprache zu bringen, zu besprechen, aufzuführen, aufzuzählen; was gesprochen —, worüber gesprochen —, wovon Etwas ausgesagt wird.* — *b*) *anzureden, zu dem man sagen —, — sprechen soll;* das Was im Acc. oder oratio directa mit इति. — *c*) *anzuweisen, dass* (यथा). — *d*) *zu benennen.* — *e*) *was noch zu sagen ist*, so v. a. *nicht angegeben.* — *f*) *was ausgedrückt —, was bezeichnet wird, ausdrücklich gemeint, — gemeint mit* (Gen. oder im Comp. vorangehend). — *g*) *zu tadeln, einen Tadel verdienend, — von Seiten Jmds* (Gen. oder Instr.). — *h*) *als Hauptwort gebraucht.* — 2) n. *a*) impers. *zu sagen, zu sprechen, — über* (Gen.). — *b*) Subst. *α*)

Hauptwort (*das wovon Etwas ausgesagt wird*). °वत् Adv. *wie das Hauptwort*, so v. a. *im Geschlecht sich nach dem Hauptwort richtend, adjectivisch*. — β) *Tadel, Makel, Fehler*. वाच्यं गम् *sich dem Tadel aussetzen*. — γ) * = प्रतिपादन.

2. वाच्य 1) Adj. *der Stimme zugehörig* u. s. w. — 2) m. Metron. Pragâpati's.

वाच्यचित्र n. *Wortspiel* Sâh. D. 117,1.

वाच्यता f. Nom. abstr. zu 1. वाच्य 1) *a*) und *g*).

वाच्यत्व n. Nom. abstr. zu 1. वाच्य 1) *a*) und *f*) (226,31. 249,1).

वाच्यलिङ्ग und °क Adj. *nach dem Geschlecht des Hauptwortes sich richtend, ein Adjectiv seiend*. Nom. abstr. °लिङ्गत्व n.

वाच्यवर्जित n. *ein elliptischer Ausdruck*.

वाच्यवाचकता f., °वाचकत्व n. und °वाचकभाव m. (Kap. 5,37) *das Sein des Bezeichneten und des Bezeichnenden*.

वाच्याय्, °यते *erscheinen, als wenn es wirklich ausgedrückt wäre*.

वाच्यायन m. Patron. von 2. वाच्य.

वाच्यार्थ m. *eine unmittelbar ausgedrückte Bedeutung* 273,5. 277,15. 278,27. 280,25. Nom. abstr. °त्व n. 277,19. 20.

वाज 1) m. *a*) Sg. und Pl. *Raschheit, Behendigkeit; Muth* (namentlich des Rosses). — *b*) *Wettlauf; Wettkampf, Kampf* überh. — *c*) *Preis des Wettlaufs; Kampfpreis, Beute*. — *d*) *Gewinn, Lohn; werthvolles Gut* überh. — *e*) *Speise* oder *Opferspeise*. — *f*) = वाजपेय 1) Çâṅkh. Çr. 15,1,3. — *g*) * *Laut, Ton*. — *h*) *Renner, ein muthiges Ross am Wagen der Krieger und der Götter*. — *i*) * *Flügel*. — *k*) *die Federn am Pfeile* MBh. 7,137,28. — *l*) VS. 18,28 als Name *des Monats* Kaitra gedeutet. — *m*) N. pr. α) eines der 3 Ṛbhu (*der Behende, Muthige*). Pl. Bez. *sämmtlicher* Ṛbhu. — β) eines Laukja Çâṅkh. Çr. 15,1,12. — γ) eines Sohnes des Manu Sâvarṇa. — 2) *n. *a*) *Opferspeise, Schmelzbutter*. — *b*) *Wasser*.

वाजकर्मन् Adj. etwa *kampfthätig*. v. l. वाजभर्मन्.

वाजकर्मीय n. भरद्वाजस्य Name eines Sâman Ârsh. Br.

वाजकृत्य n. *Kampfesthat, Kampf*.

(वाजगन्ध्य) वाजगन्धिग्र Adj. *eine Wagenlast von Gütern (Beute) bildend* oder *habend*.

वाजजठर Adj. nach Sâj. *Speise im Innern habend, Speise enthaltend*.

वाजजित् 1) Adj. *im Wettlauf —, im Kampfe siegend, Beute gewinnend*. — 2) n. Name verschiedener Sâman Ârsh. Br.

वाजजिति f. und वाजजित्या f. *siegreicher Lauf, — Kampf*.

वाजदा Adj. *Behendigkeit —, Kraft verleihend*.

वाजदावन् Adj. *Preis —, Güter verleihend*.

वाजदावरी f. Pl. Name eines Sâman.

वाजद्रविणस् Adj. *reichen Lohn findend*.

वाजना (?) f. Paṅkad.

वाजपति m. *der Beute —, des Lohnes u. s. w. Herr*.

वाजपत्नी f. *der Beute —, des Lohnes* u. s. w. *Herrin* 14,20.

(वाजपस्त्य) वाजपस्तिग्र Adj. *ein Haus voller Güter* u. s. w. *habend* oder *verschaffend*.

वाजपीत Adj. etwa *der sich Kraft angetrunken hat* Lâṭj. 4,12,16. Vgl. वाजिपीत.

वाजपेय 1) m. n. *Kampf-* oder *Krafttrunk, ein Soma-Opfer für den nach der höchsten Stellung strebenden Fürsten und Brahmanen, dem* Râgasûja *und* Bṛhaspatisava *vorangehend*. Im System *eine der 7 Formen des* Soma-*Opfers*. — 2) *m. वाजपेये भवो मन्त्रः und वाजपेयस्य व्याख्यानं कल्पः Pat. zu P. 4,3,66, Vârtt. 5. fgg.

वाजपेयक Adj. *zum* Vâgapeja *in Beziehung stehend, daher kommend, dabei dienend* u. s. w.

वाजपेयक्लृप्ति f. Titel Burnell, T.

वाजपेयग्रह m. *ein Bechervoll beim* Vâgapeja.

वाजपेयप्रयोग m. Titel Burnell, T.

वाजपेययाजिन् Adj. *der ein* Vâgapeja *opfert* oder *geopfert hat*.

वाजपेययूप m. *der Opferpfosten beim* Vâgapeja Çat. Br. 3,6,4,26.

वाजपेयराजसूय Titel eines Werkes Opp. Cat. 1.

वाजपेयसामन् n. Name eines Sâman Lâṭj. 2,5, 23. 3,1,23.

वाजपेयस्तोमप्रयोग m. Titel eines Werkes Verz. d. B. H. No. 317.

वाजपेयिक Adj. (f. ई) = वाजपेयक.

वाजपेयिन् Adj. *der den* Vâgapeja *vollzogen hat*.

वाजपेशस् Adj. etwa *kraft-* oder *lohngeschmückt*. = अन्नैराश्लिष्टः Sâj.

*वाजप्य m. N. pr. eines Mannes.

वाजप्यायन m. Patron. N. pr. eines Grammatikers.

वाजप्रमहस् Adj. etwa *an Muth* oder *im Kampf überlegen* Ṛv.

वाजप्रसवीय und °प्रसव्य (Maitr. S. 3,4,3) Adj. *mit dem Worte* वाज *und* प्रसव *beginnend, sie enthaltend; n. eine solche Handlung*. वाजप्रसवीयहोम m. Pl. Vaitân.

वाजप्रसूत Adj. *zum Lauf* u. s. w. *aufgebrochen* oder *von Muth getrieben*.

वाजबन्धु m. *Kampfgenosse* oder N. pr. eines Mannes Ṛv.

वाजबस्त्य Adj. nach dem Comm. वाजेनान्नेन अन्यं बस्त्यं बलं तद्योगः. Vgl. वाजपस्त्य.

वाजभर्मन् Adj. etwa *Preis —, Lohn gewinnend*.

वाजभर्मीय n. भरद्वाजस्य Name eines Sâman. Vgl. वाजकर्मीय.

वाजभृत् n. Name eines Sâman. Auch mit भरद्वाजस्य.

*वाजभोजिन् m. = वाजपेय 1).

वाजंभर 1) Adj. *den Preis davontragend*. — 2) m. Sapti Vâgambhara N. pr. eines Liedverfassers.

वाजय्, वाजयति (अर्चतिकर्मन्, मार्गसंस्कारगत्योः, मार्गणसंस्कारयोः), वाजयति, °ते 1) *wettlaufen, wettfahren, kämpfen, wetteifern*; überh. *schnell laufen, eilen*. — 2) *zur Eile treiben, anspornen, anregen, zur Kraftäusserung bringen*. — 3) * *anfachen*. — Mit उप 1) *zur Eile antreiben, beschleunigen*. — 2) *anfachen* (das Feuer) Vaitân. — 3) *befächeln* Lâṭj. 3,5,3.

वाजयध्यै (Dat. Infin. zu वाजय्) *zum Eilen* Ṛv. 4,29,3.

वाजयु Adj. 1) *wettlaufend, kampflustig; eilend*. — 2) *eifrig, kräftig*. — 3) *Beute* oder *Gut schaffend*.

वाजरत्न 1) Adj. (f. आ) *reich an gewonnenem Gut*. — 2) *m. N. pr. eines Mannes.

वाजरत्नायन m. Patron. des Somaçushman.

वाजर्षि m. MBh. 2,319 fehlerhaft für राजर्षि.

*वाजवत m. N. pr. eines Mannes. घाजवत Kâç.

*वाजवतायनि m. Patron. von वाजवत. घाजवतायनि Kâç.

वाजवत् Adj. 1) *aus Preis, Gut* u. s. w. *bestehend, damit verbunden* u. s. w. — 2) *kräftig* Ṛv. 1,34,3. 6,60,12. — 3) *aus Rennern —, aus Streitrossen bestehend* u. s. w. — 4) *von dem oder den* Vâga (Ṛbhu) *begleitet* u. s. w. — 5) *mit Speise versehen*. — 6) *das Wort* वाज *enthaltend*.

*वाजवाल n. *Smaragd* Râgan. 13,164.

वाजश्रव m. N. pr. eines Mannes.

1. वाजश्रवस् Adj. *mit Rennern eilend, wettlaufend*.

2. वाजश्रवस् m. N. pr. eines Lehrers.

वाजश्रवस m. Patron. von 2. वाजश्रवस्.

वाजश्रुत Adj. *für Schnelligkeit berühmt*.

वाजस n. Name eines Sâman. Wohl fehlerhaft für वाजसनि.

वाजसन Adj. (f. ई) *zu* Vâgasaneja *in Beziehung stehend*. Auch Beiw. Vishṇu's und Çiva's.

वाजसनि 1) Adj. *a*) *Beute —, Preis gewinnend; Muth —, Kraft verschaffend; siegreich*. — *b*) *Speise verleihend.* Auch als Beiw. Vishṇu's. — 2) n. Name zweier Sâman Ârsh. Br.

1. वाजसनेय m. Patron. des Jâǵńavalkja.

2. वाजसनेय m. Pl. *die Schule des* Vâǵasaneja.

वाजसनेयक 1) Adj. *zu* Vâǵasaneja *in Beziehung stehend, von ihm verfasst, ihm anhängend, zu seiner Schule gehörig.* — 2) n. Bez. *des* Çatapathabrâhmaṇa Âpast. Çaṁk. zu Bâdar. 3,3,6. Sâj. zu ṚV. 1,65,5. 5,85,2.

वाजसनेयगृह्यसूत्र n., वाजसनेयब्राह्मण n. und वाजसनेयसंहिता f. Titel von Werken.

वाजसनेयिन् Adj. *zur Schule des* Vâǵasaneja *gehörig;* m. Pl. *die Schule des* Vâǵasaneja Sâj. zu ṚV. 9,1,6.

वाजसनेयिप्रातिशाख्य n., वाजसनेयिब्राह्मण n. (Âpast.), वाजसनेयिब्राह्मणोपनिषद् f. und वाजसनेयिसंहिता f. Titel von Werken.

वाजसंन्यस्त Adj. Bhâg. P. 12,6,74 nach dem Comm. = वाजिभ्यः केसरेभ्यः वाजिन वेगेन वा संन्यस्तास्त्यक्ताः (शाखाः). Richtig ist वाजसन्यम् ताः.

वाजसा Adj. = वाजसनि 1). Superl. °तम.

वाजसात n. und वाजसाति f. *Gewinn des Preises, — von Gütern; Kampf, Sieg.*

वाजसामन् n. Name eines Sâman Vaitân.

वाजसृत् Adj. *wettlaufend;* m. *Wettläufer.*

वाजस्रजात m. Bein. Vena's.

वाजस्रव und °स् m. desgl.

वाजाप्य Adj. zur Erklärung von वाजपेय gebildet TBr. 1,3,2,3.

वाजि m. *eine Art des Haarschnittes* Citat in Saṁsk. K. 111,*a*.

वाजिकेश m. Pl. N. pr. eines fabelhaften Volkes.

वाजिगन्धा f. *Physalis flexuosa* Râǵan. 4,111.

वाजिग्रीव m. N. pr. eines Fürsten.

°वाजित Adj. *mit Federn von — versehen* (Pfeil).

*वाजिदन्त und *°क *Adhatoda Vasika* Râǵan. 4,48.

वाजिदैत्य m. N. pr. eines Asura, = केशिन्.

वाजिन् 1) Adj. *a) rasch, muthig* 44,24. रथ m. *rascher Wagen,* so v. a. *Kriegswagen.* — *b) tapfer, kriegerisch.* Superl. वाजिंतम. — *c) männlich, zeugungskräftig.* — *d) mit Flügeln versehen.* Am Ende eines Comp. — *zu Flügeln habend.* Nom. abstr. वाजिता f. Çiç. 18,13. — *e) mit Federn versehen* (Pfeil). — 2) m. *a) Held, Krieger, Mann im lobenden Sinne.* — *b) Ross des Streitwagens, Ross, Pferd* überh. *Hengst* 100,16. 102,21. Nom. abstr. वाजिता f. Çiç. 18,13. — *c)* Bez. *der Zahl sieben.* — *d) * Zügel.* — *e) * Vogel.* — *f) * Pfeil.* — *g)* Pl. α) *Renner* als Bez. göttlicher Wesen; nach TBr. Agni, Vâju und Sûrja. Gemeint sind aber *die Rosse — oder* überh. *Gespanne der Götter.* वाजिनां साम Name eines Sâman. — β) *die Schule des* Vâǵasaneja, so genannt, weil der Sonnengott als *Ross* dem Jâǵńavalkja die अयातयामसंज्ञानि यजूंषि offenbarte, 102,27. 28. — *h) *Adhatoda Vasika.* — 3) *f. वाजिनी *a) Stute.* — *b) Physalis flexuosa.*

वाजिन 1) Adj. *den* Vâǵin *gehörig.* — 2) m. N. pr. eines Ṛshi. — 3) n. *a) Wettlauf, Wettstreit, Wetteifer.* — *b) männliche Kraft.* — *c) Molke* Comm. zu Njâjam. 2,2,24. m. Comm. zu Lâṭj. 4,12,15. — *d) die Ceremonie mit der Molke für die* Vâǵin.

वाजिनब्राह्मण m. *der mit der Ceremonie* Vâǵina *beschäftigte Priester* Comm. zu Âpast. Çr. 3,7,14. 8,3,6.

वाजिनीवत् 1) Adj. *a) rasche Rosse besitzend, damit fahrend.* — *b) kraftvoll, muthvoll.* — Wird auch durch *an Opfern reich* erklärt. — 2) m. *a)* etwa *die Sonne.* — *b)* Pl. *die Gespanne der Götter.*

वाजिनीवसु Adj. 1) so v. a. वाजिनीवत् 1) *a).* — 2) *Kraft verleihend.*

वाजिनेय m. *Helden —, Kriegersohn.*

*वाजिपक्षिन् m. *ein best. Vogel* H. an. 3,63.

वाजिपीत Adj. *von den* Vâǵin *getrunken* Cit. bei Âpast. Çr. 8,3,16. Vgl. वाजपीत.

*वाजिपृष्ठ m. *Kugelamaranth.*

वाजिभ n. *das Mondhaus* Açvinî.

*वाजिभक्ष्य m. *Kichererbse* Râǵan. 16,46.

*वाजिभोजन m. *Phaseolus Mungo* Râǵan. 16,37.

वाजिमत् 1) Adj. *mit den* Vâǵin *verbunden* Vaitân. — 2) *m. *Trichosanthes dioeca.*

वाजिमेध m. *Rossopfer.*

वाजिमेष m. Pl. *eine best. Gruppe von* Ṛshi.

वाजियोजक m. *Rosseanschirrer, Kutscher* MBh. 4,12,9.

वाजिराज m. Bein. Vishṇu's.

वाजिवारणशाला f. Pl. *Pferde- und Elephantenställe* R. 1,12,11.

वाजिवाहन n. 1) *Rosse und Wagen* MBh. 4,12,9. — 2) *ein best. Metrum.*

वाजिविष्ठा f. *Ficus religiosa.*

वाजिवेग Adj. *die Geschwindigkeit eines Rosses habend* Suparṇ. 3,5.

वाजिशत्रु m. *eine best. Pflanze.*

वाजिशाला f. *Pferdestall.*

वाजिशिरस् m. N. pr. eines Dânava.

वाजिसनेयक Adj. fehlerhaft für वाजसनेयक.

वाजी Adv. mit कर् *potent machen.*

वाजीकर 1) Adj. *Manneskraft —, Potenz gebend.* — 2) n. *Aphrodisiacum.*

वाजीकरण 1) Adj. (f. ई) = वाजीकर 1). — 2) n. *a)* = वाजीकर 2). — *b)* Titel eines Werkes Burnell, T.

वाजीकार्य n. und वाजीक्रिया f. *der Gebrauch von Aphrodisiaca.*

वाजीय in रायो°.

वाजीविधान (!) n. *die Anwendung von Aphrodisiaca.*

वाजेध्या f. nach Mahîdh. = वाज + इध्या (= दीप्ति). Vielleicht fehlerhaft für वाजित्या *Wettlauf.*

वाज्य m. Patron. von वाज.

*वाज्रेय Adj. von वज्र.

वाञ्चेश्वर (!) m. N. pr. eines Scholiasten Weber, Lit.

वाञ्छ्, वाञ्छति 1) *begehren, wünschen, lieben, mögen;* mit Acc. oder Infin. वाञ्छित *begehrt, gewünscht, erwünscht.* — 2) *statuiren, behaupten, annehmen.* — Mit अभि *begehren, verlangen nach* (Acc.), *wünschen zu* (Infin.) Çiç. 14,7. अभिवाञ्छित *begehrt, erwünscht.* — Caus. अभिवाञ्छयति *begehren, verlangen nach.* — Mit समभि, आ (Kâd. 2,49, 14 = 58,17; ed. Bomb. 283,5 Simplex), सम् und अभिसम् dass.

वाञ्छा f. (adj. Comp. f. आ) 1) *Verlangen, Wunsch, — nach* (Loc., Gen., Acc. mit प्रति oder im Comp. vorangehend). वाञ्छां कर् *verlangen nach* (Loc) Spr. 7758. — 2) *das Statuiren, Annehmen.*

वाञ्छाक m. N. pr. eines Dichters Z. d. d. m. G. 36,557.

वाञ्छित 1) Adj. s. u. वाञ्छ्. — 2) m. *ein best. Tact.* — 3) n. *Wunsch.* Am Ende eines adj. Comp. f. आ.

*वाञ्छिनी f. *ein begehrliches, ausschweifendes Weib.*

वौट् ein Opferruf, etwa so v. a. *nimm* oder *bringe.*

1. वाट Adj. *aus der Ficus indica gemacht.*

2. वाट 1) m. *a) Einzäunung, ein eingehegter Platz.* Häufig in Comp. mit dem, was sich innerhalb desselben befindet oder darin vorgeht. — *b) Bezirk.* — *c) Weg* Vâsav. 233,3. — *d)* * = वास्तु. — 2) f. ई *a) ein eingehegter Platz, Garten.* — *b) * Hütte.* — — *c) ein best. Vogel* Kâraka 1,27. — *d)* * = वास्तु. — 3) *n. = वरण्ड, अङ्ग und अन्नभेद.

वाटक 1) m. *ein eingehegter Platz, Garten* Hemâdri 1,657,5. — 2) f. °टिका *a)* dass. Pańkad. — *b) * Hütte.* — *c)* * = वास्तु. — *d)* * = वाट्यालक.

वाटधान 1) m. *a)* Pl. N. pr. eines Volkes MBh. 6,56,4. Werden als Brahmanen bezeichnet. — *b) ein Fürst dieses Volkes.* — c) *ein Individuum dieses Volkes.* Soll von ausgestossenen Brahmanen abstammen. — 2) n. Bez. *des von diesem Volke bewohnten Landes.*

वाटभीकार m. N. pr. Richtig बाडभीकार.

वाटमूल Adj. *an den Wurzeln der Ficus indica sich aufhaltend.*

*वाटर n. wohl *eine Art Honig.*

*वाटशृङ्खला f. *Hecke, Einfriedigung.*

*वाटःकवि m. Patron. von वटाकु.

*वाटोदीर्घ m. *eine Rohrart.*

वाटु m. N. pr. eines Mannes.

वाट्कार m. *der Ausruf* वौट्.

*वाट्टक n. *geröstete Gerste.*

1. वाट्य Adj. *aus der Ficus indica gemacht.*

2. वाट्य 1) m. *geröstete Gerste* Káraka 1,27. 6,5. 8.18. — 2) *f. ग्रा = वाट्यालक Bhâvapr. 1,208.

*वाट्यपुष्पिका (Râgan. 4,103) und °पुष्पी (Káraka 1,4) f. *Sida rhomboidea* oder *cordifolia.*

वाट्यायनी f. *eine weiss blühende Sida* Káraka 1,4.

*वाट्याल m., *°क m. und *वाट्याली f. = वाट्यपुष्पी Mat. med. 120. Bhâvapr. 1,208.

वाडब 1) Adj. *von der Stute kommend.* — 2) m. a) **Beschäler.* — b) *das am Südpol gedachte Höllenfeuer, welches kein Wasser zu löschen vermag.* — c) *ein Brahmane* 50,15. — d) N. pr. eines Grammatikers. — 3) *m. n. *Unterwelt, Hölle.* — 4) n. a) **Stuterei.* — b) *ein best.* Muhûrta. — c) **quidam coeundi modus.*

*वाडबकर्ष m. N. pr. eines Dorfes. Davon *Adj. °कर्षीय.

*वाडबहरण n. *das einem Beschäler gereichte Futter.*

*वाडबहारक m. *Haifisch* oder *ein anderes grosses Seeraubthier.*

*वाडबहार्य n. Siddh. K.

वाडबाग्नि und वाडबानल m. = वाडब 2) b).

वाडवीय Adj. mit ज्योतिस् n. = वाडब 2) b) Bâlar. 43,18.

*वाडबेय m. *Beschäler.*

*वाडव्य n. 1) *eine Gesellschaft von Brahmanen.* — 2) *der Beruf —, der Stand eines Brahmanen.*

वाडभीकार m. v. l. für बाडभीकार.

*वाडभीकार्य m. Patron. von वडभीकार.

वाडव spätere Schreibart (auch in den Bomb. Ausgg.) für वाडब.

वाडुोत्स m. N. pr. eines Mannes.

*वाड्वलि m. angeblich Patron. von वाग्वाद.

1. वाण m. = 1. बाण 1) *Pfeil* Ṛv. 9,50,1. — 2) *Zitze.*

2. वाण m. 1) *Instrumentalmusik.* — 2) *eine Harfe mit hundert Saiten* Ait. Âr. 4,109. — Vgl. 2. बाण.

वाणकि m. N. pr. eines Mannes. Pl. *seine Nachkommen.*

*वाणदण्ड fehlerhaft für वानदण्ड.

वाणप्रस्थ fehlerhaft für वानप्रस्थ.

वाणरसी f. fehlerhaft für वाराणसी oder वाणारसी.

वाणवत् Adj. *das Wort* वाण (*eine Art Harfe*) *enthaltend* Tâṇḍja-Br. 14,7,8.

वाणशब्द m. *der Klang einer Laute* Gaut. 16,7. Mân. Gṛhj. 1,10. M. 4,113 (wird auch als *Geschwirr eines Pfeiles* erklärt).

वाणशाल oder °ला N. pr. einer Feste.

वाणारसी f. = वाराणसी *Benares* Vikramâṅkak. 18,92.

वाणापर्णी f. Kauç. 27 nach Weber fehlerhaft für बाणपर्णी *eine best. Pflanze,* = शरपुङ्खा.

*वाणि f. 1) *das Weben.* — 2) *Stimme, Rede.* — 3) *Wolke.* — 4) *Preis, Werth.*

*वाणिकाव्य v. l. für वालिकाव्य.

वाणिज m. 1) *Handelsmann.* *In Comp. mit dem Orte, wohin, oder mit der Waare, mit der man handelt. — 2) **das am Südpol gedachte Höllenfeuer.*

वाणिजक m. = वाणिज 1) und *2).

*वाणिजविध Adj. *von Handelsleuten bewohnt.*

वाणिजिक m. *Handelsmann* in धर्म°.

वाणिज्य n. (Âpast. Gaut.) und °ज्या f. (selten) *Handel, Handelsgeschäfte.*

वाणिज्यक m. *Handelsmann* Hemâdr. 1,39,15. Vgl. धर्म° (Nachtr. 5).

वाणिता f. *ein best. Metrum.*

वाणिनी f. 1) **Tänzerin.* — 2) *ein verschlagenes, ein kluges Weib* Harshak. (ed. Bomb.) 70,6. Ind. St. 15,399. — 3) *ein berauschtes Weib.* — 4) Bez. *zweier Metra.*

वाणिभूषणा n. fehlerhaft für वाणीभूषण.

1. *वाणी f. *das Weben.*

2. वाणी f. 1) *Rohr.* — 2) Du. *zwei Stäbe am Wagen.*

3. वाणी f. (adj. Comp. f. ebenso) 1) *Musik;* Pl. *ein Chor Spielender* oder *Singender, concentus.* Vielleicht ursprünglich *Musik von Pfeifen,* also = 2. वाणी. — 2) *Stimme, Laut, Ton. Sieben musikalische Stimmen (Instrumente u. s. w.)* werden auf *sieben Metra, die Töne der Scala u. s. w.* gedeutet. — 3) *Rede, Worte.* — 4) *beredte Worte, schöne Diction.* — 5) *die Göttin der Rede,* Sarasvatî. — 6) Bez. *zweier Metra.* — 7) N. pr. eines Flusses VP.² 2,147. Nach Râgan. 4,21 die Sarasvatî.

वाणीची f. *ein best. musikalisches Instrument* oder *eine Art Musik* Çâṅkh. Gṛhj. 1,24.

वाणीपूर्वपक्ष m. (Burnell, T.) und वाणीभूषण n. Titel von Werken.

वाणीवत् Adj. *redereich, wortreich.*

वाणीवा[illegible] m. *ein best. Vogel* MBh. 13,54,10.

वाणीविलास m. Titel eines Werkes.

वाण्यविद् oder वाण्योविद् m. N. pr. eines Ṛshi Káraka 1,12. 26.15. Vgl वायोविद्.

*वात् Indecl.

1. वात m. 1) *Wind; der Gott des Windes,* Pl. so v. a. die Marut. — 2) *Wind,* so v. a. *Luft.* — 3) *Wind,* so v. a. *Farz.* — 4) *Wind* oder *Luft als einer der humores des Leibes und eine zu diesem humor in Beziehung stehende Krankheitserscheinung.* — 5) N. pr. a) eines Volkes in वातपति und वाताधिप. — b) eines Râkshasa VP.² 2,285. — c) eines Sohnes des Çûra VP.² 4,99.

2. °वात Partic. von 3. वा.

3. वात Partic. von 4. वा.

*वातक m. *eine best. Pflanze,* = त्रसनपर्णी. Richtig शीतल°, vgl. Zach. Beitr. 23.

वातकण्टक m. Bez. *eines gewissen Schmerzes im Fussknöchel.*

वातकपिण्डक m. *ein ohne Hoden geborener Schwächling* Káraka 4,3. Vgl. वातपण्ड.

वातकर Adj. *den Wind (als humor) erregend* (Bhâvapr. 2,8), *Blähungen verursachend* Uttamak. 14. 18.

वातकर्मन् n. *das Farzen, Farz.*

वातकलाकला f. *die im Körper sich vertheilenden Windpartikelchen* Káraka 1,12. Davon Adj. °कलीय *darüber handelnd* ebend.

*वातकि m. N. pr. eines Mannes.

*वातकिन् Adj. *an der Windkrankheit leidend.*

वातकुण्डलिका (Káraka 2,7. 8,9) und °कुण्डली f. *eine schmerzhafte Urinverhaltung, bei der die Luft den Urin nicht aus der Blase lassen, sondern im Kreise drehen soll.*

*वातकुम्भ m. *die Gegend unterhalb der beiden Erhöhungen auf der Stirn des Elephanten.*

वातकृत् Adj. = वातकर Bhâvapr. 1,154.

*वातकेतु m. *Staub.*

*वातकेलि m. 1) *leises Gemurmel.* — 2) = षिङ्गानां दन्तलेखनम् oder षिङ्गदन्तक्षत.

वातकोपन Adj. *den Wind (als humor) aufregend.*

*वातक्य m. Patron. von वातकि.

वातक्षोभ m. *Aufregung des Windes im Körper.*

वातखुडता f. *eine best. rheumatische Krankheit* Káraka 1,20.

*वातखुडा f. = वात्या, पिच्छिलस्फोट, वामा und वातशोणित. Vgl. वातङ्कडा.

*वातगजाङ्कुश m. ein best. Heilmittel Mat. med. 62.

वातगण्ड 1) Adj. zu der Gesellschaft वातगण्डा gehörig. — 2) f. आ Bez. eine best. Gesellschaft.

*वातगामिन् 1) Adj. schnell wie der Wind gehend. — 2) m. Vogel.

वातगुल्म m. 1) *Sturmwind. — 2) eine best. krankhafte Anschwellung im Unterleibe Suçr. 2,. 452,1. 453,1. 19.

वातगुल्मवत् Adj. = वातगुल्मिन् Comm. zu Vishṇus. 45,27.

वातगुल्मिन् Adj. an der Krankheit वातगुल्म leidend Suçr. 2,452,18. Vishṇus. 45,27.

वातगोप Adj. den Wind zum Hüter habend.

वातग्रह n. eine best. Krankheit Pańkar. 4,1,42.

वातघ्न 1) Adj. dem Winde (als humor) entgegenwirkend. — 2) m. N. pr. eines Sohnes des Viçvâmitra. — वातघ्नी s. u. वातहन्.

वातचक्र n. Windrose.

वातचोदित Ajd. vom Winde gescheucht.

वातज 1) Adj. vom Winde (als humor) veranlasst. — 2) *n. eine Art Kolik Gal.

वातजव 1) Adj. windschnell MBh. 3,74,9. — 2) m. N. pr. eines Dämons.

वातजा Adj. aus dem Winde entsprungen.

वातजाम m. Pl. N. pr. eines Volkes.

वातजित् Adj. = वातघ्न 1).

वातजूत Adj. windgetrieben, windschnell.

वातजूति m. N. pr. eines Rshi.

वातज्वर m. ein durch den Wind (als humor) veranlasstes Fieber.

*वातण्ड 1) m. Patron. von वतण्ड. — 2) f. ई f. zu 1).

*वातण्ड्य m. Patron. von वतण्ड.

*वातण्ड्यायनी f. zu वातण्ड्य.

*वाततूल n. in der Luft umherfliegende Flocken.

वाततेजस् Adj. windkräftig AV. 10,5,29.

वातत्राण n. ein Schutz vor Wind.

वातत्विष् Adj. im Winde stürmend.

*वातघुडा f. fehlerhaft für वातङ्कडा.

वातध्राजिगति Adj. schnell wie das Wehen des Windes Taitt. Âr. 1,11,7.

*वातधज m. Wolke.

वातनामन् n. Pl. Bez. bestimmter Anrufungen des Windes, mit Libationen verbunden.

वातनाशन Adj. = वातघ्न 1).

*वातंधम Adj. Wind zublasend.

वातपट m. Segel.

वातपण्ड m. ein Impotenter besonderer Art Comm. zu Daçar. 2,20. Vgl. वातकपिण्डक.

वातपति m. Herr der Vâta, N. pr. eines Sohnes des Sattraǵit.

वातपत्नी f. Windes-Gattin.

वातपर्याय m. eine best. entzündliche Augenkrankheit.

वातपान n. wohl ein best. Theil des Gewandes.

वातपालित m. Bein. Gopâlita's.

वातपित्तक Adj. auf dem Winde (als humor) und der Galle beruhend.

वातपित्तज Adj. vom Winde (als humor) und von der Galle herrührend.

वातपित्तज्वर m. vom Winde (als humor) und von der Galle herrührendes Fieber.

*वातपुत्र m. 1) Schwindler, Galan u. s. w. — 2) Patron. a) Bhîmasena's. — b) Hanumant's.

वातपू Adj. etwa windlauter.

*वातपोथ m. Butea frondosa.

वातप्रमी 1) Adj. den Wind hinter sich lassend. — 2) *m. a) eine Antilopenart. — b) Pferd. — c) Ichneumon.

वातप्रमेह m. eine best. Harnkrankheit. °चिकित्सा f. Titel eines Werkes Opp. Cat. 1. Vgl. वातमेह.

*वातफुल्लान्त्र n. Lunge.

वातबलास m. eine best. Krankheit.

वातबहुल Adj. blähend.

वातभक्ष Adj. (f. आ) vom Winde sich nährend 88,5.

वातभ्रजस् Adj. AV. 1,12,1 vielleicht fehlerhaft für वातध्रजस् dem Zuge des Windes folgend.

वातमज 1) Adj. den Wind treibend, windschnell Bhatt. — 2) *m. Gazelle.

*वातमण्डली f. Wirbelwind.

वातमय Adj. aus Wind bestehend Comm. zu Maitrjup. 1,4.

वातमायस् Adj. von unbekannter Bed.

*वातमृग m. eine Antilopenart.

वातमेह m. eine Gattung von rheumatischen Harnkrankheiten Káraka 2,4. Vgl. वातप्रमेह.

*वातय्, °यति (सुखसेवनयोः, गतिसुख°) Jmd (Acc.) Wind zufächeln.

वातयन्त्र n. Ventilationsapparat Káraka 6,12.

वातयन्त्रविमानक n. ein künstlicher, vom Winde getriebener (in der Luft schwebender) Wagen.

*वातर Nom. ag. Wind.

*वातर Adj. 1) windig, stürmisch. — 2) windschnell.

वातरंहस् Adj. windschnell.

वातरक्त n. 1) Wind (als humor) und Blut. — 2) eine aus der Verbindung dieser beiden Elemente entspringende Krankheit, die in den Extremitäten beginnt, Rheumatismus, Gicht Bhâvapr. 4,203. — 3) eine best. Augenkrankheit Hemâdri 1,745,11.

*वातरक्तघ्न m. Blumea lacera.

*वातरक्तारि m. Cocculus cordifolius.

वातरज्जु f. Pl. Windfesseln.

वातरथ 1) Adj. vom Winde getragen (Geruch). — 2) *m. Wolke.

वातरशन 1) Adj. windgegürtet. — 2) m. a) ein nackt einhergehender Mönch. — b) Patron. verschiedener Rshi.

वातरसन fehlerhaft für °रशन.

वातरायण m. 1) Pl. eine best. Schule. — 2) * = उन्मत्त, करपात्र, कूट, क्रकच, निष्प्रयोजननर, परसंक्रम oder शरसंक्रम, सायक (काण्ड), सरलद्रुम.

वातरायणीय m. Pl. eine best. Schule AV. Pariç. 49.

वातरूपा f. N. pr. einer bösen Genie.

*वातरूष m. 1) Sturmwind. — 2) Regenbogen. — 3) = उत्कोच oder उत्कट.

वातरेचक m. 1) Windstoss. — 2) Windmacher, leerer Schwätzer.

वातरेणुसुवर्ण (?) Adj. (f. आ) als Beiw. einer Kuh Hemâdri 1.459,20.

वातरोग m. = वातव्याधि.

वातरोगिन् Adj. an der Krankheit वातरोग leidend.

*वातर्दि oder *वातर्डि ein aus Holz und Eisen bestehendes Gefäss oder Geräthe.

वातल 1) Adj. (f. आ) windig, luftig; den Wind (als humor) befördernd; zu demselben disponirend. योनि f. Bez. eines best. Defects der weiblichen Geschlechtstheile. — 2) *m. Kichererbse.

*वातलमण्डली f. Wirbelwind.

वातवत m. Patron. von वातवत्.

वातवत् 1) *Adj. windig, luftig. — 2) m. N. pr. eines Mannes. दृतिवातवतोरयनम् Name eines Sattra.

वातवर्ष m. Sg. und Pl. Regen mit Wind.

वातवस्ति m. eine best. Art der Harnverhaltung.

*वातवह m. N. pr. eines Dorfes. Davon *Adj. °क.

वातविकार m. eine durch den Wind im Körper erzeugte Affection, rheumatische Affection.

वातविकारिन् Adj. an Unordnung des Windes (als humor) leidend.

वातवृष्टि f. Regen mit Wind.

वातवेग 1) *Adj. windschnell. — 2) m. N. pr. eines Sohnes a) des Dhṛtarâshṭra. — b) des Garuḍa.

वातवेटक m. v. l. für वातरेचक 2).

*वातवैरिन् m. Mandelbaum.

वातव्य Adj. *zu weben.*

वातव्याधि m. *Windkrankheit,* so heissen *die auf Wirkung dieses humors zurückgeführten rheumatischen und nervösen Krankheiten, Lähmungen, Krümpfe* u. s. w.

*वातशीर्ष n. = वस्ति.

वातशुक्रत्व n. Bez. *einer fehlerhaften Beschaffenheit des Samens* (auch beim Weibe).

वातशूल 1) m. *rheumatischer Schmerz* Káraka 5,12. — 2) *n. *eine Art Kolik* Gal.

वातशोणित n. = वातरक्त 2) Káraka 6,27.

वातशोणितक Adj. (f. ई) *bei der Krankheit* वातशोणित *zur Anwendung kommend* Káraka 6,26.

वातशोणितिन् Adj. *an der Krankheit* वातशोणित *leidend* Bhâvapr. 4,208.

वातश्विक Kâm. Nîtis. 16,12 vielleicht fehlerhaft für वाताश्विक *auf windschnellen Pferden eilend.*

वातश्लेष्मज्वर m. *ein auf die Wirkung des Windes im Körper und des Phlegmas zurückgeführtes Fieber.*

वातसख Adj. *von Wind begleitet.*

वातसह Adj. (f. आ) 1) *dem Winde Trotz bietend* (Schiff). — 2) *an *Rheumatismus* u. s. w. *leidend.*

*वातसारथि m. *Feuer.*

वातस्कन्ध m. 1) *Windregion* (deren werden sieben angenommen). — 2) N. pr. eines Ṛshi.

वा॑तस्वन 1) Adj. *wind-sausend.* — 2) m. N. pr. eines Berges.

वा॑तस्वनस् Adj. = वा॑तस्वन 1).

वातहत Adj. 1) *vom Winde* (als *humor*) *betroffen.* वर्त्मन् n. *eine best. Krankheit des Lides.* — 2) *verrückt* Burn. Intr. 187.

वातहन् 1) Adj. = वातघ्न 1). — 2) *f. °घ्नी a) *Physalis flexuosa* Rágan. 4,112. — b) *Desmodium gangeticum* Rágan. 4,18. — c) *Sida cordifolia.* — d) *ein best. Strauch,* = शिमुडी Rágan. 4,167.

वातहर Adj. = वातघ्न 1).

*वातहुडा f. = वात्या, राजशोणित (!), पिच्छिलस्फोटिका und वामा योषित्. Vgl. वातखुडा.

वातहो॑म m. *Luftspende* (mit hohler Hand geschöpft).

वाताख्य n. *ein Haus mit einer Doppelhalle, von denen eine gegen Süden, die andere gegen Osten steht.*

*वातागर gaṇa उत्करादि. Davon *Adj. °गरीय.

वाता॑ग्र n. *die Spitze des Windes.* Vgl. Stenzler zu Pâr. Gṛhj. 3,14,6.

1. वाताण्ड m. *Hodengeschwulst.*

2. वाताण्ड Adj. *mit Hodengeschwulst behaftet.*

वातातपिक Adj. *bei Wind und Sonnenschein vor sich gehend* Káraka 6,1.

वातात्मक Adj. *rheumatischer Art, rheumatisch* Káraka 6,26.

वातात्मज m. Patron. Hanumant's.

वातात्मन् Adj. *das Wesen der Luft habend, luftig.*

वाताद् m. 1) *ein best. Thier* Káraka 1,27 (वातादि gedr.). — 2) * *Mandelbaum.* Vgl. बादाम.

वाताधिप m. = वातपति.

वाताध्वन् m. *Luftloch, ein rundes Fenster.*

वातानुलोमन und °लोमिन् Adj. *den Wind* (als *humor*) *in Ordnung bringend.*

वातापर्जन्यौ॑ m. Du. *Wind und Regen* Ṛv. 10,66,10.

वातापह Adj. = वातघ्न 1).

वा॑तापि 1) Adj. *windschwellend, gährend* (Soma). Nach Geldner (Kuhn's Z. 27,216) *den Wind zum Verbündeten habend.* — 2) m. N. pr. eines Asura, den sein Bruder Ilvala in einen Bock verwandelte, von Brahmanen verspeisen und dann wieder aus ihren Bäuchen herauskriechen liess. Zur Strafe wurde er von Agastja verspeist.

*वातापिद्विष् m. Bein. Agastja's.

वातापिन् m. = वातापि 2).

वातापिपुरी (metrisch) f. *die Stadt* Vâtâpi Ind. Antiq. 8,13. 241.

*वातापिसूदन m. Bein. Agastja's.

वातापी f. N. pr. einer Stadt (das heutige Bâdâma) Ind. Antiq. 5,70. 6,73. 8,242.

वा॑ताप्य 1) Adj. = वा॑तापि 1). Ṛv. 10,26,2 ist nach Geldner (Kuhn's Z. 27,216) वाताप्यम् = वातम् आप्यम्. — 2) n. *das Anschwellen, Gähren.*

वाताभ्र n. *eine vom Winde getriebene Wolke.*

वाताम m. *Mandelbaum* Bhâvapr. 4,177. Káraka 1,27. Suçr. 1,213,18. Vgl. बादाम.

*वातामोदा f. *Moschus.*

1. वातायन m. 1) Patron. Anila's und Ulu's. Auch Pl. — 2) Pl. *eine best. Schule des* Sâmaveda Ârjav. 47,12. — 3) N. pr. a) Pl. eines Volkes. — b) eines Kämmerers.

2. वातायन 1) Adj. *im Winde —, in der Luft sich bewegend.* — 2) *m. *Pferd* (*windschnell*). — 3) n. a) *Luftloch, ein rundes Fenster.* — b) überh. *ein Ort im Hause, an dem man frische Luft geniesst: Balcon, Erker, Söller* Kathâs. 5,14. 33,64. 37,93. 58,58. 120. 95,18. 103,162. Vikramâṅkak. 12,21. 27. 17,10. — = वलभी Utpala zu Varâh. Bṛh. S. 57,4.

*वातायनच्छिद्ररजस् und वातायनरजस् n. *ein best. Grössenmaass,* = 7 Truṭi.

वातायनीय m. Pl. *eine best. Schule.*

*वातायु m. *Antilope* Rágan. 19,43. Bhâvapr. 2,120.

*वातारि m. Bez. *verschiedener Pflanzen: Ricinus communis, Asparagus racemosus, Vitex Negundo, Ptychotis Ajowan, Clerodendrum siphonanthus, Euphorbia antiquorum, Embelia Ribes, Amorphophallus campanulatus, Semecarpus Anacardium. eine roth färbende Oldenlandia* und = पुत्रदात्री (Rágan. 3,131).

*वातारितण्डुला f. *Embelia Ribes* Rágan. 6,49.

वाताली f. *Wirbelwind.*

वातावत m. Patron. von वातावत्.

वाता॑वत् 1) Adj. *windig, luftig.* — 2) *m. N. pr. eines Mannes.

वातावली f. *Wirbelwind* 308,18 (im Prâkrit).

वाताश m. *Schlange.*

वाताश्व m. *ein windschnelles Pferd, Renner.*

वाताष्ठीला f. *eine kugelige steinharte Anschwellung im Unterleibe* Káraka 5,10.

*वातासह Adj. = वातसह 2).

वातासृज् n. (Bhâvapr. 4,205. Káraka 6,27) und वातास्र n. (Bhâvapr. 1,175) = वातरक्त 2).

वाताहति f. *Windstoss* Kathâs. 113,58.

*वाति m. 1) *die Sonne.* — 2) *der Mond.* — 3) *Wind.* — वर्षावात्युष्णा° MBh. 12,6978 fehlerhaft für वर्षवातात्युष्णा°.

वातिक 1) Adj. (f. ई) a) *vom Winde* (als *humor*) *herrührend.* — b) *den *Wind* (als *humor*) *aufregend* oder *besänftigend* Mahâbh. 5,13,b. — c) *an *der Krankheit* वातव्याधि *leidend* Zach. Beitr. 73. 74. — 2) m. a) *Windmacher, leichtsinniger Schwätzer* (MBh. 3,257,3. 4), *Lobhudler, Schmeichler, Lobsänger* oder *Zauberer* (Harshak. ed. Bomb. 224, 1), *Besprecher* Zach. Beitr. 73. 74. 89. — b) *der Vogel* Kâtaka. — c) N. pr. eines Wesens im Gefolge Skanda's.

वातिकखण्ड und वातिकषण्ड (MBh. 3,130,13) m. N. pr. eines zum See Mânasa führenden Passes.

वातिकपिण्डक m. = वातकपिण्डक Káraka 4,2.

वातिकषण्ड s. u. वातिकखण्ड.

*वातिग m. 1) *Probirer, Metallurg.* — 2) *Solanum Melongena.*

*वातिगम und *वातिङ्गण m. *Solanum Melongena.*

वाती॑ Adv. (von 1. वात) in वातीकार॑ und वाती॑कृत.

वातीक m. *ein best. Vogel* Káraka 1,27.

वातीकार॑ m. *eine best. Krankheit.*

वाती॑कृत n. dass. °नाशन Adj. *diese Krankheit vertreibend.*

*वातीय n. saurer Reisschleim.

वातुल 1) Adj. a) windig. — b) verrückt Spr. 4987. — 2) m. a) Bez. bestimmter blähender Hülsenfrüchte; Panicum italicum Râǵan. 16,89. — b) *Sturmwind. — 3) n. Titel eines Tantra Hemâdri 1,229,7. 16. वातुलोत्तर n. und आदिवातुलतन्त्र n. desgl.

वातुलानक N. pr. einer Oertlichkeit.

*वातुलि m. eine Art Vampyr.

वातूल 1) Adj. (f. आ) a) verrückt Râǵat. 5,83. 86. Nom. abstr. °ता f. Viddh. 48,5. — b) am Ende eines Comp. ganz versessen —, nur bedacht auf Hem. Par. 1,180. 442. 2,476. — c) *an Rheumatismus u. s. w. leidend. — 2) *m. Sturmwind. — 3) (wohl n.) Titel eines Mantra Opp. Cat. 1. Eher eines Tantra, vgl. वातुल 3).

वातूलभेदादिकतन्त्र n. Titel eines Tantra (Mantra Opp.) Opp. Cat. 1.

वातूलशुद्धागम n. Titel eines Werkes Burnell, T.

वातूलसूत्र n. desgl. Bühler, Rep. No. 489.

वातेश्वरतीर्थ n. N. pr. eines Tîrtha.

वातात्थ Adj. = वातज 1).

वातोदरिन् Adj. an Unterleibsanschwellung durch Wind leidend.

*वातोना f. eine best. Pflanze. प्रताना Râǵan. (Hdschr.) 4,88.

वातोपधूत Adj. vom Winde geschüttelt, — getrieben.

वातोपसृष्ट Adj. mit einer Windkrankheit behaftet 216,22.

वातोर्मी f. 1) eine vom Winde getriebene Wolke. — 2) ein best. Metrum.

1. वात्य Adj. im Winde befindlich u. s. w.

2. वात्य in सवात्य.

वात्या f. ein heftiger Wind (Harshaḱ. 169,16), Sturmwind, Wirbelwind. In उक्ति° und वार्त्ता° in übertragener Bed. — वात्याकीर्ण° R. Gorr. 2,41, 21 fehlerhaft für नात्याकीर्ण.

वात्याचक्र n. Wirbelwind Venîs. 27,8.

वात्याय्, °यते einem Sturmwinde gleichen.

वात्स 1) m. Patron. von वत्स. — 2) *f. ई f. zu वात्स्य. — 3) n. Name eines Sâman.

1. *वात्सक n. Kälberschaar.

2. वात्सक Adj. von der Wrightia antidysenterica stammend.

3. *वात्सक Adj. von वात्स्य Pat. zu P. 4,2,104, Vârtt. 18. 22.

वात्सप्र 1) m. Patron. Nom. pr. eines Grammatikers. — 3) n. a) das Lied ṚV. 10,45 = VS. 12, 18. fgg. und die damit verbundene Ceremonie. — b) Name eines Sâman.

वात्सप्रीय Adj. das Lied des Vatsaprî — und die dazu gehörige Handlung enthaltend.

*वात्सप्रेय m. Patron. von वत्सप्री.

वात्सबन्ध n. Pl. ein best. Spruch. वात्सबन्धविद् Adj. diesen Spruch kennend TS. 6,1,2,5.

वात्सल्य n. Zärtlichkeit, das Gefühl zärtlicher Liebe, — zu (Loc., Gen. oder im Comp. vorangehend). Pl. Uttamaḱ. 206. जन्मभूमि° Heimatsliebe.

°वात्सल्यता f. dass.

*वात्सशाल Adj. in einem Kälberstalle geboren.

वात्सायन m. fehlerhaft für वात्स्यायन.

वात्सि m. Patron. von वत्स.

वात्सीपुत्र m. 1) N. pr. a) eines Lehrers. — b) eines Schlangendämons Kâraṇḍ. 2,13. — 2) *Barbier.

वात्सीपुत्रीय m. Pl. die buddh. Secte des Vâtsîputra.

वात्सीमाण्डवीपुत्र m. N. pr. eines Lehrers.

*वात्सीय m. Pl. eine best. Schule.

*वात्सोद्धरण Adj. aus Vatsoddharaṇa gebürtig.

वात्स्य 1) Adj. von Vatsa handelnd. — 2) m. a) Patron. von Vatsa. — b) Pl. N. pr. einer Völkerschaft. — 3) *n. Nom. abstr. von वत्स Kalb.

*वात्स्यखण्ड m. N. pr. eines Mannes Pat. zu P. 2,2,38.

वात्स्यगुल्मक m. Pl. N. pr. einer Völkerschaft.

1. वात्स्यायन 1) m. Patron. von Vâtsja. Auch N. pr. eines Autors. — 2) *f. ई f. zu 1).

2. वात्स्यायन Adj. (f. ई) zu Vâtsjâjana in Beziehung stehend.

वात्स्यायनभाष्य n., वात्स्यायनसूत्र n. und वात्स्यायनीय n. Titel von Werken Opp. Cat. 1.

वाद 1) Adj. am Ende eines Comp. a) sprechend über in ब्रह्म° 2). — b) ertönen lassend, spielend. — 2) m. a) Ausspruch, Aussage, Angabe, Aeusserung. In Comp. mit dem Aussagenden und Ausgesagten, Angegebenen. न यत्र वादः worüber sich Nichts sagen lässt, कः पुनर्वादः so v. a. geschweige, wievielmehr Vaǵraḱḱh. 35,11. तद्वादात्तद्वादः weil die Aussage von Jenem gilt, gilt sie auch von Diesem. — b) Erwähnung, Nennung, das Sprechen über (im Comp. vorangehend). — c) Rath 78,4. — d) eine aufgestellte Behauptung, eine Theorie, die man vertheidigt. — e) eine Unterhaltung über einen wissenschaftlichen Gegenstand, Disputation, Wettstreit. वादतस् in der Disputation (Jmd besiegen). — f) Streit (Çiç. 19,27), Streitigkeit über (im Comp. vorangehend). — g) Verabredung über (im Comp. vorangehend). — h) Laut, Ruf (eines Thieres). — i) Klang, Spiel (eines musikalischen Instruments).

वादक m. 1) Spieler eines musikalischen Instruments S. S. S. 182. Auch in Comp. mit dem Instrument. — 2) eine best. Art die Trommel zu schlagen S. S. S. 182. 183.

वादकथा f. Titel eines Werkes.

वादकर्तृ Nom. ag. = वादक 1) S. S. S. 182.

वादकल्पक, वादकुतूहल n., वादग्रन्थ m. und वादडिण्डिम m. Titel von Werken Opp. Cat. 1.

वादन 1) m. Spieler eines musikalischen Instruments. — 2) n. a) das Werkzeug, mit dem die Saiten gestrichen werden, Plectrum. — b) das Spielen eines musikalischen Instruments, Instrumentalmusik Gaut. Auch in Comp. mit dem Instrumente. Am Ende eines adj. Comp. f. आ. — उच्चण्डवादनादण्डो° Râǵat. 2,99 vielleicht fehlerhaft für उच्चण्डवादनाद्दण्डो°.

वादनक n. 1) = वादन 2) b).

वादनतन्त्रमालासूर्योदय m. (Opp. Cat. 1) und °नतन्त्रमालिका f. Titel von Werken.

*वादनदण्ड m. = वादन 2) a).

वादनपरिच्छेद m. Titel eines Werkes.

वादनमारुत m. Athem, Hauch Çâk. (Pisch.) 65,9.

*वादनीप m. Rohr Râǵan. 7,36.

वादफक्किका f. (Opp. Cat. 1,475) und वादमहार्णव m. Titel von Werken.

वादयुद्ध n. Wortstreit, Disputation.

*वादरङ्ग m. Ficus religiosa.

*वादल 1) m. Süssholz. — 2) n. ein trüber Tag.

*वादवती f. N. pr. eines Flusses.

वादवाद 1) Adj. einen Wortstreit —, eine Disputation hervorrufend. — 2) m. ein Ausspruch über eine aufgestellte Behauptung.

*वादवादिन् m. fehlerhaft für स्याद्वादवादिन्.

वादसंग्रह m. Titel eines Werkes.

*वादान्य Adj. = वदान्य.

*वादाम m. Mandel Madanav. 68,58. Vgl. बादाम.

*वादायन m. Patron. von वद.

वादार्थखण्डन n., वादार्थदीपिका f. und वादार्थतन्त्रमालिका f. Titel von Werken Burnell, T. Opp. Cat. 1.

*वादाल m. = वदाल eine Art Wels.

वादावलि und °ली f. Titel eines Werkes Opp. Cat. 1. Burnell, T.

वादिक 1) Adj. am Ende eines Comp. a) redend, sprechend. — b) behauptend, annehmend, einer Theorie anhängend. — 2) m. Zauberer Harshaḱ. 69,4. v. l. वातिक.

वादिकरणखण्डन n. Titel eines Werkes Opp. Cat. 1.

वादित 1) Adj. s. u. वद् Caus. — 2) n. *Instrumentalmusik* Çāñkh. Br. 29,5. Gobh. 3,3,28.

वादितर्जन n. Titel eines Werkes.

वादितव्य n. *Instrumentalmusik.*

वादित्र n. 1) *ein musikalisches Instrument* Âpast. 1,10,17. — 2) *Musik, musikalische Aufführung* Gobh. 3,3,28, v. l. Gaut. Âpast. 2,25,14. — 3) *Musikchor* Uttamak. 231. — Vgl. सुवादित्र.

वादित्रवत् Adj. *von Musik begleitet.*

वादिन् 1) Adj. Subst. (Nom. ag.) *a) redend, sprechend, aussprechend;* das Object im Comp. vorangehend, ausnahmsweise im Acc. — *b) redend von, sich auslassend über* (im Comp. vorangehend); *Lehrer, Kenner.* — *c)* am Ende eines Comp. *verkündend, ankündend, anzeigend* Nâgân. 67,8 (87,3). — *d)* am Ende eines Comp. *ausdrückend, bezeichnend* 250,32. — *e) der eine Theorie behauptet, — verficht, Anhänger einer Theorie, Vertreter einer Ansicht.* — *f) Disputant.* — *g) Kläger.* Du. *Kläger und Beklagter* Nârada (a.) 1,2,21. — *h) Töne hervorbringend, als Plectrum dienend.* — *i) Musikant.* वादिनी *Musikantin* (nach Speyer) R. 2,36, 3. — *k) Alchemist.* — *l)* am Ende eines Comp. *bezeichnet als* oder *durch, angeredet mit.* — 2) m. metrisch für वाद *Aussage, Aeusserung.*

*वादिर m. *ein dem Judendorn verwandter Fruchtbaum.*

वादिराज् m. 1) *ein Fürst unter Disputanten, ein ausgezeichneter Disputant.* — 2) * Bein. Mańǵuçrî's.

वादिवागीश्वर m. N. pr. eines Autors.

*वादिश Adj. = साधुवादिन्.

वादीन्द्र m. 1) = वादिराज् 1). — 2) N. pr. eines Philosophen.

वादीश्वर m. = वादिराज् 1) Dh. V. 5,4.

वाडलि m. N. pr. eines Sohnes des Viçvâmitra MBh. 13,4,53. v. l. वाङ्कलि.

*वाद्दल (!) n. *Lippe* Gal.

1. वाद्य 1) Adj. *a) zu reden.* — *b) zu spielen, zu blasen* (ein musikalisches Instrument). — 2) n. *a) Rede.* — *b) Instrumentalmusik.* Häufig in Comp. mit dem Instrumente. — 3) m. n. *ein musikalisches Instrument* Spr. 7640.

2. वाद्य Adj. *mit* व *beginnend* Spr. 7640.

वाद्यक n. = 1. वाद्य 2) *b*).

वाद्यधर m. *Musikant.*

वाद्यभाण्ड n. *ein musikalisches Instrument* Saddh. P. 208.

वाद्यमण्ड m. *Gerstenschleim.* Richtig वाट्यमण्ड.

वाद्यमान 1) Adj. Partic. vom Caus. von 1. वद्. — 2) n. *Instrumentalmusik* Hariv. 2,63,101.

*वाधव n. Nom. abstr. von वधू.

*वाधवक n. (संज्ञायाम्) von वधू.

वाधावत m. Patron. v. l. für वातावत.

वाधिन् Adj. in लोकवाधिन्.

*वाधुक्य n. *das Heirathen, Heimführen eines Weibes.*

वाधुल m. N. pr. eines Mannes.

वाधून m. N. pr. eines Lehrers. Richtig wohl वाधूल; vgl. वाधूलस्मृति, वाधूलेय und वाधौल.

वाधूय Adj. *hochzeitlich;* n. *Hochzeitskleid, Brauthemd.*

वाधूल N. pr. eines Geschlechts Ind. Antiq. 8,276.

वाधूलस्मृति f. Titel eines Werkes Opp. Cat. 1. Vgl. वाधून.

*वाधूलेय m. Patron.

वाधौल m. desgl.

*वाध्योषायण m. Patron. von वध्योष gaṇa बिदादि (विदादि) in der Kâç.

वाध्रिय (!) m. Patron.

वाध्रीणस (°नस fehlerhaft) und °क (metrisch) m. nach den Erklärern *Nashorn, eine Art Bock, — Stier* oder — *Vogel.* Vgl. वार्ध्री°.

वाध्र्यश्व, वैध्रिश्रश्व m. Patron. von वध्र्यश्व.

वाध्र्यश्वि m. Patron. Ârsh. Br.

1. *वान n. 1) *das Wehen.* — 2) *Geruch, Wohlgeruch.* — 3) *Fluth.*

2. वान 1) Adj. s. u. 3. वा. — 2) * n. *a) getrocknete Frucht.* — *b) eine Art Tabaschir.*

3. वान n. 1) *das Weben* (Njâjam. 7,3,21), *Nähen.* — 2) * *Geflecht, Matte.*

4. वान n. *ein dichter Wald* Nalod. पुष्प° (?) R. Gorr. 2,36,13.

5. *वान *ein unterirdischer Gang, Mine.*

*वानकौशाम्बेय Adj. von वनकौशाम्बी.

*वानदण्ड m. *Webstuhl.*

1. वानप्रस्थ m. 1) *ein Brahmane im dritten Lebensstadium, wenn er sein Haus aufgegeben hat und in den Wald gezogen ist, Einsiedler* Âpast. — 2) * *Bassia latifolia.* — 3) * *Butea frondosa.*

2. वानप्रस्थ Adj. *zum Einsiedler in Beziehung stehend, ihn betreffend;* m. (sc. आश्रम) *das dritte Lebensstadium eines Brahmanen, das Leben im Walde.*

वानप्रस्थ्य n. *der Stand des Eremiten* Âpast.

*वानमन्तर m. Pl. *eine best. Gruppe von Göttern bei den Ǵaina.*

1. वानर 1) m. (adj. Comp. f. आ) *Affe.* — 2) f. ई *Aeffin.*

2. वानर 1) Adj. (f. ई) *den Affen gehörig, ihnen eigen* u. s. w. — 2) f. ई *Carpopogon pruriens* Mat. med. 147.

वानरकेतन m. Bein. Arǵuna's (Sohnes des Pâṇḍu).

1. वानरकेतु m. *Affenbanner.*

2. वानरकेतु m. = वानरकेतन.

*वानरप्रिय m. *ein best. Baum.*

वानरराज m. *ein mächtiger Affe* MBh. 5,142,3.

वानरवीरमाहात्म्य n. Titel einer Legende.

*वानराक्ष m. *eine wilde Ziege.* v. l. बालवाह्य.

*वानराघ्य n. *Olibanum* Utpala zu Varâh. Bṛh. S. 78,1. Vgl. कप्याख्य.

*वानराघात m. *Symplocos racemosa.*

वानराष्टक n. Titel eines Gedichts.

वानरास्य m. Pl. N. pr. eines Volkes.

*वानरेन्द्र m. Bein. Sugrîva's.

वानरेश्वरतीर्थ n. N. pr. eines Tîrtha.

वानर्यष्टक n. Titel eines Gedichts.

*वानल m. *eine Art Basilienkraut.*

वानव m. Pl. N. pr. eines Volkes.

वानवासक 1) Adj. (f. °सिका) *zum Volke der* Vanavâsaka *gehörig.* — 2) f. °सिका *ein best. Metrum.*

वानवासिक und °वासिन् (!) m. Pl. N. pr. eines Volkes.

वानवासी f. N. pr. einer Stadt.

वानवास्य m. *ein Fürst* von Vânavâsî.

वानस्पत्य 1) Adj. (f. आ) *a) vom Baum kommend, hölzern.* माल्य n. *ein Kranz von Baumlaub.* — *b) an Bäumen dargebracht* (Spenden). — *c) zum Opferpfosten gehörig.* — *d)* als Beiw. Çiva's wohl *unter Bäumen —, im Walde lebend.* — 2) m. *Baum* und wohl auch *ein kleiner Baum, Strauch, Gewächs* überh. Nach Karaka 1,1 und nach den Lexicographen *ein Fruchtbaum mit wahrnehmbaren Blüthen.* — 3) n. *a) Baumfrucht.* — *b)* * *eine Gruppe von Bäumen.*

*वाना f. *Wachtel.*

वानायु m. 1) Pl. N. pr. eines Volkes. °ज Adj. als Bez. *einer edlen Pferderace.* — 2) * *Antilope.* v. l. वातायु.

वानावास्य m. fehlerhaft für वानवास्य.

वानिक Adj. vielleicht *im Walde wohnend.*

*वानीय Partic. fut. pass. von 5. वा.

वानीर m. 1) *eine Rohrart, Calamus Rotang* Râǵan. 9,107. Bhâvapr. 1,207. Am Ende eines adj. Comp. f. आ. — 2) * = चित्रक.

*वानीरक m. *Saccharum Munjia.*

*वानीरज 1) m. dass. Râǵan. 8,86. — 2) n. *Costus speciosus* oder *arabicus* Râǵan. 12,122.

वानेय 1) Adj. *im Walde lebend*, — *wachsend*, *silvestris*. — 2) *n. *Cyperus rotundus*.

वान्त 1) Adj. s. u. 1. वम्. — 2) m. Bez. eines Priestergeschlechts.

वान्ताद 1) Adj. *Ausgebrochenes wieder essend*. — 2) m. a) **Hund*. — b) vielleicht *ein best. Vogel*.

वान्ताशिन् Adj. = वान्ताद Hem. Par. 1,378. 379.

वान्ति f. *Erbrechen*.

*वान्तिकृत् 1) Adj. *Erbrechen verursachend*. — 2) m. *Vanguiera spinosa*.

*वान्तिद 1) Adj. *Erbrechen bewirkend*. — 2) f. आ *Helleborus niger*.

*वान्तिशोधनी f. *Nigella indica* Rāǵan. 6,62.

*वान्तिहृत् m. fehlerhaft für वान्तिकृत् 2).

वान्दन m. Patron. von वन्दन.

1. वान्या f. *eine Kuh, deren Kalb todt ist*.

2.*वान्या f. *ein dichter Wald*.

1. वाप m. *das Scheeren* in कृत° (Nachtr. 5).

2. वाप m. 1) *Säer, Säeman*. बीज°. — 2) *Einstreuung, Einschüttung, Beimengung* Njājam. 10,1,22. — 3) *Aussaat*. *Am Ende eines adj. Comp. *besäet mit*.

3. वाप m. = वाय *Weber* und *das Weben* in *तन्तु°, *तन्त्र°, *सूत्र° und *°दण्ड.

वापक m. *Weber* in पट्टिका°.

*वापदण्ड m. = वायदण्ड.

1. वापन n. *das Scheerenlassen, Scheeren* Āpast. Mit Acc. Çāñkh. Gṛhj. 4,7.

2. वापन n. *das Säen* Saṁhitopan. 42,4.

वापनि m. Patron. Auch Pl.

वापय् Caus. von 1. und 2. वप् und 2. वा mit निस्.

वापातिनार्मेध n. Name eines Sāman.

*वापि f. = वापी 1).

वापिका f. *ein länglicher Teich* Spr. 7744.

*°वापिन् Adj. *säend*.

वापी f. 1) *ein länglicher Teich*. Nach Bhāvapr. 2,36 *eine in Stein eingefasste grosse Cisterne*. — 2) *eine best. Constellation, bei der alle Planeten in den Epanaphorae und Apoklimata stehen*.

वापीक am Ende eines adj. Comp. von वापी 1).

*वापीह m. *der Vogel* Kātaka.

वापुष Adj. etwa *wundersam*.

1. वाप्य 1) Adj. *hinzustreuen*. — 2) *m. *Vater* (?).

2. वाप्य Adj. *aus Cisternen kommend*.

3.*वाप्य n. *Costus speciosus* oder *arabicus* Rāǵan. 12,122. Bhāvapr. 1,175. Vgl. व्याप्य.

वाभट m. N. pr. eines Lexicographen. Richtig wohl वाग्भट.

वाभि in ऊर्णवाभि.

1. वाम् Acc., Dat. und Gen. Du. des Pronomens der 2ten Person.

2. वाम् vielleicht Nom. Du. = आवाम् *wir beide*.

1. वाम 1) Adj. f. ई und आ) a) *werth, lieb; gefällig, gut, schön*. — b) *schön, edel*. — c) am Ende eines Comp. *zugethan, strebend nach, versessen auf, lüstern nach Etwas*. — 2) m. a) **die weibliche Brust*. — b) **der Liebesgott*. — c) Bein. Çiva's. Bei den Çaiva *eine der fünf Formen ihres Gottes*. — d) N. pr. α) eines Rudra. — β) verschiener Männer, unter andern auch eines Sohnes des Kṛshṇa. — γ) eines Rosses des Mondes VP.² 2, 299. — 3) *m. oder n. *Chenopodium*. — 4) f. वामा a) *eine Schöne, ein schönes Weib, Weib* überh. — b) *eine Form der* Durgā. — c) *eine best.* Çakti Hemādri 1,610,15. 611,4. 5. — d) *Bein. der Lakshmī und Sarasvatī. — e) N. pr. α) einer der Mütter im Gefolge Skanda's. — β) *der Mutter des Arhant Pārçva. — γ) eines Flusses VP.² 2, 151. — 5) f. वामी nach den Erklärern *Stute* (Rāǵan. 19,38), *Eselin, Kamelstute, Maulthierweibchen* oder *Mauleselin, das Weibchen des Schakals*. Zu belegen nur उष्ट्र° (auch Harshaḱ. 110,23). — 6) n. *Werthes, Liebes, Kostbares* (wie Gold, Metallgefässe, Ross), *Gut*. — 7) वामया Instr. Adv. *gefällig, schön*.

2. वाम 1) Adj. (f. आ) a) *link, zur Linken stehend, an der linken Seite befindlich*. Das Zucken des *linken* Auges oder Armes verheisst beim Weibe Glück, das Zucken des linken Armes beim Manne Unglück. — b) *schief, verkehrt*. Nur वामम् Adv. *seitwärts*. — c) *in entgegengesetzter Richtung*, — *anders verfahrend*. — d) *widerstrebend*, — *spänstig*, — *wärtig*. रता वामा so v. a. *spröde*. — e) *schlecht, böse*. — f) *hart, grausam*. — 2) m. oder n. *die linke Seite*. वामाद्दक्षिणाम् *von links nach rechts*, वामेन *zur Linken*. — 3) m. a) *die linke Hand* Weber, Rāmat. Up. 300. — b) **Schlange*. — c) **ein lebendes Wesen*. — 4) n. a) *Widerwärtiges, Unheil*. — b) = 1. वामाचार.

3.*वाम m. *Erbrechen*.

4.*वाम Adj. von वामी *Stute*. Pat. zu P. 4,2,104, Vārtt. 20.

वामक 1) Adj. (f. °मिका) a) *link*. — b) *widerwärtig, hart, grausam*. — 2) m. a) *eine best. Mischlingskaste*. — b) N. pr. α) eines Fürsten von Kāçi Ḱaraka 1,25. — β) eines Sohnes des Bhaǵamāna VP.² 4,72. — γ) *eines Ḱakravartin. — 3) wohl n. *eine best. Gesticulation*.

वामकक्षायण und वामकक्षायण m. Patron.

वामकटिस्थ Adj. *auf der linken Seite liegend* Ind. St. 15,399.

वामकिरीटिन् Adj. *dessen Diadem nach links gewandt ist* Varāh. Bṛh. S. 58,57.

वामकुक्षि m. *die linke Seite des Bauches* Ind. St. 15,399. v. l. वामपार्श्व.

वामकेश्वरतन्त्र n. Titel eines Tantra Ārjav. 161,20.

वामचूड (Hariv. 3,44,57) und °चूल m. Pl. N. pr. eines Volkes.

वामजात Adj. *von Natur werth*, — *lieb*.

वामजुष्ट n. = वामकेश्वरतन्त्र Ārjav. 160,17. 161,20.

वामतन्त्र n. Titel eines Tantra.

वामतस् Adv. *von links, links*.

वामता f. 1) *Ungunst*. Auch Pl. — 2) *Sprödigkeit*.

वामत्व n. *Ungunst*.

वामदत्त N. pr. 1) m. eines Mannes. — 2) f. आ eines Frauenzimmers.

वामदृश् f. *eine Schönäugige* Rāǵan. 18,3. Bālar. 7,7.

वामदृष्टि f. dass. Hāsj.

1. वामदेव 1) m. a) N. pr. α) eines alten Ṛshi. Pl. *sein Geschlecht*. — β) eines Ministers des Daçaratha. — γ) eines Fürsten. — δ) eines neueren Autors. — ε) eines Berges in Çālmala-dvipa. — b) *eine Form* Çiva's. — c) *ein best. Krankheitsgenius*. — d) *der dritte Tag* (Kalpa) *im Monat* Brahman's. — 2) f. वामदेवी *eine Form der* Durgā Hemādri 1,395,15.

2. वामदेव Adj. (f. ई) *zum* Ṛshi Vāmadeva *in Beziehung stehend, von ihm verfasst, über ihn handelnd*.

वामदेवगुह्य m. bei den Çaiva *eine der fünf Formen ihres Gottes*.

वामदेव्य 1) Adj. *vom* Ṛshi Vāmadeva *herkommend*. — 2) m. Patron. von 1) वामदेव 1) a) α). — 3) n. Name verschiedener Sāman.

वामदेव्यविद्या f. Titel eines Werkes.

*वामन् wohl nur ein zur Erklärung von वामन erfundenes Wort.

1. वामन 1) Adj. (f. आ Hemādri 1,52,19. Hem. Par. 2,35. ई verdächtig) a) *klein gewachsen, zwerghaft, klein, kurz* (von Tagen Naish.). — b) *gebeugt, geneigt* Hem. Par. 2,35. — 2) m. a) *Zwerg*. — b) Bein. Vishṇu's, der als *Zwerg* vom Daitja Bali sich soviel Land erbat, als er mit drei Schritten ausmessen würde, und darauf die drei Welten durchschritt. Auch auf Çiva übertragen. — c) als Name Vishṇu's Bez. *eines best. Monats*. —

d) ein zwerghafter Stier Maitr. S. 2,6,4 (65,17). TS. 2,1,3,2. — e) ein Bock mit bestimmten Merkmalen. — f) Bez. eines unter einer best. Constellation geborenen Menschen. — g) * = काण्ड. — h) N. pr. α) eines Schlangendämons. — β) eines Dânava. — γ) eines Sohnes des Garuḍa. — δ) eines Sohnes des Hiraṇjagarbha. — ε) * eines der 18 Diener des Sonnengottes. — ζ) eines Muni. η) Pl. eines Volkes. — ϑ) verschiedener Männer, insbes. Gelehrter. — i) des Weltelephanten des Südens oder Westens. — κ) eines Berges. — 3) f. वामना N. pr. einer Apsaras.

2. वामन 1) Adj. a) einem Zwerge eigen, dem Zwerge (Vishṇu) eigen, ihn betreffend, von ihm handelnd. — b) vom Weltelephanten Vâmana abstammend. — 2) f. ई a) N. pr. einer Joginî (Hexe) Hemâdri 2,a,100,17. 101,1. — b) * a disease of the vagina. Richtig वामिनी. — 3) n. a) Titel eines Purâṇa und Upapurâṇa. — b) N. pr. eines nach Vishṇu, dem Zwerge, benannten Wallfahrtsortes.

वामनक 1) Adj. = 1. वामन 1). — 2) m. a) Zwerg Kâd. 99,24. — b) = 1. वामन 2) f). — c) = 1. वामन 2) h) κ). — 3) f. °निका N. pr. einer der Mütter im Gefolge Skanda's. — 4) n. a) die Gestalt eines Zwerges. — b) = 2. वामन 3) b).

वामनकारिका f. Pl. Titel eines Werkes Opp. Cat. 1.

वामनकाशिका f. desgl.

वामनजयादित्य m. N. pr. eines Grammatikers.

वामनता f. und वामनत्व n. das Zwergsein, Zwerghaftigkeit.

वामनद्वादशी f. der 12te Tag in der lichten Hälfte des Kaitra, eines Festtages zu Ehren Vishṇu's als Zwerges. °व्रत n. eine best. Begehung.

वामननिघण्टु m. Titel eines Werkes Opp. Cat. 1.

वामनपुराण n. Titel eines Purâṇa.

वामननयना f. eine Schönäugige Spr. 6893. Kaurap. (A.) 108.

वामनवृत्ति f. Titel eines Werkes.

वामनव्रत n. eine best. Begehung.

वामनसूक्त n. eine best. Hymne.

वामनसूत्र n. und °वृत्ति f. Titel von Werken Opp. Cat. 1.

वामनस्तव m. Titel eines Lobgesanges Burnell, T.

वामनस्वामिन् m. N. pr. eines Dichters.

वामनाचार्य m. N. pr. eines Gelehrten.

*वामनान्वय m. ein Elephant mit besondern Kennzeichen (aus dem Geschlecht des Weltelephanten Vâmana) Gal.

वामनाश्रम m. N. pr. einer Einsiedelei Ragh. 11,22.

1. वामनी Adj. f. und Subst. s. u. 1. und 2. वामन.

2. वामनी Adj. Güter bringend, Beiw. des Purusha im Auge. Nom. abstr. °त्व n. Çaṁk. zu Bâdar. 4, 3,14 (S. 1132, Z. 5).

3. वामनी Adv. 1) mit कर् zum Zwerge machen. — 2) mit भू gebeugt werden, sich neigen Çiç. 2,63.

वामनीति Adj. zum Guten leitend.

वामनीय Adj. 1) mit Brechmitteln zu behandeln. — 2) Erbrechen bewirkend.

वामनेत्र n. Bez. des Lautes ई.

*वामनेत्रा f. eine Schönäugige.

वामनेन्द्रस्वामिन् m. N. pr. eines Lehrers.

*वामनेभी f. das Weibchen des Weltelephanten Vâmana Trik. 3,3,202.

वामपार्श्व m. die linke Seite des Körpers Ind. St. 15,399. 427.

वामभाषिन् Adj. boshafte Reden führend R. 3, 23,17.

वामभाज् Adj. Liebes geniessend, des Guten theilhaftig.

वामभृत् f. eine Art von Backsteinen. Nom. abstr. वामभृत्त्व n. Maitr. S. 3,2,6.

1. वामभ्रू f. die linke Braue Prâtiçâkh. 76,2.

2. वामभ्रू f. eine Schönbrauige Spr. 1411. Vikramâṅkak. 10,85. 12,73. Sâh. D. 34,7.

वाममार्ग m. = 1. वामाचार.

वाममोष Adj. Werthes stehlend.

*वामरथ m. N. pr. eines Mannes. Pl. sein Geschlecht.

वामरथ्य m. Patron. von वामरथ.

*वामरिन् H. ç. 178 fehlerhaft für चामरिन्.

वामलूर m. Ameisenhaufe.

वामलोचन n. (adj. Comp. f. आ) ein schönes Auge Çâk. 23.

वामलोचना f. 1) eine Schönäugige 150,8. — 2) N. pr. eines Frauenzimmers.

वामशिव m. N. pr. eines Mannes.

वामशील Adj. von schlechtem Charakter Kir. 11,24.

वामस्थ Adj. zur Linken stehend Kathâs. 39,139.

वामस्वभाव Adj. (f. आ) von edlem Charakter Bhâg. P. 1,7,42.

वामहस्त m. die Wamme am Halse der Ziege Ârjav. 82,4. 7.

वामाक्षि n. Bez. des Lautes ई.

वामाक्षी f. eine Schönäugige Spr. 6445. Kathâs. 26,283. Vâs. 27.

वामागम m. = 1. वामाचार.

1. वामाचार m. das Ritual der Çâkta von der linken Hand.

2. वामाचार Adj. sich verkehrt benehmend, ein falsches Verfahren befolgend.

वामाचारिन् Adj. das Ritual der Çâkta von der linken Hand befolgend.

*वामापीडन m. Careya arborea oder Salvadora persica.

वामार्चिस् Adj. dessen Flamme nach links geht. Ein solches Feuer verheisst Unglück MBh. 6,3,41.

वामावचर Adj. es stets mit der linken Seite zu thun habend, sich links haltend Lalit. 63,6.

वामावर्त Adj. nach links gewunden Bhâvapr. 1, 171. nach links oder nach Westen gerichtet Hemâdri 1,144,2.

1. वामिन् Adj. ausbrechend, ausspeiend. योनि f. eine vulva, die den empfangenen Samen wieder ausschüttet. Vgl. सोमवामिन्.

2. वामिन् Adj. = वामाचारिन्.

*वामिल Adj. = वाम und दाम्भिक.

1. वामी Adj. f. und Subst. s. u. 1. वाम.

2. वामी Adv. mit कर् nach links richten Varâh. Jogaj. 8,9.

3.*वामी f. Erbrechen Gal.

वामीयभाष्य n. Titel eines Werkes.

*वामीरथ Adj. Pat. zu P. 4,2,104, Vârtt. 20.

वामेतणा f. eine Schönäugige Hâsj. 13.

वामेतर Adj. nicht link, recht.

वामैकवृत्ति Adj. stets nur Widerwärtiges thuend. Nom. abstr. °त्व n. Kathâs. 21,48.

वामोरु (verdächtig) und °रू f. eine Schönschenkelige.

*वाम्री f. ein Frauenname.

वाम्रेय m. Metron. von वाम्री.

1. वाम्य Adj. = वामनीय 1).

2. वाम्य Adj. dem Vâma (d. i. Vâmadeva) gehörig.

3. वाम्य n. Verkehrtheit Naish. 3,84. 5,117.

1. वाम्र m. N. pr. eines Ṛshi.

2. वाम्र n. Name verschiedener Sâman Ârsh. Br.

1.°वाय m. 1) Weber. — 2) das Weben. — 3) Band in तिरश्चीन°.

2. वाय m. angeblich Patron. von वि Vogel.

3. वाय m. Führer in पद्वाय.

1. वायक m. Weber, Näher.

2.*वायक m. Menge.

वायत m. Patron. Pâçadjumna's.

*वायदण्ड m. Webstuhl.

*वायन n. 1) eine Art Backwerk. — 2) eine Art Räucherwerk.

*वायनक n. eine Art Backwerk.

वायनिन् m. Patron. (!). Auch Pl.

*वायरज्जु f. gaṇa देवपथादि. v. l. चामरज्जु.

वायव 1) Adj. (f. ई) *a) zum Winde—, zur Luft—, zum Gotte des Windes in Beziehung stehend, dem Winde gehörig, — geweiht, — entsprungen* u. s. w., *aerius*. — *b) nordwestlich*. — 2) f. ई *Nordwest*.

वायवीय Adj. = वायव 1) *a*). पुराण n. Hemâdri 1,532,3.

वायवीयसंहिता und वायवीसंहिता f. Titel von Werken.

वायव्य 1) Adj. (f. आ) *a*) = वायव 1) *a*) Maitr. S. 2,2,7. — *b*) = वायव 1) *b*). — *c*) पात्र n. Bez. *gewisser wie ein Mörser geformter* Soma-*Gefässe*. — 2) m. oder n. und f. आ *Nordwest*. — 3) n. *a*) = वायव्यं पात्रम्; s. u. 1) *c*). — *b*) *das unter dem Gotte des Windes stehende Mondhaus* Svâti.

वायव्यपुराण n. Titel eines Purâṇa Opp. Cat. 1.

1\. वायस 1) m. *a*) *Vogel*, insbes. *ein grösserer*. — *b*) *Krähe*. — *c*) **ein Fürst der* Vajas. — *d*) **Agallochum*. — *e*) **Terpentin*. — 2) f. वायसी *a*) *Krähenweibchen*. — *b*) Bez. verschiedener Pflanzen. Nach den Lexicographen *Ficus oppositifolia, Agati grandiflora*, = काकतुण्डी und महाज्योतिष्मती. — 3) Adj. (f. ई) *a*) *aus Vögeln bestehend* Nalod. — *b*) **das Wort* वयस् *enthaltend*.

2\. वायस 1) Adj. (f. ई) *zu Krähen in Beziehung stehend, sie betreffend, ihnen eigenthümlich* u. s. w. Spr. 7804. — 2) *n. *Krähenschaar*.

*वायसजङ्घा f. *eine best. Pflanze*, = काकजङ्घा Bhâvapr. 3,55.

*वायसतीर n. wohl N. pr. einer Oertlichkeit. Davon *Adj. °तीरीय.

वायसतुण्ड Adj. *krähenschnabel-ähnlich*. संधि m. *Kiefergelenk, processus coronoideus*.

वायसपीलुक m. *ein best. Baum*, = काकपीलु Kâraka 6,23.

वायसविद्या f. *Krähenauguralkunde*.

*वायसविद्यिक Adj. *mit der Krähenauguralkunde vertraut*.

*वायसादनी f. 1) *Agati grandiflora*. — 2) *Cardiospermum Halicacabum* Râgan. 3,72. — 3) *Capparis sepiaria* Râgan. 3,98. — 4) = काकतुण्डी.

वायसान्तक und *वायसाराति m. *Eule*.

*वायसाह्वा f. 1) *Agati grandiflora*. — 2) *Solanum indicum* Râgan. 4,135. — 3) *Capparis sepiaria* Râgan. 3,96.

1\. वायसी Adj. f. und Subst. s. u. 1. und 2. वायस.

1\. वायसी Adv. 1) mit कर् *in eine Krähe verwandeln*. — 2) mit भू *in eine Krähe verwandelt werden*.

*वायसेतुक m. *Saccharum spontaneum* Râgan. 8,88.

*वायसोलिका und *वायसोली f. *eine best. Arzeneipflanze* Râgan. 3,13. Bhâvapr. 1,171.

*वायस्क Uggval.

1\. वायु m. 1) *Wind, Luft*. Ist eines der fünf Elemente; im System werden *sieben Winde* angenommen. — 2) *der Gott des Windes, — der Luft*. Pl. so v. a. *die* Marut. — 3) *Hauch*. — 4) *die fünf Winde* im Körper sind: प्राण, अपान, व्यान, उदान, समान oder नाग, कूर्म, कृकर, देवदत्त und धनंजय 263,19. 264,20. 33. — 5) in der Medicin *einer der humores des Leibes* und *eine zu diesem humor in Beziehung stehende Krankheitserscheinung*. — 6) *der Wind als eine Art Kobold, der die Menschen verwirrt*, Kâd. 119,22 (214,4). 255,11 (417,9). Vikramâṅkak. 14,49. Vgl. वायुग्रस्त. — 7) Bez. *des 4ten* Muhûrta. — 8) mystische Bez. *des Lautes* य. — 9) N. pr. *a*) eines Marut. — *b*) eines Vasu. — *c*) eines Daitja.

2\. वायु Adj. *matt, müde*.

3\. वायु Adj. 1) *appetens, naschhaft*. = गत्त्वर Comm. — 2) etwa *zum Genuss einladend, appetitlich*.

*वायुक m. Hypokoristikon von वायुदत्त.

*वायुकेतु m. *Staub*.

वायुकेश Adj. etwa *flatternde Haare habend*.

*वायुगण्ड m. *Blähungen, Indigestion*.

*वायुगुल्म m. *Strudel*.

वायुगोचर m. *Nordwest* Hemâdri 1,194,21.

वायुगोप Adj. *den Wind zum Hüter habend*.

वायुग्रन्थि m. *eine Verhärtung in Folge einer Störung des Windes im Körper*.

वायुग्रस्त Adj. *vom Winde gepackt*, so v. a. *verrückt*. Vgl. वायु 6).

वायुचक्र 1) m. N. pr. eines der 7 Ṛshi, die als Väter der Marut gelten. — 2) n. *Windbereich* Ind. St. 14,137.

वायुचिति f. Vâju's *Schichtung* Çat. Br. 8,4,4,12.

वायुज्ञ Paṅkat. 44,14 fehlerhaft.

वायुज्वाल m. N. pr. eines der 7 Ṛshi, die als Väter der Marut gelten.

वायुतेजस् Adj. *mit des Windes Schärfe versehen* AV. 10,5,26.

वायुत्व n. *der Gattungsbegriff Luft*.

*वायुदत्त m. ein Mannsname.

*वायुदत्तक m. Hypokoristikon von वायुदत्त Mahâbh. 5,72,*a*.

*वायुदत्तमय und *°दत्तरूप्य Adj. von वायुदत्त.

*वायुदत्तेय 1) Adj. von वायुदत्त. — 2) m. Patron. von वायुदत्त.

*वायुदारु m. *Wolke*.

वायुदिश् f. *Nordwest*.

वायुदीप्त Adj. als Auguralausdruck von Thieren. Vgl. u. दीप् 2).

वायुदेव n. *das unter dem Windgott stehende Mondhaus* Svâti.

वायुदैवत und °दैवत्य Adj. Vâju *zur Gottheit habend*.

वायुद्वार n. *des Hauches Thor* Amṛt. Up. 26.

वायुधातु m. *das Element Wind* oder *Luft*.

वायुधारण Adj. दिवस m. Bez. *gewisser Tage in der lichten Hälfte des* Ǵjaishṭha.

वायुनिघ्न Adj. = वायुग्रस्त.

वायुपथ m. 1) *Windpfad*, Bez. *einer best. Region im Luftraum*. — 2) N. pr. eines Fürsten.

वायुपुत्र m. Patron. 1) Hanumant's. — 2) *Bhîma's.

वायुपुत्राय्, Hanumant *darstellen*. °यित n. impers.

वायुपुर n. N. pr. einer *Stadt*.

वायुपुराण n. Titel eines Purâṇa.

वायुपूत Adj. *durch den Wind gereinigt* Ind. St. 9,115.

वायुप्रच्युत Adj. (f. आ) *vom Winde getrieben* TS. 5,1,5,1.

वायुप्रणेत्र Adj. *den Wind zum Führer habend* Çat. Br. 4,4,1,15.

*वायुफल n. 1) *Hagel*. — 2) *Regenbogen*.

वायुबल m. N. pr. 1) eines der 7 Ṛshi, die als Väter der Marut gelten. — 2) eines Kriegers auf S ten der Götter im Kampfe gegen die Asura.

वायुबीज n. *der Same der Luft* Sarvad. 170,17. Nach Cowell Bez. *der Silbe* ज्ञम्.

वायुभक्ष 1) Adj. (f. आ) *nur Luft geniessend, von Luft lebend* 54,30. 65,16. — 2) m. *a*) **Schlange* Râgan. 19,53. — *b*) N. pr. eines Muni.

वायुभक्षक Adj. = वायुभक्ष 1).

वायुभक्ष्य 1) Adj. dass. — 2) *m. *Schlange*.

वायुभारतीस्तोत्र n. Titel eines Stotra Burnell, T.

वायुभूति m. N. pr. eines der 11 Gaṇâdhipa bei den Ǵaina.

वायुभोजन Adj. *nur Luft geniessend, von Luft lebend*.

वायुमण्डल 1) m. N. pr. eines der 7 Ṛshi, die als Väter der Marut gelten. — 2) n. *Wirbelwind*.

वायुमन्त् Adj. 1) *mit Wind verbunden* AV. 12,2, 29. Vaitân. — 2) *das Wort* वायु *enthaltend* u. s. w.

वायुमय Adj. *die Natur des Windes oder der Luft habend*.

वायुमरुल्लिपि f. *eine best. Art zu schreiben*.

*वायुमार्ग m. *der Luftraum* Gal.

वायुर Adj. *windig* (nach dem Comm.).

वायुरुजा f. *Windkrankheit*, so v. a. *Entzündung* (der Augen).

वायुरेतस् m. N. pr. eines der 7 Ṛshi, die als Väter der Marut gelten.

वायुरोषा (!) f. *Nacht*. Es sind wohl वासुरा und उषा gemeint.

वायुलोक m. *die Welt des Windgottes*.

*वायुवर्त्मन् m. (!) n. *Luftraum, Atmosphäre*.

वायुवलनपञ्चतरंगिणीमाहात्म्य n. Titel eines Werkes Bühler, Rep. No. 84.

*वायुवाह m. *Rauch*.

वायुवाहन m. Bein. 1) *Vishṇu's. — 2) Çiva's.

वायुवाहिनी f. *dasjenige Gefäss, welches den Wind im Körper führen soll*.

1. वायुवेग m. *die rasche Bewegung des Windes*. °सम Adj. *windschnell*.

2. वायुवेग 1) *Adj. *windschnell*. — 2) m. N. pr. a) eines der 7 Ṛshi, die als Väter der Marut gelten. — b) eines Fürsten. — 3) f. आ N. pr. a) einer Joginî. — b) einer Kiṁnara-Jungfrau Kâraṇḍ. 3,23.

वायुवेगक Adj. (f. °गिका) *windschnell* Hemâdri 2,a,101,5.

वायुवेगयशस् f. N. pr. einer Schwester Vâjupatha's.

वायुवेगिन् Adj. *windschnell* Nâdab. Up. 9.

वायुशान्ति f. Titel Burnell, T.

*वायुष m. *ein best. Fisch*.

वायुसंहिता f. Titel eines Werkes.

*वायुसख und *°सखि m. *Feuer*.

वायुसम Adj. *windähnlich* Pâr. Gṛhj. 2,17,16.

वायुसवितृ und °सवित्र m. Du. *Vâju und Savitar* Maitr. S. 3,5,11. Vgl. वायोसावित्र.

वायुसूनु m. Patron. Hanumant's.

वायुस्कन्ध m. *Windregion* Bâlar. 101,13.

वायुस्तुति f. Titel eines *Lobgesanges* Burnell, T. Opp. Cat. 1.

वायुहन् m. N. pr. eines der 7 Ṛshi, die als Väter der Marut gelten.

वायोधस Adj. *dem Vajodhas (Indra) gehörig* u. s. w.

वायोयोनी f. *ein best. Backstein* Maitr. S. 2,8, 13 = TS. 4,4,6,2.

वायोर्विद् s. वायोविद्.

वायोविद् (Conj. für वायोर्विद् und वार्योविद्) m. N. pr. eines Ṛshi. Vgl. वाय्यविद् und वाय्योविद्.

वायोविद्यिक m. *Vogelsteller*.

वायोसावित्र, in der Form °त्रः angeblich = वायुसवितृभ्याम् TS. 7,5,22,1.

(वाय्य) वायिश्र m. Patron. des Satjaçravas.

वाय्वभिभूत Adj. = वायुग्रस्त.

वाय्वश्व Adj. (f. आ) *Winde zu Rossen habend* Taitt. Âr. 1,1,2. 21,1 (hier वायवश्व gedr.).

*वाय्वास्पद m. *Luftraum, Atmosphäre*.

वार् n. 1) *Wasser*. वारां निधिः *das Meer* Spr. 7672 (als Comp. behandelt am Ende eines adj. Comp. Ind. Antiq. 9,184). Nom. Pl. वारस् (also nicht n.) 7806. — 2) *stehendes Wasser, Teich*. — Die Stellen Ṛv. 1,132, 3 und 10,93,3 scheinen verdorben zu sein. वारिव Ṛv. 4,5,8 wohl = वारमिव (zu 3. वार).

1. वार 1) m. *Schweifhaar*, insbes. *Rosshaar*. — 2) m. n. Sg. und Pl. *Haarsieb*.

2. वार 1) Adj. nach dem Comm. *schwer zu bändigen*. — 2) am Ende eines Comp. *das Zurückhalten, Abwehr*.

3. वार 1) m. a) *Kostbares, Schatz*. Verdorben sind wohl die Stellen Ṛv. 1,132,3 und 10,74,2. — b) *der für Etwas bestimmte Augenblick, die an Jmd kommende Reihe*. — c) *der Jmd zukommende Platz*. — d) *Mal* (mit Zahlwörtern). वारं वारम् und *वारं वारेण *oftmals, häufig*. — e) *der wechselnde (der Reihe nach von einem Planeten beherrschte) Tag, Wochentag* 214,18. Spr. 7806. Vollständig दिन°, दिवस°. — 2) f. वारा *Buhldirne*.

4. वार 1) m. a) *Menge*. — b) **Pfeil*. — c) **Achyranthes aspera*. — d) *Bein. Çiva's. — 2) *n. a) *ein Geschirr für berauschende Getränke*. — f) *ein best. künstlich zubereitetes Gift*.

1. वारक m. 1) *Zurückhalter, Abwehrer*. — 2) *eine Art Gefäss* Hemâdri 2,a,65,20. 66,7.

2. वारक m. 1) = 3. वार 1) b) Hem. Par. 3,192. वारकेण *der Reihe nach*. — 2) *Mal* in शतवारकम्.

3. वारक 1) *m. a) *ein best. Gang des Pferdes*. — b) *eine Pferdeart*. — 2) n. a) *ein best. wohlriechendes Gras*. — b) *= कष्टस्थान.

4. वारक MBh. 4,1130 fehlerhaft für चारक, Kathâs. 72,20 für वार्द्धक.

वारकन्यका f. *Buhldirne*.

*वारकिन् m. 1) *Feind*. — 2) *ein scheckiges Pferd*. — 3) *ein von Blättern sich nährender Asket*. — 4) *das Meer*.

*वारकीर m. 1) *der Bruder der Frau*. — 2) = वारग्राहिन् oder द्वारग्राहिन्. — 3) = वाडव. — 4) = यूका. — 5) रोलरोधिनी oder वेणिवेधिनी. — 6) = नीराजितहय.

*वारङ्क m. *Vogel*.

वारङ्ग m. *Heft, Griff*.

वारट 1) *n. a) *Feld*. — b) *eine Menge von Feldern*. — 2) f. आ a) *ein best. zu den* विकिर *gehöriger Vogel*. — b) **das Weibchen der Gans*.

1. वारण 1) Adj. (f. ई) a) *abhaltend, abwehrend, hemmend* (Varâh. Jogaj. 5,8); *Allem Widerstand leistend*. — b) *Abwehr betreffend*. — c) *scheu, wild*. — d) *schrecklich, gefährlich*. — e) *verboten*. — 2) m. a) *Elephant*. Am Ende eines adj. Comp. f. आ. — b) *Elephantenhaken*. — c) * *Panzer*. — d) *eine best. Verzierung auf einem Bogen* MBh. 4,42,4. — 3) f. वारणी a) * *Elephantenkuh*. — b) fehlerhaft für वारुणी *Branntwein* Hem. Jogaç. 3,113. — 4) n. a) *das Abhalten, Abwehren*, — *von* (Abl.). — b) * *das Lenken*. — c) *ein Mittel zum Abhalten*. — d) etwa so v. a. वर्मन्. — e) * = हरिताल. — f) N. pr. einer Oertlichkeit.

2. वारण Adj. *aus dem Holze der Crataeva Roxburghii bestehend* Comm. zu Gaim. 3,1,22.

वारणकर m. *Elephantenrüssel* Bhâm. V. 1,57.

वारणकृच्छ्र m. *eine im Trinken von Reiswasser bestehende Kasteiung*.

वारणकेसर m. *Mesua Roxburghii*.

वारणपुष्प m. *eine best. Pflanze*.

*वारणबुसा und *वारणवल्लभा f. *Musa sapientum*.

वारणशाला f. *Elephantenstall*.

वारणसाह्वय Adj. in Verbindung mit पुर n. oder Subst. n. *die nach den Elephanten benannte Stadt* d. i. Hâstinapura.

वारणस्थल n. N. pr. einer Oertlichkeit.

वारणहस्त m. *ein best. Saiteninstrument* S. S. S. 185.

वारणानन m. Bein. Gaṇeça's (*ein Elephantengesicht habend*).

वारणावत n. N. pr. einer Stadt.

वारणावतक Adj. *in Vâraṇâvata wohnend*.

वारणाह्वय Adj. und Subst. n. = वारणसाह्वय.

1. वारणीय Adj. *abzuhalten* u. s. w. in अ°.

2. वारणीय Adj. *am Elephanten befindlich*. कर m. *Elephantenrüssel*.

वारतन्तव (Conj.) m. Patron. von वरतन्तु.

वारतन्तवीय m. Pl. *die zum schwarzen Jagus gehörige Schule des* Varatantu Ârjav. 44,18.

वारत्र 1) *n. *Riemen*. — 2) f. आ = वारट 2) a) Karaka 1,25. 27. Vielleicht fehlerhaft.

*वारत्रक Adj. von वरत्रा.

वारधान m. Pl. N. pr. eines Volkes. Richtig वाटधान.

वारनारी f. *Buhldirne*. Am Ende eines adj. Comp. °क.

वारपाशि und °पाश्य m. Pl. N. pr. eines Volkes.

वारबाण (*m. n.) *Panzer; Wamms, Jacke* Kâd. 97,6 (172,11). 111,7 (200,7). Harshak. 15,22.

*वारबुषा und *वारबूषा f. *Musa sapientum.*

वारमथ m. N. pr. eines Fürsten VP.² 3,334.

वारमुख्य 1) m. etwa *Tänzer, Sänger.* — 2) f. आ *Buhldirne.*

वारयत्तीय n. Name eines Sâman Tâṇḍja-Br. 9, 1,32. Wohl nur fehlerhaft für वारवत्तीय.

वारयितव्य Adj. *abzuhalten von* (Acc.).

वारयुवति f. *Buhldirne.*

*वारयोग m. *feines Mehl, Pulver* Gal.

वारयोषित् f. *Buhldirne.*

वाररुच Adj. *von* Vararuki *verfasst.*

वारलक in नन्दि°.

*वारला f. 1) *eine Art Bremse.* — 2) *das Weibchen der Gans* Râǵan. 19,103.

*वारलीक m. *Eleusine indica.*

वारवत्या f. N. pr. eines Flusses.

वारवधू f. *Buhldirne.*

वारवनिता f. dass. 297,18. Dhûrtan.

वारवत्त Adj. *langschweifig* (Ross).

वारवत्तीय n. Name eines Sâman Maitr. S. 1, 6,7. Âpast. Çr. 5,15,6. Auch इन्द्रस्य वारवत्तीयम्, वारवत्तीयाद्यम् und वारवत्तीयोत्तरम्.

वारवाण s. वारबाण.

*वारवाणि 1) m. a) *Flötenspieler.* — b) *ein vorzüglicher Sänger.* — c) *Richter.* — d) *Jahr.* — 2) f. *Buhldirne.* Auch °वाणी.

*वारवारण m. n. v. l. für वारबाण.

वारवाल m. N. pr. eines Agrahâra.

वारवासि und वारवास्य (MBh. 6,9,45) m. Pl. N. pr. eines Volkes.

वारविलासिनी (Vâsav. 166,2. 178,4) und *वारसुन्दरी f. *Buhldirne.*

*वारसेवा f. *Hurerei, Hurenwirthschaft.*

*वारस्त्री (Râǵan. 18,20) und वाराङ्गना (Chr. 180, 30) f. *Buhldirne.*

*वाराटकि m. Patron. Davon *Adj. °कीय.

वाराणसी f. N. pr. einer Stadt, das heutige *Benares* Kâraṇḍ. 78,1. fgg.

वाराणसीदर्पण m. Titel eines Werkes Max Müller, Ren. 315.

*वाराणसेय Adj. von वाराणसी.

वारांनिधि m. s. u. वार 1).

*वारालिका f. Bein. der Durgâ.

वारावस्कन्दिन् Adj. als Beiw. Agni's. Nach Weber Verstümmelung von गौरावस्कन्दिन्.

*वारासन n. *Wasserbehälter.*

वाराह 1) Adj. (f. ई) a) *vom Eber kommend, aus Schweinsleder gemacht.* — b) *zu* Vishṇu *als Eber in Beziehung stehend.* — c) *von* Varâhamihira *verfasst, — ausgesprochen.* — 2) m. a) Vishṇu *als Eber.* — b) *ein Banner mit dem Bilde eines Ebers* MBh. 6,92,39. — c) *Dioscorea.* °कन्द n. *Yamswurzel.* Könnte auch Adj. von 3) b) sein. — d) Pl. *eine best. Schule des schwarzen* Jaǵus Ârjav. 44,20. Hemâdri 1,519,21. — e) N. pr. eines Berges. — Die H. an. 3,768. fg. dem m. वाराह zugetheilten Bedeutungen kommen वराह zu. — 3) f. वाराही a) *die personificirte Energie* Vishṇu's *als Ebers.* Pl. unter den Müttern Skanda's. — b) *Dioscorea.* °मूल n. *Yamswurzel.* — c) N. pr. eines Flusses. — 4) n. a) Name eines Sâman. वाराहमुत्तरम् Ârsh. Br. — b) N. pr. eines Tîrtha.

*वाराहक Adj. von वराह.

*वाराहकर्णी f. *Physalis flexuosa.*

वाराहतीर्थ n. N. pr. eines Tîrtha.

वाराहद्वादशी f. = वराहद्वादशी.

*वाराहपत्त्री f. *Physalis flexuosa.*

वाराहपुराण n. = वराह° Opp. Cat. 1.

वाराहमन्त्र m. Titel eines Mantra Weber, Lit.

वाराहमाहात्म्य n. Titel eines Werkes Bühler, Rep. No. 86.

*वाराहाङ्गी f. *Croton polyandrum* oder *Cr. Tiglium.*

वाराहीतन्त्र n. Titel eines Tantra.

*वाराहीपुत्र m. für वाराह्यापुत्र.

*वाराहीय n. Titel eines Werkes.

*वाराह्या f. Patron. von वराह.

1. वारि n. 1) *Wasser.* °तस् Adv. 164,18 (zugleich *gehemmt*). — 2) **eine Art Andropogon* Bhâvapr. 3,30. — 3) *ein best. Metrum.*

2. वारि f. 1) *ein Ort, wo Elephanten eingefangen oder angebunden werden,* Vâsav. 269,5. वारी Çiç. 18,56. — 2) **Topf, Krug* H. an. 2,455 (vgl. Zach. Beitr.). Auch वारी. — 3) **Rede, die Göttin der Rede.* वारि scheinbar in Sitzungsberr. d. K. Pr. Ak. d. Ww. 1884, S. 82, da hier statt महानयबारि बारि zu lesen ist महानयपरिवारि; vgl. ebend. S. 310.

3. वारि VS. 21,61 nach Mahîdh. = वरणीय. Es ist aber daselbst वार्यम् आ° aufzulösen.

वारिक in *नाग°.

*वारिकण्टक m. *Trapa bispinosa.*

*वारिकर्णिका f. *Pistia Stratiotes.*

*वारिकर्पूर m. *ein best. Fisch, Clupea alosa.*

*वारिकुब्जक m. *Trapa bispinosa.*

वारिकोश m. *das beim Gottesurtheil angewandte Weihwasser.*

*वारिक्रिमि m. *Wasserfliege.*

वारिखेडग्राम m. N. pr. eines *Dorfes* Ind. Antiq. 11,159.

वारिगर्भोदर Adj. *regenschwanger* (Wolke).

*वारिचत्वर m. *Pistia Stratiotes.*

वारिचर 1) Adj. *im oder am Wasser lebend;* m. *Wasserbewohner.* — 2) m. a) *Fisch.* — b) Pl. N. pr. eines Volkes.

*वारिचामर m. *Vallisneria (Blyxa) octandra.*

वारिचारिन् Adj. *auf dem Wasser lebend.*

वारिज 1) m. a) *Muschel.* — a) *vielleicht Wasserrose.* — c) **Fisch.* — 2) n. a) *Wasserrose.* — b) *eine best. Gemüsepflanze* Râǵan. 7,152. — c) **Gewürznelke.* — d) **eine Art Salz* Râǵan. 6,104.

वारिजात Adj. *lotusäugig.*

वारिजात m. *Muschel.*

*वारिजावन् Vop. 26,69.

वारिजीवक Adj. *durch Wasser seinen Lebensunterhalt findend.*

वारितरंग m. *Welle* 167,20.

वारितस्कर m. 1) Beiw. der Sonne, *die mit ihren Strahlen das Wasser an sich zieht.* — 2) **Wolke.*

वारिति Adj. nach dem Comm. *am Wasser wachsend;* Subst. *Wasserpflanze.*

*वारित्रा f. *Regenschirm.*

वारिद 1) Adj. *Wasser —, Regen gebend.* — 2) m. a) *Regenwolke.* — b) *Cyperus rotundus.* Nach Bhâvapr. 1,191 auch f. und n. — 3) *n. = वाला oder बाल (*ein best. Parfum*).

वारिदागम m. *die Regenzeit* Vikramâṅkaḱ. 14,1.

वारिदात्त m. *Herbst* Bâlar. 131,10.

वारिदुर्ग Adj. (f. आ) *wegen des Wassers schwer zugänglich* Hariv. 6426.

*वारिद्र m. *der Vogel* Kâtaka.

वारिधर 1) Adj. (f. आ) *Wasser enthaltend, — führend.* शीत° 84,29. — 2) m. *Regenwolke.*

वारिधानी f. *Wasserbehälter, Wasserfass.*

वारिधापयत्त m. Patron. Auch Pl.

वारिधार m. N. pr. eines Berges.

वारिधारा f. Sg. und Pl. *Wasserstrom* Vâsav. 181,4. गलदश्रु° Spr. 7619. Am Ende eines adj. Comp. f. आ.

वारिधि m. 1) *das Meer.* Es werden vier und sieben Meere angenommen. — 2) Bez. *der Zahl vier, der vierte.*

वारिन् in काण्डवारिणी und मूलवारिन्.

*वारिनाथ m. 1) *das Meer.* — 2) *Wolke.* — 3) *der Aufenthaltsort der Schlangen.*

वारिनिधि m. *das Meer* Bâlar. 284,1. Kandaḱ. 70,7.

1. वारिप Adj. *Wasser trinkend* (Naish. 8,81). *der das Wasser ausgetrunken hat.*

2. वारिप Adj. *das Wasser schützend* Naish. 8,81.

वारिपथ m. 1) *Wasserstrasse, Wasserverbindung.* — 2) *Wasserfahrt, Seefahrt.* °पथोपजीविन् Adj. *vom Seehandel lebend, S. treibend.*

*वारिपथिक Adj. *zu Wasser fahrend, — eingeführt.*

*वारिपर्णी und *वारिपालिका f. *Pistia Stratiotes.*

वारिपूर m. Pl. *Wasserstrom* NÂGÂN. 110 (111).

*वारिपूर्णी f. *Pistia Stratiotes.*

वारिपूर्वम् Adv. *mit einer vorangehenden Wasserausgiessung* ÇIÇ. 14,34.

*वारिपृश्नी (Conj.) f. = वारिपूर्णी.

*वारिप्रवाह m. *Wasserfall.*

*वारिप्रश्नी f. fehlerhaft für °पृश्नी.

*वारिबदर n. *die Frucht der Flacourtia cataphracta.*

वारिबन्धन n. *das Eindämmen des Wassers* VÂSTUV. 8,6.

वारिबिन्दु m. *Wassertropfen* Spr. 7742. HEM. PAR. 2,213.

वारिबीज n. *der Same des Wassers.* Nach COWELL *Bez. der Silbe* बम्.

*वारिभव n. *Antimonium* RÂGAN. 13,98.

वारिमत् Adj. *wasserreich.*

वारिमय Adj. (f. ई) 1) *aus Wasser bestehend.* — 2) *am Wasser haftend, dem W. eigen.*

*वारिमसि (besser °मषि) f. *Regenwolke.*

वारिमुच् 1) Adj. *Wasser —, Regen entlassend.* प्रभूत°. — 2) m. *Regenwolke* ÇIÇ. 6,37.

*वारिमूली f. *Pistia Stratiotes.*

वारियन्त्र n. *Wasserwerk.*

*वारिरथ m. *Boot, Schiff.*

वारिराज m. Bein. Varuṇa's.

वारिराशि m. 1) *Wassermenge.* — 2) *das Meer* ÇIÇ. 8,71.

वारिरुह n. *Lotusblüthe* ÇIÇ. 10,1.

वारिलेश m. *Wassertropfen.* Vgl. श्रम°.

*वारिलोमन् m. Bein. Varuṇa's.

*वारिवदन n. wohl nur fehlerhaft für वारिबदर.

*वारिवर m. *Carissa Carandas.*

वारिवर्णक vielleicht *Sand.*

*वारिवल्लभा f. *Batatas paniculata* RÂGAN. 7,99.

वारिवस्कृत Adj. von वरिवस्कृत्.

वारिवह Adj. (f. आ) *Wasser führend, — strömend.* शिव°. रम्य°.

वारिवारण m. *Wasserelephant (ein best. Ungeheuer)* VIKRAMÂÑKAK. 11,12.

*वारिवालक n. *eine Art Andropogon.*

*वारिवास m. *Branntweinbrenner.*

वारिवाह 1) Adj. (f. आ) *Wasser führend, — strömend.* कूलातिक्रान्त°. — 2) m. a) *Regenwolke* zu Spr. 4082. ÇIÇ. 20,70. — b) *der Regengott* Spr. 5196.

वारिवाहक Adj. *Wasser zuführend, — bringend.*

*वारिवाहन m. *Regenwolke.*

वारिवाहिन् Adj. *Wasser führend, — strömend.*

*वारिविन्दी (!) f. *eine blaue Wasserrose.*

वारिविहार m. *Spiel im Wasser, wobei man umherhüpft und sich mit Wasser bespritzt.*

वारिश 1) *m. Bein. Vishṇu's. — 2) n. Name eines Sâman.

वारिशय Adj. *im Wasser lebend.*

*वारिशुक्ति f. *eine zweischalige Süsswassermuschel* RÂGAN. 13,130.

वारिषेण m. N. pr. eines Fürsten. v. l. °सेन.

वारिषेणाचार्य m. N. pr. eines Ġina Ind. Antiq. 6,30.

*वारिषेणय m. Patron. von वारिषेण.

*वारिसंज्ञ m. *eine Art Andropogon* UTPALA zu VARÂH. BṚH. S. 78,1.

वारिसंभव 1) Adj. (f. आ) *im Wasser entstanden, aus dem W. gewonnen* 216,23. — 2) *m. *eine Rohrart* RÂGAN. 8,80. — 3) *n. a) *Gewürznelke* RÂGAN. 12,85. — b) *die Wurzel von Andropogon muricatus.* — c) *Schwefelantimonium* RÂGAN. 13,88.

वारिसागर m. *eine best. Mixtur* RASENDRAK. 87.

*वारिसाम्य *Milch.*

वारिसार m. N. pr. eines Sohnes des Kandragupta.

वारिसेन m. N. pr. 1) eines Fürsten MBH. 2,8,20. B. A. J. 9,240. v. l. °षेण. — 2) eines Ġina.

वारिस्थ Adj. *im Wasser befindlich,* so v. a. *im W. sich abspiegelnd* (die Sonne) M. 4,37.

वारी s. u. 2. वारि.

*वारीट m. *Elephant.*

वारीय्, °यते *dem Wasser gleichen.*

*वारीश m. *das Meer.*

*वारु m. *ein im Triumph geführter Elephant.*

*वारुठ m. *Todtenbahre.*

*वारुड m. = वरुड.

*वारुडक n. संज्ञायाम्.

*वारुडकि m. Patron. von वरुड.

वारुण 1) Adj. (f. ई) a) Varuṇa *gehörig, an ihn gerichtet, ihm geweiht, zu ihm in Beziehung stehend.* — b) *zum Wasser in Beziehung stehend.* भूत n. *Wasserthier,* कर्मन् n. *eine Wasser betreffende Arbeit.* — c) *westlich.* — d) *zu* Vâruṇi (Bhṛgu) *in Beziehung stehend.* — 2) m. a) *Wasserthier, Fisch.* — b) Patron. Bhṛgu's. Pl. Varuṇa's *Kinder, — Leute, — Krieger.* — c) *der 15te* Muhûrta. — d) N. pr. eines Dvîpa. — 3) m. oder n. *Westen.* वारुणे *im Westen.* — 4) f. ई a) *Westen.* — b) *Bez. gewisser Schlangen.* — c) Pl. *Bez. bestimmter Sprüche* GAUT. ÂPAST. — d) Varuṇa's *Energie, personificirt als seine Gattin* und auch als *seine Tochter.* Taucht bei der Quirlung des Meeres aus diesem hervor und wird als *Göttin des Branntweins* betrachtet. — e) *Branntwein von der Palme* Mat. med. 272. BHÂVAPR. 2,58. 82. — f) *Bein. von Çiva's Gattin. — g) *ein best. Fasttag am 15ten Tage in der dunkelen Hälfte des* Kaitra. — h) *Dûrvâ-*Gras* und *eine andere Grasart* RÂGAN. 8,116. — i) **Koloquinthengurke.* — k) **das unter* Varuṇa *stehende Mondhaus* Çatabhishaǵ. — l) N. pr. eines Flusses. — 5) n. a) **Wasser.* — b) *das Mondhaus* Çatabhishaǵ. — c) वारुणं खण्डम् N. pr. eines der 9 Theile, in welche Bharatavarsha eingetheilt wird.

वारुणतीर्थ n. N. pr. eines Tîrtha.

वारुणपद्धति f. Titel eines Werkes BURNELL, T.

वारुणप्रघासिक Adj. (f. ई) von वरुणप्रघास ÂPAST. ÇR. 8,12,2. 22,8. MÂN. ÇR. 1,8,1. 2,5,4.

वारुणानी f. fehlerhaft für वरुणानी.

1. वारुणि m. Patron. verschiedener Personen.

2. वारुणि (metrisch) f. = वारुणी *Branntwein.*

*वारुणीवल्लभ m. Bein. Varuṇa's.

वारुणीश m. Bein. Vishṇu's.

वारुणेन्द्र m. N. pr. eines Mannes.

वारुणेश्वरतीर्थ n. N. pr. eines Tîrtha.

वारुणोपपुराण n. Titel eines Upapurâṇa OPP. Cat. 1.

*वारुण्ड 1) m. n. a) *Unreinigkeit des Auges und des Ohres.* — b) *Giesskanne, Schöpfgefäss, Schöpfkelle* oder dgl. — 2) m. = गणिस्थराज und फणिनां राजकः; vgl. ZACH. Beitr. 21. — 3) f. ई *Thürschwelle.*

*वारूठ m. = अग्नि, शम्बल, पञ्जर, वस्त्राञ्चल, अरर (कपाट).

*वारेण्यायनि m. Patron. von वरेण्य.

वारेन्द्र m. oder n. und *वारेन्द्री f. = वरेन्द्र und वरेन्द्री.

वार्वृत Adj. *gewählt.*

वार्कखण्डि m. Patron. N. pr. eines Lehrers GOBH. 3,10,8.

*वार्कग्राहिक m. Patron. von वृकग्राह.

वार्कजम्भ 1) m. Patron. von वृकजम्भ. — 2) n. Name verschiedener Sâman ÂRSH. BR.

*वार्कबन्धविक m. Patron. von वृकबन्धु.

*वार्करूप्य Adj. von वृकरूप्य KÂÇ. zu P. 4,2,106.

वार्कलि m. Metron. von वृकला.

वार्कलिन् ÇÂÑKH. ÂR. in WEBER's Lit. 36 vermuthlich fehlerhaft. Statt वार्कलिनः ist wohl mit AIT. ÂR. वा अर्कलिनः zu lesen.

*वार्कलेय m. Patron. oder Metron.

*वार्कवञ्चक m. Patron. von वृकवञ्चिन्.

वार्कारुणीपुत्र m. N. pr. eines Lehrers.

(वार्कार्या) वार्कार्यी Adj. f. *Wasser schaffend* (nach Grassmann).

*वार्केणी f. zu वार्केण्य.

*वार्केण्य m. *ein Fürst der* Vṛka.

वार्क्ष 1) Adj. (f. ई) *a) in Bäumen bestehend, aus Bäumen gemacht, Bäume betreffend, zum Baume gehörig, von Bäumen kommend* (Gaut. Âpast.), *auf oder an Bäumen wachsend.* — *b) hölzern.* — 2) f. ई *die Tochter der Bäume*, Bein. der Gattin der Praketas. — 3) *n. *Wald.*

वार्क्ष्य 1) Adj. *hölzern.* Wohl fehlerhaft für वार्क्ष. — 2) *m. Patron. — 3) *n. *Wald.* Richtig वार्क्ष.

*वार्क्ष्यायणी f. zu वार्क्ष्य 2).

*वार्गर m. *der Bruder der Frau* Gal.

*वार्च m. *Gans.*

*वार्चलीय Adj. von वर्चल.

वार्जिनीवत m. Patron. von वृजिनीवत्.

*वार्ज्य m. *ein Fürst der* वृजि Pat. zu P. 4,3,100, Vârtt. 2.

*वार्ज्यक Adj. von वर्ज्य.

*वार्ढ्य (बार्ढ्य) n. Nom. abstr. von वृढ (बृढ).

वार्ण Adj. *einen Laut* (in grammatischem Sinne) *betreffend* Paribh. 55.

*वार्णक Adj. von वार्णक्य.

*वार्णक्य m. Patron. von वर्णक.

*वार्णव und *°क Adj. von वर्णु.

*वार्णिक m. *Schreiber.*

*वार्तक m. (Râǵan. 19,118) und *°र्तिका f. *Wachtel.*

*वार्तन Adj. = वर्तनीषु भवः.

*वार्तनाक्ष m. Patron. von वर्तनाक्ष.

वार्तन्तवीय (!) m. Pl. *eine best. Schule.* Vgl. वारतन्तवीय.

वार्तमानिक Adj. *zur Gegenwart gehörig, jetzt lebend.*

*वार्ताक m. *Wachtel.*

वार्तान्तवेय (!) m. Pl. *eine best. Schule.*

वार्तिक m. *ein best. Vogel.* = वर्तिक Râǵan.

*वार्तीक m. *eine Wachtelart* Bhâvapr. 2,92.

वार्तीर m. *ein best. Vogel.*

वार्त्त 1) Adj. *a) *einen Lebensunterhalt habend.* — *b) in Ordnung, richtig.* — *c) gesund.* — *d) gewöhnlich, mittelmässig.* — *e) werthlos, nichtig.* — 2) m. N. pr. eines Mannes. — 3) f. आ (adj. Comp. f. आ) *a) Lebensunterhalt, Erwerb, Gewerbe,* insbes. das des Vaiçja d. i. *Ackerbau, Viehzucht und Handel.* Am Ende eines adj. Comp. *lebend von.* — *b) Kunde, Nachricht, Neuigkeit, Gerücht, Sage, Geschichte.* Das Wovon im Gen. oder im Comp. vorangehend. वार्त्ता कीर्तय् *erzählen von* (Gen.), का वार्त्ता *was giebt es zu berichten? was giebt es Neues?* — *c) das Reden von oder über* (Gen., Loc., Acc. mit उद्दिश्य oder im Comp. vorangehend). का वार्त्ता *wie kann die Rede sein von* (Loc.)? so v. a. *an — ist gar nicht zu denken* Pańkad. वार्त्तया कर् *über Etwas* (Acc.) *sprechen;* मम — अनया वार्त्तयापि किं कार्यम् *was habe ich mit ihr zu schaffen, sei es auch nur mit Worten?* — *d) Geruchsempfindung.* — *e) *die Eierpflanze.* — *f) eine weibliche Missgeburt* Ḱaraka (ed. Calc.) 355, 13. v. l. वार्ता. — *g)* Bein. der Durgâ. — 4) n. *Wohlergehen, Gesundheit.*

वार्त्ततरक Adj. *ganz in Ordnung.* — *richtig.*

वार्त्तय्, °यति *Jmd unterhalten, sich mit Jmd in ein Gespräch einlassen;* mit Acc. Hem. Par. 1,335. 362. 2,40. 7,74.

वार्त्ताक m. und °की f. (selten) *die Eierpflanze, Solanum melongena* und auch *eine andere Species* Râǵan. 4,23. 7,191. °क n. *die Frucht* Bhâvapr. 1,198.

*वार्त्ताकिन् m. und *°किनी f. dass.

वार्त्ताकु m. dass. Mat. med. 323. Bhâvapr. 1,288. Ḱaraka 6,18.

वार्त्तानुकर्षक m. *Kundschafter* MBh. 12,76,7.

वार्त्तानुजीविन् Adj. *von einem Gewerbe lebend* Kâm. Nîtis. 2,14.

वार्त्तापति m. *Herr —, Verleiher des Unterhalts, Brodherr.*

वार्त्तामात्रावबोधन n. *eine nur auf Hörensagen beruhende Kenntniss* Daçak. 49,6.

*वार्त्तायन m. *Kundschafter, Späher.*

वार्त्तारम्भ m. *Gewerbe.*

*वार्त्तावह m. *ein umherziehender Krämer.*

वार्त्तावृत्ति Adj. *von einem Gewerbe lebend* Bhâg. P. 7,11,15.

वार्त्ताव्यतिकर m. *eine schlimme Nachricht* Pańkat. ed. Bomb. 2,29,4. 5.

*वार्त्ताशिन् m. *Neuigkeitskrämer, Schwätzer.*

वार्त्ताहर m. *Bote* Mâlatîm. ed. Bomb. 318,1. Kâd. 2,98,17 (121,4. 5).

वार्त्ताहर्तर् Nom. ag. dass.

वार्त्ताहार m. dass. Mahâvîrak. 23,14.

वार्त्ताहारिणी f. *Botin* Mahâvîrak. 52,1.

वार्त्तिक 1) m. *a) Gewerbsmann.* — *b) *ein* Vaiçja Râǵan. 18,12. — *c) Kundschafter, Bote.* — *d) *Giftarzt, Beschwörer.* — *e) *die Eierpflanze.* — 2) f. आ *Erwerb, Gewerbe.* — 3) n. *Ergänzungen und Berichtigungen zu einem* Sûtra. Am bekanntesten sind die Vârttika Kâtjâjana's zu Pâṇini's Sûtra.

वार्त्तिककार m. 1) *Verfasser von* Vârttika. — 2) N. pr. eines Dichters Z. d. d. m. G. 36,557.

वार्त्तिककाशिका (?) f. Titel eines Werkes.

वार्त्तिककृत् m. = वार्त्तिककार.

वार्त्तिकतात्पर्यटीका f., °तात्पर्यपरिशुद्धि f., वार्त्तिकपाठ m. (Bühler, Rep. No. 315), वार्त्तिकयोजना f. und वार्त्तिकसारव्याख्या f. (Opp. Cat. 1) Titel von Werken.

*वार्त्तिकसूत्रिक Adj. *der die* Vârttika *und* Sûtra *studirt.*

वार्त्तिकाभरण n. Titel eines Commentars.

वार्त्तिकाख्य n. Name eines Sâman.

वार्त्तिकेन्द्र m. *Alchemist* Varâh. Jogaj. 5,4.

वार्त्रघ्न 1) Adj. (f. ई) *a) auf den Schläger des* Vṛtra *bezüglich, ihn betreffend* u. s. w. हविस् n. so v. a. *Siegesopfer.* — *b) das Wort* वृत्रहन् *enthaltend.* f. ई mit Ergänzung von अनुवाक्या Comm. zu Ǵaim. 3,1,23. Nom. abstr. वार्त्रघ्नता f. ebend. — 2) m. Patron. Arǵuna's, der für *einen Sohn* Indra's gilt. — 3) n. इन्द्रस्य वार्त्रघ्नम् und इन्द्रस्य संवर्ग (!) वार्त्रघ्नम् Namen von Sâman.

वार्त्रतुर n. Name eines Sâman.

वार्त्रहत्य 1) Adj. *zum Schlagen des* Vṛtra *dienend.* — 2) n. *das Schlagen des* Vṛtra.

वार्द m. *Regenwolke.*

*वार्दर n. 1) *die Beere des Abrus precatorius oder die Pflanze selbst.* — 2) *der Same der Mangifera indica.* — 3) *Seide.* — 4) *Wasser.* — 5) *eine nach rechts sich windende Muschel.* — 6) = वीर (वारि?). — Vgl. बादर 4).

*वार्दल 1) m. n. *a) ein trüber Tag, Regenwetter.* — *b) Dintenfass.* — 2) m. *Schwärze, Dinte.* — Vgl. Zach. Beitr.

1.*वार्दाली f. *eine best. Pflanze* Gaṇar. 300.

2.*वार्दाली Adv. प्राकाश्ये हिंसायां च Gaṇar. 97.

*वार्दालीवत् Adj. von 1. वार्दाली Gaṇar. 300.

*वार्द्ध m. Patron. von वृद्ध.

वार्द्धक 1) m. *ein alter Mann, Aeltester.* — 2) n. *a) vorgerücktes Alter, Greisenalter* Hem. Par. 2,381. वार्द्धकं धा *altern* Vikramâṅkak. 14,1. — *b) *das Treiben eines Alten, Gebrechlichkeit.* — *c) *eine Versammlung von Alten.*

वार्द्धकभाव m. *vorgerücktes Alter, Greisenalter* Pańkat. ed. Bomb. 1,103,20.

वार्द्धक्य n. dass.

वार्द्धक्षत्रि m. Patron. Ǵajadratha's.

वार्द्धक्षेमि m. Patron. von वृद्धक्षेम.

*वार्द्धायन m. Patron. von वार्द्ध. Auch fehlerhaft

für वर्धापन.

वार्द्धुष m. Wucherer.

वार्द्धुषि m. 1) dass. Vâsishṭha 2,40. 42. — 2) eine Schuld mit den aufgelaufenen Zinsen.

वार्द्धुषिक (Âpast. Vâsishṭha 2,41. Harshak. 147, 3) und वार्द्धुषिन् m. Wucherer.

वार्द्धुषी f. und वार्द्धुष्य n. Wucher.

वार्द्ध (Conj.) n. Greisenalter.

वार्धनी f. Wasserkrug Hem. Par. 2,213.

वार्धि m. 1) das Meer Vikramâṅkak. 11,39. Spr. 7770.

*वार्धिफेन n. Os sepiae Râǵan. 6,235.

*वार्धिभव n. und *वा[illegible] n. eine Art Salz Râǵan. 6,10[illegible]

वार्ध 1) *Adj. (f. ई) a) zu Riemen bestimmt, — geeignet. — b) aus Riemen bestehend. — 2) f. (ई) (*n.) Riemen.

*वार्धकठिनिक Adj. mit Tragriemen handelnd Kâç. zu P. 4,4,72.

वार्धाणस n. nach den Erklärern Nashorn, ein alter weisser Ziegenbock oder eine Kranichart TS. 5,5,20,1.

1. वार्धीणस (auch °नस) m. dass. Râǵan. 19,20. VP. 3,16,2.

2. वार्धीणस Adj. von 1. वार्धीणस Gaut.

वार्धीनस Adj. 1) etwa auf der Nase gestriemt; nach Mahidh. mit Zäpfchen am Halse versehen. — 2) m. = 1. वार्धीणस.

*वार्बट m. Schiff, Boot.

*वार्भट m. Krokodil.

*वार्मण n. eine Menge von Panzern.

*वार्मतेय Adj. aus Varmati gebürtig.

*वार्मतेयक Adj. gaṇa कच्छादि.

*वार्मिकायणि m. Patron. von वर्मिन्.

*वार्मिक्य n. Nom. abstr. von वर्मिक.

*वार्मिण n. eine Menge gepanzerter Männer.

वार्मुच् m. Regenwolke.

1. वार्य 1) Adj. zurückzuhalten, aufzuhalten, abzuhalten von (Abl. oder Instr.) Hem. Par. 2,121. — 2) m. Wall.

2. वार्य, वारित्र 1) Adj. a) zu wählen. — b) kostbar, werth. — 2) n. Kostbarkeit, Gut, Schatz.

3. *वार्य Adj. aquaticus.

4. वार्य m. wohl Patron. Ârsh. Br.

वार्यपन n. Wasserbehälter, Teich u. s. w.

वार्यवृत Adj. als Wahlgabe empfangen Kâṭh. Andere Texte वैरवृत.

वार्यामलक m. eine best. am Wasser wachsende Myrobalane.

*वार्युद्भव n. Lotusblüthe.

वार्युपजीविन् Adj. Subst. vom Wasser seinen Lebensunterhalt habend, Wasserträger, Fischer u. s. w.

वार्योकस् (wohl f.) Blutegel.

वार्राशि (!) m. das Meer.

*वार्वट m. = वार्बट.

*वार्वणा f. = वर्वणा.

*वार्वती f. Fluss.

वार्वाह m. Regenwolke Mahâvîrak. 137,2.

वार्श n. Name eines Sâman.

वार्श्चिक Adj. vom Scorpion kommend (Biss) Kâraka 6,23.

1. वार्ष Adj. (f. ई) zur Regenzeit gehörig u. s. w.

2. वार्ष 1) Adj. देवानां वार्षाणामार्षेयम् Name eines Sâman. Statt dessen liest Ârsh. Br. 1,479. 480. 487. 489 देवानां वर्षाणां वार्षयम्. — 2) n. a) *Nom. abstr. von वृष. — b) Name eines Sâman.

वार्षक n. Name eines der 10 Theile, in welche Sudjumna die Erde theilte.

वार्षकीप्रश्न m. Titel eines Werkes Opp. Cat. 1.

वार्षगण m. Patron. des Asita. Auch *Pl.

वार्षगणीपुत्र m. N. pr. eines Lehrers.

वार्षगण्य m. Patron. von वृषगण.

*वार्षद Adj. von वृषद्.

वार्षदंश Adj. aus Katzenhaar verfertigt.

वार्षधर n. Name zweier Sâman Ârsh. Br.

वार्षपर्वण 1) Adj. von Vṛshaparvan kommend Çiç. 13,50. — 2) f. ई f. Patron. der Çarmishṭhâ.

वार्षभ (Conj.) Adj. dem Stiere eigen.

वार्षभाणवी f. Patron. der Râdhâ.

वार्षल 1) Adj. einem Çûdra eigen. — 2) *n. die Beschäftigung —, der Stand eines Çûdra.

*वार्षलि m. der Sohn eines Çûdra-Weibes.

वार्षशतिक Adj. ein Leben von hundert Jahren verleihend Kauç. 10.

*वार्षसहस्रिक Adj. tausendjährig.

वार्षाकप Adj. von वृषाकपि.

वार्षागिर m. Patron. von वृषागिर्. Auch Pl.

वार्षायणि m. Patron. N. pr. eines Autors VP.[2] 2,113.

वार्षायणीपुत्र m. N. pr. eines Lehrers Ârsh. Br.

वार्षाहर n. Name verschiedener Sâman Ârsh. Br. Auch °हराद्य n. und °हरोत्तर n.

वार्षिक 1) Adj. (f. ई) a) pluvialis, zur Regenzeit gehörig u. s. w. — b) nur während der Regenzeit Wasser habend (Fluss). — c) *sich auf die Regenzeit verstehend, sich mit der Bestimmung derselben abgebend. — d) auf ein Jahr ausreichend. — e) ein Jahr während. — f) jährlich Gaut. — g) in Comp. mit einem Zahlwort so und so viele Jahre alt oder während. — 2) *f. (ई) n. Jasminum Sambac Mat. med. 190. Râǵan. 10,87. Dhanv. 5,79.

वार्षिकोदक Adj. (f. आ) nur während der Regenzeit Wasser habend (Fluss).

वार्षिक्य 1) Adj. jährlich. — 2) n. die Regenzeit.

*वार्षिला f. Hagel.

*वार्षुक Adj. regnend. Vgl. वर्षुक.

*वार्ष्ट Adj. von वृष्टि.

वार्ष्ण und वार्ष्ण m. Patron.

वार्ष्णि m. desgl. Pl. Njâjam. 6,7,15.

*वार्ष्णिक m. Patron. von वृष्णिक.

वार्ष्णिवृद्ध Adj. nach dem Comm. = वृष्णिवृद्धेषु ज्ञातः.

1. वार्ष्णेय 1) m. a) Patron. verschiedener Männer, auch Kṛshṇa's. Pl. das von Vṛshṇi abstammende Geschlecht, — Volk. — b) N. pr. des Wagenlenkers Nala's. — 2) f. ई f. zu 1) a).

2. वार्ष्णेय Adj. zu Kṛshṇa in Beziehung stehend, ihn betreffend.

वार्ष्ण्य m. Patron. von वृष्णि.

वार्ष्म m. Patron. v. l. für वार्ष्ण Çat. Br. 14,6, 10,8 in der Kâṇva-Rec.

वार्ष्मण Adj. zu oberst befindlich.

वार्ष्यायणि m. Patron. N. pr. eines Grammatikers und einer Autorität in Rechtssachen (Âpast.).

वार्ष्यायणीय Adj. von वार्ष्यायणि Âpast.

1. वाल 1) m. a) Schweifhaar, Rosshaar, Schweif; Borste (118,9), Haar überh. Am Ende eines adj. Comp. *f. आ. — b) Haarsieb. — 2) (*m. n.) eine Art Andropogon. — 3) f. वाला a) *Cocosnuss. — b) *eine Art Jasmin. — c) *Pavonia odorata Mat. med. 123. — d) * = शिफा. — e) N. pr. einer Joginî (Hexe) Hemâdri 2,a,94,6. 7. — 4) f. वाली a) Pfosten Anupadas. 3,2. = मेधि H. an. nach Zach. Beitr. 84. — b) *eine Art Schmuck. — c) *Höhle H. an. nach Zach. Beitr. 84.

2. *वाल n. angeblich so v. a. पर्वन्.

वालक 1) *m. Schweif eines Pferdes oder Elephanten. — 2) m. n. a) eine Art Andropogon Râǵan. 10,170. Bhâvapr. 1,190. Viddh. 83,4. *m. — b) *Armband. — 3) *m. f. (°लिका Siegelring Comm. zu Harshak. ed. Bomb. 430,11) n. Fingerring. — 4) *f. °लिका a) Sand. — b) eine Art Ohrschmuck. — c) das Rauschen der Blätter.

वालखिल्य 1) Adj. (f. आ) मन्त्रास् oder सूक्तस् heissen die in der RV.-Saṁhitâ nach 8,48 aufgenommene 11 (oder 6, nach Sâj. 8) Lieder. Dieser Abschnitt wird in den Hdschrr. als Subst. n. bezeichnet; sonst kommt auch der Pl. °ल्यास् und °ल्यासंहिता f. vor. — 2) m. Pl. Bez. gewisser daumengrosser Ṛshi, die in Beziehung zur Sonne zu stehen scheinen. वालखिल्यै॒म् Taitt. Âr. 1, 23,3. — 3) f. वाँलखिल्या Bez. *gewisser Backsteine*.

वालखिल्यक Adj. (f. ञ्रा) = वालखिल्य 1).

वालखिल्यग्रन्थ m. Titel eines Werkes Opp. Cat. 1.

वालखिल्यशस्त्र n. desgl. Burnell, T.

वालखिल्याश्रम m. N. pr. einer *Einsiedelei*.

वालखिल्येश्वरतीर्थ n. N. pr. eines Tîrtha.

वालन्न Adj. *hären* MBh. 13,94,1. = नृकेशन्न Nîlak.

वालदा॒मन् n. *Haarseil* Çat. Br. 5,3,4,10. Kâtj. Çr. 15,3,30.

वालधा॒न n. *Schweif, Schwanz*.

वालधि m. 1) dass. — 2) N. pr. eines Muni. बालधि geschr. in dieser Bed.

वालन Adj. zu 1. वलन 2).

*वालपाश्या f. *eine Perlenschnur*, *mit der das Haar gebunden wird*.

*वालपुत्र m. *Schnurrbart* Gal.

वालप्रिय 1) Adj. *seinen Schweif lieb habend*. Nom. abstr. °त्व n. Spr. 5825. — 2) *m. *Bos grunniens* Râǵan. 19,29.

वालबन्ध m. 1) *Schwanzriemen*. — 2) Bez. *einer best. Handlung* Verz. d. Cambr. H. 63.

वालबन्धन n. *Schwanzriemen*.

वालभिद् in महा°.

वालमय Adj. *hären* Comm. zu Kâtj. Çr. 15,3, 30. TS. Comm. 2,201,18.

वालमात्रै n. *die Dicke eines Haares* Çat. Br. 8, 3,4,1.

वालमूलक s. बालमूलक.

*वालम्मद्देश m. N. pr. einer *Gegend*.

वालव (wohl n.) *ein best*. Karaṇa; s. 2. करण 4) *n*).

वालवर्ति f. *Haarbäuschchen*.

*वालवाय m. 1) *Haarweber*. — 2) N. pr. eines Berges.

वालवायन्न n. *Katzenauge* (eine Steinart) Râǵan. 13,192. Çiç. 13,58.

वालवासस् n. *ein härenes Gewand*.

वालव्यजन n. (adj. Comp. f. ञ्रा) *ein Fliegenwedel aus Schweifhaaren*, insbes. *aus denen des Bos grunniens* 162,30.

वालव्यजनी Adv. mit भू *zu einem Fliegenwedel werden*.

वालव्यञ्जन fehlerhaft für °व्यजन.

*वालहस्त m. *Schweif, Schwanz*.

*वालात्ती f. *eine best. Pflanze*.

1. वालाग्र n. *die Spitze eines Haares*. Als *Maass* = 8 Ragas = 64 Paramâṇu.

2. वालाग्र 1) Adj. *eine haarfeine Spitze habend*. — 2) *n. *eine Art Taubenschlag*; vgl. बालाग्र.

*वालाग्रपोतिका f. *eine Art Lusthäuschen in einem Teiche*.

वालावितु m. N. pr. eines Mannes.

वालि m. N. pr. 1) eines Muni. — 2) eines Affen, = वालिन् R. 7,34,23.

वालिक m. Pl. N. pr. eines Volkes. — वालिका f. s. u. वालक.

*वालिकाज्य m. gaṇa भौरिक्यादि.

*वालिकाज्यविध Adj. *von* Vâlikâǵja *bewohnt*.

*वालिकायन Adj. von वलिक.

वालिखिल्य fehlerhaft für वालखिल्य.

वालिखिल्ल m. N. pr. eines Sohnes des Draviḍa.

वालिन् 1) *Adj. *a) geschwänzt* oder *haarreich*. — *b) ein Haar habend*, so v. a. *desselben bedürfend* (in einer Etymologie). — 2) m. N. pr. *a)* eines Daitja. — *b)* eines Affen, Bruders des Sugrîva und Sohnes des Indra. — 3) *f. °नी *das Mondhaus* Açvinî.

वालिशिख m. N. pr. eines Schlangendämons.

वाली f. in खलेवाली und सिनीवाली॑. Vgl. auch u. 1. वाल.

*वालु m. = एलवालु.

वालुक 1) Adj. *a) aus Sand gemacht*. — *b)* **sandhaltig, sandartig*. — 2) *m. *ein best. Gift*. — 3) *f. ई *a) Sandbank*. — *b) Kampfer*. — *c) Cucumis utilissimus* Râǵan. 7,214. — 4) *n. = एलवालुक, हरिवालुक Râǵan. 4,126.

वालुका f. Sg. und Pl. (gewöhnlich) *Sand* Râǵan. 13,139. — MBh. 13,5491 scheinbar *eine best. Hölle*; es ist aber घोरवालुकं zu lesen.

*वालुकागड m. *ein best. Fisch*.

वालुकाचैत्यक्रीडा f. *ein best. Kinderspiel, das Bauen von* Ḱaitja *aus Sand* Hem. Par. 1,334.

*वालुकात्मिका f. *Sandzucker*.

वालुकात्व n. *das Sandsein*, so v. a. *Nichtigkeit* Kautukas.

*वालुकाप्रभा f. *eine best. Hölle bei den* Ǵaina.

वालुकाब्धि m. *Sandmeer, Sandwüste* Vikramâṅkaḱ. 18,57.

वालुकामय Adj. (f. ई) *aus Sand bestehend* oder *gemacht* Bhâvapr. 2,86. Hemâdri 1,795,2.

वालुकाम्बुधि m. *Sandmeer, Sandwüste*.

वालुकाम्भस् N. pr. eines Meeres oder Sees.

वालुकायन्त्र n. *Sandbad* Mat. med. 25. Bhâvapr. 2,86.

वालुकार्णव m. *Sandmeer, Sandwüste*.

वालुकि oder °न् m. N. pr. eines Lehrers.

वालुकेल n. *eine Art Salz*.

वालुकेश्वरतीर्थ n. N. pr. eines Tîrtha.

वालुङ्क 1) (wohl n.) *eine Art Gurke* Hem. Par. 12,117. — 2) *f. ई *Cucumis utilissimus*.

*वालूक m. *ein best. Gift*.

वालेय m. Patron. s. बालेय.

वालेयपथक N. pr. einer Oertlichkeit Ind. Antiq. 6,203.

वाल्क 1) Adj. *aus Bast gemacht*. — 2) n. *Zeug —, ein Gewand von Bast*.

*वाल्कल 1) Adj. = वाल्क 1). — 2) f. ई *ein best. berauschendes Getränk*.

*वाल्गव्य m. Patron. von वल्गु.

*वाल्गुक Adj. (f. ई) *recht zierlich* u. s. w.

वाल्गुद m. *eine Art Fledermaus* Vishṇus. 44,30. Vgl. वागुद u. s. w.

*वाल्मिकि m. v. l. für वाल्मीकि. Wohl nur fehlerhaft.

*वाल्मिकीय Adj. von वाल्मिकि.

वाल्मीक 1) Adj. *von* Vâlmîki *verfasst*. — 2) m. N. pr. = वाल्मीकि 2).

वाल्मीकभौम n. *Ameisenhaufen*. v. l. वल्मीक°.

वाल्मीकि m. N. pr. 1) eines der Söhne Garuḍa's. — 2) eines alten Ṛshi, eines Grammatikers und eines Dichters, Verfassers des Râmâjaṇa u. s. w.

वाल्मीकिचरित्र n., वाल्मीकिसूत्र n. und वाल्मीकिहृदय n. Titel von Werken Opp. Cat. 1.

वाल्मीकीय Adj. *zu* Vâlmîki *in Beziehung stehend, von ihm verfasst* u. s. w.

वाल्मीकेश्वर n. und °तीर्थ n. N. pr. eines Tîrtha.

वाल्लभ्य m. 1) *das Beliebtsein, in Gunst Stehen*. — 2) *Zärtlichkeit*.

*वाल्वङ्गिरि m. *Cucumis utilissimus*.

वाँवै॑ Indecl. bekräftigend und dem Worte nachgesetzt, auf welches der Nachdruck fällt: *gewiss, gerade, eben*. ह वाँवै॑, खलु वाँवै॑, ह खलु वाँवै॑ (TBr. 1,2,2,5), उ ह वाव, ह त्वाँवै॑ (s. dieses). Nur in TS., in den Brâhmaṇa, in den Upanishad und in Bhâg. P.

वावदूक 1) Adj. *sehr beredt, geschwätzig, streitsüchtig*. Nom. abstr. °त्व n. *Beredsamkeit*. — 2) *m. N. pr. eines Mannes.

*वावदूक्य m. Patron. von वावदूक.

*वावय m. *eine Art Basilienkraut*.

वावर m. *ein best*. Paṅkarâtra Âçv. Çr. 10,2,27.

वावर्त्, वावर्त्यते *wählen*. Nur वावृत्यमान Bhatt.

*वावृत्त *gewählt*.

*वावल (?) m. *eine best. Pflanze*.

*वावछ m. *eine Art Pfeil.*

वा॑वहि Adj. *trefflich führend.*

वावा॑त 1) Adj. (f. ग्रा) *geliebt, Liebling.* — 2) f. ग्रा *Favoritin*, nach den Comm. *diejenige Gattin eines Fürsten, welche der* महिषी *nachsteht, aber der* परिवृक्ती *vorangeht*, Vaitân.

वावा॑तर् Nom. ag. *der Anhängliche, Getreue.* Padap. ववा॑तर्.

*वावुट m. *Schiff.*

वावृद्ध (?) m. Pl. v. l. für वाचावृद्ध.

वावृ॑धध्यै Dat. Infin. perf. zu 1. वध् ṚV. 1,61,3. 122,2. 6,67,1. 10,99,1. Padap. ववृ॑धध्यै.

(वावृधेन्य) वावृ॑धेनिग्र Adj. *zu ergötzen, zu begeistern* ṚV. 8,24,18. Padap. ववृ॑धेन्य.

वाश्, वा॑शति, वाशते, वा॑श्यते, वाश्यति; *blöken, brüllen, krächzen, ächzen, erdrönen.* Pâr. Gṛhj. 3, 4,4 (von Vögeln). MBh. 8,37,4 (von der Erde). — — Caus. वाशयति *blöken* —, *krächzen* —, *drönen* —, *donnern machen;* Med. *sich laut hören lassen.* — Intens. (वावश्यते, ग्रवावशत्, वा॑वशती) *laut heulen*, — *krächzen*, — *erschallen* ṚV. 4,50,5. 9, 19,4. 66,11. MBh. 12,14,6. — Mit ग्रनु *ein Gebrüll u. s. w. erwiedern, einem Andern* (Acc.) *mit Gebrüll u. s. w. antworten.* ग्रनुवाशित mit pass. Bed. — Mit प्रत्यनु dass. °वाशित mit pass. Bed. — Mit ग्रभि *blökend u. s. w. begrüssen, anbrüllen u. s. w.* — Intens. (ग्रभि॑ — ग्रवावशन्त) dass. ṚV. 9,90,2. — Mit उद् *wehklagend anrufen* Bhaṭṭ. — Mit नि in निवा॑श. — Mit प्र *ein Gekrächz erheben.* — Mit प्रति *Jmd* (Acc.) *zublöken, zukrächzen.* — Intens. (प्रति॑ — वावशत्) dass. ṚV. 7,75,7. — Mit सम् *zusammen blöken u. s. w.* — Caus. *zusammen blöken lassen.* — Intens. (सम् — ग्रवावशन्त, स॑मवावशीताम्) *zusammen blöken u. s. w.* ṚV. 1,62,3. 181,4.

1. वाश॑ Adj. etwa *rauschend.*

2. वा॑श Adj. wohl dass. Nur f. (ग्रा und ई) Pl. als Bez. von Wasser. — वा॑शी s. auch bes.

3. वाश 1) m. Patron. von वश. — 2) n. Name verschiedener Sâman Ârsh. Br.

1. वाशक Adj. *krächzend.*

2. वाशक (*m.) f. (°शिका) *Gendarussa vulgaris* Bhâvapr. 1,203.

वाशन 1) Adj. *krächzend, zwitschernd u. s. w.* — 2) *m. संज्ञायाम्. — 3) n. *das Blöken.*

*वाशव m. = वासव.

*वाशि m. *Feuer.*

1. वाशित n. *Geheul, Gekrächz u. s. w.* Comm. zu TBr. 1,1,9,9 nimmt im Text वाशिता॑नि (= क्रि-क्रिटादिशब्दजातानि) ग्राविच्छार्यति an, während वाशिता॑ न्यावि° zu trennen ist.

2.*वाशित = वासित (von वासय्).

वाशिता॑ f. 1) *eine rindernde Kuh.* Auch von den weiblichen Thieren, die nach dem Männchen verlangen, insbes. von der *Elephantenkuh, Elephantenkuh* überh. वासितागृष्टय: (vgl. P. 2,1,65) MBh. 11,23,8. वासिता: करिण्य: । गृष्टय: सकृत्प्रसूता: Nîlak. — 2) *Weib, Gattin* überh. — Im AV., im Epos und später stets वासिता geschrieben.

वाशिन् Adj. *heulend, krächzend u. s. w.*

वाशिष्ठ fehlerhafte Schreibart für वासिष्ठ.

वा॑शी f. 1) *ein spitzes Messer*, insbes. *zum Schnitzen.* Auch *Axt*, im Pâli *Scheermesser.* Wird im AV. und bisweilen auch in den Bomb. Ausgg. वासी geschrieben. — 2) **Stimme, Ton.*

वा॑शीमन्त् Adj. *ein Messer tragend.*

वाश्र॑ 1) Adj. (f. ग्रा॑) *blökend, brüllend; drönend; klingend, pfeifend.* Compar. वाश्रतर. — 2) *m. *Tag.* — 3) f. ग्रा॑ *eine blökende Kuh, Kuh* überh. Auch वास्रा geschrieben. — 4) *n. a) *Haus, Wohnung.* — b) *Kreuzweg.*

वाष्टका f. N. pr. eines Dorfes.

1. वास्, nur नित्रासते etwa *hält Stand* ṚV. 10,37,3.

2. वास् fehlerhaft für वाश्.

3. वास्, वासयति s. वासय्.

1. वास m. *Gewand, Kleid.* Metrisch für वासस्. Kathâs. 3,71 ist वासस्पलक्षकम् zu schreiben.

2. वास॑ m. (n. verdächtig) 1) *das Haltmachen*, insbes. *für die Nacht, Uebernachten; das Verweilen, Aufenthalt*, — *in* (Loc. oder im Comp. vorangehend); *Aufenthaltsort, Wohnstätte, Wohnung, Stätte.* वासं वस् *sich niederlassen, sich aufhalten, wohnen, leben.* Am Ende eines adj. Comp. *seinen Aufenthalt habend* —, *wohnend in.* — 2) *Tagereise.* — 3) *Lage, Verhältniss.* — 4) = वासना *Vorstellung, falscher Schein.*

3. वास m. *Wohlgeruch* Karaka 6,12.

*वास:कुटी f. *Zelt.*

वास:खण्ड n. *Lappen* 184,29.

वास:पल्पूली m. *Kleiderwäscher.*

1. वासक am Ende eines adj. Comp. = 1. वास.

2. वासक 1) am Ende eines adj. Comp. = 2. वास *Aufenthaltsort, Wohnung* Jâǵń. 2,266. — 2) n. *Schlafgemach.* Am Ende eines adj. Comp. f. ग्रा.

3. वासक 1) m. = 3. वास *Wohlgeruch.* — 2) m. f. (वासिका und *वासका) *Gendarussa vulgaris* Râǵan. 4,47. Nach Mat. med. 214 *Adhadota Vasica.*

4. वासक m. *eine Art* धुवक (musik.).

5. वासक m. N. pr. 1) eines Schlangendämons MBh. ed. Vardh. 1,57,17. — 2) Pl. eines Volkes.

*वासकर्णी f. *Opferhalle.*

वासकसज्जा und °सज्जिका f. Bez. *einer Geliebten, die zum Empfange des Geliebten Alles in Bereitschaft gesetzt hat.*

वासगृह (Harshaḱ. 115,11) n. (adj. Comp. f. ग्रा) und वासगेह n. *Schlafgemach.*

*वासत m. 1) *Esel.* — 2) *Terminalia Bellerica.*

वासताम्बूल n. *mit aromatischen Stoffen versehener Betel.*

वासतीवर Adj. von वसतीवरी Bṛhadd. 5, 30. Sâj. zu ṚV. 7,33,11. 13.

वा॑सतेय 1) Adj. a) *zum Obdach berechtigt* AV. — b) *Obdach gewährend.* — 2) f. वासतेयी *Nacht* Harshaḱ. (ed. Bomb.) 327,3 (वासनेयी gedr.).

वासधूपि m. Patron. Auch Pl.

1. वासन 1) *Gewand, Kleid.* — 2) *Kästchen, Cassette, Dose.*

2. वासन 1) n. a) *das Wohnenlassen* Bâlar. 24,3. — b) **Wohnort.* — c) **Wasserbehälter.* — d) = ज्ञान. — 2) f. ग्रा a) *das Denken an, das Verlangen nach* (Loc.) 134,1. — b) *der vom Geiste empfangene und darin bleibende Eindruck* (Kap. 2, 3. 5,119), — *von* (im Comp. vorangehend), *Vorstellung, Idee.* Am Ende eines adj. Comp. वासन und Nom. abstr. वासनत्व n. — c) *eine falsche Vorstellung.* भेद° *die f. V., dass es eine Verschiedenheit gebe.* — d) bei den Mathematikern *Beweis.* — e) *ein best. Metrum.* — f) Bein. der Durgâ. — g) Titel von Bhâskara's Bemerkungen zum Çiromaṇi. °भाष्य n. und °वार्त्तिक n. — h) N. pr. der Gattin Arka's.

3.*वासन Adj. von वसन.

4.*वासन n. und *°ना f. *das Parfumiren.*

वासनामय Adj. *in Vorstellungen bestehend, auf V. beruhend, in Eindrücken von* (im Comp. vorangehend) *bestehend.* Nom. abstr. °त्व n. 266,12.

वासनीय Adj. *nur durch angestrengtes Nachdenken verständlich.*

वासन्त॑ 1) Adj. (f. ई॑) a) *vernus.* — b) * = ग्रवहित oder विहित. — 2) *m. a) *Phaseolus Mungo* oder *eine schwarze Varietät dieser Bohnenart* Râǵan. 16, 38. — b) *Kamel.* — c) *der indische Kuckuck* Râǵan. 19,109. — d) *der vom* Malaja *blasende Wind im Frühling.* — e) *ein leichtsinniger Geselle.* — 3) f. वासन्ती a) Bez. verschiedener Pflanzen. Nach den Lexicographen *Gaertnera racemosa, eine Art Jasmin, Bignonia suaveolens,* = प्रहसन्ती u. s. w. — b) * *das Frühlingsfest am Vollmondstage im Monat* Kaitra. — c) *ein best. Metrum.* — d) *eine best.* Râgiṇî S. S. S. 65. — e) N. pr. α) einer Waldgöttin. — β) *einer Tochter des Fürsten Bhûmiçukla. — वासन्त

Hem. Jog. 4,110 fehlerhaft für वासित (von वासय्).

वासन्तक 1) *Adj. *vernus.* — 2) f. °न्तिका *a*) *Gaertnera racemosa* Pańkad. — *b*) Titel eines Schauspiels des Râmakandra. — *c*) N. pr. einer Waldgöttin.

वासन्तिक 1) Adj. (f. ई) *a*) *vernus.* — *b*) * = वसन्तमधीते वेद वा. — 2) m. *a*) *Frühlingsfest* Âpast. — *b*) * *der Spassmacher im Drama.*

वासन्तिकापरिणाय Titel eines Schauspiels Opp. Cat. 1.

वासपर्यय m. *Wechsel des Wohnortes.*

*वासपुष्पा f. *Gartenkresse* Bhâvapr. 1,167.

वासपुष्पि m. Patron. Auch Pl.

वासप्रासाद m. *Palast.*

वासभवन n. *Schlafgemach* Kâd. 76,2.

वासभूमि f. *Wohnort* Comm. zu Âpast. Çr. 5,4,8.

वासमुल्लि (wohl °मूल्लि) m. Patron. Nur Pl.

1. वासय्, °यति Caus. von 2. 3. und 5. वस्.

2. वासय्, °यति, °यते (metrisch) 1) *mit Wohlgeruch erfüllen, wohlriechend machen* Karaka 6,19. — 2) वासित *a*) *parfumirt.* लिप्त° *gesalbt und parfumirt* Bhatt. — *b*) am Ende eines Comp. *übergossen mit,* so v. a. *afficirt von, gefärbt mit.* — Mit अधि 1) *mit Wohlgeruch erfüllen, wohlriechend machen.* अधिवासित *wohlriechend gemacht.* — 2) *einweihen.* अधिवासित *geweiht* Ind. St. 15,359. fg. — 3) अधिवासित *afficirt von, gefärbt mit* (Instr. oder im Comp. vorangehend) Hem. Par. 1,456. — Mit अनु 1) *mit Wohlgeruch erfüllen, wohlriechend machen.* अनुवासित *wohlriechend gemacht.* — 2) *mit einer wohlriechenden öligen Einspritzung* (Instr.) *versehen* Karaka 4,8. अनुवासित *der ein solches Klystier erhalten hat.* — Mit अभि, °वासित *wohlriechend gemacht* MBh. 12,6349. Richtig v. l. अधिवासित. — Mit आ *mit Wohlgeruch erfüllen.* — Mit समा *Jmd gewinnen, einnehmen* Kâd. 227,20 (374,10). — Mit सम्, संवासित *stinkend gemacht.*

वासयष्टि f. *ein mit Querhölzern versehener aufrecht stehender Pfahl als Nachtquartier von zahmen Tauben.*

1. वासयितर् Nom. ag. als Erklärung von वसुक wohl *Bekleider* Comm. zu TS. 3,5,2,5 (वासवितर् fehlerhaft Comm. zu Tâṇḍja-Br. 1,10,11). Als Erklärung von वसु Sâj. zu ṚV. 1,165,1.

2. वासयितर् Nom. ag. etwa *Erhalter.*

वासयितव्य Adj. *zu beherbergen.*

*वासयोग m. *ein aus dem Gemisch verschiedener Stoffe zubereitetes wohlriechendes Pulver.*

वासरॅ 1) Adj. (f. ई) *früh erscheinend, morgendlich.* — 2) m. n. *a*) *Tag* im Gegensatz zur *Nacht* (m. 249,27), *Tag* überh. (m. 176,13), *Wochentag.* — *b*) *Tag,* so v. a. *Reihe.* *n. — 3) *m. N. pr. eines Schlangendämons. — 4) f. वासरी *Tagesgottheit.*

*वासरकन्यका f. *Nacht.*

*वासरकृत् m. *die Sonne.*

वासरकृत्य n. *Tagesverrichtung, die täglich zu einer best. Zeit zu verrichtende Ceremonie.*

वासरमणि m. *die Sonne.*

वासरसङ्ग m. *Tagesanbruch.*

*वासरा f. H. an. 3,601 fehlerhaft für वासुरा.

वासराधीश m. *die Sonne.*

वासरेश m. 1) dass. — 2) *der Herr* (Planet) *eines Wochentages.*

1. वासवॅ 1) Adj. (f. ई) *a*) *von den* Vasu *stammend, zu ihnen gehörig* u. s. w. — *b*) *vom König* Vasu *kommend, ihm gehörig.* — *c*) * *das Wort* वसु *enthaltend.* — 2) m. *a*) Bez. Indra's, *des Hauptes der* Vasu. — *b*) *ein Sohn des Fürsten* Vasu. — *c*) इन्द्रस्य वासवः Name eines Sâman. — *d*) N. pr. eines Dichters. — 3) m. n. *das unter den* Vasu *stehende Mondhaus* Dhanishṭhâ. — 4) f. वासवी Patron. der Mutter Vjâsa's, deren Mutter den Samen des Fürsten Vasu verschluckt hatte. — 5) n. Name eines Sâman.

2. वासव 1) Adj. (f. ई) Indra *gehörig.* दिश् f. so v. a. *Osten* Kâd. 180,15. — 2) f. ई *a*) Indra's *Energie.* — *b*) *Osten* Kâd. 2,142,6.

वासवचाप *Regenbogen* Vikramâṅkak. 13,27.

वासवज m. Patron. Arǵuna's.

वासवदत्त 1) *m. N. pr. eines Mannes. — 2) f. आ *a*) ein häufig vorkommender Frauenname. — *b*) *eine über* Vâsavadattâ *handelnde Erzählung;* auch Titel eines best. Romans von Subandhu.

*वासवदत्तिक Adj. *mit der Erzählung von der* Vâsavadattâ *vertraut, sie studirend.*

*वासवदत्तेय m. Metron. von वासदत्ता.

वासवदिश् f. *Osten.*

*वासवावरज m. Bein. Vishṇu's.

*वासवावास m. Indra's *Wohnstatt, der Himmel.*

वासवाशा f. *Osten* Çiç. 11,16.

वासवि m. Patron. 1) Arǵuna's. — 2) des Affen Vâlin.

वासवितर् Comm. zu Tâṇḍja-Br. 1,10,11 fehlerhaft für 1. वासयितर्.

वासवेय 1) *Adj. von 1. वासव. — 2) m. Metron. Vjâsa's.

वासवेश्मन् n. *Schlafgemach.*

वासवेश्वरतीर्थ n. N. pr. eines Tîrtha.

वासःशतॅ n. *hundert Gewänder* Çat. Br. 13,4,2,15.

1. वॅासस् n. 1) *Gewand, Hülle, Kleid, Tuch, Zeug.* Du. *ein Ober- und Untergewand.* *मर्कटस्य *Spinngewebe.* — 2) *das Kleid eines Pfeiles,* so v. a. *die Federn am Pfeile.* Nur am Ende eines adj. Comp. — 3) समुद्रस्य वाससी Name zweier Sâman Ârsh. Br.

2. वासस् n. *Nachtlager.*

*वाससज्जा f. = वासकसज्जा.

वासस्तेवि (!) m. Patron. Nur Pl.

वासा f. *Gendarussa vulgaris* Râǵan. 4,47. Bhâvapr. 1,203. Karaka 6,5. Vgl. 3. वासक 2).

वासाखण्डकुष्माण्डक m. *eine best. Mixtur* Mat. med. 168.

वासागार n. *Schlafgemach* Hem. Par. 2,164. Vâsav. 48,3. 168,3. 4.

*वासात (Pat. zu P. 4,2,52, Vârtt. 2) und *°क Adj. *von den* Vasâti *bewohnt.*

वॅासात्य 1) Adj. *dämmerig, der Morgendämmerung angehörig.* — 2) m. Pl. N. pr. eines Volkes.

वासाभृत् Z. f. d. K. d. M. 4,342 fehlerhaft für वासिभृत्.

वासायनिक Adj. *wohl von Haus zu Haus gehend, Besuche machend.*

वासाश्व m. N. pr. fehlerhaft für वध्यश्व.

*वासि f. = वाशी 1).

वासिक in कषाय°, त्रप° und वन°. वासिका f. s. u. 3. वासक.

वासित 1) Adj. s. u. Caus. von 3. und 5. वस् und u. वासय्. — 2) f. आ s. u. वाशिता. — 3) *n. = ज्ञानमात्र. — *b*) = 2. वाशित.

1. °वासिन् Adj. *gekleidet, — in.*

2. वासिन् Adj. *verweilend —, sich aufhaltend —, wohnend —, lebend in, unter, als, in bestimmter Weise, so und so lange bleibend, — bestehend;* die Ergänzung geht in der Regel im Comp. voran.

3. *वासिन् 1) Adj. *schön duftend.* — 2) f. °नी *eine weiss blühende Barleria.*

4. °वासिन् Adj. ungenaue Schreibart für °वाशिन्.

*वासिनायनि m. Patron. von वासिन्.

*वासिल 1) Adj. von वास. — 2) m. Hypokoristikon von वासिष्ठ.

*वासिष्ट n. *Blut.* Richtig वासिष्ठ.

वासिष्ठॅ 1) Adj. (f. ई) *von* Vasishṭha *stammend, von ihm verfasst, ihn betreffend, zu ihm in Beziehung stehend.* शत n. *die hundert Söhne* Vasishṭha's. — 2) m. Patron. von वसिष्ठ. Pl. Gaim. 6,6,24. — 3) f. ई *a*) *f. zu 2). — *b*) N. pr. eines Flusses. — 4) n. *a*) Name verschiedener Sâman. — *b*) Titel eines Werkes. — *c*) * *Blut.* — *d*) N. pr. eines Tîrtha.

वासिष्ठतात्पर्यप्रकाश m., वासिष्ठरामायण n., वासिष्ठलैङ्ग n. (Burnell, T.), वासिष्ठलैङ्ग्य n. (Opp.

Cat. 1.), वासिष्ठविवरण n. (Burnell, T.), वासिष्ठसार, वासिष्ठसिद्धान्त m. (Burnell, T.), वासिष्ठसूत्र n. und वासिष्ठस्मृति f. (Burnell, T.) Titel von Werken.

*वासिष्ठायनि Adj von वसिष्ठ.

*वासिष्ठिक Adj. desgl.

वासिष्ठोत्तररामायण n. Titel eines Werkes Opp. Cat. 1.

वासी s. u. वाँशी 1).

वासीफल n. *eine best. Frucht.*

वासु m. ein Name Vishṇu's. Beruht auf einer künstlichen Erklärung von वासुदेव.

वासुक 1) *Adj. von वसु. — 2) f. ई N. pr. einer Frau Hem. Par. 1,306.

वासुकि m. N. pr. 1) eines Genius Gobh. 4,7,41. — 2) eines Fürsten der Schlangen. — 3) eines Autors Kumârasv. zu Pratâpar. 239,27. — 4) verschiedener anderer Männer.

*वासुकेय m. = वासुकि 2). °स्वसर् f. Bez. der Göttin Manasâ.

वासुक्र Adj. *von* Vasukra *verfasst* Ait. Âr. 37,3.

1. वासुदेव m. 1) Patron. von वसुदेव, Bez. eines Fürsten der Puṇḍra, insbes. aber Kṛshṇa-Vishṇu's. *Die Gaina nehmen neun schwarze Vâsudeva an. Am Ende eines adj. Comp. f. आ. — 2) **Pferd.* — 3) N. pr. verschiedener Fürsten und Gelehrten.

2. वासुदेव 1) Adj. (f. ई) *a) zu* Vâsudeva (*dem Gotte*) *in Beziehung stehend. — b) von einem* Vâsudeva *verfasst.* — 2) *f. ई *Asparagus racemosus* Râgan. 4,121. — 3) n. Titel einer Upanishad.

वासुदेवक m. 1) metrisch = वासुदेव (Kṛshṇa-Vishṇu) Agni-P. 42,25. — 2) **ein Verehrer des* Vâsudeva. — 3) *ein winziger* Vâsudeva, *Einer, der dem Patron.* Vâsudeva *Unehre macht.* — 4) im Prâkrit *ein zweiter* Vâsudeva.

वासुदेवपूजा f. Titel eines Werkes Burnell, T.

वासुदेवप्रिय m. Bein. Kârttikeja's.

*वासुदेवप्रियंकरी f. *Asparagus racemosus.*

वासुदेवमनन n. Titel eines Werkes Opp. Cat. 1.

वासुदेवमय Adj. *im Gotte* Vâsudeva *bestehend, ihn darstellend* Agni-P. 37,12.

*वासुदेववर्गिण und *°वर्ग्य Adj. *zu* Vâsudeva's *Partei sich haltend.*

वासुदेवविजय m. (Opp. Cat. 1.), वासुदेवस्तोत्र n. (Burnell, T.), वासुदेवानुभव m. und वासुदेवोपनिषद् f. (Opp. Cat. 1) Titel von Werken.

वासुंधरेय Metron. 1) m. Naraka's Bâlar. 65,11. — 2) f. ई der Sitâ Bâlar. 288,11.

वासुपुर n. N. pr. einer *Stadt.*

*वासुपूज्य m. N. pr. eines Arhant der Gaina.

वासुभ N. pr. einer Oertlichkeit Ind. St. 14,139.

*वासुभद्र m. Bein. Kṛshṇa's.

*वासुमत Adj. *das Wort* वसुमत् *enthaltend.*

वासुमन्द n. Name zweier Sâman Ârsh. Br.

*वासुरा f. = वासिता (वाशिता), रात्रि und भू.

वासुरायणीय (!) m. Pl. *eine best. Schule.*

वासू f. *Mädchen.*

वासोद und °दा Adj. *ein Gewand schenkend.*

वासोभृत् 1) Adj. am Ende eines Comp. *ein — Kleid tragend.* — 2) *Hüfte.*

वासोवाय Adj. *ein Gewand webend.*

*वासौकस् n. *Schlafgemach.*

वास्तव Adj. (f. ई) *wirklich, wahr, real* Kap. 2,5. अर्थ m. nach Aufrecht *der wahre, zunächstliegende Sinn* Vigajagaṇi zu Damajantik. Derselbe gebraucht वास्तवे auch substantivisch in der Bed. von वस्तुतस्. Nom. abstr. °त्व n.

वास्तविक 1) Adj. = वास्तव. — 2) m. *a) ein Realist* Vâsav. 134,1. — *b) Gärtner* ebend.

*वास्तवोषा f. *Nacht.* Richtig वासुरा und उषा.

वास्तव्य Adj. 1) *auf dem Platze bleibend, verlassen* (*als werthloser Abfall*). — 2) Beiw. Rudra's, *weil ihm die Reste des Opfers gehören.* — 3) *irgendwo ansässig;* m. *Einwohner.* — Wird auch durch लौकिक und गृहभुवि भवः erklärt. Pankat. III, 236 fehlerhaft für वस्तव्य.

वास्तु 1) m. (nur Bhâg. P.) und n. *Stätte, Hofstatt* (*Platz des Hauses und zugehöriger Raum*), *heimatliche Flur, Haus; Gemach.* — 2) m. N. pr. *a)* eines der 8 Vasu. — *b)* eines Râkshasa. — 3) (wohl f.) N. pr. eines Flusses. — 4) *n. *Chenopodium.* Nach dem Comm. zu Âpast. Çr. 9,14,11 *eine Art Getraide;* vgl. वास्तुमय.

वास्तुक 1) Adj. *auf dem Opferplatz als werthloser Abfall liegen geblieben.* — 2) m. n. (*Hofunkraut*) *Melde, Chenopodium* Râgan. 7,121. Karaka 6,29. — 3) *f. ई *eine best. dem Spinat verwandte Gemüsepflanze* Râgan. 7,125.

वास्तुकर्मन् n. *Hausbau.*

वास्तुकल्प m. Titel eines Werkes.

वास्तुकाल m. *die zum Hausbau geeignete Zeit.*

वास्तुकीर्ण m. *eine Art Pavillon* Vâstuv. 831.

वास्तुचक्र n. Titel eines Werkes Opp. Cat. 1.

वास्तुज्ञान n. *Baukunst.*

वास्तुदेव m. und °देवता f. *Hausgottheit.*

वास्तुनर m. *der als Genius gedachte Prototyp eines Hauses.*

वास्तुपा 1) Adj. *die* (verlassene) *Stätte behauptend* VS. 16,39 = Maitr. S. 2,9,7. — 2) *der Hausgenius* Vâstuv. 469.

वास्तुपद्धति f. und वास्तुपरीक्षा f. Titel von Werken.

वास्तुपाल m. *der Hausgenius* Vâstuv. 11,19.

वास्तुपुरुष m. = वास्तुनर Agni-P. 40,1.

वास्तुप्रदीप m. und वास्तुप्रवेशपद्धति f. Titel von Werken.

वास्तुप्रशमन n. *lustratio domus* Sâmav. Br. 3,3,5.

वास्तुबन्धन n. *Hausbau.*

वास्तुमय Adj. 1) vielleicht so v. a. *domesticus* Agni-P. 40,23. — 2) nach dem Comm. *aus dem* वास्तु *genannten Getraide bestehend* Âpast. Çr. 9, 14,11. Vgl. वास्त्वमय.

वास्तुयाग m. *das vor dem Beginn des Baues eines Hauses veranstaltete Opfer.* °विधेस्तत्त्वम् und °तत्त्व n. Titel.

वास्तुलक्षण n. Titel eines Werkes Opp. Cat. 1.

*वास्तुविद्य Adj. *die Baukunst betreffend* u. s. w.

वास्तुविद्या f. *Baukunst.* °कुशल Adj. *bauverständig* Karaka 1,15. Als Titel eines Werkes Opp. Cat. 1.

वास्तुविधान n. *Hausbau.*

वास्तुविधि m. und वास्तुव्याख्यान n. Titel von Werken.

वास्तुशमन n. *lustratio domus* Sâmav. Br. 3,3,5, v. l.

वास्तुशाक n. *ein best. Gemüse* Karaka 1,26.

वास्तुशान्ति f. *lustratio domus.* Auch Titel eines Werkes. °प्रयोग m. Burnell, T.

वास्तुशास्त्र n. *Lehre des Hausbaues* Vâstuv. 1,5. 13,11. Auch Titel eines Werkes.

वास्तुसंशमनीय Adj. *zur lustratio domus gehörig.*

वास्तुसंग्रह m. und वास्तुसनत्कुमार m. Titel von Werken.

वास्तुसंपादन n. *das in Ordnung Bringen einer Stätte.*

वास्तुस्थापन n. *das Aufrichten eines Hauses.*

वास्तुह Adj. *was auf dem Platze bleibt, Ueberbleibsel.*

वास्तूक m. n. *Chenopodium* Râgan. 7,121.

वास्तूपशम m. und °शमन n. *lustratio domus.*

वास्तूपशमपद्धति f. Titel eines Werkes Verz. d. B. H. No. 1075.

वास्तेय Adj. (f. ई) 1) *in der Blase befindlich.* — 2) **blasenähnlich.*

वास्तोष्पति m. 1) *der Genius der Hofstatt.* Wird auch auf Rudra bezogen. Pl. Bhâg. P. — 2) *Bein. Indra's.

वास्तोष्पतीय und वास्तोष्पत्य (Mân. Gṛhj. 2, 11. Vaitân.) Adj. *dem* Vâstoshpati *gehörig* u. s. w.

*वास्त्र Adj. *mit Zeug überzogen.*

वास्त्व Adj. = वास्तव्य *übrig geblieben; n. die Ueberreste* Maitr. S. 2,2,4 (18,4 a).

वास्त्वमय Adj. *aus Ueberresten bestehend* Maitr. S. 2,2,4 (18,13. 14). Vgl. वास्तुमय 2).

***वास्त्व्य** Adj. = वास्त्व.

1. **वास्य** Adj. 1) *gehüllt werdend.* — 2) *getragen werdend* in प्रथमवास्य.

2. **वास्य** Adj. *anzusiedeln.*

3.***वास्य** = वासी, वाशी *Axt.*

वास्र 1) *m. *Tag.* — 2) f. आ s. u. वास्र 3).

***वाःसद्न** n. *Wasserbehälter.*

1. **वाहे, वाहे** Dat. Infin. zu 1. वह् *zu fahren.* Nach Sâj. *dem Fahrenden.*

2. **°वाह्** (schwach वह्) s. u. 2. वह्.

3. **वाह्, वाहते** *drängen, drücken* Karaka 8,9. — Mit प्र dass. Vgl. प्रवाहित Nachtr. 6. — Caus. प्रवाहयति dass. — Mit संप्र dass. Karaka 8,7.

वाह 1) Adj. (f. आ) am Ende eines Comp. a) *fahrend, ziehend.* — b) *tragend.* — c) *fliessend.* — 2) m. a) *Zugthier, Reitthier, Pferd, Stier, Vehikel* überh., *Wagen.* Am Ende eines adj. Comp. (f. आ) — *zum Vehikel habend, reitend auf, fahrend in.* — b) **Wind.* — c) *ein best. Hohlmaass.* — d) bildliche Bez. *des* Veda. — e) Nom. act. α) *das Ziehen.* — β) *das Fahren, Reiten.* — γ) *das Tragen.* — δ) *Strömung.* — दशवाहवाहिनी? Vâsishtha 19,17.

वाहक 1) Nom. ag. (f. °हिका) a) *Träger.* — b) *Ueberbringer.* — c) am Ende eines Comp. α) *fliessen lassend, strömend.* — β) *in Bewegung setzend.* — γ) *mit der Hand entlang fahrend über, streichend* in अङ्ग° (Nachtr. 5). — 2) m. a) *ein best. giftiges Insect.* — b) N. pr. eines Mannes.

वाहकत्व n. *das Amt eines Trägers.*

वाहतक m. N. pr. Richtig बार्हतक.

वाहत्व n. MBh. 1,399 fehlerhaft für प्राहत्व.

***वाहद्विषत्** m. *Büffel.*

वाहन 1) Adj. a) *fahrend.* — b) *tragend.* — c) *bringend.* — 2) m. N. pr. eines Muni. — 3) n. a) *Zugthier, Gespann, Reitthier, Vehikel* überh., *Wagen, Schiff;* auch *Thier* überh. In Verbindung mit बल *Heer und Tross.* Ausnahmsweise auch m. Am Ende eines adj. Comp. (f. आ) *fahrend in, reitend auf.* — b) *Ruder* oder *Segel.* — c) Nom. act. α) *das Ziehen.* — β) *das Tragen.* — γ) *das Fahren.* — δ) *das Reiten.* — ε) *das Lenken* (der Rosse).

वाहनकार m. wohl *Wagner.* °शाला f. *seine Werkstatt* Lalit. 391,10.

वाहनता f. (Kâd. 2,91,24) und **वाहनत्व** n. Nom. abstr. zu वाहन 3) a).

वाहनप m. *Hüter der Zug- und Reitthiere.*

वाहनप्रज्ञप्ति f. *eine best. Zählmethode.*

P **वाहनश्रेष्ठ** m. *Pferd* Râǵan. 19,34.

***वाहनिक** Adj. *von Zugthieren u. s. w. lebend.*

वाहनी Adv. 1) mit कर् *zum Vehikel machen.* — 2) mit भू *zum Vehikel werden.*

वाहनीय *Laststhier.*

***वाहरिपु** m. *Büffel.*

वाहला f. *Strom* B. A. J. 1,218.

***वाहश्रेष्ठ** m. *Pferd.*

वाहस् n. *Darbringung, Aufwartung.*

वाहस m. 1) *Boa* VS. 24,34. — 2) **Quelle.* — 3) **eine best. Pflanze.*

1.***वाहिक** m. 1) *Karren* u. s. w. — 2) *eine grosse Trommel.*

2. **वाहिक** 1) m. Pl. N. pr. eines Volkes. — 2) *n. *Asa foetida.* — Richtig बाल्हिक oder बाल्हीक.

वाहितर् Nom. ag. *Führer.*

°वाहिता f. *das Fliessen.*

***वाहित्थ** n. *eine best. Stelle am Kopf des Elephanten.*

***वाहित्व** n. Nom. abstr. von °वाहिन्.

वाहिन् 1) Adj. a) *dahinfahrend* (vom Wagen). — b) am Ende eines Comp. α) *fahrend, ziehend.* — β) *fliessend nach* oder *in einer best. Tiefe.* — γ) *fliessen lassend, mit sich führend* (von Flüssen), *zuführend* (vom Winde). — δ) *bringend,* so v. a. *bewirkend.* — ε) *an sich tragend,* so v. a. *habend.* — ζ) *sich unterziehend, ausübend.* — 2) m. *Wagen.* — 3) f. वाहिनी a) *ein reisiger Zug; Heer.* — b) im System *eine Heeresabtheilung von 81 Elephanten, 81 Wagen, 243 Reitern und 405 Fusssoldaten.* — c) *Fluss.* — d) *Rinne.* — e) **Physalis flexuosa* Râǵan. 4,111. — f) N. pr. der Gattin Kuru's.

वाहिनीक am Ende eines adj. von वाहिन् 3) a).

वाहिनीपति m. 1) *Heerführer.* — 2) N. pr. oder Bein. eines Dichters.

वाहिनीश m. 1) *Heerführer* Bâlar. 75,13. — 2) N. pr. eines Mannes.

वाहिष्ठ Adj. (f. आ) 1) *am meisten führend,* — *herbeiführend.* — 2) *am meisten fliessend.*

वाहीक s. बाहीक (auch Nachtr. 6).

वाहीवह् in प्रासङ्ग°.

वाहुलि m. N. pr. eines Sohnes des Viçvâmitra MBh. 13,252. वाडुलि v. l.

वाहूक m. N. pr. eines Mannes.

वाहेयिक Adj. (f. आ) in Verbindung mit गाथास् MBh. 8,44,26. Scheint mit वाहीक zusammenzuhängen.

वाह्न Adj. *an* Agni *gerichtet, zu ihm in Beziehung stehend.*

वाह्नेय m. Patron. von वह्नि.

वाह्य 1) Adj. a) *was gefahren —, gezogen wird.* — b) *geritten werdend.* — c) *getragen werdend,* — *auf* (im Comp. vorangehend). — 2) f. आ N. pr. eines Flusses. — 3) n. a) *Zugthier, Reitthier, Vehikel* überh. — b) *das 4te astrol. Haus* Varâh. Jogaj. 4,1.

***वाह्यक** 1) *n. *Wagen.* — 2) f. ई f. *ein best. giftiges Insect.*

***वाह्यकायनि** m. Metron. von वह्यका.

वाह्यत्व n. *das Vehikel-Sein.*

वाह्यनय m. MBh. 8,45,15 nach Nîlak. = वाहीकनीति.

***वाह्यस्क** m. Patron. von वह्यस्क.

***वाह्यस्कायन** m. Patron. von वाह्यस्क.

***वाह्यायनि** m. Patron. von वह्य.

वाह्याली und °भू f. *Reitbahn* Ind. Antiq. 6,67. Râǵat. 7,393. 977. 987. 8,46. Hem. Par. 2,22. Uttamak. S.288, N.1. Vgl. अश्व° und तुरग° Nachtr. 5.

वाह्याश्व m. N. pr. eines Mannes. v. l. बाह्याश्व.

***वाह्लायन** s. बाल्हायन.

वाह्लि s. बाल्हि.

वाह्लीक s. बाल्हीक.

1. **वि** m. *Vogel.* Bildlich auch von *Rossen, Pfeilen* und den Marut.

2. **वि** Adv. in Verbindung mit Zeitwörtern und in Comp. mit einem Nomen *Trennung* und *Abstand* bezeichnend. Als Präp. mit Acc. *hindurch, dazwischen* (mit Ergänzung eines Verbum fin). Prädicativ so v. a. *auseinanderstehend* TBr. 1,6,4,3.

3. **वि** n. zu einer Etymologie gebildet, angeblich = अन्न.

1. **विंश** 1) Adj. a) *der zwanzigste.* Mit भाग m. oder अंश m. *ein Zwanzigstel.* — b) *von zwanzig begleitet, um zw. vermehrt.* शत n. *hundertundzwanzig.* — c) *aus zwanzig Theilen bestehend.* — d) am Anfange eines Comp. *zwanzig* Hemâdri 1,188,15. 326, 12. — 2) m. a) *ein Zwanzigstel.* Am Ende eines adj. Comp. f. आ. — b) N. pr. eines Mannes. — 3) n. Pl. *Zwanzigzahl, ein Zwanzig.*

2. **विंश** in पड्विंश.

विंशक 1) Adj. a) *von zwanzig begleitet, um zw. vermehrt.* शत n. so v. a. *zwanzig Procent.* — b) *aus zwanzig Theilen bestehend.* — 2) n. *Zwanzigzahl, ein Zwanzig* Hemâdri 1,671,7. Bhâg. P. 4, 27,16.

विंशच्छ्लोकी f. *Titel eines Werkes.*

विंशन्न m. N. pr. eines Fürsten VP.^{2} 4,212.

विंशत् am Anfange eines Comp. *zwanzig.*

विंशति 1) f. *a) ein Zwanzig.* Das Gezählte im Pl. mit congruirendem Casus, im Gen. Pl. (Hemâdri 1,117,17) oder im Comp. nachfolgend. विंशत्यंतर Adj. (f. आ), विंशत्यङ्गुलि Adj. — *b)* nach Nilak. = व्यूह *eine best. Aufstellung des Heeres* MBh. 7,36,13. — 2) m. N. pr. eines Sohnes des Ikshvâku VP.² 3,260.

विंशतिक 1) Adj. (f. आ) *a) zwanzig Jahre alt.* — *b) aus zwanzig Theilen bestehend.* दशविंशतिकौ दमौ *Geldstrafen von zehn und zwanzig* (Paṇa). — 2) n. *Zwanzigzahl.*

विंशतिकीन in *अध्यर्ध° und *द्वि°.

विंशतितम Adj. *der zwanzigste.* भाग m. *der 20ste Theil.*

विंशतितौलिक Adj. *zwanzig* Tulâ *enthaltend* Hemâdri 1,117,14.

विंशतिप m. *das Haupt von zwanzig* (Dörfern).

विंशतिबाहु m. Bein. Râvaṇa's.

विंशतिभाग m. *ein Zwanzigstel* Gaut. 10,26. 28,5. Hemâdri 1,731,20. 732,6.

विंशतिम Adj. *der 20ste.* भाग m. *der 20ste Theil.*

विंशतिवार्षिक Adj. (f. ई) 1) *20 Jahre während* Comm. zu Âpast. Çr. 8,22,14. — 2) *nach 20 Jahren erfolgend* Jâgn. 2,24.

विंशतिविध Adj. *zwanzigerlei* Karaka 3,7.

विंशतिशत n. *hundertundzwanzig* Lâṭj. 10,7, 11. 8,1. °शतेष्टक Adj.

विंशतिसाहस्र Adj. (f. आ) *zwanzigtausend.*

विंशतिस्तोत्र n. Titel eines Stotra Opp. Cat. 1.

विंशतीश, विंशतीशिन् und त्रिंशत्यधिपति m. = विंशतिप.

विंशद्बाहु m. Bein. Râvaṇa's.

विंशांश m. *der 20ste Theil* Hemâdri 1,732,1.

विंशिन् 1) Adj. *aus zwanzig bestehend.* — 2) m. *a)* = विंशतिप. — *b)* *= विंशति 1) *a).*

वि:कुन्धिका f. *Gequake* (nach dem Comm.).

विक 1) m. N. pr. eines Mannes. — 2) n. *a)* **Biest, Biestmilch.* — *b)* प्रजापतेः Name eines Sâman Ârsh. Br.

*विकंसा f. N. pr. einer Frau.

विकंकर m. *ein best. Vogel.*

*विकङ्कट m. *Asteracantha longifolia.*

*विकङ्कटिक Adj. von विकङ्कट.

विकंकत 1) m. *Flacourtia sapida* (dornig). — 2) *f. विकङ्कता *Sida cordifolia* und *rhombifolia* Râgan. 4,103.

विकङ्कतीमुख Adj. *etwa dornmäulig.*

विकच 1) Adj. *a) haarlos, kahlköpfig.* — *b) geöffnet* (von Blüthen). — *c) strahlend, glänzend, prangend.* Häufig in Comp. mit dem Womit oder Wovon. — 2) m. *a)* **ein buddhistischer Mönch.* — *b) eine Art Komet.* — *c)* N. pr. eines Dânava. — 3) *f. आ *ein best. Strauch* Râgan. 5,19.

विकचय्, °यति *öffnen* (eine Blüthe). °कचित *geöffnet, aufgeblüht.*

1. विकचश्री Adj. *von prangender Schönheit* Spr. 7840.

2. विकचश्री Adj. *dessen Pracht der Haare dahin ist* ebend.

*विकचालम्बा f. Bein. der Durgâ.

विकची Adv. mit कर् *öffnen* (eine Blüthe).

विकच्छ Adj. *wohl frei von Morästen am Ufer.*

विकच्छप Adj. *um die Schildkröte gekommen.*

विंकट 1) Adj. (f. आ und *ई) *a) das gewöhnliche Maass überschreitend, umfangreich, weit, gross.* — *b) ein ungewöhnliches Aussehen habend, ungeheuerlich, scheusslich, abscheulich, grauenhaft* Hemâdri 2,*a*,123,11. Mahâvîrak. 46,7. विकटम् Adv. *in grauenhafter Weise.* — *c) über die Maassen schön.* — *d)* **hervorstehende Zähne habend.* — 2) m. *a)* **eine best. Pflanze* oder *Frucht* Râgan. 6,246. — *b)* N. pr. α) eines Sohnes des Dhṛtarâshṭra. — β) eines Wesens im Gefolge Skanda's. — γ) eines Râkshasa. — δ) einer mythischen Person. — ε) einer Gans. — 3) f. विकटा N. pr. *a)* *der Mutter Çâkjamuni's. — *b)* einer Râkshasî. — 4) n. *a)* **weisser Arsenik.* — *b)* **Sandel.* — *c) eine best. Art zu sitzen.*

विकटग्राम m. N. pr. eines *Dorfes.*

विकटत्व n. in der Rhetorik *ein an Tanz erinnernder Klang der Worte.*

विकटनितम्बा f. N. pr. einer Dichterin.

विकटवदन m. N. pr. eines Wesens im Gefolge der Durgâ.

विकटवर्मन् m. N. pr. eines Fürsten.

*विकटविषाण und *विकटशृङ्ग m. *Hirsch.*

विकटाक्ष 1) Adj. *Grauen erregende Augen habend.* — 2) m. N. pr. eines Asura.

विकटानन 1) Adj. *einen grossen* oder *scheusslichen Mund habend.* — 2) m. N. pr. eines Sohnes des Dhṛtarâshṭra.

विकटाभ m. N. pr. eines Asura.

1.*विकटी Adj. s. u. विकट.

2. विकटी Adv. mit कर् *weit machen, ausbreiten* Çiç. 13,10.

*विकण्टक 1) Adj. *dornenlos.* — 2) m. *a) Alhagi Maurorum.* — *b) Asteracantha longifolia.* — विकण्टकैः MBh. 12,1585 fehlerhaft für विभङ्गैः oder विटङ्कैः.

विकण्टकपुर n. N. pr. einer *Stadt.*

विकत्थन 1) Nom. ag. *der da prahlt, Prahler.* — 2) f. (आ Vikramâṅkak. 12,7) und n. *das Prahlen, Prahlerei.*

विकत्थनत्व n. *Lobhudelei.*

विकत्था f. *Prahlerei.*

विकत्थित n. dass. MBh. 4,60,1.

विकथा f. *nicht zur Sache gehörige Reden* Âpast. Uttamak. 185.

विकद्रु m. N. pr. eines Jâdava.

विकपाल Adj. *der Hirnschale beraubt.*

विकम्पन 1) m. N. pr. eines Râkshasa. — 2) n. *Bewegung* (der Sonne).

विकम्पित 1) *Adj. s. u. कम्प् mit वि. — 2) n. *a) eine best. Senkung des Tones.* — *b) eine best. fehlerhafte Aussprache der Vocale* Mahâbh. (K.) 1, 13,3 v. u.

विकम्पिन् 1) Adj. *zitternd.* — 2) f. °नी *eine best.* Çruti S. S. S. 24.

1. विकर m. 1) **Krankheit.* — 2) *eine best. Art zu fechten.* v. l. विष्कर.

2. विकर Adj. *der Hände beraubt* (als Strafe) Vishṇus. 5,81.

1. विकरण 1) Nom. ag. *a) eine Veränderung hervorrufend.* आख्यातपदविकरणाः *Wörter, welche das als Regel geltende Unbetontsein eines Verbum finitum aufheben.* — *b)* mit und ohne प्रत्यय m. *ein zwischen Wurzel und Personalendung stehendes stammbildendes Suffix* 229,29. लुग्विकरण Adj. *kein solches Suffix habend;* Nom. abstr. °त्व n. — 2) f. ई *eine best.* Çakti Hemâdri 1,611,5. — 3) n. *a) das Verändern, Modificiren.* — *b) störende Einwirkung.*

2. विकरण Adj. *organlos* Çaṁk. zu Bâdar. 2,1,31. Nom. abstr. °त्व n. Bâdar. 2,1,31.

विकराल 1) Adj. (f. आ) *ungeheuerlich, grauenhaft* Harshak. 200,18. Kâd. 2,1,7. — 2) f. आ Bein. der Durgâ.

विकरालता f. *scheussliches Aussehen, Grauenhaftigkeit.*

विकरालमुख m. N. pr. eines Makara.

विकर्ण 1) Adj. *a) etwa auseinanderstehende Ohren habend.* — *b) keine Ohren habend, taub.* — 2) m. *eine Art Pfeil.* — *b)* N. pr. α) verschiedener Männer, unter andern eines Sohnes des Karṇa und des Dhṛtarâshṭra. — β) Pl. eines Volkes. — 3) f. ई *ein best. Backstein.* — 4) n. Name eines Sâman.

विकर्णक 1) *m. N. pr. eines Wesens im Gefolge Çiva's. — 2) f. °र्णिका in बल°.

*विकर्णिक m. Pl. N. pr. eines Volkes.

विकर्णिन् m. eine Art Pfeil.

विकर्त्त m. Zerschneider, Zerleger in गोविकर्त्त.

विकर्तन 1) Adj. zerschneidend, zertheilend. — 2) m. a) die Sonne. — b) *ein Sohn, der des Vaters Herrschaft an sich reisst. — 3) n. das Zerschneiden, Zertheilen.

विकर्त्तर् Nom. ag. 1) Umwandler, Umbildner Hemâdri 1,783,8. — 2) der feindselig verfährt, Beleidiger.

विकर्तर् Nom. ag. Zerschneider, Zerleger.

विकर्मकृत् Adj. unerlaubten Beschäftigungen nachgehend.

विकर्मक्रिया f. das Vollbringen unerlaubter Handlungen.

1. विकर्मन् n. 1) eine Einem nicht zukommende, unerlaubte Beschäftigung, — Handlung. — 2) वायोर्विकर्म Name eines Sâman.

2. विकर्मन् Adj. 1) einer unerlaubten Beschäftigung nachgehend. — 2) sich jeglicher Beschäftigung enthaltend, nicht arbeitend.

विकर्मनिरत, विकर्मस्थ und विकर्मिन् Adj. = 2. विकर्मन् 1).

विकर्ष m. 1) das Anziehen (des Pfeils mittelst der Sehne). — 2) das Auseinanderziehen, Zerlegen Nyâyam. 9,1,11. Auch vom Zerlegen von Halbvocalverbindungen und dgl. — 3) Entfernung. — 4) *Pfeil. — 5) Bez. von TS. 4,6,1—5 TS. Prât.

विकर्षण 1) Adj. am Ende eines Comp. a) auseinanderziehend, spannend (einen Bogen). — b) fortnehmend, entfernend. — 2) n. a) das Auseinanderziehen, — recken. — b) das Spannen (des Bogens, der Sehne) Hariv. 1,19,78. Çiç. 20,8. — c) das Auseinanderlegen, Zerlegen Comm. zu Nyâyam. 9,1,11. — d) das Hinausschieben des Essens, Enthaltung von Speisen. — e) das Auseinanderthun, so v. a. Ausforschen.

विकर्षिन् Adj. 1) Ziehen —, Reissen verursachend Bhâvapr. 4,6. — 2) ohrenzerreissend (शब्द) AV. Pariç. 57,1.

विकल 1) Adj. (f. आ und *ई) a) woran ein Theil fehlt, mangelhaft, unvollkommen, verkrüppelt, verstümmelt, schwach, woran Etwas (ausnahmsweise auch wenn dieses ein Fehler ist) fehlt; das, woran es Einem mangelt, steht im Instr. oder geht im Comp. voran. — b) nicht im normalen Zustande befindlich, mitgenommen, unwohl, geistig niedergedrückt, in schlimmer Lage sich befindend. — 2) m. N. pr. verschiedener Personen, unter andern eines Sohnes des Çambara, des Lambodara und des Gîmûta. — 3) *f. आ und ई eine Frau, die nicht mehr menstruirt. — 4) f. आ a) Secunde. — b) ein best. Stadium im Laufe Mercurs.

विकलङ्क Adj. fleckenlos.

विकलता f. und विकलत्व n. (Pañkad.) Mangelhaftigkeit, Unvollkommenheit, Gebrechlichkeit, Fehlerhaftigkeit.

*विकलपाणिक Adj. eine lahme Hand habend.

विकलय्, °यति hart mitnehmen Bhâm. V. 2,161.

विकलाङ्ग Adj. der an irgend einem Theile des Körpers Krüppel ist.

1.*विकली Adj. f. und Subst. s. u. विकल.

2. विकली Adv. mit कर् hart mitnehmen Çiç. 12,25.

विकल्प 1) m. (adj. Comp. f. आ) a) Wechsel, Wahl zwischen Zweien oder Mehreren, Zulässigkeit des Einen und des Andern, Alternative. Instr. facultativ, nach Belieben Gaut. 19,18. Pratiǵñâs. °भूत Adj. Çâñkh. Çr. 1,16,14. °जाल n. eine Menge denkbarer Fälle Comm. zu TS. Prât. 1,46. 8,22. — b) Variation, Combination, Verschiedenheit, Mannichfaltigkeit. — c) Nebenform. — d) Verschiedenheit in der Auffassung, Unterscheidung. — e) Unschlüssigkeit, Unentschlossenheit, Zweifel. — f) das Annehmen, Statuiren. — g) falsche Vorstellung, Einbildung. — h) Berechnung, — i) *geistige Beschäftigung, das Denken. — k) = कल्पस्थान Karaka 1,30. — l) Zwischen-Kalpa, der Zeitraum zwischen zwei Weltperioden. — m) ein Gott. — n) Pl. N. pr. eines Volkes MBh. 6,9,59. v. l. विकल्य. — 2) Adj. eine Verschiedenheit zeigend. फले विकल्पाः so v. a. verschiedenen Lohnes theilhaftig werdend.

विकल्पक 1) Nom. ag. a) Vertheiler, Austheiler. — b) Verfertiger, Zusammensetzer, Bildner. — c) Veränderer, Abänderer Karaka 3,8. — 2) = विकल्प 1) e) Tejob. Up. 13. Vgl. अ° Nachtr. 5.

विकल्पन 1) Nom. ag. Verfertiger, Zusammensetzer, Bildner. — 2) f. (आ) und n. a) das Freistellen, der Wahl Ueberlassen. — b) Gebrauch einer Nebenform. — c) das Unterscheiden. f. Pl. verschiedene Auffassungen. — d) falsche Vorstellung, — Annahme, Einbildung.

विकल्पनीय Adj. zu bestimmen, zu berechnen, auszumitteln.

विकल्पयितव्य Adj. als Alternative zu stellen Çañk. zu Bâdar. 2,2,7.

विकल्पवत् Adj. einen Zweifel habend, unschlüssig.

विकल्पसम m. eine best. sophistische Einwendung.

विकल्पानुपपत्ति f. die durch ein Dilemma hervorgehende Unhaltbarkeit.

विकल्पासह Adj. ein Dilemma nicht aushaltend, durch ein Dilemma sich als unhaltbar ergebend. Nom. abstr. °त्व n.

विकल्पितत्व n. das Facultativsein Comm. zu Nyâyam. 9,4,5. Sâj. zu RV. 1,65,3. 113,12.

विकल्पिन् Adj. 1) was man verwechseln kann, zum Verwechseln ähnlich. — 2) mit der Mîmâṁsâ vertraut Vasishtha 3,20. Baudh. 1,1,1,8.

विकल्प्य Adj. 1) zu vertheilen, einzutheilen. — 2) zu bestimmen, zu berechnen. — 3) je nach Umständen zu wählen Karaka 6,18.

विकल्मष Adj. (f. आ) sündenlos Âpast. MBh. 3,84,49.

विकल्य m. Pl. N. pr. eines Volkes. विकल्प v. l.

विकवच Adj. panzerlos.

विकश्यप Adj. ohne Kaçjapa's vor sich gehend (Opfer).

*विकश्वर, *विकषा und *विकषर schlechte Schreibart für °कस्वर, °कसा und °कस्वर.

*विकस 1) m. der Mond. — 2) f. आ a) Rubia Munjista. — b) = मांसरोहिणी Râgan. 12,154.

*विकसन n. °ने कर्.

विकसुक m. ein best. Agni AV. 12,2,14. Vgl. विकुसुक.

विकस्ति f. das Bersten.

विकस्वर 1) Adj. (f. आ) a) offen, so v. a. aufgeblüht Prasannar. 9,4. Vâsav. 289,1. — b) geöffnet (Augen, Mund) Bâlar. 139,10. — c) offen von Menschen. — d) klar ertönend. — 2) m. eine best. Redefigur. — 3) *f. आ eine rothblühende Punarnavâ Râgan. 5,118.

विकस्वत्रप (!) m. N. pr. eines Mannes.

*विकाकुद् Adj. einen schlecht geformten Gaumen habend.

विकाङ्क्ष Adj. kein Verlangen habend.

विकाङ्क्षा f. das Anstehen, Bedenken, Unschlüssigkeit; mit Gen. oder Infin.

विकाङ्क्षिन् Adj. kein Verlangen habend.

विकाम Adj. frei von Begierden.

1. विकार m. (adj. Comp. f. आ) 1) Umgestaltung, Umwandlung, Veränderung, Modification, Abart, verwandelter —, abnormer Zustand; im Ritual die gestatteten Abänderungen der Grundform. विधेहि मरालविकारम् so v. a. nimm den dir sonst ungewöhnlichen Gang des Flamingo an. — 2) Verwandlung, Gespenstererscheinung — 3) eine ungewöhnliche Art zu sein; Pl. Extravaganzen, ungewöhnliche Spässe. — 4) Erzeugniss, Product Gaut.

7,11. Sâmkhjak. 3. भक्ष्यविकाराः zubereitete Speisen. — 5) im Sâmkhja die 16 Derivata aus den 8 Prakṛti, nämlich die 11 Organe und die 5 Elemente. — 6) die abgeleitete Form (eines Wortes). — 7) Veränderung im normalen Zustande des Körpers, Gebrechen (230,16), Indisposition, Affection. प्रहार° eine durch einen Schlag bewirkte Wunde. — 8) Veränderung im Gesicht, Grimasse 119,14. — 9) Veränderung im normalen Zustande des Gemüths, Alteration, Aufregung; insbes. Liebesregung. °मार्ग m. Ind. St. 14,367. — 10) Wandlung der Gesinnung, feindliche Gesinnung, Auflehnung, Abfall.

2. विकार m. die Silbe वि.

विकारण Adj. grundlos.

विकारत्व n. Nom. abstr. zu 1. विकार 1).

विकारमय Adj. aus den Derivaten (im Sinne des Sâmkhja) bestehend.

विकारवन्त् Adj. Veränderungen zeigend. त्रिमूर्ति° drei verschiedene Gestalten annehmend.

विकारित्व n. Umwandlung, Veränderung.

विकारिन् 1) Adj. a) dem Wandel unterworfen, wandelbar, veränderlich, wechselnd (Hemâdri 1, 566,11), sich umwandelnd in (im Comp. vorangehend). — b) mit einer Affection behaftet, nicht normal. — c) Gemüthsveränderungen —, der Liebe zugänglich. — d) seine Gesinnung ändernd, untreu werdend, abtrünnig. — e) eine Veränderung bewirkend, afficirend, entstellend. — 2) m. n. das 33ste Jahr im 60jährigen Jupitercyclus.

विकार्य 1) Adj. wandelbar, was umgewandelt wird. — 2) m. Bez. des Ahamkâra.

विकाल m. Abend Âpast. Çr. 10,13,6. Acc. am Abend MBh. 3,297,83.

*विकालक 1) m. Abend. — 2) f. °लिका eine Art Wasseruhr.

1. विकाश m. 1) heller Schein. °करण n. das Aufhellen Kautukar. — 2) * Einsamkeit.

2. विकाश m. ungenau für विकास.

विकाशक Adj. ungenau für विकासक.

विकाशन Adj. ungenau für विकासन.

विकाशिता f. ungenau für विकासिता.

1. विकाशिन् 1) Adj. a) glänzend, leuchtend Ind. St. 14,372. — b) am Ende eines Comp. erhellend, erklärend. — 2) f. °नी N. pr. einer der Mütter im Gefolge Skanda's.

2. विकाशिन् Adj. ungenau für विकासिन्.

विकास m. (adj. Comp. f. आ) 1) das Erblühen, Aufblühen. — 2) das Sichöffnen (der Augen, des Mundes). — 3) das Sichöffnen des Herzens, so v. a. heitere Stimmung. — 4) Ausbreitung, Entfaltung Çiç. 10,30. 11,36. 12,51.

°विकासक Adj. den Verstand öffnend, so v. a. klug machend.

विकासन 1) Adj. zum Aufblühen bringend. — 2) n. das Entfalten Çaṁk. zu Bâdar. S. 1134, Z. 5.

विकासभाज् Adj. aufgeblüht Ind. St. 14,366.

विकासिता f. Ausbreitung, Entfaltung.

विकासिन् Adj. 1) blühend Çiç. 5,28. 8,47. — 2) geöffnet, offen (Augen, Nase). — 3) *offen von einem Menschen. — 4) sich ausbreitend, sich entfaltend Çiç. 6,62. 10,37. — 5) eine grosse Ausdehnung habend, gross. — 6) reich an (im Comp. vorangehend). — 7) den Zusammenhang aufhebend, lösend, lähmend Mat. med. 7. Bhâvapr. 2,109.

विकासिनीलोत्पल, °लति einer blühenden blauen Wasserrose ähnlich sehen.

विकिर m. 1) Reis u. s. w., der als Spende für verschiedene Wesen, die eine heilige Handlung stören könnten, hingestreut wird. Auch अन्न°. — 2) ein best. Vogel aus dem Hühnergeschlecht. — 3) ein best. Agni Âpast. Çr. 9,3,22. — 4) durchgesickertes Wasser Suçr. 1,169,12. चिकिर (!) Bhâvapr. 2,36.

विकिरण 1) *m. ein best. Samâdhi. Vgl. विकिरण. — 2) n. das Ausstreuen, Hinstreuen, Umherstreuen Harshaḱ. 33,3.

विकिरिड (Kâṭh. 17,16), विकिरिद (TS. 4,5,10, 5) oder विकिरिद्र (VS.) Adj. Bez. Rudra's. Vgl. Maitr. S. 2,9,9 (128,3) nebst Note.

विकिरण m. ein best. Samâdhi Kâraṇḍ. 51, 11. 77,10. 93,5. Richtig wohl विकिरण.

विकिरिद und विकिरिद्र s. u. विकिरिड.

*विकीरण m. Calotropis gigantea Râǵan. 10,27. Bhâvapr. 1,201.

विकीर्ण 1) Adj. s. u. 3. कर् mit वि. — 2) n. eine best. fehlerhafte Aussprache der Vocale Mahâbh. (K.) 1,13,2 v. u.

*विकीर्णरोमन् n. und *विकीर्णसंज्ञ n. eine best. wohlriechende Pflanze Râǵan. 12,137.

विकुक्षि 1) Adj. einen starken Bauch habend. Nom. abstr. °त्व n. — 2) m. N. pr. eines Sohnes oder Enkels des Ikshvâku Harshaḱ. 18,1. 10,23. Ind. Antiq. 9,178.

विकुक्षिक Adj. = विकुक्षि 1).

*विकुघास gaṇa कृशाश्वादि in der Kâç. v. l. विकुयास.

विकुचित n. eine best. Art zu kämpfen Hariv. 3,124,18.

विकुज Adj. 1) ohne Mars. — 2) mit Ausschluss des Dienstags.

विकुजरवीन्दु Adj. ohne Mars, Sonne und Mond.

विकुञ्ज m. Pl. N. pr. eines Volkes.

*विकुयास gaṇa कृशाश्वादि. v. l. विकुघास.

विकुण्ठ 1) Adj. a) scharf, durchdringend, unwiderstehlich. — b) überaus stumpf in अ° Nachtr. 5. — 2) m. a) Bein. Vishṇu's. — b) Vishṇu's Himmel. — 3) f. आ N. pr. der Gattin Çubhra's.

विकुण्ठन m. N. pr. eines Sohnes des Hastin.

विकुण्डल 1) Adj. keine Ohrringe habend. — 2) m. N. pr. eines Mannes.

विकुत्सा f. heftige Schmähung.

विकुब्ज Adj. (f. आ) vom Buckel befreit.

विकुम्भाण्ड m. N. pr. eines Dânava.

विकुर्वण 1) Adj. als Beiw. Çiva's vielleicht sich umzugestalten vermögend. — 2) f. (आ) n. das Vermögen verschiedene Gestalten anzunehmen Saddh. P. 268. Lalit. 17,22.

विकुर्वा f. das Vermögen sich in — (im Comp. vorangehend) umzugestalten Saddh. P. 276.

विकुर्वित n. das Annehmen verschiedener Gestalten Pl. Kâraṇḍ. 13,17. 24,10.

विकुसुक m. ein best. Agni Âpast. Çr. 9,3,22. Vgl. वैंकसुक.

*विकुस्र m. der Mond. Eher विकस्र.

विकूज m. und विकूजन n. (in अन्त्र°) Gebrumme, Gesumme, Geklingel u. s. w.

विकूजित n. dass. MBh. 3,112,5. Ragh. 9,71.

विकूट N. pr. einer Oertlichkeit. त्रिकूट v. l.

विकूणन n. das Zusammenziehen. मुख° das Runzeln des Gesichts Deçin. 3,28.

*विकूणिका f. Nase.

विकूबर Adj. der Deichsel beraubt.

विकृत 1) Adj. s. u. 1. कर् mit वि (auch Nachtr. 5). — 2) m. a) das 24ste Jahr im 60jährigen Jupitercyclus. — b) N. pr. α) eines Pragâpati. — β) eines bösen Genius, eines Sohnes des Parivarta. — 3) f. आ N. pr. einer Jogini Hemâdri 2,a,101,9. fgg. — 4) n. a) Missbildung, Missgeburt 203,24. — b) Umwandelung, Veränderung. — c) unzeitiges Schweigen aus Verlegenheit. v. l. विकृत.

विकृतत्व n. das Verändertsein, Umwandelung.

विकृतदंष्ट्र m. N. pr. eines Vidjâdhara.

विकृतरक्त Adj. roth gefärbt, — befleckt (Kleid) Bhâvapr. 1,54.

विकृतवेषिन् Adj. eine abnorme Tracht habend Bhâg. P. 9,8,5.

विकृति 1) f. a) Umgestaltung, Umwandelung, Veränderung, Modification, Abart, veränderter —, abnormer Zustand. विकृतिं गम्, या, व्रज्, प्र-पद् sich verändern. — b) ein in bestimmter Weise abgeänderter Vers. — c) Verwandelung, Gespenstererscheinung. — d) Erzeugniss. Dieses ist unter महदादि der Lexicographen gemeint. — e) im Sâmkhja = 1. विकार 5). — f) eine abgeleitete Form (in der Grammatik). — g) Gestaltung, Bildung, Entwickelung. — h) Missbildung. — i) *Veränderung im normalen Zustande des menschlichen Körpers, Indisposition, Affection. — k) Veränderung im normalen Zustande des Gemüthes, Alteration, Aufregung. — l) Wechsel der Gesinnung, feindselige Gesinnung, Auflehnung, Abfall. — m) Bez. verschiedener Metra. — 2) m. N. pr. eines Sohnes des Gîmûta.

विकृतिमत् Adj. 1) einem Wandel unterworfen. — 2) afficirt, krank.

विकृतोदर m. N. pr. eines Râkshasa.

विकृत्तिका f. etwa Reissen, reissender Schmerz Kâraka 6,24. 8,1. Man könnte विकृन्तिका vermuthen.

विकर्तृ m. Zerschneider, Zerreisser. v. l. प्रकर्तृ.

विकृष्ट 1) Adj. s. u. 1. कर्ष् mit वि. — 2) f. आ eine best. Methode die Trommel zu schlagen S. S. S. 193.

विकेतु Adj. des Banners beraubt.

विकेश 1) Adj. (f. ई) a) wirrhaarig, struppig. तारका Haarstern. — b) *haarlos, kahlköpfig. — 2) m. N. pr. eines Muni. — 3) f. ई a) Bez. bestimmter dämonischer Wesen. — b) *Charpie. — c) N. pr. der Gattin Çiva's in seiner Manifestation als Erde.

विकेशिका f. Charpie, Bausch auf einer Wunde.

विकोक m. N. pr. eines Sohnes des Asura Vṛka und jüngeren Bruders des Koka.

विकोथ m. Fäulniss, Schmutz.

विकोश Adj. (f. आ) 1) aus der Scheide gezogen, entblösst (Schwert u. s. w.). — 2) keine Vorhaut habend. — 3) kein Wörterbuch —, keine Stellen aus Wörterbüchern enthaltend.

विकोष schlechte Schreibart für विकोश.

विकौतुक Adj. keine Neugier —, kein Interesse an den Tag legend Çiç. 17,30.

*विक्क m. Elephantenkalb; ein 20jähriger Elephant.

विक्रन्दित n. das Wehklagen R. 2,59,30.

विक्रम m. (adj. Comp. f. आ) 1) Schritt. — 2) Gang, Bewegung, Art und Weise zu gehen. — 3) Verfahren. अनुक्रमविक्रमेण so v. a. अनुक्रमेण der Reihe nach. — 4) kraftvolles, muthvolles Auftreten, Kraft, Muth, Anwendung von Gewalt. विक्रमात् mit Gewalt 149,8. नास्ति विक्रमेण so v. a. dieses kann nicht durch Gewalt erreicht werden. विक्रमं कर् seine Kraft entwickeln, Muth an den Tag legen. — 5) Intensität. — 6) das Bestehen (Gegens. Vergehen). — 7) eine Art Gravis. — 8) das Nichteintreten des क्रम 11). — 9) Nichtverwandelung des Visarga in einen Ûshman. — 10) das 14te Jahr im 60jährigen Jupitercyclus. — 11) das dritte astrologische Haus. — 12) *Fuss. — 13) Beiw. Vishṇu's. — 14) N. pr. a) des Sohnes eines Vasu. — b) = विक्रमादित्य Pañkad. — c) = चन्द्रगुप्त. — d) eines Sohnes des Vatsapri und auch des Kanaka. — e) einer Stadt. — आवृत्य विक्रमम् M. 3,214 fehlerhaft für आवृत्यपरिक्रमम्.

विक्रमक m. N. pr. eines Wesens im Gefolge Skanda's.

विक्रमकेसरिन् m. N. pr. 1) eines Fürsten. — 2) eines Ministers.

विक्रमचण्ड m. N. pr. eines Fürsten.

विक्रमचरित n. und °चरित्र n. Titel einer Sammlung von Erzählungen.

विक्रमण n. 1) das Schreiten. — 2) Schritt. — 3) kraftvolles —, muthiges Auftreten, Kraft, Muth. — 4) bei den ekstatischen Pâçupata eine übernatürliche Kraft. विक्रमणधर्मिन् Adj. mit dieser Eigenschaft versehen; Nom. abstr. °र्मित्व n. — 5) das Verfahren nach den Regeln des Krama 11) in अ° (Nachtr. 5).

विक्रमतुङ्ग m. N. pr. zweier Fürsten.

विक्रमदेव m. Bein. Kandragupta's.

विक्रमनरेश्वर m. = विक्रमादित्य Ind. St. 15,265.

विक्रमनिधि m. N. pr. eines Kriegers.

विक्रमपट्टन n. die Stadt Uggajinî.

विक्रमपति m. = विक्रमादित्य.

विक्रमपुर n. und *°पुरी f. N. pr. einer Stadt.

विक्रमबाहु m. N. pr. verschiedener Fürsten 327,10. 329,1.

विक्रमराज m. N. pr. eines Fürsten.

विक्रमराजन् m. = विक्रमादित्य.

विक्रमलाञ्छन m. = विक्रमादित्य Bühler in Vikramâñkak. S. 30.

विक्रमशक्ति m. N. pr. verschiedener Krieger.

विक्रमशील m. N. pr. 1) eines Fürsten. — 2) *eines buddh. Klosters.

विक्रमसभा f. Vikramâditja's Hof Ind. St. 15,292. 402.

विक्रमसिंह m. N. pr. verschiedener Fürsten.

विक्रमसेन m. desgl. °चम्पू f. Burnell, T.

विक्रमस्थान n. Spazierplatz.

विक्रमाङ्क und °देव m. = विक्रमादित्य. °देवचरित n. Titel eines von G. Bühler herausgegebenen Kâvja.

विक्रमादित्य m. N. pr. verschiedener Fürsten (unter denen einer für den Besieger der Çaka und für den Gründer einer Aera [56 n. Chr.] gilt) Ind. Antiq. 6,76. 7,16. Auch eines Dichters und eines Lexicographen.

विक्रमादित्यचरित n. = विक्रमचरित.

विक्रमार्क m. N. pr. verschiedener Fürsten. °चरित n. Burnell, T. °चरित्र n. Opp. Cat. 1.

विक्रमिन् 1) Adj. a) schreitend, durchschreitend (Vishṇu). — b) muthig. — 2) *m. Löwe.

विक्रमेश m. N. pr. eines buddh. Heiligen.

विक्रमेश्वर m. N. pr. 1) eines der 8 Vîtarâga bei den Buddhisten. — 2) eines von Vikramâditja errichteten Heiligthums.

विक्रमोदय m. Titel eines Werkes Ind. St. 14,148.

विक्रमोपाख्यान n. = विक्रमचरित.

विक्रमोर्वशी f. Titel eines Schauspiels.

विक्रय m. Verkauf.

°विक्रयक m. Verkäufer.

विक्रयण n. das Verkaufen Kampaka 9.

विक्रयपत्त्र n. Verkaufsurkunde, Kaufbrief.

विक्रयिक m. Verkäufer.

विक्रयिन् Adj. verkaufend; m. Verkäufer Gaim. 3,7,31.

विक्रय्य Adj. zu verkaufen.

*विक्रास्न m. der Mond. Eher विकस्र.

विक्रान्त 1) Adj. s. u. क्रम् mit वि. — 2) m. a) *Löwe. — b) Bez. desjenigen Samdhi, welcher den Visarga unverändert lässt. — c) N. pr. α) eines Pragâpati. — β) eines Sohnes des Kuvalajâçva. — 3) *f. आ Cocculus cordifolius, Sesbania aegyptiaca, Polanisia icosandra, Clitoria ternatea, Cissus pedata und Anthericum tuberosum Râgan. 3,90. 4,133. 183. 5,87. 110. 136. — 4) n. a) das Geschrittene, Schritt. — b) Gang, Art zu gehen MBh. 4,38,34. R. 3,25,13. — c) muthiges Auftreten, — Verfahren, Muth Spr. 6511. MBh. 3,10,21. 12,118. 73,12. R. 3,4,31. — d) *Scheindiamant Râgan. 13,208.

विक्रान्तभीम Titel eines Schauspiels.

विक्रान्ति f. 1) die Macht Alles zu durchschreiten, — überallhin zu gelangen TS. 2,5,6,2. 5,3,3,4. TBr. 1,4,9,5. Çat. Br. 1,1,2,13. 9,2,9. 3,6,2,3. — 2) *Galopp eines Pferdes. — 3) kraftvolles —, muthiges Auftreten, Muth, Kraft Râgan. 13,210.

विक्राम m. Schrittweite.

*विक्राय m. Verkäufer.

विक्रायक m. dass.

विक्रिड Adj. als Bez. Rudra's Maitr. S. 2,9,9

(128,3), v. l.

विक्रिया f. (adj. Comp. f. आ) 1) *Umgestaltung, Umwandlung, Veränderung, Modification, veränderter —, abnormer Zustand.* — 2) *Verunstaltung, Abnormität, ein schlechtes Abbild von Etwas.* — 3) *das Misslingen, Misserfolg, Missgeschick, Schaden.* दीपस्य so v. a. *das Erlöschen.* — 4) *eine ungewöhnliche Erscheinung.* — 5) *Erzeugniss.* — 6) *Veränderung im normalen Zustande des menschlichen Körpers, Indisposition, Affection.* — 7) *Veränderung im normalen Zustande des Gemüths, Alteration, Aufregung.* — 8) *Wechsel der Gesinnung, feindselige G., Auflehnung, Abfall.*

विक्रियोपमा f. *ein Gleichniss, welches einen Gegenstand als aus einem andern gemacht oder hervorgegangen bezeichnet.*

विक्रीड 1) m. a) *Spielplatz.* — b) *Spielzeug* Hem. Par. 12,104. — 2) f. आ *Spiel, Scherz.* — विक्रीडम् R. Gorr. 2,121,17 fehlerhaft für विक्रीतम्.

विक्रीडित n. 1) *Spiel, Scherz* Bhâg. P. 10,42,26. — 2) *Spiel,* so v. a. *eine Verrichtung mit Leichtigkeit, — ohne Anstrengung, Wundermacht* Lalit. 183,20.

विक्रीत 1) Adj. s. u. 1. क्री mit वि. — 2) m. N. pr. eines Pragâpati. — 3) n. *Verkauf* M. 8,165.

विक्रुष्ट n. 1) *Geschrei, Hülferuf* M. 4,176. Jâgn. 2,234. 300. R. 3,30,29. 59,6. 64,7. — 2) **das Anschnauzen, Anfahren* H. 269.

विक्रेतर् Nom. ag. *Verkäufer.*

विक्रेतव्य Adj. *zu verkaufen* (Kampaka 263), *käuflich.*

विक्रेय 1) Adj. dass. 89,32. — 2) *Verkaufspreis.*

विक्रोश m. *Geschrei, Hülferuf.*

विक्रोशन m. N. pr. 1) eines mythischen Wesens Suparn. 23,4. — 2) eines Fürsten.

*विक्रोशयितर् Nom. ag. zur Erklärung von कुशिक.

विक्रोष्टर् Nom. ag. *der da aufschreit, um Hülfe ruft.*

*विक्लव्, °वते Denomin. von विक्लव.

विक्लव 1) Adj. (f. आ) *benommen, befangen, schüchtern, niedergedrückt, — geschlagen, seiner nicht ganz mächtig, kleinmüthig, verwirrt, erschrocken, unschlüssig; verstört, entstellt, unsicher* (von Theilen und Functionen des Körpers, die eine gemüthliche Erregung, einen abnormen Zustand verrathen). विक्लव° Adv. — 2) n. *Befangenheit, Kleinmuth, Verwirrung.* — विक्लव Hariv. 2885 fehlerhaft für विह्वल. Die Telugu-Drucke विक्लब, die Bomb. dagegen stets विक्लव.

विक्लवता f. (Çiç. 7,43. Vâsav. 275,2) und विक्लवत्व n. Nom. abstr. von विक्लव 1).

विक्लवय्, °यति *kleinmüthig stimmen* Bâlar. 165,18. 19.

विक्लवित n. *eine kleinmüthige Rede.*

विक्लवी Adv. 1) mit कर् *niederdrücken, verstören* Vâsav. 298,1. — 2) mit भू *kleinmüthig werden* Kâd. 119,5 (213,3).

विक्लित्ति f. *das Weich —, Garwerden* Comm. zu Karaka 1,4.

विक्लिध् Adj. nach den Commentatoren *schweisstriefend, dessen Zähne vorstehen* oder *aussätzig.*

विक्लिन्दु m. *eine best. Krankheit.*

विक्लिष्ट 1) Adj. s. u. क्लिश् mit वि. — 2) n. *ein best. Fehler der Aussprache.*

*विक्ली Adv. mit कर्, भू oder अस् Gaṇar. 96.

विक्लेद m. 1) *das Nasswerden.* — 2) *Feuchtigkeit.* — 3) *das Zerfliessen, Auflösung,* so v. a. *Verminderung, Abnahme.*

विक्लेदन n. *das Erweichen durch Kochen* Comm. zu Njâjam. 10,1,3. 2,1.

विक्लेदीयस् Adj. *mehr feuchtend.*

विक्लेश m. *eine best. fehlerhafte Aussprache der Dentale.*

विक्षत 1) Adj. s. u. 1. क्षन् mit वि. — 2) n. *Verwundung, Wunde* MBh. 3,174,1.

विक्षय m. *eine best. Krankheit der Säufer* Karaka 6,12.

विक्षर् 1) Adj. (f. आ) am Ende eines Comp. *ausgiessend.* — 2) m. a) *Ausfluss.* — b) Bein. Vishṇu-Kṛshṇa's. — c) N. pr. eines Asura.

विक्षरण n. *das Ausfliessen* Daçak. 5,23.

*विक्षा f. gaṇa इत्वादि.

विक्षाम 1) *verbrannt, angebrannt* (पुरोडाश) AV. Prâjaçk. 4,1. — 2) n. *Verglommenes, eine todte Kohle.*

विक्षार् m. nach dem Comm. *ein guter Treffer.*

विक्षाव m. 1) *Geschrei.* Pl. Bhaṭṭ. — 2) **Husten.*

विक्षिणत्क Adj. (das Uebel) *zerstörend* (nach Mahîdh.).

विक्षित् scheinbar MBh. 13,6260, da hier ऽविक्षित: zu lesen ist.

विक्षिप्त 1) Adj. s. u. 1. क्षिप् mit वि. — 2) n. *das Zerstreutsein an verschiedenen Orten.*

विक्षीणक Adj. v. l. für विक्षिणत्क.

*विक्षीर m. *Calotropis gigantea* Râgan. 10,26.

विक्षुद्र Adj. *relativ kleiner, eines kleiner wie das andere.*

विक्षेतोस् Gen. Infin. zu 3. क्षि mit वि Tâṇḍja-Br. 19,8,6.

विक्षेप m. 1) *das Hinwerfen, Ausstreuen.* — 2) *das Schleudern, Werfen, Wurf.* — 3) *das Hinundherbewegen.* — 4) *das Hinundherstossen.* — 5) *das Schnellen* (der Bogensehne). — 6) *das Gehenlassen, Gewähren eines freien Laufes.* — 7) **das Verstreichenlassen, Versäumen.* काल°. — 8) *Ablenkung der Aufmerksamkeit, Zerstreutheit.* — 9) *Ausbreitung.* Bei den Vedântin °शक्ति f. *die Fähigkeit des Irrthums* (अज्ञान), *die Welt als real erscheinen zu lassen.* — 10) *Schmähung.* — 11) *Mitleid.* — 12) *Himmelsbreite, gemessen auf einem Declinationskreise.* — 13) *eine best. Krankheitsform.* — 14) *eine best. Angriffswaffe.*

विक्षेपण n. 1) *das Hinundherwerfen, Hinundherbewegen.* — 2) *Zerstreutheit.* v. l. विक्षेप.

*विक्षेपम् Absol. *hinundher bewegend;* das Object im Acc. oder im Comp. vorangehend P. 3,4,54, Sch.

विक्षेपलिपि f. *eine best. Art zu schreiben* (buddh.).

विक्षेपवृत्त n. *der Declinationskreis, auf dem die Himmelsbreite gemessen wird.*

विक्षेपशक्तिमत् Adj. *mit der Ausbreitungskraft ausgestattet* 262,32. Vgl. विक्षेप 9).

विक्षेप्तर् Nom. ag. *Zerstreuer, Vertheiler.*

विक्षोब्धोस् Gen. Infin. zu 1. क्षुभ् mit वि Çat. Br. 1,1,2,22. 2,4,1,14.

विक्षोभ m. 1) *heftige Bewegung.* — 2) *das aus der Ruhe Kommen, Aufregung, Verwirrung.* — 3) *das Aufreissen, Zerreissen* Çiç. 3,7.

विक्षोभण m. N. pr. eines Dânava.

°विक्षोभिन् Adj. *in Aufregung —, in Verwirrung versetzend* in रक्षोविक्षोभिणी.

*विख Adj. *nasenlos.*

°विखण्डिन् Adj. *zertheilend, schlichtend.*

विखनन n. *das Aufgraben* (in einer Etymologie).

विखनस् m. 1) Bein. Brahman's. — 2) angeblich N. pr. eines Muni Bühler zu Gaut. 3,2. Vgl. वैखानस.

विखाद m. etwa *das Verzehren.* Aufrecht führt das Wort wie अवखाद und प्रखाद auf खद् = खिद् zurück.

विखानस m. angeblich N. pr. eines Muni.

*विखु Adj. *nasenlos.*

*विखुर m. *ein Râkshasa.*

विखेद Adj. *von der Erschlaffung befreit, munter.*

*विख्य Adj. *nasenlos.*

विख्याति f. *Berühmtheit.*

विख्यापन n. *das Bekanntmachen, Verkünden* Gaut.

*विख्ये (P. 3,4,11) und विख्यै (RV. 10,158,4) Dat.

Infin. zu ख्या.

*विख्र und *विख्रु Adj. *nasenlos.*

विगणन n. *das Bezahlen, Abtragen.*

विगतत्व n. *das Verschwundensein* Comm. zu TS. Prât.

*विगतद्वंद्व m. *ein* Buddha.

विगतपुंस्क Adj. *verschnitten* Comm. zu Âpast. Çr. 14,6,15.

विगतभय 1) Adj *furchtlos.* — 2) m. N. pr. eines Brahmanen.

*विगतरागध्वज m. N. pr. eines buddhistischen Lehrers.

विगतलक्षण Adj. (f. आ) *unglücklich* (Person) Kathâs. 25,142.

*विगतार्तवा Adj. f. *die Regeln nicht mehr habend.*

विगताशोक m. N. pr. eines jüngern Bruders oder Enkels des Açoka.

1. विगद m. *Geschrei, ein Durcheinander von Rufen.*

2. विगद Adj. *gesund* Çiç. 19,90.

विगन्ध Adj. (f. आ) 1) *übel riechend.* — 2) *geruchlos* Ḱaraka 8,3.

*विगन्धक 1) m. *Terminalia Catappa.* — 2) f. °न्धिका *eine best. Pflanze,* = हपुषा Râǵan. 4,115.

विगन्धि Adj. *übel riechend.*

विगम m. 1) *das Fortgehen, Verschwinden, Aufhören, zu Ende Gehen, Abwesenheit.* — 2) *Vermeidung.*

*विगमचन्द्र m. N. pr. eines Fürsten.

विगर्जा f. *das Tosen* (des Meeres). Pl. Z. d. d. m. G. 36,528.

विगर्भा Adj. f. *von der Leibesfrucht befreit.*

*विगर्द m. etwa *Schmutz, Koth.*

विगर्हण n. und °णा f. *das Tadeln, Tadel.* °णां कर् *tadeln.*

विगर्हिन् 1) Adj. am Ende eines Comp. *tadelnd* Hariv. 3,15,67. — 2) *f. °र्हिणी *eine an* विगर्द *reiche Gegend.*

विगर्ह्य Adj. *tadelnswerth, tadelhaft.* Nom. abstr. °ता f.

विगाढृ Nom. ag. *der sich hineinbegiebt in* (Gen.) Bhatt.

विगाथा f. *ein best. Metrum.*

विगान n. 1) *Widerspruch* Çaṁk. zu Bâdar. 1,4,14. — 2) *Widerwille* Naish. 21,159. — 3) *böser Ruf.* — Vgl. अविगान (auch Nachtr. 3).

विगामन् n. *Schritt.*

*विगार्द्भरथिक Adj. Kâç. zu P. 6,2,155.

विगाह 1) Adj. *sich eintauchend.* — 2) m. Nom. act. in दुर्विगाह.

विगाह्य Adj. *intrandus.* Vgl. दुर्विगाह्य.

विगीतत्व n. *das im Widerspruch Stehen* Çaṁk. zu Bâdar. 1,4,14 (S. 374, Z. 5).

विगीति f. 1) *Misston, Disharmonie.* — 2) *ein best. Metrum.*

विगुण Adj. (f. आ) 1) *ohne Sehne;* vgl. विगुणी. — 2) *woran Etwas mangelt, unvollkommen, mangelhaft.* Das Woran im Comp. vorangehend. — 3) *keine Wirkung —, keinen Erfolg habend.* आज्ञा *ein Befehl, der nicht ausgeführt wird.* — 4) *widrig* (Schicksal). — 5) *qualitätslos.* — 6) *der Vorzüge baar, schlecht* (von Menschen). — 7) *was seine guten Eigenschaften eingebüsst hat, verdorben* (von den humores im Körper). — तद्विगुणैः MBh. 8,667 fehlerhaft für तद्द्विगुणैः.

विगुणता f. *Verdorbenheit.*

विगुणी Adv. mit कर् *die Sehne* (am Bogen, Acc.) *ablösen* Mudrâr. 153,1 (224,3).

विगुल्फ Adj. *reichlich.*

1. विगृह्य Adj. in der Grammatik *was besonders —, selbstständig für sich erscheint.*

2. विगृह्य Absol. *aggressiv, feindselig.* °गमन n. und °यान n. *aggresives Vorgehen,* विगृह्यासन n. *das Belagern* und *das Schmollen —, Maulen mit* (Instr. Daçak. 49,20), °संभाषा f. *Disputation, Polemik* (Ḱaraka 3,8).

विगोप m. *Entlarvung, Blossstellung* Hem. Par. 8,294. 12,88. Vgl. गोपय् mit वि Nachtr. 5.

विग्न Partic. s. u. 1. विज्.

विग्रं und विग्र Adj. 1) etwa *mächtig, stark* (von विज्; vgl. *vigor*). Nach den Erklärern = मेधाविन्. — 2) **nasenlos.*

1. विग्रह m. (adj. Comp. f. आ) 1) *Trennung, Sonderstellung.* — 2) *Eintheilung.* — 3) *Vertheilung,* namentlich von Flüssigem. — 4) in der Grammatik *Sonderstellung —, Selbstständigkeit eines Wortes* (Gegensatz *Composition*). — 5) *grammatische Auflösung eines zusammengesetzten Wortes.* — 6) *Uneinigkeit, Zwist, Hader, Streit, Krieg, — mit* (Instr., Instr. mit सह, साधम् oder साकम्, Loc., Gen. mit उपरि oder im Comp. vorangehend). Auch vom *Kampf der Planeten.* n. R. 6,34,19. — 7) *individuelle Form, — Gestalt; Leib, Körper.* विग्रहं ग्रह्, परि-ग्रह्, कर्, उपा-दा *eine Gestalt annehmen.* Auch von der *Form, Gestalt* eines Regenbogens. — 8) im Sâṁkhja unter den Synonymen für *Elemente.* — 9) *Verzierung, Schmuck.* — 10) Beiw. Çiva's. — 11) N. pr. eines Wesens im Gefolge Skanda's. — Zu H. an. 3, 770 vgl. Zach. Beitr.

2. विग्रह Adj. *von* Râhu *befreit.*

विग्रहण n. 1) *das Ausbreiten, Vertheilen* Tâṇḍja-Br. 6,6,12. — 2) *das Ergreifen, Packen.*

विग्रहध्यान n. Titel eines Stotra Opp. Cat. 1.

विग्रहपालदेव m. N. pr. eines *Fürsten.*

विग्रहय्, °यति *streiten —, kämpfen mit* (साधम्).

विग्रहराज m. N. pr. verschiedener *Fürsten.*

विग्रहवत् Adj. *einen Körper habend, verkörpert, leibhaftig.*

*विग्रहव्यावर्तनी f. Titel eines Werkes.

*विग्रहावर n. *Rücken.*

विग्रहिन् 1) Adj. *Krieg führend.* — 2) m. *Minister des Krieges.*

विग्रहीतव्य Adj. in der verdorbenen Stelle Hit. 72,10.

विग्रहेच्छु Adj. *kampfbegierig* Mahâvîrak. 112,7.

विग्राह m. *eine best. Art der Recitation in Absätzen* Comm. zu Âçv. Çr. 8,3,4. 8.

विग्राहम् Absol. *in Abtheilungen, successive* u. s. w. Âçv. Çr. 8,3,8.

विग्रीव Adj. etwa *dem der Hals umgedreht* (*durchgehauen* nach Sâj.) *ist.*

विग्लापन n. *Ermüdung.*

विघटन n. 1) *das Trennen.* — 2) *das Zerstreuen, zu Nichte Machen.*

*विघटिका f. *ein best. Zeitmaass,* = $^{1}/_{23}$ Ghaṭikâ.

विघट्टन 1) Adj. *öffnend.* — 2) f. आ *a) Reibung* Bâlar. 144,4. — *b) das Anschlagen* Çiç. 6,34. — *c) Trennung.* — 3) n. *a) das Aneinanderreiben* Çiç. 8,26. — *b) das Hinundherreiben, — bewegen* (Pl. Bâlar. 188,21), *das Rütteln, Erschütterung.* — *c) das Anschlagen, Anprallen* Çiç. 12,77. — *d) das Zersprengen, Zerhauen* Vikramâñkak. 9,141 (Pl.). Kâd. 145,3 (256,3). — *e) das Lösen, Aufbinden.*

विघट्टनीय Adj. *zu reiben, zu rütteln.* मनः स्वमर्थेषु वि° म् so v. a. *man soll sich den Kopf zerbrechen über die Dinge* Ind. St. 15,355.

°विघट्टिन् Adj. *reibend.*

1. विघन 1) Adj. *verletzend, schädigend* Mantrabr. 2,5,1. — 2) m. *a)* etwa *Stämpfel, Keule* Âpast. Çr. 11,5,2. — *b)* Name *zweier* Ekâha. Nom. abstr. विघनत्व n. TBr. 2,7,18,1. — *c)* Bein. Indra's Kâth. 13,5.

2. विघन Adj. 1) *nicht steif* oder *sehr steif* in पूर्ण°. — 2) *wolkenlos.* Loc. so v. a. *bei wolkenlosem Himmel.*

विघनिन् Adj. wohl *eine Keule tragend.* Nach Sâj. *zerschlagend.*

विघर्षण n. *das Reiben.*

विघस 1) m. oder n. *Frass* AV. 11,2,2. — 2) m. n. *Speiseüberreste.* विघसं बहु कर् *grosse Speise-*

überreste machen, so v. a. ein üppiges Mahl halten. — 3) *n. Wachs Rāǵan. 13,75.

विघात m. 1) Schlag, — mit (im Comp. vorangehend). — 2) das Zerbrechen, Abbrechen. — 3) das Zurückschlagen, Abwehr. — 4) Verderben, das zu Grunde Gehen. — 5) Aufhebung, Entfernung, Hemmung, Stockung, Unterbrechung, Störung. — Im Comm. zu AV. Prāt. 4,107 fehlerhaft für निघात.

विघातक Adj. aufhebend, hemmend, unterbrechend, störend.

विघातन 1) Adj. zurückschlagend, abwehrend. — 2) n. das Hemmen, Unterbrechen, Stören.

विघातिन् Adj. 1) schlagend, bekämpfend. — 2) verletzend. — 3) aufhebend, entfernend, hemmend, unterbrechend, störend.

विघूर्णन n. oder °ना f. das Hinundherschwanken Kād. 145,16 (256,16).

विँघृत Adj. (f. आ) träufelnd, besprengt. = रसोपित Sāj.

विघ्न 1) am Ende eines Comp. Nom. ag. Zerbrecher, Zerstörer. — 2) m. n. (im Epos) Hemmung, Hemmniss, Hinderniss. Kauç. 135 metrisch विघन zu lesen. Am Ende eines adj. Comp. f. आ. Nom. abstr. विघ्नता f. Çiç. 14,68. — 3) m. der Gott Gaṇeça.

विघ्नक am Ende eines adj. Comp. von विघ्न 2).

विघ्नकर Adj. Hindernisse bewirkend, — in den Weg legend, hemmend, störend.

विघ्नकर्तर् Nom. ag. dass.

विघ्नकारिन् Adj. 1) dass. — 2) *furchtbar anzusehen.

विघ्नकृत् Adj. = विघ्नकर.

विघ्नजित् m. Bein. des Gottes Gaṇeça.

*विघ्नतत्वित Adj. Vielleicht ist विघ्नित (s. u. विघ्नय्) und तत्वित gemeint.

*विघ्ननायक m. Bein. des Gottes Gaṇeça Çāçvata 137.

विघ्नपति m. desgl. Kāraṇḍ. 22,11.

विघ्नय्, °यति hemmen, hindern, stören. विघ्नित gehemmt, gehindert, gestört. — Mit सम्, संविघ्नित = विघ्नित.

विघ्नराज् (Kaṇḍak. 20,8) und विघ्नराज m. der Gott Gaṇeça.

विघ्नवत् Adj. mit Hindernissen verknüpft.

विघ्नविनायक, विघ्नहर्तर्, *विघ्नहारिन्, विघ्नाधिप und विघ्नान्तक m. der Gott Gaṇeça.

विघ्नेश m. 1) dass. — 2) Pl. bei den mystischen Çaiva eine best. Klasse von Erlösten Hemādri 1, 823,12.

*विघ्नेशकान्ता f. weiss blühendes Dūrvā-Gras Rāǵan. 8,111.

*विघ्नेशवाहन m. eine Rattenart Rāǵan. 19,58.

*विघ्नेशान m. der Gott Gaṇeça.

विघ्नेश्वर m. desgl.

*विङ्ख m. Pferdehuf.

1. विच्, विनँक्ति, *विङ्क्ते, विवेक्ति, वेवेक्ति, विचति; 1) durch Schwingen oder Worfeln aussondern (Getraide von der Spreu u. s. w.), sondern, trennen überh., — von (Instr.). — 2) prüfen, erwägen. — Mit अप absondern, sondern. — Mit अध्यप in (ein Gefäss) aussondern. — Mit उद् aussondern in उद्विचम् Gop. Br. 3,7,8. — Mit प्र in प्रवेक. — Mit वि 1) durch Schütteln und Blasen sondern; sichten, überh. sondern, scheiden, trennen, — von (Instr., später Abl.). Pass. sich sondern. — 2) durchschütteln. — 3) unterscheiden, nach seiner Eigenthümlichkeit erkennen. — 4) entscheiden (eine Frage). — 5) untersuchen, prüfen, erwägen 211,21. — 6) offenbaren, kund thun. — 7) विविक्त a) gesondert, unterschieden. — b) abgesondert, isolirt; einsam. चिन्ता° so v. a. ganz in Gedanken vertieft. — c) frei von (Instr. oder im Comp. vorangehend). — d) (von allem Ungehörigen getrennt) α) rein, sauber, schmuck Kād. 108,10 (195,4). 111,20. 21 (200,1). Citat bei Utpala zu Varāh. Bṛh. S. 78 1. — β) rein, lauter 296,9. — e) klar, deutlich. — f) * = विवेकिन्. — g) *f. आ = दुर्भगा. v. l. विरिक्ता und विरक्ता. — h) MBh. 5,7152 fehlerhaft für विषक्त. — Caus. विवेचयति 1) sondern. — 2) untersuchen, prüfen, erwägen. — Mit प्रवि 1) untersuchen, prüfen, erwägen. — 2) प्रविविक्त a) einsam. — b) fein. °चक्षुस् Adj. ein feines —, scharfes Auge habend. — Mit सम्, °संविक्त Ind. St. 9,138 fehlerhaft für °संवित्क, wie Nṛs. Up. in Bibl. ind. 147 gelesen wird.

2. विच् s. व्यच्.

विचकिल m. (n. die Blüthe) eine best. Pflanze Bālar. 126,2. Vāsav. 136,3. 4. 137,7. Viddh. 18,4. Dhūrtan. 42. Nach den Lexicographen Jasminum Sambac und = मदन.

विचकिलमय Adj. (f. ई) aus Vikakila-Blüthen bestehend Viddh. 82,6.

विचक्र 1) Adj. radlos. — 2) m. N. pr. eines Dānava.

विचक्रोपस्करोपस्थ Adj. ohne Räder, Zubehör und Schooss (Wagen) MBh. 7,36,32.

विचक्षणँ 1) Adj. (f. आ) a) conspicuus, sichtbar, scheinend, ansehnlich, klar, licht. — b) deutlich, wahrnehmbar Pār. Gṛhj. 3,16. — c) sehend, scharfsichtig. — d) einsichtig, klug, weise, erfahren, bewandert, — in (Loc. oder im Comp. vorangehend). — 2) m. N. pr. eines Lehrers Vaṃçabr. 2. — 3) f. आ a) *Tiaridium indicum Rāǵan. 5,84. — b) Bez. des Thrones Brahman's. — c) N. pr. einer Zofe Viddh. 50,13. fgg. — 4) *विचक्षणम् enklitisch.

विचक्षणचनसितवत् Adj. von dem Worte विचक्षण oder चनसित begleitet Kātj. Çr. 7,5,7.

विचक्षणत्व n. Einsicht, Klugheit, Weisheit.

विचक्षणंमन्य Adj. sich für klug haltend Bālar. 64,5.

विचक्षणवत् Adj. mit dem Worte विचक्षण verbunden. Vgl. विचक्षणोत्तर Vaitān. 11,19.

विचँक्षस् 1) *m. Lehrer. — 2) n. deutliches Sehen in einer Formel neben चँक्षस् Maitr. S. 1,5,4 (72,1). 5,11 (80,12). v. l. विचक्षुस्.

1. विचक्षुस् n. in einer Formel neben चक्षुस् Āpast. Çr. 6,19,1. v. l. विचँक्षस्.

2. विचक्षुस् 1) Adj. a) augenlos, blind. — b) * = विमनस्. — 2) m. N. pr. eines Fürsten. v. l. निचक्षुस्.

विचँक्षे Dat. Infin. zu चक्ष् mit वि Ṛv.

विचखु (MBh. 12,265,1) oder विचख्यु m. N. pr. eines Fürsten.

विचटन n. das Zerbrechen Çilāṅka 1,257.

विचतुर Adj. verschiedene Vierheiten (von Halbversen) enthaltend.

विचन्द्र Adj. (f. आ) mondlos.

1. विचय m. Sichtung, so v. a. Aufzählung.

2. विचय m. 1) das Suchen, Nachforschen. — 2) das Durchsuchen. — 3) Untersuchung. शरीर° Kāraka 4,6.

विचयन n. = 2. विचय 1) 2).

विँचयिष्ठ Adj. am meisten wegräumend.

विचर Adj. zu weichen pflegend, wankend, gewichen seiend von (Abl.).

1. विचरण n. Bewegung.

2. विचरण Adj. fusslos, der Beine beraubt. Wagen MBh. ed. Vardh. 7,35,32.

विचरणीय n. impers. zu verfahren.

विचरित n. das Umherstreichen, Umherirren MBh. 3,76,49.

विचर्चिका und °चर्ची f. eine der Formen des sogenannten kleinen Aussatzes: Räude, Grind.

विचर्मन् Adj. schildlos.

विचर्षण (wohl fehlerhaft) und विँचर्षणि Adj. sehr rührig, — rüstig.

विचल Adj. in अ°.

विचलन n. 1) das Wandern von Ort zu Ort. — 2) das Kundthun seiner Vorzüge, Prahlerei.

विचाचलि Adj. beweglich, unstät. Vgl. अँ°.

विचार m. (adj. Comp. f. आ) 1) Verfahren; be-

sonderes Verfahren, so v. a. *ein einzelner Fall*. — 2) *Wechsel der Stelle*. — 3) *Ueberlegung, Erwägung, in Betracht Ziehung, Prüfung, Untersuchung*. — 4) *lange Ueberlegung, Bedenken, Anstand*. — 5) *wahrscheinliche Vermuthung*.

विचारक Adj. Subst. 1) *Führer*. — 2) *Späher*. — 3) am Ende eines Comp. *erwägend, in Betracht ziehend*.

विचारचिन्तामणि m. Titel eines Werkes.

विचारण 1) n. *das Wechseln der Stelle*. — 2) f. (आ) und n. (seltener) *a) das Ueberlegen, Erwägen, Bedenken, Reflexion, das Erörtern*. — *b) lange Ueberlegung, Bedenken, Anstand*. — 3) f. आ *Unterscheidung, Art*.

विचारणीय Adj. *einer langen Erwägung bedürfend*.

विचारदृश् Adj. *keine Späher als Augen benutzend* und zugleich *mit Ueberlegung die Sache ansehend* Naish. 1,13.

विचारपर m. N. pr. eines Fürsten Ind. St. 15,231.

*__विचारभू__ f. *Gerichtshof*.

विचारमञ्जरी und **विचारमाला** f. Titel von Werken.

विचारयितव्य Adj. = विचारणीय.

विचारवन्त् Adj. *mit Ueberlegung verfahrend, besonnen, bedächtig* Spr. 7810.

विचारविद् Adj. als Beiw. Çiva's vielleicht *die einzelnen Fälle kennend*.

विचारित 1) Adj. s. u. चर् mit वि Caus. — 2) n. *das Bedenken*.

विचारिन् 1) Adj. *a)* εὐρυόδειος RV. 5,84,2. — *b) umherstreichend*. — *c) durchlaufend*. — *d) verfahrend*. — *e) wandelbar, wechselnd*. — *f) ausschweifend*. — *g) erwägend, prüfend*. — 2) m. N. pr. eines Sohnes des Kavandha.

विचारु m. N. pr. eines Sohnes des Kṛshṇa.

विचार्य 1) Adj. *einer Ueberlegung —, einer langen U. bedürfend* 101,13. — 2) n. impers. *lange zu überlegen*.

विचाल m. 1) *das Auseinanderrücken, Zertheilen*. — 2) **Zwischenraum*.

°**विचालन** Adj. (f. ई) *zu Schanden —, zu Nichte machend*.

विचालिन् und **विचाल्य** Adj. in अ°.

*__विचि__ und *__विची__ f. = वीचि.

विचिकित्सन n. *das im Zweifel Sein über Etwas*.

विचिकित्सा f. (adj. Comp. f. आ) *zweifelnde Ueberlegung, ein obwaltender Zweifel in Betreff von Etwas*.

विचिकित्सार्थीय Adj. *einen Zweifel an Etwas ausdrückend*.

विचिकित्स्य n. impers. *zu zweifeln*.

*__विचिकिल__ m. v. l. für विचकिल.

विचिचीषा f. *das Verlangen zu suchen* Mahâvîrak. 126,10.

विचिँत् Adj. *sondernd, sichtend*.

विचिति f. 1) *das Suchen, Nachforschen*. — 2) *Prüfung, Untersuchung*.

1. **विँचित्त** Partic. s. u. 4. चित् mit वि.

2. **विचित्त** Adj. 1) *besinnungslos*. Nom. abstr. °ता f. — 2) *rathlos* Harshaḱ. 121,20.

*__विचित्ति__ f. = विभ्रम Gal.

विचिँत्य Adj. *zu sichten*.

विचित्र 1) Adj. (f. आ) *a) vielfarbig, bunt, schillernd*. — *b) verschiedlich, mannichfaltig, verschiedenartig*. Adv. °म् und विचित्र°. — *c) seltsam, absonderlich, wunderbar*. — *d) (durch Abwechselung) reizend, prächtig, schön, unterhaltend*. °म् Adv. — 2) m. *a)* **Jonesia Asoca* Râǵan. 10,55. — *b)* N. pr. α) eines Fürsten. — β) eines Sohnes des Manu Rauḱja oder Devasâvarṇi. — γ) eines Reihers. — 3) f. आ *a)* **Koloquinthe* Râǵan. 7,211. — *b) eine best.* Mûrkhanâ S. S. S. 31. — *c)* N. pr. eines Flusses VP.² 2,148. — 4) n. *eine Art Paradoxon*.

विचित्रक Adj. 1) am Ende eines Comp. wohl *verbunden mit* Hemâdri 1,407,19. — *b) wunderbar*. — 2) *m. *Betula Bhojpatra* Râǵan. 9,116. — 3) *n. *Wunder*.

विचित्रकथ m. N. pr. eines Mannes.

विचित्रता f. 1) *Mannichfaltigkeit, Abwechselung*. — 2) *Absonderlichkeit, eine wunderbare Erscheinung*.

*__विचित्रदेह__ m. *Wolke*.

विचित्ररूप Adj. *mannichfaltige Formen annehmend*.

विचित्रवर्षिन् Adj. *nicht allerwärts —, nur hier und da regnend*.

विचित्रवाक्पटुता f. *grosse Beredsamkeit* Spr. 4824.

विचित्रवागुरोच्छ्रायमय Adj. (f. ई) *mit ausgespannten mannichfachen Netzen erfüllt* Kathâs. 27,150.

विचित्रवीर्य m. N. pr. eines Sohnes der Satjavatî, mit dessen Gattin Vjâsa den Dhṛtarâshṭra, Pâṇḍu und Vidura erzeugte. *°सू f. Bein. der Satjavatî.

विचित्रसिंह m. N. pr. eines Mannes.

*__विचित्राङ्ग__ m. 1) *Pfau*. — 2) *Tiger*.

विचित्रापीड m. N. pr. eines Vidjâdhara.

विचित्रित Adj. *bunt gemacht, vielfarbig; verziert, geschmückt*, — *mit* (Instr. oder im Comp. vorangehend).

विचित्रवारा f. N. pr. einer Göttin. Richtig wohl विज्ञिवरा.

विचिन्तन n. *das Denken an Etwas*.

विचिन्तनीय Adj. *in Betracht zu ziehen, zu beobachten*.

विचिन्ता f. *Gedanken, Sorge*. — **विचिन्ताज्ञान**° MBh. 14,1240 fehlerhaft für विचित्राज्ञान°.

विचिन्तितर् Nom. ag. *der an Etwas denkt*.

विचिन्त्य Adj. 1) *in Betracht zu ziehen, zu beobachten, woran man denken muss, worauf man seine Gedanken, seine Sorge zu richten hat*. — 2) *auszudenken, ausfindig zu machen*. — 3) *bedenklich, fraglich*.

विचिन्वत्कँ Adj. *sichtend, unterscheidend*.

विचिन्वरा f. N. pr. einer Göttin. Richtig wohl विज्ञिवरा.

विचिलक m. *ein best. giftiges Insect*.

विचीरिन् Hariv. 14859 fehlerhaft für विचारिन्.

विचूर्णन n. *das Zerreiben*.

विचूर्णित m. N. pr. eines Mannes Ind. St. 14,125.

विचूर्णी Adv. mit भू *zu Staub werden, zerstieben*.

विचूलिन् Adj. *keinen Haarbüschel auf dem Scheitel habend*.

विचृँत् f. 1) *Lösung*. — 2) Du. Bez. *zweier Sterne*.

1. **विचेतन** n. *Verständniss* in अविचेतँन.

2. **विचेतन** Adj. (f. आ) 1) *bewusstlos, nicht das volle Bewusstsein habend, geistesabwesend*. — 2) *entseelt, todt*. — 3) *unvernünftig, dumm*.

3. **विचेतन** Adj. (f. ई) *bewusstlos machend*.

विचेतयितर् Nom. ag. *sichtbar machend, unterscheidend*.

विचेतँर् Nom. ag. mit Gen. *Sichter*.

विँचेतस् Adj. 1) *in die Augen fallend*. — 2) *verständig, klug*. — 3) *nicht bei vollem Bewusstsein —, ausser sich seiend*. — 4) *unvernünftig, dumm*.

*__विचेती__ Adv. mit कर्, भू und अस्.

1. **विचेय** Adj. *zu sichten, zu sondern, zu zählen* (so v. a. *gering an Zahl*).

2. **विचेय** 1) Adj. *a) zu suchen*. — *b) zu durchsuchen*. — 2) n. *Untersuchung, Nachforschung*. °यं कर् *eine Unt. anstellen*.

विचेष्ट Adj. *regungslos*.

विचेष्टन n. *das Bewegen der Glieder*.

विचेष्टा f. 1) dass. — 2) *das Auftreten, Gebahren, Benehmen, Betragen, Treiben*.

विचेष्टित n. (adj. Comp. f. आ 139,15) = विचे-

ष्टा 1) 2). Hariv. 10200 fehlerhaft für विवेष्टित.

विचेष्टितर् Nom. ag. *sich bewegend* Ind. St. 13, 484.

विच्छन्द³ 1) Adj. und Subst. f. म्रा = विच्छन्दस् 1). — 2) *m. *Palast.*

*विच्छन्दक m. *Palast.*

विच्छन्दस्³ 1) Adj. *aus verschiedenen Metren bestehend;* f. sc. ऋच्. = 2) n. *ein best. Metrum.*

*विच्छर्दक 1) m. = विच्छन्दक. — 2) f. °र्दिका *Erbrechen, vomitus* Râǵan. 20,13.

विच्छाय्, विच्छायति P. 3,1,28. गतौ Dhâtup. Simplex nur mit न्या. — Caus. विच्छाययति *in's Gedränge bringen, in die Enge treiben* Çat. Br. 14,7,1,20. Auch Khând. Up. 8,10,2 will M. Müller विच्छाययन्ति st. विच्छादयन्ति lesen. — Mit न्या *sich andrücken, sich schmiegen —, sich reiben an* (Dat.) TBr. 1,1,9,9 (वाशिता न्यां° *zu trennen*).

1. विच्छाय (*n.) und f. (म्रा) *der Schatten von Vögeln.*

2. विच्छाय 1) Adj. (f. म्रा) *alles Farbenspiels —, alles Glanzes bar, kein Ansehen habend* Harshaḱ. (ed. Bomb.) 500,14 (*keine gesunde Gesichtsfarbe habend*). Pańkad. Râǵan. 13,156.172.184.190.195. Nom. abstr. °ता f. Chr. 297,17. — 2) *m. = मणि. Wohl nur Beiw. eines *glanzlosen Edelsteins.*

1. विच्छायय् s. Caus. von विच्छाय्.

2. विच्छायय्, °यति *des Glanzes berauben.*

विच्छायी Adv. mit कर् dass.

विच्छित्ति³ f. 1) *Unterbrechung, Störung, Hemmung, Aufhebung.* — 2) *das Ermangeln,* mit Instr. Çiç. 16,84. — 3) *eine ungewöhnliche, absonderliche, piquante Auffassung* oder *Darstellung.* — 4) *eine durch ihre Einfachheit reizende Toilette* Vâsav. 267,4. — 5) *Schminke* Çiç. 16,84. — 6) **Hausgrenze.* Fehlerhaft; vgl. Zach. Beitr. — 7) *म्रङ्गहार (v. l. म्रङ्गराग *Schminke* Zach. Beitr. 87) und हारभेद.

विच्छिन्नता f. *Auseinandergerissenheit.*

विच्छिन्नमद्य Adj. *der sich eine Zeitlang des Genusses berauschender Getränke enthalten hat* Kâraka 6,12.

विच्छुरण n. *das Bestreuen, Bepudern* Z. d. d. m. G. 28,423,3 v. u. Kâd. 79,13.

विच्छुरित 1) Adj. s. u. छुर् mit वि. — 2) m. *ein best.* Samâdhi Kârand. 52,5. 93,24.

विच्छेद m. 1) *Durchbohrung, das Zerspalten, Zerhauen.* — 2) *Brechung, Theilung.* — 3) *Ausrottung, Vertilgung, Vernichtung.* — 4) *Trennung, Ablösung, — von* (Gen. oder im Comp. vorangehend) 163,3. Çiç. 4,43. 8,51. — 5) *Unterbrechung, Hemmung, Störung, Aufhebung; Beeinträchtigung.* — 6) *Unterschied, Verschiedenheit.* धातुविच्छेदाः *verschiedene Erze.* — 7) in der Grammatik *Einschnitt, Brechung.* — 8) *Cäsur.*

विच्छेदन 1) Adj. *trennend, unterbrechend.* — 2) f. म्रा *das Abbrechen.* Pl. Bâlar. 265,20. — 3) n. *a) das Abhauen.* — *b) das Beseitigen, Aufheben.* — *c) das Unterscheiden.*

विच्छेदिन् Adj. 1) *zerstörend, vernichtend.* — 2) *abgebrochen, unterbrochen, mit Zwischenräumen versehen.*

विच्युति f. 1) *das Abfallen* (eig. und übertr.). — 2) *Trennung von* (Abl.).

*विछ्, विच्छयति (भाषार्थ oder भासार्थ).

1. विज्, विजते (°विजति und °वेजते metrisch), *विनक्ति; 1) *emporschiessen* (von einer Wasserwoge). — 2) *zurückfahren, flüchtig davonlaufen, — vor* (Abl.). — 3) विग्न *in Aufregung gerathen, aufgeregt, gemüthlich erregt, bestürzt.* — Caus. वेजयति 1) *schnellen.* — 2) *verstärken, steigern.* — 3) *in Aufregung —, in Unruhe versetzen.* — Intens. (वेविज्यते, वेविजान) *zusammenfahren bei* (Dat.). *entfliehen, — vor* (Abl.). — Mit म्रभि *umkippen, umschlagen.* — Mit म्रा, म्राविग्न *in Aufregung gerathen, bestürzt.* — Mit समा, °विग्न dass. — Mit उद् 1) *aufschnellen, heraufschlagen* AV. Prâjaḱ. 4,2. — 2) *schaudern, zusammenfahren, zurückschrecken, in Angst gerathen* (उद्विज्य Hem. Par. 1,4, 59), *sich scheuen, — vor* (Abl., Gen. oder Instr.). — 3) *zurückschrecken vor, so v. a. ablassen —, abstehen von* (Abl.). — 4) *Etwas überdrüssig werden, müde werden zu* (Partic. Praes. im Nomin.) 123,22. — 5) *in Schrecken jagen.* — 6) उद्विग्न *a) zusammenfahrend, schaudernd, zurückschreckend, in Angst seiend, erschrocken, — vor* (Abl., Gen., Instr. oder im Comp. vorangehend). — *b) eine Aufregung verrathend.* — *c) ermüdet, überdrüssig* (139,7; mit Instr. 132,11), *lebensüberdrüssig* (160,21). — Caus. 1) *zucken machen,* auch so v. a. *einen Bewusstlosen wieder beleben.* — 2) *in Schrecken jagen, schaudern —, scheu machen, erschrecken.* — 3) *ermüden, belästigen, quälen.* — Mit पर्युद् *schaudern vor* (Acc.). — Mit प्रोद्, प्रोद्विग्न *eine Unruhe an den Tag legend.* — Caus. *in Schrecken jagen.* — Mit समुद् 1) *zusammenfahren, zurückschrecken, — vor* (Gen., Conj.). — 2) समुद्विग्न *zusammenfahrend, schaudernd, zurückschreckend, erschrocken.* — Mit प्र 1) *davonstürzen.* — 2) प्रविक्त *erschüttert* RV. 7,85,3. — Mit वि, विविग्न *sehr erschrocken.* — Caus. *in Schrecken jagen.* — Mit सम् 1) *zusammenfahren, entfliehen.* — 2) *zerfallen.* पूस्य पुरोडाश उद्वा पतेत्सं वा विजेत Âpast. Çr. 9,16, 11. — 3) संविग्न *a) aufgeregt, bestürzt, erschrocken, scheu; aufgeregt, unsicher* (Stimme, Rede). — *b) beweglich, hinundher gehend.* — *c) gefallen in* (im Comp. vorangehend). संलग्न v. l. — Caus. *erschrecken.*

2. विज्³ nach Sâj. *ein flüchtiger Vogel* oder *erschreckend.* Etwa *Spieleinsatz.*

3.* विज्, वेवेक्ति, वेविक्ते (पृथग्भावे).

विजङ्घ Adj. *ohne Beine* (Wagen) MBh. ed. Vardh. 7,35,32.

विजङ्घकूबर Adj. *ohne Beine und Deichsel* (Wagen) MBh. 7,36,32.

विजङ्घाङ्घ्विर Adj. als Beiw. eines Wagens MBh. 7,1570. Die anderen Ausgg. lesen विजङ्घकूबर oder विजङ्घ und विचरण.

विजल्प Adj. *flüsternd.*

विजट Adj. *losgeflochten* (Haar).

*विजटी Adv. mit कर् *losflechten.*

विजन 1) Adj. *menschenleer, einsam.* — 2) n. *ein einsamer Ort, Abwesenheit von Zeugen* Çiç. 7, 51. Loc. Sg. und Pl. (ausnahmsweise) *an einem einsamen Orte, fern von allen Menschen, ohne Zeugen, im Geheimen.* विजनं कर् *alle Zeugen entfernen.*

विजनता f. *Menschenleere, Einsamkeit.*

*विजनन n. *das Zeugen, Gebären.*

विजनितोस्³ Abl. Infin. von जन् mit वि TS. 2, 5,1,5.

विजनी Adv. mit कर् 1) *die Menschen von einem Orte* (Acc.) *entfernen* (322,6), *alle Zeugen entfernen.* — 2) *von einer geliebten Person trennen.*

विजन्मन् m. *eine best. Mischlingskaste.*

विजन्या f. so soll ein Snâtaka eine *Schwangere* nennen.

*विजपिल Adj. = पिच्छिल.

विजय³ 1) m. *a) Streit um den Sieg, Kampf.* — *b) Besiegung, Sieg, Uebermacht.* — *c) Eroberung.* — *d) der Gewinn, das Eroberte, Beute.* — *e)* bildliche Bez. *des Schwertes* und *der Strafe.* — *f) eine best. Stunde des Tages,* insbes. *die 17te* und *die Geburtsstunde* Kṛshṇa's. Nach AV. Ǵjotisha 1,9 der *11te* Muhûrta (unter 15). — *g) der dritte Monat.* — *h) das 27te* (oder *erste*) *Jahr im 60jährigen Jupitercyclus.* — *i) eine best. Truppenaufstellung.* — *k)* = विषय *Provinz, District* Hem. Par. 1,390. 419. Bhadrab. 2,5. 4,1. — *l) eine Art Flöte* S. S. S. 196. — *m) ein best. Tact* S. S. S. 210. — *n) eine Art Composition* S. S. S. 164. — *o)* **Götterwagen;* vgl.

jedoch Zach. Beitr. — p) Bein. α) Arǵuna's. — β) Jama's. — q) N. pr. α) Pl. eines Volkes. — β) *bei den Ǵaina eines der 9 weissen Bala und eines der 5 Anuttara. — γ) eines Sohnes Ǵajanta's, Vasudeva's, Kr̥shn̥a's, Svaroḱis' und vieler anderer Personen. — δ) eines Hasen. — ε) eines Wurfspiesses Rudra's, der personificirt wird. — 2) f. विजया a) Bez. *verschiedener Pflanzen.* Nach den Lexicographen *Terminalia Chebula, Sesbania aegyptiaca, Vitex Negundo, Rubia Munjista, Premna spinosa, eine Art Hanf, eine Art* Çamî und = वचा Râǵan. 4,133. 157. 6,52. 54. 8, 36. 9,23. 24. 11,122. — b) *die dritte, achte und 13te* Tithi, *der 12te Tag in der lichten Hälfte des* Çrâvaṇa, *der 10te Tag in der lichten Hälfte des* Âçvina, *der 7te Tag in der lichten Hälfte des* Bhâdrapada, *wenn er auf einen Sonntag fällt* (Hemâdri 1,63,2) und *die 7te Nacht im* Karmamâsa. — c) *ein best. Zauberspruch.* — d) Bein. der Durgâ. — e) N. pr. α) einer Göttin. — β) der Gattin Jama's. — γ) einer Freundin der Durgâ Mudrâr. 1,7. — δ) einer Joginî Hemâdri 2,a, 102,18. — ε) einer Surâṅganâ Ind. St. 15. — ζ) verschiedener Frauen. — η) eines der kleinen Fahnenstöckchen an Indra's Banner. — ϑ) des Kranzes von Çiva. — ι) eines Speeres. — 3) n. a) *die* (giftige) *Wurzel der Pflanze* विजया. — b) *ein königliches Zelt* Vâstuv. 409. — c) *eine Art Pavillon* Vâstuv. 831. — d) N. pr. eines heiligen Gebiets in Kaçmîra. — 4) Adj. a) *zum Siege führend, Sieg verkündend.* — b) **siegreich.*

*विजयक Adj. = विजये कुशलः.

विजयकण्टक m. *ein Dorn beim Siege*, so v. a. *Andern den Sieg streitig machend* als Bein. eines Fürsten.

*विजयकुञ्जर m. *ein königlicher Elephant.*

विजयकेतु m. N. pr. eines Vidjâdhara Vâsav. 240,2.

विजयक्षेत्र n. = विजय 3) d). °भट्टाग्रहारास् Vikramâṅkaḱ. 18,39.

विजयचन्द्र m. N. pr. eines Fürsten.

विजयच्छन्द m. *ein aus 504 Schnüren bestehender Perlenschmuck.*

विजयडिण्डिम m. *Siegestrommel.*

विजयतीर्थ n. N. pr. eines Tîrtha.

विजयदण्ड m. *Siegesstab* Paṅḱad.

विजयदत्त m. N. pr. 1) eines Mannes. — 2) des Hasen im Monde.

विजयदुन्दुभि m. *Siegestrommel.* Nom. abstr. °ता f.

विजयदेवी f. N. pr. einer Frau.

विजयद्वादशी f. *der 12te Tag in der lichten Hälfte des* Çrâvaṇa. °व्रत n. *eine best. Begehung.*

विजयद्वार n. *das zum Siege führende Thier* Varâh. Jogaj. 5,17.

विजयनगर n. N. pr. einer *Stadt* in Karṇâṭa.

*विजयनन्दन m. N. pr. eines Ḱakravartin.

विजयनन्दिन् m. N. pr. eines Autors Weber, Lit.

*विजयन्त m. Bein. Indra's.

विजयन्तिका f. N. pr. einer Joginî (*Hexe*) Hemâdri 2,a,102,19.

विजयन्ती f. N. pr. einer Surâṅganâ Ind. St. 15. Auch wohl fehlerhaft für वैजयन्ती.

विजयपताका f. *Siegesfahne* Vâsav. 267,1. 2.

विजयपाल m. 1) Bez. *eines best. Beamten* Mudrâr. 29,7 (51,5). — 2) N. pr. verschiedener Fürsten Ind. St. 15,301. fg. °देव Ind. Antiq. 6,55.

विजयपुर n. N. pr. verschiedener *Städte.*

विजयपूर्णिमा f. *eine best. Vollmondsnacht.*

विजयप्रकोष्ठ m. N. pr. eines Vorfahren Kshemîçvara's Ḱaṇḍak. 3,7.

विजयप्रशस्ति f. Titel eines Werkes. °काव्य n. Bühler, Rep. No. 767.

विजयभट्टारिका f. Titel und N. pr. einer *Fürstin* Ind. Antiq. 7,164.

विजयभाग Adj. *Spielglück gebend.*

विजयभैरव n. Titel eines Werkes Burnell, T.

विजयमङ्गलदीपिका f. desgl. Opp. Cat. 1.

*विजयमर्दल m. *Siegestrommel.*

विजयमल्ल m. N. pr. eines Mannes.

विजयमहादेवी f. Titel und N. pr. einer *Fürstin* Ind. Antiq. 8,46.

विजयमालिका f. ein Frauenname Paṅḱad.

विजयमालिन् m. N. pr. eines Kaufmanns.

विजयमित्र m. N. pr. eines Mannes.

विजयरक्षित m. N. pr. eines Autors.

विजयराज m. N. pr. verschiedener Männer Ind. Antiq. 7,248 (eines *Fürsten*).

विजयलक्ष्मी f. N. pr. der Mutter Veṅkaṭa's.

विजयवत् 1) Adj. *siegreich*, so v. a. *glorreich* Ind. Antiq. 10,60. — 2) f. °वती N. pr. einer Tochter des Schlangendämons Gandhamâlin.

विजयवर्मन् N. pr. verschiedener Männer 320, 19. fgg.

विजयवेग m. N. pr. eines Vidjâdhara.

विजयश्री f. 1) *Siegesgöttin* Çiç. 19,85. — 2) N. pr. a) einer Kiṁnara-Jungfrau Kâraṇḍ. 3,22. — b) einer Frau.

विजयसप्तमी f. *ein best. 7ter Tag.*

विजयसिंह m. N. pr. verschiedener Fürsten.

विजयसेन N. pr. 1) m. verschiedener Männer Ind. St. 15,231. — 2) f. आ einer Frau.

विजयाकल्प n. Titel eines Werkes.

विजयादशमी f. *der 10te Tag in der lichten Hälfte des* Âçvina.

विजयादित्य m. N. pr. verschiedener Fürsten Ind. Antiq. 7,16.

विजयानन्द m. *ein best. Tact* S. S. S. 210.

विजयाभिनन्दन m. N. pr. eines Fürsten Ind. St. 14,99.

विजयासप्तमी f. *der 7te Tag in der lichten Hälfte eines Monats, der auf einen Sonntag fällt.*

विजयिक्षेत्र n. N. pr. einer Oertlichkeit in Orissa.

विजयिन् Adj. Subst. 1) *siegreich, Sieger.* — 2) am Ende eines Comp. a) *Besieger.* — b) *Eroberer.*

*विजयिन Adj. = विजिल.

*विजयिष्ठ Adj. *am meisten siegend.*

विजयीन्द्र m. N. pr. eines Autors.

विजयेन्द्रपराभव m. Titel eines Werkes Opp. Cat. 1.

विजयेश m. 1) N. pr. eines göttlichen Wesens. °सहस्रनामन् n. Pl. Burnell, T. — 2) Name eines Heiligthums.

विजयेश्वर m. N. pr. eines Heiligthums. °माहात्म्य n. Titel eines Werkes Bühler, Rep. No. 87.

विजयैकादशी f. *der 11te Tag in der dunkelen Hälfte des* Phâlguna.

विजयोत्सव m. *Siegesfest*, gefeiert zu Ehren Vishṇu's am 10ten Tage in der lichten Hälfte des Âçvina.

विजयोल्लास m. Titel eines Kâvja Opp. Cat. 1.

विजर 1) Adj. *nicht alternd* Hariv. 2,127,49. — 2) *m. *Stengel.* — 2) f. आ N. pr. eines Flusses in Brahman's Welt.

विजरन्न Maitrjup. 6,13 wohl fehlerhaft.

विजर्जर Adj. (f. आ) *gebrechlich; mürbe, morsch* (Holz) Ḱaraka 6,2.

विजर्जरी Adv. mit कर् *gebrechlich machen.*

1. विजल Adj. *wasserlos.* Loc. so v. a. *bei Dürre.*

2.*विजल Adj. fehlerhaft für विजिल.

विजल्प 1) m. f. (आ) *ein ungerechter Vorwurf.* — 2) f. आ N. pr. einer bösen Genie.

*विजवल Adj. = पिच्छिल.

विजाका f. v. l. für विज्जाका.

विजात Adj. *zu einer anderen Klasse gehörig, ungleichartig, heterogen.*

विजाति m. N. pr. eines Fürsten VP.² 4,46.

विजातीय Adj. = विजाति. तद्विजातीय *von underer Art als dieser.*

*विजान m. N. pr. eines Mannes Comm. zu Tâṇḍja-Br. 13,3,12.

विज्ञानक Adj. in अ° (Nachtr. 5).

विज्ञानता (!) f. etwa *List, Verschlagenheit* Bâlar. 124,9.

विज्ञानि Adj. *fremd* oder *ohne Weib*.

विज्ञानिवंस् Partic. perf. von 1. ज्ञन् mit वि. Nur Gen. विज्ञानुषस्.

विज्ञानु n. *eine Art zu fechten* Hariv. 3,124,18.

*विज्ञापक N. pr. einer Oertlichkeit.

विज्ञापयितर् Nom. ag. *der zum Sieg verhilft*.

विज्ञामन् Adj. *verwandt*, so v. a. *entsprechend, correspondirend*.

विज्ञामातर् m. wohl = जामातर् *Schwiegersohn*. Nach Nir. *ein uneigentlicher Schw.*

विज्ञामि Adj. *blutsverwandt* oder überh. *verwandt*.

विज्ञावन् Adj. *leiblich, eigen*.

विज्ञावती Adj. f. *die geboren hat* AV.

विजिगीत (Brh. Âr. Up. 6,4,18) und विजिगीथ (Çat. Br. 14,9,4,17) Adj. *berühmt*.

विजिगीषा f. *das Verlangen zu siegen, — zu besiegen, — zu erobern, — zu überwinden;* das Object im Acc., Dat. oder im Comp. vorangehend.

विजिगीषावत् und विजिगीषिन् Adj. *zu siegen —, zu besiegen verlangend*.

*विजिगीषीय Adj. gaṇa उत्करादि.

विजिगीषु Adj. *zu siegen* (auch in einer Disputation) —, *zu besiegen —, zu erobern verlangend, eroberungssüchtig;* das Obj. im Acc. oder im Comp. vorangehend. Nom. abstr. °ता f. (Harshaḱ. 157,9) und °त्व n. *das Verlangen Eroberungen zu machen, der Ehrgeiz eines Fürsten*.

विजिग्राहयिषु Adj. *Jmd* (Acc.) *in einen Kampf zu verwickeln beabsichtigend* Bhaṭṭ.

विजिघत्स Adj. *dem Hunger nicht unterliegend, nicht hungrig werdend*.

विजिघांसु Adj. mit Acc. 1) *zu schlagen —, zu tödten beabsichtigend*. — 2) *zu vernichten —, zu entfernen wünschend*.

विजिघृतु Adj. *zu kriegen —, Feindseligkeiten anzufangen begierig*.

विजिज्ञासा f. *das Verlangen zu erfahren, — kennen zu lernen, Erkundigung, — nach* (im Comp. vorangehend).

विजिज्ञासितव्य Adj. *was zu erfahren —, kennen zu lernen man wünschen muss*.

विजिज्ञासु Adj. *zu erfahren —, kennen zu lernen begierig, — von Jmd* (Gen.).

विजिज्ञास्य oder विजिज्ञास्य Adj. = विजिज्ञासितव्य.

विजित 1) Adj. s. u. 1. जि mit वि. — 2) m. oder n. *a) ein erobertes Land* Çat. Br. 1,5,2,21. 4,3, 2,5.16. Lâṭj. 9,10,7. — *b) Reich, Land* Lalit. 305,6. — 3) n. *Sieg, Eroberung* Gaut. 10,41.

विजितरूप Adj. *wie etwas Gewonnenes aussehend* Çat. Br. 4,2,4,7.

विजितारि m. N. pr. eines Râkshasa.

विजिताश्व m. N. pr. eines Sohnes des Pṛthu.

विजितासु m. N. pr. eines Muni.

विजिति f. 1) *Kampf*. — 2) *Sieg; vollständiger Sieg*. — 3) *Gewinnung* in Comp. mit seinem Object. — 4) N. pr. einer Genie.

विजितिन् Adj. *siegreich*.

विजितेन्द्रिय Adj. (f. आ) *seine Sinne zügelnd* M. 6,1. Jâǵn. 1,87. R. 1,6,3.

विजित्वर 1) Adj. (f. आ) *siegreich*. Nom. abstr. °त्व n. — 2) f. आ (Conj.) N. pr. einer Göttin.

*विजिन, *विजिपिल und *विजिल Adj. = पिच्छिल.

विजिलबिन्दु N. pr. einer Stadt Çaṅk. Viǵ. 238, 6. Vgl. विज्जलविड.

*विजिविल Adj. = पिच्छिल.

विजिहीर्षु Adj. 1) *spazieren wollend* Karaka 1, 26. — 2) *sich belustigen wollend*.

विजिह्म Adj. *krumm, gebogen, gerunzelt* Kir. 1, 21. Von Augen so v. a. *seitwärts gerichtet*.

विजिह्व Adj. 1) *der Zunge beraubt* Vishṇus. 5,23. — 2) fehlerhaft für विजिह्म.

विजीवित Adj. (f. आ) *leblos, todt*.

विजु m. *am Leibe des Vogels derjenige Theil, wo die Flügel ansitzen*.

*विजुल m. *die Wurzel von Bombax heptaphyllum*. Richtig विज्जल.

विजृम्भ m. *Ausreckung*. भ्रू° *das Verziehen der Brauen*.

विजृम्भक 1) m. N. pr. eines Vidjâdhara. — 2) f. °म्भिका *das Schnappen nach Luft* (Karaka 4,8. Pl. Kâd. 2,18,7 = 21,1), *Gähnen*.

विजृम्भण n. 1) *das Gähnen*. — 2) *das Aufblühen*. — 3) *das Ausdehnen, Ausbreiten*. भ्रुवोस् *das Verziehen der Brauen*.

विजृम्भित 1) Adj. s. u. जृम्भ् mit वि. — 2) n. *a) das Gähnen* Gaut. — *b) das Hervorbrechen, Manifestation, die Folgen*. — *c) That*. वीर° *Heldenthat*.

विजृम्भिन् Adj. *hervorbrechend, sich manifestirend*.

विजेतर् Nom. ag. 1) *Sieger* (auch in einer Disputation). — 2) *Besieger*. — 3) *Eroberer*.

विजेतव्य Adj. *zu besiegen, zu zügeln* (die Sinne).

(विजेन्य) विजेनिय Adj. *fern*.

विजेय Adj. in अविजेय.

विजेयविलास (विजेय°?) m. Titel eines Werkes.

विजेषकृत् Adj. *Sieg bewirkend*.

विजेषम् Adj. nach Sâj. (die Götter) *ergötzend*.

विज्ज 1) m. ein Mannsname. — 2) f. आ ein Frauenname.

*विज्जन Adj. = विज्जल.

विज्जनामन् m. *Name eines nach* Viǵǵa *benannten* Vihâra.

विज्जराज m. N. pr. eines Mannes.

विज्जल 1) Adj. *schleimig schmierig*. — 2) *m. *die Wurzel von Bombax heptaphyllum* Râǵan. 7, 106. — 3) f. आ ein Frauenname. — 4) *n. *eine Art Pfeil*.

विज्जलपुर n. N. pr. einer *Stadt*.

विज्जलविड n. = विज्जलपुर. Vgl. विजिलबिन्दु.

विज्जाका oder विज्जिका f. N. pr. einer Dichterin.

*विज्जिल Adj. = विज्जल 1).

*विज्जुल m. *Cassia-Rinde*.

*विज्जूलिका f. *eine roth färbende Oldenlandia*. Richtig वञ्जुलिका.

विज्ञ Adj. *kundig, eine richtige Erkenntniss habend, gelehrt* Vaǵrakkh. 28,16.

विज्ञप्ति f. *Gesuch, Bitte an Jmd* (Gen.), überh. *die Anrede eines Niederen an einen Höheren, Meldung*. °प्तिं कर् *an Jmd* (Gen.) *ein Gesuch richten, einem höher Stehenden Etwas melden*.

विज्ञप्तिका f. *Gesuch, Bitte* Z. d. d. m. G. 36,381. Ind. Antiq. 9,124.

विज्ञप्य Adj. *dem man zu melden hat*.

*विज्ञबुद्धि f. *Nardostachys Jatamansi*.

विज्ञराज m. *ein Fürst unter den Weisen* Kârand. 14,19. 20.

विज्ञातर् Nom. ag. *Erkenner, Begreifer, Kenner*.

विज्ञातवीर्य Adj. *von bekannter Kraft*.

विज्ञातव्य Adj. 1) *zu erkennen, was erkannt wird*. — 2) *zu erkennen —, zu betrachten als*. — 3) *worauf mit Sicherheit zu schliessen ist*.

विज्ञाति 1) f. *a) Erkenntniss*. — *b) ein best*. Kalpa (*Weltperiode*). — 2) m. N. pr. einer Gottheit.

विज्ञान 1) n. (adj. Comp. f. आ) *a) Erkennung, Erkenntniss, richtige Erk., Kenntniss, Wissen*. In Comp. mit dem Was, ausnahmsweise auch mit dem Womit. — *b) Fertigkeit, Kunst; Kunstgriff, Kunststück* Uttamak. 77. — *c) Wissenschaft von Etwas, Lehre*. — *d) profanes Wissen* im Gegensatz zu ज्ञान. — *e) die Fähigkeit des Erkennens, richtiges Urtheil*. — *f) das Organ der Erkenntniss, das* Manas. — *g) das Verstehen unter Etwas, das Halten für, das Erkennen als, das Annehmen* 230, 4. 238,5.15. — *h) über die Bed. des Wortes bei* den Buddhisten s. CHILDERS unter विञ्ञाणं. — 2) m. N. pr. eines Sâdhja HARIV. 3,12,45. विधान v. l.

विज्ञानक n. = विज्ञान 1) *a*).

विज्ञानकन्द m. N. pr. eines Mannes.

विज्ञानकाय m, Titel eines buddh. Werkes.

विज्ञानकेवल Adj. bei den Çaiva (eine Einzelseele) *an der nur noch* मल *haftet*.

विज्ञानकौमुदी f. N. pr. einer Buddhistin.

विज्ञानघनँ m. *reine Erkenntniss, Nichts als Erkenntniss*.

विज्ञानतरंगिणी f. Titel eines Werkes BURNELL, T.

विज्ञानता f. *Kenntniss in* (Loc.).

*विज्ञानतैलगर्भ m. *Alangium decapetalum* RÂGAN. 9,76.

*विज्ञानदेशन m. *ein* Buddha.

विज्ञानपति m. *Herr aller Erkenntniss* ÇAMK. zu BÂDAR. 4,4,18 (als Bez. eines Erlösten auf einer best. Stufe).

*विज्ञानपाद m. Bein. Vjâsa's.

विज्ञानभट्टारक m. N. pr. eines Gelehrten.

विज्ञानभिक्षु m. desgl.

विज्ञानभैरव und °भैरवोद्योतसंग्रह m. Titel von Werken BÜHLER, Rep. No. 490. fg.

विज्ञानमँय Adj. *aus Erkenntniss gebildet, — bestehend, erkenntnissvoll*.

*विज्ञानमातृक m. *ein* Buddha.

विज्ञानयति m. N. pr. = विज्ञानभिक्षु.

विज्ञानयोगिन् m. N. pr. = विज्ञानेश्वर.

विज्ञानललित Titel eines Werkes.

विज्ञानवत् Adj. *mit Erkenntniss ausgestattet*.

विज्ञानवाद m. *die Theorie* (der Jogâkâra), *nach der nur die Erkenntniss Realität hat* (nicht die Objecte der Aussenwelt), ÇAMK. zu BÂDAR. 2,2,28.

विज्ञानवादिन् Adj. *der da behauptet, dass nur die Erkenntniss Realität hat;* m. *ein* Jogâkâra.

विज्ञानाकल Adj. = विज्ञानकेवल.

विज्ञानाचार्य m. N. pr. eines *Lehrers*.

विज्ञानात्यायतन n. N. pr. einer buddhistischen Welt.

विज्ञानामृत n. Titel eines Commentars.

विज्ञानास्तित्वमात्रवादिन् Adj. = विज्ञानवादिन् ÇAMK. zu BÂDAR. 2,2,18.

*विज्ञानिक Adj. = विज्ञ und वैज्ञानिक.

°विज्ञानिता f. *Kennerschaft, das Vertrautsein mit*.

विज्ञानिन् Adj. 1) *Wissen von Etwas habend, mit Wissen verfahrend*. — 2) *sich auf eine Kunst verstehend, Fachmann* HARSHAK. 69,1.

°विज्ञानीय Adj. *die Lehre von — behandelnd*.

विज्ञानेश्वर m. N. pr. eines Gelehrten.

विज्ञानेश्वरीय n. *ein Werk* Vignâneçvara's OPP. Cat. 1.

विज्ञानिकस्कन्धवाद m. = विज्ञानवाद ÇAMK. zu BÂDAR. 2,2,28.

विज्ञापन n. und °ना f. *Mittheilung, Bitte, Gesuch*, insbes. *die ein Niederer an einen Höheren richtet*, MUDRÂR. 37,2 (65,4). Ind. Antiq. 6,32. 9,128.

विज्ञापनीय Adj. 1) *mitzutheilen, zu melden*. — 2) *dem* (insbes. einem Höheren) *eine Mittheilung zu machen ist*.

°विज्ञापिन् Adj. *kund thuend* NAISH. 6,91.

विज्ञाप्य Adj. = विज्ञापनीय 1) (HARSHAK. 166,2) 2). In der zweiten Bed. mit Acc. der Sache.

विज्ञाय Adj. in बलविज्ञायँ.

विज्ञीप्सु Adj. *anzureden beabsichtigend* HEM. PAR. 11,73.

विज्ञेॅय Adj. 1) *zu erkennen, erkennbar*. — 2) *was man zu wissen hat*. — 3) *zu erkennen —, anzusehen als, zu halten für*. Nom. abstr. °त्व n. TS. PRÂT.

विज्ँय Adj. *nicht besehnt*.

विज्वर Adj. (f. आ) 1) *fieberfrei*. — 2) *frei von Seelenschmerz, wohlgemuth, guter Dinge*. — HARIV. 10918 fehlerhaft für विज्ञर.

विकर्कर Adj. *widerlich, unangenehm* (Laut) ÇIÇ. 12,9. = विषम Comm.

*विज्झमर oder *विज्झामर n. *das Weisse im Auge*.

*विज्झोली f. *Reihe*.

*विट्, वेटति (शब्दे).

विट 1) m. *a*) *ein leichtsinniger Geselle, Schwindler*. In der Umgebung eines leichtsinnigen Frauenzimmers so v. a. *Galan, Nebenmann, Hurenjäger;* in der eines Fürsten so v. a. *Schranze, Schmarotzer, Speichellecker*. — *b*) **Maus*. — *c*) **Acacia Catechu*. — *d*) **Orangenbaum*. — *e*) **eine Art Salz*. — *f*) * = प्राच्यच्छोद् (!). — *g*) * = विटप. — *h*) *N. pr. eines Berges. — 2) *n. *Haus* GAL.

विटक m. 1) Pl. N. pr. eines Volkes. — 2) * = पिटक *Beule* GAL.

विटङ्क 1) (*m. n.) *Krone, Zinne, Giebel, Gipfel, Spitze* überh. BÂLAR. 43,20. 93,18. 192,11. VIKRAMÂÑKAK. 5,77. 7,76. 11,22. 15,78. 17,30. PRASANNAR. 18,6. KÂD. 149,24 (264,6). Am Ende eines adj. Comp. f. आ. — 2) Adj. *schmuck, hübsch, schön* BHÂG. P. 3,15,27. 5,2,10. 10,33,16. PR. P. 49. Vgl. विटङ्कित unter टङ्क mit वि.

*विटङ्कक m. n. = विटङ्क 1).

विटङ्कपुर n. N. pr. einer *Stadt*.

विटप 1) m. (*n.) *a*) *Ast, Zweig, Ranke*. वेणु° KÂD. 252,1 (411,13). Am Ende eines adj. Comp. f. आ. — *b*) *Busch, Strauch*. — 2) *m. *a*) *Calotropis gigantea* RÂGAN. 4,176. — *b*) = घिट 1) *a*). — *c*) N. pr. eines Mannes. — 3) n. *der Raum zwischen Scham und Oberschenkel, Perinaeum*.

विटपक m. 1) *Baum* KÂD. 117,20 (210,2). — 2) = विट 1) *a*) KÂD. 117,20 (210,2). 133,9 (234,11).

विटपशस् Adv. *in Zweige, nach Zweigen*.

विटपिन् 1) Adj. *mit Aesten —, mit Zweigen versehen*. — 2) m. *a*) *Baum*. — *b*) **Ficus indica* RÂGAN. 11,118.

*विटप्रिय m. *eine Art Jasmin*.

विटभूत m. N. pr. eines Asura.

*विटमाक्षिक n. *ein best. Mineral*.

*विटलवण n. = विड्लवण.

*विटवल्लभा f. *Bignonia suaveolens* RÂGAN. 10,49.

*विटि f. *gelber Sandel*.

विटिकण्ठीरव m. N. pr. eines Mannes.

विट् = 3. विष् *Unreinigkeit* in कर्ण° u. s. w.

*विट्कारिका f. *ein best. Vogel*.

विट्कुल n. *das Haus eines* Vaiçja.

विट्क्रिमि m. *Spulwurm* HEM. PAR. 2,390.

*विट्खदिर m. *Vachellia farnesiana* RÂGAN. 8,28.

*विट्चर m. *Hausschwein*.

विट्ठल m. 1) *eine Form* Vishṇu's. °सहस्रनामन् BURNELL, T. — 2) N. pr. verschiedener Gelehrter. Auch °दीक्षित, °दीक्षितभट्ट, विट्ठलाचार्य, विट्ठलेश्वर und विट्ठलोपाध्याय.

विट्पण्य n. *Waare, die ein* Vaiçja *zu verkaufen pflegt*.

विट्पति m. 1) *Herr des Volkes, Fürst*. — 2) *Oberhaupt der* Vaiçja. — 3) *Schwiegersohn* HEMÂDRI 1,32,21. 33,2. 34,5.

विट्शूद्र n. Sg. *die* Vaiçja *und* Çûdra.

विट्शूल m. *eine best. Form der Cholik*.

विट्सङ्ग m. *Stockung der faeces* KARAKA 8,10.

*विट्सारिका und *विट्सारी f. *ein best. Aasvogel*.

*विठङ्क (!) Adj. *bad, vile*.

*विठर Adj. = वाग्मिन्.

विठल m. v. l. für विट्ठल 1) 2). विठलोपाध्यायपत्त्र n. OPP. Cat. 1.

विठ्ठल m. v. l. für विट्ठल 1) 2).

*विड्, वेडति (आक्रोशे).

विड 1) m. n. *eine Art Salz*. Auch °लवण n. Mat. med. 84. RÂGAN. 6,98. BHÂVAPR. 1,181. — 2) m. N. pr. eines Landes und dessen Fürsten Ind. Antiq. 6,92. 7,302. — 3) *n. *a part, a fracture, a bit*.

*विडगन्ध n. = विड्लवण. Vgl. विड्गन्ध.

विडङ्ग 1) *m. f. (आ) *Embelia Ribes* Mat. med. 187. RÂGAN. 6,49. — 2) n. *die Frucht von E. R.*, ein Wurmmittel. — 3) *Adj. = अभिज्ञ.

विडम्ब 1) Adj. am Ende eines Comp. *Jmd nach-*

ahmend, Jmds Benehmen annehmend. — 2) m. *a) Verspottung, Verhöhnung.* — *b) Entweihung, Entwürdigung* (einer Sache).

°विडम्बक Adj. 1) *nachahmend, täuschend ähnlich* Kâd. 75,17 (139,1). — 2) *entweihend.* शाक° so v. a. *dem Namen Gemüse Schande bereitend.*

विडम्बन 1) Adj. am Ende eines Comp. *Jmd nachahmend, Jmds Benehmen annehmend.* — 2) f. (आ) n. *a) das Nachmachen, Nachahmen, Nachäffen, das Spielen einer Person* (Kâd. 121,20 = 216,9), *das dem Scheine nach Etwas Sein, blosse Maske, das dem Scheine nach Annehmen einer Erscheinungsform;* insbes. von einem Gotte, der menschliches Aussehen und Benehmen annimmt. °नां कर् *nachäffen,* अर्चाविडम्बनं कर् *eine scheinbare, falsche Verehrung an den Tag legen.* — *b) Verspottung, Verhöhnung; Spott, Hohn, Schimpf, Lächerlichkeit* Bhâm. V. 1,27. °नं und °नां कर् *Jmd verspotten* (mit Acc. der Person). — *c) Entweihung, Entwürdigung* (einer Sache) Bâlar. 227,8. 11. — *d) Missbrauch.*

°विडम्बिन् Adj. 1) *nachahmend, den Schein von Etwas annehmend, täuschend ähnlich* Kâd. 16,10 (25,9). Vikramâñkak. 11,26. 34. — 2) *verspottend, verhöhnend,* so v. a. *gleichkommend, übertreffend* Çiç. 5,68. — 3) *entweihend, entwürdigend, Unfug treibend mit Etwas.* ऋत° so v. a. *ein Charlatan von Astrolog.*

विडम्ब्य n. *ein Gegenstand des Spottes.*

विडायतनीया f. *eine best.* Vishṭuti Lâṭj. 6,6,7. 8.

विडिनाथकवि (विठि°) m. N. pr. eines Autors Burnell, T.

विडीन n. *eine Art Flug* MBh. 8,41,27.

विडीनक n. in डीन°.

*विडु m. und *विडुल m. fehlerhaft für विड्डु und विड्डुल.

विडोजस् und विडौजस् m. Bein. Indra's. Auch Pl. Südindische Hdschrr. (auch Bâlar. 139,5) sollen बि° schreiben.

*विड्गन्ध n. = विड्लवण.

विड्ग्रह m. *Constipation* Bhâvapr. 3,127.

विड्घात m. *eine best. Harnkrankheit* Karaka 8,9.

विड्ज Adj. *auf Mist wachsend.*

विड्डसिंह m. N. pr. eines Mannes.

विड्बन्ध m. *Stockung der faeces.*

विड्भङ्ग m. *dünner Stuhlgang, Diarrhoe.*

विड्भिद् f. dass. Bhâvapr. 3,48.

विड्भुज् 1) Adj. *Excremente fressend.* — 2) m. *Mistkäfer oder ein anderes von Mist sich nährendes Insect* Bhâg. P. 5,5,1.

विड्भेद m. = विड्भङ्ग Karaka 6,3. 16.

विड्भेदिन् 1) Adj. *laxirend.* — 2) *wohl n. = विड्लवण.

विड्भोजिन् Adj. *Excremente fressend.*

*विड्लवण n. *ein best. Salz* Mat. med. 84. Ainslie 2,41.

विड्वराह m. *Hausschwein* Râǵan. 19,32. Bhâg. P. 2,3,19.

विड्विघात m. = विड्घात Karaka 8,9.

विठ्ठल m. N. pr. v. l. für विठल, विठ्ठल.

*विण्ट्, विण्टयति (शित्याम्).

विण्टक (?) Vikramâñkak. 4,80.

विण्मूत्र n. Sg. und Du. (dieses selten) *Koth und Urin.*

*वितंस m. = वीतंस.

वितण्ड 1) *m. *a) a sort of lock or bolt with three divisions or wards.* — *b) Elephant.* — 2) f. आ *a) Chicane in der Disputation, wobei der Streitende seinen Gegner zu widerlegen bemüht ist, ohne dadurch für seine Behauptung eine Stütze zu gewinnen.* Nom. abstr. °त्व n. — *b) *Arum Colocasia.* — *c)* *= करवीरी. — *d)* *= शिलाह्वय. — *e)* *= दर्वि.

वितण्डक m. N. pr. eines Autors.

वितत 1) Adj. s. u. 1. तन् mit वि. — 2) *n. = वादित्र Çâçvata.

विततत्व n. *grosser Umfang.*

विततायज्ञ m. *dessen Opfer gerüstet ist.*

वितति f. 1) *Ausdehnung, Länge.* — 2) *Ausbreitung, Verbreitung.* — 3) *grosser Umfang, Fülle, Menge.* — 4) *Ueberschreitung der Schranken.*

वितती Adv. mit कर् *ausbreiten, ausstrecken* Naish. 2,68. Z. d. d. m. G. 36,531.

वितत्करण n. in अ°.

वितत्य्, वितत्यते *sich ausbreiten* Âpast. Çr. 12, 12,13.

वितत्य m. N. pr. eines Sohnes des Vihavja.

वितथ 1) Adj. (f. आ) *a) unwahr, falsch.* Instr. *falsch.* — *b) unnütz, vergeblich.* °थं कर् so v. a. *rückgängig machen, annulliren.* — *c) frei von* (Abl.) Âpast. — 2) m. *a)* Bein. Bharadvâǵa's. — *b)* N. pr. α) eines Genius, dem bei der Eintheilung eines Hauses in Felder ein best. Platz gehört, Hemâdri 1,651,18. 654,7. — β) eines Sohnes des Bharadvâǵa.

वितथता f. *Unwahrheit, Falschheit.* °तां गम् *zur Lüge werden.*

वितथय्, °यति *unwahr machen, der Unwahrheit zeihen* Çiç. 7,8.

वितथवाच् Adj. *Lügen sprechend, Lügenmaul* Ind. St. 15,288.

वितथाभिनिवेशवत् Adj. *Hang zur Unwahrheit habend* Jâǵn. 3,155.

वितथी Adv. mit कर् *unnütz machen, vereiteln.*

वितद्भाषण n. in अ°.

*वितद्रु f. N. pr. eines Flusses.

*वितन in *आकरवितना.

वितनितर् Nom. ag. *Verbreiter.*

वितनु 1) Adj. (f. °तन्वी) *a) überaus schmal.* — *b) körperlos.* — *c) ohne Wesenheit.* — 2) m. *der Liebesgott.*

(वितन्तसाय्य) °सायिय Adj. *zu schütteln, in rasche Bewegung zu setzen.*

वितन्त्री f. (Nomin. °स्) *eine verstimmte Saite.*

वितमस् und °तमस्क (f. आ) Adj. *frei von Finsterniss, nicht verdunkelt, licht.*

वितर Adj. *weiter führend* (ein Pfad).

वितरण 1) Nom. ag. *ein Uebersetzender* in einer Etymologie MBh. 5,109,14. — 2) n. *a) das Weiterleiten, Uebertragen* in अ° (Nachtr. 5). — *b) das Spenden, Hingabe* (Vikramâñkak. 5,79); *Spende, Geschenk.*

वितरणाचार्य m. N. pr. eines *Lehrers.*

वितरम् Adv. *weiter, ferner* (räumlich und zeitlich).

वितराम् Adv. *weiter weg, weiter, mehr* 24,30 (Conj.). Âpast. Çr. 11,18,5.

वितरितर् Nom. ag. mit Gen. *Schenker* Bâlar. 100,10.

वितर्क m. 1) *Vermuthung.* इन्दोर्वितर्कात् so v. a. *weil darin der Mond vermuthet wurde.* — 2) *ein auftauchender Zweifel.* — 3) *eine fragliche Sache.* — 4) *das Hinundherüberlegen, Erwägung* 178, 20. — 5) N. pr. eines Sohnes des Dhṛtarâshṭra.

*वितर्कण n. = वितर्क.

वितर्कवत् Adj. *eine Ueberlegung enthaltend.*

वितर्क्य Adj. *in Betracht zu ziehen, zu erwägen.*

वितर्तुरम् Adv. *abwechselnd.*

वितर्दि f. (Lalit. 23,6. 141,14) und °का f. *eine Terrasse im Hofe eines Hauses zum Aufenthalt und Lustwandeln.*

*वितर्दी, *वितर्द्धि, *वितर्द्धिका und *वितर्द्धी f. dass.

वितल n. 1) Name einer der 7 Unterwelten. — 2) etwa *Höllengrund* Bâlar. 140,1.

वितस्त 1) *Adj. als Erklärung von वैतस, angeblich = उपक्षीण. — 2) f. वितस्ता N. pr. eines Flusses, *Hydaspes* der Griechen, *Bihat* heut zu Tage, Râǵan. 14,27. Chr. 222,17. Nom. abstr. वितस्तात्व n. — 3) = वितस्ति in त्रिवितस्त.

वितस्तदत्त m. N. pr. eines buddhistischen Kaufmanns.

वितस्ताख्य n. N. pr. der Behausung des Schlangendämons Takshaka in Kâçmîra.

वितस्ताद्रि m. N. pr. eines *Berges*.

वितस्तापुरी f. N. pr. einer *Stadt*.

वितस्तामाहात्म्य n. Titel eines Werkes Bühler, Rep. No. 88.

वि॑तस्ति m. (nur Hemâdri 1,121,5. f. 8) f. *Spanne*, als Maass verschieden definirt: *wirkliche Spannbreite, Länge vom Handgelenk bis zur Fingerspitze* und = 12 Aṅgula.

वितान 1) Adj. *a) leer* in अवितान (Nachtr. 5). — *b) niedergeschlagen*. — 2) m. n. *a) Ausbreitung, Ausdehnung, grosser Umfang*. — *b) Menge, Fülle, Masse*. — *c) hoher Grad*. — *d) Mannichfaltigkeit*. — *e) das in's Werk Setzen, Ausführung, Entwickelung, Entfaltung*. — *f) Opferhandlung*. — *g) Traghimmel, Baldachin*. Am Ende eines adj. Comp. f. आ. — 3) m. *gesonderte Aufstellung der drei heiligen Feuer, diese Feuer selbst*. — 4) m. oder n. *ein best. Verband für den Kopf*. — 5) f. आ N. pr. der Gattin Sattrâjaṇa's. — 6) n. *a)* **Gelegenheit*. — *b)* **eine Klasse von Metren*. — *c) ein best. Metrum*.

वितानक 1) (*m.) n. *Traghimmel, Baldachin*; insbes. am Ende eines adj. Comp. — 2) *Fülle, Menge* Çiç. 3,6. 6,27. — 3) *m. *Caryota urens* Râǵan. 9,95.

वितानकल्प m. Titel eines Pariçishṭa des AV.

*वितानमूलक n. *die Wurzel von Andropogon muricatus* Râǵan. 12,161.

वितानवन्त् Adj. *mit einem Traghimmel versehen*.

वितानाय् *einen Traghimmel darstellen*. °नाय्यते Pass. impers.

वितानी Adv. mit भू dass. Bâlar. 59,12.

वितामस Adj. *licht, hell*.

वितायितर् Nom. ag. °ता als Fut. von 1. तन् mit वि 8) Bhâg. P. 8,13,36.

वितार Adj. 1) *sternenlos*. — 2) *ohne Kern* (Komet).

वितारिन् Adj. in अवितारिन्.

विताल Adj. *aus dem Tacte fallend* S.S.S. 117,10.

विति f. = वीति in गौरीविति.

वितिमिर Adj. (f. आ) *frei von Finsterniss, licht, hell*. °रे जाते *nachdem es hell geworden war*.

विति॑रे Dat. Infin. zu 1. तर् mit वि ṚV. 10, 104,5.

वितिलक Adj. *keinen mit Farbe aufgetragenen Fleck habend*.

वितुङ्गभाग Adj. *anderswo als auf dem Höhepunct stehend*.

वितु॑द m. N. pr. eines gespenstischen Wesens Taitt. Âr. 10,67.

*वितुन्न 1) n. *a) Marsilea quadrifolia*. — *b) Blyxa octandra*. — 2) f. आ *Flacourtia cataphracta* Râǵan. 5,90.

वितुन्नक 1) *m. oder n. *ein Loch im Ohr für den Ring*. — 2) m. f. (°न्निका) n. *Flacourtia cataphracta* Râǵan. 5,90. Karaka 6,20. 27. — 3) *m. n. *a) Koriander*. — *b) blauer Vitriol*.

वितुल m. N. pr. eines Fürsten. विपुल v. l.

वितुष Adj. *enthülst* Âpast. Çr. 8,6,3. Gobh. 4, 2,10. Comm. zu Njâjam. 2,1,14.

वितुषी Adv. mit कर् *enthülsen*.

वितुषीकरण n. *das Enthülsen* Comm. zu Njâjam. 10,1,3.

वितुष्ट Adj. *ärgerlich, verstimmt*.

*वितूस्तय्, °यति 1) *entflechten, aufflechten*. — 2) *vom Staube befreien*.

वितृण Adj. *graslos*.

वितृती॑य 1) Adj. als Bez. einer Art von Takman. — 2) n. *Drittel*. वितृतीयदेश m. Âpast. Çr. 2,1,4. 6. 3,11. 5,4,5.

वितृप्तक Adj. in अवितृप्तक (Nachtr. 5).

वितृष् Adj. *frei von Durst*. Vgl. अ° (Nachtr. 5).

वितृष Adj. dass. in अ° (Nachtr. 5).

वितृष्ण Adj. (f. आ) 1) *frei von Durst, nicht durstig*. — 2) *kein Verlangen empfindend, nicht begehrend, — nach* (im Comp. vorangehend).

वितृष्णता f. *das Nichtverlangen, Nichtbegehren, Zufriedenheit, Befriedigung* Çiç. 12,39. 13,46.

वितृष्णा f. 1) dass. — 2) *ein heftiges Verlangen*. — 3) N. pr. eines Flusses VP. 2,4,28. Könnte auch f. von वितृष्ण sein.

वितोय Adj. (f. आ) *wasserlos*.

वितोला f. N. pr. eines Flusses.

1. वित्त Adj. s. u. 1. विद्.

2. वित्त॑ 1) Adj. s. u. 3. विद्. — 2) n. *a) Fund*. — *b) Habe, Besitz, Gut, Vermögen, Geld*; in der späteren Sprache auch Pl. — *c) das zweite astrologische Haus* Varâh. Jogaj. 4,11.

3.*वित्त Adj. s. u. 5. विद्.

1. वित्तक Adj. *recht bekannt, berühmt*.

2. वित्तक Adj. in प्रसाद°.

वित्तकाम Adj. *habsüchtig* MBh. 1,130,58.

वित्तकाम्या॑ f. *Habsucht*. Der gleichlautende Instr. *aus H*.

वित्तगोप्तर् Nom. ag. *Hüter der Reichthümer*, Bein. Kubera's.

वित्त॑जानि Adj. *der ein Weib genommen hat*.

वित्तदा f. N. pr. einer der Mütter im Gefolge Skanda's.

वित्तध॑ Adj. *reich*.

वित्तनाथ m. *Herr der Reichthümer*, Bein. Kubera's.

वित्तनिचय m. Pl. *grosser Reichthum*.

वित्तप 1) Adj. (f. आ) *Reichthümer hütend*. अखिल°. — 2) m. Bein. Kubera's.

वित्तपति m. *Herr der Reichthümer*, Bein. Kubera's.

वित्तपपुरी f. N. pr. einer *Stadt*.

वित्तपाल m. *Hüter der Reichthümer*, Bein. Kubera s.

वित्तपेटा (Pańkat. ed. Bomb. 2,24,11) und °पेटी f. *Geldkörbchen, — beutel*.

वित्तम s. u. 2. विद्.

वित्तमय Adj. (f. ई) *in Reichthümern bestehend*.

वित्तमात्रा f. *eine Summe Geldes*.

*वित्तय्, °यति (त्यागे).

वित्तर्द्धि f. *ein grosses Vermögen*.

वित्तवन्त् Adj. *wohlhabend, reich*.

वित्तविवर्धिन् Adj. *die Habe —, das Kapital vermehrend* M. 8,140.

वित्तशाठ्य n. *eine Unredlichkeit in Betreff des Vermögens, das sich ärmer oder reicher Machen als man ist* Hemâdri 1,249,1.

वित्तसंचय m. *das Sammeln von Reichthümern* R. 2,39,14.

वित्तहीन Adj. *besitzlos, arm* Spr. 772, v. l.

वित्तागम m. *Gelderwerb, Mittel zu Gelde zu kommen* M. 10,115 (Pl.). Pańkat. 7,15.

वित्ताढ्य Adj. *wohlhabend, reich*.

वित्ताप्ति f. *Gelderwerb* Varâh. Bṛh. S. 50,19.

वित्ता॑यन Adj. (f. ई) *etwa zu Reichthümern verhelfend* TS. 1,2,12,1. Maitr. S. 1,2,8.

*वित्तार्थ m. *Sachkenner*.

1. वित्ति f. 1) *Bewusstsein*. — 2) *Verstand* Saṁhitopan. 36,4.

2. वि॑त्ति (im Mantra angeblich वित्ति॑) f. 1) *das Finden, Habhaftwerden* in अ°. — 2) *das in Besitz Gelangen, Erwerb*. — 3) *Fund*. — 4) **das Gefundenwerden, Vorhandensein*. — 5) *am Ende eines Comp. *ein Ausdruck des Lobes*.

3.*वित्ति f. = विचार.

4. वित्ति m. N. pr. eines göttlichen Wesens.

वित्तेश m. *Herr der Reichthümer*, Bein. Kubera's 292,18. °पत्तन *Kubera's Stadt*.

वित्तेश्वर m. 1) *Besitzer von Reichthümern*. — 2) Bein. Kubera's.

वित्तेहा f. das Streben —, Verlangen nach Reichthümern MBh. 3,2,49.

वित्तैषणा f. dass. Çat. Br. 14,6,4,1. 7,2,26. Çaṁk. zu Bâdar. 3,4,9.

°वित्त्व n. Nom. abstr. von 2. विद्.

वित्पत्न in *अवित्पत्न.

वित्रप 1) *Adj. schamlos. — 2) m. N. pr. eines Mannes.

वित्रास 1) Adj. am Ende eines Comp. in Schrecken versetzend. — 2) m. das Erschrecken, Schreck; auch in Comp. mit dem Wovor.

वित्रासन 1) Adj. (f. ई) in Schrecken versetzend. — 2) n. das in Schrecken Versetzen Kâraka 4,8.

वित्रिभलग्नक (wohl n.) = त्रिभोनलग्न Golâdhj. 6,7.

वितक्षण Adj. etwa rüstig. Nach Sâj. = तनूकर्तर्.

*वित्सन m. Stier.

*विथ्, वेथते (याचने).

*विथक् Indecl.

विथुर 1) Adj. (f. आ) a) schwankend, taumelnd. — b) mangelhaft (Gegensatz उल्बण) Ait. Br. 2,7,12. — 2) *m. a) Dieb. — b) ein Râkshasa.

विथुर्य्, विथुर्यति taumeln.

विथूतिस्तोत्र (!) n. Titel eines Stotra Burnell, T.

*विथ्या f. eine best. Pflanze, = गोजिह्वा.

1. विद्, वेत्ति, वेद (2te Imper. MBh. 3,68,34), विदां करोति (Spr. 6512), वेद Perf. (mit Präsensbedeutung, ganz ausnahmsweise auch als Perf.); metrisch hier und da Med. 1) Etwas oder Jmd kennen lernen, erkennen; wissen, begreifen, sich auf Etwas verstehen, Etwas oder Jmd erkennen, wissen von Jmd, ein Bewusstsein von Etwas haben (260,26), eine richtige Vorstellung haben von; in der älteren Sprache mit Acc. oder Gen., in der späteren mit Acc. Mit Infin. verstehen zu 136,1. — 2) in Jmd oder in Etwas Jmd oder Etwas erkennen, kennen als, auch so v. a. erklären für, nennen; mit doppeltem Acc. (statt des prädicativen Acc. auch Nomin. mit इति). — 3) merken, beachten, achten auf; eingedenk sein; mit Gen. oder Acc. — 4) wahrnehmen, bemerken; auch mit einem prädicativem Acc. — 5) erfahren, zu geniessen haben, empfinden, an Etwas denken müssen; mit Acc. oder Gen. — 6) glauben, wähnen, annehmen, voraussetzen; halten für (mit doppeltem Acc.) Vikramâñkaḱ. 17,11. — 7) wissen wollen, prüfen, sich erkundigen nach. — 8) विदित kennen gelernt, erkannt, gekannt, bekannt, — als (Nomin.). Auch n. impers. विदितमस्तु वः oder अस्तु वो विदितम् es sei euch bekannt, wisset Ind. Antiq. 6,73. 77. 86. विदितम् Adv. mit Wissen, — von (Gen.). — 9) वित्त a) erkannt. — b) bekannt, berühmt. — 10) *विन्न = ज्ञात Trik. 3,3,262. — अविदन् und विद्यात् auch fehlerhaft für अविन्दन् und विन्द्यात् (zu 3. विद्). — Caus. वेदयते und वेदयति (seltener) 1) ankündigen, mittheilen, melden, anzeigen, angeben; auch mit prädicativem Acc. — 2) lehren, erklären; mit doppeltem Acc. 225,29. — 3) kund thun, so v. a. zeigen, anwenden. — 4) kennen, — als, so v. a. dass ist (mit doppeltem Acc.), halten für (mit doppeltem Acc.). — 5) erkennen, wahrnehmen, erfahren —, dass ist (mit doppeltem Acc.). — 6) fühlen, empfinden. Act. Njâjas. 4,1,57. Med. Comm. zu 3,1,1. 4,1,57. — 7) वेदयन्ति MBh. 13,5186 fehlerhaft für रमयन्ति. — Desid. विविदिषति zu wissen wünschen, erkennen —, kennen lernen wollen, sich erkundigen nach (Acc.). — Desid. vom Caus. in विवेदयिषु. — Mit अनु wissen, vollständig kennen. — Caus. = समनु Caus. Âpast. im Comm. zu Ait. Br. 7,25,2. — Mit समनु Caus. in Erinnerung rufen. — Mit अभि Caus. Act. melden. — Mit व्यव unterscheiden können. — Mit आ gut kennen, genau wissen. — Caus. 1) anreden, einladen. — 2) ankündigen. — 3) kund thun, mittheilen, melden (auch mit prädicativem Acc.), anzeigen. आत्मानम् sich anmelden, seinen Namen nennen. आवेदित angemeldet. — 4) vorschreiben (vom Arzte gesagt) Spr. 7623. — 5) Jmd (Acc.) benachrichtigen. — 6) Jmd Etwas melden, so v. a. anbieten, darbringen. — Mit समा Caus. kund thun, melden. — Mit उप Caus. ankündigen, ansagen Hemâdri 1,469,5. 7. — Mit नि kund thun, zu Jmd sprechen. — Caus. Act. Med. 1) Jmd (Dat., Gen. oder Loc.) kund thun, melden, sagen, berichten, ankündigen, mittheilen, anzeigen, melden —, sagen dass ist (mit prädicativem Acc. Spr. 7802), Jmd anmelden. आत्मानम् sich anmelden, indem man seinen Namen nennt. — 2) nennen, mit doppeltem Acc. — 3) Jmd Etwas anmelden, so v. a. anbieten, übergeben. — 4) überantworten. आत्मानम् sich zu eigen geben, sich zur Verfügung stellen. — 5) दोषम् eine Schuld wälzen auf (Dat.). — 6) न्यवेदयत् MBh. 14,2678 fehlerhaft für न्यवेशयत्. — Mit अतिनि Caus. Jmd Etwas anbieten. Vielleicht fehlerhaft für अभिनि. — Mit विनि Caus. 1) kund thun, berichten, melden, Jmd anmelden. — 2) Jmd Etwas anbieten, übergeben Hemâdri 1,222,14. 225,4. — Mit संनि Caus. 1) kund thun, berichten, melden, — dass ist (mit prädicativem Acc.). — 2) anbieten. आत्मानम् sich Jmd zur Verfügung stellen. — Mit निस् Caus. in अनिर्वेदित. — Mit परि genau wissen, — kennen. — Caus. 1) Med. zu wissen thun. — 2) verwechselt mit dem Caus. von 2. दिव् mit परि. — Mit प्र kennen, wissen. — Caus. 1) Act. Med. kund thun, verkünden, berichten Comm. zu Jogas. 1,1. — 2) Act. eine richtige Erkenntniss haben. — Mit अनुप्र, अनु प्रविद्वान् genau kennend. — Mit प्रतिप्र Caus. Act. verkünden, zu wissen thun. — Mit प्रति merken, erkennen. प्रति — विद्वान् ṚV. 5,49,2. — Caus. 1) zu wissen thun (Vaǵrakkh. 28,19), ankünden, melden, — dass ist (mit prädicativem Acc.), anmelden (als bereit stehend), Jmd anmelden. — 2) Jmd mit Etwas bekannt machen, mit doppeltem Acc. — 3) Jmd Etwas anbieten, zur Verfügung stellen, übergeben. — Mit संप्रति Caus. zu wissen thun, verkünden. — Mit वि 1) unterscheiden, wissen. — 2) विविदन्ति MBh. 12,265,13 fehlerhaft für विवदन्ति. — Mit सम् angeblich stets Med. 1) Act. Med. zusammen wissen, wissen, kennen, kennen lernen. — 2) Act. empfinden, schmecken u. s. w. — 3) Act. Med. einverstanden sein mit (Acc.). — 4) संविदित a) erkannt, erfahren, — von (सकाशात्). — b) bekannt. Impers. अस्तु वः संविदितम् es sei euch bekannt, wisset Ind. Antiq. 6,12. 15. 21. — c) durchsucht. — d) worüber man (Gen.) einverstanden ist. °म् im Einverständniss mit (Gen.). — e) ermahnt. — Caus. 1) Jmd zur Erkenntniss bringen, erleuchten. — 2) kund thun, verkünden. — 3) erkennen, wahrnehmen. Med. sich bewusst werden Comm. zu Njâjas. 2,2,20. — Mit अनुसम् zugleich mit Etwas —, in Folge von Etwas wissen. — Mit अभिसम् wissen, kennen. — Mit प्रतिसम् in प्रतिसंविद्. — Caus. empfinden, an sich erfahren Lalit. 147,11. 439,9.

2. विद् 1) Nom. ag. wissend, kennend, sich verstehend auf, vertraut mit Etwas, Kenner. Gewöhnlich in Comp. mit seinem Obj. Superl. °वित्तम. — 2) m. der Planet Mercur. — 3) f. das Wissen, Erkenntniss. Pl. Bhâm. V. 4,19.

3. विद्, विन्दति, °ते (nur diese Formen in der späteren Sprache), विदति, विद्धि, वित्से, विदे; 1) finden, habhaft werden, antreffen, sich aneignen, erwerben, gewinnen, theilhaftig werden; besitzen. दिशः so v. a. sich in den Weltgegenden zurechtfinden. — 2) Jmd (Dat.) Etwas verschaffen. — 3) aufsuchen, aussuchen, suchen nach, sich zuwenden. — 4) empfinden. — 5) halten für, mit doppeltem Acc. — 6) treffen, betreffen, befallen, heimsuchen. — 7) zu Stande bringen, zu machen wissen, erreichen. — 8) Med. (metrisch auch Act.) a)

mit und ohne भार्याम् u. s. w. *ein Weib* —, *zum Weibe nehmen.* — b) *einen Mann finden, heirathen* (vom Weibe gesagt). — c) mit und ohne सुतम् *zum Sohn bekommen.* — 9) Pass. Med. *gefunden werden, vorhanden* —, *da sein, bestehen.* विद्यते (metrisch auch विद्यति) *es giebt, ist da, es besteht;* insbes. mit einer Negation. यथा विदे *wie es geht, wie es so ist,* so v. a. *wie gewöhnlich* und *so gut als möglich.* *विद्यते भोक्तुम् *es ist Etwas da zum Essen.* *विद्यते mit folgendem Fut. *ist es möglich, dass?* विद्यमान *da seiend, vorhanden.* — 10) विदान und विदाने a) *vorhanden, bestehend, da seiend, wirklich.* — b) *gewöhnlich, gewohnt.* — c) *Etwas* (Acc.) *bildend, ausmachend.* — 11) वित्त a) *erhalten, erworben.* — b) *ergriffen* —, *getroffen* —, *befallen von* (im Comp. vorangehend). — c) f. आ *genommen, geheirathet* (ein Weib). — 12) विन्न a) *gefunden.* — b) f. आ *verheirathet* (Weib). — c)* *da seiend.* — 13) विन्दति auch = वेत्ति (Text zu Lot. de la b. l. 77) und विन्द्यात् sehr oft st. विद्यात्, wie die v. l. häufig hat. — Desid. विवित्सित *was man zu finden wünscht.* — Intens. वेविदान *sich befindend.* — Mit अधि 1) *die erste Frau* (Acc.) *durch eine zweite Frau* (Instr.) *hintansetzen.* — 2) *die erste (frühere) Frau (Frauen) hintansetzen* (von einer neuen Frau gesagt), so v. a. *als Nebenbuhlerin auftreten von* (Acc.). — 3) अधिविन्ना und अधिविन्नस्त्री *eine durch eine Nebenbuhlerin hintangesetzte Frau.* — Mit अनु 1) *auffinden, habhaft* —, *theilhaftig werden.* — 2) *nach Jmd finden.* — 3) Med. भार्याम् *zum Weibe nehmen.* — 4) *finden,* so v. a. *halten für;* mit doppeltem Acc. — 5) Pass. *vorhanden* —, *da sein.* — 6) अनुवित्त *aufgefunden, vorhanden.* — Mit अभि 1) *auffinden.* — 2) *kennen.* — Mit आ 1) *habhaft werden, sich verschaffen.* — 2) *zu erfahren haben.* — 3) Pass. *vorhanden sein.* — 4) आवित्त und आविन्न in einer Formel etwa *vorhanden;* nach den Commentatoren = आवेदित, ज्ञापित oder लब्धवन्त्. — Mit उप in उपविद्. — Mit निस् 1) *herausfinden, aussondern.* — 2) Med. *sich entledigen, von sich thun;* mit Gen. oder Acc. — 3) Pass. *überdrüssig werden, Nichts mehr wissen wollen von;* die Ergänzung im Abl., Instr. und ausnahmsweise Acc. — 4) निर्विण्ण (निर्विन्न fehlerhaft) *überdrüssig* (die Ergänzung im Abl., Instr., Gen., Loc. oder im Comp. vorangehend). Ohne Ergänzung *der Sache überdrüssig, von Nichts mehr Etwas wissen wollend, an Allem verzagend.* — Caus. निर्वेदयति *Jmd zur Verzweiflung bringen.* — Mit परिनिस्, परिनिर्विण्ण *in hohem Grade überdrüssig* (mit Loc.), *an Allem verzagend.* — Mit परि 1) *genau kennen.* — 2) Pass. यया परिविद्यते (सा) und या परिविद्यते *diejenige, welche ein jüngerer Bruder heirathet, bevor der ältere verheirathet ist.* — 3) परिवित्त *umfangen.* — Vgl. परिवित्त fgg. — Mit प्र 1) *finden, erfinden.* — 2) etwa *vorwegnehmen.* — Intens. (प्र — वेविदाम) *theilhaftig werden,* mit Acc. — Mit प्रति 1) *dazu finden.* — 2) Med. *sich gegenüber befinden von* (Acc.). — 3) *kennen lernen.* — 4) *Etwas wissen von* (Acc.). — 5) R. Gorr. 1,21,22 ist प्रति mit त्वाम् zu verbinden, विद्यते ist tautologisch neben अस्ति. — Mit वि Intens. (विवेविदत्) *aufsuchen, suchen.* — Mit सम् Med. 1) *finden, habhaft werden, sich erwerben, zusammengewinnen.* — 2) *sich zusammenfinden mit* (Instr.). संविदाने *zusammen mit, zugleich, verbunden, vereint,* — *durch* oder *in* (Instr.); *einträchtig.* — 3) Pass. *sich finden, da sein, geben* (impers.), *esse alicui* (Gen.); insbes. in der Frage oder mit न Vagrakkh. 38,12. fgg. Kârand. 43,21. 45,15. 52,20. 53,18. — Intens. (सम् — वेविदानः) *vereint mit* (Instr.). — Mit अभिसम् Med. *zusammentreffen.*

4. °विद् Adj. 1) *findend, gewinnend.* — 2) *verschaffend.*

5. विद्, विन्ते (विचारणे) *halten für,* mit doppeltem Acc. Bhaṭṭ. *वित्त und *विन्न = विचारित.

विद् 1) Adj. am Ende eines Comp. = 2. विद् 1). — 2) Nom. act. in दुर्विद्. — Vgl. विद्.

विदंश m. *Gewürz, Zukost* Çiç. 10,10.

विदक्षिण Adj. *nach einer anderen Gegend als nach Süden gerichtet.*

विदगर्ण AV. 19,22,18.

1. विदग्ध Adj. s. u. 1. दह् mit वि.

2. विदग्ध m. N. pr. eines Mannes.

विदग्धचूडामणि m. N. pr. eines verzauberten Papageien.

विदग्धता f. *Klugheit, Gewandheit,* — *in* (Loc.).

विदग्धपरिवृद्धता f. *das Sauerwerden und das Quellen* (der Speisen im Magen) Suçr. 2,456,21.

विदग्धबोध m. Titel einer Grammatik.

विदग्धमाधव n. Titel eines Schauspiels.

विदग्धमुखमण्डन n. Titel eines Werkes.

विदग्धाजीर्ण n. *eine Art von Indigestion* Bhâvapr. 4,23.

विदण्ड m. N. pr. eines Fürsten.

विदत्र in दुर्विदत्र und सुविदत्र.

विदत्रिय in सुविदत्रिय.

विदथ 1) n. a) *Weisung, Gebot; Anordnung, Ordnung; das Walten.* विदथम् आ-वद् *Weisung geben, entscheiden, zu gebieten haben.* — b) *Versammlung einer Gemeinde* und desgl., *Verein, Rathsversammlung.* Drei Ordnungen derselben. — c) *Versammlung zum Gottesdienst, Festgenossenschaft, Feier.* = यज्ञ nach Nigh. — d) *Zug, Geschwader, ordo,* insbes. der Marut. — e) *Kampf, Treffen.* — 2) m. a) * = योगिन्, प्राज्ञ und कृतिन्. — b) N. pr. eines Mannes nach Sâj.

*विदथिन् m. N. pr. eines Mannes.

(विदथ्य) विदथिअ Adj. *in eine Versammlung* —, *in eine Gemeinde* —, *in einen Rath tauglich* u. s. w.; *festlich.*

विददङ्क्षु (!) Adj. *Etwas zu beissen* —, *zu essen wünschend* Çiç. 10,9.

*विददश्व m. N. pr. eines Mannes.

विदद्वसु Adj. *Güter gewinnend.*

विदन्त Adj. *der Zähne* —, *der Fangzähne beraubt* (Elephant).

विदन्वन्त् m. N. pr. eines Bhârgava.

*विदभृत् m. N. pr. eines Mannes.

1. विदर 1) m. a) **das Bersten, Spalten.* — b) *Spalte* Naish. 8,38. — 2) *n. *Cactus indicus* (wohl *die Blüthe*).

2. विदर Adj. (f. आ) *frei von Spalten,* — *Löchern.*

विदरण n. 1) *das Bersten, Spalten.* — 2) * = विद्रधि Râgan. 20,24.

विदर्भ 1) m. a) N. pr. Pl. eines Volkes, Sg. des von ihm bewohnten Landes. — b) *ein Fürst der* Vidarbha. — c) *eine best. Krankheit des Zahnfleisches.* — d) N. pr. verschiedener Männer. — 2) f. आ N. pr. a) *der Hauptstadt der* Vidarbha. — b) eines Flusses. — c) einer Tochter Ugra's und Gattin des Manu Kâkshusha.

*विदर्भजा f. Patron. der Gattin Agastja's.

विदर्भराजपुत्री f. Patron. der Rukmiṇî Çiç. 20,6.

विदर्भि m. N. pr. eines Ṛshi.

विदर्भीकौण्डिन्य m. N. pr. eines Lehrers.

विदर्शना f. *richtige Erkenntniss* Lalit. 39,7.

विदर्शिन् R. Gorr. 2,116,27 fehlerhaft für नि°.

विदल 1) Adj. (f. आ) a) *gespalten, geborsten* Gṛhjâs. 1,28. fg. — b) *aufgeblüht, blühend* Çiç. 6,30. — 2) *m. a) *Backwerk, Kuchen.* — b) *Bauhinia variegata.* — 3) *f. आ *Ipomoea Turpethum.* — 4) n. a) *Abspalt, Span, Schnitzel* (besonders *das durch Spaltung in der Mitte entstandene*); *gespaltenes Bambusrohr* (Gaut.); *eine gespaltene Erbse.* — b) **ein aus Rohr* u. s. w. *gemachter Korb.* — c) * *Paste aus Granaten.*

विदलन n. 1) *das Bersten.* — 2) *das Aufreissen, Spalten.*

विदलित Adj. *aufgeblüht* Çiç. 8,49.

विदली Adv. mit कर् *spalten, zerspalten*. द्वि-विदलीकृत *in zwei Theile gespalten*.

विदश Adj. *keine Verbrämung habend* (Kleid).

विदस्य Adj. in अविदस्यै.

*विदा f. 1) *Kenntniss*. — 2) *Verstand*. — विदाम् mit कर् bildet periphrastische Formen zu 1. विद्.

1. विदान und विदाने Adj. s. u. 3. विद् 10).

2. विदान n. *das Zertheilen*.

विदात्त m. N. pr. eines Fürsten Hariv. 1,38,6.

विदाय m. 1) *Vertheilung* Pańkar. 1,12,2, v. l. — 2) *Erlaubniss zum Weggehen* (?).

°विदायिन् Adj. *verleihend, bewirkend*.

(विदाय्य) विदायिय्य Adj. *zu finden*.

विदार 1) m. a) *das Zerreissen, Zers alten, Zerhauen*. — b) **Kampf, Schlacht*. — c) **Abzugsgraben*. — 2) f. ई a) *Batatas paniculata* Rāǵan. 7,99. — b) *Hedysarum gangeticum* Ḱaraka 6,1. — c) **eine Art von Abscessen*.

विदारक 1) Adj. *zerreissend, zerspaltend* (Comm. zu Ḱhānd. Up. S. 31, Z. 2 v. u.), *zerfleischend*. — 2) *m. *eine Pfütze in einem ausgetrockneten Flussbette*. — 3) f. °रिका a) *Hedysarum gangeticum*. — b) **Batatas paniculata* Rāǵan. 7,99. — c) *eine Art von Abscessen* Ḱaraka 6,17. — d) N. pr. einer Unholdin Agni-P. 40,19. Hemādri 1,655,14. Vāstuv. 545. — 4) f. ई = 3) d) Āçv. Gṛhj. Pariç. 4,2.

विदारण 1) Adj. (f. ई) *zersprengend, aufreissend, zerreissend, verwundend, zerbrechend, zerspaltend, zerschmetternd*. — 2) *m. *Pterospermum acerifolium*. — 3) n. a) *das Zersprengen, Aufreissen, Zerreissen, Verwunden, Zerbrechen, Zerspalten, Durchbohren* (auch von Perlen), *Zerschmettern, Abhauen, Verwüsten* (eines Waldes). — b) *das Aufreissen*, so v. a. *Aufsperren* (des Mundes). — c) *das Abweisen, Zurückweisen*. — d) = *विडम्ब, विडम्बन. — 3) *f. (आ) n. *Schlacht, Kampf*.

विदारि (metrisch) f. = विदारी 1) *Hedysarum gangeticum*. श्वेतविदारिकन्द Comm. zu Ḱaraka 1,4. — 2) N. pr. einer Unholdin.

विदारिगन्धा f. *Hedysarum gangeticum* Ḱaraka 6,17.

विदारिन् 1) Adj. *zersprengend, zerspaltend, zerreissend* u. s. w. MBh. 3,231,95. — 2) *f. °रिणी *Gmelina arborea* Rāǵan. 9,36.

विदारीगन्धा und *°गन्धिका f. *Hedysarum gangeticum* Rāǵan. 4,17. Bhāvapr. 1,198.

*विदारु m. *Eidechse, Chamäleon*. Vgl. सत°.

विदार्व oder विदार्व्य m. N. pr. eines Schlangendämons Çāñkh. Gṛhj. 4,18.

विदासिन् Adj. in अविदासिन्.

विदाह m. 1) *das Brennen, Hitze*. Auch als Thätigkeit und Wirkung der Galle im Körper und als Krankheit der Galle. — 2) *das Sauerwerden der Speisen im Magen* Ḱaraka 6,18.

*विदाहक n. *Aetzkali* Rāǵan. 6,255.

विदाहवत् Adj. *hitzig*.

विदाहिन् Adj. *hitzig, brennend, versengend*. Definirt Bhāvapr. 2,169.

विदि m. *die Wurzel* 1. विद् Çañk. zu Bādar. 4,1,1.

*विदिङ्गङ m. *ein best. Vogel*.

विदित 1) Adj. s. u. 1. विद्. — 2) *f. आ N. pr. einer Ǵaina-Gottheit.

*विदितकीर्ति Adj. *berühmt* Utpala zu Varāh. Bṛh. 18,18.

विदितपूर्व Adj. (f. आ) *von früherher bekannt* Prab. 91,6.

*विदिथ m. = विदथ 2) a).

1. विदिश् f. *Zwischengegend* (*Südost* u. s. w.).

2. विदिश् Adj. *nach verschiedenen Richtungen gehend*.

विदिशा f. 1) = 1. विदिश्. — 2) N. pr. eines Flusses und der daran gelegenen Stadt (heut zu Tage *Bilsa*); auch einer Stadt an der Vetravatī. — 3) Spr. 5798 fehlerhaft.

विदीगय m. *ein best. Vogel aus dem Hühnergeschlecht*.

विदीधयु Adj. in अविदीधयु.

विदीधिति Adj. *strahlenlos*.

विदीपक m. (MB. 7,163,16) und °पिका f. *Laterne*.

विदु 1) *Adj. *verständig, weise* Gal. — 2) *m. a) *die zwischen den beiden Erhöhungen auf der Stirn des Elephanten befindliche Gegend*. — b) N. pr. eines Mannes. — 3) m. oder f. N. pr. einer Gottheit des Bodhi-Baumes (buddh.).

विदुद् vielleicht *Vendidad*.

विदुप m. N. pr. eines Fürsten VP.² 4,119.

विदुर 1) Adj. *klug, verständig, erfahren in* (im Comp. vorangehend) Uttamaḱ. 192. — 2) m. N. pr. eines Sohnes des Vjāsa von einer Çūdra-Frau, jüngeren Bruders des Dhṛtarāshṭra und Pāṇḍu. विदुराक्रूरवरद als Beiw. Kṛshṇa's. विदुरागमनपर्वन् heissen die Adhjāja 200 — 206 im 1ten Buche des MBh. °नीति f. Burnell, T. विदुरता f. Nom. abstr.

विदुल 1) m. a) Bez. *zweier Calamus-Arten* Bhāvapr. 1,207. Ḱaraka 1,4. Vāsav. 260,2. — b) N. pr. eines Fürsten VP.² 4,119. — 2) f. आ a) **eine Euphorbia* Rāǵan. 4,198. Bhāvapr. 1,202. — b) N. pr. einer Frau.

*विदुषितरा und *विदुषीतरा s. u. विद्वंस्.

विदुषीब्रुवा Adj. f. *sich für klug ausgebend* Naish. 9,43.

विदुष्कृत Adj. *frei von Uebelthaten, — Sünden*.

विदुष्टर s. u. विद्वंस्.

विदुष्मत् Adj. *reich an Kennern, — Gelehrten*.

विदुस् Adj. *aufmerksam, achtsam*.

विदूर 1) Adj. (f. आ) a) *weit entfernt*. विदूरे (wohl Acc., nicht Loc.) केयूरे कुरु *entferne die beiden Armbänder* Spr. 6077. — b) *weit entfernt von* (Gen.), so v. a. *nicht zu erreichen* (auch in übertragener Bed.) *für*. — c) am Ende eines Comp. so v. a. *Nichts wissen wollend von*. — d) विदूरम् *in weiter Ferne*. — e) विदूरात् und विदूरतस् *aus —, in weiter Ferne*. — f) विदूरे *in weiter Ferne, weit weg, — von* (°तस्). — g) विदूर° *fern, weit, aus weiter Ferne*. — 2) m. N. pr. a) eines Sohnes des Kuru MBh. 1,95,39. 40. — b) eines Berges, einer Stadt oder einer Oertlichkeit.

विदूरग Adj. 1) *weit entfernt*. — 2) *sich weit verbreitend* (Geruch).

*विदूरज n. *Katzenauge* (*ein Edelstein*) Rāǵan. 13,192.

विदूरत्व n. *grosse Entfernung*. Abl. = विदूरात्.

विदूरथ m. N. pr. eines Muni, eines Sohnes des 12ten Manu, und vieler anderer Personen.

विदूरय्, °यति *weit fortreiben*.

*विदूररत्न n. = विदूरज Garbe zu Rāǵan. 13,192.

विदूरविगत Adj. *von geringster Herkunft*.

विदूरसंश्रव Adj. *aus weiter Ferne hörbar*.

विदूरी Adv. mit भू *sich entfernen*.

*विदूरोद्भवित n. = विदूरज Rāǵan. 13,197.

विदूषक 1) Adj. *verunglimpfend*. — 2) m. a) *Spassmacher, lustiger Geselle; insbes. die lustige Person im Schauspiel, der nur an Essen, Trinken und Spässe denkende Gefährte des Helden*. — b) N. pr. eines Brahmanen.

विदूषण Adj. (f. आ!) *beschimpfend, verunglimpfend*.

*विदूषणाक Adj. dass. Sāj. zu ṚV. 1,141,7.

विदृति f. *die Naht auf dem Kopfe*.

विदृश् Adj. *blind*.

विदे Dat. Infin. zu 3. विद् ṚV. 10,23,2.

विदेघ m. N. pr. eines Mannes.

विदेय Adj. *zu geben, zu gewähren* Āpast.

1. विदेव m. *Würfelspiel* Çat. Br. 1,8,3,6.

2. विदेव Adj. 1) *widergöttlich, ungöttlich*. — 2) *ohne Götter* (Opfer).

विदेवन n. *das Würfeln* Vaitān. Comm. zu Ǵaim.

4,4,3. 4. 5,2,21.

विदेश m. 1) *Fremde.* — 2) *nicht der gewöhnliche —, ein besonderer Ort.*

विदेशस्थ Adj. 1) *in der Fremde weilend.* — 2) *an einem besondern Orte —, von andern getrennt stehend.* — 3) *anderwärts vorkommend.*

विदेश्य Adj. *auswärts befindlich.*

1. विदेह 1) m. *a)* Pl. N. pr. eines Volkes im heutigen Tirhut mit der Hauptstadt Mithilâ. Sg. Name des Landes Uttamać. 408. — *b) ein Fürst der* Videha. — *c)* N. pr. verschiedener Männer. — 2) * f. विदेहा Bez. der Stadt Mithilâ.

2. विदेह Adj. *körperlos, vom Körper befreit, verstorben.*

विदेहक N. pr. 1) * m. eines Berges. — 2) n. eines Varsha.

विदेहकैवल्यप्राप्ति f. *Erlangung der vollkommenen Erlösung erst nach dem Tode.*

विदेहत्व n, *Körperlosigkeit.* °त्वं प्राप्तः so v. a. *gestorben.*

विदेहनगर n. und °नगरी f. Bez. der *Stadt* Mithilâ.

विदेहमुक्ति f. *eine erst nach dem Tode erfolgende Erlösung.* °मुक्त्यादिकथन n. Titel einer Abhandlung.

विदोष m. *Schuld, Fehl* Comm. zu Lâṭj. 6,5,30. Vgl. अविदोष.

विदोह m. *verkehrtes* oder *übermässiges Melken (Ausnützen).*

विद्ध Adj. s. u. व्यध्.

विद्धक m. *eine Art Egge.*

* विद्धकर्ण m., * °कर्णा f., * °कर्णिका f. und * °कर्णी f. *Clypea hernandifolia.*

विद्धत्व n. *das Behaftetsein mit* (Instr.).

* विद्धपर्कटी f. *Pongamia glabra.*

* विद्धप्रजनन m. Bein. Çaṇḍila's Gal.

विद्धशालभञ्जिका f. Titel einer Nâṭikâ.

* विद्धि f. Nom. act. von व्यध्.

विद्मन् n. 1) *Aufmerksamkeit.* Instr. so v. a. *beobachtend.* — 2) *Wissen, Kenntniss.* Dat. als Infin. so v. a. *zu wissen, zu erfahren.*

विद्मनापस् Adj. *geschickt —, sorgfältig zu Werke gehend.*

1. विद्य n. *das Finden, Erlangen* in पतिविद्य und पुत्रविद्य.

2. विद्य am Ende eines adj. Comp. (f. आ) von विद्या *Wissen, Kenntniss.* Nom. abstr. °ता f. Mâlav. 14,2.

विद्यमानत्व n. *das Vorhandensein* Kap. 5,103.

विद्या f. 1) *Wissen, Wissenschaft, Lehre;* namentlich *die in drei Abschnitte zerfallende vedische Lehre.* Es werden 4, 14, 18, 33 (! Hemâdri 2,a,108, 9) und 64 (= कला) *Wissenschaften* angenommen. Angeblich = देवज्ञनविद्या Chr. 34,15. — 2) bei den Pâçupata *Wissen* überh., gleichviel ob richtiges oder falsches. — 3) *Zauberkunst, Zauberspruch.* — 4) *die personificirte Wissenschaft* wird auch mit der Durgâ identificirt und erscheint auch unter den Verfasserinnen von Zaubersprüchen und Gebeten. — 5) * *Premna spinosa.* — 6) mystische Bez. *des Lautes* इ. — 7) * *Glöckchen.*

विद्याकर m. N. pr. eines Autors. Auch °वाजपेयिन्.

विद्याकर्मन् n. 1) Du. *Wissen und Handlung* Çat. Br. 14,7,2,3. — 2) *das Studium des heiligen Wissens* Âpast. 1,1,12.

विद्याकोशगृह n. *Bibliothekszimmer* Hemâdri 1, 560,17.

विद्याकोशसमाश्रय m. dass. ebend. 1,560,8.

* विद्यागण m. Pl. Bez. *bestimmter buddh. Werke.*

विद्यागम m. *Erlangung von Kenntnissen, Erlernung von Wissenschaften.*

विद्यागुरु m. *Lehrer einer Wissenschaft,* insbes. *der heiligen* Gaut.

विद्याग्रहण n. *das Erlernen von Wissenschaften* 222,9.

विद्याचक्रवर्तिन् m. N. pr. eines Autors Burnell, T.

* विद्याचण Adj. *gelehrt.*

विद्याचरणसंपन्न Adj. *kenntnisreich und von sittlichem Wandel* Kâraṇḍ. 14,13. 15,14. 24,15. 90,6. 20.

विद्याचित् Adj. *scientia conflatus* Çat. Br. 10, 5,2,12.

* विद्याचुञ्चु Adj. *gelehrt.*

विद्याजम्भकवार्त्तिक Adj. *Zauberkünste verschiedener Art betreibend* MBh. 5,64,16.

विद्यातस् Adv. *in Folge —, vermöge des Wissens* Âpast. Nir. 1,16. = Abl. von विद्या, abhängig von अन्य Kap. 5,16.

विद्यातीर्थ n. 1) *das Wissen als Badeplatz, ein Bad der Wissenschaft.* — 2) N. pr. eines *heiligen Badeplatzes.* — 3) Bein. Çiva's.

विद्यात्व n. *der Begriff* विद्या.

* विद्यादल m. *Betula Bhojpatra.*

विद्यादशक n. Titel eines Werkes Burnell, T.

विद्यादान n. *das Mittheilen einer Wissenschaft, das Unterweisen in einer W.,* insbes. *im heiligen Wissen* Verz. d. Oxf. H. 35,a,44. 87,a,32. Hemâdri 1,560,19.

* विद्यादायाद m. *der Erbe einer Wissenschaft.*

विद्यादेवी f. bei den Gaina Bez. *bestimmter göttlicher Wesen* Kampaka 73. 74.

विद्याधन n. *der Schatz „Wissen“* 201,5.

विद्याधर 1) Adj. *im Besitz einer Wissenschaft —, — von Zaubersprüchen stehend.* — 2) m. *a)* Bez. einer Klasse von Luftgenien, die im Gefolge Çiva's erscheinen, im Himâlaja ihren Sitz haben und *im Besitz der Zauberkunst stehen.* Nom. abstr. °त्व n. — *b)* N. pr. verschiedener *Gelehrter.* Auch °धराचार्य. — *c) ein best. Metrum.* — *d) ein best. Tact* S. S. S. 237. Auch °ताल m. — 2) f. आ (!) und ई N. pr. einer Surânganá Ind. St. 15,232. 241. — 3) f. ई *a)* f. zu 2) *a).* — *b)* N. pr. einer Tochter Çûrasena's.

विद्याधरचक्रवर्तिन् m. *ein Oberherr aller* Vidjâdhara Vâsav. 240,1. 2.

* विद्याधरपिटक (?) Titel eines Werkes.

विद्याधरमहाचक्रवर्तिन् m. *ein Oberherr aller* Vidjâdhara. Nom. abstr. °र्तिता f. 138,32.

विद्याधरयन्त्र n. *ein Apparat zum Sublimiren des Quecksilbers* Bhâvapr. 2,87. 99.

विद्याधररस m. *eine best. Mixtur.*

विद्याधराधीश m. = विद्याधरचक्रवर्तिन् Nom. abstr. °ता f. 139,19.

विद्याधराभ्र m. *eine best. Mixtur* Mat. med. 50.

1. विद्याधरी f. s. विद्याधर 2) 3).

2. विद्याधरी Adv. mit भू *zu einem* Vidjâdhara *werden.*

विद्याधरीविलास m. Titel eines Werkes.

विद्याधरेन्द्र m. 1) *ein Fürst der* Vidjâdhara. Nom. abstr. °ता f. und °त्व n. (138,9). — 2) Bein. Gâmbavant's.

विद्याधार m. *ein Behälter des Wissens, ein überaus grosser Gelehrter.*

विद्याधिदेवता f. *die Schutzgöttin der Wissenschaften* (Sarasvatî).

विद्याधिप m. *das Haupt alles Wissens,* wohl Bein. Çiva's.

विद्याधिराज und °राय (Burnell, T.) m. N. pr eines *grossen Gelehrten.*

विद्याधीशनाथ m. desgl. Burnell, T. 110,a.

विद्याधीशवडेरु m. desgl.

विद्याध्र m. = विद्याधर 2) *a).*

विद्यानगर n. und °नगरी f. N. pr. einer *Stadt.*

विद्यानन्द m. 1) *die Wonne am Wissen.* — 2) m. N. pr. eines Autors. Auch °नाथ Burnell, T.

विद्यानाथ und °भट्ट m. N. pr. verschiedener Autoren.

विद्यानिधि m. N. pr. oder Beiw. eines *grossen*

Gelehrten.

विद्यानिवास m. N. pr. verschiedener Männer. Auch °भट्टाचार्य.

विद्यानुपालिन् Adj. das (überkommene) Wissen hütend, — treu bewahrend 201,2.

विद्यानुलोमालिपि(!) f. eine best. Art zu schreiben.

विद्यान्त m. Ende der Lehrzeit Âçv. Gṛhj. 3,9,4. Gaut. 2,48.

विद्यान्तग Adj. der sein Fach gründlich erlernt hat Varâh. Bṛh. S. 68,99.

विद्यान्यास m. Titel eines Mantra Opp. Cat. 1.

विद्यापति m. 1) der Hauptgelehrte an einem fürstlichen Hofe Râǵat. 7,936. Nom. abstr. °त्व n. Vikramâñkak. 18,101. — 2) Beiwort verschiedener Gelehrter.

विद्यापरिणय m. Titel eines Schauspiels Burnell, T.

विद्यापीठ n. der Sitz des Wissens Hemâdri 1, 666,13.

विद्याप्रदान n. = विद्यादान Verz. d. Oxf. H. 85, a,20.

*विद्याप्रवाद n. Titel eines Pûrva der Ǵaina.

विद्याबल n. die Macht eines Zaubers 63,5.

विद्याभट्ट m. N. pr. eines Autors.

विद्याभरण 1) m. N. pr. eines Autors. — 2) f. ई Titel seines Werkes.

विद्याभाज् Adj. gelehrt Varâh. Bṛh. S. 68,45.

विद्याभीप्सिन् Adj. ein Verlangen nach Wissen habend Kathop. 2,4.

विद्याभृत् m. = विद्याधर 2) a).

विद्यामठ m. Collegium, Klosterschule Pañkat. 244,22.

*विद्यामणि m. Glöckchen.

विद्यामण्डलक n. Bibliothek Hemâdri 1,560,20.

विद्यामन्दिर n. Schulhaus, Collegium Kâd. 83, 22 (151,14).

विद्यामय Adj. aus Wissen bestehend, im W. aufgehend.

विद्यामहेश्वर m. Bein. Çiva's.

*विद्यामात्रसिद्धि f. Titel eines buddh. Werkes.

*°त्रिदशशास्त्रकारिका f. desgl.

विद्यामृतवर्षिणी f. Titel eines Commentars.

विद्यारण्य m. N. pr. und Bein. verschiedener Gelehrter. Auch °तीर्थ, °यति (Burnell, T.), °स्वामिन् (ebend.) und भारतीतीर्थ°.

विद्यारण्यपञ्चदशी f., °रण्यभाष्य n. und °रण्यमूल n. Titel von Werken Opp. Cat. 1.

विद्यारत्नाकर m. Titel einer ganz neuen Compilation.

विद्यारम्भ m. Beginn der Studien.

विद्याराज m. 1) Fürst des Wissens, — der Zaubersprüche. — 2) Bein. Vishnu's. — 3) N. pr. eines buddh. Heiligen.

विद्याराशि m. Bein. Çiva's.

विद्यार्थ Adj. ein Verlangen nach Wissen habend, lernbegierig Âpast.

विद्यार्थदीपिका f. und °र्थप्रकाशिका f. Titel von Werken.

विद्यार्थिन् Adj. = विद्यार्थ Spr. 1649. 6096. Çaṁk. zu Kathop. 2,4.

विद्यालंकारभट्टाचार्य m. N. pr. eines Autors.

विद्यालय m. N. pr. einer Oertlichkeit.

विद्यावंश m. Lehrerverzeichniss, ein Verzeichniss, welches die Lehrer in einem Wissenszweige in chronologischer Folge aufführt.

विद्यावतंस m. N. pr. eines Vidjâdhara Bâlar. 89,13.

विद्यावधू f. Muse Vikramâñkak. 18,83.

विद्यावत् 1) Adj. gelehrt. — 2) f. °वती N. pr. einer Apsaras VP.² 2,82. einer Surâñganâ Ind. St. 15,241. 244.

विद्यावल्लभ m. eine best. Mixtur Rasendrak. 80.

विद्यावागीश m. ein Meister in der Wissenschaft und im Worte, als Beiw. eines grossen Gelehrten.

विद्याविक्रय m. das Unterweisen für Lohn Pañkat. 5,1.

विद्याविद् Adj. gelehrt Âpast. Çr. 13,7,7.

विद्याविनोद m. N. pr. verschiedener Gelehrter. Auch °विनोदाचार्य Pischel, de Gr. pr.

विद्याविरुद्ध Adj. mit der Wissenschaft im Widerspruch stehend Vâmana 2,2,24. Nom. abstr. °ता f.

विद्याविलास m. wohl N. pr. eines Fürsten Çâçvata 806.

विद्याविशारद m. N. pr. oder Bein. eines Gelehrten. N. pr. eines Ministers Ind. St. 14,124.

विद्याविहीन Adj. ungelehrt, ungebildet Ind. St. 15,387.

विद्यावेदव्रतवत् (MBh. 13,60,11) und °व्रतस्नात Adj. der das Studium der Wissenschaften und des Veda sowie die Gelübde absolvirt hat. Vgl. विद्याव्रतस्नात und वेदविद्याव्रतस्नात.

विद्यावेश्मन् n. Schulhaus, Collegium.

विद्याव्याख्यानमण्डप eine Halle, in der die Wissenschaften erklärt werden, Collegium Hemâdri 1, 560,20. 669,23.

1. विद्याव्रत n. eine best. Begehung.

2.* विद्याव्रत m. wohl Bez. einer Art von Zauberern.

विद्याव्रतस्नात und °क Adj. der das Veda-Studium und die Gelübde absolvirt hat.

विद्याश्रुतसंपन्न Adj. mit profanem und heiligem Wissen ausgestattet Bhâg. P. 11,19,1.

विद्यासद्मन् n. Schule Bhâm. V. 1,71.

विद्यासंप्रदान n. = विद्यादान Âpast.

विद्यासागर m. ein Meer von Wissen als Beiw. oder N. pr. (Burnell, T.) eines grossen Gelehrten.

विद्यास्थान n. Wissenszweig, Disciplin Nir. 1,15. Bâlar. 96,10 (14 an Zahl).

विद्यास्नात und °क Adj. der das Veda-Studium absolvirt hat.

विद्याहीन Adj. ungelehrt, ungebildet Gaut. 6, 18. M. 4,141. Pañkat. 243,21.

विद्यिक in वायोविद्यिक.

विद्युच्छत्रु m. N. pr. eines Râkshasa.

विद्युज्जिह्व 1) Adj. eine blitzähnliche Zunge habend. — 2) m. N. pr. a) eines Râkshasa. — b) eines Jaksha. — 3) f. आ N. pr. einer der Mütter im Gefolge Skanda's.

*विद्युज्ज्वाल 1) m. N. pr. eines Schlangendämons. — 2) f. आ Methonica superba Râǵan. 4,131.

1. विद्युत् 1) Adj. blinkend, blitzend. — 2) m. a) ein best. Samâdhi Kârand. 32,12. — b) N. pr. α) eines Asura. — β) eines Râkshasa VP.² 2, 285. — 3) f. a) eine blitzende Waffe. — b) Blitz. Ausnahmsweise n. — c) *Morgenröthe. — d) Pl. Bez. der vier Töchter des Praǵâpati Bahuputra. — e) ein best. Metrum.

2.* विद्युत् Adj. glanzlos.

विद्युता f. 1) eine best. Çakti Hemâdri 1,198,6. — 2) N. pr. einer Apsaras.

विद्युताक्ष m. N. pr. eines Wesens im Gefolge Skanda's.

विद्युत्कम्प m. das Zucken eines Blitzes.

विद्युत्केश und °केशिन् m. N. pr. eines Râkshasa.

विद्युत्त in सकृद्विद्युत्त.

विद्युत्पताक m. Name einer der 7 Wolken, die am Ende der Welt die Erde überschwemmen werden.

विद्युत्पर्णा f. N. pr. einer Apsaras.

विद्युत्पात m. Blitzschlag Spr. 3181.

विद्युत्पुञ्ज N. pr. 1) m. eines Vidjâdhara. — 2) f. आ einer Tochter Vidjutpuńǵa's.

विद्युत्प्रभ 1) Adj. wie ein Blitz leuchtend Râǵan. 13,476. — 2) m. N. pr. a) eines Ṛshi. — b) eines Fürsten der Daitja. — 3) f. आ N. pr. a) einer Grosstochter des Daitja Bali. — b) der Tochter eines Fürsten der Râkshasa. — c) der Tochter eines Fürsten der Jaksha. — d) Pl. einer Gruppe von Apsaras. — e) einer Surâñganâ Ind. St. 15,222.444. — f) einer Nâga-Jungfrau Kârand. 4,1.

*विद्युत्प्रिय n. *Messing.*

विद्युत्य Adj. *fulmineus.*

विद्युत्वत् 1) Adj. *blitzreich* (Wolken). — 2) m. *a) Gewitterwolke.* — *b)* N. pr. eines Berges.

विद्युत्सनि Adj. *Blitze bringend* Maitr. S. 2,8,13.

विद्युत्संपातम् Absol. *wie das Fallen eines Blitzes,* so v. a. *nur eine ganz kurze Zeit, im Nu* MBh. 12,120,44.

विद्युदत्त m. N. pr. eines Daitja.

विद्युदम्भस् f. N. pr. eines Flusses VP. 2,4,43.

विद्युद्दामन् n. *Blitzstrahl* Megh. 27.

विद्युद्द्योता f. N. pr. einer Prinzessin.

विद्युद्धस्त Adj. *eine blitzende Waffe in der Hand haltend.*

विद्युद्ध्वज m. N. pr. eines Asura.

विद्युद्रथ Adj. *in blitzendem Wagen fahrend.*

विद्युद्वत् R. 4,41,44 fehlerhaft für विद्युत्वत्.

विद्युद्वर्चस् m. N. pr. eines göttlichen Wesens.

विद्युद्वर्णा f. N. pr. einer Apsaras VP.² 2,82. Vgl. विद्युत्पर्णा.

विद्युद्वल्ली f. *Blitzstrahl.*

विद्युन्मत् Adj. *blinkend, blitzend.*

विद्युन्महस् Adj. etwa τερπικέραυνος.

विद्युन्माल m. N. pr. eines Affen.

विद्युन्माला f. 1) *ein Kranz von Blitzen.* — 2) — 2) *ein best. Metrum.* — 3) N. pr. *a)* einer Jakshî. — *b)* einer Tochter Suroha's.

विद्युन्मालिन् 1) Adj. *blitzbekränzt.* — 2) m. N. pr. *a)* eines Asura. — *b)* eines Râkshasa. — *c)* eines Gottes Hem. Par. 1,263. 286. 467. 2,60. — *d)* eines Vidjâdhara Hem. Par. 2,645. fgg.

विद्युन्मुख n. *eine best. Himmelserscheinung.*

विद्युल्लता f. 1) *Blitzstrahl.* — 2) Titel eines Commentars Opp. Cat. 1.

विद्युल्लेखा f. 1) *Blitzstrahl.* — 2) *ein best. Metrum.* — 3) N. pr. einer Kaufmannsfrau.

विद्युल्लोचन 1) m. *ein best.* Samâdhi Kârand. 92,18. — 2) f. आ N. pr. einer Nâga-Jungfrau Kârand. 3,24.

विद्येन्द्रसरस्वती m. N. pr. eines Autors Burnell, T.

विद्येश m. 1) *Herr des Wissens,* Bein. Çiva's. — 2) bei den mystischen Çaiva *eine best. Klasse von Erlösten* Hemâdri 1,610,17. 18. 611,7. 11. Nom. abstr. °त्व n.

विद्येश्वर m. 1) = विद्येश 2). — 2) N. pr. eines Zauberers.

विद्योत् ungrammatischer Abl. von 1. विद्युत्. In den Parallelstellen st. dessen दिद्योत्.

विद्योत 1) Adj. *blitzend, blinkend.* — 2) m. *a) Geblitz, Glanz.* — *b)* N. pr. eines Sohnes des Dharma. — 3) f. आ N. pr. einer Apsaras.

विद्योतक Adj. *erhellend, erleuchtend.*

विद्योतन 1) Adj. dass. — 2) n. *das Blitzen* 230,25.

विद्योतयितव्य Adj. *was erhellt —, erleuchtet wird.*

°विद्योतिन् Adj. *erhellend, erleuchtend.*

विद्योपयोग m. *Erwerbung des Wissens von, das Lernen bei* (Abl.) Gaut. 7,1.

*विद्र n. = छिद्र.

विद्रथ n. Name eines Sâman.

विद्रध 1) Adj. (f. आ) nach Nir. = विद्ध, nach Sâj. = विदृढ, व्यूढ. — 2) m. *eine best. Krankheit.*

विद्रधि m. (*f.) *eine Art von gefährlichen Abscessen.* Auch °धी f. Karaka 1,17. Vgl. तालु° und दन्त°.

विद्रधिका f. *ein in Verbindung mit Harnruhr vorkommender Abscess.*

*विद्रधिनाशन m. *Hyperanthera Moringa.*

विद्रव m. 1) *Flucht.* — 2) *Entsetzen, Bestürzung.* — 3) **das Ausfliessen, Schmelzen.* — 4) **Tadel.* — 5) *= धी.

विद्रवण n. *das Fortgehen* Âpast. Çr. 13,20,1.

*विद्रष्टर् Nom. ag. etwa *deutlich wahrnehmend.*

*विद्राव m. *Flucht.*

विद्रावण 1) Adj. *a) in die Flucht jagend.* — *b) entsetzend, in Bestürzung versetzend* Dhûrtan. — 2) m. N. pr. eines Dânava. — 3) n. *a) das in die Flucht Schlagen.* — *b) das Fliehen.*

विद्राविन् Adj. 1) *fliehend, davonlaufend.* — 2) vielleicht *zum Laufen bringend* in वज्रविद्राविणी.

विद्राव्य Adj. *in die Flucht zu jagen, zu vertreiben.*

विद्रिय Adj. in अविद्रिय.

विद्रुत 1) Adj. s. u. 1. द्रु mit वि. — 2) n. *eine best. Kampfart* Hariv. 11048 (S. 711).

विद्रुति f. 1) *Lauf* Mahâvîrak. 112,18. — 2) **Flucht.*

*विद्रुधि fehlerhaft für विद्रधि.

1. विद्रुम 1) (*m.) n. *Koralle* Râgan. 13,6. 159. — 2) m. *a)* **Schoss, Trieb, junger Zweig.* — *b)* *= वृक्ष Çâçvata. — *c)* N. pr. eines Berges VP. 2,4,41. Könnte auch zu 2. विद्रुम gehören.

2. विद्रुम Adj. *baumlos* Naish. 7,38 (zugleich *Koralle*).

विद्रुमच्छवि Adj. als Beiw. Çiva's.

विद्रुमच्छाय Adj. *korallenfarbig* und zugleich *keinen Baumschatten gewährend.*

विद्रुमदण्ड *Korallenstock.* Nom. abstr. °ता.

विद्रुममय Adj. *aus Korallen bestehend* Kâd. 56,4 (103,6).

विद्रुमलता f. 1) *Korallenstock.* — 2) **ein best. wohlriechender Stoff* Bhâvapr. 1,195. — 3) ein Frauenname Vṛshabh. 30,b,1.

*विद्रुमलतिका f. = विद्रुमलता 2) Râgan. 12,163.

विद्रुमवन n. *Korallenstock.*

विद्वंस् (schwach विदुस्; im Epos bisweilen diese Form auch in den starken Casus) 1) Adj. (*f. विदुषी) *aufmerkend, mit Wissen erfahrend; wissend, kundig; verständig, kenntnissreich, gelehrt; bewandert in, vertraut mit;* die Ergänzung im Acc., Loc. oder im Comp. vorangehend. Compar. विदुष्टर, *विद्वत्तर, *विदुषीतर und *विदुषितर; Superl. विद्वत्तम. — 2) m. N. pr. eines Brahmanen.

विद्वज्जन m. *ein kenntnissreicher —, ein gelehrter Mann.*

विद्वज्जनपरिसेविता f. N. pr. einer Kiṃnara-Jungfrau Kârand. 6,10.

विद्वज्जनवल्लभ m. Titel eines Werkes Burnell, T.

विद्वज्जनवल्लभीय n. wohl dass. Opp. Cat. 1.

विद्वत्ता f. (Vikramâṅkak. 18,84) und विद्वत्त्व n. *Gelehrsamkeit.*

विद्वत्संन्यासलक्षण n. Titel eines Werkes Burnell, T.

विद्वन् Adj. = विद्वंस् 1) AV. 9,9,7.

विद्वन्मण्डन n., विद्वन्मनोरञ्जिनी f., विद्वन्मुखमण्डन n. (Opp. Cat. 1.) und विद्वन्मोदतरंगिणी f. Titel von Werken.

विद्वल Adj. (f. आ) *klug, listig.*

विद्विष् m. *Feind.*

विद्विष्टता f. *das Verhasstsein.*

विद्विष्टि f. *Hass, Feindschaft.*

विद्वेष m. 1) *Hass, Feindschaft, Abneigung, — gegen* (Loc. oder Gen.); *das Verhasstsein bei* (im Comp. vorangehend). विद्वेषं गम् u. s. w. *sich verhasst machen,* विद्वेषं कर् *Feindschaft an den Tag legen gegen* (Loc.), विद्वेषं ग्रह् *Hass fassen gegen* (Loc.). — 2) *eine Zauberhandlung* oder *eine Zauberformel, durch die man Hass und Feindschaft zu erregen bezweckt.* Auch °कर्मन् n. — 3) *stolze Gleichgültigkeit auch bei Erreichung von Erwünschtem.* — 4) Bez. *einer Sippe feindseliger Geister.*

°विद्वेषक Adj. *hassend, sich feindlich verhaltend gegen.*

विद्वेषण 1) Adj. *verfeindend.* — 2) f. विद्वेषणी N. pr. einer bösen Genie. v. l. विद्वेषिणी. — 3) n. *a) das Hassen, das Hegen einer feindlichen Gesinnung, — gegen* (Gen. oder im Comp. vorangehend). — *b) das sich verhasst Machen, ein Mittel sich verhasst zu machen.* — *c) das Erregen von Hass, — Feindschaft* Gaut. — *d) eine Zau-*

berhandlung, durch welche man Hass und Feindschaft zu erregen bezweckt.

विद्वेषवीर m. N. pr. eines Mannes.

विद्वेषस् Adj. der Feindschaft entgegentretend.

विद्वेषिता f. Hass, Feindschaft.

विद्वेषिन् 1) Adj. a) hassend, anfeindend; m. Hasser, Feind. — b) anfeindend, so v. a. wetteifernd mit. — 2) f. °षिणी N. pr. einer bösen Genie. v. l. विद्वेषणी.

विद्वेष्टर् Nom. ag. Hasser, Feind.

विद्वेष्य Adj. verhasst, odiosus, — bei (im Comp. vorangehend).

1. विध्, विधति (ausnahmsweise auch Med.) 1) den Göttern (Dat., ausnahmsweise auch Loc. oder Acc.) dienen, huldigen, Ehre erweisen, — mit (Instr.). — 2) dienend oder ehrend hingeben, widmen. — 3) hold sein (von Indra gesagt). — Mit उप huldigen, mit Acc. — Mit प्रति dass. ṚV. 7,63,5.

2. विध्, विन्धते leer werden von, mangeln, viduor; mit Instr. oder Acc.

3. विध्, विध्यति s. व्यध्.

4. विध् Adj. in मर्माविध्, *मृगाविध्, श्वाविध्, हृदयाविध्.

5. *विध्, वेधति v. l. für विथ्.

*विध m. = विमान, कृत्यन्न, प्रकार, वेधन und ऋद्धि. विधा f. s. bes.

विधन Adj. besitzlos, arm. — विधने Pańkat. II, 156 fehlerhaft; vgl. Spr. 2189.

विधनता f. Armuth.

विधनी Adv. mit कर् arm machen.

विधनुष्क, विधनुस् und विधन्वन् Adj. bogenlos.

*विधमचूडा f. gaṇa मयूरव्यंसकादि.

विधमन 1) Adj. a) ausblasend. — b) verscheuchend, vernichtend Kâraka 3,2. Nom. abstr. °ता f. Lalit. 36,6. — 2) n. das Zerblasen u. s. w. in einer Etymologie.

विधमा f. Bez. einer Unholdin.

विधर (?) Pańkar. 3,12,15.

विधरण 1) Adj. a) zurückhaltend, hemmend. — b) erhaltend. Nur विधरणी f. — 2) f. विधरणी (?) AV. 9,7,4.

विधर्तर् Nom. ag. 1) Vertheiler, Ordner. — 2) Träger, Erhalter. — 3) विधर्तरि Loc. Infin. a) um zu vertheilen. — b) um zu halten.

1. विधर्म m. 1) etwa = विधर्मन् 2) d). विधर्मस् Nomin. neben विधर्मणस् Abl. Maitr. S. 1,5,4 (71, 15. 72,1). 5,11 (80,12). — 2) Unrecht, Ungesetzlichkeit. विधर्मतस् auf ungerechte Weise.

2. विधर्म Adj. 1) ungesetzlich. — 2) keine charakteristischen Eigenschaften besitzend, qualitätslos (Kṛshṇa).

विधर्मक Adj. ungesetzlich MBh. 7,195,11. v. l. विधर्मिक und वैधर्मिक.

1. विधर्मन् 1) m. Halter, Erhalter; Anordner. — 2) n. a) das Umfangende: Behälter; Grenze. — b) Zusammenhalt. — c) Capacität, Umfang. — d) Vertheilung, Anordnung, Verfügung. Hierher vielleicht Maitr. S. 1,5,4 (72,1). 5,11 (80,12). — e) Name eines Sâman Tâṇḍja-Br. 15,5,31. धर्मविधर्मणी Lâṭj. 7,7,19. प्रजापतेर्धर्मविधर्माणि Ârsh. Br.

2. विधर्मन् Adj. gegen das Gesetz verfahrend.

विधर्मिक Adj. ungesetzlich MBh. 7,8989. v. l. विधर्मक und वैधर्मिक.

विधर्मिन् Adj. 1) gegen das Gesetz verfahrend, — verstossend (Rede). — 2) anders geartet, von entgegengesetzter Art Kâraka 3,8.

विधव्, °वति dem Monde gleichen Kâvjapr. 270,4.

विधवता f. Wittwenstand.

विधवन n. das Abschütteln in einer Etymologie.

विधवयोषित् f. Wittwe.

विधवा f. dass. Auch in Verbindung mit स्त्री (auch विधवास्त्री Comp.), योषित्, नारी u. s. w. Von einem Lande so v. a. seines Fürsten beraubt.

विधवाविवाह m. Titel eines Werkes Opp. Cat. 1.

*विधस् m. = वेधस् = ब्रह्मन्.

विधा f. 1) Theil Çat. Br. 10,2,3,6. 11. 4,3. 6,1. 10. Çulbas. 2,4. 9. Häufig am Ende eines adj. Comp. nach einem Zahlwort in der Bed. — fach. Auch Adv. in त्रि° und द्वि°. — 2) Art, Weise. यया कया च विधया auf irgend eine Weise. Am Ende eines adj. Comp. — artig. — 3) Futter Pat. — Nach den Lexicographen auch = विधि, कर्मन्, वेतन (मूल्य), ऋद्धि und वेधन; vgl. Zach. Beitr.

विधातर् Nom. ag. 1) m. a) Vertheiler, Verleiher. — b) Ausführer. — c) Festsetzer, Verfüger, Ordner, Urheber, Schöpfer u. s. w. — d) der Schöpfer, der Bestimmer der Geschicke des Menschen, Gott Brahman. — e) das personificirte Schicksal. — f) Bein. Vishṇu's, Çiva's und *des Liebesgottes. — g) N. pr. α) eines neben Brahman erscheinenden Gottes. — β) eines Âditja. — γ) eines Sohnes Brahman's und Bruders des Vidhâtar und der Lakshmî. Diese werden auch Kinder Bhṛgu's von der Khjâti genannt. — h) Ragh. 1,70 weniger gute Lesart für विनेतर्. — 2) f. विधात्री a) festsetzend, bestimmend, vorschreibend. — b) Urheberin, Schöpferin. — c) * langer Pfeffer.

विधातव्य 1) Adj. a) festzusetzen, zu bestimmen. — b) herbeizuschaffen, zu besorgen. — c) zu erweisen, zu veranstalten, in's Werk zu setzen, zu verrichten, an den Tag zu legen, was an den Tag gelegt werden wird. — d) was man sich angelegen sein lassen muss, worauf man bedacht sein muss. — e) zu gebrauchen, anzuwenden, anzustellen, einzusetzen. — 2) n. impers. einzurichten, bedacht zu sein (तथा — यथा) MBh. 3,45,3.

*विधाता f. = मद्य Râgan. 14,137.

विधातृका Adj. zur Erklärung von विधवा.

*विधातृभू m. Patron. Nârada's.

*विधात्रायुस् m. eine best. Blume.

विधान 1) Adj. (f. ई) regelnd Vaitân. — 2) m. N. pr. eines Sâdhja. — 3) n. a) Ordnung, Maass; Festsetzung, Bestimmung, das Vorschreiben, Vorgeschriebensein, Vorschrift, Regel, das zu beobachtende Verfahren, Art und Weise des Verfahrens. मृत्योर्विधानम् so v. a. der gesetzmässige Tod. विधानेन, विधानतस् und विधानैस् nach der Vorschrift, — Regel. अनेन विधानेन nach dieser Regel, auf diese Weise. संख्याविधानात् nach mathematischer Regel, mathematisch. देशकालविधानेन so v. a. am rechten Ort und zu rechter Zeit. — b) Methode, Verfahren, Recept (in der Medicin), Regime (des Essens). — c) Bestimmung, Schicksal. — d) das Treffen von Anordnungen, — Verfügungen, Ergreifen von Maassregeln; das Wozu im Comp. vorangehend. — e) Mittel. — f) das Aufstellen (von Maschinen). — g) das Schöpfen, Bilden; concret Werk (Bild-, Bau-) ṚV. 4,51,6. — h) das Veranstalten, Ausführen, Ausrichten. — i) Aufzählung, Einzeldarlegung. — k) in der Dramatik Veranlassung sowohl zur Freude als auch zum Leid. — l) Elephantenfutter Çiç. 5, 51. — देवविधानं MBh. 6,3030 fehlerhaft für देवो निधानं.

विधानक n. 1) die für Etwas geltenden Bestimmungen, die bei Etwas zu beobachtende Regel Agni-P. 260,1. — 2) *= व्यथा.

विधानकल्प m. Titel eines Werkes.

*विधानग m. ein gelehrter Mann.

विधानतिलक m. (Burnell, T.), विधानपारिजात m., विधानमाला f. und विधानरत्नमाला f. (Burnell, T.) Titel von Werken.

विधानसप्तमी f. der 7te Tag in der lichten Hälfte des Mâgha.

विधायक Nom. ag. 1) vorschreibend (Comm. zu TS. Prât.), eine Vorschrift enthaltend. — 2) Einsetzer. — 3) Gründer, Erbauer, Stifter. — 4) verrichtend, ausführend, an den Tag legend.

विधायिन् Nom. ag. 1) *regelnd, vorschreibend, eine Vorschrift enthaltend in Betreff von* (im Comp. vorangehend). — 2) *Gründer, Erbauer, Stifter.* — 3) *verrichtend, ausführend.* — 4) *bewirkend, verursachend.*

विधार m. etwa *Behälter.*

विधारक Adj. *hemmend, zurückhaltend* Comm. zu Njâjas. 2,2,1.

विधारण 1) Adj. *scheidend, trennend.* — 2) n. *a) das Anhalten* (eines Wagens). — *b) das Verhalten, Unterdrücken* Káraka 3,5. — *c) das Tragen.* — *d) das Ertragen.*

विधार्य Adj. etwa so v. a. विधर्तर्.

विधारयितर् Nom. ag. zur Erklärung von विधर्तर्.

विधारयितव्य Adj. *was erhalten —, aufrechterhalten wird.*

°विधारिन् Adj. *verhaltend, unterdrückend.*

विधावन n. *das Hinundherlaufen.*

1. विधि 1) m. *a) Anordnung, Anweisung, positive Vorschrift; gesetzliches Verfahren; Regel, Methode; Gesetz, Ordnung.* गणित° *eine mathematische Regel.* विधिना *nach der Vorschrift, rite.* — *b) eine grammatische Vorschrift, — Regel.* — *c) Gebrauch, Anwendung* Káraka 6,12. 23. — *d) Verfahren, Weise, Art.* — *e) Mittel, Weg zu Etwas* (Dat., Loc. oder im Comp. vorangehend). अध्वविधिना *mittelst des Weges,* so v. a. *den Weg entlang gehend.* — *f) Act, Handlung, Ausführung, Veranstaltung, Verrichtung, Geschäft, Werk.* Häufig pleonastisch, insbes. in Comp. mit einem Nom. act. — *g) ein feierlicher Act, Ceremonie* 117,11. — *h) Schöpfung.* Auch Pl. — *i) Schicksal.* — *k) Schöpfer.* — *l)* Bein. α) Brahman's Spr. 7637. 7728. — β) *Vishṇu's. — *m)* Name Agni's beim Prâjaçkitta. — *n)* **Arzt.* — *o)* **die Zeit.* — *p)* **Elephantenfutter.* — 2) f. N. pr. einer Göttin.

2. विधि m. etwa *Huldiger.*

विधिकर (f. ई) und विधिकृत् Adj. *Jmds Vorschriften befolgend, — Befehle ausführend;* m. *Diener.*

विधित्रयपरित्राण n. Titel eines Werkes Opp. Cat. 1.

विधित्व n. *das Vorschrift Sein.*

विधित्सा f. 1) *Beabsichtigung, Wunsch, Verlangen, — nach* (im Comp. vorangehend) Çiç. 6,52. Auch Pl. — 2) *der Wunsch Jmd zu Etwas* (im Comp. vorangehend) *zu machen.*

विधित्सित n. *Absicht* Bhâg. P. 1,9,16.

विधित्सु Adj. *beabsichtigend, im Sinne habend;* mit Acc. Naish. 5,115. आतिथ्यम् *Jmd Gastfreundschaft zu erweisen beabsichtigend.*

*विधिदर्शिन् m. *eine Person, die darauf zu achten hat, dass Alles nach Vorschrift geschieht; Beisitzer.*

विधिदृष्ट Adj. *vorschriftmässig.*

*विधिदेशक m. = विधिदर्शिन्.

विधिनिरूपण n. Titel eines Werkes.

विधिनिषेधता f. *das Gebot- und Verbot-Sein* Bhâg. P. 7,15,61.

विधिपुत्र m. Patron. Nârada's.

विधिपूर्वकम् und °पूर्वम् (Gaut. Chr. 47,9) Adv. *vorschriftmässig, rite.*

विधिभूषण n. Titel eines Werkes Opp. Cat. 1.

विधिमन्त्रपुरस्कृतम् Adv. *vorschriftmässig und mit den gehörigen Sprüchen verbunden* 69,8.

विधियज्ञ m. *ein vorschriftmässiges Opfer.*

विधियोग m. 1) *Beobachtung einer Vorschrift.* — 2) *Fügung des Schicksals.* °योगात् und °योगतस् (so Kathâs. 26,264 zu lesen) *nach der F. des Sch.*

विधिरत्न n. (Burnell, T.), विधिरसायन n., °दूषण n., °व्याख्या f. (Opp. Cat. 1), °सुखोपजीविनी f. (Burnell, T. Opp. Cat. 1) und °सुखोपयोगिनी f. Titel von Werken.

विधिलोप m. *Verletzung eines Gebotes* MBh. 3,307,8.

विधिलोपक Adj. *die Gebote verletzend, gegen die Gebote verstossend* MBh. 1,213,32.

विधिवत् Adv. *vorschriftmässig, rite, auf gehörige Weise, wie es sich gebührt.*

विधिवधू f. *Brahman's Gattin,* Sarasvatî.

विधिवाद m. und विधिविचार m. (Burnell, T.) Titel von Werken.

विधिविपर्यय m. *ein widerwärtiges Geschick, Unglück.*

विधिविवेक m. Titel eines Werkes.

विधिशोणितीय Adj. *über das normale Blut handelnd.*

विधिषेध (nur °तस् Adv.) *Gebot und Verbot.*

विधिसार m. N. pr. eines Fürsten. Richtig बिम्बिसार.

विधिसुधाकर m. (Opp. Cat. 1) und विधिस्वरूपवादार्थ m. Titel von Werken.

1. विधु m. *Schlag* (des Herzens).

2. विधु 1) Adj. etwa *vereinsamt.* Nach den Comm. = विधातर् oder विधारयितर्. — 2) m. *a) der Mond.* — *b)* **Kampfer.* — *c)* *Bein. α) Brahman's. — β) Vishṇu's. — *d)* **ein* Râkshasa. — *e)* **Wind.* — *f)* * = आयुध. — *g)* N. pr. eines Fürsten. v. l. विप्र.

विधुक्रान्त m. *ein best. Tact.*

विधुगुप्त m. N. pr. eines Mannes Bhadrab. 3,97.

विधुति f. 1) *das Schütteln, Hinundherbewegen, — bewegung* Kâd. 206,21. 216,21. Auch Pl. — 2) *Vertreibung, Entfernung.*

विधुत्व n. Nom. abstr. von विधु *Mond* Naish. 8,40.

विधुदिन n. *ein lunarer Tag.*

*विधुनन n. = विधूनन.

विधुंतुद m. Bein. Râhu's Çiç. 2,61. Hâsj. 48.

*विधुपञ्जर m. *Schwert.*

विधुमण्डल n. *Mondscheibe* Spr. 7756.

विधुमय Adj. *aus Monden bestehend* Harshak. 111,1.

विधुमास m. *ein lunarer Monat.*

विधुमुखी f. *eine Mondantlitzige* Hâsj. 47.

विधुर 1) Adj. (f. आ) *a) der Deichsel beraubt* (Wagen). Vielleicht auch einfach *mitgenommen, beschädigt.* — *b) allein stehend,* insbes. *vom geliebten Gegenstande getrennt.* — *c)* am Ende eines Comp. *frei von, ermangelnd.* अस्मद्विधुर *von uns entfernt, — abgesondert.* सत्य° *nicht ganz wahr* Prasannar. 58,4. — *d) woran Etwas fehlt, mitgenommen, mangelhaft, in einem kläglichen Zustande sich befindend.* — *e) niedergedrückt, niedergeschlagen.* °म् Adv. — *f) widerwärtig, widrig, ungünstig.* — 2) *m. *ein* Râkshasa. — 3) *f. आ *gekäste Milch mit Zucker und Gewürz.* — 4) n. *a) Widerwärtigkeit, Ungemach.* — *b)* * = वैकल्य. — *c)* * = विश्लेष, प्रविश्लेष oder परिश्लेष. — *d)* Du. Bez. *zweier Gelenke* Bhâvapr. 1,59.

विधुरता f. 1) *das Ermangeln, Nichtbesitzen.* °तां नि-इ *verlustig gehen,* mit Instr. Âpast. Çr. 5,26,3. — 2) *Mangelhaftigkeit, kläglicher Zustand.*

विधुरत्व n. = विधुरता 1).

विधुरय्, °यति *Jmd in einen kläglichen Zustand versetzen, niederschlagen, kleinmüthig machen, niederdrücken* Harshak. 125,6. Subhâshitâv. 1124. Ind. St. 14,389. विधुरित Çiç. 6,15.

विधुरित 1) Adj. s. u. विधुरय्. — 2) n. Pl. so v. a. *böse Streiche* (des Schicksals).

विधुरी Adv. mit कर् = विधुरय्.

विधुवदना f. *eine Mondantlitzige* Bhâm. V. 2,38 = Spr. 7772.

*विधुवन n. *das Schütteln, Hinundherbewegen.*

विधूत 1) Adj. s. u. 1. धू mit वि. — 2) n. *Zurückweisung, an den Tag gelegte Unlust.*

विधूति f. *Hinundherbewegung* Çiç. 15,6.

विधूनन 1) Adj. (f. ई) *zum Hinundherbewegen bringend* Naish. 4,55. — 2) n. *a) das Schütteln, Hinundherbewegen.* — *b) das Wogen.* — *c) das Zurückweisen, Verschmähen.*

विधूप Adj. *ohne Räucherwerk, wo nicht geräuchert wird.*

विधूम 1) Adj. (f. आ) *rauchlos, nicht rauchend* Çiç. 1,2. विधूमे *wenn kein Rauch mehr* (aus der Küche) *zu sehen ist.* — 2) m. N. pr. eines Vasu.

विधूम्र Adj. *ganz grau.*

विधूरता f. fehlerhaft für विधुरता.

विधृत 1) Adj. s. u. 1. धर् mit वि. — 2) n. Sâh. D. 354 fehlerhaft für विधूत 2).

विधृति 1) f. a) *Sonderung, Scheidung, das Entfernthalten.* — b) *Scheidewand.* — c) Du. Bez. *zweier Halme, welche eine Scheidewand zwischen* Barhis *und* Prastara *andeuten.* — 2) m. a) *ein best.* Sattra. — b) N. pr. α) eines göttlichen Wesens. — β) eines Fürsten.

विधृष्टि f. in einer Formel.

विधेय 1) Adj. (f. आ) a) *zu verleihen, zu verschaffen.* — b) *zu gebrauchen, anzuwenden* in अ° (Nachtr. 5). — c) *was vorgeschrieben* —, *angeordnet wird.* — d) *festzusetzen, mit Bestimmtheit auszusagen, zu statuiren.* — e) *zu zeigen, zu äussern, an den Tag zu legen.* — f) *zu verfertigen, zu construiren, zu ziehen* (eine Linie), *zurechtzumachen.* — g) *aufzustellen.* — h) *zu vollbringen, zu machen, zu thun.* — i) *fügsam, lenksam, sich leiten lassend, sich in Jmds* (Gen. oder im Comp. vorangehend) *Willen fügend, abhängig von, in der Gewalt von — stehend, übermannt von* (einer Gemüthsstimmung; diese im Comp. vorangehend). — 2) n. *das zu Thuende, Obliegenheit.*

विधेयता f. 1) *das Vorgeschriebensein, Gebotensein.* — 2) Nom. abstr. zu विधेय 1) i) Karaka 3,4.

विधेयत्व n. Nom. abstr. zu विधेय 1) d) und i) (Râǵat. 7,200).

विधेयवर्त्तिन् Adj. *sich in Jmds Willen fügend, gehorsam, Jmd unterthan* Çiç. 16,5.

विधेयिता f. Kâm. Nîtis. 19,7 fehlerhaft für विधेयता 2).

विधेयी Adv. 1) mit कर् *in seine Gewalt bringen, abhängig machen, bezwingen* Mahâvîrak. 127, 19. Vṛshab. 59,a,25. — 2) mit भू *sich fügen in* (im Comp. vorangehend).

विध्मापन Adj. *zerstreuend.*

विध्य Adj. in अ° (Nachtr. 5).

विध्यन्त m. *Schlusshandlung* Njâjam. 8,1,3. Comm. zu Kâtj. Çr. 970,3. 5. 1036,15. 16. Nom. abstr. °त्व n. 970,3. Njâjam. 8,1,15.

विध्यपराध m. *Verfehlung gegen die Regel* Gaim. 6,3,6. °प्रायश्चित्त n. Burnell, T.

विध्यपाश्रय m. *das Halten an der Vorschrift, das genaue Beobachten der V.*

विध्यलंकार m. und विध्यलंक्रिया f. *eine best. rhetorische Figur* Comm. zu Vâsav. 230.

विध्यात्मक Adj. *eine positive Form habend* 212, 15. Gegensatz प्रतिषेधात्मक.

विध्यादि m. *der Anfang einer Handlung* Njâjam. 8,1,15.

विध्वंस m. 1) *das Zusammenstürzen, Umfall.* — 2) *Verderben, Untergang, das Schadennehmen.* — 3) *das Weichen* (einer Krankheit). — 4) *ein erlittenes Unrecht.* — 5) *das Entehrtwerden, Geschändetwerden* (eines Frauenzimmers).

विध्वंसक m. *Schänder* (eines Frauenzimmers).

विध्वंसन 1) Adj. am Ende eines Comp. *verderbend, vernichtend, zu Grunde richtend, zu Nichte machend, verscheuchend.* — 2) n. a) *das Zerstören, Vernichten, Verderben, zu Grunde Richten.* — b) *das Schänden, Entehren* (eines Frauenzimmers).

विध्वंसिन् 1) Adj. a) *zu Grunde gehend.* — b) *verderbend, zu Grunde richtend, vernichtend.* — c) *schändend, entehrend* (ein Frauenzimmer). — 2) f. °सिनी *ein best. Zauberspruch.*

विध्वस्तता f. *Untergang, Ruin* Kathâs. 73,77 (भार्या वि° gemeint).

*विन् nimmt Mâdhu. st. वेन् an.

विनंशिन् Adj. *verschwindend.*

विनग्न Adj. *ganz nackt* Lalit. 405,8.

विनङ्गस m. Du. *die Arme.*

विनज्योतिस् m. N. pr. Kathâs. 72,301 fehlerhaft für विनयज्योतिस्.

विनटन n. *das Hinundherbewegen, Hinundhergehen* Vâsav. 279,3.

विनत 1) Adj. s. u. नम् mit वि. — 2) m. a) *eine Ameisenart.* — b) N. pr. α) eines Sohnes des Sudjumna. — β) eines Affen. — γ) einer Oertlichkeit an der Gomatî. Vielleicht n. — 3) f. विनता a) *ein best. Abscess auf Rücken oder Bauch bei Harnruhr* Karaka (ed. Calc.) 108,8. — b) N. pr. α) einer Tochter Daksha's, Gattin Kaçjapa's und Mutter Suparṇa's, Garuḍa's, Aruṇa's u. s. w. Suparn. 2,1.6. — β) eines weiblichen Krankheitsdämons. — γ) einer Râkshasî.

*विनतक m. N. pr. eines Berges.

विनतता f. *Gesenktheit* Comm. zu TS. Prât.

विनतातनया f. *eine Tochter der* Vinatâ, Metron. der Sumati 106,17.

विनतानन्द m. Titel eines Werkes Burnell, T.

विनताश्व m. N. pr. eines Sohnes des Sudjumna.

विनतासुत m. *ein Sohn der* Vinatâ (Garuḍa u. s. w.) Çiç. 20,30.

*विनतासूनु m. dass. Bein. Aruṇa's (Wagenlenkers der Sonne).

विनति f. *Verneigung,* — *vor* (Loc.).

विनद 1) m. a) *Geschrei.* — b) **Alstonia scholaris.* — 2) f. आ *eine best.* Çakti. — 3) f. ई N. pr. eines Flusses.

विनदिन् Adj. *tosend, donnernd.*

विनमन n. *das Zusammen* —, *Niederbeugen.*

विनम्र Adj. (f. आ) 1) *sich neigend, gesenkt, herabhängend, gesenkten Hauptes.* — 2) *unterwürfig, demüthig.*

*विनम्रक n. *die Blüthe der Tabernaemontana coronaria.*

*विनय्, °यति künstliches Denomin. von वि *Vogel* und नर् *Mann.* — Mit वि Absol. विविनय्य Pat. zu P. 1,4,1, Vârtt. 7.

विनय 1) Adj. *entfernend.* — 2) m. (adj. Comp. f. आ) a) *das Entfernen, Wegziehen* (eines Tuches) Çiç. 10,42. — b) *Zucht, Erziehung, Unterweisung, Dressur.* — c) *Zucht,* so v. a. *gutes* —, *gesittetes Benehmen, Anstand; bescheidenes Benehmen.* Ausnahmsweise Pl. Personificirt als Sohn der Krijâ oder Laǵǵâ. — d) bei den Buddhisten *die über die Disciplin handelnde Lehre.* — e) *Amt* Çiç. 11,36. — f) N. pr. eines Sohnes des Sudjumna. — 3) *f. विनया *Sida cordifolia.*

विनयकर्मन् n. *Unterweisung, Unterricht.*

विनयक्षुद्रक und °वस्तु n. Titel eines buddh. Werkes.

*विनयग्राहिन् Adj. *lenkbar, fügsam.*

विनयज्योतिस् (Conj.) m. N. pr. eines Muni.

विनयता f. = विनय 2) c).

*विनयदेव m. N. pr. eines buddh. Lehrers.

विनयन 1) Adj. *entfernend, verscheuchend.* — 2) n. a) *das in Zucht Halten, Zähmen* in मनो°. — b) *das Unterweisen, Unterrichten,* — *in* (Loc.).

विनयनन्दिन् m. N. pr. eines Sectenhauptes der Ǵaina Ind. Antiq. 11,69.

विनयंधर m. N. pr. eines Kämmerers Venîs. 17,2.

विनयपत्त्र n. = विनयसूत्र.

विनयपिटक bei den Buddhisten *der Korb* (d. i. *Sammlung*) *der über die Disciplin handelnden Schriften.*

विनयमय Adj. *das gesittete Benehmen selbst seiend* Kâd. 100,23 (179,17).

विनयवत् 1) Adj. *wohlgesittet* in अ°. — 2) f. °वती ein Frauenname.

*विनयवस्तु n. Titel einer Abtheilung der über den Vinaja handelnden Werke bei den Buddhisten.

*विनयविभाषाशास्त्र n. Titel eines buddh. Werkes.

विनयश्री f. ein Frauenname Hem. Par. 2,77.

विनयसूत्र n. *das über die Disciplin handelnde* Sûtra (buddh.)

*विनयस्थ Adj. *fügsam, lenksam.*

विनयस्वामिनी f. ein Frauenname.

विनयादित्य m. 1) Bein. Gajâpîḍa's. °पुर n. N. pr. einer von ihm gegründeten *Stadt.* — 2) N. pr. eines Fürsten aus dem Geschlecht der Kâlukja Ind. Antiq. 6,86. 89.

विनयादिधर (d. i. विनयधर) m. N. pr. eines Mannes Vardhamânak. 1,51.

विनयितर् Nom. ag. etwa *Erzieher, Unterweiser* als Beiw. Vishṇu's.

विनयिन् Adj. *gesittet, sich gut —, sich bescheiden betragend.*

विनयोक्ति f. Pl. *bescheidene Worte, — Rede* Bâlar. 8,1.

विनर्दिन् Adj. *brüllend* als Bez. einer Sâman-Sangweise.

विनशन n. *das Verschwinden.* सरस्वत्याः, सरस्वती° und mit Ergänzung des Flussnamens *der Ort, wo die* Sarasvatî *verschwindet.* Nach Trik. = कुरुक्षेत्र.

विनश्वर Adj. (f. ई) *verschwindend, nicht mehr gesehen werdend; vergänglich* Harshak. 169,12. 13. Nom. abstr. °ता f. und °त्व n. *Vergänglichkeit.*

विनष्टक in बाल°.

वि॑नष्टतेजस् Adj. *dessen Energie verschwunden ist, kraftlos.*

वि॑नष्टि f. *Verlust.*

विनष्टोपजीविन् Adj. *von Aas sich nährend* Gop. Br. 2,2,5.

विनस Adj. (f. आ) *der Nase beraubt* Bhaṭṭ.

वि॑ना 1) Präp. *ohne, mit Ausnahme von, ausser, bis auf* (excl.); mit Acc., Instr. oder Abl., die vorangehen oder folgen können. Ausnahmsweise auch in Comp. mit der Ergänzung (सत्य°). विनाकृत *getrennt von* (Kâd. 2,91,4 = 112,6), *beraubt, gekommen um, ermangelnd, frei von;* die Ergänzung im Instr., Abl. oder im Comp. vorangehend. Ohne Ergänzung *allein stehend.* विनाकृत्य so v. a. *ohne* Spr. 1360. Mit भू *getrennt werden,* विनाभूत *getrennt von, beraubt;* mit Instr. Als Adv. und ausserdem überflüssig erscheint विना in der Verbindung न तदस्ति विना देव यत्ते विरहितं हरे *es giebt Nichts, o* Hari, *wobei du nicht wärest.*

वि॑नाट m. *Schlauch.*

विनाडिका (Ârjabh. 3,2) und विनाडी f. *ein best. Zeitmaass,* = 6 Prâṇa = $^1/_{60}$ Nâḍikâ.

विनाथ Adj. (f. आ) *des Beschützers beraubt.*

°विनादिन् Adj. *aufschreiend.*

विनाभव m. *das Getrenntsein, Trennung von* (Instr.).

विनाभाव m. in अ°.

*विनाभावम् Absol. *getrennt.*

विनाभाविन् und विनाभाव्य Adj. in अ°.

विनाम m. 1) *Krümmung des Körpers* (in Folge von Schmerz) Bhâvapr. 1,90. 3,12. Karaka 1,7. 6,26. — 2) *Umbeugung eines dentalen Lautes in einen cerebralen.*

विनामक m. und °मिका f. = विनाम 1) Karaka 1,14. 4,8.

विनायक 1) m. *a) Führer, Leiter.* Nach den Lexicographen = गुरु. — *b)* Bein. Gaṇeça's, *des Entferners der Hindernisse.* — *c)* Pl. *eine best. Klasse von Dämonen* Mân. Gṛhj. 2,14. — *d)* Pl. *bestimmte über Waffen gesprochene Sprüche.* — *e)* *ein Buddha. — *f)* *Bein. Garuḍa's. — *g)* **Hinderniss.* — *h)* * = अनाथ (!). — *i)* N. pr. verschiedener Männer. Auch °पण्डित und °भट्ट. — 2) *f. °यिका Gaṇeça's *Gattin.*

विनायकचतुर्थी f. *ein best. vierter Tag* (eines Festes zu Ehren Gaṇeça's).

विनायकमाहात्म्य n., विनायकव्रतपूजा f. und विनायकस्तवराज m. Titel von Werken Opp. Cat. 1. Burnell, T.

विनायकस्नपनचतुर्थी f. *ein best. vierter Tag, an welchem* Gaṇeça's *Bild gebadet wird.*

विनायिकी f. Pañkad. 50. 51 wohl fehlerhaft.

*विनायिन् Adj.

विनाराशंस Adj. (f. आ) *ohne die* Nârâçaṃsa *genannten Lobsprüche* Tâṇḍja-Br. 10,6,6. 13,7,14.

*विनारुहा f. eine best. Pflanze Râgan. 7,112.

विनाल Adj. *ohne Stengel* Râgan. 7,112.

विनाश m. (adj. Comp. f. आ) *das Verlorengehen, Verschwinden, Aufhören, Verlust, Vernichtung, das zu Grunde Gehen, Untergang.*

विनाशक Adj. *verschwinden machend, vernichtend, zu Grunde richtend.* R. 7,23,4,6 vielleicht fehlerhaft für विनायक 1) *c).*

विनाशधर्मन् Adj. *vergänglich* Ragh. 8,10.

विनाशन 1) Adj. (f. ई) *verschwinden machend, vernichtend, zu Grunde richtend.* — 2) m. N. pr. eines Asura, eines Sohnes der Kalâ. — 3) n. *das Verschwindenmachen, Verscheuchen, Vernichten, zu Grunde Richten.*

1. विनाशान्त m. *Tod.*

2. विनाशान्त Adj. *mit Verlust endend.*

विनाशित्व n. *Vergänglichkeit.*

विनाशिन् Adj. 1) *verschwindend, zu Grunde gehend, vergänglich.* — 2) *verderbend, vernichtend, zu Grunde richtend.* — 3) *vom Untergange von* (Gen.) *handelnd.*

*विनाशोन्मुख Adj. *dem Verderben nahe, vollkommen reif.*

विनाश्य Adj. *zu verderben, zu vernichten, zu Grunde zu richten.* Nom. abstr. °त्व n. *Vernichtbarkeit.*

विनास Adj. (f. आ) *nasenlos* Agni-P. 7,6.

विनासक 1) *Adj. dass. — 2) f. °सिका *ein best. giftiges Insect.*

विनासादशन Adj. *der Nase und der Zähne beraubt* (Wagen) MBh. ed. Vardh. 7,35,32. v. l. विनेमिदशन.

*विनाह m. = वीनाह.

विनिकर्तव्य Adj. *zu zerhauen, niederzumetzeln.* Nach Nilak. °कर्तव्य = निकृत्या वञ्चयितव्यः.

विनिकार m. *Beleidigung, Kränkung.*

विनिकृत्तन Adj. *zerhauend, niedermachend.*

विनिकोचन n. *das Zusammenziehen.* अक्षिभ्रू° Bhâvapr. 1,1.

विनिक्षण n. *das Durchbohren.*

वि॑निक्षे Dat. Infin. zu निक्ष् mit वि Ṛv. 5,2,9.

विनिक्षेप m. *Sonderung.* गुणविनिक्षेपतस् *in Beziehung auf die einzelnen Eigenschaften.*

विनिक्षेप्य Adj. *zu werfen in* (Loc.).

विनिगडी Adv. mit कर् *von den Fussfesseln befreien.*

विनिगमक Adj. *eine Alternative entscheidend, für den einen oder andern Fall den Ausschlag gebend.*

विनिगमना f. *das Entscheiden einer Alternative, das Ausschlaggeben für den einen oder andern Fall* Çaṃk. zu Bâdar. 3,2,14.

विनिगूहितर् Nom. ag. *Verheimlicher, Geheimhalter.*

विनिग्रह m. 1) *das Getrennthalten, Trennung.* — 2) *das Niederhalten, Zurückhalten, Verhalten, Einhaltthun.* — 3) *Restriction, Einschränkung.*

विनिग्राह्य Adj. *niederzuhalten, zurückzuhalten.*

विनिघ्न Adj. *multiplicirt.*

विनिद्र 1) Adj. (f. आ) *a) frei von Schlaf, wach, nicht schlafend.* — *b) in wachem Zustande geschehend.* — *c) schlaflos zugebracht* Spr. 7809. — *d) aufgeblüht* Çiç. 12,37. — *e) geöffnet* (Augen). — 2) m. *ein best. über Waffen gesprochener Spruch.*

विनिद्रक Adj. *wach, erwacht.*

विनिद्रता f. *Schlaflosigkeit* Bhâvapr. 2,172.

*विनिद्रत्व n. *das Wachsein.*

विनिद्रासु Adj. Râgat. 8,2139 fehlerhaft für नि-

°द्रासु (Nachtr. 5).

विनिनीषु Adj. mit Acc. *zu leiten* —, *zu ziehen beabsichtigend.*

विनिन्द 1) Adj. *übertreffend.* — 2) f. आ *das Schmähen, Lästern, Tadeln* 104,30.

विनिन्दक Adj. 1) *tadelnd* Subhâshitâv. 2812. — 2) *verspottend.* — 3) *übertreffend.*

विनिपात m. 1) * *Fall, Sturz.* — 2) *Unfall, Ungemach.* — 3) *Tod* Harshak. 129,12. 147,12. — 4) *das zu Schanden Werden.* — 5) *das Fehlgehen* in अ°.

विनिपातक Adj. *zu Schanden machend, vernichtend.*

विनिपातिन् Adj. in अ°.

विनिबर्हण Adj. *niederschmetternd* MBh. 3,22, 31. 9,42,7. 45,26.

विनिबर्हिन् Adj. dass. MBh. 3,302,15.

विनिमय m. 1) *Tausch, Vertauschung* Âpast. — 2) *Reciprocität* in कार्य°. — 3) *Verpfändung.*

विनिमित्त Adj. *keinen realen Grund habend, durch Nichts veranlasst* Karaka 5,4. 11.

विनिमीलन n. *das Sichschliessen* (einer Blüthe) 303,17.

विनिमेष m. *das Schliessen* (der Augen).

विनियम m. *Beschränkung auf* (Loc.).

विनियम्य Adj. *zu beschränken.*

विनियोक्तर् Nom. ag. 1) *der Jmd an Etwas* (Loc.) *stellt, — Etwas thun heisst.* — 2) *Verwender.* — 3) *die specielle Anordnung enthaltend, die Unterscheidung angebend.* f. °योक्त्री.

विनियोग m. 1) *Vertheilung.* — 2) *Anstellung an ein Geschäft* (Loc.), *Beauftragung mit Etwas; die Einem angewiesene Beschäftigung.* — 3) *Anwendung, Verwendung, Gebrauch.* — 4) *Relation, Correlation.* — 5) als Erklärung von अधिकार 6).

विनियोगसंग्रह m. Titel eines Werkes.

विनियोज्य Adj. *anzuwenden, zu verwenden, zu gebrauchen.*

विनिर्गति f. = विनिर्गम 1) Karaka 5,12.

विनिर्गम m. (adj. Comp. f. आ) 1) *das Hinausgehen, Fortgehen, — von oder aus* (Abl.). बहिर्मन्त्र° so v. a. *das Ruchbarwerden einer Berathung.* — 2) *das letzte Drittel eines astrologischen Hauses.*

विनिर्घोष m. *Klang, Laut.*

विनिर्जय m. *Besiegung.*

विनिर्णय m. *Entscheidung, ein maassgebender Ausspruch in Betreff von* (Gen. oder im Comp. vorangehend).

विनिर्दहनी f. *ein best. Heilmittel.*

विनिर्देश्य Adj. *anzuzeigen, zu verkündigen.*

विनिर्बन्ध m. *das Bestehen auf, Beharren bei* (im Comp. vorangehend).

विनिर्बाहु m. *eine best. Art des Kampfes mit dem Schwerte.*

विनिर्भय m. N. pr. eines Sâdhja.

विनिर्भोग m. *eine best. Weltperiode* (buddh.).

विनिर्मल Adj. *überaus rein, — lauter.*

विनिर्माण n. 1) *das Ausmessen.* — 2) *das Bilden, Bauen; Bau.* Am Ende eines Comp. *erbaut, verfertigt aus oder nach* (Jmds Wunsch).

विनिर्मातर् Nom. ag. *Bildner, Schöpfer.*

विनिर्मिति f. *Bildung, Schöpfung, Erbauung* Hemâdri 1,524,21.

°विनिर्मुक्ति f. *Befreiung von.*

विनिर्मोघ Adj. *nicht vergeblich* Mârk. P. 132,34.

°विनिर्मोक्ष m. 1) *Befreiung von.* — 2) *Ausschluss von.*

विनिर्याण n. *das Hinausgehen, Auszug, Aufbruch.*

विनिर्वर्हण Adj. MBh. 9,2364 fehlerhaft für विनिबर्हण.

विनिवर्तक Adj. *rückgängig machend, aufhebend* TS. Prât.

विनिवर्तन n. 1) *Rückkehr, Heimkehr, das Zurückkommen* (abgeschossener Geschosse). — 2) *das zu Ende Gehen, Aufhören.*

विनिवर्तिन् Adj. in अ°.

विनिवारण n. *das Zurückhalten, Abhalten.*

विनिवार्य Adj. *zu verdrängen.*

विनिवृत्ति f. 1) *das Weichen, Aufhören* Karaka 6,30. — 2) *das Unterbleiben.*

विनिवेदन n. *das Anmelden.*

विनिवेश m. 1) *das Niedersetzen, Aufsetzen, Aufstellen, Auflegen* Çiç. 7,67. — 2) *das Hinstellen in einem Buche,* so v. a. *Aufführen.* — 3) *angemessene Vertheilung.*

विनिवेशन n. 1) *das Aufrichten, Aufstellen, Erbauen.* — 2) *das Anordnen* Comm. zu Âpast. Çr. 9,5,9.

°विनिवेशिन् Adj. *gelegen an* oder *in.*

विनिवेसिन् Adj. Kathâs. 6,166 fehlerhaft für °वेशिन्.

विनिश्चय m. *eine feste Meinung, feststehende Ansicht, feste Bestimmung, Entscheidung, fester Entschluss, — in Bezug auf* (Gen. oder im Comp. vorangehend).

विनिश्चल Adj. *unbeweglich, — wie* (im Comp. vorangehend).

°विनिश्चायिन् Adj. *entscheidend, endlich bestimmend.*

विनिष्कम्प Adj. *unbeweglich* Amrt. Up. 22.

विनिष्पात m. *das Hervorstürzen, Vordringen.* मुष्टि° so v. a. *Faustschlag.*

विनिष्पाद्य Adj. *zu Stande zu bringen, auszuführen.*

विनिष्पेष m. *das Aneinanderreiben.*

विनिःसृति f. *das Entkommen* (aus einem Käfig) Lalit. 232,9. 10.

विनि(:)सृताहुति f. *eine best. Spende* Âçv. Çr. 6,12,2.

विनीत 1) Adj. s. u. 1. नी mit वि. — 2) m. a) * *Kaufmann, Krämer.* — b) * *Artemisia indica* Râgan. 10,148. — c) N. pr. eines Sohnes des Pulastja.

*विनीतक m. n. = वैनीतक.

विनीतता f. und विनीतत्व n. *Wohlgezogenheit, Sittsamkeit, bescheidenes Betragen, Bescheidenheit.*

*विनीतदेव und *विनीतप्रभ m. N. pr. zweier buddh. Gelehrter.

विनीतमति N. pr. verschiedener Männer.

*विनीतसेन m. N. pr. eines Mannes.

विनीताश्व m. desgl. Hemâdri 1,423,6.

विनीति f. *Bescheidenheit.*

विनीतेश्वर m. N. pr. eines göttlichen Wesens (buddh.).

*विनीय m. = कल्क.

विनील Adj. *dunkelblau.*

विनीवि Adj. f. *des Schurzes entkleidet.*

विनुत्ति f. 1) *Verstossung, Vertreibung.* — 2) *ein best.* Ekâha.

विनुद् f. *Stoss.*

विनेतर् Nom. ag. 1) *Erzieher, Unterweiser, Lehrer.* Mit Gen. oder Acc. — 2) *Zähmer, Abrichter.* — 3) * *Fürst, König.*

1. विनेत्र m. *Unterweiser, Lehrer.*

2. विनेत्र Adj. *augenlos, blind.*

विनेमिदशन Adj. *der Radfelgen und der Zähne beraubt* (Wagen) MBh. 7,36,32. v. l. विनासादशन.

विनेय 1) Adj. a) *zu verscheuchen, zu entfernen.* — b) *zu erziehen, zu unterrichten.* — c) *zu züchtigen, zu strafen* 213,31. — 2) m. buddh. *Zögling, Schüler* Çaṁk. zu Bâdar. 2,2,28. Sarvad. 22,9.

विनोक्ति f. in der Rhetorik *ein Ausspruch, der da besagt, dass Etwas erst ohne ein Anderes einen Werth oder ohne ein Anderes keinen Werth habe; conditio sine qua non* Kâvjapr. 10,27.

विनोद m. 1) *Vertreibung, Verscheuchung.* — 2) *Vertreibung der Sorgen u. s. w., Unterhaltung, Zeitvertreib, Amusement, — an* (im Comp. vorangehend). Am Ende eines adj. Comp. *sich vergnügend an.* — 3) *eine best. Umschlingung Liebender.* — 4) *eine Art Palast.* — 5) Titel eines Werkes.

विनोदन n. = विनोद 2). Nom. abstr. °ता f. Kâd. 258,7 (420,17).

विनोदवन्त् Adj. *unterhaltend, ergötzlich.*

विनोदिन् Adj. 1) am Ende eines Comp. *vertreibend, verscheuchend.* — 2) *Sorgen u. s. w. verscheuchend, unterhaltend, ergötzend.*

विन्त m. N. pr. eines göttlichen Wesens.

विन्द् s. 3. विद्.

विन्द 1) Adj. am Ende eines Comp. *findend, gewinnend.* — 2) m. *a) eine best. Stunde des Tages.* — *b)* N. pr. eines Sohnes des Dhṛtarâshṭra und eines Fürsten der Avanti.

विन्दक m. N. pr. eines Mannes.

विन्दंवन्त् Adj. *eine Form von* 3. विद् *enthaltend;* f. °वती *ein solcher Vers* Maitr. S. 2,1,1 (1,8).

1. विन्दु Adj. 1) *kennend, vertraut mit* (im Comp. vorangehend) Vâsav. 79,2. — 2) * = वेदितव्य.

2. °विन्दु Adj. *findend, suchend, gewinnend, verschaffend.*

3. विन्दु m. *Tropfen u. s. w.* s. बिन्दु.

विन्ध् s. 2. विध्.

विन्ध Mârk. P. 37,52 fehlerhaft für विन्ध्य.

विन्धचुलक MBh. 6,369 fehlerhaft für विन्ध्यचुलिक.

*विन्धपत्त्री (!) f. *eine best. Pflanze.*

*विन्धस (!) m. *der Mond.*

विन्ध्य 1) m. *a)* N. pr. *α)* des Gebirges, welches die indische Halbinsel von Ost nach West durchzieht. — *β)* eines Fürsten Hem. Par. 2,166. — *b)* * *Jäger.* — 2) * f. आ *a) Averrhoa acida.* — *b) kleine Kardamomen.*

विन्ध्यक m. Pl. N. pr. einer Dynastie VP.² 4,214.

विन्ध्यकन्दर n. N. pr. einer Oertlichkeit.

*विन्ध्यकवास m. N. pr. eines Mannes.

*विन्ध्यकूट m. Bein. Agastja's.

विन्ध्यकेतु m. N. pr. eines Fürsten der Pulinda.

विन्ध्यकैलासवासिनी f. *eine Form der* Durgâ Hariv. 10246.

विन्ध्यगिरि m. *das Gebirge* Vindhja Vâsav. 236,2.

विन्ध्यचुलिक m. Pl. N. pr. eines Volkes MBh. 6, 9,62. v. l. विन्ध्यपुलिक.

*विन्ध्यनिलया f. *eine Form der* Durgâ.

*विन्ध्यनिवासिन् m. Bein. Vjâḍi's Gal. Vgl. विन्ध्यवासिन्.

विन्ध्यपर m. N. pr. eines Fürsten der Vidjâdhara.

विन्ध्यपर्वत m. *das Gebirge* Vindhja Ind. St. 14,158.

विन्ध्यपालक m. Pl. N. pr. eines Volkes.

विन्ध्यपुलिक m. Pl. desgl. MBh. ed. Vardh. 6,9,61.

विन्ध्यमूलिक und विन्ध्यमौलेय m. Pl. desgl.

विन्ध्यवन n. *ein Wald im Gebirge* Vindhja.

विन्ध्यवन्त् m. N. pr. eines Mannes.

विन्ध्यवर्मन् m. N. pr. eines Fürsten.

विन्ध्यवासिन् 1) Adj. *den* Vindhja *bewohnend.* — 2) m. Bein. Vjâḍi's. — 3) f. °सिनी *a)* mit und ohne देवी *eine Form der* Durgâ. — *b)* N. pr. einer Oertlichkeit VP.² 4,262.

विन्ध्यशक्ति m. N. pr. eines Fürsten Ind. Antiq. 12,242.

विन्ध्यसेन m. N. pr. eines Fürsten. v. l. बिम्बिसार.

विन्ध्यस्थ 1) Adj. *im* Vindhja *sich aufhaltend.* — 2) m. Bein. Vjâḍi's.

विन्ध्याचल m. *das Gebirge* Vindhja Varâh. Jogaj. 5,21.

विन्ध्याटवी f. *ein Wald im* Vindhja-*Gebirge* 132,24. Vâsav. 249,2. Ind. St. 14,158.

विन्ध्याद्रि m. *das Gebirge* Vindhja.

विन्ध्याधिवासिनी f. *eine Form der* Durgâ.

विन्ध्यान्तनिवासिन् m. Pl. *die Bewohner des innern* Vindhja.

विन्ध्याप्, °यते *das Gebirge* Vindhja *darstellen* Çiç. 4,24.

विन्ध्यावलि und °ली f. N. pr. der Gattin Bali's und Mutter Bâṇa's. *°लीपुत्र m. Metron. Bâṇa's.

विन्न Adj. s. u. 3. und 5. विद्.

विन्नप m. N. pr. eines Fürsten.

विन्यय m. *Stellung, Lage.*

विन्यसन n. *das Niedersetzen.* पदविन्यसनं कर् so v. a. *schreiten* Vikramâñkak. 15,25.

विन्यस्य Adj. *aufzusetzen, zu stellen auf* (उपरि).

*विन्याक m. = विद्धवन्त.

विन्यास m. 1) *das Hinsetzen, Hinstellen, Anlegen* (am Körper) 251,20. — 2) *Setzung, Bewegung, Stellung, Lage* Comm. zu TS. Prât. Spr. 7632. — 3) *Anordnung, Eintheilung, Ordnung.* — 4) *Vertheilung, Ausbreitung.* दर्भ° so v. a. *das ausgestreute* Darbha-*Gras.* — 5) *Einrichtung, Gründung, Anlage.* — 6) *das Zusammenfügen* (von Worten, Reden, literarischen Producten) Spr. 7632. Vâsav. 89,1. — 7) *das an den Tag Legen.* नीति° Adj. *wohl so v. a. klug thuend.* — 8) *das Ausstossen von Worten der Verzweiflung.*

विन्यासरेखा f. *eine gezogene Linie* Bâlar. 292,3.

1. विप्, वेपते (विपान, वेपन्ती metrisch) 1) *in schwingender, zitternder Bewegung sein, beben, zittern.* — 2) *vor Schreck entweichen.* — Caus. वेपयति (vgl. auch विपय्) *zittern machen, schwingen, schütteln.* — Mit उद् *in unruhige Bewegung gerathen, erzittern, erschrecken.* — Caus. 1) *zum Zittern bringen* Kâd. 2,56,10 (67,11). — 2) *erschrecken* (trans.). — Mit परि *zittern.* — Mit प्र *erzittern.* Metrisch auch Act. — Caus. *erschüttern, in schwingende Bewegung versetzen, erzittern machen.* — Mit अभिप्र *sich auf Jmd* (Acc.) *stürzen.* — Mit संप्र *erzittern.* — Mit वि *zittern, zucken* (vom Auge). — Mit प्रवि Caus. *erzittern machen.* — Mit सम् *zittern.*

2. विप् 1) Adj. *innerlich erregt, begeistert.* — 2) f. *a) Ruthe, Gerte, dünner Stab, Schaft* (des Pfeils u. s. w.). Bei der Soma-Bereitung *die Stäbe, welche den Boden des Trichters bilden und das Seihtuch tragen.* — *b)* * *Rede.* — *c) Finger.*

3.*विप्, वेपयति (त्तेपे).

विपक्तव्य Adj. *zu kochen* Karaka 6,11.

विपक्तिम Adj. *gereift, reif* Bhaṭṭ.

विपक्व Adj. (f. आ) 1) *gar gekocht, — gemacht, gar, gekocht* überh. Karaka 6,26. — 2) *gereift, reif* (von Früchten). — 3) *gereift,* so v. a. *zur vollkommenen Entwickelung gelangt, vollkommen ausgebildet.* — 4) *nicht geglüht.*

1. विपत्त m. 1) *der Tag des Uebergangs von einer Monatshälfte zur andern.* — 2) *Widerpart, Gegner, Feind.* — 3) *Nebenbuhlerin* Çiç. 7,51. — 4) *eine entgegengesetzte Behauptung, Gegenbeispiel.*

2. विपत्त Adj. *der Flügel beraubt.*

विपत्तभाव m. *Feindschaft.*

विपत्तय्, °यति *verfeinden.* MBh. 12,88,11 ist nach Kern विपत्तित st. विवत्तित zu lesen. Vgl. Mârk. P. 71,27.

विपत्तरमणी f. *Nebenbuhlerin* Spr. 1379.

विपत्तशूल m. N. pr. des Hauptes einer best. Secte.

विपत्तस् Adj. *auf beiden Seiten (sowohl rechts als links) gehend.*

विपत्ती Adv. mit कर् *der Flügel berauben.*

विपत्तीय Adj. *feindlich.*

विपञ्चय्, °यति *ausbreiten, verkündigen* Hem. Par. 2,136.

विपञ्चिका f. 1) * *die indische Laute.* — 2) Titel eines Werkes Opp. Cat. 1.

विपञ्ची f. 1) *die indische Laute* Kâd. 147,18 (260, 5). Naish. 7,50. — 2) * *Belustigung, Spiel.*

विपञ्चीक am Ende eines adj. Comp. (f. आ) von विपञ्ची 1).

विपण m. 1) *Verkauf, Handel.* — 2) *Wette.* — 3) *ein Ort, an dem Handel getrieben wird: Kaufladen, Kaufhof, Markt.* — 4) *Markt* als bildliche

Bez. der Rede, des Organs der Rede oder der Energie der Thätigkeit überh. — 5) als Bein. Çiva's angeblich = निर्व्यवहार, दण्डादिरहित.

विपणन n. das Verkaufen, Handel.

विपणापणवत् Adj. mit Kaufläden und Märkten versehen.

विपणि f. 1) Verkauf, Handel. — 2) ein Ort, an dem Handel getrieben wird: Kaufladen, Kaufhof, Markt. Auch °णी. — 3) *Handelsartikel, Waare.

विपणिन् m. Handelsmann, Krämer.

विपणिपथ m. Marktstrasse Kâd. 55,17 (102,10).

विपणी f. s. u. विपणि 2).

विपताक Adj. der Fahne —, des Banners beraubt.

विपतितलोमन् Adj. dem das Haar ausgefallen ist Çat. Br. 1,5,4,5.

विपत्ति f. 1) das Missrathen, Misslingen, Ungunst (einer Zeit). — 2) Unfall, Ungemach, Unglück. Auch Pl. — 3) das Zugrundegehen, Verderben, Untergang. — 4) Tod. — 5) das Verschwinden, Aufhören.

विपत्र (!) eine best. Krankheit.

विपत्मन् Adj. nach Aufrecht mit Vogelschnelle fliegend.

1. विपथ (*m. n.) 1) Abweg. — 2) *eine best. hohe Zahl (buddh.).

2. विपथ m. n. ein für ungebahnte Wege tauglicher Wagen.

विपथय्, °यति auf Abwege bringen Lalit. 322,8.

विपथयमक n. Paronomasie des ersten und vierten Stollens. Beispiel Bhatt. 10,16.

विपथयुग n. ein für ungebahnte Wege taugliches Joch Âpast. Çr. 7,3,8.

विपथवाह् Adj. an einem Vipatha-Wagen ziehend.

विपथि Adj. auf Abwegen gehend.

विपद् f. 1) das Missrathen, Misslingen. — 2) Unfall, Ungemach, Unglück. Auch Pl. — 3) Tod.

*विपदा f. = विपद्.

*विपदी f. gaṇa कुम्भपद्यादि.

विपन्न 1) Adj. s. u. 1. पद् mit वि. — 2) m. Schlange Râǵat. 8,331.

विपन्नता f. die Lage eines Unglücklichen, das Zugrundegehen.

विपन्या und विपन्यया Instr. 1) mit Bewunderung, — Jubel, freudig. — 2) auf wunderbare Weise.

विपन्यु Adj. (f. ebenso) 1) bewundernd, rühmend, jubelnd. — 2) bewundernswerth.

विपय्, विपयति in zitternde Bewegung versetzen ṚV. 7,21,2. Vgl. Caus. von 1. विप् und गृभय्.

विपराक्रम Adj. ohne alle Energie, keines muthigen Auftretens fähig.

विपरिक्रामम् Absol. rings herumschreitend Çat. Br. 7,5,2,30. 9,4,2,10.

विपरिणामयितव्य Adj. umzuändern, umzuwandeln.

विपरिणाम m. 1) Veränderung, Umwandlung, Vertauschung Comm. zu Âpast. Çr. 6,2,12. 7,23, 1. 11,3,3 und zu Çiç. 12,3. 14,37. — 2) das Reifen.

विपरिणामिन् Adj. sich verändernd —, sich umwandelnd in (Instr. eines Nom. abstr.).

विपरिधान n. Vertauschung.

विपरिधावक Adj. überall umherlaufend.

विपरिभ्रंश m. 1) das Misslingen, Missrathen. — 2) das Kommen um (im Comp. vorangehend).

विपरिलोप m. Verlust.

विपरिवत्सर m. Jahr.

विपरिवर्तन 1) Adj. (f. ई) umkehren machend. — 2) n. a) das Sichumdrehen Comm. zu Âpast. Çr. 7,22,8. — b) das Sichwälzen.

विपरिवृत्ति f. Umkehr, Wiederkehr.

विपरिहरण n. das Vertauschen Comm. zu Âpast. Çr. 8,15,1.

विपरिहार m. Vertauschung Sâj. zu Ait. Br. 3,11,6.

विपरीत 1) Adj. s. u. 3. इ mit विपरि. — 2) f. आ a) Name zweier Metra. — b) eine best. Stellung der Finger.

विपरीतक 1) Adj. verkehrt. — 2) m. quidam coeundi modus.

विपरीतकारिन् Adj. verkehrt zu Werke gehend 188,5.

विपरीतता f. Gegentheil.

विपरीतपथ्या f. ein best. Metrum.

विपरीतमति Adj. eine verkehrte Ansicht habend Jâǵn. 3,153.

विपरीतमल्लतैल n. ein best. Oelpräparat Bhâvapr. 3,123.

विपरीतरत n. verkehrter coitus (Weib oben) Kuvalaj. 62,a.

विपरीतवत् Adv. auf verkehrte Weise.

विपरीताख्यानकी f. ein best. Metrum.

विपरीतादि Adj. mit वक्त्र n. ein best. Metrum.

विपरीतान्त und विपरीतोत्तर Adj. mit प्रगाथ m. ein best. Metrum.

विपरुस् Adj. gelenklos.

*विपर्णक m. Butea frondosa.

*विपर्य eine best. hohe Zahl (buddh.).

विपर्यक् Adv. verkehrt.

विपर्यत्त, °त्तं Hariv. 12108 fehlerhaft für विसर्पत्तं.

विपर्यय 1) Adj. a) in umgekehrtem Verhältniss —, im Gegensatz stehend. — b) verkehrt. — c) verkehrt zu Werke gehend. — 2) m. a) Umlauf. — b) Ablauf, das ein Ende Nehmen R. 6,21,35. — c) Umwälzung. — d) Untergang der Welt. — e) Umstellung, Vertauschung, Wechsel, Veränderung. — f) umgekehrtes Verhältniss, Gegentheil. संधिविपर्ययौ Friede und sein Gegentheil (d. i. Krieg); प्रभावस्य so v. a. Ohnmacht; स्वप्न° so v. a. das Wachen; बुद्धि° eine entgegengesetzte Ansicht. विपर्यये, °येण (R. Gorr. 3,45,9 विपर्यये न zu trennen) und °यात् im umgekehrten Falle. — g) ein Umschlagen zum Schlimmen, Verschlimmerung, schlimme Wendung, Entstellung, Unfall. — h) Elend, Unglück. — i) Verkehrtheit, perversitas. — k) das Wechseln der Ansicht, das in Widerspruch Gerathen mit sich selbst. — l) eine verkehrte Ansicht, eine falsche Auffassung, Irrthum Kap. 3,24. 37. — m) das Vermeiden, Entgehen. — n) Bez. gewisser Formen des Wechselfiebers.

विपर्यस्तता f. Verkehrtheit Ind. St. 15,289.

विपर्याण Adj. entsattelt.

विपर्याणी Adv. mit कर् entsatteln.

विपर्याय m. Gegentheil.

विपर्यास m. 1) das Umwerfen (eines Wagens). — 2) Umstellung, Versetzung an einen andern Ort. — 3) Ablauf. — 4) Vertauschung, Verkehrung, Wechsel. Pl. Spr. 7073. — 5) umgekehrtes Verhältniss, Gegentheil. स्तुति° so v. a. Tadel. — 6) ein Umschlagen zum Schlimmen, schlimme Wendung. — 7) Unglücksfall, so v. a. Tod. — 8) Verkehrtheit, perversitas. — 9) eine verkehrte Ansicht, eine falsche Auffassung, Irrthum.

विपर्यासम् Absol. abwechselnd, wechselsweise Çulbas. 3,34. 200.

विपर्यासोपमा f. ein Gleichniss, in welchem das Verhältniss zwischen dem, was verglichen wird, und dem, womit dieses verglichen wird, gegen den sonstigen Gebrauch umgekehrt wird, 248,8.

विपर्व Adj. gelenklos, so v. a. ohne verwundbare Stellen.

विपर्वन् Adj. als Erklärung von विपर्व.

विपल ein best. Zeitmaass.

विपलायिन् Adj. fliehend.

विपलाश Adj. blattlos, der Blätter beraubt.

विपवन Adj. (f. आ) windlos.

*विपव्य Adj. vollständig zu reinigen, — zu läu-

tern.

विपशु Adj. *des Viehes beraubt.*

विपश्चिँ Adj. = विपश्चिँत् 1).

विपश्चिँत् 1) Adj. *begeistert, seherisch;* überh. *sinnig, weise, klug, verständig, seine Sache kennend. erfahren in* (im Comp. vorangehend). — 2) m. N. pr. *a)* Indra's unter Manu Svârokisha. — *b)* eines Buddha. Richtig विपश्यिन्.

विपश्चित (metrisch) Adj. = विपश्चित् 1).

विपश्यना f. *richtige Erkenntniss* Lalit. 146,7. 218,6. 220,3.

विपश्यिन् m. N. pr. eines Buddha.

विपश्चिन् m. desgl. Kâraṇḍ. 14,12. 16. 17. 13,11.

विपस् n. *Erregung, Begeisterung* in विपश्चिँत् und विपोधाँ.

विपांसुल Adj. (f. आ) *frei von Staub.*

विँपाक 1) Adj. (f. आ) *reif.* — 2) m. *a) das Reifen.* — *b) das Heranreifen der Frucht der Werke, Lohn* (Lalit. 217,9), *die Folgen, das Resultat.* विपाक° *in den Folgen, in der Folgezeit;* योगविपाक° *in Folge —, durch die Wirkungen des* Joga. — *c) Verdauung, Verarbeitung und Umwandlung der in den Körper aufgenommenen Heilstoffe.* — *d) schlechte Verdauung* Karaka 6,18. — *e) Unglücksfall, Unfall.*

विपाकश्रुत n. Titel eines heiligen Buches der Gaina.

विपाकिन् Adj. 1) *reifend, Früchte tragend, Folgen habend.* — 2) *schwer verdaulich* in अ° Nachtr. 6.

विपाट m. 1) *eine Art Pfeil* MBh. 4,1666. 1668. Çiç. 20,17. Vgl. विपाठ. — 2) N. pr. eines Mannes.

°विपाटक Adj. Mârk. P. 58,10 wohl fehlerhaft für विपाचक *reif machend,* so v. a. *bewirkend.*

विपाटन n. 1) *das Spalten, Zerreissen* Varâh. Jogaj. 8,12. — 2) *das zu Grunde-Richten.* — 3) *Reissen, reissender Schmerz* Karaka 3,2.

विपाटल Adj. *stark geröthet* 300,28. Prasannar. 53,20.

विपाठ 1) m. *eine Art Pfeil.* Vgl. विपाट 1). — 2) f. आ ein Frauenname.

विपाण्डव Rt. 2,13 fehlerhaft für विपाण्डुर.

विपाण्डु Adj. *weisslich, bleich* Kâd. 2,3,11 (2,6). Vikramâṅkak. 11,27. Çiç. 6,35. Nom. abstr. °ता f.

विपाण्डुर Adj. (f. आ) dass. Vikramâṅkak. 9,112.

*विपात gaṇa ब्राह्मणादि und यावादि.

*विपातक Adj. von विपात.

विपातन n. *das Flüssigmachen, Schmelzen.*

विपादिका f. 1) *eine Art des Aussatzes, Blasen u. s. w. an den Füssen* Râgan. 20,11. Karaka 1,20. — 2) * *Räthsel.*

विपाँन n. *das Wegtrinken.* — MBh. 12,9270 fehlerhaft für निपान.

विपापँ 1) Adj. (f. आ) *fehlerfrei, sündenlos* Gaut. — 2) f. विपापा N. pr. verschiedener Flüsse VP.² 2,4,11.

विँपाप्मन् 1) Adj. *a) fehlerfrei, sündenlos* Gaut. — *b) frei von Leiden.* — 2) m. N. pr. eines zu den Viçve Devâs gezählten Wesens.

विपार्श्व, Instr. vielleicht so v. a. *zur Seite, dicht bei.*

विपाल Adj. *keinen Hüter habend.*

विँपाश् f. N. pr. eines Flusses, der Bijas. *Am Ende eines adv. Comp. विपाशम्.

विपाश 1) Adj. *a) keine Schlinge habend.* — *b) von den Fesseln befreit.* — 2) f. आ N. pr. eines Flusses, = विँपाश्. Auch fehlerhaft für विपापा VP.² 2,192.

विपाशन n. *das Losbinden.*

विँपाशिन् Adj. *ohne Strang* nach Nir. in ṚV. 4, 30,11.

विपासा f. Mârk. P. 57,18 fehlerhaft für विपाश 2).

विपिन 1) n. (adj. Comp. f. आ) *a) Wald.* — *b) Menge* Bâlar. 24,3. — 2) Adj. *dicht* (Wald).

विपिनतिलक n. *ein best. Metrum.*

विपिनाय्, °यते *wie ein Wald erscheinen, zum Walde werden.*

विपिनौकस् m. *Waldbewohner, Affe* Mahâvîrak. 109,2.

विपीडम् Adv. *ohne Leidzufügung.*

विपुंसक Adj. *nicht recht männlich, unmännlich.*

विपुंसी f. *ein Mannweib* Pâr. Gṛhj. 2,7,9. v. l. विपुंसा und विपुंषी.

*विपुच्छय्, °यते *mit dem Schwanze wedeln.*

विपुट Adj. (f. आ) als Beiwort einer Nase Varâh. Bṛh. S. 68,62, v. l. wohl *ohne* (weite) *Oeffnung,* was aber schon स्वल्पच्छिद्रा ist.

विपुत्र Adj. (f. आ) *des Kindes —, des Jungen* (*Kalbes*) *beraubt.*

विपुर n. *der Intellect* VP.² 1,30. fgg.

विपुरीषँ Adj. *vom Unrath befreit.*

विपुरुष Adj. *menschenlos.*

विपुल 1) Adj. (f. आ) *gross, umfangreich, sich weit ausbreitend* (Strahlen u. s. w.), *breit, dick, lang* (auch von der Zeit), *stark, intensiv, bedeutend, viel, zahlreich. vornehm* (Geschlecht), *laut.* Compar. °तर Çiç. 11,5. — 2) m. N. pr. *a)* eines Fürsten der Sauvîra MBh. 1,139,22. — *b)* eines Schülers des Devaçarman. — *c)* eines Sohnes des Vasudeva. — *d)* eines Berges. — 3) f. आ *a)* *die Erde.* — *b)* Name der Dâkshâjaṇî auf dem Berge Vipula. — *c)* Name zweier Metra. — *d) ein best. Tact* S. S. S. 227. — 4) *n. *eine Art Gebäude* Gal.

विपुलक Adj. *recht umfangreich* und zugleich *keine emporgerichteten Härchen zeigend* Çiç. 7,70.

विपुलता f. *Grösse, grosser Umfang.*

विपुलत्व n. *Breite.* Instr. so v. a. *im Durchmesser.*

विपुलद्रव्य Adj. *begütert* Karaka 1,15.

*विपुलपार्श्व m. N. pr. eines Berges.

विपुलमति 1) Adj. *von grossem Verstande.* — 2) m. N. pr. eines Bodhisattva.

विपुलय्, °यति *ausdehnen. länger machen* Subhâshitâv. 1847.

*विपुलरस m. *Zuckerrohr.*

विपुलव्रत Adj. *der grosse Verpflichtungen übernommen hat, Bedeutendes zu thun bereit ist* MBh. 1,130,60.

*विपुलस्कन्ध m. Bein. Aruṇa's.

*विपुलस्रवा f. = विपुलास्रवा Râgan. 5,46.

विपुलार्थभोगवत् Adj. *viel Vermögen besitzend und viele Genüsse habend* Varâh. Bṛh. S. 68,67.

*विपुलास्रवा f. *Aloe perfoliata.* Vgl. विपुलस्रवा.

विपुलिनाम्बुरुह् Adj. (f. आ) *keine Sandbänke und keine Wasserrosen habend.*

विपुली Adv. mit कर् *ausbreiten, einen grösseren Umfang geben;* mit Acc.

विपुलीभाव m. *Ausbreitung* VP.² 1,31.

विपुष्टि f. *vorzügliches Gedeihen* Vaitân. 30,19.

विपुष्प Adj. (f. आ) *blüthenlos* 86,30.

विपूय 1) Adj. *reinigend* Bhaṭṭ. — 2) m. *Saccharum Munjia.*

विपूयक n. *Eiterung* oder *Gestank.*

विपूर Adj. oder °म् Absol. (?) Kumâras. 12,24.

विपृँक्तत् Adj. *unvermischt, lauter.* Nach Sâj. = सर्वतो व्याप्तः.

विपृँच् 1) Adj. *nicht berührend, gesondert.* — 2) m. *ein best.* Agni Âpast. Çr. 9,3,19.

विपृँचे Dat. Infin. zu पर्च् mit वि ṚV. 4,13,3.

विपृँच्छम् Acc. Infin. zu प्रछ् ṚV. 7,86,3.

विपृथु m. 1) = 2. विपथ. — 2) N. pr. eines Fürsten.

विपृष्ठ m. N. pr. eines Sohnes des Vasudeva Bhâg. P. 9,24,49.

विपोधाँ Adj. *Begeisterung verleihend.*

विँप्र 1) Adj. (f. आ) *a) innerlich erregt, begeistert;* Subst. *derjenige, welcher vor dem Altar dem frommen Drange Worte leiht: Dichter, Sänger, Vorbeter* u. s. w. In der späteren Sprache bisweilen *Priester, Hauspriester* (89,4). — *b) geistig belebt, scharfsinnig, klug.* — *c) gelehrt;* m. *ein gelehrter Theolog.* — 2) m. *a) ein Brahmane* überh. Am Ende eines adj. Comp. f. आ. — *b)* Pl. Bez.

gewisser göttlicher Wesen. — c) * *der Mond.* — d) * *der Monat* Bhâdrapada. — e) * *Ficus religiosa* Râǵan. 11,115. — f) * *Acacia Sirissa.* — g) *Proceleusmaticus.* — h) N. pr. verschiedener Männer. — 3) f. विप्रा *eine Frau aus der Brahmanenkaste.*

विप्रक m. *ein Brahmane* (in verächtlichem Sinne) Kautukas.

विप्रकर्ष m. 1) *das Wegschleppen, Fortführung.* — 2) *räumliche Entfernung* Gobh. 1,5,7. — 3) in Comp. mit काल° *zeitliche Entfernung.* — 4) *Abstand, Contrast, Unterschied.* — 5) in der Grammatik *Auseinanderreissung —, Trennung zweier Consonanten durch Einfügung eines Vocals.*

विप्रकार m. (adj. Comp. f. आ) *Zufügung eines Leides, Beleidigung.*

°विप्रकाश Adj. *den Schein von — habend, aussehend wie, ähnlich.*

* विप्रकाष्ठ n. *Thespesia populneoides* Râǵan. 9,97.

विप्रकीर्ण 1) Adj. s. u. 3. कर् mit विप्र. — 2) m. *eine best. Stellung der Hände beim Tanz.*

विप्रकीर्णत्व n. *das Zerstreutsein.*

विप्रकृत् Adj. *Jmd* (Gen.) *ein Leid zufügend.*

विप्रकृति f. *Abänderung.*

* विप्रकृष्टक Adj. *entfernt.*

विप्रकृष्टत्व n. *das Entferntsein, Entfernung.*

विप्रक्लृप्ति f. *besondere Veranstaltung.*

विप्रचित् m. N. pr. eines Dânava, Vaters des Râhu.

* विप्रचित gaṇa सुतंगमादि.

विप्रचित्त m. MBh. 6,5031 fehlerhaft für विप्रचित्ति 2) b).

विँप्रचित्ति 1) Adj. *scharfsinnig.* — 2) m. N. pr. a) eines Lehrers. — b) eines Dânava (Vaters des Râhu) Suparn. 29,5. — 3) f. N. pr. einer Apsaras VP.² 2,81. 83. 291.

विप्रजन m. 1) *Priester* oder coll. *die Priester.* — 2) N. pr. eines Mannes.

विप्रँजित्ति m. N. pr. eines Lehrers.

विँप्रजूत Adj. *von den Betern getrieben.*

विप्रजूति m. N. pr. eines Liedverfassers.

विप्रणाश m. in अ°.

विप्रता f. *der Stand —, die Würde eines Brahmanen.*

विप्रतापस m. *ein brahmanischer Büsser* 122,10.

विप्रतारक m. 1) *Betrüger* Neriosengh. — 2) * *Schakal.*

विप्रतिकूल Adj. *widerspänstig, widersetzlich.*

विप्रतिपत्ति f. 1) *Verkehrtheit der Wahrnehmung, Sinnestäuschung; verkehrte Auffassung, Missverstand* Káraka 3,7. — 2) *Widerspruch.* — 3) *das Auseinandergehen von Meinungen, Meinungsverschiedenheit* Gaut. Daçin. 1,41. — 4) *Conflict zwischen zwei Auffassungen, Antinomie.* — 5) *verkehrte Entgegnung* (in der Disputation) Njâjas. 1,1,60.

विप्रतिप्रत्यनीक Adj. = विप्रत्यनीक Lalit. 102,14.

विप्रतिषेध m. 1) *das Wehren, Einhaltthun.* — 2) *Widerspruch, Widerstreit, Gegensätzlichkeit, Conflict zweier Aussprüche* Âpast. Ǵaim. 1,2,36. Instr. *in Folge des Conflicts zweier Bestimmungen* geht (zu ergänzen) dieses (Nomin.) dem (Abl.) vor. Vgl. पर° und पूर्व° (Nachtr. 5). — 3) *Aufhebung, Verneinung.*

विप्रतिसार m. 1) *Reue.* n. Kârand. 33,12. — 2) * *Ingrimm, Zorn.* — 3) * *Schandthat, Schlechtigkeit.*

विप्रतिसारिन् Adj. 1) *von Reue erfüllt* Lalit. 528,13. — 2) *betrübt* Lalit. 327,5. 329,16.

विप्रतीप Adj. 1) *sich widersetzend, widerspänstig, feindselig.* — 2) *umgekehrt* (in übertragener Bed.).

* विप्रतीसार m. = विप्रतिसार 1) 2) und 3).

विप्रत्यनीक Adj. *unangefeindet* Saddh. P. v. l. विप्रत्यनीयक.

विप्रत्यनीयक Adj. dass. Lalit. 513,16. fg.

विप्रत्यय m. *Misstrauen.*

विप्रत्व n. *der Stand —, die Würde* 1) *eines gelehrten Brahmanen.* — 2) *eines Brahmanen.*

विप्रदमन m. ein Mannsname Kautukas.

* विप्रद्रक् m. *getrocknete Früchte, Wurzeln u. s. w.*

विप्रदेव m. N. pr. 1) eines *Fürsten.* — 2) eines Hauptes der Bhâgavata.

विप्रपात m. 1) *eine Art Flug.* — 2) *Abgrund.*

विप्रपुत्र m. *ein Brahmanensohn, ein junger Brahmane* 121,21.

विप्रप्रिय 1) Adj. *bei den Brahmanen beliebt.* — 2) * m. *Butea frondosa.*

विप्रबन्धु m. N. pr. eines Liedverfassers.

विप्रभाव m. *der Stand —, die Würde eines Brahmanen* Daçak. 14,6.

विप्रमठ m. *Brahmanenkloster.*

विप्रमनस् Adj. *verstimmt, kleinmüthig.* v. l. नातिप्रमनस्.

विँप्रमन्मन् Adj. *begeisterte Andacht habend.*

विप्रमाथिन् Adj. *Alles niedertretend* Spr. 4195 = Agni-P. 237,6.

विप्रमादिन् Adj. *auf Nichts achtend, sich ganz gehen lassend.*

विप्रमोक्ष m. 1) *das Sichlösen.* — 2) *Befreiung von* (Abl. oder Gen. [Hemâdri 1,630,19]).

विप्रमोक्षण n. *das Sichbefreien von* (im Comp. vorangehend).

विप्रमोच्य Adj. *zu befreien von* (Abl.).

विप्रमोह m. in अ° (Nachtr. 5).

* विप्रयाण n. *Flucht.*

विप्रयोग m. 1) *Trennung, — von* (Instr., Instr. mit सह, Gen. oder im Comp. vorangehend). — 2) *das Fehlen, Nichtdasein.*

विप्रयोगिन् Adj. *getrennt* (von einem geliebten Gegenstande).

विप्रराज्य, °राँज्य n. 1) *das Reich der Frommen.* — 2) *die Herrschaft der Brahmanen.*

विप्रर्षि m. = ब्रह्मर्षि *ein priesterlicher Weiser.*

विप्रलपित n. *Auseinandersetzung, Erörterung* MBh. 12,29,145. 147.

विप्रलभ्य Adj. *zu betrügen, zu hintergehen, zum Narren zu halten* Naish. 3,78. 8,91.

विप्रलम्बक Adj. Prab. 54,9 fehlerhaft für °लम्भक.

विप्रलम्भ m. 1) *Täuschung, Betrug, das Getäuschtwerden* (in seinen Erwartungen) *durch Jmd* (Abl.). — 2) *Trennung eines liebenden Paares* (*getäuschte Erwartung*).

विप्रलम्भक Adj. Subst. *täuschend, betrügend, Betrüger; ein unehrlicher Gegner* Comm. zu Njâjam. 9,2,18. Nom. abstr. °त्व n. *Täuschung* Çank. zu Bâdar. 2,1,6 (S. 428, Z. 1).

विप्रलम्भन n. *Täuschung, Betrügerei.* Pl.

विप्रलम्भिन् Adj. *täuschend, betrügend.*

विप्रलय m. 1) *das Aufgehen in* (Loc.). — 2) *das Verlöschen.*

1\. विप्रलाप m. 1) *Auseinandersetzung.* — 2) *sinnloses Schwatzen.* — 3) *Widerspruch, Widerrede.* — 4) * *Täuschung, Betrug.*

2\. विप्रलाप Adj. *frei von allem Geschwätz.*

विप्रलापिन् Adj. Subst. *schwatzend, Schwätzer* Spr. 7692.

विप्रलुम्पक Adj. *Raub verübend, auf eine unrechtmässige Weise sich Geld schaffend.*

विप्रलोप m. *das Verschwinden, Zunichtewerden* Vaǵrakkh. 22,9. 13.

* विप्रलोभिन् m. *eine best. Pflanze,* = किंकिरात.

विँप्रवचस् Adj. *begeisterte Reden führend* RV. 8,61,8.

विप्रवाचनक n. *das Brahmanen geziemende Hersagen frommer Wünsche* Hemâdri 1,283,15. Vgl. ब्राह्मणवाचन.

विप्रवाद m. *eine abweichende Meinung.*

विप्रवास m. *ein Aufenthalt auswärts, das Verreisen* (Gaut.), *das Verweilen ausserhalb von* (Abl. oder im Comp. vorangehend).

विप्रवासन n. *das Verbannen.*

विप्रवाक्रुस् Adj. *die Darbringung oder Huldigung der Sänger empfangend* ṚV.

विप्रवित्ति m. N. pr. eines Mannes. v. l. °चित्ति und °त्रित्ति.

1. विप्रवीर् m. *ein heldenmüthiger Brahmane* Kathâs. 10,24.

2. विप्रवीर् Adj. 1) *begeisterte Männer habend.* — 2) *Männer begeisternd.*

विप्रत्राज्ञिनी Adj. f. *zwei Männern nachlaufend* (Comm.).

विप्रशस्तक m. Pl. N. pr. eines Volkes.

विप्रश्न m. *das Befragen des Schicksals.*

विप्रश्निक 1) m. *Schicksalsbefrager, Astrolog* Kâd. 72,5 (133,8). — 2) *f. °श्रा f. zu 1).

विप्रसात् Adv. mit कर् *den Brahmanen Etwas* (Acc.) *schenken.*

विप्रसारण n. *das Strecken* (der Glieder).

विप्रहाण n. *das Weichen, Verschwinden.*

विप्राधिप m. *der Mond.* °मुखा f. *eine Mondantlitzige* Hemâdri 1,21,9. 10.

विप्रानुमदित Adj. *von Sängern bejubelt.*

विप्रापण n. in einer Etymologie.

विप्राप्त Adj. = विस्तीर्ण. Zur Erklärung von विष्पित.

विप्रावमन्यक Adj. *Brahmanen geringschätzend* 101,17.

विप्राषिक m. Pl. *ein best. Gemüse.*

विप्रिय Adj. 1) *entzweit.* — 2) *Jmd* (Gen. oder im Comp. vorangehend) *unlieb, unangenehm;* n. Sg. und Pl. (seltener) *etwas Unliebes, — Unangenehmes.*

विप्रियकर, विप्रियकारिन् und विप्रियंकर Adj. *Jmd etwas Unliebes erweisend.*

विप्रियत्व n. *das unlieb —, unangenehm Sein.*

विप्रुड्होम m. *eine best. Spende* (als Sühne für die beim Pressen und Schöpfen daneben gefallenen Soma-*Tropfen*).

विप्रुष् (Nomin. विप्रुट्) f. 1) *Tropfen* (Harshaé. 122,14), *Krümchen, Fleckchen, mica.* पावकविप्रुष् *Feuerfunke.* मुख्या विप्रुषः = 2) Gaut. आश्चर्यविप्रुषस् so v. a. *Wundererscheinungen* Râǵat. 8,237. — 2) Pl. *Tropfen, die beim Sprechen dem Munde entfallen.*

विप्रुष m. oder n. *Tropfen.*

विप्रुष्मत् Adj. *mit Tropfen versehen.*

विप्रेक्षण n. *das Umsichschauen.*

विप्रेक्षित n. *Blick* Kumâras. 1,47.

विप्रेक्षितर् Nom. ag. *der sich umschaut.*

विप्रेत Adj. s. u. 3. इ mit विप्र.

विप्रेन्द्र m. *ein ausgezeichneter Brahmane* 69,27.

विप्रेमन् m. *Entfremdung, Entzweiung.*

विप्रोषित Adj. s. u. 5. वस् mit विप्र.

1. विप्लव 1) m. (adj. Comp. f. श्रा) a) *das zu Grunde Gehen, Verlorensein, zu Schanden Werden.* — b) *Verlust bei einem Geschäfte.* — c) *Noth, Elend, Drangsal, Calamität.* In Comp. mit dem Wessen und dem Wodurch. Von einem Schiffe so v. a. *Schiffbruch.* — d) *Unruhen im Lande, Aufstand.* — e) *Schändung —, Entehrung eines Frauenzimmers.* — 2) Adj. (f. श्रा) *verworren* (Worte). Vgl. अविप्लव.

2. विप्लव Adj. *kein Schiff habend, wo es kein Schiff giebt.*

विप्लवता f. MBh. 12,11148 fehlerhaft für विक्लवता.

विप्लविन् Adj. *dahingehend, verschwindend.*

*विप्लाव m. *Galopp.*

°विप्लावक (Gaut.) und °विप्लाविन् Adj. *verbreitend, bekannt machend, unter die Menge bringend.*

विप्लुत 1) Adj. s. u. प्लु mit वि. — 2) n. *das Auseinanderspringen* Hariv. 2,119,122.

विप्लुति f. = 1. विप्लव 1) a).

विप्लुष् f. 1) *Tropfen* Çiç. 18,44. — 2) *Pl. = विप्रुष् 2).

विफ Adj. *ohne den Laut* फ Tândja-Br. 8,5,6.

विफल 1) Adj. (f. श्रा) a) *keine Früchte tragend.* — b) *keinen Erfolg habend, nicht zum Ziele gelangend, dessen Hoffnungen vereitelt werden, seinen Zweck verfehlend, nutzlos, vergeblich.* — c) *keine Hoden habend.* — 2) *m. *Pandanus odoratissimus* Râǵan. 10,68.

विफलता f. *Nutzlosigkeit.*

विफलत्व n. 1) *Fruchtlosigkeit* (eig.). — 2) *Nutzlosigkeit.*

विफलय्, °यति *vereiteln, Jmd* (Gen.) *nicht gestatten;* mit Infin. Mudrâr. 131,4 (194,7).

विफलश्रम Adj. *sich unnütz bemühend.* Nom. abstr. °त्व n. Râǵat. 4,717.

विफली Adv. 1) mit कर् a) *unnütz machen, vereiteln, Jmd nicht zum Ziele gelangen lassen, Jmds Hoffnungen vereiteln.* — b) *entmannen.* — 2) mit भू *nutzlos werden.*

विफलीभविष्णु Adj. *unnütz werdend.* Nom. abstr. °ता f. Naish. 9,81.

विफल्गु Adj. *reichlich* Kâtj. Çr. 21,3,10. Vgl. विगल्प.

°विफाएट Adj. (f. श्रा) nach dem Comm. *aufgekocht mit,* eher *abgezogen über* Gobh. 3,4,11 (vgl. ed. Knauer).

*विबद्धक Adj. gaṇa ऋश्यादि.

विबन्ध m. 1) *das Umspannen.* — 2) *ein kreisförmiger Verband.* — 3) *Hemmung* (Káraka 4,8), *Stockung, Verstopfung* (des Leibes). — 4) *Mittel zum Stopfen* Káraka 6,4. — Vgl. निर्विबन्ध.

°विबन्धन Adj. *stocken machend, verstopfend.*

विबन्धु Adj. *verwandtenlos.*

1. विबर्ह m. in अविबर्ह (Nachtr. 5).

2. विबर्ह Adj. *keine Schwanzfedern habend.*

विबल Adj. *schwach.*

विबलाक Adj. *ohne Kraniche.* Nach Nilak. = आकस्मिकपाताशनिरहित.

विबाण Adj. *ohne Pfeil.*

विबाणज्य Adj. *keinen Pfeil und keine Bogensehne habend.*

विबाणधि Adj. *keinen Köcher habend.*

विबाधे 1) m. a) *Verdränger* ṚV. 10,133,4. विबाध AV. 19,34,7. — b) *das Zersprengen, Verjagen u. s. w.* in विबाधवत्. — 2) f. श्रा als Bed. von हेठ् Dhâtup. 8,14. = विहेठन Trik.

विबाधवत् Adj. *verdrängend, verjagend* (Agni).

विबाली f. N. pr. eines Flusses.

विबाहु 1) Adj. *der Arme beraubt.* — 2) m. N. pr. eines geistigen Sohnes Brahman's VP.[2] 1,79 (विबाहु).

विबिल Adj. *ohne Loch, — Oeffnung* Âpast. Çr. 9,19,2.

विबुद्धि Adj. *unvernünftig* Kautukas. 39.

1. विबुध 1) Adj. *sehr klug, — verständig.* — 2) m. a) *ein Kluger, Weiser.* — b) *ein Gott.* — c) **der Mond.* — d) N. pr. α) eines Fürsten. — β) eines Autors.

2. विबुध Adj. *ohne kluge Männer.*

विबुधगुरु m. *der Planet Jupiter.*

विबुधतटिनी f. *die Gaṅgâ.*

विबुधत्व n. *Klugheit.*

विबुधनदी f. *die Gaṅgâ* Viddh. 99,1.

विबुधपति m. Bein. Indra's Káraka 6,1.

विबुधप्रिय 1) Adj. (f. श्रा) *bei den Klugen oder bei den Göttern beliebt.* — 2) f. श्रा *ein best. Metrum.*

विबुधरञ्जनी f. m. Titel eines Werkes Opp. Cat. 1.

विबुधराज m. Bein. Indra's.

विबुधसद्मन् n. *die Götterwohnung, der Himmel* Kâd. 153,6 (269,2).

विबुधाचार्य m. *der Lehrer der Götter,* Bṛhaspati Daçak. 2,16.

विबुधाधिप und विबुधाधिपति m. Bein. Indra's.

विबुधाधिपत्य n. *die Oberherrschaft über die Götter.*

विबुधावास m. *die Wohnung eines Gottes, Tempel.*

विबुधेतर m. *ein Nichtgott, ein* Asura.

विबुभूषा f. *der Wunsch sich zu entfalten.*

1. विबोध m. 1) *das Erwachen* Çiç. 11,67. — 2) *das Erkennen.* — 3) in der Dramatik *das (aufmerksame) Verfolgen des Endzieles.* — 4) N. pr. eines Vogels, eines Kindes des Droṇa.

2.* विबोध m. *Unaufmerksamkeit.*

विबोधन 1) m. *Erwecker*, so v. a. *den Anfang zu Etwas machend.* — 2) n. a) *das Erwachen.* — b) *das Erwecken.*

विबोधयितव्य Adj. *zu erwecken* Bâlar. 224,19.

विभक्त 1) Adj. s. u. भज् mit वि und सु°. Als Beiw. Skanda's MBh. 3,232,6. — 2) n. *Trennung, Absonderung* 234,9.

विभक्तज m. *ein nach der Theilung* (des väterlichen Vermögens) *geborener Sohn* Gaut.

विभक्तत्व n. *Verschiedenheit, Mannichfaltigkeit.*

विभक्तर् (mit Gen.) und विभक्तर् (mit Acc.) Nom. ag. 1) *Vertheiler.* — 2) am Ende eines Comp. *Sonderer*, so v. a. *Ordner.*

विभक्ताविभक्तनिर्णय m. Titel eines Werkes Burnell, T.

विभक्ति f. 1) *Theilung, Sonderung.* — 2) *Unterscheidung, Modification.* — 3) *Abwandlung des Nomens, Casus;* bei Pâṇini *Casus- und Personalendung.* Im Ritual heissen speciell so *die Casus des Wortes* अग्नि *in den* Jâǵjâ*-Formeln* Comm. zu Âpast. Çr. 5,28,6. — 4) = भक्ति 5) Comm. zu Çâṅkh. Br. 17,6. — 5) *eine best. hohe Zahl* (buddh.).

विभक्तिक in अस्त° Nachtr. 1.

विभक्तितत्त्व n. Titel eines Werkes.

विभक्तिन् in अविभक्तिन्.

विभङ्ग m. (adj. Comp. f. आ) 1) *das Verziehen* (der Brauen, des Gesichts) Vâsav. 101,2. — 2) *Einschnitt, Furche* Vâsav. 62,2. — 3) *Unterbrechung, Störung, Vereitelung.* — 4) *Täuschung, Hintergehung* Vâsav. 62,2. — 5) *Welle* Vâsav. 101,2. — 6) Bez. *bestimmter buddhistischer Werke.*

विभङ्गुर Adj. *unsicher* (Blick) Çiç. 10,82.

*विभज *eine best. hohe Zahl* (buddh.).

विभजनीय Adj. 1) *zu vertheilen.* — 2) *was gesondert —, unterschieden wird* oder *— werden soll.*

1. विभज्य Adj. 1) *zu theilen.* — 2) = विभजनीय 2).

2. विभज्य Absol. *mit —, unter Vornahme einer Theilung.*

विभज्यपाठ m. *das gesondert —, für sich Ausgesprochenwerden* (eines Lautes).

*विभज्यवाद m. *die Lehre einer best. buddhistischen Secte.*

विभज्यवादिन् m. *ein Anhänger dieser Lehre.*

विभञ्जनु Adj. *zerbrechend* (intrans.).

विभण्डक m. N. pr. eines Lehrers. Richtig विभाण्डक.

1. विभय n. *Gefahrlosigkeit.*

2. विभय Adj. *keiner Gefahr ausgesetzt.*

*विभरट् (!) m. N. pr. eines Fürsten. Vgl. विभरत.

विभव 1) Adj. *reich.* — 2) m. (adj. Comp. f. आ) a) *das Allenthalbensein, Allgegenwart.* — b) *Entfaltung.* — c) bei den Vaishṇava *Entfaltung des göttlichen Wesens, dessen Erscheinung in secundären Formen.* — d) *Macht, Kraft, majestas, hohe —, bevorzugte Stellung, Herrschaft.* Sg. und Pl. विभवतस् im Drama *nach der Stellung, nach dem Range* 295,2. — e) *Vermögen, Besitz, Geld* (Sg. und Pl.) Gaut. विभवतस् und विभवसारेण (Hemâdri 1,760,19) *nach den Vermögensumständen.* — f) *Luxus*, so v. a. *etwas Ueberflüssiges* Harshaḱ. 69,16. — g) *Erlösung* in einer buddh. Inschr. (s. u. 2. मुद् 5) in Nachtr. 5. — h) *das 2te Jahr im 60jährigen Jupitercyclus.* — i) * *Vernichtung, Untergang.* — k) *ein best. Tact.*

विभवमति f. N. pr. einer Fürstin.

विभववत् Adj. *vermögend, wohlhabend.*

विभाविन् Adj. dass. Çiç. 19,86.

विभस्मीकरण n. *das von der Asche Befreien.*

विभा 1) Adj. *scheinend.* — 2) f. a) *Licht, Glanz* Çiç. 19,86. — b) *Pracht, Schönheit.* — c) N. pr. der Stadt Soma's VP.[2] 2,240.

विभाकर m. 1) *die Sonne.* — 2) * *Feuer.* — 3) in der Astron. *das Maass des von der Sonne beleuchteten Theiles des Mondes.* — 4) *Fürst, König.*

विभाकरशर्मन् m. N. pr. eines Dichters Z. d. d. m. G. 36,557.

विभाग m. 1) *Vertheilung, Austheilung, Zutheilung, Theilung des Vermögens, Erbtheilung.* पिटक° *die Vertheilung der Geschwüre* (über den Körper). — 2) *Eintheilung.* — 3) *Antheil, — an* (im Comp. vorangehend Hem. Par. 1,216); *Theil, Bestandtheil.* — 4) *Bruch, Zähler eines Bruchs.* — 5) *Sonderung, Trennung, Unterscheidung; Verschiedenheit.* विभागेन *getrennt, abgesondert, einzeln, en détail* (Daçak. 83,10). — 6) Bein. Çiva's. — 7) Titel eines Werkes Burnell, T. — 8) fehlerhaft für विभङ्ग.

°विभागक Nom. ag. *Sonderer, Ordner.* Vielleicht fehlerhaft für विभाजक.

विभागत्व n. Nom. abstr. zu विभाग 5).

*विभागभिन्न n. = तक्र.

विभागरेखा f. *Scheidungslinie —, Grenze zwischen* (Gen.) Bâlar. 170,6.

विभागवत् Adj. *getrennt, gesondert, unterschieden.* Nom. abstr. °वत्ता f.

विभागशस् Adv. *Theil für Theil, in Theilen, in Theile, gesondert, getrennt, je nach —* (im Comp. vorangehend).

विभागिन् Adj. in अ° (auch Nachtr. 5).

विभागी Adv. mit कर् *zertheilen, zerstücken* Paṅkad.

विभाग्य Adj. *zu zerlegen, abzutheilen.*

विभाज् Adj. *sich theilend* (nach dem Comm.) Âpast. 1,23,2.

विभाजक Adj. 1) *vertheilend, zutheilend.* — 2) *trennend, sondernd.*

विभाजकी Adv. mit भू *als trennend —, als sondernd erscheinen.*

विभाजन n. * *das Sondern, Unterscheiden.* — नैतद्विभाजनम् Mṛkkh. 144,19 fehlerhaft für नैतद्विभा°.

विभाजम् Acc. Infin. von भज् mit वि TBr. 1,1,5,6.

*विभाजयितर् Nom. ag. vom Caus. von भज् mit वि.

1. विभाज्य Adj. *zu theilen, zu vertheilen.*

2. विभाज्य Absol. fehlerhaft für 2. विभज्य.

विभाण्ड 1) m. N. pr. eines Mannes. = माण्डव्य Kâçikh. 11,17. — 2) *f. ई a) *die Sennapflanze* Râǵan. 3,123. — b) = नीलगोकर्णी.

विभाण्डक 1) m. N. pr. eines Muni mit dem Patron. Kâçjapa. — 2) *f. °ण्डका *Senna obtusa.*

विभात 1) Adj. s. u. 1. भा mit वि. — 2) n. *Tagesanbruch.*

विभानु Adj. *scheinend, leuchtend* RV.

विभास् m. N. pr. der Welt Praǵâpati's.

1. विभाव Adj. *scheinend, leuchtend.*

2. विभाव m. 1) als Beiw. Çiva's vielleicht *Entfaltung.* — 2) * *Bekanntschaft.* — 3) *ein von der Kunst dargestellter Gegenstand, insofern derselbe ästhetische Empfindungen erregt.*

°विभावक Adj. *verschaffend, zu verschaffen beabsichtigend* (nach Nilak.).

विभावत्व n. Nom. abstr. zu विभाव 3).

विभावन् (Voc. विभावस्) Adj. *scheinend, leuchtend, glänzend.*

विभावन 1) Adj. *entfaltend* oder *zur Erscheinung bringend, offenbarend* Hariv. 3,116,10. — 2) f. आ *eine best. rhetorische Figur: das Vorführen von Wirkungen, deren wahre Ursachen man Einem zu errathen überlässt,* Vâmana 4,3,13. Kâtjâpr. 10,21. — 3) n. a) *das Entfalten, Erschaffen.* Nach dem Comm. zu Bhâg. P. = पालन. — b) *das Offenbaren, an den Tag Legen.* — c) *das Wahrnehmen, Erkennen.* — d) *das Vorführen dem*

Geiste, das Nachsinnen über. — *e) das Erwecken eines best. Grundtons, einer best. Grundstimmung durch ein Kunstwerk.*

विभावनीय Adj. 1) *wahrzunehmen, zu erkennen.* — 2) *zu überführen* als Erklärung von भाव्य.

विभावरी 1) Adj. f. zu विभा॑वन् RV. MBh. Nach Nîlak. auch = कुपिता. — 2) Subst. *a) (die sternhelle) Nacht.* — *b) *Gelbwurz.* °युग n. = हरिद्रा und हरिद्रादारु Bhâvapr. 3,97. — *c) *eine dem Ingwer ähnliche Pflanze.* — *d) *Kupplerin.* — *e) *ein hinterlistiges Weib.* — *f) *ein geschwätziges Weib.* — *g)* * = विवादवस्त्रगुण्ठी oder °वस्त्रमुण्डी. — *h) ein best. Metrum.* — *i)* N. pr. α) einer Tochter des Vidjâdhara Mandâra. — β) der Stadt Soma's. — γ) der Stadt der Praketas.

विभावरीकान्त (Kâvjapr. 136,7) und विभावरीश m. *der Mond.*

विभा॑वसु 1) Adj. *glanzreich.* — 2) m. *a) Feuer, der Gott des Feuers.* — *b) die Sonne.* — *c) *der Mond.* — *d) *eine Art Halsschmuck.* — *e)* N. pr. α) eines der 8 Vasu. — β) eines Sohnes des Naraka. — γ) eines Dânava. — δ) eines Ṛshi. — ε) eines mythischen Fürsten.

विभाविन् Adj. 1) *mächtig* Çiç. 19,86. — 2) am Ende eines Comp. *erscheinen lassend.* वर्ण° als Beiw. Çiva's. — 3) *Etwas entfaltend, was eine best. Grundstimmung* (das Gefühl der Liebe u. s. w.) *erweckt.*

विभाव्य 1) Adj. *a) wahrzunehmen, vernehmbar, erkennbar, fassbar.* — *b) worauf man zu achten —, sein Augenmerk zu richten hat.* — 2) n. impers. *zu achten, die Aufmerksamkeit zu richten* Comm. zu Mṛkkh. 109,6.

विभाषा f. 1) *Beliebigkeit, Zulässigkeit des Einen und Andern.* Der Nomin. auch adverbialisch so v. a. विभाषया. — 2) Bez. *einer Klasse von Prâkrit-Sprachen.* — 3) *eine best.* Râgiṇî S. S. S. 37. — 4) bei den Buddhisten so v. a. *ausführlicher Commentar.*

विभा॑स् m. 1) Name einer der 7 Sonnen. — 2) *ein best.* Râga Vâsav. 45,4. 5. — 3) N. pr. einer Gottheit.

विभास्कर Adj. *ohne Sonne.*

विभास्वत् Adj. *überaus glänzend.*

विभित्ति f. *Spaltung.*

वि॑भिद् 1) m. N. pr. eines Dämons Suparṇ. 23,6. — 2) f. विभिदा *Durchbohrung* und *das Untreuwerden, Abfall* Çiç. 20,23.

विभिन्दु॑ 1) Adj. *spaltend.* — 2) m. N. pr. eines Mannes.

विभिन्दुक m. N. pr. eines Asura.

विभिन्नदर्शिन् Adj. *Verschiedenes —, Verschiedenheit sehend, einen Unterschied machend.*

विभिन्नी Adv. mit कर् *trennen, scheiden.*

विभी Adj. *furchtlos.*

विभीत m., विभी॑तक m. (*f. ई) und विभी॑दक m. *Terminalia Bellerica;* n. *die als Würfel gebrauchte Nuss* Râǵan. 11,237. Bhâvapr. 1,161.

विभी॑षण 1) Adj. (f. आ) *schreckend, einschüchternd, Furcht erregend.* Auch in Comp. mit seinem Object. — 2) m. *a) *Rohrschilf, Amphidonax Karka.* — *b)* N. pr. α) eines edlen Râkshasa, Bruders des Kubera und Râvaṇa, der von Râma nach Râvaṇa's Vertreibung als Beherrscher von Laṅkâ eingesetzt wurde. Am Ende eines adj. Comp. f. आ Çiç. 14,81. — *b)* zweier Fürsten von Kâçmîra. — *c)* eines Autors Burnell, T. — 3) f. विभीषणा N. pr. einer der Mütter im Gefolge Skanda's. — 4) n. *a) das Schrecken, Einschüchterung.* — *b) der 11te* Muhûrta.

°विभीषा f. *die Absicht Jmd zu schrecken.*

विभीषिका f. *Schreck, Einschüchterung, Schreckmittel.*

विभु॑ und विभू॑ (vedisch) 1) Adj. (f. विभू॑ und विभ्वी॑) *a) weit reichend, durchdringend; ausgebreitet, überall gegenwärtig.* — *b) reichlich, nachhaltig.* — *c) vermögend, mächtig, wirksam, tüchtig, vermögend zu* (Infin.). — *d)* * = नित्य. — *e)* * = दृढ. — 2) m. *a) Herr, Gebieter, Fürst, das Haupt von* (im Comp. vorangehend). — *b) der Mächtige, Allmächtige* als Bez. *des höchsten Gottes:* α) Brahman's. — β) Vishṇu's oder Kṛshṇa's. — γ) Çiva's. — *c) *Diener.* — *d)* Pl. ein Name der Ṛbhu. — *e)* N. pr. α) eines Gottes, eines Sohnes des Vedaçiras und der Tushitâ. — β) einer Götterschaar unter Manu Sâvarṇi. — γ) des Indra unter Manu Raivata und unter dem 7ten Manu. — δ) eines Sohnes des Vishṇu von der Dakshiṇâ. — ε) eines Sohnes des Bhaga von der Siddhi. — ζ) verschiedener anderer Personen.

विभु॑क्रतु Adj. *muthig.*

विभुग्न Adj. in *मूलविभुग्न.

विभुत्व n. 1) *Allgegenwart, das Ueberallsein* Kap. 6,36. — 2) *Allmacht, unumschränkte Herrschaft, Herrlichkeit* Bâlar. 30,4.

विभुत्वसमर्थन n. Titel eines Werkes Opp. Cat. 1.

विभुप्रमित n. Brahman's *Halle.*

विभुम॑न्त् Adj. 1) etwa *überall ausgebreitet.* — 2) *mit den* Vibhu (Ṛbhu) *verbunden.*

विभुवरी (?) Adj. f. etwa *weit reichend.*

विभुवर्मन् m. N. pr. eines Mannes Ind. Antiq. 9,171.

विभू॑ Adj. s. u. विभु॑.

विभूतंगमा f. *eine best. hohe Zahl* (buddh.).

वि॑भूतद्युम्न Adj. *dessen Glanz weit reicht.*

*विभूतमनस् Adj. als Erklärung von वि॑मनस्.

वि॑भूतराति Adj. *dessen Besitz reich ist.*

वि॑भूति 1) Adj. *a) durchdringend,* mit Acc. in einer Erklärung. — *b) reichlich.* — *c) mächtig, wirksam.* — *d) verfügend über* (Gen.). — 2) m. N. pr. *a)* eines Sâdhja. — *b)* eines Sohnes des Viçvâmitra. — *c)* eines Fürsten VP.² 3,243. — 3) f. *a) Entfaltung, Vervielfältigung, reiche Fülle.* — *b) Manifestation einer Kraft, Machtäusserung, Macht.* — *c) eine best.* Çakti Hemâdri 1,198,5. — *d) die Macht eines Herrschers, — eines grossen Herrn.* — *e) ein glücklicher Erfolg.* — *f) Herrlichkeit, Pracht.* — *g) Wohlfahrt, Wohlergehen, Glück.* — *h) Glücksgüter, Reichthum.* Sg. und Pl. — *i) die Göttin der Wohlfahrt,* Lakshmî. — *k) Asche.* — *l) eine best.* Çruti S. S. S. 24.

*विभूतिचन्द्र m. N. pr. eines Autors.

विभूतिद्वादशी f. *ein best. zwölfter Tag* (ein Festtag zu Ehren Vishṇu's).

विभूतिमन्त् Adj. *kräftig, mächtig.*

विभूदा॑वन् Adj. *reichlich gebend.*

विभूम Adj. *vom Boden entfernt* Ait. Âr. 405,12. 410,6.

वि॑भूमन् m. 1) etwa *Ausbreitung, Macht* in einer Formel. — 2) als Beiw. Kṛshṇa's so v. a. *in vielfacher Gestalt erscheinend* oder *allmächtig.* Nach dem Comm. = परिपूर्ण und विगतो भूमा यस्मात्.

विभूम॑न्त् Adj. = विभुमन्त् *mit den* Vibhu (Ṛbhu) *verbunden* Maitr. S. 4,9,8. 9.

विभूरसि *(du bist mächtig)* m. *eine Form des Feuers.*

विभू॑वस् 1) Adj. etwa *mächtig* Maitr. S. 1,3,36 (43,2). — 2) *m. N. pr. eines Mannes Sâj. zu Ṛv. 10,46,3.

विभू॑वसु Adj. *ausgebreiteten —, reichlichen Besitz habend.*

विभूषण 1) Adj. *schmückend.* — 2) *m. Bein. Mañǵuçrî's. — 3) n. (adj. Comp. f. आ) *a) Schmuck.* — *b) schmuckes Aussehen, Glanz, Schönheit.*

विभूषणकला f. *ein best.* Samâdhi (als f.!) Kâraṇḍ. 92,27.

विभूषणवन्त् Adj. *geschmückt.*

विभूषा f. 1) *Anputz, Schmuck.* — 2) **schmuckes Aussehen, Glanz, Pracht.*

विभूषितालंकारा f. N. pr. 1) einer Gandharva-Jungfrau Kâraṇḍ. 4,22. — 2) einer Kiṁnara-Jungfrau ebend. 6,24.

°विभूषिन् Adj. *geschmückt mit.*

विभूष्णु Adj. wohl *allmächtig* (Vishṇu).

विभृत्र Adj. (f. आ) *was sich hinundher tragen lässt.*

विभृत्वन् Adj. *hinundher tragend.*

विभेतव्य n. impers. *timendum*, mit Abl.

विभेत्तर् Nom. ag. *Durchbrecher, Zerstreuer, Verscheucher.*

विभेद m. 1) *Durchbohrung, Spaltung, das Durchbrechen.* — 2) *das Verziehen* (der Brauen). — 3) *Veränderung, Wechsel.* स्वरवर्णयोस् Kâraka 6,16. — 4) *Störung* Bâlar. 74,6. — 5) *das Zerfallen, Zwietracht, Uneinigkeit, — zwischen* (समम्) Çiç. 10,63. — 6) *das Zerfallen in*, so v. a. *Unterschiedenheit, Verschiedenheit.* उपहारविभेदास् *verschiedene Arten von —.*

विभेदक 1) Adj. *Etwas* (Gen.) *von Etwas* (Abl.) *unterscheidend.* — 2) *m. = विभीदक.

विभेदन 1) Adj. *durchbohrend, spaltend.* — 2) n. *a) das Spalten, Zerbrechen* Comm. zu Tâṇḍja-Br. 15,10,11. — *b) das Entzweien, Veruneinigen.*

विभेदिक Adj. *trennend, scheidend* in अङ्गुष्ठ° Nachtr. 6.

विभेदिन् Adj. 1) *durchbohrend, zerreissend* in मर्म°. — 2) *vertreibend, verscheuchend.*

विभेद्य Adj. *zu spalten, zu zerbrechen.*

विभोक m. N. pr. eines Dichters Z. d. d. m. G. 36,557.

विभ्रंश m. 1) *Ablösung* in मन्द° (Nachtr. 5). — 2) *Verfall*, so v. a. *das Aufhören, Verschwinden.* — 3) *Fall, Sturz* in übertragener Bed. — 4) am Ende eines Comp. *das Kommen um, Verlust.* — 5) *Versehen, fehlerhaftes Verfahren* Kâraka 7,9.

विभ्रंशायन m. *ein best.* Ekâha Vaitân.

विभ्रंशिन् Adj. 1) *zerbröckelnd* in शृं°. — 2) *herabfallend, sich ablösend.*

विभ्रंस m. ungenaue Schreibart für विभ्रंश.

विभ्रम 1) m. (adj. Comp. f. आ) *a) das Hinundhergehen, das sich hinundher Bewegen, unstätes Wesen.* — *b)* (*das Toben*) *Heftigkeit, Intensität, hoher Grad, Uebermaass.* Auch Pl. — *c) Coquetterie, Buhlkunst.* — *d) Verwirrung, Unordnung, Störung.* दण्डस्य so v. a. *falsche Anwendung der Strafe.* — *e) Aufregung.* — *f) Verwirrung des Geistes; Irrthum, Wahn.* तपोवनविभ्रमात् *im Wahn, dass es ein Büsserwald sei*, Spr. 7679. — *g) Trugbild, blosser Schein, täuschendes Aussehen.* Am Ende eines Comp. (Bâlar. 84,9) *der blosse Schein von*, am Anfange eines Comp. *nur dem Scheine nach.* — *h) Anmuth, Schönheit.* — *i)* in der Erotik *die Zerstreutheit eines verliebten Frauenzimmers*, insbes. *in Bezug auf die Toilette.* — 2) *f. आ *hohes Alter.*

विभ्रमवती f. N. pr. einer Dienerin des Mahamoha.

विभ्रमसूत्र n. Titel eines grammatischen Sûtra.

विभ्रमार्क m. N. pr. eines Mannes.

विभ्रमिन् Adj. *sich hinundher bewegend.*

विभ्रष्टेष्टिप्रयोग m. Titel eines Werkes Burnell, T.

विभ्राज् 1) Adj. *strahlend* Âpast. Çr. 16,30. — 2) m. angeblich N. pr. eines Liedverfassers.

विभ्राज m. N. pr. eines Fürsten.

विभ्रातृव्य n. *Nebenbuhlerschaft, Feindschaft.*

विभ्रान्ति f. 1) *Aufregung* Spr. 7838. — 2) *Irrthum, Wahn.*

विभ्राष्टि f. *das in Flammen Gerathen.*

विभ्व m. *Fürst, König* v. l. बभ्रु.

विभ्रेष m. *Begehung eines Fehlers, Versehen.*

विभ्वतष्ट Adj. *von einem tüchtigen Meister gebildet* im Sinne von *wohlgeschaffen, vollkommen, Meisterstück.*

1. विभ्वन् 1) Adj. *weit reichend, durchdringend.* — 2) m. N. pr. eines der 3 Ṛbhu.

2. विभ्वन् Adj. *tüchtig, geschickt*; m. *Künstler, Meister.*

विभ्वासह् (stark eben so) Adj. etwa *die Reichen überbietend.*

विमज्जान्त्र Adj. *des Markes und der Eingeweide beraubt.*

विमण्डल n. *die Bahn der Planeten und des Mondes.*

विमत 1) Adj. s. u. मन् mit वि. — 2) N. pr. einer Oertlichkeit.

1. विमति f. 1) *eine abweichende Ansicht, Meinungsverschiedenheit* (Naish. 7,22), — *in Bezug auf* (Loc.). — 2) *Abneigung.* — 3) *Unschlüssigkeit, Zweifel* Lalit. 448,3. Saddh. P. 248. 275.

2. विमति Adj. 1) **eine abweichende Ansicht habend.* — 2) *beschränkt, dumm.* Nom. abstr. °ता f.

*विमतिमन् m. Nom. abstr. von 2. विमति.

*विमतिविकीरणा m. *ein best.* Samâdhi.

विमतिसमुद्घातिन् m. N. pr. eines Prinzen.

विमत्सर Adj. *keinen Neid —, keine Missgunst —, keinen auf Selbstsucht beruhenden Unwillen an den Tag legend.*

विमत्सरिन् Adj. dass. Hemâdri 1,561,19.

विमथितर् Nom. ag. *Würger, Zerfleischer.*

विमद्ध f. Pl. Bez. *bestimmter Sprüche* Çâṅkh. Br. 23,6.

विमद 1) Adj. *a) nüchtern geworden.* — *b) brunstfrei* (Elephant). — *c) von Hochmuth frei.* — 2) m.

विमद N. pr. *a)* eines Schützlings der Götter. — *b)* eines Liedverfassers und Sohnes des Indra oder Pragâpati. Pl. *sein Geschlecht.*

विमदी Adv. mit कर् einem Elephanten (Acc.) *die Brunst benehmen* MBh. 7,26,6.

विमद्य Adj. *der sich eine Zeitlang des Genusses berauschender Getränke enthalten hat* Kâraka 6,12.

विमध्य (wohl n.) *Mitte.*

विमनस् 1) Adj. *a) mit durchdringendem Verstande begabt.* — *b) unverständig, thöricht.* — *c) ausser sich seiend, bestürzt, entmuthigt, verzweifelnd, niedergeschlagen.* — *d) abgeneigt.* — 2) m. N. pr. eines Liedverfassers.

विमनस्क Adj. = विमनस् 1) c).

विमनाय, °यते *ausser sich —, entmuthigt —, niedergeschlagen sein* Naish. 1,37.

*विमनिमन् m. *Bestürztheit, Niedergeschlagenheit.*

विमनी Adv. mit कर् *sich abgeneigt machen, erzürnen.*

1. विमन्यु m. *Sehnsucht, Verlangen.*

2. विमन्यु Adj. *frei von Unmuth, — Groll.*

विमन्युक Adj. *nicht grollend, Groll stillend.*

विमभूपाल m. N. pr. eines Scholiasten Burnell, T.

*विमय m. *Tausch.*

विमर्द m. 1) *Zerdrückung, Druck, Zerreibung, Reibung* Çiç. 4,61. 11,28. 31 (Pl.). — 2) *das Stampfen* (mit den Füssen) 292,21. — 3) *feindlicher Zusammenstoss, Kampf, Balgerei; Tumult* Bâlar. 195,15. — 4) *Aufreibung, Zerstörung, Verwüstung, Vernichtung.* — 5) *Störung, Unterbrechung.* — 6) *Berührung, Verbindung.* — 7) *Abweisung, Zurückweisung.* — 8) *völlige Verfinsterung.* — 9) **Cassia Sophora.* — 10) N. pr. eines Fürsten. — Spr. 6221 falsche v. l. für विसर्ग.

विमर्दक 1) Adj. *aufreibend, zerstörend, vernichtend.* — 2) m. *a)* **Cassia Tora* Râgan. 4,202. — *b)* N. pr. eines Mannes.

विमर्दन 1) Adj. *a) zerdrückend, drückend.* — *b) aufreibend, zerstörend, vernichtend.* — 2) m. *a)* **Wohlgeruch* Gal. — *b)* N. pr. α) eines Râkshasa. — β) eines Fürsten der Vidjâdhara. — 3) n. *a) das Zerdrücken, Zerreiben, Zerquetschen* Gaut. — *b) feindlicher Zusammenstoss, Kampf.* — *c) das Zerstören, Verwüsten, Vernichten.*

°विमर्दिन् Adj. 1) *zerschmetternd, verwüstend, vernichtend.* — 2) *zu Nichte machend, verscheu-*

chend, entfernend.

विमर्ध m. MBh. 3,631 fehlerhaft für विमर्द.

विमर्मधनजीवित Adj. MBh. 8,876 fehlerhaft für विवर्मधन॰.

विमर्श m. (adj. Comp. f. आ) 1) *Prüfung, Erwägung, Erörterung, Ueberlegung, Bedenken.* — 2) *Intelligenz.* Auch als Beiw. Çiva's. — 3) in der Dramatik so v. a. *Knoten.*

विमर्शन 1) m. N. pr. eines Fürsten der Kirâta. — 2) n. *Prüfung, Erwägung, Untersuchung.*

विमर्शितव्य Adj. *zu prüfen, zu erwägen* Mâlatim. 70,10. v. l. अवि॰.

विमर्शिन् Adj. *prüfend, erwägend, untersuchend.*

विमर्ष, ॰मर्षण und ॰मर्षिन् fehlerhaft für ॰मर्श u. s. w.

विमल 1) Adj. (f. आ) *a) fleckenlos, rein, klar, blank.* विमले so v. a. *mit Anbruch des Tages.* — *b) durchsichtig.* — *c) weiss* (Elephant). — *d) rein, lauter* in übertragener Bed. — 2) m. *a) das Mondjahr.* — *b) ein best. über Waffen gesprochener Zauberspruch.* — *c) ein best.* Samâdhi. — *d)* N. pr. α) eines Asura. — β) eines Devaputra. — γ) *verschiedener Arhant bei den Ǵaina. — δ) verschiedener anderer Männer. — ε) einer Welt (buddh.). — 3) f. आ *a)* **eine Opuntia* Râǵan. 4,198. Bhâvapr. 1,202. — *b) eine best.* Çakti Hemâdri 1,198,5. Agni-P. 41,16. — *c)* Name der Dâkshâjaṇî in Purushottama. — *d)* N. pr. α) einer Joginî Hemâdri 2,*a*,95,8. 10. — β) einer buddh. Gottheit. — γ) einer Tochter der Gandharvî. — δ) einer der 10 Erden bei den Buddhisten. — 4) n. *a)* **mit Silber versetztes Gold* Râǵan. 13,137. — *b)* Titel eines Tantra. — *c)* N. pr. einer Stadt.

विमलक (Varâh. Jogaj. 6,18) und ॰मणि m. *ein best. Edelstein.*

*विमलकीर्ति m. N. pr. eines buddh. Gelehrten.

*विमलकीर्तिनिर्देश m. Titel eines buddh. Sûtra.

विमलगर्भ m. 1) *ein best.* Samâdhi. — 2) N. pr. *a)* *eines Bodhisattva. — *b)* eines Prinzen.

*विमलचन्द्र m. N. pr. eines Fürsten.

विमलता f. (Çiç. 8,28) und विमलत्व n. *Fleckenlosigkeit, Reinheit, das Heilsein, Klarheit* (auch in übertragener Bed.).

विमलदत्त 1) m. *a) ein best.* Samâdhi Saddh. P. — *b)* N. pr. eines Fürsten ebend. — 2) f. आ N. pr. einer Fürstin.

विमलनाथपुराण n. Titel eines Ǵaina-Werkes.

विमलनिर्भास m. *ein best.* Samâdhi.

विमलनेत्र m. N. pr. 1) eines Buddha. — 2) eines Fürsten.

विमलपिण्डक m. N. pr. eines Schlangendämons MBh. 1,35,8.

विमलपुर n. N. pr. einer *Stadt.*

*विमलप्रदीप m. *ein best.* Samâdhi.

विमलप्रभ m. 1) *ein best.* Samâdhi. — 2) N. pr. *a)* eines Buddha. — *b)* *eines Devaputra. v. l. अविमल॰. — 2) f. आ *a) ein best.* Samâdhi. Richtig ॰प्रभ m. — *b)* N. pr. einer Fürstin.

विमलप्रभासश्रीतेजोराजगर्भ m. N. pr. eines Bodhisattva.

विमलप्रश्नोत्तरमाला f. Titel eines Werkes Weber, Lit.

विमलबुद्धि m. N. pr. eines Mannes.

विमलबोध m. N. pr. eines Scholiasten Burnell, T.

विमलब्रह्मवर्य m. N. pr. eines Autors Burnell, T.

*विमलभद्र m. N. pr. eines Mannes.

विमलभास m. *ein best.* Samâdhi.

*विमलमणि m. *Krystall.*

विमलमणिकर m. N. pr. einer buddh. Gottheit.

विमलमति Adj. *von lauterer Gesinnung* 104, 14. 20.

विमलमित्र m. N. pr. eines buddh. Gelehrten.

विमलय्, ॰यति *rein —, klar machen.*

विमलवाहन m. N. pr. eines Fürsten.

*विमलवेगश्री m. N. pr. eines Fürsten der Garuḍa.

विमलव्यूह m. N. pr. eines Gartens.

विमलश्रीगर्भ m. N. pr. eines Bodhisattva.

*विमलसंभव m. N. pr. eines Berges.

विमलसरस्वती m. N. pr. eines Grammatikers.

*विमलस्वभाव (Conj.) m. N. pr. eines Berges.

विमलाकर m. N. pr. eines Fürsten.

विमलाग्रनेत्र m. N. pr. eines zukünftigen Buddha.

*विमलात्मक Adj. *dessen Natur rein u. s. w. ist, rein, hell, klar.*

विमलात्मन् Adj. dass. (der Mond).

विमलादित्य m. *eine best. Form der Sonne.*

*विमलाद्रि m. N. pr. eines *Berges.*

विमलानन्दभाष्य n. Titel eines Werkes.

*विमलाप Adj. *reines Wasser habend* L. K. 1063.

*विमलार्थक Adj. angeblich = विमलात्मक.

विमलाशोक N. pr. eines Wallfahrtsortes.

विमलाश्वा f. N. pr. eines Dorfes.

विमलिमन् m. *Reinheit, Klarheit* Daçak. 137,12.

विमलीकरण n. *Reinigung, Läuterung* (eines Zauberspruches).

विमलेश्वरतीर्थ n. N. pr. eines Tîrtha.

विमलेश्वरपुष्करिणीसंगमतीर्थ n. desgl.

विमलोग्य n. Titel eines Tantra. विमलोर्ज Ârjav. 161,1.

विमलोदका und विमलोदा f. N. pr. eines Flusses.

विमलोर्ज s. u. विमलोग्य.

विमस्तकित Adj. *enthauptet* Naish. 4,63.

विमहत् Adj. *überaus gross.*

विमॆहस् Adj. etwa *ergötzlich, lustig.*

विमॆह्वी Adj. etwa *erheiternd, begeisternd;* Subst. Pl. *geistige Getränke.* Nach Sâj. *sehr gross.*

विमांस n. *schlechtes —, zu essen verbotenes Fleisch* Vishnus. 5,49.

विमाण्डव्य m. Pl. N. pr. eines Volkes.

विमातर् f. *Stiefmutter.*

विमातृज m. *Stiefsohn* (einer Mutter).

विमात्र Adj. *dem Maasse nach ungleich.* Nom. abstr. ॰ता f. Lalit. 561,4. 5.

विमाथॆ m. *das Schütteln, Balgerei.*

विमाथिन् Adj. *niederschmetternd* (in übertragener Bed.).

1. विमॆान 1) Adj. (f. ई) *durchmessend, durchgehend, von einem Ende zum andern reichend.* — 2) m. n. *ein durch die Luft fliegender palastähnlicher Wagen der Götter,* in den Märchen überh. *ein durch die Luft fliegender Wagen* oder *ein solches Vehikel* Harshak. 183,3. नौ॰ *ein solcher schiffähnlicher Wagen.* — *b) Wagen* überh. und speciell *Leichenwagen* Râǵat. 7,466. fg. — *c) ein kaiserlicher —, ein siebenstöckiger Palast.* — *d) eine Kapelle von best. Form.* — *e) Thurm.* — 3) n. *a)* etwa *Ausdehnung.* — *b) Maass, Maassstab.* — *c)* bei Karaka *die Lehre vom Maasse,* d. i. *dem Verhalten der humores, der Arzeneimittel* u. s. w. — *d) das Messen* in वेदिविमानॆ.

2. विमान m. *Geringachtung* Gop. Br. 2,2,5. Vgl. अविमान.

3. विमान Adj. *der Ehre baar, entehrt, beschimpft.*

विमानक 1) = 1. विमान 2) *a).* — 2) nach dem Comm. = 1. विमान 2) *c).* Eher *Thurm.*

विमानता f. 1) Nom. abstr. zu 1. विमान 2) *a).* — 2) fehlerhaft für विमानना.

विमानत्व n. Nom. abstr. zu 1. विमान 2) *a).*

विमानन n. f. (आ) 1) *Geringschätzung, geringschätzige Behandlung, Beschimpfung.* Am Ende eines adj. Comp. f. आ. — 2) *das Versagen, Abschlagen.*

विमाननिर्व्यूह m. *ein best.* Samâdhi Kârand. 51,24.

विमानपाल m. *Hüter eines Götterwagens.*

विमानयान Adj. (f. आ) *in einem Götterwagen durch die Luft fahrend* Bhâg. P. 4,3,6.

विमानयितव्य Adj. *geringzuschätzen, zu be-*

schimpfen.

विमानविद्या f. Titel eines Werkes Burnell, T.

विमानशुद्धिपूजा f. desgl. Bühler, Rep. No. 671.

1. विमानी Adj. f. s. u. 1. वि॑मान 1).

2. विमानी Adv. mit कर् *zu einem in der Luft fliegenden Vehikel machen* Kād. 4,23 (1,7).

विमानुष Adj. *mit Ausschluss der Menschen.*

विमान्य Adj. *geringzuschätzen, zu beschimpfen.*

वि॑माय Adj. *der Zauberkraft beraubt.*

1. विमार्ग m. 1) *das Abwischen* Comm. zu Āpast. Çr. 4,13,7. — 2) *Besen, Bürste.*

2. विमार्ग m. *Abweg* (eig. und übertr.). °ग Adj. Bhāvapr. 3,24. °दृष्टि Adj. *in falscher Richtung blickend.*

3. विमार्ग Adj. *auf Abwegen sich befindend.*

विमार्जन n. *das Abwischen, Reinigen.* मुख° Çāṅkh. Çr. 4,21,21. 8,9,10.

वि॑मित n. *eine auf Pfosten ruhende Hütte* Vaitān. 9,15. Am Ende eines Comp. *Halle, Gebäude* überh.

विमिथुन Adj. *mit Ausschluss der Zwillinge im Thierkreise.*

विमिश्र 1) Adj. (f. आ) a) *vermischt, vermengt, nicht gleichartig.* — b) *vermischt —, versehen —, verbunden mit* (Instr. oder im Comp. vorangehend). — c) Bez. *einer der 7 Theile, in welche die Bahn Mercurs nach* Parâçara *getheilt wird.* — 2) n. *Kapital nebst Zinsen u. s. w.* Līlāv. S. 31.

विमिश्रक 1) Adj. *gemischt, mannichfaltig.* — 2) *n. *Steppensalz* Rāǵan. 6,106.

विमिश्रित Adj. *gemischt.* °लिपि f. Bez. *einer best. Art zu schreiben.*

विमुक्त 1) Adj. s. u. 1. मुच् mit वि. — 2) f. आ *Perle.*

विमुक्तकण्ठ° und °म् Adv. *aus vollem Halse* (schreien) Spr. 2696. 3158.

विमुक्तता f. *das Aufgehen, Verlorengehen* (von Besitz).

विमुक्तमौनम् Adv. *das Schweigen aufgebend* 120,23.

*विमुक्तसेन m. N. pr. eines buddh. Lehrers.

विमुक्ताचार्य m. N. pr. eines Autors Burnell, T.

विमुक्ति f. 1) *Lösung.* — 2) *das Vonsichlassen, Entlassen.* — 3) *Befreiung, das Befreitwerden, — von* (Abl. oder im Comp. vorangehend). — 4) *Befreiung von den Uebeln, — von den Banden der Welt, Erlösung* 101,31. Kap. 5,68. 6,58.

विमुक्तिचन्द्र m. N. pr. eines Bodhisattva.

विमुख 1) Adj. (f. आ) a) *das Gesicht abwendend, rückwärts gerichtet.* — b) *das Gesicht im Unmuth,* insbes. *in Folge einer vereitelten Hoffnung von Jmd* (Gen.) *abwendend, abgewiesen, unverrichteter Sache abziehend.* — c) *sich abwendend von,* so v. a. *grollend, abgeneigt, Nichts wissen wollend, abstehend, sich enthaltend;* die Ergänzung im Loc., Abl., Gen. mit उपरि oder im Comp. vorangehend. शतमख° so v. a. Indra *entgegentretend* Bālar. 14, 2. रक्षा° so v. a. *sich nicht die Mühe gebend Wache zu halten* Vikramāṅkaḱ. 17, 6. — d) *widerwärtig* (Geschick u. s. w.) Veṇis. 68,9. — e) am Ende eines Comp. *ermangelnd, carens.* — f) *ohne Mündung* (gemessen). — g) *des Gesichtes —, des Kopfes beraubt.* — 2) m. a) Bez. *des Spruches* VS. 17,86. 39,7. — b) N. pr. eines Muni.

विमुखता f. *das Sichabwenden von, Abgeneigtheit gegen* (Loc., Acc. mit प्रति oder im Comp. vorangehend).

विमुखय्, °यति *abgeneigt machen.* विमुखित Kād. 2,65,21 (79,12).

विमुखी Adv. 1) mit कर् a) *Jmd in die Flucht schlagen.* — b) *Jmd ziehen lassen, abweisen.* — c) *Jmd abgeneigt* oder *gleichgültig machen gegen* (Abl. oder im Comp. vorangehend) Çaṁk. zu Bādar. 1,1,4 (S. 76, Z. 9). — d) *vereiteln, zu Nichte machen.* — 2) mit भू a) *den Rücken wenden, die Flucht ergreifen.* — b) *sich abwenden —, Nichts wissen wollen von* (Abl.).

विमुखीकरण n. *das abgeneigt Machen gegen* (im Comp. vorangehend Çaṁk. zu Bādar. 1,1,4 (S. 76, Z. 6).

विमुखीभाव m. *Abneigung.*

विमुग्धता f. *Einfältigkeit, Dummheit.*

वि॑मुच् f. *das Losspannen, Ausschirren; Einkehr.* विमुचो नपात् *Sohn der Einkehr, Geleitsmann* heisst Pûshan.

विमुच m. N. pr. eines Ṛshi.

वि॑मुञ्ज Adj. (f. आ) *ohne Blattscheide.*

*विमुद् *eine best. hohe Zahl* (buddh.).

*विमुद्र Adj. *aufgeblüht.*

विमुद्रण n. *das Aufblühenmachen* Naish. 19,58.

विमूढक n. *eine Art Posse.*

विमूति Sāh. D. 19,1 fehlerhaft für विभूति *Asche.*

विमूर्छन n. *Melodie.*

विमूर्त s. u. मूर्छ् mit वि.

विमूर्धज Adj. *ohne Kopfhaare.*

विमूल Adj. *entwurzelt* (eig. und übertr.).

विमूलन n. *das Entwurzeln.*

विमृग Adj. *kein Thier des Waldes habend.*

विमृग्य Adj. *zu suchen, aufzusuchen.*

वि॑मृग्वरी Adj. f. *reinlich.*

विमृत्यु Adj. *dem Tode nicht unterliegend, unsterblich.*

वि॑मृध् m. 1) *Verächter* Vaitān. — 2) *Abwehrer des Verächters,* technisch gewordener Bein. Indra's. — Nach Sāj. विमृ॑धः.

विमृध॑ Adj. (f. आ) *den Verächter abwehrend.*

विमृश m. *Prüfung, Erwägung, Ueberlegung, Bedenken.*

1. विमृश्य Adj. *zu prüfen, zu nntersuchen.*

2. विमृश्य Absol. °कारिन् Adj. *erst nach reiflicher Erwägung an ein Werk gehend* Spr. 6970.

वि॑मृष्टान्तरांस Adj. (f. आ) *bei dem der Raum zwischen den Schultern etwas eingesenkt ist.*

विमेघ Adj. *wolkenlos* Vishṇus. 99,9.

विमो॑क m. 1) *Ausspannung, Lösung, Beendigung, das Nachlassen* Kap. 1,84. — 2) *das Fahrenlassen, Loslassen* Agni-P. 26,3. — 3) *Befreiung, —* von (Abl. oder im Comp. vorangehend) Njājam. 2, 1,13. — 4) *Befreiung von der Welt, — von der Sinnlichkeit.*

वि॑मोकम् Absol. *so dass die Zugthiere gelöst —,* d. i. *umgespannt —, gewechselt werden.* Vgl. उपविमोकम्.

विमोक्तृ॑ Nom. ag. *Abspanner.* f. विमोक्त्री.

विमोक्तव्य Adj. 1) *frei zu geben, den man laufen lassen darf.* — 2) *aufzugeben, was man fahren lassen muss.* — 3) *zu werfen, zu schleudern, abzuschiessen, — auf* (Loc. oder Dat.).

विमोक्य Adj. in अविमोक्य॑.

विमोक्ष॑ m. 1) *das Sichlösen, Aufgehen.* — 2) *Befreiung* (intrans.), *Errettung* (intrans.), *das Loskommen, Sichbefreien von* (Abl. oder im Comp. vorangehend). — 3) *Befreiung der Seele, Erlösung* Lalit. 218,7. — 4) *Befreiung* (trans.), *das Laufenlassen.* — 5) *das Aufgeben, Fahrenlassen, Unterlassen.* — 6) *das Entlassen, Fliessenlassen.* — 7) *das Spenden.* — 8) *das Abschiessen.* — 9) *eine best. Stufe der Meditation* Kāraṇḍ. 81,3.

विमोक्षक Nom. ag. *Löser.*

विमोक्षकरा f. N. pr. einer Kiṁnara-Jungfrau Kāraṇḍ. 6,17.

विमोक्षण 1) Adj. *befreiend von* (im Comp. vorangehend). — 2) n. a) *das Lösen, Aufbinden.* — b) *das Befreien, Befreiung, — von* (Abl. oder im Comp. vorangehend). — c) *das Fahrenlassen, Aufgeben.* — d) *das Vonsichgeben, Entlassen* (einer Leibesfrucht), *Befreiung von der Leibesfrucht.* असृग्विमोक्षण *das Blutlassen.* — e) *das Abschiessen.*

विमोक्षिन् Adj. *der Erlösung theilhaftig geworden.*

विमोघ Adj. *ganz vergeblich.*

°विमोचक Adj. *lösend —. befreiend von.*

विमोचन 1) Adj. (f. ई) *a) ausspannend, lösend. — b) befreiend, — von* (im Comp. vorangehend). — 2) f. ई N. pr. eines Flusses VP. 2,4,28. — 3) n. *a) das Abspannen, Ausspannen; Einkehren. — b) das Befreien vom Dienst. — c) Befreiung, Rettung, — von* (Abl.). — *d)* wohl *das Sichlosmachen von allen Sünden. — e) das Aufgeben, Fahrenlassen. — f)* N. pr. eines Wallfahrtsortes.

विमोचनीय in दुन्दुभि° und रथविमोचनीय.

विमोच्य Adj. *zu befreien.*

विमोह m. 1) *Verwirrung des Geistes* Çiç. 10,22. मति° dass. — 2) *eine best. Hölle* VP. 2,6,14.

विमोहक Adj. (f. °हिका) *den Geist verwirrend* Naish. 7,17.

विमोहन 1) Adj. dass. — 2) m. *eine best. Hölle* VP. 2,6,2. — 3) n. *a) Verwirrung, das in Unordnung Gerathen. — b) das Verwirren des Geistes.*

विमोहिन् Adj. *den Geist verwirrend.*

विमौन Adj. *das Stillschweigen brechend.*

विमौलि Adj. *mit keinem Diadem geschmückt.*

विम्लापन n. *das Welkmachen, Schlaffmachen, Erweichen* (eines Geschwürs u. s. w.) Bhâvapr. 5,116.

वियङ्ग = 2. अव्यङ्ग 1). Es kann अवियङ्ग gemeint sein.

वियच्चर Adj. *durch die Luft fliegend.*

*वियच्चारिन् m. *Falco Cheela* (चिल्ल).

वियत् s. वियत्त्.

वियति m. 1) * *Vogel.* — 2) N. pr. eines Sohnes des Nahusha.

वियद्ग schlechte Lesart für वियङ्ग.

*वियद्गङ्गा f. *die himmlische Gangâ.*

वियद्गत Adj. *sich im Luftraum fortbewegend, durch die Luft fliegend* Çiç. 17,64.

वियद्व्यापिन् Adj. *den Luftraum erfüllend* (Geräusch) Vrshabh. 259,*a*,36.

वियत् 1) Adj. *auseinandergehend, hingehend, vergehend.* — 2) n. वियत् *a) das sich Trennende, Auseinandergehende* als Bez. *des Zwischenraumes zwischen den zwei Getrennten* (dem Himmel und der Erde), *der Luftraum. — b) der Aether* (als Element). — *c)* Bez. *der Null* Ganit. Parvasambh. 5. — *d) das 10te astrologische Haus. — e)* als Name *eines Metrums* VS. 15,5 nach Mahidh. so v. a. *Tag*

वियत्तर Adj. *des Lenkers beraubt* MBh. 8,22,15.

*वियन्मणि und वियन्मध्यहंस (Daçak. 2,2) m. *die Sonne.*

वियन्मय Adj. (f. ई) *aus Luft bestehend* Harshak. 210,5.

*वियम m. = वियाम und दुःख.

वियव m. *eine Art von Eingeweidewürmern.*

वियवन n. *das Trennen.* v. l. वियावन.

वियाङ्ग v. l. für वियङ्ग.

वियातता f. *Dreistigkeit, Unverschämtheit* Çiç. 19,40.

*वियातिमन् m. dass.

*वियाम m. *das Längenmaass der ausgestreckten Arme, Faden.*

वियावन n. = वियवन.

वियासं m. *ein best. Plagegeist in* Jama's *Welt.*

°वियुक्तता f. *das Freisein von.*

वियुज् f. AV. 7,4,1 fehlerhaft für नियुत्.

वियुत 1) Adj. s. u. 4. यु mit वि. — 2) f. आ Du. *die Getrennten,* so v. a. *Himmel und Erde.*

*वियुतार्थक Adj. *sinnlos.*

वियुति f. *die Differenz zwischen zwei Grössen* Bîgag. 178.

वियूथ Adj. *von seiner Heerde getrennt.*

वियोग m. 1) *das Getrenntwerden, Trennung, — von, das Kommen um, Verlustiggehen;* die Ergänzung ein Instr., Abl., Instr. mit सह oder im Comp. vorangehend). — 2) *das Sichentfernen, von dannen Gehen, Verlorengehen, das Fehlen, Nichtdasein.* — 3) am Ende eines Comp. *das Sichlosmachen von, das Sichenthalten, Aufgeben* Gaut. — 4) *Subtraction.* — 5) = वियुति Bîgag. 71. — 6) *ein best. astrol.* Joga.

वियोगता f. Kathâs. 55,181 fehlerhaft für वियोगिता.

वियोगपुर n. N. pr. einer *Stadt.*

वियोगवत् Adj. *getrennt* (vom geliebten Gegenstande).

वियोगाप्, °यते *einer Trennung gleichen* Subhâshitâv. 206. 207. Saduktik. 2,656. Padjâvalî 376.

वियोगिता f. *das Getrenntsein, Trennung.*

वियोगिन् Adj. 1) *getrennt* (vom geliebten Gegenstand), — *von* (Instr. oder im Comp. vorangehend). — 2) *mit Trennung verbunden* in अ°.

वियोजन n. 1) *das Losmachen —, Befreien von* (im Comp. vorangehend). — 2) *Trennung, — von* (im Comp. vorangehend). — 3) *das Subtrahiren* Lîlâv. 8,13. — वियोजनैर्धनैः MBh. 12,3213 fehlerhaft für वियोजपेद्धनैः.

वियोजनीय Adj. *verlustig zu machen, zu bringen um* (Instr.).

वियोजीकरण n. = हिंसा Çîlânka 1,288.

वियोज्य Adj. *zu trennen von* (Abl.).

वियोद्धर् Nom. ag. *der da scheidet, trennt.*

वियोध Adj. *der Streiter beraubt, ohne Streiter.*

1. वियोनि und °नी f. *ein thierischer Mutterleib, eine thierische vulva; eine thierische Daseinsform, Thier; Thiere und Pflanzen.* °ज *ein Thier;* °जन्मन् n. *die Entstehung der Thiere und Pflanzen,* Adj. *zur Mutter ein Thier habend.*

2. वियोनि Adj. 1) *seiner Natur widersprechend.* — 2) *ohne vulva.* — 3) *von geringer Herkunft* (nach Nîlak.).

विरक्तभाव Adj. (f. आ) *gleichgültig gestimmt, Einem nicht mehr zugethan* Spr. 7216.

विरक्तासर्वस्व n. Titel eines Werkes.

विरक्ति f. *Gleichgültigkeit, — gegen* (Loc., Gen. mit उपरि oder Acc. mit प्रति); insbes. *die gegen die ganze Aussenwelt eingetretene Gleichgültigkeit eines Asketen.*

विरक्तिमत् Adj. 1) *gleichgültig, — gegen* (Loc.). — 2) *verbunden mit der Gleichgültigkeit gegen die ganze Welt.*

विरक्तिरत्नावलि f. Titel eines Stotra Opp. Cat. 1.

विरक्षस् Adj. *ohne* Râkshasa. Superl. °स्तम.

विरक्षस्ता f. Nom. abstr. zu विरक्षस्.

*विरग *eine best. hohe Zahl* (buddh.). v. l. विराग.

1.*विरङ्ग m. = 1. विराग. Vgl. वैरङ्गिक.

2.*विरङ्ग n. *eine best. Erdart* Râgan. 13,141.

विरचना f. *das Anlegen, Anthun* (eines Schmukkes u. s. w.). अलकानाम् so v. a. *hübsch geordnete Locken* Bâlar. 140,3.

विरचयितव्य Adj. *zu bilden, zu machen* Çank. zu Bâdar. 2,1,32.

विरचित 1) Adj. s. u. रच् mit वि Caus. — 2) f. आ ein Frauenname.

विरज 1) Adj. (f. आ) *a) frei von Staub, rein* (auch in übertragener Bed.). — *b)* * f. *nicht mehr menstruirend. — c) frei von Leidenschaft.* — 2) m. N. pr. *a)* eines Marutvant. — *b)* eines Sohnes des Tvashṭar. — *c)* eines Sohnes des Pûrṇiman. — *d)* Pl. einer Klasse von Göttern unter Manu Sâvarṇi. — *e)* eines Schülers des Gâtukarṇja. — *f)* der Welt des Buddha Padmaprabha. — 3) f. आ *a) Panicum Dactylon.* Nach Râgan. = कपित्थानी. — *b)* N. pr. α) einer geistigen Tochter der Manen Susvadha oder Svasvadha und Gattin Nahusha's. — β) einer Freundin Krshṇa's, die wegen ihrer Furcht vor Râdhâ in einen Fluss (im Goloka) verwandelt wird. — γ) einer Râkshasî. — δ) eines heiligen Gebietes. Auch °क्षेत्र n. — 4) n. N. pr. eines Wallfahrtsortes.

विरञ्जनीय Adj. *zur Veränderung —, zur Verbesserung der Farbe dienlich* Karaka 1,4. 25.

विरजप्रभ m. N. pr. eines **Buddha**.

विरजलोक m. N. pr. einer *Welt* VP.² 3,160.

विरजस् Adj. = विरज 1) *a*) *c*). — 2) m. N. pr. *a*) eines Schlangendämons. — *b*) verschiedener Ṛshi, unter **Manu Kâkshusha**, eines Sohnes des **Manu Sâvarṇa**, des **Nârâjaṇa**, des **Vasishṭha** und des **Paurṇamâsa**. — *c*) eines Sohnes des **Dhṛtarâshṭra**. — 3) *f. Bein. der **Durgâ**.

विरजस Adj. = विरज 1) *a*).

विरजस्क 1) Adj. = विरज 1) *a*) *c*). — 2) m. N. pr. eines Sohnes des **Manu Sâvarṇi**.

विरजस्करण n. *das Befreien von Staub, Reinigen.*

विरजस्तमस् Adj. *nicht von den Qualitäten* **Ragas** *und* **Tamas** *beherrscht.*

विरजाक्ष m. N. pr. eines Berges.

विरजी Adv. mit कर् *vom Staube befreien, reinigen* Çiç. 13,49.

विरञ्च, *विरञ्चन, विरञ्चि (Ind. St. 15,376) und विरञ्च्य m. Bein. **Brahman's**.

विरञ्जनीय in पुरीष°. Vgl. विरजनीय.

1. विरण in ग्रैविरण.

2.*विरण n. = वीरण.

विरतत्व n. *das Aufgehörthaben, Vorbeisein.*

विरति f. 1) *das Aufhören; Schluss, Ende* Çiç. 11,2. Am Anfange eines Comp. so v. a. *am Schluss, schliesslich* Chr. 166,9. — 2) *Ende eines* **Pâda**, *Cäsur innerhalb eines* **Pâda**. — 3) *das Ablassen von, Sichenthalten, Entsagung;* die Ergänzung im Abl., Loc. oder im Comp. vorangehend. **Kṛshṇa** heisst विरतिः सर्वपापिनाम् *weil er die Bösewichter dazu bringt, dem Bösen zu entsagen.*

विरथ Adj. *um den Streitwagen gekommen.*

विरथी Adv. 1) mit कर् *Jmd um den Streitwagen bringen.* — 2) mit भू *um den Str. kommen.*

विरथीकरण n. *das Bringen Jmds* (im Comp. vorangehend) *um den Streitwagen.*

विरथ्य Adj. als Beiw. Çiva's vielleicht so v. a. *an Nebenstrassen seine Freude habend.*

विरथ्या f. etwa *Nebenstrasse, eine schlecht unterhaltene Strasse.*

विरद (बिरद) s. बिरुद.

विरप्श 1) Adj. (f. ई) *strotzend.* — 2) m. *Ueberschwang, Fülle.*

विरप्शिन् Adj. *vollsaftig, strotzend, vollkräftig.*

विरम m. 1) *das Aufhören, Nachlassen.* — 2) *Untergang* (der Sonne). — 3) *das Abstehen —, Sichenthalten von* (im Comp. vorangehend). — विरमे ऽत्र Râǵat. 4,427 fehlerhaft für विरमेन्नः vgl. Spr. 5888.

विरमण n. 1) *das Aufhören, Nachlassen.* — 2) *das Abstehen von* (im Comp. vorangehend).

विरल 1) Adj. (f. आ) *a*) *auseinanderstehend, nicht dicht anschliessend, undicht.* विरलम् und विरल° (Çiç. 4,41) Adv. — *b*) *selten, wenig, nicht zahlreich, gering, karg in* (Loc.) Harshak. 124,2. विरलः und विरलः को ऽपि so v. a. *hier und da Einer, ein und kein anderer.* — 2) *n. *saure Milch.*

*विरलजानुक Adj. *auseinanderstehende Kniee habend.*

विरलता f. Nom. abstr. zu विरल 1) *b*) Veṇis. 182.

विरलद्रवा f. *ein Gericht aus Körnerfrüchten mit Ghee.*

विरलविरली Adv. mit भू *ganz selten werden, an Zahl stark abnehmen.*

विरलाय्, °यते *undicht gesäet sein, selten vorkommen; lichter werden* (von einem Walde) Kâd. 2,51,1 (60,13).

*विरलिका f. *ein best. undichtes Zeug.*

विरलित in अ° (Nachtr. 5).

विरली Adv. mit कर् 1) *zerstreuen, auseinanderjagen* Ind. St. 15,424. °कृत Hariv. 6231. — 2) *lichter machen* (einen Wald) Kâd. 252,2 (412,2).

*विरलेतर Adj. *dicht.*

विरव m. *das Brüllen, Dröhnen.* — n. Mârk. P. 126,14 wohl fehlerhaft für विवर.

विरश्मि Adj. *strahlenlos.*

विरस 1) Adj. *a*) *nicht mit Fruchtsaft gewürzt.* — *b*) *geschmacklos, schlecht schmeckend.* — *c*) *einen üblen Nachgeschmack habend, einen Ekel bewirkend* in übertragener Bed., so v. a. *widerlich, unangenehm.* °म् Adv. *in widerlicher Weise.* — *d*) *gegen den guten Geschmack verstossend.* — *e*) *keinen Geschmack findend an* (im Comp. vorangehend). — 2) m. N. pr. eines Schlangendämons. — MBh. 8,4327 fehlerhaft für विवश.

विरसत्व n. *schlechter Geschmack, das Bewirken von Ekel.*

विरसाननत्व n. und विरसास्यत्व n. *übler Geschmack im Munde.*

विरसी Adv. 1) mit कर् *unangenehm berühren* Vâsav. 169,3. — 2) mit भू *unangenehm berührt werden.*

विरसीभाव m. *das Saft- und Kraftloswerden.* भूमेस् Karaka 3,3.

विरह m. 1) *das Getrenntsein, Trennung* (vom geliebten Gegenstande), — *von* (Instr. oder im Comp. vorangehend). — 2) *Abwesenheit, das Nichtdasein, Fehlen, Mangeln.* Am Ende eines adj. Comp. *an dem — fehlt*, so v. a. *mit Ausnahme von.*

विरहिन् Adj. 1) *getrennt* (vom geliebten Gegenstande) Spr. 7746. Çiç. 6,5. Vâsav. 138,1. 271,1. 284,5. *getrennt von* (im Comp. vorangehend). — 2) *abwesend.* — 3) am Ende eines Comp. *frei von, sich enthaltend.*

1. विराग m. 1) *Entfärbung, Verlust der Farbe.* — 2) *Aufregung, das Versetzen in Leidenschaft.* — 3) *Abneigung* (gegen Personen), *Gleichgültigkeit* (gegen Unpersönliches); die Ergänzung im Loc., Abl. oder im Comp. vorangehend. — 4) *Gleichgültigkeit gegen die Aussenwelt.* — 5) *die fehlerhafte Unterdrückung eines Lautes in der Aussprache.*

2. विराग Adj. (f. आ) 1) *von mannichfacher Farbe, bunt.* Auch in Comp. mit नाना° und नानावर्ण°. — 2) *frei von aller Leidenschaft, gleichgültig.* सर्वतस् so v. a. *für Alles abgestorben.*

3.*विराग *eine best. hohe Zahl* (buddh.).

विरागता f. *Gleichgültigkeit gegen Alles.*

विरागय्, °यति 1) *sich* (sibi) *abgeneigt machen, sich entfremden, Jmd erbittern* Vishṇus. 71,57. — 2) विरागित *a*) *sich entfremdet, erbittert* Vaǵrakkh. 35,2. 3. — *b*) *eine Abneigung —, einen Widerwillen empfindend gegen* (im Comp. vorangehend).

विरागवत् Adj. *gleichgültig.* सर्वत्र *gegen Alles.*

*विरागार्ह Adj. = वैरङ्गिक.

विरागित Adj. s. u. विरागय्.

विरागिता f. *Abneigung, Widerwillen.*

विरागिन् Adj. *eine Abneigung habend, keine Neigung empfindend für* (Loc.) Spr. 7859. Çiç. 6,11.

1. विराज् 1) Adj. *herrschend, an der Spitze befindlich; ausgezeichnet, prangend;* m. f. *Herrscher, Fürst, Herrscherin* u. s. w. Âpast. 2,3,11 nach dem Comm. = विराजः साधनम्. — 2) f. *Auszeichnung, hohe Stellung.* — 3) f. und später m. Name eines der Speculation angehörigen göttlichen Wesens, welches mit **Purusha**, **Pragâpati**, **Brahman**, **Agni** und später mit **Vishṇu** oder **Kṛshṇa** identificirt wird, aber auch als Tochter oder Sohn **Purusha's**, **Pragâpati's**, **Brahman's** oder **Vishṇu's** auftritt. In den **Brâhmaṇa** wird **Virâǵ** zu allerhand phantastischen Allegorien gebraucht. Im **Vedânta** ist **Virâǵ**, *weil er mannichfach glänzt*, eine Bez. *des durch das Gesammtding bedingten Intellects* 268,28. — 3) m. *a*) *ein best.* **Ekâha** Vaitân. — *b*) N. pr. eines Sohnes des **Prijavrata** und des **Nara**. — 4) f. *a*) *die Erde* (nach Nilak.). — *b*) Bez. *verschiedener Metra.* Meist mit 10silbigen Stollen, daher auch Bez. *der Zehnzahl.* Nom. abstr. विराट्त्व n. Ait. Br. 1,5,24. — *c*) Pl. Bez. *bestimmter Backsteine* (40 an der Zahl).

2. विराज् m. *der König der Vögel.*

विराज 1) Adj. *prangend.* — 2) m. *a) eine best. Tempelform* Hemâdri 2,*a*,58,10. — *b) ein best.* Ekâha Vaitân. — *c)* **eine best. Pflanze.* — *d)* N. pr. α) eines Pragâpati. — β) eines Sohnes des Avikshit.

विराजन 1) Adj. am Ende eines Comp. *Schmuck verleihend, zierend* Karaka 1,5. — 2) n. Nom. act. zur Erklärung von 1. विराज्.

विराजिन् Adj. *prangend* Prasannar. 3,21. Vgl. अति° (Nachtr. 5).

विराज्ञी f. *Herrscherin* TBr. 3,11,2,1.

विराज्य n. *Herrschaft, Regierung.*

विराट m. 1) N. pr. *a)* eines Fürsten der Matsja. °पर्वन् n. Titel des 4ten Buches im MBh. — *b)* einer Gegend. — 2) *Bein. Buddha's.

विराटज 1) *m. *eine Art Edelstein, ein Diamant von geringerer Güte.* — 2) f. आ *eine Tochter* Virâṭa's.

विराट्कामा f. *ein best. Metrum.*

विराट्क्रम m. Pl. *eine best. Begehung* Âpast. Çr. 5, 18,2 (vgl. TBr. Comm. 1,93,15). 6,24,5. 26,5.

विराट्क्षेत्र n. N. pr. eines *heiligen Gebietes.*

विराट्पूर्वा f. *ein best. Metrum.*

विराट् mit वामदेव्य n. Name eines Sâman.

विराट्स्थाना f. *ein best. Metrum.*

विराट्स्वराज m. *ein best.* Ekâha.

विराडष्टम Adj. *wobei das Metrum* Virâg *das achte ist* Çat. Br. 10,1,2,9.

विराड्रूपा f. *ein best. Metrum.*

विराड्वर्णा Adj. (f. आ) *die Form des Metrums* Virâg *habend.*

*विरातक 1) m. *Terminalia Arunja.* — 2) n. *die Frucht von Semecarpus Anacardium.*

विरात्र *Ende der Nacht.*

विराद्धर् Nom. ag. *Beleidiger, Kränker* Çiç. 2,41.

विराध m. N. pr. 1) eines Râkshasa Bâlar. 165, 13. — 2) eines Dânava.

विराधगुप्त m. N. pr. eines Mannes Mudrâr. 40, 4 (68,6).

विराधन 1) n. *a) das Misslingen.* — *b)* **das Anthun eines Leides.* — 2) f. विराधना *Verletzung, Schädigung* Çilâñka 1,271.

विराधहन् m. Bein. Vishṇu's (Râma's).

*विराधान (!) n. = विराधन 1) *b).*

विराम m. 1) *das Aufhören; Schluss, Ende.* — 2) *Ende eines Wortes, — eines Satzes, Pause.* Am Ende eines adj. Comp. *auslautend auf.* — 3) *Ende eines Stollens, Cäsur innerhalb eines Stollens.* — 4) *das die Abwesenheit eines* अ *anzeigende Zeichen unterhalb eines Consonanten* (ursprünglich nur am *Ende eines Satzes*). — 5) *das Abstehen, Sichenthalten* 221,15. — 6) *Abspannung, languor* Karaka 2,1. — 7) Bein. Vishṇu's und Çiva's.

विरामक am Ende eines adj. Comp. *auslautend auf.*

विरामण n. *Pause* Hemâdri 1,554,5.

विरामता f. *das Aufhören, Nachlassen.*

विराव m. 1) *Geschrei, Gebrüll, Getöse, Gesumme* Çiç. 10,11. 11,40. Am Ende eines adj. Comp. f. आ. — 2) N. pr. eines Rosses.

विरावण Adj. *Geschrei —, Geheul verursachend.*

विराविन् 1) Adj. *a) schreiend, brüllend, Laute von sich gebend, tosend* u. s. w. Çiç. 20,30. Auch in Comp. mit महाराव°. — *b) ertönend —, erschallend von* (Instr.). — 2) m. N. pr. eines Sohnes des Dhṛtarâshṭra.

विराषह् (Nomin. °षाट्) Adj. *Männer in sich fassend, — aufnehmend.*

विरिक्ति f. *Purgirung* Karaka 1,13.

विरिञ्च m. ein Name Brahman's, übertragen auch auf Vishṇu und Çiva. Nom. abstr. °ता f.

*विरिञ्चन und विरिञ्चि m. desgl.

विरिञ्चिगोल N. pr. einer mythischen Oertlichkeit Ind. St. 14,137.

विरिञ्चिनाथ m. N. pr. eines Autors. °नाथीय n. Titel seines Werkes Opp. Cat. 1.

विरिञ्चिपादमुद्ग m. N. pr. eines Schülers des Çaṁkarâkârja.

विरिञ्च्य m. ein Name Brahman's und angeblich auch seiner Welt.

विरिब्ध m. *Ton, Accent* Çiç. 11,41.

विरिरंसा f. *der Wunsch abzustehen von* (im Comp. vorangehend) Subhâshitâv. 3421.

विरुक्मत् 1) Adj. *leuchtend.* — 2) m. *ein glänzender Schmuck* oder *eine glänzende Rüstung.*

विरुच m. *ein best. über Waffen gesprochener Zauberspruch.* — Viddh. 34,10 fehlerhaft für विकच; vgl. Spr. 6184.

1. विरुज् f. *ein heftiger Schmerz, eine grosse Krankheit.*

2. विरुज् (Conj.) Adj. *gesund.*

1. विरुज Adj. *Schmerzen verursachend* Pâr. Gṛhj. 2,6,10. *zerbrechend* Stenzler.

2. विरुज Adj. 1) *frei von Schmerz, gesund.* — 2) *schmerzlos,* so v. a. *keine Leiden verursachend.*

विरुत 1) Adj. s. u. 1. रु mit वि. — 2) n. *Geheul, Geschrei, Gesang* (der Vögel), *Gesumme* (Vâsav. 279,2), *Getöse* u. s. w.

विरुति f. *Geschrei, Gesumme* u. s. w. Mudrâr. 59,17 (96,9). Kâd. 30,11 (53,1). Comm. zu Vâsav. 279. Auch Pl.

विरुद m. n. *ein Panegyricus auf einen Fürsten in Prosa und Versen.* बिरुद Pañkad. 54. Ind. St. 15,279. 285.

विरुदध्वज m. *eine königliche Standarte* Comm. zu R. ed. Bomb. 1,18,24. बि° gedruckt.

विरुदमणिमाला f. Titel eines *Panegyricus.*

विरुदावलि und °ली (Vikramâñkak. 7,63 बि°) f. 1) *ein ausführlicher Panegyricus.* — 2) Titel eines best. *Panegyricus* des Raghudeva.

विरुदित n. *lautes Jammern, — Weinen.* Pl. zu Spr. 379.

विरुद्ध 1) Adj. s. u. 2. रुध् mit वि. — 2) m. Pl. *eine best. Gruppe von Göttern unter dem 10ten* Manu. — 3) n. *a) ein best. Tropus, wobei einem verglichenen Dinge die dem Dinge, womit jenes verglichen wird, zukommenden Thätigkeiten abgesprochen, dagegen andere, diesem nicht zukommende, zugesprochen werden.* — *b)* Titel eines Werkes Opp. Cat. 1.

विरुद्धता f. *das im Widerspruch-Stehen.*

विरुद्धत्व n. 1) *Feindseligkeit, feindselige Gesinnung.* — 2) *das im Widerspruch Stehen, das einen Widerspruch Enthalten* 278,10. 279,13.

विरुद्धधी Adj. *feindselig gesinnt* Râgat. 1,303.

विरुद्धमतिकारिन् und °मतिकृत् Adj. *eine entgegengesetzte Vorstellung erweckend.* °कारिता f. (Sâh. D. 574) und °कृत् n. (Kâvjapr. 7,3) *eine best. rhetorische Figur, eine Art von Antiphrasis.*

विरुद्धसंबन्धीय Adj. *in einem verbotenen Grade verwandt* Dattakaç. 119,2.

विरुद्धार्थदीपिका f. *eine rhetorische Figur, bei der von einem und demselben Subjecte zwei einander widersprechende Thätigkeiten in Bezug auf ein und dasselbe Object* (aber nur scheinbar) *ausgesagt werden.*

विरुद्धाशन n. *der Genuss unter sich unverträglicher Speisen.*

*विरुद्धोक्ति f. *Widerspruch, Widerrede* H. 276.

विरुद्धोपक्रम Adj. *mit einander Unverträgliches anwendend* (in der Medicin). Nom. abstr. °त्व n. Suçr. 1,186,10.

विरुद्र Adj. *wobei* Rudra *oder die* Rudra *nicht betheiligt sind.*

विरूक्ष Adj. (f. आ) *rauh* (auch von Reden, Lauten) Varâh. Jogaj. 8,12.

विरूक्षण 1) Adj. (f. ई) *trocken —, rauh machend, adstringirend* Karaka 1,2. — 2) n. *a) das trocken —, rauh Machen* (Karaka 6,5. 11), *Adstringiren.*

b) *hartes Anfahren.

विरूक्षणीय Adj. 1) zum Rauhmachen dienend, dazu gut Ḱaraka 1,25. — 2) hart anzufahren, zu schmähen Vikramâñkak. 7,9.

विरूज्ञ m. Bez. eines Agni im Wasser Mantrabr. 1,7,1.

विरूढ Partic. s. u. 1. रुह् mit वि.

विरूढक 1) m. n. angekeimtes Korn. — 2) m. N. pr. a) eines Fürsten der Kumbhâṇḍa. — b) *eines Lokapâla. — c) eines Sohnes des Prasenaǵit und Gegners der Çâkja. — d) *eines Sohnes des Ikshvâku.

विरूप 1) Adj. (f. आ) a) verschiedenfarbig, verschieden gestaltet, verschiedenartig, mannichfaltig. — b) verändert, verwandelt. विरूपा भवत verwandelt euch. — c) verschieden, — von (im Comp. vorangehend). Neben एकार्थ gleiche Bedeutung habend, so v. a. verschiedene Form habend. — d) missgestaltet, unförmlich, hässlich. — e) um Eins vermindert, minus Eins. — 2) m. a) *Gelbsucht Gal. — b) N. pr. α) eines Sohnes des Dämons Parivarta. — β) eines Âṅgirasa (विरूपवत् Adv. Ṛv. 1,45,3) und verschiedener anderer Männer. — γ) eines Sohnes des Krshṇa. — 3) f. विरूपा a) *Alhagi Maurorum Râǵan. 4,54. — b) *Aconitum ferox Râǵan. 6,136. — c) N. pr. einer Tantra-Gottheit bei den Buddhisten. — 4) *n. die Wurzel von Piper longum Râǵan. 6,23. — विरूपाय Ḱâṇ. 73 bei Weber fehlerhaft für प्रकोपाय; vgl. Spr. 1287.

विरूपक 1) Adj. (f. ॰पिका) a) missgestaltet, hässlich. — b) ungebührlich, unziemlich Kâd. 2,58,16 (70,12). — 2) m. a) der Hässliche als Bein. eines Mannes. — b) N. pr. eines Asura.

विरूपकरण 1) Adj. (f. ई) verunstaltend. — 2) n. a) das Verunstalten. — b) das Zufügen eines Leides.

विरूपण n. das Verunstalten.

विरूपता f. 1) Verschiedenartigkeit. — 2) Missgestalt, Hässlichkeit.

विरूपय्, ॰यति verunstalten, entstellen. विरूपित verunstaltet.

विरूपशक्ति m. N. pr. eines Vidjâdhara.

विरूपशर्मन् m. N. pr. eines Brahmanen.

विरूपाक्ष 1) Adj. (f. ई) a) unförmliche Augen habend. Compar. ॰तर. — b) Verschiedenartiges treibend (= विषमव्यवहार Comm.) Vâsav. 72,3. — 2) m. N. pr. a) eines best. göttlichen Wesens Mân. Gṛhj. 2,14. Später ein Name Çiva's Vâsav. 72,3. — b) eines Rudra. — c) eines Wesens im Gefolge Çiva's. — d) eines Jaksha. — e) eines Dânava. — f) eines Râkshasa. — g) eines Schlangendämons. — h) eines Mannes. Pl. seine Nachkommen. — i) des Weltelephanten im Osten. — 3) f. ई N. pr. einer Gottheit.

विरूपाक्षपञ्चाशत् f. Titel eines Stotra Opp. Cat. 1.

विरूपाश्व m. N. pr. eines Fürsten.

*विरूपिन् m. Chamäleon Râǵan. 19,62.

विरेक m. 1) das Purgiren, Laxiren Ḱaraka 6,5. Entleerung des Kopfes 8,9. — 2) Laxirmittel.

विरेचक Adj. 1) laxirend. — 2) etwa von keinem Ausstossen des Athems begleitet (Tanz).

विरेचन 1) Adj. öffnend. — 2) *m. Careya arborea oder Salvadora persica. Vielleicht ॰फल m. Râǵan. 11,84. — 3) n. a) das Laxiren. ॰द्रव्य n. Laxirmittel. — b) Laxirmittel Ḱaraka 1,15. Entleerungsmittel für den Kopf 8,9.

विरेचिन् Adj. laxirend, abführend Râǵan. 13,102.

विरेच्य Adj. dem man eine Abführung geben muss oder darf Ḱaraka 6,26.

*विरेपस् Adj. fehlerlos, tadellos.

*विरेफ m. Fluss.

विरोक 1) m. a) das Erglänzen, Leuchten. — b) *Lichtstrahl. — 2) (*m. n.) Höhlung, Loch. Vgl. नासा॰.

विरोकिन् Adj. leuchtend.

1. विरोग m. Gesundheit Râǵan. 13,39.

2. विरोग Adj. gesund.

विरोचन 1) Adj. erleuchtend, erhellend. — 2) m. a) die Sonne, der Sonnengott. Als Beiw. Vishṇu's zwischen रवि und सूर्य. — b) der Mond. — c) *Feuer. — d) *Andersonia Rohitaka Râǵan. 8,14. — e) *eine Karańga-Art Râǵan. 9,63. — f) *eine Art Çjonâka Râǵan. 9,29. — g) N. pr. eines Asura, Sohnes des Prahrâda (oder Prahlâda) und Vaters des Bali und der Mantharâ (Dîrghaǵihvâ). — 3) f. विरोचना N. pr. a) einer der Mütter im Gefolge Skanda's. — b) der Gattin Tvashṭar's.

विरोचिष्णु Adj. glänzend, leuchtend.

विरोजन n. das Zerbrechen, Zerreissen Comm. zu Âpast. Çr. 3,1,3.

विरोद्धृ Nom. ag. in अविरोद्धृ.

विरोद्धव्य 1) Adj. mit dem man sich in Streit einlassen muss. — 2) n. impers. zu streiten, zu kämpfen.

विरोध m. 1) feindseliges Auftreten, Feindseligkeit, Zwist, Hader, Streit, — zwischen (Gen., ausnahmsweise Instr., oder im Comp. vorangehend), — mit (Instr., Instr. mit सह oder im Comp. vorangehend). Auch feindliche Berührung unbelebter Gegenstände. — 2) (logischer) Widerstreit, Widerspruch, Unvereinbarkeit. — 3) Conflict mit (im Comp. vorangehend), so v. a. Beeinträchtigung. Instr. so v. a. auf Kosten von. — 4) das Abgehaltenwerden durch (im Comp. vorangehend) Gaut. 14,45. — 5) das in Noth Gerathen, Widerwärtigkeit. — 6) Verkehrtheit. — 7) in der Rhetorik eine scheinbare Ungereimtheit. Vollständig विरोधाभास. — 8) bisweilen fehlerhaft für निरोध.

विरोधक 1) Adj. a) verfeindend, entzweiend, empörend 215,26. — b) im Widerspruch stehend —, unvereinbar mit (Gen. oder im Comp. vorangehend). — 2) am Ende eines adj. Comp. Hemmniss.

विरोधकृत् 1) Adj. verfeindend, entzweiend, empörend 215,24. — 2) m. das 45ste Jahr im 60jährigen Jupitercyclus Verz. d. Oxf. H. 332,a,4.

विरोधक्रिया f. Hader, Streit.

विरोधन 1) Adj. bekämpfend. — 2) n. a) das Zurückhalten in einer Etymologie. — b) das Hadern, Streiten, Widersetzung, Opposition, — gegen (Gen.). — b) das Beeinträchtigen. — c) in der Dramatik das Innewerden der Gefährdung des Vorhabens.

विरोधभञ्जनी f. Titel eines Commentars zum Râmâjaṇa Opp. Cat. 1.

विरोधभाज् Adj. im Widerspruch stehend, entgegengesetzt; mit Instr.

विरोधवत् Adj. in अ॰ und धर्म॰ (Nachtr. 5).

विरोधवरूथिनी f. und ॰भञ्जनी f. Titel von Werken Opp. Cat. 1.

*विरोधाचरण n. eine feindselige Handlung.

विरोधाभास m. in der Rhetorik ein scheinbarer Widerspruch Comm. zu Çiç. 16,69.

विरोधिग्रन्थ m. Titel eines Werkes Opp. Cat. 1.

विरोधिता f. 1) Feindschaft, Hader, Streit, — zwischen (im Comp. vorangehend), — mit (सह). — 2) Widerspänstigkeit. — 3) das im Widerspruch Stehen, Entgegengesetztsein.

विरोधित्व n. das Aufheben, Entfernen.

विरोधिन् 1) Adj. a) versperrend, hemmend, störend. — b) vertreibend, verscheuchend. — c) feindlich, feindselig; m. Gegner, Feind. — d) unverträglich (Speisen) Bhâvapr. 6,18. — e) beeinträchtigend. — f) im Widerspruch stehend, entgegengesetzt. — g) *wetteifernd mit, gleich kommend 250,27. — 2) m. das 25ste Jahr im 60jährigen Jupitercyclus. — 3) f. ॰नी N. pr. einer bösen Genie, einer Tochter Duḥsaha's.

विरोधिनिरोध m. Titel eines Werkes Opp. Cat. 1.

विरोधोक्ति f. Widerspruch.

विरोधोपमा f. in der Rhetorik eine auf Gegensätzen beruhende Vergleichung.

विरोध्य Adj. zu entzweien.

विरोपण 1) Adj. vernarben —, heilen machend. — 2) n. a) das Pflanzen. — b) das Vernarbenmachen, Heilen (einer Wunde). — Vgl. व्रण°.

विरोष Adj. 1) zornentbrannt. v. l. सरोष. — 2) frei von Zorn.

विरोह्र्ं m. 1) das Ausschlagen (von Pflanzen) MAITR. S. 2,8,8 (112,15). — 2) Pflanzstätte (in übertragener Bed.).

विरोहण 1) Adj. vernarben —, heilen machend. — 2) m. N. pr. eines Schlangendämons. — 3) n. das Ausschlagen (von Pflanzen).

*विरोहित m. N. pr. eines Mannes.

विरोहिन् Adj. ausschlagend, treibend (von Pflanzen).

*विल्, विलति (संवरणे), वेलयति (त्तेपे).

विल s. बिल, auch in Nachtr. 5).

विलत्त Adj. (f. आ) 1) kein bestimmtes Ziel (vor Augen) habend. — 2) das Ziel verfehlend (Pfeil). Nom. abstr. °त्व n. ÇIÇ. 19,18. — 3) beschämt, verlegen. Nom. abstr. °त्व n. ÇIÇ. 19,18.

विलत्तण Adj. (f. आ) 1) verschieden dem Charakter —, — dem Wesen nach, ungleich, unterschieden, verschieden von (Abl. [231,29] oder im Comp. vorangehend). Nom. abstr. °ता f. und °त्व n. — 2) unter sich verschieden, so v. a. mannichfach. — 3) nicht näher zu charakterisiren, — zu bestimmen.

विलत्तणजन्मप्रकाशिका f. Titel eines Werkes OPP. Cat. 1.

विलत्ती Adv. mit कर् 1) Jmd das Ziel verfehlen machen, in seinen Erwartungen täuschen, eine Fehlbitte thun lassen HEM. PAR. 2,474. — 2) beschämen, verlegen machen.

विलत्त्य Adj. = विलत्त 1) und 2).

विलग्न 1) Adj. s. u. लग् mit वि. — 2) *m. n. Taille. — 3) n. a) Aufgang eines Gestirns, Horoscop u. s. w. VARÂH. JOGAJ. 4,15. 44. 49. 56. 5,30.

विलङ्घन 1) n. a) das Hinüberspringen über (Gen.). — b) das Anspringen, Anprallen. — c) das Jmd zu nahe Treten, Beleidigung. — d) das Fasten. Sg. und Pl. — 2) f. आ das Hinübergelangen über Etwas, so v. a. Ueberwinden.

विलङ्घित 1) Adj. Partic. vom Caus. von लङ्घ् mit वि. — 2) n. das Fasten, strenge Diät KARAKA 6,5.

विलङ्घिन् Adj. 1) überspringend, überschreitend (in übertragener Bed.). — 2) anspringend, anstossend an (im Comp. vorangehend).

विलङ्घ्य 1) Adj. a) zu überschreiten (ein Fluss) Spr. 7838. — b) mit dem oder womit man fertig werden kann, überwindbar, zu ertragen. Nom. abstr. °ता f. — 2) Titel eines Werkes OPP. Cat. 1. °लत्तण n. (auch विलङ्घ्य°!) BURNELL, T.

विलज्ज Adj. schamlos.

विलपन n. und विलपित n. das Jammern, Wehklagen.

विलब्धि f. das Wegnehmen.

विलम्ब 1) Adj. herabhängend (Arme). — 2) m. a) das Säumen, Zögern, Verzögerung. Abl. so spät, Instr. dass. und zu spät, am Anfang eines Comp. langsam. — b) das 32ste Jahr im 60jährigen Jupitercyclus.

विलम्बक 1) m. N. pr. eines Fürsten. — 2) f. °लम्बिका eine Form von Indigestion mit Verstopfung. Nach MOLESWORTH das letzte Stadium der Choleraerschöpfung.

विलम्बन n. und °ना f. das Säumen, Zögern, Verzögerung.

विलम्बसौपर्ण n. Name verschiedener Sâman.

विलम्बित 1) Adj. s. u. 1. लम्ब् mit वि. — 2) *m. Bez. einer Klasse von schwerfälligen Thieren RÂGAN. 17,12. 19,15. — 3) n. Verzug.

विलम्बितगति 1) Adj. einen langsamen Gang habend. — 2) f. ein best. Metrum.

विलम्बिन् 1) Adj. a) herabhängend, hängend —, sich lehnend an (Loc. oder im Comp. vorangehend) ÇIÇ. 12,22. 13,49. — b) am Ende eines Comp. behängt mit, woran Etwas hängt. — c) zögernd, säumend; auch so v. a. widerstrebend. — 2) m. n. das 32ste Jahr im 60jährigen Jupitercyclus.

*विलम्भ m. Freigebigkeit.

विलय m. das Verschwinden, Vergehen, zu Nichte Werden, Untergang.

विलयन 1) Adj. auflösend. — 2) n. a) das Verschwinden, Vergehen, Auflösung. — b) das Schmelzen (intrans.). — c) ein best. Milchproduct GAUT. GOBH. 3,6,4.

*विलला f. eine best. Pflanze.

विलसन n. 1) heiteres Spiel, frohe Ausgelassenheit (eines Weibes). — 2) das Zucken (des Blitzes).

विलसित 1) Adj. s. u. लस् mit वि. — 2) n. a) das Erscheinen, zum Vorschein-Kommen. — b) heiteres Spiel, frohe Ausgelassenheit, lustiges —, ausgelassenes Treiben; Treiben, Gebaren überh. Sg. und Pl. VIKRAMÂÑKAK. 18,41. ÇIÇ. 11,29. HEM. PAR. 2,344. — c) das Sichhinundherbewegen, Zucken (des Blitzes).

*विलात 1) Adj. v. l. विलाभ. — 2) f. आ ein best. Vogel gaṇa दृढादि in der KÂÇ.

*विलातर् Nom. ag. von 1. ली mit वि.

*विलातव्य Partic. fut. pass. von 1. ली mit वि.

*विलातिमन् m. Nom. abstr. von विलात 1) v. l. विलाभिमन्.

विलाप m. Wehklage.

1. विलापन 1) Adj. Wehklagen verursachend (Waffe). — 2) m. N. pr. eines Wesens im Gefolge Çiva's. — 3) n. a) das zu wehklagen Veranlassen. = नाश NILAK. — b) metrisch st. विलपन das Jammern, Wehklagen.

2. विलापन 1) Adj. (f. ई) a) verschwinden —, zu Nichte machend, entfernend, auflösend. — b) schmelzend (trans.). — 3) n. a) Untergang, Tod. — b) ein Mittel Etwas zu Nichte zu machen VP. 6, 8,20. — c) das Schmelzen (trans.). — d) ein Mittel zum Schmelzen (trans.) VP. 6,8,20. — e) ein best. Milchproduct VARÂH. JOGAJ. 7,17; vgl. विलयन 2) c).

विलापयितर् Nom. ag. Vernichter BÂLAR. 41,16.

विलापिन् Adj. klagend, jammernd oder überh. Töne von sich gebend.

*विलाभ Adj. gaṇa दृढादि in der KÂÇ.

*विलाभिमन् m. Nom. abstr. von विलाभ ebend.

विलाँयक Adj. schmelzend, erweichend.

विलायन n. das Auflösen KARAKA 7,1.

*विलाल m. = यन्त्र. Vgl. *बिलाल.

*विलाषिन् Adj. von 1. लष् mit वि.

विलास 1) m. (adj. Comp. f. आ) a) das Erscheinen, zum Vorschein Kommen. — b) Schein, Aussehen VIKRAMÂÑKAK. 11,40. °भित्ति f. dem Aussehen nach eine Wand 9,15. — c) heiteres Spiel, Scherz, lustiges Treiben, Amüsement; Treiben, Gebaren überh. — d) gefallsüchtiges Gebaren (insbes. eines Weibes), verliebte Gebärden u. s. w. — e) Lebhaftigkeit (einer der acht Vorzüge eines Mannes). — f) erwachter Geschlechtstrieb, Geilheit. — g) Anmuth, Liebreiz. — h) eine Art Pavillon VÂSTUV. 831. — i) Titel eines grammatischen Werkes OPP. Cat. 1. — k) ein Mannsname. v. l. कर्पूर°. — 2) f. आ ein best. Metrum.

विलासक 1) Adj. (f. °सिका) sich hinundher bewegend, hinundher tanzend. — 2) °सिका eine Art von Schauspielen.

*विलासकानन n. Lustwald.

विलासकोदण्ड m. der Liebesgott VIKRAMÂÑKAK. 12,30.

विलासगृह n. Lusthaus VIKRAMÂÑKAK. 16,49.

विलासचाप m. der Liebesgott VIKRAMÂÑKAK. 10,30.

विलासदोला f. Vergnügungsschaukel.

विलासधन्वन् m. der Liebesgott VIKRAMÂÑKAK. 9,5.

विलासन (metrisch) n. heiteres Spiel, frohe Aus-

gelassenheit.

विलासपुर n. N. pr. einer *Stadt.*

विलासबाण m. *der Liebesgott* VIKRAMÂÑKAK. 10,24.

विलासभवन n. *Lusthaus.*

विलासमणिदर्पण m. *ein als Spielzeug dienender Spiegel mit Edelsteinen.*

*विलासमन्दिर n. *Lusthaus.*

विलासमय Adj. *voller Anmuth* VIKRAMÂÑKAK. 8,5.

विलासमेखला f. *ein als Spielzeug dienender* (kein eigentlicher) *Gürtel.*

विलासरसिका f. N. pr. einer Surâṅganâ Ind. St. 15,241.

विलासवत् 1) Adj. am Ende eines Comp. *mit Scherzen des — versehen.* — 2) f. °वती *a*) *ein Frauenzimmer mit gefallsüchtigem Gebaren.* — *b*) ein Frauenname VÂSAV. 157,4. 233,1. 2. — *c*) Titel eines Schauspiels.

विलासवसति f. *Vergnügungsort* zu Spr. 869.

विलासवातायन n. *ein Balcon, Erker* oder *Belvedere, wo man sich zum Vergnügen aufhält,* VIKRAMÂÑKAK. 9,91.

विलासविपिन n. *Lustwald.*

*विलासविभवानस (!) Adj. = लुब्ध.

विलासविहार m. *das Spazieren* zu Spr. 544.

विलासवेश्मन् n. *Lusthaus.*

विलासशय्या f. *Lustlager.*

विलासशील m. N. pr. eines Fürsten.

विलाससद्मन् n. *Lusthaus* VIKRAMÂÑKAK. 15,22.

विलासस्वामिन् m. N. pr. eines Mannes.

विलासिता f. *die Rolle des Scherzenden* u. s. w.

विलासित्व n. *Munterkeit, Fröhlichkeit, heiteres Gebaren.*

विलासिन् 1) Adj. *a*) *glänzend, strahlend.* — *b*) *sich hinundher bewegend.* — *c*) *munter, die Fröhlichkeit liebend, sich gern vergnügend, Genüsse liebend, seine Freude habend an, sich vergnügend mit* (im Comp. vorangehend). — *d*) *coquetirend.* — *e*) *verliebt.* — 2) m. *a*) *Geliebter, Gatte* ÇIÇ. 6,23. 61. 8,38. 11,37. — *b*) **Schlange.* — *c*) **Feuer.* — *d*) **der Mond.* — *e*) Bein. α) Kṛshṇa's. — β) Çiva's. — γ) des Liebesgottes. — 3) f. °सिनी *a*) *ein munteres Frauenzimmer, ein anmuthiges Weib, Weib* überh., *Geliebte, Gattin; ein leichtfertiges Frauenzimmer, Concubine* RÂGAN. 18,9. °जन m. ÇIÇ. 13,66. 16,14. — *b*) *ein best. Metrum.* — *c*) ein Frauenname.

विलासिनिका f. *Geliebte, Gattin.*

विलासेन्द्रगामिनी f. N. pr. einer Gandharva-Jungfrau KÂRAṆḌ. 5,3.

विलिख Adj. in *अविलिख.

विलिखन n. *das Aufreissen. Ritzen* BÂLAR. 109,13.

*विलिखस् Gen. Infin. von लिख् mit वि P. 3,4, 13, Sch.

विलिखित Adj. PAÑKAT. ed. orn. 54,12 fehlerhaft für विलिखित.

विँलिगी f. *eine Schlangenart.*

1. विलिङ्ग n. *das Fehlen aller Erkennungsmittel.* °स्थ Adj. so v. a. *woraus man nicht klug zu werden vermag.*

2. विलिङ्ग Adj. *verschiedenen Geschlechts.*

विलिप्त 1) Adj. s. u. लिप् mit वि. — 2) f. आ *eine Secunde,* $^1/_{3600}$ *eines Grades.* — 3) f. ई Bez. *der Kuh in einem gewissen Stadium.*

विलिप्तिका f. = विलिप्त 2).

विलिष्टभेषज n. *ein Heilmittel für Verrenkung* AV. PAIPP. 20,5,2.

विलिस्तेङ्गा f. N. pr. einer Dânavî.

विलीढी f. *ein best. unholdes Wesen.*

*विलीनय्, °यति *schmelzen* (trans.).

विलीयन n. *das Schmelzen* (intrans.).

विलुठित 1) Adj. s. u. 1. लुठ् mit वि. — 2) n. *das Sichwälzen* VÂSAV. 168,1.

*विलुण्ठक Adj. (f. °ण्ठिका). Vgl. *मुखविलुण्ठिका.

विलुण्ठन n. 1) *das Plündern, Rauben, Stehlen.* — 2) *das Bammeln* zu Spr. 7247.

विलुप्तसावित्रीक Adj. *der* Sâvitrî *verlustig gegangen* BHÂRADVÂGA im Comm. zu ÂPAST. ÇR. 10, Einl. am Schluss.

विलुप्य Adj. in अविलुप्य.

विलुम्पक m. 1) *Räuber.* — 2) *Zerstörer.*

विलूरय्, °यति *zerkratzen.*

विलेख 1) m. *Verwundung,* in Comp. mit dem Instrument (ÇIÇ. 11,32). — 2) f. आ *a*) *eine eingeritzte Linie;* auch wohl *Spur, Furche.* — *b*) *Verschreibung, schriftlicher Vertrag* NÂRADA 1,5.

विलेखन 1) Adj. *aufritzend, wund machend.* — 2) n. *a*) *das Einritzen, Ziehen von Furchen.* — *b*) *das Kratzen* (GAUT.), *Zerkratzen, Verwunden.* — *c*) *der Lauf* (eines Flusses).

*विलेखिन् Adj. *ritzend,* so v. a. *sich reibend an, hinanreichend bis an.*

*विलेतर् Nom. ag. von 1. ली mit वि.

*विलेतव्य Partic. fut. pass. von 1. ली mit वि.

विलेप 1) m. *Salbe.* — 2) f. ई *Reissuppe* RÂGAN. 20,68. BHÂVAPR. 3,43. KARAKA 1,15. 6,10.

विलेपन 1) n. *a*) *das Bestreichen, Salben* ÇIÇ. 12, 14. — *b*) *Salbe.* Am Ende eines adj. Comp. f. आ. — *c*) *eine best. mythische Waffe.* — 2) * f. ई *a*) *Reissuppe.* — *b*) *ein hübsch gekleidetes Frauenzimmer.*

विलेपनिन् Adj. in अ° (Nachtr. 5).

*विलेपिका f. 1) *Salberin.* — 2) *Reissuppe.*

विलेपिन् Adj. 1) *salbend,* — 2) *klebrig* in अ° (Nachtr. 5). — 3) am Ende eines Comp. *woran — haftet, begleitet von* BHÂVAPR. 3,114.

विलेप्य 1) Adj. *was gestrichen wird,* so v. a. *aus Mörtel* u. s. w. *bereitet* oder *gemalt.* — 2) *m. f. (आ) *Reissuppe.*

1. विलोक m. *Blick.*

2. विलोक *Menschenleere.* °स्थ Adj. *nicht unter Menschen lebend.*

विलोकन n. 1) *das Hinschauen, Hinsehen, Schauen, Blick.* — 2) *das Schauen nach, Anschauen, Anblicken, Betrachten* UTTAMAK. 27. 89. — 3) *das Sichumsehen nach, das Ausfindigmachen* zu Spr. 867. KAMPAKA 38. — 4) *das Erblicken, Gewahrwerden.* — 5) *das Einsehen, Studiren.* Auch Pl.

विलोकनीय 1) Adj. *a*) *anzuschauen* Ind. St. 14, 366. — *b*) *zu ersehen* HEMÂDRI 1,659,2. — 2) n. impers. *zu sehen, zu erfahren* KAMPAKA 175.

विलोकित 1) Adj. Partic. von लोक् mit वि. — 2) m. *ein best. Tact* S. S. S. 213. — 3) n. *a*) *Blick.* — *b*) *Betrachtung* LALIT. 20,21. 21,1. fgg.

°विलोकिन् Adj. 1) *hinsehend, blickend.* — 2) *anschauend, betrachtend.* — 3) *erblickend, gewahr werdend.*

विलोक्य Adj. 1) *sichtbar.* — 2) *was angeschaut wird.*

1. विलोचन 1) Adj. am Ende eines Comp. *sehend machend, das Augenlicht verleihend* oder *sehend.* — 2) n. (adj. Comp. f. आ) *Auge.*

2. विलोचन 1) Adj. *die Augen verdrehend.* — 2) m. N. pr. *a*) eines Dichters. — *b*) einer mythischen Person. — *c*) einer Gazelle.

विलोचनपथ m. *Bereich der Augen.*

विलोचनपात m. *Blick* ÇIÇ. 10,82.

विलोट m. Nom. act. als Bedeutung von लुट्.

*विलोटक m. *ein best. Fisch.*

विलोटन n. Nom. act. als Bedeutung von लुट्.

विलोठिन् Adj. *bammelnd, sich hinundher bewegend* PR. P. 72.

विलोड m. Nom. act. als Bedeutung von लुड्.

विलोडक m. *Dieb* in *वर्ण°.

विलोडन n. 1) *das Verrühren, Umrühren, Quirlen* ÇIÇ. 14,83. — 2) *das Plätschern im Wasser* DAÇAK. 84,5. v. l. विलोडना f. — 3) *das in Verwirrung Bringen.*

*विलोडयितर् Nom. ag. als Erklärung von विगाढर्.

*विलोडित n. = तक्र (RÂGAN. 15,4) und दधि.

विलोप m. 1) *Verlust, Unterbrechung, Störung, Beeinträchtigung, das zu Nichte Werden.* — 2) *Raub.*

विलोपक Nom. ag. 1) *der Etwas zu Nichte macht.* — 2) *Plünderer.*

विलोपन n. 1) *das zu Nichte Machen.* — 2) *das Auslassen, Weglassen.* — 3) *das Zerpflücken.* — 4) *das Stehlen.*

°विलोपिन् Adj. *zu Nichte machend* Çaṅk. zu Bâdar. 2,2,30.

विलोप्तर् Nom. ag. *Dieb, Räuber.*

विलोप्य Adj. *zu Nichte zu machen.*

1. विलोभन n. 1) *das Locken, Verlockung* Vâsav. 67,2. — 2) in der Dramatik *das Hervorheben von Vorzügen (wodurch man Jmd zu Etwas zu verleiten sucht).*

°विलोभनीय Adj. *verlockend für* Vâsav. 130, 3. 151,3. Kâd. 85,16 (154,14).

विलोम 1) Adj. (f. आ) *a) entgegengesetzt, verkehrt* Gop. Br. 1,1,15. पवन° *gegen den Wind gerichtet* Varâh. Bṛh. S. 33,29. दैवज्ञविलोमचेष्ट (könnte auch विलोमन् sein) Varâh. Jogaj. 5,9. °म् Adv. *so v. a. rückwärts.* — *b) widerspänstig.* — 2) *m. *a) Schlange.* — *b) Hund.* — c) Bein. Varuṇa's. — 3) *f. ई *Myrobalanenbaum.* — 4) *n. *Schöpfrad.*

विलोमज und °जात Adj. *gegen den Strich geboren, so v. a. von einer Mutter geboren, die zu einer höheren Kaste gehört als der Vater.*

*विलोमजिह्व m. *Elephant.*

विलोमत्रैराशिक n. *rule of three terms inverse.*

विलोमन् 1) Adj. *a) wider das Haar —, wider den Strich —, in entgegengesetzter Richtung gehend, in verkehrter Ordnung laufend.* — *b) haarlos.* — 2) m. N. pr. eines Fürsten.

विलोमपाठ m. *das Hersagen in umgekehrter Ordnung, — von hinten nach vorn.*

*विलोमरसन m. *Elephant* Gal.

विलोमवर्ण Adj. = विलोमज.

विलोमाक्षरकाव्य n. Titel eines *Gedichts, das silbenweise auch von hinten nach vorn gelesen werden kann.*

विलोमित Adj. *verkehrt.*

विलोल Adj. (f. आ) *hich hinundher bewegend, unruhig, unstät, unstäter als* (Abl.).

विलोलन n. *das Hinundherbewegen* Naish. 5,50.

विलोलुप Adj. (f. आ) *frei von allen Gelüsten* Vishṇus. 99,22, v. l. Auch अ° in derselben Bed. ebend.

1. विलोहित m. *eine best. Krankheit, etwa Nasenbluten.*

2. विलोहित 1) Adj. *hochroth.* Auch als Beiw. Çiva's. — 2) m. *a)* *eine Zwiebelart* Râgan. 7.51. — *b) eine best. Hölle* VP.² 2,214. — 3) f. विलोहिता *eine der 7 Flammenzungen.* v. l. सुलोहिता.

विल्ल *Asa foetida.* Vgl. बिल्ल.

विव Adj. *auf einem Vogel* (वि) *reitend* (व von वा, वाति = गच्छति!) Çiç. 19,86.

विवंश m. Pl. Bez. *der* Vaiçja *in* Plakshadvîpa. Richtig विविंश.

विवक्तर् Nom. ag. *der Etwas richtig aufsagt, Berichtiger.*

विवक्तृत्व n. *Beredsamkeit.*

विवक्वस् Adj. *beredt.*

विवक्षण Adj. etwa *spritzend* (Soma).

विवक्षसे als Refrain in den Vimada-Liedern.

विवक्षा f. 1) *die Absicht Etwas zu sagen* (Çiç. 17,17), — *zu verkünden, — zu lehren, — auszusprechen, — auszudrücken, das Etwas* (Loc. oder im Comp. vorangehend) *Meinen.* — 2) *die Absicht Etwas zu sagen, — zu bemerken, so v. a. Bedenken, Zweifel, — in Bezug auf* (im Comp. vorangehend), *das Anstandnehmen.*

विवक्षितत्व n. *das Gemeintsein, in bestimmter Absicht Gebrauchtsein.*

विवक्षितव्य Adj. *gemeint sein müssend* Comm. zu Njâjam. 9,1,2.

विवक्षु Adj. 1) *laut rufend.* — 2) *zu reden —, zu sagen —, zu verkünden —, zu fragen wünschend.* Mit Acc. oder Gen. (ausnahmsweise, z. B. Habiv. 2,22,15) der Sache und Acc. der Person; das Object geht auch im Comp. voran.

विवचन n. *ein entscheidender Ausspruch. Richtschnur, Autorität.* v. l. विवाचन.

विवत्स Adj. (f. आ) *des Kalbes* (Gaut. Hemâdri 1,52,21) —, *der Jungen —, der Kinder beraubt.*

विवत्सु (metrisch für विवदिषु) Adj. *zu sagen wünschend* Spr. 7684.

विवदन n. *Zank, Streit.*

विवदितव्य n. impers. *zu streiten, — über* (Loc.) Çaṅk. zu Bâdar. 2,1,28.

विवदिषु Adj. *zu sprechen beabsichtigend* Sâj. zu Ait. Âr. S. 137.

विवदिष्णु Adj. in अ°.

विवध und वीवध 1) m. *a) Schulterjoch zum Tragen von Lasten, Tragholz,* ἀνάφορευς. वीवध Ait. Âr. 404,20. 405,10. — *b) Proviant, Vorrath an Getraide u. s. w.* वीवध Râgat. 8,2517. — c) *ein best.* Ekâha Vaitân. — *d) Weg.* वीवध Pat. zu P. 2,3,12, Vârtt. 1. — 2) f. वीवधा *Joch, so v. a. Zwangsjacke, Fessel.* वृद्ध° *Joch der Alten, so v. a. die Fesseln der althergebrachten Anschauungen.*

*विवधिक und *वीवधिक Adj. (f. ई) *auf einem Schulterjoch tragend, Träger einer Last auf einem Tragholze.*

विवत्त Adj. *das Wort* वि *enthaltend.*

विवन्दिषा f. *der Wunsch seine Ehrfurcht zu bezeugen* Hem. Par. 2,42.

विवन्दिषु Adj. mit Acc. *seine Ehrfurcht zu bezeugen wünschend.*

*विवन्धिक Adj. fehlerhaft für विवधिक.

विवयन n. *Flechtwerk.*

विवर 1) m. n. *a) Oeffnung, Loch, Spalte* (auch beim Weibe). — *b) Zwischenraum.* — *c) Abstand, Verschiedenheit.* — *d) offene Stelle, so v. a. Blösse.* — *e) Uebel, Schaden.* — *f) das Sichöffnen, Offenbarwerden.* — 2) n. *eine best. hohe Zahl.*

विवरण n. 1) *das Oeffnen, Eröffnen* TS. Prât. — 2) *Auseinandersetzung, Erörterung, Erklärung, Erläuterung* Hemâdri 1,543,2. — 3) Titel eines Werkes Opp. Cat. 1.

विवरणतत्त्वदीपन n., °तत्त्वदीपिका f. (Opp. Cat. 1), विवरणदर्पण m. (Burnell, T.), विवरणप्रमेयसंग्रह m. (ebend.), विवरणरत्न n. (Opp. Cat. 1) und विवरणोपन्यास m. Titel von Werken.

*विवरनालिका f. *Flöte.*

विवरिषु Adj. mit Acc. *offenbar zu machen beabsichtigend* Bhaṭṭ. Richtig wäre विविवरिषु.

विवरुण Adj. Varuṇa —, d. i. *den Tod abwehrend.*

विवरूथ Adj. *der zum Schutz* (des Wagens) *dienenden Einfassung beraubt.*

विवर्चस् Adj. *glanzlos.*

°विवर्जक Adj. *meidend, vermeidend, unterlassend.*

विवर्जन n. 1) *das Meiden, Vermeiden, Unterlassen, Aufgeben.* — 2) *das Abstehen von* (Abl.).

विवर्जनीय Adj. 1) *zu vermeiden, zu unterlassen.* — 2) *aufzugeben* (als unheilbar) Karaka 6,11. Suçr. 2,518,16.

विवर्ण Adj. (f. आ) 1) *farblos, entfärbt, nicht die natürliche, gesunde Farbe habend, bleich.* — 2) *zu einer Mischlingskaste gehörig.* — 3) **ungebildet, einfältig.*

विवर्णता f. *Entfärbung, Wechsel der natürlichen, gesunden Farbe.*

विवर्णभाव m. dass.

विवर्णमणी Adv. mit कर् *an Etwas* (Acc.) *die Juwelen der natürlichen Farbe berauben.*

विवर्त m. 1) etwa *der sich Drehende* als Bez. des *Himmels.* — 2) *Wirbel, Strudel.* — 3) **das Sichabwenden.* — 4) **Tanz.* — 5) *Umwandlung, Verwandlung.* — 6) bei den Vedântin *Entfaltung eines geistigen Urprincips (Gottes) zu der phäno-*

menalen Welt (im Gegensatz zu परिणाम *Entwickelung aus dem* प्रधान *oder der* प्रकृति). °वाद m. GOVIND. zu ÇAṂK. zu BÂDAR. 2,1,13. — 7) *Truggebilde* 274,5. 11. — 8) * *Menge*. — 9) घ्रत्रेः Name zweier Sâman ÂRSH. BR.

विवर्तन 1) Adj. *a) sich drehend, rollend*. = घ्रायुःतपण NILAK. — *b) umwandelnd, verwandelnd*. — 2) n. (adj. Comp. f. घ्रा) *a) das Rollen, Sichwälzen, Zappeln*. — *b) das Sichhinundherbewegen, Hinundherziehen* (von einem Ort zum andern). — *c) das Sichumwenden, Sichumdrehen, Sichabwenden; Umkehr*. — *d) das Umdrehen*. — *e) eine Art Tanz*. Auch °नृत्य n. S.S.S. 262. — *f) Wendung, Wendepunct*. — *g) Umwandlung, Verwandlung*. — *h) Umschlag, Wechsel* (des Schicksals).

विवर्तिन् Adj. 1) *sich drehend, sich im Kreise bewegend, sich wälzend*. — 2) *sich abwendend, sich hinwendend zu* (im Comp. vorangehend). — 3) *sich verändernd*. — 4(*sich irgendwo befindend, weilend*.

विवर्त्मन् n. *Abweg* (in übertragener Bed.).

विवर्धन 1) Adj. (f. घ्रा [ausnahmsweise] und ई) *vermehrend, verstärkend, fördernd*; das Object im Gen. oder im Comp. vorangehend. — 2) m. N. pr. eines Kriegers. — 3) n. *Wachsthum, Zunahme, das Gedeihen*.

विवर्धनीय Adj. *zu vermehren, zu fördern*.

विवर्धयिषु Adj. mit Acc. *zu vermehren beabsichtigend*.

°विवर्धिन् Adj. *vermehrend, verstärkend, fördernd*. Stets nur f. und am Ende eines Çloka; die v. l. hat hier und da विवर्धनी.

विवर्मध्वजजीवित Adj. *des Harnisches, des Banners und des Lebens beraubt* MBH. 8,22,15.

विवर्मन् Adj. *des Harnisches beraubt, keinen Harnisch habend*.

विवर्मायुधवाहन Adj. *des Harnisches, der Waffen und des Vehikels beraubt* MBH. 8,31,6.

विवर्षण n. *das Regnen*, von der weiblichen Brust so v. a. *reichliches Fliessen der Milch*.

विवर्षिषु Adj. *zu regnen im Begriff stehend*.

विवर्ल्ल Adj. als Beiw. eines Metrums.

विवर्वात्र Adj. *unverhüllt, bloss*.

विवश 1) Adj. (f. घ्रा) *keinen eigenen Willen habend, seiner nicht mächtig, sich willenlos bei Etwas verhaltend, nicht aus eigenem Antriebe handelnd, ungern oder unwillkührlich Etwas thuend*. In Comp. mit dem, was den Willen lähmt. विवश° Adv. *unwillkührlich*. — 2) m. *a)* * *Stadt, Vorstadt* (?) GAL. — *b)* Pl. Bez. *der* Vaiçja *in* Plakshadvîpa. Richtig wohl विविंश.

विवशता f. *Willenlosigkeit, das nicht Herrsein über sich selbst*.

विवशी Adv. mit कर् *Jmd willenlos machen*. °कृत von einem Wagen wohl so v. a. *in seinen Bewegungen gehemmt*.

*विवस् n. angeblich = धन.

विवसन 1) Adj. (f. घ्रा) *unbekleidet, nackt*. — 2) m. *ein nackt einhergehender* Ǵaina-*Mönch* ÇAṂK. zu BÂDAR. 2,2,33.

विवस्त्र Adj. (f. घ्रा) *unbekleidet, nackt*. Nom. abstr. °ता f.

विवस्वत्सुत m. Patron. Manu's.

विवस्वद्वात Adj. (f. घ्रा) *etwa von* Vivasvant *geliebt* TS. 4,4,12,4. Nach dem Comm. = विवस्वन्नामको वातो वायुर्यस्याः.

विवस्वन्, Instr. Pl. so v. a. *so dass es aufleuchtet*. विवस्व पर्वतानाम् ṚV. 1,187,7 abgekürzt für विवस्वता प°.

विवस्वत् und विवस्वत्त् 1) Adj. *aufleuchtend, in's Licht tretend, Helle verbreitend, morgendlich*. सदने विवस्वतः so v. a. *am Feueraltar*. — 2) m. *a)* Name *des Gottes des aufgehenden Tageslichtes, der Morgensonne*. In VS. 8,5, in den Brâhmaṇa, im Epos u. s. w. Âditja genannt; im Epos und später auch Name *der Sonne, des Sonnengottes*. Erscheint auch unter den Viçve Devâs, als Praǵâpati, als Liedverfasser (mit dem Patron. Âditja), als Verfasser eines Gesetzbuchs und als Astronom. — *b)* als Bein. von Manu so v. a. वैवस्वत. — *c) der* Soma-*Priester*. — *d)* * *ein Gott überh*. — *e)* N. pr. eines Daitja. — 3) *f. विवस्वती *die Stadt des Sonnengottes*.

विवह m. 1) *einer der sieben Winde*. — 2) * *eine der sieben Zungen des Feuers* (als m.!).

विवाक m. *der ein Urtheil über Etwas abgiebt* 211,21 (in der Erklärung von प्राड्विवाक).

विवाक्य Adj. in घ्रविवाक्य.

विवाच् 1) Adj. *gegen einander rufend, streitend*. — 2) f. *widerstreitender Ruf, Streit*.

विवाचन 1) Nom. ag. (f. ई) *Schiedsrichter*. — 2) n. *ein entscheidender Ausspruch, Richtschnur, Autorität* ÇAT. BR. 2.4,4,3 v. l. der Kâṇva-Rec. statt विवचन.

विवाचस् Adj. *verschieden redend*.

विवाच्य Adj. *zu berichtigen*.

विवात m. *ein heftiger Wind* SHAḌV. BR. 6,8.

विवाद m. (ausnahmsweise n.) *Streit* (auch wissenschaftlicher und vor Gericht), — *zwischen* (Gen. oder im Comp. vorangehend), *mit* (Instr., Instr. mit सह oder im Comp. vorangehend), *um, in Betreff von* (Loc., Gen., Acc. mit प्रति oder im Comp. vorangehend).

विवादकल्पतरु m., विवादकौमुदी f. (BURNELL, T.), विवादचन्द्र m., विवादचिन्तामणि m., विवादतत्त्वदीप m. (OPP. Cat. 1) und विवादताण्डव Titel von Werken.

विवादपद n. *der Gegenstand eines Streites*, — *einer Klage* 124,13.

विवादभङ्गार्णव m., °सेतु m. (OPP. Cat. 1) und विवादसौख्य n. Titel von Werken.

विवादाध्यासित Adj. *dem Streite unterliegend, bestreitbar, worüber man streitet*.

विवादानुगत Adj. dass.

विवादार्णवभञ्जन n. (BÜHLER, Rep. No. 364) und °र्णवसेतु m. Titel von Werken.

विवादार्थिन् m. *Kläger* 213,27.

विवादिन् Adj. *mit Jmd im Streite liegend*. °विवादिनः MBH. 3,13048 fehlerhaft für °विषादिनः.

*विवाधान n. angeblich = विराधन 2).

विवान n. *das Flechten*. Vgl. मौञ्ज°.

विवार m. *die Oeffnung der Stimmritze* (bei der Aussprache eines Lautes).

विवारयिषु Adj. mit Acc. *zurückzuhalten*, — *aufzuhalten beabsichtigend*.

°विवारिन् Adj. *zurückhaltend, abwehrend* ÇIç. 19,100.

विवालयिषु Adj. mit Acc. *zurückerwerben wollend* HEM. PAR. 2,697.

विवाश m. Pl. Bez. *der* Vaiçja *in* Plakshadvîpa. Richtig wohl विविंश.

1. विवास m. *das Hellwerden, Tagen*. °काले *bei Tagesanbruch*.

2. विवास m. 1) *das Verlassen der Heimat, Entfernung aus der H., Verbannung* (intrans.). — 2) *das Getrenntsein von* (Instr.).

3. विवास m. Pl. Bez. *der* Vaiçja *in* Plakshadvîpa. Richtig wohl विविंश.

1. विवासन in Etymologien 1) Adj. *erhellend*. — 2) n. *das Erhellen*.

2. विवासन n. *das Bekleidetsein mit, das Gehülltsein in* (Instr.).

3. विवासन n. *das Entfernen aus der Heimat, Verbannen* GAUT.

विवासनवत्त् Adj. *zur Erklärung von* विवस्वत्.

विवासयितृ Nom. ag. *Vertreiber* in einer Etymologie.

विवासस् Adj. *unbekleidet, nackt*.

विवास्य Adj. *zu verbannen*.

विवाह 1) m. *a) Heimführung der Braut, Hoch-*

zeit, Heirat, Eheschliessung, — *mit* (Instr. oder Instr. mit सह) Gaut. Am Ende eines adj. Comp. f. आ. — *b) ein best. Wind.* Richtig विवह. — *c)* zu Ait. Br. 7,13,8 vgl. Chr. 22,17. — 2) n. *eine best. hohe Zahl* (buddh.).

विवाहनीया Adj. f. *heimzuführen als Braut, mit der man Hochzeit zu machen hat.*

विवाहपटल m. n. Bez. *des Abschnittes in einem astr. Werke, der über die zu Hochzeiten günstigen Zeiten handelt.*

विवाहपटह m. *Hochzeitspauke.*

विवाहपद्धति f., विवाहप्रकरण n. und विवाहप्रयोग m. Titel von Werken.

विवाहयितव्य Adj. als Erklärung von विवाह्य Comm. zu Gobh. 4,10,24.

विवाहवृन्दावन n. Titel eines Werkes.

विवाहवेष m. (adj. Comp. f. आ) *Hochzeitsanzug.*

विवाहसंबन्ध m. *eheliche Verwandtschaft* Hem. Par. 2,89.

विवाहहोम m. *Hochzeitsopfer.* °विधि m. Burnell, T.

विवाहिन् Adj. in अ° und द्वि°.

विवाह्य 1) Adj. *a) zu heiraten* (ein Mädchen). — *b) mit dem man sich verschwägern darf, in dessen Familie man heiraten darf.* — *c) verschwägert, durch Heirat verwandt.* — 2) m. *Schwiegersohn* Mân. Gṛhj. 1,9. Gobh. 4,10,24. Vgl. वैवाह्य.

विविंश m. 1) N. pr. verschiedener Fürsten VP. 4,1,17. — 2) Pl. Bez. *der* Vaiçja *in* Plakshadvîpa VP. 2,4,17 (zu lesen विविंशा भाविनश्च ये).

विविंशति m. N. pr. verschiedener Männer.

विविक्त 1) Adj. s. u. 1. विच् mit वि. — 2) *m. = वसुनन्दन oder वसुनन्द. — 3) n. *a) Einsamkeit, ein einsamer Ort.* — *b) Reinheit, Lauterkeit.*

विविक्तता f. 1) *Unterschiedenheit, Gesondertheit, Sonderung.* — 2) *Isolirtheit.* — 2) *Reinheit, Lauterkeit.* — 4) *körperliches Wohlbehagen.*

विविक्तत्व n. *Einsamkeit.*

विविक्तनामन् m. N. pr. eines der 7 Söhne des Hiranjaretas und eines von ihm beherrschten Varsha.

विविक्ति f. 1) *Sonderung, Trennung.* — 2) *richtige Unterscheidung.*

विविक्ती Adv. mit कर् 1) *leer machen, räumen.* — 2) *allein lassen, verlassen.*

विविक्वंस् Adj. *unterscheidend* ṚV. 3,57,1.

*विविद् Adj. = विविन्तु.

विविन्तु Adj. mit Acc. (ganz ausnahmsweise Loc.) *hineinzugehen beabsichtigend, — im Begriff stehend.*

विविच् Adj. = विविचि AV. Prâjaçk. 2,7.

विविचि Adj. *unterscheidend, sondernd* Âpast. Çr. 9,3,18.

विविचीष्टि f. *eine Darbringung an* Agni viviki.

विविद्म Adj. Râgat. 4,50 fehlerhaft für विविद्य.

विविति f. nach dem Comm. = विशेषलाभ *Gewinnung.* v. l. विविक्ति.

विवित्सा f. *das Verlangen kennen zu lernen* MBh. 7,198,9.

विवित्सु 1) Adj. mit Acc. *kennen zu lernen wünschend.* — 2) m. N. pr. eines Sohnes des Dhṛtarâshṭra.

विविदिका f. fehlerhaft für विविदिषा.

विविदिषा f. = विवित्सा Çaṁk. zu Bâdar. 3,4,26.

विविदिषु Adj. = विवित्सु 1) Çaṁk. zu Taitt. Up. 1,1,1.

विविद्युत् Adj. *blitzlos.*

विविध 1) Adj. (f. आ) *verschiedenartig, mannichfaltig, allerhand.* °म् Adv. *auf mannichfache Weise* 268,28. — 2) m. *ein best.* Ekâha.

विविधचित्र Adj. *verschiedenartig schillernd* Kâraṇḍ. 86,2.

विविधभङ्गीक Adj. = विविध 1) Hem. Par. 2,426.

विविधात्मन् Adj. desgl. Káraka 5,2.

विविधोपेत Adj. desgl.

विविन्ध्य m. N. pr. eines Dânava.

विविभक्तिक Adj. *ohne Casusendung.* Nom. abstr. °त्व n.

विविवध und विवीवध Adj. *das Gleichgewicht nicht haltend.*

विविश m. Pl. = विविंश 2). Fehlerhaft.

*विविषा f. *Kyllingia monocephala* Râgan. 6,221.

विविष्टि f. Taitt. Âr. 10,58 nach dem Comm. = विशेषेण विष्टिर्व्याप्तिर्यस्य ब्रह्मणस्तत्.

विवीत m. *ein umzäunter Weideplatz.* °भर्तर् m. *der Besitzer eines solchen Platzes.*

विवीवध Adj. s. विविवध.

विवृत् in einer Formel.

विवृत 1) Adj. s. u. 1. वर् mit वि. — 2) f. आ *a) eine best. Eruption.* — *b) eine best. Pflanze.* — 3) (wohl n.) *a) der nackte Erdboden* Hariv. 2,31,43. — *b) Oeffentlichkeit.* Loc. so v. a. *öffentlich* oder *offen heraus* (Etwas sagen) MBh. 4,13,20.

विवृतता f. *das Offenbargewordensein.*

*विवृताक्ष m. *Hahn.* Richtig विवृत्ताक्ष.

विवृतानन Adj. *mit offenem Maule.* Nom. abstr. °त्व Ragh. 13,10 (°त्वात् zu lesen).

विवृति f. *Auseinanderlegung, Erörterung, Erklärung, Erläuterung.*

विवृतिविमर्शिनी f. Titel eines Commentars.

विवृतोक्ति f. *offener —, unverhüllter —, deutlicher Ausdruck.*

विवृत्त 1) Adj. s. u. वर्त् mit वि. — 2) f. आ *eine best. Eruption;* vgl. विवृत 2) *a).*

विवृत्ताक्ष 1) Adj. *die Augen verdrehend.* — 2) *m. *Hahn.*

विवृत्ति f. 1) *Entfaltung.* Nach dem Comm. = विविधवृत्तिलाभ. — 2) *Hiatus.* — 3) fehlerhaft für विवृति.

विवृत्त्यभिप्राय m. *ein scheinbarer Hiatus.*

विवृद्धि f. *Wachsthum, Zunahme, Vergrösserung, Vermehrung, das Längerwerden* (eines Vocals), *Gedeihen.*

विवृत्ताय, °यते Viddh. 18,6 fehlerhaft für द्विवृत्तायते (s. Nachtr. 5).

विवृह m. *das Sichlosreissen, Sichverlieren.*

विवृहत् m. N. pr. eines Liedverfassers.

विवृहस् Gen. Infin. zu वर्ह् (= 1. बर्ह्) mit वि Kâṭh. 27,10.

विवेक m. 1) *Scheidung, Sonderung, Trennung, Unterscheidung.* — 2) *Untersuchung, Kritik, Prüfung.* — 3) *richtige Unterscheidung, — Einsicht; Verstand, Urtheilskraft.* — 4) abgekürzter Titel eines Werkes. — 5) **Wassertrog.*

विवेकख्याति f. *richtige Einsicht.*

विवेकचूडामणि m. Titel eines Werkes.

विवेकज्ञ Adj. *eine richtige Erkenntniss habend, — von* (im Comp. vorangehend).

विवेकज्ञान n. *richtige Erkenntniss.*

विवेकता f. fehlerhaft für विवेकिता.

विवेकतिलक m. Titel eines Werkes Burnell, T.

विवेकदृश्वन् Adj. *eine richtige Erkenntniss habend.* Nom. abstr. °श्वत्व n. Bhaṭṭ. 2,46.

विवेकधैर्याश्रय m., °विवृति f. und विवेकफल n. Titel von Werken.

विवेकभाज् Adj. *einsichtsvoll, verständig* Bhâm. V. 2,136.

विवेकमार्तण्ड und °मार्ताण्ड m. (Opp. Cat. 1) Titel eines Werkes.

विवेकरहित Adj. *nicht gesondert, aneinanderstossend* (Brüste) und zugleich *der Einsicht ermangelnd* Spr. 1446.

विवेकवत्त् Adj. *richtig urtheilend, eine richtige Einsicht habend, verständig.*

विवेकविलास m., विवेकसार m., °सारसिन्धु m. (Burnell, T.), °सारवर्णन n. (Opp. Cat. 1), विवेकसिन्धु m. und विवेकामृत n. Titel von Werken.

विवेकाश्रम m. N. pr. eines Mannes.

विवेकिता f. (Çiç. 13,6) und विवेकित्व n. *richtige Unterscheidung, richtiges Urtheil, richtige Einsicht.*

विवेकिन् 1) Adj. *a)* am Ende eines Comp. *schei-*

dend, sondernd, unterscheidend. — b) gesondert, getrennt. — c) untersuchend, prüfend, kritisch behandelnd. — d) richtig unterscheidend, — urtheilend, verständig Hem. Par. 2,187. — 2) m. N. pr. eines Fürsten.

विवेक्तर् Nom. ag. 1) am Ende eines Comp. der da sondert, — unterscheidet. — 2) der da richtig urtheilt, eine richtige Einsicht habend, Etwas richtig verstehend Bâlar. 46,20.

विवेक्तव्य n. impers. richtig aufzufassen.

°विवेक्तृत्व n. Nom. abstr. zu विवेक्तर् 1).

विवेक्य Adj. 1) zu sondern, zu unterscheiden in अपृथग्विवेक्य. — 2) zu untersuchen, zu prüfen, kritisch zu behandeln.

विवेचक Adj. 1) am Ende eines Comp. sondernd, unterscheidend. — 2) richtig unterscheidend, eine richtige Einsicht habend Kap. 6,8. Ganar. 77,7.

विवेचकता f. und विवेचकत्व n. richtiges Urtheil, richtige Einsicht.

विवेचन 1) Adj. (f. ई) am Ende eines Comp. a) sondernd, unterscheidend. — b) untersuchend, prüfend, erörternd, kritisch behandelnd. — 2) f. (आ) und n. das Unterscheiden Bâlar. 66,4. — 3) n. a) Untersuchung, Prüfung, Erörterung, kritische Behandlung. — b) richtiges Urtheil.

विवेदयिषु Adj. zu melden beabsichtigend, dass sei (mit doppeltem Acc.) MBh. 3,38,28.

विवेन in अविवेनम्.

विवेशचूडामणि m. Titel eines Werkes. Richtig विवेक°.

विवोढर् m. Gatte Çiç. 10,42. Bâlar. 18,12.

विव्याधिन् Adj. mit Geschossen durchbohrend.

विव्रत Adj. widerstrebend, widerspänstig.

1. विश्, विशति, °ते (in der späteren Sprache meist metrisch) 1) sich niederlassen, hineintreten —, eingehen —, einziehen —, sich hineinbegeben —, hineinschlüpfen —, eindringen —, versinken —, aufgehen in (Loc. oder Acc.); auch mit hinzugefügtem अन्तर् (299,26). अग्निम् u. s. w. den Scheiterhaufen besteigen. In der Astr. in Conjunction kommen mit (Acc.). Ohne Ergänzung hineintreten in's Haus u. s. w., auftreten auf der Schaubühne, erscheinen. Mit पुनर् oder भूयस् zurückgehen, zurückkehren, — in (Acc.). — 2) heimgehen, zur Ruhe gehen. — 3) sich setzen auf (Acc. oder Loc.). — 4) sich irgendwohin (अग्रतस्, अग्रे oder Acc.) begeben. — 5) zuströmen (von Heeresabtheilungen und Nebenflüssen). — 6) Jmd (Acc.) zuströmen, zufliessen, kommen (von einem Gedanken 95,4), zu Theil werden, Jmd treffen. — 7) Jmd (Loc.) zukommen, so v. a. für Jmd dasein, — geben (impers.). — 8) in einen Zustand eintreten, gerathen in (Acc.). — 9) an Etwas (Acc.) gehen. — 10) sich zu schaffen machen mit (Instr.). — 11) विष्ट a) eingegangen —, enthalten in (Acc. oder Loc.). — b) erfüllt —, verbunden mit (Instr.) TS. 4,4,5,1. 2. Njâjas. 3,1,68. — Statt des unverständlichen ते विशन्तं मुदा युक्ताः MBh. 7,1551 (ed. Vardh. 7,35,13) liest ed. Bomb. 7,36,13 ते विंशतिपदे (!) यत्ताः. — Caus. वेशयति 1) eingehen machen in (Acc.). — 2) sitzen heissen auf (Loc.). — Desid. विविक्षति hineinzutreten —, hineinzugehen beabsichtigen in (Acc.). अग्निम् u. s. w. den Scheiterhaufen zu besteigen beabsichtigen. — Mit अधि Caus. setzen auf (Acc.). — Mit अनु 1) nach Jmd (Acc.) hineingehen in (Acc.). — 2) hineingehen, hineinfahren, — in (Acc.). अनुविष्ट mit pass. Bed. — 3) Jmd (Acc.) folgen. — Mit अप Caus. wegschicken. — Mit अभि, °विष्ट ergriffen —, in der Gewalt stehend von (im Comp. vorangehend). — Caus. eingehen machen in, richten auf (Loc.). — Mit आ 1) eingehen, eintreten, sich niederlassen in oder unter, eindringen in (Acc., ausnahmsweise Loc.). खम्, गगनम् u. s. w. sich in die Luft erheben. गृहेष्वाविशन्तः पुमांसः so v. a. Haushälter. Oefters ist गृहम् oder dgl. zu ergänzen; auch heimkehren. — 2) geschlechtlichen Umgang haben mit einem Weibe (Acc.). — 3) sich nahe herbeimachen zu (Acc.), kommen. — 4) sich niederlassen —, sich setzen auf (Acc.) zu Spr. 1478. — 5) fahren in, Besitz nehmen von, sich Jmds bemächtigen (von bösen Geistern, Gemüthszuständen, Leiden u. s. w.); mit Acc. 73,7. — 6) in einen Zustand —, in ein Verhältniss eintreten, gerathen in (Acc.). रूपाणि so v. a. Farben annehmen, राज्यम् die Herrschaft antreten. — 7) आविष्ट a) mit act. Bed. α) hineingegangen, eingedrungen, steckend in (Loc., Acc. [Ait. Âr. 136,15] oder im Comp. vorangehend). — β) sitzend auf (Loc., von Vögeln), in der Luft schwebend. — γ) fest sitzend, so v. a. constant. — δ) *ganz in Etwas steckend, einer Sache ganz hingegeben. — b) mit pass. Bed. α) bewohnt —, erfüllt von (Instr. oder im Comp. vorangehend). — β) getroffen von (einem Pfeile, Instr. oder im Comp. vorangehend). — γ) ergriffen —, besessen —, befallen —, überwältigt —, in der Gewalt stehend von (Instr. oder im Comp. vorangehend), behaftet mit. रोगाविष्ट Âpast. 2,26,16. Ohne Ergänzung von einem bösen Geiste besessen. — आविश्य Kathâs. 45,60 fehlerhaft für आवेश्य. — Caus. 1) eingehen machen, hineinbringen, hineinschieben, hineinlassen, hineinfahren lassen, — in (Loc. oder ausnahmsweise Acc.). — 2) in's Haus hineinlassen, so v. a. bewirthen. — 3) Jmd (Loc.) aufladen, übertragen. — 4) den Geist richten auf (Loc.). — 5) Jmdm (Loc.) anheimstellen. — Mit अन्वा 1) eingehen, fahren in, sich Jmds bemächtigen; mit Acc. Taitt. Âr. 4,34,1. — 2) nachgehen, folgen, sich richten nach; mit Acc. — Mit अभ्या eingehen —, eindringen —, fahren in, Eingang finden in; mit Acc. oder Loc. — Mit उपा 1) eingehen —, eintreten in (Acc.). — 2) fahren in, kommen über Jmd (Acc.) von einem Gemüthszustande. — 3) gerathen in (Acc.). — Mit समुपा sich an Etwas machen, beginnen; mit Acc. — Caus. verbergen Hem. Par. 8,27. — Mit न्या eingehen in (Loc.). — Mit निरा sich zurückziehen —, sich fernhalten von (Abl.). — Mit प्रा kommen zu (Acc.). — Caus. einlassen, hineinführen, — in (Loc.). — Mit व्या eindringen —, sich vertheilen in (Acc. oder Loc.). — Mit समा 1) eintreten, betreten, eingehen in, sich begeben auf oder zu, dringen in, durchdringen; mit Acc. — 2) sich niederlassen an einem Orte (Loc.), Platz nehmen —, sich setzen auf (Loc. oder Acc.). — 3) einkehren, so v. a. Jmd zu Theil werden. — 4) fahren in, sich Jmds bemächtigen (von bösen Geistern, Leidenschaften, Gemüthszuständen u. s. w.), kommen über Jmd; mit Acc. — 5) in einen Zustand eingehen, gerathen in (Acc.). — 6) gehen an, obliegen; mit Acc. — 7) समाविष्ट a) ergriffen —, überwältigt —, erfüllt von (Instr. oder im Comp. vorangehend). — b) versehen mit (im Comp. vorangehend). — c) unterwiesen in (Instr.) von (Instr.). — Caus. 1) hineingehen lassen, hineinstecken. — 2) in sich (स्वस्मिन्) aufnehmen, enthalten. — 3) an einen Ort (Acc.) bringen, — führen. — 4) den Geist, die Gedanken u. s. w. richten auf (Loc.). — 5) sich setzen heissen. — 6) Jmdm (Loc.) aufbürden, übertragen. — Mit उप 1) herantreten an (Acc.). — 2) sich setzen (auch vom Niederliegen der Thiere). — 3) sich setzen euphemistisch für cacare Ḱâraka 3,5. — 4) das Lager aufschlagen, Halt machen. — 5) sich zu Jmd (Acc.) setzen; auch so v. a. nicht von Jmds Seite weichen um ihn zur Nachgiebigkeit zu zwingen. — 6) sich zum Untergang neigen (von der Sonne). — 7) sich mit einem Weibe (Instr.) vermischen. — 8) sich einer Sache hingeben, obliegen; mit Acc. — 9) उपविष्ट a) sich gesetzt habend, sitzend. Wie उपविष्टवान् auch als Verbum fin. — b) प्रायम्, प्राय° oder अनशन° sich dem Tode durch Hungern geweiht habend, auf diese Weise ruhig den

Tod erwartend. Das einfache उपविष्ट in derselben Bed. — उपविश्य Hariv. 4568 fehlerhaft für उपवेश्य. — Caus. 1) *Jmd* (Acc.) *sich setzen lassen, sitzen heissen,* — *auf* (Loc.) Kâd. 247,13 (403,14). — 2) *niedersetzen in, bringen an* einen Ort (Loc.). — 3) *Jmd veranlassen per anum von sich zu geben,* mit doppeltem Acc. Karaka 6,10.18. Bhâvapr. 4,4. — उपवेश्य Pañkat. 147,6 fehlerhaft für उपविश्य. — Mit अध्युप *sich darauf setzen.* — Mit अनूप 1) *sich der Reihe nach setzen.* — 2) *sich hinkauern* (von einem Thiere, das gebiert). — Mit अभ्युप 1) *sich darauf setzen, sich setzen auf* (Acc.), *sich setzen* überh. — Mit उपोप *sich neben einander setzen, zu Jmds* (Acc.) *Seite sich setzen.* उपोपविष्ट mit act. und pass. Bedeutung. — Mit समुपोप, °विष्ट *sich gesetzt habend —, sitzend auf* (Loc.). — Mit पर्युप *sich herumsetzen, sich zusammensetzen in die Nähe von* (Acc.) Lâṭj. 2,11,17. — Mit प्रत्युप *sich gegen Jmd* (Acc.) *setzen,* so v. a. *nicht von seiner Seite weichen um ihn zur Nachgiebigkeit zu zwingen.* प्रत्युपविष्ट mit act. Bedeutung. — Caus. 1) Med. *Veranlassung geben, dass ihm Jmd Etwas abzutrotzen sucht.* — 2) *Jmd entgegentreten, Opposition machen;* mit Acc. — Mit व्युप *da und dort sich setzen.* — Mit समुप 1) *sich zusammen setzen, sich setzen* überh., — *auf* (Loc., Acc. oder Gen. mit उपरि). समुपविष्ट *sich gesetzt habend, sitzend.* — 2) *eine best. Zeit* (Acc.) *verschlafen.* — Caus. 1) *sich setzen lassen, sitzen heissen.* — 2) *sich lagern lassen.* — Mit नि Med. (Act. metrisch oder ungenau) 1) *hineingehen, heimgehen* (in's Haus, Lager, Nest), *eingehen —, dringen in* (Acc. oder Loc.). Von einem Blutegel so v. a. *anbeissen* 217,33. ज्ञेयपदे *in den Bereich des Erkennbaren treten,* मतौ *in den Geist dringen,* so v. a. *zum Bewusstsein kommen.* — 2) *sich lagern, Halt machen.* — 3) *sich zur Ruhe begeben, sich legen.* — 4) *sich flüchten zu* (Acc.). — 5) *sich setzen, — auf* (Loc.). — 6) *hinuntersinken, versinken.* — 7) *sich niederlassen,* so v. a. *ein Haus gründen, heirathen* (vom Manne) 214,1. — 8) *gegründet werden* (von einer Stadt). Dreimal in der Verbindung द्वारवत्यां निविशत्याम् (MBh. 13,70,2). — 9) *sich hinwenden zu, sich richten auf* (Loc., vom Geiste). — 10) *obliegen,* mit Loc. — 11) *zukommen* (Gegensatz *abgehen*). — 12) *zur Anwendung kommen bei* (Loc.). Einmal Act. (!) in der Prosa. — 13) *sich legen,* so v. a. *sich beruhigen, aufhören.* — 14) निविष्ट a) *hineingegangen, eingedrungen* (auch mit hinzugefügtem अन्तर्), *ruhend in* oder *auf* (311,17), *steckend an* oder *in* (Loc. oder im Comp. vorangehend). — b) an einem Orte *verweilend, sich aufhaltend.* धर्मपथे so v. a. *auf dem Pfade des Rechten bleibend.* — c) *gelagert, aufgestellt* (Wächter). — d) *zur Ruhe gegangen.* — e) *sich gesetzt habend, sitzend, — auf, an* oder *in* (Loc., Acc. mit अभितम् [Ait. Âr. 136,12] oder im Comp. vorangehend). — f) *der sich häuslich niedergelassen hat, verheirathet.* — g) *gelegen, situs.* — h) *gerichtet auf* (Loc. oder im Comp. vorangehend). — i) *obliegend, bedacht auf* (Loc.) 35,29. — k) *gegründet, angelegt.* — l) *bezogen, eingenommen* (ein Platz), *bewohnt, angebaut* 215,10. Hariv. 5171. अन्तर्निविष्टपद Adj. so v. a. *im Herzen sich festgesetzt habend.* — m) *begonnen.* — n) *versehen mit* (Instr.). — Caus. 1) *sich lagern lassen.* — 2) *aufstellen* (ein Heer). — 3) *zur Ruhe bringen.* — 4) *Jmd in ein Haus* (Acc.) *führen, einquartiren.* — 5) *Jmd ein Haus beziehen lassen,* so v. a. *verheirathen* (einen Mann). — 6) *an* einem Orte (Loc.) *niedersetzen, — hinstellen, an* einen Ort (Loc.) *bringen, — versetzen.* °पथे, अध्वनि *auf einen Weg* (auch in übertragener Bed.) *bringen.* काव्ये, नाट्ये *in ein Gedicht, in ein Schauspiel versetzen,* so v. a. *dort zur Erscheinung bringen.* — 7) *aufstellen, errichten* (ein Gebäude u. s. w. Agni-P. 38,28.30), *anlegen, gründen* (eine Stadt u. s. w.). — 8) *bevölkern, bewohnt machen.* — 9) *sitzen machen, setzen auf* (Loc.). — 10) *schleudern, abschiessen auf* (Loc.). — 11) *stecken —, hineinsetzen in* (Loc.). — 12) *aufstecken, aufsetzen, auflegen, anlegen* (auch Schmucksachen, Kleidungsstücke), *ansetzen, befestigen;* das Worauf oder Woran im Loc. — 13) *auftragen* (Zeichen u. s. w.) *auf* (Loc.). चित्रे so v. a. *malen,* पत्त्रे so v. a. *niederschreiben* (216,8), नाम स्वहस्तेन so v. a. *eigenhändig unterschreiben.* — 14) *einsetzen in* (ein Amt, eine Stellung), *als Fürsten einsetzen in;* mit Loc. करे so v. a. *tributpflichtig machen.* करनिवेशित *tr. gemacht.* — 15) *Jmd* (Loc.) ein Amt, eine Würde (Acc.) *übertragen, Etwas übertragen auf Jmd* (Loc.) 88,28. 136,6. *verleihen, geben* überh. नाम *einen Namen.* — 16) den Blick, die Gedanken, den Geist *richten auf* (Loc.). — 17) चित्ते, हृदये *Etwas dem Herzen einprägen, dem Geist vorführen.* — *Desid. निविविक्षते. — Mit अधिनि Med. *sich vertragen mit, stimmen —, passen zu* (सह) Comm. zu Âpast. Çr. 11,2,4. — Caus. 1) *Jmd einsetzen über* (Loc.). — 2) *veranlassen einer Sache* (Acc.) *obzuliegen, — sich zu widmen.* — Mit अभिनि Med. (Act. ungenau) 1) *eintreten —, sich ergiessen —, eindringen in* (Acc.). — 2) *sich versenken in, sich ganz hingeben;* mit Acc. — 3) *auf seinem Kopf bestehen* MBh. 5,77,17. — 4) *Jmdm* (Loc.) *zukommen* (Gegensatz *abgehen*) 224,23. — 5) *zur Anwendung kommen* Paribh. 58. 62. 63. — 6) अभिनिविष्ट a) mit pass. Bed. α) (*worin Etwas gedrungen ist*) *aufgetrieben, aufgedunsen, gewölbt* R. 2,9,33. — β) *worin man* (Instr.) *sich versetzt hat, dem man sich ganz hingegeben hat* MBh. 8,82,31. — γ) *durchdrungen —, in Beschlag genommen von* (Instr.). — δ) *reichlich versehen mit* (Instr.). — b) mit act. Bed. α) *sich festgesetzt habend an einem Orte.* — β) *fest auf einen Punct gerichtet, ganz mit Etwas beschäftigt, nur Eines vor Augen habend, ganz versessen auf* (Loc., Acc. mit प्रति, ein adv. Comp. mit अधि oder im Comp. vorangehend). Ohne Ergänzung Çiç. 16,43. — Caus. 1) *hineingehen —, eingehen lassen —, führen in* (Loc.). — 2) *Jmd sich gegenüber sitzen heissen auf* (Loc.). — 3) मनस्, आत्मानम् *den Geist —, die Gedanken ganz richten auf* (Loc.). — 4) *bewirken, dass Jmd einer Sache sein ganzes Herz zuwendet, Jmds ganzes Verlangen richten auf* (Loc.). — Mit उपनि, °विष्ट 1) *erfüllt von* (Instr.). — 2) *belagernd, einschliessend;* mit Acc. — 3) *erfüllend,* mit Acc. — Caus. 1) *sich lagern lassen.* — 2) *anlegen, gründen* (eine Stadt). — Mit परिणि *sich rings niederlassen.* — Mit *प्रणि. — Mit प्रतिनि, °विष्ट *ganz beschäftigt mit, nur Sinn habend für* (Loc.). Ohne Ergänzung *auf seinem Kopfe bestehend, verstockt.* — Mit विनि, °विष्ट 1) *wohnend in* (im Comp. vorangehend). — 2) *befindlich —, vorkommend in* (Loc.). — 3) *aufgestellt an* oder *in* (Loc.). — 4) *aufgetragen auf* (Loc., von Zeichen). — 5) *angelegt* (Teiche). — 6) *vertheilt, je anders seiend* Comm. zu Lâṭj. 9,4,34. 5,4. — Caus. 1) *niedersetzen, hinstellen, verlegen;* das Wo oder Wohin im Loc. — 2) *aufstellen, errichten* (ein Bildniss u. s. w.), *anlegen* (eine Stadt u. s. w.) Agni-P. 38,27. — 3) *aufstellen* (Truppen). — 4) *sitzen machen, setzen auf* (Loc.). — 5) *stecken in* (Loc.). — 6) *aufsetzen, auflegen, anlegen;* das Worauf oder Woran im Loc. Spr. 7770. — 7) *anbringen, anwenden.* — 8) *bringen —, versetzen auf* (Loc.). — 9) *Jmd anstellen bei* (Loc.). करे so v. a. *tributpflichtig machen.* — 10) हृदये *in's Herz prägen.* — 11) den Blick —, die Gedanken *richten auf* (Loc.). — Mit संनि 1) Med. *verkehren —, Umgang haben mit* (Instr.). — 2) °विष्ट a) *gelagert, Halt gemacht habend.* — b) *ruhend,* steckend (Prasannar. 54,12), angesteckt, angehängt, enthalten, — in (Loc. oder im Comp. vorangehend). — c) sitzend. — d) sich befindend auf (einem Wege, Loc.). — e) in Jmds Hand seiend, so v. a. abhängig von (Loc.). — Caus. 1) einführen (in ein Haus u. s. w.), einquartiren in (Loc.). — 2) niedersetzen, hinstellen, niederlegen. — 3) aufstellen (Truppen). — 4) sich lagern lassen. — 5) einbringen, hineinthun, thun in (Loc.). संनिवेशित hineingeschoben, hineingedrückt in (Loc.). — 6) schleudern, schiessen auf (Loc.). — 7) anheften, anlegen, legen auf (Loc.) 64,29. लेख्ये so v. a. auf einem Documente verzeichnen Kâtj. — 8) anlegen, gründen (eine Stadt). — 9) Jmd einsetzen in (Loc.). — 10) Jmd (Loc.) Etwas aufladen, übertragen. — 11) den Geist richten auf (Loc.) — Mit अभिसंनि, अभिसंनिविष्ट in Jmd vereinigt. — Mit निस् 1) sich hineinbegeben in (Acc. oder Loc.). गृहेषु so v. a. Hausvater werden. — 2) ein Haus beziehen, heirathen (vom Manne). — 3) abtragen, bezahlen. — 4) geniessen, Genuss —, Freude haben an (Acc.). — 5) निर्विष्ट a) hineingegangen, steckend in (Loc. oder im Comp. vorangehend). — b) sitzend. v. l. निविष्ट. — c) abgetragen, bezahlt. — d) genossen. — e) gewonnen, erarbeitet Gaut. — निर्विशत्यां MBh. 13,3453 fehlerhaft für निवि°. — Desid. eine gemeinsame Wohnung beziehen wollen. — Mit परि umlagern, belagern. — Simpl. und Caus. häufig fehlerhaft für 1. विष् mit परि. — Mit प्र 1) eingehen, eintreten, eindringen, sich verstecken, sich begeben zu, in oder unter, gerathen in; die Ergänzung im Acc. oder Loc. अग्निम्, अग्नौ, मध्यमग्नेः, चितायाम् so v. a. den Scheiterhaufen besteigen; कर्णयोस् zu Ohren kommen; आत्मनि, चित्तम् u. s. w. in das Herz u. s. w. dringen, sich dessen bemächtigen. Ohne Ergänzung eintreten (in ein Haus u. s. w.), im Schauspiel stehender Ausdruck für auf der Bühne auftreten. — 2) gelangen zu, erreichen; mit Acc. — 3) sich geschlechtlich vermischen (von beiden Geschlechtern), mit Acc. — 4) an Etwas gehen, obliegen, sich einer Sache hingeben; mit Acc., seltener Loc. (Spr. 77). पिण्डीम्, तर्पणम् so v. a. annehmen, geniessen 229,12. — 5) in Jmd (Acc.) hineingehen, so v. a. in ihm aufgehen, gegen ihn verschwinden, vor ihm ganz in den Schatten treten. — 6) प्रविष्ट a) mit act. Bed. α) eingegangen, eingetreten, sich begeben habend unter, eingedrungen, sich befindend in; die Ergänzung im Acc., Loc. oder im Comp. vorangehend. Ohne Ergänzung eingetreten (in ein Haus), aufgetreten (auf der Bühne). — β) eingegangen in, so v. a. Platz findend —, verschwindend in (Loc.). — γ) eingesunken (Auge). — δ) eingetreten, angebrochen (Zeitalter). — ε) gerichtet auf, versenkt in (im Comp. vorangehend). — ζ) eingedrungen in (मध्य°), so v. a. Jmds Vertrauen gewonnen habend. — η) eingedrungen in, so v. a. eingeweiht in (Acc.). — ϑ) der an Etwas gegangen ist, sich an Etwas gemacht hat, beschäftigt mit (Loc.). राज्ये so v. a. die Herrschaft angetreten habend. — ι) übereinstimmend mit (Loc.). — b) mit pass. Bed. α) worin man eingetreten ist, betreten. — β) benutzt, womit man Geschäfte macht. — Caus. 1) hereintreten lassen, an einen Ort bringen oder bringen lassen, vorführen; das Wohin im Loc. oder Acc. Ohne Ergänzung Jmd hineinführen (in's Haus u. s. w.), hereinführen auf die Bühne, auftreten lassen. — 2) in sein Haus führen, so v. a. heirathen (vom Manne). — 3) niederlegen, hinthun, hinwerfen u. s. w. in (Loc. oder Acc.). — 4) in seine Würde —, in sein Amt einsetzen. Nur प्रवेशित. — 5) Jmd in einen Zustand (Acc.) versetzen. — 6) niederschreiben 215,8. — 7) einführen —, einweihen in (Acc.). — 8) Jmd (Loc.) Etwas beibringen. — 9) verausgaben. — 10) hereintreten, hineingehen, hineingebracht werden. — Desid. प्रविविक्षति hineinzugehen —, einzudringen versuchen, im Begriff sein einzugehen in (Acc.) Kâraka 3,12. Häufig mit Ergänzung von सेनाम्. — Mit अनुप्र 1) eingehen, eintreten, eindringen, fahren in, sich begeben unter (Acc., seltener Loc.). अनुप्रविष्ट mit act. (auch प्रविष्टः — अनु) und pass. (127,26) Bed. अन्योऽन्यानुप्रविष्टानि in einander befindlich, पथिकसार्थमनुप्रविष्टः so v. a. schloss sich den Reisenden an. — 2) nach Jmd in ein Haus, in ein Gemach treten, zu Jmd hereintreten; mit Acc. der Person. कृष्णस्यानुप्रविष्टः nach Kṛshṇa eingetreten. — 3) sich zu Jmd (Acc.) flüchten. अनुप्रविष्ट geflüchtet zu (Loc.). — 4) eindringen in, so v. a. sich vertraut machen mit, durchstudiren; mit Acc. Lalit. 168, 6. अनुप्रविष्ट mit act. Bed. 323, 11. — Caus. eingehen machen in (Acc.). — Mit अभिप्र 1) sich ergiessen in (Acc.). — 2) अभिप्रविष्ट hereingetreten, gerathen in (Acc.). — Mit प्रतिप्र zurückkehren nach (Acc.). — Mit संप्र 1) eintreten —, hineingehen —, fahren in (Acc.). हृदयम् (mit इव Çiç. 10,48) in Jmds Herz sich Eingang verschaffen, मानसम्, ध्यानम् in Gedanken versinken. — 2) geschlechtlich beiwohnen (vom Manne), mit Acc. — 3) sich zu Jmd halten, verkehren mit (Acc.). — 4) संप्रविश्य Râgat. 6,361 fehlerhaft für °वेश्य; vgl. Spr. 6320. — Caus. eintreten lassen, hineinbringen (an seinen Platz Kâraka 6,30), hineinführen in (Acc. oder Loc.) Hariv. 2,47,45. व्यसने in's Unglück bringen Spr. 6320 (Conj.). संप्रवेशित so v. a. in's Land wieder eingelassen (Gegensatz निर्वासित verbannt). संप्रवेश्य Râgat. 4,325 fehlerhaft für °विश्य. — Mit वि eingehen in (Acc.). — Caus. Hariv. 3910, wo aber mit der anderen Ausg. 2,49,9 विवेशतुः (metrisch für विविशतुः) st. विवेशितौ zu lesen ist. — Mit अनुवि sich da und dort niederlassen, — einfinden; mit Acc. Maitr. S. [illegible],4, 7. 8. — Mit सम् 1) herbeikommen. — 2) sich anschliessen an (Acc.), sich vereinen mit (Instr.). — 3) eintreten —, eingehen —, dringen —, fahren in (Acc., ausnahmsweise Loc.). — 4) aufgehen in (Loc.). — 5) sich niederlassen, — niederlegen, — zur Ruhe begeben (27,19), — mit oder zu seinem Weibe (Instr., Instr. mit सह oder mit Dat. [Kaush. Up. 2,10 संवेदयन् zu lesen]), — auf oder in (Loc. oder °उपरि), schlafen mit (Instr.), sich legen auf (Acc.). संविष्ट sich hingelegt habend (Chr. 39,26), zur Ruhe gegangen, schlafend. — 6) beschlafen, mit Acc. des Weibes. — 7) sich setzen zu (Acc.). संविष्ट gesessen mit (Instr.). — 8) sich mit Etwas (Acc.) befassen. — Caus. 1) sich niederlegen lassen 217,29. — 2) legen —, setzen auf oder in, bringen in oder nach (Loc.). — Mit अनुसम् sich zur Ruhe begeben in der Richtung von, — im Gefolge von (Acc.). सुप्ताम् sich zur Ruhe legen, wenn sie schläft. — Mit अभिसम् 1) sich vereinigen um oder bei (Acc.). — 2) aufgehen in (Acc.). — Mit उपसम् 1) sich legen neben (Acc.). — 2) = अभिसम् 1). — Caus. Jmd sich dazu legen —, Jmd daneben sitzen lassen. — Mit प्रतिसम् sich zur Ruhe begeben Gaut.

2. विश् (Nomin. विट्, Loc. Pl. विक्षु) f. (nach Med. m.) 1) Niederlassung, Wohnsitz, Haus. विशस्पतिः als Beiw. Indra's und Agni's. — 2) Sg. und Pl. Gemeinde (zunächst die kleinere Vereinigung innerhalb des Volkes); Stamm, Volk; Pl. die Unterthanen, Leute, Mannschaft. विशां पतिः, विशां नाथः, विशामीश्वरः und विशां वरिष्ठः so v. a. Fürst, König. — 3) Sg. und Pl. Volk in dem engeren Sinne des brahmanischen Staates, die dritte Kaste; Sg. ein Mann aus der dritten Kaste. — 4) Pl. Besitz, Habe. — 5) विशां साम Name eines Sâman. — 6) * Eingang, Eintritt.

3. विश् f. schlechte Schreibweise für विष् faeces.

1. विश 1) Nom. act. in दुर्विश. — 2) * m. N. pr. eines Mannes. — 3) n. und f. (आ) in असुर° (Nachtr. 5), देव° und मनुष्य°. * विशम् am Ende eines adv.

Comp.

2. विश n. ungenaue Schreibart für बिस.

विशङ्क Adj. 1) *keine Scheu empfindend, unbesorgt, sich nicht scheuend vor* (im Comp. vorangehend). °म् Adv. *ohne Scheu* Çiç. 20,31. — 2) *keine Scheu —, keine Furcht verursachend, sicher.* — विशङ्का f. s. bes.

विशङ्कट Adj. (f. आ und *ई) 1) *ausgedehnt, umfangreich* Harshak. 197,20. Vâsav. 103,3. 180,2. — 2) *ungeheuerlich, scheusslich, grauenhaft* 111,3.

विशङ्कनीय Adj. *Misstrauen verdienend, verdächtig.*

1. विशङ्का f. 1) *Bedenken in Bezug auf* (Loc.), *Verdacht.* — 2) *Besorgniss, Scheu, — vor* (Gen. oder im Comp. vorangehend), *aus Besorgniss hervorgehendes Zögern.* °ङ्कां कर् *Bedenken tragen.*

2. विशङ्का f. *Abwesenheit aller Besorgniss, — Scheu.* Instr. *ohne alle Scheu, ohne Bedenken, ohne Zögern.*

विशङ्किन् Adj. 1) *Etwas* (im Comp. vorangehend) *vermuthend, voraussetzend* Çiç. 5,34. — 2) *Etwas* (im Comp. vorangehend) *befürchtend, besorgend, — dass* (Potent. mit इति).

विशङ्क्य Adj. 1) *Misstrauen verdienend, verdächtig.* — 2) *zu befürchten* Mâlatim. 70,13 (ed. Bomb. 148,3).

विशद 1) Adj. (f. आ) a) *klar, hell, blank, glänzend weiss, heiter, rein, lauter* (auch in übertragener Bed.). °म् Adv. Çiç. 10,72. 11,12. — b) *klar, deutlich, vernehmlich, verständlich.* Compar. °तर. — c) *weich anzufühlen,* von Speisen, Winden und Gerüchen. — d) *geschickt zu Etwas* (im Comp. vorangehend). — e) am Ende eines Comp. *behaftet mit.* — 2) m. N. pr. eines Sohnes des Ǵajadratha. — 3) *n. *gelblicher Eisenvitriol* Râǵan. 13,80.

विशदता f. *Klarheit.*

विशदनरकरङ्काय्, °यते *einem blanken Menschenschädel gleichen* Kandak. 70,10.

विशदय्, °यति 1) *rein machen, reinigen* Bâlar. 237,10. विशदित 177,20. — 2) *klar machen, erläutern.*

विशदाय्, °यते *klar —, deutlich werden.*

विशदी Adv. mit कर् 1) *klar machen, erhellen.* — 2) *erläutern, erklären.*

°विशन n. *das Hineingehen —, Eindringen in.*

विशप्त n. *das Sichverschwören* Maitr. S. 1,9,7 (138,18).

विशफ Adj. *keine oder verkehrte Hufe habend* (ein Unhold).

विशब्द am Anfange eines Comp. *verschiedenartige Worte.*

विशब्दन n. P. 7,2,23 nach der Kâç. = प्रतिज्ञान.

*विशंप m. *Fürst, König;* auch wohl N. pr.

*विशंभल n. *Erhaltung —, Ernährung des Volkes* Comm. zu TBr. 1,643,19 bei der Erklärung von वैशंभल्यौं.

विशय m. 1) *Mitte* Çulbas. 2,34. 3,241. Bei einem als Vogel geschichteten Feueraltar *die Stelle, an der Körper und Flügel zusammenstossen,* 3, 99. 103. — 2) *Ungewissheit, Zweifel* Ǵaim. 2,3,16. Çaṁk. zu Bâdar. 2.4,5. Auch fälschlich विषय geschrieben. — 3) *= आश्रय.

विशयवत्त् Adj. *unsicher, zweifelhaft.*

विशयिन् Adj. dass. Nom. abstr. °यित्व n. Comm. zu Âpast. Çr. 3,16,7. 8,4,11. 8,13. 9,3. 12,29,11.

विशर 1) Adj. *zerreissend* TS. 7,5,2,1. — 2) m. a) *eine best. Krankheit* AV. 2,4,2. — b) **Mord, Todtschlag.*

1. विशरण n. 1) *das Auseinanderfallen, Zerfallen.* — 2) **Mord, Todtschlag.*

2. विशरण Adj. *schutzlos* Verz. d. Oxf. H. 167,b,16.

विशरद Adj. Kathâs. 15,148 fehlerhaft für विशारद.

विशरारु Adj. 1) *auseinanderfallend, — gehend, zerstiebend* Vikramâṅkak. 11,40. Harshak. (ed. Bomb.) 20,3. 66,15. Nom. abstr. °ता f. Kâvjapr. 299,9. — 2) *hinfällig, leicht zu Grunde gehend, gebrechlich* Çilâṅka 1,257. Harshak. (ed. Bomb.) 223, 13. Nom. abstr. °ता f. Râǵat. 7,843.

विशरीक m. *eine best. Krankheit.*

विशर्धित n. *das Farzen, Farz* Suçr. 2,258,1.

विशलभमरुत् Adj. *nicht Heuschrecken (Nachtschmetterlingen) und nicht dem Winde ausgesetzt* (Lampe) Varâh. Bṛh. S. 84,1.

विशल्य 1) Adj. a) *ohne Spitze* (Pfeil). — b) *von einer Pfeilspitze befreit, von einer Pfeilwunde geheilt.* — c) *von einem fremden Körper im Leibe befreit.* आ विशल्यभावात् so v. a. *bis (sie) vom Embryo befreit ist.* — d) *von einem Schmerze befreit.* — 2) f. आ a) Bez. *verschiedener Pflanzen* (auch *ein gegen Pfeilwunden angewandtes Heilkraut*). Nach den Lexicographen *Cocculus cordifolius, Croton polyandrum, Convolvulus Turpethum, Methonica superba* (Râǵan. 4,130. Bhâvapr. 1,202), = अग्निशिखा und अन्नमोदा. — b) N. pr. α) der Gattin Lakshmaṇa's. — β) eines Flusses.

विशल्यकरण 1) Adj. (f. ई) *Pfeilwunden heilend.* — 2) f. ई *ein best. wunderthätiges Heilkraut.*

*विशल्यकृत् m. *Echites dichotoma* Mat. med. 324.

विशल्यघ्न und विशल्यप्राणहर Adj. angeblich Bez. *derjenigen Stellen des Leibes, an welchen eine Wunde tödtlich wird, sobald die Spitze* (einer Waffe u. s. w.) *ausgezogen wird; eher diejenigen Stellen, auf welchen ein Schlag lebensgefährliche Wirkung hervorbringt auch ohne dass ein fremder Körper in den Leib eindringt: die Schläfen und der Raum zwischen den Brauen.*

विशल्यय्, °यति *Jmd von einer Pfeilspitze oder überh. von einem Schmerze befreien.*

विशश्रमिषु Adj. Daçak. 17,16. 17 fehlerhaft für विशिश्रमिषु.

विशसन 1) Adj. (f. ई) *mörderisch, Tod bringend.* — 2) m. a) *Schwert.* — b) bildliche Bez. *der Strafe.* — 3) m. n. *eine best. Hölle* VP. 2,6,1. 17. — 4) n. a) *das Schlachten, Zerlegen.* — b) *das Niedermetzeln, Metzelei* Çiç. 19,53. — c) *Schlacht.* — d) *grausame Behandlung.* — e) *die Fleischseite eines Felles* TS. 5,7,23,1. विशसनभाग m. dass. Comm. zu Âpast. Çr. 10,24,6. Vgl. बहिष्टाद्विशसन.

*विशसि gaṇa ब्राह्मणादि in der Kâç. v. l. विशस्ति.

विशसितर् Nom. ag. *Schlächter.*

विशसे Dat. Infin. *auszusagen, durch Worte zu erschöpfen* ṚV. 10,143,3.

विशस्तर् Nom. ag. *Schlächter.*

*विशस्ति Gaṇar. 399.

विशस्त्र Adj. *waffenlos.*

विशाख (विशाख AV. 19,7,3) 1) Adj. (f. आ) a) *verästet, gegabelt.* — b) *astlos.* — c) *händelos.* — d) **unter dem Mondhaus* Viçâkhâ *geboren.* — 2) m. a) **Bettler.* — b) **Spindel.* — c) **eine best. Stellung beim Schiessen.* — d) **Boerhavia procumbens.* — e) Bein. Skanda's. — f) *eine Manifestation* Skanda's, *die als sein Sohn aufgefasst wird.* — g) *als eine Manifestation* Skanda's Name *eines den Kindern gefährlichen Dämons* Hemâdri 1,626,11. — h) Bein. Çiva's. — i) N. pr. α) eines Devarshi. — β) eines Dânava. — γ) eines Daçapûrvin (Vardhamânak. 1,45. Bhadrab. 3,7. 87. 4.1) und anderer Personen. — 3) f. आ a) *eine best. Pflanze.* Nach den Erklärern Dûrvâ-*Gras* und = कठिञ्जक. — b) Sg. Du. und Pl. *das 14te* (später *das 16te*) *Mondhaus.* — c) ein Frauenname. — 4) f. विशाखी *eine gabelförmige Stange.* — 5) n. *Gabel, Verzweigung* Gobh. 1,5,16.

विशाखक 1) Adj. (f. °खिका) *verästet, gegabelt* Hemâdri 1,139,13. — 2) f. °खिका *eine gabelförmige Stange* Kâd. 150,4. 5 (264,11). °दण्ड m. dass. Harshak. (ed. Bomb.) 238,4 (vgl. Comm.).

*विशाखज m. *Orangenbaum.*

विशाखदत्त m. N. pr. des Autors des Mudrârâkshasa.

*विशाखदेव m. N. pr. eines Mannes.

विशाखमाहात्म्य n. Titel eines Werkes Opp. Cat. 1.

विशाखयूप N. pr. 1) m. eines Fürsten. — 2) einer Oertlichkeit.

विशाखवत् m. N. pr. eines Berges.

*विशाखल n. *eine best. Stellung beim Schiessen.*

विशाखिल m. N. pr. eines Autors und eines Kaufmanns.

विशातन 1) Adj. (f. ई) am Ende eines Comp. *fällend, vernichtend.* Ohne Hinzufügung eines Objects als Beiw. Vishṇu's (= संहर्तर् nach Nilak.). — 2) n. am Ende eines Comp. *a) das Behauen, Beschneiden* 100,20. — *b) das Zusammenhauen, Vernichten.*

विशाद् MBh. 8,4407 fehlerhaft für विवाद.

विशाप 1) Adj. *von einem Fluche befreit.* — 2) m. N. pr. eines Muni.

*विशाय m. *die Reihe zu schlafen.*

*विशायिन् Adj. gaṇa ग्रहादि.

*विशारण m. *Mord, Todtschlag.*

विशारद 1) Adj. (f. आ) *a) erfahren, kundig, vertraut* (von Personen); das Worin oder Womit im Loc. oder im Comp. vorangehend. Nom. abstr. °त्व n. Pankad. — *b) geschickt, gewandt, dem Zwecke entsprechend* (von Reden). — *c) schön herbstlich* Vâsav. 203,1. — *d) klaren —, heiteren Sinnes* Lalit. 458,18. — *e) der Redegabe ermangelnd* Vâsav. 203,1. — *f) dreist, frech* ebend. — *g)* *= श्रेष्ठ. — 2) m. *Mimusops Elengi* Vaidjaka im Comm. zu Kir. 5,11. — 3) *f. आ *eine Art Alhagi* Râgan. 4,57.

*विशारदिमन् m. *Erfahrenheit, Vertrautheit.*

विशाल 1) Adj. (f. आ und *ई) *umfänglich, weit, breit, gross, stark, intensiv, bedeutend, vornehm* (Geschlecht). Am Ende eines Comp. *voll von* Kap. 3,48. fgg. Adv. विशालम् *umfänglich.* — 2) m. *a)* **ein best. Thier.* — *b)* **ein best. Vogel.* — *c)* **eine best. Pflanze.* — *d) ein best.* Shaḍaha. — *e)* N. pr. α) des Vaters von Takshaka Çânkh. Gṛhj. 4, 18. — β) eines Asura. — γ) verschiedener Fürsten. — δ) eines Gebirges. — 3) f. विशाला *a) Koloquinthe.* Hierher vielleicht Káraka 6, 6. — *b)* **Basella cordifolia.* — *c)* *= महेन्द्रवारुणी Râgan. 3,62. — *d)* **Portulaca quadrifida* Râgan. 7, 135. — *e) eine best.* Mûrkhanâ S. S. S. 30. — *f)* Bein. der Stadt Uggajinî. — *g)* N. pr. α) eines Flusses und einer daran gelegenen Einsiedelei. = सरस्वती Râgan. 14,21. — β) einer Stadt (verschieden von Uggajinî. — γ) einer Apsaras VP.[2] 2,82. — δ) der Gattinnen Agamîḍha's und Arishṭanemi's. — 4) *f. विशाली *eine best. Pflanze,* = अजमोदा. — 5) n. *a)* वैशालविशाले Name zweier Sâman Ârsh. Br. — *b)* N. pr. eines Wallfahrtsortes.

विशालक 1) m. *a)* **Feronia elephantum.* — *b)* *Bein. Garuḍa's. — *c)* N. pr. eines Jaksha. — 2) *f. °लिका *Odina pennata.*

विशालग्राम m. N. pr. eines *Dorfes.*

विशालता f. *grosser Umfang* Çiç. 17,47.

*विशालतैलगर्भ m. *Alangium hexapetalum* Râgan. 9,76, v. l.

*विशालत्वच् m. *Bauhinia variegata.* Nach Mat. med. 191 *Alstonia scholaris.*

*विशालदत्त m. ein Mannsname.

*विशालदा f. *Alhagi Maurorum.*

विशालनगर n. N. pr. einer *Stadt.*

*विशालनेत्र 1) Adj. *grossäugig.* — 2) m. N. pr. eines Bodhisattva. — 3) f. ई N. pr. eines buddh. übermenschlichen Wesens.

विशालनेत्रीसाधन n. Titel eines buddh. Werkes.

*विशालपत्त्र m. 1) *ein best. Knollengewächs* Râgan. 7, 73. — 2) *ein der Weinpalme ähnlicher Baum* Râgan. 9,89.

विशालपुरी f. N. pr. einer *Stadt.*

विशालफलक Adj. (f. °लिका) *grosse Früchte habend* Râgan. 7,188.

विशालय्, °यति *vergrössern* Subhâshitaratnabh. 62,25. — Mit प्र *länger machen* ebend.

विशाललोचना f. *eine Grossäugige* Daçak. 86,19.

विशालवर्मन् m. N. pr. eines Mannes Daçak. 90,15.

विशालविजय m. *eine best. Truppenaufstellung.*

विशालाक्ष 1) Adj. (f. ई) *grossäugig.* — 2) m. *a)* **Käuzchen* Râgan. 19,123. — *b)* Bein. α) Çiva's, insbes. als Verfassers eines Çâstra. — β) *Garuḍa's. — *c)* N. pr. α) eines Sohnes des Garuḍa. — β) eines Schlangendämons. — γ) eines Sohnes des Dhṛtarâshṭra. — 3) f. ई *a)* **Tiaridium indicum* Râgan. 5,84. — *b)* eine Form der Durgâ. — *c)* N. pr. α) einer der Mütter im Gefolge Skanda's. — β) einer Joginî Hemâdri 2,*a*,95,14. 16. — γ) einer Tochter Çâṇḍilja's. — 4) n. Titel *des von* Çiva Viçâlâksha *verfassten* Çâstra. v. l. वैशालाक्ष.

*विशालिक, *विशालिय und *विशालिल m. Hypokoristica von Personennamen, die mit विशाल anlauten.

*विशालीय Adj. von विशाल.

विशास्तर् m. = विशस्तर् *Schlächter.*

*विशिका f. gaṇa कृशाश्वादि. v. l. शिबिका.

विशिक्षु Adj. *mittheilsam.*

विशिख und विशिख 1) Adj. *a) ohne Haarschopf* Hemâdri 2,*a*,38,19. — *b) kahl;* von Pfeilen so v. a. *unbefiedert.* — *c) ohne Spitze, stumpf* (Pfeil). — *d) ohne Flamme* (Feuer). — *e) ohne Spitze* von einem Kometen, so v. a. *ohne Schweif.* — 2) m. *a) ein stumpfer Pfeil, Pfeil* überh. — *b)* **Spiess, Wurfspiess.* — *c)* = शर *Sinus versus* Ganit. Grahaj. 6. — 3) f. विशिखा *a)* **eine kleine Schaufel.* — *b) Strasse, Gasse* Suçr. 1,8,8. 30,4. Harshaḱ. 57,21. — *c)* **die Frau eines Barbiers.* — *d)* *= नालिका oder नालिका.

विशिखानुप्रवेशन n. *das Betreten der Strasse,* so v. a. *der Eintritt in die Praxis.* Adj. °वेशनीय *darüber handelnd.*

विशिखान्तर n. 1) *das Innere einer Strasse,* so v. a. *Strasse.* Acc. Sg. mit अनु-चर् *die Strasse ablaufen* Káraka 1,29. Acc. Pl. mit अति-पत् *die Strassen durchlaufen* Çiç. 15,104 (70). — 2) *Scheide* (des Weibes) Suçr. 1,368,12.

*विशिप n. *Haus.*

विशिप्रिय Adj. VS. 9,4 = TS. 1,7,12,2. Wird von den Commentatoren verschieden erklärt.

विशिर Adj. ungenau für विसिर.

विशिरस् Adj. 1) *kopflos.* — 2) *von einem* (fremden) *Kopfe befreit.* — 3) *ohne Spitze, ohne Gipfel.*

विशिरस्क Adj. *kopflos.*

विशिशासिषु Adj. *zu schlachten bereit.*

विशिशिप्र m. N. pr. eines dämonischen Wesens.

विशिश्वा (Maitr. S. 1,11,4 [165,16]) und विशिश्वा Adj. f. wohl *sine cauda.*

विशिश्रमिषु (Conj. für विश°) Adj. *auszuruhen beabsichtigend* Daçak. 17,16.17.

विशिष्ट Adj. s. u. 3. शिष् mit वि.

विशिष्टचारित्र und °चारिन् m. N. pr. eines Bodhisattva.

विशिष्टता f. *Vorzüglichkeit, ein ausgezeichneter —, besserer Zustand.*

विशिष्टत्व n. 1) *das Verschiedensein, Verschiedenheit, Unterschiedenheit* 276,33. 280,10. — 2) = विशिष्टता.

विशिष्टवैशिष्ट्यबोधरहस्य n., °बोधविचार m. und °वैशिष्ट्यवाद (°वैशिष्ट्यवाद Burnell, T.) m. Titel von Werken.

विशिष्टाद्वैत n. *eine unterschiedene Einheit, eine Einheit mit Attributen.* विशिष्टाद्वैतवाद m. *die Annahme einer solchen Einheit.* °वादार्थ n. Titel eines Werkes Opp. Cat. 1.

विशिष्टाद्वैतवादिन् Adj. *eine unterschiedene Einheit annehmend.*

विशिष्टाद्वैतसमर्थन n. Titel eines Werkes Opp. Cat. 1.

विशिष्टा f. N. pr. der Mutter Çaṁkarâkârja's.

विशिष्य 1) Adj. fehlerhaft für विशेष्य. — 2) f. आ in der Stelle MBh. 12,238,12 विशिष्येत वि-शिष्यया, wohl fehlerhaft für विशिष्येताविचेष्टया.

विशिंस् f. etwa *Erklärung* AV. 11,8,27.

*विशीत m. N. pr. eines Mannes.

विशीर्ण s. u. 1. शर् mit वि.

विशीर्णता f. *das Zerbröckeltsein*.

विशीर्णधार Adj. *intermittirend* (मूत्र) Bhâvapr. 5,46.

*विशीर्णपर्ण m. *Azadirachta indica*.

विशीर्षन् Adj. (f. °र्ष्णी) *kopflos* Taitt. Âr. 1,28,1.

विशील Adj. *schlecht gesittet, einen schlechten Wandel führend*.

*विशुक्र m. *Calotropis gigantea alba*.

विशुण्ड m. N. pr. eines Sohnes des Kaçjapa.

विशुद्धकरण Adj *dessen Thun rein ist* Bhâg. P. 4,12,17.

विशुद्धचारित्र m. N. pr. eines Bodhisattva.

विशुद्धता f. und विशुद्धत्व n. *Reinheit*.

विशुद्धधी Adj. *von lauterer Gesinnung* Râǵat. 6,138.

विशुद्धपार्ष्णि Adj. *dessen Rücken gedeckt ist* Kâm. Nîtis. 11,74.

विशुद्धभाव Adj. *von reiner Gesinnung, reines Herzens* 83,16. R. Gorr. 2,10,28.

विशुद्धवंश्य Adj. *von reiner Abstammung* Râǵat. 5,335.

विशुद्धसत्त्वविज्ञान Adj. *dessen Charakter und Wissen lauter sind* R. 4,22,12.

*विशुद्धसिंह m. N. pr. eines Mannes.

विशुद्धात्मन् Adj. *lauteren Wesens, — Charakters, rein, lauter* MBh. 1,212,22. 5,176,48. 178,47. 12,116,4. Spr. 6118. R. 2,45,16. Ragh. 1,68.

विशुद्धि f. 1) *das Reinwerden, Reinigung, Läuterung, Reinheit* (eig. und übertr.). — 2) *Bereinigung —, Abtragung einer Schuld, Ausgleichung einer Rechnung*. — 3) *vollkommenes Klarwerden, klare Erkenntniss*. — 4) *Subtrahend* Bîǵag. 63. — 5) *= सम.

विशुद्धिचक्र n. *ein best. mystischer Kreis*.

विशुद्धिमत् Adj. *rein*. वंश Mahâvîraḱ. 41,12.

विशुद्धेश्वर und °तन्त्र n. Titel eines Tantra.

विशुष्क Adj. *ausgetrocknet, verdorrt, dürr*. Nom. abstr. °त्व n. Karaka 5,9.

विशूचिक und °का fehlerhaft für विषू°.

विशून्य Adj. (f. आ) *ganz leer*.

विशूल Adj. *ohne Spiess*.

विशृङ्खल Adj. 1) *entfesselt, zügellos, unbändig, keine Schranken kennend* Çiç. 17,30. °म् Adv. 12, 7, — b) *über alle Maassen geschwätzig, — tönend* Çiç. 7,30. — 3) am Ende eines Comp. *über die Maassen reich an*.

विशृङ्ग Adj. 1) *eines Hornes oder der Hörner beraubt*. — 2) *des Gipfels beraubt*.

विशेष 1) m. (n. Pańkat. 117,2; adj. Comp. f. आ) a) *Unterschied, Verschiedenheit, — zwischen* (Gen. und Gen., Loc. und Loc. [116,29] oder Gen. und Instr.). — b) *Besonderheit, Eigenthümlichkeit, eine specifische Eigenschaft; Art, Species, Individuum, ein Gegenstand besonderer Art*. अर्घ° Pl. so v. a. *verschiedene Preise*, काल° *ein best. Zeittheil*, मृगाल° *ein besonderer Schakal*. In derselben Bed. kann विशेष im Comp. auch vorangehen. येन येन विशेषेण *auf jede beliebige Weise*. आरोपितविशेष Adj. so v. a. *originell*; Nom. abstr. °ता f. H. 70. — c) *ein auszeichnender Unterschied, Superiorität, Vorzüglichkeit, Vorsprung, ein besonderer Vorzug, etwas Ausserordentliches, — Ungewöhnliches*. शोभाविशेषाय so v. a. *zur Erhöhung der Schönheit*, तेजो° *ein ausserordentlicher, vorzüglicher Glanz*. In derselben Bed. im Comp. auch vorangehend. विशेषेण, विशेषात् und विशेष° *gar sehr, vorzüglich, vornehmlich, besonders, vor Allem, zumal*. °विशेषात् so v. a. *Dank dem, in Folge von*. — d) in der Med. *Unterschied in Beziehung auf das Befinden: Milderung, Erleichterung*. — e) in der Rhetorik *Specialisirung, Variirung*. — f) **ein unterscheidendes Sectenzeichen, Stirnzeichen* überh. — g) *Hypotenuse* Çulbas. 3,164. — h) Bez. *der Elemente*. — i) *die Erde als Element*. — k) = विराज्. — 2) Adj. f. (आ) *vorzüglich, ausgezeichnet* Ragh. 2,14. v. l. besser विशेषात् st. विशेष. — विशेषवेश्म MBh. 3,7521 fehlerhaft für विवेश वेश्म.

विशेषक 1) am Ende eines adj. Comp. = विशेष *Besonderheit*. — 2) Adj. *einen Unterschied bezeichnend, qualificirend*. — 3) m. n. *Stirnzeichen*. Am Ende eines adj. Comp. f. आ. — 4) m. a) *eine best. Redefigur, in der zwei Dinge beim ersten Anblick als gleich, schliesslich aber doch als verschieden hingestellt werden*. Beispiel Spr. 1612. — b) *N. pr. eines Gelehrten. — 5) f. °षिका *ein best. Metrum*. — 6) n. त्रिभिर्विशेषकम् *eine Verbindung von drei Çloka, durch welche ein und derselbe Satz durchgeht*, Hem. Par. S. 6, Z. 3. S. 64, Z. 3. S. 65, Z. 7. S. 87, Z. 17. S. 91, Z. 15.

विशेषकच्छेद्य n. Bez. *einer der 64 Künste*.

विशेषकरण n. *das Bessermachen* Mâlav. 5.

विशेषज्ञ Adj. 1) *den Unterschied der Dinge kennend*, so v. a. *Urtheilskraft —, Einsicht besitzend*. — 2) am Ende eines Comp. *sich auf mannichfache — verstehend*.

विशेषण 1) Adj. *unterscheidend, einen Unterschied ausdrückend, specialisirend*; n. *das näher Bestimmende, eine nähere Bestimmung, Attribut, Adjectiv, Adverb, Apposition, Prädicat*. Nom. abstr. °ता f. und °त्व n. (Sâj. zu RV. 1,13,1). — 2) n. a) *das Unterscheiden, Unterscheidung*. — b) *das Specialisiren, genauere Angabe*. — c) *Art, Species*. — d) *das Bessermachen, Uebertreffen*. — e) = विशेषोक्ति.

विशेषणखण्डन n. und विशेषणात्रयवैयर्थ्य n. Titel von Werken Opp. Cat. 1.

विशेषणपद n. *Ehrentitel* Mudrâr. 151, 20. 21 (222,1. 2).

विशेषणविशेष्यता f. (276,1) und °विशेष्यभाव m. (275,28) *das Verhältniss von Prädicat zu Subject*.

°विशेषणी Adv. mit कर् *Etwas prädiciren*.

विशेषतस् Adv. 1) am Ende eines Comp. *je nach der Verschiedenheit des* u. s. w. 186,27. — 2) *im Speciellen, speciell, als Species, einzeln* 270,27. Angeblich auch = विशेषस्य *der Besonderheit*. — 3) *vorzüglich, vornehmlich, besonders, vor Allem, zumal*.

°विशेषता f. s. u. विशेष 1) b).

विशेषत्व n. *Unterschiedenheit, Besonderheit, der Begriff der Besonderheit*.

विशेषमति m. N. pr. eines Bodhisattva und eines andern Mannes.

*विशेषमित्र m. N. pr. eines Mannes.

*विशेषयितर् Nom. ag. *unterscheidend, einen Unterschied machend, bezeichnend*.

विशेषवचन n. *Adjectiv, Apposition*.

विशेषवत् Adj. 1) *etwas Speciellem nachgehend, etwas Besonderes thuend*. — 2) *mit specifischen Eigenschaften versehen*. — 3) *vorzüglicher —, besser als* (ततस्). — 4) *unterscheidend* in अ°.

विशेषविद् Adj. = विशेषज्ञ 1).

विशेषव्याप्ति f. Titel eines Werkes Opp. Cat. 1.

विशेषशालिन् Adj. *vorzüglich, ausgezeichnet* Kir. 1,12.

विशेषामृत n. und विशेषार्थप्रकाशिका f. Titel von Werken Opp. Cat. 1.

विशेषार्थिन् Adj. *dem es um etwas Ausserordentliches zu thun ist* MBh. 1,130,14. Nom. abstr. °र्थिता f. *das Bedürfniss nach etwas Besserem* Pańkat. ed. orn. 6,12. fg.

विशेषावश्यकनिर्युक्ति f. Titel eines Werkes Bühler, Rep. No. 768.

विशेषिन् Adj. 1) *von Andern geschieden, individuell.* — 2) am Ende eines Comp. *zuvorthuend, wetteifernd.*

विशेषोक्ति f. in der Rhetorik *Hervorhebung der Verschiedenheit zweier im Uebrigen einander ähnlicher Dinge* VÂMANA 4,3,23. KÂVJAPR. 10,22.

विशेष्य Adj. *was unterschieden —, specialisirt wird; n. Substantiv, Subject* Comm. zu ÂRJABH. 2, 20. Am Ende eines adj. Comp. विशेष्यक, Nom. abstr. विशेष्यता f. und विशेष्यत्व n. (Comm. zu KÂTJ. ÇR. 4,3,9).

1. विशोक m. *das Weichen des Kummers.*

2. विशोक 1) Adj. (f. आ) *a) kummerlos, keinen Kummer empfindend.* — *b) von Kummer befreiend, Kummer fernhaltend.* — *c) keinen Kummer schildernd, — vorführend.* — 2) m. *a)* * *Jonesia Asoka* RÂGAN. 10,54. — *b)* N. pr. α) eines geistigen Sohnes Brahman's VP.² 1,79. — β) eines Ṛshi. — γ) des Wagenlenkers von Bhîma. — δ) eines Dânava. — ε) eines Gebirges. — 3) f. आ *a)* Bez. *einer der Vollkommenheiten, zu denen man durch den Joga gelangt.* — *b)* N. pr. einer der Mütter im Gefolge Skanda's. — 4) n. Name eines Sâman.

विशोकता f. *Kummerlosigkeit.*

विशोकदेव m. N. pr. eines Mannes.

विशोकद्वादशी f. *ein best. zwölfter Tag.*

विशोकपर्वन् n. Titel eines *Buches* im MBH.

विशोकषष्ठी f. *ein best. sechster Tag.*

विशोकसप्तमी f. *ein best. siebenter Tag.*

विशोकी Adv. mit कर् *von Kummer befreien.*

विशोढ KATHÂS. 46,121 fehlerhaft für विसोढ (von सह् mit वि).

विशोधन 1) Adj. (f. ई) am Ende eines Comp. *reinigend* (KARAKA 6,30); *wegwaschend.* Ohne Object als Beiw. Vishṇu's. — 2) * f. ई *a) Croton polyandrum* oder — *Tiglium* RÂGAN. 6,162. — *b)* N. pr. der Residenz Brahman's. — 3) n. *a) das Reinigen, Ausputzen,* auch *das Reinigen in rituellem Sinne.* — *b) Laxirmittel* SUÇR. 2,22,3. — *c) das Klarwerden, Entschiedenwerden* in अ° (Nachtr. 3). — *d) Subtraction.*

विशोधनीय Adj. 1) *mit Purgativen zu behandeln* KARAKA 8,1.10. — 2) *purgirend, abführend* KARAKA 8,10.

विशोधिन् 1) Adj. *reinigend.* Nom. abstr. °धित्व n. *das Reinigen.* — 2) * f. °धिनी *Tiaridium indicum.*

*विशोधिनीबीज m. *Croton Jamalgota.*

विशोध्य 1) Adj. *zu subtrahiren von* (Abl.). — 2) * n. *Schuld.*

विशोभगीन Adj. (f. आ) als Beiw. der Sarasvatî ÂPAST. ÇR. 3,10,2. 4,13,7. वेशभगीन MAITR. S., *वेशोभगीन (wohl die richtige Form) P. 4,4,132.

विशोविशीय n. Name verschiedener Sâman TÂṆḌJA-BR. 14,11,36. Auch अग्नेर्वि° ÂRSH. BR.

विशोष m. *Vertrocknung, Trockenheit* VIKRAMÂṄKAK. 15,38.

विशोषण 1) Adj. *a) trocknend, trocken machend.* — *b)* so v. a. *heilend* in व्रण°. — 2) n. *das Trocknen, Trockenmachen.*

विशोषिन् Adj. 1) *austrocknend, dürr werdend.* — 2) *trocknend, trocken machend.*

विशौजस् Adj. etwa *volkwaltend.*

विश्चकद्राकर्ष m. nach dem Comm. *Hundezüchtiger* oder *Züchtiger eines Hundehalters.* Vgl. विष्वकद्राकर्ष.

*विश्न m. Nom. act. von विछ्.

विश्पति m. *das Haupt einer Niederlassung: Hausherr, Gemeindehaupt, Stammältester.* Du. *Hausherr und Hausfrau.* Pl. im BHÂG. P. nach dem Comm. entweder = राजानः oder वणिजां पतयः.

विश्पत्नी f. *Herrin des Hauses, Hausfrau* TS. 3, 1,11,4.

विश्पला f. N. pr. eines Weibes, welchem die Açvin die abgerissenen Beine wieder ersetzten.

विश्पलावसु Adj. als Beiw. der Açvin wohl *der Viçpalâ wohlwollend.*

विश्य, विशिश्य 1) Adj. *eine Gemeinde* u. s. w. *bildend, zur G. gehörig* u. s. w. — 2) m. *ein Mann vom Volke* oder — *von der dritten Kaste.*

विश्यापर्ण Adj. *ohne die Çjâparṇa's vor sich gehend.*

विश्रंसन fehlerhaft für विस्रंसन.

*विश्रणन n. = विश्राणन.

विश्रम m. *Ruhe, Erholung* ÇIÇ. 10,88. VÂSAV. 291,3.

विश्रमण n. *das Ausruhen, Erholung.*

विश्रम्भ m. (adj. Comp. f. आ) 1) *das Nachlassen.* — 2) *Vertrauen, — zu* (Loc., Gen. [Spr. 6197] oder im Comp. vorangehend); *vertrautes Benehmen, Vertraulichkeit.* °म्भं कर् *Jmds* (Gen.) *Vertrauen gewinnen* Spr. 7818. Abl. oder am Anfange eines Comp. *vertraulich.* कस्मै विश्रम्भं कथयामि so v. a. *wem soll ich mich anvertrauen?* KÂD. 2, 40,12 (47,18). °पूर्व Adj. (f. आ) *vertraulich* ÂPAST. 2,5,10. — 3) * *ein scherzhafter Streit.* — 4) * *Tödtung.* — Wird bisweilen auch in Bomb. Ausgg. विस्रम्भ geschrieben.

विश्रम्भकथा f. *ein vertrauliches Gespräch* VÂSAV. 238,3.

विश्रम्भण n. 1) *Vertrauen.* — 2) *das Gewinnen des Vertrauens.*

विश्रम्भणीय Adj. *Jmd* (Gen.) *Vertrauen einflössend.*

विश्रम्भता f. *Vertrauen.*

विश्रम्भभृत्य m. *ein vertrauter Diener.*

विश्रम्भसंकथा f. *ein vertrauliches Gespräch* KATHÂS. 104,174.

विश्रम्भालाप m. dass.

विश्रम्भिन् Adj. 1) *vertrauend, Vertrauen setzend in* (im Comp. vorangehend). — 2) *Vertrauen geniessend.* — 3) *vertraulich* (Gespräch). — Auch °स्रम्भिन् geschrieben.

*विश्रयिन् Adj. P. 3,2,157.

*विश्रवण m. N. pr. eines Mannes.

1. विश्रवस् n. *grosser Ruhm* ÇAT. BR. 12,8,3,26. KÂTJ. ÇR. 19,5,3. VAITÂN.

2. विश्रवस् 1) Adj. *berühmt.* — 2) m. N. pr. eines Ṛshi, Sohnes des Pulastja und Vaters des Kubera, Râvaṇa, Kumbhakarṇa und Vibhîshaṇa.

विश्राणन n. 1) *das Verschenken, Verleihen, Hingabe.* प्राण° *Hingabe des Lebens* NAISH. 3,83. — 2) * = संप्रेषण.

°विश्राणिक (!) Adj. *über das Verschenken von — handelnd.* v. l. विश्राणन n.

विश्रान्त 1) Adj. s. u. 1. श्रम् mit वि. — 2) m. N. pr. eines Fürsten VP.² 3,11.

विश्रान्तन्यास m. Titel eines Werkes GAṆAR. 131, 15. 167,10.

विश्रान्ति f. 1) *Ruhe, Erholung.* — 2) *das zu Ende Gehen, Aufhören, Nachlassen. Schluss.* — 3) N. pr. eines Tîrtha.

विश्राम m. 1) *Ruhe, Erholung.* — 2) *tiefes Athemholen nach einer Ermüdung* 219,10. — 3) *Ruhestätte, Ruheplatz;* * *Haus* GAL. — 4) *das Aufhören, Nachlassen, Ruhe.* — 5) *Cäsur.* — 6) N. pr. eines Mannes.

विश्रामभू f. *Ruhestätte, Ruheplatz* VENÎS. 55,10.

विश्रामवेश्मन् n. *Ruhegemach.*

विश्रामस्थान n. *Ruhestätte* von einer Person, *die zu Jmds Erholung dient,* 319,12.

1. विश्राव m. 1) *Getöse.* — 2) *Berühmtheit.*

2. विश्राव m. *das Herausfliessen* HARIV. 2,40,9. Richtig विस्राव oder निस्राव (so v. l.).

*विश्रि m. 1) *Tod.* — 2) N. pr. eines Mannes. Vgl. विस्रि.

विश्री Adv. mit कर् *der Schönheit berauben,* so v. a. *an Schönheit übertreffen* DHÛRTAN. vor 19.

विश्रुत 1) Adj. s. u. 1. श्रु mit वि. — 2) m. *a)*

*Bein. Bhavabhûti's Gal. — b) N. pr. eines Sohnes des Vasudeva. — 3) n. Berühmtheit Bhâg. P. 1,5,40.

*विश्रुतदेव m. N. pr. eines Fürsten.

विश्रुतवत् 1) Adj. überaus gelehrt. — 2) m. N. pr. eines Fürsten.

1. विश्रुति f. 1) Berühmtheit, Ruhm. — 2) eine best. Çruti S. S. S. 24.

2. विश्रुति (st. विस्रुति) f. 1) Verzweigung (des Weges oder Wasserlaufes). — 2) als mystischer Name der Kuh etwa so v. a. die nach den Seiten Ausströmende (nach den Erklärern die Gerühmte, Berühmte; also zu 1. विश्रुति). Voc. °ति (VS.) und °ते.

विश्रोतसिका f. = प्रमाद Çilânka 1,316. 411.

विश्लथ Adj. schlaff. विश्लथाङ्गम् Adv. mit schlaffen Gliedern.

विश्लेष m. 1) Auflösung, Abtrennung, das Auseinandergehen. संधौ und संधि° so v. a. Hiatus. — 2) Trennung (von einem geliebten Gegenstande). — 3) in der Arithmetik Differenz.

विश्लेषजाति f. reduction of fractional differences Colebr. Alg. 24. Lilâv. 17,14.

विश्लेषण 1) Adj. auflösend, — 2) n. a) Trennung. — b) das Sichlösen, Auflösung Karaka 5,3. — c) das Auflösen.

विश्लेषिन् Adj. 1) auseinandergehend, sich lösend. — 2) getrennt (vom geliebten Gegenstande).

विश्लोक 1) Adj. des Ruhmes baar. — 2) m. ein best. Metrum.

विश्व 1) Adj. (f. आ) a) jeder, all, sämmtlich, ganz; m. Jedermann 166,16. — b) विश्वे देवाः alle Götter und auch eine best. Götterklasse. Auch विश्वे ohne देवाः und विश्व im Comp. — c) Alles in sich enthaltend oder Alles durchdringend, überall seiend (Vishṇu-Kṛshṇa, Seele, Intellect u. s. w.). Als m. der durch das Einzelding bedingte Intellect 269,3. 12. — 2) m. a) Pl. eine best. Götterklasse; s. u. 1) b). — b) Bez. der Zahl dreizehn. — c) eine best. Gruppe von Manen. — d) abgekürzt für विश्वप्रकाश. — e) N. pr. eines Fürsten. — 3) f. आ a) Loc. Pl. etwa in allen Ansiedelungen, überall ṚV. 8,95,2. — b) *die Erde. — c) trockener Ingwer. — d) *Piper longum. — e) *Asparagus racemosus Râǵan. 4,121. — f) *= अतिविषा und विषा. — g) Bez. einer der Zungen des Feuergottes. — h) ein best. Gewicht. — i) N. pr. α) einer Tochter Daksha's, Gattin Dharma's und Mutter der Viçve Devâs. — β) eines Flusses. — 4) n. a) das All, Weltall, Welt überh. — b) trockener Ingwer. — c) *Myrrhe Râǵan. 6,117. — d) mystische Bez. des Lautes श्री.

विश्वक 1) Adj. = विश्व 1) c). — 2) m. N. pr. eines Schützlings der Açvin. Auch v. l. für विश्वगश्व. — 3) *f. विश्वका Larus ridibundus.

*विश्वकथा f. gaṇa कथादि.

विश्वकद्राकर्ष m. Nir. 2,3 in der Bibl. ind. fehlerhaft für विश्व°, da Jâska offenbar diese Form vor Augen gehabt hat.

*विश्वकद्रु 1) Adj. schlecht, boshaft. — 2) m. a) Jagdhund. — b) Laut.

विश्वकर्तर् Nom. ag. Schöpfer des Alls Spr. 7726. Nom. abstr. °र्तृत्व n.

विश्वकर्म Adj. Alles zuwegebringend.

*विश्वकर्मजा f. Patron. der Saṁǵñâ.

1. विश्वकर्मन् n. jegliches Geschäft. Nur am Anfange eines Comp.

2. विश्वकर्मन् 1) Adj. Alles wirkend, — ausführend, — schaffend. — 2) m. a) Name eines weltbildenden Genius, ähnlich dem Praǵâpati, oft auch nicht von ihm zu unterscheiden. Später Name des Baumeisters und Künstlers (zugleich Praǵâpati genannt) der Götter. Er führt das Patron. Bhauvana, ist ein Sohn des Vasu Prabhâsa und auch des Vâstu, Vater der Barhishmatî und der Saṁǵñâ (100,6), Gatte der Ghṛtâkî, Verfasser eines Werkes über Baukunst und Verfasser von ṚV. 10,81. Maja wird als Viçvakarman der Dânava bezeichnet. — b) Bez. der Sonne. — c) eine der sieben Hauptstrahlen der Sonne VP.2 2,297. Comm. zu VP. 6,3,17. — d) VS. 15,16 nach Mahîdh. Bez. des Windes. — e) N. pr. eines Muni.

विश्वकर्मपुराण n., °संग्रह m., °कर्मप्रकाश m. (Weber, Lit.) und °कर्ममाहात्म्य n. Titel von Werken.

विश्वकर्मशास्त्रिन् m. N. pr. eines Autors Burnell, T.

*विश्वकर्मसुता f. Patron. der Saṁǵñâ.

विश्वकर्मीय n. Viçvakarman's Werk Opp. Cat. 1. °शिल्प n. Weber, Lit.

विश्वकर्मेश und °कर्मेश्वरलिङ्ग m. N. pr. eines Liṅga.

विश्वकाय 1) Adj. dessen Körper das Weltall ist. — 2) f. आ eine Form der Dâkshâyaṇî.

विश्वकारक m. Schöpfer des Alls (Çiva).

विश्वकारु m. der Baumeister der Götter, Viçvakarman.

विश्वकार्य m. einer der sieben Hauptstrahlen der Sonne VP.2 2,298.

विश्वकृत् 1) Adj. Subst. Alles schaffend, Schöpfer des Alls. — 2) m. a) der Baumeister und Künstler der Götter, Viçvakarman. — b) N. pr. eines Sohnes des Gâdhi.

विश्वकृत Adj. wohl von Viçvakarman verfertigt.

विश्वकृष्टि Adj. bei allen Völkern oder Menschen wohnend, — erscheinend, allbekannt, Allen freundlich u. s. w.

*विश्वकेतु m. Bein. 1) des Liebesgottes. — 2) Aniruddha's, Sohnes des Liebesgottes.

विश्वकोश m. = विश्वप्रकाश.

विश्वक्षय m. Untergang der Welt.

विश्वक्षिति Adj. = विश्वकृष्टि.

विश्वक्सेन fehlerhaft für विष्वक्सेन.

विश्वग m. 1) *Bein. Brahman's. — 2) N. pr. eines Sohnes des Pûrṇiman.

विश्वगत Adj. allgegenwärtig.

*विश्वगन्ध 1) Adj. überallhin Geruch verbreitend. — 2) m. Zwiebel Râǵan. 7,57. — 3) f. आ die Erde. — 4) n. Myrrhe Râǵan. 6,117.

विश्वगन्धि m. N. pr. eines Sohnes des Pṛthu.

विश्वगर्भ 1) Adj. (f. आ) Alles im Schoosse tragend. — 2) m. N. pr. eines Sohnes des Raivata.

विश्वगश्व fehlerhaft für विष्वगश्व.

विश्वगुणादर्श m. Titel eines Werkes.

विश्वगुरु m. der Aelteste —, der Vater des Weltalls.

विश्वगूर्त Adj. allwillkommen.

विश्वगूर्ति Adj. dass. ṚV.

विश्वगोचर Adj. Allen zugänglich VP. 6,7,55.

विश्वगोत्र Adj. allen Sippen angehörig.

विश्वगोत्र्य Adj. etwa alle Sippen um sich vereinigend.

विश्वगोप्तर् Nom. ag. Behüter des Weltalls, Bein. Vishṇu's, Çiva's und *Indra's.

विश्वग्ज्योतिस् fehlerhaft für विष्वग्ज्योतिस्.

*विश्वग्रन्थि m. eine best. Pflanze, = हंसपदी Râǵan. 5,110.

विश्वग्लोप, विश्वग्वात und विश्वग्वायु fehlerhaft für विष्वग्लोप u. s. w.

*विश्वंकर m. Auge.

विश्वचक्र n. Weltrad, ein das Weltall darstellendes Rad aus Gold und ein solches Geschenk an die Brahmanen Hemâdri 1,326,5. 8. fgg. 332,16. fgg.

विश्वचक्रात्मन् m. Bein. Vishṇu's Hemâdri 1, 332,13.

विश्वचक्षण und विश्वचक्षस् Adj. allsehend.

विश्वचक्षुस् Adj. dass. oder n. Auge für Alles.

विश्वचर्षणि Adj. = विश्वकृष्टि.

विश्वच्यवस् m. einer der sieben Hauptstrahlen

der Sonne Comm. zu VP. 6,3,17. Vgl. विश्वव्यचस्.

विश्वजन m. *Jedermann, alle Welt.*

*विश्वजनच्छत्त्र oder *°जनछत्त्र n.

विश्वजनीन Adj. 1) *allerlei Volk enthaltend.* — 2) *über alles Volk herrschend.* — 3) *aller Welt zu Gute kommend* Maitr. S. 1,11,4 (165,13. 14). Çiç. 1,41.

*विश्वजनीय Adj. = विश्वजनीन 3).

विश्वजन्मन् Adj. *von allerlei Art.*

विश्वजन्य Adj. (f. आ) 1) *alle Menschen enthaltend.* — 2) *überall vorkanden,* — *bekannt,* — *beliebt, allgemein.*

विश्वजयिन् Adj. *das Weltall besiegend.*

विश्वजिच्छिल्प m. *ein best.* Ekâha.

विश्वजित् 1) Adj. *allbesiegend, allgewinnend.* — 2) m. *a) ein best.* Ekâha *in der Feier* Gavâmajana, *der 4te Tag nach dem* Vishuvant. — *b) eine best. Form des Feuers.* — *c)* N. pr. α) eines Dânava. — β) eines Sohnes des Gâdhi und verschiedener anderer Personen.

विश्वजिन्व Adj. *allerquickend* R̥V.

विश्वजीव m. *Allseele.*

विश्वजू Adj. *alltreibend.*

विश्वज्योतिष m. N. pr. eines Mannes. Pl. *seine Nachkommen.*

विश्वज्योतिस् 1) *Adj. *allglänzend.* — 2) m. *a) ein best.* Ekâha. — *b)* N. pr. eines Mannes. — 3) f. Bez. *bestimmter Backsteine, welche Feuer, Wind und Sonne repräsentiren sollen,* Âpast. Çr. 17,25. — 4) n. Name eines Sâman.

विश्वञ्च् fehlerhaft für विषञ्च्.

विश्वतनु Adj. *dessen Körper das All ist.*

विश्वतश्चक्षुस् Adj. *der auf allen Seiten Augen hat* Maitr. S. 2,10,2 (133,8).

विश्वतस् Adv. 1) *von —, an allen Seiten, allenthalben.* विश्वतो भयात् so v. a. *vor aller Gefahr.* — 2) = Abl. von विश्व *das Weltall* Taitt. Âr. 10,11,1.

विश्वतस्पद् (stark °पाद्) Adj. *allenthalben Füsse habend* Maitr. S. 2,10,2 (133,8).

विश्वतस्पाणि Adj. *überall Hände habend.*

विश्वतस्पृथ Adj. *überall die flache Hand habend.* v. l. विश्वतस्पद्.

विश्वतुर्, विश्वतुराषह् (Nomin. °षाट्) und विश्वतूर्ति Adj. *Alles übertreffend.*

विश्वतृप्त Adj. *durch Alles befriedigt.*

विश्वतोदावन् Adj. *allenthalben spendend* SV. I, 5,2,1.1.

विश्वतोधार Adj. *nach allen Seiten strömend.*

विश्वतोधी Adj. *überallhin merkend.*

विश्वतोबाहु Adj. *allenthalben Arme habend.*

विश्वतोमुख 1) Adj. *allenthalben Gesichter habend oder dessen Gesicht überallhin gewandt ist* Maitr. S. 2,10,2 (133,8). — 2) विश्वतोमुखम् Adv. *nach allen Seiten hin.* — 3) m. Bein. der *Sonne.*

विश्वतोय Adj. (f. आ) *für Alle Wasser habend.*

विश्वतोवीर्य Adj. (f. आ) *allenthalben wirksam* Mantrabr. 1,8,1.

विश्वतोहस्त Adj. *allenthalben Hände habend* Maitr. S. 2,10,2 (133,8).

विश्वत्र Adv. *allenthalben, überall; allezeit.*

विश्वत्रय n. Sg. *die drei Welten, Himmel, Erde und Luftraum* (oder *Unterwelt*) Mârk. P. 8,234.

विश्वव्यचस् m. *einer der sieben Hauptstrahlen der Sonne.*

विश्वथ (Çâṅkh. Çr. 17,12,6) und विश्वथा Adv. *auf alle Weise, allezeit.*

विश्वदंष्ट्र m. N. pr. eines Asura.

विश्वदत्त m. N. pr. eines Brahmanen.

विश्वदर्शत Adj. *allsichtbar* Âpast. Çr. 13,16,9.

विश्वदानि Adj. *allschenkend.*

विश्वदानीम् Adv. *allezeit, immer.*

विश्वदाव Adj. *allsengend.*

विश्वदावन् Adj. *allspendend* AV.

विश्वदाव्य, °दाविन्न Adj. *allsengend* Maitr. S. 1,6,7, (98,5).

विश्वदासा f. *eine der sieben Zungen des Feuers.*

विश्वदृश् Adj. *allsehend.*

विश्वदृष्ट Adj. *allgeschaut.*

विश्वदेव 1) Adj. *allgöttlich.* — 2) m. *a)* Pl. *eine best. Götterklasse, die* Viçve Devâs. — *b)* Bez. *eines bestimmten Gottes.* — 3) f. आ *a) Uraria lagopodioides.* — *b)* **eine roth blühende Species von* Dandotpala.

*विश्वदेवता f. Pl. *die* Viçve Devâs.

विश्वदेवनेत्र Adj. *von den* Viçve Devâs *geführt.*

*विश्वदेवभक्त Adj. etwa *von Verehrern der* Viçve Devâs *bewohnt.*

विश्वदेववत् Adj. *mit allen Göttern verbunden.*

विश्वदेव्य und °देविन्न Adj. *auf alle Götter bezüglich, bei allen Göttern beliebt* u. s. w.

विश्वदेव्यावत्, विश्वदेविन्नावत् Adj. 1) dass. — 2) *mit den* Viçve Devâs *verbunden* Vaitân.

विश्वदैव und °दैवत n. *das unter den* Viçve Devâs *stehende Mondhaus* Uttarâshâḍhâ.

विश्वदोहस् Adj. *Alles milchend* R̥V. 1,130,5.

विश्वद्राञ्च् fehlerhaft für विषद्राञ्च्.

विश्वध und विश्वधा Adv. *auf alle Art, allezeit.*

विश्वधर 1) Adj. *Alles erhaltend* als Beiw. Vishṇu's Vishṇus. 98,69. — 2) m. N. pr. eines Mannes.

विश्वधरण n. *die Erhaltung des Weltalls.*

1. विश्वधा Adv. s. u. विश्वध.

2. विश्वधा 1) Adj. *allerhaltend.* — 2) *f. *die Erhaltung des Weltalls.*

विश्वधातर् Nom. ag. *Allerhalter.*

विश्वधामन् n. *die allgemeine Heimat.*

विश्वधायस् Adj. *allnährend, allerhaltend.*

विश्वधार N. pr. 1) m. eines Sohnes des Medhâtithi. — 2) n. des von diesem beherrschten Varsha.

*विश्वधारिणी f. *die Erde.*

विश्वधावीर्य Adj. *auf alle Art wirksam* AV.

विश्वधृक् und °धृत् Adj. *Alles tragend,* — *erhaltend.*

विश्वधेन Adj. (f. आ) *alltränkend.*

*विश्वधेनु anzunehmen für *वैश्वधेनव und *°धैनव.

विश्वनगर m. N. pr. eines Mannes.

विश्वनन्द n. N. pr. eines geistigen Sohnes Brahman's VP.[2] 1,79.

*विश्वनर Adj. = विश्वे नरा यस्य.

विश्वनाथ m. 1) *Allbehüter, Allherrscher* als Bein. Çiva's Ind. Antiq. 9,185. — 2) N. pr. verschiedener Männer. Auch °कविराज, °चक्रवर्तिन्, °तर्कालंकार, °दीक्षित, °देव, °दैवज्ञ, °पञ्चानन (Burnell, T.), °पञ्चाननभट्टाचार्य, °पञ्चाननभट्टाचार्यतर्कालंकार, °पण्डित, °भट्ट, °भट्टाचार्य, °राय, °सिंह und °सूरि (Burnell, T.).

विश्वनाथचरित्र n. Titel eines Werkes Opp. Cat. 1.

विश्वनाथतात्तक n. Titel eines Werkes Ind. St. 2,252.

विश्वनाथनगरी f. *die Stadt* Viçvanâtha's, d. i. Kâçî. °स्तोत्र n.

विश्वनाथभट्टीय n. *das von* Viçvanâthabhatta *verfasste Werk* Opp. Cat. 1.

विश्वनाथस्तोत्र n. und विश्वनाथाष्टक n. Titel von Werken Burnell, T.

विश्वनाथीय 1) Adj. *von* Viçvanâtha *verfasst.* — 2) Titel eines Werkes Opp. Cat. 1.

*विश्वनाभ m. Bein. Vishṇu's.

विश्वनाभि f. *der Nabel des Weltalls.*

विश्वनामन् Adj. (f. °नाम्नी) *allnamig.*

विश्वनिघण्टु m. Titel eines *Wörterbuchs* Opp. Cat. 1.

विश्वंतर 1) *Adj. *Alles überwindend* (Buddha). — 2) m. N. pr. *a)* eines Fürsten. — *b)* einer best. Erscheinungsform Çâkjamuni's in einer früheren Geburt.

विश्वपत्त m. N. pr. eines Autors mystischer Gebete.

विश्वपति m. 1) *Herr des Alls* als Beiw. Mahâpurusha's und Kr̥shṇa's. — 2) *ein best. Feuer.*

— 3) N. pr. eines Autors Burnell, T.

विश्वपद्ध Adj. Hariv. 14120 fehlerhaft für विश्वपा.

*विश्वपर्णी f. *Flacourtia cataphracta* Râgan. 5,91.

विश्वपा Adj. *Alles schützend* Hariv. 3,67 am Ende.

विश्वपाचक Adj. *Alles kochend* (Feuer).

विश्वपाणि m. N. pr. eines Dhjânibodhisattva.

विश्वपातृ Nom. ag. *eine best. Gruppe von Manen.*

विश्वपादशिरोग्रीव Adj. *dessen Füsse, Kopf und Hals aus dem Weltall gebildet sind.*

विश्वपाल m. N. pr. eines Kaufmanns.

विश्वपावन 1) Adj. (f. ई) *allreinigend.* — 2) f. ई *Basilienkraut.*

विश्वपिश् Adj. *allgeschmückt.*

विश्वपुष् Adj. *allnährend.*

विश्वपूजित 1) *Adj. *allgeehrt.* — 2) f. आ *Basilienkraut.*

विश्वपूज्य Adj. *allverehrungswürdig* M. Müller, Ren. 300.

विश्वपेशस् Adj. *allen Schmuck enthaltend, mit allem Schmuck ausgestattet.*

विश्वप्रकाश m., °प्रकाशिका f. (Burnell, T.) und °प्रकाशिन् m. Titel eines Wörterbuchs.

विश्वप्रबोध Adj. *allerweckend, allerleuchtend.*

विश्वप्री Bez. *des Abschnitts* TBr. 3,11,5.

*विश्वप्सन् m. = देव, वह्नि, चन्द्र, समीरण, कृतान्त, सूर्य und विश्वकर्मन्.

*विश्वप्सा m. *Feuer.*

विश्वप्सु Adj. *allgestaltig.*

विश्वप्स्न्य, विश्वप्स्निय 1) Adj. *allgestaltig oder allgeniessbar.* Instr. f. °प्स्न्या. — 2) n. Dat. etwa so v. a. *zu Aller Sättigung.*

विश्वबन्धु m. *ein Freund der ganzen Welt.*

विश्वबीज n. *der Same von Allem.*

*विश्वबोध m. *ein* Buddha.

विश्वभण्ड m. N. pr. eines Mannes Hâsj. 35,16.

विश्वभद्र Adj. *durchweg erfreulich, — lieblich* u. s. w.

विश्वभरस् Adj. *allerhaltend, allnährend* Âpast. Çr. 11,15,1.

विश्वभर्तृ Nom. ag. *Allerhalter.*

विश्वभव Adj. *aus dem Alles entsteht.*

विश्वभानु Adj. *allscheinend.*

विश्वभाव Adj. *der Alles werden lässt.*

विश्वभावन 1) Adj. *dass.* — 2) m. N. pr. eines geistigen Sohnes Brahman's VP.² 1,79.

विश्वभुज् 1) Adj. *Alles geniessend, — verzehrend* Maitrjup. 6,9. — 2) m. *a) ein best. Feuer.* — *b) eine best. Gruppe von Manen.* — *c)* N. pr. eines Sohnes des Indra.

विश्वभुजा f. N. pr. einer Göttin.

विश्वभू m. N. pr. eines Buddha Kârand. 24,14. 20. 44,20.

*विश्वभूत Adj. *Alles seiend.*

विश्वभृत् Adj. *allerhaltend, allnährend.*

विश्वभेषज 1) Adj. (f. ई) *alle Heilmittel enthaltend, allheilend.* — 2) n. *trockener Ingwer.*

विश्वभोजस् Adj. *allmittheilend, allspendend, allnährend.*

विश्वभ्राज् Adj. *Alles bestrahlend* R̥V. 10,170,3.

*विश्वमदा f. *eine der sieben Zungen des Feuers.*

विश्वमनस् 1) Adj. *Alles merkend.* — 2) m. N. pr. eines Mannes.

विश्वमनुस् Adj. *so v. a.* विश्वकृष्टि.

विश्वमय Adj. *das Weltall in sich enthaltend* Hemâdri 1,332,13.

विश्वमह m. *eine best. Personification* Çâṅkh. Gr̥hj. 3,5. Vgl. महाविश्व Nachtr. 6.

विश्वमहत्त् m. N. pr. eines Sohnes des Viçvaçarman VP.² 3,163.

विश्वमहस् Adj. *allgewaltig* oder *allergötzlich.*

विश्वमहेश्वर m. *der grosse Herr des Alls* (Çiva).

°मताचार (°मताचार gedr.) m. Titel eines Werkes.

विश्वमातृ f. *Allmutter.*

*विश्वमानव anzunehmen für *वैश्वमानव.

विश्वमानुष m. *die Gesammtheit der Menschen.*

विश्वमित्र m. Pl. AV. 18,3,63 (fälschlich betont). 4,54 wohl gleich विश्वामित्र Pl.

विश्वमिन्व Adj. (f. आ) 1) *allbewegend, alltreibend.* — 2) *allwaltend, allenthaltend.*

विश्वमुखी f. Name der Dâkshâjaṇî in Gâṃdhara.

विश्वमूर्ति 1) Adj. *allgestaltig oder dessen Leib das Weltall ist.* — 2) m. *eine best. Mixtur* Rasendrak. 86.

विश्वमूर्तिमत् Adj. *allgestaltig, alle Formen annehmend* MBh. 3,272,31.

विश्वमेजय Adj. *allaufregend* R̥V.

विश्वमेदिनी f. Titel eines Wörterbuchs.

विश्वमोहन Adj. *allverwirrend.*

विश्वंभर 1) Adj. (f. आ) *alltragend, allerhaltend.* — 2) m. *a) Feuer* Çat. Br. 14,4,3,16 = Kaush. Up. 4,20. — *b) eine Art Scorpion* (Karaka 6,23) *oder ein ähnliches Thier.* — *c)* Bein. α) Vishṇu's. — β) *Indra's. — *d)* N. pr. eines Fürsten. — 3) f. विश्वंभरा *die Erde* Spr. 7720. Ind. Antiq. 9,128.131.

विश्वंभरक m. = विश्वंभर 2) *b).*

विश्वंभरकुलाय m. *Feuerbehälter* Çat. Br. 14,4, 3,16 = Kaush. Up. 4,20.

विश्वंभरवास्तुशास्त्र (Hemâdri 1,123,14) und °भरशास्त्र n. Titel von Werken.

विश्वंभराधीश्वर m. *Fürst, König* Bhâm. V. 2,89.

विश्वंभरापुत्र m. Metron. *des Planeten Mars* Vâstuv. 375.

विश्वंभराभुज् m. *Fürst, König.*

*विश्वयशस् m. ein Mannsname.

विश्वयामति Adj. *allenthalben aufmerkend* R̥V. 8,57 (68),2. Nach dem Padap. zwei Worte.

*विश्वयु m. *Wind, Luft.*

विश्वयोनि m. oder f. *Urquell —, Schöpfer des Weltalls.*

विश्वरथ m. N. pr. 1) eines Sohnes des Gâdhi. — 2) eines Autors.

*विश्वराज् Adj. vor vocalisch anlautenden Casusendungen = विश्वराज्.

विश्वराधस् Adj. *allgewährend.*

विश्वरुचि m. N. pr. 1) eines göttlichen Wesens. — 2) eines Dânava.

विश्वरुची f. *eine der sieben Zungen des Feuers.*

1. विश्वरूप n. Sg. *allerlei Gestalten.* °धर Adj. VP. 5,1,51.

2. विश्वरूप 1) Adj. (f. आ und विश्वरूपी) *a) alle Farben zeigend, vielfarbig, bunt.* — *b) vielgestaltig, mannichfaltig, verschiedenartig, allerlei.* — 2) m. *a)* Bez. *bestimmter Kometen.* — *b)* Bein. Vishṇu-Kr̥shṇa's. — *c)* N. pr. α) eines Sohnes des Tvashṭar, dem Indra die drei Köpfe abschlug. — β) eines Asura. — γ) verschiedener Männer, insbes. Gelehrter. Auch विश्वरूपाचार्य. — 3) f. आ *a) eine bunte Kuh.* *Pl. *das Gespann* Br̥haspati's. — *b)* Bez. *gewisser Verse* (z. B. R̥V. 5,81,2). — 4) f. विश्वरूपी *eine der sieben Zungen des Feuers.* — 5) (wohl n.) Titel eines Werkes Opp. Cat. 1.

विश्वरूपक 1) n. *eine schwarze Art Aloeholz* Râgan. 12,90. — 2) f. °पिका N. pr. einer Joginî Hemâdri 2,a,101,13. 14.

विश्वरूपतीर्थ 1) n. N. pr. eines Tîrtha. — 2) m. N. pr. und ehrender Bein. eines Gelehrten.

विश्वरूपनिबन्ध m. Titel eines Werkes.

विश्वरूपमय Adj. Viçvarûpa (wohl Vishṇu-Kr̥shṇa) *darstellend* Agni-P. 37,13.

विश्वरूपवत् Adj. *in allerlei Formen erscheinend.*

विश्वरूपिन् 1) Adj. *dass.* — 2) f. °रूपिणी N. pr. einer Göttin.

विश्वरेतस् m. (sic) Bez. 1) *Brahman's. — 2) Vishṇu's.

*विश्वरोचन m. *Colocasia antiquorum.*

विश्वलोचन n. Titel eines Wörterbuchs.

विश्वलोप m. *ein best. Baum* TS. 3,3,8,2.

विश्वपद् m. wohl = Viçpered.

विश्वंवनि Adj. *allgewährend.*

विश्वंवत्त Adj. *das Wort* विश्व *enthaltend.*

विश्वंवर्पारि Adj. TBr. 2,8,9,2 nach dem Comm. = विश्वस्मिञ्जगति रश्मीनात्मा विस्तारयिता.

विश्वंवयस् 1) Adj. AV. 19,56,2 (Hdschr.). — 2) m. N. pr. in बम्ब° und बम्बा°.

*विश्ववह् (stark °वाह्, schwach विश्वौह्) Adj. (f. विश्वौह्नी).

विश्ववाच् f. *Allrede*, Bein. des Mahâpurusha.

विश्ववातिन् scheinbar Hariv. 11253, da दृश्य वा° zu lesen ist.

विश्वंवार 1) Adj. (f. आ) *alles Werthe —, alle Schätze enthaltend, — gebend u. s. w.* — 2) f. विश्ववारा N. pr. einer Liedverfasserin.

(विश्ववार्य) विश्वंवारिय Adj. = विश्वंवार 1).

विश्ववाम m. *der Behälter von Allem* MBh. 6, 65,52.

विश्वविख्यात Adj. *in der ganzen Welt bekannt.*

विश्वविजयिन् Adj. *Alles besiegend.*

1. विश्वविंद् Adj. *allkundig, allmerkend, allwissend.*

2. विश्वविंद् Adj. *allbesitzend.*

विश्वविद्वंस् Adj. *allwissend.*

विश्वविन्न Adj. in श्रं°

विश्वविभावन n. *das Erschaffen des Alls.*

विश्वविश्रुत Adj. *in der ganzen Welt bekannt.*

विश्वविश्व Adj. etwa *Alles im All seiend* (Vishnu).

विश्वविसारिन् Adj. *sich überallhin verbreitend.*

विश्ववृत्त m. *der Baum des Alls* (Vishnu).

विश्ववृत्ति f. *eine allgemeine Handlungsweise.*

विश्ववेद m. N. pr. eines Lehrers.

1. विश्ववेदस् Adj. = 1. विश्वविंद्.

2. विश्ववेदस् Adj. = 2. विश्वविंद्.

विश्वंव्यचस् Adj. *Alles in sich fassend, — aufnehmend.*

विश्वव्यापिन् Adj. *das All erfüllend.*

विश्वशंभु m. N. pr. eines Lexicographen.

विश्वंशंभू Adj. *Allen zur Wohlfahrt dienend* Maitr. S. 1,3,36 (42,8).

विश्वंशर्धस् Adj. *in ganzer Schaar, vollzählig.*

विश्वशर्मन् m. N. pr. des Vaters von Viçvamahant VP.² 3,163.

विश्वंशारद Adj. *alljährlich* oder *ein ganzes Jahr dauernd.*

विश्वश्रुच् Adj. *allstrahlend.*

विश्वंश्चन्द्र Adj. (f. आ) *allblinkend, bunt, schillernd.*

विश्वश्रद्धाज्ञानबल n. Bez. *einer der 10 Kräfte eines* Buddha.

विश्वंश्री Adj. *Alles fördernd* (Agni) Maitr. S. 1,3,36 (42,8).

विश्वश्रुष्टि Adj. *Allen willfahrend* RV. 1,128,1.

विश्वसंवनन n. *ein Mittel alle zu bezaubern.* °चूर्ण n. Vikramâṅkak. 11,48.

विश्वसंहार m. *allgemeine Vernichtung* Kathâs. 50,57.

विश्वसख m. *Jedermanns Freund.*

विश्वसत्तम Adj. *der allerbeste* (Kṛshṇa).

विश्वसनीय 1) Adj. *Vertrauen verdienend, — erweckend.* Nom. abstr. °ता f. *das Einflössen von Vertrauen.* — 2) n. impers. *Jmd* (Loc.) *zu trauen.*

विश्वसंप्लव m. *Weltuntergang* Bhâg. P. 3,17,15.

विश्वसंभव Adj. *aus dem Alles entspringt.*

विश्वसह 1) m. N. pr. verschiedener Männer. — 2) *f. आ *eine der sieben Zungen des Feuers.*

विश्वसहाय Adj. *im Verein mit —, nebst den* Viçve Devâs.

विश्वसाक्षिन् m. *Augenzeuge von Allem.*

विश्वंसामन् m. 1) *eine best. Personification.* — 2) N. pr. eines Liedverfassers.

विश्वसार 1) m. N. pr. eines Sohnes des Kshatraugas. — 2) n. Titel eines Tantra.

*विश्वसारक m. *Cactus indicus.*

विश्वसाह्व und °न् m. N. pr. eines Sohnes des Mahasvant.

विश्वसिंह m. N. pr. eines Fürsten.

विश्वसितव्य n. impers. *Jmd* (Loc.) *zu trauen.*

विश्वसुविंद् Adj. *Alles wohl verschaffend.*

विश्वसूं Adj. f. *allgebährend.*

विश्वसूत्रधृक् m. *der Baumeister des Weltalls* (Vishnu).

विश्वसृंज् (Nomin. °सृंक् und fehlerhaft °सृट्) Adj. *allschaffend*; m. *Schöpfer des Alls*, Bez. nicht näher bestimmter *schöpferischer Wesen.* Nach den Lexicographen Bein. Brahman's; Nârâjaṇa's Kâd. 2,1,8. विश्वसृजामयनम् *eine best. Feier* Âpast. Çr. 19,15.

विश्वसृंत् m. TBr. 2,8,1,4 nach dem Comm. = विश्वस्य स्रष्टा (also = विश्वसृंज्) oder — पाता.

विश्वसृष्टि f. *die Schöpfung des Alls.*

विश्वसेन m. 1) *der 18te* Muhûrta. — 2) N. pr. eines Lehrers.

*विश्वसेनराज् m. N. pr. des Vaters des 16ten Arhant's der gegenwärtigen Avasarpiṇî.

विश्वंसौभग Adj. *alles Glück bringend.*

विश्वस्त 1) Adj. s. u. 1. श्वस् mit वि. — 2) f. आ *Wittwe* Harshak. (ed. Bomb.) 362,4.

विश्वस्तघातक (Hem. Par. 1,59. Pañkat. ed. orn. 43,5, wo विश्वस्तघातको zu lesen ist) und विश्वस्तघातिन् (Kathâs. 37,23) Adj. *Vertrauensvolle zu Grunde richtend.*

विश्वस्तवञ्चक Adj. *Vertrauensvolle betrügend* Kathâs. 26,240.

*विश्वस्था f. 1) *Asparagus racemosus.* — 2) *Wittwe*; richtig विश्वस्ता.

विश्वस्पृश् Adj. *zu Allem dringend* (Mahâpurusha). v. l. दिवस्पृश्.

विश्वस्फटिक, °स्फाटि, °स्फाणि, °स्फार्णि, °स्फोणि, °स्फूर्जि und °स्फूर्ति m. N. pr. eines Fürsten von Magadhâ.

विश्वंह und विश्वंहा Adv. *allezeit, immerdar.*

विश्वहर्तर् Nom. ag. *Zerstörer der Welt* (Çiva).

विश्वहेतु m. *die Ursache von Allem* (Vishṇu).

विंश्वा RV. 2,18,7 nach Weber Adv. *allezeit, immerdar.*

विश्वाक्ष Adj. *überall Augen habend.*

विश्वाङ्ग Adj. *mit allen Gliedern versehen, vollständig.*

(विश्वाङ्ग्य) विश्वाङ्गिय Adj. *in allen Gliedern befindlich* AV. 9,8,5.

विश्वाची 1) Adj. f. etwa *allgemein.* — 2) f. a) *Lähmung der Arme und des Rückens.* — b) *eine best. Personification.* — c) N. pr. einer Apsaras.

*विश्वादिन m. N. pr.

विश्वाण्ड n. *das Weltei* Hemâdri 1,539,2.

विश्वातिथि m. *der Gast der ganzen Welt*, so v. a. *überall hinkommend* (Râvaṇa's Wagen) Bâlar. 119,10.

विश्वातीत Adj. *über Alles erhaben.*

विश्वात्मक Adj. *das Wesen der Welt bildend.*

विश्वात्मन् m. 1) *die Allseele*, oft als Bein. Vishṇu's. — 2) विश्वात्मनस् *dem ganzen Wesen nach, vollständig* (Jmd kennen) Hariv. 3,3,15.

विश्वाद Adj. *Alles aufzehrend.*

विश्वादर्श m. Titel eines Werkes.

*विश्वाधायस् m. *ein Gott.*

विश्वाधार m. *die Stütze des Alls.*

विश्वाधिप m. *der Herr des Alls.*

विश्वानर 1) Adj. *auf alle Männer* (*Menschen*) *bezüglich, alle M. umfassend, bei allen Menschen vorhanden u. s. w.* — 2) m. N. pr. a) *einer Gottheit.* — b) *des Vaters des* Agni. — c) *eines Mannes.*

विश्वानर m. N. pr. eines Fürsten.

विश्वान्नं n. *Speisen für Alle* oder *alles Essen* AV. 9,3,16.

विश्वापुष् Adj. *allgemeines Gedeihen schaffend.*

विश्वापसु Adj. *allgestaltig.*

विश्वाभुं Adj. *in Allem —, allenthalben seiend.*

विश्वामित्र 1) m. a) N. pr. α) eines berühmten

Ṛshi mit den Patronn. Gâthina, Gâdheja und Ǵâhnava. Kämpft mit Vasishṭha um den Vorrang und um den Besitz einer Wunderkuh; soll ein Gesetzbuch, den Dhanurveda und ein medicinisches Werk verfasst haben. Pl. *sein Geschlecht.* — β) eines Schullehrers. — *b*) *ein best.* Ḱaturaha; vollständig विश्वामित्रस्य संजयः. — *c*) *ein best.* Anuvâka. = विश्वामित्रस्यानुवाकः. — 2) f. विश्वामित्रा N. pr. eines Flusses.

विश्वामित्रकल्प m. Titel eines Werkes.

विश्वामित्रजमदग्नि m. Du. Viçvâmitra und Ǵamadagni ṚV. 10,167,4.

विश्वामित्रनदी f. N. pr. eines *Flusses.*

विश्वामित्रपुर n. oder °पुरी f. N. pr. einer *Stadt.* Davon Adj. °पुरीय Pratiǵnâs. 83, N. 3.

विश्वामित्रप्रिय m. 1) * *Cocosnussbaum.* — 2) Bein. Kârttikeja's.

विश्वामित्रराशि m. N. pr. eines Mannes Ind. Antiq. 6,211.

विश्वामृत Adj. etwa *für allezeit unsterblich.*

विश्वायन Adj. *überall hindringend, allwissend.*

विश्वायु 1) Adj. so v. a. विश्वकृष्टि. — 2) m. N. pr. eines Sohnes des Purûravas. Es könnte auch विश्वायुस् gemeint sein. — 3) n. *alle Leute.*

विश्वायुपोषस् Adj. *allen Menschen Gedeihen schaffend.*

विश्वायुवेपस् Adj. *alle Leute erregend, — schrekkend.*

विश्वायुस् 1) m. s. u. विश्वायु 2). — 2) n. *Gesammtleben, Gesammtgesundheit* (in einer Formel).

विश्वाराज् Adj. *allherrschend.* Vgl. *विश्वराज्.

विश्वावट्ट m. N. pr. eines Mannes.

विश्वावत्त Adj. etwa *allgemein.* Als Beiw. der Gaṅgâ angeblich = विश्वमवत्ती पालयत्ती.

विश्वावसु 1) Adj. *Allen wohlthuend* (Vishṇu). — 2) m. *a*) N. pr. α) eines Gandharva. — β) eines Sâdhja. — γ) eines Marutvant. — δ) eines Sohnes des Purûravas, eines zu den Viçve Devâs gezählten Wesens. — ε) eines Fürsten der Siddha. — ζ) eines Sohnes des Ǵamadagni MBh. 3,116,10. — η) *eines Manu. — ϑ) eines Dichters. — *b*) *das 39ste Jahr im 60jährigen Jupitercyclus.* — *c*) *der 7te* Muhûrta AV. Ǵjot. 1, 8. 2,7. — 4) *f. *Nacht.*

विश्वावास m. *der Behälter von Allem.*

विश्वास m. (adj. Comp. f. आ) 1) *Vertrauen, — zu* (Loc., Gen., Instr., Instr. mit सह oder im Comp. vorangehend). — 2) *ein anvertrautes Geheimniss.*

विश्वासकारक Adj. (f. °रिका) *Vertrauen einflössend* Spr. 3119.

विश्वासकार्य n. *Vertrauensangelegenheit, Vertrauenssache* 146,28.

विश्वासघात m. *Bruch des Vertrauens, Verrath.*

विश्वासघातक und °घातिन् (MBh. 3,14,12) Adj. *das Vertrauen brechend, verrätherisch.*

विश्वासदेवी f. N. pr. einer *Fürstin.*

विश्वासन n. *das Erwecken von Vertrauen.*

विश्वासपात्र n. und विश्वासभूमि f. (140,8. 144,9) *eine des Vertrauens würdige Person.*

विश्वासस्थान n. *Bürgschaft.*

विश्वासॆह् (stark °साह्) Adj. *allüberwindend.*

विश्वासहन्तर् und °कर्तर् (wohl fehlerhaft) Nom. ag. *Verräther.*

विश्वासिक Adj. *Jmds* (Gen.) *Vertrauen besitzend.* Compar. °तर.

विश्वासिन् Adj. 1) *vertrauend, Vertrauen habend.* — 2) *Vertrauen besitzend, zuverlässig.*

विश्वासैकभू f. *die einzige des Vertrauens würdige Person.*

विश्वास्य Adj. 1) *worauf* oder *auf wen man sich verlassen kann, Vertrauen verdienend, — einflössend.* Compar. °तर Daçak. 56,16. — 2) *dem man Muth zusprechen kann, Trost findend.*

विश्वाहा Adv. = विश्वहा *allezeit, immerdar.*

विश्वेक्षितर् Nom. ag. *Augenzeuge von Allem* Prab. 108,15. v. l. विश्वेशितर्.

विश्वेदेव 1) m. *a*) Pl. *die* Viçve Devâs. — *b*) Bez. *der Zahl 13* am Schluss der Saṁdehavishaushadhi nach Weber. — *c*) Bein. Mahâpurusha's. — *d*) N. pr. α) एवा पित्रे °देवाय वृष्णे Kâṭh. 17,18. — β) eines Asura Hariv. 3,51,21. — 2) *f. आ *Uraria lagopodioides* Râǵan. 4,106.

*विश्वेदेवर् m. *Klitoris.*

*विश्वेभोजस् m. Bein. Indra's.

*विश्वेवेदस् m. Bein. Agni's.

1. विश्वेश 1) m. *a*) *der Herr des Weltalls,* Beiw. und Bein. Brahman's, Vishṇu's und Çiva's. — *b*) N. pr. eines Mannes. — 2) f. आ N. pr. einer Tochter Daksha's und Gattin Dharma's. — 3) n. Name eines Liṅga.

2. विश्वेश n. *das unter den* Viçve Devâs *stehende Mondhaus* Uttarâshâḍhâ.

विश्वेशितर् Nom. ag. *der Herr des Weltalls* Prab. 108,15, v. l.

1. विश्वेश्वर 1) m. *a*) *der Herr des Weltalls.* — *b*) N. pr. verschiedener Männer. Auch °तीर्थ, °पण्डित, °पूज्यपाद, °भट्ट, °मिश्र, °सरस्वती, विश्वेश्वराचार्य (Burnell, T.), विश्वेश्वरानन्दसरस्वती und विश्वेश्वराश्रम. — 2) f. ई *a*) *die Herrin des Weltalls.* — *b*) *eine best. Pflanze.* — 3) (wohl n.) N. pr. einer Oertlichkeit.

2. विश्वेश्वर n. = विश्वेश.

विश्वेश्वरदत्तमिश्र m. N. pr. eines Mannes.

विश्वेश्वरपत्तन n. Bein. der *Stadt* Benares M. Müller, Ren. 314, N. 2.

विश्वेश्वरलिङ्ग n. Name eines Liṅga.

विश्वेश्वरवेदपादस्तव m. Titel eines Stotra Opp. Cat. 1.

विश्वेश्वरस्थान n. N. pr. einer Oertlichkeit.

विश्वेश्वरस्मृति f. und विश्वेश्वरीय n. Titel von Werken Opp. Cat. 1.

विश्वैकसार n. N. pr. eines heiligen Gebietes.

विश्वौजस् Adj. *allkräftig.*

*विश्वौषध n. *trockener Ingwer* Râǵan. 6,25.

*विश्वौही s. u. विश्ववह्.

(विश्व्या) विश्विया Adv. *überall,* mit einer Negation *nirgends.*

1. विष्, विविष्टि, अवेषन् (ṚV. 1,178,2 und episch), वेषत्तीस् (ṚV. 1,181,6) und Intens. वेवेष्टि, *वेविष्टे, वेविषति, वेविषत् (Partic.) und वेविषाण; Partic. विष्ट. 1) *wirken, thätig sein; zu Stande bringen, ausrichten, thun.* — 2) von Gewässern so v. a. *rinnen* ṚV. 1,178,2. 181,6. — 3) *dienend thätig sein* oder *ausführen, dienen.* — 4) *fertig bringen,* so v. a. *bewältigen, in die Gewalt bekommen, beherrschen.* — 5) eine Speise *fertig bringen,* so v. a. *aufzehren.* — 6) वेविषाण etwa so v. a. *unterstützt von* (Instr.). — 7) *enthalten sein in* (Acc.) Tattvak. 19,2. — Caus. वेषयति *bekleiden* Bhâg. P. 11,1,14. — Mit आ in *आवेषण. — Mit उप 1) *besorgen, bedienen;* mit Acc. — 2) *sich aneignen* ṚV. 10,61,12. — Mit नि in निवेष्य und निवेष्य. — Mit निस् fehlerhaft für 1. विश् mit निस्. — Mit परि 1) *bedienen, aufwarten, Jmd* (Acc.) *Speisen auftragen* 42,9. MBh. 3, 99,5. 13,23,47. 14,85,42. परिविष्यमाण so v. a. *beim Essen seiend.* — 2) *ein Mahl —, Speisen zurüsten, — anrichten* MBh. 13,23,9.10. परिविष्ट *zugerüstet, angerichtet* (Speise). — 2) परिविष्यते *einen Hof bekommen* oder *haben* (von Sonne und Mond) Gobh. 4,5,31. परिविष्ट *mit einem Hofe versehen.* — Caus. 1) *Jmd* (Acc.) *Speisen auftragen* MBh. 1,193,9. — 2) *Speisen zurichten, — anrichten* Ḱampaka 301. — Mit प्रवि (प्रवी) Desid. in प्रवीविविक्षु. — Mit सम् 1) *zubereiten, beschaffen.* — 2) संविष्ट *gekleidet in* (Instr.).

2. विष् Adj. 1) *aufzehrend* in जराद्विष्. — 2) * = व्यापन.

3. विष् f. *faeces,* auch *Unreinigkeit* überh.

4.*विष्, वेषति (सेचने).

5.*विष्, विष्णाति (विप्रयोगे).

1. विँष m. 1) *Diener, Aufwärter, Besorger.* — 2) N. pr. eines Sâdhja Hariv. 3,12,46.

2. विषँ 1) (*m.) n. (adj. Comp. f. आ) *a) Gift.* — *b)* **ein best. vegetabilisches Gift,* = वत्सनाभ. — *c) Wasser.* — *d) mystische Bez. des Lautes* म. — 2) Adj. (f. आँ) *giftig.* — 3) f. विषा *ein Aconitum* Bhâvapr. 1,178.

3. विष Nom. act. in दुर्विष.

4. विष् = 3. विष् in विषकृमि und वीतविष्.

5.*विष n. 1) fehlerhafte Schreibart für बिस. — 2) *Myrrhe.*

*विषकण्टकिनी f. *eine best. Arzeneipflanze* Râǵan. 3,50.

*विषकन्द m. *ein best. Knollengewächs* Râǵan. 7,78.

विषकन्यका (Vivekav. 5,117) und °कन्या (ebend. 127) f. *ein Mädchen, das angeblich dem, der ihm beiwohnt, den Tod bringt.*

*विषकाष्ठ n. *Thespesia populnea* Râǵan. 9,98.

विषकुम्भ m. *ein Krug mit Gift* 143,2.

विषकृत Adj. *vergiftet* Spr. 7643.

विषकृमि m. *Mistkäfer.*

विषगिरिँ m. *Giftberg.*

*विषघा f. *Cocculus cordifolius.*

विषघात m. *Giftarzt.*

विषघातक m. *Giftmörder.*

*विषघातिन् m. *Mimosa Serressa.*

विषघ्न 1) Adj. *Gift zerstörend.* — 2) n. *Antidoton.* — विषघ्नी s. u. विषहन्.

*विषघ्निका f. *eine Strychnos* Râǵan. 9,152.

विषङ्ग m. *das Hängen an* in निर्विषङ्ग.

विषङ्गिन् Adj. 1) *hängen bleibend, dicht aneinander gedrängt* Çiç. 17,53. 63. — 2) am Ende eines Comp. *behaftet* —, so v. a. *gesalbt mit.*

विषज्रुम m. *Giftbaum* Çiç. 15,83 (49).

विषजल n. *Giftwasser.*

विषँजिह्व 1) Adj. *giftzüngig.* — 2) *m. *Lipococercis serrata.*

विषजुष्ट Adj. *vergiftet.*

*विषज्वर m. *Büffel.* v. l. विषवर.

*विषणि m. *eine Schlangenart.*

*विषण्ड n. = मृणाल.

विषण्ण s. u. 1. सद् mit वि.

*विषण्णता f. *Bestürzung, Niedergeschlagenheit, Verzagtheit, Verzweiflung.*

विषण्णभाव m. dass. Daçak. 23,12.

विषतरु m. *Giftbaum* Vâsav. 71,4.

विषता f. *das Giftsein* Varâh. Jogaj. 4,5.

*विषतिन्दु m. 1) *Strychnos nux vomica* Râǵan. 9,149. — 2) *eine Art Ebenholzbaum mit giftiger Frucht* Bhâvapr. 1,243.

*विषतिन्दुक m. *eine best. Pflanze* Bhâvapr. 6,26.

विषत्व n. *das Giftsein, giftige Natur* Vishnus. 13,6.

*विषत्वर m. v. l. für विषज्वर.

1. विषद् 1) m. *Wolke* Çiç. 15,107 (73). — 2) *f. आ *eine best. Pflanze.*

2. विषद् fehlerhaft für विशद.

*विषदंष्ट्रा f. *eine best. gegen Schlangengift angewandte Pflanze.*

विषदण्ड m. = विषापहारदण्ड Pańkad.

*विषदन्तक m. *eine Schlange mit Giftzähnen.*

*विषदर्शनमृत्युक m. *eine Fasanenart.*

विषदायक und °दायिन् (Kâm. Nîtis. 7,26) m. *Giftmischer.*

विषदूँषण 1) Adj. (f. ई) *Gift zerstörend* AV. 8,7,10. — 2) n. *das Vergiften* (von Speisen) Kâm. Nîtis. 7,18.

विषद्रुम m. 1) *Giftbaum.* — 2) **Strychnos nux vomica* Râǵan. 9,149.

*विषद्विषा f. *eine* Guḍûkî Dhanv. 1,1.

विषधर 1) m. *a) Giftschlange.* — *b) Wasserbehälter.* Am Ende eines adj. Comp. f. आ Vâsav. 102,1. — 2) f. ई f. zu 1) *a)* Ind. St. 14,388.

*विषधर्मा f. *Mucuna pruritus.*

*विषधात्री f. N. pr. der Gattin Ǵaratkâru's.

विषधाँन m. *Giftbehälter.*

विषनाडी f. *ein best. unheilbringender Zeitpunct* (für die Geburt), *dessen Folgen durch eine Sühnungshandlung abzuwenden sind.*

*विषनाशन 1) Adj. *Gift zerstörend.* — 2) m. *Mimosa Serressa.*

*विषनाशिन् 1) Adj. = विषनाशन 1). — 2) *f. °शिनी *die Ichneumonpflanze* Bhâvapr. 1,174.

*विषनुद् 1) Adj. *Gift vertreibend.* — 2) m. *Calosanthes indica.*

विषपत्रिका f. *eine best. Pflanze mit giftigen Blättern.*

विषपन्नग m. *Giftschlange.*

*विषपर्णी f. = न्यग्रोध.

विषपर्वन् m. N. pr. eines Daitja.

विषपादप m. *Giftbaum.*

विषपीत Adj. *der Gift getrunken hat* Hariv. 4840.

*विषपुच्छ Adj. (f. ई) *Gift im Schwanze bergend.*

*विषपुट m. N. pr. eines Mannes. Pl. *seine Nachkommen.*

1. विषपुष्प n. 1) *eine giftige Blüthe.* — 2) **die Blüthe der blauen Wasserrose.*

2.*विषपुष्प 1) Adj. *giftige Blüthen habend.* — 2) m. *Vangueria spinosa.*

*विषपुष्पक 1) Adj. *a) giftige Blüthen habend.* — *b) durch den Genuss giftiger Blumen erzeugt* (Fieber). — 2) m. *Vangueria spinosa* Râǵan. 8,68. Bhâvapr. 1,173.

विषप्रस्थ m. N. pr. eines Berges.

*विषभद्रा f. *eine Art Croton* Râǵan. 6,163. v. l. भिषग्भद्रा.

*विषभद्रिका f. desgl.

विषभिषज् m. *Giftarzt.*

*विषभुजंग m. *Giftschlange.*

विँषम 1) Adj. (f. आ) *a) uneben.* — *b) ungleich, unähnlich, verschiedenartig, wechselnd.* — *c) unpaar, ungerade.* — *d) was nicht mehr ohne Bruch getheilt werden kann* (z. B. 1 unter 2, 2 unter 3, 3 unter 4 u. s. w.). — *e) worüber man nicht glatt hinwegkommen kann, beschwerlich, schwierig* (auch so v. a. *schwer zu verstehen* Spr. 7822), *schlimm, gefährlich, schrecklich, bösartig, feindselig, grässlich, fürchterlich, schlecht, gemein.* विषम° Adv. *schrecklich* Çiç. 15,107 (73). — *f) unpassend, falsch, unrichtig.* — *g) unehrlich.* — 2) m. *ein best. Tact* S. S. S. 211. — 3) f. विषमी Titel eines Werkes Opp. Cat. 1. — 4) n. *a) Unebenheit, rauher —, unwegsamer Boden, schlechter Weg* Gaut. 9,32. Âpast. समविषमेषु *auf ebenem und unebenem Boden* Çiç. 17,46. — *b) Abgrund.* — *c) rauhe Pfade,* so v. a. *Noth, Bedrängniss, Ungemach.* — *d) Ungleichmässigkeit.* Instr. so v. a. *ungleichmässig* 230,9. — *e)* in der Rhetorik *Incongruenz, Unvereinbarkeit* 252,6. — *f)* भरद्वाजस्य विषमाणि Namen von Sâman Ârsh. Br.

विषमक Adj. *etwas uneben, nicht recht glatt* (Perlen).

विषमकर्ण Adj. *ungleiche Diagonalen habend.*

विषमकर्मन् n. *dissimilar operation; the finding of the quantities, when the difference of their squares is given, and either the sum or the difference of the quantities.*

विषमखात n. *a cavity, the sides of which are unequal: an irregular solid.*

विषमगत Adj. 1) *auf einem ungleichen Platze* —, so v. a. *höher oder niedriger sich befindend* Âpast. 1,14,15. — 2) *in Noth befindlich* Âpast. 1,7,20.

विषमचक्रवाल n. *Ellipse* (math.).

विषमचतुरश्र, °चतुर्भुज (Colebr. Alg. 39) und °चतुष्कोण m. *ein Viereck mit ungleichen Winkeln* (Seiten), *Trapez.*

*विषमच्छद m. = सप्तच्छद *Alstonia scholaris.*

विषमज्वर m. *unregelmässiges (chronisches) Fieber.*

विषमज्वराङ्कुशलौह m. *ein best. eisenhaltiges Präparat* RASENDRAK. 81.

विषमज्वरान्तकलौह m. desgl. Mat. med. 48.

विषमत्रिभुज m. *ein ungleichseitiges Dreieck.*

विषमत्व n. 1) *Ungleichheit, Verschiedenheit.* — 2) *Gefährlichkeit, Schrecklichkeit* VISHNUS. 13,6.

*विषमनयन und *विषमनेत्र Adj. *Augen von ungerader Zahl habend,* so v. a. *dreiäugig* (Çiva).

*विषमन्त्र m. *Schlangenbeschwörer.*

विषमपद Adj. (f. आ) 1) *ungleiche Schritte habend, — zeigend.* — 2) *ungleichfüssig* (Strophe).

*विषमपलाश m. = सप्तपलाश *Alstonia scholaris.*

विषमपाद Adj. (f. आ) *aus ungleichen Stollen bestehend.*

*विषमबाण m. = पञ्चबाण *der Liebesgott.*

*विषममय Adj. = विषमादागतः.

विषमय Adj. (f. ई, metrisch auch आ) *gifthaltig, giftig* VIVEK. 5,123.

विषमराग Adj. *ungleich nasalirt.* Nom. abstr. °ता f. RV. PRÂT. 14,4.

*विषमरूप्य Adj. = विषममय.

विषमर्च Adj. *eine ungleiche Anzahl von Versen habend* ÇÂÑKH. ÇR. 7,19,17.

*विषमर्दनिका, *°मर्दनी und *°मर्द्दिनी f. *eine best. Pflanze* RÂǴAN. 7,95.

विषमलक्ष्मी f. *fortuna adversa, Unglück* VARÂH. BṚH. S. 81,27.

विषमविलोचन m. = त्रिनयन Bein. Çiva's.

*विषमविशिख m. = पञ्चबाण *der Liebesgott.*

विषमवृत्त n. *ein Metrum mit ungleichen Stollen.*

विषमव्याख्या f. Titel eines *Commentars.*

विषमशर m. = पञ्चबाण *der Liebesgott* DAÇAK. 31,2.

विषमशिष्ट Adj. *ungenau vorgeschrieben.* Nom. abstr. °त्व n.

विषमशील m. 1) Bein. Vikramâditja's. — 2) Name des nach ihm benannten 18ten Lambaka im KATHÂS. — 3) PAÑḰAT. 188,9 fehlerhaft für °शिला *ein unebener Felsen.*

विषमश्लोकटीका f. Titel eines *Commentars* BURNELL, T.

विषमस्थ Adj. (f. आ) 1) *an einem Abgrunde —, an einer gefährlichen Stelle stehend.* — 2) *in Nöthen —, in bedrängter Lage sich befindend* 213,14.

विषमाक्ष m. = त्रिनयन Bein. Çiva's.

विषमाय्, °यते *uneben werden, — erscheinen.*

विषमायुध m. = पञ्चबाण *der Liebesgott.*

विषमाशन n. *ungleichmässiges Essen* (bald viel, bald wenig und zur Unzeit) BHÂVAPR. 2,168.

विषमित Adj. 1) *uneben —, unwegsam gemacht.* — 2) *ungleich gemacht, in eine schiefe Lage gebracht* ÇIÇ. 7,17. VÂSAV. 120,1. 2. — 3) *gefährlich —, feindselig geworden.*

1. विषमी f. s. u. विषम 3).

2. विषमी Adv. 1) mit कर् *a) uneben machen.* — *b) ungleich machen, in eine schiefe Lage bringen* Comm. zu ÇIÇ. 7,17. — *c) feindselig machen.* — 2) mit भू *ungleichmässig werden.*

विषमीभाव m. *Störung des Gleichgewichts* MBH. 6,5,9.

*विषमीय Adj. von विषम.

विषमुच् 1) Adj. *giftspeiend.* — 2) m. *Schlange* PRIJ. 1,9. HARSHAḰ. (ed. Bomb.) 316,14.

*विषमुष्टि m. 1) *Vanguiera spinosa* RÂǴAN. 8,68. — 2) = केशमुष्टि RÂǴAN. 4,185. BHÂVAPR. 1,289.

*विषमुष्टिक m. *Melia sempervirens* BHÂVAPR. 1,204.

*विषमृत्यु m. *eine Fasanenart.*

विषमेक्षण m. = विषमनयन Bein. *Çiva's* ÇIÇ. 13,39.

विषमेषु m. = पञ्चबाण *der Liebesgott* 146,22. ÇIÇ. 10,72.

*विषमोन्नत Adj. *uneben und zwar bergig.*

1. विषय m. (adj. Comp. f. आ) 1) *Gebiet, Bereich, Reich;* Pl. auch so v. a. *Ländereien.* — 2) *Gebiet, Bereich* in übertragener Bed., z. B. der Augen, des Gehörs, der Erkenntniss. विषये *im Bereich von,* so v. a. *in Bezug auf* (Gen. oder im Comp. vorangehend). अत्र विषये *in Bezug darauf* MBH. 13,116, 3. — 3) *ein Gebiet, auf dem man sich heimisch fühlt, das man beherrscht, Jmds Fach, — Sache.* विषये सति so v. a. *wenn es in mein* (dein u. s. w.) *Fach schlägt, wenn ich es weiss.* — 4) *Wirkungskreis, Erscheinungsgebiet.* Am Ende eines adj. Comp. so v. a. *sich manifestirend in, sich äussernd als.* — 5) *ein fest umgrenztes —, umschriebenes Gebiet.* छन्दसि विषये so v. a. *nur im* Veda. Am Ende eines adj. Comp. *unter eine ganz best. Kategorie fallend, ausschliesslich gehörend zu, stets — seiend.* — 6) *ein für Etwas* (Gen.) *geeigneter Boden, das am Platze Sein.* — 7) *das Object eines Sinneswerkzeuges* (Laut u. s. w.). Wenn मनस् zu den इन्द्रिय gezählt wird, erscheinen deren sechs. — 8) Bez. der *Zahl fünf.* — 9) Pl. (ganz ausnahmsweise auch Sg.) *die Sinnesobjecte als Gegenstände des Genusses, die Sinnenwelt, Sinnengenüsse.* n. (!) ÂPAST. 1,22,5. — 10) *Object* überh., der *behandelte oder zu behandelnde Gegenstand.* Am Ende eines adj. Comp. *sich beziehend auf, Etwas betreffend, gerichtet auf, beschäftigt mit.* — 11) *ein sich zu Etwas* (Dat., Gen. oder im Comp. vorangehend) *eignendes Object.* — 12) im Tropus *der eigentlich gemeinte Gegenstand* im Gegensatz zum *Bilde;* z. B. in der Figur *sie schaut mit klaren Lotusaugen* ist *Auge* विषय, *Lotus* विषयिन्.

2. विषय verwechselt mit विशय und त्रिषम.

विषयक am Ende eines adj. Comp. *Etwas zum Object habend, gerichtet auf —, Etwas betreffend.* Nom. abstr. °त्व n.

विषयग्राम m. *die Sinnenwelt.*

विषयचन्द्रिका f. Titel eines Werkes OPP. Cat. 1.

विषयज्ञ m. *Fachkenner, Specialist* RÂǴAT. 7,1542.

विषयता f. 1) *das Objectsein.* — 2) als Nom. abstr. von einem auf विषय ausgehenden adj. Comp. *das Etwas zum Object Haben, Betreffen, Sichbeziehen auf, Unterliegen* 266,1. 2. 268,23.

विषयतावाद m., °वादार्थ m. und विषयताविचार m. Titel von Werken.

विषयत्व n. 1) *das Objectsein, das Behandeltwerden in* (im Comp. vorangehend) 210,2. — 2) als Nom. abstr. von einem auf विषय ausgehenden adj. Comp. *a) das Beschränktsein auf Etwas.* छान्दसविषयत्वात् so v. a. *weil* dieses (Gen.) *nur im* Veda *erscheint.* — *b) das Etwas zum Object Haben, Betreffen, Sichbeziehen auf, Unterliegen.*

विषयपति m. *Gouverneur einer Provinz* Ind. Antiq. 11,159.

विषयपद्मक N. pr. eines Bezirks Ind. Antiq. 6,208.

विषयलौकिकप्रत्यक्षकार्यकारणभावरहस्य n. Titel eines Werkes.

विषयवत् Adj. 1) *auf sinnliche Objecte gerichtet.* — 2) *objectiv.*

विषयवर्तिन् Adj. *gerichtet auf* (Gen.).

विषयवाक्यदीपिका f. und °वाक्यसंग्रह m. Titel von Werken OPP. Cat. 1.

विषयवाद m. Titel eines Werkes BURNELL, T.

विषयवासिन् Adj. *ein Gebiet bewohnend;* m. *Landesbewohner.* अन्य° *in einem andern Lande wohnend.*

विषयसप्तमी f. *der Locativ in der Bedeutung von „in Bezug auf“.*

*विषयाज्ञान n. *das Nichterkennen der Objecte,* so v. a. *Erschlaffung, Abspannung* RÂǴAN. 20,28.

विषयात्मक Adj. *auf das Sinnliche gerichtet, den Sinnengenüssen fröhnend.*

विषयाधिकृत m. *Gouverneur einer Provinz.*

विषयाधिप m. 1) dass. — 2) *Landesherr, Fürst.*

विषयानन्तर Adj. *unmittelbar angrenzend.*

विषयान्त m. *Landesgrenze.*

विषयाभिमुखीकृति f. *das Richten* (der Sinne)

auf die Sinnenwelt.

*विषयायिन् m. 1) *Fürst.* — 2) *Sinnesorgan.* — 3) *ein an den Sinnengenüssen hängender Mensch, Materialist.* — 4) *der Liebesgott.*

विषयार्ह Adj. *auf Sinnengenüsse ein Recht habend* (Jugend) Hem. Par. 2,117.

विषयासिद्धदीपिका f. Titel eines Werkes Opp. Cat. 1.

विषयिक in दार्ष्टि° und समस्त°.

विषयित्व n. *das Subjectsein.*

विषयिन् 1) Adj. *den Sinnengenüssen fröhnend;* m. *ein Genussmensch, Materialist, ein Verliebter.* — 2) m. a) **Fürst.* — b) *ein Untergebener.* — c) *Subject, das Ich.* — d) **der Liebesgott.* — e) im Tropus *das Bild* im Gegensatz zum *eigentlich gemeinten Gegenstand;* vgl. 1. विषय 12). — 3) *n. *Sinneswerkzeug.*

विषयी Adv. 1) mit कर् a) *verbreiten.* — b) *in seinen Bereich —, unter seine Macht bringen, sich bemächtigen;* mit Acc. Harshak. 123,17. 124,10. — c) *zum Object machen* Çaṁk. zu Bâdar. 3,3,54. Comm. zu TS. Prât. — 2) mit भू a) *zu Jmds* (Gen.) *Bereich —, zu Jmds Gebiet werden.* — b) *zum Object werden.*

विषयीकरण n. *das zum Object Machen.*

विषयीभाव m. MBh. 3,13928 fehlerhaft für विषमीभाव.

विषयीय *Object.*

विषरस m. *Gifttrank.*

*विषरूपा f. *eine best. Pflanze.*

विषरोग m. *Vergiftung als Krankheit.*

*विषलता f. *Koloquinthe* (die Pflanze).

विषलाङ्गल *eine best. Pflanze.*

विषलाटा und °लाएटा f. N. pr. einer Oertlichkeit.

विषवत् Adj. *giftig, vergiftet.*

विषवल्लरी, °वल्लि und °वल्ली f. *ein giftiges Rankengewächs.*

विषविटपिन् m. *Giftbaum* Veṇîs. 20 (विषविटपिस° zu verbinden).

विषविद्या f. 1) *Giftkunde.* — 2) **ein gegen Gift angewandtes Zaubermittel.*

विषवृक्ष m. *Giftbaum.*

विषवैद्य 1) m. *Giftarzt, Giftbeschwörer.* — 2) Titel eines Werkes Opp. Cat. 1.

*विषवैरिणी f. *Kyllingia monocephala* Râǵan. 6,221.

विषव्यवस्था f. *der Zustand der Vergiftung, — eines Vergifteten* Daçak. 12,13.

*विषशालूक m. (!) *Lotuswurzel.* Richtig wohl बिस°.

विषशूक und *विषशृङ्गिन् m. *Wespe.*

*विषसंयोग m. *Mennig.*

*विषसूचक 1) Adj. *Gift verrathend.* — 2) m. *Perdix rufa.*

*विषसृक्किन् m. *Wespe.*

विषसेचन Adj. *Gift ausspritzend* Nidânas. 10,13.

1. विषह m. Nom. act. in दुर्विषह.

2.*विषह 1) Adj. *Gift zerstörend.* — 2) f. आ a) *Kyllingia monocephala* Râǵan. 6,221. — b) *eine best. Cucurbitacee* Râǵan. 3,46.

विषहन् 1) Adj. (f. विषघ्नी) *Gift zerstörend.* चिकित्सा so v. a. *Giftheilkunde* Karaka 6,3. — 2) *m. *eine Kadamba-Art* Râǵan. 9,105. — 3) f. विषघ्नी Bez. *verschiedener Pflanzen;* nach den Lexicographen *Hingcha repens, Ipomoea Turpethum, Cocculus cordifolius, Tragia involucrata* u. s. w. Râǵan. 3,57. 4,45. 116. 5,91. 118. 6,199. 9,48. 65.

*विषहन्तर् Nom. ag. 1) *Gift zerstörend.* — 2) f. °हन्त्री a) *Kyllingia monocephala* Râǵan. 6,221. — b) = अपराजिता.

विषहर 1) Adj. (f. ई) *Gift entfernend* 53,31. 64,2. — 2) m. N. pr. eines Sohnes des Dhṛtarâshṭra. — 3) f. (*आ) und ई Bein. der Göttin Manasâ.

विषहरचिकित्सा f. und °हरमन्त्रप्रयोग m. Titel von Werken Opp. Cat. 1.

विषहृदय Adj. *Gift im Herzen bergend.*

विषह्य Adj. 1) *ausführbar.* Mit कर्तुम् dass. — 2) *bezwingbar.* — Vgl. अविषह्य und दुर्विषह्य.

1. विषा Adj. f. und Subst. s. u. 2. विष.

2.*विषा Indecl. = बुद्धि.

विषाग्नि m. *brennendes Gift.*

विषाग्निपा Adj. *brennendes Gift trinkend,* Beiw. Çiva's.

*विषाग्रज m. *der ältere Bruder des Giftes,* bildliche Bez. des *Schwertes.*

विषाङ्कुर m. 1) *Giftschössling.* — 2) **Lanze.*

विषाङ्गना f. = विषकन्यका.

1. विषाण n. *das Ablassen* (einer Flüssigkeit).

2. विषाण 1)(*m.) f. आ (nur in der älteren Sprache) und n. a) *Horn.* Am Ende eines adj. Comp. f. आ und ई. — b) *Horn* als *Blasinstrument.* Unbestimmbar ob m. oder n. — c) *Hauzahn des Elephanten, — Gaṇeça's* oder *des Ebers.* *m. *f. — d) *Scheere eines Krebses.* Unbestimmbar ob m. oder n. — e) *Horn,* so v. a. *Spitze,* auch *der hornartig emporstehende Haarbüschel auf dem Scheitel* Çiva's. *m. *f. — f) *Spitze der Brust, Brustwarze.* Unbestimmbar ob m. oder n. — g) *Spitze,* so v. a. *das Beste in seiner Art.* धी° so v. a. *Schärfe des Verstandes.* Unbestimmbar ob m. oder n. — h) *Schlachtmesser.* Unbestimmbar ob m. oder n. कृपाण v. l. — 2) *f. ई Bez. *verschiedener Pflanzen: Odina pinnata, die indische Tamarinde, Tragia involucrata,* = ऋषभ, कर्कटशृङ्गी (Râǵan. 6,158) und क्षीरकाकोली. — 3) *n. *Costus speciosus* oder *arabicus.*

विषाणक 1) am Ende eines adj. Comp. = विषाण *Horn.* — 2) *m. *Elephant* Gal. — 3) f. विषाणकी *eine best. Pflanze.* — 3) f. °णिका Bez. *verschiedener Pflanzen.* Nach den Lexicographen *Odina pinnata* (Karaka 1,1 nach dem Comm.), *die Sennapflanze* (Râǵan. 3,120), *Asclepias geminata* (?), = कर्कटशृङ्गी (Râǵan. 6,158) und सातला.

विषाणवत् 1) Adj. a) *gehörnt* Kathâs. 71,143. — b) *mit Hauzähnen versehen.* — 2) m. *Eber.*

*विषाणान्त m. Bein. Gaṇeça's.

विषाणिन् 1) Adj. a) *gehörnt.* Nom. abstr. °णित्व n. — b) *mit Hauzähnen versehen.* — 2) m. a) *Elephant* Çiç. 12,77. 13,6. 19,46. — b) **Trapa bispinosa.* — c) **eine best. auf dem* Himavant *wachsende Knolle* (ऋषभ). — d) Pl. N. pr. eines Volksstammes. Nach Sâj. Adj. *Hörner in der Hand haltend.*

विषातकी f. von unbekannter Bedeutung.

विषाद् Adj. *Gift essend.*

विषाद m. (adj. Comp. f. आ) 1) *das Schlaffwerden, Erschlaffen.* — 2) *Bestürzung, Niedergeschlagenheit, Kleinmuth, Verzagtheit, Verzweiflung.* — 3) *Widerwille, Ekel.*

विषादन 1) Adj. *Bestürzung —, Verzweiflung bewirkend.* — 2) *f. ई *eine best. Schlingpflanze* Râǵan. 3,133. — 3) n. a) *das in Bestürzung Versetzen* Karaka 6,23. — b) = विषाद 2).

विषादवत् Adj. *niedergeschlagen, bestürzt, kleinmüthig.*

विषादिता f. und विषादित्व n. = विषाद 2).

1. विषादिन् Adj. *niedergeschlagen, bestürzt, kleinmüthig, verzagend.*

2. विषादिन् Adj. *Gift schluckend.*

*विषानन m. *Schlange.*

विषानल m. *brennendes Gift.*

*विषान्तक m. Bein. Çiva's.

विषान्न n. *vergiftete Speise* Daçak. 91,10.

विषापवादिन् Adj. *Gift besprechend.* °नी f. *ein solcher Spruch* Çâṅkh. Br. 29,1.

विषापह 1) Adj. *Gift vertreibend, — zerstörend.* — 2) *m. a) *ein best. Baum.* — b) Bein. Garuḍa's. — 3) *f. आ Bez. *verschiedener Pflanzen: Koloquinthengurke, Kyllingia monocephala* (Râǵan. 6, 221), *Artemisia vulgaris* oder *Alpinia nutans,*

Aristolochia indica und = सर्पकङ्कालिका.

विषापकरण n. *das Vertreiben —, Unschädlichmachen von Gift.*

विषापहार m. = विषापहरण. °स्तोत्र n. Bühler, Rep. No. 672.

विषापहारदण्ड m. *ein Zauberstab, durch den man Gift unschädlich macht*, Pańkad.

*विषाभावा f. *Kyllingia monocephala* Rāǵan. 6,221.

विषामृत n. *Gift und Nektar*, auch Titel eines Werkes.

विषामृतमय Adj. (f. ई) *aus Gift und Nektar gebildet, das Wesen von G. und N. habend.*

विषाय्, °यति (metrisch) und °यते *zu Gift werden.*

*विषायिन् Adj. gaṇa यवादि.

*विषायुध m. *Giftschlange.*

विषायुधीय m. *ein giftiges Thier.*

*विषार m. *Giftschlange.*

*विषाराति m. *eine Art Stechapfel* Rāǵan. 10,20.

विषारि m. *ein best. Antidoton.* Nach Rāǵan. 9, 63 *eine* Karańga-*Art*, nach 4,148 *eine best. Gemüsepflanze.*

*विषालु Adj. *giftig.*

विषासहि Adj. *überwältigend* (mit Gen.), *übermächtig.*

*विषास्य 1) Adj. *Gift im Munde führend.* — 2) m. *Giftschlange.* — 3) f. आ *Semecarpus Anacardium.*

*विषास्त्र n. *ein vergifteter Pfeil.*

विषास्वाद m. *Gift beim Schmecken* M. 11,9.

विषित s. u. 3. सा mit वि.

विषितस्तुक Adj. (f. आ) *mit aufgelösten Haaren.*

विषितस्तुग s. u. °स्तुप.

विषितस्तुप Adj. *mit aufgelöstem Schopfe* AV. 6,60,1 (nach den Hdschrr.). विषितस्तुग AV. Paipp.

विषिन् Adj. *vergiftet.*

विषी Adv. mit भू *zu Gift werden.*

विषु° Adv. *nach beiden —, nach verschiedenen Seiten.* *विषम् ved. Acc. = विषुवम्.

विषुण 1) Adj. *a) verschiedenartig, wechselnd* (Mond). — *b) abgewandt, abgeneigt.* — *c)* Loc. *abseits.* — 2) *m. = विषुव *Aequinoctium.*

विषुणाक् Adv. *nach verschiedenen Seiten hin.*

विषुद्रुह् RV. 8,26,15 nach Sāj. m. *Pfeil* (!).

*विषुप m. *Aequinoctium.*

विषुरूप Adj. (f. आ) *verschiedenfarbig, -artig.*

विषुव m. (*n.) *Aequinoctium.*

विषुवत्क in स° Nachtr. 6.

विषुवत्स्तोम m. *ein best.* Ekâha.

विषुवद्देश m. *ein Land unter dem Aequator* Comm. zu Ârjabh. 4,9.

विषुवद्वलय n. (Golādhj. 6,10. 17) und विषुवद्वृत्त n. *Aequator.*

विषुवत् und विषूवत् 1) Adj. (*an beiden Seiten gleichmässig theilnehmend* u. s. w.) *die Mitte haltend, in der M. befindlich.* — 2) m. *a) Mittelag* (in einer best. Jahresfeier). — *b) ein best.* Ekâha. — *c) Scheitelpunct, vertex* überh. — 3) *m. n. *Aequinoctium.*

विषुवन्मण्डल n. *Aequator.*

विषूकुह् Adj. *nach beiden Seiten gespalten, zweispaltig.*

विषूचक (nur Loc. metrisch MBh. 12,303.6) und विषूचिका f. *Indigestion mit Ausleerungen nach oben und nach unten* Ḱaraka 1,18. 3,2. 6,26. 8,2. Nach Wise *die Cholera in ihrer sporadischen Form* (!).

विषूचि m. oder f. = मनस् Bhâg. P.

विषूचिका s. u. विषूचक.

विषूची s. u. विष्वञ्च्.

विषूचीन 1) Adj. *nach den Seiten hinausgehend, auseinander fahrend, — stiebend, sich überallhin verbreitend.* — 2) n. = मनस् Bhâg. P.

विषूचीनकरण n. *das Auseinandermachen* Comm. zu Âpast. Çr. 10,8,14.

विषूवत् s. विषुवत्.

विषूवत् Adj. 1) *das Gleichgewicht haltend.* — 2) *gleichmässig vertheilt.* — 3) *neutral, unbetheiligt.*

विषोल्बण Adj. *voller Gift* MBh. 1,32,10.

*विषोषधी f. *Tiaridium indicum.*

*विष्क्, विष्कयति (दर्शने).

विष्क m. *ein zwanzigjähriger Elephant.* Vgl. विक्क.

विष्कन्ध n. *eine best. Krankheit.* Vgl. संस्कन्ध.

विष्कन्धदूषण Adj. *das* Vishkandha *verderbend.*

विष्कम्भ m. 1) *Stütze.* — 2) **Riegel.* — 3) **ein Pfosten, um den sich der Strick des Butterstössels windet.* — 4) *Breite, Durchmesser.* — 5) *Durchmesser eines Kreises.* — 6) = विष्कम्भपर्वत Mârk. P. 55,11. — 7) **Hinderniss.* — 8) in der Dramatik *Vorspiel am Anfange eines Actes, in welchem die Zuschauer mit dem bekannt gemacht werden, was ihnen zum Verständniss des Folgenden unumgänglich nothwendig ist.* — 9) **eine best. Stellung der* Jogin. — 10) *ein best. astrol.* Joga. — 11) **Baum.* — 12) *= प्रतिबिम्ब Çâçvata 554. — 13) N. pr. eines zu den Viçve Devâs gezählten Wesens. Gedruckt विस्कुम्भु, v. l. निकुम्भ und विष्टर.

विष्कम्भक 1) Adj. *stützend.* — 2) m. = विष्कम्भ 8) 291,31. शुद्ध° Bâlar. 15,20. 34,8. मिश्र° 38, 4. — 3) f. °म्भिका *Stütze zum Tragen der Deichsel.*

विष्कम्भपर्वत m. *Gebirgszug* Mârk. P. 54,19. Hemâdri 1,320,21. 321,1. 361,22.

विष्कम्भवत् Adj. etwa *wohlhabend* Hemâdri 1, 359,6.

विष्कम्भार्ध m. oder n. *Halbmesser.*

विष्कम्भिन् 1) Adj. als Beiw. Çiva's nach Nîlak. *ausgedehnt.* — 2) m. N. pr. eines Bodhisattva.

विष्कर 1) m. *a)* **Riegel.* — *b)* *fehlerhaft für विष्किर 1). — *c)* N. pr. eines Dânava MBh. 12. 227,53. — 2) n. *eine best. Fechtart* Hariv. 3,124,18.

विष्किर m. 1) *Scharrer* als Bez. der *Hühnervögel* Gaut. — 2) *ein best.* Agni Âpast. Çr. 9,3,22.

विष्ट् mit आ, आविष्टित *umhüllt —, bekleidet mit* (Instr.) 16,16. TS. 3,4,1,4. AV. 5,18,3. 28,1. Vgl. वेष्ट्.

विष्ट 1) Partic. von 1. विश् und 1. विष्. — 2) f. विष्टा f. fehlerhaft für 2. विष्ठा (z. B. Hem. Par. 2,394).

*विष्टकर्ण Adj. *auf eine best. Weise am Ohr gezeichnet.*

विष्टत्व n. *das Verbundensein mit* (Instr.) Comm. zu Njâjas 3,1,69.

विष्टप् f. *oberster Theil, Höhe. Oberfläche;* insbes. *des Himmels.*

विष्टप m. (selten) und n. 1) dass. स्नपभस्य so v. a. *Höcker.* विष्टपे *im Himmel* Âpast. In der späteren Sprache n. *Welt* überh. °त्रय n. Ind. St. 15, 297. — 2) nach den Erklärern *Verzweigung, Gabel eines* Udumbara-*Zweiges.*

विष्टपुर m. N. pr. eines Mannes.

विष्टब्धि f. *das Feststellen, Stützen.*

विष्टम्भ m. 1) *das Stützen.* पद° *des Fusses*, so v. a. *das Auftreten.* — 2) *Stütze.* — 3) Pl. *Stützen, Haltpuncte* heissen *gewisse in den Singsang der Litaneien eingeschobene Silben.* — 4) *Hemmung, Unterdrückung.* — 5) *Verstopfung, Obstruction.* — 6) *eine best. Krankheit des Fötus.* — 7) *das Ertragen, Trotzen, Widerstehen.*

°विष्टम्भकर Adj. *stopfend, hemmend.*

विष्टम्भन 1) Adj. (f. ई) *stützend.* — 2) n. *das Hemmen, Zurückhalten, Unterdrücken.*

विष्टम्भयिषु Adj. *zu stützen —, zum Stehen zu bringen beabsichtigend* (ein Heer). v. l. संस्तम्भयिषु.

विष्टम्भिन् Adj. 1) *stützend* (in übertragener Bed.) Hemâdri 1,552,4. — 2) *stopfend* (Ḱaraka 1,27), *hemmend.*

विष्टर 1) m. *a) Büschel von Schilf und dgl. zum*

Sitzen. — *b*) * *Baum.* — *c*) N. pr. eines zu den Viçve Devâs gezählten Wesens Hariv. 3,12,52. — 2) m. n. *Sitz.*

विष्टरश्रव (metrisch) m. = विष्टरश्रवस् 2) Hemâdri 1.788,19.

विष्टरश्रवस् m. Bein. Vishṇu-Kṛshṇa's Kâd. 81,15 (148,3). 234,19 (384,8).

विष्टरस्रवस् fehlerhaft für °श्रवस्.

*विष्टराज *Silber.*

विष्टराश्व m. N. pr. eines Sohnes des Pṛthu.

*विष्टरुहा und *विष्टारुहा f. *Pandanus odoratissimus.* Richtig विष्टा°.

विष्टांत Adj. (f. श्रा) nach Sâj. = व्याप्तावसान.

विष्टारं m. etwa *Streu* (des Barhis).

विष्टारपङ्क्ति f. *ein best. Metrum.*

विष्टारबृहती f. desgl.

विष्टारिन् Adj. etwa *ausgebreitet* als Bez. eines Odana und eines Opfers von solchem Muse.

*विष्टारुहा f. s. विष्टरुहा.

विष्टाव m. *Unterabtheilung der Perioden eines* Stoma, *Glied.*

1. विष्टिं und विष्टिभिस् (Instr. Pl.) Adv. *wechselnd, vicibus.*

2. विष्टि 1) f. *a*) *Frohne, Frohndienst, Zwangsarbeit.* — *b*) coll. *die Fröhner, Zwangsdiener.* — *c*) *das 7te bewegliche* Karaṇa Varâh. Jogaj. 5,8. Hemâdri 1,762,16. 17. Vgl. 2. करणा 4) *n*). — *d*) N. pr. einer Tochter des Sonnengottes von der Khâjâ. — 2) m. N. pr. eines des 7 Ṛshi im 11ten Manvantara.

3.*विष्टि f. = वृष्टि *Regen.*

विष्टिक am Ende eines adj. Comp. = 2. विष्टि 1) *a*) Ind. Antiq. 11,159.

विष्टिकर m. 1) *Frohnherr, Zwingherr* nach Nilak. Das Wort könnte aber MBh. 3,190,73 auch *Frohne und Abgabe* bedeuten. — 2) *Fröhner, Zwangsdiener.*

विष्टिकृत् m. = विष्टिकर 2).

विष्टिरं f. *Weite.*

विष्टिव्रत n. *eine best. Begehung zu Ehren der* Vishṭi, *der Tochter des Sonnengottes.*

विष्टीमं AV. 20,135,5 nach Whitney, Ind.

विष्टीमिन् Adj. etwa *sich verdichtend.*

विष्टुति f. *Recitationsweise* (der Stoma).

विष्ट्वी Absol. zu 1. विष् RV. 1,110,4. 3,60,3. 0,94,2.

विष्ठल n. P. 8,3,96.

विष्ठा f. 1) (*besondere*) *Stelle, Stand.* — 2) *Abtheilung, Partie; Art, Form.*

विष्ठा f. Sg. und Pl. (selten) *faeces.*

विष्ठाभू m. *ein im Koth lebender Wurm.*

*विष्ठाभूदारक m. *Hausschwein* Râǵan. 19,32 (विष्ठभू° die Hdschr.).

विष्ठाव्राजिन् Adj. nach dem Comm. *an einer Stelle bleibend, sich nicht ausbreitend.* Wird nach Weber auch durch विशिष्टस्थानव्रजनशील erklärt.

विष्ठासात् Adv. mit श्रस् *zu Koth werden.*

विष्ण, Dat. विष्णाय im Munde eines Ungebildeten = विष्णवे.

विष्णापू m. N. pr. eines Sohnes des Viçvaka.

विष्णुं 1) m. *a*) N. pr. eines Gottes des obersten Gebietes, der die Welt in drei Schritten durchmisst. Er wird mit den Âditja zusammen genannt und erscheint später als der jüngste unter ihnen; auch als jüngerer Bruder Indra's. Sein abgeschlagenes Haupt wird zur Sonne. Seine Gattin ist Aditi und Sinîvâlî, später Lakshmî (Çrî) und Sarasvatî; er ist Vater des Liebesgottes, ruht auf dem Schlangendämon Çesha und reitet auf dem Vogel Garuḍa. Er steigt häufig in verschiedener Gestalt auf die Erde herab; bei der Theilung der Erde zwischen Göttern und Asura tritt er als Zwerg auf. In der Götterdreiheit ist Vishṇu der zweite, der Erhalter der Welt. — *b*) angeblich *Opfer*, weil der Gott häufig mit diesem identificirt wird. — *c*) Bez. *des Monats* Kaitra. Vgl. MBh. 13, 109,12. — *d*) N. pr. α) eines Liedverfassers mit dem Patron. Praǵâpatja. — β) eines Sohnes des Manu Sâvarṇa und Bhautja. — γ) eines Ṛshi im 11ten Manvantara VP.² 3,26. — δ) eines Gesetzgebers. — ε) Vater eines Arhant's der Gaina und verschiedener anderer Männer. — *e*) * = श्रग्नि. — *f*) = वसुदेवता. — *g*) * = शुद्ध. — 2) *f. N. pr. der Mutter eines Arhant's der Gaina. — 3) n. Pl. in einer Formel Âpast. Çr. 2,10,4. Comm. zu 8,10,6.

विष्णुऋत n. *das Mondhaus* Çravaṇa.

*विष्णुकन्द m. *ein best. Knollengewächs.*

विष्णुकवच n. Titel eines Stotra Opp. Cat. 1. Burnell, T.

विष्णुकवि m. N. pr. eines *Dichters.*

विष्णुकाञ्ची f. N. pr. einer Stadt.

विष्णुकान्ती f. N. pr. eines Tîrtha.

विष्णुकुतूहल n. Titel eines Schauspiels Hall in der Einl. zu Daçar. 30.

विष्णुक्रमं m. Pl. *Vishṇu's Schritte*, Bez. *der drei von dem Opferer zu machenden Schritte zwischen* Vedi *und* Âhavanija Âpast. Vaitân.

विष्णुक्रमीय Adj. *zu den* Vishṇukrama *in Beziehung stehend.*

विष्णुक्रान्त 1) Adj. (f. श्रा) von Vishṇu *beschritten* Taitt. Âr. 10,1,8. — 2) m. *ein best. Tact.* 3) f. श्रा Bez. *verschiedener Pflanzen.* Nach d Lexicographen *Clitoria ternatea, Evolvulus alsinoides* und *eine dunkle* Çaṅkhapushpî Râǵa 5,88. Bhâvapr. 1,205. Mat. med. 147.

*विष्णुक्रान्ति f. *Evolvulus alsinoides.*

विष्णुक्षेत्र n. N. pr. eines best. *heiligen Gebiete*

विष्णुगङ्गा f. N. pr. eines Flusses.

विष्णुगाथा f. Pl. *ein Gesang zu Ehren* Vishṇu'

विष्णुगायत्री f. *eine best.* Vishṇu *besingende* Gâjatrî Hemâdri 1,730,22. 731,4.

विष्णुगुप्त m. 1) * *ein best. Knollengewächs.* — 2 Bein. Kâṇakja's. — 3) N. pr. *a*) eines Schüler des Çaṁkarâkârja. — *b*) eines Astronomen Ind St. 14,404. — *c*) eines Buddhisten.

*विष्णुगुप्तक n. *eine Art Rettig* Râǵan. 7,17.

विष्णुगूढ m. Titel eines Werkes.

*विष्णुगूढ n. Bein. Tâmralipta's.

विष्णुगोपवर्मन् m. N. pr. eines Fürsten Ind. Antiq. 5,51.

विष्णुगोल m. *Aequator* Ind. St. 14,137.

विष्णुग्रन्थि m. *ein best. Gelenk am Körper.*

विष्णुचक्र n. 1) Vishṇu's *Discus.* — 2) *ein best. mystischer Kreis* (auch auf der Hand).

विष्णुचन्द्र m. N. pr. eines Astronomen Utpala zu Varâh. Bṛh. 2,20.

विष्णुचित्त m. N. pr. eines Autors. °चित्तीय n. Titel seines Werkes Opp. Cat. 1.

विष्णुज 1) Adj. *unter* Vishṇu, d. i. *im ersten Lustrum eines 60jährigen Jupitercyclus geboren.* — 2) m. Bez. *des 18ten* Kalpa; s. कल्प 2) *h*).

विष्णुजामल n. schlechte Schreibart für °यामल.

विष्णुतत्त्व n. 1) Vishṇu's *wahres Wesen.* — 2) Titel eines Werkes Opp. Cat. 1. °निर्णय m., °रहस्य n. und °रहस्यखण्डन n. ebend.

विष्णुतात्पर्यनिर्णय m. Titel eines Werkes Burnell, T.

विष्णुतिथि m. f. *der elfte und zwölfte Tag in einem Halbmonat.*

विष्णुतीर्थ N. pr. 1) m. eines Autors Burnell, T. — 2) n. eines Tîrtha.

विष्णुतैल n. *ein best. Oel.*

विष्णुत्व n. Vishṇu's *Wesen, — Natur.*

विष्णुदत्त 1) Adj. von Vishṇu *gegeben.* — 2) m. *a*) Bein. Parîkshit's. — *b*) ein Mannsname.

विष्णुदास m. N. pr. eines Mannes.

विष्णुदेव m. desgl. Burnell, T.

विष्णुदेवत्य Adj. Vishṇu *zur Gottheit habend* Shaḍv. Br. 5,10.

विष्णुदेवाराध्य m. N. pr. eines Mannes.

विष्णुदेवत Adj. Vishṇu *zur Gottheit habend.*

विष्णुदेवत्य 1) Adj. dass. — 2) f. आ *der elfte und zwölfte Tag in einem Halbmonat.*

विष्णुद्विष् m. *ein Feind* Vishṇu's. Deren neun bei den Gaina.

विष्णुद्वीप m. N. pr. einer *Insel.*

विष्णुधर्म m. Titel eines Werkes. °धर्माणि (!) शास्त्राणि Hemâdri 2,a,19,21.

विष्णुधर्मन् m. N. pr. eines Sohnes des Garuḍa.

विष्णुधर्मोत्तर n. Titel eines Abschnittes im MBh. und auch eines besonderen Werkes.

विष्णुधारा f. N. pr. eines Tîrtha.

विष्णुनदी f. N. pr. eines *Flusses.*

विष्णुनामरत्नस्तोत्र N. Titel eines Stotra Burnell, T.

विष्णुन्यङ्ग Adj. *worin* Vishṇu *beiläufig erwähnt wird* Ait. Br. 6,30,14. Çâṅkh. Çr. 12,6,14. 7,1. 8,2. 14,71,6.

विष्णुपञ्चकव्रतकथा f. Titel einer *Erzählung* Burnell, T.

विष्णुपञ्जर (Burnell, T.), °पञ्जरविधि m. (Opp. Cat. 1,3013) und °पञ्जरस्तोत्र n. (Verz. d. Pet. H. No. 42) Titel.

विष्णुपण्डित m. N. pr. eines *Gelehrten.*

विष्णुपत्नी f. Vishṇu's *Gattin*, Bez. der Aditi.

विष्णुपद 1) n. *a) Zenith, Scheitelpunct.* — *b) der Himmel* Vâsav. 297,4. 5. — *c)* N. pr. eines Tîrtha (Berges) Vishṇus. 85,40. °गिरि m. B. A. J. 10,65. — 2) *m. n. *das Milchmeer.*

विष्णुपदी f. 1) *der Eintritt der Sonne in die Zeichen Stier, Löwe, Scorpion und Wassermann.* — 2) Bein. *a)* der Gaṅgâ Golâdhj. 3,37. — *b)* *der Stadt Dvârikâ.

विष्णुपद्धति f. Titel eines Werkes.

विष्णुपरायण m. N. pr. eines Verfassers von mystischen Gebeten bei den Tântrika.

*विष्णुपर्णिका f. *Hedysarum lagopodioides.*

विष्णुपुत्र m. N. pr. eines Mannes.

*विष्णुपुर f. (Gal.) und *°पुर n. N. pr. einer *Stadt.*

विष्णुपुराण und °क n. Titel eines Purâṇa.

विष्णुपुरी N. pr. 1) f. eines Berges im Himâlaja. — 2) m. eines Gelehrten.

विष्णुपूजापद्धति f. und °पूजाविधि m. Titel Burnell, T.

विष्णुप्रतिष्ठा f. Titel eines Werkes Opp. Cat. 1. Burnell, T.

*विष्णुप्रिया f. *Basilienkraut.*

विष्णुब्रह्ममहेश्वरदानप्रयोग m. Titel Burnell, T.

विष्णुभ n. *das Mondhaus* Çravaṇa VP.² 2,276.

विष्णुभक्त m. *ein Verehrer* Vishṇu's. °लतया n. Titel Burnell, T.

विष्णुभक्ति f. Vishṇu-*Verehrung*, personificirt als Jogini. °चन्द्रोदय m., °रहस्य n. und °लता f. Titel von Werken.

विष्णुभट्ट m. N. pr. eines Mannes Ind. Antiq. 11, 159. Burnell, T.

विष्णुभुजंग (Burnell, T.), °स्तोत्र n. und °भुजंगी f. Titel von Stotra Opp. Cat. 1.

विष्णुमन्त् 1) Adj. *das Wort* Vishṇu *enthaltend.* — 2) f. °मती N. pr. einer Fürstin.

विष्णुमन्त्र m. *ein an* Vishṇu *gerichtetes Lied.*

विष्णुमन्दिर n. *ein* Vishṇu-*Tempel.*

विष्णुमय Adj. (f. ई) *von* Vishṇu *kommend, ihm gehörig, sein Wesen habend* u. s. w.

विष्णुमहिमन् m. Vishṇu's *Majestät.* °म्नः स्तवः Titel eines Stotra Opp. Cat. 1.

विष्णुमानस n. Titel eines Stotra Opp. Cat. 1.

विष्णुमाया f. Vishṇu's *Trugbild, eine Form der* Durgâ.

विष्णुमाहात्म्य n. und °पद्धति f. Titel Burnell, T.

विष्णुमित्र m. ein häufiger Mannsname, der als Beispiel wie *Cajus* angewandt wird; aber auch N. pr. eines Priesters und eines Scholiasten des RV.

विष्णुमिश्र m. N. pr. eines Grammatikers.

विष्णुमुख Adj. Pl. *mit* Vishṇu *an der Spitze* TS. 1,7,5,4. 5,2,1,1. Maitr. S. 1,4,7 (54,18).

विष्णुयशस् m. 1) Bein. Kalkin's oder Kalki's. — 2) N. pr. *a)* des Vaters von Kalkin. — *b)* eines Lehrers.

विष्णुयामल und °यामिल n. (Opp. Cat. 1) Titel eines Tantra.

*विष्णुरथ m. Bein. des Vogels Garuḍa.

विष्णुरहस्य n. Vishṇu's *Mysterium*, Titel eines Abschnitts in Vasishṭha's Saṁhitâ.

*विष्णुराज m. N. pr. eines *Fürsten.*

विष्णुरात m. Bein. Parikshit's. Vgl. विष्णुदत्त.

*विष्णुलिङ्गी f. *Wachtel.*

विष्णुलोक m. Vishṇu's *Welt.*

विष्णुवत् Adv. *wie bei* Vishṇu Âpast. Çr. 10, 30,13.

विष्णुवत् Adj. *von* Vishṇu *begleitet.* अहर् so v. a. *ein elfter oder zwölfter Tag.*

विष्णुवर्धन m. N. pr. verschiedener Fürsten B. A. J. 2,11. Cunningham, Arch. Surv. 6,60. Auch कलि° und कुब्ज° Ind. Antiq. 7,16.

विष्णुवर्मन् m. N. pr. eines Fürsten Ind. Antiq. 6,29. 30.

विष्णुवल्लभा f. 1) Vishṇu's *Geliebte*, d. i. Lakshmî. — 2) * *Basilienkraut.* — 3) * = अग्निशिखा (*eine best. Pflanze*).

विष्णुवाजपेयिन् m. N. pr. eines Autors.

विष्णुवाहन n. (Ind. St. 15,230) und *°वाह्य n Vishṇu's *Vehikel, der Vogel* Garuḍa.

विष्णुवृद्ध m. N. pr. eines Mannes Ind. Antiq. 12 240. Pl. *seine Nachkommen.*

विष्णुव्रतकल्प m. Titel eines Werkes Opp. Cat. 1

1\. विष्णुशक्ति f. Vishṇu's *Energie*, d. i. Lakshmî.

2\. विष्णुशक्ति m. N. pr. eines Fürsten.

विष्णुशतनामस्तोत्र n. Titel Burnell, T.

°विष्णुशयनबोधदिन n. *der Tag, da sich* Vishṇu *zum Schlafe niederlegt und der Tag seines Erwachens* Ind. St. 15,131.

विष्णुशर्मन् m. N. pr. verschiedener Männer, unter andern des Erzählers des Pañkatantra und Hitopadeça.

विष्णुशिला f. *Ammonit.*

विष्णुशृङ्खल m. *ein best. astrol.* Joga.

*विष्णुश्रुत m. ein Mannsname.

विष्णुषट्पदी f. Titel Burnell, T.

विष्णुसंहिता f. Titel eines Werkes Opp. Cat. 1 Burnell, T.

विष्णुसरस् n. N. pr. eines Tîrtha.

विष्णुसर्वज्ञ m. N. pr. eines Lehrers. Richtig °सर्वज्ञ oder सर्वज्ञविष्णु.

विष्णुसहस्रनामन् n. *die tausend Namen* Vishṇu' Opp. Cat. 1.

विष्णुसिंह m. N. pr. eines Mannes.

विष्णुसिद्धान्त m. Titel eines Werkes Opp. Cat.

विष्णुसूक्त n. *eine an* Vishṇu *gerichtete Hymn*

विष्णुस्तवराज m., विष्णुस्तुति f., विष्णुस्तोत्र und विष्णुस्मृति f. Titel Opp. Cat. 1. Burnell, T.

विष्णुस्वामिन् m. 1) *ein Heiligthum (eine Statt des* Vishṇu. — 2) N. pr. verschiedener Männ

विष्णुहरि m. N. pr. eines Dichters Z. d. d. m. 36,557.

विष्णुहारदेव m. N. pr. eines Mannes Ind. Anti 1876, S. 52.

*विष्णुहिता f. *Basilienkraut.*

विष्णुहृदयस्तोत्र n. Titel eines Stotra Burnell, T.

*विष्णूत्सव m. *ein Fest zu Ehren* Vishṇu's.

विष्णूपाध्याय m. N. pr. eines *Lehrers.*

*विष्णूय, °यति *wie mit* Vishṇu *mit Jmd* (Loc.) *verfahren.*

विष्णूवरुण m. Du. Vishṇu und Varuṇa TBr. 2,8,4,5. 6.

विष्ण्वतिक्रम m. Pl. Bez. *der Sprüche* TS. 3,5,3 Âpast. Çr. 4,14,9. 10. Comm. zu 13,18,8.

विष्ण्वनुष्ठित Adj. *von* Vishṇu *begleitet* Maitr. S. 2,4,3 (40,18).

विष्वष्टोत्तरशतनामन् n., विष्वादिदेवतापूजाप्रकार m. und विष्वावरणपूजा f. Titel Burnell, T.

*विष्पन्द् m. *ein best. Gericht.* Richtig wohl विष्यन्द्.

विष्पर्धस् 1) Adj. *wetteifernd.* — 2) m. N. pr. eines Rshi. — 3) n. Name eines Sâman.

विष्पर्धा f. *ein Streit um den Vorrang* Vaitân. Vgl. विस्पर्धा.

विष्पश् m. (Nom. विष्पट्) *Aufseher.*

विष्पितं n. etwa *Schwierigkeit, Gefahr.*

विष्पुलिङ्गक Adj. *Funken sprühend.* Nach Sâj. *Zunge des Feuers* oder *Sperling.*

विष्फार und *विष्फाल s. विस्फार und *विस्फाल.

विष्फुलिङ्ग m. *Funke.* Vgl. विस्फुलिङ्ग.

विष्फुलिङ्गक m. dass. AV. Pariç. 67,4.

*विष्य Adj. *zu vergiften, den Tod durch Gift verdienend.*

विष्यन्द m. *Tropfen* MBh. 13,77,31. Auch विस्यन्द und विस्पन्द geschrieben.

विष्यन्दक N. pr. einer Oertlichkeit. विस्यन्दक gedr.

विष्यन्दन 1) *m. *ein best. Backwerk* Madanav. 116,72. — 2) n. a) *das Träufeln, der Zustand des Tropfbaren.* — b) *das Ueberlaufen* Comm. zu Âpast. Çr. 9,2,4. — c) *das Zerfliessenmachen, Auflösen* Karaka 6,12. — Auch विस्यन्दन geschrieben.

विष्यन्दिन् Adj. *tropfbar flüssig.* विस्यन्दिन् gedruckt.

*विष Adj. = क्लिष्ट.

विषक् s. u. विषच्.

विषकसेन 1) m. a) Bein. Vishṇu-Kṛshṇa's. Auch auf Çiva übertragen. — b) N. pr. α) eines Wesens im Gefolge Vishṇu's. — β) eines Sâdhja. — γ) des 14ten (oder 13ten) Manu. — δ) eines alten Rshi und verschiedener anderer Männer. — 2) *f. आ *eine best. Pflanze* Bhâvapr. 1,192. — Häufig fehlerhaft विष्व°.

विषक्सेनकान्ता f. *eine best. Pflanze* Karaka 1,4. Nach dem Comm. = प्रियङ्गु, nach Râgan. 7,85 *eine Dioscorea.*

*विषक्सेनप्रिया f. 1) Vishṇu's *Geliebte,* Lakshmî. — 2) *eine Dioscorea.*

विषक्सेनसंहिता f. Titel eines Werkes.

*विषगञ्चन Adj. *überallhin gewendet* Sâj. zu RV. 8,29,1.

विषगश्व m. N. pr. eines Sohnes des Pṛthu MBh. 1,1,232. 2,27,14. 3,202,3. Ind. Antiq. 9,178. Häufig fehlerhaft विष्वगश्व.

विषगेड n. Name eines Sâman.

विषगगमनवत् Adj. *sich nach allen Richtungen hin bewegend* 264,26.

विषग्ज्योतिस् m. N. pr. eines Sohnes des Çatagit VP. 2,1,41.

*विषग्युज् Adj. P. 6,3,92, Sch.

विषग्लोप m. *allgemeine Störung, ein vollständiges Durcheinander* MBh. 12,15,38. 68,15. Auch fehlerhaft विष्व° geschrieben.

विषग्वातं und *विषग्वायु m. *ein nach* oder *von allen Seiten blasender Wind.* Fehlerhaft auch विष्व° geschrieben.

विषच् 1) Adj. (f. विषूची) a) *nach beiden* (*allen*) *Seiten gewandt, auf b. S.* (*überall*) *befindlich, von allen S. kommend, nach jeder Richtung laufend, allgemein.* — b) (*rechts und links*) *auseinander gehend; abgewandt, getrennt von* (Abl. oder Instr.). — c) *in allerlei Lagen gerathend* Gaut. — d) *in umgekehrter Richtung laufend.* — 2) विषक् Adv. a) *auf beiden Seiten, nach den Seiten, seitwärts.* — b) *umher, nach allen Richtungen hin, allerwärts* Spr. 7760. — 3) f. विषूची a) *die Cholera in ihrer sporadischen Form.* — b) N. pr. der Gattin Viraǵa's und auch wohl einer anderen Persönlichkeit. — Häufig fehlerhaft विष्वच् und विसूची geschrieben.

विषण Adj. *fressend* in *नर°.

*विषाण n. *Frass, Speise.*

विषद्रीचीन Adj. *allseitig.*

विषद्र्यञ्च् 1) Adj. (f. °द्रीची) *nach allen Richtungen gehend.* — 2) Adv. (°द्र्यक्) विषद्रिग्यक् *nach den beiden Seiten hinaus, weg.*

विषाच् m. N. pr. eines Dämons.

*विषाण m. *Essen.*

विसंवाद 1) *Wortbruch.* Vgl. अ° Nachtr. 5. — 2) *Widerspruch, Nichtübereinstimmung,* — *mit* (Loc., Instr. mit सह oder im Comp. vorangehend).

विसंवादक Adj. *sein Wort brechend* in अ°.

विसंवादन n. *das Brechen des Wortes, Wortbruch* in अ°.

विसंवादिता f. 1) *das Brechen des Wortes* in अ°. — 2) *Widerspruch, Nichtübereinstimmung mit* (Instr.).

विसंवादिन् Adj. *widersprechend, nicht übereinstimmend,* — *zutreffend.*

विसंशय Adj. *keinem Zweifel unterworfen, ganz sicher.*

विसंष्ठुल und विसंस्थुल Adj. 1) *nicht feststehend, wankend, schwankend* Bâlar. 39,8. 46,18. — 2) *verwirrt, erschrocken* Hem. Par. 11,116.

विसंसर्पिन् Adj. in तिर्यग्विसंसर्पिन्.

विसंस्थित Adj. *nicht beendigt, unvollendet.*

विसंस्थितसंचर m. *der, so lange das* Savana *noch nicht vollendet ist, einzunehmende Platz* Kâtj. Çr. 11,1,27. Âçv. Çr. 5,3,28. 19.8. 6,5,2.

विसंस्थुल s. u. विसंष्ठुल.

विसंकट schlecht beglaubigte Schreibart für विशङ्कट.

विसंकुल 1) Adj. (f. आ) *nicht verwirrt, beruhigt* Kumâras. 15,50. — 2) n. *keine Verwirrung, grosse Ruhe.* सविसंकुलम् Adv. Viddh. 73,12.

विसंचारिन् Adj. *hinundher schweifend* (Geist).

विसंज्ञ Adj. (f. आ) *bewusstlos.*

विसंज्ञागति f. und *°संज्ञावती (wohl richtiger) f. *eine best. hohe Zahl* (buddh.).

विसंज्ञित Adj. *des Bewusstseins beraubt.*

विसदृश् Adj. in अ°.

विसदृश Adj. (f. आ und ई) *unähnlich, ungleich, nicht entsprechend, unebenbürtig.*

विसदृशफल Adj. *von ungleichen Folgen.* Nom. abstr. °ता f. Vâsav. 258,5.

1. विसंधि m. 1) *Nebengelenk.* — 2) *Vernachlässigung des grammatischen* Saṁdhi Kâtjapr. 154,13.

2. विसंधि Adj. 1) *ohne Gelenke.* — 2) *nicht im Bündniss mit Jmd stehend.* — 3) *ohne grammatischen* Saṁdhi, *wobei der S. vernachlässigt ist.*

विसंधिक Adj. = 2. विसंधि 3).

विसंनाह Adj. *ungepanzert.*

विसमाप्ति f. *Nichtvollendung.*

*विसंभरा f. *Hauseidechse* Râgan. 19,64.

विसंभोग m. *Trennung* Hem. Par. 11,116.

विसर m. 1) **Ausbreitung.* — 2) *etwas sich Ausbreitendes, Fülle, Menge* Vâsav. 263,6. 265,6. Kâd. 210,23 (350,1). 215,15 (358,1). 217,17 (360,13). Harshak. 8,19. 141,13. — 3) **eine best. hohe Zahl* (buddh.).

विसरण m. 1) *das Sichausbreiten* (eines Ausschlags). — 2) *das Weit-, Schlaffwerden.*

विसर्ग m. 1) *das Aufhören, Ende.* — 2) *Untergang der Welt.* — 3) *das Loslassen, Oeffnen* (der Faust). — 4) *das Loslassen, Wiederfreigebung.* — 5) *das Entlassen, so v. a. Vorsichgeben.* — 6) *Entleerung des Leibes.* — 7) *Entlassung* (einer Person), *Verabschiedung* (Çâṅkh. Gṛhj. 4,2), *das Entlassen* (der Kühe) *aus dem Stalle, das Hinaustreiben derselben auf die Weide* (s. गो°). — 8) *Befreiung, Erlösung.* — 9) *das Spenden, Schenken.* — 10) *das Werfen, Schleudern* (auch von Blicken), *Streuen, Abschiessen.* — 11) *das Schöpfen, Erzeugen.* — 12) *secundäre Schöpfung, die Schöpfung im Einzelnen durch* Purusha. — 13) *Schöpfung im* concreten Sinne, *Erzeugniss, Nachkommenschaft.* — 14) *der Erzeugende, Hervorbringende, Ursache.* — 15) *das männliche Glied.* — 16) *der am Ende von Wörtern erscheinende Hauchlaut.* — 17) * = अयनभेदो विभावसोः.

विसर्गचुम्बन n. *Abschiedskuss.*

विसर्गलुप्त n. *das Fehlen des Hauchlautes.*

विसर्गिक in लोक°.

विसर्गिन् Adj. 1) *spendend, schenkend.* — 2) *schaffend, schöpfend* in लोक°.

विसर्जन 1) m. Pl. N. pr. eines Geschlechts. — 2) f. ई Bez. *einer der drei Falten des Afters* (*die Entleerende*). — 3) n. विसर्जन *a) das Aufhören, Ende.* — *b) das Aufhörenmachen, Entfernung.* — *c) das Entleeren.* — *d) das Verlassen, Aufgeben, Fahrenlassen.* — *e) das Entlassen, Vonsichgeben.* — *f) das Entlassen —, Verabschieden einer Person, das Entlassen* (eines Idols), — der Kühe (गो°) *aus dem Stalle, das Hinaustreiben derselben auf die Weide.* — *g) das Spenden, Schenken.* — *h) das Schleudern, Abschiessen.* — *i) das Erschaffen, Erschaffung.* — *k) Schöpfung* (concret).

विसर्जनीय 1) Adj. in व्रत°. — 2) m. *der am Ende der Wörter erscheinende Hauchlaut.*

विसर्जयितव्य Adj. *was zum After entlassen wird.*

विसर्ज्य Adj. *zu entlassen, zu verabschieden.*

विसर्प m. 1) *das Umsichgreifen.* — 2) *Rose, Rothlauf* und *ähnliche Entzündungen.* — 3) in der Dramatik *eine zum Unheil unternommene That.*

विसर्पण 1) Adj. *sich ausbreitend, um sich greifend* Karaka 6,17. — 2) * f. ई *eine best. Pflanze.* — 3) n. *a) das Verlassen seines Standortes, das vom Platze Rücken.* — *b) das Sichausbreiten, Umsichgreifen, Zunahme.*

विसर्पि m. und °का f. = विसर्प 2).

विसर्पिन् 1) Adj. *a) hervorschiessend, — kommend.* — *b) hervortretend gegen* (im Comp. vorangehend). — *b) hinundher kreisend, — schwimmend, — sich bewegend.* — *d) umsichgreifend, sich verbreitend* Taitt. Âr. 1,18,1. — *e) mit der Rose —, mit dem Rothlauf behaftet* Hemâdri 1,770,4. — 2) m. *a)* = विसर्प 2). — *b) eine best. Hölle* Taitt. Âr. 1,19,1. — 3) * f. विसर्पिणी *Ptychotis Ajowan.*

विसर्मन् m. *das Zerrinnen.* विसर्माणां कर् *Etwas* (Acc.) *zerrinnen lassen.*

* विसल n. = किसल *Blattknospe, junger Schoss.*

विसल्य und विसल्यक m. *eine best. Krankheit.*

विसह्य fehlerhaft für विषह्य.

विसामग्री f. *das Fehlen von Mitteln.*

विसार m. 1) *das Zerfliessen.* — 2) *Verbreitung, Ausbreitung.* — 3) * *Fisch.*

विसारथि Adj. *ohne Wagenlenker.*

विसारथिहयध्वज Adj. *ohne Wagenlenker, Pferde und Banner.*

विसारिन् 1) Adj. *hervorkommend, hervorbrechend* Çiç. 1,25. 14,71. गुहा° so v. a. *aus der Höhle widerhallend.* — *b)* * *umhergehend.* — *c) sich verbreitend, umsichgreifend, sich ausbreitend* Kâd. 3, 15. Çiç. 1,2. Nom. abstr. °रिता f. 17,87. — 2) * f. °रिणी *Glycine debilis.*

विसिच् m. *ein Gaina* Çañk. zu Bâdar. 2,2,35.

विसिर Adj. (f. ई) *nicht mit* (hervortretenden) *Adern versehen.*

विसिस्मापयिषु Adj. mit Acc. *in Staunen zu versetzen beabsichtigend, — im Begriff stehend.*

विसिस्मारयिषु Adj. mit Acc. *vergessen zu machen suchend* Hem. Par. 2,17.

* विसुकल्प m. N. pr. eines Fürsten.

विसुकृत् Adv. *nichts Gutes thuend.*

विसुकृत Adj. *ohne gute Werke.*

विसुख Adj. *freudlos, keine Freude kennend.*

विसुत Adj. (f. आ) *kinderlos.*

विसुहृद् Adj. *ohne Freunde.*

विसूचिका f. schlechte Schreibart für विषूचिका.

विसूची f. schlechte Schreibart für विषूची; s. u. विष्वञ्च्.

विसूत्र Adj. 1) *verwirrt, in Unordnung seiend* Râgat. 7,234. °व्यवहार Adj., davon Nom. abstr. °ता f. — 2) *verwirrt,* so v. a. *bestürzt, ausser sich.*

विसूत्रण n. 1) *das Vertreiben, Verscheuchen* Vikramâñkak. 12,52. — 2) *das Verwirren, in Unordnung Bringen.*

विसूत्रता f. 1) *Verwirrung, Unordnung.* — 2) *Verwirrung,* so v. a. *Verlust des klaren Bewusstseins.*

विसूत्रय्, s. u. सूत्रय् mit वि.

विसूरण n. *Kummer* (im Prâkrit).

* विसूरित 1) n. dass. — 2) f. आ *Fieber.*

विसूर्य Adj. *der Sonne beraubt.*

विसृग्दारिन् Adj. (?) Hemâdri 1,763. 2. विस्फूरित v. l.

विसृज्य Adj. *was hervorgebracht wird;* Subst. *Wirkung.*

विसृत् f. *das Verlaufen* 7,14.

विसृत्वर Adj. *sich ausbreitend, sich weit verbreitend* Kumâras. 14,46. Çiç. 3,11.

विसृपस् Abl. Infin. zu सर्प् mit वि.

विसृमर Adj. = विसृत्वर Harshak. 35,1.

विसृष्ट Partic. von 3. सर्ज् mit वि.

विसृष्टधेन Adj. (f. आ) etwa *Milchtrank strömend.*

विसृष्टराति Adj. *Gaben spendend.*

विसृष्टवाच् Adj. *das Schweigen brechend.*

विसृष्टात्मन् Adj. *sich selbst aufgebend, — vergessend, uneigennützig gegenüber von* (Loc.) R. 5, 90,7.

विसृष्टि f. 1) *das Loslassen, Schuss.* — 2) * *das Entlassen* (des Samens). — 3) *Schöpfung.* — 4) *Schöpfung im Einzelnen.* — 5) *Nachkommenschaft.*

* विसेचक Adj. = विगतः सेचको यस्मात्.

विसोम Adj. (f. आ) 1) *ohne* Soma. — 2) *ohne Mond.*

विसोढ्य n. *Leiden.*

विसौरभ Adj. *ohne Wohlgeruch.*

विस्कम्भ schlechte Schreibart für विष्कम्भ.

विस्कम्भु s. u. विष्कम्भु 13).

विस्त m. (adj. Comp. f. आ) *ein best. Gewicht: ein* Karsha *oder 16* Mâsha *Gold.*

विस्तर 1) Adj. (f. आ) *ausgedehnt, umfangreich.* — 2) m. (adj. Comp. f. आ) *a) Ausdehnung, Breite, Umfang, grosser Umfang.* — *b) das Weiterwerden* in übertragener Bed. (des Herzens). — *c) Menge, Masse.* — *d) eine Menge von Menschen, eine grosse Gesellschaft.* — *e) eine Menge von Dingen, eine M. dazu gehöriger Dinge.* — *f)* Pl. *grosser Reichthum* MBh. 12,298,20. 37. — *g) Detail, das Ausführliche, die einzelnen und genauen Umstände einer Sache; Specification, ausführliche —, umständliche Darstellung; Weitschweifigkeit.* विस्तरेण und विस्तरात् *ausführlich.* — *h)* * = प्रणय. — *i)* * = पीठ; vgl. विष्टर. — 3) f. आ *eine best.* Çakti Hemâdri 1,197,22.

विस्तरक, Instr. °केण *recht ausführlich.*

विस्तरणी f. N. pr. einer Göttin.

विस्तरतरक Instr. *recht ausführlich* Pat. zu P. 2,1,18, Vârtt. 4.

विस्तरतस् Adv. 1) *der Breite nach.* — 2) *mit allen Details, ausführlich.*

विस्तरता f. *Ausbreitung.*

विस्तरशस् Adv. *mit allen Details, ausführlich.*

विस्तार m. (adj. Comp. f. आ) 1) *Ausbreitung, Breite, Umfang, grosser Umfang.* — 2) *das Weiterwerden* in übertragener Bed. (des Herzens). — 3) *Breite eines Kreises,* so v. a. *Durchmesser.* — 4) *Specification, eine Aufzählung —, Ausführung im Einzelnen.* Instr. = विस्तरेण *ausführlich;* v. l. (R. ed. Bomb. 2,118,25). Am Ende eines adj. Comp. nach einem Zahlworte so v. a. *in so und so viele Arten zerfallend.* — 5) * *ein Ast mit seinen Zweigen; Strauch.*

विस्तारण n. *das Ausstrecken* (der Füsse).

विस्तारिन् 1) Adj. *sich ausbreitend, breit, umfangreich.* — 2) f. °रिणी *eine best.* Çruti S.S.S. 24.

विस्तीर्ण Partic. von 1. स्तर् mit वि.

विस्तीर्णकर्ण 1) Adj. *a) die Ohren ausstreckend.* — *b) breitohrig.* — 2) m. *Elephant.*

विस्तीर्णता f. *Geräumigkeit.*

विस्तीर्णभेद् m. N. pr. eines Buddha.

विस्तीर्णललाटा f. N. pr. einer Kimnara-Jungfrau Kâraṇḍ. 6,6.

विस्तीर्णवती f. N. pr. einer buddh. Welt.

विस्तृति f. 1) *Ausdehnung, Breite.* — 2) *Durchmesser eines Kreises.*

विस्थान Adj. *einem andern Organ angehörig* (Laut).

विस्पन्द m. *Tropfen.* Richtig विष्पन्द.

विस्पन्दन n. *das Erzittern.* v. l. प्रस्पन्दन.

विस्पर्धा f. *Wetteifer.* Vgl. विष्पर्धा.

°विस्पर्धिन् Adj. *wetteifernd mit.*

विस्पष्ट s. u. 1. स्पश् mit वि.

विस्पष्टी Adv. mit कर् *klar —, deutlich machen* Sâj. zu Ait. Âr. 91,9.

विस्पष्टीकरण n. *das Klar —, Deutlichmachen.*

विस्पृक्क Adj. Bez. eines besondern Geschmacks.

विस्फार m. 1) *das Aufklaffen, sich weit Oeffnen.* — 2) *das Losschnellen* (des Bogens, der Bogensehne) und *der dadurch bewirkte Laut* Çiç. 19,26.

विस्फारक m. *ein best. gefährliches Fieber* Bhâvapr. 3,71. Auch विस्फुरक und विस्फोरक.

विस्फारित 1) Adj. s. u. स्फर् mit वि Caus. — 2) n. *das Losschnellen* (des Bogens, der Bogensehne).

*विस्फाल m. Nom. act. von स्फल् mit वि Kâç. zu P. 6,1,47. विष्फाल P., Sch.

विस्फुट Adj. *aufgesprungen, klaffend.*

विस्फुटी Adv. mit कर् *aufgesprungen —, klaffend machen.*

विस्फुर Adj. *die Augen aufreissend.*

विस्फुरक m. s. u. विस्फारक.

विस्फुरण in बुद्धि°.

विस्फुरितव्य Adj. *weit zu öffnen* (Augen) Kâraṇḍ. 58,13. 14.

विस्फुर्जथु, विस्फुर्जन und विस्फुर्जित fehlerhaft für °स्फूर्जथु, °स्फूर्जन und °स्फूर्जित.

विस्फुलिङ्ग m. (adj. Comp. f. आ) 1) *Funke.* Vgl. विष्फुलिङ्ग. — 2) **ein best. Gift.*

विस्फुलिङ्गक Adj. (f. °ङ्गिका) etwa *funkelnd* Agni-P. 43,14.

विस्फुलिङ्गी Adv. mit भू *zu einem blossen Funken werden.*

विस्फूर्ज m. *das Tosen, Rollen des Donners.* विपाक° *das Donnern —, donnerähnliche Erscheinen des Lohnes der Werke.*

विस्फूर्जन n. *das Aufklaffen, Sichweitöffnen.*

विस्फूर्जित 1) Adj. s. u. स्फूर्ज् mit वि. — 2) *m. N. pr. eines Schlangendämons. — 3) n. *a) Gebrumm, Getön, das Tosen.* — *b) das Hervorbrechen, zu Tage Treten, zum Vorschein Kommen, Erscheinen.* — *c) das Verziehen* (der Brauen).

विस्फोट m. 1) *das Krachen.* — 2) *eine aufplatzende Blase, Brandblase, Beule* Kâd. 254,19 (416,5).

विस्फोटक 1) m. *a)* = विस्फोट 2) Káraka 6,17. — *b) eine Art des Aussatzes* Agni-P. 31,24. — *c)* *N. pr. eines Schlangendämons. — 2) f. °टिका *Blase, Beule.*

विस्फोटन n. 1) *das Entstehen von Blasen.* — 2) *lautes Brüllen.*

विस्फोरक m. s. u. विस्फारक.

*विस्फोर्य Partic. fut. pass. von स्फुर् mit वि.

1. विस्मय m. (adj. Comp. f. आ) 1) *das Staunen, das Gefühl der Ueberraschung, Verblüfftheit.* — 2) *Dünkel, Hochmuth* Kâraṇḍ. 31,3.

2. विस्मय Adj. *frei von Dünkel, — Hochmuth* Çiç. 13,68.

विस्मयंकर und विस्मयंगम Adj. *Staunen erregend.*

विस्मयन n. *das Erstaunen.*

विस्मयनीय Adj. *Staunen erregend* Prasannar. 72,7.

विस्मयवत्त् Adj. *Dünkel —, Hochmuth an den Tag legend* Hemâdri 1,249,1.

विस्मयविषादवत्त् Adj. *erstaunt und bestürzt.*

विस्मयिन् Adj. *erstaunt* Çiç. 8,7.

विस्मरण n. *das Vergessen.*

विस्मर्तव्य Adj. *zu vergessen.*

विस्मापक Adj. *in Staunen versetzend.*

विस्मापन 1) Adj. (f. ई) dass. — 2) *m. *a) Gaukler.* — *b) der Liebesgott.* — *c)* * = गन्धर्वनगर (hier wohl *Fata Morgana*). — 3) n. *a) das in Staunen Versetzen.* — *b) ein Mittel in Staunen zu versetzen* Káraka 2,7 (246,13). Bhâvapr. 4,82. — *c) Wundererscheinung.*

विस्मापनीय Adj. *Staunen erweckend bei* (Gen.).

विस्मापयनीय Adj. dass.

°विस्मार m. *das Vergessen von* Hem. Par. 2,19.

°विस्मारक Adj. *vergessen machend.*

°विस्मारण 1) Adj. dass. — 2) n. *ein Mittel Etwas vergessen zu machen* Káraka 6,17.

विस्मित 1) Adj. s. u. स्मि mit वि. — 2) f. (आ) und n. *ein best. Metrum.*

विस्मृति f. *das Vergessen, Vergesslichkeit, Vergessenheit.*

विस्मेर Adj. *erstaunt.* Nom. abstr. °ता f. Naish. 6,42.

विस्यन्द, °क, °न und °स्यन्दिन् s. u. विष्य°.

विस्र 1) Adj. *muffig* (dem Geruch nach), *nach rohem Fleisch u. s. w. riechend.* — 2) *f. आ *eine best. Pflanze,* = हपुषा Râǵan. 4,115. — 3) *n. *Blut.*

विस्रंस m. *das Auseinanderfallen, Schlaffwerden, Nachlassen.* Vgl. स्र°.

विस्रंसन 1) Adj. *fallen machend, abwerfend, abziehend.* — 2) n. *a) das Herabfallen* Gaut. — *b) das Schlaffwerden, Nachlassen.* — *c) das Abwerfen, Herunterreissen.*

विस्रंसिका f. von unbekannter Bed. Maitr. S. 2, 6,1 (64,3). Âpast. Çr. 18,8.

विस्रंसिन् Adj. *herabfallend, — rutschend.*

विस्रक Adj. = विस्र 1).

1. विस्रगन्ध m. *ein muffiger Geruch.*

2.*विस्रगन्ध 1) Adj. *muffig riechend.* — 2) f. आ *eine best. Pflanze,* = हपुषा Râǵan. 4,115.

*विस्रगन्धि 1) Adj. *muffig riechend.* — 2) n. *Auripigment.*

विस्रता f. *muffiger Geruch.*

विस्रत्व n. dass. in अति° Nachtr. 5.

विस्रम्भ und °स्रम्भिन् s. u. विश्रम्भ und °श्रम्भिन्.

विस्रव m. *Erguss, Strom.*

*विस्रवण n. *das Zerfliessen.*

विस्रवन्मिश्र Adj. *hervorfliessendes Blut an sich habend* Çat. Br. 11,2,7,23. Nach dem Comm. = भयकम्पादिमिश्र.

विस्रस् *das Zusammenbrechen* (im Alter). जरसा विस्रसा. Abl. Infin. विस्रसस् *vor dem Zusammenbrechen, — Fallen* (schützen) ṚV. 2,39,4. 8,48,5. प्राकशरीरस्य विस्रसः *bevor der Leib zusammenbricht* Kâṭhop. 6,4. आ विस्रसः *bis zur Gebrechlichkeit* (des Alters) Ait. Br. 8,20,7. विस्रसस् AV. 19, 34,3 vielleicht fehlerhaft für विस्रुहस्; vgl. ṚV. 6,7,6.

विस्रसा f. *das gebrechliche Alter* Bâlar. 24,16 (?).

विस्रस्त s. u. स्रंस् mit वि.

विस्रस्य Adj. *aufzulösen* (Knoten).

विस्राव s. u. 2. विश्राव.

विस्रावण n. *das Auslassen von Eiter, Blut u. s. w.* Káraka 6,17.

विस्राव्य Adj. *wobei Eiter, Blut u. s. w. ausgelassen wird* Suçr. 1,14,20. Vgl. स्र°.

*विस्रि m. N. pr. eines Mannes. v. l. विस्रि.

विस्रुति f. *das Herausfliessen aus* (Abl.). Vgl. 2. विश्रुति.

विस्रुह् f. 1) angeblich Gewässer. — 2) etwa Schoss, Reis.

*विस्रोतस् n. eine best. hohe Zahl (buddh.).

*विस्वप्न und *विस्वप्नज् Mahâbh. 8,64,a.

1. विस्वर m. Misston.

2. विस्वर Adj. 1) lautlos. — 2) misstönend, einen falschen Ton von sich gebend, übel klingend. °म् Adv. — 3) mit einer falschen Betonung gesprochen. °म् Adv.

विह° = 2. विहायस् Luft, der Luftraum.

विहग m. (adj. Comp. f. आ) 1) Vogel. — 2) Pfeil. — 3) *die Sonne. — 4) *der Mond. — 5) *Planet. — 6) eine best. Constellation, wenn nämlich alle Planeten im 4ten und 10ten Hause stehen.

विहगपति m. Bein. Garuḍa's Spr. 7715.

विहगवेग m. N. pr. eines Vidjâdhara Bâlar. 89,11.

विहगालय m. die Stätte der Vögel als Beiw. des Luftraumes.

विहगेन्द्र m. Bein. Garuḍa's Suparn. 24,1.

विहगेन्द्रसंहिता f. und विहगेन्द्रसंपात m. Titel von Werken Burnell, T. Opp. Cat. 1.

विहंग m. 1) Vogel. — 2) Pfeil. — 3) *Wolke. — 4) *die Sonne. — 5) *der Mond. — 6) N. pr. eines Schlangendämons.

विहंगक 1) m. Vögelchen, Vogel Harshak. 162,22. — 2) f. °गिका a) *Schulterjoch. — b) ein Frauenname Veṇis. 17,13.

विहंगडा f. ein best. Râga S. S. S. 107.

विहंगम 1) Adj. im Luftraum sich bewegend, die L. durchziehend. — 2) m. (adj. Comp. f. आ) a) Vogel. — b) die Sonne. — c) Pl. eine best. Klasse von Göttern unter dem 11ten Manu. — 3) f. आ a) Vogelweibchen. — b) *Schulterjoch.

*विहंगमिका f. Schulterjoch.

*विहंगराज m. Bein. Garuḍa's.

विहंगहन् m. Vogeltödter, ein Vögeln nachstellender Jäger.

*विहंगाराति m. Falke oder Habicht.

*विहत् f. = वेहत्.

विहति f. 1) Schlag, Hieb, Schuss Bâlar. 100,2. 20. — 2) Verhinderung, Beseitigung, Abwehr Bâlar. 245,8.

*विहनन n. 1) das Schlagen, Tödten. — 2) das Verhindern. — 3) ein bogenförmiges Werkzeug zum Auseinanderzupfen von Baumwolle.

विहन्तृ Nom. ag. mit Gen. oder am Ende eines Comp. Zerstörer, Vernichter, der Etwas zu Grunde richtet, hintertreibt.

विहन्तव्य Adj. zu vernichten, zu Grunde zu richten.

विहर m. das Verlegen, Versetzen, Wechseln.

विहरण n. 1) das Auseinandernehmen, Verbringen an einen anderen Ort, Versetzen. — 2) das Versetzen von Wörtern. — 3) das Aufreissen, Aufsperren (des Mundes). — 4) das Hinundhergehen, Bewegung, das Lustwandeln Çiç. 7,75. Vâsav. 277,5. — 5) das Hinundherbewegen, Schwingen. — 6) das Spazierenführen Gobh. 3,6,9.

विहर्तृ Nom. ag. 1) Entwender, Räuber. — 2) der sich einem Vergnügen hingiebt, sich amüsirt.

विहर्यत in अविहर्यतक्रतु.

विहर्ष Adj. traurig.

विहल्ह m. von unbekannter Bedeutung.

विहव m. Anrufung Comm. zu Njâjam. 3,8,21.

विहवीय n. Bez. des Liedes Ṛv. 10,128.

विहव्य und विहव्य 1) Adj. herbeizurufen, einzuladen, zu begehren. — 2) m. N. pr. eines Mannes. — 3) f. आ Pl. Bez. bestimmter Backsteine. — 4) n. विहव्य Bez. des Liedes Ṛv. 10,128.

विहसतिका f. Gelächel Harshak. 220,24 (519,9). v. l. °सितिका (richtiger).

विहस्त 1) Adj. a) handlos Naish. 6,16. — b) des Rüssels beraubt. Nom abstr. °ता f. Çiç. 19,67. — c) ungeschickt, unerfahren in अ°. — d) verwirrt, benommen, befangen, nicht wissend was zu thun, rathlos Kâd. 2,135,9 (165,17). Naish. 6,16. Nom. abstr. °ता f. Çiç. 19,67. Harshak. 123,17. — e) am Ende eines Comp. ganz vertieft in, — beschäftigt mit. — f) behend, geschickt, erfahren, — in (im Comp. vorangehend). — 2) *m. Eunuch (!).

विहस्तित Adj. verwirrt —, befangen gemacht.

*विहा Indecl. = स्वर्ग.

1. विहायस् Adj. kraftvoll, wirksam, stark, rüstig. Nach den Erklärern = महत्, वचनवत् und व्याप्तृ.

2. विहायस् m. n. 1) das Offene, Freie, d. i. die freie Luft, der Luftraum. Instr. durch die Luft (gehen u. s. w.). m. fraglich. Auch विहायस्तल n. (Harshak. 186,23 nach der richtigen Lesart) und विहायःस्थली f. — 2) Vogel Kautukas. 31. *m. *n.

विहायस 1) (*m. n.) = 2. विहायस् 1). — 2) *m. Vogel.

विहार m. n. (nur Bhâg. P. 2,2,22) 1) Vertheilung, Versetzung (von Wörtern). — 2) die gesonderte Aufstellung der drei heiligen Feuer; die getheilten Feuer selbst und der zwischen ihnen liegende Raum. — 3) Erweiterung, Ausdehnung (der Sprachorgane). — 4) das Sichbewegungmachen, Spazieren, Lustgang. — 5) Unterhaltung, Vergnügen, Belustigung, — mit oder in (im Comp. vorangehend). Am Ende eines adj. Comp. seine Freude habend an. — 6) Erholungsort, Vergnügungsort, Belustigungsort. — 7) ein buddhistisches oder Ǵaina-Kloster, ein solches Heiligthum. — 8) Weihe zu einem Opfer Âpast. — 9) N. pr. eines Landes, Behar. — 10) *= स्कन्ध. — 11) *= वैजयन्त. — 12) *ein best. Vogel, = बिन्दुरेखक.

विहारक am Ende eines adj. Comp. (f. °रिका) 1) Vergnügen —, seine Freude habend an. — 2) zu Jmds Vergnügen —, Belustigung dienend.

विहारक्रीडामृग m. eine zur Belustigung und zum Spielen dienende Gazelle.

विहारण n. Unterhaltung, Vergnügen, Belustigung. Am Ende eines adj. Comp. sich belustigend mit.

विहारदासी f. Klosterdienerin.

विहारदेश m. Vergnügungsort.

विहारभद्र m. N. pr. eines Mannes.

विहारभूमि f. Vergnügungsplatz.

विहारयात्रा f. ein zum Vergnügen unternommener Gang.

विहारवन n. Lustwald Daçak. 25,8.

विहारवत् Adj. 1) im Besitz eines Erholungsortes seiend. — 2) seine Freude habend an (im Comp. vorangehend).

विहारवारि n. zur Belustigung dienendes Wasser.

विहारशयन n. ein zum Vergnügen bestimmtes Ruhebett.

विहारशैल m. ein als Vergnügungsort dienender Berg.

विहारस्थली f. Vergnügungsplatz Vâsav. 66,3.

विहारस्थान n. Vergnügungsort.

विहाराजिर n. dass.

विहारावसथ m. Lusthaus.

विहारिन् Adj. 1) spazierend, lustwandelnd, einhergehend, sich bewegend. — 2) sich erstreckend bis (Loc. oder im Comp. vorangehend). — 3) abhängig von (im Comp. vorangehend). — 4) sich vergnügend —, sich amüsirend —, seine Freude habend an (im Comp. vorangehend), einem Vergnügen ergeben. — 5) reizend, schön.

विहारिसिंह m. N. pr. eines Fürsten.

*विहारुल्ला f. eine best. Pflanze Râgan. 7,112.

विहाव्य m. = विहव्य 4) Çâñkh. Çr. 13,5,17.

विहास m. das Lachen, Gelächter.

विहिंसक Adj. Jmd (Gen. oder im Comp. vorangehend) ein Leid zufügend, sich an Etwas (Gen.) vergreifend.

विहिंसता f. das Jmd (Loc.) ein Leid Zufügen.

विहिंसन n. und विहिंसा f. dass.; das Object

im Gen, oder im Comp. vorangehend.

विहिंस्र Adj. in अ°.

विहित s. u. 1. धा mit वि.

विहितलक्षण Adj. *eifrig bedacht —, bestrebt zu* (°अर्थम्) Vikramâñkak. 9,13.

विहितत्व n. *das Vorgeschriebensein, Bestimmtsein* Hemâdri 1.414,22. Comm. zu TS. Prât.

विहितप्रतिषिद्ध Adj. *vorgeschrieben und untersagt.* Nom. abstr. °त्व n. Comm. zu Kâtj. Çr. 5,11,3. 8,1,3.

विहितसेन m. N. pr. eines Fürsten.

विहिति f. 1) *das Verfahren.* — 2) *das Bewirken, zu Stande Bringen* Bâlar. 193,19.

विहित्रिम Adj. *verrichtet* Bhatt.

विहीन s. 2. हा mit वि.

°विहीनता f. *das Beraubtsein um, Ermangeln, Nichtbesitz von.*

विहीनित Adj. *beraubt —, gekommen um* (Instr.).

*विहुण्डन m. N. pr. eines Wesens im Gefolge Çiva's.

विहुतमत् Adj. *keine Opfer darbringend.* Nach Sâj. *opfernd, anrufend.*

विहृत 1) Adj. s. u. 1. हर् mit वि. — 2) n. *a) Spaziergang* R. 4,19,13. — *b) unzeitiges Schweigen aus Verlegenheit.*

विहृति f. 1) *Ausdehnung, Erweiterung, Zuwachs, Zunahme.* — 2) *Vergnügen, Belustigung.*

विहृदय n. *Muthlosigkeit.*

विहेटक MBh. 1,3076 fehlerhaft für विहेठक.

विहेठक Adj. *Jmd weh thuend, verletzend* MBh. 1,74,89.

*विहेठन n. *das Wehthun, Verletzen, Beleidigen.*

विहेठ m. *Verletzung, Schädigung* Lalit. 345,16.

विह्रादिन् Adj. etwa *Tümpel* — oder *Pfützen bildend.*

विह्रुत् f. *ein schlangenähnliches Thier, Wurm* und dgl.

विह्वल 1) Adj. (f. आ) *erschöpft, mitgenommen, ergriffen, seiner nicht ganz mächtig, verwirrt, bestürzt.* °म् Adv. Çiç. 20,58. Nom. abstr. °ता f. und °त्व n. — 2) *m. *Myrrhe.*

विह्वलित Adj. = विह्वल 1).

1. वी, वेति (कान्तिकर्मन्, गतिव्याप्तिप्रजननकान्त्यसनखादनेषु), विहि. 1) *verlangend aufsuchen, — herbeikommen, appetere, gern annehmen, — geniessen.* — 2) *ergreifen.* — 3) *unternehmen.* — 4) *zu gewinnen suchen, verschaffen, herbeischaffen.* — 5) *heimsuchen, rächen.* — 6) *losgehen auf, bekämpfen, anfallen.* — 7) वीत *begehrt, beliebt, gern genossen.* — *Caus. वापयति und वापयति *befruchten.* — Mit अति *überholen, überlegen sein;* mit Acc. — Mit अप *sich abwenden, abhold sein.* — Mit अभि, अभिवीत *gesucht, begehrt.* — Mit अव *aufsuchen.* — Mit आ 1) *unternehmen, anstellen.* — 2) *herbeieilen.* — 3) *ergreifen, packen.* — 4) *आ वेवेति = व्याप्तिकर्मन्. — Mit उपा (ग्रौ — उप) *zu Hülfe kommen.* — Mit उप *hinzustreben, anstreben, zu erzielen suchen.* — Mit नि Insens. (वेवेति) *eindringen in, sich stürzen unter* (Loc.). — Mit प्र 1) *hinausstreben.* — 2) *zustreben auf, eingehen in* (Acc.). — 3) *angreifen.* — 4) *inire, belegen, befruchten.* — Mit प्रति *in Empfang nehmen.*

2. वी 1) Adj. *appetens.* Vgl. देववी, पदवी. — 2) *m. = गमन.

3. वी, वेति, वीहि, विहि. 1) *antreiben, in Gang setzen, erregen, erwecken.* — 2) *fördern —, führen zu;* mit doppeltem Acc. — Mit अप etwa *abtreiben* in einer Worterklärung. — Mit अभि *antreiben;* vgl. अपुरुषाभिवीत. — Mit आ *antreiben, hertreiben.* — Mit उद्, उद्वीत *hinausgetrieben, weggejagt.* — Mit प्र *antreiben, erregen, begeistern.* प्रवीयमान *angetrieben werdend* Hem. Par. 1,168. प्रवीत *in Gang gesetzt* (Wagen).

4. °वी Adj. *in Bewegung gesetzt* in पर्णवी.

5. वी, Intens. वेवीयते *mit den Flügeln schlagen.* — Mit आ (वेवीरन्) *trepidare, verzagen* oder *Leid empfinden.* Vgl. आवी.

6. वी s. व्या.

7. वी Adj. *bedeckt* in हिरण्यवी.

8. वी m. = वि *Vogel* in तक्ववी. Soll auch f. zu वि *Vogel* sein.

9. वी° Adv. = 2. वि° in वीकाश u. s. w.

*वीक m. 1) *Wind.* — 2) *Vogel.* — 3) = मनस्.

वीकाश m. 1) *Glanz, heller Schein* Daçak. 1,12. — 2) * = रहस्.

वीकृड Adj. als Bez. Rudra's Maitr. S. 2,9,9 (128,3), v. l.

वीक्षण n. (adj. Comp. f. आ) 1) *das Schauen, Sehen.* — 2) *das Anschauen, Anblicken, Hinschauen* (Vaitân.), *Betrachtung, Durchmusterung.* — 3) *Blick.* — 4) *Auge* Çiç. 18,30. — 5) in der Astrol. *adspectus planetarum.*

वीक्षणीय Adj. *anzuschauen, anzublicken, zu betrachten, worauf man seine Aufmerksamkeit zu richten hat.*

वीक्षा f. 1) *das Anschauen, Anblicken, Untersuchung.* — 2) *Einsicht, Erkenntniss.*

*वीक्षापन्न Adj. *vor Staunen hinsehend, überrascht, erstaunt.*

वीक्षारण्यमाहात्म्य n. Titel Opp. Cat. 1.

वीक्षित 1) Adj. Partic. von ईक्ष् mit वि. — 2) n. *Blick.*

वीक्षितर् Nom. ag. *Beschauer.*

वीक्षितव्य n. impers. *zu schauen, zu blicken, zu sehen.*

*वीक्ष्य 1) Adj. *zu schauen, zu sehen.* — 2) m. *a) Tänzer.* — *b) Pferd.* — 3) n. *Verwunderung, Staunen.*

वीखा f. *eine best. Bewegung* Ind. St. 15,296.

वीङ्क n. Name verschiedener Sâman Ârsh. Br.

*वीङ्खा f. 1) *eine best. Bewegung, Tanz.* — 2) = संधि. — 3) *Carpopogon pruriens.*

वीच in अम्बुवीच.

1. वीचि f. *Trug, Verführung.*

2. वीचि (*m.) f. und वीची f. 1) *Welle, Woge.* वीचिहस्त *eine Welle als Hand* Çiç. 8,46. Vâsav. 102, 2. Am Ende eines adj. Comp. वीचि und वीचिक. — 2) *Welle* als Bez. eines *Abschnitts* in einem प्रवाह *Fluss* genannten *Kapitel* in Saduktik. — 3) *eine best. Hölle.* Richtig wohl अवीचि. — 4) * = सुख. — 5) * = अवकाश. — 6) * = स्वल्प, अल्प Çâçvata 677. — 7) * = आलि. — 8) * = किरण.

*वीचिमालिन् m. *das Meer.*

वीचीकाक m. *ein best. Vogel.*

वीज्, वीजति, °ते (nur dieses nach dem Dhâtup.) 1) *befächeln, anwehen.* Med. (°वायुना वी° zu trennen) nur Comm. zu Âpast. Çr. 9,11,24. — 2) Act. *besprengen* (einen Bewusstlosen mit Wasser). — 3) *Med. गतौ. — Caus. वीजयति (Pass. वीज्यते, Partic. वीजित) *befächeln* (Vâsav. 157,3), *anwehen, anfachen* (das Feuer). — 2) *benetzen.* वोजित (v. l. वेजित) Hariv. 2,18,23. Nach Nilak. = चलित oder भीत. — 3) etwa *streichen, hinfahren über, spielen mit* (Acc.) Suçr. 2,145,3. — Mit अनु Caus. Partic. °वीजित *angeweht.* — Mit अभि Caus. *befächeln.* — Mit आ Caus. dass. — Mit उद् Caus. *anwehen.* — Mit उप Act. *befächeln.* — Caus. *befächeln, anwehen.* — Mit परि Med. *befächeln.* — Caus. *befächeln, durchwehen.* — Mit सम् Caus. 1) *befächeln.* — 2) etwa *zum Sträuben bringen* (Haar) Káraka 1,26.

वीजन 1) *m. Bez. zweier *Vögel,* = कोक und जीवंजीव. — 2) n. *a) das Befächeln, Zufächeln* Çiç. 17,6. — *b) Fächer* Bhâvapr. (Hdschr.) 3,32. — *c)* * = वस्तु.

*वीजर्या Indecl. in Verbindung mit कर्.

वीज्य in सुख°.

वीट (*n.) und वीटा f. *ein runder Kieselstein* (Spielzeug von Kindern und als Kasteiung im Munde gehalten).

वीटक 1) n. = 2) *b)* Pańkad. 13,4. 20,1. 21,1. Mit ब geschrieben. — 2) f. °टिका *a) Knopf eines*

Gewandes Spr. 2665. — b) Kugel, insbes. geschnittene, mit Gewürzen bestreute und in ein Betelblatt gewickelte Areca-Nuss in Kugelform Ind. St. 15,338.

वीडु, वीडयति, °ते, वीळयति, °ते; Act. festmachen, Med. fest —, hart sein. वीळित hart, fest.

वीडु, वीळु 1) Adj. (f. विड्वी) hart, fest. — 2) *m. N. pr. eines Mannes Comm. zu TÂṆḌJA-BR. 11, 8,14. — 3) n. das Feste, fester Verschluss.

वीळुजम्भ Adj. ein hartes Gebiss habend.

वीळुद्वेषस् Adj. unbeugsam hassend, — verfolgend.

वीळुपत्मन् Adj. unnachgiebig fliegend.

वीळुपवि Adj. mit harter Schiene beschlagen.

वीळुपाणि und वीळुपाणि Adj. harthufig.

वीडुहरस्, वीळुहरस् Adj. fest packend.

वीळुहर्षिन् Adj. etwa sich steifend ṚV. 2,23,11.

वीड्वङ्ग, वीळुअङ्ग Adj. festgliederig.

वीणाय् s. उपवीणाय्.

वीणा f. 1) Laute. — 2) in der Astrol. eine best. Constellation, wenn nämlich alle Planeten in 7 Häusern stehen. — 3) *Blitz. — 4) N. pr. a) einer Joginî. — b) eines Flusses.

वीणाकर्ण m. N. pr. eines Mannes.

वीणागणगिन् (ÂPAST. ÇR. 20,6.8) und वीणागणागिन् m. Musikmeister, Vorstand einer Musikbande.

वीणागाथिन् m. Lautenspieler.

वीणातन्त्र n. Titel eines Tantra.

वीणातूणव n. Sg. Lauten und Flöten ÂPAST. ÇR. 5,8,2.

*वीणादण्ड m. der Hals einer Laute.

वीणादत्त m. N. pr. eines Gandharva.

*वीणानुबन्ध m. das obere Ende des Halses einer Laute, wo die Saiten befestigt werden.

वीणापाणि m. Bein. Nârada's.

*वीणाप्रसेव m. der Dämpfer an der Laute.

1. वीणारव m. (adj. Comp. f. आ) Lautenklang.

2. वीणारव 1) Adj. wie eine Laute summend. — 2) f. आ N. pr. einer Fliege.

*वीणाल Adj. von वीणा.

वीणावत्सराज m. N. pr. eines Fürsten.

*वीणावन्त् 1) Adj. mit einer Laute versehen. — 2) f. °वती N. pr.

वीणावाद m. 1) Lautenspieler ÂPAST. ÇR. 21,18. 19. — 2) Lautenspiel 171,25.

*वीणावादक m. Lautenspieler.

*वीणावादन n. Plectron.

वीणावाद्य n. Lautenspiel.

वीणाविनोद m. N. pr. eines Vidjâdhara BÂLAR. 89,16.

वीणाशिल्प n. die Kunst des Lautenspiels.

*वीणास्य m. Bein. Nârada's.

वीणाहस्त Adj. eine Laute in der Hand haltend (Çiva).

वीणिन् Adj. mit einer Laute versehen, die Laute spielend.

1. वीत 1) Adj. s. u. वी. — 2) n. etwa Begehr, Wunsch TAITT. ÂR. 3,11,12. Nach dem Comm. = प्रजनन, उत्पत्ति.

2. वीत 1) Adj. in Zucht gehalten, ruhig RÂGAT. 7, 992. Vgl. 3. इ mit वि Nachtr. 3. — 2) n. das Lenken eines Elephanten (mit den Füssen und dem Haken).

3. वीत s. u. व्या.

4. वीत s. u. 3. इ mit वि (auch Nachtr. 5).

5. वीत 1) Adj. (f. आ) schlicht, geradlinig. — 2) f. आ Reihe (neben einander liegender Gegenstände).

वीतंस m. jedes zum Fangen und Aufbewahren von Wild und Vögeln dienendes Geräth (HARSHAK. 196,24), Netz, Käfig u. s. w.

वीतक = विवीत in अवीतक Nachtr. 5.

वीतत्रासरेणु Adj. BÂLAR. 91,3 nach KERN fehlerhaft für °त्रसरेणु und dieses = वीतराग 1), da त्रसरेणु = रजस् und dieses = राग ist.

*वीतदम्भ Adj. frei von Verstellung, — Heuchelei.

*वीतन m. Du. die zur Seite des Kehlkopfs liegenden Knorpeln.

वीतपृष्ठ Adj. (f. आ) einen schlichten, ebenen Rücken habend.

वीतभय Adj. frei von Furcht, unerschrocken (Vishṇu, Çiva).

वीतभी Adj. dass. M. 7,64.

वीतभीति 1) Adj. dass. ÇIÇ. 18,48. — 2) m. N. pr. eines Asura.

वीतमन्यु Adj. 1) keinen Grimm habend gegen (अभि) KAṬHOP. 1,10. — 2) frei von Herzeleid, — Kummer MBH. 1,157,12.

वीतमहोपाख्यान n. Titel eines Werkes BURNELL, T.

वीतराग 1) Adj. frei von aller Leidenschaft, — allen weltlichen Begierden, nicht hängend an (Loc. HEM. PAR. 1,434). Beiw. acht bestimmter Bodhisattva und zugleich Bez. ihrer Symbole. — 2) m. a) ein Buddha. — b) ein Arhant der Gaina.

वीतरागभयक्रोध Adj. frei von allen Begierden, von Furcht und Zorn.

वीतरागस्तुति f. Titel eines Gaina-Werkes.

वीतवन्त् Adj. das Wort वीत und andere Formen von 1. वी enthaltend.

वीतवार Adj. einen schlichten Schweif habend.

वीतविष Adj. frei von Unreinigkeiten, klar (Wasser) DH. V. 3,12.

वीतव्रीड Adj. schamlos 165,4.

वीतशङ्कम् Adv. furchtlos ÇIÇ. 18,14.

वीतशोक 1) Adj. frei von Kummer. Nom. abstr. °ता f. — 2) m. Jonesia Asoka (अशोक). — 3) f. आ N. pr. einer Stadt HEM. PAR. 1,419. वीतशोख (!) VP.² 2,165.

वीतसंदेह Adj. (f. आ) keinem Zweifel unterliegend RÂGAT. 4,53.

वीतसूत्र n. die heilige Schnur.

वीतहव्य 1) Adj. dessen Spenden genehm sind ṚV. 7,19,3. — 2) m. a) N. pr. verschiedener Männer. Pl. Vîtahavja's Nachkommen. — b) Bein. Kṛshṇa's.

वीतहोत्र fehlerhaft für वीतिहोत्र.

वीताशोक m. N. pr. = विगताशोक.

1. वीति 1) f. a) Genuss, Ergötzung, beliebtes Mahl, beliebter Trank. — b) Genuss, so v. a. Vortheil. Dat. gewöhnlich infinitivisch. — c) Glanz(?). — d) *= गति, प्रजन und धावन. — 2) m. ein best. Agni ÂPAST. ÇR. 9,3,21.

2. वीति f. Scheidung.

3.*वीति m. = पीति Pferd.

वीतिन् m. N. pr. eines Mannes. Pl. seine Nachkommen.

वीतिराधस् Adj. Genuss gewährend.

वीतिहोत्र 1) Adj. zum Genuss oder Mahl einladend. — 2) m. a) Feuer, der Gott des Feuers. — b) Pl. Bez. der Verehrer einer Form des Feuers. — c) *die Sonne. — d) N. pr. α) verschiedener Fürsten und eines Priesters. — β) Pl. eines zu den Haihaja gezählten Volksstamms. — γ) Pl. einer Dynastie.

वीतिहोत्रदयिता und °होत्रप्रिया f. Bein. der Svâhâ.

वीतोत्तरम् Adv. ohne zu reden Spr. 1378.

*वीत्त Partic. von 1. दा mit वि.

वीथि und वीथी f. 1) Reihe 103,4. 312,2. BÂLAR. 240,13. — 2) Strasse, Weg ÇIÇ. 9,32. 16,10. — 3) Reitbahn ÇIÇ. 5,60. — 4) eine Reihe von Kaufläden, Marktstrasse ÇIÇ. 9,32. — 5) eine Reihe von Bildern, Bildergallerie. — 6) eine drei Mondhäuser umfassende Strecke einer Planetenbahn. — 7) *Terrasse, der freie Raum zwischen Haus und Strasse. — 8) ein best. einactiges Drama.

वीथिक m. oder n. (metrisch) und °का f. 1) Reihe 306,80 (im Prâkrit). Am Ende eines adj. Comp. f. °का. — 2) Strasse. — 3) Bildergallerie. — 4) Terrasse, der freie Raum zwischen Haus und Strasse.

— 3) *ein best. einactiges Drama.*

1. वीथी f. s. u. वीथि.

2. वीथी Adv. mit कर् *in Reihen aufstellen.*

वीथीक am Ende eines adj. Comp. von वीथी 8).

वीथीमार्ग m. *eine best. Gangart des Elephanten.*

वीध्र 1) * Adj. *rein, klar, hell.* — 2) (*n.) *heiterer Himmel.* Nur Loc. *bei hellem Himmel*, वीध्रबिन्दु m. *ein bei Sonnenschein gefallener Tropfen* und वीध्रसमृद्ध Adj. Kâṭh. 13,12. Angeblich = नभस्, वायु und अग्नि.

वैध्य Adj. *zum hellen Himmel gehörig* u. s. w.

वीनाह m. *Brunnendeckel.*

*वीनाहिन् m. *Brunnen.*

वैन्द्र Adj. *wovon* Indra *ausgeschlossen ist.*

वीन्दर्क Adj. *ohne —, mit Ausnahme von Mond und Sonne.*

*वीपं Adj. *wasserlos.*

वीप्स 1) * Adj. = ये वीप्सति. — 2) f. आ *a) das durch das distributive „je“* (im Sanskrit durch Wiederholung des Wortes) *ausgedrückte Verhältniss.* — *b) Wiederholung* (eines Wortes).

वीप्साविचार m. Titel eines Werkes.

वीबर्ह m. *das Zerstreuen, Verjagen.*

*वीबुकोश (!) m. *Fliegenwedel.*

*वीमार्ग m. P. 6,3,122, Sch.

वीर 1) m. (adj. Comp. f. आ) *a) Mann*, insbes. *ein kraftvoller Mann, Held, ein Held in seiner Art, Vordermann, Anführer.* Pl. *Männer, Leute;* auch Sg. mit collectiver Bed. — *b)* Pl. *Mannschaft, Diener, Zugehörige* u. s. w. — *c)* als Beiw. von Göttern, insbes. von Indra. — *d) Mann*, so v. a. *Gatte.* — *e) männliches Kind, Sohn;* collect. *männliche Nachkommenschaft.* — *f) Männchen eines Thieres.* — *g) der heroische Grundton in einem Kunstwerke.* — *h)* bei den Tântrika *ein Eingeweihter.* — *i) ein best.* Agni, ein Sohn des Tapas. — *k) Feuer, Opferfeuer.* — *l)* * *Terminalia Arunja.* — *m)* * *Nerium odorum.* — *n)* * *Guilandina Bonduc* Râǵan. 8,63. — *o)* * *Yamswurzel* Râǵan. 7,86. — *p)* N. pr. α) eines Asura. — β) Pl. einer Gruppe von Göttern unter Manu Tâmasa. — γ) verschiedener Männer, auch eines Dichters Z. d. d. m. G. 36,557. अवीर N. pr. eines Ǵina Hem. Par. 1,259. — 2) f. वीरा *a)* * *eine Frau, deren Gatte und Söhne am Leben sind.* — *b)* * *ein berauschendes Getränk.* — *c)* * Bez. *verschiedener Pflanzen und vegetabilischer Stoffe* Râǵan. 3,13. 16. 4,122. 5,46. 63. 91. 6,137. — *d) eine best.* Çruti S. S. S. 24. — *e)* N. pr. α) der Gattinnen Bharadvâǵa's und Karaṁdhama's. — β) eines Flusses. v. l. वाणी. — 3) * n. = शृङ्गी, शृङ्गाटक, नल (नड), नत, मरिच, पुष्करमूल, काञ्जिक, उशीर und आरुक.

वीरक 1) m. *a) Männchen.* — *b) ein bemitleidenswerther Held* Bâlar. 254,21. — *c)* * *Nerium odorum.* — *d)* N. pr. α) Pl. einer Völkerschaft. — β) eines der 7 Weisen unter Manu Kâkshusha. — γ) eines Stadtaufsehers. — 2) f. वीरिका N. pr. der Gemahlin eines Harsha.

वीरकरा f. N. pr. eines Flusses MBh. 6,9,26.

वीरकर्म n. Bez. *des männlichen Gliedes.*

वीरकर्मन् n. *Mannesthat.*

वीरकाटी f. N. pr. eines Dorfes.

वीरकाम Adj. *nach Söhnen verlangend.*

वीरकुक्षि Adj. f. *Söhne im Leibe tragend.*

वीरकेतु m. N. pr. verschiedener Fürsten.

वीरकेसरिन् (°केशरिन् geschr.) m. N. pr. eines Fürsten.

वीरक्षुरिका f. *Dolch.*

वीरगति f. *das Loos eines Helden*, Indra's *Himmel.*

वीरगवाक्ष m. fehlerhaft MBh. 7,6944. Zu lesen वीरा गवाक्षाः.

वीरगोत्र n. *eine Heldenfamilie.*

वीरगोष्ठी f. *eine Unterhaltung zwischen Helden* Harshak. 157,11.

वीरघ्नी s. u. वीरहन्.

वीरंकरा f. N. pr. eines Flusses.

वीरचक्रेश्वर m. Bein. Vishṇu's.

वीरचक्षुष्मन्त् Adj. *das Auge eines Helden habend* (Vishṇu).

वीरचरित्र n. Titel eines Werkes.

*वीरचर्य m. N. pr. eines Fürsten.

वीरचर्या f. *das Thun eines Helden, das Ausgehen auf Abenteuer.*

वीरचिन्तामणि m. Titel eines Abschnitts in Çārṅgadhara's Paddhati.

*वीरजयन्तिका f. *Kriegstanz.*

वीरजात Adj. wohl *von Mannesart, in Männern —, in Söhnen bestehend.*

वीरजित m. N. pr. eines Mannes.

वीरण 1) m. N. pr. *a)* eines Praǵâpati Hariv. 1,2,16. — *b)* eines Lehrers. Richtig वीरणिन्. — 2) f. ई *a)* * *Andropogon muricatus.* — *b)* N. pr. einer Tochter von 1) *a).* — 3) n. *Andropogon muricatus.*

वीरणक m. N. pr. eines Schlangendämons.

वीरणिन् m. N. pr. eines Lehrers.

*वीरतण्डुल m. *Amaranthus polygonoides* Râǵan. 5,72.

वीरतन्त्र n. Titel eines Tantra.

वीरतम m. (adj. Comp. f. आ) *ein überaus kraftvoller Mann, der grösste Held.*

वीरतर 1) m. *a) ein kraftvollerer Mann, ein grösserer Held*, — als (Abl.). — *b)* * *Pfeil.* — *c)* * *Leichnam.* Beruht auf einer Verwechselung von शर mit शव; vgl. Zach. Beitr. 92. — 3) n. *Andropogon muricatus.*

वीरतरासन n. *eine best. Art zu sitzen.*

*वीरतरु m. Bez. *verschiedener Pflanzen.* Nach den Lexicographen *Terminalia Arunja, Asteracantha longifolia, Andropogon muricatus* (Bhâvapr. 1,190) und *Semecarpus Anacardium* (Râǵan. 11,68).

वीरता f. *Männlichkeit, Heldenmuth.*

वीरत्व n. dass. Uttamak. 372.

वीरदत्त m. N. pr. eines Mannes. °गृहपतिपरिपृच्छा f. Titel eines Werkes.

वीरदामन् m. N. pr. eines Fürsten.

वीरदेय n. Kap. S. 44,3. 6 fehlerhaft für वैरदेय.

वीरदेव m. N. pr. verschiedener Männer.

वीरद्युम्न m. N. pr. eines Fürsten.

*वीरद्रु m. *Terminalia Arunja* Râǵan. 9,122.

*वीरधन्वन् m. *der Liebesgott.*

वीरधर m. N. pr. eines Wagners.

वीरनगर n. N. pr. einer *Stadt* VP. 2,15,6.

1. वीरनाथ m. N. pr. eines Mannes.

2. वीरनाथ Adj. (f. आ) *einen Mann —, einen Helden zum Schutz habend.*

वीरनारायण m. N. pr. eines Fürsten (Ind. Antiq. 9,188) und eines Dichters (Opp. Cat. 1,2440).

वीरनारायणचरित n. Titel eines Werkes Burnell, T.

वीरनारायणीय n. Titel eines Kâvja Opp. Cat. 1.

*वीरंधर m. 1) *Pfau.* — 2) *Kampf mit wilden Thieren.* — 3) *ein ledernes Wamms.* — 4) N. pr. eines Flusses.

वीरपट्ट m. *Heldenbinde* (um die Stirn).

*वीरपत्री f. *ein best. Knollengewächs* Râǵan. 7,91.

वीरपत्नी f. *Weib eines kräftigen Mannes, — eines Helden.* वीरपत्नीव्रत n. *eine best. Begehung.*

*वीरपर्ण m. *ein best. heilkräftiges Kraut.*

(वीरपस्त्य) वीरपस्तिअ Adj. *zu eines tapfern Mannes Hof gehörig.*

*वीरपाण, *°पाणक und °पान n. *Heldentrank, ein von Kriegern vor oder nach der Schlacht eingenommener Trank.*

वीरपाण्ड्य m. N. pr. eines Fürsten.

वीरपान n. s. u. वीरपाण.

वीरपुर n. N. pr. 1) einer *Stadt* im Gebiete von Kânjakubǵa. — 2) einer *mythischen Stadt* auf dem Himâlaja.

वीरपुरुष m. (adj. Comp. f. श्रा) *ein tapferer Mann, Kriegsheld.*

*वीरपुरुषक Adj. *dessen* (eines Dorfes) *Männer Helden sind.*

*वीरपुष्प m. *eine best. Pflanze* Râǵan. 10,73.

वीर॑पेशस् Adj. *den Schmuck der Männer* (*Söhne*) *habend* oder *bildend.*

वीरपोषँ m. *das Gedeihen der Männer, — der Söhne* AV. 13,1,12.

वीरप्रजावती f. *Mutter eines Helden.*

वीरप्रभ m. N. pr. eines Mannes.

वीरप्रमोत N. pr. eines Tîrtha.

वीरप्रसविनी und °प्रसू (Bâlar. 40,3) f. *Mutter eines Helden* Mahâvîrak. 134,14.

वीरबलि m. Titel eines Werkes.

वीरबाहु 1) Adj. *Heldenarme habend* (Vishṇu). — 2) m. N. pr. *a*) verschiedener Fürsten und Krieger. — *b*) eines Affen.

वीरबुक्क m. N. pr. eines Fürsten, = बुक्क u. s. w.

वीरभट m. 1) *Kriegsheld* Daçak. 1,8. — 2) N. pr. eines Fürsten.

वीरभद्र m. 1) * *ein grosser Held.* — 2) * *ein zum Opfer bestimmtes Ross.* — 3) * *Andropogon muricatus.* — 4) N. pr. *a*) eines Rudra. — *b*) eines Wesens im Gefolge Çiva's, welches Daksha's Opfer zu Schanden machte. — *c*) eines Kriegers auf Seiten der Pâṇḍava. — *d*) eines Fürsten. — *e*) eines Autors (Dichters) Z. d. d. m. G. 36,557.

*वीरभद्रक n. *Andropogon muricatus.*

वीरभद्रजित् m. Bein. Vishṇu's.

वीरभद्रविजृम्भण n. Titel eines Schauspiels Hall in der Einl. zu Daçar. 30.

वीरभवत् m. Pronomen der 2ten Person mit dem ehrenden Beiworte *Held.*

वीरभानु m. N. pr. eines Fürsten und eines Autors.

*वीरभार्या f. = वीरपत्नी.

वीरभाव m. *Heldenmuth.*

वीरभुज m. N. pr. zweier Fürsten.

वीरभूपति m. N. pr. *eines Fürsten.*

वीरमती f. ein Frauenname Hem. Par. 2,82.

वीरमत्स्य m. Pl. N. pr. eines Volkes.

वीरमय Adj. bei den Tântrika *den Eingeweihten gehörig, — zukommend.*

वीरमर्दन m. N. pr. eines Dânava.

*वीरमर्दनक fehlerhaft für °मर्दलक.

*वीरमर्दल und *°क m. *Kriegstrommel.*

वीरमाणिक्य m. N. pr. eines Fürsten Prasannar. 12,8.

वीरमातर् f. *Mutter eines Mannes* (*männlichen Kindes*), — *eines Helden.*

वीरमानिन् 1) Adj. *sich für einen Mann* (*Helden, Helden in seiner Art*) *haltend* 131,28. — 2) N. pr. eines *Helden* Ind. St. 14,126.

वीरमार्ग m. *die Laufbahn eines Helden.*

वीरमाहेन्द्रकाण्ड n. Titel eines Werkes Opp. Cat. 1.

वीरमित्रोदय m. desgl.

वीरमिश्र m. N. pr. eines Autors.

वीरमुकुन्ददेव m. N. pr. eines *Fürsten.*

वीरंमन्य Adj. *sich für einen Helden haltend* Bâlar. 106,18. Prasannar. 22,8. Hem. Par. 8,156.

वीरय्, वीर॑यते *sich männlich —, sich tapfer beweisen.* Act. in einer Etymologie *bewältigen.* — Mit श्रनु *Jmd* (Acc.) *im Heldenmuth nachstreben.*

वीर॑या Instr. etwa *mit Kampfeslust.*

वीर॑यु Adj. *kampflustig, tapfer.*

वीरयोगवह् Adj. *Männer —, Helden fördernd.*

वीरयोगसह् Adj. *Männern —, Helden widerstehend* MBh. 13,142,57.

*वीररजस् n. *Mennig* Râǵan. 13,51.

वीररथ m. N. pr. eines Fürsten VP.² 4,144.

वीरराघव m. N. pr. eines Mannes.

वीरराघवीय n. Titel eines Werkes Burnell, T.

*वीररेणु m. Bein. Bhîmasena's.

वीरललित n. 1) *die natürliche, ungesuchte Handlungsweise eines Helden.* — 2) *ein best. Metrum.*

वीरलोक m. 1) *die Welt der Helden,* Indra's *Himmel.* — 2) Pl. *tapfere Männer.*

वीर॑वत्तण Adj. etwa *Männer stärkend.*

*वीरवत्सा Adj. f. *männliche Nachkommen habend, Mutter eines Sohnes* oder *von Söhnen.*

वीर॑वत् 1) Adj. *a*) *Männer —, Mannschaft —, Söhne habend, männerreich.* — *b*) f. *deren Mann am Leben ist.* — *c*) *in* oder *aus Männern bestehend.* — *d*) *männlich, heldenhaft.* — 2) f. वीरवती *a*) * *eine best. wohlriechende Pflanze* Bhâvapr. 1,207. — *b*) ein Frauenname. — *c*) N. pr. eines Flusses. — 4) n. *Reichthum an Männern* oder *Söhnen.*

वीरवर m. *ein ausgezeichneter Held* als N. pr. verschiedener Männer.

वीरवरप्रताप m. N. pr. eines Fürsten.

वीरवर्मन् m. N. pr. verschiedener Männer Ind. Antiq. 5,51.

वीर॑वंह् (stark °वाँह्) Adj. *Männer fahrend.*

वीरवाक्य n. *das Wort eines Helden, ein heldenmüthiges Wort.*

वीरवाक्यमय Adj. *aus heldenmüthigen Worten bestehend.*

वीरवाद m. *Heldenruhm* Mahâvîrak. 33,12.13.

वीरवामन m. N. pr. eines Autors.

वीरविक्रम m. 1) *ein best. Tact* S. S. S. 207. — 2) N. pr. eines Fürsten.

वीरविंद् Adj. *Männer verschaffend.*

*वीरविप्लावक m. *ein Brahmane, der ein Opfer mit Geldern von Çûdra vollbringt.*

वीरविरुद n. Bez. *einer best. künstlichen Strophe.*

*वीरवृत्त m. 1) *Semecarpus Anacardium* Bhâvapr. 1,179. — 2) *Terminalia Arunja.* — 3) *eine Art* Bilva Râǵan. 8,72. — 4) *eine best. Kornart.*

*वीरवेतस m. *Rumex vesicarius* Râǵan. 6,128.

वीरव्यूह m. *eine muthigen Kämpfern zusagende Schlachtordnung.*

वीरव्रत 1) Adj. *nach Mannesart verfahrend,* so v. a. *seinen Vorsätzen treu bleibend.* — 2) m. N. pr. eines Mannes. — 3) n. *Heldenart, -pflicht, -muth* Bâlar. 48,5. 7. 110,20. °चर्या f. *das Verrichten einer Heldenpflicht* 32,18. 33,1. Pl. so v. a. *Heldenthaten* 32,17.

वीरशय m. und °शयन n. *das* (aus aneinandergelegten Pfeilen gebildete) *Ruhebett eines gefallenen* oder *verwundeten Helden.*

वीरशय्या f. 1) dass. — 2) *eine best. Art des Liegens bei Asketen.*

वीरशर्मन् m. N. pr. eines Kriegers.

वीरशायिन् Adj. *als gefallener Held auf einem* (aus Pfeilen gebildeten) *Ruhebette liegend.*

वीर॑शुष्म Adj. *männermuthig.*

वीरशेखर m. N. pr. eines Vidjâdhara Daçak. 44,7.

वीरशैव m. Pl. *eine best. Çiva'itische Secte.*

वीरशैवलिङ्गार्चनविधि m. Titel eines Werkes Opp. Cat. 1.

वीरश्री f. *eine Art Composition* S. S. S. 167.

वीरसरस्वती m. N. pr. eines Dichters.

वीरसिंह m. N. pr. eines Autors und verschiedener Fürsten. Auch °देव.

वीरसिंहशिवेन्द्रपूजाकारिका f. Titel eines Werkes Burnell, T.

वीरसिंहावलोकन n. desgl. Bühler, Rep. No. 557.

वीर॑सू 1) Adj. *Männer —, Söhne gebärend, — erzeugend* (Gegend). Nom. abstr. वीरसूत्व. — 2) f. *Mutter eines Sohnes.*

वीरसेन 1) m. N. pr. *a*) eines Dânava. — *b*) verschiedener Fürsten (Harshak. 167,14. 168,6) und Krieger, unter andern des Vaters von Nala. Auch eines Dichters Pischel, de Gr. Pr. 28. — 2) * n. *die Frucht eines best. Baumes* Râǵan. 11,99.

वीरसोम m. N. pr. eines Autors.

वीरस्थ Adj. *einen Helden stehend, tapfer.*

वीरस्थान n. 1) *Ort* oder *Stellung eines tapfern Mannes.* — 2) *eine best. Stellung der Asketen.* — 3) N. pr. einer dem Çiva geheiligten Stätte.

वीरस्थायिन् Adj. *die* वीरस्थान 2) *genannte Stellung einnehmend.*

वीरस्वामिन् m. N. pr. eines Dânava.

वीरहत्या f. *Männermord, Tödtung eines Sohnes* Comm. zu Âpast. Çr. 5,27,3.

वीरहन् Adj. (f. °घ्नी und °हणी) *Männer* —, *feindliche Männer tödtend, Todtschläger.* — 2) *der das heilige Feuer hat erlöschen lassen* (?) Vasishtha 1,18.

वीरहोत्र m. Pl. N. pr. eines Volkes.

वीरान्तरमालाविरुद n. Bez. *einer künstlichen Strophe im Panegyricus* Virudâvalî, *in der die einzelnen Attribute des Helden in alphabetischer Ordnung aufgezählt werden.*

***वीराढ्य** m. *Guilandina Bonduc* Râgan. 8,63.

वीरागम n. (!) Titel eines Werkes Burnell, T.

वीराचार्य m. N. pr. eines Autors Ganar. 40,12.

वीराणक N. pr. einer Oertlichkeit Ind. Antiq. 6,53. Vgl. वीरानक.

वीराध्वन् m. 1) *die Laufbahn eines Helden.* — 2) *ein heldenmüthiger Tod.*

वीरानक (!) N. pr. einer Oertlichkeit. Vgl. वीराणक.

वीरानन्द Titel eines Schauspiels Hall in der Einl. zu Daçar. 30.

वीरापुर n. N. pr. einer *Stadt.*

***वीराम्ल** m. *Rumex vesicarius* Râgan. 6,130.

वीराय् *den Helden spielen.* °यित n. impers.

***वीरारुक** n. *die Frucht eines best. Baumes* Râgan. 11,99.

***वीराशंसन** n. *der Ort in der Schlacht, wo der Kampf am heftigsten wüthet.*

वीराष्टक m. N. pr. eines Wesens im Gefolge Skanda's.

वीरासन n. 1) *eine best. Art zu sitzen bei den Asketen* Samhitopan. 41,3. AV. Pariç. 41,1. — 2) *das Stehen auf einem erhöhten Platze.* — 3) *das Wachen bei Nacht mit einem Schwerte in der Hand.*

वीरिण m. n. *Andropogon muricatus.* °मिश्र Çat. Br. 13.8,4,15.

वीरिणवत् Adj. in कषू° Nachtr. 6.

वीरिणी f. 1) *Mutter von Söhnen.* — 2) Bein. der Asiknî, einer Gattin Daksha's. — 3) N. pr. eines Flusses. Richtig चीरिणी.

वीरुध् f. (m. einmal im MBh.) 1) *Gewächs, Kraut.* Im System *eine kriechende Pflanze* und *ein niederer Strauch.* वीरुधां पतिः vom Soma und dem Monde. — 2) so v. a. *Schlinge* Pâr. Grhj. 3,7,3.

वीरुध n., *वीरुधा f. und विरुधि (wohl f.) dass. वीरुधादीनाम् Kap. 5,121.

(**वीरेण्य**) **वीरेणिअ** Adj. *mannhaft.*

वीरेन्द्र m. 1) *ein Fürst unter Helden* 110,21. — 2) f. ई N. pr. einer Joginî Cunningham, Arch. Surv. 9,69.

वीरेश 1) m. a) *eine Form* Çiva's. — b) bei den ekstatischen Çaiva *ein Seliger auf einer best. Stufe.* — 2) n. ein Linga des Çiva Vireça.

वीरेश्वर 1) m. = वीरेश 1) a). — b) N. pr. α) *eines Wesens im Gefolge Çiva's. — β) eines Mannes. Auch °भट्ट und °महाडकर. — 2) n. = वीरेश 2). Auch °लिङ्ग n.

वीरेश्वरस्तोत्र n. Titel Burnell, T.

***वीरोज्झ** Adj. *das Opfer unterlassend.*

***वीरोपजीवक** und *°जीविक (fehlerhaft) Adj. *betrügerischer Weise, als wenn es sich um die Unterhaltung des heiligen Feuers handelte, um Almosen bittend.*

वीर्त्सा f. *das Vereitelnwollen.*

वीर्य, वीरिअ 1) n. (adj. Comp. f. आ) a) *Männlichkeit, Tapferkeit.* — b) *Kraft, Wirksamkeit, Energie, Macht.* — c) *Mannesthat, Heldenthat.* — d) *männliche Kraft*, so v. a. *männlicher Same.* — e) *Gift.* — 2) वीर्या N. pr. einer Nâga-Jungfrau Kârand. 4,10.

वीर्यकाम Adj. *männliche Kraft wünschend.*

वीर्यकृत् Adj. *Mannesthat verrichtend.*

वीर्यकृत Adj. nach dem Comm. = सामर्थ्येन संपादितः.

वीर्यग Adj. *eine Stelle einnehmend, wo er* (der Planet) *mächtig ist.*

वीर्यचन्द्र m. N. pr. des Vaters der Vîrâ, der Gattin Karamdhama's.

वीर्यतम Adj. *der kräftigste, wirksamste, mächtigste.*

वीर्यधर m. Pl. Bez. *der* Kshatrja *in* Plakshadvîpa.

वीर्यपण Adj. (f. आ) *durch Heldenmuth erkauft.*

वीर्यपारमिता f. *die höchste Stufe der Männlichkeit, — der Macht, — der Energie* Kârand. 82,8. 87,11.

वीर्यप्रवाद n. Titel eines Pûrva der Gaina.

***वीर्यभद्र** m. N. pr. eines Mannes.

वीर्यमत्त्व MBh. 3,16610 fehlerhaft für वीर्यमत्त.

वीर्यवत्तर्‌त्व n. *das Erfordern einer grösseren Kraft.*

वीर्यवत्ता f. *Kräftigkeit. Mächtigkeit* Gop. Br. 2,3,9 (वीर्यवत्तायाः इति zu lesen).

वीर्यवत्त्व n. dass.

वीर्यवत्, वीरिअवत् 1) Adj. a) *kräftig, wirksam, tüchtig, mächtig.* Compar. वीर्यवत्तर AV. 18,4,33. Superl. वीर्यवत्तम. — b) *Kraft erfordernd.* — c) *samenreich.* — 2) m. N. pr. a) eines zu den Viçve Devâs gezählten Wesens. — b) eines Sohnes des 10ten Manu. — 3) f. वीर्यवती N. pr. einer der Mütter im Gefolge Skanda's.

वीर्यवाहिन् Adj. *Samen führend.*

***वीर्यवृद्धिकर** n. *ein Aphrodisiacum.*

1. **वीर्यशुल्क** n. *Männlichkeit* oder *Heldenmuth als Kaufpreis* Bhâg. P. 1,10,29.

2. **वीर्यशुल्क** Adj. (f. आ) *durch Männlichkeit* oder *Heldenmuth erkauft* oder *zu erkaufen* Bhâg. P. 10,32,41.

वीर्यसत्त्ववत् Adj. *Männlichkeit und Muth besitzend.*

वीर्यसह m. N. pr. eines Sohnes des Saudâsa.

***वीर्यसेन** m. N. pr. eines Mannes.

वीर्यहारिन् m. N. pr. eines bösen Geistes.

वीर्यावत् Adj. = वीर्यवत् 1) a).

वीवध m. s. u. विवध.

***वीवधिक** Adj. s. u. *विवधिक.

वीवाह m. = विवाह *Heimführung der Braut, Hochzeit, Eheschliessung,* — mit (सह) Hem. Par. 2,271. 6,98. Pankad.

1. **वीश** m. *ein best. Gewicht,* = 20 Pala = 1/5 Tulâ Hemâdri 1,117,16.

2. **वीश** in पड्वीश.

वीस n. *eine Art Tanz* S. S. S. 261.

वीसर्प m. = विसर्प 2) Karaka 6,11.

वीसल्लदेव m. N. pr. eines Fürsten Ind. Antiq. 6,210.

वुड्, वुडित *untergetaucht.*

वूर्य n. *Wahl* in होतृवूर्य.

वूस् (!), **वूस्येत्** angeblich = पृथक्कुर्यात् Prij. 37,2.

वृक 1) m. a) *Wolf.* — b) **Hund.* — c) **Schakal.* — d) **Krähe.* — e) **Eule.* — f) **Dieb.* — g) **ein* Kshatrija. — h) *Pflug.* — i) **Donnerkeil.* — k) **der Mond.* — l) **die Sonne.* — m) **eine best. Pflanze,* = बक. — n) **das Harz der Pinus longifolia.* — o) N. pr. α) Pl. eines Volkes. Auch *Pl. zu वार्कण्य. — β) eines Asura. — γ) eines Sohnes des Krshna. — δ) verschiedener Fürsten. — 2) *f. वृका *eine best. Pflanze,* = अम्बष्ठा. — 3) f. वृकी a) *Wölfin.* — b) **Schakal-Weibchen.* — c) **Clypea hernandifolia* Râgan. 6,122.

वृककर्मन् 1) Adj. *wie ein Wolf verfahrend, wölfisch* Venis. 141. — 2) m. N. pr. eines Asura.

*वृकखण्ड m. N. pr. eines Mannes.

*वृकगर्त N. pr. einer Oertlichkeit.

*वृकगर्तीय Adj. von वृकगर्त.

*वृकग्राह m. N. pr. eines Mannes.

*वृकजम्भ m. desgl.

वृकताति f. *Mord-* oder *Raubanschlag* RV. 2,34,9 (wohl °ताति zu lesen).

वृकति m. 1) *Mörder, Räuber.* — 2) N. pr. *a)* eines Sohnes des Ǵimûta. — *b)* Vṛkati und Vṛti als Söhne Kṛshṇa's; richtig वृकनिर्वृति als ein Name.

वृकतेजस् m. N. pr. eines Sohnes des Çlishṭi.

*वृकदंश m. *Hund.* v. l. मृगदंश.

वृकदीप्ति m. N. pr. eines Sohnes des Kṛshṇa.

वृकदेव N. pr. 1) m. eines Sohnes des Vasudeva. — 2) f. आ (VP. 4,14,5) und ई einer Gattin Vasudeva's.

वृकद्वरस् Adj. nach Sâj. = सवृकद्वार.

*वृकधूप m. 1) *Weihrauch.* — 2) *Terpentin.*

वृकधूमक m. *eine best. Pflanze* Ḱaraka 1,27.

वृकनिर्वृति m. N. pr. eines Sohnes des Kṛshṇa.

वृकप्रस्थ N. pr. eines Dorfes.

*वृकबन्धु m. N. pr. eines Mannes.

*वृकभय n. *Furcht —, Gefahr vor Wölfen* P. 1,2, 43, Sch.

वृकरथ m. N. pr. eines Bruders des Karṇa.

*वृकरूप्य wohl N. pr. einer Oertlichkeit. Anzunehmen für वार्करूप्य.

वृकल 1) m. *a)* = वल्कल *Bastgewand* Baudh. 1,6,13,12. — *b)* N. pr. eines Sohnes des Çlishṭi. — 2) f. आ *a) ein best. Eingeweide.* — *b)* *ein Frauenname.

वृकलोमन् n. *Wolfshaar* Çat. Br. 5,5,4,18. 12, 9,1,6.

*वृकवञ्चिक m. N. pr. eines Mannes.

वृकस्थल n. N. pr. eines Dorfes.

*वृकादनी f. *Ipomoea Turpethum.*

*वृकाजिन m. N. pr. eines Mannes.

वृकाय, °यते *den Wolf machen.*

वृकायु Adj. *raub-, mordlustig.*

*वृकाराति und *वृकारि m. *Hund.*

वृकाश्व m. N. pr. 1) eines Sohnes des Kṛshṇa. v. l. वृकास्य. — 2) eines andern Mannes. Pl. *seine Nachkommen.*

वृकाश्विक (!) m. N. pr. eines Mannes. Pl. *seine Nachkommen.*

वृकास्य m. N. pr. eines Sohnes des Kṛshṇa Hariv. 2,103,12. v. l. वृकाश्व.

वृकोदर m. 1) *Bein.* Bhîmasena's. — 2) N. pr. einer Gruppe von Kobolden im Gefolge Çiva's.

वृकोदरमय Adj. *von* Bhîmasena *kommend.*

वृक्क m. 1) Adj. *Krankheit abwehrend* (nach Sâj.). — 2) m. Du. *die Nieren* Vishṇus. 96,92. Vgl. वृक्क्य. — 3) *f. वृक्का = बुक्का *Herz.*

वृक्कक m. Du. *die Nieren.*

वृक्कावती (!) f. *Bez. eines best. Verses* Vaitân.

वृक्ण 1) Adj. s. u. 1. व्रश्च्. — 2) n. *Schnitt* AV. 8,10,18. TS. 2,5,1,3. — Ḱaraka 1,17 fehlerhaft für वृक्क *die Nieren.*

वृक्त Partic. von वर्ज्.

वृक्तबर्हिस् Adj. *der das Gras zur Opferstreu ausgerauft* oder *abgeschnitten hat,* so v. a. *zum Empfang der Götter gerüstet; opfernd, Opfer liebend.*

वृक्ति f. in नेमो° und सुवृक्ति.

वृक्त्वी Absol. von 1. व्रश्च् RV. 10,87,2.

वृक्न fehlerhaft für वृक्ण.

वृक्य m. Du. = वृक्क *die Nieren* TS. 5,7,19,1. Âpast. Ça. 7,22,6.

वृक्ष 1) m. (adj. Comp. f. आ) *a) Baum, Pflanze* überh. Im System *ein Baum, welcher* (sichtbare) *Blüthen und Früchte hat.* — *b) Baumstamm.* — *c) Todtenbaum, Sarg.* — *d) Stab des Bogens.* — *e) Gestell* in einigen Compp. — *f)* wohl = वृक्षक *Wrightia antidysenterica.* — *g)* 105,23 fehlerhaft für वृक. — 2) n. *ein Stimulans* Vivekav. 5,200. 201.

वृक्षक 1) m. *a) Bäumchen.* बाल° Vikramâṅkaḱ. 13,3. Am Ende eines adj. Comp. (f. आ) *Baum.* — *b) Wrightia antidysenterica* Ḱaraka 7,5. — 2) n. *a) die Frucht der Wrightia antidysenterica.* — *b) ein Stimulans* Vivekav. 5,201.

*वृक्षकन्द m. *die Knolle von Batatas paniculata.*

*वृक्षकुक्कुट m. *Waldhuhn.*

वृक्षकेश Adj. *bewaldet.*

*वृक्षखण्ड m. *Baumgruppe.* Vgl. वृक्षषण्ड.

वृक्षघट m. N. pr. eines Agrahâra.

*वृक्षचन्द्र m. N. pr. eines Fürsten.

*वृक्षचर m. *Affe.*

वृक्षचूडामणिक s. u. पूतिवय.

*वृक्षच्छाय n. und °छाया f. (154,5) *Baumschatten.*

वृक्षज Adj. (f. आ) *aus Holz gemacht, hölzern* Hemâdri 1,110,10. 2,a,42,3.

वृक्षतक्षक m. *Holzschläger.*

वृक्षतैल n. *Baumöl, aus Baumfrüchten gewonnenes Oel.*

वृक्षत्व n. *das Baum-Sein, der Gattungsbegriff Baum.*

वृक्षद Adj. *Bäume schenkend* MBh. 13,58,30.

वृक्षदल n. *Baumblatt.*

वृक्षदेवता f. *Baumgottheit, Dryade.*

*वृक्षधूप und *°क m. *das Harz des Pinus longifolia* Râǵan. 12,157. Bhâvapr. 1,187.

*वृक्षनाथ m. *der indische Feigenbaum.*

वृक्षनिर्यास m. *Baumharz, Gummi.*

वृक्षपर्ण n. *Baumblatt.*

*वृक्षपाक m. *der indische Feigenbaum.*

वृक्षपाल m. *Waldhüter.*

*वृक्षपुरी f. N. pr. einer *Stadt.*

*वृक्षभक्ता f. *Schmarotzerpflanze.*

*वृक्षभवन n. *Baumhöhle.*

*वृक्षभिद् *Axt.*

वृक्षभूमि f. *der Standort eines Baumes* Kauç. 30.

*वृक्षभेदिन् n. *eines Zimmermanns Meissel.*

वृक्षमय Adj. (f. ई) *aus Holz gemacht, hölzern.*

*वृक्षमर्कटिका f. *Eichhörnchen* Bhâvapr. 2,3.

*वृक्षमार्जार m. *ein best. Thier* Bhâvapr. 2,3.

वृक्षमूल n. *Baumwurzel* Spr. 6247.

वृक्षमूलता f. *das Ruhen —, Schlafen auf Baumwurzeln* (der Asketen).

वृक्षमूलिक Adj. *auf Baumwurzeln ruhend.*

*वृक्षरुह m. *Calamus Rotang.*

वृक्षराज् m. *der indische Feigenbaum.*

वृक्षराज m. Bez. des Pâriǵâta.

*वृक्षरुहा f. 1) *Schmarotzer- und Schlingpflanze.* — 2) *Vanda Roxburghii* Râǵan. 5,66. — 3) *eine roth blühende Oldenlandia* Râǵan. 3,116.

*वृक्षवत् m. *Berg* Râǵan. 2,15.

वृक्षवाटिका und *°वाटी f. *Baumgarten.*

वृक्षवास्पनिकेत m. fehlerhaft für °वास्यनिकेत MBh. 2,399. ed. Vardh. 2,10,17.

वृक्षवास्यनिकेत m. N. pr. eines Jaksha MBh. 2,10,18.

*वृक्षश m. *Eidechse, Chamäleon.*

वृक्षशाखा f. *Baumast, — zweig* 154,12.

वृक्षशायिका f. *Eichhörnchen.*

वृक्षषण्ड m. *Baumgruppe.*

वृक्षसंकट n. *Walddickicht.*

वृक्षसर्पी f. *ein best. Thier.*

*वृक्षसारक m. *Phlomis zeylanica.*

वृक्षस्नेह m. *Baumöl, aus Baumfrüchten gewonnenes Oel.*

वृक्षाग्र n. *Baumwipfel.*

वृक्षादन 1) m. *a) eines Zimmermanns Meissel.* — *b)* **Ficus religiosa.* — *c)* **Buchanania latifolia.* — 2) ई *a)* **Schmarotzerpflanze.* — *b)* **Vanda Roxburghii* Râǵan. 5,66. — *c) eine best. Gemüsepflanze. Hedysarum gangeticum* nach den Lexicographen.

*वृक्षादिनी f. *Vanda Roxburghii.*

*वृक्षादिरुहक, *वृक्षादिरूढ und *वृक्षादिरूढक n. *Umarmung.* Fehlerhaft, vgl. die folgenden Worte.

वृक्षाधिरूढक n. *eine Art von Umschlingung* (der Körper) Citat im Comm. zu Naish. 7,96. Vgl. वृक्षारूढ.

वृक्षाधिरूढि f. 1) *das Umfangreicherwerden eines Baumes von unten nach oben* Naish. 7,96. — 2) * *das Hinaufkriechen* (*einer Schlingpflanze*) *an einem Baume.* — 3) *eine Art von Umschlingung* (der Körper) Naish. 7,96.

*वृक्षामय m. *Lack* Bhâvapr. 1,176.

वृक्षाम्ल m. *Spondias mangifera; n. die Frucht.* Karaka 1,4 nach dem Comm. = महार्द्रक.

वृक्षायुर्वेद m. *die Lehre von der Pflege der Bäume.* °योग: unter den 64 Künsten.

वृक्षारक MBh. 7,1872 fehlerhaft für वृन्दारक.

वृक्षारूढ n. = वृक्षाधिरूढक Citat im Comm. zu Naish. 7,96.

वृक्षारोहण n. *das Besteigen eines Baumes* Pâr. Gṛhj. 2,7,6. Çāṅkh. Gṛhj. 4,7.

*वृक्षार्का f. *eine best. Heilpflanze* Râǵan. 5,27.

*वृक्षालय m. *Vogel.*

*वृक्षावास m. 1) *an ascetic, one who lives in the hollows of trees.* — 2) *a bird.*

*वृक्षाश्रयिन् m. *Käuzchen* Râǵan. 19,123.

वृक्षीय Adj. von वृक्ष. Zu belegen nur एक° (Nachtr. 6).

वृक्षेशय 1) Adj. *auf Bäumen sich aufhaltend.* — 2) m. *eine Schlangenart.*

*वृक्षोत्पल m. *Pterocermum acerifolium.*

वृक्षौकस् m. *Affe* Mahâvîraḱ. 123,12.

वृक्ष्य n. *Baumfrucht.*

वृगल schlechte Schreibart für बृगल.

वृचया f. ein Frauenname.

वृचीवन्त् m. Pl. N. pr. eines Geschlechts.

*वृज = बल.

वृञ्जध्यै Dat. Infin. zu वर्ज् RV. 3,31,17.

1. वृजन n. 1) *Umhegung, umfriedigter —, befestigter Platz; insbes. die abgeschlossene Cultusstätte;* auch so v. a. *Bereich.* — 2) *eine geschlossene Niederlassung: Hof, Flecken, Dorfschaft,* auch *oppidum;* sowohl *die Mark* als *die Bewohner.* Ṛv. 7,32,7 nach dem Padap. m. — 3) *= बल Nigh. 2,9. — 4) *der Luftraum.* — 5) *= निराकरण.

2. वृजन n. wohl *Dorf,* so v. a. *die angesiedelten Menschen.* Nach Sâj. = जङ्गम.

3. वृजन 1) *n. *eine böse That, Sünde.* — 2) f. ई a) *Ränke, Tücke.* — b) etwa *Hürde* RV. 1,164,9. *Wolke* nach Sâj.

(वृजन्य) वृजनिय Adj. *was in Dörfern* u. s. w. *wohnt.*

वृजि m. N. pr. 1) Pl. eines Volkes. — 2) eines Mannes.

*वृजिक Adj. von वृजि 1).

वृजिन 1) Adj. (f. आ) a) *krumm.* — a) *falsch, ränkevoll.* — c) *unheilvoll.* — 2) *m. (*krauses*) *Haupthaar.* — 3) f. आ *Ränke, Falschheit, Trug.* — 4) n. a) dass. — b) *Vergehen, Schlechtigkeit, Sünde.* — c) *Leid, Unglück.* — d) *= रक्तचर्मन्.

वृजिनवन्त् m. N. pr. eines Sohnes des Kroshṭu.

वृजिनवर्तनि Adj. *krumme Wege gehend, ränkevoll.*

वृजिनाय, वृजिनायन्त् *trüglich, falsch.*

वृजिनीवन्त् m. = वृजिनवन्त्.

वृञ्जसे Dat. Infin. zu वर्ज् RV. 8,65 (76),1.

*वृण्, वृणोति, वृणुते (भते); वृणाति (प्रीणने).

1. वृत् 1) Adj. am Ende eines Comp. *einschliessend.* — 2) f. *Begleitung, Gefolge; Trupp, Heer.*

2. वृत् 1) Adj. am Ende eines Comp. *sich drehend, sich bewegend, sich verhaltend* u. s. w.; nach Zahlwörtern so v. a. — *fach,* — *fältig.* — 2) *Schluss, Ende.* Nur im Dhâtup., wo es den *Schluss* einer zu einer bestimmten grammatischen Regel gehörenden Reihe von Wurzeln bezeichnet, welche in der Grammatik durch die erste Wurzel mit nachfolgendem आदि oder प्रभृति kurz angegeben wird.

वृत 1) Adj. s. u. 1. und 2. वर्. — 2) *n. = धन.

*वृतक्षय m. *ein erwählter —, erwünschter Wohnsitz* in einer Etymologie.

वृतंचय Adj. *ein Heer sammelnd.*

*वृतपत्त्रा f. *eine best. Schlingpflanze.* Richtig वृत्त°.

वृता f. etwa *Fortschritt, Bewegung.*

*वृतार्चिस् f. *Nacht.*

1. वृति f. *Einzäunung, Zaun, Hecke* Kâd. 252,1 (411,13). Çiç. 12,37.

2. वृति f. *Wahl, Erwählung, ein erwähltes Gnadengeschenk.*

3. वृति f. bisweilen fehlerhaft für वृत्ति.

*वृतिंकर m. *Flacourtia sapida* (*Hecken bildend*).

वृत्त 1) Adj. s. u. वर्त्. — 2) m. a) **Schildkröte.* — b) **eine Art Gras.* — c) *eine runde Kapelle.* — d) N. pr. eines Schlangendämons MBh. 1,35,10. — e) MBh. 12,3660 fehlerhaft für वृत्र. — 3) f. वृत्ता a) *Bez. *verschiedener Pflanzen,* = किञ्जारिष्टा (Râǵan. 4,205), मांसरोहिणी (Râǵan. 12,154), महाकोशातकी (Râǵan. 7,172) und प्रियङ्गु. — b) **ein best. Arzeneistoff,* = रेणुका Râǵan. 6,113. Nach Mat. med. vielleicht *Piper aurantiacum.* — c) *ein best. Metrum.* — 4) n. (adj. Comp. f. आ) a) *Kreis, Epicykel.* — b) *das Vorkommen, Erscheinen, Gebrauchtwerden.* — c) *Erscheinung, eine Erscheinung von* (im Comp. vorangehend), auch so v. a. *eine Form von.* — d) *das Werden wie* (°वत्), so v. a. *Verwandlung in.* — e) *Ereigniss, Begebenheit.* — f) *Sache, Angelegenheit.* — g) *Lebensart, Lebenswandel, Betragen, Benehmen, Handlungsweise, Thun und Treiben.* Ausnahmsweise Pl. — h) *richtiger Wandel, gutes Betragen, richtiges Benehmen, gute Sitten.* — i) *Lebensunterhalt.* Richtiger वृत्ति. — k) *Rhythmus des Versschlusses.* — l) *ein Metrum mit bestimmter Silbenzahl* und *Metrum* überh. — m) *ein aus 10 Trochäen bestehendes Metrum.*

वृत्तक 1) am Ende eines adj. Comp. = वृत्त *Metrum.* — 2) m. *ein buddhistischer* oder *Ǵaina-Laie.* — 3) n. *eine schlichte und dabei wohlklingende Prosa.*

*वृत्तकर्कटी f. *Melone* Râǵan. 7,197.

वृत्तकाय Adj. (f. आ) *einen runden Körper habend* 217,13.14.

वृत्तकौतुक n. und वृत्तकौमुदी f. Titel von *Metriken.*

वृत्तखण्ड *Ausschnitt eines Kreises.*

वृत्तगन्धि oder °न् n. *eine gekünstelte Prosa mit metrischen Partien* Vâmana 1,3,24. Nom. abstr. °न्धित्व n. ebend.

*वृत्तगुण्ड m. *eine Art Gras* Râǵan. 8,143.

वृत्तचेष्टा f. *Benehmen.*

*वृत्ततण्डुल m. *Andropogon bicolor* Râǵan. 16,25.

वृत्ततुण्ड Adj. *rundmäulig* Râǵan. 17,55.

वृत्तत्व n. *Runde, Rundheit.*

वृत्तदर्पण m. Titel einer *Metrik.*

वृत्तद्युमणि m. desgl. Opp. Cat. 1.

*वृत्तनिष्पाविका f. *die runde* Nishpâvikâ Râǵan. 7,188.

*वृत्तपत्त्रा f. *eine best. Schlingpflanze* Râǵan. 3,131.

वृत्तपरिणाह m. *Peripherie* Ârjabh. 2,10.

*वृत्तपर्णी f. 1) *Clypea hernandifolia* Râǵan. 6,123. — 2) = महाशणपुष्पिका Râǵan. 4,70.

*वृत्तपुष्प m. 1) *Nauclea Cadamba* Râǵan. 9,101. — 2) *Acacia Sirissa* Râǵan. 9,60. — 3) *Rosa moschata* Râǵan. 10,103. — 4) = मुद्गर Râǵan. 10,78.

वृत्तपूरण n. *das Ergänzen eines Metrums* Kshem. 2,12.

वृत्तप्रदीप m. Titel eines Werkes.

1. *वृत्तफल n. *Pfeffer.*

2. *वृत्तफल 1) m. a) *Granatbaum.* — b) *Judendorn.* — 2) f. आ *Myrobalanenbaum, Solanum melongena, eine Gurkenart* u. s. w. Râǵan. 7,160. 167. 218. 11,75. 140. 183.

वृत्तबन्ध m. *Vers* Çâçvata 599.

*वृत्तबीज 1) m. *Abelmoschus esculentus* Râǵan. 4,160. — 2) f. आ *Cajanus indicus* Râǵan. 16,61.

*वृत्तबीजका f. *ein best. Strauch* Râǵan. 5,131.

वृत्तभङ्ग m. *ein Verstoss gegen die guten Sitten* und *gegen das Metrum* (nur dieses im Comm. zu Varâh. Bṛh. 1.13) Spr. 7854.

वृत्तभूय Adj. MBh. 1,3,63 wohl verdorben.

वृत्तमणिकोश m. Titel eines Werkes Burnell, T.

*वृत्तमल्लिका f. 1) *Jasminum Sambac* Râǵan. 10,85. — 2) *Calotropis gigantea alba* Râǵan. 10,29.

वृत्तमाला f. *ein Kranz von Metren, Metrik.*

वृत्तमुक्ताफल n. Pl. *Metra als Perlen.* °फलानां माला so v. a. *Metrik.*

वृत्तमुक्तावली f. Titel einer *Metrik.*

वृत्तयुक्त Adj. *von gutem Lebenswandel, tugendhaft* Hemâdri 1,434,3.

वृत्तरत्नाकर m. Titel einer *Metrik.* °टीका f., °पञ्चिका f., °व्याख्या f. (Opp. Cat. 1) und °सेतु m.

वृत्तरत्नावलि (Opp. Cat. 1) und °ली f. desgl.

वृत्तवक्त्र Adj. *rundmäulig* Râǵan. 17,56.

वृत्तवत् Adj. 1) *rund.* — 2) *einen guten Lebenswandel führend, tugendhaft.*

वृत्तवार्त्तिक n. Titel einer *Metrik* Opp. Cat. 1.

वृत्तशत n. Titel eines Werkes.

वृत्तशालिन् Adj. *einen guten Lebenswandel führend, tugendhaft.*

वृत्तश्लाघिन् Adj. *wegen seines Lebenswandels in gutem Rufe stehend.*

वृत्तसंपन्न Adj. *von gutem Lebenswandel, tugendhaft.*

वृत्तसादिन् Adj. *gutes Betragen zu Schanden machend, sich schlecht betragend, unsittlich.*

वृत्तस्थ Adj. *im guten Lebenswandel verharrend, einen guten Lebenswandel führend.*

वृत्तहीन Adj. *keinen guten Lebenswandel führend* Spr. 3203.

वृत्ताक्षेप m. in der Rhetorik *eine Erklärung, dass man mit etwas Geschehenem nicht einverstanden sei, nicht recht daran glauben könne.* Beispiel Spr. 238.

वृत्ताध्ययनर्द्धि f. und वृत्ताध्ययनसंपत्ति f. *Vortrefflichkeit des Lebenswandels und der Studien.*

वृत्तानुवर्तिन् Adj. *einen guten Lebenswandel führend, tugendhaft.*

वृत्तान्त m. n. (seltener z. B. Vâsav. 289,8. Pańkad.; am Ende eines adj. Comp. f. आ) 1) *Geschichte, Vorfall, Begebenheit, Abenteuer, Erlebnisse, Lebensumstände; Bericht über einen Vorfall* u. s. w.; *Nachrichten* überh. Sg. und Pl. — 2) *Hergang, die Art und Weise, wie Etwas vor sich geht, — geschieht.* — 3) * *Kapitel.*

*वृत्तान्तशस् Adv. *kapitelweise.*

वृत्तार्ध *Halbkreis* Hemâdri 1,127,12. 13.

वृत्ति f. 1) *das Rollen, Herabrollen* (von Thränen). — 2) *Art und Weise zu sein, — zu thun, — zu leben, Verfahren, Benehmen.* Ausnahmsweise auch Pl. — 3) *Verfahren —, Benehmen gegen Jmd* (Loc. oder im Comp. vorangehend) 40,9. — 4) *ein gutes, achtungsvolles, liebevolles Benehmen, ein Gefühl der Achtung und Liebe für Jmd* (Gen. oder im Comp. vorangehend). — 5) *guter Wandel.* Richtig v. l. वृत्त. — 6) *allgemeiner Gebrauch, Regel.* — 7) *Art und Weise des Verhaltens, Wesen, Natur, Art.* — 8) *Zustand.* — 9) *das Sichbefinden —, Vorkommen —, Erscheinen in* oder *an* (Loc.). Gewöhnlich am Ende eines adj. Comp. — 10) *das Vorkommen, Dasein.* — 11) *das Obliegen, Hingegebensein;* die Ergänzung im Loc. oder im Comp. vorangehend. Am Ende eines adj. Comp. so v. a. *obliegend, hingegeben.* — 12) Sg. und Pl. *Lebensunterhalt, Erwerb, Gewerbe, Mittel zum Leben, Lebensunterhalt mittelst* (im Comp. vorangehend). वृत्तिं कर् oder कल्पय् Caus. *leben von* (Instr.) und *Jmd* (Gen.) *einen Lebensunterhalt gewähren, — anweisen.* — 13) *Wirkung, Thätigkeit, Function* 286,10. — 14) *Stimmung* 281,27. 282,2. 285,17. — 15) *das Erscheinen —, Gebrauchtwerden eines Wortes in einer best. Bedeutung* (Loc.), *die Function eines Wortes.* — 16) *Art und Weise —, Tempo der Aussprache, — der Recitation.* — 17) im Drama *Stil, Charakter, genre.* — 18) *Alliteration, häufige Wiederholung desselben Consonanten.* — 19) *Rhythmus des Versschlusses.* — 20) *Wortart, Wortform.* — 21) *Commentar zu einem* Sûtra. — 22) N. pr. der Gattin eines Rudra Bhâg. P. ed. Bomb. 3,12,13.

वृत्तिक am Ende eines adj. Comp. (f. आ) = वृत्ति 9), 12) und 13).

वृत्तिकर Adj. (f. ई) *Lebensunterhalt gewährend.*

वृत्तिकार m. *der Verfasser eines oder des Commentars zu einem* Sûtra.

वृत्तिचन्द्रप्रदीपिकानिरुक्ति f. Titel eines Werkes Opp. Cat. 1.

वृत्तिता f. Nom. abstr. zu einem auf वृत्ति ausgehenden adj. Comp. und zwar in der Bed. von वृत्ति 2), 11) und 12).

वृत्तित्व n. desgl. in der Bed. von वृत्ति 9) und 11). — दीर्घ° MBh. 13,5115 fehlerhaft für दीर्घदर्शिन्.

वृत्तिद Adj. (f. आ) *Lebensunterhalt gewährend, Ernährer.*

वृत्तिदातर् Nom. ag. *Ernährer.*

वृत्तिदीपिका f. Titel eines Werkes Opp. Cat. 1.

वृत्तिन् am Ende eines adj. Comp. = वृत्ति 11) und 12).

वृत्तिप्रदीप m. Titel eines Werkes Opp. Cat. 1.

वृत्तिभाज् Adj. Çiç. 14,19 nach dem Comm. = क्षेमादिव्यापारं कुर्वन् und पुण्यपापकारिन्.

वृत्तिमत् Adj. 1) am Ende eines Comp. *das Verfahren von — befolgend.* — 2) *einer Sache obliegend, mit einem best. Gedanken beschäftigt.* — 3) *einen Lebensunterhalt habend.* Am Ende eines Comp. *lebend von.* — 4) *eine Thätigkeit —, eine Function ausübend, thätig* Çaṁk. zu Bâdar. 2,4,9. Am Ende eines Comp. *dessen Function — ist.*

वृत्तिमूल n. *das zum Lebensunterhalte Erforderliche, Existenzmittel* Gaut. 28,39.

वृत्तिवार्त्तिक n. Titel eines Werkes Bühler, Rep. No. 261.

वृत्तिसंग्रह m. Titel *eines gedrängten Commentars zu* Pâṇini's Sûtra.

*वृत्तिस्थ m. *Chamäleon, Eidechse.*

°वृत्तिहन् Adj. *Jmd den Lebensunterhalt entziehend* Ind. St. 2,175, N. 1, wo स पापो यतिवृत्तिहा zu verbinden ist; vgl. Paramahaṁsop. in Bibl. ind. 430, N. 1.

वृत्तिहन्तर् Nom. ag. dass.

*वृत्तेर्वारु m. *Wassermelone.*

वृत्तौक्तिरत्न n. Titel eines Commentars zum Piṅgala.

वृत्तोत्सव Adj. *der ein Fest mitgemacht hat* MBh. 12,228,73.

वृत्तौजस् Adj. *Energie an den Tag legend* M. 1,6.

वृत्त्य R. 3,46,7 fehlerhaft für वृत्त *Handlungsweise.*

वृत्त्यनुप्रास m. *Alliteration, häufige Wiederholung desselben Consonanten.*

वृत्त्युपरोध m. *Beeinträchtigung des Lebensunterhalts* 40,10.

वृत्त्युपाय m. *Mittel zum Leben.*

*वृत्य Partic. fut. pass. von 1. und 2. वर् und von वर्त्.

वृत्र्वीप Absol. VS. 11,19 wohl fehlerhaft für वृत्र्वाँप von 2. वर्.

वृत्रँ 1) m. (nur TS. 2,4,12,1) n. (gewöhnlich Pl.) *Bedränger, Feind, feindliches Heer.* — 2) m. *a)* N. pr. eines von Indra bekämpften und erschlagenen Dämons, eines Sohnes des Tvashṭar. Häufig Ahi genannt. — *b) Gewitterwolke.* — *c) * Finsterniss.* — *d) * Rad.* — *e) * Berg.* — *f) * Stein* Comm. zu Kâtj. Çr. 21,3,31. Vgl. Çat. Br. 4,2,5,15. — *g)* Bein. Indra's (!). — *h)* *N. pr. eines Berges. — 3) *n. *a)* = धन. v. l. वित्त. — *b)* = ध्वनि.

वृत्रखादँ Adj. *den* Vṛtra *verzehrend, — vernichtend.* Nach Aufrecht *den* Vṛtra *plagend* (खाद् von

खद् = खिद्).

वृत्रघ्नी s. u. वृत्रहन्.

वृत्रतर m. *ein noch schlimmerer* Vṛtra.

वृत्रतुर् Adj. *Feinde* oder Vṛtra *besiegend, siegreich.*

वृत्रतूर् Adj. dass. °तूरे Maitr. S. 2,2,11 (24,8.11).

वृत्रतूर्य, °तूरिय n. *Besiegung der Feinde,* — Vṛtra's, *siegreicher Kampf.*

वृत्रत्व n. Nom. abstr. zu वृत्र 2) *a).*

वृत्रद्रुह् m. Bein. Indra's Mahâvîrak. 63,4.

*वृत्रद्विष् und वृत्रनाशन m. desgl.

वृत्रपुत्रा f. Vṛtra's *Mutter.*

*वृत्रभोजन m. *eine best. Gemüsepflanze.*

वृत्ररिपु m. Bein. Indra's VP. 5,1,57.

वृत्रवध m. *das Erschlagen* Vṛtra's. Auch Titel eines Schauspiels.

वृत्रविद्विष् (Çiç. 14,84) und वृत्रवैरिन् m. Bein. Indra's.

वृत्रशङ्कु m. *ein steinerner Pflock* (nach dem Comm.).

वृत्रशत्रु m. Bein. Indra's.

वृत्रहं Adj. *den Feinden verderblich.*

वृत्रहत्य n. und वृत्रहथ m. *Kampf mit den Feinden,* — *mit* Vṛtra.

वृत्रहन् 1) Adj. (f. °घ्नी) *Feinde tödtend, siegreich,* Vṛtra-*Tödter.* — 2) m. Bein. Indra's. — 3) f. वृत्रघ्नी N. pr. eines Flusses.

वृत्रहन्तर Nom. ag. Bein. Indra's.

*वृत्रहाय, °यते *wie* Indra *verfahren.*

वृत्रारि m. Bein. Indra's.

वृत्वी Absol. zu 1. वर् ṚV. 1,52,6.

वृथक् Adv. = वृथा 1). Nach Sâj. = पृथक्.

वृथा Adv. 1) *zufällig, nach Belieben; ohne Weiteres, wie sich's fügt; lustig.* — 2) *unnützer Weise, für Nichts und wieder Nichts, vergebens, umsonst.* वाक्यं वृथा कर् so v. a. *ein Wort* —, *einen Rath unerfüllt lassen.* — 3) *verkehrt, falsch, unrichtig, unwahr, mit Unrecht.*

वृथाकर्मन् n. *die erste beste* —, *eine nicht religiöse Handlung* Âpast.

वृथाकार m. *eine unnütze Erscheinung, ein nichtsnutziges Ding* Spr. 2992.

वृथाकुलसमाचार Adj. *dem das Verfahren der Familie für Nichts gilt, der sich darüber hinwegsetzt* MBh. 1,136,33.

वृथाग्नि m. *ein beliebiges* —, *das erste beste Feuer* AV. Prâjaçk. 3,8.

वृथाचार Adj. *der sich über die hergebrachte Sitte hinwegsetzt* MBh. 5,124,28.

वृथात्मायास m. *unnütze Selbstquälerei* Nâgân. 50,12 (68,9).

वृथात्व n. *Vergeblichkeit.*

वृथान्न n. *nur zum eigenen Genuss zubereitete Speise* Gaut.

वृथापक्व Adj. *zufällig* —, *nicht zum heiligen Gebrauch* —, *nur zum eigenen Genuss gekocht* Gobh. 2,9,5.

वृथापलित Adj. *umsonst altersgrau geworden* Çiç. 15,19.

वृथाप्रजा Adj. f. *umsonst Kinder geboren habend* Spr. 6531.

वृथामति Adj. *verkehrten Verstandes* MBh. 2,14,30.

वृथामांस n. *das erste beste Fleisch, nicht näher geprüftes und als der Vorschrift entsprechend befundenes* —, *nicht nach der Vorschrift behandeltes* —, *nur zum eigenen Genuss dienendes Fleisch* Gaut.

*वृथार्तवा Adj. f. *unfruchtbar* Gal.

वृथालिङ्ग Adj. (f. आ) *unmotivirt* MBh. 3,190,51.

वृथालिङ्गिन् Adj. *angemaassler Weise die Zeichen eines Ordens tragend* Vishṇus. 82,6.

वृथावाच् f. 1) *eine beliebige Rede* Ait. Âr. 236,2. — 2) *ein übel angebrachtes* —, *unwahres Wort* Gobh. 3,5,19.

वृथावादिन् Adj. *unwahr redend* Pańkad.

वृथावृद्ध Adj. *umsonst* (d. i. *ohne weise zu werden*) *alt geworden* Bâlar. 25,14.

1. वृथाव्रत n. *eine falsche religiöse Obliegenheit* MBh. 12,228,72.

2. वृथाव्रत Adj. *falsche religiöse Obliegenheiten erfüllend* Hariv. 11187.

वृथाषह् (stark °षाह्) Adj. *leicht bewältigend.*

वृथोदक n. Pl. *das erste beste Wasser.*

वृथोद्यम Adj. *sich umsonst anstrengend.*

1. वृद्ध 1) Adj. s. u. 1. वर्ध्. — 2) m. *a) ein alter Mann, Greis.* — *b)* am Ende eines Comp. *der Aelteste unter.* — *c) ein Bettelmönch unter den* Çaiva. — *d)* **ein achtzigjähriger Elephant* Gal. — *e)* **Argyreia speciosa* oder *argentea.* — 3) f. वृद्धा *a) eine alte Frau, Greisin.* — *b)* am Ende eines Comp. *die Aelteste unter.* — *c)* N. pr. eines Weibes. — 4) m. f. in der Grammatik *ein älterer Nachkomme, ein einen älteren Nachkommen bezeichnendes Patronymicum* oder *Metronymicum* (z. B. गार्ग्य ist वृद्ध, गार्ग्यायण — युवन्) 230,15. — 5) *n. *Benzoe.*

2. वृद्ध 1) Adj. s. u. 2. वर्ध्. — 2) *ein abgeschnittenes Stück* Çulbas. 1,50. 51. v. l. वृध.

वृद्धक m. *ein alter Mann, Greis.*

वृद्धकर्मन् m. N. pr. eines Fürsten.

*वृद्धकाक m. *Rabe.*

वृद्धकात्यायन m. Kâtjâjana *der Aeltere.*

1. वृद्धकाल m. *Alter, Greisenalter.*

2. वृद्धकाल m. N. pr. eines Fürsten.

वृद्धकावेरी f. N. pr. eines Flusses. °माहात्म्य n.

वृद्धकृच्छ्र n. *eine best. Kasteiung alter Leute.*

वृद्धकेशव m. *eine Form der Sonne.*

*वृद्धकोटरपुष्पी f. *eine best. Pflanze* Râgan. 3,105.

वृद्धकोश Adj. *einen reichen Schatz besitzend* Kathâs. 3,24.

वृद्धकौशिक m. Kauçika *der Aeltere* Hemâdri 1,447,16.

वृद्धक्रम m. *das einem alten Manne gegenüber zu beobachtende Verfahren.*

*वृद्धक्षत्र m. N. pr. eines Mannes.

वृद्धक्षत्रवस्त्रलोचन m. *ein best.* Samâdhi Kârand. 93,7. Richtig बुद्धक्षेत्र°.

*वृद्धक्षेम m. N. pr. eines Mannes.

वृद्धगङ्गा f. N. pr. eines Flusses.

वृद्धगङ्गाधर n. *ein best. Pulver gegen Durchfall.*

वृद्धगर्ग m. Garga *der Aeltere.*

वृद्धगर्भा Adj. *hoch schwanger* Mân. Gṛhj. 2,18.

वृद्धगार्ग Adj. (f. ई) = वृद्धगार्गीय Bühler, Rep. No. 549.

वृद्धगार्गीय Adj. *von* Garga *dem Aelteren verfasst.*

वृद्धगार्ग्य m. Gârgja *der Aeltere.*

वृद्धगिरिमाहात्म्य n. Titel Burnell, T.

वृद्धगोनस m. *eine Schlangenart.*

वृद्धगौतम m. Gautama *der Aeltere.* °संहिता f. Burnell, T.

वृद्धचाणक्य m. Kâṇakja *der Aeltere.*

वृद्धता f. 1) *Alter, Greisenalter.* — 2) am Ende eines Comp. *das Hervorragen durch.*

*वृद्धतिक्ता f. *Clypea hernandifolia.*

वृद्धत्व n. 1) *Alter, Greisenalter.* — 2) bei einem Planeten so v. a. *die Zeit unmittelbar vor seinem Untergange.*

*वृद्धदार m., *°क m. und *°दारु n. (Râgan. 3,105. Mat. med. 206) *Argyreia speciosa* oder *argentea.*

वृद्धद्युम्न m. N. pr. eines Mannes.

*वृद्धधूप m. 1) *Acacia Sirissa.* — 2) *Terpentin.*

वृद्धनगर n. N. pr. einer *Stadt.*

*वृद्धनाभि Adj. *einen hervorstehenden Nabel habend.*

वृद्धपराशर m. Parâçara *der Aeltere.*

वृद्धपाराशरीय und °पाराशर्य n. *das Werk* Parâçara's *des Aelteren* Opp. Cat. 1.

वृद्धप्रपितामह m. *der Vater des Urgrossvaters.*

वृद्धप्रमातामह m. s. u. प्रमातामह.

*वृद्धबला f. *eine best. Pflanze* Râgan. 4,98.

वृद्धबाल n. Sg. *Greise und Kinder* MBH. 5,160,22.

वृद्धबालक dass. in आवृद्धबालकम्.

वृद्धबृहस्पति m. Bṛhaspati *der Aeltere.*

वृद्धबौधायन m. Baudhâjana *der Aeltere.*

वृद्धभाव m. *Alter, Greisenalter* 105,25. HEM. PAR. 1,100.

वृद्धभोज m. Bhoǵa *der Aeltere.*

वृद्धमनु m. Manu *der Aeltere.*

वृद्धमहस् Adj. *grossmächtig.*

वृद्धयम m. Jama *der Aeltere.* °स्मृति f. BURNELL, T.

वृद्धयवन m. Javana *der Aeltere.* °जातक n.

वृद्धयाज्ञवल्क्य m. Jâǵnavalkja *der Aeltere.*

वृद्धयोगतरंगिणी f. Titel eines Werkes.

*वृद्धराज m. *Rumex vesicarius.*

वृद्धवयस् Adj. 1) *hochkräftig.* — 2) *betagt, alt* PAŃKAD.

वृद्धवसिष्ठ m. Vasishṭha *der Aeltere.*

वृद्धवाग्भट m. Vâgbhaṭa *der Aeltere.*

वृद्धवादसूरि m. wohl fehlerhaft für °वादिसूरि.

वृद्धवादिन् m. 1) * *ein* Ǵina GAL. — 2) N. pr. eines Mannes. °वादिसूरि Ind. St. 15,279.

वृद्धवाशिनी f. *Schakal.*

*वृद्धवाहन m. *der Mangobaum.*

*वृद्धविभीतक m. dass.

वृद्धविष्णु m. Vishṇu (der Gesetzgeber) *der Aeltere.*

वृद्धवृष्ण Adj. wohl = वृद्धवृष्णिय.

वृद्धवृष्णिय Adj. *von hoher Manneskraft.*

वृद्धवैयाकरणभूषण n. Titel eines Werkes.

वृद्धशङ्ख m. Çaṅkha *der Aeltere.* °स्मृति f. BURNELL, T.

वृद्धशर्मन् m. N. pr. eines Fürsten.

वृद्धशवस् Adj. *hochgewaltig.*

वृद्धशाकल्य m. Çâkalja *der Aeltere.*

वृद्धशातातप m. Çâtâtapa *der Aeltere.* °स्मृति f. BURNELL, T.

वृद्धशीलिन् Adj. 1) *das Wesen eines Alten habend, für alt —, für ehrwürdig geltend* GOBH. 3, 5,1. — 2) *altersschwach* MBH. 3,280,4.

वृद्धशोचिस् Adj. *gewaltig flammend.*

वृद्धशौनकी f. Titel eines Werkes.

वृद्धश्रवस् 1) Adj. *mit grosser Schnelligkeit begabt.* — 2) m. *a*) Bein. Indra's VÂSAV. 150,1. — *b*) N. pr. eines Muni.

वृद्धश्रावक m. *ein* Çiva'*itischer Bettelmönch* SATJA im Comm. zu VARÂH. BṚH. 15,1.

*वृद्धसंघ m. *eine Versammlung alter Leute.*

वृद्धसुश्रुत m. Suçruta *der Aeltere.*

*वृद्धसूत्रक n. *in der Luft herumfliegende Baumwollenflocken.*

वृद्धसेन 1) Adj. *grosse Wurfgeschosse tragend.* — 2) f. वृद्धसेना N. pr. der Gattin Sumati's.

वृद्धसेवा f. *rücksichtsvolles Benehmen gegen Alte.*

वृद्धसेविन् Adj. *gegen Alte sich rücksichtsvoll benehmend* M. 7,38. Nom. abstr. °विता n. KÂM. NÎTIS. 8,7.

वृद्धहारीत m. Hârîta *der Aeltere.*

वृद्धाचल n. N. pr. eines Tîrtha. °माहात्म्य n. BURNELL, T.

वृद्धात्रि m. Atri *der Aeltere.*

वृद्धात्रेय m. Âtreja *der Aeltere.*

वृद्धादित्य m. *eine Form der Sonne.*

वृद्धान्त *Ehrenplatz* (buddh.).

वृद्धायु Adj. *von hoher Lebenskraft.*

वृद्धार्क m. *eine lange am Himmel stehende Sonne,* so v. a. *Abendstunde* Spr. 6264.

वृद्धार्यभट m. Ârjabhaṭa *der Aeltere.*

वृद्धि 1) f. *a*) *Wachsthum, das Heranwachsen, Grosswerden* 130,13. Spr. 7832. — *b*) *Zuwachs, Vermehrung, Verstärkung, Zunahme, Steigerung, Vergrösserung, Verlängerung* (des Lebens). — *c*) *das Wachsen, Anschwellen* des Meeres, der Flüsse, des Wassers, des Mondes. — *d*) *das Aufsteigen* des Bodens. — *e*) *Anschwellung* (körperliche). — *f*) *Anschwellung des Scrotums.* — *g*) *das Gedeihen, Emporsteigen, Zunahme an Macht und Glücksgütern, das Reichwerden; Wohlfahrt, Wohlergehen, Glück.* — *h*) * *Werthgegenstand* RÂǴAN. 13,144. — *i*) *Ergötzen, Begeisterung.* — *k*) *Gewinn.* — *l*) *Zins* (auf ein geliehenes Kapital). — *m*) in der Grammatik *die höchste Steigerung eines Vocals, die Vocale* आ, ऐ *und* औ. — *n*) *eine best. Heilpflanze* RÂǴAN. 5,29. BHÂVAPR. 1,171. — *o*) abgekürzt für वृद्धिश्राद्ध. — *p*) *ein best. astr.* Joga. — 2) m. N. pr. eines Dichters.

वृद्धिक 1) am Ende eines adj. Comp. in अ°. — 2) f. आ *a*) * *ein best. Heilmittel.* — *b*) Pl. Bez. *einer Art von Dryaden.*

वृद्धिकर 1) Adj. (f. ई) *Wachsthum befördernd, Gedeihen bringend, mehrend, den Wohlstand vermehrend.*

वृद्धिकर्मन् n. wohl so v. a. वृद्धिश्राद्ध.

वृद्धिजीवक Adj. *vom Wucher lebend.*

1.*वृद्धिजीवन n. *Wucher.*

2.वृद्धिजीवन Adj. *vom Wucher lebend* MBH. 13, 117,19.

*वृद्धिजीविका f. *Wucher.*

वृद्धिद 1) Adj. (f. आ) *Gedeihen bringend, die Wohlfahrt fördernd.* — 2) *m. *a*) *ein best. Strauch,* = जीवक RÂǴAN. 5,12. — *b*) *Batatas edulis* RÂǴAN. 7,86.

वृद्धिदत्त m. N. pr. eines Kaufmanns KAMPAKA 6.

*वृद्धिदात्री f. *eine best. Pflanze,* = वृद्धि RÂǴAN. 5 29.

वृद्धिपत्त्र n. *eine Art Lanzette.*

वृद्धिमत् Adj. 1) *wachsend, zunehmend.* — 2) *zur Macht gelangt.* — 3) *die* Vṛddhi *genannte Steigerung eines Vocals bewirkend.*

वृद्धिरादैच्सूत्रविचार m. Titel BURNELL, T. Vgl. P. 1,1,1.

वृद्धिश्राद्ध n. *ein Manenopfer bei bestimmten freudigen häuslichen und andern Anlässen.*

वृद्धी Adv. mit भू *alt werden.*

वृद्धोक्ष m. *ein alter Stier.*

वृद्धोपसेविन् Adj. *Alte ehrend* Spr. 504. 6263. R. 5,36,63.

वृध्याजीव und वृद्ध्युपजीविन् Adj. *vom Wucher lebend.*

वृध् Adj. 1) *froh, heiter, begeistert.* — 2) *erfreuend, mehrend, stärkend.* — वृधे s. bes.

वृध 1) Adj. *a*) *sich ergötzend, — freuend, begeistert.* — *b*) *erfreuend,* mit Acc. — 2) m. *a*) *Erfreuer, Förderer, Mehrer, Freund.* — *b*) *Erfreuung.*

वृधत् *er vergnüge sich* u. s. w. als Ausruf in Opferformeln VAITÂN.

वृधन्वत् Adj. *eine Form der Wurzel* 1. वर्ध् *enthaltend.*

वृधस् *vergnüge dich* u. s. w. als Ausruf in Opferformeln.

वृधसान 1) Adj. *a*) *wachsend.* — *b*) *sich ergötzend.* — 2) *m. = पुरुष.

*वृधसानु m. = पुरुष, पत्त्र und कृति.

वृधसे Dat. Infin. zu 1. वर्ध् ṚV. 5,64,5.

वृधस्नु Adj. etwa *fröhlich.*

वृधीके Adj. *Jmd* (Gen.) *gewachsen.* Nach SÂJ. = वर्धयितर्.

वृधीय in इध्मो°.

वृधु m. N. pr. M. 10,107 fehlerhaft für बृबु.

वृधे Dat. Infin. ṚV. AV. 1) *zum Wachsthum, zum Gedeihen.* — 2) *zum Ergötzen, zur Begeisterung.*

*वृध्य Partic. fut. pass. von 1. वर्ध्.

वृध *ein abgeschnittenes Stück* ÇULBAS. 1,50. 51. v. l. वृद्ध.

वृन्त 1) m. *a*) *ein best. kriechendes Thier (Raupe).* — *b*) *die Eierpflanze.* — 2) f. वृन्ता *a*) * *eine best. Pflanze* RÂǴAN. 4,205. — *b*) *ein best. Metrum.* v. l. वृत्ता. — 3) n. *a*) *Stiel eines Blattes, — einer Blüthe, — einer Frucht.* — *b*) *Stiel einer Schale.* — *c*) * *Brustwarze.* — Auch fehlerhaft für वृन्द.

वृन्तक 1) am Ende eines adj. Comp. (f. वृन्तिका)

Stiel. — 2) f. वृत्तिका dass.

वृत्तयमक n. *eine Art Paronomasie.* Beispiel Bhaṭṭ. 10,13.

वृत्ताक m. und °की f. *die Eierpflanze;* n. *die Frucht* Bhâvapr. 1,288. 2,10. 3,32.

*वृत्तिता f. *eine best. Pflanze,* = कटुका.

वृन्द 1) n. (nur in Nigh. accentuirt) a) *Schaar, Trupp, Heerde, Schwarm, Menge.* वृन्दं वृन्दं च तिष्ठताम् *schaarenweise, in Gruppen,* वृन्दैस् *in Gruppen,* वृन्दवृन्दैर्जनैः *in abgesonderten Gruppen stehend.* m. fehlerhaft. — b) *eine Menge beisammen stehender Blüthen* oder *Beeren, Traube.* — c) *ein Chor von Sängern und Musikanten* S. S. S. 238. — d) *eine best. hohe Zahl, hundert Milliarden.* — 2) m. a) *eine Geschwulst* oder *Afterbildung in der Kehle.* — b) *eine best. hohe Zahl, Milliarde* Ârjabh. 2,2. — c) **eine best.* Çakti *eines* Ǵina. Richtig wohl वृन्दा. — d) N. pr. eines medic. Autors Bhâvapr. 3,18. 43. — 3) f. वृन्दा a) *Basilienkraut.* — b) Bein. der Râdhâ (einer Geliebten Kṛshṇa's) Vṛshabh. 258. fgg. — c) *N. pr. der Gattin Ǵalaṁdhara's.

वृन्दगायक m. *Chorsänger* S. S. S. 118.

°वृन्दमय Adj. *als eine Menge von — erscheinend* Çiç. 6,43.

*वृन्दर Adj. von वृन्द.

वृन्दशस् Adv. *in Gruppen, heerden-, haufenweise* Kâd. 2,129,18 (159,3).

वृन्दानुवृत्त n. Titel eines Werkes Bühler, Rep. No. 769.

वृन्दार 1) *Adj. = वृन्दारक 1). — 2) m. *ein Gott* Kumâras. 15,53.

वृन्दारक 1) Adj. (f. *°रका und °रिका) *an der Spitze einer Schaar stehend, der beste —, der schönste in seiner Art, der beste —, schönste unter* (Loc. oder im Comp. vorangehend) Mahâbh. 92, a. b. 95,a. b. — 2) m. a) *ein Gott.* — b) N. pr. eines Sohnes des Dhṛtarâshṭra.

°वृन्दारकाय् *den besten unter — spielen, — darstellen.* Nur °यितुम्.

वृन्दारण्य n. = वृन्दावन 1) Bhâm. V. 4,5. °माहात्म्य n. Opp. Cat. 1,5104. 5859.

वृन्दावन 1) n. N. pr. eines heiligen *Waldes* am linken Ufer der Jamunâ in der Nähe von Mathurâ, des Schauplatzes der Liebesspiele Kṛshṇa's mit Vṛndâ (Râdhâ). — 2) m. N. pr. eines Mannes. — 3) f. ई *Basilienkraut.*

वृन्दावनचम्पू f. Titel eines Werkes.

वृन्दावननगर n. N. pr. einer *Stadt.*

वृन्दावनमाहात्म्य n., °वनयमक n., °वनशतक n. und °वनाख्यान n. (Opp. Cat. 1,2912) Titel.

वृन्दावनेश m. Bein. Kṛshṇa's.

वृन्दावनेश्वर 1) m. desgl. — 2) f. ई Bein. der Râdhâ.

°वृन्दिन् Adj. *eine Schaar — , eine Menge von — enthaltend.*

*वृन्दिष्ठ und *वृन्दीयंस् Superl. und Compar. zu वृन्दारक 1).

वृश 1) m. a) N. pr. eines Mannes. Auch वृष geschrieben. — b) *= वृष *Gendarussa vulgaris.* — 2) *f. आ *ein best. Kraut.* — 3) f. ई fehlerhafte Schreibung für बृसी.

वृश्चद्वन Adj. *Bäume fällend, — spaltend.*

*वृश्चन m. *Scorpion.*

वृश्चिक 1) m. a) *Scorpion, Tarantel.* — b) *der Scorpion im Thierkreise.* Auch वृश्चिकराशि m. Vâsav. 62,4. — c) **Boerhavia procumbens.* — d) *= मदन (*eine best. Pflanze*). — e) *= शाल, शालिक. — f) *= अग्रहायणमास. — 2) *f. वृश्चिका und °की f. *Zehenschmuck* Gal. — 3) *f. वृश्चिका *Boerhavia procumbens* (?) Râǵan. 5,127. — 4) *f. वृश्चिकी *Weibchen des Scorpions.*

*वृश्चिकपत्त्रिका f. *Basella cordifolia.*

*वृश्चिकर्णी f. *Salvinia cucullata* Râǵan. 3,54.

वृश्चिकाली f. *Tragia involucrata* Râǵan. 9,48. Karaka 3,8.

वृश्चिकेश m. *der über den Scorpion im Thierkreise herrschende Planet Mercur.*

*वृश्चिपत्त्री f. *Tragia involucrata.*

वृश्चीक m. *eine best. Pflanze.*

*वृश्चीर m. *eine weissblühende* Punarnavâ. Richtig वृश्चीव.

वृश्चीव m. dass. Râǵan. 5,115. Bhâvapr. 3,26. 4,176. Karaka 1,4. 3,8. 6,3.

वृष 1) m. a) *Mann, Gatte.* — b) *Männchen eines Thieres* in अज° und अश्ववृष. — c) *Stier* (in der älteren Sprache nur am Ende eines Comp.). गवाम् *der Stier unter den Kühen* auch als Bez. *des Hauptwürfels.* — d) *der Stier im Thierkreise.* Auch °राशि m. und °भवन n. — e) *ein kräftiger Mann, ein Mann von grosser Potenz.* In der Erotik *eine der 4 Arten von* पुरुष. — f) *der Beste in seiner Art, der Beste unter* (Gen. oder im Comp. vorangehend). अङ्गुलीनाम् so v. a. *Daumen.* — g) *die als Stier gedachte Gerechtigkeit, Pflicht* oder *Tugend; ein gutes Werk* Çiç. 15,35. Vâsav. 128,1. — h) Bein. α) Vishṇu-Kṛshṇa's. — β) Çiva's. — γ) Indra's. — δ) der Sonne. — ε) *des Liebesgottes. — ζ) Karṇa's. — ι) *der männliche Same* Vâsav. 128,1. Verz. d. Oxf. H. 303,b,3 (?). — k) **Wasser* Utpalinî im Comm. zu Vâsav. 128. — l) Bez. *verschiedener Pflanzen.* Nach den Lexicographen *Gendarussa vulgaris* oder *Adhatoda* (in dieser Bed. Karaka 6,5), *Boerhavia variegata* und *eine best. auf dem* Himavant *wachsende Knolle.* — m) *eine best. Tempelform.* — n) *ein zum Aufbau eines Hauses besonders zugerichteter Platz.* — o) *das 15te Jahr im 60jährigen Jupitercyclus.* — p) **Maus* oder *Ratte.* Aus वृषदंश fälschlich geschlossen. — q) *Feind.* — r) N. pr. α) des Indra im 11ten Manvantara. — β) eines Sâdhja. — γ) eines Wesens im Gefolge Skanda's. — δ) eines Asura Çiç. 15,35. 16,8. — ε) des Regenten des Karaṇa Kâtushpada. — ζ) eines alten Fürsten. — η) zweier Söhne Kṛshṇa's und verschiedener anderer Männer. Auch v. l. für वृश Ârsh. Br. — ϑ) eines der 10 Rosse des Mondes VP.2 2,299. — 2) f. आ a) **Gendarussa vulgaris* oder *Adhatoda.* — b) **Salvinia cucullata* Râǵan. 3,55. — c) **Mucuna pruritus* Dhanv. 1,7. — d) Name eines Sâman Ârsh. Br. — 3) f. ई fehlerhafte Schreibung für बृसी. — 4) *n. *Myrobalane.*

वृषक 1) m. a) *eine best. Pflanze.* — b) वृषकोऽसि als Anfang eines Jagus Lâṭj. 2,1,5. — c) N. pr. eines Fürsten. — 2) n. इन्द्रस्य Name verschiedener Sâman Ârsh. Br.

वृषकर्णिका (Karaka 6,11) und *वृषकर्णी f. *Cocculus tomentosus.*

वृषकर्मन् 1) Adj. a) *Mannesthat verrichtend* ṚV. — b) *wie ein Stier verfahrend.* — 2) m. *ein best. über Waffen gesprochener Zauberspruch.*

वृषकाम Adj. *einen Mann* oder *einen Stier begehrend.*

वृषकाह्वया f. N. pr. eines Flusses MBh. 6,9,35.

*वृषकृत Adj. gaṇa प्रवृद्धादि.

वृषकेतन m. Bein. Çiva's.

वृषकेतु m. 1) desgl. °शिष्य m. Bein. Paraçurâma's Bâlar. 117,1. — 2) N. pr. eines Kriegers.

वृषक्रतु Adj. *männlich gesinnt.*

वृषखादि Adj. *grosse Spangen* oder *Ringe tragend* oder *mit Ohrringen geschmückt.*

वृषगण m. N. pr. eines Ṛshi. Pl. *seine Nachkommen.*

*वृषगन्धा f. *Argyreia speciosa* oder *argentea* Râǵan. 3,84.

वृषगायत्री f. *eine zu Ehren des Stieres gesprochene* Gâjatrî Hemâdri 1,486,16.

वृषचक्र n. *ein best. mystischer Kreis.*

वृषच्युत Adj. *vom Starken* (d. i. *dem Soma*) *erregt.*

वृषजूति Adj. *Mannesdrang habend.*

वृषण 1) m. (*n.) *Hodensack;* Du. *die Hoden.* —

2) m. 1) Bein. Çiva's. — b) N. pr. zweier Männer.

वृषणाश्व 1) Adj. *von Hengsten gezogen* (Wagen). — 2) m. N. pr. a) eines Mannes Maitr. S. 2,5,5 (54,7). — b) *eines Gandharva. — c) *eines Rosses des Indra.

वृषणय्, वृषणयति *brünstig sein* (vom Manne und Weibe).

*वृषणाश्व m. fehlerhaft für वृषणाश्व 2) b).

वृषणवन्त् Adj. 1) *mit Hengsten bespannt, — fahrend.* — 2) etwa *unter Hengsten befindlich.* — 3) *das Wort* वृषन् *enthaltend.*

वृषणवसु 1) Adj. etwa *grossen Besitz habend, grosses Gut mit sich führend.* — 2) *m. *Indra's Wald, Garten* oder *Schatz* (beruht auf einer Verwechselung von वन mit धन).

वृषता f. *männliche Potenz, Geilheit* Karaka 6,2.

वृषत्व und वृषत्वन n. *Mannheit.*

*वृषदु m. N. pr. eines Mannes Uggval. zu Uṇâdis. 5,21.

वृषदंश m. 1) *Katze.* — 2) N. pr. eines Berges.

वृषदंशक und *°क m. *Katze* Râgan. 19,13.

वृषदङ्ग्नि vielleicht m. N. pr. eines Mannes. Nur Pl. Voc. ṚV. Nach Sâj. = वृषता (सोमिन) अङ्गत्त:.

वृषदन्त् Adj. (f. °दती) *starke Zähne habend.*

*वृषदन्त Adj. dass.

वृषदर्भ m. 1) N. pr. eines Fürsten der Kâçi. Pl. *sein Geschlecht.* — 2) Bein. Kṛshṇa's.

वृषदेव N. pr. 1) m. eines Fürsten Ind. Antiq. 9, 164. fg. — 2) f. आ einer Gattin Vasudeva's.

वृषद्रु m. N. pr. eines Fürsten. v. l. हृषद्रु.

वृषद्वीप m. N. pr. einer *Insel.*

वृषधर m. Bein. Çiva's Bâlar. 81,15.

वृषधूत Adj. *von Männern gerüttelt (ausgepresst).*

1. वृषध्वज m. *ein Banner mit einem Stiere.*

2. वृषध्वज 1) Adj. *einen Stier im Banner habend.* — 2) m. a) Bein. Çiva's. — b) N. pr. α) eines Fürsten. — β) eines Verfassers von mystischen Gebeten bei den Tântrika. — γ) eines Berges. — 3) f. आ Bein. der Durgâ.

*वृषध्वाङ्क्षी f. *eine Cyperus-Art* Râgan. 6,144.

वृषन् (Acc. वृषणम् und वृषाणम्, Nom. Pl. nur im Çat. Br. वृषाणम्) 1) Adj. *männlich, kräftig, gewaltig, gross* (von Belebtem und Unbelebtem). — 2) m. a) *Mann.* — b) *Hengst.* — c) *Stier.* — d) Beiw. und Bein. verschiedener Götter, insbes. Indra's. — e) in Comp. mit *Erde, Land* so v. a. इन्द्र *Herr.* क्षिति°, क्ष्मा° *Fürst, König.* — f) *ein best. Metrum.* — g) *Bein. Karṇa's. — h) N. pr. eines Mannes. — 2) f. वृष्णी *Stute* Comm. zu Lâṭj. 2,7, 26 (वृष्ण्यसि zu lesen). — 3) n. Name eines Sâman.

वृषनादिन् Adj. *wie ein Stier brüllend* Çiç. 20,70.

वृषनाभि Adj. *gewaltige Naben habend.*

वृषनामन् n. von unbekannter Bed. Nach Sâj. वृष = वर्षण und नामन् = नमन.

*वृषनाशन m. *Embelia Ribes.*

वृषन्तम Adj. *gewaltigst, männlichst.*

वृषंधि Adj. *männlichen Muthes, kühn.*

*वृषपति m. 1) *ein in Freiheit gesetzter Stier.* — 2) Bein. Çiva's.

*वृषपत्त्रिका f. *Argyreia speciosa* oder *argentea* Râgan. 3,84.

वृषपत्नी Adj. f. etwa *einen tüchtigen Gebieter habend.* Nach Sâj. *den Regner zum Gatten* oder *Herrn habend.*

*वृषपर्णी f. 1) *Salvinia cucullata.* — 2) *Cocculus tomentosus.*

वृषपर्वन् 1) Adj. *gewaltige Gelenke habend.* — 2) m. a) **die Wurzel von Scirpus Kysoor.* — b) **der Betelnussbaum.* — c) Bein. α) Vishṇu's. — β) *Çiva's. — d) N. pr. α) eines Dânava Kâd. 62, 18 (118,5). — β) eines Râgarshi. — γ) eines Affen.

वृषपाण Adj. *Männern zum Trunk dienend.*

वृषपाणि Adj. *gross —, starkhufig.*

वृषपुष्प n. *ein best. Gemüse* Karaka 177,11.

वृषप्रभर्मन् Adj. *dem der Starke* (Soma) *vorgesetzt wird.*

वृषप्रयावन् Adj. *mit Hengsten fahrend.*

वृषप्सु Adj. etwa *starkes —, männliches Aussehen habend.* Nach Sâj. = वर्षणरूप.

वृषभ 1) Adj. *gewaltig, männlich, tüchtig.* — 2) m. a) *Stier.* Am Ende eines adj. Comp. f. आ Hemâdri 1,467,8. — b) *der Stier im Thierkreise.* — c) *der Stier* als Bild der Grösse, Macht u. s. w.: *der Stärkste, Grösseste, Erste, Beste, — unter* (Gen. oder im Comp. vorangehend); *Anführer, Herr* u. s. w. — d) **eine best. auf dem* Himavant *wachsende Knolle* Râgan. 5,14. Bhâvapr. 1,170. — e) **Ohrhöhle.* — f) *Bez. des 28sten* Muhûrta. — g) Bein. Daçadju's. — h) N. pr. α) eines von Vishṇu besiegten Asura. — β) eines der Söhne des 10ten Manu. — γ) eines Arhant der Gaina und verschiedener anderer Männer. — δ) eines Berges. — 3) f. वृषभा a) = आर्षभ 3) VP.² 2,276. — b) N. pr. eines Flusses. — 4) *f. वृषभी a) *Wittwe.* — b) *Mucuna pruriens.*

वृषभकेतु m. Bein. Çiva's.

*वृषभगति m. desgl.

वृषभचरित 1) Adj. *von Stieren verübt.* — 2) n. *ein best. Metrum.*

वृषभत्व n. Nom. abstr. von वृषभ *Stier.*

वृषभध्वज 1) Adj. *einen Stier im Banner habend.* — 2) m. a) Bein. Çiva's. — b) N. pr. α) eines Wesens im Gefolge Çiva's. — β) eines Berges.

वृषभर Adj. *stark zugreifend,* so v. a. *kämpfend* u. s. w. oder *gewaltigen Ruf erhebend.*

वृषभवीथि f. Bez. *eines Neuntels der von Venus durchlaufenen Bahn.* Es umfasst die Mondhäuser Maghâ, Pûrvaphalgunî und Uttaraphalgunî.

वृषभषोडशा Adj. f. Pl. (mit गो) oder Subst. Pl. (ohne गो) *fünfzehn Kühe und ein Stier* M. 9,124 (Chr. 196,1). 11,116. 130.

वृषभस्वामिन् m. N. pr. eines Fürsten.

वृषभाक्ष 1) Adj. *Augen eines Stiers habend.* — 2) *f. ई *Koloquinthe* Râgan. 3,58.

वृषभाङ्क m. Bein. Çiva's.

वृषभाणु m. wohl nur fehlerhaft für °भानु.

वृषभाद्रि m. N. pr. eines *Berges.* °माहात्म्य n. Opp. Cat. 1.

वृषभान (fehlerhaft) und °भानु m. N. pr. des Vaters der Râdhâ (einer Geliebten Kṛshṇa's).

वृषभानुजा f. 1) Patron. der Râdhâ. — 2) Titel eines Schauspiels.

वृषभानुनन्दिनी f. Patron. der Râdhâ Vṛshabh. 257,a,24.

वृषभान्न Adj. *kräftige Nahrung geniessend.*

*वृषभासा f. Indra's *Stadt.*

वृषभासुरविध्वंसिन् m. Bein. Kṛshṇa's.

वृषभैकसहस्रा Adj. f. Pl. mit गो *tausend Kühe und ein Stier* M. 11,127.

वृषभैकादशा Adj. f. Pl. mit गो *zehn Kühe und ein Stier* Hemâdri 1,467,8 (zu lesen वृषभैकादशाश्च).

वृषभोत्सर्ग m. *Freilassung eines Stiers* (ein verdienstliches Werk) Burnell, T.

वृषमणस् Adj. *kräftig —, männlich gesinnt, muthig.*

वृषमण्यु Adj. dass.

*वृषय m. = आश्रय.

वृषयु Adj. *brünstig, ausgelassen.*

वृषरथ Adj. *einen gewaltigen Wagen habend.*

वृषरश्मि Adj. *gewaltige Zügel* oder *Stränge habend.*

वृषराजकेतन m. Bein. Çiva's.

वृषल und वृषल (Çat. Br.) 1) m. a) *Männlein,* so v. a. *ein geringer Mann, ein gemeiner Kerl;* später ein Çûdra. — b) angeblich *Tänzer.* — c) Bein. Kandragupta's. — d) **Pferd.* — e) **eine Art Knoblauch.* — 2) f. वृषली a) *ein gemeines Weib, ein Weib aus der* Çûdra-*Kaste* Çat. Br. 14,9,4,

12. — *b)* angeblich *Hure.*

वृषलक m. *ein elender* Çûdra.

वृषलदम्मन् m. Bein. Çiva's.

वृषलता f. und **वृषलत्व** n. *der Stand eines* Çûdra.

वृषलपाचक Adj. *der für einen* Çûdra *kocht* MBh. 3,13356. v. l. वृषलयाजक.

वृषलयाजक Adj. *der für einen* Çûdra *opfert* MBh. 13,200,7.

वृषलाञ्छन m. Bein. Çiva's Bâlar. 82,9.

वृषलीपति m. *ein Mann, der ein Weib aus der* Çûdra-*Kaste hat.*

***वृषलीपुत्र** m. *der Sohn eines Weibes aus der* Çûdra-*Kaste.*

वृषलीफेनपीत Adj. *der den Speichel eines Weibes aus der* Çûdra-*Kaste gekostet hat* M. 3,19.

***वृषलोचन** m. *Maus* oder *Ratte.*

***वृषल्याःपुत्र** (Conj.) m. = वृषलीपुत्र.

वृषवत् m. N. pr. eines Berges.

वृषवाह Adj. *auf einem Stiere reitend.*

वृषवाहन Adj. dass.; m. Bein. Çiva's.

वृषविवाह m. = वृषोत्सर्ग Harshaé. 68,8.

वृषवृष n. Name eines Sâman.

वृ॑षव्रत Adj. *gewaltige Herrschaft führend* oder *Männer beherrschend.*

वृ॑षव्रात Adj. *einen gewaltigen Haufen* oder *einen Männerhaufen bildend.*

***वृषशत्रु** m. Bein. Vishṇu's.

वृषशिप्र m. N. pr. eines Dämons.

वृषशील Adj. als Erklärung von वृषल.

वृषशुष्म m. N. pr. wohl nur fehlerhaft für वृषशुष्मन्.

वृ॑षशुष्म 1) Adj. *starkmuthig.* — 2) m. N. pr. eines Mannes.

वृषषण्ड m. N. pr. eines Mannes.

वृषस॑र्व Adj. *von Männern gepresst* oder *den Mann treibend.*

वृषसाह्वया f. N. pr. eines Flusses MBh. 6,9,35.

***वृषसाह्विन्** m. *Wespe.*

वृषसे॑न 1) Adj. etwa *ein Männerheer habend.* — 2) m. N. pr. *a)* eines Sohnes des 10ten Manu. — *b)* eines Sohnes des Karṇa. — *c)* eines Urenkels Açoka's.

वृषस्कन्ध Adj. *Schultern eines Stieres habend.*

वृषस्तु॑भ् Adj. etwa *gewaltige Rufe ausstossend* ṚV. 10,66,6.

वृषस्य्, °स्यति *nach einem Manne* —, *nach einem Stiere verlangen, geil* —, *läufisch sein.*

वृषाकपा॑यी (betont nur in Nigh., Voc. im ṚV.) f. 1) *das Weib des* Vṛshâkapi. Von den Commentatoren auf die *Morgenröthe* gedeutet. Nach den Lexicographen = श्री, गौरी, स्वाहा und शची. — 2) **Asparagus racemosus* und = जीवन्ती.

वृषा॑कपि m. 1) *grosser Affe* oder *Mannaffe;* nach den Commentatoren ein Sohn Indra's und auf *die Sonne* gedeutet. Angeblicher Verfasser von ṚV. 10,86. — 2) Bein. *a) der Sonne.* — *b) des Feuers.* — *c)* Vishṇu's. — *d)* Çiva's. — *e)* Indra's. — 3) *das dem* Vṛshâkapi *zugeschriebene Lied* Vaitân. — 4) N. pr. eines Rudra.

वृषाकपिशस्त्र n. Titel Burnell, T.

***वृषाकर** m. *Phaseolus radiatus* Râǵan. 16,43.

वृषाकृति Adj. *Stiergestalt habend* (Vishṇu).

वृषाक्ष 1) Adj. *stieräugig.* — 2) m. Bein. Vishṇu's.

वृषाख्य m. *ein best. über Waffen gesprochener Zauberspruch.*

***वृषागिर्** m. N. pr. eines Mannes. Vgl. वार्षागिर॑.

वृषाङ्क 1) Adj. *a) einen Stier zum Zeichen habend.* — *b)* **tugendhaft, gut.* — 2) m. *a)* Bein. Çiva's. — *b)* **Eunuch.* — *c)* **Semecarpus Anacardium.*

***वृषाङ्कज** m. *eine Art Trommel.*

***वृषाञ्जन** m. Bein. Çiva's.

वृषाणक m. 1) N. pr. *a)* des Liedverfassers von ṚV. 10,136. — *b)* *eines Wesens im Gefolge Çiva's. — 2) **eine Form* Çiva's (?).

वृषाण्ड m. N. pr. eines Asura.

वृषादर्भ und °दर्भि m. N. pr. eines Sohnes des Çibi.

वृषाद्रि m. N. pr. eines *Berges.*

***वृषान्तक** m. Bein. Vishṇu's.

वृषान्न n. *eine kräftige Speise* Kauç. 40.

वृषामित्र m. N. pr. eines Brahmanen.

वृषानोदिनी Adj. f. *mit dem Manne sich ergötzend.*

1. **वृषाय्**, °यति *Jmd* (Acc.) *regnen lassen* ṚV. 10, 98,1.

2. **वृषाय्**, °य॑ते 1) *in männliche Krafterregung gerathen, brünstig werden* (Karaka 6,2), überh. *begierig sein, losgehen auf;* mit Acc., Dat. oder Loc. — 2) *wie ein Stier brüllen.* — Mit आ 1) *brünstig werden.* — 2) *begierig sich hermachen über* (Acc.), so v. a. *mit grossem Behagen zu sich nehmen,* — *geniessen.* — Mit उद् *in Aufregung gerathen.*

***वृषायण** m. *Sperling.*

वृषायु॑ध् Adj. *Männer bekämpfend.*

वृषार॑व m. 1) *ein best. Thier.* — 2) *Schlegel* (von Holz zum Klopfen, Trommeln).

वृषार्ल॑लतायिन् (?) Ind. St. 2,28, N. 1.

***वृषाशील** Adj. als Erklärung von वृषल.

***वृषाहार** m. *Katze.*

वृषाह्विन् m. Bein. Vishṇu's.

***वृषिन्** m. *Pfau.*

वृषी f. Gobh. 4,2,26 fehlerhaft für बृसी.

***वृषीय्**, °यति Denomin. von वृष.

वृषेन्द्र m. *ein stattlicher Stier* Hemâdri 1,486,13.

वृषोत्सर्ग m. 1) *Freilassung eines Stieres* (eine verdienstliche Handlung) Vâsav. 125,1. °परिशिष्ट n. Titel. — 2) *das Aufgeben guter Werke* Vâsav. 125,1.

***वृषोत्साह** (Conj.) m. Bein. Vishṇu's.

वृषोदर m. desgl.

वृ॑ष्टि 1) Adj. und n. impers. s. u. वर्ष्. — 2) m. N. pr. eines Sohnes des Kukura.

वृष्टधर्मन् m. N. pr. eines Fürsten VP.² 4,96.

वृष्टि॑ und **वृ॑ष्टि** 1) f. Sg. und Pl. (84,18) *Regen.* In Maitr. S. in Versen und Sprüchen वृष्टि॑, sonst वृ॑ष्टि; vgl. 2,4,7. 8. 11,4. 5. 4,1,14. Vgl. auch Ind. St. 13,94. Am Ende eines Comp. auch so v. a. *eine herunterfallende Menge von* (Pfeilen, Blumen, Blikken u. s. w.). — 2) m. *a) ein best.* Ekâha. — *b)* N. pr. eines Sohnes des Kukura.

वृ॑ष्टिकाम Adj. *Regen wünschend* Maitr. S. 2,4,8 (46,1). Saṁhitopan. 22,1.

वृष्टिकामना f. *das Wünschen von Regen* Comm. zu Ǵaim. 3,8,13.

***वृष्टिघ्नी** f. *kleine Kardamomen.*

वृष्टिता f. Nom. abstr. von वृष्टि *Regen* Naish. 9,19.

वृष्टि॑द्यावन् Adj. wohl = वृष्टि॑द्यो Maitr. S. 2, 13,22 (167,19) = Kâṭh. 40,12.

वृष्टि॑द्यो Adj. *im Regenhimmel wohnend* u. s. w. Zu belegen nur °द्यावा Du. (Âpast. Çr. 4,6,1) und °द्यावस् Pl.

वृष्टिपात m. *herabfallender Regen* Ragh. 11,92.

***वृष्टिभू** m. *Frosch.*

वृष्टिम॑त् (ṚV.) und **वृ॑ष्टिमत्** (Çat. Br.) 1) Adj. *regnerisch, regnend.* — 2) m. N. pr. eines Sohnes des Kavirathа.

वृष्टिमय Adj. *aus Regen bestehend* Harshaé. 90,6.

वृष्टिमारुत m. *von Regen begleiteter Wind.*

वृष्टिव॑नि Adj. *Regen erlangend,* — *bringend.*

वृष्टिवात m. *von Regen begleiteter Wind.*

वृष्टिस॑नि 1) Adj. *Regen bringend* Maitr. S. 2,8, 13 (116,18). — 2) f. Pl. Bez. *bestimmter Backsteine* Âpast. Çr. 17,5. Nom. abst. °सनित्व n. Kap. S. 34 am Ende.

वृष्टिसंपात m. *Regenguss* Râǵat. 5,275.

वृष्टिहव्य m. N. pr. eines Mannes.

वृष्ट्वी॑ Absol. von वर्ष् ṚV. 5,53,14.

***वृष्व** m. N. pr. eines Mannes. — Vgl. वृद्धवृष्व.

वृष्णि und वृष्णि 1) Adj. *a) mannhaft, männlich, gewaltig.* — *b)* *= चण्ड und पाषण्ड. — 2) m. *a) Schafbock, Widder.* — *b)* *= गो. — *c)* **Lichtstrahl.* — *d)* **Luft, Wind.* — *e)* Bein. α) Çiva's. — β) *Vishṇu-Kṛshṇa's. — γ) *Indra's. — δ) *Agni's. — *f)* N. pr. α) Pl. eines Geschlechts (= यादव und माधव), zu dem auch Kṛshṇa gehört. — β) verschiedener Fürsten. — 3) n. Name eines Sâman.

*वृष्णिक m. N. pr. eines Mannes.

*वृष्णिगर्भ m. Bein. Kṛshṇa's.

वृष्णिपाल m. *Schafhirt* Daçak. 8,12.

वृष्णिपुर n. *die Stadt der* Vṛshṇi.

वृष्णिमत् m. N. pr. eines Fürsten.

वृष्णिय in वृद्धवृष्णिय.

वृष्णिवरेण्य m. Bein. Kṛshṇa's Bhâm. V. 4,6.

वृष्णिवृद्ध m. *der Aelteste —, Angesehenste unter den* Vṛshṇi.

वृष्ण्य, वृष्णिय 1) Adj. *a) männlich, mächtig.* — 2) n. *a) Manneskraft, Muth, Macht.* — *b) männliche Kraft,* so v. a. *Potenz.*

वृष्ण्यावत्, वृष्णियावत् Adj. *manneskräftig.*

1.*वृष्य Adj. = वर्ष्य.

2. वृष्य 1) Adj. (f. आ) *a) auf die Potenz wirkend, der Potenz zuträglich; die geschlechtliche Neigung erregend, den Mann reizend* (वृष्यतमा Kâraka 6,2). — *b)* als Beiw. Çiva's nach Nîlak. *Verdienst mehrend.* Eher *von grosser Potenz.* — 2) *m. *Phaseolus radiatus.* — 3) *f. आ *a) Asparagus racemosus* Râǵan. 4,118. — *b) Myrobalanenbaum* Râǵan. 11, 60. — *c) eine best. Knolle,* = ऋद्धि. — 4) n. *Aphrodisiacum.*

*वृष्यकन्दा f. *Batatas paniculata* Râǵan. 7,99.

*वृष्यगन्धा f. *Argyreia speciosa* oder *argentea.*

*वृष्यगन्धिका f. *Sida cordifolia* oder *rhombifolia* Râǵan. 4,103.

वृष्यता f. *Potenz, Zeugungskraft.*

*वृष्यवल्लिका f. *Batatas paniculata* Râǵan. 7,99.

वृह् in अवृह्.

वे m. = 1. वि *Vogel.* Nomin. वेस् RV. 1,173,1. 3,54,6. 6,3,5. 9,72,5. 10,33,2.

*वेकट 1) m. = ज्ञाततारुण्य, मणिकार, वैकटिक, मत्स्यभेद, युवन् und विदूषक. — 2) Indecl. = बहुत.

*वेल्, वेलयति (दर्शने).

वेलण n. = अवेलण *das Richten der Aufmerksamkeit auf Etwas, Vorsorge* 188,28.

वेग m. (adj. Comp. f. आ) 1) *schnellende Bewegung, Ruck.* वेगतस् *mit einer schn. B.* — 2) *Andrang, Schwall* (des Wassers, der Fluth), *starke Strömung, starker Erguss* (von Thränen). Auch Pl. — 3) *heftige —, schnelle Bewegung* (insbes. geschwungener oder geworfener Waffen), *Ungestüm, Geschwindigkeit, Hast.* वेगतस् *mit Ungestüm, hastig.* — 4) *heftiges Auflodern, Ausbruch* (eines Schmerzes, einer Leidenschaft u. s. w.), *Aufregung.* — 5) *Anfall, Paroxysmus einer Krankheit.* — 6) *Wirkung* (eines Giftes). Auch Pl. — 7) *Drang zur Ausleerung.* — 8) *Ausleerung* (nach unten oder nach oben). — 9) *Anstoss, Impuls.* — 10) * *die Frucht der Trichosanthes palmata.* — 11) N. pr. einer Sippe böser Geister.

वेगक am Ende eines adj. Comp. (f. वेगिका) 1) *Geschwindigkeit* Hemâdri 2,a,101,5. — 2) *Ausleerung.* दश° *zehn Ausleerungen bewirkend* Bhâvapr. 2,118.

वेगग Adj. (f. आ) *stark strömend, rasch fliessend.*

वेगघ्न Adj. *schnell tödtend* MBh. 9,10,34.

वेगवत्ती f. N. pr. einer Kiṁnara-Jungfrau Kâraṇḍ. 5,24.

वेगतर m. *eine schnellere Bewegung.* वेगाद्वेगतरं गम् *immer schneller und schneller laufen* Pañkat. ed. Bomb. 5,76,4.

वेगदण्ड m. = वेतण्ड *Elephant* Harshak. 174,23 (437,6). 193,20 (471,4).

वेगदर्शिन् m. N. pr. eines Affen.

वेगन n. fehlerhaft für वेगान.

*वेगनाशन m. = श्लेष्मन् *Phlegma.*

वेगनाश्यनाशकभावरहस्य n. Titel eines Werkes.

*वेगरोध m. 1) *check, remora.* — 2) *obstruction of the natural excretions.*

वेगवतीस्तोत्र n. Titel eines Stotra Opp. Cat. 1.

वेगवत् 1) Adj. *a) schwallend, heftig wogend.* — *b) ungestüm, hastig, schnell laufend, rasch dahinfliegend, heftig blasend, rasch zu Werke gehend.* वर्ष m. *ein heftiger Regen.* — 2) m. *a)* * *Leopard.* — *b)* N. pr. α) eines Asura. — β) eines Vidjâdhara. — γ) eines Sohnes des Kṛshṇa. — δ) eines Fürsten. — ε) eines Affen. — 3) f. °वती *a) eine best. Arzeneipflanze.* — *b) ein best. Metrum.* — *c)* N. pr. α) einer Vidjâdharî. — β) Pl. einer Gruppe von Apsaras VP.[2] 2,75. 82. — γ) eines Flusses.

वेगवाहिन् 1) Adj. *schnell fliessend, — fliegend* (Pfeil). — 2) f. °हिनी N. pr. eines Flusses.

*वेगवृष्टि f. *ein heftiger Regen.*

वेगसर 1) *m. *Maulthier.* — 2) f. ई *Maulthierweibchen.*

वेगसार m. Pl. N. pr. eines Volkes VP.[2] 2,179.

वेगातिग Adj. MBh. 2,895 fehlerhaft für वेलातिग.

वेगान n. eine Corruption von ग्रामगेयगान.

वेगानिल m. *ein heftiger Wind.*

वेगित Adj. 1) *schwallend, heftig wogend.* — 2) *ungestüm, hastig, rasch zu Werke gehend, sich schnell bewegend, schnell fliegend, — fliessend.*

वेगिन् 1) Adj. = वेगित 2). उद्धत° Adj. von उद्धतवेग. — 2) *m. *Falke* Râǵan. 19,85.

वेगिल m. N. pr. eines Mannes.

*वेगिहरिण m. *eine Gazellenart* Râǵan. 19,47.

वेङ्क m. Pl. N. pr. eines Volkes.

वेङ्कट m. N. pr. 1) eines Berges im Lande der Drâviḍa. — 2) verschiedener Gelehrter.

वेङ्कटकवि m. N. pr. eines Dichters Burnell, T. °कवीय n. Titel seines Kâvja Opp. Cat. 1.

वेङ्कटकृष्ण m. N. pr. eines Autors Burnell, T. °कृष्णीय n. Titel seines Werkes Opp. Cat. 1.

वेङ्कटगिरि m. N. pr. eines *Berges.* °माहात्म्य n. Burnell, T.

वेङ्कटनाथ m. N. pr. eines Autors.

वेङ्कटपति m. N. pr. eines Fürsten.

वेङ्कटभट und वेङ्कटभट्ट m. N. pr. von Autoren Burnell, T.

वेङ्कटभट्टि Titel eines Werkes Opp. Cat. 1.

वेङ्कटयोगिन् und वेङ्कटराम m. N. pr. von Autoren Burnell, T.

वेङ्कटाचल m. N. pr. eines *Berges.* °माहात्म्य n. Opp. Cat. 1.

वेङ्कटाचलेश m. *der auf dem Berge* Veṅkaṭa *verehrte* Vishṇu.

वेङ्कटाचार्य m. N. pr. eines Gelehrten.

वेङ्कटाद्रि m. N. pr. eines *Berges.* °माहात्म्य n. Opp. Cat. 1.

वेङ्कटाद्रिनाथीयप्रकृतत्त्व n. Titel eines Werkes Burnell, T.

वेङ्कटाद्रियज्वन् m. N. pr. eines Gelehrten.

वेङ्कटाधरिन् m. desgl.

वेङ्कटेश m. N. pr. eines Autors Burnell, T.

वेङ्कटेशकवच n. Titel eines Kavaka Burnell, T.

वेङ्कटेशदीक्षित m. N. pr. eines Mannes.

वेङ्कटेशद्वादशनामन् n., वेङ्कटेशनमस्काराष्टक n., वेङ्कटेशरहस्य n., वेङ्कटेशशतक n., वेङ्कटेशसहस्रनामन् n., वेङ्कटेशसुप्रभात n., वेङ्कटेशस्तोत्र n., वेङ्कटेशाष्टक n. und वेङ्कटेशाष्टोत्तरशतनामन् n. Titel von Werken Burnell, T. Opp. Cat. 1.

वेङ्कटेश्वर m. 1) *der auf dem Berge* Veṅkaṭa *verehrte* Vishṇu. — 2) N. pr. eines Autors Opp. Cat. 1,3858.

वेङ्कटेश्वरकवि m. N. pr. eines Autors Burnell, T.

वेङ्कटेश्वरदीक्षित m. desgl. ebend.

वेङ्कटेश्वरसहस्रनामन् n. Titel eines Stotra Opp. Cat. 1.

वेङ्कटेश्वरीय n. Titel eines Werkes Opp. Cat. 1.

वेङ्गि f. und वेङ्गी f. N. pr. einer Stadt Vikramâñkak. 14,4 (चेङ्गि gedr.). Ind. Antiq. 11,159. 5,176. 7, 16. 6,67.

*वेचा f. *Lohn.*

*वेञ्जनवत् Adj. als Erklärung von वाञ्जिन्.

*वेञ्जानी f. *Vernonia anthelminthica.*

वेट् ein Opferausruf.

*वेट m. = पीलुवृक्ष Gaṇar. 300.

वेटक m. N. pr. eines Mannes.

*वेटाय्, °यति (विटीभावे).

*वेटावत् Adj. von वेट Gaṇar. 300.

वेट्कार m. *der Ausruf* वेट्.

*वेथ्, वेथति (धौर्त्ये und स्वप्ने).

*वेड 1) n. = सान्द्रविच्छिन्नचन्दन. — 2) f. आ *Boot, Schiff.*

*वेढमिका f. *eine Art Gebäck* Bhâvapr. 2,18.

*वेण्, वेणति und °ते (गतिज्ञानचिन्तानिशामनवादित्रग्रहणेषु).

वेण 1) m. *a) Rohrarbeiter* (nach dem Comm.) Vishṇus. 51,14. Nach M. *eine best. Mischlingskaste, die sich mit Musiciren abgiebt.* Vgl. वैण. — *b)* N. pr. α) eines Vjâsa. Richtig वेन. — β) des Vaters von Pṛthu. Richtig वेन. — 3) f. आ N. pr. *a)* einer Frau Hem. Par. 8,25. — *b)* eines Flusses.

वेणतट m. Pl. N. pr. eines Volkes. Richtig वेणातट.

वेणविन् Adj. *mit einer Flöte versehen* (Çiva) MBh. 13,17,58. वैणविन् v. l.

1. वेणातट m. *das Ufer der Veṇâ.*

2. वेणातट m. Pl. N. pr. eines Volkes MBh. 2,31,12.

वेणि 1) वेणि und वेणी *Haarflechte*, insbes. *das in einen einzigen Zopf zusammengeflochtene Haar der Weiber* (gewöhnlich ein Zeichen der Trauer). Das Wasser eines Flusses wird nicht selten (Çiç. 12,75. Vâsav. 118,5) mit einem *Zopf* verglichen; auch das Schwert wird als *Zopf* der Herrlichkeit eines Fürsten bezeichnet. — 2) वेणि *a) nach einer früheren Trennung wieder zum Gesammtvermögen geschlagenes Gut* Vasishṭha 16,16. — *b)* **das Weben.* — 3) वेणी *a)* abgekürzt für वेणीसंहार. — *b) Lipeocercis serrata* Karaka 7,2. — *c)* **Damm, Brücke.* — *d)* **Schafmutter.* — *e)* N. pr. eines Flusses Hariv. 2,109,23. — *f)* MBh. 15,680 fehlerhaft für वेणु.

वेणिक 1) m. Pl. N. pr. eines Volkes. वेत्रिक v. l. — 2) f. आ *a)* = वेणि 1). In übertragener Bed. so v. a. *eine fortlaufende Reihe, ein ununterbrochener Streifen, ein un. Strom* Harshak. 176,23. Kâd. 30,16 (53,6). 175,10 (300,4). 246,23 (402,14). — *b) ein geflochtener Streifen, eine geflochtene Binde* Hemâdri 1,645,4.

वेणिकावाहिन् Adj. *ununterbrochen fliessend, — fliessen lassend* Kâd. 132,8 (232,18). 2,18,9 (21,4).

वेणिन् m. N. pr. eines Schlangendämons.

*वेणिमाधव m. Name eines in Prajâga stehenden vierhändigen steinernen Idols.

*वेणिवेधनी f. *Blutegel.*

वेणी f. s. u. वेणि.

*वेणीगमूलक n. *die Wurzel von Andropogon muricatus* Râgan. 12,161.

वेणीदत्त m. N. pr. eines Autors.

वेणीदास m. N. pr. eines Mannes.

वेणीमाधवबन्धु m. desgl.

*वेणीर m. *eine best. Pflanze,* = अरिष्ट.

वेणीसंवरण n., वेणीसंहरण n. und वेणीसंहार m. Titel eines Schauspiels.

वेणीस्कन्ध m. N. pr. eines Schlangendämons.

वेणु und वेणु m. 1) *Rohr, Rohrstab,* insbes. *Bambusrohr.* Soll im 60sten Jahre blühen und nach der Blüthe absterben. — 2) *Rohrpfeife, Flöte.* — 3) N. pr. *a)* einer Gottheit des Bodhi-Baumes. — *b)* verschiedener Männer. Pl. Veṇu's *Nachkommen.* वेणोर्विशाले Name zweier Sâman Ârsh. Br. — *c)* eines Berges. — *d)* *eines Flusses.

वेणुक 1) m. *a) Rohrpfeife, Flöte.* — *b) Amomum.* — *c)* N. pr. α) Pl. eines Volkes. — β) eines mythischen Wesens Suparṇ. 23,5. — 2) f. आ *a) eine best. Pflanze mit giftiger Frucht.* — *b)* **Amomum.* — *c)* N. pr. eines Flusses VP.² 2,199. — 3) *n. *ein Bambusrohr zum Antreiben eines Elephanten.*

*वेणुकर्कर m. *Capparis aphylla.*

वेणुकार m. *Flötenmacher* Lalit. 21,17.

*वेणुकीय 1) Adj. von वेणु. — 2) f. आ *ein mit Bambusrohr bestandener Platz.*

वेणुगोपालप्रतिष्ठा f. Titel Burnell, T.

वेणुग्रध (?) m. *eine best. Pflanze.*

वेणुज 1) Adj. *im Bambusrohr entstehend.* — 2) *m. *der Same des Bambus* Râgan. 16,35. — 3) *n. *Pfeffer.*

वेणुजङ्घ m. N. pr. eines Muni.

वेणुदत्त m. N. pr. eines Mannes.

वेणुदल n. *gespaltenes Bambusrohr.*

वेणुदारि m. N. pr. eines Fürsten.

वेणुदारिन् 1) Adj. *Bambusrohr spaltend* Çiç. 19, 1. — 2) m. N. pr. eines Dämons Çiç. 15,39. 19,1.

*वेणुध्म m. *Flötenspieler.*

*वेणुन n. *Pfeffer.*

वेणुनृत्या f. N. pr. einer buddh. Tantra-Gottheit.

वेणुप m. Pl. N. pr. eines Volkes MBh. 5,140,26. रेणुप v. l.

वेणुपत्त्र n. *das Blatt des Bambusrohrs.*

वेणुपत्त्रक 1) m. *eine Schlangenart.* — 2) f. °त्रिका *eine best. Grasart.*

*वेणुपत्त्री f. *eine best. Grasart.*

*वेणुबीज n. *der Same des Bambus* Râgan. 16,35.

वेणुभार m. *eine Tracht Bambus.*

वेणुमण्डल n. N. pr. eines Varsha in Kuçadvîpa.

वेणुमत् 1) Adj. *mit einem Bambusrohr versehen.* — 2) m. N. pr. *a)* eines Berges. — *b)* eines Sohnes des Ǵjotishmant VP. 2,4,36. — 3) f. °मती N. pr. eines Flusses. — 4) n. N. pr. *a)* eines Waldes. — *b)* des von 2) *b)* beherrschten Varsha VP. 2,4,36.

वेणुमय Adj. (f. ई) *aus Bambusrohr gemacht, — bestehend* Hemâdri 1,441,5.

वेणुमुद्रा f. *eine best. Stellung der Finger.*

वेणुयव 1) m. Pl. *der Same des Bambus* Râgan. 16,35. Âpast. Çr. 6,31,8. 9. 14. Mân. Gṛhj. 2,3. — 2) f. ई *eine Darbringung von Bambussamen.*

वेणुयष्टि f. *Bambusstab.*

वेणुवन n. 1) *ein Wald von Bambusrohr.* — 2) *N. pr. eines *Waldes.*

*वेणुवाद m. *Flötenspieler.*

वेणुवादन n. *Flötenspiel* Hemâdri 1,440,8.

वेणुवाद्य n. dass.

वेणुविदल n. *ein gespaltenes Bambusrohr* Gaut. 2,43.

वेणुवीणाधरा f. N. pr. einer der Mütter im Gefolge Skanda's.

वेणुवैदल Adj. *aus gespaltenem Bambusrohr verfertigt* M. 8,327.

वेणुहय m. N. pr. eines Nachkommen Jadu's.

वेणुहोत्र m. N. pr. eines Sohnes des Dhṛshṭaketu.

वेण्वा f. N. pr. eines Flusses MBh. ed. Vardh. 6, 9,20. Richtig v. l. वेणा. Vgl. कृष्ण°.

वेण्या f. N. pr. zweier Flüsse. Richtig वेणा.

वेण्वा f. N. pr. eines Flusses. Richtig वेणा.

वेण्वातट m. Pl. N. pr. eines Volkes. Richtig वेणातट.

*वेत 1) m. = वेत्र Râgan. 7,42. — 2) f. आ = वेतन.

वेतण्ड 1) m. *Elephant* Gal. Harshak. 174,23. 193,20. Kâd. 2,24,22. Bhâm. V. 1,61. Vgl. वितण्ड und वेदण्ड. — 2) f. आ *eine Form der Durgâ* Vâsav. 117,3, v. l. für वेताला.

वेतन n. (adj. Comp. f. आ) 1) *Lohn.* — 2) *Preis* (einer Waare). — 3) **Silber.*

वेतनभुज् m. *Knecht, Diener.*

वेतनिन् Adj. am Ende eines Comp. *Lohn empfangend.*

वेतस 1) m. (adj. Comp. f. आ) *ein rankendes Wassergewächs, Calamus Rotang* oder *ein verwandtes spanisches Rohr* (RÂGAN. 9,111. BHÂVAPR. 1,207); *Ruthe, Stecken.* — 2) f. वेतसी dass. — 3) n. *a) eine Lanzette in Gestalt eines Rotang-Blattes.* — *b)* N. pr. einer Stadt.

वेतसक N. pr. 1) m. Pl. eines Volkes MBH. 7,54,23. v. l. चेतसक. — 2) f. °सिका N. pr. einer Oertlichkeit.

*वेतसकीय 1) Adj. von वेतस. — 2) f. आ *ein mit Rotang bestandener Platz.*

वेतसमय Adj. *aus Calamus Rotang bestehend* HARSHAḰ. 90,19.

वेतसवृत्ति Adj. *nach Art des Rohrs verfahrend, sich wie Rohr schmiegend* 180,2.

वेतसशाखा f. *Rohrzweig.*

*वेतसाम्ल m. *Rumex vesicarius* RÂGAN. 6,128.

वेतसिनी f. N. pr. eines Flusses.

वेतसु m. N. pr. eines Mannes. Pl. *seine Nachkommen.*

वेतस्वत् 1) *Adj. *mit Rotang bestanden.* — 2) N. pr. eines Ortes.

वेतान RÂGAT. 6,48 fehlerhaft für वेतन.

वेताल 1) m. *a) eine Art von Dämonen, die von todten Körpern Besitz nehmen und sich derselben als Hülle bedienen.* — *b)* N. pr. α) eines Wesens im Gefolge Çiva's. — β) eines Lehrers. — 2) f. आ *eine Form der* Durgâ VÂSAV. 117,3. — 3) f. ई Bein. der Durgâ.

वेतालकवच n. Titel eines Kavaka BURNELL, T.

वेतालजननी f. N. pr. einer der Mütter im Gefolge Skanda's.

वेतालपञ्चविंशति f. und °का f. Titel verschiedener Sammlungen von *25 Erzählungen von einem* Vetâla.

वेतालपुर n. N. pr. einer *Stadt* Ind. St. 15,422.

वेतालभट्ट m. N. pr. eines Autors.

*वेतालरस m. *eine best. Mixtur* Mat. med. 43.

वेतालविंशति f. Titel einer Sammlung von *20 Erzählungen von einem* Vetâla OPP. Cat. 1.

वेतालस्तोत्र n. Titel eines Stotra BURNELL, T.

वेति KAUSH. UP. 3,1 fehlerhaft für व्येति (3te Sg. von 3. इ mit वि).

1. वेत्तर् Nom. ag. mit Gen. oder am Ende eines Comp. 1) *Kenner.* — 2) *Zeuge.* — 3) *Empfinder.* — 4) Nomin. als Fut. von 1. विद्.

2. वेत्तर् Nom. ag. *Heirather, Gatte* ÂPAST. 2,13,7.

वेत्तवे Dat. Infin. zu 3. विद् AV. 2,36,7.

वेत्तवै desgl. TBR. 3,7,1,9. ÂPAST. ÇR. 9,2,3.

वेत्र 1) m. n. *eine grössere Art Calamus, etwa fasciculatus, zu Stöcken gebraucht.* — 2) n. *a) Rohrstab* Comm. zu MAITRJUP. 6,28 (S. 152). — *b) die Röhre einer Flöte* S. S. S. 179. — *c)* * fehlerhaft für रेत्र.

वेत्रकार m. *der Arbeiten aus dem* Vetra *genannten Rohre macht.*

वेत्रकीय 1) Adj. von वेत्र. — 2) *f. आ *ein mit* Vetra *bestandener Platz.*

वेत्रकीयगृह n. N. pr. einer Oertlichkeit.

वेत्रकीयवन n. desgl.

वेत्रग्रहण n. *das Amt eines Thürstehers* oder *Thürsteherin.*

वेत्रधर 1) *m. *Thürsteher.* — 2) f. आ *Thürsteherin.*

*वेत्रधारक m. *Thürsteher.*

वेत्रधारिन् m. *Stabträger, Diener eines vornehmen Herrn* PAṄKAD.

वेत्रयष्टि f. *Rohrstab.*

वेत्रलता f. desgl.

वेत्रलतामय Adj. *aus Rohrstäben gemacht* HARSHAḰ. 184,19.

वेत्रवत् 1) Adj. Vetra *enthaltend, aus ihm bestehend.* — 2) m. N. pr. eines mythischen Wesens, eines Sohnes des Pûshan. — 3) f. °वती *a) Thürsteherin.* — *b) eine Form der* Durgâ. v. l. चित्ररथी. — *c)* N. pr. α) eines in die Jamunâ sich ergiessenden Flusses RÂǴAN. 14,25. — β) der Mutter des Vetrâsura.

*वेत्रहन् m. Bein. Indra's. Richtig वृत्रहन्.

वेत्रावती f. N. pr. eines Flusses.

वेत्रासन n. *Rohrsitz, Rohrstuhl.*

वेत्रासुर m. N. pr. eines Asura. v. l. वैत्रासुर.

वेत्रिक m. Pl. N. pr. eines Volkes MBH. 6,51,7. v. l. वेणिक.

वेत्रिन् 1) am Ende eines Comp. — *zum Rohrstab habend.* — 2) m. *Stabträger, Thürsteher, Diener eines vornehmen Herrn* KÂD. 2,47,12 (56,8). Vgl. राज°.

*वेत्रीय Adj. von वेत्र.

*वेथ्, वेथते (याचने).

1. वेद m. 1) *Verständniss, theologische Kenntniss.* — 2) Sg. und Pl. *das heilige Wissen, überliefert in der dreifachen Form der* Ṛk, Sâman *und* Jagus; *später tritt noch der* Atharvaveda *hinzu. Als fünfter* Veda *wird das* Itihâsapurâṇa *oder* Purâṇa *genannt.* वेद auch als Bein. Vishṇu's. — 3) *Bez. der Zahl vier.* — 4) *das Empfinden, Empfindung* 34,20 (ÇAT. BR.). — 4) * = वृत्त oder वित्त (vgl. 2. वेद 2).

2. वेद m. 1) *das Finden, Erlangen* in सुवेद. — 2) *Habe, Besitz.*

3. वेद m. *ein Büschel starken Grases* (Kuça, Muńǵa), *besenförmig gebunden, zum Fegen, Anfachen des Feuers u. s. w. gebraucht* MAITR. S. 1,4,3.

4. वेद N. pr. 1) m. *verschiedener Männer.* — 2) f. आ *eines Flusses.*

वेदक Adj. (f. वेदिका) 1) am Ende eines Comp. *kund thuend, verkündend.* — 2) *zum Bewusstsein bringend.* — वेदिका Subst. s. bes.

वेदकर्तर् Nom. ag. *Verfasser des* Veda *als Beiw. der Sonne,* Çiva's und Vishṇu's.

वेदका (!) f. N. pr. einer Apsaras VP.[2] 2,82.

वेदकार m. *Verfasser des* Veda.

वेदकारणकारण n. *die Ursache der Ursache des* Veda als Beiw. Kṛshṇa's.

वेदकुम्भ m. N. pr. eines Lehrers.

*वेदकौलेयक m. Bein. Çiva's.

वेदगत Adj. *an vierter Stelle stehend* ÇAUT. (ed. EWALD) 13.

वेदगर्भ 1) Adj. (f. आ) *den* Veda *im Schoosse tragend.* — 2) m. *a)* Bein. Brahman's. Auch auf Vishṇu übertragen. — *b)* * *ein Brahmane.* — *c)* N. pr. eines Brahmanen. — 3) f. आ Bein. der Sarasvatî VP. 5,1,83. 2,7.

वेदगर्भराशि m. N. pr. eines Mannes Ind. Antiq. 6,200. fg. 204. fg. 207. 209.

वेदगर्व m. N. pr. fehlerhaft für वेदगर्भ.

वेदगाथ m. N. pr. eines Ṛshi HARIV. 2,109,89.

वेदगुप्त Adj. *der den* Veda *bewahrt hat.*

*वेदगुप्ति f. *die Bewahrung des* Veda.

वेदगुह्य Adj. *im* Veda *verborgen.*

वेदघोष m. *das vom Hersagen des* Veda *herrührende Gemurmel.*

वेदचक्षुस् n. 1) *der* Veda *als Auge.* — 2) *das Auge des* Veda, *so v. a. ein Auge zur Erkenntniss des* Veda.

वेदजननी f. *die Mutter des* Veda, Bez. der Gâjatrî.

वेदज्ञ Adj. Veda-*kundig.*

*वेदण्ड m. *Elephant.* Vgl. वेतण्ड und वितण्ड.

वेदतत्त्व n. *das wahre Wesen des* Veda.

वेदतत्त्वार्थ m. *die wahre Bedeutung des* Veda. °विद् und °विदस् Adj. *diese kennend.*

वेदता f. etwa *Reichthum.*

वेदतृण n. Pl. *das zum* Veda *genannten Büschel gebrauchte Gras.*

वेदतैजस n. Titel eines Werkes OPP. Cat. 1.

1. वेदत्व n. Nom. abstr. von 1. वेद 2).

2. वेदत्व n. Nom. abstr. von 3. वेद MAITR. S. 1,4,3.

4,1,18.

वेददक्षिणा f. *der Lohn für den Unterricht im* Veda Âpast.

वेददर्श m. N. pr. eines Lehrers.

वेददर्शन n. *das Vorkommen —, Erwähntwerden im* Veda. Abl. so v. a. *in Uebereinstimmung mit dem* Veda.

वेददर्शिन् Adj. *eine Einsicht in den* Veda *habend, denselben kennend.*

वेददल Adj. *vierblätterig* Hemâdri 1,130,11.

वेददान n. *das Mittheilen —, Lehren des* Veda.

वेददीप m. Titel von Mahîdhara's Commentar zur VS.

वेदधर m. N. pr. eines Mannes.

वेदधर्म m. N. pr. eines Sohnes des Paila.

वेदधारण n. *das im Gedächtniss Haben des* Veda MBh. 3,33,46.

वेदध्वनि m. = वेदघोष.

1. **वेदन** 1) Adj. *verkündend* in भग°. — 2) f. (आ) n. *a) Erkenntniss, Kenntniss, das Wissen.* Ausnahmsweise f. — *b) schmerzliche Empfindung, Schmerz* (auch personificirt). Ausnahmsweise n.; am Ende eines adj. Comp. f. आ. — 3) f. (आ) *Empfindung* Çiç. 13,13. Bei den Buddhisten einer der fünf Skandha. — 4) n. *das Kundthun.*

2. **वेदन** 1) Adj. am Ende eines Comp. *a) findend.* — *b) verschaffend.* — 2) n. *a) das Finden, Habhaftwerden.* — *b) das Heiraten* (von beiden Geschlechtern). — *c) Habe, Gut.*

वेदनावन्त् Adj. 1) *mit Wissen ausgestattet* Sâj. zu ṚV. 1,165,10. — 2) *Schmerz empfindend.* — 3) *schmerzhaft.*

वेदनिधि m. N. pr. eines Mannes.

वेदनिन्दक 1) Adj. *über den* Veda *spottend.* — 2) *m. = नास्तिक, बौद्ध und बुद्ध.

वेदनिन्दा f. *das Spotten über den* Veda.

वेदनिर्घोष m. = वेदघोष.

वेदनीय Adj. 1) *bezeichnet werdend, ausgedrückt, gemeint, — mit* (im Comp. vorangehend). Nom. abstr. °ता f. — 2) *empfunden werdend, — von oder als* (im Comp. vorangehend). Nom. abstr. °ता f. und °त्व n.

वेदपथ m. und °पन्था m. *der Weg des* Veda.

वेदपदस्तव m. Titel Burnell, T. Vgl. वेदपादस्तव.

वेदपन्था s. u. वेदपथ.

वेदपाठ m. *ein festgestellter* Veda-*Text,* Veda-*Redaction.*

वेदपाठिन् Adj. *den* Veda *studirend* Mân. Gṛhj. 1,2.

वेदपादस्तव m. Titel eines Stotra Opp. Cat. 1. Vgl. वेदपदस्तव.

वेदपारग m. *der den* Veda *durchstudirt hat* Gaut. 3,20. Vasishṭha 3,7.

वेदपारायणविधि m. Titel eines Werkes.

वेदपुण्य n. *das aus dem Studium des* Veda *hervorgehende moralische Verdienst.*

वेदपुरुष m. *der personificirte* Veda Ait. Âr. 346,9. 12.

वेदप्रकाश m. Titel eines Werkes.

वेदप्रदान n. *das Mittheilen —, Lehren des* Veda.

वेदप्रपद् f. Bez. *gewisser Formeln, in denen* प्रपद् *vorkommt.*

वेदप्रलव m. *ein vom* Veda *genannten Büschel abgelöstes Stück* Mân. Çr. 4,2.

वेदप्रवाद m. *ein Ausspruch des* Veda MBh. 12, 34,29.

वेदफल n. *der aus dem Studium des* Veda *hervorgehende Lohn.*

वेदबाहु m. N. pr. 1) eines der 7 Ṛshi unter Manu Raivata. — 2) eines Sohnes des Pulastja. — 3) eines Sohnes des Kṛshṇa.

वेदबाह्य m. *ein Ungläubiger* Govindân. zu Çaṁk. zu Bâdar. 1,1,1.

वेदबीज n. *der Same des* Veda als Bein. Kṛshṇa's.

वेदब्रह्मचर्य n. Veda-*Lehrzeit.*

वेदब्राह्मण m. *ein Brahmane, der den* Veda *kennt, ein Brahmane im vollen Sinne des Wortes.*

वेदभाग m. *Viertel* Hemâdri 1,135,7.

वेदभागादि Titel eines Werkes Opp. Cat. 1.

वेदभाष्य n. Titel verschiedener *Commentare zum* Veda Opp. Cat. 1. °कार m. Bez. Sâjaṇa's.

वेदम् Absol. von 1. und 3. विद् in *ब्राह्मण° und *यावद्वेदम्.

वेदमल्ल m. Pl. N. pr. eines Volkes.

वेदमय Adj. (f. ई) *aus heiligem Wissen bestehend, dasselbe enthaltend* Hemâdri 1,25,15. 17. 21.

वेदमातर् f. *die Mutter des* Veda, Bez. der Sarasvatî, Sâvitrî und Gâjatrî. Auch Pl.

वेदमातृका f. dass. als Bez. der Sâvitrî.

वेदमालि m. N. pr. eines Brahmanen.

वेदमित्र m. N. pr. eines Veda-Lehrers.

*__वेदमुख्या__ f. *eine geflügelte Wanze.*

वेदमुण्ड m. wohl N. pr. eines Asura.

वेदमूर्ति f. *eine Erscheinungsform des* Veda (der Sonnengott).

वेदमूल Adj. *im* Veda *wurzelnd* Spr. 6268.

*__वेद्य__ Adj. vom Caus. von 1. विद्.

वेदयज्ञ m. *ein im* Veda *vorgeschriebenes Opfer.* Davon °मय Adj. *aus solchen Opfern gebildet, solche Opfer enthaltend.*

वेदयितर् Nom. ag. *Erkenner, Kenner.*

वेदयितव्य Adj. *mitzutheilen* R. 6,109,33.

वेदरकार s. बेदरकार.

वेदरहस्य n. *die Geheimlehre des* Veda, *die* Upanishad.

वेदरात m. N. pr. fehlerhaft für देवरात.

वेदराशि m. *der gesammte* Veda Sâj. zu ṚV. 7, 33,11.

वेदराशिकृतस्तोत्र n. Titel eines Stotra Opp. Cat. 1.

वेदर्कर s. बेदरकार.

वेदलक्षण n. Titel eines Werkes Opp. Cat. 1.

वेदवदन n. 1) *der Mund —, Eingang zum* Veda, so v. a. *Grammatik.* — 2) N. pr. einer Oertlichkeit.

वेदवन्त् 1) Adj. *mit dem* Veda *vertraut.* — 2) f. °वती *a)* N. pr. α) eines Flusses. — β) einer Tochter Kuçadhvaǵa's, die später als Sîtâ, Draupadî und auch Lakshmî wiedergeboren wird. — γ) *einer Apsaras. — *b)* Prab. 70,3 und 73, 19 fehlerhaft für वेत्रवती.

वेदवाक्य n. *ein Ausspruch der heiligen Schrift.*

वेदवाद m. 1) dass. MBh. 13,62,38. — 2) *das Sprechen über die heilige Schrift, theologische Unterhaltung.*

वेदवादिन् Adj. *der über die heilige Schrift zu reden versteht, mit ihr vertraut* Hemâdri 1,477,2.

*__वेदवास__ m. *ein Brahmane.*

वेदवाह Adj. *dem Studium des* Veda *obliegend.*

वेदवाहन Adj. *den* Veda *tragend* oder *bringend* (der Sonnengott).

वेदविक्रयिन् Adj. *den* Veda *verkaufend, für Geld ihn lehrend* MBh. 3,200,7.

वेदविचार m. Titel eines Werkes Bühler, Rep. No. 428.

वेदविज्ञ n. *Kenntniss des* Veda.

वेदविद् Adj. Veda-*kundig.* Superl. वेदवित्तम.

वेदविद्या f. Veda-*Kunde.* °विद् *mit dem* Veda *vertraut.*

वेदविद्याव्रतस्नात Adj. *der das Studium des* Veda *und der Wissenschaften sowie die Gelübde absolvirt hat* M. 4,31. Vgl. विद्यावेदव्रतस्नात.

वेदविद्वंस् Adj. Veda-*kundig.*

वेदविप्लावक Adj. *den* Veda *unter die Menge bringend* Gaut.

वेदवृद्ध m. N. pr. eines Veda-Lehrers.

वेदवेदाङ्गतत्त्वज्ञ Adj. *den* Veda *und die* Vedâṅga *gründlich kennend* Spr. 6269. fg.

वेदवेदाङ्गपारग Adj. *der die* Veda *und die* Vedâṅga *durchstudirt hat.*

वेदवेदाङ्गविग्रहिन् Adj. *den* Veda *und die* Vedâṅga *zum Körper habend* (Vishṇu) Vishṇus. 1,53.

वेदवेदाङ्गविद् Adj. *den* Veda *und die* Vedâṅga *kennend* R. 1,1,15.

वेदवैनाशिका f. N. pr. eines Flusses. °वैनासिका gedr.

वेदव्यास m. *der* Veda-*Diaskeuast.*

1. वेदव्रत n. 1) *eine beim* Veda-*Studium vorgeschriebene Observanz* Gaut. 8,15. Hemâdri 1,231,6. °व्रतानां विधिः Titel eines Pariçishṭa des Kâtjâjana. — 2) Titel eines Werkes Opp. Cat. 1.

2. वेदव्रत Adj. *der das* Veda-*Gelübde auf sich genommen hat* Comm. zu Gṛhjâs. 2,3.

वेदव्रतपरायण Adj. *der den* Veda *studirt und die Observanzen beobachtet.*

वेदव्रतिन् Adj. dass. Hemâdri 1,471,10. 19. 482,22.

वेदशब्द m. 1) *der Ausdruck* Veda Âpast. — 2) *ein Ausspruch des* Veda.

वेदशाखा f. Veda-*Zweig*, — *Schule.*

वेदशास्त्र n. 1) Sg. *die im* Veda *vorgetragene Lehre.* — 2) Pl. *der* Veda *und andere Lehrbücher.* °पुराणानि Spr. 6271.

वेदशिर m. N. pr. eines Sohnes des Kṛçâçva.

1. वेदशिरस् n. *das Haupt des* Veda *als Bez. einer best. mythischen Waffe.*

2. वेदशिरस् m. N. pr. verschiedener Ṛshi und anderer Männer VP.[2]

3. वेदशिरस् n. *der Kopf des* Veda *genannten Besens.*

वेदशिरोभूषण n. Titel eines Commentars Burnell, T.

वेदशीर्ष m. N. pr. eines Berges.

वेदश्री m. N. pr. eines Ṛshi.

वेदश्रुत m. Pl. N. pr. einer Gruppe von Göttern unter dem 3ten Manu.

वेदश्रुति f. 1) *das vom Hersagen des* Veda *herrührende Gemurmel.* — 2) *die heilige Schrift, der* Veda MBh. 1,158,16. 3,43,5. 12,339,105. Metrisch auch °श्रुती 2,45,15. — 3) N. pr. eines Flusses.

वेदश्रुती f. s. u. वेदश्रुति 2).

1. वेदस् n. *Erkenntniss.*

2. वेदस् n. *Habe, Besitz.* Auch Pl.

वेदस in सर्ववेदस.

वेदसंस्थित Adj. *im* Veda *enthalten.*

वेदसंहिता f. *der ganze* Veda *nach irgend einer Redaction.*

वेदसंन्यासिक Adj. *der das* Veda-*Studium und alle frommen Werke schon hinter sich hat und sich ganz dem beschaulichen Leben hingiebt.*

वेदसंन्यासिन् Adj. dass. Kull. zu M. 6,95.

वेदसमाप्ति f. *Beendigung des* Veda-*Studiums* Gaut. 16,34.

वेदसार m. *der Beste im* Veda als Beiw. Vishṇu's.

वेदसारशिवसहस्रनामन् n. (Opp. Cat. 1), °शिवस्तव m., °शिवस्तोत्र n. und °सारसहस्रनामन् n. (Opp. Cat. 1) Titel von Stotra.

वेदसिनी f. N. pr. eines Flusses.

वेदसूत्र n. *ein zu einem* Veda *gehöriges* Sûtra.

वेदस्तरण n. *das Ausstreuen des* Veda *genannten Besens* Âçv. Çr. 3,6,23.

वेदस्तुति f. *Lob des* Veda, Titel des 87sten Adhjâja im 10ten Buche des Bhâg. P. °कारिका f.

वेदस्पर्श m. N. pr. eines Veda-Lehrers.

वेदस्मृता, °स्मृति und °स्मृती f. N. pr. eines Flusses.

वेदस्वामिन् m. N. pr. eines Mannes B. A. J. 2,11.

*वेदहीन Adj. *mit dem* Veda *nicht vertraut.*

वेदांश m. *Viertel* Hemâdri 1,127,3. 6.

वेदाग्न्युत्सादिन् Adj. *der das* Veda-*Studium und die Unterhaltung des heiligen Feuers vernachlässigt* Vishnus. 54,13.

*वेदाग्रणी f. Bein. der Sarasvatî.

वेदाङ्ग 1) n. *ein Glied des* Veda, so v. a. *ein Hülfsbuch zum* Veda. Es werden deren sechs gezählt: Çikshâ, Kalpa, Vjâkaraṇa, Nirukta, Khandas und Gjotisha (वेदाङ्गज्योतिष Opp. Cat. 1). Auch °शास्त्र n. Nom. abstr. °त्व n. — 2) m. *a)* Bein. der Sonne. — *b)* N. pr. eines der 12 Âditja.

वेदाङ्गराय m. N. pr. eines Autors.

वेदाचार्य m. Veda-*Lehrer.*

वेदात्मन् m. *die Seele des* Veda *als Beiw.* Vishṇu's und des Sonnengottes.

वेदात्मनं (!) m. = वेदात्मन् als Beiw. Brahman's Taitt. Âr. 10,1,6.

वेदादि m. 1) *der Anfang des* Veda Taitt. Âr. 10,10,3. Vasishṭha 22,9 (wohl eine Interpolation). — 2) m. n. *die heilige Silbe* ओम्. Auch °बीज n.

वेदाधिगम m. Veda-*Studium.*

वेदाधिदेव m. *der den* Veda *beschützende Gott* als Beiw. Brahman's.

वेदाध्यक्ष m. *Aufseher über den* Veda, *Hüter des* Veda (Kṛshṇa).

वेदाध्ययन n. Veda-*Studium* Âpast.

वेदाध्याय und वेदाध्यायिन् Adj. *der den* Veda *studirt* oder *studirt hat* Âpast.

वेदानध्ययन n. *das Unterlassen des* Veda-*Studiums* M. 3,63.

वेदानुवचनं n. 1) *das Wiederholen* —, *Hersagen des* Veda (auch von Seiten des Lehrers) Çat. Br. 14,7,2,25. Gaut. 1,10. Jâgn. 3,190. — 2) Veda-*Lection, heilige Lehre* Taitt. Up. 1,10.

वेदान्त m. 1) *das Ende des* Veda Taitt. Âr. 10, 10,3. Pl. Vasishṭha 22,9 (wenn वेदादयः richtig sein sollte; vgl. jedoch Gaut. 19,12). °पारग Adj. *der den* Veda *durchstudirt hat, vollkommen vertraut mit ihm.* — 2) *Ende des* Veda-*Studiums.* — 3) *ein den Schluss eines* Veda *bildender Text* oder *der Inbegriff des* Veda, d. i. *eine* Upanishad und *die auf den* Upanishad *ruhende theologisch-philosophische Lehre (die* Uttaramîmâṁsâ). Auch °शास्त्र n. Titel von Werken, die über den Vedânta handeln: °कतक m., °कल्पतरु m., °कल्पतरुटीका f., °कल्पतरुपरिमल m., °कल्पतरुमञ्जरी f., °कल्पलता f. (Opp. Cat. 1), °कल्पलतिका f., °कारिकावलि f. (Opp. Cat. 1), °कौस्तुभ m. (Burnell, T.), °ग्रन्थ m. (Opp. Cat. 1), °चिन्तामणि m., °तत्त्वदीपन n., °तत्त्वसार m. (Burnell, T.), °दीप m., °नयनभूषण n., °नामरत्नसहस्रव्याख्यान n. (Burnell, T.), °न्यायरत्नावली ब्रह्माद्वैतामृतप्रकाशिका, °परिभाषा f., °परिमल m. (Opp. Cat. 1), °पारिजात m., °प्रकरणवाक्यामृत n. (Burnell, T.), °प्रदीप m., °भाष्य n., °रत्नकोश m. (Burnell, T.), °रत्नत्रयपरीक्षा f. (ebend.), °रत्नमञ्जूषा f., °रत्नरहस्य n., °रत्नाकर m. (Burnell, T.), °वादार्थ m. (ebend.), °वादावलि f. (Opp. Cat. 1), °विजय m. (Burnell, T.), °विवरण n. (Opp. Cat. 1), °शतश्लोकी f., °शास्त्र n. (Opp. Cat. 1), °शिखामणि m., °शिरोमणि m. (Opp. Cat. 1), °संग्रह m. (Burnell, T.), °संज्ञाप्रक्रिया f., °सार m. (vier verschiedene Werke Burnell, T.), °सारसंग्रह m., °सारसार m., °सिंह m., °सिद्धान्त m., °सिद्धान्तचन्द्रिका f. (Burnell, T.), °सिद्धान्तदीपिका f., °सिद्धान्तबिन्दु m., °सिद्धान्तसूक्तिमञ्जरी f., °सिद्धान्तसूक्तिमञ्जरीप्रकाश m., °सुधारहस्य n., °सूत्र n., °सूत्रदीपिका f., °सूत्रमुक्तावली f., °सूत्रवृत्ति f. (Opp. Cat. 1), °सूत्रव्याख्यानचन्द्रिका f., °सूत्रोपन्यास m. (Burnell, T.), °सौरभ n., °स्यमन्तक m., वेदान्ताधिकरणचिन्तामणि m. (Opp. Cat. 1), वेदान्ताधिकरणमाला f., वेदान्तार्थविवेचनमहाभाष्य n., वेदान्तोपनिषद् f. (Burnell, T.) und वेदान्तोपन्यास m. (ebend.).

वेदान्तवागीशभट्टाचार्य m. N. pr. eines Gelehrten.

वेदान्ताचार्य m. desgl. Auch °श्रीनिवास Burnell, T.

वेदान्तिन् m. *ein Bekenner des* Vedânta.

वेदान्तिब्रुव Adj. *sich einen* Vedântin *nennend* Comm. zu Kap. 3,66.

वेदान्तिमहादेव m. N. pr. eines Lexicographen.

*वेदापय्, °यति Denomin. von 1. वेद्.

वेदाप्ति f. *im* Veda *erlangte Kenntniss.*

वेदाभ्यास m. Veda-*Studium.*

*वेदार m. *Chamäleon, Eidechse.*

वेदारण्यमाहात्म्य n. Titel Burnell, T.

वेदार्ण N. pr. eines Tîrtha.

वेदार्थ m. *die Bedeutung —, der Sinn des* Veda Kap. 3,40. Chr. 234,3. Auch Pl.

वेदार्थचन्द्र m., वेदार्थतत्त्वनिर्णय m. (Burnell, T.), वेदार्थदीप m. (Opp. Cat. 1), वेदार्थदीपिका f., वेदार्थप्रकाश m., वेदार्थप्रकाशिका f. (Opp. Cat. 1), वेदार्थप्रदीप m., वेदार्थसंग्रह m., °संग्रहटीका f. (Opp. Cat. 1) und °संग्रहतात्पर्यटीका f. (ebend.) Titel von Werken.

वेदावाप्ति f. *Erlernung des* Veda Hemâdri 1,482,22.

वेदाश्र Adj. *viereckig* Hemâdri 1,125,2. 3 (वेदास्र gedr.). 9. 11 (वेदास्र gedr.).

वेदाश्वा f. N. pr. eines Flusses.

वेदास्त्र und वेदास्र s. u. वेदाश्र.

1. वेदि 1) *m. *ein kluger —, weiser Mann.* — 2) f. वेदि *a) Kenntniss* in 1. अवेदि. — *b) *Siegelring.* — 3) *f. वेदी Bein. der Sarasvatî.

2. वेदि und वेदी f. 1) *Opferbett, Opferbank, ein oberflächlich ausgegrabener und dann mit Streu belegter Raum in dem Opferhofe, die Stelle des Altars vertretend.* In der Vedi sind die Feuerheerde angebracht. Häufig wird die weibliche Taille mit der *in der Mitte schmalen* Vedi verglichen. — 2) *der Zwischenraum zwischen den speichenähnlichen Theilen eines radähnlichen Altars* Çulbas. 3,196. — 3) *eine überdeckte* Vedi-*förmige Terrasse im Hofraum, die zu einer Hochzeit hergerichtet wird.* Am Ende eines adj. Comp. वेदीक. — 4) *Gestell, Sockel, Unterlage, Bank.* — 5) वेदी N. pr. eines Tîrtha. Auch °तीर्थ n.

3. *वेदि n. *eine best. Pflanze,* = अम्बष्ठा.

वेदिक m. s. u. 3. वेदिका 3).

वेदिकरण n. 1) *das Herrichten des Altars* Kâtj. Çr. 2,6,30. — 2) Pl. *die zur Anfertigung des Altars dienenden Werkzeuge* Âpast. Çr. 12,19,6.

1. वेदिका Adj. f. s. u. वेदक.

2. *वेदिका f. *Siegelring.*

3. वेदिका f. (adj. Comp. f. आ) 1) = 2. वेदि 1). — 2) = 2. वेदि 3) Naish. 6,58. Vâsav. 218,3. — 3) = 2. वेदि 4) 312,11. Auch वेदिक m.

*वेदिजा f. Bein. der Draupadî. Vgl. वेदिसंभवा.

वेदितृ (mit Acc.) und वेदितृ (Çat. Br.) Nom. ag. *Kenner, Wisser.* In unaccentuirten Texten mit Gen. oder am Ende eines Comp. f. वेदित्री (mit Gen.).

वेदितव्य oder वेदितव्य Adj. 1) *kennen zu lernen, zu erkennen, zu kennen, zu wissen.* — 2) *zu erkennen als, zu halten für, als gemeint anzusehen* 221,6. 7. 226,26. 32.

°वेदिता f. Nom. abstr. zu 1. वेदिन् 1) *a) b).*

1. वेदित्व n. Nom. abstr. zu 2. वेदि 1) Maitr. S. 3,8,3. Kap. S. 39,3. Comm. zu Njâjam. 10,1,1.

2. वेदित्व n. Nom. abstr. zu 1. वेदिन् 1) *a) b).*

1. वेदिन् 1) Adj. am Ende eines Comp. *a) kennend, sich verstehend auf.* — *b) empfindend.* — *c) ankündend, verkündend.* — 2) *m. Bein. Brahman's. — 3) f. °नी N. pr. eines Flusses.

2. वेदिन् (von 1. वेद्) in सर्व°.

3. °वेदिन् Adj. *heirathend.*

4. *वेदिन् n. *eine best. Pflanze,* = अम्बष्ठा.

वेदिभाजन n. *was die Stelle des Altars vertritt* Çat. Br. 2,4,2,13.

वेदिमती f. ein Frauenname.

वेदिमध्य Adj. (f. आ) *eine* Vedi-*ähnliche Taille habend* Kâd. 113,14 (203,2).

वेदिमान n. *das Ausmessen des Altars* Ind. St. 13,233.

वेदिमेखला f. *die Schnur, welche die* Uttaravedi *abgrenzt.*

वेदिलोष्ट m. *ein vom Altar genommener Erdkloss* Mân. Gṛhj. 1,7.

वेदिविमान n. *das Ausmessen des Altars* Çat. Br. 10,2,3,10.

वेदिश्रोणि und °श्रोणी f. *Schenkel des Altars* Kâtj. Çr. 2,7,22. 5,4,9. 13,3,10. Âçv. Çr. 1,1,23. 5,11,1.

वेदिषद् 1) Adj. *auf* oder *an dem Altar sitzend.* — 2) m. ein anderer Name des Prâkînabarhis.

वेदिष्ठ Adj. mit Acc. *am meisten verschaffend.*

वेदिसंभवा f. Bein. der Draupadî Venîs. 108,18. Vgl. वेदिजा.

वेदिसंमान n. *das Ausmessen des Altars* Âpast. Çr. 14,5,10.

वेदी f. s. u. 1. und 2. वेदि.

वेदीतीर्थ n. s. u. 2. वेदि 5).

वेदीयंस् Adj. *besser kennend* oder *— findend als* (Abl.).

*वेदीश m. Bein. Brahman's.

वेदुक Adj. mit Acc. *erlangend.*

वेदेश m. N. pr. eines Mannes.

वेदेशतीर्थ m. N. pr. eines Autors Burnell, T.

वेदेशभिक्षु m. desgl.

वेदेश्वर m. N. pr. eines Mannes.

वेदोक्त Adj. *im* Veda *erwähnt, — gelehrt, — enthalten.*

*वेदोदय m. *die Sonne.*

वेदोदित Adj. *im* Veda *erwähnt, — geboten.*

वेदोपकरण n. *Hülfsmittel —, Hülfswissenschaft zum* Veda.

वेदोपग्रहण n. *eine Zugabe —, Ergänzung zum* Veda.

वेदोपनिषद् f. *eine* Upanishad —, *eine Geheimlehre des* Veda.

वेदोपबृंहण n. *eine Ergänzung zum* Veda.

वेदोपयाम m. *ein best. Geräth* Mân. Çr. 1,2,5. 6. 3,1.

वेदोपस्थानिका f. *eine Aufwartung bei den* Veda.

वेद्धृ Nom. ag. *Durchbohrer, Treffer* (eines Ziels). Nomin. auch als Fut. *er wird treffen.*

वेद्धव्य Adj. 1) *zu durchbohren, zu treffen* (ein Ziel). — 2) *worin man* (geistig) *eindringen muss.*

*वेद्य्, वेद्यति (धौर्त्ये स्वप्ने च).

1. वेद्य, वेदिय Adj. 1) *kundbar, berühmt.* — 2) *kennen zu lernen, zu erkennen, zu kennen, zu wissen, was erkannt wird.* — 3) *zu erkennen —, anzusehen als* (Nomin. oder im Comp. vorangehend).

2. वेद्य Adj. 1) *zu erwerben, was erworben wird.* — 2) *zu ehelichen* in 2. अवेद्य.

3. *वेद्य Adj. *zum* Veda *in Beziehung stehend.*

वेद्यग्नि m. *Altarfeuer* Vaitân.

वेद्यत्व n. *Erkennbarkeit.*

वेद्यन्त m. *Ende* oder *Rand des Altars.*

वेद्यन्तर n. *das Innere des Altars* Kâtj. Çr. 5,4,11.

वेद्यर्ध m. *die Hälfte eines Altars,* Bez. zweier mythischer Gebiete der Vidjâdhara auf dem Himâlaja, eines nördlichen und eines südlichen.

(वेद्या) वेदिया f. *Erkenntniss.* Pl. RV. 10,22,14. Instr. Sg. (gleichlautend, einmal) und Pl. (RV. 1,171,1) *mit Erkenntniss,* so v. a. *merklich, offenbar, wirklich, in der That.*

वेद्याकृति f. *eine Art Altar* Mân. Gṛhj. 1,6. 2,6.

वेद्युपोषण Adj. *den Altar abbrennend* Comm. zu Âpast. Çr. 13,24,16.

वेध् (= व्यथ्), वेधते *beben* Lalit. 449,11. 59,2 (अवेधत zu lesen). — Mit प्र *erbeben* Lalit. 449,11. 59,3 (प्रावेधत zu lesen). — Caus. प्रवेधयमान *erzitternd* Lalit. 226,10. — Mit संप्र *in allen seinen Theilen erbeben* Lalit. 449,12. 59,3 (संप्रावेधत zu lesen).

1. वेध Adj. etwa = वेधस् *gläubig, fromm* AV. 19,3,4, v. l.

2. वेध 1) m. *a) Durchbohrung, das Treffen eines Geschosses.* — *b) Durchbruch, Durchstich, Oeffnung.* — *c) Tiefe, Vertiefung.* वेधतस् Karaka 1,14. — *d) störendes Dazwischentreten* Vâstuv. 9,18. 19. 27. 37. 13,49. 68. — *e) Fixirung des Standes der Sonne oder der Sterne.* — *f) das Mischen von Flüssigkeiten* J. R. A. S. 1875, S. 113. — *g) ein best. Process, dem das Quecksilber unterworfen wird,*

RÂǴAN. 13,13. 138. — *h) ein best. Zeitmaass*, = 100 Truṭi = 1/3 Lava. — *i)* N. pr. eines Sohnes des Ananta. — 2) f. आ mystische Bez. *des Lautes* म.

वेधक 1) m. *a) Durchbohrer.* — *b) Durchbohrer von Perlen* u. s. w. — *c)* **Kampfer.* — *d)* **Sandel* GAL. — *e)* **Rumex vesicarius.* — *f) eine best. Hölle.* — 2) *n. *Koriander.*

वेधगुप्त m. *ein best.* Râga S. S. S. 82.

वेधन 1) n. *a) das Durchbohren, Treffen mit einem Pfeile.* — *b) das Behängen mit* (Instr.), so v. a. *das Anhängen* —, *Anthun eines Uebels.* — *c) Tiefe* MBH. 5,51,25. — 2) *f. ई *a) Bohrer.* — *b) Trigonella foenum graecum.*

*वेधनिका f. *Bohrer.*

वेधमय Adj. (f. ई) *in der Durchdringung bestehend.*

*वेधमुख्य 1) m. *Curcuma Zerumbet* RÂǴAN. 6,119. — 2) f. आ *Moschus* RÂǴAN. 12,47.

*वेधमुख्यक m. *Curcuma Zerumbet.*

वेधस् 1) Adj. Subst. (Acc. auch वेधाम्, Superl. वेधस्तम) *a) gläubig, fromm, getreu, Verehrer, Diener der Götter.* — *b)* als Beiw. von Göttern *tugendhaft, tüchtig, brav* u. s. w. — *c) klug, verständig.* — *d) vollbringend, verrichtend, zuwegebringend.* — 2) m. *a) Autor.* — *b) Schöpfer,* als Bez. Brahman's (auch mit dem Zusatz प्रथम), Praǵâpati's, Purusha's oder des Pumaṁs, Çiva's, Vishṇu's (Kṛshṇa's), Dharma's und der Sonne (102,8). — *c)* **die Sonne.* — *d)* **Calotropis gigantea.* — *e)* *N. pr. des Vaters von Hariçkandra.

वेधस 1) *n. *der unterste Theil des Daumens.* — 2) f. ई N. pr. eines Wallfahrtsortes.

वेधस्या f. *Verehrung.* Nur im gleichlautenden Instr.

*वेधित = विद्ध *durchbohrt.*

वेधित्व n. in शब्द°.

वेधिन् 1) Adj. *durchbohrend, treffend* (mit einem Geschosse). — 2) *m. *Rumex vesicarius* RÂǴAN. 6, 128. — 3) *f. °नी *a) Blutegel.* — *b) Trigonella foenum graecum* RÂǴAN. 6,69.

वेध्य 1) Adj. *a) zu durchbohren, zu durchstechen, aufzustechen* (z. B. eine Ader) KÂRAKA 6,13. Nom. abstr. °ता f. — *b) nach dem Stande zu fixiren.* — *c)* fehlerhaft für बन्ध्य *anzubinden, anzuheften.* — 2) *f. आ *ein best. musikalisches Instrument.* — 3) n. *Ziel.*

वेन्, वेनति (कान्तिकर्मन्, गतिकर्मन्, अर्चतिकर्मन्, गतिज्ञानचिन्तानिशामनवादित्रग्रहणेषु) 1) *sich sehnen, verlangen,* — *nach* (Loc.), *Heimweh empfinden; hinausstreben.* — 2) *neidisch sein.* — Mit अनु *anzuziehen suchen, wieder haben wollen.* — Mit अप und वि *sich verschmähend abwenden.*

वेन 1) Adj. (f. ई) *sehnsüchtig, verlangend, begierig; liebend.* — 2) m. *a) Sehnsucht, Verlangen, Wunsch.* — *b)* Bez. *des Liedes* ṚV. 10,123. — *c)* *= यज्ञ. — *d)* nach den Commentatoren *ein göttliches Wesen des mittleren Gebiets,* Bez. Indra's, der Sonne, *Praǵâpati's und eines Gandharva. Wird auch mit dem Nabel in Beziehung gebracht. — *e)* N. pr. verschiedener Männer, unter andern des Vaters des Pṛthu. — 3) f. आ *Sehnsucht, Verlangen nach* (Gen.).

*वेन्ना f. N. pr. eines Flusses.

(वेन्य) वेनिअ 1) Adj. *begehrenswerth, liebenswerth.* — 2) m. N. pr. eines Mannes.

वेप् s. 1. विप्.

वेप 1) Adj. (f. ई) *schwingend, bebend.* — 2) m. *das Beben, Zucken, Zittern.*

वेपथु 1) m. *das Beben, Zucken, Zittern.* — 2) Adj. (!) *zitternd.*

वेपथुभृत् Adj. *zitternd* ÇIÇ. 9,73. VṚSHABH. 7.

वेपथुमन्त् Adj. dass. KÂD. 261,8 (425,13). HARSHAḰ. 125,2.

वेपन 1) Adj. *bebend, zuckend, zitternd.* — 2) n. *a) das Beben, Zucken, Zittern.* — *b) das Versetzen in eine schwingende Bewegung.*

वेपस् n. 1) *das Zucken, Beben, Zappeln.* — 2) *Aufgeregtheit.* — 3) * = अनवद्य.

वेपित n. *das Zittern.*

वेपिष्ठ Adj. Superl. zu विप्र.

वेम m. *Webstuhl.*

वेमक 1) m. *Weber.* — 2) f. ई *Weberin.*

वेमचित्र und °चित्रिन् m. N. pr. eines Fürsten der Asura.

वेमन् (*m.) n. *Webstuhl* (ÇAṀK. zu BÂDAR. 2,1,19) oder *Webeschiff.*

*वेमन Adj. von वेमन्.

*वेमन्य Adj. *im Weben geschickt.*

वेयगान n. Titel BÜHLER, Rep. No. 36.

वेयच्छ्ला f. Titel eines Kapitels in der Sâmavedaḱḱhalâ.

*वेर 1) m. n. *Körper.* — 2) n. *a) Safran.* — *b) die Eierpflanze.* — *c) Mund* GAL.

*वेरक n. *Kampfer.*

*वेरट 1) Adj. = मिश्रीकृत und नीच. — 2) n. *Brustbeere;* vgl. ZACH. Beitr. 86.

*वेराचार्य m. N. pr. eines Fürsten.

*वेल्, वेलति (चलने). वेलय् s. bes. Mit उद्, उद्वेलत् fehlerhaft für उद्वेल्लत्.

*वेल 1) n. *Garten, Park.* — 2) *eine best. hohe Zahl* (budd.).

*वेलय्, °यति (कालोपदेशे).

वेला f. 1) *Endpunct, Grenze.* — 2) *Entfernung* ÇULBAS. 3,34. 207. — 3) *Grenze des Landes und der See, Gestade, Küste, Ufer.* Die personificirte *Küste* ist eine Tochter Meru's und Gattin Samudra's. — 4) *Zeitgrenze, Zeitpunct, Zeitraum, Tageszeit, Stunde.* का वेला so v. a. *was ist die Uhr?* HARSHAḰ. 127,13. का वेला तत्रभवत्याः प्राप्तायाः so v. a. *wie lange ist sie schon da?* पश्चिमा *Abendstunde.* °वेलम् Adv. nach einem Zahlwort so v. a. — *mal.* — 5) *gelegene Stunde, Gelegenheit.* वेलायाम् *zur rechten Stunde;* अन्धवेलायाम् so v. a. *wenn es gilt blind zu sein;* अर्थवेलायाम् so v. a. *wenn es sich um den Sinn handelt;* वेलां प्र-कर् *auf eine Gelegenheit warten, lauern.* — 6) **die Essensstunde eines vornehmen Herrn.* — 7) *die letzte Stunde, Todesstunde.* — 8) **ein sanfter Tod.* — 9) *die Zeit des Meeres,* so v. a. *Fluth* (Gegensatz *Ebbe*). — 10) *starke Strömung* (eines Flusses). v. l. वेग. — 11) * = रोग oder राग. — 12) **Zahnfleisch.* — 13) **Rede.* — 14) N. pr. *a)* *der Gattin Budha's. — *b)* einer an einer *Küste* aufgefundenen Königstochter. Nach ihr ist der 11te Lambaka im KATHÂS. benannt.

1. वेलाकूल n. *Küste, Ufer* (ausnahmsweise eines Flusses) UTTAMAḰ. 161. 189. 334. 344.

2. वेलाकूल 1) Adj. *an der Küste gelegen.* — 2) *n. N. pr. einer Stadt, = तामलिप्त.

वेलाजल n. Sg. und Pl. *Fluthwasser, Fluth* (Gegens. *Ebbe*) UTTAMAḰ. 59. 99.

वेलातट m. *Küste.* Auch °तटान्त.

वेलातिक्रम m. *Versäumniss der Zeit, Verspätung.*

वेलातिग Adj. *über das Ufer tretend* (das Meer) MBH. 2,23,6.

वेलाद्रि m. *ein an der Küste belegener Berg.*

वेलाधर m. *ein best. Vogel* HEM. PAR. 2,408. Nach einer Glosse = भारण्ड.

वेलानिल m. *ein von der Küste blasender Wind.*

वेलाबल n. MBH. 3,16290 fehlerhaft für वेलावन.

वेलाम्भस् n. *Fluthwasser, Fluth* (Gegens. *Ebbe*) UTTAMAḰ. 51.

*वेलाय Denomin. von वेला.

वेलायनि (!) m. Patron.

वेलावन n. *ein an der Küste gelegener Wald* MBH. 3,283,22. Wohl fehlerhaft Ind. St. 15,352.

*वेलावलि f. *eine best. Scala.*

वेलावित्त m. Bez. *eines best. Beamten.*

वेलावीचि f. *eine gegen die Küste rollende Woge;* Pl. *Brandung.*

वेलासमुद्र m. *ein hochgehendes Meer zur Zeit der Fluth* Spr. 2812.

वेलाहीन Adj. *vorzeitig, zur Unzeit stattfindend* JÂGṆ. 2,168. VARÂH. BṚH. S. 3,24.

वेलोर्मि f. = वेलावीचि RÂGAT. 8,1594.

वेल्ल्, वेल्लति (auch वेल्लमान soll vorkommen) *taumeln, schwanken, sich wiegen, wogen.* Gewöhnlich वेल्लत्. वेल्लित 1) *schwankend, wogend.* — 2) *gebogen, gekrümmt, sich kräuselnd; sich um etwas Anderes legend* ÇIÇ. 7,72. — Caus. वेल्लयति *wellen* (einen Teig) BHÂVAPR. 2,24. वेल्लित 18. — Mit अनु, °वेल्लित *untergeschoben.* — Mit उद् *in eine schwankende Bewegung gerathen, sich hinundher bewegen* HEM. PAR. 1,203. VÂSAV. 50,2. उद्वेल्लित *sich hinundher bewegend* CHR. 302,31 (im Prâkrit). — Mit वि *beben, zittern.* — Mit सम्, संवेल्लित *sich kräuselnd* KÂD. 2,96,6 (118,6).

*वेल्ल n. *Embelia Ribes.* Vgl. कारवेल्ल und °वेल्ली.

वेल्लक 1) m. in कार°. — 2) *f. वेल्लिका *Trigonella corniculata.* Vgl. कार°.

*वेल्लज n. *Pfeffer.*

वेल्लन 1) n. *a) das Wogen.* — *b) das Sichwälzen* (eines Pferdes) ÇIÇ. 5,53. — *c) Wellholz* BHÂVAPR. 2,24. — 2) *f. ई *eine Art* Dûrvâ-*Gras* RÂGAN. 8,114.

*वेल्लन्तर m. *eine best. Pflanze,* = वीरतरु RÂGAN. 8,72. BHÂVAPR. 1,223.

*वेल्लहल m. *Sensualist.*

*वेल्लि f. *Schlingpflanze.*

*वेल्लिकाख्या f. *Trigonella corniculata.*

वेल्लित 1) Adj. s. u. वेल्ल्. — 2) *n. *das Sichwälzen eines Pferdes.*

वेल्लितक 1) m. *eine Schlangenart.* — 2) n. *Kreuzung.* Instr. und Acc. *kreuzweise, gekreuzt.*

*वेल्लिताग्र m. *Haar* GAL.

वेल्लूर N. pr. eines Districts.

वेविजे Adj. (f. ग्री) *auffahrend, schnell.*

*वेवी, वेवीते (गतिव्याप्तिप्रजननकान्त्यसनखादनेषु). Vgl. 1. वी.

1. वेश m. 1) *Nachbar, Hintersass, Dienstmann.* Auch wohl वेश in dieser Bed. — 2) *Zelt.* — 3) **Haus.* — 4) *Prostitution, Hurenwirthschaft, Hurenhaus* 123,7. — 5) *das Gebahren einer Buhldirne.* — 6) *Gewerbe* zur Erklärung von वेश्य.

2. वेश m. fehlerhaft für वेष.

*वेशक m. *Haus.*

वेशकुल n. Sg. *Huren.* °स्त्री f. *Hure* BHAR. NÂṬJAÇ. 18,49.

वेशत्व n. *Nachbarschaft, Sassenschaft* MAITR. S. 2,3,7 (34,13).

वेशन n. *das Hereintreten.*

वेशनद् m. N. pr. eines *Flusses.*

वेशन्त 1) m. *a) Teich* AV. HARSHAK. 57,23. NAISH. 8,35. PRASANNAR. 33,2. — *b)* **Feuer.* — 2) f. वेशन्ता und वेशन्ती *Teich.*

वेशभगिनी Adj. f. als Beiw. der Sarasvatî KÂTH. 32,4. Vgl. वेशभगीन.

वेशभगीन Adj. (f. ग्रा) als Beiw. der Sarasvatî MAITR. S. 4,4,3 (51,8). विशो° st. dessen ÂPAST. ÇR. Richtig wohl वेशोभगीन nach P. 4,4,132.

वेशभाव m. *Hurenart.*

वेशयमन 1) Adj. (f. ई) etwa *die Leute lenkend* MAITR. S. 1,4,3 (51,7. 8). 8 (56,14). — 2) n. etwa *das Lenken der Leute* MAITR. S. 1,4,8 (56,14). KÂTH. 32,4.

वेशयुवति und वेशयोषित् f. *Buhldirne.*

वेशर schlechte Schreibart für वेसर.

वेशवधू und वेशवनिता f. *Buhldirne.*

वेशवन्त् m. *Hurenwirth.*

वेशवार schlechte Schreibart für वेसवार.

वेशवास m. *Hurenhaus.*

वेशस् m. = 1. वेश 1).

वेशस n. in यज्ञवेशस. Vgl. वैशस.

वेशस्त्री f. *Buhldirne* MBH. 5,30,38.

वेशस्या f. *Buhldirne.*

वेशान्त m. (?) und वेशान्ता f. *Teich.*

वेशापुर n. N. pr. einer *Stadt* Ind. St. 14,117.

वेशि f. φάσις, Bez. *des zweiten Hauses von demjenigen, in welchem die Sonne steht.*

वेशिक n. Bez. *einer best. Kunst* (buddh.). Vgl. वैशिक.

*वेशिजाता f. *eine best. Pflanze,* = पुत्रदात्री RÂGAN. 3,131.

1. °वेशिन् Adj. *hereintretend.*

2. °वेशिन् schlechte Schreibart für वेषिन्.

वेशी f. *Nadel.*

वेशाक m. N. pr. eines Dichters Z. d. d. m. G. 36,557.

*वेशोभगीन und *°भग्य Adj. etwa *die Leute oder die Dienstmannen ernährend* P. 4,4,132. 131.

वेशोभगीना als Beiw. der Sarasvatî wird die richtige Lesart für विशोभगीना, वेशभगिनी und वेशभगीना sein.

वेश्मक 1) *Adj. von वेश्मन्. — 2) m. Pl. N. pr. eines Volkes.

*वेश्मकलिङ्ग m. *Sperling.* Wohl nur fehlerhaft für °कुलिङ्ग.

वेश्मकुलिङ्ग m. *ein best. Vogel.*

*वेश्मचटक m. *Sperling* BHÂVAPR. 2,8.

वेश्मधूम m. *eine best. Pflanze* KARAKA 6, 24. Vgl. गृहधूम.

वेश्मन् n. 1) *Haus, Hof, Wohnung, Gemach.* — 2) *ein astrologisches Haus.* — 3) *das vierte astrologische Haus.*

*वेश्मनकुल m. *Moschusratte.*

*वेश्मभू f. *der Platz, auf dem ein Haus steht.*

वेश्मवास m. *Schlafgemach.*

वेश्मस्त्री f. MBH. 5,904 fehlerhaft für वेशस्त्री.

वेश्मान्त *das Innere eines Hauses.* Am Ende eines adj. Comp. f. ग्रा.

वेश्य 1) *Adj. am Ende eines Comp. — 2) f. ग्रा *a) Hetäre, Hure.* — *b)* **Clypea hernandifolia.* — *c) ein best. Metrum.* — 3) n. वेश्य, वेशिम *a) Nachbarschaft, Verhältniss der Hörigkeit.* — *b) das zugehörige Gebiet.* — *c)* **Hurenhaus.*

वेश्यकामिनी f. *Buhldirne* VARÂH. BṚH. S. 104,63.

वेश्यस्त्री f. dass.

वेश्यागृह n. *Hurenhaus* VARÂH. JOGAJ. 7,15.

वेश्याघटक m. *Kuppler* zu Spr. 3319.

वेश्याङ्गना f. *Buhldirne.* °कल्प m. und °वृत्ति f. Titel OPP. Cat. 1.

*वेश्याचार्य m. *Tanzlehrer von Freudenmädchen.*

वेश्याजन m. Sg. *Buhldirnen* ÇIÇ. 5,27. *°समाश्रय m. *Hurenhaus.*

वेश्यात्व n. Nom. abstr. zu वेश्या *Buhldirne* Comm. zu MṚKKH. 22,25.

वेश्यापति m. *der Gatte einer Buhldirne, Nebenmann* Spr. 7854.

वेश्यायत्ती Adv. mit कर् *von Buhldirnen abhängig machen* RÂGAT. 8,865.

*वेश्यावास m. *Hurenhaus* ÇÂÇVATA 702.

वेश्यावेश्मन् n. dass.

वेश्याव्रत n. *eine best. Begehung von Buhldirnen.*

*वेश्याश्रय m. *Hurenhaus.*

*वेश्वर m. = वेसर.

1. वेष m. (adj. Comp. f. ग्रा und *ई in भूतवेषी) 1) *das Wirken, Besorgen* VS. 1, 6. — 2) *Tracht, Anzug, das durch Kunst erzeugte Aeussere eines Menschen.* Acc. mit कर् und ग्रा-स्था *eine Tracht annehmen.* n. (!) PAṄKAR. 1,14,56. — 3) *ein angenommenes Aeussere.* Acc. mit वि-धा und गम् *eine fremde* (*andere*) *Gestalt annehmen.* — 4) *Aussehen überh.* वेषमाच्छाद्य so v. a. *sich nicht zu erkennen gebend;* प्रच्छन्नवेषेण dass.

2. वेष Adj. *wirkend, besorgend.* Vgl. प्रातर्वेष.

3. वेष m. fehlerhafte Schreibart für 1. वेश.

*वेषकार m. als Erklärung von वेष्टन.

वेषण und वेषणा 1) n. *Besorgung, Dienst.* — 2) f. वेषणा *a) Aufwartung, Bedienung* MÂN. GṚHJ. 1, 3. — *b)* **Flacourtia cataphracta.*

*वेषदान m. *eine best. Blume.*

वेषधर Adj. *nur die Tracht von Jmd habend,*

sich verstellend Ind. St. 15,341.

वेषधारिन् 1) Adj. am Ende eines Comp. *die Tracht —, den Anzug von — tragend.* — 2) m. *ein Asket der Tracht nach, ein heuchlerischer Asket.*

वेषवत्त Adj. *gut angezogen, — gekleidet.* v. l. besser सुवेषवान् st. स वेषवान्.

*वेषवार m. schlechte Schreibart für वेसवार.

वैषश्रि und °श्री Adj. etwa *schön geschmückt.*

वेषाधिक Adj. *über die Maassen fein gekleidet* Varâh. Jogaj. 4,28.

वेषान्यत्व n. *Wechsel der Tracht, — des Anzuges* 106,9.

°वेषिन् Adj. in छद्म° und विकृत°.

वेष्क m. *Schlinge zum Erwürgen.*

वेष्ट्, वेष्टते 1) *sich winden —, sich schlängeln um.* — 2) *sich hängen —, kleben an* (Loc.). — 3) *sich häuten* (von einer Schlange). — Vgl. विष्ट्. — Caus. वेष्टयति, वेष्टयते (metrisch auch in der Bed. des Act.), वेष्टित Partic. 1) *überziehen, umwinden* (Maitr. S. 2,3,1 [27,5]), *umwickeln, umkleiden, bekleiden, umlégen, umstéllen, umringen, umzingeln, einschliessen, rund um besetzen, umhüllen, umgében.* आत्मानम् *sich einspinnen* (von einer Raupe). — 2) *ùmwinden, úmwickeln, umbinden, úmlegen.* — 3) *winden* (einen Strick). — 4) *zusammenschrumpfen machen.* — वेष्टयते auch fehlerhaft für चेष्टयते und वेष्टित für विष्टित. — Mit अनु *hängen bleiben.* — Caus. 1) *überziehen, umwinden, überdecken.* — 2) *überdecken, auflegen, ausbreiten.* — Mit अप Caus. *abstreifen.* — Mit अभि *umwinden* (Çiç. 20,51), *bedecken, zudecken.* — Mit आ *sich ausbreiten über* (Loc.). — Caus. 1) *umhüllen, umgében, bekleiden, bedecken.* — 2) *winden* (einen Strick). — 3) *einschliessen, auf einen engen Kreis beschränken.* — 4) *schliessen* (die Hand). — आवेष्टयति auch fehlerhaft für आचेष्टयति. — Mit समा Caus. *belegen, bedecken.* — Mit उद् *sich in die Höhe winden.* — Caus. 1) *loswinden, auflösen.* — 2) *eröffnen, aufsiegeln* (einen Brief). — 3) *entsetzen* (von einer Belagerung) Hem. Par. 7,110. 8,306. — Mit उप Caus. 1) *umwinden, umbinden.* — 2) उपवेष्टित *verbunden mit* (im Comp. vorangehend) Karaka 6,12. — Mit नि Caus. Act. Med. 1) *einfassen* (in die Hand, Loc.), *zudeckena packen.* — 2) *umwickeln, umbinden.* — Mit उपनि *sich lagern um, umgeben.* — Mit निस् Caus. 1) *zurückstreichen.* — 2) *abwickeln*, so v. a. *abnehmen um* (Acc.). — Mit परि Caus. 1) *umhullen, umwinden, umwickeln, umschlingen, umlégen, umstéllen, umgében, zudecken, umringen, überschütten, überziehen, besetzen mit.* — 2) *úmwinden, úmlegen.* — 3) *zusammenschrumpfen machen.* — Mit संपरि Caus. *umwinden.* — Mit प्र Caus. 1) *umwinden, umlégen.* प्रवेष्टितो रोमभिः *mit Haaren besetzt, — bedeckt.* — 2) *úmwinden, úmlegen* Âpast. Çr. 7,11,8. Mân. Grhj. 1,17. — Mit संप्र Caus. *umwinden.* — Mit प्रति *sich zurückschieben.* — Caus. *zurückschieben, — streichen, — biegen.* — Mit वि Caus. 1) *wegstreichen, abziehen.* — 2) *umwinden, umringen, einschliessen.* — Mit सम् *sich zusammenrollen, zusammenschrumpfen.* — Caus. 1) *umwinden, umschlingen, einschliessen, umringen, umhüllen, bedecken.* — 2) *úmlegen.* — 3) *zusammenrollen* Çaṁk. zu Bâdar. 2,1,19. — 4) *zusammenschrumpfen machen.* — Mit अभिसम् *umhüllen, bedecken* Tândja-Br. 7,6,11. — Mit प्रतिसम् *zusammenschrumpfen.*

वेष्ट m. 1) *Schlinge, Binde.* — 2) *Zahnhöhle.* — 3) *Gummi, Harz.* — 4) **Terpentin* Râǵan. 12,157.

वेष्टक 1) m. oder n. *Hülle* in अङ्गुलि° (Nachtr. 2). — 2) m. a) in der Veda-Grammatik *doppelte Aufführung eines Wortes, vor und nach* इति. — b) **Beninkasa cerifera.* — 3) *m. n. *Terpentin* Râǵan. 12,157. — 4) *n. a) *Kopfbinde, Turban.* — b) *Gummi, Harz.*

वेष्टन n. 1) *das Umwinden, Umschlingen, Umfássen, Umzingeln, Einschliessen.* वेष्टनं कर् *umwinden, einen Verband machen.* कृत° Adj. *eingeschlossen, umzingelt.* — 2) *etwas zum Umwinden* u. s. w. *Dienendes, Tuch, Band, Binde, Schlinge.* — 3) *Kopfbinde, Turban.* — 4) **Diadem.* — 5) *Einfassung, Zaun, Hecke.* — 6) *Spanne.* — 7) **das äussere Ohr.* — 8) **eine Art Waffe.* — 9) **Pongamia glabra.* — 10) **Bdellium.* — 11) *= गति (वृति?).

वेष्टनक m. *quidam coeundi modus.*

वेष्टनवेष्टनक m. desgl.

वेष्टनिक in *पाद°.

वेष्टनीय Adj. *zu umwinden* Njâjam. 1,3,4.

*वेष्टपाल m. N. pr. eines Mannes.

वेष्टयितव्य Adj. *zu umwinden* Comm. zu Njâjam. 1,3,4.

*वेष्टवंश m. *Bambusa spinosa.*

*वेष्टव्य Partic. fut. pass. von 1. विष्.

*वेष्टसार m. *Terpentin* Râǵan. 12,158.

वेष्टित 1) Adj. s. वेष्ट्. — 2) *n. a) *quidam coeundi modus.* — b) = लासक.

वेष्टितक in लता°.

वेष्टितशिरस् Adj. *mit verhülltem Kopfe* Âpast.

वेष्टितिन् Adj. *mit einem Turban versehen* Âpast.

वेष्टुक Adj. etwa *hängen bleibend, sich nicht ablösend.* गर्भा वेष्टुकाः स्युः Maitr. S. 4,8,8.

*वेष्प m. *Wasser.*

वेष्य 1) *Adj. *costumirt, masquirt.* — 2) m. वेष्यं etwa *Kopfbinde.* — 3) wohl n. *Besorgung, Thätigkeit* in हस्त°.

*वेस्, वेसति (कात्तिकर्मन्, गतौ).

*वेसन n. *Erbsenmehl* Bhâvapr. 2,21. 26.

वेसर 1) m. *Maulthier.* — 2) *n. zur Erklärung von वासर.

वेसवार m. *eine best. Zuspeise* Karaka 1,3. MBh. 13,53,17.

*वेह्, वेहति (प्रयत्ने und = वेहाय्).

वेहत् f. *eine Kuh, die zu verwerfen pflegt;* überh. *eine unfruchtbare Kuh* Gaut. Hemâdri 1,52,19. 20. Wird auch als *belegte Kuh* erklärt.

वेहानस bei den Ǵaina *eine best. nicht sanctionirte Art des Selbstmordes* Çilâñka 1,369.

*वेहाय्, वेहायते Denomin. von वेहत्.

वेहार m. N. pr. eines Landes, *Behar.*

*वेह्ल्, वेह्लति (चलने).

वै postpositive Partikel, die das vorangehende Wort hervorhebt. Kommt in den Saṁhitâ selten, in den Brâhmaṇa und wo deren Stil nachgeahmt wird, so wie im Epos über die Maassen häufig vor; in den Sûtra meist nur in der Zusammenstellung यद्यु वै. Bei Manu und im Epos ist वै sehr beliebt am Ende eines Stollens, meist als blosses Flickwort. Wird mit anderen Partikeln verbunden, so वा उ, उ वै, उ खलु वै, न खलु वै (Comm. zu Njâjas. 1,1,43), उ ह वै, अपि वै, एव वै, तु वै, ह वै (27,22. 31,10. 33,7. 35,13), ह स्म वै. Spr. 1451 fehlerhaft für चेद्.

*वैंशतिक Adj. von विंशतिक.

*वैकंसेय m. Metron. von विकंसा.

वैकत n. 1) = वैकतक Mudrâr. 44,14, v. l. — 2) *Obergewand, Ueberwurf.*

वैकतक n. *ein von der Schulter herabhängendes Blumengewinde* Kâd. 83,2 (150,3). 124,3 (220,11). Saduktik. 2,790. 857.

वैकतिक und वैकदय dass. Mudrâr. 44,14 nebst v. l.

वैकदयक (adj. Comp. f. आ) *Ueberwurf, Umschlagtuch* Harshaḱ. (ed. Bomb.) 22,8.

वैकङ्क m. N. pr. eines Berges.

वैकङ्कत und वैकङ्कत 1) Adj. (f. ई) *von der Flacourtia sapida kommend, an ihr befindlich, aus ihr verfertigt.* — 2) *m. *Flacourtia sapida.*

वैकटिक m. *Juwelier* Vikramâñkaḱ. 1,19. Vgl. कु° Nachtr. 5.

वैकट्य n. *Ungeheuerlichkeit, Abscheulichkeit.*

*वैकथिक Adj. = विकथायां साधुः.

*वैकयत m. gaṇa भौरिक्यादि. *°विध Adj. von Vaikajata *bewohnt.*

*वैकर Adj. von त्रिकर.

वैकरञ्ज m. Bez. *einer Gattung von Schlangen.*

वैकर्ण m. 1) Du. N. pr. zweier Volksstämme. — 2) Patron. von विकर्ण Pâr. Gṛhj. 1,4,15. Nach den Erklärern Garuḍa oder Bez. des *Windes*. Nach Pâṇini Patron., wenn ein Vâtsja gemeint ist.

वैकर्णायन (Conj.) m. Patron. von त्रिकर्ण.

वैकर्णि m. desgl.

*वैकर्णेय m. Patron. von विकर्ण, wenn ein Kâçjapa gemeint ist.

वैकर्त m. (nach Sâj.) *ein best. essbarer Theil des Opferthieres*, etwa *Lendenstück*.

वैकर्तन 1) Adj. *zur Sonne in Beziehung stehend, der Sonne eigen.* °कुल n. *das Sonnengeschlecht.* — 2) m. a) Bein. Karṇa's. — b) Patron. Sugrîva's.

*वैकर्य Adj. von त्रिकर.

वैकल्प fehlerhaft für वैकल्य.

वैकल्पिक Adj. (f. ई) *beliebig, freigestellt, facultativ* Ârsh. Br. Nom. abstr. °ता f. (Comm. zu Mṛkkh. 63,2) und °त्व n.

वैकल्य n. 1) *Gebrechlichkeit, Unvollkommenheit, Schwäche, Mangelhaftigkeit, Mangel, das Fehlen, Nichtdasein.* — 2) *Verstimmung, Kleinmuth, Verzagtheit.* — 3) *Verwirrung* (des Geistes). v. l. वैक्लव्य.

वैकायन m. Patron. Auch Pl.

वैकारिक 1) Adj. (f. ई) *auf Umwandelung beruhend, eine U. erfahrend.* काल m. *die zur Ausbildung der Leibesfrucht erforderliche Zeit* Ḱaraka (ed. Calc.) 354,19. — 2) n. *Veränderung im normalen Zustande des Gemüths, Alteration, Aufregung.*

*वैकारिमत n. gaṇa राजदन्तादि.

वैकार्य n. *Umgestaltung, Umwandelung, Veränderung.*

वैकालिक n. *Abendandacht* oder *Abendessen* Vet. (U.) 16,4. Kampaka 289. 292. 296.

*वैकासेय m. Patron. von विकास.

वैकि m. Patron. Auch Pl.

वैकिर Adj. mit वारि n. *durchgesickertes Wasser.*

*वैकुघासीय Adj. von विकुघास gaṇa कृशाश्वादि in der Kâç. वैकुव्यासीय v. l.

*वैकुव्यासीय Adj. von विकुव्यास. v. l. वैकुघासीय.

वैकुण्ठ 1) m. a) Bein. α) Indra's. — β) Vishṇu's (Kṛshṇa's) Vishṇus. 98,59. Auch *eine Statue* Vishṇu's. — b) *der 24ste Tag im Monat* Brahman's. — c) *ein best. Tact.* — d) * *ein Ocimum* Râǵan. 10,161. — e) N. pr. α) Pl. und Sg. (sc. गण) einer Gruppe von Göttern. — β) verschiedener Männer. Auch °पुरी und °शिष्याचार्य. — 2) m. n. Vishṇu's *Himmel.* — 3) f. वैकुण्ठा Vaikuṇṭha's (Vishṇu's) Çakti.

वैकुण्ठत्व n. Nom. abstr. zu वैकुण्ठ 1) a) β).

वैकुण्ठदीक्षित m. N. pr. eines Autors. °दीक्षितीय n. Titel seines Werkes Opp. Cat. 1.

वैकुण्ठपुरी f. Vishṇu's *Stadt* Ind. St. 15,299.

वैकुण्ठभुवन n. und वैकुण्ठलोक m. Vaikuṇṭha's (Vishṇu's) *Himmel.*

वैकुण्ठविजय m. und वैकुण्ठस्तवव्याख्या f. Titel Opp. Cat. 1.

वैकुण्ठीय Adj. *zum Himmel* Vaikuṇṭha *in Beziehung stehend* Paṅkat. ed. Bomb. 1,50,4.

वैकृत 1) Adj. a) *durch Umwandelung entstanden, abgeleitet, secundär.* Nom. abstr. °त्व n. Lâṭj. 10, 4,2. — b) *auf Umwandelung beruhend, eine U. erfahrend* Kap. 2,18. — c) *entstellt, hässlich, widerwärtig.* — d) *nicht natürlich, künstlich.* कुलानि *nicht durch Zeugung, sondern durch Adoption u. s. w. fortgeführte Geschlechter.* — 2) m. a) Bez. des Ahaṁkâra. — b) *ein best. Krankheitsdämon.* — 3) n. (adj. Comp. f. आ) a) *Umwandelung, Veränderung, Entstellung, Verunstaltung, ein veränderter* —, *abnormer Zustand.* — b) *eine unnatürliche Erscheinung, portentum.* — c) *entstelltes Wesen*, so v. a. *Veränderung im normalen Zustande des Gemüths, Alteration, Aufregung.* — d) *Wechsel der Gesinnung, Feindseligkeit, feindseliges Betragen.*

वैकृतवत् Adj. *entstellt, krankhaft erregt.*

वैकृति f. MBh. 10,116 fehlerhaft für वैकृत n.

वैकृतिक Adj. *der Veränderung unterworfen.*

वैकृत्य n. 1) *Umwandelung, Veränderung.* — 2) *Veränderung zum Schlechtern, Verschlimmerung, Entartung.* — 3) *Widerlichkeit, Hässlichkeit* Saduktik. 4,240. — 4) *eine unnatürliche Erscheinung, portentum.* — 5) *eine feindselige Gesinnung.*

*वैक्रान्त m. n. *Scheindiamant* Râǵan. 13,7. 208.

वैक्रान्तक (Conj.) *ein best. Mineral.*

वैक्रिय Adj. 1) *durch Umwandelung entstanden* Hem. Par. 8,305. — 2) *einer Umwandelung unterworfen.*

वैक्लव n. *Befangenheit, Verwirrung, Kleinmuth.*

वैक्लव्य n. 1) dass. — 2) *Gebrechlichkeit, Schwäche, Geistesschwäche* Kâd. 121,21 (217,1. 2).

वैक्लव्यता f. = वैक्लव.

*वैत Adj. = वीता शीलमस्य.

*वैतमाणि m. Patron. von वीतमाण.

वैखरी f. Bez. *eines best. Lautes.*

वैखान m. Bein. Vishṇu's.

1. वैखानस 1) m. a) Pl. Bez. *einer Art von* Ṛshi (Suparn. 13,4) und *best. Sterne am Himmel.* — b) *ein* Ârja *im dritten Lebensstadium, der das Haus verlassen hat und in den Wald gezogen ist; Einsiedler* Gaut. — c) Patron. des Vamra und Puruhanman. — d) Pl. *eine best.* Vishṇu'*itische Secte.* — e) N. pr. eines Autors oder n. Titel eines Werkes. — 2) f. वैखानसी *Einsiedlerin* Bâlar. 172,14.

2. वैखानस 1) Adj. *zu den* Vaikhânasa *oder zu einem Einsiedler in Beziehung stehend, ihnen zukommend* u. s. w. तन्त्र n. *das* Tantra *der* Vaikhânasa *genannten Secte.* — 2) n. Name eines Sâman Ârsh. Br.

वैखानसश्रौतसूत्र n., वैखानससंप्रोक्षण n. (Opp. Cat. 1) und वैखानससूत्र n. Titel von Werken.

वैखानसाचार्य m. N. pr. eines *Lehrers.*

वैखानसार्चनानवनीत n. Titel eines Werkes Opp. Cat. 1.

वैखानसाश्रम m. N. pr. einer *Einsiedelei.*

वैखानसि m. Patron.

वैगन्धिका f. *eine best. Pflanze* Ḱaraka 6,23. Wohl nur metrisch für विगन्धिका.

वैगलेय Adj. गण m. *eine best. Sippe böser Geister.*

वैगुण्य n. 1) *fehlerhafte* oder *mangelhafte Beschaffenheit* Gaim. 5,3,23. जन्मनः so v. a. *niedrige Herkunft.* Von Personen *Mangelhaftigkeit, Fehlerhaftigkeit, Schlechtigkeit* und *Ungeschicklichkeit.*

*वैग्रहि von विग्रह.

*वैघ्नि von विघ्न.

*वैघ्नेय m. Patron. von विघ्न.

वैघस m. N. pr. eines *Jägers.*

वैघसिक Adj. von *Speiseüberresten lebend* MBh. 14,92,7.

*वैघात्य n. Nom. abstr. von विघातिन्.

*वैङ्कि m. Patron.

*वैङ्गि m. desgl.

*वैङ्गीय m. Adj. von वैङ्गि.

वैङ्ग्य N. pr. eines Gebiets.

वैचकिल Adj. (f. ई) *aus der Pflanze* विचकिल *gemacht* Saduktik. 2,790.

वैचक्षण्य n. *Erfahrenheit, das Bewandertsein, Geschicklichkeit,* — *in* (Loc.) Bâlar. 40,22.

वैचित्य n. fehlerhaft für वैचित्त्य.

वैचित्त्य n. *Geistesverwirrung, Geistesabwesenheit* Ḱaraka 6,3.

वैचित्र n. wohl nur fehlerhaft für वैचित्र्य. वैचित्री s. bes.

वैचित्रवीर्य m. Patron. Dhṛtarâshṭra's, Pâṇḍu's und Vidura's.

वैचित्रवीर्यक Adj. Vikitravîrja *gehörig* u. s. w.

वैचित्रवीर्यिन् (metrisch) m. = वैचित्रवीर्य.

वैचित्री f. *Seltsamkeit, Absonderlichkeit, Wunderbarkeit, wunderbare Schönheit* Bâlar. 90,4.

वैचित्र्य n. 1) *Mannichfaltigkeit, Verschiedenartigkeit, wunderbare Verschiedenheit* Kap. 5,20. 6, 2. 41. Çaṁk. zu Bâdar. 2,2,28 (S. 569). — 2) = वैचित्री. — 3) fehlerhaft für वैचित्त्य.

वैचित्र्यवीर्य m. fehlerhaft für वैचित्रवीर्य.

वैच्छन्दस 1) Adj. *aus verschiedenen Metren bestehend.* — 2) n. *ein solches* Sâman.

वैच्युत m. N. pr. eines Muni.

*वैजयक Adj. von विजय.

वैजनदेव m. N. pr. eines *Fürsten.*

वैजनन Adj. *zur Niederkunft in Beziehung stehend.* मास् (Harshak. 17,15) oder m. mit Ergänzung dieses Wortes *der Monat der Niederkunft, der letzte Monat in der Schwangerschaft.*

वैजन्य n. *Menschenleere, Einsamkeit.*

वैजयन्त 1) m. *a)* Indra's *Banner.* — *b) Banner, Fahne.* — *c)* Indra's *Palast.* — *d)* *Bein. Skanda's. — *e)* *Pl. *eine best. Klasse von Göttern bei den* Gaina. — *f)* N. pr. eines Berges. — 2) f. ई *a) Banner, Fahne* Çiç. 6,69. 12,29. 18,4. — *b) ein best. Sieg verheissender Kranz* VP. 1,22,71. — *c) Premna spinosa.* — *d)* **Sesbania aegyptiaca.* — *e) die achte Nacht im* Karmamâsa. — *f)* Titel α) eines Wörterbuchs. — β) eines Commentars zu Vishṇu's Dharmaçâstra. — *g)* N. pr. einer Stadt oder eines Flusses. — 3) n. N. pr. *a)* eines Thores in Ajodhjâ. — *b)* einer Stadt, = वनवासी Ind. Antiq. 6,24. 7,35 (वैजयन्त्यां zu lesen). 37.

वैजयन्तिक 1) *m. *Fahnenträger.* — 2) f. आ *a) Banner, Fahne.* — *b) eine Art Perlenschnur* (im Prâkrit). — *c)* **Sesbania aegyptiaca.* — *d)* **Premna spinosa* Râgan. 9,22. Bhâvapr. 1,197.

*वैजयि m. N. pr. des 3ten Kakravartin in Bhârata.

वैजयिक Adj. (f. ई) *Sieg verleihend, — verheissend.* वैजयिकीनां (v. l. वैजयिकानां) विद्यानां ज्ञानम् eine der 64 Künste.

वैजयिन् Adj. dass.

वैजर m. Pl. *eine best. Schule.* वैजव v. l.

वैजव m. 1) Pl. *eine best. Schule.* v. l. वैजर. — 2) Patron. fehlerhaft für पैजवन.

वैजवन m. Patron. fehlerhaft für पैजवन.

वैजात्य n. *Ungleichartigkeit, Heterogeneität.*

वैजान m. Patron. des Vṛça.

*वैजापक und *वैजापकक Adj. von विजापक.

वैजि m. N. pr. eines Mannes. Vielleicht बैजि zu lesen.

वैज्ञानशालिक (?) m. Kampaka 5.

*वैज्ञानिक Adj. *kenntnissreich, erfahren.*

*वैटप m. Patron. von विटप.

वैडूष्य n. fehlerhaft für वैडूर्य.

वैडालिक von unbekannter Bedeutung; oder ist etwa वैतालिक gemeint?

वैडव m. Patron. von वीडु.

1. वैडूर्य 1) m. (ausnahmsweise) und n. *Katzenauge (ein best. Edelstein)* Râgan. 13,6. 192. Çiç. 3,45. Am Ende eines Comp. so v. a. *ein Juwel von.* — 2) m. N. pr. eines Berges VP. 2,2,27. Auch °पर्वत m.

2. वैडूर्य Adj. (f. आ) *aus Katzenaugen gemacht.*

वैडूर्यकान्ति 1) Adj. *die Farbe des Katzenauges habend.* — 2) m. N. pr. eines Schwertes.

*वैडूर्यप्रभ m. N. pr. eines Schlangendämons.

वैडूर्यमणि m. = वैडूर्य 1).

वैडूर्यमणिवन्त् Adj. *Katzenaugen enthaltend.*

वैडूर्यमय Adj. (f. ई) *aus Katzenaugen bestehend, — gemacht, dem Katzenauge ähnlich* Bâlar. 173,1.

वैडूर्यशेखर m. N. pr. eines Berges.

वैडूर्यशृङ्ग n. N. pr. einer mythischen Stadt.

वैण 1) m. *Rohrarbeiter.* Im System *eine best. Mischlingskaste* Âpast. — 2) n. Name eines Sâman Ârsh. Br.

वैणव 1) Adj. (f. ई) *a) aus Rohr (Bambusrohr) bestehend, vom B. kommend.* निचया: *Vorräthe von Rohr,* अग्नि *Feuer von Bambusrohr,* यव m. *Bambuskorn* Hemâdri 1,117,1. — *b) aus Körnern des Bambus bereitet.* — *c) von einer Flöte kommend.* — 2) m. *a) Flöte.* — *b)* Patron. — 3) f. ई *a)* angeblich = वीणा Hemâdri 2,a,77,14. 15. — *b)* **Tabaschir* Râgan. 6,187. Bhâvapr. 1,169. — 4) n. *a)* **die Frucht des* Veṇu. — *b)* **eine Art Gold.* — *c)* Name zweier Sâman Ârsh. Br. — *d)* N. pr. α) eines Varsha in Kuçadvîpa. — β) eines heiligen Platzes.

*वैणविक m. *Flötenspieler.*

वैणविन् Adj. *mit einer Flöte versehen.* v. l. वेणविन्.

वैणावत *Bogen.*

वैणिक m. *Lautenspieler* Çiç. 10,64.

वैणु (!) Adj. als Beiw. des Meeres Çâṅkh. Gṛhj. 4,14.

*वैणुक 1) Adj. *a)* = वेणौ साधुः. — *b)* von वेणुकीया. — 2) m. *Flötenspieler.* — 3) n. *ein Bambusstock zum Antreiben des Viehes (Elephanten).*

*वैणुकीय Adj. von वैणुक.

*वैणुकेय m. fehlerhaft für रैणुकेय.

वैणेय m. Pl. *eine best. Schule.*

वैण्य m. fehlerhaft für वैन्य.

वैतंसिक 1) m. *a) Vogelsteller.* — *b)* **Fleischer.* — 2) n. *hinterlistiges Nachstellen, — Fangen.* — Vgl. द्यूत° und धर्म°.

*वैतण्डिक Adj. *mit der Chicane in der Disputation vertraut.*

वैतण्डिन् m. N. pr. eines Ṛshi.

वैतण्ड्य m. N. pr. eines Sohnes des Âpa.

वैतत्य n. *grosser Umfang* Çkas. 1,52.

वैतथ्य n. *Unwahrheit, Falschheit.*

वैतथ्योपनिषद् f. Titel einer Upanishad.

वैतधृत m. Pl. = वैतधृत, वैनभृत AV. Pariç. 49.

*वैतनिक Adj. (f. ई) Subst. *Lohn empfangend, für L. dienend, Söldling.*

वैतरण 1) Adj. (f. ई) *a) der über einen Fluss überzusetzen gedenkt.* — *b) über den Höllenfluss hinübergeleitend* (eine den Brahmanen geschenkte Kuh) Hemâdri 1,473,19. 474,3. — 2) m. oxyt. *a)* Patron. — *b)* N. pr. eines Arztes, eines Sohnes des Çatadhanvan. — 3) f. ई *a) eine den Brahmanen geschenkte Kuh, die über den Höllenfluss hinübergeleitet* Hemâdri 1,473,4. — *b)* N. pr. α) eines heiligen Flusses in Kaliṅga. — β) des Höllenflusses Hemâdri 1,474,2. 5. 10. fgg. Pl. Kâraṇḍ. 12, 17 (deren zehn). — γ) *der Mutter der Râkshasa.

*वैतरणि f. = वैतरण 3) *b)* β).

वैतस 1) Adj. (f. ई) *aus Rohr bestehend* oder *gemacht, ihm eigen.* वैतसी वृत्ति *das Verfahren des Rohres, so v. a. das Sichschmiegen, Sichfügen in die Verhältnisse.* — 2) m. oder n. *ein Korb aus Rohr.* — 3) m. *a)* euphemistische Bez. *des männlichen Gliedes.* — *b)* **Rumex vesicarius.*

*वैतसक Adj. von वेतसकीया.

वैतसेन m. Bein. des Purûravas. Beruht auf dem Missverständniss des Instr. वैतसेन RV. 10, 95,4.

वैतस्त Adj. *von der* Vitastâ *kommend, in ihr enthalten.*

वैतस्तिक Adj. *eine Spanne lang* (Pfeil) R. 6,49,49.

वैतस्त्य Adj. = वैतस्त Vikramâṅkak. 18,39.

वैतहव्य 1) m. Patron. von वीतहव्य Mân. Gṛhj. 2,7 (vgl. Â... Gṛhj. 2,3,3. Pâr. Gṛhj. 2,14,5). Ârsh. Br. 1,190. — 2) n. Name verschiedener Sâman Ârsh. Br.

वैताढ्य m. N. pr. eines Berges.

वैतान 1) Adj. *auf die vertheilten —, auf die drei heiligen Feuer bezüglich, mit diesen vollzogen* u. s. w. — 2) m. *a)* metrisch st. वितान *Traghimmel, Baldachin.* Nach dem Comm. = वितानसमूह.

— b) Patron. v. l. वैतायन. — 3) n. eine mit den drei heiligen Feuern vollzogene Handlung.

वैतानप्रायश्चित्तसूत्र und वैतानसूत्र n. Titel.

वैतानिक Adj. = वैतान 1). द्विज, विप्र ein Brahmane, der die Vorschriften in Betreff der drei heiligen Feuer beobachtet, Hemâdri 1,620,6.

वैतायन m. Patron. v. l. वैतान.

वैताल 1) Adj. (f. ई) zu den Vetâla in Beziehung stehend, sie betreffend. वैताली सुन्दरी ein best. Metrum. — 2) m. = वेताल Ind. St. 15,211.277.278.

वैतालकि m. N. pr. eines Lehrers VP. 3,4,24.

वैतालपुर n. N. pr. einer Stadt Ind. St. 15,422. v. l. वे°.

वैतालिक 1) m. a) Barde, Lobsänger eines Fürsten (sein Beruf ist es auch, die Tageszeiten anzugeben). °व्रत n. Beruf —, Pflicht eines V. Bâlar. 179,4. — b) * = खेडुताल H. an. 4,35 bei Zach. Beitr. — 2) Adj. °कानां (sic) विद्यानां ज्ञानम् Bez. einer der 64 Künste.

*वैतालिकर्णि m. und *°कन्थ n. Kâç. zu P. 6, 2,125.

वैतालिन् m. N. pr. eines Wesens im Gefolge Skanda's.

वैतालीय 1) Adj. zu den Vetâla in Beziehung stehend, sie betreffend. — 2) n. ein best. Metrum. Vgl. Ind. St. 16,261. fg.

*वैतुल m. und *°कन्थ n. gaṇa चिहणादि.

वैतुष्य n. das Enthülstsein Comm. zu Âpast. Çr. 1,19,11.

वैतृष्ण्य n. 1) Befreiung von Durst, Stillung des Durstes. — 2) das Freisein von einem Begehren, Stillung des Verlangens, Gleichgültigkeit gegen (im Comp. vorangehend).

वैत्तपाल्य Adj. zu Kubera in Beziehung stehend, ihn betreffend.

*वैत्रक Adj. von वेत्रकीया.

वैत्रकोपवन n. N. pr. einer Oertlichkeit MBh. 3,11,31. v. l. वेत्र°.

वैत्रासुर m. N. pr. eines Asura.

वैद s. बैद.

वैदग्ध n. wohl nur fehlerhaft für वैदग्ध्य. वैदग्धी s. bes.

*वैदग्धक Adj. von विदग्ध.

वैदग्धी f. 1) = वैदग्ध्य Bâlar. 68,20. Hem. Par. 2,487. — 2) Pracht, Schönheit Çiç. 4,26.

वैदग्ध्य n. (adj. Comp. f. आ) Scharfsinn, Gewandtheit des Geistes, Klugheit, Erfahrenheit, Pfiffigkeit, — in (Loc. oder im Comp. vorangehend).

वैदग्ध्यवन्त् Adj. gewandt, erfahren, klug Prasannar. 7,16. Vikramâṅkak. 10,49.

*वैदत Adj. kenntnissreich.

वैदथिनँ m. Patron. von विदथिन्.

वैँदद्श्वि m. Patron. von विदद्श्व Ârsh. Br.

वैदन्वत (!) n. Name eines Sâman.

वैदन्वत n. Name verschiedener Sâman Ârsh. Br.

वैँदभृतीपुत्र m. N. pr. eines Lehrers.

*वैदभृत्य m. Patron. von विदभृत्.

वैदम्भ m. Bein. Çiva's.

वैदर्भ 1) Adj. (f. ई) zu den Vidarbha in Beziehung stehend, ihnen zukommend u. s. w. — 2) m. a) ein Fürst der Vidarbha. — b) Pl. oder am Anfange eines Comp. = विदर्भ (das Volk dieses Namens). — c) * eine best. Beschädigung der Zähne Bhâvapr. 6,139. — 3) f. ई a) eine Fürstin der Vidarbha. — b) fliessende, wohlklingende und einfache Diction Kâvjapr. 9,4. — 4) * n. a) die Hauptstadt der Vidarbha, = कुण्डिन Gal. — b) eine zweideutige Redeweise.

वैदर्भक 1) Adj. zu den Vidarbha in Beziehung stehend. राजन् ein Fürst der V. — 2) m. ein Angehöriger der Vidarbha.

वैदर्भि m. Patron. von विदर्भ.

वैदर्व्य m. Patron.

वैदल 1) Adj. aus gespaltenem Bambusrohr gemacht. — 2) m. a) Hülsenfrucht. — b) ein best. giftiges Insect, Wurm u. s. w. — c) * eine Art Backwerk. — 3) n. Korb oder dgl.

वैदलिक Adj. zu den Hülsenfrüchten gehörig.

*वैदल्य Titel eines Werkes.

वैदान्तिक m. ein Kenner des Vedânta Ind. St. 15,293 (वे° Hdschr.).

*वैदायन m. Patron. s. बैदायन Nachtr. 6.

*वैदारिक Adj. als Bez. einer Species von Fieber Bhâvapr. 3,76.

वैदार्व und वैदार्व्य m. v. l. st. वैदर्व्य.

*वैदि m. Patron. s. बैदि Nachtr. 6.

वैदिक 1) Adj. (f. ई) vedisch, den Veda betreffend, dem V. eigenthümlich, im V. vorgeschrieben, mit dem V. übereinstimmend, im V. bekannt, mit dem V. vertraut. — 2) n. a) eine Stelle aus dem Veda. — b) eine vedische Vorschrift. — c) वैदिकेषु so v. a. वेदे im Veda. — सवैदिक MBh. 8,4712 fehlerhaft für सवेदिक.

वैदिकच्छन्दःप्रकाश m., वैदिकधर्मनिरूपण n., वैदिकप्रक्रिया f., वैदिकसुबोधिनी f., वैदिकाचारनिर्णय m. und वैदिकाभरण n. Titel von Werken Opp. Cat. 1.

वैदिश 1) m. a) ein Fürst von Vidiçâ. — b) Pl. die Bewohner von Vidiçâ. — 2) n. N. pr. einer an der Vidiçâ gelegenen Stadt VP. 3,18,65. — Auch °पुर n.

वैदुरिक n. ein Ausspruch Vidura's.

वैडुर्य fehlerhaft für वैडूर्य (वैडूर्य).

वैदुल Adj. von dem Vidula genannten Calamus kommend.

*वैदुष Adj. kenntnissreich, gelehrt.

वैदुष्य n. Gelehrsamkeit.

वैदूरपति m. Pl. N. pr. einer Dynastie.

वैदूर्य häufige, aber fehlerhafte Schreibart für वैडूर्य.

वैदेशिक Adj. (f. ई) Subst. aus der Fremde gekommen, Fremdling Bâlar. 14,18. Uttamak. 209. 222. Comm. zu Tâṇḍja-Br. 20,13,10. °निवासिनस् Pl. fremde und eingeborene. Nom. abstr. °त्व n. Bâlar. 161,18.

वैदेश्य 1) Adj. dass. — 2) n. locales Getrenntsein Comm. zu Çâṅkh. Çr. 13,24,15.

वैदेह 1) वैदेहँ (f. ई) im Lande der Videha lebend, von dorther kommend (Stiere und Kühe) Maitr. S. 2,5,3 (50,11). Nach dem Comm. zu TS. von schönem Körperbau. — 2) m. a) वैदेहँ ein Fürst der Videha. Auch वैदेहो राजा. — b) Pl. = विदेह (als Name eines Volkes). — c) eine best. Mischlingskaste, der Sohn eines Çûdra von einer Vaiçjâ (Gaut. Çâçvata 346), oder der Sohn eines Vaiçja von einer Brahmanin (M.); seine Beschäftigung ist der Handel; daher auch so v. a. Kaufmann. — 3) f. वैदेही a) वैदेहीँ eine Kuh aus dem Lande der Videha Kâṭh. 13,4. Maitr. S. 2,5,3 (50, 10). — b) eine Fürstin der Videha, insbes. Bein. der Sîtâ. — c) f. zu 2) c). — d) Piper longum; vgl. वैदेहीमय. — e) * Gallenstein des Rindes.

वैदेहक 1) zu den Videha in Beziehung stehend u. s. w. — 2) m. a) Pl. = विदेह, वैदेह (als Name eines Volkes). — b) = वैदेह 2) c) Gaut. Wird als Sohn eines Çûdra von einer Brahmanin erklärt. In der Bed. Kaufmann Harshak. 69,2. — c) * N. pr. eines Berges.

*वैदेहि m. Patron. von विदेह.

वैदेहिक m. = वैदेह 2) c). Nach Kull. Kaufmann.

वैदेहीबन्धु m. Freund —, Gatte der Vaidehî (Sîtâ), d. i. Râma.

वैदेहीमय Adj. (f. ई) ganz mit Sîtâ beschäftigt und zugleich aus Piper longum bestehend Vâsav. 245,2.

वैद्य 1) Adj. a) mit der Wissenschaft vertraut, sein Fach kennend, gelehrt Gaut. — b) fehlerhaft für वैद्य. — 2) m. a) Arzt (gilt als Mischlingskaste). — b) * Gendarussa vulgaris. — c) N. pr. fehlerhaft für रैभ्य. — 3) * f. आ eine best. Heilpflanze. — 4) * f. ई die Frau eines Arztes.

वैद्यक 1) m. *Arzt.* — 2) n. *Heilkunde* Râǵan. 13,221.

वैद्यकप्रयोगामृत n., वैद्यकसर्वस्व n. und वैद्यकसारसंग्रह m. Titel von Werken.

वैद्यकान्त N. pr. eines Mannes (m.) oder Titel eines Werkes.

वैद्यगदाधर m. N. pr. eines Dichters Z. d. d. m. G. 36,557.

वैद्यचिन्तामणि m. 1) N. pr. eines Autors. — 2) Titel eines Werkes Opp. Cat. 1.

वैद्यजीवदास m. N. pr. eines Dichters Z. d. d. m. G. 36,557.

वैद्यजीवन n. (m. Burnell, T.) Titel eines Werkes.

वैद्यदर्पण m. Titel eines medic. Werkes.

वैद्यधन्य m. N. pr. eines Dichters Z. d. d. m. G. 36,557.

वैद्यनयबोधिका f. Titel eines Werkes Opp. Cat. 1.

वैद्यनरसिंहसेन m. N. pr. eines Scholiasten.

वैद्यनाथ 1) m. a) *ein Meister von Arzt* Spr. 7623. — b) *eine Form* Çiva's — c) N. pr. verschiedener Männer. Auch °भट्ट und °सूरि. — 2) n. Name eines Liṅga und des umliegenden Gebietes.

वैद्यनाथतीर्थ n. N. pr. eines Tîrtha.

वैद्यनाथदीक्षित m. N. pr. eines Autors Burnell, T.

वैद्यनाथदीक्षितीय n. und °नाथभट्ट Titel von Werken Opp. Cat. 1.

वैद्यनाथमाहात्म्य n. Titel.

वैद्यनाथीय Titel eines Werkes Opp. Cat. 1.

वैद्यनाथेश्वर n. Name eines Liṅga.

वैद्यनिघण्टु m. Titel eines Werkes Opp. Cat. 1.

*वैद्यबन्धु m. *Cathartocarpus (Cassia) fistula.*

वैद्यभूषण n., वैद्यमनोरमा f. (Opp. Cat. 1) und वैद्यमहोदधि m. Titel von Werken.

*वैद्यमातृ f. *Gendarussa vulgaris.*

वैद्यमानिन् Adj. *sich für einen Arzt haltend, — ausgebend* Karaka 1,16.

वैद्यमालिका f. und वैद्ययोग m. Titel von Werken Opp. Cat. 1.

वैद्यरत्न (wohl n.) N. pr. eines Mannes.

वैद्यरसमञ्जरी f. und वैद्यरसायन n. Titel von Werken Opp. Cat. 1.

वैद्यराज् m. Bez. Dhanvantari's, übertragen auf Vishṇu.

वैद्यराज m. 1) Bez. Dhanvantari's. — 2) N. pr. des Vaters von Çârṅgadhara.

वैद्यवल्लभ m. Titel eines Werkes.

वैद्यवाचस्पति m. N. pr. eines *Arztes.*

वैद्यविद्या f. *Heilkunde, ein Lehrbuch der H.* Spr. 7862.

वैद्यविनोद m. und वैद्यविलास m. Titel von Werken Opp. Cat. 1.

वैद्यशास्त्र n. *ein Lehrbuch für Aerzte, Heilmittellehre.*

वैद्यसंग्रह m., वैद्यसंदेहभञ्जन n., वैद्यसर्वस्व n. und वैद्यसारसंग्रह m. (Opp. Cat. 1) Titel von Werken.

*वैद्यसिंही f. *Gendarussa vulgaris.*

वैद्यसिक MBh. 14,2852 fehlerhaft für वैघसिक.

वैद्याधर Adj. (f. ई) *den* Vidjâdhara *eigen, zu ihnen in Beziehung stehend.*

वैद्यानि m. Patron.

वैद्याप्, °यते *zum Arzte werden* Kulârṇava 9,59.

वैद्यावतंस m. Titel eines Werkes Burnell, T.

वैद्युत 1) Adj. *dem Blitz zugehörig, von ihm kommend; blitzend, blitzhell, flimmernd* Harshaḱ. 92, 22. शिखिन् m. *Blitzfeuer* Vikramâṅkaḱ. 14, 24. °कृशानु m. dass. 25. — 2) m. N. pr. a) eines Sohnes des Vapushmant. — b) Pl. einer Schule. — c) eines Berges. — 3) (wohl n.) *Blitzfeuer.* — 4) n. N. pr. des von 2) a) beherrschten Varsha VP. 2,4,22. 23.

वैद्युद्वती f. Bez. von AV. 7,31. 34. 59. 108.

वैद्रुम Adj. *aus Korallen gemacht, — bestehend* Çiç. 18,36.

वैध Adj. (f. ई) *vorgeschrieben, ausdrücklich angeordnet* Naish. 8,20. Nom. abstr. °त्व n. Comm. zu Njâjam. 1,1,2.

वैधर्मिक Adj. *ungesetzlich* MBh. ed. Vardh. 7, 193,10. v. l. विधर्मक und विधर्मिक.

वैधर्म्य n. 1) *Ungesetzlichkeit, Ungerechtigkeit.* — 2) *Ungleichartigkeit* 252,23.

वैधर्म्यसम m. im Njâja *eine auf den Grund der Ungleichartigkeit sich stützende falsche Argumentation* Njâjas. 5,1,1. 2.

वैधव m. Patron. Budha's.

वैधवेय m. *ein von einer Wittwe geborener Sohn.*

वैधव्य n. *Wittwenstand.* °वेणी f. *Wittwenflechte* Harshaḱ. 140,12.

वैधस 1) Adj. (f. ई) a) *vom Schicksal herrührend.* — b) *von* Brahman *verfasst.* — 2) m. Patron. Hariçkandra's.

*वैधातकि (!) m. = वैधात्र.

वैधात्र 1) Adj. (f. ई) *von* Brahman —, *vom Schicksal herrührend.* — 2) *m. Patron. Sanatkumâra's. — 3) *f. ई *eine best. Pflanze,* = ब्राह्मी Râǵan. 5,62.

वैधारय m. Patron. Ârsh. Br.

वैधुरी f. *Widerwärtigkeit.* विधि° *des Schicksals* Prasannar. 120,17.

वैधुर्य n. 1) *das Alleinstehen, Verwaistsein.* — 2) *das Fehlen, Mangeln, Nichtdasein.* Acc. mit वि-धा so v. a. *entfernen* Bâlar. 190,9 = 294,14. — 3) *eine verzweifelte Lage.*

*वैधूमाग्नी f. N. pr. einer Stadt der Çâlva.

वैधृत 1) m. a) *ein best.* Joga *und zwar ein* Pâta, *wenn nämlich Sonne und Mond bei gleicher Declination in demselben* Ajana (Uttarâjaṇa oder Dakshinâjaṇa) *stehen und wenn die Summe ihrer Länge 360° beträgt* Varâh. Jogaj. 5,9. — b) N. pr. Indra's im 11ten Manvantara. — 2) f. आ N. pr. der Gattin Ârjaka's und Mutter Dharmasetu's. — 3) n. mit वासिष्ठ Name eines Sâman. °वासिष्ठ n. desgl.

वैधृति 1) f. = वैधृत 1) a) Hemâdri 1,76,9. — 2) m. N. pr. a) = वैधृत 1) b). — b) Pl. einer Gruppe von Göttern.

वैधृतिजननशान्ति f. und वैधृतिशान्ति f. Titel Burnell, T.

वैधृत्य = वैधृत 1) a).

वैधेय 1) Adj. Subst. *dumm, einfältig; Dummkopf* Harshaḱ. 146,11 (384,4). 191,18. 201,23. — 2) m. N. pr. a) eines Schülers des Jâǵnavalkja. — b) Pl. einer Schule des weissen Jaǵus Ârjav. 46,14.

*वैध्यत m. N. pr. des Thürstehers von Jama.

वैनि m. Patron. Pṛthi's.

वैनंशिनि m. Patron.

*वैनतीय Adj. von विनत.

वैनतेय 1) m. a) Metron. von Vinatâ Maitr. S. 2,9,1 (120,14). Auch Pl. Als Sg. insbes. Bez. Garuḍa's (Suparn. 1,2. 5,1. 2) und Aruṇa's. — b) N. pr. α) eines Sohnes des Garuḍa. — β) eines Dichters Z. d. d. m. G. 36,557. — γ) Pl. einer Schule. — 2) *f. वैनतेयी f. zu 1) a).

वैनत्य n. *demüthiges Benehmen.*

वैनद 1) *Adj. von विनद. — 2) f. ई N. pr. eines Flusses. v. l. विनदी.

वैनधृत m. Pl. = वैनभृत 2) Ârjav. 47,12. Vgl. वैतधृत.

वैनभृत m. 1) Patron. — 2) Pl. *eine best. Schule des* Sâmaveda. Vgl. वैतधृत und वैनधृत.

वैनयिक Adj. (f. ई) 1) *gutem —, gesittetem Benehmen entsprechend.* वैनयिकीनां (schlechte v. l. वैनयिकानां) विद्यानां ज्ञानम् unter den 64 Künsten. — 2) *zu kriegerischen Uebungen dienend.*

वैनव n. Name eines Sâman Ârsh. Br.

वैनहोत्र m. N. pr. eines Fürsten VP. 4,8,9.

वैनायक 1) Adj. (f. ई) Gaṇeça *gehörend, von ihm kommend u. s. w.* Sâmav. Br. 1,4,18. Agni-P. 31,30. Çiç. 1,60. — 2) m. Pl. Bez. *einer best. Klasse von Dämonen,* = विनायक 1) c).

*वैनायिक m. *ein Buddhist.* Richtig वैनाशिक.

वैनाश n. = वैनाशिक 3) Varâh. Jogaj. 9,10.

वैनाशिक 1) Adj. a) *vergänglich. — b) an eine vollständige Vernichtung glaubend. — c) Verderben bringend. — d) *abhängig. — 2) a) ein Buddhist. °तन्त्र n. und °समय n. die Lehre —, das System der Buddhisten Çaṁk. zu Bâdar. 2,2,32. — b) *Astrolog (!). — c) *Spinne. — 3) n. das 25ste Mondhaus vom Geburtsmondhause Varâh. Jogaj. 9,1.17.

*वैनीतक m. n. eine Sänfte u. s. w. mit abwechselnden Trägern.

वैनेय 1) Adj. zu unterweisen, zur wahren Religion zu bekehren; m. ein Katechumene Kâraṇḍ. 21,22. fgg. 35,17. — 2) m. Pl. eine best. Schule des weissen Jagus Ârjav. 46,14.

वैन्ध्य Adj. zum Vindhja gehörig.

वैन्य, वैनिन्य m. Patron. von वेन. Auch Pl.

वैन्यदत्त m. N. pr. eines Mannes.

वैन्यस्वामिन् m. Name eines Heiligthums.

*वैत्र n. Nom. abstr. von वि Vogel + नर् Mann.

वैपश्चिमिक und वैपश्चिक m. Zeichendeuter Lalit. 224,22. 280,21.

*वैपथक Adj. von विपथ.

वैपरीत्य 1) n. umgekehrtes Verhältniss, Gegentheil. — 2) *m. f. (आ) eine Art Mimose Râgan. 5,107.

वैपश्चित m. Patron. des Târkshja.

वैपश्यत 1) Adj. (f. ई) einem Weisen eigen Harshak. 30,24. — 2) m. वैपश्यत Patron. des Târkshja.

*वैपात्य n. Nom. abstr. von विपात.

वैपादिक 1) *Adj. mit Blasen u. s. w. an den Füssen behaftet. — 2) f. (आ) und n. (Kâraka 6,7) = विपादिका 1).

*वैपार्श्व m. f.

*वैपाश m. Metron. von विपाश्.

*वैपाशक Adj. von विपाश.

*वैपाशायन m. Pl. Metron. von विपाश्.

*वैपाशायन्य m. Metron. von विपाश्.

वैपुल्य 1) n. a) Dicke, Breite, grosser Umfang, Ausbreitung Kâraṇḍ. 61,20. 21. 72,10. Comm. zu Çiç. 13,10. 17,47. — b) ein Sûtra von grossem Umfange (buddh.). Vollständig °सूत्र n. — 2) m. N. pr. eines Berges.

वैपोताख्य n. eine Art Tanz S. S. S. 270.

*वैप्रकर्षिक Adj. von विप्रकर्ष.

*वैप्रचिति Adj. von विप्रचित.

वैप्रचित्त m. Patron. von विप्रचित्ति.

*वैप्रयोगिक Adj. von विप्रयोग.

*वैप्रश्निक Adj. von विप्रश्न.

वैप्रुष Adj. an die Soma-Tropfen gerichtet (होम) Vaitân. 16,17. Âpast. Çr. 12,16,5.

वैप्लव m. ein best. Monat, = Çrâvaṇa Hemâdri 1,64,13. 14.

वैफल्य n. 1) Erfolglosigkeit, Nutzlosigkeit, Vergeblichkeit Spr. 7662. — 2) Unvermögen zu helfen.

वैबाध m. Sohn des Sprengers, so v. a. Sprenger; Bein. des Açvattha AV.

वैबाधप्रणुत्त Adj. vom Açvattha fortgestossen.

वैबुध Adj. (f. ई) den Göttern eigen, göttlich Çiç. 18,63. Alaṁkârat. 1,b.

वैबोधिक m. = वैतालिक 1) Kir. 9,74.

वैभक्त Adj. zu einer Casusendung gehörend.

*वैभग्नक Adj. von विभग्न.

वैभण्डि (!) m. Patron.

वैभव n. (adj. Comp. f. आ) 1) Macht, Wirksamkeit Ind. St. 15,292. 294. 355. — 2) hohe Stellung. — 3) Herrlichkeit, Pracht.

वैभवप्रकाशिका f. Titel eines Werkes Opp. Cat. 1.

वैभविक in शक्ति°.

वैभाजन Adj. von vielen Strassen durchschnitten (nach dem Comm.).

*वैभाजित्र Adj. = विभाजयितुर्धर्म्यम्.

*वैभाज्यवादिन् Adj. fehlerhaft für विभज्य°.

वैभाण्डकि m. Patron. Ṛçjaçṛṅga's.

वैभातिक Adj. matutinus Vṛshabh. 24.

वैभार m., °गिरि m. und °पर्वत m. N. pr. eines Berges Hem. Par. 2,18. 28. 29. 6,16. Vgl. वैहार.

वैभाषिक 1) Adj. freigestellt, facultativ. — 2) m. ein Anhänger der Vibhâshâ, Bez. einer best. buddhistischen Schule.

*वैभाष्य n. = विभाषा 4).

वैभीत (Kâraka 6,6), वैभीतक (Âpast.) und वैभीदक Adj. von der Terminalia Bellerica kommend, daraus verfertigt.

वैभीषण Adj. von Vibhîshaṇa kommend, zu ihm in Beziehung stehend.

*वैभुजाग्रक Adj. Kâç. zu P. 4,2,126.

*वैभूतिक Adj. von विभूति.

वैभूवस m. Patron. des Trita.

वैभोज m. Pl. angeblich N. pr. eines Volkes nach Hall in VP.² 4,119. Es ist aber MBh. 1,85,34 वै भोजाः zu trennen.

वैभ्राज 1) m. a) Patron. Vishvaksena's. — b) N. pr. α) einer Welt. Auch Pl. — β) eines Berges VP. 2,4,7. — 2) n. N. pr. a) eines Götterhaines. — b) eines Teiches im Hain Vaibhrâga.

वैभ्राजक n. = वैभ्राज 2) a).

*वैम Adj. von वेमन्.

*वैमतायन von विमत. Davon *Adj. °क.

*वैमत्तायन von विमत्त. Davon *Adj. °क.

वैमत्य 1) *m. Patron. — 2) n. Meinungsverschiedenheit.

वैमद Adj. (f. ई) zu Vimada in Beziehung stehend, von ihm stammend.

*वैमन Adj. von वेमन्.

वैमनस्य n. Entmuthigung, Niedergeschlagenheit, Gefühl der Unlust, — des Missvergnügens. Auch Pl.

*वैमन्य Adj. von वेमन्.

वैमल्य n. Fleckenlosigkeit, Reinheit, Reinlichkeit (Kâraka 1,8), Klarheit (auch in übertr. Bed.), Lauterkeit (auch in übertr. Bed.) Hemâdri 1,34,17. Comm. zu Çiç. 8,28.

वैमात्र 1) Adj. a) von einer anderen Mutter stammend. °भ्रातर् m. Stiefbruder. — b) verschiedenartig. Nom. abstr. °ता f. Text zu Lot. de la b. l. 76. — 2) *wohl n. a) etwa Gradation. — b) eine best. hohe Zahl (buddh.).

वैमात्रक m. Stiefbruder Mahâvîrak. 119,22.

वैमात्रेय Adj. = वैमात्र 1) Pat. zu P. 4,1,120. m. Stiefbruder Comm. zu R. ed. Bomb. 1,1,49.

वैमानिक 1) Adj. (f. ई) a) in dem विमान genannten palastähnlichen Wagen der Götter fahrend. — b) die Götter betreffend. °सर्ग m. so v. a. die Schöpfung der Götter. Ist Adj. zu 2). — 2) m. Bez. best. himmlischer Wesen und ein Gott überh. Nom. abstr. °त्व n. Bâlar. 204,14. *Bei den Gaina zerfällt diese Götterklasse in Kalpabhava und Kalpâtîta. — 3) wohl n. N. pr. eines Tîrtha.

वैमित्रा f. N. pr. einer der 7 Mütter Skanda's.

*वैमुक्त Adj. das Wort विमुक्त enthaltend.

वैमुख्य n. Abneigung, das Nichtswissenwollen von Jmd oder Etwas, Widerwille; die Ergänzung im Loc. oder im Comp. vorangehend.

वैमूल्य n. Verschiedenheit des Preises.

वैमृध 1) Adj. (f. ई) dem Indra Vimṛdh geweiht u. s. w. — 2) m. als Bein. Indra's = विमृध.

वैमृध्य Adj. = वैमृध 1).

*वैमेय m. Tausch.

वैम्य m. Patron. Auch Pl.

°वैयग्र्य n. das Beschäftigtsein mit, Obliegen.

वैयधिकरण्य n. 1) Nichtübereinstimmung im Casus. — 2) das verschiedenen Subjecten Zukommen Comm. zu Kap. 6,53 und zu Njâjas. 2,2,38.

वैयमक m. Pl. N. pr. eines Volkes.

वैयर्थ्य n. Nutzlosigkeit.

*वैयल्कश Adj. von व्यल्कश.

वैयवहारिक Adj. herkömmlich, gewöhnlich, alltäglich Veṇîs. 17,8. Nach den Grammatikern व्यावहारिक richtig.

वैयशन (eher वैयशन oder वैयशन) m. in einer Formel Maitr. S. 1,11,3 (164,1. 2). Andere Texte

व्यशन, व्यंश्निय und व्यश्नुविन्.

वैयश्व 1) m. Patron. des Viçvamanas. — 2) n. Name verschiedener Sâman Ârsh. Br.

*वैयश्चि m. Patron. von व्यश्च.

*वैयसन Adj. von व्यसन.

वैयाकरण m. *Grammatiker* 241,32. *°खसूचि *der als Grammatiker mit der Nadel in die Luft sticht*, so v. a. *schlecht beschlagen in der Grammatik*; *°हस्तिन् *ein einem Grammatiker als Lohn geschenkter Elephant*; *°भार्य Adj. *der eine Grammatikerin zur Frau hat*.

वैयाकरणभूषण n., °सार, वैयाकरणमञ्जूषा f. (Opp. Cat. 1), वैयाकरणसर्वस्व n. (ebend.), वैयाकरणसिद्धान्तमञ्जूषा f. und °सिद्धान्तरत्नाकर m. (Burnell, T.) Titel von Werken.

*वैयाकृत Adj. = व्याकृत.

वैयाख्य = व्याख्या. स° Adj. *mit einer Erklärung versehen*.

वैयाघ्र 1) Adj. *a) vom Tiger kommend, aus Tigerfell gemacht, mit T. bezogen, in ein T. gehüllt*. — *b) von* Vjâghra *herrührend* (धर्माः). — 2) n. *Tigerfell*.

वैयाघ्रपदी 1) Adj. f. *zu* Vjâghrapad *in Beziehung stehend*. — 2) f. Patron. °पुत्र m. N. pr. eines Lehrers.

वैयाघ्रपद्य 1) Adj. *von* Vjâghrapad *herrührend*. — 2) m. Patron. von व्याघ्रपद्. Auch Pl.

वैयाघ्रपाद m. MBh. 13,634 fehlerhaft für वैयाघ्रपद्य.

वैयाघ्र्य Adj. *tigerähnlich* (श्वासन).

*वैयात Adj. = वियात.

वैयात्य n. *Dreistigkeit, Unverschämtheit* Mahâvîrak. 18,16. Vâsav. 51,3.

*वैयापद Adj. von व्यापद्.

*वैयापृत्यकर Adj. = भोगिन् Çâçvata 105. Vgl. वैयावृत्तिकर und वैयावृत्त्यकर.

वैयावृत्ति Hem. Jogaç. 4,89 fehlerhaft für वैयावृत्त्य.

*वैयावृत्तिकर Adj. = भोगिन्. v. l. वैयावृत्त्यकर Zach. Beitr. 84.

वैयावृत्त्य 1) n. *Auftrag, eine auferlegte und in keinem Fall zu unterbrechende Beschäftigung* Kalpas. 122, N. 20. Hem. Jogaç. 4,89 (Hdschrr. und Comm. वैयावत्त्यम्. — 2) Adj. = वैयावृत्त्यकर Kalpas. 122, N. 20. — Die richtige Form wäre वैयापृत्य.

वैयावृत्त्यकर 1) Adj. *der einen Auftrag auszuführen hat* H. an. 2,278, v. l. (Zach. Beitr. 84). Kalpas. 122, N. 20. Nârada (a.) 2,1,10. — 2) *m. *ein geistlicher Diener* (buddh.).

वैयावृत्य n. und °कर Adj. fehlerhaft für वैयावृत्त्य und °कर.

वैयास Adj. *von* Vjâsa *herrührend*.

वैयासकि m. Patron. von व्यास.

*वैयासव n. Nom. abstr. von व्यसु.

वैयासि m. Patron. von व्यास.

वैयासिक Adj. (f. ई) *von* Vjâsa *herrührend, von ihm verfasst* u. s. w. °मत n. Comm. zu TBr. 3,591,8.

वैयासिकसूत्रोपन्यास m. Titel eines Werkes Opp. Cat. 1.

वैयास्क m. N. pr. eines Lehrers. Es könnte auch वै यास्कः getrennt werden.

*वैयुष्ट Adj. von व्युष्ट.

वैय्य° ungenaue Schreibart für वैय°.

वैर 1) Adj. *feindlich, rächerisch*. — 2) n. (adj. Comp. f. श्रा) *a) Feindschaft, Feindseligkeit, Fehde*, — *mit* (Instr., Instr. mit सह oder सार्धम्, oder im Comp. vorangehend). Häufig Pl., ausnahmsweise (aber verdächtig) auch m. — *b) Feindesschaar* Çiç. 19,100.

वैरक am Ende eines adj. Comp. = वैर 2) *a*).

वैरकर Adj. *Feindschaft bewirkend*, — *hervorrufend*.

वैरकरण n. *das Bewirken —, Erregen von Feindschaft*.

*वैरकार Adj. = वैरकर.

वैरकारक Adj. (f. °रिका) dass.

वैरकारिन् Adj. *Streit beginnend*. Nom. abstr. °रिता f. *Streitsucht*.

*वैरकि m. Patron. von वीरक.

वैरकृत् Adj. *streitsüchtig, zänkisch, feindselig*.

*वैरक्त n. und वैरक्त्य n. *das Erkalten* (gegen eine Person), *Abholdwerden*.

वैरंकार Adj. *anfeindend*, mit Gen.

वैराङ्गिक Adj. *frei von aller Leidenschaft, der Allem entsagt hat*.

वैरट m. N. pr. eines Fürsten.

वैरट्टी f. N. pr. eines Frauenzimmers.

*वैरणक Adj. von वीरण.

वैरणी f. Patron. von वीरण.

वैरण्डेय m. Patron.

वैरत m. Pl. N. pr. eines Volkes.

वैरता f. = वैर 2) *a*).

वैरत्य n. Nom. abstr. von विरत. Kathâs. 60, 145 fehlerhaft für वैरत्त्य.

वैरत्व n. = वैर 2) *a*).

वैरथ N. pr. 1) m. eines Sohnes des Ģjotishmant VP.[2] 2,195. — 2) n. des von diesem beherrschten Varsha ebend.

वैरदेय n. *Feindschaft, Rache* oder *Strafe*. Vgl. वीरदेय.

वैरनिर्यातन n. *Vergeltung von Feindseligkeiten, Rache* Hariv. 10331. Pańkat. 89,19.

वैरत्ती f. N. pr. einer Stadt Hakshak. (ed. Bomb.) 425,2. v. l. वैरन्त्य.

वैरन्त्य m. N. pr. eines Fürsten. Vgl. u. वैरत्ती.

वैरपुरुष m. *ein feindselig gesinnter Mann, Feind*.

*वैरप्रतिक्रिया f. *Vergeltung von Feindseligkeiten, Rache*.

वैरभाव m. *Feindseligkeit*.

वैरमण n. *Beendigung des* Veda-*Studiums* Âpast. 1,10,2 (वैरमणे zu lesen).

°वैरमण्य n. *das Sichenthalten, Abstehen von* Lalit. 536,6. वैरम्मन्य gedr.

वैरयातना f. 1) *Vergeltung von Feindseligkeiten, Rache* MBh. 12,139,18. Hariv. 11232. Pańkat. 111, 9. 188,3. — 2) *Sühne*; nach dem Comm. °यातन n.

वैरल्य n. *geringe Anzahl, Geringigkeit*.

वैरवत्त् Adj. *feindselig, in Feindschaft lebend*.

वैरविशुद्धि f. *Vergeltung von Feindseligkeiten, Rache*.

वैरव्रत n. *geschworene Feindschaft* Bâlar. 71,6.

*वैरशुद्धि f. dass.

वैरस n. *Widerwille, Ekel*.

वैरसेनि m. Patron. Nala's Naish. 8,46.

वैरस्य n. 1) *das Schlechtschmecken*. — 2) *das Widerstehen* (in ästhetischem Sinne). — 3) *das keinen Geschmack Haben an, Widerwille, Ekel* (die Ergänzung im Gen., Loc. oder im Comp. vorangehend) Mahâvîrak. 27,5. Ind. St. 15,272. Kampaka 41.

वैरहत्य n. *Männermord*.

*वैरागिक Adj. = वैराङ्गिक.

वैरागिन् Adj. dass.

वैरागी f. *eine best.* Râgiṇî S. S. S. 55.

वैराग्य n. 1) *das Sichentfärben, Bleichwerden*. — 2) *Gleichgültigkeit aus Ueberdruss, Abneigung, Widerwille* (gegen Personen oder Sachen); die Ergänzung im Loc., Abl. oder im Comp. vorangehend. Ohne Ergänzung *Gleichgültigkeit gegen die Welt, Lebensüberdruss*.

वैराग्यता f. *Widerwille gegen* (प्रति).

वैराग्यशतक n. Titel der dritten Centurie in den Sprüchen Bhartṛhari's.

वैराज 1) Adj. *a) von* Virâǵ *kommend*, — *stammend* u. s. w. — *b) zum Metrum* Virâǵ *gehörig* u. s. w., *der V. analog*, d. h. *aus Zehn bestehend, zehnsilbig* u. s. w. — *c) das* Sâman Vairâǵa *betreffend*, — *enthaltend*. — 2) m. *a)* Patron. Purusha's, Manu's oder der Manu. — *b)* Pl. Bez. *bestimmter Manen*. — *c)* Name des 27sten Kalpa 2) *h*). — *d)* Name bestimmter Welten. — *e)* N. pr. des Vaters von Agita. — 3) n. Name verschiedener Sâman Ârsh. Br.

वैराजक m. Name des 19ten Kalpa 2) *h*).

वैराजगर्भ Adj. *das* Sâman Vairâga *in sich enthaltend* Çâṅkh. Çr. 15,7,2.

वैराजपृष्ठ Adj. *das* Sâman Vairâga *zum* Pṛshṭha 4) *habend*.

वैराज्य n. *ausgebreitete Herrschaft*.

वैराट 1) Adj. *zu* Virâṭa (Fürsten der Matsja) *in Beziehung stehend, von ihm handelnd, ihm gehörig*. — 2) m. *a*) Patron. von विराट. — *b*) **eine Art Edelstein*. — *c*) **Coccinelle, ein rother Käfer*. — *d*) *eine best. Farbe* oder *ein Object von bestimmter Farbe*. — *e*) N. pr. eines Landes. — 3) f. ई Patron. von विराट.

वैराटक n. *eine best. giftige Knolle*.

वैराटि m. Patron. von विराट.

*वैराड्या f. schlechte Lesart für वैरोड्या.

*वैराणक gaṇa उत्करादि. Davon *Adj. वैराणकीय.

*वैरातङ्क m. *Terminalia Arunja*. Richtig वैरात्तक.

*वैराधय्य n. Nom. abstr. von विराधय.

1. वैरानुबन्ध m. *anhaltende Feindschaft*.

2. वैरानुबन्ध Adj. *beständig anfeindend*.

वैरानुबन्धिन् Adj. *Feindschaft nach sich ziehend*. Nom. abstr. °न्धिता f.

*वैरात्तक m. *Terminalia Arunja* Râǵan. 9,121.

वैरान m. Pl. N. pr. eines Volkes. वै könnte auch Partikel sein.

वैरामती f. N. pr. einer Stadt VP.² 2,200. v. l. वैरावती.

वैराय्, °यते *Feindseligkeiten beginnen, feindlich auftreten*, — *gegen* (प्रति oder Instr.). वैरायितास्म् Fut.

वैरायित n. *Feindseligkeit* Prasannar. 83,12.

वैरावती f. N. pr. einer Stadt VP.² 2,200. v. l. वैरामती.

वैरि m. *Feind*. Vielleicht वैरि: fehlerhaft für वैरी.

वैरिञ्च Adj. (f. ई) *zu* Brahman *in Beziehung stehend, ihm gehörig* u. s. w. Bâlar. 58,14. Ḱaṇḍak. 46,3.

वैरिञ्च्य m. *ein Sohn* Brahman's.

1. वैरिण Adj. von वीरण *Andropogon muricatus* RV. 1,191,3.

2. वैरिण n. *Feindschaft* in निर्वैरिण.

वैरिणि m. Patron.

वैरिता f. und वैरित्व n. *Feindseligkeit, Feindschaft*, — *mit* (सह).

वैरिन् Adj. *feindselig, feindlich*; m. *Feind*, f. वैरिणी *Feindin*.

वैरिवीर m. N. pr. eines Sohnes des Daçaratha. l. इडविड.

वैरिसिंह m. N. pr. eines Fürsten Ind. Antiq. 6,51.

वैरी Adv. mit भू *in Feindschaft übergehen*.

वैरूप 1) m. Patron. Pl. eine Abtheilung der Aṅgiras. — 2) n. Name verschiedener Sâman Ârsh. Br. — 3) Adj. *zum* Sâman Vairûpa *in Beziehung stehend* u. s. w.

वैरूपगर्भ Adj. *das* Sâman Vairûpa *in sich enthaltend* Çâṅkh. Çr. 15,7,4.

वैरूपपृष्ठ Adj. *das* Sâman Vairûpa *zum* Pṛshṭha 4) *habend*.

वैरूपाक्ष m. 1) *Patron. — 2) Bez. *eines best.* Mantra Gobh. 4,5,6. 8. Gṛhjâs. 1,97. Vgl. Mantrabr. 2,4,6.

वैरूप्य n. 1) *Verschiedenartigkeit, Mannichfaltigkeit, Verschiedenheit*. — 2) *deformitas*, — *in Folge von* (im Comp. vorangehend).

वैरूप्यता f. = वैरूप्य 2).

वैरेकीय Adj. *zum Purgiren dienend, purgirend, ausputzend*.

वैरेचन und वैरेचनिक (Ḱaraka 6,7) Adj. dass.

*वैरेय Adj. von वीर.

वैरोचन 1) Adj. *von der Sonne kommend, solaris*. — 2) m. *a*) *ein Sohn* α) **der Sonne*. — β) Vishṇu's. — γ) **des Feuers*. — δ) *des* Asura Viroḱana, Patron. Bali's. — *b*) **ein best.* Samâdhi. — *c*) N. pr. α) eines Fürsten. — β) eines Buddha. — γ) eines Sohnes der Göttersippe Nîlakâjika. — δ) *einer Sippe von Siddha's. — ε) einer Welt der Buddhisten.

*वैरोचननिकेतन n. Bali's *Behausung, die Unterwelt*.

*वैरोचनभद्र m. N. pr. eines Gelehrten.

वैरोचनमुहूर्त n. *eine best. Stunde des Tages*.

वैरोचनरश्मिप्रतिमण्डित m. N. pr. einer Welt bei den Buddhisten.

वैरोचनि m. 1) *ein Sohn a*) **der Sonne*. — *b*) *des* Asura Viroḱana, Patron. Bali's. — 2) *N. pr. eines Buddha.

*वैरोचि (!) m. Patron. Bâṇa's, eines Sohnes des Bali.

*वैरोट्या f. N. pr. einer Vidjâdevî bei den Ǵaina.

*वैरोद्धार m. *Rache*.

वैरोधक 1) Adj. *unverträglich* (Speisen u. s. w.) Ḱaraka 6,7. Nom. abstr. °त्व n. 1,26. — 2) m. N. pr. eines Mannes.

वैरोधिक Adj. = वैरोधक 1) Ḱaraka 1,26.

वैरोहित m. Pl. Patron.

*वैरोहित्य m. Patron. von विरोहित.

वैल in मर्कटवैलस्थ. Vgl. बैल.

*वैलकि m. Patron. gaṇa तौल्वल्यादि in der Kâç.

वैलक्षण्य n. 1) *Verschiedenheit, Ungleichheit, Unterschiedenheit* (in Comp. sowohl mit einem im Gen. als auch mit einem im Abl. gedachten Begriffe) Comm. zu Âpast. Çr. 5,15,1. zu Çiç. 7,39. 8,4.

वैलक्ष्य n. (adj. Comp. f. °आ) *das Gefühl von Scham, Verlegenheit* 310,17. 319,4. Çiç. 8,8.

वैलक्ष्यवन्त् Adj. *beschämt, verlegen* Bâlar. 80,19.

वैलस्थान n. *Schlupfwinkel*.

वैलस्थानक Adj. *in einem Schlupfwinkel gelegen*.

*वैलात्य n. Nom. abstr. von विलात. v. l. वैलाभ्य.

*वैलाभ्य n. Nom. abstr. von विलाभ gaṇa दृढादि in der Kâç.

वैलिङ्ग्य n. *das Fehlen aller Erkennungsmittel* Comm. zu Âpast. Çr. 1,3,5.

*वैलेपिक Adj. von विलेपिका.

वैलोम्य n. *Verkehrung aller Ordnung* Hemâdri 1,552,20.

वैवक्षिक Adj. *beabsichtigt, bezweckt, worauf es gerade ankommt* Comm. zu Çiç. 10,84.

वैवधिक m. 1) *Träger*. Nom. abstr. °ता f. Harshaḱ. (ed. Bomb.) 27,1. — 2) *Hausirer*. Zu belegen nur f. ई.

वैवर्ण्य n. *Entfärbung, Wechsel der natürlichen, gesunden Farbe*. Auch वर्ण°.

वैवर्त und वैवर्तक n. in ब्रह्म°.

वैवश्य n. *Willenlosigkeit, das Nichtherrsein über sich selbst*.

वैवस्वत 1) Adj. (f. ई) *a*) *von der Sonne kommend*. — *b*) Jama Vaivasvata *gehörig, zu ihm in Beziehung stehend* Spr. 7622. — *c*) *zu* Manu Vaivasvata *in Beziehung stehend*. — *b*) und *c*) Adj. zu 2) *a*) α) und β). — 2) m. *a*) Patron. α) Jama's. — β) eines Manu. — γ) *des Planeten Saturn. — *b*) N. pr. eines Rudra VP.² 2,25. — 3) f. वैवस्वती *a*) *eine Tochter des Sonnengottes*. — *b*) **Süden* Râǵan. 21,82.

वैवस्वततीर्थ n. N. pr. eines Tîrtha.

वैवस्वतीय Adj. *zu* Manu Vaivasvata *in Beziehung stehend*.

वैवाह Adj. *nuptialis*.

वैवाहिक 1) Adj. (f. ई) dass. पर्वन् n. *über eine Hochzeit handelnd*. °मण्डप Ḱampaka 268. — 2) n. *a*) *Vorbereitungen zu einer Hochzeit, Hochzeitsfeierlichkeit*. — *b*) *Verschwägerung*.

वैवाह्य 1) Adj. *a*) *nuptialis*. — *b*) *verschwägert, durch Heirath verwandt*. — 2) n. *Hochzeitsfeierlichkeit*.

°वैविक्त्य n. *das Befreitsein von*.

वैवृत्त Adj. *mit einem Hiatus in Verbindung stehend*.

वैशद्य n. 1) *Klarheit, Helle, Reinheit; Frische.* मनसि so v. a. *Heiterkeit des Gemüths.* — 2) *Klarheit,* so v. a. *Deutlichkeit, Verständlichkeit.*

वैशन्त 1) Adj. (f. ई) *im Teich befindlich, teichartig, gleichsam einen Teich bildend.* — 2) f. न्ता = वैशन्ता *Teich.*

वैशंपायन m. Patron. Nom. pr. 1) eines alten Veda-Lehrers, der im Epos als ein Schüler Vjâsa's auftritt. — 2) eines Sohnes des Çukanâsa, Ministers des Târâpîḍa, der in einen Papagei verwandelt wird.

वैशंपायनीय Adj. *von* Vaiçampâjana 1) *herrührend.*

वैशंफल्या (Âpast. Çr. 4,14,4), **वैशंबल्या** (ebend.) und **वैशंभल्या** (TBr. 2,5,8,6) f. Bein. der Sarasvatî.

वैशली f. N. pr. einer Gattin Vasudeva's VP. 4,15,13. 15. v. l. वैशाली.

वैशल्य n. *Befreiung von dem Dorn* (der Leibesfrucht).

वैशस 1) Adj. *Tod —, Verderben bringend.* — 2) n. (adj. Comp. f. आ) a) *Schlächterei, Metzelei, Mord und Todschlag* (Suparn. 25,6 ohne Accent), *blutiger Zusammenstoss, Krieg, Streit* (Naish. 9,78), *Greuelthat, Tod und Verderben, Noth und Elend* (Vâsav. 153,1), *Unheil.* प्रेम्णस् so v. a. *das zu Schanden Werden.* — b) *Hölle.* — c) *eine best. Hölle.*

*__वैशस्त्य__ n. Nom. abstr. von विशस्ति Gaṇar. 399.

*__वैशस्त्र__ 1) Adj. zu विशसितर् (विशस्तर्). — 2) n. Nom. abstr. von विशस्त्र.

वैशस्य n. 1) *Nom. abstr. von विशसि gaṇa ब्राह्मणादि in der Kâç. — 2) fehlerhaft für वैषम्य Kathâs. 120,39.

वैशाख 1) m. a) *ein best. Sommermonat.* — b) *Butterstössel.* °रज्जु Râgat. 7,1412. — c) *das 7te Jahr im 12jährigen Umlauf des Jupiters* Ind. Antiq. 6,24. — 2) f. आ N. pr. einer Löwin. — 3) f. ई a) mit und ohne पौर्णमासी *der Vollmondstag im Monat* Vaiçâkha Vasishtha 28,18. — b) **eine roth blühende* Punarnavâ Râgan. 5,118. — c) N. pr. einer Gattin Vasudeva's. — 4) n. a) *eine best. Stellung beim Schiessen.* — b) N. pr. einer Stadt. Auch °पुर n. — 5) Adj. (f. ई) *zum Monat* Vaiçâkha *in Beziehung stehend* Çâñkh. Grhj. 1,1.

वैशाखपुराण n. und **वैशाखमाहात्म्य** n. Titel Burnell, T. Opp. Cat. 1.

वैशाख्य m. N. pr. eines Muni.

*__वैशाद्य__ n. Nom. abstr. von विशाय Gaṇar. 399.

वैशारद 1) Adj. (f. ई) *erfahren, kundig, gewiss, nicht irrend.* — 2) n. *gründliche Gelehrsamkeit.*

वैशारद्य n. *Erfahrenheit, — in* (Loc. Bâlar. 41, 5), *das Kundigsein, Sicherheit in der Erkenntniss, Klarheit des Geistes, Unfehlbarkeit.*

वैशाल 1) Adj. *von* Viçâla *abstammend.* — 2) m. N. pr. eines Muni. — 3) f. ई a) *eine Tochter des Fürsten von* Viçâlâ. — b) N. pr. α) einer Gattin Vasudeva's. v. l. वैशली. — β) einer von Viçâla gegründeten Stadt.

वैशालक Adj. *zu* Vaiçâlî *in Beziehung stehend, über diese Stadt herrschend* VP. 4,1,19.

वैशालाक्ष n. Titel *des von* Çiva *als* Viçâlâksha *verfassten* Çâstra MBh. 12,59,82.

*__वैशालायन__ m. Patron. von विशाल.

वैशालि m. Patron. des Suçarman.

वैशालिक Adj. *zu* Viçâlâ (Vaiçâlî) *in Beziehung stehend.*

वैशालिनी f. Patron. von विशाल.

*__वैशालीय__ Adj. von विशाल.

वैशालेय m. Patron. Takshaka's (Çâñkh. Grhj. 4,18) und anderer Schlangendämonen.

वैशिक 1) Adj. (f. ई) a) *zur Buhlkunst in Beziehung stehend, sie betreffend, von ihr handelnd.* — b) *sich auf die Buhlkunst verstehend, mit Buhldirnen sich abgebend.* — 2) n. *Buhlkunst, Hurerei* Gaut.

वैशिक्य m. Pl. N. pr. eines Volkes.

*__वैशिख__ Adj. von विशिखा.

वैशिष्ट n. = वैशिष्ट्य 1). Wohl fehlerhaft.

वैशिष्ट्य n. 1) *Besonderheit, Eigenthümlichkeit, Verschiedenheit* Kap. 5,95. 123. Comm. zu Çiç. 6, 56. — 2) *Vorzüglichkeit, Vorzug, das Hervorragen, Ausgezeichnetsein, Ueberlegenheit, Superiorität* Kap. 5,42.

*__वैशीति__ m. Patron. von विशीत.

वैशीपुत्र m. *der Sohn eines* Vaiçja-*Weibes.*

*__वैशेय__ m. Patron. von विश.

वैशेषिक 1) Adj. (f. ई) *besonder, specifisch, eigenthümlich* Âpast. Hemâdri 1,43,16. 18. 21. — b) *vorzüglich, hervorragend, ausserordentlich.* — c) *zu den Besonderheiten der* Vaiçeshika *in Beziehung stehend, von ihnen handelnd, auf ihnen beruhend.* — 2) m. *ein Anhänger des* Vaiçeshika-*Systems.* — 3) n. a) *Besonderheit.* — b) *das* Vaiçeshika-*System des* Kaṇâda.

वैशेषिकदर्शन n. (Opp. Cat. 1), **वैशेषिकसूत्र** n. und °**सूत्रोपस्कार** m. Titel von Werken.

वैशेषिन् Adj. *Besonderheiten habend, specifisch, individuell.* Richtig wohl विशेषिन्.

वैशेष्य n. 1) *Besonderheit, Verschiedenheit* 267, 25. — 2) *Vorzüglichkeit, Vorzug, Superiorität.*

वैश्मिक Adj. *in einem Hause lebend* Káraka 5,12.

*__वैश्मीय__ Adj. von वेश्मन्.

वैश्य und **वैशिय** 1) m. a) *ein Mann des Volkes, der dritten Kaste.* — b) Pl. N. pr. einer Völkerschaft. — 2) f. वैश्या a) *eine Frau der dritten Kaste* Gaut. — b) *N. pr. einer buddhistischen Gottheit. — 3) n. *das Verhältniss des Unterthanen, Abhängigkeit.* — 4) Adj. *einem Manne der dritten Kaste eigenthümlich.*

वैश्यकन्या f. *die Tochter eines* Vaiçja, *ein* Vaiçja-*Mädchen.*

वैश्यकुल n. *das Haus eines* Vaiçja.

वैश्यजातीय m. *ein Mann der dritten Kaste.*

वैश्यता f. und **वैश्यत्व** n. *der Stand eines* Vaiçja.

वैश्यपुत्र m. *der Sohn eines* Vaiçja, so v. a. *ein* Vaiçja Ind. St. 15,330.

वैश्यपुर n. N. pr. einer *Stadt* Ind. St. 14,117.

*__वैश्यभद्रा__ f. N. pr. einer buddhistischen Gottheit.

वैश्यभाव m. *der Stand eines* Vaiçja.

वैश्ययज्ञ m. *das von einem* Vaiçja *dargebrachte Opfer* Kâtj. Çr. 22,11,7.

वैश्यसव m. *eine best. Opferhandlung.*

वैश्यस्तोम m. *ein best.* Ekâha Comm. zu Njâjam. 9,2,24.

वैश्यान्न m. *der Sohn einer* Vaiçjâ.

वैश्यानरी f. MBh. 13,3140 fehlerhaft für वैश्वानरी.

वैश्यापुत्र m. *der Sohn einer* Vaiçjâ, Metron. Jujutsu's.

वैश्रमण m. Lalit. 378,5 fehlerhaft für वैश्रवण.

वैश्रम्भक 1) Adj. *Vertrauen erweckend;* Subst. Pl. *V. erweckendes Benehmen.* — 2) n. N. pr. eine Götterhains.

वैश्राम्भिक v. l. für वैश्रम्भक 1).

वैश्रवण 1) m. a) Patron., insbes. Kubera's Mân. Grhj. 2,14. — b) *der 4te* Muhûrta. — 2) Adj. (f. ई) *zu* Kubera *in Beziehung stehend, ihm gehörig.*

वैश्रवणानुज m. *der jüngere Bruder* Kubera's. Bein. Râvaṇa's.

वैश्रवणालय m. 1) **Ficus indica.* — 2) N. pr. einer Oertlichkeit.

*__वैश्रवणावास__ und *__वैश्रवणोदय__ m. *Ficus indica.*

*__वैश्रेय__ m. Patron. von विश्रि.

वैश्लेषिक Adj. (f. ई) von विश्लेष. In Verbindung mit पङ्क्ति f.

वैश्व 1) Adj. *unter den* Viçve Devâs *stehend.* युग n. *das 8te Lustrum im 60jährigen Jupitercyclus.* — 2) n. *das Mondhaus* Uttarâshâḍhâ Varâh. Jogaj. 7,9.

*__वैश्वकथिक__ Adj. von विश्वकथा.

वैश्वकर्मण Adj. (f. ई) *von* Viçvakarman *her-*

rührend, ihm geweiht u. s. w.

*वैश्वजनीन Adj. *gegen Jedermann freundlich.*

वैश्वजित Adj. 1) *zum* Viçvagit-*Opfer in Beziehung stehend* Lâṭj. 9,5,21. — 2) *der dieses Opfer vollzogen hat* Gaut.

वैश्वज्योतिष n. Name verschiedener Sâman Ârsh. Br.

वैश्वतरि m. Patron. fehlerhaft für वैश्वंतरि.

वैश्वदेव 1) Adj. (f. ई) *allen Göttern oder den sogenannten* Viçve Devâs *geweiht* u. s. w. — 2) m. *a) ein best.* Graha (Soma-*Becher*). — *b) ein best.* Ekâha. — 3) f. ई *a)* Bez. *bestimmter Backsteine der zweiten* Ḱiti Âpast. Çr. 17,7. — *b) ein best. Festtag am 8ten Tage in der zweiten Hälfte des* Mâgha. — *c) ein best. Metrum* Comm. zu Çiç. 19, 119. — 4) n. *a) ein best.* Çastra. — *b) das erste* Parvan *der* Ḱâturmâsja. — *c) ein best.* Çrâddha, *eine Morgens und Abends vom Haushalter darzubringende Spende an die* Viçve Devâs Âpast. Ausnahmsweise m. — *d)* Bez. *bestimmter Sprüche.* — *e)* Name verschiedener Sâman Ârsh. Br. — *f) das Mondhaus* Uttarâshâḍhâ.

*वैश्वदेवक n. Nom. abstr. von विश्वदेव.

वैश्वदेवखण्डन n. Titel eines Werkes Opp. Cat. 1.

वैश्वदेवत n. *das Mondhaus* Uttarâshâḍhâ.

वैश्वदेवप्रयोग m. Titel Burnell, T.

वैश्वदेवस्तुत् m. *ein best.* Ekâha.

वैश्वदेवहोम m. *eine Opferspende mit den* Vaiçvadeva *genannten Sprüchen.*

वैश्वदेवाग्निमारुत Adj. *den* Viçve Devâs, *dem* Agni *und den* Marut *gehörig, — geweiht* Maitr. S. 2,8,9 (114,8. 9).

वैश्वदेविक 1) Adj. *a) den* Viçve Devâs *gehörig, — geweiht* u. s. w. — *b) zum* Parvan Vaiçvadeva *gehörig* Mân. Çr. 1,7,3. — *c) dem* Çrâddha *für alle Götter entsprechend.* — 2) n. Pl. Bez. *bestimmter Sprüche.*

वैश्वदेव्य Adj. *den* Viçve Devâs *geweiht.*

वैश्वदैवत n. *das Mondhaus* Uttarâshâḍhâ.

वैश्वदैविक Adj. v. l. für वैश्वदेविक 1) *c*).

*वैश्वध Adj. von विश्वधा.

*वैश्वधेनव m. gaṇa ऐषुकार्यादि. *°भक्त Adj. *von ihnen bewohnt.*

*वैश्वधेनत्र m. und *°भक्त Adj. v. l. für वैश्वधेनव und °भक्त.

वैश्वंतरि (Conj.) m. Patron. Auch Pl.

वैश्वमनस n. Name eines Sâman Ârsh. Br.

*वैश्वमानव m. gaṇa ऐषुकार्यादि. *°भक्त Adj. *von ihnen bewohnt.*

वैश्वरूप 1) Adj. *mannichfaltig, verschiedenartig.* — 2) n. *das Weltall.*

वैश्वरूप्य 1) Adj. *mannichfaltig, verschiedenartig.* — 2) n. *Mannichfaltigkeit, Verschiedenartigkeit* Çaṅk. zu Bâdar. 2,1,1 (S. 412, Z. 1). Instr. so v. a. *auf verschiedene Weise.* v. l. विश्वरूप.

वैश्वलोप Adj. (f. ई) *vom Baume* Viçvalopa *herrührend.*

वैश्वव्यचस Adj. von विश्वव्यचस्.

वैश्वसृज Adj. von विश्वसृज् Âpast. Çr. 19,15.

वैश्वानर 1) Adj. (f. ई) *a) allen Männern gehörig: allgemein, allbekannt, allverehrt, überall wohnend* u. s. w. अग्नि, ज्योतिस्, प्राण, आत्मन्, der erste Pâda des Âtman, इष्टि (Vasishṭha 22,10), अश्वमेध, भूमि (MBh. 13,62,38). — *b) aus allen Männern bestehend, vollzählig, allgemein.* — *c) allen Göttern gehörig.* — *d) allgebietend.* — *e)* Agni Vaiçvânara *geweiht* u. s. w. — *f)* von Viçvânara oder Vaiçvânara *verfasst.* — 2) m. *a) Feuer.* — *b) ein best.* Agni Ârsh. Br. — *c) Sonne, Sonnenlicht.* — *d) im* Vedânta *der durch das Gesammtding bedingte Intellect* 268,28. 269,12. — *e)* Patron. N. pr. α) Pl. eines Geschlechts. — β) eines Daitja. — γ) verschiedener Männer. — 3) f. ई Bez. *einer best. Strecke der Mondbahn* (die beiden Bhadrapadâ und Revatî umfassend). — 4) n. *a) die Gesammtheit der Männer.* — *b)* Name eines Sâman.

वैश्वानरक्षार m. *eine best. Mixtur* Mat. med. 90. Bhâvapr. 4,28.

वैश्वानरज्येष्ठ Adj. *den* Vaiçvânara *zum Ersten habend.*

वैश्वानरज्योतिस् Adj. Vaiçvânara's *Licht habend.*

वैश्वानरदत्त m. N. pr. eines Brahmanen.

वैश्वानरपथ m. Bez. *einer best. Strecke der Mond- und Planetenbahn.*

वैश्वानरपथिकृतपूर्वकदर्शस्थालीपाकप्रयोग m. und °पथिकृतस्थालीपाकप्रयोग m. Titel Burnell, T.

वैश्वानरमुख Adj. Vaiçvânara *zum Munde habend* (Çiva).

वैश्वानरवत् Adj. *mit Feuer verbunden* TBr. 1, 3,2,6.

वैश्वानरविद्या f. Titel einer Upanishad.

*वैश्वानरायण m. Patron. von विश्वानर.

वैश्वानरीय Adj. *zu* Vaiçvânara *in Beziehung stehend, von ihm handelnd.*

वैश्वामनस n. Name verschiedener Sâman. Vgl. वैश्वमनस.

वैश्वामित्र 1) Adj. *zu* Viçvâmitra *in Beziehung stehend.* — 2) m. Patron. von विश्वामित्र. Auch Pl. 26,7. 18. — 3) f. ई *a) die* Gâjatrî *des* Viçvâmitra Çâṅkh. Gṛhj. 2,7. — *b)* *f. zu 2). — 4) n. Name verschiedener Sâman.

वैश्वामित्रि m. Patron. von विश्वामित्र.

*वैश्वामित्रिक Adj. *zu* Viçvâmitra *in Beziehung stehend.*

वैश्वावसव n. etwa *die Gesammtheit der* Vasu.

वैश्वावसव्य m. Patron. von विश्वावसु.

वैश्वासिक Adj. *Vertrauen erweckend, zuverlässig.*

वैषय्य n. fehlerhaft für वैशद्य.

वैषम n. *Ungleichheit, Wechsel.*

*वैषमस्थ्य n. Nom. abstr. von विषमस्थ.

वैषम्य n. 1) *Unebenheit* (des Bodens). — 2) *Ungleichheit, Verschiedenartigkeit, Nichtübereinstimmung, ungleiche Vertheilung, Störung des richtigen Verhältnisses.* — 3) *Schwierigkeit.* — 4) *schwierige Lage, Noth, Bedrängniss.* — 5) *Ungerechtigkeit, Unbilligkeit, rauhes —, unfreundliches Benehmen.* — 6) *Unangemessenheit, Falschheit, Unrichtigkeit.* कर्मसु und कर्म° *ein Versehen bei.*

वैषम्यकौमुदी f. Titel eines Werkes.

*वैषय n. = विषयाणां समूहः.

वैषयिक 1) Adj. (f. ई) *a) das Reich betreffend, ein R. bezeichnend* (Suffix). — *b) einen bestimmten Bereich habend, auf Etwas gerichtet, — bezüglich;* die Ergänzung im Comp. vorangehend Ḱaraka 3,4. — *c) auf die Sinnenwelt bezüglich, auf sie gerichtet, sie betreffend* Hem. Par. 2,187. — 2) *m. *ein Sensualist.*

वैषुवत 1) Adj. *a) in der Mitte* (des Jahres u. s. w.) *befindlich, central.* — *b) aequinoctial.* — 2) n. *a) Mittelpunct* Âpast. — *b) Aequinoctium.* — *c)* Bez. *eines best.* Brâhmaṇa Mân. Gṛhj. 1,4.

वैषुवतीय Adj. = वैषुवत 1) *a*).

वैष्किर Adj. *aus den* Vishkira *genannten Vögeln bestehend* (वर्ग m. Ḱaraka 1,27), *aus Hühnern bereitet* (Brühe).

वैष्टप Adj. von विष्टप.

वैष्टपुरेय m. Patron. von विष्टपुर.

वैष्टम्भ n. Name zweier Sâman Ârsh. Br. Pl. Tâṇḍja-Br. 12,3,10 nach dem Comm. = वैष्टम्भस्य साम्नो ऽवयवाः.

वैष्टिक m. *Fröhner, Zwangsdiener.*

वैष्टुत 1) Adj. *zu den* Vishṭuti *gehörig, dabei üblich.* — 2) *n. *die Asche bei einem Brandopfer.*

*वैष्टुभ n. = वैष्टुत 2).

*वैष्ट्र n. = पिष्टप (द्यो), वायु und विष्णु.

वैष्णव 1) Adj. (f. ई) *zu* Vishṇu *in Beziehung stehend, von ihm herrührend, an ihn gerichtet, ihm geweiht, ihm ergeben* (103,32) u. s. w. Çat. Br. 3,5,4, 19. — 2) m. *a)* Patron. von Vishṇu. — *b) ein Verehrer* Vishṇu's. — *c) eine best.* Vishṇu'*itische Secte.*

— d) *ein best. Mineral. — 3) f. वैष्णवी a) Patron. von Vishṇu. — b) eine Verehrerin Vishṇu's. — c) die Energie Vishṇu's (eine der göttlichen Mütter). Wird mit der Durgâ und der Manasâ identificirt. Pl. im Gefolge Skanda's. — d) *Asparagus racemosus (Râǵan. 4,121), Basilienkraut und = अपराजिता. — e) eine best. Mûrkhanâ S. S. S. 30. — 4) n. a) das unter Vishṇu stehende Mondhaus Çravaṇa. — b) ein best. Mahârasa. — c) Name zweier Sâman Ârsh. Br. — d) Titel verschiedener Werke, insbes. Bez. des Vishṇupurâṇa.

वैष्णवज्योतिषशास्त्र n. Titel eines Werkes.

वैष्णवतीर्थ n. ein Tîrtha der Vaishṇava oder N. pr. eines Tîrtha.

वैष्णवत्व n. Nom. abstr. zu वैष्णव 2) b).

वैष्णवध्यानप्रकार m. (Opp. Cat. 1), वैष्णवनारायणाष्टाक्षरन्यास m. (Burnell, T.), वैष्णवमहासिद्धान्त m. (Verz. d. Oxf. H. 161,b,31), वैष्णवलक्षण n. (Opp. Cat. 1) und वैष्णववर्धन n. Titel.

वैष्णववारुण Adj. (f. ई) an Vishṇu und Varuṇa gerichtet.

वैष्णवशान्ति f. (Burnell, T.), वैष्णवशास्त्र n. und वैष्णवसिद्धान्तदीपिका f. Titel.

वैष्णवस्थानक n. das Umherschreiten mit grossen Schritten (auf der Bühne) Comm. zu Daçar. 3,2.

वैष्णवाकूतचन्द्रिका f. und वैष्णवामृत n. Titel von Werken.

*वैष्णवायन m. Patron. von वैष्णव.

वैष्णवीतन्त्र n. Titel eines Tantra.

वैष्णव्य Adj. zu Vishṇu in Beziehung stehend.

वैष्णावरुण Adj. (f. ई) an Vishṇu und Varuṇa gerichtet.

वैष्णुगुप्त Adj. von Vishṇugupta gelehrt Bijdragen 1885, S. 20.

वैष्णुवारुण Adj. (f. ई) = वैष्णावरुण.

वैष्णुवृद्धि (Conj.) m. Patron.

*वैष्वक्सेन्य m. Patron. von विष्वक्सेन.

*वैसर्गिक Adj. von विसर्ग.

वैसर्जन n. Pl. Bez. bestimmter Opferungen Âpast. Çr. 11,16,16. Nom. abstr. वैसर्जनत्व n. Maitr. S. 3,9,1.

वैसर्जनहोमीय Adj. beim Vaisarganahoma gebräuchlich Comm. zu Njâjam. 1,3,8.

वैसर्जनीय und वैसर्जिन n. Pl. = वैसर्जन.

*वैसर्प 1) Adj. mit der Visarpa genannten Krankheit behaftet. — 2) = विसर्प Rose, Rothlauf.

वैसर्पिक Adj. von der Visarpa genannten Krankheit herrührend Hemâdri 1,771,14.

वैसादृश्य n. Unähnlichkeit, Verschiedenheit.

*वैसारिण m. Fisch Râǵan. 19,70. Bhâvapr. 2,6.

*वैसूचन n. Verkleidung als Weib (auf der Bühne).

वैसृप m. N. pr. eines Dânava.

वैस्तारिक Adj. weit verbreitet, ausgedehnt.

वैस्तिक in *बहुवैस्तिक.

वैस्पष्ट्य n. Klarheit, Deutlichkeit, Offenbarkeit.

*वैस्रेय m. Patron. von विस्रि.

वैस्वर्य 1) Adj. die Stimme benehmend. — 2) n. a) Verlust der Stimme, — der Sprache. — b) verschiedene Betonung.

वैहग Adj. (f. ई) zu einem Vogel in Beziehung stehend. तनु f. Vogelgestalt.

वैहंग Adj. dass. रस m. Brühe von Vogelfleisch.

*वैहति m. Patron. f. *वैहती Pat. zu P. 1,1,62.

वैहलि m. Patron. Auch Pl.

वैहायन m. desgl. Auch Pl.

वैहायस 1) Adj. (f. ई) in freier Luft —, offen daliegend oder stehend, in der Luft —, im Luftraum stehend oder sich bewegend. — 2) m. Pl. a) Luft-, Himmelsbewohner. — b) Bez. bestimmter Ṛshi (Lichterscheinungen im Luftraum). — 3) f. ई N. pr. eines Flusses. — 4) n. a) der Luftraum. वैहायसम् in der Luft, in freier Luft. — b) das Fliegen.

वैहार m. N. pr. eines Berges. Vgl. वैभार.

वैहारिक Adj. zum Vergnügen dienend. Vgl. उभय° Nachtr. 6.

वैहार्य Adj. mit dem man seinen Spass hat, den man neckt und zum Narren hält oder n. Belustigung, Spass.

वैहाली f. Jagd Ind. St. 15,235.

*वैहासिक m. Spassmacher, lustiger Geselle.

वैह्वल्य n. Erschöpfung, allgemeine Schwäche.

वोक्काण m. Pl. N. pr. eines Volkes.

*वोटा f. Dienerin, Sclavin.

*वोड m. v. l. für कोड.

वोड्र 1) m. a) eine Schlangenart. — b) *ein best. Fisch. — 2) *f. ई der âte Theil eines Paṇa.

वोढ 1) Adj. s. u. 1. वह्. — 2) m. N. pr. eines Ṛshi. Richtig wohl वोढु.

वोढर् (Ṛv. 7,71,4) und वोढर् (mit Acc. Ṛv. 8,2,35. 9,112,4) Nom. ag. 1) fahrend, führend, ziehend (हलस्य Hemâdri 1,482,16), Führer. रथस्य so v. a. Wagenpferd, हलस्य so v. a. Stier. — 2) Zugpferd. — 3) Zugochs, Stier Râǵan. 19,24. — 4) *eine best. auf dem Himavant wachsende Pflanze (= वृषभ) Râǵan. 15,14. — 5) Wagenlenker. — 6) bringend, zuführend. — 7) Darbringer. — 8) Heimführer eines Mädchens, Ehegatte. Auch mit *Acc. — 9) Träger, Lastträger. — 10) *= मूढ.

वोढवे (Maitr. S. 1,6,7) und वोळ्हवे (Ṛv.) Dat. Infin. zu 1. वह्. Vgl. यज्ञवोढवे.

वोढव्य 1) Adj. a) zu fahren, zu ziehen, zu führen, zu lenken, zu leiten. — b) f. (आ) heimzuführen, zu ehelichen. — c) zu tragen. — d) aufzuladen, zu übernehmen, auszuführen. — 2) n. impers. zu ziehen.

वोढु m. N. pr. eines Ṛshi Ind. St. 15,92. वोढवे s. bes.

*वोण्ट m. = वृन्त.

*वोद Adj. = आर्द्र.

*वोदाल m. ein best. Fisch.

*वोद्र m. und *वोद्री f. v. l. für वोड्र, वोड्री.

वोन्यादेवी f. N. pr. einer Fürstin.

वोपदेव N. pr. 1) m. eines Autors. — 2) f. ई einer Frau Ind. St. 14,136. 159. वोपादेवी (!) 132.

वोपालित m. N. pr. eines Lexicographen.

वोपुल m. N. pr. eines Mannes Ind. St. 14,132. 136.

*वोरक m. Schreiber.

*वोरट m. Jasminum multiflorum oder pubescens.

*वोरपट्टी f. Matratze.

*वोरव m. eine best. Körnerfrucht.

*वोरुखान m. ein Pferd von blassrother Farbe.

वोरुवाण Hariv. 7426 fehlerhaft für रोरुवाण.

*वोल m. Myrrhe Râǵan. 6,116. Bhâvapr. 1,266.

*वोलक m. 1) Strudel. — 2) Schreiber.

वोल्लासक N. pr. einer Oertlichkeit.

*वोल्लाह m. ein kastanienbraunes Perd, bei dem Mähne und Schweif hell sind.

वौक् Nom. Sg. f. für वौक् (von वौच्).

वौकक् für वौषट्.

वौदन्य n. N. pr. einer Stadt MBh. 1,177,47, v. l.

वौलि (!) m. Patron.

वौषट् Indecl. ein Opferruf.

व्यंश m. N. pr. eines Sohnes des Viprakitti Hariv. 215 (v. l. व्यंस). VP. 1,21,10.

व्यंस, विअंस 1) Adj. weit auseinanderstehende Schultern habend. — 2) m. N. pr. eines von Indra besiegten Dämons. Nach Hariv. 1,3,101 eines Sohnes des Viprakitti von der Siṁhikâ. v. l. व्यंश. — व्यंसौ TBr. 1,6,4,3 sind zwei selbständige Wörter.

*व्यंसक m. Betrüger.

व्यंसन n. Betrug MBh. 9,61,36.

व्यंसयितव्य Adj. zu täuschen, zu betrügen.

व्यकुड Adj. Bez. Rudra's Maitr. S. 2,9,9 (128,3).

व्यक्त 1) Adj. und व्यक्तम् Adv. s. u. अञ्ज् mit वि. Nach den Lexicographen Adj. auch specialisirt, unterschieden, besonder und klug, verständig, weise (Lalit. 19,10. 17. Saddh. P.). Acc. mit कर् so v. a. Etwas (Acc.) wahr machen Lalit. 318,10. — 2) m. a) ein geweihter Mönch Çilâṅka 1,271. — b) N. pr. eines der 11 Gaṇâdhipa bei den Gaina. — 3) n. *die entfaltete, sichtbare Welt* VP. 1,2,15. 18.

*व्यक्तगन्धा f. 1) *langer Pfeffer.* — 2) *Jasmin* Râǵan. 10,98. — 3) *eine Sanseviera.* — 4) *Clitoria ternatea* Râǵan. 3,78.

व्यक्तता f. *das Offenbarsein, Wahrnehmbarkeit.* °तां गम् *erscheinen;* Instr. *deutlich, verständlich.*

*व्यक्तदृष्टार्थ Adj. *der Etwas mit eigenen Augen gesehen hat;* m. *Augenzeuge.*

व्यक्तमय Adj. *das sinnlich Wahrnehmbare betreffend.*

व्यक्तमारिचिक Adj. *stark gepfeffert* Káraka 6,12.

व्यक्तरस Adj. *einen deutlichen, hervorstechenden Geschmack habend.* Nom. abstr. °ता f.

व्यक्तलवण Adj. *stark gesalzen* Káraka 6,26.

व्यक्ति f. 1) *das Erscheinen, Offenbarwerden, deutliches Hervortreten, Manifestation, das Kundwerden.* — 2) *Unterschiedenheit, Verschiedenheit.* — 3) *ein von andern unterschiedenes Ding, Einzelwesen, Einzelding, Individuum.* — 4) *das grammatische Geschlecht* Çiç. 14,23.

व्यक्तिविवेक m. Titel eines Werkes.

व्यक्ती Adv. 1) mit कर् a) *offenbaren.* — b) *wahr machen* Lalit. 318,10. — 2) mit भू *in die Erscheinung treten, offenbar werden.*

व्यक्तीकरण n. *das Offenbarmachen* Dhâtup. 6,11.

व्यक्तीभाव m. *das Offenbarwerden.*

व्यत्त *Aequator (keine Breite habend).* Vgl. निरक्ष.

व्यग्र 1) Adj. (f. आ) a) *seine Aufmerksamkeit auf keinen bestimmten Punct richtend, zerstreut, fahrig.* — b) *ausser sich —, in grosser Aufregung seiend.* — c) *von allem Andern abgelenkt, ganz von Etwas in Anspruch genommen, ganz mit Jmd oder Etwas beschäftigt;* die Ergänzung im Instr., Loc. oder im Comp. vorangehend. Ueberaus häufig von Armen, Händen und Fingern gesagt. — d) *hinundher schwankend, Gefahren ausgesetzt* in अ°. — e) *in Bewegung seiend* (Rad). — 2) Adv. व्यग्रम् *in grosser Aufregung.*

व्यग्रता f. Nom. abstr. zu व्यग्र 1) c).

व्यग्रत्व n. Nom. abstr. zu व्यग्र 1) a) b) und c).

व्यग्रय्, °यति *Jmds Gedanken ablenken, zerstreuen* Káraka 8,7.

व्यङ्कट m. N. pr. eines Berges.

व्यङ्कुश Adj. *keine Zügel —, keine Schranken kennend.*

1. व्यङ्ग, विँग्रङ्ग 1) Adj. *fleckig.* — 2) m. a) *Flecken im Gesicht.* — b) *Schandfleck.* — c) * *Frosch.* — d) *Stahl.*

2. व्यङ्ग, विँग्रङ्ग 1) Adj. (f. आ) a) *entstellt an den Gliedern oder eines Gliedes entbehrend, krüppelhaft.* — b) *keine Räder habend.* — 2) *m. oder n. *eine Art Katzenauge (ein Edelstein)* Garbe zu Râǵan. 13,192. — 3) n. fehlerhaft für 2. व्यङ्ग.

*व्यङ्गक m. *Berg.*

व्यङ्गता f. *das Fehlen eines Gliedes, Krüppelhaftigkeit; Verstümmelung, das Abhauen eines Gliedes.*

व्यङ्गय्, °यति *eines Gliedes berauben, verstümmeln* Âpast. Çr. 12,16,8. व्यङ्गितैकेतण Adj. (f. आ) *an einem Auge verstümmelt, einäugig* Çiç. 11,63. कर्णयोर्व्यङ्गितः so v. a. *durchlöcherte Ohren habend* (nach dem Comm.).

व्यङ्गार, Loc. °रे *wenn die Kohlen erloschen sind.*

व्यङ्गारिन् Adj. *dessen Kohlen erloschen sind* Hemâdri 1,138,8 = 2,43,2.

व्यङ्गिन् Adj. = 2. व्यङ्ग 1).

व्यङ्गी Adv. mit कर् *eines Gliedes berauben, verstümmeln.*

व्यङ्गुली Adv. mit कर् *der Finger berauben.*

*व्यङ्गुष्ठ *eine best. Pflanze.* Richtig काङ्गुष्ठ; vgl. Zach. Beitr. 88.

व्यङ्ग्य Adj. *was offenbar —, wahrnehmbar gemacht wird.* In der Poetik *was verstanden —, implicite ausgesagt wird.* Nom. abstr. °ता f. und °त्व n.

व्यङ्ग्यार्थकौमुदी f. Titel eines Werkes Opp. Cat. 1.

व्यच्, विव्यक्ति, *विचति; Perf. विव्याच und विवेच (AV.); *in sich fassen, aufnehmen* Maitr. S. 1,8,8 (128,7). — *Intens. वेविच्यते. — Mit *उद्, उद्विचिता. — Mit सम् 1) *in sich zusammenfassen.* — 2) *zusammenfassen, — rollen, — packen.*

व्यँचस् n. 1) *Umfänglichkeit, Capacität.* — 2) *umfänglicher —, weiter Raum, Raum* überh. Acc. mit कर् *erweitern, öffnen.*

व्यचस्काम Adj. *nach weitem Raum Verlangen habend.*

व्यँचस्वत् Adj. 1) *geräumig, capax.* — 2) *umfangreich.*

व्यँचिष्ठ Adj. *umfangreichst.*

व्यच्छ in गोव्यच्छ.

व्यज् = वीज् *befächeln.* Nur विव्यजुस् und व्यजेत (fehlerhaft für व्यजेत).

*व्यज von अज् mit वि.

व्यजन n. (adj. Comp. f. आ 162,30) 1) *das Befächeln* Kâd. 261,11 (425,16). — 2) *Fächer, Wedel.* Häufig Du.

व्यजनक n. *Fächer, Wedel.*

व्यजनक्रिया f. *das Befächeln* Kâd. 176,21. fg. (302,7).

व्यजनचामर n. *der Schweif des Bos grunniens als Wedel.*

*व्यजनिन् m. *Bos grunniens* Râǵan. 19,29.

व्यजनी Adv. 1) mit कर् *als Fächer verwenden* Kâd. 2,18,6 (20,19). — 2) mit भू *zu einem Fächer oder Wedel werden.*

व्यज्य Adj. = व्यङ्ग्य. Nom. abstr. °त्व n.

व्यञ्च् in उरुव्यँञ्च्.

व्यञ्जन Hariv. 7433 fehlerhaft für व्यजन.

व्यञ्जनवत् Adj. zur Erklärung von व्यँचस्वत्.

व्यञ्जक 1) Adj. (f. व्यञ्जिका) *offenbar machend, bekundend* (mit Gen. oder im Comp. nachfolgend) Hem. Par. 11,36. In der Poetik *zu verstehen gebend, implicite aussagend.* Nom. abstr. °त्व n. — 2) m. *Ausdruck des Gefühls.*

व्यञ्जन, विँग्रञ्जन 1) Adj. *offenbar machend, bekundend* Hariv. 2,72,44. — 2) m. a) *Consonant.* Nur einmal statt des n. — b) *= वादित्रकर्मन् Zach. Beitr. 73. — 3) f. व्यञ्जना in der Poetik *das Zuverstehengeben, eine indirecte Aussage, — Ausdrucksweise.* — 4) n. (adj. Comp. f. आ) a) *Schmuck.* — b) *das Offenbarmachen, Bekunden.* — c) *andeutender (indirecter, symbolischer* u. s. w.) *Ausdruck.* — d) *nähere Bestimmung.* — e) *Kennzeichen, Merkmal* (Âpast. 2,15,19. Âpast. Çr. 8,6,1. 2), *Abzeichen, ein angenommenes Abzeichen.* — f) *die Insignien eines Fürsten.* — g) *Symptom* (einer Krankheit). — h) *Geschlechtszeichen, — glied.* — i) *Zeichen der Pubertät* (Bart, pubes, Brüste). Sg. und Pl. — k) *Brühe; Zuthat, Beilage* (zu einem Gericht) Râǵan. 20,73. Bhâvapr. 1,142. Gobh. 1,4,3. 4,4,21. — l) *Consonant.* — m) *Silbe.* हीनव्यञ्जना von einer Rede so v. a. *wobei die Silben verloren gehen, unverständlich.* — o) * *Tag.* — p) * *Fächer, Wedel.* Richtig व्यजन. — q) *= अवयव Çâçvata 438.

व्यञ्जनहारिका f. N. pr. einer Fee, *welche einem Weibe die Schamhaare fortnimmt.*

व्यञ्जनिक n. स्वराणां व्य° Titel eines Pariçishṭa der VS.

*व्यड m. N. pr. eines Mannes.

*व्यडम्बक und *व्यडम्बन m. *Ricinus communis.*

व्यडु m. N. pr. eines Mannes. Auch °मङ्गल.

(व्याति) विँग्रति m. *Ross.*

व्यतिकर m. 1) *Mischung, Kreuzung, Zusammenstoss, Berührung* (auch in übertragener Bed.), *Vereinigung* Daçak. 18,7. Çiç. 4,53. 5,3. 7,28. 8,56. 10,51. 17,64. Kâd. 2,90,16 (111,14). Am Ende eines adj. Comp. so v. a. *verbunden mit.* — 2) *das sich zu schaffen Machen mit Etwas, das Gehen an Etwas* (im Comp. vorangehend). — 3) *ein schlimmer Fall, Unfall, eine Fatalität* Harshaé. 165,22. — 4) *Vernichtung, Untergang.*

व्यतिकरवत् Adj. *gemischt, von entgegengesetzter Art* Mahâvîrak. 30,16.

व्यतिकरित Adj. *gemischt —, verbunden mit* (Instr. oder im Comp. vorangehend) Mâlatîm. 44, 1 (95,6). Mahâvîrak. 46,21.

व्यतिक्रम m. 1) *das Vorübergehen.* — 2) *das Gewinnen eines Vorsprungs.* — 3) *das Verstreichen* (der Zeit). — 4) *das Ueberspringen, Uebergehen, Ausweichen, Entgehen, Sichbefreien von;* das Object im Gen. — 5) *das Ueberschreiten, Uebertreten, Verletzung, Vernachlässigung, Unterlassung, Beeinträchtigung* (das Object im Gen. oder im Comp. vorangehend) Gaut. — 6) *Verletzung der bestehenden Ordnung, Vergehen, Versehen, ein begangenes Unrecht, — gegen* (Gen. oder im Comp. vorangehend) Âpast. 1,28,20. Auch Pl. — 7) *Wechsel, Vertauschung, umgekehrte Ordnung.*

°व्यतिक्रमण n. *das Begehen eines Unrechts gegen Jmd.*

°व्यतिक्रमिन् Adj. *sich vergehend gegen Jmd* Âpast. 1,28,19.

व्यतिक्रान्त 1) Adj. s. u. क्रम् mit व्यति. — 2) n. *Vergehen, ein begangenes Unrecht* R. 5,84,11.

°व्यतिक्रान्ति f. *das Begehen eines Unrechts gegen Jmd.*

व्यतिक्षेप m. 1) *Wechseln der Rollen unter einander* Âpast. — 2) *Streit, Kampf* MBh. 9,789 (v. l. व्यधिक्षेप). 7,105,33 (v. l. प्रतिक्षेप).

व्यतिचार m. in अव्यतिचार.

***व्यतिपाक** m. Nom. act. von 1. पच् mit व्यति P. 3,3,43, Vârtt. 1.

व्यतिपात m. *ein best. Joga, wenn nämlich Sonne und Mond in den entgegengesetzten Ajana stehen und dieselbe Declination haben, während die Summe ihrer Längen 180° beträgt,* Varâh. Jogaj. 5,9. Hemâdri 1,431,2. °व्रतकल्प m. Burnell, T. Vgl. व्यतीपात.

व्यतिभेद m. 1) *gleichzeitiges Hervorbrechen.* — 2) *Durchdringung* Njâjas. 4,2,18.

व्यतिमर्शम् Absol. *übergreifend* Âçv. Çr. 8,2,6.11.

व्यतिमिश्र Adj. *unter einander gemischt, mit einander verwechselt.*

व्यतिमोह m. in अव्यतिमोह.

व्यतिरिक्तक n. Bez. *einer best. Art des Fluges.*

व्यतिरिक्तता f. *Unterschiedenheit, Verschiedenheit.*

°व्यतिरिक्तत्व n. *das Verschiedensein von* Sarvad. 111,20.

व्यतिरेक m. 1) *das Gesondertsein, Ausgeschlossenheit, Ausschluss.* भावो °तस् *eine gesonderte Existenz, eine E. für sich.* Instr., Abl. und व्यतिरेक° *mit Ausschluss —, mit Ausnahme von, ohne* (die Ergänzung im Comp. vorangehend). वीत° Adj. *nicht abgesondert, nicht für sich allein bestehend.* — 2) *Negation* Kap. 6,15.63. — 3) *Gegensatz zu* (im Comp. vorangehend). — 4) in der Rhetorik *ein Gleichniss mit Hervorhebung einer Ungleichheit, Contrast, Antitheton* Vâmana 4,3,22. Kull. zu M. 9,37. Comm. zu Çiç. 16,70.

व्यतिरेकिन् Adj. *ausschliessend, negirend.*

व्यतिरेचन n. *das Contrastiren, Hervorheben eines Gegensatzes* (in einem Gleichniss).

व्यतिलङ्घिन् Adj. *weichend, abrutschend.*

व्यतिषङ्ग m. 1) *gegenseitiger Zusammenhang, Verbindung, Verschlingung* Çiç. 5,61. — 2) *feindlicher Zusammenstoss.* — 3) *Tausch.*

व्यतिषङ्गम् Absol. *mit einander verbindend.*

°व्यतिषङ्गिन् Adj. *hängend an* Çiç. 6,4.

व्यतिहार m. 1) *Vertauschung* (Bâdar. 3,3,37), *Tausch.* — 2) *Abwechselung, Wechselseitigkeit, Gegenseitigkeit.*

व्यतिहारम् Absol. *gegenseitig versetzend.*

व्यतीकार (metrisch) m. = व्यतिकर 1).

***व्यतीक्षा** f. Nom. abstr. von ईक्ष् mit व्यति P. 3,3,43, Vârtt. 4.

व्यतीपात m. 1) = व्यतिपात Ârjabh. 3,3 (hier zugleich auch = वैधृत). Hemâdri 1,69,2. fgg. — 2) **eine grosse Calamität.* — 3) * = अपमान.

***व्यतीहा** f. Nom. abstr. von ईह् mit व्यति Pat. zu P. 3,3,43, Vârtt. 4.

व्यतीहार m. = व्यतिहार 2).

व्यत्यय m. *Wechsel, Vertauschung, ein umgekehrtes Verhältniss.* कर्मणाम् so v. a. *verkehrte Beschäftigung.* Loc. *im entgegengesetzten Falle,* Acc. *wechselnd* Lâtj. 1,5,20. Instr., Abl. und व्यत्यय° *umgekehrt, auf umgekehrte Weise.*

व्यत्यस्त 1) Adj. s. u. 2. अस् mit व्यति. — 2) **eine best. hohe Zahl* (buddh.).

व्यत्यास m. *Wechsel, Vertauschung* (Çiç. 11,7), *ein umgekehrtes Verhältniss, eine umgekehrte —, verstellte Lage.* Instr. und Abl. *in vertauschter Ordnung, umgekehrt; abwechselnd* Karaka 6,18.

व्यत्यासम् Absol. *abwechselnd* Lâtj. 4,5,15. 9,20. 10,13,7. Vaitân. Çulbas. 3,40. स्त्र्यादिव्यत्यासम् *in der Weise mit der Frau abwechselnd, dass diese beginnt,* Mân. Gṛhj. 1,14.

व्यथ्, व्यथते (metrisch auch Act.) 1) *schwanken, taumeln, aus seiner natürlichen Lage oder Richtung kommen, fehltreten, nicht feststehen, zu Fall kommen, schief gehen* (von Sachen). Mit Abl. *verfehlen, kommen um* Hemâdri 1,418,11 (व्यथते st. व्यवते zu lesen); चारित्रतस् *vom guten Wandel weichen.* — 2) *zucken, zusammenfahren.* — 3) *weichen, wirkungslos werden* (von einem Gifte). — 4) *aus seiner Ruhe —, aus der Fassung kommen, seine Besonnenheit verlieren, ausser sich gerathen, verzagen, sich von einem Schmerz u. s. w. hinreissen lassen, vor Jmd* (Gen.) *erschrecken.* — 5) व्यथित a) *schwankend.* — b) *gewichen, verändert* (Gesichtsfarbe). — c) *aus seiner Ruhe —, aus der Fassung gekommen, in Aufregung versetzt, ausser sich, verzagt, von einem Schmerz u. s. w. hingerissen, mitgenommen.* Könnte auch zum Caus. gehören. — d) *schmerzend.* — Caus. व्यथयति 1) *schwanken —, fehlgehen machen, zu Fall bringen; abbringen von* (Abl.). Pass. *in unruhige Bewegung gesetzt werden.* — 2) *aus seiner Ruhe —, aus der Fassung bringen, aufregen, in Schmerz versetzen.* — *Intens. वाव्यथ्यते. — Mit परि in der verdorbenen Form परिव्यथा इति Praçnop. 6,6; nach dem Comm. = परिव्यथयतु. Dieses Caus. *aus seiner Ruhe —, aus der Fassung bringen.* — Mit प्र 1) *erbeben.* — 2) *aus seiner Ruhe —, aus der Fassung kommen, verzagen.* प्रव्यथित *aus der Ruhe —, aus der Fassung gekommen, verzagt.* — 3) *ausser Fassung bringen, in Schmerz versetzen.* v. l. प्रव्यथयेत् st. प्रव्यथते. — Caus. dass. — Mit संप्र, °व्यथित *ausser Fassung gekommen, in grosse Aufregung gerathen.* — Mit वि, °व्यथित dass. — Mit सम् *aus der Fassung kommen, verzagen.*

व्यथ in *जलव्यथ.

व्यथक Adj. *in Aufregung —, in Angst —, in Schmerz versetzend.*

व्यथन 1) Adj. *in grosse Aufregung versetzend.* — 2) n. a) *das Schwanken, Nichtfeststehen u. s. w.* — b) *Abänderung, Entstellung* (eines Lautes). — c) *Empfindung eines Schmerzes.* — d) = व्यधन *das Durchschiessen, Durchstechen* Âpast. im Comm. zu Ait. Âr. 421,12.

व्यथयितर् Nom. ag. *Jmd* (Acc.) *in Schmerz versetzend, hart mitnehmend.*

व्यथा f. (adj. Comp. f. आ 127,27) 1) *das Fehlgehen, Misslingen.* — 2) *Schaden, Verlust, Ungemach.* — 3) *ein Gefühl peinlicher Unruhe, Unbehagen, Pein, Leid, Weh, Schmerz.* हृदि und हृदये so v. a. *Herzklopfen.* व्यथां कर् Jmd (Gen.) *in Leid versetzen, Jmd Schmerzen verursachen* und *sich dem Schmerz hingeben.* Auch Pl.

व्यथि in अव्यथि.

व्यथित 1) Adj. s. u. व्यथ्. — 2) n. *Schaden* oder

das Zagen.

व्यथिन् Adj. in अव्यथिन् (auch Nachtr. 5).

व्यथिष in *अव्यथिष.

व्यथिषत् VS. 6,18 fehlerhaft für अव्यथिष्यै (auch Nachtr. 1).

व्यथिष्यै in अव्यथिष्यै (auch Nachtr. 1).

व्यथिस् 1) Adj. a) *schwankend, schief.* — b) *heimlich, unbemerkt von* (Gen.). — c) *heimtückisch, hinterrücks.* — Nach Aufrecht nicht Adj., sondern überall n. *Lauf, Gang, Weg.* — 2) n. * = क्रोध Nigh. 2,13.

व्यथ्य in अव्यथ्यै.

व्यथ्यप: Nigh. 1,14 fehlerhafte v. l. für अव्यथयः.

व्यच्च n. *ein best.* Sûkta Kauç. 81.

व्यद्वर 1) m. *Nagethier.* — 2) f. विषद्वरी f. zu 1).

व्यध्, विध्यति (metrisch auch Med.), विध्यते Pass. 1) *durchbohren, durchstechen, erschiessen, treffen* (mit einem Geschosse), *wund stechen, verwunden.* सिराम् *eine Ader schlagen.* — 2) *bewerfen mit* (Instr.) TBr. 1,7,8,2. — 3) *behaften, Jmd* (Acc.) *Etwas* (Instr.) *anheften, — anhängen* (ein Uebel u. s. w.). — 4) *schütteln, bewegen.* — 5) in der Astron. *fixiren, den Stand eines Gestirns bestimmen.* — 6) *sich hängen an* (Acc.). — 7) विद्ध a) *durchbohrt, durchschossen, verwundet, getroffen, gespiesst auf* (Loc.), *verletzt, beschädigt, geborsten.* — b) *geworfen, geschleudert.* — c) *behaftet —, versehen mit Etwas, das schaden kann; versehen —, verbunden mit* (Instr. oder im Comp. vorangehend) überh. — d) *gemischt, mit Anderem in Berührung gekommen.* — e) *angestachelt, angetrieben, in Bewegung versetzt.* — f) *ähnlich.* — g) fehlerhaft für बद्ध. — Caus. 1) (अवेधयन्, व्यधयेत्, अवीविधत् MBh. 7,189,43) = Simpl. 1) Karaka 6,18. 30. वेधित = विद्ध Chr. 94,16. — 2) व्याधयति *durchschiessen —, durchbohren lassen* Ait. Âr. 416, 12. — Desid. विव्यत्सति *behaften wollen mit* (Instr.). — *Intens. वेविध्यते. — Mit अति 1) *durchbohren, durchbrechen, mit Oeffnungen versehen.* अतिविद्ध *durchbohrt, getroffen.* — 2) *vorbeischiessen* Âpast. im Comm. zu Ait. Âr. 421, 13. — Mit व्यति, °विद्ध 1) *durchbohrt, durchschossen* MBh. 7,98,18. — 2) *durchgesteckt, durchgeschlungen* Çiç. 7,16. — Mit अनु 1) *hinterdrein durchbohren, — verwunden.* — 2) *durchziehen —, erfüllen mit* (Instr.). — 3) अनुविद्ध a) *durchbohrt, getroffen* (von einem Geschosse). — b) *durchzogen von, besetzt mit, erfüllt —, begleitet von* (Instr. oder im Comp. vorangehend) Citat im Comm. zu Vâsav. 20. Uttamak. 185. — c) *angestachelt, angetrieben.* — Mit अप 1) *fortschnellen, — schleudern, — werfen.* — 2) *aufgeben, fahren lassen,* so v. a. *vernachlässigen, sich nicht kümmern um.* — 3) *fahren lassen,* so v. a. *sich befreien von* (Acc.). — 4) अपविद्ध a) *fortgeschleudert, fortgeworfen, abgeworfen, abgelegt.* — b) *leer, nicht beladen, — besetzt.* — c) *ausgesetzt, im Stich gelassen.* insbes. von einem Kinde, *das alsdann von Fremden adoptirt wird.* Gaut. 28,32. — d) *ausgestossen* (aus der Kaste). — e) *verschleudert.* — f) *aufgegeben, fahren gelassen.* — g) *fahren gelassen,* so v. a. *vernachlässigt, worum man sich nicht kümmert.* — h) *entrissen, fortgerissen* (uneigentlich). — i) *gestossen, in Bewegung gesetzt.* — k) *durchbohrt, getroffen* (von einem Geschosse). — l) *begleitet von* (im Comp. vorangehend). — Mit व्यप, °विद्ध 1) *auseinandergeworfen, zerbrochen.* — 2) *fortgeschleudert, fortgeworfen, abgeworfen.* — 3) *durchbohrt, getroffen* (von einem Geschosse). — Mit अभि *verwunden, treffen* (mit einem Geschosse). अभिविद्ध *durchbohrt, getroffen.* — Mit अव 1) *hineinstürzen, hinabstürzen, — in* (Loc.) oder *aus* (Abl.) TS. 2,5,5,6. 7,4,5,1. अवविद्ध RV. 1,182,6. — 2) *durch Eindrücken aushöhlen* Baudh. in Z. d. d. m. G. 34,330. Vgl. अनवविद्ध Nachtr. 6. — Mit आ 1) *hineinwerfen in* (Loc.). — 2) *verscheuchen, verjagen.* — 3) *zerbrechen.* — 4) *schwingen, im Kreise bewegen* Hariv. 2,63,73. — 5) *nicht beachten, keine Rücksicht nehmen auf* (Acc.) R. ed. Bomb. 2,24,36. — 6) *aufsetzen* (einen Kranz) Bhaṭṭ. — 7) आविद्ध a) *geschleudert* (Pfeil). — b) *durchbohrt, angeschossen, verwundet; zerbrochen.* — c) *geschwungen, im Kreise bewegt* (Lalit. 253,8), *bewegt* überh. °शिरस्क Adj. *unruhig den Kopf schüttelnd* Karaka 2,8. — d) *gewunden, sich in Windungen bewegend, gekrümmt.* Von Reden so v. a. *langgewunden* Karaka 3,8. आविद्धम् Adv. — e) *in Unruhe versetzt, aufgeregt.* — f) *lange Composita enthaltend.* — g) *falsch, betrügerisch.* — h) *thöricht.* — Mit उपा in उपाव्याधं. — Mit व्या 1) *schwingen, im Kreise bewegen.* — 2) व्याविद्ध a) *sich im Kreise bewegend* MBh. 12,9,32. — b) *verdreht, verschoben, aus seiner Lage gekommen, verzerrt* Daçak. 73,10. °म् Adv. Karaka 5,7. — Mit समा 1) *schwingen, in schwingende Bewegung versetzen.* — 2) समाविद्ध *verwüstet, zerstört.* — Mit उद्, उद्विद्ध *erhoben, hoch, sich hoch in die Lüfte erhebend* Lalit. 361,4. 5. — Mit उप *bewerfen, treffen.* — Mit नि 1) *hinschleudern, niederschiessen, einwerfen, einschlagen, einstossen* (in den Boden). — 2) *beschiessen* (mit einem Geschosse), *treffen, durchbohren.* निविद्ध RV. 1,164,8. — Mit अधिनि *treffen in* (Loc.). — Mit निस् 1) *verwunden, treffen* (mit einem Geschosse), *erlegen; schlagen.* — 2) निर्विद्ध a) *verwundet, getroffen.* — b) etwa *auseinanderstehend, von einander getrennt.* Nach Nilak. = अच्छिद्र oder अभेद्य. — Mit परा 1) *hinausschleudern* Maitr. S. 2,4,3 (40,9). — 2) *verwunden, treffen* (mit einem Geschosse). — Mit परि *beschiessen.* — Mit प्र 1) *fortschleudern, stürzen, werfen.* — 2) *Geschosse werfen, schiessen.* — 3) *durchbohren, verwunden.* — 4) प्रविद्ध a) *fortgeschleudert* (RV. 1,182,6), *geschleudert, hingeworfen.* — b) *auseinandergeworfen, zerstreut, vergossen.* — c) *gespickt, erfüllt.* — d) *unterlassen, aufgegeben.* — Mit अतिप्र, °विद्ध *verscheucht.* — Mit अनुप्र *hineinwerfen, — stecken* Âpast. Çr. 1,14,4. — Mit प्रति 1) *schiessen* (gegen einen Feind), *beschiessen, treffen in* (Loc.). — 2) Pass. *betroffen werden, in Frage kommen.* — Mit वि *durchbohren, schiessen.* — Mit सम् 1) *beschiessen.* — 2) संविद्ध wohl so v. a. *zusammenstossend —, — fallend mit* (im Comp. vorangehend) Hariv. 3,2,1.

व्यध m. *Durchbohrung, Durchstechung* (Karaka 6,5), *das Treffen* (mit einem Geschoss) Çiç. 7,24. 18,47. 19,64. 113. सिरा° *das Aderschlagen;* ohne सिरा dass. Suçr. 1,361,14. Karaka 6,27 (29).

व्यधन 1) Adj. *durchstechend.* — 2) *f. ई *Nadel.* — 3) n. a) *das Durchstechen.* सिरा° *das Aderschlagen;* ohne सिरा dass. Suçr. 1,361,10. — b) etwa *das Jagen, Jagd auf* (im Comp. vorangehend) Harshak. (ed. Bomb.) 476,1.

व्यधिक fehlerhaft und zwar für त्र्यधिक (°कम्).

व्यधिकरण 1) Adj. *auf ein anderes Subject sich beziehend* Vâmana 5,2,21. — 2) n. a) *Incongruenz* Comm. zu Çiç. 11,40. — b) Titel eines Werkes Opp. Cat. 1.

व्यधिकरणावच्छिन्नाभावक्रोड m. und °भावखण्डन n. (Opp. Cat. 1) Titel verschiedener Werke.

व्यधिक्षेप m. *das Schmähen, heftiges Anfahren* MBh. 9,15,37.

व्यध्य 1) Adj. *aufzustechen.* °सिरा Adj. *dem eine Ader zu schlagen ist.* — 2) *m. *Bogensehne.*

व्यध्व 1) m. a) *der halbe Weg.* व्यध्वे (AV.) und व्यध्वे (Çat. Br.) *halbwegs.* — 2) Adj. (f. आ) *in der Luft zwischen Zenith und der Erdoberfläche liegend.*

व्यध्वन्, विषध्वन् Adj. *in der Mitte des Weges befindlich* oder *vom Wege abschweifend.* TBr. 3,9,7, 2 ist व्यध्वानः = वि अध्वानः.

व्यध्वर Adj. *anbohrend, anstechend.* Einige Hdschrr. auch व्यद्दं.

व्यन्त Adj. *getrennt, entfernt* Âpast. Çr. 6,5,6. Vgl. अव्यन्त Nachtr. 2.

1. व्यन्तर n. (adj. Comp. f. आ) 1) *Zwischenraum* Gobh. 4,2,30. — 2) *Ununterschiedenheit.*

2. व्यन्तर 1) m. *Bez. einer Gruppe von Göttern bei den* Gaina, *welche die* Piçâka, Bhûta, Jaksha, Râkshasa, Kiṁnara, Kiṁpurusha, Mahoraga *und* Gandharva *umfasst,* Hem. Par. 1.31. 2,442. Ind. St. 15,303. Kampaka 79. — 2) f. ई f. zu 1) Hem. Par. 3,30. 7,19. Kampaka 123. 127. 128. 134. व्यन्तरदेवता 164.

व्यन्तरपङ्क्ति (?) f. Verz. d. Cambr. H. 77.

व्यन्तराम् Adv. *mittelmässig.*

व्यन्वारम्भण n. *das Berühren nach verschiedenen Seiten* Sâj. zu Ait. Br. 6,8,4.

*व्यप्, व्यापयति (क्षेपे oder नते).

व्यपकर्ष m. *Ausnahme.*

व्यपगतरश्मिवन्त् Adj. *strahlenlos* Cit. im Comm zu Sûrjas. 7,20,b. 21,a.

व्यपगम m. 1) *das Verstreichen* (eines Zeitraums). — 2) *das Schwinden.*

व्यपत्रपा f. (adj. Comp. f. आ) *Schüchternheit, Verlegenheit.*

व्यपदेश m. 1) *Aufgebot* (eines Heeres). — 2) *Bezeichnung, Benennung, Angabe* Kap. 5,110. 112. 6, 3. — 2) *das Sichberufen auf* (Gen.). — 4) *Geschlechtsname.* — 5) *Geschwätz.* — 6) *Vorwand, Ausflucht.* Instr. *unter einem bestimmten* (auch mit Hinzufügung von केन चित्) *Vorwande, nur angeblich;* Instr., व्यपदेशतस् und व्यपदेश° am Ende eines Comp. *unter dem Vorwande —, unter dem Schein von* 301,29. Çiç. 4,25. 20,72.

°व्यपदेशक Adj. *bezeichnend, benennend.*

व्यपदेशवन्त् Adj. *eine Bezeichnung —, einen Namen führend, bezeichnet.* पितृतस् *mit dem Namen des Vaters bezeichnet.*

व्यपदेशिन् Adj. 1) dass. Paribh. 30. 32. — 2) am Ende eines Comp. *a) bezeichnend* Çaṁk. zu Bâdar. 2,1,18 (S. 469). — *b) sich berufend auf,* so v. a. *sich richtend nach, Jmdes Rathschläge befolgend.*

व्यपदेश्य Adj. 1) *zu bezeichnen, zu nennen, anzugeben.* — 2) *als tadelnswerth zu bezeichnen, zu tadeln.*

व्यपनय m. *Entziehung* MBh. 5,141,7.

व्यपनयन n. *das Abreissen, Entfernen von seiner Stelle.*

व्यपनुत्ति f. *das Vertreiben.*

व्यपनेय Adj. *zu vertreiben, zu verscheuchen.*

*व्यपमूर्धन् Adj. *kopflos.*

व्यपयन n. *das Verschwinden, Aufhören.* v. l. व्यपनय.

व्यपयातव्य n. impers. *abeundum, discedendum;* mit Abl.

व्यपयान n. *Flucht.*

व्यपरोपण n. 1) *das Ausreissen, Abreissen.* — 2) *das Entfernen.* — 3) *das Vernichten.*

व्यपवर्ग m. 1) *Trennung —, Scheidung in Zwei, Abschnitt.* — 2) *Verschiedenheit.* — 3) *Einstellung, Beendigung* Gaimini 2,4,4.

व्यपसारण n. *das Verscheuchen, Entfernen.*

व्यपस्फुरण n. *das Auseinanderschnellen.*

व्यपाय m. 1) *das Aufhören, Schluss, Ende.* — 2) *das Abgehen, Fehlen, Nichtdasein.*

1. व्यपाश्रय m. (adj. Comp. f. आ) 1) *Sitz, Standort.* Am Ende eines adj. Comp. *seinen Sitz habend in, befindlich an* oder *in.* — 2) *Zuflucht, Verlass; Stützpunkt, Zufluchtsstätte, Gegenstand des Verlasses.* °व्यपाश्रयेण *im Anschluss an* Çaṁk. zu Bâdar. 2, 1,12. Am Ende eines adj. Comp. *seine Zuflucht auf Jmd* oder *Etwas setzend, vertrauend auf.*

2. व्यपाश्रय Adj. *sich auf Niemanden verlassend, selbständig verfahrend, nur an sich denkend.*

°व्यपेक्षक Adj. *Rücksicht nehmend —, achtend auf.*

व्यपेक्षण n. in अव्यपेक्षण.

व्यपेक्षा f. (adj. Comp. f. आ) 1) *Betracht, Rücksicht, — auf* (Gen. oder im Comp. vorangehend). Am Ende eines adj. Comp. *Rücksicht nehmend auf.* — 2) *Erwartung.* — 3) *Erforderniss, Voraussetzung* in सव्यपेक्ष. — 4) *Rection* (in grammatischem Sinne).

व्यपोह m. 1) *Wegschaffung, Vertreibung* Comm. zu Âpast. Çr. 11,20,2. — 2) *das Leugnen, Verneinen.* — 3) *Kehricht.*

°व्यपोहक Adj. *wegschaffend, verscheuchend* Kâraka 4,1.

व्यपोह्य Adj. in अव्यपोह्य.

व्यभिचरण n. *Unsicherheit, Ungewissheit.* Vgl. °स.

व्यभिचार m. 1) *das Auseinandergehen, Nichtzusammenfallen, Nichtzusammentreffen, Fehlgehen.* — 2) *Fehltritt, Vergehen* (insbes. in geschlechtlicher Beziehung und hier wiederum insbes. von Seiten des Weibes), — *gegen* (Gen., Loc. oder im Comp. vorangehend). — 3) *Wechsel, Wandel* in 2. अव्यभिचार. — 4) *Uebertretung, Verletzung.* — 5) *das Hinausgehen über, Ueberschreiten.* — 6) °भाव m. fehlerhaft für व्यभिचारिभाव.

व्यभिचारवन्त् Adj. in अ°.

व्यभिचारिता f. 1) *das Auseinandergehen, Nichtzusammenfallen, Fehlgehen.* — 2) *das nicht constant Sein, ein wechselndes Verhältniss.*

व्यभिचारित्व n. = व्यभिचारिता 2). एकशब्दस्य °त्वात् so v. a. *weil das Wort* एक *mannichfache Bedeutungen hat.*

व्यभिचारिन् Adj. 1) *abschweifend von* (im Comp. vorangehend). — 2) *auseinandergehend mit* (Abl.), *nicht zusammenfallend, fehl gehend.* — 3) *vom Wege abgehend, sich auf Abwegen befindend.* — 4) *ausschweifend, untreu* (vom Weibe), *— gegen* (Gen.). — 5) *wechselnd wandelbar, nicht constant* Kâvjapr. 4,28. 33. — 6) am Ende eines Comp. *übertretend, verletzend.*

व्यभिमान m. *eine verkehrte Auffassung* Njâjas. 4,2,3.

व्यभिहास m. *Verspottung.*

व्यभीचार m. 1) *Fehltritt, Vergehen.* — 2) *Wechsel, Wandel* MBh. 7,86,7. — Vgl. अव्यभीचार.

व्यभ्र Adj. (f. आ) *wolkenlos, nicht in Wolken gehüllt.* Loc. *bei wolkenlosem Himmel,* व्यभ्रक *bei* w. H. *erscheinend.*

व्यम्ल Adj. *ohne Säure.* Nom. abstr. °ता f. Kâraka 6,5.

1. व्यय्, व्ययति, °ते *verausgaben, verthun, verschleudern.* व्ययित Ind. St. 15,286. — *Caus. व्याययति (वित्तसमुत्सर्गे, त्यागे, गतौ).

2. व्यय्, व्ययति s. u. 1. व्या.

3. व्यय्, व्ययति (गतौ).

4. व्यय्, व्याययति (क्षेपे, प्रेरणे).

व्यय 1) Adj. *vergänglich.* Nur in Verbindung mit अव्यय und daher abgeleitet. — 2) m. (adj. Comp. f. आ) *a) Untergang, Verderben, das Zerstieben, Vergehen, Verschwinden, Ausgehen.* — *b) Einbusse, Verlust.* — *c) Hingabe, Aufopferung.* किं न कुर्याः शरव्ययम् *warum opferst* (d. i. *gebrauchst) du nicht deine Pfeile?* — *d)* कोशस्य, अर्थस्य, वित्तस्य, धनस्य, द्रविणस्य oder in Comp. mit diesen *Einbusse —, Hingabe —, Verausgabung —, Aufwand eines Schatzes* u. s. w. Ohne solche Ergänzung *Ausgabe, Aufwand, — für, Kosten von* (Loc. oder im Comp. vorangehend). Auch Pl. — *e) Mittel zum Aufwand, Geld.* — *f) Declination* (in grammatischem Sinne). — *g) das 20ste Jahr im 60jährigen Jupitercyclus* Ind. Antiq. 11,159. — 3) m. n. *das 12te astrol. Haus.* Auch °गृह n., °भवन n. und °स्थान n.

व्ययक Adj. *der die Ausgaben besorgt.*

व्ययकर Adj. (f. ई) dass. धन° *Geld verschwendend.*

व्ययकरण und °क m. *Zahlmeister* Pañkad.

व्ययकर्मन् n. *das Amt des Zahlmeisters, dessen, der die Ausgaben besorgt.*

व्ययकृत Adj. *verausgabt* Sâmav. Br. 3,7,9.

व्ययगत Adj. *verarmt* MBh. 13,6,46, v. l.

व्ययगुण Adj. *verschwenderisch, der sein Vermögen verausgabt hat* MBh. 13,6,46.

व्ययन, विव्ययन n. 1) *das Weggehen, Trennung.* — 2) *Verbrauch, Verschwendung.*

व्ययवत् Adj. 1) *unvollständig.* — 2) *viel ausgebend.* — 3) *declinirt.*

व्ययशालिन् Adj. *verschwenderisch* Râgat. 7,613.

व्ययशील Adj. dass.

व्ययसह Adj. *Ausgaben vertragend, unerschöpflich* (Schatz).

व्ययसहिष्णु Adj. *Verluste vertragend, aus Verlusten sich Nichts machend.*

व्ययितव्य Adj. *zu verausgaben* Kampaka 468.

व्ययिन् Adj. in उदय° und बहु°.

व्ययी Adv. mit कर् 1) *opfern, hingeben.* — 2) *verausgaben, verthun, verschleudern.*

व्यर्क Adj. *mit Ausschluss der Sonne.*

व्यर्ण Adj. *wasserlos.*

*****व्यर्ष** Partic. von अर्द् mit वि.

व्यर्थ Adj. (f. आ) 1) *zwecklos, unnütz, nutzlos, vergeblich.* **व्यर्थम्** Adv. *unnützer Weise, vergeblich; unverrichteter Sache.* — 2) *des Besitzes —, des Geldes beraubt.* — 3) *ausgeschlossen von* (Instr.), so v. a. *kein Recht habend auf* Âpast. 2,26,17. — 4) *sinnlos, widersinnig, einen Widerspruch enthaltend.* — 5) = **व्यर्थनामक** MBh. 8,9,92.

व्यर्थक Adj. = व्यर्थ 1). Nom. abstr. °ता f. Çiç. 16,43.

व्यर्थता f. 1) *Zwecklosigkeit, Nutzlosigkeit* zu Spr. 2337. — 2) *Sinnlosigkeit.* — 3) *Unwahrheit.*

व्यर्थत्व n. *Sinnlosigkeit, das im Widerspruch Stehen.*

व्यर्थनामक und °**नामन्** Adj. *einen Namen führend, der mit dem Wesen des Genannten im Widerspruch steht.*

व्यर्थय्, °**यति** *nutzlos —, zwecklos —, überflüssig machen* Kampaka 11.

व्यर्थी Adv. 1) mit कर् dass. Kâd. 38,15 (109,8). — 2) mit भू *nutzlos werden, seinen Zweck verfehlen* Naish. 8,19. Kâd. 59,5 (110,5).

व्यर्धुक Adj. *verlustig gehend, — einer Sache* (Instr.) Maitr. S. 2,4,1 (38,10). 4,5,6. Âpast. Çr. 12, 24,14.

व्यलीक 1) Adj. *a) unwahr, lügnerisch, heuchlerisch.* °म् Adv. — b) * = व्यङ्ग H. an. 3,94; vgl. Zach. Beitr. 86. — 2) *m. = नागर. — 3) n. *a) Leid, Schmerz.* — b) *Falsch, Lüge, Unwahrheit, Betrug.* Auch Pl. — c) *Uebelthat, Unthat* 314,18. 315,5. — d) * = वैलक्ष्य.

(व्यल्कशा) **विव्यल्कशा** f. *eine best. Pflanze.*

व्यवकलन n. (Bîgag. 2,10) und **व्यवकलित** n. (Lîlâv. 3,9) *das Subtrahiren.*

*****व्यवकिरण** f. *Mischung.*

व्यवच्छेद m. 1) *das Sichlosmachen —, Sichbefreien von* (im Comp. vorangehend). — 2) *Trennung, das Auseinandergehen, Unterbrochenheit* in अ°. — 3) *Ausschliessung.* — 4) *Sonderung, Unterscheidung.* — 5) *das Abschnellen eines Pfeiles.*

व्यवच्छेदक Adj. 1) *sondernd, unterscheidend.* Nom. abstr. °त्व n. — 2) *ausschliessend.* Nom. abstr. °त्व n.

व्यवच्छेद्य Adj. *auszuschliessen.*

*****व्यवदान** n. *das Läutern, Reinigen.*

व्यवदेश m. fehlerhaft für **व्यपदेश**.

*****व्यवधा** f. *Verhüllung.*

व्यवधातव्य n. impers. *zu trennen, zu scheiden.*

व्यवधान n. 1) *das Dazwischenliegen, Dazwischentreten.* Instr. so v. a. *mittelbar.* — 2) *Verhüllung, Decke, Hülle.* — 3) *Scheidung, Sonderung.* — 4) *Unterbrechung.* — 5) *Schluss, Beendigung.*

°**व्यवधानवत्** Adj. *überdeckt mit.*

व्यवधायक Adj. (f. °यिका) 1) *dazwischentretend.* — 2) *unterbrechend, störend.*

व्यवधायिक Adj. fehlerhaft für **व्यवधायक**.

व्यवधारण n. *eine specielle Bestimmung* Comm. zu Njâjam. 2,1,23 und zu Gaim. 2,1,33. Bei Çaṁk. zu Bṛh. Âr. Up. S. 150 ist zu lesen **अर्थबलाच्चवधारणं**.

व्यवधि m. *Verhüllung* Çiç. 7,38. 20,45.

*****व्यवन** n. zur Erklärung von **व्योमन्**.

व्यवलम्बिन् Adj. in **अव्यवलम्बिन्**.

व्यववय Adj. *zu beschreien.*

व्यवशातृ m. *das Abfallen, Zerfallen.*

व्यवसर्ग m. 1) *Freilassung.* — 2) *das Spenden.*

व्यवसाय m. 1) *eine anstrengende Arbeit* Karaka 3,6. — 2) *Beschliessung, Beschluss, Entschluss, Vorsatz, — zu* (Loc., Acc. mit प्रति oder im Comp. vorangehend) Vâsav. 280,4. Personificirt VP. 1,7, 28. — 3) *eine kaufmännische Unternehmung* Kampaka 380. — 4) *Entschlossenheit.* — 5) *erstes Innewerden.* — 6) *Lage, Zustand* MBh. 12,82,10.

व्यवसायवत् Adj. *Entschlossenheit besitzend, entschlossen, resolut, unternehmend.*

व्यवसायिन् 1) Adj. dass. — 2) m. etwa *ein resoluter Mann* Ind. Antiq. 9,175.

व्यवसित 1) Adj. s. u. 3. सा mit व्यव. — 2) n. *a) Beschluss, Entschluss, Vorhaben, Unternehmung.* — b) *ein muthiger Entschluss.*

व्यवसिति f. *fester Vorsatz, Entschlossenheit.*

व्यवस्त Adj. (f. आ) *umgebunden, umgewunden.*

व्यवस्था f. 1) *das je anders Sein, Besonderheit, eine abgegrenzte Sonderstellung* Kap. 1,149. 5,124. 6,45. Comm. zu Njâjam. 9,2.27. Çaṁk. zu Bâdar. 3,3,33. 55. Instr. so v. a. *in jedem einzelnen Falle bestimmt, nicht ad libitum.* Loc. so v. a. *in allen und jeglichen Fällen.* — 2) *Verbleib, das Verharren an einem Orte.* — 3) *Bestand, Constanz.* — 4) *eine feste Grenze* Çiç. 8,22. — 5) *das Feststehen, Ausgemachtsein, Entscheidung* (Gaut.); *eine bestimmte Regel in Bezug auf* (im Comp. vorangehend). Instr. *in festgesetzter Weise.* — 6) *eine feste Ueberzeugung, — Ansicht.* — 7) *ein bestimmtes Orts- oder Zeitverhältniss.* — 8) *Verhältniss, Proportion* Bhâvapr. 3,15,8. — 9) *Zustand, Lage.* — 10) *Fall.* — 11) *Gelegenheit.*

व्यवस्थातर् Nom. ag. *Feststeller, Bestimmer.*

व्यवस्थान 1) Adj. etwa *verharrend* (Vishnu). — 2) n. *a) das Verbleiben, Verharren, — in* (Loc. oder im Comp. vorangehend). — b) *Standhaftigkeit.* — c) *Zustand.* Sg. und Pl. *Verhältnisse, Umstände, Lage der Dinge* Gop. Br. 1,5,25. Râgat. 7,198.

व्यवस्थानप्रज्ञप्ति f. *eine best. hohe Zahl* (buddh.).

व्यवस्थापक 1) Adj. *festsetzend, feststellend, bestimmend* Comm. zu Njâjam. 1,4,55. Hâsj. 41,13. Nom. abstr. °त्व n. 10. — 2) n. fehlerhaft für **व्यवस्थापन**.

*****व्यवस्थापत्त्र** n. *Urkunde.*

व्यवस्थापन n. 1) *das Aufrichten, Ermuthigen.* — 2) *das Feststellen.*

व्यवस्थापनीय Adj. *festzustellen.*

व्यवस्थाप्य Adj. *für jeden einzelnen Fall festzustellen.* Auch n. impers.

व्यवस्थारत्नमाला f., **व्यवस्थार्णव** m. (Opp. Cat. 1) und **व्यवस्थासारसंग्रह** m. Titel von Werken.

व्यवस्थितत्व n. *Bestand, Constanz, das Bleibendsein.*

व्यवस्थिति f. 1) *Besonderheit, Unterschiedenheit, eine abgegrenzte Sonderstellung* Njâjam. 9,2, 23.25. — 2) *das Verbleiben, Verharren, — in* (Loc.). — 3) *Standhaftigkeit.* — 4) *Bestand, Constanz.* — 5) *das Feststehen, Ausgemachtsein, Bestimmtsein, Bestimmung.*

व्यवस्रंस m. in **अव्यवस्रंस**.

*****व्यवहरण** n. *Rechtshandel.*

व्यवहर्तर् Nom. ag. 1) *der sich mit Etwas beschäftigt, — abgiebt, Etwas anwendet;* mit Instr. Jâgñ. 2,240. — 2) *Richter.* — 3) * *ein* Vaiçja Râgan. 18,12.

व्यवहर्तव्य 1) Adj. *zu gebrauchen, zu verwenden.* — 2) n. impers. *zu handeln, zu verfahren.*

व्यवहार m. 1) *das Verfahren, Treiben, Handlungsweise.* अस्मदाज्ञया व्यवहारः कार्यः so v. a. *es soll nach unserm Befehl verfahren werden.* — 2) *Verkehr, — mit* (सह oder im Comp. vorangehend). — 3) *Hergang, Vorgang.* — 4) *der gewöhnliche Hergang im Leben, das gemeine Leben, allgemeiner Brauch.* — 5) *Thätigkeit, Beschäftigung, das Sichabgeben mit* (Loc. oder im Comp. vorangehend). — 6) *Geschäft, Handelsgeschäft, Handel, — mit* (im Comp. vorangehend) Hem. Par. 2,270. 277. — 7) *Vertrag.* — 8) *Rechtshandel, Streitsache, Process, — mit* (सह) Âpast. — 9) *Rechtspflege* Gaut. 11,19. — 10) *Rechtsfähigkeit, Majorennität* Gaut. 2,34. 10,48. — 11) *Gebrauch eines Ausdrucks, das Reden von.* तैरेवात्र व्यवहारः so v. a. *eben diese sind hier gemeint* 227,1. — 12) *Bezeichnung.* — 13) *das Anhalten zu einer Arbeit, eine auferlegte Zwangsarbeit* Jolly, Sch. 315. 318. — 14) in der Mathematik *Bestimmung.* — 15) bildliche Bez. *a) der Strafe.* — *b)* **des Schwertes.* — 16) **ein best. Baum.*

व्यवहारक 1) m. *Geschäftsmann.* — 2) f. °रिका *a) Dienerin.* — *b)* **Handel und Wandel, das gewöhnliche Thun und Treiben.* — *c)* **Besen.* — *d)* **Terminalia Catappa.*

व्यवहारकाण्ड n. Titel eines Werkes Opp. Cat. 1.

व्यवहारज्ञ Adj. *mit dem Hergang im Leben vertraut, so v. a. erwachsen, mündig.*

व्यवहारतत्त्व n. und **व्यवहारतिलक** m. Titel.

व्यवहारत्व n. Nom. abstr. zu व्यवहार 4) und 8).

व्यवहारदर्शन n. *das Prüfen einer Rechtssache, Rechtsprechen.*

व्यवहारदशा f. *das alltägliche Leben, die platte Wirklichkeit* Sarvad. 146,17.

व्यवहारदीधिति f. und **व्यवहारनिर्णय** m. Titel.

व्यवहारपद n. *Rechtsfall.*

***व्यवहारपाद** m. *einer der 4 Theile (Anklage, Vertheidigung, Beweis, Spruch) in einem Processe.*

व्यवहारप्रकाश m. und **व्यवहारमयूख** m. Titel Burnell, T.

व्यवहारमातृका f. *der Process mit allen seinen Theilen.*

व्यवहारमाधव Titel Burnell, T.

व्यवहारमार्ग m. *Rechtsfall.*

व्यवहारमाला f. Titel Opp. Cat. 1.

व्यवहारयितव्य Adj. *zu beschäftigen mit* (Instr.), insbes. *zwangsweise* Jolly, Sch. 315.

व्यवहारवत् 1) Adj. *sich beschäftigend mit* (im Comp. vorangehend). — 2) m. *Geschäftsmann.*

व्यवहारविधि m. *Rechtsverfahren, Rechtslehre.*

***व्यवहारविषय** m. *Rechtsfall.*

व्यवहारसमुच्चय m., **व्यवहारसार** n., **व्यवहारसिद्धि** f. und **व्यवहारसौख्य** n. (Bühler, Rep. No. 366) Titel.

व्यवहारस्थान n. *Rechtsfall.*

व्यवहारस्थिति f. *Rechtsverfahren* 212,26.

व्यवहाराङ्गस्मृतिसर्वस्व n. Titel eines Werkes Bühler, Rep. No. 367.

व्यवहारार्थस्मृतिसारसमुच्चय m. desgl. Burnell, T.

व्यवहारासन n. *Richterstuhl.*

व्यवहारिक Adj. fehlerhaft für व्याव°.

व्यवहारिन् 1) Adj. *a)* am Ende eines Comp. *α) verfahrend, zu Werke gehend.* — *β) Geschäfte machend.* — *b) rechtsfähig.* Nom. abstr. °रिता f. Kâtj. bei Aparârka. — 2) m. *a) Geschäftsmann, Kaufmann* Kampaka 6. Pañkad. — *b) eine best. mohammedanische Secte.*

व्यवहार्य 1) Adj. *a) womit man sich befassen kann in* अ°. — *b) mit dem man verkehren darf, verkehrsfähig.* — 2) *n. *Werthgegenstand* Râgan. 13,144.

व्यवहित s. u. 1. धा mit व्यव.

°**व्यवहृत्** Adj. *handelnd mit.*

व्यवहृति f. 1) *das Verfahren, Art und Weise zu handeln* Ind. St. 15,289. — 2) *Thätigkeit.* — 3) *Verkehr.* — 4) *geschäftlicher Verkehr, Handel.* — 5) *Rechtshandel, Streitsache, Process.* — 6) *Gerede* in दुर्व्यवहृति Nachtr. 3.

व्यवहृतितत्त्व n. Titel.

व्यवानिन् Adj. *dazwischen nicht athmend* Ait. Âr. 459,18.

व्यवाय 1) m. *a) das Dazwischentreten, Trennung durch Einschieben, das Getrenntsein durch* (Instr. oder im Comp. vorangehend). — *b) das Eindringen.* — *c) Umwandlung.* — *d) coitus.* — *e) Geilheit.* — *f)* *= शुद्धि. Fehlerhaft, vgl. Zach. Beitr. 16. — 2) *n. = तेजस्.

व्यवायिन् Adj. 1) *dazwischentretend, trennend.* — 2) *eindringend, sich in einem Andern ausbreitend, durchdringend* Karaka 6,12. Nom. abstr. °त्व n. 1,27. — 3) *den Beischlaf vollziehend.*

व्यवेतत्व n. *das Getrenntsein durch* (im Comp. vorangehend).

1. **व्यशन** m. in einer Formel. Andere Texte वैयशन, व्योम्निय und व्यश्नुविन्.

2. **व्यशन** Adj. (f. आ) *sich des Essens enthaltend* Hariv. 2,81,5.

व्योम्निय und **व्यश्नुविन्** m. in einer Formel. Vgl. 1. व्यशन.

व्यश्व, विअश्व 1) Adj. *pferdelos.* — 2) N. pr. eines Ṛshi und eines alten Fürsten. Auch Pl.

व्यश्वसारथ्यायुध Adj. *der die Pferde, den Wagenlenker und die Waffen eingebüsst hat* Gaut. 10,18.

***व्यष्टक** m. *schwarzer Senf.* v. l. मुष्टक.

व्यष्टका f. *der erste Tag in der dunkelen Monatshälfte.*

व्यष्टि 1) f. *a) das Erlangen, Erfolg.* Auch Pl. — *b) Einzelding, Einzelwesen.* — 2) m. N. pr. eines Lehrers.

व्यष्टिसमष्टिता f. Nom. abstr. *das Einzelding- und (oder) das Gesammtding-Sein* 259,28.

व्यस् (aus 2. अस् mit वि) *sondern, scheiden, zerlegen.* Nur विव्यास MBh. 1,60,5. 63,88.

1. **व्यसन** n. (adj. Comp. f. आ) 1) *das Hinundherbewegen.* — 2) *Fleiss, Betriebsamkeit.* — 3) *das Hängen an Etwas mit ganzer Seele, leidenschaftliche Neigung zu Etwas, das Versessensein auf Etwas* (Loc. oder im Comp. vorangehend). Ohne Ergänzung *Versessenheit, eine den Menschen beherrschende Leidenschaft,* insbes. *eine tadelnswerthe, eine schlechte Passion, Laster; Liebhaberei, Steckenpferd.* — 4) *Missgeschick, Widerwärtigkeit, Unfall; Uebelstand.* Häufig Pl. — 5) *Untergang* (eines Gestirns).

2. **व्यसन** fehlerhaft 1) Adj. Hariv. 7915 für व्यशन. — 2) n. MBh. 9,3423 für व्यंसन, 12,3910 für ऽव्यसन.

व्यसनब्रह्मचारिन् m. *Unglücksgefährte* Mudrâr. 134,7. 8 (200,14. 201,1).

°**व्यसनवत्** Adj. *der ein Ungemach mit — erlitten hat.*

व्यसनिता f. 1) *eine Liebhaberei für* (Loc. oder im Comp. vorangehend Spr. 7753. Kâd. 89,24 [161, 13]), *das Versessensein auf Etwas, grosse Leidenschaft für Etwas* Kâd. 65,6 (122,10). — 2) *eine den Menschen beherrschende Leidenschaft, eine schlechte Passion.*

°**व्यसनित्व** n. *das Fröhnen, Obliegen.*

व्यसनिन् Adj. 1) *sich abarbeitend, sich viele Mühe gebend* MBh. 3,313,110 = Spr. 5865. — 2) am Ende eines Comp. *leidenschaftlich ergeben, erpicht —, versessen auf* Spr. 7630. Ohne Ergänzung *eine Liebhaberei habend* Çaṁk. zu Bâdar. 2,2,17 (S. 543, Z. 9). — 3) *bösen Neigungen fröhnend, schlechte Passionen habend, lasterhaft.* — 4) *den ein Unfall betroffen hat, unglücklich, der einen Unfall mit* (im Comp. vorangehend) *gehabt hat* Çiç. 2.60. प्रत्यासन्न° *dem ein Unfall droht;* दुर्भिन° *der mit Hungersnoth zu kämpfen hat.*

व्यसनोत्सव m. *ein Fest, bei dem man seinen schlechten Passionen freien Lauf lässt, Orgien* u. s. w.

व्यसि Adj. *ohne Schwert.*

व्यसु Adj. (f. eben so) *entseelt, leblos, todt.*

व्यसुत्व n. *Verlust des Lebens.*

व्यस्तकेश Adj. (f. ई) *struppig.*

व्यस्तत्रैराशिक n. *rule of three terms inverse.*

व्यस्तपद n. *Gegenklage.*

व्यस्तपुच्छ Adj. *mit ausgebreitetem Schweife* Çulbas. 3,62.

व्यस्तविधि m. *inversion.*

*व्यस्तार n. *das Hervorquellen des Brunstsaftes auf den Schläfen des Elephanten.*

व्यस्थक Adj. *knochenlos.*

*व्यह्न् und *व्यह्न, Loc. व्यह्नि, व्यह्नि und व्यह्ने.

1. व्या, व्ययति, °ते 1) Act. Med. *einhüllend umlegen, verhüllen* R̥V. 4,22,2. पर्णाभिर्व्ययमाणा: (!); Med. *sich bergen, sich hüllen in* (Acc. oder Loc.) R̥V. 9,97,12. 107,18. वीत 1) *verborgen* R̥V. 4,7,6. — 2) *gehüllt in* (Instr.), *umgürtet mit* (Instr.). Vgl. कृत्स्नवीत. — Caus. व्याययति; vgl. u. सम्. — *Intens. वेवीयते. — Mit अधि, °व्ययन्ती MBh. 1,3,58 fehlerhaft (vgl. u. अव). अधिवीत *umwunden mit* (Instr.). — Mit अप 1) *abziehen, abdecken.* — 2) Med. (*sich herauswickeln, sich frei machen*) *läugnen* (intrans.). — Mit अपि *zudecken.* — Mit अभि Med. *sich hüllen in* (Acc.). — Mit अव *abziehen, abdecken.* MBh. 1,3,58 zu lesen अवव्ययन्ती. — Mit आ 1) *umhüllen* (als Hülle, mit Acc.). — 2) *sich bergen in* (Loc.). — Mit उद्, उद्वीत MBh. 7,365 fehlerhaft für उद्धूत. — Mit उप *umnehmen, umhängen* (die heilige Schnur über die linke Schulter und unter den rechten Arm). उपवीय Absol. — Mit नि *umhängen, umnehmen.* Absol. निवीय. निवीत *die heilige Schnur um den Hals tragend.* — Mit परि *umhüllen, überziehen, herumschlingen, schlingen um.* Med. *sich Etwas als Hülle umnehmen, sich bergen in.* परिवीत *umhüllt, gehüllt in, umschlungen —, umgeben von* (Instr. oder im Comp. vorangehend). — Mit प्रति, °वीत *verhüllt* Gop. Br. 2,3,22. Superl. °तम *ganz leise* ebend. und Vaitân. 22,12. — Mit सम् 1) Act. *zusammenwickeln.* — 2) Act. *zudecken, hüllen in* (Instr.). — 3) Med. (Act. Bhâg. P.) *anziehen,* mit Acc. — 4) Med. *sich hüllen in* (Instr.), *sich verhüllen.* — 5) Act. *Jmd Etwas* (wie ein Gewand) *anziehen,* so v. a. *ausstatten mit, ausrüsten.* Pâr. Gṛhj. संव्ययस्व fehlerhaft; vgl. AV. 14,1,45. — 6) संवीत a) *gehüllt in, bedeckt, umlegt, umwickelt, umgeben, versehen mit, verhüllt von;* die Ergänzung im Instr. oder im Comp. vorangehend. Ohne Ergänzung *verhüllt, bekleidet; geharnischt.* — b) *verhüllt,* so v. a. *verschwunden.* — c) *umgethan, umgelegt* Bâlar. 30,1. — d) *wozu man ein Auge zudrückt, stillschweigend gestattet von* (im Comp. vorangehend). — Caus. संव्यायित *gehüllt worden in* (Acc.) Hem. Par. 2,38. — Mit अनुसम्, अनुसंव्ययस्व Pâr. Gṛhj. 4,12 fehlerhaft; vgl. AV. 2,13,3. 19,24,5. अनुसंवीत *gehüllt in* (im Comp. vorangehend). — Mit अभिसम् Med. *dazu anziehen* Mân. Gṛhj. 1,9. Vgl. AV. 2,13, 3. 19,24,5. — Mit उपसम् Med. dass. AV. 19,24,5. उपसंवीत *gehüllt in* (im Comp. vorangehend).

2. व्या vielleicht = 3. वी *in Bewegung setzen.* अव्ययम् R̥V. 7,33,4.

3. व्या, व्याति MBh. 12,301,95 angeblich = व्याप्नोति, aber wohl fehlerhaft für ध्याति.

व्याकरण n. 1) *das Sondern, Scheiden.* — 2) *Auseinandersetzung, detaillirte Beschreibung.* — 3) *das Offenbaren, Kundthun.* Auch Pl. — 4) bei den Buddhisten *Enthüllung, Vorhersagung* Lalit. 123,4. 128,18. 129,12. 257,9. Kâraṇḍ. 28,1. 37,22. 89,16. 90,3. — 5) *Entfaltung, Schöpfung.* — 6) *Grammatik; grammatische Correctheit.*

*व्याकरणक n. *eine schlechte Grammatik.*

व्याकरणकौण्डिन्य m. N. pr. eines Mannes.

व्याकरणढुण्ढिक Titel eines Werkes Bühler, Rep. No. 770.

व्याकरणदीपप्रभा f. Titel eines Werkes Burnell, T.

व्याकरणमहाभाष्य n. Titel von Patañgali's *grammatischem Commentar.*

व्याकर्तर् Nom. ag. *Entfalter, Schöpfer* Çaṁk. zu Bâdar. 2,4,20. Nom. abstr. °तृत्व n. ebend.

व्याकार m. *Entwickelung, weitere Ausführung.*

व्याकारदीपिका f. Titel eines Werkes.

व्याकीर्ण 1) Adj. s. u. 3. कर् mit व्या. — 2) n. *Verwirrung* (der Casus).

व्याकुल 1) Adj. (f. आ) a) *ganz erfüllt —, voll von* (Instr. oder im Comp. vorangehend). निद्रा° so v. a. *schlaftrunken.* — b) *ganz mit Etwas beschäftigt;* die Ergänzung im Comp. vorangehend. — c) *von einem Gedanken oder einem Gefühle ganz beherrscht, bestürzt, aufgeregt, ausser sich, seiner nicht mächtig.* व्याकुल° Adv. Çiç. 12,24. — d) *in Verwirrung —, in Unordnung seiend, verworren* (von Leblosem). °म् Adv. — e) *zuckend.* — 2) *m. N. pr. eines Fürsten.

व्याकुलता f. Nom. abstr. zu व्याकुल 1) b) (211, 8) und c).

व्याकुलत्व n. Nom. abstr. zu व्याकुल 1) c).

*व्याकुलध्रुव m. N. pr. eines Fürsten.

व्याकुलय्, °यति 1) *Jmd in Aufregung versetzen, ausser sich bringen.* — 2) *Etwas in Verwirrung —, in Unordnung bringen.* — 3) व्याकुलित a) *erfüllt —, voll von* (im Comp. vorangehend). — b) *in Aufregung versetzt, bestürzt, ausser sich, seiner nicht mächtig.* — c) *verworren, in Unordnung gebracht, zerstört.*

व्याकुलालाप Adj. *verwirrt redend* und *zugleich verstimmt* (Laute) Kathâs. 90,48.

*व्याकुलितिन् Adj. = व्याकुलितमनेन.

व्याकुली Adv. 1) mit कर् a) *ganz mit Etwas erfüllen.* °कृत *erfüllt —, voll von* (Instr. oder im Comp. vorangehend). — b) *Jmd in Aufregung versetzen, verwirren, ausser sich bringen* 152, 14. — c) *Etwas in Unordnung bringen, verwirren.* — 2) mit भू *in Aufregung gerathen, verwirrt werden, ausser sich gerathen* Uttamak. 121.

*व्याकूति f. = भङ्गि.

व्याकृति f. 1) *Sonderung.* — 2) *Auseinandersetzung, detaillirte Beschreibung, weitere Ausführung.* — 3) *Erklärung.*

व्याकोप m. *Widerspruch, Widerstreit* Çaṁk. zu Bâdar. 2,1,26.

व्याकोश Adj. 1) *aufgeblüht, blühend.* — 2) *geöffnet, offen* (Hand). — Vgl. पद्म° Nachtr. 4.

व्याकोशकोकनद Adj. *blühende rothe Wasserlilien habend.* Nom. abstr. °ता f. Çiç. 4,46.

व्याकोशी Adv. mit कर् *öffnen* (die Hand) Comm. zu Gobh. 4,8,2.

व्याक्रिया f. *Entfaltung, Schöpfung* Çaṁk. zu Bâdar. 2,4,4.

व्याक्रोश m. und °क्रोशी f. *das Schelten, Schmähung.* Letzteres auch *Gekrächze* Harshak. 130,17.

*व्याक्रोशक Adj. *der da schilt, schmäht.*

व्याक्षेप m. 1) *Schmähung.* — 2) *Zerstreutheit.* मनोव्याक्षेपार्थम् *um den Geist zu zerstreuen* Hem. Par. 1,331.

°व्याक्षेपिन् Adj. *zerstreuend, verjagend* Mahâvîrak. 105,19.

व्याख्या f. *Erklärung, Auseinandersetzung, Commentar.* *°श्लोक m. = कारिका.

व्याख्यातर् Nom. ag. *Erklärer.* *f. °त्री.

व्याख्यातव्य Adj. *zu erklären.*

व्याख्यान 1) Adj. (f. ई) a) *erklärend, erläuternd.* — b) *erinnernd an* (Gen.), so v. a. *ähnlich* Pat. zu

P. 4,3,66, Vârtt. 4. — 2) n. *a) Erzählung.* — *b) das Hersagen, Recitation.* — *c) Erklärung, Auseinandersetzung.*

व्याख्यानप्रक्रिया f. Titel eines Werkes Bühler Rep. No. 316.

व्याख्यानय्, °यति *mittheilen, berichten, erzählen* 302,7 (im Prâkrit).

व्याख्यानरत्नावली f. und व्याख्यानविवरण n. Titel Burnell, T.

व्याख्यानशाला f. *Lehrstube.*

व्याख्यापरिमल m., व्याख्याप्रदीप m., व्याख्यामृत n., व्याख्यायिक (Burnell, T.), व्याख्यायुक्ति f., व्याख्यातार und व्याख्यासुधा f. Titel.

व्याख्यास्थान n. *Schule, Hörsaal* Vikramâñkak. 18,78.

व्याख्यास्वर m. *Redeton* (*mittlerer Ton* Comm.).

व्याख्येय Adj. *zu erklären* Çaṁk. zu Bâdar. 2,2,1.

व्याघट्टना f. *Reibung* Çiç. 3,6.

व्याघात m. 1) *Schlag, Hieb, Streich, Schuss, ictus* Vâsav. 125,3. — 2) *Niederlage* Çiç. 8,61. — 3) *Erschütterung, Aufregung, Beunruhigung.* — 4) *Verhinderung, Hinderniss.* — 5) (logischer) *Widerspruch* Kap. 5,55. Comm. zu Çiç. 15,123 (89). — 6) in der Rhetorik *eine Figur, in welcher einer Ursache widersprechende Wirkungen zugeschrieben werden.* — 7) *ein best. astron.* Joga Vâsav. 125,3.

व्याघातिम bei den Gaina *freiwilliges Verhungern nach einer tödtlichen Verletzung* Çilâñka 1,344.

व्याघारण 1) n. *das Umhersprengen, Besprengen* Âpast. Çr. 7,6,2. 13,14,8. Vgl. दिग्व्याघारण. — 2) m. Pl. *die Sprüche, welche die Besprengung begleiten,* Âpast. Çr. 11,14,8.

व्याघुटन n. *das Zurückkehren* Hem. Par. 1,328.

व्याघ्र॑, विघ्राघ्र॑ 1) m. *Tiger* (ein Bild edler Männlichkeit). Am Ende eines Comp. *ein Tiger unter* —, so v. a. *ein ganz ausgezeichneter* —. — 2) * *Pongamia glabra.* — *c*) * *rothblühender Ricinus* Râgan. 8,57. — *d*) N. pr. α) eines Rakshas VP.² 2,285. — β) verschiedener Männer. — 2) f. व्याघ्री *a) Tigerin.* — *b) Solanum Jacquini* Râgan. 4,30. Bhâvapr. 3,125. — *c*) N. pr. einer buddh. Göttin.

*व्याघ्रक m. Hypokoristikon von व्याघ्राजिन.

व्याघ्रकेतु m. N. pr. eines Mannes Harshak. 199,7.

व्याघ्रगिरि m. N. pr. eines mythischen *Berges* Ind. St. 14,122.

व्याघ्रग्रीव m. Pl. N. pr. eines Volkes.

व्याघ्रचर्मन् n. *Tigerfell* Âpast. Çr. 20,19.

व्याघ्रचर्ममय Adj. MBh. 6,1787 fehlerhaft für °चर्मच्छद, wie die anderen Ausgg. lesen.

व्याघ्रजम्भन Adj. *den Tiger vernichtend.*

*व्याघ्रतल m. *roth blühender Ricinus* Râgan. 8, 58. Vgl. व्याघ्रदल.

व्याघ्रता f. und व्याघ्रत्व n. Nom. abstr. von व्याघ्र *Tiger.*

*व्याघ्रदंष्ट्र m. *Tribulus lanuginosus.*

व्याघ्रदत्त m. N. pr. eines Mannes.

*व्याघ्रदल m. *Ricinus communis.* Vgl. व्याघ्रतल.

व्याघ्रनख 1) n. * *eine von Fingernägeln herrührende Wunde von bestimmter Form.* — 2) (*m. n.) *ein best. wohlriechender Stoff, unguis odoratus* Râgan. 12,131. Bhâvapr. 1,190. — 3) *m. n. *Wurzel* oder *eine best. Wurzel.* — 4) *m. *Tithymalus antiquorum.*

*व्याघ्रनखक n. = व्याघ्रनख 1).

*व्याघ्रनायक m. *Schakal.* Vgl. व्याघ्रसेवक.

व्याघ्रपद् 1) *Adj. *Tigerfüsse habend* L. K. 1045 — 2) m. *a*) * *Flacourtia cataphracta.* — *b*) N. pr. eines Ṛshi, eines Grammatikers u. s. w.

व्याघ्रपद् m. *eine best. Pflanze.*

व्याघ्रपद्य m. Patron. fehlerhaft für वैयाघ्रपद्य.

व्याघ्रपराक्रम m. N. pr. eines Mannes.

व्याघ्रपाद् m. 1) * *Flacourtia sapida* Râgan. 9, 161. — 2) * *Asteracantha longifolia* Râgan. 11,218. — 3) N. pr. verschiedener Männer.

*व्याघ्रपुच्छ m. *Ricinus communis* Bhâvapr. 1,201.

व्याघ्रपुर n. N. pr. einer *Stadt.*

व्याघ्रपुष्पि m. N. pr. eines Mannes.

व्याघ्र॑प्रतीक Adj. *das Ansehen eines Tigers habend.*

व्याघ्रबल m. N. pr. 1) eines Fürsten. — 2) einer mythischen Person Ind. St. 14,121. 122. 139. 151.

व्याघ्रभट m. N. pr. 1) eines Asura. — 2) eines *Kriegers.*

व्याघ्रभूति m. N. pr. eines Grammatikers.

व्याघ्रमारिन् m. N. pr. eines Mannes B. A. J. 9,266.

व्याघ्रमुख m. N. pr. 1) eines Fürsten. — 2) Pl. eines Volkes. — 3) eines Berges.

व्याघ्रराज m. N. pr. eines *Fürsten.*

*व्याघ्ररूपा f. *eine Art Momordica.*

व्याघ्रलोम॑न् n. *Tigerhaar.*

व्याघ्रवक्त्र 1) *Adj. *ein Tigergesicht habend.* — 2) m. N. pr. eines Wesens im Gefolge Çiva's. — 3) f. आ N. pr. einer buddh. Göttin.

*व्याघ्रश्वन् m. *ein tigerähnlicher Hund.*

व्याघ्रश्वेत m. N. pr. eines Jâtudhâna VP.² 2,292.

व्याघ्रसेन m. N. pr. eines Mannes.

व्याघ्रसेवक m. *Schakal* (soll dem Tiger das Wild zeigen) Râgan. 19,9. Ind. Antiq. 11,320.

व्याघ्राक्ष 1) *Adj. *tigeräugig.* — 2) m. N. pr. *a*) eines Wesens im Gefolge Skanda's. — *b*) eines Asura.

*व्याघ्राजिन m. N. pr. eines Mannes.

*व्याघ्राट m. *Feldlerche.*

*व्याघ्राण n. *das Beriechen.*

*व्याघ्रादनी oder *व्याघ्रादिनी f. *Ipomoea Turpethum.*

व्याघ्रिणी f. bei den Buddhisten N. pr. eines Wesens im Gefolge der Mütter.

व्याघ्रेश्वर n. Name eines Liñga.

(व्याघ्र्य) विघ्राघ्रिय Adj. *tigrinus.*

*व्याङ्गि m. Patron. von व्यङ्ग.

व्याचिख्यासु Adj. mit Acc. oder Gen. (!) *zu erläutern im Begriff stehend* Comm. in der Einleitung zu Âpast. Çr. 1 und 6.

व्याज m. n. (ausnahmsweise; adj. Comp. f. आ) *Betrug, Betrügerei, Hinterlist; Täuschung, falscher Schein, Vorwand.* Auch Pl. Am Anfange eines Comp. = व्याजेन *durch —, mit —, auf hinterlistige Weise; mit Hinterlist, zum Scheine, dem Scheine nach.* Am Ende eines Comp. hinter dem, *was die Täuschung bereitet* und *was simulirt wird, blosser Schein —, blosser Vorwand ist.* Am Ende eines adj. Comp. *nur den Schein von — habend, in der Gestalt von — erscheinend* Çiç. 18,75.

व्याजनिद्रित Adj. (f. आ) *sich schlafend stellend.*

व्याजनिन्दा f. *ironischer Tadel.*

व्याजपूर्व Adj. *den blossen Schein von Etwas habend.*

व्याजभानुजित् m. N. pr. eines Mannes.

व्याजमय Adj. (f. ई) *simulirt, erheuchelt.*

व्याजय्, °यति *Jmd hintergehen, täuschen.*

व्याजसुप्त 1) Adj. (f. आ) *sich schlafend stellend* Çiç. 11,9. — 2) n. *simulirter Schlaf.*

व्याजस्तुति f. *ironisches Lob* Vâmana 4, 3, 24. Kâvjapr. 10,26. Comm. zu Mṛkkh. 18,6.

व्याजिह्म Adj. *zur Seite geschoben, schief.*

व्याजीकरण n. *das Hintergehen, Täuschen.*

व्याजोक्ति f. *eine best. rhetorische Figur: heuchlerische Worte, Vertuschung* Vâmana 4,3,25. Kâvjapr. 10,32.

व्याड 1) *Adj. *tückisch, boshaft* Çâçvata 282, v. l. — 2) m. *a) Raubthier.* — *b*) **Schlange.* — *c*) **Schakal.* — *d*) Bein. Indra's.

*व्याडायुध n. *unguis odoratus.*

व्याडि und व्याळि m. Patron. N. pr. verschiedener Männer Z. d. d. m. G. 36,557 (eines Dichters).

*व्याडिशाला f. gaṇa छात्र्यादि.

व्याडीय 1) Adj. *von Vjâḍi herrührend,* — *verfasst.* — 2) m. Pl. *die Anhänger Vjâḍi's.*

व्याडीयपरिभाषावृत्ति f. Titel eines Werkes Bühler

LER, Rep. No. 319.

*व्याड्या f. Patron. f. zu व्याडि.

व्यात्त 1) Adj. s. u. 1. दा mit व्या. — 2) n. *das geöffnete Maul, Rachen.*

व्यात्युक्ती f. *gegenseitiges Bespritzen* ÇIÇ. 8,32. PRASANNAR. 155,5. ÂRJAV. 88,24.

व्यादान n. *das Aufsperren* (des Mundes, Maules) BÂLAR. 239,19.

व्यादायस्वापिन् m. N. pr. eines Dämons (*mit offenem Maule schlafend*) SUPARN. 23,6.

व्यादित Adj. s. u. 1. दा mit व्या.

व्यादिश् f. vielleicht *der zwischen zwei* विदिश् *gelegene Punct auf der Windrose.*

व्यादीर्घ Adj. *lang gestreckt.*

*व्यादीर्णास्य 1) Adj. *einen aufgerissenen Rachen habend.* — 2) m. *Löwe.*

व्यादीर्णी Adv. mit कर् *aufreissen* BHÂM. V.2,89.

व्यादेश m. 1) *Andeutung*, so v. a. *Ansatz zu* NIR. 14,6 (vgl. NILAK. zu MBH. 1,90,16). — 2) *eine Anweisung —, Vorschrift im Einzelnen, specielle Anweisung* GAIM. 3,4,51.

व्याध m. 1) *Jäger.* Im System *eine best. Mischlingskaste.* — 2) *ein roher Mensch.*

व्याधक m. *Jäger.*

व्याधगीति f. *die Lockstimme des Jägers* KÂD. 118,15. 16 (211,13. 212,1).

व्याधता f. *das Jägersein, Jagdleben* VISHNUS. 16,9.

*व्याधाम m. *Indra's Donnerkeil.*

व्याधाय्, °यते *einen Jäger darstellen.*

व्याधि m. 1) *Krankheit.* स्त्री° so v. a. *eine Plage von Weib.* Personificirt ist die *Krankheit* ein Kind des Todes. — 2) **Costus speciosus* oder *arabicus* RÂGAN. 12,122.

व्याधिघात m. 1) *Cathartocarpus fistula* BHÂVAPR. 1,172. 3,93. 6,29. Auch °क. — 2) **Calamus Rotang* RÂGAN. 9,107.

व्याधित Adj. (f. आ) *mit einer Krankheit behaftet, krank, kränklich* GAUT. LALIT. 348,4.

1. व्याधिन् Adj. *durchbohrend.*

2. व्याधिन् Adj. *mit Jägern versehen.*

*व्याधिरिपु m. 1) *Webera corymbosa.* — 2) *Pterospermum acerifolium* RÂGAN. 9,42.

व्याधिल in गोव्याधिल.

व्याधिवर्धक m. fingirter Name eines Arztes KAUTUKAR.

व्याधिसंघविमर्दन n. Titel eines Werkes.

व्याधिसमुद्देशीय Adj. *die Lehre von den Krankheiten betreffend* SUÇR. 1,88,20.

व्याधिसिद्धाञ्जन n. Titel eines Werkes OPP. Cat. 1.

व्याधिसिन्धु m. fingirter Name eines Arztes HÂSJ. 26,17.

*व्याधिस्थान n. *der Körper.*

*व्याधिहन्तर् m. *Yamswurzel* RÂGAN. 7,86.

व्याधी, विआधी f. *Sorge.*

व्याध्य Adj. als Beiw. Çiva's MBH. 7,2877. v. l. व्याध. Vgl. अव्याध्य.

व्यान, विआन m. *Athem, Hauch.* Bei der gewöhnlichen Eintheilung in प्राण, उदान, व्यान und weiterhin अपान, समान, soll es *den im ganzen Körper sich verbreitenden Lebenshauch* bezeichnen. Personificirt als ein Sohn Udâna's und Vater Apâna's.

व्यानदा Adj. *Athem gebend.*

व्यानदृंह् (Nom. °धृक्) Adj. *den* Vjâna *fest (dauernd) machend* TS. 7,5,19,2. KÂTH. 5,15.

व्यानभृत् Adj. *den* Vjâna *erhaltend.*

व्यानम्र Adj. (f. आ) *gebeugt* ALAMKÂRAÇ. 33,a,4.

व्यानम्री Adv. mit कर् *beugen, demüthigen, beschämen* BHÂM. V. 2,171.

(व्यानशि) विआनशि Adj. *durchdringend* RV. 9, 86,5. mit Acc. 3,49,3.

व्यानोदान, विआनोदान m. Du. *der* Vjâna *und* Udâna.

व्यापक Adj. (f. °पिका) *durchdringend, sich weit verbreitend, allgemein verbreitet;* in der Logik *stets enthalten in, inhärirend* SÂJ. zu RV. 10,34, 1. व्यापकं नि-अस् (AGNI-P. 25,20. 22. 23. 25. 30. 39. 43) und व्यापकं कर् (sc. न्यासम्) so v. a. *allerwärts auftragen, — hinschreiben, — hinmalen.* Nom. abstr. °ता f. und °त्व n. (KAP. 5,69. 6,59).

व्यापकतावादार्थ m. Titel eines Werkes OPP. Cat. 1.

व्यापत्ति f. 1) *Unfall, Unglücksfall, Widerwärtigkeit, Calamität, Ungemach; das Schadennehmen, Verderben, in Unordnung Gerathen, Misslingen, Entstellung;* auch so v. a. *Untergang, Tod* und *Schwund* (z. B. eines Lautes). — 2) *die Verwandlung des* Visarga *in den* Ûshman.

व्यापद् f. 1) = व्यापत्ति 1). Auch Pl. — 2) *eine unheilvolle That.*

व्यापन n. *das Durchdringen, Erfüllen* SÂJ. zu RV. 1,113,14.

व्यापनीय Adj. *zu durchdringen, zu erfüllen.*

व्यापाद m. 1) *Untergang, Tod.* — 2) *böse Gedanken, — Absicht* LALIT. 348,11. VAGRAKKH. 31, 14. 15.

व्यापादक Adj. *zu Grunde richtend, tödtlich* (Krankheit).

व्यापादन n. *Verderbniss* (trans.), *Zerstörung, Zugrunderichtung, Tödtung.*

व्यापादनीय Adj. *zu Grunde zu richten, zu tödten.* Nom. abstr. °ता f.

व्यापादयितव्य Adj. dass.

व्यापार m. (adj. Comp. f. आ) 1) *Beschäftigung, Geschäft, Thätigkeit, Bemühung, Function.* Acc. mit कर् *ein Geschäft besorgen, sich zu thun machen mit* (Loc.), *Hand anlegen, helfen;* mit व्रज् *sich machen an* (Loc.), mit या *sich kümmern um* (Gen.). सायकानाम् *der Pfeile Geschäft*, nämlich *das Ziel zu treffen.* In Comp. mit einem Subject oder mit einem Object (*Beschäftigung mit* u. s. w.).

देवव्यापारकारक Adj. *an die Götter Hand anlegend, gegen sie kämpfend* HARIV. 1,48,27. — 2) *das 10te astrologische Haus.*

व्यापारक am Ende eines adj. Comp. von व्यापार *Function.*

व्यापारण n. *das Veranlassen zu einer Thätigkeit.*

°व्यापारवत्ता f. *das Haben der Function von.*

व्यापारवत् Adj. *wirksam.* Vgl. कीदृग्व्यापारवत्.

व्यापारिन् 1) Adj. am Ende eines Comp. *sich beschäftigend mit.* — 2) m. *Arbeiter* Spr. 7728.

व्यापित्व n. *weite Verbreitung, das Weitreichen, Allgemeinheit.* Am Ende eines Comp. *das Sicherstrecken auf* 239,28.

व्यापिन् Adj. *sich ausbreitend, sich weithin verbreitend, allgemein verbreitet, überall hindringend;* am Ende eines Comp. *umfassend, enthaltend* (KARAKA 6,10), *reichend bis, verbreitet über, erfüllend, währ end.*

व्यापीत Adj. *ganz gelb.*

व्यापृत 1) Adj. s. u. 3. पर् mit व्या. — 2) m. *Beamter.*

व्यापृति f. *Beschäftigung, Thätigkeit* KARAKA 3,8 (व्यापत्ति gedr.).

व्याप्ति, विआप्ति f. 1) *das Erreichen, Erlangen, Zustandebringen.* — 2) *das Durchdringen, Erfüllen, Enthalten; das überallhin Sicherstrecken, das überall und stets Sein, Durchgängigkeit, Allgemeinheit* KAP. 5,29. Comm. zu NJÂJAM. 2,1,66. न व्याप्तिरेषा so v. a. *es ist dies keine Regel ohne Ausnahme.* Am Ende eines adj. Comp. °क.

व्याप्तिग्रहोपायटिप्पणी f. Titel BURNELL, T.

व्याप्तिनिरूपण n. Titel eines Werkes OPP. Cat. 1.

व्याप्तिमत्त्व n. *die Eigenschaft des Sicherstreckens auf Andere.*

व्याप्तिमत् Adj. *sich erstreckend; alldurchdringend, durchgängig, allgemein.*

व्याप्तिलक्षण n., व्याप्तिवाद m., °कोड m. und व्याप्त्यनुगम m. Titel OPP. Cat. 1.

व्याप्य 1) Adj. *das worin Etwas stets enthalten*

ist, — inhärirt. Nom. abstr. °त्व n. 281,28. 282,1. — 2) * n. *a)* = साधन, लिङ्ग. — *b) Costus speciosus* oder *arabicus.*

*व्याभाषक Adj. von 1. भाष् mit व्या.

व्याभाषित n. in दुःख°.

1. व्याम, विव्याम m. 1) *das Maass der ausgespannten Arme, Klafter,* = 5 Aratni Çulbas. 1,19. — 2) *Quere.* — 3) * *Rauch.* — 4) Pl. *eine best. Gruppe von Manen* VP.[2] 3,163. 339.

2. व्याम Varâh. Bṛh. S. 77,7 *Costus speciosus* oder *arabicus;* vgl. die Note zur Uebersetzung.

*व्यामन n. = 1. व्याम 1).

व्याममात्र Adj. (f. ई) *ein Klafter messend, — tief* u. s. w.

व्यामिश्र Adj. (f. आ) 1) *vermischt, vermengt.* Loc. so v. a. *wenn sowohl das Eine als auch das Andere zusammen erscheinen* 240,29. — 2) *vermischt —, vermengt mit, begleitet von, versehen mit* (Instr. oder im Comp. vorangehend). Nom. abstr. °ता f. Prasannar. 138,19. Naish. 3,130. — 3) *mannichfaltig, vielartig, ungleichartig* Pat. zu P. 3, 1, 26, Vârtt. 15. — 4) *zerstreut, unaufmerksam.*

व्यामोह m. 1) *Verlust der Besinnung* (Bâdar. 4,3, 5), *Mangel an klarem Bewusstsein, das Irresein, Verblendung —, Verwirrung des Geistes* Hemâdri 1, 553,14. निजकुल° *der Wahn, dass es die eigenen Genossen seien.* — 2) *Ungewissheit, Unsicherheit in Bezug auf* (im Comp. vorangehend) Comm. zu Âpast. Çr. 11,20,2.

°व्यामोहिन् Adj. *Jmds Geist in Verwirrung bringend* Hâsj. 15.

(व्याम्य) विव्याम्य Adj. *in die Quere gehend.*

व्यायच्छन n. in प्राण°.

व्यायतता f. *das Aufgesperrtsein* (des Mundes) Comm. zu Mṛkkh. 168,21.

व्यायतत्व n. *Kräftigkeit* Çâk. 37.

व्यायतन in *अकिंच° fehlerhaft für आकिंचन्यायतन; im Pâli आकिञ्चञ्ञायतन.

व्यायतपातम् Absol. *von Weitem heranfliegend* Kumâras. 5,54.

व्यायाम, विव्यायाम m. 1) *Kampf, Streit.* — 2) *körperliche Anstrengung, — Uebung, Anstrengung in* oder *bei, Uebung in* (im Comp. vorangehend). — 3) = व्याम *Klafter* Çulbas. 1, 21. Vgl. द्वि° (Nachtr. 6). — 4) * = दुर्गसंचार und विषम. — व्यायामाभ्यधिकम् MBh. 1,5014 fehlerhaft für व्याम्याभ्यधिकम्. — Vgl. noch Zach. Beitr. 44.

व्यायामप्रयोग m. Titel Burnell, T.

व्यायामभूमि f. *ein für körperliche Uebungen bestimmter Platz, Exercirplatz* u. s. w.

*व्यायामवन्त् Adj. *sich körperlich anstrengend, körperlichen Uebungen obliegend.*

व्यायामशाला f. *Turnhalle* Kâd. 83,21 (151,13).

व्यायामिक Adj. (f. ई) *körperliche Uebungen betreffend, dazu bestimmt* Ind. Antiq. 7,37.

व्यायामिन् Adj. = व्यायामवन्त्.

व्यायुक Adj. *entlaufend* Maitr. S. 4,1,5. Kap. S. 47,3.

व्यायुध Adj. *waffenlos.*

व्यायोग m. *ein best. einactiges Schauspiel* Dh. V. 3,11.

व्यायोगिम Adj. als Bez. eines best. Verbandes.

*व्यारोष m. *Groll, Unmuth.*

व्याल, विव्याल 1) Adj. *a) tückisch, hinterlistig, boshaft, bösartig.* Insb. von Elephanten gesagt. — *b)* * *verschwenderisch.* — 2) m. (adj. Comp. f. आ) *a) ein tückischer Elephant* Çiç. 18,48. — *b) Raubthier* Gaut. — *c) Schlange.* — *d)* * *Löwe.* — *e)* * *Tiger* Râǵan. 19.5. — *f)* * *Panther.* — *g)* * *Fürst, König.* — *h)* * *Plumbago ceylanica* Râǵan. 6,44. Bhâvapr. 1,164. — *i) der zweite Decan im Krebse, der erste im Scorpion und der dritte in den Fischen.* — *k) ein best. Metrum.* — *l)* Bez. *der Zahl acht* Gaṇit. Bhagaṇ. 2. — *m)* N. pr. eines Mannes. Vgl. व्याड. — 3) f. व्याली *Schlangenweibchen.* — 4) n. Bez. *einer der 5 Stadien in der rückläufigen Bewegung eines Planeten.*

व्यालक m. 1) * *ein tückischer Elephant.* — 2) *Raubthier* oder *Schlange.*

*व्यालकरज und *व्यालखड्ग (Râǵan. 12,132) m. *unguis odoratus.*

*व्यालगन्धा f. *die Ichneumonpflanze* Râǵan. 7,94.

व्यालग्राह und °ग्राहिन् (im Prâkrit Mudrâr. 33,1) m. *Schlangenfänger.* °ग्राहिणी f. *Schlangenfängerin.*

व्यालग्रीव m. Pl. N. pr. eines Volkes.

*व्यालजिह्वा f. *eine best. Pflanze* Râǵan. 4,99.

व्यालत्व n. Nom. abstr. zu व्याल *ein tückischer Elephant.*

*व्यालदंष्ट्र und *°क m. *Asteracantha longifolia* oder *Tribulus lanuginosus* Râǵan. 4,40.

व्यालद्रेष्काण m. = व्याल 2) *i).*

*व्यालनख m. *unguis odoratus* Râǵan. 12,131.

*व्यालपत्त्रा f. *Cucumis utilissimus* Râǵan. 7,204.

*व्यालपाणिज m. und *व्यालप्रहरण n. *unguis odoratus* Râǵan. 12,132.

व्यालमृग m. 1) *Raubthier.* — 2) *ein best. Raubthier.*

व्यालम्ब 1) Adj. *herabhängend.* — 2) * m. *rothblühender Ricinus.*

व्यालम्बिन् Adj. *herabhängend.*

व्यालवन्त् Adj. *von Raubthieren* oder *Schlangen bewohnt* Hemâdri 1,53,3.

व्यालवर्ग m. entweder = व्याल 2) *i)* oder *die beiden ersten Decane im Krebse und im Scorpion und der dritte in den Fischen.*

*व्यालवल m. *unguis odoratus* Râǵan. 12,132.

व्यालशिला f. Titel eines Werkes Opp. Cat. 1.

*व्यालायुध m. (!) n. *unguis odoratus* Râǵan. 12,132.

1. व्याली f. s. u. व्याल.

2. व्याली Adv. mit भू *zu einer Schlange werden.*

व्यालीय्, °यति *einer Schlange gleichen.*

व्यालोल Adj. *sich hinundher bewegend, zitternd, wogend* 168,15.

व्यालोलकुन्तलकलापवन्त् Adj. *mit wogendem Haare* Kaurap. 7.

व्यालोलन n. *das Hinundherbewegen* Venîs. 185.

व्यावक्रोशी f. *gegenseitiges Schmähen, — Schelten* Harshak. 173,13.

*व्यावचर्ची f. wohl *allgemeines Wiederholen* P. 3,3,43, Vârtt. 3.

*व्यावचोरी f. *allgemeines Stehlen* ebend.

*व्यावभाषी und *°भासी (!) f. *allgemeines Schmähen.*

व्यावर्ग m. *Abtheilung, Abschnitt.*

*व्यावर्त m. = नाभिकण्टक.

व्यावर्तक 1) Adj. (f. °र्तिका) *beseitigend, ausschliessend* Comm. zu Njâjam. 1,1,7. Nom. abstr. °ता f. und °त्व n. — 2) * m. *Cassia Tora* Râǵan. 4,202.

व्यावर्तन, विव्यावर्तन 1) Adj. (f. ई) *beseitigend, ausschliessend* (Çaṁk. zu Bâdar. 3,3,65), *abwendend.* Vgl. विग्रहव्यावर्तनी. — 2) n. *a) Wendung* (des Weges). — *b) das Sichabwenden.* — *c) das Sichschlingen um Etwas.*

व्यावर्तनीय Adj. *zurückzunehmen.*

व्यावर्त्य Adj. *zu beseitigen, auszuschliessen.*

व्यावहारिक 1) Adj. (f. ई) *a) dem Verkehr —, dem Leben angehörig, hier gültig, — zur Erscheinung kommend, landläufig, real* (im Gegensatz zu *ideal*) Hemâdri 1,616,3. — *b) umgänglich.* — *c) zum Process gehörig.* — 2) m. *a) Beamter.* — *b)* * Pl. *eine best. buddhistische Schule.* — 3) n. *Verkehr, Handel, Geschäft.* — Vgl. वैयवहारिक.

व्यावहारिकलक्षणखण्डनसार Titel eines Werkes Opp. Cat. 1.

*व्यावहारी f. *Umgang, Verkehr.*

व्यावहार्य Adj. *tauglich, brauchbar, noch frisch.*

व्यावहासी f. *allgemeines Lachen* Bhaṭṭ.

व्याविवृत्सु Adj. *sich von* — (Abl. oder im Comp. vorangehend) *zu befreien wünschend* Sâj. zu Ait.

Up. 232,7 (व्यात्रिवृत्सवो zu lesen). Comm. zu Vedântasâra (1829) 21,5.

व्यावृत् f. 1) *Unterscheidung, Auszeichnung, Vorrang vor* (Gen. oder Instr.). — 2) *das Aufhören* Âpast. Çr. 1,9,10.

व्यावृत्तव n. nach dem Comm. *Hinterlist*. Vgl. व्यावृत्तव.

व्यावृत्काम Adj. *einen Vorrang wünschend*.

°व्यावृत्तव n. *das sich nicht Vereinbarenlassen —, sich nicht Vertragen mit* Sâh. D. 122,10.

व्यावृत्ति f. 1) *das Sichabwenden, Zukehren des Rückens* in अ°. — 2) *Verdrehung* (der Augen). — 4) *das Sichlosmachen —, Sichbefreien von* (Abl.). — 4) *das Ausgeshlossenwerden —, Kommen um* (Abl.). — 5) *das Ausgeschlossensein, Ausschluss, Beseitigung* Kap. 6,30. Chr. 227,29. 248,12. परस्परम् Comm. zu Njâjam. 2,3,3. — 6) *Sonderung, Trennung, Unterscheidung, Distinctheit* (der Stimme); *Unterschied* Comm. zu Njâjas. 3,2,71. — 7) *Schluss, Ende* Âpast. Çr. 7,28,7. — 8) *ein best. Opfer*. — Vgl. परस्परव्यावृत्ति.

व्यावृत्सु Adj. fehlerhaft für व्याविवृत्सु.

व्याशा f. *Zwischengegend* (auf der Windrose).

1. व्याश्रय m. *Beistand, Parteinahme für Jmd.*

2. व्याश्रय Adj. *an etwas Verschiedenes sich anlehnend.*

व्यास m. 1) *Trennung.* — 2) *das Auseinanderziehen* (ein best. Fehler der Aussprache). — 3) *Ausführlichkeit, ausführliche Darstellung.* व्यासेन, व्यासात् und व्यासतस् *ausführlich.* — 4) *Breite, Durchmesser* Çulbas. 3,75. 78. 114. Comm. zu Âpast. Çr. 10,5,1 (Citat Baudhâjana's). 11,7,8. 9,4. —) *der auseinandergezogene Text*, Bez. des Padapâṭha. — 6) N. pr. eines mythischen Wesens, dem die Redaction und auch Abfassung einer Menge umfangreicher Texte (der Veda, des Mahâbhârata, der Purâṇa, des Vedânta u. s. w.) zugeschrieben werden. Er gilt für einen Sohn Parâçara's von der Satjavatî. Es werden 28 Vjâsa angenommen. — 7) v. l. für 2. व्याम.

व्यासकेशव m. N. pr. eines Autors.

व्यासगिरि (?) m. desgl. Burnell, T.

व्यासगीता f. Titel eines Abschnitts im Kûrmapurâṇa.

व्यासङ्ग m. 1) *das Anhaften, Anhangen.* — 2) *das Hängen an, Verlangen nach, Lust an, Leidenschaft für* (Loc. oder im Comp. vorangehend). — 3) *Verknüpfung, Zusammenhang.* — 4) *Zerstreutheit.* विषयान्तर° dass. Njâjas. 3,2,7.

व्यासतात्पर्यनिर्णय m. Titel eines Werkes Opp. Cat. 1.

व्यासतीर्थ N. pr. 1) n. eines Tîrtha. — 2) m. eines Autors. Auch °बिन्दु und °भितु (Burnell, T.).

व्यासतुलसी m. N. pr. eines Mannes.

व्यासत्र्यम्बक m. desgl.

व्यासत्व n. Nom. abstr. zu व्यास 6).

व्यासदत्त m. N. pr. eines Sohnes des Vararuki.

व्यासदास m. N. pr. eines Mannes. Auch Bein. Kshemendra's Bühler, Rep. S. 45.

*व्यासपरिपृच्छा f. Titel eines Werkes.

व्यासपूजा f. *eine best. Begehung.* °विधि m. Burnell, T.

व्यासभाष्यव्याख्या f. Titel eines *Commentars.*

*व्यासमातर् f. Bein. der Satjavatî.

व्यासमूर्ति m. Bein. Çiva's.

व्यासयति m. N. pr. eines Mannes.

व्यासवन n. N. pr. eines heiligen *Waldes.*

व्यासवर्य m. N. pr. eines Mannes.

व्यासविठ्ठलाचार्य m. N. pr. eines Autors Burnell, T.

व्यासशतक n., व्यासशिता f. (Opp. Cat. 1), °भाष्य n. (ebend.), °व्याख्या f. (ebend.) und व्यासशुकसंवाद m. Titel.

व्याससमासतस् Adv. *ausführlich und gedrängt.*

व्याससमासिन् Adj. *ausführlich und gedrängt.*

व्याससिद्धान्त m. Titel eines Werkes.

*व्याससू f. Bein. der Satjavatî.

व्याससूत्र n., °चन्द्रिका f., °भाष्य n. (Opp. Cat. 1), °वृत्ति f., °व्याख्या f. (Opp. Cat. 1), °शंकरभाष्य n. (ebend.) und °संगति f. (Burnell, T.) Titel.

व्यासस्थली f. N. pr. eines heiligen *Platzes.*

व्यासस्मृति f. Titel eines Werkes Burnell, T.

व्यासाचल m. N. pr. eines Dichters.

व्यासारण्य m. N. pr. eines Mannes.

व्यासाश्रय m. Bein. Analânanda's.

व्यासाष्टक n. Vjâsa's *Octade, Bez. eines best. Liedes.* Nach Bühler, Rep. S. 43 Vjâsadatta's *Octade.*

व्यासीय n. *ein Werk* Vjâsa's.

व्यासुकि m. wohl Patron. Vjâḍi's.

व्यासेध m. *Verhinderung, Störung, Unterbrechung.* Loc. mit वर्त् so v. a. *zur Last fallen* Ind. Antiq. 5,210. 6,15. 7,85. 9,239. 13,78.

व्यासेश्वर n. Name eines Liṅga. °तीर्थ n.

व्याहतत्व n. *das im Widerspruch Stehen* Kâvjapr. 175,6. Sâh. D. 227,3.

व्याहति f. *logischer Widerspruch.*

व्याहनस्य Adj. (f. आ) *sehr geil, sehr zotenhaft.*

व्याहन्तव्य Adj. *zu übertreten.*

व्याहरण n. *das Aussprechen.* मम °णात् *weil ich es sage.*

व्याहर्तव्य Adj. *Jmd* (Loc.) *zu sagen, mitzutheilen.*

व्याहार m. 1) *Aeusserung, Gespräch, Unterhaltung, das Sprechen, — über* (im Comp. vorangehend). — 2) *Gesang* (der Vögel). — 3) in der Dramatik *eine witzige Aeusserung* u. s. w.

°व्याहारमय Adj. (f. ई) *aus Aeusserungen —, aus Gesprächen über — bestehend.*

°व्याहारिन् Adj. 1) *sprechend, redend.* — 2) *singend.* — 3) *ertönend von.*

व्याहाव m. *der Ruf* शोंसावोम् Âpast. Çr. 12,27,17. 13,13,11. 15,14.

व्याहावम् Absol. *durch den eingeschobenen* Âhâva *trennend* Ait. Br. 3,37,19. Âçv. Çr. 7,3,7.

व्याहित s. u. 1. धा mit व्या.

व्याहृति f. 1) *Aeusserung, Ausspruch.* — 2) *Spruch, Ausruf;* so heissen kurze, aus einzelnen abgerissenen Worten bestehende Formeln, namentlich die Worte भूस्, भुवस्, स्वर्. Diese 3 personificirt als Tochter Savitar's von der Pṛçni. Auch व्याहृती; am Ende eines adj. Comp. f. व्याहृतिका. — 3) Name eines Sâman Ârsh. Br. °सामानि Lâṭj. 1,5,8.

व्याकृति f. v. l. für व्याहृति 3).

व्युच्छित्ति f. *Unterbrechung, Störung.*

व्युच्छेत्तर् Nom. ag. in अव्युच्छेत्तर्.

व्युच्छेद m. *Unterbrechung, Störung* Hem. Par. 1,262.

व्युच्य n. impers. *dagegen zu streiten, dareinzureden* Tâṇḍja-Br. 4,8,8.

व्युत s. u. 5. वा mit वि.

व्युत्क्रम m. 1) *Uebertretung, Fehltritt.* — 2) *das Heraustreten aus der Ordnung, Veränderung der Reihenfolge, umgekehrte Ordnung.*

व्युत्क्रमण n. *das Sichabsondern.*

व्युत्क्रान्त 1) Adj. *gewichen.* °जीवित Adj. (f. आ) *von dem das Leben gewichen ist, leblos* Daçak. 12,14. — 2) f. आ *eine Art Räthsel.*

व्युत्थातव्य n. impers. *abzustehen von* (Abl.).

व्युत्थान n. 1) *das Erwachen* 287,32. Bez. *einer best. Stufe im* Joga. — 2) *das Nachgeben* in अ°. — 3) *das Abstehen von seinen Verpflichtungen, Versäumniss der Pflichten.* — Nach den Lexicographen = प्रतिरोध (प्रतिरोधन, विरोधाचरण), स्वतन्त्रता (स्वैरवृत्ति, स्वातन्त्र्यकृत्य, स्वतन्त्रवृत्ति) und समाधिपारण.

व्युत्थिताश्व m. N. pr. eines Fürsten VP. 4,4,47.

व्युत्पत्ति f. 1) *die Entstehung —, Ableitung —, Auflösung —, Etymologie eines Wortes* Njâjam. 2,3,11. — 2) *das Sichheranbilden, Zunahme an Kenntnissen, Bildung* (Kap. 5,43. Bâlar. 103,6);

Bildungsstufe; feine Bildung, umfassende Gelehrsamkeit, vielseitige Kenntniss Kâvjapr. S. 3, Z. 13. Z. d. d. m. G. 36,361. 39,96. Vikramâñkak. 1,16. — 3) *Abweichung im Tone, das Erklingen eines fremden Tones.*

व्युत्पत्तिदीपिका f. Titel eines Werkes Opp. Cat. 1.

व्युत्पत्तिमत् Adj. *fein gebildet* (Person) Çaṁk. zu Bâdar. 1,1,1 (S. 19, Z. 8).

व्युत्पत्तिवाद m., °टीका f., °वाददीपिका und °वादार्थ m. Titel Opp. Cat. 1.

°व्युत्पादक Adj. *ableitend, herleitend, etymologisch erklärend.*

व्युत्पादन n. 1) *das Ableiten, Herleiten von* (Abl.). — 2) *das Belehren* Utpala zu Varâh. Bṛh. 2,15. Comm. zu Njâjam. 1,1,16.

व्युत्पाद्य Adj. 1) *abzuleiten, herzuleiten.* — 2) *darzulegen, darzuthun* Njâjam. S. 4, Z. 2 v. u.

व्युत्सर्ग m. 1) *das Verzichtleisten auf Alles* Hem. Jogaç. 4,89. — 2) *Erklärung, Aufhellung* (?).

व्युत्सेक m. *das Ausgiessen* Comm. zu Âpast. Çr. 6,12,4.

व्युद Adj. *wasserlos, trocken.*

व्युदक Adj. (f. आ) dass.

व्युदास m. 1) *das Fahrenlassen, Aufgeben.* — 2) *Beseitigung, Ausschliessung* Comm. zu Mṛkkh. 4, 2. — 3) *Vernichtung* (eines Feindes) Çiç. 15,37 (wenn शकट als *Karren* gefasst wird, würde व्युदास *das Umwerfen* bedeuten). — 4) *Ausgang, Ende.*

व्युँद्वूहन n. *das Auskehren, Ausfegen.*

व्युद्ग्रथन n. *das Aufbinden in mehreren Strängen.*

व्युँन्दन n. *das Benetzen.*

व्युन्मिश्र Adj. (f. आ) *vermischt —, versehen —, besudelt mit* (Instr.). v. l. विमिश्र.

°व्युपकार m. *das Genügethun, vollkommene Beobachtung.*

व्युपजाप und °जाव (schlechte Lesart) m. *das Zuflüstern.*

व्युपतोद m. *das Anstossen.*

*व्युपदेश m. *Vorwand.* Richtig व्यपदेश.

व्युपद्रव Adj. *keinem unglücklichen Zufall ausgesetzt.*

व्युपरम m. 1) *das zur Ruhe Gelangen, Aufhören.* — 2) *Neige* (des Tages).

व्युपरमम् Absol. *verschiedentlich pausirend* Âçv. Çr. 7,11,20.

व्युपवीत Adj. *ohne die heilige Schnur.*

व्युपशम m. *das Aufhören, Weichen.*

व्युपस्कर Adj. *ohne Zubehör* MBh. 8,94,15.

1. व्युप्तकेश Adj. *mit geschorenem Haar* Maitr. S. 2,9,5 (124,9).

2. व्युप्तकेश Adj. *mit verwühltem Haar.*

व्युप्तजटाकलाप Adj. *mit verwühltem Haarschopf* Bhâg. P. 4,5,10.

1. (व्युष्) विउँष् f. *Morgenhelle, Tagesanbruch.* Vgl. व्युषि.

2. *व्युष्, व्युष्यति (दाहे, विभागे). व्योषयति (उत्सर्गे).

व्युष in उपव्युषम्.

व्युषस in उपव्युषसम्.

(व्युषि), विउँषि Loc. Infin. zu 2. वस् mit वि RV.

व्युषित n. *Tagesanbruch.* Nur Loc.

व्युषिताश्व m. N. pr. eines Fürsten.

व्युँष्ट 1) Adj. s. u. 2. वस् mit वि. — 2) *n. a) *Tagesanbruch.* — b) = फल; vgl. व्युष्टि. — 3) m. *der Tagesanbruch* personificirt als ein Sohn Pushpârṇa's von der Doshâ oder als ein Sohn Vibhâvasu's von der Ushas.

*व्युष्टत्रिरात्र m. gaṇa युक्तारोह्यादि in der Kâç. v. l. व्युष्टित्रिरात्र.

व्युँष्टि, विउँष्टि f. 1) *das Aufleuchten der Morgenröthe, Hellwerden* VP. 2,8,48. निशानाम् Çukas. 2,11. — 2) *Lohn für* (Gen., Loc. oder im Comp. vorangehend), *Vergeltung* (in Gutem und Bösem) Hemâdri 1,416,6. 418,1. — 3) *Anmuth, Schönheit.* — 4) **Lob.* — 5) Bez. *bestimmter Backsteine* Âpast. Çr. 17,2. — 6) *ein best.* Dvirâtra Âpast. Çr. 18,8. Vaitân.

*व्युष्टित्रिरात्र m. gaṇa युक्तारोह्यादि. v. l. व्युष्टत्रिरात्र.

व्युष्टिमत् Adj. 1) *Lohn bringend.* — 2) *mit Anmuth —, mit Schönheit ausgestattet.*

व्युष्टिमत्त Adj. fehlerhaft für व्युष्टिमत्.

व्यूक m. Pl. N. pr. eines Volkes MBh. 6,9,61.

व्यूढ, व्यूळ्ह Partic. von 1. ऊह् mit वि und 1. वह् mit वि. Auch = व्यूढछन्दस् Comm. zu Tâṇḍja-Br. 12,7,5.

*व्यूढकङ्कट Adj. *der seine Rüstung angethan hat.*

व्यूँढछन्दस् und व्यूळ्ह° Adj. *mit verschobenen Metren* Çat. Br. 4,5,9,1. Ait. Br. 4,27,1.

व्यूढजानु und व्यूळ्हजानु Adj. *mit auseinander gebreiteten Knien.*

व्यूढोर Adj. MBh. 1,67,105. 117,14 fehlerhaft für व्यूढोरु, wie die beiden anderen Ausgg. lesen.

व्यूढोरस्क Adj. *mit breiter Brust* Pat. zu P. 1, 3,2. MBh. 3,64,13. 160,59. R. 3,55,4. Ragh. 1,13.

व्यूढोरु Adj. *mit dicken Schenkeln.*

*व्यूति f. *das Weben.*

व्यूध्नी Adj. f. *mit starkem Euter* Tâṇḍja-Br. 15, 10,11.

व्यूर्धभाज् Adj. Gaim. 6,5,17 fehlerhaft für व्यृद्धभाज्.

व्यूह् (aus 1. ऊह् mit वि) *in Schlachtordnung stellen.* Zu belegen Med. अव्यूहत und अव्यूहन्त. — Mit प्रति Med. (ausnahmsweise auch प्रत्यव्यूहत्) *sich in Schlachtordnung aufstellen gegen* (Acc.), *in Gegenschlachtordnung aufstellen* (das eigene Heer).

1. व्यूहँ m. 1) *Verschiebung, Verrückung.* — 2) *Auseinanderrückung, Zerlegung von Halbvocalen und zusammengesetzten Vocalen.* — 3) *Vertheilung, Anordnung der Theile, dispositio* Njâjas. 3,2,17. — 4) *Aufstellung eines Heeres, Schlachtordnung, ein Heer in Schlachtordnung.* आखेटव्यूह *ein geordneter Jagdzug,* व्यूहरचनां वि-धा *eine zum Kampf geeignete Stellung einnehmen.* — 5) *Gesammtheit, ein Ganzes, Complex, Menge, Schaar* Vâsav. 90,3. 97,13. 292,2. — 6) *ausführliche Auseinandersetzung, — Darstellung, — Beschreibung* Saddh. P. 7 (Uebersetzung S. 173). Vgl. सुखावतीव्यूह. — 7) *Erscheinungsform* Agni-P. 25,18. fgg. Insbes. *die Erscheinungsform* Purushottama's *in vierfacher Form, als* Vâsudeva, Saṁkarshaṇa, Pradjumna *und* Aniruddha. Häufig am Ende eines adj. Comp. nach einem Zahlwort. — 8) *Theil, Abschnitt, Kapitel.* — 9) * = निर्माण.

2. व्यूह m. *geistige Betrachtung, Erwägung, Raisonnement* Vgl. अकृत° Nachtr. 1.

व्यूहक am Ende eines adj. Comp. von 1. व्यूह 7) Agni-P. 25,41.

व्यूहन 1) Adj. *auseinanderrückend, sondernd* als Beiw. Çiva's. Nach Nîlak. = जगत्त्तोभक. — 2) n. *Verschiebung, Auseinanderrückung, gesonderte Aufstellung.* — 3) *das Auseinandertreiben.* — 4) *Entfaltung.*

*व्यूहपार्ष्णि m. oder f. und *व्यूहपृष्ठ n. *Hintertreffen.*

व्यूहमति m. N. pr. eines Devaputra.

व्यूहराज m. 1) *der Fürst unter den Schlachtordnungen, die Schlachtordnung der Schlachtordnungen.* — 2) *ein best.* Samâdhi Saddh. P. 23 (Uebersetzung S. 394). Kâraṇḍ. 51,13. 83,11. — 3) N. pr. eines Bodhisattva Saddh. P. 23.

व्यूहराजेन्द्रा f. N. pr. einer Kiṁnara-Jungfrau Kâraṇḍ. 6,8.

व्यूही Adv. mit कर् *in Schlachtordnung stellen.*

व्यृद्ध Adj. s. u. अर्ध् mit वि (auch Nachtr. 1 und 4).

व्यृद्धभाज् Adj. *die misslungene Opfergabe als Abschnitt erhaltend* Âpast. Çr. 9,4,9. Vgl. व्यूर्धभाज्.

व्यृद्धि, विॠद्धि f. 1) *Ausschliessung, Verlust.* — 2) *Misslingen, Missrathen, Vereitelung; Unfall* Gaut. Vaitân. — 3) *Misswachs, Mangel.*

व्येक Adj. (f. आ) *woran Eins fehlt.*

(व्येनस्) वि॑एनस् Adj. *schuldlos.*

(व्येनी) वि॑एनी Adj. f. *bunt schillernd.*

*व्योमान s. u. 1. अम् mit वि und vgl. 2. व्योमन्.

(व्यैलब) वि॑ऐलब Adj. *allerlei Lärm machend.*

व्योकस् Adj. *auseinander wohnend.*

व्योकार m. *Grobschmied* Harshak. (ed. Bomb.) 475,12.

(व्योद्न) वि॑ओद्न, Loc. nach Sâj. = विविधे ऽन्ने लब्धे सति.

व्योम m. N. pr. eines Sohnes des Daçârha. v. l. व्योमन्.

व्योमक *ein best. Schmuck.*

व्योमकश und *°केशिन् m. Bein. Çiva's.

व्योमग 1) Adj. *im Luftraume sich bewegend, fliegend.* — 2) m. *ein im Luftraume sich bewegendes Wesen, ein göttliches W.* Çiç. 18,50.

व्योमगङ्गा f. *die im Himmelsraume fliessende* Gaṅgâ.

व्योमगमन Adj. (f. ई) विद्या *die Zauberkunst des Fliegens.*

व्योमगामिन् Adj. = व्योमग 1).

व्योमचर 1) Adj. dass. — 2) m. *Planet* Golâdhj. 5,22.

व्योमचारिन् 1) Adj. = व्योमग 1). — 2) m. a) *Vogel. — b) *ein göttliches Wesen, ein Gott.* — c) = *चिरजीविन् und द्विजात (wohl Vogel).

*व्योमधूम m. *Rauch.*

व्योमध्वनि m. *ein vom Himmel kommender Laut.* °पति Hemâdri 1,622,16. Vgl. व्योमशब्द.

1. व्योमन्, वि॑ओमन् 1) n. a) *Himmel, Himmelsraum, Luftraum.* व्योम्ना, व्योममार्गेण und व्योमवर्त्मना *durch den Luftraum* (sich bewegen, so v. a. fliegen). Unter den Beiwörtern Vishṇu's Vishṇus. 1,54. — b) *Luft* oder *Raum* Kap. 6,59. — c) *Aether* (als Element) VP. 6,8,61. — d) *Wind im Körper.* — e) **Wasser.* — f) **Talk* Râgan. 13,114. — g) **Sonnentempel.* — h) *das 10te astrologische Haus.* — i) etwa *Erhaltung, Gedeihen.* = रक्षण Comm. — 2) m. a) in einer Formel. Nach Mahîdh. Pragâpati oder *das Jahr.* TS. 4,3,8,1 und 5,3,2, 2 n. statt m. — b) *ein best.* Ekâha. — c) N. pr. eines Sohnes des Daçârha VP. 4,12,16. v. l. व्योम.

2. व्योमन् Adj. etwa *unrettbar* in der Stelle वरुणो वा एतं गृह्णाति यं व्योमानं यक्ष्मो गृह्णाति Kâth. 13,6. Vielleicht व्योमानं zu lesen; vgl. Pat. zu P. 6,4,120, Vârtt.

*व्योमनासिका f. *Wachtel.*

व्योमपञ्चक n. vielleicht *die fünf Oeffnungen im Körper.*

व्योमपाद Adj. *dessen Fuss im Luftraum steht* (Vishṇu).

व्योमपुष्प n. *eine im Luftraume schwebende Blume,* so v. a. *Unding* Hem. Par. 2,108. Vgl. खपुष्प.

*व्योममञ्जर n. und *व्योममण्डल n. *Fahne.*

*व्योममुद्गर m. *Windstoss, Wirbelwind.*

*व्योममृग (Conj.) m. Name eines der 10 Rosse des Mondgottes. Vgl. व्योमिन्.

*व्योमयान n. *ein durch die Luft fliegender Wagen, Götterwagen.*

*व्योमरत्न n. *die Sonne.*

*व्योमवल्लिका f. *Cassyta filiformis* Râgan. 3,44.

व्योमव्यापिन् Adj. *den Luftraum erfüllend* Çiç. 18,3.

व्योमशब्द m. *ein vom Himmel kommender Laut* Hemâdri 1,622,17. Vgl. व्योमध्वनि.

व्योमशिवाचार्य m. N. pr. eines Autors.

व्योमसद्, वि॑ओमसद् Adj. *im Himmel wohnend.*

व्योमसरित् f. = व्योमगङ्गा.

व्योमस्थ Adj. *am oder im Himmel befindlich* Çiç. 19,19.

*व्योमस्थली f. *die Erde* (!).

व्योमस्पृश् Adj. *den Himmel berührend, bis zum H. reichend* Çiç. 4,31.

व्योमाधिप m. *der Oberherr des Himmels* (Çiva) Hemâdri 1,622,9.

*व्योमाभ m. *ein* Buddha.

व्योमारि m. N. pr. eines zu den Viçve Devâs gezählten Wesens.

व्योमिन् m. Name eines der 10 Rosse des Mondgottes VP.[2] 2,299. Vgl. व्योममृग.

*व्योमोदक n. *Regenwasser* Râgan. 14,4.

व्योम्निक in परम°.

व्योष, वि॑ओष 1) Adj. (f. आ) *glühend, brennend.* — 2) *m. *eine Elephantenart.* — 3) n. *die drei brennenden Species: schwarzer —, langer Pfeffer und getrockneter Ingwer.*

व्रँ 1) m. in einer Formel. — 2) f. व्रा॑ *Haufe, Schaar* ṚV. 1,121,2. Gewöhnlich व्रा॑स् Pl.

व्रक्तस् n. Verz. d. Oxf. H. 82, a, No. 138, Z. 7 fehlerhaft für वक्तस् *Brust.*

व्रज्, व्र॑जति, व्रजते (metrisch) 1) *schreiten, gehen, wandern* (30,2), — *zu Fusse* (auch mit पद्याम्, उपानद्याम् *in Schuhen*) oder mittelst eines Vehikels (धुर्यैस्, वृषस्थितः), *laufen* (von Pferden), *sich bewegen* (von unbelebten Dingen), *gehen* einen Weg (Acc.), — eines Weges (Instr.), eine best. Strecke (Acc.) *zurücklegen, hingehen zu* oder *nach* (Acc., seltener Loc., *Dat., अधस्, ऊर्ध्वम्, अन्यत्र, अन्यतस्), *gelangen zu* (Acc.). शरणम् *seine Zuflucht nehmen zu* (Acc.), मूर्ध्ना पादौ *sich zu Jmds* (Gen.) *Füssen werfen,* अन्तम् *an's Ende von* (Gen.) *gelangen;* **gehen nach Etwas* (Dat.), so v. a. *um dieses zu holen;* **gehen um zu* (Infin., Dat. eines Nom. act. oder ein verbales Adj. auf अक, wie कारक, भोजक 239, 5). व्रजित *gegangen* (अन्येन *auf einem andern Wege*). — 2) *zu einem Weibe* (Acc.) *gehen,* so v. a. *ihr beiwohnen* Karaka 6,2. — 3) *auf einen Feind losgehen,* auch mit Hinzufügung von विद्विषम्, द्विषतो ऽभिमुखम्, *अभ्यरि. — 4) *fortgehen, — von* (Abl.), — *aus dem Lande, davongehen* (auch von Unbelebtem), *verstreichen* (von der Zeit). — 5) mit पुनर् *in dieses Leben zurückkehren.* — 6) *gelangen zu,* so v. a. *theilhaftig werden;* mit Acc. Insbes. in einen Zustand —, in eine Lage —, in ein Verhältniss *gerathen, sich hingeben.* — 7) mit जीवन् Nomin. so v. a. *mit dem Leben davonkommen,* mit सुखम् so v. a. *sich wohl fühlen.* — Caus. व्राजयति (मार्गसंस्कारगत्योः, मार्गणसंस्कारे, मार्गणसंस्कारयोः, संस्कारे, सर्पणे) *treiben* Ait. Âr. 353, 20. — अव्राजयत् Tâṇḍja-Br. 4,10,1 und Comm. zu Ait. Âr. S. 5, Z. 5. 8 fehlerhaft für अव्रातयत्. — *Intens. वाव्रज्यते = कुटिलं व्रजति. — Mit अति 1) *vorüberschreiten* (Vaitân.), *vorüberfliegen* (von Vögeln). — 2) *durchstreichen, durchwandern, passiren.* — 3) *hinübergelangen* (in übertragener Bed.) *über* (Acc.). — Mit व्यति 1) *vorüber schreiten* Âpast. 1,14,30. — 2) *überschreiten* (Schranken). — Mit अनु 1) *entlang gehen,* mit Acc. — 2) *nachgehen, begleiten, folgen, nachlaufen* (einem Balle); mit Acc. Gaut. Vaitân. — 3) *besuchen, sich wohin begeben;* mit Acc. — 4) *eingehen in* (Acc.). — 5) in einen Zustand —, in eine Lage (Acc.) *sich begeben.* — Mit समनु *nachgehen —, folgen in Gemeinschaft.* — Mit अप *weggehen.* — Mit अभि 1) *hingehen, — zu, sich begeben zu* (Acc.) Vaitân. — 2) *durchlaufen.* — Mit आ 1) *herbeikommen, herankommen, hinschreiten zu, kommen zu* oder *in, sich begeben —, gelangen zu;* mit Acc. Vaitân. — 2) *zurückkommen, heimkehren, wieder abgehen* (von einem Klystier). Häufig mit Hinzufügung von पुनर्. — Mit उदा *vorwärts schreiten.* — Mit प्रत्युदा *nach der entgegengesetzten Richtung schreiten.* — Mit उपा *sich hinbegeben zu* (Acc.). — Mit प्रत्या *zurückgehen, — kehren;* mit Instr. des Weges. — Mit समा *zurückkehren.* — Mit उद् *das Haus verlassen.* उद्व्रजित *der das Haus verlassen hat.* — Mit प्रत्युद् *sich aufmachen und Jmd entgegengehen.* — Mit उप 1) *hinzutreten, sich hinbegeben zu* oder *nach* (Acc.). — 2) *Jmd nachgehen, folgen.* — Mit प्रत्युप *in feindlicher Absicht auf Jmd losgehen, angreifen;*

mit Acc. — Mit निस् *hinausschreiten.* — Mit परि 1) *herumschreiten, umherwandern.* — 2) *umwandeln,* mit Acc. — 3) *als obdachloser Bettler umherwandern, das Wanderleben eines Asketen beginnen;* bei den Ǵaina so v. a. *Mönch werden* Hem. Par. — Caus. *Jmd veranlassen Mönch zu werden* Hem. Par. 1,340. — Mit प्र 1) *vorwärts schreiten, weitergehen, fortgehen* (233,24. 25), — *von* (Abl. Baudh. 1,12), *wandern, sich auf den Weg machen,* — *nach* oder *in* (Acc., Loc. oder Dat.), *abziehen* (von Unbelebtem). प्रव्रजित *fortgegangen* (233,25), *davongelaufen* (Pferde), *ausgewandert, fortgezogen in* (Acc.). — 2) *das Haus verlassen um als Asket zu wandern* Âpast. 2,21,18. 19. Auch mit Abl. des Ortes, den man verlässt, und Acc. des Ortes, an den man sich begiebt. Bei den Ǵaina so v. a. *Mönch werden* Hem. Par. प्रव्रजित *der das Haus verlassen hat um als Asket zu leben* Âpast. 1,18, 31. Gaut. Auch mit Hinzufügung von वनम् Chr. 213,23. Bei den Ǵaina *Mönch geworden* Hem. Par. 1,432. — Caus. (प्रव्रजयति fehlerhaft) 1) *Jmd verbannen,* — *aus* (Abl.), — *in* (Acc.). — 2) *Jmd veranlassen als Asket zu wandern,* — *Mönch zu werden* Hem. Par. 1,300. 337. — 3) प्रव्राजित MBh. 6,3142 fehlerhaft für प्रव्रजित. — Mit अनुप्र *Jmd* (Acc.) *in die Verbannung folgen.* — Mit अभिप्र *vorschreiten in der Richtung zu Jmd hin* Âpast. Çr. 6,24,8. — Mit विप्र *auseinandergehen, fortgehen von* (Abl.) Âpast. 1,29,9. — Mit प्रति *heimkehren nach* (Dat.). — Mit सम् *wandeln.* — Mit अनुसम् *hinterher gehen, folgen;* mit Acc. — Mit उपसम् *hineintreten in* (Acc.).

व्रज 1) m. n. (dieses nur RV. 5,6,7; adj. Comp. f. आ) *Hürde zur Aufnahme des Viehs, Pferch, Stall; Hirtenstation.* — 2) m. *a)* Bez. der Umgegend von Agra und Mathurâ, dem Aufenthaltsort des Kuhhirten Nanda, Pflegevaters des Kṛshṇa. — *b) Heerde, Trupp, Schwarm, Menge.* संग्रामः सव्रजः *ein Kampf mit Vielen,* व्रजो गिरिमयः wohl so v. a. गिरिव्रज. — *c)* * *Wolke.* — *d)* * *Weg.* — *e)* N. pr. eines Sohnes des Havirdhâna.

*व्रजक m. *Asket.*

व्रजकिशोर m. *Hirtenknabe,* Bez. Kṛshṇa's.

व्रजक्षित् Adj. *im* (himmlischen) *Stall* d. i. *in der Wolke bleibend.*

व्रजन 1) n. *a) das Wandern, Hingehen* an einen Ort (अन्यत्र). — *b) Bahn, Strasse.* — 2) m. N. pr. eines Sohnes des Aǵamîḍha.

व्रजनाथ m. *Beschützer der Hürden,* Beiw. Kṛshṇa's.

व्रजभक्तिविलास n. Titel eines Abschnitts im Mâtsjapurâṇa.

व्रजभाषा f. *die um Agra und Mathurâ gesprochene Sprache.*

*व्रजभू m. *eine Kadamba-Art.*

*व्रजमण्डल n. = व्रज 2) *a).*

व्रजमोहन Adj. *die Hirtenstation verwirrend,* Beiw. Kṛshṇa's.

व्रजयुवति f. *Hirtin, Hirtenmädchen.*

व्रजराजदीक्षित m. N. pr. eines Mannes.

व्रजरामा f. *Hirtin, Hirtenmädchen.*

व्रजलाल m. N. pr. eines neueren Fürsten.

व्रजवधू und व्रजवनिता f. *Hirtin.*

व्रजवर Adj. *der beste in der Hirtenstation* (um Mathurâ), Beiw. Kṛhṇa's.

व्रजवल्लभ m. *der Liebling in der Hirtenstation* (um Mathurâ), Beiw. Kṛshṇa's.

व्रजविलास m. und व्रजविहार m. Titel von Werken.

व्रजसुन्दरी und व्रजस्त्री f. *Hirtin, Hirtenmädchen.*

व्रजस्पति (ungrammatische Bildung nach der Analogie von बृहस्पति) m. *Herr der Rinderhürde,* Beiw. Kṛshṇa's.

व्रजाङ्गन 1) n. *der Hofraum einer Hirtenstation* Pańkar. 4,8,10. — 2) f. आ *Hirtin, Hirtenmädchen* Vâsav. 190,3.

व्रजावास m. *Hirtenniederlassung.*

व्रजिन् Adj. *im Stall befindlich.*

व्रजेन्द्र und व्रजेश्वर m. *Vorstand der Hirtenstation* (um Mathurâ), Beiw. Kṛshṇa's.

*व्रजोपरोधम् Absol. *in der Hürde —, im Stall einschliessend* P. 3,4,49, Sch.

व्रजौकस् m. *Hirt* VP. 5,5,11.

व्रज्य Adj. *zur Hürde gehörig.*

व्रज्या f. 1) *Gang, Bewegung* Comm. zu Njâjas. 1,1,5. — 2) * *Aufbruch, Marsch.* — 3) * *das Umherstreichen.* — 4) *Abtheilung, Gruppe, Klasse.* — 5) * = रङ्ग (रंग vielleicht verlesen für वर्ग).

व्रज्यावत् Adj. *einen schönen Gang habend* Bhaṭṭ.

*व्रढिमन् m. Nom. abstr. zu वृढ.

व्रण्, व्रणति (शब्दार्थे). Nur in der Etymologie व्रणतीति व्रणः Suçr. — व्रणय् s. bes.

व्रण m., ausnahmsweise n. 1) *Wunde, offener Schaden am Leibe.* — 2) *Scharte, Riss, Verletzung, Fehler.*

*व्रणकारिन् Adj. *Wunden erzeugend, wund machend.*

*व्रणकृत् 1) Adj. dass. — 2) m. *Semecarpus Anacardium.*

*व्रणकेतुघ्नी f. *ein best. kleiner Strauch* Râǵan. 5,98.

व्रणग्रन्थि m. *Narbe* Mahâvîraḱ. 11,8. 9.

व्रणचिकित्सा f. Titel eines Werkes Opp. Cat. 1.

व्रणचिन्तक m. *Chirurg* Ḱaraka 6,27.

*व्रणजिता f. *Schoenanthus indicus.*

व्रणन n. *das Durchbohren, Durchlöchern* Bâlar. 25,17.

व्रणता f. Nom. abstr. zu einem auf व्रण auslautenden adj. Comp. Suçr. 1,36,2. 3.

*व्रणद्विष् m. (Nom. °द्विट्) *Clerodendrum Siphonantus.*

व्रणपट्ट m. (Bâlar. 188,17), °क m. und °पट्टिका f. *Binde um eine Wunde.* Am Ende eines adj. Comp. f. °पट्टिका.

व्रणमय Adj. in शस्त्र°.

व्रणय्, °यति *verwunden.* व्रणित *verwundet, wund.* व्रणयित *wund werdend* Hemâdri 1,448,21. — Mit निस्, निर्व्रणित *von Wunden geheilt.*

व्रणवत् Adj. *wund, verletzt* Çiç. 19,74. Râǵan. 13,117.

व्रणवस्तु n. *Sitz —, Ort einer Wunde* Suçr. 1, 83,7. 11.

व्रणविरोपण 1) Adj. *Wunden vernarben machend, — heilend* Çâk. 89. — 2) n. *das Heilenmachen einer Wunde* Daçak. 78,4.

व्रणशोषिन् Adj. *an Wunden —, an Geschwüren abzehrend.*

व्रणसंरोहण n. *das Vernarben —, Heilen einer Wunde.*

*व्रणह 1) Adj. *Wunden vertreibend.* — 2) m. *Ricinus communis.* — 3) f. आ *Cocculus cordifolius.*

*व्रणहृत् 1) Adj. *Wunden vertreibend.* — 2) m. *Methonica superba* Râǵan. 4,131.

व्रणायाम m. *Wundenschmerz.*

*व्रणारि m. 1) *Agati grandiflora.* — 2) *Myrrhe.*

व्रणास्राव m. *Ausfluss aus Wunden* oder *offenen Geschwüren.*

व्रणिन् Adj. *wund, verwundet* Hemâdri 1,637,6.

व्रणिल Adj. *wund* (Baum).

व्रणीय in द्विव्रणीय.

व्रण्य Adj. *für Wunden zuträglich.*

1. व्रत n. (adj. Comp. f. आ) 1) *Wille, Gebot, Satzung, Gesetz, vorgeschriebene Ordnung.* — 2) *Botmässigkeit, Gehorsam; Dienst.* — 3) *Gebiet.* — 4) *Ordnung,* so v. a. *geordnete Reihe, Reich.* — 5) *Beruf, Art; gewohnte Thätigkeit, Thun, Treiben, Gewohnheit, Weise, Verhalten, Lebensweise.* शुचि so v. a. *ein reines Gewissen.* — 6) *religiöse Pflicht, Gottesdienst; Pflicht* überh., — *gegen* (im Comp. vorangehend). — 7) *jede übernommene religiöse oder asketische Begehung oder Observanz: Regel,*

Gelübde, heiliges Werk (z. B. Fasten, Keuschheit). व्रतं चर् das Gelübde einhalten, insbes. Enthaltsamkeit üben. व्रतात् und व्रतवशात् in Folge eines Gelübdes. — 8) Gelübde überh., fester Vorsatz, — zu (ein Nom. act. im Dat., Loc. oder im Comp. vorangehend; परहिंसाकृतं व्रतम् so v. a. परिहिंसायै व्रतम्). — 9) beständiger Genuss einer und derselben Speise. Vgl. मधुव्रत u. s. w. — 10) blosser Milchgenuss als eine Observanz nach bestimmten Regeln, diese Milch selbst. — 11) Nahrung, Speise. अयाचित° Adj. VASISHTHA 21,20. — 12) so v. a. महाव्रत, nämlich Stotra oder der Tag desselben. — 13) व्रतम् mit einem Gen. oder im Comp. mit einem im Gen. gedachten Worte als Name von Sâman ÂRSH. BR.

2. व्रत³ 1) Adj. GṚHJÂS. 2,3. Nach dem Comm. = वेदव्रत der das Gelübde die Veda zu studiren auf sich genommen hat. — 2) m. a) von unbekannter Bed. AV. 5,1,7. ÂPAST. ÇR. 13,16,8. — b) N. pr. eines Sohnes des Manu von der Naḍvalâ.

व्रतक n. = 1. व्रत³ 7).

व्रतकल्प m. (OPP. Cat. 1,4553), °द्रुम m., व्रतकालनिर्णय m. und व्रतकोश m. (OPP. Cat. 1) Titel.

व्रतग्रहण n. Uebernahme eines religiösen Gelübdes, das Mönchwerden PAṄKAT. 34,9. HEM. PAR. 1,415.

व्रतचर्या f. Ausführung eines religiösen Werkes, einer Observanz u. s. w.

व्रतचारिन् Adj. einer religiösen Observanz u. s. w. obliegend, unter einer Regel oder einem Gelübde stehend, — zu Ehren von (Gen.). Nom. abstr. °चारिता f.

व्रततत्त्व n. Titel eines Abschnitts im Smṛtitattva.

व्रतति³ f. 1) * Ausbreitung. — 2) Schlinggewächs, Kriechpflanze, Ranke ÇIÇ. 7,45. VÂSAV. 261,1. Auch व्रतती ÇIÇ. 1,5.

व्रतदण्डिन् Adj. einen dem Gelübde entsprechenden Stab tragend.

व्रतदान n. 1) das Auferlegen eines Gelübdes. — 2) eine Schenkung in Folge eines Gelübdes AGNI-P. 208,1. fgg.

व्रतदुग्ध m. Vrata-Milch.

व्रतदुघा³ und व्रतदुह् f. (ÂPAST. ÇR. 10,16,8. Comm. zu 6) die Kuh, welche die Vrata-Milch liefert.

व्रतधर Adj. in दण्ड°, नग्न°, ब्रह्म°, भव°, महा° und मौन°.

व्रतधारण n. das Erfüllen einer religiösen Observanz, — der Pflichten, — gegen (Gen. oder im Comp. vorangehend).

व्रतधारिन् Adj. eine religiöse Observanz u. s. w. erfüllend GAUḌAP. zu SÂṂKHJAK. 15. Vgl. मौन°.

व्रतनी³ Adj. botmässig oder die Vrata-Milch führend.

व्रतपक्ष m. प्रजापतेर्व्रतपक्षौ Name zweier Sâman ÂRSH. BR.

व्रत³पति m. Herr des Gottesdienstes, der religiösen Regeln u. s. w.

व्रतपत्नी f. Herrin des Gottesdienstes u. s. w.

व्रतपा³ Adj. die Ordnung —, die heilige Pflicht wahrend, — beobachtend.

व्रतपारण n. das Beschliessen des Gelübdes der Fasten, Fastenbrechen, der erste Genuss von Speise nach vorangegangenem Fasten.

व्रतप्रकाश m. Titel eines Werkes, = व्रतराज.

व्रतप्रद³ Adj. die Vrata-Milch reichend ÂPAST. ÇR. 10,16,16. MÂN. ÇR. 2,2,1.

व्रतप्रदान n. 1) das Auferlegen eines Gelübdes. — 2) das Gefäss, in welchem die Vrata-Milch gereicht wird, ÂPAST. ÇR. 10,10,6.

व्रतभक्षण n. das Geniessen der Vrata-Milch. °काले Comm. zu KÂTJ. ÇR. 8,2,2.

व्रतभङ्ग m. das Brechen eines Gelübdes Verz. d. Oxf. H. 88,a,27. 282,b,41. fg.

व्रतभृ³त् Adj. die Ordnung —, die heilige Handlung u. s. w. tragend. Vgl. समानव्रतभृत्.

व्रतमाला f. Titel eines Werkes.

व्रतमिश्र Adj. mit Vrata-Milch gemischt KÂTJ. ÇR. 8,2,2. 26,7,33.

व्रतमीमांसा³ f. Abwägung der Observanzen ÇAT. BR. 14,4,3,30.

व्रतय्, व्रत³यति 1) die (heisse) Vrata-Milch geniessen. Auch mit Hinzufügung von पयस् u. s. w. — 2) nach vorangegangenem Fasten geniessen TÂṆḌJA-BR. 4,10,1. Comm. zu AIT. ÂR. 5,5,8. An beiden Stellen अव्रजयत् gedr. — 3) *eine Speise vermeiden. — Mit उप als Vrata-Zuspeise geniessen.

व्रतयितव्य Adj. zu geniessen (Vrata-Milch) Comm. zu TS. 1,410,13.

व्रतराज m. Titel eines Werkes.

व्रतरुचि Adj. Gefallen an Gelübden u. s. w. findend, religiös 174,23.

व्रतलोप m. Verletzung einer Observanz, — eines Gelübdes VAITÂN. JÂǴN. 3,236. Vgl. स्नातक°.

व्रतलोपन n. dass. M. 11,61. JÂǴN. 3,238.

व्रतवत् Adv. wie bei der Vrata-Milch KÂTJ. ÇR. 8,1,10.

व्रत³वत् Adj. 1) eine Regel —, ein Gelübde u. s. w. erfüllend, denselben obliegend. — 2) mit dem Vrata d. h. Mahâvrata verbunden. — 3) das Wort व्रत³ enthaltend.

व्रतवल्ली f. (BURNELL, T.) und व्रतविधि m. (OPP. Cat. 1) Titel.

व्रतविसर्ग s. u. व्रतादेशन.

व्रतविसर्जन Adj. (f. ई) eine Observanz beschliessend KAUÇ. 42. 68. VAITÂN.

व्रतविसर्जनी³योपयोग Adj. zum Schluss einer Observanz gehörig ÇAT. BR. 5,5,3,2.

व्रतशय्यागृह n. ein zur Erfüllung einer religiösen Regel —, eines Gelübdes bestimmtes Schlafgemach.

व्रतश्रपण n. das Kochen der Vrata-Milch.

*व्रतसंग्रह m. Uebernahme eines Gelübdes, Weihe zu einer religiösen Feier.

व्रतसमापन Adj. (f. ई) eine Observanz beschliessend KAUÇ. 42.

व्रतसंपात m. Titel eines Werkes OPP. Cat. 1.

व्रतसंपादन n. Erfüllung einer religiösen Obliegenheit, — eines Gelübdes VIKRAM. 37,7.

व्रतस्थ Adj. (f. आ) einem Gelübde u. s. w. obliegend. Vgl. कन्याव्रतस्था unter कन्याव्रत.

व्रतस्थित Adj. Gelübden obliegend, so v. a. im Lebensalter eines Brahmakârin stehend.

व्रतस्नात Adj. der die Gelübde (nicht aber den Veda) absolvirt hat. Vgl. विद्या°, विद्यावेद° und वेदविद्या°.

व्रतस्नातक Adj. dass. GOBH. 3,5,22. Vgl. विद्या°.

व्रतस्नान n. das Absolviren der Gelübde.

व्रतहानि f. Verletzung der Observanz, — der Gelübde ÇÂṄKH. GṚHJ. 5,1.

व्रतातिपत्ति f. Versäumniss dessen, was zur Observanz gehört.

व्रतादान n. Uebernahme eines religiösen Gelübdes, das Mönchwerden H. 81. HALÂJ. 4,91. HEM. PAR. 1,296. 411.

व्रतादानीय Adj. zur Uebernahme eines religiösen Gelübdes gehörig KAUÇ. 56.

व्रतादेश m. eine Anweisung zur Uebernahme eines Vrata, Auflegung eines Gelübdes u. s. w., insbes. des ersten Gelübdes beim Brahmakârin.

व्रतादेशन n. Auflegung —, Uebernahme eines Gelübdes 38,15. ÇÂṄKH. GṚHJ. 2,11. °विसर्ग m. Pl. Uebernahme und Beendigung eines G. PÂR. GṚHJ. 2,10,10.

व्रतार्क m. und व्रतावली f. Titel.

व्रताश Adj. MBH. 3,31,37 nach NILAK. = मितं क्षितं मेध्यं चाश्नाति.

व्रतिक in अ°, चान्द्र°, बक°, बिडाल°, बैडाल° und महा°. उमा° HARIV. 7820 fehlerhaft für उ-

मात्रतक.

व्रतिन् 1) Adj. *in Erfüllung einer Observanz* u. s. w. *begriffen* Vaitân. Am Ende eines Comp. auch *obliegend, verehrend, sich benehmend wie.* — 2) m. N. pr. eines Muni. — 3) f. व्रतिनी *Nonne* Hem. Par. 1,387.

व्रतेयु m. N. pr. eines Sohnes des Raudrâçva.

व्रतेश m. *Herr der Observanzen* u. s. w. (Çiva).

व्रतोद्यापन n. (Burnell, T.) und °कौमुदी f. (Opp. Cat. 1) Titel.

व्रतोपनयन n. *das Einführen in eine Observanz* u. s. w.

व्रतोपसद् f. Pl. *die* Vrata-*Milch und die Feier* Upasad Çat. Br. 3,4,4,26.

व्रतोपक्ष m. अङ्गिरसाम् Name eines Sâman. Richtig व्रतोपोक्ष.

व्रतोपायन n. *Eintritt in eine Observanz* u. s. w.

व्रतोपायनवत् Adv. Kâtj. Çr. 4,12,10.

व्रतोपायनीय Adj. *zum* व्रतोपायन *gehörig* u. s. w. Comm. zu Âpast. Çr. 5,4,11.

व्रतोपोक्ष m. अङ्गिरसाम् Name eines Sâman Ârsh. Br. Vgl. व्रतोपक्ष.

1. (व्रत्य) व्रतिय Adj. *gehorsam, treu;* mit Gen.

2. व्रत्य 1) Adj. *einer Observanz angemessen, dazu geeignet, — gehörig, Theilhaber einer Observanz.* — 2) n. *Fastenspeise* Kâtj. Çr. 8,7,23.

व्रद्, व्रन्द्, व्रदते, *व्रन्दति *weich —, mürbe werden* RV.

व्रन्दिन् Adj. *mürbe —, morsch werdend.*

व्रयस् n. etwa *erdrückende Gewalt, Uebermacht.* Nach Sâj. = वर्जन.

1. व्रश्च्, वृश्चति (Pass. वृश्च्यते) *abhauen, zerschneiden, spalten, fällen* (einen Baum) Vaitân. Med. वृश्चते (wohl वृश्च्यते zu lesen) in der Bed. des Passivs AV. 6,136,3. 8,10,18. वृकणान् (!) Partic. Bhâg. P. वृकणा (वृक्ण fehlerhaft) *abgehauen, gespalten, gefällt.* — *Intens. वरीवृश्च्यते. — Mit अपि *abhauen, zerhauen.* — Mit अव *abschneiden, abtrennen.* — Mit आ *abtrennen von, ausser Verbindung bringen —, verfeinden mit* (Dat. oder Loc.). आवृश्चेत् und आवृश्चेत hier und da fehlerhaft für आवृश्च्येत Pass. — Mit नि *niederhauen, fällen.* — Mit निस् *ausroden.* निर्वृश्च्य Absol. Comm. zu Âpast. Çr. 10,20,7. Vgl. निर्व्रस्क. — Mit परि *beschneiden.* परिवृकणा *verstümmelt.* — Mit प्र *abschneiden, abspalten, zerhauen.* प्रवृकणा *abgehauen.* — Mit वि *zerspalten, in Stücke hauen, zerhacken.* विवृकणा *zerspalten* u. s. w. — Mit सम् *in Stücke hauen, zerstückeln.*

2.*व्रश्च् Adj. *abhauend* u. s. w.

व्रश्चन 1) Adj. *abhauend, fällend, zum Abhauen* u. s. w. *dienend* Mahâvirak. 42,2. — 2) m. a) * *Säge oder Feile.* — b) *durch Einschnitte in einen Baum gewonnenes Harz* Gaut. — 3) n. *das Abhauen, Spalten, Zerhauen, Einschneiden* u. s. w.

*व्रष्टव्य Partic. fut. pass von 1. व्रश्च्.

व्रस्क Adj. *behauend* in यूपव्रस्क.

व्राचट Adj. Bez. eines Apabhramça-Dialects.

व्राज m. 1) *Haufe.* व्राजम् *in Haufen.* — 2) * *Haushahn.*

व्राजपति und व्राजपति (AV. 7,72,2) m. *Anführer des Haufens* oder *der Haufen*, etwa *Herzog.*

व्राजबाहु m. Du. nach dem Comm. *ausgestreckte Arme.*

*व्राजि f. *Wind.*

व्राजिन् in विष्ठाव्राजिन्.

व्राण s. u. 1. वर् 7).

व्रात m. *Schaar, Haufen, Trupp, Abtheilung* (von Kriegern u. s. w.), *Gilde, Genossenschaft; Schwarm* (von Bienen Çiç. 4,35. Vâsav. 140,8), *Menge* überh. (auch von Unbelebtem) Vâsav. 261,1.

व्रातपत Adj. (f. ई) *zu* Vratapati *in Beziehung stehend, an ihn gerichtet* u. s. w. Âpast. Çr. 9,3, 24. Vasishtha 22,10. °पतेष्टिप्रयोग Burnell, T.

व्रातपति m. *Herr der Schaar, — Gilde* u. s. w.

व्रातपतीय Adj. = व्रातपत Comm. zu Kâtj. Çr. 25,5,1.

व्रातभृत Adj. (f. ई) *an* Agni vratabhṛt *gerichtet* Âpast. Çr. 9,3,23. 24.

°व्रातमय Adj. *aus einer Menge von — bestehend* Bhâg. P. 4,9,60.

व्रातसाह् (Padap. °सह्) Adj. *Schaaren besiegend* oder *in Schaaren siegend.*

व्रातिक n. *eine best. Observanz* Gobh. 3,1,28.

व्रातीन Adj. *einer herumschweifenden Bande angehörend, das Leben eines Vagabunden führend.*

1. व्रात्य Adj. *zum* Vrata d. i. Mahâvrata *gehörig.*

2. व्रात्य 1) m. *ein einer herumschweifenden Bande Angehöriger, Landstreicher, ein Umherschweifender; Mitglied einer Genossenschaft, welche ausserhalb der brahmanischen Ordnung steht; ein Ausgestossener.* Als Anrede an einen ankommenden Gast wird das Wort im Comm. zu Âpast. 2,7,13 durch व्रते सुकृते साधः erklärt, während es auch hier wohl *Wanderer* bedeutet. — 2) f. व्रात्या a) f. zu 1). — b) *ein umherschweifendes Leben.*

3. व्रात्य Adj. zu 2. व्रात्य 1) AV. 19,23,25.

व्रात्यगण m. *eine herumschweifende Bande.*

व्रात्यचरण n. und व्रात्यचर्या f. *ein umherschweifendes Leben.*

व्रात्यता f. Nom. abstr. zu 2. व्रात्य 1) Vishnus. 37,19.

व्रात्यधन n. Pl. *die Habe eines* 2. Vrâtja Lâtj. 8,6,28.

व्रात्यब्रुव m. *sich* 2. Vrâtja 1) *nennend.*

व्रात्यभाव m. = व्रात्यता, व्रात्यचरण.

व्रात्ययज्ञ m. *ein best. Opfer* Comm. zu Tândja-Br. 17,1,1.

व्रात्यस्तोम m. Bez. *gewisser* Ekâha Gaut. Vasishtha 11,79. Vaitân. Auch in Verbindung mit क्रतु.

व्राध् etwa *reizen, anspornen.* Nur व्राधत्त und Partic. व्राधत् mit Superl. व्राधत्तम.

व्रिश् f. *Finger.*

*व्री, व्रीणाति, व्रिणाति und व्रीयते (वरणे). — Caus. व्रेपयति.

व्रीड्, व्रीडते (व्रीरसि verdächtig) und *व्रीड्यति 1) *verlegen werden, sich schämen.* व्रीडित *verlegen, beschämt.* — 2) *व्रीड्यति चोदने.

व्रीड m. (Çiç. 4,67. 14,2) und häufiger व्रीडा f. *Verlegenheit, Scham.* Am Ende eines adj. Comp. f. आ.

व्रीडन n. 1) *das Festandrücken* (der Kinnladen). 2) * *Verlegenheit, Scham.*

व्रीडादान n. *eine aus Verlegenheit gereichte Gabe* Hemâdri 1,14,9.

व्रीडावत् Adj. *verlegen, beschämt.*

*व्रीस्, व्रीसयति (हिंसायाम्).

व्रीहि m. *Reis*, Pl. *Reiskörner;* nach den Lexicographen auch *Korn* überh.

*व्रीहिक Adj. von व्रीहि.

*व्रीहिकाञ्चन m. *Linsen.*

व्रीहिद्रोण m. *ein* Droṇa *Reis.*

व्रीहिद्रौणिक Adj. *auf einen* Droṇa *Reis bezüglich, darüber handelnd.*

व्रीहिन् Adj. *mit Reis besetzt* (Feld) Çiç. 12,42.

*व्रीहिपर्णी f. *Desmodium gangeticum.*

*व्रीहिभेद m. wohl *eine Art Korn* überh., nicht *Panicum miliaceum.*

*व्रीहिमत m. Pl. N. pr. einer Völkerschaft.

व्रीहिमत् Adj. 1) *mit Reis gemischt.* — 2) *mit Reis besetzt* (Feld) Comm. zu Çiç. 12,42.

व्रीहिमय Adj. *aus Reis gemacht* Hemâdri 1,321,7.

व्रीहिमुख Adj. *dessen Spitze einem Reiskorne gleicht* (ein chirurgisches Instrument).

व्रीहियव m. Du. und Pl. und व्रीहियव n. Sg. *Reis und Gerste.*

*व्रीहिराजक m. = कामलिका (?) und चीनान्न.

*व्रीहिराजिक m. = कङ्गुधान्य und चीनकधान्य.

*व्रीहिल Adj. von व्रीहि.

व्रीहिवेला f. *die Zeit der Reisernte.*

*व्रीहिश्रेष्ठ m. *Reis.*

*व्रीह्यगार n. *Kornkammer.*

व्रीह्यपूप m. *Reiskuchen.*

व्रीह्याग्रयण n. *Reiserstlingsopfer.*

व्रीह्युर्वरा f. *Reisfeld.*

व्रुड्, *व्रुडति (संवरणे, भुड्यर्थमज्जयोः). व्रुडित 1) *untergesunken, versunken.* — 2) *verirrt* (im Walde).

*व्रूष् und *व्रूस्, व्रूषयति und व्रूसयति (हिंसायाम्).

व्रैशी f. Pl. Bez. *des Wassers.* v. l. रैशी.

*व्रैहु Adj. *vom Reis kommend* u. s. w.

*व्रैहिक Adj. *mit Reis bestanden* Gal.

*व्रैहिमत्य m. *ein Fürst der* Vrhimata.

*व्रैह्वेय Adj. *mit Reis bestanden.*

व्लग् mit अभि nach Sāj. *erwischen, habhaft werden.* Nur Absol. अभिव्लग्यै und अभिव्लग्यै. Vgl. अभिव्लङ्ग.

व्ली, व्लीनाति und व्लिनाति *zusammenknicken, — drücken, — fallen machen* (nach dem Dhātup. गतौ, वरणे, धारणे, भरणे, वृत्याम्). Pass. व्लीयते *in sich zusammensinken, zusammenknicken, erliegen, zusammenfallen.* — * Caus. व्लेपयति. — Intens. (अवेव्लीयत्त) *in sich zusammensinken, zusammenknikken* Maitr. S. 1,10,10 (150,15). — Mit अभि Pass. = Simpl. Pass. — Mit निस् *umstülpen* Āpast. Çr. 7,22,7. — Mit प्र *zusammendrücken, erdrücken* Āpast. Çr. 13,7,12. प्रव्लीन Partic. — Mit वि Pass. *aufspringen, sich öffnen.* Fehlerhaft वि व्लीयत्ते st. वि व्लीयत्ते. — Mit सम् Pass. *zusammenfallen.* संव्लीन *in sich zusammengesunken.*

*व्लेन्, व्लेनयति (दर्शने).

व्लेष्क = बेष्क in व्लेष्ककृत Adj. *mit einer Schlinge erwürgt* Maitr. S. 3,6,10.

1\. श Adj. in गिरिश, *वारिश und *वृत्तश.

2\. *श m. 1) = शस्त्र. — 2) = शिव.

*शंय Adj. von 5. शम्.

शंयु 1) Adj. a) etwa *wohlwollend, wohlthätig.* — b) *dem es wohlgeht, glücklich.* — 2) m. N. pr. eines Sohnes der Brhaspati.

शंयुधायस् Adj. etwa *wohlthätig erquickend* Taitt. Ār. 4,11,3.

शंयुवाक (Pat. zu P. 2,4,29, Vārtt. 1) und शंयोर्वाक m. *die mit den Worten* तच्छं योरा वृणीमहे (z. B. TBr. 3,5,11,1) *beginnende heilige Formel.*

शंयोस् Indecl. 1) = शं योस्. — 2) = शंयुवाक.

शंय्वन्त Adj. (f. शंय्वन्ता) *mit dem Spruch* शं योस् *schliessend* Vaitān. 13,3.

*शंव m. = मुसलाग्रस्थलौहमण्डक und वज्र. Richtig शम्ब.

*शंवद m. संज्ञायाम्.

शंवत् (शंम्वत्) Adj. 1) *heilvoll* Çat. Br. 13,8,1, 10. — 2) *das Wort* शम् *enthaltend.*

शंवर und शंवूक schlechte Schreibart für शम्बर und शम्बूक.

*शंशमम् und *शंशामम् Absol. von Intens. von 2. शम् Mahābh. 6(4),32,b.

शंस्, शंसति (Med. meist nur metrisch), शस्यते Pass. 1) *laut und feierlich aufsagen, recitiren,* insbes. ein an Götter gerichtetes Lied oder einen solchen Spruch. Im Ritual von der *Recitation* des Hotar. — 2) *loben, preisen, rühmen.* शंसमान (Med.!) Çat. Br. 2,3,4,6. — 3) *rühmen,* so v. a. *für günstig —, für ein gutes Omen erklären.* — 4) *geloben, anwünschen.* — 5) *aussprechen, sagen, verkünden, mittheilen, erzählen, zu wissen thun, anzeigen, verrathen* (auch ohne Worte), — *wo* oder *wer Jmd* (Acc.) *ist, — dass Jmd* oder *Etwas Etwas ist* (mit doppeltem Acc.). — 6) *ankündigen, vorhersagen, verheissen.* — 7) *दुर्गतौ und हिंसायाम्. — 8) शस्त a) *aufgesagt, recitirt* Ṛv. 3,53,3. 4,20, 10. — b) *gepriesen, gelobt, gerühmt, empfohlen, für geeignet —, für gut —, für vorzüglich gehalten, faustus* (von Gestirnen, Tagen u. s. w.). — c) *prächtig, schön.* — d) *guter Dinge, wohlgemuth.* — 9) शंसित a) *gepriesen, gerühmt, des Preisens werth.* — b) fehlerhaft für संशित. — Caus. शंसयति 1) *aufsagen —, recitiren lassen.* — 2) *ankündigen, vorhersagen.* — Mit अति 1) *weiter —, hinaus über — Etwas aufsagen;* mit doppeltem Acc. oder mit Instr. und Acc. (Vaitān.) — 2) *im Aufsagen übergehen.* — Mit अधि, °शस्त nach Nilak. = प्रबल; vielleicht fehlerhaft für अभिशस्त *verrufen, gefürchtet.* — Mit अनु 1) etwa *mit einstimmen* in अनुशंसे (Nachtr. 1). — 2) *nach Jmd aufsagen, — preisen* Vaitān. Partic. अनुशस्त. — 3) *preisen, loben* MBh. 13,16,47, v. l. — 4) *vor Augen haben, in Betracht ziehen.* — Mit अभि 1) *beschuldigen, Jmd etwas Uebles nachsagen* Āpast. 1,19,16. Pass. *einen üblen Leumund haben* Gaut. 19,10. — 2) *loben, preisen.* — 3) अभिशस्त a) *beschuldigt, eines Vergehens angeklagt, bescholten* (Gaut. 2,35. 17,17. Āpast. 1,3,25. 24,6. 15. 28,17. 2,2,6); *beschimpft.* — b) *verflucht, verwünscht.* v. l. अभिशप्त. — c) *bedroht.* — 4) अभिशस्तवान् = अभिशशंस in der Bed. 1). — Mit अव in अवशंसम्. — Mit आ Med. (ausnahmsweise, insbes. metrisch auch Act.) 1) *hoffen —, rechnen —, vertrauen auf, erstreben;* die Ergänzung ein Acc. (daneben auch ein prädicativer), Loc., Dat., Infin., Fut. oder * Potent. Mit न *alle Hoffnung aufgeben;* die Ergänzung ein Fut. oder यदि mit Praes. oder Potent. आशंसित *gehofft, erwartet.* — 2) *Jmd* (Acc.) *zu bemeistern hoffen.* — 3) *Etwas* (Acc.) *voraussetzen bei* (Loc.). — 4) *befürchten.* — 5) *wünschen, ein Verlangen haben* (die Ergänzung im Acc. oder Infin.), *von Jmd* (Acc.) *wünschen, dass er* — (Infin.). आशिषम् so v. a. *Segenswünsche aussprechen.* आशंसन्तो बन्दिनं जेतुकामाः so v. a. जेतुम् MBh. 3,133,22. — 6) *bitten um* (Acc.). — 7) *loben, preisen.* — 8) *hersagen, recitiren.* — 9) *aussagen, ankündigen, vorhersagen* (Act. bei Kālidāsa). आशंसित *von Jmd* (Instr.) *erklärt für Etwas* (Nomin.). — Caus. Act. 1) *Hoffnung —, Anrecht geben, — auf* (Loc.). — 2) *Jmd* (Dat.) *Etwas anbieten* Hemādri 1,422,12. — Mit उदा Med. *sich getrauen,* mit Acc. Āpast. Çr. 9,4, 12. अरण्यम् so v. a. *in den Wald zu gehen.* — Mit उपा in उपाशंसनीय. — Mit प्रत्या Med. *voraussetzen, erwarten.* — Mit समा 1) Act. *Jmd* (Dat.) *Etwas zusprechen, zuweisen.* — 2) Med. *hoffen —, rechnen —, vertrauen auf* (Acc.). — Mit उद् *aufrufen.* — Mit निस् in अनिःशस्त und निःशंस. — Mit परा in पराशंस्. — Mit प्र 1) *laut verkünden, preisen, loben, rühmen.* — 2) *aufmuntern.* — 3) *vorhersagen* (Conj.). — 4) प्रशस्त (ganz ausnahmsweise auch प्रशंसित) *gepriesen, gelobt, gerühmt, — für* (Loc. Gaut. 17,1), *empfohlen, — von* (Instr. Gaut. 28,48), *für geeignet —, für gut —, für vorzüglich gehalten, faustus* (von Gestirnen, Tagen u. s. w.); *besser, vorzüglicher* (Gaut. 27,11), *der beste* (Āpast. 19,5. Von Wasser so v. a. *geweiht* Varāh. Jogaj. 7,2. — Caus. *rühmen, preisen.* प्र सु शंसयिष्ये mit der v. l. प्रशशंसयिष्ये (!). — Mit अतिप्र *hoch preisen.* — Mit समतिप्र dass. — Mit अभिप्र *rühmen, preisen.* — Mit प्रति in अप्रतिशंसत् und अप्रतिशस्त. — Mit वि 1) *aufsagen, recitiren.* — 2) *recitirend theilen.* — Mit अभिवि = वि 2). — Mit सम् *zusammen —, neben einander recitiren.* — Mit उपसम् *hinzufügend aufsagen, anhängen.*

शंस 1) m. a) *Spruch, Zuruf, Anruf, Aufforderung; Zusage, Gelöbniss.* — b) *Lob.* — c) *Verwünschung, Fluch.* — d) *Segen.* — e) personificirt neben Bhaga. — f) नरां शंसः Ṛv. 2,34,6 wohl so v. a. नराशंसः. — g) bei ऋजुरिच्छंसः Ṛv. 2,26,1 ist wohl eine Tmesis anzunehmen; ऋजुशंस würde als Adj. *redlich, wahrhaft* bedeuten. — 2) f. शंसा a) *das Rühmen, Preisen.* — b) * *Wunsch.* — c) *Ausspruch, Meldung.* प्रिय° *eine frohe Botschaft.*

शंसथ m. *Unterhaltung.*

शंसन n. 1) *Recitation.* — 2) *das Aussagen, Melden, Mittheilen; Bekenntniss.* — 3) als Beiw. Çiva's neben योग nach Nilak. = वेदप्रशस्य.

शंसनीय Adj. *rühmenswerth, preiswürdig.*

शंसम् Absol. *feierlich aufsagend, recitirend.* Häufig in Comp. mit seinem Object oder mit einem Adv.

शंसितर् Nom. ag. *Hersager*, *Recitirer* 223,32. = होतर् Ait. Âr. 460,2.

°शंसिन् Adj. 1) *recitirend.* — 2) *aussagend, erwähnend, sprechend von, verkündigend, mittheilend, verrathend, ankündigend, vorhersagend, verheissend* 74,20. 248,10. Çiç. 11,2. 34.

शंस्तर् Nom. ag. *Hersager, Recitirer.* Soll im Acc. शंस्तरम् und शंस्तारं lauten.

शंस्तव्य Adj. *zu recitiren.*

*शंस्थ Adj.

शंस्य, शंसित्र Adj. 1) *zu recitiren.* — 2) *lobenswerth, preiswürdig.* Auch als Bein. Agni's in einer Formel.

1. शक् 1) शक्नोति *vermögen, im Stande sein, können, zu Stande bringen;* die Ergänzung ein Acc., ein Infin. auf अम् (in der älteren Sprache) oder तुम्, ein Nom. act. im Acc., Dat. oder Loc. — 2) शक्यति und °ते dass. — 3) Pass. शक्यते u. s. w. a) *überwunden werden, unterliegen; einem Drängen nachgeben.* — b) mit einem Infin. α) *von Jmd* (Instr.) *gezwungen —, veranlasst werden können zu* (Infin.) MBh. 3,268,22. — β) *durch Jmd* oder *Etwas* (Instr.) *das Object einer Thätigkeit werden können*, was wir durch *können* mit einem Infin. pass. auszudrücken pflegen. — γ) impers. *für Jmd möglich sein;* die Ergänzung ein Infin. Hariv. 2,111,16. — 4) शक्त a) *vermögend, im Stande seiend, Etwas könnend, fähig, gewachsen;* die Ergänzung ein Instr., Gen., Dat., Loc., Acc. der Person mit प्रति, Infin. oder im Comp. vorangehend. — b) angeblich = शंकित. — c) *v. l. für शल्का = प्रियंवद. — d) fehlerhaft für सक्त. — 5) शकित mit न und einem passivisch zu übersetzenden Infin. *nicht könnend* (verbrannt u. s. w.) *werden.* — Desid. s. 1. शिक्. — Mit अनु *nachthun können.* — Mit परि *bewältigen* in परिशक्नवे. — Mit प्र *vermögen* (mit Infin.). प्रशक्त MBh. 7,1127 fehlerhaft für प्रसक्त. — Mit संप्र *überwinden, ertragen* MBh. 9,63,13. — Mit प्रति *gegen Jmd* (Acc.) *Etwas vermögen.* — Mit सम् *vermögen* (auch mit Infin.). Mit न 1) *mit Etwas* (Loc.) *nicht zu Stande kommen.* — 2) *mit Jmd* (Instr.) *Nichts zu schaffen haben wollen.*

2. शक् (शग्धि, शक्तम्, शक्याम, शकस्, शकिम) 1) *Jmd* (Dat.) *helfen.* — 2) *Jmd einer Sache* (Gen.) *theilhaftig machen.* — Desid. s. 2. शिक्. — Mit आ 1) *Jmd* (Dat.) *helfen.* — 2) *Jmd* (Dat.) *einer Sache* (Gen.) *theilhaftig machen.* — 3) *einladen zu* (Acc.). — Mit उप *mittheilend hingeben.* Vgl. उपशाकं.

1. शक Nom. act. von 1. शक् in सुशक.

2. शक 1) n. a) *Mist.* — b) *v. l. für कश = उदक. — 2) m. a) *ein best. vierfüssiges Thier.* v. l. शल. — b) MBh. 13,2835 fehlerhaft für शुक. — 3) f. शका nach den Erklärern *Vogel, Fliege* oder *ein langohriges Thier* (मृग).

3. शक m. 1) Pl. N. pr. eines Volkes, *die Indoscythen* 106,6. 10 von weisser Farbe Spr. 7804 (nebst Note). — 2) **ein Fürst der Çaka.* — 3) **ein best. Parfum* Gal.

शककारक m. *Gründer einer Aera durch Vernichtung der Çaka* Z. d. d. m. G. 22,717.

शककाल m. *die Çaka-Aera* (78 n. Chr.).

शककृत् m. = शककारक Z. d. d. m. G. 22,717.

शकच m. N. pr.

शकट 1) m. (dieses selten) f. (शकटी) und n. *Karren, Wagen.* — 2) प्राजापत्यम्, रोहिण्याः und रोहिणीशकट n. *das als Karren gedachte Mondhaus Rohiṇî.* — 3) m. n. *eine best. Truppenaufstellung.* Auch °व्यूह m. — 4) n. *eine best. Constellation, wenn nämlich alle Planeten im 1sten und 7ten Hause stehen.* — 5) *m. *Dalbergia ougeinensis* Râǵan. 9,119. — 6) *m. schlechte Lesart für शाकट *Wagenlast.* — 7) m. N. pr. a) eines Mannes. — b) eines von Vishṇu oder Kṛshṇa erschlagenen Asura Çiç. 15,37 (nach dem Comm., es könnte aber hier auch *Karren* bedeuten). — 8) m. oder n. N. pr. einer Oertlichkeit.

शकटदास m. N. pr. eines Mannes Mudrâr. 19,9 (37,5). 87,6 (141,19).

शकटनीड n. *der innere Raum eines Karrens* Âpast. Çr. 10,27,10.

शकटभिद् m. Bein. Vishṇu-Kṛshṇa's.

शकटमन्त्र m. Pl. *die an den Soma-Wagen gerichteten Sprüche* Âpast. Çr. 10,30,7.

*शकटविल m. *a gallinule.* Vgl. शकटाविल.

शकटसार्थ m. *eine Menge von Karren, Wagenzug* 241,32.

शकटाङ्ग m. Patron. = शाकटायन Gaṇar. 2,3. 8 u. s. w.

शकटाय्, °यति *einen Karren darstellen.*

शकटायन m. Pl. R. 2,89,15 fehlerhaft für शकटापण m. Pl. *Karren und Waaren.*

शकटार् m. N. pr. eines Affen.

*शकटारि m. Bein. Vishṇu-Kṛshṇa's.

शकटाल m. N. pr. des Ministers von Nanda Hem. Par. 8,4.

शकटाविल m. *ein best. Schwimmvogel.*

शकटासुरभञ्जन m. Bein. Vishṇu-Kṛshṇa's.

*शकटाह्वा f. *das Mondhaus Rohiṇî.*

*शकटि f. = शकटी *Karren, Wagen.*

*शकटिक Adj. von शकट.

शकटिका f. *Wägelchen.*

शकटिन् Adj. *einen Karren besitzend;* m. *der Besitzer eines Karrens.*

*शकटीकर्ण gaṇa सुवास्त्वादि.

शकटीमुख Adj. (f. ई) *karrenmäulig* Shaḍv. Br. 4,7.

शकटोपशकर् m. N. pr. eines Dichters Z. d. d. m. G. 36,557.

शकटोशकट Adj. etwa *aus Karren aller Art bestehend* Hariv. 3526.

*शकट्या f. *eine Menge von Karren.*

शकधूम m. 1) *Rauch* — oder *Dunst des Mistes.* — 2) wohl *ein best. Sternbild.*

शकधूमज oder °ज्ञ Adj. *aus Mistdunst entstehend.*

शकन् und शकन् n. *Mist, stercus.* Zu belegen शक्नस्, शक्ना und शकभिस्. Vgl. शकृत्.

शकनृपतिसंवत्सर m. *Jahr der Çaka-Aera* Ind. Antiq. 6,73.

*शकंधि m. N. pr. eines Mannes.

*शकन्धु angeblich = शक + अन्धु.

शकपिण्ड m. *Mistballen.*

*शकपूणि m. N. pr. eines Mannes.

शकपूत m. desgl.

शकबलि m. *eine best. Spende* AV. 20,131,16.

शकभूपकाल m. = शककाल Varâh. Bṛh. S. 8,21.

शकम् Indecl. Demin. von 3. शम्.

शकमय Adj. *aus Mist emporsteigend.*

शकंभर Adj. *Mist tragend.*

शकर n. = शकल 1) a).

शकल 1) m. n. a) *Spahn, Splitter, Holzscheit; Schnitzel, Bröckchen, Stückchen; Scherbe.* शकलानि कर् *Etwas* (Acc.) *zertheilen.* — b) in Comp. mit कृशानु° so v. a. *Funke* Çiç. 5,9. Nach dem Comm. m. — 2) n. a) *Hälfte.* चन्द्र° *Halbmond* Kâd. 16,10 (25,9). 59,11 (110,11). — b) *die Hälfte einer Eierschale.* — c) *Halbvers.* — d) **Hirnschale.* Vgl. कपाल° Nachtr. 6. — e) **Fischschuppe.* — f) **Haut.* — g) **Bast.* — h) **Zimmt* Râǵan. 6,172. — i) *ein best. Farbestoff.* *n. — 3) *m. N. pr. eines Mannes. — 4) fehlerhaft für सकल und शलक (Karaka 6,19).

शकलय्, °यति *zerstückeln* Mahâvîrak. 37,4. शकलित Harshak. 197,20. Bâlar. 241,16. Çiç. 17,3. — Mit वि dass. विशकलित Mahâvîrak. 46,20.

*शकलवन्त् Adj. von शकल.

*शकला Adv. mit कर् *zertheilen.*

*शकलाङ्गुष्ठक ved. Adj.

*शकलिन् m. *Fisch.*

शकली Adv. 1) mit कर् *zerstückeln, in Stücke brechen, zersprengen* BAUDHÂJANA im Comm. zu ÂPAST. ÇR. 5,29,12. HEMÂDRI 1,240,11. KÂD. 216,18 (426,2). PANKAD. — 2) mit भू *bersten, zerspringen, in Stücke gehen* KÂD. 132,13 (233,5).

शकलेन्दु m. *Halbmond*. Auch fehlerhaft für सकलेन्दु.

शकलोट m. GOBH. 2,4,8 nach dem Comm. = शालूक *Lotuswurzel.*

शकल्येषिन् Adj. *dem Span nachgehend*, so v. a. *glimmend.*

शकवत्सर m. *Jahr der Çaka-Aera* Z. d. d. m. G. 22,717.

शकवर्मा m. N. pr. eines Fürsten VP.² 4,180.

शकवर्मन् m. N. pr. eines Dichters.

शकवर्ष m. oder n. *Jahr der Çaka-Aera.*

शकवृद्धि m. N. pr. eines Dichters.

शकशकाय्, °यति *knacken* (intrans.).

शकस्थान n. N. pr. eines Landes, Ζακαστηνη HARSHAK. 181,6.

*शकह्व Adj.

*शकादित्य m. N. pr. = शालिवाहन.

*शकान्तक m. Bein. Vikramâditja's.

शकार m. 1) *der Laut* श. — 2) *der in schlechtem Rufe stehende Bruder der Concubine eines Fürsten.* So genannt, weil er im Schauspiel stets श statt स und ष spricht.

शकारिलिपि f. *eine best. Schriftart.*

शकुन 1) m. a) *Vogel*, meist von *grösseren Vögeln* und von *solchen, welche Vorzeichen geben*, gebraucht. Am Ende eines adj. Comp. f. आ. — b) **ein best. Vogel.* — c) वसिष्ठस्य शकुनः Name eines Sâman ÂRSH. BR. — d) Nom. pr. α) Pl. eines Volkes. — β) eines Asura. — 2) n. a) *ein gutes Omen.* शकुनाधिष्ठात्री देवता und शकुनदेवता f. *die einem solchen Omen vorstehende Gottheit.* — b) *ein best. über Waffen gesprochener Zauberspruch.*

शकुनक m. *Vogel.* शकुनिका s. bes.

शकुनज्ञ 1) Adj. (f. आ) *mit den Omina vertraut.* — 2) *f. आ *eine kleine Hauseidechse.*

शकुनज्ञान n. *Vogelkunde, Kenntniss der Omina.*

शकुनदीपिका f. Titel eines Werkes.

शकुनद्वार n. *ein best. terminus technicus im Augurium.*

शकुनपञ्च n. Titel OPP. Cat. 1.

*शकुनविद्या f. *die Lehre von den Omina.*

शकुनशास्त्र n. dass. und Titel eines best. Werkes.

शकुनसूक्त n. *das Vogellied.*

शकुनार्णव m. Titel eines Werkes über *Omina.*

शकुनावली f. desgl. BURNELL, T.

शकुनाशा f. *eine best. Pflanze.*

*शकुनाहृत् m. 1) = शकुनाहृत 2). — 2) *ein best. Fisch.*

शकुनाहृत 1) *Adj. *von Vögeln gebracht.* — 2) m. *eine best. Reisart* KARAKA 1,27.

शकुनि 1) m. a) *Vogel*, insbes. *ein grösserer.* — b) *ein best. Vogel.* Nach den Lexicographen *Falco Cheela* und *Geier.* — c) *der erste feste* 2. करण 4) n). — d) N. pr. α) eines Schlangendämons. — β) eines Unholdes, Sohnes des Duḥsaha. — γ) eines Asura, Sohnes des Hiraṇjâksha. — δ) eines Fürsten der Gândhâra. — ε) eines Sohnes des Vikukshi und Grosssohnes des Ikshvâku. — ζ) eines Sohnes des Daçaratha. — η) des Urgrossvaters von Açoka. — 2) f. शकुनि und शकुनी N. pr. einer den Kindern gefährlichen Unholdin. Auch in Verbindung mit पूतना. शकुनी auch mit Durgâ identificirt. — 3) f. शकुनी *Vogelweibchen.* Nach den Lexicographen *ein dunkelfarbiger Sperling* (RÂGAN. 19,124) und *Turdus macrourus.*

शकुनिका f. 1) *Vogelweibchen.* — 2) **ein best. Vogel* DEÇIN. 1,64. 2,107. — 3) N. pr. a) einer der Mütter im Gefolge Skanda's. — b) verschiedener Frauen VÂSAV. 231,5. 232,1.

शकुनिग्रह m. *eine best. den Kindern gefährliche Unholdin.*

*शकुनिप्रपा f. *eine Tränke für Vögel.*

शकुनिवाद m. *die ersten Laute der Vögel* (oder *eines best. Vogels*) *am Morgen* AIT. BR. 2,15.

*शकुनिसवन n. gaṇa सवनादि.

शकुनिसादि m. *ein best. Theil des Opferrosses.*

*शकुनीश्वर m. Bein. Garuḍa's.

शकुनोपदेश m. *die Lehre von den Omina.*

शकुन्त m. 1) *Vogel.* — 2) *ein best. Raubvogel.* Angeblich auch *der blaue Holzheher.* — 3) **ein best. Insect.* — 4) N. pr. eines Sohnes des Viçvâmitra.

शकुन्तक 1) m. *Vögelchen.* — 2) f. शकुन्तिका *Vogelweibchen.*

शकुन्तला f. N. pr. einer Apsaras. Im Epos eine Tochter Viçvâmitra's von der Apsaras Menakâ, Gattin Dushjanta's und Mutter Bharata's.

*शकुन्तलात्मज m. Metron. Bharata's.

शकुन्ति m. *Vogel* BÂLAR. 175,13. ÇIÇ. 19,113.

*शकुन्द m. *Nerium odorum* RÂGAN. 10,11. Vgl. शतकुन्द.

शकुर Adj. *zahm, fromm* (Thier) HARSHAK. (ed. Bomb.) 383,10. 477,5.

शकुल 1) m. a) *ein best. Fisch* BÂLAR. 196,16. VÂSAV. 268,1. 277,1. 2. — b) *Afterklaue des Rindes* VS. 23,28. — c) वसिष्ठस्य शकुलः (v. l. शकुनः) Name eines Sâman. — 2) f. शकुली a) *ein best. Fisch mit giftiger Galle.* — b) **Wrightia antidysenterica.* — c) **eine Art Gebäck.* — d) N. pr. eines Flusses.

*शकुलगण्ड m. *ein best. Fisch.*

*शकुलादक m. *eine best. Pflanze.*

*शकुलाती f. *eine Grasart* RÂGAN. 8,117.

*शकुलाद m. Pl. N. pr. einer Völkerschaft.

शकुलादनी f. *eine best. Gemüsepflanze* KARAKA 1,27. Nach den Lexicographen *Commelina salicifolia, Scindapsus officinalis* u. s. w. RÂGAN. 4,108. 6,132. BHÂVAPR. 1,173.

*शकुलार्भक m. *ein best. Fisch.*

शकृत् n. *Mist, stercus.* Acc. Pl. auch शकृतस्.

*शकृत्करि m. *Kalb.*

*शकृत्कीट m. *Mistkäfer.*

*शकृत्पदी Adj. f. *Mist an den Füssen habend.*

शकृत्पिण्ड m. *Mistballen* KAUÇ. 7. 19. 20. ÂPAST.

*शकृदिग्ध (!) Adj. *mit Mist beschmiert.*

*शकृद्देश m. und *शकृद्द्वार n. *After.*

शकृद्भेद m. *dünner Stuhlgang, Diarrhoe.*

शकेन्द्रकाल m. = शककाल, शकभूपकाल VARÂH. BRH. S. 8,20.

शकैध m. *ein Feuer, bei dem Mist statt Brennholz verwendet wird,* ÂPAST. ÇR. 9,9,12.

*शक्करि m. *Bull.* Vgl. शक्वर.

शक्करी f. fehlerhaft für शक्वरी.

*शक्कुलि f. wohl fehlerhaft für शष्कुलि.

शक्त 1) Adj. s. u. 1. शक्. — 2) m. N. pr. eines Sohnes des Manasju.

1. शक्ति f. 1) *das Können, Vermögen; Kraft, Fähigkeit, Geschick,* — zu (Infin., Loc., Gen. oder im Comp. vorangehend); *Wirksamkeit, Wirkung* (z. B. eines Heilmittels). शक्तिमह्मापयित्वा *es an Kraft nicht fehlen lassend*, so v. a. *Alles aufbietend;* शक्त्या, आत्मशक्त्या und स्वशक्त्या *nach Vermögen, nach Kräften;* परं शक्त्या *mit ganzer Kraft,* वित्तशक्त्या *nach den Vermögensumständen* HEMÂDRI 1,580,17. — 2) die drei *Kräfte* eines Fürsten sind प्रभाव, उत्साह und मन्त्र. — 3) *die wirkende Kraft* eines Gottes (insbes. Çiva's) *ist der weibliche Theil seiner Doppelnatur.* Es werden einem Gotte auch mehrere solcher *Kräfte* (insbes. drei und neun) zugeschrieben. Bei den Çâkta mit Avalokiteçvara identificirt Ind. Antiq. 9,192. — 4) *die wirkende Kraft* eines Wortes *ist seine Bedeutung* oder *Function;* auch so v. a. *Casusbegriff.* — 5) *die Kraft* eines Spruches *ist der wirk-*

samste Theil desselben, der Schluss. — 6) *die schaffende Kraft* des Dichters ist *die Einbildungskraft, die Phantasie* KÂVJAPR. 1,3. — 7) *eine best. Constellation, wenn nämlich alle Planeten im 7ten, 8ten, 9ten und 10ten Hause stehen.*

2. शक्ति॑ f. *Hülfe; Mittheilung.*

3. श॑क्ति und शक्ति॑ f. *Speer* RV. 10,134,6. 2,39,7. Auch *शक्ती.

4. शक्ति m. N. pr. eines Sohnes des Vasishtha und Vaters des Parâçara. Auch mit dem Patron. Gâtukarṇa und Sâṁkṛti (ÂPAST. ÇR. 5,10,11).

शक्तिक 1) am Ende eines adj. Comp. = 1. शक्ति 1) und 3) (HEMÂDRI 1,827,21). — 2) f. श्रा = 1. शक्ति 3).

शक्तिकर Adj. *Kraft verleihend.*

शक्तिकुमार m. N. pr. 1) m. verschiedener Männer. — 2) f. ई ein Frauenname Ind. St. 14,108. 114.

शक्तिकुमारक m. N. pr. eines Mannes B. A. J. 11,107.

*शक्तिग्रह Adj. *einen Speer tragend;* m. *Speerträger.*

शक्तिनागर Titel eines Werkes.

शक्तिनामल n. fehlerhaft für °यामल.

शक्तिज्ञ Adj. *seine Kräfte kennend.*

शक्तितन्त्र n. Titel eines Tantra.

शक्तितस् Adv. 1) *in Folge des Vermögens, — der Kraft.* — 2) *nach Vermögen, nach Kräften* GAUT. Auch स्व°.

°शक्तिता f. Nom. abstr. von einem auf 1. शक्ति 1) auslautenden adj. Comp.

शक्तिदेव m. N. pr. verschiedener Männer.

शक्तिद्वयवन्त् Adj. *mit zwei Kräften ausgestattet* 262,24.

शक्तिधर 1) Adj. *einen Speer tragend.* — 2) m. *a)* Bein. Skanda's. — *b)* N. pr. verschiedener Männer.

शक्तिध्वज m. Bein. Skanda's.

1. शक्तिन् Adj. etwa *mit einem Fahnenstock versehen* (Kriegswagen) MBH. 13,53,30. Vgl. रथशक्ति.

2. शक्तिन् m. = 4. शक्ति MBH. 1,176,41. 178,1.

शक्तिनाथ m. Bein. Çiva's.

*शक्तिपर्ण m. *Alstonia scholaris.*

शक्तिपाणि m. Bein. Skanda's.

शक्तिपूजक m. *ein Verehrer der* Çakti Çiva's.

शक्तिपूजा f. *Verehrung der* Çakti Çiva's.

शक्तिपूर्व m. Bein. Parâçara's.

शक्तिबोध m. Titel eines Werkes.

1. शक्तिभृत् Adj. *Macht habend, mächtig.*

2. *शक्तिभृत् m. Bein. Skanda's (*einen Speer tragend*).

शक्तिभैरव n. und °तन्त्र n. Titel eines Tantra.

शक्तिमत्त्व n. *Machtbesitz.*

1. शक्तिमन्त् 1) Adj. *a) Kraft besitzend, vermögend, mächtig, im Stande seiend, Etwas könnend;* die Ergänzung ein Infin. oder ein Nom. act. im Loc. द्रव्य° *die Kraft besitzend die Materie zu erzeugen.* — *b) mit seiner* Çakti *vereinigt, mit derselben versehen* (ein Gott). — 2) f. °मती ein Frauenname.

2. शक्तिमन्त् Adj. *mit einem Speer versehen.*

3. शक्तिमन्त् m. N. pr. eines Gebirges. Richtig शुक्तिमन्त्.

शक्तिमय Adj. *aus der* Çakti *eines Gottes hervorgegangen* u. s. w.

शक्तिमोत m. *Einbusse der Kraft* und zugleich *das Schleudern des Speeres* VÂSAV. 298,2.

शक्तियशस् f. N. pr. einer Vidjâdharî, nach welcher der 10te Lambaka im KATHÂS. benannt ist.

शक्तियामल n. Titel eines Werkes.

शक्तिरक्षित und °क m. N. pr. eines Fürsten der Kirâta.

शक्तिरत्नाकर m. Titel eines Werkes.

शक्तिवनमाहात्म्य n. Titel BURNELL, T.

शक्तिवर m. N. pr. eines Kriegers. v. l. शक्तिधर.

शक्तिवाद m., °टीका f., °विवरण n., °वादार्थदीपिका f. und शक्तिविचार m. Titel von Werken.

शक्तिवीर m. bei den Çâkta *der Mann, der sich mit dem die* Çakti *vorstellenden Weibe vermischt.*

शक्तिवेग m. N. pr. eines Vidjâdhara.

शक्तिवैभविक Adj. *mit Macht und Wirksamkeit ausgestattet* MÂRK. P. 23,44.

शक्तिशोधन n. *die Reinigung der* Çakti, bei den Çâkta *eine best. an dem die* Çakti *vorstellenden Weibe vorgenommene Ceremonie.*

*शक्तिष्ठ Adj. *mächtig, vermögend.*

शक्तिसंगमतन्त्र n. und शक्तिसङ्गमतन्त्र (! OPP. Cat. 1) Titel.

शक्तिसिंह m. N. pr. eines Mannes. श्री° N. pr. eines Fürsten Ind. Antiq. 9,188.

शक्तिसिद्धान्त m. Titel BURNELL, T.

शक्तिसेन m. Bein. Skanda's.

शक्तिहर Adj. (f. श्रा) *Kraft raubend.*

शक्तिहस्त m. Bein. Skanda's.

*शक्तिहेतिक Adj. *mit einem Speer bewaffnet.*

शक्तीवन्त् Adj. *kräftig, vermögend* oder *hülfreich.*

शक्तु schlechte Schreibart für सक्तु.

शक्तुक s. सक्तुक.

शक्त्यर्ध m. *halbe Kraft,* Bez. *eines best. Grades der Ermüdung.*

शक्ति und शक्तिन् m. N. pr. fehlerhaft für 4. शक्ति.

*शक्न und *शक्न Adj. = प्रियंवद.

श॑क्नन n. 1) *Vermögen, Geschick.* — 2) *Unternehmen, Werk.*

शक्य Adj. (f. श्रा) 1) *möglich, thunlich, ausführbar.* Häufig in Verbindung mit einem passivisch aufzufassenden Infin. (z. B. शक्या निद्रा मया लब्धुम्). शक्यम् n. wird nicht nur impers. gebraucht (z. B. न च शक्यं पुनर्गन्तुं मया वारणसाह्वयम्), sondern auch bei Subjecten anderen Geschlechts und anderer Zahl (z. B. न तेन त्रिभुवनः शक्यमवाप्तुम्). — 2) *bezwingbar* (von Personen), *gezwungen werden könnend zu* (Infin.). — 3) *ausdrücklich gemeint, im Worte selbst liegend.*

शक्यता f. (in श्र°; s. u. श्रशक्य) und शक्यत्व n. Nom. abstr. zu शक्य 1).

शक्यरूप Adj. *wahrscheinlich nicht zu* (Infin.).

शक्यशङ्क Adj. *bezweifelbar* SARVAD. 65,22. 120,15.

शक्यसामन्तता f. *die Lage, da man die angrenzenden Fürsten zu bezwingen vermag.*

शक्र॑ 1) Adj. (f. श्री॑) *vermögend, stark* RV. 5,41,15. — 2) m. *a)* Bein. Indra's. Auch unter den Âditja aufgeführt. — *b)* Bez. *der Zahl 14* GAṆIT. GRAHÂN. 8. — *c)* *Wrightia antidysenterica.* — *d)* *Terminalia Arunja.*

शक्रकार्मुक n. *Regenbogen* VIKRAMÂṄKAK. 13,37. 14,36. KÂD. 2,70,2 (85,21).

शक्रकाष्ठा f. *Osten* DHÛRTAN. 36.

शक्रकुमारिका und °कुमारी f. *ein kleiner Flaggenstock neben* Indra's *Banner.*

शक्रकेतु m. Indra's *Banner.*

*शक्रक्रीडाचल m. Bein. des *Berges* Meru.

शक्रगोप m. *Coccinelle* RÂGAN. 19,126. Auch °क m. KÂD. 112,21 (202,1). 2,71,21 (87,11).

शक्रचाप n. *Regenbogen.*

*शक्रचापसमुद्भवा f. *eine Gurkenart* RÂGAN. 7,165.

शक्रचापाय्, °यते *einen Regenbogen darstellen.*

*शक्रज m. *Krähe.*

शक्रजननित्री f. Indra's *Mutter,* Bez. *des grössten Flaggenstockes neben* Indra's *Banner.*

*शक्रजात m. *Krähe.*

शक्रजानु m. N. pr. eines Affen.

शक्रजाल n. *Blendwerk, Zauber.*

शक्रजित् m. 1) Bein. Meghanâda's, Sohnes des Râvaṇa. — 2) N. pr. eines Fürsten VP.² 4,99.

*शक्रतरु m. *eine best. Pflanze,* = विजया.

शक्रत्व n. Indra's *Würde.*

शक्रदन्तिन् m. Indra's *Elephant* (Airâvata ÇIÇ. 16,69.

शक्रदिश् f. *Osten.*

शक्रदेव m. N. pr. eines *Fürsten.*

शक्रदेवता f. *eine best. Neumondsnacht.*

शक्रदैवत n. *das unter* Indra *stehende Mondhaus* Ǵjeshṭhâ.

*शक्रद्रुम m. *Mimusops Elengi* (बकुल) Bhâvapr. 3,126. *Terminalia Arunja* (ककुभ) ebend. Hdschr.

शक्रधनुस् n. *Regenbogen.*

शक्रध्वज m. Indra's *Banner.* Auch °तरु m.

*शक्रनन्दन m. Patron. Arǵuna's.

*शक्रपर्याय m. *Wrightia antidysenterica.*

शक्रपात m. *das Herabgenommenwerden von* Indra's *Fahne* Jâǵn. 1,147.

शक्रपाद m. *der Fuss von* Indra's *Banner* Varâh. Jogaj. 7,13.

*शक्रपादप m. 1) *Pinus Deodora.* — 2) *Wrightia antidysenterica* Râǵan. 9,52.

शक्रपुर n. und °पुरी f. Indra's *Stadt.*

*शक्रपुष्पिका und *°पुष्पी f. *Menispermum cordifolium.*

शक्रप्रस्थ n. N. pr. einer Stadt, = इन्द्रप्रस्थ.

शक्रबाणासन n. *Regenbogen.*

*शक्रबीज n. *der haferähnliche Same der Wrightia antidysenterica* Râǵan. 9,55.

शक्रभक्त *Hanf* Kaućikas. 23.

*शक्रभवन n. Indra's *Himmel.*

*शक्रभिद् m. = शक्रजित्.

*शक्रभूभवा f. *die Koloquinthengurke.*

*शक्रभूरुह् m. *Wrightia antidysenterica.*

*शक्रमातृ f. *Clerodendrum siphonanthus* Râǵan. 6,152.

शक्रमातृका f. = शक्रजनित्री.

*शक्रमूर्धन् m. *Ameisenhaufen.*

शक्रयव m. = शक्रबीज.

शक्रलोक m. Indra's *Welt.*

*शक्रवल्ली f. *die Koloquinthengurke* Râǵan. 3,59.

शक्रवापिन् m. N. pr. eines Schlangendämons.

*शक्रवाहन m. *Wolke.*

*शक्रवृक्ष m. *Wrightia antidysenterica.*

*शक्रशरासन n. *Regenbogen.*

शक्रशरासनाय् *einen Regenbogen vorstellen.* °यित n. impers. Daç. V. 22,3.

*शक्रशाखिन् m. *Wrightia antidysenterica* Bhâvapr. 1,206.

*शक्रशाला f. = प्रतिश्रय.

*शक्रशिरस् n. *Ameisenhaufen.*

शक्रसदस् n. Indra's *Audienzsaal.*

*शक्रसारथि m. Indra's *Wagenlenker* (Mâtali).

*शक्रसुत m. Patron. des Affen Vâlin.

*शक्रसुधा f. *Weihrauch.*

*शक्रसृष्टा f. *Terminalia Chebula.*

*शक्रस्तुति f. Titel Burnell, T.

*शक्राख्य m. *Eule.*

शक्राग्नि m. Du. Indra *und* Agni, *die Herren des Mondhauses* Viçâkhâ.

शक्राणी f. Indra's *Gattin.*

शक्रात्मज m. Patron. Arǵuna's.

*शक्रादन m. = शक्रतरु.

*शक्रादित्य m. N. pr. eines Fürsten.

शक्रानलाख्य° Adj. Indra *und* Agni *heissend, so v. a.* Indra *und* Agni.

*शक्राभिलग्नरत्न n. *ein best. Edelstein.*

शक्रायुध n. *Regenbogen.*

शक्रारि m. Indra's *Feind* als Bein. Kṛshṇa's.

शक्रावतारतीर्थ n. N. pr. eines Tîrtha Ind. St. 15,362.

शक्रावर्त desgl.

शक्राशन 1) *m. *Wrightia antidysenterica.* — 2) n. a) *der Same der Wrightia antidysenterica.* — b) *Hanf* Hâsj. 24,1.

शक्रासन n. Indra's *Thron.*

शक्राह्व m. (!) *der Same der Wrightia antidysenterica.*

*शक्रि m. = मेघ, वज्र, हस्तिन् und पर्वत.

शक्रु m. N. pr. eines Mannes VP.² 4,99.

शक्रेश्वरतीर्थ n. N. pr. eines Tîrtha.

शक्रोत्थान n. *die Aufrichtung von* Indra's *Banner.* °ध्वजोत्सव m. *das Fest bei dieser Gelegenheit* VP.² 4,308.

शक्रोत्सव m. *ein Fest zu Ehren* Indra's.

शक्ल 1) *Adj. = प्रियंवद. — 2) m. v. l. für शल्क, शकल TS. 5,2,9,3. — Vgl. शक्लीकरण.

शक्लीकरण n. = शकलीकरण *das Zerstückeln, Zerhauen* Bâlar. 27,18.

शक्वन् 1) Adj. (f. शक्वरी) *vermögend, wirksam, geschickt.* — 2) m. a) *artifex.* — b) **Elephant.* — 3) f. शक्वरी a) *Pl. Bez. gewisser Verse und Lieder,* insbes. *die dem* Çâkvara-Sâman *zu Grunde liegenden* Mahânâmnî-*Verse* Gobh. 3,2,9. Nom. abstr. शक्वरीत्व n. Maitr. S. 4,2,12. — b) *ein zu den* Atikkhandas *gerechnetes Metrum von* 7 X 8 *Silben;* später *jedes Metrum von* 4 X 14 *Silben.* — c) Pl. *Bez. des Wassers* Gobh. 3,2,21. — d) **Fluss.* — e) *Bez. der Kuh.* — f) **Du. die Arme.* — g) **Finger.* — h) *Gürtel.* — i) *N. pr. eines Flusses.

शक्वर 1) m. *Bulle* Harshaḱ. (ed. Bomb.) 383,10. — 2) *f. आ *Gries, Kies.* Richtig शर्करा.

शक्वरी Adj. f. und Subst. s. u. शक्वन्.

शक्वरीपृष्ठ Adj. *die* Çakvarî *Verse zum* Pṛshṭha 4) *habend.*

शग्म Adj. (f. आ) *hülfreich, mittheilsam, entgegenkommend, gütig, fromm* (Rosse).

*शग्मन् n. v. l. für शक्वन्.

शग्मिय, शग्म्य und शग्मिय Adj. (f. आ) = शग्म.

शङ्क्, शङ्कते (metrisch hier und da auch Act.) 1) *in Sorge sein, — vor* (Abl.), *Scheu empfinden, Misstrauen hegen.* — 2) *befürchten, besorgen;* mit Acc. — 3) *Jmd in Verdacht haben, mit Misstrauen ansehen, Misstrauen setzen in;* mit Acc. — 4) *Anstand nehmen, ein Bedenken haben, in Zweifel sein;* mit Acc. *Etwas beanstanden, bezweifeln.* — 5) *vermuthen, annehmen.* शङ्के (ohne Einfluss auf die Construction) *wie ich vermuthe, wie mir scheint, wahrscheinlich.* Mit Acc. *annehmen, voraussetzen, glauben an* oder *von Jmd —, dass Jmd — sei* (mit prädicativem Acc.). — 6) शङ्कित a) *in Sorge seiend, besorgt, Scheu empfindend, Misstrauen hegend, sich fürchtend vor* (Abl., Gen. oder im Comp. vorangehend), *besorgt um* (Loc. oder Acc. mit प्रति). — b) *vermuthend, annehmend.* — c) *befürchtet.* — d) *beanstandet, in Zweifel gezogen, verdächtig.* — शङ्क्यते bei Çaṁk. zu Bṛh. Âr. Up. S. 315 fehlerhaft für शक्यते. — Caus. शङ्कयति *besorgt machen um Jmd* (Loc.). — Mit अति 1) *Jmd* (Acc.) *in ernstlichem Verdacht haben.* — 2) *Jmd* (Acc.) *in falschem Verdacht haben.* — 3) अतिशङ्कित a) *in grosser Ungewissheit seiend* Hariv. 3,8,19. — b) *sich sehr scheuend vor* (Abl.) Mṛkkh. 116,12. Bhaṭṭ. 6,2, v. l. — Mit व्यति, व्यतिशङ्कित mit vorangehendem मिथ्या 1) *einen falschen Verdacht hegend* Hariv. 3,4,42. — 2) *in falschem Verdacht gehabt.* — Mit अभि 1) *Jmd* (Acc.) *misstrauen, Misstrauen setzen in, bezweifeln, beanstanden* (mit Acc. oder Gen.). — 2) *in Sorge sein, eine Scheu empfinden* MBh. 12,133,12 (अभिशङ्कन्ते in der älteren Ausg. fehlerhaft für अभिशङ्कन्ते). — 3) अभिशङ्कित a) *in Verdacht gestanden wegen* (Gen.). — b) *in Sorge seiend, ein Bedenken habend.* — c) *sich scheuend vor* (Abl.) Bhaṭṭ. 6,2. — Mit आ 1) *bangen, in Sorge sein, sich scheuen zu* (Partic. im Nomin.), *befürchten* (mit Acc.). — 2) *erwarten, voraussetzen.* कुत्र वा स्वरभक्तिरित्याशङ्क्य so v. a. *voraussetzend, dass man Fragen würde* u. s. w. — 3) *vermuthen, annehmen, halten für* (mit doppeltem Acc. oder directe Rede mit इति). — 4) *Jmd* (Acc.) *misstrauen.* — 5) आशङ्कित *befürchtet* Çiç. 16,63. Vâsav. 297,8. — Mit उपा *Jmd* (Acc.) *in Verdacht haben, Jmd einer Sache* (Instr.) *beschuldigen* MBh. 6,15,2. — Mit उप 1) dass. — 2) उपशङ्कित *sich Vermuthun-*

gen hingebend. — Mit परि 1) *in Sorge sein, Misstrauen hegen.* — 2) *Jmd misstrauen, Jmd in bösem Verdacht haben* (mit Acc.), *Misstrauen setzen in Etwas, an Etwas nicht recht glauben wollen* (mit Acc.). — 3) *erwarten, ahnen* in अपरिशङ्कित. — 4) *annehmen, glauben, dass — sei* (mit doppeltem Acc.). — 5) परिशङ्कित a) *in Sorge seiend, besorgt, Misstrauen hegend;* die Ergänzung im Abl. oder im Comp. vorangehend. — b) *worin man Misstrauen setzt, woran man nicht recht glaubt.* — c) *von dem man glaubt, dass* (directe Rede mit इति). — Mit प्रति 1) *Bedenken tragen* in अप्रतिशङ्कमान Nachtr. 2. — 2) *sich kümmern um* (Acc.). — Mit वि 1) *in Sorge sein, Misstrauen hegen, sich scheuen vor* (Abl.). — 2) *Etwas* (Acc.) *befürchten.* — 3) *Jmd* (Acc.) *misstrauen;* mit अन्यथा *nachtheilig beurtheilen.* — 4) *Etwas beanstanden, in Zweifel ziehen, mit Misstrauen betrachten;* mit Acc. — 5) *Jmd in Verdacht haben —, annehmen —, glauben, dass* (mit doppeltem Acc.). — 6) विशङ्कित *in Sorge seiend, besorgt, in banger Ungewissheit —, in Unruhe seiend, — wegen* (Acc. mit प्रति oder im Comp. vorangehend). — Mit अभिवि in अभिविशङ्किन्. — Mit सम् *Jmd in Verdacht haben.* समशङ्कत मां त्वयि so v. a. *sie hatte mich im Verdacht, dass es dir gelte.*

शङ्क m. 1) **Stier.* — 2) N. pr. eines Fürsten. — शङ्कु s. bes.

शङ्कट in वि°. Vgl. संकट.

शङ्कवनिरुक्ति (!) f. Titel eines Werkes Opp. Cat. 1.

शङ्कनीय 1) Adj. a) *Besorgniss —, Verdacht —, Argwohn erregend.* — b) *zu vermuthen, zu befürchten, vorauszusetzen, anzunehmen.* बाधकत्वेन (so v. a. बाधकः) शङ्कनीयः. — 2) n. impers. *zu vermuthen, vorauszusetzen, anzunehmen.*

शंकर 1) Adj. (f. ई) *wohlthätig, Segen bringend.* — 2) m. a) Beiw. und Bein. Rudra's oder Çiva's. — b) N. pr. α) eines Sohnes des Kaçjapa von der Danu. — β) *eines Schlangendämons. — γ) *eines Ḱakravartin. — δ) verschiedener anderer Männer, insbes. Gelehrter. Auch °दीक्षित, °भारतीतीर्थ (Burnell, T.), °भारत्याचार्य und = शंकरकवि und शंकराचार्य. — c) fehlerhaft für संकर Ḱaraka 1,14. 6,19. 24. 30. 8,6. — 3) *f. शंकरा = a) शकुनिका Pat. zu P. 3,2,14, Vârtt. 1. — b) N. pr. einer Nonne ebend. — 4) f. शंकरी a) Çiva's *Gattin.* — b) **Rubia Munjista.* — c) **Prosopis spicigera* (Râgan. 8,34) oder *Mimosa Suma.* — d) Titel Burnell, T.

शंकरकथा f. Titel eines Werkes.

शंकरकवच n. Titel eines Kavaḱa.

शंकरकवि m. pr. eines *Dichters.*

शंकरकिंकर m. 1) *ein Diener —, Anhänger* Çiva's. — 2) N. pr. eines Autors.

शंकरकिंकरभाव m. *das zu einem Anhänger* Çiva's *Werden* Ind. St. 15,392.

शंकरक्रोड m. Titel eines Werkes.

शंकरगण m. N. pr. eines Mannes.

शंकरगिरि m. N. pr. eines *Berges* Daçak. 44,7.

शंकरगीता f. Titel.

शंकरगौरीश m. N. pr. eines Heiligthums.

शंकरचरित्र n. und शंकरचेतोविलास m. Titel.

शंकरजय m. Çaṁkarâḱârja's *Siegeszug.*

शंकरजित् m. N. pr. eines Mannes.

शंकरतीर्थ n. N. pr. eines Tîrtha.

शंकरदत्त m. N. pr. eines Brahmanen.

शंकरदिग्विजय m. Titel zweier Werke. Auch °डिण्डिम m. Titel.

शंकरदेव m. 1) *eine Form* Çiva's. — 2) N. pr. eines Fürsten Ind. Antiq. 9,164. fg.

शंकरनारायणमाहात्म्य n. Titel.

*शंकरपति m. N. pr. eines Mannes.

शंकरपद्य n. und शंकरपादभूषण n. Titel Opp. Cat. 1.

*शंकरपुष्प m. *eine weisse Calotropis* Râgan. 10, 29. v. l. शर्करापुष्प.

शंकरप्रिय 1) *Adj. *dem* Çiva *lieb.* — 2) *m. *Rebhuhn.* — 3) f. आ Çiva's *Geliebte, — Gattin.*

शंकरबिन्दु m. N. pr. eines Autors.

शंकरभट्ट m. desgl. Opp. Cat. 1,1327. 3227. 5401.

शंकरभट्टीय n., शंकरभाष्य n. und °टीका f. Titel Opp. Cat. 1.

शंकरमिश्र m. N. pr. eines Gelehrten. Auch °महामहोपाध्याय.

शंकरर्त n. *das unter* Çiva *stehende Mondhaus* Ârdrâ Ind. Antiq. 9,185.

शंकरवर्धन und शंकरवर्मन् m. N. pr. zweier Männer.

शंकरविजय m., °प्रकरण n., °विजयभाष्य n., शंकरविलास m. und शंकरशिक्षा f. Titel Burnell, T. Opp. Cat. 1.

*शंकरशुक्र n. *Quecksilber* Bhâvapr. 3,53,7.

शंकरशुक्ल m. N. pr. eines Gelehrten.

शंकरश्वशुर m. Çiva's *Schwiegervater*, Bein. des Himavant.

शंकरसंहिता f. und शंकरसंभव m. Titel.

शंकरसिद्धि m. N. pr. eines Mannes.

शंकरसेन m. N. pr. eines Autors.

शंकरस्तुति f. Titel Burnell, T.

शंकरस्वामिन् m. N. pr. eines Brahmanen.

शंकरस्वेद m. Ḱaraka 1,14 fehlerhaft für संकर°.

शंकराचार्य m. N. pr. eines berühmten Gelehrten, gestorben 820 n. Chr. (Ind. Antiq. 11,175), der eine Menge von Schriften, namentlich Commentare zu philosophischen Werken, verfasste.

शंकराचार्यचरित n. (Burnell, T.), °चरित्र n. (Opp. Cat. 1) und शंकराचार्यविजयडिण्डिम m. Titel von Werken.

शंकरानन्द m. N. pr. eines Gelehrten. Auch °गुरु.

शंकराभरण m. *ein best.* Râga S. S. S. 93.

शंकरालय m. Çiva's *Behausung* (der Berg Kailâsa).

*शंकरावास m. *eine Art Kampfer* Râgan. 12,62.

शंकरीय Adj. von शंकर. Als n. Titel Opp. Cat. 1.

शङ्कव्य Adj. *als Pflock dienend* Harshaḱ. 31,19.

शङ्का f. (adj. Comp. f. आ) 1) *Besorgniss, Furcht, — vor* (Abl., Loc., Acc. mit प्रति oder im Comp. vorangehend). ब्रह्महत्याकृता so v. a. *die Furcht einen Brahmanenmord begangen zu haben.* Ausnahmsweise Pl. — 2) *Verdacht, Argwohn, — gegen* (Loc.). पापशङ्का न कर्तव्या *du darfst nichts Böses argwöhnen.* — 3) *Zweifel, Bedenken;* am Ende eines Comp. *das Bezweifeln, Beanstanden.* — 4) *Vermuthung, Annahme, das Halten für.* In Comp. mit dem, *was erwartet —, vorausgesetzt —, angenommen wird, wofür Jmd* oder *Etwas gehalten wird.*

शङ्कातङ्कित Adj. *in Furcht und Besorgniss gerathen* Spr. 5940.

शङ्काभियोग m. *eine Anklage auf Grund eines blossen Verdachts* 212,11. 12.

शङ्कामय Adj. *aus Besorgniss hervorgegangen.*

शङ्कित 1) Adj. s. u. शङ्क्. — 2) *m. *ein Gallapfel* Râgan. 12,144.

शङ्कितवर्ण (Vâsav. 242,3) und *°क m. *Dieb.*

शङ्कितव्य 1) Adj. a) *Misstrauen verdienend.* — b) *zu befürchten* Prasannar. 133,6. — c) *in Zweifel zu ziehen, zu bezweifeln, zu beanstanden.* — 2) n. impers. *Jmd* (Loc.) *zu misstrauen.*

शङ्किन् Adj. 1) am Ende eines Comp. *sich fürchtend vor, befürchtend* (Mahâvîraḱ. 111,20. Vâsav. 240,1); *furchtsam* — oder *misstrauisch wie.* — b) *voraussetzend, vermuthend, annehmend* 134,16. — 2) *von Furcht begleitet, Besorgniss erregend.*

शङ्कु 1) m. a) *spitzer Pflock, Holznagel.* — b) *Haken zur Extraction eines todten Fötus.* — c) *Stecken.* — d) *Stakete, Pfahl, Balken.* — e) *Blattrippe.* — f) *Pfeil, Speer* Çiç. 18,30. 19,45. — g) *Stachel* in übertr. Bed. von *Allem was das Herz* *aufregt und peinigt.* शोक° Bâlab. 55,11. n. Hariv. 749. — *h) Zeiger an einer Sonnenuhr, Gnomon.* — *i) der Sinus des Gnomons* (*der Höhe*). — *k) ein best. Längenmaass, 12 Daumenbreiten* (die gewöhnliche Höhe eines *Gnomons*). — *l) Klöppel* (*einer Glocke*) Govardh. 60. — *m)* **penis.* — *n)* **Gift.* — *o)* **Unguis odoratus.* — *p)* **ein best. Baum.* — *q)* **ein best. Wasserthier* Bhâvapr. 2, 5. — *r)* Bez. *der Zahl* 10,000,000,000,000. — *s)* * = अंश. — *t)* **ein* Rakshas. — *u)* *Bein. Çiva's. — *v)* N. pr. α) eines Dânava. — β) *eines Schlangendämons. — γ) eines Vrshṇi (eines Sohnes des Ugrasena), eines Sohnes des Krshṇa, eines Dichters und anderer Männer. — 2) n. Name eines Sâman Ârsh. Br.

शङ्कुक m. 1) *Pflöckchen.* — 2) N. pr. eines Dichters.

शङ्कुकर्ण 1) Adj. (f. ई und आ) *spitzohrig.* — 2) m. *a)* **Esel* Râǵan. 19,39. — *b)* N. pr. α) eines Dânava. — β) eines Wesens im Gefolge Skanda's. — γ) eines Schlangendämons. — δ) eines Râkshasa. — ε) eines Sohnes des Ganameǵaja. — ζ) eines Kamels.

शङ्कुकर्णमुख Adj. *spitzohrig und spitzmäulig.*

शङ्कुकर्णिन् Adj. *spitzohrig.*

शङ्कुकर्णेश्वर 1) m. *eine Form* Çiva's. — 2) n. Name eines Liṅga.

*शङ्कुकीच m. *ein best. Wasserthier.* Vgl. साकुकीच.

शङ्कुगावा f. *der Sinus des Gnomons* (*der Höhe*).

*शङ्कुतरु m. *Vatica robusta.*

शङ्कुतल n. *die sogenannte Basis des Gnomons.*

*शङ्कुपथ m. P. 5,1,77, Vârtt. 2.

शङ्कुपुच्छ n. *Stachel einer Biene* u. s. w.

*शङ्कुफणिन् m. *ein best. Wasserthier.*

*शङ्कुफला und *°फलिका f. *Prosopis spicigera* Dhanv. 5,50. Râǵan. 8,33. Bhâvapr. 1,236.

शङ्कुमत् 1) *Adj. *mit Stecken —, mit Pfählen versehen.* — 2) f. °मती *ein best. Metrum.*

शङ्कुमुख 1) *Adj. (f. ई) *spitzmäulig.* — 2) *m. *Krokodil.* — 3) f. ई *eine Art Blutegel* 217,12. 14.

शङ्कुर 1) *Adj. *Furcht erregend.* — 2) m. N. pr. eines Sohnes des Kaçjapa von der Danu. v. l. शंकर.

*शङ्कुला f. *Scheere* oder *ein anderes Schneideinstrument* P. 1,2,43, Sch.

*शङ्कुवृक्ष m. *Vatica robusta.*

शङ्कुशिरस् 1) *Adj. *spitzköpfig.* — 2) m. N. pr. eines Asura.

शङ्कुश्रवण Adj. *spitzohrig.*

*शङ्कुष्ठ P. 8,3,97.

शंकृत् Adj. *wohlthätig.*

शङ्क्य 1) Adj. *a) dem man misstrauen muss, Misstrauen —, Besorgniss erregend.* Superl. °तम. — *b) zu erwarten, zu vermuthen, anzunehmen.* — 2) n. impers. *zu besorgen, zu befürchten* Spr. 7797.

शङ्ख 1) m. n. *a) Muschel.* Als Blaseinstrument ein Attribut Vishṇu's; auch als Schmuck am Arm und an den Ohren eines Elephanten Kâd. 98, 3 (174, 6). 109, 17 (197, 8). *n. Am Ende eines adj. Comp. f. आ. — *b) eine best. hohe Zahl.* — 2) m. *a) Schläfe, Schläfenbein* Çiç. 19, 77. n. nach Çâçvata 203. — *b)* Bez. *der Zähne eines 25jährigen Elephanten.* — *c) Unguis odoratus* Râǵan. 12,128. — *d) ein best.* Mantra Gobh. 4,8, 7. — *e) ein best. Metrum.* — *f) einer der Schätze* Kubera's (Çiç. 1,55) und *dessen Genius.* — *g)* N. pr. α) eines Schlangendämons. — β) eines Weltelephanten. — γ) eines Asura. — δ) verschiedener Männer, unter Andern eines Gesetzgebers, der häufig in Verbindung mit seinem Bruder Likhita genannt wird; vgl. शङ्खलिखित. — ε) einer Gegend (reich an *Muscheln*). — ζ) eines Berges. — η) eines Waldes VP.² 2,118. — 3) f. शङ्खा *eine Art Flöte* S. S. S. 195.

शङ्खक 1) m. (*n.) = शङ्ख 1) *a)* Çiç. 7,30. 13,41. — 2) m. *a) Schläfenbein.* — *b) stechender Schmerz und Geschwulst an den Schläfen* Karaka 5,9. 8,9. — *c)* **einer der 9 Schätze bei den* Gaina. — 3) *f. शङ्खिका *Andropogon aciculatus.*

शङ्खकर्ण m. N. pr. 1) eines Wesens im Gefolge Çiva's. — 2) eines Hundes Ind. St. 14,111.

शङ्खकार m. *Muschelarbeiter.*

शङ्खकुम्भश्रवस् f. N. pr. einer der Mütter im Gefolge Skanda's.

*शङ्खकुसुम m. *Andropogon aciculatus* Râǵan. 3,121.

शङ्खकूट m. N. pr. 1) *eines Schlangendämons. — 2) eines Gebirges.

शङ्खचक्रगदाधर Adj. *eine Muschel, einen Diskus und eine Keule tragend* (Vishṇu) Vishṇus. 1,50.

शङ्खचक्रपाणि Adj. *eine Muschel und einen Diskus in der Hand haltend* (Vishṇu) 105,5.

*शङ्खचरी f. und *शङ्खचर्ची *ein mit Sandel auf die Stirn aufgetragenes Zeichen.*

*शङ्खचिल्ल m. *Falco Cheela* (चिल्ल).

शङ्खचूड m. N. pr. 1) eines Asura. — 2) eines Gandharva. — 3) eines Wesens im Gefolge Kubera's. — 4) eines Schlangendämons Ind. Antiq. 5,277.

*शङ्खचूडक m. N. pr. eines Schlangendämons.

शङ्खचूडेश्वरतीर्थ n. N. pr. eines Tîrtha.

*शङ्खचूर्ण n. *Muschelmehl, eine zerstossene Muschel.*

*शङ्खज m. *eine Perle von der Grösse eines Taubeneies, die in Muscheln gefunden werden soll.*

*शङ्खज्ञाती (!) f. N. pr. einer Prinzessin.

शङ्खण m. N. pr. verschiedener Männer VP.².

शङ्खतीर्थ n. N. pr. eines Tîrtha.

शङ्खदत्त m. N. pr. verschiedener Männer.

शङ्खदारक m. *Muschelarbeiter.*

*शङ्खद्रावक *ein Präparat von mineralischen Säuren* Mat. med. 13.

*शङ्खद्राविन् m. *Rumex vesicarius* Râǵan. 6,130.

शङ्खद्वीप m. N. pr. eines Dvîpa.

शङ्खधर 1) m. N. pr. eines Autors und Dichters Z. d. d. m. G. 36,557. — 2) *f. आ *Hingcha repens* Madanav. 1,306.

*शङ्खधवला f. *Jasminum auriculatum* Dhanv. 5,89.

शङ्खध्मा und *°ध्मा m. *Muschelbläser.*

*शङ्खनक m. = शङ्खनख 1).

शङ्खनख m. 1) *eine best. Muschelschnecke* Vâsav. 268,5. — 2) **Unguis odoratus* oder *ein anderer Parfum.*

शङ्खनाभ m. N. pr. eines Sohnes des Vaǵranâbha.

शङ्खनाभि f. *eine Art Muschel* Bhâvapr. 1,27. Suçr. 1,33,2. 4. Çârṅg. Saṁh. 3,13,63.

*शङ्खनाम्नी f. *Andropogon aciculatus.*

शङ्खनारी f. *ein best. Metrum.*

*शङ्खनूपुरिणी Adj. f. *mit Armbändern aus Muscheln und mit Fussringen geschmückt* P. 5,2,128, Sch.

शङ्खपद् (stark °पाद्) m. N. pr. 1) eines zu den Viçve Devâs gezählten Wesens. — 2) eines Sohnes des Kardama.

शङ्खपद m. N. pr. eines Sohnes 1) des Manu Svârokisha. — 2) des Kardama.

शङ्खपा m. N. pr. eines Sohnes des Kardama VP.² 2,261. 262.

*शङ्खपाणि m. Bein. Vishṇu's (*eine Muschel in der Hand haltend*).

शङ्खपात्र n. *ein muschelförmiges Gefäss.*

शङ्खपाद m. N. pr. 1) eines Sohnes des Kardama. — 2) des Hauptes einer best. Secte.

शङ्खपाल 1) m. *a) eine Schlangenart.* — *b) eine Art Confect* (aus pers. شکر باره). — *c)* N. pr. α) eines Schlangendämons. — β) eines Sohnes des Kardama. — 2) n. *ein Haus mit einem best. Fehler in der Anlage* Vâstuv. 13,3. Auch °क n. 2,10.

शङ्खपिण्ड m. N. pr. eines Schlangendämons.

शङ्खपुर n. N. pr. einer *Stadt.*

शङ्खपुष्पिका und °पुष्पी (Vasishtha 27,11) f. *Andropogon aciculatus.* Letzteres nach Mat. med. 201

Canscora decussata.

*शङ्खपोटलिन् m. *eine best. Mixtur* Bhâvapr. 3,150.

*शङ्खप्रस्थ m. *ein Fleck im Monde.*

*शङ्खभस्मन् n. *gebrannte Muschelschale* Mat. med. 82.

*शङ्खभिन्न Adj. (f. ई).

शङ्खभृत् m. Bein. Vishṇu's (*eine Muschel tragend*).

*शङ्खमालिनी f. *Andropogon aciculatus* Râǵan. 3,121.

शङ्खमित्र m. N. pr. eines Mannes.

शङ्खमुक्ता f. *eine in einer Muschel vorkommende Perle.*

शङ्खमुख m. 1) **Krokodil.* — 2) N. pr. eines Schlangendämons.

*शङ्खमूल n. *Rettig.*

शङ्खमेखल m. N. pr. eines alten Weisen.

शङ्खमौक्तिक m. *eine best. Kornfrucht, deren Hülsen einer Muschel und deren Körner einer Perle gleichen.*

*शङ्खयूथिका f. *Jasminum auriculatum* Dhanv. 5,89.

शङ्खराज m. N. pr. eines *Fürsten.*

शङ्खरोमन् m. N. pr. eines Schlangendämons.

शङ्खलक्षण n. Titel Opp. Cat. 1.

शङ्खलिका f. N. pr. einer der Mütter im Gefolge Skanda's.

शङ्खलिखित 1) Adj. (f. आ) so v. a. *vollkommen in seiner Art, ohne Fehl* (Fürst, Lebenswandel) MBh. 12,115,22. 130,29. °प्रिय so v. a. *der die Wahrheit über Alles liebt* 132,16. Vgl. सङ्खलिखित im Pâli. — 2) m. Du. Çaṅkha *und* Likhita. Nach dem MBh. wurden dem Likhita, weil er in der Einsiedelei seines Bruders Çaṅkha ohne dessen Erlaubniss Früchte gebrochen und gegessen hatte, vom Fürsten Sudjumna beide Hände abgehauen. Ç. und L. gelten als Verfasser von zwei Rechtsbüchern.

*शङ्खवटीरस m. *eine best. Mixtur* Bhâvapr. 4,32.

*शङ्खवत् Adj. *mit einer Muschel —, mit Muscheln versehen.*

शङ्खवलय *ein aus Muscheln bestehendes Armband* Çiç. 10,43.

*शङ्खविष n. *weisser Arsenik* Mat. med. 39. 40.

शङ्खशिरस् m. N. pr. eines Schlangendämons.

शङ्खशिला f. wohl *eine best. Steinart* Lalit. 345,11.

शङ्खशीर्ष m. N. pr. eines Schlangendämons.

शङ्खस्मृति f. Çaṅkha's *Gesetzbuch* Bühler, Rep. No. 368. Burnell, T.

शङ्खह्रद m. N. pr. eines *Sees.*

शङ्खान्तर n. *Stirn.*

*शङ्खालु und °क n. *Dolichos bulbosus* Mat. med. 316.

शङ्खावती f. N. pr. eines Flusses.

शङ्खावर्त m. 1) *Muschelwindung* Bhâvapr. 1,27. Pańkad. — 2) *eine Form von Mastdarmfistel.*

शङ्खाहृत n. *ein best. Ritus im* Gavâmajana.

*शङ्खाह्वा f. *Andropogon aciculatus* Râǵan. 3,120.

*शङ्खिक m. N. pr. eines Mannes.

शङ्खिन् 1) Adj. *a) mit einer Muschel versehen, Muscheln führend* (Wasser). — *b) den* Çaṅkha *genannten Schatz besitzend.* — 2) *m. *a) das Meer.* — *b) Muschelarbeiter.* — c) Bein. Vishṇu's. — 3) f. °नी *a) Perlenmuschel, Perlmutter* Bâlar. 186,14. 195,9. 267,3 (an den beiden letzten Stellen im Prâkrit). — *b) eine best. Pflanze* Ḱaraka 1,1 (= चोरपुष्पी Schol.). 7,11 (= यवतिक्ता Schol.). Nach den Lexicographen *Andropogon aciculatus, Cissampelos hexandra,* = श्वेतचुक्रा, श्वेतपुंनाग und श्वेतवृन्दा. — *c) eine best. Ader.* — *d) eine Gattung von Frauen* (deren die Erotik vier annimmt). — *e)* N. pr. α) einer buddhistischen Göttin. — β) eines Tîrtha.

*शङ्खिनीफल m. *Acacia Sirissa.*

*शङ्खिनीवास m. *Trophis aspera.*

शङ्खोद्धार und °तीर्थ n. N. pr. eines Tîrtha.

शंगं Adj. *dem Viehstand wohlthätig.* v. l. शंगुं.

शंगयं Adj. (f. शंगयी) *dem Hausstand wohlthätig.*

*शंगरा f. = शंकर 3) *a) b).*

शंगवी Adj. f. *dem Viehstand wohlthätig* Çat. Br. 1,9,1,5.

शंगुं 1) Adj. dass. — 2) *eine best. Pflanze.*

*शच्, शचते (व्यक्तायां वाचि).

*शचि f. und शचिका f. Indra's *Gattin.*

शचिष्ठ Adj. (f. आ) *hülfreichst* ṚV. 4,31,1.

शची f. 1) *Hülfleistung, Unterstützung;* meist zur Bezeichnung *der helfenden Thaten* Indra's und der Açvin gebraucht. Sg. und Pl. — 2) *freundliche Begegnung, Zuneigung, Gunst.* Sg. und Pl. — 3) *Anstelligkeit, Geschicklichkeit.* Auch Pl. — 4) **Rede.* — 5) Indra's *Gattin.* — 6) **Asparagus racemosus.* — 7) **quidam coeundi modus.*

शचीतीर्थ n. N. pr. eines Tîrtha.

शचीनन्दन m. Metron. Vishṇu's.

शचीपति m. 1) *Herr der Hülfe.* — 2) *der Gatte der* Çakî, d. i. Indra 87,9. — 3) am Ende eines Comp. nach einem Worte in der Bed. *Erde,* so v. a. *Herr.*

शचीरमण m. Bein. Indra's Bâlar. 139,10.

शचीवत् Adj. *hülfreich.* Statt शचीव इन्द्रम् ṚV. 10,74,5 ist wohl शची व इन्द्रम् zu schreiben.

शचीवसु Adj. dass. ṚV.

*शचीश m. Bein. Indra's.

*शच्, शच्चते (गत्याम्).

*शट्, शटति (रुजाविशरणगत्यवसादनेषु), शाटयते (श्लाघायाम्).

शट 1) *Adj. *sauer.* — 2) m. N. pr. *a)* eines Sohnes des Vasudeva. v. l. शत. — *b)* eines andern Mannes Ind. St. 13,442. — *c)* *einer Gegend.

*शटि und शटी (शठी godr. Ḱaraka 1,27. 6,3) f. *Curcuma Zedoaria, Gelbwurz.*

शठ 1) Adj. (f. आ) *falsch, hinterlistig, heimtükkisch, boshaft* Âpast. — 2) m. *a)* **Vermittler.* — *b)* **Stechapfel* Râǵan. 10,17. — *c)* N. pr. α) eines Asura. — β) eines Sohnes des Vasudeva. — 3) *f. ई fehlerhaft für शटी Ḱaraka 1,27. 6,3. — 4) n. *a) Saffran* Râǵan. 12,40. — *b) Tabernaemontana coronaria* Râǵan. 10,145. — *a)* oder *b)* Ḱaraka 6,3. — *c)* **Stahl* Râǵan. 13,45.

शठकोपविषय m. und °कोपसहस्रनामन् n. Titel Opp. Cat. 1.

*शठता f. und शठत्व n. *Falschheit, Hinterlist.*

शठधी Adj. *von boshafter Gesinnung, boshaft* Mṛkkh. 84,3. Vâsav. 209,2 (nach dem Comm. = जडबुद्धि).

शठबुद्धि und शठमति (104,33) Adj. dass.

शठवैरिवैभवदीपिका f. Titel eines Werkes Opp. Cat. 1.

*शठाम्बा f. *Clypea hernandifolia.*

शठारि m. N. pr. eines Mannes.

शठारिव्युत्पत्तिदीपिका f. Titel eines Kâvja Opp. Cat. 1.

*शठी f. *eine best. Pflanze* Zach. Beitr. 86. 89. Vgl. शटी.

*शण्, शणति (दाने, गतौ).

शणं m. (*n.) *eine Hanfart, Cannabis sativa* oder *Crotolaria juncea* Râǵan. 4,77.

*शणक 1) m. N. pr. eines Mannes. — 2) *f. शणिका *eine Crotolaria* Râǵan. 4,67.

*शणकवास wohl fehlerhaft für शणक°.

शणकुलायं n. *ein Geflecht aus Hanf.*

*शणघण्टिका f. *eine Crotolaria.*

शणचूर्ण n. *der Abfall des Hanfs, wenn er gebrochen wird,* Ind. St. 13,226.

शणतान्तव Adj. (f. ई) *aus hänfenen Fäden gemacht* Vasishṭha 11,60.

शणतूल n. *Fasern von Hanf.*

शणपट m. *eine hänfene Binde.*

*शणपर्णी f. *eine best. Pflanze* Zach. Beitr. 89.

*शणपुष्पिका und °पुष्पी (Ḱaraka 3,8) f. *Crotolaria verrucosa* Mat. med. 316. Râǵan. 4,67. Bhâ-

VAPR. 1,127.

*शणफला f. wohl eine best. Pflanze.

शणमय Adj. (f. ई) hänfen.

शणरज्जु f. ein hänfener Strick.

शणवल्क Bast von Hanf. Pl.

शणशकल ein Stück Hanf.

शणशाक n. Hanfgemüse Spr. 6358.

शणसुल्ब n. ein hänfener Strang.

शणसूत्र n. ein hänfener Faden.

शणसूत्रमय Adj. (f. ई) hänfen.

*शणालु und *°क m. Cathartocarpus (Cassia) fistula.

*शणीर n. N. pr. 1) einer Sandbank im Çoṇa. — 2) des Ufers der Dardarî.

*शण्ठ Adj. = अकृतदार und शठ. Vgl. षण्ठ.

*शण्ड्, शण्डते (रुजायां संघाते च).

1. शण्ड m. N. pr. des Purohita der Asura, Sohnes des Çukra, MAITR. S. 1,3,10 (84,3). Später N. pr. eines Jaksha.

2. शण्ड schlechte Schreibart für षण्ड.

*शण्डाकी f. = शिण्डाकी. Vgl. शाण्डाकी.

शण्डामर्क m. Du. Çaṇḍa und Marka.

शण्डिक m. 1) nach SÂJ. ein Abkömmling Çaṇḍa's. — 2) *N. pr. einer Gegend.

शण्डिका f. MBH. 14,9,29, v. l. nach NÎLAK. = युद्ध in der Sprache der Draviḍa.

शण्डिल m. N. pr. eines Mannes. Pl. seine Nachkommen.

शण्ढ schlechte Schreibart für षण्ढ.

शत्, शातयति, शातयते 1) in Abschnitte zertrennen, ablösen (100,22), abfallen machen, abhauen (HARSHAK. 202,19), abbrechen, abpflücken, aushauen, ausschiessen (ein Auge). — 2) nieder—, zusammenhauen, niederwerfen, zu Boden schleudern. — 3) zertheilen, zerstreuen, vertreiben, zu Nichte machen ÇIÇ. 13,24 (शातित zu lesen). — Mit अप wegschnellen. — Mit अव in अवशातन. — Mit व्यव zerstreuen, fortschaffen ÂPAST. ÇR. 18,8. — Mit आ, °आशातित gekommen um HEM. PAR. 6,160. — Mit नि niederhauen, schlagen (ein Heer). — Mit परा in *पराशातयितृ. — Mit प्र brechen, pflücken ÂPAST. ÇR. 1,6,7. — Mit वि 1) zerhauen, zerschmettern. — 2) abhauen (100,25), aushauen, ausschiessen (Augen, Zähne). — 3) auseinander werfen, — jagen, verscheuchen. — Mit सम् zerschmettern.

1. शत m. (selten und immer metrisch) n. (adj. Comp. f. ई) ein Hundert (auch als Ausdruck einer unbestimmten Menge); nicht selten Pl. st. Sg. Der gezählte Gegenstand steht im Gen., im selben Casus wie das Zahlwort oder geht im Comp. voran. Vor einem Instr. Pl. steht bisweilen ein erstarrtes शतम् st. शतेन. In Comp. nach einem Thätigkeitsbegriff so v. a. hundertmalige Wiederholung; eine multiplicirende kleinere Zahl stellt sich im Comp. vor den gezählten Gegenstand (चतुर्वर्षशतम् [52, 18] oder °शतानि). Die hinzu zu addirende kleinere Zahl gewöhnlich in der Ordinalform beigefügt (शतं विंशम् 120 KARAKA 8,13). In Verbindung mit einem Zahlwort auf क so und so viel vom Hundert (पञ्चकं शतम् fünf Procent). Eine im Comp. vorangehende kleinere Zahl ist hinzuzuaddiren (अशीतिशते 280) oder es wird mit ihr multiplicirt (त्रिशतम् 300). द्विशत u. s. w. ist auch Adj. ord. Nicht selten steht शत im Comp. auch vor dem gezählten Gegenstande.

2. शत m. N. pr. eines Sohnes des Vasudeva HARIV. 3,73,3. v. l. शठ.

शतंहिम Adj. = शतहिम AV. 19,33,4 (die Hdschrr.).

शतक 1) Adj. (f. शतिका) a) aus einem Hundert bestehend, ein H. umfassend. — b) der hundertste. — 2) *m. Bein. Vishṇu's. — 3) *f. शतिका am Ende eines Comp. nach einer kleineren Zahl ein Betrag von — Hunderten. — 4) n. a) ein Hundert (wie शत construirt). — b) (abgekürzter) Titel OPP. Cat. 1. °टीका f. und °व्याख्या f. ebend.

*शतकण्टक m. Zizyphus xylopyrus RÂGAN. 8,61.

शतकपालेश m. wohl eine Form Çiva's.

*शतकर्मन् m. der Planet Saturn.

शतकाण्ड Adj. hundert Absätze habend AV. 19,32,1. 10. 33,1.

शतकिरण m. ein best. Samâdhi KÂRAND. 52,5.

*शतकीर्ति m. N. pr. des 10ten Arhant's der zukünftigen Utsarpiṇî.

*शतकुन्त (BHÂVAPR. Hdschr. 1,203) und *°कुन्द (RÂGAN. 10,10) m. Nerium odorum.

शतकुम्भ 1) *m. a) Nerium odorum BHÂVAPR. 1,203. — b) N. pr. eines Berges. — 2) f. आ N. pr. eines Flusses.

शतकुलीरक m. ein best. krebsähnliches Thier.

शतकुसुमा f. Anethum Sowa KARAKA 8,12.

शतकृत्वस् Adv. hundertmal. R. 4,46,14 und 5, 1,63 ist °कृत्वो zu lesen.

शतकृष्णल Adj. (f. आ) wobei hundert Stückchen Gold als Lohn gegeben werden.

शतकेसर m. N. pr. eines Berges.

1. शतकोटि f. Pl. tausend Millionen PAÑKAR. 1,7,34. VÂSAV. 88,2. 123,13.

2. शतकोटि 1) m. a) Indra's Donnerkeil BHÂM. V. 2,100. VÂSAV. 88,3. 123,13. 236,3 (scheinbar f.; vgl. aber v. l. und Comm.). — b) Titel eines Werkes OPP. Cat. 1. °खण्डन n., °मण्डन n. und °व्याख्या f. desgl. ebend. — 2) *n. Diamant RÂGAN. 13,174.

शतक्रतु 1) Adj. a) hundertfachen Rath, Einsicht, Kraft u. s. w. habend. — b) hundert Opferhandlungen enthaltend. एकोनशतक्रतु der 99 Opfer dargebracht hat. — 2) m. a) Bein. Indra's. — b) in Comp. mit क्षिति° Erde so v. a. Fürst, König.

शतक्रतुप्रस्थ n. N. pr. der Residenz der Jâdava. Vgl. इन्द्रप्रस्थ.

शतक्री Adj. für ein Hundert gekauft.

*शतखण्ड n. Gold.

शतखण्डमय in सुवर्ण°.

शतग Adj. im hundertsten stehend VARÂH. JOGAJ. 4,37.

शतगु Adj. hundert Kühe besitzend GAUT.

शतगुण Adj. 1) hundertfach, hundertmal mehr werth, — stärker u. s. w. °म् Adv. hundertmal, — mehr als (Abl.). — 2) hundert.

शतगुणित Adj. verhundertfacht, hundertmal länger (Nacht) 163,17.

शतगुणी Adv. mit भू sich verhundertfältigen KATHÂS. 18,371. KÂD. 2,112,13 (138,18).

शतगुणीभाव m. Verhundertfältigung.

*शतगुप्ता f. Euphorbia antiquorum (hundertfach durch Dornen geschützt).

*शतग्रन्थि f. Dûrvâ-Gras RÂGAN. 8,108.

शतग्रीव m. N. pr. eines Kobolds (भूत).

शतग्विन् Adj. hundertfach, nach Hunderten zählend.

शतघण्टा f. N. pr. 1) eines Speers. — 2) einer der Mütter im Gefolge Skanda's.

शतघात HARIV. 16316 fehlerhaft für शरघात.

*शतघोर m. eine Art Zuckerrohr. Wohl fehlerhaft für शतपोर.

शतघ्नि f. metrisch für शतघ्नी HARIV. 13094. VARÂH. JOGAJ. 6,26. BHÂG. P. 9,15,30.

शतघ्निन् Adj. mit der Çataghnî genannten Waffe versehen MBH. 13,17,43. Es könnte aber शतघ्नीखड्गिन् auch als ein Wort gefasst werden.

शतघ्नी Adj. u. Subst. f. s. u. शतहन्.

शतघ्नीपाशशक्तिमत् Adj. mit einer Çataghnî, einer Schlinge und einem Speere versehen MBH. 13,17,134. Es könnte übrigens auch शतघ्नी पाश° getrennt werden.

शतघ्नु eine best. Pflanze ÇILÂÑKA 2,67.

शतचक्र Adj. hunderträdrig.

शतचण्डी f. eine best. Begehung, das hundertmalige Lesen der Thaten der Kaṇḍî. °विधि m. BURNELL, T.

शतचन्द्र 1) Adj. *mit hundert Monden* (*mondähnlichen Flecken*) *versehen*. Subst. *ein solches Schwert* oder *Schild*. — 2) m. N. pr. eines Kriegers.

शतचन्द्रित Adj. = शतचन्द्र 1).

शतचर्मन् Adj. *aus hundert Häuten gemacht*.

*शतचक्कर m. *Picus bengalensis*.

शतच्छिद्र Adj. (f. आ) *hundertlöcherig* Comm. zu Njâjam. 3,3,5.

शतजित् m. 1) *Sieger über Hundert* (Vishṇu). — 2) N. pr. a) eines Sohnes der Raǵa, Raǵas oder Viraǵa. — b) eines Sohnes des Sahasraǵit. — c) eines Sohnes des Bhaǵamâna. v. l. शताजित्. — d) eines Sohnes des Kṛshṇa VP.[2] 5,79. — e) eines Jaksha.

शतजिह्व Adj. *hundertzüngig* (Çiva).

शतजीविन् Adj. *hundert Jahre lebend*.

शतज्योति und °स् m. N. pr. eines Sohnes des Subhrâǵ. Nach Nilak. *der Mond*.

शतंजया MBh. 9,2624 fehlerhaft für शत्रुंजया.

शततन्ति Adj. *hundertsaitig*.

शततन्तु Adj. 1) dass. Kâṭh. 34,5. Kâtj. Çr. 13, 2,20. Ait. Âr. 409,1. — 2) *hundertfältig*. योगास् Kâçikh. 65,50.

शततन्त्री Adj. f. *hundertsaitig* Çâṅkh. Çr. 17,3,1. 9.

शततन्त्रीक Adj. dass. Tâṇḍja-Br. 5,6,13.

शततम Adj. (f. ई und ई) *der hundertste*.

शततर्द्म Adj. *hundert Oeffnungen habend* Kâtj. Çr. 15,3,27.

शततर्हि m. Pl. *Durchbohrung* u. s. w. *von einem Hundert von* (mit Gen.).

शततर्हम् Absol. *ein Hundert von* (Gen.) *durchbohrend* AV. 1,8,4.

*शततारा f. *ein best. Mondhaus*, = शतभिषज्.

शततिन् m. N. pr. eines Sohnes des Raǵa oder Raǵas.

शततेजस् 1) Adj. *von hundertfacher Lebenskraft* u. s. w. Çat. Br. 5,3,4,27. — 2) m. N. pr. eines Vjâsa.

शतत्रय n. (Mârk. P. 46,28. Râǵat. 1,53) und °त्रयी f. (Râǵat. 5,143) *drei Hundert*.

शतद Adj. *Hundert schenkend*.

शतदक्षिण Adj. *hundertfachen Lohn gebend* AV. 10,6,34. Vgl. अशतदक्षिण.

शतदन्त Adj. *hundertzähnig* (Kamm).

*शतदन्तिका f. *Tiaridium indicum* Râǵan. 4,85.

शतदल 1) n. *Lotusblühte*. — 2) *f. आ *eine best. Blume*.

शतदा Adj. *Hundert schenkend* SV. I, 6,1,4,9.

शतदातु Adj. *hunderttheilig, hundertfach*.

1. शतदाय Adj. *Hundert schenkend* ṚV. 2,32,4 (AV. 7,47,1. 48,1). Maitr. S. 1,7,5 (113,13).

2. शतदाय Adj. dass. TBr. 2,8,1,4.

शतदारुक m. *ein best. giftiges Insect* oder dgl.

शतदावन् Adj. *Hundert schenkend*.

शतदुर (wohl n.) *ein mit hundert Thüren versehener oder verschlossener Ort*.

शतदूषणी f. Titel eines Werkes Opp. Cat. 1. °व्याख्या f. ebend.

शतदूषिणी f. desgl. Burnell, T.

शतद्युम्न m. N. pr. verschiedener Männer.

शतद्रु, शतद्रुका und शतद्रू f. N. pr. eines Flusses, der *Satledsh* Râǵan. 14,25.

शतद्रुज m. Pl. *die Anwohner der Çatadru*.

शतधृति f. N. pr. einer Tochter des Meergottes und Gattin Barhishad's.

शतद्रू f. s. u. शतद्रु.

शतद्वय n. (Varâh. Bṛh. S. 32,31) und °द्वयी f. *zwei Hundert*.

शतद्वयीप्रायश्चित्त n. Titel eines Werkes Opp. Cat. 1.

शतद्वसु Adj. nach Sâj. = शतवसु *hundert Güter habend*.

शतद्वार 1) Adj. (f. आ) *hundertthorig, hundert Ausgänge habend* MBh. 2,49,18. — 2) *m. N. pr. eines Mannes.

शतधनु und °धनुस् m. N. pr. verschiedener Männer.

(शतधन्य), शतधनिन्य Adj. *den Preis von Hundert werth*.

शतधन्वन् 1) Adj. *hundert Bogen habend*. — 2) m. N. pr. verschiedener Fürsten.

शतधर m. N. pr. eines Fürsten Kâd. 90,11 (162,11).

1. शतधा Adv. *hundertfach, in hundert Theile*. Mit भू *sich hundertfach theilen in* (Gen.) 73,28.

2. *शतधा f. Dûrvâ-*Gras*.

*शतधामन् m. Bein. Vishṇu's.

शतधाय Adj. v. l. für शतदाय.

1. शतधार Adj. (f. आ) *hundertströmig* ṚV. 9,85,4. 86,11. 27. 96,14. 10,107,4.

2. शतधार 1) Adj. *hundertschneidig, hundertspitzig*. — 2) m. *der Donnerkeil* Vâsav. 227,2.

*शतधारवन n. wohl *eine best. Hölle*.

शतधृति m. 1) Bein. a) Brahman's. — b) Indra's. — 2) *= स्वर्ग.

शतधौत Adj. *hundertfach gereinigt, vollkommen rein* Karaka 4,8.

शतनिर्ह्राद Adj. (f. आ) *vielfache Töne von sich gebend*.

शतनीथ Adj. *hundert Schliche —, hundert Listen habend*.

*शतनेत्रिका f. *Asparagus racemosus* Râǵan. 4,120.

शतपति m. *Herr über Hundert*.

1. शतपत्त्र° n. 1) *hundert Blätter* Dhjânab. Up. 15. — 2) *hundert Vehikel* Çiç. 19,69.

2. शतपत्त्र 1) Adj. *hundert Federn* oder *Blätter habend*. — 2) m. a) *Specht*. — b) *Pfau* Vâsav. 101,3. — c) *der indische Kranich*. — d) *eine Papageienart* Râǵan. 19,113. — e) *ein best. Baum*. — 3) *f. शतपत्त्री *eine Rosenart* Dhanv. 5,86. Râǵan. 10,80. — 4) n. *eine am Tage sich öffnende Lotusblüthe* Râǵan. 10,180. Çiç. 19,69. Vâsav. 101,3. 250,2.

शतपत्त्रक 1) m. a) *Specht*. — b) *ein best. giftiges Insect*. — c) N. pr. eines Berges. — 2) *f. °त्त्रिका a) *eine Rosenart* Râǵan. 10, 80. — b) *Anethum Sowa* Râǵan. 4,11. — 3) n. *eine bei Tage sich öffnende Lotusblüthe*.

शतपत्त्रनिवास und °पत्त्रयोनि m. Bein. Brahman's.

शतपथ 1) Adj. *hundertpfadig, überaus vielseitig; auf hunderterlei Weise erfolgend* Ind. St. 15,440. — 2) m. Titel eines Brâhmaṇa. Auch °ब्राह्मण n.

शतपथश्रुति f. Titel eines Werkes (die citirte Stelle ist nicht aus dem Çatapathabrâhmaṇa) Hemâdri 1,6,3. Vgl. शात°.

*शतपथिक Adj. (f. ई) von शतपथ.

शतपथीय Adj. *zum Çatapatha gehörig*.

शतपद् (stark °पाद्) 1) Adj. (f. शतपदी) *hundertfüssig* Maitr. S. 2,10,5 (137,1); nach dem Padap. hier Oxytonon. — 2) m. *Hundertfuss, Julus* Râǵan. 19,66. — 3) f. शतपदी a) dass. Karaka 6,24. — b) **Asparagus racemosus* Râǵan. 4,118. — c) *eine best. Krankheit des Pferdes* Nilak. zu MBh. 3,71,13.

शतपद n. *ein zur Bestimmung der Mondhäuser dienender Kreis*. °चक्र n. Comm. zu Gobh. 2,10,24.

*शतपद्म (!) n. *die Blüthe der weissen Wasserlilie*.

शतपयस् Adj. *hundert Flüssigkeiten* u. s. w. *enthaltend*.

शतपरिवार 1) m. *ein best.* Samâdhi Kâraṇḍ. 93,10. — 2) f. आ N. pr. einer Nâga-Jungfrau Kâraṇḍ. 4,1.

*शतपर्ण m. N. pr. eines Mannes.

शतपर्वक 1) m. oder n. *weiss blühendes* Dûrvâ-*Gras*. — 2) *f. °र्विका a) Dûrvâ-*Gras* Râǵan. 8,108. — b) *Gerste*. — c) *eine best. Wurzel*, = वचा Bhâvapr. 1,167.

शतपर्वधृक् m. Bein. Indra's.

शतपर्वन् 1) Adj. *hundert Knoten —, hundert Gelenke* u. s. w. *habend*. — 2) m. a) **Bambusrohr* Bhâvapr. 1,209. — b) **eine Art Zuckerrohr* Bhâvapr. 2,64. — c) *der Donnerkeil* in शतपर्वधृक्.

शतपर्वा f. 1) *Dûrvâ-*Gras* oder *weisses D.-Gr.* — 2) **eine Art Helleborus* Râǵan. 6,133. — 3) **eine best. Wurzel*, = वचा. — 4) **die Vollmondsnacht im Monat* Âçvina. — 5) N. pr. der Gattin Çukra's.

*शतपर्वेश m. *der Planet Venus.*

शत॑पवित्र Adj. (f. आ) *hundertfach seihend*, — *reinigend* u. s. w.

शतपाक Adj. *hundertfach gekocht.* तैल n. (oder n. mit Ergänzung dieses Wortes) *eine best. Salbe.*

शतपाक्य Adj. dass. स्नेह m. *ein best. Oel* Kâraka 3,6.

शतपादक 1) m. *Hundertfuss, Julus.* — 2) *f. °दिका *a)* dass. — *b) eine best. Arzeneipflanze.*

*शतपादी f. *a) Hundertfuss, Julus.* — *b) eine best. Pflanze*, = सितकटभी Râǵan. 9,152.

शतपाल m. *ein Aufseher über hundert* — (Gen.).

शतपुट m. *ein best. Körpertheil*, = अध्यूध्नी Comm. zu Kâtj. Çr. 6,7,11.

शतपुत्र Adj. *hundert Söhne habend.* Nom. abstr. °ता.

शतपुष्कर Adj. (f. आ) *aus hundert blauen Lotusblüthen bestehend* Âçv. Çr. 9,9,5. R. 4,21,25. 6,4,53. 112,79.

शतपुष्प 1) m. *a) Anethum Sowa* Varâh. Jogaj. 9,15. — *b)* *Bein. Bhâravi's. — *c)* *N. pr. eines Berges. — 2) f. आ *a) Anethum Sowa* Varâh. Jogaj. 7,6. — *b)* **Andropogon aciculatus*, = अधःपुष्पी, प्रियङ्गु und शुक्लवचा. — *c)* N. pr. einer Gandharva-Jungfrau Kâraṇḍ. 4,18.

*शतपुष्पिका f. *Anethum Sowa.*

शतपोनक m. *Fistel am After.*

शतपोर und °क m. *eine Art Zuckerrohr.*

शतप्रद Adj. *Hundert gebend.*

शतप्रभेदन m. N. pr. eines Liedverfassers.

शतप्रसव und °प्रसूति m. N. pr. eines Sohnes des Kambalabarhis.

*शतप्रसूना f. *Anethum Sowa* Râǵan. 4,11.

*शतप्रास m. *Nerium odorum.*

*शतफलिन् m. *Bambusrohr* Bhâvapr. 1,209.

शतबद्ध Adj. Pl. *zu hundert verbunden* Hariv. 3507.

शतबला f. N. pr. eines Flusses.

शतबलाक m. N. pr. eines Lehrers.

शतबलाक्ष m. N. pr. eines Grammatikers.

शतबलि m. 1) *ein best. Fisch.* — 2) N. pr. eines Affen. — Richtiger wohl शतवलि.

शत॑बल्श Adj. (f. आ) = शत॑वल्श AV. 6,30,2.

शतबाहु (!) 1) Adj. *hundertarmig* (Eber). — 2) m. *a) ein best. schädliches Thierchen.* — *b)* N. pr. α) eines Asura. — β) eines bösen Dämons (मारपुत्र). — 3) f. N. pr. *a)* einer Göttin. — *b)* einer Nâga-Jungfrau Kâraṇḍ. 4,3.

शतबुद्धि 1) Adj. *hundertfachen Verstand habend.* — 2) m. N. pr. eines Fisches.

शत॑ब्रध्न Adj. *hundert Spitzen habend.*

शतभङ्गी Adv. mit भू *hundertfach variirt werden* Bâlar. 96,11.

शतभाग m. *der hundertste Theil* Çvetâçv. Up. 5,9.

शतभिष m. und °षा f. = शत॑भिषज् 1). शत॑भिषं न॑क्षत्रम् Maitr. S. 2,13,20 (166,6) schlechte Lesart für शत॑भिषङ्न॑क्षत्रम्.

*शतभिषक्सेन m. N. pr. eines Mannes.

शत॑भिषज् 1) m. f. *das 22ste* oder *24ste Mondhaus.* — 2) *m. N. pr. eines Mannes.

*शतभीरु f. *Jasminum Sambac.* Richtig शीतभीरु.

शत॑भुजि Adj. (f. eben so) *hundertfach.*

शत॑भृष्टि Adj. *hundertzackig.*

शतमख m. Bein. Indra's. Vgl. शतक्रतु.

शत॑मन्यु 1) Adj. *hundertfachen Grimm habend.* — 2) m. Bein. Indra's.

शतमन्युकण्ठि oder °न् *eine best. Pflanze.*

शतमन्युचाप m. oder n. *Regenbogen* Kâd. 91,11 (164,4).

शतमय in कपट° (Nachtr. 6).

शतमयूख m. *der Mond.*

शतमाण्टि m. N. pr. v. l. für माण्टि.

शत॑मान 1) Adj. *a) hundertfach.* — *b) ein Gewicht von hundert* (Raktikâ nach Comm.) *habend* Âpast. Çr. 5,21,8. Hemâdri 1,577,8. 14. — 2) m. *ein goldener Gegenstand im Gewicht von hundert* Mâna. — 3) m. n. *ein Gewicht von hundert* Mâna *in Gold* oder *Silber; ein Geschenk in diesem Betrage* Hemâdri 1,576,18. °दक्षिणा Adj. Kâtj. Çr. 20,2,6.

शतमाय Adj. *hunderterlei Listen anwendend.*

*शतमार्ज m. *Messerschmied.* Richtig wohl शस्त्रमार्ज.

शतमुख 1) Adj. *a) hundert Oeffnungen* —, *hundert Auswege habend.* — *b) auf hundert Weisen erfolgend, auf hunderterlei Weise geschehen könnend* Spr. 6456. — 2) m. N. pr. *a)* eines Asura. — *b)* eines Wesens im Gefolge Çiva's. — *c)* eines Fürsten der Kiṃnara Kâraṇḍ. 3,5. — 3) *f. ई Bein. der Durgâ.

शत॑मूति Adj. *hunderterlei Hülfen gewährend.*

शतमूर्धन् Adj. *hundertköpfig* VS. 17,71.

शत॑मूल 1) Adj. (f. आ) *hundertwurzelig* (दूर्वा) Taitt. Âr. 10,1,7. — 2) *f. शतमूला *a)* Dûrvâ-*Gras* Râǵan. 8,109. — *b) eine best. Wurzel*, = वचा. — 3) *f. शतमूली *Asparagus racemosus* Râǵan. 4,120.

*शतमूलिका f. 1) *Asparagus racemosus.* — 2) *Anthericum tuberosum* Râǵan. 4,120.

शतयज्ञ m. Bein. Indra's.

शतयज्ञचाप m. *Regenbogen* Kâd. 127,6 (225,7).

शतयज्ञोपलक्षक (!) und °लक्षित Adj. *durch hundert Opfer gekennzeichnet;* m. Bein. Indra's.

*शतयष्टिक m. *ein Perlenschmuck aus hundert Schnüren.*

शत॑याजम् Absol. *unter hundert Opfern.*

शत॑यातु m. N. pr. eines Mannes Vasishṭha 30,11.

शत॑यामन् Adj. *hundertbahnig.*

शतयूप m. N. pr. eines Râǵarshi.

शतयोगमञ्जरी f. Titel eines Werkes Opp. Cat. 1.

शतयोजन n. *eine Entfernung von 100* Jogana Çâṅkh. Br. 8,3.

शतयोजनपर्वत m. N. pr. eines *Berges.*

शत॑योनि Adj. *hundert Nester* —, *hundert Wohnungen habend.*

शतरथ m. N. pr. eines Fürsten.

शत॑रा Adj. nach Nigh. = सुख.

शतरात्र m. n. *eine Feier von hundert Tagen.*

शतरुद्र 1) m. Pl. *a) hundert* Rudra. — *b)* bei den Çaiva Bez. *best. erlöster Seelen.* — 2) f. आ N. pr. eines Flusses und Tîrtha Matsjap. 22,35. — 3) wohl n. und = शतरुद्रिय 2).

शतरुद्रि॑य Adj. 1) *hundert* Rudra *gehörig, ihnen geweiht* u. s. w. — 2) ब्रह्मन् n. oder Subst. n. (mit Ergänzung dieses Wortes) *ein zu den* Jaǵus *gehöriger Abschnitt* Vasishṭha 28,14. शतरुद्रियभाष्य n. und शतरुद्रियशिवस्तोत्र n. Burnell, T.

शतरुद्रियवत् Adj. *wie bei der Spende* Çatarudrija Kâtj. Çr. 19,4,22. 26,7,3.

शतरुद्रियहोम m. *eine best. Spende* Kâtj. Çr. 18,1,1.

शतरुद्री॑य n. = शतरुद्रि॑य 2).

शतरूप 1) *Adj. *hundert Gestalten habend.* — 2) m. N. pr. eines Muni. — 3) f. आ *eine best. kosmogonische Potenz, eine Emanation* Brahman's *und Gattin des* Manu Svâjambhuva.

शतर्च n. *hundert* Ṛk Roth, Zur Lit. 26.

शत॑र्चस् Adj. etwa *hundert Stützen habend.* Nach Sâj. = शत + अर्चिस् oder शतविधगतियुक्त.

शतर्चिन् m. Pl. Bez. *der* Ṛshi *des 1sten* Maṇḍala *im* ṚV. Ait. Âr. 194,5.

*शतल m. N. pr. eines Mannes.

शतलक्ष° *zehn Millionen.*

*शतलुम्प und *°क m. Bein. Bhâravi's. Vgl. शत्रुलुम्प.

शतलोचन 1) *Adj. *hundertäugig.* — 2) m. N. pr. *a)* eines Wesens im Gefolge Skanda's. — *b)* eines Asura.

शतवक्त्र m. *ein best. über Waffen gesprochener Zauberspruch.*

शतवध Adj. (f. आ) *hundertfachen Tod bringend* AV. 11,2,12. 12,5,16.

*शतवनि m. N. pr. eines Mannes.

शतवत्त् Adj. *ein Hundert enthaltend, — besitzend, von einem H. begleitet.*

शतवपुस् m. N. pr. eines Sohnes des Uçanas.

शतवर्ष Adj. (f. आ) *hundertjährig* Ind. St. 15,274.

शतवर्षसहस्रिन् Adj. *hunderttausend Jahre lebend* MBh. 13,18,7.

शतवर्षिन् Adj. *hundertjährig* MBh. 13,8,21.

शतवर्ष्मन् Adj. *hundert Leiber habend* Hariv. 13433. v. l. शतशीर्ष.

शतवल m. *Bez. eines best. Gegenstandes*, der als Opferlohn geschenkt wird.

शतवलिश Adj. v. l. für शतवल्श Maitr. S. 1,1,2. 2,14.

शतवल्श Adj. *hundert Zweige habend.* Vgl. शतवल्श.

शतवाज Adj. (f. आ) *hundertfache Kräfte gebend.*

शतवार Adj. *aus hundert Haaren bestehend.*

शतवारकम् und °वारम् Adv. *hundertmal* Agni-P. 27,2. 4.

शतवार्षिक Adj. (f. ई) *hundert Jahre während.*

शतवाह्यो Adj. f. *ein Hundert als Mitgift bringend.*

शतविचक्षण Adj. *hunderterlei Aussehen habend.*

शतवितृण्ण Adj. *an hundert Stellen durchlöchert* Çat. Br. 5,4,1,13. 5,4,27.

*शतवीर m. Bein. Vishṇu's.

शतवीर्य, °वीरिय 1) Adj. *hundert Kräfte habend* Ait. Br. 6,2,1. — 2) m. *ein best.* Samâdhi Kâraṇḍ. 92,21. — 3) f. शतवीर्या *a) weiss blühendes* Dûrvâ-*Gras* Karaka 1,4. — *b) *Weinstock mit röthlichen Trauben* Râǵan. 11,104. — *c) *Asparagus racemosus* Râǵan. 4,120. 123.

शतवृषभ m. *der 25ste* Muhûrta.

(शतवृष्ण्य) शतवृष्णिय Adj. *von hundertfacher Manneskraft* AV. 1,3,1. fgg.

*शतवेधिन् m. *Rumex vesicarius.*

शतव्रज Adj. (f. आ) *hundert Hürden u. s. w. habend.*

शतशक्ति Adj. *der ein Hundert zu geben vermag* MBh. 14,90,96.

शतशर्कर n. Sg. *ein Hundert griesähnlicher Körnchen.* Nom. abstr. °ता f. Çiç. 7,69.

शतशल *eine Entfernung von hundert* Çala Kâṭh. in Ind. St. 3,404.

शतशलाक Adj. *hundert Rippen habend* (Sonnenschirm) MBh. 13,96,18. 137,7. R. 2,26,10. 3,67,15.

शतशल्य Adj. (f. आ) *hundertspitzig* AV. 6,57,1.

शतशस् Adv. *hundertweise, zu Hunderten* (auf einen Nomin., Acc. oder Instr. bezogen), *hundertmal.* चतुर्दश वर्षाणि यास्यन्ति शतशः *14 Jahre werden wie hundert dahingehen.*

शतशाख Adj. (f. आ und ई) *hundertästig* (eig. und übertragen) 212,29. MBh. 11,7,17. Nom. abstr. °शाखत्व n.

शतशारद 1) Adj. *hundert Herbste zählend, — gebend u. s. w.* — 2) n. *eine Zeit —, ein Alter von hundert Jahren.*

*शतशास्त्र n. und *°वैपुल्य n. Titel von Werken.

शतशीर्ष 1) Adj. *hundertköpfig* MBh. 6,3,19. Hariv. 3,53,41. — 2) m. *a) ein best. über Waffen gesprochener Zauberspruch.* — *b)* N. pr. eines Fürsten der Nâga Kâraṇḍ. 2,10. — 3) f. आ N. pr. der Gattin Vâsuki's.

शतशीर्षन् Adj. *hundertköpfig.*

शतशीर्षरुद्रशमनीय Adj. *zur Besänftigung des hundertköpfigen* Rudra *dienend* Çat. Br. 9,1,1,7.

शतशृङ्ग 1) Adj. *hundertgipfelig.* — 2) m. N. pr. eines Berges Kâraṇḍ. 91,15. Ind. St. 14,138. °माहात्म्य n.

शतश्लोकी f., °चन्द्रकला f. und °व्याख्या f. Titel Burnell, T. Opp. Cat. 1.

शतसंवत्सर Adj. *hundertjährig.*

शतसंख्य 1) Adj. *hundert an Zahl.* — 2) m. Pl. *eine Klasse von Göttern unter dem 10ten* Manu.

शतसंघशस् Adv. *hundertweise* (auf einen Nomin. oder Acc. bezogen).

शतसनि Adj. *ein Hundert gewinnend, — verschaffend.*

शतसंधान Adj. *hundertmal den Pfeil auflegend* MBh. 8,90,98.

शतसहस्र n. Sg. und Pl. *hunderttausend* (das Gezählte im Gen. Pl., in Congruenz mit dem Zahlwort oder im Comp. nachfolgend) Spr. 6520, v. l. 6973.

शतसहस्रक 1) Adj. (f. °स्रिका) *aus hunderttausend bestehend.* — 2) n. N. pr. eines Tîrtha. v. l. °साहस्रक.

शतसहस्रधा Adv. *in hunderttausend Stücke.*

*शतसहस्रपत्त्र n. *eine best. Blume.*

शतसहस्रशस् Adv. *hunderttausendweise* (auf einen Nomin., Acc. oder Instr. bezogen).

शतसहस्रांशु Adj. *hunderttausendstrahlig* (der Mond).

शतसहस्रयास Adj. *in hunderttausend Richtungen sich verbreitend* (der Mond) MBh. 1,18,34, v. l.

शतसा Adj. = शतसनि.

शतसाहस्र 1) Adj. (f. ई) *auf hunderttausend sich belaufend, h. bildend, — enthaltend, hunderttausendfach.* — 2) n. Sg. *a)* (mit Gen. Pl.) metrisch = शतसहस्र. — *b)* 1/100000 Dhjânab. Up. 6.

शतसाहस्रक n. N. pr. eines Tîrtha.

शतसाहस्रसंख्य Adj. = शतसाहस्र 1) R. Gorr. 1,20,18. 4,39,34.

शतसाहस्रसंमित Adj. dass. VP. 3,4,1.

शतसाहस्रिक Adj. *aus hunderttausend bestehend.*

*शतसू Adj. f. *ein Hundert gebärend.*

शतसेय n. *das Erlangen von einem Hundert.*

शतस्फ्य Adj. (f. आ) *hundertspierig* TS. 1,5,11,5.

शतस्विन् Adj. *ein Hundert besitzend.*

शतहन् 1) Adj. (f. °घ्नी) *ein Hundert tödtend.* — 2) f. शतघ्नी *a) ein best. Mordinstrument.* — *b) eine mörderische Kehlkrankheit.* — *c) *Tragia involucrata.* — *d) *Pongamia glabra.*

शतहय m. N. pr. eines Sohnes des Manu Tâmasa VP. 3,1,19. v. l. शान्तहय.

शतहलि Adj. *hundert grosse Pflüge besitzend* Daçak. 90,19.

शतहस्त Adj. *hunderthändig* AV. 3,24,5.

शतहायन Adj. *hundertjährig* AV. 8,2,8. 7,22.

शतहिम Adj. (f. आ) *hundert Winter —, hundert Jahre zählend u. s. w.*

शतहुत Adj. *hundertfach geopfert.*

शतह्रद 1) m. N. pr. eines Asura. — 2) f. आ *a) Blitz* Çiç. 19,79. Am Ende eines adj. Comp. f. आ. — *b) *der Donnerkeil.* — *c)* N. pr. α) einer Tochter Daksha's, die Bâhuputra ehelichte. — β) der Mutter des Râkshasa Virâdha.

शतांशक m. *der hundertste Theil*, insbes. eines *Sternbildes* oder eines *astrol. Hauses* Varâh. Jogaj. 4,38.

शताकरा f. N. pr. einer Kiṁnara-Jungfrau Kâraṇḍ. 6,11.

शताकारा f. N. pr. einer Gandharva-Jungfrau Kâraṇḍ. 4,24.

शताक्ष 1) *Adj. (f. ई) *hundertäugig.* — 2) m. N. pr. eines Dânava. — 3) f. ई *a) *Nacht.* — *b) *Anethum Sowa.* — *c)* Bein. der Durgâ.

शताक्षर Adj. (f. आ) *hundertsilbig* Âpast. Çr. 9,13,8.

शताग्निष्टोम Adj. *mit hundert* Agnishṭoma *verbunden* Çat. Br. 11,5,5,4.

शताग्र Adj. *hundertspitzig* Sâj. zu Ṛv. 8,77,7.

शताग्रमहिषी f. *unter hundert Gattinnen die*

obenanstehende Gattin.

शताङ्कुर Adj. (f. आ) hundert Schosse habend Taitt. Âr. 10,1,7.

शताङ्ग 1) Adj. hunderterlei. — 2) m. a) *Kriegswagen. — b) *Dalbergia ougeinensis Râǵan. 9,119. — c) N. pr. eines Dânava.

शताजित् m. N. pr. eines Sohnes des Bhagamâna.

शतातिरात्र Adj. (f. आ) mit hundert Atirâtra verbunden Çat. Br. 11,5,5,5. 6. Kâtj. Çr. 24,3,37.

शतातृष 1) Adj. (f. आ) hundertlöcherig. — 2) f. आ ein solcher Topf Çat. Br. 12,9,1,3. Vaitân. Vgl. शतातृष्णी.

शतातृष्णी f. fehlerhaft für शतातृष 2) TBr. 1,8,5,4. 5.

शतात्मन् Adj. hundertfaches Leben habend, — gebend RV. 9,98,4. 10,33,9.

शताधिक Adj. (f. आ) hundert übersteigend, hundertundeins bildend.

शताधिपति m. ein Befehlshaber über ein Hundert, centurio.

*शतानक n. Leichenstätte.

शतानन 1) *m. Aegle Marmelos. — 2) f. आ N. pr. einer Göttin.

शतानन्द 1) m. a) *Bein. α) Brahman's. — β) Vishṇu's oder Kṛshṇa's. — b) *Vishṇu's Wagen. — c) N. pr. verschiedener Männer Prasannar. 30. fgg. Bâlar. 17. fgg. — 2) f. आ N. pr. einer der Mütter im Gefolge Skanda's.

शतानीक 1) Adj. (f. आ) hundert Fronten —, hundert Spitzen habend. — 2) m. a) *ein alter Mann. — b) *Schwiegervater Gal. — c) N. pr. α) verschiedener Männer. — β) eines Asura.

शतापदी (metrisch) f. = शतपदी Julus Karaka 6,23.

शतापराधप्रायश्चित्त n. Titel Burnell, T.

शतापाष्ठ Adj. (f. आ) hundert Widerhaken habend AV. 5,18,7. TBr. 3,7,12,4.

शताब्ज Adj. mit hundert Lotusblüthen versehen Dhjânab. Up. 15.

शतामघ Adj. hundertfachen Lohn habend.

शतायु Adj. hundert Jahre alt werdend Çat. Br. 4,3,1,3. 7,5,2,17.

शतायुता f. ein Alter von hundert Jahren.

शतायुध 1) Adj. hundert Waffen führend. — 2) m. N. pr. eines Fürsten von Vasantapura Hem. Par. 3,215. — 3) f. आ N. pr. einer Kimnara-Jungfrau Kârand. 6,23.

1. शतायुस् n. ein Alter von hundert Jahren.

2. शतायुस् 1) Adj. (f. शतायुषी) ein Alter von hundert Jahren erreichend AV. 3,11,3. Lâṭj. 4,1,5. — 2) m. N. pr. verschiedener Männer.

*शतार m. n. der Donnerkeil.

शतारित्र Adj. (f. आ) hundertruderig.

शतारुक m. eine Art Aussatz.

शतारुणा m. N. pr. eines Ameisenfürsten. v. l. शतवरुणा.

शतारुष m. (Karaka 6,7) und शतारुस् n. eine Art Aussatz.

शतार्घ Adj. ein Hundert werth.

*शतार्णा f. Anethum Sowa.

शतार्ध n. ein halbes Hundert, fünfzig. शतार्धार Adj. f. Speichen habend Çvetâçv. Up. 1,4. शतार्धसंख्य Adj. fünfzig an Zahl Varâh. Brh. S. 54,81.

शतार्ह Adj. = शतार्घ.

शतावधान m. Bein. Râghavendra's.

शतावत् Adj. wohl = शतवत् RV. 6,47,9.

शतावय Adj. hundert Schafe zählend.

शतावरी f. 1) Asparagus racemosus Mat. med. 260. Râǵan. 4,119. Bhâvapr. 1,212. — 2) N. pr. der Gattin Indra's.

शतावरुणा m. s. शतारुणा.

शतावर्त 1) Adj. hundert Wirbel (auf dem Haupte) habend (Çiva). — 2) *m. Bein. Vishṇu's.

शतावर्तवन n. N. pr. eines Waldes.

*शतावर्तिन् m. Bein. Vishṇu's.

शताश्रि Adj. hundertkantig, — schneidig.

शताश्व (auch viersilbig) Adj. hundert Rosse zählend. सहस्रं शताश्वम् tausend Rinder mit hundert Rossen Vaitân.

शताश्वरथ n. Sg. hundert Rinder und ein Wagen mit Rossen.

शताश्वविनय m. Titel Burnell, T.

शताष्टक n. hundertundacht (sic).

शताह्वया f. 1) Anethum Sowa Suçr. 2,101,10. — 2) *Asparagus racemosus Râǵan. 4,119.

शताह्वा f. 1) Anethum Sowa Râǵan. 4,10. Bhâvapr. 3,31. शताह्व Suçr. 2,119,1 metrisch falsch. — 2) Asparagus racemosus. शताह्वे द्वे Karaka 1,3. — 3) N. pr. eines Flusses und Tîrtha Matsjap. 22,35.

शतिक Adj. 1) hundert betragend. °वृद्धि Adj. hundert im Spiel gewinnend. — 2) der hundertste. — Nach den Grammatikern auch in andern Bedeutungen. Vgl. अनेकवर्ष° und अवर्ष°. शतिका s. u. शतक.

शतिन् Adj. 1) hundert enthaltend, hundertfach vorhanden, centenus. शतिनीभिस् auch in adv. Bed. — 2) hundert besitzend. गवाम् h. Kühe besitzend.

शतृ Bez. des Participialsuffixes अत् (अन्त्) 238, 25. 32. 33. 239,1.

शतेध्म n. hundert Scheite.

शतेन्द्रिय Adj. hundert Sinne habend TS. 2,3,11, 5. Ait. Br. 6,2.

शतेपञ्चाशन्न्याय m. das Axiom, dass in hundert auch fünfzig enthalten sind.

*शतेर m. 1) = शत्रु. — 2) = हिंसा.

शतेश m. das Haupt von hundert (Dörfern). Vgl. ग्राम°.

शतेषुधि Adj. mit hundert Köchern versehen Çat. Br. 9,1,1,6.

शतैकशीर्षन् Adj. hundert einzige (d. i. vorzügliche) Köpfe besitzend.

शतैकीय Adj. einer von hundert.

शतोक्थ्य Adj. hundert Ukthja-Tage habend.

शतोति Adj. hundertfache Hülfe u. s. w. gewährend.

शतोदर 1) Adj. hundert Bäuche habend Hariv. 13433. — 2) m. a) ein best. über Waffen gesprochener Zauberspruch. — b) N. pr. eines Wesens im Gefolge Çiva's. — 3) f. ई N. pr. einer der Mütter im Gefolge Skanda's.

शतौद्याम m. mit hundert Strängen TBr. 1,4,8,6.

शतौन्मान Adj. hundertfältig Çat. Br. 12,7,2,13.

शतोलूखलमेखला f. N. pr. einer der Mütter im Gefolge Skanda's.

शतौदना f. eine best. Ceremonie und Bez. der Kuh, welche die Milch dazu liefert.

शत्य Adj. aus einem Hundert bestehend. Nach den Grammatikern auch in anderen Bedeutungen. Vgl. षाट्त्रिंशच्छत्य.

शत्रंजय m. der 13te Tag im Karmamâsa. Wohl fehlerhaft für शत्रुंजय.

शत्रि m. 1) *Elephant. — 2) N. pr. eines Mannes.

शत्रु m. 1) Nebenbuhler, Gegner, Feind überh. In der Politik der unmittelbar angrenzende Fürst als der natürliche Feind. — 2) das 6te astrol. Haus Varâh. Jogaj. 4,1. Auch °गृह n. und °भ n. 44. — 3) *Asparagus racemosus. — 4) N. pr. eines Asura. Richtig क्रोधशत्रु.

*शत्रुंसह Adj. Feinde bewältigend. Auch N. pr.

शत्रुक m. Feind.

*शत्रुघ und *शत्रुघात Adj. Feinde schlagend.

शत्रुघातिन् m. N. pr. eines Sohnes des Çatrughna (Sohnes des Daçaratha).

शत्रुघ्न 1) Adj. Feinde schlagend. नित्य° seine eingeborenen F. schl., so v. a. seine Leidenschaften zügelnd. — 2) m. N. pr. verschiedener Männer, unter andern der Söhne Daçaratha's, Çvaphalka's und Devaçravas'.

*शत्रुघ्नजननी f. Bein. der Sumitrâ.

शत्रुजित् 1) Adj. *Feinde besiegend.* — 2) m. N. pr. verschiedener Männer. — R. 5,88,6 fehlerhaft für शक्रजित्.

शत्रुंजय 1) Adj. *Feinde besiegend.* — 2) m. N. pr. *a*) eines Genius Kauç. 56. — *b*) eines Fürsten. — *c*) eines Thürstehers. — *d*) eines Elephanten, auch eines mythischen. — *e*) eines bei den Gaina in hohen Ehren stehenden Berges. °माहात्म्य n. und °स्तव m. — 3) f. आ N. pr. *a*) einer der Mütter im Gefolge Skanda's MBh. 9,46,6. — *b*) eines Flusses. — Vgl. शत्रुंजय.

शत्रुता f. *Gegnerschaft, Feindschaft.*

शत्रुतापन 1) Adj. *Feinde peinigend.* — 2) m. *ein best. Krankheitsdämon.*

शत्रुतूर्य n. *Ueberwindung des Gegners.*

शत्रुत्व n. *Gegnerschaft, Feindschaft* Hemâdri 1, 359,4.

*शत्रुदमन Adj. *Feinde bändigend.*

शत्रुनन्दन Adj. *Feinde erfreuend* 142,29.

शत्रुंतप Adj. *Feinde peinigend.* Angeblich auch N. pr.

शत्रुंदम Adj. *Feinde bändigend.*

1. शत्रुपक्ष m. *die Partei des Feindes.*

2. शत्रुपक्ष Adj. *zur Partei des Feindes sich haltend.*

शत्रुबाधन Adj. *Feinde bekämpfend.*

*शत्रुभङ्ग m. *Saccharum Munjia* Râgan. 8,86.

शत्रुभट m. N. pr. eines Asura.

शत्रुमर्दन 1) Adj. *Feinde vernichtend.* — 2) m. *a*) *eine Art Pavillon* Vâstuv. 831. — *b*) N. pr. α) eines Sohnes des Daçaratha. — β) eines Sohnes des Kuvalajâçva. — γ) eines Fürsten der Videha. — δ) eines Elephanten.

शत्रुरूप Adj. *in Feindesgestalt auftretend* Spr. 6375. fg.

*शत्रुलुम्प m. Bein. Bhâravi's Gal. Vgl. शतलुम्प.

शत्रुलोक m. Mârk. P. 120,19 fehlerhaft für शक्रलोक.

*शत्रुवल Adj. *Feinde habend.*

शत्रुसात् Adv. mit dem Caus. von गम् *dem Feinde überliefern.*

शत्रुसाह् Adj. *Feinde überwindend.*

शत्रुहन् Adj. *Feinde niederschlagend.*

शत्रुहन् 1) Adj. dass. — 2) m. N. pr. eines Sohnes des Çvaphalka.

शत्रुहन्तर् m. N. pr. eines Ministers des Çambara.

शत्रूय्, Partic. शत्रूयन्त् *feindlich auftretend.*

शत्रूषह् (stark °षाह्) Adj. *Feinde bewältigend.*

*शबरी f. *Nacht.* Vgl. शर्वरी.

1. शद् (zu belegen nur Intens. शाशदुस्, शाशद्महे, शाशद्रे und शाशदान) *sich auszeichnen, — hervorthun; die Oberhand behalten, triumphiren.*

2. शद् (zu belegen nur शशाद, शत्स्यति und शन्न) *abfallen, ausfallen.* शन्न *abgefallen.* — *Caus. शादयति *treiben* (Vieh). — *Intens. शाशद्यमान. — Mit व्यव *wegfallen, zerfallen* Çat. Br. 2,1,2,16. — Mit *आ (गतौ). — Mit परि, °शन्न *ab —, daneben gefallen.* — Mit प्र in *प्रशद्वन् und *प्रशद्वरी.

शद m. 1) *Abfall* in पर्णशद. — 2) *Ertrag* (eines Landes) Gaut. — 3) *ein best.* Ekâha.

शदक *unenthülstes Korn* Bhadrab. 2,26. v. l. सदक.

*शद्रि m. = विद्युत्, तडित् (v. l. तडित्वत् Zach. Beitr. 84), अम्भोधर, शर्करा und हस्तिन्.

*शद्रु 1) Adj. von शद्. — 2) m. Bein. Vishṇu's.

शद्वला f. N. pr. eines Flusses.

शनक m. N. pr. eines Sohnes des Çambara. v. l. सेनक.

*शनकावलि und *°ली f. *Scindapsus officinalis.*

शनकैस् Adv. *sachte, sanft, leise, langsam, in aller Ruhe, in gemessener Weise, gemächlich, nach und nach, allmählich.*

*शनपर्णी f. *eine best. Pflanze.* Vgl. *सन° und *असन°.

शनि m. 1) *der Planet Saturn* (ein Sohn des Sonnengottes). — 2) N. pr. eines Sohnes des Atri.

शनित्रयोदशीव्रत n., शनिप्रतिमादान n. und शनिप्रदोषव्रत n. Titel Burnell, T.

*शनिप्रसू f. N. pr. der Khâjâ.

*शनिप्रिय n. *Sapphir.*

शनिवार m. *Sonnabend.*

शनिशान्ति f. Titel Burnell, T.

*शनैर्गङ्गम् Adv. *wo die* Gangâ *langsam fliesst.*

शनैर्देहिन् Adj. Karaka 4,8 fehlerhaft für शनैर्मेहिन्.

शनैर्भाव m. *Allmählichkeit.* Am Anfange eines Comp. vor einem Partic. praes. so v. a. *allmählich.*

शनैर्मेह m. *langsames —, beschwerliches Harnen.*

शनैर्मेहिन् Adj. *an beschwerlichem Harnen leidend* Karaka 4,8 (शनैर्देहिन् gedr.).

शनैश्चर 1) Adj. *langsam einherschreitend.* — 2) m. *a*) *der Planet Saturn* (ein Sohn des Sonnengottes). — *b*) *Sonnabend* Vishnus. 78,7.

शनैश्चरपूजा f., शनैश्चरविधान n. (Opp. Cat. 1), शनैश्चरव्रत n. (Burnell, T.) und शनैश्चरस्तोत्र n. (Opp. Cat. 1) Titel.

शनैस् (RV.) und शनैस् (Çat. Br.) Adv. = शनकैस्. Wird auch wiederholt.

शनैस्तराम् Adv. Compar. zu शनैस्.

*शनोत्साह m. = गण्डक. v. l. स्वनोत्साह.

*शन्त Adj. von 5. शम्.

शंतनु 1) Adj. *der Person heilsam.* — 2) m. N. pr. eines alten Fürsten und auch anderer Männer. Vgl. शांतनु.

शंतनुतनूज m. Patron. Bhishma's Çiç. 15,20.

शंतनुत्व n. *das der Person Heilsamsein.*

शंतम Adj. (f. आ) *wohlthuendst, erfreulichst, heilsamst.*

शन्ताची (!) Adj. f. = शंताति 1) TBr. 3,7,10,5. Âpast. Çr. 14,29,1.

शंताति 1) Adj. *wohlthuend.* — 2) f. Pl. *Wohlthaten.*

शन्तातीय n. Bez. *des Liedes* RV. 7,35.

*शन्ति Adj. von 5. शम्.

शन्तिव Adj. (f. आ) *wohlthuend, freundlich.*

*शन्तु Adj. von 5. शम्.

शन्त्व n. *das Wohlthätigsein.*

*शन्ध m. schlechte Schreibart für षण्ढ.

शन्न 1) Adj. s. u. 2. शद्. — 2) n. *Abfall.*

शंनोदेवी f. Bez. *des Verses* RV. 10,9,4 (AV. 1,6, 1). Jyot. 1,230 (शंनोदेव्या verbunden zu schreiben).

शंनोदेवीय m. (sc. अनुवाक) Bez. von AV. 1,6 Pat. zu P. 1,3,2, Vârtt. 1 und zu P. 1,4,110, Vârtt. 8. v. l. auch °क.

शन्यष्टक n. Titel Burnell, T.

शप्, शपति, °ते und शप्यति (nur Bhatt.) 1) gewöhnlich Act. *verfluchen*, mit Acc. — 2) Act. Med. *schmähen, schelten:* mit Acc. (Çiç. 15,75[41]) oder Dat. (nur Bhatt.). — 3) Med. *Jmd* (Dat.) *fluchen.* — 4) Med. (metrisch auch Act.) *sich verfluchen*, so v. a. *mit einem Schwur betheuern, geloben;* mit Dat. (ausnahmsweise Acc.) der Person, der man Etwas versichert, und mit Instr. der Person oder Sache, bei der man schwört. यद्वरुणेति शपामहे *wenn wir bei* Varuṇa's *Namen schwören.* Mit यदि *sich verfluchen, wenn,* so v. a. *schwören, dass nicht.* अनृतम् *einen falschen Eid schwören.* — 5) Med. शपथम् und शपथान् *a*) *eine Verwünschung ausstossen.* — *b*) *einen Eid schwören.* Act. Bhatt. — 6) Med. *Jmd beschwören, obsecrare;* mit Acc. oder Dat. — 7) Med. *um Etwas* (Acc.) *flehen.* तेन रामेण *bei diesem* Râma. — 8) शप्त *a*) *verflucht* Suparn. 3,4. Chr. 53,27. 60,22. — *b*) *beschworen, obsecratus.* — 9) शप्तवान् = शशाप *verfluchte* 50,12. 88,3. — 10) शपित *a*) *verflucht.* — *b*) Kathâs. 98,23 fehlerhaft für शापित (Caus.). — Caus. शापयति 1) *beschwören, adjurare, incantare.* — 2) *Jmd* (Acc.) *durch einen Schwur betheuern heissen, schwören lassen, — bei* (Instr.). — 3) *Jmd beschwören, obsecrare; Jmd Etwas dringend an's Herz legen, Jmd für Etwas verantwortlich machen;* mit Acc. der Person und Instr. der Sache, bei der man schwört, die man Jmd an's Herz legt, für die man Jmd verantwortlich macht. Nur Partic. शापित, das auch dem im Instr. gedachten Begriffe im Comp. nachfolgt. — *Intens. शंशप्यते. — Mit अनु *Jmd verfluchen.* Nur अनुशप्त. — Mit अभि 1) dass. — 2) अभिशप्त *a) verflucht* MBH. 13,154,7. — *b) geschmäht* HARIV. 1,17,30. — *c) beschuldigt.* — Caus. *Jmd beschwören, obsecrare.* — Mit अव *Jmd verfluchen.* Nur अवशप्त. — Mit परि 1) *einen Fluch ausstossen* für den Fall, dass (directe Rede mit Conj. Praes. und folgendem इति) TÂṆḌJA-BR. 14,6,8. — 2) *Jmd schmähen.* — Mit प्रति *Jmd wieder verfluchen,* mit Acc. oder Gen. — Mit वि Med. *sich verschwören* MAITR. S. 1,9,7 (138,16). Vgl. विशप्त. — Mit सम् *Jmd verfluchen.* संशप्त *verflucht* KÂD. 2,90,8 (111,5).

संशप्तवान् = संशशाप.

*शप m. 1) = शपथ, शपन. — 2) N. pr. eines Mannes.

*शपण्ड m. v. l. für शयण्ड. °भक्त *von ihnen bewohnt.*

शपथ m. n. (dieses nicht zu belegen; adj. Comp. f. आ) 1) *Fluch.* — 2) **Schmähung.* — 3) *Eid, Schwur.* — 4) *Gottesurtheil* NÂRADA 5,102. 108. 19. NÂRADA (a.) 21,239.

शपथकरण n. *Eidesleistung* DHÛRTAN. nach Vers 16.

शपथजम्भन Adj. (f. ई) *Flüche vernichtend* ÂPAST. ÇR. 6,20,2.

शपथपूर्वकम् Adv. *unter Schwüren.*

शपथयावन Adj. (f. ई) *Flüche abwehrend.*

शपथयोपन Adj. (f. ई) *Flüche aus dem Wege räumend.*

शपथीय्, nur Partic. शपथीयत् *Flüche sprechend.*

शपथोत्तरम् Adv. *unter Schwüren.*

(शपथेय्य) शपथेयिअ m. *Flucher.*

(शपथ्य) शपथियअ Adj. *auf Fluch beruhend.*

शपन n. *Fluch.*

शपनंतर Adj. *zum Fluchen geneigt.*

शप्त 1) Adj. s. u. शप्. — 2) *m. *Saccharum cylindricum.* — 3) n. *a) Verfluchung, Fluch* KÂṬH. 37,14. — *b) Schwur, eidliche Versicherung.*

शप्तर् Nom. ag. *Flucher.*

*शप्य Partic. fut. pass. von शप्.

शफ 1) m. n. (dieses nicht zu belegen; adj. Comp. f. आ) *a) Huf.* — *b) Klaue.* — *c) Achtel* (nach den 8 *Klauen* des Rindes). — *d) Kralle.* — *e) ein hölzernes Geräthe um einen Topf vom Feuer zu heben.* — *f)* वसिष्ठस्य शफौ Name zweier Sâman. — 2) *m. *Unguis odoratus* RÂǴAN. 12,128. — 3) *n. *Wurzel.*

शफक m. 1) *eine best. Pflanze.* — 2) *eine Gazelle, die ihre Hufe verloren hat,* ÂPAST. ÇR. 9,14,14.

शफग्रहं m. *eine als Gefäss gebrauchte Klaue.*

शफच्युत Adj. *durch Hufe aufgewirbelt.*

शफर 1) m. f. (ई) *Cyprinus Sophore* (ein kleiner und sehr beweglicher Fisch, der in seichtem Wasser lebt). Am Ende eines adj. Comp. f. आ VÂSAV. 99,2. — 2) m. *ein best. grosser Raubfisch.* — 3) f. ई *wohl eine best. Pflanze,*

*शफराधिप m. *Clupea Alosa* (इल्लिश).

शफरि *ein kleiner Fisch* GAUT.

*शफरीय Adj. von शफर.

शफरुक m. *Büchse, Dose* HARSHAK. 98,10. 115,7.

शफवत् Adj. *mit Hufen* oder *Klauen versehen;* n. *solches Vieh.*

शफशस् Adv. *in Achteln.*

*शफात m. N. pr. eines Mannes.

शफारुज् Adj. *Hufe zerbrechend* als Bez. von Dämonen.

*शफारु Adj. (f. ऊ).

शबर 1) Adj. *a)* * = शबल *bunt, scheckig.* — *b) einem* Çabara *gehörig* u. s. w. MBH. 13,14,142. Metrisch für शाबर. — 2) m. *a)* Pl. N. pr. eines wilden Volksstammes im Dekkhan; Sg. (f. ई) *ein Mann dieses Volksstammes.* Später bezeichnet das Wort *einen Wilden* überhaupt und wechselt mit किरात, पुलिन्द und भिल्ल. — *b)* *Bein. Çiva's. — *c)* *eine Art* Lodhra RÂǴAN. 6,211. Vgl. शबरलोध्र. — *d)* N. pr. verschiedener Männer. — *e)* * *Wasser;* n. nach H. an.; richtig शम्बर n. ZACH. Beitr 89. — *f)* * = हस्त und शास्त्रविशेष. — 3) f. आ N. pr. einer Joginî HEMÂDRI 2, *a*, 97, 16. 98, 1. — 4) n. s. u. 2) *e).*

शबरक m. *ein Wilder.*

*शबरकन्द m. *Batate* RÂǴAN. 7,86.

*शबरजम्बु N. pr. einer Oertlichkeit.

शबरभाष्य n. *der von* Çabarasvâmin *verfasste Commentar.*

*शबरलोध्र m. *eine Art* Lodhra. Vgl. शबर 2) *c).*

शबरसिंह m. N. pr. eines Fürsten.

शबरस्वामिन् m. N. pr. eines Autors.

*शबराहार m. *eine Art Judendorn* RÂǴAN. 11,147.

शबल 1) Adj. (f. आ und *ई) *a) scheckig, bunt.* — *b) bunt durch Etwas,* so v. a. *gemischt, versehen mit* (im Comp. vorangehend) KAP. 6,8. अश्रुशबला *mit Thränen erfüllt* Spr. 7685. — *c) entstellt, verändert.* — 2) m. N. pr. *a)* eines Schlangendämons. — *b)* eines Mannes. v. l. शबर. — 3) f. शबला *a)* **eine scheckige Kuh.* — *b)* N. pr. einer Kuh, *die Wunderkuh.* — 4) f. शबली *a)* **eine scheckige Kuh.* — *b) die Wunderkuh.* Nomin. शबलीस् TS., शबली TÂṆḌJA-BR.

शबलक Adj. *scheckig, bunt.* Als Bez. *der 13ten unbekannten Grösse* COLEBR. Alg. 228.

शबलता f. und शबलत्व n. *Gemischtheit, Gemisch.*

शबलाक्ष m. N. pr. eines Rshi.

शबलाश्व m. N. pr. eines Mannes. Pl. Bez. der Kinder Daksha's von der Vairaṇî.

शबलिका f. *ein best. Vogel.* सबलिका geschrieben.

शबलित Adj. *scheckig —, bunt gemacht* VÂSAV. 85,2. 155,6.

शबलिमन् m. *Buntheit* ÇIÇ. 6,27.

1. शबली f. s. u. शबल.

2. शबली Adv. mit कर् *scheckig —, bunt machen.*

शबलीहोम m. *ein best. Opfer.*

शबलोदर m. N. pr. eines Dâmons MANTRABR. 2,5,6.

शब्द m. (n. sehr verdächtig; adj. Comp. f. आ) 1) *Laut, Schall, Ton, Stimme, Geräusch, Lärm.* Es werden drei, sieben und zehn *Töne* angenommen. हरि° *der Laut —, der Ausruf* Hari; गीयतां पीयतां चेति शब्दश्चासीद्गृहे गृहे *lautes Rufen;* शब्दं कर् *einen Laut von sich geben, seine Stimme erheben, laut rufen.* — 2) *Wort.* शब्देन *durch ein Wort,* so v. a. *ausdrücklich* 230,13. — 3) *Rede, Ausspruch.* — 4) *ein richtiges Wort* (Gegensatz अपशब्द). — 5) *die heilige Silbe* ओम्. — 6) *Wortendung,* insbes. *Suffix.* — 7) *Name, Benennung, Titel.* तच्छब्दात् *weil es so heisst.* — 8) *terminus technicus.* — 9) *eine mündliche Mittheilung* (als Quelle unseres Wissens).

शब्दक m. = शब्द 1) AGNI-P. 25,41.

शब्दकर्मक Adj. *tönen* u. s. w. *bedeutend* 225,23.

1. शब्दकर्मन् n. *Geräusch* ÂPAST.

2. शब्दकर्मन् Adj. = शब्दकर्मक.

शब्दकल्प m. (OPP. Cat. 1), °कल्पद्रु m., °कल्पद्रुम m. (ein neueres Wörterbuch aus diesem Jahrh.) und °कल्पलतिका f. (GILD. Bibl.) Titel von Werken.

शब्दकार und °कारिन् Adj. *Töne von sich gebend.*

शब्दकोश m. *Wortschatz, Wörterbuch.*

शब्दकौमुदी f. und शब्दकौस्तुभ m. Titel BURNELL, T.

शब्दक्रिय Adj. = शब्दकर्मक.

शब्दखण्ड, °प्रकाश m. und °व्याख्या f. Titel OPP. Cat. 1.

शब्दग Adj. 1) *Laute vernehmend.* — 2) *Laute von sich gebend.*

1. शब्दगति f. *Tonkunst, Gesang.*

2. शब्दगति Adj. *Laute von sich gebend* HARIV. 3,9,5.

शब्दगोचर m. *das Object der gesprochenen Worte, an den eine Rede gerichtet ist, von dem die Rede geht.*

*शब्दग्रह m. *Ohr.*

*शब्दग्राम m. *die Gesammtheit der Laute.*

शब्दघोषा f. und शब्दचन्द्रिका f. Titel Burnell, T.

शब्दचालि f. *eine best. Bewegung beim Tanze* S. S. S. 256. °नृत्य n. 257.

शब्दचित्र n. *Lautspiel*, wie *Alliteration* u. s. w. Kâvjapr. 6,1. Sâh. D. 117,1.

शब्दचिन्तामणि m. (Burnell, T.), शब्दतरंग m. (Opp. Cat. 1,4771) und शब्दतरंगिणी f. Titel.

शब्दत्व n. 1) *das Laut-Sein.* — 2) Nom. abstr. eines auf शब्द *Wort* auslautenden adj. Comp. 249,30.

शब्ददीपिका f. Titel Burnell, T.

शब्दन 1) *Adj. *tönend, lautend, Töne von sich gebend.* — 2) n. *das Reden —, Sprechen über* (im Comp. vorangehend).

शब्दनिरूपण n. (Opp. Cat. 1) und शब्दनिर्णय m. Titel.

शब्दनीय Adj. *anzurufen* Sâj. zu Ṛv. 1,65,3.

शब्दनृत्य n. *eine Art Tanz* S. S. S. 261. 262.

शब्दनेतर् m. *Wortheld*, Bein. Pâṇini's M. Müller, Ren. 299, N. 2.

शब्दपति m. *nur dem Namen nach Herr, — Gebieter.*

शब्दपात Adj. *wohin der Schall noch reicht.*

शब्दपातम् Absol. *so weit der Schall reicht.*

शब्दपातिन् Adj. *nach dem blossen Ton* (eines Zieles, ohne dass es gesehen würde) *fallend, — treffend.*

शब्दप्रकाश m., °प्रकाशिकाद्विरूपकोश m. und शब्दप्रभेद m. Titel.

*शब्दप्राछ् Adj. (Nomin. °प्राट्) *nach einem Worte fragend.*

शब्दप्रामाण्यवाद m. Titel.

शब्दबाणाग्रवेधिन् Adj. *nach dem blossen Ton* (eines Zieles, ohne dass es gesehen würde) *mit der Pfeilspitze treffend* R. Gorr. 2,102,3.

शब्दबोधप्रकार m. und °बोधविचार m. Titel.

शब्दब्रह्मन् n. *das in Worte gefasste* Brahman, so v. a. *die heilige Schrift.*

शब्दब्रह्ममय Adj. von शब्दब्रह्मन्.

शब्दभङ्ग m. *Redewendung* in चारुशब्दभङ्गवत्.

°शब्दभाज् Adj. *den Titel — führend* 97,28.

शब्दभिद् f. *Wortverdrehung.*

शब्दभूषण n. Titel Burnell, T.

शब्दभृत् Adj. *nur den Namen von Etwas führend, nur dem Namen nach Etwas seiend.*

शब्दभेद m., °भेदनिरूपण n. (Burnell, T.) und °भेदप्रकाश m. Titel.

शब्दभेदिन् 1) Adj. = शब्दवेधिन्. — 2) *m. *a)* Bein. Arǵuna's. — *b) After.*

शब्दमञ्जरी f. (Burnell, T.), शब्दमणिपरिच्छेदालोक m. und °मणिव्याख्या f. (Opp. Cat. 1) Titel.

शब्दमय Adj. (f. ई) 1) *aus Schall* (Harshaḱ. 210, 6) —, *aus Lauten bestehend, — gebildet.* — 2) *tönend, Laute von sich gebend.* — 3) am Ende eines Comp. *aus dem Worte — bestehend, — gebildet.*

शब्दमाला f. und शब्दमूल n. (Opp. Cat. 1) Titel.

शब्दय्, °यति 1) *Töne von sich geben, laut rufen, schreien.* — 2) *schwatzen, plappern.* शब्द्यते *es wird geplappert.* — 3) *Jmd rufen, anrufen.* शब्दित *angerufen* (eine Gottheit) Çiç. 14,20. — 4) *verkünden, mittheilen.* शब्दित *mitgetheilt, gelehrt.* — 5) Pass. *heissen, genannt werden.* शब्दित *heissend, genannt.* दान° *mit dem Worte* दान *belegt.* — Mit प्रति, °शब्दित Karaka 5,12 fehlerhaft für अभि°. — Mit अनु 1) *Etwas erzählen, mittheilen, besprechen, erwähnen, sprechen von.* Nur अनुशब्दित. — 2) *Jmd* (Acc.) *Etwas sagen, mittheilen.* अनुशब्दित *dem Etwas gesagt worden ist.* — Mit अभि 1) *besprechen, erwähnen, mittheilen.* Nur अभिशब्दित. — 2) *benennen, bezeichnen.* अभिशब्दित *genannt.* — Mit परि *besprechen, erwähnen, mittheilen.* Nur परिशब्दित. — Mit वि, विशब्दित *benannt, bezeichnet.* — Mit सम् 1) *ausrufen.* — 2) *besprechen, erwähnen, aufführen* MBh. 12,275,19. संशब्दित *besprochen* u. s. w.

शब्दयोनि m. 1) *Ursprung —, Quelle des Wortes.* — 2) * *Verbalwurzel* AK. 3,4,14,68.

शब्दरत्न n., °रत्नसमन्वय m., °रत्नाकर m. und °रत्नावली f. Titel Burnell, T.

शब्दरहित Adj. *geräuschlos.*

शब्दराशिमहेश्वर m. *der grosse Herr des Alphabets*, Beiw. Çiva's.

1. शब्दरूप n. 1) *die Natur —, Eigenthümlichkeit eines Lautes, ein eigenthümlicher Laut* Pańḱat. 21, 24. 25. — 2) *Wortform* (in grammatischem Sinne) 235,7. P. 1,1,27, Sch. Burnell, T. 41,*b.*

2. शब्दरूप Adj. (f. आ) *in der Form des Lautes erscheinend* Pańkar. 2,6,23.

शब्दलिङ्गार्थचन्द्रिका f. Titel eines Werkes.

शब्दवत्रा f. N. pr. einer Göttin.

शब्दवत् Adj. 1) *tönend, Töne —, Laute von sich gebend, knisternd* u. s. w. °वत् Adv. *laut, geräuschvoll.* — 2) *den Laut in sich bergend, mit der Eigenschaft des Lautes behaftet.*

शब्दवारिधि m. *Wortmeer*, so v. a. *Sprachschatz.*

शब्दविद्या f. *Grammatik* Daçak. 49,5. 6. Auch °शास्त्र n.

शब्दविद्योपाध्याय m. *Lehrer der Grammatik* Râǵat. 4,488.

शब्दविधि m. Titel Opp. Cat. 1.

शब्दविरोध m. *ein Widerspruch im Worte* (nicht im Sinne), *ein scheinbarer Widerspruch* Mâlav. ed. Bomb. Notes S. 115.

शब्दवेध 1) Adj. = शब्दवेधिन्, aber von einem Pfeile gesagt Pańḱad. — 2) m. *das Schiessen —, Treffen nach dem blossen Schalle* (ohne dass man das Ziel sieht).

शब्दवेधिन् Adj. *schiessend —, treffend nach dem blossen Schalle* (ohne das Ziel zu sehen). Nom. abstr. °वेधित्व n.

शब्दवेध्य 1) Adj. *worauf man nach dem blossen Schall* (ohne das Ziel zu sehen) *schiessen muss.* — 2) n. = शब्दवेध 2).

शब्दव्यापारविचार m. Titel eines Werkes Bühler, Rep. No. 263.

शब्दशक्ति f. *Wortbedeutung* Kâvjapr. 4,38.

शब्दशक्तिप्रकाशिका f., °प्रबोधिनी f. und शब्द-शब्दार्थमञ्जूषा f. Titel.

शब्दशासन n. *Grammatik.* °विद् Adj. Çiç. 14,24.

शब्दशास्त्र n. dass. Vikramâñkaḱ. 18,82. Auch als Titel einer best. *Grammatik* Opp. Cat. 1.

शब्दशेष Adj. *von dem nur der Name —, nur die Erinnerung übrig geblieben ist.* प्रभु° *nur noch den Titel „Gebieter“ führend.*

शब्दश्लेष m. *Calembourg* Verz. d. Oxf. H. 211, *a*,11 v. u.

°शब्दसंज्ञ Adj. *den Namen — führend.*

शब्दसंज्ञा f. *terminus technicus, ein grammatischer Kunstausdruck.*

शब्दसद्रूपसंग्रह m. (Opp. Cat. 1) und शब्दसंदर्भसिन्धु m. Titel.

शब्दसंभव m. *die Quelle des Schalles*, Bez. des Windes (der Luft).

शब्दसागर m. Titel Burnell, T.

शब्दसाधन Adj. *mit dem blossen Schalle zum Ziele kommend*, von Pfeilen, die das Ziel treffen nach dem blossen Schalle, der daher kommt.

शब्दसारनिघण्टु m. Titel Burnell, T.

शब्दसाह् Adj. = शब्दसाधन.

शब्दसिद्धान्तमञ्जरी f. Titel Burnell, T.

शब्दसिद्धि f. *richtige Wortbildung.* °निबन्ध m. Titel eines neueren Schulbuches.

शब्दस्फोट m. *das Knistern* (des Feuers).

शब्दस्मृति f. *eine best. Wissenschaft.*

शब्दस्वातन्त्र्यवाद m. Titel Burnell, T.

शब्दहीन n. *der Gebrauch eines Wortes in einer Form oder in einer Bedeutung, die entweder gar nicht oder doch nicht von mustergültigen Autoren anerkannt werden.*

शब्दाकर m. *Grammatik.*

शब्दाख्येय Adj. *was sich laut sagen lässt.*

शब्दाडम्बर m. *Wortschwall.*

शब्दादिमत् Adj. *mit Laut u. s. w. ausgestattet* Çaṅk. zu Bâdar. 2,1,29.

शब्दाधिकार m. Titel Opp. Cat. 1.

*शब्दाधिष्ठान n. *Ohr.*

शब्दानन्तसागरसमुच्चय m. (Opp. Cat. 1) und शब्दानित्यतारहस्य n. Titel.

शब्दानुकरण Adj. *schallnachahmend.*

शब्दानुकृति f. *Schallnachahmung, Onomatopöie.*

शब्दानुशासन n. *Wortlehre, Grammatik.*

शब्दानुशिष्टि f. *Wortkenntniss, grammatische Kenntniss.*

शब्दान्तरपाद m. Titel Opp. Cat. 1.

शब्दापय्, °यति und °यते 1) *Jmd herbeirufen, zu sich rufen.* — 2) *nennen;* Pass. *heissen* 326,32 (im Prâkrit).

शब्दाब्धि m. Titel eines *Wörterbuchs.*

शब्दाभिवह् Adj. (f. आ) *Laute zuführend, den Schall leitend.*

शब्दाय्, °यते und °यति (ungrammatisch Kâçjapa in J. R. A. S. 1871, S. 281) *einen Ton von sich geben, ertönen, schreien u. s. w.* Çukas. 1,16. Mit Acc. des Lautes Pańkad. — Caus. शब्दाययति *einen Laut ertönen lassen* (Comm. zu Âpast. Çr. 2,13,6) *durch* (Instr.), *Jmd (Acc.) zum Schreien bringen durch* (Instr.).

शब्दार्णव m. Titel eines *Wörterbuchs.*

शब्दार्थ m. 1) Du. *Laut (Lautform) und Bedeutung.* — 2) *Bedeutung —, Wesen der Laute.* — 3) *Bedeutung eines Wortes.* — 4) *Bedeutung der mündlichen Mittheilung* (als Quelle des Wissens).

शब्दार्थारम्भण Adj. *darauf hin unternommen werdend* Âpast. 2,8,12.

शब्दार्थकल्पतरु m. Titel eines neueren *Wörterbuchs.*

शब्दार्थगर्भवत् Adj. *Laut und Bedeutung potentia in sich enthaltend.*

शब्दार्थचिन्तामणि m. (Burnell, T.), शब्दार्थतर्कामृत n., शब्दार्थनिर्वचन n. (Burnell, T.), °खण्डन n. (Opp. Cat. 1), शब्दार्थरत्न n. und शब्दार्थसारमञ्जरी f. Titel.

शब्दालंकार m. *Schmuck des Lautes, — der Lautform, — des Wortes, eine Alliteration, Reim u. s. w.*

शब्दालंकारमञ्जरी f. Titel eines Werkes Opp. Cat. 1.

शब्दावलोक m. desgl. Bühler, Rep. No. 321.

शब्दित 1) Adj. s. u. शब्दय्. — 2) n. *Geschrei* Pańkat. 249,6.

शब्दिन् Adj. *von Geräusch begleitet, ertönend von* (im Comp. vorangehend).

शब्देन्दुशेखर m. Titel eines Commentars zur Siddhântakaumudî. °दोषोद्धार m. Titel *einer Nachweisung von Fehlern in diesem Werke.*

शब्देन्द्रिय n. *das Organ zur Wahrnehmung der Laute, Ohr.*

1. शम् (शमीष्व, शमीध्वम्, शम्यति, शशमे, शशमते, Partic. शमित [SV. 1,4,2,3,6] und शमित) 1) *sich mühen, eifrig sein, arbeiten;* insbes. von der Thätigkeit beim Cultus. — 2) *zurichten, zubereiten.* v. l. शिम्. — 3) शशमान *eifrig bemüht, beschäftigt, fleissig;* namentlich in der Arbeit für die Götter.

2. शम्, शाम्यति (metrisch auch Med. und शमेत्; *Pass. impers. शम्यते, अशमि) 1) *ruhig —, still werden, befriedigt sein.* — 2) *aufhören, nachlassen, sich legen, erlöschen.* — 3) शान्त a) *beruhigt, zur inneren Ruhe gelangt, frei von aller Leidenschaft.* — b) *ruhig, still, sanft, mild.* Superl. शान्ततम. — c) *weich, schmiegsam.* — d) im Ritual und in der Auguralkunde *zahm, mild, freundlich* (im Gegensatz zu *wild, der Ordnung widerstrebend*), *faustus.* — e) *erloschen.* — f) *nachgelassen, aufgehört, gewichen.* — g) von Geschossen so v. a. *unwirksam —, unschädlich geworden, — gemacht.* — h) *zur Ruhe gekommen,* so v. a. *zum Tode befördert, gestorben, ausgestorben.* — i) शान्तं पापम् (auch wiederholt) *abgewehrt sei das Uebel,* ein Ausruf, mit dem man ein Unheil, das ein ausgesprochenes Wort bewirken könnte, abwehren will. धिक् शान्तम् so v. a. *behüte Gott! bei Leibe nicht!* शान्तम् allein = शान्तं पापम् und auch so v. a. *so wahr mir Gott helfen möge!* — Caus. शमयति (metrisch auch शामयति; Pass. शाम्यते [auch Vaitân. 10,18 und zu Spr. 6899] u. s. w. wohl nur fehlerhaft) 1) *beruhigen, stillen, beschwichtigen.* — 2) *zurechtbringen,* einen Fehler —, ein Uebel *gut machen, placare.* — 3) *auslöschen* (trans.) Prasannar. 136,5. — 4) *Jmd bezwingen, überwinden, sich (sibi) unterwerfen.* — 5) euphemistisch so v. a. *zum Tode bringen, schlachten* (Vaitân. 10,18), *Jmd aus dem Wege räumen, unschädlich machen, vernichten* Prasannar. 136,5. — 6) *sich beruhigen,* so v. a. *von Etwas abstehen.* — Intens. शंशमीति, *शंशन्ति *vollständig erlöschen* Bâlar. 136,8. शंशमां चक्रुः Bhaṭṭ. — Mit अनु *hinterher ruhig werden, — aufhören, — sich legen.* — Mit अभि *aufhören, sich legen.* — Mit अव, अवशान्त *erloschen.* — Mit व्यव, व्यवशान्त dass. Maitr. S. 1,8,6 (123,12) = Âpast. Çr. 6,9,2. — Mit समव Caus. *placare.* — Mit उप (Med. hier und da auch in ungebundener Rede) 1) *ruhig —, still werden.* — 2) *erlöschen* Spr. 7848. — 3) *aufhören, sich legen.* — 4) उपशान्त a) *beruhigt.* — b) *erloschen.* — c) *aufgehört, sich gelegt habend.* — Caus. 1) *beruhigen, stillen, beschwichtigen, placare.* — 2) *auslöschen* (trans.) 290,9. — 3) *abkühlen.* — 4) *aufhören machen.* — 5) *zur ewigen Ruhe bringen.* — Mit अभ्युप, °शान्त *gestillt, abgekühlt.* — Mit व्युप 1) *sich beruhigen* MBh. 6,121,52. — 2) *aufhören, sich legen.* दुःखं व्युपशान्तम् Kâraṇḍ. 48,9. — Mit समुप *aufhören, sich legen* Kâraka 6,10. — Mit नि, निशान्त 1) **beruhigt, ruhig* H. an. 3,271. Med. t. 119. — 2) *hergebracht, üblich.* — Caus. 1) *zur Ruhe —, zurecht bringen.* — 2) *abkühlen* Sâj. zu RV. 10,39,9. — Vgl. 4. शम् mit नि. — Mit प्रणि *sich beruhigen* Bhaṭṭ. — Mit परि Caus. *aufhören machen.* — Mit प्र *sich beruhigen, zur Ruhe kommen.* — 2) *erlöschen.* — 3) *aufhören, sich legen.* — 4) प्रशान्त a) *ruhig geworden, beruhigt, ruhig.* — b) *ruhig,* so v. a. *gleichgültig, fahrlässig.* — c) in der Auguralkunde *nichts Schlimmes bedeutend, boni ominis.* — d) *erloschen.* — e) *beseitigt, entfernt.* — f) *aufgehört —, sich gelegt habend, verschwunden, zu Ende gegangen, nicht da seiend, sich nicht mehr sehen lassend.* — g) *zu Schanden geworden.* — h) *zur ewigen Ruhe eingegangen, gestorben, todt.* — Caus. (hier und da mit Dehnung des Wurzelvocals auch ohne metrische Veranlassung) 1) *beruhigen, beschwichtigen.* — 2) *auslöschen* (trans.). — 3) *stillen, aufhören machen.* प्रशमित Çiç. 17,38. Vâsav. 281,2. — 4) *unschädlich machen, vernichten.* — 5) *sich (sibi) unterwerfen, wiedererobern.* — Mit अनुप्र in अनुप्रशमन. — Mit संप्र, संप्रशान्त *aufgehört, gewichen, geschwunden.* — Mit प्रति 1) *erlöschen.* — 2) प्रतिशान्त *aufgehört, gewichen, geschwunden.* — Caus. प्रतिशाम्य (Vaǵrakkh. 19,9) und °शामयित्वा (Mahâvastu 56,2) *wieder an seinen Platz bringen.* Vgl. 1. श्रम् mit प्रवि Caus. — Mit सम् 1) *vollständig zur Ruhe gelangen.* — 2) mit Instr. der Person (mit und ohne सह) *Frieden schliessen mit.* — 3) *erlöschen.* — 4) *aufhören, sich legen.* — 5) *wirkungslos werden* (von einem Geschosse). — 6) *beruhigen, stillen, beschwichtigen.* — 7) संशान्त a) *vollständig beruhigt.* — b) *vollkommen erloschen.* — c) *vollständig sich gelegt habend, — aufgehört.* — d) *gestorben, todt.* — Caus. 1) *beruhigen, beschwichtigen.* — 2) *auslöschen* (trans.). — 3) *beseitigen, aufhören machen.* — 4) *zu Ende bringen, vollbringen, beilegen.* — 5) *zur ewigen Ruhe bringen, den Garaus machen.*

3. शम्, *शम्ना॑ति (वधकर्मन्) *Jmd ein Leid zufügen.* Nur शम्नीषे und शम्नीथास् zu belegen.

4. शम्, शमयति und शामयति. Mit नि *inne —, gewahr werden, vernehmen, hören, erfahren, kennen lernen, — dass ist* oder *war* (mit prädicativem Acc.). Einmal auch mit Gen. st. Acc. Absol. निशम्य, निशाम्य und निशमय्य (Çiç. 16,38). निशम्यमान mit act. (!) Bed. und Gen. (v. l. aber निशम्य). — Mit अनुनि 1) *vernehmen* Kâraka 6,10. — 2) *dem Geiste vorführen.* — Mit समनुनि *erkennen.* — Mit अभिनि *gewahr werden.* — Mit उपनि *vernehmen, hören.* — Mit प्रणि dass. — Mit विनि dass. — Mit संनि *vernehmen, kennen lernen.*

5. शम्॑ Indecl. 1) *wohlthätig, zum Vortheil, — Heil.* — 2) substantivisch *Heil, Wohl, Glück, Segen,* mit Dat. oder Gen.

1. शम॑ Adj. *gezähmt, domesticus* RV. 1,32,15. 33,15.

2. शम 1) m. *a) Gemüthsruhe, Seelenruhe.* शमं कर् *sich beruhigen.* — *b) ruhiges Verhalten,* so v. a. *Frieden, — mit* (सार्धम्). Vgl. Zach. Beitr. 44. — *c) Apathie.* — *d) Ruhe* in geschlechtlicher Beziehung, so v. a. *Impotenz* Tândja-Br. 17,4,1. — *e) Ruhe, Beruhigung* überh. (z. B. des Meeres), *Beschwichtigung, Besänftigung, das Aufhören, Nachlassen, Erlöschen.* — *f)* die personificirte *Gemüthsruhe* ist ein Sohn des Dharma oder des Tages. — *g)* * *Hand.* Vgl. शय. — *h)* N. pr. α) eines Fürsten der Nandivega MBh. 5,74,17. — β) eines Sohnes des Andhaka. — γ) eines Sohnes des Dharmasûtra. — 2) f. आ *eine best. Genie* Pâr. Grhj. 2,17,10.

शमक 1) * Adj. vom Caus. von 2. शम्. — 2) f. आ *eine best. Pflanze* Kauç. 8.

*शमकृत् Adj. *sich der Seelenruhe befleissigend.*

शमगिर् f. *ein zur Seelenruhe mahnendes Wort.*

शमठ m. N. pr. eines Brahmanen.

शमथ m. 1) *Gemüthsruhe, Seelenruhe* Lalit. 218, 6. 334,17. 18 (an beiden Stellen fehlerhaft समथ). Mahâvastu 120,10. — 2) * *Minister.*

शमन 1) Adj. (f. ई) *a) beruhigend, stillend, besänftigend, beschwichtigend.* — *b) zu Nichte machend, Jmd den Garaus machend.* — 2) m. *a)* Bein. Jama's. — *b)* * *eine Gazellenart.* — *c)* * *eine Erbsenart.* — 3) * f. ई *Nacht.* Geschlossen aus शमनीषद्. — 4) n. *a) das Stillen, Beruhigen, Besänftigen, Beschwichtigen.* — *b) das zu Nichte Machen, Tödten, Schlachten.* — *c)* * *das Kauen.*

*शमनस्वसर् f. Jama's *Schwester,* Bez. der Jamunâ.

शमनीचामेढ्र Adj. *dessen Glied in Folge von Impotenz herabhängt* Tândja-Br. 17,4,1.

शमनीपार m. wohl *eine best. Art den* Ṛgveda *zu recitiren* Pat. zu P. 3,2,1, Vârtt. 1.

शमनीय 1) Adj. *zur Beruhigung dienend.* — 2) n. *ein beruhigendes Mittel* Kâraka 6,3.

*शमनीषद् m. *ein* Râkshasa.

शमन्तकस्तोत्र n. Titel Opp. Cat. 1.

*शमम् Absol. von 2. शम् P. 6,4,93, Sch.

1. *शमयितर् Nom. ag. = 1. शमितर्॑.

2. शमयितर् Nom. ag. 1) *Beruhiger.* — 2) *der Jmd Etwas erleichtert, — benimmt.* शोकशङ्के: Bâlar. 55,11. — 3) *Vernichter, Tödter.*

शमर in रोमं॰ Gop. Br. 1,2,18 wohl = विवर.

शम॑ल n. *Befleckung, Mal; Fehler, Schaden.* शमलगृहीत Adj. *mit einem Mal —, mit einem Schaden behaftet.*

शमवत्त् Adj. *sich ruhig verhaltend* und *friedlich gesinnt* Çiç. 2,94.

शमशम Adj. *beständige Seelenruhe zeigend* (Çiva).

*शमस्थली f. = अन्तर्वेदी Gal.

शमागाम und शमाङ्ग N. pr. einer Oertlichkeit.

शमात्मक Adj. *ruhig im Gemüthe* MBh. 13,107,127.

*शमान्तक m. *der Liebesgott.*

1. शमाय्, शमाय॑ते *sich bemühen, thätig sein.*

2. शमाय् 1) Act. शमायति *sich der Gemüthsruhe befleissigen.* — 2) Med. शमाय॑ते *zur Ruhe bringen,* so v. a. *tödten* Maitr. S. 1,8,5 (121,12). 6 (123,3. 4. 6. 7). 10,20 (160,17). 2,2,4 (18,14). Âpast. Çr. 6, 14,11.

शमाला f. N. pr. einer Oertlichkeit.

1. शमि॑ n. *Bemühung, Werk, Fleiss.*

2. शमि m. N. pr. eines Sohnes 1) des Andhaka Hariv. 1,37,17. — 2) des Uçînara.

3. *शमि f. *Hülsenfrucht.* v. l. शिमि.

*शमिक m. N. pr. eines Mannes.

शमित 1) Adj. Partic. von 1. शम् und von 2. शम् Caus. — 2) m. N. pr. eines Sthavira der Gaina Hem. Par. 12,11.

1. शमितर्॑ Nom. ag. *Zurichter, Zerleger des geschlachteten Thieres, Schlächter* (MBh. 10,8,39); *Koch, Zubereiter* überh.

2. शमितर् Nom. ag. *der seine Gemüthsruhe bewahrt.*

शमिन् 1) Adj. *stets ruhig, keiner Aufregung fähig* Harshak. 208,12. * Compar. f. शमिनीतरा und शमिनितरा. — 2) m. N. pr. eines Sohnes *a)* des Râgâdhideva Hariv. 1,38,3. 4. — *b)* des Çûra. — *c)* des Andhaka VP.[2] 4,97.

*शमिर m. = 2. शमी 1).

*शमिरोह m. Bein. Çiva's.

शमिष्ठ Adj. Superl. *fleissigst, thätigst.*

*शमिष्ठल n. P. 8,3,96.

1. शमी॑ f. *Bemühung, Werk, Fleiss.*

2. शमी॑ f. 1) *Prosopis spicigera,* nach Andern *Mimosa Suma* Râgan. 8,33. Bhâvapr. 1,236. Von diesem Baume nimmt man die Araṇi. Auch शमीतरु m., शमीवृक्ष m. und शमीलता f. Nom. abstr. शमीत्व॑ n. Maitr. S. 4,1,1. Kap. S. 46,8. — 2) *Hülsenfrucht* überh. — 3) * = वल्गुली und वागुजि.

3. शमी in चतुः॰ und द्विः॰.

शमीक m. N. pr. verschiedener Männer 60,3. 61,1. VP. 4,14,10. VP.[2] 4,113. 5,251. Ind. St. 14,108. Vgl. समीक.

शमीकरण n. fehlerhaft für समी॰.

*शमीकुण m. *die Zeit, wo die Früchte der* Çamî *reif werden.*

शमीगर्भ॑ 1) Adj. *a) in einer* Çamî *gewachsen.* — *b) in der* Çamî *ruhend.* — 2) m. *a) Ficus religiosa;* s. अश्वत्थ. — *b) Feuer.* — *c)* * *ein Brahmane.*

शमीजात Adj. = शमीगर्भ 1) *a).*

*शमीदृषद् n. Sg. *ein* Çamî-*Baum und ein Mühlstein* L. K. 1062.

शमीधान्य॑ n. Çamî-*Körner,* meist *Hülsenfrucht* überh., *eine der fünf Arten von Körnerfrucht* Âpast. Çr. 6,31,7.

शमीनक्षुषी Du. RV. 10,92,12 wohl fehlerhaft.

*शमीनिवातम् Adv. *unter* oder *in einem* Çamî-*Baume vor Wind geschützt* P. 6,2,8, Sch.

*शमीपत्त्रा oder *॰पत्त्री f. *Mimosa pudica* Râgan. 5,103.

शमीपर्ण॑ n. *ein Blatt des* Çamî-*Baumes.*

शमीपूजाविधि m. Titel Burnell, T.

*शमीप्रस्थ n. gaṇa कर्क्यादि.

शमीमय॑ Adj. (f. ई) *aus* Çamî-*Holz bestehend, — gemacht* Comm. zu Gobh. 1,7,16.

*शमीर m. *ein niedriger* Çamî-*Baum.*

*शमीवत्त् m. N. pr. eines Mannes.

(शमोप्य) शमो॑पिष्य (n.) etwa *das Grauwerden.* Anders Weber in Ind. St. 4,409.

*शम्पक m. N. pr. eines Çâkja.

*शम्पा f. *Blitz.*

शम्पाक m. 1) *Cathartocarpus fistula.* Richtig wohl शम्याक. — 2) N. pr. eines Brahmanen. — Nach H. an. = विपाक und यावक (v. l. वियात und याचक Zach. Beitr. 86), nach Andern = तर्कक und धृष्ट.

शम्पाताल fehlerhaft für शम्याताल.

*शम्ब्, शम्बति (गतौ), शम्बयति (संबन्धने).

शम्ब॑ 1) m. *a) eine best. Waffe* Indra's. Nach den Erklärern = वज्र. — *b)* * *ein metallener Knopf an der Mörserkeule.* — *c)* * *ein best. Längenmaass.*

— d) * = अनुलोमकर्षण; vgl. शम्बा. — e) * N. pr. eines Asura. — 2) * Adj. = शंयु, शुभंयु, शुभान्वित, भाग्यवत् und दरिद्र (!).

शम्बट् Adv. = कुम्बट् Suparṇ. 22,1.

शम्बटी f. (!) षोडश पलाश्च माषशम्बट्यः Pat. zu P. 1,2,64, Vârtt. 59. Vgl. Kielhorn, Mahâbh. Bd. 2, S. 10.

शम्बर 1) m. a) N. pr. eines von Indra bekämpften Dämons; im Epos und später auch eines Feindes des Liebesgottes. — b) * *Wolke*. — c) * *Waffe*. — d) * *Kampf*. — e) *eine Hirschart* Bhâvapr. 2,2. Vâsav. 89,2. — f) * *Fisch*. — g) * *ein best. Fisch*. — h) * *Terminalia Arunja* Râǵan. 9,121. — i) * *Symplocos racemosa*. — k) * = चित्रक. — l) * = श्रेष्ठ. — m) N. pr. α) * eines Ǵina. — β) eines Fürsten Vâsav. 275,2, v. l. für शम्बरण und संवरण. — γ) eines Gauklers (vollständig °सिद्धि) 321,30 (im Prâkrit). Es könnte auch शाम्बर gemeint sein. — δ) * eines Berges. — 2) * f. शम्बरी a) *Salvinia cucullata* Râǵan. 3,55. — b) *Croton polyandrum* Râǵan. 5,135. — c) = माया; richtig शाम्बरी. — 3) n. a) Pl. *die Stätten des Dämons* Çambara. — b) *Wasser*. — c) * *Macht, Kraft*. — d) etwa *Zauberei* Kathâs. 37,170. 68,37 (adj. Comp. f. आ). Geschrieben संवर und çanvara (!). Vgl. शाम्बर. — e) * = चित्र, बौद्धव्रतभेद (व्रत) und वित्त. Vgl. संवर.

*शम्बरकन्द m. *Yamswurzel*.

शम्बरघ्न m. Bein. des Liebesgottes.

*शम्बरचन्दन n. *eine Art Sandel*.

शम्बरण m. N. pr. eines Fürsten Vâsav. 275,2. Richtig संवरण.

शम्बरदारण m. Bein. des Liebesgottes.

शम्बररिपु m. desgl. Bhâm. V. 2,108.

शम्बरवृत्रहन् m. Bein. Indra's.

शम्बरसिद्धि m. N. pr. eines Gauklers 321,21 (im Prâkrit). Es könnte auch शाम्बर° gemeint sein.

*शम्बरसूदन n. Bein. des Liebesgottes.

शम्बरहत्य n. *das Erschlagen des* Çambara.

शम्बरहन् m. Bein. Indra's.

शम्बरान्तकर m. Bein. des Liebesgottes.

शम्बरारि m. desgl. Hâsj. 40.

शम्बल 1) (* m.) n. a) *Wegekost*. सम्बल Kâraṇḍ. 56,23. 57,8. — b) * *Ufer*. — c) * *Geschlecht*. — d) * *Neid, Missgunst*. — 2) * f. ई *Kupplerin*. — Vgl. संवल.

शम्बा Adv. mit कर् *hin und zurück pflügen* Bhâm. V. 1,96.

शम्बिन् m. *Ferge*.

शम्बु m. 1) * *Muschel*. — 2) N. pr. eines Mannes.

शम्बुक m. 1) * *Muschel*. — b) *ein best. schädliches Insect*. — 3) N. pr. eines Çûdra.

*शम्बुक्क m. *Muschel*.

शम्बूक 1) m. (* f. आ) *Muschel, Schnecke, Schneckenhaus* Râǵan. 13,121. f. आ *zweischalige Süsswassermuschel* ebend. 130. — 2) m. a) *ein best. Thier* Bhâvapr. 6,8. — b) * *der Rand an den beiden Erhöhungen auf der Stirn eines brünstigen Elephanten*. — c) N. pr. α) eines frommen Çûdra, den Râma erschlug. — β) * eines Daitja.

*शम्बूकपुष्पी f. *eine best. Pflanze*, = शङ्खपुष्पी Bhâvapr. 3,101.

शम्बूकावर्त m. 1) *Windung einer Muschel*. — 2) *eine Afterfistel von dieser Form*.

शम्बूपुत्र m. *Sohn der* Çambû Nidânas. 9,1.

*शम्भ Adj. von 5. शम्.

शम्भल 1) m. N. pr. a) einer Oertlichkeit. — b) eines Dorfes, des Geburtsortes Kalkin's. Auch °ग्राम und °ग्रामक m. Wird auch mit स geschrieben. — 2) f. ई *Kupplerin* Vâsav. 171,1.

शम्भलीय Adj. von शम्भली *Kupplerin*. Mit स geschrieben.

शंभव 1) Adj. = शंभु 1). — 2) * m. N. pr. eines Arhant's der Ǵaina.

शंभविष्ठ Adj. Superl. von शंभु 1).

शंभु und शंभू 1) Adj. *heilbringend, wohlthätig, hülfreich*. — 2) m. शंभु a) ein Name α) Çiva's. — β) Brahman's. — γ) * Vishṇu's. — b) *ein best.* Agni. — c) * *ein* Arhant. — d) * *ein* Siddha. — e) * *eine Art Asclepias*. — f) *ein best. Metrum*. — g) N. pr. α) eines Rudra. — β) eines Sohnes des Vishṇu. — γ) Indra's im 10ten Manvantara. — δ) eines Fürsten der Daitja. — ε) eines Sohnes des Çuka, des Ambarisha und verschiedener anderer Männer. — 3) m. शंभू N. pr. eines Autors von Gebeten bei den Tântrika. — 4) f. शंभु N. pr. der Gattin Dhruva's.

शंभुकान्ता f. Çiva's *Gattin*, d. i. Gaurî Spr. 7822.

शंभुगिरि m. N. pr. eines *Berges*. °माहात्म्य n.

*शंभुतनय m. Patron. Skanda's.

*शंभुनन्दन m. Patron. Gaṇeça's.

शंभुनाथ m. 1) Name eines Tempels in Nepâl. — 2) N. pr. eines Mannes.

*शंभुनाथरस m. *eine best. Mixtur* Mat. med. 112.

*शंभुप्रिया f. *Myrobalanenbaum*.

*शंभुभट्ट m. N. pr. eines oder verschiedener Gelehrter.

शंभुभट्टीय n. Çambhubhaṭṭa's *Werk* Opp. Cat. 1.

शंभुभैरव m. *eine Form* Çiva's.

शंभुमयोभू f. Du. Bez. der *Lieder* AV. 1,5. 6.

शंभुमहादेवक्षेत्रमाहात्म्य n. Titel Burnell, T.

शंभुरहस्य n. desgl.

शंभुवर्धन m. N. pr. eines Mannes.

*शंभुवल्लभ n. *eine weisse Lotusblüthe*.

शंभुशिक्षा f. Titel eines Werkes Opp. Cat. 1.

शंभू Adj. und Subst. m. s. शंभु.

शंभूनाथ m. N. pr. eines Autors.

शंभूराजचरित्र n. Titel eines Werkes Bühler, Rep. No. 191.

*शंभूवर्तनि f. N. pr. einer Stadt, = एकचक्रा Gal.

शंमद्रु m. N. pr. eines Âṅgirasa.

शम्य 1) Adj. (f. आ) = वृत्त Citat im Comm. zu TS. 2,694 und zu Njâjam. 4,1,28. Statt dessen सव्य Comm. zu Ǵaim. 4,1,36. fg. — 2) m. *eine best. Personification*. — 3) f. शम्या, शमिश्रा a) *Stock;* insbes. *Zapfen, Holznagel, Keil, Stützholz;* auch Bez. *eines best. Werkzeugs bei der Behandlung der Hämorrhoiden*. धुरोः शम्ये Name zweier Sâman Ârsh. Br. 1,447. — b) *ein best. Längenmaass*, = 36 Aṅgula Çulbas. 1,14. 18. = 32 Aṅgula Comm. zu Kâtj. Çr. 5,3,20.

शम्याक m. wohl die richtige Form für शम्पाक 1) Karaka 6,20. 24.

शम्याक्षेप m. *die Wurfweite einer* Çamjâ.

शम्यागर्त *ein Loch für die* Çamjâ Çâṅkh. Gṛhj. 1,15.

शम्याग्राह m. etwa *Cymbelschläger*. Vgl. शम्याताल.

शम्याताल m. *eine Art Cymbel* Karaka 2,7 (शष्या° gedr.). Vgl. सम्मताल im Pâli.

शम्यानिपात m., शम्यापराव्याध m. und शम्याप्रास m. (Âpast. Çr. 9,1,17) *die Wurfweite einer* Çamjâ.

शम्याप्रासिन् Adj. *die Wurfweite einer* Çamjâ *abmessend*.

शम्यापात m., शम्याप्रास m. (Âpast.) und शम्याप्रासन n. *die Wurfweite einer* Çamjâ.

शम्यामात्र Adj. *die Länge einer* Çamjâ *habend*.

शम्यु schlechte Schreibart für शंयु.

शम्याष m. Pl. *die Samen der Hülsenfrüchte* Âpast.

शम्व und शम्वत् schlechte Schreibart für शम्ब und शंवत्.

शय 1) Adj. (f. आ) am Ende eines Comp. nach einem im Loc. gedachten oder stehenden Worte, so wie nach einem Adv. *liegend, schlafend, sich aufhaltend, steckend*. — 2) m. a) *Schlaf*. Vgl. दिवाशय 2). — b) *Lager, Bettstatt*. Vgl. वीरशय. — c) * *Schlange*. — d) *Hand*. — e) *ein best. Längenmaass*, = हस्त MBh. 7,62,9, v. l. — f) * = पण. — g) Pl. N. pr. eines Volkes. — h) शयस्य व्रतम्

Ind. St. 3,239,*a* fehlerhaft; vgl. Âsh. Br. 2,15,3. — 3) f. शय्या *Lagerstatt*. — 4) n. MBh. 7,2252 fehlerhaft für शत.

*शयण्ड m. *Vielschläfer*. °भक्त Adj. *von solchen bewohnt*.

शयण्डक m. nach dem Comm. *Eidechse*, *Chamäleon*. Vgl. शयाण्डक.

*शयत m. 1) *Vielschläfer*. — 2) *der Mond* (?).

शयथ m. 1) *Lager*, *Aufenthalt*. — 2) * *Vielschläfer*; vgl. Zach. Beitr. 87. — 3) * *Boa*. — 4) * *Fisch*. — 5) * *Eber*. — 6) * *Tod*.

शयध्यै Dat. Infin. zu 2. शी ṚV. 2,17,6. 6,62,3.

शयन 1) Adj. *ruhend*, *dem Schlaf fröhnend*. — 2) n. (adj. Comp. f. आ) *a*) *Lager*, *Bettstatt*. — *b*) *das Liegen*, *Ruhen*, *Schlafen*. — *c*) * *Beischlaf*. — *d*) Name eines Sâman.

शयनगृह n. und शयनभूमि f. *Schlafgemach*.

शयनरचन n. *das Zurechtmachen eines Lagers* (eine der 64 Künste).

शयनवासस् n. *Schlafgewand*.

शयनविध Adj. *die Gestalt einer Bettstatt habend* Kauç. 16.

शयनसखी f. *Bettgenossin* (eine Freundin) Kumâras. 7,95.

*शयनस्थान n. und शयनावास m. *Schlafgemach*.

शयनासन n. *Stelle zum Liegen und Sitzen*, *Ruheort*, so v. a. *Zelle* Ind. Antiq. 6,15. Text zu Lot. de la b. l. 206.

*शयनास्पद n. *Schlafgemach*.

शयनी Adv. mit कर् *zu einem Lager* —, *zu einer Ruhestätte machen* Kâd. 256,7 (419,8).

शयनीय 1) Adj. *zum Liegen* —, *zum Ruhen* —, *zum Schlafen dienend*. — 2) n. *a*) impers. *zu liegen*, *zu ruhen*, *zu schlafen* Uttamać. 179. — *b*) *Lagerstatt*, *Lager*, *Bettstatt*.

शयनीयक n. = शयनीय 2) *b*).

शयनीयगृह n. und शयनीयवास m. *Schlafgemach*.

*शयनैकादशी f. *ein best. Festtag: der 11te Tag in der lichten Hälfte des* Âshâḍha, *an dem* Vishṇu *seinen Schlaf hält*.

*शयाण्ड gaṇa रेषुकार्यादि; f. ई; शयाण्डभक्त Adj.

शयाण्डक m. *ein best. Vogel*. Vgl. शयण्डक.

*शयानक 1) Adj. *liegend*, *schlafend* in *प्रतिसूर्य°. — 2) m. *a*) *eine Eidechsenart*. — *b*) *Schlange*.

शयाब्ज n. *Handlotus* Vâsav. 205,2.

शयालु 1) Adj. *schläfrig*, *schlafsüchtig*, *dem Schlafe fröhnend* Çiç. 2,80. — 2) *m. *a*) *Hund* Râǵan. 19,12. — *b*) *Schakal*. — *c*) *Boa*.

शयित 1) Adj. s. u. 2. शी. — 2) *n. *der Ort*, *wo Jmd gelegen oder geschlafen hat*, 238,19.

*शयितर् Nom. ag. *der da liegt*, *ruht*, *schläft*.

शयितव्य n. impers. *zu liegen*, *zu ruhen*, *zu schlafen*. मया कृतत्वके so v. a. *ich muss mich in's Feuer werfen* Vâsav. 240,4. 5.

शयु 1) Adj. *liegend*, *ruhend*. — 2) m. *a*) * *Boa*. — *b*) N. pr. eines Schützlings der Açvin.

शयुत्रा Adv. *auf dem* —, *zu dem Lager*.

*शयुन m. *Boa*.

शय्यंभट्ट und शय्यंभव (Hem. Par. 5,7) m. N. pr. eines Çrutakevalin bei den Ǵaina.

शय्या f. (adj. Comp. f. आ) 1) *Lager*, *Ruhebett*. — 2) *das Liegen*, *Ruhen*, *Schlafen*. — 3) *eine best. rhetorische Figur*. — 4) * *Composition* Çâçvata 728. Zach. Beitr. 42.

शय्यागृह n. *Schlafgemach*.

शय्यातर Adj. (f. ई) *Zuflucht gewährend* Hem. Par. 12,55. 56.

शय्यादान n. *das Darbieten eines Lagers* Burnell, T.

शय्यापालक m. *Hüter des* (*fürstlichen*) *Ruhebettes*.

शय्यापालत्व n. *das Amt des Hüters des* (*fürstlichen*) *Ruhebettes*.

शय्यामूत्र n. *das Bettpissen*.

शय्यावासवेश्मन् n. und शय्यावेश्मन् n. *Schlafgemach*.

शय्योत्थायम् Absol. *vom Lager aufspringend* (P. 3,4,52, Sch.), *früh Morgens*, *sobald man sich vom Lager erhoben hat*.

1. शर्, शृणाति 1) Act. *zerbrechen*, *zerschmettern*; Med. *sich* (*sibi*) *brechen*, — *zu Grunde richten*. — 2) Act. *erlegen* (Wild). — 3) Pass. शीर्यते, °ति (metrisch) *a*) *brechen*, *reissen*, *bersten*, *auseinandergehen*. — *b*) *sich lostrennen*, *abfallen*, *ausfallen*. — *c*) *in sich zusammenfallen*, *verwelken*. — *d*) *sich abnutzen*, *sich aufreiben*, *vergehen*. — 4) शीर्ण *a*) *zerbrochen*, *zersprungen*, *zerrissen*. — *b*) *abgesprungen*, *abgefallen*, *ausgefallen*. — *c*) *ausgebrochen* (Wasser aus dem Flussbette). — *d*) *zerfallen*, *verfault*, *verwest*. — *e*) in Verbindung mit Wörtern, die *Frucht*, *Blüthe*, *Blatt* und dgl. bedeuten, sowohl *abgefallen*, als *verwelkt*, *verfault*. — 5) शीर्त in अशीर्ततनु und दुःशीर्ततनु. — 6) शूर्त *zerschmettert* ṚV. 1,174,6. Nach Nigh. = क्षिप्र. — Mit व्यति Pass. *in viele Stücke zerbrechen*, — *zerspringen*. — Mit अनु in *अनुशर (?). — Mit अपि 1) Act. *abbrechen*; Med. *sich* (*sibi*) *brechen*. — 2) Pass. *zerbrechen* (intrans.). — Mit अव 1) Act. *zerbrechen*. — 2) Pass. *auseinanderstieben*. — 3) अवशीर्ण *a*) *zerstreut* Kauç. 88. — *b*) *auseinanderfallend*, *wackelig*. — *c*) *heruntergekommen*, *mitgenommen*. °गात्र Baudh. im Comm. zu Âpast. Çr. 5, 29, 1 und in der Einleitung zu 10,1,1. — Mit आ Pass. *herausfallen aus* (Abl.) Gop. Br. 1,2,18. — Mit नि *abbrechen*. — Mit निस् *zerbrechen*, *zerschmettern*. — Mit परा *zerbrechen*, *zermalmen*. पराशीर्ण *zerschmettert* in einer Etymologie. — Mit परि Pass. *zerspringen*, *bersten*. — Mit प्र *zerbrechen*, *abbrechen*. प्रशीर्ण *zerbrochen*, *abgebrochen*. — Mit संप्र Pass. *auseinanderbersten* Hariv. 2,11, 3 (संप्राशीर्यत zu lesen). — Mit प्रति *abbrechen*, (die Spitze) *abstossen*. — Mit वि Pass. 1) *zerbrechen*, *zerspringen*, *zerfallen*, *auseinanderfallen*, *auseinanderstieben*. मेदिनीम् so v. a. *zersplittern und in den Erdboden dringen*. — 2) *sich ablösen von* (Abl.). — 3) *verderben*, *zu Grunde gehen*. — 4) विशीर्ण *a*) *zerbrochen*, *zerfallen*, *zerrissen*, *zerstoben*, *auseinandergeworfen*, *umherliegend*. — *b*) *zerschmettert*, *zermalmt*, *zerstört*. — *c*) *ausgefallen*. — *d*) *abgerieben*. — *e*) *verschleudert* (Schatz), *zu Grunde gerichtet*, *zu Nichte geworden*. — Mit अभिवि Pass. *auseinandergerissen werden*. — Mit निर्वि Pass. *sich ablösen und auseinanderfallen*. — Mit प्रवि, °शीर्ण *zerfallen*, *abgefallen*. — Mit सम् 1) Act. *zusammenbrechen* (trans.), *zerbrechen*. — 2) Med. *a*) *zusammenbrechen* (intrans.). — *b*) *zerstieben*. — Desid. in संशिशरिषु.

2. शर् = 1. श्रा *sieden*, *kochen*; davon शरस्, शृत (s. u. 1. श्रा) u. s. w.

3. शर् = 1. श्रि *sich anlehnen* u. s. w. in शरण u. s. w. — Mit अधि, °शृत fehlerhaft für °श्रित *auf's Feuer gesetzt* Hariv. 3872. — Mit उद् *aufrichten*. उच्छ्रियते = उच्छ्रीयते Âpast. Çr. 9,11,26. — Mit संपरि *überdecken*. Pass. °श्रियेते = °श्रीयेते Ait. Br. 1,29,21. — Mit अभिसम् Pass. *erlangt* —, *erreicht werden*. अभिसंश्रियते MBh. 12,298,34. अभिसंश्रीयते v. l.

4. शर् s. 2. शिर्.

1. शर 1) m. (adj. Comp. f. आ) *a*) *Rohr*, insbes. *Saccharum Sara* (zu Pfeilen verwandt). — *b*) *Pfeil*. n. (!) Pańkad. — *c*) Bez. *der Zahl fünf* (wegen der *fünf Pfeile* des Liebesgottes). — *d*) *sinus versus*. — *e*) *der ganze Durchmesser nach Abzug des sinus versus*. — *f*) *eine best. Constellation*, *wenn nämlich alle Planeten in den Häusern 4*, *5*, *6 und 7 stehen*. — *g*) N. pr. α) eines Mannes. — β) eines Asura Hariv. 1,3,102. — 2) *f. शरी *Typha angustifolia*.

2. शर m. *saurer Rahm* Karaka 6,2. Âpast. Çr. 8, 10,7. °निष्कास m. 11,19.

3. शर n. *Wasser*. Vgl. 2. शरवर्ष und 2. शरवर्षिन्.

*शरक Adj. von 1. शर.

शरकार m. *Verfertiger von Pfeilen.*

शरकुण्डेशय Adj. *in einer mit Rohr überdeckten Grube ruhend.*

शरकूप m. N. pr. eines *Brunnens.*

शरकेतु m. N. pr. eines Mannes Harshač. 199,7.

शरक्षेप m. *Pfeilschussweite* Daçak. 85,8.

शरगुल्म m. 1) *Röhricht.* — 2) N. pr. eines Affen.

शरगोचर m. *Bereich eines Pfeils, Pfeilschussweite* Spr. 2310.

शरच्चन्द्र m. *Herbstmond* 249,9. परिणत° *Herbstvollmond.*

शरच्चन्द्रिका f. 1) *Herbstmondschein.* परिणत° Adj. f. *mit herbstlichem Vollmondschein.* — 2) Titel eines Werkes Opp. Cat. 1.

शरच्छशधर (Hâsj. 53) und शरच्छशिन् m. *Herbstmond.*

शरच्छालि m. *im Herbst reifender Reis.*

शरच्छिखिन् m. *ein Pfau im Herbst* (ist stumm).

शरच्छ्री f. N. pr. der Gattin Kuṇâla's Hem. Par. 9,35.

1.*शरज Adj. *in einem Röhricht geboren.*

2.*शरज n. *Butter.*

शरजन्मन् m. Bein. Kârttikeja's.

शरजाल n. *eine dichte Menge von Pfeilen.* Pl. R. 5,44,15.

शरजालमय Adj. *aus einer dichten Menge von Pfeilen bestehend* Çiç. 20,16.

शरज्ज्योत्स्ना f. *Herbstmondschein.*

1. शरण 1) *m. Name eines der 5 Pfeile des Liebesgottes. — 2) n. *a) das Auseinanderfallen, Bersten, Zusammenstürzen.* — *b) *Mord, Todtschlag.*

2. शरण 1) Adj. *schirmend, schützend.* — 2) m. N. pr. *a)* eines Schlangendämons. — *b)* eines Dichters. — *c)* *eines Fürsten. — 3) n. (adj. Comp. f. आ) *a) Schirm, Schutzdach, leichter Schutzbau* überh., *Obdach, Hütte; Verschlag, Kammer; Wohnung.* — *b) Schutz, Obhut, Zuflucht.* शरणं गम् u. s. w. *Schutz suchen bei, seine Zuflucht nehmen zu* (Acc., seltener Gen.). Am Ende eines Comp. *Zuflucht bei* oder *für.* — *c)* इन्द्रस्य शरणम् Name eines Sâman.

शरणाकृत Adj. als Beiw. von कुश wohl fehlerhaft.

शरणागत Adj. *der sich in Jmds Schutz begeben hat, bei Jmd Zuflucht suchend.* Nom. abstr. °ता f.

शरणागतितात्पर्यश्लोकोपन्यास m., °गतिदीपिका f. und शरणाधिकारमञ्जरी f. Titel von Werken Opp. Cat. 1.

*शरणापन्न Adj. = शरणागत.

शरणार्थिन् Adj. *um Schutz bittend, Zuflucht suchend.*

*शरणार्पक (!) Adj. dass.

शरणालय m. *Obdach.*

1. शरणि f. etwa *Widerspänstigkeit, Hartnäckigkeit.*

2. शरणि f. fehlerhafte Schreibart für सरणि.

1.*शरणी f. = सरणी *Paederia foetida* und = जयन्ती.

2. शरणी Adv. mit कर् *zur Zuflucht machen, Z. suchen bei* (Acc.).

शरणैषिन् Adj. = शरणार्थिन्.

*शरण्ड m. = सरट, धूर्त, भूषणान्तर, पत्त्रिन्, कामुक und चतुष्पद्. Auch सरण्ड geschrieben Zach. Beitr. 86.

शरण्य Adj. (f. आ) 1) *Jmd* (Gen. oder im Comp. vorangehend) *Schutz —, Zuflucht —, Hülfe gewährend.* — 2) *Schutz —, Zuflucht —, Hülfe suchend* (Çâṅkh. Gṛhj. 4,17), *— bei* (im Comp. vorangehend). — Vgl. अशरण्य.

शरण्यता f. Nom. abstr. zu शरण्य 1).

शरण्यपुरमाहात्म्य n. Titel Burnell, T.

*शरण्यु m. 1) *Wind.* — 2) *Wolke.* — Vgl. सरण्यु.

शरतल्प m. *ein aus Pfeilen gebildetes Lager* MBh. 1,1,185. 5,127,16. 13,110,1. 14,60,12. Git. 4,4. Vâsav. 297,9. Vgl. शरपञ्जर, शरशयन und शरशय्या.

शरता f. *das Pfeil-Sein.*

*शरत्कामिन् m. *Hund.*

शरत्काल m. *Herbstzeit* 106,28.

शरत्पद्म n. *eine im Herbst erscheinende Lotusblüthe.* Nach Râǵan. *eine weisse Lotusblüthe.*

शरत्पर्वन् n. *eine Vollmondsnacht im Herbst.*

शरत्पर्वशशिन् m. *Herbstvollmond.*

*शरत्पुष्प m. *Tabernaemontana coronaria* Râǵan. 4,171.

शरत्प्रावृषिक Adj. in Verbindung mit ऋतू Du. *der Herbst und die Regenzeit* Bhâg. P. 1,5,28.

शरत्व n. *das Rohr-Sein* TS. 6,1,3,5.

शरत्समय m. *Herbstzeit* Vâsav. 289,1.

शरत्सस्य n. *Herbstkorn.*

शरद् f. 1) *Herbst.* — 2) Pl. poetisch für *Jahr.*

शरद 1) *am Ende eines adv. Comp. (°शरदम्) *Herbst.* — 2) f. आ *a) *Herbst.* — *b) *Jahr.* — *c)* N. pr. einer Frau.

शरदत्त m. N. pr. eines Autors.

शरदण्ड m. *Rohrhalm.*

शरदण्डा f. N. pr. eines Flusses. v. l. सर°.

*शरदन्त m. *Ende des Herbstes, Winter* Râǵan. 21,67.

शरदम्बुधर m. *Herbstwolke* Spr. 6419.

शरदासिंहदेव m. N. pr. eines *Fürsten.*

शरदागमव्याख्या f. Titel Opp. Cat. 1.

शरदानवरात्रपूजा f. Titel Burnell, T.

शरदिज Adj. (f. आ) *im Herbst entstehend, — erscheinend, herbstlich.*

शरदुदाशय m. *ein im Herbst entstehender Teich.*

शरदुर्दिन n. *Pfeilregen* R. 5,76,10.

शरद्गत Adj. *im Herbst erscheinend, herbstlich.*

शरद्घन m. *Herbstwolke* Dhûrtan. 22.

शरद्घिमरुचि m. *Herbstmond.*

शरद्ध्रद m. *ein Teich im Herbste.*

शरद्वधू f. *der als eine Frau gedachte Herbst* Vikramâṅkač. 14,32.

शरद्वत् 1) Adj. *bejahrt.* — 2) m. N. pr. eines Sohnes oder entfernteren Nachkommen des Gotama.

शरद्वसु m. N. pr. eines Muni.

शरद्विहार m. *Herbstvergnügen, — belustigung.*

शरद्वीप m. N. pr. einer *Insel.*

शरधान m. Pl. N. pr. eines Volkes. Vgl. शवधान.

शरधि m. *Pfeilbehälter, Köcher.*

शरनिकर m. *Pfeilmenge, Pfeilregen* Vâsav. 170,4.

*शरनिवास m. und *शरनिवेश m. gaṇa सुभ्रादि.

शरन्मेघ m. *Herbstwolke.*

शरपञ्जर n. *das aus Pfeilen gebildete Ruhebett eines gefallenen oder schwer verwundeten Kriegers.* Vgl. शरतल्प.

*शरपत्त्र m. *Tectona grandis* Râǵan. 9,130.

*शरपर्णिका f. (s. u. 3. वरक) und *°पर्णी f. *eine best. Pflanze.*

शरपात m. *Pfeilschussweite* MBh. 6,48,32.

शरपुङ्ख m. = पुङ्ख 1).

*शरपुङ्खा f. *Galega purpurea* Mat. med. 317. Râǵan. 4,73. Bhâvapr. 1,214.

*शरपुच्छ Adj. (f. ई).

शरबन्ध m. *eine ununterbrochene Reihe von Pfeilen.*

शरबर्हिस् n. *eine Streu aus Rohr* Çat. Br. 14,9,4,11.

शरभ m. 1) *ein best., dem Hirschgeschlecht zugezähltes Thier;* in späteren Schriften *ein fabelhaftes achtbeiniges Wild* (ein gefährlicher Feind des Löwen und Elephanten). Nach den Lexicographen auch = करभ und उष्ट्र. — 2) Bein. Vishṇu's. — 3) Titel einer Upanishad. — 4) *ein best. Metrum.* — 5) N. pr. *a)* eines Asura. — *b)* zweier Schlangendämonen. — *c)* verschiedener Männer Harshač. 166,23 (eines Fürsten der Açmaka). — *d)* Pl. eines Volkes. v. l. शबर. — *e)* eines Affen.

शरभकवच n. Titel Burnell, T.

शरभकेतु m. N. pr. eines Mannes.

शरभङ्ग m. N. pr. eines Ṛshi.

शरभता f. Nom. abstr. zu शरभ 1).

शरभमल्ल m. Titel.

शरभराजविलास m. Titel eines neueren Werkes Burnell, T.

शरभलील m. *ein best. Tact* S. S. S. 209.

शरभलीलाकथा f., शरभसहस्रनामन् n., शरभस्तोत्र n. und शरभहृदय n. Titel Burnell, T.

शरभाकवच n. Titel Opp. Cat. 1. Richtig शरभकवच.

शरभानना f. N. pr. einer Zauberin.

शरभार्चापारिजात m. und शरभाविलास m. (richtig शरभराजवि°) Titel Opp. Cat. 1.

शरभाष्टक n. Titel Burnell, T.

*शरभू m. Bein. Kârttikeja's.

शरेभृष्टि f. *Rohrspitze.*

शरभेद m. *Pfeilverwundung* und zugleich *Schwund des Rahms* Vâsav. 125,4.

शरभोजिचरित्र n. Titel eines Werkes Burnell, T.

शरभोजिराजन् m. N. pr. eines neueren *Fürsten* Burnell, T. °राजचरित्र n. Titel eines Werkes ebend.

शरभोपनिषद् f. Titel einer Upanishad Opp. Cat. 1.

शरमय Adj. (f. ई) *aus Rohr bestehend, — gemacht.*

शरमरीचिमन्त् Adj. *Pfeile zu Strahlen habend* MBh. 6,48,35.

*शरमल्ल m. *ein best. Vogel.*

*शरमुख n. *Pfeilspitze.*

शरयन्त्रक n. *die Schnur, auf welche die Palmblätter einer Handschrift gereiht sind,* Vâsav. 250,2.

शरयू f. schlechte Schreibart für सरयू zu Spr. 1428.

*शरलक n. *Wasser.*

*शरलोम m. Pl. *die Nachkommen des Çaraloman* Pat. zu P. 4,1,85, Vârtt. 8.

शरलोमन् m. N. pr. eines Muni Karaka 1,2. Bhâvapr. 1,4.

शरव m. Pl. N. pr. eines Volkes. Richtig शबर.

शरवण n. *Röhricht* (Kârttikeja's Geburtsstätte). °भवो देवः, °वणालय m. und °वणोद्भव m. Beinn. Kârttikeja's.

शरवन n. schlechte Schreibart für शरवण.

शरवन्त् Adj. *mit Pfeilen gespickt* Hariv. 3,95,31. Auch in einer Etymologie von शल्मलि und angeblich = कण्टकैर्हिनस्ति.

1. शरवर्ष n. *Pfeilregen* MBh. 3,270,21. 5,173,19. Pl. R. 3,31,9.

2. शरवर्ष n. *Regen.* Pl. Çiç. 20,72.

1. शरवर्षिन् Adj. *Pfeile regnend, — ausschüttend* Kathâs. 48,80. Çiç. 19,96.

2. शरवर्षिन् Adj. *Wasser regnend, — entsendend* Çiç. 19,96.

*शरवाणि m. 1) *Pfeilspitze.* — 2) *Verfertiger von Pfeilen.* — 3) *Fusssoldat.* — 4) = पापिष्ठ; wohl fehlerhaft für पदाति.

शरवारण n. *Schild.* v. l. शरावर.

1. शरवृष्टि m. N. pr. eines Marutvant.

2.*शरवृष्टि f. *Pfeilregen.*

शरवेग m. N. pr. eines Rosses (*pfeilschnell*).

शरव्य 1) n. *Ziel.* Nom. abstr. °ता f. Kâd. 265, 16 (430,17). — 2) f. शरव्या, शरव्यिआ *Pfeilschuss;* später als *Pfeilhagel* erklärt.

*शरव्यक n. = शरव्य 1).

शरव्यय्, शरव्ययति *zum Ziele nehmen.* — Mit अति dass. verstärkend Naish. 4,42.

शरव्याय्, शरव्यायते *das Ziel bilden.*

शरव्यीकरण n. *das zum Ziele Nehmen* Naish. 9,20.

शरशयन n. (Daçak. 62,16) und शरशय्या f. *ein aus Pfeilen gebildetes Lager* (für verwundete Krieger).

शरशराय्, °यति *zischen.*

शरेस् n. 1) *Rahm, die Haut auf gekochter Milch;* auch *eine dünne Schicht von Asche* Âpast. Çr. 6, 9,1. — 2) Bhâg. P. 8,24,26 fehlerhaft für सरस्.

शरसात् Adv. mit कर् *einem Pfeile preisgeben,* so v. a. *mit einem Pfeile treffen* Naish. 1,81.

शरस्तम्ब m. 1) *Röhricht.* — 2) N. pr. *a*) einer Oertlichkeit. — *b*) eines Mannes.

शराक्र m. *eine best. Mischlingskaste.*

शराग्नि gaṇa तुभादि.

शराग्निपरिमाण n. *eine Anzahl von fünfunddreissig.*

*शराघात m. *Pfeilschuss.*

*शराटि, *शराडि und *शराति f. *ein best. Vogel.*

*शराभ्यास m. *Uebungen im Pfeilschiessen.*

शराय्, °यते *zu einem Pfeile werden* (Naish. 4, 120), *einen Pfeil darstellen.*

शरारि und शरारी (Karaka 1,27) f. *eine Reiherart* (zwei Species derselben).

शरारिमुख 1) m. dass. — 2) f. ई *ein best. chirurgisches Instrument, eine Art Scheere.*

शरारु Adj. *Schaden zufügend, schädigend* Harshak. 36,10 (श्वापद). Çiç. 19,108.

*शरारोप m. *Bogen.*

शरार्चिस् m. N. pr. eines Affen.

शरार्यास्य n. *ein best. chirurgisches Instrument.*

*शरालि, *शरालिका und *शराली f. = शरारि.

शराव m. n. 1) *eine flache irdene Schüssel, Teller* (Âpast.), *schalenförmiger Deckel eines Gefässes* Karaka 6,20. 24. — 2) *als Maass für Korn* = zwei Prastha. — Vgl. चतुः° und सप्तदश°.

शरावक 1) = शराव 1). Am Ende eines adj. Comp. f. °विका. — 2) f. °विका Bez. *eines best. Abscesses.*

शरावकुर्द m. *eine Schlangenart.*

शरावती f. N. pr. 1) eines Flusses. — 2) einer Stadt. — 3) *eines buddh. Klosters.

शरावर 1) m. *Köcher.* — 2) n. *Schild* MBh. 6,61, 30. 82,30. Wird auch als *Panzer* erklärt.

शरावरण n. *Schild.*

शरावसंपात m. *das Erscheinen der Schüsseln.* वृत्ते °ते *wenn dieses aufgehört hat,* so v. a. *nach der Mahlzeit, wenn die Schüsseln wieder an ihren Platz gestellt worden sind,* M. 6,56. MBh. 14,46,20.

शरावाप m. *Bogen* MBh. 1,189,13.

शराविन् in *माष°.

शराशनि m. oder f. *ein Blitzstrahl von Pfeil* Çiç. 19,11.

शराशरि Adv. *Pfeil gegen Pfeil* Kampaka 144. Uttamak. 34.

*शराश्रय m. *Köcher.*

शरास m. *Bogen.*

शरासन 1) m. N. pr. eines Sohnes des Dhṛtarâshṭra. — 2) n. *Bogen.*

शरासनधर m. *Bogenschütze* Mudrâr. 41,18 (70,19).

शरासनविद् Adj. *bogenkundig, ein guter Schütze* Pr. P.

शरासनिन् Adj. *mit einem Bogen bewaffnet.*

शरासार m. *Pfeilregen* Vâsav. 293,3.

शरास्य n. *Bogen.*

*शारि Adj. = हिंस्र.

शरिन् Adj. *mit Pfeilen versehen.*

*शरिमन् m. = प्रसव.

1.*शरी f. s. u. 1. शर.

2. शरी Adv. mit कर् *zum Pfeile machen.*

शरीतोस् Abl. Infin. zu 1. शर् ṚV. 3,53,17.

*शरीमन् m. = शरिमन्.

शरीर m. (nur R. 7,73,4) n. (adj. Comp. f. आ) 1) *fester Bestandtheil des Körpers, Knochengerüste;* Pl. *Gebeine* Ait. Âr. 231,2. — 2) *Leib, Körper.* — 3) Pl. bei den Buddhisten *Reliquien.* — 4) *fester Körper* überh. — 5) *Leib,* so v. a. *Person.*

शरीरक n. 1) *ein elender, winziger Körper* (Çiç. 13,48), *der elende, werthlose K.* Kâd. 194,5 (326,3). 2,118,2 (145,7). — 2) *Leib, Körper* (metrisch für शरीर) Hemâdri 1,604,11. 617,11. 13. Am Ende eines Comp. f. °रिका.

शरीरकर्तर् m. *Erzeuger, der leibliche Vater.*

शरीरकर्षण n. *das Peinigen des Leibes* Spr. 6421.

शरीरकृत् m. *Erzeuger, der leibliche Vater.*

शरीरग्रहण n. *das Annehmen einer leiblichen*

Gestalt 106,23. 24.

शरीरचिन्ता f. Pflege des Körpers, das Sichwaschen u. s. w. Pańkad.

शरीरज 1) Adj. (f. आ) aus dem Körper hervorgegangen, zum K. gehörig, am K. befindlich, körperlich 107,6. Çiç. 15,12. 19,59. — 2) m. (adj. Comp. f. आ) a) Leibesfrucht. — b) Sohn. — c) der Liebesgott, Geschlechtsliebe. — d) *Krankheit.

शरीरजन्मन् Adj. = शरीरज 1) Kir. 2,41.

शरीरता f. Nom. abstr. zu शरीर Körper.

शरीरतुल्य Adj. (f. आ) lieb wie die eigene Person MBh. 3,269,12.

शरीरत्याग m. Hingabe des Leibes, Aufopferung des Lebens, das in den Tod Gehen Vâsav. 279,7.

शरीरत्व n. Nom. abstr. zu शरीर Körper.

शरीरदण्ड m. eine körperliche Strafe Ind. Antiq. 1876, S. 52.

शरीरधातु m. ein Hauptbestandtheil des Körpers (Blut, Fleisch u. s. w.).

शरीरधृक् m. ein mit einem Körper begabtes Wesen Baudh. 4,8,10.

शरीरनिचय m. MBh. 13,111,20 nach Nilak. = शरीरस्य संचयः, — अवस्थितिः. Wohl fehlerhaft für शरीरनिश्चय etwas Sicheres über den Körper.

शरीरनिपात m. das Niederstürzen des Körpers, das Todthinfallen Gaut. 23,10.

शरीरन्यास m. das Ablegen des Körpers, das Sterben Âpast.

शरीरपक्ति f. Läuterung des Körpers MBh. 12, 270,38.

शरीरपात m. das Zusammenbrechen des Leibes, Tod Kumâras. 3,44. Çaṁk. zu Bṛh. Âr. Up. 227. 230. Gaudap. zu Sâṁkhjak. 67.

शरीरपीडा f. körperliches Leiden Varâh. Jogaj. 9,12.

शरीरपुरुष m. die mit einem Leibe behaftete Seele Ait. Âr. 346,8. 9.

शरीरप्रभव m. Erzeuger.

शरीरप्रह्लादन m. N. pr. eines Fürsten der Gandharva Kâraṇḍ. 2,19.

शरीरबन्ध m. 1) die Fesseln des Leibes, das Gefesseltsein an den Leib. — 2) das Annehmen eines Leibes, insbes. eines neuen Ragh. 13,58. Instr. so v. a. in leibhafter Gestalt.

शरीरभाज् m. ein lebendes Wesen.

शरीरभृत् Adj. den (künftigen) Leib in sich tragend und mit einem Körper behaftet (vom Samen und von der Seele).

शरीरभेद m. das Zusammenbrechen des Leibes, Tod Ait. Up. 4,6. Gaut. 12,6. Suçr. 2,478,5. Sâṁkhjak. 68.

शरीरयष्टि f. ein schlanker Körper Ragh. 6,65.

शरीरयात्रा f. Unterhalt des Körpers Bhag. 3,8. Kathâs. 52,101.

शरीरयोगज Adj. aus der körperlichen Berührung entstehend, — entstanden 97,9.

*शरीररक्षक m. Leibwache.

शरीरवत्व n. das Versehensein mit einem Körper.

शरीरवत् 1) Adj. a) mit einem Körper versehen. — b) körperlich, consistent. — 2) m. ein lebendes Wesen.

शरीरवाद m. Titel Opp. Cat. 1.

शरीरविमोक्षण n. Befreiung vom Körper, Tod Baudh. 2,18,24. M. 2,243.

शरीरवृत्त Adj. der seinen Leib sich angelegen sein lässt, der sein Leben schonen muss.

शरीरवृत्ति f. Unterhalt des Leibes, Fristung des Lebens.

शरीरशुश्रूषा f. Sorge um den Leib.

शरीरशोषण n. Tödtung des Fleisches, Kasteiung des Körpers.

शरीरसंधि m. Gelenk am Körper.

शरीरसाद m. körperliche Erschlaffung 95,19.

शरीरस्थ Adj. im Körper befindlich, — wohnend 167,23.

शरीरस्थान n. die Lehre vom menschlichen Körper.

शरीरस्थिति f. = शरीरवृत्ति Harshak. 12,7. Kâd. 2,48,18. 21. 62,7 (57,17. 19. 75,7. 8).

शरीरहोम m. Pl. Bez. bestimmter Spenden Âpast. Çr. 20,12.

शरीराकृति f. Geberde, Miene.

शरीरात्मन् m. unterschieden von अन्तरात्मन्.

शरीरान्त m. (adj. Comp. f. आ) die Härchen am Körper Pańkat. ed. Bomb. 4,29,11. 12.

शरीराभ्यधिक Adj. lieber als die eigene Person 112,12.

शरीरार्ध m. die Hälfte des Körpers Kumâras. 1,51.

शरीरावयव m. Körpertheil.

शरीरावरण n. Schild.

*शरीरास्थि n. Gerippe.

शरीरिन् 1) Adj. a) mit einem Körper versehen. Am Ende eines Comp. — zum Körper habend. — b) mit Leibern bedeckt. — c) am Ende eines Comp. an seinem Körper — übend. — 2) m. a) ein mit einem Leibe begabtes Wesen, Geschöpf, insbes. Mensch. — b) Seele.

शरीरी Adv. mit भू sich verkörpern, einen Körper annehmen.

शरु 1) m. f. (häufiger) Geschoss, Speer, Pfeil. Das f. auch personificirt. — 2) m. a) *Zorn. — b) *Bein. Vishṇu's. — c) N. pr. eines Devagandharva.

शरुमत् Adj. mit Geschossen bewaffnet.

*शरेज Adj. = शरज.

शरेषीका (Çat. Br. 3,1,3,13. R. Gorr. 2,105,43) und शरैषीका (R. 2,96,44) f. Rohrhalm.

शरोगृहीत Adj. mit einer Haut bezogen Ait. Br. 5,26,6.

शरौघ m. Pfeilregen. Pl. Çiç. 20,13. 28.

शर्कर 1) Adj. (f. आ) aus Gries oder Kies bestehend Çat. Br. 8,7,3,20. Kâtj. Çr. 17,4,15. 12,26. — 2) m. a) Kiesel, ein kleiner Stein Kauç. 72. — b) metrisch für शर्करा Kies, Gries und Sandzucker. — c) eine Art Trommel S. S. S. 192. — d) N. pr. α) eines imaginären Wasserwesens. — β) Pl. eines Volkes. — 3) f. शर्करा (adj. Comp. f. आ) a) Pl. Gries, Kies, Geröll. — b) Gries als Krankheit. — c) Verhärtung im Fleisch. — d) Verhärtung des Ohrenschmalzes. — e) Sandzucker Naish. 6,99. — f) Scherbe Naish. 6,99. — 4) *f. शर्करी a) Fluss. — b) Gürtel. — c) = लेखनी. — d) ein best. Metrum. — Vgl. शक्वरी.

शर्करक 1) *Adj. von शर्करा. — 2) *m. eine süsse Citrone Râǵan. 11,180. — 3) f. °रिका Sandzucker Paramârthas. 27.

शर्करकर्षिन् Adj. metrisch für शर्कराकर्षिन्.

शर्करत्व n. Nom. abstr. zu शर्करा Gries, Kies TS. 5,2,6,2.

शर्करवर्षिन् Adj. metrisch für शर्करावर्षिन्.

शर्कराकर्षिन् Adj. Gries mit sich fortreissend Çâṅkh. Gṛhj. 6,1.

शर्कराक्ष (Karaka 1,1) und शर्कराद्य- (wohl fehlerhaft) m. N. pr. eines Mannes.

*शर्करापुष्प m. eine weisse Calotropis Râǵan. 10, 29. v. l. शंकरपुष्प.

*शर्कराप्रभा f. eine best. Hölle bei den Ǵaina.

शर्कराम्बु n. Zuckerwasser.

शर्करार्बुद m. n. eine Art Geschwür.

शर्करात Adj. von (fliegendem) Gries begleitet (Wind).

*शर्करावत् Adj. mit Gries versehen, kiesig.

शर्करावती f. N. pr. eines Flusses.

शर्करावर्षिन् Adj. Gries regnend, Gries mit sich fortreissend (Wind).

शर्करासप्तमी f. der 7te Tag in der lichten Hälfte des Vaiçâkha.

शर्करासव m. Rum.

*शर्करिक Adj. von शर्करा.

शर्करिन् Adj. an der Grieskrankheit leidend Ka-

RAKA 4,8 (शा° gedr.).

शर्करिल Adj. (f. आ) *mit Gries versehen, kiesig* HARSHAK. 33,8. ÇÂRÑG. PADDH. UPAVANAVINODA 36.

1.*शर्करी f. s. u. शर्कर.

2. शर्करी Adv. mit कर् *in Kies —, in Geröll verwandeln.*

*शर्करीधान n. N. pr. eines Dorfes KÂç. zu P. 4,2,109.

*शर्करीय Adj. von शर्करा.

शर्करोदक n. *Zuckerwasser.*

*शर्कार, f. ई gaṇa गौरादि.

शर्कु m. N. pr. eines Unholdes.

शर्कोट m. *eine best. Schlange.*

शर्णाचापिलि (!) m. N. pr. eines Mannes.

शर्दि, शर्दि oder °स् AV. 18,3,16.

1. शर्ध्, शर्धति *keck auftreten, trotzig sein gegen, sich nicht schieren um* (Gen.). शर्धत् und शर्धमान (VS. 20,38) *keck auftretend, trotzig, höhnisch.* — Caus. शर्धयति (प्रहसने); Simplex nicht zu belegen. — Mit प्र in प्रशर्ध. — Mit अतिप्र Caus. etwa *aufdrängen.*

2. शर्ध्, शर्धते *farzen.* Simplex nicht zu belegen. — *Desid. शिशर्धिषते und शिशृत्सति. — *Intens. शरीशृध्यते und शरीशृधीति. — Mit अव Caus. अवशर्धयति *auf Jmd farzen.* — Mit वि *farzen.* Vgl. विशर्धित.

3.*शर्ध्, शर्धति, °ते (उन्दने).

1. शर्ध Adj. *frech, trotzig.*

2.*शर्ध m. *Farz.*

3. शर्ध m. *Heerde, Schaar,* namentlich der Marut.

*शर्धञ्जह Adj. *blähend.* Vielleicht auch m. = माष.

शर्धन n. *das Farzen.*

शर्धनीति Adj. *die Schaar* (der Marut) *führend* oder *keck verfahrend.*

शर्धवत् Adj. *das Wort* 1. शर्ध *enthaltend* ÂPAST. ÇR. 3,15,5.

1. शर्धस् Adj.; nur Compar. शर्धस्तर *kecker, trotziger.*

2. शर्धस् n. = 3. शर्ध.

शर्धिन् Adj. *trotzend* in बाहुशर्धिन्.

(शर्ध्य) शर्धिघ्र m. oder n. etwa *ein best. Theil des Wagens;* nach SÂJ. *Ziel.*

*शर्पणा f. gaṇa मघादि in der KÂç. v. l. शर्याणा.

*शर्पणावत् Adj. von शर्पणा ebend. Vgl. शर्यणावत्.

*शर्ब्, शर्बति (गतौ).

*शर्म n. = शर्मन्.

शर्मक m. Pl. N. pr. eines Volkes.

शर्मकाम Adj. *nach Wohlbehagen —, nach Glück verlangend.*

शर्मकारिन् (DHÛRTAN. 18) und शर्मकृत् Adj. *Behagen —, Wohlfahrt —, Glückseligkeit schaffend.*

शर्मण्य Adj. *schirmend* TS.

शर्मन् n. 1) *Schirm, Schutzdach, Decke; Schutzrüstung; Hut, Obhut; Zuflucht, Heil, Rettung.* — 2) *Wohlbehagen, Freude, Glück, Glückseligkeit.* — 3) am Ende von Brahmanen-Namen. — 4) Bez. *bestimmter Sprüche* VARÂH. JOGAJ. 8,6. — 5) im Wortspiel mit शर्व personificirt. — 6) fehlerhaft (in der Sprache der Götter = चर्मन् nach ÇAT. BR. 3,2,1, 8) für चर्मन् und घर्म.

शर्मय, शर्मयत् *schirmend.*

*शर्मर 1) m. *eine Art Zeug.* — 2) f. आ *Curcuma aromatica* oder *eine andere Species.*

शर्मवत् Adj. *das Wort* शर्मन् *enthaltend.*

शर्मसद् Adj. *hinter einem Schirme* oder *Schilde sitzend.*

शर्मिन् Adj. *der Freude —, der Glückseligkeit theilhaftig.*

शर्मिला f. in *पाण्डुशर्मिला.

शर्मिष्ठा f. N. pr. einer Tochter Vṛshaparvan's, Gattin Jajâti's und Mutter Druhju's, Anu's und Pûru's. °ययाति n. Titel eines Schauspiels.

शर्य 1) m. *Pfeil, Geschoss.* Nach SÂJ. *Kämpfer.* — 2) f. आ a) *Rohr,* so v. a. *Pfeil.* — b) Pl. *Rohrgeflecht* (an der Soma-Seihe). — c) **Finger.* — d) **Nacht.* — 3) n. *Rohrgeflecht* (an der Soma-Seihe).

*शर्यण *Röhricht.* m. Pl. nach SÂJ. N. pr. eines Landstrichs in Kurukshetra.

शर्यणावत् m. (*mit Röhricht bewachsen*) *stehendes Wasser, Teich.* Auch übertragen auf *eine Soma-Kufe.* Nach dem Comm. N. pr. eines Teiches oder Landstrichs in Kurukshetra.

शर्यह्न् m. *Pfeilschütze.*

*शर्याणा wohl fehlerhaft für शर्यणा. v. l. शर्पणा.

*शर्याणावत् wohl fehlerhaft für शर्यणावत्.

शर्यात m. N. pr. eines Mannes.

शर्याति m. N. pr. eines Fürsten, Sohnes 1) des Manu Vaivasvata. — 2) des Nahusha.

*शर्व्, शर्वति (हिंसायाम्).

शर्व 1) m. a) Name eines *mit Pfeilen tödtenden Gottes,* mit Bhava und anderen Namen Rudra-Çiva's zusammen genannt; später ein gangbarer Name Çiva's. Du. शर्वौ = *Çarva und Çarvâṇî* getadelt VÂMANA 5,2,1. — b) N. pr. α) eines der 11 Rudra. — β) eines Sohnes des Dhanusha VP.² 4,150. — γ) Pl. eines Volkes. सर्व gedruckt. — 2) f. शर्वा ein Name der Umâ.

शर्वक 1) m. N. pr. eines Muni. — 2) *शर्विका *Aussatz* GAL.

शर्वकोश m. Titel eines *Wörterbuchs.*

शर्वट m. N. pr. eines Mannes.

शर्वदत्त m. N. pr. eines Lehrers.

*शर्वन् Adj. *bunt.*

शर्वपत्नी f. Çiva's *Gattin,* Pârvatî.

शर्वपर्वत n. Çiva's *Berg, der* Kailâsa. °वासिनी f. Bein. der Durgâ.

शर्वर 1) *Adj. *bunt.* — 2) f. शर्वरी a) Pl. *die bunten Thiere der* Marut. — b) *Nacht.* — c) **Dämmerung.* — d) **Weib.* — e) **Gelbwurz* und *Curcuma longa.* — f) N. pr. der Gattin Dosha's und Mutter Çiçumâra's. — 3) *n. a) *Finsterniss.* — b) *der Liebesgott* (!).

शर्वरिन् m. *das 34ste Jahr im 60jährigen Jupitercyclus.* Vgl. शार्वरिन्.

*शर्वरीक fehlerhaft für शर्शरीक.

शर्वरीपति m. *der Mond* (unter den Beinn. Çiva's).

शर्वरीश und शर्वरीश्वर (DHÛRTAN.) m. *der Mond.*

शर्ववर्मन् m. N. pr. verschiedener Männer, unter andern eines Grammatikers. Auch सर्व° geschrieben.

*शर्वाक्ष n. *die Frucht der Ganitrus sphaerica* RÂGAN. 11,189.

शर्वाचल m. Çiva's *Berg, der* Kailâsa.

शर्वाणी f. Çiva's *Gattin.* °रमण m. Bein. Çiva's.

शर्वावतारमाहात्म्य n. Titel BÜHLER, Rep. No. 94.

शर्विलक m. N. pr. eines Mannes.

*शर्शरीक Adj. = हिंस्र.

शर्षेका f. *ein best. Metrum.*

1. शल्, शलति (गतौ; आशुगमने SUÇR. 1,96,7), *शलते (चलनसंवरणयोः, स्तुतौ). Simplex nicht zu belegen. — Mit उद् *aufschnellen, sich erheben;* in Verbindung mit बहिस् so v. a. *überlaufen* HEMÂDRI 1,219,14 (उच्छलति, der einzige Beleg für das Verbum fin.). उच्छलत् *aufschnellend, sich erhebend, aufsteigend* VÂSAV. 218,3. 267,5. उच्छलित *aufgeschnellt, sich erhoben habend, aufgestiegen* ÇIç. 15,93 (59). VÂSAV. 181,3. 251,3. — Mit प्रोद्, प्रोच्छलत् = उच्छलत्. — Mit समुद्, समुच्छलत् und समुच्छलित = उच्छलत् und उच्छलित.

2. शल् Interj.

शल 1) *Adj. = द्रवणासमर्थ. — 2) m. a) *Stab.* — b) **Lanze.* — c) *ein best. Thier* (nach H. *Kamel*). — d) * = क्षेत्रभिद्. — e) * = विधि. — f) N. pr. α) *eines Wesens im Gefolge Çiva's. — β) eines Schlangendämons. — γ) eines Sohnes des Dhṛtarâshṭra und verschiedener anderer Personen. — 3) (*m. n.) *Stachel eines Stachelschweins;* zu belegen nur als *best. Längenmaass* in Comp. mit Zahlwörtern. — 4) *f. शली *ein kleines Stachelschwein.*

शलक 1) *m. *Spinne.* — 2) f. आ fehlerhaft für

शलाका.

शलकर् m. N. pr. eines Schlangendämons.

*शलङ्कट m. N. pr. eines Mannes. उत्तरशलङ्कटाः *die Nachkommen* Uttara's *und* Çalaṅkaṭa's.

*शलङ्कु m. N. pr. eines Mannes.

*शलङ्ग m. = लोकपाल und लवणविशेष.

शलदा f. N. pr. einer Tochter des Raudrâçva VP.² 4,129.

*शलपुत्र N. pr. einer Oertlichkeit. Auch शलि° geschrieben.

शलभ 1) m. a) *Heuschrecke;* vielleicht auch *Lichtmotte, Nachtschmetterling. Heuschrecken* von Gold als Verzierungen auf Bogen. Diese Insecten gelten für Kinder Pulastja's oder Târkshja's. — b) N. pr. α) eines Devagandharva. — β) eines Asura. — 2) f. ई N. pr. einer der Mütter im Gefolge Skanda's.

शलभता f. (Mahâvîrak. 116,14) und शलभत्व n. Nom. abstr. zu शलभ 1) a).

शलभाय्, °यते *wie eine Heuschrecke* oder *wie ein Nachtschmetterling verfahren*, d. i. *unbesonnener Weise in's Feuer fliegen, — in den Tod gehen* Bâlar. 237,2.

शलल 1) n. f. (शलली॑) *Stachel eines Stachelschweins* (bei der Ceremonie des Haarscheitelns und zum Auftragen von Augensalbe gebraucht); auch wohl *Borste des Ebers.* — 2) *m. *Stachelschwein.*

शललचञ्चु m. oder n. *Stachel eines Stachelschweins* (zum Schreiben dienend).

शललित Adj. *mit Stacheln versehen.*

शललीपिशङ्ग m. *ein best.* Daçarâtra (*bunt wie ein Stachel des Stachelschweins*) Âçv. Çr. 4,3,27.

शलाक m. (ausnahmsweise) und शला॑का f. 1) *Spahn, Splitter, spitzes Holz, Stäbchen* (zum Rühren, zum Auftragen von Salbe; an einem Käfig oder Gitterfenster Vâsav. 206,1. 234,2), *Halm, Reis, Ruthe, Gerte, Leimruthe, Rippe* (am Sonnenschirm). Bei buddhistischen Bettlern *ein mit ihrem Namen versehener Bambusspahn* (als Legitimation). — 2) *Finger, Zehe* Vishṇus. 96,59. — 3) *Stachel des Stachelschweins.* — 4) *ein Stäbchen beim Spiel.* m. Nârada 16,1. — 5) *ein spitzes Werkzeug zum Durchbohren, Pfeilspitze, Nadel* u. s. w. — 6) = शलाकायन्त्र. — 7) **Pinsel zum Malen.* — 8) **Knochen.* — 9) **Stachelschwein.* — 10) **Predigerkrähe.* — 11) **Vanguiera spinosa.* — 12) N. pr. a) einer Stadt. — b) *einer Frau.

शलाकाधूर्त m. vielleicht *Vogelsteller.*

शलाकला f. etwa *Spähnchen.*

*शलाकापरि Adv. ein Spielerausdruck. Vgl. एकपरि.

शलाकापुरुष m. Pl. bei den Ǵaina Bez. für die 24 Arhant, die 12 Ḱakravartin in Bhârata, die 9 Vâsudeva, die 9 Bala und die 9 Vishṇudvish.

*शलाकाभ्रू f. N. pr. einer Frau.

शलाकायन्त्र n. *ein stabförmiges spitzes chirurgisches Werkzeug: Senknadel, Nadel zu Augenoperationen, Sonde* u. s. w.

*शलाकावत् Adj. von शलाका.

शलाकास्थ Adj. *an einem Stäbchen befindlich* Âpast. Çr. 8,14,15.

शलाकिका f. *Spähnchen, Stäbchen.*

शलाकिन् Adj. *mit Grannen versehen.* Vgl. श्रीमच्छल°.

शलाकिर m. Vîramitrod. 137,a,4.

*शलाट m. *ein best. Gewicht, eine Wagenlast.*

शलाटु 1) m. n. *eine unreife Baumfrucht.* — 2) Adj. *unreif* (Baumfrucht). — 3) *m. a) *Aegle Marmelos* Râǵan. 11,191. — b) *eine best. Wurzel.* — Vgl. सटालु.

शलातुर N. pr. des Geburtsortes Pâṇini's.

*शलाथल m. N. pr. eines Mannes. Pl. *seine Nachkommen.*

*शलाभोलि m. *Kamel.* Beruht auf einer falschen Lesart.

*शलालु n. *ein best. wohlriechender Stoff.*

*शलालुक Adj. (f. ई) *mit* Çalâlu *handelnd.*

*शलावत् m. N. pr. eines Mannes.

*शलिपुत्र v. l. für शलपुत्र.

शलु॑न m. *ein best. Insect.*

शलोककौ (so die Hdschrr.) f. AV. 20,130,20. Richtig शलाककौ *Splitterchen* u. s. w.

श॑ल्क 1) m. n. *Spahn, Abschnitzel.* — 2) *m. *Mehl.* — 3) n. a) *Fischschuppe* Vâsav. 277,2. — b) **Bast.*

शल्कयुत Adj. *schuppig* Râǵan. 17,65.

शल्कल *Fischschuppe* in निः°.

शल्कलिन् 1) Adj. *mit Schuppen versehen.* — 2) *m. *Fisch.*

*शल्किन् m. *Fisch.*

शल्की Adv. Râǵat. 7,1544 fehlerhaft für कल्की.

शल्प und श॑ल्पक fehlerhaft für शल्य und शल्यक.

*शल्भ्, शल्भते (कत्थने).

शल्मलि m. und शल्मली (?) f. *Salmalia malabarica.* Vgl. शाल्मलि.

शल्य॑ 1) m. n. (adj. Comp. f. आ) a) *Spitze des Pfeiles* und *Speers;* in übertragener Bedeutung so v. a. *Dorn, Stachel, Alles was peinigt und quält.* — b) in der Heilkunde *jeder in den Körper eingedrungene oder in demselben sich bildende fremdartige und Schmerz erregende Stoff, Blasenstein* u. s. w.; sogar *der Fötus.* — c) *Schaden, Fehler* überh. कर्मशल्यानि so v. a. *Hindernisse.* — 2) m. a) *Stachelschwein* Râǵan. 19,51. — b) **ein best. Fisch* Râǵan. 19,71. — c) **Vangueria spinosa* Râǵan. 8,67. — d) **Aegle Marmelos* Râǵan. 11,191. — e) **Grenze.* Vgl. Zach. Beitr. 42. — f) N. pr. α) eines Asura. — β) eines Fürsten der Madra, mütterlichen Oheims und Gegners des Judhishṭhira. Nach ihm das 9te Buch des MBh. शल्यपर्वन् n. benannt. — γ) eines späteren Fürsten. — 3) f. शल्या *eine Art Tanz.* — 4) n. Kâm. Nîtis. 7,17 fehlerhaft für शैल्य.

श॑ल्यक m. 1) *Stachelschwein* Gaut. Âpast. Vasishṭha 14,39. — 2) *ein Fisch mit Schuppen.* — 3) **Vangueria spinosa* Bhâvapr. 1,173.

*शल्यकण्ठ m. *Stachelschwein.*

शल्यकर्तन N. pr. einer Oertlichkeit.

शल्यकर्तर् m. *Pfeilmacher.*

शल्यकर्त्तर् m. *Chirurg.*

शल्यकर्षण N. pr. einer Oertlichkeit.

शल्यकवत् Adj. *spitzmäulig.* आखु m. *Spitzmaus.*

शल्यक्ति Hariv. 14300 fehlerhaft für शल्यक.

शल्यकीर्तन N. pr. einer Oertlichkeit.

शल्यकृत् m. *Chirurg.*

*शल्यपर्णी f. *eine best. Heilpflanze* Bhâvapr. 1,170.

शल्यय्, °यति *peinigen, Schaden zufügen, beeinträchtigen, schmälern* Anarghar. 2,51.

*शल्यलोमन् n. *Stachel eines Stachelschweins.*

शल्यवत् Adj. 1) *in dem eine Pfeilspitze steckt* (Wild). — 2) *dem eine Pfeilspitze gehört, der ein Thier erlegt hat.*

शल्यस्रंसन n. *das Herausbringen eines Stachels, — eines Dorns.*

शल्यहर्तर् und शल्यहृत् m. *Chirurg.*

शल्या॑त्मन् Adj. *von stacheliger Natur* Mon. d. B. A. 1868, S. 238.

शल्यापनयन n. *das Ausziehen der Stacheln.* Davon Adj. °नयनीय *darüber handelnd.*

*शल्यारि m. Çalja's *Feind,* Bein. Judhishṭhira's.

*शल्ल 1) m. a) *Frosch.* — b) *Rinde.* — 2) f. = शल्लक 2) b) Râǵan. 11,196.

शल्लक 1) m. a) *Stachelschwein* Baudh. 1,12,5. — b) **Bignonia indica.* — 2) f. ई a) *Stachelschwein* — b) *Boswellia thurifera, Weihrauchbaum* (Hem. Par. 2,383); *Weihrauch* Râǵan. 11,196. Mat. med. 316. Hier und da (auch in Bomb. Ausgg.) mit स

geschrieben. — 3) *n. *Rinde.*

शल्लकि (metrisch) f. = शल्लकी *Stachelschwein.*

*शल्लकीद्रव m. *Weihrauch.*

शल्लकीय m. dass. स॰ gedr.

शल्लिका f. *eine Art Fahrzeug.* v. l. किल्लिका.

*शल्व m. 1) Pl. N. pr. eines Volkes. Vgl. सल्व. — 2) *eine best. Pflanze.* — Vgl. शाल्व.

शव्, शवति s. 1. शु.

शव 1) m. n. (adj. Comp. f. आ) *Leichnam.* — 2) *n. *Wasser.*

शवक m. 145,7 Druckfehler für शावक.

शवकर्मन् n. *Leichenbegängniss* Baudh. 2,1,25.

*शवकाम्य m. *Hund.*

शवकृत् Adj. *Leichen machend* (Kṛshṇa).

शवदह्या f. *Leichenverbrennung.*

शवधान m. Pl. N. pr. eines Volkes.

शवनभ्य n. *ein Stück von der Nabe eines Leichenwagens.*

शवमन्दिर n. *Leichenstätte.*

*शवयान n. *Leichenbahre.*

शवर schlechte Schreibart für शबर.

*शवरथ m. *Todtenbahre.*

शवरूप n. Bez. *bestimmter Thiere* Çāṅkh. Gṛhj. 2,12. 6,1.

शवर्त m. *ein best. Wurm.* Vgl. श्वावर्त.

शवल und शवलक schlechte Schreibart für शबल und शबलक.

शवलोकधातु fehlerhaft für सक्लोकधातु.

शववाह् und ॰क m. *Leichenträger.*

शवशतमय Adj. *mit 100 Leichen bedeckt* Daçak. 45,6.

शवशयन n. *Leichenstätte;* angeblich auch *Lotusblüthe.*

शवशिबिका f. *Todtenbahre* Harshaḱ. 139, 19. Vgl. Rāǵat. 7,463.

शवशिरस् n. *Schädel* Baudh. 2,1,3. ॰शिरोध्वज Adj. *den Sch.* (des Erschlagenen) *als Fahne tragend* Āpast.

शवस् 1) n. a) *Ueberlegenheit, Uebermacht,* (*siegreiche*) *Stärke, Heldenkraft.* Auch Pl. Instr. शवसा *kräftig, stark.* — b) * *Wasser.* — c) * *Leichnam.* — 2) m. N. pr. eines Lehrers.

शवसउशीनर, ॰रेषु Gop. Br. 1,2,9 fehlerhaft für सवशोशी॰; vgl. Ait. Br. 8,14.

शवसान 1) Adj. *überlegen, übermächtig, Kraftthaten vollbringend, gewaltthätig.* — 2) * m. *Weg.*

शवसावस् Adj. *mächtig, machtvoll* ṚV.

शवसिन् Adj. dass. ṚV.

शवसी Adj. f. *mächtig, machtvoll* (Indra's Mutter) ṚV. 8,45,5. 77,2.

शवाग्नि m. *Leichenfeuer* Āpast. Çr. 9,3,22.

शवान्न n. *Todtenspeise.*

शवाश m. *Leichenfresser* Bhaṭṭ.

शवास्थिमालिक Adj. *einen Kranz von Todtengebeinen tragend* Ind. St. 16,392.

शविष्ठ Adj. Superl. *übermächtigst, heldenhaftest.*

शवीर Adj. (f. आ) *mächtig.*

शवोद्दर्हृ m. *Einer der Leichen wegschafft.*

शव्य n. *Leichenbegängniss.*

शश्, शशति 1) *springen.* — 2) *कान्तौ. — Mit उद् *aufspringen von, so v. a. aufgeben, im Stich lassen.* उच्छशित *aufgegeben, im Stich gelassen.*

शश 1) m. a) *Hase* (diesen oder eine Gazelle sieht der Inder im Monde). शशस्य कर्षूशयस्य व्रतम् Name eines Sâman Ārsh. Br. — b) *ein best. Meteor.* — c) *Bez. eines unter einer best. Constellation geborenen Wundermenschen.* — d) in der Erotik *Bez. eines Mannes mit best. Eigenschaften.* — e) * *Symplocos racemosa.* — f) * *Myrrhe.* — 2) f. ई N. pr. einer Apsaras Kāraṇḍ. 3,18.

शशक m. 1) *Häschen, Hase.* ॰शिशु m. Vāsav. 265,1. — 2) Pl. N. pr. eines Volkes.

1. शशकर्ण m. *Hasenohr.* Du. Name eines Sâman.

2. शशकर्ण m. N. pr. eines Liedverfassers.

शशकविषाण n. *Hasenhorn, so v. a. ein Unding.*

शशकेतु m. Lalit. 194,10 fehlerhaft für शशिकेतु.

*शशघातक m. *Habicht* Bhāvapr. 2,4.

शशघातिन् m. desgl.

शशघ्न m. desgl. शशघ्नी s. u. शशक्हन्.

शशधर m. 1) *der Mond.* — 2) N. pr. eines Gelehrten.

शशधरप्रभा f. Titel eines Werkes Opp. Cat. 1.

शशधरमुखी f. *eine Mondantlitzige* Kautukar.

शशधराचार्य m. N. pr. eines Autors Burnell, T.

शशधरीय n. Çaçadhara's *Werk.*

शशपद n. *Hasenfussstapfen, so v. a. worüber man leicht hinwegkommt* Harshaḱ. 181,6.

*शशप्लुतक n. *Hasensprung,* Bez. *einer durch Fingernägel hervorgebrachten Verwundung.*

शशबिन्दु m. 1) N. pr. eines Fürsten, Sohnes des Ḱitraratha. Pl. *seine Nachkommen.* — 2) Bein. Vishṇu's.

शशभृत् m. *der Mond.*

शशभृद्भृत् m. Bein. Çiva's.

शशमुण्डरस m. *Brühe von einem Hasenkopf* (als Medicament gebraucht).

शशय Adj. (f. श्री) *unversieglich, unaufhörlich.*

1. शशयान Partic. perf. von 2. शी.

2. शशयान n. *Hasengang,* N. pr. eines Tîrtha.

शशयु Adj. *Hasen nachgehend.*

शशलक्षण m. *der Mond* MBh. 3,282,2.

शशलक्ष्मण MBh. 3, 16198 fehlerhaft für शशलक्षण.

1. शशलक्ष्मन् n. *das Zeichen eines Hasen* (im Monde).

2. शशलक्ष्मन् m. *der Mond.*

शशलाञ्छन m. dass. zu Spr. 1600.

1. *शशलोमन् n. *Hasenhaar.*

2. शशलोमन् m. N. pr. eines Fürsten.

शशविषाण n. *Hasenhorn* (als *ein Unding*) 215,18.

शशविषाणाय्, ॰यते *einem Hasenhorn* —, d. i. *einem Unding ähnlich sehen.*

*शशशिम्बिका f. *eine best. Pflanze* Rāǵan. 3,26.

1. शशशृङ्ग n. *Hasenhorn* (*als ein Unding*).

2. शशशृङ्ग m. ein Mannsname (der an 1. शशशृङ्ग erinnern soll) Viddh. 36,1 (im Prâkrit).

*शशस्थली f. fehlerhaft für कुशस्थली.

शशहन् 1) * Adj. (f. ई) *Hasen tödtend* P. 3,2,53, Sch. — 2) f. ॰घ्नी *Habicht* Ḱaraka 1, 27 (शमघ्नी gedr.).

शशान्त m. N. pr. eines mythischen Wesens Suparṇ. 23,6.

शशाङ्क m. 1) *der Mond.* — 2) * *Kampfer* Rāǵan. 12,61. — 3) N. pr. eines Fürsten Comm. zu Harshaḱ. (ed. Bomb.) 376,1.

शशाङ्ककान्त Adj. *lieblich wie der Mond* Ind. St. 14,364. 372.

शशाङ्ककुल n. *das auf den Mondgott zurückgeführte Fürstengeschlecht.*

शशाङ्कज m. und शशाङ्कतनय m. *der Planet Mercur.*

शशाङ्कपुर n. und umschrieben शशाङ्कपूर्वं पुरम् N. pr. einer *Stadt.*

शशाङ्कबिम्ब n. *Mondscheibe* Ind. St. 14,368.

शशाङ्कमुकुट m. Bein. Çiva's.

शशाङ्कवती f. N. pr. einer Prinzessin, nach der der 12te Lambaka im Kathās. benannt ist.

शशाङ्कवदना f. *eine Mondantlitzige* 251,1.

शशाङ्कशत्रु m. Bez. Râhu's Varāh. Jogaj. 6,11.

शशाङ्कशेखर m. Bein. Çiva's.

शशाङ्कसुत m. *der Planet Mercur.*

शशाङ्कार्ध m. *Halbmond.*

शशाङ्कार्धशेखर m. Bein. Çiva's.

शशाङ्कित Adj. *durch einen Hasen gekennzeichnet* (der Mond) Çiç. 15,114 (80).

शशाङ्कोपल m. *ein best. Edelstein,* = चन्द्रकान्त.

*शशाण्डुलि und *॰ली f. *eine Gurkenart* Rāǵan. 7,218.

शशाद 1) * Adj. *Hasen essend.* — 2) m. a) * *ein best. Raubvogel* Rāǵan. 19,85. — b) Bein. Vikukshi's.

*शशादन m. *ein best. Raubvogel.*

शशिक m. Pl. N. pr. eines Volkes MBh. 6,9,46. v. l. शाशिक.

शशिकला f. 1) *Mondsichel, Mond* überh. — 2) *ein best. Metrum.* — 3) ein Frauenname.

शशिकान्त 1) m. *ein best. Edelstein,* = चन्द्रकान्त Râǵan. 13,211. — 2) f. आ N. pr. eines Flusses VP.² 2,149. — 3) *n. *eine bei Nacht sich öffnende weisse Lotusblüthe* Râǵan. 10,200.

शशिकेतु n. N. pr. eines Buddha.

शशिक्षय m. *Neumond* Hemâdri 1,347,12.

शशिखण्ड 1) m. oder n. *Mondsichel.* — 2) m. N. pr. eines Vidjâdhara.

शशिखण्डपद m. N. pr. eines Vidjâdhara.

शशिखण्डशेखर m. Bein. Çiva's.

शशिगच्छ m. = शशाङ्ककुल.

शशिगुप्त m. N. pr. eines Fürsten VP.² 4,219.

*शशिगुप्ता f. *Süssholzsaft.*

शशिग्रह m. *Mondfinsterniss.*

शशिग्रहसमागम m. *Conjunction des Mondes mit Asterismen* oder *Planeten* Varâh. Brh. S. 18 in der Unterschr.

शशिज und शशितनय m. *der Planet Mercur.*

शशितेजस् m. N. pr. 1) eines Vidjâdhara. — 2) *eines Schlangendämons.

शशिदेव 1) *m. N. pr. eines Fürsten, = रन्तिदेव. — 2) n. *das unter dem Monde stehende Mondhaus* Mṛgaçiras.

शशिदैव n. = शशिदेव 2).

शशिधर m. N. pr. eines Mannes.

शशिधन m. N. pr. 1) eines Asura. — 2) eines Fürsten von Bhallâṭanagara.

शशिन् 1) m. *a) der Mond.* — *b)* Bez. *der Zahl Eins.* — *c) Kampfer* Hemâdri 2,*a*,44,2. — *d) ein best. Metrum.* — *e)* N. pr. eines Mannes. — 2) f. आ *die 8te* Kalâ *des Mondes.*

शशिपुत्र m. *der Planet Mercur.*

*शशिप्रभ n. 1) *eine bei Nacht sich öffnende Lotusblüthe.* — 2) *Perle* Garbe zu Râǵan. 13,153.

शशिप्रभा f. 1) *Mondschein.* — 2) ein Frauenname.

*शशिप्रिय 1) n. *Perle* Râǵan. 13,153. — 2) f. आ *eine Geliebte des Mondes, ein personificirtes Mondhaus.*

शशिबिन्दु fehlerhaft für शशबिन्दु.

*शशिभूषण m. Bein. Çiva's.

शशिभृत् m. desgl. Vgl. नव°.

शशिमणि m. *eine Art Edelstein,* = चन्द्रकान्त Kâd. 2,3,16 (2,11).

शशिमण्डल n. *Mondscheibe* Hem. Par. 1,313.

शशिमत् Adj. *mit dem Monde versehen.*

शशिमय Adj. *zum Monde in Beziehund stehend* Naish. 4,38.

शशिमुखी f. *eine Mondantlitzige* Spr. 7619. 7818.

शशिमौलि m. Bein. Çiva's.

शशिरेखा f. 1) *Mondsichel.* — 2) ein Frauenname.

शशिलेखा f. 1) *Mondsichel* Viddh. 24,2. — 2) *Vernonia anthelminthica* Bhâvapr. 1,178. 6,30. — 3) **Cocculus cordifolius.* — 4) **ein best. Metrum.* — 5) N. pr. *a)* einer Apsaras. — *b)* einer Fürstin. — *c)* einer Zofe Vâsav. 231,4.

शशिवंश m. 1) = शशाङ्ककुल. — 2) Titel eines Werkes Schönberg, Ksh. 6.

शशिवदना f. 1) *eine Mondantlitzige.* — 2) Name *zweier Metra.*

शशिवर्धन m. N. pr. eines Dichters.

*शशिवाटिका f. *Boerhavia procumbens.*

शशिविमल Adj. *rein wie der Mond.* गिरि m. nach dem Comm. der Kailâsa.

शशिशिखामणि m. Bein. Çiva's.

शशिशेखर m. 1) desgl. — 2) *N. pr. eines Buddha.

शशिसुत m. *der Planet Mercur* Varâh. Jogaj. 4,12.

1. शशी f. s. u. शश्.

2. शशी Adv. mit भू *zum Hasen werden.*

शशीभ Verz. d. Oxf. H. 327,*a*,7 v. u. fehlerhaft für शशाङ्क.

शशीयंस् Adj. *häufiger, zahlreicher, reicher* (an Habe und Leuten).

शशीश m. Beiw. Çiva's.

शशीशशिशु m. Patron. Skanda's.

*शशोर्ण n. *Hahnenhaar.*

शशोलूकमुखी f. N. pr. einer der Mütter im Gefolge Skanda's.

*शश्च्, शश्चति Denomin. von शश्वत्.

शश्वत् Adv. s. u. शश्वत्.

शश्वत्काम Adj. (f. आ) *stets nur an Liebe denkend* Spr. 6435.

शश्वधा Adv. *immer wieder.*

शश्वत् 1) Adj. (f. शश्वती, °ती RV. 8,60,17. Superl. शश्वत्तम) *a) immer wieder erscheinend, —thuend, sich wiederholend.* — *b) frequens, zahlreich.* — *c) all, jeder.* — 2) शश्वत् Adv. *a) immer wieder, oftmals, allzeit, stets.* शश्वत्पुरा *von jeher.* शश्वत्तमम् *nach zahllosen Malen wieder, noch einmal.* — *b) alsbald, darauf, alsdann;* gewöhnlich mit ह verbunden. शश्वत् — शश्वत् *sobald — alsobald.* — *c) immerhin, allerdings, gewiss.*

*शश्वाय्, °यते Denomin. von शश्वत्.

*शष्, शषति (हिंसायाम्).

*शष्कण्डी f. *eine best. Pflanze* und *deren Frucht* Gaṇar. 1,1,48.

*शष्कुल m. 1) *Pongamia glabra.* — 2) am Ende eines adj. Comp. = शष्कुली.

शष्कुलि und °ली f. 1) *Gehörgang.* — 2) *eine best. Krankheit.* — 3) *ein best. Backwerk* Bhâvapr. 2,25. — 4) **Pongamia glabra.* — 5) **Fisch* Râǵan. 19,70.

शष्कुलिका f. *ein best. Backwerk.*

शष्प 1) n. (adj. Comp. f. आ) *Graskeime, junger Trieb von Reis u. s. w., Gras* überh. Vgl. Zach. Beitr. 75. — 2) (*m. n.) *Verlust des klaren Bewusstseins.* — शष्पाविद्या Kathâs. 109,124 wohl fehlerhaft.

शष्पभुज् und शष्पभोजन m. *Grasfresser.*

शष्पवत् Adj. *junge Gräser enthaltend.*

शष्पिञ्जर Adj. *gelbröthlich schimmernd wie junger Rasen* Maitr. S. 2,9,3 (122,11). Auch सस्पिञ्जर geschrieben.

शष्पी Adv. mit कर् *in Gras verwandeln,* so v. a. *grün färben* Kâd. 241,13 (393,15).

शष्प्य Adj. *grasig.*

शष्य fehlerhaft für शष्प und सस्य.

1. शस्, शसति, शस्ति und शास्ति *metzgen, niedermetzeln.* शस्त *niedergemetzelt.* — Mit अपि in अपिशसस्. — Mit आ in आशसन. — Mit परि in परीशासं. — Mit प्र in प्रशस्. प्रशस्त MBh. 12,5067 fehlerhaft für प्रधस्त. — Mit वि *zerschneiden, zerlegen, metzgen; niedermetzeln.* विशस्त Partic. — Desid. Partic. विशिशासिषत्.

2. शस् adv. Suffix = 1. शस् (*in Abschnitten*).

3. शस् Adj. *recitirend* in उक्थशंस्.

4. शस्, शस्यते Passiv von शंस्.

शस Adj. *recitirend* in उक्थशसं.

शसन n. *Schlachtung.*

शसा f. dass. RV. 5,41,18.

1. शस्त 1) Adj. s. u. शंस्. — 2) n. *a) Preis, Lob.* — *b)* **Körper, Leib.* Beruht auf einer fehlerhaften Auffassung von शस्तं वपुः.

2. शस्त Partic. von 1. शस्.

3. शस्त (Partic. von 1. शास्) *gestraft.*

4. शस्त n. *eine Art Gürtel* Harshaé. (ed. Bomb.) 143,4. 436,11.

*शस्तक n. 1) = अङ्गुलित्राण. — 2) = लोह; richtig शस्त्रक.

शस्तता f. *Vorzüglichkeit u. s. w.*

शस्तर् Nom. ag. *Schlächter, Metzger.*

शस्ति f. 1) *Preis, Lob.* — 2) *Lobsänger* RV. 1, 186,3.

शस्त्रौ॑क्थ Adj. *derjenige, welchem die Recitation aufgesagt worden ist.*

1. शस्त्र॑ n. (adj. Comp. f. आ) 1) *Anruf, Lob;* so heisst im Ritual *der Satz* oder *die Strophenreihe, welche die Recitation des* **Hotar** *und seiner Gehülfen bildet, zur Begleitung der* **Graha** *bei der* **Soma**-*Libation.* शस्त्रयाज्या f. und शस्त्रोक्थ n. Vaitân. — 2) *das Recitiren.*

2. शस्त्र॑ 1) *m. *Schwert.* — 2) f. ई *Messer, Dolch.* — 3) n. *a) ein schneidendes Werkzeug: Messer, Dolch, Schwert, Mordwaffe* überh. (auch *Pfeil*). — *b) Schwert,* so v. a. *Krieg.* — *c)* **Stahl* Râǵan. 13,45.

3. शस्त्र R. 1,5,20 fehlerhaft für शास्त्र.

1. शस्त्रक am Ende eines adj. Comp. = 1. शस्त्र 1)

2. शस्त्रक 1) *n. *a) Messer.* — *b) Eisen.* — 2) f. शस्त्रिका *Dolch, Messer.*

शस्त्रकर्मकृत् m. *Chirurg.*

शस्त्रकर्मण्य Adj. अष्टविध° *von den acht Arten der Anwendung des Messers u. s. w. handelnd.*

शस्त्रकर्मन् n. *das Schneiden mit Messern* u. s. w., *chirurgische Operation.*

शस्त्रकलि m. *Schwertkampf, Zweikampf mit dem Schwerte.*

शस्त्रकोप m. *das Wüthen des Schwertes, — des Krieges.*

*शस्त्रकोशतरु m. *eine dornige Gardenia* Râǵan. 9,147.

शस्त्रग्रह m. *das Ergreifen des Schwertes, Kampf.*

शस्त्रग्राहक Adj. *Waffen tragend, bewaffnet.*

शस्त्रघात m. *Schwertschlag, Gebrauch der Waffe.*

शस्त्रचिकित्सा f. *Chirurgie* Hâs.

*शस्त्रचूर्ण n. *Eisenfeil* oder *Eisenrost.*

शस्त्रजीविन् Adj. *vom Schwerte lebend, Kriegsdienste thuend.*

शस्त्रदेवता f. *Göttin des Schwertes, Kriegsgottheit.* Nur Pl.

शस्त्रधारण n. *das Tragen eines Schwertes.*

शस्त्रनिधन Adj. *den Tod durch das Schwert findend.*

शस्त्रनिपात m. 1) *das Fallen des Schwertes, Tödtung durch Waffen, Kampf, Schlacht* Varâh. Bṛh. S. 3,22. 7,3. 11,52. 58,51. — 2) *Messerschnitt* (als chirurgische Operation) Suçr. 1,18,15. 359,18.

शस्त्रनिपातन n. = शस्त्रनिपात 2) Suçr. 1,95,17.

शस्त्रनिर्याण Adj. *den Tod durch das Schwert findend.*

शस्त्रन्यास m. *Niederlegung der Waffen, das Abstehen vom Kampfe.*

शस्त्रपद n. *die Spur des Messers, Einschnitt.*

शस्त्रपाणि und °न् (metrisch) Adj. *ein Schwert in der Hand haltend.*

शस्त्रपात m. *Messerschnitt* Spr. 4713.

शस्त्रपान n. *eine Mischung, mit der man schneidende Werkzeuge tränkt, um sie zu stählen.*

शस्त्रपूजाविधि m. Titel Burnell, T.

शस्त्रप्रकोप m. = शस्त्रकोप.

शस्त्रप्रहार m. *Schwerthieb.*

शस्त्रबन्ध in अ° und आ° (fehlerhaft).

शस्त्रभय n. *Kriegsnoth.*

शस्त्रभृत् Adj. *Waffen tragend, bewaffnet;* m. *Kriegsmann* Gaut.

शस्त्रमय Adj. *aus Schwertern u. s. w. bestehend.*

*शस्त्रमार्ज m. *Schwertfeger.*

शस्त्रवध m. in अ° (Nachtr. 6).

1. शस्त्रवत् Adj. *von einem 1. शस्त्र 1) begleitet.*

2. शस्त्रवत् Adj. *mit einem Schwerte u. s. w. bewaffnet.*

शस्त्रवार्त्त Adj. = शस्त्रजीविन्.

शस्त्रविद्या f. = धनुर्वेद Anarghar. 6,74.

शस्त्रवृत्ति Adj. = शस्त्रजीविन्.

शस्त्रव्रणमय Adj. *in von Waffen geschlagenen Wunden bestehend* Çiç. 19,52.

शस्त्रशिक्षा f. *die Kunst das Schwert zu führen.*

शस्त्रसंपात m. *das Fliegen der Waffen, Kampf* Bhag. 1,20. Kathâs. 47,50.

शस्त्रहत Adj. *durch ein Schwert u. s. w. getödtet.* °चतुर्दशी f. Bez. *verschiedener vierzehnter Tage, an denen der im Kampfe Gefallenen gedacht wird.*

शस्त्राख्य Adj. *Schwert genannt* (Komet).

*शस्त्राङ्गा f. *eine Art Sauerklee* oder *Sauerampfer* Râǵan. 5,101.

शस्त्राजीव Adj. (f. ई) = शस्त्रजीविन्; m. *Kriegsmann.*

शस्त्रान्त Adj. *den Tod durch das Schwert findend.*

*शस्त्रायस n. *Stahl* Râǵan. 13,45.

शस्त्रायुध Adj. *das Schwert als Waffe gebrauchend, vom Waffenhandwerk lebend.*

शस्त्रावपात m. *Verletzung durch eine Waffe* Jâǵń. 2,277.

शस्त्राशस्त्रि Adv. *Schwert gegen Schwert* Daçak. 3,11. Agni-P. 14,16. Anarghar. 4,20.

शस्त्रास्त्रभृत् Adj. *Schwert und Wurfgeschoss tragend, Kriegsdienste thuend.* Nom. abstr. °भृत्त्व n. M. 10,79.

1. शस्त्रिन् Adj. *der ein 1. शस्त्र 1) recitirt* Comm. zu Âpast. Çr. 12,29,7.

2. शस्त्रिन् Adj. *mit einem Schwerte u. s. w. bewaffnet.*

शस्त्रोपजीविन् m. 1) *Einer, der vom Waffenhandwerk lebt,* Harshać. 68, 24 (223, 8). — 2) *Schwertfeger* (nach dem Comm.).

शस्प schlechte Schreibart für शष्प.

शं॑स्मन् n. *feierlicher Anruf, Lob.*

1. शं॑स्य 1) Adj. *a) zu recitiren, als 1. शस्त्र 1) zu behandeln.* — *b) zu rühmen, zu loben, zu preisen.* — 2) n. *Recitation.* — Vgl. 2. सस्य.

2. *शस्य Adj. *zu schlachten.*

3. शस्य schlechte Schreibart für सस्य.

शस्यक 1) m. *ein best. Edelstein.* v. l. für सस्यक. — 2) nach dem Comm. *Pulver* (चूर्ण) R. 6,96,3. Vgl. सस्यक.

शक्रेन्द्रवर्णनविलास m. Titel eines Werkes Burnell, T.

1. शा, शिशाति, शिशीहि॑, शाधि; 1) *mittheilen, gewähren.* — 2) *beschenken, bewirthen, — mit* (Instr.). शित॑ *bewirthet.* — Mit अव *wegnehmen,* so v. a. *befreien von* (Acc.). — Mit आ *Theil nehmen —, geniessen lassen;* mit Instr. der Sache. — Mit नि 1) *vorsetzen, darbringen.* — 2) *bewirthen.* — 3) *hinlegen, hinwerfen, hinbreiten.*

2. शा, शिं॑शाति, शिं॑शीते, °श्यति, °श्यान; 1) *wetzen, schärfen;* Med. *sich (sibi)* Waffen, das Horn u. s. w. *wetzen.* — 2) शात *a) gewetzt* (Bâlar. 42,7), *geschärft, scharf* Çiç. 18,71. — *b) dünn, schmächtig.* — 3) शित॑ *a) gewetzt, scharf.* — *b) dünn, schmächtig.* — *Caus. शाययति. — Mit अति etwa *die Waffe nach Jmd zücken.* — Mit नि 1) *wetzen, schärfen;* Med. *sich (sibi) wetzen.* — 2) निशात *gewetzt, geschärft* Vikramâṅkać. 10,84. — 3) नि॑शित *a)* dass. In निशितनिपाताः शराः und निशिताः शस्त्रपाणयः gehört das Partic. zu शराः und शस्त्र. — *b) begierig nach* (Loc.). — Mit निस्, निःशान wohl fehlerhaft für निश्यान *sich (sibi) wetzend.* — Mit सम् 1) *wetzen, schärfen;* Med. *sich (sibi) wetzen.* — 2) *anfeuern, aufreizen; bereit machen zu* (Dat.). — 3) संशित्य (!) Âpast. 1,29,8 nach dem Comm. = संशितां तीक्ष्णां बुद्धिं कृत्वा निश्चित्य. — 4) सं॑शित *a) gewetzt, geschärft; scharf, spitz* (von Reden). — *b) bereit, gerüstet, fest entschlossen, — zu* (Loc.); von Personen. — *c) bereit gemacht,* von Unbelebtem. — *d) fest beschlossen, mit allem Ernst unternommen.* — Mit विसम् *anfeuern, aufreizen.*

3. *शा, शापति (पाके).

शांवत्य m. N. pr. eines Lehrers.

शांशप॑ Adj. *von der Dalbergia Sissoo* (शिंशपा) *stammend, daraus gemacht.*

*शांशपक Adj. dass.

शांशपायन m. Metron. N. pr. eines Lehrers.

शांशपायनक Adj. (f. °निका) *von Çâmçapâjana verfasst.*

शांशपायनि m. = शांशपायन.

*शांशपास्थल Adj. von शिंशपास्थल.

1.*शाक m. *Macht, Vermögen.*

2. शाक m. *Hülfe, Unterstützung.* ṚV. 5,15,2 ist wohl शाके st. शाके zu lesen.

3. शाक Adj. *hülfreich;* m. *Helfer, Gehülfe.*

4. शाक 1) (*m.) n. *essbares Kraut, Gemüse; vegetabilische Kost* überh. Gaut. — 2) m. *a) Tectona grandis* Râǵan. 9,130. Hemâdri 1,173,2.5. — *b) *Acacia Sirissa.* — c) N. pr. eines Dvîpa (nach einer darin stehenden *Tectona grandis* so genannt). Vollständig °द्वीप. — 3) m. oder n. N. pr. einer Oertlichkeit. — 4) *f. आ *Terminalia Chebula.*

5.*शाक m. N. pr. eines Mannes; gaṇa कुञ्जादि. Vgl. शाकायन्य.

6. शाक 1) Adj. *zu den Indoscythen* (शक) —, *zu ihren Fürsten in Beziehung stehend;* m. n. Çâka-*Jahr* (beginnt 78 n. Chr.); *Aera* überh. — 2) m. N. pr. *a)* eines Fürsten. — *b)* *Pl. eines Volkes; richtig शक.

*शाककलम्बक m. *Lauch, Knoblauch* H. an. 2, 494; vgl. Zach. Beitr. 84.

शाककाल m. *die* Çâka-*Aera.*

*शाकचुक्रिका f. *Tamarindenbaum.*

*शाकजग्ध Adj. (f. आ und ई).

*शाकजम्बु N. pr. einer Oertlichkeit. Davon *Adj. °क.

1.*शाकट 1) Adj. *a) an einen Karren gespannt, einen Karren ziehend.* — *b) einen Karren füllend* u. s. w. — 2) m. *a) Karrenlast.* — *b) Cordia latifolia* Râǵan. 11,205.

2.*°शाकट n. *ein mit* — *bestandenes Beet* oder *Feld.*

*शाकटपोतिका f. *Basella rubra* Râǵan. 7,140.

शाकटायन m. Patron. N. pr. eines Grammatikers und eines Gesetzgebers. Etymologie des Namens 241,32.

शाकटायनि m. wohl = शाकटायन.

शाकटिक m. *Kärrner* Comm. zu Âpast. Çr. 5,23,3.

*शाकटीकर्ण Adj. von शकटीकर्ण.

*शाकटीन m. *Karrenlast.*

*शाकतरु m. *Tectona grandis.*

शाकदास m. N. pr. eines Lehrers.

शाकद्वीप m. s. u. 4. शाक 2) c).

शाकनिका f. in *राज°.

*शाकन्धव्य m. Patron. von शकन्धु.

*शाकन्धेय m. Patron. von शकन्धि.

1. शाकपत्त्र n. 1) *ein Blatt der Tectona grandis.* — 2) wohl = पत्त्रशाक *Blättergemüse.*

2.*शाकपत्त्र m. *Moringa pterygosperma* Râǵan. 7,26.

शाकपार्थिव m. *ein Fürst der gern Gemüse isst.* Ein Comp. dieser Art wird als मध्यमपदलोपिन् aufgefasst Nilak. zu MBh. 3,45,8.

शाकपिण्डी f. *Gemüsekloss* Çâṅkh. Gṛhj. 1,11.

शाकपूणि m. Patron. N. pr. eines Grammatikers.

शाकपूत n. Name zweier Sâman Ârsh. Br.

शाकपूर्णि m. fehlerhaft für शाकपूणि.

शाकपोत m. Pl. N. pr. eines Volkes.

*शाकबालेय m. *eine best. Pflanze,* = ब्रह्मयष्टि.

*शाकबिल्व und *°क m. *die Eierpflanze.* Vgl. शाकविन्दक.

शाकभक्त Adj. (nur) *Vegetabilien geniessend.* Nom. abstr. °ता f. Gaut.

शाकभव m. N. pr. eines Varsha in Plakshadvîpa.

शाकंपूत m. fehlerhaft für शकपूत.

शाकंभरी f. 1) *eine Form der* Durgâ. — 2) N. pr. *a) einer der* Durgâ *geheiligten Oertlichkeit.* — *b)* einer Stadt, das heutige Shâmbar Vishṇus. 85,21. Ind. Antiq. 6,194. 203. 205.

शाकंभरीय Adj. *von der Stadt* Çâkambharî *kommend* Bhâvapr. 1,181.

*शाकयोग्य m. *Koriander* Râǵan. 6,37.

शाकरस m. *vegetabilischer geniessbarer Saft.*

शाकरसी Adv. mit कर् *in vegetabilischen Saft verwandeln.*

*शाकराज् und *°राज m. *Melde, Chenopodium* Râǵan. 7,121.

शाकरी f. fehlerhaft für शाकारी.

शाकल 1) Adj. *a) *mit dem* Çakala *genannten Stoffe gefärbt.* — *b) zu den* Çâkala (*den Anhängern* Çâkalja's) *in Beziehung stehend, sie betreffend, von ihnen stammend* u. s. w. — 2) m. n. = शकल *Spahn, Schnitzel* Vaitân. — 3) m. *a)* Pl. *die Schüler* oder *Anhänger* Çâkalja's. — *b)* Pl. *die Bewohner der Stadt* Çâkala. — *c) eine Schlangenart* Ait. Br. 3,43. — *d)* N. pr. eines Ṛshi Burnell, T. 14,*b*. — 4) n. *a) das Lehrbuch* —, *der Text* —, *das Ritual* u. s. w. *des* Çâkalja. — *b)* Name eines Sâman. — *c)* N. pr. α) einer Stadt der Madra. — β) *eines Dorfes der Bâhîka Pat. zu P. 4,2,104, Vârtt. 4.

शाकलक Adj. (*f. °लिका) 1) = शाकल 1) *b*). — 2) **zum Dorf* Çâkala *in Beziehung stehend* Pat. zu P. 4,2,104, Vârtt. 4.

शाकलस्मृति f. Titel eines *Gesetzbuchs* Opp. Cat. 1.

शाकलहोम m. *eine best. Spende.*

शाकलहोमीय Adj. *zu dieser Spende gehörig.*

शाकलि und शाकलिन् m. *Fisch* Kâraka 1,26. Vgl. शकलिन्.

1.*शाकलिक Adj. (f. ई) *mit dem* Çakala *genannten Stoffe gefärbt.*

2.*शाकलिक Adj. (f. ई) *zum Dorf* Çâkala *in Beziehung stehend.*

शाकलिन् s. u. शाकलि.

शाकल्य m. Patron. N. pr. eines berühmten Veda-Lehrers und auch eines neueren Dichters.

शाकल्यमत n. (Opp. Cat. 1), शाकल्यसंहिता f. und °परिशिष्ट n. Titel.

*शाकल्यायनी f. Patron., f. zu शाकल्य.

शाकवर्ण 1) Adj. = श्याव Bhâvapr. 3,104. — 2) m. N. pr. eines Fürsten VP.² 4,180.

शाकवाट m., °क m. und °वाटिका f. *Gemüsegarten.*

शाकविन्दक m. *die Eierpflanze.* Vgl. शाकबिल्व, °क.

*शाकवीर m. 1) *Melde, Chenopodium.* — 2) *eine Art Portulak* Râǵan. 7,150.

*शाकवृक्ष m. *Tectona grandis.*

*शाकशाकट n. und *शाकशाकिन n. *Gemüsebeet, — feld.*

*शाकश्रेष्ठ 1) m. *a) die Eierpflanze.* — *b) eine best. officinelle Pflanze, die auch als Gemüse genossen wird,* Râǵan. 3,25. — *c) Hoya viridifolia* Râǵan. 4,187. — 2) f. आ = 1) *b*) Bhâvapr. 1,200.

शाकाह्वार Adj. Ind. St. 3,399,20 fehlerhaft für शाकाहार.

*शाकाख्य m. *Tectona grandis.*

*शाकाङ्ग n. *Pfeffer.*

शाकाद m. N. pr. eines Mannes. Pl. *sein Geschlecht.*

शाकाम्ल n. *die Frucht der Garcinia Cambogia* Râǵan. 6,125.

*शाकाम्लभेदक n. (Râǵan. 15,189) und *°भेदन n. *Fruchtessig,* insbes. *von der Tamarindenfrucht.*

*शाकायन m. Pl., Pl. zu शाकायन्य.

शाकायनिन् m. Pl. wohl *die Anhänger des* Çâkâjanja.

शाकायन्य m. Patron. von शाक.

शाकार Ind. St. 8,223 fehlerhaft für शास्त्रकार.

शाकारिकी und शाकारी f. *ein Dialect, in welchem* श *st.* ष *und* स *gesprochen wird, die Sprache der* Çakâra, Çaka u. s. w.

*शाकालाबु m. *eine Gurkenart.*

शाकाशन Adj. *von Gemüse sich nährend* Kathâs. 5,133 (शाकासन gedr.).

शाकाष्टका und शाकाष्टमी f. *der achte Tag in der dunkelen Hälfte des* Phâlguna, an welchem *den Manen Gemüse* dargebracht wird.

शाकासन Adj. Kathâs. 5,133 fehlerhaft für शाकाशन.

शाकाहार Adj. *von Gemüse sich nährend* Spr.

1987.

1. शाकिन् Adj. vielleicht *mächtig*.

2. शाकिन् (mit verdächtigem Accent RV. 1,51,8) und शाकिन् Adj. *hülfreich, mittheilend*.

3. *शाकिन् m. N. pr. eines Mannes.

1. शाकिन् Adj. *gewaltig*.

2. *°शाकिन n. = 2. °शाकट.

शाकिनिका f. = 2. शाकिनी (सा° geschr.).

1. शाकिनी f. *Gemüsepflanzung*.

2. शाकिनी f. *eine Art weiblicher Unholde bei den Verehrern der* Çakti PAŃKAD. Nom. abstr. °त्व n.

शाकिमनवर्द्दिप N. pr. einer Oertlichkeit.

*शाकी f. PAT. zu P. 5,2,100, Vârtt. 1.

*शाकीय Adj. von शाक.

*शाकुण Adj. = परोत्तापिन्.

शाकुन 1) Adj. (f. ई) *von Vögeln kommend, ihnen eigen, sie betreffend, die Natur eines Vogels habend.* — 2) m. *Vogelsteller.* — 3) n. *Augurium, Auguralkunde.*

शाकुनसूक्त n. *ein best. Lied (das Vogellied).*

शाकुनि m. *Vogler, Vogelsteller* oder *Augur* VP. 2,6,22.

शाकुनिक m. 1) *Vogler, Vogelsteller.* — 2) *Fischer.*

शाकुनिन् m. 1) *Fischer.* — 2) * *ein best. Unhold.*

शाकुनेय 1) Adj. *von* Çakuni *verfasst.* — 2) m. *a)* * *eine kleine Eulenart.* — *b)* Patron. des Asura Vṛka und N. pr. eines Muni (ḰARAKA 1,1. 26).

*शाकुन्तकि m. Pl. N. pr. eines Kriegerstammes.

*शाकुन्तकीय m. *ein Fürst der* Çâkuntaki.

शाकुन्तल 1) m. Metron. Bharata's. — 2) f. (आ BURNELL, T.) und n. (OPP. Cat. 1) Titel des bekannten Schauspiels. Das f. verdächtig. — 3) n. *die Erzählung von der* Çakuntalâ.

शाकुन्तलेय m. Metron. Bharata's.

शाकुन्तिक m. *Vogler* ḰARAKA 1,29.

शाकुन्तेय m. N. pr. eines Arztes.

*शाकुलादिक Adj. (f. आ und ई) von शकुलाद.

*शाकुलिक 1) m. *ein Fänger von* Çakula-*Fischen.* — 2) n. *eine Menge von* Çakula.

*शाकृत्क Adj. von शकृत्.

*शाकेतु m. *eine Art Zuckerrohr.*

शाकेन्द्र Adj. *des Fürsten der* Çaka (Jahr) Inschr. im Batavischen Museum.

शाकेय m. Pl. *eine best. Schule.*

*शाकोट und °क m. fehlerhaft für शाखोट, °क.

1. शाक्त 1) Adj. *zu den* Çakti Çiva's *in Beziehung stehend, aus ihnen hervorgegangen, sie betreffend* u. s. w. — 2) m. *a) Lehrer.* — *b) ein Verehrer der* Çakti Çiva's Ind. Antiq. 9,192.

2. शाक्त 1) m. Patron. des Parâçara MBH. 1,181, 21. — 2) n. Name eines Sâman.

शाक्ततत्त्व n. (Nom. abstr. °ता f.), शाक्तभाष्य n. und शाक्तानन्दतरंगिणी f. Titel.

शाक्तिक Adj. (f. ई) 1) * = शक्त्या जीवति. — 2) *den* Çâkta *eigen* TANTRASÂRA 8, *a* nach AUFRECHT.

शाक्तीक m. *Lanzenträger* ÇIÇ. 19,59.

1. *शाक्तेय m. *ein Verehrer der* Çakti Çiva's.

2. शाक्तेय m. Patron. Parâçara's MBH. 1,181,2.

शाक्त्य 1) m. Patron. des Gaurîviti. — 2) n. Name eines Sâman.

शाक्त्यसामन् n. Name zweier Sâman ÂRSH. BR.

शाक्त्यायन m. Patron. von शाक्त्य. Auch Pl.

शाक्र und शाक्रेय m. Patron. des Parâçara. Richtig शाक्त und शाक्तेय.

शाक्मन् n. *Hülfe.*

शाक्य (nach den Grammatikern Patron. von शक, शाक und शाकिन् und Adj. in der Bed. von शका भिजनो ऽस्य) m. 1) N. pr. eines Kriegergeschlechts in Kapilavastu, das auf den Sonnengott zurückgeführt wird, und aus dem der Gründer des Buddhismus hervorging. Pl. *das ganze Geschlecht,* Sg. *ein Mann aus diesem Geschlecht.* — 2) *der* Çâkja κατ' ἐξοχήν, = शाक्यमुनि oder शाक्यसिंह NJÂJAM. 1,3,12. — 3) *ein buddhistischer Bettelmönch.* — 4) fehlerhaft für शाक्त्य 1).

*शाक्यकीर्ति m. N. pr. eines buddhistischen Lehrers M. MÜLLER, Ren. 312.

शाक्यकेतु m. Bez. Çâkjamuni's J. R. A. S. 1876, S. 22.

शाक्यपाल m. N. pr. eines Fürsten.

*शाक्यपुंगव m. = शाक्यसिंह.

शाक्यपुत्रीय m. *ein buddhistischer Mönch* HARSHAḰ. 213,15.

शाक्यप्रभ m. N. pr. eines buddhistischen Gelehrten.

शाक्यबुद्ध m. = शाक्यमुनि.

*शाक्यबुद्धि und *शाक्यबोधि (fehlerhaft) m. N. pr. eines buddhistischen Gelehrten.

*शाक्यबोधिसत्त्व m. = शाक्यमुनि.

शाक्यभिक्षु m. *ein buddhistischer Bettelmönch.*

शाक्यभिक्षुकी f. *eine buddhistische Bettelnonne.*

*शाक्यमति m. N. pr. eines buddhistischen Gelehrten.

*शाक्यमहाबल m. N. pr. eines buddhistischen Fürsten.

शाक्यमित्र m. N. pr. eines buddhistischen Gelehrten.

शाक्यमुनि m. *der Muni der* Çâkja, Bez. des Gründers des Buddhismus KÂD. 106,18 (192,10. 11). HARSHAḰ. 212,2. KÂRAṆḌ. 83,21. Nach MAHÂVASTU 57,8. 61,10 giebt es eine Unzahl von Buddha's dieses Namens. Auch *°बुद्ध.

शाक्यवर्ध (wohl fehlerhaft) und *°वर्धन m. N. pr. der Schutzgottheit der Buddhisten.

शाक्यशासन n. *die Religion* Buddha's HARSHAḰ. 204,12 (शाम्य° gedr.).

शाक्यश्रमण m. *ein buddhistischer Mönch* SATJA bei UTPALA zu VARÂH. BṚH. 15,1.

*शाक्यश्री m. N. pr. eines buddhistischen Gelehrten.

शाक्यसिंह m. *der Löwe unter den* Çâkja, = शाक्यमुनि.

शाक्यायनीय m. Pl. *eine best. Schule.* WEBER vermuthet शाकायनीय.

शाक्र 1) Adj. (f. ई) Indra *gehörig, ihn betreffend, an ihn gerichtet.* — 2) f. ई Bein. der Durgâ (neben इन्द्राणी und इन्द्रजननी). — 3) n. *das unter* Indra *stehende Mondhaus* Ǵjeshṭhâ.

शाक्रीय Adj. = शाक्र 1). °दिश् f. so v. a. *Osten.*

शाक्वर 1) Adj. *a) gewaltig, mächtig.* रुद्रस्य ऋषभः शाक्वरः Name eines Sâman ÂRSH. BR. — *b) zu dem* Sâman Çâkvara (oder *den* Çakvarî-*Versen*) *gehörig* u. s. w. (zugleich mit appellativem Nebenbegriff). — *c)* Bez. *einer imaginären Art von* Soma. Fälschlich शाङ्कर gedr. — 2) m. *Stier, Zugochs* HARSHAḰ. 178,8. 197,13. Vgl. u. 1) *a).* — 3) n. *a) eine best. Begehung* ÇÂṄKH. GṚHJ. 2,11. — *b)* Name eines Sâman (eine der 6 Hauptformen), beruhend auf den Versen, welche Çakvarî heissen.

शाक्वरगर्भ Adj. *das* Sâman Çâkvara *enthaltend.*

शाक्वरपथ्या f. *ein best. Metrum* Comm. zu ÇIÇ. 4,24.

शाक्वरपृष्ठ Adj. *das* Sâman Çâkvara *zum* पृष्ठ 4) *habend.*

शाक्वरवर्ण n. Name eines Sâman.

*शाक्वर्य n. Nom. abstr. von शाक्वर.

*शाख्, शाखति (व्याप्तौ).

शाख 1) m. *a) eine Manifestation* Skanda's, *die als sein Sohn gefasst wird.* — *b)* * *Pongamia glabra.* — 2) f. शाखा (adj. Comp. f. आ und ई) *a) Ast, Zweig.* — *b) die Extremitäten, Arme und Beine.* — *c) Finger.* — *d) Oberfläche des Körpers.* — *e) Thürpfosten.* — *f) Ausläufer* —, *Flügel eines Gebäudes.* — *g) Verzweigung* (eines Geschlechts). — *h) Abart, Species, Unterabtheilung.* — *i) Zweig eines* Veda, so v. a. *Schule.* ḰARAKA 1,30 so v. a. *Wissenszweig, Fach.* — *k)* Bez. *des dritten Theils einer astrologischen* Saṁhitâ. Auch °स्कन्ध m. SÛRJADEVA in der Vorrede zu ÂRJABH. IX. — *l)* * = पक्षान्तर. — *m)* * = अन्तिक.

शाखक am Ende eines adj. Comp. von शाखा. Vgl. *ग्रन्थशाखक.

*शाखाकण्ट m. *Euphorbia neriifolia* oder *antiquorum* Râǵan. 8,50.

शाखाङ्ग n. *Glied des Körpers.*

शाखाद् Adj. *Zweige abfressend;* m. *Bez. einer Klasse von Thieren* (Ziegen, Elephanten u. s. w.).

*शाखादण्ड m. = शाखारण्ड Gal.

शाखानगर und °क n. *Vorstadt.*

शाखान्तर n. *eine andere Schule des* Veda Âpast.

शाखान्तरीय Adj. *zu einer anderen Schule des* Veda *gehörig* Çaṁk. zu Bâdar. 3,1,17.

शाखापवित्र n. *ein an einem Zweige befestigtes Läuterungsmittel* Âpast. Çr. 1,12,3. Comm. zu Kâtj. Çr. 4,2,40. S. 310, Z. 3. 22.

शाखापशु m. *ein an einen Ast* (statt an einen Jûpa) *gebundenes Opferthier.*

*शाखापित्त n. *Brennen in Händen, Füssen* u. s. w. Râǵan. 20,27.

*शाखापुर n. *Vorstadt.*

शाखापुष्पपलाशवन्त् Adj. *mit Zweigen, Blüthen und Laub versehen* MBh. 3,35,25.

शाखाप्रकृति f. Pl. Bez. *der acht bei einem Kriege in zweiter Reihe* (nach den मूलप्रकृति) *in Betracht kommenden Fürsten.*

शाखाभृत् m. *Baum.*

°शाखामय Adj. *aus Zweigen von — bestehend* Daçak. 85,13.

शाखामृग m. *Affe.* Nom. abstr. °त्व n.

*शाखारण्ड m. *ein Brahmane, der von seiner Schule abgefallen ist.* Vgl. शाखादण्ड.

शाखारथ्या f. *Seiten-, Nebenstrasse.*

*शाखाल m. *Calamus Rotang.*

शाखावात m. *Gliederreissen.*

*शाखाशिफा f. *Luftwurzel* (z. B. des indischen Feigenbaums).

शाखासमान Titel Opp. Cat. 1.

*शाखास्थि n. *ein Arm- oder Beinknochen, ein langer Knochen.*

*शाखि m. Pl. N. pr. eines Volkes.

शाखिन् 1) Adj. *mit Aesten* (reichlich) *versehen.* — b) *in Schulen —, in verschiedene Recensionen zerfallend* (Veda). — c) *zu einer best. Schule des* Veda *sich haltend.* Subst. m. Çaṁk. zu Bâdar. 2,3,43. 3,2,2. — 2) m. a) *Baum* Suparn. 13,4. — b) **Salvadora persica* Râǵan. 11,84. — c) **der in verschiedenen Schulen* (Recensionen) *vorhandene* Veda. — d) *N. pr. α) eines Fürsten. — β) Pl. eines Volkes, = तुरुष्क.

शाखिल m. N. pr. eines Mannes.

°शाखीय Adj. *zur Schule des — gehörig.*

शाखोट und °क m. *Trophis aspera* (ein kleiner, hässlicher, krummer Baum) Mat. med. 316. Râǵan. 9,129. Bhâvapr. 1,236.

*शाख्य Adj. *zweiartig.*

शागलि (!) m. Patron.

1. शांकर 1) Adj. (f. ई) a) *zu* Çiva *in Beziehung stehend, ihm gehörig.* — b) *zu* Çaṁkarâkârja *in Beziehung stehend, von ihm herrührend, ihn betreffend* u. s. w. — 2) f. ई a) Çiva's *Anordnung der Buchstaben, die* Çivasûtra. — b) Titel verschiedener Commentare Opp. Cat. 1. — 3) n. *das unter* Çiva *stehende Mondhaus* Ârdrâ Varâh. Jogas. 7,17.

2. शांकर fehlerhaft für शाक्कर.

शांकरब्राह्मण n. Titel eines Brâhmaṇa Opp. Cat. 1.

शांकरि m. Patron. 1) Skanda's Bâlar. 219,6. — 2) * Gaṇeça's

शांकरीक्रीड m., शांकरीरत्नमाया f. und शांकरीय n. Titel Opp. Cat. 1.

*शाङ्कव्य m. Patron. von शङ्कु.

*शाङ्कव्यायनी f. zu शाङ्कव्य.

शाङ्कुक m. N. pr. eines Dichters.

*शाङ्कुपथिक Adj. von शङ्कुपथ.

शाङ्कुर Adj. oder m. als Bez. des *penis.*

*शाङ्ख 1) Adj. *aus Muscheln* u. s. w. *gemacht.* — 2) n. *der Laut einer Muschel.*

शाङ्खमित्र m. Patron. von शङ्खमित्र.

शाङ्खमित्रि m. desgl. N. pr. eines Grammatikers.

शाङ्खलिखित Adj. *von* Çankha *und* Likhita *verfasst.*

1. शाङ्खायन m. Patron. N. pr. eines Lehrers und Autors, Verfassers eines Brâhmaṇa und zweier Sûtra. Pl. *sein Geschlecht.*

2. शाङ्खायन 1) Adj. (f. ई) *zu* Çânkhâjana *in Beziehung stehend.* — 2) m. Pl. *die Anhänger des* Çânkhâjana. — 3) n. Çânkhâjana's *Werk.*

*शाङ्खायन्य m. Patron. von 1. शाङ्खायन.

शाङ्खिक m. 1) *Muschelbläser* Çiç. 15,106 (72). — 2) * *Bearbeiter von Muscheln.*

*शाङ्खिन m. Patron. von शङ्खिन्.

शाङ्ख्य 1) Adj. a) *aus Muscheln bereitet.* — b) * *aus* Çankha *gebürtig.* — 2) *m. Patron. von शङ्ख.

*शाङ्कुष्ठा f. v. l. für साङ्कुष्ठा.

शाचि m. Pl. *Graupe, Grütze* VS.

शाचिगु und शाचिपूजन Adj. als Beiw. Indra's RV.

शाट m. (Vasishṭha 10,9) und शाटी f. (Káraka, ed. Calc. 51,15) *Tuch, Binde, Zeugstreifen.*

शाटक 1) m. n. a) dass. Káraka, ed. Calc. 86,5. Ind. St. 13,381. 467. — b) *= नाटकभेद. — 2) *f. शाटिका = 1) a).

शाटि = शाटी (s. u. शाट).

शाटीय (von शाट) in ताम्र°.

*शाट्य 1) Adj. *aus* Çaṭa *gebürtig.* — 2) m. Patron. von शट.

1. शाट्यायन m. Patron. Ind. Antiq. 12,244. fg. N. pr. eines Lehrers und Gesetzgebers.

2. शाट्यायन 1) m. Pl. *die Anhänger des* Çâṭjâjana. — 2) f. ई Titel einer Upanishad.

शाट्यायनक n. *die Vorschrift —, das Lehrbuch des* Çâṭjâjana Âpast. Çr. 10,12,13. 14. 21,16. Çaṁk. zu Bâdar. 3,3,1 (S. 846, Z. 1). Sâj. zu RV. 7,33,7.

शाट्यायनब्राह्मण n. Titel eines Brâhmaṇa.

शाट्यायनहोम m. *eine best. Spende.*

शाट्यायनि m. Patron. und N. pr. eines Gesetzgebers.

शाट्यायनिन् m. Pl. *die Anhänger des* Çâṭjâjana Çaṁk. zu Bâdar. 3,3,25.

शाट्यायनिब्राह्मण n. Titel eines Brâhmaṇa Âpast. Çr. 5,23,3.

शाट्यायनीयोपनिषद् f. Titel einer Upanishad Opp. Cat. 1.

शाठ in *कठशाठ.

शाठर m. Patron.

*शाठायन m. Pl., Pl. zu शाठायन्य.

*शाठायन्य m. Patron. von शठ.

शाठिन् in *काठशाठिन्.

शाठी f. fehlerhaft für शाटी (s. u. शाट).

शाठ्य n. *Falschheit, Hinterlist, heimtückisches Wesen, Unredlichkeit* Baudh. 2,4,25. Hemâdri 2,a,42,5. Vgl. वित्त°.

शाठ्यवन्त् Adj. *falsch, hinterlistig, heimtückisch.*

*शाड्, शाडते (श्लाघायाम्).

शाडव in *फल°; vgl. षाडव.

शाड्वल und शाड्वल (Vasishṭha 6,12) schlechte Schreibart für शाद्वल.

1. शाण 1) Adj. (f. ई) *hänfen* Baudh. 1,3,13. — 2) m. *ein hänfenes Gewand* Gaut. — 3) f. ई a) dass. Âpast. — b) **ein durchlöchertes Kleid.*

2. शाण 1) m. f. (आ) *Schleif-, Probirstein* Ind. St. 15,292. Vâsav. 10,1. 193,2. — 2) *m. *Säge.*

3. शाण m. f. (आ) *ein best. Gewicht,* = 4 Mâsha.

शाणक *ein hänfenes Tuch, — Gewand.*

*शाणकवास m. = शाणवास.

शाणपाद m. 1) *ein Viertel* Çâṇa, d. i. 1 Mâsha Káraka 6,23. — 2) N. pr. eines Berges.

शाणवत्य m. Pl. N. pr. eines Volkes.

*शाणवास und *°वासिक m. N. pr. eines Arhant.

*शाणाजीव m. *Schwertfeger.*

शाणाश्मक und शाणाश्मन् m. *Schleif-, Probirstein.*

*शाणि m. *Corchorus olitorius.*

शाणिक Adj. *einen Çâṇa wiegend* Bhâvapr. 4,164. Am Ende eines Comp. so und so viele Çâṇa *wiegend.*

*शाणित Adj. *gewetzt, geschärft.*

*शाणीर n. = शणीर.

*शाणोत्तरीय Trik. 2,7,24 fehlerhaft für शालातुरीय.

शाणोपल m. *Schleifstein* Spr. 7721.

शाण्ड m. N. pr. verschiedener Männer.

शाण्डदूर्वा f. *eine best. Pflanze.* v. l. पाकदूर्वा.

शाण्डाकी f. *ein best. Thier* Karaka 1,27. 6,11.

शाण्डिक m. desgl.

*शाण्डिक्य Adj. *aus* Çaṇḍika *gebürtig.*

शाण्डिल 1) Adj. *von* Çâṇḍilja *stammend, von ihm vorgeschrieben* u. s. w. — 2) m. *a)* Pl. *die Nachkommen des* Çaṇḍila. — *b)* *Sg. fehlerhaft für शण्डिल oder शाण्डिल्य. — 3) f. ई N. pr. *a)* einer göttlich verehrten Brahmanin, die als Mutter Agni's angesehen wird, Varâh. Jogaj. 4,43. — *b)* einer anderen Person.

शाण्डिलीपुत्र m. N. pr. eines Lehrers. Als göttlich verehrte Persönlichkeit wohl Agni.

शाण्डिलेय m. Metrom. von Çâṇḍilî, wohl Bez. Agni's.

शाण्डिल्य 1) m. *a)* Patron. N. pr. verschiedener Lehrer. — *b)* ein Name Agni's. — *c)* **Aegle Marmelos* Râǵan. 11,191. Bhâvapr. 1,196. — 2) Adj. *von* Çâṇḍilja *stammend, — verfasst.* — 3) n. Titel einer Upanishad.

शाण्डिल्यगृह्य n. *das* Gṛhjasûtra *des* Çâṇḍilja Comm. zu Âpast. Çr. 9,11,21.

शाण्डिल्यपुत्र m. N. pr. eines Lehrers Ârsh. Br.

शाण्डिल्यलक्षण m. N. pr. eines Scholiasten.

शाण्डिल्यविद्या f. *die Lehre* Çâṇḍilja's 254,30.

शाण्डिल्यशतसूत्र n., °प्रवचन n., °भाष्य n. (Opp. Cat. 1), °व्याख्या f. und °सूत्रभाष्य n. Titel.

शाण्डिल्यसूत्रीय Adj. *zum* Çâṇḍiljasûtra *gehörig.*

शाण्डिल्यस्मृति f. Titel eines *Gesetzbuchs* Opp. Cat. 1.

शाण्डिल्यायन m. Patron. N. pr. eines Lehrers.

*शाण्डिल्यायनक Adj. von शाण्डिल्यायन.

शाण्डिल्योपनिषद् f. Titel einer Upanishad Opp. Cat. 1.

शाण्य in *द्विशाण्य.

1. शात Partic. s. u. 2. शा.

2. शात m. *das Abfallen, Ausfallen* (der Nägel, Haare).

3. शात (*n.) *Freude.*

शातक m. Pl. N. pr. eines Volkes Varâh. Bṛh. S. 14,27 (s. v. l.).

शातकर्णि und °न् m. N. pr. verschiedener Männer.

शातकुम्भ 1) n. *Gold* Râǵan. 13,10. Auch Pl. — 2) Adj. *golden.* — 3) m. **Nerium odorum* und *Stechapfel.*

शातकुम्भमय Adj. (f. ई) *golden* Gaut. 20,10. MBh. 7,18,18.

शातकुम्भीय Adj. dass. Ind. St. 15,434. Damajantik. 2,24.

शातकौम्भ 1) Adj. (f. ई) dass. — 2) *n. *Gold.*

शातकौम्भमय Adj. *golden.*

शातक्रतव Adj. (f. ई) *zu* Indra *in Beziehung stehend.* शरासन n. *Regenbogen* Vikramâṅkak. 13,22. °आशा f. *Osten* Kâd. 126,13 (224,4).

*शातद्वारेय m. Patron. von शतद्वार.

शातन 1) Adj. (f. ई) *a) abfallen machend, abhauend, ausschlagend.* — *b) zu Grunde richtend, zu Nichte machend.* — 2) n. *a) das Abfallenmachen* (Baudh. 1,9,2), *Abschneiden, Abpflücken.* — *b) das Behobeln, Abdrechseln.* — *c) das zu Grunde Richten, zu Nichte Machen.* — *d) Mittel zum Abfallen, — zum Ausfallen.*

*शातपत Adj. von शतपति.

*शातपत्त्र Adj. von शतपत्त्र.

*शातपत्त्रक m. oder *°की f. *Mondschein.*

शातपथ Adj. (f. ई) *zum* Çatapathabrâhmaṇa *in Beziehung stehend, zu ihm gehörig, darauf beruhend* u. s. w. °श्रुति f. = शतपथब्राह्मण n. Hemâdri 1,63,19; vgl. शतपथश्रुति.

शातपथिक m. *ein Anhänger —, ein Lehrer des* Çatapathabrâhmaṇa.

शातपन्त (?) RV. 10,106,5.

शातपर्णेय m. Patron. von शतपर्णा.

*शातपुत्रक n. *der Besitz von hundert Söhnen.*

*शातभिष (f. ई) und *°भिषज (f. ई) Adj. *unter dem Mondhaus* Çatabhishaǵ *geboren.*

*शातभीरु m. *Jasminum Sambac.* Richtig शीतभीरु.

शातमन्यव Adj. (f. ई) *zu* Indra *in Beziehung stehend.* °आशा f. *Osten* Harshak. 81,15.

*शातमान Adj. (f. ई) *einen* Çatamâna *werth* u. s. w.

शातय m. N. pr. eines Mannes.

*शातयितर् Nom. ag. von शत् in einer Etymologie.

शातरात्रिक Adj. *zur Feier von hundert Tagen gehörig* u. s. w.

*शातलेय m. Patron. von शतल.

शातवनेय m. Patron. von शतवनि.

शातवाहन m. N. pr. = शालिवाहन B. A. J. 10,127.

शातशूर्प m. N. pr. eines Mannes.

शातशृङ्गिन् m. N. pr. eines Berges.

शातह्रद Adj. *vom Blitz kommend.*

शातातप m. N. pr. eines Gesetzgebers Comm. zu Gobh. 389,5. °स्मृति f. Opp. Cat. 1.

*शाताह्र m. N. pr. eines Mannes.

*शाताह्रेय m. Patron. von शाताह्र.

°शातिन् m. *Abhauer* 98,9.

शातोदर Adj. (f. ई) *schmächtigen Leibes* Ragh. 10,70. Varâh. Bṛh. S. 58,50. Nom. abstr. °त्व n. Hariv. 7890.

शात्र n. Name verschiedener Sâman Ârsh. Br.

शात्रव 1) Adj. *feindlich.* — 2) m. *Feind* Bâlar. 81,19. — 3) *n. *a) Feindschaft.* — *b) Feindeschaar.*

शात्रवीय Adj. *dem Feinde gehörig, feindlich* Çiç. 18,38.

*शात्रुंतपि m. Pl. N. pr. einer Völkerschaft oder Genossenschaft.

*शात्रुंतपीय m. *ein Fürst der* Çâtrumtapi.

शाद 1) m. *a) das Abfallen* in पर्णशाद. — *b) Gras.* — *c)* **Sumpf.* — *d)* *= रत्नस् Sâj. zu RV. 9,15,6. — 2) f. शादा *Ziegel* Gobh. 4,7,12 und Citat im Comm. zu 8.

शादन m. *das Ausfallen.*

शाद्वल 1) Adj. *mit Gras bewachsen, grün, frisch* (Gras); *belaubt* (Baum). — 2) *m. *Stier* Râǵan. 19,24 (शाड्वल geschr.). — 3) n. (adj. Comp. f. आ) Sg. und Pl. *Grasplatz, Rasen* Vishṇus. 99,14.

शाद्वलवन्त् Adj. *mit Rasen bedeckt* Pâr. Gṛhj. 3,10,22.

शाद्वलाभ m. *ein best.* (*grünes*) *Insect.*

शाद्वलित n. *das Bedecktsein mit Rasen.*

शाद्वलिन् Adj. *mit Rasen bedeckt.*

*शाधि und *शाधी f. gaṇa बाह्वादि.

*शान्, शिशांसति, °ते = शा *wetzen, schärfen.* Vgl. शानित.

शान 1) m. *a)* MBh. 13,7175 fehlerhaft für 1. शाण. — *b)* *= 2. शाण *Schleifstein.* — 2) *f. ई *Koloquinthe.*

शानच् *das Participialsuffix* आन 238,15. 32.

शानन् *das Participialsuffix* आन *mit dem Acut auf der Wurzelsilbe* 238,33.

*शानि f. Siddh. K.

शानित Adj. *gewetzt, geschärft.*

शानिल m. N. pr. eines Mannes.

*शानीय Partic. fut. pass. von 2. शा.

शानैश्चर Adj. *zu Saturn —, zu seinem Tage* (*Samstag*) *in Beziehung stehend, an einem solchen Tage erfolgend.*

1. शान्त 1) Adj. s. u. 2. शम्. — 2) m. N. pr. *a)* ei-

nes Sohnes des Tages. — b) eines Sohnes des Manu Tâmasa. — c) eines Sohnes des Çambara. — d) eines Sohnes des Idhmaǵihva Bhâg. P. 5,20,2. 3. — e) eines Sohnes des Âpa VP. 1,15,112. — f) eines Devaputra. — 3) f. शान्ता a) *eine best. Çruti* S. S. S. 24. — b) * *Emblica officinalis* Râǵan. 11,159. — c) * *Prosopis spicigera* und *eine andere Species* Râǵan. 8,33. 36. — d) * *eine Art Dûrvâ-Gras* Râǵan. 8,109. — e) * *ein best. Arzeneistoff*, = रेणुका Râǵan. 6,114. — f) N. pr. α) einer Tochter Daçaratha's, Adoptivtochter Lomapâda's (Romapâda's) und Gattin Ṛçjaçṛnga's. — β) * einer Göttin, die die Befehle des 7ten Arhant's der Ǵaina ausführt. — 4) n. a) *ein ruhiges Wesen, eine ruhige Natur.* — b) N. pr. α) eines Varsha in Ǵambudvîpa. — β) eines Tîrtha.

2. शान्त Adj. 1) * *gewetzt, geschärft.* — 2) *dünn, schmächtig.* — Richtig शात von 2. शा.

शान्तक Adj. *beruhigend, beschwichtigend* in * रोगशान्तक.

शान्तकर्ण (श्री°) m. N. pr. eines Fürsten.

शान्तगुण Adj. *dessen Vorzüge dahin sind*, euphemistisch so v. a. *gestorben.*

शान्तघोरविमूढत्व n. *Ruhe, Heftigkeit und Verblendung.*

शान्तता f. und शान्तत्व n. *Ruhe —, Leidenschaftlosigkeit des Gemüths.*

शांतनव 1) Adj. (f. ई) *von Çaṁtanu verfasst.* — 2) m. a) Patron. Bhîshma's. — b) N. pr. α) eines Sohnes des Medhâtithi VP. 2,4,3. — β) des Verfassers der Phiṭsûtra. — 3) n. N. pr. des von शांतनव 2) b) α) beherrschten Varsha VP. 2,4,5.

शांतनु m. 1. N. pr. eines alten Fürsten, Sohnes des Pratîpa und Vaters des Bhîshma. Die ältere Form ist शंतनु. — 2) *eine best. geringere Körnerfrucht.*

शांतनुत्व n. Nom. abstr. zu शांतनु 1) MBh. 1,95,46.

शांतनुनन्दन m. Patron. Bhîshma's Dh. V. 29,7.

शांतनूज (metrisch) m. desgl. MBh. 5,48,39.

शान्तपुर n. und * °पुरी f. N. pr. einer *Stadt.*

शान्तभय N. pr. 1) m. eines Sohnes des Medhâtithi VP.² 2,191. — 2) n. des von diesem beherrschten Varsha ebend. — शांतनव die gedr. Ausg.

शान्तमति m. N. pr. eines Devaputra.

शान्तमोह n. Bez. *der 11ten unter den 14 Stufen, die nach dem Glauben der Ǵaina zur Erlösung führen.*

शान्तय्, °यति *Jmd beruhigen.*

शान्तयोनि Adj. *dessen Geburtsstätte mild, — freundlich ist* TBr. 1,2,1,8.

शान्तरय m. N. pr. eines Sohnes des Dharmasârathi.

शान्तरसनाटक n. Titel eines *Schauspiels.*

शान्तरूप Adj. *Ruhe an den Tag legend.*

शान्तश्री m. Bein. Prakaṇḍadeva's.

शान्तसुमति m. N. pr. eines Devaputra.

शान्तसूरि m. N. pr. eines Scholiasten.

शान्तसेन m. N. pr. eines Sohnes des Subâhu.

शान्तहय m. N. pr. eines Sohnes des Manu Tâmasa VP.² 3,8.

शान्तान्तकर m. N. pr. eines Sohnes des Çambara.

शा॑न्ति 1) f. a) *Ruhe des Gemüths, Seelenruhe, innerer Friede.* — b) *das Erlöschen* (des Feuers), *Nachlassen, Aufhören.* — c) *Pause, Unterbrechung* Hemâdri 1,545,18. — d) *das Ausbleiben einer üblen Wirkung, eine darauf gerichtete Ceremonie, ein dagegen angewandtes Mittel.* — e) *das Vermögen sich von allem Widerwärtigen zu befreien.* — f) *Friede, Heil, Segen, Wohlergehen.* — g) *Vernichtung, das zu Grunde Gehen.* — h) *der Eingang zur ewigen Ruhe, das Sterben, Tod.* — i) = शान्तिकल्प. — k) *die Seelenruhe* personificirt als Tochter Daksha's und Gattin Dharma's, als Tochter der Çraddhâ und als Gattin Atharvan's. — 2) m. N. pr. a) eines Sohnes des Indra. — b) Indra's im 10ten Manvantara. — c) eines Tushita, Sohnes des Vishṇu von der Dakshiṇâ. — d) eines Sohnes des Kṛshṇa. — e) eines Ṛshi. — f) eines Sohnes des Nîla. — g) eines Arhant und Ḱakravartin der Ǵaina. — h) * eines Lehrers.

शान्तिक 1) Adj. *zur Abwehr übler Folgen dienend.* शान्तिकाध्याय m. Hemâdri 1,181,12. 15. — 2) m. Pl. N. pr. eines Volkes. — 3) n. *eine auf die Abwehr übler Folgen gerichtete Handlung.*

शान्तिकर 1) Adj. *Frieden —, Heil —, Segen bringend.* — 2) m. N. pr. eines Mannes.

शान्तिकरण n. *das Abwenden übler Folgen.*

शान्तिकर्मन् n. *eine Handlung zur Abwehr übler Folgen.*

शान्तिकल्प m. Titel des 5ten Kalpa zum AV.

शान्तिकल्पलता f. Titel eines Werkes Burnell, T.

शान्तिकल्याणी f. desgl. Opp. Cat. 1.

शान्तिकृत् Adj. *durch Aufsagen von Sprüchen* u. s. w. *ein Uebel entfernend, — Jmd eine Erleichterung verschaffend.*

* शान्तिगुप्त und शान्तिगुरु m. N. pr. zweier Männer.

शान्तिगृह und * °क n. *ein Gemach, in welchem die Ceremonie zur Abwehr übler Folgen vollzogen wird.*

शान्तिचन्द्रिका f. Titel eines Werkes.

शान्तिचरित्रनाटक n. Titel eines *Schauspiels.*

शान्तिद Adj. *Heil —, Segen bringend.*

शान्तिदीपिका f. Titel eines Werkes.

शान्तिदेव N. pr. 1) * m. eines Mannes. — 2) f. आ einer Tochter Devaka's und einer der Gattinnen Vasudeva's. — 3) f. ई = 2) VP.² 4,98.

शान्तिनाथ m. N. pr. eines Arhant der Ǵaina, = शान्ति. °चरित्र n. (Bühler, Rep. No. 672) und °पुराण n. Titel von Werken.

शान्तिनिर्णय m. (Opp. Cat. 1) und शान्तिपद्धति f. Titel von Werken.

शान्तिपर्वन् n. Titel des 12ten Parvan im MBh.

शान्तिपात्र n. *das Gefäss für das Sühnewasser.*

शान्तिपुर n. N. pr. einer *Stadt.*

शान्तिपुराण n. Titel eines Purâṇa der Ǵaina.

शान्तिपुस्तक m. und शान्तिप्रकरण n. Titel Opp. Cat. 1.

* शान्तिप्रभ m. N. pr. eines Mannes.

शान्तिप्रयोग m. Titel Burnell, T.

शान्तिभाजन n. *das Gefäss für das Sühnewasser* Çâṅkh. Gṛhj. 6,3.

शान्तिमयूख m. Titel.

* शान्तिरक्षित m. N. pr. eines Mannes.

शान्तिरत्न n. Titel eines Werkes. °रत्नाकर m. desgl. Burnell, T.

शान्तिवरवर्मन् m. N. pr. = शान्तिवर्मन् Ind. Antiq. 7,35.

शान्तिवर्मन् m. N. pr. eines Fürsten B. A. J. 9,236. Ind. Antiq. 6,24. 26. 28.

* शान्तिवाचन 1) n. *das Aufsagen eines üble Folgen abwehrenden Spruches* u. s. w. — 2) Adj. = शान्तिवाचनं प्रयोजनमस्य.

शान्तिवाद m. Titel Opp. Cat. 1.

* शान्तिवाहन m. N. pr. eines Fürsten.

शान्तिविलास m. Titel Burnell, T. Opp. Cat. 1.

शान्तिव्रत n. *eine best. Begehung.*

शान्तिशतक n. Titel einer Spruchsammlung.

शान्तिशर्मन् m. N. pr. eines Brahmanen Ind. Antiq. 6,77.

शान्तिशील m. N. pr. eines Mannes.

शान्तिसद्मन् n. = शान्तिगृह.

शान्तिसर्वस्व n. Titel eines Werkes.

शान्तिसलिल n. *Weihwasser* Harshaḱ. 171,2.

शान्तिसार m. (Burnell, T.) und °भाष्य n. (Opp. Cat. 1) Titel von Werken.

शान्तिसूक्त n. eine best. *Hymne* Opp. Cat. 1.

शान्तिसूरि m. N. pr. eines Autors.

शान्तिसोम m. ein Mannsname.

शान्तिस्तव m. in बृहच्छान्तिस्तव.

शान्तिहोम m. *Sühnopfer.*

शान्तोदर Adj. (f. ई) v. l. für शातोदर *schmächtigen Leibes* Varâh. Bṛh. S. 58,50. Nom. abstr. °त्व n. Hariv. 2,80,33.

शान्त्याकरगुप्त m. N. pr. eines Dichters Z. d. d. m. G. 36,557.

शान्त्युदक n. *Sühnewasser zur Abwehr übler Folgen, Weihwasser* Gaut. 20,17. Vaitân. Kâd. 80,4 (146,1). Harshaḱ. 97,15. 122,16.

शाल्व n. schlechte Schreibart für साल्व.

*शाल्वति f. *Clerodendrum siphonanthus.*

शाल्व्य् schlechte Schreibart für साल्व्य्.

1. शाप m. (adj. Comp. f. आ) 1) *Fluch, Verfluchung Jmds* (Gen.) 59,20. शापं वच्, दा, प्र-यम्, नि-अस्, अव-सर्ज्, आ-दिश् *einen Fluch aussprechen, — ausstossen, — gegen* (Loc., Dat., Gen. oder Acc. mit प्रति). शापशुक m. *in Folge eines Fluches zum Papagei geworden.* Nom. abstr. शापता f. Kâd. 2,58, 12 (70,8). — 2) **Schwur.*

2. शाँप m. *was fliessendes Wasser mit sich führt: Trift, Geflösstes.*

*शापटिक oder *शापठिक m. *Pfau.*

शापनाशन m. N. pr. eines Muni.

शापप्रदान n. *das Ausstossen eines Fluches* 107,24.

शापभाज् Adj. *von einem Fluch getroffen, fluchbeladen* Kâd. 90,15 (162,14).

शापमोक्ष m. 1) *Befreiung von einem Fluche* 51,2. Ind. St. 15,231. — 2) *Ausstossung eines Fluches* 88,18.

शापाम्बु n. *Wasser, mit dem man Jmd verflucht,* 107,25. Vgl. शापोदक.

*शापायन m. Patron. von शप.

*शापास्त्र m. *ein* Ṛshi *(dessen Wurfgeschoss ein Fluch ist).*

शापेय m. Pl. *eine best. Schule* Weber, Prâtiǵńâs. 105.

शापेट m. oder n. *angeschwemmtes Schilf und dgl.*

शापेय m. 1) *N. pr. eines Lehrers. — 2) Pl. *eine best. Schule.*

शापेयिन् m. 1) N. pr. eines Schülers des Jâǵńavalkja. — 2) *Pl. *die Anhänger des* Çâpeja.

शापोदक n. = शापाम्बु Mahâvîraḱ. 43,19. 49,19.

*शाफरिक m. *ein Fänger von* Çaphara.

शाफालि m. Patron. von शफाल.

शाफेय m. Pl. *eine best. Schule.*

शाब m. s. u. 1. शाव.

शाबर 1) *Adj. *bösartig, boshaft.* — 2) m. a) **Uebelthat, Beleidigung.* — b) *Symplocos racemosa* Râǵan. 6,212. Bhâvapr. 1,178. 6,117. Vgl. सावर. — c) Titel eines Werkes. — d) *Patron. von शबर. — e) N. pr. eines Joga-Lehrers. — 3) f. ई a) *die Sprache der* Çabara. — b) **Carpopogon pruriens.* — 4) *n. a) *Kupfer.* — b) *Finsterniss.* — c) *eine Art Sandel.* Vgl. शाम्बर.

*शाबरक m. *Symplocos racemosa* Râǵan. 6,212.

शाबरकौस्तुभ und शाबरचिन्तामणि m. Titel von Werken Opp. Cat. 1.

*शाबरजम्बुक Adj. von शबरजम्बु.

शाबरतत्त्वसर्वस्व n. (Opp. Cat. 1), शाबरभाष्य n. und °वार्त्तिक n. Titel von Werken.

*शाबरभेदाख्य n. *Kupfer.*

*शाबरायण m. Patron. von शबर.

*शाबरि m. N. pr. eines Mannes.

शाबरिका f. *eine Art Blutegel* 217,12. 16. Conjectur für सावरिका.

शाबरोत्सव m. *ein best. Fest bei den* Mlekkha.

शाबरोपनिषद् f. Titel einer Upanishad Opp. Cat. 1.

*शाबलेय Adj. von शबल.

शाबल्य 1) n. *Gemisch, ein Durcheinander.* — 2) f. आ *Spassmacherin, Sängerin oder dgl.* शाबुल्त्याँ v. l.

शाबस्त N. pr. 1) m. eines Sohnes des Juvanâçva. — 2) f. ई der von diesem gegründeten Stadt.

शाबस्ति m. Patron. von शाबस्त.

शाबीय m. Pl. v. l. für शापेय Weber, Prâtiǵńâs. 105.

शाबुल्त्याँ f. v. l. für शाबल्त्याँ.

शाब्दँ 1) Adj. (f. ई) *auf Tönen —, auf Worten beruhend, in Worte gefasst, durch Worte vermittelt, auf mündliche Mittheilung —, auf das heilige Wort* (den Veda) *sich stützend, dadurch geboten* Comm. zu Njâjam. 8,3,4. ब्रह्मन् n. *das in Worte gefasste* Brahman, *so v. a. der* Veda. शाब्दब्रह्मन् n. wohl fehlerhaft für शब्द°. — 2) m. a) *Wortgelehrter, Grammatiker.* — b) Pl. *eine best. Secte* Harshaḱ. 204,7.

शाब्दत्व n. Nom. abstr. zu शाब्द 1).

शाब्दिक Adj. 1) *einen Laut von sich gebend.* — 2) *mit den Wörtern vertraut;* m. *Grammatiker, Lexicograph* Ind. St. 15,438. Comm. zu Âpast. Çr. 5,15,1.

शाब्दिकविद्वत्कविप्रमोदक m. (Burnell, T. 52,b) und शाब्दिकाभरण n. Titel von Werken.

शामन 1) Adj. v. l. für शमन Spr. 3243. — 2) *f. ई *Süden* Râǵan. 21,82. — 3) n. a) *ein beruhigendes Mittel* Karaka 6,3. — b) **killing, slaughter.*

*शामम् Absol. von 2. शम्.

शामाँ f. wohl *eine best. Pflanze.* श्यामा AV. Paipp.

शामाक m. nachlässige Schreibart für श्यामाक.

शामायन m. Patron. Auch Pl.

शामायनीय m. Pl. *eine best. Schule.*

*शामिक m. Patron. von शमिक.

शामित्र 1) Adj. *zum Zerleger —, zum Zurichter des Opferthieres in Beziehung stehend.* °कर्मन् n. *das Amt des Zerlegers.* — 2) m. *das Feuer, auf welchem das Opferfleisch gekocht wird,* Vaitân. 10, 21. 18,13. — 3) n. a) *der Ort oder die Einrichtung für dieses Feuer.* — b) *Schlachtplatz, Schlachtbank* Vaitân. 37,24. — c) *das Amt des Zerlegers.*

शामील Adj. (f. ई) *aus dem Holze der Prosopis spicigera gemacht* Kâtj. Çr. 4,2,1. Gobh. 1,7,16.

*शामीवत 1) m. Pl. N. pr. eines Clans. — 2) f. ई *eine Fürstin der* Çâmîvata.

*शामीवत्य m. *ein Fürst der* Çâmîvata.

*शामुपाल (!) m. N. pr. eines Fürsten.

(शामुल्य) शामुल्यँ und शामूलँ n. *ein wollenes Hemd.*

शामेय m. Patron. Auch Pl.

शाम्ब m. N. pr. eines Fürsten Daçak. 32,2. Auch schlechte Schreibart für साम्ब.

शाम्बरँ 1) Adj. (f. ई) a) *dem* Çambara *gehörig, ihm eigen.* — b) *vom* Çambara *genannten Hirsche kommend* Bhâvapr. 2,6. — 2) f. ई *Gaukelei, Zauberei.* °शिल्प n. *Zauberkunst* Naish. 6,14. — 3) n. a) *der Kampf mit* Çambara. — b) **eine Art Sandel* Râǵan. 12,14. Vgl. शाबर.

शाम्बरिक m. *Gaukler.*

शाम्बलाम्बावर्मरत्न n. Titel Burnell, T.

शाम्भवानन्दकल्प m. Titel eines Werkes Opp. Cat. 1.

शाम्बव्य m. N. pr. eines Lehrers Ind. St. 15,4. 154. °गृह्य n. 4. 5 u. s. w.

शाँम्बु m. N. pr. eines Mannes. Pl. AV. (Hdschrr.) 19,39,5.

*शाम्बुक m. = शम्बूक.

शाम्बुवि m. Pl. *eine best. Schule.*

*शाम्बूक m. = शम्बूक.

शांभर m. Patron. von शंभर.

शांभरायणी f. N. pr. einer Heiligen. °व्रत n. *eine best. Begehung.*

शांभव 1) Adj. (f. ई) *zu* Çiva *in Beziehung stehend, ihm gehörig, von ihm kommend, ihm geweiht* u. s. w. — 2) *m. a) *Sesbana grandiflora* Râǵan. 10,116. — b) *Kampfer* Râǵan. 12,61. — c) *Bdellium* Râǵan. 12,109. — d) *ein best. Gift.* — 3) f. ई a) Bein. der Durgâ. — b) **blau blühendes* Dûrvâ-*Gras* Râǵan. 8,108. — 4) *n. *Pinus Deodora* Râǵan. 12,28.

शांभवदीपिका f. Titel eines Werkes.

शांभवदेव m. N. pr. eines Dichters.

शांभवायन m. Patron. Auch Pl.

शांभवीय Adj. *dem* Çiva *gehörig* Mahâvîrak. 21,10.

शांभव्य m. N. pr. eines Lehrers Gop. Br. 2,6,15.

शांमद n. Name zweier Sâman Ârsh. Br.

शाम्य 1) Adj. *auf Frieden gerichtet, Frieden bezweckend.* — 2) n. *Friede, Versöhnung.* — Vgl. अशाम्य.

शाम्यता f. *Friede, Versöhnung.*

शाम्याक Adj. (f. ई) *von der Cathartocarpus fistula kommend* u. s. w.

शाय Adj. *liegend, schlafend* in *कङ्कशाय.

शायक 1) Adj. (f. °यिका) dass. Vishnus. 1, 52. Vgl. *कोशशायिका, पुष्कर°, वृत्त°. — 2) *f. °यिका a) *das Liegen, Ruhen.* — b) *Art und Weise zu liegen.* — c) *die Reihe zu liegen,* — *zu ruhen.*

*शायण्डायन m. Pl. Bez. einer best. Corporation. °भक्त Adj. *von ihr bewohnt.*

शायन n. Name eines Sâman Ârsh. Br.

शाययितव्य Adj. *ruhen zu lassen auf* (Loc.) Kâd. 2,86,16 (106,17).

शायस्थि m. N. pr. eines Lehrers Vaṅçabr. 1.

°शायिता f. 1) *das Schlafen.* — 2) *das Stecken in.*

शायिन् Adj. *liegend, ruhend, schlafend, zu liegen* u. s. w. *gewohnt;* die Ergänzung (ein Loc., Adverb oder im Comp. vorangehend) antwortet auf die Fragen *wo, worauf, wann* und *wie.*

*शाय्यिक Adj. = शय्यया जीवति.

शार 1) Adj. (f. आ) *bunt, scheckig* Kâd. 104, 12. 112, 6. 127, 5. 136, 11. 159, 2 (189, 18. 201, 2. 222, 5. 239, 3. 277, 10). — 2) m. a) *ein beim Würfelspiel gebrauchter Stein, eine solche Figur* Ind. St. 13,472. fg. — b) * *Wind.* — c) * = हिंसन. — 3) f. ई a) = 2) a) Naish. 6,71. — b) *ein best. Vogel,* = शारि Naish. 6,60. 71. — c) * *Kuça-Gras.*

शारक m. = शार 2) a) Ind. St. 13,473.

शारङ्गी f. *das Weibchen eines best. Vogels* 189, 24. Vgl. शार्ङ्ग, शार्ङ्गी und सारङ्गी.

शारण m. N. pr. Çiç. 17,16. Richtig सारण.

शारणिक Adj. *schutzbedürftig, Schutz bei Jmd suchend* MBh. 12,91,36, v. l.

शारतल्पिक Adj. *auf dem Todesbett eines Kriegers verkündet.*

*शारत्क Adj. = शरदमधीते वेद वा.

शारद 1) Adj. (f. शारदी und VS. शारदी) a) *herbstlich, im Herbst erscheinend, reifend* u. s. w., *autumnalis* R̥V. 1,131,4. 174,2. 6,20,10. Vgl. Zimmer, Altind. Leben 144. — b) *frisch.* — c) * *schüchtern, bescheiden.* — 2) m. a) * *Jahr.* — b) * *Wolke.* — c) * *gelb blühender Phaseolus Mungo.* — d) * *Mimusops Elengi.* — e) * *Alstonia scholaris.* — f) * *Moringa pterygosperma.* — g) * *Saccharum spontaneum* Râǵan. 8,88. — h) N. pr. eines Joga-Lehrers. v. l. शाबर. — 3) f. शारदा a) * *eine Art Laute.* — b) * Bez. *zweier Pflanzen,* = ब्राह्मी und सारिवा. Râǵan. 5,64. 12,125. — c) Bein. α) der Sarasvatî, *der Göttin der Rede.* Nach ihr *eine best. Form der Buchstaben* benannt Ind. St. 14,405. — β) der Durgâ. — d) = शारदातिलक. — e) N. pr. einer Tochter des Priesters Devaratha. — 4) *f. शारदी a) *eine Vollmondsnacht im Herbst.* — b) *Alstonia scholaris.* — c) *Jussiaea repens.* — 5) n. a) *Herbstkorn.* — b) * *eine weisse Lotusblüthe* Râǵan. 10,182.

*शारदक 1) m. *eine Art* Darbha-*Gras.* — 2) f. °दिका a) *Mimusops Elengi* Râǵan. 10,64. — b) *Cucumis utilissimus* Râǵan. 7,206.

*शारदण्डायनि m. Patron. Nîlak. zu MBh. 1,120,38.

शारदण्डायनी und °दण्डायिनी (MBh. 1,120,38) f. angeblich *die Gattin* Çâradaṇḍâjani's.

शारदाकल्प m. und °लता f. Titel Opp. Cat. 1.

शारदातनय m. N. pr. eines Autors Kumârasv. zu Pratâpar. 91,6. 109,21. 194,4. 195,5. 215,25. 244,19.

शारदातिलक n., शारदादिकल्प m. und शारदानन्द m. Titel von Werken Opp. Cat. 1.

शारदानन्दन m. N. pr. eines Mannes Ind. St. 15, 229. 236. fg.

शारदामाहात्म्य n. Titel Bühler, Rep. No. 95.

शारदाम्बा f. Bein. der Sarasvatî, *der Göttin der Rede.*

शारदास्तोत्र n. Titel eines Stotra.

*शारदिक Adj. *herbstlich* (nur in best. Verbindungen).

शारदीन Adj. *herbstlich, im Herbst stattfindend* Damajantîk. 2,13.

शारदीय Adj. (f. आ) dass.

शारद्य n. *Herbstkorn.*

शारद्वत 1) m. a) Patron. Kr̥pa's. — b) N. pr. eines Schülers des Kaṇva. — c) Pl. = गौतमास्. — 2) f. ई a) Patron. der Kr̥pî. °पुत्र m. = शारिपुत्र. — b) N. pr. einer Apsaras.

शारद्वतायन m. Patron. von शारद्वत. Auch Pl.

शारपद m. *ein best. Vogel.* v. l. सारपद.

शारभ Adj. *vom* शरभ *genannten Thiere kommend.*

शारम्बर N. pr. einer Oertlichkeit.

*शारलोमि m. Patron. von शरलोमन् Pat. zu P. 4,1,85, Vârtt. 8.

*शारलोम्या f. Patron. Pat. zu P. 4,1,75, Vârtt. 3.

*शाराव Adj. *aus einer Schüssel gekratzt.*

शारि 1) f. a) *ein best. Vogel,* wohl *Predigerkrähe.* Auch सारि geschrieben. — b) *Pfeil.* — c) *Elephantensattel* Harshać. 173,2. — d) *व्यवहारान्तर und कपट. — e) N. pr. einer Tochter Mâṭhara's, Gattin Tishja's und Mutter des ersten Schülers des Çâkjamuni, der oft schlechtweg शारिपुत्र oder शारिसुत genannt wird. — 2) m. a) *ein bei einem Brettspiel gebrauchter Stein, eine solche Figur.* Auch सारि geschrieben Kâd. 6,9 (5,3). — b) N. pr. eines Mannes. — Vgl. सारि.

शारिक 1) m. wohl = 2) a) Vasishṭha 14,48. — 2) f. आ a) *Predigerkrähe* 124,2. 167, 5. 297, 22. In den Bomb. Ausgg. stets सारिका geschrieben. — b) * *Brettspiel mit Steinen.* — c) * *ein Werkzeug zum Schlagen der Laute* oder *eines anderen musikalischen Instruments.* — d) *eine Form der* Durgâ. — e) N. pr. = शारि 1) e).

शारिकाकूट n. N. pr. einer Oertlichkeit.

शारिकानाथ m. N. pr. eines Autors Kumârasv. zu Pratâpar. 342,6. Kurzweg इति शारिकोक्तेः 17.

शारिकापीठ n. N. pr. einer Oertlichkeit.

*शारिकुक्ष Adj. = शारिरिव कुक्षिरस्य.

शारिज्ञा f. in *पूतिशारिज्ञा.

शारित Adj. *scheckig* —, *bunt gemacht* Harshać. 34,3. 82,7.

शारिपुत्र m. s. u. शारि 1) e).

शारिप्रस्तर m. N. pr. eines Spielers.

*शारिफल und *°क m. n. *ein getäfeltes Brett zum Würfelspiel.* Auch सारि° geschrieben.

शारिवा s. सारिवा.

शारिशाका (?) AV. 3,14,5. Besprochen von A. Weber in Ind. St. 17,246.

*शारिशृङ्खला f. 1) *Spielfigur.* — 2) *ein Feld auf dem* शारिफल.

शारिसुत m. s. u. शारि 1) e).

शारीटक m. N. pr. eines Dorfes.

शारीर 1) Adj. (f. ई) *beinern, knöchern.* — b) *körperlich, im Körper befindlich, aus dem Körper stammend.* दण्ड m. *körperliche Strafe* Baudh. 2, 4,1. आभनय m. S. S. S. 246. — 2) n. a) *Leibesbeschaffenheit.* — b) in der Medicin *die Lehre vom Körper und seinen Theilen, ein Abschnitt dieser Disciplin.* — c) *faeces.* — d) * = वृष (!).

शारीरक 1) Adj. *körperlich.* — 2) n. a) Du. *Freuden und Leiden des Körpers.* — b) Titel einer Upanishad. — c) = शारीरकसूत्र.

शारीरकन्यायनिर्णय m. (Burnell, T.), °न्यायरत्नमणि m., °न्यायसंग्रह m. (Burnell, T.), शारीरकप्रदीपिका f. (Opp. Cat. 1), शारीरकभाष्य n. (ebend.), °भाष्यटीका f. (ebend.), °भाष्यन्यायवार्त्तिक n., °भाष्यवार्त्तिक n., °भाष्यविभाग m., °भाष्यव्याख्या f. (Opp. Cat. 1), शारीरकमीमांसा f. °मीमांसाभाष्य n.,

°मीमांसाव्याख्या f., शारीरकशास्त्रदर्पण m., शारीरकसंग्रह m. (Opp. Cat. 1), शारीरकसूत्र n., °सूत्रसारार्थचन्द्रिका f., शारीरकोपनिषद् f. (Opp. Cat. 1 und शारीरन्यायसंग्रह (!) m. (ebend.) Titel.

शारीरलक्षण n. Titel Burnell, T.

शारीरविद्या f. *die Lehre vom Körper*, Titel eines Werkes.

शारीरवैद्य n. desgl. Opp. Cat. 1,6681.

शारीरस्थान n. s. u. वाग्भट.

शारीरिक fehlerhaft für शारीरक.

शारीरोपनिषद् f. Titel einer Upanishad Burnell, T.

शारु in किंशारु.

*शारुक Adj. *zu Grunde richtend*, mit Acc.

शारुप्रचेतस n. Name eines Sâman.

*शार्क m. = शर्करा.

*शार्कक m. 1) *ein Stück Zucker.* — 2) *Rahm.*

1. शार्कर 1) Adj. a) **kiesig.* — b) *aus Zucker gemacht.* — 2) *m. *Rahm.* — 3) n. Name zweier Sâman Ârsh. Br.

2.*शार्कर fehlerhaft für शाक्वर.

*शार्करक Adj. von शर्करा.

शार्करात m. 1) Patron., vielleicht fehlerhaft für शार्कराद्य. — 2) Pl.. Pl. zu शार्कराद्य.

शार्करातस (!) n. Bez. einer Abtheilung der Hâridravîja.

शार्करातिं m. Patron. von शर्करात.

शार्कराद्य 1) m. desgl. Auch Pl. (!). — 2) *f. शार्कराद्या f. zu 1).

*शार्कराद्यायणी f. Patron. Pat. zu P. 4,1,75, Vârtt. 2.

*शार्करिक Adj. von शर्करा.

शार्करिन् Adj. *an der Grieskrankheit leidend* Karaka 4,8. Richtig शर्करिन्.

*शार्करीधान Adj. von शर्करीधान Kâç. zu P. 4,2,109.

*शार्करीय fehlerhaft für शर्करीय.

शार्कोट Adj. *von der Schlange* Çarkoṭa *kommend.*

शार्क्वरवर्ण Lâṭj. 10,5,4 fehlerhaft für शाक्वरवर्ण.

शार्ग m. 1) *ein best. Vogel* Maitr. S. 3,14,14. — 2) n. Name verschiedener Sâman. Richtig शार्ङ्ग.

शार्गाल Adj. s. सार्गाल.

*शार्ङ्खलतोदि m. Patron. von शृङ्खलतोदिन्.

शार्ङ्ग 1) Adj. a) *hörnern.* — b) *vom Baume* Çṛṅga *kommend.* — c) *mit einem Bogen bewaffnet* Bhaṭṭ. — 2) m. a) *ein best. Vogel.* — b) Patron. verschiedener Männer. — 3) f. ई f. zu 2) a). — 4) n. a) *Bogen*, insbes. Vishṇu's oder Kṛshṇa's. — b) **ein frisches Ingwerblatt* Râǵan. 6,29. — c) Name verschiedener Sâman Ârsh. Br.

शार्ङ्गक 1) m. *ein best. Vogel*, = शार्ङ्ग. — 2) f. °र्ङ्गिका f. zu 1).

*शार्ङ्गजग्ध Adj. (f. ई) *der* शार्ङ्ग *genannte Vögel verzehrt hat.*

शार्ङ्गदेव m. N. pr. eines Autors.

शार्ङ्गधनुर्धर (Vishṇus. 1,51), शार्ङ्गधन्वन् und शार्ङ्गधन्विन् m. Beinamen Vishṇu-Kṛshṇa's (*den Bogen* Çârṅga *tragend*).

शार्ङ्गधर m. 1) dass. — 2) N. pr. verschiedener Autoren. °पद्धति f. und °संहिता f. Burnell, T.

शार्ङ्गधरीय n. Titel verschiedener Werke Opp. Cat. 1.

शार्ङ्गपाणि m. 1) Bein. Vishṇu-Kṛshṇa's Çiç. 11,3. 19,119. °स्तोत्र n. Burnell, T. — 2) N. pr. verschiedener Männer.

शार्ङ्गभृत् m. Bein. Vishṇu-Kṛshṇa's.

शार्ङ्गरव N. pr. 1) m. eines Mannes. Pl. *seine Nachkommen.* — 2) *f. ई einer Frau.

*शार्ङ्गरविन् m. Pl. *die Schule des* Çârṅgarava.

शार्ङ्गष्टा f. 1) *ein der Pongamia glabra nahe verwandter Baum* Râǵan. 9,66. — 2) *ein best. Gemüse* Karaka 1,27. 3,8. Nach den Lexicographen *eine Art Koloquinthe* und *Leea hirta.*

शार्ङ्गायुध m. Bein. Kṛshṇa's.

शार्ङ्गिक m. = शार्ङ्गक 1). — शर्ङ्गिका s. u. शार्ङ्गक.

शार्ङ्गिदेव m. 1) *ein best. Tact* S. S. S. 214. — 2) N. pr. eines Autors S. S. S. Einl.

शार्ङ्गिन् m. Bein. Vishṇu-Kṛshṇa's Çiç. 12,3. 13. 15,2. 16,36. 17,39.

*शार्ङ्गेष्टा und *शार्ङ्गोष्टा f. v. l. für शार्ङ्गष्टा 1).

शार्दूल 1) m. a) *Tiger.* — b) am Ende eines Comp. *der erste —, der beste unter.* — c) **ein best. fabelhaftes Thier.* — d) **ein best. Vogel.* — e) **Plumbago zeylanica* Râǵan. 6,44. — f) Name zweier Metra. — g) Pl. *eine best. Schule.* — h) N. pr. eines Râkshasa. — 2) f. ई a) *Tigerin.* — b) Bez. der *Urmutter der Tiger und anderer Raubthiere.*

शार्दूलकर्ण m. N. pr. eines Sohnes des Triçaṅku.

शार्दूलचर्मन् n. *Tigerfell.*

शार्दूलज्येष्ठ Adj. Pl. *unter denen der Tiger obenan steht* Çat. Br. 5,5,4,10.

शार्दूलललित n. 1) *das Treiben eines Tigers.* — 2) *ein best. Metrum.*

शार्दूललोमन् n. *Tigerhaar.*

शार्दूलवर्मन् m. N. pr. eines Fürsten.

*शार्दूलवाहन m. Bein. Mañguçrî's.

शार्दूलविक्रीडित 1) n. *das Spiel —, das Treiben eines Tigers.* — 2) Adj. *das Treiben eines Tigers nachahmend.* — 3) n. *ein best. Metrum.*

शार्दूलशतक n. Titel eines Kâvja Opp. Cat. 1.

*शार्मण Adj. von शर्मन् Kâç. zu P. 4,2,75.

शार्मण्य und °देश m. der heutige Name für Deutschland (*Germany*).

शार्यात 1) m. Patron. von शर्याति. Auch Pl. — 2) f. ई f. zu 1). — 3) n. Name verschiedener Sâman Ârsh. Br.

शार्यातक m. = शार्यात 1).

शार्व Adj. (f. ई) *zu* Çiva *in Beziehung stehend, ihm eigen, von ihm kommend, — erhalten, an ihn gerichtet.* दिश् f. so v. a. *Nordosten.*

शार्वर 1) Adj. a) *nächtlich* Kâd. 198,5 (333,1). Harshak. 80,7. Vâsav. 187,2. — b) **verderblich, mörderisch.* — 2) f. ई *Nacht.* — 3) n. (*m.!) *Finsterniss.*

शार्वरिक Adj. *nächtlich.*

शार्वरिन् m. *das 34ste Jahr im 60jährigen Jupitercyclus.* Vgl. शर्वरिन्.

शार्ववर्मिक Adj. *von* Çarmavarman *verfasst.*

शाल्, शालते *prangen* (Ind. St. 15,269), *sich auszeichnen durch* (Instr.). Zur Erklärung von °शालिन् gebraucht Comm. zu Çiç. 10,65. 12,3. 35. 48. 16,76. 19,59. 63. 20,51. शालित *prangend mit, sich auszeichnend durch* (Instr. oder im Comp. vorangehend) Ind. St. 15,294. — *Caus. शालयते (श्लाघायाम्) Dhâtup. 33,18.

1. शाल 1) Adj. *in der Hütte* u. s. w. *befindlich.* शालम् Adv. so v. a. *zu Hause.* — 2) m. a) *Vatica robusta* (ein sehr stattlicher Baum, *der zum Häuserbau gebraucht wird*). Wird häufig, aber in den Bomb. Ausgg. nur ausnahmsweise साल geschrieben. — b) **Artocarpus Locucha* Râǵan. 9,159. — c) *Baum* überh. Auch साल geschrieben. — d) *Einfriedigung, Wall.* Auch साल geschrieben Ind. Antiq. 8,241. — शाला f. s. bes., शाल n. s. u. शाला 1).

2. शाल m. 1) *ein best. Fisch.* — 2) N. pr. a) eines Sohnes des Vṛka. — b) *= शालिवाहन.

3.*शाल m. n. Auch साल geschrieben.

शालक 1) m. etwa *Spötter* oder *Spassmacher.* — 2) am Ende eines Comp. von 1. शाल und शाला in त्रि°, *पीत° und *प्रिय°.

शालकटङ्कट 1) m. N. pr. a) Du. *zweier Genien* Mahâçânti 1,4. — b) eines Râkshasa. — 2) f. आ N. pr. einer Râkshasî. साल° gedr. — 3) Adj. von 2). साल° gedr. — Vgl. शालङ्कटङ्कट.

*शालगुप्त m. N. pr. eines Mannes.

शालगुप्तायनि m. Patron. von शालगुप्त.

शालग्राम 1) m. a) N. pr. eines bei den Vaishṇava für heilig gehaltenen, an der Gaṇḍakî gelegenen Dorfes, so genannt nach einer darin wachsenden *Vatica robusta* (शाल). Von daher kommen die heilig verehrten Ammoniten. °नेत्र n., °तीर्थ n., °गिरि m. — b) der in Çâlagrâma verehrte Vishṇu. — 2) m. n. Ammonit Ag I-P. 46. 47. Auch °शिला f. — 3) f. ई Bein. der Gaṇḍakî.

शालग्रामकल्प m., °ग्रामपरीक्षा f., °ग्रामलक्षण n. und °ग्रामस्तोत्र n. Titel Opp. Cat. 1 (साल° gedr.). Burnell, T.

*शालङ्क m. Pl. die Schule Çâlaṅki's.

शालङ्कटङ्कट 1) m. = शालकटङ्कट 1) b). — 2) f. आ = शालकटङ्कट 2) R. 7,4,23. साल° gedr.

शालङ्कायन 1) m. Patron. N. pr. a) eines Ṛshi. Pl. sein Geschlecht. Auch साल° geschrieben. — b) *eines Wesens im Gefolge Çiva's.

शालङ्कायनक 1) *Adj. von den Çâlaṅkâjana bewohnt. — 2) m. = शालङ्कायन 1).

*शालङ्कायनजा f. Patron. der Satjavatî, der Mutter Vjâsa's.

*शालङ्कायनजीवमू f. falsche Lesart H. 848.

शालङ्कायनि m. Patron.

शालङ्कायनिन् m. Pl. die Schule des Çâlaṅkâjana.

शालङ्कायनीपुत्र m. N. pr. eines Lehrers.

*शालाङ्कि m. Patron. Pâṇini's.

शालङ्कृत्य (!) m. Pl. N. pr. eines Geschlechts VP.[2] 4,29.

*शालत्र m. ein best. Fisch, = 2. शाल 1).

शालन m. das Harz der Vatica robusta. Auch मालन geschr.

शालनिर्यास m. dass. Râǵan. 9,81.

*शालपत्त्रा f. Desmodium gangeticum.

*शालपर्णिका f. eine best. wohlriechende Pflanze Bhâvapr. 1,191.

शालपर्णी f. Desmodium gangeticum. Auch साल° geschr. Mat. med. 145.

शालपुष्प n. 1) die Blüthe der Vatica robusta. — 2) *Hibiscus mutabilis (mit स geschr.).

*शालपुष्पभञ्जिका f. ein best. Spiel.

शालपुष्पमय Adj. (f. ई) aus den Blüthen der Vatica robusta gemacht.

शालभ Adj. der Heuschrecke oder dem Nachtschmetterlinge eigen. विधि m. eine solche Art (im Feuer seinen Tod zu finden) Mudrâr. 5,2 (13,5).

शालभञ्जिका f. 1) Statue Ind. St. 15, 294. 434. — 2) *ein best Spiel. — 3) *Buhldirne.

शालभञ्जिकाय्, °यते einer Statue gleichen Damajantîk. 1. शालि° v. l.

शालभञ्जी f. Statue.

*शालमय Adj. (f. ई) aus dem Holze der Vatica robusta gemacht.

*शालमर्कटक n. s. u. शालाकर्कटक.

*शालरस m. das Harz der Vatica robusta Râǵan. 12,117.

*शालव m. Symplocos racemosa.

शालवदन m. N. pr. eines Asura.

शालवन n. in नद्र°.

शालवलय m. oder n. ein rundum laufender Wall Vâsav. 217,1.

शालवाणक m. Pl. N. pr. eines Volkes.

शालवाहक m. N. pr. eines Dichters Z. d. d. m. G. 36,557.

शालवाहन m. Nebenform für शालिवाहन Ind. St. 14,102. 128. 140. 15,299. 403. fg. Vgl. *साल°.

*शालवेष्ट m. das Harz der Vatica robusta.

*शालशृङ्ग n. Mauersims.

शालसार m. 1) *Baum. — 2) Asa foetida. सालसार und शालशार geschrieben.

शाला f. 1) Hütte, Haus, Gemach, Werkstatt; Gerichtshalle (Asahâja); Stall. Am Ende eines Comp. auch शाल n. — 2) *Ast. — 3) ein best. Metrum.

शालाकं m. 1) ein Büschel von Spähnen oder Reisig. — 2) Reisigfeuer.

*शालाकर्कटक n. eine Rettigart Râǵan. 7,18. v. l. शालाशर्कटक und शालामर्कटक Dhanv. 4, 19. Bhâvapr. 1,290 (Hdschr., gedruckt शालमर्कटक).

शालाकर्मन् n. Hausbau.

*शालाकाभ्रेय m. Metron. von शलाकाभ्रू.

*शालाकिन् m. Chirurg; Barbier; Speerträger. Richtig शलाकिन्.

*शालाकेय m. Metron. von शलाका.

शालाक्य 1) m. a) Augenarzt. — b) *Metron. von शलाका. — 2) n. in der Medicin Kur der Krankheiten des Auges, Ohres, der Nase u. s. w., welche mit feinen Werkzeugen (शलाका) zu behandeln sind. °शास्त्र n.

शालाग्र m. N. pr. eines Mannes.

शालाग्नि m. Hausfeuer Gaut. Gobh. 3,7,3. Pâr. Gṛhj. 3,10,33.

*शालाङ्की f. Statue.

शालाजिर m. eine Art Schüssel. Dieses herzustellen Harshak. 109,22 (314, 3).

*शालाञ्जि f. Achyranthes triandra.

शालातुरीय Adj. aus Çalâtura gebürtig; m. Bez. Pâṇini's Gaṇar. 2.

शालात्व n. Nom. abstr. zu शाला 1).

शालाथल m. Patron. von शलाथल.

*शालावलेय m. desgl. Vielleicht dieses anzunehmen Verz. d. B. H. 58,18.

शालाद्वार f. Hausthür Ind. St. 13,243.

शालाद्वार्य Adj. an der Hausthür befindlich; m. das daselbst befindliche Feuer Vaitân.

*शालानी f. eine best. Pflanze, = विदारी.

शालापति m. Hausherr.

*शालामर्कटक n. s. u. शालाकर्कटक.

शालामुख 1) *n. Vorderseite eines Hauses. — 2) m. eine Reisart.

शालामुखीय Adj. vorn am Hause —, am Eingange befindlich; m. das daselbst befindliche Feuer Âpast. Çr. 13,23,3. Comm. zu 10,21,5. 11,9. 10. Vaitân.

शालामृग m. 1) *Hund. — 2) etwa Schakal R. 3,52,45. ed. Bomb. 3,46,29 liest aber st. dessen शाखामृग.

*शालार n. 1) Käfig. — 2) Leiter, Treppe. — 3) Elephantenklaue. — 4) a pin, a bracket, or shelf projecting from a wall; मालार geschr.

*शालालुक Adj. mit Çalâlu handelnd.

शालावंश m. der Hauptpfosten einer Hütte Ait. Âr. 338.

*शालावत 1) m. Pl. die Nachkommen Çâlâvant's. — 2) f. ई eine Prinzessin der Çâlâvata.

शालावत्य m. 1) Patron. von शलावत्. — 2) *ein Fürst der Çâlâvata.

शालावत् N. pr. 1) *m. eines Mannes. — 2) f. °वती einer Gattin Viçvâmitra's.

शालावृक m. Katze Râǵan. 19,13. Vgl. सालावृकं.

*शालाशर्कटक n. s. u. शालाकर्कटक.

शालाश्रय Adj. in einem Hause wohnend. Nom. abstr. °त्व n. Baudh. 3,1,3.

शालासद् Adj. im Hause —, im Stalle befindlich.

शालास्तम्भ m. Hauspfosten.

*शालास्थलि m. Patron.

*शालास्थल्या f. Patron.

शालि m. 1) Sg. und Pl. Reis und verwandte Körnerfrucht (der besten Art) Mat. med. 268. Râǵan. 16,12. Bhâvapr. 1, 272. Angeblich auch f. — 2) Zibethkatze. Hierher vielleicht Harshak. (ed. Bomb.) 479,7. 487,13. H. an. 2,511 ist nach Zach. Beitr. गन्धोती st. गन्धोली die richtige Lesart.

शालिक 1) Adj. a) *von शाला. — b) (von शालि) vom Reis kommend. पिष्ट n. Reismehl Hemâdri 1, 654,19. — 2) m. N. pr. eines Philosophen. — 3) f. आ a) Stube in *नापित° (Nachtr. 6). — b) *Hedysarum gangeticum. — c) das Werk des Philosophen Çâlika.

शालिकण m. Reiskorn.

शालिकनाथ m. = शालिक 2) und auch N. pr. eines Dichters Z. d. d. m. G. 36,557.

शालिकानाथ m. fehlerhaft für शालिकनाथ.

शालिकाचार्य m. = शालिक 2).

शालिकेदार m. *Reisfeld* VÂSAV. 288,3, v. l.

शालिक्षेत्र n. dass. 215,12.

शालिगोत्र m. N. pr. eines Lehrers. v. l. शालिहोत्र.

शालिगोपी f. *Hüterin eines Reisfeldes.*

शालिग्राम m. N. pr. eines *Dorfes* HEM. PAR. 2,694.

शालिचूर्ण n. *Reismehl.*

शालिचौदन n. *Reisbrei.*

*शालिञ्च m. und *°ञ्ची f. *Achyranthes triandra* Mat. med. 316.

शालित s. u. शाल्.

शालितण्डुल m. *Reiskorn.*

°शालिता f. *das Verbundensein mit.*

1. °शालित्व n. dass.

2. शालित्व n. Nom. abstr. von शालि *Reis.*

शालिन् 1) Adj. *a)* **ein Haus u. s. w. besitzend.* — *b)* am Ende eines Comp. *voll von, reichlich versehen mit, verbunden mit, in hohem Grade Etwas besitzend, sich verstehend auf, sich auszeichnend durch* oder *in.* BHÂG. P. 3,20,36. 24,1 ausserhalb des Comp. von einer Person so v. a. *rühmenswerth* (vgl. शाल्). — 2) m. N. pr. eines Lehrers. — 3) f. °नी *a) Reisfeld* (von शालि). — *b) ein best. Metrum.* — *c)* N. pr. eines Frauenzimmers.

शालिनाथ m. N. pr. eines Mediciners.

*शालिनीकरण n. fehlerhaft für शालीनी°.

शालिपर्णी f. 1) *Glycine debilis* RÂGAN. 4,17. KARAKA 6,3. — 2) *= माषपर्णी RÂGAN. 3,19.

शालिपिण्ड m. N. pr. eines Schlangendämons.

शालिपिष्ट n. 1) *Reismehl* SUÇR. 2,28,11. — 2) **Krystall.*

शालिभञ्जिकाय s. u. शालभञ्जिकाय.

शालिभद्र m. N. pr. eines Gina Ind. St. 15,291. °चरित्र n. Titel eines Werkes BÜHLER, Rep. No. 771.

शालिभवन n. und शालिभू f. *Reisfeld.*

शालिमञ्जरि m. N. pr. eines Rshi. सालि° gedr.

*शालिवह (stark °वाह्, f. शाल्युही) Adj. *Reis führend.*

शालिवाह m. nach den Erklärern *ein zum Reisführen dienender Ochs* oder *das* वाह *genannte Maass von Reis.*

शालिवाहन m. N. pr. eines Fürsten, Gegners von Vikramâditja. Mit seiner Geburt 78 nach Chr. beginnt die sogenannte Çaka-Aera Ind. St. 15,218 u. s. w.

शालिवाहनचरित्र n. und °वाहनशतक n. (OPP. Cat. 1) Titel von Werken.

शालिशिरस् m. N. pr. eines Devagandharva.

शालिशूक 1) m. n. *Reisgranne.* — 2) m. N. pr. eines Maurja.

शालिसंरक्षिका f. *Hüterin eines Reisfeldes* Comm. zu VÂSAV. 288.

शालिसूर्य N. pr. einer Oertlichkeit.

*शालिस्तम्भक (°स्तबक?) Titel eines Werkes.

शालिहोत्र 1) m. *a)* poetische Bez. *des Pferdes* (*Reis-Fruchtopfer empfangend*). — *b)* N. pr. eines Rshi, der als erste Autorität in der Hippologie gilt. — 2) n. *das von* Çâlihotra *verfasste Lehrbuch der Hippologie.*

शालिहोत्रायण m. Patron. von शालिहोत्र. Auch Pl.

शालिहोत्रीय n. = शालिहोत्र 2) OPP. Cat. 1.

शालिहोत्रायण्य m. Titel BURNELL, T.

शालीकि m. N. pr. eines von Baudhâjana oft citirten Rituallehrers Comm. zu ÂPAST. ÇR. 4,3,4. 5,17,1. 6,2,12. 7,22,11. 9,2,1. 4,2.13. 15. 12,18,12. 13,13,15.

शालीक्षुमत् Adj. *mit Reis und Zuckerrohr bestanden.*

शालीन 1) Adj. (f. आ) *a) einen festen Wohnsitz habend, ansässig* ÂPAST. ÇR. 5,3,22. Comm. zu 11, 17,1. BAUDH. 2,12,1. 17,3. 18,4. 3,1,1. — *b)* Bez. *eines Impotenten besonderer Art* NÂRADA 12,13. 17. — *c) bescheiden, verlegen, verschämt* ÇIÇ. 16,83. °म् Adv. NAISH. 6,61. — 2) *f. आ *Anethum Panmorium* oder *eine andere Anisart; Dill* RÂGAN. 4, 14. — 3) n. *ein bescheidenes, verschämtes Benehmen,* so v. a. *Entgegennahme von Almosen ohne Bettelei.*

शालीनता f. *Bescheidenheit, Verlegenheit, Verschämtheit.*

शालीनत्व n. 1) *das Ansässigsein* BAUDH. 3,1,3. — 2) = शालीनता.

शालीनशील Adj. *von verlegener Natur.* Nom. abstr. °ता f.

शालीनीकरण n. *das Demüthigen.*

*शालीन्य m. Patron. von शालीन.

*शालीभर्तर् m. *der Mann der Schwester der Frau* GAL.

शालीय 1) *Adj. von शाल und शाला. — 2) m. N. pr. eines Lehrers.

शालीहोत्रमुनि (!) m. N. pr. eines Autors BURNELL, T.

शालु 1) *m. *a) Frosch.* — *b) ein zusammenziehender Stoff.* — *c) ein best. Parfum.* — 2) n. *a) eine best. aus dem Norden kommende Frucht.* — *b)* **eine essbare Lotuswurzel.*

*शालुक n. = शालूक 1) *a).*

शाॗलुड m. N. pr. eines Unholds.

शालूक 1) n. *a) eine essbare Lotuswurzel, Wurzelstock der Nymphaea* Mat. med. 316. RÂGAN. 10, 194. Auch शालूककन्द KÂD. 136,10 (239,2). Am Ende eines adj. Comp. f. आ. — *b) Anschwellung im Schlunde* KARAKA 6,17. Auch गल°. — *c)* **Muskatnuss* RÂGAN. 12,80. — 2) *m. *a) Frosch* RÂGAN. 19,77. — *b)* N. pr. eines Mannes.

*शालूकिका f. *eine an essbaren Lotuswurzeln reiche Gegend.*

*शालूकिकीय Adj. von शालूकिका.

शालूकिनी f. 1) = *शालूकिका. — 2) N. pr. *a)* eines Tîrtha. — *b)* *eines Dorfes.

*शालूकेय m. Patron. von शालूक.

*शालूढ m. *der Mann der Schwester der Frau* GAL.

शालूर m. 1) *Frosch.* — 2) *ein best. Metrum.*

शालूरक m. *ein best. Eingeweidewurm.*

शालेन्द्रराज m. N. pr. eines Buddha.

शालेय 1) Adj. (f. ई) *mit Reis bestanden* BÂLAR. 163,1. — 2) m. (*f. आ) *Anethum Panmorium* oder *eine andere Anisart* KARAKA 1,27. n. wohl *das Korn davon.* — 3) m. *a)* **eine Art Rettig* RÂGAN. 7,17. — *b)* N. pr. eines Berges Ind. St. 14,99.

*शालोत्तरीय fehlerhaft für शालातुरीय.

शाल्म MÂRK. P. 58,35 wohl fehlerhaft für शाल्व.

शाल्मल m. 1) = शाल्मलि *Wollbaum.* Nur am Ende eines adj. Comp. zu belegen. — 2) **das Harz des Wollbaums.* — 3) N. pr. eines Dvîpa. Auch °द्वीप.

शाल्मलि 1) m. f. und f. °ली *Salmalia malabarica, Wollbaum* (von hohem Wuchs mit Dornen und rother Blüthe; der Same liegt in Wolle) Mat. med. 122. DHANV. 5,73. RÂGAN. 8,8. BHÂVAPR. 1,235. Als *Marterbaum* in der Hölle. °महानरक *eine best. Hölle* KÂRAND. 18,13. 14. Vgl. शाल्मलिॗ. — 2) m. *a)* N. pr. eines Dvîpa. — *b)* Patron. N. pr. eines Sohnes des Avikshit und eines Mannes aus Agasti's Geschlecht (HEMÂDRI 1,597,11). — 3) f. ई N. pr. eines Flusses, auch in einer Hölle.

शाल्मलिक 1) Adj. von शाल्मलि. द्वीप m. Name eines Dvîpa. — 2) *m. *Andersonia Rohitaka* RÂGAN. 8,14.

*शाल्मलिन् 1) m. Bein. Garuḍa's. — 2) f. °नी = शाल्मलि 1).

*शाल्मलिपत्रक m. *Alstonia scholaris* RÂGAN. 12,36.

*शाल्मलिस्थ m. *Geier* RÂGAN. 19,84.

*शाल्मलीकन्द m. *die Wurzel der* Çâlmalî RÂGAN. 7,106.

*शाल्मलीफल m. *ein best. Fruchtbaum* RÂGAN. 11,216.

*शाल्मलीवेष्ट m. *das Harz der Salmaria mala-*

barica.

शाल्मलीवेष्टक m.-n. dass. Bhâvapr. 3,136.

*शाल्मल्या f. zum Patron. शाल्मलि.

शाल्यन्न n. *gekochter Reis, Reisbrei* Spr. 6204. Pańkar. 2,4,32. Bhâg. P. 8,16,40.

शाल्यपति m. N. pr. eines Mannes.

*शाल्यूढ m. *der Gatte der Schwester der Frau* Gal.

*शाल्यूढी Adj. f. s. u. शालिवढ्.

शाल्योदन m. n. *Reisbrei* Suçr. 1,72,1. Spr. 1987.

शाल्व 1) m. Pl. N. pr. eines Volkes. — 2) *Adj. *zu den* Çâlva *gehörig* u. s. w. — 3) m. *ein Fürst der* Çâlva Çiç. 2,98. 19,7. * Wird unter den Feinden Vishṇu's genannt. — 4) *f. श्रा wohl N. pr. eines Flusses. — 5) *n. *die Frucht der Pflanze* Çalva. — Oefters साल्व geschrieben, aber nicht in den Bomb. Ausgg.

*शाल्वक 1) Adj. (f. °ल्विका) von शाल्व 1). — 2) f. °की gaṇa गौरादि.

शाल्वकिनी f. N. pr. eines Flusses.

शाल्वण m. *Breiumschlag, Kataplasma.* Hier und da साल्वण gedr.

शाल्वसेनि m. Pl. N. pr. eines Volkes.

*शाल्वागिरि m. N. pr. eines *Berges.*

शाल्वायन Adj. *zu den* Çâlva *in Beziehung stehend.* राजन् *ein Fürst der* Çâlva.

*शाल्वारि m. Bein. Vishṇu's.

*शाल्विक m. *ein best. Vogel.* सा° geschr.

शाल्वेय m. 1) Pl. N. pr. eines Volkes. — 2) *ein Angehöriger* oder *ein Fürst dieses Volkes.* Auch सा° geschr., aber nicht in den Bomb. Ausgg.

शाल्वेयक m. Pl. N. pr. eines Volkes.

1. शाव m. *das Junge eines Thieres.* Wird in den südindischen Hdschrr. शाब geschrieben.

2. शाव 1) Adj. *einem Leichnam angehörig, von einer Leiche herrührend* (Gaut.); *entseelt.* — 2) n. *die durch eine Leiche bewirkte Unreinheit.* — शावशेषास्थिनिचय R. 2,77,22 fehlerhaft für सावशेषा°.

3. शाव Adj. fehlerhaft für श्याव.

शावक m. = 1. शाव Vâsav. 231,1. 233,1. मुनि° *ein Brahmanenknabe.*

शावता f. fehlerhaft für श्यावता.

शावत्व n. Nom. abstr. von 1. शाव am Ende eines adj. Comp.

शावर, die damit zusammengesetzten und die davon abgeleiteten Wörter s. u. शाबर u. s. w.

शावसायन m. Patron. von शवस्.

शावस्त, शावस्ति und शावस्ती s. u. शाबस्त u. s. w.

शाविरी f. *ein best.* Râga S. S. S. 93.

शाश (Karaka 1,6) und शाशक Adj. *vom Hasen kommend.*

शाशकर्णि m. Patron. von शशकर्ण. साम° gedr.

शाशबिन्दव Adj. (f. ई) *von* Çaçabindu *stammend.*

*शाशादनक Adj. von शशादन.

शाशिक m. Pl. N. pr. eines Volkes. शशिक v. l.

शाश्वत् m. N. pr. eines Lexicographen. Richtig शाश्वत.

शाश्वत 1) Adj. (f. ई) *stetig, beständig, immerwährend, ununterbrochen, durchgängig, ewig.* शाश्वतीभ्यः समाभ्यः, शाश्वतीः समाः und शाश्वतम् *für —, auf immer, stets.* — 2) m. *a)* **die Sonne.* — *b)* *Bein. α) Çiva's. — β) Vjâsa's. — *c)* N. pr. α) eines Sohnes des Çruta. — β) eines Lexicographen Bhâvapr. (Hdschr.) 1,199. — 3) *f. ई *die Erde.* — 4) n. *a) Beständigkeit, Ewigkeit.* — *b)* **der Himmelsraum.*

शाश्वतत्व n. *Beständigkeit, Ewigkeit.*

शाश्वतानन्द m. N. pr. eines Autors Burnell, T.

शाश्वतिक Adj. = शाश्वत 1) Âpast. Kâd. 50,8 (93,7).

शाषसान m. N. pr. eines Mediciners.

*शाष्कुल Adj. *Fleisch geniessend.*

*शाष्कुलिक 1) Adj. = शष्कुलीव und शष्कुली भक्तिरस्य. — 2) n. *eine Menge von* शष्कुली.

*शाष्पक Adj. von शष्प.

*शाष्पेय m. N. pr. eines Lehrers.

*शाष्पेयिन् m. Pl. *die Schule des* Çâshpeja.

1. शास्, शास्ति (शिष्टम्, शिष्यात्), शासति; metrisch auch Med.; Absol. शासित्वा und शिष्ट्वा, °शास्य und °शिष्य; Pass. शास्यते und शिष्यते; 1) *zurechtweisen, strafen* (mit Worten), *züchtigen, strafen* überh. Baudh. 2,1,17. — 2) *in Zucht —, im Zaume halten.* धर्मम् so v. a. *das Gesetz handhaben.* — 3) *herrschen über, beherrschen;* mit Acc. राज्यम् oder ऐश्वर्यम् *das Regiment führen, als Fürst regieren.* Ohne Object *regieren.* — 4) *Jmd einen Befehl ertheilen, befehlen zu* (Infin. oder directe Rede mit इति 74,1), *als Gebieter zu Jmd reden, Jmd anweisen* (mit Acc. der Person); *Etwas anbefehlen.* — 5) *unterweisen, belehren* (Âpast. Çiç. 14,11), — *in* (Loc. Prab. 110, 15. Çiç. 14,42), — *über* (Dat.); auch mit doppeltem Acc. Pass. *sich belehren lassen.* — 6) etwa *tadeln, vorwerfen.* — 7) = शंस् *a) preisen.* — *b) verkünden, beichten; berichten, mittheilen.* — *c) verkündigen, wahrsagen.* — 8) शास्त *a) beherrscht.* — *b)* fehlerhaft für शस्त *gerühmt, empfohlen* Âpast. Çr. 13,16,4. — 9) शासित *a) gestraft.* — *b) im Zaum gehalten.* — *c) angewiesen* Hem. Par. 2,368. — *d) unterwiesen, belehrt in* (Loc.). — 10) शिष्ट *a) angewiesen, befohlen, gefordert; dem Etwas befohlen worden ist.* — *b) gelehrt, traditus.* — *c) unterrichtet, gebildet, wohlgesittet;* m. *ein gebildeter Mann, ein geistig und sittlich hochstehender Mann.* — *d) ausgezeichnet, vorzüglich.* — Caus. शासयति *anempfehlen* (wenn die Lesart richtig sein sollte) Bâlar. 128, 19. — Mit अनु 1) *Jmd unterweisen, belehren, Jmd den Weg zeigen, eine Anweisung ertheilen, Verhaltungsmaassregeln geben, als höher Stehender mit Jmd reden, Jmd instruiren* (mit Acc. der Person); *Etwas lehren,* — *Jmd* (mit doppeltem Acc.); *Etwas anbefehlen,* — *Jmd* (mit doppeltem Acc.); Pass. *gelehrt —, belehrt werden.* — 2) *angeben, bezeichnen, nennen.* — 3) *herrschen über, beherrschen;* mit Acc. Auch in Verbindung mit राज्यम् oder स्वाराज्यम्. — 4) *bestrafen.* — 5) *preisen, loben.* v. l. अनुशंसन्ति st. अनुशासन्ति. — 6) अनुशास्त und अनुशासित *belehrt, unterwiesen.* — 7) अनुशिष्ट *a) belehrt, unterwiesen, angewiesen, instruirt,* — *von* (Instr., ausnahmsweise Abl.), *angeredet von einem höher Stehenden, dem Etwas* (Acc.) *anbefohlen worden ist.* — *b) gelehrt, mitgetheilt.* — *c) vollzogen.* — Mit अभ्यनु *angeben, bezeichnen, nennen.* — Mit समनु 1) *belehren, Jmd Etwas beibringen;* mit doppeltem Acc. — 2) राज्यम् *das Regiment führen, regieren.* Auch राज्यलक्ष्मीम् Batavia-Inschr. 9. — Mit अभि 1) *Etwas anweisen.* — 2) *beherrschen.* — Mit आ 1) Med. (Act. Suparn. 6,5. metrisch MBh. 13,169,80. Çat. Br. 14,4,2,33 ist आशौ अस्ति gemeint) *erwünschen, erbitten, erhoffen, erwarten,* — *von* (Abl.), *wünschen,* — *für Jmd* (Dat. oder Loc.); *in Aussicht stellen* Maitr. S. 2,1,8 (10,4). आशिषम् und आशिषस् *einen Wunsch —, Wünsche wünschen, für Jmd* (Dat.). Mit Acc. der Person *Jmd alles Gute wünschen.* आत्मानमाशीर्भिराशासानः Karaka 1,8. — 2) Act. ein Gebet *bittend richten an.* v. l. Med. — 3) Act. *anweisen, Jmd einen Befehl ertheilen;* mit Acc. der Person und Infin. Bhatt. — 4) आशासित *a) erwünscht* u. s. w. — *b)* Kathâs. 56,70 fehlerhaft für आश्वासित. — Mit संप्रा MBh. 5,4998 fehlerhaft für संप्र. — Mit समा Med. *seine Bitte richten an* (Acc.) Bhâm. V. 2,110. — Mit उद् *hinaufweisen,* — *leiten* (zu den Göttern). — Mit नि 1) *wegsprechen von* (Instr.). — 2) *Jmdm* (Dat.) *ankünden, anweisen* Ṛv. 4,2,7. — Mit प्र 1) *unterweisen, belehren, anweisen.* — 2) *Jmd anweisen,* so v. a. *Jmd eine Weisung geben, verfügen über Jmd* oder *Etwas;* mit Acc. — 3) *bestrafen.* — 4) *verfügen über,* so v. a. *herrschen über, beherrschen, leiten, regieren; über Etwas eine Entscheidung treffen, bestimmen;* mit Acc. oder Acc. mit अधि. राज्यम् *das Regiment führen, regieren.* — 5) प्रशा-

सित verwaltet. — 6) प्रशास्त fehlerhaft für प्रशस्त gerühmt, empfohlen. — Mit संप्र mit dem Acc. राज्यम् die Herrschaft führen, regieren MBh. 5,147,41. — Mit प्रति, °शिष्ट 1) abgeschickt, entsandt H. an. 4,63 (vgl. Zach. Beitr. 90). Çiç. 16,1. — 2) *verweigert H. an. 4,63. — Mit वि verschiedene Anweisungen geben in Bezug auf (Acc.) Âpast. Çr. 14,34,4. Vgl. विशिंस्. — Mit सम् 1) anweisen, auffordern. — 2) zusammenreihen mit (Instr.). Hierher vielleicht संशिषन्ति (!) Vaitân. 30,17. — 3) संशासित belehrt, unterwiesen.

2. शास् f. 1) Gebot. — 2) concret Gebieter.

3. शास्, शास्ति s. 1. शास्.

4. शास् Adj. = 3. शस् in den starken Formen; s. उक्थशस्.

1. शास m. Anweisung, Gebot.

2. शास m. 1) Strafer, Gebieter. — 2) Bez. der Hymne ṚV. 10,152 Ait. Br. 8,10,4. — 3) angeblich N. pr. des Liedverfassers von ṚV. 10,152.

3. शास m. Schlachtmesser 25,20. °हस्त Adj. 11.

शासक m. Lehrer, Belehrer Çiç. 14,11. Vgl. मन्त्री°.

शासन 1) Nom. ag. (f. ई) a) strafend, züchtigend; Bestrafer, Züchtiger. Vgl. पाक°. — b) unterweisend, lehrend, Unterweiser. — 2) n. (adj. Comp. f. आ) a) Bestrafung, Züchtigung, Strafe Baudh. 2,1,17. — b) Herrschaft, Regiment, — über (im Comp. vorangehend). — c) der schriftliche Befehl eines Fürsten, Edict, Schenkungsedict, — auf den Namen von (Gen.). — d) Anweisung, Geheiss, Gebot, Befehl, Auftrag, — an Jmd (im Comp. vorangehend 105,19). शासनं कर् oder कार् (Baudh. 4,1,14) und शासने वर्त् (Baudh. 1,18,8) oder स्था Jmds (Gen. oder im Comp. vorangehend) Befehlen gehorchen, Jmd gehorchen. Abl. auf Geheiss, auf Befehl von (Gen.). f. शासना Comm. zu Çiç. 14,36. — e) Unterweisung, Belehrung, das Lehren von Etwas (im Comp. vorangehend). — f) Vorschrift, Lehre, Rath. — g) Lehre, so v. a. Glaube, Religion Harshaḱ. 212,2.

शासनदेवता f. bei den Gaina die göttliche Botin eines Arhant Hem. Par. 12,214.

शासनदेवी f. dass. Hem. Par. 9,93.

शासनधर m. Bote.

शासनवर्तिन् Adj. Jmds (Gen.) Befehlen gehorchend Kathâs. 48,135.

शासनवाहक m. Bote.

शासनशिला f. ein auf Stein eingegrabenes Edict Saduktik. 1,372.

*शासनहर, °हारक und °हारिन् m. Bote.

शासनीय Adj. zu unterweisen, zu belehren, — von (Gen.).

शासितर् Nom. ag. 1) Züchtiger, Bestrafer. — 2) Herrscher, Gebieter, — über (Acc. [Kampaka 96] oder im Comp. vorangehend). — 3) Unterweiser, Lehrer Çaṁk. zu Bâdar. 2,1,14.

शासितव्य Adj. zu lehren, vorzuschreiben 243,25.

°शासिन् Adj. 1) strafend, züchtigend. — 2) gebietend, beherrschend, Herrscher über. — 3) unterweisend, belehrend Çiç. 13,24.

शासुस् n. Anweisung, Gebot.

शास्तर् Nom. ag. 1) Bestrafer, Züchtiger. — 2) Gebieter. — 3) der einen Befehl zu Etwas ertheilt. — 4) Unterweiser, Lehrer Âpast. Vagrakkh. 28,16. Kârand. 24,16. — 5) bildliche Bez. der Strafe und *des Schwertes. — 6) Bez. Buddha's Râgat. 8,243.

1. शास्ति f. 1) Bestrafung. — 2) Geheiss, Befehl.

2. शास्ति m. Bez. der Wurzel 1. शास् Çiç. 14,66.

*शास्तृक Adj. vom Lehrer kommend.

शास्तृत्व n. Nom. abstr. zu शास्तर् 2).

शास्त्र n. 1) Anweisung, Vorschrift. — 2) Unterweisung, Belehrung, ein guter Rath. — 3) Regel, Leitfaden, Theorie. — 4) Lehrbuch, Fachwerk, ein wissenschaftliches —, ein kanonisches Werk. — 5) Gelehrsamkeit.

शास्त्रकार und शास्त्रकृत् m. Verfasser eines Lehrbuchs.

शास्त्रगञ्ज m. N. pr. eines Papageien.

*शास्त्रगण्ड m. = प्रघणविद्.

1. *शास्त्रचक्षुस् n. das Auge der Lehrbücher, so v. a. Grammatik.

2. शास्त्रचक्षुस् Adj. der die Lehrbücher zu Augen hat, wissenschaftlich verfahrend Karaka 6,26. 30.

*शास्त्रचारण Adj. = शास्त्रज्ञ.

शास्त्रचिन्तक m. ein Gelehrter.

शास्त्रचौर m. der auf eine unrechtmässige Weise in den Besitz einer Lehre gelangt.

शास्त्रज्ञ Adj. mit den Lehrbüchern vertraut, gelehrt; m. Fachmann. केवल° ein blosser Theoretiker.

*शास्त्रतत्त्वज्ञ 1) Adj. ein Lehrbuch aus dem Grunde kennend. — 2) m. Astrolog.

शास्त्रतस् Adv. nach Vorschrift, nach den vorgeschriebenen Regeln.

शास्त्रत्व n. Nom. abstr. zu शास्त्र 3).

शास्त्रदर्पण m. Titel eines Werkes.

शास्त्रदर्शन n. das Erwähntwerden in einem Lehrbuche. Abl. so v. a. शास्त्रतस्.

*शास्त्रदर्शिन् Adj. = शास्त्रज्ञ.

शास्त्रदस्यु m. = शास्त्रचौर MBh. 12,269,53.

शास्त्रदीपिका f., °क्रोड m., °टीका f. (Opp. Cat. 1), °प्रकाश m., °प्रभा f., °प्रवेश m., °लोक m. und °व्याख्या f. Titel.

शास्त्रदृष्ट Adj. in Lehrbüchern erwähnt, — vorgeschrieben, wissenschaftlich, der Doctrin entsprechend, vorschriftsmässig, regelrecht.

शास्त्रदृष्टि 1) Adj. = 2. शास्त्रचक्षुस् MBh. 14,14,4. — 2) m. Astrolog; vgl. शास्त्रतत्त्वज्ञ 2).

शास्त्रनेत्र Adj. = 2. शास्त्रचक्षुस्.

शास्त्रपाणिन् Adj. 141,8 Druckfehler für शस्त्र°.

शास्त्रबुद्धि f. Gelehrsamkeit.

शास्त्रमति Adj. geschult, gelehrt; m. Fachmann.

शास्त्रमाला f. und °वृत्ति f. Titel.

शास्त्रवत् Adv. = शास्त्रतस्.

शास्त्रवर्जित Adj. für den es kein Gesetz giebt Spr. 642.

शास्त्रवाद m. ein Ausspruch der Lehrbücher Spr. 6448.

शास्त्रवादिन् m. Lehrer Spr. 7689.

शास्त्रविद् Adj. = शास्त्रज्ञ Gaut.

*शास्त्रशिल्पिन् m. Pl. Bez. der Kaçmira.

शास्त्रसारोद्धार m. Titel eines neueren Werkes Burnell, T.

शास्त्रसिद्धान्तलेशसंग्रह m. Titel eines Werkes.

शास्त्रातिग Adj. gegen die Lehrbücher verstossend Baudh. 1,10,8.

शास्त्राध्यापक m. Lehrer Ind. St. 13,323.

शास्त्रान्वित Adj. der Lehre entsprechend, regelrecht, correct Ind. St. 13,474.

शास्त्रारम्भसमर्थन n. und शास्त्रारम्भवादार्थ m. Titel von Werken Opp. Cat. 1.

शास्त्रावर्तलिपि f. eine best. Art zu schreiben.

शास्त्रिक Adj. in den Lehrbüchern bewandert Çiva-P. 57,83.

*शास्त्रित Adj. von शास्त्र.

शास्त्रिन् 1) Adj. gelehrt; m. Gelehrter, Fachmann. — 2) *m. ein Buddha.

शास्त्रीय Adj. er Theorie —, den Lehrbüchern angehörig, darin gelehrt, theoretisch. Nom. abstr. °त्व n.

शास्त्रौघ m. ein umfangreiches Lehrbuch Ind. St. 13,460.

शास्य, शासित्र Adj. 1) zu züchtigen, zu bestrafen, strafbar Gaut. 2,44. Bâlar. 141,15. — 2) im Zaum —, in Ordnung zu halten, zu regieren. — MBh. 12,2691 fehlerhaft für सस्य.

शाह m. 1) = شاه. — 2) N. pr. einer Oertlichkeit. शाहदेश m.

शाहजीराज m. N. pr. eines neueren Fürsten Burnell, T.

शाहि m. N. pr. eines Mannes.

शाहेव m. wohl = صاحب.

शाङ्काम = شاه نامه.

शि wetzen, schärfen s. 2. शा.

शिंश m. ein best. Fruchtbaum.

शिंशप m. (metrisch) und शिंशपा f. Dalbergia Sissoo (ein schöner und starker Baum) Râǵan. 9,131. Bhâvapr. 1,232.

शिंशपायन m. v. l. für वैशंपायन VP.² 3,66.

*शिंशपास्थल n. P. 7,3,1, Sch.

शिंशिपा f. fehlerhaft für शिंशपा.

शिंशुमार m. Delphinus gangeticus.

शिंह् = शिङ्घ् in उच्छिंहन und उपशिंहन.

*शिंह्वाण n. 1) Rotz. — 2) Eisenrost. — 3) Glasgefäss.

*शिकम् Indecl. gaṇa चादि.

*शिक्कु Adj. schlaff, energielos.

शिक्वन् in सुशिक्वन्.

शिक्य n. 1) Schlinge, an welcher getragen wird, Tragband (Baudh. 2,17,11. 33. 37); ein an Schnüren hängendes Gefäss, eine solche Wagschale (geflochten oder von Zeug). Auch *शिक्या f. — 2) *= वक्रविकार (!).

शिक्यक = शिक्य 1). °वस्त्र n. eine an Schnüren hängende Wagschale von Zeug.

शिक्यपाश m. die Schnur, an der ein Gefäss hängt.

शिक्यवन्त् Adj. mit einem Tragband versehen.

(शिक्याकृत) शिक्यऽाकृत Adj. an Schnüre gehängt.

*शिक्यित Adj. an einem Tragband hängend.

शिक्योद्धृत Adj. an einem Tragband aufgehängt Çat. Br. 5,5,4,28.

शिक्व Adj. kunstfertig.

शिक्वन् Adj. dass. Nach Sâj. = रज्जु und तेजस्.

शिक्वस् Adj. vermögend, wirksam, mächtig.

1. शिक्ष्, शिक्षति, °ते 1) Act. versuchen, unternehmen. — 2) Med. (Act. ausnahmsweise, meist metrisch) lernen, einüben, erlernen von (mit Acc. der Sache und Abl. der Person; st. dessen auch सकाशात् mit Gen. der Person), sich üben in (Loc.). शिक्षमाण auch so v. a. Schüler. Pass. erlernt werden. शिक्षित erlernt Kâd. 86,16 (156,1). गिर् f. so v. a. eine geübte Stimme Baudh. 2,4,5. — Caus. शिक्षयति (ganz ausnahmsweise Med.) lehren, belehren, unterrichten, eines Bessern belehren; mit Acc. der Person (Bâlar. 140,20), mit Acc. der Sache, mit doppeltem Acc., mit Acc. der Person und Loc. der Sache, mit Acc. der Person und Infin., mit Acc. der Sache und Gen. der Person (Bâlar. 25,15). शिक्षित gelehrt, unterrichtet (von Personen); das Worin im Acc. (zu Spr. 3006), Loc. oder im Comp. vorangehend. — Mit अनु Med. lernen, erlernen; mit Acc. der Sache und Gen. oder Abl. der Person. अनुशिक्षित gelernt, erlernt, — von (im Comp. vorangehend). — Caus. belehren, Jmd (Gen.) Etwas (Acc.) lehren. — Mit अभि Caus. Etwas (Acc.) lehren, — Jmd (mit doppeltem Acc.). — Mit आ in आशिक्षितॄ. आशिक्षित Kâm. Nîtis. 11,30 fehlerhaft für अशिक्षित. — Mit उप 1) Med. versuchen, unternehmen. — 2) Act. (häufig, aber metrisch) und Med. lernen, erlernen, erforschen, erfahren, — von (Abl.). उपशिक्षित erlernt. — 3) Med. lehren, mit Acc. der Sache und Gen. der Person. — Caus. 1) Jmd belehren. शिक्षित belehrt. — 2) lehren, mit Acc. der Sache und Gen. der Person. शिक्षित gelehrt, mitgetheilt, — von (Instr. oder im Comp. vorangehend). — Mit सम् Caus. 1) lehren, mit doppeltem Acc. — 2) erproben Dh. V. 12,16.

2. शिक्ष्, शिक्षति, शिक्षते; 1) Act. Jmd (Dat.) helfen wollen, helfen, sich gefällig erweisen. — 2) Act. mittheilen wollen, schenken. — 3) Act. Jmd (Acc.) beschenken wollen mit (Instr.). — 4) Med. Jmd (Acc.) seine Dienste anbieten, in Jmds Dienste treten. — Mit आ 1) Etwas (Gen.) mittheilen. — 2) beschenken wollen mit (Instr.). — Mit उप 1) Act. an sich ziehen, anlocken, einladen. — 2) Med. Jmd (Acc.) seine Dienste anbieten, in Jmds Dienste treten, sich Jmd zur Verfügung stellen. उपशिक्षित mit act. Bed. — Mit प्रति Act. anlocken, einladen. — Mit वि Act. etwa vertheilen.

1. शिक्षक Nom. ag. unterweisend, belehrend (Comm. zu Çiç. 13,24), Lehrer.

2.*शिक्षक Adj. mit der Çikshâ vertraut.

शिक्षण n. das Belehren, Unterweisen, — in (Loc.).

शिक्षणीय Adj. zu lehren (Prasannar. 89,7), zu unterweisen; mit Acc. der Sache.

शिक्षा f. (adj. Comp. f. आ) 1) Kenntniss, Kunst, Fertigkeit, Geschicklichkeit, — in (Loc. oder im Comp. vorangehend). Instr. Sg. und Pl. kunstgerecht. — 2) Unterricht, Unterweisung, Vorschrift, Lehre. — 3) Züchtigung Comm. zu Nâjam. 6,7,2. — 4) die Lehre von den grammatischen Elementen, eine Hülfswissenschaft zum Veda und Titel besonderer Schriften. — 5) *Bignonia indica.

*शिक्षाकर m. Bein. Vjâsa's.

शिक्षाकार m. 1) ein Sänger mit Lehrtalent S. S. S. 118. — 2) Verfasser einer Çikshâ.

1. शिक्षाक्षर n. ein nach den Vorschriften der Çikshâ richtig ausgesprochener Laut.

2. शिक्षाक्षर Adj. nach den Vorschriften der Çikshâ richtig ausgesprochen.

शिक्षाचार Adj. kunstgemäss —, der Vorschrift gemäss sich betragend.

शिक्षादण्ड m. eine als Lehre dienende Strafe.

शिक्षानर Adj. wohl Männern helfend oder mittheilend.

शिक्षापत्त्र n. Titel eines Werkes.

शिक्षापद n. Vorschrift der Moral Harshać. 204,13. Kâraṇḍ. 98,16.23. 99,2. °प्रज्ञप्ति f. Titel eines Theils des Vinaja.

शिक्षाबोध m. Titel eines Werkes Opp. Cat. 1.

शिक्षारस m. die Lust —, das Verlangen in Etwas (Loc.) eine Kunstfertigkeit zu erlangen Viddh. 40,7.

शिक्षावन्त् Adj. 1) kenntnissreich. — 2) belehrend.

शिक्षावल्ली f. Titel des 1sten Theils der Taitt. Up.

शिक्षाविधि m. Titel eines Werkes.

शिक्षासंवर m. das sittliche Leben eines Mönchs Kâraṇḍ. 96,6. 98,11.

*शिक्षासमुच्चय m. und शिक्षासूत्र n. Titel von Werken.

शिक्षास्वर m. = 1. शिक्षाक्षर.

शिक्षित 1) Adj. s. u. 1. शिक्ष् Simpl. und Caus. — 2) *f. आ N. pr. eines Frauenzimmers. — 3) n. das Unterrichten, Lehren.

शिक्षितव्य Adj. zu erlernen von (Abl.) Comm. zu Âçv. Çr. 6,8,5.

शिक्षिताक्षर 1) Adj. der das Lesen und Schreiben erlernt hat. — 2) *m. Schüler.

शिक्षु Adj. mittheilsam, hülfreich.

शिक्षुक Adj. der die Çikshâ studirt Mâṇḍ. Çikshâ 1,6. 14,10. 15,1.

शिक्षेण्य Adj. (f. आ) lehrreich.

शिख m. N. pr. eines Schlangendämons. शिखा f. s. bes.

*शिखक m. = लेखक.

शिखण्ड 1) m. (adj. Comp. f. आ) a) Haarstrang, — büschel. Vgl. चतुःशिखण्ड. — b) Pfauenschwanz. — c) eine best. Pflanze. — 2) *f. शिखण्डी gaṇa गौरादि. a) Abrus precatorius Râǵan. 3,101. — b) gelber Jasmin Râǵan. 10,98.

शिखण्डक 1) m. a) = शिखण्ड 1) a). — b) = शिखण्ड 1) b). — c) Du. (nach dem Comm. n.) die unterhalb der Hinterbacke gelegenen Fleischtheile TS. 5,7,23,1. — d) bei den mystischen Çaiva ein Erlöster best. Art Hemâdri 1,823,6. Vgl. शिखण्डिक und शिखण्डिन्. — 2) *f. °ण्डिका = शिखण्ड 1) a).

शिखण्डास्थि n. Du. Bez. bestimmter Knochen Çat. Br. 4,5,2,5. Vgl. शिखण्डक 1) c).

शिखण्डिक 1) m. a) *Hahn. — b) = शिखण्डक 1) d) Hemâdri 1,611,9. — 2) *(wohl n.) eine Art

Rubin Garbe zu Râǵan. 13,151.

शिखण्डिकेतु m. Bein. Skanda's Bâlar. 99,4.

शिखण्डित n. *ein best. Metrum.*

शिखण्डिन् 1) Adj. *einen Haarbusch tragend, cirratus* (Gandharva, Rudra-Çiva, Vishṇu-Kṛshṇa u. s. w.). — 2) m. *a) Pfau* H. an. 3,426 (vgl. Zach. Beitr. 88). Çiç. 6,45. — *b) * Pfauenschwanz* H. an. (vgl. Zach. Beitr. 88). — *c) * Hahn.* — *d) * Pfeil.* — *e)* = शिखण्डक 1) *d)* Hemâdri 2,a,126, 12. — *f)* N. pr. α) eines Mannes mit dem Patron. Jâǵnasena; im Epos eines Sohnes des Drupada, der den Bhîshma erschlug. Er wird als Mädchen (daher auch शिखण्डिनी genannt) geboren und von einem Jaksha in einen Knaben verwandelt. Nach einer anderen Sage wird er nur einfach für einen Knaben von der Mutter ausgegeben. — β) eines Brahmanen. — γ) eines Berges. — 3) f. शिखण्डिनी *a) Pfauhenne* Çiç. 8,11. — *b) * Abrus precatorius.* — *c) * Jasminum auriculatum.* — *d)* N. pr. α) = 2) *f)* α). — β) der Gattin Antardhâna's. — γ) zweier Apsaras, angeblich Verfasserinnen von ṚV. 9,104.

शिखण्डिमन्त् Adj. *reich an Pfauen.*

शिखर 1) Adj. *spitzig, zackig.* — 2) m. n. *a) Bergspitze* (Hemâdri 1,394,11. fgg.), *Baumgipfel, Giebel, Zinne* oder *Thurm, Spitze* überh., *ein spitzer Gegenstand.* पृष्ठ° *ein berghoher Rücken.* — *b) * das Sträuben der Härchen am Körper.* — *c) * ein Rubinstückchen von der Farbe eines reifen Granatkorns.* — *d) * Achselgrube (Achsel?).* — 3) m. *a) eine best. Stellung der Hand.* — *b)* N. pr. eines Mannes. — 4) f. आ *a) * Sanseviera Roxburghiana.* — *b) eine best. mythische Keule.* — 5) f. ई *a)* = 4) *b).* — *b)* * = कर्कटशृङ्गी Râǵan. 6,158. — 6) n. *a) Gewürznelke.* — *b) ein best. mythisches Geschoss.*

शिखरदती Adj. f. *spitzzähnig* Citat bei Vâmana.

*शिखरवासिनी f. Bein. der Durgâ.

शिखरसेन m. N. pr. eines Mannes Mudrâr. 82, 7 (136,14).

शिखराद्रि (Conj.) m. N. pr. eines *Berges.*

शिखरिन् 1) Adj. *mit Spitzen —, mit Zacken versehen, spitzig* Megh. 79. Vâsav. 95,1. — 2) m. *a) Berg.* — *b) * Baum.* — *c) * Achyranthes aspera* Râǵan. 4,90. — *d) * Andropogon bicolor* Râǵan. 16,25. — *e) * eine best. Schmarotzerpflanze* Râǵan. 3,66. — *f) * das Harz der Boswellia thurifera* Râǵan. 12,120. — *g) * Parra jacana* oder *goensis.* — *h) * eine Antilopenart* Râǵan. 19,47. — *i) * Festung.* — *k)* N. pr. eines Berges. — 3) f. °रिणी *a) * Härchenreihe.* — *b) * Jasminum Sambac.* — *c) * Sanseviera Roxburghiana.* — *d) * eine Art Weinstock* oder *Weintraube.* — *e) * eine Perle von Weib.* *f) gekäste Milch mit Zucker und Gewürz* Bhâvapr. 2,27. Vgl. Molesw. u. शिखरण. — *g) ein best. Metrum* Vâsav. 95,1. Viddh. 29,1.

शिखरिपक्षिन् m. *ein beflügelter —, fliegender Berg* Spr. 1095.

शिखरीन्द्र m. *der Fürst der Berge* (Bein. des Raivataka nach dem Comm.) Çiç. 6,73.

शिखरेशलिङ्ग n. Name eines Liṅga auf dem Kailâsa.

शिखा f. (adj. Comp. f. आ) 1) *Strähne —, Strang von Haaren, Haarbusch.* — 2) *Pfauenkamm.* — 3) *Flamme* Spr. 7846. — 4) *Strahl.* — 5) * *Zweig.* — 6) * *eine faserige Wurzel.* — 7) * *Jussiaea repens.* — 8) *Spitze* überh. 292,17), *Saum* (eines Gewandes). — 9) = शिखावृद्धि Gaut. 12,35. — 10) * *Kopf.* — 11) * *Brustwarze* Râǵan. 18,40. Vgl. स्तन°. — 12) * *Fussspitze.* — 13) Bez. *eines best. Theiles eines Spruches* (*der Haarbusch des als Fürsten gedachten Spruches*). — 14) * *das Beste in seiner Art.* — 15) Name *verschiedener Metra.* — 16) * *Liebesfieber.* — 17) N. pr. eines Flusses VP.² 2,193. Richtig शिखी. — 18) R. 5,12,32 fehlerhaft für शाला.

*शिखाकन्द n. *eine Art Zwiebel* oder *Knoblauch* Râǵan. 7,19.

*शिखाग्रदन्त und *°दन्त Adj.

*शिखाचल Trik. 2,5,26 fehlerhaft für शिखावल.

शिखाजट Adj. *dessen Kopf bis auf einen Haarbüschel geschoren ist* Gaut. 1,27. Âpast. Vgl. शिखामुण्ड.

*शिखाण्डक m. = शिखण्ड 1).

*शिखातरु m. *Lampengestell.*

शिखादामन् n. *ein auf dem Kopfe getragener Kranz.*

*शिखाधर m. 1) *Pfau.* — 2) Bein. Mańǵuçrî's.

*शिखाधार m. *Pfau.*

शिखापति m. N. pr. eines Mannes.

शिखापाश m. *Haarschopf* Bhar. Nâṭjaç. 20,13.

*शिखापित्त n. *Brennen in den Fingern und Zehen* Gal.

*शिखाबन्ध m. *Haarschopf.*

शिखाबन्धन n. *das Binden des Haarbusches.*

शिखाभरण n. *Kopfschmuck, Diadem.*

शिखामणि m. *ein auf dem Scheitel getragenes Juwel.* Am Ende eines Comp. so v. a. *eine Perle von —, die Krone von —, der oder das Beste in seiner Art.*

शिखामुण्ड Adj. *kahl geschoren bis auf den Haarbusch* Baudh. 2,11,18. Vgl. शिखाजट.

*शिखामूल n. = शिखाकन्द Râǵan. 7,19. v. l. शिखिमूल.

*शिखालु m. *Celosia cristata* Râǵan. 5,48.

शिखावन्त् 1) Adj. *a) flammend, brennend* Çiç. 20, 61. — *b) mit einer Spitze versehen.* — 2) m. *a) * Feuer.* — *b) * ein Komet* oder *der niedersteigende Knoten.* — *c)* N. pr. eines Mannes. — 3) * f. °वती *Sanseviera Roxburghiana.*

*शिखावर m. *Brodfruchtbaum.*

शिखावर्त m. N. pr. eines Jaksha.

शिखावल m. *Pfau.*

*शिखावृत्त m. *Lampengestell.*

शिखावृद्धि f. Bez. *eines best. Zinses* Jolly, Schuld. 298.

शिखि (metrisch für शिखिन्) m. 1) *Pfau.* — 2) * *der Liebesgott.* — 3) N. pr. Indra's unter Manu Tâmasa.

*शिखिकण्ठ n. und *शिखिग्रीव n. *blauer Vitriol* Râǵan. 13,103 nebst Note.

शिखिता f. Nom. abstr. von शिखिन् *Pfau.*

शिखितीर्थ n. N. pr. eines Tîrtha.

शिखिदिश् f. Agni's *Weltgegend, Südost.*

शिखिद्युत् Adj. *wie Feuer glänzend* Çiç. 17,16.

शिखिध्वज 1) * m. *a) Rauch.* — *b)* Bein. Kârttikeja's. — 2) n. N. pr. eines Tîrtha.

शिखिन् 1) Adj. *a) einen Haarbusch tragend* Gaut. — *b) auf der Höhe der Wissenschaft stehend.* — 2) m. *a) Pfau.* — *b) * Hahn.* — *c) * Ardea nivea.* — *d) * Stier.* — *e) * Pferd.* — *f) Feuer, der Gott des Feuers.* — *g)* Bez. *der Zahl drei* (wegen der *drei heiligen Feuer*) Râǵan. 11,192. — *h) * Lampe.* — *i) Komet.* — *k) der niedersteigende Knoten* VP.² 2, 259. — *l) * Berg.* — *m) * Baum.* — *n) * Carpopogon pruriens.* — *o) * Trigonella foenum graecum.* — *p) * eine best. Gemüsepflanze,* = सितावर. — *q) * Pfeil.* — *r) * ein Brahmane.* — *s)* N. pr. α) eines Schlangendämons. — β) Indra's unter Manu Tâmasa. — γ) des 2ten Buddha Kârand. 13,13. — δ) eines Brahman (des Gottes) bei den Buddhisten Lalit. 315,6. fgg. — 3) f. शिखिनी *a) Pfauhenne.* — *b) * Celosia cristata* Râǵan. 5,48.

शिखिन्धन (!) m. N. pr. eines Mannes.

*शिखिप्रिय m. *eine Art Judendorn* Râǵan. 11,147.

*शिखिमण्डल m. *Crataeva Roxburghii.*

*शिखिमूल n. s. u. शिखामूल.

*शिखिमोदा f. *eine best. Pflanze,* = अजमोदा Râǵan. 6,111.

*शिखिवर्धक m. *Beninkasa cerifera.*

शिखिवासस् m. N. pr. eines Berges.

*शिखिवाहन m. Bein. Kârttikeja's.

शिखिव्रत n. *eine best. Begehung.*

*शिखिशृङ्ग m. *die gefleckte Antilope* Râǵan. 19,45.

शिखी f. N. pr. eines Flusses VP. 2,4,11.

शिग्रु m. 1) N. pr. *a)* Pl. eines Volkes. — *b)* *eines Mannes. — 2) *Moringa pterygosperma, horse radish* (Blätter und Blüthen dienen als Gemüse) Mat. med. 117. Râǵan. 7,26. Bhâvapr. 1,205. Harshaḱ. 197,24. n. *der Same dieser Pflanze* Karaka 6,19. — 3) **Gemüse* überh.

शिग्रुक 1) m. = शिग्रु 2) Karaka 6,23. — 2) *n. *Gemüse* überh.

*शिग्रुज n. und *शिग्रुबीज n. *der Same von Moringa pterygosperma.*

*शिङ्ख्, शिङ्खति (गत्यर्थ).

*शिङ्खप m. N. pr. eines Mannes.

शिङ्गभट्ट m. N. pr. eines Autors. °भट्टीय n. Titel seines Werkes Opp. Cat. 1.

शिङ्गभूपाल m. N. pr. eines Autors Kumârasv. zu Pratâpar. 195,5. °भूपालीय n. Titel seines Werkes Opp. Cat. 1.

शिङ्गि n. Pl. in der verdorbenen Stelle VS. 39,8. Statt शिङ्गीनि कोश्याभ्याम् liest TS. शिङ्गीनिकोश्याभ्याम्. शिङ्गी bezeichnet wohl wie निकोश्य *einen best. Theil der Eingeweide.*

शिङ्घ्, शिङ्घति (घ्राणे). शिङ्घित = घ्रात. Simplex nicht zu belegen. — Mit उद् in उच्छिङ्घन. — Mit उप *küssen.*

*शिङ्घण n. = शिङ्घाण *Rotz.*

*शिङ्घाण 1) m. *a) os sepiae.* — *b) geschwollene Hoden.* — 2) m. f. (आ Râǵan. 18,28) n. *Rotz.* — 3) n. *a) Eisenrost.* — *b) Glasgefäss.*

शिङ्घाणक 1) *m. n. *Rotz, Schleim.* — Statt सिङ्घाणक H. an. 4,270 hat die v. l. nach Zach. Beitr. 91 पिङ्गाणक (?). — 2) f. °णिका *Rotz.* Vgl. शृङ्खाणिका.

*शिङ्घिनी f. *Nase* Râǵan. 18,28.

शिच् f. (Nomin. शिक्) = शिक्य 1) und auch *Netz.*

शिञ्ज्, शिङ्क्ते *einen schrillen Laut von sich geben, klingen, schwirren* RV. Suparn. 22,4. Çiç. 10,62. Neben शिञ्जान (Bâlar. 81,5. Çukas. 1,67) auch शिञ्जन्त्. शिञ्जित *einen schrillen Laut von sich gebend, klingend, klirrend.* Die Bomb. Ausgg. stets स st. श. — Mit आ, आशिञ्जित *klingend.* — Mit परि, °शिञ्जित *umschwirrt.* — Mit वि *zwitschern.* — Mit सम् = Simplex. — Caus. संशिञ्जयति *klingend zusammenstossen* Âpast. Çr. 2,13,6. Hillebr. N. 83, N. 2.

शिञ्जा f. 1) *Geklingel, Gesumme* Harshaḱ. 202,9. — 2) *Bogensehne* Bâlar. 80,22. °लता f. dass. 81,5. — Auch सिञ्जा geschr.

शिञ्जार m. N. pr. eines Mannes.

*शिञ्जाश्वत्थ n. oder *शिञ्जास्थ n. gaṇa राजदन्तादि. v. l. सि°.

शिञ्जित 1) Adj. s. u. शिञ्ज्. — 2) n. *Geschrille, Geklingel, Gesumme* u. s. w. Kumâras. 1,34. Vâsav. 263,7. — Auch सिञ्जित geschrieben.

शिञ्जिन् 1) *Adj. *klingend* u. s. w. — 2) f. °नी *a) Bogensehne* MBh. 8,48,20 (सि°). — *b) Sinus eines Bogens.* — *c)* **ein klingender Fussring.*

*शिट्, शेटति (अनादरे).

शिण्डाकी oder सि° f. *eine scharfe Sauce aus Senf, Rettig, Reismehl* u. s. w. Mat. med. 12.

1. शित Partic. s. u. 1. शा.

2. शित Partic. s. u. 2. शा.

3. शित m. N. pr. eines Sohnes des Viçvâmitra.

4. शित fehlerhafte Schreibart für 3. सित *hellfarbig, weiss.*

शितता f. *Schärfe.*

*शितद्रु f. N. pr. eines Flusses, = शतद्रु. Vgl. सितद्रु.

शितधार Adj. *mit scharfer Schneide, scharf* MBh. 3,203,35. Hariv. 2447. Bhâg. P. 4,5,22.

*शितपुष्प n. *Cyperus rotundus.* v. l. सित°.

*शिताग्र m. *Dorn* Hâr. 91 (सि° gedr.).

शिताभ्र m. MBh. 13,836 fehlerhaft für सिताभ्र.

शितामन् n. *der untere Vorderfuss* (des Opferthiers); nach Anderen *Leber, Fett* oder *Wurf* (योनि) *der Kuh.* शितामतस् Adv. TBr. 3,6,11,2.

*शितावर s. सितावर.

शिति 1) Adj. (f. eben so) *a) weiss* Ind. St. 14, 384. — *b) schwarz* Çiç. 15,82 (48). — 2) *m. *a) Betula Bhojpatra.* — *b)* = सार. — *c)* fehlerhaft für शिखि.

शितिककुद् Adj. *weisshöckerig* Maitr. S. 2,5,10 (60,18. 61,3).

*शितिककुद Adj. dass.

शितिकक्ष Adj. *weissschulterig* Maitr. S. 3,13,5.

शितिकक्षिन् m. TS. 5,5,20,1 nach dem Comm. = पाण्डरोदरो गृध्रः.

शितिकण्ठ 1) Adj. *a) weisshalsig.* — *b) schwarz-, blauhalsig* Gaut. — 2) m. *a) ein best. Raubvogel.* — *b) Pfau* Çiç. 3,27. 20,5. Bâlar. 75,17. Vikramâṅkaḱ. 13,35. — *c)* **eine Hühnerart,* = दात्यूह. — *d)* Bein. Çiva's Spr. 7660. — *e)* N. pr. α) eines Schlangendämons. — β) verschiedener Männer. Auch °दीक्षित.

शितिकण्ठक Adj. *blauhalsig.*

शितिकण्ठरामायण n. (Opp. Cat. 1) und °कण्ठस्तोत्र n. (Burnell, T.) Titel.

शितिकण्ठीय n. Titel eines Werkes Opp. Cat. 1. °टिप्पणी f. ebend.

शितिकेश m. N. pr. eines Wesens im Gefolge Skanda's.

शितिङ्ग Adj. vielleicht *weisslich.*

*शितिचार m. *ein best. Gemüse.*

*शितिच्छद m. *Gans.*

*शितिनस् Adj. *weissnasig.*

शितिपक्ष 1) Adj. (f. आ) *weissflügelig.* — 2) *m. *Gans.*

शितिपद् Adj. (stark °पाद्, f. °पदी) *weissfüssig.*

शितिपाद Adj. dass.

शितिपृष्ठ Adj. (f. आ) *weissrückig* (nach Anderen *schwarzrückig*).

शितिप्रभ Adj. *weisslich.*

शितिबाहु und °बाहु (Maitr. S. 3,13,3) Adj. *mit weissen Vorderfüssen* Çat. Br. 5,3,1,10.

शितिभसद् Adj. *mit weissem Hintertheil.*

शितिभ्रु Adj. *mit weissen Brauen.*

शितिमांस n. *Fett.*

शितिरत्न n. *Sapphir* Çiç. 13,52.

शितिरन्ध्र Adj. *mit weissen Ohrhöhlen* Maitr. S. 3,13,3.

*शितिललाट Adj. *mit weisser Stirn.*

*शितिवर m. *Marsilea quadrifolia* Bhâvapr. 1, 283. Vgl. Kauç. 39.

शितिवार 1) Adj. *weissschweifig.* — 2) *m. *Marsilea quadrifolia.*

शितिवाल Adj. *weissschweifig.*

शितिवासस् 1) Adj. *dunkel gekleidet.* — 2) m. Bein. Balarâma's Çiç. 1,6.

*शितिसारक m. *Diospyros embryopteris.*

शिती Adv. mit कर् *scharf machen, wetzen* Vikramâṅkaḱ. 13,25.

शितीनु m. N. pr. eines Sohnes des Uçanas. v. l. शितेयु, शितेषु, शिनेयु.

शितीमन् und शितीमत्त = शितामन्. Nur Du. शितीमभ्याम् und शितीमद्याम्.

शितेयु m. N. pr. eines Sohnes des Uçanas. Vgl. शितीनु.

शितेषु m. 1) = शितेयु. — 2) R. 1,32,18. 19 fehlerhaft für शीतेषु.

शितोदर Adj. (f. ई) *dünnleibig* Hariv. 1,20,83.

शितोदा f. N. pr. eines mythischen Flusses. Richtig शीतोदा.

शितोपला f. *Zucker.* Richtig सितोपला.

शित्पुट m. *ein katzenähnliches Thier.* v. l. शित्पुट.

शित्यंस Adj. *weissschulterig.*

शित्युट m. s. u. शित्पुट.

शित्योष्ठ Adj. *weisslippig.*

शिथिर Adj. (f. आ) *locker, lose, schlaff, schwank; zart, weich.*

शिथिल॑ Adj. (f. आ) *locker, lose, schlaff, geschmeidig, schlotternd, sich hinundher bewegend, unstät, zitternd, schwach.* Mit einem Loc. *lässig in.* Adv. शिथिलम् *nicht fest.*

शिथिलता f. *Schlaffheit.* °तां गम् oder व्रज् so v. a. *vernachlässigt werden.*

शिथिलपीडित Adj. *zu schwach gedrückt.* Nom. abstr. °ता f. Suçr. 2,200,2. 3.

शिथिलंभाव m. in अशिथिलंभाव.

शिथिलय् 1) °यति *locker machen, lösen.* शिथिलित *locker —, schlaff gemacht, gelöst* Çiç. 7,36. 11,38. 15,88 (54). — 2) °यते so v. a. *unbenutzt vorübergehen lassen.* — Mit परि, °शिथिलित *ganz locker —, ganz schlaff gemacht* Çiç. 11,11.

शिथिलसमाधि Adj. *geringe Aufmerksamkeit auf Etwas wendend, zerstreut* Mâlav. 23 (24).

शिथिलाय्, °यते *schlaff werden* Kâd. 2,126,18 (155,8).

शिथिली Adv. 1) mit कर् *lockern, lösen, schlaff machen, vermindern, schwächen, lindern* Kâraka 1, 21. °कृत *gelockert* u. s. w. Çiç. 13,13. — 2) mit भू *schlaff werden, erschlaffen;* mit einem Abl. so v. a. *ablassen von.*

शिथिलीकरण n. *das Lockern, Schwächen.*

शिथिलीशान्ति f. Titel Burnell, T.

शिन m. N. pr. eines Mannes.

शिनि m. N. pr. verschiedener Männer. Am Anfange eines Comp. *das Geschlecht* Çini's.

शिनिबाहु N. pr. eines Flusses.

शिनिवास m. N. pr. eines Berges. v. l. शिनी°.

शिनीक m. N. pr. eines Lehrers VP. 6,8,49.

शिनीपति m. N. pr. eines Kriegers Hariv. 5021. v. l. सि°.

शिनीवाली f. fehlerhaft für सि°.

शिनीवास m. s. u. शिनिवास.

शिनेयु m. N. pr. verschiedener Männer.

शिपद् in अशिपद॑.

शिपविल्नुक॑ m. *ein best. Wurm* oder dgl. AV. 5,23,7.

*शिपविष्ट m. = शिपिविष्ट.

शिपाटक m. N. pr. eines Mannes.

शिपि॑ 1) m. wird durch पशु, प्राणिन् und रश्मि erklärt. — 2) n. angeblich = वारि *Wasser.*

शिपित॑ Adj. etwa *überschüssig.*

शिपिविष्ट॑ 1) Adj. a) dass. Kâth. 13,10. 14,10. — b) *kahl* Âpast. — c) **hautkrank* oder **keine Vorhaut habend.* — 2) m. Bein. a) Vishṇu's. — b) Rudra-Çiva's Bâlar. 18,3. 40,8. 9.

शिपिविष्टक॑ Adj. (f. आ॑) etwa *glatt.*

शिपिविष्टवत्त् Adj. *das Wort* शिपिविष्ट *enthaltend;* f. °वती *ein solcher Vers* Tâṇḍja-Br. 9,7,9. Âpast. Çr. 14,18,14. 25,10.

शिप्र und शिप्रा s. सिप्र und सिप्रा. शि॑प्रा s. bes.

शिप्रक m. N. pr. des Mörders von Suçarman.

शि॑प्रवत्त् Adj. *vollbackig.*

शि॑प्रा f. 1) Du. *die Backen.* — 2) Pl. *Backenstücke am Helm.* — 3) **Nase.*

शिप्रि॑णीवत्त् und शिप्रि॑न् Adj. = शि॑प्रवत्त्.

शिफ 1) *m. = शिफा. — 2) f. शि॑फा a) *eine faserige oder schwache Wurzel* Vâsav. 265,1. Wird als *Zuchtruthe* angewandt und daher auch so v. a. *Ruthenstreich.* — b) **Lotuswurzel.* — c) **Nardostachys Jatamansi.* — d) **Anethum Sowa.* — e) **Gelbwurz.* — f) **Mutter.* — g) N. pr. eines Flusses.

*शिफाक m. und *शिफाकन्द n. *Lotuswurzel.*

*शिफाधर m. *Zweig, Ast.*

*शिफारुह m. *der indische Feigenbaum* Râǵan. 11,119.

शिबि m. 1) N. pr. a) eines Liedverfassers mit dem Patron. Auçînara. Nach dem Epos ein wegen seiner Freigebigkeit und Uneigennützigkeit hochgeehrter Fürst, der seinen Leib hingab um eine Taube zu retten. — b) Pl. eines Volkes, das auf शिबि 1) a) zurückgeführt wird. — c) eines Sohnes des Indra. — d) Indra's im 4ten Manvantara. शिविन् v. l. — e) eines Sohnes des Manu Kâkshusha Bhâg. P. 4,13,16. — f) eines Daitja, Sohnes des Saṁhrâda. — 2) *ein Fürst der* Çibi. — 3) **Raubthier.* — 4) **Betula Bhojpatra.* — 5) **Typha angustifolia* Bhâvapr. 1,210.

शिबिक m. N. pr. 1) = शिबि 1) a). — 2) Pl. eines Volkes im Süden.

शिबिका 1) f. *Sänfte, Palankin.* Als Waffe Kubera's 100,25. शिबिकादान (sic) n. Titel Burnell, T. — 2) *Leichenwagen* Râǵat. 7,463.

शिबिकाल m. N. pr. eines Daitja Hariv. 1,3,76.

शिबिर 1) n. a) *ein fürstliches Lager, Feldlager, Heerlager; ein Zelt in einem solchen Lager; Zelt* überh. Bâlar. 243,2. — b) **eine Kornart.* — 2) m. Râǵat. 5,176 nach Kern fehlerhaft für टिबिर.

शिबिरगिरि m. N. pr. eines *Berges.*

*शिबीरथ m. = शिबिर 1) a).

शिभ्र॑ Adj. etwa *geil.*

शिम्, शि॑म्यति = 1. शम् *zurichten, zubereiten.*

शि॑मि m. wohl *Zurichter, Zerleger des geschlachteten Fleisches.*

*शिमि f. = 2. शमी *Hülsenfrucht.*

शिमिका f. N. pr. einer Oertlichkeit.

शिमिजावरी Adj. f. nach Sâj. *wildwachsend* Taitt. Âr. 4,39,1.

शि॑मिदा f. N. pr. einer Unholdin.

शि॑मिद्वत्त् Adj. als Bez. eines Windes Maitr. S. 4,9,6.

शिमिशिमाय्, °यति *brodeln* Varâh. Jogaj. 8,10. Vgl. सिमिसिमाय्.

*शिमिषीपद m. *ein* Râkshasa.

शि॑मी f. = 1. श॑मी *Bemühung, Fleiss, Werk.*

शि॑मीवत्त् Adj. *wirksam, durchdringend, gewaltig.*

*शिमुडी f. *ein best. Strauch* Râǵan. 4,167.

शिम्ब 1) m. a) *Hülsenfrucht, Schote.* — b) **Cassia Tora.* — 2) *f. आ = 1) a). Auch सिम्बा geschrieben.

शिम्बल॑ m. 1) *Schötchen.* Nach Sâj. *die Blüthe der* Çâlmali. — b) *eine best. Pflanze.*

शिम्बात॑ Adj. nach Nigh. = सुख.

शिम्बि f. 1) *Hülsenfrucht* (Kâraka 1,27), *Schote.* Auch शिम्बी. — 2) *शिम्बी *Phaseolus trilobus, Mucuna pruritus* und = निष्पावी Râǵan. 3,22.40.7,187.

*शिम्बिक 1) m. *eine schwarze Varietät von Phaseolus Mungo.* — 2) f. आ *Hülsenfrucht, Schote.*

*शिम्बिपर्णिका und *°पर्णी f. *Phaseolus trilobus.*

शिम्बीधान्य n. *Hülsenfrucht* Râǵan. 16,2. Bhâvapr. 1,172. 175.

*शिम्बीफल n. *Tabernaemontana coronaria* Râǵan. 4,170.

1. शि॑म्यु m. Pl. Bez. von *Feinden.*

2. शिम्यु॑ m. Sg. N. pr. eines Volkes.

*शिम्रोडी f. wohl nur fehlerhaft für शिमुडी.

1. °शिर Adj. *zerbrechend, hart mitnehmend.*

2. शिर् (oder शर्) = 2. श्री *mengen, mischen.* — Mit आ, आ॑शीर्त *gemischt mit* (Instr.) RV. 8,2,9. Vgl. आशि॑र्, आशिर.

शिर m. 1) = शिरस् *Kopf* Ind. St. 15,230. 264. — 2) **die Wurzel von Piper longum.* Auch सिर geschrieben. — 3) **Betula Bhojpatra.* — 4) **Boa.* — 5) **Lager.*

शिरउपनिषद् f. Titel einer Upanishad, gedr. in der Bibl. ind.

शिरःकपाल n. *Schädel.*

शिरःकपालिन् Adj. *einen Schädel tragend.*

शिरःकम्प m. *Kopfschütteln.* Auch Pl.

शिरःकम्पिन् Adj. *mit dem Kopfe schüttelnd.*

शिरःकर्ण n. Sg. *Kopf und Ohr.*

शिरःकृन्तन n. *das Kopfabschlagen.*

°शिरःक्रिया f. *das Darstellen —, Vorführen des Kopfes von —.*

शिरःपट्ट m. *Kopfbinde.*

शिरःपाक m. *eine best. Kopfkrankheit.*

*शिरःपिण्ड m. Du. *die beiden Erhöhungen auf der Stirn eines Elephanten* Gal.

*शिरःपीठ n. *Nacken.*

*शिरःप्रदान n. *das Hingeben des Kopfes, — des Lebens.*

*शिरःफल m. *Cocosnussbaum.*

*शिरज m. *Kopfhaar.*

शिरश्छेद m. (Ind. St. 15,331. 441) und °छेदन n. *das Kopfabschlagen, Kopfabreissen.*

शिरःशाटक *Kopfbinde, Turban* Râǵat. 6,100.

शिरःशिल n. N. pr. einer Festung.

शिरःशूल n. *heftiger Kopfschmerz* Kampaka 303.

शिरःशेष Adj. *von dem nur der Kopf übrig blieb;* m. Bez. Râhu's.

°शिरःश्रित् Adj. *am oberen Ende von — befindlich* Çiç. 20,52.

शि॑रस् n. 1) *Haupt, Kopf.* Acc. mit दा *den Kopf —*, d. i. *das Leben hingeben;* mit धर् *den Kopf in die Höhe halten;* mit वह् *den Kopf hoch tragen, stolz sein;* mit dem Caus. von वर्त् *den Kopf hinhalten,* so v. a. *sich zur Strafe bereit erklären* (wenn der Andere durch ein Gottesurtheil gereinigt wird). In dieser Verbindung wird aber शिरस् wie शीर्ष durch *Geldstrafe* erklärt und वर्तय् in der Bed. von अङ्गी-कर् gefasst; vgl. Comm. zu Vishnus. 9,20. Instr. mit ग्रह्, धा (Çiç. 16,46), धर्, वि-धर्, भर्, वह् *auf den Kopf legen, auf dem Kopfe halten, — tragen;* mit कर् *auf den Kopf legen,* so v. a. *ehrerbietig entgegennehmen, in hohen Ehren halten;* mit प्र-ग्रह्, गम्, अभि-गम्, या, प्र-नम्, नि-पत्, प्रणि-पत् *mit dem Kopfe berühren, — sich verneigen* u. s. w. Loc. mit कर् und नि-धा (179,10) *auf den Kopf legen;* mit स्था *sich auf dem Kopfe befinden* und *auf Jmds K. hängen,* so v. a. *nahe hervorstehen* und *hoch über — (Gen.) stehen.* — 2) *das obere Ende, Spitze, Gipfel, Vordertheil.* युद्धस्य so v. a. *Vordertreffen* Çiç. 19,22. — 3) *Anfang* (eines Liedes, Spruches). — 4) *Haupt,* so v. a. *der Oberste, Erste.* — 5) Bezeichnung *des Spruches* आपो ज्योतिरापो ऽमृतम् Baudh. 4,1,28. Vishnus. 55,9. Jâǵn. 1,23. Vasishtha 25,13. Pl. 21,6. fgg. — 6) Name eines Sâman Lâṭj. 10,9,5. इन्द्रस्य शिरः Ârsh. Br.

शिरस = शिरस् in सहस्रशिरसोदर.

शिरसिज m. (adj. Comp. f. आ) *Kopfhaar* Kâd. 201,24 (338,3).

शिरसिरुह् m. dass.

शिरस्क 1) am Ende eines adj. Comp. (Nom. abstr. °त्व n.) = शिरस् 1) 3) und 5) (Kull. zu M. 2, 83). — 2) m. (*n.) *Helm* Hem. Par. 1,85.

शिरस्तस् Adv. *aus dem Kopfe, vom K. her, vom K. an, zu Häupten* (niederlegen).

शिरस्त्र n. *Helm* 321,6. Vikramâṅkaḱ. 15,76. Hem. Par. 1,84.

शिरस्त्राण n. 1) dass. — 2) **Schädel* Râǵan. 18,76.

शिरस्स्नात Adj. = शिरःस्नात MBh. 13,104,70.

*शिरस्पद् im Gegensatz zu अधस्पद्.

*शिरस्य्, °स्यति = शिर इच्छति.

*शिरस्य 1) Adj. = शिर इव. — 2) m. *Kopfhaar* und *sauberes H.*

शिरःस्थ Adj. *auf dem Kopfe befindlich* und *über Jmds Haupte schwebend* (in übertragener Bed.) Spr. 7754.

शिरःस्थान n. *Hauptort.*

शिरःस्थित Adj. *im Schädel befindlich, — gebildet* (Laut) Çikshâ 37 in Ind. St. 4,108.

शिरःस्नात Adj. *der sich den Kopf gereinigt —, — parfümirt hat* Hariv. 1289. R. 5,3,29. 6,99,6. Mârk. P. 34,36.

शिरःस्नान n. *das Reinigen —, Parfümiren des Kopfes* Varâh. Bṛh. S. 77,4. 5. Mârk. P. 34,35. Bhâg. P. 3,23,31.

शिरःस्रज् f. *ein auf dem Kopfe getragener Kranz* Hemâdri 2,a,87,7.

शिरा f. und शिराल Adj. = सिरा und सिराल.

*शिरि Adj. und m = हिंस्र, हन्तर्, शलभ, खड्ग, शर.

शि॑रिणा f. etwa *Verschlag, Kammer.* Nach Nigh. *Nacht.*

शिरि॑म्बिठ m. nach Jâska *Wolke.*

शिरिशिरा onomatop. mit भू *zischen* Âpast. Çr. 9,6,10.

शिरिशिराय्, °यते *zischen* Comm. zu Âpast. Çr. 9,6,10.

शिरीष 1) m. *Acacia Sirissa* Râǵan. 9,58. n. *die Blüthe.* — 2) *m. Pl. N. pr. eines Dorfes Pat. zu P. 1,2,51.

शिरीषक 1) m. N. pr. eines Schlangendämons. — 2) *f. °षिका *ein best. Baum* Madanav. 62,70. Bhâvapr. 1,236.

*शिरीषपत्त्रा f. *eine weiss blühende* Kaṭabhî Râǵan. 9,152.

*शिरीषिक Adj. von शिरीष.

शिरीषिन् 1) m. N. pr. eines Sohnes des Viçvâmitra. — 2) *f. षिणी *eine an* Çirîsha *reiche Gegend.*

शिरोगत Adj. = शिरःस्थित Çikshâ 37 in Ind. St. 4,108.

शिरोगद m. *Kopfkrankheit.*

*शिरोगृह n. *ein Zimmer auf dem Dache eines Hauses.*

शिरोगौरव n. *ein schwerer Kopf.*

शिरोग्री॑व n. Sg. *Kopf und Nacken* Maitr. S. 1, 11,6 (167,12).

शिरोघात m. *ein Schlag auf den Kopf.*

शिरोज n. Pl. *Kopfhaar.*

*शिरोजानु n. gaṇa राजदन्तादि.

शिरोज्वर m. *Fieber mit Kopfschmerz.*

शिरोदामन् n. *Kopfbinde.*

शिरोदुःख n. *Kopfschmerz.*

शिरोधर m., gewöhnlich °धरा f. (adj. Comp. f. आ) *Nacken, Hals.*

शिरोधरणीय Adj. *auf dem Kopfe zu tragen* und *hoch in Ehren zu halten* Dhûrtas. 2,6.

शिरोधामन् n. *Kopfende* (eines Bettes) Kâd. 18, 19. 20. v. l. शिरोभाग.

शिरोधार्य Adj. = °धरणीय Bhâm. V. 1,26.

शिरोधि m. *Nacken, Hals* Çiç. 5,65.

शिरोधूनन n. *das Schütteln des Kopfes.*

शिरोध्र m. *Nacken, Hals.*

शिरोनति f. *Verneigung des Hauptes* Spr. 1716.

शिरोन्यास m. *das Hängenlassen des Kopfes* Karaka 6,23.

शिरोपस्थायिन् Adj. = शिरोवर्तिन् Nârada (a.) 2,1,269.

शिरोऽर्ति f. Mân. Gṛhj. 2,1 fehlerhaft für शिरोऽर्ति. Statt dessen शीर्षक्ति॑ AV. 12,2,20.

*शिरोबीज n. gaṇa राजदन्तादि in der Kâç.

*शिरोभव m. *Kopfhaar* Gal.

शिरोभाग m. 1) *Gipfel* (eines Baumes). — 2) *Kopfende* (eines Bettes) Kâd. (1793) 29,6 (v. l. शिरोधामन्). Harshaḱ. 92,5. 115,9. शयनीय° Kâd. 80,1 (145,14).

शिरोऽभिताप m. *Kopfschmerz* MBh. 3,297,70. Suçr. 2,319,4.

शिरोभूषण n. *Kopfschmuck.*

शिरोभूषणाय्, °यते *einen Kopfschmuck bilden.*

शिरोमणि m. 1) *ein auf dem Kopfe getragenes Juwel, Diadem.* In übertragener Bed. so v. a. *die Krone von, der Erste —, der Schlimmste unter* (Gen. oder im Comp. vorangehend) Hem. Par. 1, 322. 390. Uttamaḱ. 91. Nom. abstr. °ता f. 147. — 2) Titel verschiedener aussergewöhnlicher Werke S. S. S. 2. Opp. Cat. 1. °खण्डन n. und °व्याख्या f. ebend. — 3) Bez. bekannter ausgezeichneter Gelehrter.

शिरोमणिमथुरानाथीय n. Titel eines Werkes Opp. Cat. 1.

*शिरोमर्मन् m. *Wildschwein.*

शिरोमात्रावशेष Adj. *von dem nur der Kopf übrig geblieben ist* (Râhu).

शिरोमुख n. Sg. *Kopf und Gesicht* Âçv. Gṛhj. 4,3,20.

शिरोमौलि m. *Diadem* als Bez. einer bekannten bedeutenden Persönlichkeit.

शिरोरत्निन् m. *Leibdiener —, Trabant eines Für-*

sten Harshak. 121,21.

शिरोरुज् f. Kopfschmerz.

शिरोरुजा f. 1) dass. — 2) * Alstonia scholaris.

*शिरोरुह् m. Kopfhaar.

शिरोरुह m. (adj. Comp. f. आ) 1) dass. — 2) Horn.

शिरोरोग m. Kopfkrankheit. °ध्वयज्ञोपवीतदान n. Titel Burnell, T.

शिरोर्ति f. Kopfschmerz. Vgl. शिरोर्त्ति.

शिरोवर्तिन् Adj. seinen Kopf herhaltend, so v. a. sich zur Strafe bereit erklärend, wenn der Angeklagte durch ein Gottesurtheil sich reinigt.

*शिरोवल्ली f. der Kamm eines Pfaues.

शिरोवस्ति m. oder f. Application von Oel und anderen Flüssigkeiten auf den Kopf Mat. med. 18.

शिरोवाह्य Adj. auf dem Kopfe zu tragen, — tragbar Kampaka 133. 154.

शिरोविरेक m. = शिरोविरेचन 2).

शिरोविरेचन 1) Adj. den Kopf ausputzend. — 2) n. ein Mittel zum Ausputzen des Kopfes.

*शिरोवृत्त n. Pfeffer Râgan. 6,32.

*शिरोवृत्तफल m. eine roth blühende Achyranthes aspera.

शिरोवेदना f. Kopfschmerz Kâd. 240,19 (392,15.

*शिरोवेष्ट m. und *°वेष्टन n. Turban.

शिरोव्रत n. eine best. Begehung.

*शिरोऽस्थि n. Schädel.

शिरोहृत्कमल n. Kopf und Herz als Lotusblüthe gedacht 138,6.

*शिल्, शिलति (उञ्छे).

शिल 1) m. (*n.) eine auf dem Felde zurückgebliebene Aehre und das Auflesen derselben Baudh. 3,2,14. — 2) m. N. pr. eines Sohnes des Pârijâtra. — शिला und शिली s. bes.

शिलक m. N. pr. eines Mannes.

*शिलगर्भज m. eine best. Pflanze, = पाषाणभेदन.

*शिलज 1) n. Erdharz Râgan. 12,141. — 2) f. आ ein best. Heilstoff Râgan. 5,37.

शिलतरि MBh. 13,1860 fehlerhaft für शिलरति.

शिलंधर (!) oder शिलांधर (!) m. N. pr. eines Mannes.

*शिलप्रस्थ n. N. pr. Kâç. zu P. 6,3,63.

शिलमानखान m. = سليمان خان.

शिलरति Adj. der sich mit Aehrenlesen begnügt MBh. 13,26,102.

*शिलवह् n. (Kâç. zu P. 6,3,63) und *°वाहा f. N. pr.

शिलवृत्ति Adj. von Aehrenlesen lebend.

1. शिला f. 1) Stein, Fels. Am Ende eines adj. Comp. f. आ. — 2) = मनःशिला rother Arsenik, Realgar Râgan. 13,2. 49. — 3) *Kampfer Râgan. 12,61. — 4) * = द्वाराधोदारु (द्वाराधः स्थितदारु), स्तम्भशीर्ष, स्तम्भादेरधोदारु. — 5) N. pr. a) eines Flusses. — b) eines Frauenzimmers.

2. शिला = शिरा, सिरा Ader.

*शिलाकर्णी f. Boswellia thurifera.

*शिलाकुट्ट und *°क m. ein zum Ausbrechen oder Behauen von Steinen dienendes Instrument.

*शिलाकुसुम n. Storax.

शिलाक्षर n. Lithographie.

शिलागृह n. ein Gemach in einem Felsen, ein aus Steinen aufgeführtes Häuschen.

शिलाचक्र n. ein Diagramm auf einem Steine.

शिलाचय m. Steinmasse, Berg. कनक° ein Berg von Gold.

शिलाज n. 1) Erdharz. — 2) * Eisen. — Vgl. शिलज.

शिलाजतु (Kâd. 136,23=239,14) und *शिलाजित् n. Steinharz Râgan. 13,2.68. Mat. med. 95.

*शिलाज्ञनी f. eine best. Pflanze.

*शिलाटक m. = अट्ट, तिल (H. an. nach Zach. Beitr. 90), विलेप, बिल (?).

शिलातल n. ein Stein oder Fels mit horizontaler Fläche Çiç. 17,5. Vâsav. 84,1. 264,4.

*शिलात्मज n. Eisen Râgan. 13,44.

*शिलात्मिका f. Schmelztiegel.

शिलात्व n. das Steinsein, die Natur des Steins.

*शिलात्वच् f. ein best. Heilstoff Râgan. 5,41.

शिलाद m. N. pr. eines Mannes.

*शिलाद्रु m. Erdharz Râgan. 12,142.

शिलादान n. das Schenken eines Steines (sc. aus Çâlagrâma).

शिलादित्य m. N. pr. eines Fürsten.

*शिलाधातु m. 1) weisse Kreide. — 2) gelber Ocker Râgan. 13,61.

शिलानिचय m. Steinhaufe, Felsenmasse.

*शिलानिर्यास m. Erdharz.

*शिलानीड (Conj.) m. Bein. Garuḍa's.

*शिलान्त m. Bauhinia tomentosa Râgan. 9,40.

शिलान्धम् n. auf dem Felde zurückgelassene Aehren.

शिलापट्ट m. ein flacher zum Sitzen (oder Zerreiben, Zermahlen) sich eignender Stein Vâsav. 217,3.

शिलापट्टक m. dass. Viddh. 53,9.

शिलापुत्र m. 1) * Reibstein. — 2) = शिलापुत्रक Kap. 6,4.

शिलापुत्रक m. Torso.

*शिलापुष्प n. Erdharz Râgan. 12,141.

शिलापेष m. ein zum Zermahlen dienender Stein Mârk. P. 14,72.

*शिलाप्रसून n. Erdharz Râgan. 12,142.

शिलाप्रासाद m. ein Tempel aus Stein.

शिलाफलक n. = शिलापट्ट Vishṇus. 28,28 nach dem Comm.; vgl. jedoch Jolly in seiner Uebersetzung.

शिलाबन्ध m. Mauerwerk.

*शिलाभव n. Erdharz.

*शिलाभिद् (Bhâvapr. 4,11) und *°भेद (Râgan. 5, 37) m. Plectranthus scutellarioides.

शिलामय Adj. (f. ई, nachlässig आ) steinern Vâsav. 289,2. 298,5. °वर्ष Steinregen.

*शिलामल n. Erdharz.

शिलामाहात्म्य n. Titel eines Werkes.

शिलायूप m. N. pr. eines Sohnes des Viçvâmitra.

*शिलारम्भा f. wilder Pisang Râgan. 11,40.

*शिलालिन् m. N. pr. eines Verfassers von नटसूत्र.

शिलावर्षिन् Adj. Steine regnend Ragh. 4,40.

*शिलावल्का f. ein best. Heilstoff Râgan. 5,41.

शिलावह N. pr. 1) m. Pl. einer Völkerschaft. — 2) f. आ eines Flusses.

शिलावेश्मन् n. Felsengrotte.

*शिलाव्याधि m. Erdharz.

शिलाशस्त्र n. Steinwaffe.

शिलाशित Adj. an einem Steine gewetzt (Pfeil) MBh. 4,42,16. 7,10,20. 156,145. 8,28,4. R. 3,68,44.

शिलासन 1) Adj. auf einem Steine sitzend. — 2) *n. Erdharz.

*शिलासार n. Eisen.

शिलास्तम्भ m. eine Säule von Stein.

*शिलास्वेद m. Erdharz.

शिलाहारिन् Adj. Aehren lesend.

शिलाह्य (!) m. N. pr. eines Mannes.

*शिलाह्व n. Erdharz.

*शिलि m. Betula Bhojpatra.

*शिलिक m. gaṇa पुरोहितादि.

शिलिकाकोष्ठ N. pr. eines Gebirgsdorfes.

शिलिन् m. N. pr. eines Schlangendämons.

*शिलिन m. N. pr. eines Mannes.

*शिलिन्द m. ein best. Fisch.

शिलिंध्र Hariv. 3606 fehlerhaft für शिलींध्र.

1. *शिली f. 1) eine Art Wurm. Nach Bhâguri in der Einl. zu Mâdhavîjadhâtuvṛtti das Weibchen des गण्डपद. Mittheilung von Aufrecht. — 2) Froschweibchen Nîlak. zu MBh. 4,42,11. — 3) = स्तम्भशीर्ष und द्वाराधःस्थितकाष्ठ.

2. शिली Adv. mit भू zu Stein —, hart wie Stein werden Vikramâṅkak. 12,50.

शिलींध्र 1) *m. a) Musa sapientum. — b) ein best. Fisch, Mystus Chitala. — 2) *f. ई a) ein best. Vogel. — b) eine Art Wurm. — c) Lehm. — 3) n.

a) die Blüthe von Musa sapientum. — b) Pilz Hariv. 2,11,15. — c) *eine Art Jasmin. — d) *ein best. Baum.

*शिलींध्रक n. Pilz Bhâvapr. 1,292.

शिलींध्राय्, einen Pilz darstellen. शिलींध्रायित n. impers. Du. V. 22,3.

शिलीपद (*m.) Anschwellung der Füsse Dhûrtas. 46.

शिलीपृष्ठ Adj. als Beiw. eines Schwertes. Nach Nilak. शिली = Froschweibchen.

शिलीमुख 1) Adj. a) als Beiw. eines Schwertes. Nach Nilak. शिली = Froschweibchen. — b) *= जडीभूत. — 2) m. a) Pfeil Çiç. 6,16. 19,12. 18. 20, 9. 27. 31. Am Ende eines adj. Comp. f. आ. — b) Biene Çiç. 19,12. Am Ende eines adj. Comp. f. आ. — c) *Schlacht. — d) N. pr. eines Hasen.

*शिलूष m. 1) Aegle Marmelos. — 2) N. pr. eines Rshi.

*शिलेय 1) Adj. steinhart. — 2) n. Erdharz.

शिलोच्चय m. Berg T. Baudh. 3,10,2. Chr. 74, 4. Çiç. 12,47.

शिलोञ्छ 1) m. das Aehrenlesen Âpast. m. Du. und n. Sg. das Aehrenlesen und das Aufsammeln von Körnern. — 2) f. आ ein Lebensunterhalt durch Aehrenlesen Baudh. 3,1,7. 2,14.

शिलोञ्छन n. das Aehrenlesen, das Auflesen von Körnern.

1. शिलोञ्छवृत्ति f. ein Lebensunterhalt durch Aehrenlesen.

2. शिलोञ्छवृत्ति Adj. von Aehrenlesen lebend.

शिलोञ्छिन् Adj. dass. Bâlar. 298,12.

*शिलोत्थ n. Erdharz Râǵan. 12,142.

*शिलोद्भव n. 1) Erdharz Râǵan. 12,141. — 2) Gold. — 3) eine Art Sandel.

शिलोद्भेद m. Plectranthus scutellarioides Karaka 6,18. Vgl. शिलाभेद und पाषाणभेद.

*शिलौकस् m. Bein. Garuḍa's.

1. शिल्प॑ Adj. (f. आ॑) bunt Maitr. S. 3,13,6.

2. शि॑ल्प 1) n. a) Buntheit, Zierat, Schmuck. — b) Kunstwerk. कर्ता शिल्पसहस्राणाम् Beiw. Viçvakarman's. — c) Kunstfertigkeit, Kunst, Handwerk. Als Titel eines Werkes Opp. Cat. 1. — d) Hantirung, so v. a. Thätigkeit überh. Auch m. Bhâg. P. — e) Name gewisser Çastra, welche zum 6ten Tage des Prshṭhja Shaḍaha, am Viçvaǵit u. s. w. recitirt werden. — f) जमदग्नेः शिल्पे Name zweier Sâman Ârsh. Br. — g) *Opferlöffel. Nach Zach. Beitr. 80. 84 ist शिप्प gemeint. — 2) m. N. pr. eines Lehrers. — 3) *f. शिल्पा Barbierstube. — 4) f. शिल्पी Künstlerin.

शिल्पक 1) (wohl n.) eine Art Schauspiel. — 2) *f. शिल्पिका eine Art Gras Râǵan. 8,129.

शिल्पकलादीपिका f. Titel Burnell, T.

शिल्पकार 1) *m. Künstler, Handwerker. — 2) f. ई Künstlerin, Handwerkerin.

शिल्पकारक *m. und f. °रिका = शिल्पकार 1)2).

शिल्पकारिन् m. und °रिणी f. desgl.

शिल्पगृह n. und *शिल्पगेह n. die Werkstätte eines Künstlers oder Handwerkers.

शिल्पजीविका f. die Kunst oder ein Handwerk als Lebensunterhalt.

शिल्पजीविन् 1) Adj. von einem Handwerke lebend; m. Handwerker, Künstler Âpast. 1,18,18, v. l. — 2) *f. °विनी Handwerkerin, Künstlerin.

शिल्पत्व n. das Buntsein, Geschmücktsein.

शिल्पप्रजापति m. Bein. Viçvakarman's.

शिल्पवत् m. Künstler.

शिल्पविद्या f. die Kenntniss der Künste oder Handwerke.

शिल्पविधानदृष्ट Adj. nach den Regeln der Kunst gemacht Varâh. Jogaj. 8,1.

शिल्पवृत्ति f. ein durch ein Handwerk gewonnener Lebensunterhalt Gaut. 10,60.

*शिल्पशाल n. und *°शाला f. = शिल्पगृह.

शिल्पशास्त्र n. die Lehre von den Künsten oder Handwerken. Auch Titel bestimmter Werke Burnell, T. Opp. Cat. 1.

शिल्पसर्वसंग्रह m. Titel Burnell, T.

शिल्पाजीव m. Handwerker, Künstler Âpast.

शिल्पार्थसार Titel eines Werkes Opp. Cat. 1.

शिल्पालय m. Werkstätte eines Künstlers oder Handwerkers.

शिल्पिक Adj. sich auf die Künste verstehend (Çiva). Nach Nilak. sich wenig auf Künste verstehend.

शिल्पिजन m. Künstler, Handwerker.

शिल्पिन् 1) Adj. sich auf eine Kunst verstehend; m. Künstler, Handwerker Gaut. Chr. 214,4. f. °नी Künstlerin, Handwerkerin. Am Ende eines Comp. Bildner von Naish. 7,31. — 2) *f. °नी ein best. Gras Râǵan. 8,129.

*शिल्पिशाला f. die Werkstätte eines Künstlers oder Handwerkers.

शिल्पिशास्त्र n. = शिल्पशास्त्र.

*शिल्पिसार m. Olibanum Gal.

शिल्पोपजीविन् m. Künstler, Handwerker Gaut. 13,18.

शिल्हन m. N. pr. eines Dichters. Wird auch शिह्लन und सिल्हण geschrieben.

शिव॑ 1) Adj. (f. आ॑) a) gütig, freundlich, günstig; angenehm, zuträglich, wohlthuend, heilsam, segensreich, lieb. Compar. शिवतर, Superl. शिव॑तम. Adv. शिव॑म् freundlich, zärtlich. — b) glücklich, froh Bhâg. P. — 2) m. a) Heil, Wohlfahrt; gewöhnlich n. — b) *Erlösung. — c) euphemistischer Name Rudra's; von ihm später übertragen auf den in die Dreiheit aufgenommenen Gott dieses Namens. Du. Çiva und seine Gattin. — d) ein secundärer Çiva bei den Çaiva, ein Erlöster besonderer Art Hemâdri 1,611,8. — e) Pl. Bez. bestimmter erlöster Brahmanen MBh. 5,109,18. — f) = शिवलिङ्ग. — g) *ein Gott überh. — h) Schakal 74,20. Gewöhnlich शिवा f. — i) *die heilige Schrift. — k) Bez. des sechsten Monats. — l) *ein Pfosten, an den die Kühe angebunden werden oder an dem sie sich kratzen. — m) *Bdellium. — n) *die wohlriechende Rinde von Feronia elephantum H. an. 2,538; vgl. Zach. Beitr. 85. — o) *eine Art Stechapfel und = पुण्डरीक (द्रुम). — p) *Quecksilber Râǵan. 13,108. Vgl. शिवबीज. — q) eine best. Glück verheissende Constellation. — r) ein best. Krankheitsdämon. — s) *= शुक्र m., काल m. und वसु m. — t) N. pr. α) Pl. einer Klasse von Göttern im dritten Manvantara. — β) eines Sohnes des Medhâtithi und verschiedener anderer Personen Hem. Par. 1,420. — 3) f. शिवा a) Çiva's Energie, personificirt als seine Gattin Hemâdri 2,a,90,5.7. Vâsav. 243,2. — b) Erlösung ÇKDr. nach verschiedenen Purâṇa. — c) Schakal (ein Unglück verheissendes Thier, also euphemistisch so genannt) Baudh. 1,21,16. Çiç. 18,76. Vâsav. 243,2. — d) Bez. verschiedener Pflanzen. Nach den Lexicographen Prosopis spicigera oder Mimosa Suma, Terminalia Chebula oder citrina, Emblica officinalis, Jasminum auriculatum, Gelbwurz, Dûrvâ-Gras und = श्यामा. — e) *die Wurzel von Piper longum. — f) *Gallenstein des Rindes Râǵan. 12,58. — g) ein best. Metrum. — h) eine best. Çruti S. S. S. 24. — i) N. pr. α) der Gattin Anila's, Aṅgiras' und verschiedener anderer Frauen. — β) eines Flusses. — 4) *f. शिवी Çiva's Gattin. — 5) n. a) Heil, Wohlfahrt, Wohlergehen. शिवाय गम्यताम् so v. a. reise glücklich; शिवे॑न glücklich, भविष्यति शिवेन मे wird zu meinem Glücke sein, शिवेनेक्षस्व माम् so v. a. schaue mich mit Glück bringenden Augen an, शिवे॑भिस् als Adv. — b) *Erlösung. — c) *Wasser. — d) *Steinsalz. — e) *Seesalz. — f) *eine Art Borax. — g) *Eisen. — h) *Myrobalane. — i) *Tabernaemontana coronaria. — k) *Sandel. — l) Titel eines Purâṇa. = शिवपुराण, शैव. — m) N. pr.

α) des Hauses, in dem die **Pâṇḍava** verbrannt werden sollten. — β) eines **Varsha** in **Plakshadvîpa** und in **Ǵambudvîpa**.

*शिवक m. 1) *ein Idol Çiva's.* — 2) *ein Pfahl, an den eine Kuh gebunden wird* oder *an dem sie sich kratzt.*

*शिवकर m. N. pr. eines **Arhant** bei den **Ǵaina**.

शिवकर्णामृत n. Titel eines Werkes Burnell, T.

शिवकर्णी f. N. pr. einer der Mütter im Gefolge **Skanda's**.

शिवकवच n. Titel verschiedener **Kavaḱa** Burnell, T. Opp. Cat. 1. Verz. d. Oxf. H. 26,*a*,37. 74,*b*,9. 94,*a*,39.

शिवकाञ्ची f. N. pr. einer Stadt. °माहात्म्य n. Burnell, T.

*शिवकान्ता f. Çiva's *Geliebte*, **Durgâ**.

*शिवकाली f. N. pr. eines **Tîrtha**.

शिवकामडुघा f. N. pr. eines Flusses.

शिवकारिणी f. *eine Form der* **Durgâ**.

शिवकिंकर m. N. pr. eines Autors.

*शिवकीर्तन m. 1) *ein Verehrer* **Çiva's**. — 2) Bein. *a*) **Vishṇu's**. — *b*) **Bhṛṅgariṭa's**.

शिवकुण्ड N. pr. einer Oertlichkeit.

*शिवकेसर m. *Mimusops Elengi.*

शिवकोपमुनि m. N. pr. eines Autors.

शिवकोश m. Titel eines *Wörterbuchs.*

शिवक्षेत्र n. 1) *ein* **Çiva** *geheiligtes Gebiet.* — 2) N. pr. eines best. *Gebietes.*

शिवगङ्गा f. N. pr. eines Flusses Pulastja im Comm. zu Parâçarasmṛti 98,*a* nach Aufrecht. °माहात्म्य n.

शिवगङ्गातीर्थ n. N. pr. eines **Tîrtha**.

शिवगण N. pr. 1) m. eines Fürsten. — 2) n. der von ihm gegründeten Stadt.

*शिवगति m. N. pr. eines **Arhant** bei den **Ǵaina**.

शिवगीता f. Titel eines Abschnitts im **Padmapurâṇa**. °तात्पर्यबोधिनी f., °दीपिका f., °भाष्य n. und °व्याख्या f. Opp. Cat. 1.

शिवगुप्तदेव m. N. pr. eines *Fürsten* Ind. Antiq. 1876, S. 55.

शिवगुरु m. N. pr. des Vaters von **Çaṁkarâḱarja**.

*शिवघर्मज m. *der Planet Mars.*

शिवंकर 1) *Adj. *Heil bringend, wohlthätig.* — 2) m. *a*) bildliche Bez. α) *der Strafe.* — β) **des Schwertes.* — *b*) N. pr. α) eines best. Krankheitsdämons. — β) *eines Wesens im Gefolge **Çiva's**.

शिवचतुर्दशी f. *ein dem* **Çiva** *geweihter 14ter Tag.*

शिवचम्पू f. (Burnell, T.) und °प्रबन्ध m. Titel von Werken.

शिवचित्त m. N. pr. eines Mannes B. A. J. 9,267.

*शिवज्ञा f. *eine Verehrerin* **Çiva's**.

शिवज्ञान n. *Kenntniss der Glück bringenden Omina.*

शिवज्योतिर्विद् m. N. pr. eines Autors.

शिवतत्त्व n., °प्रकाशिका f., °बोध m., °रत्नकलिका f., °रत्नाकर m., °रहस्य n., °विवेक m., °सुधानिधि m. und °तत्त्वोपनिषद् f. Titel von Werken Burnell, T. Opp. Cat. 1.

शिवतत्त्वपरसूत्र n. und शिवतत्त्व desgl.

शिवता f. *der Rang eines* **Çiva** *genannten Erlösten.*

शिवताण्डवस्तोत्र n. Titel Bühler, Rep. No. 492.

शिवताति 1) Adj. *wohlthuend, Heil bringend* Mâlatîm. ed. Bomb. 205,8. — 2) f. *Wohlfahrt.*

शिवताल m. *ein best. Tact* S. S. S. 234.

शिवतीर्थ n. N. pr. eines **Tîrtha**.

शिवत्व n. 1) **Çiva's** *Wesen.* — 2) *der Rang eines* **Çiva** *genannten Erlösten.*

शिवदण्डक Titel Burnell, T.

शिवदत्त 1) m. N. pr. verschiedener Männer Vardhamânak. 1,51. Auch °मिश्र. — 2) *n. **Vishṇu's** *Diskus.*

*शिवदत्तपुर n. N. pr. einer *Stadt* der **Prâḱas**.

शिवदशक Titel Burnell, T.

शिवदायिन् Adj. *Heil bringend* Mâlatîm. 91,17. v. l. शिवताति.

शिवदारु n. *Pinus Deodora.*

शिवदास m. N. pr. verschiedener Männer. Auch °दास und °देव.

शिवदिश् f. *Nordosten.*

शिवदीक्षा f. Titel eines Werkes. °टीका f.

*शिवदूतिका f. N. pr. einer der göttlichen Mütter.

शिवदूती f. *eine Form der* **Durgâ** Hemâdri 2,*a*,88,1. 5.

शिवदृष्टि f. Titel eines Werkes (*System der* **Çaiva**).

शिवदेव 1) m. N. pr. *a*) zweier *Fürsten* von Nepal Ind. Antiq. 9,169. 175. 178. — *b*) eines Grammatikers. — 2) n. = शिवदैव.

शिवदैव n. *das unter* **Çiva** *stehende Mondhaus* **Ârdrâ**.

शिवद्युमणिदीपिका f. Titel eines Werkes.

*शिवद्रुम m. *Aegle Marmelos* Râǵan. 11,192.

*शिवद्विष्टा f. *Pandanus odoratissimus* Râǵan. 10,68.

शिवधनुर्वेद m. Titel eines dem **Vjâsa** zugeschriebenen Werkes.

शिवधर्म m. Titel eines **Upapurâṇa** Hemâdri 1,517,1. 532,21. 2,*a*,19,21 (Pl.). 21,7. °खण्ड (Opp. Cat. 1), °शास्त्र n. (ebend.), °धर्मोत्तर und °धर्मोत्तरशास्त्र n.

*शिवधातु m. *Opal* oder *Chalcedon.*

शिवधार n. N. pr. eines **Tîrtha** Matsjap. 22,49.

शिवधारिणी f. *eine Form der* **Durgâ**. v. l. शिवकारिणी.

शिवध्यानपद्धति f. Titel eines Werkes Burnell, T. Opp. Cat. 1.

शिवनक्षत्रपुरुषव्रत n. *eine best. Begehung.*

शिवनाथ m. N. pr. eines Mannes.

शिवनाभि m. *eine Art* **Liṅga**.

शिवनामाष्टोत्तरशतक n. Titel eines **Stotra** Opp. Cat. 1.

शिवनारायण m. **Çiva** *und* **Nârâjaṇa** *als eine Gottheit.*

शिवनारायणदास, °सरस्वतीकण्ठाभरण (Verz. d. B. H. No. 535. 819) und शिवनारायणानन्दतीर्थ (Burnell, T.) m. N. pr. von Autoren.

शिवपञ्चमुखध्यान n., °पञ्चाक्षरस्तोत्र n., °पञ्चाक्षरीनक्षत्रमालिका f. und °पञ्चाङ्ग Titel Burnell, T. Opp. Cat. 1.

*शिवपत्त्र n. *eine rothe Lotusblüthe.*

शिवपद n. *Erlösung* Ind. St. 14,370.

शिवपवित्रक n. *ein best. Fest* Vratarâǵa 1,3,*a* nach Aufrecht.

शिवपार्वतीसंवाद m. Titel Burnell, T.

*शिवपुत्र m. Patron. **Gaṇeça's** Gal.

*शिवपुर f. Bein. der *Stadt* **Kâçî** Gal.

शिवपुर n. und °पुरी f. N. pr. verschiedener *Städte* oder Dörfer. °पुरी f. auch *Bein. von *Benares.*

शिवपुराण n. Titel eines **Purâṇa**.

*शिवपुष्पक m. *Calotropis gigantea* Râǵan. 10,26. Vgl. शीतपुष्पक.

शिवपूजा f. Çiva's *Verehrung* Verz. d. Oxf. H. 45,*a*,23. 85,*a*,42. 273,*b*,24. Als Titel, °पद्धति f., °महिमन् m., °विधान n. und °विधि m. desgl. Burnell, T. Opp. Cat. 1.

शिवप्रसादविकृति f. Titel eines Werkes Opp. Cat. 1.

शिवप्रिय 1) *m. *a*) *Agati grandiflora.* — *b*) *Stechapfel.* — 2) f. आ **Çiva's** *Gattin.* — 3) *n. *a*) die Beere von *Elaeocarpus Ganitrus* Râǵan. 11,189. — *b*) *Bergkrystall* Râǵan. 13,202.

शिवफलाभिषेक m. Titel Burnell, T.

*शिवबीज n. *Quecksilber* Râǵan. 13,108.

शिवभक्त m. *ein Verehrer* **Çiva's** Hemâdri 1,390,4. °माहात्म्य n. Titel Burnell, T.

शिवभक्तानन्द Titel eines Schauspiels Opp. Cat. 1

शिवभक्तानन्दकारिका f. Titel eines Stotra ebend.

शिवभक्ति f. Çiva's *Verehrung.* °माहात्म्य n. (Opp. Cat. 1), °सिद्धि f. und °सुधोदय m. (Opp. Cat. 1) Titel.

शिवभट्ट m. N. pr. des Vaters von Nâgeça-bhaṭṭa.

शिवभद्र m. N. pr. eines Mannes.

शिवभागवत m. angeblich = शिवस्य भागवतः und dieses = भगवान्भक्तिरस्य.

शिवभारत n. Titel eines Werkes Burnell, T.

शिवभास्कर m. Çiva *als Sonne.*

शिवभुजंग m. und °भुजंगाष्टक n. Titel Burnell, T.

शिवभूति und °क m. N. pr. eines Ministers.

शिवमन्त्र m. Çiva's *Spruch* Spr. 6504. Burnell, T. °विधि m. Opp. Cat. 1.

शिवमय Adj. (f. आ metrisch) 1) *voller Heil.* — 2) *ganz* Çiva *ergeben.*

*शिवमल्लक 1) m. *Terminalia Arunja* Râǵan. 9, 121. — 2) f. °मल्लिका *Agati grandiflora* Râǵan. 5,123.

*शिवमल्ली f. 1) *Agati grandiflora.* — 2) *Getonia floribunda* Râǵan. 10,116. Bhâvapr. 1,227.

शिवमहिमन् m. Çiva's *Majestät.* °महिम्नः स्तोत्रम् Burnell, T.

*शिवमात्र *eine best. hohe Zahl bei den Buddhisten.*

शिवमानसपूजा f. und शिवमानसिकस्नान n. Titel Burnell, T.

शिवमार्ग m. *Erlösung* Ind. St. 14,370.

शिवमाला f. Titel eines Werkes Bühler, Rep. No. 194.

शिवमाहात्म्य n. (Burnell, T.) und °खण्ड (Opp. Cat. 1) Titel.

शिवयज्वन् m. N. pr. eines Autors Burnell, T.

शिवयोग m. Titel Burnell, T.

शिवयोगिन् m. 1) *ein* Çaiva-*Mönch* Hemâdri 1, 156,3. 621,14. — 2) N. pr. eines Lehrers.

शिवयोगीन्द्र m. N. pr. eines Autors Burnell, T.

शिवयोषित् f. Çiva's *Weib.*

शिवरत्नावली f. Titel.

शिवरथ m. N. pr. eines Mannes.

*शिवरस m. *drei Tage altes Reiswasser.*

शिवरहस्य n., °काण्ड (Burnell, T.), °खण्ड (Opp. Cat. 1) und °पुराण n. Titel.

शिवरहस्यीय Adj. *zum* Çivarahasja *gehörig.*

शिवराघवसंवाद m. Titel Burnell, T.

शिवराज m. N. pr. eines *Fürsten* B. A. J. 10,365. °चरित्र n. Titel Burnell. T.

शिवराजधानी f. Bez. der *Stadt* Kâçî.

शिवराजभट्ट m. N. pr. eines Mannes.

शिवरात्रि f. 1) *der dem* Çiva *geweihte 14te Tag in der dunkelen Hälfte des* Phâlguna. — 2) *eine Form der* Durgâ, = महाकाली Hemâdri 2,a,87,9.

शिवरात्रिकल्प m., °रात्रिमाहात्म्य n., °रात्रिव्रत n. und °रात्र्यर्घ m. Titel Burnell, T. Opp. Cat. 1.

शिवराम m. N. pr. verschiedener Männer. Auch °चक्रवर्तिन्, °तीर्थ, °भाग्यवत्, °वाचस्पतिभट्टाचार्य und °सरस्वती.

*शिवरूप्य wohl N. pr. einer Oertlichkeit, anzunehmen für शैवरूप्य.

शिवलिङ्ग n. 1) Çiva-*Phallus* Ind. St. 15,286. 291. 362. — 2) *Bein. der Stadt Kâçî Gal.

शिवलिङ्गदानविधि m., °लिङ्गपरीक्षा f., °लिङ्गप्रतिष्ठाक्रम m., °लिङ्गप्रतिष्ठाप्रयोग m., °लिङ्गलक्षण n., °लिङ्गानन्दज्ञानोदय m., °लिङ्गसूर्योदय m. und शिवलीलार्णव m. Titel Burnell, T. Opp. Cat. 1.

शिवलोक m. Çiva's *Welt* (auf dem Kailâsa).

शिववर्मन् m. N. pr. eines Ministers.

*शिववल्लिका f. *eine best. Pflanze* Râǵan. 3,33.

*शिववल्ली f. 1) = शिववल्लिका Râǵan. 3,34. — 2) *Acacia concinna* Râǵan. 8,75.

*शिववाहन m. Çiva's *Reitthier,* d. i. *Stier* Râǵan. 19,24.

शिवविप्र m. *ein Brahmane als Verehrer* Çiva's Hemâdri 1,303,11. 390,14.

शिवविवाहप्रयोग m. und शिवविष्णुस्तोत्र n. Titel Burnell, T.

*शिववीर्य n. *Quecksilber* Garbe zu Râǵan. 13,110.

शिवव्रतकल्प m. Titel Opp. Cat. 1.

1. शिवशक्ति f. Du. Çiva *und seine Energie.*

2. शिवशक्ति m. N. pr. eines Mannes.

शिवशक्तिमय Adj. *aus* Çiva *und seiner Energie hervorgegangen* u. s. w.

शिवशक्तिसिद्धि f. und शिवशब्दखण्ड (Opp. Cat. 1) Titel.

शिवशर्मन् m. N. pr. eines Mannes.

*शिवशेखर m. 1) *Agati grandiflora* Râǵan. 5,123. — 2) *Stechapfel* Râǵan. 10,17.

शिवश्री m. N. pr. eines Fürsten.

शिवषडक्षरस्तोत्र n. Titel eines Stotra Burnell, T.

शिवसंहिता f. Titel eines Werkes.

शिवसंकल्प 1) Adj. *freundlichen Willen hegend.* — 2) m. Bez. *der Sprüche* VS. 34,1. fgg. Titel einer Upanishad, auch शिवसंकल्पोपनिषद् f. Opp. Cat. 1.

शिवसमरस Adj. *mit* Çiva *gleiche Gefühle habend.* Nom. abstr. °ता f. Ind. St. 15,383.

शिवसमुद्र m. N. pr. eines Wasserfalls.

शिवसर्वस्व n. Titel eines Werkes.

शिवसहस्रनामन् n. Titel Burnell, T.

शिवसिंह m. N. pr. verschiedener Fürsten Ind. Antiq. 9,185 (°देव). 190.

शिवसिद्धान्त m. Titel eines astr. Werkes.

शिवसुन्दरी f. Çiva's *Gattin.*

शिवसूत्र n. Pl. 1) Bez. der 14 am Eingange von Pâṇini's Grammatik stehenden, dem Gott Çiva zugeschriebenen Sûtra, die das Alphabet enthalten. — 2) Titel von philosophischen, dem Gott Çiva zugeschriebenen Sûtra Opp. Cat. 1.

शिवसूनि m. N. pr. eines Autors Burnell, T.

शिवस्कन्द und शिवस्कन्ध m. N. pr. eines Fürsten.

शिवस्तवराज m., शिवस्तुति f. (auch Verz. d. Oxf. H.), शिवस्तोत्र n. (auch Verz. d. Oxf. H. 94,a,39), °व्याख्या f., शिवस्थलमहिमवर्णन n., शिवस्वरूपपूजा f., °विधि m. und °स्वरूपमन्त्र m. Titel Burnell, T. Opp. Cat. 1.

शिवस्वाति m. N. pr. eines Fürsten.

शिवस्वामिन् m. N. pr. verschiedener Männer.

शिवाकार Adj. (f. आ) *von wohlthuendem Aussehen* und zugleich Çiva-*gestaltig* Râǵat. 3,416.

*शिवाकु m. N. pr. eines Mannes.

*शिवाक्ष n. *die Beere von Elaeocarpus Ganitrus* Râǵan. 11,189.

शिवागम m. Çiva's *Lehre.* Auch als Titel eines best. Werkes.

*शिवाटिका f. 1) *Boerhavia procumbens* Râǵan. 5, 115. — 2) *eine Grasart* Bhâvapr. 1,219.

शिवाटी f. wohl dass.

*शिवात्मक n. *Steinsalz.*

शिवादित्यमणिदीपिका f. Titel Burnell, T.

शिवादित्यमिश्र m. N. pr. eines Autors.

शिवादेशक m. *Schicksalsdeuter, Astrolog.*

शिवाद्वैतनिर्णय m. (Burnell, T.) und शिवाद्वैतप्रकाशिका f. Titel von Werken.

शिवानन्द m. N. pr. eines Autors Burnell, T.

शिवानन्दलहरी f. Titel eines Werkes Opp. Cat. 1.

शिवानन्दसरस्वती m. N. pr. eines Autors.

*शिवानी f. 1) Çiva's *Gattin.* — 2) *Sesbania aegyptiaca.*

शिवानुभवसूत्र n. und शिवापमार्जनमालामन्त्रस्तोत्र n. Titel Burnell, T.

शिवापर Adj. etwa *der das Gegentheil von gütig ist.*

*शिवापीड m. *Getonia floribunda* Râǵan. 10,116.

*शिवाप्रिया f. *Ziege* (*dem Schakal lieb*).

*शिवाफला f. *Prosopis spicigera* oder *Mimosa Suma* Râǵan. 8,34.

शिवाबलि m. *eine den Schakalen hingeworfene Spende.*

शिवाँभिमर्शन Adj. *gelinde* — oder *heilsam berührend*.

शिवायतन n. *ein* Çiva-*Tempel*.

*शिवाराति und *शिवारि m. *Hund* (*Feind des Schakals*).

शिवारुद्र m. *eine Form* Çiva's (als *Hermaphrodit*).

*शिवार्क m. *Getonia floribunda* Râǵan. 10,116.

शिवार्कचन्द्रिका f., शिवार्कमणिदीपिका f., शिवार्चनचन्द्रिका f. und शिवार्चनदीपिका f. Titel Burnell, T. Opp. Cat. 1.

शिवार्णव m. N. pr. eines Autors Burnell, T.

शिवार्ति f. und °प्रकार m. Titel Burnell, T.

शिवार्य m. N. pr. eines Mannes B. A. J. 10,365.

शिवालय m. 1) Çiva's *Behausung, der* Kailâsa Ind. St. 15,446. — 2) *ein* Çiva-*Tempel*. — 3) **Leichenstätte*. — 4) **roth blühendes Basilienkraut*.

शिवालिखित n. Titel eines Werkes.

*शिवालु m. *Schakal* Râǵan. 19,8.

शिवाष्टक n., शिवाष्टपदी f., शिवाष्टोत्तरभाष्य n., शिवाष्टोत्तरशतनामन् n. und शिवास्तुति f. Titel Burnell, T. Opp. Cat. 1.

*शिवास्मृति f. *Sesbania aegyptiaca*.

*शिवाह्लाद m. *Getonia floribunda* Râǵan. 10,116.

*शिवाह्वा f. *eine best. Schlingpflanze*.

शिवि, शिविक, शिविका und शिविकाल s. u. शिबि u. s. w.

*शिविपिष्ट m. Bein. Çiva's. Vgl. शिपिविष्ट.

शिविर und °गिरि s. शिबिर und °गिरि.

*शिवीय्, °यति *Jmd wie* Çiva *behandeln*.

शिवीरथ s. शिबीरथ.

शिवेतर Adj. *missgünstig, unfreundlich*.

शिवेन्द्रसरस्वती m. N. pr. eines Autors Burnell, T.

*शिवेष्ट 1) m. a) *Getonia floribunda* Râǵan. 10, 116. — b) *Aegle Marmelos* Râǵan. 11,191. — 2) f. आ Dûrvâ-*Gras* Râǵan. 8,108.

शिवोद्भेद m. N. pr. eines Tîrtha.

शिवोपनिषद् f. Titel einer Upanishad.

शिशन् Nebenform von शिश्न *penis*. Nur Instr. शिश्ना; vgl. die fehlerhafte Form शिश्न्या Âçv. Gṛhj. Pariç. 1,13.

शिशपा f. metrisch für शिंशपा.

शिशयँ Adj. *mittheilend, freigebig*.

*शिशयिषा f. *das Schlafenwollen, Schläfrigkeit*.

शिशयिषु Adj. *schlafen wollend, schläfrig* Çiç. 11,22.

शिशव Nebenform von शिशु *Kind*. Nur शिशवस्य.

शिशिँर 1) m. n. a) *eine der sechs Jahreszeiten: der erste Frühling, die kühle Zeit* (die Monate Mâgha und Phâlguna umfassend). — b) *Kühle, Kälte, Frost*. Auch Pl. शिशिरस्य संघातः *heftiger Frost*. — 2) Adj. (f. आ) *kühl, kalt*. Compar. शिशिरतर Vâsav. 278,1. — 3) m. a) Bez. *des 7ten Monats*. — b) N. pr. α) eines Berges Hariv. 3,33,12. — β) eines Sohnes Dhara's von der Manoharâ. — γ) eines Sohnes des Medhâtithi. — δ) eines Lehrers. — 4) *f. आ a) *ein best. Arzeneistoff*, = रेणुका Râǵan. 6,113. — b) *eine Cyperus-Art* Râǵan. 6,143. — 5) n. a) **die Wurzel von Andropogon muricatus* Râǵan. 12,161. — b) *ein best. mythisches Geschoss*. — c) N. pr. eines Varsha in Plakshadvîpa.

शिशिरकर m. und शिशिरकिरण m. *der Mond*.

शिशिरकिरणवासर m. *Montag*.

शिशिरगभस्ति m. und शिशिरगु m. *der Mond*.

शिशिरता f. s. अ° unter अशिशिर.

शिशिरदीधिति m. und शिशिरमयूख m. *der Mond*.

शिशिरमास m. *der kühle Monat* Çiç. 6,65.

शिशिरय्, °यति *kühl machen, abkühlen*. शिशिरित *abgekühlt* Vâsav. 84,1. 140,3.

शिशिरर्तु m. und शिशिरसमय m. *die kühle Jahreszeit*.

शिशिरांशु 1) Adj. *kaltstrahlig*. Nom. abstr. °त्व n. — 2) m. *der Mond* 248,29. Kâd. 141,1 (247,12). Çiç. 11,53. तनुभवः °शोः *der Sohn des Mondes, der Planet Mercur*.

शिशिरान्त m. N. pr. eines Berges.

शिशिरात्यय m. *Frühling*.

शिशिराय्, °यते *kühl* —, *kühler werden* Harshaḱ. 189,8.

शिशिरायण Hariv. 1957 fehlerhaft für शैशि°.

शिशिरास्त्र Adj. *ein kaltes Geschoss führend* (der Mond im Kampfe mit Daitja's) Hariv. 13181. v. l. शैशिरास्त्र.

शिशिरी Adv. mit कर् *kühl machen* Harshaḱ. 122,6.

शिशिरोपचार m. *künstliche Abkühlung, eine Vorrichtung zur Abkühlung* Harshaḱ. 161,2.

शिशुँ m. 1) *Kind, Junges* (Pl. शिशवस् *Fohlen* Ṛv. 1,122,15); auch von *jungen Pflanzen* und der *jugendlichen, noch nicht lange am Himmel stehenden Sonne*. In Comp. gewöhnlich nachstehend (vorangehend 302,28). — 2) Bein. Skanda's. — 3) N. pr. eines Âṅgirasa und verschiedener anderer Männer.

शिशुकँ m. 1) *ein kleines Kind, jung*. — 2) *ein best. Wasserthier*. Nach den Lexicographen *Meerschwein* und *Delphinus gangeticus* (Râǵan. 19,74). — 3) **ein best. Baum*. — 4) N. pr. eines Fürsten VP. 4,24,17.

शिशुकाल m. *Kinderzeit, Kindesalter* Paṅḱat. 192,3.

शिशुकृच्छ्र n. *eine best. Kasteiung* Vasishtha 23,43.

*शिशुक्रन्द m. *Kindergeschrei*.

*शिशुक्रन्दीय Adj. *über das Kindergeschrei handelnd*.

*शिशुगन्धा f. *eine Jasminart*.

शिशुचान्द्रायण n. *eine best. Kasteiung* Baudh. 4,5,18.

शिशुजन m. *Kindervolk* Vâsav. 168,5. 169,1. 245,1.

शिशुता f. und शिशुत्व n. (Paṅḱad.) *Kindheit, Kindesalter; kindisches Wesen*.

शिशुदेश्य Adj. *beinahe noch Kind seiend*.

शिशुनन्दि m. N. pr. eines Fürsten.

शिशुनाक m. N. pr. v. l. für शिशुनाग.

शिशुनाग m. 1) *eine junge Schlange*. — 2) N. pr. eines Fürsten. Pl. *seine Nachkommen, — Dynastie*.

*शिशुनामन् m. *Kamel*.

शिशुपाल und *°क m. N. pr. eines Fürsten der Ḱedi, Sohnes des Damaghosha, der von Kṛshṇa erschlagen wird.

शिशुपालकथा f. Titel einer *Erzählung* Opp. Cat. 1.

*शिशुपालनिषूदन m. Bein. Kṛshṇa's.

शिशुपालवध m. Titel eines epischen Gedichts von Mâgha. °पर्वन् n. Titel eines Abschnitts im MBh.

शिशुपालशिरश्छेत्तर् m. Bein. Kṛshṇa's.

*शिशुप्रिय m. *Syrup* Râǵan. 14,96.

शिशुभाव m. *Kindheit, kindisches Wesen*.

शिशुँमत् Adj. *von Kindern* —, *von Jungen begleitet*.

शिशुमाँर 1) m. a) *Delphinus gangeticus* Vâsav. 280,1. Auch *Alligator* Suçr. 1,205,21. — b) *ein in der Gestalt dieses Thieres gedachtes Gestirn am Himmel, das für eine Erscheinung* Vishṇu's *gilt*. Personificirt als ein Sohn Dosha's von der Çarvarî (Bhâg. P. 6,6,14) und auch als Vater der Bhrami, der Gattin Dhruva's. — 2) f. शिशुमारी a) *das Weibchen vom Delphinus gangeticus*. — b) *eine best. Pflanze*.

शिशुमारमुखी f. N. pr. einer der Mütter im Gefolge Skanda's.

शिशुमारर्षि m. *ein* Ṛshi *in Gestalt eines Delphinus gangeticus* Tâṇḍja-Br. 14,5,15.

शिशुरोमन् m. N. pr. eines Schlangendämons.

*शिशुवाहक und *°वाह्यक m. *die wilde Ziege*.

शिशुहरिणदृश् f. *ein Mädchen mit Augen einer jungen Gazelle* Spr. 3801.

शिशूँल m. *Kindchen*.

शिशोक m. N. pr. eines Dichters Z. d. d. m. G.

36,557.

शिशोदर m. N. pr. eines Mannes Ind. St. 14,99.

शिश्न॑ m. n. 1) *Schwanz.* — 2) *das männliche Glied.* शिश्नच्छेदन n. Âpast. Vgl. शिशन्.

शिश्नथ॑ m. *Durchbohrung.*

शिश्नदेव॑ Adj. nach Nir. *unkeusch, buhlerisch.* Eher von *geschwänzten Dämonen* oder *falschen Göttern* zu verstehen; auch hat man an *Phallusverehrer* gedacht; vgl. Zimmer, Altind. Leben 116.

शिश्नप्रणोदनी Adj. f. *penem abstergens.*

शिश्नोदर n. Sg. *penis et abdomen* MBh. 3,2,65. 5,40,24.

शिश्नोदरतृप् Adj. *nur den Geschlechtstrieb und den Bauch befriedigend* Bhâg. P. 11,26,3.

शिश्नोदरंभर Adj. dass. Bhâg. P. 12,3,42.

शिश्निदु Adj. in अँशिश्निदु.

शिश्वि in सुँशिश्वि.

*शिश्विदान Adj. = कृष्णकर्मन् oder अ°, दुराचार.

1. शिष् (शिस्) Nebenform zu 1. शास्; s. daselbst.

2.*शिष्, शेषति (हिंसार्थ).

3. शिष्, शिनष्टि, शिंषति *übrig lassen.* °शिँष्यते (TBr. 1,1,9,3. 3,7,6,20) und Pass. °शिष्यँते (Çat. Br. 1,3,3,4. 3,8,3,5. 13,1,1,1) intrans. Das Simplex *übrig bleiben* nur in der klassischen Sprache; mit न *mangeln, fehlen.* शिष्ये MBh. 2,55,20 (ed. Vardh. 2,54,20. ed. Calc. 2,1964) fehlerhaft für शेष्ये (von 2. शी); न शिष्यति Mârk. P. 51,113 fehlerhaft für नशिष्यति. Partic. शिष्टँ *übrig gelassen, — geblieben, übrig* AV. 2,29,4. 31,3. 3,5,4. 5,26,4. Chr. 66, 26. नालशिष्ट *von dem nur der Stengel übrig geblieben ist,* हतशिष्ट Pl. so v. a. *dem Gemetzel entronnen,* हृतशिष्ट Adj. so v. a. *vom Raube verschont geblieben.* — Caus. शेषयति, °ते (metrisch) *übrig lassen, verschonen.* शेषित *übrig gelassen, verschont.* हृत° = हृतशिष्ट (s. u. Simplex). — Mit अति *übrig lassen;* Pass. *übrig bleiben.* अतिशिष्ये Hariv. 7498 (2,73,43) fehlerhaft für अतिशिश्ये (von 2. शी). Partic. अँतिशिष्ट *übrig geblieben.* — Mit अप *weglassen.* — Mit अव *übrig lassen* Âpast. Çr. 7,14,8. Pass. *übrig bleiben.* अवशिष्ट *übrig geblieben, übrig, — von* (Gen. 311,5, im Comp. vorangehend 156,26); *verschont.* Nach einem Instr. *von dem nur — übrig geblieben ist;* auch am Ende eines Comp. (65,18) in dieser Bed. Im Comp. nach einem Partic. praet. pass. = शिष्ट. कृतशिष्ट so v. a. *dem Tode entronnen,* संध्याकृष्टावशिष्ट so v. a. *was nicht von der Abendröthe an sich gerissen worden ist* 311,12. — Caus. *übrig lassen.* अवशेषित *übrig gelassen, — geblieben.* Nach einem Instr. *von dem nur — übrig geblieben ist;* am Ende eines Comp. dass. und *übrig geblieben von.* आत्मानं चिन्मात्रमवशेषितम् ungenau für आ° चिन्मात्रावशेषितम्. (तेन) संभोक्तुं नावशेषिता so v. a. *er unterliess es nicht —, scheute sich nicht sie zu geniessen* Râgat. 7,293. — Mit पर्यव *abgrenzen* Vaitân. 11,5 (°शिष्येत् st. शिंष्यात् zu lesen). — Caus. *übrig lassen.* Nur °शेषित. — Mit प्रत्यव Pass. *zurückgehalten werden* Comm. zu Âpast. Çr. 1,1,3. — Mit समव Caus. *übrig lassen.* Nur °शेषित. — Mit उद् *übrig lassen* Maitr. S. 3,6,5. TBr. 1,1, 6,8. °शिँष्यते, °शिष्यँते und Med. *übrig bleiben.* उँच्छिष्ट 1) *übrig gelassen, — von* (im Comp. vorangehend), *als unbrauchbar liegen gelassen, übrig geblieben* R̥V. 1,28,9. — 2) *unrein.* — Vgl. उँच्छिष्ट. — Caus. *abküssen* (!) Bhâg. P. — Mit निस् Caus. (scheinbar) s. निःशेषय्. — Mit परि *übrig lassen;* Pass. *übrig bleiben.* °शिष्यमाण *reliquus, zuletzt übrig bleibend* Çaṁk. zu Bâdar. 3,4,20. पँरिशिष्ट *übrig geblieben, übrig* Chr. 299,14. — Caus. 1) *übrig lassen, verschonen.* °परिशेषित *übrig geblieben von.* — 2) *verlassen, aufgeben* Bhatt. — 3) *ergänzen.* — Mit वि 1) *unterscheiden, durch besondere Attribute näher bezeichnen, als etwas Besonderes hinstellen, näher charakterisiren;* Pass. *durch Etwas* (Instr.) *näher bezeichnet werden; sich unterscheiden von, als etwas Besonderes erscheinen;* mit Abl. oder Instr. — 2) *vor Andern* (Instr.) *auszeichnen, höher stellen als;* Pass. *hoch über Allen stehen, mehr gelten, höher stehen, vorzüglicher —, besser sein, — als* (Abl. [78,22] oder Instr.); *am Höchsten stehen —, hervorragen unter* (Gen. oder Loc.). — 3) *steigern, vermehren.* v. l. प्रवि. — 4) विशेषत् = विशेषयत् *übertreffend.* — 5) विशिष्ट *a) durch besondere Attribute unterschieden, näher bezeichnet, als etwas Besonderes erscheinend, charakterisirt durch;* die Ergänzung im Instr. oder im Comp. vorangehend (214,31. 276,7. fgg.). — *b) verschieden, besonder.* — *c) hervorragend, ausgezeichnet, über Alles hochstehend, viel geltend, vorzüglich; hervorragend —, ausgezeichnet —, einen Vorsprung habend durch, in Bezug auf* (Instr., Adv. auf तस् [Âpast. 2,22,5. 23,2] oder im Comp. vorangehend [Chr. 211,10]); *hervorragend in, sich verstehend auf* (Loc.); *der beste* u. s. w. *unter* (Gen.); *mehr geltend, vorzüglicher* (Âpast. 2,33,8), *besser, schlimmer, — als* (Abl. oder im Comp. vorangehend). Compar. विशिष्टतर *vorzüglicher,* Superl. (mit Abl.) dass. — Caus. 1) *näher bestimmen, charakterisiren.* भिन्नं तु व्यवच्छिन्नं विशेषितम् so v. a. भिन्न *wird durch* व्यवच्छिन्न *definirt.* — 2) *Jmd bevorzugen.* — 3) *als besser erscheinen lassen.* Pass. *eine hohe Bedeutung haben, viel gelten.* विशेषित so v. a. *höher stehend als* (Abl.) *durch* (Instr.). — 4) *übertreffen Jmd oder Etwas* (Acc.) MBh. 3,217, 8. 7,188,30. Çiç. 13,7. विशेषित *übertroffen.* — Mit प्रवि *steigern, vermehren.* — Mit प्रतिवि, °शिष्ट *vorzüglicher* (J. R. A. S. 1876, S. 50, Z. 13), *besser, schlimmer, — als* (Adv. auf तस्). — Mit सम्, सँशिष्ट *übrig geblieben.* संशिषाति (!) Vaitân. 30,17.

शिषाण Partic. Hariv. 7426 fehlerhaft für शिशान (von 2. शा).

1. शिष्टँ 1) Adj. s. u. 1. शास्. — 2) n. *a) Vorschrift über* (im Comp. vorangehend). — *b) Belehrung.* v. l. शिक्षा und शिष्टि.

2. शिष्टँ 1) Adj. s. u. शिष्. — 2) n. *das Uebrige, Rest, Ueberbleibsel.*

शिष्टता f. *Bildung, Gelehrsamkeit* Z. d. d. m. G. 33,512.

शिष्टत्व n. dass. zu Spr. 7586.

शिष्टप्रभा f. 158,3 Druckfehler für शिष्टसभा.

शिष्टभक्त m. *das Essen von Ueberbleibseln.*

शिष्टसभा f. *eine Versammlung von Gelehrten* 158,3 (so zu lesen).

शिष्टसंमत Adj. *bei Gebildeten in Ehren stehend* MBh. 3,207,63.

शिष्टस्मृति f. *die Ueberlieferung der Gebildeten* Baudh. 1,2,8.

शिष्टाकरण n. *das Unterlassen des Vorgeschriebenen* Gaut. 12,27. Vgl. शिष्टस्याक्रिया 19,2.

शिष्टागम m. *die Ueberlieferung der Gebildeten* Baudh. 1,1,4.

1. शिष्टाचार m. *das Verfahren Gebildeter* Gobh. 3, 3,29. Vasishtha 1,5. Kap. 5,1.

2. शिष्टाचार Adj. *wie ein Gebildeter verfahrend, — sich benehmend.*

शिष्टादिष्ट Adj. *von Gebildeten vorgeschrieben, — gutgeheissen* 78,13.

शिष्टात्मक m. N. pr. eines Mannes Kautukas.

शिष्टाशन Adj. *Reste verzehrend, von diesen sich nährend.*

1. शिष्टि f. 1) *Züchtigung, Bestrafung* Gaut. — 2) *Geheiss, Befehl* Bhadrab. 3,44,46. — 3) *Unterweisung.*

2. शिष्टि f. *Hülfe* in सुँशिष्टि.

शिष्य 1) Adj. *a) zu lehren, tradendus.* अनिष्पन्ने निष्पन्नशब्दः शिष्यः *es muss gelehrt werden, dass das Wort* निष्पन्न *die Bedeutung von* अनिष्पन्न *hat,* 243,24. 25. — *b) zu belehren, zu unterweisen;* s. अशिष्य. — 2) m. (adj. Comp. f. आ) *Schüler.* — 3) f. आ *Schülerin.*

शिष्यक m. 1) *Schüler.* — 2) *N. pr. eines Mannes.

शिष्यता f. *der Stand eines Schülers.*

शिष्यत्व n. 1) *das Gelehrtwerden* (einer Sache) in अ° Nachtr. 6. — 2) = शिष्यता.

शिष्यधीवृद्धितन्त्र n., शिष्यप्रश्नोपनिषद् f. (Burnell, T.) und शिष्यशिक्षावाद m. (Opp. Cat. 1) Titel von Werken.

शिष्यसख Adj. *den Schüler zum Freunde habend* MBh. 12,228,73.

शिष्यहिता (Ind. St. 17,44. fgg.) und °न्यास m. (Bühler, Rep. No. 322) m. Titel.

शिष्याय् *Jmds* (Gen.) *Schüler werden.* Nur °यित n. impers.

शिष्यी Adv. mit कर् *Jmd zum Schüler machen, in Jmds* (Gen.) *Schule geben.*

शिस् (शिष्) Nebenform von 1. शास् auch in Derivaten wie 1. आशिस् u. s. w.

शिह्लन m. = शिल्ह्न.

1. शी, शीयते 1) *ausfallen.* — 2) *weichen, schwinden, zu Grunde gehen.* — Mit अति 1) *hinausfallen über* (Acc.) Maitr. S. 2,6,1 (64,1. 6). — 2) *herauskommen aus*, so v. a. *verlassen;* mit Acc. — Mit अभि *herabfallen auf* (Acc.). — Mit अव *niederfallen, abfallen* Âpast. Çr. 18,8. Vgl. Whitney, Roots u. s. w. u. 1. शी. — Mit उप s. ebend. — Mit निस् *zerfallen, abfallen.*

2. शी, शेते, शयते, शयान (शशयाने Perf.); Act. ved. अशयत् (auch Çat. Br.), अशायतम् und शेषन्; metrisch Act. auch später. 1) *stille liegen, daliegen, ungebraucht dastehen.* मदने so v. a. *sich impotent erweisen.* — 2) *schlafen.* — 3) *sich schlafen legen.* *पत्ये *zum Gatten.* — 4) *einschlafen.* — 5) शयति Pańkat. 174,1 fehlerhaft für शपति. — 6) शयित a) *liegend.* — b) *gelegen habend.* — c) *schlafend.* — d) *geschlafen habend.* Auch impers. — e) *eingeschlafen.* — Caus. शाययति, °ते (metrisch) 1) *hinlegen, legen —, setzen —, stecken auf* oder *in* (Loc.). शायित Daçak. 85,3. — 2) *schlafen legen, — lassen, — gehen heissen.* — Desid. शिशयिषते *schlafen wollen* Harshak. 57,15. Vâsav. 169,1. — Mit अति 1) *früher als ein Anderer* (Acc.) *schlafen, — sich zur Ruhe begeben.* — 2) *übertreffen* Naish. 3,58. Kâd. 229,4 (376,10. 11). Çiç. 14,32. — 3) अतिशयित a) *übertreffend*, mit Acc. — b) *ausserordentlich, bedeutend, ungewöhnlich.* — c) *übertroffen* Kâd. 90,1 (161,14). Auch *n. impers. — Caus. *übertreffen.* अतिशाययित *übertroffen.* — Desid. (°शिशयिषमाण) *übertreffen wollen* Harshak. 12,6. — Mit व्यति *hinausreichen über, überbieten;* mit Acc. — Mit अधि 1) *ruhen in* oder *auf, liegen —, sich legen auf, besteigen* (mit Acc., seltener mit Loc.) Kâd. 232,3 (380,14). Çiç. 11,61. 66. *अधिशयित *liegend auf* (Acc.). — 2) *bewohnen, beziehen* (eine Wohnung). — 3) अधिशेते Pańkat. 26,24.fg. fehlerhaft. — Caus. 1) *legen auf*, mit doppeltem Acc. — 2) *einlegen an Stelle eines Andern* (Instr.). — Mit समधि Caus. *einlegen an Stelle eines Andern.* — Mit अनु 1) *herumliegen an* oder *in, liegen auf* (Acc.), *ruhen in* (Loc.); *sich* (zu einem Weibe) *legen* Káraka 6,2. — 2) *sich nach Jmd* (Acc.) *hinlegen.* — 3) *Reue empfinden, bereuen* (mit Acc.) Hem. Par. 1,201. Çiç. 14,45. — 4) °अनुशयित *begleitet —, unter dem Einfluss stehend von* Káraka 1,7. — Mit अप *sich abseits —, sich in einiger Entfernung hinlegen* Âpast. 1,32, 16 (अपशयीत zu vermuthen). — Mit अभि *liegen auf* (Acc.). — Mit आ 1) *liegen in* oder *auf* (Acc. oder Loc.). — 2) *Jmd* (Acc.) *zur Last fallen.* — 3) Act. *wünschen* Bhâg. P. — Mit अन्वा *sich erstrecken über.* — Mit प्रत्या *vor Etwas* (Acc.) *liegen.* — Mit उद् *hervorstechen über* (अभितस्). — Mit उप 1) *liegen bei* (Acc. Vaitân.), *daneben liegen, liegen auf* (Loc.). — 2) *Jmd* (Gen.) *wohl bekommen.* — Mit नि in *निशायिन्, निशिता, निशीथ und *निशीथ्या. — Mit निस्, निःशयान *aus dem Schlafe fahrend* Bhâg. P. 2,7,29. 3, 9,10. — Mit परि 1) *herumliegen um, umgeben, umfassen, sich befinden an* oder *in;* mit Acc. Maitr. S. 2,4,3 (40,13). — 2) *liegen bleiben.* — Caus. in परिशायन. — Mit प्र *sich legen auf* (Acc.). — Mit प्रति *gegen Jmd* (Acc.) *liegen*, so v. a. *nicht von seiner Seite weichen um ihn zur Nachgiebigkeit zu zwingen.* प्रतिशयित mit act. und pass. Bed. Kâd. 254, 13 (415,16). Harshak. 119,13 (°शायित gedr.). Vgl. 1. विश्र mit प्रत्युप. — Mit वि 1) *ausgestreckt liegen.* — 2) *sitzen bleiben auf* (Loc.). — 3) *dem Zweifel unterliegen* Çaṁk. zu Bâdar. 4,2,7. — Mit सम् 1) *unschlüssig sein, Anstand nehmen, im Zweifel sein.* — 2) *verzweifeln an* (Loc.). — 3) Act. mit Acc. *sich über Etwas nicht einigen können, verschiedener Meinung über Etwas sein.* — 4) संशयित a) *unschlüssig, in Zweifel seiend, — über* (im Comp. vorangehend) Kâtj. Çr. 24,1,23. — b) *dem Zweifel unterworfen, zweifelhaft, ungewiss, in Frage stehend, gefährdet.*

3. शी 1) Adj. am Ende eines Comp. *liegend.* — 2) *f. = शयन und शान्ति.

4. शी s. 1. und 2. शा.

5. शी s. श्या.

शीक्, शीकते 1) *tröpfeln, stieben* Harshak. (ed. Bomb.) 441,14. शीकित *getröpfelt habend.* — 2) *ग-त्यर्थे. — Caus. शीकयति 1) *betröpfeln* Harshak. (ed. Bomb.) 109,2. — 2) *भाषार्थे oder भासार्थे, आमर्षणे, मर्षणे, आमर्शे.

*शीकायत m. N. pr. eines Mannes.

शीकर m. 1) (gewöhnlich Pl.) *feiner Regen, herabfallende Tropfen.* In Comp. mit folgendem कण m. *Tropfen* 304,14. Vâsav. 132,3. 267,5. 6.

शीकरिन् Adj. *von einem feinen Regen begleitet, mit feinen Tropfen geschwängert, einen feinen Regen bewirkend, Wasser ausspritzend* (Elephantenrüssel).

शीकाय् *tröpfeln, stieben* (von feinem, seltenem Regen). Nur शीकायन्त् und शीकायिष्यन्त्.

शीत्ता f. schlechte Schreibart für शित्ता Taitt. Âr. 7,2,1. Âpast. 2,8,11 u. s. w.

शीघ्र 1) Adj. (f. आ) *rasch, schnell, rasch wirkend, alsbald hervortretend.* Compar. °तर, Superl. °तम. शीघ्रम् und शीघ्रेण Adv. *rasch, schnell, unverzüglich.* Compar. शीघ्रतरम्. — 2) m. N. pr. eines Sohnes des Agnivarṇa. — 3) f. आ a) *Croton polyandrum* oder *Cr. Tiglium* Râgan. 6,160. — b) N. pr. eines Flusses. — 4) n. a) *der Punct der grössten Schnelligkeit eines Planeten, Conjunction.* — b) **die Wurzel von Andropogon muricatus* Râgan. 12,151. — c) * = चक्राङ्ग.

शीघ्रकर्मन् n. *die Berechnung der Conjunction eines Planeten.*

शीघ्रकारित्व n. Nom. abstr. zu °कारिन् 3) Káraka 6,3.

शीघ्रकारिन् Adj. 1) *rasch zu Werke gehend.* — 2) *rasch zum Ziele führend.* — 3) *rasch verlaufend, acut* (Krankheit) Káraka 6,4. Als Bez. einer Art Fieber Bhâvapr. 3,71.

शीघ्रकृत् Adj. *rasch zu Werke gehend.*

शीघ्रकृत्य Adj. *rasch zu vollbringen.*

शीघ्रकेन्द्र n. *Excentricität, Abstand eines Planeten vom Puncte seiner grössten Schnelligkeit.*

शीघ्रग 1) Adj. (f. आ) *sich rasch bewegend, einen schnellen Lauf habend.* — 2) m. a) Bein. *der Sonne.* — b) N. pr. α) eines Sohnes des Agnivarṇa. — β) eines Hasen.

*शीघ्रगङ्ग Adj. *wo die Gaṅgâ rasch fliesst* P. 2, 1,21, Sch.

1. शीघ्रगति f. *die grösste Schnelligkeit eines Planeten in seiner Bewegung* (d. i. wenn er bei der Conjunction angelangt ist).

2. शीघ्रगति Adj. = शीघ्रग 1).

शीघ्रगत्व n. Nom. abstr. zu शीघ्रग 1).

शीघ्रगामिन् Adj. = शीघ्रग 1).

शीघ्रचेतन 1) Adj. *rasch zur Besinnung kommend* (Hund). — 2) *m. *Hund.*

*शीघ्रजन्मन् m. *Guilandina Bonduc.*

शीघ्रत्व Adj. *sich rasch bewegend, schnell laufend.*

शीघ्रतरगति Adj. *sich rascher bewegend* Ind. St. 10,277.

शीघ्रता f. (Çiç. 18,13) und शीघ्रत्व n. *Raschheit, schnelle Bewegung, schnelles Verfahren.*

शीघ्रपराक्रम Adj. *raschen Muthes, schnell an's Werk gehend, schnell entschlossen.*

शीघ्रपरिधि m. *Epicyclus der Conjunction eines Planeten.*

शीघ्रपाणि Adj. *schnellhändig*, Beiw. des Windes.

शीघ्रपातिन् Adj. *schnell fliegend, sich rasch bewegend, rasch zu Werke gehend.*

शीघ्रपायिन् Adj. *rasch trinkend, — saugend* (Blutegel) 217,14. 17.

*शीघ्रपुष्प m. *Agati grandiflora* Râǵan. 10,46.

शीघ्रफल n. *the equation of the conjunction* Ganit. Spasht. 32. Sûrjas. 2,44.

शीघ्रबाङ्कायन m. N. pr. eines Mannes.

*शीघ्रबुद्ध m. N. pr. eines Lehrers M. Müller, Ren. 312.

शीघ्रबोध 1) Adj. *schnell zu verstehen.* — 2) m. Titel verschiedener Werke.

1. शीघ्रयान n. *rascher Gang, rasches Fahren.* Auch Pl.

2. शीघ्रयान Adj. = शीघ्रग 1).

शीघ्रयायिन् Adj. dass.

शीघ्रवह Adj. (f. आ) *schnell fliessend.*

शीघ्रवाहिन् Adj. *schnell fahrend.*

शीघ्रविक्रम Adj. *raschen Muthes, schnell an's Werk gehend, schnell entschlossen.*

शीघ्रवेग Adj. *von grosser Geschwindigkeit, sich rasch bewegend.*

*शीघ्रवेधिन् Adj. *rasch schiessend.*

शीघ्रसंचारिन् Adj. = शीघ्रग 1).

शीघ्रस्रोतस् Adj. *rasch fliessend.*

शीघ्राय्, °यते *sich in rasche Bewegung setzen* Bhaṭṭ.

शीघ्रास्त्र Adj. *dessen Geschosse rasch fliegen.* Nom. abstr. °त्व n.

शीघ्रिन् Adj. *hastig zu Werke gehend, — lesend.*

*शीघ्रिय 1) Adj. = शीघ्र 1). — 2) m. a) Bein. Vishṇu's und Çiva's. — b) *Katzenbalgerei.*

शीघ्रोच्च n. *Apex der grössten Schnelligkeit eines Planeten, Conjunction.*

शीघ्र्य Adj. *hastig.*

शीत् onomatop. mit कर् *den Laut* çît *hervorbringen, insbes. vom geräuschvollen Beben der Lippen geschlechtlich aufgeregter Weiber.* Auch सीत् geschrieben.

शीत 1) Adj. (f. आ) a) *kalt, kühl.* *शीतंकृत्य und *शीतं कृत्वा. — b) * *träge, lässig.* — c) * = क्वथित; richtig शृत. — 2) *m. a) *Calamus Rotang.* — b) *Cordia Myxa* und *latifolia* Râǵan. 11,205. — c) *Azadirachta indica.* — d) = ग्रसनपर्णी und पर्पट Râǵan. 5,8. — e) *Kampfer* Râǵan. 12,61. — 3) f. शीता a) * *Branntwein* Râǵan. 14,135. — b) *eine Art Dûrvâ-Gras* Râǵan. 8,108. — c) * *eine andere Grasart,* = शिल्पिका Râǵan. 8,129. — d) N. pr. eines Flusses Kâraṇḍ. 71,14. Richtig wohl सीता. — 4) n. a) *Kälte, Frost.* — b) *kaltes Wasser.* — c) * *Cassia-Rinde.*

शीतक 1) Adj. (f. शीतिका a) *kühl* AV. — b) * *kalt —, ohne Feuer zu Werke gehend, träge, lässig.* — c) * *wohlauf, gesund* H. an.; vgl. Zach. Beitr. 86. — 2) m. a) *das Gefühl der Kälte, Schauder* Kâraka 6,3. 11. — b) * *die kalte Jahreszeit.* — c) * *Scorpion.* — d) * = ग्रसनपर्णी. — e) Pl. N. pr. eines Volkes. — 3) * n. *eine Art Sandel* Râǵan. 12,23.

शीतकर 1) Adj. *kühlend.* — 2) m. a) *der Mond* (*kaltstrahlig*). अम्भः° *der sich im Wasser abspiegelnde Mond.* — b) * *Kampfer* Râǵan. 12,61.

शीतकाल m. *die kalte Jahreszeit.*

शीतकिरण m. *der Mond.*

*शीतकुम्भ 1) m. *wohlriechender Oleander.* — 2) f. ई *Pistia Stratiotes.*

शीतकृच्छ्र m. *eine Kasteiung, bei der man Alles kalt geniesst,* Vishṇus. 46,12.

शीतक्रिया f. *Abkühlung.*

*शीतक्षार n. *gereinigter Borax.*

*शीतगन्ध 1) n. *weisser Sandel* Râǵan. 12,8. — 2) f. आ *Mimusops Elengi.*

शीतगात्र m. *eine Art Fieber* Bhâvapr. 3,76.

शीतगु m. *der Mond.*

शीतगुतनय m. *der Planet Mercur* Sârâvali im Comm. zu Varâh. Bṛh. 4,14.

*शीतचम्पक m. = दीप, तर्पण (आतर्पण) und दर्पण; vgl. Zach. Beitr. 92.

शीतज्वर m. *kaltes Fieber* Bhâvapr. 3,118.

शीतता f. und शीतत्व n. *Kälte.*

शीतदीधिति m. *der Mond.*

*शीतदूर्वा f. *weisses Dûrvâ-Gras.* Richtig सितदूर्वा.

शीतद्युति m. *der Mond.*

शीतपर्णि (metrisch) und *°पर्णी f. *Gynandropsis pentaphylla.*

*शीतपाकिनी f. = काकोली und महासमङ्गा (Râǵan. 4,98).

शीतपाकी f. *eine best. Gemüsepflanze.* Nach den Lexicographen *Sida cordifolia, Abrus precatorius* (Râǵan. 3,101) und = काकोली.

शीतपाक्य n. wohl *eine best. Pflanze* oder *Frucht.*

शीतपाणि Adj. *kaltstrahlig* (der Mond).

शीतपित्त n. *eine durch Erkältung entstandene Geschwulst wie von einem Wespenstich, von Fieber und Erbrechen begleitet* Bhâvapr. 6,40.

*शीतपुष्प 1) m. *Acacia Sirissa.* — 2) f. आ *Sida cordifolia.* — 3) n. *Cyperus rotundus.*

*शीतपुष्पक 1) m. *Calotropis gigantea* Râǵan. 10, 26. v. l. शिवपुष्पक. — 2) n. *Erdharz.*

शीतपूतना f. *eine best. die Kinder quälende Unholdin.*

*शीतप्रद m. *Kampfer* Râǵan. 12,61.

*शीतप्रिय m. = पर्पट Râǵan. 5,8.

*शीतफल 1) m. a) *Ficus glomerata* Râǵan. 11, 130. — b) *Cordia Myxa* Râǵan. 11,205. — 2) f. आ *Emblica officinalis* Râǵan. 11,159.

*शीतबला f. = महासमङ्गा Râǵan. 4,98.

शीतबुध्न Adj. *mit kaltem Boden* (ein Gefäss) Âpast. Çr. 1,13,13.

शीतभञ्जिरस m. *eine best. Mixtur* Mal. med. 63. Bhâvapr. 3,90. Rasar. 79.

शीतभानवीय Adj. (f. आ) *lunaris* Dhûrtan.

शीतभानु m. *der Mond* Dhûrtan.

*शीतभीरु 1) Adj. *vor Frost empfindlich.* — 2) m. *Jasminum Sambac* Râǵan. 10,82.

शीतभीरुक 1) * Adj. = शीतभीरु 1). — 2) m. *eine Reisart.*

*शीतभोजिन् Adj. *Kaltes zu geniessen pflegend.*

*शीतमञ्जरी f. *Nyctanthes arbor tristis.*

शीतमय Adj. *kalt, kühl.*

शीतमयूख m. 1) *der Mond* Varâh. Jogaj. 4,9. — 2) * *Kampfer.*

शीतमयूखमालिन् m. *der Mond.*

शीतमरीचि m. 1) *der Mond* Ind. Antiq. No. 152, S. 8. — 2) * *Kampfer.*

*शीतमूलक n. *die Wurzel von Andropogon muricatus.*

शीतमेह m. *kalte Harnruhr.*

शीतमेहिन् Adj. *an der kalten Harnruhr leidend.*

शीतय्, °यति *abkühlen.*

*शीतरम्य m. *Lampe.*

शीतरश्मि 1) Adj. *kaltstrahlig.* Nom. abstr. °त्व n. — 2) m. *der Mond.*

शीतरश्मिज m. *der Planet Mercur.*

शीतरस m. *Branntwein aus ungekochtem Saft des Zuckerrohrs* Bhâvapr. 2,59.

शीतरसिक Adj. *den Geschmack von Kälte bewirkend.*

शीतरुच् m. *der Mond.*

शीतरुचि m. dass. Bâlar. 242,14.

शीतज्वर् m. n. (Vaitân.) Du. *kaltes und hitziges Fieber.*

शीतरोचिस् m. *der Mond* Çiç. 16,43.

शीतल 1) Adj. (f. आ) *a) kühl, kalt, kühlend* Compar. °तर. — *b) leicht frierend, zum Frost geneigt.* — *c) im Herzen abgekühlt, frei von Leidenschaft; sanftmüthig* Prasannar. 88,11. — *d) Jmd kalt lassend, nicht näher berührend.* — 2) * m. *a) Wind.* — *b) der Mond.* — *c) Cordia Myxa.* — *d) Michelia Champaka.* — *e)* = असनपर्णी H. an.; vgl. Zach. Beitr. 89. — *f) eine Art Kampfer.* — *g) das Harz der Shorea robusta.* — *h) gelblicher Eisenvitriol* H. an.; vgl. Zach. Beitr. 89. — *i) Erdharz.* — *k) eine best. Begehung beim Eintritt der Sonne in den Widder.* — *l)* N. pr. eines Arhant bei den Gaina. — 3) f. आ *a)* * *Sand* Râgan. 13,139. — *b)* * *Pistia Stratiotes.* — *c)* * = कुटुम्बिनी Râgan. 5,77. — *d)* * = आरामशीतला Râgan. 10,177. — *e) die Göttin der Blattern.* — 4) * f. ई *Pistia Stratiotes.* — 5) n. *a) Kälte.* — *b)* * *Sandel.* — *c)* * *die Wurzel von Andropogon muricatus.* — *d)* * *Costus speciosus* oder *arabicus.* — *e)* * *gelblicher Eisenvitriol.* — *f)* * *Erdharz.* — *g)* * *Perle* Râgan. 13,152.

*शीतलक 1) m. *Majoran* Râgan. 10,156. — 2) n. *eine weisse Lotusblüthe* Râgan. 10,20.

*शीतलच्छद m. *Michelia Champaka* Râgan. 10,58.

*शीतलजल n. *Lotusblüthe* Râgan. 10,198.

शीतलता f. *Kälte.*

शीतलत्व n. *Kälte* Râgan. 20,30. so v. a. *Gleichgültigkeit* Kampaka 338.

*शीतलपत्रिका f. *Maranta dichotoma* Mat. med. 318.

*शीतलप्रद m. *Sandel.*

शीतलय्, °यति *abkühlen* Prasannar. 74,4.

*शीतलवातक m. = असनपर्णी.

शीतलस्पर्श Adj. *kalt anzufühlen* 86,13.

शीतलस्वामिन् m. N. pr. eines Arhant bei den Gaina.

शीतलागौरीपूजाविधि m. (Burnell, T.) und शीतलापूजा f. Titel.

शीतलाव्रत n. *eine best. Begehung.*

शीतलाषष्ठी f. *ein best. 6ter Tag.*

शीतलाष्टक n. und शीतलास्तोत्र n. Titel Burnell, T. Opp. Cat. 1.

1. *शीतली f. s. u. शीतल.

2. शीतली Adv. 1) mit कर् *abkühlen, kalt machen* zu Spr. 1272. — 2) mit भू *sich abkühlen, kalt werden* (auch in übertragener Bed.) Ind. St. 15,273.

*शीतलीजटा f. *Villarsia cristata.*

शीतवती f. in *महा°.

शीतवन n. N. pr. 1) eines Wallfahrtsortes MBh. 3,6029. v. l. सीत°. — 2) *einer Leichenstätte in Kâçmîra.

*शीतवल्क m. *Ficus glomerata* Râgan. 11,130.

शीतवह Adj. (f. आ) *kaltes Wasser führend* (Fluss).

शीतवातोष्णवेताली f. *eine best. die Kinder quälende Unholdin.*

शीतवीर्य Adj. *eine kühlende Wirkung äussernd, kühlend.*

*शीतवीर्यक m. *Ficus infectoria* Râgan. 11,126.

शीतशिव 1) m. *a) Anethum Sowa* oder *eine andere Anisart.* — *b)* * *Mimosa Suma.* — 2) * f. आ *a) Dill* Râgan. 4,14. — *b) Mimosa Suma.* — 3) * n. *a) Erdharz.* — *b) Steinsalz.*

*शीतशूक m. *Gerste.* Vgl. सितशूक.

शीतसंस्पर्श Adj. *kühl anzufühlen.*

*शीतसह 1) Adj. *Kälte vertragend.* — 2) m. *Careya arborea* oder *Salvadora persica* Râgan. 11,84. — 3) f. आ *a) Vitex Negundo* Râgan. 4,155. — *b)* = वासन्ती Râgan. 10,91.

शीतस्पर्श n. *das Gefühl der Kälte* 163,12.

शीतहर Adj. *die Kälte vertreibend* Çiç. 6,65.

शीतह्रद Adj. *kühl wie ein Teich.*

शीतांशु 1) Adj. *kaltstrahlig.* Nom. abstr. °ता f. und °त्व n. — 2) m. *a) der Mond* 313,18. Çiç. 11,64. — *b)* * *Kampfer.* °तैल n. *Kampferöl* Râgan. 12,61.

शीतांशुमन्त् m. *der Mond.*

शीताङ्ग 1) Adj. (f. ई) *kaltgliederig*, so v. a. *gefühllos.* — 2) m. *eine Art Fieber* Bhâvapr. 3,76. 94. — 3) * f. ई *eine Mimosenart* Râgan. 5,111.

शीतातपत्र n. *ein Schirm gegen Kälte (Regen) und Hitze (Sonnenschein).*

शीताद m. *eine best. Krankheit des Zahnfleisches, Scorbut.*

शीताद्रि m. *das Schneegebirge, der* Himâlaja.

शीताधिवास Adj. (f. आ) *an kühlen Orten lebend* oder *kühlend* 216,23.

शीतान्त m. N. pr. eines Berges.

*शीताबला f. = महासमङ्गा Râgan. 4,98.

शीतारिरस m. *eine best. Mixtur* Rasendrak. 79,2.

शीतार्त 1) Adj. *von Kälte gequält.* — 2) m. fehlerhaft für शीतान्त.

शीतालु Adj. *gegen Kälte empfindlich, frostig, frierend* Çiç. 8,19.

*शीताश्मन् m. *der Mondstein* Râgan. 13,211. Vgl. चन्द्रकान्त.

शीतिकावत् Adj. (f. °वती) *kühl* AV.

*शीतिमन् m. *Kälte.*

शीती Adv. 1) mit कर् *abkühlen.* — 2) mit भू *a) kalt werden.* °भूत *kalt geworden.* — *b)* शितिभूत *kalt* —, *gleichgültig geworden*, so v. a. *erlöst* Çîlâñka 1,425.

शीतीकरण n. *Abkühlungsmittel.*

शीतीभाव m. 1) *das Kühlwerden, Abkühlung* Karaka 5,3. Kârand. 9,17. 10,8. — 2) *das Erkalten im Herzen, vollständige Beruhigung des Gemüths, die Erlösung auf Erden.*

शीतींभाव m. fehlerhaft für शीतीभाव 2).

शीतेतर Adj. *heiss.*

*शीतेतररश्मि und शीतेतरार्चिस् m. *die Sonne.*

शीतेषु m. *der kalte Pfeil, ein best. mythisches Geschoss.*

*शीतोत्तम n. *Wasser.*

शीतोद N. pr. 1) n. eines Sees. — 2) f. आ eines mythischen Flusses.

शीतोदक (wohl m.) *eine best. Hölle* Kârand. 18, 14. 30,3 (सितो° gedr.).

शीतोपचार m. *eine Kur mit kalten Mitteln.*

शीतोष्ण 1) Adj. (f. आ) *kalt und warm.* — 2) f. आ N. pr. einer Unholdin. Conj. für शीलोष्णा. — 3) n. Sg. und Pl. *Kälte und Hitze.*

शीतोष्णकिरण m. Du. *Mond und Sonne.*

शीतोष्म oder °न् n. Name verschiedener Sâman Ârsh. Br.

शीत्कार m. *der Laut* çît (s. dieses) Z. d. d. m. G. 32,735 (कामिनीषु). Çiç. 8,13. Vom Geräusch ausgespritzten Wassers, Ausruf des Schmerzes (Vâsav. 31,1) und *der Beifallsbezeigung. Wird auch सीत्कार geschrieben. MBh. 6,4389 fehlerhaft für शीकर.

शीत्कारिन् Adj. *den Laut* çît *hervorbringend.*

शीत्कृत n. *das Ausstossen des Lautes* çît Çiç. 6,58. 10,75. 11,54.

शीत्कृति f. dass. Z. d. d. m. G. 36,373.

शीत्कृतिन् Adj. = शीत्कारिन्.

शीधु s. सीधु.

शीन 1) Adj. s. u. श्या. — 2) * m. *Boa.* — 3) n. *Gefrorenes, Eis.*

शीपल्य Adj. (f. आ) *mit Blyxa octandra besetzt.* v. l. शैवल्य.

शीपाल 1) m. oder n. *Blyxa octandra.* — 2) f. आ *ein mit dieser Pflanze besetztes Wasser.*

*शीपालिल (सी°) Adj. *mit Blyxa octandra besetzt* gaṇa काशादि.

शीपुद्रु m. AV. 6,127,2 fehlerhaft für चीपुद्रु.

शीफर Adj. 1) *reizend* Daçak. 40,14. — 2) * = स्फीत.

*शीफालिका f. = शेफालिका.

*शीभ्, शीभते (कत्थने).

शौभम् Adv. *rasch, schnell.*

*शीभव m. = शीकर.

शीभ्य 1) Adj. *rasch fahrend.* — 2) *m. a) *Stier.* — b) Bein. Çiva's.

शीम in दुःशीम und सुशीम.

1. शीर 1) Adj. etwa *scharf, spitz.* — 2) m. *Boa.*

2. शीर fehlerhaft für सीर.

शीरदेव m. s. सीरदेव.

शीरशोचिस् Adj. *scharfstrahlend.*

शीरि oder शीरी f. *Ader* Maitr. S. 3,9,6 (123,10). Vgl. सिरा.

*शीरिन् m. *eine Art* Kuça-*Gras* Râgan. 8,94.

शीर्ण 1) Adj. s. u. 1. शर्. — 2) *n. *eine best. wohlriechende Pflanze.*

शीर्णत्व n. *das Morschsein.*

*शीर्णनाला f. *Hemionitis cordifolia.*

*शीर्णपत्त्र m. 1) *Pterospermum acerifolium.* — 2) *Azadirachta indica.* — 3) *eine Art* Lodhra Râgan. 6,213.

शीर्णपर्ण 1) *m. *Azadirachta indica.* — 2) f. ई *eine best. Pflanze.*

*शीर्णपाद m. Bein. Jama's.

*शीर्णपुष्पिका f. *Anethum Sowa.*

*शीर्णमाला f. fehlerhaft für शीर्णनाला.

शीर्णवृन्त *Wassermelone,* m. *die Pflanze,* n. *die Frucht.*

*शीर्णाङ्घ्रि m. Bein. Jama's.

शीर्णि f. *das Brechen* Vop. in Dhâtup. 8,36.

शीर्णी Adv. mit कर् *verwunden, zerstechen* Kâd. 256,6 (419,8).

1. शीर्त Partic. von 1. शर् in अशीर्ततनु und दुःशीर्ततनु.

2. शीर्त s. आशीर्त u. 2. शिर्.

शीर्ति f. *das Brechen.*

शीर्य 1) Adj. *zerbrechlich, zerstörbar* in अशीर्य. — 2) m. *ein best. Gras* Gobh. 1,5,18. Pat. zu P. 2,4,12, Vârtt. 1.

*शीर्वि Adj. = हिंस्र.

शीर्ष 1) n. (m. in बस्तिशीर्ष; adj. Comp. f. आ und ई) a) *Haupt, Kopf.* शीर्षं वर्तय् (Vishnus. 9,20) = शिरो वर्तय्; s. u. शिरस् 1). — b) *das obere Ende, Spitze, Köpfchen* (der Buchstaben). — 2) m. N. pr. eines Berges. — 3) f. शीर्षा *ein best. Metrum.*

शीर्षक 1) Adj. *den Çiras genannten Spruch kennend* Baudh. 2,14,2. — 2) *m. *der Dämon* Râhu. — 3) n. a) *Kopf.* — b) **Spitze.* — c) **Helm.* — d) **ein auf dem Kopfe getragener Kranz* Gal. — e) **Agallochum.* — f) *die Geldstrafe, zu der sich ein Kläger bereit erklärt, wenn ein Gottesurtheil den Gegner reinigt.*

शीर्षकपाल n. *Schädel.*

शीर्षकस्थ Adj. *zu einer Geldstrafe sich bereit erklärend, wenn der Angeklagte durch ein Gottesurtheil gereinigt wird.*

शीर्षक्ति f. *Kopfleiden, Kopfschmerz.*

शीर्षक्तिमन्त् Adj. *an Kopfweh leidend.*

*शीर्षघातिन् m. *Scharfrichter.*

शीर्षच्छिद्र m. *ein best.* Ekâha Çâñkh. Çr. 14,22,4.

शीर्षच्छिन्न Adj. *dem der Kopf abgeschlagen worden ist* Çat. Br. 14,1,2,9.

शीर्षच्छेद m. *das Abschlagen des Kopfes, Köpfen.*

*शीर्षच्छेदिक Adj. fehlerhaft für शैर्ष°.

शीर्षच्छेद्य Adj. *der geköpft zu werden verdient, — von* (Gen.). °च्छेद्यं कर् *Jmd* (Acc.) *den Kopf abschlagen* Bhaṭṭ.

शीर्षणी f. *Kopfstück eines Ruhebettes.*

शीर्षण्य und शीर्षण्यि 1) Adj. (f. °ण्या) a) *am Kopf befindlich.* — b) *an der Spitze stehend, der erste.* — 2) *m. *sauberes, schönes Haar.* — 3) n. a) *Kopfstück eines Ruhebettes* Âpast. Çr. 10,29,7. — b) **Helm.*

शीर्षण्वन्त् Adj. *ein Haupt habend.*

शीर्षतस् Adv. *vom Haupt an, mit dem Kopfe beginnend, häuptlings; zu Häupten, auf dem Kopfe, vorn.* पादौ शीर्षतः कर् *die Füsse auf die Stelle legen, wo der Kopf liegen müsste.*

शीर्षन् n. *Haupt, Kopf.*

शीर्षपट्टक m. *Kopfbinde.*

शीर्षपर्णी f. *eine best. Pflanze.* Richtig wohl शीर्ण°.

शीर्षबन्धना f. *Kopfbinde.*

*शीर्षभार m. *Kopflast.*

*शीर्षभारिक Adj. *eine Kopflast tragend.*

शीर्षभिद्य n. *das Kopfspalten.*

*शीर्षमाय m. N. pr. eines Mannes. Pl. *seine Nachkommen.*

शीर्षय m. N. pr. eines mythischen Wesens Ind. St. 14,106.

*शीर्षरक्त n. und *शीर्षरक्षण n. *Helm.*

शीर्षरोगिन् Adj. *Kopfweh bewirkend.*

शीर्षवन n. wohl aus शिरीषवन verdorben Kâband. 20,6. 72,13. 92,4.

शीर्षवर्तन n. *das Sichbereiterklären zu einer Geldstrafe, wenn der Angeklagte durch ein Gottesurtheil gereinigt wird,* Vishnus. 9,22.

शीर्षविरेचन n. *ein Mittel zum Ausputzen des Kopfes.*

शीर्षवेदना f. *Kopfschmerz* 308,8 (im Prâkrit).

शीर्षव्यथा f. dass. Pañkad. 35.

शीर्षशोक m. *Kopfleiden.*

शीर्षहार्य Adj. *was sich auf dem Kopfe tragen lässt.* Vgl. शीर्षाहार्य.

शीर्षान्त m. *Kopfnähe.* Loc. so v. a. *unter dem Kopfkissen,* Abl. *vom Kopfende des Bettes.*

शीर्षामय m. *Kopfleiden.*

शीर्षायण (wohl शै°) m. Patron. Nur Pl.

शीर्षावशेषी Adv. mit कर् *von Jmd* (Acc.) *nur den Kopf übrig lassen.*

शीर्षाहार्य Adj. = शीर्षहार्य Maitr. S. 3,7,8 (86,16).

शीर्षि in Ableitungen von Compositis auf शिरस्.

शीर्षिक und शीर्षिन् in *अ°.

*शीर्षभार m. *Kopflast.*

*शीर्षभारिक Adj. *eine Kopflast tragend.*

शीर्षोदय Adj. *mit dem Kopfe aufgehend,* so heissen in der Horoskopie *die Zwillinge, der Löwe, die Jungfrau, die Wage, der Scorpion und der Wassermann.*

1. *शील्, शीलति (समाधौ). शीलय् s. bes.

2. शील् m. N. pr. eines Mannes.

1. शील (*m.) n. (adj. Comp. f. आ) 1) *Gewohnheit, angeborene* oder *anerzogene Art und Weise zu sein, Charakter, Sinnesart; Benehmen* Mantrabr. 1,3,3 (Pl.). Ueberaus häufig in Comp. mit dem, was Einem zur *Gewohnheit* geworden ist, wozu man eine *besondere Neigung* oder *Fähigkeit* besitzt; meistens am Ende eines adj. Comp. — 2) *Natur, Wesen* überh. — 3) *gute Gewohnheiten, — Sitten, Ehrenhaftigkeit, ein edler Charakter* (auch vom *guten Charakter* einer Kuh). — 4) bei den Buddh. *sittliches Gebot* Lalit. 35,2 (लीलानु° fehlerhaft für शीलानु° nach Kern). — 5) Pl. Spr. 4116 wohl fehlerhaft für शिल्प.

2. शील 1) m. a) **Boa.* — b) N. pr. verschiedener Männer. — 2) f. आ N. pr. der Gattin Kauṇḍinja's und auch = °भट्टारिका.

*शीलक n. *Ohrwurzel.*

*शीलकीर्ति m. N. pr. eines Mannes.

शीलखण्डन n. *das Verletzen —, Aufgeben des sittlichen Wandels, — der Ehrenhaftigkeit.*

शीलगुप्त Adj. (f. आ) *verschlagen, listig* Kathâs. 4,83. Vgl. गुप्तशील.

शीलतस् Adv. *in Bezug auf den Charakter, dem Charakter nach* M. 9,32. Mârk. P. 69,31. Daçak. 56,18.

शीलता f. 1) = 1. शील 3). — 2) Nom. abstr. zu einem auf 1. शील 1) ausgehenden adj. Comp.

शीलत्याग m. *das Aufgeben des sittlichen Wandels, — der Ehrenhaftigkeit.*

शीलत्व n. = शीलता 2).

शीलधर 1) Adj. *ehrenhaft.* — 2) m. N. pr. eines Mannes.

शीलन n. 1) *das Ueben, Pflegen, Obliegen, Studiren.* — 2) *häufiges Erwähnen.*

शीलपारमिता f. *der höchste Grad der Ehrenhaftigkeit* Lot. de la b. l. 547. Kathâs. 72,259. Kâraṇḍ. 50,18. 82,7. 87,9.

*शीलपालित m. N. pr. eines Mannes.

शीलभङ्ग m. *ein Bruch im sittlichen Wandel, das Aufgeben der Ehrenhaftigkeit.*

शीलभट्टारिका f. fehlerhaft für शीला°.

*शीलभद्र m. N. pr. eines Mannes.

शीलभाज् Adj. *ehrenhaft.*

शीलभ्रंश m. *Verlust der Ehrenhaftigkeit.*

शीलय्, °यति 1) *zu thun pflegen, üben, fleissig anwenden, häufig geniessen, colere.* — 2) *tragen, anlegen.* — 3) *sich angelegen sein lassen, seine ganze Aufmerksamkeit auf Jmd richten.* — 4) *bewohnen, sich* an einem Orte *aufhalten,* einen Ort *oft besuchen;* mit Acc. Bhâm. V. 2,8. शीलित *bewohnt, besucht.* — 5) शीलित *bereitet, zurechtgemacht.* — Mit अति *im Uebermaass anwenden.* — Mit अनु *es Jmd* (Acc.) *nachthun, verfahren wie.* — Mit परि 1) *häufig geniessen, — anwenden, — gebrauchen.* — 2) *studiren.* — 3) *bewohnen.* — 4) *Jmd hegen und pflegen, mit der grössten Rücksicht behandeln* Prasannar. 88,12. — 5) परिशीलित *aufgetragen, angebracht.* — Mit सम् in संशीलन.

शीलवञ्चना f. *das Sichtäuschen in Bezug auf Jmds Charakter* Mṛkkh. 18,20.

शीलवत् 1) Adj. a) *wohlgesittet, gut geartet, ehrenhaft, einen edlen Charakter habend.* — b) am Ende eines Comp. = 1. शील 1) im adj. Comp. *der die Gewohnheit des — hat.* — 2) f. °वती ein Frauenname.

शीलविप्लव m. *das zu Schanden Werden der Sittlichkeit, — der Ehrenhaftigkeit.*

शीलविलय m. dass.

शीलविलास m. Titel eines Werkes Bühler, Rep. No. 674.

शीलविशुद्धनेत्र m. N. pr. eines Devaputra.

शीलवृत्त n. Sg. und Du. *Ehrenhaftigkeit und gutes Benehmen.* °धर Spr. 6477.

शीलशालिन् Adj. *sittlich, ehrenhaft* (Person) Hemâdri 1,555,4.

शीलस्कर m. N. pr. eines Mannes.

शीलाङ्क 1) Adj. (f. आ) *durch Ehrenhaftigkeit gekennzeichnet* Hem. Par. 2,7. — 2) m. N. pr. eines Autors Daçin. 2,20. Vgl. शीलाङ्ग.

शीलाङ्ग m. N. pr. eines Autors Bühler, Rep. No. 783. Vgl. शीलाङ्क 2).

शीलाढ्य Adj. *ehrenhaft* (Person).

शीलादित्य m. N. pr. verschiedener Fürsten Ind. Antiq. 6,16. 7,14. 77. fgg. 8,2. fgg.

शीलाभट्टारिका f. N. pr. einer Dichterin Z. d. d. m. G. 27,93. 36,557.

शीलारवंश m. N. pr. eines Fürsten*geschlechts* Ind. Antiq. 5,278.

शीलिक Adj. in अन्यथा° (Nachtr. 6).

शीलिन् Adj. 1) *sittlich, ehrenhaft* (Person). — 2) am Ende eines Comp. = 1. शील 1) im adj. Comp. *die Gewohnheit des — habend,* einer Sache *obliegend* u. s. w. Çaṁk. zu Bâdar. 4,3,1.

*शीलेन्द्रबोधि m. N. pr. eines Mannes.

शीलोपदेशमाला f. Titel eines Werkes.

शीलोज्ञा f. als Name einer Unholdin wohl fehlerhaft für शीतोज्ञा.

शीवन् 1) Adj. am Ende eines Comp. *liegend, ruhend.* — 2) *m. *Boa.*

*शीवरी f. *eine grosse Eidechsenart.*

*शीवल n. = शैवाल und शैलेय.

शीष्ट Pl. von unbekannter Bedeutung.

1.*शु, शवति (गतिकर्मन्, विकारे, त्रने).

2.*शु Adv. = क्षिप्रम्.

*शुक्, शोकति (गतौ).

शुक 1) m. a) *Papagei.* — b) *Dichter.* — c) *Acacia Sirissa. — d) *Zizyphus scandens. — e) N. pr. α) eines Sohnes des Vjâsa. — β) eines Kriegers. — γ) eines Asura. — δ) eines Ministers des Râvaṇa. — ε) *eines brahmanischen Asketen. — 2) f. शुकी a) *Papageienweibchen.* Auch *die Urmutter der Papageien.* — b) N. pr. der Gattin des Saptarshi, die Agni liebte. — 3) n. a) *Bez. verschiedener Pflanzen,* = ग्रन्थिपर्ण (Bhâvapr. 1,192), ग्रन्थि, *Acacia Sirissa, Bignonia indica* und *Calosanthes indica* H. an.; vgl. Zach. Beitr. 83. — b) *ein best. mythisches Geschoss.*

*शुककर्णी f. vielleicht *eine best. Pflanze.*

शुकच्छद m. 1) *Papageienflügel* Dhûrtan. 34. — 2) *n. = ग्रन्थिपर्ण (Bhâvapr. 1,192) und *Xanthochymus pictorius.*

शुकजिह्वा f. 1) *Papageienzunge.* — 2) **Bignonia chelonioides.*

*शुकतरु m. *Acacia Sirissa* Râgan. 9,59.

शुकता f. Nom. abstr. von शुक *Papagei.*

शुकतात्पर्यरत्नावलि f. Titel Opp. Cat. 1.

शुकतुण्ड m. *eine best. Stellung der Hand.*

*शुकतुण्डक n. *eine Art Zinnober* Bhâvapr. 1,261.

शुकत्व n. = शुकता Uttamak. 388. 402.

शुकदेव m. 1) Bein. Kṛshṇa's. — 2) N. pr. eines Sohnes α) des Vjâsa. — β) des Harihara.

*शुकद्रुम m. *Acacia Sirissa.*

शुकनलिकान्याय m. *die Art und Weise von Papagei und der Pflanze* Nalikâ. Instr. so v. a. *wie ein Papagei ohne eigentliche Veranlassung vor einer N. erschrickt.*

शुकनशा f. fehlerhaft für °नसा.

शुकनसा f. *eine best. Pflanze.*

*शुकनामा f. fehlerhaft für शुकनासा.

*शुकनाश m. und °नाशा f. fehlerhaft für °नास und °नासा.

*शुकनाशन m. *eine best. Pflanze,* = द्रुघ्न Râgan. 4,202.

शुकनास 1) m. a) *ein best. Ornament an einem Hause* Vâstuv. 668. — b) **Calosanthes indica.* — c) **Bignonia chelonioides* Bhâvapr. 1,197. — d) **Agati grandiflora.* — e) N. pr. α) eines Râkshasa. — β) eines Ministers des Târâpîḍa. — 2) f. आ *eine best. Pflanze.* Nach den Lexicographen = शुकनास m., काश्मीरी und नलिका.

शुकपत्नीय n. und °व्याख्या f. Titel Opp. Cat. 1.

*शुकपिण्ड f. fehlerhaft für शुक°.

*शुकपुच्छ m. *Schwefel.*

*शुकपुच्छक n. *eine best. Pflanze,* = ग्रन्थिपर्ण Râgan. 12,37.

*शुकपुष्प 1) m. *Acacia Sirissa.* — 2) n. = ग्रन्थिपर्ण.

शुकप्रश्नसंहिता f. Titel eines Werkes Opp. Cat. 1.

शुकप्रिय 1) *m. a) *Acacia Sirissa.* — b) *Azadirachta indica.* — 2) f. आ a) **Eugenia Jambolana* Râgan. 11,24. — b) N. pr. einer Surâṅganâ Ind. St. 15,232.

*शुकफल m. *Calotropis gigantea* Râgan. 10,28.

शुकबभ्रु Adj. *röthlich wie ein Papagei* Maitr. S. 3,13,3.

शुकबर्ह n. *ein best. wohlriechender Stoff* Bhâvapr. 1,192.

शुकबहत्तरकथा f. Titel eines Werkes Opp. Cat. 1.

*शुकम Adv. = क्षिप्रम्.

शुकमहिम्नः स्तवः Titel Burnell, T.

शुकयोगिन् m. N. pr. eines Autors Burnell, T.

शुकरहस्य n. Titel einer Upanishad.

शुकरूप Adj. *von der Farbe eines Papageien.*

शुकलाङ्गल wohl fehlerhaft für °लाङ्गुल und = शुकबर्ह.

*शुकवल्लभ m. *Granatbaum* Râgan. 11,75.

शुकवाच् Adj. *die Stimme eines Papageien habend* (Kṛshṇa).

*शुकवाह m. *der Liebesgott.*

*शुकशिम्बा und *°शिम्बि f. fehlerhaft für शूक°.

शुकसंहिता f., शुकसंदेश m., °व्याख्या f. (Opp. Cat. 1) und शुकसप्तति f. Titel von Werken.

शुकसारिकाप्रलापन n. *das Unterrichten der Pa-*

pageien und Predigerkrähen im Sprechen, eine der 64 Künste Verz. der Oxf. H. 217,*a*,13. 14.

शुकवर्णं Adj. *grün wie ein Papagei* Maitr. S. 2, 5,11 (63,15). Ind. St. 13,122. Vaitân.

शुकहरित Adj. dass. Âpast. Çr. 22,7.

शुकाख्या f. *Bignonia chelonoides*.

*शुकादन m. *Granatbaum*.

शुकानन 1) Adj. *ein Papageiengesicht habend*. — 2) *f. आ *Bignonia chelonoides*.

शुकायन m. N. pr. eines Arhant.

शुकाष्टक n. und °व्याख्या f. Titel.

1. शुकी f. s. u. शुक.

2. शुकी Adv. mit भू *zu einem Papageien werden*.

शुकेश्वरतीर्थ n. N. pr. eines Tîrtha.

*शुकेष्ट m. 1) *Acacia Sirissa* Râǵan. 9,58. — 2) *Mimusops hexandra* Râǵan. 11,72.

शुकोक्तिजाल n. Titel eines Kâvja Opp. Cat. 1.

*शुकोदर n. = तालीशपत्त्र Râǵan. 6,184.

शुक्त 1) Adj. (f. आ) *a) sauer geworden* Âpast. Gaut. 17,14. — *b)* **verfault, stinkend*; = पूतिभूत H. an. (vgl. Zach. Beitr. 84); statt पूताम्ल° Trik. 3, 3,187 und Med. ist wohl पूत्याम्ल° zu lesen. — *c) barsch, hart, roh* Gaut. 2,19. Baudh. 2,6,20 (Worte). — *d)* **menschenleer*. — *e)* * = श्लिष्ट. — 2) m. N. pr. eines Sohnes des Vasishṭha; vgl. शुक्र. — 3) *f. शुक्ता *Rumex vesicarius*. — 4) n. *a) jedes durch Fermentation mit Pflanzenstoffen gewonnene saure Getränk, saurer Reisschleim* u. s. w. Mat. med. 12. Baudh. 1,12,15. — *b)* **Fleisch*. — *c) harte Worte* Jâǵń. 1,33 nach Mit., aber auch hier wohl *saurer Reisschleim* u. s. w. — *d)* *fehlerhaft für सूक्त.

शुक्तक 1) Adj. *säuerlich* Gaut. (Aufstossen). — 2) n. *saures Aufstossen*.

शुक्तपाक m. *Säure im Magen* Kâraka 6,18.

शुक्तस्वर m. angeblich = अव्यक्तस्वर.

शुक्ति 1) f. *a) Muschel*, namentlich *Perlenmuschel* (Râǵan. 13,128), *Perlmutter* Gaut. Baudh. 1,8,46. — *b) eine gehöhlte Scherbe* (aus der man trinken kann). — *c) Knochen*. — *d) Unguis odoratus* Râǵan. 13,130. — *e) Parfum* überh. — *f) Haarwirbel beim Pferde*. — *g) ein best. Gewicht*, = 1/2 Pala = 2 Karsha, etwa *ein Loth*. — *h) eine best. Krankheit des Weissen im Auge*. — *i)* **Hämorrhoiden*. — 2) m. N. pr. *a)* eines Âṅgirasa. — *b)* Pl. eines Volkes. — *c)* eines Berges.

शुक्तिक 1) m. (f. आ) *eine best. Krankheit des Weissen im Auge*. — 2) f. आ *a) Perlmutter, Perlenmuschel* Râǵan. 13,4. 128. Vasishṭha 21,11. — *b)* **Rumex vesicarius*.

शुक्तिकर्ण 1) Adj. *muschelohrig*. — 2) m. N. pr. eines Schlangendämons.

शुक्तिखलति Adj. *vollkommen kahl* Harshak. (ed. Bomb.) 26,6.

शुक्तिज n. *Perle*.

शुक्तिपट्ट *ein best. musikalisches Instrument* S. S. S. 178,3.

*शुक्तिपर्ण m. *Alstonia scholaris* Râǵan. 12,35.

शुक्तिपुट *die Höhlung in der Perlenmuschel, in welcher die Perle steckt*, Çiç. 13,37.

*शुक्तिबीज n. *Perle*.

*शुक्तिमणि m. dass. Râǵan. 13,153.

शुक्तिमत् N. pr. 1) m. eines Gebirges MBh. 6, 9,11. — 2) f. °मती *a)* eines Flusses. — *b)* der Hauptstadt der Kedi.

*शुक्तिवधू f. *Perlenmuschel*.

शुक्तिसाह्वया f. = शुक्तिमत् 2) *b*).

*शुक्तिस्पर्श m. *dunkle Flecken auf einer Perle*.

शुक्र 1) Adj. (f. आ) *a) klar, licht, hell*. — *b) klar, lauter*. — *c) hellfarbig, weisslich, weiss*. — *d) hell, rein, fleckenlos*. — 2) m. *a) Feuer, der Gott des Feuers* 80,11. 32. — *b) ein best. Sommermonat* Kâraka 8,6. Personificirt als *Schatzhüter* Kubera's. — *c) der Planet Venus*. Personificirt als Sohn Bhṛgu's und Lehrer der Asura. — *d) der lautere* Soma. — *e) ein best. Bechervoll mit* Soma. शुक्राग्र Adj. Çat. Br. 4,3,9,4. 6. 13. — *f) ein best. astr.* Joga. — *g)* N. pr. α) eines Marutvant. — β) eines Sohnes des Vasishṭha. — γ) des dritten Manu. — δ) eines der 7 Weisen unter Manu Bhautja. — ε) eines Sohnes des Bhava. — ζ) eines Sohnes des Havirdhâna. — η) *Pl. fehlerhaft für शुक्रज 2). — 3) n. *a) Helle, Klarheit, Licht*. Auch Pl. — *b) Klares*, so v. a. *klare Flüssigkeit, Wasser*, Soma. — *c) Saft, Seim*. Auch Pl. Ait. Br. 5,32. — *d) der männliche Same*. — *e) eine best. Augenkrankheit: ein weisser Fleck im dunklen Theile des Auges*. — *f)* Name eines Sâman. — *g) ein best. Metrum*.

शुक्रकर 1) Adj. *Samen erzeugend* Bhâvapr. 2, 26. — 2) *m. *Mark*.

शुक्रकृच्छ्र n. *eine best. Harnbeschwerde*.

शुक्रगृह n. *das Haus des Planeten Venus* Ind. St. 15,408.

शुक्रज 1) Adj. *aus* (dem eigenen Samen) *erzeugt*, so v. a. *leiblich* (Sohn) MBh. 13,49,12. — 2) *m. Pl. *eine best. Klasse von Göttern bei den* Ǵaina.

शुक्रज्योतिस् Adj. *hell glänzend*.

शुक्रतीर्थ n. N. pr. eines Tîrtha.

शुक्रदत्त m. N. pr. eines Mannes.

शुक्रदुघ Adj. *klare Flüssigkeit von sich gebend*.

*शुक्रदोष m. *eine Art Impotenz* Gal.

शुक्रनाडि f. und शुक्रनीति f. Titel von Werken Opp. Cat. 1.

शुक्रप Adj. *lauteren* Soma *trinkend*.

शुक्रपात्र n. *das Gefäss für den* Graha Çukra Çat. Br. 4,3,1,26. 3,17. 5,5,7.

शुक्रपिश् Adj. *hell geschmückt*.

शुक्रपूतपा Adj. *hellen geläuterten* Soma *trinkend* RV.

शुक्रपृष्ठ Adj. *einen hellfarbigen Rücken habend* AV. 13,1,33.

*शुक्रभुज् m. *Pfau*.

*शुक्रभू m. *Mark*.

शुक्रमूत्रल Adj. *Samen und Urin erzeugend*.

शुक्रमेह m. *Samenharnruhr*.

शुक्रमेहिन् Adj. *mit der Samenharnruhr behaftet*.

शुक्रयजुंस् n. Pl. Bez. *gewisser zum* Pravargja *gehöriger Sprüche*.

शुक्ररूप Adj. *lichtfarbig*.

शुक्रर्षभ Adj. (f. आ) *hellfarbige Stiere habend*.

शुक्रल 1) Adj. *a) Samen erzeugend* Kâraka 6,2. Vgl. मांस°. — *b)* **samenreich, geil*. — 2) *f. आ *eine Art Cyperus*.

शुक्रवत् Adj. (f. °वती) 1) *lauteren Saft —, den Vorlass des* Soma *enthaltend*. — 2) *das Wort* शुक्र *enthaltend*.

शुक्रवर्चस् Adj. *hell leuchtend*.

शुक्रवर्ण Adj. (f. आ) *lichtfarbig, licht*.

*शुक्रवर्धिनी f. *Mark* Gal.

शुक्रवह Adj. *Samen führend*.

शुक्रवार m. *dies Veneris, Freitag* Ind. Antiq. 6,201.

शुक्रवासस् Adj. *hell gekleidet*.

शुक्रशान्ति f. Titel Burnell, T.

*शुक्रशिष्य m. *ein* Asura.

शुक्रशोचि und शुक्रशोचिस् Adj. *hell strahlend*.

शुक्रसद्मन् Adj. *im Licht wohnend*.

शुक्रसार Adj. *bei dem der Same den Hauptbestandtheil im Körper bildet*. Nom. abstr. °ता f. Varâh. Bṛh. S. 69,25.

शुक्रसुत m. *ein Sohn des Planeten Venus*.

शुक्रस्तोम m. *ein best.* Ekâha.

शुक्रहरण Adj. (f. ई) *Samen führend*.

*शुक्राङ्ग m. *Pfau*.

शुक्रामन्थिनौ m. Nom. Du. *lauterer und mehliger* Soma Âpast. Çr. 12,1,12. 18,20. 22,27.

*शुक्रिमन् m. Nom. abstr. von शुक्र 1).

शुक्रिय 1) Adj. = शुक्रवत् 1). — 2) n. *a) Glanz* Çâṅkh. Gṛhj. 6,5. — *b)* Pl. Bez. *gewisser zum* Pravargja *gehöriger* Sâman. — *c)* Bez. des Pravargja-*Abschnittes* VS. 36—40. शुक्रियकाण्ड Weber, Lit. 115. — *d) eine best. Begehung*.

शुक्री Adv. mit भू *zu Samen werden.*

शुक्रेश्वर N. pr. eines Tempels. °स्तुति f. Burnell, T.

शुक्ल 1) Adj. (f. आ) *a) licht, hell.* पक्ष m. *die lichte Hälfte eines Monats, die Zeit des zunehmenden Mondes. — b) weiss, weisslich. — c) rein, lauter, woran kein Makel haftet* (von Sachen und Personen). चित्त n. Hemâdri 1,43,2. — 2) m. *a) die lichte Hälfte eines Monats* Baudh. 3,8,2. 4,5,3. 24. 26. — *b) der Monat* Vaiçâkha. — *c) *die weisse Farbe. — d) Auswurf, Schleim, Rotz.* शुक्लं कर् so v. a. *Jmd* (Dat.) *anspeien* AV. 3,29,3. Anders Ind. St. 17,304. — *e) *Ricinus* oder *weisser Ricinus* Râǵan. 8,56. — *f) *Mimusops hexandra* Râǵan. 11,72. — *g) das dritte Jahr im 60jährigen Jupitercyclus. — h) ein best. astrol.* Joga. — *i)* Bein. Vishṇu's. — *k)* N. pr. α) eines Sohnes des Havirdhâna, eines Muni und *eines Fürsten. — β) eines Berges. — *l)* fehlerhaft für शुक्र *der Planet Venus.* — 3) f. शुक्ला *a) eine weisse Kuh* Kâtj. Çr. 15,3,36. — *b) *Sandzucker. — c) *Euphorbia antiquorum,* = काकोली (Râǵan. 3,13) und विदारी (Râǵan. 7,99). — *d)* *Bein. der Sarasvatî. — *e)* N. pr. α) einer Tochter Simhahanu's. — β) eines Flusses. — 4) n. *a) Helle, Licht. — b) etwas Weisses, weisser Fleck, weisser Stoff* Çat. Br. 14,7,1,20. 2,12. Khând. Up. 8,6,1. — *c) das Weisse im Auge. — d) *eine best. Krankheit des Weissen im Auge. — e) *Silber. — f) *frische Butter.* — *g)* fehlerhaft α) für शुक्र *Same* Âpast. 1,29,14. Baudh. 1,8,48. 11,21. 2,2,23. 24. — β) für शुक्त *saurer Reisschleim* u. s. w.

शुक्लक m. *die lichte Hälfte eines Monats.*

***शुक्लकण्ठक** m. *eine Hühnerart,* = दात्यूह.

***शुक्लकन्द** 1) m. *ein best. Knollengewächs* Râǵan. 7,78. — 2) f. आ = अतिविषा.

***शुक्लकर्ण** Adj. *weissohrig* P. 6,2,112, Sch.

***शुक्लकर्मन्** Adj. *reinen Wandels.*

शुक्लकुष्ठ n. *weisser Aussatz.*

शुक्लकृष्ण n. Du. *eine lichte und eine dunkle Hälfte* Taitt. Âr. 1,2,4.

शुक्लकेश Adj. *weisshaarig* MBh. 1,134,19.

***शुक्लक्षीरा** f. = काकोली.

शुक्लक्षेत्र n. N. pr. eines heiligen *Gebiets.*

शुक्लजनार्दन m. N. pr. eines Mannes.

***शुक्लता** f. Nom. abstr. von शुक्ल.

शुक्लतीर्थ n. N. pr. eines Tîrtha.

***शुक्लत्व** n. Nom. abstr. von शुक्ल.

शुक्लदत् Adj. *weisszahnig.*

***शुक्लदुग्ध** m. *Trapa bispinosa.*

शुक्लदेह Adj. *lauter von Person, ehrlich* MBh. 3,200,10.

***शुक्लधातु** m. *weisse Kreide.*

शुक्लधान्य n. *weisses Korn.*

शुक्लध्यान n. *das Nachdenken über das Lautere, — rein Sittliche* Hem. Par. 1,252.

शुक्लध्वजपताकिन् Adj. *mit weisser Standarte und Fahne* (Çiva) MBh. 12,284,90.

शुक्लपक्ष m. 1) *die lichte Hälfte eines Monats, die Zeit des zunehmenden Mondes. — 2) der günstige Fall.*

शुक्लपुष्प 1) Adj. *weiss blühend.* — 2) m. Bez. *verschiedener Pflanzen.* Nach den Lexicographen *Asteracantha longifolia, Nerium odorum* und = मरुवक. — 3) *f. आ *Pistia Stratiotes* und = नागदन्ती. — 4) *f. ई = नागदन्ती Râǵan. 5,85.

***शुक्लपृष्ठक** m. *Vitex paniculata.*

शुक्लबीज m. wohl *eine Ameisenart* MBh. 12,136,8.

शुक्लभाग m. *dass Weisse im Auge* Suçr. 2,310,11. fgg.

शुक्लभास्वर Adj. *hell leuchtend* Bhâshâp. 40.

शुक्लभूदेव m. N. pr. eines Autors.

***शुक्लमण्डल** n. *das Weisse im Auge.*

शुक्लमथुरानाथ m. N. pr. eines neueren Astronomen.

शुक्लमेह m. *weissliche Harnruhr.*

शुक्लमेहिन् Adj. *an der weisslichen Harnruhr leidend.*

शुक्लयज्ञोपवीतवत् Adj. *mit einer weissen Opferschnur behangen* MBh. 1,134,19.

शुक्लरूप Adj. *von weisser Farbe* Çat. Br. 6,2,2,13.

***शुक्लरोहित** m. *eine best. Pflanze* Râǵan. 8,14.

***शुक्लला** f. *eine Art Cyperus.* v. l. शुक्रला.

***शुक्लवचा** f. *Terminalia Chebula.*

शुक्लवत्सा f. *eine Kuh, die ein weisses Kalb hat,* Çat. Br. 9,2,3,30. Kâtj. Çr. 15,3,36.

शुक्लवत् Adj. *das Wort* शुक्ल *enthaltend.*

शुक्लवस्त्र Adj. (f. आ) *ein weisses Kleid tragend* 192,21.

***शुक्लवायस** m. *Ardea nivea.*

शुक्लवासस् Adj. *ein weisses Gewand tragend* Taitt. Âr. 1,3,3.

शुक्लविश्राम m. N. pr. eines Mannes.

शुक्लवृत्त Adj. *reines Wandels* MBh. 14,90,25.

***शुक्लशाल** m. *ein der Melia Bukayun verwandter Baum* Râǵan. 9,13.

शुक्लागुरु n. *weisses Agallochum.*

***शुक्लाङ्ग** 1) m. *Pfau.* — 2) f. ई *Nyctanthes arbor tristis* Râǵan. 4,157.

शुक्लाचार Adj. (f. आ) *reines Benehmens* R. 6,10,24.

शुक्लादिश्रावणकृष्णसप्तमी und °कृष्णाष्टमी f. Bez. *bestimmter Feiertage.*

शुक्लापर Adj. *einen weissen Hinterkörper habend* Kâtj. Çr. 20,1,35.

शुक्लापाङ्ग m. *Pfau* Râǵan. 19,94.

शुक्लाभिजातीय Adj. (f. आ) *von reiner Herkunft* MBh. 12,33,37. R. 6,10,24.

शुक्लायन m. N. pr. eines Muni.

***शुक्लार्क** m. *eine Calotropis* Râǵan. 10,29.

शुक्लार्मन् n. *eine best. Krankheit des Weissen im Auge.*

शुक्लिमन् m. *Weisse, lichte Farbe* Harshak. 200,16.

शुक्ली Adj. 1) mit कर् *weiss machen.* — 2) mit अस् oder भू *weiss werden.*

शुक्लेतर Adj. *schwarz, schmutzig.*

शुक्लेश्वर m. N. pr. eines Autors Hall in der Einl. zu Daçar. S. 30.

शुक्लोदन m. N. pr. eines Bruders des Çuddhodana.

***शुक्लोपला** f. *Sandzucker.*

***शुत्ति** m. 1) *Wind.* — 2) = तेजस्. — 3) = चित्र.

शुङ्ग 1) m. *a) *Ficus indica. — b) *Spondias mangifera. — c)* N. pr. eines Mannes. Pl. *seine Nachkommen;* auch Name einer auf die Maurja folgenden Dynastie. Sg. *ein Fürst aus dieser Dynastie* Harshak. (ed. Bomb.) 423,5. Auch °राजन्. — 2) f. शुङ्गा *a) Knospendecke,* namentlich der Feigenarten. — *b)* N. pr. der Mutter Garuḍa's Suparṇ. 10,2. 29,1. शुङ्गावर्चस् 18,3. — 3) *m. f. (ई) n. *Ficus infectoria.* — 4) f. ई *a) *Spondias mangifera. — b)* = 2) *b)* Suparṇ. 8,2. — 5) n. *Knospendecke* (insbes. des Feigenbaumes) in übertragener Bed. so v. a. *Wirkung.* Nach Sâj. auch m. — Vgl. ऐकशुङ्ग.

शुङ्गाकर्मन् n. *eine best. das* Pumsavana *begleitende Ceremonie,* wobei *die Knospendecke einer Ficus indica gebraucht wird.*

***शुङ्गिन्** m. *Ficus indica* und *F. infectoria* Râǵan. 11,121.

1\. **शुच्**, शोचति, °ते (in der klassischen Sprache meist metrisch, aber शोचमान auch in der Prosa), संशुच्यति, शुचत् (Aorist); 1) *flammen, leuchten, strahlen; glühen, brennen.* — 2) *Glut —, heftigen Schmerz leiden, trauern, — bei, über* (Loc., Instr. oder Acc. mit प्रति). — 3) mit Acc. *trauern über, beklagen, betrauern.* — 4) *पूतिभावे (क्लेदे), विशरणे und शोचे (vgl. शुचि und Caus). — Caus. शोचयति 1) *in Flammen setzen, brennen* (trans.) TBr.

1,1,8,1. — 2) *in Schmerz versetzen.* — 3) *Schmerz empfinden, trauern;* mit Acc. *bedauern, beklagen.* — 4) *reinigen* Varâh. Jogaj. 7,14. — *Desid. शुशुचिषति und शुशोचिषति. — Intens. (शोशुचन्, शोशुचत् und शोशुचान) 1) *hell leuchten. — strahlen, — flammen.* — 2) शोशुच्यमान *heftigen Schmerz empfindend* Bhatt. — Mit अनु 1) *schmerzliche Sehnsucht empfinden nach, trauern um* (Acc., ausnahmsweise Loc. oder Gen.); ohne Ergänzung *trauern.* — 2) *in Jmds* (Acc.) *Schmerz einstimmen, mit Jmd zugleich Schmerz empfinden, — trauern.* — Caus. *betrauern, bedauern.* — Mit समनु *Schmerz empfinden, betrauern, bedauern;* mit Acc. — Mit अप Intens. (अप—शोशुचत Partic.) *durch Flammen vertreiben.* — Mit अभि 1) *in Glut setzen, verbrennen.* — 2) *brennen, so v. a. quälen.* — 3) *Schmerz empfinden, trauern.* — Caus. *in Glut versetzen, verbrennen, quälen.* — Intens. dass. — Mit आ *herleuchten* (ṚV. 7,8,1), *Etwas* (Acc.) *herbeistrahlen.* — Desid. in आशुशुक्षणि. — Mit उद् *aufleuchten* ṚV. 4,2,20. — Caus. *in Flammen setzen.* — Mit नि *brennend heiss sein* (impers.). — Mit निस् Intens. (निः — शोशुचत्) *hervorstrahlen.* — Mit परि *Schmerz empfinden, trauern;* mit Acc. *betrauern, beklagen.* — Caus. 1) *quälen, peinigen* MBh. 6,48,38. — 2) *bedauern, beklagen.* — Mit प्र *hervorstrahlen* (in übertragener Bed.). — Intens. *hervorstrahlen* ṚV. 7,1,4. — Mit अनुप्र *betrauern, beklagen.* — Mit प्रति *seinen Brand richten gegen* (Acc.) Maitr. S. 1,5,2 (68,3). — Mit सम् 1) *zusammenflammen.* — 2) *bedauern, beklagen.* — 3) संशुच्यति *Jmd* (Gen.) *schmerzen.* — Caus. *betrauern, beklagen.*

2. शुच् 1) Adj. am Ende eines Comp. *flammend, leuchtend, strahlend.* — 2) f. a) *Flamme, Glut; innere Wärme.* — b) *Brand des Innern: Qual, Schmerz, Sorge, Trauer, Kummer, — über* (im Comp. vorangehend). Auch Pl. Instr. Sg. *aus Trauer, vor Kummer.* — c) Pl. *Thränen als Ausdruck des Schmerzes, — der Trauer.*

शुच 1) Adj. (f. शुचा) *lauter, rein.* — 2) f. शुचा *Trauer, Kummer.*

शुचद्रथ Adj. *einen strahlenden Wagen habend.*

शुचध्यै Dat. Infin. zu 1. शुच् ṚV. 4,2,1.

शुचन्ति m. N. pr. eines Mannes.

शुचय्, nur Partic. शुचयत् *flammend, leuchtend, strahlend* ṚV. 1,147,1. 4,56,1. 2. 10,4,6. 46,8.

शुचि 1) Adj. (f. eben so, शुच्यस् Nom. Pl. M. 8, 77) a) *strahlend, glühend.* — b) *blank.* — c) *glänzend weiss* Spr. 7681 (zugleich *rein*). — d) *lauter, klar.* — e) *rein.* — f) *klar, lauter, rein* in übertragener Bed.; *tadellos, unschuldig, ehrlich, redlich.* — g) *rein* in rituellem Sinne. — h) am Ende eines Comp. *rein von, so v. a. der sich einer Sache entledigt hat.* — 2) m. a) *Lauterkeit, Reinheit, Ehrlichkeit.* — b) *Feuer.* — c) *ein best. Feuer,* ein Sohn des Agni Abhimânin und der Svâhâ oder ein Sohn Antardhâna's von der Çikhaṇḍinî. — d) *ein best. Sommermonat* (Çat. Br. 4,3,1,15) oder *Sommer überh.* — e) *die Sonne.* — f) **der Mond.* — g) **der Planet Venus.* — h) **Lichtstrahl.* — i) **Wind.* — k) **Geschlechtsliebe.* — l) **ein Brahmane.* — m) **ein ehrlicher Minister.* — n) **the condition of a religious student.* — o) *Bein. Çiva's.* — p) N. pr. α) eines Sohnes des Bhṛgu. — β) eines Sohnes des Gada. — γ) eines Sohnes des dritten Manu. — δ) Indra's im 14ten Manvantara. — ε) eines der 7 Weisen im 14ten Manvantara. — ζ) eines Sârthavâha. — η) eines Sohnes des Çatadjumna und verschiedener anderer Personen. — 3) f. N. pr. einer Tochter Kaçjapa's von der Tâmrâ und Urmutter der Wasservögel. शुची VP. 1,21,16.

*शुचिकर्णी gaṇa कुमुदादि 2.

शुचिका f. N. pr. einer Apsaras.

शुचिकाम Adj. *Reinheit liebend* Baudh. 1,10,4. 13,2.

शुचिक्रन्द् Adj. *hell schallend.*

शुचिचरित Adj. *reinen Wandels* 104,20.

शुचिजन्मन् Adj. *lichtgeboren.*

शुचिजिह्व Adj. *flammenzüngig.*

शुचिता f. und शुचित्व n. 1) *Klarheit, Reinheit.* — 2) *Lauterkeit, Ehrlichkeit.* — 3) *Reinheit* in rituellem Sinne.

शुचिदत् Adj. *hellzahnig.*

शुचिद्रथ, शुचिद्रव und शुचिद्रव्य m. N. pr. eines Fürsten. Richtig wohl शुचद्रथ oder शुचिरथ.

*शुचिद्रुम m. *Ficus religiosa* Râǵan. 11,115.

शुचिन् Adj. = शुचि *rein.*

*शुचिनेत्ररतिसंभव m. N. pr. eines Fürsten der Gandharva.

*शुचिपति m. *Feuer* Gal.

*शुचिपदी Adj. f. *reinfüssig.*

शुचिपा Adj. *klaren* Soma *trinkend.*

शुचिपेशस् Adj. *hell geschmückt.*

*शुचिप्रणी f. = आचमन.

शुचिप्रतीक Adj. *von strahlendem Ansehen.*

शुचिबन्धु Adj. *strahlende Genossenschaft habend.*

शुचिभ्राजस् Adj. *hell funkelnd.*

*शुचिमल्लिका f. *arabischer Jasmin.*

शुचिमानस Adj. *reines Herzens* Kir. 5,13.

शुचिमुखी f. N. pr. einer Haṁsî.

शुचिरथ m. N. pr. eines Fürsten.

*शुचिरोचिस् m. *der Mond.*

शुचिवन n. nach dem Comm. *ein verdorrter Wald.*

*शुचिवर्चस् Adj. gaṇa भृशादि.

*शुचिवर्चाय्, °यते Denomin. von शुचिवर्चस्.

शुचिवर्ण Adj. *hellfarbig.*

शुचिवाच् m. N. pr. eines Vogels.

शुचिवासस् Adj. *ein reines Gewand tragend.*

शुचिवृत्त m. N. pr. eines Mannes Maitr. S. 3, 10,4 (135,9). Pl. *seine Nachkommen.*

शुचिव्रत Adj. (f. आ) *dessen Thun licht* oder *rein ist, reinen Wandels.*

शुचिश्रवस् 1) Adj. als Beiw. Vishṇu's (verschiedentlich erklärt) Vishṇus. 98,70. — 2) m. N. pr. eines Pragâpati.

शुचिषद् Adj. 1) *im Reinen —, im Klaren wohnend.* — 2) *auf dem Pfade der Tugend weilend.*

शुचिषह् Adj. (stark °षाह्) als Beiw. Agni's.

शुचिष्मत् 1) Adj. *strahlend* ṚV. — 2) m. N. pr. eines Sohnes des Kardama. — 3) f. °मती N. pr. der Mutter Agni's.

शुचिसंनय m. *das Ende der heissen Jahreszeit, der Beginn der Regenzeit.*

शुचिसमाचार Adj. *das Herkommen rein bewahrend* R. 2,65,7.

शुचिस्मित Adj. (f. आ) *ein strahlendes Lächeln zeigend, heiter lachend.* Als Beiw. Çiva's, sonst aber immer f. (53,5. Hemâdri 1,622,4).

1. शुची Adj. f. s. u. शुचि.

2. शुची Adv. 1) mit कर् *reinigen* Kalpas. 108, N. 66. — 2) mit भू *rein werden* in rituellem Sinne.

*शुचीय्, °यते gaṇa भृशादि.

*शुचीवती f. gaṇa शरादि.

*शुच्य्, शुच्यति (अभिषवे). v. l. चुच्य्.

शुच्यक्ष Adj. (f. ई) *reinäugig* Âpast. Çr. 10,22,4.

शुच्याचार Adj. *reines Wandels* Mahâbh. (K.) 1, 411,18.

शुज् nur in der Form शूशुजान etwa *sich spreizend.*

*शुटीरता f. und *शुटीर्य n. *Heldenmuth.*

*शुठ्, शोठति (गतिप्रतिघाते, खोटने, प्रतिघाते), शोठयति (आलस्ये).

*शुण्ट n. *das Haar in der Achselgrube* Gal.

*शुण्ठ्, शुण्ठति (गतिप्रतिघाते, शोषणे), शुण्ठयति (शोषणे).

शुण्ठ 1) Adj. (f. आ) als Bein. eines Stieres oder einer Kuh Maitr. S. 2,5,11 (63,11). Âpast. Çr. 10, 22,6. Vaitân. (Conj.). Nach den Commentatoren *weissfarbig, von kleiner Statur* oder आवेष्टितकर्ण. — 2) *eine Grasart* Gobh. (ed. Knauer) 1,5,18. v. l.

लुण्ठ — शुण्ठी s. u. शुण्ठि.

शुण्ठाकर्ण Adj. *kurzohrig* (nach Mahîdh.) Maitr. S. 3,13,5.

शुण्ठाचार्य m. N. pr. eines Mannes.

शुण्ठाधी Adj. f. Kâtj. Çr. 22,11,29 nach dem Comm. = पीतमुखी, वेष्टितमुखी oder पीतपुच्छी. Es ist aber zu trennen शुण्ठा अधीलोहकर्णी; für letzteres haben andere Texte अद्यालोहकर्णा oder अधीलोधकर्णा (Nachtr. 2. 4).

शुण्ठि (metrisch) f., शुण्ठी f. (Spr. 7741) und *शुण्ठ n. *trockener Ingwer* Râǵan. 6,25. Bhâvapr. 1,162.

*शुण्ड्, शुण्डति (खण्डनप्रमर्दनयोः).

शुण्ड 1) *m. *der aus den Schläfen fliessende Brunstsaft eines Elephanten.* — 2) f. आ a) *Elephantenrüssel* MBh. 7,36,35. Auch °दण्ड m. — b) **Branntwein.* — c) **Schenke.* — d) **das Weibchen eines Wasserelephanten.* — e) **Hure.* — f) **Kupplerin.* — g) **Nelumbium speciosum.* — 3) *f. ई *eine Art Heliotropium* Râǵan. 5,75.

शुण्डक 1) *m. a) *Schlachtpfeife.* — b) *Branntweinbrenner, Schenkwirth.* — 2) f. शुण्डिका a) **Zäpfchen im Halse.* — b) *Anschwellung der Mandeln.* — Vgl. गलशुण्डिका.

*शुण्डरोह m. *ein best. wohlriechendes Gras* Râǵan. 8,122.

*शुण्डापान n. *Schenke.*

शुण्डार m. 1) *der Rüssel eines jungen Elephanten* Mahâvîrač. 17,7. — 2) **ein 60jähriger Elephant* Gal. — 3) **Branntweinbrenner, Schenkwirth.*

*शुण्डारोचनिका f. *eine best. Pflanze.*

*शुण्डाल m. *Elephant.*

शुण्डिक 1) m. oder n. etwa *Schenke* P. 4,3,76. — 2) m. Pl. N. pr. eines Volkes MBh. 3,254,8. —

शुण्डिका s. u. शुण्डक.

शुण्डिन् m. *Branntweinbrenner, Schenkwirth* (*eine best. Mischlingskaste*).

*शुण्डिमूषिका f. *Moschusratte* Râǵan. 19,59.

*शुण्डीरोचनिका und *°रोचनी f. *eine best. Pflanze.*

*शुतुद्रि f., शुतुद्री f. und *शुतुदु f. N. pr. eines Flusses (*der Sedledsch*).

शुदि (Abkürzung von शुक्ल oder शुद्ध + दिन) Indecl. in Comp. mit einem Monatsnamen *in der lichten Hälfte des —.*

शुद्ध 1) Adj. s. u. शुध्. — 2) m. a) *die lichte Hälfte eines Monats, die Zeit des zunehmenden Mondes.* — b) Pl. *eine best. Klasse von Göttern.* — c) N. pr. α) eines der 7 Weisen unter dem 14ten Manu. — β) eines Sohnes des Anenas. — γ) eines Vogels. — 3) f. शुद्धा N. pr. einer Tochter Siṁhahanu's. — 4) *n. a) *Steinsalz.* — b) *Pfeffer.*

*शुद्धकर्ण m. N. pr. eines Mannes (*reinohrig*).

शुद्धकर्मन् Adj. *von reiner Handlungsweise, ehrlich, brav* Kumâras. 6,52.

शुद्धकांस्यमय Adj. (f. ई) *rein messingen* Hemâdri 1,728,11.

शुद्धकीर्ति m. N. pr. eines Mannes.

शुद्धगणपति m. *der mit reinem Munde verehrte Gaṇeça.*

*शुद्धजङ्घ m. *Esel.*

शुद्धतत्त्वदामविज्ञप्ति (शुद्धितत्त्व?) f. Titel Opp. Cat. 1.

शुद्धता f. und शुद्धत्व n. (Kampaka 470) *Reinheit, Lauterkeit, Ehrlichkeit.*

शुद्धदत् (Bhaṭṭ.) und *°दन्त Adj. *reine Zähne habend.*

शुद्धधी Adj. *von reiner Gesinnung.*

शुद्धनट्टा f. *eine best.* Râgiṇî S. S. S. 111.

शुद्धनौर m. *ein best. Tanz* S. S. S. 257.

शुद्धपक्ष m. *die lichte Hälfte des Monats, die Zeit des zunehmenden Mondes.*

शुद्धपट m. N. pr. eines Mannes.

शुद्धपाद m. N. pr. eines Lehrers der Haṭhavidjâ. v. l. सिद्धपाद.

शुद्धपार्ष्णि Adj. *dessen Rücken gedeckt ist.*

शुद्धपुरी f. N. pr. einer Stadt. °माहात्म्य n.

शुद्धबटुक m. *eine Art Trommelschläger* S. S. S. 182.

शुद्धबुद्ध m. v. l. für शुद्धबुद्धि 2).

शुद्धबुद्धि 1) Adj. *reines Geistes, von reiner Gesinnung.* — 2) m. N. pr. eines Lehrers der Haṭhavidjâ.

शुद्धबोध Adj. *dessen Erkenntniss rein ist.*

1. शुद्धभाव m. *eine reine —, lautere Gesinnung.*

2. शुद्धभाव Adj. (f. आ) *von reiner —, lauterer Gesinnung* MBh. 15,28,8. Ind. St. 14,384.

शुद्धभिक्षु m. N. pr. eines Autors.

शुद्धभैरव m. *ein best.* Râga S. S. S. 82.

शुद्धमति 1) Adj. *von reiner Gesinnung.* — 2) *m. N. pr. eines Arhant der Ǵaina.

शुद्धमध्यमार्गी f. *eine best.* Mûrkhanâ S. S. S. 31.

*शुद्धमांस n. *eine best. stark gewürzte Fleischspeise* Bhâvapr. 2,21.

शुद्धमिश्रत्व n. *das Ungemischtsein und das Gemischtsein* Weber, Krshnaǵ. 223.

शुद्धरूपिन् Adj. *die reine —, wahre Gestalt habend.*

शुद्धवंश्य Adj. (f. आ) *von reinem Geschlecht.*

शुद्धवत् Adj. *das Wort* शुद्ध *enthaltend.* °वती f. Pl. Bez. *der Verse* RV. 8,34,7—9 Vasishtha 28,11. Baudh. 4,3,8. Vishnus. 56,5.

*शुद्धवल्लिका f. *Cocculus cordifolius.*

शुद्धवाल Adj. *hellschwänzig* Maitr. S. 3,13,4.

शुद्धविराज् f. *ein best. Metrum.*

शुद्धविराडृषभ n. desgl.

शुद्धवेष Adj. *sauber gekleidet* Ragh. 1,46.

शुद्धशील Adj. (f. आ) *von reinem Charakter* Çâk. 180.

शुद्धशुक्र n. *eine best. Krankheit des Schwarzen im Auge.*

शुद्धषड्वा f. *eine best.* Mûrkhanâ S. S. S. 31.

शुद्धसंगम Adj. (f. आ) *einen reinen Verkehr habend* Çrut. (Br.) 33.

शुद्धसत्त्व Adj. (f. आ) *von reinem Charakter* R. 2,39,32.

शुद्धसाध्यवसाना f. *eine Art Ellipse.*

शुद्धसारोपलक्षणा und °सारोपा f. desgl.

शुद्धसूडनृत्य n. *ein best. Tanz* S. S. S. 266.

शुद्धस्वभाव Adj. (f. आ) *von reinem Charakter* R. 2,74,9.

शुद्धहस्त Adj. *reinhändig.*

शुद्धहृदय Adj. (f. आ) *reines Herzens* Spr. 5824 (अत्यन्त°).

शुद्धान्त N. pr. eines Thores.

शुद्धात्मन् Adj. *reines Wesens, von reiner Gesinnung* 102,14.

शुद्धानन्द m. N. pr. eines Lehrers. Auch °यति.

*शुद्धानुमान n. *eine best. rhetorische Figur.*

शुद्धान्त 1) m. Sg. *die für die Frauen bestimmten inneren Gemächer eines fürstlichen Palastes, Gynaeceum.* Pl. *die Frauen eines Fürsten.* — 2) f. आ *eine best.* Mûrkhanâ S. S. S. 30. Vgl. शुद्धान्तयुज्.

शुद्धान्तचर und °चारिन् Adj. *in einem Gynaeceum ein- und ausgehend* (von der Dienerschaft).

*शुद्धान्तपालक m. *Wächter im Gynaeceum.*

शुद्धान्तःपुर n. = शुद्धान्त 1) R. ed. Bomb. 2,17,21.

शुद्धाभीरी f. *ein best.* Râga *von 6 Tönen* S. S. S. 93.

*शुद्धान्तयुज् f. *change of mode or key in music.* Vgl. शुद्धान्त 2) und शुद्धान्तरयुज्.

शुद्धान्तरक्षी f. *Hüterin in einem Gynaeceum.*

*शुद्धान्तरयुज् f. = शुद्धान्तयुज्.

शुद्धापह्नुति f. in der Rhetorik *eine (scheinbare) Läugnung des Richtigen.*

शुद्धाभ Adj. *klar, hell, licht.*

शुद्धाभिजनकर्मन् Adj. *von reiner Abstammung und reiner Handlungsweise* R. 2,106,9.

शुद्धायू Adj. f. *Reinheit erstrebend.*

शुद्धावर्त Adj. angeblich = प्रदक्षिणावर्त.

शुद्धावास m. *die reine Behausung, eine best. Himmelsregion.*

शुद्धावासकायिक Adj. *der Gruppe der in der rei-*

nen Behausung Wohnenden gehörig. °देवपुत्र m. Kâraṇḍ. 43,14.

शुद्धाशय Adj. *reines Herzens, von reiner Gesinnung, ein gutes Gewissen habend.*

शुद्धाशुद्धीय n. Name zweier Sâman Ârsh. Br. Vasishṭha 28,14.

शुद्धाशुबोध m. Titel einer Grammatik.

शुद्धि f. 1) *das Reinwerden, Reinigung, Läuterung, Reinheit* (eig. und übertragen, auch in rituellem Sinne), *das Reinwerden von* (im Comp. vorangehend), so v. a. *das Befreitwerden* (von etwas Verunreinigendem). — 2) *das Reinwerden*, so v. a. *das Befreitwerden von allem Schädlichen, Sicherstellung.* — 3) *das Reinwerden*, so v. a. *Rechtfertigung, das für unschuldig Erklärtwerden, — durch* (im Comp. vorangehend). — 4) *das sich als ächt Erweisen, Aechtheit, Richtigkeit.* — 5) *Bereinigung*, so v. a. *das Bestrittenwerden* (einer Ausgabe), *Bezahlung* (einer Schuld). — 6) *Klarheit in einer Sache, sichere Kunde über* (Gen. oder im Comp. vorangehend). Acc. mit कर् *genaue Kunde sich verschaffen*, mit लभ् *sichere Nachricht erhalten* Uttamak. 175. 203. 241. 253. 275. 350. fg. — 7) *vollständiges Aufgehen* (bei einer Division). Acc. mit इ *ganz aufgehen* Bîǵag. 196. — 8) *subtractive Grösse* Lîlâv. 107. Bîǵag. 63. — 9) *eine Form der* Dâkshâjaṇî (Durgâ).

*शुद्धिकृत् m. *Wäscher.*

शुद्धिकौमुदी f., शुद्धिचन्द्रिका f., शुद्धिचिन्तामणि m. und शुद्धितत्त्व n. Titel.

शुद्धितम Adj. *der reinste.*

शुद्धिदीपिका f. und शुद्धिप्रदीप m. Titel.

शुद्धिभूमि f. N. pr. eines *Landes.*

शुद्धिमत् Adj. 1) *rein, fleckenlos.* — 2) *unschuldig, dessen Unschuld erwiesen ist* Bâlar. 283,13.

शुद्धिमयूख m., शुद्धिरत्नाकर m. und शुद्धिविवेक m. Titel.

शुद्धिश्राद्ध n. *ein best. Todtenmahl* VP.² 3,131.

शुद्धोद 1) Adj. *reines Wasser habend.* — 2) m. N. pr. eines Sohnes des Çâkja.

शुद्धोदन m. N. pr. eines Fürsten aus dem Geschlecht der Çâkja, Vaters von Çâkjamuni. Auch = शुद्धोद 2). *°सुत m. Patron. Çâkjamuni's.

शुद्धोदनि m. als Name Vishṇu's fehlerhaft für शौद्धोदनि.

शुध्, शुन्ध् 1) शुन्धति *reinigen.* शुन्द्धि Âçv. Gṛhj. — 2) शुन्धते *sich (sibi) reinigen, rein werden.* — 3) शुध्यति, °ते (meist metrisch; शुध्येरन् Gaut. 14, 6) *a) rein werden* (insbes. in rituellem Sinne). — *b) sich klären, klar werden.* — *c) in's Klare kommen.* — *d) entschuldigt sein, eine Entschuldigung haben.* — 4) शुद्ध *a) rein, hell, fleckenlos, lauter* (auch von Personen). — *b) fehlerfrei, normal, richtig beschaffen, woran Nichts auszusetzen ist, richtig* (z. B. Lesart). — *c) rein*, so v. a. *ohne allen Zusatz, ungemischt, nicht mit Anderem zusammenfliessend.* — *d) rein* von einem Vocal so v. a. *nicht nasal.* — *e) einfach, bloss, nicht qualificirt* (Todesstrafe). — *f) ganz, vollständig, abgeschlossen.* — *g) geprüft, untersucht.* — Caus. 1) शुन्धयति *reinigen.* — 2) शोधयति 1) *reinigen* (auch in rituellem Sinne), *verbessern, corrigiren* 216,8. — 2) etwas Unreines —, Schädliches *entfernen.* — 3) *bereinigen, bezahlen, abtragen.* — 4) *Jmd als rein hinstellen, — befinden, rechtfertigen.* — 5) *Jmd auf die Probe stellen.* — 6) *Etwas prüfen, untersuchen* 216,13. 15. Kampaka 49. Sâj. zu Ṛv. 10,146,2. — 7) *in's Reine bringen, klar machen, erklären, erläutern.* — 8) *subtrahiren.* — Desid. (शुशुत्सत्) *rein zu werden wünschen.* — Mit परि (°शुध्यति, °ते 1) *rein —, abgewaschen werden.* — 2) *sich reinigen*, so v. a. *seine Unschuld beweisen.* — 3) परिशुद्ध *a) rein, lauter.* — *b) vermindert um* (im Comp. vorangehend). — Caus. °शोधयति 1) *reinigen.* — 2) *bereinigen, bestreiten, bezahlen.* — 3) *Jmd auf die Probe stellen, prüfen.* — 4) *Etwas prüfen, untersuchen.* — 5) *erklären, erläutern.* — Mit प्र in प्रशुद्धि. — Mit अभिप्र Caus. (°शोधयति) *reinigen.* — Mit वि (°शुध्यति, °ते) 1) *vollständig rein werden* (insbes. in rituellem Sinne). — 2) *sich klären.* — 3) *ohne Rest aufgehen* (bei einer Division) Bîǵag. 191. — 4) विशुद्ध *a) vollkommen gereinigt, — geläutert, — rein, — klar, — lauter* (eig. und übertr.). — *b) rein*, so v. a. *glänzend weiss.* — *c) in's Reine —, ganz zu Ende gebracht, abgeschlossen.* — *d) zu Ende gekommen mit Etwas* (im Comp. vorangehend). — *e) genau bestimmt.* — *f) genau untersucht und als sicher befunden.* — *g) subtrahirt.* — *h) geleert, erschöpft* (Schatz). — Caus. (विशोधयति) *reinigen* (auch in rituellem Sinne), *verbessern, corrigiren* 216,10. — 2) *Jmd reinigen*, so v. a. *Jmds Unschuld beweisen, Jmd von allem Verdacht befreien.* — 3) *Etwas rechtfertigen.* — 4) *in's Klare bringen, genau bestimmen, — fixiren.* — 5) *subtrahiren.* — Mit प्रवि, °शुद्ध *vollkommen rein, — lauter.* — Caus. (°शोधयति) *vollkommen reinigen, — läutern.* — Mit सम्, संशुद्ध 1) *rein geworden, rein, lauter.* — 2) *entfernt* (eine Unreinigkeit). — 3) *bereinigt, bezahlt, abgetragen.* — 4) *geprüft, untersucht und als unschädlich* u. s. w. *befunden.* — Caus. (संशोधयति) 1) *reinigen.* — 2) *bereinigen, bestreiten, bezahlen.* — 3) *untersuchen und gegen Gefahren sicher stellen.* — 4) *subtrahiren.* — 5) *dividiren.* — Mit परिसम्, परिसंशुद्ध *durchaus rein, — lauter.*

*शुन्, शुनति (गतौ).

1. शुन 1) m. angeblich ein Name Vâju's und Indra's. — 2) n. *Erfolg, Gedeihen.* — 3) शुनम् Adv. *glücklich, mit Erfolg, zum Gedeihen.*

2. *शुन m. = श्वन् *Hund* Râǵan. 19,10. — शुनी s. u. श्वन्.

शुनंहुवीया f. Bez. *des Verses* Ṛv. 3,30,22.

शुनःपुच्छ m. N. pr. eines Mannes.

शुनक 1) m. *a) Hündchen, Hund.* — *b)* N. pr. verschiedener Männer. Pl. Çunaka's *Geschlecht.* °सुत m. = शौनक. — 2) *f. ई *Hündin.*

*शुनकचञ्चुक m. *eine best. Pflanze* Râǵan. 4,150.

*शुनकचिल्ली f. *eine best. Gemüsepflanze.*

शुनंकुरि m. *ein best. Feldgenius* Pâr. Gṛhj. 2, 17,5.

शुनंपृष्ठ Adj. *einen* (zum Reiten) *tauglichen Rükken habend.*

शुनंवत् und शुनावत् Adj. wohl *mit einer Schar versehen* (Pflug).

शुनःशेप und शुनःशेफ m. N. pr. eines Mannes.

शुनस्कर्ण m. desgl.

शुनःसख und °सखि (Nomin. °सखा) m. desgl.

शुनंहोत्र m. desgl. Pl. *sein Geschlecht.*

शुनावत् Adj. = शुनंवत्.

शुनासीर m. 1) Du. Bez. zweier den Getraidewuchs segnender Genien, vermuthlich *Schar* und *Pflug.* Von den Commentatoren gewöhnlich als Vâju und Âditja erklärt. — 2) Bein. Indra's Kâd. 62,18 (118,4). Prasannar. 31,9. An beiden Stellen सु°. — 3) Pl. Bez. *bestimmter Götter* Bhâg. P. ed. Bomb. 4,7,7. सुना° ed. Burn. Vgl. वसुंधरा°.

शुनासीरशरासन n. *Regenbogen* Harshak. 59,9 (सुना° gedr.).

शुनासीरिन् Adj. Beiw. Indra's.

शुनासीरीय und शुनासीर्य 1) Adj. *dem oder den* Çunâsîra *gehörig* u. s. w. — 2) f. आ *ein best. Opfer.* — 3) n. desgl. Vaitân.

*शुनि m. *Hund.*

*शुनिधम und *शुनिंधय Adj.

शुनी f. s. u. श्वन्.

*शुनीर m. *eine Menge von Hunden.*

शुनेषित Adj. nach Grassmann *von Hunden getrieben.*

शुनोलाङ्गूल m. N. pr. eines Mannes.

शुन्ध् s. शुध्.

शुन्धन 1) Adj. (f. ई) *reinigend.* — 2) n. *das Ent-*

fernen einer Unreinigkeit (Gen.) Âpast. 1,30,21 (शुन्धने zu lesen).

शुन्ध्युँ und शुन्ध्यूँ 1) Adj. (f. शुन्ध्यूँ) *schmuck.* — 2) शुन्ध्यु m. *a*) **Feuer.* — *b*) in Verbindung mit भरद्वाजस्य Name eines Sâman Ârsh. Br.

1.*शुन्य 1) Adj. von श्वन् *Hund.* — 2) f. (आ) n. *eine Menge von Hunden.*

2.*शुन्य Adj. = शून्य *leer.*

शुप्ति f. *Schulter.* Nach Sâj. = मुख.

1. शुभ्, शुम्भ् (nur शुभानँ, शुम्भन्ते und शुम्भमान) *leicht hingleiten, dahinfahren.* — Mit प्र dass. — Vgl. auch 1. शुभय्.

2. शुभ् f. *das Dahinfahren, rasche Fahrt, fliegender Lauf;* insbes. von den Marut gebraucht.

3. शुभ्, शुम्भ्; in der älteren Sprache शुम्भँति, शुँम्भते, शुभँत् und शुँम्भत्, शुँम्भमान und शुभँमान, शोँभते, शोँभमान und शुभानँ; in der nachvedischen Zeit mit intrans. Bed. शोभते und शोभति (metrisch, अशुभत् Hem. Par. 1,423), mit trans. und intrans. Bed. ganz vereinzelt auch शुम्भति. 1) *schmücken, herausputzen, verschönern; zurüsten, bereit machen;* Med. *sich schmücken, schmuck —, stattlich sein, einen guten Eindruck machen, sich gut machen, sich schön ausnehmen, wohl anstehen, — durch* oder *mit* (Instr.) Mit न *kein Ansehen haben, einen schlechten Eindruck machen, sich schlecht machen, sich übel ausnehmen.* Mit इव, यथा oder mit prädicativem Adj. °संकाश, °सम *schmuck sein —, prangen wie,* aber auch abgeblasst so v. a. *erscheinen wie.* — 2) *zurichten,* so v. a. *geschickt —, geneigt machen für Etwas* (Dat.); Med. *sich anschikken zu.* — 3) शुम्भति missbräuchlich statt शुन्ध् *reinigen.* — 4)*हिंसायाम् (vgl. u. नि) und भाषणे. — 5) शुम्भित *geschmückt* in ब्रँह्म°. — 6) शुभितेँ TS. 4,4,12,2 nach Pat. zu P. 3,1,85 = सुह्वित. — Caus. शोभयति (vgl. auch 2. शुभय्) *schmücken, zieren, Glanz verleihen* (eig. und übertr.). शोभित *geschmückt, prangend, — mit, schmuck* u. s. w. *erscheinend durch* (Instr. oder im Comp. vorangehend). — Desid. शुशोभिषते *geschickt zu machen suchen.* — Intens. शोशुभ्यते *überaus schmuck sein, sich sehr stattlich machen.* — Mit अति *sich sehr wohl ausnehmen* u. s. w. MBh. 13,152,22. Mit न *kein rechtes Ansehen haben, Jmd* (Dat.) *nicht gefallen.* — Caus. °शोभयति *in hohem Grade schmücken, — zieren.* — Mit अनु in अनुशोभिन्. — Mit अभि Med. 1) *schmückend umlegen.* Nur अभि शुम्भमानम्. — 2) °शोभते *schmuck sein, sich schön ausnehmen.* — Caus. अभिशोभित *geschmückt —, geziert —, ein schönes Aussehen habend —, stattlich erscheinend durch* (Instr.). — Mit समभि (°शोभते) *schmuck sein, sich schön ausnehmen mit* (Instr.). — Mit उप (°शोभते und °शुम्भते) dass. Vâsav. 217,3. — Caus. °शोभयति *schmücken, zieren.* उपशोभित *geschmückt, geziert, — mit* oder *durch* (Instr. oder im Comp. vorangehend). — Mit नि (°शुम्भति) *zertreten* Bâlar. 239,8. Vgl. निशुम्भ fgg. — Mit परि 1) Act. (°शुँम्भति) *zubereiten.* — 2) Med. (°शोभते) *sich schön ausnehmen.* — Caus. परिशोभित *geschmückt, geziert, — mit* (Instr. oder im Comp. vorangehend). — Mit प्र (प्रे — शोँभे = शोभते nach Sâj.) *schön prangen.* — Mit प्रति Caus. °शोभित *geschmückt —, geziert mit* (Instr.). — Mit वि (°शोभते) *recht schmuck sein, sich sehr schön ausnehmen.* — Caus. विशोभित *geschmückt —, geziert mit* (Instr. oder im Comp. vorangehend). — Mit सम् Med. (संशोँभते) 1) *schmuck sein, sich schön ausnehmen.* — 2) *gleich schmuck sein,* mit Instr. — Caus. संशोभयति *herausputzen, schmücken.* संशोभित *geschmückt mit* (Instr.).

4. शुँभ् f. *Schönheit, Schmuck; Bereitschaft.*

शुभ 1) Adj. (f. आ) *a*) *schmuck, hübsch, prächtig, den Augen angenehm, angenehm, zusagend* (auch anderen Sinnen). Häufig शुभे in der Anrede einer *hübschen Frau.* — *b*) *angenehm überh., erfreulich, den Wünschen und Anforderungen entsprechend, Nutzen oder Vergnügen verschaffend.* — *c*) *von guter Beschaffenheit, seiner Bestimmung entsprechend, gut, tüchtig, recht, wahr.* शुभ° Adv. *auf gebührende Weise.* — *d*) *Glück bringend, — verheissend, faustus.* — *e*) *gut* in ethischem Sinne. — *f*) *rein.* — 2) m. *a*) **Wasser.* — *b*) *ein best. astr.* Joga. — *c*) **Ziegenbock.* Richtig स्तुभ. — *d*) N. pr. eines Sohnes des Dharma (Bhâg. P. 4,1,50) und verschiedener anderer Männer. — 3) f. आ *a*) **Licht, Glanz.* — *b*) **Prosopis spicigera* oder *Mimosa Suma* Râǵan. 8,36. — *c*) **weisses* Dûrvâ-*Gras* Râǵan. 8,112. — *d*) * = प्रियङ्गु Râǵan. 12,45. — *e*) **Tabaschir* Râǵan. 6,187. — *f*) **Gallenstein des Rindes* Râǵan. 12,58. — *g*) **Götterhalle.* — *h*) *ein best. Metrum.* — *i*) *N. pr. α) einer Freundin der Umâ. — β) einer mythischen in der Luft schwebenden Stadt. Vgl. सौभ. — 4) n. *a*) *Anmuth, Lieblichkeit.* — *b*) *Wohl, Wohlfahrt, Heil, Glück.* Auch Pl. — *c*) Pl. *Angenehmes, Erfreuliches.* — *d*) *Gutes, ein gutes Werk* (in ethischem Sinne). — *e*) **das Holz von Cerasus Puddum* Râǵan. 12,147. — Vgl. अशुभ.

शुभंयाँ und शुभंयाँवन् Adj. *flüchtig hinfahrend.*

*शुभंयिका Adj. f.

शुभंयुँ Adj. 1) *Putz liebend.* — 2) *schmuck, prächtig, schön, hübsch* Naish. 7,69.

शुभकथ Adj. *gute Reden führend* MBh. 1,50,7.

शुभकर 1) Adj. *Wohlfahrt —, Glück bringend, faustus.* — 2) *f. ई *Prosopis spicigera* Râǵan. 8,33.

1. शुभकर्मन् n. *ein gutes Werk.*

2. शुभकर्मन् Adj. *edel handelnd* MBh. 3,74,14.

शुभकाम Adj. *Wohlfahrt wünschend* Kauç. 77.

*शुभकूट m. Bez. des Adams-Piks.

शुभकृत् 1) Adj. = शुभकर 1). — 2) m. *das 37ste* (*36ste*) *Jahr im 60jährigen Jupitercyclus.*

शुभकृत्स्न m. Pl. *eine best. Klasse von Göttern bei den Buddhisten.*

*शुभगन्धक n. *Myrrhe* Râǵan. 6,117.

शुभगा f. *eine best.* Çakti Hemâdri 1,197,22. Richtig wohl सुभगा.

शुभगाभीरी f. *eine best.* Râgiṇî S. S. S. 110.

शुभंकर 1) Adj. = शुभकर 1). — 2) m. N. pr. *a*) eines Asura. — *b*) eines Dichters Z. d. d. m. G. 36,557. — 3) *f. ई Bein. der Pârvatî.

शुभचन्द्र m. N. pr. eines Prâkrit-Grammatikers Ind. St. 14,307.

शुभंचरा f. Pl. Bez. *bestimmter* Apsaras VP.² 2,82.

शुभताति f. *Wohlfahrt, Glück.*

शुभद 1) Adj. = शुभकर 1) Varâh. Jogaj. 5,22. — 2) *m. *Ficus religiosa* Râǵan. 11,114.

शुभदत्त m. N. pr. eines Mannes.

*शुभदन्त Adj. (f. ई) *schöne Zähne habend.* — 2) f. ई N. pr. des Weibchens des Elephanten Pushpadanta.

शुभदर्शन Adj. *schmuck, hübsch, schön.*

शुभदायिन् Adj. = शुभकर 1).

शुभदारुमय Adj. *aus schönem Holze gemacht* Hemâdri 1,548,17.

शुभदिन n. *ein Glück verheissender Tag* Daçak. 21,10.

शुभधर m. N. pr. eines Mannes.

शुभधारण Adj. *dessen Geist auf das wahre Heil gerichtet ist* Bhâg. P. ed. Bomb. 2,7,46.

शुभनय m. N. pr. eines Muni.

शुभनामा f. *die 5te, 10te und 15te lunare Nacht.*

*शुभपत्रिका f. *Desmodium gangeticum* Râǵan. 4,19.

*शुभपुष्पितशुद्धि m. *ein best.* Samâdhi.

शुभप्रद Adj. = शुभकर 1) Varâh. Jogaj. 4,40.

शुभभावना f. *eine gute Meinung von den Menschen.*

1. शुभमङ्गल n. *Wohlfahrt, Glück.*

2. शुभमङ्गल Adj. *dem das Glück hold ist.*

शुभमय Adj. (f. ई) *prächtig, schön.*

शुभमाला f. N. pr. einer Gandharva-Jungfrau Kâraṇḍ. 4,21.

*शुभमित्र m. N. pr. eines Mannes.

शुभभावुक Adj. *schön erscheinend, prangend.* v. l. सुभगंभावुक.

1. शुभय् = 1. शुभ्. Nur Partic. शुभंयत् *leicht hingleitend, dahinfahrend* ṚV. 5,60,8.

2. शुभय्, शुभयति *schmücken* ṚV. 1,85,3. TBr. 3,3,4,5. Med. *sich schmücken* ṚV. 7,56,16.

शुभलक्षण Adj. (f. आ) *mit Glück verheissenden Zeichen versehen* R. 1,1,13. 2,21,39. 24,36. 52,1. 56,31. 5,12,36. Kathâs. 23,54. 45,348. Tattvas. 6.

शुभलग्न n. *ein Glück verheissender, — günstiger Zeitpunct* Hit. 94,9. Kautukas.

शुभवक्त्रा f. N. pr. einer der Mütter im Gefolge Skanda's.

*शुभवस्तु (eher वास्तु) N. pr. eines Flusses, = सुवास्तु.

*शुभवासन n. v. l. सुखवासन.

शुभवासर *ein Glück verheissender Tag* Hemâdri 1,546,2.

*शुभवास्तु s. शुभवस्तु.

*शुभविमलगर्भ m. N. pr. eines Bodhisattva.

शुभवेणुत्रिवेणुमत् Adj. *mit einem* Triveṇu *aus prächtigem Rohr versehen* MBh. 3,175,4.

शुभव्यूह m. N. pr. eines Fürsten.

1. शुभव्रत n. *eine best. Begehung.*

2. शुभव्रत Adj. (f. आ) *dessen Wandel gut ist, des Guten sich befleissigend.*

शुभशंसिन् Adj. *Gutes —, Glück verheissend.*

शुभशकुन m. *ein Glück verheissender Vogel* Daçak. 14,3.

*शुभसंयुक्त und *शुभसंयुत Adj. als Erklärung von शुभंयु.

शुभसप्तमीव्रत n. *eine best. Begehung.*

शुभसमन्वित Adj. *anmuthig, lieblich.*

*शुभसार m. N. pr. eines Fürsten.

शुभसूचनी f. N. pr. einer von Frauen verehrten Göttin.

*शुभस्थली f. *Opferstätte.*

शुभस्पति m. Du. *die beiden Herren des Schmucks* oder *der raschen Fahrt.*

*शुभाकरगुप्त m. N. pr. eines Mannes.

शुभागम m. Bez. einer Sammlung von Mysterien.

शुभाङ्क m. N. pr. verschiedener Autoren.

शुभाङ्ग 1) Adj. *einen schönen Körper habend* (Çiva). — 2) m. N. pr. *a)* eines Tushitakâjika Devaputra. — *b)* eines Lexicographen. — 3) f. ई N. pr. *a)* *der Gattin Kubera's. — *b)* einer Gattin α) Kuru's. — β) Pradjumna's.

शुभाङ्गद m. N. pr. eines Fürsten.

शुभाङ्गिन् Adj. = शुभाङ्ग 1).

शुभाचार 1) Adj. *einen guten Wandel führend* MBh. 1,50,7. — 2) *f. आ N. pr. einer Freundin der Umâ.

*शुभाञ्जन m. = शोभाञ्जन.

शुभात्मक Adj. (f. °त्मिका) 1) **angenehm, erfreulich.* — 2) *gut gesinnt.* — Vgl. अ° Nachtr. 6.

शुभानन्दा f. *eine Form der* Dâkshâjaṇî.

*शुभान्वित Adj. als Erklärung von शुभंयु.

शुभाय्, शुभायते *glänzen, prangen* ṚV. 9,28,3. Vgl. बङ्कुशुभाय्.

शुभार्थिन् Adj. *Wohlfahrt wünschend, dem es um sein Heil zu thun ist.*

शुभावह Adj. *Wohlfahrt —, Heil —, Glück bringend.*

शुभाशय Adj. *von guter Gesinnungsweise.*

1. शुभाशिस् f. *Glückwunsch, Segenswunsch.*

2. शुभाशिस् Adj. *über den ein Glückwunsch —, über den ein Segensspruch gesprochen wird.* °षं कर् so v. a. *Jmd* (Acc.) *segnen.*

शुभाशीर्वचन n. und शुभाशीर्वाद m. (Hâsj. 23,17) *das Aussprechen eines Glückwunsches, — eines Segenswunsches.*

शुभाशुभ 1) Adj. (f. आ) *a) angenehm und* (oder) *unangenehm, erfreulich und* (oder) *unerfreulich.* — *b) Glück und* (oder) *Unglück bringend, — verheissend.* — *c) gut und* (oder) *schlecht* in ethischem Sinne. — 2) n. *a) Wohl und* (oder) *Weh, Glück und* (oder) *Unglück* 223,22. — *b) Gutes und* (oder) *Schlechtes, ein gutes und* (oder) *ein böses Werk.*

शुभासन m. N. pr. eines Verfassers von Mantra bei den Tântrika.

शुभेतर Adj. *böse, schlecht* Çiç. 1,73.

शुभैकदृश् Adj. *nur für das Gute ein Auge habend.*

शुभोदय m. 1) *der Aufgang eines günstigen* (Planeten). — 2) N. pr. eines Verfassers von Mantra bei den Tântrika.

शुभोदर्क Adj. (f. आ) *dem eine glückliche Zukunft bevorsteht, bei dem Etwas glücklich abläuft, gute Folgen habend* Kathâs. 9,58. Mahâvîrak. 98,8. Nom. abstr. °ता f. 112,5.

शुभ्र 1) Adj. (f. आ) *a) schmuck, schön, glänzend* (Vorzüge). — *b) klar, rein, unbefleckt* (Ruhm). — *c) weiss, hellfarbig.* — 2) m. *a)* **Sandel.* — *b)* N. pr. α) des Gatten der Vikuṇṭhâ. — β) Pl. eines Volkes. — 3) *f. आ *a) Krystall.* — *b) Tabaschir.* — *c) Alaun* Râǵan. 13,119. — *d)* Bein. der Gaṅgâ. — 4) *n. *a) Talk.* — *b) Silber* Râǵan. 13,14. — *c) grüner Eisenvitriol* Râǵan. 13,78. — *d) die Wurzel von Andropogon muricatus* Gal.

*शुभ्रकृत् m. fehlerhaft für शुभकृत् 2).

शुभ्रखादि Adj. *mit schmucken Spangen versehen* ṚV.

शुभ्रता f. und शुभ्रत्व n. *die weisse Farbe, das Weiss.*

*शुभ्रदत् Adj. (f. °दती) *weisse Zähne habend.*

शुभ्रदन्त 1) Adj. (f. ई) dass. — 2) *f. ई N. pr. des Weibchens der Elephanten Pushpadanta und Sârvabhauma.

शुभ्रभानु m. *der Mond.*

शुभ्रमती (!) f. N. pr. eines Flusses. Vgl. शुभ्रवती.

शुभ्रयान Adj. (f. आ) *einen schmucken Wagen habend.*

शुभ्रयावन् Adj. *mit schmuckem* (Gespann) *fahrend* ṚV.

*शुभ्ररश्मि m. *der Mond.*

शुभ्रवती f. N. pr. eines Flusses Hariv. 2,109,27.

शुभ्रशस्तम Adj. nach Sâj. *sehr glänzend.*

*शुभ्रांशु m. 1) *der Mond.* — 2) *Kampfer* Râǵan. 12,61.

*शुभ्रालु m. *ein best. Knollengewächs.*

शुभ्रावत् Adj. *schmuck, schön.*

शुभ्रि 1) Adj. dass. — 2) *m. *ein Brahmane.*

*शुभ्रिका f. Vop.

शुभ्री Adv. mit भू *weiss werden.*

शुभ्वन् Adj. *flüchtig.*

*शुम्ब n. = शुल्ब.

शुम्बल n. Pl. *ein leicht Feuer fangender Stoff, Stroh* oder *Werg.*

शुम्भ् s. 1. und 3. शुभ्.

शुम्भ m. N. pr. eines Asura. *°घातिनी, *°मथनी, *°मर्दिनी und °हननी f. Beinn. der Durgâ.

शुम्भदेश m. N. pr. eines *Landes.* Vgl. सुम्भ.

शुम्भन Adj. (f. ई) *wohl reinigend.*

*शुम्भपुर n. und *°पुरी f. N. pr. einer *Stadt.*

शुम्भमान 1) Adj. शुम्भमान und शुम्भमान s. u. 2. शुभ्. — 2) m. शुम्भमान angeblich Name eines Muhûrta in einer dunkelen Monatshälfte.

शुम्भु m. = शुम्भमान 2).

शुर m. 1) **Löwe.* — 2) N. pr. MBh. 1,3708 fehlerhaft für शूर.

शुरुध् (auch शूरुध् zu sprechen) f. Pl. *stärkende Tränke, Heilkräuter.*

शुल्क m. (Gaut. 10,26. 28,25. Baudh. 1,18,14) n. (adj. Comp. f. आ) 1) *Preis einer Waare, Werth.* — 2) *Kampfpreis.* — 3) *Zoll, Abgabe auf eine Waare, Steuer* Gaut. 10,26. Baudh. 1,18,14. Vasishṭha 19,37. — 4) *Kaufpreis eines Mädchens; Morgengabe* Gaut. 12,41. 28,25. Vishṇus. 17,18. — 5) *Hurenlohn.* — 6) fehlerhaft für शुक्र und शुक्ल.

शुल्कद MBh. 13,2624 fehlerhaft für शुक्रद.

शुल्कत्व n. Nom. abstr. zu शुल्क 4).

*शुल्काय्, °यति (प्रतिस्पर्शने, सर्जने, वर्जने, परिभाषणे, भाषणे). Vgl. शुल्बय्.

*शुल्कशाला f. *Zollhaus, Accise.*

शुल्कस्थान n. *Zollstätte, Steuerplatz.*

*शुल्किका f. N. pr. einer Gegend.

शुल्ब 1) (*m. f. ई) n. *Schnur, Strang; Streif* Bhâvapr. 2,83. — 2) n. *a)* Titel eines Pariçishṭa des Kâtjâjana. — *b)* * = यज्ञकर्मन्, आचार, जलसंनिधि und *Kupfer* (aus शुल्बारि geschlossen Râǵan. 13, 18). — 3) *m. N. pr. eines Mannes. — Meist शुल्व geschrieben.

शुल्बदीपिका f. (Burnell, T.), शुल्बपरिशिष्ट n. und शुल्बभाष्य n. (Opp. Cat. 1) Titel.

*शुल्बय्, °यति (माने, सर्जने). Vgl. शुल्काय्.

शुल्बवार्त्तिक n., शुल्बविवरण n. (Opp. Cat. 1) und शुल्बसूत्र n. Titel.

*शुल्बारि m. *sulphur, Schwefel.*

शुल्बिक n. v. l. für शुल्ब 2) *a).*

*शुल्ल n. 1) *Schnur.* — 2) *Kupfer.*

शुल्व s. शुल्ब.

शुशुक्वन् und शुशुक्वनि Adj. *leuchtend, strahlend.*

शुशुलूक 1) m. nach Sâj. *eine kleine Eule.* — 2) f. शुशुलूका *ein best. Vogel* Maitr. S. 3,14,7. Vgl. सुषिलीका, wie Padap. hat.

शुशुलूकयातु m. *ein best. Unhold.*

शुशुवंस् s. u. 1. शु.

शुशू f. *Mutter* MBh. 12,266,33.

शुश्रूषक Adj. *Jmd* (Gen. oder im Comp. vorangehend) *gehorchend, dienend, gehorsam.*

शुश्रूषण n. 1) *das Verlangen zu hören.* — 2) *Gehorsam, das zu Diensten Sein, der Jmd geweihte Dienst;* die Ergänzung im Gen. (100,9), Dat., Loc. oder im Comp. vorangehend. — 3) *treue Pflege* (des Feuers).

शुश्रूषा f. 1) *das Verlangen zu hören.* — 2) = शुश्रूषण 2); die Ergänzung im Gen. (Âpast. 1,1,6), Loc. (Âpast. 1,14,6. 28,9) oder im Comp. vorangehend. — 3) = शुश्रूषा 3). — 4) * = कथन.

शुश्रूषितर् Nom. ag. *der Jmd* (Gen. oder im Comp. vorangehend) *gehorcht, dient.*

शुश्रूषितव्य 1) Adj. *dem man gehorchen muss, zu dessen Diensten man sein muss.* — 2) n. impers. *Jmd* (Loc.) *zu gehorchen.*

°शुश्रूषिन् Adj. *gehorchend, dienend.*

शुश्रूषु Adj. 1) *zu hören verlangend, lernbegierig.* — 2) *gehorsam, folgsam, zu Jmds Diensten bereit;* die Ergänzung im Gen. oder im Comp. vorangehend.

शुश्रूषेण्य Adj. *was man gern hören —, worauf man hören soll.*

शुश्रूष्य Adj. = शुश्रूषितव्य 1).

1\. शुष्, शुष्यति (Med. metrisch) *trocknen, eintrocknen, ausdorren, hinwelken.* — Caus. शोषयति (metrisch Med.) 1) *austrocknen* (trans.), *ausdörren, hinwelken lassen.* — 2) *hart zusetzen, zu Grunde richten, vernichten.* — Mit अनु 1) *allmählich eintrocknen, — verdorren, — versiegen, — hinschwinden.* — 2) *sich kasteien.* — 3) *nach einem Andern* (Acc.) *hinschwinden.* — Mit अव Act. Med. (ohne Veranlassung) *trocken werden.* — Caus. v. l. für उप. — Mit उद् *eintrocknen, ausdorren, hinwelken* Kâd. 2,137,4 (167,18). — Caus. *austrocknen* (trans.), *ausdörren* Kâraka 1,26. — Mit समुद् *eintrocknen.* — Mit उप dass. — Caus. *austrocknen* (trans.), *ausdörren* Kâraka 1,26. — Mit परि *eintrocknen, verdorren, zusammenschrumpfen.* — Caus. *trocken machen, auftrocknen, ausdörren.* — Mit संपरि in संपरिशोषण. — Mit प्रति *vertrocknen,* so v. a. *hinschwinden.* — Mit वि *eintrocknen, vertrocknen, hinschwinden.* — Caus. *trocken machen, ausdörren.* — Mit सम् *trokken werden, eintrocknen.* — Caus. *trocken machen, ausdörren.*

2\. °शुष् Adj. 1) *eintrocknend, verdorrend.* — 2) *austrocknend* (trans.), *ausdörrend.*

3\. शुष्, शुषति *zischen, pfeifen* (von einer Schlange). Vgl. 1. श्वस्. — Mit आ Med. 1) *pfeifen, gellen.* Nur आशुषाणा. — 2) *adspirare, sich zu nähern suchen, erstreben, zu vollbringen suchen.* Nur आ शुषे und आशुषाणा.

शुषुं m. AV. 5,1,4 wohl verdorben. Nach einem Lexicographen = शोषण und गर्त.

*शुषि f. 1) = शोष. — 2) *Höhlung, Grube.* — 3) * = बल Zach. Beitr. 18. 19. Vgl. सुषि.

शुषिर und शुषिरिन् s. सुषिर und सुषिरिन्.

शुषिल m. **Wind.* Von unbestimmbarer Bed. Pańkar. 3,10,11.

शुष्क 1) Adj. (f. आ) *a) ausgetrocknet, trocken, dürr, spröde.* अस्थि n. *ein Knochen, an dem kein Fleisch mehr hängt.* — *b) trocken,* so v. a. *ohne die gewöhnliche Begleitung.* गान n. *ein einfacher Gesang ohne Tanz.* — *c) trocken,* so v. a. *leer, eitel, unbegründet, zwecklos, unnütz.* °कलह Mudrâr. 76,10 (127,13). — 2) m. N. pr. eines Mannes. — 3) wohl n. *dürres Holz* u. s. w. RV. 1,68,2. *trockener Kuhdung* (nach dem Comm. und n.) Vishnus. 23,16.

शुष्कक Adj. (*f. शुष्किका) *ausgedörrt.*

शुष्ककण्ठ n. *ein best. Halsstück des Opferthiers.*

शुष्ककास m. *trockener Husten* Bhâvapr. 2,9.

शुष्कक्षेत्र v. l. für शुष्कलेत्र.

शुष्कता f. *das Trockensein, Vertrocknen, Verdorrtheit.*

शुष्कतोय Adj. (f. आ) *dessen Wasser eingetrocknet ist, eingetrocknet* (Fluss) MBh. 7,1,27.

शुष्कत्व n. = शुष्कता.

शुष्कदृति m. *ein trockener (leerer) Schlauch* Maitr. S. 2,6,13 (73,6).

शुष्कपाक m. *trockene Augenentzündung.* Vollständig शुष्काक्षिपाक.

शुष्कपेषम् Absol. mit पिष् *trocken —,* d. i. *ohne Zusatz von Flüssigkeit zermalmen* Bhaṭṭ.

शुष्कभृङ्गार m. N. pr. eines Mannes.

शुष्कभृङ्गारीय n. *die Lehre des Çushkabhṛṅgâra.*

शुष्कमुख Adj. *dessen Mund trocken ist* R. 3,65, 18. Spr. 3034.

शुष्करुदित n. *ein Weinen ohne Thränen.*

शुष्करेवती f. *eine best. den Kindern gefährliche Unholdin.*

*शुष्कल 1) m. *ein best. Fisch.* — 2) m. (f. ई) n. *Fleisch.* f. auch *gedörrtes Fleisch.* — 3) n. *Angelhaken.* — 4) Adj. *von Fleisch sich nährend.* — Vgl. शौष्कल.

शुष्कलेत्र m. N. pr. eines Berges (Conj.) oder einer Gegend.

शुष्कवत् Adj. *ausgetrocknet, dürr.*

शुष्कविरोहण n. *das Ausschlagen eines verdorrten Baumes* Varâh. Bṛh. S. 46,88.

*शुष्कवृत m. *Grislea tomentosa.*

शुष्कवैरिन् Adj. *für Nichts und wieder Nichts streitend.*

शुष्कव्रण m. *Narbe* Comm. zu Mṛkkh. 34,3.

*शुष्कसंभव n. *Costus speciosus* oder *arabicus.*

शुष्काक्षिपाक m. s. u. शुष्कपाक.

शुष्काग्र Adj. (f. आ) *eine trockene Spitze habend* Âpast. Çr. 7,12,6.

*शुष्काङ्ग 1) m. *Grislea tomentosa.* — 2) f. आ und ई *Kranich* Râǵan. 19,104. — 3) f. ई *Lacerta Godica.*

शुष्कापि 1) Adj. *dessen Wasser eingetrocknet ist.* — 2) m. oder n. *ein eingetrockneter Teich. Schlamm* oder dgl.

शुष्कार्द्र 1) Adj. (f. आ) *trocken und feucht.* — 2) *n. *trockner Ingwer.*

शुष्कार्शस् n. *ein best. Tumor des Augenlides.*

शुष्कास्य Adj. (f. आ) *dessen Mund trocken ist* AV. 3,25,4.

शुष्ण 1) m. *a)* N. pr. eines von Indra erschlagenen Dämons. — *b)* **die Sonne.* — *c)* **Feuer.* — 2) *n. = बल.

शुष्णहत्य n. *siegreicher Kampf gegen Çushṇa.*

शुष्म 1) Adj. (f. आ) *a) zischend, sprühend.* — *b) duftig.* — *c) muthig.* — 2) m. *a) das Zischen, Pfeifen, Sprühen u. s. w.* — *b) Hauch, Duft* (einer Pflanze, eines gährenden Trankes), *Gischt.* — *c) Muth, Trieb, Ungestüm, geschlechtlicher Trieb.* — *d) Geist, Lebenskraft.* — *e)* vielleicht *der männliche Same.* — *f)* verwechselt mit शुष्ण. — Nach den Lexicographen m. *Feuer* (auch n.!), *Flamme, Wind, Vogel;* n. = बल, श्रोजस्, तेजस् und *Wind* (als n.!); m. und n. (!) *die Sonne.*

शुष्मद Adj. *Muth u. s. w. gebend.*

शुष्मन् 1) m. *Feuer* Bâlar. 279,14. Çiç. 14,22. — 2) n. *Kraft, Muth, Energie.*

शुष्मय Adj. *ermuthigend, kräftigend* TS. 2,2,12,4.

शुष्मवत् Adj. *feurig* (in geschlechtlicher Beziehung).

शुष्मायण m. Patron. eines Soma.

शुष्मिण m. N. pr. eines Fürsten der Çibi.

शुष्मिन् 1) Adj. *a) brausend, sprühend.* — *b) duftig, geistig, stark.* — *c) muthig, feurig, kräftig.* — 2) m. Pl. Bez. *der* Kshatrija *in* Kuçadvîpa.

1. शू (nur die Formen शूशुवत्, शूशुवुस्, शूशुवे, शशैवाम्, शूशुयाम, शूशुवंस् und शूशुवान) *überlegen* —, *siegreich sein.*

2. शू Adj. *übermüthig* in सुराशू.

3. शू *schwellen* s. श्वा.

4. शू onomatop. in शूकार und शूकृत.

शूक 1) m. n. *a) Granne des Getraides.* *m. — *b)* * = शुङ्गा (auch शुङ्ग); nach dem Comm. zu H. an. 2,20 ist शुङ्गा hier = नवोद्गिन्नपल्लवकोशी; vgl. Zach. Beitr. 83. — *c) Mitleid.* Zu belegen nur in निःशूक Adj. — 2) m. *a) eine best. Getraideart.* Vgl. दीर्घ°. — *b)* * *Kummer.* — *c)* * = श्रभिषव. — 3) *f. आ *Scrupel des Herzens, Zweifel* H. an.; vgl. Zach. Beitr. 83. — *b) Mucuna pruritus.* — 4) n. *a) Stachel eines Insects.* — *b) ein best. im Wasser lebendes giftiges Insect* (Bhâvapr. 6,15), das dem penis als Stimulans applicirt wird. Auch wohl *andere ähnliche Aphrodisiaca.* — *c) Stachel* in übertr. Bed. so v. a. *was wie ein Stachel sticht.* शूकपूर्णगलास्यता Karaka 6,20. — *d)* **ein best. Gras* Râgan. 8,139.

*शूकक 1) am Ende eines adj. Comp. *Granne* in दीर्घ°. — 2) m. *a) Gerste* H. an. 3,105; vgl. Zach. Beitr. 86. — *b)* = रस, d. i. रसभेद, दया.

*शूककीट und *°क m. *Scorpion* Râgan. 19,66.

*शूकतरु m. Hâr. 94 fehlerhaft für शुकतरु.

शूकतृण n. *ein best. stacheliges Gras* Râgan. 8,139. Gobh. 1,5,18.

शूकदोष m. *schädliche Einwirkung des* Çûka 4) *b).*

शूकधान्य n. *Grannenfrucht* Râgan. 16,2.

शूकपत्त्र m. *eine Schlangenart.*

*शूकपिण्डि und *°पिण्डी f. *Mucuna pruritus.*

शूकर m. 1) *Schwein, Eber.* Besser सूकर. — 2) Pl. N. pr. eines Volkes MBh. 2,52,25. Vgl. सूकर.

शूकरोग m. = शूकदोष.

*शूकल m. *ein hartnäckiges Pferd.*

*शूकवत् 1) Adj. *mit Grannen* —, *mit Stacheln versehen.* — 2) f. °वती *Mucuna pruritus.*

शूकवृन्त m. *ein best. giftiges Insect.*

*शूकशिम्बा, *°शिम्बि, *°शिम्बिका und *°शिम्बी f. *Mucuna pruritus* Râgan. 3,39. Bhâvapr. 1,207.

*शूकाख्य n. = शूकतृण Râgan. 8,139.

*शूकापुट oder *°पुट m. *eine Art Edelstein.*

*शूकामय m. = शूकदोष.

शूकार m. *das Scheuchen durch den Ruf* शू.

*शूकुल m. 1) *Fisch.* — 2) *ein best. Fisch.* — 3) *eine Cyperus-Art.*

शूकृत 1) Adj. *gescheucht durch den Ruf* शू. — 2) n. *das Scheuchen, Hetzen.*

शूक्ष्म schlechte Schreibart für सूक्ष्म.

शूघन Adj. (f. श्रा) *schnell.*

शूचि Adj. fehlerhaft für शुचि (Hemâdri 1,622,4), शूचि und शूची f. für सू°.

शूत् onomatop. s. शूत्कार.

*शूतिपर्ण m. *Cathartocarpus fistula.*

शूत्कार m. *das Pfeifen, Zischen u. s. w.*

शूद्र 1) m. *a) ein Mann der vierten, dienenden Kaste.* — *b)* N. pr. α) Pl. eines Volkes. — β) *eines Brahmanen. — 2) f. श्रा *a) ein Weib der vierten Kaste.* — *b)* N. pr. einer Tochter Raudrâçva's. — 3) f. शूद्री *a) ein Weib der vierten Kaste.* — *b)* **die Frau eines* Çûdra.

शूद्रक m. N. pr. verschiedener Fürsten und anderer Personen Ind. St. 14,105.

शूद्रकमलाकर m. Titel eines Werkes Burnell, T. Opp. Cat. 1.

शूद्रकल्प Adj. *einem* Çûdra *ähnlich.*

शूद्रकृत Adj. *von einem* Çûdra *gemacht.*

शूद्रकृत्य n. *die Obliegenheit eines* Çûdra. °विचारण n., °विचारणतत्त्व n. und °विचारतत्त्व n. Titel.

शूद्रगमन n. *ein geschlechtliches Verhältniss mit einem* Çûdra Âpast.

शूद्रघ्न Adj. *einen* Çûdra *tödtend, der Mörder eines* Ç.

शूद्रजन m. *ein* Çûdra.

शूद्रजन्मन् 1) Adj. *von einem* Çûdra *stammend.* — 2) m. *ein* Çûdra.

शूद्रजपविधान n. Titel Opp. Cat. 1.

शूद्रता f. und शूद्रत्व n. Nom. abstr. zu शूद्र 1) *a).*

शूद्रधर्म m. *die Obliegenheit eines* Çûdra. °तत्त्व n. Titel.

शूद्रपञ्चसंस्कारविधि m. Titel Opp. Cat. 1.

*शूद्रप्रिय 1) *einem* Çûdra *lieb.* — 2) m. *Zwiebel.*

शूद्रभोजिन् Adj. *die Speise eines* Çûdra *geniessend* MBh. 13,135,6.

शूद्रयाजक Adj. *für einen* Çûdra *opfernd* Gaut. 20,1.

शूद्रयोनि f. *der Mutterschooss einer* Çûdrâ MBh. 1,104,47. 49.

शूद्रराज्य n. *ein von einem* Çûdra *beherrschtes Land.*

शूद्रवृत्ति f. *das Gewerbe eines* Çûdra.

शूद्रस्मृति f. Titel eines Werkes Opp. Cat. 1.

शूद्रहत्या f. *die Tödtung eines* Çûdra.

शूद्रहन् Adj. *einen* Çûdra *tödtend, der Mörder eines* Ç.

शूद्राचार m. und °संग्रह m. Titel Burnell, T.

शूद्रान्न n. *von einem* Çûdra *empfangene Speise* Âpast.

शूद्रापुत्र m. *der Sohn einer* Çûdrâ Gaut. 28,39. 45.

*शूद्राली f. *Fennich.*

शूद्रार्थयाजक Adj. *mit dem Gelde eines* Çûdra *opfernd* Gaut. 20,1.

शूद्रार्य m. Du. und *n. Sg. *ein* Çûdra *und ein* Vaiçja.

शूद्रावेदिन् Adj. *eine* Çûdrâ *heirathend* M. 3,16 (vgl. Ind. St. 13,457, N. 2).

शूद्रासुत m. *der Sohn einer* Çûdrâ.

शूद्राह्निक n. *die täglich zu einer bestimmten Zeit zu vollbringende Handlung eines* Çûdra. °ह्निकाचारतत्त्व n. Titel.

शूद्रिक 1) Adj. Hemâdri 1,38,22 fehlerhaft; vgl. v. l. und M. 4,195. — 2) m. N. pr. einer mythischen Person Ind. St. 14,105.

1. शून 1) Adj. s. u. श्वा. — 2) n. *ein best. Fehler der Aussprache,* insbes. *der Vocale.*

2. शून n. *Leere, Abwesenheit, Mangel.*

3. शून m. N. pr. eines Mannes.

शूनत्व n. *Aufgedunsenheit.*

शूना f. schlechte Schreibart für सूना.

शूनात्त Adj. *aufgeschwollene Augen habend* Pat. zu P. 3,1,7, Vârtt. 13.

शून्य 1) Adj. (f. श्रा) *a) leer, öde, unbewohnt, nicht besetzt.* °वाजिन् m. so v. a. *ohne Reiter,* °राज्य n. *ein Reich mit unbesetztem Throne* Ind. St. 15,273. 299. — *b) leer* von einem Blick u. s. w. so v. a. *auf kein festes Ziel* —, *in's Blaue gerichtet;* von Personen so v. a. *an Nichts denkend, nicht bei der Sache seiend, abwesend, zerstreut.* — c) *leer*, so v. a. *besitzlos, von Allem beraubt.* — d) *allein, ohne Gefährten,* — *Begleitung, alleinstehend.* — e) mit einem Instr. oder am Ende eines Comp. *einer Person* oder *Sache beraubt, einer Sache baar, ohne Jmd* oder *Etwas seiend, frei von.* — f) *mangelnd, fehlend, nicht daseiend.* — g) *leer*, so v. a. *eitel, nichtig, in Wirklichkeit nicht seiend.* — h) *unausgeführt, unausgerichtet;* vgl. अशून्य 1) c). — i) *taub, unempfindlich* (Haut) Bhâvapr. 4,145. — 2) * f. शून्या = नलिका (wohl *Röhre* H. an. 2,385; vgl. Zach. Beitr. 84), नली, मल्ली (!), महाकाण्टकिनी (*Cactus indicus*) und वन्ध्या (*eine unfruchtbare Frau* Râǵan. 18,20). — 3) n. a) *Leere, Einöde, ein von Menschen nicht bewohnter* oder *im Augenblick nicht besetzter Ort.* — b) *Nichts, Abwesenheit von Allem, das Nichtdasein von* (im Comp. vorangehend); bei den Buddhisten *die absolute Leere.* — c) *Null* (Ind. St. 15,274) und *das Zeichen dafür.* — d) * *der Luftraum.* — e) *eine best. Himmelserscheinung.* — f) *Ohrring.*

शून्यक 1) * Adj. *leer.* — 2) n. *das Nichtdasein, Fehlen, Mangel.*

शून्यचित्त Adj. (f. आ) *an Nichts denkend, abwesend, zerstreut* Hâsj. 49.

शून्यता f. 1) *Leerheit, Oede, Verödung* Çiç. 17,40. — 2) *Leere im Herzen, das Denken an Nichts, Gedankenlosigkeit, Zerstreutheit* Çiç. 13,47. 19,113. दृष्टिपाते so v. a. *ein stierer Blick.* — 3) am Ende eines Comp. *das Ermangeln, das ohne Etwas Sein.* — 4) *Nichtigkeit* Çiç. 19,113.

शून्यतासप्तति f. Titel eines Werkes.

शून्यत्व n. = शून्यता 1) 2) 3) 4).

शून्यपदवी f. = ब्रह्मरन्ध्र.

शून्यपाल m. *Stellvertreter.*

शून्यबन्धु m. N. pr. eines Sohnes des Tṛṇabindu.

शून्यबिन्दु m. *Nullzeichen* Vâsav. 182,4. 5. Dhûrtan. 37.

शून्यभाव m. *Leerheit.*

* शून्यमध्य m. *Rohrschilf* Râǵan. 8,103. Bhâvapr. 1,209.

शून्यमनस् Adj. *an Nichts denkend, abwesend, zerstreut.*

शून्यमूल Adj. als Bez. eines Heeres in einer best. schlimmen Lage.

शून्यवाद m. *die Theorie von der Nichtigkeit der Dinge, die Lehre der Buddhisten.*

शून्यवादिन् Adj. *der die Nichtigkeit der Dinge behauptet;* m. *ein Buddhist* oder *Atheist* überh.

शून्यव्यापार Adj. *unbeschäftigt.*

शून्यशरीर Adj. *Nichts im Leibe habend.* Nom. abstr. °ता f. Vâsav. 255,9.

शून्यशून्य Adj. (f. आ) *ganz inhaltsleer, nichtssagend* (Rede) Çiç. 11,4.

* शून्यह्र n. *Gold.*

शून्यहृदय Adj. 1) *an Nichts denkend, abwesend, zerstreut.* — 2) *herzlos* (eig.).

शून्याशय Adj. (f. आ) *an Nichts denkend, abwesend, zerstreut.*

शून्याशून्य n. *eine Erlösung bei Lebzeiten.*

शून्यी Adv. 1) mit कर् *veröden, in eine Oede verwandeln, einen Ort leer machen,* so v. a. *ihn verlassen.* — 2) mit भू *öde werden, veröden* Kâd. 2,40,10 (47,15).

शून्यैष Adj. (f. ई) *eine Oede wünschend.*

शूर्, * शूर्यते (हिंसास्तम्भयोः). Zu belegen nur प्रशूरे *schlug ab* (Kopf) Çiç. 19,108. — शूरय् s. bes.

1. शूर 1) Adj. *kriegerisch, muthig, tapfer.* Compar. शूरतर, Superl. शूरतम. — 2) m. a) *Held.* Mit einem Loc. *ein Held gegenüber Jmd;* mit Loc., Instr. oder am Ende eines Comp. *ein Held —, ein Meister in Bezug auf.* Am Ende eines adj. Comp. f. आ. — b) *Heldenmuth* in der Verbindung शूरविना Spr. 5736. — c) * *Löwe* Râǵan. 19,2. — d) * *Eber* 19,31. — e) * *Tiger* oder *Panther* Râǵan. 19,5. — f) * *Hund* Râǵan. 19,11. — g) * *Artocarpus Locucha* Râǵan. 9,159. — h) * *Vatica robusta.* — i) * *Linsen.* — k) N. pr. α) Pl. eines Volkes. — β) des Vaters von Vasudeva, eines Sohnes des Vasudeva und verschiedener anderer Männer.

2. * शूर m. *die Sonne.* Richtig सूर.

शूरक m. N. pr. v. l. für शूद्रक.

शूरग्राम Adj. *Kriegerschaaren habend.*

शूरण 1) Adj. etwa *muthig* (Ross). — 2) m. a) *Amorphophallus campanulatus, the Telinga Potatoe* Mat. med. 251. Râǵan. 7,62. Bhâvapr. 1,143. 2,89. Auch सूरण geschrieben Harshak. 197,24. — b) * *Bignonia indica.*

* शूरणोड्डुन m. *ein best. Vogel.*

शूरता f. und शूरत्व n. *Heldenmuth, Beherztheit.*

शूरदत्त m. N. pr. eines Brahmanen.

शूरदेव m. N. pr. 1) eines Sohnes des Fürsten Vîradeva. — b) * eines Arhant bei den Ǵaina.

शूरपत्नी Adj. f. *einen tapfern Herrn* oder *Gatten habend.*

शूरपुत्रा Adj. f. *einen tapfern Sohn habend.*

शूरपुर n. N. pr. einer *Stadt.*

शूरबल m. N. pr. eines Devaputra.

शूरभू und शूरभूमि f. N. pr. einer Tochter Ugrasena's.

शूरभोगेश्वर m. Name eines Liṅga in Nepal Ind. Antiq. 9,171.

शूरमठ m. *das von Çûra angelegte Collegium.*

शूरमानिन् Adj. *sich für einen Helden haltend.*

शूरमूर्धमय Adj. (f. ई) *aus Köpfen von Helden bestehend.*

* शूरय्, °यते (विक्रान्तौ).

* शूरवज्र m. N. pr. eines Fursten.

शूरवर्मन् m. N. pr. verschiedener Männer. Vgl. सूर°.

शूरवाक्य n. Pl. *Worte eines Helden, die Rede eines Grosssprechers.*

शूरविद्य Adj. *der sich auf Heldenmuth versteht, heldenmüthig* Kathâs. 25,127.

शूरवीर 1) Adj. *kriegerische Männer habend.* — 2) m. N. pr. a) eines Lehrers Ait. Âr. 305,10. — b) Pl. eines Volkes.

शूरश्लोक m. Bez. *bestimmter künstlicher Strophen.*

शूरसाति f. *Kampf, Schlachtgewühl.* Nur Loc. Sg.

शूरसिंह m. N. pr. eines Scholiasten.

शूरसेन 1) m. a) Pl. N. pr. eines Volkes, das um Mathurâ wohnte. Sg. *ihr Land.* — b) *ein Fürst der* Çûrasena; auch als N. pr. verschiedener Männer Ind. Antiq. 9,[illegible] — 2) f. आ Bein. der Stadt Mathurâ. — 3) f. ई *eine Fürstin der* Çûrasena.

शूरसेनक und शूरसेनज m. Pl. = शूरसेन 1) a).

शूराचार्य m. N. pr. eines Autors Ganar. 103,17, v. l. für सूरा°.

शूरी Adv. mit कर् *Jmd zu einem Helden machen.*

शूरेश्वर m. Name *einer von* Çûra *errichteten Statue.*

शूर्त s. u. 1. शर्.

शूर्प 1) (* m.) n. a) *ein geflochtener Korb zum Schwingen des Getraides, Wanne.* Personificirt als Gandharva Çat. Br. 11,2,3,9. Mahîdh. zu VS. 2,19. — b) als *Maass* = 2 Droṇa. — 2) * f. शूर्पी a) *eine kleine Wanne.* — b) = शूर्पणखा.

* शूर्पक m. N. pr. eines Feindes des Liebesgottes.

शूर्पकर्ण 1) Adj. *wannenähnliche Ohren habend* — 2) m. a) * *Elephant.* — b) N. pr. α) Pl. eines Volkes. — β) eines Berges.

शूर्पकर्णपुट Adj. = शूर्पकर्ण 1).

* शूर्पकाराति und * शूर्पकारि m. *der Liebesgott.*

शूर्पखारी f. *ein best. Maass,* = 16 Droṇa Hemâdri 1,119,22 (सूर्प° gedr.).

शूर्पग्राह Adj. (f. ई) *eine Schwinge haltend.*

शूर्पणखा und °णखी (ausnahmsweise) f. N. pr. einer Râkshasî, einer Schwester Râvaṇa's.

शूर्पणाय m. N. pr. eines Mannes. सूर्पणाय्य Sg.

und Pl. wohl fehlerhaft.

*शूर्पणायीय Adj. von शूर्पणाय.

शूर्पणाय्य s. u. शूर्पनाय.

शूर्पनखा f. fehlerhaft für शूर्पणखा.

*शूर्पनिष्पाव m. *ein best. Maass, so viel als man mit einem Male worfelt.*

शूर्पपर्णी f. *eine best. Hülsenfrucht* Káraka 6,2 (सू° gedr.).

शूर्पपुट *der Schnabel einer Wanne.*

*शूर्पय्, °यति (माने).

शूर्पवीणा f. *eine Art Laute* Comm. zu Lâṭj. 4.2,3.

शूर्पश्रुति m. *Elephant* Vâsav. 77,1.

शूर्पाद्रि m. N. pr. eines *Berges.*

शूर्पारक N. pr. 1) m. Pl. eines Volkes; Sg. des von ihm bewohnten Landes. — 2) n. einer Stadt, das heutige Sopara Ind. Antiq. 7,259. Lassen nimmt deren zwei an.

शूर्पकर्ण Adj. Kathâs. 55,165 fehlerhaft für शूर्पकर्ण.

शूल्, *शूलति (रुजायाम्, संघाते, संघोषे). Med. शूलते *wehe thun, schmerzen* Káraka 1,5. शूल्यति und °ते dass. 6,26. 1,17.

शूल 1) m. n. (adj. Comp. f. आ) a) *Bratspiess.* — b) *Spiess, Wurfspiess,* insbes. der Çiva's. — c) *stechender Schmerz* (Hemâdri 1,756,21), namentlich *Kolik.* — d) *Schmerz, Weh* in übertragener Bed. — e) **Tod.* — f) *Feldzeichen, Banner.* *m. *n. — g) *eine best. Constellation, bei der alle Planeten in drei beliebigen Häusern stehen,* Vâsav. 125,3. *n. Auch °योग m. — 2) m. f. (आ) (*n.) *ein spitzer Pfahl, auf den Verbrecher,* insbes. *Diebe gespiesst werden,* Vâsav. 116,2. 125,3. — 3) m. (Viçva im Comm. zu Vâsav. 116) f. (आ) *Hure* Vâsav. 116,2. Vgl. शूलपाल und शूलापाल. — 4) *f. शूली *eine best. Grasart* Râǵan. 8,150.

*शूलक m. *ein hartnäckiges Pferd.*

शूलकार m. Pl. N. pr. eines Volkes.

शूलगव m. *Spiessrind, Bez. eines best. dem* Rudra *dargebrachten Rindopfers.* °प्रयोग m. Titel Burnell, T.

*शूलग्रन्थि m. *eine Art* Dûrvâ-*Gras.* Richtig मूल°.

शूलग्रह und शूलग्राहिन् m. Bein. Çiva's.

*शूलघातन n. *Eisenrost.*

शूलघ्न 1) Adj. *stechenden Schmerz —, Kolik vertreibend* Suçr. 1,226,18. — 2) *m. *eine best. Pflanze.*

*शूलघ्नी f. *Calmus.*

*शूलदोषहरी f. *eine best. Pflanze.*

*शूलद्विष् m. *Asa foetida.*

*शूलधन्वन् m. Bein. Çiva's.

शूलधर Adj. *einen Spiess tragend,* Beiw. Rudra-Çiva's und *f. आ der Durgâ.

शूलधारिन् und शूलधृक् Adj. desgl.

*शूलनाशन n. *Sochalsalz.*

*शूलनाशिनी f. *Asa foetida.*

*शूलपत्त्री f. *eine best. Grasart* Râǵan. 8,150.

*शूलपदी Adj. *spiessähnliche Füsse habend.*

*शूलपर्णी f. *eine best. Pflanze.*

शूलपाणि 1) Adj. *einen Spiess in der Hand haltend.* — 2) m. a) Bein. Rudra-Çiva's Shaḍv. Br. 5,11. — b) N. pr. verschiedener Gelehrter, auch eines Dichters Z. d. d. m. G. 36,557.

शूलपाणिन् m. Bein. Çiva's.

शूलपाल m. *Hurenwirth* oder *Besucher von Hurenhäusern* Vâsav. 244,4. v. l. शूलापाल.

शूलप्रोत 1) Adj. *gepfählt.* — 2) m. *eine best. Hölle* Bhâg. P. 5,26,7.

शूलभृत् m. Bein. Çiva's.

शूलभेद m. N. pr. einer Oertlichkeit.

शूलवत n. *eine best. mythische Waffe.*

शूलवन्त् Adj. *stechenden Schmerz habend.*

शूलवर n. *eine best. mythische Waffe* R. 1,29,6.

*शूलशत्रु m. *Ricinus communis.*

*शूलहन्त्री f. *Ptychotis Ajowan* Râǵan. 6,40.

शूलहस्त 1) Adj. *einen Spiess in der Hand haltend.* — 2) m. Bein. Çiva's.

शूलहृत् 1) Adj. *stechenden Schmerz —, Kolik vertreibend* Suçr. 1,226,19. — 2) *m. *Asa foetida.*

शूला Adv. mit कर् *am Spiess braten* Daçak. (ed. Wilson) 196,3.

1. शूलाग्र n. *die Spitze* 1) *eines Spiesses.* — 2) *eines Pfahls, auf dem Verbrecher gespiesst werden.*

2. शूलाग्र Adj. *spitz wie ein Spiess.*

शूलाङ्क Adj. *mit* Çiva's *Spiesse gezeichnet.*

शूलापाल m. s. u. शूलपाल.

*शूलारि m. *Terminalia Catappa* Râǵan. 8,45.

शूलि (metrisch) Adj. = शूलिन् *mit einem Spiesse versehen.*

शूलिक 1) *Adj. *am Spiesse gebraten.* — 2) m. a) **Hahn.* — b) Pl. N. pr. eines Volkes. v. l. मूलिक.

शूलिका f. *Bratspiess.* — Von einer शूलिका (?) kann ein Fürst Weisheit lernen.

शूलिन् 1) Adj. a) *mit einem Spiess versehen.* — b) *die Kolik habend* Hemâdri 1,756,14. — 2) m. a) Bein. Çiva's. — b) **Hase.* — c) N. pr. eines Weisen. — 3) f. °नी Bein. der Durgâ. °कवच Opp. Cat. 1.

*शूलिन m. = भाण्डीरवृक्ष.

शूलीक m. Pl. = शूलिक 2) b) Káraka 6,30 (die Ausg. सूलीक).

शूलेश्वरतीर्थ n. N. pr. eines Tîrtha.

शूलेश्वरी f. Bein. der Durgâ Ind. Antiq. 11,221.

*शूलोत्था f. *Serratula anthelminthica.*

शूल्य Adj. *zum Bratspiess gehörig, darauf gebraten u. s. w.* Káraka 6,21.

शूल्वाण m. N. pr. eines dämonischen Wesens.

*शूष्, शूषति (प्रसवे). v. l. सूष्.

शूष 1) Adj. a) *pfeifend, gellend, klingend.* — b) *schnaubend, muthig.* — 2) m. a) *Klang, klingendes Lied* u. s. w., *Jubel.* — b) *Hauch, Lebenskraft.* Auch शूष. — c) N. pr. eines Mannes. — 4) *n. = बल und सुख.

शूषणि Infin. debendi zu 1. शू.

(शूष्य) शूषिय Adj. *klingend, jauchzend.*

शृगाल s. सृगाल.

शृङ्खल 1) m. f. (आ) n. a) *Kette, Fessel.* Von शृङ्खल das Geschlecht nicht zu bestimmen. — b) **Mannsgürtel.* — 2) f. आ *eine Art Calembourg* Vâmana 4,1,5. — 3) *f. ई *Asteracantha longifolia* Râǵan. 4,195.

शृङ्खलक m. *ein an den Füssen gefesseltes junges Kamel* Râǵan. 19,21. Vgl. *भाषा° unter रास 3) und *वज्रशृङ्खलिका.

*शृङ्खलतोदिन् m. N. pr. eines Mannes.

शृङ्खलय्, °यति *fesseln.*

शृङ्खलादामन् n. *Kette, Fessel* 299,21.

शृङ्खलापाश m. dass.

शृङ्गाणिका f. *Rotz.*

शृङ्ग 1) n. (adj. Comp. f. आ und ई) a) *Horn.* Wird auch zum Blasen, Trinken und Schröpfen gebraucht. — b) so v. a. शशशृङ्ग *Hasenhorn,* d. i. *ein Unding.* — c) *Hauzahn des Elephanten.* — d) *Spritze* Çiç. 8,30. — e) *Berggipfel.* — f) *Thürmchen eines Tempels, Palastes* u. s. w. — g) *Horn des Mondes.* — h) *Horn eines in der Form eines Halbmondes aufgestellten Heeres.* — i) *die weibliche Brust* Bhâg. P. 5,2,16. — k) **Lotusblüthe.* — l) **Agallochum.* — m) *Spitze, das äusserste Ende* überh. — n) *Gipfel,* so v. a. *das Hervorragendste —, Beste in seiner Art.* — o) *das Horn als Bild des erwachten Selbstgefühls.* — p) *das Erste Erwachen des Gefühls der Liebe.* — q) **Zeichen.* — 2) m. a) *eine best. giftige Pflanze.* — b) *N. pr. eines Muni. — 3) f. शृङ्गी a) **ein best. Fisch* (Bhâvapr. 2,12), auch das *Weibchen des Macropteronatus Magur* (मद्गुर). — b) Bez. *verschiedener Pflanzen.* Nach den Lexicographen *Trapa bispinosa, Ficus infectoria, F. indica,* = कर्कटशृङ्गी, विषा und *eine best. Knolle* (ऋषभ, वृषभ) Mat. med. 98. Dhanv. 1,2. Râǵan. 6,157. 224. Bhâvapr. 1,175. 178. — c) vielleicht *eine Art Gefäss* Hemâdri 1,38,10. Verz.

d. Oxf. H. 87,a,35. — d) * *zu Schmucksachen dienendes Gold.*

शृङ्गक 1) am Ende eines adj. Comp. (f. °शृङ्गिका) a) *Horn* Hemâdri 1,473,1. — b) *Spritze* 292,29. — 2) * m. *eine best. Pflanze,* = जीवक. — 3) f. शृङ्गिका a) *eine Art Flöte* S. S. S. 195. — b) * *Aconit.* — c) * *eine Art Gallapfel* Râǵan. 6,157. — 4) n. *Horn des Mondes.* — Vgl. auch शृङ्गिक 3).

*शृङ्गकन्द m. *Trapa bispinosa* Râǵan. 7,45.

शृङ्गकूट m. N. pr. eines Berges.

शृङ्गकोश m. *ein Horn als Flüssigkeitsbehälter* Sâmav. Br. 3,5,1.

शृङ्गगिरि m. N. pr. eines *Berges.*

शृङ्गग्राहिका f. *das Packen bei den Hörnern.* Instr. so v. a. *direct, unmittelbar* Ind. Antiq. 11,56.

शृङ्गज 1) Adj. (f. आ) *hörnern* S. S. S. 180. — 2) * n. *Agallochum.*

*शृङ्गजाह n. *Hornwurzel.*

*शृङ्गधर m. N. pr. eines Mannes.

शृङ्गपुर n. N. pr. einer *Stadt.*

शृङ्गभुज m. N. pr. eines Mannes.

शृङ्गमय in कनक° Nachtr. 6.

*शृङ्गमूल m. *Trapa bispinosa* Râǵan. 7,45.

*शृङ्गमोहिन् m. *Michelia Champaka.*

*शृङ्गरुह m. *Trapa bispinosa* Râǵan. 7,45.

*शृङ्गरोह m. v. l. für शुण्डरोह.

*शृङ्गला f. *Odina pinnata.*

शृङ्गवत् 1) Adj. a) *gehörnt.* — b) *mit vielen Gipfeln versehen* (Gebirge). — 2) m. N. pr. eines Gebirges.

शृङ्गवृष m. N. pr. eines Mannes ṚV.

शृङ्गवेर 1) m. N. pr. eines Schlangendämons. — 2) n. *frischer* (auch *trockener*) *Ingwer* Râǵan. 6,26. 28. Bhâvapr. 1,162. 3,136. Pat. zu P. 2,1,35, Vârtt. 9.

*शृङ्गवेरक n. *frischer Ingwer.*

शृङ्गवेरपुर n. N. pr. einer *Stadt* an der Gaṅgâ. °माहात्म्य n. Burnell, T.

*शृङ्गवेराभमूलक m. *Typha angustifolia* Bhâvapr. 2,210.

*शृङ्गसुख (Conj.) n. *Hornmusik.*

शृङ्गाट 1) (* m.) f. (ई) *Trapa bispinosa; n. die dreieckige Nuss.* — 2) m. a) * *Asteracantha longifolia.* — b) N. pr. eines Berges. — 3) m. oder n. a) *Dreieck, ein dreieckiger Platz.* — b) *eine best. Configuration der Planeten.* — c) = शृङ्गाटक 4) a) Karaka 6,24. — 4) * n. *ein Platz, auf dem drei Wege münden.*

शृङ्गाटक 1) m. a) *Trapa bispinosa; n. die Nuss* Mat. med. 319. Râǵan. 7,45. Bhâvapr. 1,245. Hemâdri 1,698,3. — b) * *Asteracantha longifolia.* — c) N. pr. eines Berges. — 2) m. oder n. *Dreieck.* — 3) m. n. *ein Platz, auf dem mehrere* (nach Einigen *vier*) *Wege münden; Kreuzweg.* Am Ende eines adj. Comp. f. शृङ्गाटका (!) und शृङ्गाटिका. — 4) n. a) in der Anatomie *Verbindungen von Gefässen in Nase, Ohr, Auge, Zunge* Bhâvapr. 1,57. 6,128. Karaka 6,24. — b) *eine best. Configuration der Planeten.* — c) *eine best. Constellation, wenn nämlich alle Planeten in den Häusern 1, 5 und 9 stehen.* — d) * *ein best. Fleischgericht* Bhâvapr. 2,23. — e) * *a door.* — f) * *a collection or mountain of three peaks.*

शृङ्गान्तर n. *der Raum zwischen den Hörnern, Stirn eines gehörnten Thieres.*

शृङ्गाभिह्रुत Adj. (f. आ) *am Horn gebunden* Maitr. S. 3,6,1.

शृङ्गाय्, शृङ्गायते *mit den Hörnern stossen.*

शृङ्गार 1) Adj. *schmuck* 48,33. — 2) m. a) *Putz, Staat, schmucke Kleider;* auch von den *Schmucksachen eines Elephanten.* Am Ende eines adj. Comp. f. आ. — b) *Geschlechtsliebe; der erotische Grundton in einem Kunstwerke.* — c) N. pr. verschiedener Männer. Auch °भट्ट. — 3) * n. a) *Gold* Râǵan. 13,10. — b) *Mennig.* — c) *Gewürznelke.* — d) *Mehl, Pulver.* — e) *frischer Ingwer.* — f) *schwarzes Agallochum.*

शृङ्गारक 1) * Adj. *gehörnt.* — 2) f. °रिका N. pr. einer Surâṅganâ Ind. St. 15,343. 444 (hier fehlerhaft शृङ्गारका). — 3) * n. *Mennig* Râǵan. 13,52.

शृङ्गारकलिका f. N. pr. einer Surâṅganâ Ind. St. 15,222. 349. 444.

शृङ्गारकोश m. (Burnell, T. Opp. Cat. 1) und शृङ्गारचन्द्रोदय m. Titel.

*शृङ्गारजन्मन् m. *der Liebesgott.*

शृङ्गारजीवन Titel eines Bhâṇa Burnell, T.

शृङ्गारण n. bei den ekstatischen Pâçupata *das Verliebtthun, das Benehmen eines Verliebten.*

शृङ्गारतरंगिणी f. Titel eines Werkes Opp. Cat. 1.

शृङ्गारता f. Nom. abstr. zu शृङ्गार 2) a) Prij. 30,21.

शृङ्गारतिलक n., °तिलकालंकार m., शृङ्गारपद्य n. und शृङ्गारपावन n. Titel von Werken Burnell, T. Opp. Cat. 1.

शृङ्गारपिण्डक m. N. pr. eines Schlangendämons.

शृङ्गारप्रकाश m. Titel eines Werkes Kumârasv. zu Pratâpar. 96,18. 183,9.

शृङ्गारप्रबन्धदीपिका f. desgl. Opp. Cat. 1.

शृङ्गारभूषण 1) * n. *Mennig.* — 2) Titel eines Bhâṇa Burnell, T.

शृङ्गारभेदप्रदीप m. Titel eines Werkes Burnell, T.

शृङ्गारमञ्जरी f. 1) ein Frauenname Vâsav. 232, 2. — 2) Titel eines Werkes Burnell, T.

शृङ्गारमण्डप Name eines *Tempels.*

*शृङ्गारयोनि m. *der Liebesgott.*

शृङ्गाररसाष्टक n. Titel eines Gedichts.

शृङ्गारराजीवन (°राजीववन?) n. Titel eines Werkes Opp. Cat. 1.

शृङ्गारवत् 1) Adj. *erotisch.* — 2) f. °वती a) ein Frauenname. — b) N. pr. einer Stadt.

शृङ्गारविधि m. (Opp. Cat. 1), शृङ्गारशत n. und °शतक n. (Bühler, Rep. No. 196) Titel.

शृङ्गारशेखर m. N. pr. eines Fürsten Vâsav. 132,2.

शृङ्गारसप्तशती f. und शृङ्गारसर्वस्व n. Titel Burnell, T.

शृङ्गारसिंह m. N. pr. eines Mannes.

शृङ्गारसुधाकर m. Titel eines Werkes Opp. Cat. 1.

शृङ्गारसुन्दरी f. N. pr. einer Prinzessin Ind. St. 14,119.

शृङ्गारस्तबक m. Titel eines Werkes Burnell, T.

शृङ्गाराभ्र n. *eine best. Mixtur* Mat. med. 79. Rasendrak. 74.

शृङ्गारित Adj. *geputzt, geschmückt* Çiç. 4,49.

शृङ्गारिन् 1) Adj. a) *geputzt, schön gekleidet* Vâsav. 133,3 (महा°). 141,2. — b) *verliebt.* — c) *erotisch.* — 2) m. a) * *Elephant.* — b) * *der Betelnussbaum.* — c) *Rubin* Râǵan. 13,146. Pr. P. 115 (Conj.). 3) f. °रिणी *Geliebte, Gattin.*

शृङ्गारीय्, °यति *der Liebe begehren.*

*शृङ्गि 1) f. *ein best. Fisch,* = शृङ्गी. — 2) f. n. = शृङ्गीकनक.

शृङ्गिक 1) Adj. in सौवर्णशृङ्गिकम् (मृगम्) Hemâdri 1.706,11 fehlerhaft für °शृङ्गकम् oder °शृङ्गिणम्. — 2) * m. *ein best. vegetabilisches Gift.* — 3) m. oder f. (nur am Ende eines adj. Comp. f. °शृङ्गिका) nach Nilak. *eine Schleudermaschine.* — Vgl. auch शृङ्गक 3).

*शृङ्गिण m. *wilder Widder* Râǵan. 19,43.

शृङ्गिन् 1) Adj. a) *gehörnt.* Am Ende eines Comp. *Hörner von — habend.* — b) *Hauzähne —, H. von* (im Comp. vorangehend) *habend.* — c) *mit einem Stachel versehen* in *विष°. — d) *mit Gipfeln versehen.* — e) * *mit Wipfeln versehen.* — 2) m. a) *ein gehörntes Thier.* — b) * *Stier.* — c) * *Elephant.* — d) *Berg.* — e) * *Ficus infectoria* Râǵan. 11,125. — f) * *Spondias mangifera* Râǵan. 11,172. — g) * *eine best. Knolle,* = वृषभ. — h) N. pr. α) eines Gebirges. — β) eines Ṛshi. — 3) * f. शृङ्गिणी a) *Kuh.* — b) *Cardiospermum Halicacabum.* — c) *Jasminum Sambac.*

शृङ्गिपुत्र m. N. pr. eines Lehrers.

शृङ्गिवर m. N. pr. eines Mannes.

*शृङ्गोकनक n. zu *Schmucksachen dienendes Gold.*

शृङ्गीविष *eine best. Pflanze mit giftiger Knolle* Suçr. 2,252,6.

शृङ्गेश्वरतीर्थ n. N. pr. eines Tîrtha.

शृङ्गेरिपुर n. N. pr. einer *Stadt.* Eine Corruption शृङ्गगिरिपुर.

शृङ्गेरीमठ m. N. pr. einer Oertlichkeit.

शृङ्गेश्वर m. desgl.

शृङ्गोत्पादन Adj. *Hörner erzeugend;* m. *ein solcher Spruch.*

शृङ्गोत्पादिनी f. N. pr. einer Jakshiṇî, die *Hörner erzeugt* und Menschen in Thiere verwandelt.

*शृङ्गोष्णीष m. *Löwe.*

*शृङ्ग्य Adj. *hornartig.*

शृङ्घाणिका f. *Rotz.*

शृत 1) Adj. s. u. 1. श्रा. — 2) n. *Gekochtes,* speciell *gekochte Milch.*

शृतंकाम Adj. *gekochte Milch liebend.*

शृतंकर्तर् Nom. ag. *der da gar kocht.*

शृतंकार m. Pl. Bez. *von Sprüchen, in denen das Wort* शृत *vorkommt,* Âpast. Çr. 12,19,4. 13,2,7. 14,10,6.

शृतंकृत्य Adj. *gar zu kochen.*

शृतत्व n. *das Gekochtsein.*

शृतपा Adj. *gekochte Milch trinkend.*

शृतपाक Adj. *gar gekocht.*

शृतम् Adv. mit कर् *gar kochen.* शृतंकृत्य, शृतंकृत (TBr. 3,7,9,3).

शृतशीत Adj. *gekocht und wieder abgekühlt* Âpast. Çr. 12,14,12.

शृतातङ्क्य Adj. *in gekochter Milch zum Gerinnen zu bringen* Âpast. Çr. 11,21,8. 13,9,6. 16,27.

शृतावदान n. *ein Holz zum Zertheilen des Puroḍâça.*

शृतोष्ण Adj. *gekocht und noch heiss* Bhâvapr. 2,42.

*शृधु m. 1) *After.* — 2) = बुद्धि.

शृध्या f. *Frechheit, Trotz.*

*शेकु und *शेकुष्ठ P. 8,3,97.

शेखर 1) m. a) *Scheitel.* — b) *Gipfel* eines *Berges* 168,28. — c) *ein auf dem Scheitel getragener Kranz, — Schmuck, Diadem* 292,17. 322,25. — d) am Ende eines Comp. *das Beste, Schönste.* Nom. abstr. °ता f. Vikramâṅkak. 17,2. — e) *ein best. Eingangsvers in einem Gesange.* — f) Titel eines grammatischen Werkes Opp. Cat. 1. °व्याख्या f. ebend. — 2) *f. ई *Vanda Roxburghii* Râgan. 5,66. — 3) *n. a) *Gewürznelke* Râgan. 12,85. — b) *die Wurzel der Moringa pterygosperma.*

शेखरक m. N. pr. eines Mannes Nâgân. 31,18 (44,8).

शेखरज्योतिस् m. N. pr. eines Fürsten.

शेखरय् 1) °यति *zum Diadem machen* Govardh. 525. — 2) शेखरित a) *zum Diadem gemacht, als Diadem dienend.* — b) *an der Spitze verziert mit* (im Comp. vorangehend) Çiç. 5,63.

शेखरापीडयोजन n. Bez. *einer der 64 Künste.*

1.*शेखरी f. s. u. शेखर.

2. शेखरी Adv. 1) mit कर् *zu einem Diadem machen* Kâd. 259,21 (423,21). — 2) mit भू *zum Diadem werden.*

शेखरीभाव n. *das zu einem Diadem Werden* Bâlar. 123,16.

*शेट Trik. 2,6,16 fehlerhaft für खेट.

शेड Râgat. 4,690 und शेडु 8,578 wohl N. pr. einer Oertlichkeit.

*शेणवी und शेणा f. *understanding, mind, intellect.* Vgl. रत्नशेणा.

शेत्य Adj. Tâṇḍja-Br. 7,10,13 nach dem Comm. = शेतव्य.

शेप m. 1) *das männliche Glied.* — 2) *Schwanz.*

शेपस् n. 1) *das männliche Glied.* — 2) * *Hodensack* oder *Testikel.*

शेपर्हर्षणी Adj. (f. ई) *die Ruthe steif machend.*

*शेपाल m. n. *Vitex Negundo.*

शेप्य 1) in मपूरशेप्य. 2) f. आ in वत्स° Kauç. 48 nach Dârila = वत्सस्य शेपसंवेष्टनं चर्म.

(शेप्यावत्) शेपिग्रीवत् Adj. *penitus.*

शेफ m. 1) *das männliche Glied.* — 2) *Hodensack;* Du. *die Hoden.*

शेफस् n. *das männliche Glied.* शेफःस्तम्भ m. *erectio penis* (als krankhafte Erscheinung).

*शेफालि, शेफालिका (Râgan. 4,157. Bhâvapr. 1, 205. Harshaé. [ed. Bomb.] 57,19. Kâd. 2,98,7 [120, 15]. Vâsav. 265,1) und शेफाली f. *Vitex Negundo.* शेफालिका soll auch die *Frucht* bezeichnen. Nach Mat. med. 189 ist शेफालिका *Nyctanthes arbor tristis.*

शेमुषी f. 1) *Verstand, Einsicht* Râgan. 20,65. Vâsav. 171,1. °मुष Adj. Harshaé. 57,19. — 2) *Vorsatz, Entschluss, Beschluss.* Am Ende eines adj. Comp. °क Râgat. 8,2377.

*शेय n. impers. von 2. शी.

शेय्य n. in सकृच्छेय्य.

शेरभ und शेरभक m. *eine Schlangenart* AV.

*शेल्, शेलति (गतौ). v. l. सेल्.

शेलग m. N. pr. eines Mannes. Vgl. सैलग.

*शेलाय्, °यति gaṇa कण्ड्वादि.

शेलु m. *Cordia Myxa* Mat. med. 317. Râgan. 11, 205. Karaka 6,23.

शेव 1) Adj. *lieb, werth.* — 2) *m. a) *penis.* — b) *Schlange.* — c) *Fisch.* — 3) *f. शेवा = लिङ्गाकृति.

शेवधि m. *Schatz, Kostbarkeit, Kleinod; Schatz-, Vorrathskammer,* auch so v. a. *unerschöpfliche Menge* (von Gutem und Bösem) Ind. St. 15,380.

शेवधिपा Adj. *Kostbarkeiten bewahrend.*

शेवरक m. N. pr. eines Asura.

शेवल 1) Adj. *schleimig.* — 2) *n. *Blyxa octandra.*

*शेवलदत्त m. ein Mannsname.

*शेवलिक m. Hypokoristikon von शेवलदत्त.

*शेवलिनी f. *Fluss.*

*शेवलिय und *शेवलिल m. = शेवलिक.

*शेवलेन्द्रदत्त m. ein Mannsname.

शेवस् in सुशेवस्.

शेवार m. etwa *Schatzkammer.* Nach Sâj. Adj. *zum Glück führend* (nämlich Opfer).

*शेवाल 1) m. (Deçîn. 2,8) n. *Blyxa octandra.* — 2) f. ई *Narde* Râgan. 12,103.

शेवालघोष m. N. pr. eines Berges Ind. St. 15,346.

1.*शेवाली f. s. u. शेवाल.

2.*शेवाली Adv. mit कर् u. s. w.

शेवृध und शेवृधं (einmal) 1) Adj. *lieb, werth.* — 2) m. *eine best. Schlange.*

शेवृधक m. *eine Art Schlange* AV.

(शेव्य) शेविय Adj. *lieb, werth.*

शेष्, शेषति *zum Schlangendämon* Çesha *werden* Subhâshitâv. 2614.

शेष 1) m. n. a) *Rest, das Uebrige, Uebriggelassene, Ueberschuss, Rest von* (Loc., Gen. oder im Comp. vorangehend). Bisweilen auch in attributiver Weise mit dem Hauptbegriffe verbunden, z. B. शेषे रात्रौ *während des übrigen Theiles der Nacht.* शेषे *im Uebrigen, in allen anderen Fällen.* Am Ende eines adj. Comp. (f. आ) *dem noch ein Rest von — übrig geblieben,* meistens aber in der Bed. *wovon nur* (selten मात्र hinzugefügt) *übrig ist.* — b) *Rest,* so v. a. *was noch zu thun ist, was Einem noch bevorsteht,* insbes. *was noch zu retten ist.* Nomin. mit अस् oder mit Ergänzung der Copula *bevorstehen,* mit अस् und भू *noch zu retten sein;* Acc. mit कर् *übrig lassen,* so v. a. *verschonen,* mit अव-आप् *verschont bleiben.* — c) *Ende, Ausgang, Schluss.* — d) *Ergänzung, Nachtrag.* — e) etwa *Erinnerungszeichen* Daçak. 36,9. — f) *Nebensache, Accidenz.* — 2) Adj. (f. आ) a) *übrig, reliquus,* auch so v. a. *am Leben geblieben.* m. Pl. *die Uebrigen.* Am Ende eines Comp. *übrig geblieben von.* Bemerkenswerth ist die Verbindung mit einem Partic. praet. pass., das im Abl. steht, in der Regel aber im Comp. vorangeht. देशान्तरं प्रयातेभ्यो ये शेषास्ते *die Wenigen, welche nicht in ein anderes Land gezogen waren;* हत° *die Wenigen, die dem Tode,*

— *dem Untergang entronnen waren.* Vgl. पीत°, भुक्त°. — b) *der letzte, letztgenannte.* — 3) m. a) N. pr. α) eines Schlangendämons, der die Erde trägt und auf dem Vishṇu während seines Schlafes ruht. Wird öfters mit dem älteren Bruder Kṛshṇa's identificirt. — β) eines Pragâpati. — γ) *eines Weltelephanten. — δ) verschiedener Autoren, die aber auch mit dem Schlangendämon identificirt werden. — b) *ein best. Metrum.* — 4) f. आ Pl. *von einer heiligen Handlung übrig gebliebene, Segen bringende Blumen; Sg. ein solcher Kranz.* शेषभूत metrisch für शेषाभूत. R. ed. Bomb. 2,25,37 fasst Kataka शेषा Pl. in der Bed. *enthülstes Korn.* — 5) f. ई N. pr. eines Frauenzimmers.

शेषक m. = शेष 3) a) α).

°शेषकरण n. *das Uebriglassen, Stehenlassen eines Restes von.*

शेषकारित Adj. *unvollendet, unbeendigt.*

शेषकृष्ण m. N. pr. eines Autors.

शेषक्रिया f. *der übrige Theil einer Ceremonie* Baudh. 1,11,26.

शेषचिन्तामणि m. Titel eines Werkes Burnell, T.

शेषजाति f. *assimilation of residue; reduction of fractions of residues or successive fractional remainders* Lîlâv. S. 16.

शेषण n. *ein best. Spielausdruck.*

शेषतस् Adv. *andernfalls, sonst.*

शेषता f. Nom. abstr. zu einem auf शेष ausgehenden adj. Comp.; vgl. u. अस्थिशेष, 2. आयुः° und लावण्य°.

शेषत्व n. 1) *das Restsein, Uebrigsein, Weiterreichen* Bhâvapr. 4,8. — 2) *das in zweiter Linie Stehen, Secundärsein* Gaim. 6,3,39. Bâdar. 3,4,2. — 3) 235, 22 Nom. abstr. zu dem 235,12 gebrauchten शेषे *in allen übrigen Fällen.*

शेषत्वविचार m. Titel eines Werkes Opp. Cat. 1.

शेषदेव m. *der göttlich verehrte Schlangendämon Çesha* Pańkar. 4,3,116.

शेषधर्म m. Titel eines Abschnittes im MBh. Opp. Cat. 1.

शेषनाग m. *der Schlangendämon Çesha.* Auch als Autor Burnell, T.

शेषनारायणपण्डित (श्री°) m. N. pr. eines Scholiasten.

*शेषपति m. *Verwalter, Besorger.*

शेषभाव m. *das Restsein, Uebrigsein.*

शेषभुज् Adj. *die Ueberbleibsel geniessend.*

शेषभूत Adj. 1) *übrig geblieben, reliquus.* — 2) *in zweiter Linie stehend, secundär* Comm. zu Gaim. 6,3,39. — 3) metrisch für शेषाभूत; s. u. शेष 4).

शेषभूषण m. Bein. Vishṇu's.

शेषभोजिन् Adj. *die Ueberreste essend* Âpast.

शेषरामचन्द्र m. N. pr. eines Scholiasten.

शेषरूपिन् Adj. *als Nebensache —, als Accidenz erscheinend.*

शेषवत् Adj. 1) *übrig —, am Leben geblieben.* — 2) *wobei man aus dem Erfolg auf die Ursache schliesst* (अनुमान) Njâjas. 1,1,5.

शेषस् n. *Nachkommenschaft.*

शेषसंहिता f., शेषसंग्रह m. (Bühler, Rep. No. 772), °नाममाला f. (ebend. No. 773), शेषसमुच्चयटीका f. und शेषहोमप्रयोग m. Titel Opp. Cat. 1. Burnell, T.

शेषाद्रि m. N. pr. eines Autors Burnell, T.

शेषाधिकारीय Adj. *zum Abschnitt* शेष, शेषे oder शेषात् (vgl. P. 2,2,23. 3,50. 4,2,92. 5,4,154) *gehörig.*

शेषानन्त m. N. pr. eines Scholiasten.

शेषानन्द m. N. pr. eines Autors Burnell, T.

शेषार्या f. Titel eines Werkes. °व्याख्यान n. Burnell, T.

शेषाहि m. *der Schlangendämon Çesha* Pańkad.

शेषिन् Adj. *einen (unwesentlichen) Rest (neben sich) habend, die Hauptsache bildend;* Subst. *Hauptsache.*

शेषी Adv. mit भू *übrig bleiben* Bâlar. 276,7.

शेष्य Adj. *bei Seite zu lassen, fernerer Beachtung nicht werth.*

*शैकयतायनि m. Patron. von शीकयत.

शैकि m. Patron. Nur Pl.

शैक्य 1) Adj. (f. आ) etwa *damascirt.* — 2) m. a) etwa *eine Art Schleuder.* — b) MBh. 12,342,17 nach Nîlak. = शिक्यसमुदाय, was aber n. sein müsste, wie Nîlak. selbst angiebt.

शैक्यायस und °मय Adj. etwa *von damascirtem Stahl.*

शैक्ष 1) Adj. (*f. ई) *kunstgerecht, regelrecht, correct.* — 2) m. *ein beginnender Schüler, Anfänger.*

*शैक्षिक Adj. *mit der Çikshâ vertraut.*

*शैक्षित m. Metron. von शिक्षिता.

शैक्ष्य Adj. = शैक्ष 1).

शैख m. *der Abkömmling eines ausgestossenen Brahmanen.*

*शैखण्ड Adj. von शिखण्डिन्.

शैखण्डि m. Patron. von शिखण्डिन्.

शैखण्डिन n. Name verschiedener Sâman Ârsh. Br.

*शैखरिक m. und *शैखरेय m. *Achyranthes aspera* Râgan. 4,91.

*शैखायनि m. Metron. von शिखा.

*शैखावत m. Patron. von शिखावत्. Auch Pl.; f. ई.

शैखावत्य m. *ein Fürst der Çaikhâvata.* Zu belegen als N. pr. eines Brahmanen.

शैखिन Adj. *vom Pfau kommend.*

*शैग्रव 1) m. Patron. von शिग्रु. — 2) n. *die Frucht der Moringa pterygosperma.*

शैघ्र 1) Adj. in Verbindung mit oder mit Ergänzung von फल n. *Aequation des 2ten Epicyclus.* — 2) n. *Geschwindigkeit, Behendigkeit.*

शैघ्र्य = शैघ्र 1) und 2).

*शैतिकक्ष m. Patron. von शितिकक्ष. °पाञ्चालेयाम् Kâç. zu P. 6,2,37.

*शैतिबाहेय m. Metron. von शितिबाहु.

शैतोष्ण oder °न् n. Pl. Name verschiedener Sâman Ârsh. Br. 1,583.

शैत्य n. *Kühle, Kälte.*

शैत्यमय Adj. *in Kälte bestehend, als Kälte sich äussernd.* Nom. abstr. °त्व n.

शैत्यायन m. N. pr. eines Grammatikers.

शैथिलिक Adj. *lässig* Lalit. 329,5.

शैथिल्य n. 1) *Losheit, Lockerheit, Schlaffheit.* — 2) *Abnahme, Verringerung.* — 3) *Erkaltung in Bezug auf* (Loc.). — 4) *Nachlässigkeit in Bezug auf* (im Comp. vorangehend) Kampaka 443.

शैनेय m. Patron. von शिनि. Auch Pl. — शैनेयँ Maitr. S. 2,5,9 (59,17) schlechte Lesart für श्यैनेयँ.

शैन्य m. desgl. Auch Pl.

शैपथ m. Patron.

शैफालिक Adj. *aus Vitex Negundo verfertigt.*

*शैब 1) Adj. *von den Çibi bewohnt* Kâç. zu P. 4, 2,52. 69. — 2) f. ई f. zu शैब्य Kâç. zu P. 4,1,73.

शैबल und शैबाल schlechte Schreibart für शैवल und शैवाल.

*शैबिक Adj. von शिबिका gaṇa कुन्त्यादि in der Kâç.

शैब्य 1) Adj. *zu den Çibi in Beziehung stehend.* — 2) m. a) *ein Nachkomme Çibi's* oder *ein Fürst der Çibi.* — b) N. pr. eines der vier Rosse Vishṇu's. — 3) f. आ a) Patron. und N. pr. verschiedener Fürstinnen Kandak. 8,9. — b) N. pr. eines Flusses.

शैम्ब्य Adj. *zu den Hülsenfrüchten gehörig* Comm. zu Kâtj. Çr. 176,4, v. l. (शैव्य).

शैरस (wohl n.) *Kopfende (einer Bettstelle)* Kâraka 8,3.

*शैरसि m. Patron. von शिरस्.

शैरिक m. N. pr. eines Mannes Verz. d. Oxf. H. 55,b,10. Vgl. सैरिक.

शैरिन् (!) m. N. pr. eines Mannes.

शैरीष 1) Adj. a) *von der Acacia Sirissa kommend.* — b) *von der Farbe der Blüthe von A. S.* —

2) n. Name eines Sâman Ârsh. Br.

*शैरीषिक Adj. von शिरीष.

*शैर्षघात्य n. Nom. abstr. von शीर्षघातिन्.

*शैर्षच्छेदिक Adj. *der da verdient, dass ihm der Kopf abgeschlagen wird.*

*शैर्षायण Adj. von शीर्ष.

शैर्षिक in चरम°.

*शैर्ष्य Adj. von शीर्ष.

शैल 1) Adj. (f. ई, Bhâg. P. आ wohl fehlerhaft) *a) steinern* Hemâdri 1,666,21. — *b) steinähnlich.* °आसन n. *eine best. Art des Sitzens.* — 2) m. (adj. Comp. f. आ) *a) Fels, Felsgebirge, Berg, Gebirge.* — *b)* Bez. *der Zahl sieben* (wegen *der sieben Hauptgebirge*). — 3) *f. ई *hardness, stoniness.* — 4) n. Bez. *verschiedener Erdharze, Steinharz* Râǵan. 13,68. — Vgl. auch शैली.

शैलक 1) m. N. pr. eines Berges Hemâdri 1,374, 11. — 2) n. *Erdharz.*

शैलकन्या f. Patron. der Pârvatî.

शैलकम्पिन् 1) Adj. *Berge erschütternd.* — 2) m. N. pr. *a)* eines Wesens im Gefolge Skanda's. — *b)* eines Dânava.

शैलकूट *Bergkuppe.*

*शैलगन्ध n. *eine Art Sandel* Râǵan. 12,14.

*शैलगर्भाह्वा f. *ein best. Heilstoff* Râǵan. 5,41.

शैलगुरु 1) Adj. *schwer wie ein Berg.* — 2) m. Bez. des Himâlaja.

शैलज 1) Adj. *a) im Gebirge geboren, montanus.* — *b) steinern* Hemâdri 1,649,19. 663,6. — 2) *m. oder n. *eine Art Flechte (Lichen)* Mat. med. 315. — 3) *n. *Erdharz* Râǵan. 12,141.

*शैलजाता f. 1) *eine Art Pfeffer* Râǵan. 6,17. — 2) *Scindapsus officinalis* Râǵan. 3,17.

शैलतनया f. Patron. der Pârvatî. °तात m. *der Vater der* Pârvatî, d. i. der Himâlaja Dhûrtan. 51.

शैलता f. und शैलत्व n. Nom. abstr. von शैल *Berg.*

शैलदुहितर् f. Patron. der Pârvatî.

*शैलधन्वन् m. Bein. Çiva's.

शैलधर m. Bein. Kṛshṇa's.

शैलधातु m. *Mineral.*

*शैलधातुज n. *eine Art Steinharz* Garbe zu Râǵan. 13,68.

*शैलनिर्यास m. desgl. ebend.

*शैलपति m. Bein. des Himâlaja.

*शैलपत्त्र m. *Aegle Marmelos.*

शैलपथ m. 1) *Gebirgsweg.* — 2) N. pr. eines Mannes (°यथ Hdschr.).

शैलपुत्री f. Patron. 1) der Pârvatî. — 2) der Gaṅgâ.

शैलपुर n. N. pr. einer *Stadt.*

शैलपुष्प n. *Erdharz.*

शैलपूर्णार्य m. N. pr. eines Mannes.

शैलप्रस्थ *Bergebene, Plateau.*

*शैलबाहु m. N. pr. eines Schlangendämons.

*शैलबीज m. *Semecarpus Anacardium* Râǵan. 11,67.

*शैलभित्ति f. *Brecheisen.*

शैलभेद m. *Coleus scutellaroides.*

शैलमय Adj. (f. ई) *steinern, von Stein.*

*शैलमल्ली f. *eine best. Pflanze* (vulgo कोरैया) Bhâvapr. 3,126.

शैलमृग m. *Steinbock.*

शैलयथ fehlerhaft für शैलपथ 2).

शैलराज् und °राज m. Bein. des Himâlaja.

शैलराजदुहितर् f. Patron. der Pârvatî.

शैलराजसुता f. Patron. 1) der Pârvatî. — 2) der Gaṅgâ.

शैलवर m. Bein. des Himâlaja.

*शैलवल्कला f. *ein best. Heilstoff.*

शैलवालुका(म्) Hariv. 12678 und Bhâvapr. 6,116 fehlerhaft für सैल° (d. i. स + एल°).

शैलशिखर n. *Berggipfel* Vikr. 10,6. Chr. 149,18. Çiç. 15,6.

शैलशिखा f. 1) *Bergspitze.* — 2) *ein best. Metrum.*

*शैलशिबिर n. *das Meer.*

शैलशेखर m. *Berggipfel* 168,28.

शैलशृङ्ग n. dass.

*शैलसंधि m. *Thal.*

*शैलसंभव n. *Erdharz.*

*शैलसंभूत n. *Röthel, rubrica.*

शैलसार Adj. *steinhart.*

शैलसुता f. 1) Patron. der Pârvatî. — 2) **eine best. Pflanze*, = महाज्योतिष्मती Râǵan. 3,71.

शैलसुताकान्त und °सुतापति m. Bein. Çiva's.

शैलसेतु m. *ein Damm von Stein.*

*शैलाख्य n. *Erdharz.*

शैलाग्र n. *Bergspitze.*

*शैलाज n. *Erdharz.* Richtig शैलज.

*शैलाट m. 1) *Löwe.* — 2) *ein* Kirâta. — 3) = देवलक. — 4) *Krystall.*

शैलाद m. Patron. von शिलाद.

शैलादि m. Patron. des Nandin (eines Wesens im Gefolge Çiva's).

*शैलाधार f. *die Erde* Gal.

शैलाधिराज m. Bein. des Himâlaja. °तनया f. Patron. der Pârvatî.

शैलाभ m. N. pr. eines zu den Viçve Devâs gezählten Wesens.

*शैलाल n. *ein von* Çilâlin *verfasstes Werk.*

शैलालि m. Patron. N. pr. eines Lehrers. Auch Pl.

शैलालिन् m. 1) Pl. *die Schule des* Çilâlin. — 2) **Schauspieler, Mime.*

शैलालिब्राह्मण n. Titel eines Brâhmaṇa Âpast. Çr. 6,4,7.

शैलालियुवन् m. *Tänzer, Mime* Harshaḱ. 30,10.

शैलासन Adj. = शैलासनोद्भव Karaka 6,24.

शैलासनोद्भव Adj. *steinern oder aus dem Holz der Terminalia tomentosa verfertigt* Suçr. 2,356,5.

*शैलासा f. Bein. der Pârvatî.

*शैलाह्व n. *Erdharz.*

शैलिक 1) m. Pl. N. pr. eines Volkes. — 2) *n. *Erdharz, Benzoin* u. s. w. Râǵan. 12,142.

*शैलिक्य 1) m. = सर्वलिङ्गिन्. — 2) n. Nom. abstr. von शिलिक.

शैलिनि und शैलिनि m. N. pr. eines Lehrers.

शैली f. 1) *Sitte, Gewohnheit, Art und Weise zu verfahren* Ârjav. 52,10. — 2) *= प्रशस्ति. — Vgl. auch u. शैल.

शैलूत N. pr. einer Oertlichkeit.

शैलूष 1) m. *a) Schauspieler, Tänzer, Mime* (ihre Weiber sind übel berüchtigt) Harshaḱ. 166,19. — *b)* *= धूर्त. — *c)* **Aegle Marmelos* Râǵan. 11, 191. Bhâvapr. 1,196. — *d)* N. pr. α) eines Fürsten der Gandharva. — β) Pl. eines Volkes. — 2) f. शैलूषी *Schauspielerin, Tänzerin.*

*शैलूषक Adj. *von Schauspielern u. s. w. bewohnt.*

शैलूषिक 1) m. = शैलूष 1) *a).* — 2) f. ई = शैलूष 2).

शैलेन्द्र m. *Fürst der Berge, ein hohes Gebirge;* insbes. Beiw. und Bein. des Himâlaja.

*शैलेन्द्रजा f. Bein. der Gaṅgâ Râǵan. 14,16.

शैलेन्द्रदुहितर् f. Patron. 1) der Pârvatî. — 2) der Gaṅgâ.

शैलेन्द्रसुता f. Patron. der Pârvatî Ind. St. 15,227.

*शैलेन्द्रस्थ m. *Birke.*

शैलेय 1) *Adj. *steinähnlich, steinhart.* — 2) m. n. *Erdharz, Benzoin* u. s. w. Vâsav. 264,4. — 3) *m. *a) Biene.* — *b) Löwe.* — 4) *m. oder n. *eine Art Flechte (Lichen)* Mat. med. 315. — 5) *f. ई Patron. der Pârvatî. — 6) *n. *a) Anethum graveolens.* — *b) Steinsalz.*

शैलेयक n. = शैलेय 2) Bhâvapr. 4,176.

शैलेश m. Bein. des Himâlaja. °लिङ्ग n.

शैलेश्वय (शैलेशय?) m. N. pr. eines Mannes. Pl. *sein Geschlecht.*

शैलेश्यवस्था f. *die letzte Stufe des Asketenlebens bei den* Ǵaina Çilâṅka 1,239.

शैलोदा f. N. pr. eines Flusses.

*शैल्य n. *hardness, stoniness.*

1. शैव 1) Adj. (f. ई) *zu* Çiva *in Beziehung stehend, von ihm kommend, ihm geweiht* u. s. w. 129,26. —

2) m. a) *Patron. von Çiva. — b) *ein Verehrer* Çiva's, auch Bez. *einer best. Çiva'itischen Secte.* Ein solcher Verehrer wird als ein Sohn Vasishṭha's angesehen. — c) **Stechapfel* Râǵan. 10, 18. — d) *= वसुक (*eine best. Pflanze*) Râǵan. 10, 116. — e) *N. pr. des 5ten schwarzen Vâsudeva bei den Ǵaina. — 3) *f. ई Bein. der Göttin Manasâ. — 4) a) *Glück, Wohlfahrt.* — b) Titel eines Çâstra und eines Tantra.

2.*शैव n. = शैवाल *Blyxa octandra.*

3. शैव fehlerhafte Schreibart für शैब.

शैवगव m. Patron. von शिवगु.

शैवतन्त्रामृत n. und शैवतन्त्र n. Titel von Werken Burnell, T. Opp. Cat. 1.

शैवता f. Nom. abstr. zu 1. शैव 2) b).

शैवदर्शन n. *die Doctrin der Çiva'iten.*

शैवधर्मखण्डन n. Titel eines Werkes Opp. Cat. 1.

शैवनगर n. N. pr. einer *Stadt.*

शैवनवदृशप्रकरण n. und शैवपञ्चक n. Titel Opp. Cat. 1.

शैवपाशुपत 1) Adj. zu Çiva-Paçupati *in Beziehung stehend* u. s. w. — 2) m. *ein Anhänger von* Çiva-Paçupati.

*शैवपुर Adj. von शिवपुर.

शैवपुराण n. Titel eines Purâṇa Burnell, T.

*शैवरूप्य Adj. von शिवरूप्य.

शैवल 1) (*m. n.) *Blyxa octandra, eine Wasserpflanze* 217,24. Çiç. 3,70. 8,59. 12,59. 13,52. Vâsav. 157,3. Am Ende eines adj. Comp. f. आ. — 2) m. N. pr. a) Pl. eines Volkes MBh. 6,9,54. — b) eines Berges. — 3) *n. *das Holz von Cerasus Puddum.*

शैवलवत् und *शैवलित Adj. *mit Blyxa octandra besetzt.*

शैवलिन् 1) Adj. dass. Çiç. 4,8. — 2) *f. °नी *Fluss* Râǵan. 14,9.

शैवल्य Adj. (f. आ) *mit Blyxa octandra besetzt.* v. l. शीपल्य.

शैववायवीय Adj. *zu Çiva und Vâju in Beziehung stehend.*

शैववैष्णवप्रतिष्ठाप्रयोग m. (Burnell, T.), °वैष्णवमतखण्डन n. (ebend.), °वैष्णववाद m. (Op. Cat. 1), शैवसर्वस्व n. und शैवसिद्धान्तशेखर m. Titel.

*शैवाकवि m. Patron. von शिवाकु.

शैवागम m. *eine heilige Schrift der* Çaiva.

*शैवायन m. Patron. von शिव.

शैवाल 1) n. *Blyxa octandra* Râǵan. 8,156. Bhâvapr. 1,225. Vâsav. 268,5. — 2) m. N. pr. a) Pl. eines Volkes. शैबाल gedr. — b) eines Berges.

शैवालक 1) am Ende eines adj. Comp. = शैवाल 1). — 2) m. N. pr. eines Berges Ind. St. 15,346.

शैवालवज्र n. *eine Art Stahl.*

शैवालिन् Adj. *mit Blyxa octandra besetzt* Bhām. V. 2,109.

शैवालीय्, °यति *einer Blyxa octandra gleichen.*

शैवाह्निक n. Titel eines Werkes Opp. Cat. 1.

शैवि m. Patron. von शिव.

शैव्य fehlerhaft für शैब्य und शैम्ब्य.

शैशव 1) Adj. *kindlich* Viddh. 65,6. — 2) m. Patron. Pl. auch N. pr. eines Volkes. — 3) n. a) *Kindheit, das kindliche Alter.* — b) *Einfalt, Dummheit* Prasannar. 20,16. — c) etwa *Verjüngungsteich* J. A. S. XI, S. cxlv fg. — d) Name verschiedener Sâman Ârsh. Br.

शैशवयौवनीय Adj. (f. आ) *die kindliche und jugendliche Art darstellend* Naish. 7,27. 8,59.

शैशव्य n. = शैशव 3) a). Wohl fehlerhaft.

शैशिक m. Pl. N. pr. eines Volkes VP.[2] 4,221.

शैशिर 1) Adj. (f. ई) a) *zur kühlen Jahreszeit in Beziehung stehend.* — b) *von Çiçira stammend, von ihm verfasst.* — 2) m. a) **eine Sperlingsart* Râǵan. 19,120. — b) N. pr. α) eines Lehrers. — β) eines Berges.

शैशिरायण m. Patron. von शिशिर Hariv. 1,35,16.

शैशिरास्त्र Adj. *ein kaltes Geschoss führend* (der Mond im Kampfe mit den Daitja's) Hariv. 3,51, 12. v. l. शिशिरास्त्र.

शैशिरि m. Patron. von शिशिर. Auch Pl.

*शैशिरिक Adj. = शिशिरमधीते वेद वा.

शैशिरीय Adj. *zu Çaiçiri in Beziehung stehend.* Wird auch durch *in der kühlen Jahreszeit zu vollbringen* erklärt.

शैशिरीयक Adj. dass.

शैशिरेय m. Patron. N. pr. eines Lehrers.

शैशुनाग m. Patron. von शिशुनाग. Pl. Çiçunâga *und seine Nachkommen.*

शैशुनारि (Harshač. ed. Bomb. 423,3) und °नालि m. vielleicht fehlerhaft für शैशुपालि.

शैशुपाल m. = शैशुपालि MBh. ed. Vardh. 3,253,15.

शैशुपालि m. Patron. von शिशुपाल MBh. 3,254,6.

शैशुमार Adj. von शिशुमार 1) b).

शैश्न्य Adj. *Geschlechtslust.*

*शैष m. *die kühle Jahreszeit.*

शैषिक Adj. (f. ई) *in den übrigen, nicht in den bis dahin angegebenen, sondern erst* P. 4,3,25. fgg. *aufgeführten Fällen* oder *Bedeutungen geltend,* — *angewandt* (Suffix). शैषिकी षष्ठी ist *der* P. 2,3,50 *gelehrte Genetiv* Comm. zu Njâjas. 1,1,1.

शैषिरि m. fehlerhaft für शैशिरि.

*शैष्योपाध्यायिका f. *das Verhältniss zwischen Schüler und Lehrer.*

शैसीक und शैसीत m. Pl. N. pr. eines Volkes VP.[2] 4,221.

शोंसामस्, शोंसाव und शोंसावस् in den Litaneien Variationen von शंसामस्, शंसाव und शंसावस्. Vgl. शोम्, शोशोंसावस्, TS. 3,2,9,5 und Ind. St. 10,36. 37. 13,100.

1. शोक Adj. *glühend.*

2. शोक m. (adj. Comp. f. आ) 1) *Glut, Flamme.* — 2) *Qual, Schmerz, Kummer, Gram, Trauer,* — *über, um* (Gen. oder im Comp. vorangehend). Personificirt als ein Sohn des Todes oder des Droṇa von der Abhimati. — 3) auch fehlerhaft für शोफ.

*शोककर m. *Semecarpus Anacardium.* Richtig शोफकर.

शोकतर Adj. (f. आ) *Schmerz überwindend.*

*शोकनाश m. *Jonesia Asoka.*

शोकमय Adj. *aus lauter Schmerz bestehend, voller Schmerz.*

शोकवत् Adj. *bekümmert, traurig, betrübt.*

शोकस् von सर्वस्त्रशोकस्.

शोकातर Adj. *kummerlos* Bṛh. Âr. Up. 4,3,21. अशोकातर Çat. Br.

*शोकारि m. *Nauclea Cadamba.* Vgl. अशोकारि.

शोकार्त Adj. *in Trauer versetzt* 145,8.

*शोकी f. *Nacht.*

शोच in *अशोच.

शोचन 1) *Adj. P. 3,2,150. — 2) f. आ (*n.) *Kummer, Gram, Trauer* Hâsj. 83. — H. an. 3,427 fehlerhaft für शोभन.

शोचनीय 1) Adj. *zu beklagen, beklagenswerth.* Nom. abstr. °ता f. — 2) n. impers. *zu trauern, zu klagen.*

शोचयन्ती f. Pl. *die Brennenden, Quälenden* als Bez. der Apsaras des Gandharva Kâma.

शोचि f. *Glut, Flamme* Âpast. Çr. 5,26,5.

शोचितव्य 1) Adj. *zu beklagen, beklagenswerth.* — 2) n. impers. *zu trauern, zu klagen.* Loc. *wenn zu klagen Veranlassung da ist.*

शोचिष्केश 1) Adj. *gluthaarig.* — 2) *m. *Feuer.*

शोचिष्ठ Adj. *heftig glänzend,* — *flammend.*

शोचिष्मत् Adj. *glühend, flammend.*

शोचिस् 1) n. a) *Glut, Flamme, Feuerschein.* — b) *Farbe.* — c) *Glanz, Pracht, Schönheit.* — 2) Adj. *glänzend, leuchtend.*

शोच्य 1) Adj. *zu beklagen, beklagenswerth* (auch in verächtlicher Bedeutung). Nom. abstr. °ता f. — 2) n. impers. *zu trauern, zu klagen* in अ° Nachtr. 6.

*शोच्यक Adj. *beklagenswerth, erbärmlich, elend.*

*शोटीर्य n. = शौटीर्य.

*शोठ Adj. = अलस, मूर्ख, धूर्त, नीच und पापरत. शोठ Kathâs. 46,121 fehlerhaft für सोठ.

शोण्, *शोणति (वर्णगत्योः) *roth scheinen, einen rothen Schein haben.* Nur प्रशोण Harshać. 101,10.

शोण 1) Adj. (f. आ und *ई) *roth, hochroth.* — 2) m. *a) Röthe.* — *b) * Feuer.* — *c) * Bignonia indica* oder *eine Varietät davon* Râǵan. 9,29. — *d) * rothes Zuckerrohr* Râǵan. 14,86. — *e)* N. pr. α) eines in Amarakanṭaka entspringenden und bei Pâṭaliputra in die Gaṅgâ sich ergiessenden Flusses Râǵan. 14,26. Vishnus. 85,33. — β) eines Fürsten der Pańkâla. — 3) f. शोणा = 2) *e)* α). — 4) *n. *a) Blut.* — *b) Mennig* Râǵan. 13,51.

शोणक m. *Bignonia indica* Bhâvapr. 3,51.

शोणकर्ण Adj. *rothohrig* (Pferd) Kâth. 13,9.

*शोणकिणिटका f. *eine roth blühende Barleria cristata.*

*शोणकिण्टी f. = कण्टकिनी und कुरुबक Râǵan. 10,139.

शोणता f. *Röthe.*

*शोणपत्त्र m. *eine roth blühende* Punarnavâ.

*शोणपद्म m. *eine rothe Lotusblüthe* Râǵan. 10,184.

*शोणपुष्पक m. *Bauhinia variegata* Bhâvapr. 1,204.

*शोणपुष्पी f. *eine best. Pflanze,* = सिन्दूरपुष्पी Râǵan. 10,73.

*शोणप्रस्थ v. l. für शोणाप्रस्थ.

शोणभद्र m. N. pr. eines Flusses.

शोणमणि (metrisch) f. *Rubin.*

*शोणरत्न n. dass. Râǵan. 13,146.

शोणवज्र n. *eine Art Stahl.*

*शोणशालि m. *rother Reis* Râǵan. 16,16.

*शोणसंभव n. *die Wurzel des langen Pfeffers* Râǵan. 6,23.

शोणह्वय Adj. *rothe Rosse habend,* Bein. Droṇa's.

शोणाक m. *Bignonia indica.*

शोणाधर Adj. (f. आ) *rothlippig* Brâh. V. 2,105.

*शोणाप्रस्थ gaṇa मालादि.

शोणाम्बु Adj. *rothes Wasser habend,* Bez. einer der 7 Wolken am Ende der Welt.

शोणाय्, °यते *sich röthen.* °यित Adj. *geröthet.*

*शोणाश्मन् m. *Rubin.*

शोणाश्व 1) Adj. *rothe Rosse habend,* Beiw. Droṇa's. — 2) m. N. pr. eines Sohnes des Râǵâdhideva.

शोणित n. (adj. Comp. f. आ) 1) *Blut.* Auch Pl. — 2) *Baumsaft, Harz.* — 3) *Saffran Râǵan. 12,40. Bhâvapr. 1,189.

*शोणितचन्दन n. *rother Sandel* Râǵan. 12,21.

शोणितत्व n. Nom. abstr. zu शोणित *Blut.*

शोणितपारणा f. *ein Frühmahl in Blut* Ragh. 2,39.

शोणितपित्त n. *Blutsturz.*

शोणितपित्तवत्त् Adj. *zum Blutsturz geneigt.*

शोणितपुर n. N. pr. der *Stadt* des Asura Bâṇa.

शोणितप्रिया f. N. pr. einer Göttin Ind. St. 15,422.

शोणितमांससार Adj. *bei dem Blut und Fleisch vorwaltet* Varâh. Brh. S. 69,28.

शोणितमेहिन् Adj. *Blut harnend.*

शोणितवर्णनीय Adj. *über die Beschreibung des Blutes handelnd* Suçr. 1,43,2.

शोणितवर्षिन् Adj. *von Blut triefend.*

*शोणितशर्करा f. *Honigzucker.*

शोणितसाह्वय Adj. *nach dem Blut benannt.* पुर n. = शोणितपुर.

शोणिताक्ष m. N. pr. eines Râkshasa.

शोणिताख्य Adj. = शोणितसाह्वय.

शोणिताभिष्यन्द m. *Blutandrang* Karaka 1,26.

*शोणितामय m. *eine best. Blutkrankheit* Gal.

शोणितार्बुद n. *Blutbeule.*

शोणितार्शस् n. *Blutknoten* (*eine best. Krankheit des Augenlides*).

शोणितार्शिन् Adj. *an Blutbeulen leidend.*

शोणिताशिन् Adj. *Blut trinkend* (in übertragener Bed.) Venîs. 124.

*शोणिताह्वय n. *Saffran.*

शोणितिन् in वात°.

शोणितोद m. N. pr. eines Jaksha.

*शोणितोपल m. *Rubin.*

शोणिमन् m. *Röthe* Çiç. 18,36. Kâd. 231,1 (379,1).

1.*शोणी Adj. s. u. शोण.

2.शोणी Adv. mit कर् *blutroth färben* Harshać. 184,9. Kâd. 181,5 (308,1).

शोणोत्तरा f. ein Frauenname Mudrâr. 17,13. 18,2 (34,3. 10).

*शोणोपल m. *Rubin* Râǵan. 13,147.

*शोण्ड und *शोण्डी fehlerhaft für शौण्ड, शौण्डी.

शोथ m. (adj. Comp. f. आ) *Anschwellung, Aufgeblasenheit* (eine Klasse von Krankheiten). Auch °रोग m. Bhâvapr. 3,86.

*शोथक m. dass.

*शोथकृत् m. *Semecarpus Anacardium.*

*शोथघ्नी f. 1) *Boerhavia procumbens* Mat. med. 221. — 2) *Desmodium gangeticum.*

*शोथजित् m. *Boerhavia procumbens.*

*शोथहृत् m. *Semecarpus Anacardium.*

शोथारि m. *Boerhavia procumbens* Rasar. 513.

शोथिन् mit शोषिन् verwechselt.

*शोध m. *Reinigung.*

शोधक 1) *reinigend.* — 2) m. *Subtrahend.* — 3) *f. शोधिका *eine rothe Varietät von Panicum italicum.* — 4) *n. *eine best. Erdart* Râǵan. 13,141.

शोधन 1) Adj. *reinigend* Vâsav. 209,2. — 2) *m. *Citronenbaum* Râǵan. 11,176. — 3) *f. ई *a) Besen.* — *b) die Indigopflanze* und = ताम्रवल्ली Râǵan. 4,83. 3,110. — 4) n. *a) Mittel zum Reinigen.* — *b) das Reinigen, Reinigung, das Bereinigen;* auch so viel als * *das Corrigiren, Verbessern.* — *c) das Reinigen von einer Anklage.* — *d) das Reinigen,* so v. a. *Entfernen.* — *e) das Subtrahiren* Bîǵag. 121. — *f) das in's Reine Bringen, Untersuchung, Prüfung* 216,14. — *g) * faeces.* — *h) * Eisenvitriol* Râǵan. 13,78.

शोधनक m. *ein Diener, der ein Haus rein und in Ordnung zu halten hat.*

*शोधनीबीज n. *der Same von Croton Jamalgota.*

शोधनीय 1) Adj. *a) zu reinigen.* — *b) abzutragen, zu bezahlen.* — *c) zur Reinigung dienend.* 2) n. *Mittel zur Reinigung.*

*शोधयितर् Nom. ag. *Reiniger.*

शोधयितव्य Adj. *zu reinigen.*

शोधिन् Adj. *reinigend.*

शोध्य 1) Adj. *a) zu reinigen, zu verbessern, zu corrigiren.* — *b) wovon Etwas abzuziehen —, zu subtrahiren ist.* — 2) *n. *Blut.*

शोनाय् und शोनित fehlerhaft für शोणाय् und शोणित.

शोफ m. (adj. Comp. f. आ) *Geschwulst, Geschwür, Beule* Kampaka 497.

*शोफघ्नी f. 1) *eine roth blühende* Punarnavâ Râǵan. 5,118. — 2) *Desmodium gangeticum* Râǵan. 4,18.

*शोफनाशन 1) m. *eine best. Pflanze,* = नील Râǵan. 9,78. — 2) f. ई *Boerhavia procumbens* Râǵan. 5,120.

*शोफहारिन् m. *Ocimum pilosum* Râǵan. 10,165.

*शोफहृत् m. *Semecarpus Anacardium.*

*शोफारि m. *ein best. Knollengewächs.*

शोफित Adj. *mit Geschwüren behaftet* Bhadrab. 3,51.

शोफिन् Adj. dass. Karaka 5,9.

शोभ 1) m. N. pr. *a)* *Pl. einer Klasse von Göttern. — *b)* eines Mannes. — 2) f. शोभा (adj. Comp. f. आ) *a) schmuckes Aussehen, Pracht, Schönheit, Anmuth.* जामात्रा सह कलहे का शोभा so v. a. *mit einem Schwiegersohn zu streiten ist nicht schön* Uttamać. 343. शोभां न भर् so v. a. *sich übel ausnehmen.* शौर्य° so v. a. *glänzender —, ungewöhnlicher Heldenmuth.* कर्म° so v. a. *Meisterstück* Harshać. 109,14. — *b) Schein, Farbe.* — *c) * Wunsch.* Vgl. Zach. Beitr. 81. — *d) ein best. Metrum.* — *e)*

*Gelbwurz Râǵan. 6,200. — f) *Gallenstein des Rindes Râǵan. 12,58.

शोभक 1) Adj. (f. °भिका) prächtig, schön Naish. 9,28. — 2) m. N. pr. eines Mannes.

शोभकृत् m. 1) das 36ste (37ste) Jahr im 60-jährigen Jupitercyclus. — 2) *fehlerhaft für शोधकृत्.

*शोभञ्जात m. N. pr. eines Fürsten.

शोभ॑थ m. Glanz SV. 1,5,1,2,1.

शोभन॑ 1) Adj. (f. आ, Kauç. 106 ई) a) schmuck, schön, prächtig. Am Ende eines Comp. schön an oder durch. — b) vorzüglich, ausgezeichnet, vortrefflich, den Erwartungen und Wünschen entsprechend, am Platze seiend, wohl anstehend, ausgezeichnet durch (Instr.) oder in (im Comp. vorangehend), vorzüglicher als (im Comp. vorangehend). तदपि न शोभनं विभाति so v. a. auch dieses erscheint als unrichtig, als falsch, तन्न शोभनम् das ist nicht edel. शोभनम् vorzüglich als Ausruf neben साधु. — c) Gutes versprechend, faustus, boni ominis. — 2) m. a) Bez. Agni's beim Çuṅgâkarman. — b) ein best. astr. Joga. — c) *Planet. — 3) f. आ a) eine Schöne. Häufig im Voc. — b) *Gelbwurz Râǵan. 6,200. — c) *Gallenstein des Rindes Râǵan. 12,58. — d) N. pr. einer der Mütter im Gefolge Skanda's. — 4) n. a) Schmuck in कर्णशोभन. — b) Heilbringendes, Erspriessliches, Gutes. — c) moralisch Gutes. — d) Heil, Wohlfahrt, Glück. — e) कश्यपस्य शोभनम् Name eines Sâman Ârsh. Br. — f) *Lotusblüthe.

*शोभनक m. Moringa pterygosperma.

शोभनवती f. N. pr. einer Stadt.

शोभनिक m. Bez. einer Art Schauspieler Pat. zu P. 3,1,26, Vârtt. 15. v. l. शौभिक.

शोभनीय Adj. prächtig, schön Kâraṇḍ. 64,23. 66, 2. 86,2.

°शोभयितर् Nom. ag. Ausschmücker.

*शोभव्यूह (?) m. N. pr. eines Gelehrten.

शोभ॑से Dat. Infin. zu 3. शुभ् RV. 1,84,10. 10,77,1.

शोभाक m. N. pr. eines Dichters Z. d. d. m. G. 36,557.

शोभाकर 1) Adj. Schmuck verleihend. — 2) m. N. pr. eines Autors.

शोभाकाटि (?) Verz. d. Oxf. H. 90,a,10.

शोभाञ्जन und °क (metrisch) m. Moringa pterygosperma Mat. med. 117. Râǵan. 7,28. Bhâvapr. 1,205.

°शोभाय्, °यते die Pracht von — darstellen, — besitzen Damajantîk. 2.

शोभावती f. 1) ein best. Metrum. — 2) N. pr. einer Stadt.

शोभासिंह m. N. pr. eines Fürsten.

शोभिन् Adj. 1) schmuck, schön, prächtig. Am Ende eines Comp. prangend —, sich schön ausnehmend —, sich auszeichnend in oder an, prangend —, geschmückt mit. Am Ende eines adj. Comp. statt des einfachen शोभा (°शोभ) Pracht, Schönheit.

शो॑भिष्ठ Adj. überaus glänzend.

शोम् ein Ausruf bei der Recitation Taitt. Up. 1,8,1.

*शोल्ली f. wilde Gelbwurz Râǵan. 7,43.

शोशोंसावस् in den Litaneien eine Variation von शंसावस् Çâṅkh. Br. 14,3. Çr. 8,3,5.

1. शोष 1) Adj. am Ende eines Comp. trocken machend, ausdörrend, auch so v. a. zu Nichte machend, entfernend. — 2) m. a) das Austrocknen, Eintrocknen, Vertrocknen, Verdorren, Trockenheit. — b) Schwindsucht. Personificirt als böser Genius Hemâdri 1,651,21. 654,15.

2. शो॑ष m. Hauch, Lebenskraft Çâṅkh. Çr. 4,5,1. Nach Mahîdh. = ग्रीष्म.

3. शोष Verz. d. Oxf. H. 234,b,30 wohl fehlerhaft für दोष.

°शोषक Adj. versiegen machend, so v. a. zu Nichte machend.

शोषण 1) Adj. (f. ई) a) trocknend, ausdörrend Hariv. 2,120,9. — b) versiegen machend, so v. a. verscheuchend, vernichtend. — 2) m. a) Name eines Agni. — b) einer der 5 Pfeile des Liebesgottes. — c) *Bignonia indica Bhâvapr. 1,197. — 3) n. a) das Eintrocknen, Verdorren. — b) das Trocknen, Trockenmachen, Abtrocknen, Dörren, Ausdörren Spr. 7616. — c) *trockener Ingwer Râǵan. 6,20.

शोषणीय Adj. was trocken gemacht werden muss.

शोषयितर् Nom. ag. Austrockner, Ausdörrer Sâj. zu RV. 1,48,8.

*शोषसंभव m. die Wurzel des langen Pfeffers.

*शोषापहा f. eine Süssholzpflanze Râǵan. 6,149.

शोषिन् 1) Adj. a) eintrocknend, d. i. hinsiechend, schwindsüchtig. — b) austrocknend, ausdörrend. — 2) f. °षिणी Bez. einer der 5 Dhâraṇâ, die des Aethers.

शोष्य Adj. in अशोष्य R. 2,91,20 fehlerhaft für चोष्य.

*शौस् a particle of reproach or contempt.

*शौक n. 1) Papageienschwarm. — 2) quidam coeundi modus.

शौकि m. Patron. Nur Pl.

*शौकेय m. Patron. von शुक.

शौक्त 1) Adj. von Perlmutter gemacht Hemâdri 1,393,9. — 2) n. Name verschiedener Sâman Ârsh. Br.

1. शौक्तिक Adj. von शुक्ति 4) a).

2. *शौक्तिक n. Perle Garbe zu Râǵan. 13,153.

*शौक्तिकेय n. und *शौक्तेयक n. desgl. Râǵan. 13, 152. 153.

शौक्र Adj. n. (f. ई) zum Planeten Venus in Beziehung stehend. अहन् n. Dienstag Vishṇus. 78,6.

शौक्रायण m. Patron. von शुक्र. Auch Pl.

*शौक्रि Adj. von शुक्र.

*शौक्रेय m. Patron. von शुक्र. Pl. Name eines kriegerischen Stammes; m. Sg. ein Fürst —, f. ई eine Fürstin dieses Volkes.

*शौक्र्य n. Nom. abstr. von शुक्र.

शौक्ल 1) Adj. zu Reinen in Beziehung stehend. °जन्मन् n. eine Geburt von reinen Eltern. — 2) n. Name eines Sâman. Richtig शौक्त.

*शौक्लिकेय m. ein best. Gift. Richtig wohl nur शौल्किकेय.

शौक्ल्य n. Weisse (277,18), heller Schein.

शौङ्ग m. Patron. von शुङ्ग.

शौङ्गायनि m. Patron. von शौङ्ग.

*शौङ्गि m. Patron. von शुङ्ग.

शौङ्गीपुत्र m. N. pr. eines Lehrers.

*शौङ्गीय Adj. von शौङ्गि.

शौङ्गे॑य m. 1) Metron. (von शुङ्गा) des Garuḍa Suparn. 17,4.5. — 2) Falke oder Habicht Daçak. 75,7.

शौङ्ग्य m. Patron. von शुङ्ग.

शौच॑ 1) m. Patron. von शुचि. — 2) n. (adj. Comp. f. आ) Reinheit, Reinigung, — durch (im Comp. vorangehend), Lauterkeit (eig. und übertr.), Reinheit in rituellem Sinne, Lauterkeit der Gesinnung, Reinheit im Handel und Wandel, insbes. Ehrlichkeit in Geldsachen. Auch Pl.

शौचक in अ° Nachtr. 1 und 6.

शौचतस् Adv. bei Gelegenheit von Reinigungen Âpast.

शौचत्व n. = शौच 2).

शौचद्रथ॑ m. Patron. von शुचद्र॑थ.

शौचवत् Adj. rein (eig. und übertr.).

शौचादित्य m. Patron.

*शौचिकर्णिक Adj. von शुचिकर्ण.

शौचिन् in अशौचिन् Nachtr. 6.

शौचिवृक्ष m. Pl. als Pl. zu शौचिवृक्षि.

शौचिवृक्षि m. Patron. von शुचिवृक्ष Lâṭj. 10,7,14.

*शौचिवृक्षी und *शौचिवृक्ष्या f. zu शौचिवृक्षि.

शौचे॑य m. 1) *Wäscher. — 2) Patron.

*शौट्, शौटति (गर्वे).

शौट N. pr. eines Landes Ind. Antiq. 12,218. Vgl. शौड.

शौटीर 1) Adj. a) männlich, stolz, Selbstgefühl besitzend MBh. 5,162,31. 12,83,44. 97,25. Am Ende eines Comp. *der stolz sein kann auf.* — *b)* * *freigebig.* — 2) n. *Männlichkeit, Stolz, Selbstgefühl.*

शौटीरता f. in युद्ध° so v. a. *Kampfwuth.*

शौटीर्य n. *Männlichkeit, Stolz, Selbstgefühl.* Am Ende eines Comp. *Stolz auf, ein Selbstgefühl in Bezug auf.*

*शौड्, शौडति = शौट्.

शौड N. pr. eines Landes. Vgl. शौट.

*शौणायन m. Patron. von शोण.

शौणेय m. Patron.

शौण्ड 1) Adj. (f. आ) *a) dem Branntwein ergeben, Trunkenbold.* — *b)* am Ende eines Comp. *α) mit Leidenschaft hängend an, versessen auf, ganz ergeben* Hem. Par. 3,83. Çiç. 14,46. Nom. abstr. °ता f. — *β) geschickt —, erfahren in.* — *γ)* so v. a. *der Stolz seiend von* Bâlar. 278,5. — 2) *m. *Hahn* (Conj. für शौण्ड). — 3) f. आ *Branntwein*, nur am Ende eines adj. Comp. (f. आ) wohl fehlerhaft für शुण्डा. — 4) *f. ई *langer Pfeffer* und *Piper Chaba* Râgan. 6,11. Bhâvapr. 1,163. = कट्भी *(ein Baum)* Râgan. 9,151.

शौण्डक in *तृणशौण्डिका und *मदशौण्डक.

*शौण्डर्य n. = शौटीर्य.

*शौण्डायन m. Pl. N. pr. eines Kriegerstammes.

*शौण्डायन्य m. *ein Fürst der* Çauṇḍâjana.

शौण्डि Adj. = शौण्ड 1) *b) α).*

शौण्डिक 1) m. *a) Brenner* oder *Verkäufer von berauschenden Getränken, Schenkwirth.* Wird als *eine Mischlingskaste* betrachtet. — *b)* Pl. N. pr. eines Volkes MBh. 13,35,17. — 2) f. ई f. zu 1).

शौण्डिकेय m. *ein best. den Kindern schädlicher Dämon.*

शौण्डिन् m. = शौण्डिक 1) *a).* Zu belegen nur f. शौण्डिनी.

शौण्डीक m. Pl. N. pr. eines Volkes. v. l. शौण्डिक.

शौण्डीर 1) Adj. = शौटीर 1) *a).* — 2) n. = शौटीर 2).

शौण्डीर्य n. = शौटीर्य Hariv. 2,119,186. 3,4,22 Ind. St. 15,412.

शौण्डेय m. Patron. oder Metron. Nur Pl.

शौण्ड्रन् (!) m. N. pr. eines Mannes.

शौद्धकर्णि m. Patron. von शुद्धकर्ण.

शौद्धान्तर Adj. *einen reinen Vocal* (ohne Anusvâra oder Consonanten) *betreffend.*

शौद्धोदनि m. Patron. Çâkjamuni's Kâd. 234, 19 (384,7). Ind. Antiq. 10,342.

शौद्र Adj. 1) *einem* Çûdra *eigen, ihm gehörig* u. s. w. — 2) *von einer* Çûdrâ *geboren.*

*शौद्रकायण m. Patron. von शूद्रक.

*शौद्रायण m. Patron. von शूद्र. Auch Pl. °भक्त Adj. *von solchen bewohnt.*

*शौधिका f. schlechte v. l. für शोधिका.

शौन Adj. (f. ई) *einem Hunde gehörig.*

शौनक 1) m. Patron. Bez. verschiedener Personen, insbes. eines berühmten Grammatikers und Rituallehrers. Pl. *seine Nachkommen* und *seine Schule.* — 2) f. ई ein Werk des Çaunaka.

शौनकयज्ञ m. *ein best. Opfer* Vaitân.

शौनकायन m. Patron. von शौनक. Auch Pl.

शौनकि m. desgl. Ind. St. 15,92.

शौनकिन् m. *ein Anhänger des* Çaunaka. Pl. *seine Schule.*

शौनकीपुत्र m. N. pr. eines Lehrers.

शौनकीय Adj. *von* Çaunaka *herrührend, von ihm verfasst.*

शौनःशेप 1) m. Patron. von शुनःशेप. — 2) n. *a) die Geschichte des* Çunaḥçepa. — *b)* Name verschiedener Sâman Ârsh. Br.

शौनःशेपि m. Patron. von शुनःशेप Ârsh. Br.

शौनहोत्र und °होत्रि m. Patron. von शुनहोत्र.

शौनायन m. Patron. Nur Pl.

शौनासीर्य Adj. von शुनासीर.

शौनिक Bhâm. V. 1,112 schlechte Schreibart für सौनिक.

*शौभ m. 1) *ein Gott.* — 2) *Betelnussbaum.*

*शौभनेय m. *der Sohn einer schönen Frau.*

शौभाञ्जन m. = शोभाञ्जन Comm. zu Harshak. 478, 2 (सौ° gedr.).

*शौभायन m. Pl. N. pr. eines Kriegerstammes.

*शौभायनि m. Patron. von शुभ.

*शौभायन्य m. *ein Fürst der* Çaubhâjana.

शौभिक m. Bez. *bestimmter Schauspieler.* v. l. शोभनिक. Vgl. सौभिक.

*शौभ्रायण m. Pl. Bez. einer best. Genossenschaft oder dgl. °भक्त Adj. *von solchen bewohnt.*

शौभ्रेय 1) m. *a)* Patron. von शुभ्र oder Metron. von शुभ्रा. — *b)* Pl. *N. pr. eines Kriegerstammes. — *c)* * *ein Fürst der* Çaubhreja. — 2) *f. ई *eine Prinzessin der* Çaubhreja.

*शौभ्य n. Patron. von शुभ्र.

शौरण Adj. s. सौरण.

(शौरदेव्य) °देविञ्ञ m. Patron. von शूरदेव.

शौरसेन 1) Adj. (f. ई) *zu den* Çûrasena *in Beziehung stehend* u. s. w. — 2) f. ई *die Sprache der* Çûrasena.

शौरसेनिका f. *die Sprache der* Çûrasena.

*शौरसेन्य Adj. von शूरसेन.

1. शौरि m. Patron. 1) Vasudeva's. — 2) Kṛshṇa-Vishṇu's Çiç. 8,64. 12,33. 44 u. s. w. Auch unter den Namen der Sonne. — 3) eines Sohnes des Pragâti.

2. शौरि m. 1) *der Planet Saturn.* Richtig सौरि. — 2) * *Terminalia tomentosa* Râgan. 9,138. v. l. सौरि.

*शौर्प Adj. von शूर्प.

शौर्पणाय्य m. N. pr. eines Lehrers.

शौर्पारक Adj. *aus* Çûrpâraka *stammend.*

*शौर्पिक Adj. von शूर्प.

शौर्य n. 1) *Heldenmuth, kriegerische Tüchtigkeit, Muth* überh. — 2) *N. pr. eines Dorfes Pat. zu P. 2,4,7, Vârtt. 2. Vgl. सौर्य.

शौर्यकर्मन् n. *Heldenthat.*

शौर्यनगर n. N. pr. einer *Stadt* Hem. Par. 2,241.

शौर्यराशि m. *ein Ausbund von Tapferkeit* Venis. 61.

शौर्यवत् Adj. *heldenmüthig, muthig.*

शौर्यव्रत n. *eine best. Begehung.*

शौर्यसागर m. *ein Meer —, ein Ausbund von Heldenmuth* Venis. 65,16.

शौर्यादिमत् Adj. *mit Heldenmuth und anderen Vorzügen versehen.*

शौर्योन्मादिन् Adj. *tollkühn* Daçak. 82,14.

शौर्यौदार्यशृङ्गारमय Adj. *aus Heldenmuth, edlem Wesen (Freigebigkeit) und Frauenliebe zusammengesetzt.*

शौल m. *ein best. Theil des Pfluges.*

शौलायन m. Patron. Nur Pl.

शौलिक m. Pl. N. pr. eines Volkes.

शौल्क 1) *m. *Zollaufseher, Steuereinnehmer.* — 2) Name verschiedener Sâman Ârsh. Br.

*शौल्कशालिक Adj. von शुल्कशाला.

शौल्कायनि m. Patron. N. pr. eines Lehrers.

शौल्किक 1) *Adj. von शुल्क Pât. zu P. 4,1, 104, Vârtt. 13. — 2) m. *Zollaufseher, Steuereinnehmer* Ind. Antiq. 7,72. 8,302.

*शौल्किकेय m. *ein best. vegetabilisches Gift.*

*शौल्फ n. *Anethum Sowa.*

शौल्व Adj. von शुल्व 2) *a)* Comm. zu Âpast. Çr. 8,13,2. 11,4,13.

शौल्बायन m. Patron. von Çulba.

*शौल्बिक m. *Kupferschmied.*

1. शौव 1) Adj. *zum Hunde in Beziehung stehend, einem Hunde eigen, hündisch.* — 2) *n. *Hundeschaar.*

2. *शौव Adj. *morgen —, am folgenden Tage erfolgend* u. s. w.

*शौवदंष्ट्र Adj. von श्वदंष्ट्रा.

*शौवन 1) Adj. *zum Hunde in Beziehung stehend, von ihm kommend* u. s. w. — 2) n. *Hundeschaar.*

*शौवनि Adj. von श्वन्.

*शौवनेय m. Patron. von श्वन्.

शौवस्तिक Adj. *morgen —, am folgenden Tage erfolgend, bis dahin reichend* u. s. w. Nom. abstr.

°त्व n. Bhaṭṭ.

*शीवक्लान n. N. pr. einer Stadt.

शीवापद Adj. von reissenden Thieren kommend Anarghar. 1,24.

*शीवावतान gaṇa काश्यादि. Davon Adj. °तानिक (f. आ und ई). Richtig wohl सैाधावतान, °तानिक, wie Kâç. hat.

*शीवाविध Adj. von श्वाविध्.

शीषिर s. सैाषिर.

शैाष्कल 1) Adj. von gedörrtem Fleisch — oder Fischen lebend, oder vom Verkauf derselben lebend. Wird auch durch Angelfischer erklärt. — 2) m. N. pr. des Hauspriesters von Râvaṇa Anarghar. S. 73.

शैाष्कास्यॆ n. Trockenheit des Mundes.

*शैाष्कुल Adj. = शैाष्कल.

श्चन्द्, nur Intens. Partic. चॆनिश्चदत् schimmernd.

श्चन्द्र Adj. schimmernd, glänzend in अॆश्वश्चन्द्र, पुरुश्चन्द्रॆ, विश्वॆश्चन्द्र, सुश्चन्द्रॆ, स्वॆश्चन्द्र und हॆरिश्चन्द्र.

श्चम् (nur श्चम्नन्) dämpfen, beschwichtigen Ṛv.

श्चर् mit उप (in der Form उपाश्चरत्) hinzutreten zu (Acc.) Maitr. S. 4,2,9. Vgl. चर्.

1. श्चुत्, श्च्युत् (später), श्चॆातति, श्च्योतति 1) intrans. triefen, träufeln Çiç. 12,48. Ind. St. 14,373. — 2) trans. träufeln, triefen lassen. — Caus. श्चोतयति 1) träufeln lassen. — 2) auslaugen Karaka 7,9. — *Desid. चुश्चोतिषति. — Mit अभि Caus. träufeln lassen, beträufeln; Med. sich beträufeln, — bestreuen. — Mit अव abträufeln, herabfallen. — Mit अन्वव Caus. hinterher beträufeln Âpast. Çr. 2,19,7. — Mit व्यव abträufeln, herabfallen. — Mit आ, आॆश्चुतित hingeträufelt (intrans.). — Caus. in आॆश्चोतयितवै. — Mit नि Med. herabtriefen, — träufeln. निश्च्युतित herabgeträufelt. — Caus. träufeln lassen. — Mit प्र hervortriefen, — träufeln (intrans.). प्रश्च्युतित Gobh. 3,10,32. — Caus. träufeln, fliessen lassen Âpast. Çr. 2,19,7. — Mit वि (श्चोतति) austräufeln Maitr. S. 3,9,7 (125,11).

2. °श्चुत् und °श्च्युत् Adj. träufelnd (trans.).

श्च्युत् s. u. 1. und 2. श्चुत्.

*श्च्योत m. Nom. act. von श्च्युत्.

श्नथ् (nur श्नथिह्रि, श्नॆथत्, श्नथिष्टम् und श्नथिष्टन) durchstossen, durchbohren. — Caus. dass. श्नथितॆ durchstossen. Ṛv. 8,99(88),6 ist श्नथयत्त st. श्नथयत्त zu lesen. — Mit अप zurückstossen. — Mit अभि in अभिश्नॆथस्. — Mit नि niederstossen. — Caus. dass. — Mit परिनि dass.

श्नॆथन Adj. durchbohrend.

श्नॆथितर् Nom. ag. (mit Gen.) Durchbohrer.

श्नॆप्त्र n. nach Mahîdh. Mundwinkel. = शिप्रा Kap. S. 2,40. 40,1. Vgl. श्न्यॆप्त्र.

श्नाभाश्नाष्टीय n. Du. Name zweier Sâman Ârsh. Br.

श्नुष्टि 1) f. Häufchen oder sonst ein Maass (für Reis u. s. w.). — 2) m. N. pr. eines Âṅgirasa Ârsh. Br.

श्नाष्ट n. Name verschiedener Sâman Ârsh. Br.

श्नाष्टीगव n. Name eines Sâman Ârsh. Br.

श्न्यॆप्त्र n. = श्नॆप्त्र.

*श्मन् n. = शरीर oder मुख. Ein zur Erklärung von श्मॆश्रु erfundenes Wort.

श्मशॆ 1) Adj. zur Erklärung von श्मशानॆ erfunden. — 2) f. श्मॆा etwa Graben (mit Aufwurf), Wasserrinne.

श्मशयन n. ein zur Erklärung von श्मशानॆ gebildetes Wort Nir. 3,5.

श्मशानॆ n. 1) Leichenstätte (sowohl für das Verbrennen der Leichen als zum Begräbniss der Gebeine; auch als Richtstätte benutzt). — 2) Manenopfer. — 3) = ब्रह्मरन्ध्र.

श्मशानकरणॆ n. das Anlegen einer Leichenstätte.

श्मशानकालिका und °काली f. eine Form der Durgâ.

श्मशानचिॆत् Adj. wie eine Leichenstätte geschichtet TS. 5,4,11,3. Maitr. S. 3,3,1. Çulbas. 3,253. Vgl. अश्मशानचिॆत् (Nachtr. 1) und अॆश्मशानचित् (Nachtr. 6).

श्मशाननिलय Adj. auf Leichenstätten hausend (Çiva).

*श्मशानपति m. wohl N. pr. eines Zauberers.

श्मशानपाल m. Hüter einer Leichenstätte.

श्मशानभैरवी f. eine Form der Durgâ.

श्मशानवासिन् 1) Adj. auf Leichenstätten wohnend (auch von Çiva). — 2) f. °सिनी Bein. der Kâlî.

श्मशानवेताल m. N. pr. eines Spielers.

*श्मशानवेश्मन् m. Bein. Çiva's.

श्मशानालयवासिन् 1) Adj. auf Leichenstätten wohnend (Çiva). — 2) f. °सिनी Bein. der Kâlî.

श्मशानिक Adj. auf Leichenstätten sich aufhaltend (Vogel) Karaka 3,3. Richtig wohl श्मा°.

श्मशान्नॆ n. ein zur Erklärung von श्मशानॆ gebildetes Wort Çat. Br. 13,8,2,1.

श्मशारु = श्मश्रु Bart in हॆरि°.

श्मॆश्रु n. Bart, insbes. Schnurrbart; Pl. Barthaare Vishṇus. 23,53.

श्मश्रुकर m. Bartscheerer.

श्मश्रुकर्मन् n. das Scheeren des Bartes.

*श्मश्रुजात Adj. dem der Bart gewachsen ist.

श्मश्रुणॆ Adj. bärtig (Bock) Âpast. Çr. 10,29,6.

श्मश्रुधर 1) Adj. einen Bart tragend, bärtig 106,10. — 2) m. Pl. N. pr. einer Völkerschaft.

श्मश्रुधारिन् 1) Adj. einen Bart tragend, bärtig. — 2) m. Pl. N. pr. einer Völkerschaft.

*श्मश्रुमुखी f. ein bärtiges Weib.

श्मश्रुयज्ञोपवीतवत् Adj. bärtig und mit der heiligen Schnur versehen Hemâdri 2,a,121,5.

श्मश्रुल Adj. bärtig Hemâdri 1,242,11.

श्मश्रुवत् Adj. bärtig Gop. Br. 1,3,9.

श्मश्रुवर्धक m. Bartscheerer.

*श्मश्रुशेखर m. Cocosnussbaum.

श्मश्रूय्, °यते einem Barte gleichen Çiç. 12,54.

श्मसि Ṛv. 2,31,6 nach Sâj. = उश्मसि (von वश्).

श्माशानिक Adj. Leichenstätten besuchend. Angeblich auch = श्मशाने ऽधीते.

*श्मील्, श्मीलति (निमेषणे).

श्या 1) श्यॆायति gefrieren —, gerinnen machen. Pass. शीयॆते gefrieren, gerinnen, kalt sein. — 2) *Med. गतै. — 3) Partic. a) शीतॆ s. bes. — b) शीन geronnen, dick geworden (Karaka 6,30), gefroren. Vgl. शीनॆ. — c) श्यान trocken geworden. — Mit *अभि 1) अभिशीन und अभिश्यान geronnen. — 2) अभिशीत und अभिश्यात abgekühlt, kühl. — Mit *समभि, °श्यान. — Mit *अव 1) अवशीन und अवश्यान geronnen. — 2) अवशीत und अवश्यात abgekühlt, kühl. — Mit आ 1) Med. trocken werden. — 2) आश्यान a) dick geworden, geronnen Kâd. 33,11 (58,11). — b) *ausgetrocknet, eingetrocknet. — Mit प्र, प्रशीत fest gefroren. — Mit *प्रति, °शीत und °शीन. Vgl. प्रतिश्या fgg. — Mit सम् 1) संशीन etwa erkältet Karaka 6,24. — 2) *संश्यान zusammengeschrumpft. — Mit *अभिसम्, अभिसंशीन und अभिसंश्यान. — Mit *अवसम्, अवसंशीन und अवसंश्यान.

श्यॆापर्ण m. N. pr. eines Mannes Maitr. S. 3,2,7 (27,7). Pl. sein Geschlecht.

श्यापर्णीय Adj. zu den Çjâparṇa gehörig.

*श्यापर्णेय m. Patron. von श्यापर्ण. Auch Pl.

श्यापीय m. Pl. eine best. Schule.

श्यामॆ 1) Adj. (f. आ) schwarz, schwarzgrau, schwarzblau, schwarzgrün. Für schön gilt bei Männern und Frauen die durch श्याम bezeichnete Hautfarbe. Neben कटाक्ष, श्वेत und श्वेतश्याम S. S. S. 245. fg. — 2) m. a) ein schwarzer Stier. — b) *der indische Kuckuck. — c) *wohlriechendes Gras, Artemisia indica, Stechapfel, Careya arborea oder Salvadora persica, Argyreia speciosa oder argentea und Panicum frumentaceum Râǵan. 10,17. 11,81. — d) *Wolke. — e) ein best. Râga S. S. S. 108. — f) N. pr. α) eines Bruders des Vasudeva und eines neueren Fürsten. — β) Pl. einer best. Schule Hemâdri 1,320,1. — γ) eines Berges. — δ) einer für heilig erachteten *Ficus indica*. — 3) f. श्यामा *a) ein in der Blüthe der Jahre stehendes und ein noch nicht geboren habendes mit besonderen Kennzeichen ausgestattetes Weib* zu Spr. 1522. Çiç. 8,36. Ind. St. 15,399. — *b) ein best. Vogel.* Nach den Lexicographen *das Weibchen des indischen Kuckucks* und *eine Sperlingsart* (Râǵan. 19,124). — *c)* Bez. *einer Unzahl von Pflanzen.* Vâsav. 88,1 nach dem Comm. = रोचनी. — *d) Nacht* in °चर्. — *e)* * *Erde* Gal. — *f) eine Form der* Durgâ. — *g)* * Bein. der Jamunâ. — *h)* N. pr. α) einer Tochter Meru's, einer Verkörperung der Gaṅgâ (Ind. St. 14,100), *einer Göttin, die die Befehle des 6ten Arhant (bei den Ǵaina) ausführt, *der Mutter des 13ten Arhant, einer Fürstin u. s. w. — β) eines Flusses. — 4) *n. *a) Pfeffer.* — *b) Seesalz.*

श्यामक 1) Adj. *dunkelfarbig.* — m. *a)* * *Panicum frumentaceum.* — *b)* N. pr. α) eines Mannes, insbes. eines Bruders des Vasudeva. Auch *Patron. mit Pl. — β) Pl. einer Völkerschaft. — 3) f. °मिका *a) Schwärze.* — *b) Unreinheit.* — *a) b)* Kâd. 103,16 (188,11). Harshaḱ. 33,1. — 4) *n. *eine best. Grasart* Râǵan. 8,99.

*श्यामकण्ठ m. *Pfau.*

*श्यामकन्दा f. *Aconitum ferox* Râǵan. 6,136.

*श्यामकाण्डा und *श्यामग्रन्थि f. *eine Art* Dûrvâ-*Gras* Râǵan. 8,116.

*श्यामचटक m. *eine Art Sperling.*

श्यामजित् m. N. pr. eines Mannes.

श्यामता f. und श्यामत्व n. *das Schwarzsein, Schwärze, dunkle Farbe.*

*श्यामपत्त्र m. *Xanthochymus pictorius.*

श्यामफेन Adj. *schwarzen Schaum habend.* Nom. abstr. °ता f.

श्याममुख Adj. 1) *ein schwarzes, finsteres Gesicht habend* (Wolke) 176,7. — 2) *mit schwarzen Brustwarzen versehen* Kathâs. 22,5.

श्यामल 1) Adj. (f. आ) *dunkelfarbig* 324,32. Çiç. 4,68. 18,36. Vâsav. 63,2. Hem. Par. 2,358. — 2) m. *a)* * *eine Bienenart.* — *b) Terminalia Arunja, ein als Surrogat für den* Soma *dienendes Kraut* und * *Ficus religiosa.* — *c)* N. pr. eines Mannes. — 3) f. आ *a)* * *Physalis flexuosa,* = कटभी, कस्तूरी und जम्बू Râǵan. 4,112. 9,151. 11,24. 12,49. — *b) eine Form der* Durgâ. — *c)* *N. pr. eines Frauenzimmers.

श्यामलक 1) Adj. *dunkelfarbig.* Als Bez. der *14ten unbekannten Grösse* Colebr. Alg. 228. — 2) m. N. pr. eines Mannes Dh. V. 6,13. — 3) *f. °लिका *die Indigopflanze* Râǵan. 4,83.

*श्यामलकचूडा f. *Abrus precatorius* Râǵan. 3,102.

1. श्यामलता f. *Schwärze, dunkle Farbe* Naish. 7,29.

2. श्यामलता f. *eine best. Schlingpflanze,* = सारिवा. Nach Mat. med. 320 *Echites frutescens.*

श्यामलत्व n. = 1. श्यामलता.

श्यामलदेवी f. N. pr. einer *Fürstin.*

श्यामलागीता f. Titel Opp. Cat. 1.

श्यामलाङ्गी f. ein Frauenname Ind. St. 14,117.139.

श्यामलादण्डक m., श्यामलाष्टक n. und श्यामलासहस्रनामन् n. Titel Opp. Cat. 1. Burnell, T.

श्यामलित Adj. *dunkel gefärbt, verdunkelt.*

श्यामलिमन् m. *Schwärze, Dunkelheit* Vikramâṅkaḱ. 10,2. Çiç. 20,67.

श्यामली Adv. mit कर् *dunkel färben.*

*श्यामलेक्षु m. *eine Art Zuckerrohr* Râǵan. 14,84.

श्यामवर्ण Adj. *dunkelfarbig.* Nom. abstr. °त्व n.

श्यामशबल m. Du. *der Schwarze und der Schekkige* (sc. Jama's Hunde) TS. 5,7,19,1.

श्यामशबलव्रत n. *eine best. Begehung.*

*श्यामशिंशपा f. *Dalbergia Sissoo* Râǵan. 9,132.

*श्यामसार m. *eine Art Acacia Catechu.*

1. श्यामाक m. 1) *Panicum frumentaceum* (eine cultivirte Hirse) Baudh. 3,2,18. Pl. *die Körner* Âpast. Çr. 6,31,1. श्यामाकाग्रायण n. und °येष्टि f. Kâtj. Çr. Paddh. 349,10. 12. 13. श्यामाकौदन m. Kâtj. Çr. 19,1,20. — 2) N. pr. *a)* *eines Mannes. — *b)* Pl. eines Volkes.

2. श्यामाक 1) Adj. (*f. ई) *aus Panicum frumentaceum bereitet.* — 2) *m. Patron. von 1. श्यामाक 2) *a)*. Auch Pl.

श्यामाकतण्डुल m. *ein Korn von Panicum frumentaceum* Çat. Br. 10,6,3,2.

श्यामाकमुष्टिंपच Adj. *nur eine Handvoll Hirse kochend,* so v. a. *sehr frugal lebend* Bâlar. 32,22. 288,3.

श्यामाकल्पलता f. und श्यामाकवच n. Titel.

श्यामाकेष्टि f. *eine Darbringung von Hirse* Âpast. Çr. 6,31,1. Kâtj. Çr. Paddh. 349,11. 12.

*श्यामाङ्ग m. *der Planet Mercur.*

श्यामाचर m. *ein* Raksha*s* Bâlar. 186,8.

श्यामादेवी f. N. pr. einer *Fürstin* Harshaḱ. 187,21.

श्यामानित्यपूजापद्धति f. und श्यामाप्रदीप m. Titel.

*श्यामाम्ली f. *ein best. Strauch* Râǵan. 4,179.

श्यामाय्, °यते *eine dunkle Farbe annehmen* Kâd. 2,136,20. 21 (167,10). °यित *dunkel geworden.*

श्यामायन m. Patron. N. pr. eines Sohnes des Viçvâmitra.

श्यामायनि m. Patron. N. pr. eines Lehrers.

श्यामायनिन् m. Pl. *eine best. Schule.*

श्यामायनीय m. Pl. desgl. *des schwarzen* Jaǵus Ârjav. 44,21. Hemâdri 1,320,1.

श्यामारत्न n. und श्यामारहस्य n. Titel.

श्यामारूप Adj. *dunkelroth* Varâh. Bṛh. S. 11,24. Çiç. 3,27.

श्यामार्चनचन्द्रिका f. Titel.

श्यामालता f. wohl = 2. श्यामलता.

श्यामावदात Adj. (f. आ) *rein —, glänzend schwarz* oder *schwärzlich weiss* R. 5,14,23. Bhâg. P. 2,9,11. 3,4,7. 8,18,2.

श्यामास्तोत्र n. Titel eines *Lobgesanges.*

श्यामित Adj. *dunkel gefärbt.*

श्यामी Adv. 1) mit कर् *dunkel färben.* — 2) mit भू *dunkelfarbig werden* Harshaḱ. 139,5. Naish. 7,24.

*श्यामेक्षु m. *eine Art Zuckerrohr* Râǵan. 14,84.

*श्यामेय m. Patron. von श्याम.

श्याल m. s. स्याल.

1. श्याव 1) Adj. (f. श्यावी) *schwarzbraun, braun;* m. *ein braunes Ross,* f. *eine braune Stute.* In श्यावातपर्यन्तौ (ओष्ठौ) Âpast. 1,16,10 bezeichnet das Wort wohl auch *die bräunliche Farbe* des unbehaarten Theiles der Lippen. — 2) m. *a) eine best. Krankheit des äusseren Ohres.* — *b)* N. pr. eines Mannes. — 3) f. ई *a) eine braune Stute.* — *b) Nacht.*

2. श्याव m. N. pr. eines Mannes.

श्यावक m. N. pr. eines Mannes.

श्यावता f. *das Braunsein.*

*श्यावतैल m. *der Mangobaum.*

श्यावद = श्यावदत्. Schlechte Lesart.

श्यावदत् (Gaut.), श्यावदन्त und °क Adj. *braunzähnig.* Nom. abstr. श्यावदन्तता f.

*श्यावनाय m. N. pr. eines Mannes.

*श्यावनायीय Adj. von श्यावनाय.

*श्यावनाय्य m. Patron. von श्यावनाय.

*श्यावपुत्र m. N. pr. eines Mannes.

*श्यावपुत्र्य m. Patron. von श्यावपुत्र.

श्यावय्, °यति *braun färben* Karaka 1,26.

*श्यावरथ m. N. pr. eines Mannes.

*श्यावरथ्य m. Patron. von श्यावरथ.

*श्यावल m. Patron. von श्यावलि.

*श्यावलि m. N. pr. eines Mannes.

श्याववर्त्मन् n. *eine best. Krankheit des Augenlides.*

श्यावाक्ष Adj. *braunäugig.*

श्यावाश्व 1) Adj. *braune Rosse habend.* — 2) m. N. pr. eines Mannes. श्यावाश्वस्य प्रकृतौ Name zweier Sâman Ârsh. Br. 1,98. — 3) n. *a) die Geschichte von* Çjâvâçva. — *b)* Name verschiedener Sâman Ârsh. Br. Lâṭj. 6,11,6. 7.

श्यावाश्व॑स्तुत Adj. von Çjâvâçva gepriesen.
श्यावाश्वि m. Patron. von श्यावा॑श्व.
श्यावास्य Adj. ein braunes Gesicht habend. Nom. abstr. °ता f.
(श्याव्या) श्यावि॑म्ना f. etwa Dunkelheit.
श्ये॑त 1) Adj. (f. श्ये॑नी und *श्येता) röthlichweiss, weiss. — 2) *f. श्येनी eine weisse Schöne (कुमुद्पत्त्राभा).
*श्येतकोलक m. ein best. Fisch.
*श्येतय्, °यति = श्येनीमाचष्टे.
श्येता॑क्ष Adj. (f. ई) röthlichweisse Augen habend Maitr. S. 3,13,4.
श्ये॑ती Adv. mit कर् Med. bemeistern TBr. 1,1,8,3.
श्ये॑न 1) m. a) der grösste und stärkste Raubvogel: Adler, Falke, Habicht Râǵan. 19,85. इन्द्रस्य श्येनः Name eines Sâman Ârsh. Br. Ohne इन्द्रस्य Tâṇḍja-Br. 13,10,12. Lâṭj. 6,2,8. — b) *Ross. — c) ein best. Ekâha Âçv. Çr. 9,7,1. Vaitân. — d) ein in der Gestalt eines Adlers u. s. w. geschichtetes Feuer Çulbas. 2,21. — e) eine best. Schlachtordnung. — f) ein best. Körpertheil des Opferthieres Kauç. 45. — g) N. pr. eines Mannes. — 2) f. श्येनी die Urmutter der Adler, Falken u. s. w. — 3) Adj. a) adlerartig (Brust). — b) vom Adler oder Falken kommend. Richtig श्यैन. — c) = श्येत 1) Káraka 5,8.
श्येनकपोतीय Adj. vom Adler (Falken, Habicht) und der Taube handelnd.
*श्येनकरण n. 1) acting rashly or desperately. — 2) burning on a separate funeral pile.
श्येनगामिन् m. N. pr. eines Râkshasa.
*श्येनघण्टा f. Croton polyandrum Râǵan. 6,160.
श्येनचि॑त् 1) Adj. in Gestalt eines Adlers geschichtet Çulbas. 2,16. Comm. zu 2,21. — 2) *m. a hawk feeder or keeper.
श्येनचित Adj. in Gestalt eines Adlers geschichtet; m. ein best. Agni MBh. 12,98,24.
श्येनचित्र m. N. pr. eines Mannes.
श्येनजित् m. desgl.
श्येनजीविन् m. Falkener.
श्ये॑नजूत Adj. adlerschnell.
श्येनपत्त्र n. Adlerfeder.
श्ये॑नपत्वन् Adj. mit Adlern (als Gespann) fliegend.
1. *श्येनपात m. Adler-, Falkenflug.
2. श्येनपात Adj. wie ein Adler oder Falke dahinfliegend.
श्येनबृहत् n. Name eines Sâman. Vgl. श्येनवृषक.
श्येनभृत Adj. vom Adler gebracht Ṛv. 9,87,6.
श्येनयाग m. ein best. Opfer.
श्येनवृषक n. Du. Name zweier Sâman Ârsh. Br.
श्ये॑नहृत Adj. vom Adler gebracht. Nach dem Comm. eine best. Schmarotzerpflanze.
*श्येनाख्य m. Ardea sibirica.
श्ये॑नाभृत Adj. vom Adler gebracht.
*श्येनाय्, °यते einen Adler oder Falken spielen.
श्येनावपातम् Adv. wie ein Adler oder Falke herabschiessend.
श्येनाश्यश्येन oder °श्यैन n. Name eines Sâman Ârsh. Br.
*श्येनाहृत m. eine Soma-Art.
श्येनिका f. 1) das Weibchen eines Adlers oder Falken. — 2) Name zweier Metra.
श्येनी Adj. Subst. s. u. श्येत und श्येन.
श्येनीय Adj. Kâth. 13,4 fehlerhaft für श्यैनेय 1).
*श्येनोपदेश m. recommendation or injunction to women, to burn on a separate pile.
श्यै॑त 1) m. Patron. Auch Pl. — 2) n. Name eines Sâman Ârsh. Br. Tâṇḍja-Br. 7,10,13.
श्यैन (Conj.) Adj. vom Falken kommend.
*श्यैनंपात Adj. (f. आ) wobei Falken fliegen. मृगया eine Jagd mit Falken.
श्यैनिक Adj. zum Ekâha Çjena gehörig.
श्यैने॑य Pat. zu P. 6,3,35, Vârtt. 11. 1) Adj. von einer weissen Kuh (श्येनी) stammend Maitr. S. 2,5,9 (59,17) nach der richtigen Lesart. — 2) m. Metron. des Geiers Ǵaṭâju.
श्योणाक (!) und श्योनाक m. Bignonia indica Râǵan. 9,26.
श्यौनःशेप॑ n. TBr. 1,7,10,6 fehlerhaft für शौनःशेप.
श्रंश् Caus. श्रंशयित्वा॑ AV. 4,16,7 fehlerhaft für स्रंसयित्वा॑.
श्रंस्, विश्रंसिरे fehlerhaft und ungrammatisch für विसस्रंसिरे Hariv. 4097.
*श्रक्क्, *श्रङ्क्, श्रक्कति, श्रङ्कति (गतौ).
श्रण्, *श्रणति und Caus. श्राणयति (दाने). Zu belegen nur Caus. mit वि verschenken, schenken, auszahlen Gobh. 1,4,31. Ind. St. 15,309. Çiç. 14,33.
श्र॑त् oder श्र॑द् Indecl. 1) mit कर् zusichern, verbürgen Maitr. S. 3,10,2 (132,9). — 2) mit धा Act. Med. (in der älteren Sprache seltener) a) vertrauen, — auf, Jmd glauben, halten auf Etwas; mit Dat., in der späteren Sprache auch mit Gen. (der Sache oder Person) und Loc. (der Sache). Mit न misstrauen. श्र॑द्धित n. impers. Ṛv. 1,104,6. — b) mit Acc. für wahr halten, Etwas glauben, bauen auf Jmd oder Etwas, glauben, dass — ist (mit doppeltem Acc.). — c) Etwas (Acc.) von Jmd (Abl.) erwarten. — d) ohne Ergänzung glauben, vertrauen. श्र॑द्दधान vertrauensvoll, gläubig; श्रद्धित Vertrauen habend. — e) sich einverstanden erklären mit, gutheissen; mit Acc. Mit न missbilligen 117,9. Ohne Object seine Einwilligung geben, einstimmen. श्रद्धित gutgeheissen. — f) Jmd mit Vertrauen aufnehmen, so v. a. willkommen heissen. श्रद्धित willkommen geheissen. — g) ein Verlangen haben nach, mit Acc. oder Infin. — 3) mit dem Caus. von धा Jmd gläubig machen Ṛv. 10,151,1. — 4) mit धा und अभि s. अभिश्रद्धा Nachtr. 3.
1. श्रथ् (श्र॑थ्नाति, श्रथीते, °श्रन्थति, *श्रथति und *श्रन्थते) 1) locker —, los werden, nachgeben; sich nachgiebig zeigen. — 2) schlaff —, wehrlos machen; Med. sich (sibi) ablösen. — 3) Partic. श्रथित in अश्रथित. — Caus. श्रथ॑यति 1) locker machen; loslassen, Raum geben; Med. schlaff werden, nachgeben. — 2) lösen, ablösen; erlassen (Sünde). — Mit अनु 1) auflösen; Med. von sich ablösen, so v. a. ausstreuen, verbreiten. — Caus. los —, fahren lassen, so v. a. die Verfolgung aufgeben. — Mit नि, निश्रथ्य in einer Worterklärung; erklärt durch निबध्य. — Mit प्र in *प्रश्रथ und *प्रश्रथन. — Mit वि Med. für sich ablösen. — Caus. 1) lösen (AV. 12,5,71); ablösen, erlassen (Ṛv. 4,12,14). — 2) auflösen, zu Nichte machen.
2. *श्रथ्, श्रथयति fehlerhaft für श्र॑थयति (236,16); श्रथति und श्राथयति v. l. für ग्रथ्; श्रन्थाति v. l. für ग्रन्थ् und auch प्रतिहर्षे; श्राथयति (प्रयत्ने und प्रतिहर्षे); श्रन्थयति (संदर्भे und वधे).
श्रथ m. Nom. act. in *हिमश्रथ.
श्रथर्य्, श्रथर्य॑ति los —, schlaff werden.
श्रथाय् (nur Imper. श्रथाय, Padap. श्रथय). Mit अव ablösen Ṛv. 1,24,15. — Mit उद् auflösen ebend. — Mit वि lösen ebend. und 2,28,5.
श्र॑द् s. श्र॑त्.
श्रद्धानता f. Glaube. Vgl. u. श्र॑त् 2) d).
श्रद्धानवत् Adj. gläubig 103,24.
श्रद्धयत् (!) Adj. = श्रद्धान gläubig.
श्रद्धा॑ 1) Adj. vertrauend, treu; mit Dat. — 2) f. आ (adj. Comp. f. आ) a) Vertrauen, Zuversicht, Glaube, — an (Loc. oder im Comp. vorangehend); Treue, Aufrichtigkeit. Personificirt als Tochter des Praǵâpati, der Sonne, Daksha's und Kardama's, als Gattin Dharma's, Aṅgiras' und Manu's, als Mutter Kâma's. प्रजापतेः श्रद्धे Name zweier Sâman Ârsh. Br. — b) Lust, Verlangen, — nach oder zu (Loc., Acc. mit प्रति, Infin. oder im Comp. vorangehend). श्रद्धया so v. a. gern. — c) die Gelüste bei Schwangeren. — d) Verlangen nach Speise, Appetit. — e) Neugier. श्रद्धामाव्याहिनस्तावत् so v. a. stille unsere Neugier und sage uns. — f) * = शुद्धि. — g) Bez. der Feminina auf

श्रा Kâtantra 2,1,37. 71.

श्रद्धातर् Nom. ag. *glaubend an* (Acc.).

श्रद्धातव्य n. impers. *zu glauben.*

श्रद्धादेय Adj. *vertrauensvoll spendend.* Vielleicht fehlerhaft für श्रद्धादेव.

श्रद्धादेव Adj. *Gott vertrauend, gläubig.*

श्रद्धान n. *Glaube.*

श्रद्धाप्रकरण n. Titel eines Werkes.

श्रद्धामनस् Adj. *vertrauend* oder *treu.*

श्रद्धामनस्या f. Instr. (gleichlautend) *treu.*

श्रद्धामय Adj. *aus Glauben zusammengesetzt.*

श्रद्धालु Adj. 1) *gläubig* Çaṁk. zu Bâdar. 3,3,31. — 2) *heftig verlangend nach* (im Comp. vorangehend) Râgat. 8,170. — 3) *f. *Gelüste habend* (von einer Schwangeren).

श्रद्धावत् 1) Adj. *a*) *gläubig.* — *b*) *einstimmend, beipflichtend.* — 2) f. °वती N. pr. einer mythischen Stadt auf dem Meru.

श्रद्धावित्त Adj. *vom Glauben ergriffen, gläubig gestimmt* Çat. Br. 14,7,2,28.

श्रद्धिन् Adj. *gläubig.*

श्रद्धिवे Adj. *glaubwürdig, Vertrauen verdienend.*

श्रद्धे Dat. Infin. zu श्रत् mit धा RV. 1,102,2.

श्रद्धेन्द्रिय n. *facultas credendi* Lalit. 37,3 (श्रद्धे° gedr.).

श्रद्धेय Adj. *zu glauben, glaubwürdig* Kâd. 2,101, 11 (124,12). तदात्वमात्रश्रद्धेय *dem nur die Gegenwart etwas Glaubwürdiges ist.*

श्रद्धेयत्व n. *Glaubwürdigkeit.*

श्रन्थ् s. 1. und 2. श्रथ्.

*श्रन्थ m. Bein. Vishṇu's.

1.*श्रन्थन n. und °ना f. Vgl. *क्रिमिश्रन्थन.

2.*श्रन्थन n. *das Winden eines Kranzes.*

श्रप Nom. act. in सुश्रप.

श्रपण 1) m. *Kochfeuer* (der Âhavanîja oder Gârhapatja). — 2) f. ई in वपाश्रपणी. — 3) n. *das Kochen* Gṛhjâs. 1,87. 102.

श्रपय् s. Caus. von श्रा.

श्रपयितर् Nom. ag. *Koch.*

श्रपित 1) Adj. s. u. श्रा Caus. — 2) *f. श्रा *Reisbrei.*

श्रभ् s. श्रम्भ्.

1. श्रम्, श्राम्यति, metrisch °श्रमति, °श्रमते, श्रममाण (90,7); *müde —, überdrüssig werden, — zu* (Infin. Naish. 6,80. Çiç. 14,38); *sich abmühen, sich vergebens bemühen;* im Bes. *sich kasteien.* नै मा श्रमत् impers. श्रान्त 1) *ermüdet, abgearbeitet.* श्रान्तक्लान्त *ermüdet und erschöpft* Kâraṇḍ. 29,19. — 2) *= शान्त *zur Ruhe gelangt.* — Caus. श्रामयति und श्रमयति 1) *müde machen, ermüden.* — 2) *bezwingen, besiegen.* Vgl. Caus. von 2. शम्. — 3) *श्रामयति (आमन्त्रणे). — Mit अभि *müde machen, ermüden* Gop. Br. 1,1,1. 3. 5. fgg. — Mit आ in आश्रम. — Mit उप *sich ausruhen.* — Mit नि in निश्रम. — Mit परि *sich sehr abmühen.* परिश्रान्त 1) *sehr ermüdet, erschöpft.* — 2) *einer Sache* (im Comp. vorangehend) *überdrüssig geworden* Baudh. 2,17,16. — Caus. (°श्रमयति) *müde machen, ermüden* Naish. 5, 28. — Mit संपरि, °श्रान्त *überaus ermüdet, erschöpft.* — Mit प्रति Caus. (°श्रामयति) *wieder an seinen Platz stellen* Saddh. P. 4,19. Vgl. 2. शम् mit प्रति Caus. — Mit वि 1) *sich ausruhen, sich erholen.* — 2) *seine Thätigkeit einstellen, aufhören, nachlassen* Hem. Par. 1,343. — 3) *beruhen auf* (Loc.). — 4) *Ruhe finden bei,* so v. a. *Jmd sein ganzes Vertrauen schenken, sich verlassen auf* (Loc.). — 5) *sich behaglich fühlen.* — 6) विश्रान्त *a*) *ausgeruht, erholt* (Kâm. Nîtis. 13,76), — *von* (im Comp. vorangehend). — *b*) *sich ausruhend, sich erholend.* — *c*) *aufgehört, nachgelassen* 291,28. 295,28 (im Prâkrit). — *d*) *seine Thätigkeit einstellend* 95,23. — *e*) *aufhörend bei,* so v. a. *sich erstreckend bis* (Acc. oder im Comp. vorangehend). कर्णान्तिकम् so v. a. *zu Ohren gekommen* Prasannar. 10,6. श्रश्रु विश्रान्तकर्णयुगलम् so v. a. श्रश्रु कर्णयुगलविश्रान्तम्. — *f*) am Ende eines Comp. *entbehrend, baar.* — *g*) *sich behaglich fühlend bei* (Loc.). — Caus. (विश्रमयति und विश्रा°) 1) *ruhen —, ausruhen lassen.* सिंहासने विश्रामित: Kâraṇḍ. 40,3. — 2) *Etwas zur Ruhe bringen, einem Dinge ein Ende machen;* mit Acc. — 3) विश्रामयति Lalit. 161,17 fehlerhaft für विश्राणयति. — Mit परिवि, °श्रान्त *vollkommen ausgeruht* 60, 32. — Mit सम्, संश्रान्त *ermüdet, erschöpft.*

2.*श्रम् Indecl.

श्रम m. (adj. Comp. f. श्रा) 1) *Ermüdung, Müdigkeit, Erschöpfung.* — 2) *körperliche oder geistige Anstrengung, — Arbeit, Körperübung* (Kâd. 110,16 = 198,13), *Mühe, Bemühung mit heiligem Werke* oder *Studium, auf Etwas* (Loc. oder im Comp. vorangehend) *gewandte Mühe.* — 3) N. pr. eines Sohnes *a*) des Âpa. — *b*) des Vasudeva Bhâg. P. ed. Bomb. 9,24,50.

श्रमकर Adj. *Müdigkeit erzeugend, Mühen verursachend.*

श्रमघ्न Adj. *Müdigkeit verscheuchend.*

*श्रमघ्नी f. *die Frucht von Cucurbita lagenaria* Râgan. 7,163.

श्रमच्छिद् Adj. *Müdigkeit verscheuchend.*

श्रमजल n. *Schweiss* Daçak. 73,14. Çiç 7,69. 10,80.

श्रमण 1) m. *Bettelmönch,* insbes. *ein buddhistischer* oder Gaina-*Mönch* (Hem. Par. 1,302). Auch Gautama selbst erhält dieses Beiwort. श्रमणसंघ m. Ind. Antiq. 6,32. श्रमणाचार्य m. Harshaḱ. (ed. Bomb.) 506,18. — 2) f. श्रा und ई *eine Bettelnonne.* — 3) *f. श्रा = शबरीभिद् (vgl. R. 1,1,55), मांसी, मुण्डीरी und सुदर्शना. — 4) n. *Mühe, Anstrengung* Çâṅkh. Çr. 15,19,21. श्रेमाणम् st. श्रमणम् Ait. Br. 7,13,6.

श्रमणक 1) m. = श्रमण 1). — 2) f. °णिका = श्रमण 2).

श्रमणदत्त m. N. pr. eines Mannes Hem. Par. 2,81.

श्रमणाय्, °यते *zu einem Bettelmönch werden.*

श्रमनुद् Adj. *Müdigkeit verscheuchend.* रति°.

श्रमयु Adj. *sich ermüdend, — abmühend.*

श्रमवत् Adj. *der sich abgemüht —, fleissig gearbeitet hat;* die Ergänzung im Loc.

श्रमवारि n. *Schweiss.* °बिन्दु m. und °लेश m. (Kumâras. 3,38. Vikramâṅkaḱ. 12,8) *Schweisstropfen.*

श्रमविनयन Adj. *Müdigkeit verscheuchend.* श्रध्व°.

श्रमविनोद m. *Verscheuchung der Müdigkeit.*

श्रमशीकर m. *Schweiss.*

*श्रमस्थान n. *ein zu Waffenübungen bestimmter Platz.*

श्रमाधायिन् (Conj. für श्रमादायिन्) Adj. *Mühe verursachend, mühevoll* Spr. 7089.

श्रमाम्बु n. *Schweiss.*

*श्रमिन् Adj. *der sich abmüht* u. s. w.

श्रम्भ्, श्रम्भते (विश्वासे und प्रमादे). Die Bomb. Ausgg. schwanken zwischen श्रम्भ् und स्रम्भ्; für श्रम्भ् spricht निश्रम्भ. Simplex nicht zu belegen. — Mit नि in निश्रम्भ. — Mit प्र in प्रश्रब्धि. — Mit वि *vertrauen —, sich verlassen auf* (Loc.). विश्रभ्य so v. a. *getrost, ohne Bedenken.* विश्रब्ध (nach den Lexicographen = विश्वस्त, श्रनुद्धत, गाढ, शान्त, श्रत्यर्थ und स्थिर) 1) *vertrauend, kein Arg habend, — gegen* (प्रति), *sich sicher fühlend.* Adv. °म् und विश्रब्ध° *getrost, ohne Bedenken, ruhig, ohne Weiteres.* विश्रब्धमाचिरम् metrisch st. विश्रब्धं माचिरम्. — 2) *von Vertrauen zeugend* oder *V. erweckend.* — Caus. विश्रम्भयति 1) *auflösen, aufknöpfen.* — 2) *Jmd Vertrauen einflössen, ermuthigen;* mit Acc. — Mit श्रतिवि, °श्रब्ध *voller Vertrauen zu* (Loc.). °म् Adv. *ganz getrost, ohne alle Bedenken.* — Caus. *zu vertraut machen.* — Mit उपवि Caus. *Jmds* (Acc.) *Vertrauen erwecken.* — Mit प्रतिवि, °श्रब्ध *voller Vertrauen, kein Arg habend.*

श्रय in *भद्रश्रय.

1. श्रयण n. 1) *das Sichlehnen —, Sichheften an, Zufluchtsuchen bei* (im Comp. vorangehend). — 2) *das woran sich Etwas* (im Comp. vorangehend)

lehnt, sich heftet, einen Platz findet.

2. श्रयण n. das Mengen. Auch fehlerhaft für श्रपण Gaim. 6,4,43.

श्रव 1) Adj. tönend. — 2) m. a) das Hören, — von Çiç. 17,22. श्रवात् nach dem blossen Hörensagen. विदुरस्य श्रवे so dass es V. hören konnte. — b) Ohr. — c) Hypotenuse.

श्रवइष m. Preislust.

*श्रवक Adj. v. l. für स्रवक.

1. श्रवण 1) n. a) das Hören Gobh. 3,2,62. Baudh. 1,21,15. Auch Pl. — b) das Hören, so v. a. das Lernen. — c) Leumund, guter Ruf. — 2) m. n. (selten) Ohr. Am Ende eines adj. Comp. f. आ Hemâdri 1,402,19. Vâsav. 235,2. — 3) m. Hypotenuse, Diagonale eines Tetragons u. s. w.

2. श्रवण 1) Adj. lahm. — 2) m. f. (श्रवणा selten) das 20ste (23ste) Mondhaus (das unter der Figur von drei Fussstapfen gedacht wird). Am Ende eines adj. Comp. f. आ Vâsav. 235,2. — 3) m. N. pr. eines Sohnes des Naraka. — 4) f. आ a) die Vollmondsnacht im Monat Çrâvaṇa Âpast. Çr. 8,3,1. 6,10. Gaut. — b) N. pr. einer Tochter Kitraka's und Râgâdhideva's. — 5) n. = श्रवणाकर्मन्.

3. श्रवण 1) m. eine best. zum Weissfärben dienende Pflanze. — 2) *f. आ = मुण्डीरिका.

4. श्रवण 1) m. = श्रमण 1) Hem. Par. 6,203. 207. — 2) f. आ = श्रमण 2).

5. श्रवण n. in späteren Schriften fehlerhaft für स्रवण.

6. श्रवण 1) *n. = श्रपण. — 2) f. ई = श्रपणी in वपाश्रवणी.

7. श्रवण = श्रावण 4) Çâṅkh. Gṛhj. 4,15.

श्रवणक m. = 4. श्रवण 1) Varâh. Jogaj. 4,24.

श्रवणगोचर 1) m. Bereich des Gehörs. — 2) Adj. dem Ohre zugänglich. Nom. abstr. °ता f. Ind. St. 14,388.

श्रवणदत्त m. N. pr. eines Lehrers.

श्रवणद्वादशी f. ein best. 12ter Tag.

श्रवणपथ m. 1) Bereich der Ohren. °गत Adj. bis zu den Ohren reichend, °पर्यन्तगमन n. das bis an die Ohren Gehen. — 2) Gehörgang, Ohr Çiç. 17,33. — 3) Bereich des Gehörs. °पथातिथि m. Jmd zu Ohren kommend, °पथातिथित्वम् — इ Jmd (Gen.) zu Ohren kommen 302,28.

श्रवणपरुष Adj. rauh anzuhören, unangenehm zu hören Megh. 61.

श्रवणपालि f. Ohrläppchen.

श्रवणपुटक m. Gehörgang, Ohr Verz. d. Oxf. H. 120,b,9.

श्रवणपूरक m. Ohrring, Ohrenschmuck Çiç. 13,32.

श्रवणप्राघुणिक m. zu Jmds Ohren gelangend.

श्रवणप्राघुणिकी Adv. mit कर् zu Jmds (Gen.) Ohren gelangen lassen Naish. 2,56.

श्रवणभृत Adj. in den Ohren getragen, so v. a. von dem man reden hört.

श्रवणमाहात्म्य n. Titel Burnell, T.

श्रवणमूल n. Ohrwurzel.

श्रवणरुज् f. Ohrenkrankheit, Ohrenschmerzen.

श्रवणविदारण Adj. ohrzerreissend (Rede) Mudrâr. 104,9 (163,5).

श्रवणविधिविचार m. Titel eines Werkes.

श्रवणविषय m. Bereich des Gehörs, Gehörweite.

श्रवणव्याधि m. Ohrenkrankheit, Ohrenschmerzen.

*श्रवणशीर्षिका f. Sphaeranthus mollis. Vgl. श्रावणशीर्षक.

श्रवणस् (!) Adj. einen Gesang begleitend S. S. S. 182,17.

श्रवणसुख Adj. den Ohren angenehm, angenehm zu hören Çiç. 17,38.

श्रवणसुभग Adj. dass. Megh. 11.

श्रवणहारिन् Adj. das Ohr entzückend Vâsav. 265,4.

श्रवणाकर्मन् n. die am Vollmondstage des Çrâvaṇa übliche Ceremonie.

श्रवणानन्द m. Titel Opp. Cat. 1.

श्रवणाह्वया f. eine best. Pflanze Suçr. 1,134,2.

श्रवणिकाव्रत n. eine best. Begehung.

श्रवणी f. wohl fehlerhaft für श्रावणी. Vgl. auch u. 6. श्रवण.

श्रवणीय Adj. zu hören, hörenswerth.

श्रवणीयपार m. Bez. eines der 8 Sthâna des Ṛgveda.

श्रवणोदर n. das Innere des Ohres, Gehörgang, Ohr Çiç. 12,47.

1. श्रवस् 1) n. a) Getöne, Ruf, lautes Lob. — b) Laut, Schall. — c) Lob, Ruhm, Ansehen. — d) *Ohr. — e) Hypotenuse. Könnte auch श्रव m. sein. — 2) m. N. pr. eines Ṛshi (Ârsh. Br.), Sohnes des Santa.

2. श्रवस् n. 1) Strom, Guss. — 2) Lauf, Fahrt, rasche Bewegung. Instr. Pl. im Fluge. — 3) Bahn, Bett. — 4) *= अन्न und धन.

श्रवस्काम Adj. nach Zuruf u. s. w. begierig.

1. श्रवस्य्, nur Partic. श्रवस्यन्त् preislustig, lobend.

2. श्रवस्य्, °स्यति 1) auf der Fahrt sein, reisen; eilig —, schnell sein. — 2) etwa erhaschen. — Mit आ rasch herbeikommen.

1. (श्रवस्य) श्रवसिअ n. 1) Lobruf, Ruhm. — 2) rühmliche That.

2. (श्रवस्य) श्रवसिअ Adj. eilig, behend.

श्रवस्या f. eiliger Lauf. श्रवस्या Instr. flugs, eilig.

1. श्रवस्यु Adj. preislustig, lobend.

2. श्रवस्यु Adj. 1) fliessend, strömend. — 2) rasch sich bewegend, behend; rüstig, rührig.

*श्रवाप्य m. = बलियोग्यपशु oder यज्ञियपशु. Richtig श्रवाय्य.

श्रवाय्य (श्रवायिअ) 1) Adj. löblich, rühmlich. श्रवाय्यम् auch Acc. f. — 2) *m. = यज्ञपशु.

श्रविष्ठ 1) *Adj. unter dem Mondhaus Çravishṭhâ geboren. — 2) *m. N. pr. eines Mannes. — 3) f. श्रविष्ठा a) Pl., später auch Sg. und Du. das 24ste (21ste, 22ste) Mondhaus. — b) N. pr. verschiedener Frauen Hariv. 3,1,12.

श्रविष्ठक (Conj.) m. N. pr. eines Mannes.

*श्रविष्ठाज und *श्रविष्ठाभू m. Metron. des Planeten Mercur.

*श्रविष्ठारमण m. der Mond.

श्रविष्ठीय Adj. (f. आ) zum Mondhaus Çravishṭhâ in Beziehung stehend Çâṅkh. Gṛhj. 4,13.

श्रवोजित् Adj. Ruhm gewinnend.

श्रव्य Adj. hörbar, was mit dem Ohr vernommen wird, hörenswerth. Nom. abstr. °त्व n.; vgl. दृश्यश्रव्यत्व. v. l. häufig श्राव्य.

1. श्रा, *श्राति und *श्रायति (पाके, स्वेदे). Partic. श्रात, *श्राण und शृत (107,26) gekocht, gebraten. Vgl. शृतम्. — Caus. श्रपयति, श्रपयते (metrisch) kochen, braten, rösten, überh. gar machen; Töpfe u. s. w. brennen Gaut. Âpast. 2,20,3. Vaitân. — Mit अधि, °शृत fehlerhaft für °श्रित. — Mit आ, आशृत angekocht. — Mit नि; vgl. निश्राण. — Mit प्र, प्रशृत gekocht Kauç. 30.

2. श्रा, nur Partic. श्रायन्तस् Ṛv. 8,88(99),3, das mit समाश्रितास् erklärt, also zu 1. श्रि gezogen wird.

*श्राण 1) Adj. s. u. 1. श्रा. — 2) f. आ Reisbrei.

श्राद्ध 1) n. Todtenspende und ein damit verbundenes Todtenmahl, wobei Brahmanen bewirthet und beschenkt werden. मातामह° eine Todtenspende zu Ehren von Verz. d. Oxf. H. 284,a,42. — 2) Adj. (f. ई) a) gläubig Hem. Par. 2,39. Saddh. P. 2,32. — b) zu einem Todtenmahl in Beziehung stehend.

श्राद्धकर्मन् n. Veranstaltung eines Todtenmahls, Todtenmahl Gaut. 10,53. Baudh. 1,11,25.

श्राद्धकल्प m. 1) dass. Âpast. M. 1,112. MBh. 13,127,12. — 2) Titel eines Werkes.

श्राद्धकल्पभाष्य n., °कल्पलता f., °कल्पसूत्र n., श्राद्धकाण्ड (Burnell, T.), °संग्रह m. (Opp. Cat. 1) und श्राद्धकारिका f. Titel.

श्राद्धकाल m. die Zeit, da man das Çrâddha

darbringt. Nach H. *die achte Stunde.*

श्राद्धगणपति m. (VP.² 3,190), श्राद्धगुणसंग्रह m. (Bühler, Rep. No. 675), श्राद्धचन्द्रिका f., श्राद्धचिन्तामणि m. und श्राद्धतत्त्व n. Titel.

श्राद्धत्व n. Nom. abstr. zu श्राद्ध 2) *a)* Çâçvata 670.

श्राद्धदिन n. *der Tag, an welchem das* Çrâddha *dargebracht wird.*

श्राद्धदीपकालिका f. und श्राद्धदीपिका f. Titel.

श्राद्धदेव m. *der Gott des Todtenmahls,* Bez. des Manu Vaivasvata (auch VP. 3,1,30; im TBr. und Çat. Br. erhält Manu das Beiwort श्रद्धादेव), des Jama Vaivasvata, des Vivasvant und frommer Brahmanen.

श्राद्धदेवता f. *die Gottheit des Todtenmahls.* Pl.

श्राद्धदेवत्व n. Nom. abstr. von श्राद्धदेव.

श्राद्धनिर्णय m., श्राद्धपङ्क्ति f., श्राद्धपद्धति f., श्राद्धप्रदीप m., श्राद्धप्रयोग m. und श्राद्धप्रशंसा f. Titel Burnell, T.

श्राद्धभुज् Adj. *der an einem Todtenmahl theilgenommen hat* M. 3,250.

श्राद्धभोजन n. *Theilnahme an einem Todtenmahle* Âpast. Çâṅkh. Gṛhj. 4,7.

श्राद्धमञ्जरी f. (Burnell, T.) und श्राद्धमयूख m. Titel.

श्राद्धमित्र Adj. *der durch ein* Çrâddha *Freunde zu gewinnen sucht* M. 3,140.

श्राद्धवमनप्रायश्चित्त n. Titel Burnell, T.

श्राद्धवासर = श्राद्धदिन.

श्राद्धविधि m. und श्राद्धविवेक m. Titel.

*श्राद्धशाक n. *eine best. Gemüsepflanze.*

श्राद्धसंग्रह m. Titel.

श्राद्धसूतक Adj. *zu einem Todtenmahl oder einer Geburt in Beziehung stehend.*

श्राद्धसूतकभोजन n. Du. *Theilnahme an einem Todten- oder Geburtsmahle* Çâṅkh. Gṛhj. 6,1.

श्राद्धसूत्र n. Titel, = श्राद्धकल्पसूत्र.

श्राद्धाह n. = श्राद्धदिन.

श्राद्धाह्निक Adj. *täglich Todtenmahle veranstaltend.*

श्राद्धिक Adj. 1) *zu einem Todtenmahle in Beziehung stehend* Gaut. — 2) **der an einem Todtenmahl Theil genommen hat.*

श्राद्धिन् Adj. 1) *Todtenmahle veranstaltend.* — 2) *der an einem Todtenmahl Theil genommen hat* Gaut. — 3) MBh. 13,3532 fehlerhaft für श्रद्धिन्.

श्राद्धीय Adj. *zu einem Todtenmahl in Beziehung stehend.*

श्राद्धेय Adj. in अश्राद्धेय.

श्रान्त 1) Adj. s. u. 1. श्रम्. — 2) m. N. pr. eines Sohnes des Âpa VP.² 2,23. Der gedr. Text शान्त. — 3) n. *a) Ermüdung, Mühe; Kasteiung, Frucht der religiösen Bemühung.*

श्रान्तसद् Adj. *müde sich lagernd.*

श्रान्ति f. *Ermüdung.*

श्रापय्, °यति 1) Caus. von 1. श्रि. — 2) *künstliches Denomin. von श्र (wovon श्रेयंस्, श्रेष्ठ abgeleitet werden).

°श्रापिन् Adj. *kochend.*

*श्राम्, श्रामयति (श्रामन्त्रणे, मन्त्रे). Vgl. auch Caus. von 1. श्रम्.

*श्राम m. 1) *Monat.* — 2) *Zeit.* — 3) *Halle.* — 4) *ein* Gina Gal. — 5) R. 1,21,6 fehlerhaft für श्रम.

*श्रामण n. Nom. abstr. von श्रमण.

श्रामणक m. oder n. Bez. *eines best. Verfahrens beim Feueranlegen* Gaut. Baudh. 2,11,15. Vasishṭha 9,10. v. l. श्रावणक.

श्रामणेर m. *ein buddhistischer Noviz.*

श्रामण्य n. Nom. abstr. von श्रमण 1) Hem. Par. 1,62. 251. 321. 389.

1. श्रायँ 1) Adj. *Etwas an sich habend, mit Etwas* (Loc.) *versehen.* — 2) m. *Behausung* Bhatt.

2.*श्राय Adj. *zur* Çrî *in Beziehung stehend.*

श्रायन्तीय n. Name eines Sâman. Vgl. RV. 8, 88(99),3.

श्रायसँ 1) m. Patron. verschiedener Männer. — 2) *Adj. = श्रेयसि भवम्.

श्राव m. N. pr. eines Sohnes des Juvanâçva Hariv. 1,11,21.

श्रावक 1) Adj. *a) lauschend auf* (im Comp. vorangehend) Vâsav. 144,1. — *b) weit hörbar* Çiç. 11, 1. — 2) m. *a) Zuhörer, Schüler.* — *b) ein Zuhörer* oder *Schüler Buddha's* oder *Gina's.* Bei den Anhängern des Mahâjâna werden die Anhänger des Hînajâna so genannt Wassiljew 127. °यान n. *das Vehikel der* Çrâvaka Saddh. P. Davon Adj. °यानीय ebend. 142. — *c) *Krähe.* — 3) f. श्राविका f. zu 2) *b).*

श्रावकत्व n. Nom. abstr. zu श्रावक 2) *b).* Vgl. श्राविकात्व.

श्रावककृत्य n. (Bühler, Rep. No. 774), श्रावकव्रत n., श्रावकानुष्ठानविधि m. (Bühler, Rep. No. 676) und श्रावकाराधन n. Titel von Werken.

1. श्रावण 1) Adj. *a) durch das Gehör vermittelt, durch's Ohr wahrgenommen.* — *b)* in Verbindung mit विधि m. Bez. *eines best. Verfahrens* (Früchte zu sammeln). — 2) *m. *Ketzer.* — 3) *f. श्रा *eine best. Pflanze,* = दध्याली und = 4). — 4) f. ई *Sphaeranthus mollis.* °द्वय n. Káraka 6,2. — 5) n. *das Hörenlassen, Verkünden.*

2. श्रावण 1) Adj. (f. ई) *zum Mondhaus Çravaṇa in Beziehung stehend.* — 2) m. *a) ein best. Monat der Regenzeit.* — *b)* N. pr. eines Muni. — 3) f. ई *a) der Vollmondstag im Monat Çrâvaṇa* Âpast. Vasishṭha 11,43. 13,1. Baudh. 1,12,16. — *b) ein best.* Pâkajagña Gaut. — 4) n. = श्रवणाकर्मन्.

3.*श्रावण n. H. an. 3,227 fehlerhaft für 1. श्रवण.

श्रावणक s. श्रामणक.

श्रावणकर्मसर्पबलिप्रयोग und श्रावणाकर्म° m. Titel Burnell, T. Richtig wohl श्रवणाकर्म°.

श्रावणत्व n. *Hörbarkeit.*

श्रावणनिषेधवचन n. Titel Burnell, T.

श्रावणवर्ष Bez. *eines der 12 Jahre im Umlaufe des Planeten Jupiter.*

श्रावणविधि m. Titel eines Pariçishṭa des SV.

*श्रावणशीर्षक m. *Sphaeranthus mollis* Râǵan. 5, 17. Vgl. श्रवणशीर्षिका.

श्रावणाकर्मसर्पबलिप्रयोग m. s. u. श्रावणाकर्म°.

*श्रावणिक m. *der Monat* Çrâvaṇa.

1. श्रावणिका f. in *मद्रा°

2. श्रावणिका f. Demin. von 2. श्रावण 3) *a).* °व्रत n. *eine best. Begehung.*

श्रावणीकर्मन् n. = श्रवणाकर्मन्.

श्रावणीय Adj. 1) *zu verkünden, zu verlesen.* — 2) *zu hören, hörbar.*

श्रावयँत्पति Adj. *den Herrn berühmt machend.*

श्रावयँत्सखि Adj. (Nomin. °सखा) *den Freund berühmt machend.*

श्रावयस m. Patron. Maitr. S. 3,3,9 (42,11).

श्रावयितर् Nom. ag. *Etwas zu Ohren bringend* Çaṅk. zu Bâdar. 3,1,6.

श्रावयितव्य Adj. 1) *was zu Jmds Ohren gebracht werden muss.* — 2) *den man Etwas* (Acc.) *hören lassen muss.*

*श्रावष्ठीय Adj. fehlerhaft für श्राविष्ठीय.

श्रावस्त N. pr. 1) m. eines Fürsten, Sohnes des Çrâva und Grosssohnes des Juvanâçva (auch Sohnes des Juv.), Gründers der Stadt Çrâvastî. — 2) f. ई einer Stadt der Kosalâ Hem. Par. 10,1.

श्रावस्तक m. = श्रावस्त 1).

*श्रावस्तेय Adj. von श्रावस्ती.

श्राविकात्व n. Nom. abstr. von श्रावक 3) Hem. Par. 2,309. Vgl. श्रावकत्व.

श्रावितर् Nom. ag. *Hörer.*

1. श्राविन् Adj. 1) am Ende eines Comp. *hörend.* — 2) *zu Gehör kommend, hörbar* (Suffix) Pat. zu P. 5,2,37. Vgl. कर्ण.

2. श्राविन् Adj. fehlerhaft für स्राविन् Hemâdri 1, 630,6. Sâj. zu Taitt. Âr. 6,7,1.

श्राविष्ठ Adj. (f. ई) *zum Mondhaus Çravishṭhâ in Beziehung stehend.*

श्राविष्ठायन m. Patron. von श्रविष्ठ. Auch Pl.

श्राव्य Adj. 1) *was gehört werden darf* oder *kann, hörbar* (Spr. 7710), *gehört zu werden verdienend, hörenswerth.* — 2) *zu verkünden.* — 3) *bekannt zu machen, certior faciendus.*

1. **श्रि**, श्रयति, °ते; in der klassischen Sprache अशिश्रियत् Aor. Vgl. 3. शर्. 1) Act. *lehnen, legen an* oder *auf, anbringen an, hinlegen zu, ruhen lassen auf, richten auf* oder *an, stützen —, übertragen auf* (Loc.); insbes. Licht —, Glanz *verbreiten über* oder *an* (Loc.). — 2) Med. Pass. und ausnahmsweise Act. *sich lehnen an* (Acc.), *Halt finden, haften, sich befinden in* oder *an* (Loc., Acc. oder Adv.), *sich anreihen an* (Loc.). — 3) Med. Act. *sich irgendwohin* oder *zu Jmd begeben* (insbes. um Hülfe oder Schutz zu finden), *hinstreben zu*; mit Acc. — 4) Med. *Eingang finden, sich bemeistern* (von Gemüthszuständen), *zu Theil werden;* mit Acc. oder Loc. — 5) Med. Act. *in einen Zustand —, in eine Lage —, in ein Verhältniss sich begeben, antreten, greifen —, gelangen zu, annehmen* (eine Gestalt). आविकालमशिश्रियत् Hem. Par. 2,309. — 6) श्रित a) mit act. Bed. α) *haftend an, stehend auf* oder *in, liegend —, sitzend auf, befindlich —, angebracht an, enthalten —, steckend in;* mit Loc., seltener mit Acc. oder am Ende eines Comp. रेवतीम् *im Mondhaus* R. *sich befindend*, so v. a. *unter diesem M. es thuend.* — β) *sich irgendwohin* oder *zu Jmd begeben habend*, mit Acc. Häufig in der Bed. des Verbum finitum. — γ) *sich begeben habend in einen Zustand, — eine Lage, — ein Verhältniss, gerathen in, angenommen habend* (eine Gestalt); mit Acc. oder am Ende eines Comp. — δ) *der sich unter Jmds Schutz gestellt hat.* — b) mit pass. Bed, α) *wohin* oder *zu wem man sich begeben hat, aditus, besetzt, eingenommen* (Çiç. 12, 3). — β) *ergriffen, erwählt.* — मन्दबुद्धिजनाः श्रिताः Verz. d. Oxf. H. 155,*b*,34 fehlerhaft für °जनाश्रिताः. — 7) श्रितवत् *der sich in Jmds* (Acc.) *Schutz begeben hat.* — Caus. श्रापयति s. u. उद्. — *Desid. शिश्रयिषति und शिश्रीषति. — Mit अधि Act. 1) *verbreiten über* (Acc. oder Loc.). — 2) *setzen auf* (Loc.), insbes. *auf's Feuer* (mit und ohne Hinzufügung dieses Wortes) Vaitân. 7,2. — 3) *sich begeben auf* (Çiç. 12,50), *sich legen —, sich setzen auf;* mit Acc. — 4) अधिश्रित (auch अधि श्रित) a) *haftend an, ruhend in* oder *auf;* mit Loc. oder Acc. AV. Prâjaçç. 4,2. — b) *gesetzt auf* (Loc.), insbes. *auf's Feuer, hängend an.* — c) *besetzt mit* (Instr.). — d) *der sich begeben hat an* oder *in* (Acc.). — Mit प्रत्यधि Act. *neben dem Feuer hinstellen.* — Mit समधि Act. *auf's Feuer* (Loc. oder zu ergänzen) *setzen.* — Mit अनु, °श्रित *gefolgt von* (Instr.). — Mit अप Med. *sich aufstützen, — lehnen.* अपश्रित *angelehnt, gelagert, gelehnt auf* oder *in* (Loc.). Vgl. अनपश्रित. — Mit अभ्यप Med. *sich wegbegeben zu* (Acc.). — Mit अभि Act. 1) *herbeiführen.* — 2) *sich flüchten zu* (Acc.). — Mit अव in अवश्रयण. — Mit उपाव Med. *sich hingeben an* (Acc.) Çat. Br. 4,6,9,5. — Mit आ 1) Act. *heften —, anbringen an* (Loc.). — 2) Act. Med. *sich lehnen an, sich stützen auf* (Hariv. 8383. 3,54,16), *sich schliessen an Jmd, Halt und Schutz suchen bei Jmd, sich Jmd hingeben;* mit Acc. Gaut. 10,61. — 3) Act. *haften an, beruhen auf* (Acc.). — 4) Act. Med. *sich an einen Ort begeben, kommen, gelangen zu, in* oder *auf, gerathen auf;* mit Acc. — 5) Act. Med. *sich begeben in*, so v. a. *sich überlassen, sich hingeben, zu Etwas greifen, erwählen, annehmen* (eine Gestalt), *Etwas annehmen*, so v. a. *theilhaftig werden* (Vâsav. 255,8), *erfahren* (einen Wandel u. s. w.); mit Acc. — 6) Med. *Etwas annehmen*, so v. a. *gutheissen, billigen.* — 7) Act. *Jmd treffen, zu Theil werden;* mit Acc. Pass. *betroffen werden*, so v. a. *unterliegen*, mit Instr. — 8) *berücksichtigen.* आश्रित्य mit Acc. so v. a. *wegen.* — 9) आश्रित a) mit act. Bed. α) *sich lehnend —, sich haltend an Etwas* (65,18. 22. 66,28), *sich an Jmd lehnend, — schliessend, Halt und Schutz bei Jmd suchend, Jmd ergeben, — untergeben;* die Ergänzung im Acc., Gen. (selten) oder im Comp. vorangehend. — β) *haftend an, eigen;* die Ergänzung im Acc. oder im Comp. vorangehend. — γ) *abhängig, beruhend auf* (Loc. oder im Comp. vorangehend). — δ) *bezüglich auf, betreffend;* die Ergänzung im Acc. oder im Comp. vorangehend. — ε) *an einen Ort sich begeben habend, weilend —, wohnend —,* (260,21), *sitzend —, liegend —, stehend —, befindlich —, gelegen in, an, bei* oder *auf* (Acc., Loc. oder im Comp. vorangehend), *gelangt zu* (Acc.). पश्चान्मुखाश्रिता *den Lauf nach Westen genommen habend* (Fluss). — ζ) *gelangt zu Jmd*, so v. a. *Jmd* (im Comp. vorangehend) *gehörig.* — η) *sich überlassen —, sich hingegeben —, zu Etwas gegriffen —, Etwas erwählt —, erlangt habend, theilhaftig geworden* (Spr. 7863); die Ergänzung im Acc. oder im Comp. vorangehend. — ϑ) *Rücksicht nehmend auf* (Acc.). — b) mit pass. Bed. α) *zu dem man seine Zuflucht genommen hat.* — β) *unterstützt von* (Instr.). — γ) *wohin man sich begeben hat, bewohnt, besetzt, eingenommen, betreten.* — δ) *dem man sich überlassen —, hingegeben hat, wozu man gegriffen hat, angenommen, erwählt.* — ε) *berücksichtigt.* — Mit अन्वा, °श्रित *entlang gegangen, — stehend, — hingestellt;* mit Acc. अनु kann auch als selbständige Präposition gefasst werden. — Mit अपा 1) Act. *lehnen —, hängen an* (Loc.). — 2) Act. Med. *sich lehnen an, Halt und Schutz suchen bei Jmd, zu Jmd seine Zuflucht nehmen;* mit Acc. अन्योऽन्यमपाश्रित्य so v. a. *von einander abhängend.* — 3) *sich überlassen, sich hingeben, greifen zu Etwas;* mit Acc. — 4) अपाश्रित a) mit act. Bed. α) *gelehnt an, angelehnt, der sich unter Jmds Schutz gestellt hat;* die Ergänzung im Acc. oder im Comp. vorangehend. — β) *geflüchtet in* (Acc.). — γ) *ruhend in* (Acc.). — δ) *der sich hingegeben —, zu Etwas gegriffen —, Etwas angenommen hat;* mit Acc. — b) mit pass. Bed. α) *woran man sich lehnt.* — β) *umgelegt, angelegt.* — γ) *besetzt, bewohnt.* — Mit व्यपा 1) *zu Jmd* (Acc.) *seine Zuflucht nehmen.* — 2) *sich bekennen zu einer Lehre* (Acc.) Çaṅk. zu Bâdar. 2,1,12. — 3) व्यपाश्रित a) *seine Zuflucht genommen habend —, geflüchtet zu* (Acc. oder im Comp. vorangehend). — b) *sich überlassen —, sich hingegeben —, zu Etwas gegriffen —, angenommen habend* (einen Körper); mit Acc. MBh. 7,145,31. — Mit संव्यपा, °श्रित *sich überlassen —, sich hingegeben —, gegriffen habend zu* (Acc.). v. l. सं व्यपा°. — Mit उपा 1) *sich lehnen an*, so v. a. *beruhen auf* (Acc.). — 2) Act. *sich begeben zu* oder *in* (Acc.). — 3) *sich überlassen, sich hingeben, zu Etwas greifen;* mit Acc. उपाश्रित्य und उपाश्रयित्वा lässt sich häufig durch *mit Hülfe von* übersetzen. — 4) उपाश्रित a) mit act. Bed. α) *sich anlehnend, anliegend, sich stützend auf* (Acc.); *beruhend auf* (Loc.); *der sich an Jmd geschlossen —, zu Jmd seine Zuflucht genommen hat, geflüchtet zu* (Acc.). — β) *der sich irgendwohin begeben hat, angelangt bei, weilend in* oder *bei* (Acc., seltener Loc.) 134, 14. — γ) *der sich überlassen —, sich hingegeben —, zu Etwas gegriffen hat;* mit Acc. — b) mit pass. Bed. *worauf man sich gelehnt —, gestützt hat.* — Mit समुपा, °श्रित 1) mit act. Bed. a) *sich lehnend an, gestützt —, beruhend auf* (Acc.). — b) *sich irgendwohin* oder *zu Jmd begeben habend*, mit Acc. — c) *sich überlassen —, sich hingegeben —, zu Etwas gegriffen habend;* mit Acc. — 2) mit pass. Bed. a) *besetzt, eingenommen.* — b) *heimgesucht.* — Mit प्रत्या in प्रत्याश्रय. — Mit व्या in व्याश्रय. — Mit समा 1) *sich stützen auf, sich halten an, Zuflucht suchen bei, sich in Jmds Schutz begeben;* mit Acc. —

2) Act. Med. *sich hinbegeben zu* (mit Acc. Spr. 7734. Harshaḱ. 140,13. Çiç. 15,87 [53]), *sich herbeimachen.* — 3) Act. *in Besitz nehmen, einnehmen.* — 4) Act. *sich überlassen, sich hingeben, greifen zu;* mit Acc. — 5) समाश्रित a) mit act. Bed. α) *aneinander gereiht.* — β) *gelehnt an; der sich in Jmds Schutz begeben hat;* mit Acc. — γ) *beruhend auf* (Acc. oder im Comp. vorangehend). — δ) *bezüglich auf, betreffend;* die Ergänzung im Comp. vorangehend. — ε) *der sich irgendwohin begeben hat, weilend in, stehend an* oder *auf, steckend in* (54,21), *gelegen an, fliessend in;* die Ergänzung im Acc., Loc. oder im Comp. vorangehend. — ζ) *gelangt zu, theilhaftig geworden;* mit Acc. In dieser Bed. auch समाश्रितवन्त्. — η) *sich überlassen —, sich hingegeben —, zu Etwas gegriffen habend;* mit Acc. oder am Ende eines Comp. — ϑ) *statuirend, annehmend;* mit Acc. — b) mit pass. Bed. α) *auf den man sich stützt, den man zu Hülfe nimmt.* — β) *ausgestattet mit* (Instr.), *heimgesucht von* (im Comp. vorangehend). — γ) *wozu man gegriffen —, was man erwählt hat.* — Mit प्रतिसमा, °श्रित *beruhend auf, abhängig von* (Acc.). — Mit उद् 1) Act. *in die Höhe richten, aufrichten, auf-, emporheben* Vaitân. 11, 24. प्रथमं पादम् so v. a. *den ersten Schritt thun.* Pass. उच्छ्रीयते Vaitân. 10,8. — 2) Med. *sich aufrichten, aufrecht stehen.* — 3) उच्छ्रित a) *in die Höhe gerichtet, aufgerichtet, empor gehalten* Vaitân. 10,10. — b) *aufsteigend, sich erhebend, in die Höhe gehend, erhoben, angeschwollen* (die Haube einer Schlange). त्रिभिः पद्भिः *auf drei Füssen stehend.* — c) *hoch.* — d) *emporgestiegen, zu Macht gelangt, mächtig* (von Personen). — e) *üppig, übermüthig, pochend auf* (im Comp. vorangehend). — f) *aufgeregt* (die humores im Körper). — g) *gesteigert, vermehrt, gross, ingens.* सत्त्वोच्छ्रित so v. a. *überaus muthig* zu Spr. 1395. — h) **hervorgegangen, entstanden.* — i) Pańkat. V,11 fehlerhaft für उच्छ्रित; vgl. Spr. 6325. — Caus. उच्छ्रापयति 1) *aufrichten.* — 2) *steigern, vergrössern, vermehren* Mahâvîraḱ. 3,1. — Mit अभ्युद् 1) Med. *sich emporrichten an* (Acc.) Tâṇḍja-Br. 1,5,5. — 2) अभ्युच्छ्रित a) *aufgerichtet, emporgehoben.* — b) *hervorragend, hoch.* — c) *hervorragend durch, sich auszeichnend in* (Instr.). — Mit प्रोद्, प्रोच्छ्रित 1) *emporgehalten, — gehoben.* — 2) *hervorragend, hoch.* — Mit प्रत्युद् 1) Act. *sich dagegen aufrichten.* — 2) Med. *sich auflehnen gegen* (Acc.). — 3) प्रत्युच्छ्रित *ansteigend.* — Mit समुद् 1) Act. *aufrichten.* — 2) समुच्छ्रित a) *aufgerichtet, emporgehoben.* — b) *in die Höhe gegangen, hoch gehend* (Wellen) Çiç. 12,76. — c) *hoch.* — d) *hochstehend* in übertragener Bed. — Mit उप 1) Act. *anlehnen, — an* (Loc.). — 2) Med. *sich lehnen, sich stemmen, angebracht sein an* (Loc.). — 3) Act. Med. *sich stellen zu* oder *an, sich bei Jmd einstellen, — einfinden;* mit Acc. उपश्रित्य auch fehlerhaft für उपसृत्य. — 4) Med. *sich gewöhnen an* (Acc.). — 5) उपश्रित *gelehnt —, gelegt an* oder *auf* (Loc. oder Acc.). — Mit नि Act. 1) *anlehnen.* — 2) etwa *niederlegen in* (Loc.). — Mit अभिनि Act. *übergehen zu* (Acc.) Âpast. 2,22,4. 23, 2. — Mit उपनि 1) Act. *in die Nähe ziehen, an die Seite setzen* Baudh. im Comm. zu Âpast. Çr. 5,29, 11. — 2) Med. *sich anlehnen —, sich anschmiegen an* (Acc.). — Mit उपनिस्, उपनिःश्रित्य *in der Nähe von* (Acc.). Richtig wohl उपनिश्रित्य. — Mit विनिस्, विनिःश्रित fehlerhaft für विनिःसृत. — Mit परा, °श्रित *sich anschliessend.* — Mit परि 1) Act. *umlegen, umstellen, umhängen, einfassen; einen Verschlag* u. s. w. *machen.* Pass. *sich umgeben mit* (Instr.). — 2) परिश्रित a) *umherstehend.* — b) *umgeben von* (Instr. oder im Comp. vorangehend). — c) fehlerhaft für परिश्रुत und परिस्रुत. — Vgl. परिश्रित. — Mit संपरि Act. *überdecken* Ait. Br. 1, 29,22. °श्रित *überdeckt* 19. 20. 23. — Mit प्र 1) Act. *anlehnen, aufstellen.* — 2) Act. *anfügen, anreihen, — an* (Loc.). — 3) प्रश्रित a) (*der eine rücksichtsvolle Stellung eingenommen hat*) *anspruchlos, bescheiden* (von Personen und Reden). प्रश्रितम् Adv., प्रश्रिततर Compar. Wird oft प्रसृत geschrieben. — b) *verborgen, geheim, dunkel* (Sinn). — Mit अतिप्र Med. *sich überaus bescheiden zeigen* Bâlar. 95,19. — Mit उपप्र Act. *hinstellen an* (Acc.). — Mit संप्र, °श्रित *anspruchlos, bescheiden.* — Mit प्रति in प्रतिश्रय und °श्रित. — Mit वि 1) Act. *von einander thun, öffnen;* Med. *bei sich öffnen, auseinander thun* RV. 10,85,37. — 2) Med. (ausnahmsweise auch Act.) *sich auseinander bewegen, sich öffnen, sich entfalten.* — 3) विश्रित so v. a. *erklungen.* — Mit सम् 1) Act. *zusammenfügen,* so v. a. *mischen* (Vaitân. 16,12); Med. *sich zusammenfügen, zusammentreten, sich verbinden, — mit* (Instr.). — 2) Act. *ausstatten mit* (Instr.). — 3) Act. *sich abgeben mit Jmd* (Acc.). — 4) Act. Med. *sich an Jmd schliessen, sich unter Jmds Schutz stellen, sich zu Jmd flüchten;* mit Acc. — 5) Med. *beruhen auf* (Acc.). — 6) Act. Med. *sich an einen Ort* (Acc.) *begeben.* — 7) Act. Med. *sich hingeben, greifen zu;* mit Acc. — 8) Act. *gelangen zu,* so v. a. *theilhaftig werden;* mit Acc. — 9) Med. *Jmd mit Etwas* (Instr.) *heimsuchen.* — 10) संश्रित a) *vereinigt, verbunden mit* (Instr. oder im Comp. vorangehend). — b) *gelehnt —, geklammert an* (Acc.). — c) *woran man sich gelehnt —, geklammert hat.* — d) *der sich in Jmds Schutz* oder *Dienst begeben hat,* mit Acc. oder am Ende eines Comp. (Ind. St. 14,373). — e) *unter dessen Schutz man sich gestellt hat.* — f) *haftend an, eigen;* die Ergänzung im Acc. oder im Comp. vorangehend. — g) *bezüglich auf, betreffend;* die Ergänzung im Loc. oder im Comp. vorangehend. — h) *der sich an einen Ort begeben hat, weilend —, wohnend —, seinen Sitz habend —, liegend —, befindlich in, an* oder *auf* (Acc., Loc. oder im Comp. vorangehend). समुद्रमभितः *sich in's Meer ergiessend.* — i) *enthalten in* (im Comp. vorangehend). — k) *der sich überlassen —, sich hingegeben —, zu Etwas gegriffen hat;* mit Acc. — l) *dem man sich hingegeben —, wozu man gegriffen hat.* — m) etwa *bescheiden* oder *passend* (Rede). — n) fehlerhaft für संशित und संभृत. — 11) संश्रितवन्त् *der sich vereinigt hat mit* (Instr.). — Mit अभिसम् 1) Act. *sich irgendwohin flüchten, Zuflucht suchen in* oder *auf* (Acc.). — 2) Act. *sich überlassen, sich hingeben;* mit Acc. — 3) Pass. *erlangt —, erreicht werden.* — 4) अभिसंश्रित *der sich zu Jmd* (Acc.) *begeben hat,* insbes. *um Schutz zu finden.* — Mit उपसम् 1) Med. *sich anschliessen an, sich einfinden bei* (Acc.). — 2) Act. *sich in Jmds Dienst begeben;* mit Acc. — Mit प्रतिसम् Act. *sich wieder* (*als Erwiederung*) *in Jmds Schutz begeben.*

2. श्रि Adj. (= 1. श्रि) in अन्तःश्रि und बर्हिःश्रि.

3. श्रि = 5. श्री am Ende eines adj. Comp. n. Hem. Par. 2,144.

°श्रित् (von 1. श्रि) Adj. *gelangt zu* in उद्गतिश्रित् so v. a. *hoch emporragend* und *aufgeblasen* Çiç. 12, 56. 16,76. Vgl. कृच्छ्रेश्रित्, दिविश्रित्, नभःश्रित् und शिरःश्रित्.

श्रिति f. etwa = सृति *Weg.* श्रितौ nach Sâj. = श्रित्यै, श्रयणार्थम्.

*श्रिमन्य Adj. n. zum f. श्रियंमन्या.

*श्रियध्यै ved. Dat. Infin.

श्रियंमन्या Adj. f. *sich für die Çrî haltend* Bhaṭṭ.

श्रियसे Dat. Infin. *so dass es sich schmuck ausnimmt, schön, hübsch.*

श्रिया f. 1) *Wohlfahrt, Glück.* — 2) N. pr. der Gattin Çrîdhara's (Vishṇu's).

श्रियादित्य m. N. pr. eines Mannes.

श्रियावास m. *eine Wohnstätte des Glückes, — der Wohlfahrt.*

श्रियावासिन् Adj. *bei der Çrî lebend* (Çiva).

1. श्रिष्, श्रेषति 1) *verbinden, zusammenfügen.* — 2) *दाहे. — Mit अभि in अभिश्रिष्. — Mit आ in आश्रेष und आश्रेषा. — Mit सम् in संश्रेषिणी.

2. श्रिष् Adj. in दोषणिश्रिष् und हृदयश्रिष्.

1. श्री, श्रीणाति = 1. श्रा *kochen.*

2. श्री, श्रीणाति *mengen, mischen,* — *mit* (Instr.). श्रीत *gemischt mit* (Instr.). — Mit अभि Act. und आ Med. dass.

3. श्री = 1. श्रि; vom Simplex nur श्रीणान *Licht verbreitend* ṚV. 1,68,1. — Mit अभि (°श्रीणाति) *herbeiführen, verschaffen* TBr. 1,2,6,7. — Mit सम् (संश्रीणाति) *zusammenfügen, verbinden mit* (Instr.), so v. a. *theilhaftig machen* Tāṇḍja-Br. 9,6,7. 14,3, 22. 16,12,4. 18,11,1.

4. श्री 1) f. *Mischung* ṚV. 4,41,8. — 2) Adj. = 1. श्री, 2. श्री und 3. श्री.

5. श्री (Nomin. श्रीस्, angeblich auch श्री) 1) f. a) *schönes Ansehen, Schönheit, Pracht; Putz, Zierde, Prunk.* Auch Pl. श्रियौ Du. *Schönheit und Wohlfahrt;* vgl. 1) c). Dat. श्रिये und श्रियै so v. a. *schön, hübsch, lieblich, gefällig.* — b) *Wohlgefallen, Befriedigung.* — c) *Wohlfahrt, Glück, Reichthum;* auch so v. a. कोश *Schatz.* Auch Pl. श्रिया *nach den Vermögensverhältnissen.* — d) *ausgezeichnete Lage und Stellung, Herrlichkeit, Majestät,* insbes. *die glänzende Stellung und Macht eines Fürsten* (auch personificirt). श्रियो भाजः *hoch angesehene, vornehme Leute.* — e) *die königlichen Insignien.* — f) personificirt als *Göttin der Schönheit,* insbes. aber *der Wohlfahrt.* Entsteht bei der Quirlung des Oceans, gilt auch als Tochter Bhṛgu's von der Khjâti und als Gattin Nârâjaṇa's (Vishṇu's), desgleichen als Mutter des Darpa. श्रियः पुत्राः heissen *Ziegen mit best. guten Merkmalen.* श्रिय आत्मजाः *Pferde* Çiç. 15,112 (78); vgl. लक्ष्मीपुत्र. — g) am Anfange von Personennamen (von Göttern und Menschen), Büchertiteln, Orten u. s. w. als Ausdruck *der hohen Stellung,* welche die Personen u. s. w. einnehmen. Wird auch zwischen dem Personennamen und चरण, पाद *Fuss* eingeschoben. Auch am Ende von Personennamen. — h) Bez. *verschiedener Metra.* — i) * = मति, भारती und गिर्. — k) **Gewürznelke.* — l) **Pinus longifolia.* — m) *das Harz der Pinus longifolia.* — n) **Aegle Marmelos* (geschlossen aus श्रीफल). — o) **eine best. Heilpflanze,* = वृद्धि. — p) **Lotusblüthe.* — q) **Edelstein* Râǵan. 13,144. — r) N. pr. α) *einer buddh. Göttin. — β) *der Mutter des 17ten Arhant der Ǵaina. — γ) einer Tochter des Fürsten Suçarman. — 2) *m. *ein best.* Râga.

श्रीक 1) am Ende eines adj. Comp. (f. आ) von 5. श्री *Schönheit, Pracht* und *hohe —, fürstliche Stellung.* — 2) m. a) *ein best. Vogel.* — b) *eine Art Harz* oder *Gummi.*

श्रीकज्ञाक n. *ein Bau von bestimmter Form* Hemâdri 2,a,59,8.

श्रीकण्ठ 1) m. a) *ein best. Vogel.* — b) Bein. Çiva's. Nom. abstr. °ता f. — c) Bez. *best. erlöster Seelen bei den* Çaiva Hemâdri 1,611,9. 823,6. — d) *ein best.* Râga S. S. S. 93. — e) Bein. Bhavabhûti's. — f) N. pr. α) verschiedener Männer. — β) einer Gegend. Auch °देश m. und °विषय m. — γ) eines Berggipfels im Himâlaja. — 2) f. ई Titel einer Abhandlung.

श्रीकण्ठकण्ठ m. Çiva's *Hals.*

श्रीकण्ठकण्ठतटिनी f. Çiva's *Kehle* Ind. St. 15,441.

श्रीकण्ठकण्ठीय्, °यति *dem dunkelblauen Halse* Çiva's *gleichen.*

श्रीकण्ठचरित n. Titel eines Werkes Bühler, Rep. No. 200.

श्रीकण्ठदेव m. wohl N. pr. eines Ǵina Ind. St. 15,394.

श्रीकण्ठनाथीय n. Titel eines Werkes Opp. Cat. 1.

श्रीकण्ठनिलय m. N. pr. eines Landes.

श्रीकण्ठभाष्य n. Titel eines Werkes Opp. Cat. 1.

श्रीकण्ठशर्मन् m. N. pr. eines Mannes.

श्रीकण्ठशिव m. Bein. Çambhunâtha's.

*श्रीकण्ठसख m. Bein. Kubera's.

श्रीकण्ठिका f. *ein best.* Râga S. S. S. 98.

श्रीकण्ठीय Adj. 1) *zu* Çiva *in Beziehung stehend* Bâlar. 110,19. — 2) *zum Autor* Çrîkaṇṭha *in Beziehung stehend.*

*श्रीकन्दा f. *eine Kürbisart* Râǵan. 3,49.

श्रीकट्यस्वामिन् m. Name eines best. Heiligthums Râǵat. 4,209.

श्रीकर 1) Adj. *Wohlfahrt —, Glück bewirkend* Hemâdri 1,576,19. 796,20. — 2) m. a) *Bein. Vishṇu's. — b) N. pr. verschiedener Männer. — 3) f. ई (?) Uttamak. 234. fg. — 4) *n. *die Blüthe der Nymphaea rubra.*

श्रीकरण 1) Adj. *Auszeichnung —, Herrlichkeit bewirkend* Maitr. S. 2,2,5 (19,10). — 2) *n. *Schreibrohr, Schreibpinsel.*

श्रीकरणादि m. *Hauptsecretär* Ind. Antiq. 5,278. 6,210.

श्रीकरणाध्यक्ष m. Bez. *eines best. Beamten,* vielleicht = श्रीकरणादि Kampaka 421.

श्रीकर्ण m. *ein best. Vogel.*

श्रीकर्णदेव m. N. pr. eines *Fürsten.*

श्रीकच्छट m. N. pr. eines Siddha.

श्रीकवच n. Titel eines Kavaka Verz. d. Oxf. H. 94,a,42.

श्रीकादिमततन्त्र n. Titel eines Werkes Burnell, T.

श्रीकान्त m. 1) *Bein. Vishṇu's. — 2) N. pr. eines Mannes.

श्रीकाम 1) Adj. *Auszeichnung —, Herrlichkeit begehrend* Maitr. S. 2,2,5 (19,9. 10). Vaitân. 43,6. 12. — 2) f. आ Bein. der Râdhâ.

*श्रीकारिन् m. *eine Hirschart.*

श्रीकीर्ति f. *ein best. Tact* S. S. S. 210.

श्रीकुञ्ज n. N. pr. eines Tîrtha.

श्रीकुण्ड n. desgl.

श्रीकुल Titel eines Werkes.

श्रीकूर्ममाहात्म्य n. Titel Opp. Cat. 1.

श्रीकृच्छ्र m. *eine best. Kasteiung, bei der man je drei Tage lang Kuhharn, Kuhmist und mit diesen abgegangene Gerstenkörner geniesst.*

श्रीकृष्ण (Burnell, T.), °कृष्णतर्कालंकारभट्टाचार्य, °कृष्णतीर्थ, °कृष्णन्यायवागीशभट्टाचार्य, °कृष्णराय, °कृष्णविद्यावागीश, °कृष्णविप्र, °कृष्णसरस्वती und महामहोपाध्यायश्रीकृष्णसार्वभौम m. N. pr. verschiedener Männer.

श्रीकृष्णालंकार m. Titel eines Commentars.

श्रीकेशव und °केशवाचार्य m. N. pr. eines Mannes.

श्रीक्रम m. Titel eines Werkes.

श्रीक्रियारूपिणी f. Bein. der Râdhâ.

*श्रीक्षत्र oder *°क्षेत्र N. pr. eines Landes.

श्रीखण्ड (*m. n.) *Sandelbaum, Sandel* Râǵan. 12,6. Bhâvapr. 1,184.

श्रीखण्डक Adj. *aus Sandel bestehend* Hemâdri 1,425,13.

श्रीखण्डतमालपत्त्र, °पत्त्रति *ein Stirnzeichen von Sandel darstellen* Prasannar. 149,1.

श्रीखण्डदास m. N. pr. eines Mannes 297,31 (im Prâkrit).

श्रीखण्डपृथ्वीधर und °खण्डशैल m. *das Gebirge* Malaja Vikramâṅkak. 7,10. 8.

श्रीगणेशा f. Bein. der Râdhâ.

श्रीगदित n. *eine Art Schauspiel.*

श्रीगर्भ 1) *Adj. *die Wohlfahrt —, das Glück im Schoosse bergend.* — 2) m. a) Bez. *des Schwertes* und *der Strafe.* — b) Bein. Vishṇu's. — c) N. pr. α) eines Bodhisattva. — β) eines Kaufmanns. — 3) f. आ Bein. der Râdhâ.

*श्रीगर्भरत्न n. *ein best. Edelstein.*

श्रीगिरि m. N. pr. eines *Berges.*

श्रीगुणरत्नकोश m. Titel Opp. Cat. 1.

श्रीगुणलेखा f. N. pr. einer Fürstin.

*श्रीगुप्त m. N. pr. eines Mannes.

श्रीगुरुसहस्रनामस्तोत्र n. und श्रीगोष्ठीमाहात्म्य n. Titel.

*श्रीग्रह m. *eine Tränke für Vögel.*

श्रीग्राम m. N. pr. eines *Dorfes.*

श्रीग्रामर m. Bein. des Astronomen Nârâjaṇa.

श्रीघन 1) m. *a) ein* Buddha. — *b)* N. pr. eines Buddha. — 2) *n. *saure Milch.*

श्रीचक्र n. 1) *ein best. mystischer Kreis.* — 2) **a wheel of* Indra's *car.* — 3) **the circle of the globe or earth.*

श्रीचक्रन्यासकवच n. Titel Burnell, T.

श्रीचङ्कुणविहार m. N. pr. *eines buddh. Klosters.*

श्रीचण्ड m. N. pr. eines (*leidenschaftlichen*) Mannes.

श्रीचन्दन n. *eine Art Sandel* Hem. Par. 1,313.

श्रीचन्द्र m. N. pr. verschiedener Männer. Auch °देव.

श्रीचूर्णपरिपालन n. Titel Opp. Cat. 1.

*श्रीज m. 1) *der Liebesgott.* — 2) = साम्ब.

श्रीजगद्राम m. N. pr. eines Mannes.

श्रीजन्मभूमि f. *die Geburtsstätte der* Çrî Ind. St. 15,318.

श्रीज्योतिरीश्वर m. N. pr. des Verfassers von Dhûrtasamâgama Dhûrtas. 2,4.

श्रीठक्क (wohl °ठक्क) N. pr. einer Oertlichkeit.

*श्रीणा f. *Nacht.*

श्रीतत्त्वबोधिनी f. Titel eines Werkes.

श्रीतल n. *eine best. Hölle.*

श्रीताड m. wohl = श्रीताल Hemâdri 1,544,6.

*श्रीताल m. *ein der Weinpalme ähnlicher Baum* Râǵan. 9,89.

श्रीतीर्थ n. N. pr. eines Tîrtha.

श्रीतेजस् m. N. pr. 1) eines Buddha. — 2) *eines Schlangendämons.

*श्रीत्रिकटुकविहार m. N. pr. *eines buddh. Klosters.*

श्रीद 1) Adj. *Wohlfahrt* u. s. w. *verleihend.* — 2) m. Bein. Kubera's Hem. Par. 2,171. — 3) f. आ Bein. der Râdhâ.

श्रीदत्त m. N. pr. verschiedener Männer Vardhamânak. 1,51.

श्रीदयित m. Bein. Vishṇu's.

श्रीदर्शन m. N. pr. eines Mannes.

श्रीदशाक्षर m. *ein best. zehnsilbiges Gebet.*

*श्रीदातिनगर n. N. pr. einer *Stadt.*

श्रीदामन् m. N. pr. eines Gespielen Krshṇa's.

श्रीदामानन्ददात्री und °दामेश्वरवल्लभा f. Bein. der Râdhâ.

श्रीदुर्गायन्त्र n. *ein best. Diagramm.*

श्रीदेव N. pr. 1) m. verschiedener Männer. — 2) f. आ einer Gattin Vasudeva's.

*श्रीधन N. pr. einer Oertlichkeit.

*श्रीधनकटक N. pr. eines Ḱaitja.

श्रीधन्विपुरीमाहात्म्य n. Titel Opp. Cat. 1.

श्रीधर 1) m. *a)* Bein. und *eine Form* Vishṇu-Krshṇa's. — *b) der Monat* Çrâvaṇa. — *c)* N. pr. verschiedener Männer. Auch °चक्रवर्तिन्, °भट्ट, °यति, °सरस्वती, श्रीधराचार्य, श्रीधरानन्दयति und श्रीधरार्य (Burnell, T.). — 2) n. *ein Ammonit von best. Form.*

श्रीधरमालव m. N. pr. eines Mannes.

श्रीधरसेन m. N. pr. eines Fürsten.

श्रीधरस्वामिन् m. N. pr. eines bekannten Gelehrten. Auch °स्वामियति.

श्रीधरीय n., °व्याख्या f. und °संहिता f. Titel Opp. Cat. 1.

श्रीधरेलनगर n. N. pr. einer *Stadt.*

श्रीधामन् n. *die Wohnstätte der* Çrî.

*श्रीध m. = श्रीधर.

श्रीनगर n. und श्रीनगरी f. N. pr. einer *Stadt.*

श्रीनन्दन m. 1) *Metron. des Liebesgottes. — 2) *ein best. Tact* S. S. S. 212.

श्रीनरेन्द्रप्रभा f. ein Frauenname.

श्रीनरेन्द्रेश्वर m. Bez. *einer von* Çrînarendraprabhâ *errichteten Statue des* Çiva.

श्रीनाथ m. 1) Bein. Vishṇu's. — 2) N. pr. verschiedener Männer. Auch °भट्ट und °नाथाचार्य.

श्रीनाथशर्मन् m. N. pr. eines Autors.

श्रीनारदपुराण n. Titel eines Purâṇa VP.² 1,li.

श्रीनिकेत 1) m. *a) ein Muster von Schönheit.* — *b) Lotusblüthe.* — 2) n. *das Harz der Pinus longifolia.*

श्रीनितम्बा f. Bein. der Râdhâ.

श्रीनिधि m. Bein. Vishṇu's.

श्रीनिवास 1) m. *a) die Wohnstätte der* Çrî. — *b)* Bein. Vishṇu-Krshṇa's. — *c)* N. pr. verschiedener Männer. Auch °दास (Burnell, T.), °दीक्षित (ebend.), °भट्ट, °वामाचार्य (Burnell, T.) und °वासातिरात्रयाजिन् (ebend.). — *d) *das Harz der Pinus longifolia.* — 2) f. आ Bein. der Râdhâ.

श्रीनिवासक m. = श्रीनिवास 1) *d)* Ḱaraka 6,26.

श्रीनिवासदीक्षितीय n., °वासदीपिका f., °वासमाहात्म्य n. und °वासीय n. Titel Opp. Cat. 1. Burnell, T.

श्रीनीलकण्ठ m. wohl N. pr. eines Ǵina Ind. St. 15,394.

श्रीपञ्चमी f. *der 5te Tag in der lichten Hälfte des* Mâgha Ind. Antiq. 9,192.

श्रीपति m. 1) **Fürst, König.* — 2) Bein. Vishṇu-Krshṇa's Spr. 7822. Çiç. 13,69. 18,80. Statt dessen श्रियः पतिः 15,27. — 3) N. pr. verschiedener Männer. Auch °भट्ट.

श्रीपतिग्रन्थ m. und °पतिजातक n. Titel Opp. Cat. 1.

श्रीपतिदत्त m. N. pr. eines Grammatikers.

श्रीपतिभाष्य n., °पतिसंहिता f. und °पतिसमुच्चय m. Titel.

श्रीपत्तन n. N. pr. einer *Stadt* Ind. St. 14,99.

*श्रीपथ m. *Hauptstrasse.*

*श्रीपदी f. *eine Jasminart* Râǵan. 1,226.

श्रीपद्धति f. Titel eines Werkes Bühler, Rep. No. 495.

श्रीपद्म m. Bein. Krshṇa's.

श्रीपर्ण 1) n. *a) Premna spinosa oder longifolia* Hemâdri 1,560,3. Geschlecht unbestimmt. — *b) Lotusblüthe.* — 2) f. ई *a) Gmelina arborea* Râǵan. 9,35. Hemâdri 1,173,6. Nach den Lexicographen auch *Premna spinosa oder longifolia, Pistia Stratiotes, Salmalia malabarica* und *eine Art Solanum* Râǵan. 9,20. 22.

श्रीपर्णि (metrisch) f. = श्रीपर्णी *Gmelina arborea* Hemâdri 1,173,2.

*श्रीपर्णिका f. *Myristica malabarica* und *Myrica sapida* Bhâvapr. 1,175.

श्रीपर्वत m. N. pr. verschiedener *Berge* Vishnus. 85,34.

श्रीपर्वतीय Adj. von श्रीपर्वत VP.² 4,208.

*श्रीपा Adj. *Schönheit* —, *Wohlfahrt* u. s. w. *schützend.*

श्रीपाञ्चरात्र n. (Sarvad. 55,18) und °रात्राराधन n. (Opp. Cat. 1) Titel.

श्रीपाद m. N. pr. verschiedener Männer.

श्रीपाल m. N. pr. 1) eines Fürsten. — 2) eines Ǵaina-Lehrers Ind. Antiq. 11,69.

श्रीपालकविराज m. N. pr. eines *Dichters.*

श्रीपालचरित n. Titel eines Werkes.

*श्रीपिष्ट m. *das Harz der Pinus longifolia.* Richtig श्रीवेष्ट.

श्रीपुट m. *ein best. Metrum.*

श्रीपुटोष्ठ Adj. *schön geschlossene Lippen habend.*

*श्रीपुत्र m. 1) Bein. *des Liebesgottes.* — 2) *Pferd.*

श्रीपुरनगर n. N. pr. einer *Stadt.*

श्रीपुरुषोत्तमतत्त्व n. Titel.

*श्रीपुष्प n. 1) *Gewürznelke* Râǵan. 12,85. — 2) *das Holz von Cerasus Puddum.*

श्रीपूजामहापद्धति f. Titel eines Werkes Bühler, Rep. No. 496.

श्रीप्रद Adj. (f. आ) *Wohlfahrt* u. s. w. *verleihend.*

*श्रीप्रभाव m. Bein. Kambala's.

*श्रीप्रसून n. *Gewürznelke* Râǵan. 1,188.

*श्रीप्रिय n. *Auripigment.*

श्रीफल 1) m. *Aegle Marmelos* Rāǵan. 11,191. — 2) *f. श्रा *die Indigopflanze* Rāǵan. 4,82. — 3) *f. ई *a) die Indigopflanze.* — *b) Myrobalane.* — 4) n. *a) die Frucht* —, *der Lohn der Pracht* u. s. w. — *b) die Prachtfrucht*, d. i. *die Frucht von Aegle Marmelos.*

श्रीफलकृच्छ्र m. *eine Kasteiung, bei der man* (einen Monat lang) *nur die Früchte von Aegle Marmelos geniesst*, Vishṇus. 46,16.

*श्रीफलिका f. 1) *eine best. Cucurbitacee* Rāǵan. 7,220. — 2) *eine Art Indigo* Rāǵan. 4,86.

श्रीबक (°वक gedr.) m. N. pr. eines Mannes.

श्रीबप्प m. desgl. Ind. Antiq. 5,212. 6,21. Vgl. श्रीबब्व.

श्रीबप्पपादीयविहार m. Name *eines buddh stischen Klosters* Ind. Antiq. 6,12.

श्रीबब्व m. N. pr. = श्रीबप्प Ind. Antiq. 5,212.

श्रीबलि m. N. pr. eines Dorfes.

श्रीबाप *ein best. Kleidungsstück* Pańkad. 27.

श्रीभक्त m. *Glücksspeise*, vom Madhuparka gesagt Gobh. (Knauer) 4, 10, 15. Mantrabr. 2, 8, 12. Vgl. श्रीर्भक्त.

श्रीभड m. N. pr. eines Mannes.

श्रीभद्र 1) *m. oder f. (श्रा) *eine Cyperusart.* — 2) m. N. pr. *a)* *eines Schlangendämons. — *b)* eines Autors. — 3) f. श्रा N. pr. *a)* einer Göttin. — *b)* der zweiten Gemahlin Bimbisāra's.

श्रीभर्तर् m. Bein. Kṛshṇa's Çiç. 12,77.

श्रीभानु m. N. pr. eines Sohnes des Kṛshṇa.

श्रीभाष्य n., °दीप m., °वृत्ति f., °वृत्त्युपन्यास m., °संग्रह m. und °भाष्यान्धटीका f. Titel Opp. Cat. 1.

श्रीभुज° *die Arme einer hochgestellten Persönlichkeit.*

*श्रीभ्रातर् m. *Pferd* Rāǵan. 19,34.

श्रीमङ्गल N. pr. 1) m. eines Mannes. — 2) einer Oertlichkeit. Als n. eines Tīrtha.

श्रीमच्छतशलाकिन् Adj. *mit hundert schönen Rippen versehen* (Sonnenschirm) MBh. 8,60,41.

श्रीमञ्जु m. N. pr. eines Berges.

*श्रीमणस् Adj. = श्रीमनस्.

श्रीमण्डप m. N. pr. eines Berges.

श्रीमत्तित्तर n. Titel eines Werkes.

*श्रीमत्कुम्भ n. *Gold.*

श्रीमत्ता f. *Pracht, Schönheit.*

श्रीमद m. *Geldstolz* Ind. St. 15,270.

श्रीमद्दत्तोपनिषद् f. Titel einer Upanishad.

श्रीमनस् Adj. etwa *gut gestimmt.*

श्रीमत् 1) Adj. *a) prächtig, schön.* — *b) goldreich* (der Meru). — *c) eine hohe Stellung einnehmend, vornehm, in hohem Ansehen stehend, reich;* m. *ein grosser, vornehmer Herr.* — *d) in vollem Ornat, mit den Insignien versehen* (ein Fürst). Auch in Comp. mit Personennamen und Büchertiteln. — *e) Glück bringend.* — 2) m. *a)* * *Ficus religiosa* (Rāǵan. 11,114) und = तिलक. — *b)* * *Papagei.* — *c)* *Bein. α) Vishṇu's. — β) Kubera's. — γ) Çākjamitra's. — *d)* N. pr. eines Sohnes des Nimi. — 3) f. °मती N. pr. *a)* einer der Mütter im Gefolge Skanda's. — *b)* verschiedener Frauen.

श्रीमत्त (metrisch) Adj. = श्रीमत् 1) *a)* Hemādri 2,*a*,124,17.

श्रीमन्त्र m. *ein Gebet an die Çrī* Verz. d. Oxf. H. 93,*b*,19. 105,*b*,15. 16.

श्रीमन्नपुरी f. *Residenzstadt* Viddh. 97,8.

श्रीमन्मन्य Adj. *glaubend, dass man im Besitz der Çrī sei*, Bhaṭṭ.

श्रीमय Adj. *in der Çrī aufgehend* (Vishṇu).

*श्रीमला und *°मलापह्वा f. *eine best. Staude* Rāǵan. 5,32.

श्रीमल्लकर्णि m. N. pr. eines Fürsten VP.² 4,200.

*श्रीमस्तक m. *eine Art Knoblauch.*

श्रीमहादेवी f. N. pr. der Mutter Çaṁkara's.

श्रीमहिम्न्, °म्नः स्तवः *ein best. Lobgesang.*

श्रीमाल N. pr. eines Gebiets und der darin gelegenen Stadt. °खण्ड und °माहात्म्य n. Titel.

*श्रीमालादेवीसिंहनादसूत्र n. Titel eines buddh. Sûtra.

श्रीमुख m. *das 7te Jahr im 60jährigen Jupitercyclus.*

श्रीमुष्टिमाहात्म्य n. und श्रीमुष्णमाहात्म्य n. Titel Burnell, T.

*श्रीय Adj. von 5. श्री.

श्रीयक m. N. pr. eines Sohnes des Çakaṭāla Hem. Par. 8,4.

श्रीयशस् m. N. pr. eines Fürsten.

श्रीयशसे n. Pl. *Auszeichnung und Herrlichkeit* Çat. Br. 12,8,3,1.

श्रीयशस्काम Adj. *Auszeichnung und Herrlichkeit begehrend* Kātj. Çr. 4,15,18.

श्रीयामल n. Titel eines Tantra.

श्रीर Adj. in अश्रीर.

श्रीरङ्ग 1) m. *ein best. Tact* S. S. S. 163. 207. — 2) n. N. pr. einer Stadt. श्रीरङ्गेश *der Fürst von* Rañgeça, श्रीरङ्गेश्वरी f. *die Fürstin von* Rañgeça Verz. d. Oxf. H. 130,*a*, No. 235.

श्रीरङ्गगुरुस्तोत्र n. Titel eines Stotra Opp. Cat. 1.

श्रीरङ्गनाथ m. 1) *eine Form* Vishṇu's. — 2) N. pr. eines Mannes.

श्रीरङ्गनाथप्रपत्ति f., °नाथसुप्रभात n., °नाथाराधनक्रम m., श्रीरङ्गमाहात्म्य n., श्रीरङ्गराजचतुष्टय n. und श्रीरङ्गराजस्तव m. Titel Opp. Cat. 1.

*श्रीरत्नगिरि m. N. pr. einer Oertlichkeit.

श्रीरस m. *das Harz der Pinus longifolia.*

श्रीराग m. *ein best.* Râga S. S. S. 37.

श्रीराजचूडामणिदीक्षित m. N. pr. eines Autors Burnell, T.

श्रीराधावल्लभ m. *eine Form* Vishṇu's.

श्रीराम m. 1) = राम als *Incarnation* Vishṇu's. — 2) N. pr. eines Autors Burnell, T.

श्रीरामकल्पद्रुम m., °रामनवमीनिर्णय m., °रामपद्धति f., °राममङ्गल n., °रामरहा f., °रामस्तुति f. und °रामोदन्त m. Titel Opp. Cat. 1.

श्रीराष्ट्रमित्रायुष्काम Adj. *Herrlichkeit, Herrschaft, Freunde und langes Leben wünschend* Kātj. Çr. 5,12,1.

श्रीरुद्रहृदयोपनिषद् f. Titel einer Upanishad Opp. Cat. 1.

श्रीरूपा Adj. f. *die Gestalt der Çrī habend* (Rādhā).

श्रीर्भक्त m. Gobh. 4,10,15 fehlerhaft für श्रीभक्त (so Knauer).

श्रील Adj. (f. श्रा) 1) *schön.* — 2) *eine hohe Stellung einnehmend, hochberühmt.*

श्रीलक्षण Adj. *durch die Çrī gekennzeichnet* Bhāg. P. 2,2,10.

श्रीलक्ष्मन् m. N. pr. eines Mannes, = लक्ष्मीधर.

श्रीलता (Nom. abstr. von श्रील und auch = श्री-लता) 1) f. *eine hohe Stellung* und *die Liane der hohen Stellung* Rāǵat. 6, 232. — 2) **eine best. Pflanze*, = महाज्योतिष्मती Rāǵan. 3,72.

श्रीलाभ m. N. pr. verschiedener Männer.

श्रीलेखा f. N. pr. einer Fürstin.

श्रीव, श्रीवपति AV. 6,73,2 = स्रीव.

श्रीवचनभूषणमीमांसा f. Titel eines Werkes Opp. Cat. 1.

श्रीवत्स m. 1) *eine best. Figur*, insbes. *ein Haarwirbel von dieser Form auf* Vishṇu's (Kṛshṇa's) *Brust* und auch *auf der anderer göttlicher Wesen.* — 2) *Bein. Vishṇu's. — 3) **ein Gang in einer Mauer von einer best. Form.* — 4) **the name of one of the lunar asterisms.* — 5) N. pr. eines Mannes Ind. St. 15,224.

*श्रीवत्सकिन् Adj. *auf der Brust und auf der Stirn einen Haarwirbel in der Gestalt eines* Çrīvatsa *habend* (Pferd).

*श्रीवत्सभृत् m. Bein. Vishṇu's.

श्रीवत्सलाञ्छन m. Bein. 1) *Vishṇu's — 2) Maheçvara's.

श्रीवत्साङ्क 1) Adj. *den Çrīvatsa zum Zeichen habend.* — 2) m. *a)* *Bein. Vishṇu's. — *b)* N. pr.

eines Mannes.

*श्रीवद m. *ein best. Vogel* H. an. 3,80. Deçîn. 1, 67. 6,144.

श्रीवत् Adj. *das Wort* श्री *enthaltend.*

श्रीवभास (!) m. N. pr. eines Mannes.

श्रीवर m. N. pr. eines Autors.

*श्रीवरबोधिभगवत् m. N. pr. eines Mannes.

*श्रीवराह m. Vishṇu *als Eber.*

श्रीवर्धन m. 1) *eine best. Composition* S. S. S. 166. — 2) N. pr. eines Mannes.

*श्रीवल्ली f. 1) *Acacia concinna* Râǵan. 8,75. — 2) *eine Jasminart* Râǵan. 10,87.

श्रीवह m. N. pr. eines Schlangendämons.

श्रीवाञ्छेश्वरमाहात्म्य n. Titel Burnell, T.

*श्रीवाटी f. *eine Art* Nâgavallî Râǵan. 11,256.

*श्रीवारक m. *Marsilea quadrifolia* Râǵan. 4,50.

1*श्रीवास m. *die Wohnstätte der Pracht* u. s. w. 1) Bein. Vishṇu's. — 2) *Lotusblüthe.*

2. श्रीवास m. *Prachtgeruch, Bez. des Harzes der Pinus longifolia* Râǵan. 12,158. Bhâvapr. 1,187.

श्रीवासक (Varâh. Jogaj. 7,11) m. und *श्रीवासस् m. dass.

श्रीविद्या f. 1) *eine Form der* Durgâ. — 2) Titel eines Werkes Bühler, Rep. No. 497. °पद्धति f. und °पूजापद्धति f. desgl.

श्रीविष्णुपदी Adj. f. *an des göttlichen* Vishṇu *Füssen hängend* Bhâg. P. 2,3,23.

श्रीवृक्ष m. 1) *Ficus religiosa.* Angeblich auch *Aegle Marmelos.* — 2) *eine best. Figur,* auch *ein Haarwirbel von dieser Form auf der Brust eines Pferdes.*

*श्रीवृक्षक m. *ein Haarwirbel von best. Form auf der Brust und Stirn eines Pferdes.*

श्रीवृक्षकिन् Adj. *mit einem solchen Haarwirbel versehen.*

श्रीवृद्धि f. N. pr. einer Gottheit des Bodhi-Baumes.

*श्रीवेष्ट und श्रीवेष्टक m. *das Harz der Pinus longifolia* Râǵan. 12,158. Bhâvapr. 1,187.

श्रीवैद्यनाथमाहात्म्य n. Titel Burnell, T.

श्रीवैष्णव m. *eine best.* Vishṇu'*itische Secte.* °वैष्णवाचारसंग्रह m. Titel Opp. Cat. 1.

श्रीश Bein. 1) m. *a)* Vishṇu-Kṛshṇa's. — *b)* *Râma's. — 2) f. आ der Râdhâ.

श्रीशल्मलीभाण्ड n. N. pr. eines Tîrtha.

श्रीशातकर्णि m. N. pr. eines Fürsten VP. 4,24,12.

श्रीशान्त m. N. pr. eines Mannes.

श्रीशुकतीर्थ n. N. pr. eines Tîrtha.

श्रीशैल m. N. pr. verschiedener Berge. °खण्ड (Opp. Cat. 1), °माहात्म्य n. (Burnell, T.).

श्रीश्यामलाम्बास्तोत्र n. (Burnell, T.), श्रीश्लोकपद्धति f. (Bühler, Rep. No. 677) und श्रीषवायण n. Titel.

श्रीषेण N. pr. 1) m. verschiedener Männer. — 2) f. आ einer Frau Hem. Par. 2,81.

श्रीसंहिता f. Titel einer Saṃhitâ.

श्रीसंग्राम m. N. pr. eines Maṭha.

*श्रीसंज्ञ n. *Gewürznelke* Bhâvapr. 1,188.

श्रीसंभूता f. *die 6te Nacht im* Karmamâsa.

*श्रीसहोदर m. *der Mond.*

श्रीसिद्धि f. *der 16te astrol.* Joga Ind. Antiq. 9,191.

श्रीसुख m. N. pr. eines Autors Burnell, T.

श्रीसूक्त n. angeblich *das Lied* Ṛv. 1,165 Agni-P. 41,8. Hemâdri 1,731,15. °भाष्य n. Opp. Cat. 1.

श्रीसेन m. = श्रीषेण 1).

श्रीस्तुति f. Titel Opp. Cat. 1.

श्रीस्थल n. N. pr. eines Tempels des Çiva. °माहात्म्य n.

श्रीस्मरणदर्पण m. Titel eines Werkes.

*श्रीस्रज n. copul. Comp. von 5. श्री und स्रज्.

श्रीस्वरूप m. N. pr. eines Schülers des Kaitanja.

श्रीस्वरूपिणी Adj. f. *das Wesen der* Çrî *besitzend* (Râdhâ).

श्रीस्वामिन् m. N. pr. verschiedener Männer.

श्रीहट्ट N. pr. einer Stadt (Silhet).

श्रीहर Adj. (f. आ) *Schönheit* u. s. w. *raubend,* so v. a. *Alle an Schönheit übertreffend.*

श्रीहरि m. *der göttliche* Hari (Vishṇu). °स्तोत्र n. Titel.

श्रीहर्ष (290,22), °कवि (Burnell, T.) und °देव m. N. pr. eines berühmten fürstlichen Autors. Vgl. auch हर्ष.

*श्रीहस्तिनी f. *Heliotropium indicum.*

1. श्रु, शृणोति 1) Act. Med. (später nur metrisch) *hören, vernehmen, erfahren, — Etwas* oder *über* (Acc.), — *von Jmd* (Gen., Abl., Instr., मुखात् oder सकाशात्), — *dass ist* u. s. w. (mit doppeltem Acc.), *hören —, achten auf Etwas* (Acc.) oder *Jmd* (Gen.); *beim Lehrer hören, lernen, studiren.* — 2) Med. (vedisch) und Pass. *gehört —, vernommen werden, — über* (Acc.), — *von Jmd* (Gen., Abl. oder मुखात्); *gehört werden, dass ist* u. s. w., *bekannt sein als, heissen* (mit prädicativem Nomin.); *beim Lehrer gehört* oder *studirt werden, gelehrt werden, in einem Werke* (Loc.) *gelesen werden; gehört —,* so v. a. *ausgesprochen —, in der Rede angewandt werden* (von einem Worte). Häufig impers. श्रूयते *man hört* oder *ich höre, — von Jmd* (Abl.), — *über* (Gen.); *man liest in* (Loc.); श्रूयताम् *man höre* oder *höre* (2te Sg.). — 3) शुश्रुवंस् *a) gehört habend* (Ṛv. 7,70,5. 10,71,5), — *dass ist* u. s. w. (mit doppeltem Acc.). Auch statt des verbi finiti. — *b) der gehört —,* d. i. *gelernt hat, ein Studirter.* — 4) श्रुत *a) gehört, vernommen, worüber* oder *über wen man durch's Ohr eine Kunde hat.* Häufig n. impers. पुराणे यन्मया श्रुतम् so v. a. *was ich im* Purâṇa *gelesen habe.* — *b) erwähnt, genannt, in der heiligen Lehre enthalten.* — *c) bekannt als,* so v. a. *genannt.* — *d) bekannt,* so v. a. *berühmt, gefeiert.* — Caus. श्रवयति (vedisch) und श्रावयति (metrisch auch Med.) 1) *hören lassen, verkünden, hersagen* Çiç. 18,16. — 2) *Jmd hören lassen, zu Jmd sprechen, anreden, Jmd Etwas mittheilen, — durch Jmd* (Instr. 47,15); mit Acc. der Sache und Acc., Gen. oder Dat. der Person. *Jmd* (Acc.) *mittheilen, dass ist* (mit prädicativem Acc.). Pass. *zu hören bekommen, — Etwas* (Acc.). — 3) श्रावित *a) verkündet, gesprochen, mitgetheilt.* — *b) angemeldet.* — *c) genannt, heissend.* — *d) der Etwas* (Acc.) *zu hören bekommen hat, — vernommen hat* Kâd. 2,8,10 (14). — *e)* n. *das im Ritual Zugerufene.* — Desid. शुश्रूषते (metrisch auch Act.) 1) *Etwas* (Acc.) *hören wollen, gern hören* (Âpast. 1,6,13), *Jmd* (Dat.) *gern zuhören.* शुश्रूषित (!) Çat. Br. 14,9,4,17. — 2) *gehorchen, Jmd seine Aufmerksamkeit bezeigen, zu Jmds Dienst sein* (auch von der *Bedienung* des Feuers); mit Acc., ausnahmsweise mit Gen. Pass. शुश्रूष्यते *bedient werden.* शुश्रूषित *bedient* 41,28. — *Desid. vom Caus. शिश्रावयिषति und शुश्रावयिषति. — Caus. von Desid. शुश्रूषयति *zu Jmds* (Acc.) *Dienst sein.* Nur Kull. — Mit अति Med. *über* (Alles) *gepriesen werden* Ṛv. 8,2,34. — Mit अनु 1) *hören, zu Ohren bekommen von* (Acc.). एवमनुश्रूयते so v. a. *so wird erzählt* Harshaḱ. 2,10. अनुश्रुत *gehört von* (Gen.). — 2) *zu hören bekommen,* so v. a. *lernen, — von* (सकाशात्) Kâraṇḍ. 63,16. 95,24. — 3) *von Neuem —, wieder hören.* — Caus. *Jmd Etwas hören lassen,* so v. a. *Jmd Etwas mittheilen;* mit doppeltem Acc. Karaka 1,9. — Desid. Med. *Jmd* (Acc.) *gehorchen.* — Mit अभि 1) *hören, vernehmen, — dass ist* (mit doppeltem Acc.). — 2) अभिश्रुत *bekannt.* — Caus. *Jmd Etwas hören lassen, zu Jmd* (Acc.) *sprechen* (Ait. Br. 1,3,14); *über Jmd Etwas sprechen, besprechen;* mit doppeltem Acc. oder mit Instr. des Spruches und Acc. der Person. — Mit आ 1) *hinhören, horchen, lauschen auf Etwas* (Acc.) oder *Jmd* (Gen. oder Dat.). — 2) *hören, vernehmen.* आश्रुततरम् Adv. *recht vernehmlich.* — 3) *zusagen, versprechen;* mit Acc. der Sache und Dat. der Person. आश्रुत *zuge-*

sagt, versprochen. — 4) आश्रुत n. das im Ritual Zugerufene. — Caus. 1) verkünden, bekannt machen. — 2) anreden, anrufen, Jmd Etwas sagen (mit doppeltem Acc.). — 3) im Ritual zurufen, insbes. vom Adhvarju, wenn er den Agnîdh zum Aussprechen der श्रौषट्-Formel auffordert. आश्रावित n. das im Ritual Zugerufene. — 4) herbeirufen, zu sich heranlocken Bhaṭṭ. — 5) besprechen. — *Desid. आशुश्रूषति. — Mit अभ्या Caus. Jmd anreden Ait. Br. 1,3,14. Vgl. अभ्याश्रावण Nachtr. 1. — Mit प्रत्या, प्रत्याश्रुत n. das im Ritual als Erwiederung Zugerufene. — Caus. den rituellen Zuruf beantworten AV. 9,6,50. Vaitân. प्रत्याश्रावित n. = प्रत्याश्रुत. — Mit समा Caus. Jmd (Acc.) mittheilen, dass ist (mit doppeltem Acc.). — Mit उप 1) Etwas (Acc.) anhören, hören, vernehmen (Gaut. 12,4. Çiç. 15,125[91]. Vâsav. 280,4), — von (Abl., मुखात् oder सकाशात्), — dass ist (mit doppeltem Acc. Chr. 324,16), Jmd (Acc. oder Gen.) anhören. उपश्रुत gehört, vernommen. — 2) *उपश्रुत zugesagt, versprochen. — Desid. Med. zuhören, aufmerken. — Mit समुप Etwas (Acc.) anhören, hören, vernehmen, Jmd (Gen.) vernehmen, von Jmd (Abl.) hören. — Mit परि 1) Etwas hören —, vernehmen über (Acc.), hören, dass ist (mit doppeltem Acc.). — 2) परिश्रुत a) gehört, vernommen, — von (Gen., Instr. oder im Comp. vorangehend), — dass ist (mit doppeltem Nomin.). Auch n. impers. — b) bekannt als, geltend für, gekannt als, genannt (mit prädicativem Nomin.) 83,14. — c) bekannt, so v. a. berühmt MBh. 12,49,84. — d) MBh. 4,1610 fehlerhaft für प्रतिश्रुत. — Mit प्र Med. 1) gehört werden, sich hören lassen. — 2) bekannt —, berühmt werden. — Mit अतिप्र Med. vor Andern bekannt oder berühmt werden. — Mit प्रति 1) hinhören, sein Ohr leihen (ṚV. 1,25,20), — Jmd (Gen. Vaǵrakkh. 20,14); Med. vernehmlich sein ṚV. 1,169,7. प्रतिश्रुत gehört, vernommen. — 2) bejahen, zusagen, versprechen; mit Acc. der Sache und Dat. oder Gen. der Person. प्रतिश्रुत zugesagt, versprochen. सा च पित्रा दातुं प्रतिश्रुता so v. a. und der Vater versprach sie zu geben (zur Ehe). Auch n. impers. 82,6. प्रतिश्रुते nachdem die Zusage erfolgt ist. दातुमनेन प्रतिश्रुते. — 3) प्रतिश्रुत widerhallend. — 4) प्रतिश्रुत Hariv. 1937 fehlerhaft für परिश्रुत. — Caus. antworten AV. 9,6,50. — *Desid. प्रतिशुश्रूषति. — Mit संप्रति Etwas (Acc.) Jmd (Dat.) zusagen, versprechen. — Caus. Jmd veranlassen eine Zusage zu machen, Jmd ein Versprechen abnehmen. — Mit वि 1) vernehmen, hören. Pass. gehört werden. — 2) Med. (vedisch) und Pass. bekannt —, berühmt werden. — 3) विश्रुत a) gehört, vernommen. — b) bekannt, — als (Nomin.). — c) bekannt als (Nomin.), so v. a. genannt. — d) weithin bekannt, berühmt. — e) *froh. — Caus. 1) Etwas oder Jmd hören lassen, Etwas verkünden, mittheilen (नाम seinen Namen nennen), — Jmd Etwas (mit doppeltem Acc.; v. l. Loc. der Person). — 2) berühmt machen. — 3) erschallen machen. — Mit अभिवि, °श्रुत bekannt als (Nomin.), genannt. — Mit सम् 1) hören, vernehmen, — von (मुखात्), hören auf Jmd (Acc.). Med. sich vernehmen. Pass. nach Hörensagen sein sollen; यथा संश्रूयते wie man hört, — liest. संश्रुत gehört, vernommen; gelesen in (Loc.). — 2) zusagen, versprechen, — Jmd (Loc. oder Dat.). संश्रुत zugesagt, versprochen, — Jmd (Gen.). — Caus. 1) hören lassen, verkünden (नाम seinen Namen nennen), Etwas (Acc.) zu Jmds (Dat. oder Acc.) Ohren bringen. संश्रावित vorgelesen. — 2) erschallen machen. — Mit अभिसम् hören, vernehmen. — Mit प्रतिसम् Jmd (Gen.) zusagen, versprechen.

2. श्रु = स्रु sich in Bewegung (namentlich der Theile) setzen, auseinandergehen, zerfliessen. Nur श्रुवत् und श्रुवत्तु. In späteren Schriften einfach Fehler für स्रु. — Mit आ (nur श्रौ — अश्रोत्) weichen, nachgeben. — Mit प्र Caus. (°श्रवयति und °श्रावयति) vorwärts bringen. — Mit वि in 2. विश्रुति. — Mit सम्, संश्रुत zusammengeflossen.

श्रुकन्दलि scheinbar Verz. d. B. H. 196,7, wo aber शुद्धबुद्धस्य क° zu lesen ist.

*श्रुघ्निका f. schlechte Schreibart für स्रु°.

श्रुच् f. schlechte Schreibart für स्रुच्.

श्रुण in सुश्रुण.

1. श्रुत् Adj. hörend in श्रुत्कर्ण und häufig am Ende eines Comp.

2. श्रुत् ṚV. 1,53,9 = स्रुत् Fluss.

श्रुत 1) Adj. s. u. 1. श्रु. — 2) m. N. pr. eines Sohnes des Bhagîratha, des Kṛshṇa, des Subhâshaṇa und des Upagu. — 3) f. श्रुता N. pr. einer Tochter Dîrghadaṃshṭra's. — 4) n. a) das Gehörte, Gelernte, Ueberlieferte; Gelehrsamkeit, Wissen, insbes. heiliges AV. 6,41,1. Personificirt als ein Kind Dharma's und der Medhâ. — b) das Hören. — c) Unterricht (den man ertheilt oder empfängt) Âpast. 1,8,28. 13,18. श्रुतं कर lernen 19. — d) Erinnerung.

श्रुतऋषि (श्रुतर्षि zu sprechen) Adj. berühmte Ṛshi habend.

श्रुतकक्ष m. N. pr. eines Liedverfassers.

श्रुतकर्मन् m. N. pr. eines Sohnes des Sahadeva, des Arǵuna und des Somâpi.

श्रुतकाम Adj. Gelehrsamkeit sich wünschend Çâṅkh. Çr. 15,10,4.

श्रुतकीर्ति N. pr. 1) m. eines Sohnes des Arǵuna und eines andern Mannes Ind. Antiq. 6,23. 26. — 2) f. einer Tochter Kuçadhvaǵa's und Çûra's.

श्रुतकीर्तिभोज m. N. pr. eines Mannes B. A. J. 9,235.

*श्रुतकेवलिन् m. Pl. Bez. bestimmter Heiliger (sechs an der Zahl) bei den Ǵaina.

श्रुतंजय m. N. pr. eines Sohnes des Senaǵit und des Satjâju.

श्रुततस् Adv. 1) als wenn man es gehört hätte Gobh. 3,5,28. — b) in Bezug auf Gelehrsamkeit.

श्रुतत्व n. das Ueberliefertsein, Gelehrtwerden.

श्रुतदीप m. Titel eines Werkes Opp. Cat. 1.

श्रुतदेव 1) m. a) ein Gott in Bezug auf Gelehrsamkeit. — b) N. pr. eines Sohnes und eines Dieners des Kṛshṇa. — 2) f. आ N. pr. einer Schwester Vasudeva's. — 3) *f. ई die Göttin der Gelehrsamkeit, Sarasvatî.

श्रुतधर 1) Adj. (einmal) Gehörtes behaltend, ein gutes Gedächtniss habend. — 2) m. a) Ohr. — b) Pl. Bez. der Brahmanen im Dvîpa Çâlmala. — c) N. pr. eines Fürsten und eines Dichters.

श्रुतधर्मन् m. N. pr. eines Sohnes des Udâpi Hariv. 1,32,100.

श्रुतधारण Adj. = श्रुतधर 1).

श्रुतधि m. N. pr. eines Mannes.

श्रुतध्वज m. N. pr. eines Kriegers.

श्रुतनिगादिन् Adj. (einmal) Gehörtes herzusagen im Stande seiend Sâmav. Br. 2,7,4. fgg. Nom. abstr. °दित्व n. Comm.

श्रुतंधर m. eine Art Pavillon Vâstuv. 831.

श्रुतपारग Adj. überaus gelehrt R. Gorr. 1,35,3.

श्रुतपूर्व Adj. (f. आ) früher gehört, vom Hörensagen bekannt (der Kenner im Instr. oder Gen., der Mittheiler im Abl.) R. Gorr. 1,69,22. Çâk. 95,5. Mâlav. 67,3.

श्रुतप्रकाशिका f. und °खण्डन n. Titel Opp. Cat. 1.

श्रुतप्रकाशिकाचार्य m. N. pr. eines Autors. °कृतरहस्यत्रय n. Titel Opp. Cat. 1.

श्रुतिप्रकाशिकातात्पर्यदीपिका f., °प्रकाशिकासंग्रह m., श्रुतप्रदीप m. und श्रुतप्रदीपिका f. Titel Opp. Cat. 1.

श्रुतबन्धु m. N. pr. eines vedischen Dichters.

श्रुतबोध m. Titel einer Metrik.

श्रुतभावप्रकाशिका f. Titel eines Werkes Opp. Cat. 1.

श्रुतभृत् Adj. *kenntnissreich, gelehrt* Hem. Par. 1,293.

श्रुतमात्र n. *blosses Anhören* Çrut. 1.

श्रुतयुक्त Adj. *kenntnissreich, gelehrt* Varâh. Bṛh. S. 15,11.

श्रुतर् in einer Formel TS. 2,4,7,2 = श्रुत: Nomin.; vgl. Kuhn's Beitrr. 3,391.

श्रुतरथ entweder Adj. *einen berühmten Wagen habend* oder m. N. pr. eines Mannes.

श्रुतर्य m. N. pr. eines Mannes.

श्रुतर्वन् m. desgl.

1. श्रुतर्षि m. *ein durch Gelehrsamkeit ausgezeichneter* Ṛshi Âpast.

2. श्रुतर्षि Adj. *berühmte* Ṛshi *habend* TBr. 2,5,6,1.

श्रुतवदन Adj. *den man gern reden hört* Ait. Âr. 364,14.

श्रुतवत् 1) Adj. *a) gehört habend, — Etwas* (Acc.) 173,21. — *b) kenntnissreich, gelehrt.* — *c) mit Wissen verbunden, auf W. beruhend.* — 2) m. N. pr. eines Sohnes des Somâpi.

श्रुतवर्धन m. N. pr. eines Arztes.

श्रुतवर्मन् m. N. pr. eines Mannes.

*श्रुतविंशतिकोटि Hiouen-thsang 2, 66. 67. 148 fehlerhaft für श्रोणकोटिविंश.

श्रुतविद्द m. N. pr. eines Mannes.

श्रुतविन्दा f. N. pr. eines Flusses.

श्रुतविस्मृत Adj. *gehört und wieder vergessen.*

श्रुतवृत्ताढ्य Adj. *gelehrt und gesittet* R. Gorr. 1,79,16.

श्रुतवृत्तोपपन्न Adj. dass. M. 9,244.

श्रुतशर्मन् m. N. pr. 1) eines Sohnes des Udâpu. — 2) eines Fürsten der Vidjâdhara.

श्रुतशालिन् Adj. *kenntnissreich, gelehrt* Ind. St. 15,289.

श्रुतशील 1) n. Du. *Gelehrsamkeit und Charakter* M. 11,22. — 2) m. N. pr. eines Mannes.

श्रुतशीलवत् Adj. *gelehrt und ehrenhaft* M. 3,27, v. l.

श्रुतशीलसंपन्न Adj. dass. Gaut. 18,31.

श्रुतशीलोपसंपन्न Adj. dass. Spr. 6564.

श्रुतश्रवस् N. pr. 1) m. verschiedener Männer MBh. 1,53,9. — 2) f. einer Schwester Vasudeva's.

श्रुतश्रवा f. = श्रुतश्रवस् 2).

*श्रुतश्रवोऽनुज m. *der Planet Saturn.*

श्रुतश्री m. N. pr. eines Daitja.

श्रुतश्रुवस् m. MBh. 1,2049 fehlerhaft für श्रुतश्रवस् 1).

*श्रुतश्रेणी f. *Anthericum tuberosum.* Richtig स्रुतश्रेणी.

श्रुतसद्द Adj. *in dem Gehörten* (der Lehre) *wohnend.*

1. श्रुतसेन Adj. *dessen Heer berühmt ist.*

2. श्रुतसेन N. pr. 1) m. a) eines Bruders (auch eines Sohnes) des Ǵanameǵaja. — b) eines Sohnes des Sahadeva, des Bhîmasena, des Çatrughna und des Çambara. — c) eines Fürsten von Gokarṇa. — 2) श्रुतसेना einer Gattin Kṛshṇa's.

श्रुतसोम N. pr. 1) m. eines Sohnes des Bhîmasena. — 2) f. आ einer Gattin Kṛshṇa's Hariv. 2,103,20.

*श्रुतादान n. = ब्रह्मवाद.

श्रुतानीक m. N. pr. eines Mannes.

श्रुतान्त m. desgl.

श्रुतान्वित Adj. *kenntnissreich, gelehrt* Bhaṭṭ. 1,1.

श्रुतामघ Adj. *bekannte —, berühmte Schätze habend.*

श्रुतायु oder °स् m. N. pr. verschiedener Männer.

श्रुतायुध m. N. pr. eines Mannes.

श्रुतायुस् m. s. u. श्रुतायु.

श्रुतार्थ 1) Adj. *der Etwas* (Gen.) *gehört hat.* — 2) f. आ N. pr. einer Frau.

श्रुतावती f. N. pr. einer Tochter Bharadvâǵa's.

1. श्रुति f. 1) *das Hören, Vernehmen, Zuhören.* श्रुतिमभिनीय *thuend, als wenn er Etwas hörte,* यद्यस्ति ते श्रुति: *wenn du es gehört hast,* श्रुतिं वचोऽनुगां कर् *auf die Rede hinhorchen.* — 2) *Ohr, Gehör.* — 3) *Hypotenuse, Diagonale.* — 4) *Laut, Klang, Geräusch.* — 5) in der Musik *ein Viertelton* oder *Intervall* (deren 22 angenommen werden). — 6) *Lautcomplex* (ohne Rücksicht darauf, ob es ein Wort für sich oder nur einen Bestandtheil desselben bildet). — 7) *Kunde, Nachricht, — von* (im Comp. vorangehend), *Gerücht, Sage.* श्रुतौ स्था so v. a. *nur vom Hörensagen bekannt sein,* श्रुतिभि: so v. a. *durch Weitererzählen.* — 8) *Ausspruch,* insbes. *ein überlieferter Ausspruch in heiligen Dingen, — über* (im Comp. vorangehend 267,21), *eine religiöse Vorschrift, ein heiliger Text.* इति श्रुते: *weil es so in der Schrift heisst,* °श्रुते: *weil — vorgeschrieben ist* oder *— gelehrt wird.* Pl. *heilige Aussprüche, die* Veda (Çiç. 14,79) und angeblich = वेदोक्तानि कर्माणि. *Der heilige Text* wird auch personificirt. — 9) *Benennung, Titel.* — 10) *Gelehrsamkeit.* Wohl nur fehlerhaft für श्रुत, wie die v. l. öfters hat. — 11) angeblich = बुद्धि. — 12) *das Mondhaus Çravaṇâ.* — 13) N. pr. einer Tochter Atri's und Gattin Kardama's.

2. श्रुति m. N. pr. eines Fürsten.

3. श्रुति f. *Lauf, Bahn.* Vgl. स्रुति.

4.*श्रुति fehlerhaft für त्रुटि.

*श्रुतिकट m. 1) *Sühne.* — 2) *Schlange.* — 3) = प्राचलाक (?) oder प्राचछ्लाक (?).

श्रुतिकटु Adj. *hart —, unangenehm klingend.*

*श्रुतिकण्ठ m. H. an. 4,66 fehlerhaft für श्रुतिकट Zach. Beitr.

श्रुतिकीर्ति f. und श्रुतिगीता f. (Burnell, T. Opp. Cat. 1) Titel von Werken.

श्रुतिगोचर Adj. (f. आ) 1) *für das Ohr vernehmlich* Weber, Râmat. Up. 386. — 2) *was Jmd* (Gen.) *hören darf* Bhâg. P. 1,4,25.

श्रुतिचन्द्रिका f. Titel Opp. Cat. 1.

*श्रुतिजीविका f. = धर्मसंहिता.

*श्रुतितत्पर Adj. = सकर्ण.

श्रुतितस् Adv. *auf dem Wege der geoffenbarten Lehre, in Bezug auf diese Lehre, nach der Vorschrift dieser Lehre* Âpast.

श्रुतिता f. Nom. abstr. zu 1. श्रुति 4). Vgl. उदात्तश्रुतिता u. उदात्तश्रुति.

श्रुतिदुष्ट n. *ein Vergehen gegen das Ohr, Kakophonie* Sâh. D. 3,9. 12.

श्रुतिदूषक Adj. *das Ohr verletzend* LA. 89,20.

श्रुतिद्वैध n. *das Auseinandergehen zweier Aussprüche des heiligen Textes* M. 2,14. 9,32.

श्रुतिधर Adj. *vom (blossen) Hören behaltend, ein gutes Gedächtniss habend.* Besser श्रुतधर, wie die v. l. hier und da hat.

*श्रुतिन् Adj. *der Etwas gehört hat.*

श्रुतिनिगादिन् Adj. = श्रुतनिगादिन् (richtiger) Suçr. 2,158,12. 160,9.

श्रुतिपथ m. 1) *Bereich des Gehörs.* °पथं गम्, प्र-आप्, आ-या *zu Ohren kommen.* — 2) *Gehörgang, Gehör.* °मधुर Adj. *angenehm zu hören* Çiç. 7,24. — 3) Pl. *Ueberlieferung.*

श्रुतिपाद m., श्रुतिपादिका f., श्रुतिपुराणसंग्रह m. und श्रुतिप्रकाशिका f. Titel Opp. Cat. 1. Burnell, T.

श्रुतिमत् Adj. 1) *Ohren habend.* — 2) *kenntnissreich, gelehrt.* v. l. gewöhnlich श्रुतवत् (richtiger). — 3) *wofür es eine* Veda-*Stelle giebt, im* Veda *nachzuweisen.* Nom. abstr. °मत्त्व n. Njâjam. 8,3,2.

श्रुतिमय Adj. *der heiligen Ueberlieferung entsprechend.*

श्रुतिमार्ग m. 1) *der Weg der Ohren, eine Vermittelung durch die Ohren.* Instr. oder °मार्ग° *mittelst des Gehörs, in Folge von Erzählungen.* — 2) *Gehörgang, Gehör.* °मार्गं गम् *zu Ohren kommen.*

श्रुतिमितप्रकाशिका f. und श्रुतिमुक्ताफल n. Titel Opp. Cat. 1.

श्रुतिमुख Adj. *die heilige Ueberlieferung zum Munde habend.*

श्रुतिमूल n. *Ohrwurzel* Prâtiçâkh. 75.

श्रुतिरञ्जनी f. (Opp. Cat. 1) und °रञ्जिनी f. (Burnell, T.) Titel.

श्रुतिवचन n. *ein Ausspruch des heiligen Textes* Vâsav. 187,1. 297,7.

*श्रुतिवर्जित Adj. *taub.*

श्रुतिविक्रायक Adj. *die heilige Schrift verkaufend* MBh. 5,38,4.

श्रुतिविवर n. *Gehörgang.*

श्रुतिवेध m. *Durchstechung des Ohrläppchens.*

श्रुतिशिरस् n. *eine Hauptstelle aus der heiligen Ueberlieferung.*

श्रुतिशील Adj. R. ed. Bomb. 2,65,2 nach dem Comm. = तन्त्रीनादविभाजनशील. v. l. स्तुतिशील.

श्रुतिशीलवत् Adj. M. 3,27 schlechte Lesart für श्रुतशीलवत्.

श्रुतिसंग्रह m. Titel eines Werkes Opp. Cat. 1.

श्रुतिसागर m. so v. a. *der Inbegriff alles heiligen Wissens* (Vishṇu).

श्रुतिसार m. Titel zweier Werke Burnell, T.

श्रुतिसुख Adj., °द und °सुखावह Adj. *dem Ohre angenehm.*

श्रुतिसूक्तिमाला f. und °व्याख्या f. Titel Opp. Cat. 1.

*श्रुतिस्फोटा f. *Gynandropsis pentaphylla* Râgan. 3,125.

श्रुतिस्मृत्यादितात्पर्य n. Titel Opp. Cat. 1.

श्रुतिहारिन् Adj. *das Ohr entzückend.*

श्रुतीक am Ende eines adj. Comp. von श्रुति 8).

श्रुत्कर्ण Adj. *lauschende Ohren habend.*

श्रुत्य, श्रुतिय 1) Adj. *hörenswerth, rühmlich.* — 2) n. *eine merkwürdige —, rühmliche That.*

श्रुत्यनुप्रास m. *eine best. Alliteration: das Aufeinanderfolgen von Consonanten, die an derselben Stelle des Mundes hervorgebracht werden.*

श्रुत्यर्थरत्नमाला f. Titel eines Werkes Burnell, T.

श्रुधीय n. Name zweier Sâman Ârsh. Br.

श्रुधीयत् Partic. etwa *widerspenstig.*

श्रुध्य n. Name zweier Sâman Ârsh. Br.

*श्रुमत् m. N. pr. eines Mannes.

श्रुव (schlechte Schreibart für स्रुव) m. 1) *ein kleiner Löffel.* — 2) * *Opfer.*

श्रुष् (nur श्रोषन्, श्रोषतु und श्रौषमाण) *hören.* श्रौषमाण *willfährig, vertrauend.* — Mit आ *hören auf Jmd* (Gen.) ṚV. 1,86,5.

श्रुष्टि und श्रुष्टि (AV.) 1) f. a) *Willfährigkeit, Bereitwilligkeit.* श्रुष्टिं कर् *willfahren, folgen.* Instr. श्रुष्टी *willfährig, gern; ohne Zögern, rasch.* — b) *Vertrauen zu* (Gen.). — 2) Adj. *willig, gehorsam.* — 3) m. N. pr. eines Âṅgirasa. Richtig श्रुष्टि.

श्रुष्टिगु m. N. pr. eines Mannes.

श्रुष्टिमत् Adj. *willfährig, dienstfertig.*

श्रुष्टीवन् Adj. (f. °वरी) *willfährig, bereitwillig, gehorsam.*

श्रू in देवश्रू.

श्रूयमाणत्व n. *das Gehört —, Vernommenwerden.*

श्रेडि und श्रेढी f. in der Arithmetik *series, Kette.* In Dialecten सेडि.

श्रेणि (*m.) f. und श्रेणी f. 1) *eine geschlossene Reihe, Gruppe, Schaar, Schwarm* (von Bienen Spr. 7784. Çiç. 18,41), *Reihe,* so v. a. *Menge.* — 2) *eine zur Verfolgung eines bestimmten Zweckes zusammengetretene Gesellschaft, — Genossenschaft.* Ohne eine nähere Bestimmung so v. a. *Zunft, Innung, Gilde.* — 3) * *Giesskanne.* — 4) * *Obertheil.* — 5) * *Sanseviera Roxburghiana.*

श्रेणिक 1) m. a) * *Vorderzahn* Gal. — b) N. pr. eines Fürsten (= बिम्बिसार) Hem. Par. 1,22.fgg. 4,48. 6,22. — 3) f. श्रा *ein best. Metrum,* = श्येनिका.

श्रेणिकपुराण n. Titel eines Werkes Burnell, T. No. 678.

*श्रेणिकृत Adj. = श्रेणीकृत.

श्रेणिदत् Adj. *dessen Zähne eine Reihe bilden.*

श्रेणिबद्ध Adj. Pl. *zu einer Schaar verbunden, eine grosse Schaar bildend.*

श्रेणिमत् 1) Adj. *von einer Schaar begleitet, ein grosses Gefolge habend.* — 2) m. N. pr. eines Fürsten.

श्रेणिशस् Adv. *reihenweise.*

श्रेणिस्थान n. Bez. *der drei ersten Lebensstadien eines* Ârja, weil er in diesen *im Verein mit Andern lebt.*

श्रेणी f. s. u. श्रेणि.

श्रेणीकृत Adj. *zu einer Reihe gebildet, eine geschlossene Reihe bildend, ununterbrochen* Hem. Par. 1,22.

श्रेणीबन्ध m. *das Bilden einer geschlossenen Reihe.*

श्रेणीभूत Adj. Pl. *eine geschlossene Reihe bildend* Hemâdri 1,651,9.

श्रेण्य m. N. pr. eines Fürsten, = श्रेणिक.

श्रेतर् Nom. ag. *der sich an Jmd lehnt, auf Jmd stützt, sich in Jmds* (Gen.) *Schutz begiebt* MBh. 5, 134,20, v. l. MBh. ed. Vardh. besser आश्रेतर्.

श्रेमन् m. *Auszeichnung, Vorrang* Maitr. S. 4,7,6.

श्रेय (?) n. Name eines Sâman. Vgl. श्रेयस् 4) e).

श्रेयंस् 1) Adj. a) *schöner.* — b) *besser, vorzüglicher.* — c) *angesehener, vornehmer.* श्रेयान्भूपाः zu einem Fürsten gesagt 324,1. — d) *vorzüglich, ausgezeichnet.* श्रेयान् (gewöhnlich श्रेयस् ohne Rücksicht auf das Subject; — न (auch mit Wiederholung von श्रे°) *vorzüglich, nicht (vorzüglich),* so v. a. *besser — als* 78,11. — e) *Jmd* (Gen.) *hold, gewogen.* — f) *Heil —, Glück bringend.* — 2) m. a) *der 2te* Muhûrta. — b) *der 5te Monat.* — c) *N. pr. eines Arhant der Gaina. — 3) f. श्रेयसी Bez. *verschiedener Pflanzen.* Nach den Lexicographen *Terminalia Chebula* oder *citrina, Clypea hernandifolia, Scindapsus officinalis,* = रास्ना, अम्बष्ठा und प्रियङ्गु Râgan. 4, 80. 6, 4. 121. 11, 222. 12, 45. Bhâvapr. 1,174. 4,27. — b) N. pr. einer Gottheit des Bodhi-Baumes. — 4) n. a) *das Bessere; eine bessere Lage, ein grösseres Glück, — Ansehen.* — b) *das Gute, bonum; Glück, Wohlfahrt, Heil.* — c) * *Erlösung.* — d) * = धर्म. — e) Name eines Sâman Ârsh. Br.

श्रेयःकेत Adj. *dessen Absehen auf Vorrang gerichtet ist.*

श्रेयस n. *Glück, Heil.* Häufiger am Ende eines Comp.

श्रेयस्क in अश्रेयस्क.

श्रेयस्कर Adj. (f. ई) 1) *besser —, ansehnlicher machend.* — 2) *Glück —, Heil bringend, heilsam.* Compar. श्रेयस्करतर.

श्रेयस्करभाष्य n. Titel eines *Commentars.*

श्रेयस्काम Adj. (f. आ) *nach Glück verlangend, dem es um seine Wohlfahrt zu thun ist.* Nom. abstr. °ता f. *das Verlangen Jmds Glück zu schaffen, — Jmd glücklich zu machen.*

श्रेयस्कृत् Adj. = श्रेयस्कर 2).

श्रेयस्त्व n. *eine höhere Stellung.*

*श्रेयांस m. N. pr. einer Arhant der Gaina.

श्रेयोऽभिकाङ्क्षिन् Adj. = श्रेयस्काम M. 4,91.

श्रेयोमय Adj. *vorzüglich.*

श्रेयोऽर्थिन् = श्रेयस्काम 181,10.

श्रेष्ठ (häufig dreisilbig zu sprechen) 1) Adj. (f. आ) a) *der schönste, — von oder unter* (Gen.). — b) *der vorzüglichste, beste, höchste, erste, — von oder unter* (Gen., Loc. oder im Comp. vorangehend), *obenan stehend in Bezug auf* (Loc. oder im Comp. vorangehend). n. *das Beste,* so v. a. *Hauptsache.* — c) *besser, vorzüglicher, angesehener, — als* (Abl. oder Gen.). — d) *am meisten Glück oder Heil bringend.* — 2) *m. a) *Fürst, König.* — b) *ein Brahmane.* — c) Bein. Kubera's. — d) N. pr. eines Fürsten. — 3) *f. आ a) *Hibiscus mutabilis.* Richtig लक्ष्मी°. — b) *eine dem Ingwer ähnliche Wurzel* — 4) *n. *Kuhmilch.*

श्रेष्ठक in भूरि°.

*श्रेष्ठकाष्ठ m. *Tectona grandis.*

श्रेष्ठतम Adj. (f. आ) *der allerschönste, allerbeste u. s. w.* Auch सर्वश्रेष्ठतम.

श्रेष्ठतर Adj. *besser, vorzüglicher.*

श्रेष्ठतस् Adv. *in der Weise, dass der (die, das) Beste vorangeht.*

श्रेष्ठता f. und श्रेष्ठत्व n. *Vorrang, erste Stelle, Vortrefflichkeit.*

*श्रेष्ठपाल m. N. pr. eines Fürsten.

श्रेष्ठभाज् Adj. *der beste, vorzüglichste unter* (Gen.).

श्रेष्ठयज्ञ m. *das vorzüglichste Opfer.*

श्रेष्ठयान n. *das beste zur Erkenntniss führende Vehikel* Vaǵrakkh. 30,7.

श्रेष्ठवर्चस् Adj. *der machtvollste, herrlichste.*

श्रेष्ठवाच् Adj. *überaus beredt.*

*श्रेष्ठशाक n. *ein best. Gemüse.*

श्रेष्ठशोचिस् Adj. *am schönsten —, vorzüglich glänzend.*

श्रेष्ठसामन् n. *das vorzüglichste* Sâman.

श्रेष्ठसेन m. N. pr. eines Fürsten.

श्रेष्ठस्था Adj. (Nomin. n. °स्थास्) *dem Besten zukommend, — gehörend* Tâṇḍja-Br. 7,8,2.

*श्रेष्ठाम्ल n. *die Frucht der Garcinia Cambogia* Râǵan. 6,126.

*श्रेष्ठाश्रम m. *das Lebensstadium des Haushalters.*

श्रेष्ठिक in भूरि°.

श्रेष्ठिन् 1) m. a) *ein Mann von Ansehen.* — b) *das Haupt einer Innung, — einer Zunft, Gildemeister.* — 2) f. °नी f. zu 1) b) Ind. St. 15,290. fg.

श्रेष्मन् *Band* in अश्रेष्मन्.

श्रेष्ठ्य n. *Vorrang, die erste Stelle, — unter* (Gen. oder im Comp. vorangehend)

श्रेष्ठ्यतम (!) Adj. *der beste unter* (Gen.).

*श्रोण्, श्रोणति (गतिचलाकर्मन्, संघाते, संघवाचिन्).

1. श्रोण 1) Adj. (f. श्रा) *lahm, claudus.* — 2) m. श्रोण (metrisch) und f. श्रोणा *das 20ste (21ste) Mondhaus* Baudh. 3,8,25.

2.*श्रोण 1) Adj. *dressed, cooked, matured.* — 2) f. आ *rice-gruel.* — Richtig श्राण, श्राणा.

श्रोणकोटिकर्ण m. N. pr. eines Mannes

*श्रोणकोटिविंश m. desgl.

श्रोणापरान्त N. pr. einer Stadt. °क m. Pl. *die Bewohner dieser Stadt.*

श्रोणि (*m.) f. und श्रोणी f. 1) *Hinterbacke, Keule, Hüfte.* Am Ende eines adj. Comp. f. ई. — 2) *Schenkel der* Vedi, — *eines Vierecks* Baudh. 1,15,24. Çulbas. 1,35.56. — 3) **Weg, Pfad.* — 4) श्रोणी N. pr. eines Flusses.

श्रोणिकपाल n. *Schenkelknochen.*

श्रोणिका f. = श्रोणि 1).

श्रोणितस् Adv. *aus dem Schinken.*

श्रोणिप्रतोदिन् Adj. *in den Hintern stossend.*

*श्रोणिफल n. und *°क n. *Hüfte* Râǵan. 18,45.

श्रोणिमन्त् Adj. *starke Hinterbacken habend.* Compar. °मत्तर Maitr. S. 3,2,9 (29,14).

श्रोणिवेध m. N. pr. eines Mannes. Pl. *seine Nachkommen.*

श्रोणिसूत्र n. 1) *Gürtel.* — 2) *Degengurt.*

श्रोणीका f. = श्रोणि 1

*श्रोणीफल n. *Hüfte.*

श्रोणीसूत्र n. *Gürtel.*

श्रोण्य m. N. pr. eines Mannes. Pl. *seine Nachkommen.*

श्रोत fehlerhafte Schreibart für स्रोत.

श्रोतर् (mit Acc.) und श्रोतर् (mit Gen.) 1) Nom. ag. *hörend, Hörer, Zuhörer.* Auch als Fut. — 2) m. N. pr. eines Jaksha.

श्रोतव्य 1) Adj. *zu hören, was gehört werden kann oder muss, hörbar, hörenswerth, dem man zuhören muss, über den man hören muss.* — 2) n. impers. *zu hören, der Augenblick zum Hören.* श्रोतव्यं कस्य वा मया *auf wen soll ich hören?*

श्रोतआपत्ति fehlerhaft für स्रो°.

*श्रोतस् n. 1) *Ohr.* — 2) schlechte Schreibart für स्रोतस्.

श्रोतु in सुश्रोतु und श्रोतुराति.

श्रोतुराति Adj. *Gehör schenkend.*

श्रोत्र n. 1) *Ohr.* — 2) *Gehör.*

श्रोत्रचित् Adj. *durch das Gehör geschichtet, — gesammelt.*

श्रोत्रज्ञ Adj. *durch's Ohr wahrnehmend.* Nom. abstr. °ता f. *Gehör.*

श्रोत्रतस् Adv. *am Ohre.*

श्रोत्रता f. Nom. abstr. zu श्रोत्र *Ohr.*

श्रोत्रदा Adj. *Gehör verleihend* Âpast. Çr. 17,5.

श्रोत्रनेत्रमय Adj. *aus Ohren und Augen bestehend.*

श्रोत्रपति m. *Herr des Gehörs. Als eine best. Form* Îçvara's Çaṁk. zu Bâdar. 4,4,18.

श्रोत्रपदवी f. *der Bereich des Gehörs.* °वीम् उपा-या *zu Jmds* (Gen.) *Ohren kommen.*

श्रोत्रपरंपरा f. *Hörensagen* 290,18.

श्रोत्रपा Adj. *das Gehör schützend.*

श्रोत्रपालि f. *Ohrläppchen.*

श्रोत्रपुट m. dass.

श्रोत्रपेय Adj. *mit dem Ohre einzuschlürfen, hörenswerth* Megh. 13. Kathâs. 19,10.

श्रोत्रभृत् f. *Bez. bestimmter Backsteine.*

श्रोत्रमय Adj. *im Gehör bestehend, dessen Wesen das G. ist.*

श्रोत्रमार्ग m. *der Bereich des Gehörs.* °र्गं गम् *zu Jmds* (Gen.) *Ohren kommen.*

श्रोत्रमूल n. *Ohrwurzel.*

श्रोत्रवन्त् Adj. *mit Gehör begabt.*

श्रोत्रवर्त्मन् n. = श्रोत्रमार्ग Spr. 1060, v. l.

श्रोत्रवादिन् Adj. *zu hören geneigt, willig.*

श्रोत्रशुक्तिपुट m. *Höhlung der Ohrmuschel* Râǵat. 1,24.

श्रोत्रस्पर्शिन् Adj. *in's Ohr dringend* Bhâg. P. 4, 29,47.

श्रोत्रस्विन् Adj. *ein gutes Gehör habend.*

श्रोत्रहीन Adj. *taub.*

श्रोत्रापेत Adj. dass. Kaush. Up. 3,3.

श्रोत्रिय 1) Adj. *studirt, gelehrt (in der heiligen Ueberlieferung);* m. *ein mit der heiligen Lehre vertrauter Brahmane.* मन्त्रिश्रोत्रिय *ein schriftgelehrter Minister.* — 2) m. *ein Brahmane auf der dritten Stufe, der zwischen dem* Brâhmaṇa *und* Anûkâna *steht,* Hemâdri 1,26,3. 15.

*श्रोत्रियता f. und श्रोत्रियत्व n. Nom. abstr. zu श्रोत्रिय 1).

श्रोत्रियसात् Adv. mit कर् *schriftgelehrten Brahmanen schenken.*

श्रोत्रेन्द्रिय n. *Gehörorgan.*

*श्रोथ (!) m. N. pr. eines Dieners des Sonnengottes.

श्रोमत n. *guter Ruf, Berühmtheit.* Instr. Pl. *rühmlich.*

श्रोग्मत n. Name von Sâman Ârsh. Br.

श्रौत 1) Adj. (f. ई und आ!) a) *zum Ohr in Beziehung stehend.* — b) *in den Worten liegend, in Worten vernommen* Kâvjapr. 10,7. 8. उपमा f. *ein ausdrückliches Gleichniss;* Gegensatz आर्थी Kâvjapr. 10,1. — c) *zur heiligen Ueberlieferung —, zum* Veda *in Beziehung stehend, daselbst vorgeschrieben, damit übereinstimmend, darauf beruhend.* जन्मन् n. *die durch das* Veda-*Studium erfolgte zweite Geburt eines Brahmanen.* Subst. *ein auf dem* Veda-*Studium beruhender Makel* Hariv. 6997 (in ähnlichen Verbindungen andere Texte स्रौव). — 2) n. Name von Sâman Ârsh. Br.

श्रौतऋषि m. Patron. des Devabhâga.

श्रौतकक्ष n. Name von Sâman Ârsh. Br.

श्रौतनृसिंहकारिका f., श्रौतपद्धति f., श्रौतपरिभाषासंग्रहवृत्ति f. (Burnell, T.), श्रौतप्रबन्धप्रयोग m. (Opp. Cat. 1), श्रौतप्रक्रिया f. (ebend.), श्रौतप्रयोग m. (Burnell, T.), श्रौतप्रश्न m. (Opp. Cat. 1) und श्रौतप्रायश्चित्त n. Titel.

श्रौतमार्ग m. *Gehör* Çiç. 14,69.

श्रौतमीमांसा f. Titel eines Werkes Opp. Cat. 1.

श्रौतवर्ण n. Name eines Sâman Ârsh. Br.

श्रौतर्ष 1) m. Patron. des Devabhâga. — 2) n.

Name verschiedener Sâman Ârsh. Br.

श्रौतश्रव m. Patron. des Çiçupâla.

श्रौतसूत्र n. *ein auf der Çruti beruhendes* Sûtra. °विधि m. und °व्याख्या f. Titel Opp. Cat. 1.

श्रौतस्मार्तकर्मपद्धति f. (Conj. für °स्मारणकर्म°) Titel eines Werkes.

श्रौतहोम Titel eines Pariçishṭha des SV.

श्रौताण्डपिण्डे Titel eines Werkes Opp. Cat. 1.

*श्रौति m. Patron.

*श्रौतीय Adj. von श्रौति.

श्रौत्र 1) Adj. (f. ई) *zum Ohr in Beziehung stehend.* — 2) *n. a) *Ohr.* — b) *eine Menge von Ohren.* — c) Nom. abstr. zu श्रोत्रिय 1).

*श्रौत्रियक n. Nom. abstr. von श्रोत्रिय 1)

श्रौमत m. Pl. Patron. vom Sg. श्रौमत्य.

श्रौमत्य m. Patron. von श्रुमत्.

श्रौषट् Indecl. ein Opferausruf.

श्रौष्ट n. Name von Sâman. Richtig श्रौष्ट.

श्रौष्टि Adj. *folgsam.*

श्रौष्टीगव n. Name von Sâman. Richtig श्रौष्टीगव.

श्रौष्टीय n. Name eines Sâman. Eher श्रौष्टीय.

श्व्याह्व 1) m. *ein best. Baum* Káraka 1,3 (श्याह्व gedr.). — 2) *n. *Lotusblüthe.*

श्लत hier und da fälschlich für श्लक्ष्ण.

श्लक्ष्ण Adj. (f. आ) *schlüpfrig, glatt, weich* (auch von Personen), *zart* (auch von Reden, von der Stimme u. s. w.). श्लक्ष्णम् Adv., श्लक्ष्णतर Compar.

श्लक्ष्णक 1) Adj. (f. श्लक्ष्णिका) dass. — 2) *n. *Betelnuss* Rágan. 11,242.

श्लक्ष्णता f. *Glätte* Comm. zu Njâjam. 4,1,22. Vgl. अति° u. अतिश्लक्ष्ण Nachtr. 5.

*श्लक्ष्णत्वच् m. *Bauhinia tomentosa* Rágan. 9,39.

श्लक्ष्णन n. *das Schlüpfrigmachen, Glätten.*

श्लक्ष्णय्, °यति *schlüpfrig —, weich machen, glätten, poliren.* — Mit सम् dass.

श्लक्ष्णी Adv. mit कर् dass. Âpast. Çr. 15,3,15. Comm. zu 13,17,9. Nilak. zu MBh. 3,192,14.

श्लक्ष्णीकरण n. 1) *das Glätten* Comm. zu Njâjam. 10,1,22. — 2) *Mittel zum Poliren* Âpast. Çr. 15,3,15.

श्लघ in उच्छ्लघ.

*श्लङ्क्, श्लङ्कते (गत्यर्थ).

*श्लङ्ग्, श्लङ्गति (गत्यर्थ).

श्लथ् = श्रथ् *locker —, los werden, nachgeben.* Nur Partic. श्लथत्. — Caus. श्लथयति *locker machen, lösen, erschlaffen.* — Mit आ (आश्लथयते) *locker —, los werden.* — Mit वि (°श्लथमान, °श्लथत् und °श्लथित) dass.

श्लथ Adv. *locker, lose, schlaff* (304,24. Spr. 7795), *nicht fest sitzend, schwach* (in übertragener Bed.).

श्लथ° Adv. Nom. abstr. °त्व n. *Schlaffheit.*

श्लथशिल Adj. *mit einem losen Steine überdeckt* (Brunnen).

श्लथसंधि Adj. *mit schwachen Gelenken.* Nom. abstr. °ता f.

श्लथाङ्ग Adj. *schlaffgliederig.* Nom. abstr. °ता f.

श्लथादर Adj. *geringe Rücksicht nehmend auf* (Loc.).

श्लथाय्, °यते *locker —, lose werden.*

श्लथी Adv. mit कर् *schlaff machen* (Çiç. 12,31), *erschlaffen* (trans.); *vermindern.*

श्लथोद्यम Adj. *geringe Bemühung verrathend, schwach widerstrebend* Spr. 4299.

*श्लनवास m. N. pr. eines Arhant.

श्लवण Adj. *lahm.* Angeblich auch = रक्तवर्णो बिन्द्वाकारस्त्वग्दोषः.

*श्लक्ष्णभारिक Adj. *eine schwache Last tragend* u. s. w.

*श्लक्ष्णिक Adj. dass. und = श्लक्ष्णमधीते वेद वा.

*श्लाख्, श्लाखति (व्याप्तौ).

श्लाघ्, श्लाघते (metrisch auch Act.) 1) *sich zu Jmd versehen, Zuversicht zu Jmd* (Dat.) *haben* 222,31. 33. — 2) *mit Zuversicht reden, grosssprechen, prahlen mit* (Káraka 1,29), *stolz sein auf* (Instr. oder Loc.). नाप्सु श्लाघमानः स्नायात् *er soll beim Baden nicht mit Kunststücken prahlen* Âpast. 1,2, 30. Baudh. 1,3,39. — 3) *Jmd* (Dat.) *etwas Angenehmes sagen, schmeicheln* Text zu Lot. de la b. l. 49,18. Bhaṭṭ. — 4) *rühmen, preisen;* mit Acc. — Caus. श्लाघयति 1) *Jmd zureden, zu beruhigen —, zu trösten suchen.* — 2) *rühmen, preisen.* — Mit उप in उपश्लाघा. — Mit सम् *grosssprechen, prahlen mit* (Instr.).

श्लाघन 1) Adj. *grosssprechend, prahlend.* — 2) n. oder f. आ (adj. Comp. f. आ) *das Rühmen, Preisen.*

श्लाघनीय Adj. *zu rühmen, zu preisen, rühmlich, rühmenswerth, ehrenwerth.* Compar. °तर, Nom. abstr. °ता f.

श्लाघा f. 1) *Grosssprecherei, Prahlerei.* — 2) *das Rühmen, Preisen.* — 3) *Ruhm, Preis.* — 4) **das zu Diensten Sein, Huldigen.* — 5) * *Verlangen, Wunsch.*

श्लाघिन् Adj. 1) *prahlend mit, eingebildet auf* (im Comp. vorangehend). — 2) *hochmüthig, stolz.* — 3) *in gutem Rufe stehend, berühmt, gepriesen wegen* (im Comp. vorangehend) Çiç. 18,16. — 4) *rühmend, preisend.*

श्लाघिष्ठ Adj. *im höchsten Ansehen stehend, überaus ehrwürdig.*

श्लाघ्य Adj. = श्लाघनीय. °म् Adv., °तर Compar. (185,24), °तम Superl., °ता f. Nom. abstr.

श्लि = 1. श्रि in प्रश्लित.

*श्लिकु 1) Adj. = परवश. — 2) m. = षिङ्ग. — 3) m. n. = ज्योतिष.

श्लिष् 1) श्लिष्यति, °ते a) *sich anhängen, sich halten —, sich klammern an* (Loc., ausnahmsweise Acc.). — b) *umfangen, umarmen* Gaut. 9,30. — c) *sich zusammenfügen.* — d) *verschmelzen, zusammenfliessen.* — e) *zusammenfügen.* — f) Med. *nothwendig folgen, — sich ergeben* Çamk. zu Bâdar. 4,1,5. — 2) *श्लेषति दाहे. — 3) श्लिष्ट a) *hängend, haftend, klebend an* (Loc. oder im Comp. vorangehend Gaut. 1,38); *an der Person haftend* (so v. a. *nicht auf Andere übergehend*). सर्वतः *überall anliegend* (Panzer). — b) *zusammengefügt, aneinander geschlossen, verbunden, verschlungen.* — c) *umfasst —, umfangen haltend;* mit Acc. — d) *umfasst, umschlungen* 290,8. Kann oft auch आश्लिष्ट sein. — e) (*in der Bedeutung zusammenfliessend*) *doppelsinnig.* — Caus. श्लेषयति 1) *zusammenfügen, schliessen.* श्लेषित *verbunden mit* (Instr.). — 2) **umfassen, umfangen.* — Desid. शिश्लिक्षते (Conj.) *sich anzuklammern suchen* AV. 20,134,6. — Mit आ 1) *hängen bleiben, kleben an* (Loc., आशिश्लेष TS.), *sich klammern an* (Acc.). — 2) *dicht herantreten an* (Acc.) Arǵ. 6,12. — 3) *umfangen, in seine Arme schliessen.* आश्लिषत् Bhâg. P. — 4) *in Berührung kommen* Çiç. 18,33. — 5) *errathen, herausbringen* Naish. 3,69. — 6) आश्लिष्ट a) *hängen geblieben, klebend an* (Loc. Çat. Br. 4,1,1,26), *geklammert —, hängend an* (Loc. oder im Comp. vorangehend Çiç. 18,6). — b) *umfangen haltend,* mit Acc. Nomin. auch statt des Verbi finiti; desgleichen आश्लिष्टवान्. — c) *umfangen, umschlungen.* — Caus. 1) *befestigen, aufkleben auf* (Loc.). — 2) *umfangen, umschliessen.* — Mit उपा 1) *umfangen* Naish. 7,7. — 2) उपाश्लिष्ट *angepackt habend,* mit Acc. — Mit समा 1) *sich klammern an* (Acc.). — 2) *umfangen, umarmen.* समाश्लिष्ट *umfangen.* — Caus. *verbinden, vereinigen* TS. — Mit उप 1) *sich anschmiegen, dicht herantreten, — an* (Acc.). — 2) उपश्लिष्ट a) *haftend an* (Loc.) Maitr. S. 3,8,5. — b) *dicht herangetreten an* (समीपम्), *in unmittelbarer Berührung stehend.* Auch *n. impers. — c) *hinzugekommen zu* (Loc.). — Caus. 1) *näher bringen, dicht heranfahren* (einen Wagen). — 2) *in Verbindung bringen mit* (सह) Comm. zu Âpast. Çr. 7,20,1. — Mit नि Caus. *befestigen an, aufkleben* Âpast. Çr. 8,6,12. — Mit वि 1) *sich lösen.* — 2) *auseinander gehen, sich trennen.* — 3) *vorbeifallen* 290,4. — 4) *trennen, entfernen von* (Abl.). — 5) विश्लिष्ट a) *gelöst.* — b) *getrennt.* Compar. *weit auseinander ste-*

hend. — c) *der sich von seiner Partei getrennt hat.* — d) *dislocirt, verrenkt* (Glieder). — Caus. 1) *trennen,* — *von* (Abl.). — 2) *trennen von,* so v. a. *bringen um* (Instr.). — 3) विश्लेषित a) *getrennt, auseinander gerissen,* — *geflossen.* — b) *abgetrennt.* — c) *zerrissen.* — Mit प्रवि in *प्रविश्लेष. — Mit सम् 1) *sich kleben* —, *sich anheften an* (Acc. Baudh. 2,11,26), *sich anschmiegen, Jmd nahe rücken.* — 2) *umfangen, umarmen.* — 3) *in unmittelbare Beziehung bringen mit* (Instr.). — 4) संश्लिष्ट a) *angeschmiegt, fest anliegend, sich unmittelbar berührend, verbunden, vereinigt, zusammenhängend, verbunden mit* (सह, blosser Instr., Acc. oder im Comp. vorangehend). किंचिज्जीविताशया so v. a. *ein wenig Hoffnung zu leben schöpfend.* — b) *verschwommen, in einander fliessend, so dass die einzelnen Theile nicht mehr hervortreten.* — Caus. 1) *zusammenhängen* (trans.), *vereinigen, zusammenbringen, zusammenlegen* (पाणी Âpast. 2,12,12), *in Berührung bringen mit* (Instr., Loc.). संश्लेषित *vereinigt, verbunden.* — 2) *übertragen auf* (Loc.). — 3) *an sich heranziehen.* — Mit अभिसम् *sich anschmiegen* (अन्योऽन्यम्). — Caus. *fest verbinden* Maitr. S. 2,4,6 (43,18). — Mit उपसम्, उपसंश्लिष्ट *verbunden, zusammenhängend.*

*श्लिषा f. *Umarmung.*

श्लिष्टपरंपरितरूपक n. *ein best. Metapher: eine fortlaufende Kette von Doppelsinnigkeiten* Comm. zu Çiç. 17,61.

श्लिष्टरूपक n. *Doppelsinnigkeit als Metapher* 252,22.

श्लिष्टवर्त्मन् n. *das Zusammenkleben der Augenlider.*

श्लिष्टाक्षेप m. in der Rhetorik *eine durch doppelsinnige Worte an den Tag gelegte Erklärung, dass man mit Etwas nicht einverstanden sei.* Beispiel Spr. 537.

श्लिष्टि m. N. pr. eines Sohnes des Dhruva.

श्लिष्टोक्ति f. *ein doppelsinniger Ausdruck.*

श्लीपद n. *Elephantiasis* Karaka 6,17.

*श्लीपदप्रभव m. *der Mangobaum.*

*श्लीपदापह m. *Putranjiva Roxburghii.*

श्लीपदिन् Adj. *mit der Elephantiasis behaftet.*

श्लील Adj. in अश्लील.

श्लेष 1) m. a) *das Heften, Kleben an* (Loc.). — b) *Vereinigung, Verbindung,* insbes. *geschlechtliche Vereinigung.* — c) *Umarmung.* — d) *das Zusammenkleben der Wörter als rhetorische Figur,* so v. a. *eine wohlklingende Verbindung von Worten* Vâmana 3,1,10. Kâvjapr. 9,10. — e) in der Rhetorik *eine durch Verbindung von Gegensätzen pikante paradoxe Situation* Vâmana 3,2,4. Beispiel Spr. 2937. — f) *Doppelsinnigkeit, Zweideutigkeit* Vâmana 4,3,7. Kâvjapr. 10,10. — g) *Augment* (in grammatischer Bed.). — 2) f. आ *Umarmung.*

श्लेषक Adj. *ankleben machend, Zusammenhang herstellend.*

श्लेषकवि m. *ein sich auf Doppelsinnigkeiten verstehender Dichter.* Als f. Naish. 3,69.

श्लेषण in अन्तःश्लेषण und *लोहश्लेषण.

श्लेषमय in प्रत्यक्षर°.

श्लेषार्थपदसंग्रह m. Titel eines Werkes Burnell, T.

श्लेषोक्ति f. *eine doppelsinnige Rede* Ind. St. 15,295. 327.

श्लेषोपमा f. *ein Gleichniss mit Doppelsinnigkeiten* 248,30.

*श्लेष्मक m. = श्लेष्मन्.

*श्लेष्मकटाहक *Spucknapf.*

*श्लेष्मगुल्म m. *eine vom Phlegma herrührende Anschwellung im Unterleibe.*

*श्लेष्मघना f. 1) *Pandanus odoratissimus.* — 2) *arabischer Jasmin.*

*श्लेष्मघ्न 1) Adj. *Schleim vertreibend.* — 2) f. आ *eine Art Jasmin.*

*श्लेष्मघ्नी f. 1) *arabischer Jasmin.* — 2) *Cardiospermum Halicacabum.* — 3) *Ingwer, schwarzer und langer Pfeffer.*

श्लेष्मज्वर m. *ein vom Phlegma herrührendes Fieber,* °निदान n. Titel eines Werkes Burnell, T.

श्लेष्मण 1) Adj. a) *klebrig, schleimig.* — b) *Schleim bewirkend* Karaka 1,7. — 2) *f. आ *eine best. Pflanze.*

श्लेष्मन् 1) m. a) *klebriger Stoff, Schleim.* — b) in der Medicin *einer der Grundstoffe des menschlichen Leibes, Phlegma.* — 2) n. a) *Band, Nestel.* — b) *Leim und dgl.* Âpast. — c) *die Frucht der Cordia latifolia* (nach dem Comm.) Vishnus. 54,19.

श्लेष्मपित्त n. *eine best. Krankheit* Bhâvapr. 4,59.

श्लेष्मपित्तज्वर m. *ein dem Phlegma und der Galle zugeschriebenes Fieber.*

श्लेष्मभू m. *Lunge.* Du. Karaka 1,7.

श्लेष्मल 1) Adj. (f. आ) *schleimig, phlegmatisch.* योनि f. *Schleimfluss.* — 2) *m. *eine best. Pflanze.*

श्लेष्मवन्त् Adj. *mit Bändern versehen* (Wagen).

श्लेष्मशोफ m. *eine best. Krankheit.*

*श्लेष्मह m. *Cordia latifolia.*

श्लेष्महर Adj. (f. आ) *den Schleim vertreibend* Spr. 7741.

श्लेष्मा f. = श्लेष्मन् 1) a) *Schleim* Pańkar. 1,3,33.

*श्लेष्मात m. *Cordia latifolia.*

श्लेष्मातक m. und f. (ई) dass. m. auch Bez. *der Frucht* Râgan. 11,205.

श्लेष्मातकमय Adj. *aus dem Holze der Cordia latifolia* gemacht.

श्लेष्मातुर Adj. (f. आ) *verschleimt* Hâsj. 27,11.

*श्लेष्माध्मा f. H. an. 3,427 fehlerhaft für श्लेष्मघ्ना; vgl. Zach. Beitr. 88.

*श्लेष्मान्तक m. = श्लेष्मातक. Vgl. *नुन्न°.

श्लेष्माश्मरी f., श्लेष्मास्राव m. und श्लेष्मोपनाह m. Bez. *verschiedener Krankheiten.*

श्लेष्मिक Adj. fehlerhaft für श्लैष्मिक.

श्लैष्मिक Adj. (f. ई und आ!) *zum Schleim* (*Phlegma*) *in Beziehung stehend, ihn* (*es*) *erregend* oder *besänftigend, schleimig, phlegmatisch.*

*श्लोक्, श्लोकते (संघाते, सर्जने, वर्जने). श्लोकय् s. bes.

श्लोक m. 1) *Ruf, Schall, Geräusch.* — 2) *Ruf, Nachrede.* — 3) *Strophe,* später insbes. die Anushṭubh-*Strophe, der epische* Çloka. — 4) Name eines Sâman. प्रजापतेः श्लोकानुश्लोकानि चत्वारि Ârsh. Br.

*श्लोककार m. *ein Verfasser von* Çloka.

श्लोककालनिर्णय m. Titel eines Werkes Burnell, T.

श्लोककृत् Adj. *Geräusch machend, laut rufend.*

श्लोकगौतम m. *der in* Çloka *sprechende* Gautama.

श्लोकचरण m. *der einzelne Vers eines* Çloka, *Stollen* S. S. S. 255,10.

श्लोकत्रय n. Titel Opp. Cat. 1.

श्लोकत्व n. Nom. abstr. zu श्लोक 3).

श्लोकद्वयव्याख्या f. Titel Opp. Cat. 1.

श्लोकबद्ध Adj. (f. आ) *in* Çloka *verfasst* R. 1,2,38.

श्लोकभू Adj. *im Schall* (*Ruf*) *erscheinend* Ait. Âr. 386,14.

श्लोकय्, °यति *schallen machen* VS. — Mit उप *in Versen besingen, preisen* Mahâvîrak. 128,15. Damajantîk. 2. Comm. zu Çiç. 14,54. — Mit सम् dass.

श्लोकयत्त्र Adj. etwa *den Schall* (in Maasse) *spannend.*

श्लोकवार्त्तिक n. *ein metrisches* Vârttika. °कार m. *der Verfasser von solchen V.*

श्लोकस्थान n. = सूत्रस्थान.

श्लोकाभिनयन n. *eine theatralische Darstellung unter Hersagen von* Çloka S. S. S. 242.

श्लोकिन् Adj. 1) *geräuschvoll.* — 2) *in gutem Rufe stehend* Çâṅkh. Br. 17,3.

श्लोक्य Adj. 1) *geräuschvoll.* — 2) *ruhmwürdig.*

श्लोण्, श्लोणति (संघाते). अश्लोणात् in der Etymologie von श्रोणा.

श्लोण Adj. (f. आ) *lahm* Âpast. Çr. 7,12,1. Wird auch mit दुष्टत्वच् erklärt.

श्लौण्य n. *Lahmheit*. Nach dem Comm. = वग्दोष.

श्व = 2. श्वस् in श्वश्व und श्वःश्व.

श्वःकाल m. *der morgende Tag*. Loc. so v. a. *morgen*.

श्वःक्रय m. *ein am folgendem Tage geschehender Einkauf* LÂTJ. 8,4,6.

श्वःप्रभृति Adv. *vom folgenden Tage an* KÂTJ. ÇR. 15,1,8.

श्वकर्ण m. *Hundeohr*. Vgl. श्वाकर्ण.

श्वकिष्किन् Adj. Bez. von Unholden.

श्वक्रीडिन् Adj. *Hunde zum Vergnügen haltend*.

श्वखरोष्ट्र n. Sg. *Hund, Esel und Kamel*.

श्वगण m. *ein Rudel Hunde*.

श्वगणिक Adj. (* f. ई) *mit einem Rudel Hunden umherziehend*.

श्वगणिन् Adj. dass.; m. *Koppelführer* ḰAṆḌAK. 20,5.

श्वगर्दभ n. Sg. *Hunde und Esel* M. 10,15. °पति m. *Besitzer von Hunden und Eseln* BHÂG. P. 5,26,24.

श्वग्रह (Conj. für स्वग्रह) m. *ein best. Dämon, durch den Kinder besessen werden*.

श्वघ्निन् m. *ein gewerbmässiger Spieler*.

*श्वङ्क्, श्वङ्कते (गत्यर्थ, सर्प).

*श्वङ्ग्, श्वङ्गति (गतौ, सर्पणे, त्रडे, सपि).

*श्वच्, श्वचते (गतौ). Vgl. श्वञ्च्.

श्वचक्र n. *das Kapitel über Hunde*.

*श्वचण्डाल n. *Hund und Ḱaṇḍâla*.

श्वचर्या f. *ein Hundeleben* MBH. 13,101,15.

*श्वचिल्ली f. *eine best. Gemüsepflanze*, = वनकचिल्ली RÂGAN. 7,129.

*श्वञ्, श्वञ्जते.

श्वजाघनी f. *Hundeschwanz* MBH. 5,141,37.

श्वजीवन Adj. *Hunde züchtend*.

*श्वजीविका f. *ein Hundeleben, so v. a. Dienst*.

श्वजीविन् m. *Hundezüchter* VISHṆUS. 51,15.

श्वञ्च्, श्वञ्चते *sich aufthun für* (Dat.), *in die offenen Arme aufnehmen*. Vom Simplex nur शश्वचे. — Caus. श्वञ्चयति *sich aufthun machen, öffnen*. — Mit उद् *sich aufthun*.

*श्वञ्ज्, श्वञ्जते = श्वज्.

*श्वठ्, श्वाठयति (संस्कारगत्योः, असंस्कारगत्योः, गत्यसंस्कृतसंस्कृते).

*श्वठ P. 6,1,216.

*श्वण्ठ्, श्वण्ठयति = श्वठ्.

*श्वदंष्ट्रक m. *Tribulus lanuginosus* RÂGAN. 4,40.

श्वदंष्ट्रा f. *Asteracantha longifolia* KARAKA 6,1.

श्वदंष्ट्रिन् m. *ein best. auf dem Trocknen lebendes Thier*.

*श्वदयित n. *Knochen*.

श्वदृति m. *Hundebalg*.

*श्वधूर्त m. *Schakal*.

1. श्वन् 1) m. a) *Hund*. — b) * *ein zum Aufbau eines Hauses besonders zugerichteter Platz*. — 2) f. शुनी a) *Hündin*. — b) * *Beninkasa cerifera*.

2. श्वन् in ऋजिश्वन्, दुर्गृभिश्वन् und मातरिश्वन्.

श्वनकुल n. Sg. *Hund und Ichneumon*.

श्वनिन् Adj. *Hunde haltend, — führend*. Vgl. श्वनी.

*श्वनिश n. und *श्वनिशा f. *eine Nacht, in der die Hunde heulen* u. s. w.

श्वनी m. *Hundeführer* MAITR. S. 2,9,5 (124,8).

श्वन्वत् Adj. f. °न्वती als Beiw. einer Klasse von Apsaras.

श्वप m. *Besitzer von Hunden*.

श्वपक fehlerhaft für श्वपच.

श्वपच् m. = श्वपच. Nur श्वपचाम् zu belegen.

श्वपच 1) m. *eine best. verachtete Menschenklasse* (*Hunde kochend*), oft den Ḱaṇḍâla gleichgesetzt. — 2) f. आ und ई f. zu 1).

श्वपचत्व n. Nom. abstr. zu श्वपच 1).

श्वपति m. *Herr —, Besitzer von Hunden* MAITR. S. 2,9,5 (124,8).

श्वपद m. *ein reissendes Thier* ÂPAST. ÇR. 9,17,5.

श्वपद् n. *Hundepfote* (als Brandmal).

श्वपाक 1) m. = श्वपच 1) BAUDH. — 2) f. ई = श्वपच 2).

श्वपाद m. = श्वपद्.

श्वपुच्छ n. 1) *Hunderuthe*. — 2) * *Hemionitis cordifolia* RÂGAN. 4,38. — Vgl. श्वापुच्छ.

श्वपोषक m. *Hundefütterer, Jagdknecht* KÂD. 110,16 (198,14).

*श्वफल m. *Citronenbaum*.

श्वफल्क m. N. pr. eines Sohnes des Vṛshṇi.

श्वबाल m. schlechte Schreibart für श्ववाल.

श्वभक्ष und श्वभक्ष्य Adj. *Hundefleisch geniessend*.

*श्वभीरु m. *Schakal*.

श्वभोजन 1) n. *eine Speise der Hunde*, Bez. des *Körpers*. — 2) m. *eine best. Hölle*.

श्वभ्र 1) m. n. *Erdspalte, Loch, Grube*. — 2) m. a) *Hölle* und auch *eine best. Hölle*. — b) N. pr. α) eines Sohnes des Vasudeva. — β) eines Fürsten von Kampanâ.

श्वभ्रपति m. wohl *Höllenfürst*.

*श्वभ्रय्, °यति (गत्याम्, कृच्छ्रजीवने, बिले, तङ्के).

श्वभ्रित *löcherig*.

श्वभ्रवत् 1) Adj. *löcherig* (ein Boden). — 2) f. °वती N. pr. eines Flusses.

श्वभ्रीय्, °यति *für eine Grube halten*.

श्वमांस n. *Hundefleisch*.

श्वमुख m. Pl. N. pr. eines Volkes.

श्वयथ m. *das Schwellen*.

श्वयथु m. *Anschwellung, Aufgedunsenheit*.

श्वयथुमत् Adj. *an Anschwellungen leidend* ḰARAKA 6,12.

*श्वयन n. *das Schwellen*.

श्वयातु m. *eine Art von Gespenstern*.

*श्वयीचि m. oder f. *eine best. Krankheit*.

*श्वयूथ्य n. *Hundeschaar*.

*श्वर्त्, श्वर्तति (गत्याम्, कृच्छ्रजीवने).

श्वल्, *श्वलति (आशुगमने) SUÇR.

*श्वलिह् Adj. (Nomin. °लिट्) *wie ein Hund leckend*.

*श्वलेह्य Adj. *was ein Hund auszulecken vermag* (von einem Brunnen mit wenig Wasser).

*श्वल्क्, श्वल्कयति (परिभाषणे, भाषणे).

*श्वल्ल्, श्वल्लति = श्वल्.

श्ववत् Adj. *Hunde besitzend, — haltend* VASISHṬHA 14,11.

श्ववर्त m. *ein best. Wurm* AV. 9,4,16, v. l. für शवर्त.

श्ववाल m. *Hundehaar* KATHÂS. 49,19.

श्वविष्ठा f. *Hundekoth*.

1. श्ववृत्ति f. *Hundeleben*, Bez. des *Dienstes*.

2. श्ववृत्ति Adj. *von Hunden lebend*.

श्ववृत्तिन् Adj. dass.

*श्वव्याघ्र m. *Jagdleopard*.

*श्वशीर्ष Adj. *einen Hundskopf habend*.

श्वशुर 1) m. *Schwäher, Schwiegervater*. Du. und Pl. *die Schwiegereltern*; Pl. auch st. des Sg. — 2) *f. (wohl ई) = ब्राह्मी.

श्वशुरक m. *ein lieber* oder *armer Schwäher*.

श्वशुरीय Adj. (f. आ) *zum Schwäher in Beziehung stehend*.

श्वशुर्य m. *ein Bruder des Mannes* oder *der Frau*, *Schwager*.

श्वश्रू f. *Schwieger, Schwiegermutter*. Pl. *die Schwieger und die übrigen Frauen des Schwähers*.

*श्वश्रूश्वशुरौ und श्वश्रूश्वशुरास् *die Schwiegereltern*,

श्वश्रूस्नुषे *Schwiegermutter und Schwiegertochter* 135,18. Spr. 7834. श्वश्रूस्नुषाधनसंवाद m. Titel BURNELL, T.

श्वःश्रेयस n. *fortschreitende Verbesserung der Lage* u. s. w.

श्वःश्व n. *das Verschieben auf morgen*.

1. श्वस्, श्वसिति (episch auch °श्वसति!, श्वस st. श्वसिहि und Med.) 1) *blasen, zischen, sausen, schnauben*. — 2) *athmen*. श्वसान *athmend*, so v. a. *nur eben lebend*. — 3) *seufzen, aufseufzen*. — 4) श्वसित so v. a. *aufgelebt*. — Caus. श्वासयति *schweren Athem machen*. — श्वासिता R. 2,84,18 fehlerhaft

für स्वाशिता. — Intens. शाश्वसत् *schnaubend* Maitr. S. 4,2,3. — Mit अनु 1) *einathmen* Amṛtab. Up. 12. — 2) *fortwährend athmen.* — Mit अप, °श्वसिति als Erklärung von अपानिति. — Mit अभि 1) *herblasen, hersausen.* — 2) *zischen, pfeifen.* — 3) *stöhnen.* — Mit अव in अवश्वसे. — Mit आ 1) *aufathmen, sich erholen, sich beruhigen, gutes Muths werden, — sein.* — 2) *Vertrauen haben zu* (Loc.). — 3) आश्वस्त (Kâç. zu P. 7,2,116) und *आश्वसित *erholt, zu sich gekommen, gutes Muths geworden.* — Caus. *Jmd zu Athem kommen —, sich erholen lassen, beruhigen, trösten.* — Mit पर्या *aufathmen, sich erholen, sich beruhigen.* पर्याश्वस्त *erholt, beruhigt.* — Caus. *Jmd zu Athem kommen —, sich erholen lassen, beruhigen.* Med. metrisch. — Mit प्रा Caus. *beruhigen, trösten.* — Mit प्रत्या *wieder zu Athem kommen, sich wieder erholen.* प्रत्याश्वस्त *wieder zu Athem gekommen, wieder erholt.* — Caus. *beruhigen, trösten.* — Mit समा 1) *aufathmen, sich erholen, sich beruhigen, gutes Muths werden.* — 2) *sich verlassen auf Jmd* (Loc.). — 3) समाश्वस्त *a) erholt, beruhigt.* — *b) voller Vertrauen.* — Caus. *Jmd zu Athem kommen —, sich erholen lassen, beruhigen, trösten.* — Mit उद् 1) *aufzischen, aufschnaufen.* — 2) *aufathmen, ausschnaufen, — von* (Abl.), so v. a. *inne halten* (Gobh. 4,5,8). अनुच्छ्वस्य *in einem Athem.* — 3) *ausathmen.* — 4) *athmen* überh. — 5) *aufathmen,* so v. a. *sich wieder erholen* Vikramâṅkaḱ. 18,87. Çiç. 18,58 (उच्छ्वास zu lesen). — 6) *aufseufzen.* — 7) *sich heben.* — 8) *sich lösen, — von* (Abl.). — 9) *sich öffnen, aufblühen* Çiç. 11,15. — 10) उच्छ्वस्त *beruhigt.* — 11) उच्छ्वसित *a) beruhigt.* — *b) erfrischt, erquickt* Megh. 42. 97. Vâsav. 159,3. — *c) gehoben, emporgerichtet, geschwollen* Çiç. 10,51. — *d) weit geöffnet* (Augen), *aufgeblüht.* — *e) gelöst, aufgegangen* (Band, Gewand) Kumâras. 8,4. Çukas. 2,54. — Caus. 1) *aufathmen lassen, beleben, erfrischen.* — 2) *in die Höhe heben.* — 3) *zerreissen* Megh. 58. — 4) *unterbrechen* Megh. 69, v. l. — 5) *zu einer Unterbrechung veranlassen, veranlassen von Etwas abzustehen* Megh. 69. — Mit प्रोद् *schnaufen, heftig athmen.* — Mit समुद् 1) *Athem holen, aufathmen, sich erholen.* — 2) *tief aufseufzen.* समुच्छ्वसित n. impers. — 3) *hervorspriessen* Çiç. 13,58. — Caus. *in die Höhe heben, schwellen machen.* — Mit उप in उपश्वसे (die richtige Bed. im Nachtr. 3). — Caus. *mit Brausen erfüllen.* — Mit नि 1) *zischen, schnaufen.* — 2) *aufseufzen* Naish. 6,5. — Vgl. निःश्वसित. — Mit विनि 1) *zischen, schnaufen.* — 2) *aufseufzen.* — Mit निस् 1) *zischen, schnaufen.* — 2) *aushauchen.* — 3) *einathmen.* — 4) *aufseufzen.* — Mit अतिनिस् *heftig aufseufzen.* — Mit विनिस् 1) *zischen, schnaufen.* — 2) *aufseufzen* 30,29. — Mit परा *vertrauen auf* (Loc.). — Mit प्र *einathmen.* — Caus. 1) *athmen machen.* — 2) *beruhigen, trösten.* — Mit अभिप्र *anblasen,* mit Acc. — Mit वि *Zuversicht —, Vertrauen —, kein Arges haben, unbesorgt sein, vertrauen auf Jmd* (Loc., Gen. oder Acc.) oder *Etwas* (Loc. Çiç. 16, 54). विश्वस्त und विश्वसित (nur Bhâg. P.) *voller Vertrauen, kein Arges habend, unbesorgt, Jmd* (Gen.) *vertrauend.* विश्वस्तम् Adv. — Caus. *Jmds Vertrauen gewinnen, Jmd Vertrauen einflössen;* mit Acc. — Desid. vom Caus. विशिश्वासयिषति *Jmd* (Acc.) *Vertrauen einzuflössen suchen* Bhaṭṭ. — Mit अतिवि *grosses* (zu *grosses*) *Vertrauen haben, — zu* (Loc. oder Acc.). अतिविश्वस्त *grosses Vertrauen habend.* — Mit अभिवि Caus. *Jmds Vertrauen gewinnen, Jmd Vertrauen einflössen;* mit Acc. — Mit परिवि, परिविश्वस्त *voller Vertrauen, kein Arges habend, unbesorgt.* — Caus. *beruhigen, trösten.*

2. श्वस्, श्वश्वस् Adv. *morgen, folgenden Tags.* Wiederholt *von Tag zu Tag, immer weiter.* श्वो भूते *am morgenden Tage, am folgenden Tage.* Vgl. श्वोभूत.

श्वसथ m. *das Blasen, Zischen, Schnaufen.*

श्वसन 1) Adj. *a) blasend, zischend, schnaufend.* — *b) schwer athmend.* — 2) m. *a) Wind* (auch in medicinischem Sinne), *der Gott des Windes.* Unter den Vasu als Sohn der Çvâsâ. — *b) Vanguiera spinosa* Karaka 7,1. — *c)* श्वसन N. pr. eines Schlangendämons Suparn. 23,3. — 3) n. *a) das Zischen* (einer Schlange) Çiç. 20,45. — *b) heftiges, hörbares Athmen; das Athmen, Athem* überhaupt. — *c) das Sichräuspern.* — *d) das Seufzen, Seufzer* 300, 26. — *e) Gefühl,* d. i. *was da gefühlt wird.* — समाततेन श्वसनेन MBh. 8,4205 fehlerhaft für तमाततेनेषसनेन.

श्वसनमनोग Adj. *schnell wie der Wind oder der Gedanke* Varâh. Jogaj. 6,25.

श्वसनरन्ध्र n. *Nasenloch.*

*श्वसनवत् Adj. *schnaubend, zischend* Sâj. zu Ṛv. 1,140,10.

श्वसनसमीरण m. *Athem* Çiç. 17,6.

श्वसनाशन m. *Schlange.*

*श्वसनेश्वर m. *Terminalia Arunja.*

*श्वसनोत्सुक m. *Schlange.*

श्वसथ (!) Adj. Kauç. 107.

श्वसित 1) Adj. s. u. 1. श्वस्. — 2) n. *das Athmen, Athem* Çiç. 6,23. Auch Pl.

श्वसीवत् Adj. nach Sâj. = श्वसनवत् *schnaubend, zischend.*

°श्वसुत oder *श्वसुन m. *Conyza lacera.*

*श्वसृगाल n. Sg. *Hund und Schakal* Pat. zu P. 2,4,12, Vârtt. 2.

श्वस्तन 1) Adj. *zum andern Morgen in Beziehung stehend, morgend.* श्वस्तने ऽहनि Kâd. 2,62, 10 (75,10). — 2) f. श्वस्तनी f. *der Charakter* (तृ) *des als Futurum fungirenden Nom. ag. und dies Tempus selbst.* — 3) *ein Morgen, ein folgender Tag* Maitr. S. 1,5,12 (81,5).

श्वस्तनवत् Adj. *eine Zukunft habend.*

श्वस्तनिक in अश्वस्तनिक.

*श्वस्त्य Adj. = श्वस्तन 1).

श्वःसुत्या f. *der Vortag der* Sutjâ-*Feier.* स्वर्गस्य लोकस्य *das Vorfest der* Soma-*Feier, die zum Himmel hilft.*

श्वःस्तोत्रिय m. *der* Stotrija *des folgenden Tages.*

*श्वह्नान anzunehmen für *शौवह्नान.

श्वा (oder श्वि), श्वयति *anschwellen* Çat. Br. 4,2, 1,11. Aor. अश्वत् (Çat. Br. 10,6,5,7), अश्वयीत् (Hem. Par. 3, 97) und अशिश्वयीत् (Bhaṭṭ.). Pass. शूयते *anschwellen* Karaka 1,18. शून *geschwollen, aufgedunsen.* — *Caus. Aor. अशूशवत् und अशिश्वयत्. — *Desid. vom Caus. शुशावयिषति und शिश्वाययिषति. — Intens. *शोशूयते und शेश्वीयते (Bhaṭṭ.) *heftig anschwellen.* — Mit उद् 1) *aufschwellen* Çaṅk. zu Bâdar. 4,2,13 (उच्छ्वयति zu lesen). — 2) उच्छून *a) aufgeschwollen.* — *b) an Umfang gewonnen, verstärkt.* — Mit प्र, प्रशूयते *aufschwellen* Karaka 1,15. प्रशून *aufgeschwollen.* — Mit वि *anschwellen.* — Mit सम्, संशून *aufgeschwollen, aufgedunsen.*

*श्वाकर्ण Adj. oder m. Vgl. श्वकर्ण.

*श्वाकुन्द Adj. oder m.

*श्वागणिक Adj. (f. ई) = श्वगणिक.

श्वाग्र n. *Hunderuthe.*

श्वाजिन n. *Hundefell* Âpast.

*श्वात्र्, श्वात्रति (गतिकर्मन्).

श्वात्र 1) Adj. (f. श्वात्रा) *schmackhaft, angenehm zu geniessen.* Nach dem Comm. = क्षिप्र oder मित्र, *श्वात्रम् Adv. = क्षिप्रम्. — 2) n. *eine schmackhafte Speise, ein solcher Trank, ein guter Bissen, Lockspeise.* Nach Nigh. = धन.

श्वात्रभाज् Adj. *schmackhaft, zuträglich zu essen.*

(श्वात्र्य) श्वात्रिय Adj. (f. श्वात्री) *schmackhaft.*

श्वाद m. = श्वपाक 1).

*श्वादंष्ट्र Adj. oder m.

*श्वादंष्ट्रि m. Patron.

*श्वादत्त Adj. oder m.

श्वान 1) m. *Hund.* — 2) f. ई *Hündin* Harshaḱ. 192,14.

*श्वानचिल्लिका f. *eine best. Gemüsepflanze.*

श्वानल m. N. pr. einer Verkörperung Garuḍa's Ind. St. 14,100. 136.

श्वात्त्र Adj. etwa *ruhig, friedlich, zutraulich.*

श्वापद् m. = श्वापद 1) AV. 11,10,8.

श्वापद 1) m. n. *ein reissendes Thier.* — 2) m. Pl. N. pr. eines Volkes. स्वापद gedr. — 3) *Adj. = शौवापद.

*श्वापाकक Adj. von श्वपाक.

*श्वापुच्छ Adj. oder m. Vgl. श्वपुच्छ.

*श्वाफल्क m. Patron. von श्वफल्क.

श्वाफल्कि m. desgl.

*श्वाभस्त्र Adj. von श्वभस्त्रि.

*श्वाभस्त्रि m. Patron.

*श्वायूथिक Adj. von श्वयूथ.

*श्वावराह Adj. oder m.

*श्वावराहिका f. *die Feindschaft zwischen Hund und Eber.*

श्वाविच्छल्लित Adj. *mit Stacheln des Stachelschweins bespickt.*

*श्वाविद्गर्त m. *die Höhle eines Stachelschweins.*

*श्वाविद्गर्तीय Adj. von श्वाविद्गर्त.

श्वाविद्रोमन् n. *der Stachel eines Stachelschweins.*

श्वाविध् f. (Nomin. °वित्) *Stachelschwein* Râǵan. 19,50. AV. 5,13,9. Maitr. S. 3,14,14. Âpast. (श्वाविट् fehlerhaft). Vasishtha 14,39.

श्वाविल्लोमन् n. = श्वाविद्रोमन्.

श्वाविल्लोमापनयन n. und श्वाविल्लोमापह m. N. pr. eines Tîrtha.

श्वाशुर 1) Adj. (f. ई) *dem Schwäher gehörig.* — 2) *m. Pl. = श्वाशुरेर्पूनप्रक्षात्त्वाः.

*श्वाशुरि m. *ein Sohn des Schwagers.*

श्वाशुर्य m. Kathâs. 80,22.24 fehlerhaft für श्वशुर्य.

*श्वाश्व m. Bein. Bhairava's.

श्वास 1) m. a) *Gezisch, Geschnauf.* — 2) *das Athmen, Athemzug, Athem* R. Gorr. 2,28,14. Als Zeitmaass = प्राण, असु Kârand. 72,7. — c) *das Einathmen.* — d) *der Hauch* bei der Aussprache der dumpfen Consonanten u. s. w. RV. Prât. Einl. 6. 13,2. 14,8. — e) *das Seufzen, Seufzer.* — f) *Athembeschwerden, Asthma* Hemâdri 1,778,19. — 2) f. श्वा N. pr. *der Mutter des Windgottes.*

श्वासकासिन् Adj. *asthmatisch und mit Husten behaftet* Hemâdri 1,778,20.

*श्वासकुठार m. *ein best. sicher wirkendes Mittel gegen Asthma* Mat. med. 45. Bhâvapr. 3,35. 4,89.

श्वासता f. Nom. abstr. zu श्वास 1) *d*).

श्वासशेष Adj. (f. श्रा) *nur noch im Athmen bestehend.*

श्वासहिक्किन् Adj. *am Asthma und am Schlucken leidend* Karaka 6,19.

*श्वासहेति f. *Schlaf, Schläfrigkeit.*

श्वासाकुल Adj. *ausser Athem* Kampaka 475.

श्वासानिल m. *Athem.*

*श्वासारि m. *Costus speciosus* oder *arabicus.*

श्वासिक Adj. *wie beim Asthma stattfindend, — erfolgend* Karaka 3,5.

श्वासिन् 1) Adj. a) *zischend.* — b) *keuchend, asthmatisch.* — c) *mit einem Hauch gesprochen, adspirirt.* — 2) *m. *Wind.*

श्वाहि m. N. pr. eines Sohnes des Vṛǵinavant.

श्वि s. श्वा.

श्विक्न m. Pl. N. pr. eines Volkes.

1. श्वित्, श्वेतते (zu belegen in der älteren Sprache nur श्वितानं, अश्वैत्, अश्वितन् und अशिश्वितत्) *weiss —, licht —, hell sein.* श्वेतमान Mâlatim. 40,1 (93,7). Mahâvîraḱ. 39,17. — Mit अव *herleuchten.* — Mit वि *hell sein, strahlen.*

2. श्वित् in उदश्वित् und सूर्यश्वित्.

श्वितीचि, श्वित्न und (श्वित्न्य) श्वित्निय Adj. *weisslich.*

*श्वित्प m. N. pr. eines Mannes Nîlak. zu MBh. 7,55,50.

श्वित्यञ्च् Adj. (f. श्वितीची) *weisslich.*

श्वित्र 1) Adj. a) *weisslich, weiss.* — b) *mit dem weissen Aussatz behaftet.* — 2) m. *ein best. Hausthier* oder überh. *ein weisses Thier.* — 3) m. n. *der weisse Aussatz* Comm. zu Âpast. Çr. 5,24,4. — 4) *f. श्वित्रा N. pr. einer Frau.

श्वित्रक Adj. (f. °त्रिका) *mit dem weissen Aussatz behaftet.*

*श्वित्रघ्नी f. *Tragia involucrata.*

श्वित्रिन् Adj. *mit dem weissen Aussatz behaftet* Gaut.

श्वित्रोपकाश Adj. *weisslich aussehend* Âpast. Çr. 10,22,4.

(श्वित्र्य) श्वित्रिअ RV. 1,33,15 nach Sâj. m. Metron. von श्वित्रा.

श्विन्द्, श्विन्दते *weiss sein.* Nur शिश्विन्दे Harshaḱ. 441,7.

श्वेत 1) Adj. (f. श्वा und *श्वेनी!) *weiss, licht.* पर्वत m. *Schneeberg,* कटाक्ष m. *ein best. Seitenblick* (neben श्याम und श्वेतश्याम) S. S. S. 245. fg. — 2) m. a) *ein weisses Ross, Schimmel.* — b) **Otterköpfchen.* — c) **eine weisse Wolke.* — d) **der Planet Venus.* — e) *ein best. Komet.* — f) *= जीवक (wohl *eine best. Pflanze*). — g) N. pr. α) eines Schlangendämons. — β) eines Wesens im Gefolge Skanda's. — γ) eines Daitja. — δ) eines Muni. — ε) einer Incarnation Çiva's und eines Schülers dieses Çveta. — ζ) eines Râǵarshi. — η) eines Sohnes des Fürsten Sudeva. — ϑ) eines Heerführers. — ι) eines Sohnes des Vapushmant. — κ) eines Lehrers. — λ) eines Weltelephanten. — μ) eines Berges Hemâdri 1,374,11. — ν) eines Dvîpa, = श्वेतद्वीप. — 3) f. श्वेता a) *eine der 7 Zungen* Agni's Gṛhjâs. 1,21. 23. — b) **Otterköpfchen.* — c) Bez. *verschiedener Pflanzen.* Nach den Lexicographen und Commentatoren *eine weisse Bignonia, Boerhavia procumbens, Birke, Achyranthes atropurpurea* u. s. w. Râǵan. 3,76. 4,33. 5,37. 8,111. — d) **Zucker* Râǵan. 14,99. — e) **Tabaschir* Râǵan. 6,188. — f) **Alaun* Râǵan. 13,119. — g) mystische Bez. *des Lautes* स. — h) N. pr. α) einer der Mütter im Gefolge Skanda's. — β) der Mutter des Weltelephanten Çveta oder Çankha. — γ) einer Fürstin. — 4) n. a) *das Weisse im Auge.* — b) *das Weisswerden der Haare.* — c) **Silber* Çâçvata 630. — d) **Buttermilch und Wasser zu gleichen Theilen gemischt.*

श्वेतक 1) Adj. *weisslich, weiss.* Als Bez. *der 7ten unbekannten Grösse* Colebr. Alg. 228. — 2) *m. a) *Otterköpfchen.* — b) N. pr. eines Schlangendämons. — 3) *n. *Silber* Râǵan. 13,14.

श्वेतकण्ठिन् Adj. *weisshalsig* (Krug) Hariv. 2,50,72.

*श्वेतकन्दा f. *Aconit* Râǵan. 6,136.

श्वेतकपोत m. 1) *eine Mausart.* — 2) *eine Schlangenart.*

श्वेतकर्ण m. N. pr. eines Sohnes des Satjakarna.

श्वेतकल्प m. *eine best. Weltperiode* Hemâdri 1,535,17.

श्वेतकाक m. *eine weisse Krähe, so v. a. etwas ganz Aussergewöhnliches* Kautukas.

श्वेतकाकीय Adj. *einer weissen Krähe entsprechend, so v. a. ganz ungewöhnlich, unerhört.*

*श्वेतकाण्डा f. *weisses* Dûrvâ-*Gras* Râǵan. 8,111.

श्वेतकापोती f. *eine best. Pflanze.*

*श्वेतकाम्बोजी f. *eine weisse Abart von Abrus precatorius* Râǵan. 3,103.

श्वेतकि m. N. pr. eines alten Fürsten.

*श्वेतकिणिही f. *ein best. Baum* Râǵan. 9,152.

*श्वेतकुलि m. *ein best. Fisch* Râǵan. 17,53.

*श्वेतकुञ्जर m. Bein. Airâvata's, *des Elephanten* Indra's.

*श्वेतकुश m. *weisses* Kuça-*Gras.*

1. श्वेतकुष्ठ n. *der weisse Aussatz.*

2. श्वेतकुष्ठ Adj. *mit dem weissen Aussatz behaftet.* Nom. abstr. °त्व n.

श्वेतकृत्वा f. *ein best. giftiges Insect.*

श्वेतकेतु m. 1) N. pr. verschiedener Männer Âpast. — 2) *ein best. Komet.* — 3) *ein Gina Gal.

*श्वेतकेश m. *eine roth blühende Moringa.*

*श्वेतकोल und *°क m. *Cyprinus Sophore.*

*श्वेतखदिर m. *weiss blühender* Khadira Rāgan. 8,25.

श्वेतगङ्गा f. N. pr. eines Flusses Kâd. 146,19 (258,10).

*श्वेतगरुत् m. *Gans.*

श्वेतगिरि m. N. pr. eines *Berges.* °माहात्म्य n. Titel Burnell, T.

*श्वेतगुञ्जा f. *eine weisse Abart von Abrus precatorius* Rāgan. 3,103.

श्वेतगुणवत्त् Adj. *mit der Eigenschaft der weissen Farbe versehen.*

*श्वेतगोकर्णी f. *Clitoria ternatea.*

श्वेतगोधूम m. *eine Art Weizen* Vâsav. 192,3.

*श्वेतघण्टा f. *eine best. Pflanze,* = नागदन्ती Rāgan. 5,84.

श्वेतघण्टी f. in *महा°.

श्वेतचन्दन n. *weisser Sandel* Rāgan. 12,6.

श्वेतचम्पक m. *eine Art* Kampaka.

श्वेतचरण n. *ein best. Vogel.*

*श्वेतचिल्लिका f. und *°चिल्ली f. *eine best. Gemüsepflanze* Rāgan. 7,127.

श्वेतच्छत्त्र n. *ein weisser Sonnenschirm.*

श्वेतच्छत्त्राय् *einem weissen Sonnenschirme gleichen.* °यित Adj. Vikramâñkak. 18,56.

श्वेतच्छत्त्रिन् Adj. *mit einem weissen Sonnenschirm versehen* Âpast. Çr. 18,7.

*श्वेतच्छद m. 1) *Gans.* — 2) *eine best. Pflanze.*

श्वेतजल N. pr. eines Sees VP.² 2,112.

*श्वेतजीरक m. *weisser Kümmel* Rāgan. 6,59.

*श्वेतटङ्कण n. *eine Art Borax* Rāgan. 6,244.

श्वेततन्त्री f. *ein best. Saiteninstrument* S.S.S. 185.

श्वेततपस् m. N. pr. eines Mannes.

श्वेततर m. Pl. *eine best. Schule.*

*श्वेतदूर्वा f. *weisses* Dûrvâ-*Gras* Rāgan. 8,111. Bhâvapr. 1,211.

°श्वेतद्युति m. *der Mond.*

*श्वेतद्रुम m. *Crataeva Roxburghii* Rāgan. 9,143.

*श्वेतद्विप m. Bein. Airâvata's, des *Elephanten* Indra's.

श्वेतद्वीप m. n. N. pr. 1) einer mythischen *Insel* der Seligen Vâsav. 214,3. — 2) einer heiligen Localität bei Kâçî.

श्वेतद्वीपाय्, °यते *der weissen Insel gleichen* Harshak. 41,6.

*श्वेतधातु m. 1) *weisse Kreide* Rāgan. 13,132. — 2) *Opal* oder *Chalcedon.*

*श्वेतधामन् m. 1) *der Mond.* — 2) *Kampfer.* — 3) *Os sepiae.* — 4) *Achyranthes atropurpurea.* — 5) *eine weiss blühende Clitoria ternatea.*

श्वेतता f. *das Hellwerden, Morgenroth.*

श्वेतनामन् m. *Clitoria ternatea.*

श्वेतनील 1) Adj. *weisslich schwarz* Garbe zu Rāgan. 13,185. — 2) *m. *Wolke.*

श्वेतन्यङ्ग Adj. *mit einem weissen Mal* Âpast. Çr. 8,19,3.

श्वेतपत्त Adj. *weiss geflügelt.*

श्वेतपट m. N. pr. 1) eines Gaina-Lehrers. — 2) Pl. einer Gaina-Secte Harshak. 204,4. Ind. Antiq. 7,37.

*श्वेतपत्त्र 1) m. *Gans.* — 2) f. ञ्रा *ein best. Baum* Rāgan. 9,134.

*श्वेतपत्त्ररथ m. Bein. Brahman's.

श्वेतपद्म n. *eine weisse Lotusblüthe* Rāgan. 10,182.

श्वेतपर्ण 1) m. N. pr. eines Berges. — 2) *f. ञ्रा *Pistia Stratiotes.*

*श्वेतपर्णास m. *weisses Basilicum.*

श्वेतपर्वत m. N. pr. eines *Berges.*

*श्वेतपाकी f. *eine best. Pflanze* und *ihre Frucht.*

*श्वेतपाटला f. *eine weiss blühende Bignonia.*

*श्वेतपाद m. N. pr. eines Wesens im Gefolge Çiva's.

*श्वेतपिङ्ग m. *Löwe.*

*श्वेतपिङ्गल 1) Adj. *rothgelb.* — 2) m. *Löwe.*

*श्वेतपिङ्गलक m. *Löwe.*

*श्वेतपिण्डीतक m. *ein best. Baum* Rāgan. 9,147.

*श्वेतपुङ्खा f. *ein best. Strauch* Rāgan. 4,74.

1. श्वेतपुष्प n. *eine weisse Blüthe.*

2. श्वेतपुष्प 1) Adj. (f. ई) *weiss blühend.* — 2) *m. *Vitex Negundo.* — 3) *f. ञ्रा *Crataeva Roxburghii, eine weiss blühende Clitoria ternatea, Artemisia vulgaris* oder *Alpinia nutans, Koloquinthengurke, eine weiss blühende Vitex Negundo* und = घोषातकी. — 4) *f. ई *eine weiss blühende Clitoria ternatea.*

*श्वेतपुष्पक 1) m. *weisser Oleander* Rāgan. 10,12. — 2) f. °ष्पिका Bez. *zweier Pflanzen,* = पुत्रदात्री und महाशणपुष्पिका Rāgan. 3,131. 4,70.

*श्वेतप्रसूनक m. *eine best. Pflanze.*

*श्वेतफला f. desgl. Rāgan. 4,28.

*श्वेतबर्बर n. *eine Art Sandel* Gal.

*श्वेतबुह्ना f. *eine best. Pflanze.*

*श्वेतबृहती f. desgl. Rāgan. 4,28.

*श्वेतभण्डा f. *eine weiss blühende Clitoria ternatea.* Vgl. °भिण्डा.

श्वेतभद्र m. N. pr. eines Guhjaka.

*श्वेतभस्मन् n. *ein best. Quecksilberpräparat* Mat. med. 29.

श्वेतभानु Adj. *weissstrahlig* (der Mond); m. *der Mond* Harshak. 130,1. Kâd. 231,21 (380,7).

श्वेतभिनु m. *eine Art Bettler.*

श्वेतभिण्डा f. *eine best. Pflanze* Karaka 6,23. Vgl. °भण्डा.

श्वेतभुजंग m. N. pr. einer Verkörperung Brahman's Ind. St. 14,100. 116. 136.

श्वेतमण्डल m. *eine Schlangenart.*

श्वेतमन्दार m. und *°क m. *ein best. Baum* Rāgan. 10,33.

श्वेतमयूख m. *der Mond* Vikramâñkak. 11,90.

*श्वेतमरिच m. *eine Art Moringa pterygosperma* Dhanv. 4,23. Rāgan. 7,30. n. *der Same.*

*श्वेतमह्कोटिका f. *eine best. Pflanze* Rāgan. 4,28.

श्वेतमाधव n. N. pr. eines Tîrtha.

*श्वेतमाल m. 1) *Wolke.* — 2) *Rauch.* — Richtig श्वतमाल.

श्वेतमूत्र Adj. *an weisslichem Harn leidend.* Nom. abstr. °ता f.

श्वेतमूल m. und *°ला f. *Boerhavia procumbens.*

श्वेतमृद् f. *weisser Thon.* Pl. Varâh. Jogaj. 6,14.

श्वेतमेह m. fehlerhaft für शीतमेह.

श्वेतमोद m. N. pr. eines Krankheitsdämons.

*श्वेतय्, °यति = श्वेताश्वमाचष्टे und श्वेताश्वेनातिक्रामति.

श्वेतयावरी Adj. f. *weiss fliessend* oder f. N. pr. eines Flusses.

*श्वेतरक्त Adj. *hellroth.*

*श्वेतरञ्जन n. *Blei.*

*श्वेतरथ m. *der Planet Venus.*

श्वेतरश्मि m. N. pr. eines in einen *weissen* Elephanten verwandelten Gandharva.

*श्वेतरस m. *Buttermilch und Wasser zu gleichen Theilen gemischt.*

*श्वेतराजी f. *eine best. Pflanze.*

*श्वेतरावक m. *Vitex Negundo.*

*श्वेतरूप्य n. *Zinn.*

*श्वेतरोचिस् m. *der Mond.*

*श्वेतरोहित m. 1) *eine best. Pflanze* Rāgan. 8,15. — 2) Bein. Garuḍa's.

*श्वेतलोध्र m. *eine Art* Lodhra Rāgan. 6,214.

श्वेतलोहित m. N. pr. eines Schülers des Çveta VP.² 1,79.

श्वेतवक्त्र m. N. pr. eines Wesens im Gefolge Skanda's.

*श्वेतवचा f. Bez. *zweier Pflanzen,* = अतिविषा

(Rāǵan. 6,54) und शुक्लवचा.

श्वेतवत्सा Adj. f. *ein weisses Kalb habend.*

*श्वेतवल्कल m. *Ficus glomerata.*

श्वेतवास्त्रिन् Adj. *weiss gekleidet.*

*श्वेतवह् Adj. *mit Schimmeln fahrend.* Nomin. °वाम्, Instr. °वाहा (!) und श्वेतौहा, Du. °वोभ्याम्, f. °वाही (!) und श्वेतौही.

*श्वेतवाजिन् m. 1) *der Mond.* — 2) Bein. Arǵuna's.

श्वेतवाराह m. *eine best. Weltperiode, der erste Tag im Monat* Brahman's. Auch °कल्प n.

श्वेतवाराहतीर्थ n. N. pr. eines Tîrtha.

*श्वेतवारिज n. *eine weisse Lotusblüthe* Rāǵan. 10,182.

*श्वेतवार्त्ताकी f. *eine best. Pflanze.*

*श्वेतवासस् m. *ein weiss gekleideter Mönch.*

श्वेतवाह् 1) Adj. *mit Schimmeln fahrend.* — 2) m. Bein. *a)* *Indra's. — *b)* Arǵuna's.

श्वेतवाहन 1) Adj. dass. — 2) m. *a)* *der Mond.* — *b) eine Form* Çiva's. — *c)* Bein. α) Arǵuna's. — β) Bhadrâçva's. — *d)* N. pr. eines Sohnes des α) Râǵâdhideva. — β) des Çûra VP.² 4,99.

*श्वेतवाहिन् m. Bein. Arǵuna's.

*श्वेतवृत्त m. *Crataeva Roxburghii* Rāǵan. 9,143.

श्वेतव्रत m. Pl. *eine best. Secte.* Richtig श्वेतपट.

*श्वेतशरपुङ्खा f. *ein best. Strauch* Rāǵan. 4,74.

*श्वेतशिंशपा f. *ein best. Baum* Rāǵan. 9,134.

श्वेतशिख m. N. pr. eines Schülers des Çveta.

*श्वेतशिग्रु m. *eine weiss blühende Moringa.*

श्वेतशीर्ष m. N. pr. eines Daitja.

*श्वेतशृङ्ग m. *ein best. Knollengewächs.*

श्वेतशैल m. *Schneeberg* oder N. pr. eines best. *Berges.*

श्वेतशैलमय Adj. *aus weissem Stein —, aus weissem Marmor gemacht.*

श्वेतश्याम Adj. *weiss und zugleich schwarz.* Als Bez. eines Seitenblickes neben श्वेत und श्याम S. S. S. 245. fg.

*श्वेतसर्प m. *Crataeva Roxburghii.*

श्वेतसर्षप m. *weisser Senf, ein weisses Senfkorn* Suçr. 2,40,1.

*श्वेतसार m. 1) *Acacia Catechu* oder *eine weiss blühende Species davon* Dhanv. 1,8. — 2) *Sandel.*

*श्वेतसिंही f. *eine best. Gemüsepflanze* Rāǵan. 4,28.

श्वेतसिद्ध m. N. pr. eines Wesens im Gefolge Skanda's.

*श्वेतसुरसा f. *eine weiss blühende Vitex Negundo.*

*श्वेतस्पन्दा f. *Clitoria ternatea* oder *eine weiss blühende Cl. t.* Rāǵan. 3,75.

श्वेतहनु m. *eine Schlangenart.*

1.*श्वेतहय m. *Schimmel*, Bez. des Rosses von Indra.

2.*श्वेतहय m. Bein. Arǵuna's.

*श्वेतहस्तिन् m. Bein. Airâvata's, des *Elephanten* Indra's.

श्वेतहूणा m. Pl. *die weissen Hunnen.*

श्वेतांशु m. *der Mond* Çārṅg. Paddh. 63,14.

श्वेतांशुक Adj. *weiss gekleidet* Ind. St. 14,397.

श्वेताक्ष m. *eine best.* Soma-*Pflanze.*

श्वेताञ्जन n. *weisse Schminke* Pañkad.

श्वेताण्ड Adj. *einen weissen Hodensack habend* (Hengst).

श्वेतातपत्र n. *ein weisser Sonnenschirm* Vāsav. 190,4.

श्वेतातपत्राय्, °यते *einem weissen Sonnenschirme gleichen* Kād. 200,20 (336,10).

श्वेतात्रेय m. N. pr. eines Mannes.

श्वेताद्रि m. N. pr. eines *Berges.* Angeblich auch Bein. des Kailâsa.

श्वेतानुलेपन Adj. *weissgesalbt;* m. Bein. Balarâma's MBh. 9,47,32.

श्वेतानूकाश Adj. *weiss scheinend.*

श्वेताम्बर 1) Adj. *weiss gekleidet.* — 2) m. *a)* Bez. einer Secte der Ǵaina. °चन्द्र m. N. pr. eines Mannes. — *b) eine Form* Çiva's.

*श्वेताम्ली f. *Tamarindus indica* Rāǵan. 4,178.

श्वेताय्, °यते *weiss werden* Kād. 231,3 (379,3).

श्वेतायिन् Adj. *zum Geschlecht des* Çveta *gehörig.*

श्वेतारण्य n. N. pr. eines *Waldes* und eines Tîrtha am nördlichen Ufer der Kâverî. °माहात्म्य n. Titel Burnell, T.

*श्वेतार्क m. *Calotropis gigantea alba* Rāǵan. 10,29.

श्वेतार्चिस् m. *der Mond.*

*श्वेतावर m. *eine best. Gemüsepflanze* Rāǵan. 4,51.

1. श्वेताश्व m. *ein weisses Ross, Schimmel.*

2. श्वेताश्व 1) Adj. *mit Schimmeln bespannt, mit Sch. fahrend.* — 2) m. *a)* Bein. Arǵuna's. — *b)* N. pr. eines Schülers des Çveta. v. l. श्वेतास्य. — 3) f. श्रा N. pr. einer Göttin.

श्वेताश्वतर m. N. pr. eines Lehrers. Pl. *seine Schule* Sāj. zu Taitt. Âr. S. 91. °शाखा f. und °शाखिन् Pl. dass.

श्वेताश्वतरोपनिषद् f. Titel einer Upanishad. °षत्प्रकाशिका f. und °षद्दीपिका f. Opp. Cat. 1.

श्वेतास्य m. N. pr. eines Schülers des Çveta.

*श्वेताह्वा f. *eine weiss blühende Bignonia.*

श्वेतिक m. N. pr. eines Mannes.

श्वेतिमन् m. *Weisse, weisse Farbe* Káraka 6,18. Kād. 144,14 (255,3).

*श्वेतेतु m. *eine Art Zuckerrohr.*

*श्वेतैरण्ड m. *weisser Ricinus* Rāǵan. 8,56.

श्वेतोत्पल m. N. pr. eines Astronomen.

श्वेतोदर 1) *Adj. *einen weissen Bauch habend.* — 2) m. *a) eine Schlangenart.* — *b)* *Bein. Kubera's. — *c)* N. pr. eines Berges.

*श्वेतौही s. u. श्वेतवह्.

(श्वेत्य) श्वेतिश्र॑ 1) Adj. (f. श्रा) *weiss, licht.* — 2) f. श्री॑ N. pr. eines Flusses.

*श्वेत्र n. *der weisse Aussatz.*

श्वैक्न m. *ein Fürst der* Çvikna.

*श्वैतच्छत्त्रिक Adj. *auf einen weissen Sonnenschirm Ansprüche habend.*

श्वैतरी Adj. f. nach Sāj. *milchreich.*

श्वैताशव Adj. *lunaris* Bālar. 244,1.

*श्वैति von श्वेत.

श्वैत्य 1) m. Patron. Sṛńǵaja's. — 2) n. *Weisse* Çiç. 2,21. Naish. 7,29.

श्वैत्रेय॑ m. nach Sāj. Metron. von श्वित्रा und *Blitzfeuer.*

श्वैत्र्य n. *das Behaftetsein mit dem weissen Aussatz.*

श्वोभाव m. 1) *das Bevorstehen am folgenden Tage.* — 2) Pl. so v. a. *Sorgen für den folgenden Morgen.*

श्वोभाविन् Adj. *am folgenden Tage bevorstehend.*

श्वोभूत Adj. (f. श्रा) dass. Gaut. Vgl. u. 2. श्वस्.

श्वोभूति m. N. pr. eines Mannes Ind. St. 13,429. 481. fg. So Kaijaṭa, man könnte aber auch श्वो भूते trennen; s. u. 2. श्वस्.

श्वोमरण n. *der morgen bevorstehende Tod, der Gedanke an den bevorstehenden Tod.*

श्वोवसीय n. *künftige Wohlfahrt* Daçak. 48,16.

श्वोवसीयस 1) Adj. (f. ई॑) *künftige Wohlfahrt verleihend* Maitr. S. 3,4,9 (57,3). — 2) *n. *künftige Wohlfahrt.*

श्वोवस्यस॑ Adj. *künftige Wohlfahrt verleihend.*

श्वोविजयिन् Adj. *der am folgenden Tage siegen wird* Maitr. S. 1,10,15 (154,13).

1. ष Adj. = षष् *sechs* in पञ्चष.

2.*ष 1) Adj. = विज्ञ und श्रेष्ठ. — 2) m. = कच, मानव, गर्भविमोचन, *loss, destruction; rest, remainder; loss of knowledge previously acquired; eternal happines, final emancipation; heaven, paradise; sleep; end, term.* — 3) n. *the embryo; patience, endurance.*

षट्क 1) Adj. *a) aus sechs bestehend.* — *b)* **für sechs gekauft* u. s. w. — *c)* **zum sechsten Mal erfolgend, z. s. M. Etwas thuend.* — 2) m. *sechs* Gaṇit. Bhagrah. 1. — 3) n. *ein aus sechs Theilen bestehendes Ganzes, Hektade.* Am Ende eines adj. Comp. nach einem Zahlwort *aus — Hektaden bestehend.*

षट्कपञ्चाशिका f. Titel Opp. Cat. 1.

षट्कपाल Adj. *auf sechs Schalen vertheilt* (पुरोडाश).

* षट्कमासिक Adj. *auf sechs Monate gemiethet.*

षट्कर्ण Adj. *wobei sechs Ohren* (d. i. *zwei Ohren zu viel*) *betheiligt sind* मन्त्र).

* षट्कर्मकृत् m. *ein Brahmane* Gal.

1. षट्कर्मन् n. am Anfange eines Comp. 1) *die sechs* (erlaubten) *Beschäftigungen eines Brahmanen* (अध्ययन, अध्यापन, यजन, याजन, दान und प्रतिग्रह; vgl. jedoch auch Kull. zu M. 4, 88). — 2) *die sechs Zauberkünste* (शान्ति, वश्य, स्तम्भन, द्वेष oder विद्वेष, उच्चाट oder उच्चाटन und मारण). — 3) *die sechs Selbstpeinigungen im* Joga (धौती, वस्ती, नेती, त्राटक, नौलिक und कपालभाती).

2. षट्कर्मन् 1) Adj. *den sechs* (erlaubten) *Beschäftigungen nachgehend* (ein Brahmane). — 2) m. *ein Brahmane.*

षट्कर्मवन्त् m. *ein Brahmane* Kâd. 2,112,5 (138,11).

षट्कल Adj. *sechs* Kalâ *dauernd.*

षट्कार m. *die Silbe* षट् (von वौषट्).

षट्कारकप्रतिच्छन्दक m., °च्छन्दस und °षट्कारकविवेचन n. (Burnell, T.) Titel.

षट्कुक्षि Adj. *sechsbäuchig.*

षट्कुलीय Adj. *zu sechs Geschlechtern gehörig.*

षट्कूटा f. *eine Form der* Bhairavî.

षट्कृत्वस् Adv. *sechsmal.*

षट्कोण 1) Adj. *sechseckig.* — 2) n. *a) Sechseck.* — *b)* * Indra's *Donnerkeil.* — *c)* * *Diamant* Râgan. 13,174. — *d) das sechste astrol. Haus.*

षट्खटक n. N. pr. einer Stadt an der Godâ.

षट्चक्र n. Sg. *die sechs mystischen Kreise am Körper* (मूलाधार, स्वाधिष्ठान, मणिपूर, अनाहत, विशुद्ध und आज्ञाख्य). °प्रभेद m., °भेद m., °भेदटिप्पनी f. und °भेदविवृतिटीका f. Titel.

षट्चत्वारिंश (f. ई) und °क Adj. *der 46ste.*

षट्चत्वारिंशत् f. *sechsundvierzig.*

षट्चरण 1) Adj. *sechsfüssig.* — 2) m. *a) Biene* Çiç. 14,69. Vâsav. 172,4. 5. Nom. abstr. °ता f. — *b)* * *Laus.*

षट्चरणाय्, °यते *eine Biene darstellen.*

षट्चिति (Gaim. 4,4,14) und षाट्चितिक Adj. *aus sechs Schichten bestehend.*

षट्, षट्यति (निकेतने, हिंसे, दाने, बले). Vgl. सट्.

षट्क m. *eine Art Confect* Kakrad. zu Suçr. 1, 234,15. Vgl. षाडव.

षट्तक्रतैल n. *eine best. Mixtur* Bhâvapr. 3,119.

षट्तर्की f. *die sechs philosophischen Systeme.* °सार n. Titel.

षट्तय Adj. *sechserlei* Âpast. Çr. 15,20,8.

षट्ताल m. *ein best. Tact* S. S. S. 213.

षट्तिलदान n. *ein best. Fest.* Vgl. das folgende Wort.

षट्तिलिन् Adj. *sechs Handlungen mit Sesamkörnern vornehmend* Hemâdri 1,599,7.

षट्त्रिंश 1) Adj. (f. ई) *a) aus 36 bestehend.* — *b) mit dem 36theiligen* Stoma *versehen.* — *c) der 36ste.* f. Du. *der 35ste und 36ste.* — 2) *sechsunddreissig* in षट्त्रिंशोन Adj. *um 36 vermindert.*

षट्त्रिंशच्छत्य Adj. (f. आ) *aus 36 Hunderten bestehend.*

षट्त्रिंशत् f. Sg. *sechsunddreissig.* Das Gezählte im Pl. steht in demselben Casus wie das Zahlwort oder im Gen. षट्त्रिंशदून Adj. *um 36 vermindert* Lâtj. 4,8,4.

षट्त्रिंशति f. dass. Âpast. Çr. 11,4,13.

षट्त्रिंशत्क Adj. *aus 36 bestehend.*

षट्त्रिंशत्संवत्सर Adj. *36jährig.*

षट्त्रिंशत्सहस्र Adj. (f. आ) *aus 36tausend bestehend* Çâṅkh. Çr. 14,13,6.

षट्त्रिंशदक्षर Adj. (f. आ) *36silbig.*

षट्त्रिंशदह Adj. *36tägig.*

षट्त्रिंशदहशम् Adv. *in je 36 Tagen.*

षट्त्रिंशदाब्दिक Adj. *36jährig.*

षट्त्रिंशदिष्टक Adj. *aus 36 Backsteinen bestehend.*

षट्त्रिंशद्दीपिका f. Titel eines Werkes.

षट्त्रिंशद्रात्र Adj. *36tägig.*

षट्त्रिंशद्विक्रम Adj. (f. आ) *56 Schritte lang* Çat. Br. 3,5,1,9.

षट्त्रिंशन्मत n. *die Ansicht der 36* (Gesetzgeber) Hemâdri 1,92,18.

षट्त्रिंशिक Adj. *eine Länge von 36 habend* Çulbas. 1,49.

षट्त्व n. *Sechszahl.*

षट्पक्ष Adj. (f. आ) *mit sechs Seitenpfosten versehen.*

षट्पञ्चवर्ष Adj. *sechs oder fünf Jahre alt.*

षट्पञ्चाश Adj. *der 56ste.*

षट्पञ्चाशत् f. Sg. *sechsundfünfzig.*

षट्पञ्चाशतिकहोरा f., °शतिका f. und °शद्धोरावृत्ति f. Titel Opp. Cat. 1.

षट्पञ्चाशिका f. Titel eines astr. Werkes des Pṛthujaças Utpala zu Varâh. Bṛh. 27 (25),36. °वृत्ति f. Burnell, T.

षट्पत्त्र Adj. *sechsblätterig.*

षट्पद् (stark षट्पाद्) 1) Adj. (f. षट्पदी) *a) sechsfüssig.* — *b) sechs Schritte machend, — gemacht habend* TS. 3,3,10,2. Âçv. Gṛhj. 1,7,19. — *c) aus sechs Stollen bestehend.* °पात् Nomin. f. Ind. St. 17,179. — 2) f. षट्पदी (vgl. auch u. षट्पद) *a)* * *Laus.* — *b) eine Art Composition* S. S. S. 164.

षट्पद 1) Adj. (f. आ) *a) mit sechs Plätzen versehen.* — *b) sechsfüssig.* — *c) aus sechs Stollen bestehend.* — 2) m. *a) ein sechsfüssiges Thier, Insect.* — *b) Biene.* Am Ende eines adj. Comp. f. आ. — *c)* * *Laus* Râgan. 19,132. — 3) f. षट्पदा *eine Klasse von Prâkrit-Metren.* — 4) f. षट्पदी *a) die sechs Worte* (*Hunger, Durst; Kummer, Geistesverwirrung, Alter und Tod;* aber auch कामक्रोधौ, शोकमोहौ und मदमानौ). — *b)* Titel zweier Werke. °विवृति f. — 5) n. Bez. *einer best. vortheilhaften Stellung im Vierschach.*

* षट्पदप्रिय m. *Mesua Roxburghii.*

* षट्पदातिथि m. 1) *der Mangobaum.* — 2) *Michelia Champaka.*

* षट्पदानन्दवर्धन m. 1) *rother und gelber Amaranth.* — 2) *Jonesia Asoka.* — 3) *eine Art Acacie.*

* षट्पदाभिधर्म m. Titel eines buddh. Werkes.

षट्पदिका f. *eine Klasse von Prâkrit-Metren.*

* षट्पदेष्ट m. *Nauclea Cadamba.*

षट्पलक n. *eine best. Salbe* Suçr. 2,89,16.

षट्पलिक Adj. *sechs* Pala *an Gewicht habend* Suçr. 2,73,4.

षट्पाद 1) Adj. *sechsfüssig* Gop. Br. 1,2,8. — 2) m. *Biene.*

षट्पारमितानिर्देश m. *ein best.* Samâdhi Kâraṇḍ. 77,14.

* षट्पितापुत्रक m. *ein best. Tact.*

षट्पुर n. N. pr. *einer aus sechs Burgen bestehenden Stadt der* Asura.

षट्प्रगाथ n. *ein aus sechs* Pragâtha *bestehendes Lied.*

* षट्प्रज्ञ 1) Adj. *mit sechs Dingen* (धर्म, अर्थ, काम, मोक्ष, लोकतत्त्व und अर्थ) *vertraut.* — 2) m. *Wüstling, ein liederlicher Geselle.*

षट्प्रश्नोपनिषद् f. Titel einer Upanishad, = प्रश्नोपनिषद्. °षद्भाष्य n. Opp. Cat. 1.

षट्शत 1) n. *a)* Sg. *hundertundsechs* Vaitân. 31, 15. — *b)* Sg. und Pl. *sechshundert.* — 2) f. षट्शती *sechshundert.* — 3) Adj. *in sechshundert bestehend, so viel betragend.*

षट्शमी Adj. f. *sechs* Çamjâ *lang.*

षट्शस् Adv. *sechsfach, sechsmal.*

* षट्शास्त्रिन् Adj. *mit den sechs philosophischen Systemen vertraut.*

षट्षष्ट Adj. 1) *der 66ste.* — 2) *um 66 vermehrt.*

षट्षष्टि f. Sg. und Pl. *sechsundsechzig.*

षट्षष्टितम Adj. *der 66ste.*

षट्षोडशिन् Adj. *aus sechs 16theiligen* Stoma *bestehend.*

षट्सप्त Adj. Pl. *sechs oder sieben.*

षट्सप्तत Adj. *der 76ste.*

षट्सप्तति f. *sechsundsiebzig.*

षट्सप्ततितम Adj. *der 76ste.*

षट्सहस्र 1) Adj. Pl. *sechstausend zählend.* — 2) f. ई Titel eines Werkes. °कार m. Kumârasv. zu Pratâpar. 237,12.

षट्सहस्रशत° *sechshunderttausend* MBh. 13,155, 14. 25.

षट्स्थानकवृत्ति f. Titel Bühler, Rep. No. 775.

*षड m. = पेयान्तरे भेदे.

1. षडंश m. *Sechstel.*

2. षडंश Adj. *aus sechs Theilen bestehend.* Nom. abstr. °ता f.

षडंघ्रि m. *Biene.*

षडक्ष Adj. *sechsäugig.*

षडक्षर Adj. (f. षडक्षरी) *sechssilbig.* षडक्षरी महाविद्या Kârand. 35,19. 67,13. fgg. 74,2. 5 (°रिमहादेवी gedr.). Personificirt 74,15.

षडक्षरमय Adj. *aus sechs Silben bestehend* Hemâdri 1,827,2.

*षडक्षीण m. *Fisch.*

षडग (!) m. *eine best. Schlange.*

1. षडङ्ग 1) n. a) *Sg. *die sechs Haupttheile des Körpers* (Beine, Arme, Kopf und die Mitte des Körpers). — b) Pl. *die sechs* Vedâṅga. °विद् Adj. Gaut. 15,28. Baudh. — 2) *f. ई *die sechs* Vedâṅga.

2. षडङ्ग 1) Adj. a) *sechsgliederig.* — b) *sechs* Vedâṅga *habend* Âpast. Ind. St. 13,327. — 2) *m. *eine Art Asteracantha* Râǵan. 4,41.

*षडङ्गक n. *der aus sechs Theilen bestehende Körper.*

*षडङ्गगुग्गुलु m. *eine best. Mixtur* Mat. med. 135.

*षडङ्गजित् m. Bein. Vishṇu's.

षडङ्गिनी f. *ein sechsgliederiges* (so v. a. *vollständiges*) *Heer.*

*षडङ्गुलि (Pat. zu P. 1,4,18, Vârtt. 1) und *°दत्त m. ein Mannsname.

षडङ्घ्रि m. *Biene* Spr. 7833. Çiç. 10,4.

षडण्ड gaṇa धूमादि. खण्ड Kâç.

षडभिज्ञ m. 1) **ein* Buddha. — 2) *ein Buddhist.*

षडर (षळर) Adj. *sechsspeichig* ṚV. 1,164,12.

षडरत्नि Adj. *sechsellig.*

षडर्च n. *die Zahl von sechs Versen;* Pl. (wohl m.) *ein Lied aus sechs Versen* AV. 19,23,3 (Hdschrr.).

षडर्थनिर्णय m. Titel eines Werkes Burnell, T.

षडवत्त n. 1) *eine aus sechs Abschnitten bestehende, für den* Agnîdh *bestimmte Portion* Vaitân. — 2) *das dazu gehörige Doppelgefäss.*

षडशीत Adj. *der 86ste.*

षडशीति f. 1) *sechsundachtzig.* — 2) = षडशीतिमुख Hemâdri 1,74,19. 78,15. — 3) Titel eines Werkes Burnell, T. Opp. Cat. 1.

*षडशीतिचक्र n. *ein mystischer Kreis in der Gestalt von aus den Mondhäusern gebildeten Gliedern, auf dem beim* Shaḍaçîtimukha *gewahrsagt wird.*

षडशीतितम Adj. *der 86ste.*

षडशीतिमुख n. und f. आ (sc. गति) *der Eintritt der Sonne in die Jungfrau, die Zwillinge, die Fische und den Schützen* Hemâdri 1,72,16. 73,12. 74,16. 22. 76,11. 78,2. 7. 18 (n. Pl.). 72,12 (f.).

षडश्र, षडश्रक (Hemâdri 1,128,19) und षडश्रि Adj. *sechseckig.* Ueberall mit स्र st. श्र geschrieben.

षडश्व Adj. *mit sechs Rossen versehen, — bespannt.*

षडह (षळह) m. *eine Zeit von sechs Tagen,* insbes. *eine sechstägige* Soma-*Feier.*

षडहोरात्र *sechs Tage und sechs Nächte.* Nur Acc. °रात्रम्.

षडात्मन् Adj. *sechs Naturen habend* (Agni).

1. षडानन° *sechs Münder* (des Skanda).

2. षडानन Adj. *sechs Münder habend* (Skanda); m. Bein. Skanda's.

षडाम्नाय m. *die aus den sechs Mündern* Çiva's *hervorgegangenen heiligen Texte.* °स्तव m. Opp. Cat. 1.

षडायतन Adj. *aus den sechs* Âjatana (विज्ञान, पृथिव्यादिचतुष्टय und रूप) *bestehend* Çaṁk. zu Bâdar. 2,2,19.

षडार Adj. *sechseckig* Adj. Râǵan. 13,176.

1. षडाहुति° f. *eine Sechszahl von Spenden.*

2. षडाहुति Adj. *zu sechs Spenden dienend.*

षडाहुतिक Adj. dass.

*षडिक m. *Hypokoristikon* von षडङ्गुलि und °दत्त.

षडिड Adj. *sechsmal das Wort* इडा *enthaltend.*

पदस्तोभ m. Name eines Sâman.

षडुत्तर Adj. *um sechs grösser.*

षडुद्याम Adj. *mit sechs Strängen versehen* TS. 5, 1,10,5. Kap. S. 32,1.

षडुन्नत Adj. (f. आ) *mit sechs hervorstehenden Körpertheilen* MBh. 4,9,10; vgl. 5,116,2.

षडुपसत्क Adj. *mit sechs* Upasad *genannten Feiern verbunden* Lâṭj. 8,11,5.

षडून Adj. (f. आ) *um sechs weniger* Sâj. in der Einleitung zu ṚV. 10,39 (hier विंशति: zu ergänzen).

षडूर्मि° f. s. u. ऊर्मि 5).

*षडूषण n. *die sechs brennenden Species* (Pfeffer u. s. w.) Bhâvapr. 1,165.

षडृक्ष Adj. *sechs Gestirne habend* Varâh. Jogaj. 9,2.

षडृच m. n. *die Zahl von sechs Versen.*

षडृतुवर्णन n. Titel eines Werkes Burnell, T.

षड्गण Hariv. 7225 und 7432 wohl fehlerhaft für षड्गुण, wie die andere Ausg. liest.

षड्गया f. *die sechs mit* गया *oder* ग *anlautenden, Erlösung bringenden Dinge.*

षड्गर्भ m. Pl. *eine best. Gruppe von* Dânava.

षड्गव 1) m. n. *ein Sechsgespann von Stieren.* — 2) n. *sechs Kühe.* — 3) am Ende eines Comp. *Sechszahl* irgend einer Thierart.

षड्गवीय Adj. *mit sechs Stieren bespannt.*

1. षड्गुण m. Pl. 1) *die von den fünf Sinnen und dem* Manas *wahrgenommenen Eigenschaften.* — 2) *die sechs Vorzüge.* — 3) *das sechsfache Verfahren eines Fürsten in der auswärtigen Politik.*

2. षड्गुण Adj. 1) *sechsfältig, sechsfach* 150,21. — 2) *sechs Vorzüge habend.*

षड्गुणी Adv. mit कर् *versechsfachen, mit sechs multipliciren.*

षड्गुरुभाष्य n. Titel eines *Commentars.*

षड्गुरुशिष्य m. N. pr. eines Commentators.

षड्ग्रन्थ 1) *m. *eine* Karaṅǵa-*Art* Râǵan. 9,65. — 2) f. आ a) *eine best. aromatische Wurzel* (वचा oder श्वेतवचा) Râǵan. 6,54. Karaka 6,3 (षड्ग्रन्धा gedr.). 18. — b) *Galedupa piscidia* Râǵan. 9,65. — c) **Gelbwurz.* — 3) *f. ई = 2) a).

*षड्ग्रन्थि n. *die Wurzel vom langen Pfeffer.*

*षड्ग्रन्थिका f. *Gelbwurz.*

षड्ग्रहयोगशान्ति f. Titel Burnell, T.

षड्ज m. 1) *die erste Note der Tonleiter* Çiç. 11,1. S. S. S. 23. — 2) *eine best. Weltperiode, der 16te Tag* Brahman's.

षड्जग्राम m. *eine Art Scala* S. S. S. 23.

षड्जमध्या f. *eine best.* Mûrkhanâ S. S. S. 30.

षड्ढा Adv. *sechsfach.*

षड्ढोतर् Adj. *wobei sechs* Hotar *betheiligt sind;* m. Bez. *der Sprüche* Taitt. Âr. 3,4 *beim Thieropfer* Baudh. Auch षड्ढोतार°.

1. षड्दर्शन n. *die sechs philosophischen Systeme.* °वृत्ति f., °समुच्चय m. und °सिद्धान्तसंग्रह m. (Burnell, T.) Titel.

2. षड्दर्शन Adj. *mit den sechs philosophischen Systemen vertraut.*

*षड्दशन Adj. *sechszähnig.*

षड्दैवत्य Adj. *an sechs Gottheiten gerichtet* Tâṇḍja-Br. 7,2,3.

षड्धा Adv. *sechsfach.*

षड्धार Adj. *sechskantig* Râǵan. 13,176, v. l.

षड्बिन्दु 1) Adj. *mit sechs Tropfen* (*Punkten*) *versehen* u. s. w. Ind. St. 14,397. तैल n. *eine ölige Mixtur gegen Kopfschmerz, von welcher sechs Tropfen in die Nase eingezogen werden,* Mat. med. 182.

— 2) *m. a) ein best. Insect. — b) Bein. Vishṇu's.

षड्भाग m. ein Sechstel, insbes. das vom Fürsten als Abgabe erhobene; mit Gen. oder Abl. °भाज् Adj. ein Sechstel von — (Gen.) erhaltend, °भृत Adj. Baudh. 1,18,1.

षड्भागदल (wohl n.) ein Zwölftel.

षड्भागीया f. ein Backstein von einer sechstel Mannslänge Çulbas. 3,27.

षड्भाववादिन् m. ein Anhänger der Theorie von den sechs Bhâva (द्रव्य, गुण, कर्मन्, सामान्य, विशेष und समवाय).

षड्भाषाचन्द्रिका f. (Burnell, T. Opp. Cat. 1.), षड्भाषावार्त्तिक n. (Bühler, Rep. No. 295) und षड्भाषासुबन्तरूपादर्श n. (Burnell, T.) Titel.

षड्भुज 1) Adj. (f. आ) a) sechsarmig. — b) sechs Seiten habend; Subst. Sechseck. — 2) *f. आ Muscatmelone Râǵan. 7,197.

1. षड्योग m. die sechs Weisen im Joga.

2. षड्योग Adj. mit Sechsen bespannt Kâtj. Çr. 5,11,12. Âpast. Çr. 8,20,10.

षड्रथ m. N. pr. eines Fürsten Hariv. 2,39,64.

*षड्रद Adj. sechszähnig.

1. षड्रस° die sechs Geschmäcke Râǵan. 13,175. °निघण्ट m. und °निघण्टु m. (Opp. Cat. 1) Titel.

2. षड्रस 1) Adj. die sechs Geschmäcke habend Râǵan. 13,111. — 2) *n. Wasser.

*षड्रसासव m. Lymphe.

षड्रात्र m. ein Zeitraum — (Baudh.), eine Feier von sechs Tagen.

*षड्रेखा f. Muscatmelone Râǵan. 7,197.

*षड्लवण n. die sechs Salze Râǵan. 22,45.

षड्वक्त्र 1) Adj. sechs Münder habend. — 2) m. Bein. Skanda's. — 3) f. ई sechs Gesichter Bâlar. 93,8.

षड्वर्ग m. eine Gruppe —, ein Verein von Sechsen: 1) sechs Kühe mit Kälbern. — 2) die fünf Sinne und das Manas. — 3) die sechs inneren Feinde des Menschen (काम, क्रोध, लोभ, हर्ष, मान und मद). Auch अरि°, रिपु° und शत्रु°.

षड्वार्षिका Adj. f. sechsjährig Verz. d. Oxf. H. 121,b, No. 213, Çl. 4.

षड्विंश 1) Adj. (f. ई) a) der 26ste. f. Du. die 25ste und 26ste. — b) aus 26 bestehend. — c) um 26 vermehrt. — 2) n. = षड्विंशब्राह्मण. — षड्विंशम् Ind. St. 5,370 fehlerhaft für षड्विधं.

षड्विंशक Adj. aus 26 bestehend.

षड्विंशत् sechsundzwanzig Hemâdri 1,339,14 (षड्विंशत् Acc.).

षड्विंशति f. dass. षड्विंशतिरात्र n.

षड्विंशतिक Adj. = षड्विंशतिम, wie die v. l. hat. Wohl fehlerhaft.

षड्विंशतितम und षड्विंशतिम Adj. der 26ste.

षड्विंशतिसूत्र n. Titel eines Sûtra Opp. Cat. 1.

षड्विंशत्क Adj. aus 26 bestehend.

षड्विंशब्राह्मण n. Titel eines Brâhmaṇa.

षड्विकारम् Adj. auf sechs ungewöhnliche Weisen Kâraṇḍ. 17,23. 83,7.

षड्विद्यागम m (Opp. Cat. 1) und °सांख्यायनतन्त्र n. (Burnell, T.) Titel.

षड्विध Adj. (f. आ) sechsfach, sechserlei.

षड्विधान Adj. (f. आ) eine Ordnung von Sechsen bildend ṚV. 7,87,5.

*षड्बिन्द्या f. ein best. Insect Râǵan. 19,126.

षड्वृष Adj. sechs Stiere habend AV. 5,16,6.

1. षण्ड 1) m. n. (häufig v. l. खण्ड) a) Baumgruppe, Pflanzengruppe. Stets am Ende eines Comp. nach वन u.s.w., वन° und Pflanzennamen. — b) Menge, Haufe überh. — 2) m. a) ein in Freiheit gesetzter Stier. Vgl. *ग्राम°, नील°. — b) N. pr. eines Schlangendämons Tâṇḍja-Br. 25,15,3. Lâṭj. 10,20,10. Vgl. कषण्ड. — 4) n. = लिङ्ग zur Erklärung von पाषण्ड.

2. षण्ड fehlerhaft für 1. शण्ड (Maitr. S. 1,3,12, v. l.), षण्ढ und मण्ड.

षण्डक Suçr. 1,318,15 fehlerhaft für षण्ढक.

षण्डकापालिक m. N. pr. eines Lehrers. v. l. चण्डका°.

1.*षण्डता f. Nom. abstr. zu 1. षण्ड 2) a).

2. षण्डता f. fehlerhaft für षण्ढता.

षण्डतिल fehlerhaft für षण्ढतिल.

1.*षण्डत्व n. Nom. abstr. zu 1. षण्ड 2) a). Fälschlich षण्ढत्व gedr.

2. षण्डत्व n. fehlerhaft für षण्ढत्व.

षण्डय्, °यति fehlerhaft für षण्ढय्.

षण्डामर्क (Kâm. Nitis. 17,39) und षण्डामर्कौ (Maitr. S. 4,6,3) m. Du. fehlerhaft für शण्डामर्कौ.

*षण्डाली f. = तैलमान, सारसी und स्त्री कामुकी.

षण्डिक m. N. pr. eines Mannes Maitr. S. 1,4,12 (60,19). खण्डिक Çat. Br. 11,8,4,1.

*षण्डीय्, °यति fehlerhaft für षण्ढीय्.

षण्ढ 1) Adj. (f. ई) zeugungsunfähig; m. Eunuch und Zwitter Gaut. Vasishṭha 14,2. योनि f. die vulva eines Weibes, das weder Regeln noch Brüste hat. — 2) m. oder n. das sächliche Geschlecht. — 3) m. a) *Bein. Çiva's. — b) N. pr. eines Sohnes des Dhṛtarâshṭra.

षण्ढक = षण्ढ 1) Âpast. Bei Suçr. erklärt durch यो भार्यायामृतौ मोहादङ्गनेव प्रवर्तते.

षण्ढता f. Nom. abstr. zu षण्ढ 1).

षण्ढतिल m. Pl. unfruchtbarer Sesam: auch so v. a. unnützes Gesindel.

1. षण्ढत्व n. Nom. abstr. zu षण्ढ 1).

2.*षण्ढत्व n. fehlerhaft für षण्डत्व.

षण्ढय्, °यति castriren.

षण्ढिता Adj. f. योनि = षण्ढो योनिः.

*षण्ढीय्, °यति Denomin. von षण्ढ 1).

*षण्णगरी f. ein Verein von sechs Städten.

षण्णवत Adj. der 96ste.

षण्णवति f. sechsundneunzig.

षण्णवतितम Adj. der 96ste.

*षण्णाडीचक्र Adj. ein best. Diagramm.

षण्णाभि und °क (MBh. 12,246,32) Adj. sechsnabig.

षण्णालिक Adj. sechsmal 24 Minuten dauernd Sâh. D. 553.

षण्णिधन n. Name eines Sâman Ârsh. Br.

षण्णिवर्तनी f. eine best. Art des Lebensunterhalts Baudh. षण्णिन° v. l.

षण्मयूख Adj. sechspflöckig.

षण्मात्र Adj. sechs Moren enthaltend.

षण्मास 1) (*m.) Semester. Abl. nach einem halben Jahre. °निचय Adj. Vorräthe für sechs Monate machend. — 2) f. ई dass. Kampaka 346.

षण्मासिक Adj. zweimal im Jahre verabfolgt werdend (M. 7,126), — erfolgend (Pañkat. 232,14). Vgl. षाण्मासिक.

षण्मास्य 1) Adj. sechsmonatlich. — 2) n. Semester.

षण्मुख 1) Adj. sechsmündig oder sechsantlitzig (Çiva). — 2) m. a) Bein. Skanda's Spr. 7672. — b) *N. pr. α) eines Bodhisattva. — β) eines Fürsten und verschiedener anderer Personen. — 3) *f. आ Wassermelone. — 4) f. ई a) = कुमारी. — b) *in Verbindung mit धारणी Titel eines buddh. Sûtra. — 5) (wohl n.) a) = षडशीतिमुख Hemâdri 1,431,2. — b) *Titel eines buddh. Sûtra.

*षण्मुखकुमार m. N. pr. eines Mannes.

षण्मुखलक्षण n. (Opp. Cat. 1) und षण्मुखवृत्तिनिघण्टु m. (Burnell, T.) Titel.

*षण्मुखाग्रज m. Bein. Gaṇeça's Gal.

षण्मुहूर्ती f. sechs Muhûrta.

षत्व n. das ष-Sein, der Uebergang von स in ष.

षष् 1) Adj. Pl. (Nom. Acc. षट्) sechs. Ausnahmsweise wie ein Subst. mit einem Gen. construirt oder am Ende eines Comp. stehend. — 2) Bez. einer Klasse von Zahlwörtern (षष् selbst und die auf न् und अति ausgehenden). — 3) Adv. sechsmal.

*षष्क्, षष्कति (गतिकर्मन्).

षष्ट Adj. der sechzigste, aus 60 bestehend in एकषष्ट, चतुःषष्ट, द्वाषष्ट, द्विषष्ट u. s. w.

षष्टि f. sechzig. Das Gezählte im Pl. in demselben Casus wie das Zahlwort oder im Gen.; in

Comp. vorangehend oder auch folgend. षष्टितम् statt des Abl. 221,2. Metrisch auch षष्टी.

षष्टिक 1) m. f. (आ) *in sechzig Tagen reifender Reis* Mat. med. 268. Râǵan. 16,11. Bhâvapr. 1,274. — 2) n. *Sechzigzahl, sechzig.*

*षष्टिक्य Adj. *mit* Shashtika *genanntem Reise bestanden.*

*षष्टित्र m. = षष्टिक 1).

षष्टितन्त्र n. *das System der 60 Begriffe im* Sâmkhja.

षष्टितम Adj. *der 60ste.*

षष्टित्रिशत Adj. *aus 360 bestehend.*

षष्टिदक्षिण Adj. *wobei 60 als Opferlohn gegeben werden* Âpast. Çr. 10,26,4.

षष्टिदिन Adj. *sechzigtägig.*

षष्टिधा Adv. *sechzigfach, in sechzig Theile (Theilen).*

षष्टिपथ m. Bez. *der 60 ersten* Adhjâja *im* Çat. Br.

*षष्टिपथिक Adj. (f. ई) *den* Shashtipatha *studirend.*

षष्टिपूर्तिशान्ति f. Titel Burnell, T.

*षष्टिमत्त m. Bez. *des Elephanten, der bis zum 60sten Jahre brünstig ist.*

षष्टियोजनी f. *eine Strecke von 60* Joǵana.

*षष्टिरात्र m. *ein Zeitraum von 60 Tagen.*

*षष्टिलता f. *eine best. Pflanze,* = भ्रमरमारी. Richtig याष्टिलता.

षष्टिवर्षिन् Adj. *sechzigjährig.*

*षष्टिवासरज m. = षष्टिक 1).

षष्टिविद्या f. vielleicht = षष्टितन्त्र.

षष्टिव्रत n. *eine best. Begehung.*

षष्टिशत n. Sg. *hundertundsechzig.* त्रीणि षष्टिशतानि *dreihundertundsechzig.*

*षष्टिशालि m. = षष्टिक 1) Râǵan. 16,11.

षष्टिस् Adv. *sechzigmal* Sûrjas. 13,23.

षष्टिसहस्र n. Pl. *sechzigtausend.*

षष्टिसहस्रिन् Adj. Pl. *sechzigtausend an Zahl seiend.*

षष्टिसाहस्र Adj. Pl. dass. R. Gorr. 1,42,11.

षष्टिहायन 1) Adj. *sechzigjährig* (Elephant). — 2) *m. a) *Elephant.* — b) *eine Kornart.*

षष्टिह्रद N. pr. eines Tîrtha.

षष्टीष्टक Adj. *sechzig Backsteine enthaltend* Çat. Br. 10,4,2,12.

षष्ट्यब्द n. *der 60jährige Jupitercyclus.* Auch Titel eines Werkes.

षष्ठ 1) Adj. (f. ई) *der sechste.* भाग m. oder अंश m. *ein Sechstel;* काल m. *die sechste Stunde des Tages* und *die sechste Esszeit* (am Abend des dritten Tages). — 2) m. a) (sc. काल) *die sechste Esszeit.* षष्ठं करु *nur die sechste Mahlzeit zu sich nehmen* (mit Ueberspringung der fünf vorangehenden) Hem. Par. 1,464. — b) N. pr. eines Mannes, = °चन्द्र. — 3) f. षष्ठी a) *der sechste Tag in einer Monatshälfte.* — b) *der sechste Casus, Genetiv.* — c) *ein Backstein von der Länge eines Sechstels* (eines Purusha) Çulbas. 3,34. — d) *die Personification einer Partikel der* Prakrti, *des sechsten Tages nach der Geburt eines Kindes* (wo die Hauptgefahren für dasselbe vorüber sind). भगवतीं षष्ठीदेवीम् Kâd. 79,14 (145,3). = इन्द्रसेना und auch mit der Durgâ identificirt. — 4) n. *ein Sechstel* Gaut.

षष्ठक Adj. *der sechste.*

षष्ठकाल m. *die sechste Esszeit* (am Abend des dritten Tages). °कालोपवास m. *ein Fasten, wobei man immer nur am Abend des dritten Tages isst* (d. i. fünf Mahlzeiten überspringt).

षष्ठचन्द्र m. N. pr. eines Mannes.

1. षष्ठभक्त n. *die sechste Mahlzeit.* °भक्तेन वर्तय् *von der sechsten M. leben, d. i. immer nur am Abend des dritten Tages essen.*

2. षष्ठभक्त Adj. *nur die sechste Mahlzeit zu sich nehmend,* d. i. *stets nur am Abend des dritten Tages essend.*

षष्ठम 1) Adj. *der sechste.* — 2) f. ई *der sechste Tag in einem Halbmonat.*

षष्ठवती f. N. pr. eines Flusses.

षष्ठांश m. *ein Sechstel,* insbes. *das vom Fürsten erhobene.*

षष्ठांशवृत्ति m. *Fürst, König.*

षष्ठान्नकाल Adj. = 2. षष्ठभक्त. Nom. abstr. °ता f.

*षष्ठान्नकालक n. = षष्ठान्नकालता.

षष्ठान्नकालिक Adj. = षष्ठान्नकाल.

षष्ठाह्निक Adj. *dem sechsten Tage* (des Shuḍaha) *entsprechend.*

षष्ठिका f. *die Personification des 6ten Tages nach der Geburt eines Kindes.*

षष्ठीजागर (Kâd. 83,8 = 150,9), *°क m. (H. an. 4,332. Med. s. 61) und षष्ठीजागरणमह m. Kampaka 124) *das Wachen am sechsten Tage nach der Geburt eines Kindes, eine best. Ceremonie.*

*षष्ठीजाय Adj. *die sechste Frau habend.*

षष्ठीतत्पुरुष m. *ein* Tatpurusha, *in welchem das erste Glied als Genetiv zu fassen ist,* Spr. 7713.

षष्ठीदर्पण m. Titel eines Werkes Opp. Cat. 1.

षष्ठीदास m. N. pr. eines Mannes.

षष्ठीप्रिय m. Bein. Skanda's.

षष्ठीव्रत n. Pl. Bez. *bestimmter Begehungen.* °व्रतोद्यापनविधि m. Titel Burnell, T.

षष्ठीसमास m. = षष्ठीतत्पुरुष.

षष्ठ्य m. *ein Sechstel* Gaut.

षष्ठ्यर्थदर्पण m. Titel eines Werkes Opp. Cat. 1.

षष्ठ्यादिकल्पबोधन n. *ein best. Fest zu Ehren der* Durgâ.

षस wohl = खाखस *Mohn.*

*षाट् Interj.

*षाट्कुल Adj. = षट्सु कुलेषु भवः Pat. zu P. 4,1,88.

षाट्कौशिक Adj. *aus sechs Hüllen bestehend.*

*षाट्पौरुषिक Adj. *durch sechs Generationen gehend.*

*षाडण्डक Adj. von षडण्ड. Kâç. खाण्डक.

षाडव m. 1) *Zuckerwerk mit Früchten* u. s. w. Vgl. खाडव und खाण्डव. — 2) Bez. *bestimmter* Râga. Auch °राग m. S. S. S. 32. 93.

षाडविक m. *Zuckerbäcker.*

षाडह्निक Adj. von षडह्न Lâṭj. 6,9,10.

षाड्गुण्य n. 1) *die sechs Vorzüge, — guten Eigenschaften* Karaka 3,1. Çiç. 2,93. — 2) *das sechsfache Verfahren eines Fürsten in der auswärtigen Politik* Çiç. 2,93. Anarghar. 3,6.

षाड्गुण्यवत् Adj. *mit den sechs Vorzügen ausgestattet* zu Spr. 1686.

षाड्रसिक Adj. *von sechserlei Geschmäcken* Karaka 1,4.

षाड्वर्गिक Adj. *zu den fünf Sinnen und dem* Manas *in Beziehung stehend.*

षाड्विध्य n. *Sechserleiheit.*

*षाण्डश m. und *°शी f. gaṇa गौरादि.

षाण्ढ्य n. Nom. abstr. von षण्ढ *Eunuch, Zwitter* Karaka 1,26 (शाढ्य gedr.).

*षाण्मातुर m. Bein. Skanda's.

षाण्मासिक 1) Adj. (f. ई) a) *sechsmonatlich, sechs Monate während* Kampaka 83. — b) *alle sechs Monate erneuert werdend.* — 2) m. N. pr. eines Dichters. — Vgl. षाण्मासिक.

षाण्मास्य Adj. *sechsmonatlich.*

*षात्वणात्विक Adj. *über den Uebergang von* स *in* ष *und von* न *in* ण *handelnd.*

1.*षाष्टिक Adj. *sechzigjährig.*

2. षाष्टिक Adj. von षष्टिक 1) Gal. Vgl. नीर°.

*षाष्टिपथ Adj. = षष्टिपथिक.

षाष्ठ Adj. 1) **der sechste* (Theil). — 2) *im sechsten* (Adhjâja) *gelehrt.*

षाष्ठिक Adj. = षाष्ठ 2).

षाह्वितस Titel Burnell, T.

षिङ्ग m. *Wüstling, ein liederlicher Geselle, Galan.* Vgl. खिङ्ग, खिङ्ग.

*षु m. = सू.

*षुक्क्, षुक्कति (गतौ).

*षू f. *Geburt, Niederkunft.* Richtig सू.

*षोड Adj. wohl = षोडत्.

*षोडत् und *षोडन्त Adj. *sechszähnig* (als Bez. eines Lebensalters).

षोडश 1) Adj. (f. ई) *der sechzehnte.* अंश m. und भाग m. *ein Sechzehntel.* Am Ende eines adj. Comp. (f. आ) ऋषभषोडशाम् (Gaut. 28,15) oder वृषभषोडशाम् so v. a. *15 Kühe und ein Stier.* — b) *mit sechzehn verbunden, um 16 vermehrt.* — c) *aus sechzehn bestehend.* — d) Pl. ungenau für षोडशन् *sechzehn.* — 2) f. षोडशी a) *ein Backstein von der Grösse eines Sechzehntels* (eines Purusha) Çulbas. 3,238. fg. — b) Name einer der 10 Mahâvidjâ. Auch Pl. — 3) n. *ein Sechzehntel.*

षोडशक 1) Adj. *aus sechzehn bestehend.* — 2) m. *sechzehn.* °कास्त्रय: so v. a. *achtundvierzig* Karaka 7,12. — 3) f. °शिका *ein best. Gewicht,* = 16 Mâsha = 1 Karsha. Auch = 64 Mâsha Karaka 7,12. — 4) n. *Sechzehnzahl, ein Aggregat von sechzehn* Hemâdri 1,111,4. 2,a,126,15.

षोडशकर्मप्रयोग m. (Burnell, T.) und °कर्मविधि m. (Opp. Cat. 1) Titel.

षोडशकल Adj. *sechzehntheilig.* षोडशकलविद्या f.

षोडशकारणजयमाला f. (Bühler, Rep. No. 679), °कारणपूजा f. (ebend. No. 680), षोडशकारिका f. (ebend. No. 326), षोडशकूर्च (Opp. Cat. 1), षोडशगणपतिध्यान n. (Burnell, T.) und °गणपतिलक्षण n. (Opp. Cat. 1) Titel.

षोडशगृहीत Adj. *sechzehnmal geschöpft.* °गृहीताग्र Vaitân. 29,14.

षोडशत्व n. *Sechzehnzahl* Hemâdri 1,221,21.

षोडशदल Adj. *sechzehnblätterig.*

षोडशधा Adv. *sechzehnfach.*

षोडशन् Adj. Pl. (Nomin. °दश) *sechzehn.*

षोडशनित्यतन्त्र n. und षोडशन्यास m. Titel Opp. Cat. 1.

षोडशपद Adj. (f. आ) *aus sechzehn* Pada *bestehend* Ait. Br. 4,1,5.

षोडशभाग m. *ein Sechzehntel.*

षोडशभुज 1) Adj. *sechzehnarmig.* — 2) f. आ *eine Form der* Durgâ.

षोडशभुजरामध्यान n. Titel Burnell, T.

षोडशभेदित Adj. (f. आ) *in sechzehn Arten zerfallend* Sâh. D. 112.

षोडशम Adj. *der sechzehnte* Grhjâs. 1,73.

षोडशमुद्रालक्षण n. Titel Burnell, T.

षोडशराजिक Adj. *über die 16 Fürsten handelnd* MBh. 7,71,1.

षोडशरात्र m. n. *eine sechzehntägige Feier.*

षोडशर्च m. *ein Stück aus sechzehn Versen.*

षोडशलक्षण n. *das aus sechzehn* Adhjâja *bestehende* Sûtra *des* Gaimini.

षोडशवर्ष Adj. *sechzehnjährig.*

षोडशविध Adj. *von sechzehnerlei Art.*

षोडशविस्तृत Adj. *zu sechzehn erweitert.*

षोडशसहस्र und °साहस्र (Pankar. 3,15,12) n. *sechzehntausend.*

षोडशांश m. *ein Sechzehntel.*

*षोडशांशु m. *der Planet Venus.*

*षोडशांघ्रि m. *Krebs.*

षोडशाक्ष Adj. *sechzehnäugig* (bildlich).

1. षोडशाक्षर n. *die sechzehnte Silbe.*

2. षोडशाक्षर Adj. *sechzehnsilbig.*

षोडशाङ्ग m. *ein best. Räucherwerk.*

*षोडशाङ्घ्रि m. *Krebs.*

षोडशाढकमय Adj. (f. ई) *aus sechzehn* Âdhaka *gebildet* Hemâdri 1,406,12 (षोडशाटकमय gedr.).

षोडशात्मक m. und षोडशात्मन् m. *die Seele von sechzehn* (गुण).

षोडशादितन्त्र n. und षोडशायुधस्तुति f. Titel Opp. Cat. 1,1622.

षोडशार Adj. *sechzehnspeichig.*

षोडशार्चिस् m. *der Planet Venus* VP.[2] 2,257. fg.

*षोडशावर्त m. *Muschel.*

षोडशिक in अ° und स°. षोडशिका f. s. u. षोडशक.

*षोडशिकाम्र n. *ein best. Gewicht,* = पल.

षोडशिग्रह m. *ein best. Bechervoll* Vaitân.

षोडशिन् 1) Adj. a) *aus sechzehn bestehend, sechzehntheilig,* insbes. von einem Stoma, Stotra u. s. w. Auch Subst. mit Ergänzung dieser Worte. Nom. abstr. °शित्व n. TS. 6,6,11,1. Ait. Br. 4,1,5. — b) *mit einem sechzehntheiligen Spruch u. s. w. verbunden.* — 2) m. *ein* Sutjâ-*Tag mit sechzehntheiligem Spruche* (oder einer solchen Spende), *eine der* Samsthâ *des Soma-Opfers* Gaut. Vaitân. Gaim. 6,5,44. षोडशिपात्र n. *die Schale für diesen Tag* Âpast. Çr. 12,2,6. 18,1.

षोडशिप्रयोग m. Titel Burnell, T.

षोडशिमत् (Çat. Br.) und षोडशिमन्त् (TS.) Adj. *mit dem sechzehntheiligen* Stotra *verbunden.*

षोडशिसामन् n. *das im sechzehntheiligen* Stotra *befindliche* Sâman.

षोडशिस्तोत्र n. *ein sechzehntheiliges* Stotra Vaitân.

षोडशीबिल्व n. *ein best. Gewicht,* = पल.

*षोडीय्, °यति = षोडन्तमाचष्टे.

षोढा Adv. *sechsfach* Maitr. S. 1,6,7 (96,21).

षोढाविकॢप्त Adj. *sechstheilig.*

*षौडत Adj. = षोडत्.

ष्ठि s. u. ष्ठिव् mit नि.

ष्ठिव् und ष्ठीव्, ष्ठीवति und *ष्ठीव्यति *spucken, ausspeien,* — *auf* (Loc.). — *Desid. टुष्ठ्यूषति und तुष्ठ्यूषति. — *Intens. टेष्ठीव्यते und तेष्ठीव्यते. — Mit अभि *bespeien.* अभिष्ठ्यूत *bespieen.* — Mit अव, अवष्ठ्यूत *bespieen.* — Mit नि 1) *ausspucken,* — *auf* (Loc.) Gop. Br. 1,2,7 (नि:ष्ठी° gemeint). — 2) *entlassen, von sich geben.* — 3) Partic. zu 1) und 2) निष्ठ्यूत, निष्ठ्यत (fehlerhaft) und निष्ठित (! *bespuckt*). — Mit *प्रणि, °ष्ठ्यूत *hingeworfen* Gal. — Mit अभिनि *ausspucken auf* (Acc.). — Mit अवनि dass. — Mit विनि *ausspeien.* — Mit निस् 1) dass. Spr. 7746. — 2) *hinwerfen,* so v. a. *hinzeichnen* Daçak. 74,9.10. — Mit प्र *ausspeien.* — Mit प्रति *bespucken.*

ष्ठीव Adj. *speiend* in हिरण्य°.

ष्ठीवन 1) Adj. *häufig spuckend* Karaka 6,18. — 2) n. a) *das Spucken,* — *auf* (Loc.). — b) *ausgeworfener Speichel.*

°ष्ठीवि und °ष्ठीविन् Adj. *speiend.*

ष्ठीवी f. *das Spucken* in रक्त°.

ष्ठु = ष्ठिव् *ausspeien,* nur ष्ठुत्वा Âpast. Çr. 10,13,11. — Mit निस् dass., nur in der Form निरष्ठिविषम्.

*ष्ठेवन und *ष्ठ्यूत n. *das Spucken.*

*ष्वक्क्, ष्वक्कते (गत्याम्).

*ष्वष्क्, ष्वष्कति (ष्वँःकति), °ते und *ष्वस्क्, ष्वस्कते (गतौ). — Mit परि in *परिष्वष्कित.

Nachträge und Verbesserungen.

अकम्प Adj. *nicht zitternd* MBh. 6,14,14.

2. अकरण auch *mit keiner religiösen Handlung verbunden* Âpast. Çr. 4,1,3.

अकर्णप्रावृत (Nachtr. 1) vgl. अवकर्णप्रावृत (Nachtr. 5).

अकर्मकरण Adj. = 2. अकरण oben Gaim. 3,8,15.

अकवि auch m. *Nichtdichter* Kshem. 1,3.

अकामात्मन् Adj. *frei von Wünschen* Vasishtha 1,6.

*अकाव्य n. Nom. abstr. Pat. zu P. 5,1,119, Vârtt. 10.

अकुण्ठमण्डल Adj. *mit scharfem Rande* (चक्र) MBh. 1,19,21.

अकुपान Adj. *nicht zürnend, wohlwollend* Âpast. Çr. 14,28,4.

अकृतागस् Adj. *der Nichts gesündigt hat* R. 1,7,13.

अक्षत 2) nach dem Comm. zu R. ed. Bomb. 2,25,37 f. आ Pl. Nach H. an. und Med. m. n. auch *Eunuch* und nach H. ç. 43 m. Bein. Çiva's.

अक्षपरि und अक्षपराजय umzustellen.

अक्षवती MBh. 3,78,10.

अक्षहृदय n. *Würfelgeheimniss* MBh. 3,79,19. fgg.

अगुरुसार *das Harz der Aquilaria Agallocha* Suçr. 1,183,15. 2,175,4. Ragh. ed. Calc. 6,8. अगरु° ed. Stenzl.

अग्निदैवत, lies Agni.

अग्निशक्ति f. *Verdauungskraft* Varâh. Brh. S. 76,6.

अग्निसाक्षिक, °म् Adv. *coram igne* MBh. 1,198,17. Suçr. 1,7,4. 5. पञ्चबाणाग्नि° Mâlav. 70 (71).

अग्न्यवभृथ (Nachtr. 4) Âpast. Çr. 14,21,8.

1. अ॑ग्र 8) अ॑ग्रे zu betonen.

अग्रभुज् m. *die Sonne* MBh. 3,138,19.

अग्रशिख Adj. *mit spitz auslaufender Flamme* MBh. 4,55,14.

अग्रसंख्या f. Acc. mit dem Caus. von समा-रुह् *an die Spitze von* (Gen.) *stellen* Ragh. 18,29.

4. अग्रह (vgl. auch Nachtr. 5) Adj. *wobei kein Bechervoll geschöpft wird* Âpast. Çr. 14,15,3.

अग्राग्र Adj. (f. आ) *vorn spitz* Âpast. Çr. 1,15,12.

अ॑ङ्क 5) Z. 2 lies 249,13 st. 249,3.

अङ्गसमाख्यायम् Absol. *die Glieder benennend* Ait. Br. 1,21,11.

अङ्गुल्य (?) Vasishtha 3,65.

अङ्गुष्ठविभेदिक n. *Fausthandschuhe* Kâraṇḍ. 78,21.

अच्युतप्रेत m. N. pr. eines Lehrers M. Müller, Ren. 360, N. 3.

अज् mit अभि vgl. Oldenberg in Z. d. d. m. G. 39,65, N. 4.

अजिर 4) *a*) in Verbindung mit आजेः so v. a. *Schlachtfeld* Çiç. 19,102. Vgl. समराजिर.

अट्, metrisch auch अटते.

अणिक (Nachtr. 1 und 2) zu streichen, da झणिक zu lesen ist.

अतिकरुणा Adj. *überaus kläglich* MBh. 1,3,317.

अतिजितकाशिन् Adj. *überaus siegesbewusst.* Nom. abstr. °शिता f. Mudrâr. 55,13.

अतिताप m. *grosse —, zu grosse Hitze* Mârk. P. 99,3. 9.

अतिथिव्रतिन् Adj. *Gastfreundschaft übend* MBh. 3,260,4.

अतिदशरथम् Adv. *über* Daçaratha *hinaus* Bâlar. 79,9.

अतिदाह, lies 185,24.

अतिदिलीपम् Adv. *über* Dilîpa *hinaus* Bâlar. 79,9.

अतिप्रशान्त Adj. *sich vollkommen gelegt habend, ganz gewichen* Mâlatîm. 79,11.

अतिभर m. *eine übergrosse Last* Çiç. 6,79.

अतिभवानीवल्लभम् Adv. *über* Çiva *hinaus* Bâlar. 81,16.

अतिभूमि, °वर्तिन् Çâk. (Kâçm.) 618,2.

अतिलवणसात्म्य Adj. *zu sehr an Salzgenuss gewöhnt* Karaka 3,1.

अतिवि॑धे Dat. Infin. zu व्यध् mit अति RV. 5,62,9.

अतिविस्मित Adj. *sehr erstaunt* Maitrjup. 4,1.

अतिवृष्य Adj. (f. आ) *stark auf die Potenz wirkend* Varâh. Brh. S. 76,9.

अतिवेगवत् Adj. *überaus schnell fliegend* (Pfeil) MBh. 3,268,17.

अतिवेदना f. *heftiger Schmerz* Kathâs. 29,167.

अतिवेपथुमत् Adj. *heftig zitternd* Çiç. 9,77.

अतिवैशस Adj. (f. आ) *überaus mörderisch* (Rede) Bhâg. P. 3,19,21.

अतिवैषम्य n. *grosse Ungleichheit des Bodens* Spr. 6239.

अतिव्यथित Adj. *heftig schmerzend* Bhâg. P. 5,14,11.

अतिव्यवायिन् Adj. *zu oft den Beischlaf vollziehend* Karaka 6,19. Suçr. 2,445,17.

अतिव्यसन n. *ein grosses Unglück, ein grosser Unfall* Râǵat. 8,791. Vâsav. 276,3.

अतिव्यसनिन् Adj. *von einer bösen Neigung stark beherrscht* Kathâs. 43,25.

अतिव्यस्त Adj. *zu weit getrennt* TS. Prât. 2,12.

अतिशक्त Adj. *überaus mächtig* R. 2,29,6.

अतिशङ्कितव्य Adj. *in falschem Verdacht zu haben wegen* (Loc.) R. 2,22,30.

अतिशठ Adj. *überaus falsch, — hinterlistig, — boshaft* MBh. 13,33,11. Spr. 4258.

अतिशयितत्व n. *Ungewöhnlichkeit, Ausserordentlichkeit* Spr. 1685, N.

अतिशस्त्रकोप m. *heftiges Wüthen des Schwertes, — des Krieges* Varâh. Brh. S. 5,26.

अतिशात Adj. *grosse Freude bereitend* Gît. 10,9.

अतिशाद्वल n. *ein schöner Grasplatz* Bhâg. P. 10,18,5.

अतिशीत 1) Adj. *sehr kühlend* Suçr. 1,184,1. — 2) n. *grosse —, zu grosse Kälte* Spr. 2504. Mârk. P. 99,4. 9.

अतिशोभाकर Adj. *grossen Schmuck verleihend* MBh. 8,34,46.

अतिशोषिन् Adj. *stark austrocknend, — ausdörrend* Suçr. 2,551,20.

अतिश्रम auch *grosse Anstrengung* Bhâg. P. 2,7,31.

अतिश्लिष्ट Adj. *fest verbunden, — haftend, — anhaftend* Çâk. (Ch.) 62,1. Daçak. 73,6.

अतिष्क॑द्, अतिष्क॑दस् 17,4 ist Abl. Infin. zu स्कद् mit अति, अतिष्क॑दे RV. 8,67,19 Dat.

अतिसंरम्भ m. *heftiger Zorn* Râǵat. 1,67. Bhâg. P. 5,9,19.

अतिसंराग m. *starkes Hängen an* (Loc.) Prâjaçkittat. im ÇKDr. u. नैर्मल्य.

अतिसंशब्द m. *ein lauter herausfordernder Ruf* R. 4,15,4.

अतिसंश्लिष्ट Adj. *zu fest anliegend* Comm. zu TS. Prât. 2,12.

अतिसंकट 1) Adj. *überaus schwierig, — gefährlich* Mârk. P. 45,5. — 2) n. *a*) *ausserordentliche Dichtigkeit* Râǵat. 6,249. — *b*) *grosse Noth, — Gefahr* Spr. 3170. Mâlatîm. 103,19. Comm. zu Kumâras. 3,23.

°अतिसंकल्प m. *ein dringendes Verlangen zu* MBh. 4,396. v. l. अभिसंकल्प.

अतिसंकुल Adj. (f. आ) *auf grosse Hindernisse stossend* Varâh. Brh. S. 38,3.

अतिसंक्षोभण n. *eine zu grosse Erschütterung* Suçr. 2,133,5.

अतिसंगोपनीय Adj. *sehr geheim zu halten* Pańkat. 1,15,23.

अतिसत्कृत Adj. (f. आ) *hoch geehrt* R. 2,39,33.

अतिसदृश Adj. *überaus ähnlich* Kathâs. 101,81.

अतिसमर्थ Adj. *sehr Vieles zu thun vermögend* Hit. 83,13.

अतिसंभोग m. *ein grosser Genuss* Râǵat. 4,898.

अतिसंभ्रम, lies 10,81,25.

अतिसविशङ्कम् Adv. *mit grosser Besorgniss* Çiç. 11,32.

अतिसान्द्र Adj. *sehr dicht* Vâsav. 179,3. Vgl. नातिसान्द्र Nachtr. 4.

अतिसार्थक Adj. *grossen Gewinn bringend* Pańkat. 1,7,6.

अतिसाहसिक Adj. *sehr unbesonnen zu Werke gehend* Pańkat. 241,3.

अतिसिताङ्गविहंग m. *Schwan* Çiç. 6,54.

अतिसुगन्धि oder °न् Adj. *überaus wohlriechend* Suçr. 1,184,3.

अतिसुगम Adj. *sehr gut gangbar* Kathâs. 19,64.

अतिसुभग Adj. (f. आ) *überaus hübsch* Kathâs. 28,13. 44,138.

अतिसुवृत्त Adj. 1) *sehr hübsch rund* Spr. 4961. — 2) *von sehr gutem Betragen* Kathâs. 29,72.

अतिस्थगित Adj. *sehr verhüllt, — verborgen* Verz. d. Oxf. H. 214,*b*, No. 511.

अतिस्निग्ध Adj. *sehr weich, — milde* (eig. und übertr.) H. 68. R. 3,49,36.

अतिस्पर्धिन् Adj. *stark um den Vorrang streitend, — wetteifernd* MBh. 14,5,5.

अतिस्विन्न Adj. *stark zum Schwitzen gebracht* Karaka 1,14.

अतिहर्षुल Adj. *hoch erfreut* Kathâs. 67,31.

अतिहसित Daçak. 4,71. Sâh. D. 86,12.

अतिहारिन् Adj. *sehr reizend* Spr. 4961.

अतिहार्द n. *grosse Zuneigung, — Liebe, — zu* (Loc.) Mârk. P. 72,18. 100,24.

अतिहास्य n. *heftiges Lachen* Suçr. 1,244,6.

अतिहेलन n. *grosse Verhöhnung, — Verspottung, — an den Tag gelegte Geringschätzung* Bhâg. P. 3, 14,37.

अत्यन्तशस् Adv. *in übertriebener Weise* Baudh. 1,3,32.

अत्युन्माद Adj. *überaus toll, — verrückt* MBh. 4, 14,27.

अत्युपसंहृत Adj. *zu stark genähert* TS. Prât. 2,12.

अत्यूर्जितम् Adv. *gar sehr, in hohem Maasse* Mâlatîm. 126,1.

अदनी Adv. mit कर् *zur Speise von* (im Comp. vorangehend) *machen* MBh. 5,82,47.

अदासी f. *keine Sclavin* MBh. 1,34,19.

अद्भुतसिंह m. *Wunderlöwe* (Vishṇu) Bhâg. P. 7,10,9.

अधर्मबहुल Adj. *an Unrecht reich, ruchlos* MBh. 1,17,6.

अधर्मभाज् Adj. *das Unrecht pflegend, pflichtvergessen* MBh. 1,191,8.

अधश्चर Adj. *demüthig, unterthänig* MBh. 5,147, 22. 150,15.

अधःसंवेशिन् Adj. *auf dem Erdboden sich zur Ruhe legend* Lâṭy. 10,18,11.

अधिकोपम Adj. *einen überschüssigen Vergleich enthaltend* Sarasvatîk. 9,26.

अधिवेद्या, lies 193,11.

अधिवेलम् Adv. *am Meeresufer* Çiç. 3,73. 79.

अधिश्रय in अनधिश्रय weiter unten.

अधिष्ठान (auch Nachtr. 5) auch *Schwur, Eid, Betheuerung* Gâtakam. 7.

अधीलोद्धकर्णी (so ist zu verbinden) Adj. als Beiw. einer Kuh Kâtj. Çr. 22,11,29. Vgl. अध्यालोहकर्णी und अधीलोधकर्णी (Nachtr. 2. 4).

अधोबिलाप्लुत Adj. *unterhalb der Mündung* (des Kessels) *bleibend* (nicht überwallend) *und nur ein wenig gedämpft* Çâñkh. Çr. 4,3,7.

अध्यग्नि, auch bei anderen feierlichen Gelegenheiten Mahâvîrak. 44,12.

अध्ययनसंप्रदान bedeutet *das Lernen und Lehren.*

अध्यवसितता f. *das zur Gewissheit Erhobensein* Sâh. D. 109,20.

अनतिगौरव n. *das nicht zu sehr Belastetsein* (उदरस्य) Karaka 3,2.

अनतिव्यक्त Adj. *nicht zu offen, — sichtbar* Hem. Jogaç. 1,48.

अनतिस्कन्दत् Adj. *nicht überspringend*, so v. a. *gleichmässig* (Regen) TBr. 3,3,6,4.

अनधिमूर्छित Adj. *unbefangen, sich zu den Dingen gleichgültig verhaltend.* °त्व n. Gâtakam. 14.

अनधिश्रय Adj. (f. आ) *unbewohnt, menschenleer* R. Gorr. 2,68,56.

अननुवाक्य Adj. *den* Veda *nicht lehrend* Vasishṭha 3,1.

अननुसृत Adj. *nicht verfolgt* (Weg) Verz. d. Oxf. H. 170,b,5 v. u.

अननृत Adj. *wahr* Çiç. 6,39.

अनन्तविजय m. N. pr. der Muschel Judhishṭhira's Bhag. 1,16.

अनन्यनारीसामान्य Adj. *mit keinem anderen Weibe Gemeinschaft habend* Vikr. 59.

अनन्यपर Adj. *auf nichts Anderes gerichtet.* Nom. abstr. °ता f. Mâlatîm. 101,9.

अनन्ववसित Adj. *nicht ergriffen von* (Instr.) Çâñkh. Br. 11,1.

अनपव्याहरत् Adj. *keine weltliche Rede führend* Âpast. Çr. 2,16,1.

अनपव्याहार m. *keine weltliche Rede* Comm. zu Âpast. Çr. 2,16,1.

अनपिसोम Adj. *keinen Antheil am* Soma *habend* J. A. O. S. 11,cxlv.

अनपिसोमपीथ Adj. *keinen Antheil am* Soma-*Trunk habend* Çâñkh. Çr. 14,62,2.

अनभिपरिहरत् Adj. *nicht umkreisend, — umfahrend* Kauç. 44.

अनभिभाषमाण Adj. *mit Jmd nicht redend* Baudh. 2,3,42.

अनभिसंधित Adj. *uneigennützig* Mârk. P. 95, 14. 15.

अनभिस्निग्ध Adj. *nicht zugethan* R. Gorr. 2,18,7.

अनम Adj. (f. आ) *unbeugsam, unbesiegbar* Çiç. 19,33.

अनवरोध m. *keine Hemmung* (हृदयस्य) Karaka 3,2.

अनवलोकन n. *das Nichthinblicken, Nichtaufblicken* Z. d. d. m. G. 39,306.

अनवविद्ध Adj. *unausgehöhlt* Z. d. d. m. G. 34,335.

अनवसित auch *worüber man keine Gewissheit erlangt hat* Bhâg. P. 5,3,14.

अनवस्थित auch *nicht daseiend* R. 4,30,14. *nicht bleiben könnend* Ragh. 19,31. *misslungen* R. 5,51,9.

अनस्यूत Adj. Vasishṭha 2,33 fehlerhaft für अनस्योत *nicht mit einem Nasenring versehen.*

अनाकलन n. *das Nicht-in-Betracht-Ziehen* Schol. zu Kap. 1,37

अनारूढ Adj. *unbehindert* Ait. Br. 8,24,6.

अनाविद्ध auch *nicht in Unruhe versetzt, nicht aufgeregt* Bhâg. P. 1,2,19. 7,15,35.

अनासादयत् Adj. (f. °न्ती) *nicht erlangend, — theilhaftig werdend* 302,17.

अनासध = निरातङ्क Vall. zu Çiç. 19,44 nach Hultzsch.

अनास्तृत Adj. (f. आ) *unüberdeckt, bloss* (शय्या) VP. 3,11,108.

अनिरूढ 1) a) Baudh. 2,5,4.

अनिष्ठित Adj. *nicht zu Ende geopfert* MBh. 13, 93,65.

अनिविद्ध Adj. *nicht durchschossen, — durchbohrt* MBh. 4,55,5. अनिविद्ध MBh. 4,1977 fehlerhaft für इति विद्ध.

अनिविष्यमाण Adj. *nicht umstrickt —, nicht gehemmt werdend* Çâñkh. Br. 18,4.

अनिषिद्ध Adj. 1) *nicht zurückgehalten, — abgehalten* Çâk. (Ch.) 140,7. — 2) *nicht verboten, — untersagt* Bhâg. P. 7,15,66. Kull. zu M. 4,218.

अनुतीर्थम् Adv. *bei jedem* Tîrtha Baudh. 2,5, 3. 10,3.

अनुदशम Adj. *je der zehnte* Vasishṭha 17,43.

अनुदिशम् Adv. *nach den verschiedenen Himmelsgegenden* Comm. zu Âpast. Çr. 15,11,1.

अनुदैवतम् Adv. *nach den Göttern* R. Gorr. 2. 121,3.

अनुपहृत auch so v. a. *unbestritten* Spr. 4310.

अनुपासितवृद्ध Adj. *der die Alten nicht geehrt hat.* Nom. abstr. °त्व n. MBh. 5,92,18.

अनुप्रकम्पन n. *das Schwingen nach einem Andern* Comm. zu Âpast. Çr. 14,30,5.

अनुयोगिन् Adj. Nom. abstr. °गिता f. *antheticity* nach Hall Comm. zu Kap. 5,37.

अनुवनम् auch *in jedem Walde* Çiç. 6,46.

अनुवनान्तम् Adv. *im Walde* Çiç. 6,76.

अनुवादिन् 2) lies 250,28.

°अनुविधायिन् 3) *nachahmend, gleichend* Çiç. 6,23.

अनुव्याहृत n. *Verfluchung* MBh. 1,176,37.

अनुष्यन्दे eher *Lauf* (*Schiene*) *einer Schleife.*

अनुसानु Adv. *auf dem Rücken der Berge* Çiç. 6,79.

अनृतकारक und °कारिन् Adj. *unwahr zu Werke gehend* MBh. 1,5,24 nebst v. l.

अनृतसंहित Adj. *Verträge—, Zusagen nicht haltend* Ait. Br. 1,6,7.

अनैष्टिक Adj. *nicht zur* Ishṭi *gehörend.* Nom. abstr. °त्व n. Comm. zu Âpast. Çr. 15,5,19.

अन्तःक्रौर्य n. *Herzenshärte* Aucitjâl. 28,1.

अन्तःप्रीति f. *innere Freude* Z. d. d. m. G. 39,308.

2. अन्तम, nach Adj. ist 1) zu streichen.

अन्तरावेदि (auch Nachtr. 5) *Scheidewand* Ragh. 12,93. Vgl. वरण्डक 2) *b*).

अन्तर्जलेशय Adj. *im Wasser liegend, — lebend* MBh. 1,29,27.

अन्तःसदस् 1) n. *das Innere eines Versammlungsortes* Bhâg. P. 1,9,41. — 2) Adv. *innerhalb des* Sadas Çâñkh. Çr. 17,4,3.

अन्दोलय् im Prâkrit 294,19.

अन्धकार 2) auch m.

अन्नसंदेह m. *Zusammenkittung von Speise* Çat. Br. 10,5,2,8.

अन्यथाशीलिक Adj. *anders als* (अतस्) *zu verfahren pflegend* Gop. Br. 3,18.

अन्यपूर्वा, lies *mit einem Andern*.

अन्यबन्धु Adj. *nicht verwandt* Âpast. Çr. 14,30,4.

अन्ययज्ञ m. *das Opfer eines Andern* Âpast. Çr. 14,31,9.

अन्वष्टका, lies Ashṭakâ.

अपचमानक Adj. *die Speisen nicht zu kochen pflegend* Baudh. 3,3,2. 9.

अपनयन m. (!) = 2. अपनय MBh. 6,49,22.

अपभस्मन् Adj. *von der Asche befreit* Kâty. Çr. Comm. 233,20. 21.

अपमुद् (Nachtr. 5), lies *freudlos, kläglich*.

अपराधीन, Nom. abstr. °ता f. Kshem. 2,21.

अपराभव m. *das Nichtunterliegen, Sieg* MBh. 5,125,27.

अपरिनिष्ठित Adj. *unerfahren in* (Loc.) Hariv. 5672. Suçr. 1,12,10. Fehlerhaft für अपरिवेष्टित Hariv. 5262.

अपरिवेष्टित Adj. *nicht umgeben —, nicht umringt von* (Instr.) Hariv. 2,38,57.

अपरिहीनकालम् Adv. *ungesäumt, sogleich* Bâlar. 257,11.

अपर्वन् 1) lies 7,10.

अपसर्प्य (Conj.) Adj. *fortzujagen* Spr. 574.

अपहसित n. *ein Lachen, bei dem Einem die Thränen in die Augen kommen*, Daçar. 4,71. Sâh. D. 86,12.

अपिसोम Adj. *Antheil am* Soma *habend* J. A. O. S. 11,cxlvi.

अपूर्ण 2) lies 98,2.

अप्रघ्नती Adj. etwa *nicht weiter treibend* (Wasser) Çat. Br. 13,8,1,9.

अप्रज्ञायमान Adj. *nicht bekannt* Vasishtha 3,13.

अप्रतिक्रियमाण Adj. (f. आ) *nicht ärztlich behandelt werdend* Suçr. 1,266,5. 10. 267,16.

अप्रतिभा auch *das dem Gedächtniss Nichtgegenwärtigsein* Baudh. 3,9,8. Çâñkh. Çr. 10,12,5.

अप्रतिषेधित Adj. *nicht verwehrt, — untersagt, — verboten* MBh. 12,12,19.

अप्रतिहृत Adj. *wobei der* Pratihartar *nicht einfällt* Âpast. Çr. 14,21,13.

अप्रपीडन n. *kein Druck, kein Gefühl des Druckes* (कुक्षेराहरिण) Káraka 3,2.

अप्रहृत 1) *ungepflügt* Comm. zu Âpast. Çr. 15,20,2.

अप्राप्तषोडश Adj. (f. आ) *das 16te Jahr noch nicht erreicht habend* Cit. aus einem Glossar im Comm. zu Âpast. Çr. 15,20,8.

अबिलवत् Adj. *keinen Ausguss habend* (Topf) Comm. zu Âpast. Çr. 15,14,13.

अब्दभू Adj. *der Wolke entstammend* Çiç. 6,72.

अब्दसहस्रिक Adj. (f. ई) *tausend Jahre während* MBh. 3,82,95. °सहस्रकी fehlerhaft MBh. 3,5037.

अभिज्ञात Adj. s. u. ज्ञा mit अभि.

अभिनयन n. = अभिनय 1) in श्लोकाभिनयन.

अभिप्रतिगर m. Nom. act. zu 1. गर् mit अभिप्रति (s. weiter unten) Comm. zu Âpast. Çr. 14,32,6.

अभियोगिन् auch *sich einer Sache ganz hingebend*. Nom. abstr. °गिता Vâgbh. 1,14.

अभिविवास m. *das Hellwerden über* Comm. zu Âpast. Çr. 14,23,14.

अभिव्याहार auch *Verfluchung* Comm. zu Âpast. Çr. 15,19,8.

अभिव्युष्टि f. = अभिविवास Comm. zu Âpast. Çr. 14,23,14.

°अभिसंकल्प m. *Verlangen —, Wunsch zu* MBh. 4,14,24 v. l. अतिसंकल्प.

अभिसमाहारम् Absol. *zusammen hinschaffend zu* (Acc.) Âpast. Çr. 2,4,4. Vielleicht अभि स° zu schreiben.

2. अभीक (vgl. Nachtr. 5) Çiç. 19,72.

अभीशुमत् 2) m. *die Sonne* Çiç. 6,63.

अभ्यग्र Çiç. 19,59 nach Vall. *vorn befindlich* und *nahe bevorstehend* (Hultzsch).

अभ्याकारम् auch wohl *zusammenkehrend* (also von 2. कर्) Âpast. Çr. 2,4,4.

अमध्यंदिनसाचि Adj. *die Mittagsfeier nicht begleitend, zu ihr nicht gehörend* Ait. Br. 6,30,12.

अमलपत्त्रविहंगम m. *Schwan* Çiç. 6,45.

अमृततुरंग (wohl °तरंग) m. Titel eines Werkes des Kshemendra Sitzungsberichte der phil.-hist. Klasse der Wiener Ak. 106,480.

अमोघबल Adj. *dessen Macht nicht vergeblich ist, seine Macht gebrauchend* MBh. 1,17,3.

अम्बिकासुत MBh. 1,61,18.

अम्बुरुह् m. *eine am Tage sich öffnende Lotusblüthe* Çiç. 6,11.

अम्भस्, vor 1) ist n. hinzuzufügen.

अयाचक Adj. *nicht bettelnd*. Nom. abstr. °त्व n. Kshem. 2,27.

अयुकच्छद Çiç. 6,50.

*अयोनित्व n. Nom. abstr. Pat. zu P. 5,1,119. Vârtt. 9.

अरञ्जनीकृत Adj. *ungefärbt* Baudh. 2,2,29.

अरिंधायस् eher *reichlich milchend*.

अरीतिमत् Adj. *stillos* Sarasvatîk. 10,29.

अरुच्य Adj. *unangenehm* Çiç. 19,89.

अरेप Adj. = अरेपस् Baudh. 3,7,4.

अर्ह् mit निस् auch *kommen um* (Abl.), *verlustig gehen* Tâṇḍja-Br. 6,6,13.

*अर्जिन् Adj. *erwerbend* Çiç. 19,102.

अर्थसमाहर्तर् Nom. ag. *Geldeinnehmer* M. 7,60.

अर्धर्चशस्, lies Adv. st. Adj.

अर्धवैशस n. *ein halbvollbrachter Todtschlag* Kumâras. 4,31.

अर्धसदृश Adj. *zur Hälfte gleich mit* (Gen.) TS. Prât. 11,19.

अर्धसमय m. *die Hälfte einer best. Zeit* MBh. 3,11,4.

अर्धोच्छिष्ट Adj. *zur Hälfte nachgeblieben* Kathâs. 61,298.

अलमार्य Adj. *sehr edel* Lalit. 309,17. 310,6. 14. 21. fgg. 309,6.

अल्पस्वमत् Adj. *geringen Besitz habend* Çatr. 14,109.

अवकर्णप्रावृत, statt dessen अकर्ण° im Comm. zu Tâṇḍja-Br. 8,7,7.

अवकलन (Nachtr. 4), lies अवकूलन.

1. अवचन auch *das Schweigen* Z. d. d. m. G. 39,306.

अवनि, füge f. vor 1) hinzu.

अवपाकिन् Adj. Káraka 1,27 fehlerhaft für अविपाकिन्.

अवम्य Adj. *den man nicht vomiren lassen darf* Káraka 6,4.

अवर 3) *b*) vgl. u. गात्रावर weiter unten.

अववाद 2) Çiç. 6,9.

अवश्येन्द्रिय Adj. *seine Sinne nicht in der Gewalt habend* MBh. 5,129,23.

अवष्टब्धत्व n. *Steifheit, Starrheit* Çañk. zu Bṛh. Âr. Up. S. 282.

अवसान 7) MBh. 5,72,15. 82,8. Nach Nîlak. अवसीयते संस्थीयते ऽस्मिन्नित्यवसानं यावज्जीवकं वासस्थानम्.

अवस्कन्दिन् 1) lies *herbeispringend* und vgl. Shaḍv. Br. 1,1.

अवहसित 1) Adj. s. u. 2. हस् mit अव. — 2) n.

ein Lachen, bei dem Kopf und Schultern in Bewegung gerathen. SÂH. D. 86,11.

अवाक्शिरस्क Adj. mit dem Kopfe nach unten SUÇR. 1,359,7.

अविक 1) ÇÂÑKH. ÇR. 9,23,3.

अविकत्थन, Nom. abstr. °ता f. KSHEM. 2,29.

अविज्ञातप्रायश्चित्त Adj. (ein Opfer) bei dem die Sühne für im Verlauf desselben begangene Fehler nicht angegeben ist ÂPAST. ÇR. 14,17,1.

अवितथवाच् Adj. nicht unwahr redend MUDRÂR. 63,10 (103,3).

अविद्धकर्ण Adj. dessen Ohren nicht getroffen werden von (Instr.), so v. a. taub für KSHEM. 1,25.

अविद्यक Adj. aus Unwissenheit bestehend Comm. zu KAP. 6,46.

अविपाकिन् Adj. nicht schwer zu verdauen ḰARAKA 1,27 (अवपाकिन् gedr.).

अविपाटन n. kein Reissen, kein reissender Schmerz ḰARAKA 3,2.

अविमर्शितव्य Adj. nicht weiter zu erwägen MÂLATÎM. ed. Bomb. 148,1.

अविराड्संपन्न Adj. nicht mit einer Zehnzahl verbunden LÂṬJ. 10,3,9.

अविरेच्य Adj. dem man keine Abführung geben darf ḰARAKA 6,4.

अविशङ्कित Adj. 1) keine Scheu empfindend, nicht ängstlich, kein Bedenken habend MBH. 5,16,8. VIKR. 81,11. MÂRK. P. 16,3. RÂǴAT. 6,330. — 2) nicht beanstandet, — in Zweifel gezogen, — mit Misstrauen betrachtet R. GORR. 2,109,51.

अविशारद (Nachtr. 5) auch schüchtern ḰARAKA 3,8.

अविश्रब्ध Adj. kein Vertrauen erweckend BHÂG. P. 11,26,4.

अविश्रमत् Adj. nicht ausruhend, ununterbrochen bei Etwas verweilend MÂRK. P. 133,17.

अविश्राणित Adj. nicht verschenkt R. 2,32,35.

अविश्वस्त Adj. der einem Andern nicht traut R. 3,1,25. Spr. 287. 3412. 3431. fgg. 5923. 6209.

अविषुवत्क Adj. ohne Mitteltag LÂṬJ. 10,14,9.

अविष्यन्दयत् Adj. nicht überfliessen lassend ÂPAST. ÇR. 1,13,10.

अविस्कन्त्तर् Nom. ag. nicht hinundher hüpfend BHAṬṬ. 9,64.

अविस्तृत Adj. nicht entfaltet BHÂG. P. 3,12,49.

अविस्रस्त Adj. nicht auseinandergefallen, — aufgelöst AIT. BR. 6,23,13.

अविहेठित Adj. unverletzt, ungeschädigt Text zu Lot. de la b. l. 173.

अवीरस्थ Adj. keinem Helden stehend, feig KÂṬH. 12,8.

अवैकृत Adj. (f. आ) nicht entstellt KATHÂS. 123,24.

अवैदेशी f. eine nicht-locale Getrenntheit(?) ÇÂÑKH. ÇR. 13,24,14.

अवैरिन् Adj. nicht feindlich gesinnt BHÂG. P. 6,5,39.

अवैशारद्य n. Mangel an Selbstvertrauen ḰARAKA 3,8.

अवैषम्य auch Ebenmaass VÂMANA 3,2,5.

अव्यक्त m. auch ein noch nicht ausstudirter oder noch junger Mönch ÇILÂÑKA 1,271.

अव्यक्तमय Adj. (f. ई) das Uebersinnliche betreffend (विद्या) MBH. 12,237,28.

अव्यतिहरत् Adj. nicht gegenseitig versetzend GOBH. 4,7,40.

अव्यतिहार m. Nichtvertauschung KÂṬH. 27,1.

अव्यथ 1) c) nicht fehlgehend (Opfer) JÂǴÑ. 1,315; vgl. Spr. 3493.

अव्यवस्थ Adj. (f. आ) von keinem Bestand RAGH. 7,51. KUMÂRAS. 1,33.

अव्यवस्था f. 1) kein Bestand, keine Constanz MBH. 13,37,11. R. 6,69,37. — 2) unruhige Zustände (eines Landes) RÂǴAT. 7,197 (अव्यवस्या gedr.).

अव्यवस्थान n. Nichtstandhaftigkeit MBH. 9,31,24.

अव्यालचेष्टित Adj. nicht hinterlistig, — bösartig, fromm (Elephant) R. 1,6,22.

अव्यावर्तनीय Adj. nicht zurückzunehmen (etwas Geschenktes) MIT. 259,10.

अव्याहरत् Adj. keinen Laut von sich gebend KÂTJ. ÇR. 5,6,39.

अव्याहृत Adj. nicht ausgesprochen MAITRJUP. 6,6.

अव्युत्पत्तिमत् Adj. ohne Ableitung, — Etymologie SARASVATÎK. 5,3.

1. अश्, Perf. आनाश ÂPAST. ÇR. 14,29,3. Statt dessen आनंश AV. 6,49,1. चकार TAITT. ÂR. 6,10,1.

अशक्यसमुच्छेद Adj. unvernichtbar WILSON, SÂṀKHJAK. S. 8 (zu lesen स्याद्वाशक्यस°). Nom. abstr. °ता f. S. 9.

अशठधी Adj. nicht von falscher Gesinnung, ehrlich BHÂG. P. 8,22,23.

अशस्तस्मृतिहेतु m. die Ursache einer ominösen Ideenassociation SARASVATÎK. 5,16.

अशस्तार्थ Adj. von ominöser Bedeutung ebend.

अशस्तार्थान्तर Adj. von ominöser Nebenbedeutung ebend.

अशस्त्रवध m. ein Mord ohne Waffe Spr. 5530.

*आशिथिलत्व n. Nom. abstr. PAT. zu P. 5,1,119, Vârtt. 9.

अशिष्टागतमार्ग Adj. den Weg Ungebildeter (Ungesitteter) betretend MBH. 5,95,10.

अशिष्यत्व n. das Nichtgelehrtwerden (einer Sache).

अशुचिवर्ण Adj. von unreiner Farbe. Nom. abstr. °ता f. KÂM. NÎTIS. 7,22.

अशुद्धप्रकृति Adj. unredliche Minister habend PAÑḰAT. I,335.

अशुभात्मक Adj. bösgesinnt Spr. 414.

अशृण्य Adj. s. u. असृण्य.

अशैथिल्य n. eine feste Verbindung VÂGBHAṬA 1,17.

अशोक 1) c) Nom. abstr. °ता f. KSHEM. 2,17.

अशोच्य, Nom. abstr. °ता f. RAGH. 8,27. °त्व n. MBH. 4,18,1. अशोच्यं (n. impers.) भवतां मृतानाम् ihr sollt nicht über Verstorbene trauern HARIV. 6062.

*आशौक्ल्य n. Nom. abstr. PAT. zu P. 5,1,119, Vârtt. 10.

अशौच auch Unehrlichkeit.

अशौचक (Nachtr. 1) auch n. Verunreinigung MBH. 12,98,45.

अशौचिन् Adj. unrein (in rituellem Sinne) MIT. 3,1,a,6. KULL. zu M. 5,84.

अश्मशानचित् Adj. keine Leichenstätte schichtend TS. 5,2,8,5. Vgl. अश्मशानचित् Nachtr. 1.

अश्रुति auch das Nichthören. Acc. mit अभि-नी thun, als wenn man Etwas nicht gehört hätte, UTTARAR. 54,4 (69,11).

अश्रुतिविरोधिन् Adj. mit der heiligen Schrift nicht im Widerspruch stehend ÇIÇ. 14,37.

अश्रुतीपथ (metrisch) m. Acc. mit या so v. a. in Vergessenheit gerathen MBH. 12,11,17.

अश्लिष्ट Adj. 1) unzusammenhängend (Rede) MBH. 7,1990. — 2) nicht hängend an (im Comp. vorangehend) MBH. 12,251,22.

*अश्वस्त Adj. P. 7,2,16, Sch. fehlerhaft für आश्वस्त, wie KÂÇ. liest.

अषडक्षीण ANARGHAR. 3,6.

अष्टसहस्रक Adj. aus achttausend bestehend Verz. d. Oxf. H. 105,b,27.

अष्टाविंशिन् m. Du. Bez. des dem Vishuvant-Tage vorausgehenden und nachfolgenden rituellen Monates in einer Jahresfeier ÇÂÑKH. ÇR. 13,25,5.

असंरोह auch das Nichtaufkeimen, Nichthervorbrechen. कामानां हृदि BHÂG. P. 7,10,6.

असंवल Adj. ohne Wegekost ÇATR. 10,182 (असम्बल geschr.).

असंवास Adj. keinen festen Wohnsitz habend, nomadisirend MBH. 13,111,128.

असंवीत Adj. (f. आ) unbekleidet MBH. 3,61,6. BHÂG. P. 5,6,8. 6,18,49.

असंशिञ्जयत् Adj. nicht klingend zusammenstossend ÇAT. BR. 11,4,2,2.

असंश्रान्त Adj. *unermüdlich* Suçr. 2,244,3.

असंसक्त (auch Nachtr. 3) auch *nicht stockend* Hariv. 16160. *sich nicht berührend, nicht anstossend* Varâh. Bṛh. S. 68,69.

°असंसर्गिन् Adj. *frei von* Çaṁk. zu Bṛh. Âr. Up. S. 88.

असंसृष्टिन् Adj. *nach erfolgter Erbtheilung mit den Verwandten nicht wieder auf gemeinsame Kosten lebend* Gaut. 28,27.

असंस्कार्य Adj. *nicht zu weihen, nicht geweiht werdend* (शरीर) Mârk. P. 49,21.

असंस्तव m. *kein gemeinschaftlicher —. kein gleichzeitiger Preis* Nir. 12,2.

असंस्थान auch *nicht an derselben Stelle des Mundes hervorgebracht.*

असंस्पृष्ट Adj. 1) *unerreicht* Kathâs. 17,131. — 2) *nicht verunreinigt* Sarvad. 32,13.

असंस्पन्दयत् Adj. *nicht zusammenlaufen lassend* Âpast. Çr. 1,25,15.

असंहृति f. *das Nichtverbundensein* Kâm. Nîtis. 19,51. Mârk. P. 102,3.

असंहाव्यम् Tâṇḍja-Br. 9,1,21 fehlerhaft für असंहार्यम्; vgl. असंहार्य Nachtr. 1.

असंहृत Adj. *ununterbrochen* Uttarar. 1,16. 17 (2,9. 10).

असकृदावर्तिन् Adj. *oftmals wiederkehrend* Khând. Up. 5,10,8.

2. असंकर Adj. *unvermischt* MBh. 14,90,88.

असंकीर्ण Adj. auch *nicht stark bevölkert* R. Gorr. 2,92,7.

असंख्यशस् Adv. *in unzählbarer Menge* Bhâg. P. 3,12,16.

असंग्रह m. *das Nichtbeisammenlassen* Ṛv. Prât. 11,23.

असज्जित Adj. *an Nichts geheftet* (आत्मन्) Bhâg. P. 5,13,20.

असत्कृत auch *unfreundlich gereicht* (Gabe) Spr. 199.

असत्प्रतिग्रह m. *Entgegennahme eines Geschenkes von einem Unwürdigen* M. 11,194. Jâgn. 3,290.

असत्प्रतिपत्तिन् Adj. *wogegen kein triftiger Einwand erhoben werden kann.* Nom. abstr. °त्तित्व n. Z. d. d. m. G. 7, 294, N.

असत्संपर्क m. *eine Berührung mit Unwürdigen, — mit Schlechten* Spr. 7463.

असद्गति f. *eine schlimme Stellung, ein schlimmes Loos* Bhâg. P. 3,19,29.

असध्रीचीन Adj. *unrecht, unrichtig* Bhâg. P. 5,9,5.

असंतर्दन m. *das Nichtaneinanderbefestigen* Comm. zu Gaim. 3,3,24.

असंतृण्ण Adj. *nicht aneinander befestigt* ebend.

असंदेश m. *kein Auftrag, — Geheiss* R. 5,24,20.

असंदिहम् Adv. *ohne Zweifel, sicher* Spr. 182.

असपूर्व Adj. (f. आ) *von den Vorfahren nicht besessen* Râgat. 2,8.

असभ्यस्मृतिहेतु m. *die Ursache der Ideenassociation von etwas Unanständigem* Sarasvatîk. 3, 15. Vâmana 2,1,15.

असभ्यार्थ Adj. *von unanständiger Bedeutung* Sarasvatîk. 3,15.

असभ्यार्थान्तर Adj. *von unanständiger Nebenbedeutung* ebend. und Vâmana 2,1,15.

असम्बल Adj. s. oben u. असंबल.

असंभ्रम m. *keine gemüthliche Aufregung* Bhâg. P. 5,9,21.

असर्गबन्ध Adj. *nicht in Kapitel eingetheilt* Pratâpar. 19,a,6.

असर्वज्ञ Adj. *nicht allwissend* Spr. 2801.

असर्वविषय Adj. *sich nicht auf Alles beziehend, nicht allgemein.* Nom. abstr. °त्व n. Comm. zu Vâmana 5,2,27.

असव्य 1) Loc. *zur Rechten* Spr. 4149.

असहन्त् Adj. (f. °न्ती) *nicht ertragend* 100,8.

असहस्र n. *kein volles Tausend* Khând. Up. 4,4,5.

असाधक auch *nicht beweisend.* Nom. abstr. °त्व n.

असाध्य auch so v. a. *nicht bildungsfähig* Sitzungsberichte der phil.-hist. Klasse der Wiener Ak. 106,483.

असायक Adj. *ohne Pfeil* Kathâs. 4,3.

असार्वत्रिक (auch Nachtr. 1), Nom. abstr. °त्व n. Kusum. 29,21.

असिक्त Adj. *unbegossen* Çâk. 84, v. l.

असिपुत्रिका Mudrâr. 45,1.

असुखद Adj. *Leid bereitend, wehe thuend* Sarasvatîk. 2,7.

असुरार्दन m. *ein Gott* MBh. 1,23,11.

असृण्य Adj. *nicht zu zügeln, nicht im Zaum zu halten* Bhâg. P. 3,17,22. अस्पृण्य Burn.

असृष्ट (Conj.) Adj. *nicht aufgegeben* (समाधि) Daçak. (Wils.) 67,7.

अस्कन्दमान Adj. *nicht herausspritzend* (intrans.) Suçr. 1,47,9.

अस्खलन n. *das Nichtkommen um* (Abl.) MBh. 1,73,34.

अस्तव्य Adj. *nicht zu loben, — verherrlichen* MBh. 2,44,25.

अस्त्रक्षतिमत् Adj. *durch Geschosse verwundet* Çiç. 19,78.

अस्त्रीक (Nachtr. 5) auch *unbeweibt* Bhaṭṭ. 4,29.

अस्थिकुम्भ m. *Knochentopf* (in welchem die Reste nach der Verbrennnng der Leiche gesammelt werden) Âpast. Çr. 14,22,6.

अस्थित auch *nicht daseiend* Kathâs. 42,159.

अस्पृष्ट 3) auch Bez. der *Vocale* Çikshâ in Ind. St. 4,118.

अस्फाटित Adj. *nicht rissig, keine Risse habend* Cit. im ÇKDr. u. पट.

अस्मर्यमाण Adj. *dessen man sich nicht erinnert, vergessen* Sarvad. 127,17. 19.

अस्यूतनासिक Adj. *keine durchstochene Nase habend* (Zugochs) Baudh. 2,4,21.

अस्रस्त Adj. MBh. 4,22,80 fehlerhaft für आस्रस्त, wie die anderen Ausgaben lesen.

अस्वर्ग m. *Verlust des Himmels, das nicht in den Himmel Gelangen* Vasishṭha 1,27.

अस्वर्य Adj. *für die Stimme nachtheilig* Suçr. 1, 210,1.

अस्विन्न 1) Nom. abstr. °ता f. Kâm. Nîtis. 7,17.

अस्वेदिन् Adj. *nicht schwitzend* MBh. 8,79,56.

अहस्ताभरणोपेत Adj. *nicht mit einem Handschmuck versehen* R. 1,6,9.

अहापयत् Adj. *es nicht fehlen lassend an* (Acc.) Spr. 1003. कालम् so v. a. *keine Zeit verlierend, nicht säumend* Kâm. Nîtis. 5,64.

अहिमदीधिति m. *die Sonne* Çiç. 6,41.

अहीडमान Adj. *nicht ärgerlich seiend* (मेनस्, Çat. Br. 6,3,2,20.

अहेडमान Adj. *nicht sorglos verfahrend, die Sache ernst nehmend* R. 2,68,22.

अहोलाभकर Adj. *beim geringsten Gewinne schon hoch erfreut* (अहो *ausrufend*) MBh. 5,133,27.

आकर्णि Adv. mit कर् *bis zu den Ohren spannen* (einen Bogen) Z. d. d. m. G. 39,308.

आकलन n. *das Beobachten* Kshem. 2,20.

आक्रोशनवत् Adj. *einer Schmähung ausgesetzt* J. A. O. S. 11,cxlv.

*आखुहन् m. *Mäusetödter, Katze* Vârtt. 4 zu P. 3,2,84.

आख्यापक, streiche (!) und füge Venîs. 90,22 hinzu.

आगोरण n. = आगुरण Comm. zu Âpast. Çr. 14, 23,1.

आङ्गुल Adj. (f. ई) *an den Fingern haftend* Baudh. 1,8,17.

आत्तस्व Adj. *dem sein Eigenthum genommen worden ist.* Nom. abstr. °ता f. Ragh. 7,31.

आत्मश्लाघन n. oder °ना f. (adj. Comp. f. आ) *Selbstlob* Sâh. D. 135.

आत्मश्लाघा f. dass. Kshem. 3,22.

आत्मसंस्थ auch *im eigenen Selbst befindlich* Çverâçv. Up. 1,12. *auf das eigene Selbst gerichtet* Bhag. 6,25. Acc. mit कर् *Jmds Gedanken ganz auf sich richten* (MBh. 3,307,28) und *Etwas zu sich nehmen, verzehren* (Hariv. 1439).

आत्मसंस्था f. *das Verweilen —, Verbleiben bei sich* (auf das Subject des Satzes sich beziehend) MBh. 5,38,2. 13,17,159.

आत्मार्पण (Nachtr. 2) auch *Hingabe seiner Person, Selbstverläugnung* in सात्मार्पण.

आदिमध्योत्तम Adj. Pl. *von hoher, mittlerer und niedriger Geburt* MBh. 2,32,39.

आद्यन्त Z. 1 lies Du. st. Pl.

आधातर् Nom. ag. *Lehrer* Spr. 4029.

आधारिन् Adj. *die Stätte bildend für* (Gen.) Comm. zu Âpast. Çr. 15,6,22.

आधोमुख्य n. *das nach unten Gehen* Çiç. 19,119.

आनर्तसत्कृत Adj. *von den* Ânarta *gefeiert* (Kṛshṇa) MBh. 5,83,45 (in einem Wortspiel).

आनुगावर 1) Âpast. Çr. 2,19,4.

आनुपूर्व्य, lies Adv. st. Adj.

आन्वीक्षिकी Adj. in Verbindung mit बुद्धि so v. a. *kritisch* R. Gorr. 2,109,30.

आप् mit वि, व्याप्त 4) *in Allem enthalten, überallhin verbreitet* Ind. St. 9,137. Superl. °तम 146.

व्याप्तदेह Çiç. 18,5 nach dem Comm. = सर्वाङ्गीन. Nach Med. t. 57 ist व्याप्त auch = ख्यात.

आपणेय Baudh. 1,10,3 wohl nur fehlerhaft für आपणीय.

आपत्सहाय Adj. *Helfer in der Noth* Spr. 6878.

आपातज्ञान n. so v. a. *oberflächliche Kenntniss* Comm. zu Kap. 4,30.

आप्रवण n. als Bed. von स्नु Dhâtup. 31,6.

आभिशस्य zu streichen und dafür आभिशस्त्य (wie die v. l. hat) mit der im Nachtr. 2 angegebenen Bedeutung zu setzen.

आमुख auch Adj. *zugewandt, vor Augen stehend* Gâtakam. 14.

आयुधिक oder आयुधीयक n. *Waffenhandwerk* Baudh. 1,2,4.

4. आर n. *eine Menge von Feinden* Çiç. 19,27.

आरा auch *Stachel zum Antreiben der Zugochsen* Baudh. 2,4,21.

आराव m. (adj. Comp. f. आ) *Geschrei* Çiç. 19,34.

आरूढपतित Adj. *gestiegen und wieder gefallen, rückfällig, zur alten* (schlechten) *Lebensweise wieder zurückgekehrt* Baudh. 2,4,24. Hemâdri 1,40,7. Nîlak. zu MBh. 13,23,67.

आर्तायन n. *eine Hülfe in der Noth* MBh. 6,71,10.

आर्द्रपवि, lies *mit feuchten Radschienen*.

आर्यमति Adj. *von edler Gesinnung* MBh. 1,44,7.

आर्षेयब्राह्मण n. Titel eines von Burnell herausgegebenen Brâhmaṇa.

2. आवर्तिन् auch Adj. *wiederkehrend* Khând. Up. 5,10,8. Hit. I,201. Vgl. पुनरावर्तिन्.

आशङ्कनीय auch *zu erwarten, vorauszusetzen* Daçak. 63,13.

आशङ्क्य Adj. *zu befürchten* Kauç. 95.

आशाश Adj. *die Himmelsgegenden erfüllend* Çiç. 19,108.

आश्रमद्वेषसंकारिन् Adj. *der gegen die Stadien im religiösen Leben eine Abneigung hat und zu ihrer Vermischung beiträgt* MBh. 12,164,6.

आश्रेतर् Nom. ag. *der sich an Jmd lehnt, auf Jmd stützt, sich in Jmds* (Gen.) *Schutz begiebt* MBh. ed. Vardh. 5,134,20.

आश्लेष 2) f. आ auch *unmittelbare Berührung* Bhâg. P. ed. Bomb. 3,20,30.

आ॑श्वदान्तिण m. Patron. Pl. Maitr. S. 4,2,6.

आसन्न auch *zeitliche Nähe, nahes Bevorstehen* 313,9.

आसपाण्डु Adj. *weiss von Asche* J. A. O. S. 11,cxlv.

आसमाप्ति Adv. *bis zu Ende, von Anfang b. z. E.* Râgat. 3,260.

आस्थापित, vgl. RV. Prât. 4,1. AV. Prât. 1,48. 4,125.

आ॑स्थित 1) Adj. s. u. 1. स्था mit आ. — 2) n. *Schaden am Körper* AV. 4,17,8. 6,14,1.

आस्फुर m. *ein Platz zum Würfelspiel* MBh. 2,56,4.

आस्यवैरस्य n. *schlechter Geschmack im Munde* Suçr. 1,156,14.

आहरणीय Adj. LA[4]. 70,13 fehlerhaft für पारहरणीय.

आहार्यपुरीष Adj. (f. आ) *aus herbeizuschaffendem Schutt bestehend* (वेदि) Âpast. Çr. 2,3,5.

आहुतिभाग Nachtr. 4, lies (f. आ).

3. इ mit उपनि auch *geschlechtlich beiwohnen*, mit Acc. Shaḍv. Br. 1,1. — Mit अतिपरि *öfter als die vorschriftsmässigen drei Male* (um den Gharma) *herumgehen* Âpast. Çr. 15,17,9.

1. इति, इति चेति च *so und so, auf diese und jene Weise* MBh. 1,38,1.

इत्थ॑म्, das Sternchen zu streichen.

इन्द्रधृति f. (?) Vâsav. 296,4.

इन्द्रमत्तकामुक Vâsav. 286,3.

इन्द्रावसिक्त Adj. *von* Indra (d. i. *Regen*) *begossen;* so heissen *die bloss von Vegetabilien sich nährenden Einsiedler* Baudh. 3,3,4. 5.

इन्द्रियसेवन n. *Sinnengenuss* Pañkar. 1,1,53.

इयत् mit अव (अव-इयत्व) = यत् mit अव Âpast. Çr. 14,17,1. Vgl. AV. 19,3,4.

इरस्य् mit अभि nach Aufrecht zu streichen, da RV. 10,174,2 zu अभि aus dem Vorhergehenden तिष्ठ zu ergänzen ist.

इष्टतस् Adv. *nach Wunsch* R. 1,34,35.

ईर् mit सम् Caus. 5) *ertönen lassen, sprechen.* समीरितं वचः 98,19.

ईलय् (Nachtr. 4) auch *von der Stelle bewegen* Âpast. Çr. 1,16,11.

ईषत्संज्ञ Adj. *ein wenig Bewusstsein habend* R. Gorr. 2,16,33.

ईहावत् Adj. *strebsam, tapfer* Çiç. 19,33.

उग्रपूति Adj. *sehr stinkend* Mâlatîm. 78,16.

उच् mit सम्, समुचित 1) mit Gen. Megh. 93.

उच्चैःस्वर Adj. (f. आ) *eine laute Stimme habend, laut schreiend* Varâh. Bṛh. S. 89,6.

उच्छलन n. *das Hervorbrechen* Deçîn. 6,115.

उत्त॑मे, so zu betonen.

उच्छ्रितपद n. *ein aufrecht stehender Dreifuss* Spr. 3660, v. l.

उत्थापन 2) Bez. *bestimmter zum Aufstehen veranlassender Verse* J. A. O. S. 11,380. Statt dessen उत्थापिनी Çâñkh. Çr. 16,13,13.

उत्थायिन् 4) *aufstehend, sich empörend* in सहोत्थायिन्.

उत्सर्गम् Absol. *Alles im Stich lassend*, so v. a. *unverzüglich* Çâñkh. Br. 8,2.

उत्सादनीय Adj. *zu Nichte zu machen* Kathâs. 46,8.

उत्सेकिन् Adj. *sich überhebend* Mudrâr. 31,7.

उदयिन् 1) Adj. *herauskommend, hervorbrechend* Mâlatîm. 79,4. 91,8. — 2) *siegreich* Çiç. 19,120.

उदरंभर, Nom. abstr. °ता f. Bhâg. P. 12,2,6.

उदापु m. N. pr. eines Mannes Hariv. 1812. v. l. उदापि.

उद्गार 1) पुरावृत्तोद्गारास् so v. a. *das Erzählen alter Begebenheiten* Mâlatîm. 42,12 (ed. Bomb. 100,7).

उद्दान 1) g) *Inhaltsangabe* Gâtakam. 10. 20.

उद्धति f. auch *Erhebung, das Hochstehen* und *Aufgeblasenheit* Çiç. 12,56. 16,72.

उद्धर्तवै Dat. Infin. zu 1. हर् mit उद् Âpast. Çr. 6,31,1.

उद्धव auch *Erregung. elatus animus* Gâtakam. 21. 22.

उद्वासनीय Adj. *zu entfernen, fortzuschaffen* Vasishtha 11,21.

उद्वेचम् Absol. *aussondernd* Gobh. 3,7,8.

उन्मज्जक m. Bez. *bestimmter Einsiedler* Baudh. 3,3,9. 10.

उपकल्पिन् Adj. *bereit —, zur Hand seiend zu*

(Dat.) Baudh. 3,8,5.

उपचरितव्य 1) das Citat gehört zu उपचर्.

उपजीवितर् (Nachtr. 3) am Ende eines Comp. MBh. 5,132,31.

उपज्ञा Z. 3 lies *erdacht von.*

उपदास (gebildet aus उपदासयति) m. *Vernichtung* Comm. zu Âpast. Çr. 14,15,1.

उपनप्तर् m. *Grossenkel* B. A. J. 1865, S. 154.

°उपनायिन् (Nachtr. 5) auch *herbeibringend* MBh. 6,1,32.

उपश्लोकय् s. श्लोकय् mit उप.

उपसंश्लिष्टत्व n. *das Verbundensein, Zusammenhängen* Maitrjup. 3,3.

उपसंहृतत्व n. *das Unterdrücktsein, nicht mehr in Rede Stehen* Kull. zu M. 11,82.

उपस्तम्भन m. Bez. *des Spruches* TBr. 3,7,10,1 (दिवि बृहता त्वोप स्तभ्नामि) Âpast. Çr. 14,31,7.

उपात्तसार Adj. *wovon man sich das Beste zugeeignet hat* Mâlav. 22,19.

उपार्ध 3) *ungefähr die Hälfte* Âpast. Çr. 15,2,7.

उपालिप्सु Adj. mit Acc. *Jmd zu tadeln beabsichtigend* Kâç. zu P. 8,2,94.

उपावृत् m. N. pr. eines Volkes Baudh. 1,2,13. Vgl. उपावृत्त.

उपोषण Adj. *abbrennend* in वेद्युपोषण.

उभयशिरस्क Adj. (f. आ) *auf beiden Seiten eine Spitze habend* (Meteor) Varâh. Brh. S. 33,9.

उरन्धा f. Bez. *einer best. Göttin* Âpast. Çr. 14, 17,3.

उरुव्यच vgl. u. d. folgenden Worte.

उरुव्रज, Aufrecht vermuthet ṚV. 8,56 (67),12 अग्ने कौ न उरु व्रज (d. i. व्रजे) उरुव्यचे.

उल्ललन Adj. *schwärmend* (Biene) Çiç. 19,84. v. l. उल्लालिन nach Hultzsch.

उल्लाग bedeutet *Regenzeit;* vgl. noch MBh. 5, 139,11.

ऊनषोडशवर्ष Adj. *noch nicht 16 Jahre alt* R. Gorr. 1,23,2.

ऋतुकर्मन् n. *eine rechte Handlung* TBr. 3,3,2,10.

ऋतुमुखीय Adj. Bez. *eines* Shaḍḍhotar, *der jedesmal am Anfange der Jahreszeit zu vollziehen ist,* Âpast. Çr. 14,14,13.

अशतस्पय Adj. *ohne Holzspahn* Âpast. Çr. 2,13,1.

ऋतव n. *die Menses* Âpast. Çr. 3,17,8. 8,4,6. Vgl. Nachtr. 2.

ऋद्धिमत् 2) Nom. abstr. °मत्ता MBh. 5,131,23.

ऋषिवाट m. *Ṛshi-Convent* R. 1,50,4.

एकपदम् = एकपदे (s. 1. एकपद 1) *plötzlich* Mâlatim. 89,4.

एकवृक्षीय Adj. *von demselben Baume, von gleichem Holze* Kâtj. Çr. 2,8,1.

1. एकवेद m. *ein einziger* Veda MBh. 3,149,30.

2. एकवेद Adj. *mit einem* Veda *vertraut, nur einen* Veda *studirend* MBh. 3,149,20. 28. 5,43,42.

एकवेश्मन् n. *ein einzelnes Haus* Çat. Br. 1,3,2,14.

एकशीलसमाचार Adj. *von demselben Charakter und Benehmen* MBh. 1,209,6.

एकशेष Adj. *von dem nur Einer übrig geblieben ist* (वंश) MBh. 13,30,27.

एकसमुत्थ Adj. mit प्राण m. so v. a. *ein einmaliger Athemzug* Comm. zu TS. Prât. 5,1.

एकसंबन्धिन् Adj. *zusammenhängend* Suçr. 1, 264,5.

एकस्तन Adj. *aus einer Zitze genommen* (Milch) Âpast. Çr. 11,15,6.

एकस्विष्टकृत् Adj. *mit einer gemeinsamen Schlussgabe an* Svishṭakṛt *versehen.*

एकहाविन् Adj. *ein Opfer vollbringend* Çâṅkh. Çr. 2,12,8.

एवंयुक्त (Nachtr. 4) Âpast. 2,23,7. Baudh. 1,3,31. 4,1,6. fgg.

एवंवृत्तसमाचार Adj. *so verfahrend und sich benehmend* Suçr. 1,72,12.

ऐनस n. Vasishṭha 26,2. 3.

*ओदनप्रति Adv. Pat. zu P. 2,1,9.

ओषधिवनस्पतिवत् Adj. *mit Kräutern und Bäumen versehen* Âçv. Gṛhj. 2,7,8.

ओत्तरपदिक bedeutet wohl auch **am Hinterbein packend* Kâç. zu P. 4,4,39.

ओपचायिक Adj. als Bez. *eines best.* Çrâddha, = पुष्ट्यर्थश्राद्ध Müller, Ren. (Cappeller's Uebers.) 326.

कक्षीवत्, Pl. ṚV. 1,126,4.

कङ्क 1) *a*), lies Surasâ st. Sarasâ.

कच 2) *f. कचा *a*) *Elephantenweibchen.* — *b*) *Glanz, Schönheit.*

कट् vgl. प्रकट्य.

कटदान s. unten कटिदान.

कटाग्नि M. 8,377.

कटिदान, nach Târânâtha soll कटदान im Varâhap. gelesen werden.

कटुकविटप nach कटुकवल्ली und कटुतुम्बी nach कटुतुम्बिनी zu stellen.

कठशाठ, Du. Kâç. zu P. 4,3,106.

कठिनी, lies = कठिनय् st. dass.

कणिक 1) f. N. pr. eines Ministers des Dhṛtarâshṭra MBh. 1,140,2.

कतिथ 1) R. Gorr. 2,74,6.

1. कथा Z. 2, lies यथा.

कथासंधि m. *eine Fuge in der Erzählung* (wo nämlich diese durch eine andere unterbrochen wird) Kathâs. 27,10. 59. 74,35. 89,100. 93,7. 118,8.

कथित auch *Erzählung* Ragh. 11,10.

कदम्ब Z. 1, füge m. nach 1) hinzu.

कन् auch *glänzen* Çiç. 19,72.

कनककदलानका f. Titel eines Werkes Sitzungsberr. d. phil.-hist. Kl. der Wiener Ak. 106,480.

कनककदत्त, lies °दत्त.

कनकयष्टिमत् Adj. *mit einem goldenen Fahnenstock versehen* (Wagen) MBh. 13,53,30.

कनकशृङ्गमय Adj. *mit vergoldeten Hörnern versehen* MBh. 1,2,395.

कन्द् s. स्कन्द् mit उद्.

1. कन्द Z. 6, lies मांस°.

कपटशतमय Adj. *aus hundertfachem Betrug bestehend* Spr. 1038.

कपालशकल m. *Hirnschale* Bâlar. 30,3.

कमन 1) *a*) (f. ई) *verliebt* Çiç. 6,74.

कमलनयन 1) Adj. *lotusäugig* (Vishṇu) 105,5. — 2) f. आ *eine Lotusäugige* Mâlatim. 73,8.

कमलीय्, °यति *zur Lotusblüthe werden* Alaṁkâraç. 20,*b*.

कयाधु Z. 2, lies Hiranjakaçipu's st. Kâçjapa's.

1. कर् mit सम्, Partic. संस्कृत, nach VS. Prât. auch संस्कृत.

3. कर् mit अभिप्र *hinstreuen auf Etwas* Comm. zu Âpast. Çr. 15,15,1.

करणमन्त्र m. *ein mit einer religiösen Handlung verbundener Spruch* Comm. zu Âpast. Çr. 4,1,3.

करदायक Adj. *Tribut zahlend* Hariv. 3164.

करमरी, vgl. Pâli करमर *Gefangener.*

2. करीर Adj. Çiç. 19,104 nach Mallin. = करिणो गजानीरयति क्षिपति.

करीष 1) m. R. Gorr. 2,108,5.

करुणावेदितर् Nom. ag. *mitleidig* MBh. 9,29,85.

करुणावेदिन्, Nom. abstr. °दिता f. M. 7,211.

कर्णवेदिन् Adj. so v. a. *auf Einflüsterungen hörend* Hariv. 3,3,16.

कर्णाय्, °यते *dem* Karṇa *gleichen* Rudraṭâlaṁkâra. 131,*b*.

*कर्मकण्टक m. *Gardenia latiflora* oder *Fumaria parviflora* Râǵan. 5,8, v. l. Vgl. वर्मकण्टक.

कर्मफलहेतु Adj. *der sich durch den Lohn der Werke treiben lässt* Bhag. 2,47.

कर्मसंध Adj. *in seinen Handlungen die Schranken kennend* Bhâg. P. ed. Bomb. 6,5,42.

कर्माङ्गश्राद्ध n. *ein best.* Çrâddha M. Müller, Ren. (Cappeller's Uebers.) 326.

कर्षूवीरिणावत् Adj. *mit Einschnitten und Andropogon muricatus versehen* Kâtj. Çr. 21,3,26.

कलमगोपवधू f. *Reishüterin* Çiç. 6,49.

कलमीय्, °यति *zu einem Reishalm werden* Alaṁkāraç. 20, *b*.

कलाद् Bhoga-Pr. 71.

कल्की mit भू *zu Teig werden* Rāgat. 7,1544 (शल्की gedr.).

कल्पशाल m. = कल्पतरु 1) J. A. O. S. 6,505, Çl. 16.

कवचित Lalit. 217,13.

कविकण्ठाभरण n. Titel der Rhetorik Kshemendra's.

कव्यकव्यभुज् m. Bein. Agni's Kathās. 18,315.

काकतुण्ड 2) *d*) *eine best. Stellung der rechten Hand beim Pfeilwurf* Çārṅg. Paddh., Dhanurveda 83. 88.

काच 1) *e*) *Tragstrick* Gātakam. 22.

काञ्चनमालिन् Adj. *einen goldenen Kranz tragend* MBh. 2,52,27.

काञ्चनष्ठीविन् m. N. pr. eines Sohnes des Sṛñgaja MBh. 12,30,1. Vgl. सुवर्णष्ठीविन्.

काण्डकार auch Bez. *einer best. Handwerkers* R. Gorr. 2,90,22.

कान्ताय् auch *dem Geliebten gleichen*.

कान्तारवासिनी MBh. 6,23,11.

कान्तिसुधामय Adj. (f. ई) *aus Liebreiznektar gebildet* (eine Schöne) Kathās. 51,154.

कापोत 1) *a*) f. आ (वृत्ति) Baudh. 3,1,7. 2,15.

कामसंदोह Adj. *wo Einem alle Wünsche gewährt werden* Bhāg. P. 4,21,22.

काम्यश्राद्ध n. *ein best. Çrâddha* M. Müller, Ren. (Cappeller's Uebers.) 325.

1. कार्य, so zu betonen.

1. कारक, f. °रिका Çiç. 19,104 als *Marter* und auch als *Thätigkeit* erklärt.

कारपत्रिक m. Bez. *eines best. Handwerkers* R. Gorr. 2,90,19.

3. कारिन् Adj. *zerstreuend, zu Nichte machend* Çiç. 19,104.

कारुण्यमय Adj. (f. ई) *voller Mitleid* Gātakam. 21.

कार्पासिक m. *ein Handwerker, der mit Baumwolle zu thun hat*, R. Gorr. 2,90,22.

कालविन् n. Pl. *eine best. Schule* Comm. zu Āpast. Çr. 14,23,14. Richtig कालबविन्.

कालहानि f. *Zeitverlust*.

कालिय (auch Nachtr. 3) *eine Schlangenart, Cobra* Çiç. 19,28.

1. कास m. *das Gehen, Sichbewegen* Çiç. 19,27.

किमद्यक Adj. *der auf das Heute keinen Werth legt* MBh. 5,133,40.

2. किल Adj. *spielend* Çiç. 19,98.

कीचकवेणुवेत्रवत् Adj. *aus den* Kîkaka, Venu und Vetra *genannten Rohrarten bestehend* Bhāg. P. 8,2,19.

कुच् mit व्या, *व्याकुचित *gebogen* Halāj. 4,11.

1. कुणप, vor *Leichnam* ist 1) hinzuzufügen. Auch कुणप als Subst. TS. 7,2,10,2.

2. कुण्ठ, कुण्ठित = गुण्ठित Baudh. 2,6,33.

कुतपक्वार, कुथक्वार, °क्वारि oder °क्वारी *ein best. Geräthe* Baudh. 3,1,11.

कुमारवत्त् m. N. pr. eines Mannes Maitr. S. 4,2,6.

कुमुद 2) *d*) δ) MBh. 5,99,15.

कुमुदाय्, °यते *einer weissen Lotusblüthe gleichen* Kāvjāl. 8,24.

कुवलयाय्, °यते *einer blauen Lotusblüthe gleichen* ebend.

कुशण्डिका ist nach Aufrecht aus कुशकण्डिका entstanden.

कुशलानामय n. Sg. *Gesundheit und Wohlergehen* R. 1,20,10.

कुष्ठक 2) vgl. नकाष्ठक.

कुसुमकार्मुक Çiç. 6,16.

कुसुमय् auch *mit Blüthen versehen* Çiç. 6,62.

कुसुमलक्ष्मन् m. Bein. Pradjumna's Çiç. 19,22.

कूणितेक्षण Adj. *der die Augen zugekniffen hat*. Nom. abstr. °ता f. Pr. P. 68.

कृच्छ्रव्यवाय Adj. *Beschwerden beim coitus bietend*. Nom. abstr. °ता f. Karaka 1,21.

कृतसंपुट Adj. = कृताञ्जलि 1) Verz. d. Oxf. H. 62,*a*,10.

कृतान्ताय्, °यते *dem Todesgotte gleichen* Rudrațālaṁkārat. 131,*b*.

कृतोद्वाह Adj. *die Ehe vollzogen habend, verheirathet* R. 1,25,10. 34.52. 35,1.

कृष्णपवि, lies *Radschienen* st. *Radfelgen*.

कृष्णसारङ्ग 3) f. ई *das Weibchen der schwarzen Antilope* Kathās. 59,42.

कृष्णसारथि 1) MBh. 6,95,79. 117,19.

केतनक R. Gorr. 2,103,6 wohl fehlerhaft; vgl. 2,94,6 der anderen Ausgg.

केशवश्रेष्ठिन् m. N. pr. eines Kaufmanns Z. d. d. m. G. 14,573,3.

कैलास्, °सति *zum Berge* Kailâsa *werden* Subhāshitāv. 2614.

कोष्ठी Adv. mit कर् *einschliessen, umzingeln* MBh. 6,101,32.

कौद्दाल Adj. (f. ई) von कुद्दाल 1) Baudh. 3,1,7. 2. 5. 6.

कौत्त (?) Maitr. S. 4,2,6 (27,13).

क्रार्णा, zu diesem Worte und zu क्रार्णाय vgl. P. von Bradke's Djaus Asura u. s. w. 35. fgg.

क्रीतत m. N. pr. eines Mannes Maitr. S. 4,2,6.

क्रोधशत्रु m. N. pr. eines Asura MBh. 1,65,35.

क्रौञ्च Adj. mit व्यूह = क्रौञ्चारुण MBh. 6,51,1.

क्रौञ्चारुण m. *eine best. Schlachtordnung* MBh. 6,50,40.

क्लीतिका f. = क्लीतक ?) *c*) Āpast. Çr. 15,3,16.

क्षतिमत् Adj. *verwundet* Çiç. 19,78.

क्षमाभृत् auch *Fürst* Çiç. 19,30.

क्षर् Caus. 3) mit Instr. st. Loc. R. Gorr. 2,109,55.

क्षापवित्र m. oder n. Bez. *eines best. Spruches* Baudh. 4,7,5.

क्षितिशचीपति m. *Fürst, König* Rāgat. 1,99.

क्षितिशतक्रतु m. desgl. Rāgat. 3,329.

क्षीरोद्, °दति *zum Milchmeer werden* Subhāshitāv. 2614.

1. क्षु, Desid. चुक्षूषति *niesen wollen* J. A. O. S. Proc. May 1885, S. xx. — *चुक्षावयिषति ist Desid. vom Caus.

क्षुत्क्षाम Adj. *vor Hunger ausgemergelt* MBh. 1, 50,1. °कण्ठ Adj. Pañkat. ed. Bomb. I, 20,11.

क्षुत्संबाध Adj. *von Hungersnoth heimgesucht* TS. 7,4,11,2.

क्ष्मापवित्र m. oder n. v. l. für क्षापवित्र.

खण्डमोदक im Prâkrit Vikram. 39,12.

खण्डिक 4) *a*) षण्डिक Maitr. S.

खरस्कन्ध m. N. pr. eines Dämons Saddh. P.

खलापि m. oder f. (?) यव° Çāṅkh. Çr. 14,40,9. गोधूम° 41,8.

खस्रज् f. *ein Kranz von Luft*, so v. a. *ein Unding* Kandrāloka 5,125.

खिड् Vâsav. 132,7.

खेलगति Adj. *tändelnden Ganges* Vāgbhata 4,48.

गणपति 2) Çiç. 6,55.

गडुल *höckerig* Shaḍv. Br. 4,4.

गताध्वन् 3) *alt, bejahrt* MBh. 3,123,5.

गन्धप्रवाद f. Pl. Bez. *bestimmter Sprüche* J. A. O. S. 11,380.

1. गर् mit अभिप्रति bedeutet TS. 3,2,9,5 und Āpast. Çr. 14,32,6 *als Antwortsruf etwas zu viel rufen*.

गर्तेष्ठा Maitr. S. 3,9,4 (118,7) nach Roth herzustellen; vgl. Nir. 3,5.

गर्भसंस्रवण n. *Fehlgeburt* Sumantu bei Kull. zu M. 5,66.

गर्भसंकरित m. *Mischling* Spr. 3749.

गर्भसंस्रव m. *Fehlgeburt* MBh. 2,17,38.

गर्भस्राविन् 1) Pañkar. 4,3,67.

*गवादिक m. Pl. N. pr. eines Volkes Kāç. zu P. 2,1,6.

गात्रावर MBh. 6,54,57 am Anfange eines Comp. nach Nilak. गात्र = पूर्वकाय und अवर = अधःकाय (bei einem Elephanten).

गुडजिह्विकान्याय m. *die Art und Weise des Zuckers und der Zunge, so v. a. der erste, aber bald sich verlierende Eindruck, eine nur für den Augenblick sich empfehlende Ansicht.* Vgl. गुडजिह्विकया Abhinavagupta zu Sahṛdajâloka 244,*a*.

गूर्द्, गूर्दति etwa *springen nach* (Loc.) J. A. O. S. 11,CXLVII. Vgl. कूर्द्.

गूर्द m. angeblich *eine best. Speise der* Asura, nach welcher das Sâman benannt worden ist. Nom. abstr. zu dem Namen des Sâman °त्व n. ebend.

गृधेश्वर m. N. pr. eines Gebirges M. Müller. Ren. (Cappeller's Uebers.) 326.

*गृहकुमारी f. *eine best. Pflanze* Râgan. im ÇKDr. u. स्थलरुहा.

गृहीतपृष्ठ Adj. so v. a. *beim Kragen gepackt* R. Gorr. 2,109,56.

गोचर 1) *a)* Âpast. Çr. 1,2,4.

गोसहस्रिन् Adj. *tausend Kühe besitzend* MBh. 13,102,43.

गौरावस्कन्दिन् zu streichen, da es zwei selbstständige Vocative sind (गौर und अव°).

घृणावत् Adj. *ekelhaft* Sarasvatîk. 6, Çl. 17.

घृतानुषिक्त Adj. (f. आ) *mit Ghee begossen* TS. 5,2,2,4.

घोरसंस्पर्श Adj. *schrecklich anzufassen* Ait. Br. 3,4,6. Superl. °तम Çâñkh. Br. 1,1.

चकोरदृश् f. *eine Schönäugige* Çiç. 6,48.

चक्कलक n. *eine Verbindung von vier dem Sinne nach zusammengehörigen* Çloka Râgat. 7,193. Vall. zu Çiç. 19,29. Gonarâga zu Çrîkanthakarita 3,50 (alle drei Belege nach Çâradâ-Hdschrr.). Mittheilung von Hultzsch. Heisst sonst चतुर्भिः कुलकम्.

चक्रपाल 3) N. pr. eines Dichters Sitzungsberr. der phil.-hist. Klasse der Wiener Ak. 106,482.

चक्रवत् n. *Wagen* Baudh. 1,3,34. Vgl. चक्रीवत् Nachtr. 2.

चटुलित Adj. *erschüttert* Vâgbhaṭa 1,24.

*चतुर्योगिनीसंपुट Titel eines Werkes Târan. 331.

चतुर्वर्गसंग्रह m. Titel eines Werkes Sitzungsberr. d. phil.-hist. Kl. der Wiener Ak. 106,480.

चतुःसीत Adj. *vier Furchen habend* TS. 5,4,11,1.

चन्द्रक 1) *f)* N. pr. eines Dichters Sitzungsberr. der phil.-hist. Klasse der Wiener Ak. 106,482.

चन्द्रसूर्याक्ष Adj. *Mond und Sonne als Augen habend* (Vishṇu) Hariv. 14189.

चरमवयस् Adj. *alt, betagt* Mâlatim. 87,9.

*चर्मणा f. *eine Fliegenart* Râgan. 19,128. Vgl. चर्वणा und वर्वणा.

चर्वणा 2) *c)* *eine Fliegenart* Râgan. 19,128. v. l. चर्मणा.

चातुर्वेद्य n. (Vasishṭha 3,20) und चातुर्वैद्य n. (Baudh.) auch *ein Verein von vier* Veda-*Kennern*.

चारुचर्याशतक n. Titel eines Werkes Sitzungsberr. der phil.-hist. Kl. d. Wiener Ak. 106,480. Vgl. चारुचर्य (Nachtr. 2) und चारुचर्या.

चारुरव Adj. *schön singend* (क्रौञ्च) R. 1,2,32.

चिकीर्षुक Adj. mit Acc. = चिकीर्षु MBh. 6,48,83.

चिखल्लि m. N. pr. eines Volkes Kâç. zu P. 3,3,41.

चिञ्चिणी f. = चिञ्चा *Tamarindenbaum* Çârñg. Paddh. Upavanavinoda 23. 47.

चित्ताकर्षिन् Adj. *herzentzückend* Mâlatim. 80,5.

चित्रभारत n. Titel eines Werkes Sitzungsberr. d. phil.-hist. Kl. der Wiener Ak. 106,480.

*चिरपर्ण n. *ein best. heilkräftiges Kraut* Râgan. 10,175.

चुबुकदघ्न Âpast. Çr. 7,8,3.

चेड्डि Vikramâñkak. 14,4 fehlerhaft für वेड्डि.

चैत्रेय Adj. *von einer scheckigen Kuh stammend* Maitr. S. 2,5,9 (59,16).

चोलक 1) *a)* Hem. Par. 2,38.

छर्दिर्दर्श (Nachtr. 4) Âpast. Çr. 6,25,6.

3. छन्द् mit अभ्युद् (अभ्युच्छन्दयति) *ermuntern, anfeuern* (Zugvieh) Baudh. 2,4,21.

छन्दोभङ्गवत् Adj. *metrisch fehlerhaft* Sarasvatîk. 9,2 v. u.

1. छिद्, छिन्दत्प्राणि (Nomin.) *ein grasfressendes Thier* Âpast. Çr. 9,13,1. 16,8.

छोलङ्ग n. *Citrone* Alañkârac. 17,*a*,7. 19,*a*,7

जनाधिप m. *Fürst, König* MBh. 2,23,33.

जन्ययात्रा (Nachtr. 5) Mâlatim. 87,12.

जयत्त Adj. (f. ई) *siegreich* Çiç. 6,69.

जयावह Adj. *Sieg bringend* R. 1,23,13.

जलकुम्भिका f. *ein Topf mit Wasser* Kathâs. 6,41.

जलदकाल m. *die Regenzeit* Çiç. 6,41.

जलशायिन् Adj. *im Wasser liegend* R. 1,43,14.

जलसंनिवेश m. *Wasserbehälter* Spr. 1913.

जाम्बवतीविजय, lies Gedichts st. Schauspiels.

जिन 2) *e)* α) Çiç. 19,112.

जिह्रीरिषु Adj. metrisch für जिह्रीर्षु *zu rauben verlangend* Suparn. 20,2.

जीव 4) *b)* lies Bez. *bestimmter Sprüche* J. A. O. S. 11,380. 386. fg.

जीवतण्डुल (auch Nachtr. 2), जीव bedeutet wohl eher *keimend*. Vgl. अधोबिलाश्रुत oben.

जीवपुत्र 1) Voc. °पुत्रि auch MBh. 5,144,2.

जूर m. = किंसन Çiç. 19,102.

ज्येष्ठ, f. ई *eine kleine Hauseidechse* Tithjâdit. im ÇKDr. H. an. 4,300 (vgl. Zach. Beitr.).

1. ज्येष्ठसामन् auch *das vorzüglichste* Sâman Tâṇḍja-Br. 21,2,3.

ज्योतीरस 1) R. 2,94,6 (Gorr. 103,6). Nach dem Comm. ज्योतिस् (= नक्षत्र) und रस (= पारदरस).

ढुण्ढिक in व्याकरण° (wohl °ढुण्ढिका zu lesen) und °का f. in क्षेमप्राकृत°.

णा (in der Etymologie von कृष्ण) m. angeblich = निर्वृति MBh. 5,70,5.

तज्ज Adj. *daraus entstanden*, = तद्भव Vâgbhaṭa 2,2.

तट n. Spr. 7183.

तत्तुल्य Adj. *dem* (d. i. dem Sanskrit) *ähnlich oder gleich* Vâgbhaṭa 2,2.

तत्रवासिन् Adj. *dort wohnend* R. 1,25,21.

तत्सिन Adj. *das erwerben wollend, — bedürfend,* so v. a. *Besteller* ṚV. 1,61,4.

तत्स्थान Adj. Ait. Br. 6,5,2 nach Sâj. = तत्सदृश. Weber in Ind. St. 9,295 vermuthet तस्थान (Partic. perf. von 1. स्था).

तनुरुह n. *Feder* Çiç. 6,66.

तन्यतु ṚV. 4,38,8. 6,6,2. 10,65,13. 66,10 nach Aufrecht Adj. *dröhnend, tosend*.

तपस्य Adj. auch *zur Kasteiung gehörig* Baudh. 2,5,1.

तपःसुत MBh. 3,313,19.

तर्द्, संतृद्य Çâñkh. Çr. 17,12,1 wohl nur fehlerhaft für संतृह्य.

तर्पयितवै Dat. Infin. zum Caus. von तर्प् Âpast. Çr. 4,16,17.

तलासि m. Pl. *Handflächen und Schwerter, so v. a. Ohrfeigen und Schwerthiebe* MBh. 2,70,17.

तल्पेज Adj. (f. आ) *auf dem Lager gewachsen* Taitt. Âr. 4,39,1.

तातीयसवनिक Çâñkh. Çr. 5,3.7.

*तालधारक m. als Erklärung von शैलूष Çabdar. im ÇKDr. u. शैलूष.

2. °तालिन् Adj. *setzend auf* Çiç. 6,66.

तुलाधान n. *das Legen auf die Wage, das Wägen* Çat. Br. 11,2,7,33.

तूष्णींसार Adj. *wobei das Stille vorwaltet* Ait. Br. 2,31,1.

तेजोवैदग्ध्यशीलवत् Adj. *Energie, Scharfsinn einen guten Charakter besitzend* Sâh. D. 64.

तौल्य auch *Gleichheit* Comm. zu TS. Prât. 24,5 in der Bibl. ind.

त्रयःशतशतार्ध Adj. (f. आ) *dreihundertundfünfzig* R. ed. Bomb. 2,39,36.

त्रिपात 2) Çiç. 19,61.

त्रिनेत्रोद्भव m. Patron. Kumâra's Alañkârab. 37,*a*.

त्रिरात्रीण Adj. *drei Tage* (vom Anfang der Menstruation) *hinter sich habend* Âpast. Çr. 9,2,3.

त्रिवेण 2) m. MBh. 4,57,37.

त्रिव्याम Adj. (f. आ) *drei Klafter lang* Kâtj. Çr. 6,3,15.

त्रिःश्रेणि Adj. *drei Reihen bildend* Ait. Br. 3,39,2.

त्रिःषमृद्ध Adj. *mit Dreien wohlausgerüstet.* Nom. abstr. °त्वं n. Kâç. zu P. 8,3,106. TS. 2,4,11,5, Auch *त्रिःसमृद्धत्व Kâç. a. a. O. Vgl. त्रिसमृद्ध.

त्रिमत्य n. *ein dreifacher Schwur* Pañkat. ed. orn. 64,7.

त्रिसप्तक° *einundzwanzig* Varâh. Bṛh. S. 56,22.

त्र्यनीक 2) *drei Züge habend* Ait. Br. 3,39,2.

दक्षिणाप्राग्र Adj. *mit den Spitzen nach Südosten gerichtet* Âpast. Çr. 14,32,3.

दघ् mit प्रति *Jmd* (Acc.) *wehe thun*, wenn Vasishtha 1,23 प्रतिदघ्नुयात् gelesen werden darf.

दन्तस्कवन. genauer *das Stochern der Zähne.* Vgl. स्कु.

दमशरीरिन् Adj. *der an seinem Körper Selbstbeherrschung übt* Bhâg. P. 3,31,19.

दर्पण्, °णाति *einen Spiegel darstellen* Pischel, De Gr. pr. 29.

दल्, दलित auch *zerrieben* Çiç. 6,35.

दशयोजनी f. *eine Strecke von zehn* Jogana Kathâs. 94,14.

दशशतार n. *der aus 1000 Speichen bestehende Diskus* Vishṇu's Bhâg. P. 3,28,27.

दशार्धता f. = पञ्चत्व *die Auflösung des Körpers in die fünf Elemente, der Tod* MBh. 3,209,26.

दह्या f. in शवदह्या.

दाक्षिणेय Adj. *den Opferlohn zu beanspruchen habend* Âpast. Çr. 14,26,1.

दारसंबन्ध m. *die Verbindung mit einer Frau, Heirath* MBh. 1,195,21.

3. दारु 1) Çiç. 19,106.

दार्विहोमिक, f. ई Baudh. 2,1,34. 4,2,10.

दावीच m. Pl. N. pr. eines Volkes MBh. 6,9,54.

दिङ्मात्र Comm. zu Kap. 3,57.

दिवाशय्या f. *das Schlafen am Tage* Kshem. 2,18.

दिव्यवर्षसहस्रक Adj. *tausend Jahre der Götter während* R. 1,31,10.

दीर्घ 1) तपोदीर्घं चक्षुः *ein in Folge der Busse weit sehendes —, prophetisches Auge* R. 1,25,18.

दुःखशोकवत् Adj. *Leid und Kummer empfindend* R. 4,19,11.

दुर्गसावित्रि (metrisch) f. = °त्री Vasishtha 28,11.

दुर्दोह्या Adj. f. *schwer zu melken* Comm. zu Âpast. Çr. 15,18,10.

दुश्चतस् Âpast. Çr. 14,30,4.

दूरद Adj. *schwer zu ritzen, hart* Çiç. 19,106.

*दृक्कर्ण und *दृकश्रुति *mit den Augen hörend* als Bez. *der Schlange;* vgl. hierzu Pr. P. 68.

दृग्युध् Adj. *den Blick hemmend* Çiç. 19,76.

देवतामय Âpast. Çr. 14,33,8.

देवनाम m. Pl. Bez. *bestimmter Sprüche* Taitt. Âr. 5,7,1.

देवनिकाय, सर्व° Pl. MBh. 4,56,13.

देवनिश्रयणी f., °निश्रेणी u. s. w. *die Leiter zu den Göttern.* Bez. *einer best. Kasteiung* Baudh. 3,9,18.

देवभाष्यस्नानविधिपद्धति f. Titel eines Werkes Verz. d. B. H. No. 1100.

देवसत्य Çat. Br. 2,4,2,6.

देशोपदेश m. Titel eines Werkes Sitzungsberr. der phil.-hist. Kl. der Wiener Ak. 106,480.

दैवश्राद्ध n. *ein best.* Çrâddha M. Müller, Ren. (Cappeller's Uebers.) 326.

द्रवत् Z. 2, lies द्रवन्ती st. द्रवती.

द्रवमय Adj. *flüssig* Mâlatim. 48,10 (ed. Bomb. 110,2).

द्रव्यप्रकल्पन n. *das Herbeischaffen des Opfermaterials* Âpast. Çr. 4,1,2.

द्वंद्वसंप्रहार m. *Zweikampf mit* (सह) Uttarar. 93,14. 15 (121,8. 9).

द्वारस्थूणा f. = द्वार्बाहु Comm. zu Âpast. Çr. 14, 29,1.

द्वार्बाहु m. *Thürpfosten* Apast. Çr. 14,29,1.

द्विव्याम Adj. (f. आ) *zwei Klafter lang* Kâtj. Çr. 6,3,27.

द्विव्यायाम Adj. (f. आ) dass. Âpast. Çr. 7,11,2. Çâñkh. Çr. 17,2,4.

द्विशवस् Adj. *doppelt stark* Ṛv. 9,104,2.

द्विशाणिक Adj. *zwei* Çaṇa *wiegend* Çârñg. Saṁh. 1,11,29.

द्विशिख Adj. (f. आ) *zweispitzig, gespalten* (Zunge) Bhâg. P. 10,16,25.

द्विशिरस्क Adj. (f. आ) *zweiwipfelig* Varâh. Bṛh. S. 54,58.

*द्विसमीन Adj. *zweijährig* P. 5,1,86, Sch.

द्विःसम Adj. *doppelt so gross* Jaim. 3,285.

द्वाणुकीय्, °यति *noch einmal so schmächtig werden* Alaṁkâraç. 20,*b*.

धयद्वत् Âpast. Çr. 14,18,5.

धर्मसत्यव्रतेषु m. Pl. so v. a. Dharmeju, Satjeju *und* Vrateju Bhâg. P. 9,20,4.

2. धवलपक्ष (Nachtr. 5) Çiç. 6,45 ist °विहंगम m. *Schwan.*

1. धा mit समा, समाहित bei den Rhetorikern so v. a. *gedämpft, unterdrückt.* — Mit विनि 6) विनिहितात्मन् in der angeführten Stelle bedeutet *keine Aufmerksamkeit Jmd* (Loc.) *schenkend.* — Mit सम्, Partic. संहितं und संहित; s. auch bes.

धानुर्वेद zu streichen, da a. a. O. धातुवाद zu lesen ist.

1. धामन् vgl. Ludwig in Kuhn's Z. 28,240. fgg.

धूङ्क्षा f. TS. 5,5,19,1 nach dem Comm. *eine weisse Krähe.*

धूपय् mit अनु, अनुधूपित nach Aufrecht *umnebelt.*

ध्रुव, f. आ (sc. वृत्ति) auch *eine best. Art des Lebensunterhaltes* Baudh. 3,1,7. 2,7. 10.

नन्दिता f. N. pr. einer Dikkumârî Pârçvan. 3,73.

नभोरूप 2) ist oxytonirt.

नर्मस्फिञ्ज m. = नर्मस्फञ्ज, नर्मस्फूर्ज Daçak. 2, 44. 47.

नवतर्म Adj. *neun Oeffnungen habend* Kâtj. Çr. 15,5,27.

नववितृष्ण Adj. *an neun Stellen durchbohrt* Çat. Br. 5,4,1,13. 5,4,27.

नवौचित्यविचारचर्चा f. Titel eines Werkes Sitzungsberr. d. phil.-hist. Kl. d. Wiener Ak. 106,480.

नातिकृच्छ्र, Abl. *ohne grosse Mühe, mit Leichtigkeit* MBh. 1,31,7.

नातिप्रसीदत् Adj. *nicht ganz heiter seiend* Bhâg. P. 1,4,27.

नातिशोभित Adj. *kein rechtes Ansehen habend* Hariv. 7078.

नातिसमञ्जस Adj. (f. आ) *nicht ganz richtig, — in Ordnung* MBh. 1,131,4. 64. 148,15. f. ई ed. Calc. 1,5137. 5196. 5833.

नानायोग m. *Vielfältigkeit* Kap. 1,150.

नान्दी Nachtr. 5, lies द्वादशतूर्यनिर्घोष.

*नापितशालिका f. *Barbierstube* Trik. 2,2,6.

नामाङ्कित Adj. = नामाङ्क Vikram. 78,10.

नाराचदुर्दिन n. *Pfeilregen* Ragh. 4,41.

निच्छुरणा n. Kâd. (1793) fehlerhaft für विच्छुरणा.

निष्ठुर, vgl. Aufrecht in Kuhn's Zeitschr. 27, 609. fg.

नित्यश्राद्ध n. *ein best.* Çrâddha M. Müller, Ren. (Cappeller's Uebers.) 325.

निरोष्ठ्य (Nachtr. 5) auch Adj. *ohne Lippenlaute* Daçak. (1925) 2,127,4 (der ganze folgende Ukkhvâsa enthält nach Jacobi's Bemerkung keinen Lippenlaut). Vall. zu Çiç. 19,11.

निर्धवन n. *das Vertreiben, Verjagen aus* (Abl.) Baudh. 1,18,18 nach der richtigen Lesart.

निर्मित्सु Adj. mit Acc. *zu schaffen wünschend* Subhâshitaratnabhâṇḍâgâra 344 nach Aufrecht.

निशादारु Çârñg. Paddh. 85,52.

निश्चयकृत् Adj. *einen best. Sinn gebend* Sâvasvatîk. 4, Çl. 12.

निषेद्दे Dat. Infin. zu 1. सद् mit नि ṚV. 1,104,1.

निष्करण Adj. (f. आ) MBh. 5,51,24 nach Nîlak. *nicht krumm* (गदा).

निष्कौतम् (नि[:]ष्कौतम्), lies *zerzausend, zerstückelnd, zerreissend* und vgl. स्कु.

निष्कोषण n. *das Auskernen* P. 5,4,62.

निसमीता scheinbar MBh. 12,262,23, da mit der ed. Vardh. 12,261,24 न समीतया zu lesen ist.

निस्त्रैगुण्य Adj. *mit den drei Qualitäten nicht behaftet* Bhag. 2,45.

निःसहाय Adj. (f. आ) *keinen Gefährten habend, hülflos dastehend* Mâlatîm. 49,5.

निःसाधार Adj. *keine Stütze habend.* °म् Adv. *ohne Stütze* Çiç. 18,46.

निःसुग्रीव Adj. (f. आ) *von* Sugrîva *befreit* R. 6, 19,53.

निह्रादित n. *Gebrüll* Bhâg. P. 10,36,3.

1. नी mit अतिप्र, °णीत *zu weit gehend* (Verlangen) Karaka 2,6.

नीत् (= नित्) mit प्र *spiessen auf* (Loc.) Âpast. Çr. 7,22,9.

नुड्, विनुड्य Çâñkh. Çr. 17,12,1 wohl fehlerhaft für विनुद्य, wie eben daselbst संतुड्य für संतुद्य.

नृता f. *das männliche Geschlecht* Çiç. 6,10.

नेत्रसंवेशन n. *das Anhaken des Klystirrohrs* Suçr. 2,203,3.

1. नेद् mit अति und प्र J. A. O. S. 11,cxvii.

नैघण्टुक m. *Verfasser eines Glossars* Comm. zu Âpast. Çr. 15,20,8.

नैमित्तिकश्राद्ध n. *ein best.* Çrâddha M. Müller, Ren. (Cappeller's Uebers.) 325.

न्यङ्ग 1) Âpast. Çr. 1,21,2.

न्रधीश m. *Fürst, König* Vâgbhaṭa 1,9.

पदमसंपात m. = पदमपात. °ते काले so v. a. *in einem Augenblick* MBh. 5,90,42.

पचमानक Adj. *die Speisen zu kochen pflegend* Baudh. 3,3,2. 3.

पञ्चयोजनी f. *eine Strecke von fünf* Jogana Râǵat. 3,395.

पट्, auch *reissend sein, stark strömen* Çiç. 6,72.

पटुता f. = पटुत्व 2) Mudrâr. 57,6.

पताक 2) f) *eine best. Stellung der rechten Hand beim Pfeilabschiessen* Çârñg. Paddh. Dhanurveda 83. 84.

1. पद् mit सम् auch *sich einverstanden erklären mit Jmd* (Acc.) Vasishṭha 17,35, wo संपेदे st. संपदे zu lesen ist.

पदक 3) d) *Wort* Kshem. 2,1.

*पद्घातम् Absol. mit हन् *mit den Füssen schlagen auf* (Acc.) P. 3,4,37.

पद्मगर्भ m. auch *das Innere einer Lotusblüthe* 249,35. Varâh. Bṛh. S. 70,11.

पद्मकादम्बरी f. Titel eines Werkes Sitzungsberr. d. hist.-phil. Kl. d. Wiener Ak. 106, 480.

पद्माय्, °यते *der Blüthe von Nelumbium speciosum gleichen* Kâvjâl. 8,24.

परिनिष्ठापनीय Adj. *gründlich zu fixiren, genau anzugeben* Comm. zu Âpast. Çr. 1,24,8.

°परिपणन n. *das Spielen um* Mudrâr. 5,12 (16,3).

परिभक्त m. *das Umgehen Jmds beim Essen, eine best. Begehung* Âpast. Çr. 14,31,9. Vgl. अ°.

परिवर्तक m. auch *Tausch* Vasishṭha 2,39.

परिवार 2) 3) Çiç. 19,49.

परिशस्त n. *Verfluchung* Tâṇḍja-Br. 14,6,8.

परिस्खलित n. *das Taumeln* Kathâs. 72,344.

पर्च्, पृणाक्मि = पर्च् Âpast. Çr. 12,28,16.

2. पर्यन्त, füge 1) vor *mit* hinzu.

पर्यान्तम् zu streichen, da der Comm. पर्यन्ताम् Adj. liest.

पवनपञ्चाशिका f. Titel eines Werkes Sitzungsberr. d. phil.-hist. Kl. d. Wiener Ak. 106,480.

पवि f. *Radschiene* Ait. Âr. 264,18.

पव्यी f. nach Aufrecht = पवि *Radschiene* ṚV. 1,88,2. 5,52,9. 6,8,5.

पश्चात् 1) a) mit कर् *auf den Rücken thun* und *verachten* Çiç. 19,93.

पांसुखेलन n. = पांसुक्रीडा Viddhaç. 45,5.

पाकयज्ञिक Baudh. 3,7,10.

*पाणिघातम् Absol. mit हन् *mit der Hand schlagen auf* (Acc.) P. 3,4,37, Schol.

*पाण्युपघातम् Absol. = पाणिघातम् Pat. zu P. 3, 4,37, Vârtt. 2.

पापसम, so zu betonen.

पापसमाचार Adj. (f. आ) *sich böse benehmend* MBh. 3,272,7. R. Gorr. 2,37,18.

पापारम्भक und पापारम्भवन्त् (v. l.) Adj. *Böses beginnend, böse Absichten habend* Mâlatîm. 82,7 (ed. Bomb. 183,2).

पार्वणश्राद्ध n. *ein best.* Çrâddha M. Müller, Ren. (Cappeller's Uebers.) 323.

पार्श्वसंहित Adj. *neben einander gelegt* Lâṭj. 8, 6,15.

*पार्ष्णिग Çâçvata 615 fehlerhaft für पृश्निका.

पालन 1) वृत्ति f. *eine best. Art des Lebensunterhalts* Baudh. 3,1,7. 2,13.

पिण्डतनुक, andere Formen Baudh. 2,15,12.

पिशीली f. = पिशीलवीणा Lâṭj. 4,2,4.

पुण्डरीकेक्षण Adj. *lotusäugig* (Kṛshṇa) MBh. 2, 24,29.

2. पुण्यफल Adj. *schönen Lohn empfangend* R. 1, 44,56.

पुण्याहस्वन m. = पुण्याहवाचन 1) MBh. 2,52,44.

पुत्रसहस्रक Adj. (f. °स्रिका) *tausend Söhne habend* MBh. 12,948.

पुत्रसहस्रिन् Adj. dass. MBh. 3,183,68

पुनःसंभव m. *Wiedergeburt* Âpast. 1,5,5.

पुनराराज्याभिषेक m. *eine neue Königsweihe, die Thronbesteigung eines neuen Fürsten* Vasishṭha 2,49.

पुरीषसंहित Adj. *mit Unrath verbunden.* Compar. °तर Çat. Br. 6,7,1,10.

पुरुनिःषिध und °षिधन्, lies *Vieles abwehrend.*

पुरोडाश 1) पुरोडाशसत्त्व n. Ait. Br. 2,9,4.

पुलक m. auch *ein best. Baum* Kâvjâl. 11,5.

पुष्पमाला auch N. pr. einer Dikkanjâ Pârçvan. 3,73.

पूर्वोपसृत Adj. *zuerst herangetreten, — gekommen* TBr. 1,4,6,1.

पृषत् 2) b) पृषतां पतिः Çiç. 6,55.

पृष्टिसाचर्य Adj. *mit den Rippen sich verbindend* Çat. Br. 8,2,1,15.

पेटाल und °क (v. l.) *Korb* Mâlatîm. 103,16 (ed. Bomb. 229, 1).

1. पैषी f. nach A. Hillebrandt *Reibholz.*

पौण्ड्र 1) d) lies Bhîma's st. Bhîshma's.

*पौर्वपदिक bedeutet wohl auch *um Vorderbein packend* Kâç. zu P. 4,4,39.

प्रतिकाण्डम् Adv. *für jedes* Kâṇḍa Baudh. 1,3,3.

प्रतिनिवेश m. *Verstocktheit, Trotz* Baudh. 4,1,20.

प्रतिप्राश und प्रतिप्राशित, vgl. Bloomfield in J. A. O. S. Procc. May 1885, XLII. fgg.

प्रतिबिम्ब्, °म्बति *sich wiederspiegeln* Comm. zu Kap. 4,30. Hierher gehört प्रतिबिम्बित, das u. प्रतिबिम्बय् steht.

प्रतिमासंप्रोत्तण n., so zu lesen st. °त्तणम्.

प्रतिशयित 1) Adj. s. u. 2. शी mit प्रति. — 2) n. *das Bedrängen mit Bitten* Kâd. 256,12 (419,13).

प्रतिशरासन n. *des Gegners Bogen* Vâsav. 293,3.

प्रतिश्रवण Z. 1, lies n. st. m.

प्रतिश्रुत 3) n. *Zusage, Versprechen* Çâñkh. Gṛhj. 5,10. R. 3,41,18. Bhâg. P. 10,89,45.

प्रतिस्कन्धम् Adv. *in jeder Abtheilung eines Buches* Pratâpar. 19,b,3.

प्रतिहिंसित n. *Vergeltung eines zugefügten Leides, — einer Unbill, Rache* Spr. 1874.

प्रतीता Âpast. 2,22,17 nach dem Comm. = अतिथिपूजा.

प्रत्यासन्न 1) Adj. s. u. 1. सद् mit प्रत्या. — 2) n.

Nahe MBh. 12,203,10. 352,6.

प्रत्युपवेशन n. = प्रत्युपवेश R. 2,111,17 (120,17 Gorr.).

प्रथमभक्षण n. = प्रथमभक्ष Comm. zu Âpast. Çr. 14,32,1.

प्रभावन 1) Adj. (f. ई) *schöpferisch* Çiç. 6,69.

प्रमथिन् Adj. = प्रमथन 1) *a)* Mudrâr. 51,9.

प्रवाद 2) s. oben गन्धप्रवाद.

प्रवाहित n. *das Drängen, Drücken* (*einer Kreisenden*) Karaka 4,8.

प्रविघटन n. *das Zerschlagen* Mahâvîrak. (ed. Calc. 1857) 93 nach Aufrecht.

प्रविदलन n. *das Zerschmettern* ebend. 96 nach Aufrecht.

प्रविद्ध n. *das Vorstossen*, Bez. *einer best. Art zu fechten* Hariv. 15977.

प्रवृत्तसंप्रहार Adj. *zu kämpfen begonnen habend.* Nom. abstr. °त्व n. Kathâs. 15,140.

प्रवृत्ताशिन् m. Bez. *bestimmter Einsiedler* Baudh. 3,3,9. 11.

प्रसज्यप्रतिषेध wird auch getrennt geschrieben, z. B. प्रसज्यायं प्रतिषेधः Pat. zu P. 1,4,57.

प्रसञ्जयितव्य Adj. *eintreten —, stattfinden zu lassen* Comm. zu Âpast. Çr. 5,29,13.

प्रस्रवन n. *das Entlassen einer Flüssigkeit* Comm. zu Âpast. Çr. 15,9,6.

प्रहत 1) Adj. s. u. 1. हन् mit प्र. — 2) *n. *Schlag mit* (im Comp. vorangehend). खड्ग° gaṇa अक्षद्यूतादि.

1. प्राण 14) vgl. MBh. 13,313,54.

प्राणिन् n. *Thier* Âpast. Çr. 9,13,1. 16,8.

प्राणेश्वर m. Pl. *die personificirten Lebensgeister* Hariv. 3238.

प्रातर्मन्त्र m. *der am Morgen zu verwendende Spruch* (Taitt. Âr. 4,10,4) Baudh. im Comm. zu Âpast. Çr. 15,12,7.

प्रानन (!) m. Pl. N. pr. eines Volkes Baudh. 1,2,14.

प्रालेयवर्ष *Schneefall* Veṇîs. 104,15.

प्रावृत 2) f. आ Shaḍv. Br. 4,7.

प्रौग vgl. Bloomfield in J. A. O. S. Procc. May 1885, S. XLII. fgg.

प्रियसाहस Adj. *Unbesonnenheiten mögend.* Nom. abstr. °त्व n. Spr. 2604.

प्रीतिसंयोग m. *Freundschaftsverhältniss* R. 7,84,15.

ह्ली, विह्लीयते Sâmav. Br. fehlerhaft für विव्लीयते.

फलाग्रशाखिन् Adj. *an dessen Zweigspitzen Früchte hängen* Hariv. 3707.

बदर 4) बदरसक्तु Pl. Çat. Br. 12,9,2,5.

बब्बुल m. = बब्बूल Subhâshitaratnabhâṇḍâgâra 328 nach Aufrecht.

बब्बूल m. *Acacia arabica* Çârṅg. Paddh. 59,56. 88,8. 18. Vgl. बर्बूर.

बर्बुर m. dass. Subhâshitaratnabhâṇḍâgâra 328 nach Aufrecht.

बलक्ष (वलक्ष) mit पक्ष m. *die lichte Monatshälfte* Ind. Antiq. 9,185,17.

बलशालिन् in der angegebenen Bed. viele Belege im P. W. Ausserdem *ein grosses Heer habend* ebend.

बहिष्क्रतु Adv. *ausserhalb des Opfers* Comm. zu Âpast. Çr. 15,1,1.

बहिःसदस् Adv. *ausserhalb des* Sadas Çâṅkh. Çr. 17,4,2.

बहिःसदसम् Adv. dass. Lâṭy. 4,2,1.

बहिःस्तोमभागम् Adv. *ausserhalb der* Stomabhâgâ *genannten Backsteine* Çat. Br. 8,6,2,15.

बहुनिःसृत n. Hariv. 15977 fehlerhaft für बाहु°.

बहुवर्षसहस्रक Adj. *viele tausend Jahre während* MBh. 3,83,87.

बहुवर्षसहस्रिन् Adj. *viele tausend Jahre alt* MBh. 3,183,43.

बहुव्यापिन् Adj. *sich weit ausbreitend* Sâh. D. 35,6.

बहुसाधार Adj. *viele Stützen habend, wissend, woran man sich zu halten hat,* Kathâs. 101,246.

बहुसाहस्र 1) (f. auch ई) *woran viele Tausende theilnehmen* (इष्टि) R. 1,12,9.

बाणापर्णी f. *eine best. Pflanze* Ind. St. 17,265.

बान्धवधुरा f. Mâlatîm. 126,4 (ed. Bomb. 270,9) nach dem Comm. = मित्रकृत्य.

बालनेत्र Adj. (f. आ) *von einem Thoren geführt* (*Schiff*) MBh. 2,63,4.

बालार्काय् *der vor Kurzem aufgegangenen Sonne gleichen.* °यित Adj. Subhâshitar. 23,25.

बालाह, वालाह und वालाहक m. N. pr. eines mythischen Rosses Kâraṇḍ. 55,14. 56,16. 58,4. 5. 11. 59,9. Lalit. 17,2.

बाष्कलिका f. *der Text der* Bâshkala Comm. zu Çâṅkh. Çr. 12,13,5.

बाह्लीक m. Harshak. (ed. Bomb.) 443,3 nach dem Comm. = काष्ठक, परिपालक oder गोरक्षक.

बाहुक 2) *b)* Baudh. 2,6,26.

बाहुनिःसृत n. *ein best. Schwertkampf, bei dem Einem das Schwert aus der Hand gewunden wird,* Hariv. 3,124,17.

बाहुसहस्रिन् Adj. *tausend Arme habend* MBh. 14,29,11. Hariv. 10737. VP. 4,11,3.

बाहुस्वस्तिक *gekreuzte Arme* MBh. 3,146,77. Nilak.: बाह्वोः स्वस्तिकं चतुरस्रं मूलमंस इति यावत्.

*बिल्वान्तर m. *ein best. Baum* Râgan. 8,72. Bhâvapr. 1,223.

बुवम् onomatop. Comm. zu TBr. 2,6,4,2 zur Erklärung von सर्बुवम्.

बृहतीक Adj. *aus* Bṛhatî *bestehend* Çâṅkh. Çr. 11,12,1.

बृहतीसहस्र n. *tausend* Bṛhatî Çat. Br. 10,4,2,23. Çâṅkh. Çr. 9,20,29. 18,21,1.

बैदायन m. Patron. von बिद् gaṇa अश्वादि. Fehlerhaft वैदायन Verz. d. B. H. 58,36.

*बैदि m. desgl. P. 4,1,104, Sch.

बैह्वीनरि als N. pr. eines Kämmerlings Mudrâr. 63,19. 64,3 (104,2. 7). बै° und auch वैह्वीनर gedr.

ब्रध्नलोक, lies Adj. *in der Welt der Sonne befindlich* AV. 11,3,51. Paipp. 17,6,5.

ब्रह्मयूप m. N. pr. einer Oertlichkeit M. Müller, Ren. (Cappeller's Uebers.) 326.

ब्रह्मसंसद् auch *eine Versammlung von Brahmanen* Kathop. 3,17.

ब्रह्मेशवैष्णव Adj. *von* Brahman, Çiva *und* Vishṇu *stammend* Mârk. P. 17,10.

भग्नच्छन्दस् Adj. *metrisch fehlerhaft* Sarasvatîk. 9,2 v. u.

भग्नयति Adj. *eine falsche Cäsur enthaltend* Sarasvatîk. 10,3.

भट्टसर्वज्ञ m. vielleicht Bein. Kumârilabhaṭṭa's Sarvad. 118,7.

भयशङ्कित Adj. *in Furcht und Besorgniss seiend* MBh. 12,133,14.

भाग्यवैषम्य n. *Missgeschick* R. 6,98,29. Mṛkkh. 152,11.

भारिन् (Nachtr. 5) lies *schwer belastet* st. *schwer.*

भार्गवाय्, °यते *dem* Çukra *gleichen* Rudraṭâlaṁkârat. 131,*b*.

भिदाभृत् Adj. *gespalten* Çiç. 6,5.

भिल्ल 1) *c)* **eine Art* Lodhra Râgan. 6,211.

भीमसाहि m. N. pr. eines Dichters Sitzungsberr. d. phil.-hist. Kl. d. Wiener Ak. 106,482.

भीर Adj. *Furcht einflössend* Çiç. 19,66.

भूतजननी f. *die Mutter aller Wesen* Mâlatîm. 84,16 (ed. Bomb. 190,1).

भूतापसृष्ट Adj. *besessen* Âçv. Çr. 15,19,4. Sâj. zu Taitt. Âr. 553.

भूवरी f. Bez. *einer best. Göttin* Âpast. Çr. 14,17,3.

भृशस्विद् Adj. *stark schwitzend* Çiç. 6,61.

भोगंकरा f., भोगमालिनी und भोगवती f. N. pr. verschiedener Dikkanjâ Pârçvan. 3,73.

1. भोज्य 1) *f) dessen Speise Jmd* (Gen.) *geniessen darf* MBh. 13,135,1. fgg.

मकरिका auch *eine* Makara-*ähnliche Figur*

KÂD. 240,5 (391,12).

मङ्गलेच्छा f. *Segenswunsch*. Dat. so v. a. *fausti ominis causa* MAITR. S. 3,8,10 (109,12), wo nach ROTH अधत्त म° zu trennen ist.

मङ्गुल n. = पाप Ind. St. 16,80.

*°मणिन्द m. etwa *Knecht* oder *Aufseher*. गो°, अश्व° KÂÇ. zu P. 6,2,66.

मत्कुण 1) a) c) Nom. abstr. °त्व n. ÇIÇ. 19,71.

मधुनिहन् Adj. Beiw. Vishnus MBH. 3,18,24.

मधुरिपु ÇIÇ. 6,23.

मध्यपात auch *das in die Mitte von* (Gen.) *Fallen* Comm. zu ÂPAST. ÇR. 14,30,7.

मन् mit अनु, अनुमत m. *Geliebter* ÇIÇ. 6,65.

मनस् 1) मनो वै यज्ञियं यजुः MBH. 3,313,54.

मनःसमृद्धि f. *innere Zufriedenheit* BHÂG. P. 4,9,36.

मनःसुख n. *Herzenslust* BHÂG. P. 9,18,51.

मनुष्यनामन् m. Pl. Bez. *bestimmter Sprüche* TAITT. ÂR. 5,7,2. Comm. zu ÂPAST. ÇR. 15,9,4.

मनुष्यनामन् n. *menschlicher —, irdischer Name* TAITT. ÂR. 5,7,1.

मनोहृत् Adj. *das Leben raubend* und *das Herz erfreuend* ÇIÇ. 19,109.

मन्दप्राणविचेष्टित auch MBH. 5,193,17.

मन्दबल Adj. *von geringer Kraft* MBH. 1,31,9.

ममत्तर MBH. 5,48,37 nach NILAK. = बलवत्तर. Statt ममत्तरे liest aber ed. Vardh. मदत्तरे und ed. Calc. सहोत्तरः.

मलना = उत्पुंसना VALL. zu ÇIÇ. 10,110 nach HULTZSCH.

मलिम्लुच् 2) lies ÂPAST. ÇR. 14,25,11.

मल्लिकाक्ष auch *ein weisser Fleck am Auge eines Pferdes* in स°.

महत्, महतस् Abl. *von grösserem Werth* (Gegensatz हीनतस्) VASISHṬHA 2,37.

महद्विश्व m. *eine best. Personification* ÇÂÑKH. GṚHJ. 3,5. Vgl. विश्वमहत्.

महाजज्ञु m. N. pr. eines mythischen Lehrers BAUDH. 3,9,21.

2. महानद zu streichen, da ÂPAST. 1,27,1 माहानद zu lesen ist.

महानूप Adj. *grosse Sümpfe habend* R. GORR. 2,92,13.

महावातसमूह m. *Sturmwind* MBH. 7,3,1.

महाशल्कलिन् Adj. *grossschuppig* (Fisch) KULL. zu M. 3,272.

महाशान्ती f. metrisch = °शान्ति 1) VARÂH. BṚH. S. 46,81.

महाश्रोत्रिय m. *ein grosser Theolog* KHÂND. UP. 5,11,1. BHÂG. P. 5,4,12.

महासभा f. *eine grosse Halle* (wo gespeist wird) KATHÂS. 45,227.

महासुभिक्ष n. *ein grosser Ueberfluss an Lebensmitteln, sehr gute Zeit*. Pl. RÂǴAT. 5,116.

महाहव m. *ein grosses Opfer* ÇIÇ. 19,54.

*मातङ्गवेदि oder *°वेदी f. = वारण्डक 2) b) H. an. 4,32. MED. k. 202.

मादक 1) Nom. abstr. °ता f. Comm. zu KAP. 3,22.

मानस्तोकीय n. *das mit* मा नस्तोके *beginnende Lied* BAUDH. 3,2,9.

माया f. (u. माय) auch Bez. *der Silbe* ह्रीम् SARVAD. 171,6 nach COWELL.

मार्जन n. oder °ना f. auch *das Bestreichen des Trommelfells mit Asche* oder *Schlamm* ÇIÇ. 6,31.

मालवभद्र m. N. pr. eines Dichters Sitzungsberr. d. phil.-hist. Kl. d. Wiener Ak. 106,482.

*माषप्रति Adv. PAT. zu P. 2,1,9.

माहानद, s. oben u. 2. महानद.

मुखप्रेक्ष Adj. *dessen Blick auf Jmds Gesicht gerichtet ist, Alles Jmd an den Augen ablesend* MBH. 3,233,6. 15,17,4.

*मुखत्रासन, lies m. st. n.

मुखवैरस्य n. *schlechter Geschmack im Munde* SUÇR. 1,192,21.

मुखसंदंश m. *Fresszange* SUÇR. 2,257,8. 19. 258, 1. 2. 7.

मुण्डनेश m. Bein. Çiva's KÂÇIKH. 66,32.

मुत्सरी f. *eine best. Stellung der rechten Hand beim Abschiessen des Pfeils* ÇÂRÑG. PADDH. DHANURVEDA 83. 87.

मूर्छ् mit अधि s. अनधिमूर्छित oben.

मूर्धसंहित Adj. (f. आ) *am Kopf angefügt* ÇAT. BR. 13,8,3,9.

मृणाल 1) °सूत्र n. KUMÂRAS. 1,40. 3,49. ÇIÇ. 3,3.

मृतभाव m. *ein eingetretener Tod, Todesfall* VASISHṬHA 2,49.

मोघहासिन् Adj. *in den Tag hinein lachend* KÂṬH. 25,6.

2. यत्त, streiche „होतर्यत्त und“.

यज्ञविभ्रंश m. *das Missrathen eines Opfers* ÂPAST. ÇR. 14,32,5.

यज्ञविभ्रष्ट, Nom. abstr. °त्व n. Comm. zu ÂPAST. ÇR. 9,4,5.

यथादोषम् Adv. *je nach dem Schaden* Comm. zu ÂPAST. ÇR. 14,30,5.

यथानाम, so zu lesen statt याथनाम.

यथाशोभम् Adv. *so dass es ein gutes Aussehen hat* HEMÂDRI 1,378,21.

यथासंकल्पम् Adv. *nach Wunsch* MBH. 1,96,23.

यथासूत्रम् Adv. *dem* Sûtra *gemäss* BAUDH. 3,1,13.

यदृच्छ Adj. (f. आ) *zufällig* ÂPAST. 1,14,5.

यन्तर् 5) zu streichen; vgl. Z. d. d. m. G. 39,526.

यन्तु in सुयन्तु.

यमित्री Nom. ag. f. etwa *Zusammenhalterin* ÂPAST. ÇR. 14,33,2.

1. यव्य 2) b) Pl. N. pr. eines Ṛshi-Geschlechts.

यव्या f. auch = 1. यव्य 2) a) TS. 7,4,20,1.

यष्टिमधुक Comm. zu ÂPAST. ÇR. 15,3,16.

यादवप्रकाश m. N. pr. eines Lehrers M. MÜLLER, Ren. 360, N. 3.

यावत्संपातम् Adv. *so lange es geht* KHÂND. UP. 5,10,5.

युद्धयोग्य Adj. *kriegstauglich*. Nom. abstr. °ता f. R. 1,22,2.

युद्धव्यतिक्रम m. *Verletzung der Regeln des Kampfes* HARIV. 4705.

योगर्द्धिरूपवत् Adj. *in der Gestalt des verkörperten vollkommenen* Joga MBH. 3,300,9.

योनिसंकट n. so v. a. *Wiedergeburt* MBH. 3,84,95.

र 1) auch *verleihend, bewirkend* ÇIÇ. 19,3. 23.

रञ्ज् (Caus. 3), रञ्जित *angelockt* (Wild) ÇIÇ. 6,9.

रणशीर्ष n. *Vordertreffen* R. 6,33,4.

रथवत् Adv. *wie ein Wagenrad* TBR. 3,7,10,6 (रथवृत् gedr.).

रमण n. auch *das Herbeilocken* (des Wildes) P. 6,4,24, Vârtt. 3. ÇIÇ. 6,9.

रमा f. (u. रम) SARVAD. 171,6 Bez. *der Silbe* श्रीम् nach COWELL.

रसभेदिन् Adj. *von mannichfachem Geschmack* MBH. 6,7,22.

रसहरण n. *das Auf—, Aussaugen des Saftes* NIR. 2,20. 3,16. 11,5.

राजहंसाय्, °यते = राजहंसीय् VÂGBHAṬA 4,51.

राजिन् auch Adj. *glänzend* ÇIÇ. 19,112.

रिद्विधि m. KAP. S. v. l. für हिन्विधि MAITR. S. 1,9,1 (131,8).

रिभ्, रेभमाण *brüllend* (Kuh) MBH. 4,53,25. Vgl. रेभ्.

रिशादस्, nach AUFRECHT = अरिशादस् *sehr hervorragend*.

रेतोऽवसिक्त Adj. *mit Samen begossen; so heissen die vom Fleisch durch andere Thiere getödteter Thiere lebenden Eremiten* BAUDH. 3,3,4. 6.

रेभिन् (Nachtr. 5), lies *brüllend* st. *erschallen machend*.

रोमसंवेजन *das Sträuben der Haare* SUÇR. 1, 155,18.

लक्षणसंनिवेश m. *Brandmarkung* Spr. 6295.

लक्ष्मणादित्य m. N. pr. eines Dichters Sitzungsberr. d. phil.-hist. Kl. d. Wiener Ak. 106,482.

*लघुसमुदीरण Adj. *leicht in Bewegung gerathend*. Nom. abstr. °त्व n. *Beweglichkeit* (des Körpers)

VJUTP. 57.

लड्, लडति auch *zärtlich thun, schmeicheln* (von einem Hunde gesagt) ALAṀKĀRAR. 61,*b*. Vgl. लल्.

लताय्, °यते *einer Schlingpflanze gleichen* RUDRAṬĀLAṀKĀRAṬ. 132,*b*.

लस् mit उद्, उल्लसित auch so v. a. *aus der Scheide gezogen* ÇIÇ. 6,51.

लावण्यवती f. (u. °वन्त्) auch Titel eines Werkes Sitzungsberr. d. phil.-hist. Kl. d. Wiener Ak. 106,480.

लिप् mit प्रति *zuschmieren, festschmieren* Comm. zu ĀPAST. ÇR. 14,26,2.

लुल् mit व्या in व्यालोलन.

लोकसारङ्ग m. Bein. Vishṇu's MBH. 13,149,97.

लोष्टाय्, °यते *einen Erdkloss darstellen, nicht mehr werth als ein E. sein* ALAṀKĀRAÇ. 28,*b*,8.

लोहकर्ण zu streichen; vgl. oben अधोलोहकर्णी.

वंशक 2) *a*) SUBHĀSHITARATNABHĀṆḌĀGĀRA 27,12 nach AUFRECHT.

वंशोद्भेद N. pr. eines Tîrtha MATSJAP. 22,25.

वक्तव n. = वक्तृता KSHEM. 1,26.

1. वच् mit परिप्र bedeutet *Jmd* (Acc.) *mit einer Mittheilung zuvorkommen*; s. J. A. O. S. Proce. Oct. 1885, XXVI. fg.

वज्रपाताय्, °यित Adj. *wie ein Donnerkeil niederfallend* PĀRÇVAN. 4,155.

वज्रमुष्टि f. auch *eine best. Stellung der Hand beim Abschiessen eines Pfeils* ÇĀRṄG. PADDH. DHANURVEDA 83. 85.

वञ्च् Caus. auch *bewahren vor* (Abl.) KÂÇIKH. 7,71. — Mit वि, °वञ्चित *betrogen, angeführt* MATSJAP. 42,203.

वत्समित्रा f. N. pr. einer Dikkumârî PĀRÇVAN. 3,73.

त्ररर Adj. *Wünsche gewährend* ÇIÇ. 19,100.

वरूथक am Ende eines adj. Comp. in सप्तधातु°.

वर्मय् (vor वर्मवन्त् zu stellen) SADUKTIK. 2,309. — Mit सम् *Jmd* (Acc.) *einen Panzer —, eine Rüstung anlegen* P. 3,1,25, Sch. VOP. 21,17. In übertragener Bed. SUBHĀSHITAR. 18,27.

*वर्वर, vgl. oben बब्बुल fgg.

वर्षसहस्र ÇAT. BR. 14,6,8,10.

वर्षसहस्रक 1) n. *Jahrtausend* HARIV. 531. — 2) Adj. *tausend Jahre lebend, — während* MBH. 12,29,55. ed. Calc. 13,1316 (v. l. °स्रिक). PAṄKAR. 1,3,14.

वर्षसहस्रिक Adj. (f. ई) *tausend Jahre während* MBH. 13,18,20.

वर्षसहस्रिन् Adj. *tausend Jahre alt, — werdend* MBH. 12,29,55. 14,90,60.

वर्षसहस्रीय Adj. dass. MBH. 3,183,68.

वल्गुनाद Adj. *lieblich singend* (Vogel) R. 1,30,16.

1. वशा 4) BAUDH. 2,4,10.

2. वस् mit अभिवि ĀPAST. ÇR. 14,23,12.

5. वस् mit वि 6) *a*) lies = 3) *b*) und füge VASISHṬHA 27,17 hinzu.

वस्त्य ÇIÇ. (neuere Ausg.) 13,63. Vgl. पस्त्य.

2. वा mit प्र, vgl. संवत्सरप्रवात.

वाक्सार *Kraft der Rede, Beredsamkeit* VARĀH. BṚH. S. S. 4, Z. 18. 19.

वाजिन् Adj. *mit Federn versehen* und *sich bewegend* ÇIÇ. 19,62.

वातात्मज auch Patron. Bhîmasena's MBH. 5,162,5.

वातिक 1) *d*) *gegen den Wind* (als *humor*) *dienend* KARAKA 87,2.

वाद m. अच्छावाकस्य वादः ĀÇV. ÇR. 5,3,17 nach dem Comm. = यस्मिन्देशे आसीनो ऽच्छावाकः „अच्छावाक वदस्व“ इत्युक्तो वदति स देशः.

°वादद Adj. *wetteifernd mit* ÇIÇ. 19,27.

वान्य Adj. (f. आ) = वन्य *silvestris* BAUDH. 3,2,18.

वारिर m. *Wolke* ÇIÇ. 19,100.

वालाह und °क m. s. oben u. बालाह und °क.

वास्तुपश्य Bez. *eines best.* Brâhmaṇa J. A. O. S. 11,CXLV.

वाहना f. *Heer* ÇIÇ. 19,33 nach VALL.

वाहावली f. wohl = वाह्यावली Ind. St. 15,296.

*विकर m. = भूविवर Comm. zu TS. 7,4,12,1.

विकर्य Adj. (f. आ) *in Erdgruben befindlich* (nach dem Comm.) TS. 7,4,12,1.

विदाय 2) BRAHMAVAIV. P. 3,17,2. 34,23 nach AUFRECHT.

विधारण 1) f. ई *scheidend, die Grenze bildend* VASISHṬHA 1,15.

विधूसर Adj. *staubfarbig, grau* BHAṬṬ. 10,33.

विनाड wohl = विनाट *Schlauch* BAUDH. 1,14,9.

विनिकषण n. *das Zerkratzen* DAÇAR. 160,12.

विनिकेत Adj. *ohne feste Wohnstätte* KÂÇIKH. 16,73.

विनिर्मित्सु Adj. mit Acc. *schaffen wollend* SARASVATÎK. 1,60 = KÂVJAPR. 362,8.

विनेय 2) streiche buddh. und füge hinzu SAHṚDAJÂLOKA 244,*a*.

विन्ध्यारि m. Bein. Agastja's KÂÇIKH. 73,17. 59.

विभीषण m. so v. a. *Missgeburt* MBH. 6,3,2.

विमातव्य Adj. *umzutauschen gegen* (Instr.) VASISHṬHA 2,37.

विष्कन्तर् Nom. ag. *hinundher hüpfend* BHAṬṬ. 9,64.

विष्कभे Dat. Infin. zu स्कभ् mit वि ṚV. 8,89 (100),12.

विष्वनुष्ठित, st. dessen विष्वनुस्थित TS. 2,4,12,3.

विसर्ग 17) *das Ende des jährlichen Sonnenlaufs* KARAKA 37,6.

विस्मृत 1) Adj. s. u. स्मर् mit वि. — 2) *m. Bein. Bhavabhûti's TRIK. 2,7,27.

विहसित 1) Adj. s. u. 2. हस् mit वि). — 2) n. *a*) *das Lachen*. — *b*) *wohlklingendes Lachen* (bei den Rhetorikern). — *c*) **kaum hörbares Lachen*.

विहापित 1) Adj. Partic. von 2. हा mit वि Caus. — 2) n. *Gabe, Geschenk*.

विहुण्डन, vgl. हुण्डन.

विहेठ vor विहेठक und विहेठन zu setzen.

वीराशंसन *Schlachtfeld überh.* ÇIÇ. 19,79. v. l. वैरा°.

वेदायन, s. oben u. बैदायन.

वैतहोत्र m. Patron. MAITR. S. 4,2,6. Vielleicht वैति° zu lesen.

वैतुषिक m. Bez. *bestimmter Eremiten* BAUDH. 3,3,3. 7.

वैमूढक n. *Männertanz in weiblicher Kleidung* MÂLATÎM. ed. Bomb. S. 228. fg. in den Noten.

वैराशंसन n. *Schlacht* ÇIÇ. 19,79, v. l. für वीरा°.

व्यभिचारवत् Adj. *sich umhertreibend* BAUDH. 1,21,20.

व्यवहारम् Absol. *abwechselnd* KAṬH. 28,2.

व्यवह्रियमाणत्व n. *das Bezeichnetwerden* KUSUM. 18,12.

व्यापात m. ĀPAST. ÇR. 14,22,13 von unklarer Bed.

व्याहृत 1) Adj. s. u. 1. हर् mit व्या. — 2) n. *a*) *das Sprechen, Reden, Rede* 166,1. — *b*) *die unarticulirte thierische Sprache, Gesang* u. s. w. 238,15.

व्युद्धारम् Absol. *einzeln herausnehmend* ĀÇV. GṚHJ. 1,10,11.

व्रणभृत् Adj. *verwundet* ÇIÇ. 6,59.

शकस्थान, lies Ζαχαστηνη.

*शब्दप्राश्, so zu lesen st. °प्राङ्; vgl. P. 6,4,19.

शरच्चन्द्राय्, °यते *dem Herbstmonde gleichen* RUDRAṬĀLAṀKĀRAṬ. 131,*b*.

शरावाप MBH. 6,90,61 bedeutet wohl *Köcher*.

शाययितव्य Adj. *schlafen zu lassen*. दीर्घम् so v. a. *dem ewigen Schlafe zu übergeben, zum Tode zu befördern* BĀLAR. 222,10.

शिरस्पद n. *Obertheil* KARAKA 86,18 (nach einer Hdschr.).

शीत n. *eine Art Segel* GĀTAKAM. 14. Das mahrattische शीड spräche für शीट.

SANSKRIT-WÖRTERBUCH

IN KÜRZERER FASSUNG

BEARBEITET

VON

OTTO BÖHTLINGK.

SIEBENTER THEIL.

स, ह, General-Index zu den sechs Nachträgen und letzte Nachträge.

VORWORT.

Als ich im Jahre 1877 dieses Wörterbuch auszuarbeiten begann, glaubte ich nicht, dass ich dasselbe würde zu Ende führen. Ich unternahm nichtsdestoweniger diese Arbeit in der Ueberzeugung, dass ein solches Werk von Nutzen sei, und dass im Falle meines Abganges ein Fortsetzer desselben sich wohl finden würde. Nun ist es mir vergönnt gewesen, das Werk selbst abzuschliessen, und dass es erst in diesem Jahre vollendet erscheint, ist nicht meine Schuld, da der Schluss des Werkes ohne den Generalindex und die letzten Nachträge schon im October 1885 druckfertig war. Meine seit Ende 1885 veröffentlichten Arbeiten haben auf den Fortgang dieses Werkes nicht den geringsten Einfluss gehabt.

Die im Vorworte zum 1sten Theile genannten alten Freunde Kern, Roth, Stenzler und Weber haben ihr Versprechen, mich nicht im Stich zu lassen, treulich erfüllt; nur der an Jahren älteste unter diesen, der den Schluss des Werkes gern gesehen hätte, musste leider vor Beendigung desselben die Augen für immer schliessen. Noch auf dem Sterbelager gedachte der liebe Freund Stenzler der unerledigten Correcturen: der gewissenhafte Gelehrte wollte bis zum letzten Athemzuge nicht von dem lassen, was er für Pflicht erkannte. Des edeln Freundes werde ich, so lange ich noch lebe, mit Liebe und Dankbarkeit gedenken. Nach Stenzler's Tode übernahm Jolly mit liebenswürdiger Zuvorkommenheit das Lesen einer Correctur. An den letzten Nachträgen betheiligten sich wie schon zum Theil bei den vorangehenden Nachträgen ausser den oben Genannten insbesondere noch M. Bloomfield, C. Cappeller, B. Delbrück, R. Garbe, A. Hillebrandt, H. Jacobi, R. Pischel und M. Winternitz. Bloomfield steuerte bei aus Kauçika's Sûtra und den dazu gehörigen Werken; Cappeller aus den verschiedensten Theilen der Literatur; Delbrück aus der Maitrâjaṇî-Saṁhitâ; Garbe aus Sâṁkhja-Werken; Hillebrandt aus Çâñkhâjana's Çrauta-Sûtra und gelegentlich auch aus anderen Werken; Jacobi aus Çrikaṇṭhakarita, Damajantikathâ, Dharmaçarmâbhjudaja, Ḱaṇḍiçataka, Kuṭṭanîmata, Haraviǵaga und einigen anderen Werken; Jolly aus Vivâdaratnâkara; Pischel insbesondere aus Rudraṭa's Çṛñgâratilaka; Winternitz aus Âpastamba's Gṛhjasûtra und den Commentaren dazu.

Am Wenigsten vertreten war bisher im Wörterbuch die buddhistische Literatur. Diese Lücke hat Kern in den letzten Nachträgen auf eine nicht genug anzuerkennende Weise auszufüllen gesucht, indem er aus dem Divjâvadâna, aus der von ihm zum Druck vorbereiteten Ǵâtakamâlâ und der von Minajef herausgegebenen Mahâvjutpatti eine überaus grosse Anzahl neuer Wörter und Wortbedeutungen mir zur Verfügung stellte. Es ist vielleicht nicht vom Uebel, dass diese so oft vom klassischen Sanskrit stark abweichenden, ja kaum Sanskrit zu nennenden Wörter hier näher an einander gerückt sind, so dass man sie mit Leichtigkeit übersehen kann.

Es ist mir ein Herzensbedürfniss beim Abschluss des Werkes die Namen aller derjenigen Gelehrten zusammenzustellen, die mich, der Eine mehr, der Andere weniger, bei der Arbeit unterstützt haben. Es thäte mir Leid, wenn ich irgend Einen vergessen hätte; meine Absicht war auch diejenigen, die mir nur einige wenige Bemerkungen mittheilten, nicht mit Stillschweigen zu übergehen. Es folgen die Namen in alphabetischer Ordnung: Th. Aufrecht, M. Bloomfield, P. von Bradke, G. Bühler, C. Burkhard, C. Cappeller, B. Delbrück, L. Fritze, R. Garbe, K. Geldner, † S. Goldschmidt, A. Hillebrandt, A. Holtzmann, Edw. Hopkins, E. Hultzsch, H. Jacobi, J. Jolly, H. Kern, F. Kielhorn, Fr. Knauer, A. Leskien, E. Leumann, Br. Lindner, A. A. Macdonell, † J. Muir, F. Max Müller, R. Pischel, R. Roth, † A. Schiefner, † J. Schönberg, L. von Schröder, J. S. Speijer, † A. Fr. Stenzler, A. Weber, W. D. Whitney, E. Wilhelm, E. Windisch, M. Winternitz und Jos. Zubatý.

Unter den Citaten erfordern etwa die folgenden eine nähere Erklärung:

Festgr. bezeichnet den zu meinem 50jährigen Doctorjubiläum von meinen Freunden mir dargebrachten Festgruss (Stuttgart, Verlag von W. Kohlhammer, 1888);

Pârv. ist Pârvatîpariṇajanaṭaka, herausgegeben von K. Glaser in den Sitzungsberichten der phil.-hist. Classe der Kais. Ak. d. Ww. in Wien, Band 104, S. 578. fgg.

Andere, früher nicht erklärte Abkürzungen werden ohne weitere Erklärung verständlich sein.

Das Cappeller'sche Wörterbuch, welches sich auf die Petersburger Wörterbücher stützt, denselben aber nicht sclavisch folgt, wird Jeder, der die Sanskrit-Studien beginnt, freudig begrüssen. Wer das Sanskrit ex professo betreibt, wird die ausführlichen Wörterbücher nicht gern missen wollen; und somit werden auch diese nicht durch jenes verdrängt werden. Aber auch die beiden Petersburger Wörterbücher ergänzen sich gegenseitig, jedes in seiner Art. Das grössere kann gleichsam als Commentar des kleineren angesehen werden; das kleinere als ein nach Möglichkeit vollständiges Wörterbuch, das eine überaus grosse Anzahl neuer Wörter und Wortbedeutungen nebst Verbesserungen zum grösseren bietet.

Ein Curiosum ist die in Calcutta erscheinende neue Bearbeitung des Çabdakalpadruma. Wie man aus dem Vorworte ersieht, ist den Herren das grosse Petersburger Wörterbuch nicht unbekannt geblieben, aber benutzt haben sie es offenbar nicht. Wenn man heut zu Tage lernen will, wie man eine Sprache wissenschaftlich zu behandeln habe, braucht man nicht nothwendig nach Europa oder Amerika zu gehen, man kann dieses auch von europäisch gebildeten Indern in Indien selbst erfahren. Aber die Gebrüder Çrîvaradâprasâdavasu und Çrîharikâraṇavasu haben in dieser Beziehung Nichts gelernt. Hier einige Belege für dieses harte Urtheil. Das Wort अज्ञस् kennen sie nicht, nur den Instr. अज्ञसा, der व्य, d. i. अव्यय genannt wird. Dieses Indeclinabile wird folgendermaassen erklärt: अज्ञं गतिं विलम्बम्बा (sic) स्यति नाशयति अज्ञ + सो + कर्तरि का. Die Partikel अथ ist = अर्थ + ड पृषोदरादित्वात् रस्य लोपः. अथकिं ist = अर्थं पूर्ब्बोक्तं (sic) वाक्यं कवते स्वीकरोति अर्थ + कु + डिम् पृषोदरादित्वात् वस्य लोपः. अथर्ब्बन् (sic) ist = अथ लोकमङ्गलाय अर्ब्बति वेदविशेषं प्रस्तौति अथ + अर्ब्ब + अनिप् शकन्धादित्वात् पररूपं. अथो ist = अर्थ + डो पृषोदरादित्वात् रलोपः. Von solchen Absurditäten wimmelt das Werk, von dem mir 17 Lieferungen vorliegen. Ein gar seltsames Widerspiel der Gebrüder Grimm!

Leipzig, den 19ten Januar 1889.

O. Böhtlingk.

1. सँ Pron. *dieser*, *der* (auch zum Artikel abgeschwächt); *er*, *sie*. Nur Nom. Sg. m. und f. (सौँ) und im ṚV. der Loc. सँस्मिन्. Vor Consonanten fehlt das Casuszeichen im Nom. m., erhalten hat es sich vor प nur ṚV. 5,2,4 und vor त nur ebend. 8,33,16 und Hariv. 11357 (hier jedoch v. l.); mit einem folgenden Vocal verschmilzt bisweilen das अ von स. सौँ metrisch für सँ ṚV. 1,145,1. Dieses Pronomen wird oft durch ein anderes Pron. der dritten Person (एषँ, एषाँ, अयँम्, इयँम्, भवान्) verstärkt und verbindet sich *hinweisend* auch mit der ersten und zweiten Person Sg. (mit und ohne अहँम् oder त्वँम्). सो (tonlos) ऽहँम् VS. 18,35. Maitr. S. 2,12,1. सो ऽहँम् TS. 4,7,12,3. Im Brâhmaṇa ist die Verbindung mit einem Rel. (यँः, यँद्, यँदि, यँथा) am Anfange eines Satzes beliebt. Aus diesem Gebrauch, wobei der Satzanfang wie zur festen Formel wurde, entspringt der andere, gleichfalls im Brâhmaṇa, dass स vor einem Rel. auch in Fällen bleibt, wo die Construction ein anderes Genus und einen anderen Numerus verlangt, oder wo es vollkommen pleonastisch ist. Ein solches pleomastisches स findet sich in buddhistischen Schriften am Anfange eines Satzes vor चेद्, so z. B. Vaǵrakkh. 17,12. 21,3. 31,14. 36,3. Sukhâv. 11,9. fgg. Im Sâmkhja bezeichnet स wie एष, क und य auch den Purusha.

2. स untrennbare (mit Instr. statt सह nur hier und da im Bhâg. P.) Partikel am Anfange eines Comp., *Verbindung*, *Gemeinsamkeit* oder *Gleichheit* bezeichnend (Gegensatz अ priv.). Meistentheils am Anfange eines adj. Comp. Der zweite Theil bezeichnet Etwas 1) was an einem Andern haftet, in ihm enthalten ist oder an ihm wahrgenommen wird. — 2) was mit einem Andern sich in demselben Falle befindet, dasselbe thut oder erfährt, in derselben Weise zur Erscheinung kommt. — 3) was zu einem Andern hinzuzuzählen ist. — 4) was diesem und einem Andern gemeinschaftlich ist (z. B. सवर्ण *zu derselben Kaste gehörig*). — 5) *was aus einem Andern gefolgert werden kann, mit diesem auf's Engste verbunden ist (z. B. साग्नि *auf Feuer deutend*). — Ein solches adj. Comp. erhält zum Ueberfluss hier und da noch die adjectivische Endung इन् (z. B. सपुत्रिन् = सपुत्र). In देवाः साग्निपुरोगमाः 88,21 ist स wohl nur des Wohlklangs wegen hinzugefügt worden.

3. स (von सन्) Adj. *verschaffend* in पशुषँ und प्रियसँ.

4. स (warum nicht ष?) Abkürzung vou षड्ज.

5.*स 1) m. = ईश्वर, विष्णु, सर्प und पत्तिन्. — 2) f. सा = गौरी und लक्ष्मी.

सऋक्ष Adj. (f. आ) *mit einem Mondhause verbunden*.

सऋण Adj. *Schulden habend*, *verschuldet* Aśahâja.

सऋषिक Adj. *mit den Ṛshi* Âçv. Gṛhj. 3,9,1.

सऋषिराजन्य Adj. *mit den Königlichen unter den Ṛshi* ebend.

*संय m. *Gerippe*.

संयँत् 1) Adj. *an einander sich schliessend*, *zusammenhängend*, *ununterbrochen*. — 2) f. a) *Verbindlichkeit*, *Vertrag*. — b) *Verbindungsmittel* TS. 4,4,11,2. — c) etwa *verabredeter Ort*, *Stelldichein*. — d) *Kampf*, *Schlacht*. Fast immer nur im Loc. Çiç. 1,52. 15,28; am Anfange eines Comp. 18,15; am Ende eines adj. Comp. 16,15. — e) Bez. *bestimmter Backsteine*.

संयत Adj. s. u. यम् mit सम्.

संयतक m. N. pr. eines Mannes.

संयताहार Adj. *Maass haltend beim Essen* MBh. 3,64,62.

संयतिन् Adj. *sich zügelnd*, *seine Sinne im Zaum haltend*. Vielleicht fehlerhaft für संयमिन्.

संयतेन्द्रिय Adj. *seine Sinne im Zaum haltend* MBh. 3,53,4. R. 3,13,15. Nom. abstr. °ता.

संयत्त्वँ n. Nom. abstr. zu संयँत् 2) e) TS. 5,2,10,6.

*संयत्वर m. = वाग्यत und जन्तुसमूह.

*संयद्वर m. *Fürst*, *König*.

संयँद्वसु 1) Adj. *ununterbrochenen Güterbesitz habend*. Nach Mahîdh. m. = यज्ञ. — 2) m. *einer der sieben Sonnenstrahlen* Comm. zu VP. 6,3,17.

संयद्वाम Adj. *bei aem sich alles Liebe zusammenfindet*, Bez. der Pupille.

संयँद्वीर Adj. *wo Männer nicht ausgehen* (*fehlen*).

संयँन्त् Partic. von 3. इ mit सम्. f. °यँती (auch Hem. Par. 2,286).

संयन्तर् Nom. ag. *Zusammenhalter*, *Zügler*, *Lenker*, *der im Zaume hält*. संयन्तास्मि auch als Fut.

संयन्तव्य Adj. *zu zügeln*, *im Zaume zu halten*.

संयम m. 1) *das in Zucht-Halten*, *Bändigung*, *Zügelung*. — 2) *Bändigung der Sinne*, *Selbstbeherrschung*. Vgl. इन्द्रियसंयमँ. — 3) *das Zusammenbinden*, *Aufbinden*. — 4) *Fesselung*. — 5) *das Schliessen* (der Augen). — 6) im Joga *Concentration des Geistes* Jogas. 3,25. — 7) *Anstrengung*. संयमात् so v. a. *mit genauer Noth*. — 8) *Unterdrückung*, so v. a. *Vernichtung*. — 9) N. pr. eines Sohnes des Dhûmrâksha.

संयमक Adj. *im Zaume haltend*, *bändigend*.

संयमन 1) Adj. (f. ई) Nom. ag. a) *Lenker*. — b) *im Zaum —*, *in Zucht haltend*, *bändigend*. — c) *zur Ruhe bringend*. — 2) f. ई N. pr. der Stadt Jama's. — 3) n. a) *das im Zaum Halten*, *Bändigen* 104,2. — b) *Selbstbeherrschung*. — c) *das Zusammenbinden*, *Aufbinden*. — d *das Anziehen* (der Zügel). — e) *Fessel*. — f) = 2) Bâdar. 3,1,13. — g) *v. l. für संजवन.

संयमवत् Adj. *der sich im Zaum hält*, *sich beschränkt*, *haushälterisch* Kathâs. 6,28.

संयमाम्भस् n. *das Wasser am Ende der Welt*.

संयमित 1) Adj. s. u. यम् mit सम् Caus. — 2) n. *das Dämpfen* (der Stimme) Mṛkkh. 44,15.

संयमिन् 1) Adj. a) *seine Sinne bändigend*, *Selbstbeherrschung übend* Hemâdri 1,512,5. Nom. abstr. °मिता f. Kâd. 165,2 (285,13). — b) *aufgebunden*. — 2) *m. *ein* Muni, *ein* Ṛshi. — 3) f. °मिनी a) Bein. der Stadt Kâçî Kâçikh. 8,51. 93. — b) = संयमनी Çaṁk. zu Bṛh. Âr. Up. S. 524. °पति m. Bein. Jama's Kâçikh. 8,36.

संयमिनाममालिका f. Titel eines Werkes Burnell, T. Opp. Cat. 1 (hier fehlerhaft संयमी°).

संयम्य Adj. *in Zucht zu halten, zu bändigen* Káraka 6,14 (संयम्य: zu lesen).

संयवन n. *das Mischen* Gaim. ↔,2,15. Comm. zu Âpast. Çr. 1,16,11. 15,6,6.

संयाज m. und **संयाजन** n. in पत्नीसंयाजी und पत्नीसंयाजन.

संयाज्य 1) Adj. in असंयाज्य. — 2) f. आ Du. Bez. *zweier Verse der* Jâģjâ *und* Puronuvâkjâ *des* Svishṭakṛt Âpast. Çr. 3,15,5. 5,28,2. 6,31,3. 9,4,5. 8,8. — 3) n. *Betheiligung an einem Opfer.*

संयाति m. N. pr. verschiedener Männer.

***संयात्रा** f. *eine Reise in Gesellschaft,* insbes. *Seereise.*

संयात्रिक Kathâs. 80,30 fehlerhaft für सांयात्रिक.

संयान 1) *m. *a mould.* — 2) f. संयानी Bez. *bestimmter Backsteine* Âpast. Çr. 17,1.2. — 3) n. *a) das Zusammengehen —, Zusammenfahren mit* (im Comp. vorangehend). — *b) das Fahren, Reisen, Reise.* उत्तम *die letzte Reise* (auf die Leichenstätte). — *c) Aufbruch.* — *d) Fahrzeug, Fuhrwerk.* — *e)* Bez. *bestimmter* Sûkta.

***संयाम** m. = संयम.

संयामवत् Adj. = संयमिन् 1) *a)* Bhaṭṭ. 7,57.

संयाव m. *ein best. Gebäck aus Weizenmehl* Káraka 6,30.

संयास m. *Erhitzung, Anstrengung.*

संयुक्त 1) Adj. s. u. 1. युज् mit सम्. — 2) f. संयुक्ता *ein best. Metrum.*

संयुक्तक Adj. mit आगम m. = संयुक्तागम.

संयुक्तसंयोग m. *eine Verbindung mit dem Verbundenen,* z. B. die eines Stranges mit einem Pferde, wodurch die Bewegung des Wagens vermittelt wird.

***संयुक्तसंचयपिटक** m. Titel eines Werkes.

संयुक्तसमवाय m. *Inhärenz in dem Verbundenen* (eine der 6 Arten der Wahrnehmung im Njâja), z. B. die Wahrnehmung der Farbe eines zu Gesicht gekommenen Gefässes.

संयुक्तसमवेतसमवाय m. *Inhärenz in demjenigen, was dem Verbundenen inhärirt,* z. B. die Wahrnehmung des Gefärbtseins überhaupt an einem zu Gesicht gekommenen Gefässe von bestimmter Farbe.

***संयुक्तागम** m. Titel eines buddh. Âgama.

***संयुक्ताभिधर्मशास्त्र** n. Titel eines buddh. Werkes.

संयुग n. (im Bhâg. P. auch m.) 1) *Verbindung, Vereinigung.* — 2) *Kampf, Schlacht* Çiç. 17,55. 18,61.

संयुगमूर्धन् m. *Vordertreffen.*

संयुज् Adj. *durch freundschaftliche oder verwandtschaftliche Bande verknüpft, angehörig, verwandt;* m. *ein Verwandter* Çiç. 14,55. Wird auch als f. = संयोग gefasst.

संयुजे Dat. Infin. zu 1. युज् mit सम् ṚV. 8,41,6.

संयुति f. 1) *Summe* (zweier Zahlen oder Grössen) Bîģag. 198. — 2) *Conjunction von Planeten.*

संयुयुत्सु Adj. *kampfbegierig.*

संयुयूषु Adj. mit Acc. *in Verbindung zu bringen wünschend mit* (Instr.).

संयोग m. 1) *Verbindung, Zusammenhang, Vereinigung, Zusammentreffen;* in der Philosophie *die Kategorie der unmittelbaren Berührung, Contact.* Construction des Wortes: *a)* mit einem Gen. α) *Zusammenhang* innerhalb eines Ganzen. — β) *Verbindung* einzelner *Theile, Vereinigung —, das Zusammenkommen von, Zusammenhang zwischen.* — γ) *Verbindung —, Vereinigung —, Contact mit.* Acc. mit कर् so v. a. *unternehmen, sich machen an.* — *b)* mit सह und Instr. oder mit blossem Instr. = *a)* γ). — *c)* mit Loc. *Vereinigung in,* so v. a. *das Aufgehen in.* — *d)* am Ende eines Comp. α) = *a)* α). — β) = *a)* β). मन्त्र° so v. a. *Uebereinstimmung der Meinungen im Rathe.* — γ) = *a)* γ). प्रापितो ऽग्निसंयोगम् so v. a. *wurde verbrannt;* दाराग्निहोत्रसंयोगं कर् so v. a. *ein Weib nehmen und das heilige Feuer unterhalten;* °संयोगे so v. a. *wenn es sich handelt um* Gaut. 7,13. 13,19. 16,48. 18,24. °संयोगेषु 23,29. अध्ययनाध° Adj. so v. a. *mit Studien beschäftigt oder auf Reisen befindlich* 5,21. — 2) *freundschaftliches* oder *verwandtschaftliches Verhältniss mit* (सह), *Verschwägerung.* — 3) *eheliche Verbindung* (Gaut. 4,10), — *zwischen* (Gen. oder im Comp. vorangehend), *fleischliche Vermischung —, Beischlaf mit* (सह). — 4) *Summe.* — 5) *Consonantenverbindung, eine Gruppe von zwei oder mehr Consonanten.* — 6) *ein best. Bündniss.* — 7) *das Sichhalten an Etwas, Erwählung* Âpast. 2,22,5. 23,2.

संयोगमन्त्र m. *Heirathsspruch* Gaut. 4,7.

***संयोगित** Adj. = संयोजित, संयोगिते Hariv. 14649 fehlerhaft für तं योगिनो.

संयोगिन् Adj. 1) *in Contact stehend, unmittelbar verbunden, — mit* (Instr. oder im Comp. vorangehend). Nom. abstr. °गित्व n. Sarvad. 30,4. — 2) *mit dem geliebten Gegenstande verbunden.* — 3) *verheirathet.* — 4) *mit einem andern Consonanten verbunden, einer der Consonanten in einer Consonantengruppe.*

°संयोजक Adj. *veranlassend zu* Gaut.

संयोजन n. 1) *das Vereinigen, Zusammenbringen, — mit* (Instr. oder Loc. 267,9). — 2) **fleischliche Vermischung, Beischlaf.* — 3) mit den Genetiven मित्रावरुणयोस्, अश्विनोम् und प्रकृतिम् Namen von Sâman Ârsh. Br.

संयोजयितव्य Adj. Pl. *mit einander zu verbinden* Kâraṇḍ. 74,14.

संयोज्य Adj. *in Verbindung zu bringen mit, zu richten auf* (Loc.).

संयोद्धर् Nom. ag. *Kämpfer* in प्रति°.

संयोद्धव्य n. impers. *zu kämpfen.*

संयोधकण्टक m. N. pr. eines Jaksha.

संरक्ष 1) Nom. ag. *hütend, Hüter.* — 2) f. आ *Hut, Schutz, Bewachung.*

°संरक्षक Nom. ag. (f. °क्षिका) *Hüter, Hüterin.* Vgl. शालिसंरक्षिका.

संरक्षण n. *das Hüten, Schützen, Bewahren, —* von (Gen. oder im Comp. vorangehend), — vor (im Comp. vorangehend), *das Verhüten.*

°संरक्षणवत् Adj. *Rücksicht nehmend auf* Káraka 1,6 (अग्नि° zu lesen).

संरक्षणीय Adj. *zu bewachen,* so v. a. *vor dem man sich zu hüten hat.*

***संरक्षितिन्** Adj. mit Loc. *der gehütet hat* u. s. w.

संरक्षिन् Nom. ag. *Hüter, Bewacher.* Vgl. सत्य°.

संरक्ष्य Adj. 1) *zu hüten, zu schützen, zu bewachen, — vor* (Abl.), *in Acht zu nehmen.* — 2) *wovor man sich zu hüten hat.*

संरञ्जन Adj. (f. ई) *erfreuend, freundlich, blandus.* कथा f. Text zu Lot. de la b. l. 139.

संरञ्जनीय Adj. *woran man seine Freude hat.*

संरम्भ m. (adj. Comp. f. आ) 1) *das Anpacken.* — 2) *Beissen und Jucken* (einer Wunde u. s. w.). — 3) *innere Aufregung und ein daraus hervorgehendes ungestümes Gebaren, ein leidenschaftliches Auftreten, an den Tag gelegter grosser Eifer, ein ungestümes Verlangen;* die Ergänzung im Infin. oder im Comp. vorangehend (Çiç. 11,23. Uttamak. 344). — 4) *Aufwallung, Zorn, — gegen* (Loc. oder उपरि mit Gen.). — 5) *das Toben* (des Wassers, der Schlacht, der Leidenschaften); *Heftigkeit, Intensität, hoher Grad.* Am Anfange eines Comp. vor einem Adj. so v. a. *überaus* Vikr. 61. — 6) Hariv. 11109 fehlerhaft für संभार.

संरम्भण Adj. *aufreizend,* Bez. der Lieder AV. 4,31. fg.

संरम्भदृश् Adj. *zornigen Blickes.*

संरम्भिन् Adj. 1) *juckend.* — 2) *mit grossem Eifer obliegend;* die Ergänzung im Comp. vorangehend. — 3) *zornig,* sowohl *zum Zorn geneigt* als auch *im Zorn seiend.* Nom. abstr. °म्भित्व n. Çiç. 18,40.

संराग m. 1) *Röthe.* — 2) *Leidenschaft, Heftigkeit.* — 3) *das Hängen an* (Loc.).

*संराजितर् Nom. ag. von 1. राज् mit सम्.

संराद्धि f. *das Gelingen.*

संराधक Adj. *vollständige Concentration des Geistes beobachtend* ÇAṀK. zu BÂDAR. 3,2,24.

संराधन 1) Adj. (f. ई) *zufrieden stellend, Eintracht bewirkend.* — 2) n. *vollständige Concentration des Geistes.*

संराध्य Adj. 1) *den man für sich gewinnen muss.* — 2) *was man sich zu eigen machen kann.* — 3) *durch vollständige Concentration des Geistes zu erreichen* ÇAṀK. zu BÂDAR. 3,2,24.

संराव m. *lautes Geschrei, Gekreisch* KÂÇIKH. 7, 35. 13,20. 36.

संरावण n. dass. KANḌAK. 70,2.

संरुजन n. *das Schmerzen, Schmerzhaftigkeit.*

संरुध् f. ein Spielausdruck, etwa *eine Art des Einsatzes.*

संरोदन n. *das Heulen, Jammern.*

संरोध m. 1) *das Zurückhalten, Aufhalten, Hemmung, Unterdrückung.* — 2) *Einschränkung.* — 3) *Einsperrung, Einschliessung, Belagerung.* — 4) *Beschränkung, Beeinträchtigung.* — 5) *Unterdrückung,* so v. a. *Vernichtung.* — 6) * = क्षेप ÇÂÇVATA 690.

संरोधन n. 1) *das Zurückhalten, Hemmen, Unterdrücken.* — 2) *das Einsperren.*

संरोध्य Adj. *einzusperren.*

संरोपण 1) Adj. *zusammenwachsen —, vernarben machend, zuheilend* (trans.). — 2) n. *das Pflanzen.*

संरोह m. 1) *das Zuwachsen, Ueberwachsen.* — 2) *das Verwachsen, Verheilen.* — 3) *das Aufkeimen, Hervorbrechen, zum Vorschein Kommen.*

संरोहण 1) Adj. = संरोपण 1). — 2) n. *a) das Verheilen, Vernarben.* — *b) das Pflanzen.*

°संरोहिन् Adj. *wachsend in.*

संलक्ष्य Adj. *wahrnehmbar, sichtbar* KÂVJAPR. 4, 36. Auch wohl fehlerhaft für सल्लक्ष्य.

संलङ्घन n. *das Vorübergehen* (der Zeit) Comm. zu LÂṬJ. 6,6,15.

संलपन n. *das Schwatzen.* संलपनोत्सुकता so v. a. *ein Verlangen viel zu sprechen.*

संलय m. 1) *das Niederhocken* (eines Vogels). — 2) **Schlaf.*

संलयन n. *das Niederhocken.*

संलाप m. (adj. Comp. f. आ) 1) *Unterredung, Gespräch, Unterhaltung* (HEM. PAR. 2,126. UTTAMAK. 187), — *mit* (Instr., Instr. mit सह oder Gen.), — *über* (im Comp. vorangehend). — 2) Bez. *eines best. Dialogs im Schauspiel.*

संलापक 1) m. = संलाप 2). — 2) n. *eine Art von Schauspielen.*

°संलिप्सु Adj. *habhaft zu werden wünschend.*

संलेप m. *Schmutz, Koth* HEMÂDRI 1,604,7.

संलोकिन् Adj. *im Angesicht Anderer seiend, von Andern gesehen* GOBH. 4,7,21.

°संलोडन Adj. *in Verwirrung —, in Unordnung bringend.*

1. संवर्त् f. 1) *Seite.* — 2) *Strecke, Strich.* — 3) * = संग्राम.

2. संवत् Abkürzung für संवत्सरे *im Jahre, anno,* insbes. *im Jahre — nach der Aera des* Vikrama. Auch *im Regierungsjahre.*

संवत्सम् Adv. *ein Jahr lang.*

संवत्सर m. 1) *Jahr.* Acc. *ein Jahr lang, für die Dauer eines Jahres;* Instr. *nach einem Jahre, im Laufe eines Jahres;* Loc. und Gen. *binnen —, im Laufe eines Jahres, nach einem Jahre.* Personificirt VP.[2] 2,86. Vereinzelt auch n., z. B. GAUT. 15, 15. — 2) *das erste Jahr im fünf- oder sechsjährigen Cyclus.*

संवत्सरकर Adj. *das Jahr bildend* (Çiva).

संवत्सरकौस्तुभ m. Titel BURNELL, T.

संवत्सरतम Adj. (f. ई) *über's Jahr kommend.* °तमीं रात्रिम् so v. a. *heute über's Jahr.*

संवत्सरदीक्ष Adj. *wobei die* Dîkshâ *ein Jahr lang unterhalten wird.*

संवत्सरदीक्षित Adj. *ein Jahr lang die Weihe unterhaltend.*

संवत्सरदीपव्रत n. *eine best. Begehung.*

संवत्सरपर्वन् n. *Jahresabschnitt* PAT. zu P. 4,2, 21, Vârtt. 2.

संवत्सरप्रतिमा f. *das Abbild des Jahres* TBR. 1,1,6,7. Ind. St. 17,223. fg.

संवत्सरप्रदीप m. Titel eines Werkes.

संवत्सरप्रबर्ह und °प्रवल्ह m. *eine Nebenart des* Gavâmajana.

संवत्सरप्रभृति Adj. *ein Jahr und länger dauernd* KÂTJ. ÇR. 24,4,2.

संवत्सरप्रवात Adj. *ein Jahr lang der Luft ausgesetzt gewesen* ÂPAST. ÇR. 5,27,11.

संवत्सरफल n. Pl. *die Früchte des Jahres,* so v. a. *was im Laufe des Jahres zu erwarten ist.* Auch Titel eines Werkes BURNELL, T.

संवत्सरब्राह्मण n. *die symbolische Bedeutung eines Jahresopfers* TÂṆḌJA-BR. 24,20,2.

संवत्सरभुक्ति f. *Jahreslauf, der in einem Jahre zurückgelegte Lauf* (der Sonne) BHÂG. P. 5,22,8.

संवत्सरभृत् Adj. *der die* Dîkshâ *ein Jahr lang unterhält* ÇULBAS. 2,79.

संवत्सरभृत Adj. *ein Jahr lang getragen* oder *gepflegt* (das Feuer). संवत्सरभृतोख Adj. ÇÂṄKH. ÇR. 16,20,11.

संवत्सरभृतिन् Adj. *ein Jahr lang* (das Feuer) *getragen* oder *gepflegt habend.*

संवत्सरभ्रमि Adj. *in einem Jahre den Umlauf vollbringend* (die Sonne) MÂRK. P. 77,42.

°संवत्सरमय Adj. *aus so und so vielen Jahren bestehend.*

संवत्सरमुखी f. *der 10te Tag in der lichten Hälfte des* Ǵjaishṭha HEMÂDRI 1,64,1.

संवत्सररूपं n. *eine Form des Jahres.*

संवत्सरवासिन् Adj. *ein Jahr lang* (beim Lehrer) *bleibend.*

संवत्सरविध Adj. *in der Weise eines Jahresopfers zu begehen* ÇAT. ÇR. 12,2,3,9.

संवत्सरवेला f. *der Zeitraum eines Jahres.*

संवत्सरसत्त्र n. *ein* Soma-*Opfer, dessen Sutjâ-Tage ein Jahr über dauern.*

संवत्सरसद् Adj. *der eine solche Feier hält.*

संवत्सरसंमित Adj. 1) *dem Jahre gleichmässig.* — 2) *dem Jahres*-Sattra *gleichartig.* — 3) f. आ und n. (KÂTJ. ÇR. 24,3,17) Bez. *bestimmter Tage, in deren Mitte der* Vishuvant-*Tag liegt.*

संवत्सरसहस्र n. *Jahrtausend.*

संवत्सरसात Adj. (f. आ) *im Laufe eines Jahres erworben* TS. 2,2,6,4.

संवत्सरस्वदित Adj. *für ein Jahr lang gut bereitet* ebend.

संवत्सरात्यासम् Absol. *mit Ueberspringung eines Jahres* LÂṬJ. 9,8,17.

संवत्सरायुष Adj. *ein Jahr alt* MAITR. S. 2,3,5 (32,12).

संवत्सरावर Adj. *mindestens ein Jahr dauernd.*

संवत्सरिक fehlerhaft für सांवत्सरिक.

संवत्सरीण Adj. (f. आ) *jährig, jährlich, alle Jahre wiederkehrend* ÂPAST. ÇR. 8,3,4. HEMÂDRI 1, 148,16.

संवत्सरीय Adj. dass. MAITR. S. 2,10,1 (132,7).

संवत्सरोपसत्क Adj. *dessen* Upasad *ein Jahr lang dauert* Comm. zu KÂTJ. ÇR. 4,6,14.

संवत्सरोपासित Adj. *ein Jahr lang bedient.*

संवदन n. 1) *Gespräch, Unterhaltung* ÇAṀK. zu BÂDAR. 2,1,5. — 2) * = समालोच, आलोच. — 3) v. l. für संवनन 3). Auch *f. आ.

संवदितव्य oder °तव्य Adj. *zu bereden, worüber ein Uebereinkommen zu treffen ist.*

संवेनन 1) Adj. (f. ई) *geneigt machend, für sich gewinnend, versöhnend, vereinigend* AV. 6,139,3.

दान° so v. a. *zum Spenden geneigt machend*, — *auffordernd*. — 2) m. N. pr. des Liedverfassers von ṚV. 10,191. — 3) n. *ein Mittel der Vereinigung, — der Eintracht, — für sich zu gewinnen* (Bâlar. 66,1), — *zu bezaubern; zähmender Bann* Gaut. कोश° so v. a. *das Gewinnen*, —, *Erwerben eines Schatzes* MBh. 5,148,9.

संवत् 1) Adj. *das Wort* सम् *enthaltend*. — 2) n. Name eines Sâman.

संवपन n. *das Einschütten* Kâtj. Çr. 15,1,11.

1. संवर 1) Adj. *abwehrend, zurückhaltend*. काल° als Beiw. Vishṇu's. — 2) m. *a) Damm* Bhatt. 13, 7. — *b) Abwehr der Aussenwelt, das Sichhüten vor derselben*, Bez. eines der 7 oder 9 Tattva bei den Gaina. — *c)* *N. pr. zweier Arhant bei den Gaina. — 3) (*n.) *Selbstbeherrschung* Kâraṇḍ. 46,10.13.14.

2. संवर m. *Wahl* (eines Gatten). v. l. स्वयंवर.

3. संवर m. n. ungenaue Schreibart für शम्बर.

1. संवॅरण 1) Adj. (f. ई) *verschliessend, in sich enthaltend* Pr. P. 26. वलि f. Bez. einer der *Falten des Afters*. — 2) m. N. pr. verschiedener Männer Vîsav. 275,2, v. l. — 3) n. *a) Umhegung, ein umschlossener Raum* (wie der Opferplatz). — *b) Hülle, Decke*. — *c) das Verbergen, Verstecken, Geheimhalten; Geheimnisskrämerei*. — *d) das Schliessen*.

2. संवरण n. *das Erwählen* (eines Gatten).

संवरणनाटक n. Titel eines *Schauspiels* Opp. Cat. 1.

संवरणस्रज् f. *ein Kranz, den ein Mädchen dem Erwählten aufsetzt*, Ragh. 6,80. Naish. 9,65.

संवरणीय Adj. *zu verbergen, zu verstecken, geheim zu halten* Prasannar. 14,16.

*संवरविंशक n., *संवरव्याख्या f. und संवरोदयतन्त्र n. Titel von Werken.

संवर्ग॑ 1) Adj. *zusammen* —, *an sich raffend*. — 2) m. *a) das Zusammenraffen, — bringen*. Mit den Genn. अग्नेस् und प्रजापतेस् Namen von Sâman Ârsh. Br. — *b) Vermengung* (?) in वर्ण° Vasishtha 3,24. — *c) das mit einander Multipliciren, das Product einer Multiplication* Ârjabh. 2,3. Vgl. संवॅर्गम्.

संवर्गजित् m. N. pr. eines Lehrers Vaṃçabr. 2.

संवॅर्गम् Absol. *zusammenraffend*.

संवर्गय्, °यति *um sich versammeln* Bhatt. 14, 94. v. l. संसर्गय्.

संवर्गविद्या f. *eine best. Lehre*. Auch fehlerhaft für संसर्गविद्या.

संवर्ग्य 1) Adj. *zu multipliciren*. — 2) m. N. pr. eines Mannes.

संवर्जन n. *das Packen*.

संवर्णन n. *das Schildern, Erzählen*.

संवर्त॑ 1) m. *a) etwa das auf den Leib Rücken*. — *b) etwas Gerolltes* oder *Geknetetes, Ballen*. — *c) ein geballter, dichter Haufe*. — *d) eine geballte, regenschwangere Wolke*. — *e) eine der sieben Wolken beim Weltuntergange*. — *f) Weltende, Untergang der Welt*. संवर्ताग्नि m., संवर्तार्क m. und संवर्ताम्भस् n. — *g) eine best. Weltperiode* (कल्प). — *h)* **Jahr*. — *i) eine best. mythische Waffe*. — *k) ein best. Komet*. — *l) eine best. Conjunction der Planeten*. — *m)* **Terminalia Bellerica*. — *n)* N. pr. verschiedener Männer. °स्मृति f. Burnell, T. Opp. Cat. 1. °श्रुति f. — 2) n. इन्द्रस्य संवर्ते Namen zweier Sâman Ârsh. Br. 1,393. Richtig सांवर्ते.

संवर्तक 1) Adj. *zusammenrollend, Alles umstürzend beim Untergang der Welt*. संवर्तकाब्ध Pl. Nâgân. 70. 76. — 2) m. *a) ein solches Feuer*. Nach H. *das höllische Feuer* (वाडव). Pl. so v. a. *die höllischen Feuer*. — *b)* Sg. (sc. गण) *eine solche Gruppe von Wolken* (vgl. u. 1) VP. 5,11,1. Pl. 6,3,31. — *c) Weltende, Untergang der Welt*. — *d)* **Terminalia bellerica* Râgan. 11,237. — *e)* *Bein. Baladeva's. — *f)* N. pr. α) eines Schlangendämons MBh. 1,35,10. — β) eines alten Weisen, = संवर्त. — γ) eines Berges. — 3) f. °र्तिका *ein junges* (*noch zusammengerolltes*) *Blüthenblatt einer Nymphaea* Bhâvapr. 1,224. Anarghar. 4,4. 5. 70. नलिनी° Kâd. 36,17 (66,6). — 4) n. Baladeva's *Pflugschar*.

*संवर्तकिन् m. Bein. Baladeva's.

संवर्तग m. N. pr. eines Sohnes des dritten Manu Sâvarṇa. v. l. सर्वत्रग.

संवर्तन n. *eine best. mythische Waffe* Hariv. 3, 41,14.

°संवर्तनीय Adj. *führend* —, *gereichend zu* Text zu de la b. l. 189. 204.

संवर्तम् Absol. *aufrollend, umstürzend*.

संवर्तमरुत्तीय Adj. *die Weisen* Saṃvarta *und* Marutta *betreffend*.

संवर्धक scheinbar in J. A. O. S. 6,504, Çl. 13, da hier संवर्धयां चकिरे zu lesen ist.

संवर्धन 1) Adj. *vermehrend, fördernd*. — 2) m. N. pr. eines Mannes. — 3) n. *a) das Heranwachsen* (eines Kindes). — *b) das Grossziehen* (eines Kindes). — *c) Mittel zum Wachsen*, केश° *der Haare*. — *d) das Gedeihen, Erfolghaben*. — *e) das Gedeihenmachen, Fördern*.

संवर्धनीय Adj. 1) *aufzuziehen, gross zu ziehen*. — 2) *zu ernähren*. — 3) *zu mehren, zu fördern*.

संवर्मय्, °यति s. u. वर्मय् Nachtr. 6.

*संवर्ष्, °र्पति (संभरणे).

संवल *Wegekost*. Vgl. शम्बल.

1. संवलन n. und °ना f. *das Zusammentreffen, Zusammenstossen* (in feindlichem Sinne Bâlar. 201, 10); *Vereinigung, Verbindung*.

2. संवलन fehlerhaft für संवनन.

संवल्गन n. *das Aufspringen, Jubeln* Anarghar. 185.

संववृत्वँस् (von वत्) Partic. *zusammengeballt*.

संवसति f. *das Zusammenwohnen* Subhâshitâv. 2927.

*संवसथ m. *Niederlassung, Dorf*.

संवॅसन n. *Wohnort, Behausung*.

सँवसु m. *Wohnungsgenosse*.

संवस्त्रण n. *das Tragen gleicher Kleider* Comm. zu Mân. Gṛhj.

संवस्त्रय् s. u. वस्त्रय्.

संवह m. Name 1) *eines der sieben Winde*. — 2) **einer der sieben Zungen des Feuers*. Als m.!

संवहन n. 1) *das Führen, Leiten*. — 2) *das an den Tag Legen, Aeussern*.

*संवहितर् Nom. ag. anzunehmen für सांवहित्र. Vgl. संवोढर्.

संवॅाच् f. *gemeinsame Rede, colloqium*.

संवाच्य n. als eine der 64 Kalâ wohl *die Kunst sich zu unterhalten*.

*संवाटिका f. = शृङ्गाटक.

संवादॅ m. (adj. Comp. f. आ) 1) *Unterredung*, — *mit* (Instr., Instr. mit सह, Loc. oder im Comp. vorangehend). — 2) *Verabredung* in यथासंवादम्. — 3) *Uebereinstimmung, Einklang; das Gleichkommen* 323,29.

संवादक 1) Adj. *übereinstimmend*. — 2) m. N. pr. eines Mannes Harshać. 150,3.

संवादन n. *Einigung, Einstimmung*.

संवादिन् Adj. 1) *sich unterhaltend*. — 2) *übereinstimmend, im Einklang stehend, — mit* (Gen. oder im Comp. vorangehend) 250,28. 252,30.

संवाद्य Naish. 6,54 schlechte Lesart für संवाद.

संवाध m. schlechte Lesart für संबाध.

संवाप m. *das Zusammenschütten* Comm. zu Âpast. Çr. 6,29,15. 10,30,7. 15,6,6.

संवार m. (adj. Comp. f. आ) 1) *der Verschluss der Stimmritze* (bei der Aussprache eines Lautes). — 2) *Hinderniss* Mṛcch. 110,4, v. l.

°संवारण Adj. *zurückhaltend, abwehrend*.

संवारयिषु Adj. *zurückzuhalten* —, *abzuwehren beabsichtigend* MBh. 6,85,12.

संवार्य Adj. 1) *zu verhüllen, zu verbergen*. — 2) *zurückzuhalten, abzuwehren* in अ°.

संवावदूक Adj. *übereinstimmend* Anarghar. 7,146.

संवास m. 1) *das Zusammenwohnen, Zusammen-*

leben, — *mit* (Instr., Instr. mit सह oder im Comp. vorangehend). — 2) *geschlechtliche Beiwohnung, Beischlaf mit* (im Comp. vorangehend) Karaka 6, 30. — 3) *gemeinschaftlicher Wohnplatz*. — 4) *Niederlassung, Wohnstätte, Wohnplatz*. — 5) **Spazierplatz*.

1. °संवासिन् Adj. *gekleidet in*.

2. संवासिन् Adj. 1) *zusammenwohnend*; m. *Wohnungsgenosse*. — 2) am Ende eines Comp. *wohnend in, bewohnend*.

संवास्य Adj. MBh. 12,321,25 schlechte Lesart für संध्यास.

संवाह 1) Adj. *a) in Bewegung setzend* in तृण°. — *b)* *= संवाहक. — 2) m. *a)* etwa *ein Park zum Spazierenfahren*. — *b) Marktflecken*. — *c) das Entlangfahren mit der Hand, Streichen*. — *d) einer der sieben Winde*. Wohl nur fehlerhaft für संवह. — *e) Erpressung, Bedrückung*.

संवाहक Nom. ag. (f. °हिका) *mit der Hand entlang fahrend*, — *über* (im Comp. vorangehend), *die Glieder streichend, der dieses als Gewerbe betreibt*. Subst. Karaka 92,5. Harshak. 30,9.

संवाहन n. 1) *das Fahren, Ausfahren*. — 2) *das Ziehen* (der Wolken). — 3) **das Ziehen* —, *Tragen einer Last* u. s. w. — 4) *das Entlangfahren mit der Hand* (auch हस्त°), *Streichen* —, *Reiben der Glieder*. Gewöhnlich in Comp. mit dem, was gerieben wird, Hem. Par. 1,127. Vâsav. 140,2.

संवाहितव्य Adj. *zu reiben*.

संवाहिनी f. *ein zuführendes Gefäss* (von der Mutter zum Fötus) Karaka 353,5.

संवाह्य Adj. 1) *zu tragen*. — 2) *an den Tag zu legen* in अ°.

संविकाश MBh. 9,896 fehlerhaft für संनिकाश.

संविचेतव्य Adj. *auszusondern* R. 5,85,18.

संविज्ञान n. 1) *das Mitverstehen* —, *Mitbegreifen* —, *Subsumiren aller übrigen Theile*. — 2) *das Kennen, Wahrnehmung*. °भूत Adj. *allgemein bekannt*, — *gebräuchlich*.

संवित्क am Ende eines adj. Comp. von 1. संविद् 1) Nrs. Up. in der Bibl. ind. 147.

संवित्ति f. 1) *Erkenntniss*. — 2) *Empfindung*, — *für* (im Comp. vorangehend) Kap. 5,27. Hem. Par. 9,92. — 3) **Einverständniss* Çâçvata 422. — 4) * = संबन्ध.

संवित्प्रकाश m. Titel eines Werkes.

1. संविद् f. 1) *Bewusstsein* (Comm. zu Njâjas. 3,2,1), — *von* (im Comp. vorangehend), *Erkenntniss* Naish. 8,48. Auch Pl. Im Joga Bez. einer best. durch Anhalten des Athems erreichten Stufe. — 2) *Empfindung, Gefühl*. — 3) *Einverständniss; Verabredung, Uebereinkunft*, — *in Betreff von* (im Comp. vorangehend). Acc. mit कर्, स्थापय् oder वि-धा (Kathâs. 44, 127 wohl verdorben) *sich verabreden, übereinkommen, ein Uebereinkommen treffen mit* (Gen., Instr. oder Instr. mit सह), — *zu* (Infin. oder Dat.), — *in Betreff von* (im Comp. vorangehend); mit dem Caus. von लङ्घ् oder व्यति-क्रम् *einen Vertrag* u. s. w. *brechen*. — 4) *ein Stelldichein*. — 5) *Plan, Anschlag*. — 6) *Unterredung, Gespräch*, — *über* (im Comp. vorangehend) Çiç. 16,47. — 7) *Nachricht*. — 8) *Herkommen, Sitte*. — 9) *Name*. — 10) **Kampf*. — 11) = तोषण Çiç. 16,47 nach dem Comm. — 12) **Hanf*.

2. संविद् f. *Erwerb, Besitz* Maitr. S. 4,2,8 (30,5).

संविद 1) Adj. *Bewusstsein habend* in असंविद. — 2) *Verabredung, Uebereinkunft*. ज्ञातसंविदः Kâm. Nîtis. 11,26 vielleicht fehlerhaft für ज्ञातसंविदो (von संविद्).

संविद्य n. *Besitz*.

संविध f. = संविधा 1) MBh. 3,284,2.

संविधा f. 1) *Anordnung, Vorkehrung, Veranstaltung* (Bâlar. 126,18), *Einrichtung*. — 2) *Lebensweise*.

संविधातर् Nom. ag. *Anordner, Bestimmer*, so v. a. *Schöpfer, ein Gott*. — Venîs. 90,11 wohl fehlerhaft für संनिधातर्.

संविधातव्य 1) Adj. *zu veranstalten, zu bewerkstelligen, zu thun*. — 2) n. impers. *zu verfahren*.

संविधान n. = संविधा 1). Auch fehlerhaft für संनिधान.

संविधानक n. *eine absonderliche Art des Verfahrens*.

संविधानवन्त् Adj. *richtig verfahrend*.

संविधि m. = संविधा 1). Auch fehlerhaft für संनिधि.

संविधेय Adj. = संविधातव्य 1).

संविन्मय Adj. *aus Erkenntniss bestehend*.

संविभक्तर् Nom. ag. *mit Anderen theilend, Andere bedenkend*; mit Gen.

संविभजन n. *das Theilen mit einem Andern* Bâlar. 288,9.

संविभजनीय Adj. *zu vertheilen unter* (Dat.).

संविभज्य Adj. *mit dem man Etwas theilen muss, zu bedenken* Zach. Beitr. 39. MBh. 12,76,11.

संविभाग m. 1) *das Theilen mit Anderen* (Âpast. 1,23,6. Gaut. 10,39), *Zukommenlassen eines Antheils*, — *an* (Dat. oder Loc.), *das Theilnehmenlassen an* (im Comp. vorangehend), *das Beschenken mit* (im Comp. vorangehend) Gaut. 5,21. Instr. mit कृत्वा *dadurch, dass man eine Vertheilung veranstaltet*. आज्ञा° *Ertheilung von Befehlen* Kâd. 232,24 (381,19). Acc. mit कर् Med. *mit Jmd* (Gen.) *an Etwas* (Instr.) *Theil haben* 47,19 (87,6.7). — 2) *Antheil*.

संविभागमनस् Adj. *mit Anderen zu theilen geneigt*.

संविभागरुचि Adj. *gern mit Anderen theilend*. Nom. abstr. °ता f.

संविभागशील und °वन्त् (Varâh. Brh. S. 68,112) Adj. *mit Anderen zu theilen pflegend*.

संविभागिता f. und संविभागित्व n. *die Tugend mit Anderen zu theilen*.

संविभागिन् Adj. 1) *mit Anderen zu theilen pflegend, zu th. pfl. mit* (Gen.). — 2) *einen Antheil von* (Gen.) *erhaltend*.

संविभाग्य Adj. *dem man Etwas zukommen lassen soll* Râgat. 8,63.

संविभाज्य Adj. MBh. 12,2879 fehlerhaft für संविभज्य.

संविमर्द m. *ein Kampf auf Leben und Tod*.

संविवर्धयिषु Adj. mit Acc. *gedeihen zu machen* —, *zu vermehren begehrend*.

*संविषा f. *Aconitum ferox*.

संविहार Hariv. 8721 fehlerhaft.

संवीक्षण n. 1) *das Erblicken* Kâçikh. 67,12. — 2) **das Suchen, Nachforschen*.

संवीत 1) Adj. s. u. 1. व्या mit सम्. — 2) n. *Kleidung* Spr. 1076.

संवीतिन् Adj. *die heilige Schnur um den Hals tragend* Ind. St. 15,153.

संवुवूर्षु Adj. mit Acc. *zu verbergen beabsichtigend* Bhatt.

संवृक्तधृष्णु Adj. *der den Starken an sich reisst*, — *bemeistert*.

संवृञ्ज् Adj. *an sich reissend*.

1. संवृत् Adj. *bedeckend*.

2. संवृत् f. *das Beschreiten, Herankommen; Angriff*.

संवृत 1) Adj. s. u. 1. वर् mit सम्. — 2) *m. Bein. Varuṇa's. — 3) n. *ein verborgener Ort* Kaush. Up. 1,1.

संवृतता f. *das Geschlossensein, Verschlossenheit*.

संवृतत्व n. dass. Venîs. 27,22.

संवृतमन्त्र Adj. *seine Berathungen* —, *seine Pläne geheimhaltend*. Nom. abstr. °ता f.

संवृतस् Abl. Infin. zu वर्त् mit सम् AV. 18,3,30. fgg.

संवृति f. 1) *Verschluss*. — 2) *Verhüllung, Verbergung, Geheimhaltung* Çiç. 10,35. — 3) *Verstellung, Heuchelei*. — 4) *Hemmung*. Ueber die Bed. des Wortes bei den Buddhisten s. Wassiljew, Der Buddh. S. 321. fgg.

संवृतिमत् Adj. *sich zu verstellen vermögend* Çiç. 15,11. Subhâshitâv. 679.

संवृत्त 1) Adj. s. u. वर्त् mit सम्. — 2) m. *a*) *Bein. Varuṇa's. — *b*) N. pr. eines Schlangendämons.

संवृत्ति f. 1) *gemeinsame Beschäftigung.* अध्ययन° *gemeinsames Studiren* Âpast. 2,6,13 (सांवृत्ति fehlerhaft). — 2) *eine richtige Wirkung* Ḱaraka 5,12. — 3) etwa *Erfüllung* (personificirt). — 4) fehlerhaft für संवृति und auch wohl für सद्वृत्ति.

संवृद्धि f. 1) *Wachsthum.* — 2) *Macht* Çiç. 2,116.

संवेग m. 1) *eine heftige Gemüthsaufregung.* — 2) *Heftigkeit, Gewalt, hoher Grad.* — 3) *ein Verlangen nach Erlösung* Hem. Jogaç. 2,15. Hem. Par. 2, 308. 349.

संवेगधारिणी f. N. pr. einer Kiṁnara-Jungfrau Kâraṇḍ. 6,18.

संवेजन n. in नेत्र° und रोम° Nachtr. 6.

संवेद् m. *Empfindung.*

संवेदन n. 1) *das Erkennen.* — 2) *das Bewusstwerden, Empfundenwerden.* — 3) *das Melden, Verkünden, Zuwissenthun.*

संवेदनीय Adj. *zu empfinden* Comm. zu Njâjas. 5,1,31.

संवेद्य 1) Adj. *a*) *kennen zu lernen, zu erkennen aus* (im Comp. vorangehend), *verständlich für* (im Comp. vorangehend). — *b*) *mitzutheilen Jmd* (Loc.). — 2) *m. *der Zusammenfluss zweier Flüsse.* — 3) n. N. pr. eines Tîrtha.

संवेद्यता f. *Verständlichkeit für* (Instr.).

संवेद्यत्व n. 1) dass. — 2) *das Empfundenwerden* Comm. zu Njâjas. 4,2,36.

संवेश m. 1) *Eintritt, Anschluss.* — 2) *das Niederliegen, Schlafen.* — 3) **quidam coeundi modus.* — 4) *Gemach, Zimmer.* — 5) **Sitz, Bank.*

संवेशक Nom. ag. *Einer, der seinem Herrn beim Schlafengehen hilft,* Ḱaraka 1,15. — Vgl. गृह°.

संवेशन 1) Adj. (f. ई) *zum Liegen veranlassend* Taitt. Âr. 6,3,1. — 2) n. *a*) *das Niederliegen, Schlafen* Çâṅkh. Gṛhj. 4,7. — *b*) *geschlechtliches Beiwohnen, das Beschlafen* Âpast. 2,1,19. — *c*) **Sitz, Bank.*

***संवेशनीय** Adj. = संवेशनं प्रयोजनमस्य.

संवेशपति m. *der Herr des Niederliegens, — Schlafes, — Beischlafes.*

संवेशिन् Adj. *zum Schlafen sich niederlegend* in अधः° (Nachtr. 6) und जघन्य°.

(**संवेश्य**) **संवेशिश्र** Adj. *zu betreten, zu besitzen.*

***संवेष** (!) m. gaṇa संतापादि.

संवेष्ट n. 1) *das Gehülltsein in* (im Comp. vorangehend). — 2) *Hülle.* Am Ende eines adj. Comp. *gehüllt in.*

संवेष्टन n. *das Zusammenrollen* Çaṅk. zu Bâdar. 2,1,9. Im Dhâtup. als Bed. von मुर्.

***संवोढर्** Nom. ag. von 1. वह् mit सम्.

संव्यवस्य Adj. *zu entscheiden.*

संव्यवहरण n. *das Zurechtkommen —, Sichverständigen im gewöhnlichen Leben.*

संव्यवहार m. 1) *Verkehr, — mit* (Instr.) Baudh. 2,3,41. — 2) *Beschäftigung —, das Sichabgeben mit* (im Comp. vorangehend). — 3) *das Zurechtkommen —, Sichverständigen im gewöhnlichen Leben.* Vgl. लोक°. — 4) *ein allgemein verständlicher Ausdruck im gewöhnlichen Leben.*

संव्यवहारवन्त् m. *Geschäftsmann.*

संव्यवहारिक Adj. fehlerhaft für सांव्यवहारिक.

संव्यवहार्य Adj. in अ°.

संव्याध m. in अ°.

संव्याधि m. *Kampf.*

संव्यान n. 1) *Umschlag, Tuch, Mantel* Çiç. 18,69. Hem. Par. 2,326. 451. Bhaṭṭ. 4,37. — 2) **das Verhüllen* Çâçvata 706.

संव्याय m. = संव्यान 1).

संव्यास Verz. d. Oxf. H. 48,*b*,2 wohl fehlerhaft.

संव्यूह m. *Vertheilung, Anordnung.*

संव्यूहिम Adj. etwa *vertheilend.*

संव्रश्चम् Absol. *zerstückelnd, stückweise.*

संव्रात vielleicht = व्रात *Menge.*

संव्रय m. in अंसंव्रय.

संशंसा f. *Lob, Anpreisung* Çâṅkh. Br. 28,7.

***संशकला** Adv. mit कर् u. s. w.

संशप्तक m. Pl. *Eidgenossen,* im MBh. Bez. von Kriegern (Trigarta mit seinen Brüdern), *die feierlich geschworen hatten* Arǵuna *zu tödten,* aber selbst um's Leben gebracht wurden. °वधपर्वन् n. Titel von Adhjâja 17. fgg. in MBh. 7.

संशब्द m. 1) *Anruf, ein herausfordernder Ruf* MBh. 6,48,20. — 2) *Rede.* — 3) *das Erwähnen.*

संशब्दन n. *das Erwähnen, Nennung.* Pl. 221,11.

संशब्द्य Adj. in अ°.

संशम m. *Beruhigung, Befriedigung* Bhaṭṭ. 17,101.

संशमन 1) Adj. (f. ई) *beruhigend, niederschlagend* (die aufgeregten humores). — 2) n. *a*) *das zur Ruhe Bringen.* — *b*) *Mittel zur Beruhigung* u. s. w. Ḱaraka 6,3.

संशमनीय in वास्तु° und संशोधन°.

संशय m. (adj. Comp. f. आ) 1) *Zweifel, Zweifelhaftigkeit, Bedenken, Ungewissheit, — in Bezug auf* (Loc., Acc. mit प्रति oder im Comp. vorangehend), *eine zweifelhafte Sache.* अपृच्छत्संशयम् Ḱaraka 6,19. संशयः mit folgendem Potent. *es ist zweifelhaft, ob* Chr. 78,20. नास्ति मे संशयः am Anfange eines Verses ohne Einfluss auf die Construction, eben so न संशयो मे ऽस्ति mitten in den Satz eingeschoben; नास्त्यत्र संशयः, नास्ति संशयः, नात्र संशयः, न संशयः (überaus häufig) und न हि संशयः am Ende eines Satzes so v. a. *ohne allen Zweifel.* — 2) *Gefahr, — für* (Gen., Loc. oder im Comp. vorangehend).

संशयकर Adj. (f. ई) *Gefahr bringend, — für* (im Comp. vorangehend).

***संशयच्छेद** m. *Lösung eines Zweifels, — einer zweifelhaften Sache.*

संशयच्छेद्य Adj. *die Lösung einer zweifelhaften Sache betreffend.*

संशयपक्षतारहस्य n., **संशयवाद** m. (Burnell, T. Opp. Cat. 1) und °वादार्थ m. Titel von Werken.

संशयसम m. im Njâja *ein best. unrichtiges Gegenargument.*

संशयाक्षेप m. *eine best. rhetorische Figur: Entfernung eines ausgesprochenen Zweifels.*

संशयात्मक Adj. *dem Zweifel unterworfen, zweifelhaft.*

संशयात्मन् Adj. *dem Zweifel sich hingebend, unschlüssig* Bhag. 4,40.

संशयानुमितिरहस्य n. Titel eines Werkes.

संशयालु Adj. *zweifelnd, skeptisch, — in Bezug auf* (Loc.) Naish. 3,61.

संशयावह Adj. *Gefahr bringend, — für* (Gen. oder im Comp. vorangehend).

संशयित 1) Adj. s. u. 2. शी mit सम्. — 2) n. *Zweifel, Ungewissheit* MBh. 14,49,10.

***संशयितर्** Nom. ag. *Zweifler.*

संशयितव्य Adj. *zu bezweifeln, problematisch* Çaṅk. zu Bâdar. 4,3,14.

संशयोपमा f. *eine in der Form eines Zweifels ausgesprochene Vergleichung.*

संशर m. 1) *das Zusammenbrechen.* — 2) *das Zerreissen.*

संशरण n. 1) etwa *das Zufluchtsuchen bei Jmd.* — 2) **Beginn eines Kampfes, Angriff.* Richtig संसरण.

संशान n. Name verschiedener Sâman Ârsh. Br.

संशान्ति f. *das Erlöschen.*

संशारुक Adj. in असंशारुक Nachtr. 2.

संशास् in सुसंशास्.

संशासन n. *Anweisung.*

संशित 1) Adj. s. u. 2. शा mit सम्. — 2) *m. N. pr. eines Mannes.

संशिततपस् Adj. *sich strengen Plagen unterwerfend, alle Plagen ertragend* (ein Çûdra) MBh. 13, 141,58.

संशितवाच् Adj. *spitze Reden führend* 30,16.

संँशितव्रत 1) Adj. *streng am Gelübde hängend.* — 2) *m. *ein* Ṛshi Gal.

संशितात्मन् Adj. *fest entschlossen.*

संशिति f. *Schärfung.*

संशिशरिषु Adj. *zerreissen wollend.*

संशिश्रीषु Adj. mit Acc. *sich an — anzulehnen beabsichtigend* Bhaṭṭ.

संशिँश्वरी Adj. f. *ein gemeinsames Kalb habend.*

संशिँस् f. *Aufforderung.*

संशीत Adj. = शीत *kalt.*

संशीति f. = संशय *Zweifel* Kâd. 148,18 (362,12). Harshak. 28,14. Çilâñka 1,249.

संशीलन n. 1) *das Ueben, fleissiges Anwenden.* — 2) *häufiger Verkehr mit* (Instr.).

संशुद्धि f. *Reinheit, Lauterkeit.*

संशुष्क Adj. (f. आ) *ausgetrocknet, trocken, dürr* (Kâraka 6,11); *abgemagert.* संशुष्कास्य Adj. *mit eingefallenem Gesicht.*

संशृङ्गी f. wohl *eine Kuh, deren Hörner gegen einander gebogen sind,* Maitr. S. 4,2,1 (22,10.13). 14 (38,13).

संशोकज Adj. Subst. = स्वेदज Bâdar. 3,1,21.

संशोधन 1) Adj. (f. ई) *reinigend, schlechte Säfte ableitend.* — 2) n. *a) das Reinigen.* — *b) ein reinigendes Mittel* Kâraka 1,16. 3,8.

संशोधनसंशमनीय Adj. *von den Mitteln zur Reinigung und Beruhigung handelnd, sie betreffend* Suçr. 1,144,11.

संशोध्य Adj. *zu reinigen* (durch Purgirmittel) Kâraka 6,18.

संशोष m. *das Trockenwerden, Eintrocknen.*

संशोषण 1) Adj. *trocknend* (trans.) Kâraka 1,26. — 2) n. *das Trockenwerden.*

संशोषिन् Adj. *trocknend* (trans.) Subhâshitar. 12, 16. eine Form von Fieber Bhâvapr. 3,80.

*संश्चत् m. = कुहक.

*संश्चाय्, °यते Denomin. von संश्चत्.

संश्रद्धा *Glauben haben.* Nur संश्रद्धाय Absol.

संश्रय m. (adj. Comp. f. आ) 1) *Verbindung, Anschluss an* (Gen. oder im Comp. vorangehend). °संश्रयात् so v. a. *in Folge von.* Auch Pl. Am Ende eines adj. Comp. so v. a. *verbunden mit.* — 2) *Anschluss an einen benachbarten Fürsten, ein Schutz- und Trutzbündniss.* — 3) *Zuflucht, Schutz, Zufluchtsstätte.* — 4) *Wohnstätte, Aufenthaltsort.* Am Ende eines adj. Comp. *seinen Wohnsitz habend —, sich aufhaltend —, sich befindend in* oder *an, weilend bei, wachsend an, stehend in.* — 5) *das Sichbeziehen auf, das Betreffen.* Am Ende eines adj. Comp. *sich beziehend auf, betreffend.* — 6) *das Sichbegeben an* oder *nach* (Loc. oder im Comp. vorangehend). — 7) *das Sichhingeben, Gehen an, Greifen zu.* °संश्रयात् so v. a. *mit Hülfe von, mittels.* Am Ende eines adj. Comp. so v. a. *einer Sache ergeben.* — 8) *ein zu Etwas gehöriges Stück* MBh. 7,32,16. — 9) N. pr. eines Pragâpati.

°संश्रयण n. *Verbindung mit, Anschluss an.*

संश्रयणीय Adj. *an den man sich schliessen kann, in dessen Schutz man sich begeben darf.* Nom. abstr. °ता f.

संश्रयितव्य Adj. *wohin man sich des Schutzes wegen begeben muss.*

संश्रयिन् Adj. 1) *der sich unter Jmds Schutz gestellt hat, in Jmds Dienst getreten ist;* m. *Diener, Untergebener.* — 2) am Ende eines Comp. *wohnend —, stehend —, befindlich in* oder *an.*

संश्रव m. 1) *das Hören, Vernehmen.* — 2) *Bereich des Gehörs.* Loc. *so dass es Jmd* (Gen.) *hören kann* oder *konnte.* — 3) *Versprechen, Zusage.* — 4) schlechte Schreibart für संस्रव.

संश्रवण n. 1) *das Hören, Vernehmen, das Redenhören von.* — 2) *Bereich des Gehörs* Kâraka 1,29. Loc. so v. a. *so dass man es hört, laut.*

1. संँश्रवस् n. *vollständiges Ansehen* Vaitân.

2. संँश्रवस् m. N. pr. eines Mannes. संश्रवसः साम Name eines Sâman Ârsh. Br.

संश्राव m. *das Zuhören.*

संश्रावक m. *Zuhörer, Katechumen* Kâraṇḍ. 27,18.

संश्रावम् Absol. in असंश्रावम्.

संश्रावयितर् Nom. ag. *Verkünder, Ausrufer* (des Namens des Ankommenden), so v. a. *Einführer, Thürsteher.* n. Kaush. Up. 2,1.

संश्रावयितृमन्त् Adj. *einen Thürsteher habend.*

संश्राव्य Adj. 1) *hörbar* in अ°. — 2) *zu dessen Ohre man Etwas* (Acc.) *gelangen lassen darf.*

संँश्रित 1) Adj. s. u. 1. श्रि mit सम्. — 2) m. *Untergebener, Diener.*

संश्रितव्य Adj. fehlerhaft für संश्रयितव्य Spr. 711, v. l.

संश्रुत 1) Adj. s. u. 1. श्रु mit सम्. — 2) *m. N. pr. eines Mannes.

संश्रुत्य m. N. pr. eines Sohnes des Viçvâmitra.

संश्रिषाँ m. etwa *ein best. Ringkampf* Indra's.

संश्लिष् Adj. (Nom. संश्लिट्) *zusammenhängend, verschlungen* Âpast. Çr. 16,31.

संँश्लिष्ट 1) Adj. s. u. श्लिष् mit सम्. — 2) m. *eine Art Pavillon* Vâstuv. 831. — 3) n. *Anhäufung, Menge* R. Gorr. 2,108,7.

संश्लिष्टकर्मन् Adj. *dem es gleich viel gilt, ob eine That gut oder böse ist,* MBh. 7,5965 (v. l. संक्लिष्ट°). Spr. 5412.

संश्लेष m. (adj. Comp. f. आ) 1) *Verbindung, Vereinigung, unmittelbare Berührung, — mit* (Instr. oder im Comp. vorangehend). °संश्लेषं लभ् so v. a. *theilhaftig werden.* — 2) *Umarmung.* — 3) *Gelenk.* — 4) *Riemen, Band* MBh. 14,45,3.

संश्लेषण 1) Adj. (f. ई) *verkittend, verbindend* Çâñkh. Âr. 2,1. — 2) n. *a) das Sichanheften, Ankleben.* — *b) das Verbinden, Vereinigen.* — *c) Band.* — *d) Klebemittel, Kitt* Âpast. Çr. 15,17,8.

संश्लेषिन् Adj. *verbindend.*

*संश्वत् m. = संश्चत्.

संश्वायिन् Adj. *schwellend* in उभयतःसंश्वायिँन्.

संष्ठुल in विसंष्ठुल.

संसक्तता f. *das Steckengebliebensein* Daçak. 3,17.

संसक्ति f. *unmittelbare Berührung, Contact* (Çiç. 8,67), — *mit* (im Comp. vorangehend).

संसङ्ग m. *Zusammenhang, Verknüpfung.*

°संसङ्गिन् Adj. *haftend —, sich anhängend an* (Vikramâñkak. 10,14), *in unmittelbare Berührung —, in ein nahes Verhältniss tretend mit.* संसङ्गिनीत n. Nom. abstr. vom f. Çiç. 18,19.

संसँद् f. 1) *consessus, Versammlung, Gemeine; ein versammelter Gerichtshof, der Hof eines Fürsten; Gesellschaft, Anwesenheit vieler Personen.* — 2) *Menge* überh. — 3) संसदामयनम् *eine best. Feier von 24 Tagen.*

संसद m. = संसद् 3) Kâtj. Çr. 24,2,14.

संसदन n. *Niedergeschlagenheit* Kâraka 6,11.

*संसनन n. *das Gewinnen* in अन्न° als Erklärung von वाँजसाति.

संसप्तक 1) m. fehlerhaft für संशप्तक. — 2) *f. ई *Gürtel* Gal.

संँसमक Adj. *aneinander gefügt.*

संसरण n. 1) *das Umhergehen, Wandeln.* — 2) *das Wandern aus einem Leben in das andere, das durch Wiedergeburten nicht endende weltliche Dasein.* — 3) *der ungehinderte Marsch eines Heeres.* — 4) *Beginn eines Kampfes* H. an. 4,91; vgl. Zach. Beitr. 90. — 5) *Hauptstrasse.* — 6) *a resting place for passengers near the gates of a city.*

संसर्ग 1) Adj. *sich vermengend, zusammenlaufend.* — 2) m. (adj. Comp. f. आ) *a) das Zusammentreffen, Verschwimmen, Verbundensein, Verbindung, Vereinigung, Zusammenhang, Berührung, Contact, — mit* (Gen., Instr. oder im Comp. vorangehend). — *b) das Untereinandergerathen* Mân. Gṛhj. 2,15. — *c) Berührung mit,* so v. a. *das Zuthunhaben —, Sichabgeben mit, Sich-*

betheiligen an (insbes. an etwas Schlechtem), *das Sichbeflecken mit.* Am Ende eines adj. Comp. *der Theil genommen hat an.* — *d)* Pl. *Berührung mit der Aussenwelt, Sinnengenuss.* — *e) eine best. Berührung von Himmelskörpern* beim *Planetenkampfe.* — *f) das Zusammentreffen mit Menschen, Berührung mit Andern, Umgang, Verkehr,* — *mit* (Gen., Instr., Instr. mit सह, Loc. oder im Comp. vorangehend); *Verkehr mit Unreinen.* — *g) geschlechtlicher Verkehr,* — *mit* (Gen., Instr. mit सह oder im Comp. vorangehend). — *h) die Verbindung zweier humores, welche Krankheiten erzeugt.* Vgl. संनिपात. — *i) das Zusammenbleiben von Verwandten nach erfolgter Erbtheilung, Gütergemeinschaft.* — *k) Dauer.* — *l) Schneidepunct* Çulbas. 1,28.

संसर्गक am Ende eines adj. Comp. von संसर्ग 2) *a)*.

संसर्गय्, °यति *um sich versammeln* Bhaṭṭ. 14,94. v. l. संवर्गय्.

संसर्गवत्त्व n. Nom. abstr. von संसर्गवत्.

संसर्गवत् Adj. *in Verbindung stehend.* Am Ende eines Comp. *verbunden mit.*

संसर्गविद्या f. *die Kunst mit Menschen umzugehen* MBh. 12,231,19.

संसर्गिक Adj. = संसर्गिन् 1).

संसर्गिता f. *das in Berührung Kommen mit Andern.*

संसर्गित्व n. dass. Comm. zu Âpast. Çr. 9,11,2.

संसर्गिन् Adj. 1) *zusammenhängend, in Berührung stehend,* — *mit* (im Comp. vorangehend). — 2) am Ende eines Comp. *theilhaftig, im Besitz seiend von.* — 3) *der nach erfolgter Erbtheilung fortfährt mit den Verwandten zusammen zu leben.*

संसर्गी f. *Reinigung* (in medic. Sinne) Karaka 6,10.

संसर्जन n. 1) *das Zusammenkommen, Vereinigung,* — *mit* (Instr.). — 2) *das Heranziehen an sich, das Gewinnen für sich.* — 3) = संसर्गी Karaka 1,15. 6,10. 15. 23.

संसर्प 1) Adj. संसर्प॑ (VS.) und सं॑सर्प (TS.) *schleichend, gleitend* u. s. w. in einer Formel. — 2) m. *a) ein best.* Katurâha Vaitân. — *b)* संसर्प॑ *der 13te Monat* TS. 6,5,3,4. — 3) n. Name verschiedener Sâman Ârsh. Br.

संसर्पण n. 1) *das Besteigen.* — 2) *das Schleichen, schleichende Bewegung* Kâd. 38,20 (69,5). — 3) *das Beschleichen, Ueberrumpeln* (eines Feindes).

संसर्पद्ध्वजिनीविमर्दविलसद्धूलीमय Adj. (f. ई) *ganz von Staub erfüllt, der sich durch das Gestampf des marschirenden Heeres erhebt,* Kathâs. 121,280.

संसर्पमाणक Adj. *kriechend.*

संसर्पिन् Adj. 1) *sich langsam fortbewegend* Kâd. 75,19 (139,3). — 2) *umherschwimmend.* — 3) am Ende eines Comp. *sich erstreckend —, reichend bis.* Nom. abstr. °र्पिता f.

*संसया Indecl. in Verbindung mit कर् u. s. w.

संसव m. *ein gleichzeitiges* Soma-*Opfer zweier benachbarter Gegner.*

°संसह् Adj. *einer Sache gewachsen* Bhaṭṭ. 13,12.

सं॑सहस्र Adj. *von tausend begleitet.*

संसहायक m. *Genosse* Matsja-P. 51,25.

संसाद m. *Gesellschaft* in स्त्रीषंसाद॑.

संसादन n. *das Zusammenstellen.*

संसाधक Adj. *in seine Gewalt —, für sich zu gewinnen beabsichtigend.*

संसाधन n. 1) *das Bereiten, Verfertigen.* — 2) *das Zustandebringen, Vollbringen.* Auch so v. a. कार्य° *das Vollbringen eines Geschäfts.*

संसाध्य Adj. 1) *zu bewerkstelligen, zu vollbringen.* — 2) *zu gewinnen, zu erlangen.* — 3) *mit dem man fertig werden kann, besiegbar, bezwingbar.*

संसार 1) Adj. *wandernd, Wiedergeburten erfahrend.* — 2) m. *a) die Wanderung aus einem Leben in ein anderes, das sich stets wiederholende Dasein, Kreislauf des Lebens, das (sich immer wieder erneuernde) Leben mit allen seinen Leiden, das weltliche Dasein.* आ संसारात् (vgl. आसंसारम्) so v. a. *von Anfang der Welt.* °चक्र, °मण्डल (Çiç. 14,87); °पदवी, °वर्त्मन्, °सरणि; °कारागृह (Ind. St. 15,368); °समुद्र, °सागर (Chr. 105,16), संसाराब्धि, संसारार्णव, संसारोदधि; °कूप; °कानन, °कान्तार, °वन; °तरु, °वृक्ष, °विषवृक्ष, विटपाङ्कुर; संसारानल, संसाराङ्गार. — *b) Erbärmlichkeit, Armseligkeit.* — *c)* fehlerhaft für संचार Spr. 785, v. l.

*संसारगुरु m. *der Liebesgott.*

संसारण n. 1) *das Fortbewegen.* — 2) fehlerhaft für संसरण.

संसारतरणि und °णी f. Titel eines Commentars.

*संसारपथ m. *vulva* Gal.

संसारमार्ग m. 1) *Lebensweg* Spr. 2847. — 2) **vulva.*

संसारवत् Adj. *den Armseligkeiten des weltlichen Daseins unterworfen,*

संसारसारथि m. *der Wagenlenker im weltlichen Dasein,* Bein. Çiva's.

संसारावर्त m. Titel eines Wörterbuchs.

संसारित्व n. Nom. abstr. zu संसारिन् 1) *b)*.

संसारिन् 1) Adj. *a) weithin sich bewegend, umfassend* (Verstand). — *b) im weltlichen Dasein steckend, daran gebunden* Hem. Par. 2,215. — 2) m. *ein lebendes Wesen, Mensch.* Mit स्व so v. a. *ein Angehöriger* Hem. Par. 1,305.

संसिच् Adj. *zusammengiessend. — schüttend.*

संसिद्धरस Adj. = रससिद्ध 1) Kâṇḍak. 80,11.

संसिद्धि f. 1) *das Fertigwerden, Gelingen, Zustandekommen, ein glücklicher Erfolg* Spr. 7695. दैव° *das Sicherfüllen des Schicksals.* — 2) *ein vollkommener Zustand, Vollkommenheit* (eines Menschen), — *in* (im Comp. vorangehend). — 3) *das letzte Ergebniss, — Resultat.* — 4) *eine feststehende Meinung, das letzte Wort.* — 5) * = प्रकृति, स्वरूप, स्वभाव. — 6) * = मदोग्रा (?).

संसुखित Adj. *überaus erfreut, — befriedigt* Lalit. 103,11.

संसुतसोम m. = संसव.

संसु॑दे Dat. Infin. (zu 1. स्वद् mit सम्) *zu kosten, zu geniessen.*

°संसूचक Adj. *anzeigend, an den Tag legend, verrathend.*

संसूचन n. *das Verrathen, an den Tag Legen, Aeussern, Vorbringen* (von Reden).

°संसूचिन् Adj. = संसूचक Subhâshitâv. 1298.

संसूच्य Adj. *zu verrathen, an den Tag zu legen.*

संसू॑द॑ etwa *Gaumen.* Nach dem Comm. n. *Nase und Anderes.*

संसृ॑ज् f. *das Zusammentreffen.*

संसृ॑त् f. s. u. संसृ॑प्.

संसृति f. = संसार 2) *a)* Kap. 3,3. 16. Hem. Par. 2,215. Çiç. 14,63. °चक्र n. und °चक्रवाल.

संसृ॑प् f. Pl. Bez. von *zehn Gottheiten* (Agni, Sarasvatî, Savitar, Pûshan, Bṛhaspati, Indra, Varuṇa, Soma, Tvashṭar und Vishṇu) *und den ihnen geweihten Opfergaben im* Daçapeja *des* Râǵasûja Vaitân. संसृ॑द्भिस् (vgl. अद्भि॑स् von अ॑प्) TS. संसृपामिष्टिः. Nom. abstr. संसृप्त्व॑ n.

संसृपाहविस् n. Pl. wohl nur fehlerhaft für संसृपां ह॰.

संसृपेष्टि f. Pl. nach dem Comm. *ein Opfer an* Agni *und sechs andere Götter.*

सं॑सृष्ट 1) Adj. s. u. 3. सर्ज् mit सम्. — 2) m. N. pr. eines fabelhaften Berges Kâraṇḍ. 91,13. — 3) n. *eine nahe Beziehung zu, Freundschaft mit* (Loc.) MBh. 8,40,30. बहु मनुष्येषु संसृष्टं चर् *in vielseitige nahe Beziehungen zu den Menschen treten* Chr. 29,16.

संसृष्टजि॑त् Adj. *im Handgemenge siegend.*

संसृष्टत्व n. 1) *das Verbundensein.* — 2) *das Zusammenleben von Verwandten nach erfolgter Erbtheilung.*

संसृष्टधय॑ Adj. *mit der Kuh zusammengelassen und saugend* (Kalb).

संसृष्टभाव m. *eine nahe Beziehung, Freundschaft* R. 4,6,14.

संसृष्टहोम m. *eine gemeinschaftliche Oblation* (an Agni und Sûrja) Âpast. Çr. 6,10,9. 15,12,9.

संसृष्टि f. 1) *Vereinigung* Maitr. S. 3,8,3. — 2) in der Rhetorik *die Verbindung zweier neben einander stehender Redefiguren* Vâmana 4,3,30.

संसृष्टिन् Adj. *nach erfolgter Erbtheilung mit den Verwandten wieder auf gemeinsame Kosten lebend* Gaut.

संसेक m. *Durchnässung, das Nasssein, — durch* (im Comp. vorangehend).

°संसेवन n. 1) *das Anwenden, Gebrauchmachen von.* — 2) *das Sichaussetzen.* — 3) *das Dienen, zu Diensten Sein, Verehren.*

संसेवा f. 1) *Besuch* (eines Ortes). — 2) *Verehrung.* — 3) *Anwendung, Gebrauch.* — 4) *Hinneigung zu, Vorliebe für* (im Comp. vorangehend).

संसेवितर् Nom. ag. *Anwender, Gebraucher, der sich einer Sache bedient.*

°संसेविन् Adj. *verehrend.*

संसेव्य Adj. 1) *zu besuchen, besucht werdend.* — 2) *zu bedienen, bedient werdend* (Hemâdri 1,227, 11), *zu verehren.* — 3) *wovon man Gebrauch machen soll* oder *darf, zu betreiben, dem man sich hingeben soll* oder *darf.*

संस्कन्ध n. *eine best. Krankheit.*

संस्करण n. 1) *das Zurechtmachen, Zubereiten* Gobh. 1,7,28. 4,4,5. — 2) *das Verbrennen* (eines Verstorbenen).

संस्कर्तर् Nom. ag. 1) *Zurechtmacher, Zubereiter* (von Speisen) Âpast. 2,3,4. — 2) *Einweiher, Vollbringer einer religiösen Ceremonie* Âpast. 1,1,11. — 3) *Hervorbringer eines Eindrucks.*

संस्कर्तव्य Adj. *herzurichten, zuzurüsten, zurechtzumachen* Hariv. 3,118,11.

संस्कार m. (adj. Comp. f. आ) 1) *Zubereitung, Zurüstung, Bearbeitung, Zurichtung, ein kunstgerechtes, einem bestimmten Zwecke entsprechendes Verfahren mit Etwas; Reinigung, Schmückung, Verzierung.* — 2) *Pflege* (von Thieren und Pflanzen). — 3) *eine dem Körper zugewandte Pflege, Toilette, Anzug.* — 4) *Herstellung —, richtige Bildung eines Wortes, eine mit diesem vorgenommene richtige Operation.* — 5) *eine astronomisch-mathematische Correction.* — 6) *Bildung, gute Erziehung.* — 7) *Fehlerfreiheit, Richtigkeit, Correctheit,* insbes. der Aussprache und Ausdrucksweise. — 8) *eine Begehung häuslicher und religiöser Art, die an jedem Mitgliede der drei oberen Kasten zu vollziehen ist oder die es selbst zu beobachten hat, wodurch es gleichsam zugerichtet und rein wird; Weihe, Vollziehung eines Sacraments, Sacrament.* Deren vierzig Gaut. 8,8. fgg. — 9) *das an einem Todten vollzogene Sacrament,* d. i. *Verbrennung.* Vgl. पुरुष°. — 10) *Eindruck, eine durch Vergangenes* (auch *durch Werke in einer früheren Geburt*), *aber im Augenblick nicht mehr Wirkendes bedingte Stimmung, — Anlage des Geistes; Nachwirkung* (im Geiste oder in einem Körper). — 11) bei den Buddhisten *Alles was der Geist gestaltet und sich als real vorstellt, obgleich es in der Wirklichkeit gar nicht besteht.* Dazu gehört *die ganze materielle Welt und Alles was an ihr zu haften scheint.*

संस्कारक Adj. 1) *zubereitend, zurüstend, zurichtend, in einen zweckentsprechenden Zustand versetzend.* — 2) *weihend* (Kâç. zu P. 4,3,70. Nom. abstr. °त्व n. Gaim. 3,2,2), *ein Sacrament ertheilend.* — 3) *einen Eindruck bewirkend, — hinterlassend.*

*संस्कारकर्तर् m. *der den Schüler weihende Lehrer* Gal.

संस्कारकौस्तुभ m., संस्कारगणपति m. und संस्कारतत्त्व n. Titel von Werken.

संस्कारता f. Nom. abstr. zu einem auf संस्कार 10) auslautenden adj. Comp. Vâsav. 118,6.

संस्कारत्व n. Nom. abstr. zu संस्कार 1) Âçv. Çr. 5,6,25. चक्षुषां °त्वं सम्-आप् so v. a. *zur Augenweide werden* Mahâvirak. 134,6.

संस्कारदीधिति f. Titel eines Werkes Burnell, T.

संस्कारनामन् n. *der bei der Ceremonie der Namengebung dem Kinde gegebene Name* (entspricht unserem *Taufnamen*).

संस्कारपद्धति f., संस्कारप्रकाश m., संस्कारप्रयोग m. und संस्कारभास्कर m. Titel von Werken.

°संस्कारमय Adj. *in der Weihe des — bestehend.*

संस्कारमयूख m. (Burnell, T.) und संस्कारत्न n. Titel von Werken.

संस्कारवत् Adj. *grammatisch richtig.* Nom. abstr. °वत्त्व n.

संस्कारवर्जित Adj. *bei dem die Weihe nicht vollzogen worden ist* H. 854.

संस्कारवादार्थ m. Titel eines Werkes.

संस्कारविशिष्ट Adj. *besser zubereitet* (Speise) Gaut. 5,33.

संस्कारसिद्धिदीपिका f. Titel eines Werkes.

*संस्कारहीन Adj. = संस्कारवर्जित.

संस्कारादिमत् Adj. *geweiht u. s. w.* (eine Person).

संस्कार्य Adj. 1) in der Astron. *durch eine entsprechende Operation zu corrigiren.* — 2) *zu weihen* (eine Person), *mit den erforderlichen Ceremonien zu behandeln* (ein Leichnam) Kâd. 2,88,7 (108,17). — 3) *einen Eindruck empfangend.*

संस्कृत 1) Adj. s. u. 1. कर् mit सम्. — 2) n. संस्कृत a) *Zurüstung, Vorbereitung, zum Empfang bereiter Ort.* — b) *das Sanskrit.*

संस्कृतत्र n. *Schlachtbank.*

संस्कृतत्व n. *das Zugerichtetsein* u. s. w. Gaim. 3,4,33.

संस्कृतमाला f. und संस्कृतवाक्यरत्नावली f. Titel von Werken.

संस्कृति 1) f. a) *Zurüstung, Zubereitung, Zurichtung.* — b) *Bildung.* — c) *Weihe, Verleihung eines Sacraments.* — d) unter den Beinn. Kṛshṇa's. v. l. संस्कृत. — 2) m. N. pr. eines Fürsten VP.² 4,137. v. l. संकृति.

संस्कृत्रिम Adj. *künstlich verziert.* अ° Bhaṭṭ. 4,37.

संस्क्रिया f. 1) *Zurüstung, Zubereitung, Zurichtung; Gestaltung* Çaṁk. zu Bâdar. 2,2,27. — 2) **die letzte Weihe, die Verbrennung eines Leichnams.*

संस्खलित n. *das Fehlgehen, Versehen, Missgriff.* Pl. Nâgân. 42,4.

संस्तम्भ m. *Hartnäckigkeit, Widerstreben* Maitr. S. 1,4,14 (63,16. 17).

संस्तम्भन 1) Adj. *stopfend.* — 2) n. a) *Stopfmittel.* — b) *das zum Stillstehen Bringen, Aufhalten.*

संस्तम्भनीय Adj. *aufzurichten, zu ermuthigen.*

संस्तम्भयितर् Nom. ag. *der zum Stillstehen bringt, der da bannt.*

संस्तम्भयिषु Adj. *zum Stehen zu bringen beabsichtigend* MBh. 7,42,6.

संस्तम्भिन् Adj. *zum Stillstehen bringend, bannend.*

संस्तर m. (adj. Comp. f. आ) 1) *Streu, Lager* Vâsav. 160,2. — 2) *eine ausgestreute Menge* (पुष्प°). — 3) *Hülle, Decke.* — 4) *das Bestreuen.* v. l. संस्तरण. — 5) *Ausbreitung.* — 6) *Opferhandlung, Opfer.* Häufiger यज्ञ°.

संस्तरण n. 1) *Streu.* — 2) *das Bestreuen.*

संस्तव m. (adj. Comp. f. आ) 1) *gemeinschaftlicher —, gleichzeitiger Preis.* — 2) Sg. und Pl. *Preis, Lobpreisung* Ind. St. 14,365. 379. 390. — 3) *Erwähnung.* — 4) *Bekanntschaft, — mit* (Instr., Instr. mit सह oder im Comp. vorangehend) Çiç. 7,31.

संस्तवन n. 1) *gemeinschaftliches —, gleichzeitiges Preisen.* — 2) *das Preisen, Loben* Ind. St. 14,378.

*संस्तवान Adj. *beredt.*

संस्तार m. 1) *Streu, Lager.* Metrisch fur संस्तर. — 2) **Opfer* Gal.

संस्तारक *Lager* Çilâṅka 1,275.

संस्तारपङ्क्ति f. *ein best. Metrum.*

संस्तावँ m. 1) *Ort des gemeinsamen Lobgesangs.* — 2) *gemeinschaftliches —, gleichzeitiges Preisen* Bhatt. 7,39.

संस्तिरँ f. *das Dichte* oder *Nahe.*

संस्तुतत्व n. *das Gepriesenwordensein, Gepriesenwerden.*

संस्तुति f. 1) *Preis, Lob.* — 2) *eine uneigentliche Bezeichnungsweise* Àpast. 1,12,15. 2,13,12.

संस्तुभँ f. *Gejauchze* als Bez. *eines best. Metrums* VS. 15,5.

संस्तूप m. *Kehrichthaufen* (nach dem Comm.) Gobh. 1,4,11.

संस्तोभ m. *Gejauchze.* मरुताम् Name eines Sâman Ârsh. Br. Auch n. ohne Beisatz.

संस्त्यान n. *das Gerinnen, Verdichtung* (der Leibesfrucht u. s. w.).

संस्त्याय m. 1) *Anhäufung, Ansammlung.* — 2) *Haus, Wohnung, Wohnort.*

संस्थ 1) Adj. (f. आ) a) *stehend —, weilend —, sich befindend in* oder *auf, enthalten in* (Loc. oder im Comp. vorangehend). — b) *befindlich in* oder *bei,* so v. a. *Jmd* (Loc. oder im Comp. vorangehend) *eigen, gehörig* Vaitân. 25,14. — c) am Ende eines Comp. *beruhend auf, abhängig von.* — d) am Ende eines Comp. *sich befindend in,* so v. a. *theilhaftig —, im Besitz von — seiend.* — e) *bestehend, dauernd.* — f) * *todt.* — 2) m. संस्थँ a) *Anwesenheit, Gegenwart.* Nur Loc. *inmitten —, in Gegenwart von* (Gen.); mit folgendem चिद् so v. a. *durch die blosse Anwesenheit.* — b) * *Späher, Kundschafter.* — 3) f. संस्थाँ (adj. Comp. f. आ) a) *das Bleiben —, Verweilen bei* (im Comp. vorangehend). — b) *Gestalt, Form, Aussehen.* Am Ende eines adj. Comp. *in der Form von — auftretend, erscheinend als.* — c) *eine festgesetzte Ordnung, Norm.* Acc. mit कृ oder स्था Caus. *eine Verhaltungsregel* (für sich) *aufstellen, eine Verpflichtung eingehen;* mit व्यतिक्रम् oder परि- (v. l. प्रति-) भिद् *einer aufgestellten Verhaltungsregel —, seiner Verpflichtung untreu werden.* — d) *Beschaffenheit, Natur, Wesen.* — e) *Abschluss, Vollendung.* Am Anfange eines Comp. als Loc. zu fassen Vaitân. — f) *Ende,* so v. a. *Untergang, Tod* Àpast. 2,15,8. — g) *Untergang der Welt.* — h) *ein abgeschlossener liturgischer Satz* oder *Gang —, die Grundform eines Opfers.* Der Ǵjotishṭoma, Havirjaǵńa und Pâkajaǵńa bestehen aus sieben solchen *Formen.* — i) in Comp. mit पशु° *das Schlachten des Opferthiers.* — k) *die Ceremonie der Verbrennung eines Leichnams.* Auch प्रेत°. — l) vielleicht so v. a. श्राद्ध *Todtenmahl.* — m) *Späher —, Kundschafter im eigenen Lande.*

संस्थाकृत Adj. *festgesetzt, bestimmt* Hariv. 11113.

संस्थागार *Versammlungshaus, -saal* Lalit. 155,17.

संस्थाजप m. *Schlussgebet* Àçv. Çr. 1,11,14. fg. 13,10.

संस्थातोस् Abl. Infin. zu 1. स्था mit सम् Kâç. zu P. 3,4,16. Àpast. Çr. 1,16,11.

संस्थात्व n. *das Formsein, Gestaltetsein.*

संस्थाँन 1) Adj. als Beiw. Vishṇu's MBh. 13,149,55. — 2) m. Pl. N. pr. eines Volkes. — 3) n. (adj. Comp. f. आ) a) *das Sichbefinden an einem Orte* (im Comp. vorangehend). — b) *das Stillstehen, Standhalten.* संग्रामे Gaut. — c) *das Bestehen, Dasein, Vorhandensein.* — d) *Existenz, Leben.* — e) *das Verharren in* (im Comp. vorangehend), so v. a. *treues Befolgen.* — f) *Aufenthaltsort, Wohnort.* — g) *ein öffentlicher Platz in einer Stadt.* — h) *Gestalt, Form, Aussehen* (häufig in Verbindung mit रूप). — i) *eine schöne Gestalt, — Form.* — k) *Symptom einer Krankheit.* — l) *Beschaffenheit, Natur, Wesen.* — m) *Gesammtheit, das Ganze.* — n) *Abschluss* Maitr. S. 2,1,8 (9,13). — o) * *Ende, Tod.*

संस्थानचारिन् Adj. MBh. 1,7044 und 3,14113 fehlerhaft für संस्थास्नुचारिन्.

संस्थानभुक्ति f. in Verbindung mit कालस्य so v. a. *das Durchlaufen der verschiedenen Zeiträume* Bhâg. P. 3,11,3.

संस्थानवन्त् Adj. 1) *da seiend, vorhanden.* — 2) *verschiedene Gestalten habend.*

संस्थापक Adj. 1) *festsetzend, in Kraft setzend.* — 2) etwa *einem Dinge eine best. Gestalt gebend.* खण्ड° etwa *der Figuren aus Zucker bildet.*

संस्थापद्धति f. Titel eines Werkes.

संस्थापन 1) n. a) *das Befestigen, Aufstellen, Aufrichten.* — b) *das Festsetzen, in Kraft Setzen, Bestimmen.* — 2) f. आ *das Aufrichten, Ermuntern, Muthmachen.*

संस्थापयितव्य Adj. *aufzurichten, zu ermuntern, zu trösten* Kâd. 2,40,17 (48,2).

संस्थाँप्य Adj. 1) *zu stellen, zu bringen.* वशे *unter Jmds* (Gen.) *Botmässigkeit;* तस्य चेतसि so v. a. *seinem Herzen vorzuführen, ihm zum Bewusstsein zu bringen.* — 2) *abzuschliessen.* — 3) *mit einem beruhigenden Klystier zu versehen.*

संस्थावयववन्त् Adj. *eine Gestalt und Glieder habend.*

संस्थास्नुचारिन् Adj. MBh. 7,372 fehlerhaft für संस्थास्नु°.

सँस्थित 1) Adj. s. u. 1. स्था mit सम्. — 2) n. a) *das Verhalten.* — b) *Form, Gestalt* MBh. 5,171,2.

संस्थितयजुँस् n. *Schlussspruch nebst zugehöriger Spende.*

संस्थितहोम m. *Schlussopfer* Vaitân.

सँस्थिति f. 1) *das Zusammensein —, Vereinigung mit* (Loc.). — 2) *das Stehen —, Sitzen auf* (Loc. oder im Comp. vorangehend), *Stellung.* — 3) *das Verweilen bei, in* oder *unter* (Loc.). — 4) *das Bestehen,* so v. a. *Dauern, Verharren im selben Zustande.* — 5) *Ausdauer, Beharrlichkeit.* — 6) *das Bestehen —, Halten —, Werthlegen auf* (Loc.). — 7) *das Dasein, Vorhandensein, Möglichsein.* — 8) *Gestalt, Form.* — 9) *eine festgesetzte Ordnung.* — 10) *Beschaffenheit, Natur, Wesen.* — 11) *Abschluss* Vaitân. — 12) *Ende, Tod.* — 13) *constipatio, Stockung, Verstopfung.*

संस्थितिक am Ende eines adj. Comp. von संस्थिति in एवं°.

संस्थुल in वि°.

संस्नेहन n. *das Einölen, Geschmeidigmachen mit Oel* Karaka 8,1.

संस्पर्धा f. *Wettstreit, Wetteifer, Eifersucht, Neid.*

संस्पर्धिन् Adj. *wetteifernd mit* (im Comp. vorangehend 168,13), *eifersüchtig, neidisch.*

संस्पर्शँ m. (adj. Comp. f. आ) 1) *Berührung.* In Comp. mit dem *Berührten* oder *Berührenden.* वज्र° Adj. *bei der Berührung einem Donnerkeil ähnlich.* — 2) * f. आ *eine best. wohlriechende Pflanze.*

संस्पर्शन 1) Adj. am Ende eines Comp. *berührend* MBh. 2,5,65. — 2) n. *das Berühren, Berührung* Spr. 7677.

°संस्पर्शिन् und °संस्पृश् Adj. *berührend.*

*संस्प्रष्टृ Nom. ag. zur Erklärung von पृँश्नि.

संस्फान Adj. *feist werdend, sich mästend* TS. Prât. 11,16. P. 6,1,66, Vârtt. 7. AV. 6,79,1. 3. TS. 3,3,8,2.

*संस्फायन Adj. Pat. zu P. 6,1,66, Vârtt. 7.

*संस्फाल m. *Widder, Schaf.*

संस्फीय gaṇa धूमादि.

*संस्फुट Adj. *aufgeblüht.*

*संस्फेट m. *Kampf, Schlacht.*

संस्फोट m. 1) *das Aneinanderprallen.* शस्त्र° Bâlar. 31,15. — 2) * *Kampf, Schlacht.*

संस्मरण n. *das Gedenken, Sicherinnern;* mit Gen.

संस्मरणीय Adj. *dessen man sich erinnern muss, nur in der Erinnerung lebend.*

संस्मर्तव्य Adj. *dessen sich Jmd* (Gen.) *erinnern muss* MBh. 3,66,24.

संस्मारण n. *das Ueberzählen* (des Viehes).

संस्मृति f. *das Gedenken, Erinnerung an* (Gen.

oder im Comp. vorangehend). तत्संस्मृति प्रति *so weit die Er. daran reicht, so viel davon im Gedächtniss geblieben ist.* Acc. mit लभ् *sich Jmds oder einer Sache wieder erinnern.*

संस्मृतोपस्थित Adj. *erschienen, sobald man seiner gedacht hat,* Kathâs. 38,71.

संस्मेर Adj. *lächelnd* Subhâshitar. 16,14.

संस्यन्दिन् Adj. *zusammenfliessend.*

संस्रव m. (adj. Comp. f. आ) 1) *Zusammenfluss.* — 2) *zusammenlaufender Rest von Flüssigkeiten, Neige.* — 3) *fliessendes Wasser.* — 4) *ein zugehöriges Theilchen, ein abgesplittertes Stückchen.* v. l. संश्रय.

संस्रवण n. in गर्भ° Nachtr. 6.

संस्रवभाग Adj. *dem die Neige gehört.*

संस्रष्टर् Nom. ag. 1) (Kämpfe) *beginnend* RV. 10,103,3. — 2) *in Berührung stehend, Etwas damit zu thun habend.*

संस्राव m. 1) *Zusammenfluss.* — 2) *Ansammlung von Eiter* u. s. w. — 3) *Neige, Rest.*

संस्रावण Adj. *zusammenfliessend* AV. 1,15,2. 19,1,2.

संस्रावभाग Adj. = संस्रवभाग.

(संस्राव्य) संस्राविअ Adj. *zusammengeflossen, gemischt.*

संस्वार m. *das Zusammentönen* Çâñkh. Çr. 1,1,30.

संस्वेद m. *Schweiss.* °जास् Pl. *aus Schweiss (erwärmter Feuchtigkeit) entstehend* (Würmer, Insecten u. s. w.). शाक heissen *Pilze* u. s. w. Bhâvapr. 1,292. 280.

*संस्वेदयु ved. Adj.

संस्वेदिन् Adj. *schwitzend.*

संहत् f. etwa *Schicht*

संहत 1) Adj. s. u. 1. हन् mit सम्. — 2) n. *eine best. Stellung beim Tanze* S. S. S. 240.

संहतकुलीन Adj. *zu einem eng verbundenen Geschlecht gehörig* Kâty. im Comm. zu Âpast. Çr. 5,5,9.

संहतजानु Adj. und *°क *dessen Kniee* (beim Gehen) *sich berühren.*

संहतता f. *enger Anschluss* (eig. und übertr.).

संहतत्व n. 1) *Zusammengesetztheit.* — 2) *enger Anschluss.*

*संहतपुच्छि Adv. *mit eingezogenem Schwanze.*

*संहततल m. *die mit den Handflächen aneinandergelegten Hände.* Vgl. संघतल.

संहतवाक्कल Adj. Du. so v. a. *ein Duett singend* Mârk. P. 23,60.

संहतहस्त Adj. Du. *sich gegenseitig an der Hand fassend* Comm. zu Gobh. 2,2,1. Nom. abstr. °त्व n. ebend.

संहताङ्ग Adj. 1) *gedrungene Glieder habend.* — 2) *zusammenstossend* (Berge).

संहतापन m. N. pr. eines Schlangendämons.

संहताश्व m. N. pr. eines Fürsten.

संहति f. 1) *das Zusammenschlagen, das Sichschliessen.* — 2) *Gedrungenheit, fester Bau* (des Körpers). — 3) *Verdickung, Anschwellung.* — 4) *das Zusammenhalten, Sparen* zu Spr. 7200. — 5) *Verbindung, Vereinigung, das Verbundensein,* — *mit* (Instr.). — 6) *Nath.* — 7) *eine geballte Masse, Haufen, Menge, Fülle* Çiç. 5,20. 6,3. 21. 12,45. 14,80. 19,42. Vâsav. 179,5. 221,1.

संहतिशालिन् Adj. *dicht* Çiç. 20,13.

संहतीभाव m. *enge Verbindung* Karaka 257,21.

संहत्यकारिन् Adj. *zusammen wirkend.* Nom. abstr. °रिता f. und °रित्व n.

संहनन 1) Adj. a) *gedrungen, fest.* — b) *gedrungen machend.* — 2) m. N. pr. eines Sohnes des Manasju. — 3) n. a) *das Zusammenschlagen.* — b) *Verhärtung.* — c) *Gedrungenheit, ein fester —, kräftiger Körperbau.* — d) *Festigkeit* überh. — e) *Standhaftigkeit* Çilâñka 1,379. — f) *das Verbundensein* in अ°. — g) etwa *Harmonie, Uebereinstimmung.* — h) *Körper, Leib.* — i) **Harnisch.* — k) MBh. 7,79 fehlerhaft für संनहन.

संहननीय Adj. *gedrungen, fest* MBh. 9,17,27.

संहनु 1) Adj. *die Kinnladen zusammenklappend.* — 2) Adv. mit कर् *zwischen die Kinnladen fassen.*

संहन्तर् Nom. ag. 1) *Verbinder, Zusammenfüger* Çañk. zu Bâdar. 2,2,18. — 2) संहन्त्री f. *Vernichterin.* Richtig संहर्त्री.

संहर m. 1) ein Name des Agni Pavamâna. — 2) N. pr. eines Asura. v. l. सह्र.

संहरण n. 1) *das Anpacken.* — 2) *das Einsammeln, Ernten.* — 3) *das Zusammenbinden, Ordnen* (der Haare) Âpast. 2,5,16. Vgl. संहार 3). Nach Bühler *das Abschneiden.* — 4) *das Zurückholen von abgeschossenen Pfeilen* u. s. w. *durch magische Mittel.* — 5) *Vernichtung.*

संहर्तर् Nom. ag. *Vernichter* Bâlar. 81,19.

संहर्तव्य Adj. 1) *zusammenzubringen.* — 2) *zu ordnen, wieder herzustellen.* — 3) *zu vernichten.*

संहर्ष 1) m. a) *Schaudern, das Rieseln durch die Glieder; wollüstige Erregung.* — b) *freudige Erregung, Freude* Çiç. 8,23. — c) *Wettstreit, Wetteifer, Eifersucht.* — d) **Wind.* — 2) f. आ *eine roth färbende Oldenlandia* Karaka 3,8.

संहर्षण 1) Adj. (f. ई) a) am Ende eines Comp. *sträuben machend* (die Härchen am Körper). — b) *erfreuend.* — 2) n. *Wetteifer, Eifersucht.*

संहर्षिन् 1) Adj. am Ende eines Comp. *erfreuend.* — 2) *neidisch, eifersüchtig* Çiç. 5,19. Richtig संघर्षिन्.

*संह्वन n. *Häuserviereck.*

संहात m. 1) *Gedrängtheit.* अन्तर° in der Dramatik *eine Schilderung in kurzen treffenden Worten.* v. l. °संघात. — 2) *eine best. Hölle.* v. l. संघात. — 3) *N. pr. eines Wesens im Gefolge Çiva's. Conj. für संह्रात.

संहात्य n. *Sprengung eines Bündnisses mittelst Ueberredung, Bestechung oder in Folge des Schicksals.* v. l. संघात्य.

संहान Adj. *schmal* Maitr. S. 3,2,9 (29,14).

संहार m. 1) *das Zusammenscharren, Sammeln.* — 2) *das Zusammenziehen* (der Sprachorgane), *Einziehen* (des Rüssels). — 3) *das Zusammenbinden, Ordnen* (der Haare). — 4) *Zurückholung eines abgeschossenen Pfeiles* u. s. w. *durch magische Mittel, ein solches magisches Mittel.* — 5) *Zusammenfassung, Zusammenziehung, Compendium; Sammlung.* — 6) *Vernichtung der Welt, Vernichtung* überh. — 7) concret so v. a. संहर्तर् *Vernichter.* — 8) *Ende, Schluss* (eines Schauspiels, Actes u. s. w.). — 9) **eine best. Hölle.* — 10) N. pr. eines Asura. संह्राद v. l.

°संहारक Adj. *vernichtend, wegschaffend* in अस्थि°.

संहारकारिन् Adj. *allgemeine Vernichtung bewirkend* Pañkad. 32,2.

संहारकाल m. *die Zeit des Weltuntergangs.*

संहारकालाय्, °यते *wie die Zeit des Weltunterganges erscheinen.*

संहारबुद्धिमन्त् Adj. *die Welt zu vernichten im Sinne habend.*

संहारभैरव m. Bhairava *als Weltvernichter.*

संहारवर्मन् m. N. pr. eines Mannes.

संहारवेगवन्त् Adj. *brennend vor Ungeduld die Welt zu zerstören.*

संहारिक Adj. *Alles vernichtend* Hemâdri 2,a,97,9.

°संहारिन् Adj. *vernichtend.*

संहार्य Adj. 1) *zusammenzulesen, — stoppeln* (von verschiedenen Orten her). — 2) *transportabel.* — 3) *zu vermeiden* Taitt. Âr. 1,31,2. — 4) *zu beseitigen, dem Einhalt gethan werden kann oder muss* in असंहार्य Nachtr. 1. — 5) *abzubringen, zu verleiten, bestechlich* in अ°. — 6) *dem man Etwas zukommen lassen muss, Ansprüche habend auf* (Abl.).

संहित 1) Adj. a) संहित s. u. 1. धा mit सम्. — b) संहित *gemischtfarbig.* — 2) f. आ a) *Verbindung*

— *b*) = संधि *unmittelbare Verbindung von Lauten und Wörtern nach den grammatischen Regeln.* — *c*) *ein nach diesen Regeln behandelter Text* und *ein zusammengestellter Text.* So heissen die vedischen Textbücher, z. B. ऋग्वेद°, तैत्तिरीय°. Auch °पाठ m. — *d*) überh. *ein grösseres Sammelwerk,* wie das Râmâjaṇa, die verschiedenen Gesetzbücher, die medicinischen Werke von Ḱaraka und Çârṅgadhara, die Purâṇa. Insbes. *ein vollständiges System der natürlichen Astrologie* (im Gegensatz zur wissenschaftlichen Astronomie und Nativitätslehre). Auch *die ganze astronomisch-astrologische Lehre.* — 3) n. Name verschiedener Sâman Ârsh. Br. Shaḍv. Br. 1,3.

*संहितपुष्पिका f. *Dill* Râǵan. 4,15.

संहिताकल्प m. Titel eines Pariçishṭa zu AV.

संहितान्त Adj. *an den Enden verbunden.*

संहिताप्रदीप m., संहिताभाष्य n., संहितारत्नाकर m. (Opp. Cat. 1), संहितार्णव m. (Burnell, T.), संहितावृत्ति f., संहिताशमानलक्षण n. (Burnell, T.), संहितासूत्र n. und संहितास्कन्ध m. (Burnell, T.) Titel.

संहिति f. *Zusammenknüpfung, Verbindung* Maitr. S. 2,4,2 (39,13).

संहितिक Adj. fehlerhaft für सांहितिक.

संहितीभाव m. *das Sichverbinden.*

संहितोपनिषद् f. (Pl. Saṁhitopan. 6,3) und °ब्राह्मण n. (Burnell, T.) Titel.

*संहितोरु Adj. (f. ऊ) *anschliessende Schenkel habend.*

*संहूति f. *gemeinschaftlicher Anruf.*

*संहृतबुसम् Adv. *nach eingebrachter Spreu* u. s. w.

*संहृतयवम् Adv. *nach eingebrachter Gerste.*

1. संहृति f. 1) *Vernichtung der Welt.* — 2) *Abschluss, Ende.*

2. संहृति m. Bez. *der Wurzel* हृ *mit* सम् Çiç. 14,66.

°संहृतिमत्त Adj. *den Schluss von — enthaltend.*

संहृष्टिन् Adj. *steif* (*penis*).

संहोत्र n. *Opfergemeinschaft.*

संह्राद m. 1) *ein lauter Schall, — Ruf* u. s. w. Gaut. (von Thieren). MBh. 7,95,17. 14,76,8. — 2) *Schreier,* N. pr. eines Asura, eines Sohnes des Hiraṇjakaçipu, MBh. 1,65,18. 19. 66,6. Hariv. 1,41,90.

संह्रादन Adj. *laute Töne von sich gebend.*

संह्रादि m. N. pr. eines Râkshasa.

संह्रादिन् 1) Adj. *laute Töne von sich gebend.* — 2) m. N. pr. eines Râkshasa.

संह्रादीय Adj. *zum* Asura Saṁhrâda *gehörig.*

*संह्रियमाणबुसम् Adv. *während die Spreu* u. s. w. *eingebracht wird.*

*संह्रियमाणयवम् Adv. *während die Gerste eingebracht wird.*

संह्लाद m. schlechte Lesart 1) für संह्राद 1) MBh. 14,2202. — 2) für संह्राद 2) MBh. 1,2526. 2642. Vgl. VP.² 2,30. 69.

संह्लादिन् Adj. *erfrischend, erquickend.*

संह्वयन n. *das Zusammenrufen* Âpast. Çr. 13,5,6.

संह्वयितवै Dat. Infin. zu 1. ह्वा mit सम् 28,26.

सकँ (f. स्रौँ) Demin. von 1. सँ; *dieser geringe, — winzige.* n. als Bez. *des Intellects* VP.² 1,31.

सकङ्कट Adj. *mit Schienen versehen.*

*सकञ्चुक Adj. *gepanzert.*

*सकट m. *Trophis aspera.*

सकटाक्ष 1) *Adj. *Seitenblicke werfend* Med. sh. 57. H. an. 4,323 (vgl. Zach. Beitr. 92). °म् Adv. *mit einem Seitenblick* MBh. 8,60,42. — 2) *m. *Anogeissus latifolia* H. an.

सकटान्न n. *die Speise Verunreinigter.*

सकटुक Adj. *scharf, beissend* (Rede) MBh. 2,44,33.

सकण्टक 1) Adj. (f. स्रा) *a*) *mit Dornen versehen, dornig.* — *b*) *mit emporgerichteten Härchen versehen.* — *c*) *mit stacheligen Schienen versehen* MBh. 4,13,27, v. l. — *d*) *sammt den Gräten* Pat. zu P. 3,3,18. 4,21, Vârtt. 2. 4,1,92, Vârtt. 1. — 2) *m. *a*) *Guilandina Bonduc.* — *b*) *Blyxa octandra.*

सकण्ठरोधम् Adv. *mit gedämpfter Stimme* Bâlar. 82,13.

सकण्डु Adj. *mit Jucken verbunden* Suçr. 1,280,5.

सकण्डूक Adj. dass. Suçr. 1,59,4. 14.

सकपटम् Adv. *verstellter Weise* Sâh. D. 71,9.

सकमल Adj. (f. स्रा) *mit Lotusblüthen versehen* Kir. 5,25.

सकम्प Adj. (f. स्रा) *zitternd.* °म् Adv. 305,32.

सकरणक Adj. (f. °णिका) *durch ein Organ vermittelt* Comm. zu Ćând. S. 3, Z. 5.

सकरुण Adj. (f. स्रा) 1) *kläglich, weinerlich* 156, 28. °म् Adv. 317,20. 318,16. Mṛkkh. 94,16. Çak. Ch. 89,16. — 2) *mitleidig, mitleidsvoll.* °म् Adv.

सकर्ण Adj. *Ohren habend, hörend* 288,12. Ind. St. 15,292.

सकर्णक Adj. (f. स्रा) 1) *Ohren habend* Çiç. 1,63 (nach Vall. *aufmerksam, klug*). — 2) *mit einem Zapfen oder dgl. versehen.*

सकर्णपुच्छ Adj. *mit Ohren und Schwanz* Kâtj. Çr. 22,1,20.

सकर्णप्रावृत Adj. *bis über die Ohren verhüllt* Âpast. Çr. 13,15,5. Vgl. स्रवकर्णप्रावृत Nachtr. 5.

सकर्तृक Adj. *einen Thäter —, einen Urheber habend.* Nom. abstr. °ता f. und °त्व n.

सकर्मक Adj. 1) *wirksam, Folgen habend.* — 2) *mit einem Object verbunden, transitiv* (Zeitwort).

सकर्मन् Adj. = सकर्मक 2). Nom. abstr. सकर्मता Kull. zu M. 9,37.

सकल (Nir. 1,19) Adj. (f. स्रा) 1) *aus Theilen bestehend, theilbar, materiell.* — 2) *alle Theile in sich schliessend, ganz, vollständig, gesammt, sämmtlich, all.* प्रतिज्ञां सकलां कर् so v. a. *sein Versprechen erfüllen.* m. *Jedermann* (durch स्रपि verstärkt Sâh. D. 24,22), n. Sg. *Alles.* — 3) *ganz,* so v. a. *heil, gesund.* — 4) *mit den Elementen der materiellen Welt behaftet;* m. bei den Çaiva Bez. *der auf der niedrigsten Stufe stehenden Seele.* — 5) *mit Zinsen, verzinst* Naish. 7,33 (zugleich in Bed. 2).

सकलकर्मचिन्तामणि m. Titel eines Werkes Burnell, T.

सकलकल Bein. eines best. Geschlechts.

सकलकामदुघ Adj. (f. स्रा) *alle Wünsche erfüllend* Spr. 4327.

सकलग्रन्थदीपिका f. Titel eines Werkes Burnell, T.

सकलङ्क Adj. (f. स्रा) *einen Fleck —, einen Schandfleck habend* Ind. St. 15,270.

सकलजन m. *Jedermann* 290,18.

सकलजननी f. *die Mutter von Allem.* °स्तव m. Titel.

सकलदेवताप्रतिष्ठा f. Titel Burnell, T.

सकलदोषमय Adj. *mit allen Gebrechen versehen* (देह) Hemâdri 1,766,4.

सकलपुराणतात्पर्यसार (Opp. Cat. 1), सकलप्रबन्धवर्णसारसंग्रह m. (Burnell, T.) und सकलप्रमाणसंग्रह m. (Opp. Cat. 1) Titel.

सकलभुवनमय Adj. (f. ई) *die ganze Welt enthaltend.*

सकलयज्ञमय Adj. (f. ई) *das ganze Opfer enthaltend.*

सकलरूपक n. *eine vollständig durchgeführte Metapher* 251,20.

सकललोक m. *Jedermann* 150,2.

सकलवर्ण Adj. *die Laute* क *und* ल *enthaltend,* in Verbindung mit सत्कार (*vom Laute* ह *begleitet*) n. eine Umschreibung von कलह *Streit, Hader.*

सकलविद्यामय Adj. *alles Wissen in sich enthaltend* 106,21.

सकलवेदाध्यायिन् Adj. *sämmtliche* Veda *studirend* Ind. St. 3,396.

सकलवेदिन् Adj. *allwissend* Bhatt. Einl.

सकलवेदोपनिषत्सार n. *die Quintessenz aus allen* Veda *und* Upanishad.

1. सकलसिद्धि f. *das Gelingen von Allem.* °द Adj.

(f. ग्रा).

2. सकलसिद्धि Adj. *alle Vollkommenheiten (Wunderkräfte) besitzend.*

सकलागमसंग्रह m. Titel eines Werkes Burnell, T.

सकलागमाचार्य m. N. pr. oder Bein. eines *Lehrers.*

सकलाधार m. *der Behälter von Allem* (Çiva).

सकलार्णमय Adj. (f. ई) *alle Laute enthaltend.*

सकलिक Adj. (f. ग्रा) *mit Knospen versehen.*

सकली Adv. mit कर् (Hemâdri 1,827,7) und वि-धा *vervollständigen.*

सकलुष Adj. (f. ग्रा) *schmutzig* MBh. 3,143,20.

सकलेन्दु m. *Vollmond* Hariv. 2,89,47.

सकलेवर Adj. *mit Inbegriff der Körper* Bhâm. V. 2,41.

सकलेश्वर m. *Herr des Alls.*

संकल्प Adj. *mit den* Kalpa *genannten Schriften* M. 2,140.

सकश्मीर Adj. (f. ग्रा) *nebst* Kaçmîra Kathâs. 120,77.

सकषाय Adj. *mit Leidenschaft behaftet, in der Gewalt der L. stehend* 287,6. Ind. St. 3,148. Nom. abstr. °त्व n. Sarvad. 37,12.

सकष्टम् Adv. *mit Bedauern, leider* Hâsj. 12.

सकाकोल *nebst der Hölle* Kâkola M. 4,89.

सकातर Adj. *verzagt* MBh. 3,65,18.

सँकाम Adj. (f. ग्रा) 1) *zur Wunscherfüllung führend, die Wünsche befriedigend.* — 2) *dessen Wunsch erfüllt ist, zufriedengestellt.* — 3) *einwilligend* (von Mädchen, die sich einem Manne willig ergeben). — 4) am Ende eines Comp. *wünschend, verlangend nach* Çiç. 19,85. — 5) *mit Absicht —, freiwillig verfahrend.* — 6) *von Liebe erfüllt, verliebt.* — 7) *Verliebtheit verrathend* (Rede).

1. सकार m. 1) *der Laut* स. — 2) *Anapäst.* — Adj. Kathâs. 103,47 fehlerhaft für साकार.

2. सकार Adj. *thätig, muthig* Çiç. 19,27.

सकारण Adj. *mit dem corpus delicti versehen* MBh. 2,5,105.

सकारणक Adj. (f. °णिका) *begründet, in Folge einer ganz bestimmten Veranlassung geschehend.*

सकारभेद m. Titel einer Abhandlung über die *Sibilanten.*

सकारविपुला f. *ein best. Metrum.*

सकाली f. N. pr. einer Oertlichkeit. °समुद्र m.

सकाश m. *Anwesenheit, Gegenwart.* ग्रा सकाशात् *bis an* (das Feuer). Acc. *zu — hin* (kommen, gehen, führen, senden); Loc. *in Gegenwart —, in Anwesenheit von, bei;* Abl. und सकाशतस् *von — her, von Seiten, von* (kommen, gehen, sich entfernen, geboren werden, hervorgehen, entstehen, rauben, wegnehmen, befreit werden, fordern, bitten, verlangen, erfahren, lernen, hören, kaufen, verschieden, gesondert, Furcht, Niederlage u. s. w.). Die Ergänzung (meistens eine Person) im Gen. (ausnahmsweise im Abl.) oder im Comp. vorangehend). — सकाशाय Râǵat. 4,262 fehlerhaft für सकाषाय.

सकाषाय Adj. *in ein braunrothes Gewand gehüllt* Râǵat. 4,262 (सकाशाय gedr.).

सकीट Adj. (f. ग्रा) *mit Würmern u. s. w. versehen* Hemâdri 1,139,12.

सकील m. *Einer, der aus körperlicher Schwäche seine Frau erst von einem Andern beschlafen lässt,* Kamalâkara, Çûdradh. 152,*a* nach Aufrecht.

*सकुक्षि Adj. *aus demselben Leibe geboren.*

सकुञ्जर Adj. *nebst Elephanten* R. 6,33,2.

सकुटुम्ब Adj. (f. ग्रा) *mitsammt seiner Familie* Spr. 7865.

सकुण्ड Adj. (f. ग्रा) *nebst Brunnen* Pańkad.

सकुतूहल Adj. *neugierig, von Neugier getrieben.* °म् Adv.

*सकुरुण्ड m. = साकुरुण्ड.

सकुल 1) Adj. *a) mitsammt seinem Geschlecht.* — *b)* fehlerhaft für सकल. — 2) m. = नकुल *Ichneumon* (als Wortspiel).

सकुलज्ञ Adj. *gleichen Geschlechts mit* (Gen.).

सकुल्य Adj. *gleichen Geschlechts; m. ein Verwandter.*

सकुश Adj. Kuça-*Gras in der Hand haltend* 87,25.

सकुष्ठिक Adj. Âpast. 1,3,22 nach dem Comm. = सगुल्फ oder साङ्गुष्ठ.

सँकूति Adj. *begierig, verliebt.*

सकृच्छ्रुतधर Adj. *einmal Gehörtes behaltend.*

सकृँत् 1) Adj. *gleichzeitig thätig* AV. 11,1,10. सयुज् Paipp. — 2) Adv. *a) auf ein Mal, mit einem Male, mit einem Ruck, plötzlich.* Nom. abstr. सकृत्त्व n. Comm. zu Njâjam. 9,3,13. — *b) einmal, semel.* ग्रँह्नस् *einmal am Tage.* Wiederholt *immer nur einmal.* सकृदा (!) Vet. (U.) 204,23. — *c) einmal,* so v. a. *irgend ein Mal;* mit der Neg. *nie.* — *d) einst, ehemals.* — *e) ein für allemal, für immer.*

*सकृत n. = शूद्रशासन. Vgl. मकृति.

*सकृत्प्रज 1) Adj. *nur einmal* (im Jahre) *Nachkommenschaft (Junge) habend.* — 2) m. *a) Krähe.* — *b) Löwe.*

सकृत्प्रयोगिन् Adj. *einmalige Anwendung habend* Kâtj. Çr. 24,3,34.

*सकृत्प्रसूतिका f. *eine Kuh, die nur einmal gekalbt hat,* H. 1268.

*सकृत्फल 1) Adj. *nur einmal Früchte tragend.* — 2) f. ग्रा *Musa sapientum* Râǵan. 11,36.

सकृत्सू॑ Adj. f. *mit einem Mal gebärend.*

सकृदागामिन् Adj. *nur noch einmal wiederkehrend,* Bez. der zweiten Stufe der Ârja bei den Buddhisten Kârand. 20,9. Vaǵrakkh. 25,17. 19. 22. Nom. abstr. °मित्व n. 20.

सकृदाच्छिन्न॑ Adj. *mit einem Ruck abgetrennt.*

सकृदुक्तगृहीतार्थ Adj. *den Sinn von einmal Gesprochenem auffassend* Spr. 6654.

सकृदुपमथित॑ Adj. *einmal umgerührt.*

सकृद्गति f. *nur eine Möglichkeit.*

*सकृद्गर्भ 1) Adj. *nur einmal eine Leibesfrucht empfangend.* — 2) m. *Maulthier* Râǵan. 19,40.

सकृद्ग्रह (VP.[2] 2,182), सकृद्ग्रह (MBh. 6,9,66) und सकृद्ग्राह m. Pl. N. pr. eines Volkes.

सकृद्दह m. Pl. N. pr. eines Volkes VP.[2] 2,182.

सकृद्विद्युत्त॑ 1) Adj. (f. ग्रॆ) *einmal aufblitzend* Çat. Br. 14,5,3,10. — 2) n. *einmaliges Aufblitzen* ebend.

*सकृद्वीर m. *Helminthostachys laciniata* Râǵan. 8,17.

सकृन्नन्दा f. N. pr. eines Flusses MBh. 3,8137. प्राङ्दीं च st. सकृन्नन्दां ed. Bomb.

सकृन्नाराशंस Adj. *einmal mit den* Nârâçaṁsa *genannten Bechern versehen* Ait. Br. 2,24,3.

सकृँन्मदृत् Adv. *einmal, semel* Çat. Br. 4,3,3,10. Çâṅkh. Br. 15,3.

सकृपणम् Adv. *weinerlich* Spr. 1637.

सकृपम् Adv. *mitleidig* Spr. 5713.

सकृल्लेख Adj. Vasishtha 14,28 und R. 6,100,19 fehlerhaft für सल्लेख.

सँकेत 1) Adj. *von einer Absicht durchdrungen.* — 2) m. angeblich N. pr. eines Âditja.

सकेतु Adj. *mit einem Banner versehen, nebst Banner* Naish. 7,60. MBh. 8,78,67.

सकेश Adj. 1) *nebst den Haaren* Pâr. Grhj. 2, 1,12. — 2) *Kopfhaare enthaltend* (Speise) 43,4.

सकेशनख Adj. (f. ग्रा) *nebst Haaren und Nägeln* Gobh. 2,5,6.

सकैतव m. *Betrüger* Kathâs. 62,158.

सकोप Adj. (f. ग्रा) *erzürnt, voller Zorn* Kâd. 2, 7,2 (1). °म् Adv. Chr. 142,1. 148,23. 151,17.

सकोपविकृति Adj. *vor Zorn aufgeregt* Kathâs. 56,1.

सकोश Adj. 1) *Stellen aus Wörterbüchern enthaltend.* — 2) *nebst Schale* (eine Cocosnuss) Mârk. P. 11,6. — 3) *nebst Eihaut* ebend.

सकौतुक Adj. (f. ग्रा) *neugierig, voller Erwartung,* — *zu* (Nom. act. im Comp. vorangehend) Kathâs.

53,110. 61,227. 65,39. °म् Adv. 54,172. Chr. 134, 15. 303,7. 309,11.

सकौतूहलम् Adv. *neugierig* Çâk. Ch. 119,3.

सकौरव Adj. *nebst den* Kaurava Varâh. Bṛh. S. 4,25.

सक्त Adj. s. u. सञ्ज्.

सक्तता f. *das Hängen an der Sinnenwelt.*

°सक्तत्व n. *das Hängen* (in übertragener Bed.) *an.*

सक्तमूत्र Adj. *beschwerlich —, langsam harnend.*

*सक्तव्य Adj. *zu Grütze bestimmt, — dienend.*

सक्ति f. 1) *das Zusammenhängen.* — 2) *das Hängen* (in übertragener Bed.) *an* (Loc. oder im Comp. vorangehend) Çiç. 4,61. — 3) *das Hängen an den Dingen der Welt.* — 4) MBh. 13,871 fehlerhaft für शक्ति.

सक्तिमन्त् Adj. in अति°.

सक्तु m. (*n.) *gröblich gemahlenes Korn, Grütze,* namentlich von *Gerste.* Gewöhnlich Pl.; wird auch getrunken 225,2. 239,7. 241,17.

*सक्तुक m. *ein best. vegetabilisches Gift* Bhâvapr. 1,270. Auch शक्तुक geschrieben.

सक्तुकार und °क (f. °रिका) Adj. *der sich mit dem Mahlen von Grütze abgiebt.*

सक्तुघटाख्यायिका f. *die Erzählung vom Topfe mit Grütze.*

सक्तुप्रस्थीय Adj. *über einen* Prastha *Grütze handelnd.*

*सक्तुफला und *°फली f. *Prosopis spicigera* oder *Mimosa Suma.*

*सक्तुल Adj. von सक्तु.

सक्तुश्रीं Adj. *mit Grütze gemischt.*

*सक्तुसिन्धु P. 7,3,19, Sch.

सक्तुहोम m. *eine Spende von Grütze* Vaitân.

सक्थ am Ende eines adj. Comp. (f. ई) = सक्थन्.

सक्थन् und सक्थि n., सक्थी f. *Schenkel* (auch euphemistisch für *cunnus*).

सक्मन् n. *Umgang, Verkehr.*

(सक्य) सक्यिग्र n. etwa (*das zu einer Sache Gehörige*) *Eigenart.*

सक्रतु Adj. *einmüthig, einträchtig, — mit* (Instr.) Ṛv. 10,148,4.

सक्रिय Adj. *handelnd, thätig, Veränderungen erfahrend* Kap. 1,124. Nom. abstr. °त्व n. 5,70.

सक्रोड Adj. Mârk. P. 21,50 vielleicht fehlerhaft für सक्रोड.

सक्रुध् Adj. *erzürnt.*

सक्रोड Adj. *mit der Brust,* so v. a. *bis an die Brust* (in eine Grube fallen) Mârk. P. 21,50 (gedr. सक्रोड).

सक्रोध Adj. *erzürnt.* °म् Adv. 299,1.

सक्रोधन Adj. dass. R. 5,85,3.

सक्रोधहासम् Adv. *mit zornigem Lachen* Bâlar. 37,15. 46,19.

सन्, *सनति (गतिकर्मन्) etwa so v. a. 1. सच्. Nur Partic. सनत्नम् = संभजमानाम् Sâj.

सत्र Adj. *überwältigend* TS. TBr.

1. सत्रणि Adj. *überwältigend.*

2. सत्रणि Adj. *Musse habend zu* (Loc.).

1. सत्रणि Adj. *zusammengehörig mit* (Gen.), *vereint mit* (Instr.); m. *Gefährte, Besitzer* Ṛv. 10,32,1.

2. सत्रणि Adj. mit Acc. *überwältigend.*

सत्तत Adj. *mit einem Riss versehen* (Edelstein) Râgan. 13,195.

*सत्तत्रम् Adv. *nach Kriegerart* L. K. 973.

सत्तम m. N. pr. eines Lehrers der Haṭhavidjâ.

सत्तार Adj. *ätzend, beissend* Varâh. Bṛh. S. 54, 75. Ind. St. 15,297.

सक्षित् Adj. *neben einander wohnend, — liegend* u. s. w.

सक्षीर Adj. *mit Milch versehen, milchig* (z. B. Pflanzen). यूप m. *ein Opferpfosten, der aus einem Gewächs gemacht ist, das Milchsaft hat.*

सक्षीरदृति Adj. *mit Schläuchen voll Milch versehen* Tâṇḍja-Br. 16,13,13. Lâṭj. 8,3,14.

*सख्, सख्यति eine zur Erklärung von सखि erfundene Wurzel.

सख m. am Ende eines Comp. = सखि. 1) *Freund, Gefährte* in Comp. mit einem Adj., einem im Gen. aufzufassenden Subst. oder am Ende eines adj. Comp. Bisweilen in Verbindung mit सुहृद्. — 2) *in Gesellschaft von —, vereint mit — seiend, begleitet von.* f. आ. — 3) *befreundet mit,* so v. a. *ähnlich.* चन्द्र° *mondähnlich* Naish. 6,62.

सखि m. 1) *Gefährte, Begleiter; Genosse, Freund.* Auch in Verbindung mit einem f., insbes. am Anfange eines Comp. metrisch für सखी. — 2) **der Mann der Schwester der Frau, Schwager* Gal.

सखिता f., सखित्व n. und सखित्वन n. *Genossenschaft, Freundschaft.* सखित्व *Freundschaft zu Jmd* (Gen.), *mit Jmd* (Instr. mit सह oder im Comp. vorangehend).

*सखिदत्त m. gaṇa सख्यादि.

सखिपूर्व n. und सखिभाव m. (Bâlar. 260, 1) *Freundschaft.*

सखिल Adj. *sammt den Supplementen.*

सखिवन्त् Adj. *mit Begleitern versehen.*

सखिविद् Adj. *Freunde gewinnend.*

सखी f. 1) *Gesellschafterin —, Freundin eines Frauenzimmers.* — 2) *Freundin,* so v. a. *Geliebte.* — 3) am Ende eines Comp. *Theilnehmerin an.*

सखीक am Ende eines adj. Comp. (f. आ) von सखी 1).

सखीजन m. (adj. Comp. f. आ) = सखी 1). Auch in collectiver Bed.

सखीय् *sich als Begleiter anschliessen, Freundschaft suchen mit* (Instr.). Nur Partic. सखीयन्त्.

सखीहृदयाभरण m. N. pr. eines Mannes.

सखुर Adj. *mit den Klauen* Vishṇus. 87,8.

सखेदम् Adv. *betrübt.*

सखेलम् Adv. *schwankend, sich wiegend* MBh. 2, 77,23.

सखोल N. pr. einer Oertlichkeit.

सख्य, सखित्र्र n. *Gemeinschaft, Freundschaft, — zu* (Loc.), *mit* (Instr., Instr. mit समम्, सह, साकम् oder सार्धम्, oder im Comp. vorangehend). Auch so v. a. *Verwandtschaft.* सख्यं वि-धा (von den Augen gesagt) so v. a. *freundlich blicken auf* (Loc.) Bâlar. 69,20.

सख्यविसर्जन n. *Auflösung der Gemeinschaft* (ein best. Vorgang im Ritual).

*सग्, सगति (संवरणे).

सगण 1) Adj. *von einer Schaar begleitet, umschaart von* (Instr.), *mit seinem Gefolge.* — 2) m. Bein. Çiva's.

सगतिक Adj. *mit einer* Gati 1) *t) verbunden.*

सगद्गद Adj. *unter Stammeln gesprochen.* °म् Adv. *stammelnd.*

सगद्गदगिर् Adj. *mit stammelnder Stimme* 219,17.

सगद्गदस्वरम् Adv. dass. Sâh. D. 59,4.

सगन्ध Adj. 1) *riechend.* — 2) *gleichen Geruchs mit* (Instr. oder im Comp. vorangehend). — 3) *verwandt* (nur im Prâkrit zu belegen). — 4) *übermüthig* Megh. 9. v. l. सगर्व. Man könnte सगर्ध vermuthen.

°सगन्धिन् Adj. *gleichen Geruchs mit.*

सगन्धर्वाप्सरस्क Adj. *mit den* Gandharva *und* Apsaras Âçv. Gṛhj. 3,9,1.

1. सगर m. 1) *das Luftmeer.* — 2) N. pr. eines mythischen Fürsten, der durch seine 60000 Söhne die Erde aufwühlen liess, um ein zum Opfer bestimmtes Ross wieder aufzufinden. Kapila verbrannte dieselben und Bhagîratha, ein Nachkomme Sagara's, führte die Gaṅgâ vom Himmel auf die Erde um sie zu entsündigen. Das Meer, wohin die Gaṅga mit der Asche der Verbrannten geleitet wurde, erhielt ihm zu Ehren den Namen Sâgara. Pl. *die Söhne* Sagara's.

2. सगर Adj. 1) nach dem Comm. von *Lob begleitet* (die Feuer). Könnte auch *gefrässig, im Frass begriffen* bedeuten. — 2) *vergiftet, giftig.* Subst.

vergiftete Speise.

3. सँगर m. und सँगरा f. (angeblich *Nacht*) in einer Formel.

सगरस् Adj. = 2. सँगर 1).

*सगरी f. N. pr. einer Stadt.

सगर्ध Adj. *heftig verlangend nach* (Gen.) könnte Megh. 9 st. सगन्ध vermuthet werden.

सगर्भ Adj. (f. आ) 1) *mit einer Leibesfrucht versehen, schwanger, — von* (Abl. oder Instr.). — 2) *mit einem unentwickelten Blatte.* — 3) **aus demselben Leibe geboren.*

सँगर्भ्य Adj. = सगर्भ 3).

सगर्व Adj. (f. आ) *hochmüthig, stolz auf* (Loc. oder im Comp. vorangehend) Megh. 9, v. l. Spr. 7847. Naish. 3,34. °म् Adv. Chr. 310,29.

सगु Adj. *sammt Rindern* Âpast. Çr. 14,26,1.

सगुण Adj. (f. आ) 1) *mit einem Stricke —, mit einer Sehne versehen, sammt der Sehne.* — 2) *mit seinen besonderen Beigaben —, mit dem was dazu gehört versehen.* — 3) *mit Qualitäten versehen.* — 4) *mit Vorzügen versehen.* Nom. abstr. °त्व n.

सगुणवती f. Titel eines Werkes.

सगुणिन् Adj. = सगुण 4).

सगुलिक Adj. *mit Pille* Kathâs. 89,56.

सँगृह Adj. *sammt seinem Hause, mit Weib und Kind* Âpast. Çr. 6,28,1.

सगृहपतिक Adj. *nebst dem* Gṛhapati Çâṅkh. Çr. 17,17,4.

सगोत्र Adj. (f. आ) *gesippt mit* (Gen. oder im Comp. vorangehend) Âpast. 2,11,15. Gaut. Hemâdri 1,687,6.

सगोमय Adj. (f. आ) *mit Kuhmist gemischt* Comm. zu Âpast. Çr. 1,6,11.

°सगोष्ठी f. *Kameradschaft mit.*

सगौरवम् Adv. *würdevoll* 291,17.

1. सँग्धि f. *ein gemeinschaftliches Mahl.*

2. सग्धि f. Nom. act. zu सघ् 1) zu vermuthen J. A. O. S. 11,CXLVII statt सद्धि.

सँग्धिति (mit wiederholtem Suffix!) f. = 1. सँग्धि Maitr. S. 2,7,12 (92,14).

सग्ध्यै Dat. Infin. zu सघ्; zu vermuthen st. सद्ध्यै J. A. O. S. 11,CXLVII.

सग्मँ m. etwa *das Einswerden im Handel über* (Gen.). Nach Mahîdh. = यजमान.

*सग्मन् = संग्राम.

सग्रह Adj. 1) *mit Krokodilen versehen* 92,3. — 2) *mit einem Bechervoll, wobei ein Bechervoll geschöpft wird* Âpast. Çr. 5,22,10. 24,7. 7,1,2. 8,1,3. 10,3,8. 12,16,17. 14,15,3.

सघ्, सघ्नोति 1) *auf sich nehmen, zu tragen vermögen, mit Etwas fertig werden* Maitr. S. 4,4,6. सघ्यासम् Taitt. Âr. 4,3,3. Statt असघ्नोत् und सघ्युयाम् J. A. O. S. 11,CXLVII ist असघ्नोत् und सघ्युयाम् zu vermuthen. — 2) *हिंसायाम्.

*सघ m. N. pr. eines Mannes.

सँघन् m. *Geier* TBr. 2,8,6,1 (सँघ्या gedr.).

सघन Adj. 1) *dicht.* — 2) *bewölkt* Varâh. Bṛh. S. 21,20.

सघृण Adj. (f. आ) 1) *mitleidig.* — 2) *einen Abscheu habend vor* (Loc.) Naish. 5,54.

सघृत Adj. *mit Schmalz vermischt* Vishnus. 90,27.

सघोष Adj. Pl. *conclamantes* Tâṇḍja-Br. 5,6,15.

संकत्त in *निःसंकत्त.

*संकत्तिका f. *eine Art Gewand.*

संकट 1) Adj. (f. आ) *a) eng, schmal, wenig freien Raum bietend; dicht* (Wald). — *b) schwierig, worüber man nicht leicht hinüberkommt* (in übertragener Bed.); *gefährlich.* — c) am Ende eines Comp. *voller* (gefährlicher Sachen) Kâd. 170,20 (293,2). — 2) m. *a) der personificirte schwierige Durchgang* als Sohn Kakubh's. — *b)* N. pr. α) eines Mannes. — β) einer Gans. — 3) f. आ N. pr. einer Joginî. — *b)* einer in Benares verehrten Göttin. °स्तोत्र n. — 4) n. *a) Enge, ein beengter Raum, ein schmaler Pfad, ein schwieriger Durchgang.* — *b) Schwierigkeit, eine schwierige —, gefährliche Lage, Verlegenheit, Noth, Gefahr* Râgat. 7,326. In Comp. mit dem, was in *Gefahr* steht, und mit dem, was *Gefahr* bringt. — संकटाह्वयम् MBh. 8,3018 fehlerhaft für सकटाह्वम्.

संकटचतुर्थी f. *der 4te Tag in der dunkeln Hälfte des* Çrâvaṇa.

संकटमुख *eine Art Gefäss* Çilâṅka 2,17.

*संकटाक्ष Adj. und m. fehlerhaft für सकटाक्ष.

संकटाय्, °यते 1) *zu eng werden* Kâd. 2,35,21 (42,1). — 2) *an Umfang verlieren, kleiner werden* Kâd. 2,49,4 (58,7).

*संकटिक Adj. von संकट.

संकटिन् Adj. *in einer schwierigen Lage sich befindend, in Verlegenheit seiend.*

संकथन n. *das Sichunterhalten, — mit* (Instr., Instr. mit सह oder im Comp. vorangehend) Naish. 5,12.

संकथा f. (adj. Comp. f. आ) 1) *Unterredung, Gespräch, — mit* (Instr., Instr. mit सह oder im Comp. vorangehend), *über* (im Comp. vorangehend) Çiç. 10,41. 13,3. 69. Ind. St. 14,365. 15,297. Harshak. 110,21. — 2) *ein übereinstimmender Ausspruch.*

संकर m. 1) *Mischling, ein in einer unebenbürtigen Ehe Erzeugter* R. ed. Bomb. 1,6,12. Auch वर्णानां संकराः. — 2) *Vermengung, Mischung, Vermischung.* — 3) = वर्ण° *Vermischung der Kasten durch unebenbürtige Ehen.* — 4) *eine der Vermischung der Kasten gleichkommende Handlung.* Im Epos hier und da auch n. — 5) *Vermischung von Redefiguren, wobei die einzelnen Elemente in einander fliessen.* — 6) *was durch Berührung mit Unreinem unrein sein kann.* — 7) *Mist, Dünger* Karaka 1,14. 6,19. 24. 30. 8,6. Meistens शंकर gedr. — 8) **das Knistern des Feuers.* — 9) N. pr. eines Mannes.

°संकरक Adj. *vermengend, vermischend.*

संकरकृत्या f. = संकर 4).

संकरता f. in वर्ण°.

संकरसंकर m. *Mischling eines Mischlings, ein von einem Mischling in neuer unebenbürtiger Ehe Erzeugter* Vishnus. 16,7.

संकरस्वेद m. *eine best. Schwitzkur* Karaka 1,14.

शंकर° gedr.

*संकराश्व m. *Mischlingspferd*, so v. a. *Maulthier.*

संकरित in गर्भ° Nachtr. 6.

°संकरिन् Adj. *eine unerlaubte Verbindung eingehend mit* — Baudh. 2,3,9. Vgl. आश्रमद्वेष° (Nachtr. 6) und पुत्र°.

संकरीकरण n. *ein Vergehen, das den Thäter in eine Mischlingskaste hinabstösst*, Vishnus. 33,4. Mit. 3,98,a,2 v. u.

संकर्तम् Absol. *zerschneidend* Çat. Br. 11,6,1,4. 9.

संकर्ष m. *Zusammenrückung, Nähe* Gobh. 1,5,7.

संकर्षण 1) m. *a) der Pflüger*, Bein. Halâjudha's, des älteren Bruders von Kṛshṇa, der aus dem Mutterleibe der Devakî in den der Rohiṇî versetzt ward. Bei den Verehrern Vishṇu's wird er als zweite Person in der Viereinigkeit Purushottama's (die mit der Seele identificirt wird) angesehen Çaṁk. zu Bâdar. 2,2,42. — *b)* N. pr. des Vaters des Nilâsura. — 2) n. *a) das Herausziehen.* — *b) ein Mittel zum Zusammenführen, — Vereinigen.*

संकर्षणकाण्ड Titel eines Werkes.

संकर्षणमय Adj. Halâjudha *darstellend* Agni-P. 37,11.

संकर्षणविद्या f. *die bei* Halâjudha *angewandte Kunst, ein Kind aus einem Mutterleibe in einen anderen zu versetzen*, Prabh. 115,12.

संकर्षणसूत्रविचार m. Titel eines Werkes Opp. Cat. 1.

संकर्षणसूरि m. N. pr. eines Autors Burnell, T.

संकर्षणेश्वरतीर्थ n. N. pr. eines Tîrtha.

संकर्षभाट्टदीपिका f. Titel eines Werkes Opp. Cat. 1.

संकर्षिन् Adj. in काल°.

*संकल P. 4,2,75.

संकलन 1) n. oder f. आ das Zusammenfügen, —halten Kâd. 230,18 (378,8). — 2) n. f. (आ) das Zusammenziehen, Addiren Bîǵag. 1. — 3) n. fehlerhaft für संकालन.

संकलित 1) Adj. addirt; s. 2. कल् mit सम्. — 2) f. आ the first sum, or addition of arithmeticals. — 3) n. Addition.

*संकलितिन् Adj. der eine Zusammenzählung angestellt —, addirt hat; mit Loc.

संकलितैक्य n. aggregate of additions, summed sums or second sum.

संकलुष Verunreinigung. योनिसंकलुषे जातः so v. a. in einer unebenbürtigen Ehe geboren.

संकल्प 1) m. (adj. Comp. f. आ) a) die vom Herzen (मनस्) getroffene Entscheidung, der daraus hervorgegangene Wille, — Wunsch, Verlangen, Vorsatz, eine best. Absicht, Entscheidung, kurz diejenige Willensbestimmtheit, die den Gedanken des Menschen für den Augenblick eine festere Richtung giebt. Die Ergänzung im Loc., Dat. oder im Comp. vorangehend. सर्वासामेव संकल्पः पतिवेनाभवत् so v. a. sie wollten ihn alle zum Manne haben. Am Anfange eines Comp. so v. a. in einer best. Absicht, nach Wunsch, in Folge der blossen Willensäusserung. Bisweilen wird das Wort ungenau durch richtige Unterscheidung und Voraussetzung erklärt. In einigen Verbindungen auch so v. a. Herz und Ueberzeugung. — b) der personificirte Wille ist unter andern auch ein Sohn Brahman's und der Saṁkalpâ. — 2) f. संकल्पा N. pr. einer Tochter Daksha's, Gattin Dharma's oder Manu's und Mutter Saṁkalpa's.

संकल्पक Adj. 1) entscheidend, wollend. — 2) richtig unterscheidend.

संकल्पकुल्मल Adj. (f. आ) dessen (eines Pfeils) Hals das Verlangen ist AV. 3,25,2.

संकल्पचन्द्रिका f. Titel eines Werkes.

संकल्पज 1) Adj. aus dem Willen hervorgegangen, aus einer best. Absicht —, durch den blossen Willen entstanden, — 2) m. a) Wunsch, Verlangen. — b) Geschlechtsliebe, der Liebesgott.

संकल्पजन्मन् 1) Adj. aus dem Verlangen hervorgegangen. — 2) m. Geschlechtsliebe, der Liebesgott Vâsav. 191,4. Kâd. 2,80,5 (98,18).

संकल्पजूति Adj. von Wünschen vorwärts gedrängt TBr. 3,12,3,4.

संकल्पदुर्गभञ्जन n. Titel eines Werkes.

संकल्पन n. (Comm. zu Âpast. Çr. 7,12,8) und °ना f. das Wünschen, Verlangen; Wunsch.

संकल्पनामय Adj. (f. ई) im Willen bestehend, darauf beruhend.

संकल्पनीय Adj. was man wollen darf.

संकल्पप्रभव 1) Adj. aus dem Verlangen nach — (im Comp. vorangehend) hervorgegangen. — 2) *m. Geschlechtsliebe, der Liebesgott.

संकल्पयोनि 1) Adj. dem blossen Willen seinen Ursprung verdankend. — 2) m. Geschlechtsliebe, der Liebesgott (aus dem Verlangen hervorgegangen).

संकल्पराम m. N. pr. eines Lehrers.

संकल्पवन्त् Adj. der Etwas entscheidet 271,28.

संकल्पसिद्धि f. Erreichung eines Zieles in Folge einer blossen Willensäusserung. Sg. und Pl. Âpast.

संकल्पसूर्योदय m. Titel eines Schauspiels Burnell, T. °विवरण n. ebend.

संकल्पितव्य Adj. was gewollt wird, wozu man sich entscheidet.

संकष्टनाशनव्रत n. eine best. Begehung Burnell, T.

संकष्टनाशनस्तोत्र n. Titel eines Stotra ebend.

संकष्टहरचतुर्थीव्रत n. eine best. Begehung ebend. °कालनिर्णय m. ebend.

संकष्टहरणस्तोत्र n. Titel eines Stotra ebend.

संकष्टहरव्रत n. eine best. Begehung.

संकसुक 1) Adj. a) संकसुक zerspaltend, zerbröckelnd, Bein. des den Leichnam zerstörenden Agni. — b) संकसुक abbröckelnd. — c) unschlüssig. — d) *= दुर्बल, मन्द, संकीर्ण, अपवादशील, दुर्जन und संश्लेषक. — 2) m. N. pr. des angeblichen Verfassers von ṚV. 10,18. — Wird häufig संकुसुक (vgl. Max Müller's Ausg. des ṚV. V, S. L) und शंकुसुक geschrieben.

सङ्का f. Treffen, Kampf.

संकार 1) m. a) Kehricht. °कूट Kehrichthaufen Divjâvad. 177,10. — b) *Geknister des Feuers. — 2) *f. ई ein vor Kurzem entjungfertes Weib.

संकालन n. 1) das Zusammentreiben oder Hinaustreiben des Viehes. Conj. für संकलन. — 2) das Hinaustragen eines Leichnams auf die Leichenstätte und das Verbrennen desselben.

संकाश m. 1) Schein, das Erscheinen. Am Ende eines adj. Comp. (f. आ) — erscheinend, — aussehend, erscheinend wie —. — gleichend. — 2) *= आन्तिक. Richtig सकाश.

संकाश्य n. fehlerhaft für सांकाश्य.

*संकिल m. Feuerbrand.

संकीर्ण 1) Adj. s. u. 3. कर् mit सम्. — 2) m. N. pr. eines alten Weisen. v. l. संकील. — 3) f. आ eine Art von Räthseln. — 4) n. Verwirrung. वाक्य° der Sätze.

संकीर्णता f. Verwirrung —, Verstellung der Worte in einem Satze.

संकीर्णनिरि m. eine Art Tanz S. S. S. 258.

संकीर्णयुद्ध n. ein Kampf, bei dem verschiedene Waffen in Anwendung kommen.

संकीर्णार m. N. pr. eines Schlangendämons VP.² 2,291.

*संकीर्णीकरण n. = संकरीकरण.

संकीर्तन n. das Erwähnen, Hersagen, Preisen Çiç. 12,38.

संकील m. N. pr. eines alten Weisen. संकीर्ण v. l.

संकुचन 1) m. der Zusammenschrumpfer als Bez. eines best. Krankheitsdämons. v. l. संकुटन. — 2) das Zusammenschrumpfen Karaka 1,20.

संकुचित 1) Adj. s. u. कुच् mit सम्. — 2) *N. pr. einer Oertlichkeit.

संकुटन m. ein best. Krankheitsdämon (sich zusammenkrümmend) Hariv. 2,109,75. v. l. संकुचन.

संकुल 1) Adj. (f. आ) a) erfüllt —, voll —, begleitet von, besetzt —, reichlich versehen —, versehen —, behaftet mit (Instr. oder im Comp. vorangehend). — b) dicht (Rauch). — c) überaus heftig (Wind), intensiv. °कलुष so v. a. überaus trübe. — d) verworren, in Verwirrung gekommen. — e) auf Hindernisse stossend, mit Hindernissen zu kämpfen habend, bedrängt. — 2) m. N. pr. eines Dichters. — 3) n. a) Gedränge. — b) Schlachtgetümmel Gaut. — c) Noth, Bedrängniss.

संकुलित Adj. 1) am Ende eines Comp. reichlich besetzt mit. — 2) in Verwirrung gekommen.

संकुली Adv. mit कर् 1) versammeln. — 2) in Unordnung —, in Verwirrung bringen.

संकुसुक s. u. संकसुक. संकुसुक Adj. in der Bed. 1) a) Taitt. Âr. 2,4,1.

संकुसुमित Adj. in Blüthe stehend (Lalit. 62,16. 97,20); aufgeblüht, entfaltet, zur Erscheinung gekommen in Namen verschiedener Buddha.

संकूजित n. Gezwitscher Çiksha 36 in Ind. St. 4,364.

*संकूटन n. Nom. act. von कूट् mit सम् Pat. zu P. 3,3,44, Vârtt. 3.

संकृति 1) Adj. zurecht machend, herstellend. — 2) m. N. pr. verschiedener Männer. Pl. ihr Geschlecht. — 3) f. ein best. Metrum; später jedes Metrum von 4 X 24 Silben. — 4) n. Name eines Sâman Ârsh. Br.

संक्लृप्ति f. das Wollen.

संकेत m. (adj. Comp. f. आ) 1) Uebereinkommen, Verabredung, — mit (Gen.), insbes. eine verabredete Zusammenkunft mit der geliebten Person, ein Stelldichein. Am Anfange eines Comp. so v. a. ver-

abredeter Weise 127,17. Acc. mit कर्, प्रकृ (Hem. Par. 1,157. 198. 422), दा (Pañkad.) oder कल्प् im Caus. *ein Uebereinkommen treffen, Etwas verabreden, sich verabreden mit* (सह, समम्, मिथस्), *Jmd* (Gen. oder Instr. mit सह) *ein Rendez-vous geben, zu einem R.-v. verabreden* (einen Ort). — 2) *ein verabredetes Zeichen, Signal.* Mit कर् *ein solches Zeichen geben.* — 3) *Uebereinstimmung.* — 4) *Einwilligung.* — 5) Pl. N. pr. eines Volkes.

संकेतक m. = संकेत 1).

संकेतकेतन n. *ein Ort, an dem eine Zusammenkunft mit der geliebten Person stattfindet.*

संकेतकौमुदी f. Titel eines Werkes.

संकेतन n. = संकेत 1).

संकेतनिकेत m. und °निकेतन n. = संकेतकेतन.

संकेतपद्धति f. Titel eines Werkes.

संकेतपूर्वकम् Adv. *verabredeter Weise.*

संकेतभूमि f. = संकेतकेतन Vâsav. 65,1.

संकेतमञ्जरी f. Titel eines Commentars.

संकेतय्, °यति 1) *eine Verabredung treffen mit* (Gen.), *Etwas durch Uebereinkunft festsetzen.* — 2) *in Erfahrung bringen* Vâsav. 231,5.

*संकेतकृतप्रवेश m. *ein best.* Samâdhi (buddh.).

संकेतवाक्य n. *Losung.*

संकेतशिला f. Titel eines Werkes.

संकेतस्तव m. *ein best. Lobgesang bei den* Çâkta.

संकेतस्थ Adj. (f. आ) *sich zum Stelldichein einfindend* 312,17.

संकेतस्थान n. 1) = संकेतकेतन Hem. Par. 1, 158. Vâsav. 222,2. — 2) *ein Gegenstand, in Betreff dessen man sich durch Zeichen verständigt.*

संकेती Adv. mit कर् *zu einem Stelldichein verabreden* (einen Ort).

संकेतोद्यान n. *ein Lustgarten, in dem man sich ein Rendez-vous gegeben hat.*

संकोच 1) m. *a) Zusammenschrumpfung, das Sichzusammenziehen, Contraction* (auch in Folge einer Krankheit) Hemâdri 1,218,10. Vâsav. 172,3. अक्षि° und अक्षिपद्मणोः *das Sichschliessen der Augen.* Acc. mit कर् *zusammenschrumpfen, so v. a. sich ducken, bescheiden werden.* — *b) Schmälerung, Abnahme, Verminderung, Einbusse, Beschränkung, Einschränkung* (Çaṁk. zu Bâdar. 2,4,6. Comm. zu Njâjam. 3,7,2). सरसस् so v. a. *das Eintrocknen* Spr. 7734. — *c)* **ein best. Fisch.* — *d)* N. pr. eines Asura. — 2) *n. *Saffran.*

संकोचक Adj. *zusammenschrumpfen lassend.*

संकोचकारिन् Adj. *sich zusammenziehend, so v. a. sich duckend, bescheiden, schüchtern.*

संकोचन 1) Adj. (f. ई) *zusammenziehend, contrahirend* in गात्रसंकोचनी. — 2) m. N. pr. eines Berges. — 3) *f. ई *Mimosa pudica.* — 4) n. = संकोच 1) *a)* Vâsav. 104,1. Comm. zu Âpast. Çr. 8,10,7. नेत्र° *das Schliessen der Augen.*

संकोचनीय Adj. *einzuschränken.* Nom. abstr. °त्व n. Comm. zu Njâjam. 3,2,7.

संकोचपत्त्रक Adj. *im Zusammenschrumpfen der Blätter sich äussernd.*

*संकोचपिशुन n. *Saffran* Bhâvapr. 1,189.

*संकोचरेखा f. *Falte.*

संकोचित n. *das Zusammenschrumpfen* (der Glieder), Bez. einer Art zu kämpfen.

संकोचिन् Adj. 1) *zusammenschrumpfend, sich schliessend* (eine Blüthe). — 2) *zusammenziehend, contrahirend* in *गात्र°. — 3) *schmälernd, vermindernd* Vikramâṅkak. 16,1.

संक्रन्द m. 1) *das Rauschen* (des Soma). — 2) *Gejammer, Geklage.* — 3) *Kampf.*

संक्रन्दन 1) Adj. *schreiend, brüllend.* — 2) m. *a)* Bein. Indra's Bhaṭṭ. 6,109. — *b)* N. pr. α) eines Sohnes des Manu Bhautja. — β) eines Fürsten, Vaters des Vapushmant. — 3) n. *Kampf.*

संक्रन्दननन्दन m. Patron. 1) Arguna's Dh. V. 29,13. — 2) des Affen Vâlin Bâlar. 46,15. Mahâvirak. 84,17.

संक्रम 1) m. *a) Zusammentritt.* — *b) Gang, Lauf.* — *c) das Uebergehen auf* (Loc.). — *d) der Eintritt der Sonne in ein neues Sternbild.* Auch सूर्यसंक्रम. — *e) das Zusammentreten zweier Wörter im* Krama 11) *durch Ausfall dazwischenliegender.* — *f) Brücke, Steg über ein Wasser* Bâlar. 185,15. स्वर्ग° *Brücke zum Himmel.* Am Ende eines adj. Comp. f. आ. — *g) Treppe* (Çiç. 13,34), insbes. *zu einem Wasser.* — *h)* N. pr. α) eines Wesens im Gefolge Skanda's. — β) eines Fürsten der Vidjâdhara. — 2) *m. oder n. *eine best. hohe Zahl* (buddh.). — 3) *m. n. = दुर्गसंचर. — 4) n. इन्द्रस्य oder वसिष्ठस्य संक्रमे Name zweier Sâman Ârsh. Br.

संक्रमण n. 1) *das Eintreten, Eintritt.* — 2) *das Uebergehen —, Hineinfahren in* (Loc. oder im Comp. vorangehend). भरताय *das Hinübergehen —, Hinübergeführtwerden in* Bharata's *Geschlecht.* — 3) *das Eintreten der Sonne in ein neues Sternbild.* Auch सूर्य° und रवि°. — 4) *das Hinübergehen in eine andere Welt, Heimgang.* — 5) *ein Mittel zum Hinüberkommen.* — 6) über die Bed. des Wortes bei den Mathematikern s. Colebr. Alg. 26. 324.

संक्रमद्वादशाह m. *eine best. Form des* Dvâdaçâha.

संक्रमयज्ञ m. *ein best. Opfer* Vaitân. 43,22.

संक्रमी Adv. mit कर् *zur Brücke —, zum Vermittler machen.* °कृत्य mit Acc. so v. a. *vermittelst.*

संक्रान्त 1) Adj. s. u. क्रम् mit सम्. — 2) f. आ Titel eines Abschnitts in der Maitr. S. Ind. St. 13,125.

संक्रान्ति f. 1) *das Hinübergehen —, Fahren in* (Loc. oder im Comp. vorangehend), *das Uebergehen auf einen Andern, Uebertragenwerden.* पयसो गण्डूषसंक्रान्तयः *in Schlucke übergehendes —, so v. a. zum Trinken bestimmtes Wasser;* वचसां क्रोक्तिसंक्रान्तयः so v. a. *in Anspielungen auslaufende Reden* Viddh. 40,9. — 2) *der Eintritt der Sonne in ein neues Sternbild* (im Comp. vorangehend). दक्षिणायन° Pañkat. ed. Bomb. 2,17,15. °शान्ति f. Burnell, T. — 3) *defectiv für °वादिन् m. Pl. *eine best. buddhistische Schule.*

संक्राम 1) m. *das Vorübergehen, Verstreichen* Âpast. Çr. 3,16,8. — 2) *m. n. = दुर्गसंचर.

संक्रामण n. *das Hinüberbringen.* संक्रामणविरोपण n. *das Verpflanzen.*

संक्रामयितव्य Adj. *hineinzubringen, zu versetzen in* (Acc.).

संक्रामिन् Adj. *auf Andere übergehend.* Vgl. भूतसंक्रामिन्.

संक्रीड m. *Spiel, Scherz.* मरुतां संक्रीडाः Namen von Sâman Ârsh. Br.

संक्रोश 1) m. *Geschrei, — des Unwillens.* अङ्गिरसां संक्रोशाः Namen von Sâman Ârsh. Br. — 2) n. *a)* Pl. nach dem Comm. *diejenigen Körpertheile* (des Rosses), *welche bei seiner Bewegung einen Ton von sich geben.* — *b)* Name eines Sâman.

संक्लिष्टकर्मन् Adj. so v. a. *dem Alles schwer von der Hand geht* Spr. 6664. MBh. 7,143,15 (v. l. संश्लिष्ट°).

संक्लेद m. *Durchnetzung, das Nasswerden, Nasssein, Nässe, — durch* (im Comp. vorangehend) Als *Anfang des Verwesungsprocesses* Karaka 1,17. 6,11. °भूत Adj. *eine feuchte Masse bildend.*

संक्लेश m. *Schmerz, Leiden.* — MBh. 14,1236 fehlerhaft für संश्लेष.

संक्लेशन n. *das Schmerzmachen* Karaka 66,13.

संक्षय m. 1) *das zu Ende Gehen, Vergehen, völliges Verschwinden, Versiegen, Vernichtung, Untergang.* विधु° *Abnahme —, das Hinschwinden des Mondes;* दिवस° *das Ende des Tages.* — 2) *Weltuntergang.* — 3) N. pr. eines Marutvant.

संक्षार m. *Zusammenfluss.*

संक्षार m. dass. इडानां सं° und इडा° Name eines Sâman Ârsh. Br. Tâṇḍja-Br. 15,3,14. 16,11,7. Lâṭj. 3,6,24. 6,11,8.

संक्षालन 1) n. *Spülwasser* Âpast. Çr. 1,13,10. 6,

6,7. — 2) f. आ *Abwaschung, Abspülung, Reinigung* Prasannar. 62,4.

संक्षिप्त 1) Adj. s. u. 1. क्षिप् mit सम्. — 2) f. आ Bez. einer der sieben Theile im Kreise der Mondhäuser nach Parâçara's System.

संक्षिप्तक m. = संक्षिप्ति.

संक्षिप्तगति f. = संक्षिप्त 2).

संक्षिप्तत्व n. *das Schmalsein, — werden.*

संक्षिप्तभाष्य n., संक्षिप्तवेदान्तशास्त्रप्रक्रिया f., संक्षिप्तसार und संक्षिप्तहोमप्रकार m. Titel von Werken.

संक्षिप्ति f. und °का f. in der Dramatik *eine einfache Art sich zu helfen, — eine Sache zu Stande zu bringen.*

संक्षेप m. 1) *das Zusammenwerfen, Vernichtung.* — 2) *Abkürzung, kurze —, gedrängte Darstellung.* नीतिशास्त्राणाम् so v. a. *die Quintessenz von.* तस्यैष करसंक्षेपो जिह्वाच्छेद: so v. a. *um die Sache mit der Abgabe kurz zu machen, so wird ihm dafür die Zunge abgeschnitten.* संक्षेपात्, संक्षेपतस्, संक्षेपेण und संक्षेप° *mit kurzen Worten, in aller Kürze.* — 3) *Zusammenfassung,* so v. a. *Summe.* संक्षेपेण und संक्षेपतम् *in summa.* चतुर्लक्षसंक्षेपेण *in summa vier* Laksha. — 4) Pl. *knappe Verhältnisse, Armuth* MBh. 12,298,20. 37. — 5) in der Dramatik *eine Erklärung in kurzen Worten, dass man sich einem Andern zur Verfügung stelle.* — 6) *ein Mittel des Zusammendrängens.*

संक्षेपक m. *Zusammenwerfer, Vernichter.*

*संक्षेपण n. *das Zusammendrängen, Verkürzen, Darlegen in kurzen Worten.*

संक्षेपतिथिनिर्णयसार, संक्षेपपुरश्चरणविधि m. und संक्षेपभारत n. (Burnell, T.) Titel von Werken.

संक्षेपम् Absol. *in aller Kürze* Pańkar. 2,8,28.

संक्षेपयोगवासिष्ठ n. (Verz. d. B. H. No. 643), संक्षेपरामायण n. (Burnell, T.), °व्याख्यान n. (ebend.), संक्षेपशंकरजय m., °शंकरविजय m. (Burnell, T.), संक्षेपशारीरक n. (ebend.), °टीका f. (Opp. Cat. 1), °व्याख्यान n. und संक्षेपानुक्रमणिका f. Titel von Werken.

संक्षेप्तर् Nom. ag. = संक्षेपक.

संक्षोभ m. 1) *Stoss, Ruck, eine plötzliche heftige Bewegung, Erschütterung* Çiç. 4,59. 8,18. 26. 12, 26. — 2) *Gemüthsbewegung, Aufregung* Çiç. 8,26.

संक्षोभण n. *eine heftige Erschütterung* in श्रति° Nachtr. 6.

संक्षोभिन् Adj. *stossend* (ein Wagen).

*संखादक m. *Zahn.*

*संखादकिन् Adj. *Zähne habend* (निन्द्रायाम्).

संख्य 1) *Adj. am Ende eines Comp. *zählend, überzählend.* — 2) m. N. pr. eines Mannes. — 3) f. संख्या a) *Zählung, Bestimmung der Anzahl.* Am Ende eines adj. Comp. *gezählt —, gerechnet werdend zu.* — b) *Zahl, Anzahl.* Auch Pl. st. Sg. Am Ende eines adj. Comp. nach einem Zahlwort — *an Zahl betragend.* — c) *Zahlwort.* — d) *der grammatische Numerus* 226,31. — e) *Berechnung,* so v. a. *genaue Erwägung des pro und contra.* — f) = आख्या *Benennung, Name.* — g) * *eine best. hohe Zahl* (buddh.). — h) *gnomon for the purpose of ascertaining the points of the compass* Râm Râs 7 nach Aufrecht. — 4) n. *Schlacht, Kampf.* Nur Loc. (auch Çiç. 18,70) zu belegen.

संख्यक und संख्याक am Ende eines Comp. — *an Zahl betragend.*

संख्याङ्कबिन्दु m. *das Zeichen der Null.*

संख्यात 1) Adj. s. u. ख्या mit सम्. — 2) m. Pl. N. pr. eines Volkes. — 3) f. संख्याता *eine Art von Räthseln, wobei gezählt wird.*

संख्यातर् Nom. ag. *Ueberzähler, Aufzähler.*

संख्यातसंख्येय Adj. *erwogen habend, was zu erwägen war,* Karaka 1,13.

संख्यातानुदेश m. *eine nachfolgende, zu einer vorangehenden in Beziehung stehende Aufzählung, bei der die einzelnen Glieder der Reihe nach sich entsprechen,* 228,2.

संख्यातिग Adj. (f. आ) *unzählbar, unzählig.*

संख्यान n. 1) *das Erscheinen, zum Vorschein Kommen.* — 2) *das Zählen, Zählung, Aufzählung.* — 3) *Zahl, Anzahl* Hemâdri 1,508,19. 555,18. — 4) *das Ausmessen, Berechnung.* — 5) MBh. 14,64,10 schlechte Lesart für संस्थान.

संख्यानामन् n. *Zahlwort.*

संख्यानिदानटीका f. Titel eines *Commentars* Opp. Cat. 1.

संख्यापद् n. *Zahlwort.*

संख्यापरिमाण n. Titel eines Werkes VP.² 1,48.

संख्यामङ्गलग्रन्थि m. *die Glück verheissende Ceremonie der Knüpfung eines der Zahl der abgelaufenen Lebensjahre entsprechenden Knotens in einer Schnur.*

संख्यामुष्ट्यधिकरणाक्षेप m. Titel eines Werkes Burnell, T.

संख्यायोग m. *eine Constellation, bei der es darauf ankommt, in wie vielen Häusern ein Planet steht.*

संख्यारत्न n. Titel eines Werkes Opp. Cat. 1.

संख्यालिपि f. *eine best. Art zu schreiben* (etwa *mit Zahlzeichen*).

संख्यावत्त् Adj. 1) *gezählt, ein bestimmtes Maass habend* Vâsav. 112,1. — 2) *gebildet, klug* Mahâvîrak. 137,4. Vâsav. 112,1.

संख्याविधान n. *das Anstellen einer Berechnung.*

संख्यावृत्तिकर Adj. *die Wiederholung des Zählens verursachend,* so v. a. *schwer zu zählen, überaus zahlreich.*

संख्याशब्द m. *Zahlwort.*

संख्येय Adj. *was gezählt wird, was der Zahl nach bestimmt wird oder bestimmt werden kann, zählbar; nicht zahlreich* Bâlar. 178,6. Vgl. असंख्येय und संख्यात°.

1. सङ्ग m. (adj. Comp. f. आ, ई Vâsav. 211, 2) 1) *das Hängenbleiben, Stockung; das Haften, — an; das Anstreifen, Berührung, Contact, — mit.* Die Ergänzung im Loc. oder im Comp. vorangehend. — 2) *Berührung —, das Zusammentreffen mit Jmd, Anschluss an Jmd, ein näheres Verhältniss zu Jmd* (auch in geschlechtlicher Beziehung), *Umgang, Verkehr.* Die Ergänzung im Gen., Instr., Instr. mit सह, Loc. oder im Comp. vorangehend. — 3) *Hang des Herzens, Anhänglichkeit, Lust, Gelüste.* Die Ergänzung im Loc. oder im Comp. vorangehend. Abl. und Loc. so v. a. *wenn ihn eine Lust ankommt.* — 4) अत्रे: सङ्ग: Name eines Sâman. Vgl. अत्रसङ्गम् Nachtr. 1.

2. संग m. *feindliches Zusammentreffen.*

सङ्गट m. N. pr. eines Mannes.

संगणना f. *das Zusammen-, Aufzählen.*

संगणिका f. *gesellschaftlicher Umgang* Divjâv. 464,19. Text zu Lot. de la b. l. 187.

*संगत् Vop. 26,78.

संगत 1) Adj. s. u. गम् mit सम्. — 2) m. a) *ein best. auf gegenseitiger Freundschaft beruhendes Bündniss* Harshak. (ed. Bomb.) 461,17. — b) N. pr. eines Fürsten aus der Dynastie der Maurja. — 3) a) *das Zusammenkommen, Zusammenkunft, — mit* (Instr., Loc., Gen. oder im Comp. vorangehend). — b) *häufiges Zusammenkommen, ein freundschaftliches Verhältniss, Verkehr, — mit* (Instr., Gen. oder im Comp. vorangehend). — c) *Verbindung, das Sichhingeben einer Sache* (Instr.). — d) *Uebereinkunft.*

संगतक 1) m. N. pr. eines Märchenerzählers. — 2) n. *das Zusammenstossen* in भू°.

*सङ्गतल m. N. pr. eines Mannes.

संगतार्थ Adj. *einen passenden, zutreffenden Sinn habend* Comm. zu Kâtj. Çr. 1,10,10.

संगति f. 1) *das Zusammentreffen, Zusammenkommen mit* (Gen. oder im Comp. vorangehend) Çiç. 11,12. Vâsav. 230,1. 252,4. — 2) *das Eintref-*

fen, das Sichbegeben an einen Ort (Loc.). — 3) das Zusammentreffen von Personen, Zusammenkunft mit, Verkehr, Umgang (auch geschlechtlicher). Die Ergänzung im Instr., Instr. mit सह oder समम्, Loc., Gen. oder im Comp. vorangehend. — 4) Bündniss. — 5) das Zutreffen, Sichereignen. Instr. so v. a. wenn es sich so trifft, da es sich so traf, zufälliger Weise MBh. 13,10,54. — 6) Zutreffen, Stimmen, Passen. — 7) Zusammenhang, Beziehung (252,2), — zu (Instr. oder im Comp. vorangehend). In der Pûrvamîmâṁsâ eines der 5 Glieder eines Adhikaraṇa. — 8) * = ज्ञान.

संगतिक 1) am Ende eines adj. Comp. von संगति 7). — 2) m. N. pr. eines Mannes.

°संगतिन् Adj. Pl. zusammengekommen bei oder zu.

संगतिवाद m. und संगत्यनुमिति f. Titel von Wer- Opp. Cat. 1.

संगथ m. 1) Vereinigung, Mittelpunct. — 2) * feindliches Zusammentreffen, Kampf.

संगम m. (adj. Comp. f. आ) (*n.) 1) das Zusammentreffen (freundliches und feindliches), Zusammenkunft, Vereinigung (auch geschlechtliche), Verkehr, — mit (Instr., Instr. mit सह, Gen. oder im Comp. vorangehend). — 2) Zusammenfluss zweier Flüsse, Mündung Varâh. Jogaj. 7,9. — 3) Conjunction von Planeten. — 4) Durchschnittspunct. — 5) eine zusammenstehende Anzahl. — 6) Verbindung, Berührung, Contact, — mit (Instr. oder im Comp. vorangehend). अनर्थेन so v. a. das Schadennehmen. — 7) das Gelangen zu (Gen.). — 8) = सङ्ग das Hängen an in असंगम. — 9) N. pr. eines Fürsten.

संगमक Adj. hinführend an einen Ort, so v. a. den Weg angebend.

*संगमज्ञान m. N. pr. eines Gelehrten.

संगमदत्त m. N. pr. eines Mannes.

संगमन 1) Adj. (f. ई) versammelnd, Versammler. — 2) n. a) das Zusammentreffen, Vereinigung, — mit (im Comp. vorangehend). — b) das in Berührung Kommen mit (Instr.), so v. a. Theilhaftwerden.

संगमनीय Adj. zur Vereinigung führend, V. bewirkend.

संगमनेर N. pr. einer Oertlichkeit.

सङ्गमय Adj. aus dem Hange des Herzens —, aus den Gelüsten hervorgegangen, dadurch bewirkt.

*संगमश्रीज्ञान m. N. pr. eines Gelehrten.

°संगमिन् Adj. verkehrend mit.

संगमेश्वर m. 1) Bein. Viçvanâtha's. — 2) N. pr. einer Oertlichkeit.

संगमेश्वरस्वामिन् m. N. pr. eines Mannes.

संगर 1) m. a) Zusage, Versprechen, Vertrag. — b) Kampf, Gefecht, — mit (Instr.), um (Gen.). — c) * Ungemach. — d) * = गर Gift. — 2) *n. die Frucht der Çamî genannten Fabacee Çâçvata 63.

संगरण n. das Verhandeln, Sichverständigen.

संगव m. die Zeit, wo die weidenden Kühe zur Melke zusammenkommen (oder wo sie mit den Kälbern beisammen sind). Bei der Theilung des Tages in fünf Abtheilungen der zweite: Morgen, Vormittag. Als Zeitmaass = 10 Nâḍikâ (4 Stunden) oder 3 Muhûrta (2 Stunden und 24 Minuten VP. 2,8,62).

सङ्गवत् Adj. mit dem Herzen hängend an (Loc.) R. 3,37,23 (विषयेषु स° zu lesen).

संगविनी f. der Ort, wo die Kühe zum Melken zusammenkommen.

*संगाद m. conversation beruht auf einem Missverständniss von Mârk. P. 35,21.

संगायन n. gemeinsames Besingen.

सङ्गिक m. N. pr. eines Mannes.

सङ्गिन् Adj. 1) hängend —, steckend an, in oder auf (im Comp. vorangehend) Çiç. 6,36. 10,61. 17,37. — 2) in Berührung —, in Contact kommend mit (im Comp. vorangehend). — 3) mit dem Herzen hängend an, einer Person oder Sache hingegeben, obliegend (die Ergänzung im Loc., Gen. oder im Comp. vorangehend) Çiç. 10,91. Ohne Ergänzung an der Sinnenwelt hängend Hemâdri 1,645,17. — Vgl. पत्सङ्गिन्.

सङ्गिय m. N. pr. eines Mannes.

संगिर् f. Zusage, Versprechen. Auch Pl.

संगिर् Adj. verschlingend.

संगीत n. (adj. Comp. f. आ) 1) vielstimmiger Gesang, von Musik begleiteter Gesang, Concert, Gesang überh. 323,16. — 2) ein darüber handelndes Werk.

संगीतक n. = संगीत 1) 290,26. Hem. Par. 2,160.

संगीतकगृह n. Concertsaal.

संगीतकौमुदी f., संगीतचूडामणि m. (Kumârasv. zu Pratâpar. 30,18. 85,16), संगीतदर्पण m., संगीतदामोदर m., संगीनारायण m., संगीतमकरन्द m. (Burnell, T.), संगीतमुक्तावली f. (ebend.), संगीतरत्नमाला f., संगीतरत्नाकर m., °कलानिधि m., °चन्द्रिका f. (Opp. Cat. 1), °टीका f. (ebend.) und °राघव (Burnell, T.) Titel.

संगीतविद्या f. die Lehre vom Gesange.

संगीतवृत्तरत्नाकर m. Titel Burnell, T.

संगीतवेश्मन् n. und संगीतशाला f. Concertsaal.

संगीतशास्त्र n. ein über Gesang u. s. w. handelndes Werk und Titel eines best. solchen Werkes Opp. Cat. 1.

संगीतसार n., °सारसंग्रह m. (Opp. Cat. 1), °सारामृत n. (Burnell, T.), संगीतसिन्धु m., संगीतसुधा f., °कर m. (Opp. Cat. 1), संगीतसुन्दर (Burnell, T.), संगीतसेतु m. (ebend.) und संगीतार्णव m. Titel.

संगीति f. 1) * Unterhaltung. — 2) ein best. Ârjâ-Metrum.

संगीतिपर्याय m. Titel eines buddh. Werkes.

*संगीतिप्रासाद m. Berathungssaal und Concertsaal.

संगुण Adj. multiplicirt mit (im Comp. vorangehend).

संगुणी Adv. mit कर् multipliciren.

संगुप्त 1) Adj. s. u. 1. गुप् mit सम्. — 2) *m. ein Buddha.

संगुप्ति f. 1) das Hüten, Bewahren. — 2) das Verbergen.

संगृभीतर् Nom. ag. mit Acc. lenkend, regierend ṚV. 1,100,9.

संगृहीतर् Nom. ag. 1) Rossebändiger, Wagenlenker. — 2) Lenker, Regierer überh., der Alles im Zaume hält. — Richtig संग्रहीतर्.

संगृहीति f. das im Zaume Halten, Bändigung.

संगोपन 1) Adj. verbergend. — 2) n. das Verbergen.

संगोपनीय Adj. zu verbergen, geheim zu halten.

संग्रथन n. das Zusammenknüpfen, durch Knüpfen wieder Herstellen Kâd. 2,129,14 (158,20).

संग्रन्थन n. das Zusammenknüpfen, Anstiften (eines Streites).

संग्रसन n. das Verschlingen.

संग्रह m. 1) das Ergreifen, — 2) das Fürsichnehmen, Behalten. — 3) das Bekommen, Erhalten. पत्त्र° von Blättern (von einem Baume gesagt) Spr. 7832. — 4) das Zusichnehmen, Geniessen. — 5) das (auf übernatürliche Weise geschehende) Zurückholen von Pfeilen u. s. w. und die darüber handelnde Lehre. — 6) das Beisammenlassen. — 7) das Zusammenbringen, Sammeln, Aufspeichern, Anhäufen; Vorrath Kampaka 9. जलसंग्रहं कर् Wasser einnehmen (d. i. in Geschirre thun) 30. — 8) das Versammeln, Zusammenbringen (von Menschen) Ind. St. 15,301. — 9) Zusammenstellung, vollständige Aufzählung; Sammlung, Gesammtheit, Inbegriff, das Ganze; ein vollständiges Compendium. Instr. vollständig. — 10) das Umfassen, Einschliessen, Mitbegreifen. — 11) was Etwas umfasst, Behälter. — 12) das im Zaume Halten. — 13) das in Ordnung Halten, Bewahren, Hüten. — 14) concret Lenker, Regierer, Behüter; auch vielleicht Verfüger, Anordner. — 15) Zusammendrängung, *kurze Darlegung.* काद्दानस्य so v. a. *die kurze Antwort auf.* Instr. und Abl. *in Kürze, mit kurzen Worten.* — 16) *Verengerung, Schmälerung; die schmale Stelle.* — 17) *Verstopfung.* — 18) *Zusammenschnürung* Káraka 1,5. 14. — 19) *das Heranziehen, Fürsichgewinnen; freundliche, liebevolle Behandlung; Bewirthung* Káraka 1,10. — 20) *das zur Ehe Nehmen, Heirathen.* Vgl. दार°. — 21) *Auffassung, Wahrnehmung; das Verstehen, Verstandenwerden.* — 22) Titel verschiedener *Compendien* (Opp. Cat. 1) und *compendienartiger Anhänge.*

संग्रहग्रहणी f. *eine besondere Form von Diarrhoe abwechselnd mit Verstopfung.*

संग्रहचूडामणि m. Titel eines Werkes Opp. Cat. 1.

संग्रहण 1) Adj. *ergreifend.* — 2) f. संग्रहणी = संग्रहग्रहणी. — 3) n. a) *das Ergreifen.* — b) *das Bekommen, Erhalten, in den Besitz Gelangen.* — c) *das Sammeln, Anhäufen.* जल° *das Sichversehen mit Wasser* Uttamak. 61. — d) *das Zusammenbringen mit, Einfügen in* (im Comp. vorangehend). — e) *das Zusammenstellen, vollständiges Aufzählen.* — f) *das Einhaltthun, Hemmen.* — g) *das Heranziehen, Fürsichgewinnen, Geneigtmachen.* — h) *das Unzucht Treiben, — mit* (im Comp. vorangehend).

संग्रहणीय Adj. 1) *als Stopfmittel geeignet* Káraka 6,10. 1,4,25. — 2) *zu lenken auf* (Loc.) Çaṁk. zu Bâdar. 2,1,1 (S. 412, Z. 3).

संग्रहणीरत्न n. (Pischel, de gr. Pr. 15. 20), संग्रहप्रकाशिका f. (Opp. Cat. 1), संग्रहरामायण n. und °विवरण n. (Burnell, T.) Titel von Werken.

संग्रहवत् Adj. *mit einer gedrängten Wiederholung des Gegenstandes versehen.*

संग्रहवस्तु n. *Etwas, was eine freundliche Gesinnung verräth und Popularität erzeugt,* Lalit. 38,22. 42,19. 183,8. 217,4. Divjâv. 95,15. 124,14. 264,29.

संग्रहवैद्यनाथीय n. (Opp. Cat. 1) und *संग्रहसूत्र n. Titel.

संग्रहिन् m. *Sammler, Zusammenbringer, Herbeischaffer.*

संग्रहीतर् Nom. ag. 1) *Rossebändiger, Wagenlenker.* — 2) *der Jnd* (Acc.) *für sich gewinnt* Âpast. 2,20,18.

संग्रहीतव्य Adj. *beizubehalten* Pat. zu P. 3,1, 94, Vârtt. 6.

संग्राम m. (*n.) 1) *Volksversammlung; Schaar, Heerhaufen.* — 2) *das feindliche Zusammentreffen zweier Haufen, Kampf, Schlacht, — mit* (Instr., Instr. mit समम्, सह oder सार्धम् oder im Comp. vorangehend). — 3) N. pr. verschiedener Männer.

संग्रामकर्मन् n. *Kampf.*

संग्रामगुप्त m. N. pr. eines Mannes.

संग्रामचन्द्र m. N. pr. eines Dichters Z. d. d. m. G. 36,557.

संग्रामजित् 1) Adj. *siegreich im Kampf.* Superl. °जित्तम. — 2) N. pr. eines Sohnes des Kṛshṇa und eines andern Mannes.

संग्रामतुला f. *das Gottesurtheil —, die Feuerprobe des Kampfes* Prasannar. 75,1.

संग्रामतूर्य n. *Schlachttrommel.*

संग्रामदत्त m. N. pr. eines Brahmanen.

संग्रामदेव m. N. pr. eines *Fürsten.*

संग्रामनगर n. N. pr. einer *Stadt.*

*संग्रामपटह m. *Schlachttrommel.*

संग्रामपाल m. N. pr. eines Fürsten.

संग्रामभूमि f. *Kampfplatz, Schlachtfeld.*

संग्राममूर्धन् m. *Vordertreffen.*

*संग्रामय्, °यति und °यते *kämpfen.* — Desid. in *सिषंग्रामयिषु und सिसंग्रामयिषु.

संग्रामराज m. N. pr. zweier *Fürsten.*

संग्रामवर्धन m. N. pr. eines Mannes.

संग्रामवर्ष m. desgl.

संग्रामशिरस् n. *Vordertreffen* MBh. 4,34,2. 6,90,71.

संग्रामसाहि m. N. pr. eines *Fürsten.*

संग्रामसिद्धि m. N. pr. eines Elephanten.

संग्रामाग्र n. *Vordertreffen* Çiç. 18,16.

संग्रामाङ्गन n. *Schlachtfeld* Bhâm. V. 2,89. Ind. St. 15,445.

संग्रामापीड m. N. pr. zweier Fürsten.

संग्रामाशिस् f. *Schlachtgebet.* Wird personificirt.

संग्रामिक Adj. fehlerhaft für सांग्रामिक.

संग्रामिन् Adj. *im Kampf begriffen* Maitr. S. 1, 9,6 (137,12. 13).

संग्राम्य 1) Adj. *zum Kampf geeignet.* — 2) *Kampf, Schlacht.* Vielleicht nur fehlerhaft für संग्राम.

संग्राह m. 1) *Faust, das Ballen der Faust.* मुष्टि° dass. Bhaṭṭ. 7,40. — 2) **Griff eines Schildes.* — Vgl. असंग्राह (Nachtr. 1) und रससंग्राही.

संग्राहक 1) Adj. (f. ई) a) *zusammenfassend, in kurzen Worten darlegend.* — b) *zusammenziehend, hemmend, stopfend.* — 2) m. *Wagenlenker* Gâtakam. 11.

संग्राहिन् 1) Adj. a) *sammelnd, anhäufend.* — b) = संग्राहक 1) b). — c) *an sich heranziehend, für sich gewinnend* in लोक°. — 2) *m. *Wrightia antidysenterica.*

संग्राह्य Adj. 1) *zu umfassen, zu umfangen.* — 2) *zu hemmen, zu stillen.* — 3) *anzustellen* (an ein Amt) Hemâdri 1,373,23. — 4) *an sich heranzuziehen, für sich zu gewinnen.* — 5) *anzunehmen, zu beherzigen.*

संघ m. 1) *Schaar, Haufe, Menge.* Fast nur in Verbindung mit einem Gen. Pl. oder am Ende eines Comp.; ohne nähere Angabe so v. a. मुनि° und शत्रु°. — 2) *eine zu einem best. Zweck vereinigte grössere Anzahl von Menschen.* — 3) bei den Buddhisten so v. a. *Gemeinde;* bei den Gaina *Convent, Brüderschaft, Secte* Ind. Antiq. 6,30. — 4) Çiç. 10,32 fehlerhaft für सङ्ग.

संघक m. = संघ 1).

संघगुप्त m. N. pr. des Vaters von Vâgbhaṭa.

*संघगुह्य m. N. pr. eines Mannes.

संघचारिन् 1) Adj. *in Schaaren gehend.* — 2) *m. *Fisch.*

*संघजीविन् Adj. *in Gesellschaft lebend, einer schweifenden Bande angehörig.*

संघट Adj. (f. आ) *aufeinandergehäuft* Agni-P. 41,8.

संघटक als Erklärung von संधि.

संघटन 1) n. (Vikramâñkak. 13,69) f. (आ) *Verbindung, Vereinigung, — mit* (im Comp. vorangehend) 327,25. — 2) f. आ *Laut-, Wortgefüge*

संघट्ट 1) m. (adj. Comp. f. आ) a) *Zusammenstoss* Prasannar. 13,13. Çiç. 18,34. 20,26. Ind. Antiq. 13, 78. 121. वाद° so v. a. *Wortstreit* Káraka 146,24. — b) *Schlag.* हृदय° *Herzschlag* (den Tod bewirkend) Kampaka 375. — c) *Verbindung, Vereinigung, — mit* (Instr.) Naish. 6,13. — 2) *f. आ *Schlingpflanze.* — 3) f. ई Lalit. 334,5 fehlerhaft für संघाटी.

संघट्टचक्र n. *ein best. astrologisches Diagramm.*

संघट्टन 1) m. *ein best. gespenstisches Wesen.* — 2) n. a) *das Zusammenstossen.* — b) *das Reiben, Reibung* Prasannar. 8,21. Comm. zu Njâjam. 10,1, 22. — 3) f. (आ) n. *Verbindung, Vereinigung.*

संघट्टपणित n. *Wette* Harshak. 180,10.

संघट्टिन् m. *Gefährte, Anhänger.*

*संघतल m. = संहतल.

संघतिथ Adj. *vielfach, zahlreich* Çiç. 19,107.

*संघदास m. N. pr. eines Mannes.

संघपति m. 1) *Vorstand der buddhistischen Gemeinde.* Nom. abstr. °त्व n. — 2) N. pr. des Vaters von Vâgbhaṭa.

संघपुरुष m. *ein Diener der buddh. Gemeinde* Ind. St. 15,286.

*संघपुष्पी f. *Grislea tomentosa* Râgan. 6,217.

संघभद्र m. N. pr. eines Mannes.

संघरक्षित m. desgl.

संघर्ष 1) m. a) *Reibung* Çiç. 19,1. — b) *wollüstige Erregung* MBh. 15,30,22. v. l. संहर्ष. — c) *Wettstreit, Wetteifer, Eifersucht, — wegen* (Acc. mit

प्रति oder im Comp. vorangehend). — d) * = संसर्प. — 2) * f. आ *flüssige Lackfarbe* Râǵan. 6,209.

संघर्षण n. 1) *das Reiben, Reibung* (auch beim coitus). — 2) *ein zum Einreiben dienender Stoff, Einreibung.* — संघर्षणा° MBh. 9,1251 fehlerhaft für संघर्षेणा°.

संघर्षयितर् Nom. ag. *Nebenbuhler* Sâj. zu ṚV. 10,18,9.

संघर्षशालिन् Adj. *eifersüchtig.*

संघर्षिन् Adj. *eifersüchtig, neidisch* (Çiç. 5,19 nach der richtigen Lesart); *wetteifernd —, wettstreitend um* (im Comp. vorangehend).

*संघवर्धन m. N. pr. eines Mannes.

संघवृत्ति f. *Bündniss, Allianz* Viddh. 98,4.

संघशस् Adv. *in Schaaren, in Haufen, in einer grossen Anzahl* Harshak. 180,1.

संघस m. *Speise, Nahrung* Bhaṭṭ. 7,56.

संघाट m. 1) *Zimmerwerk.* — 2) *am Ende eines Comp. = संघात.

संघाटिका f. 1) * *Paar.* — 2) *Frauenkleid* Çilâñka 2,176. — 3) * *Kupplerin.* — 4) * *Trapa bispinosa.* — 5) * *Nase.*

संघाटि (Divjâv. 36,1. 154,17) und संघाटी (Divjâv. 159,9. 494,2. 558,20) f. *ein bes. Gewand.* भितुसंघाटी Suçr. 2,390,16.

सङ्घाणक m. *Rotz.* Richtig शिङ्घाणक oder सि°.

संघात m. n. (hier und da im Epos; adj. Comp. f. आ) 1) *Schlag, Verletzung* MBh. 9,23,73. — 2) *Verschluss* (der Thore). — 3) *Zusammenstoss, Kampf.* — 4) *Verdichtung, Verhärtung, Compactheit.* — 5) *eine feste Verbindung, Aggregat, Complex, Collection, Klumpen, Menge.* तमः° so v. a. *eine dichte Finsterniss* 311,27. — 6) *Reisegesellschaft, Karavane* VP. 3,13,33. — 7) in der Grammatik a) *die ganze ungetrennte Verbindung von Worten* 236,18. — b) *ein Vocal mit seinem Consonanten.* — 8) *Intensität.* — 9) *ein materielles Aggregat, Körper.* — 10) *ein in einem und demselben Metrum abgefasstes Gedicht.* — 11) * *Phlegma, Schleim.* — 12) * *a particular mode of walking in dramatic representation.* — 13) *eine best. Hölle* Divjâv. 67,21. 366,28.

संघातक m. *Entzweiung Zusammenhaltender.*

संघातचारिन् Adj. *in Heerden lebend.*

संघातज्ञ Adj. in der Med. = सांनिपातिक Bhâvapr. 3,2.

संघातन n. *das Tödten, Umbringen.*

*संघातपत्त्रिका f. *Anethum Sowa* Râǵan. 4,1.

संघातम् Absol. *aufeinander stossend.* Wiederholt Kâṭh. 29,1.

संघातवत्त् Adj. *dicht zusammenstehend.* भ्रातृ° *mit seinen Brüdern zusammenhaltend.*

संघातशूलवत्त् Adj. *einen beklemmenden Schmerz empfindend.*

संघात्य m. = संघातक.

संघादिशेष m. fehlerhaft für संघावशेष.

संघाधिप m. bei den Ǵaina *Vorstand der Gemeinde.*

*संघानन्द m. N. pr. eines buddh. Patriarchen.

संघान्न n. *von einer Gesellschaft verabreichte Speise* Âpast. 1,18,16.

संघाराम m. *ein buddhistisches Kloster.*

*संघावशेष m. bei den Buddhisten Bez. *derjenigen Sünden, welche eine zeitweilige Ausschliessung zur Folge haben.*

संघी Adv. mit भू *sich zu einer Schaar vereinigen.*

संघुषित n. *Geschrei* Bhaṭṭ. 5,55.

संघुष्टक Adj. *zu einander passend, an einander gewöhnt* Pat. zu P. 1,1,50, Vârtt. 8.

संघोष m. = घोष *Hirtenstation.*

संघोषिणी f. Pl. *bestimmte dämonische Wesen* Ind. St. 15,144.

1. सच् I) Präsensstämme स॑च und स॑च im Med., selten im Act. 1) mit Instr. a) *vereint —, beisammen —, vertraut sein —, Gemeinschaft haben —, sich zu thun machen mit.* — b) *im Besitz —, im Genuss sein von.* — c) *anheimfallen* (einem Uebel). — 2) mit Acc. a) *Jmd nahe sein, um Jmd sein; gehören zu.* — b) *anhängen, ergeben sein.* — c) *befolgen.* — d) *nachfolgen, verfolgen; aufsuchen, besuchen.* — e) *verfolgen,* so v. a. *bezwecken* 225,12. 16. — f) *sich befinden unter.* — g) *im Gefolge —, im Besitz —, im Genuss haben; bekommen.* — h) *treffen, zu Theil werden.* — 3) *zusammen sein.* — II) सिषक्ति a) mit Acc. *Jmd nachfolgen, nachgehen, sich hängen an.* — b) mit Dat. *Jmd helfen zu* (Dat.) ṚV. 4,21,7. — c) mit Loc. *sich aufhalten, sich befinden.* — Vgl. सश्च्. — Mit अनु *nachgehen, aufsuchen, verfolgen, sich halten zu;* mit Acc. — Mit अप *sich entziehen, entgehen;* mit Acc. — Mit अभि *aufsuchen, sich Jmd zuwenden, sich Jmds annehmen;* mit Acc. — Mit आ *aufsuchen.* — Mit उप 1) dass. — 2) *verfolgen.* — Mit नि *eng verbunden sein mit* (Instr.). — Mit प्र *verfolgen.* — Mit प्रति *rächend verfolgen.* — Mit वि für die Etymologie von विष vorausgesetzt. — Mit सम् *verbunden sein, — mit* (Instr.).

2. °सच् (stark °साच्) Adj. = 1. सच्.

3. सच् = सञ्ज्. Mit आ *hängen an* Maitr. S. 1,10, 20 (160,15), wo आ सचति (संचति) fehlerhaft ist für आ सचत्ति (सचंति), wie Kâṭh. liest.

सच Adj. *ergeben* in असचद्विष्.

सचकितम् Adv. *zitternd, erschrocken* 306,28. Spr. 1637. 6807.

सचक्र 1) Adj. (f. आ) a) *mit Rädern versehen.* — b) *mit Truppenabtheilungen versehen.* — 2) * Adv. °म् *zugleich mit dem Rade.*

सचक्रिन् m. *Wagenfahrer.*

सचक्रोपस्कर Adj. *mit Rädern und Zubehör* MBh. 14,79,15. Passender wäre सु°.

सचतुष (MBh. 1,178,28) und स॑चतुस् (Chr. 288,12. Vâsav. 177,1) Adj. *mit Augen versehen, sehend.*

सच॑थ m. *das Zusammensein, Nachfolge.*

(सचथ्य) सचथिअ Adj. etwa *gehörig, gebührend.*

सच॑ध्यै Dat. Infin. zu 1. सच् ṚV. 1,167,5.

सच॑न Adj. *zu Gebot stehend, dienstbereit.*

स॑चनस् Adj. *einträchtig mit* (Instr.). Superl. सच॑नस्तम (sic).

सचनस्य्, °स्य॑ते *Pflege —, Zärtlichkeit erweisen.*

सचनावत् Adj. = सच॑न.

सचन्द्रक Adj. (f. °न्द्रिका) *mit einem mondähnlichen Fleck versehen* Suçr. 2,492,5.

सचन्द्रिकाप्रसाद (!) m. Titel eines Werkes Opp. Cat. 1.

सचमत्कारम् Adv. *mit Staunen, erstaunt* Kathâs. 22,147. Mahâvîrak. 112,6.

सचर्म Adj. *sammt dem Fell.*

सचस्य्, °स्य॑ते *Pflege empfangen.*

स॑चा Adv. *dabei, zur Hand; zugleich, zusammen.* Mit vor- oder nachstehendem Loc. *bei, in, Angesichts von, zusammen mit.*

सचाङ्काचपुष्पी f. *eine best. Pflanze.*

सचाभू Adj. *begleitet von* (Instr.); m. *Geselle, Begleiter, Freund.*

सचामर Adj. *mit Fliegenwedeln versehen* Vishṇus. 99,13.

स॑चि Adv. *zugleich.*

सचित् Adj. *denkend* oder *gleich denkend.*

सचित्क Adj. *denkend.*

स॑चित्त Adj. 1) *einmüthig.* — 2) *mit Vernunft begabt* Citat bei Pat. zu P. 1,3,25, Vârtt. 1.

सचित्र Adj. (f. आ) 1) *mit Gemälden versehen* Hariv. 4532. — 2) *nebst Gemälden* Megh. 64.

सचिन्त Adj. (f. आ) *in Gedanken vertieft.* °म् Adv. *gedankenvoll.*

सचिन्ताकुलम् Adj. *gedankenvoll.*

*सचिल्लक Adj. *triefende Augen habend.*

सचिव 1) m. a) *Begleiter, Beistand;* insbes. der *Beistand eines Fürsten* oder *Prinzen, Minister, ein hoher Beamter.* Gaut. 12,49 so v. a. *Helfers-*

helfer. Am Ende eines adj. Comp. so v. a. *unterstützt von, ausgestattet mit* Bâlar. 24,5. — *b)* * *eine Art Stechapfel* Râǵan. 10,20. — 2) f. (*आ) ई f. zu 1) *a)*.

सचिवता f. *das Amt eines Ministers.*

सचिवत्व n. 1) dass. — 2) Nom. abstr. zu einem auf सचिव auslautenden adj. Comp.

*सचिवामय m. *Gelbsucht* (?) Râǵan. 20,3.

सचिविद् Adj. *vertraut, anhänglich.*

सचिह्न Adj. *gebrandmarkt.* °म् Adv.

सचीनक Adj. *nebst Panicum miliaceum.*

सचेतन *vernünftig* (Ind. St. 15,385. Vâsav. 79,3), *verständig, bei vollem Verstande, — Bewusstsein.*

सचेतस् Adj. 1) *einmüthig, einverstanden.* — 2) *eine richtige Einsicht —, ein richtiges Verständniss habend, verständig.*

सचेल Adj. *mit einem Kleide versehen, bekleidet, in Kleidern* Gaut. 14,30. M. 11,202. Jâǵn. 2,97, v. l.

*सचेष्ट m. *der Mangobaum.*

सचैतन्य Adj. *Bewusstsein habend* VP. 6,5,13.

सचैल Adj. (f. आ) = सचेल Jâǵn. 2,97. Spr. 5431. MBh. 3,186,11 (*nebst Kleidern*). °म् Adv. Vasishṭha 21,28. 23,33.

सच्चन्द्रिका f. *ein prächtiger Mondschein* Spr. 7853.

1. सच्चरित n. *ein guter —, tugendhafter Wandel.*

2. सच्चरित Adj. *einen guten —, tugendhaften Wandel führend.*

सच्चरितमीमांसा f. Titel eines Werkes.

सच्चरित्र n. = 1. सच्चरित.

सच्चरित्रपरित्राण n., सच्चरित्ररक्षा f. und सच्चरित्रसुधानिधि m. Titel von Werken Opp. Cat. 1.

सच्चर्या f. = 1. सच्चरित.

सच्चार m. *ein guter Späher.* संचार gedruckt.

*सच्चारा f. *Gelbwurz.*

सच्चिदानन्द m. 1) Pl. *Sein, Denken und Wonne;* Sg. so v. a. *aus diesen Dreien bestehend* 253,18. Auch Bez. *des höchsten unkörperlich gedachten Wesens.* — 2) N. pr. eines Autors Opp. Cat. 1,5695. Auch °तीर्थ, °भारती und °सरस्वती.

सच्चिदानन्दचाटु (Opp. Cat. 1) und सच्चिदानन्दभुजंग m. (Burnell, T.) Titel.

सच्चिदानन्दमय Adj. *in Sein, Denken und Wonne bestehend.*

सच्चिन्मय Adj. *in Sein und Denken bestehend.*

सच्छदिस् Adj. *bedeckt, verdeckt* Âpast. Çr. 11,6,3.

सच्छन्द Adj. (f. आ) *aus gleichen Metren bestehend;* f. sc. ऋच् VS. 23,34.

सच्छन्दस् und सच्छन्दस्य Adj. dass.

सच्छन्दोम Adj. *mit dem Khandoma verbunden.* Nom. abstr. °त्व n. Lâṭj. 10,3,15.

सच्छल Adj. (f. आ) *betrügerisch* Spr. 6557.

सच्छलजातिनिग्रहमय Adj. *aus Veranlassungen zu einer Niederlage in der Disputation bestehend, die von unehrlicher Disputation und von in sich selbst einen Widerspruch enthaltenden Einwendungen begleitet sind,* Prab. 111,9.

*सच्छाक n. *Blatt des Ingwers* Râǵan. 6,29.

सच्छाय Adj. (f. आ) 1) *Schatten gewährend* Pańkad. — 2) *mit schönem Farbenspiel* Râǵan. 13,166. — 3) am Ende eines Comp. *gleichfarbig mit* Çiç. 19,11.

सच्छास्त्र n. *eine gute —, ächte Lehre, ein solches Lehrbuch* Vâmana 5,2,21, Comm.

सच्छास्त्रवत् Adj. *eine gute —, ächte Lehre besitzend.*

सच्छील n. *ein guter Charakter.*

सच्छूद्राचार m. Titel eines Werkes Burnell, T.

सच्छेद Adj. *unterbrochen.*

सच्छ्लोक Adj. *in gutem Rufe stehend.*

सच्युति Adj. nach einem Comm. von *Samenergiessung begleitet* Maitr. S. 2,7,12 (92,13). Eher f. = समाना च्युतिः.

सज s. सज्ज.

सजन Adj. 1) *von Menschen besucht, — bewohnt.* Loc. *an einem Orte, wo Leute sind, unter Menschen.* — 2) *nebst Leuten.*

*सजनपद Adj. Subst. *aus demselben Lande seiend, Landsmann.*

सजनीय n. *das Lied mit dem Refrain* स जनास इन्द्रः (RV. 2,12) Âpast. Çr. 14,19,10.

सजनु Adj. *zugleich entstanden.*

1. सजन्य Adj. *einem Verwandten gehörig.*

2. सजन्य n. = सजनीय.

सजप Adj. *nebst dem* तूष्णींजप Çâṅkh. Çr. 9,25,1.

*सजम्बाल Adj. *sumpfig, kothig.*

सजल Adj. *mit Wasser versehen, wasserreich, feucht* 187,23. 324,32. Megh. 22. Çiç. 20,5.

सजलपृषत Adj. *mit Wassertropfen versehen* Megh. 62.

सजागर Adj. *wachend, nicht schlafend.*

सजात Adj. (f. आ) 1) *verwandt;* m. *ein Angehöriger, Stammgenosse, Landsmann.* — 2) *nebst Kindern* Gobh. 3,9,17.

सजातकाम Adj. *die Herrschaft über die Stammgenossen wünschend.*

सजातवनस्या f. *der Wunsch nach Herrschaft über Angehörige, Bez. eines Spruchs dieses Inhalts.*

सजातवनि Adj. *Angehörige u. s. w. gewinnend.*

सजातवत् Adj. *von Verwandten umgeben.*

सजातशंस m. *Verwandtenfluch* TBr. 3,7,12,2.

सजाति Adj. (f. eben so) *zur gleichen Kaste u. s. w. gehörig, gleichartig.*

सजातीय Adj. dass.

सजातीयविशिष्टान्तराघटितत्व n. Titel eines Werkes Opp. Cat. 1.

सजात्य, सजात्यिम 1) Adj. *stammverwandt.* — 2) n. *gleiche Abkunft, Verwandtschaft, Stammgenossenschaft.*

सजानि Adj. *nebst seinem Weibe* Bhâg. ed. Calc. 1,258.

सजामि Adj. Râǵat. 1,257 fehlerhaft für सजानि.

सजाय Adj. *beweibt, verheirathet.*

सजार Adj. (f. आ) *nebst dem Buhlen* 135,24.

सजाल Adj. *bemähnt* 112,16. v. l. सटाल nach Tawney.

सजित्वन् Adj. (f. °वरी) *siegreich, überlegen* Maitr. S. 2,7,13 (93,6).

सजीव Adj. (f. आ) 1) *beseelt, lebend, lebendig* Ind. St. 15,404. Nom. abstr. °ता Çiç. 19,101. — 2) *mit einer Bogensehne versehen.* Nom. abstr. °ता f. Çiç. 19,101.

सजुष 1) *Adj. Vop. — 3) Adv. und Präp. सजूस् und सजूर् *a) zugleich, überdies.* सजूःकृत्य so v. a. *in Gemeinschaft mit* (Acc.) Bhaṭṭ. — *b) mit, sammt;* mit Instr.

सजूरब्दीय Adj. von सजूरब्दः (VS. 12,74) Çat. Br. 9,2,1,13.

सजृम्भिकम् Adv. *unter Gähnen* Kathâs. 58,32.

सजोष Adj. = सजोषस्.

सजोषण n. *eine gemeinsame Vergnügung.*

सजोषस् Adj. *einmüthig, vereint;* überh. *zusammen befindlich — oder — handelnd mit* (Instr.). Adv. *vereint.*

सज्ज s. सज्ज und सज्जय्.

सज्ज 1) Adj. (f. आ) *a) mit der Sehne versehen* (ein Bogen, der erst dann, wenn er gebraucht werden soll, mit der Sehne versehen wird; sonst ist die Sehne um ihn gewickelt). v. l. सज्य. — *b) auf die Sehne gefügt* (ein Pfeil). v. l. सज्य. — *c) zu einem best. Zweck gehörig vorbereitet, fertig, bereit* (von Personen und Sachen). Die Ergänzung im Infin., Loc., Dat. (Uttamaḱ. 370) oder im Comp. vorangehend (ebend. 369). — *d) für Alles vorbereitet, zu Allem geschickt* (von Händen und Füssen) Pańkad. — 2) m. Schol. zu Kâtj. Çr. 19,1,20 fehlerhaft für सर्ज. — 3) *f. आ = वेष und संनाह.

सज्जक 1) Adj. (f. सज्जिका) in वासकसज्जिका. — 2) m. N. pr. zweier Männer.

सज्जकर्मन् n. *das Beziehen* (des Bogens) *mit der Sehne.*

सज्जटा f. *ein best. wohlriechender Stoff.*

सज्जता f. *Bereitheit zu* (प्रति mit Acc.).

सज्जवच् f. Comm. zu Kâtj. Çr. 19,1,20 fehlerhaft für सन्नवच्.

1. सज्जन 1) Adj. *hängend an* (im Comp. vorangehend). — 2) *n. *eine Treppe, die zu einem Wasser hinunterführt, Landungsplatz.*

2. सज्जन 1) (*n.) f. (आ) *Ausrüstung —, Ausschmückung eines Elephanten.* — 2) *n. *Piquet, Soldatenposten.*

3. सज्जन m. 1) *ein guter, edler, wohlwollender* (hier und da auch *kluger*) *Mensch.* Auch wie ein Adj. mit पति verbunden. — 2) N. pr. verschiedener Männer.

सज्जनमनोरथ m. Titel eines Werkes Opp. Cat. 1.

1. सज्जय् s. Caus. von सञ्ज्.

2. सज्जय्, °यति 1) *mit der Sehne versehen, — beziehen* (einen Bogen). सज्जित *mit der Sehne bezogen.* — 2) *in Bereitschaft setzen, bereit machen* Hem. Par. 11,21. Med. metrisch dass.. sonst *sich bereit machen.* Pass. सज्ज्यते (so ist zu lesen) Hem. Par. 8,48. सज्जित *in Bereitschaft gesetzt, bereit gemacht* (Bâlar. 15,24), *bereit, — zu* (°अर्थम् oder im Comp. vorangehend) Hem. Par. 2,104.

सज्जल m. N. pr. eines Mannes.

सज्जी Adv. 1) mit कर् a) *mit der Sehne versehen, — beziehen* (einen Bogen). — b) *in Bereitschaft setzen, bereit machen* 320,31. Pańkad. °कृत *bereit gemacht* (Kârand. 57,23), — *zu* (im Comp. vorangehend). — 2) mit भू *sich bereit machen, — zu* (Dat.) 291,10. Kampaka 81.

सज्जीकार s. सर्जी° Kâtj. Çr. Paddh. 176,5.

सज्जीय्, °यते *sich bereit machen.*

सज्जुष्ट Adj. *woran Gute Gefallen finden.*

सज्य Adj. 1) *mit der Sehne bezogen* (Bogen). — 2) *auf die Sehne gefügt* (Pfeil).

सज्यकर्मन् n. = सज्जकर्मन्.

सज्यी Adv. mit कर् *mit der Sehne beziehen.*

सज्योतिस् Adv. *den Himmelslichtern entsprechend,* d. i. *am Morgen vom Verschwinden der Sterne bis Sonnenuntergang, am Abend von Sonnenuntergang bis zum Erscheinen der Sterne.* Auch सज्योतिषि Gaut. 2,11. Dagegen bedeutet सज्योतिस् 16,31 *so lange die Sonne am Himmel ist.*

सज्वर Adj. *fieberkrank.*

सञ्च्, सञ्चति (गतौ). Mit आ, आसञ्चति Maitr. S. 1,10,20 (160,15) fehlerhaft für आ मर्चांस. Vgl. 3. सच्.

सञ्च (*m.) *Heft, cahier* Hemâdri 1,544,6.

सञ्चक 1) *Stempel* oder *Giessform.* — 2) f. सञ्चिका wohl *Heft* in दर्श° und यज्ञोपवीतप्रतिष्ठा°.

संचॅक्ति Loc. Infin. zu चन् mit सम् RV. 6,14,4.

संचॅक्ति Dat. Infin. zu चन् mit सम् RV. 1,127,11. 7,18,20.

*सञ्चत् m. = प्रतारक. Richtig संच्यत्.

संचय m. (adj. Comp. f. आ) Sg. und Pl. *Anhäufung, Ansammlung, Vorrath, Reichthum, Menge* überh. Dat. so v. a. *um mehr zu haben.* Als Nom. act. *Zusammenlesung.* Auch wohl fehlerhaft für संचर.

संचयन n. *das Sammeln.*

संचयवन्त् Adj. *mit Reichthum versehen, reich.*

संचयिक Adj. in अ° und मास°.

संचयित्व n. *das Angehäuftsein.*

संचयिन् Adj. 1) *Reichthümer besitzend.* — 2) *angehäuft, in Fülle vorhanden.*

संचॅर 1) Adj. a) *wandelnd, einhergehend.* मूर्तिसंचर so v. a. *verkörpert.* — b) *was zusammen geht, zusammengehörig, gleichzeitig* Âpast. Çr. 3,2,3. — 2) m. (adj. Comp. f. आ) a) *der Platz, auf dem man sich bewegt, Weg, Durchgang, Passage;* im Ritus namentlich *der jedem Theilnehmer angewiesene Platz.* — b) im Sâmkhja *Evolution, Entwickelung.* — c) **Körper.*

संचॅरण 1) Adj. (f. ई) *worauf man geht, gangbar.* — 2) n. *das Befahren* des Meeres (Acc.); *das Sichbewegen, — von* (Abl.), *in* (Loc. oder im Comp. vorangehend Vâsav. 185,1), *mittels* (im Comp. vorangehend).

संचरभागिन् Adj. Vasishtha 11.22. Nach Bühler *who obtain a share with difficulty* (?).

संचरिष्णु Adj. *sich bewegend, umherschweifend.*

(संचरेण्य) संचॅरेण्यिन्त्र Adj. *wandelbar.*

संचर्वण n. *das Kauen.*

संचल Adj. *zuckend; bebend.*

संचलन n. *das Zucken, Beben.* — संचलनादि R. 2,65,13 fehlerhaft für संचलनाडि.

संचलनाडि f. *Pulsader.*

संचस्कारयिषु Adj. *die* (letzte) *Weihe ertheilen zu lassen beabsichtigend* MBh. 15,26,31. Richtig संचिख्या°.

*सञ्चान m. *ein best. Vogel.*

*संचाय्य Adj. (क्रतौ).

संचार m. (adj. Comp. f. आ) 1) *das Sichergehen, Umherstreichen, Fahren, Bewegung* überh. रश्मि° *Bewegung der Zügel,* so v. a. *das Lenken;* वाक्य° *Gang einer Rede,* so v. a. *Art und Weise zu reden;* पद° so v. a. *Fluss der Worte.* — 2) *Hindurchgang, Passage* (auch concret) Spr. 7752. — 3) *Uebergang in* (im Comp. vorangehend). — 4) *Weg, Pfad, Fährte des Wildes.* — 5) *Lebensgang.* — 6) Bez. des ङ्कार. — 7) fehlerhaft für संचर (*Evolution, Entwickelung*), संसार und सञ्चार.

संचारक 1) m. a) *Führer.* — b) N. pr. eines Wesens im Gefolge Skanda's. — 2) *f. °रिका a) *Liebesbotin, Kupplerin.* — b) *Paar.* — c) *Nase.*

*संचारजीविन् Adj. m. etwa *Landstreicher.* Nach Trik. = शरणार्पक. v. l. शरणापन्न.

संचारण n. 1) *das Hinzuführen, Beimischen* Sâh. D. 27,7. 9. Vigñâneçvara zu Jâgn. 2,246 (nach Aufrecht). — 2) *das Beisichführen.* — 3) *das Hineintreiben in* (im Comp. vorangehend) Vrshabh. 29,b,8.

संचारणीय Adj. 1) *zu durchwandern, zu begehen* Bâlar. 166,19. — 2) *zu übertragen auf* (Loc.).

संचारपथ m. *Spazierweg.*

संचारयितर् Nom. ag. *Führer;* f. °यित्री *Führerin.*

*संचारिपिण्डका f. *Ausschlag* oder *Blattern* Gal.

संचारिन् 1) Adj. a) *sich ergehend, wandelnd, in Bewegung seiend, hinundher gehend, beweglich.* Das Wo im Loc. (Spr. 7732) oder im Comp. vorangehend. — b) *auf- und absteigend* (von einem Tone) S. S. S. 34. — c) *eindringend in* (im Comp. vorangehend). Nom. abstr. °रिता f. Mahâvirak. 112,11 (°संचारिता gedr.). — d) *übergehend* (von Krankheiten), so v. a. *ansteckend* oder *erblich.* — e) *zusammenkommend —, sich berührend mit, unmittelbar grenzend an* (Instr.) Kâd. 177,12 (303,1). — f) *sich bei Jmd befindend, was man bei sich führt.* — g) am Ende eines Comp. *sich befindend in* oder *bei,* auch so v. a. *beschäftigt mit.* — h) *beiläufig, hinzutretend, accessorisch* (Çiç. 2,87). Nom. abstr. °रित्व n. — i) am Ende eines Comp. *fortbewegend.* — k) am Ende eines Comp. *bei sich führend.* — l) in सुख° Hariv. 3499 fehlerhaft für °संचार. — 2) *m. a) *Räucherwerk, der vom Verbrennen von Räucherwerk aufsteigende Rauch.* — b) *Wind.* — 3) *f. °रिणी *eine Mimose,* = हंसपदी Râgan. 5,111.

संचार्य Adj. 1) *zugänglich* in अ°. — 2) *zu Wege gebracht werdend —, vermittelt durch* (im Comp. vorangehend).

सञ्चाल 1) m. von unklarer Bedeutung Brahmavaiv. P. 2,27,81. 119 nach Aufrecht. — 2) f. ई *der Same von Abrus precatorius.*

*संचालक m. *Führer.* Richtig संचारक.

संचिकीर्षु Adj. *zu veranstalten beabsichtigend.*

संचिक्षिप्सु Adj. *eine kurze Darstellung zu geben beabsichtigend.*

संचितकर्मन् n. Pl. *die nach der Schichtung des Feuers vorzunehmenden Handlungen* Âpast. Çr. 14,8,5. Lâtj. 5,8,10.

संचिति f. 1) *Schichtung.* Titel des 9ten Buchs im Çat. Br. — 2) *das Sammeln, Sparen.*

*संचित्रा f. *Salvinia cucullata.*

संचिन्तन n. *das Grübeln, Sorge.*

संचिन्त्य Adj. 1) *woran man denken muss, zu erwägen, in Betracht zu ziehen.* — 2) *zu betrachten, anzusehen als* (°वत्).

संचिन्वानक Adj. *mit Sammeln* (von Reichthümern) *beschäftigt.*

संचिष्कारयिषु Adj. *Jmd* (Acc.) *die* (letzte) *Weihe ertheilen zu lassen beabsichtigend.*

संचीवरय्, °यते *sich ein Gewand umlegen* Anargh. 2,68.

सञ्चु m. oder f. in Gaina-Schriften so v. a. *Commentar* Catal. of Skt Mss. by Rice, Bangalore 1884, S. 302. 306. 310 nach Aufrecht. Vgl. सञ्च.

संचूर्णन n. *das Zermalmen* Alaṁkārat. 12,a.

संचृत् f. *das Zusammenheften, Schliessen.*

संचेय Adj. *zu sammeln, anzusammeln.*

संचोदक m. N. pr. eines Devaputra.

संचोदन 1) n. *das Antreiben, Anfeuern.* — 2) f. आ *Reizmittel.*

संचोदयितव्य Adj. *anzutreiben, anzufeuern.*

संछर्दन n. *das Speien,* Bez. einer der zehn angeblichen Arten, auf welche eine Eklipse erfolgt.

संछेत्तर् Nom. ag. *Zerhauer, Löser* (eines Zweifels).

संछेत्तव्य Adj. *zu zerhauen, zu lösen* (ein Zweifel).

सञ्ज्, सज्, सजति (Perf. ससञ्ज) 1) Act. *a) anhängen, zusammenhängen;* Med. *sich hängen an* (Acc.). — *b) hängen bleiben, sich anheften an* (Loc.). — *c) hängen an,* so v. a. *beschäftigt sein mit* (Loc.) Naish. 3,39. — 2) Pass. सज्यते *hängen* (intrans.) *an* (Loc.). — 3) Pass. mit Assimilation सज्जते (metrisch auch Act.) *a) an Etwas* (Loc.) *gehängt —, geheftet werden, hängen —, stecken bleiben.* Von Pfeilen mit न *nicht stecken bleiben an,* so v. a. *durchbohren, hindurchfliegen.* — *b) stecken bleiben,* so v. a. *anstehen, zögern.* — *c) geheftet sein auf, hängen an,* so v. a. *sich hingeben, sich beschäftigen mit, mit den Gedanken —, mit dem Herzen bei Jmd* oder *Etwas* (Loc.) *sein.* — 4) सक्त *a) anhängend, anhaftend, — an, steckend in,* auch so v. a. *behaftet mit;* die Ergänzung im Loc. oder im Comp. vorangehend. सक्तः und भित्तिसक्तः स्था so v. a. *wie angenagelt dastehen;* सक्तवैर Adj. so v. a. *im Streit befindlich mit* (Instr.). Mit Gen. so v. a. *Jmd gehörig* Pañkad. 41,3 (एते sc. क्रगणास्). 53, 1. — *b) geheftet an* (im Comp. vorangehend), so v. a. *übertragen, anvertraut.* — *c) geheftet auf,* so v. a. *gerichtet auf, hingegeben, obliegend, beschäftigt mit, mit den Gedanken oder dem Herzen an Jmd oder Etwas* (Loc., Acc. mit प्रति oder im Comp. vorangehend) *hängend.* — 5) सक्तवान् so v. a. ससञ्ज *heftete an* (Loc.). — Caus. 1) सञ्जयति *anheften, in Verbindung bringen mit* (Loc.). — 2) सञ्जयति *a) anheften.* — *b)* den Sinn u. s. w. *hängen an, heften auf* (Loc.). — *c) verkuppeln.* — Vgl. auch सज्जय्. — Desid. सिसङ्क्षति. Simplex nicht zu belegen. — Mit अति, अतिषक्त 1) *zusammenhängend mit* (Instr.). — 2) *heftig hängend an* (im Comp. vorangehend). — Mit व्यति (°षजति) 1) *an entgegengesetzten Orten verbinden, verschränken, verschlingen, mit einander in Verbindung setzen.* व्यतिषज्य *sich gegenseitig bei der Hand fassend.* — 2) *Jmd in Etwas hineinziehen, verwickeln.* — 3) व्यतिषक्त *in entgegengesetzter Weise verbunden, verschränkt, verschlungen, verflochten, untereinandergemischt* Çulbas. 3,93. 101. 167. MBh. 6,52,5. 56,19. — Caus. व्यतिषञ्जित = व्यतिषक्त Comm. zu Çiç. 7,16. — Mit अनु 1) Act. *a) behängen —, beheften mit* (Instr.). — *b) hinzufügen* Âpast. Çr. 14,20,7. — 2) Pass. अनुषज्यते *a) hängen bleiben —, haften an* (Loc.). — *b) sich anschliessen.* — *c) sich wieder anschliessen,* so v. a. *aus dem Vorangehenden nachgelten, — zu ergänzen sein.* — 3) अनुषज्जते *a) sich Jmd* (Acc.) *anschliessen,* so v. a. *auf dem Fusse folgen.* — *b) hängen an,* so v. a. *sich hingeben, sich beschäftigen mit, mit den Gedanken —, mit dem Herzen bei Etwas* (Loc.) *sein.* — 4) अनुषक्त *a) haftend an* (Loc.). — *b) hängend an,* so v. a. *auf dem Fusse folgend.* — *c) gekettet an, in naher Verbindung stehend mit* (Gen.). — *d) behaftet mit* (Instr. oder im Comp. vorangehend) MBh. 12,179,18. — Mit अभि, °षजति 1) *behaften.* अभिषक्त *behaftet mit, heimgesucht von* (Instr.) Karaka 6,2. — 2) *Jmd Etwas anhängen,* so v. a. *über Jmd einen Fluch aussprechen.* अभिषक्त mit passiver Bed. — 3) *Ansprüche machen oder haben auf* (Loc.). — Mit अव 1) Act. *a) hängen —, befestigen an* (Loc.). हृदये so v. a. *dem Herzen einprägen.* — *b) Jmd* (Loc.) *aufbürden, übertragen.* — 2) Pass. अवसज्यते *gehängt —, befestigt werden an* (Loc.). — 3) अवसज्जते *sich anhangen, auf den Leib rücken.* — 4) अवसक्त *a) angehängt* (Mân. Gr̥hj. 2,6); *anhangend, hängend an, hängen geblieben* (auch so v. a. *angestreift*), *ruhend auf;* die Ergänzung im Loc. oder im Comp. vorangehend. — *b) hängend an* (im Comp. vorangehend), so v. a. *gehörig zu, bewohnend.* — *c) behängt mit* (im Comp. vorangehend). — *d) Jmd* (Loc.) *aufgebürdet, übertragen.* — Caus. अवसञ्जित *behaftet —, versehen mit* (im Comp. vorangehend). — Mit आ 1) Act. *a) anhängen, aufhängen an* (Loc.); Med. *sich* (sibi) *anhängen, anlegen.* — *b) Jmd* (Dat.) *Etwas anhängen; Jmd* (Loc.) *Etwas zuschieben, zuschreiben.* — *c) Jmd* (Loc.) *Etwas aufladen, aufbürden, übertragen.* — *d)* वैरम् so v. a. *Feindschaft beginnen mit* (Instr.). भयम् *Jmd* (Gen.) *Angst einjagen* (Bhatt.). — *e) sich lehnen —, sich klammern an* (Acc.). — *f) sich hängen an,* so v. a. *Jmd* (Acc.) *auf der Ferse folgen.* — 2) Pass. आसज्यते *angehängt werden, hängen bleiben an, sich heften auf* (Loc.). — 3) Pass. आसज्जते *Jmd* (Acc.) *auf der Ferse folgen.* — आसज्ज MBh. 7,79 fehlerhaft für आसज्य *sich* (sibi) *anhängend, anlegend;* ed. Vardh. 7,2,28 आसज्य. — 4) आसक्त *a) angehängt, aufgehängt, hängend —, geheftet an, gelegt an oder auf, geheftet —, gerichtet auf* (Loc., [ausnahmsweise Instr.] oder im Comp. vorangehend). पादासक्त *Jmd auf Schritt und Tritt folgend oder zu Füssen liegend.* आसक्तौ so v. a. परस्परासक्तौ; आसक्तम् Adv. wohl so v. a. *sich anschmiegend.* — *b) hängend an,* so v. a. *gewöhnt an.* गृहासक्त von Hausthieren gesagt. — *c)* am Ende eines Comp. *enthalten in.* — *d) mit den Gedanken —, mit dem Herzen an Jmd oder Etwas hängend, obliegend, sich beschäftigend mit, bedacht auf* (im Comp. vorangehend) zu Spr. 455. — *e) umwunden mit* (Instr.), *behängt —, versehen mit* (im Comp. vorangehend). — *f) entsponnen* (ein Kampf). — Caus. आसञ्जयति 1) *aufhängen.* — 2) *von Jmd* (Instr.) *anhängen —, aufsetzen lassen auf* (Loc.). — 3) *anstellen an ein Geschäft* (Loc.) MBh. 13,124,25. — आसाद्य R. Gorr. 2,31,11 fehlerhaft für आसज्य. — Desid. आसिसङ्क्षति *sich an Jmd* (Acc.) *machen wollen.* — Mit अध्या *aufhängen an* (Loc.). — Mit अभ्या *einen Tag mit einem vorangehenden verketten* Âpast. Çr. 14,34,3. 4. °सक्त *mit einem v. Tage verkettet.* — Mit उपा in उपासङ्ग. — Mit निरा, °सक्त *mit den Gedanken —, mit dem Herzen hängend an* (Loc.). Wohl fehlerhaft für समासक्त, wie v. l. hat. — Mit प्रत्या in प्रत्यासङ्ग. — Mit व्या 1) Med. *mit einander handgemein werden* Çiç. 18,12. — 2) व्यासक्त *a) angeheftet, hängen geblieben, hängend an, geheftet —, gerichtet auf* (Loc. oder im Comp. vorangehend). — *b) hängend an,* so v. a. *im Gefolge seiend.* — *c) abhängig von, in Verbindung stehend mit* (im Comp. vorangehend). — *d) mit den Gedanken —, mit dem Herzen hängend an, beschäftigt mit* (Loc. oder im Comp. vorangehend). — *e) umschlungen.* — Mit

समा 1) *anhängen, umschlingen* 57,14. 58,25. 59,2 (Conj.). — 2) *Jmd* (Loc.) *aufbürden, übertragen, übergeben.* — 3) समासक्त *a) angehängt, geheftet, gerichtet auf* (Loc.). — *b) bespannt mit* (Instr.). — *c) gebunden an, so v. a. abhängig von* (Loc.). — *d) in Beziehung stehend zu* (Loc.). — *e) mit den Gedanken —, mit dem Herzen hängend an, beschäftigt mit* (Loc. oder im Comp. vorangehend) MBH. 13,141,87. — *f) zurückgehalten.* — *g) Jmd* (Loc.) *übertragen, anvertraut.* — *h) behaftet mit* (im Comp. vorangehend). — Mit उद् 1) Pass. in उत्सज्यते und °ताम् fehlerhaft für उत्सृज्यते, °ताम्. — 2) उत्सक्त vielleicht so v. a. *sich in alle Angelegenheiten mischend* MBH. 1,140,3. — Vgl. उत्सङ्ग fgg. — Mit उप, °सज्जते *mit dem Herzen hängen an* (Loc.). उपसक्त so v. a. *an der Sinnenwelt hängend.* — Mit नि 1) Med. *a) sich* (*sibi*) *Etwas anhängen.* — *b) hängen, herabhängen.* — 3) निषक्त *a) angehängt, geheftet —, hängend an, geheftet —, gerichtet auf* (Loc. oder im Comp. vorangehend). — *b) fest sitzend in* (Loc.). — Mit परि 1) *परिषजति, पर्यषजत्. — 2) परिसज्जते *mit den Gedanken —, mit dem Herzen hängen an* (Loc.). — *Desid. परिषिषङ्क्षति. — Mit प्र 1) Act. *a) anhängen an* (Loc.). — *b) behängen —, behaften —, versehen mit* (Instr.). — *c) sich hängen an* (Loc.). — *d) Jmd zu nahe treten, anbinden mit, sich reiben an Jmd* (Loc.) MBH. 2,22,3. — *e) an der Welt hängen.* Nur प्रसज्य. — *f) eintreten, stattfinden, die Folge von Etwas sein.* — *g) eintreten —, stattfinden lassen.* — 2) Med. *sich heften an* (Acc.). — 3) Pass. प्रसज्यते, °ति und प्रसज्जते, °ति *a) sich heften, sich klammern an* (Loc.). — *b) mit den Gedanken —, mit dem Herzen hängen an, sich beschäftigen mit* (Loc.). Ohne Ergänzung *an der Welt hängen* und *eine Neigung empfinden, verliebt sein.* — 4) प्रसज्जते *a) eintreten, stattfinden, die Folge von Etwas sein* Comm. zu ÂPAST. ÇR. 5,29,13. — *b) angewandt werden, stehen.* — 5) प्रसक्त *anhaftend, anhängend, geheftet —, gerichtet auf* (Loc. oder im Comp. vorangehend). — *b) mit den Gedanken —, mit dem Herzen hängend an, obliegend, beschäftigt mit* (Loc. oder im Comp. vorangehend) 50,18. MBH. 7,25, 64. Ohne Ergänzung *an der Welt hängend* und *verliebt.* — *c) behaftet —, versehen mit* (im Comp. vorangehend). — *d) als Folge sich herausstellend, aus etwas Vorhergehendem folgend, zur Geltung gelangt.* — *e) anhaltend, fortwährend, dauernd.* प्रसक्तम् und प्रसक्त° Adv. — *f)* प्रसक्तें AV. 7,50,8 fehlerhaft für प्रसत्तें des ṚV. — Caus. 1) प्रसञ्जयति *eintreten lassen.* — 2) प्रसज्जयते *stecken bleiben an* (Loc.), mit न *nicht stecken bleiben*, so v. a. *hindurchfliegen* (von Pfeilen). — Mit अनुप्र *anhängen —, anfügen an* (Instr.). अनुप्रसक्त *geheftet —, gerichtet auf* (im Comp. vorangehend). — Mit संप्र 1) °सज्जते, °सज्जति *geheftet sein auf, hängen an* (Loc.). — 2) संप्रसक्त *a) an Etwas hängend, beschäftigt mit* (Loc.). — *b) anhaltend, fortwährend, dauernd.* — Mit प्रति *Jmd* (Loc.) *Etwas anhängen.* Med. *sich* (*sibi*) *Etwas umhängen.* — Mit वि 1) Act. *aufhängen.* — 2) विषज्जते *a) geheftet —, gerichtet sein auf, mit den Gedanken — mit dem Herzen hängen an* (Loc.). Ohne Ergänzung *an der Welt hängen* und *mit Liebe an Jmd hängen.* — *b) auf dem Fusse verfolgt werden von* (Instr.). — 3) विषक्त *a) aufgehängt, angehängt, hängend an* oder *in* (Loc. 76,17), *stecken geblieben in* (Loc. MBH. 5,179,29), *hängen —, stehen geblieben; geheftet —, gerichtet auf* (Loc. oder im Comp. vorangehend); *ausgebreitet über* (Loc.) GÂTAKAM. 13. — *b) hängend an*, so v. a. *abhängig von* (im Comp. vorangehend). — *c) eingepflanzt, eingeprägt.* — *d) suspensus*, so v. a. *unterbrochen*, von einer Kuh, *welche aufhört Milch zu geben.* — Caus. विषञ्जित *hängend —, haftend an* (im Comp. vorangehend) — Mit अधिवि, अधि — विषक्त *stehend auf* (Loc.). — Mit अभिवि, °षज्जते *mit den Gedanken —, mit dem Herzen hängen an* (Loc.). — Mit सम् 1) संसज्जते, °ति *a) hängen bleiben, — an* (Loc.) MBH. 5, 56,10. — *b) sich anhängen an, zusammengerathen im Kampfe, handgemein werden mit* (Instr.) — *c) Jmd* (Acc.) *angreifen.* Perf. संसञ्जतुस् MBH. 6,45, 72. — *d) stocken* von einer Rede. — *e) zusammenfliessen, sich vereinigen.* — *f) sich entspinnen*, sich *bilden* (von einem Kampfe). — *g)* Act. *anschirren* MBH. 9,16,24. — 2) संसक्त *a) geheftet, gerichtet auf* (Loc.). — *b) mit den Gedanken —, mit dem Herzen hängend an, ergeben, obliegend, beschäftigt mit* (Loc. oder im Comp. vorangehend). Ohne Ergänzung *an der Welt hängend, treu ergeben* und *verliebt* (HARIV. 2,74,30). — *c) hängen geblieben*, so v. a. *stockend.* — *d) feindlich zusammengerathen, handgemein geworden mit* (Instr.). — *e) in unmittelbare Berührung gekommen, — mit, verbunden, vereinigt —, versehen mit* (im Comp. vorangehend) HEM. PAR. 2,4. — *f) dicht anliegend, anstossend, sich berührend.* — *g) dicht.* — *h) anhaltend, während* 86,22. — *i) ununterbrochen, beständig sich wiederholend.* — *k) abhängig, bedingt.*

*सञ्ज 1) m. *Bein. a)* Brahman's. — *b)* Çiva's. — 2) f. आ *Geiss.*

सञ्जक m. N. pr. eines Mannes.

सञ्जतर PAṄKAT. 118,22 wohl fehlerhaft.

सञ्जन 1) n. *a) das Anheften* BÂLAR. 80,22. — *b) das Zusammenfügen.* अञ्जलि° NAISH. 8,22. — 2) *f. ई *ein Gegenstand, an den man Etwas hängt.*

1. संजनन 1) Adj. (f. ई) am Ende eines Comp. *erzeugend, bewirkend, verursachend.* — 2) n. *a) das Entstehen.* — *b) das Erzeugen, Bewirken, Verursachen, Schaffen.*

2. संजनन n. RAGH. ed. Calc. 16,74 und संजननी Adj. f. MÂRK. P. 72,9 fehlerhaft für संवनन und °नी.

सञ्जपाल m. N. pr. eines Mannes.

संजयं 1) Adj. (f. आं) *siegreich.* — 2) m. *a) Sieg.* विश्वामित्रस्य Bez. *eines best.* Katuraha. — *b) eine best. Truppenaufstellung.* — *c)* N. pr. α) eines Heerführers der Jaksha. — β) eines Sohnes des Gavalgaṇa, Dhṛtarâshṭra, Supârçva, Pratikshatra, Bharmjâçva und Raṇam̐gaja. — γ) eines Vjâsa. — δ) eines Lehrers u. s. w. — 3) n. Name verschiedener Sâman ÂRSH. BR.

संजयकविशेखर m. N. pr. eines *Dichters.*

संजयत् 1) Partic. *gewinnend.* — 2) f. संजयन्ती N. pr. einer Stadt.

संजयिन् m. N. pr. eines Mannes.

संजल्प m. *Gerede, Gespräch, Unterhaltung.*

संजल्पित n. 1) Pl. *Gerede, gesprochene Worte* BHÂG. P. 1,15,18. — 2) *Geklage* BHÂG. P. 4,8,24.

संजवन 1) etwa *Wegweiser.* — 2) *ein von vier Seiten eingeschlossener Raum* HARSHAK. 121,15.

संजात 1) Adj. (Partic. von जन् mit सम्) *entstanden.* संजातलज्ज Adj. (f. आ) so v. a. *verlegen geworden* 297,19. — 2) m. Pl. N. pr. eines Volkes. v. l. सुजात.

*सञ्जि gaṇa यवादि.

संजिघृत्तु Adj. mit Acc. 1) *zusammenzubringen —, zu sammeln beabsichtigend.* — 2) *zusammenzufassen —, in Kürze darzulegen beabsichtigend.*

संजिजीवयिषु Adj. mit Acc. *zu beleben beabsichtigend.*

संजिजीविषु Adj. *zu leben wünschend.*

संजित् m. *Gewinner, Erstreiter.*

संजिति f. *das Gewinnen, vollständiger Sieg* VAITÂN.

*सञ्जिमत् Adj. von सञ्जि.

सञ्जिनी f. MBH. 6,1886 fehlerhaft für सि° (शि°) *Bogensehne.*

संजिहीर्षु Adj. mit Acc. *zu vernichten beabsichtigend.*

संजीवं 1) Adj. (f. आं) *belebend* AV. 19,69,3. —

2) m. *a) das Aufleben.* °करणी Adj. (f. ई) *belebend.* — *b) eine best. Hölle* Divjâvad. 67,21.

संजीवक 1) Adj. (f. °विका) *belebend* Âpast. Çr. 14,20,8. — 2) m. N. pr. eines Stiers. — 3) f. °विका ein Frauenname Vâsav. 232,3.

संजीवन 1) Adj. (f. ई) *belebend, lebendig machend.* — 2) m. *a) ein best. Antidoton.* — *b) eine best. Hölle.* — 3) f. ई *a)* * *eine best. Pflanze,* = रुदन्ती Râgan. 5,58. v. l. संजीविनी. — *b)* Titel verschiedener Werke Burnell, T. — 4) n. *a) das Aufleben, Leben.* — *b)* * = संज्ञवन 2).

*संजीवाम n. P. 6,2,91.

संजीविन् 1) Adj. *belebend, lebendig machend* MBh. 1,76,33. — 2) m. N. pr. eines Ministers des Krähenkönigs Meghavarṇa. — 3) f. °विनी *a)* * v. l. für संजीवन 3) *a)*. — *b)* Titel eines Commentars Burnell, T.

संजुघुतु Adj. mit Acc. *zu verbergen beabsichtigend* Bhaṭṭ. 9,14.

1. संज्ञ 1) am Ende eines adj. Comp. von संज्ञा. Dazu Nom. abstr. °ता f., z. B. लब्धसंज्ञता *Wiedererlangung des Bewusstseins* Venîs. 94,12. — 2) * n. *gelber Sandel.*

2.* संज्ञ Adj. = संज्ञु.

संज्ञक am Ende eines adj. Comp. (f. संज्ञिका) von संज्ञा *Benennung, Name.*

संज्ञपन n. 1) *das Einmüthigmachen.* — 2) *das Tödten des Opferthieres* (durch Ersticken). — 3) *das Betrügen, Anführen* Çûlapâṇi, Prâjaçkittaviveka 168,*a* nach Aufrecht.

संज्ञप्तहोम m. *die nach der Tödtung des Opferthieres dargebrachte Spende* Âpast. Çr. 7,17,3.

संज्ञप्ति f. = संज्ञपन 2) Comm. zu Âpast. Çr. 7,17,3.

संज्ञा f. (adj. Comp. f. आ) 1) *Einverständniss.* — 2) *Bewusstsein, Vorstellung* Comm. zu Njâjas. 4,2,3. — 3) *Unterweisung* in अकृतसंज्ञ Nachtr. 2. — 4) *ein Zeichen,* — *mit* (der Hand u. s. w., im Comp. vorangehend) 313,13. — 5) *Spur.* — 6) *Bezeichnung, Benennung, Name, terminus technicus.* Am Ende eines adj. Comp. — *genannt.* — 7) bei den Buddhisten *Erkenntniss der Dinge nach ihren Namen.* — 8) * Bez. der Gâjatrî. — 9) * *eine best. hohe Zahl* (buddh.). — 10) N. pr. einer Tochter Tvashṭar's (Viçvakarman's), Gattin des Sonnengottes und Mutter Manu's, Jama's und der Jamî 100,6.

संज्ञातन्त्र n. Titel eines Abschnitts in Nîlakaṇṭha's Tâgika.

* संज्ञातर् Nom. ag. *der mit Wehmuth Jmds* (Gen.) *gedenkt* Pat. zu P. 2,3,22, Vârtt. 1.

संज्ञातरूप Adj. *dessen Aussehen bekannt ist.*

संज्ञाति f. *Einverständniss.*

संज्ञात्व n. Nom. abstr. zu संज्ञा *terminus technicus.*

संज्ञान 1) Adj. *Einigkeit bewirkend.* — 2) f. ई *eine Ceremonie zur Herstellung der Einigkeit.* — 3) n. *a) Einigkeit, Einverständniss,* — *mit* (Loc. oder Instr.), *Anlass zur Eintracht* TS. 5,3,4,4. — *b) Bewusstsein.* — *c) richtiges Verständniss.* — *d)* * = संज्ञा 7).

संज्ञापरिभाषा f. und संज्ञापादव्याख्या f. Titel von Werken Opp. Cat. 1.

संज्ञावत् Adj. *Bewusstsein habend.*

संज्ञाविवेक m. Titel eines Abschnitts in Nîlakaṇṭha's Tâgika.

* संज्ञासुत m. Metron. *des Planeten Saturn* (!).

संज्ञासूत्र n. Pl. *die Sûtra der termini technici,* Bez. der Çivasûtra.

संज्ञास्त्र n. *ein best. mythisches Geschoss des* Pradjumna.

संज्ञिका f. *Benennung, Name.* — °संज्ञिक am Ende eines adj. Comp. häufiger Fehler für °संज्ञक (f. °संज्ञिका) oder संज्ञित.

संज्ञित Adj. 1) *zur Kenntniss gebracht, vorgeführt.* — 2) *der ein Zeichen bekommen hat,* — *mit* (im Comp. vorangehend). — 3) *genannt, heissend.* Am Ende eines Comp. *die Benennung* —, *den Namen* — *führend, so und so heissend, benannt nach.* — 4) MBh. 12,12467 schlechte Lesart für संज्वित.

संज्ञिन् Adj. 1) *mit Bewusstsein versehen* Vagrakkh. 20,18. निर्वाण° so v. a. *glaubend, dass man das* Nirvâṇa *erlangt habe.* — 2) *einen betreffenden Namen führend, Träger eines Namens,* — *terminus technicus* Kap. 5,96. Chr. 224,23. Pat. zu P. 1,1, 71. Nom. abstr. संज्ञित्व n.

संज्ञीभूतक Adj. *zu einem Namen geworden* Pat. zu P. 4,3,68.

* संज्ञु Adj. *dessen Kniee beim Gehen aneinanderschlagen.*

संज्ञेय m. N. pr. eines Fürsten VP.[2] 4,54.

संज्ञोपसर्जनी Adv. mit भू *zu einem Nomen proprium (appellativum) oder zu einem untergeordneten Gliede eines Compositums werden.*

संज्वर m. 1) *Gluth, Hitze* Vâsav. 131,2. Acc. mit कर् *innerlich aufgeregt werden.* °संज्वरकर Adj. *innerlich aufregend* Vikramâṅkak. 16,40. — 2) * *Fieber* Gal.

संज्वरवत् in स्नेह°.

संज्वलन n. *Brennholz* Anarghar. 7,31.

संज्वारिन् Adj. *glühend, Hitze empfindend* Bhaṭṭ. 7,6.

* सट्, सटति (अवयवे).

सट (* m.) f. आ (* n.) 1) *Flechte.* — 2) *Mähne* Vâsav. 103,3. — 3) *die Borsten eines Ebers.* — 4) *Menge.* — 5) *Licht, Glanz.*

* सटाङ्क m. *Löwe.*

सटाल Adj. 1) *mit einer Mähne versehen* 112,16, v. l. für सत्राल्ल nach Tawney. — 2) am Ende eines Comp. *reichlich versehen mit.*

सटालु = शलाटु *eine unreife Baumfrucht* Pâr. Gṛhj. 1,15,4.

* सट्, सटयति (हिंसाबलादाननिकेतनेषु, v. l. दान st. आदान).

सट्टक n. Bez. *einer Art von Schauspielen.* °टीका f. Opp. Cat. 1.

सट्य dass. Opp. Cat. 1. °व्याख्या f. ebend.

* सट्टा f. = पक्षिभेद und वाद्य.

1. सठ्, साठयति = शठ्.

2. सठ् m. N. pr. eines Mannes.

* सड Adj. = सक् डेन वर्तते.

सडिण्डिमम् Adv. *unter Trommelschlag* Kathâs. 77,82. 88,33.

सड्डु m. N. pr. zweier Männer.

सणतूल Suçr. 1,87,15 fehlerhaft für शणतूल.

सणटङ्क m. *Zusammenhang* Comm. zu Damajantîk. nach Aufrecht.

सण्ड m. Pl. N. pr. eines Volkes MBh. 6,9,48. v. l. षण्ड. — Vasishtha 2,32 fehlerhaft für षाण्ड.

* सण्डिश (!) m. = संदंश *Zange.*

संडीन n. *eine Art Flug* MBh. 8,41,26. 28.

संडीनोड्डीनडीन n. desgl. MBh. 8,41,28.

संडीविन् m. N. pr. eines Ministers des Krähenkönigs Meghavarṇa. Vgl. संजीविन्.

सण्ढिका f. *Kamelweibchen* Pańkad.

संत् s. u. संत्.

1. संत m. n. *ein best. Gefäss, Schale, Schüssel.*

2. सत in द्वयसत.

सतःपङ्क्ति f. *ein best. Metrum.*

सतक्षन् Adj. *nebst Zimmermann* Kâtj. Çr. 6,1,5.

सतत Adj. *fortwährend* am Anfange einiger Compp. सततम् und सतत° Adv. *fortwährend, ununterbrochen, stets, regelmässig, unter allen Umständen, immer, für immer;* mit einer Negation *niemals.*

सततक Adj. *zweimal am Tage sich einstellend* (Fieber).

सततग (Çiç. 6,50) und सततगति m. *Wind.*

सततधृति Adj. *stets festen Willen zeigend.*

सततपरिग्रहधर्मकाङ्क्षिणी f. N. pr. einer Kiṃnara-Jungfrau Kâraṇḍ. 6,14.

सततपरिग्रकम् Adv. *unablässig, fortwährend*

Kâraṇḍ. 21,12. 35,23. 41,15. 67,28. सततं परियत्नम् wohl fehlerhaft 25,12.

सततमानस Adj. *stets seinen Geist auf Etwas richtend.*

सततयायिन् Adj. *ununterbrochen dahingehend, nimmer rastend* M. 1,50. Vishṇus. 20,22.

सततशास्त्रिन् Adj. *stets studirend.*

सततसमिताभियुक्त m. N. pr. eines Bodhisattva.

सतति Adj. *zusammenhängend, ununterbrochen.*

सतत्त्व n. *das wahre Wesen.* °तस् Adv. so v. a. *in Wirklichkeit* 274,10.

सतत्त्वरत्नमालाव्याख्यान (सतत्त्व° gedr.) n. Titel eines Werkes Burnell, T.

सतद्वाराद्वारगमता (!) Taitt. Âr. 1,31,2.

सतनु Adj. *bekörpert, sammt dem Leibe.*

सतन्त्र Adj. *mit der Grundform u. s. w. übereinstimmend.*

सतन्द्र Adj. (f. आ) *ermattet, erschlafft.*

सतपस् Adj. *sammt der Hitze* TS. 6,1,10,1. Çat. Br. 3,3,3,18.

सतमसा f. N. pr. eines Flusses oder Adj. f. *nebst dem Flusse* Tamasâ.

सतमस्क Adj. *verfinstert* Varâh. Bṛh. S. 3,6.

सतम् Adv. *ebenmässig, gleich.* Nur am Anfange eines Comp.; Ṛv. 10,27,4 ist सतोमघवानस् zu vermuthen.

सतानूनप्त्रिन् m. *der Genosse bei dem* Tânûnaptra-*Gelöbniss* Maitr. S. 3,7,10 (90,11).

सताप Adj. *voller Schmerz* Kâd. 2,6,19.

सतार Adj. *mit den Sternen.*

सतारा f. N. pr. eines Staates.

सतालवृन्त Adj. *mit Fächern versehen* Vishṇus. 99,13.

सतासत् n. Du. (°सती) *Wahres und Falsches.*

सति f. 1) * = साति, सत्ति, दान, अवसान. — 2) *ein best. Metrum.* — 3) Kathâs. 18,47 fehlerhaft für मति.

*सतितरा Adj. f. = सतीतरा, सत्तरा; vgl. u. सत्.

सतिमिर Adj. (f. आ) *in Finsterniss gehüllt.*

सतिल Adj. *nebst Sesamkörnern.*

1. सती Adj. f. und Subst. s. u. सत्.

2. *सती f. = साति.

सतीक n. angeblich *Wasser.*

सतीत्व n. *Weibertreue* Çiç. 18,61. Hem. Par. 2,322.

1. सतीन 1) Adj. *wirklich* am Anfange einiger Comp. — 2) *n. *Wasser.*

2. सतीन m. 1) *eine angebaute Erbsenart mit rundem Korn, Pisum arvense* Râgan. 16,58. Maitr. S. 2,2,6. — 2) **Bambusrohr.*

*सतीनक m. = 2. सतीन 1) Râgan. 16,58.

सतीनकङ्कत m. nach Sâj. *Wasserschlange.*

सतीनमन्यु Adj. *wirklich eifernd.*

सतीनसत्वन् Adj. *wirkliche Krieger führend.*

सतीय 1) n. eine Auseinanderreckung von सत्य zum Behuf einer mystischen Erklärung dieses Wortes. — 2) m. Pl. N. pr. eines Volkes. v. l. सनीय.

सतीर्थ m. 1) * *Mitschüler.* — 2) Bein. Çiva's. Schlechte Lesart für सुतीर्थ. — 3) Pl. N. pr. eines Volkes. v. l. सनीय.

*सतीर्थ्य m. = सतीर्थ 1).

*सतील 1) m. *a) b)* = 2. सतीन 1) 2). — *c)* f. आ = 2. सतीन 1).

*सतीलक m. = 2. सतीन 1).

सतीवृत्ति f. Titel eines Commentars. Auch सूति° geschr.

सतीव्रत n. *Weibertreue* Pañkad.

सतीव्रता f. *eine treue Frau* Vâsav. 227,1.

सतीशर und °लिङ्ग n. Name eines Liñga.

सतीसरस् n. *der Teich der* Satî.

सतुङ्ग N. pr. einer Oertlichkeit MBh. 7,80,32. v. l. सुतुङ्ग.

सतुष Adj. *mit Hülsen versehen.*

सतुहिन Adj. *eisig, winterlich* Çiç. 6,56.

सतूर्य Adj. *von Musik begleitet* Hariv. 8581. Varâh. Bṛh. S. 86,39. °म् Adv. *unter Musik* Kumâras. 7,10.

सतूल Adj. (f. आ) *mit dem Wedel versehen* Âpast. Çr. 10,7,3.

सतृण 1) Adj. (f. आ) *mit Gras bestanden* Varâh. Bṛh. S. 54,52. — 2) °म् und सतृण° *mit dem Gras, Gras nicht ausgeschlossen.*

सतृणाभ्यवहारिन् Adj. *der Alles isst, sogar Gras,* in übertragener Bed. so v. a. *geschmacklos* (Dichter).

*सतृष् Adj. *durstig, lüstern.*

सतृष्ण *Adj. dass. °म् Adv. *mit Verlangen, sehnsüchtig.*

सतेजस् Adj. *sammt dem Feuer, Glanz, der Kraft* u. s. w. Nom. abstr. सतेजस्त्व n.

*सतेर m. = तुष.

सतोक Adj. *sammt Nachkommen.*

सतोद Adj. *mit einem stechenden Schmerz verbunden, stechend* Suçr. 1,47,18.

सतोबृहत् 1) Adj. *gleich hoch, — gross.* — 2) f. °बृहती *ein best. Metrum.*

सतोमघवन् (Conj.) Adj. *gleich freigebig* Ṛv. 10,27,4.

सतोमहत् Adj. *gleich gross.*

सतोमुखा f. in महा°.

सतोरण Adj. (f. आ) *mit bogenförmigen Thoren versehen* MBh. 3,15,5.

सतोवीर Adj. *gleich männlich, — tapfer.*

सत्कथा f. (adj. Comp. f. आ) *eine schöne Unterredung, — Erzählung.*

*सत्कदम्ब m. *eine Kadamba-Art.*

सत्कर Adj. in असत्कर.

सत्करण n. *das Erweisen der letzten Ehre, das Verbrennen eines Leichnams.*

सत्कर्तर् Nom. ag. *Wohlthäter.* ब्राह्मण° *der den Brahmanen Wohlthaten erweist oder sie ehrt.*

सत्कर्तव्य Adj. *dem man Gutes erweisen muss.*

सत्कर्मचिन्तामणि m. Titel eines Werkes Opp. Cat. 1.

1. सत्कर्मन् n. *ein gutes Werk* 102,11.

2. सत्कर्मन् 1) Adj. *gute Werke vollbringend.* — 2) m. N. pr. eines Sohnes des Dhṛtavrata.

सत्कला f. *eine schöne Kunst.*

सत्कवि m. *ein guter —, wahrer Dichter* Spr. 7840. Nom. abstr. °त्व n. *eine wahre Dichtergabe.*

*सत्काञ्चनार m. *Bauhinia variegata.*

*सत्काण्ड m. *Falco Cheela.*

सत्कार m. 1) Sg. und Pl. *gute —, freundliche Behandlung, Ehrenerweisung,* insbes. *die freundliche Aufnahme eines Gastes, Bewirthung.* पश्चिम *die letzte Ehrenerweisung,* d. i. *die Verbrennung des Leichnams.* राज° so v. a. *Lob eines Fürsten.* — 2) *Rücksicht für eine Sache.* — 3) fehlerhaft für संस्कार.

सत्कार्य 1) Adj. *a) was bewirkt wird.* — *b) der da verdient geehrt —, — gut aufgenommen zu werden.* — *c) dem die letzte Ehre* (*die Verbrennung des Leichnams*) *erwiesen werden muss.* — 2) n. im Sâmkhja *das unläugbare Bestehen der Wirkung* (wegen ihrer Inhärenz in der Ursache). °वाद m. *die Theorie, dass die Wirkung in Wahrheit bestehe,* Çaṁk. zu Bâdar. 2,1,18. °वादिन् m. *ein Anhänger dieser Theorie* ders. zu 2,1,7.

सत्काव्य n. *ein gutes Gedicht.*

1. सत्कीर्ति f. *ein guter Ruf.*

2. सत्कीर्ति Adj. *eines guten Rufes sich erfreuend.*

1. सत्कुल n. *ein gutes, edles Geschlecht* 178,13.

2. सत्कुल Adj. *einem guten, edlen Geschlechte angehörend.* Nom. abstr. °ता f.

सत्कुलीन Adj. dass.

सत्कृत 1) Adj. s. u. सत् 6) *b).* — 2) n. *ehrenvoller Empfang* Mârk. P. 34,32.

सत्कृति f. = सत्कार 1) Çiç. 14,57.

सत्कृत्यमुक्तावली f. Titel eines Werkes.

सत्क्रिय Adj. *Gutes thuend.*

सत्क्रिया f. 1) *Herstellung, das in Ordnung Brin-*

gen. — 2) *Erklärung.* — 3) Sg. und Pl. = सत्कार 1). विवाह° so v. a. *Hochzeitsfeier.* परलोक° *eine Ehrenerweisung in Bezug auf die andere Welt*, so v. a. *Todtenfeier, Verbrennung des Leichnams* u. s. w. Ohne परलोक angeblich dass. — 4) Titel eines Werkes Opp. Cat. 1.

सत्क्रियाकल्पमञ्जरी f. Titel eines Werkes Opp. Cat. 1.

सत्क्षेत्र n. *ein guter Acker.*

सत्त॑ s. u. 1. सद्.

सत्त॑म s. u. सत्.

सत्तमता f. *der Vorrang unter Allen.*

सत्त॑र Nom. ag. *der Sitzende, namentlich beim Opfer.*

सत्तर्क m. *ein orthodoxes System der Philosophie.*

सत्ता f. *das Dasein, Sein* 234,28. Kap. 5,29.

सत्ताक am Ende eines adj. Comp. (Nom. abstr. °त्व n.) von सत्ता.

सत्तामात्रात्मन् Adj. *dessen Wesen nur das Prädicat „Sein“ zukommt* VP. 4,4,38.

सत्तावत् Adj. *dem das Prädicat „Sein“ zukommt.*

सत्ति f. *Eintritt, Anfang.*

सत्त्र॑ n. 1) *eine grosse* Soma-*Feier von mehr als zwölf* Sutjâ-*Tagen mit vielen Officianten.* सत्त्रस्यर्द्धिः (n. Kâtj. Çr. 12,4,11) Name eines Sâman Ârsh. Br. Nom. abstr. सत्त्रत्व n. — 2) *ein einem* Sattra *gleichkommendes verdienstliches Werk.* — 3) *ein Haus, in welchem Speisen u. s. w. unentgeltlich verabreicht werden, Verpflegungshaus, Hospiz* Ind. Antiq. 6,211. Hemâdri 1,422,6. — 4) *eine angenommene Gestalt, ein trügerischer Schein.* — 5) *Wald.* — Nach den Lexicographen auch = धन, गृह, दान und सरोवर.

सत्त्रगृह n. = सत्त्र॑ 3).

*सत्त्रय्, °यते (संतानक्रियायाम्, संबन्धे, संततौ, निर्वाहक्रियायाम्, विस्तारे).

सत्त्रयाग m. = सत्त्र॑ 1).

सत्त्रराज् m. *König des* Sattra.

सत्त्रवसति f. = सत्त्र॑ 3).

सत्त्रशाला f. desgl. Hemâdri 1,422,8.

सत्त्रसद्॑ m. *Genosse beim* Sattra.

सत्त्रसद्मन् n. = सत्त्र॑ 3).

सत्त्रसद्य॑ n. Sattra-*Genossenschaft.*

सत्त्रस्पर्द्धिः fehlerhaft für सत्त्रस्यर्द्धिः; s. u. सत्त्र॑ 1).

सत्त्रागार n. = सत्त्र॑ 3) Ind. Antiq. 6,195. 201. 209. Kampaka 493. 497.

*सत्त्रापय्, °यते = सत्त्राय्.

*सत्त्राय्, °यते (कपटचिकीर्षायाम्, सत्त्राय क्रमणे ऽनार्जवे).

1. सत्त्रायण॑ n. *eine mehrjährige* Sattra-*Feier.* सत्त्रायणरूप Ait. Br. 6,22,6.

2. सत्त्रायण 1) Adj. *sich im* Sattra *bewegend*, Beiw. Çaunaka's. — 2) m. N. pr. des Vaters von Bṛhadbhânu.

*सत्त्रि m. = यज्ञशील, हस्तिन् und मेघ.

सत्त्रिन् Adj. Subst. 1) *Vollbringer eines* Sattra, *Theilnehmer an einem* Sattra, *ein Feiernder, Festgenosse* Çiç. 14,32. — 2) *dasselbe Verdienst habend, als wenn man ein* Sattra *vollzogen hätte.* — 3) *durch eine Verkleidung unkenntlich gemacht.*

सत्त्रिय॑ Adj. (f. आ) *zum* Sattra 1) *gehörig* u. s. w.

सत्त्री Adv. mit भू so v. a. *Andere speisen.*

सत्त्रीय Adj. = सत्त्रिय॑ Âpast. Çr. 14,7,22.

सत्त्रोत्था॑न n. *das Aufstehen (Auseinandergehen) vom* Sattra 1).

सत्त्र्य॑ Adj. = सत्त्रिय॑.

सत्त्व॑ (adj. Comp. f. आ) 1) n. a) *das Sein, Existenz, Realität.* — b) *Wesen, Charakter.* — c) *ein fester Charakter, Festigkeit, Entschlossenheit, Energie, Muth.* — d) *das absolut gute Wesen*, die erste der drei Qualitäten (गुण) der Prakṛti. — e) *geistiges Wesen, Geist.* — f) *Lebensathem.* — g) *ein reales Wesen, Gegenstand, Ding.* — 2) m. n. a) *ein lebendes Wesen*, insbes. *ein unvernünftiges.* — *ein gespenstisches Wesen, ein böser Geist, Kobold.* — 3) m. N. pr. eines Sohnes des Dhṛtarâshṭra.

*सत्त्वक m. N. pr. eines Mannes.

सत्त्वकर्त॑र् Nom. ag. *Schöpfer der lebenden Wesen.*

सत्त्वधातु m. *die Thierwelt* Vagrakkh. 20,16.

सत्त्वधामन् n. *die Heimat* oder *Glanzerscheinung der Qualität* Sattva, Bein. Vishṇu's.

सत्त्वपति m. *der Herr der Geschöpfe.*

सत्त्वप्रकाश m. *die Offenbarung der Qualität* Sattva, personificirt als Fürst.

*सत्त्वभारत m. Bein. Vjâsa's Gal. Vgl. सत्यभारत.

सत्त्वमय Adj. *aus der Qualität* Sattva *gebildet.*

सत्त्वमूर्ति Adj. dass.

सत्त्वमेजय Adj. *die Thiere erzittern machend* Bhaṭṭ. 6,94.

सत्त्वराशि m. *ein Ausbund von Charakterfestigkeit, — von Muth* 136,8.

सत्त्वलक्षणा Adj. f. *schwanger.*

सत्त्ववत् 1) Adj. a) *einen festen Charakter habend, Entschlossenheit —, Energie —, Muth besitzend;* m. *ein charaktervoller Mann.* — b) *mit der Qualität* Sattva *reichlich versehen.* — c) f. °वती *schwanger* Divjâvad. 271,24. 272,5. — 2) *f. °वती N. pr. einer Tantra-Gottheit bei den Buddhisten.

सत्त्ववर m. N. pr. verschiedener Männer.

सत्त्वशालिन् Adj. *festen Charakters, energisch, muthig* Ind. St. 15,335.

सत्त्वशील m. N. pr. eines Mannes.

सत्त्वसंरम्भ m. *ausserordentlicher Muth* und *zugleich das ungestüme Gebahren der Thiere* Kathâs. 18,389.

सत्त्वसर्ग m. *eine Schöpfung* (concret) *der Qualität* Sattva.

सत्त्वसार m. *ein ausserordentlicher Muth* Dh. V. 25,9. Vâsav. 199,2.

सत्त्वस्थ Adj. (f. आ) 1) *beim festen Charakter bleibend, Festigkeit* u. s. w. *zeigend.* — 2) *an der Qualität* Sattva *festhaltend, sich in derselben bewegend.*

सत्त्वस्थान n. *das Verbleiben in der Qualität* Sattva.

सत्त्वहृत् Adj. *die Qualität* Sattva *entziehend.*

सत्त्वात्मन् Adj. *dessen Wesen die Qualität* Sattva *ist.*

सत्त्वाधिक Adj. 1) *einen edleren Charakter habend* LA. 29,1. 5. — 2) *beherzt* (Person), *von Muth zeugend* (Handlung) Spr. 1431. Ind. St. 15,274. 275. Kathâs. 27,134.

सत्त्वाधीन Adj. (f. ई) *vom Muth abhängig* Ind. St. 15,275.

सत्त्वावजय m. *Selbstbeherrschung, fester Charakter* Karaka 1,11 (68,11. 14).

सत्त्वोत्कर्ष m. *ein ausserordentlicher Edelmuth* 157,29.

सत्त्वोत्साहवत् Adj. *muthig und willenskräftig* Spr. 7049.

सत्पत्त्रिन् m. *ein guter, nützlicher, unschädlicher Vogel.*

स॑त्पति m. 1) *Heerführer, Anführer; Vorkämpfer, Held.* — 2) *ein guter Herr, — Gebieter.* — 3) *ein guter Gatte.*

*सत्पत्त्र n. *ein junges Blatt der Wasserrose.*

सत्पथ् (nur Instr.) und सत्पथ m. *ein guter —, der richtige Weg;* gewöhnlich in übertragener Bed.

सत्पद्धति f. und सत्पद्यरत्नाकर m. Titel von Werken.

*सत्पशु m. *ein zum Opfer geeignetes Thier.*

सत्पात्त्र n. *eine würdige Person* Hemâdri 1,502,12.

1. सत्पुत्त्र m. *ein guter Sohn* Comm. zu Âpast. Çr. 14,14,2.

2. सत्पुत्त्र Adj. *einen Sohn habend.*

सत्पुरुष m. *ein guter —, vorzüglicher Mensch* und hier und da auch *ein kluger Mann.*

*सत्पुष्प Adj. (f. आ) *in Blüthe stehend.*

सत्प्रक्रियाव्याकृति f. Titel eines Werkes.

सत्प्रतिग्रह m. *die Entgegennahme einer Gabe von guten, ehrenwerthen Menschen.*

*सत्प्रतिज्ञ Adj. *der Etwas versprochen hat.*

सत्प्रतिपक्ष Adj. *wogegen ein triftiger Einwand erhoben werden kann.* °हेतु m. *ein solches Argument;* ohne हेतु dass. Nom. abstr. °ता f.

सत्प्रतिपक्षग्रन्थ m., °पक्षता f., °व्यवहारक्रोड m. (so im Index), °पक्षपक्ष n., °पक्षबाधग्रन्थ m., °पक्षविचार m., °पक्षविभाग m. und °पक्षविषयताशून्यत्वविचार m. Titel von Werken Opp. Cat. 1.

सत्प्रतिपक्षित Adj. *wogegen ein triftiger Einwand erhoben worden ist.*

सत्प्रतिपक्षिन् Adj. = सत्प्रतिपक्ष. Nom. abstr. °क्षिता f. und °क्षित्व n.

सत्प्रभा f. *ein prächtiger Glanz* Spr. 7853.

सत्प्रमुदिता f. Bez. *einer der 8 Vollkommenheiten im Sâmkhja.* Vgl. सदाप्रमुदित.

सत्फल m. *Granatbaum;* n. *die Frucht.* — सत्फलानाम् Spr. 813 schlechte v. l. für सत्कलानाम्.

सत्फलिन् Adj. *schöne Früchte tragend* Çatr. 1,284.

सत्य 1) Adj. (f. श्रा) *wirklich, in Wirklichkeit vorhanden, wahrhaft, ernstlich, wahr, echt, zutreffend, eintreffend, von Erfolg begleitet, in Erfüllung gehend, zuverlässig, treu, auf den oder worauf man sich verlassen kann, gültig.* सत्यं कर् *Etwas wahr machen, erfüllen* 325,2. सत्यम् Adv. *in Wirklichkeit, in Wahrheit, in der That, wirklich, fürwahr, wahrlich, gewiss, mit Recht, recht gut* (in zustimmender Antwort), *so ist es recht* (einräumend; auch mit folgendem तु, किं तु oder तथापि *aber, jedoch, dennoch*). यत्सत्यम् *in der That, fürwahr* Mṛkkh. 44,16. 129,15. 143,3. ऊं सच्चं im Prâkrit 23,25. 68,21. 70,14. 71,24. 122,17. 165,13. — 2) m. a) * *Ficus religiosa* Râǵan. 11,115. — b) * *die unter den 7 Welten am höchsten gelegene;* vgl. 4) f). — c) *der 9te* Kalpa (*Weltperiode*). — d) Bein. α) Kṛshṇa's. — β) * Râma's. — e) N. pr. α) eines best. Genius Gaut. 26,12. Hemâdri 1,651,17. 654,5. — β) eines zu den Viçve Devâs gezählten Wesens. — γ) Pl. einer Gruppe von Göttern in verschiedenen Manvantara. Auch सत्याख्या गणाः. — δ) verschiedener Ṛshi und anderer Personen, auch eines Astronomen. — 3) f. सत्या a) *eine best.* Çakti. — b) Bein. α) der Durgâ. — β) * der Sitâ. — c) abgekürzt für α) सत्यभामा Çiç. 12,3. — β) *सत्यवती. — d) N. pr. α) der Familiengottheit der Kutsa und Atharvan. — β) einer Tochter Dharma's, einer Gattin Kṛshṇa's und verschiedener anderer Frauen. — 4) n. a) *das Wirkliche; Wirklichkeit, Wahrheit.* पुरा सत्यात् so v. a. *damit es keinen Erfolg habe;* कस्मात्सत्यात् *in Folge welches Sachverhalts,* so v. a. *wie kommt es, dass;* तेन सत्येन *auf Grund hiervon;* सत्यं च ते ज्ञात्वा so v. a. *und erfahren habend, dass du wirklich so bist.* Instr. *der Wahrheit gemäss, in Wirklichkeit;* तेन सत्येन *so wahr dieses ist;* यथा — तेन सत्येन, तेन सत्येन — यथा, यथा — एवं सत्येन *so wahr — eben so gewiss.* Vier *Wahrheiten* bei den Buddhisten. — b) *Wahrhaftigkeit, das Reden der Wahrheit.* — c) *Gelöbniss, Versprechen, Eid, Schwur.* सत्यं चिकीर्षमाण *das gegebene Wort zu halten wünschend.* — d) *das erste Weltalter,* = कृत. — e) *eine best. mythische Waffe.* — f) *die unter den sieben Welten am höchsten gelegene.* — g) *eine der sieben* Vjâhṛti. — h) *das achte astrologische Haus.* — i) *eine* Satja-*Formel.* — k) Name eines Sâman. प्रजापतेः सत्ये Ârsh. Br.

सत्यक 1) m. N. pr. a) Pl. einer Gruppe von Göttern unter Manu Tâmasa. — b) eines Sohnes α) des Çini. — β) des Manu Raivata. — γ) des Kṛshṇa von der Bhadrâ. — 2) *n. *Abschluss eines Handels.*

सत्यकर्ण m. N. pr. eines Sohnes (oder Enkels) des Kandrâpiḍa VP.² 4,168.

1. सत्यकर्मन् n. *Wahrhaftigkeit* Gaut. 13,12.

2. सत्यकर्मन् 1) Adj. *dessen Thun wahr ist* RV. — 2) m. a) * *Aegle Marmelos.* — b) N. pr. eines Sohnes des Dhṛtavrata.

सत्यकाम 1) Adj. *die Wahrheit liebend, ein Freund der Wahrheit.* — 2) m. N. pr. verschiedener Männer.

सत्यकाय m. N. pr. eines Mannes. Vielleicht fehlerhaft für सत्यकाम.

सत्यकीर्ति m. *ein best. über Waffen gesprochener Spruch.*

सत्यकृत् Adj. *Wirkliches vollbringend, der Nichts vergebens thut.*

सत्यकेतु m. N. pr. 1) eines Buddha. — 2) eines Sohnes des Dharmaketu, Sukumâra und Akrûra.

सत्यक्रिया f. (buddh.) *Gelöbniss, Schwur.* Vgl. सत्य 4) c).

सत्यतन्त्रमाहात्म्य n. Titel Opp. Cat. 1,6468.

सत्यखान oder °श्रीमानदत्त m. N. pr. eines *Chan's.*

सत्यग Adj. als Beiw. eines Rades wohl fehlerhaft für सत्याङ्ग 1).

सत्यगिर् Adj. *dessen Wort wahr ist, der sein Wort hält* 60,4. — Kampaka 265 ist, wie schon Weber annimmt, सत्या गीः zu lesen.

सत्यगिर्वाहस् Adj. *echtes Lob empfangend.*

सत्यग्रन्थिन् Adj. *sicher verknüpfend* Mantrabr. 1,3,8.

सत्यघ्न Adj. *der sein Wort bricht.*

सत्यंकार m. 1) *Versprechen, Zusage* Pr. P. 79. Hem. Pâr. 1,321. — 2) *Handgeld* Jolly, Schuld. 300. °कृत Adj. so v. a. *als Handgeld verabfolgt.* — 3) *N. pr. eines Mannes.

सत्यचूडामणि m. Titel eines Werkes Opp. Cat. 1.

सत्यजा Adj. *recht geartet.*

सत्यजित् 1) Adj. *wahrhaft siegreich oder durch Wahrheit siegend.* — 2) m. N. pr. a) eines Dânava. — b) eines Jaksha. — c) Indra's im dritten Manvantara. — d) eines Fürsten, eines Sohnes des Bṛhaddharman, des Kṛshṇa, des Sunita, des Sunitha, des Ânaka und des Amitraǵit.

सत्यजिति f. *ein wahrer Sieg* Vaitân.

सत्यज्ञ Adj. *des Wahren kundig.*

सत्यज्ञानानन्दतीर्थ und °यति m. N. pr. eines Gelehrten.

सत्यज्योतिस् Adj. *wirklichen Glanz habend.*

सत्यतपस् m. N. pr. eines durch Durvâsas aus einem Jäger zu einem Muni gemachten Mannes.

सत्यतस् Adv. *in Wahrheit, wirklich.*

सत्यता f. 1) *Wirklichkeit, Realität, das Wahrsein, Wahrheit.* स्वसत्यतां गम् *in seinem wahren Wesen vollkommen erkannt werden.* — 2) *Wahrhaftigkeit, Wahrheitsliebe, Zuverlässigkeit.*

सत्यतात् f. *Wahrheit, Wirklichkeit.* Dieses möchte Roth jetzt statt सत्यताति annehmen und RV. 4,4,14 सत्यताते lesen.

सत्यताति 1) f. *Wirklichkeit.* Loc. °ताता *in Wirklichkeit, in Richtigkeit.* — 2) Adj. etwa *richtig machend.* Vgl. P. 4,4,143.

सत्यतितिक्षावत् Adj. *wahrhaft und geduldig.*

सत्यत्व n. = सत्यता 1) (Kap. 6,52) und 2).

सत्यदर्शिन् 1) Adj. *das Richtige —, die Wahrheit schauend.* — 2) m. N. pr. a) eines Ṛshi im 13ten Manvantara. v. l. तत्त्वदर्शिन्. — b) eines Mannes.

सत्यदूत m. *ein zuverlässiger Bote* Maitr. S. 4,4,9 (61,2).

सत्यदृश् Adj. = सत्यदर्शिन् 1).

सत्यधन Adj. *dessen Besitz die Wahrheit ist, überaus gewissenhaft* Kir. 1,34.

सत्यधर m. N. pr. eines Prinzen.

1. सत्यधर्म m. *das Gesetz der Wahrheit, die ewige Wahrheit.* °पथ m. *der Pfad der ewigen W.*

2. सत्यधर्म 1) Adj. *wahre —, feste Satzungen ha-*

bend. — 2) m. N. pr. *a*) eines Sohnes des 13ten Manu. — *b*) eines Brahmanen.

सत्यधर्मन् Adj. = सत्यधर्म 1) und *an der Wahrheit haltend, die Wahrheit redend* Gaut.

सत्यधर्मविपुलकीर्ति m. N. pr. eines Buddha.

सत्यधामन् Adj. zur Erklärung von ऋतधामन्.

सत्यधृत m. N. pr. eines Sohnes des Pushpavant.

सत्यधृति 1) Adj. *a*) *wahren —, redlichen Willen habend.* — *b*) *fest an der Wahrheit haltend* 55,7. — 2) m. N. pr. verschiedener Männer.

सत्यधन्न m. N. pr. eines Sohnes des Ûrgavaha.

*सत्यधनावतार m. Titel eines Werkes.

सत्यधृत् Adj. *die Wahrheit beugend.*

सत्यनाथ m. N. pr. verschiedener Männer Burnell, T. Auch °यति ebend.

सत्यनाथमाहात्म्यरत्नाकर m. Titel eines Werkes.

सत्यनाम Adj. (f. आ) = सत्यनामन् 1).

सत्यनामन् 1) Adj. (f. ebenso und °नाम्नी) *einen richtigen Namen —, seinen Namen mit Recht führend.* Nom. abstr. °मता f. — 2) *f. *Polanisia icosandra* Râǵan. 4,183.

सत्यनारायण m. N. pr. eines mohammedanischen Heiligen in indischem Gewande. °व्रतकथा f. Titel.

सत्यनिधि m. N. pr. eines Autors Burnell, T.

सत्यनिधिविलास m. Titel eines Kâvja Burnell, T.

सत्यनेत्र m. N. pr. eines Ṛshi.

सत्यपा Adj. *Wahrheit trinkend* Çat. Br. 3,9,3,25.

सत्यपर Adj. *dem die Wahrheit über Alles geht, durchaus redlich* Ḱaraka 343,3.

सत्यपराक्रम Adj. *von wahrem Heldenmuth, von wahrer Macht* (von Personen) Spr. 7728.

सत्यपारमिता f. *Vollkommenheit in der Wahrheit.*

सत्यपाल m. N. pr. eines Muni.

सत्यपाश m. *das Einen an ein Versprechen haltende Band* R. 2,34,30. Mârk. P. 126,32. 127,28. Bhâg. P. 9,10,8.

सत्यपुर n. Satjanârâjaṇa's *Stadt.*

सत्यपुष्टि f. *wahres —, bleibendes Gedeihen* Vaitân.

सत्यप्रतिज्ञ Adj. *der sein Versprechen hält, ein Mann von Wort.*

सत्यप्रतिश्रव Adj. (f. आ) dass.

*सत्यप्रवाद n. Titel eines Pûrva der Ǵaina.

सत्यप्रसव und °सू Adj. *dessen Antrieb* (*Geheiss*) *wahr —, — recht ist, — sich gleich bleibt.*

सत्यप्राशू Adj. nach dem Comm. = सत्यपराक्रम.

*सत्यफल m. *Aegle Marmelos* Râǵan. 11,192.

सत्यबन्ध Adj. MBh. 1,6779 fehlerhaft für सत्यसंध.

सत्यभामा f. N. pr. einer Tochter Satrâǵit's und einer der Gattinnen Kṛshṇa's.

सत्यभामापरिणय m. (Opp. Cat. 1), °भामाभ्युदय m. und °व्याख्यान n. (Burnell, T.) Titel.

*सत्यभारत m. Bein. Vjâsa's. Vgl. सत्त्वभारत.

सत्यभाषण n. *das Reden der Wahrheit.*

सत्यभूय n. *das Wahrsein, Wahrheit.*

सत्यमद्वन् Adj. *richtig* oder *nachhaltig begeistert, — berauscht.*

सत्यमल्ल Adj. *dessen Reden wahr sind.*

सत्यमन्मन् Adj. *dessen Gedanken —, dessen Wille wahr, recht ist.*

सत्यमय Adj. (f. ई) *aus Wahrheit bestehend, wahrhaft.*

सत्यमान n. *ein richtiger Maassstab.*

सत्यमुग्र Adj. *wahrhaft gewaltig.*

सत्यमृषाविवेक m. *eine Prüfung in Bezug auf wahr oder falsch* Naish. 8,18.

सत्यमेधस् Adj. *eine richtige Einsicht habend* (Vishṇu).

सत्यमौद्गल m. Pl. *eine best. Schule.*

सत्यंभरा f. N. pr. eines Flusses.

सत्ययज्ञ Adj. *wahrhaft* oder *erfolgreich anbetend, — opfernd.*

सत्ययज्ञ m. N. pr. eines Mannes.

सत्ययुग n. *das erste Weltalter, das* Kṛta-Juga Spr. 7728.

सत्ययोनि Adj. *einen bleibenden Sitz habend.*

*सत्ययौवन m. *ein* Vidjâdhara.

सत्यरत m. 1) *Bein. Vjâsa's. — 2) N. pr. eines Sohnes des Satjavrata.

सत्यरथ N. pr. 1) m. eines Fürsten von Vidarbha und eines Sohnes des Mînaratha und des Samaratha. — 2) f. आ der Gattin Triçaṅku's.

सत्यराजन् m. *ein wahrer —, ewiger König* VS.

सत्यराधस् Adj. *wahre —, bleibende Wohlthaten erweisend.*

सत्यरूप Adj. 1) *dessen äussere Erscheinung wahr ist.* — 2) *wahrscheinlich, glaubwürdig.*

सत्यलोक m. *die Welt der Wahrheit,* Bez. *der höchstgelegenen unter den 7 Welten.*

सत्यलौकिक n. Sg. *das Wahre und das Weltliche,* so v. a. *die heiligen und die weltlichen Angelegenheiten.*

1. सत्यवचन n. 1) *das Sprechen der Wahrheit* Gaut. 2,8. 13,7. 31. 19,15. Âpast. Chr. 51,11. — 2) *das Geben eines Versprechens, Versprechen, Gelöbniss; Schwur* Divjâvad. 473,20. 571,5.

2. सत्यवचन Adj. *die Wahrheit redend.*

सत्यवचस् 1) *Adj. *dessen Rede wahr ist.* — 2) m. *a*) *ein Ṛshi. — *b*) N. pr. eines Mannes.

सत्यवदन n. *das Sprechen der Wahrheit.* °शील Adj. 210,10.

सत्यवद्य Adj. *die Wahrheit sprechend* Bhaṭṭ. 5,60.

सत्यवत् 1) Adj. *a*) *wahr* (MBh. 12,180,10), *wahrhaft, die Wahrheit redend.* — *b*) *das Wort* सत्य *enthaltend.* — *c*) fehlerhaft für सत्त्ववत्. — 2) m. *a*) *ein best. über Waffen gesprochener Zauberspruch.* — *b*) N. pr. α) eines Sohnes des Manu Raivata und des Manu Kâkshusha. — β) eines Sohnes des Djumatsena und Gatten der Sâvitrî. — 3) f. °वती N. pr. *a*) der Gattin Parâçara's (Çamtanu's) und Mutter Vjâsa's. — *b*) einer Tochter Gâdhi's, die in den Fluss Kauçikî verwandelt wurde. — *c*) der Gattin Nârada's. — *d*) der Gattin Çivarâǵabhaṭṭa's. — *e*) eines Flusses, = ग्रच्छोदा.

सत्यवर m. N. pr. Kathâs. 78,9 fehlerhaft für सत्त्ववर.

सत्यवर्त्मन् 1) Adj. *in dem richtigen, bleibenden Geleise laufend.* — 2) m. N. pr. eines Mannes Ind. Antiq. 10,243.

सत्यवर्मन् m. N. pr. eines Mannes Daçak. 2,18.

सत्यवर्याय m. N. pr. eines Autors Burnell, T.

सत्यवाक m. *das Reden der Wahrheit.*

1. सत्यवाक्य n. *eine wahre Aussage* Gaut. 23,28.

2. सत्यवाक्य Adj. *dessen Rede wahr ist.* Nom. abstr. °ता f.

1. सत्यवाच् f. 1) *eine wahre Rede.* — 2) *Versicherung* Ṛv. 3,54,4.

2. सत्यवाच् 1) Adj. *dessen Rede wahr ist, wahrhaft.* — 2) m. *a*) *ein Ṛshi. — *b*) *ein best. über Waffen gesprochener Zauberspruch.* — *c*) **Krähe.* — *d*) N. pr. α) eines Devagandharva. — β) eines Ṛshi. — γ) eines Sohnes des Manu Ḱâkshusha und des Manu Sâvarṇa.

सत्यवाचक Adj. *Wahres redend, wahrhaft.*

सत्यवाद m. *das Geben eines Versprechens, Gelöbniss.*

सत्यवादिन् 1) Adj. *Wahres redend, wahrhaft* Âpast. Nom. abstr. °वादिता f. und °वादित्व n. — 2) m. Bein. Kauçika's. — 3) f. °वादिनी *a*) *eine Form der* Dâkshâjaṇî. — *b*) N. pr. einer Göttin des Bodhi-Baumes.

सत्यवाह m. N. pr. eines Mannes.

सत्यवाहन Adj. *Wahrheit bringend* (ein Traum).

सत्यविक्रम Adj. *von wahrer Kraft, von wahrem Muth.*

सत्यविद्या f. Titel eines Werkes.

सत्यवृत्त n. *ein wahrer Lebenswandel.*

सत्यवृत्ति Adj. *der Wahrheit lebend, der W. sich befleissigend.*

सत्य॑वृध् Adj. als Umschreibung von ऋता॑वृध्.

सत्यव्यवस्था f. *Feststellung —, Entscheidung der Wahrheit* Gaut. 13,1.

1. सत्यव्रत n. *das Gelübde der Wahrhaftigkeit.*

2. सत्यव्रत 1) Adj. (f. आ) *das Gelübde der Wahrhaftigkeit befolgend, stets die Wahrheit redend.* — 2) m. *a*) Pl. Bez. *der* Kshatrija *in* Çâkadvîpa. — *b*) N. pr. α) Pl. einer Gruppe von höheren Wesen im Gefolge Satjasena's. — β) eines alten Fürsten und eines Râǵarshi. — γ) eines Sohnes des Dhṛtarâshṭra, des Devadatta und des Trajjaruṇa. — δ) eines Gesetzgebers, eines Brahmanen und eines Fischers.

सत्यशपथ Adj. *dessen Schwüre wahr sind, dessen Flüche in Erfüllung gehen.*

सत्य॑शवस् Adj. *wirklich —, nachhaltig ungestüm.*

सत्यशील (Âpast.) und °शीलिन् Adj. *der Wahrhaftigkeit sich befleissigend.*

सत्य॑शुष्म Adj. *wahrhaft muthig.*

1. सत्य॑श्रवस् n. *wahrhaftes Ansehen* Vaitân.

2. सत्य॑श्रवस् m. N. pr. verschiedener Männer Ârsh. Br.

सत्यश्रावण n. *das Schwören eines Eides* Pańkat. 97,17.

सत्यश्री N. pr. 1) m. eines Sohnes des Satjahita. — 2) f. einer Çrâvikâ.

सत्यश्रुत् Adj. *auf die Wahrheit hörend* Ṛv.

सत्यसंरक्षण n. *das Halten seines Wortes* MBh. 8,70,52.

सत्यसंरक्षिन् Adj. *der sein Wort hält* MBh. 8,3544. Wohl fehlerhafte Lesart.

सत्यसंश्रव m. *Gelöbniss, eidliche Versicherung* R. 3,14,21.

सत्यसंहित Adj. = सत्यसंघ 1).

सत्य॑संकल्प Adj. *dessen Wille, Vorsatz, Absicht wahr ist,* d. i. *in Erfüllung geht.* Nom. abstr. सत्यसंकल्पत्व n.

सत्यसंगर 1) Adj. *dessen Zusage wahr ist, der sein Versprechen hält* 111,15. Bâlar. 105,19. — 2) m. *a*) * Bein. Kubera's. — *b*) N. pr. eines Ṛshi.

सत्यसती f. *eine wahrhaft treue Frau.*

सत्यसत्वन् m. *ein ächter Streiter* oder Adj. *ächte Streiter habend* Ṛv.

सत्यसद् Adj. als Umschreibung von ऋतसद्.

सत्य॑संध 1) Adj. (f. आ) *Verträge —, Zusagen haltend, auf dessen Wort man sich verlassen kann* MBh. 1,177,35. Nom. abstr. सत्यसंधता f. — 2) m. *a*) * Bein. Bharata's und Ǵanameǵaja's. — *b*) N. pr. α) eines Wesens im Gefolge Skanda's. — β) eines Sohnes des Dhṛtarâshṭra. — 3) * f. सत्यसंधा Bein. der Draupadî.

सत्य॑सव (f. आ), सत्य॑सवन (Maitr. S. 1,11,1) und सत्य॑सवस् (ebend.) Adj. *dessen Befehle wahr, recht, gültig sind.*

सत्य॑साह् Adj. (Nomin. °षाट्) als Umschreibung von ऋताषाह्.

सत्यसहस् m. N. pr. des Vaters von Svadhâman.

सत्यसाक्षिन् m. *ein die Wahrheit aussagender Zeuge.*

सत्यसाधन Adj. *wahrmachend* Hariv. 12044.

सत्यसामन् n. Name eines Sâman Kâtj. Çr. 17,3,28. Vgl. सामन् 4) *k*).

सत्यसार Adj. (f. आ) *durchaus aufrichtig.*

सत्यसेन m. N. pr. verschiedener Männer.

सत्यस्थ Adj. *bei der Wahrheit bleibend, dem gegebenen Worte getreu.*

सत्यस्रवस् m. N. pr. eines Lehrers VP.² 3,45. Wohl nur fehlerhaft für °श्रवस्.

सत्यस्वप्न Adj. *dessen Traum in Erfüllung geht.* Nom. abstr. °ता f. Viddh. 28,4.

सत्य॑हविस् m. N. pr. eines Adhvarju Maitr. S. 1,9,1 (131,11). 5 (135,8).

* सत्यहव्य m. N. pr. eines Mannes.

सत्यहित 1) Adj. *in Wirklichkeit wohlwollend.* — 2) m. N. pr. *a*) eines Sohnes oder des Vaters von Pushpavant. — *b*) eines Lehrers.

* सत्या Adv. mit कर् *fest kaufen, einen Handel abschliessen.*

* सत्याकृति f. *Abschluss eines Handels.*

* सत्याग्नि m. Bein. Agastja's.

सत्याङ्ग 1) Adj. *dessen Theile aus Wahrheit gebildet sind.* — 2) m. Pl. Bez. *der* Çûdra *in* Plakshadvîpa.

सत्याचार्य m. N. pr. eines Brahmanen Kautukas.

सत्यात्मक Adj. *dessen Wesen Wahrheit ist.*

सत्यात्मज m. *der Sohn der* Satjâ (= Satjabhâmâ).

सत्यात्मन् Adj. *dessen Wesen Wahrheit ist.*

सत्यानन्द m. 1) *wahre Wonne.* — 2) N. pr. eines Mannes Burnell, T. Auch °तीर्थ.

सत्यानन्दचिदात्मन् m. *wahre Wonne und reiner Intellect.* Nom. abstr. °त्मता f. Prab. 114,13.

सत्यानृ॑ते n. 1) Du. *Wahrheit und Lüge* Âpast. — 2) Sg. und Du. bildliche Bez. *des Handels.*

सत्यापन 1) n. *das Bewahrheiten* Bâlar. 119,2. — 2) * n. und * °ना f. *Abschluss eines Handels.*

सत्यापय्, °यति *bewahrheiten* Bâlar. 118,12. Hem. Par. 1,337. Pańkad.

सत्याभिध्यायिन् Adj. *seine Gedanken auf das Wahre richtend* VP. 1,5,15.

सत्याभियाचन Adj. *Bitten erhörend.*

सत्याभिसंध Adj. *wahr redend* Karaka 356,11.

सत्याभिसंधान Adj. (f. आ) dass.

सत्याभिसंधिन् Adj. dass.

सत्यायन n. fehlerhaft für सत्यापन.

सत्यायु m. N. pr. eines Sohnes des Purûravas.

सत्या॑वन् 1) Adj. als Umschreibung von ऋता॑वन्. — 2) m. N. pr. eines Mannes.

1. सत्याशिस् f. *eine wahr werdende Bitte.*

2. सत्याशिस् Adj. *dessen Bitte wahr —, — erfüllt wird.*

सत्याश्रय m. Bein. und N. pr. verschiedener Fürsten Ind. Antiq. 6,73. 7,16. 77. 163. 8,13. 10,244. 11,66.

सत्याषाढ 1) m. N. pr. eines Mannes Comm. zu Âpast. Çr. sehr oft. °प्रयोग m. Burnell, T. — 2) f. ई *eine best. Schule des schwarzen* Jaǵus Ârjav. 44,23. fg.

* सत्येतर n. *Unwahrheit.*

सत्येप्सु m. N. pr. eines Asura.

सत्येयु m. N. pr. eines Sohnes des Raudrâçva.

सत्यो॑क्ति f. *eine wahre Rede.*

1. सत्योत्तर n. *Eingeständniss* Jolly, Schuld. 319.

2. सत्योत्तर Adj. (f. आ) *überwiegend —, wesentlich wahr.*

* सत्योद्य Adj. *dessen Rede wahr ist, wahr redend.*

सत्योपयाचन Adj. *Bitten erhörend.*

सत्योपाख्यान n. Titel eines Werkes.

सत्यौ॑जस् Adj. *wahrhaft mächtig.*

सत्रे॑ defective Schreibart für सत्त्रे॑.

सत्रप Adj. (f. आ) *Schamgefühl besitzend, verlegen.* °म् Adv. *verlegen.*

* सत्रम् Adv. = सत्रा.

सत्रा॑ Adv. 1) *zusammt, zumal;* mit Instr. *zusammen mit.* — 2) *ganz und gar, durchaus, überaus, gar zu.* — 3) *immerhin.*

सत्राक॑र Adj. *überaus wirksam.*

सत्राजय m. *voller Sieg.*

सत्राजि॑त् 1) Adj. *ganz —, überaus siegreich.* — 2) m. N. pr. des Vaters der Satjabhâmâ.

सत्राजित m. = सत्राजित् 2).

सत्रा॑ञ्च् Adj. (f. सत्रा॑ची) 1) *vereint, vollzählig, gemeinsam.* — 2) *gesammelt, ganz* (Geist u. s. w.).

सत्रादावन् Adj. *überaus freigebig* Ṛv.

सत्रास 1) Adj. *mit dem* Trâsa *genannten Fehler behaftet* (Edelstein). Vgl. त्रास Nachtr. 3. — 2) °म् Adv. *erschrocken, furchtsam, ängstlich.*

सत्रासह॑ und सत्रासाह् (stark auch im Dat. Sg.)

Adj. *Alles überwältigend, unwiderstehlich.*

सत्रासाहीय n. Name verschiedener Sâman Ârsh. Br.

सत्राहन् und °हन् Adj. *völlig niederschlagend.*

सत्रिकूट Adj. (f. आ) *den Berg* Trikûṭa *habend* und zugleich *dreifachem Trug sich hingebend* Ind. St. 15,270.

*सत्रिज्ञातक n. *ein best. Fleischgericht.*

सत्वक्क (Âpast. Çr. 1,5,9) und सत्वच् Adj. *mit Rinde versehen.*

सत्वचस् Adj. dass. Çat. Br. 3,3,2,18.

सत्वत m. N. pr. eines Sohnes des Mâdhava (oder Mâgadha) und des Aṃça.

सत्वन् m. 1) *Krieger;* Pl. *die Mannen, Heerschaar,* auch wohl *Dienstmänner.* — 2) * = उदक oder कर्मन्. — 3) N. pr. eines Ṛshi. v. l. स्वत्वन्.

सत्वन m. = सत्वन् 1).

सत्वनायन्त् Partic. *als Krieger sich gebärdend.*

सत्वन्त् m. N. pr. 1) Pl. eines Volkes im Süden. = यदव: Çiç. 19,42, v. l. nach Hultzsch. — 2) eines Sohnes des Madhu.

सत्वर Adj. (f. आ) *schnell zu Werke gehend, eilend* (oft durch ein Adverb wiederzugeben). °म् Adv. *eiligst, rasch, alsbald;* Compar. सत्वरतरम्.

सत्वररचनम् Adv. *eiligst, rasch, alsbald* Gît. 5,14.

सत्वरितम् Adv. dass. R. Gorr. 2,97,14.

सत्वासिद्धामिप्रयोग m. Titel Burnell, T.

सत्वी f. N. pr. einer Tochter Vainateja's und Gattin des Bṛhanmanas Hariv. 1,31,54.

सत्संविन्मय Adj. *aus Sein und Bewusstsein bestehend.* Nom. abstr. °त्व n.

सत्संकल्प Adj. *gute Vorsätze habend* Bhâg. P. 4,1,30. 9,18.

सत्सङ्ग m. *Verkehr mit Guten* 147,29.

सत्संगति f. dass. Spr. 7853.

सत्सङ्गविजय m. Titel eines Schauspiels.

सत्संमत Adj. *der von Guten verstanden wird* Bhâg. P. 6,9,44.

सत्संनिधान n. *Umgang mit Guten, — Gebildeten* Spr. 1619.

सत्संप्रदाय m. *eine gute Ueberlieferung* Spr. 6748.

*सत्सार m. 1) *Maler.* — 2) *Dichter.* — 3) *eine best. Pflanze.*

सत्सुखानुभव m. Titel eines Werkes.

1. सद्, सदति, सीदति (nur dieses in der späteren Sprache; vereinzelt auch °सीदतुस् (!), °सीदिष्यति und °सीदितुम्); metrisch auch Med. 1) *sitzen, sich niederlassen* (namentlich beim Opfer) *auf, bei* oder *in* (Acc. oder Loc.) 210,11. — 2) *belagern. Jmd lagern;* mit Acc. — 3) *unter einer Last zusammensinken, zusammenbrechen, herunterkommen, abnehmen, sich schlecht fühlen, schwach —, matt werden* (von einem Blutegel 218,6); *unterliegen, in Noth —, in eine verzweifelte Lage gerathen, an sich selbst verzweifeln, vergehen* (vor Schmerz u. s. w.), *nicht zu bleiben —, sich nicht zu fassen —, sich nicht zu halten wissen; hinschwinden, in Verfall gerathen* (von Unbelebtem). — 4) सत्त *sitzend.* — 5) सन्न a) *niedergesetzt.* — b) *sitzend bei,* so v. a. *beschäftigt mit* (im Comp. vorangehend). v. l. सक्त. — c) *versunken.* — d) *niedergesunken, erschlafft* (Hand), *matt, erloschen* (Feuer), *mitgenommen, erschöpft.* — e) *todt.* — f) *zu Grunde gegangen, zu Schanden geworden.* — g) *in einer schlimmen Lage sich befindend, sich nicht zu helfen wissend, dahin seiend* R. 2,30,39. — h) *ruhend, sich nicht in Thätigkeit befindend.* — i) सन्नतर *schwächer, niedriger* von der Aussprache eines Lautes. — Caus. सादयति 1) *setzen, sich setzen lassen.* — 2) *hinbringen in* oder *an, ablegen auf* (Loc.). — 3) *in Noth —, in eine schlimme Lage versetzen, in's Verderben bringen;* überh. *zu Grunde richten, zu Nichte machen.* — Intens. सासद्यते *sich auf eine unanständige Weise hinsetzen* Bhaṭṭ. — Mit अति *sterben* Çiç. 19,70. अतिसन्न *gestorben* Comm. — Mit अधि *sich darauf setzen.* अधिषद्य Maitr. S. 2, 2,2 (16,4. 6). Vgl. अधिषादम् Nachtr. 4). — Mit अनु *sich nach Jmd setzen.* — Mit अभि *drohend gegenüberstehen, im Zaume halten;* mit Acc. — Mit अव 1) *sich hineinsetzen in* (Acc.) Ṛv. 9,96,13. — 2) *unter —, niedersinken, zusammenbrechen.* — 3) *herunterkommen, abmagern, erschlaffen, ermatten, erschöpft werden; schlaff —, lass sein in Bezug auf* (प्रति). — 4) *unterliegen, in Noth —, in eine verzweifelte Lage gerathen, vergehen* (vor Schmerz u. s. w.), *an sich selbst verzweifeln, nicht zu bleiben —, sich nicht zu fassen —, sich nicht zu halten wissen.* — 5) *zu Ende gehen, erlöschen* (von einem Geschlecht), *Schaden nehmen, zu Nichte werden.* — 6) अवसन्न a) *niedergesunken, niedergedrückt.* — b) *eingesenkt, eingedrückt, tief.* — c) *heruntergekommen, mitgenommen* Gaut. 17,31. — d) *in Noth —, in eine verzweifelte Lage gerathen.* — e) *im Process unterlegen.* Vgl. क्रियावसन्न. — f) *zu Nichte geworden, zu Ende gegangen.* — g) अवसन्नतर *niedriger, schwächer* von der Aussprache eines Lautes. — 7) अवसन्नवान् = अवससाद *lag erschöpft da.* — Caus. 1) *versenken.* — 2) *niederdrücken.* — 3) *herunterbringen, hart mitnehmen, stark zusetzen.* — 4) *zu Nichte machen.* — Mit प्रत्यव *zu Schanden —, zu Nichte werden.* — Mit व्यव 1) *niedersinken, zusammenbrechen.* — 2) *vergehen* (vor Schmerz). — Mit समव, °सन्न *in Noth —, in einer verzweifelten Lage seiend.* — Mit आ 1) *sitzen, sich setzen auf* oder *an* (Acc. oder Loc.). — 2) *den Vorsitz führen über* (Acc.). — 3) *belauern.* — 4) *gelangen zu, einen Ort erreichen.* — 5) *hintreten zu Jmd, sich nähern* (auch in feindlicher Absicht); mit Acc. der Person. — 6) *Jmd* oder *auf Etwas treffen, stossen auf, finden* 57,6. — 7) *treffen* (von Geschossen). — 8) *gelangen zu,* so v. a. *theilhaftig werden, finden.* — 9) आसन्न a) *hingesetzt.* — b) *nahe gekommen* (st. des verbum fin. 43,23), — *stehend, in der Nähe befindlich, benachbart* (die Ergänzung im Gen. oder im Comp. vorangehend). Vgl. आसन्न. — c) *nahe bevorstehend.* — d) *der nächste* (in der Reihenfolge), *am nächsten verwandt; Jmd* (im Comp. vorangehend) *nahe stehend.* — e) *wohin man sich begeben hat.* — f) *was man erlangt hat, in dessen Besitz man ist.* — Caus. (metrisch auch Med.) 1) *hinsetzen, sich setzen heissen.* — 2) *versetzen in, befördern zu* (Acc.). — 3) *Jmd* (Acc.) *bestimmen —, berufen zu* (Infin.). — 4) *bewirken.* — 5) *gelangen zu* oder *auf, erreichen;* mit Acc. — 6) *herantreten, sich nähern;* mit Acc. — 7) *Jmd treffen, mit Jmd zusammenkommen, auf Jmd stossen, Jmd finden.* — 8) *gerathen in* (Acc.). — 9) *einholen.* — 10) *in feindlicher Absicht auf Jmd losgehen.* — 11) *gelangen zu,* so v. a. *finden, erlangen, gewinnen, bekommen, — zum* (Acc., Gatten, Fürsten, Freunde), *theilhaftig werden,* eine Form oder eine Gestalt *annehmen,* in eine best. Lage, in einen best. Zustand, in eine best. Gemüthsstimmung u. s. w. *gerathen.* आसादित mit passiver und activer Bed. — 12) *kaufen.* — 13) *Jmd* (Acc.) *zu Theil werden, Jmd treffen, über Jmd kommen* (von einem Schmerze, einem Gefühl u. s. w.). — 14) im Absol. आसाद्य mit Acc. *gelangend zu, erreichend, kommend an* u. s. w. ist die Bedeutung häufig so abgeblasst, dass man ihn durch *an, in, auf, bei, sammt, zugleich mit, mit, nach* (कालम् *einiger Zeit*), *gemäss, mit Rücksicht auf, in Folge von, durch* wiedergeben kann. — Desid. vom Caus. in आसिसादयिषु. — Mit अत्या Caus. *durchschreiten.* — Mit अध्या *sitzen auf* (Acc.). — Caus. *setzen auf* (Loc.). — Mit अभ्या 1) *sich setzen in* (Acc.). अभि — आसदम् Infin. — 2) *gelangen zu, erreichen.* — Caus. in *अभ्यासादन und अभ्यासादयितव्य. — Mit उपा *sich setzen auf* (Acc.). — Caus. 1) *herantreten zu* (Acc.). — 2) *empfangen.* — Mit न्या 1) *sich*

niedersetzen an, in oder auf (Loc. oder Acc.). — 2) आ निषत्त *a) sitzend.* — *b) getaucht in* (Loc.). — Mit प्रत्या 1) *in der Nähe sein.* — 2) *Jmd* (Acc.) *nahe bevorstehen.* — 3) प्रत्यासन्न *a) nahe gekommen, in unmittelbarer Nähe stehend, benachbart;* die Ergänzung im Gen. oder im Comp. vorangehend. — *b) nahe bevorstehend.* — *c) in naher* oder *nächster Beziehung zu Jmd* (Âpast. 2,14,2) oder *Etwas stehend.* — *d) Reue empfindend* (nach Nilak.). — Mit समा 1) *gelangen zu, erreichen* (mit Acc.). — 2) *sich begeben in* (die Nähe, Loc.). — 3) *herantreten zu Jmd* (Acc.). — 4) *zusammenkommen mit Jmd* (Instr.). — 5) *in feindlicher Absicht auf Jmd losgehen.* — 6) *nahen* (von einem Zeitpunkte) Harshaḱ. (ed. Bomb.) 320,12. — 7) *gelangen zu,* so v. a. *erlangen, bekommen, theilhaftig werden.* — 8) समासन्न *in der Nähe befindlich, benachbart;* die Ergänzung im Comp. vorangehend. — Caus. 1) *gelangen zu, erreichen.* — 2) *gerathen in* (Acc.). — 3) *herantreten zu Jmd, sich Jmd nähern, zusammentreffen mit, stossen auf, antreffen;* mit Acc. 122,19. — 4) *treffen* von Geschossen. — 5) *in feindlicher Absicht auf Jmd losgehen, angreifen.* — 6) *gelangen zu,* so v. a. *erlangen, bekommen, theilhaftig werden* 320,8. Spr. 7832. — 7) *Jmd* (Acc.) *zu Theil werden.* — 8) समासाद्य Absol. mit erblasster Bed. so v. a. *gemäss* (देशकालौ so v. a. *zu rechter Zeit und am rechten Orte*), *vermittelst, vermöge, wegen.* Vgl. आसाद्य u. आ 14). — Mit उद् 1) *sich bei Seite machen, sich entziehen* (mit Acc.), *Jmd* (Gen.) *entwischen.* — 2) *zu Ende gehen, ausgehen* (vom Feuer Maitr. S. 1,7,3), *verschwinden, zu Grunde gehen, zu Nichte werden.* — 3) उत्सन्न *a) erhaben* (Gegensatz *vertieft*). — *b) stärker als normal* Ḱaraka 1,13. — *c) ausgesetzt, eingestellt.* — *d) verschwunden, verloren, abhanden gekommen, nicht mehr vorhanden.* — *e)* so v. a. कृत, दग्ध *verwünscht, verflucht* Kâd. 222,15 (367,4). — Caus. 1) *aussetzen, beiSeite schaffen, wegräumen.* — 2) *beseitigen,* so v. a. *zu Ende gehen —, ausgehen lassen* (Feuer, Med. Maitr. S. 1,6,5), *vernichten, vertilgen, zu Nichte machen.* — 3) *einreiben, salben.* — Mit अभ्युद् *ausgehen* (vom Feuer) *für, — zum Schaden von* (Acc.) Maitr. S. 1,7,3. — Caus. (अभ्युत्सादयामकः) *ausgehen lassen* (das Feuer) *zum Schaden von* (Acc.) Maitr. S. 1,6,5. — Mit उपोद् *sich hinbegeben zu Jmd* (Acc.). — Mit प्रोद् Caus. 1) *auftreiben, aufstöbern* (aus den Schlupfwinkeln) M. 9,261. Die bessere Lesart ist aber, wie ich durch Jolly erfahre, und wie ich in meiner Chrest. vermuthet hatte, प्रोत्साद्य. — 2) *forttreiben, auseinandertreiben.* — 3) *beseitigen, zu Nichte machen.* — Mit प्रत्युद् *sich hinbegeben zu Jmd* (Acc.). — Mit व्युद् *ausgehen, sich entfernen.* — Mit समुद् Caus. *vernichten, zu Grunde richten.* — Mit उप 1) *sitzen auf* (Acc.). — 2) *sich zu Jmd setzen* Âpast. 1,6,12. उपसेदिवंस् Chr. 240,12. Çiç. 13,34. — 3) *nahen, herantreten,* namentlich mit Verehrung oder um Belehrung zu suchen; mit Acc. — 4) *Jmd feindlich nahen.* — 5) *werben um, bittend angehen.* — 6) *besitzen.* — 7) उपसद उपसद्यन्ते *die* Upasad-*Feier wird gefeiert.* — 8) *einstürzen.* — 9) उपसन्न *a) auf die* Vedi —, *an das Feuer gesetzt.* — *b) herangetreten, genaht* (um Belehrung, Schutz zu suchen, um seine Verehrung zu bezeugen) 257,31. — *c) verliehen, geschenkt.* — Caus. 1) *hinsetzen, daneben setzen* (z. B. das Havis auf die Vedi neben den Âhavanîja). — 2) *bewirken, dass Jmd* oder *Etwas naht, hinführen zu, herbeiführen, zuführen* Vaitân. — 3) *finden, bekommen, erlangen.* — Mit अनूप *nach einander Jmd seine Verehrung bezeigen* Âpast. 2,21,6. — Caus. *danach hinsetzen* Comm. zu Âpast. Çr. 12,26,1. — Mit अभ्युप Caus. *gelangen zu, erreichen.* — Mit प्रत्युप *sich setzen zu* (Acc.) Âpast. 1,6,24. — Mit समुप 1) *sich hinbegeben zu* (Acc.). — 2) *erlangen, theilhaftig werden;* mit Acc. Çiç. 13,50. — Mit नि (°षीदति) 1) *niedersitzen, sich setzen, sich legen, — auf* (Loc.) von Menschen und Thieren. निषेदिवंस् *sich gesetzt habend, sitzend, — auf* (Loc.) Çiç. 12,7. Hem. Par. 2,51. — 2) सत्त्रम् *ein* Sattra *absitzen,* so v. a. *feiern.* — 3) *sich auf das Weib niederlassen.* — 4) *sich setzen,* so v. a. *einsinken, versinken, untergehen.* — 5) Act. Med. *a) setzen, — auf* (Loc.). — *b) einsetzen als* (Acc.). — 6) निषत्त und निषत्त *sitzend* ṚV. 1,68,4. 70,4. — 7) निषण्ण *a) sitzend, liegend, — auf* (Loc. oder im Comp. vorangehend), auch von leblosen Dingen Çat. Br. 1,4,4,12. — *b) gelehnt an, gestützt auf* (Loc. oder im Comp. vorangehend) Harshaḱ. 188,8. — *c) abgesessen* (ein Sattra). — *d) worauf man gesessen hat.* — Caus. Act. Med. 1) *niedersetzen.* — 2) *niedersitzen —, knien lassen.* — 3) *einsetzen, — als* (Acc.). — Mit अधिनि *sich niederlassen in* (Loc.). — Mit अभिनि *sich niederlassen um* oder *bei* (Acc.) Âpast. Çr. 15,18,8. — Mit उपनि 1) *sich nahen.* — 2) *sich machen an* (Acc.). — Mit परिनि *ringsum sitzen, — sich aufhalten.* — Mit विनि *sich getrennt setzen.* — Mit संनि 1) *sich zusammensetzen.* — 2) *niedersitzen.* — 3) संनिषण्ण *an einer Versammlung theilnehmend;* Pl. *versammelt* Vaǵrakkh. 19,15. Kârand. 2,4. 16,5. — Mit परि (°षीदति) 1) *umsitzen, umlagern.* — 2) *Schaden nehmen.* — 3) परिषन्न (!) etwa *verloren gegangen* oder *übergangen.* — Mit प्र 1) *verfallen, in Jmds* (Acc.) *Gewalt gerathen* Maitr. S. 2,3,3 (29,20). Ait. Br. 3,35. — 2) *klar —, hell —, heiter werden.* — 3) *klar werden,* so v. a. *sich von aller Aufregung frei machen, heiter und ruhig werden.* — 4) *klar —, deutlich werden.* — 5) *heiter —, guter Laune werden, seine gute Stimmung gegen Jmd* (Gen.) *äussern, Jmd seine Gewogenheit an den Tag legen, Gnade ergehen lassen, gnädig sein.* Imper. auch so v. a. *sei (seid) so gütig, bitte* Kâd. 52,3 (96,2). 67,18 (126,8). 95,21 (170,10). 181,22 (309,1). 2,603,7 (127,6). — 6) mit Infin. *geruhen.* — 7) *gut von Statten gehen, gelingen.* — 8) प्रसत्त *befriedigt.* — 9) प्रसन्न *a) klar, blank.* — *b) klar* (vom Verstande), *deutlich* (von Sinneseindrücken). — *c) richtig* (Vermuthung). — *d) frei von aller Aufregung, ruhig* Âpast. 2,17,4. — *e) heiter, gut —, gnädig gestimmt, — gegen* (Loc., Gen., Acc. mit प्रति), *geneigt, gewogen* (Sterne u. s. w.). — *f) gnädig,* so v. a. *Gewogenheit verrathend* (Rede). — Caus. (auch Med. metrisch) 1) *klar machen, klären.* — 2) *erheitern* (das Herz). — 3) *Jmd heiter stimmen, in gute Laune versetzen, besänftigen, zu besänftigen —, geneigt zu machen suchen* (insbes. zur Erfüllung einer Bitte), *angehen um* (die Ergänzung ein Infin., ein Nom. act. im Dat. oder Loc., अर्थे mit Gen. oder °अर्थम्). प्रसादयामि त्वाम् so v. a. *ich bitte dich* Harshaḱ. 137,2. — Mit अतिप्र 1) *recht heiter werden.* — 2) *recht gnädig werden.* — Mit अनुप्र *mit Jmd* (Acc.) *zufrieden werden, seine Freude an Jmd haben.* — Mit अभिप्र *sich niederlassen.* — Caus. *Jmd in gute Laune versetzen, besänftigen, geneigt zu machen suchen, um Etwas angehen.* — Mit उपप्र *beziehen* (ein Haus). — Mit विप्र, °सन्न *wieder zur Ruhe gekommen* (धातवः) Ḱaraka 6,3. — Mit संप्र 1) *heiter —, guter Laune werden, sich freundlich —, sich gnädig erweisen gegen* (Gen.). — 2) संप्रसन्न *a) beruhigt, ruhig.* — *b) gnädig gestimmt, gnädig.* — Caus. *Jmd besänftigen, gewogen machen.* — Mit प्रति (°सीदति) *sich dagegen setzen, sich entsetzen.* — Mit वि (°षीदति) 1) *in Bestürzung gerathen, — vor* (Abl.), *verzagen.* — 2) *niedersinken, untergehen.* Vielleicht fehlerhaft für नि. — 3) विषण्ण *bestürzt, verzagt, kleinmüthig.* — Caus. *Jmd in Bestürzung versetzen, bewirken, dass Jmd verzagt, — kleinmüthig wird.* आत्मानम् so v. a. *verzagen.* — Mit अनुवि, °षण्ण *gerichtet auf*

(Acc.). — Mit प्रवि, °षण्ण *bestürzt, verzagt.* — Mit सम् 1) *zusammensitzen mit* (Instr.), *auf* (Acc.). — 2) Med. *sich niederlassen.* — 3) Med. *zusammensinken.* — 4) *vergehen vor* (Hunger, Instr.), *sich in Noth befinden.* — 5) *verzagen, den Muth verlieren.* — 6) संसन्नँ *niedergesetzt.* — Caus. 1) *hinsetzen.* — 2) *zusammenkommen, sich vereinigen mit* (Acc.). — 3) *verzagt machen.*

2. सँद् 1) Adj. am Ende eines Comp. *sitzend, seinen Sitz habend, wohnend in.* Selbständig nur Çat. Br. 12,1,3,22. — 2) m. *das Besteigen* (des Weibchens).

सद 1) Adj. am Ende eines Comp. = 2. सँद् 1). — 2) m. *a) Frucht.* — *b) ein best.* Ekâha Çâṅkh. Çr. 14,22,23. — *c)* N. pr. eines Sohnes des Dhṛtarâshṭra. Es könnte aber auch सदःसुवाच् ein Wort sein. — 3) n. *ein best. Theil des Rückens am Opferthier.*

*सदंशक m. *Krebs, Krabbe.*

*सदंशवदन m. *Reiher.*

सदक *unenthülstes Korn* Bhadrab. 2,26. v. l. शदक.

सँदत्त Adj. *mit Verstand begabt.*

सदक्षिण Adj. (f. आ) *nebst Geschenken.*

*सदञ्जन n. *als Collyrium gebrauchte Messingasche.*

*सदण्ड Adj. *mit Strafe belegt, bestraft.*

सदँदि Adv. *gewöhnlich* Maitr. S. 1,5,12 (80,18). 10,9 (149,15). 13 (152,15). 2,1,4 (5,13). Kap. S. 42,2. Vgl. सदंदि.

सँदन 1) Adj. (f. ई) *Niederlassung —, Bleiben bewirkend.* — 2) n. *a) Sitz, Ort, Standort, Heimat, Behausung, Haus.* Am Ende eines adj. Comp. *seinen Sitz habend in.* — *b) das Sichniederlassen, zur Ruhe Kommen.* — *c) Erschlaffung* Káraka 1,17. — *d)* **Wasser.*

सदनासँद् Adj. *im Sitz sitzend.*

सदनुग्रह m. *Gunstbezeugung gegen Gute* Bhâg. P. 3,17,31.

सदंदि Adj. *für immer fesselnd, — bleibend, dauernd.*

सदन्य Adj. Schreibart des Padap. statt सादन्य.

सदपदेश Adj. *nur scheinbar eine Realität besitzend.*

सँदम् Adv. 1) *allezeit, stets* Vaitân. — 2) *je, irgend; immerhin.*

*सदम *eine best. hohe Zahl* (buddh.).

सदंपुष्पा f. *eine best. Pflanze.*

सदम्भ Adj. 1) *heuchelnd.* — 2) *erheuchelt.*

सदय 1) Adj. (f. आ) *Mitleid empfindend, — mit* (Loc.). — 2) °म् und सदय° Adv. *a) mitleidsvoll.* — *b) auf eine sanfte Weise, nach und nach, allmählich.*

सदर m. N. pr. eines Asura Hariv. 1,41,84.

1. सदर्थ m. *eine Angelegenheit, die Einem vorliegt, um die es im Augenblick sich handelt.*

2. सदर्थ Adj. 1) *wohlhabend.* — 2) *als Umschreibung von भवत् *seiend.*

सदर्प Adj. *übermüthig, trotzig.* °म् Adv.

सदलंकारचन्द्रिका f. Titel eines Werkes Opp. Cat. 1.

सदलंकृति f. *ein ächter Schmuck.* Nom. abstr. °ता f.

1. सदश Adj. *mit Dekaden* (von Stoma) *versehen.*

2. सदश Adj. *mit Fransen versehen* Hem. Par. 1,39.

सदशनज्योत्स्न Adj. (f. आ) *mit glänzenden Zähnen versehen, gl. Z. zeigend.*

सदशनार्चिस् Adj. dass.

सदशरथ Adj. (f. आ) *mit* Daçaratha *versehen u. s. w.* R. 2,81,16.

सदशापवित्र Adj. *mit einem mit Fransen besetzten Seihtuch versehen* Âpast. Çr. 12,2,10.

1. सदश्व m. *ein gutes, edles Ross.*

2. सँदश्व 1) Adj. *a) edle Rosse besitzend.* — *b) mit edlen Rossen bespannt.* — 2) m. N. pr. eines Sohnes des Samara.

सदश्वसेन m. N. pr. eines Mannes.

सदश्वोर्मि m. desgl. v. l. सदस्योर्मि.

सँदस् (*f.) n. 1) *Sitz, Ort, Stelle, Aufenthalt.* — 2) *ein im Opferraum östlich vom* Prâkînavamça *errichteter Schuppen.* — 3) *Versammlungsort.* — 4) *Versammlung* (insbes. bei einem Opfer). Loc. so v. a. *in Gegenwart von vielen Menschen.* — सदसिवा Çvetâçv. Up. 4,22 fehlerhaft für सदमित्वा; vgl. RV. 1,114,8.

सदस in अन्तःसदसँम् und बहिःसदसम् (Nachtr. 6).

सदसत्त्व n. Nom. abstr. zu सदसत् 1).

सदसत्पति m. *Herr des Seienden und nicht Seienden.*

सदसत्फल° *gute und üble Folgen.*

सदसत्फलमय Adj. *in guten und bösen Folgen bestehend.*

सदसदात्मक Adj. (f. °त्मिका) *dessen Wesen es ist zu sein und zugleich auch nicht zu sein.*

सदसदात्मता f. Nom. abstr. von सदसदात्मन् = सदसदात्मक.

सदसद्भाव m. *Wirklichkeit und Unwirklichkeit, Wahrheit und Falschheit.*

सदसद्रूप Adj. (f. आ) *als seiend und auch als nicht seiend erscheinend.*

सदसत् Adj. 1) *seiend und nicht seiend;* n. *Seiendes und Nichtseiendes* (auch Du.). — 2) *wahr und falsch;* n. *Wahres und Falsches.* — 3) *gut und übel (schlecht);* m. Du. *Gute und Schlechte;* n. *Gutes und Schlechtes (Böses).*

सदसन्मय Adj. *aus Seiendem und Nichtseiendem gebildet.*

सँदसस्पँति m. *Herr des Sitzes, d. i. des heiligen Ortes und der dort Versammelten.* Mit सताम् *das Haupt einer Versammlung Guter.*

सदसिद्धमाला f. Titel eines Commentars.

सँदस्पँति m. = सँदसस्पँति.

सदस्य Adj. *im* Sadas *befindlich, dazu gehörig;* m. *Theilnehmer an einer Versammlung* (insbes. bei einem Sattra-Opfer); *ein im* Sadas, *damit es nicht leer stehe, sitzender Theilnehmer am* Sattra, *der siebenzehnte, der nur zuschaut, während die Uebrigen Dienste verrichten.*

सदस्योर्मि m. N. pr. eines Mannes MBh. 2,8,11. v. l. सदश्वोर्मि.

सदःसद् m. *Theilnehmer an einem* Sadas Tândja-Br. 21,10,21. Kâtj. Çr. 23,3,1.

सदःसुवाच् m. s. u. सद 2) *b*).

सँदा Adv. *allezeit, stets, immer, jedesmal.* Mit einer Negation *nie, niemals, nimmer.*

सदाकान्ता f. N. pr. eines Flusses.

1. सदाकारिन् Adj. *stets thätig.*

2. सदाकारिन् Adj. *ein gutes Aeussere habend.*

सदाकालवह Adj. (f. आ) *zu jeglicher Zeit fliessend, — Wasser habend* (Fluss).

1. सदागति Adj. *Beständigkeit.*

2. सदागति 1) Adj. *in steter Bewegung seiend.* — 2) m. *a) Wind* (auch in medicinischem Sinne), *der Gott des Windes.* — *b)* **die Sonne.*

3.*सदागति m. 1) = निर्वाण. — 2) = सदीश्वर.

सदागम m. 1) *eine gute Lehre.* — 2) *die Ankunft eines Guten.*

सदाचन्द्र m. N. pr. eines Fürsten VP.[2] 4,212.

1. सदाचार m. *die Sitte der Guten, ein guter Wandel; eine gute Sitte, ein von Niemand beanstandeter Brauch* Njâjam. 3,13. Comm. zu 17.

2. सदाचार Adj. (f. आ) *die Sitte Guter befolgend, einen guten Wandel führend.*

सदाचारक्रम m., °चारचन्द्रोदय m., °चारनिर्णय m. (Bühler, Rep. No. 370), °चारपद्धति f. (Burnell, T.) und °चारप्रकरण n. Titel.

सदाचारवत् Adj. = 2. सदाचार Vasishtha 6,8.

सदाचारवर्णन n. (Burnell, T.), °चारविधि m. (Opp. Cat. 1), °चारसंग्रह m., °चारस्मृति f. (Burnell, T. Opp. Cat. 1), °विवरण n. (Burnell, T.) und °व्याख्या f. Titel.

सदाचारिन् Adj. in विमलधाजतसदा° *einen flek-*

kenlosen, glänzenden und guten Wandel führend.

सदातन 1) Adj. *immerwährend, beständig.* Nom. abstr. °त्व n. — 2) *m. = अज (angeblich Vishṇu).

1.*सदादान n. *beständiges Spenden* als Bedeutung von सत्त्र *Hospiz* Çâçvata 292.

2. सदादान Adj. *beständig spendend.*

3. सदादान 1) Adj. *beständig Brunstsaft entlassend* (Elephant). — 2) *m. *a) ein Elephant zur Brunstzeit.* — *b)* Indra's *Elephant.* — *c)* Bein. Gaṇeça's.

1. सँदान Adj. *Gaben habend.*

2. सदान Adj. *brünstig* (Elephant).

सदानन Adj. *ein schönes Gesicht habend.*

1. सदानन्द m. *beständige Wonne.*

2. सदानन्द 1) Adj. *beständige Wonne empfindend* oder *gewährend.* — 2) m. N. pr. verschiedener Autoren. Auch °योगीन्द्र und °व्यास.

सदानन्दचिदात्मक Adj. *aus Sein, Wonne und Denken bestehend.*

सदानन्दमय Adj. (f. ई) *aus beständiger Wonne bestehend.*

सदानन्दोपनिषद् f. Titel einer Upanishad Opp. Cat. 1.

*सदानर्त m. *Bachstelze.*

सदानिरामया f. N. pr. eines Flusses.

*सदानीरवहा f. = सदानीरा.

सदानीरा f. N. pr. eines Flusses. Nach den Lexicographen = करतोया.

सदानुकालदर्शिनी f. N. pr. einer Kiṁnara-Jungfrau Kâraṇḍ. 6,14.

सदानुवृत्ति f. desgl. ebend. 6,17.

सदान्वा und सदानुवा f. Bez. gewisser Unholdinnen.

सदान्वाक्षयण Adj. *die* Sadânvâ *vernichtend.*

सदान्वाचातन Adj. *die* Sadânvâ *verscheuchend.*

सदापरिभूत m. N. pr. eines Bodhisattva.

सदापर्ण Adj. *stets belaubt.*

सदापुष्प 1) Adj. *stets blühend.* — 2) *m. *die Cocosnusspalme.* — 3) f. ई *a) Calotropis gigantea* und *eine andere Species* Râǵan. 10,25. 31. — *b)* **eine Jasminart* Râǵan. 10,113.

सदापुष्पफलद्रुम Adj. *mit stets blühenden und Früchte habenden Bäumen versehen.*

सदापृण 1) Adj. *stets schenkend.* — 2) m. N. pr. eines Âtreja.

सदाप्रमुदित n. *beständige Fröhlichkeit,* Bez. einer der 8 Vollkommenheiten im Sâṁkhja.

*सदाप्रसून 1) Adj. *stets blühend.* — 2) m. *a) Andersonia Rohitaka.* — *b) Calotropis gigantea.* — *c)* = कुन्द.

सदाफल 1) Adj. (f. आ) *stets Früchte habend.* — 2) m. *ein best. Fruchtbaum* Ind. St. 15,267. Nach den Lexicographen *Ficus glomerata* (Râǵan. 11, 129), *Aegle Marmelos* (Râǵan. 11,192) und *Cocosnussbaum.* — 3) *f. ई *a) Hibiscus rosa sinensis* Râǵan. 10,122. — *b) eine Art Solanum.*

*सदाभद्रा f. *Gmelina arborea.*

सदाभव Adj. (f. आ) *immerwährend, beständig.*

सदाभास Adj. 1) *worin sich das wirklich Seiende abspiegelt.* — 2) *als wirklich seiend erscheinend.*

सदाभ्रम Adj. *stets wandernd.*

सँदाम Adj. *nebst Band* Çat. Br. 14,5,2,1.

सदामत्त 1) Adj. *a) stets ausgelassen vor Freude.* — *b) stets brünstig* (Elephant). — 2) m. N. pr. *a)* Pl. best. göttlicher Wesen Divjâvad. 218,9. — *b)* *eines Mannes. Pl. *sein Geschlecht.*

सदामद 1) Adj. *a) stets ausgelassen vor Freude.* — *b) stets berauscht.* — *c) stets hochmüthig* Çiç. 19,116. — *d) stets brünstig* (Elephant). — 2) *m. Bein. Gaṇeça's Gal.

सदायोगिन् 1) Adj. *stets dem* Joga *obliegend.* — 2) *m. Bein. Vishṇu's.

सदार Adj. *nebst der Frau* Âpast. 2,22,8. Ragh. 2,23. Comm. zu Âpast. Çr. 6,28,1.

सदार्जव Adj. *stets redlich.*

सदावती f. *eine best.* Mûrkhanâ S. S. S. 30.

सदावरदायक m. *ein best.* Samâdhi Kâraṇḍ. 92, 23. 24.

सदावृत्ति f. Titel eines Werkes Opp. Cat. 1.

सँदावृध Adj. (f. आ) *stets ergötzend.*

सदाशय Adj. *von guter, edler Gesinnung* Hem. Par. 2,259.

सदाशिव 1) Adj. *stets gütig, — freundlich u. s. w.* — 2) *a)* Bez. Çiva's. Nom. abstr. °ता f. — *b)* N. pr. verschiedener Männer. Auch °तीर्थ, °दीक्षित (Burnell, T.) und °भट्ट. — 3) f. आ Bez. der Durgâ.

सदाशिवकवच n., °शिवगीता f. und °शिवपद n. Titel.

सदाशिवब्रह्म m. N. pr. eines Autors Burnell, T. Nach Opp. Cat. 1 Titel eines Werkes.

सदाशिवब्रह्मार्या f. Titel eines Werkes Burnell, T.

सदाशिवब्रह्मेन्द्र m. N. pr. eines Autors Burnell, T.

सदाशिवमाला f. (Opp. Cat. 1), °शिवषण्मुखसंवाद m. (Burnell, T.), °शिवसंहिता f. und °शिवस्तोत्र n. Titel.

सदाशिवानन्दनाथ m. N. pr. eines Autors Burnell, T.

सदाशिवाष्टक n. Titel Burnell, T.

सदाशिवेन्द्र m. N. pr. eines Autors Burnell, T.

सदाशिस् f. *ein gutes Bittgebet.*

सदाश्व m. N. pr. v. l. für सदश्व VP.[2] 4,141.

सदासँह Adj. *stets vorhaltend, — dauernd.* Acc. °सँहम्.

सदासा Adj. 1) *stets gewinnend.* Superl. °तम. — 2) *stets reichlich vorhanden.*

सदासुख n. *beständiges Wohlbefinden.*

सदाहम् Adv. *mit dem Gefühl des Brennens* Suçr. 1,259,8.

सदाहुत Adj. *stets geopfert* Sâmav. Br. 1,3,6.

सदि Adj. in पथिषँदि.

सदिवस् Adv. *sogleich.*

सदीक्षोपसँत्क Adj. *nebst* Dîkshâ *und* Upasad Çat. Br. 13,6,2,2.

सदीनम् Adv. *kläglich* Pańkat. 206,21.

सदीपक Adj. *nebst einer Lampe* Vishṇus. 67,46.

*सदोश्वर m. als Erklärung von सदागति.

सदुःख Adj. (f. आ) *betrübt, traurig.*

1. सदुक्ति f. *ein gutes Wort.*

2. सदुक्ति Adj. *von guten Worten begleitet.*

सदुक्तिकर्णामृत n. Titel eines Werkes Weber, Lit. 334.

सदुग्ध Adj. (f. आ) *milchreich* Hemâdri 1,463,15.

सदुर्दिन Adj. *in Wolken gehüllt* Hariv. 2900.

सदूर्व Adj. (f. आ) *mit* Dûrvâ-*Gras belegt.*

सदृक m. *ein süsses Backwerk* oder *eine andere Näscherei.*

सँदृक्ष Adj. *ähnlich, gleich, entsprechend, angemessen.* Das Wem im Comp. vorangehend.

सदृग्भवम् Adv. *auf gleicher Stufe mit* (Instr.) Çat. Br. 4,5,2,1.

सँदृश् Adj. (Nomin. सँदृङ् und सदृक्) = सँदृक्ष. Die Ergänzung im Instr. oder im Comp. vorangehend Bâlar. 95,9. Çiç. 12,30 (सदृशि). 19,76.

सँदृश Adj. (f. ई und ausnahmsweise आ R. 1,70, 44) = सँदृक्ष. Adv. सदृशम् (325, 26) und सदृश°, Superl. सदृशतम. Das Wem im Gen., Instr., Loc. oder im Comp. vorangehend; das Woran im Instr., Loc. oder im Comp. vorangehend. Angeblich auch mit einem Gen. componirt (वृषपत्न्याःसदृशः).

सदृशत्व n. *Aehnlichkeit, Gleichheit.*

सदृशवृत्ति Adj. *auf gleiche Weise sich benehmend.* Nom. abstr. °ता f.

सदृशासदृशयोग्यायोग्यत्व n. *Gleichheit und Verschiedenheit, Brauchbarkeit und Unbrauchbarkeit.*

सदृष्टिक्षेपम् Adv. *die Augen herumgehen lassend, um sich blickend.*

सदृष्टिविक्षेपम् Adv. dass. Çâk. Ch. 16,1.

सँदेव Adj. (f. आ) *von Göttern begleitet, — besucht, im Schutz der Götter stehend.* Compar. °तर,

Nom. abstr. सदेवत्वँ n.

सदेवक Adj. *nebst den Göttern* MBh. 12,246,28.

सदेवमणि Adj. *mit ihren Haarwirbeln am Halse* (Pferde) Vâsav. 296,4.

सदेवमनुष्य Adj. *nebst Göttern und Menschen* Âçv. Gṛhj. 3,9,1.

सदेश 1) Adj. *benachbart.* अन्त्य° *dem finalen* (Laute) *unmittelbar vorangehend* Paribh. 95. Nom. abstr. °त्व n. *Nachbarschaft* Comm. zu Âpast. Çr. 9,15,3. — 2) m. *Nähe* Lâṭj. 8,8,4. Gobh. 2,6,1.

सदैकरस Adj. *dessen Verlangen stets nur auf Eines gerichtet ist.*

सदैकरूपरूप Adj. *sich stets gleich bleibend* VP. 1,2,1.

सदैवत Adj. *nebst den Gottheiten* Çāñkh. Gṛhj. 1,25.

सदोगत Adj. *in die Versammlung gegangen, in der V. befindlich;* Pl. *so v. a. versammelt.*

सदोगृह n. *Versammlungsgemach.*

सदोद्यम Adj. *der sich stets anstrengt.*

सदोपचारमुक्तावली f. Titel eines Werkes.

सदोबिल n. *Eingang zum* Sadas Âpast. Çr. 12,27,11.

सदोविशीय n. Name eines Sâman. Auch प्रजापतेः Ârsh. Br.

1. सदोष Adj. *mit der Nacht* Kâvjâd. 2,175.

2. सदोष Adj. *mit Mängeln —, mit Fehlern behaftet, fehlerhaft* 167,2. Hemâdri 1,448,22. Kâvjâd. 2,175.

सदोषक Adj. = 2. सदोष Râgan. 13,184.

सदोहविर्धानँ n. 1) Du. und Pl. *das* Sadas *und das* Havirdhâna AV. 12,1,38. 9,6,7. — 2) Pl. mit प्रजापतेः Name verschiedener Sâman Ârsh. Br.

सदोहविर्धानिन् Adj. *mit* Sadas *und* Havirdhâna *versehen.*

सद्गति f. 1) *eine gute Stellung, ein glückliches Loos.* — 2) *der Weg des Guten.*

सद्गव m. *ein guter Stier.*

1. सद्गुण m. *eine gute Eigenschaft, Vorzug* 289,3.

2. सद्गुण Adj. (f. आ) *mit Vorzügen ausgestattet.*

सद्गुणनिर्गुणवाद m. Titel eines Werkes Opp. Cat. 1.

सद्गुरु m. *ein guter Lehrer.* °सेवा f. Ind. St. 15,379.

सद्गोरल m. N. pr. eines Mediciners.

1. सद्ग्रह m. *ein guter, günstiger Planet.*

2. सद्ग्रह Adj. *sich an Gutes, Wahres klammernd, daran hängend.* कृष्णे *an* Kṛshṇa *als dem wirklich Wahren hängend.*

सद्घन m. *ganz —, Nichts als Sein.*

सद्घन् m. N. pr. eines Devagandharva MBh. ed. Vardh. 1,123,54. v. l. सत्वन् und श्वन्.

सद्धर्म m. *das gute Recht, — Gesetz, die wahre Gerechtigkeit.* Bei den Buddhisten und Gaina (Ind. Antiq. 6,26. 7,37) Bez. *ihrer Lehre.* °पुण्डरीक n., °लङ्कावतार m. und *°संपरिग्रह m. Titel buddhistischer Werke.

सद्धि f. J. A. O. S. 11,CXLVII wohl fehlerhaft für 2. सन्धि.

सद्ध्यायिन् Adj. *über das Wahre nachdenkend* Maitrjup. 6,30.

सद्ब्रह्मन् n. *das wahre* Brahman Maitrjup. 6,30.

सद्भाग्य n. *Glück.*

सद्भाव m. 1) *wirkliche Existenz, das Vorhandensein.* — 2) *das Wahrsein, Wahrheit, der wahre Sachverhalt.* शास्त्र° *der wahre Inhalt eines Lehrbuchs* Spr. 7622. — 3) *Rechtschaffenheit* Spr. 6767. fg. — 4) *eine gute, liebevolle Gesinnung, Zuneigung, — zu* (प्रति); *Treue* Kâd. 2,100,2. 5 (122,17. 123,1).

सद्भावश्री f. N. pr. einer Göttin.

सद्भूत Adj. *wahr.* सद्भूतोत्पादक *Wahres erzeugend.*

सद्भृत्य m. *ein guter Diener.*

1. सद्मँन् m. *sessor, Dasitzender, Anwesender.*

2. सँद्मन् n. 1) *Sitz, Ort, Aufenthalt;* insbes. *der Opferplatz; Wohnplatz, Wohnung, Gebäude, Haus; Stall, Schuppen; Tempel.* Du. *Himmel und Erde.* *Am Ende eines adj. Comp. — *zur Wohnung habend.* — 2) *Gestell, Tisch* ṚV. 5,11,5. 67,7. — 3) vielleicht *ein astrologisches Haus.* — 4) **Wasser.* — 5) **Kampf.* — विशुद्धसद्माधिष्ठ Pañkar. 4,3,7 fehlerhaft für विशुद्धमद्मधिष्ण्य, wie Bhâg. P. 6,5, 28 gelesen wird.

सँद्मबर्हिस् Adj. *die Streu des heiligen Sitzes bereitend.*

1. °सद्य n. Nom. abstr. zu 2. सद् 1).

2. सद्य m. = सद्योजात *eine Form* Çiva's Hemâdri 1,370,11. 371,8. 790,22. 791,1.

सद्यँऊति Adj. *alsbald* oder *täglich helfend.*

सद्यःकाल Adj. s. सद्यस्काल.

*सद्यःकृत n. *Name.*

सद्यःकृत्त Adj. *so eben geschnitten* Megh. 59.

सद्यःक्री 1) Adj. *an demselben Tage gekauft.* — 2) m. *ein* Ekâha, *innerhalb dessen durch ein abgekürztes Verfahren* Dîkshâ, Upasad *und* Sutjâ *Statt haben.*

सद्यःक्षत n. *eine frische Contusion, — Wunde.*

सद्यःपर्युषित Adj. *einen Tag alt.*

सद्यःपाक Adj. (f. आ) *alsbald Folgen habend.*

सद्यःपातिन् Adj. *alsbald sinkend.*

सद्यःप्रक्षालक Adj. *sogleich* (das Korn zum Gebrauch) *waschend, so v. a. keine Vorräthe machend.*

सद्यःप्रज्ञाकर Adj. (f. ई) *alsbald Einsicht bewirkend* Spr. 6773.

सद्यःप्रज्ञाहर Adj. (f. आ) *alsbald die Einsicht benehmend* Spr. 6773.

सद्यःप्रसूता Adj. *eben geboren —, — gekalbt —, — geworfen habend.*

सद्यःप्राणकर Adj. *alsbald die Lebensgeister erfrischend* Spr. 6775.

सद्यःप्राणहर Adj. *alsbald die Lebensgeister entführend* Spr. 6498.

सद्यःफल Adj. (f. आ) *alsbald Früchte tragend, — Folgen habend* Bhâvapr. 4,108. Nom. abstr. °त्व n. Comm. zu Âpast. Çr. 5,11,4.

सँद्यघन् m. TBr. 2,8,6,1 fehlerhaft für सँघन्.

सद्यश्छिन्न Adj. *frisch geschnitten* (Wunde).

सद्यःशक्तिकर Adj. *alsbald Kraft bewirkend* Spr. 6773.

सद्यःशक्तिहर Adj. *alsbald die Kraft benehmend* Spr. 6773.

*सद्यःशोथ 1) Adj. *alsbald Anschwellung bewirkend.* — 2) f. आ *Mucuna pruritus.*

सद्यःशौच n. *alsbaldiges Reinwerden* (in rituellem Sinne) Gaut. 14,44.

सद्यःश्राद्धिन् Adj. *der soeben an einem Todtenmahle theilgenommen hat* Gaut. 15,22.

सद्यँस् Adv. 1) *desselbigen Tages.* — 2) *innerhalb eines Tages.* — 3) *täglich.* — 4) *sogleich, soeben, alsbald, sofort.* — 5) *auf einmal, plötzlich.*

सद्यस्क Adj. 1) *frisch.* — 2) *ein best. Opfer.* v. l. साद्यस्क.

सद्यस्कार Adj. (f. आ) *an demselben Tage vollbracht werdend.*

1. सद्यस्काल m. *derselbe Tag* Comm. zu Kâtj. Çr. 2,1,7.

2. सद्यस्काल Adj. (f. आ) *auf denselben Tag fallend* Âpast. Çr. 1,14,18. Nom. abstr. °त्व n.

सद्यस्क्री = सद्यःक्री.

सद्यस्ता f. (Lâṭj. 8,4,7) und सद्यस्त्व n. *das auf denselben Tag Fallen.*

सद्यःसुत्या f. Soma-*Kelterung am selben Tage.*

सद्यःस्नेहन n. *ein schnellwirkendes Erweichungsmittel.*

सद्याजिन् Adj. *Wahres opfernd* Maitrjup. 6,30.

सद्युक्ति f. *eine gute Argumentation.* °मुक्तावली f. Titel eines Werkes.

सद्युत्ति in der verdorbenen Stelle Âçv. Çr. 2, 10,14. सकृति TBr.

सद्योँग्रथ Adj. *rasch zum Ziele kommend.*

*सद्योज Adj. *neugeboren.*

सद्योजात 1) Adj. (f. आ) *a) neugeboren.* सद्यो

जातः TBr. 3,6,3,4. Taitt. Âr. 3,14,1. — b) f. *eben geboren habend, — niedergekommen.* — c) *an* Çiva Sadjogâta *gerichtet* (Spruch) Hemâdri 1, 231,6. Man könnte सा° vermuthen. — 2) m. a) **ein neugeborenes Kalb.* — b) *eine Form* Çiva's Hemâdri 1,371,13. 14. 790,20. 791,1.

सद्योजातपाद् m. bei den Çaiva Bez. *einer der fünf Formen ihres Gottes.*

सद्योजू Adj. *rasch erregt.*

सद्योज्वर m. *frisches Fieber* Bhâvapr. 3,27,4.

सद्योत्पन्न Adj. *neugeboren.*

सद्योदुग्ध Adj. *frisch gemolken.*

सद्योऽनुगत Adj. *eben* (in die Gebärmutter) *aufgenommen* (गर्भ) Karaka 341, 6. 9.

सद्योबल (Karaka 189,16) und °कर Adj. *alsbald Kraft bewirkend* Spr. 6774.

सद्योबलहर Adj. *alsbald die Kraft benehmend* Spr. 6774.

सद्योभव Adj. *soeben entstanden.*

*सद्योभाविन् m. *ein neugeborenes Kind.*

सद्योऽभिवर्ष m. *Eintritt von Regen an demselben Tage.*

सद्योभृत Adj. *an demselben Tage getragen* Çat. Br. 9,5,1,68.

सद्योमन्यु Adj. *alsbald erzürnend.*

सद्योमरण n. *ein an demselben Tage erfolgender —, alsbaldiger Tod.*

सद्योमांस n. *frisches Fleisch.*

सद्योमृत Adj. *so eben verstorben.*

सद्योयज्ञ m. *ein Opfer am gegenwärtigen Tage* Comm. zu Âpast. Çr. 4,3,11. 10,2,28.

सद्योयज्ञसंस्था f. *Absolvirung des Opfers an einem Tage.*

सद्योवर्ष m. und °वर्षण n. *Eintritt von Regen an demselben Tage.*

सद्योवृध Adj. *täglich sich ergötzend.*

सद्योवृष्टि f. *Eintritt von Regen an demselben Tage* Râǵan. 14,6.

सद्योव्रण m. *eine plötzlich bewirkte Wunde.*

सद्योहत Adj. 1) *frisch verletzt.* — 2) *frisch geschlachtet* Râǵan. 17,2.

सद्रत्न n. *ein ächter Edelstein, eine ächte Perle* 132,22. zu Spr. 867.

सद्रत्नमाला f. Titel eines Werkes.

सद्रव्य Adj. *mit Habe und Gut* M. 9,241.

सद्रस Spr. 7688 (Mél. asiat. 8,226) wohl fehlerhaft für षड्रस.

1. सद्रु Adj. *laufend* in einer Etymologie.

2. सद्रु Adj. *sitzend* Bhatt. 7,21. 21,20.

1. सद्वंश m. 1) *schönes Rohr.* — 2) *ein edler Stamm, ein edles Geschlecht.* °जात Adj. (f. आ) Kathâs. 21,98.

2. सद्वंश Adj. *mit einem schönen höheren mittleren Theile versehen* (Dolch) und zugleich *von edlem Geschlecht.* Nom. abstr. °त्व n. Çiç. 18,19.

सद्वचस् n. *eine schöne Rede.*

सद्वत्सल Adj. *liebevoll gegen Gute* Ragh. 2,69.

सद्वन् Adj. in अध्वसद्वन्, दुर्षद्वन् und नृषद्वन्.

सद्वत् 1) Adj. *eine Form von* अस् oder भू *enthaltend, von einem solchen Verse begleitet* u. s. w. Âpast. Çr. 6,31,3. — 2) f. सद्वती N. pr. einer Tochter Pulastja's und Gattin Agni's.

सद्वद् Adj. *im Streit liegend, rechtend.*

सद्वर्तक Adj. Mârk. P. 131,6 wohl fehlerhaft für संवर्तक.

*सद्वसथ m. *Dorf.* Richtig संवसथ.

सद्वाजिन् m. *ein edles Ross* Spr. 7707.

सद्वादिन् Adj. *Wahres redend* Maitrjup. 6,30.

सद्वार्ता f. *eine gute Nachricht.* Acc. mit प्रछ् so v. a. *sich nach dem Wohlbefinden erkundigen.*

सद्विगर्हित Adj. *von Guten —, von Verständigen getadelt* M. 3,46. 10,84. 11,52. Spr. 413.

सद्विच्छेद m. *Trennung von Guten.*

सद्वितीय Adj. *mit einem Genossen* Comm. zu Kâtj. Çr. 5,1,13.

सद्विद्य Adj. *mit wahrem Wissen ausgestattet, unterrichtet.*

सद्विद्या f. *wahres Wissen.* °विजय m. Titel eines Werkes.

सद्विधान Pańkar. 2,5,18 fehlerhaft für संविधान.

सद्वृत m. *ein schöner, kräftiger Baum.* °ज Adj. *aus dem Holze eines solchen Baumes verfertigt* Hemâdri 1,228,22.

1. सद्वृत्त n. 1) *eine schöne runde Gestalt.* — 2) *das Benehmen Guter, gutes Betragen, ein guter Wandel.* °शालिन् Adj. und °स्थ Adj. *einen guten Wandel führend.*

2. सद्वृत्त Adj. (f. आ) 1) *sich gut betragend, einen guten Wandel führend.* — 2) *schöne Metra enthaltend.*

सद्वृत्ति f. *ein gutes Benehmen.*

सद्वेला f. *die rechte Zeit, der rechte Augenblick* Pańkad.

सद्वेषधारिन् Adj. *gut gekleidet* VP. 4,24,25.

सद्वैद्य m. *ein guter Arzt* Pańkat. 183,21.

सद्वृत n. Kâm. Nitis. 13,43 fehlerhaft für 1. सद्वृत्त 2).

सध्, सधोति s. u. सघ्.

1. सध° Adv. = सह.

2. *सध n. oder सधा f. Du. *Himmel und Erde.*

1. सधन n. *gemeinsame Habe.*

2. सधन Adj. (f. आ) 1) *reich, wohlhabend.* — 2) *nebst Reichthümern* 124,29.

सधनता f. *das Reichsein.*

सधनित्व n. Nom. abstr. zu सधनी *Gefährte.*

सधनुष्क Adj. 1) *mit einem Bogen versehen.* — 2) *nebst Bogen.*

सधनुष्पाणि Adj. *einen Bogen in der Hand haltend* Râmapûrvat. Up. 28.

सधनुस् Adj. *mit einem Bogen versehen* Hariv. 2, 125,5.

(सधन्य) सधनिम्र Adj. *von Gaben —, von Schätzen begleitet* Ṛv. 10,50,3.

सधमद् (nur in den starken Casus und hier °माद्, Nom. Sg. auch °मास्) m. 1) *Trinkgenosse, Festgenosse.* — 2) *Genosse, Gefährte* überh.

सधमाद m. 1) *Trinkgelage, Schmaus, Fest.* Acc. mit मद् *zechen, schmausen, — mit* (Instr.). — 2) *Gemeinschaft, Genossenschaft.*

सधमादिन् Adj. = सधमद् 1) Ait. Âr. 469,15.

(सधमाद्य) सधमादिम्र 1) Adj. a) *convivalis, festlich; Festgenosse.* — b) *socius.* — 2) n. *Festgelage.*

*सधमित्र m. N. pr. eines Mannes.

1. सधर्म m. *ein gleiches Wesen, dieselbe Eigenthümlichkeit.*

2. सधर्म Adj. 1) *gerecht, tugendhaft.* — 2) *dieselbe Eigenschaft —, dieselbe Eigenthümlichkeit habend, demselben Gesetz unterworfen, gleichartig, ähnlich.*

सधर्मक Adj. = 2. सधर्म 2) Comm. zu Âpast. Çr. 8,9,12.

सधर्मचारिणी f. *Gattin* (*gleichen Pflichten obliegend*) Hem. Par. 1,93.

सधर्मत्व n. *Gleichartigkeit.*

सधर्मन् Adj. 1) **gleichen Pflichten obliegend.* — 2) *dieselbe Eigenschaft —, dieselbe Eigenthümlichkeit habend, gleichartig, gleichend.* Das Womit oder Wem im Gen., Instr. (Spr. 7722) oder im Comp. vorangehend (Vasishtha 3,1. Chr. 250,3).

सधर्मिन् 1) Adj. a) *= सधर्मन् 1). — b) = सधर्मन् 2). — 2) *f. °र्मिणी *Gattin.*

सधवस्त्री und सधवा f. *eine Frau, deren Mann am Leben ist.*

सधवीर Adj. *mit Männern vereint* Ṛv.

1. सधस्तुति f. *gemeinsames Lob.* Der gleichlautende Instr. *unter gemeinsamem Beifall.*

2. सधस्तुति Adj. *gemeinsam gepriesen* Ṛv.

सधस्तुत्य n. *gemeinsamer Beifall.*

सधस्थ 1) Adj. *hier vorhanden, anwesend.* — 2) n. *Stelle, Standort; Aufenthalt, Heimat; Raum* überh. इन्द्रस्य सधस्थम् Name eines Sâman Ârsh. Br.

सधातु in अन्तर° (Nachtr. 7) und पद°.

*सधि m. *Feuer.*

सधिस् 1) n. *Ziel* (einer Bewegung), *Ort* (wo sie zur Ruhe kommt) ṚV. 8,43,9. Kâṭh. 16,18. — 2) *m. *Stier.*

सधी Adj. *mit Intellect versehen* Çat. Br. 14,7,1,7.

सधुर् Adj. *an derselben Deichsel gehend,* so v. a. *einträchtig.*

सधूम Adj. (f. आ) *in Rauch gehüllt* Maitr. S. 1, 8,6 (123,10). Chr. 44,28.

सधूमक Adj. *rauchig, in Rauch* (*Dunst*) *gehüllt.* Adv. °म्.

सधूमवर्णा f. *eine der sieben Zungen des Feuers.*

सधूम्र Adj. *grau.*

सधूम्रवर्णा f. = सधूमवर्णा.

सधि m. nach Sâj. N. pr. eines Ṛshi.

सध्री Adv. *einem Ziele* (*Mittelpuncte*) *zu.*

सध्रीचीन Adj. (f. आ) 1) *nach einem Ziele gerichtet, gleiche Bahn einhaltend, vereint.* — 2) *unterstützt* —, *befördert durch* (im Comp. vorangehend). — 3) *zum Ziele führend, recht, richtig.* Instr. *auf die rechte Weise.*

सध्र्यञ्च्, सध्रिअञ्च् 1) Adj. (f. सध्रीची) *a) nach derselben Richtung gehend, nach einer Mitte gewandt, zusammenstrebend.* — *z) zum Ziele führend, recht, richtig.* — *c) hinstrebend zu, sich ergiessend in* (im Comp. vorangehend) Hem. Par. 1, 393. — 2) सध्र्यक्, सध्रिअक् oder सध्रीअक् Adv. *a) vereint, beisammen.* — *b) auf die rechte Weise.* — 3) m. (schwach सध्रीच्) *Gefährte* Çiç. 8,44. — 4) f. सध्रीची *Gefährtin, Freundin.* — 5) n. = मनस्.

सध्वंस m. N. pr. eines Liedverfassers.

1. सन्, सनोति, *सनति (सनत् u. s. w. in der älteren Sprache Aor.); Med. nur सनिषामहे und सनिषत्त; 1) *gewinnen, erwerben, als Geschenk empfangen; besitzen.* वाजं सेत् Maitr. S. 4,4,5 (55, 12. 20). Partic. Perf. ससवंस्, *ससनिवंस् und *सेनिवंस् *gewonnend habend,* so v. a. *besitzend, geniessend.* सात *gewonnen, erworben.* — 2) *verschaffen, schenken.* — 3) Med. *zum Ziele gelangen, erfüllt werden.* — Desid. *सिसनिषति und सिषासति (hierher vielleicht auch सीषते) 1) *erlangen* —, *gewinnen wollen, erhalten, gewinnen.* — 2) *gewähren* —, *verschaffen wollen, schenken.* — *Desid. vom Caus. सिसानयिषति. — Intens. *संसन्यते und *सासायते *gewinnen.* Zu belegen nur सनिष्णत. — Mit अभि, अभिषात *gewonnen, erobert.* — Mit आ *gewinnen.* — Mit प्र Med. *gewinnen,* so v. a. *zum Ziele gelangen.* — Mit सम् *erlangen.*

2. सन् Adj. in गोषन्.

1. सन 1) Adj. (f. आ) *a) alt.* Acc. *vor Alters* AV. 10,8,30. — *b) lange anhaltend.* — 2) m. N. pr. eines Ṛshi, eines der sieben geistigen Söhne Brahman's.

2. सन m. 1) *Erwerbung, Erlangung* in अवृकसन und सुषणा. — 2) *Uebergabe, Darbringung.*

3. *सन 1) m. f. (ई) *das Hinundherschlagen der Elephantenohren.* — 2) m. *Bignonia suaveolens.*

सनक 1) Adj. *ehemalig, alt.* Abl. *von Alters her, von jeher.* — 2) m. N. pr. eines Ṛshi, eines der sieben oder vier geistigen Söhne Brahman's.

सनकसंहिता f. Titel eines Werkes.

सनकानीक m. Pl. N. pr. eines Volkes.

सनख Adj. schlechte Lesart für संनख.

सनग m. N. pr. eines Lehrers.

*सनङ्गव्य Adj. *zu* Sanangu *dienend,* — *tauglich.*

*सनङ्गु m. oder f. *ein best. aus Leder bereiteter Gegenstand.*

सनज् Adj. *alt.*

सनज (f. आ) und सनजा Adj. *längst vorhanden, alt.*

*सनत् 1) Adv. = सना, सनात्. — 2) m. ein Name Brahman's.

सनता Adv. *von jeher.* Mit der Negation *niemals.*

सनत्कुमार m. *der ewige Knabe,* N. pr. eines Ṛshi, der für einen geistigen Sohn Brahman's gilt, mit Skanda und Pradjumna identificirt und als Verfasser eines Upapurâṇa genannt wird. *Bei den Ǵaina ist er der 4te Ḱakravartin in Bhârata. Als Verfasser der Sakalagranthadîpikâ (Burnell, T.) wohl eine andere Person.

सनत्कुमारकल्प m. Titel eines Werkes.

*सनत्कुमारज m. Pl. *eine best. Klasse von Göttern bei den* Ǵaina.

सनत्कुमारतन्त्र n., °कुमारसंहिता f., °कुमारस्तव m. (Opp. Cat. 1), °कुमारीतन्त्र n. und सनत्कुमारीय n. Titel von Werken.

सनत्न Adj. (f. ई) = सनातन 1).

सनत्सुजात (*ewig schön*) m. N. pr. eines Ṛshi, eines der sieben geistigen Söhne Brahman's.

सनत्सुजातवेदान्त m., °जातीय n., °टीका f. (Opp. Cat. 1) und °विवरण n. Titel von Werken.

सनदीगिरिकानन Adj. (f. आ) *nebst Flüssen, Bergen und Wäldern* R. 6,79,8.

सनद्रयि Adj. *Besitz verleihend.*

सनद्वाज 1) Adj. *Besitz* —, *Gewinn erwerbend* oder *verleihend.* — 2) m. N. pr. eines Sohnes des Çuḱi.

सनन n. *das Erwerben, Gewinnen.* Vgl. सुषणन.

सनन्द 1) m. N. pr. = सनन्दन 1). — 2) *f. ई gaṇa गौरादि.

सनन्दक m. N. pr. Hariv. 12437 fehlerhaft für सनन्दन 1).

सनन्दन m. N. pr. 1) eines Ṛshi, eines geistigen Sohnes des Brahman. Als Lehrer Kap. 6,69. — 2) eines Schülers des Çaṁkarâḱârja.

सनन्दनसंहिता f. Titel eines Werkes.

*सनपर्णी f. *eine best. Pflanze,* = असनपर्णी.

सनय Adj. (f. सनया) *alt.*

सनर Adj. *nebst Männern.*

सनर्महास Adj. *mit scherzhaftem Lachen verbunden* (Rede) Kathâs. 14,88.

*सनव N. pr. einer Wüste.

सनवनीत Adj. *nebst frischer Butter* Pańḱar. 3, 13,6.

सनवित्त Adj. *längst vorhanden, von jeher besessen.*

सनश्रुत 1) Adj. *längst bekannt, altberühmt.* — 2) m. N. pr. eines Mannes. v. l. सनःश्रुत.

सनःश्रुत m. s. सनश्रुत 2).

सनम् Adv. = सना in सनःश्रुत und सनोजा.

*सनसय m. N. pr. eines Lehrers.

सना Adv. *von jeher.* ṚV. 5,75,2 ist vielleicht अवृकसना: zu schreiben.

सनाजुर Adj. *altersschwach.*

सनाजू Adj. f. सनाजुवम् ṚV. 1,141,5 vielleicht fehlerhaft für सनाजुरम् oder सनायुवम्.

सनात् Adv. 1) *von jeher, von Alters.* — 2) *stets, für immer.*

सनातन 1) Adj. (f. ई, metrisch आ Bhâg. P.) *ewig, unvergänglich, beständig, dauernd.* Superl. सनातनतम. — 2) m. *a)* Bein. α) * Brahman's. — β) Vishṇu's Bhaṭṭ. 1,1. — γ) *Çiva's. — *b)* = *पितृणामतिथिः oder पितृतिथ्यन्तर. — *c)* N. pr. α) eines Ṛshi, später eines geistigen Sohnes des Brahman. — β) eines Autors. — γ) *eines Fürsten. — δ) Pl. bestimmter Welten Hariv. 935. — 3) f. सनातनी Bein. *a)* der Durgâ. — *b)* *der Lakshmî. — *c)* *der Sarasvatî.

सनातनशर्मन् m. N. pr. eines Scholiasten.

सनात्कुमार m. fehlerhaft für सनत्कुमार.

सनाथ 1) Adj. (f. आ) *a) einen Schutz habend, sicher aufgehoben bei* (Instr. oder im Comp. vorangehend) Mahâvîraḱ. 38,3. Hem. Par. 2,110. — *b) stark besucht* (eine Versammlung). — *c) besetzt* —, *verbunden* —, *versehen mit* (Instr. oder im Comp. vorangehend) Vâsav. 60,2. 248,1. 250,2. 251,1. — 2) *f. आ *eine Frau, deren Gatte am Leben ist.*

सनाथता f. *Gönnerschaft.* Acc. mit इ *Schutz finden* Vikramâṅkaḱ. 10,30.

सनाथी Adv. mit कर् 1) *Schutz verleihen,* mit Acc. — 2) *einen Ort besetzen, einnehmen;* mit Acc. Kâd. 18,21 (29,8).

सनाभ m. *ein leiblicher Verwandter, — Bruder.*

सनाभि 1) Adj. (f. eben so) *a) von einer Nabe ausgehend* (auch von den Fingern gesagt). — *b) von einem Nabel ausgehend,* so v. a. *leiblich verwandt, leiblich* (Schwester, Bruder). — *c) mit einem Nabel versehen.* — *d) gleichartig, gleichend;* die Ergänzung im Gen. oder im Comp. vorangehend BÂLAR. 130,18. VIKRAMÂṄKAK. 18,58. VIDDHAÇ. 24,4. VÂSAV. 166,1. 175,2. — 2) m. *ein leiblicher Bruder* HARSHAK. (ed. Bomb.) 374,2.

सनाभ्य m. *ein leiblicher Verwandter.*

सनाम Adj. (f. ञ्रा) *gleichnamig mit* (Gen.).

सनामग्राहम् Adj. (f. ञ्रा) *mit Namensnennung* LÂṬJ. 1,4,10.

सनामन् Adj. (f. °म्नी) 1) = सनाम. — 2) *gleichartig.*

सनायत् Partic. *von Alters her seiend oder lange machend, zögernd.* Nur सनायते ṚV. 1,62,13, wo mit AUFRECHT सनाय ते zu lesen ist; vgl. 3,31,19. 8,24,26.

सनायु Adj. *Lohn —, Gewinn wünschend.* धनायवः सनायवः AV. PAIPP. 11,2,11. सनायुव: Gen. Sg. ṚV. 1,62,11.

सनाराशंस Adj. *mit den Nârâçaṁsa genannten Lobsprüchen* AIT. BR. 6,27,10.

सनारु m. N. pr. eines Lehrers.

सनाल Adj. *mit einem Stengel versehen* MBH. 7, 25,41.

*सनाली f. *Kupplerin* GAL. Vielleicht nur fehlerhaft für शम्भली.

1. सनि m. f. (in den BRÂHMAṆA) 1) *Lohn, Gewinn, Empfang; Gabe.* Dat. mit धा so v. a. *erfüllen,* Acc. mit इ *auf Bettel gehen.* — 2) concret *auf Gewinn ausgehend.*

2. *सनि f. *Weltgegend.*

सनिकाम Adj. *nach Gewinn —, nach Gaben begierig.*

सनिगडचरण Adj. *an dessen Fusse eine Kette hängt.* Nom. abstr. °त्व n. MṚKKH. 107,21.

सनिग्रह Adj. *mit einem Handgriff versehen* SUÇR. 1,24,11.

सनितर् (mit Acc. oder ohne Obj.) und सनितर् (mit Gen.) Nom. ag. 1) *gewinnend, verschaffend.* — 2) *gebend.*

सनिति f. *Erlangung.*

सनितुर् Adv. mit vorangehendem Acc. *neben, ausser, ohne.* Nach SÂJ. Gen. von सनितर्.

सनित्र n. *Gabe, Spende.*

सनित्व Adj. *zu gewinnen.*

सनित्वन् m. *Spende.*

सनिद्र Adj. (f. ञ्रा) *schlafend* 118,5.

सनिन्द Adj. *mit einem Tadel verbunden.* °म् Adv. *vorwurfsvoll.*

सनिमत् Adj. *gabenreich* MAITR. S. 2,2,13 (25,10).

सनिमेष Adj. *blinzelnd, sich schliessend* (vom Auge).

सनियम Adj. (f. ञ्रा) 1) *auf Etwas beschränkt.* Nom. abstr. °त्व n. KÂVJAPR. 179,9. — 2) *der eine bestimmte Observanz übernommen hat.*

सनिर्घृण Adj. *grausam* R. GORR. 1,61,20.

सनिर्विशेष Adj. *indifferent, gleichgültig* KÂD. 2, 7,1 (6,20).

सनिर्वेद 1) Adj. *einen Ueberdruss an den Tag legend* (Unterhaltung) KÂD. 2,7,1 (6,20). — 2) °म् Adv. *a) mit vollkommener Gleichmüthigkeit gegen die Welt* DHÛRTAS. 4,6. — *b) verzweifelt, kleinmüthig.*

सनिश्वासम् und सनिःश्वासम् Adv. *unter Seufzen.*

सनिषादीक Adj. *nebst der oder den Nishâdî* SUPARṆ. 18,5.

सनिष्ठ Adj. (f. ञ्रा) *am meisten gewinnend.*

सनिष्ठीव Adj. *begleitet von ausgeworfenem Speichel* (eine Rede).

सनिष्पेषम् Adv. *schnalzend* HARIV. 4101.

सनिष्यद् (so die Mss.) Adj. (f. ञ्रा) *fliessend, rinnend.*

सनिष्यु Adj. *zu gewinnen —, zu haben begierig, beutelustig.*

सनिस्रंस Adj. *zerfallend, gebrechlich.*

सनिस्राक्ष Adj. *dessen Augen heraushängen, — herausfallen.*

सनी f. = 1. सनि 1) in 1. सनीहार.

सनीड 1) Adj. (f. ञ्रा) *in einem Nest beisammen, aus einem Neste stammend,* so v. a. *verschwistert, verbündet, nahe vereint.* — b) **nahe, benachbart.* — 2) m. oder n. *Nähe.* Loc. mit Gen. oder am Ende eines Comp. (BHADRAB. 4,134) *in der Nähe von, bei.*

सनीप (MBH. 6,9,63) oder सनीप m. Pl. N. pr. eines Volkes.

सनीयस् Adj. *von Alters seiend, langjährig.* Vgl. सन्यंस्.

*सनीस्रस Adj. = सनिस्रस PAT. zu P. 2,4,74, Vârtt. 1.

1. सनीहार Adj. *Gaben bringend* ÂPAST. ÇR. 10,18,5.

2. सनीहार Adj. *in Nebel gehüllt* R. 4,5,14.

*सनुकम् Adv. gaṇa चादि.

1. सनुतर् Nom. ag. *gewinnend, verschaffend.* Nur f. सनुत्री.

2. सनुतर् Adv. *weg, abseits, fern von* (Abl.). Mit यु und धा *fernhalten, vertreiben.*

सनुतर Adj. etwa *verstohlen, unvermerkt.*

सनुत्य Adj. dass.

सनुत्री f. s. u. 1. सनुतर्.

सनूद्पर्वत (!) m. N. pr. eines *Berges.*

1. सनेमि Adj. *mit einem Radkranz versehen.*

2. सनेमि Adv. *von jeher, allezeit, olim.*

सनेरु Adj. nach SÂJ. = संभक्तर्.

सनोजा Adj. *von jeher seiend, ewig.*

सन्त् 1) Adj. (f. सती) *a) daseiend, vorhanden, anwesend; Statt findend, sich ereignend.* विभवे सति *wenn Vermögen da ist,* विनाशे नाशे वा सति *es mag Verlust oder Tod eintreten* 177,4. Am Anfange eines adj. Comp. so v. a. स (सत्कल्पवृत्त *mit Kalpa-Bäumen versehen*). — *b) sich irgendwo* (Loc.) *befindend* 28,7. — *c) Jmd* (Gen.) *gehörend.* — *d)* so v. a. *lebend.* — *e) von Bestand seiend.* — *f) seiend* (als Partic. vom copulativen ञ्रस्) zur Hervorhebung eines Attributs (das nicht selten ein anderes Partic. ist). Auch in Verbindung mit Adverbien (तथा सति Loc. absol. 211,31). — *g) wie Jmd oder Etwas sein sollte,* so v. a. *ächt, recht, wirklich, gut, brav, rechtschaffen.* — 2) m. Pl. *a) die Lebenden, die Wesen.* — *b) gute, edle, vorzügliche, gebildete, kluge Menschen.* Häufig auch am Anfange eines Comp. — 3) Superl. सत्तम *der beste, erste, oberste unter* (Gen. oder im Comp. vorangehend). — 4) f. सती *a)* = भवती *du* 79,13. — *b) ein gutes, tugendhaftes, treues Weib.* *Compar. सतीतरा, सतितरा und सत्तरा. — *c) Gattin* überh., auch *Weibchen* (eines Thieres). — *d) *eine best. wohlriechende Erdart.* — *e)* Name *zweier Metra.* — *f)* N. pr. α) der Gattin Viçvâmitra's. — β) einer Tochter Daksha's und Gattin Bhava's (Çiva's). — γ) einer Gattin des Añgiras. — δ) verschiedener Frauen aus der Neuzeit. Auch °देवी. — 5) n. *a) das Seiende, Wirkliche, ein reales Ding; die reale Welt.* — *b) etwas Gutes, Erspriessliches; Vortheil.* — *c)* Bez. *der Endungen des Partic. praes.* (Act. und Med.). — *d) *Wasser.* — 6) Adv. *a)* = सु *schön.* — *b)* mit कर् α) *in die gehörige Ordnung bringen, zurechtlegen, zurechtmachen, aufputzen, schmücken, mit dem Gehörigen ausstatten.* °सत्कृत *geschmückt durch* und auch so v. a. *gesegnet mit.* — β) *Jmd* (Acc.) *Ehre bezeigen,* insbes. *einen Ankömmling freundlich aufnehmen, ehrenvoll bewirthen.* सत्कृत *geehrt, ehrenvoll behandelt, — bewirthet;* auch *göttlich verehrt.* — γ) *Jmd* (Acc.) *die letzte Ehre erweisen* (durch Verbrennung des Leichnams u. s. w.). Caus. *Jmd die letzte Ehre erweisen lassen.* — δ) *Etwas in Ehren halten, eine hohe*

Meinung von Etwas haben, Etwas beachten. — c) अभिसत्कर् *Jmd* (Acc.) *Ehren bezeigen, einen Ankömmling ehrenvoll empfangen* MBH. 12,228 (229), 89. — d) प्रतिसत्कर् *Jmd* (Acc.) *wieder Ehren bezeigen.*

सत्त m. 1) * = संहतल. — 2) N. pr. eines Sohnes des Satja. — Vgl. दुःषत्त.

सत्तक Adj. (f. सत्तिका) *Jmd* (Gen. oder im Comp. vorangehend) *gehörend, zu Jmds Verfügung stehend* DIVJÂVAD. 174,4. 280,7. 464,13. 529,18.

संतत्त्रण n. *Verletzung.* वाक्संतत्त्रणैस् *durch verletzende Reden.*

संतत s. u. 1. तन् mit सम्.

संततवर्षिन् Adj. *ununterbrochen regnend* AIT. BR. 2,19,6.

संतति 1) f. a) *ein ununterbrochener Fortgang, Dauer, Fortsetzung.* — b) *Zusammenhang der Dinge, Causalnexus.* — c) *eine ununterbrochene Reihe, Menge.* जल° *ein ununterbrochener Wasserstrom,* ध्वान्त° *eine dichte Finsterniss.* — d) *Fortsetzung des Geschlechts, Nachkommenschaft; Geschlecht, Stamm.* एक° so v. a. *das einzige Kind.* — e) *fortgesetztes Nachdenken.* Auch धी°. — f) = संततिहोम. — g) N. pr. einer Tochter Daksha's und Gattin Kratu's. — 2) m. N. pr. eines Sohnes des Alarka.

संततिक am Ende eines adj. Comp. von संतति.

संततिमत् Adj. *Nachkommenschaft habend.*

संततिहोम m. Bez. *gewisser Spenden* ÂPAST. ÇR. 20,12. Vgl. संततिहोम.

संततेयु m. N. pr. eines Sohnes des Raudrâçva.

संतनि 1) Adj. a) *fortsetzend, Dauer herstellend.* — b) etwa *eine unterbrochene Reihe bildend.* संतनीनां वसिष्ठपुत्राणाम् Ind. St. 3,460. — 2) संतनि m. oder f. *das Tönen, concentus, Musik.* — 3) संतनि m. oder f. *eine best. Spende.* — 4) n. Name eines Sâman ÂRSH. BR.

संतनिक n. Du. mit प्रजापतेस् Name zweier Sâman ÂRSH. BR.

संतनु m. N. pr. eines Knaben im Gefolge der Râdhâ.

संतपन 1) Adj. *wärmend* von einem Feuer, das nicht erst von Neuem gerieben wird, GAIM. im Comm. zu ÂPAST. ÇR. 1,20,13. — 2) n. *das Warmwerden.*

संतमक m. *eine best. Form des Asthma.*

संतमस n. *allgemeine Finsterniss, Finsterniss überh.* ÇIÇ. 20,40.

संतरण 1) Adj. *hinüberführend* (über eine Gefahr u. s. w.). — 2) n. *das Hinübersetzen —, Hinübergelangen über* (im Comp. vorangehend), eigentlich und bildlich.

संतरम् und संतराम् Adv. *mehr zusammen* u. s. w.

संतरुत्र Adj. *durchhelfend, ausreichend.*

संतर्जन 1) Adj. *drohend, scheltend.* — 2) m. N. pr. eines Wesens im Gefolge Skanda's. — 3) f. (आ) n. (Comm. zu ÇIÇ. 17,9) *Drohung, Schmähung.*

संतर्दन 1) m. N. pr. eines Sohnes des Dhṛshṭaketu. — 2) n. *das aneinander Befestigen* GAIM. 3,3,24.

संतर्पक Adj. *labend, erquickend, stärkend.*

संतर्पण 1) Adj. dass. — 2) n. *das Laben, Erquicken, Stärken.* — b) *ein labendes —, stärkendes Mittel.*

संतर्पणीय Adj. *von den Labe-, Stärkungsmitteln handelnd.*

संतर्प्य Adj. *zu laben, zu erquicken, zu erfreuen.*

संताडन n. *das Zerschlagen* ÇÂRṄG. PADDH. 42,8.

संताड्य Adj. *zu schlagen.*

संतान (adj. Comp. f. आ) 1) m. a) *ein ununterbrochener Fortgang, Fortsetzung, Continuität.* चिन्ता° HEM. PAR. 2,259. — b) *eine ununterbrochene Reihe.* — c) *Verzweigung.* जालाभ *ein netzartiger Ueberzug.* — d) *ein netzartiges Stück des Thieres; Sehne, Band.* — e) *Herstellung des Zusammenhangs, Verbindung, Uebergang* (in der Recitation u. s. w.) संतानार्थ Adj. ÇÂṄKH. ÇR. 1,1,25. 6,9,10. — f) *ununterbrochener Gedankengang.* — g) *ein auf Dauer berechnetes Bündniss, bei dem man dem Bundesgenossen seine Tochter zur Ehe giebt.* संतानसंधि m. Spr. 6784. — h) *einer der fünf Prachtbäume der Götter* HARIV. 2,86,45. — i) Pl. Bez. *bestimmter Welten.* — k) N. pr. α) eines Sohnes eines der Rudra. — β) einer Oertlichkeit. — 2) m. n. *Fortsetzung des Geschlechts, Nachkommenschaft; Geschlecht.* — 3) n. *eine best. mythische Waffe.*

संतानक 1) m. a) *einer der fünf Prachtbäume der Götter.* — b) Pl. Bez. *bestimmter Welten.* — 2) f. °निका a) *Spinngewebe.* — b) *Haut (Rahm) von Milch* u. s. w. H. an.; vgl. ZACH. Beitr. 90. — c) *eine best. Speise.* — d) **Schwertklinge.* — e) N. pr. einer der Mütter im Gefolge Skanda's.

संतानकमय Adj. (f. ई) *aus den Blüthen des* Saṁtânaka *genannten Baumes bestehend.*

संतानकारण्य n. N. pr. einer Oertlichkeit BÂLAR. 290,21.

संतानगणपति m. *eine Form* Gaṇeça's, *die wegen Nachkommenschaft verehrt wird.*

संतानगोपाल m. *eine Form* Kṛshṇa's, *die wegen Nachkommenschaft verehrt wird.* Als Titel eines Kâvja OPP. Cat. 1.

संतानज Adj. *Jmds* (Gen.) *Geschlecht entsprossen.* Mit सुत m. so v. a. *Sohn* HARIV. 4056. *शुद्ध° so v. a. *einem reinen Geschlecht entsprossen.*

संतानदीपिका f. (OPP. Cat. 1) und संतानप्रदसूर्यस्तोत्र n. (BURNELL, T.) Titel.

°संतानम् Absol. *sich erstreckend über* GAUT. 16,14.

संतानवत् Adj. *Nachkommenschaft habend.*

संतानिक 1) Adj. (f. ई) *vom* Saṁtâna *genannten Baume kommend.* — 2) m. Pl. Bez. *bestimmter Welten.* v. l. सांतानिक. — 3) n. mit प्रजापतेस् Name eines Sâman. संतनिक ÂRSH. BR.

संतानिन् m. *das Subject des ununterbrochenen Gedankenganges.*

संतानीय m. oder n. (?) HEMÂDRI 1,650,5.

संताप m. (adj. Comp. f. आ) 1) *das Heisswerden, Hitze, Gluth.* — 2) *Schmerz, Leid, Kummer,* — *über* (Loc. 165,30), *Reue.* Acc. mit कर् a) *sich betrüben über* oder *wegen* (प्रति) 72,7. 83,32. — b) *Schmerz bereiten.* — 3) *Kasteiung.*

संतापकारिन् Adj. *Leid bereitend* KATHÂS. 44,18. VIDDH. 57,15.

संतापन 1) Adj. am Ende eines Comp. *Schmerz bereitend, peinigend.* — 2) m. a) **einer der fünf Pfeile des Liebesgottes.* — b) N. pr. α) eines bösen Dämons, der Kinder besessen macht. — β) *eines Wesens im Gefolge Çiva's. — 3) n. *ein best. mythisches Geschoss.*

संतापवत् Adj. *von Schmerz erfüllt.*

संतापहर Adj. *Hitze benehmend* DAÇAK. 33,21.

संतापितर् Nom. ag. scheinbar MBH. 12,10406, da hier सत्ता पिता die richtige Lesart für संतापिता ist.

संतापीय in नितप्त° Nachtr. 5.

संताप्य Adj. *anzuzünden.*

संतार m. *das Hinübersetzen über* (ein Wasser, Gen. oder im Comp. vorangehend) 213,32.

संतारकविधि m. Titel eines Werkes.

संतारमूलक RÂGAT. 8,3039 vielleicht fehlerhaft.

संतार्य Adj. 1) *worüber man setzen muss, zu passiren.* — 2) *worüber man glücklich hinübergelangen kann, wovon man sich befreien kann.*

*सत्ति f. = सति, साति.

संतुषित und °क m. N. pr. eines Devaputra.

संतुष्ट 1) Adj. s. u. तुष् mit सम्. — 2) *m. *Maulthier* RÂGAN. 19,40.

संतुष्टतर्णकवती Adj. f. *ein genügsames Kalb habend* (Kuh) HEMÂDRI 1,712,11.

संतुष्टि f. *Zufriedenheit, das Sichbegnügen mit* (Instr.).

संतृप्ति f. *das Sattwerden, Sättigung.*

संतेजन n. *das Schärfen* (in übertragener Bed.).

संतोदिन् Adj. *stechend, stossend.*

संतोष 1) m. (adj. Comp. f. आ) *Befriedigung, Zufriedenheit, Genügsamkeit, das Sichbegnügen, Zufriedensein mit* (Instr. oder Loc.). Acc. mit कर् *sich begnügen mit.* Auch personificirt als Besieger der Begierde, als ein Sohn der Tushṭi und als einer der Götter Tushita. — 2) f. आ N. pr. einer Frau.

संतोषण n. *das Zufriedenstellen, Erfreuen.*

संतोषणीय Adj. *zufriedenzustellen.* °रूप Adj. *den Schein erweckend, als wenn man zufriedenzustellen wäre.*

संतोषवन्त् Adj. in अ°.

संतोषिन् Adj. *zufrieden, genügsam* (Uttamak. 4); *sich erfreuend an* (im Comp. vorangehend).

संतोष्टव्य n. impers. *zufrieden zu sein, satis superque habendum* Çaṁk. zu Bâdar. 3,3,25.

संतोष्य Adj. *zufriedenzustellen.*

सन्त्य und **सन्तिय** (Ṛv. 1,15,12) Adj. als Beiw. Agni's nach Sâj. *Gaben verleihend.*

संत्यक्ष्य Adj. *aufzugeben, fahren zu lassen.*

संत्याग m. *das im Stich Lassen, Verlassen, Aufgeben, Fahrenlassen.*

संत्यागिन् Adj. *im Stich lassend, verlassend, aufgebend.*

संत्याज्य Adj. *im Stich zu lassen, zu verlassen, fern zu halten, aufzugeben.*

संत्रस्तगोचर (so zu lesen) Adj. *den man mit Schrecken erblickt* Karaka 357,10.

संत्राण n. *das Retten.*

संत्रायति m. Bez. *der Wurzel* त्रा *mit* सम् MBh. 8,42,31.

संत्रास m. *Schrecken, Angst* (Vagrakkh. 31,5), — *vor* (Abl., °तस् oder im Comp. vorangehend).

संत्रासन n. *das in Schrecken Jagen.*

सन्त्व n. Nom. abstr. von सम्. Auch fehlerhaft für शन्त्व.

संत्वरा f. *Eile.*

संदंश m. 1) *das Zusammenkneifen* (der Lippen). — 2) *Verbindung.* अहोरात्र° Subhâshitâv. 2216. — 3) *eine best. fehlerhafte Aussprache der Vocale.* — 4) *Klammer* oder dgl. — 5) *Zange* Hem. Par. 2,211. — 6) Bez. verschiedener *zangenartig gebrauchter Glieder des menschlichen und thierischen Körpers: die Spitzen von Daumen und Zeigefinger, aneinander gelegt, Daumen und Zeigefinger überh., die einander gegenüberstehenden Eckzähne, die Scheeren* (eines Krebses). Vgl. मुख° Nachtr. 6. — 7) *Abschnitt, Hauptstück, Kapitel.* — 8) *ein best.* Ekâha Vaitân. 39,5. — 9) *eine best. Hölle, in der die Verbrecher mit Zangen gemartert werden.*

संदंशक 1) m. und °शिका f. (Subhâshitar. 10,24) *Zange.* — 2) f. °शिका *das Hineinbeissen, mit dem Schnabel Packen* Lalit. 312, 9 (संदेशिका gedr.); vgl. die Uebersetzung von Foucaux S. 239, N. 6.

***संदंशवदन** m. *Reiher* Râgan. 19,87.

संदंशित Adj. *geharnischt, gerüstet.* Richtiger v. l. सदं°.

संददि Adj. *erfassend.*

संदर्प m. *Uebermuth, das Pochen auf* (im Comp. vorangehend).

संदर्भ m. (adj. Comp. f. आ) 1) *das Winden* eines *Kranzes* u. s. w. — 2) *ein kunstgemässes Zusammenlegen, — Aufstellen.* — 3) *Verschlingung, Mischung.* — 4) *ein kunstgemässes Gefüge* von Tönen, Wörtern u. s. w. Ohne nähere Bez. *eine literarische Composition* Mahâvîrak. 1,11. Comm. zu Mṛkkh. 3,2.

संदर्श m. 1) *Anblick, das Gewahrwerden.* — 2) am Ende eines adj. Comp. (f. आ) *Aussehen.*

संदर्शन 1) n. a) *das Erblicken, Gewahrwerden, zu sehen Bekommen.* स्वप्ने संदर्शनं गम् *Jmd* (Gen.) *im Traume erscheinen,* संदर्शनं प्र-यम् *Jmd einen Anblick von sich gewähren, sich Jmd* (Gen.) *zeigen.* Loc. *im Angesicht von* (Gen.), भवत्संदर्शने so v. a. *beim Verweilen bei dir.* — b) *Blick.* — c) *das Besichtigen, in Augenschein Nehmen.* — d) *das zu Gesicht Kommen, Erscheinen.* — e) *der heliakische Aufgang eines Gestirns.* — f) *Aussehen.* — g) *das Zusammentreffen —, Zusammenkommen mit* (Instr. oder Instr. mit सह). — h) *das Sehenlassen, Zeigen;* in Comp. mit dem näheren (Acc.) oder mit dem entfernteren Obj. (Dat.). — 2) f. ई (sc. वृत्ति) *eine best. Art des Lebensunterhalts* Baudh. 3,2,9.

संदर्शनद्वीप m. N. pr. eines Dvîpa.

संदर्शनपथ m. *Gesichtskreis.*

संदर्शयितर् Nom. ag. *der sehen macht.*

संदष्ट 1) Adj. s. u. 1. दंश् mit सम्. — 2) n. *eine best. fehlerhafte Aussprache der Vocale* Ṛv. Prât. 14,3. Mahâbh. (K.) 1,13,2 v. u.

संदष्टक n. *eine Art Paronomasie* Rudraṭa, Kâvjâlaṁkâra 3,7. 9 nach Aufrecht.

संदष्टता f. = संदष्ट 2).

संदातर् Nom. ag. *Fesseler, Binder.*

संदान 1) (*m.) *die Gegend unterhalb des Knies beim Elephanten* (wo ihm die Fessel angelegt wird) Çiç. 18,71. — 2) n. a) *Band, Fessel.* Nom. abstr. संदानता f. Daçak. 44,4. — b) MBh. 7,5923 fehlerhaft für संधान.

***संदानिका** f. *ein best. Baum* Râgan. 8,30.

संदानित Adj. *gebunden, gefesselt* Bâlar. 291,12. Kâd. 164,7 (284,8). Subhâshitâv. 1559.

संदानितक n. *eine Verbindung von drei* Çloka, *durch welche ein und derselbe Satz durchgeht,* Comm. zu Naish. 1,81.

***संदानिनी** f. *Kuhstall.*

***संदामितक** n. fehlerhaft für संदानितक.

1. **संदाय** Adj. *schenkend* in *गोसंदाय.

2. **संदाय** m. etwa *Zügel, Leitseil* Hariv. 2,31,56.

संदायिन् Adj. *verleihend* Subhâshitar. 10,11.

***संदाव** m. *Flucht.*

संदिग्ध 1) Adj. s. u. 1. दिह् mit सम्. — 2) n. *ein doppelsinniger Ausdruck.*

संदिग्धत्व n. *Zweifelhaftigkeit, Ungewissheit* Sâh. D. 228,14.

संदिग्धपुनरुक्तत्व n. Du. *Ungewissheit und Tautologie* Sâh. D. 576.

संदिग्धी Adv. mit कर् *täuschend ähnlich darstellen* Bâlar. 160,14.

संदिदर्शयिषु Adj. mit Acc. *zu zeigen wünschend* Bhaṭṭ. 5,64.

संदिदृक्षु Adj. mit Acc. *anzuschauen verlangend.*

संदिधक्षु Adj. mit Acc. *zu verbrennen —, vollständig zu vernichten beabsichtigend.*

संदिह् f. *Aufschüttung, Wall* oder dgl.

***सन्दी** f. fehlerhaft für आसन्दी.

संदीन Adj. = दीन *niedergeschlagen, betrübt* Hariv. 2,44,36.

°**संदीपक** Adj. *in Flammen setzend,* so v. a. *neidisch machend.*

संदीपन 1) Adj. *in Flammen setzend, anfachend* (auch in übertragener Bed.). — 2) m. *einer der fünf Pfeile des Liebesgottes.* — 3) f. ई *eine best.* Çruti S.S.S. 23. — 4) n. *das in Flammen Setzen, Anfachen.*

संदीपनवन्त् Adj. *mit leicht entzündlichen Stoffen versehen.*

***संदीप्य** m. *Celosia cristata.*

***संदुह्या** Adj. f. in सुख° *leicht zu melken.*

संदूषण 1) Adj. (f. ई) *schändend, verderbend.* — 2) n. *das Schänden.* °कर Adj. (f. ई) *schändend.*

संदृश् f. 1) *Anblick.* — 2) *Aussehen.* — 3) *Ausblick, Sehrichtung.* — संदृशे s. bes.

संदृश *Aussehen* in मधुसंदृश.

संदृशे Dat. Infin. zu दृश् mit सम् Ṛv. 2,13,5. 3,38,1. Kaṭhop. 6,9 = Çvetâçv. Up. 4,20.

संदृश्य Adj. *anzusehen, erscheinend als* (Nomin.).

संदृष्टि f. *Anblick.*

संदेघ m. *Zusammenkittung, Klumpen,* verächtliche Bez. *des Leibes* Çat. Br. 3,1,3,3.

संदेव N. pr. 1) m. eines Sohnes des Devaka. — 2) f. आ einer Tochter Devaka's.

संदेश m. (adj. Comp. f. आ) 1) *Anweisung, Auftrag, — an* (Gen. oder Loc.), *Botschaft.* संदेशतम् *im Auftrage von* (Gen.). — 2) **Geschenk.* — 3) **eine best. leckere Speise.*

संदेशक 1) m. *Mittheilung.* — 2) f. °शिका Lalit. 312,9 fehlerhaft für संदेशिका.

संदेशपद n. Pl. (adj. Comp. f. आ) *der Wortlaut eines Auftrages.*

संदेशहर 1) m. *Ueberbringer eines Auftrags, — einer Botschaft* (Prasannar. 61,11), *Bote, Abgesandter.* — 2) *f. आ f. zu 1) Gal.

संदेशहार Adj. *eine Botschaft überbringend.*

संदेशहारक m. *eine Art von Botschafter.*

संदेशहारिन् m. = संदेशहर 1).

संदेशार्थ m. *der Inhalt einer Botschaft.*

*संदेशोक्ति f. *Auftrag.*

संदेश्य und संदेशिय Adj. 1) *anzuweisen, dem man Verhaltungsmaassregeln zu geben hat.* — 2) *auf Anweisung beruhend* oder *absichtlich.* — 3) *hiesig.*

संदेष्टव्य Adj. 1) *anzuweisen, dem man Verhaltungsmaassregeln zu geben hat.* — 2) *was man Jmd zu sagen hat, woran man Jmd* (Gen.) *zu erinnern hat.*

संदेह m. (adj. Comp. f. आ) 1) *Zusammenkittung, verächtliche Bez. des menschlichen Leibes.* — 2) *Zweifel, Zweifelhaftigkeit, Ungewissheit, — in Bezug auf* (Gen., Loc. oder im Comp. vorangehend) Karaka 1,20. *eine dem Zweifel unterliegende Sache* Âpast. न संदेहः mitten im Satz und am Ende des Verses ohne Einfluss auf die Construction so v. a. *ohne Zweifel;* eben so संदेहो नास्ति und नास्ति संदेहः. — 3) *Gefahr.* — 4) *eine best. rhetorische Figur* Vâmana 4,3,11.

संदेहत्व n. Nom. abstr. zu संदेह 2).

°संदेहदायिन् Adj. *eine Ungewissheit bewirkend in Bezug auf,* so v. a. *wegen der Aehnlichkeit erinnernd an* Vâsav. 3,1. 182,2. 3.

संदेहपद Adj. *dem Zweifel unterworfen, zweifelhaft* Çâk. 21.

संदेहभृत् Adj. *Zweifel hegend in Bezug auf* (Loc.) Mahâvirak. 48,1.

संदेहविषौषधि f. Titel eines Commentars Bühler, Rep. No. 776. Ind. St. 16,476.

संदेहालंकार m. und संदेहालंकृति f. *eine best. rhetorische Figur.*

संदेह्य m. = संदेघ 1) und संदेह 1).

संदोल m. oder संदोला f. *ein best. schwingender Schmuck.*

संदोह m. 1) *das Melken.* — 2) *alle Milch einer Heerde* VP. 5,10,39. — 3) *Gesammtheit, Fülle, Menge* Hemâdri 1,552,1. Vâsav. 48,2. 93,4. 5. 215, 2. 250,3. Citat im Comm. zu Mṛkkh. 44,14. 15.

संदोहसंशय metrisch statt संशयसंदोह.

संदोहन Adj. *milchend, spendend* Çukas. 2,77.

*संदोह्या Adj. f. in सुख° *leicht zu melken.*

संद्रष्टर् Nom. ag. *der da sieht, — schaut.*

संद्रष्टव्य Adj. *den man sehen —, aufsuchen muss.*

संद्राव m. 1) *Zusammenlauf, Ort des Zusammenlaufens* Pat. zu P. 5,1,119, Vârtt. 5. — 2) **Flucht.* — 3) *Gang, Art des Gehens* Bhaṭṭ. 7,35.

संधि 1) n. *Verbindung, Vereinigung* Çat. Br. 2, 4,3,10. — 2) Adj. in अजिनसंधि. — संधा s. bes.

संधनजित् Adj. *Beute zusammengewinnend.*

संधनीय Adj. Pańkat. 149,22 fehlerhaft für संधानीय.

संधय्, °यति 1) *zusammenfügen, in Verbindung bringen mit* (Instr.). — 2) einen Pfeil mit dem Bogen *zusammenfügen,* so v. a. *auflegen.* — 3) *sich Etwas aneignen.* — 4) *sich verbinden,* so v. a. *sich aussöhnen, Frieden schliessen.* Nur संधितुम्. — 5) संधित a) *zusammengefügt.* — b) (mit der Sehne) *zusammengefügt,* so v. a. *aufgelegt* (Pfeil); *angelegt.* — c) *verbunden mit* (im Comp. vorangehend). मृत्यु° so v. a. *dem Tode geweiht.* — d) *verbündet, der einen Bund* oder *Frieden geschlossen hat.* — e) *geschlossen* (ein Bündniss) in सम°. — f) *durch Mischung* u. s. w. *bereitet.* — g) fehlerhaft für संदित. — Mit अति, °संधित *betrogen, getäuscht.* — Mit अनु, °संधित *erforscht.* — Mit अभि, °संधित 1) *zusammengefügt.* — 2) *zum Bundesgenossen gemacht.* — 3) *versehen worden mit* (Instr.). — 4) *am Ende eines Comp. entschlossen zu, beabsichtigend.* — 5) *mit einer Absicht verbunden* in अनभिसंधित Nachtr. 6. — Mit प्रति, °संधित *befestigt, verstärkt.*

संधर्तर् Nom. ag. *Zusammenhalter* Atharvaçikhop. 235.

संधा f. 1) *Uebereinkommen, Vertrag.* — 2) *Versprechen, Gelöbniss* Uttamak. 58. — 3) *Absicht* Daçak. 42,19. — 4) *Grenze, Termin* Kampaka 71; vgl. Mélanges asiatiques, IX, S. 86. — 5) **das Mischen, Bereiten eines Trankes.* — 6) fehlerhaft für संध्या *Dämmerung.*

संधातर् Nom. ag. 1) mit Acc. *der zusammenfügt, Zusammenfüger.* Auch als Bein. Çiva's und Vishṇu's. — 2) M. 8,342 schlechte Lesart für संदातर्.

संधातव्य 1) Adj. a) *anzufügen.* — b) *mit dem man sich verbünden, vertragen muss.* — 2) n. impers. *sich zu verbünden, — mit* (सह).

संधान 1) Adj. *zusammenfügend, heilend.* — 2) m. a) *ein best. über Waffen gesprochener Zauberspruch.* — b) N. pr. eines Ministers. — 3) *f. संधानी a) *das Mischen, Bereiten eines Trankes.* — b) *ein Ort, an dem die unedlen Metalle aufbewahrt werden.* — 4) n. a) *das Zusammenfügen, Vereinigen, Vereinigung* Vaitân. 43,45. MBh. 7,142,45. — b) *Zusammenführung, Vereinigung, Zusammenkommen von Menschen.* संधानमायातः so v. a. *Zutritt erhalten habend* (ein Bote). — c) *Fuge, Gelenk; Berührungspunct.* — d) *was eine Vereinigung bewirkt, Mittel der Vereinigung.* — e) *das Ansetzen, Wiederansetzen, Zusammenheilen.* — f) *das Auflegen eines Pfeils* (mit und ohne Hinzufügung dieses Wortes), — *auf* (Instr.) Çiç. 2,97. 20,8. — g) *das Anreihen von Wörtern* u. s. w. Auch = संधि *Verbindung der Laute in Wort und Satz.* — h) *Vereinigung Entzweiter, Vertrag, Vergleich, Bündniss, Friedensschluss, freundschaftliches Verhältniss, — mit* (Instr. oder Instr. mit सह) 109,17. Çiç. 2,97. 20,8. संधानासन n. und यात्रासंधान so v. a. संधायासन und संधायगमन (s. u. संधाय) MBh. 12,69,67. — i) *das Zusammensetzen, Mischen, Bereiten eines Trankes.* — k) **saurer Reisschleim.* — l) **ein geistiges Getränk.* — m) **eine Durst erregende Speise.*

संधानक 1) Adj. (f. °निका) a) *zusammenhaltend.* नेमि° *rund umschliessend* (ein Verband). — b) *zusammenhaltend,* so v. a. *erhaltend.* — 2) f. °निका *ein best. Getränk.*

संधानकारिन् Adj. *zusammenfügend, verheilend.* भिन्न° *Getrenntes zusammenfügend.*

संधानकृत् Adj. *zusammenfügend, heilend.*

संधानताल m. und संधानभाव m. *ein best. Tact.*

*संधानित Adj. fehlerhaft für संदानित.

*संधानिनी f. fehlerhaft für संदानिनी.

संधानीय Adj. 1) *mit dem man sich verbünden — — vertragen muss.* — 2) *zum Wiederfestmachen —, zum Verheilen beitragend, verheilend* Karaka 1,4. Comm. zu Âpast. Çr. 14,26,2.

संधाभाषित n. *eine auf Etwas anspielende Rede* Text zu Lot. de la b. l. 77. fg. 142.

संधाभाष्य n. dass. ebend. 204.

संधाय Absol. *nach vorangegangener Verständigung* (mit einem Gegner). संधायगमन n. und संधायासन n. *ein Marsch —, ein Haltmachen nach v. V.*

°संभाषा f. *eine freundschaftliche gelehrte Unterhaltung* Karaka 3,8. Bei den Buddhisten bedeutet संधाप *in Bezug —, mit Hindeutung auf Etwas* Vagrakkh. 23,15. Divjâvad. 241,23. 491,16.

संधायिन् Adj. *Pfeile auflegend* Çiç. 19,97.

संधारण 1) Adj. *zusammenhaltend, erhaltend.* — 2) f. आ *a) Haltung, Stellung.* मुख° *Mundstellung.* — *b) das Richten der Gedanken auf* (im Comp. vorangehend). — 3) n. *a) das Tragen.* कुक्षि° *eines Kindes im Mutterleibe.* — *b) das Zusammenhalten, Unterhalten.* प्राण° Kâd. 248,15 (406,4). 2,28,8 (32,18). Am Ende eines adj. Comp. *unterhalten von.* — *c) das Zurückhalten, Abhalten, Verhalten, Anhalten.* प्राण° Hemâdri 1,468,16.

संधारणीय Adj. *aufrecht —, am Leben zu erhalten* Kâd. 2,116,2 (143,1).

संधार्य Adj. 1) *zu tragen, getragen werden müssend.* — 2) *bei sich zu halten, in seiner Nähe zu halten* (ein Diener). — 3) *aufrecht zu erhalten, zu behaupten, zu beobachten.* — 4) *aufzuhalten in seinen Folgen, unschädlich zu machen* Hariv. 2,22,64.

संधावचन n. = संधाभाषित Text zu Lot. de la b. l. 38.

संधि 1) Adj. *einen Uebergang enthaltend* u. s. w. — 2) m. (ganz vereinzelt f.; s. u. *i*) *a) Verbindung, Vereinigung, — mit* (Instr.) Çiç. 20,9. — *b) Verkehr mit* (Instr.). — *c) Vereinigung,* so v. a. *das Ganze, der Inbegriff* in नीति°. — *d) Uebereinstimmung.* — *e) Uebereinkunft, Verabredung.* — *f) Friede, Bündniss zwischen* (Gen.), *mit* (Instr. oder Instr. mit सह). — *g) Verbindung der Laute in Wort und Satz, die euphonischen Veränderungen zusammenstossender Laute.* — *h) Veranstaltung, Bewirkung* Daçak. 83,19. — *i) Ort* oder *Zeit des Zusammentreffens, Berührungspunct, Grenze* (Âpast. 1,11,9. MBh. 12,69,6. Hariv. 9004); *Zwischenraum, Zwischenzeit.* f. Garga in Kern's Uebersetzung zu Varâh. Bṛh. S. 30,2. — *k) Fuge, Gelenk.* °संधीषु Loc. Pl. metrisch. — *l) Berührungspunct von Himmel und Erde, Horizont.* — *m) die einem Doppeldreieck gemeinsame Linie* Çulbas. 3,177. fg. — *n) die Zeit zwischen Tag und Nacht, Uebergangszeit, Dämmerung* Âpast. 1,9,20. 11,15. 27,5. 30,8. — *o) Naht.* — *p) Falte.* — *q) Wand* Pâr. Gṛhj. 3,4, 10. fgg. Hierher oder zu *r*) संधिं छिद्र् (M. 9,276. Daçak. 57,3) oder भिद्र् (Chr. 127,6) *eine Wand durchschlagen, eine Bresche machen* (von Dieben gesagt). — *r) eine in der Mauer* (von Dieben) *gemachte Oeffnung, Bresche.* — *s*) beim Auge heissen so fünf *Verbindungen der Bestandtheile desselben.* — *t*) **die weibliche Scham.* — *u) Theil, Stück.* — *v) ein best.* Stotra *am Uebergange zweier Tage.*

संधिवत् Adv. Lâṭj. 3,1,32. — *w*) in der Dramatik Bez. α) *der fünf Fugen in einem Schauspiel* (मुख, विमुख, गर्भ, विमर्श und निर्वहण). Im Dhûrtas. deren nur zwei. — β) *eines der 14 Glieder im* Nirvahana (*Katastrophe*). — *x*) * = सावकाश. — *y*) N. pr. eines Mannes. Zu belegen als Sohn des Prasuçruta. — *z*) कर्मसंधिषु Spr. 4735 fehlerhaft für °सङ्गिषु. — 3) f. *die Genie der Verbindung.*

संधिक 1) am Ende eines adj. Comp. von संधि *Gelenk.* — 2) m. *eine Art Fieber.* — 3) *f. आ *das Brennen geistiger Getränke.*

संधिग m. = संधिक 2) Bhâvapr. 3,77.

संधिगुप्त n. *ein künstlicher Satz, in welchem durch euphonische Lautveränderungen der Sinn versteckt wird.*

संधिगृह m. *Bienenstock* Nilak. zu MBh. 11,5,17.

संधिचमस m. Bez. *bestimmter Schalen* Âpast. Çr. 14,4,2. 6. 19. Vaitân. 19,17.

*संधिचौर m. *ein durch eine Oeffnung in der Mauer einbrechender Dieb.*

संधिच्छेद f. *Zerstückelung* Pr. P. 116.

*संधिच्छेदक m. = संधिचौर.

संधिज 1) Adj. *a) aus einer Verbindung —, aus einer Uebergangszeit* u. s. w. *entstanden.* — *b) aus einem grammatischen* Saṁdhi *entstanden.* — *c) den Verbindungsstellen des Auges angehörig.* — *d) *durch Destillation gewonnen.* — 2) *f. आ *Hibiscus rosa sinensis* Râgan. 10,122. Vgl. त्रिसंधि. — 3) *n. *Branntwein.*

*संधिजीवक Adj. *der auf unredliche Weise Geld erwirbt.*

संधित 1) Adj. s. u. संधय्. — 2) n. *ein gebrautes Getränk.*

*संधितस्कर m. = संधिचौर.

संधित्सु Adj. *ein Bündniss —, Frieden zu schliessen wünschend, — mit* (सह) Çiç. 16,34.

संधिदूषण n. *Friedensbruch.* Pl. Kir. 1,45.

संधिन् 1) m. *ein Minister für Bündnisse.* — 2) f. °नी *eine milchende Kuh* Gaut. Âpast. Vasishtha 14,34. Vishnus. 51,40. Hemâdri 1,448,20. Vâsav. 166,1. Nach den Lexicographen *eine vom Bullen besprungene und eine zur Unzeit oder jeden zweiten Tag gemolkene Kuh.*

*संधिनाल m. (n. nach der v. l.) *Unguis odoratus* Râgan. 12,129.

*संधिनिर्मोचन n. Titel eines buddh. Sûtra.

संधिबन्ध m. 1) etwa *Kitt* oder *Kalk.* — 2) **Kaempferia rotunda.*

*संधिबन्धन n. *Sehne.*

संधिमति m. N. pr. eines Ministers.

संधिमन्त् 1) Adj. *a) wobei ein Zusammentreffen* (zweier Tage, Tageszeiten oder *Lebensalter) *stattfindet* Comm. zu Âpast. Çr. 6,29,4. 10,2,8. *वयः-संधिमती = अप्रसूततरुणी Gal. — *b) im Frieden lebend* (Vishṇu). — *c) verbündet.* — 2) m. N. pr. zweier Minister.

संधिमुक्त n. *Gliedausrenkung.*

*संधिरन्धका f. *eine Bresche in einer Mauer.*

संधिराग m. = संध्याराग.

संधिरूप n. Titel eines Werkes Opp. Cat. 1.

संधिरोध m. *Verschluss der Verbindungsstelle* (von Tiegel und Deckel) Bhâvapr. 2,84.

*संधिला f. 1) *eine Bresche in einer Mauer.* — 2) *ein berauschendes Getränk.* — 3) = नान्दी = द्वादशतूर्यनिर्घोष H. an. nach der richtigen Lesart; vgl. Zach. Beitr. 89. — 4) = नदी *Fluss.* Fehlerhaft für नान्दी.

संधिविग्रहक m. *ein Minister der Bündnisse* (*der auswärtigen Angelegenheiten*) *und des Krieges.*

संधिविग्रहकायस्थ m. *ein Secretär im Ministerium der Bündnisse* (*auswärtigen Angelegenheiten*) *und des Krieges.*

संधिविग्रहकार्याधिकारिन् m. Du. *die Minister der Bündnisse* (*auswärtigen Angelegenheiten*) *und des Krieges* Hit. 61,7.

संधिविग्रहयानद्वैधीभावसमाश्रयग्रन्थ m. Titel eines Werkes Opp. Cat. 1.

संधिविग्राहिक m. = संधिविग्रहक.

संधिवेला f. *Dämmerungszeit* Pâr. Gṛhj. 2,11,4.

*संधिशूल n. *eine Art Indigestion,* = ग्रामवात Gal.

संधिषामन् n. *ein* Sâman *zu den* Saṁdhi *genannten* Stotra.

संधिसंभव 1) Adj. *aus dem grammatischen* Saṁdhi *hervorgegangen.* — 2) m. *Diphthong.*

संधिसर्पण n. *das Kriechen durch enge Wege* Pâr. Gṛhj. 2,7,6.

संधिसितासितरोग m. *eine best. Augenkrankheit.*

*संधिहारक m. = संधिचौर.

संधी f. s. u. संधि 2) *k*).

संधीरण m. ein Mannsname Hem. Par. 6,87.

संधीश्वर m. N. pr. eines zur Erinnerung an die *Zusammenfügung* der Körpertheile Saṁdhimati's errichteten Heiligthums.

संधुक्षण 1) Adj. *anfachend, entflammend.* कोप°. — 2) n. *das Anfachen, Entflammen* (eig. und übertr.).

संधुद्य Adj. *anzufachen* (das Feuer der Verdauung) Karaka 6,5.

संधृति f. das Zusammenhalten Subhâshitâv. 2057.

संधेय 1) Adj. a) zusammenzufügen in म्राग्नु°. — b) verbunden werdend mit (im Comp. vorangehend). — c) in Ordnung zu bringen, wieder gut zu machsn in म्र°. — d) mit dem man Frieden oder ein Bündniss schliessen kann oder muss, zu versöhnen (s. म्राग्नु°). — e) dem grammatischen Saṁdhi zu unterwerfen. — 2) n. impers. sich zu verbünden mit (Instr.), sich zu versöhnen mit (Loc.).

1. संध्य 1) Adj. सँध्य (f. म्रा) a) auf dem Uebergangspunct liegend u. s. w. — b) auf dem grammatischen Saṁdhi beruhend. — 2) f. संध्यी a) Uebergangszeit, Morgen- oder Abenddämmerung. Acc. mit म्रास्, म्रनु-म्रास् und उप-म्रास् die Morgen- oder Abendandacht verrichten. — b) Morgen- oder Abendandacht 70,2. — c) die Morgendämmerung eines Juga (einer Weltperiode), die Dämmerung am Anfange und am Ende eines Juga. — d) die drei Gelenke des Tages: Morgen, Mittag (माध्यंदिनी संध्या Bâlab. 28, 2) und Abend. Auch die Genien dieser Zeitabschnitte. — e) die Dämmerung, insbes. die Abenddämmerung, personificirt als eine Manifestation Brahman's, als Geliebte des Sonnengottes und Çiva's, als Gattin Kâla's, Pulastja's und Pûshan's und als Schwieger Vidjutkeça's. — f) Bez. eines einjährigen Mädchens, welches bei der Durgâ-Feier diese Göttin vertritt. — g) * Grenze. — h) * Gelöbniss, Versprechen. — i) * = संधान. — k) * eine best. Blume. — l) N. pr. eines Flusses.

2. संध्य 1) Adj. nachdenkend. — 2) * f. म्रा Nachdenken. Vgl. auch संध्या bes.

संध्यक in * रक्त°.

संध्यत्तर n. ein auf Saṁdhi beruhender Vocal, d. i. Diphthong.

संध्यर्त (?) Mârk. P. 51,87.

* संध्या Adj. nachdenkend Comm. zu Vâsav. S. 32. — f. s. u. 1. und 2. संध्य.

संध्यांश und °क m. die Abenddämmerung eines Juga (einer Weltperiode).

संध्यांस Adj. die Morgen- und Abenddämmerung zu Schultern habend MBh. 12,321,25, v. l.

संध्याकल्प m Titel Opp. Cat. 1.

संध्याकार्य n. Morgen- oder Abendandacht (Viкr. 37, 9).

संध्याकाल m. Dämmerungszeit 154, 21.

संध्याकालिक Adj. abendlich Comm. zu Vâsav. 216.

संध्याचल m. N. pr. eines Berges.

संध्यातरु Nom. ag. M. 8,342 schlechte Lesart für संदातरु.

संध्यात्रयप्रयोग m. Titel Burnell, T.

संध्यात्व n. Nom. abstr. zu संध्या Dämmerung.

* संध्यानाटिन् m. Bein. Çiva's. * °नादिन् fehlerhaft.

संध्यापद्धति f. Titel eines Werkes.

संध्यापयोद m. eine Regenwolke in der Dämmerung Çâk. 75.

* संध्यापुष्पी f. Jasminum grandiflorum.

संध्याप्रयोग m. Morgen- oder Abendandacht.

* संध्याबल m. ein Râkshasa.

संध्याबलि m. 1) eine zur Dämmerungszeit gereichte Spende. — 2) * ein in einem Çiva-Tempel freigelassener Stier.

संध्याभाष्य n. Titel eines Werkes Opp. Cat. 1.

संध्याभ्र n. 1) eine Regenwolke in der Dämmerung Çıç. 19,76. — 2) * rother Ocker Râǵan. 13,61.

संध्यामय Adj. (f. ई) aus Dämmerung bestehend Harshaḱ. 90,15.

संध्यामाहात्म्य n. Titel eines Werkes Bühler, Rep. No. 97.

संध्याय्, °यते dem Zwielicht gleichen Kâd. 6,17 (6). °यित Adj. Subhâshitar. 23,23.

1. संध्याराग m. das rothe Glühen der Dämmerung (eine best. Naturerscheinung) Vâsav. 254,3.

2. * संध्याराग 1) Adj. die Farbe der Dämmerung habend. — 2) n. Mennig Râǵan. 13,52.

* संध्याराम m. Bein. Brahman's.

संध्यावन्दन n. 1) das Preisen der Morgen- und Abendröthe, Morgen- oder Abendandacht 254,21. Vâsav. 169,3. — 2) n. Titel eines Werkes Burnell, T., °गुरुभाष्य n. (Opp. Cat. 1), °भाष्य n. (ebend.), °लघुभाष्य n. (ebend.), °विवरण n. (Burnell, T.) und °वन्दनोपासनक्रम m. (Opp. Cat. 1).

संध्यावास m. N. pr. eines Dorfes.

संध्याविद्या f. Bein. der Varadâ.

संध्याविधि m. Morgen- oder Abendandacht (Kathâs. 38,57).

संध्याशङ्खध्वनि m. die beim Eintritt der Dämmerung auf einer Muschel geblasenen Töne.

संध्यासमय m. Dämmerungszeit 156, 7. Vâsav. 281,1.

संध्योपनिषद् f. Titel einer Upanishad.

संध्योपस्थान n. Verehrung der Dämmerungszeit.

संध्रास्य eine von Nîlak. zu MBh. 12,321,25 angeführte schlechte Lesart für संध्यांस.

संध्मान Adj. (zusammen) pfeifend (Winde) Maitr. S. 3,16,4 (189,16).

सन्न 1) Adj. s. u. 1. सद्. — 2) * m. Buchanania latifolia.

* सन्नक Adj. zwerghaft.

* सन्नकद्रु (Bhâvapr. 1,245) und * °म m. Buchanania latifolia.

संनख Adj. wobei die Nägel von Fingern und Daumen sich berühren. मुष्टि m. so v. a. eine geschlossene Faustvoll Âpast. Çr. 1,3,15. 15,13,3. Karaka 882,12. 885,20 (7,7. 9).

सँनत 1) Adj. s. u. नम् mit सम्. — 2) m. N. pr. eines Affen.

संनताङ्गी f. eine Schöne Vikramânkak. 10,5.

सँनति 1) f. a) Gesenktheit, niedrige —, tiefe Lage Spr. 7863. Çıç. 10,39. — b) Verminderung, Erleichterung (einer Last). — c) Zuneigung, Gunst, Willfährigkeit, — gegen (Gen.) Spr. 7863. Çıç. 10,39. — d) Bez. von Sprüchen, die dieses ausdrücken. — e) Unterwerfung Çıç. 16,34. — f) Demuth, anspruchloses Betragen, — gegenüber von (Loc.). — g) * Laut, Ton. — h) N. pr. einer Tochter α) Devala's (Asita's). — β) Daksha's. — 2) m. N. pr. eines Sohnes a) des Sumati. — b) des Alarka.

संनतिमन्त् 1) Adj. unterwürfig, bescheiden, anspruchlos, — gegenüber von (Gen.). — 2) m. N. pr. eines Sohnes des Sumati.

संनतिहोमं m. Bez. bestimmter Spenden TBr. 3, 8,18,5. Vgl. संततिहोमं.

संनतेयु m. N. pr. eines Sohnes des Raudrâçva.

सन्नद Adj. zu Nichte machend.

सँनद्ध 1) Adj. s. u. 1. नह् mit सम्. — 2) m. ein best. Sonnenstrahl.

संनद्धव्य n. impers. sich zu rüsten.

सन्नभाव Adj. kleinmüthig. Nom. abstr. °त्व n. Kleinmuth.

संनम् f. = सँनति 1) c).

संनमन n. das Einbiegen, Verengern Comm. zu Kâtj. Çr. 688,16.

सन्नमुसल, Loc. wenn die Mörserkeule ruht M. 6,56 = MBh. 12,243,8.

संनयं 1) Adj. zusammenführend. — 2) m. a) Versammlung. — b) * Nachhut eines Heeres, Hintertreffen.

संनयन n. das Zusammenthun Comm. zu Kauç. 33, 8.

संनंशे Dat. Infin. zu 3. नश् mit सम् RV. 8,3,10. 55,5. VS. 23,15.

संनँह्न 1) n. a) das Zusammenbinden, Schnüren. — b) das Sichrüsten. — c) Band, Schnur. — d) Rüstzeug, Rüstung MBh. 7,2,28. — e) fehlerhaft für संहनन. — 2) f. संनह्नी Bez. des Verses म्रपरिमितानाम् u. s. w. (TBr. 3,7,4,10) Âpast. Çr. 1,5,5.

संनह्नीय Adj. MBh. 9,890 fehlerhaft für संहननीय.

संनाद् m. 1) Sg. und Pl. *Getön, Gebrüll, Geschrei u. s. w.* Auch °शब्द् m. — 2) N. pr. eines Affen.

संनादन 1) Adj. *ertönen machend, mit Geräusch u. s. w. erfüllend.* — 2) m. N. pr. eines Affen.

संनाम m. 1) *das Sichneigen, Unterwerfung.* — 2) *Modification* LÂṬJ. 2,10,24. Comm. zu ÂPAST. ÇR. 6,26,5. 27,1. 13,20,7.

सन्नामन् n. *ein guter, schöner Name.*

संनामयितव्य Adj. *zu unterwerfen, gefügig zu machen* DIVJÂVAD. 447,6.

*संनाय्य schlechte Lesart für सांनाय्य.

संनाह m. 1) *das Umbinden, Gürtung.* — 2) *das Sichrüsten.* कृत° Adj. *gerüstet.* — 3) *das Sichrüsten zu,* so v. a. *Unternehmung.* — 4) *Band, Schnur* MBH. 4,45,25. — 5) *Rüstzeug, Rüstung.* — 6) *Pferdegeschirr.*

*संनाह्य Adj. *zum Kampf gerüstet* (Elephant).

सन्नि f. *Verzweiflung, Kleinmuth* in सन्निमत्.

संनिकर्ष 1) m. *a) Zusammenrückung, Annäherung, nahe —, unmittelbare Berührung, — mit* (im Comp. vorangehend), *— Beziehung zu* (im Comp. vorangehend); *Nähe.* Loc. *in der Nähe von* (Gen. oder im Comp. vorangehend), Acc. *in die Nähe von* (gehen u. s. w.), Abl. *aus der Nähe* (sich entfernen u. s. w.). — *b) Behälter, Sammelplatz.* — 2) Adj. *nahe stehend.*

संनिकर्षण n. *eine nahe Berührung mit* (Instr.).

संनिकर्षता f. Nom. abstr. von संनिकर्ष *nahe Berührung.*

संनिकर्षवाद् m., °वादार्थ m. und °कर्षविचार m. Titel von Werken.

संनिकाश am Ende eines adj. Comp. (f. आ) *den Schein —, das Aussehen von — habend.*

संनिकृष्ट 1) Adj. s. u. 1. कर्ष् mit संनि. — 2) n. *Nähe.* Loc. *in der Nähe von* (Gen. oder im Comp. vorangehend).

संनिग्रह m. *Züchtigung, Bestrafung.*

संनिचय m. 1) *das Anhäufen, Sammeln.* — 2) *Vorrath, Fülle, Menge.* Vgl. अल्प°.

सन्निताल m. *ein best. Tact* S. S. S. 226.

संनिदाघ m. *Hitze, Sonnenhitze.*

*संनिध n. *Nähe.*

संनिधातर् Nom. ag. 1) *Berger, Verwahrer.* — 2) *ein in der Nähe Seiender.* f. °त्री im Sinne des fut. — 3) *ein Dienst thuender Beamter.* Als Erklärung von क्षत्तर् Comm. zu ÇAT. BR. 13,5,4,6. Statt संविधातॄणाम् VENîs. 90,11 ist wohl संनि° zu lesen.

संनिधान n. 1) *Behälter, Sammelplatz* MBH. 7, 201,66. — 2) *das Nahesein, Nähe, Gegenwart, Anwesenheit.* Loc. *in der Nähe —, in Gegenwart von* (Gen. oder im Comp. vorangehend), Abl. *von — (Gen.) her,* °तस् *zu —* (im Comp. vorangehend) *hin.* — 3) *das Dasein, Vorhandensein.*

संनिधि m. 1) *Nebeneinanderstellung, gleichzeitige Erwähnung.* — 2) *Nähe, Gegenwart, Anwesenheit, Beisein.* Loc. *in der Nähe —, in Gegenwart von, bei —; in der Nähe von —, zu —;* Acc. *in die Nähe von —, zu —;* die Ergänzung im Gen. oder im Comp. vorangehend. Acc. mit कर् *erscheinen in* (Loc.), mit वि-धा oder बन्ध् *Platz ergreifen, seinen Sitz aufschlagen in* (Loc.). — 3) *das Dasein, Vorhandensein.*

संनिनद् m. (auch Pl.) und °नाद m. *Getön, Geschrei u. s. w.*

संनिपत्य Absol. von 1. पत् mit संनि. संनिपत्योपकारक *unmittelbar fördernd.* संनिपत्यकारिन् dass. NJÂJAM. 8,1,5. Comm. zu 9,1,8.

संनिपात m. 1) *Zusammenstoss* (auch von Feinden), *das Zusammenprallen, Zusammentreffen, Verbindung, — mit* (Instr.) GAUT. ÂPAST. 1,8,19. 24,23. ÇIÇ. 18,37. — 2) *coitus, — mit* (Loc.). Auch mit Hinzufügung von मैथुने. — 3) *der Zusammentritt sämmtlicher drei Humores zur Hervorbringung einer Krankheit* und *die auf diese Weise entstandene Krankheit.* — 4) *eine best. Art des Ringens* VP. 5,20,54. = परस्परं संघर्षः Comm. — 5) in der Astrologie *eine best. Art von Conjunction der Planeten.* — 6) *Fall, das Niederfallen* in लग्ना°. — 7) *Tod.* — 8) *ein best. Tact* S. S. S. 226.

संनिपातकलिका f. und **संनिपातचन्द्रिका** f. (BURNELL, T.) Titel.

संनिपातन n. *das Zusammenfallenlassen.*

संनिपातनिद्रा f. etwa *Betäubungsschlaf* KÂD. 115,9 (205,8).

संनिपातनुद् m. *eine Nimba-Art* RÂGAN. 9,17. SUÇR. 1,162,15.

संनिपातिक Adj. fehlerhaft für सांनि°.

संनिपातिन् Adj. 1) *zusammentreffend* Comm. zu ÂPAST. ÇR. 14,5,4. Nom. abstr. °तित्व n. zu 8,5,18. — 2) *unmittelbar fördernd* Comm. zu NJÂJAM. 8,1,5.

संनिपात्य Adj. *zu schleudern auf* (Loc.).

संनिबर्हण n. *das Niederdrücken,* so v. a. *Besiegen* (des Herzens).

संनिबोद्धव्य Adj. *zu erkennen.*

°**संनिभ** Adj. (f. आ) *gleich, ähnlich.* Pleonastisch nach Farbenbezeichnungen.

सन्निमत् Adj. *verzweifelnd, kleinmüthig.*

सन्निमित्त 1) n. *ein gutes Vorzeichen.* — 2) Adv. °म् *für eine gute Sache.*

संनियच्छन n. *das Bändigen, Zügeln, Lenken.*

संनियन्तर् Nom. ag. *Bändiger, Zügeler, Lenker.*

संनियम m. *absolute Bestimmtheit.*

संनियोग m. 1) *Anweisung, Auftrag.* — 2) *Vorschrift.*

संनियोज्य Adj. *zu Etwas anzuweisen, mit Etwas zu beauftragen* BAUDH. 2,4,10.

संनिरुद्धगुद m. *Verengerung des Mastdarms.*

संनिरोद्धव्य Adj. *einzusperren.*

संनिरोध m. 1) *Hemmung, Unterdrückung.* — 2) *Einsperrung, Gefangensetzung.* Auch Pl. — 3) *Enge.* पर्वत° *Bergschlucht.*

*संनिवपन n. *das Zusammentragen* (des Feuers).

संनिवपनोय Adj. *mit dem Zusammentragen* (des Feuers) *verbunden.*

संनिवर्तन n. *das Umkehren, Umwenden* (intrans.). Auch Pl.

संनिवाप m. *das Zusammenschütten* (der Feuer) GAIM. 6,6,32. Comm. zu ÂPAST. ÇR. 14,34,1.

संनिवाय m. *Verknüpfung, Vereinigung.*

संनिवारण n. *das Zurückhalten.*

संनिवार्य Adj. *zurückzuhalten, zu hemmen.*

संनिवास m. 1) *das Zusammenweilen, Zusammensein.* — 2) *gemeinschaftlicher Wohnsitz, Nest.*

सन्निवास Adj. *bei Guten weilend* (Vishṇu).

संनिवासिन् Adj. *wohnend* in वन°.

संनिवृत्ति f. *Wiederkehr* in अभूयः° und अ°.

संनिवेश m. 1) *Platzergreifung, das Stehen an einem Platze, Niederlassung.* Acc. mit कर् *sich niederlassen, sich festsetzen in* (im Comp. vorangehend) und *Platz machen für* (im Comp. vorangehend); mit वि-धा *sich niederlassen, Halt machen* HEM. PAR. 2,169. — 2) *das Miteinbegriffensein* HEMÂDRI 1,397,12. — 3) *das Aufgetragen-, Aufgedrücktwerden* (eines Zeichens) in लक्षणा° Nachtr. 6. — 4) *Gründung* (einer Stadt). — 5) *Anordnung, Einrichtung, Zusammensetzung, Arrangement.* — 6) *Stellung, Lage* 215,5. 9. Am Ende eines adj. Comp. *gelegen in* oder *auf* VÂSAV. 110,3. — 7) *Form, Gestalt, Aussehen.* Am Ende eines adj. Comp. im Prâkrit 311,21. — 8) *Ort des Verweilens, Aufenthaltsort* VÂSAV. 292,1. — 9) *versammelte Menge* PRASANNAR. 63,6. — 20) *die Anordnung, Einrichtung* personificirt als Sohn TVASHṬAR's von der RAKANÂ. — 11) MBH. 5,1825 fehlerhaft für संनिकाश.

संनिवेशन n. 1) *Wohnort, Wohnung.* — 2) *das Aufstellen* (eines Götterbildes). — 3) *das Anordnen, Anbringen.*

संनिवेशयितव्य Adj. *zu placiren, unterzubrin-*

gen Çaṁk. zu Bâdar. 4,3,2.

°संनिवेशिन् Adj. *sitzend —, steckend in.*

संनिवेश्य Adj. 1) *hineinzulegen —, — zustecken in* (Loc.). — 2) *aufzutragen, zu zeichnen* Hemâdri 1,190,10.

संनिश्चय m. *eine feststehende Meinung.* Acc. mit या *in's Klare kommen.*

संनिश्रय m. *Unterlage* in किं°.

संनिषेव्य Adj. *ärztlich zu behandeln* MBh. 8, 60,23.

सन्निसर्ग m. *ein gutes Naturell, Gutmüthigkeit.*

संनिहती f. N. pr. eines Flusses und eines Tîrtha.

संनिहत्या f. N. pr. eines Tîrtha, = संनिहती.

संनिहन n. Nom. act. in der Erklärung von संनिहत्या.

संनिहित 1) Adj. s. u. 1. धा mit संनि. — 2) m. *ein best.* Agni.

संनिहिततरत्व n. *das Näherliegen* Comm. zu Gobh. 3,7,7.

सन्नी Adv. mit कर् *stillen, befriedigen.*

संनृत्य n. *Tanz.*

*संनेय Partic. fut. pass. von 1. नी mit सम्.

संनोदयितव्य Adj. *anzutreiben, anzufeuern* Hariv. 2,28,32.

संन्यसन n. *Entsagung der Welt.*

संन्यस्तसंज्ञ Adj. *bewusstlos, ohnmächtig* Bhâvapr. 4,109.

संन्यास m. (adj. Comp. f. आ) 1) *Entsagung, das Aufgeben*; das Object im Gen. oder im Comp. vorangehend. — 2) *Entsagung der Welt.* °वत्त Adj. Comm. zu Âpast. Çr. 9,4,5. — 3) *das Aufgeben aller Nahrung.* — 4) *Erschöpfung, gänzliche Ermattung* Karaka 1,19. 24. — 5) *Uebereinkunft.* — 6) *Depositum, ein anvertrautes Gut.* — 7) *Einsatz beim Spiel.* — 8) **Nardostachys Jatamansi.*

संन्यासग्रहण n. *das Ergreifen des* Saṁnjâsa, *der Entschluss der Welt zu entsagen.* °पद्धति f. Titel eines Werkes.

संन्यासधर्मसंग्रह m., संन्यासनिर्णय m., संन्यासपदमञ्जरी f. und संन्यासपद्धति f. Titel von Werken.

संन्यासवन्त् Adj. *mit vollständiger Entsagung verbunden.*

संन्यासविधि m. und संन्यासाह्निक n. Titel von Werken Opp. Cat. 1.

संन्यासिक in वेद°.

संन्यासिन् Adj. 1) am Ende eines Comp. *entsagend, aufgebend.* — 2) *der der Welt entsagt hat.* — 3) *der der Nahrung entsagt hat.*

संन्यासोपनिषद् f. Titel einer Upanishad.

सन्मङ्गल n. *eine gute, vorschriftsmässige Ceremonie* u. s. w.

सन्मणि m. *ein echtes Juwel.*

1. सन्मति m. in असन्मति.

2. सन्मति Adj. *wohlgesinnt, edel denkend.*

सन्मन्त्र m. *ein guter Spruch.*

*सन्मातर् f. *eine gute Mutter*, anzunehmen für *सान्मातुर.

सन्मात्र Adj. *nur seiend, von dem nur das Sein ausgesagt werden kann.*

सन्मान häufiger Fehler für संमान.

सन्मार्ग m. *der richtige Weg* in übertragener Bed. 106,21. °योधिन् Adj. *auf eine ehrliche Weise kämpfend.*

सन्मित्र n. *ein guter Freund.*

सन्मिश्रकेश m. N. pr. eines Autors.

सन्मुनि m. *ein guter* Muni.

सन्मुहूर्त *ein guter, günstiger Zeitpunct* Pañkad.

सन्मौलिक Adj. Bez. einer Klasse von Kâjastha.

सँन्यंस् Adj. Compar. (nur schwach सँन्यस्) *älter.* Vgl. सँनीयंस्. Nach Sâj. = संभजन oder संन्यास.

1. सप्, सँपति (auch Med.) *nachstreben, zu erreichen suchen; Jmd anhängen, sich zu thun machen um* (Acc.). — सप्तुम् MBh. 13,2744 fehlerhaft für स्वप्तुम्. — Caus. Med. dass. — Mit अभि Med. dass.

2. °सप् (stark °साप्) Adj. in ऋतसँप् und केतसँप्.

3. सप्, nur सापँयत् etwa *futuens.*

सँप m. *penis* Maitr. S. 3,7,7 (84,9).

1. सपक्ष m. 1) *Anhänger, Freund* Naish. 5,2. 102. 7,20. Çiç. 10,53. 20,29. — 2) *Theilnehmer, mit einem Andern in gleichem Falle sich befindend, ähnlich* 250,30. Naish. 7,20.

2. सपक्ष 1) *mit Flügeln versehen* Vâsav. 267,7. — 2) *mit Federn versehen* (Pfeil) Çiç. 2,97. 20,29. — 3) *einen Anhang —, Freunde habend* Çiç. 2,97.

सपक्षक Adj. *mit Flügeln versehen.*

सपक्षता f. und सपक्षत्व n. Nom. abstr. zu 1. सपक्ष 1).

सपक्षपातम् Adv. *mit Vorliebe, mit Hinneigung* Râgat. 4,21.

सपङ्कज Adj. (f. आ) *mit einer Lotusblume versehen* 162,30.

सपटहम् Adv. *unter Trommelschlag* Kathâs. 18, 321. 26,93.

सपण Adj. *mit einer Wette verbunden* Jâgn. 2,18.

सपताक Adj. *mit einem Banner —, mit Fahnen versehen* MBh. 13,53,30. Hariv. 4532.

सपत्त्र m. *Pfeil (befiedert).*

सपत्त्रा Adv. mit कर् *mit einem Pfeile so verwunden, dass das Gefieder mit hineindringt.*

*सपत्त्राकरण n. und *सपत्त्राकृति f. so v. a. *Bereitung eines heftigen Schmerzes.*

सपत्त्रित Adj. *mit einem Pfeile so verwundet, dass das Gefieder in den Körper dringt*, Daçin. 1,135.

सपॅत्न m. *Nebenbuhler, Widersacher, Feind.* — सपॅत्नी f. s. bes.

सपत्नकॅर्शन Adj. *Nebenbuhler mindernd.*

सपत्नक्षॅयण Adj. (f. ई) *Nebenbuhler verderbend.*

सपत्नक्षित्ँ Adj. dass.

सपत्नचातन Adj. *Nebenbuhler verscheuchend.*

सपत्नजित् 1) Adj. *Nebenbuhler besiegend.* — 2) m. N. pr. eines Sohnes des Krshṇa von der Sudattâ.

सपत्नता f. *Nebenbuhlerschaft, Feindschaft.*

सपत्नतुॅर् Adj. (Nom. °तूॅम्) *Nebenbuhler überwindend.*

सपत्नत्व n. *Nebenbuhlerschaft.*

सपत्नदॅम्भन Adj. *Nebenbuhler schädigend.*

सपत्नदूषण Adj. *Nebenbuhler verderbend.*

सपत्नसाद Adj. fehlerhaft für सपत्नसाह् Hariv. 3,50,60.

सपत्नसाहॅ Adj. (f. ईॅ) *Nebenbuhler bewältigend.*

सपत्नहॅन् Adj. (f. °घ्नीॅ) *Nebenbuhler schlagend.*

*सपत्नारि m. *eine Bambusart.*

1. सपॅत्नी Adj. f. *denselben Herrn habend; Subst. ein Weib desselben Mannes, Nebenfrau; Nebenbuhlerin.*

2. सपत्नी Adj. = सपत्नीक.

3. सपत्नी Adv. mit कर् *zum Nebenbuhler machen.*

सपत्नीक Adj. *in Begleitung der Frauen oder der Frau, nebst Frau* MBh. 13,14,69. Hariv. 11842. Hemâdri 1,244,7. 9. 645,16. 646,2. Çâk. 168.

सपत्नीत्व n. Nom. abstr. zu 1. सपत्नी.

सपत्नीश m. Bein. Çiva's Hariv. 7433.

सपत्य (metrisch) n. fehlerhaft für सापत्न्य.

सपदि Adj. *sofort, alsbald, im Nu.*

सपद्म Adj. *mit Lotusblüthen versehen.*

सपद्मक Adj. *mit einer Lotusblüthe versehen* und zugleich *prachtvoll* (पद्मा = श्री) Çiç. 13,38.

सपन्निमिषँ m. N. pr. eines mythischen Wesens Suparn. 23,3.

सपर n. *eine best. hohe Zahl.*

सपराक्रम Adj. *mächtig, gewaltig* MBh. 1,153,35.

सपरिक्रम Adj. *mit Gefolge* Pañkat. 81,22.

सपरिच्छद Adj. (f. आ) *nebst Hausgeräthe, Reisezeug, Gefolge, Dienerschaft* M. 7,40. 9,241. 274. R. 2,36,24. 37,25. 46,28. Chr. 112,22.

सपरिजन Adj. *nebst Gefolge* Pañkad. 17.

सपरितोषम् Adv. *mit Befriedigung, erfreut* 310, 21. 327,20.

सपरिवार Adj. (f. आ) *nebst Gefolge* Pañkad. 52.

Ind. St. 10,313.

सॅपरिश्रय Adj. *mit einer Einfriedigung* Çat. Br. 14,9,1,22.

सपरिश्रित्कम् Adv. *bis zu den* Pariçrit Kâtj. Çr. 18,3,7.

सपरिषत्क Adj. *sammt Anhang* Gobh. 3,2,52. 4,28.

सपरिहास Adj. *scherzhaft* Kâd. 2,6,19.

सपर्ण Adj. (f. आ) *mit Blättern versehen* Hemâdri 1,139,14.

सपर्य्, सपर्य॑ति 1) *Pflege* oder *Sorgfalt widmen, sich dienend zu thun machen um.* — 2) *ehren, verehren.* — 3) *zur Ehre ausführen.* — 4) *gern annehmen, gratum habere.* — Mit वि *hier und dort verehren.*

सपर्य, सपर्य॑ 1) Adj. von unbestimmbarer Bed. — 2) f. सपर्या (Götter und Menschen erwiesene) *Verehrung, Ehrenerweisung* Bâlar. 84,23. Auch Pl.

सपर्याण Adj. (f. आ) *gesattelt* Kâd. 192,14.

सपर्यासप्तक n. Titel eines Werkes Burnell, T.

सपर्यु॑ Adj. 1) *ehrend, huldigend.* — 2) *ergeben, treu.*

सपर्येण्य Adj. *colendus* Kauç. 6,26.

सपर्वत Adj. (f. आ) *nebst den Bergen* Ind. St. 9,76.

सपलाश Adj. (f. आ) *mit Blättern versehen.*

सपवित्र Adj. (f. आ) *nebst* Pavitra Kâtj. Çr. 2, 5,10. 10,1,21. Nom. abstr. °ता f. Comm. zu 2,5,10.

सॅपशु Adj. 1) *von Vieh begleitet, sammt Vieh.* — 2) *mit einem Thieropfer verbunden.*

सपशुक Adj. = सपशु 2).

सपात्र Adj. (f. आ) 1) *nebst den zugehörigen Schalen* u. s. w. Kâtj. Çr. 9,2,11. 14,4,17. 25,13,44. — 2) *mit den Schalen* u. s. w. *in der Hand* Kâtj. Çr. 10,6,23.

सपाद् Adj. *nebst einem Viertel.*

सपादक Adj. *nebst —, bis zu den Füssen.*

*सपादमत्स्य m. *Wels, Silurus* Bhâvapr. 2,13.

सपादलक्ष m. oder n. 1) *hundertfünfundzwanzig Tausend* Pańkat. ed. Bomb. 1,112,8. — 2) N. pr. eines Districts Uttamak. 7. 8. 364. °क्ष्मापाल m. Ind. Antiq. 6,194. 199. 201. 203. °शिखरिन् m. N. pr. eines *Berges* 10,342.

सपादुक Adj. *beschuht.*

सपाल 1) Adj. *a) von einem Hüter begleitet.* — *b) nebst dem Fürsten.* — 2) *m. N. pr. eines Fürsten.

सपिण्ड Adj. (f. आ) *am* Piṇḍa *für die Manen theilnehmend, nicht ferner als in der sechsten* (*ursprünglich wohl nur in der dritten*) *Generation mit Jmd* (Gen.) *verwandt* Gaut. Âpast. Baudh. 1, 11,9. Vgl Jolly, Tagore Law Lectures, 1883, S. 168. fgg. Nom. abstr. °ता f.

सपिण्डन n. Nom. act. von सपिण्डय्. °प्रयोग m. Titel eines Werkes.

सपिण्डनिर्णय m. Titel eines Werkes Burnell, T.

*सपिण्डय्, °यति *Jmd zu einem* Sapiṇḍa *machen, Jmd die Rechte eines* Sapiṇḍa *ertheilen, zum ersten* Çrâddha *nach einem Todesfalle zulassen, das erste* Çrâddha *vollziehen.*

सपिण्डी Adv. mit कर् dass.

सपिण्डीकरण n. = सपिण्डन.

सपिण्डीक्रमण n. fehlerhaft für °करण.

सपितृक Adj. *nebst dem Vater* oder *den Vätern* Âçv. Gṛhj. 3,9,1. Hemâdri 1,646,2.

सपितृराजन्य Adj. *nebst den Königlichen unter den Vätern* Âçv. Gṛhj. 3,9,1.

सपित्व॑ n. etwa *Gemeinschaft.*

सपिन् in निष्षपि॑न्.

सपिधान Adj. *mit einem Deckel versehen* MBh. 4,15,16. Râǵat. 1,128.

*सपिशाच Adj. (f. आ) *auf* Piçâka *deutend* P. 6, 3,80, Sch.

*सपीतक 1) m. *Luffa foetida* oder *eine andere Species.* — 2) *f. °तिका *eine grosse Cucurbitacee.*

1. सॅपीति f. *Gemeinschaft des Trinkens* Maitr. S. 2,7,12 (92,14).

2. सॅपीति m. *Trinkgenosse.*

सपुच्छ Adj. *nebst dem Schwanze,* — *äussersten Ende* Comm. zu Kâtj. Çr. 18,4,22.

सपुत्र Adj. (f. आ) 1) *einen Sohn habend* Vishṇus. 6,29. — 2) *nebst dem Sohne,* — *den Kindern,* — *dem Kalbe* Çâṅkh. Çr. 6,6,12. MBh. 1,74,13. 3,79,3. R. 2,21,56. Kathâs. 9,88. 10,205. 23,25. Hemâdri 1, 464,17. — 3) etwa *mit kinderähnlichen Figuren verziert.*

सपुत्रक Adj. (f. °त्रिका) *nebst dem Söhnchen* Pâr. Gṛhj. 1,16,22.

सपुत्रिन् Adj. *nebst den Söhnen,* — *Kindern* Hariv. 11842.

सॅपुरश्चरण Adj. *sammt den Vorbereitungen* Çat. Br. 10,3,5,3.

सॅपुरीष Adj. (f. आ) 1) *mit Füllsel versehen* Kâtj. Çr. 17,7,9. — 2) *Koth enthaltend* Çat. Br. 12,5,2,5.

सपुरुष Adj. *sammt den Leuten.*

सपुरोऽनुवाक्य Adj. *nebst der* Puronuvâkjâ, *mit der* P. *versehen* Çâṅkh. Çr. 1,1,22. 2,19. 13,24,18.

सपुरोलाश Adj. *ein best.* Ekâha Çâṅkh. Çr. 14, 73, 3.

सपुलक Adj. *bei dem die Härchen sich sträuben* (vor Wollust) Spr. 2937. °म् Adv. *unter Sträuben der Härchen* Gît. 7,22.

सपुष्प Adj. *mit Blumen versehen,* — *geschmückt, blühend* Vishṇus. 99,19. R. 4,7,12. Pańkad. 44.

सपूर्व Adj. (f. आ) 1) *nebst dem vorangehenden Laute.* — 2) *von den Vorfahren besessen.*

सपृषदाज्य Adj. *nebst gesprenkelter Butter* Kâtj. Çr. 6,2,6.

सपोत Adj. (f. आ) *mit einem Schiff* Ind. St. 15,269.

सपौष्णमैत्र Adj. *nebst den Mondhäusern* Revatî *und* Anurâdhâ Varâh. Bṛh. S. 15,28.

सप्त Adj. Beiw. Vishṇu's Vishṇus. 98,44. Hier werden सप्त महाभाग als zwei Worte gefasst; anders Nilak. zu MBh. (s. u. सप्तमहाभाग). — Vgl. त्रिषप्त॑ und त्रिसप्त॑.

सप्तऋषि॑ m. Pl. = सप्तर्षि.

सप्तऋषि॑वत् Adj. *von den sieben* Ṛshi *begleitet.*

सप्तऋषीण Adj. zu सप्तऋषि.

सप्तक 1) Adj. *aus sieben bestehend.* चत्वारः सप्तकाः *aus 28 bestehend,* सप्त सप्तकाः und सप्तकाः सप्त *neunundvierzig.* — 2) m. (Karaka 6,1) n. (Divjâvad. 99,20. 167,17) *Woche.* — 3) *f. ई *ein weiblicher Gürtel.* — 4) n. *Siebenzahl, Heptade* Hemâdri 1, 590,14. Am Ende eines adj. Comp. f. सप्तिका.

सप्तकथामय Adj. (f. ई) *aus sieben Erzählungen bestehend* Kathâs. 8,1.

सप्त॑कपाल Adj. *auf sieben Schalen befindlich* Çat. Br. 2,5,1,12. 5,3,1,6.

सप्तकर्ण m. N. pr. eines Mannes.

सप्तकुमारिकावदान n. *die Legende von den sieben Jungfrauen.*

सप्तकृत् m. N. pr. eines zu den Viçve Devâs *gezählten Wesens.*

सप्तकृत्वस् Adv. *siebenmal.*

सप्तगङ्ग n. N. pr. einer Oertlichkeit. *°म् Adv.

सप्तग॑ण Adj. *aus sieben Schaaren bestehend.*

सप्तगु॑ 1) Adj. *sieben Rinder besitzend* oder *mit sieben Rindern fahrend.* — 2) m. N. pr. eines Liedverfassers.

सप्तगुण Adj. (f. आ) *siebenfach.*

सप्तगृध्र॑ m. Pl. *die sieben Geier* (?).

सप्तगोदावर N. pr. 1) n. einer Oertlichkeit. *°म् Adv. — 2) f. ई eines Flusses.

सप्त॑चक्र Adj. *siebenräderig.*

सप्तचत्वारिंश Adj. *der 47ste.*

सप्त॑चत्वारिंशत् f. *siebenundvierzig.*

सप्तचरु n. (Nomin. °रुम्!) N. pr. einer Oertlichkeit.

सॅप्तचितिक Adj. *in sieben Lagen geschichtet.*

सप्तच्छद m. *Alstonia scholaris* (*siebenblätterig*) Râǵan. 12,35. Çiç. 1,22.

सप्तच्छन्दस् Adj. *sieben Metra enthaltend* Saṁhitopan. 44,2.

सप्तच्छिद्र Adj. (f. आ) *siebenlöcherig* Kauç. 81.

सप्तऋन m. Pl. Collectivname für *sieben* bestimmte Muni.

सप्तजिह्व 1) Adj. *siebenzüngig* 80,6. — 2) m. *Feuer, der Gott des Feuers.*

*सप्तज्वाल m. *Feuer.*

सप्तत Adj. *der siebzigste* in Comp. mit vorangehenden Einern.

सप्ततन्त्रि Adj. *siebensaitig* Comm. zu Kâtj. Çr. 20,3,2 und zu Çat. Br. 13,4,3,3.

सप्ततन्तु 1) Adj. *siebenfädig*, so v. a. *aus sieben Abschnitten bestehend* (Opfer). — 2) m. *Opfer* Kâd. 59,21 (111,9). Bâlar. 53,15.

सप्ततन्त्री Adj. f. *siebensaitig* MBh. 3,134,14.

सप्ततय Adj. (f. ई) *siebentheilig* Âpast. Çr. 15,20,8.

सप्तति f. 1) *siebzig.* Das Gezählte congruirt im Casus mit dem Zahlworte, steht im Gen. Pl. oder geht im Comp. voran oder nach. — 2) *ein Siebzig*, so v. a. *siebzig Jahre.*

सप्ततितम Adj. *der siebzigste.*

सप्ततिम Adj. dass. भाग m. *Theil* Hemâdri 1,117, 10 = 2,a,56,4.

सप्ततिरत्नमालिका f. Titel Opp. Cat. 1.

सप्ततिवर्षायन Adj. *siebzigjährig.*

सप्तत्रिंश Adj. *der 57ste.*

सप्तत्रिंशत् f. *siebenunddreissig.* Das Gezählte congruirt im Casus mit dem Zahlwort.

सप्तत्रिंशति f. dass. mit derselben Construction.

सप्तत्रिंशद्रात्र n. *eine best. Feier.*

सप्तथ Adj. (f. ई) *der siebente.*

सप्तदश 1) Adj. (f. ई) a) *der siebzehnte.* — b) *mit siebzehn verbunden.* — c) *aus siebzehn bestehend.* — d) *mit dem siebzehntheiligen* Stoma *verbunden, ihm analog* u. s. w. — e) Pl. = सप्तदशन् *siebzehn.* — 2) m. *ein siebzehntheiliger* Stoma. — 3) n. a) *eine Gruppe von siebzehn.* — b) Name eines Sâman VP. 1,5,54.

सप्तदशक Adj. = सप्तदश 1) c). संख्याने °के so v. a. *wenn man die Zahl siebzehn annimmt.*

सप्तदशच्छदि Adj. *17 Dächer habend* TS. 6,2,10,6.

सप्तदशता f. *die Zahl siebzehn.*

सप्तदशधा Adv. *siebzehnfach.*

सप्तदशन् Adj. Pl. (Nom. Acc. °दश) *siebzehn.*

सप्तदशम Adj. *der siebzehnte.*

सप्तदशरात्र m. n. *eine best. siebzehntägige Feier.*

सप्तदशर्च Adj. *siebzehnversig;* n. *ein solches Lied.*

सप्तदशवत् Adj. *mit dem siebzehntheiligen* Stoma *verbunden.*

सप्तदशवर्तनि Adj. *die Bahn für einen siebzehntheiligen* Stoma *bildend* TS. 4,3,3,1.

सप्तदशविध Adj. *siebzehnfach* Çânkh. Çr. 16,4.

सप्तदशशराव Adj. *von siebzehn* Çarâva (*ein best. Kornmaass*) TBr. 1,3,4,5. 6,8. Çat. Br. 5,1,4,12.

सप्तदशसामिधेनीक Adj. *mit siebzehn* Sâmidhenî-*Versen versehen* Çânkh. Br. 1,1. Âpast. Çr. 3, 15,4. 5,22,8.

सप्तदशस्तोम Adj. *mit dem siebzehntheiligen* Stoma *versehen* Çânkh. Çr. 10,4,1. 11,11,1. 14,24,2.

सप्तदशाक्षर Adj. *siebzehnsilbig.*

सप्तदशाभिक्लृप्त Adj. *dem siebzehntheiligen* Stoma *entsprechend* Çat. Br. 12,3,1,5.

सप्तदशार Adj. *siebzehnspeichig.*

सप्तदशारत्नि Adj. *siebzehn Ellen lang* Çat. Br. 3,6,1,26. Nom. abstr. सप्तदशारत्निता f. Comm. zu Gaim. I, S. 232, Z. 1.

सप्तदशिन् Adj. *mit siebzehn* (Stotra) *versehen.*

सप्तदिन° und सप्तदिवस° *sieben Tage, eine Woche.*

*सप्तदीधिति m. *Feuer.*

1. सप्तद्वीप° *die sieben Inseln der Erde*, so v. a. *die ganze Erde.*

2. सप्तद्वीप Adj. (f. आ) *aus sieben Inseln bestehend* (die Erde). °धरापति m. so v. a. *Beherrscher der ganzen Erde.*

सप्तद्वीपवत् 1) Adj. dass. 106,12. Ind. St. 15,267. — 2) f. °वती *die ganze Erde.* °पति m. *Beherrscher der ganzen Erde.*

सप्तधा Adv. 1) *in sieben Theilen* (*Theile*), *siebenfach* Çiç. 17,68. — 2) *siebenmal.*

सप्तधातु 1) Adj. (f. eben so) a) *aus sieben bestehend, siebenfach.* — b) *aus sieben Hauptbestandtheilen bestehend* (der Körper). — 2) *m. N. pr. eines der zehn Rosse des Mondes.

सप्तधातुक Adj. = सप्तधातु 1) b).

सप्तधातुमय Adj. *aus sieben verschiedenen Metallen gemacht* Hemâdri 1,657,6.

सप्तधातुवरूथक Adj. *dessen Schutzvorrichtung am Wagen die sieben Hauptbestandtheile des Körpers sind* Bhâg. P. 4,29,19.

सप्तधान्य n. Sg. und Pl. *die sieben Arten Korn* Hemâdri 1,604,10. 657,14.

सप्तधान्यमय Adj. *aus den sieben Kornarten gebildet* Hemâdri 1,413,13.

सप्तधार n. N. pr. eines Tîrtha.

सप्तन् Adj. Pl. (Nom. Acc. सप्त) *sieben.* Diese Zahl drückt zugleich eine *unbestimmte Vielheit* aus, wie in kleinerem Maassstabe die *Dreizahl.* Daher auch die Vervielfältigung der *sieben* mit der *drei.*

सप्तनली f. *Vogelleim.*

सप्तनवत Adj. *der 97ste.*

*सप्तनाडिक adj. in Verbindung mit चक्र n. und *°नाडीचक्र n. *ein best. astrologisches Diagramm* (*sieben* aus einem Puncte ausgehende *Schlangenlinien*) *zur Bestimmung von Regen.*

सप्तनामन् Adj. *siebennamig.*

*सप्तनामा f. *Polanisia icosandra.*

सप्तनिधन n. Name eines Sâman Ârsh. Br.

सप्तपञ्चाश Adj. *der 57ste.*

सप्तपञ्चाशत् f. *siebenundfünfzig.*

सप्तपत्त्र 1) Adj. a) *siebenblätterig.* — b) *mit sieben Rossen bespannt* Vâsav. 86,3. — 2) m. a) *Alstonia scholaris* Vâsav. 86,3. — b) *eine Art Jasmin.*

सप्तपद्द Adj. (f. °पदी) 1) *sieben Schritte thuend* (womit eine Ehe, ein Bündniss abgeschlossen wird). — 2) *abgeschlossen*, so v. a. *besiegelt.* — 3) so v. a. *für alle Bedürfnisse genügend.*

सप्तपद 1) Adj. (f. आ) a) *sieben Schritte thuend* (womit eine Ehe, ein Bündniss abgeschlossen wird). — b) *aus sieben Stollen bestehend.* — 2) f. सप्तपदी *eine Zahl von sieben Schritten.* °करण n. *der Abschluss einer Ehe durch die sieben Schritte, welche die Braut bei der Ceremonie thut*, Kull. zu M. 9,71. 72.

सप्तपदार्थचन्द्रिका f. (Burnell, T.), °पदार्थनिरूपण n., °पदार्थी f., °टीका f. und °व्याख्या f. Titel.

सप्तपराक m. *eine best. Kasteiung.*

सप्तपर्ण 1) m. *Alstonia scholaris* Râgan. 12,35. Mat. med. 191. — 2) f. ई *Mimosa pudica* Râgan. 5,104. — 3) n. a) *die Blüthe von Alstonia scholaris.* — b) *ein best. Gebäck.*

सप्तपर्णक m. = सप्तपर्ण 1).

सप्तपलाश 1) Adj. (f. ई) *aus sieben Blättern bestehend* Kauç. 38. — 2) *m. *Alstonia scholaris.*

सप्तपुत्र Adj. *sieben Söhne* (*Kinder*) *habend.*

*सप्तपुत्रसू f. *eine Mutter von sieben Söhnen* (*Kindern*).

सप्तपुरुष Adj. *aus sieben* (□-) *Manneslängen bestehend* Çat. Br. 6,1,1,6. 10,2,2,5.

सप्तबाह्य n. N. pr. des Reiches des Bâlhika.

सप्तबुद्धस्तोत्र n. Titel eines *Lobgesanges.*

सप्तबुध्न Adj. *sieben Böden habend.*

सप्तभङ्गिन् m. Bez. der Gaina VP.² 3,209.

सप्तभङ्गिनय und सप्तभङ्गी° (Çank. zu Bâdar. 2, 2,33) m. bei den Gaina *die Methode der sieben mit dem Worte „vielleicht“* (स्यात्) *beginnenden Formeln der skeptischen Dialektik.*

*सप्तभद्र m. *Acacia Sirissa.*

सप्तभूम Adj. *siebenstöckig* Hem. Par. 2,673. Çâçvata 205.

सप्तभूमिक Adj. dass. Pankat. ed. Bomb. 1,46,23. °कप्रासाद fehlerhaft in der Koseg. Ausg. 44,18.

सप्तभूमिमय Adj. dass. Ind. St. 15,434.

सप्तभौम Adj. dass. MBh. 13,107,72. R. 5,10,11.

सप्तम 1) Adj. (f. ई) *der siebente.* — 2) f. ई *a) der siebente Tag in einer Monatshälfte.* — *b) der siebente Casus, Locativ, die Endungen dieses Casus.* — *c) der Charakter und die Personalendungen des Potentialis.* — *d) eine best.* Mûrkhanâ S. S. S. 31.

सप्तमक Adj. *der siebente.*

*सप्तमल्ल m. *Feuer.*

सप्तमरीचि 1) Adj. *siebenstrahlig.* — 2) m. *Feuer.*

सप्तमहाभाग Adj. als Beiw. Vishṇu's MBh. 12, 338,4, No. 43 nach Nîlak. = सप्तभिर्गायत्र्यादिभिर्पणीयः सप्तैव महान्तो यज्ञभागा यस्य. Im Vishṇus. werden सप्त महाभाग als zwei Beiwörter gefasst.

सप्तमातृ Adj. *sieben Mütter habend.*

सप्तमानुष Adj. *bei den sieben Menschenstämmen wohnend,* d. i. *bei Allen gegenwärtig.*

सप्तमार्ग m. N. pr. eines Mannes Ind. St. 14,122 u. s. w.

सप्तमाष्टम Adj. Du. *der siebente und achte* AV. 19,22,3.

सप्तमास्य Adj. *siebenmonatlich* (Kind).

सप्तमीय Adj. *der siebente.*

सप्तमीसमास m. *ein Compositum, in dem das erste Glied als Locativ zu fassen ist.*

सप्तमुष्टिक m. *eine best. Mixtur gegen Fieber.*

सप्तमूर्तिमय Adj. (f. ई) *siebengestaltig* Ind. St. 15,438.

सप्तम्यर्कव्रत n. *eine best. Begehung.*

सप्तयम Adj. *mit sieben Tonlagen* RV. Prât. 13,17.

सप्तयोजनी f. *eine Strecke von sieben* Joġana Râġat. 5,103.

सप्तरक्त n. Sg. *die sieben rothen Theile am Körper.*

सप्तरत्नपद्मविकारिन् m. N. pr. eines Buddha. v. l. °पद्मविक्रान्तगामिन्.

सप्तरत्नमय Adj. *aus sieben Edelsteinen bestehend* Kârand. 86,14.

सप्तरश्मि Adj. 1) *siebensträngig.* — 2) etwa *siebenzüngig.*

1. सप्तरात्र n. *ein Zeitraum von sieben Nächten (Tagen), Woche* Divjâvad. 377,11. 12.

2. सप्तरात्र 1) m. *ein best.* Ahîna. — 2) n. Pl. Bez. verschiedener heiliger Bücher der Vishṇu'iten Agni-P. 39,1.

सप्तरात्रक Adj. (f. °त्रिका) *siebentägig, sieben Tage während* Hariv. 2,19,16.

सप्तरात्रिक (?) n. = 1. सप्तरात्र.

सप्तराव m. N. pr. eines Sohnes des Garuḍa MBh. 5,101,11. v. l. सप्तवार.

सप्तराशिक *the rule of seven.*

सप्तरुचि 1) Adj. *siebenstrahlig.* — 2) m. *Feuer* Çiç. 20,53.

सप्तर्च Adj. *siebenversig;* n. *ein solches Lied* Vaitân.

सप्तर्षि m. 1) Pl. *die sieben* Ṛshi, *eine best. Klasse hochverehrter Wesen. Am Himmel die sieben Sterne des grossen Bären.* *सप्तर्षिपूता दिक् so v. a. *Norden.* — 2) Sg. *einer der sieben* Ṛshi MBh. 13,18,43.

सप्तर्षिक° = सप्तर्षि 1).

सप्तर्षिकुण्ड n. Pl. Name von *Badeplätzen, die den sieben* Ṛshi *geheiligt sind,* MBh. 3,83,72.

*सप्तर्षिज m. *der Planet Jupiter.*

सप्तर्षिता f. Nom. abstr. zu सप्तर्षि 1).

सप्तर्षिमत n. Titel eines Werkes.

*सप्तर्षिमत् Adj. von सप्तर्षि.

सप्तर्षिलोक m. *die Welt der sieben* Ṛshi.

सप्तर्षिस्तोत्र n., सप्तर्षिस्मृति f. und °संग्रह m. Titel.

सप्तल 1) *m. N. pr. eines Mannes. — 2) f. आ Bez. *verschiedener Pflanzen* Harshak. 1,1. 7,11. Nach den Lexicographen *arabischer Jasmin, der Seifenbaum, Mimosa concinna, Abrus precatorius* und *Bignonia suaveolens.*

सप्तलक्षण n. und °भाष्य n. Titel Opp. Cat. 1.

सप्तलक्षणमय Adj. *siebenfach gekennzeichnet* Ind. St. 15,434.

सप्तलिका f. *eine best. Pflanze.*

सप्तलोकमय Adj. *die sieben Welten in sich schliessend* (Vishṇu) Agni-P. 38,47.

सप्तलोकी f. *die sieben Welttheile,* so v. a. *die ganze Erde* Prasannar. 151,2.

सप्तवत् 1) Adj. *das Wort* सप्तन् *enthaltend;* f. °वती *ein solcher Vers* Âpast. Çr. 5,18,1. 7,7,1. — 2) f. °वती N. pr. eines Flusses.

सप्तवध्रि 1) Adj. *mit sieben Riemen gefesselt* (die Seele). — 2) m. N. pr. eines Mannes.

सप्तवरूथ Adj. *mit sieben Schutzvorrichtungen am Wagen versehen* Bhâg. P. 4,26,2.

सप्तवर्ग m. *eine Gruppe von Sieben.*

*सप्तवर्मन् m. N. pr. eines Grammatikers.

सप्तवर्ष Adj. (f. आ) *sieben Jahre alt* Comm. zu Çâṅkh. Gṛhj. 1,5.

सप्तवादिन् m. Bez. *der* Ġaina VP.[2] 3,209. Vgl. सप्तभङ्गिन् fg.

सप्तवार m. N. pr. eines Sohnes des Garuḍa. v. l. सप्तराव.

सप्तवार्षिक Adj. (f. ई) *sieben Jahre alt* Pańkat. 167,2. Ind. St. 15,305.

सप्तविंश Adj. 1) *der 27ste.* — 2) *aus 27 bestehend.*

सप्तविंशक Adj. = सप्तविंश 2).

सप्तविंशत् *siebenundzwanzig.* Acc. eben so 101,2.

सप्तविंशति f. *siebenundzwanzig.* Das Gezählte congruirt im Casus mit dem Zahlwort, steht im Gen. oder geht im Comp. voran.

सप्तविंशतिक Adj. *aus 27 bestehend.*

सप्तविंशतितम und °विंशतिम Adj. *der 27ste.*

सप्तविंशतिरात्र n. *ein best.* Sattra.

सप्तविंशतिशत n. Pl. *hundertsiebenundzwanzig* Ait. Âr. 338,1 v. u.

सप्तविंशतिसाधुलक्षण n. Titel eines Werkes.

सप्तविंशिन् Adj. *aus 27 bestehend.*

सप्तविदारु m. *ein best. Baum.*

सप्तविध Adj. (f. आ) *siebenfach, siebenfältig, siebenartig* Çulbas. 3,23. Nom. abstr. सप्तविधता f.

सप्तविभक्तिनिर्णय m. Titel Burnell, T.

सप्तवृष Adj. *sieben Stiere besitzend* AV. 5,16,7.

सप्तवेलम् Adv. *siebenmal* Çârṅg. Saṁh. 3,11,28.

सप्तव्यसनकथा f. Titel eines Werkes Bühler, Rep. No. 681. Vgl. Ind. St. 15,330.

सप्तशत 1) Adj. u. n. s. अर्घ°. — 2) f. ई *a) siebenhundert.* — *b)* Titel verschiedener Werke Burnell, T. Opp. Cat. 1. °काव्य n., °गुप्तवतीव्याख्या f. (Opp. Cat. 1), °बीजमन्त्रविधान n. (Burnell, T.), °भाष्य n. (Opp. Cat. 1), °मन्त्रविभाग m. (ebend.), °मूल n. (ebend.), °विवृति f., °व्याख्या f. und °स्तोत्र n. (Burnell, T.).

सप्तशतक 1) n. Titel einer Sammlung von 700 erotischen Versen in Prâkrit. — 2) f. °तिका Titel eines Werkes.

सप्तशफ Adj. (f. आ) *siebenhufig* Maitr. S. 3,7,4 (78,13). Âpast. Çr. 7,12,1.

सप्तशलाकचक्र n. *ein best. astrologisches Diagramm* (sieben senkrechte Linien, durchschnitten von sieben wagerechten) *zur Bestimmung eines glücklichen Hochzeitstages.* °विधि m. Titel.

सप्तशालिवटी f. *best. Quecksilberpillen gegen Syphilis* Mat. med. 36. Bhâv. P. 6,52.

सप्तशिरस् Adj. *siebenköpfig* R. 4,33,41.

*सप्तशिरा f. s. सप्तसिरा.

सप्तशिव Adj. (f. आ) nach Sâj. *die sieben* (Welten) *beglückend.*

सप्तशीर्ष Adj. *siebenköpfig.* Als Beiw. Vishṇu's Vishṇus. 1,56 auf verschiedene Weisen erklärt.

सप्तशीर्षन् Adj. (f. °शीर्ष्णी) dass.

सप्तश्रोतस् n. schlechte Schreibart für °स्रोतस्.

सप्तश्लोकी f. Titel eines Werkes Burnell, T.

सप्तषष्ट Adj. *der 67ste.*

सप्तषष्टि f. *siebenundsechzig.* Auch in Comp. mit शत n. Pl. und सहस्र n. Pl.

सप्तषष्टितम Adj. *der 67ste.*

सप्तषष्टिभाग m. *der 67ste Theil.*

सप्तसंस्थाप्रयोग m. Titel Burnell, T.

सप्तसप्तक 1) Adj. *aus 49 bestehend.* — 2) n. *ne undvierzig.*

सप्तसप्तत Adj. *der 77ste.*

सप्तसप्तति f. *siebenundsiebzig.* वत्सरे °तौ so v. a. *im 77sten Jahre.*

सप्तसप्ततितम Adj. *der 77ste.*

सप्तसप्ति 1) Adj. *mit sieben Rossen fahrend.* — 2) m. *die Sonne* Çiç. 11,48. Kâd. 257,9 (420,19). Harshak. 96,24. Râgat. 7,23.

सप्तसप्तिन् Adj. *je in sieben bestehend* Tâṇḍja-Br. 2,14,1.

सप्तसम in *प्राच्य°.

सप्तसमुद्रवत् Adj. *von den sieben Meeren umgeben.*

सप्तसमुद्रान्त Adj. (f. आ) *bis an die sieben Meere sich erstreckend* (die Erde) R. 4,13,8.

सप्तसागरक n. = सप्तसागरदान Hemâdri 1,337,16.

सप्तसागरदान n. *das Verschenken der sieben Meere* (bildlich dargestellt durch sieben Urnen mit siebenfachem Inhalt) Verz. d. Oxf. H. 43,*a*,18. 19.

सप्तसागरमेखल Adj. (f. आ) *mit den sieben Meeren umgürtet* (die Erde) Ind. St. 9,77.

सप्तसागरविधि m. = सप्तसागरदान Verz. d. Oxf. H. 35,*b*,10.

सप्तसारस्वत n. N. pr. eines Tîrtha.

*सप्तसिरा f. *Betelpfeffer* Râgan. 11,253 (°शिरा geschrieben).

*सप्तसू f. *eine Mutter von sieben Kindern.*

सप्तसोमसंस्थापद्धति f. Titel eines Werkes.

सप्तस्तव m. und सप्तस्थलमाहात्म्य n. Titel Opp. Cat. 1.

सप्तस्पर्धा f. N. pr. eines Flusses.

सप्तस्रोतस् n. N. pr. eines Tîrtha.

सप्तस्वसृ Adj. (f. eben so) *sieben Schwestern habend.*

सप्तह n. Name eines Sâman. जमदग्नेस् Ârsh. Br.

सप्तहन् Adj. *Sieben erschlagend.*

सप्तहोतृ 1) Adj. *sieben Opferpriester habend.* — 2) m. Pl. Bez. *bestimmter* Mantra.

सप्तहोत्र n. (Opp. Cat. 1) und °प्रयोग m. Titel.

*सप्तांशुपुंगव m. *der Planet Saturn.*

सप्ताक्षर Adj. (f. ई) *siebensilbig* Maitr. S. 3,6,5 (65,15).

सप्तागारम् Adv. *in sieben Häusern.*

सप्तागारिक Adj. *in sieben Häusern stattfindend* Vishṇus. 96,3.

सप्ताङ्ग Adj. *siebengliederig, — theilig.*

सप्तात्मन् Adj. *sieben Naturen habend.*

सप्ताद्रि m. *Siebengebirge.*

सप्ताम्रक n. N. pr. eines Heiligthums bei Vaiçâlî Divjâvad. 201,5.

सप्तार्चि m. *Feuer.*

सप्तार्चिस् 1) Adj. *a) siebenstrahlig.* — *b)* **stechende Augen habend.* — 2) m. *a) Feuer, der Gott des Feuers.* — *b) der Planet Saturn* VP.² 2,257. 258.

1. सप्तार्णव° *die sieben Meere.* °जलेशय Adj. Ragh. 10,22.

2. सप्तार्णव Adj. (f. आ) *von sieben Meeren umgeben.*

सप्तार्ष n. N. pr. eines Tîrtha Vishṇus. 85,39.

सप्ताविंशति f. metrisch oder ungenau für सप्तविंशति. Acc. auch °विंशतिं.

सप्ताशीत Adj. *der 87ste.*

सप्ताशीति f. *siebenundachtzig.*

सप्ताशीतितम Adj. *der 87ste.*

सप्ताशीतिश्लोकसूत्र n. Titel eines Werkes Bühler, Rep. No. 686.

सप्ताश्र Adj. *siebeneckig* Hemâdri 1,133,9 (सप्तास्र gedr.).

सप्ताश्व 1) Adj. *siebenrossig* (die Sonne). — 2) *m. *die Sonne.*

सप्ताश्ववाहन m. *die Sonne.*

सप्ताष्टन् Adj. Pl. *sieben oder acht* Hemâdri 1,367,6.

सप्ताष्ट am Anfange eines Comp.

सप्तास्थित Adj. *mit sieben* (Zinken oder dgl.) *besetzt* Tâṇḍja-Br. 2,9,2. f. आ als Bez. *einer best.* Vishṭuti Comm. im Anf. zu 2,9,1.

सप्तास्य Adj. 1) *siebenmündig.* — 2) *sieben Oeffnungen habend.*

सप्तास्र Adj. s. सप्ताश्र.

सप्ताह m. 1) *sieben Tage.* Am Ende eines adj. Comp. f. आ. — 2) *eine siebentägige Feier.*

सप्ताह्वा f. *eine best. Pflanze,* = सप्तला Suçr. 2,69,21.

सप्ति m. 1) *Ross,* insbes. *Rennpferd.* — 2) angeblich N. pr. eines Liedverfassers.

सप्तिक Adj. *eine Länge von sieben habend* Çulbas. 1,49.

सप्तिता f. Nom. abstr. von सप्ति *Ross.*

1. सप्तिन् 1) Adj. *sieben enthaltend.* — 2) m. *der siebentheilige* Stoma.

2. सप्तिन् Adj. von सप्ति. f. °नी dem वाजिनी nachgebildet.

सप्तीवत् Adj. *mit Rennern fahrend.*

सप्तोत्सद Adj. als Beiw. eines Dorfes Divjâvad. 620,13. 621,1.

सप्तोत्साद Adj. *sieben hohe Theile am Körper habend.*

सप्तोना f. (sc. विंशति die Normalzahl der Verse in einem Sûkta) *dreizehn* Sâj. in der Einl. zu ṚV. 3,33.

(सप्त्य) सप्तिम्र n. etwa *Tummelplatz für Rosse, Rennbahn.*

सप्रकारक Adj. *eine Specification enthaltend.*

सप्रकृतिक Adj. *nebst Stamm, — Thema, — Wurzel.*

सप्रगाथ Adj. *nebst* Pragâtha Çâṅkh. Çr. 12,6,9.

सप्रज Adj. (f. आ) 1) *Nachkommen habend.* — 2) *nebst Kindern* Âpast.

सप्रजस् Adj. *Nachkommen habend.*

सप्रजापतिक Adj. *nebst* Pragâpati.

सप्रज्ञ Adj. *mit Verstand begabt* Spr. 784.

सप्रणय Adj. *offen, gerade heraus gesprochen.* °म् Adv.

सप्रणव Adj. (f. आ) *mit der heiligen Silbe* ओम् Vasishṭha 26,4. Vishṇus. 55,9. Suçr. 1,6,19. Kull. zu M. 6,69.

सप्रणामम् Adv. *mit einer Verneigung* Çâk. 7,8. 28,10. 53,1. 75,15. Dhûrtas. 15,21.

सप्रतिपादन n. MBh. 1,375 fehlerhaft für संप्रति°.

सप्रतिबन्ध Adj. *mit Hindernissen verbunden* Spr. 6832. Von einer Erbschaft, wenn keine männliche Descendenz vorhanden ist, so dass das Erbe auf die Seitenlinie oder die Wittwe u. s. w. übergeht, Mitâksh. 2,44,*b*.

सप्रतिभ Adj. *einsichtig, im Augenblick das Richtige erkennend* R. 5,81,46. Kathâs. 46,135.

सप्रतिष्ठ Adj. (f. आ) *nebst Behälter* Çat. Br. 14,6,9,10.

सप्रतिकाश Adj. *mit dem Gegenschein* Âçv. Gṛhj. 3,9,1.

सप्रतीक्षम् Adv. *auf Etwas oder Jmd wartend* R. Gorr. 2,83,5.

सप्रतीवाप Adj. *mit einer Beimischung.*

सप्रतीश Adj. *ehrerbietig* Divjâvad. 336,16. 484,15. 485,20. Vgl. Pâli अप्पतिस्स *unehrerbietig.*

सप्रतोद Adj. *nebst Stachelstock* (zum Antreiben der Thiere) Çâṅkh. Çr. 14,72,3.

सप्रत्यय Adj. (f. आ) 1) *Vertrauen habend, — zu* (Loc.). — 2) *zuverlässig, sicher.*

सप्रत्ययक Adj. *nebst Suffix.*

सप्रत्याधान Adj. *nebst dem Ort der Aufbewahrung* Çat. Br. 14,5,2,1.

सप्रत्याशम् Adv. *erwartungsvoll.*

सप्रथ Adj. TBr. 1,1,10,3.5 nach dem Comm. = सभ्य.

सप्रथस् und सप्रथस् (VS. TS.) Adj. 1) *ausgebreitet, geräumig.* — 2) *weit reichend, weithin wirkend, — schallend, — leuchtend.*

सप्रपञ्च Adj. *mit Allem was daran hängt.*

°सप्रभ Adj. *gleiches Glanzes —, gleiches Aussehens*

mit. Nom. abstr. सप्रभत्व n. *gleiches Aussehen.*

सप्रभाव Adj. (f. आ) *Macht —, Kraft besitzend* Kathâs. 31,33. Çiç. 19,7. Uttamak. 116.

सप्रभृति Adj. *gleich beginnend; n. gleicher Anfang.*

सप्रमाण Adj. (f. आ) *das Recht auf seiner Seite habend, Etwas zu thun berechtigt* R. 2,37,21. °म् Adv. Dhûrtas. (ed. Lassen) 94,12 fehlerhaft für सप्रणामम्.

सप्रमाद Adj. *nicht auf seiner Hut seiend* Spr. 6833.

सप्रमोदनम् Adv. *erfreut* Dhûrtas. (ed. Lassen) 87,8. v. l. सप्रमोदम्.

सप्रमोदम् Adv. dass. Dhûrtas. 8,16. 12,19. 14,7. 24.

सप्रवर्ग्य Adj. *nebst dem* Pravargja Kâtj. Çr. 10,1,20. 26,2,1.

सप्रवाद Adj. *nebst den davon abgeleiteten Formen, — Casus.*

सप्रश्रयम् Adv. *ehrerbietig, bescheiden* Spr. 2422. Kathâs. 6,42. Pañkat. 25,25. 33,12. 236,17. Vâsav. 240,8 (= सविश्वासम् Comm.).

सप्रसव Adj. (f. आ) 1) *mit Nachkommenschaft gesegnet* Spr. 2460. Nom. abstr. °त्व n. Sâh. D. 260,7. — 2) f. *schwanger* Dhûrtas. 7,7.

सप्रसाद Adj. (f. आ) *gnädig* Kâd. 2,7,1 (6,20). °म् Adv.

सप्रस्तार m. Hariv. 11361. v. l. संप्रस्तार.

सप्रस्वेद Adj. *schwitzend* MBh. 1,137,1.

सप्रहासम् Adv. *auflachend* Mâlav. 56,14.

सप्राण Adj. *athmend, lebend* Spr. 6834.

°सप्राय Adj. *gleichartig, gleichmässig.*

सप्रु Adj. angeblich *von Blitzen begleitet* Ait. Âr. 439,5.

सप्रेम Adj. (f. आ) *von Liebe erfüllt* Kathâs. 17,132. 28,78.

सप्रेमन् Adj. *seine Freude habend an* (Loc.).

सप्रैष Adj. *nebst* Praisha Kâtj. Çr. 19,3,5. Çâñkh. Çr. 1,2,20. 5,16,2.

सप्सरस् Adj. etwa *voll Scheu, ehrfurchtsvoll.* Nach Sâj. = समानद्रूप oder हिंसक.

सफ 1) Adj. *mit dem Laute* फ Tâṇḍja-Br. 8,5,6. Nom. abstr. °त्व n. ebend. — 2) m. N. pr. verschiedener Männer Ârsh. Br. 1,288. — 3) n. Name verschiedener Sâman Ârsh. Br. 1,578. Tâṇḍja-Br. 15,11,5. Comm. zu Njâjam. 9,2,10. Nom. abstr. °त्व n. Comm. zu Tâṇḍja-Br. 15,11,5.

सफल Adj. (f. आ) 1) *mit —, nebst Früchten* MBh. 13,62,31. Pañkad. 44. — 2) *Hoden habend, unverschnitten.* — 3) *Lohn —, Gewinn bringend, Erfolg habend, sein Ziel erreichend, erfolgreich, sich erfüllend.* Acc. mit कर् *erfüllen, halten* (ein Versprechen). — 4) *nebst Erfolg.*

सफलक Adj. *mit einem Schilde versehen* MBh. 10,8,59.

सफलत्व n. Nom. abstr. zu सफल 3) Çiç. 11,33.

सफलय्, °यति *gewinnreich —, erfolgreich machen* Kâd. 2,99,9 (121,21). Prasannar. 144,13.

सफली Adv. 1) mit कर् dass. — 2) mit भू *Gewinn bringen, Erfolg haben.*

सफेन Adj. (f. आ) *schaumig* Gobh. 1,2,23. Varâh. Brh. S. 54,36.

सबन्धक Adj. *wobei ein Pfand gegeben ist* Jâgn. 2,37.

सबन्धु Adj. (f. eben so) 1) *derselben Sippe zugehörig, verwandt.* — 2) *einen Angehörigen —, einen Freund habend.*

सबर्दुघ Adj. (f. आ) *leicht —, alsbald Milch gebend.*

सबर्दुह् Adj. (Nomin. सबर्धुक्) dass.

सबर्धु Adj. (f. eben so) dass. Vgl. 3. धु und 2. धु.

सबर्हिस् Adj. *mit einer Opferstreu versehen* Kauç. 73.

1. सबल 1) Adj. (f. आ) a) *kräftig, mächtig.* Nom. abstr. सबलता f. (Çâñkh. Br. 21,5. 26,9) und सबलत्व n. (Çiç. 15,24). — b) *nebst Kraft, — Macht.* — c) *nebst Heer.* — d) *nebst* Bala (Kṛshṇa's älterem Bruder) Çiç. 16,13. — 2) m. N. pr. a) eines Sohnes des Manu Bhautja. — b) eines Sohnes des Vasishṭha und eines der 7 Ṛshi. — c) eines der 7 Ṛshi unter Manu Sâvarṇa.

2. सबल schlechte Schreibart für शबल.

सबलवाहन Adj. *sammt Heer und Tross* 207,28.

सबलासिंह m. N. pr. eines Fürsten.

सबलानुग Adj. *von einem Heere gefolgt* MBh. 5,190,16. R. 1,74,7.

*सबलि m. *Abend.*

सबहुमानम् Adv. *hochachtungsvoll* 290,15. Uttamak. 73.

सबाध Adj. *bedrückt, gepeinigt* TS. 2,2,12,4.

सबाध Adj. *mit Nachtheil verbunden für* (Gen.).

सबाधस् 1) Adj. etwa *bedrängt.* — 2) Adv. *dringend.* — 3) *m. = ऋत्विज्.

सबाष्प Adj. (f. आ) *Thränen vergiessend* Hariv. 9438. Spr. 3440. °म् Adv. *mit Thränen in den Augen* Chr. 298,26. Kathâs. 32,197. Pañkat. 243,4.

सबाष्पक Adj. *dampfend* Suçr. 2,61,17, wo statt सवास्पकाम् wohl सबाष्पिकाम् zu lesen ist.

सबाष्पगद्गदम् Adv. *weinend und stammelnd* Ragh. 8,43.

सबाह्यान्तःकरण Adj. *mit den äusseren und inneren Sinnen.* आत्मन् m. so v. a. *das ganze Selbst.*

सबिन्दु m. N. pr. eines Berges.

सबीज Adj. (f. आ) *mit —, nebst Samen* MBh. 13,62,31. *Samen —, einen Keim* (in übertragener Bed.) *enthaltend* Kap. 3,117. VP. 6,7,40. Nom. abstr. °त्व n.

सबीभत्सम् Adv. *mit Ekel, mit Abscheu* Mâlatîm. 61,7 (ed. Bomb. 133,7).

सबुंव TBr. 2,6,4,2 nach dem Comm. Adj. *vom Laute* बुवम् *begleitet.* v. l. सब्वं.

सब्द m. (= संगर) und n. (= अङ्कुर) in einer Formel.

सब्रह्मक Adj. 1) *sammt dem Priester* Brahman. — 2) *sammt dem Gotte* Brahman.

सब्रह्मचारिक Adj. von सब्रह्मचारिन् oder = diesem.

सब्रह्मचारिन् 1) m. *Mitschüler, einer der die gleiche* Çâkhâ *des* Veda *studirt.* f. °रिणी *Mitschülerin.* — 2) am Ende eines Comp. so v. a. a) *Genosse, Genossin.* दुःख° Kâd. 198,24 (333,17). — b) *aemulus, wetteifernd mit* Kâd. 89,6. 7 (160,1).

सब्राह्मण Adj. *sammt Brahmanen.*

सब्राह्मणस्पत्य Adj. *nebst den an* Brahmaṇaspati *gerichteten* Pragâtha Çâñkh. Çr. 10,5,7. 9,5.

सब्वं, Adj. सब्वम् VS. 10,84. Nach Mahîdh. n. = पक्वाशयगतमन्नम्. Es ist wohl सबु f. anzunehmen, etwa in der Bed. von *Speisebrei.* सबुंवम् TBr.

सभ् = 1. सञ्ज्; vgl. प्रसभम्.

सभ n. s. u. सभा 1).

सभक्तिकम् Adv. *liebevoll.*

सभक्त m. *Mitesser, Tischgenosse* in यथासभक्तम्.

सभङ्ग Adj. *mit verschiedener Zerlegung* (des Wortes) Sâh. D. 644. °श्लेष m. 264,19. 21.

सभय Adj. (f. आ) 1) *von Angst —, von Furcht ergriffen, erschrocken, sich fürchtend vor* (im Comp. vorangehend). °म् Adv. *erschrocken* 300,8. 301,2. — 2) *mit Angst —, mit Gefahren verbunden* Lalit. 259,8.

सभरस् Adj. etwa *zusammenklingend, — stimmend, — mit* (Instr.).

सभर्तृका Adj. f. *einen Gatten am Leben habend.*

सभव Adj. *nebst* Bhava (Çiva).

सभस्मक Adj. *sammt der Asche* Gop. Br. 1,3,13.

सभस्मन् Adj. *mit Asche vermischt* (93,14), — *bestrichen.* सभस्मद्विजास् Bez. der Pâçupata oder Çiva'*itischen Mönche.*

सभा f. 1) *ein öffentliches* oder *Gemeindehaus, Halle für Versammlungen, insbes. Spielhaus; Versammlung, Gesellschaft; der Hof eines Fürsten, Gerichtshof.* Am Ende eines Comp. *Palast, Hof* (eines Gottes oder Fürsten), *Versammlung, Gesellschaft von.* Nach den Grammatikern in dieser Verbindung häufig n. Vgl. एकसभ॑. — 2) *Asyl, Zufluchtsort für Reisende.* — 3) *Vorhalle in einem Tempel.* — 4) personificirt als eine Tochter Pragâpati's.

सभाकार m. *Erbauer einer Halle* u. s. w.

सभाकौमुदी f. Titel eines Werkes BURNELL, T.

सभाक्ष m. N. pr. eines Mannes.

1. सभाग॑ Adj. *in die Versammlung —, in den Rath gehend.*

2. सभाग Adj. *einen Antheil habend.* Anzunehmen für सभागय्.

सभागत Adj. *vor Gericht erschienen* 213,10.

सभागता f. *Gemeinschaft, Gesellschaft* Text zu Lot. de la b. l. 279. DIVJÂVAD. 122,16. 194,30.

सभागय्, सभागयति etwa *mittheilen.* स॑भागयति mit unbekannter Bed. MAITR. S. 4,2,3 (24,16).

सभागृह n. *Versammlungshalle.*

सभाग्य Adj. (f. ग्रा) *glücklich* (von Personen).

सभाचर॑ Adj. = 1. सभाग॑.

1. सभाजन n. *das Erweisen einer Ehre, einer Aufmerksamkeit* ÇIÇ. 13,14.

2. सभाजन Adj. *reichlich mit Geräthen versehen.* v. l. महाजन.

सभाजनय् scheinbar MÂRK. P. 110,13, da hier सभाजनमिष्यते st. सभाजनयिष्यते zu lesen ist.

सभाजय्, °यति, °यते 1) *Jmd* (Acc.) *eine Ehre —, eine Aufmerksamkeit erweisen.* Partic. सभाजित. — 2) *Etwas ehren, preisen.* Partic. सभाजित. — 3) *besuchen, frequentiren* KARAKA 2,6. KATHÂS. 110, 3. — Mit ग्रधि = Simpl. 1).

सभाण्ड Adj. *in einem Topfe —, in einer Schüssel befindlich* BHÂG. P. 1,18,34. Vielleicht ist सभाण्डम् als Adv. zu fassen *aus demselben Topf* (essen).

सभातरंग m. Titel eines Werkes BURNELL, T.

सभानर m. N. pr. verschiedener Männer.

सभा॑पति m. 1) *Herr —, Vorsteher einer Versammlung.* — *des Raths, Hofmeister* KAUTUKAS. — 2) Bein. Bhûtakarman's.

सभापतिविलास m. Titel eines Werkes BURNELL, T.

सभापरिषद् f. *Rathsversammlung.*

सभापर्वन् n. Titel des zweiten Buches im MBH.

सभापाल m. *Vorsteher eines öffentlichen Hauses, Wächter einer Versammlung.*

सभाप्रपादिन् Adj. *Versammlungen besuchend* NILAR. UP. 25.

सभामण्डप *Versammlungshalle* VÂSAV. 232,2.

सभारण्यविटङ्कवत् Adj. *bei dem das* Sabhâ- *und* Aranjaparvan (des MBH.) *den Gipfel bildet* MBH. 1,1,88.

सभारता f. *Fülle, volles Gedeihen* ÇÂÑKH. BR. 4,1. 18,11. 19,8.

सभार्य Adj. *nebst der Gattin* 89,13. R. 1,39,15.

सभा॑वत् Adj. *im Rath —, in der Versammlung passend.*

सभाविन् m. *der Herr eines Spielhauses.*

सभाविनोद m. Titel eines Werkes.

सभासद् m. *Mitglied einer Gesellschaft* oder *Versammlung; Beisitzer im Gericht, Richter.*

सभासद m. dass.

*सभासंनयन n. PAT. zu P. 1,1,73, Vârtt. 2.

सभासाह॑ Adj. *der übrigen Gesellschaft* u. s. w. *überlegen, hervorragend.*

सभासिंह m. N. pr. eines Fürsten.

सभास्तार m. *Mitglied einer* Sabhâ, *Theilnehmer an einer Gesellschaft, — am Glücksspiel.*

सभास्थाणु॑ m. *Pfosten eines Spielhauses.* Nach den Erklärern *Spieltisch* und scherzhafte Bez. *eines Menschen, der vom Spiel nicht wegzubringen ist.*

सभिक m. *der Inhaber eines Spielhauses.*

स॑भूमि Adv. *mit Einschluss des Grundbesitzes* ÇAT. BR. 13,7,1,13. KÂTJ. ÇR. 21,2,13.

स॑भृति Adj. *Gerichte auftragend* (auf den Tisch).

सभेय Adj. *für eine Versammlung und Rath geeignet, — tüchtig, in gute Gesellschaft passend, anständig, gewandt* u. s. w. Vgl. सु॑सभेय.

सभेश्वरस्तोत्र n. Titel eines Lobgesanges BURNELL, T.

स॑भ्य Adj. Subst. 1) *in der Halle, Versammlung, Gesellschaft befindlich, in ihr anwesend; dazu gehörig, geeignet* u. s. w. m. *Beisitzer im Gericht, Richter; Mitspieler.* Mit einem Gen. (ÇÂÇVATA 806) oder am Ende eines Comp. *am Hofe von — lebend.* — 2) *ein Mitglied der guten Gesellschaft, fein gebildet* Spr. 7736. — 3) *höflich, anständig* ÇIÇ. 14,53. *fein* von Reden KATHÂS. 56,247. — 4) m. *ein best. Feuer* KÂTJ. ÇR. 4,9,20. 15,33. PADDH. 356,19. 20. 421,10.

सभ्यकण्ठाभरण n. Titel eines Werkes.

सभ्याभिनवयति m. N. pr. eines Autors BURNELL, T.

सभ्येतर Adj. *unanständig* (Reden).

सभ्रूक्षेपम् Adv. *mit verzogenen Brauen.*

सभ्रूभङ्ग Adj. *mit verzogenen Brauen* MEGH. 24. °म् und सभ्रूभङ्ग° Adv. Cbr. 213,21. 306,23. MEGH. 71.

सभ्रूभेदम् Adv. *mit verzogenen Brauen.*

सभ्रूविलासम् Adv. *mit den Brauen spielend.*

1. *सम्, समति (ग्रवैक्लव्ये, ग्रवैकल्ये, वैक्लव्ये).

2. स॑म् Adv. in Verbindung mit Verben und in Comp. mit einem Nomen *Vereinigung* ausdrükkend. In defectiven Sätzen ist bisweilen ein Verbum fin. zu ergänzen.

1. सम Pron. 1) *irgend ein.* — 2) *jeder.*

2. सम॑ 1) Adj. (f. ग्रा॑) a) *eben, planus, glatt, in gleicher Höhe oder Lage befindlich, parallel.* भूमिम् oder भूमिसम *der Erde gleichend* (werden oder machen). कर्णसम *in der Höhe des Ohres seiend.* — b) *gleich, ähnlich, gleichartig, aus gleichen Theilen bestehend, gleich viel, gleich an Zahl, der Bedeutung nach gleich, von gleichem Range, gleich stehend, von gleicher Beschaffenheit, homogen, — mit* (Instr., Gen., Abl. [nur HEMÂDRI 1,512,13] oder im Comp. vorangehend), *in Bezug auf* (Instr., °तस्, Loc. oder im Comp. vorangehend). Acc. mit कर *gleichstellen, — mit* (Gen.). हिरण्यमयसम = हिरण्मय. — c) *sich gleich bleibend, nach wie vor —, unter verschiedenen Verhältnissen derselbe, unverändert, gleich verfahrend gegen* (Loc. [GAUT. 3,24. 11,5] oder Gen.). — d) *gerade* (von Zahlen), *paar.* — e) *das richtige Maass* u. s. w. *habend, normal* VISHNUS. 1,24. Acc. mit कर *in Ordnung bringen;* ग्रर्धरात्रे स्थिते समे so v. a. *gerade um Mitternacht.* — f) *das gewöhnliche Maass* u. s. w. *habend, mittelmässig.* — g) *neutral, nicht Freund und nicht Feind.* — h) *harmlos, gut, ehrlich zu Werke gehend.* — i) *worüber man leicht hinwegkommt, bequem, leicht* (Auftrag). — 2) सम॑म् und सम° Adv. a) ohne Ergänzung: α) *auf gleiche Weise, gleich.* — β) *zugleich, gleichzeitig.* — γ) *gerade, präcis, ganz.* ग्राकर्णसम° *gerade bis an die Ohren.* — δ) *auf eine ehrliche Weise.* — b) mit Ergänzung: α) mit Instr. *zugleich mit, mit* überh. — β) am Ende eines Comp. *zugleich —, in Uebereinstimmung mit.* — 3) m. a) *Friede.* Vielleicht fehlerhaft für शम. — b) *Durchschnittspunct des Horizonts und der Mittagslinie.* — c) *ein best. Tact* S. S. S. 233. — d) **Strohfeuer.* — e) **ein* Gina GAL. — f) personificirt als ein Sohn Dharma's VP.² 1,111. — g) N. pr. α) eines Sohnes des Dhrtarâshtra. — β) eines Fürsten der Nandivega. v. l. शम. — 4) n. a) *Ebene.* समे॑ भूम्या॑: *auf ebenem Boden.* — b) *Ausgleichung, Abrechnung.* — c) *Gleichmässigkeit, Gleichmuth.* Instr. *gleichmässig* 230,9. — d) *ein richtiges Maass.* Instr. so v. a. *genau, präcis.* — e) *gute Verhältnisse.* — f) in der Rhetorik *das Zusammentreffen zweier ähnlicher Objecte.* — g) *mean; a fourth proportional to the two perpendiculars and the link or segment.*

3. सम n. = स॑मा *Jahr* in पापसम॑, पुण्यसम॑ und 2. सुषम॑.

4. सम Adj. (f. आ) = सश्रीक, सलक्ष्मीक Nalod.

समक Adj. *gleich.*

समकत Adj. *gleich viel wiegend, — geltend.* Nom. abstr. °ता f. und °त्व n.

समकता f. *Gleichgewicht.* Acc. mit तुल् (तुलयति) *sich das Gleichgewicht halten, gleich viel wiegen* MBh. 12,199,69.

*समकन्या f. *ein heirathsfähiges Mädchen.*

समकर Adj. *normale Abgaben* (कर) *erhebend* und zugleich *mit dem Ungeheuer* Makara *versehen* Ind. St. 15,297.

समकर्ण Adj. 1) *ebenmässige Ohren habend*, Beiw. Çiva's (nach Nilak. समश्रासौ कर्णश्च = सम्नुर्वक्रश्च) und *Buddha's. — 2) *zwei gleiche Diagonalen habend.*

समकर्मन् Adj. *gleiche Beschäftigung habend.*

समकाल° und °कालम् (auch °काले einmal als v. l.) *gleichzeitig, — mit* (im Comp. vorangehend) Çiç. 20,8. Bhâg. P. 5,23,1. °समकालभव *Zeitgenosse von.*

°समकालीन Adj. *gleichzeitig mit.*

*समकोल m. *Schlange.*

समकोष्ठमिति f. *the measure of compartments, or number of equal squares of the same denomination (as cubit, fathom, finger, etc.) in which the dimension of the side is given; the area or superficial content.*

समक्त Partic. von अञ्ज् mit सम्.

समक्र Partic. von अच् mit सम्.

समक्रम Adj. *gleichen Schritt haltend* Çiç. 17,46.

समक्रिय Adj. *auf gleiche Weise verfahrend bei* oder *mit* (Loc.).

समक्ष 1) Adj. *vor Augen seiend, sichtbar.* — 2) समक्षम्, समक्षात्, समक्षतस् und समक्षे (Çiç. 14,87) *vor Augen, offenbar* (Chr. 82,8), *Angesichts, in Gegenwart von* (Dat., Gen. oder im Comp. vorangehend).

समक्षदर्शन n. *Autopsie.*

समखात n. *a cavity having the figure of a regular solid with equal sides: a parallelepipedon, cylinder, etc.*

*समगन्धक m. (*aus gleichen Theilen*) *zusammengesetztes Räucherwerk.*

*समगन्धिक n. *die Wurzel von Andropogon muricatus* Râgan. 12,160. Bhâvapr. 1,190.

समग्र Adj. (f. समग्रा) 1) *ganz, vollständig, sämmtlich, jeglich.* °ग्रन्ध n. *absolute Finsterniss* Spr. 7750. n. *Alles.* समग्र° Adv. *ganz.* — 2) *vollständig versehen mit* (Instr. oder im Comp. vorangehend) 252, 11. Acc. mit कर् so v. a. *zusammenführen mit* (Gen.!). — 3) *wer Alles hat was er braucht, dem Nichts fehlt.*

समग्रणी Adj. *der allererste unter* (Gen.).

समग्रय्, °यति *vollständig machen, vervollständigen, herstellen.*

समग्रवर्तिन् Adj. *ganz ruhend —, — gerichtet auf* (Loc.).

समग्रेन्दु m. *Vollmond.*

1. समङ्क m. 1) *Haken, Klammer* bildlich für *Schmerzen.* — 2) *ein best. das Getraide zerstörendes Thier.*

2. समङ्क Adj. *dasselbe Zeichen tragend.*

समङ्ग 1) Adj. (f. आ) *mit allen Gliedern versehen, vollständig.* Auch als Beiw. der mythischen Kuh Bahulâ. — 2) m. N. pr. *a*) Pl. eines Volkes. — *b*) zweier Männer. — 3) f. समङ्गा *a*) Bez. *verschiedener Pflanzen.* Nach den Lexicographen *Rubia Munjista* und *cordifolia*, *Mimosa pudica* (öfters in Bhâvapr.), *Aloe indica, Lycopodium imbricatum* und = खदिरी. — *b*) N. pr. eines Flusses.

समङ्गिन् 1) Adj. *in allen Theilen vollständig, mit allen Erfordernissen versehen.* — 2) f. °नी N. pr. einer Gottheit des Bodhi-Baumes.

समचक्रवाल n. *Kreis* Ind. St. 10,274.

समचतुरश्र, °चतुरस्र Adj. (f. आ) *vier gleiche Ecken habend, quadratförmig;* Subst. m. n. *ein rechtwinkeliges Viereck, Quadrat* Çulbas. 1,45. 2, 66. Âryabh. 2,2 nebst Comm. Hemâdri 1,128,4.

समचतुरश्री, °चतुरस्री Adv. mit कर् *in ein Quadrat verwandeln* Hemâdri 1,127,8.

समचतुर्भुज Adj. *vier gleiche Seiten habend;* Subst. *Quadrat, Rhombus.*

समचतुष्कोण Adj. *vier gleiche Winkel habend.* Unterschieden von समचतुरश्र Ind. St. 10,274.

समचित्त Adj. *gleichmüthig.* Nom. abstr. °त्व n. *Gleichmuth, — gegen* (Loc.).

समचेतस् Adj. dass.

समच्छेद Adj. *einen gleichen Nenner habend* Comm. zu Âryabh. 2,27.

समच्छेदी Adv. mit कर् *auf einen gleichen Nenner bringen* Bîgag. 129.

समज 1) Adj. als Beiw. Indra's Ait. Âr. 429,4 v. u. — 2) * m. *a*) *Heerde.* — *b*) *eine Gesellschaft von Thoren.* — 3) * n. *Wald.*

समजातीय Adj. *gleichartig.*

समज्या f. 1) *Versammlungsort, Versammlung.* — 2) * v. l. für समाज्ञा *Ruhm.*

समञ्चन n. *das Einbiegen, Zusammenziehen.*

समञ्जन 1) Adj. *etwa zum Schmuck dienend, schmuck.* — 2) n. *das Salben, Einschmieren;* vgl. समञ्जनवत्.

समञ्जनवत् Adj. *gut geschmiert* Saṁhitopan. 9,4. 5. Vgl. jedoch Sâj. 13,1. fgg.

समञ्जनीय Adj. (f. आ) *beim Salben angewandt.*

समञ्जरी f. in *पठ°.

समञ्जस Adj. (f. आ) *richtig, in der richtigen Ordnung seiend, an dem oder woran Nichts auszusetzen ist, trefflich, vorzüglich* Çiç. 20,9. समञ्जसा वृत्ति: Titel eines Commentars. °म् Adv.

*समठ n. *eine best. Gemüsepflanze.*

समतट N. pr. eines Landes im östlichen Indien.

समता f. 1) *das Stehen auf einer und derselben Ebene.* — 2) *Gleichheit, — mit* (Instr., Gen. oder im Comp. vorangehend). — 3) *ein gleiches Verfahren, — Benehmen, — gegen* (Loc. oder im Comp. vorangehend). — 4) *Gleichmässigkeit, ein richtiges —, normales Verhältniss.* Acc. mit नी *in Ordnung bringen.* — 5) *Mittelmässigkeit.* — 6) *ein wohlwollendes Benehmen.*

समतिक्रम m. *das Unterlassen.*

समतिक्रान्त 1) Adj. s. u. क्रम् mit समति. — 2) n. *Versehen* Spr. 4070.

समतीर्थक Adj. (f. °र्थिका) *bis an den Rand voll* Lalit. 501,11.

समतुला f. *gleicher Werth.*

समतुलित Adj. *von gleichem Gewicht* Varâh. Bṛh. S. 24,1.

समतृणमणिलोष्टकाञ्चन Adj. *dem Gras, Juwelen, Erdklösse und Gold gleich viel gelten* Ind. St. 15,288.

*समत्रय n. *gelbe Myrobalanen, trockener Ingwer und Zucker zu gleichen Theilen.*

समत्रिभुज Adj. *drei gleiche Seiten habend.*

समत्र्यंश Adj. *aus drei gleichen Theilen bestehend.* f. आ *eine best.* Vishṭuti Comm. zu Tâṇḍja-Br. 3, 3, 1.

समत्व n. 1) *Gleichheit, — mit* (Instr. oder Gen.) Kap. 1,26. Çiç. 19,74. — 2) *Gleichmuth.* — 3) *ein gleiches Verfahren, — Benehmen, — gegen* (Loc. oder im Comp. vorangehend). — 4) *Gleichmässigkeit, ein richtiges —, normales Verhältniss.*

समत्सर Adj. (f. आ) 1) *unwillig, grollend mit* (सम्म्). — 2) *missgünstig, neidisch, — auf* (उद्दिश्य).

समथ m. Lalit. 218,6. 554,17. 18 fehlerhaft für शमथ.

समद् f. *Streit, Händel.* Häufig Loc. Pl. — Acc. mit कर् oder धा *Händel erregen unter oder zwischen* (Dat.).

समद Adj. (f. आ) 1) *aufgeregt, berauscht.* — 2) *brünstig* 321,4.

1. समदन n. *Streit, Händel.*

2. समदन Adj. (f. आ) 1) *verliebt* 300,27. Mṛkkh. 86,

19. Vâsav. 87,2. — 2) *mit Stechapfel-Bäumen versehen* Vâsav. 87,2.

समदर्शन Adj. 1) am Ende eines Comp. *gleich, ähnlich.* — 2) *auf Alles* oder *Alle mit gleichen Augen schauend.* Auch mit Hinzufügung von सर्वत्र oder सर्वेषाम्.

समदर्शिन् Adj. *mit gleichen Augen schauend auf* (Loc.), *auf Alles* oder *Alle mit gl. A. sch.*

*समदु (!) f. *Tochter.*

समदुःख Adj. (f. आ) *den Schmerz mit einem Andern theilend, mitleidig* Kumâras. 4,4.

समदुःखसुख Adj. 1) *Leiden und Freuden mit einem Andern theilend.* — 2) *Leiden und Freuden gleich wenig beachtend.*

समदृश् Adj. = समदर्शिन्.

1. समदृष्टि f. *das Schauen mit gleichen Augen auf Alles* oder *Alle.*

2. समदृष्टि Adj. 1) = समदर्शिन् Vâsav. 35,2. — 2) *paarige Augen habend* ebend.

समदेश m. *ebener Boden* Çâk. 5,14.

समद्वन् Adj. *streitend.*

समद्विद्विभुज Adj. *zweimal zwei gleiche Seiten habend;* Subst. *Rhomboid.*

समद्विभुज Adj. *zwei gleiche Seiten habend.*

°समधर्म Adj. (f. आ) *von gleicher Eigenthümlichkeit, gleich, ähnlich.*

समधा Adv. *auf gleiche Weise, — wie* (Instr.) Gaut.

समधिक Adj. (f. आ) 1) *überschüssig, mit einem Ueberschuss versehen, und mehr.* — 2) *das gewöhnliche Maass übersteigend, gesteigert.* Am Anfange eines Comp. auch Adv. समधिकतररूप Adj. *schöner als* (Abl.). समधिकतर° Adv.

समधिगम m. *das Verstehen, Begreifen.*

समधिगम्य Adj. *zu verstehen, zu begreifen* Çaṁk. zu Bâdar. 2,1,6.

समधिरोहण n. *das Besteigen* Kâraka 3,12.

1. *समधुर 1) Adj. *süss.* — 2) f. आ *Weintraube.*

2. समधुर Adj. *eine gleiche Last tragend wie* (Gen.).

समधृत Adj. *gleich abgewogen, im Gewicht gleich gemacht* Vishṇus. 10,6.

समध्ययन n. *der Gegenstand gemeinsamen Studiums* Âpast. 1,11,11.

समध्व Adj. *den gleichen Weg habend* Bhaṭṭ. 3,45.

समन 1) *Umarmung.* — 2) *Streit, Kampf.* — 3) *Zusammenkunft, Festversammlung.* — 4) *Verkehr.* — Vgl. असमन.

समनगा Adj. *zur Versammlung gehend.*

समनन n. *das Zusammenathmen.*

समनन्तर 1) Adj. *unmittelbar daneben befindlich, zunächst stehend;* mit Abl. oder Gen. 60,19. यच्चात्र समनन्तरम् *und was unmittelbar dazu gehört.* — 2) Adv. °म् (समनन्तर°) *unmittelbar hinter* (Abl. oder im Comp. vorangehend), *unmittelbar darauf, — nach* (Gen. oder im Comp. vorangehend). °पूर्व *unmittelbar vorhergehend* Asahâja.

समनर m. = समशङ्कु.

समनस् Adj. 1) *einmüthig, einträchtig* TS. 5,3,1,2. — 2) *mit geistigem Vermögen ausgestattet.*

समनस्क Adj. = समनस् 2).

समना Adv. 1) *in einem Punct, zusammen.* — 2) *mit einem Mal, gleichzeitig.* — 3) *ebenmässig, in gleicher Weise.*

समनिन्दानवन Adj. (f. आ) *dem Tadel und Lob gleich viel gelten* Nalod. 1,4.

समनीक n. *Schlachtreihe; Schlacht* Bâlar. 201,9. Vikramâñkak. 15,38. 73 (°मूर्धन्). 17,43. समनीकतम् *in Schlachtordnung.*

समनुकीर्तन n. *das Loben, Preisen.*

समनुग्राह्य Adj. *der es verdient, dass ihm eine Gnade u. s. w. erwiesen wird.*

समनुज Adj. *nebst dem jüngeren Bruder.*

*समनुज्ञा f. *Einwilligung, Erlaubniss.*

*समनुबन्ध m. = अनुबन्ध.

समनुयोज्य Adj. *zu verbinden —, zu mischen mit* (Instr.).

समनुवर्तिन् Adj. *folgend, folgsam, gehorsam;* mit Gen.

समनुव्रत Adj. (f. आ) *gehorsam, ergeben, — Jmdm* (Acc.).

समनुष्ठेय Adj. *auszurichten, zu vollführen.*

समनुष्य Adj. 1) *nebst den Menschen* Âçv. Gṛhj. 3,9,1. — 2) *von Menschen besucht* Sâj. zu Ṛv. 9,1,7.

समनुष्यराजन्य Adj. *nebst den Königlichen unter den Menschen* Âçv. Gṛhj. 3,9,1.

समन्त 1) Adj. (f. आ) *a) angrenzend, benachbart.* — *b) sämmtlich, vollständig.* — 2) f. आ *a)* Pl. *Nachbarschaft.* — *b)* Titel einer Grammatik. — 3) n. *a)* Name verschiedener Sâman. — *b)* *N. pr. eines Reichs. Könnte auch m. sein. — 4) Adv. *a)* समन्तम् *in der Nähe von, vereint mit* (Instr.). — *b)* समन्तम् *auf allen Seiten, ringsum; vollständig.* Am Anfange eines Comp. समन्त°. — *c)* समन्तात् *von —, auf —, nach allen Seiten, allerwärts, ringsum, im Umkreis von* (Gen.); *vollständig, gründlich.* — *d)* समन्ततस् dass.; mit Acc. *rings um.* — *e)* समन्तेन *ringsum.* Mit einer Negation so v. a. *nirgends.*

समन्तकुसुम m. N. pr. eines Devaputra.

समन्तगन्ध m. 1) **eine best. Blume.* — 2) N. pr. eines Devaputra.

*समन्तचारित्रमति m. N. pr. eines Bodhisattva.

समन्तदर्शिन् m. N. pr. eines Buddha.

*समन्तदुग्धा f. *eine best. Euphorbia.* °दुग्धी f. = स्नुहा Comm. zu Harshak. (ed. Bomb.) 477,14.

समन्तनेत्र m. N. pr. eines Bodhisattva.

समन्तपञ्चक n. N. pr. eines Tîrtha in Kurukshetra, wo Paraçurâma die Kshatrija vernichtet haben soll.

समन्तपर्यायिन् Adj. *allumschliessend, allumfassend* Ait. Br. 8,15,1.

समन्तप्रभ m. 1) **eine best. Blume.* — 2) m. N. pr. eines Bodhisattva.

समन्तप्रभास m. N. pr. eines Buddha.

*समन्तप्रसादिक m. N. pr. eines Bodhisattva.

समन्तप्रासादिक Adj. *überallhin Hülfe —, Beistand verleihend.*

समन्तभद्र 1) m. *a)* **ein* Buddha. — *b)* N. pr. eines Bodhisattva Kâraṇḍ. 1,13. 62,18. 23. 93,10. fgg. — 2) *n. Titel einer Grammatik.

*समन्तभुज् m. *Feuer.*

*समन्तमुखधारणी f. Titel eines buddh. Sûtra.

समन्तर m. Pl. N. pr. eines Volkes MBh. 6,9,50.

समन्तरश्मि m. N. pr. eines Bodhisattva.

समन्तविलोकिता f. N. pr. einer buddhistischen Welt.

*समन्तव्यूहसागरचर्यव्यवलोकन m. N. pr. eines Garuḍarâǵa.

समन्तशितिबाहु Adj. *dessen beide Vorderfüsse weiss sind* VS. 24,2. Maitr. S. 3,13,3; vgl. 4,2,14 (37,11).

समन्तशितिरन्ध्र Adj. *dessen beide Ohrhöhlen weiss sind* VS. 24,2. Maitr. S. 3,13,3. Pat. zu P. 2,1,1, Vârtt. 27.

*समन्तस्थूलावलोकन *eine best. Blume.*

*समन्तस्फारणमुखदर्शन m. N. pr. eines Garuḍarâǵa.

*समन्तालोक m. *ein best.* Samâdhi.

समन्तावलोकित m. N. pr. eines Bodhisattva.

समन्तिकम् Adv. *zusammengrenzend.* Compar. °कतरम्.

समन्त्र Adj. *von Sprüchen begleitet* Comm. zu Âpast. Çr. 14,23,8.

समन्त्रक Adj. dass. Comm. zu Âpast. Çr. 5,17,6.

समन्त्रिन् Adj. *mit Ministern versehen.* Nom. abstr. °त्रित्व n.

समन्धकार n. *dichte Finsterniss* Pat. zu P. 2,2,6.

समन्मथ Adj. *von Liebe erfüllt, verliebt* Ṛt. 1,5.

(समन्य) समनिय Adj. *zu einer Festversammlung geeignet, festlich* (Kleid) Ṛv. 9,97,2.

समन्यु und समन्यु (Ṛv. 4,1,1) Adj. (f. eben so)

1) *gleichgesinnt, einmüthig.* — 2) *ergrimmt, zornig.* — 3) *betrübt.*

समन्वङ्गीभूत Adj. *versehen mit* (Instr.) DIVJÂVAD. 219,22. Verdächtig wegen Pâli समङ्गीभूत.

समन्वय m. *unmittelbarer Zusammenhang, das Zusammentreffen, — wirken* BHÂVAPR. 4, 8. Abl. am Ende eines Comp. so v. a. *in Folge von.*

समन्वयप्रदीपसंकेत m. Titel eines Werkes BÜHLER, Rep. No. 327.

समन्वयसूत्र n. desgl. BURNELL, T.

समन्वारम्भ m. (ÇAṄK. zu BÂDAR. 3,4,11) und °णा n. (BÂDAR. 3,4,5) *das Sichanfassen von hinten* (von Mehreren gesagt).

समपत्तपात Adj. (f. आ) *unparteiisch* KIR. 1,11.

समपद m. 1) *quidam coeundi modus.* — 2) * = समपाद 2).

*समपदाति Adv. gaṇa तिष्ठद्गु u. s. w.

समपाद n. *eine best. Stellung* 1) *beim Tanze* S. S. S. 240. — 2) **beim Schiessen.*

समपिव्रताह्वान n. *das Zusammenrufen der* Apivrata (*mit dem Ruf* समपिव्रतान्ह्वयध्वम् ÂPAST. ÇR. 11,16,12) Comm. zu ÂPAST. ÇR. 14,8,8.

समप्राधान्यसंकर m. in der Rhetorik *künstliche Verwebung zweier Bilder.*

समप्रेप्सु Adj. *gleiche Ansprüche machend in Bezug auf* (Loc.) GAUT. 12,7.

समबुद्धि 1) * Adj. *gleichmüthig.* — 2) m. N. pr. eines Muni.

*समभाग Adj. etwa *einen gleichen Theil erhaltend.*

समभाव m. *Gleichartigkeit, Gleichmässigkeit* BHÂM. V. 1,32. HEM. PAR. 1,455. fg.

समभितम् Adv. Praep. *hin zu* (Acc.).

समभिधा f. *Name, Benennung.* Nur am Ende eines adj. Comp.

समभिभाषण n. *Unterredung mit* (Instr. oder im Comp. vorangehend).

समभिव्याहार m. 1) *gleichzeitige Erwähnung, — Nennung, — Anführung* Comm. zu ÂPAST. ÇR. 8,1,1. 9,16,6. — 2) *Verkehr —, Umgang mit* (Gen.).

समभिष्यन्दिन् Adj. *Hypertrophie bewirkend* KARAKA 1,27.

*समभिह्रण n. = समभिहार 1) PAT. zu P. 3,1,22.

समभिहार m. 1) *Wiederholung.* — 2) * *Intensität.*

समभूमि 1) f. *ebener Boden.* °तले *auf ebenem Boden.* — 2) * Adv. wohl = समंभूमि.

समभ्यर्थयितर् Nom. ag. *ein Bittender.*

समभ्याश m. *Nähe, Gegenwart* MBH. 6,90,61.

समभ्याशीकरण n. *das in die Nähe Bringen* PAT. zu P. 2,1,51.

समभ्यास m. schlechte Schreibart für समभ्याश.

समभ्युच्चय m. *Häufung* ÂPAST. ÇR. 9,16,6. °वत् Adv. 6,13,3. 12,18,14.

समभ्युद्धरण n. *das Herausziehen, — holen.*

समभ्युपगमन n. *das Sicherklären für Etwas, Gutheissen.*

समभ्युपेय n. dass.

समसण्डल n. *der erste Verticalkreis.* °शङ्कु m. *prime vertical staff.*

सममति Adj. *gleichmüthig.*

*सममय Adj. (f. ई) etwa *aus Gleichem hervorgegangen.*

सममात्र Adj. *prosodisch gleich lang.*

समंबिल Adj. (f. आ) *bis zur Oeffnung voll, — mit* (Instr.) KÂTJ. ÇR. 17,1,19. 21.

समंभूमि Adv. *dem Boden gleich.*

*समय्, °यति *ebnen, in Ordnung bringen.*

समय m. (adj. Comp. f. आ) 1) *das Zusammentreffen, — laufen, Ort des Zusammentreffens.* — 2) *Verkehr mit* (Instr.). — 3) *Verständigung, Uebereinkommen, eine auferlegte* oder *übernommene Verpflichtung einem Andern gegenüber, — in Bezug auf* (im Comp. vorangehend), *Vertrag, Verabredung; Bedingung.* तेन समयेन *in Folge dieses Uebereinkommens;* समयेन, समयात् und समयतस् *einer Verabredung gemäss, unter einer Bedingung, bedingungsweise.* Acc. mit ब्रू, वच् oder अभि-धा *seine Bedingungen aussprechen,* in der letzten Verbindung auch *versprechen;* mit सम्-वद् *übereinkommen;* mit कर् *übereinkommen mit* (Instr. oder Instr. mit सह), *sich verpflichten, festsetzen, eine Bestimmung treffen, eine Bedingung stellen, stipuliren,* अद्रोहसमयम् so v. a. *Frieden geloben, Urfehde schwören;* mit दा *einen Vergleich vorschlagen;* mit ग्रह् oder प्रति-पद् *einen Vertrag eingehen, eine Bedingung machen;* mit dem Caus. von स्था *festsetzen, bestimmen;* mit निस्-तर्, रत्, परि-रत् oder पालय् *einen Vertrag —, sein Wort halten;* mit त्यज्, भिद्, व्यभि-चर्, व्यति-क्रम् oder mit वि-लङ्घ् Caus. *einen Vertrag —, sein Wort brechen.* Abl. mit भ्रंश् *von einem Vertrage abfallen, ihn nicht halten.* Loc. mit स्था *seiner Verpflichtung nachkommen, sein Wort halten;* mit dem Caus. von स्था *in Betreff Jmds* (Acc.) *festsetzen, eine Bestimmung treffen;* mit नि-विश् Caus. *Jmd* (Acc.) *Bedingungen stellen.* — 4) etwa *feierliche Ansprache* VISHṆUS. 10,7. — 5) *Gottesurtheil* VISHṆUS. 11,9. Vgl. समयक्रिया 2). — 6) *ein festgesetzter, bestimmter* oder *geeigneter Zeitpunct, — für* (Gen.), * *dass* (यद् mit Potent.); *Zeitraum, Frist; Gelegenheit.* उक्तसमयम् *zur angegebenen Zeit.* समये und समय° *zu einer bestimmten —, zur rechten, gelegenen Zeit, wenn die Zeit gekommen ist.* समये häufig in Comp. mit der näheren Bestimmung (अर्धरात्र° *um Mitternacht,* नापित° *zur Zeit, wann der Barbier da ist*). तेन समयेन *zu der Zeit* VAGRAKKH. 19,14. LALIT. 20,12. 295,8. — 7) *ein eintretender Fall.* इह समये *in diesem Falle, unter diesen Umständen.* — 8) *allgemeine Art und Weise des Verfahrens, Regel, Brauch.* — 9) *Doctrin, Lehre, Satzung.* — 10) in der Grammatik *eine* Veda-*Stelle, welche eine Wiederholung einer früher dagewesenen ist.* — 11) *die conventionelle Bedeutung eines Wortes.* ÇIÇ. 13,19 etwa *die Tragweite eines Wortes* (nach dem Comm. = आचार). — 12) personificirt als ein Sohn Dharma's VP.[2] 1,111. — 13) N. pr. eines Verfassers von Mantra bei den Çâkta. — समये MBH. 5,5990 (BENFEY, Chr. 7,15) fehlerhaft für मम ये.

समयकाम Adj. *eine Verständigung wünschend* TS. 2,1,8,4.

*समयकार m. = शैली, संकेत.

समयक्रिया f. 1) *Auferlegung von bestimmten Verpflichtungen.* Acc. mit कर् *Jmd best. Verpfl. auferlegen* M. 7,202. — 2) *Veranstaltung eines Gottesurtheils* VISHṆUS. 6,23. 9,1.

समयच्युति f. *Zeitversäumniss* zu Spr. 1943.

समयज्ञ Adj. *die rechte Zeit kennend* (Vishṇu).

समयधर्म m. *eine vertragsmässige Verpflichtung, Uebereinkommen, Stipulation* 210,1.

समयपद n. Pl. *Dinge, über die man übereingekommen ist, feststehende Dinge* ÂPAST. 1,23,6.

समयपरिरतणा n. *das Halten einer übernommenen Verpflichtung* KIR. 1,45.

समयप्रकाश m. und समयप्रदीप m. Titel von Werken.

समयबन्धन Adj. *an einen Vertrag gebunden* MÂRK. P. 80,11.

समयभेदिन् Adj. *einen Vertrag brechend* M. 8,218.

*समयभेदोपरचनचक्र n., समयमयूख m., समयमातृका f. (BÜHLER, Rep. No. 201) und समयरत्न n. Titel.

*समयवज्र m. N. pr. eines Mannes.

समयविद्या f. *Astrologie* DAÇAK. 49,6.

समयविपरीत Adj. *vertragswidrig, wobei übernommene Verpflichtungen nicht eingehalten worden sind* Z. d. d. m. G. 36,380.

समयवेला f. *Zeitpunct* Spr. 2468.

समयव्यभिचारिन् Adj. *einen Vertrag brechend* M. 8,220. fg.

समयसार Titel eines Werkes BÜHLER, Rep. No.

682. fg.

1. समया Adv. 1) *mitten durch, mitten hinein zwischen* (Acc., vereinzelt auch Instr.). — 2) mit भू *zeitlich dazwischen liegen.* — 3) *in die* (*der*) *Nähe,* — *von* (Acc., Instr. oder * Gen.). — 4) *durchaus.*

2.*समया Adv. mit कर् *die Zeit vertreiben.*

समयाचार m. 1) *ein den Satzungen entsprechender Wandel.* — 2) Bez. *bestimmter orthodoxer Werke bei den* Tântrika.

समयाचारतन्त्र n. und समयातन्त्र n. Titel von Werken.

समयाध्युषित Adj. *hälftig aufgegangen* (die Sonne) Gṛhjâs. 1,72.

समयार्धम् Adv. *halbwegs* Maitr. S. 1,6,6 (95,17).

समयानन्दसंतोष m. N. pr. eines Verfassers von Mantra bei den Çâkta.

समयार्चिस् Adv. *in der Nähe der Flamme* Âpast. Çr. 6,8,5.

समयाविषित Adj. *halb unter* — oder — *aufgegangen* (Âpast. Çr. 6,4,9. 14,3,1. 15,18,13) von der Sonne.

समयास्तमिषित Adj. vielleicht nur fehlerhaft für समयाविषित.

समयितव्य Adj. *zu ebnen, zu schlichten, beizulegen* (ein Kampf). Vielleicht fehlerhaft für शमयितव्य.

समयी Adv. mit कर् *bedingen.*

*समयुग gaṇa प्रतिजनादि.

*समयोग H. an. 4,50 fehlerhaft für समायोग.

समयोद्योत m. Titel eines Werkes.

समर m. (*n.) 1) *Zusammenlauf,* — *fluss, Ort des Zusammenflusses.* — 2) *feindlicher Zusammenstoss, Kampf,* — *mit* (सह). Am Ende eines adj. Comp. f. आ. — 3) N. pr. *a*) eines Fürsten der Vidjâdhara. — *b*) eines Fürsten von Kâmpilja und eines Bruders des Fürsten Avantivarman.

समरकर्मन् n. *Kampf.*

समरकातर m. fingirtes N. pr. eines Heerführers Kautukar.

समरव्यामदीपिका f. Titel eines Werkes.

समरक्षिति f. *Schlachtfeld.*

समरजम्बुक m. N. pr. eines Mannes Kautukas.

समरजित् m. N. pr. eines Fürsten.

समरज्जु f. *equal or mean string: the mean or equated depth.*

समरंजय m. N. pr. eines Fürsten.

समरञ्जित Adj. *gleichmässig gefärbt* Hariv. 11960. 11997. 12180.

समरण n. 1) * *Vereinigung.* — 2) *das Zusammentreffen, Kampf.*

समरत m. n. *quidam coeundi modus.*

समरतुङ्ग m. N. pr. eines Kriegers.

समरथ m. N. pr. eines Fürsten.

समरबल m. desgl.

समरभट m. desgl.

समरभू f. *Schlachtfeld* Bâlar. 143,20. Vâsav. 40,2.

समरभूमि f. dass. Vâsav. 254,7.

समरमूर्धन् m. *Vordertreffen* R. 1,22,5. Vâmana 58,16.

समरवर्मन् m. N. pr. eines Fürsten.

समरवसुधा f. *Schlachtfeld.*

समरवीर m. N. pr. des Vaters der Jaçodâ.

समरशिरस् n. *Vordertreffen* Kâd. 197,6 (330,17). Kathâs. 48,138. Vâsav. 276,2.

समरसार m. n. Titel eines Werkes.

समरसिंह m. N. pr. eines Astronomen.

समरसीमन् m. oder f. *Schlachtfeld* Bâlar. 25,19. 208,16. 233,7. 255,4. 273,11. Ind. Antiq. 9,185.

समरस्वामिन् m. Name eines von Samara errichteten Heiligthums.

समराख्य m. *ein best. Tact.*

समरागम m. *Ausbruch eines Krieges.*

समराग्र n. *Vordertreffen.*

समराङ्गण n., समराङ्गन n. und समराजिर n. (Çiç. 19,75) *Schlachtfeld.*

समरातिथि m. *ein Gast im Kampfe,* so v. a. *derjenige, mit dem man im Kampfe zusammentrifft.*

*समरूप्य Adj. = समादागतः.

समरेख Adj. *eine gerade Linie bildend, gerade.*

*समरोचित Adj. *zum Kampfe geeignet* (ein Elephant).

समरोत्सव m. *Kampffest,* so v. a. *das Vergnügen eines Kampfes.*

समरोद्देश m. *Schlachtfeld* MBh. 3,271,37.

समरोपाय m. *Kriegslist.*

समर्घ Adj. *wohlfeil* Vasishtha 2,41.

समर्च Adj. *eine gleiche Verszahl habend.*

समर्चन n. und समर्चना f. *das Verehren, Verehrung.*

*समर्ण Partic. s. u. अर्द् mit सम्.

समर्ति f. in असमर्ति.

समर्थ 1) Adj. (f. आ) *a*) *entsprechend, übereinstimmend, angemessen;* die Ergänzung im Gen. oder im Comp. vorangehend. — *b*) (*seinem Zweck entsprechend*) *tauglich, gut,* — *zu* (im Comp. vorangehend) Comm. zu Gaim. 6,4,10. — *c*) *von gleicher Bedeutung.* — *d*) *dem Sinne nach verbunden,* — *zusammengehörig.* — *e*) *im Stande seiend, einer Sache gewachsen, die Macht besitzend, fähig, Etwas zu thun vermögend;* die Ergänzung im Infin. (statt dessen einmal Partic. praes.), Loc. (Âpast. 1,1,22), Dat., Acc. (einmal), Abl. (einmal) oder im Comp. vorangehend. Mit Gen. der Person *Jmd gewachsen, über Jmd Etwas vermögend* 103,18. Mit dem Loc. वराङ्गनासु so v. a. *geschlechtlich vermögend* Kâraka 6,2. Compar. °तर. — *f*) fehlerhaft für समर्च. — 2) n. *a*) *Befähigung.* — *b*) *Verständniss* in दुःसमर्थ.

समर्थक 1) Adj. *a*) *im Stande seiend zu* (Infin.). — *b*) *bestätigend, begründend, rechtfertigend.* — 2) *n. *Amyris Agallocha.* Beruht auf einem Missverständniss.

समर्थता f. *Fähigkeit, das Vermögen Etwas zu bewirken.* Instr. mit Gen. so v. a. *kraft, vermöge.*

समर्थत्व n. dass.

समर्थन 1) n. f. (आ) *Betrachtung, Erwägung.* समर्थनं कर् *Betrachtungen anstellen.* — 2) f. आ *a*) *das Bereden, Aufforderung* MBh. 7,182,20. — *b*) *das Sichversteigen zum Unmöglichen.* — 3) n. *a*) *Bestätigung, Begründung, Rechtfertigung.* — *b*) *Befähigung.* Abl. mit Gen. so v. a. *vermöge.*

समर्थनीय Adj. *zu begründen, zu rechtfertigen, in's Klare zu bringen.*

समर्थय्, s. अर्थय् mit सम्.

समर्थ्य Adj. *was bestätigt, begründet, gerechtfertigt wird.*

*समर्धक Adj. *Jmd Etwas gewährend, zu Theil werden lassend.*

समर्धन Adj. (f. ई) *gelingen machend* Çâṅkh. Çr. 4,18,1. संराधन statt dessen Çat. Br. 14,9,3,3.

समर्धयितर् Nom. ag. *Erfüller, Gewährer.* f. °त्री Sâj. zu RV. 6,64,1.

समर्धुक 1) Adj. *a*) *gerathend, gelingend.* — *b*) * = समर्धक. — 2) * f. समर्धुका *Tochter.*

समर्पक Adj. *liefernd, hergebend* Comm. zu Njâjam. 9,2,6. Nom. abstr. °ता f.

समर्पण n. 1) *das Auflegen, Daraufwerfen.* — 2) *das Hingeben, Uebergeben, Ueberlassen, Verleihen, Verabreichen, Anheimstellen.* — 3) *das Sichhingeben.* Vgl. आत्म°. — 4) *das Mittheilen, zur Kenntniss Bringen* Çaṁk. zu Bâdar. 1,1,4. — 5) Bez. einer best. Scene in der Bhâṇikâ genannten Art von Schauspielen: *im Zorn ausgestossene vorwurfsvolle Worte.*

समर्पणीय Adj. *zu übergeben, zu verabreichen; unterzubringen* Kâd. 2,86,17 (106,18).

समर्पयितव्य Adj. dass.

समर्पयितर् Nom. ag. *Verleiher.*

समर्प्य Adj. *zu übergeben, zu verabreichen.*

समर्य्, Partic. समर्यत् *kampflustig.*

1. समर्य n. 1) *Ansammlung, Menge, Masse.* — 2)

Versammlung, die zu einer Feier u. s. w. *vereinigte Gemeinde.* — 3) *Getümmel des Kampfes.*

2. (समर्य) समरिय Adj. 1) *von Leuten besucht, frequens.* — 2) *von seinen Leuten begleitet.*

3.*समर्य *eine best. hohe Zahl* (buddh.).

समर्यजित् Adj. *im Kampf siegend.*

(समर्यराज्य) समर्यराजिय n. *Reich der Festgemeinde.*

समर्याद 1) Adj. *a)* **benachbart.* — *b) begrenzt, innerhalb seiner Grenzen verbleibend* Vâsav. 24,2. — 2) °म् Adv. *mit aller Bestimmtheit, ganz genau* Spr. 4811. — 3) *m. *Nähe.*

समर्हण n. *Ehrenerweisung, Ehrengabe.*

समल 1) Adj. *a) fleckig, schmutzig, trübe* Bhâvapr. 2,83,7. — *b)* **sündhaft.* — 2) m. N. pr. eines Asura. v. l. सृमर. — 3) *n. = कल्क, विष्ठा. Richtig शमल.

समलम्ब Adj. *mit gleicher Senkrechte;* Subst. *Trapezoid.*

समली Adv. mit कर् *beflecken* Bhadrab. 4,161.

समलोष्टकाञ्चन Adj. *dem ein Erdkloss und Gold gleich viel gelten* Ragh. 8,21. Divjâvad. 97,25.

समलोष्टाश्मकाञ्चन Adj. *dem ein Erdkloss, ein Stein und Gold gleich viel gelten.*

समलोष्ट्रकाञ्चन Adj. = समलोष्टकाञ्चन und vielleicht nur fehlerhaft Mârk. P. 41,24.

समल्लिकाक्ष Adj. *mit ihren weissen Flecken an den Augen* (Pferde) Vâsav. 296,3.

समवकार m. *eine best. Art von dreiactigen Schauspielen.*

समवतार m. *ein heiliger Badeplatz.*

समवत्तधान 1) Adj. *zur Aufnahme der Abschnitte* (समवत्त; s. u. 3. दा mit समव) *bestimmt.* — 2) f. °धानी *das dazu bestimmte Gefäss* Âpast. Çr. 7,23,11. 24,8. 10.

समवधान n. *das Zusammentreffen* Text zu Lot. de la b. l. 213.

समवन n. *das Helfen, Schützen.*

समवबोधन n. *das Gewahrwerden, Bemerken, Erfahren.*

समवयसाय Âpast. 1,29,8 fehlerhaft für समवसाय Absol. von 3. सा mit समव.

समवर्ण Adj. (f. आ) 1) **gleichfarbig.* — 2) *von gleicher Kaste.*

समवर्तिन् 1) Adj. *a) in gleicher Entfernung weilend.* बाणपात° so v. a. *in Pfeilschussweite sich befindend.* — *b) auf gleiche Weise verfahrend.* — 2) m. Bein. Jama's Kâraka 5,11.

समवर्षण Adj. *gleichmässig regnend* J. A. O. S. 7,10, Çl. 35.

समवसरण n. 1) *Zusammenkunft, Versammlung* Text zu Lot. de la b. l. 211. — 2) *das Herabsteigen* (eines Gina) *auf die Erde* und *der Ort, an welchem dieses erfolgt,* Hem. Par. 1,16. 30. 32. Çatr. 1,174. 201. 203. — 3) *Endpunct, Endziel* Text zu Lot. de la b. l. 45.

*समवसर्ग्य Adj. = समवसृज्य.

समवसृज्य Adj. *loszulassen, fahren zu lassen.*

समवसृति f. = समवसरण Hem. Par. 11,124. Bhadrab. 1,10.

समवस्कन्द m. *Brustwehr, Schanze* oder dgl.

1. समवस्था f. *Lage, Zustand.* ईदृशीं वयःसमवस्थां प्रतिपन्नो ऽस्मि so v. a. *ich bin so alt geworden.*

2. समवस्था f. (adj. Comp. f. आ) *eine gleiche Lage, ein gleicher Zustand.*

समवस्थान n. 1) *das Sichbefinden* (an einem Orte, Loc.), *das Bestehen, Vorkommen.* — 2) *Lage, Zustand.*

समवस्रव m. *Abfluss.*

समवस्राविणी f. *eine best. Anordnung von 11 Opferpfosten in der Weise, dass der mittelste der niedrigste ist und die übrigen von beiden Enden zur Mitte hin niedriger werden,* Âpast. Çr. 14,6,5. Vgl. 2. आराग्र 2) Nachtr. 5.

समवस्रुत्य Adj. *einen Abfluss habend* Mân. Gṛhj. 2,11.

समवहार m. 1) *Menge, Fülle.* — 2) *Mischung.*

समवहारम् Absol. mit Acc. *zusammentragend, sammelnd.*

समवहास्य Adj. *zu verspotten, zu verhöhnen.* Nom. abstr. °ता f. Acc. mit गम् *zum Gespött werden.*

समवाकार m. = समवकार.

समवाय m. 1) *Zusammentreffen,* — *mit* (Gen. oder im Comp. vorangehend Varâh. Jogaj. 5,7. Gaut. 6,1.5); *Zusammenkunft, Versammlung* (Gaut. 12,52); *das Zusammenstehen, Sichberühren; Vereinigung, Verbindung, Gemenge, Aggregat.* Acc. Sg. und Pl. mit कर् *sich zusammenthun, sich zusammenschaaren.* Instr. und Abl. *in Gemeinschaft.* — 2) *eine Conjunction* (von Himmelskörpern). — 3) *Zusammenstoss, Collision* Gaut. 28,37. Gaim. 4,3,29. — 4) *inniger Zusammenhang, das Ineinandersein, Enthaltensein, Inhärenz* Gaim. 6,4,10. Kap. 5,99. — 5) *Verlauf, Dauer.*

समवायखण्डन n. Titel eines Werkes Opp. Cat. 1.

समवायत्व n. Nom. abstr. zu समवाय 4).

*समवायन n. Nom. act. von 3. इ mit समव.

समवायप्रमाणवादार्थ m., समवायवाद m. (Opp. Cat. 1) und समवायाङ्ग n. Titel von Werken.

समवायिन् Adj. 1) *aus einer Verbindung* (der Humores) *bestehend.* — 2) *im innigsten Zusammenhange stehend, inhärent,* — *in* (im Comp. vorangehend) Vâsav. 132,2. 3. Nom. abstr. °यित्व n. Sarvad. 30,4. — 3) in Verbindung mit पुरुष m. *Seele, Geist,* so v. a. *mit einem Körper behaftet.*

समवायी Adv. mit कर् *versammeln, vereinigen.*

समविभक्त Adj. *gleich eingetheilt, symmetrisch* Kâtj. Çr. 16,8,21. 23,1,10. °भक्ताङ्ग Adj. R. 1,1,13.

समविषम n. Pl. *ebener und unebener Boden* Spr. 2177. Çiç. 17,46.

समविषमकर Adj. *Ebenes und Unebenes bewirkend* (die Zeit) Spr. 1693.

समवृत्त 1) Adj. *gleichmässig rund* oder *gleich und rund.* — 2) n. *a) der erste Verticalkreis.* — *b) ein gleichmässiges Metrum, ein Metrum mit vier gleichen Stollen.*

समवृत्तकर्ण m. *die Hypotenuse des Schattens zur Zeit, wann die Sonne den ersten Verticalkreis erreicht.*

समवृत्तशङ्कु m. = समशङ्कु.

समवृत्ति Adj. *dessen Verfahren stets ein gleichmässiges ist* Kir. 2,38.

समवेक्षण n. *das Besichtigen.*

समवेगवश m. Pl. N. pr. eines Volkes.

समवेत Adj. s. u. 3. इ mit समव.

समवेतत्व n. *das Inhärentsein.*

समवेतार्थ Adj. *inhaltreich, sinnvoll* Bhâg. P. 10,85,22.

समवेध m. *the mean or equated depth.*

समवेष m. *eine gleiche Tracht, ein gleicher Anzug.* Acc. mit कर् *sich gleich kleiden* MBh. 4,4,48.

समव्यथ Adj. *von gleichen Schmerzen ergriffen* MBh. 5,126,1.

समशङ्कु m. *die Sonnenhöhe* (eig. *Gnomon*) *zur Zeit, wann die Sonne den ersten Verticalkreis erreicht.*

समशन n. 1) *das Zusammenessen.* — 2) *das* (undiätetische) *Durcheinanderessen* Kâraka 6,18. — 3) * *das Essen, Geniessen.*

समशनीय Adj. *zusammen zu essen* Gobh. 2,3,19.

समशर्कर Adj. *eben so viel Zucker enthaltend.* चूर्ण n. *ein best. medic. Präparat* Mat. med. 253. Bhâvapr. 4,29.

समशशिन् m. *ein Mond mit gleichen Hörnern.*

समशस् Adv. *zugleich, gleichzeitig* Âpast. Çr. 8,14,19. 16,3. Comm. zu 1,23,5. 2,12,5.

समशीर्षिका f. *Gleichstellung,* — *mit* (Instr. oder im Comp. vorangehend) Râgat. 8,606. 663.

समशील Adj. (f. आ) *gleiche Gewohnheiten* —, *ei-*

nen gleichen Charakter habend MBh. 13,146,8. Bhâg. P. 1,2,27.

समशीलिन् Adj. dass. MBh. 1,5,14.

समशोधन n. *equal subtraction; or transposition, with other preparations of the equation.*

समश्नुव Adj. (f. ई) *erreichend, packend.*

समश्रुति Adj. *mit gleichen Intervallen* S. S. S. 24. 27.

समश्रेणि f. *eine gleichmässige —, in gerader Linie fortlaufende Reihe.* °गत Adj. *in einer Linie stehend.*

समँष्टि f. 1) *das Erreichen, Anlangen am Ziel.* — 2) *Empfang.* — 3) *Schluss.* — 4) *Aggregat, Gesammtding* VP. 6,3,86. Nom. abstr. °ता f. Chr. 259,28.

*समष्ठिल 1) m. *ein best. Strauch* Râǵan. 4,21. — 2) f. आ *eine best. Gemüsepflanze.*

*समष्ठीला f. = समष्ठिल 2).

समस् in ऐषँमस्.

समसंस्थान n. Bez. *einer der 10 Weisen des Sitzens bei den* Jogin Comm. zu Jogas. 2,46.

समसंस्थित Adj. *in guten Verhältnissen sich befindend.*

समसंख्यात Adj. Pl. *in gleicher Anzahl wie* — (Instr.) *vorhanden.*

समसन n. 1) *Zusammengebrachtes* Comm. zu TS. 3,3,8,2. — 2) * *das Zusammendrängen, Darlegen in kurzen Worten.*

समसनाँद् Adj. *das Zusammengebrachte* (*Gesammeltes*) *essend.*

समसंधित Adj. *unter gleichen Verhältnissen* (*so dass Keiner Etwas einbüsst*) *geschlossen* (Bündniss) Spr. 1530. Nach dem Comm. zu Kâm. Nîtis. soll °संधितस् Adv. sein.

समसमयवर्तिन् Adj. *zu gleicher Zeit stattfindend.* Nom. abstr. °र्तिता f. *Gleichzeitigkeit.*

समसर्वगुण Adj. Pl. *mit allen Vorzügen gleich ausgestattet* 121,12.

समसिद्धान्त Adj. *gleiche Ziele verfolgend* Âçv. Çr. 12,8,15.

*समसुप्ति f. *allgemeiner Schlaf*, so v. a. *Weltende.*

समसूत्रग und °सूत्रस्थ Adj. *an demselben Durchmesser befindlich*, so v. a. *an zwei einander gerade entgegengesetzten Puncten der Erde befindlich, Gegenfüssler.*

समसौरभ m. N. pr. eines Mannes.

समस्त Adj. s. u. 2. अस् mit सम्.

समस्तकालनिर्णयाधिकार m. und समस्तदेवतापूजाविधि m. Titel Opp. Cat. 1. Burnell, T.

समस्तधातर् Nom. ag. *der Erhalter von Allem* (Vishnu) 104,10.

समस्तमन्त्रदेवताप्रकाशिका f. Titel eines Werkes Opp. Cat. 1.

समस्तवस्तुविषय Adj. *auf den ganzen Gegenstand* (d. i. *auf ihn selbst und was zu ihm gehört* oder *zu ihm in Beziehung steht*) *sich erstreckend* Kâvjapr. 10,7.

समस्तविषयिक Adj. *im ganzen Reiche wohnend* J. A. O. S. 7,45,3 v. u.

समस्तसाक्षिन् m. *der Zeuge von Allem* Kaivaljop. 7.

समस्थ Adj. (f. आ) 1) *bei einer geraden Zahl eintretend.* — 2) *in guten, glücklichen Verhältnissen sich befindend.*

1.*समस्थली f. *das ebene Land, Bez. des zwischen der* Jamunâ *und der* Gaṅgâ *belegenen Landes.*

2. समस्थली Adv. mit कर् *in einen ebenen Boden verwandeln, dem Erdboden gleichmachen* Çiç. 12,60. 17,66.

समस्या f. 1) *Vereinigung, das Zusammensein, Zusammenbleiben, — mit* (im Comp. vorangehend). — 2) *ein Verstheil, den zu ergänzen man einem Andern aufgiebt,* Spr. 7822. Ind. St. 15,295.

समस्यापूरणविधि m. und समस्यासंग्रह m. Titel von Werken Opp. Cat. 1.

*समस्यार्था = समस्या 2).

समस्वर Adj. *denselben Ton habend.*

समह Adv. *irgendwie, so oder so.* Nach Sâj. Adj. (= प्रशस्त, सधन u. s. w.) im Voc.

समहस् Adj. v. l. für सुमहस्.

समहाव्रत Adj. *mit einem* Mahâvrata-*Tage versehen* Âpast. Çr. 13,2,4. 6.

*समह्वा f. *Ruhm.*

समा f. 1) *Halbjahr.* — 2) *Jahreszeit, Wetter.* — 3) *Jahr.*

1. समांश m. *ein gleicher Antheil* (insbes. bei der Erbschaft). Instr. *zu gleichen Theilen* Vagrakkh. 34,3.

2. समांश 1) Adj. a) *gleiche Theile enthaltend.* — b) *einen gleichen Antheil erhaltend.* — 2) *f. आ *Sida cordifolia.*

समांशक Adj. (f. °शिका) *einen gleichen Antheil erhaltend* Jâǵñ. 2,115.

समांशिक Adj. *aus gleichen Theilen bestehend* Suçr. 2,453,13.

समांशिन् Adj. = समांशक Jâǵñ. 2,114.

समांस Adj. *mit Fleisch verbunden* (R. 4,9,94. Chr. 107,14. Hem. Par. 2,346), *fleischig.*

*समांसमीना Adj. f. *jedes Jahr kalbend.*

°समाकर (metrisch) *von gleichem Aussehen mit.* Richtig wäre समाकार.

समाकर्णितक n. *die Geberde des Hinhorchens.* Instr. so v. a. *hinhorchend* Bâlar. 192,6. 199,6.

समाकर्ष m. *Heranziehung* Bâdar. 1,4,15.

समाकर्षण n. *das Heranziehen, Ansichziehen* Harshak. 157,3.

*समाकर्षिन् Adj. *anziehend* (ein Geruch).

°समाकार Adj. *von gleichem Aussehen wie.*

समाकारण n. *das Herbeirufen* Pańkad. 45,3. Vgl. आकारण.

समाकुल Adj. (f. आ) 1) *erfüllt —, voll von, besetzt —, reichlich versehen mit* (Instr. oder im Comp. vorangehend). — 2) *verworren, in Verwirrung gekommen* (ज्ञान 79,11), *bestürzt.* In Comp. mit dem, was die Verwirrung bereitet. — 3) *wobei es drunter und drüber geht.*

समाक्रन्दन n. *das Schreien, Rufen.* °गिरस्.

समाक्रमण Adj. *das Beschreiten, Betreten, Besuchen.*

समाक्षर Adj. *von gleicher Silbenzahl* R. 1,2,43. 45.

*समाक्षरावकर m. *ein best.* Samâdhi.

समाक्षिक Adj. *nebst Honig* Suçr. 2,441,8.

°समाक्षेप m. *das Mahnen an.*

समाख्या f. 1) *Benennung, Name.* — 2) *Deutung, Erklärung.* — 3) * *Ruhm.*

समाख्यान n. 1) *das Nennen, Mittheilen, Berichten* Âpast. — 2) *Erzählung, Bericht.* — 3) *Benennung, Name* Âpast. Çr. 12,25,18.

समाख्याप्य Adj. *zu ermahnen* Âpast. 2,29,7, v. l.

समाख्याभक्त m. und °भक्षण n. *Genuss des* Soma *unter Nennung* (bestimmter Schalen) Comm. zu Âçv. Çr. 5,6,23. 25. zu Âpast. Çr. 12,24,16. 28,8. Vgl. Âpast. Çr. 12,25,18.

समाख्यायम् Absol. in अङ्ग° Nachtr. 6.

समागत 1) Adj. s. u. गम् mit समा. — 2) f. आ *ein Räthsel, in dem der Sinn durch den grammatischen* Saṁdhi *versteckt wird.*

समागति f. scheinbar Mârk. P. 16,66, da hier पतिसमा गतिः zu trennen ist.

समागन्तव्य n. impers. *zusammenzukommen, heran —, hinzukommen* Vâsav. 172,5.

समागम m. (adj. Comp. f. आ) *Zusammenkunft, das Zusammenkommen, Zusammentreffen* (auch *feindliches*), *Zusammenfluss, Vereinigung* (auch *geschlechtliche*), *Versammlung, das Zusammentreffen —, Begegnung mit* (Gen., Instr., Instr. mit सह, Loc. [ganz vereinzelt] oder im Comp. vorangehend). Von Belebtem und Unbelebtem gebraucht, auch *Conjunction* der Gestirne.

समागमन n. *das Zusammenkommen, Zusammentreffen, — mit* (im Comp. vorangehend), *geschlechtliche Vereinigung.*

समागामिन् Adj. 1) etwa *zusammenkommend* Ind. Antiq. 5,278. — 2) *zukünftig* ebend. 279.

समाघात m. 1) *Zusammenstoss.* — 2) * *Kampf.*

समाघ्राण n. *das Beriechen* Kâd. 230,11 (378,1).

समाङ्घ्रिक Adj. *auf* (allen vier) *Füssen gleichmässig stehend* (ein Löwe).

समाचयन n. *das Zusammenstellen* Pat. zu P. 3,1,19, Vârtt. 3.

समाचरणीय Adj. *zu betreten, einzuschlagen* (ein Weg).

1. समाचार m. (adj. Comp. f. आ) 1) *das Verfahren, Benehmen, Verhalten,* — *bei* (im Comp. vorangehend). — 2) *Herkommen* (212,8), *das im Gebrauch Sein, herkömmliche Art und Weise.* — 3) *das herkömmliche Darreichen von* (im Comp. vorangehend).

2. समाचार m. *gleiche Sitten, — Gebräuche.*

समाचेष्टित n. *Verfahren, Betragen, Haltung* Kâd. 2,66,11 (80,8).

समाज m. 1) *Versammlung, Gesellschaft.* Neben सभा Âpast. 1,3,12. 32,19.20. Acc. mit कर् *eine Versammlung veranstalten.* — 2) *das Zusammentreffen mit* (Gen. oder im Comp. vorangehend). — 3) *Fülle, Menge.* — 4) *eine best. Conjunction der Planeten.* — 5) * *Elephant.* Richtig सामज.

समाज्ञा f. 1) *Name, Benennung.* — 2) * *Ruhm.*

समाज्ञान n. *das Anerkanntsein als* (im Comp. vorangehend) Comm. zu Njâjas. 1,1,22 (S. 25, Z. 1).

समाञ्जन n. *eine best. Mischung von Augensalbe.*

समातर् f. *Stiefmutter.*

समाति in अँसमाति.

समातीत Adj. *über ein Jahr alt* Karaka 1,27 (193,9).

समातृक Adj. *nebst der Mutter* Bhâg. P. 1,13,7.

समात्मक Adj. *gleichmüthig.* v. l. शमात्मक.

समात्मन् Adj. dass. Wohl fehlerhaft für महात्मन्.

समादान n. 1) *das Empfangen, Aufsichladen.* — 2) *das Unternehmen, Unternehmung* Lalit. 561,3. — 3) *Entschluss* Lalit. 218,1. 362,9. 558,20. 559,8.18. — 4) * = समीचीनग्रहण, समासीनग्रहण, नित्यकर्मन्, सौगताह्निक und *Erwiederung.*

समादापक Adj. *anregend, instigator* Text zu Lot. de la b. l. 122. Divjâvad. 142,5.

समादापन n. *das Anregen* Lalit. 558,17. 559,7.18.

समादेय Adj. *zu empfangen.*

समादेश m. *Anweisung* (in Comp. mit dem Object), *Geheiss, Befehl* Âpast. 1,13,5.

समादेशन n. *das zu wissen Thun, Lehren.*

*समाधा m. (!) = निष्पत्ति, विरोधभञ्जन und समाधान.

समाधातव्य Adj. *in Ordnung zu bringen, gut zu machen.*

समाधान n. 1) *das Anlegen.* अग्नि° *des Feuers* Gobh. 1,1,14. — 2) in der Dramatik *das Stecken des Keims* (बीज). — 3) *das Beilegen, in Ordnung Bringen, Gutmachen.* — 4) *das Versöhnen, Aussöhnen.* — 5) *Rechtfertigung einer Behauptung, Beweisführung.* — 6) *das Aufmerken, Aufmerksamkeit.* Acc. mit कर् *aufmerken.* — 7) *die auf das Höchste gerichtete Aufmerksamkeit, Andacht.*

समाधानरूपक n. *eine best. Metapher, in der eine kühne Behauptung gerechtfertigt wird,* 252,32.

समाधानीय Adj. *zu vereinigen, zu verbinden.*

समाधायक Adj. *aussöhnend* Shadguruçishja zu ṚV. 10,162 nach Aufrecht.

समाधि m. 1) *Zusammensetzung, Zusammenfügung,* — *mit* (Instr.) Lâtj. 7,7,30. 10,15,4. — 2) *Fuge.* — 3) *Verbindung, Verein, ein Ganzes.* अष्टाश्व° so v. a. *Achtgespann.* — 4) *Vollbringung.* — 5) *das Beilegen, in Ordnung Bringen, Gutmachen.* — 6) *Rechtfertigung einer Behauptung, Beweis* Çaṁk. zu Bâdar. 2,1,1. — 7) *das Bringen in Harmonie,* — *in Uebereinstimmung.* — 8) *Aufmerksamkeit,* — *gerichtet auf* (Loc. 256,17), *Vertiefung in* (im Comp. vorangehend). Acc. mit कर् *seine Aufmerksamkeit richten,* — *auf* (Loc.). — 9) *die auf das Höchste gerichtete Aufmerksamkeit, Andacht.* Die Buddhisten kennen eine Unzahl von verschiedenen Arten der *Andacht* mit den mannichfachsten Namen. Auch am Ende eines adj. Comp. (Nom. abstr. °त्व n.). °विग्रह m. *ein verkörperter* Samâdhi Kâraṇḍ. 93,19. fg. — 10) *eine zur Erinnerung an einen Heiligen errichtete Kapelle.* — 11) in der Rhetorik Bez. *verschiedener Figuren* Kâvjapr. 10,39. Comm. zu Çiç. 6,49. — 12) Bez. des 17ten Kalpa (*Weltperiode*). — 13) N. pr. verschiedener Männer.

*समाधिगर्भ m. N. pr. eines Bodhisattva.

समाधित Adj. *versöhnt, ausgesöhnt.*

समाधित्व n. Nom. abstr. zu समाधि 9). Vgl. auch daselbst.

समाधित्सा f. *der Wunsch Etwas beizulegen, in Ordnung zu bringen* Comm. zu Kâtj. Çr. 1,8,11.

समाधित्सु Adj. *zu rechtfertigen* —, *zu beweisen wünschend* Comm. zu Njâjas. 3,2,76.

समाधिप्रकरण n. Titel eines Werkes.

समाधिभृत् Adj. *andächtig vertieft* Çiç. 4,55.

समाधिमतिका f. ein Frauenname.

समाधिमत् Adj. 1) *aufmerksam.* — 2) *andächtig.*

समाधियोगर्द्धितपोविद्याविरक्तिमत् Adj. *verbunden mit Andacht,* Joga, *übernatürlichen Kräften, Kasteiungen, Wissen und Entsagung* Bhâg. P. 3,20,53.

समाधिराज m. und समाधिविधि m. Titel von Werken.

*समाधिसमानता f. *ein best.* Samâdhi.

समाधिस्थल n. N. pr. einer *Oertlichkeit* in Brahman's Welt.

समाधेय Adj. 1) *in Ordnung zu bringen.* — 2) *zurechtzuweisen, zu unterweisen, zu belehren.* — 3) *einzuräumen, zuzugeben.*

1. समान॑ 1) Adj. (f. ई und आ) a) *gleich, derselbe.* — b) *gleichartig, nicht unterschieden, übereinstimmend, gleich gross, dem Range* —, *dem Alter* —, *der Zeit* —, *der Bedeutung nach gleich, homogen,* — *mit* (Instr. [249,4], Gen. oder im Comp. vorangehend). — c) *in der Mitte stehend, der mittlere.* — d) *gemeinsam, all, insgesammt.* — e) *ganz* (eine Zahl im Gegensatz zu *Bruch*). — f) *seiend* (nach einem Adj.) buddh. Text zu Lot. de la b. l. 46. Divjâvad. 631,6. Wird als Partic. Med. von 1. अस् aufgefasst. — g) * = वर्णभिद्. — 2) Adv. समानम् und समान° *gleich wie* (Instr. oder im Comp. vorangehend). — 3) f. समानी *ein best. Metrum.* — 4) wohl n. Titel eines Werkes Opp. Cat. 1.

2. समान॑ m. *eine der fictiven Arten des Athems,* in der Medicin gefasst als *der Hauch, welcher, im Magen und in den Gedärmen thätig, das Feuer der Verdauung schürt, Durchfall und andere Krankheiten hervorbringt.* Personificirt als ein Sohn der Sâdhja.

3. समान Adj. 1) *in Achtung stehend bei* (Gen.). — 2) *nebst Groll.*

समानकरण Adj. *dasselbe hervorbringende Organ habend* (Laut).

समानकर्तृक Adj. *dasselbe Subject habend.* Nom. abstr. °ता f. und °त्व n. (Comm. zu Âpast. Çr. 2,5,6).

समानकर्मक Adj. *dasselbe Object habend* P. 3,4,48.

1. समानकर्मन् n. am Anfange eines Comp. *dieselbe Thätigkeit* Kap. 2,47.

2. समानकर्मन् Adj. *dieselbe Thätigkeit ausdrückend.*

समानकारक Adj. *Alles gleich machend* (die Zeit) Spr. 1693.

समानकारण Adj. in अ°.

समानकाल Adj. 1) *gleichzeitig.* °म् Adv. — 2) *von gleicher Dauer,* — *Quantität* (ein Vocal).

समानकालीन Adj. *gleichzeitig.* Nom. abstr. °त्व n.

समानतेम Adj. und Nom. abstr. °त्व n. s. u. तेम 2) a).

समानख्यान Adj. als Erklärung von सखि Sâj. zu ṚV. 1,163,11. 5,83,7. Vgl. समानाख्यान.

समानगति Adj. *zusammengehend,* so v. a. *übereinstimmend.* Nom. abstr. °त्व n.

समानगुण Adj. *gleiche Vorzüge habend.*

समानगोत्र Adj. *demselben Geschlecht angehörig.*

समानग्राम m. *dasselbe Dorf.* °वासे Pâr. Gṛhj. 3,10,17.

समानग्रामीय Adj. *in demselben Dorfe wohnend.*

समानजन m. *Standesgenosse.*

समानजनपद Adj. *von demselben Volke* Kâtj. Çr. 25,14,8.

समानजन्मन् Adj. 1) *gleichen Ursprungs.* — 2) *gleichen Alters.*

समानजन्य Adj. *von Standesgenossen herrührend, denselben gehörend u. s. w.*

समानजाति Adj. *gleichartig.*

समानजातीय Adj. (f. आ) *gleichartig,* — *mit* (im Comp. vorangehend) Comm. zu Njâjas. 1,1,23. Nom. abstr. °त्व n.

समानतन्त्र Adj. *in einer und derselben Handlung vor sich gehend* Âpast. Çr. 3,15,2. 5,21,6.

समानतस् Adj. 1) *gleichmässig oder gemeinschaftlich.* — 2) Gaut. 2,23 vielleicht fehlerhaft für सनामतस् *mit einem gleichbedeutenden Namen.*

समानता f. *Gleichheit,* — *mit* (Gen. oder im Comp. vorangehend) Çiç. 12,11. 15,109 (74).

समानत्र Adv. *auf demselben Fleck* Âpast. Çr. 2,17,5. 8,15,3.

समानत्व n. *Gleichheit,* — *mit* (Instr.) Kap. 1,55. 86. 6,65. Spr. 7702.

समानदत्त Adj. *übereinstimmend, einträchtig.*

समानदक्षिण Adj. *wobei gleicher Lohn gegeben wird* Çâñkh. Çr. 14,10,22.

समानदृश् Adj. *mit gleichem Auge schauend auf* (Loc.) Hem. Par. 1,434.

समानदेवत Adj. *derselben Gottheit geltend* Lâtj. 9,12,4.

समानदेवत्य Adj. (f. आ) dass. Çat. Br. 12,8,2,18. 35. 9,1,10.

समानधर्मन् Adj. *gleichartig, gleich,* — *mit* (Instr.).

समानधिष्ण्य Adj. *denselben Erdaufwurf habend* Çat. Br. 12,3,5,12.

1. समानन Adj. *in Ehren stehend.*

2. समानन Adj. *ein gleiches Gesicht habend mit* (Instr.).

*समाननामन् Adj. *gleichnamig.*

समाननिधन Adj. *einen gleichen Schlusssatz habend* Çat. Br. 8,7,1,6.

समानपक्ष m. *dieselbe Monatshälfte* TBr. 1,8,10,2.

समानप्रतिपत्ति Adj. s. u. प्रतिपत्ति 2).

समानप्रभृति Adj. *gleich beginnend* Kap. S. 32,12.

समानप्रसिद्धि Adj. als Erklärung von सत्रि Sâj. zu Ṛv. 3,35,1.

समानबन्धु Adj. (f. eben so) *derselben Sippe angehörig.*

समानबर्हिस् Adj. *eine und dieselbe Opferstreu habend* (so v. a. समानतन्त्र) Âpast. Çr. 5,21,7.

समानबल Adj. *von gleicher Kraft.* Nom. abstr. °त्व n. Comm. zu Njâjam. 1,3,19.

*समानब्रह्मचारिन् = सब्रह्मचारिन्.

समानब्राह्मण Adj. *wofür dieselben Vorschriften im* Brâhmaṇa *gegeben sind* Âpast. Çr. 12,13,6. Comm. zu 15,10,1.

समानब्राह्मणीय Adj. dass. Nom. abstr. °त्व n. Comm. zu Âpast. Çr. 10,21,8.

समानभृत् f. Bez. *bestimmter Backsteine* Çat. Br. 8,1,3,6. 7.

समानमान Adj. *in gleicher Ehre stehend mit* (Instr.) Kir. 1,10.

समानमूर्धन् Adj. (f. °मूर्ध्नी) *mit gleichem Haupte* Pâr. Gṛhj. 3,3,5.

समानय्, °यति *gleichstellen,* — *mit* (Instr.).

समानयन n. 1) *das Zusammenführen, Herbeiholen.* — 2) *das Zusammengiessen* Gaim. 4,1,40. Vgl. अ°.

समानयोगक्षेम Adj. (f. आ) *unter denselben Verhältnissen stehend wie* (Instr.) Karaka 353,8. Am Ende eines Comp. *gleichen Werth habend mit, Nichts mehr seiend als.* Nom. abstr. °त्व n. Sarvad. 47,13. 128,12.

समानयोजन Adj. *gleich geschirrt.*

समानयोनि Adj. *demselben Schooss entsprungen.*

समानरुचि Adj. *denselben Geschmack* (an Etwas) *habend.* Nom. abstr. °ता f.

समानरूप 1) (f. आ) *a) von gleicher Farbe,* — *wie* (Gen. oder im Comp. vorangehend). — *b) von gleichem Aussehen wie* (im Comp. vorangehend). — 2) f. आ *ein Räthsel, in welchem dieselben Worte in eigentlicher und uneigentlicher Bedeutung zu verstehen sind.*

समानर्षि Adj. (f. ई) *denselben* Ṛshi (*Stammbaum*) *habend* Gobh. 3,5,6.

समानलोक Adj. *denselben Himmel gewinnend.*

*समानवचन Adj. = सवचन.

समानवयस् und °वयस्क (Sâj. zu Ṛv. 1,165,1) Adj. *gleichalterig.*

समानवर्चस् Adj. *von gleicher Lebenskraft u. s. w.*

समानवर्चस Adj. *von gleichem Glanze wie* (im Comp. vorangehend).

समानवर्ण Adj. (f. आ) 1) *von gleicher Farbe.* — 2) *dieselben Vocale zeigend.*

समानवसन Adj. *gleich gekleidet* Kauç. 63.

समानविद्य Adj. *von gleichem Wissen.* Nom. abstr. °ता f. Mâlav. 14,2 (15,15).

समानव्रतचारिन् Adj. *in Allem übereinstimmend mit Jmd* (Gen.). Nom. abstr. °रित्व n. Vishṇus. 25,2.

समानव्रतभृत् Adj. *dieselbe Lebensweise führend* Spr. 4376.

समानशब्दा f. *eine Art von Räthseln.*

समानशय्य Adj. *ein gemeinschaftliches Lager habend.* Nom. abstr. °ता f.

*समानशाखीय Adj. *zu derselben* Çâkhâ *gehörig.*

समानशील Adj. (f. आ) *von gleichem Charakter* Râǵat. 1,307.

समानसंख्य Adj. (f. आ) *von gleicher Anzahl mit* (Instr.).

समानसंबन्धन Adj. (f. आ) *auf gleiche Weise zusammenhängend* Çat. Br. 7,4,2,4. 5,2,62.

समानसलिल Adj. = समानोदक VP. 3,13,15.

समानसुखदुःख Adj. *gleiche Freuden und Leiden habend.* Nom. abstr. °ता f.

समानसूत्रनिपात m. *das Niedersinken derselben Schnur.* Loc. so v. a. *auf der diametral entgegengesetzten Seite* Bhâg. P. 5,21,9.

समानस्तोत्रिय Adj. *denselben* Stotrija *habend* Çâñkh. Çr. 12,2,1.

1. समानस्थान n. *Zwischenstellung.*

2. समानस्थान Adj. 1) *an demselben Orte befindlich* Sâj. zu Ṛv. 1,165,1. — 2) *dieselbe Stelle im Munde habend.*

समानाक्षर n. *ein einfacher Vocal, kurz oder lang.*

समानाख्यान Adj. als Erklärung von सवि Nir. 7,30. Vgl. समानख्यान.

1. समानाधिकरण n. *grammatische Congruenz mit* (einem Casus, im Comp. vorangehend).

2. समानाधिकरण Adj. *coordinirt, in demselben Casusverhältniss stehend mit* (Instr. oder im Comp. vorangehend), *auf dasselbe Subject sich beziehend.* Nom. abstr. °ता f. und °त्व n.

1. समानार्थ m. = समानार्थता Lalit. 308,4.

2. समानार्थ Adj. (f. आ) 1) *denselben Zweck habend,* — *verfolgend.* Nom. abstr. °त्व n. — 2) *gleiche Bedeutung habend,* — *mit* (Instr. oder im Comp. vorangehend) 222,27. 229,16. 236,22. 28. Nom. abstr. °त्व n. 23.

समानार्थक Adj. *dieselbe Bedeutung habend* P. 3,3,152, Sch.

समानार्थता f. *Gleichwerthigkeit, Ebenbürtigkeit* Lalit. 183,9. 296,14.

समानार्थत्व n. s. u. 2. समानार्थ 1) 2).

समानार्षप्रवर Adj. (f. आ) *vom gleichen* Ṛshi *abstammend und (oder) gleiche* Pravara (s. प्रवर 3) *habend* Vishṇus. 24,9.

समानार्षेय Adj. *vom gleichen* Ṛshi *abstammend.*

*__समानास__ m. N. pr. eines Schlangendämons.

समानास्यप्रयत्न Adj. *mit derselben Anstrengung der Organe ausgesprochen werdend.*

समानिका f. *ein best. Metrum.*

समानिचय Adj. *auf ein Jahr Vorräthe habend* M. 6,18.

समानितम् Adv. *unter Ehrenbezeugungen.*

समानोत्तममध्यमाधम Adj. *dem der Beste, der Mittelmässige und der Schlechteste gleich viel gelten.*

समानोदक Adj. *entfernt verwandt, aber doch so, dass er seinen Ahnen noch die Wasserspende darbringen darf,* Kull. zu M. 9,187. °भाव m. *dieses Verwandtschaftsverhältniss.*

समानोदर्क Adj. *gleich endigend* Kap. S. 32,12.

समानोदर्य 1) Adj. *von derselben Mutter stammend.* — 2) m. *ein solcher Bruder.*

समानोपमा f. *ein Gleichniss, bei dem das tertium comparationis, lautlich gleich, begrifflich zweierlei Deutung zulässt.*

समानोल्ब Adj. *gleiche Embryohüllen habend* Çat. Br. 7,1,1,7.

1. **सॅमान्त** m. *Grenznachbar* Maitr. S. 2,1,2 (2,7). 4 (6,10). Vgl. सॅमन्त.

2. **समान्त** m. *Ende des Jahres* M. 4,26.

1. **समान्तर** n. *Jahresfrist.* Loc. *binnen J.* Kâraka 5,11.

2. **समान्तर** Adj. *von constanter Differenz, so v. a. wonach alles Andere gemessen wird, die Einheit bildend.* समान्तरश्च पुरुषस्तुरंगस्त्रिसमान्तरः। कुञ्जरः स्यन्दनश्चैव पञ्चसमान्तरौ स्मृतौ॥ so v. a. *auf je ein Pferd kommen drei Mann, auf je einen Elephanten und einen Wagen fünf Mann.*

समान्यॉ, समानित्रॉ Adv. *gemeinsam, gleichmässig* Maitr. S. 2,1,8 (9,9). v. l. für सामान्यॉ.

*__समाप__ m. = देवयजन (समा आपो यस्मिन्).

समापक Adj. *beendigend, zu Ende führend* (Çiç. 14,40), *ergänzend.* Nom. abstr. °त्व n.

समापत्ति f. 1) *das Zusammentreffen, Zusammenfallen.* — 2) *Zufall.* °दृष्ट *zufällig erblickt.* — 3) *das Erreichen, Gelangen —, Werden zu* (im Comp. vorangehend). — 4) *das Annehmen der ursprünglichen Form.* — 5) *Vollendung, Beendigung.* — 6) *das Sichfügen, Nachgeben in* अ°. — 7) bei den Jogin und Buddhisten *eine best. Stufe der Andacht: das Aufgehen des Subjects im Object* Jogas. 2,42. fgg. Divjâvad. 95,21. fgg.

समापद्यन n. (Nom. act. zu समापद्यते!) *das Sichvertiefen in Etwas* Text zu Lot. de la b. l. 189.

समापन 1) Adj. *zu Stande bringend, vollführend.* — 2) f. आ *der höchste Grad, die höchste Stufe.* — 3) n. a) *das Zustandebringen, Vollführen, Beendigung* Vaitân. — b) *Ende, so v. a. das zu Grunde Gehen.* — c) *Kapitel, Abschnitt.* — d) * = समाधान und लब्ध.

समापनीय Adj. *auf die Vollendung bezüglich.* *Am Ende eines Comp. *auf die V. von — bez.*

समापन्न 1) Adj. s. u. 1. पद् mit समा. — 2) *n. *Tod.*

समापयितव्य Adj. *auszustatten, zu versehen.*

समापादनीय Adj. in काल° *mit der Zeit in Einklang zu bringen, — gebracht werdend* Âpast. Çr. 9,7,3. 4.

समापाद्य Adj. *in die ursprüngliche Form herzustellen.*

समापिन् Adj. *den Schluss von Etwas bildend.*

समापिपयिषु Adj. mit Acc. *zu Stande zu bringen —, zu vollführen wünschend.*

*__समाप्तचित्त__ (!) m. N. pr. eines Mannes.

समाप्तपुनरात्त (Kâvjapr. 7,5) und °क Adj. *abgeschlossen und von Neuem wieder aufgenommen;* n. ein best. Fehler des Ausdrucks: *das Nachklingen —, Nachhinken eines Redetheils.* Nom. abstr. °पुनरात्तत्व n.

समाप्तलम्भ n. *eine best. hohe Zahl* (buddh.).

*__समाप्ताल__ m. = पति.

सॅमाप्ति f. 1) *Erlangung, Erlernung* Âpast. 2,29,13. — 2) *Vollendung, Beendigung, Abschluss, Ende* Âpast. 1,12,4. Gaut. — 3) *Ende, so v. a. das zu Grunde Gehen.* — 4) * = समर्थन.

समाप्तिक Adj. (f. आ) 1) *der seine Studien beendigt hat.* — 2) *den Schluss von Etwas bildend.*

समाप्तिवाद m. Titel eines Werkes Opp. Cat. 1.

*__समाप्त्यर्था__ f. v. l. für समस्यार्था.

समाप्य, समाप्यॅ 1) Adj. a) *zu erreichen, zu erlangen.* — b) *zu vollbringen, abzuschliessen, zu beendigen.* — 2) n. impers. *abzuschliessen.*

समाप्रिय Adj. nach dem Comm. = संततानि आ समन्तात्प्रियाणि यस्मिन्.

समाप्लव und °प्लाव m. *das Baden, Bad.*

समाभाषण n. *Unterredung —, Unterhaltung mit* (im Comp. vorangehend).

समामॅ m. *Länge.*

समाम्नात 1) Adj. s. u. म्ना mit समा. — 2) n. *das Aufzählen, Herzählen* Âpast. 2,29,13.

समाम्नातर् Nom. ag. *ein Ueberlieferer oder Redactor des* Veda Çaṁk. zu Bâdar. 3,3,37. 4,2,13.

समाम्नान n. *das Aufzählen, Verzeichniss.*

समाम्नाय m. 1) *Aufzählung, Verzeichniss, Zusammenstellung.* — 2) *eine literarische Composition,* z. B. *eine* Veda-*Redaction.* पद° *ein in* Pada-*Form redigirtes Stück.* — 3) *die heilige Schrift überh.* — 4) *Vernichtung der Welt.*

समाम्नायमय Adj. *aus der heiligen Schrift gebildet, dieselbe enthaltend.*

समाम्नायिक Adj. in पशु°.

समाम्य Adj. *in die Länge gehend.*

*__समाय__ Adj. *a visit, arrival.*

समायिन् Adj. *gemeinsam —, neben einander auftretend.* Vgl. असमायिन्.

समायोग m. 1) *Vereinigung, Verbindung, das Zusammentreffen, Contact, — mit* (Instr., Instr. mit सह oder im Comp. vorangehend). विधेः so v. a. *Fügung des Schicksals* Vikramâṅkak. 9,28. Abl. am Ende eines Comp. *durch die Verbindung mit, so v. a. mittelst, in Folge von.* — 2) *Rüstung* Kâd. 2,36,2 (46,6). 61,19 (74,15). 72,16 (88,11). 75,22 (93,8). Harshak. 181,15.

समारभ्य Adj. *zu unternehmen, zu beginnen.* Superl. °तम.

समारम्भ m. 1) *Unternehmung, Beginnen.* — 2) *Unternehmungsgeist.* — 3) *Beginn, Anfang.* — 4) fehlerhaft für समारम्भण *Salbe.* — 5) समारम्भे Hariv. 14812 fehlerhaft für समारेभे.

समारम्भण n. 1) *das Anfassen.* — 2) = समालम्भन *Salbe.*

°__समारम्भिन्__ Adj. *wohl behängt mit.*

समाराणे Partic. perf. von अर् mit सम् 5,20.

समाराधन n. 1) *das Zufriedenstellen, sich geneigt Machen.* — 2) *ein Mittel Jmd* (Gen.) *zufrieden zu stellen.*

समारुरुक्षु Adj. mit Acc. *hinaufzusteigen wünschend.*

समारोप m. 1) *Versetzung in* (Loc.). — 2) *das Beziehen* (des Bogens mit der Sehne) Bâlar. 73,1. — 3) *das Uebertragen auf* (Loc.), *Beilegen, Zuschreiben.*

°__समारोपक__ Adj. (f. °रिका) *wachsen —, gedeihen machend* Divjâvad. 130,14.

समारोपण n. 1) *das Versetzen* (z. B. des Feuers *an einen andern Ort*). — 2) *das Beziehen* (des Bogens mit der Sehne) Bâlar. 90,20.

समारोहण 1) m. *Aufstieg, — zu* (Gen.). — 2) n. a) *das Hinaufsteigen zu oder in* (im Comp. vorangehend) Vâsav. 118,2. 172,2. — b) *das Wachsen* (der Haare). — c) *das* (symbolische) *Versetzen des* Feuers *in einen andern Gegenstand* Ind. St. 15,157.

समारोहणीया f. Pl. Bez. *bestimmter Verse* Çâṅkh. Çr. 6,6,17.

समार्गण Adj. *mit Pfeilen versehen* MBh. 3,93,29. 143,1. Hariv. 12531.

समार्गणगुण Adj. *mit Pfeil und Sehne versehen*

MBh. 3,282,12.

समार्थ scheinbar MBh. 5,4312, da hier शमार्थम् die richtige Lesart ist.

समार्थक Adj. *von gleicher Bedeutung.*

समार्थिन् Adj. *Frieden wünschend mit* (Instr.). Vielleicht ist शमार्थिन् zu lesen.

समार्दव Adj. *nebst Sanftheit* Jâgn. 3,77.

समार्धग Adj. *an derselben Seite liegend* Varâh. Jogaj. 5,1.

समार्बुद n. *hundert Millionen Jahre.*

समार्ष Adj. *von demselben* Ṛshi *abstammend.*

समालक्ष्य Adj. *sichtbar, wahrnehmbar.*

समालभन n. *Salbe.*

*समालम्बिन् (?) m. *ein best. wohlriechendes Gras* Râgan. 8,121.

समालम्भ m. 1) *das Schlachten.* — 2) *Salbe.* Am Ende eines adj. Comp. *gesalbt mit.*

समालम्भन n. 1) *das Berühren* in अ°. — 2) n. *Salbe.*

समालम्भम् Absol. mit Acc. *anfassend* Çat. Br. 9, 3,3,6.

°समालम्भिन् Adj. *schlachtend.*

समालाप m. *Gespräch, Unterhaltung, — mit* (सह). Auch mit अन्योऽन्यम् und अन्योऽन्य° verbunden.

समालिङ्गन n. *das Umarmen.*

*समाली f. *Blumenstrauss.*

समालोक m. *das Erblicken.*

समालोकन n. 1) *das Betrachten, Besehen.* — 2) *das Erblicken.*

°समालोकिन् Adj. *der hineingeschaut —, studirt hat.*

समालोक्य (metrisch) n. Nom. abstr. zu समलोक Adj. *derselben Welt theilhaftig werdend wie* (Gen.).

*समालोच m. = संवदन.

°समालोचिन् Adj. v. l. für समालोकिन्.

समाल्य Adj. *bekränzt* Hariv. 4532.

समावच्छस् Adv. *in gleicher Weise, gleichmässig* Maitr. S. 1,10,9 (150,2). 3,3,4 (36,20).

समावज्जामि Adj. *gleichförmig.*

समावदिन्द्रिय Adj. = समावद्वीर्य Tâṇḍja-Br. 2,3,4.

समावद्भाज् Adj. *einen gleich grossen Antheil erhaltend* Gop. Br. 2,5,3.

समावद्वीर्य Adj. *gleich stark* Âpast. Çr. 6,7,8. 12, 21,19.

समावत् Adj. *gleichartig, gleich gross, — viel.* Adv. समावत् *gleich viel.*

समावर्जन n. *das Heranziehen, für sich Gewinnen.*

समावर्त m. *Wiederkehr nach* (Loc.). Auch als Bein. Vishṇu's.

समावर्तन n. *die Heimkehr des Schülers nach vollendeter Lehrzeit.* °प्रयोग m. Titel Burnell, T.

समावर्तनीय Adj. 1) *auf die Heimkehr bezüglich.* — 2) *zu wiederholen* Saṁhitopan. 16,1.

°समावह Adj. *herbeiführend, bringend, bewirkend.*

समावाप m. *das Vermengen der Feuer, ein Opfer, wobei dieses stattfindet.* — MBh. 7,4339 fehlerhaft für समावाय.

समावाप्ति (metrisch für समवाप्ति) f. *Erlangung* Hemâdri 1,407,4.

समावाय (metrisch für समवाय) m. *Zusammenkunft, Versammlung; Schwarm, Menge; Verbindung, Aggregat.*

समावास m. *Aufenthaltsort.* — Colebr. Misc. Ess. 2,307 ist समावासित (vgl. 5. वस् mit समा Caus.) st. समावासात् zu lesen, nicht समावासोऽत्र, wie Hall in J. A. O. S. 7,37 annimmt.

समाविकर्त Adj. *gleichmässig beschnitten, ohne eingeschnitten zu sein* Âpast. Çr. 11,13,1.

*समावृत्तक Adj. = समावृत्त (s. u. वर्त् mit समा). Vgl. अ°.

समावृत्ति f. = समावर्तन Gaut.

समावृत्तिक in अ°.

समावेश m. 1) *das Hineintreten, Hineinfahren.* — 2) *das Zusammenfallen,* so v. a. *Aufgehen in* (im Comp. vorangehend). — 3) *das Zusammenfallen,* so v. a. *gleichzeitiges Eintreten, das neben einander Bestehen.* — 4) *das Zusammenfallen,* so v. a. *Uebereinstimmen mit* (im Comp. vorangehend). — °समावेशे Hariv. 15788 fehlerhaft.

समाश m. 1) *ein gemeinschaftliches Mahl.* — 2) *das Essen, Geniessen; Mahlzeit.*

समाशिर् Adj. *gemischt.*

समाश्रय m. (adj. Comp. f. आ) 1) *Verbindung, Anschluss an* (im Comp. vorangehend). Abl. am Ende eines Comp. so v. a. *in Folge von, vermöge.* — 2) *Zuflucht, Zufluchtsstätte; Hospiz* Hemâdri 1, 672,13. 15. — 3) *Wohnstätte, Aufenthaltsort.* Am Ende eines adj. Comp. *wohnend —, lebend —, befindlich —, gelegen in.* — 4) *Beziehung, Bezug.* Am Ende eines adj. Comp. *sich beziehend auf, betreffend.* — 5) *das Sichbegeben nach* oder *in* (im Comp. vorangehend). — MBh. 3,11242 wohl fehlerhaft.

समाश्रयण n. *das Sichanschliessen an.* आचार्यान्तर° so v. a. *das Erwählen eines andern Lehrers* Bâlar. 86,5.

समाश्रयणसंप्रदाय m. Titel Opp. Cat. 1.

समाश्रयणीय Adj. 1) *zu dem man seine Zuflucht nehmen darf.* — 2) *in dessen Dienste man sich begiebt;* m. so v. a. *Herr* (im Gegensatz zu समाश्रित Diener).

°समाश्रयिन् Adj. *einnehmend* (einen Platz), *in Besitz gelangend von.*

समाश्रित 1) Adj. s. u. 1. श्रि mit आ. — 2) m. *Diener* Spr. 5449.

°समाश्रितत्व n. *das Sichbegebenhaben in* (Jmds Schutz) Pañkat. 87,23.

समाश्लेष m. *Umarmung.*

समाश्लेषण n. *das Umarmen.*

समाश्वास m. 1) *das Aufathmen, Sichberuhigen, gutes Muths Werden.* — 2) *Trost.*

समाश्वासन n. *das Trösten.*

समाश्वास्य Adj. *zu trösten.*

समास m. (adj. Comp. f. आ) 1) *Zusammenfassung, Zusammenfügung, Vereinigung, Verbindung* Vaitân. Instr. so v. a. *insgesammt.* — 2) *eine kurze —, gedrängte Darstellung.* Instr., Abl., समासतस् und समास° *in Kürze, mit kurzen Worten.* — 3) in der Grammatik *a) Compositum.* — *b)* = संधि 2) *g).* — 4) in der Astr. *ein best. Kreis.* — 5) = *समर्थन, °ना.

समासक्ति f. *das Hängen an* (Loc.). Instr. *mit Hingebung.*

समासङ्ग m. *Uebertragung* (eines Geschäfts).

समासचक्र n. (Burnell, T.), समासचन्द्रिका f. (Opp. Cat. 1) und समासचूडामणि m. (ebend.) Titel.

समासत्ति f. *Nähe.*

1. समासन n. *das Zusammensitzen mit* (सह).

2. समासन Adj. *auf ebenem Boden sitzend.*

समासप्रकरण n. Titel Opp. Cat. 1.

समासभावना f. 1) *composition of the sum of the products.* — 2) *the rule for finding the sine of sum of two arcs.*

समासम् Absol. mit Acc. *verbindend, aneinander reihend, vereinigend* Çat. Br. 4,1,2,26. 12,8,3,14.

समासम Adj. Du. *gleich und ungleich, von gleichem und ungleichem Stande* Gaut. 17,20. Sarvad. 5, N.

*समासवत्त m. *Cedrela Toona* Çabdak. im ÇKDr.

समासवाद m. Titel von Werken Opp. Cat. 1.

समासव्यासयोगतस् Adv. *gedrängt und ausführlich* Bhâg. P. 1,9,27.

समासशिक्षा f. Titel eines Werkes Opp. Cat. 1.

समाससंहिता f. *eine in gedrängter Weise dargelegte astr.* Saṁhitâ.

समासादन n. *das Gelangen zu, Erreichen.*

*समासाद्य Adj. *erreichbar, erlangbar.*

समासान्त m. *ein bei der Bildung eines Compositums daran tretendes Suffix.*

*समासार्था f. = समस्या 2).

समासार्ध Adj. (f. आ) *nebst einem halben Monat.*

समासिन् in व्यास°.

समासेक m. (Dârila zu Kauç. 17,4) und समासेचन n. *das Zusammengiessen.*

समासोक्त Adj. 1) *kurz ausgedrückt, aus wenigen Worten bestehend.* — 2) *in einem Compositum stehend.*

समासोक्ति f. *kurze Ausdrucksweise,* Bez. *einer Redefigur, bei der eines Andern Art und Weise zu sein auf einen in Rede stehenden Gegenstand übertragen wird in Folge einer Uebereinstimmung der Handlungen, des Geschlechts oder der Attribute,* Vâmana 4,3,3. Comm. zu Çiç. 17,39.

समास्थ Adj. MBh. 5,6029 fehlerhaft für समस्थ; vgl. Spr. 3891.

समास्या f. *das Zusammensitzen mit* (Instr. oder im Comp. vorangehend), *consessus.*

समाहनन n. *das Aufschlagen* Bhâradvâǵa im Comm. zu Âpast. Çr. 1,20,3.

°समाहर Adj. *vernichtend.*

समाहर्तर् m. *Einnehmer* (als Amt). Vgl. अर्थ° Nachtr. 6.

समाहार m. 1) *das Ergreifen* Gṛhjâs. 1,44. — 2) *Zusammenfassung, — in Eins, Summirung; Summe.* — 3) *Collection, Menge.* — 4) = प्रत्याहार 5). — 5) *das Zurückziehen* (der Sinne von der Sinnenwelt).

समाहारवर्ण m. Bez. *der Diphthonge* ऐ und औ.

समाहार्य oder समाहार्य Adj. 1) *zusammenzutragen, zu sammeln.* — 2) *zusammenzufassen.*

समाहित 1) Adj. s. u. 1. धा mit समा (auch Nachtr. 6). — 2) n. bei den Rhetorikern *eine best. Form* der Upamâ.

समाहितधी Adj. *mit gesammeltem, andächtigem Sinne* Bhâg. P. 7,4,23. Ind. St. 14,390.

समाहितमति Adj. *aufmerksamen Sinnes, aufmerksam* 211,18.

समाहितमनोबुद्धि Adj. *mit gesammeltem inneren Sinne und Verstande* R. 4,17,46.

समाहितात्मन् Adj. *dessen Geist vereinigt ist mit* (Instr.) Çat. Br. 14,6,11,1.

समाहितिका f. *ein Frauenname.*

समाहृति f. 1) * = संग्रह. — 2) *das Zurückziehen* (der Sinne) *von* (Abl.).

समाहेय Adj. *nebst den* Mâheja.

समाह्व 1) Adj. *einen gleichen Namen mit* — (im Comp. vorangehend) *führend* Çiç. 11,26. — 2) *f. आ *eine best. Pflanze,* = गोजिह्वा.

समाह्वय m. 1) *Herausforderung, Streit.* — 2) *ein Thierkampf mit Wetten.* — 3) *Benennung, Name.* Auch n.

समाह्वातर् Nom. ag. *Herausforderer zu* (Dat.).

समाह्वान n. 1) *das Herbeirufen, Anrufen.* — 2) *Herausforderung* (zum Kampfe, zum Würfelspiel). — 3) *ein Thierkampf mit Wetten.*

*समिक 1) von समा *Jahr* in द्वै°. — 2) n. *a pike, a dart.*

समित् f. *feindliches Zusammentreffen, Kampf* Prasannar. 77,4.

समित 1) Adj. *a) gleiches Maass habend —, gleich mit* (Instr. oder im Comp. vorangehend). — *b) gemessen.* — 2) °म् Adv. *durchgängig, stets* Kâraṇḍ. 59,21. Vgl. संमितम् u. 3. मा mit सम् 8). — 2) f. आ *Weizenmehl* Bhâvapr. 2,16. Divjâvad. 258,9.

समिति f. 1) *Zusammenkunft, Versammlung, Rath, Volksversammlung* Çiç. 16,13. — 2) *gemeinsamer Anschlag, Bund.* — 3) *feindliches Zusammentreffen, Kampf* Çiç. 16,13. 17,26. 20,1. — 4) *Vereinigung* überh. — 5) bei den Ǵaina *Regel des Betragens.*

समितिंगम Adj. *die Rathsversammlung besuchend.*

समितिंजय 1) Adj. *im Kampfe siegreich.* Auch Beiw. Jama's und Vishṇu's. — 2) m. N. pr. eines Kriegers.

समितिशालिन् Adj. *tapfer* Bhâg. P. 2,7,35.

समित्क von समिध् in आहित°.

समित्कलाप m. *ein Bündel Brennholz.*

समित्काष्ठ n. Pl. *Brennholz* Çat. Br. 11,5,3,13.

समित्त्व n. Nom. abstr. von समिध् *Holzscheit, Brennholz* Bâlar. 283,12.

समित्पाणि 1) Adj. *Brennholz in den Händen haltend.* — 2) m. N. pr. eines Schülers des Çaṁkarâkârja.

*समित्पान्थ m. *Feuer* Gal.

समित्पूल m. *ein Bündel Brennholz* Mân. Gṛhj. 1,6.

समित्र Adj. *nebst Freunden* MBh. 5,190,16.

समित्समारोपणप्रातरौपासनप्रयोग m. und °समारोपणविधान n. Titel Burnell, T.

समित्थ n. *feindliches Zusammentreffen, Zusammenstoss.*

समिथुन Adj. (f. आ) *sammt dem zum Paare Gehörigen.*

समिदन्त Adj. *mit dem Worte* समिध् *schliessend* Kâtj. Çr. 5,4,26.

समिद्भिन्नप्रश्चन Adj. *Brennholz verschiedener Art spaltend* Mahâvîrak. 42,2.

समिद्ध Adj. s. u. इध् mit सम्.

समिद्धवत् Adj. *das Wort* समिद्ध *enthaltend.*

समिद्धहोम m. *eine auf brennendes Holz ausgegossene Spende* Çat. Br. 1,5,3,7. 2,3,1,17.

समिद्धाग्नि Adj. *dessen Feuer brennt.*

समिद्धार Adj. *Brennholz herbeischaffend.* Nomin. mit गम् *Holz zu holen ausgehen* Âpast.

समिद्धार्थक m. N. pr. eines Mannes.

समिद्धि f. *das Brennen, Flammen.*

समिद्भार m. *eine Tracht Brennholz.*

समिद्वत् Adj. 1) *mit Brennholz versehen.* — 2) *das Wort* समिध् *enthaltend* 30,32. f. °वती *ein solcher Vers* Vaitân.

समिध् 1) Adj. *flammend.* — 2) f. *a) Holzscheit, Brennholz.* — *b) das Entflammen, Flammen.* — c) so v. a. समिदाधान n. Kâtj. Çr. 4,12,19. 15,7. 10,7,10. Çâṅkh. Çr. 2,13,7.

समिध 1) am Ende eines adj. Comp. = समिध् *Brennholz.* — 2) *m. *Feuer.* — 3) f. आ *eine Spende an die Holzscheite* Gṛhjâs. 2,3.

समिधम् Acc. und समिधे Dat. Infin. zu इध् mit सम्.

*समिध्य्, °ध्यति *nach Brennholz verlangen.*

समिध्यमानवत् Adj. *das Wort* समिध्यमान *enthaltend* Âpast. Çr. 19,18. Vaitân.

समिन् m. N. pr. eines Sohnes des Râǵâdhideva Hariv. 2034. समीपुत्र (!) 2035. Die andere Ausg. शमिन् und शमिपुत्र.

समिन्धन 1) m. N. pr. eines Mannes. — 2) n. *a) das Anzünden.* — *b) Holzscheit, Brennholz.* In übertragener Bed. so v. a. *ein Mittel zur Vergrösserung von* (Gen.).

*समिर m. 1) = समीर *Wind.* — 2) Bein. Çiva's.

समिश्र Adj. in असमिश्र.

समिष् f. *Geschoss.*

समिष्टयजुस् n. *Schlussopferspruch sammt Spende.*

समिष्टि f. *eine vollständige Opferung* Maitr. S. 1,10,9 (149,17). 3,7,1 (75,18).

समी Adv. 1) mit कर् *a) ebnen, nivelliren; der Erde gleich machen.* — *b) gleich machen, in Einklang bringen* (Hemâdri 1,550,3. 4), *ausgleichen.* — *c) gleich stellen, für gleich erklären, — mit* (Instr.) 250,7. — *d) ausgleichen, so v. a. in Ordnung bringen, gutmachen, beilegen.* — 2) mit भू *a) sich gleich stellen.* — *b)* समीभूत *α) in eine gleiche Lage gebracht.* — *β) gleich gemacht* (an Gewicht). — *γ) gleichgültig geworden.*

समीक 1) n. *feindliches Zusammentreffen, Kampf* Çiç. 19,117 (83). — 2) m. N. pr. eines Ṛshi.

समीकरण n. 1) *das Ebnen, Nivelliren.* — 2) *das Gleichmachen, Assimiliren* 264,30. — 3) *das Gleichstellen mit* (Instr.). — 4) *Gleichung* Bîǵag. 94. — 5) *das Ausgleichen, in Ordnung Bringen.*

समीकार m. *Gleichung.*

समीकृति f. 1) **das Ebnen.* — 2) *das Abwägen* Naish. 3,122.

समीक्रिया f. Gleichung.

समीक्ष 1) *n. = सांख्य. Vgl. समीक्ष्य. — 2) f. आ a) das Gewahrwerden. Dat. so dass Jmd (Gen.) es sieht Âpast. Çr. 15,6,13. Âpast. 2,5,3 ist समीक्षायां oder समीक्षायै zu lesen. — b) das Verlangen zu sehen (nach Nîlak.) MBh. 3,85,105 = 13,25,66. ed. Vardh. 12,261,24. Vielleicht fehlerhaft für समीहा. — c) Blick. — d) Meinung, Ansicht, — in Bezug auf (प्रति). — e) eine tiefe Einsicht.

समीक्षण 1) Adj. sehen lassend, — machend. — 2) n. das Anblicken, Hinblicken Lâṭj. 3,8,5. Vaitân.

समीक्षितव्य Adj. ausfindig zu machen.

समीक्ष्य 1) Adj. dass. — 2) n. die Sâṁkhja-Lehre Çiç. 2,59.

*समीच m. Meer. — समीचीं s. u. सम्यञ्च्.

समीचीन 1) Adj. (f. आ) a) zusammengewandt (nach einer Mitte), universus; beisammen bleibend, vereint, vollständig. — b) richtig, correct, zutreffend. — 2) n. Name eines Sâman Ârsh. Br.

समीचीनता f. und समीचीनत्व n. Richtigkeit, Correctheit, das Zutreffen.

समीच्छा f. MBh. 12,9363 fehlerhaft für समीक्षा (so ed. Vardh.) oder समीहा.

*समीद m. Weizenmehl.

*समीन Adj. von समा Jahr.

*समीनिका Adj. f. jedes Jahr kalbend.

समीप 1) Adj. nahe, in der Nähe stehend, angrenzend, benachbart; zeitlich nahe. — 2) n. Nähe, Gegenwart, Anwesenheit; zeitliche Nähe. a) Acc. α) mit Verben der Bewegung zu — hin; die Ergänzung im Gen. oder im Comp. vorangehend. — β) um die Zeit. संधिवेला॰ um die Zeit der Dämmerung Gobh. 3,10,19. — b) Abl. von — her; die Ergänzung im Gen. oder im Comp. vorangehend. — c) समीपतस् α) von — her; die Ergänzung im Gen. oder im Comp. vorangehend. — β) in der Nähe, nahe; mit einer Ergänzung im Gen. oder im Comp. vorangehend in der Nähe von, neben, bei, in Gegenwart von. — γ) hin — zu (Gen.). — δ) in nächster Zukunft. — d) Loc. α) in der Nähe; mit einer Ergänzung im Gen. oder im Comp. vorangehend in der Nähe von, neben, bei, in Gegenwart von. — β) zu — hin; die Ergänzung im Gen. oder im Comp. vorangehend. — γ) um die Zeit; die Ergänzung im Comp. vorangehend. — e) am Anfange eines Comp. in der Nähe.

समीपक n. Nähe. Loc. in der Nähe von (im Comp. vorangehend) Hemâdri 1,634,9.

समीपकाल m. zeitliche Nähe.

समीपग Adj. (f. आ) in der Nähe befindlich, danebenstehend, stehend neben oder bei (Gen. oder im Comp. vorangehend).

समीपगमन n. das Herantreten, Hingehen zu (Gen.).

समीपज Adj. (f. आ) 1) in der Nähe wachsend von (Gen.). — 2) in die Nähe kommend, auf die Nähe gerichtet. न मे ऽस्ति सुग्रीवसमीपजा गतिः so v. a. ich darf nicht in die Nähe von S. kommen, — vor seine Augen kommen.

समीपतरवर्तिन् Adj. näher gelegen Comm. zu Mṛkkh. 85,23.

समीपता f. Nähe Çiç. 17,43.

समीपत्व n. dass. Spr. 7849.

समीपदेश m. örtliche Nähe, Nachbarschaft 213,11.

समीपनयन n. das Hinführen zu (Gen.).

समीपभाज् Adj. in der Nähe befindlich Kautukar.

समीपमरणचिह्न n. Titel Burnell, T.

समीपवर्तिन् Adj. = समीपग. Die Ergänzung im Gen.

समीपस्थ Adj. 1) dass. Spr. 7632. Die Ergänzung im Gen. (Chr. 75,9) oder im Comp. vorangehend. — 2) nahe bevorstehend.

समीपस्थान n. das sich in der Nähe Befinden Sâj. zu RV. 10,18,10.

समीपावसित Adj. in der Nähe angesiedelt Kâtj. Çr. 8,9,9.

*समीपी Adv. 1) mit कर् in die Nähe bringen. — 2) mit भू oder अस् in die Nähe kommen.

समीभाव m. das in normalen Zustand Gelangen Karaka 3,6.

समीय्, ॰यते gleich behandelt werden von, für gleich gelten bei (Instr.).

*समीय Adj. von 2. सम.

समीर m. 1) Wind (auch im Körper). — 2) Pl. N. pr. eines Volkes.

समीरगजकेसरिन् m. eine best. Mixtur gegen Nervenkrankheit Mat. med. 199.

समीरण 1) Adj. a) in Bewegung —, in Thätigkeit versetzend. — b) anregend, befördernd. सर्वदोष॰ Karaka 1,27. — 2) m. a) Wind (auch im Körper), der Gott des Windes. Am Ende eines adj. Comp. f. आ. — b) Bez. der Zahl fünf Varâh. Bṛh. 1,7. — c) *ein Reisender. — d) *Majoran oder eine ähnliche Pflanze Râǵan. 10,157. — 3) n. a) das in Bewegung Versetzen. — b) das Schleudern.

समीरलक्ष्मन् n. Staub Çiç. 17,63.

*समीरसार m. Aegle Marmelos Râǵan. 11,192.

समिषत्ती f. eine best. Vishṭuti.

समीह्न Adj. der sich Etwas angelegen sein lässt u. s. w. als Bein. Vishṇu's.

समीहा f. das Streben, Begehren, Verlangen nach (im Comp. vorangehend).

समीहित 1) Adj. s. u. ईह् mit सम्. — 2) n. Wunsch, Verlangen Spr. 6855. Hem. Par. 1,217. 2,460. Kathâs. 24,126. Hit. 44,7.

समु ein Metrum von 76 Silben.

समुक्षण n. das Besprengen, Begiessen.

*समुख Adj. beredt.

समुच्चय m. 1) Menge 176,9. — 2) das Gesammte. — 3) das Auch, das Sowohl als Auch (im Gegensatz zu विकल्प das Entweder Oder) Kap. 3,25. Als rhetorische Figur Sâh. D. 739.

समुच्चयन n. das Sammeln, Zusammenstellen.

समुच्चयोपमा f. ein Gleichniss mit einem „nicht nur, sondern auch" 248,15.

समुच्चारण n. gleichzeitiges Ertönenlassen, — Aussprechen Comm. zu Âpast. Çr. 15,5,4.

समुच्चिचीषा f. der Wunsch zusammenzufassen, — zusammenzustellen Mahîdh. zu VS. 40,9.

समुच्चिती Adv. mit कर् vereinigen.

समुच्चेतव्य Adj. insgesammt —, sowohl das Eine als auch das Andere zu nehmen Njâjam. 9,2,12. 24.

समुच्चेय Adj. dass. Comm. zu Njâjam. 9,2,12. 15. 24.

समुच्छित्ति f. (Divjâvad. 445,24), समुच्छेद m. und समुच्छेदन n. (Subhâshitâv. 17,5) Vernichtung.

समुच्छ्रय 1) Adj. was in die Höhe schiesst. सर्व॰यम् so v. a. alles Lebende. — 2) m. a) Aufrichtung. — b) Höhe, Länge. — c) Höhe, so v. a. Berg. — d) das Steigen, so v. a. Erreichung einer hohen Stellung; eine hohe Stellung. — e) Steigerung, Erreichung eines hohen Grades; Erregung. — f) Anhäufung, Menge Kâraṇḍ. 29,22. — g) *Feindschaft. — h) Körper, Leib (buddh.) Ǵâtakam. 9. Divjâvad. 70,2. 73,16.

समुच्छ्राय m. = समुच्छ्रय 2) e).

समुच्छ्रितध्वजवत् Adj. mit aufgezogenen Fahnen R. 1,77,6 (78,6 Gorr.).

समुच्छ्रिति f. = समुच्छ्रय 2) e).

समुच्छ्वसित 1) Adj. s. u. 1. श्वस् mit उद्. — 2) n. das Athemholen Kâd. 63,4 (119,5).

समुज्जिहीर्षु Adj. mit Acc. fortzuschaffen —, zu entfernen wünschend.

समुज्ज्वल Adj. (f. आ) glänzend, strahlend, prächtig. Das Worauf oder Woran im Comp. vorangehend.

॰समुत्क Adj. sehnsüchtig, verlangend nach.

समुत्कच Adj. aufgeblüht.

समुत्कण्टकित Adj. = उत्कण्टकित mit aufgerichteten Härchen Kâd. 2,137,4 (167,18).

॰समुत्कण्ठा f. Verlangen nach Vâsav. 159,1.

समुत्कर्ष m. 1) das Ablegen (eines Gürtels). — 2) Vorrang, hohe Stellung. — 3) Vorzüglichkeit überh.

*समुत्क्रोश m. = उत्क्रोश Meeradler.

समुत्क्लेश m. Aufregung Kâraka 1,5.

समुत्क्षेप m. das Hinwerfen eines Wortes, Anspielung auf (Dat.).

समुत्क्षेपण n. die Höhe über dem Horizont.

समुत्तर n. = उत्तर Antwort.

समुत्तान Adj. mit der Fläche nach oben gerichtet (Hände).

समुत्तार m. das glückliche Hinüberkommen über Etwas, Befreiung von (im Comp. vorangehend) Divjâvad. 451,9. 11. 456,27.

समुत्तुङ्ग Adj. emporragend, hoch Daçin. 2,18.

समुत्तेजक m. Adj. anfeuernd Text zu Lot. de la b. l. 122.

समुत्तेजन n. das Anfeuern, Aufreizen Mudrâr. 53, 19 (88,12). Alaṁkâraç. 17,b,1.

समुत्थ Adj. (f. आ) entstehend, entstanden, hervorgehend, hervorgegangen, herstammend, herkommend, herrührend, — von (Abl.), sich zeigend. Gewöhnlich in Comp. mit einem im Abl., seltener mit einem im Loc. gedachten Begriffe.

समुत्थान n. (adj. Comp. f. आ) 1) das Aufstehen, Sicherheben, Aufrichtung (einer Standarte). — 2) das Wiederauftreten. — 3) das Anschwellen (des Bauches). — 4) Vermehrung (des Vermögens). — 5) Entstehung. Am Ende eines adj. Comp. entstehend —, entstanden aus. — 6) das an's Werk Gehen, Thätigkeit, Unternehmung. संभूय oder एकीभूय eine gemeinschaftliche Unternehmung. — 7) Heilung.

समुत्थाप्य Adj. aufzurichten.

समुत्थेय n. impers. an's Werk zu gehen.

समुत्पतन n. ein gleichzeitiges Auffliegen.

समुत्पत्ति f. Entstehung, Ursprung.

समुत्पात m. = उत्पात eine Unglück verheissende Erscheinung, portentum.

समुत्पाद m. Entstehung. प्रतीत्य nach Eintritt der dazu erforderlichen Bedingungen.

समुत्पाद्य Adj. hervorzurufen, zu veranlassen, zu verursachen.

समुत्पिञ्ज 1) m. Verwirrung, das darunter und darüber Gehen. — 2) *Adj. = भृशमाकुलः.

समुत्पिञ्जलक m. = समुत्पिञ्ज 1).

समुत्पीडन n. das Drücken, Pressen.

समुत्पुंसन n. das Wegwischen, Entfernen, zu Nichte Machen Alaṁkârav. 138,a.

*समुत्फाल m. Galopp.

समुत्फुल्ल Adj. weit aufgerissen (Augen) Kâd. 2,140,18.

समुत्सर्ग m. 1) das Entlassen, Vonsichgeben. — 2) das Entlassen des Samens. Acc. mit कर् sich begatten mit (Loc.).

समुत्सर्पण n. das von Statten Gehen, zu Stande Kommen Ind. Antiq. 8,303.

समुत्सव m. = उत्सव Fest, Festtag.

समुत्सारक Adj. ver —, auseinander treibend Harshak. 89,13.

समुत्सारण n. das Verscheuchen, Vertreiben, Fortschaffen, Auseinandertreiben Kâd. 16,13 (25,12). Vâsav. 22,2.

समुत्साह m. Willenskraft. Acc. mit कर् W. an den Tag legen.

समुत्साहता f. grosse Bereitwilligkeit zu (Loc.).

समुत्सुक Adj. (f. आ) = उत्सुक 1) aufgeregt, unruhig. — 2) von einem Verlangen —, von Sehnsucht ergriffen, sich sehnend —, verlangend zu oder nach (Infin. oder im Comp. vorangehend).

समुत्सुकता f. Sehnsucht, Verlangen Daçak. 29,21.

समुत्सुकत्व n. 1) Aufgeregtheit. — 2) das Gefühl der Sehnsucht.

समुत्सुकय्, °यति sehnsüchtig machen.

समुत्सेध m. (adj. Comp. f. आ) Höhe.

1. समुद् Adj. erfreut Çiç. 6,74.

2. समुद् f. AV. 8,1,15 fehlerhaft für संमुद्.

समुद्दंशक Pañkar. 3,8,12 fehlerhaft.

समुद्दन्त Adj. über den Rand sich erhebend, überzulaufen drohend Maitr. S. 1,8,2 (117,18). Ait. Br. 5,26,6 (die Hdschrr. समुद्दन्त). Âpast. Çr. 6,6,2.

समुदय 1) m. (ausnahmsweise auch n.) a) Vereinigung, Zusammenfluss; Aggregat. Acc. mit कर् vereinigen, sammeln (ein Heer); सेना° ein versammeltes Heer; येषां °यो दमः so v. a. welche zusammen genommen den Dama bilden; महासमुदयं शरैः कर् so v. a. eine Menge Pfeile auf einen Punct niederfallen lassen. — b) bei den Buddhisten ursprünglich wohl das zur Hervorbringung einer Existenz Erforderliche, Aggregat von Factoren oder Elementen; später als Existenz gefasst. — c) Einkommen, Einkünfte. Auch neben आय. — d) guter Erfolg, Gelingen. — e) *Kampf. — f) *= दिवस. — g) *= उद्गम und समुद्गम (Çâçvata 280). — 2) n. in der Astrologie = लग्न.

समुदागम m. vollständige Kenntniss Text zu Lot. de la b. l. 81.

समुदाचार 1) m. a) Darreichung, Darbringung oder Bewirthung mit. — b) ein gutes, richtiges, höfliches Benehmen Prasannar. 73,4. — c) Verkehr mit (Instr.). — d) Anrede Divjâvad. 526,7. — e) *= अभिप्राय. — 2) Adj. sich gut —, sich richtig benehmend.

समुदाचारवन्त् Adj. sich gut benehmend, — betragend.

समुदाचारिन् Adj. anredend Divjâvad. 25,2.

समुदानय्, °यति fertig machen, vollenden, zur Vollendung —, zur vollen Entwickelung bringen, vollkommen erreichen Text zu Lot. de la b. l. 91. 109. 134. 195. Lalit. 214,2. Partic. समुदानित. Fälschlich °नीत Divjâvad. 26,21. 490,16.

समुदानय m. 1) Versammlung. — 2) das Vollenden, zu Stande Bringen Lalit. 218,22. Nom. abstr. °ता f. dass. 218,1.

समुदानयितव्य Adj. völlig zu ergründen Text zu Lot. de la b. l. 106.

समुदाय m. 1) Vereinigung, Aggregat, das Ganze 230,19. 234,5. मातङ्ग° so v. a. das Geschlecht der Elephanten, die Elephanten Spr. 7821. — 2) = समुद्ग 2) und das 18te Mondhaus vom Geburtsmondhause (Varâh. Jogaj. 9,1). — 3) *Kampf. — 4) *Hintertreffen. — 5) *= समुच्छ्रय; fehlerhaft.

समुदायप्रकरण n. Titel eines Werkes Burnell, T.

समुदायिन् Adj. in Verbindung tretend, ein Aggregat bildend Comm. zu Njâjas. 2,1,30. 2,2. Çaṁk. zu Bâdar. 2,2,18.

समुदाहार m. कथा° Unterredung Divjâvad. 143,14.

*समुदितर् Nom. ag. sich erhebend zur Erklärung von 1. समुद्.

समुदीरण n. das in Bewegung Gerathen.

समुदीर्ण 1) Adj. s. u. ईर् mit समुद्. — 2) n. eine best. Bewegung.

समुदीर्णत्व Adj. in Aufregung gerathen und stechend. Nom. abstr. °त्व n. Suçr. 1,261,2.

समुद्ग m. 1) Knospenspitze in अर्कसमुद्ग. — 2) eine runde Dose. Angeblich auch n. — 3) eine runde Tempelform. — 4) eine Art Paronomasie in verschiedenen Formen (im Verse) Kâvjâd. 3,53. fgg. Auch °यमक n. Comm. zu Bhatt. 10,7 und zu Çiç. 19,58. 118.

समुद्गक 1) m. n. eine runde Dose 298,4 (im Prâkrit). Vâsav. 57,3. Daçak. 85,11. Mudrâr. 33,5 (im Prâkrit). — 2) *m. = समुद्ग 4).

समुद्गम m. Aufgang (der Sonne), das Aufsteigen (von Staub, des Busens).

समुद्गयमक n. s. u. समुद्ग 4).

समुद्गल (!) in *रत्न°.

समुद्गार m. das Ausspeien. Auch Pl.

समुद्घाट m. Entfernung, Wegräumung Lalit. 36, 11. Richtig समुद्घात.

समुद्घात m. = आत्मप्रदेशानां बहिर्निगमनम् Çilâñka.

समुद्घातिन् Adj. in विमति°.

समुद्दण्ड Adj. *emporgehoben* (Arm) DAÇAK. 1,10.

समुद्दिधीर्षु Adj. mit Acc. *zu retten wünschend.*

समुद्देश m. 1) *Darlegung, Auseinandersetzung, didactische Behandlung, Lehre* MBH. 13,17,12. — 2) *Localität, Ort, Platz, Standort.*

समुद्देशीय Adj. in व्याधि°.

समुद्धत s. u. 1. हन् mit समुद्.

समुद्धरण n. 1) *das Herausziehen.* — 2) *das Entfernen, Wegschaffen.* — 3) * *ausgebrochene Speise.*

समुद्धर्तर् Nom. ag. 1) *Herauszieher* (aus einer Tiefe, einer Gefahr; mit Abl.). — 2) *Ausreisser, Entwurzeler.*

समुद्धर्ष m. etwa *Kampf, Streit* MBH. 11,17,6.

*समुद्धस्त Adj. *wiped off by the hand.*

समुद्धार m. 1) *das Herausziehen, — aus einer Gefahr, Errettung.* — 2) *das Wegschaffen, Entfernen, Vernichten.* — 3) N. pr. eines Fürsten. Vollständig हरिकृष्ण°.

समुद्धुर Adj. *emporgestreckt* PAÑKÂÇIKÂ (ed. SOLF) 2.

समुद्धूसर Adj. wohl = धूसर *staubfarbig, grau.*

समुद्बन्धन n. *das Aufhängen.* आत्मनः *das Sicherhängen* KÂD. 262,4 (426,12).

समुद्बोध m. *das in's Bewusstsein Treten.*

समुद्बोधन n. *das wieder zum Bewusstsein Bringen Jemandes* (aus einer Ohnmacht) PRASANNAR. 112,21.

समुद्भव m. 1) *Entstehung, Ursprung; das Erscheinen, Sichzeigen.* Am Ende eines adj. Comp. (f. आ) *entstanden —, entstehend aus* und *der Ursprung —, die Quelle seiend von.* एकादशसमुद्भव Adj. so v. a. *von eilf Generationen.* — 2) *das wieder lebendig Werden.* — 3) Bez. Agni's *beim* Vratâdeça.

समुद्भासन n. *das Erhellen, Beleuchten* KÂD. 2, 56,14 (67,14).

समुद्भूति f. *das Hervortreten, Erscheinen.*

समुद्भेद m. 1) *das Sicherschliessen, Entwickelung.* — 2) *Quelle.*

समुद्यम m. 1) *das Erheben, Aufheben.* — 2) *Bemühung, Anstrengung, an den Tag gelegter Eifer, das Sichanschicken zu* (Loc., Dat. oder im Comp. vorangehend).

समुद्यमिन् Adj. *sich bemühend, sich anstrengend, Eifer an den Tag legend.*

समुद्योग m. 1) *Gebrauch, Anwendung.* — 2) *das Sichrüsten, Sichbereitmachen, an's Werk Gehen.* Acc. mit dem Caus. von कर् *Etwas unternehmen gegen* (Gen.). — 3) *das Zusammenwirken* (von Ursachen).

1. समुद्रॅ 1) m. a) *Sammlung der Gewässer am Himmel und auf der Erde, Wassermasse, See; Meer.* Es werden *drei, sieben,* in der Regel aber *vier Meere* (nach jeder Himmelsgegend eins) angenommen. n. ṚV. 6,72,3; am Ende eines adj. Comp. f. आ HEMÂDRI 1,639,4. Das *Meer* erscheint als Bild der unabsehbaren Ausdehnung, der Unergründlichkeit und Gefährlichkeit und wird auch personificirt. — b) Bez. *der Zahl vier.* — c) *eine grosse* Soma-*Kufe.* — d) Bez. *der Zahl* 100,000,000, 000,000. — e) *eine best. Constellation, wenn nämlich alle 7 Planeten in den Häusern 2, 4, 6, 8, 10 und 12 stehen.* — f) angeblich = हुक्का. — g) Titel eines Werkes. — h) N. pr. α) eines Daitja. — β) eines Gesetzgebers. — γ) des angeblichen Verfassers einer Chiromantie. — δ) verschiedener anderer Personen HEM. PAR. 1,472. 2,316. — ε) einer Oertlichkeit. — 2) n. Bez. *verschiedener Metra.*

2. समुद्र Adj. (f. आ) *versiegelt.*

समुद्रकटक *Schiff* UTPALA zu VARÂH. JOGAJ. 4,52.

*समुद्रकफ m. *os Sepiae.* Vgl. समुद्रफेन.

समुद्रकल्लोल m. N. pr. eines Elephanten.

*समुद्रकाञ्ची f. *die Erde.*

*समुद्रकान्ता f. 1) *Fluss.* — 2) *Trigonella corniculata* RÂGAN. 12,134.

समुद्रग 1) Adj. (f. आ) *sich in's Meer begebend, — ergiessend.* — 2) f. आ *Fluss* ÇIÇ. 12,59.

समुद्रगुप्त m. N. pr. eines Fürsten.

*समुद्रगृह n. *ein Badehaus mit Spritzen u. s. w.*

*समुद्रचुलुक m. Bein. Agastja's.

समुद्रजॅ Adj. *im Meer erzeugt, — sich findend, — lebend* AV. 4,10,4.

समुद्रॅज्येष्ठ Adj. (f. आ) *das Meer zum Obersten habend.*

समुद्रतता f. *ein best. Metrum.*

समुद्रतॅस् Adv. *vom Meere her.*

समुद्रतीर n. *Meeresufer* 154,13.

*समुद्रतीरीय Adj. *am Meeresufer wohnend.*

समुद्रत्व n. Nom. abstr. zu समुद्र *Meer* Ind. St. 13,391.

समुद्रदत्त m. N. pr. verschiedener Personen HEM. PAR. 1,472. 2,76.

*समुद्रदयिता f. *Fluss.*

समुद्रदेव m. *der Meergott* Ind. St. 15,319.

समुद्रदेवता f. *Meergottheit.* Pl. UTTAMAK. 56.

*समुद्रनवनीत n. 1) *der Unsterblichkeitstrank, Nektar.* — 2) *der Mond.*

समुद्रनिष्कुट m. *ein am Meere gelegener Lustwald* oder N. pr. eines best. *Waldes.*

समुद्रनेमि 1) Adj. (f. eben so) *meerumgeben* (die Erde) 56,14. MBH. 4,8,11. 11,10. — 2) f. *die Erde* MBH. 3,26,14. Auch °नेमी.

समुद्रनेमीपति und °नेमीश्वर m. *Fürst, König.*

समुद्रपत्नी f. *Fluss.*

समुद्रपर्यन्त Adj. (f. आ) *meerumgrenzt* (die Erde).

समुद्रप्रिय m. ein Mannsname HEM. PAR. 2,75. 3,231.

*समुद्रफल n. *ein best. Arzeneimittel* RÂGAN. 6,219.

समुद्रफेण (schlecht) und °फेन m. *os Sepiae, die Knochen des Tintenfisches* (schwimmen auf dem Wasser) RÂGAN. 6,235. BHÂVAPR. 1,169.

समुद्रबन्धयज्वन् m. N. pr. eines Mannes PISCHEL, de Gr. pr. 40.

समुद्रमथन 1) m. N. pr. eines Daitja. — 2) n. a) *das Quirlen des Meeres.* — b) Titel eines Schauspiels.

समुद्रमहिषी f. *die Hauptgemahlin des Meeres,* Bein. der Gaṅgâ MBH. 3,187,19.

*समुद्रमात्र n. P. 6,2,14, Sch.

समुद्रमालिन् Adj. *meerumkränzt* (die Erde).

समुद्रमीङ्ख्य Adj. *die Kufe in's Schwanken bringend* ṚV.

*समुद्रमेखला f. *die Erde.*

समुद्रयात्रा f. und समुद्रयान n. *Seereise, Seefahrt.*

समुद्रयायिन् m. *Seefahrer.*

समुद्रयोषित् f. *Fluss* VIKRAMÂÑKAK. 13,50.

समुद्ररशन 1) Adj. (f. आ) *meerumgürtet* (die Erde) HARIV. 12902 (°रसना gedr.). — 2) * f. आ *die Erde.*

*समुद्रलवण n. *Seesalz.*

समुद्रवर्मन् m. N. pr. eines Fürsten.

समुद्रवल्लभा f. *Fluss* VIKRAMÂÑKAK. 13,44.

समुद्रवसन 1) Adj. (f. आ) *meerumkleidet* (die Erde) HARIV. 3,46,3. — 2) * f. आ *die Erde.*

*समुद्रवह्नि m. *das höllische Feuer im Meere.*

समुद्रॅवासस् Adj. *in die Fluth sich hüllend.*

समुद्रवासिन् Adj. *am Meere wohnend.*

*समुद्रविजय m. N. pr. des Vaters des 22sten Arhant der gegenwärtigen Avasarpiṇî.

समुद्रवेला f. *Fluth* (Gegensatz *Ebbe*) MAITRJUP. 4,2. Chr. 152,1.

समुद्रॅव्यचस् Adj. *eine See* oder *eine Kufe in sich fassend.*

समुद्रशुक्ति f. *Seemuschel* Spr. 4029.

समुद्रशूर m. N. pr. eines Kaufmanns.

समुद्रश्री f. ein Frauenname HEM. PAR. 2,80. 355.

समुद्रसलिलेशय Adj. *im Wasser des Meeres liegend* (als Kasteiung) HARIV. 88.

समुद्रसार n. *das Beste im Meere,* so v. a. *Perle.*

समुद्रसेन m. N. pr. 1) eines Fürsten. — 2) eines Kaufmanns.

*समुद्रस्थली f. gaṇa धूमादि.

समुद्रस्नानविधि m. Titel BURNELL, T.

समुद्रादि *die vierte u. s. w. Silbe in einem Stollen, wenn darnach ein Caesur eintritt.*

1. **समुद्रान्त** m. *Meeresufer.*

2. **समुद्रान्त** 1) Adj. (f. आ) *a) bis an's Meer reichend* (die Erde) KATHÂS. 3,77. — *b) in's Meer sich ergiessend.* — 2) * f. आ *a) Alhagi Maurorum* RÂGAN. 4,44. — *b) Trigonella corniculata* BHÂVAPR. 1,194. — *c) die Baumwollenstaude* RÂGAN. 4,192. BHÂVAPR. 1,209. — 3) * n. *Muskatnuss.*

समुद्राभिसारिणी f. *ein dem Meergott nachlaufendes Mädchen.*

समुद्राम्बरा f. *die Erde.*

समुद्राय्, °यते *dem Meere gleichen.*

समुद्रायण Adj. (f. आ) *in's Meer sich ergiessend.*

* **समुद्राह्व** m. = ग्राहभेद, तिमिङ्गिल und सेतुबन्ध.

समुद्रार्थ Adj. (f. आ) *dem Meere zustrebend.*

समुद्रावगाहन m. *ein best.* Samâdhi KÂRAṆḌ. 51,23. 24.

समुद्रावरणा Adj. (f. आ) *meerumkleidet* (die Erde).

समुद्रावरोहणा m. *ein best.* Samâdhi KÂRAṆḌ. 51,15.

समुद्रिय 1) Adj. (f. आ) *a) marinus* RV. 1,25,7. 10,65,13. — *b) in der Kufe befindlich.* — 2) n. *ein best. Metrum.*

समुद्रेक m. *das Ueberwiegen.*

समुद्रेष्ठ Adj. (f. आ) *in der Fluth befindlich.*

समुद्रोन्मादन m. N. pr. eines Wesens im Gefolge Skanda's.

समुद्र्य (समुद्रिय) Adj. *marinus* SV. II,2,2,9,3.

समुद्वाह m. *Heirath, Hochzeit.*

समुद्वेग m. *das Erschrecken* (intrans.).

* **समुन्दन** n. *das Nasswerden.*

समुन्नति f. 1) *das Aufsteigen, Sicherheben.* — 2) *Höhe.* — 3) *hohe Stellung, hohes Ansehen.* — 4) *Steigerung.* चित्तं समुन्नतिमश्नुते *der Geist fühlt sich gehoben.* मनसः *so v. a. eine hohe Denkweise.*

समुन्नन्द m. N. pr. eines Râkshasa.

समुन्नद्ध Adj. s. u. 1. नह् mit समुद्.

समुन्नमन n. *das Sicherheben, Aufsteigen.*

समुन्नय m. 1) *Auf-, Erschliessung.* — 2) *Eintritt* (einer Zeit) BHAṬṬ. 6,63.

समुन्नयन n. *das Emporziehen, — richten.*

समुन्नस Adj. *eine hervorspringende —, hohe Nase habend.*

समुन्नाद m. *gleichzeitiges Aufschreien u. s. w.*

समुन्नाह m. 1) *das in die Höhe Drängen.* — 2) *Höhe.*

समुन्नेय Adj. *herauszubringen, zu erschliessen, zu folgern* Comm. zu NJÂJAM. 1,2,7.

समुन्मिश्र Adj. *vermischt —, vermengt mit, begleitet von* (Instr.).

समुन्मुखी Adv. mit कर् *aufrichten, aufheben.*

समुन्मूलन n. *das Entwurzeln, vollständiges zu Nichte Machen.*

समुपक्रम m. 1) * *Beginn.* — 2) *das in medicinische Behandlung Nehmen, Beginn einer Kur* KARAKA 629,12.

समुपक्रम्य Adj. *in medicinische Behandlung zu nehmen* KARAKA 8,2.

समुपगन्तव्य n. impers. *sich zu begeben.* न चास्य विश्वासे °व्यम् so v. a. *man darf ihm kein Vertrauen schenken.*

समुपचार m. *Huldigung.*

* **समुपच्छाद** m. Nom. act. von 1. छद् mit समुप.

समुपजाताभिनिवेशम् Adv. *hartnäckig, mit grosser Entschiedenheit* PRAB. 67,14.

* **समुपजोषम्** Adv. = उपजोषम्.

समुपभोग m. *das Geniessen, Essen.*

समुपवेश m. und °वेशन n. *Sitz.*

समुपष्टम्भ und **समुपस्तम्भ** m. 1) *das Stützen.* — 2) *Stütze* KARAKA 1,11.

समुपहव m. *eine Einladung mit Andern* (Instr.).

समुपह्वावम् Absol. *zusammenrufend, zusammen einladend.*

समुपह्वर m. *ein verborgener Ort, Versteck.*

समुपानयन n. *das Herbeibringen, — schaffen.*

* **समुपाभिच्छाद** m. Nom. act. von 1. छद् mit समुपाभि.

समुपार्जन n. *das Erwerben, Erlangen.*

समुपालम्भ m. *Vorwurf* MBH. 4,21,8.

समुपेक्षक Adj. *übersehend, nicht beachtend, vernachlässigend.*

समुपेप्सु Adj. mit Acc. *zu erreichen strebend, trachtend nach.*

समुपोषक Adj. *fastend.*

समुल्बण Adj. *klumpig, dick, wulstig.*

* **समुल्लास** m. *das sich hinundher Bewegen, Hüpfen, Tanzen.*

समुल्लासिन् Adj. *strahlend.*

* **समुल्लोच** m. = उत्सादन.

समुष्क Adj. *mit Hoden, uncastrirt* BAUDH. 2,4,21.

समुष्ट scheinbar HARIV. 2751, da hier संमुष्टन् zu lesen ist.

समुष्यल Adj. (f. आ) *verlangend, liebend oder Liebe erweckend.*

* **समुहितर्** Nom. ag. v. l. für समुदितर्.

समुह्य Adj. v. l. für समूह्य.

समुह्यपुरीष Adj. *aus zusammengefegtem Schutt* (geschichtet).

समूढ und **समूळ्ह** Partic. von 1. ऊह् mit सम्.

समूळ्हच्छन्दस् und **समूळ्ह°** Adj. *mit regelmässig geordneten Metren.*

* **समूर** m. und * **समूरु** m. *eine Antilopenart.*

समूर्तक MÂRK. P. 96,62 wohl fehlerhaft für संवर्तक.

समूल 1) Adj. *a) mit Wurzeln versehen, so v. a. berast, bewachsen; lebend, grünend.* — *b) sammt der Wurzel* ÇIÇ. 20,57. — *c) mit Allem was dazu gehört, vollständig, mit Stumpf und Stiel, bis auf das Letzte.* समूलम् und समूल° Adv. — *d) begründet* Comm. zu GOBH. S. 228, Z. 7. — 2) m. N. pr. eines Berges.

समूलक Adj. 1) = समूल 1) *b).* — 2) *nebst Rettig.*

समूलकाषम् Absol. mit कष् *mit Stumpf und Stiel ausreissen, — ausrotten, zu Nichte Machen* MAHÂVÎRAK. 63,8.

समूलघातम् Absol. mit हन् *mit Stumpf und Stiel ausrotten.*

समूह 1) m. *a) Anhäufung, Haufe, Schaar, Menge, Aggregat.* Am Ende eines adj. Comp. f. आ VÂSAV. 243,4. — *b) eine zur Verfolgung bestimmter Zwecke zusammengetretene Anzahl von Menschen, Verein, Körperschaft.* — *c) Summe, Inbegriff.* — *d) vielleicht* N. pr. eines göttlichen Wesens. — 2) f. **समूहा** (sc. वृत्ति) *eine best. Art des Lebensunterhalts* BAUDH. 3,1,7. 2,12.

समूहक m. = समूह 1) ÂPAST. ÇR. 17,26. NJÂJAM. 6,2,1.

* **समूहक्षारक** m. *eine Art Alkali* RÂGAN. 6,260.

* **समूहगन्ध** m. *Zibeth* RÂGAN. 12,72.

समूहन 1) Adj. *zusammenstreifend, zu einem Haufen vereinigend.* — 2) f. ई *Besen* ÂPAST. 1,4,18. BAUDH. 2,6,34. Comm. zu ÂPAST. ÇR. 6,3,2. — 3) n. *das Zusammenstreifen, — kehren.*

समूहिन् Adj. *ein Aggregat bildend, zur Bildung eines Aggregats dienend* Comm. zu NJÂJAS. 4,1,36.

समूह्य Adj. *zusammenzustreifen, — fegen; so v. a.* समूह्यपुरीषा ÇULBAS. 3,249. fg.

समृजीक Adj. nach NILAK. मृजीका सत्त्वशुद्धिस्तदुद्देशेन तया सह क्रियमाणं समृजीकम्. Vgl. आर्विजीक.

समृत Partic. von अर् mit सम्.

समृतयज्ञ m. Pl. *zusammentreffende Opfer.*

समृतसोम m. Pl. *zusammentreffende* Soma-*Opfer.*

समृति f. 1) *Begegnung.* — 2) *Zusammenstoss, Treffen.*

समृद्ध 1) Adj. s. u. अर्ध् mit सम्. — 2) m. N. pr. eines Schlangendämons MBH. 1,57,18.

समृद्धि f. 1) *das Gelingen, Gerathen, Wohlgedeihen, Zunahme; Trefflichkeit, guter Zustand,*

Wohlfahrt. Am Ende eines adj. Comp. so v. a. *gesteigert durch.* — 2) *Ueberfluss, Fülle, Menge* Çiç. 6,20. — 3) *Wohlstand, Reichthum.* Auch Pl. — 4) *ein best. Gedeihen bringendes vedisches Lied.*

समृद्धिकरण n. *das Schaffen von Wohlfahrt, ein Mittel dazu.*

समृद्धिकाम Adj. *Wohlfahrt wünschend.*

समृद्धिन् Adj. *reich gesegnet, — mit* (im Comp. vorangehend), *mit Allem vollauf versehen.*

समृद्धिमत् Adj. 1) *vollkommen gelingend* Naish. 9,81. — 2) = समृद्धिन्.

समृद्धिवत् Adj. fehlerhaft für समृद्धिमत्.

समृद्धी Adv. mit कर् *in Wohlstand versetzen, reich machen.*

समृध् f. *das Gelingen.*

समृध Adj. *vollständig, vollkommen.*

समेडी f. N. pr. einer der Mütter im Gefolge Skanda's.

समेत 1) Adj. s. u. 3. इ mit समा. — 2) m. N. pr. eines Berges. Auch सम्मेत.

समेद्धृ Nom. ag. *Anzünder* Âpast. Çr. 4,15,5.

समेध Adj. *vollkräftig, lebensfrisch* TS. 6,3,10,1.

समेधन n. *das Gedeihen, Zunehmen, Grösserwerden.*

समेरय in der Verbindung वैश्वदेवाः समेरयाः Ârsh. Br. 23,19.

समोकस् Adj. 1) *zusammen wohnend, eng verbunden, — mit* (Instr.). — 2) *ausgestattet mit, im Besitz von* (Instr.).

समोत्तरतस् Adv. *gerade nördlich* Ârjabh. 4,14.

समोदक Adj. *gleich viel Wasser enthaltend.*

समोपमा f. = उपमा. Am Ende eines adj. Comp. *gleich, ähnlich* Divjâvad. 388,17. 401,2.

समोह m. *feindliches Anrücken, Zusammentreffen.*

समोह्य Absol. *zusammenfegend.*

समौजस् m. N. pr. eines Sohnes des Asamañgas VP.[2] 4,100.

*सम्प 1) m. = पतन. — 2) f. आ = शम्पा *Blitz.* — संपा s. bes.

संपक्व Adj. 1) *weich gekocht.* — 2) *reif* von Früchten und Geschwüren. — 3) *reif,* so v. a. *vollkommen ausgebildet.* — 4) *reif,* so v. a. *dem Tode verfallen.*

संपच्छनिवारपूजा f. und संपच्छुक्रवारपूजा f. Titel Burnell, T.

संपत्ति f. 1) *Uebereinkommen, Eintracht.* — 2) *das Zutreffen.* — 3) *das Gerathen, Glücken, Gedeihen, Gelingen, zu Stande Kommen.* Instr. so v. a. *auf's Gerathewohl.* — 4) *das Zutheilwerden, Zufallen.* — 5) *das Werden zu, Uebergehen in Etwas.* — 6) *das Vorhandensein, Dasein* Hemâdri 1,577, 3. Kampaka 169. 255. — 7) *das in gutem Zustande Sein, Vorzüglichkeit.* — 8) *das Vorhandensein in reichlichem Maasse, Ueberfluss, Fülle, ein Vollauf* Spr. 7751. — 9) Sg. und Pl. *ein glückliches Ereigniss, Glücksfall; Glück, Wohlfahrt, Wohlstand.* — 10) **eine best. als Heilmittel gebrauchte Wurzel.* — 11) *ein best.* Kalâ der Prakṛti und *Gattin* Içâna's.

संपत्तिक am Ende eines adj. Comp. von संपत्ति 7).

संपत्नी Adj. f. *sammt dem Gatten.*

संपत्नीय m. *eine best. Spende* Âpast. Çr. 3,9,10. Comm. zu 7,27,15. 8,16,19. 10,4,7.

संपत्प्रदा f. 1) *eine Form der* Bhairavî. — 2) N. pr. einer buddh. Gottheit.

संपद् f. 1) *das Uebereinkommen, Einswerden im Handel* Âpast. Çr. 10,25,5 (प्रत्याह्वा संपदः zu trennen). — 2) *das Gerathen, Glücken, Gedeihen, Gelingen, zu Stande Kommen.* — 3) *Bedingung —, Erforderniss zum Gelingen* u. s. w. — 4) *das Zutheilwerden, Zufallen.* — 5) *Erlangung* 255,18. — 6) *das Werden zu —, Uebergehen in Etwas.* — 7) *das Vorhandensein, Dasein.* Am Ende eines adj. Comp. so v. a. *versehen mit.* — 8) *richtiges Verhältniss, richtige Beschaffenheit, richtiger Stand, Vollzahl; Herstellung der Vollzähligkeit* oder *des Parallelismus durch Rechnung, in der Vorstellung* u. s. w. Instr. und Loc. so v. a. *durch Umrechnung* Ait. Âr. 448,10. — 9) *gute Beschaffenheit, Vorzüglichkeit, Vorzug, Schönheit.* — 10) *Fülle, Menge, ein hoher Grad von.* — 11) (*was Einem zu Theil wird*) *Geschick.* — 12) Sg. und Pl. *gutes Geschick, Wohlfahrt, Wohlstand, Glück, Glücksgüter, Reichthum, Vermögen, Besitz.* Personificirt so v. a. लक्ष्मी. — 13) **eine best. Heilpflanze,* = वृद्धि Râǵan. 5,29. — 14) **eine Art von Perlenschnüren.* — VS. 15,8 neben प्रतिपद् und अनुपद्.

संपद 1) am Ende eines adj. Comp. = संपन्न *versehen mit* Karaka 6,11. — 2) *n. = समं द्युगम्. — Für संपदात् Kathâs. 45,366 ist संमदात् vermuthet worden; vgl. die Uebersetzung von C. H. Tawney, Vol. I, 431, N. Kern möchte संपदामाशिषः lesen.

संपदिन् m. N. pr. eines Grosssohns des Açoka. Vgl. 2. संप्रति 2).

*संपद्वर m. v. l. für संपद्वर.

संपद्वसु m. *einer der sieben Sonnenstrahlen* VP.[2] 2,298. 5,191. Vgl. संपद्वसु.

*संपद्विपद् n. Sg. *Gelingen und Misslingen, Glück und Unglück.*

*संपन्नक्रम m. *ein best.* Samâdhi.

संपन्नक्षीरा Adj. f. *wohlschmeckende Milch gebend.* Superl. °क्षीरतमा 234,7.

*संपन्नंकारम् Absol. *wohlschmeckend machend, würzend* Kâç. zu P. 3,4,26.

°संपन्नता f. *das Versehensein mit* Daçak. 10,21. दैव° *das Glückhaben.*

संपन्नदन्त Adj. *Zähne habend* Âçv. Gṛhj. 4,8,10.

संपन्नपानीय Adj. *wasserreich* Pat. zu P. 1,2,52.

संपन्नसलिल Adj. dass. R. 2,50,9.

*संपर gaṇa उत्करादि.

संपराय m. 1) *Tod* Vasishṭha 17,9. — 2) *das von Ewigkeit her Sein.* — 3) *Kampf, Schlacht* Suparṇ. 10,1. Daçak. 42,15. — 4) **Ungemach, Unglücksfall.* — 5) **Zukunft.*

*संपरायक m. *Kampf, Schlacht.*

संपरिग्रह m. 1) *das in Gnaden Aufnehmen Jmds.* — 2) *Eigenthum, Besitz.*

संपरिपालन n. *das Bewachen, Schirmen, Schützen.*

संपरिप्रेप्सु Adj. *lauernd auf* (Acc.).

संपरिमार्गण n. *das Suchen, Aufsuchen.*

संपरिशोषण n. *das Hinwelken.*

*संपरीय Adj. von संपर.

संपर्क m. (adj. Comp. f. आ) 1) *Verbindung, Berührung; Contact* (eigentlich und übertragen), — *zwischen* (im Comp. vorangehend), — *mit* (Instr., Instr. mit सह, Gen. [Çiç. 2,66] oder im Comp. vorangehend [Çiç. 6,76]). पुरुषान्तर° *geschlechtliche Berührung mit einem andern Manne* Kull. zu M. 9,74. — 2) *Verbindung,* so v. a. *Summe* Ârjabh. 2,23. 4,41.

संपर्किन् Adj. P. 3,2,142. *zusammentreffend mit* (im Comp. vorangehend) Bâlar. 121,12. Bhaṭṭ. 7,6.

संपर्चन n. Nom. act. als Bedeutung von कुच् und रिच्.

संपर्यासन n. *das Umstürzen, Umfallen.*

संप्लवन n. *das Läutern* Gṛhjâs. 1,111.

संपा f. *das Zusammentrinken.* वसिष्ठस्य संपा Name eines Sâman Ârsh. Br. — सम्पा s. u. सम्प.

संपाक m. *Cathartocarpus fistula* Karaka 6,15. Richtig शम्याक. Nach den Lexicographen auch = धृष्ट, तर्कक, अल्प und लम्पट. Vgl. शम्याक.

संपाचन n. *das Reifmachen, Bähen eines Geschwürs durch warme Umschläge* u. s. w.

संपाट m. 1) = पाट *intersection.* — 2) **Spindel.*

संपाठ m. *ein gesammelter Text* Pat. zu P. 4,2,59.

संपाठ्य Adj. in असंपाठ्य.

संपात m. (adj. Comp. f. आ) 1) *Flug, schnelle Bewegung, Fall, Sturz in* (Loc.). देव° *das Herabfliegen der Götter* (zur Erde) Hem. Par. 1,259. fg. — 2) *eine best. Art des Fliegens.* — 3) *Zusammenstoss, das Zusammenprallen, Zusammentreffen,* — *mit* (सह्), *Zusammenfluss.* — 4) *eine best. Kampfart.* — 5) *Ort des Zusammentreffens, Berührungspunct, Schneidepunct.* — 6) *das Auftreten, Erscheinen, Sichzeigen, Eintritt.* पतत्पतगसंपाते so v. a. *zur Zeit der niedersinkenden Sonne.* — 7) *Rest von Flüssigkeit, der im Gefäss zusammenläuft; Ueberbleibsel eines beim Opfer verwendeten Stoffes,* überh. *Brosamen, Abfälle, Rest* Âpast. Çr. 12,11,5. 13,9. — 8) *zusammenstossende,* d. h. *in* Saṁhitâ *und Ritual benachbarte Lieder* Vaitân. Vollständig °सूक्त n. — 9) *N. pr. eines Sohnes des Garuḍa. Richtig संपाति. — Von unbestimmbarer Bed. ṚV. Prât. 16,51. — Vgl. असंपात und यावत्संपातम् (Nachtr. 6).

संपातय्, °यति (von संपात 7) *mit dem Reste begiessen* Atharvapaddh., Dârila zu Kauç. u. s. w. Vgl. auch Caus. von 1. पत् mit सम्.

संपातवन्त् Adj. 1) *vorhanden, bereit, gerade zur Hand seiend, der nächste beste, beliebig* Vaitân. Acc. mit कर् *bereit machen, zur Stelle bringen.* — 2) *mit* संपात 8) *versehen.*

संपाति m. N. pr. 1) eines fabelhaften Vogels, eines Sohnes des Aruṇa (oder Garuḍa) und Bruders des Gaṭâju. — 2) eines Fürsten. — 3) eines Sohnes des Bahugava. — 4) eines Affen. — 5) eines Râkshasa.

संपातिन् 1) Adj. a) *zusammen fliegend.* — b) *mitfliegend,* so v. a. *gleich rasch.* — c) *herunterfallend.* — 2) m. N. pr. = संपाति 1) und 3).

संपाद m. Nom. act. in दुःसंपाद.

संपादक Adj. 1) *verschaffend, zu Theil werden lassend* Uttamak. 398. Sâj. zu TBr. 2,4,4,3. — 2) *hervorbringend, bewirkend, zu Stande bringend* Vâsav. 122,2. 253,3. Nom. abstr. °त्व n.

संपादन 1) Adj. (f. ई) a) *verschaffend, zu Theil werden lassend.* — b) *ausführend, erfüllend.* — 2) n. a) *das Verschaffen, Herbeischaffen, Besorgen.* — b) *das Zustandebringen, Ausführen, Erfüllen, Hervorbringen, Bewirken.* — c) *das in Ordnung Bringen.*

संपादनीय Adj. (f. आ) 1) *zu verschaffen, herbeizuschaffen* Kampaka 140. — 2) *zu Stande zu bringen, auszuführen, zu bewirken, herzustellen* Hemâdri 1,190,20. 762,19. Comm. zu Njâjam. 8,3,7. — 3) *zu stillen.*

संपाद्यम् Absol. mit Acc. *vollzählig machend.*

संपादयितर् Nom. ag. 1) *Verschaffer, Herbeischaffer, Besorger.* — 2) *zu Stande Bringer, Ausführer.*

°संपादितत्व n. *das zu Stande gebracht —, erfüllt worden Sein von.*

संपादिन् Adj. 1) *zusammentreffend mit,* so v. a. *sich neigend zu, passend für* (Instr. oder im Comp. vorangehend). — b) *verschaffend* Sâj. zu ṚV. 3,33,5. — c) *vollbringend, ausführend* Sâj. zu ṚV. 10,18,2.

संपाद्य Adj. 1) *zu Stande —, zu Wege zu bringen, zu Stande —, zu Wege gebracht werdend.* Nom. abstr. संपाद्यत्व n. — 2) *vollzählig zu machen.*

संपार m. N. pr. eines Fürsten.

संपारण 1) Adj. a) *bis zu Ende reichend, dauernd.* — b) *zum Ziel führend,* mit Gen. — 2) n. *das Vollenden* Maitr. S. 3,6,6 (67,10).

संपारिन् Adj. *überführend* (von einem Schiffe).

संपावन n. *das Mitläutern.*

*संपिधान n. = आच्छादन.

संपिपादयिषा f. *der Wunsch* 1) *zu Stande zu bringen* Comm. zu Jogas. 1,13. — 2) *zutreffend zu machen* Çaṁk. zu Bâdar. 3,3,17 (S. 876, Z. 14).

संपिपादयिषितत्व n. Nom. abstr. von संपिपादयिषित *was man hat vollständig machen wollen* Çaṁk. zu Bâdar. 3,3,41 (S. 933, Z. 9).

संपिब Adj. *hinunterschlingend.*

संपीड 1) m. *Druck.* — 2) f. आ *Qual, Pein, Bedrängniss* Gobh. 4,7,23.

संपीडन n. 1) *das Drücken, Druck.* — 2) *das Quetschen* als Fehler der Aussprache.

*संपीति f. *Trinkgelage.*

संपुञ्ज m. *Menge* Subhâshitâv. 624.

संपुट m. (adj. Comp. f. आ) 1) *eine halbkugelförmige Schale* und *Alles was diese Form hat* Hemâdri 1,559,2. Kâd. 8,1 (9). Hem. Par. 2,152. कर° Divjâvad. 380,1. *der Raum zwischen zwei Schalen* Bhâvapr. 2,84. 101. — 2) *eine runde Dose* (zur Aufbewahrung von Juwelen u. s. w.). — 3) *Hemisphäre.* — 4) **eine best. Blume,* = कुरबक. — 5) = एकजातीयोभयमध्यवर्तिन् (?). — 6) *quidam coeundi modus.* — 7) *Credit, Guthaben.* Loc. mit कर् *Jmd* (Gen.) *Etwas gut schreiben.* — 8) *Titel eines buddh. Werkes.

संपुटक 1) m. a) = संपुट 1). Vielleicht *Umschlag, Enveloppe* Hemâdri 1,560,4. — b) = *संपुट 2). — c) = संपुट 6). — 2) f. संपुटिका = संपुट 2).

संपुटी Adv. mit कर् *mit einem Deckel versehen, zudecken* Hemâdri 1,544,7. Agni-P. 27,31.

संपुटीकरण n. *das mit einem Deckel Versehen.*

संपुष्टि f. *vollkommenes Gedeihen* Vaitân.

°संपूजक Adj. *ehrend* Karaka 1,30.

संपूजन n. und संपूजा f. *das Ehren.*

संपूजित 1) Adj. Partic. von पूज् mit सम् Caus. — 2) m. N. pr. eines Buddha.

संपूज्य Adj. *zu ehren.*

संपूयन n. *das Geläutertwerden, Läuterung* (technischer Ausdruck im Ritual) Gṛhjâs. 1,106 (105).

संपूरक Adj. *sich den Magen vollstopfend* Karaka 6,10.

संपूरण n. *starkes Essen, kräftige Nahrung.* Pl. Karaka 6,13. 14.

संपूरणीय Adj. *voll zu machen* (eine Zahl) Hemâdri 1,781,4.

संपूर्ण 1) Adj. s. u. 1. पर् mit सम्. — 2) m. Bez. *einer der vier ominösen Bachstelzen.*

संपूर्णकालीन Adj. *rechtzeitig.*

1. संपूर्णकुम्भ m. *ein voller Topf* Spr. 6882.

2. संपूर्णकुम्भ Adj. fehlerhaft für सपूर्ण° *nebst vollen Krügen* Hemâdri 1,170,1.

संपूर्णता f. 1) *Vollständigkeit, das Vollendetsein.* — 2) *Vollmaass.* °युक्त *vollauf habend.*

संपूर्णमूर्छा f. *eine best. Kampfart.*

संपूर्णव्रत n. *eine best. Begehung.*

संपूर्णस्पृह Adj. *dessen Verlangen erfüllt ist.* Nom. abstr. °ता f. Sâh. D. 198.

संपूर्णाङ्ग Adj. (f. ई) *woran kein Theil fehlt, vollständig* Mudrâr. 100,4 (158,3).

संपूर्ति f. *das Erfüllt-, Ausgeführtwerden, Erfüllung* Sâj. zu ṚV. 1,165,15.

संपृक्तत्व n. *das Verbundensein.*

संपृच् Adj. *in Berührung stehend, — bringend.*

संपृचस् Abl. Infin. zu पर्च् mit सम् ṚV. 2,35,6. TS. 1,1,1,2.

संपृच्छम् Acc. Infin. zu प्रछ् mit सम् ṚV. 10,69,9.

संपृच्छे Dat. Infin. zu प्रछ् mit सम् ṚV. 8,101,4.

संपृण Adj. *füllend.*

*संपेष m. Nom. act. von पिष् mit सम्.

संप्रकाश m. *heiteres Aussehen* Bhaṭṭ. 17,112, v. l.

संप्रकाशक Adj. *anweisend, anzeigend, offenbarend, verkündend* Lalit. 215,8.

संप्रकाशन n. *das Enthüllen, Offenbaren.*

संप्रकाशनता f. *das Stattfinden einer Offenbarung, — Verkündigung* Text zu Lot. de la b. l. 164.

संप्रकाश्य Adj. *zu enthüllen, zu offenbaren.*

संप्रक्षाल Adj. *die vorgeschriebenen Abwaschungen vollbringend.*

संप्रक्षालन 1) n. *das Wegwaschen,* so v. a. *Vernichtung* (der Welt) *durch eine Ueberschwemmung.* — 2) f. ई (sc. वृत्ति) *eine best. Art des Lebensunterhalts* Baudh. 3,1,7. 2,11.

*संप्रगर्जित n. *heftiges Getöse* Vjutp. 80.

संप्रणाद m. *Getön.*

संप्रणेतर् Nom. ag. 1) *Führer* (eines Heeres). — 2) *Führer, so v. a. Handhaber.* दण्डस्य so v. a. *Verhänger von Strafen.* — 3) *Aufrechterhalter.*

संप्रतर्दन Adj. etwa *spaltend, durchbohrend* (Vishṇu). v. l. संप्रमर्दन.

संप्रतापन n. 1) *das Erhitzen.* — 2) *eine best. Hölle* Vishṇus. 43,11.

1. संप्रति Adv. 1) *gerade gegenüber von, dicht vor* (Acc.). — 2) *richtig, genau; zu rechter Zeit* Çat. Br. 1,6,3,32. — 3) *genau,* so v. a. *gerade, eben, just* 36,24 (संप्रत्येवै° zu lesen). — 4) *eben, just,* so v. a. *diesen Augenblick, jetzt.* Mit einem Imperf. *alsbald.*

2. संप्रति m. N. pr. 1) *des 24sten Arhant der vergangenen Utsarpiṇî. — 2) eines Sohnes des Kuṇâla Hem. Par. 9,51. 10,22. Vgl. संपदिन्.

संप्रतिपत्ति f. 1) *Erlangung, Gewinnung.* — 2) *richtige Auffassung, Verständniss* Njâjas. 2,1,3. Karaka 3,7. °ज्ञ Adj. = संप्रतिपत्तिमत्. — 3) *das Einverstandensein, — mit* (im Comp. vorangehend), *Einräumung, Zugeständniss* Çaṁk. zu Bâdar. 4,1,17.

संप्रतिपत्तिमत् Adj. *Geistesgegenwart besitzend.*

संप्रतिपादन n. 1) *das Zukommenlassen, Verabfolgen, Geben.* — 2) *das Einsetzen in* (Loc.) MBh. 1,2,100.

संप्रतिपूजा f. *Verehrung.*

संप्रतिप्राण m. *Hauptathem* Ait. Âr. 342,5.

संप्रतिरोधक m. etwa *Abwehr* (von Dieben, Räubern u. s. w.).

संप्रतिविद् Adj. *der die Gegenwart versteht,* so v. a. *der einen gesunden Menschenverstand hat, die höheren Wahrheiten aber nicht kennt.*

संप्रतिवेधकी und °धिकी Adj. f. etwa *erschliessend, eröffnend* Divjâvad. 46,24. 75,24. 128,22.

संप्रतिष्ठा f. 1) *Beständigkeit, Beharrlichkeit, ein beharrlicher Zustand, Dauer.* — 2) *eine hohe Stellung.*

संप्रतिष्ठान n. *ein Mittel sich aufrecht zu erhalten* Karaka 1,5 (36,2).

संप्रतिसंचर m. *das Wiedereingehen, Auflösung.* ब्राह्म *in das* Brahman.

°संप्रतीक्ष Adj. *erwartend* Çiç. 20,2.

संप्रतीक्ष्य Adj. *zu erwarten.*

संप्रतीति f. *Ruhm.*

संप्रतोली f. = प्रतोली 1). v. l. स प्र°.

संप्रत्ति f. *Vermächtniss.* संप्रत्तिकर्मन् n. dass.

संप्रत्यय m. 1) *Uebereinkommen, Verabredung* in यथासंप्रत्ययम्. — 2) *Vertrauen, Glaube, volle Ueberzeugung* Kâd. 2,99,19 (122,10). 101,11 (124,13). Naish. 9, . — 3) *Gewinnung einer richtigen Vorstellung, Verständniss des Gemeinten.* — 4) *Begriff.* एकार्थ° so v. a. *Synonym.*

संप्रत्यवेक्षणता f. *vollständiges Begreifen* Lalit. 39,1. 2.

संप्रत्यायक Adj. (f. °यिका) *bewirkend, dass man Etwas* (Gen.) *darunter versteht.* Nom. abstr. °त्व n.

संप्रथा Râǵat. 4,254 wohl fehlerhaft für सुप्रथा; vgl. Spr. 7014.

संप्रद Adj. *gebend, freigebig* Hemâdri 1,466,4.

संप्रदातर् Nom. ag. *Geber, Darbringer.*

संप्रदातव्य Adj. 1) *zu geben, zu schenken.* — 2) *zu überliefern, zu lehren.* — 3) *einzugeben* (eine Arzenei) Karaka 6,11.

संप्रदान n. 1) *das Geben, Schenken, Zukommenlassen* (MBh. 12,342,19), *Uebergeben, Hingabe.* — 2) *das Ueberliefern, Lehren* Gaut. — 3) *das Gewähren.* — 4) *das zur Ehe Geben.* — 5) *Gabe, Geschenk.* पितापुत्रीय *das Vermächtniss eines Vaters an seinen Sohn.* — 6) *die Person, für die man Etwas thut, der Begriff des Dativs.* देवतासंप्रदाने *wenn die Person, für die Etwas gethan wird, eine Gottheit ist.*

संप्रदानीय Adj. 1) *zu geben, zu schenken.* — 2) *die Ueberlieferung* (einer Lehre) *betreffend* in अध्ययन° (Nachtr. 6).

संप्रदाय m. 1) *Verleiher.* — 2) *mündliche Ueberlieferung, — über, in Betreff von* (im Comp. vorangehend) Mahâvirak. 15,12.

संप्रदायचन्द्रिका f. (Opp. Cat. 1), °दायपरिशुद्धि f. (ebend.) und संप्रदायप्रकाशिनी f. (Burnell, T.) Titel von Werken.

संप्रदायम् Absol. mit Acc. *gebend, schenkend* Tâṇḍja-Br. 12,13,25.

संप्रदायिन् Adj. 1) *bringend, verursachend.* — 2) *eine bestimmte Ueberlieferung habend, ein Anhänger einer auf eine best. Ueberlieferung sich berufenden Secte.* In Comp. mit den Namen der Gottheit, auf die die *Ueberlieferung* schliesslich zurückgeführt wird.

*संप्रडुत (!) m. N. pr. eines Mannes. Man könnte संप्रक्रुत vermuthen.

संप्रदूषण n. *Verschlechterung, Verderbniss* Karaka 6,30.

संप्रधारण n. und °णा f. *das Erwägen, in Betracht Ziehen.*

संप्रधार्य Adj. *zu erwägen, in Betracht zu ziehen.*

संप्रपद् n. Pl. *das Stehen auf den Fussspitzen.*

संप्रपुष्पित Adj. *reichlich mit Blüthen versehen.*

संप्रभव m. *Entstehung, Erscheinung.* Nur am Ende eines adj. Comp.

संप्रमर्दन Adj. *zerstampfend, zertretend* (Vishṇu) MBh. 13,149,33.

संप्रमाद m. in असंप्रमाद.

संप्रमापण n. *das Tödten* Vigñâneçvara zu Jâǵn. 3,262 nach Aufrecht.

संप्रमार्ग m. *Reinigung* Citat im Comm. zu Gobh. 1,7,28.

संप्रमुक्ति f. *das Lösen.*

संप्रमुखित Adj. *an die Spitze gestellt, der allervorzüglichste* Lalit. 343,10.

संप्रमुग्धत्व n. *Verwirrung* Pat. zu P. 6,1,1, Vârtt. 16. 18. fgg.

संप्रमेह m. *krankhafter Harnfluss.*

संप्रमोद m. *grosse Freude, Jubel.*

संप्रमोष m. *Schwund.* Vgl. असंप्रमोष.

संप्रमोह m. *Geistesverwirrung.*

संप्रयाण n. *Abzug, Aufbruch.*

संप्रयास m. *Anstrengung, Ermüdung.*

°संप्रयुत Adj. *umschlungen von* Çiç. 3,71.

संप्रयोग m. (adj. Comp. f. आ) 1) *Befestigung* (eines Schmuckes u. s. w.). Pl. Mṛkkh. 48,4. — 2) *Verbindung, Vereinigung, Berührung, Contact, — mit* (Instr., Instr. mit सह oder im Comp. vorangehend) Âpast. — 3) *eheliche Verbindung* (71,7), *fleischliche Vereinigung, coitus, — mit* (im Comp. vorangehend). — 4) *Conjunction* (des Mondes mit den Mondhäusern). — 5) *Ausübung, Anwendung, Gebrauch, Praxis.* — 6) * *Zauberei.* — Angeblich auch Adj. = अर्थित.

संप्रयोगिका f. Titel eines Werkes über den *Coitus* Sârâvali bei Utpala zu Varâh. Bṛh. 4,2.

*संप्रयोगिन् Adj. = कामुक, कलाकेलि, सुप्रयोज्ञ, संप्रयोज्ञन oder संप्रयोज्ञक.

संप्रयोज्य Adj. *auszuführen, darzustellen* (ein Schauspiel).

संप्रलाप m. *Geschwätz.*

संप्रवदितोस् Abl. Infin. zu वद् mit संप्र Tâṇḍja-Br. 21,3,5.

संप्रवर्तक Adj. 1) *in's Werk setzend, befördernd.* — 2) *entstehen lassend, Schöpfer* (Çiva).

संप्रवर्तन n. *das Sichbewegen, Sichtummeln.*

संप्रवर्तिन् Adj. *in Ordnung —, in's Geleise bringend* Karaka 6,10.

संप्रवाद m. *Unterredung* Ait. Âr. 416,13.

संप्रवादित n. *gemeinschaftliches Ertönenlassen* Lalit. 266,10.

संप्रवाह m. *Fluss, Continuität, ununterbrochene Fortdauer* Kâd. 256,16 (420,3).

संप्रविलापन n. *das Auflösen, Verschwindenmachen* Nilak. zu MBh. 12,237,33.

संप्रवृत्ति f. *das zu Tage Treten, Erscheinen, Vorkommen*. Nur Pl.

संप्रवृद्धि f. *Wachsthum, Gedeihen*.

संप्रवृष्ट 1) Adj. s. u. वर्ष् mit संप्र. — 2) n. *die gefallene Regenmenge* Varâh. Bṛh. S. 23,1.

संप्रवेश m. 1) *Eintritt* (in ein Gemach, eine Stadt u. s. w.), *das Betreten von* (Loc. oder im Comp. vorangehend). — 2) *ein Ort, der von Jmd* (Gen.) *betreten wird*.

संप्रश्न m. *Befragung, Frage, Erkundigung nach* (im Comp. vorangehend) Saṁhitopan. 36,5. संप्रश्नो ऽत्र न विद्यते so v. a. *da braucht man nicht zu fragen, das versteht sich von selbst*.

संप्रश्रय m. *ein rücksichtsvolles Benehmen, Anspruchlosigkeit, Bescheidenheit*.

संप्रष्टव्य Adj. *zu befragen*.

संप्रसत्ति f. = संप्रसाद 4) Çaṁk. zu Bâdar. 2,1,16.

संप्रसर्पण n. *das sich vorwärts Bewegen*.

संप्रसव m. *Zulassung* Kull. zu M. 8,112. v. l. प्रतिप्रसव.

संप्रसाद m. 1) *vollkommene Ruhe* (Lalit. 147, 8); insbes. *Gemüthsruhe* (im tiefen Schlafe). — 2) *heiteres Aussehen* Bhaṭṭ. 17,112, v. l. — 3) *Gunst, Gnade*. — 4) Bez. *der Seele während des tiefen Schlafes* MBh. 12,246,33. Çaṁk. zu Bâdar. 2, 1, 6.

संप्रसादन Adj. *beruhigend, calmirend* Karaka 6, 11.

संप्रसाधन n. *das Ordnen, Aufputzen* Karaka 35, 21. Bhâvapr. 1,93.

संप्रसाध्य Adj. *in Ordnung zu bringen, zu regeln*.

संप्रसार m. *durch den Alles gut von Statten geht* Brahmop. 247.

संप्रसारण n. 1) *das Auseinanderziehen*. — 2) in der Grammatik *die Auflösung eines Halbvocals in seinen entsprechenden Vocal, ein auf diese Weise entstandener Vocal*.

संप्रसिद्धि f. *Gedeihen, Heil, Glück* Divjâvad. 588,16.

संप्रसूति f. *das Gebären zu gleicher Zeit*.

संप्रस्तार m. nach Nilak. = प्रस्तोतर् Hariv. 3,8,7.

संप्रहर्ष m. *Freude*.

संप्रहर्षण Adj. *geschlechtlich erregend* Karaka 429,15.

संप्रहर्षिन् Adj. *sich freuend, froh*.

संप्रहार m. 1) *Kampf*, — *mit* (Instr., Instr. mit सह oder im Comp. vorangehend), *Bekämpfung* (mit Acc.). मदीय *mit mir*. — 2) = प्रहार *Schlag, Stoss*. — 3) *Gang* Vâsav. 201,1.

*संप्रहारि Uggval. zu Uṇâdis.

संप्रहारिन् Adj. *kämpfend*.

संप्रहास m. 1) *das Lachen* Bhaṭṭ. 17,112. — 2) *Gelächter, Spott, Scherz*, — *mit* (Instr.), *Verspottung* (mit Acc.).

संप्राप्तव्य Adj. *zu erreichen, zu erlangen*.

संप्राप्ति f. 1) *Ankunft*, — *in* (im Comp. vorangehend). — 2) *Eintritt* (eines Wunders); in der Medicin *Eintritt, Entstehung* (einer Krankheit). — 3) *das Gelangen zu, Erlangung, Gewinnung, das Theilhaftwerden*.

संप्राप्तिद्वादशी f. *ein best. zwölfter Tag*.

°संप्रार्थना f. *das Begehren nach*.

*संप्रार्थ्य Adj. *wonach man begehrt, worum man bitten muss*.

संप्रिय 1) Adj. *einander liebend* (VS. 12,57), *in gutem Verhältniss stehend mit* (Instr.). — 2) f. संप्रिया N. pr. der Gattin Vidûratha's (oder Vidûra's). — 3) n. *Befriedigung*.

संप्रीणन n. *das Ergötzen, Erfreuen*.

संप्रीति f. 1) *Freude, Lust, das Gefühl der Befriedigung, Wohlbehagen, Lust an* (Loc. oder im Comp. vorangehend). — 2) *freundschaftliche Gesinnung, Freundschaft*, — *mit* (Instr. oder Instr. mit सह), *Liebe*, — *zu* (Loc. oder Gen.).

संप्रीतिमन्त् Adj. *froh, zufrieden*.

संप्रेक्षक Adj. Subst. *zuschauend, Zuschauer*.

संप्रेप्सु Adj. mit Acc. 1) *anstrebend, verlangend nach*. — 2) *Jmd beizukommen suchend, nachstellend*.

संप्रेरण n. *Aufforderung, Anweisung, Geheiss*.

*संप्रेष m. = संप्रैष.

संप्रेषण n. 1) *Sendung, Absendung*. Auch Pl. — 2) *Verabschiedung*.

संप्रैष m. *Aufforderung, Anweisung an fungirende Priester*. संप्रैषवत् Adv. *nach Geheiss* Âpast. Çr. 5,19,5.

संप्रोक्षण n. 1) *das Besprengen, Weihen*. Vgl. प्रतिमा°. — 2) f. ई *Weihwasser*.

संप्लव m. 1) *Zusammenfliessen der Gewässer, Fluth, Sintfluth; das Anschwellen* (des Meeres). — 2) *Zusammenfluss, so v. a. zusammengeballte, dichte Masse, grosse Menge*. — 3) *Getümmel*, in Composition mit ग्राहव und रण *Schlacht*. — 4) *Untergang im Wasser, Untergang, Ruin überh.* — 5) *Ende*. — 6) *Entstehung*.

*संफल 1) Adj. (f. ग्रा) vielleicht *fruchtreich*. — 2) m. *Widder*.

*संफलीय Adj. von संफल.

*संफाल m. *Widder*.

संफुल्ल Adj. *aufgeblüht, blühend*.

संफेट m. 1) *leidenschaftlicher Wortwechsel*. — 2) **Kampf*.

*सम्ब्, सम्बति (गतौ), सम्बयति (संबन्धने). Vgl. शम्ब्.

*सम्ब m. = मुषलानल. Vgl. शम्ब.

संबद्धाग्र Adj. (f. ग्रा) *mit den Enden verbunden* Çat. Br. 3,2,1,2.

संबध्यमानक Adj. *einigermaassen in Beziehung stehend zu* (im Comp. vorangehend) Ind. Antiq. 5, 278. यथा° *in irgend einer Beziehung stehend* 5, 207. 6,12. 67. 8,18. 9,239. 11,159.

संबन्ध m. (adj. Comp. f. ग्रा) 1) *Sammlung, Collection*. — 2) *Zusammenhang, Verbindung, Beziehung, Relation*; die Ergänzung im Instr. (Âpast. 2, 13,1. 24,11), im Instr. mit सह oder im Comp. vorangehend. उत्तरत्र ऽऽदित्येव संबन्धो यथा स्यात् so v. a. *damit im Folgenden* उपात् *ergänzt werde*. — 3) *persönliche Beziehung, ein auf Verwandtschaft, Heirath, Freundschaft, gleichen Studien u. s. w. beruhendes näheres Verhältniss*, — *zu Jmd* (Instr., Instr. mit सह, Loc. oder im Comp. vorangehend) Âpast. 2,13,12. 15,3. 27,1. ग्रन्यो ऽन्योद्वाह° so v. a. *Verschwägerung*. — 4) *die Beziehung eines neuen Werkes zu einem vorangegangenen, ein orientirendes Vorwort* Cit. bei Utpala zu Varâh. Bṛh. 1,1. — 5) *ein Verwandter* (Âpast. 1,10,3. 2,5,18. Gaut. 9,74); *Freund, Bundesgenosse*. विद्यायोनि° *ein Studiengenosse oder ein Blutsverwandter*. — 6) *ein best. Ungemach*. — 7) * = समृद्धि und न्याय. Angeblich auch Adj. = शक्त und हित. — 8) am Ende eines Comp. oft fehlerhaft für संबद्ध (z. B. Âpast. 2,4,12), sonst auch für संरब्ध.

संबन्धक 1) n. = संबन्ध 3). — 2) Adj. Spr. 3994 schlechte Lesart für संबन्धन.

संबन्धतत्त्व n. Titel eines Werkes.

संबन्धन n. *das Zusammenhängen*.

संबन्धनिर्णय m. *Untersuchung über die Verwandtschaft*. Auch Titel eines Werkes.

संबन्धपञ्चाशिका (संबध° gedr.) f. Titel eines Werkes Bühler, Rep. No. 687.

संबन्धयितर् Nom. ag. etwa *Zusammenfüger*. v. l. संबोधयितर्.

संबन्धवर्जित n. *ein best. Stilfehler: Mangel an Verbindung des Zusammengehörigen*.

संबन्धविवेक m. und संबन्धसमुद्देश m. Titel.

संबन्धि (metrisch für °न्) 1) Adj. am Ende eines Comp. *verbunden* —, *vereinigt mit*. — 2) m. *ein Angehöriger, Verwandter* (insbes. durch Heirath).

संबन्धिता f. 1) *das Angehören* (209,19); *das Zu-*

sammenhängen —, in Beziehung Stehen mit (Instr. oder im Comp. vorangehend). — 2) *Angehörigkeit, Verwandtschaft, Verschwägerung.*

संबन्धित्व n. 1) *das Zusammenhängen —, in Beziehung Stehen mit* (Instr. oder im Comp. vorangehend). — 2) = संबन्धिता 2).

संबन्धिन् Adj. 1) *zusammenhängend, verbunden, — mit, in Beziehung stehend —, gehörig zu;* die Ergänzung im Gen. oder im Comp. vorangehend. — 2) am Ende eines Comp. *verbunden mit,* so v. a. *besitzend.* — 3) *durch Verwandtschaft,* insbes. *durch Heirath verbunden, verschwägert* u. s. w.; m. *ein Verwandter;* das *in Bezug worauf* geht im Comp. voran.

संबन्धिशब्द m. *ein Verwandtschaft ausdrückendes Wort* P. 1,1,71, Vârtt. 3.

संबन्धु m. *ein Angehöriger* AV. Paipp. 20,5,4.

*सम्वर्ष्, सम्वर्षति schlechte Schreibart für संवर्ष्.

सम्वल s. शम्बल.

संवलन n. fehlerhaft für संवनन.

संबकुल Adj. *sehr viel, zahlreich* Vaǵrakkh. 19,5. 11. Lalit. 183,5. 355,8. Ǵâtakam. 16. Text zu Lot. de la b. l. 188.

संबाध 1) m. a) *Gedränge, ein dichter Haufe; ein beengter Raum* Bhâvapr. 2,152. Am Ende eines adj. Comp. (f. आ) *beengt durch, dicht besetzt —, reichlich versehen mit, voll von.* — b) *Bedrängniss, Noth.* — c) **vulva* Vâmana 2,1,17. * = नरकवर्त्मन्. — 2) Adj. (f. आ) *wenig Raum darbietend, eng; vollgepfropft mit* (Instr.) Râǵat. 8,3314.

संबाधक Adj. *beengend* Bhatt. 12,12.

संबाधतन्द्री f. Pl. *Noth und Erschlaffung.*

संबाधवर्तिन् und °वर्त्मन् Adj. *dicht zusammenstossend.*

संबाधन 1) *n. = द्वाःसदन, सदनस्य द्वारम्, शूलाग्र und द्वारपाल (!). Pańkat. I,427 fehlerhaft; vgl. Spr. 3401. — 2) f. आ *das Reiben, Frottiren* Ind. St. 15,398.

संबुद्ध 1) Adj. s. u. 1. बुध् mit सम्. — 2) *m. *ein* Buddha.

संबुद्धि f. 1) *das Sichhörbarmachen, Zuruf.* — 2) *die Endung des Vocativs Sg., der Vocativ Sg.* Spr. 7804.

संबुबोधयिषु Adj. mit Acc. 1) *aufmerksam zu machen wünschend* MBh. 12,82,18. — 2) *Jmd zu bekehren wünschend* Hem. Par. 2,631.

संबृंहण n. *das Kräftigen.*

संबोध m. 1) *Erkenntniss, Verständniss.* — 2) fehlerhaft für संरोध.

संबोधन 1) Adj. *erweckend.* — 2) n. a) *das Innewerden, Bemerken.* — b) *das Erkennen.* — c) *das Aufmerksammachen, Erinnern.* — d) *das Anrufen, Zuruf, — an Jmd* (Gen.) Comm. zu Mṛkkh. 29,15. — d) *die Endung des Vocativs Sg., der Vocativ Sg.* Spr. 7804.

संबोधयितर् Nom. ag. *erkennen machend.*

संबोधि m. f. *vollkommene Erkenntniss.*

संबोध्यङ्ग n. *ein integrirender Theil der vollkommenen Erkenntniss* Lalit. 37,12. fgg. Vgl. बोध्यङ्ग.

संबोध्य Adj. *aufzuklären, zur Vernunft zu bringen, zu belehren.*

संभक्तर् Nom. ag. *Vertheiler, Verschenker* Sâj. zu RV. 10,106,8. Compar. °क्तृतर zu 4,38,4. Superl. °क्तृतम.

संभक्ति f. *Vertheilung, Verschenkung.*

संभक्ष Adj. Subst. *sich nährend von* (im Comp. vorangehend); *Verspeiser, Verschlinger.*

संभजन n. *das Vertheilen, Verschenken* Sâj. zu RV. 3,31,19.

संभय Kâm. Nîtis. 7,28 fehlerhaft; vgl. Spr. 3388.

संभर 1) Adj. *zusammentragend, herbeischaffend.* — 2) N. pr. einer Gegend in Aǵmir. संभरोद्भव *daher kommendes Salz* Râǵan. 6,100.

संभरण 1) m. *ein best. Backstein.* — 2) f. संभरणी *ein best. Gefäss.* — 3) n. a) *das Zusammenbringen, Zusammensetzung, Herstellung.* — b) *Sammlung, Menge.*

संभरणीय Adj. 1) *zusammenzutragen, zu vereinigen.* — 2) am Ende eines Comp. *auf die Herstellung von — bezüglich.*

संभल 1) m. *Freiwerber.* — 2) N. pr. einer Gegend. संभलाश्च Âçvav. 6,4. Vgl. शम्भल.

*संभलीय s. शम्भलीय.

संभव (VS.) und संभव (Çat. Br.) 1) m. (adj. Comp. f. आ) a) **Zusammenkunft.* — b) *geschlechtliche Vereinigung, Beiwohnung* Gobh. 2,5,7. 8. — c) *das Raumfinden, Platzhaben, Enthaltensein in* (Loc.). Am Ende eines adj. Comp. *enthalten in.* — d) *Entstehung, Geburt; das Verfertigtsein aus* (Abl.); *Ursprung, Quelle.* Am Ende eines adj. Comp. (Nom. abstr. °त्व n.) *entstehend —, entstanden —, bereitet aus, entstanden —, gewachsen* u. s. w. *in, woraus — entsteht, — hervorgeht, worauf — wächst.* — e) *Veranlassung, Grund, Ursache.* Am Ende eines adj. Comp. *veranlasst —, bewirkt durch.* — f) *das zu Stande Kommen, Erscheinen, Eintreten.* Am Ende eines adj. Comp. *erscheinend —, eintretend in* oder *bei.* — g) *das Bestehen, Dasein, Existenz.* — h) *Möglichkeit, — zu* (Infin.). Instr. *nach Möglichkeit.* In der Rhetorik *ein möglicher Fall.* Am Ende eines adj. Comp. *ermöglicht durch.* — i) N. pr. α) *einer Welt bei den Buddhisten.* — β) *eines Fürsten* VP.[2] 4,150. — γ) *eines Arhant bei den Ǵaina. — 2) Adj. (f. आ) *sich befindend, da seiend.*

संभवन n. 1) *das Enthalten* P. 1,4,23, Vârtt. 9. — 2) *das Entstehen, Werden.*

संभवपर्वन् n. *das über die Entstehung* (der Götter u. s. w.) *handelnde Buch,* Titel eines Abschnittes im 1sten Buche des MBh.

संभाविन् Adj. *möglich.*

संभविष्णु Adj. Subst. *Schöpfer, Urheber.*

*संभव्य m. *Feronia elephantum.* — Vgl. असंभव्यम्.

संभाण्डय्, °यति 1) Geräthe *zusammenstellen* Bhatt. — 2) *Provision sammeln* Harshak. 172,22 (in der Bomb. Ausg. संभाण्डय° zu lesen).

संभार m. (adj. Comp. f. आ) 1) *Herbeibringung, Zurüstung, Vorbereitung zu* (im Comp. vorangehend). — 2) Sg. Pl. *was herbeigeschafft wird: Zubehör, Material, Requisiten, die zu Etwas erforderlichen Gegenstände* oder *Stoffe.* अल्पसंभार Adj., Superl. °तम Gobh. 4,1,18. — 3) Pl. *die Sprüche zu* संभार 2). — 4) *Vermögen, Besitz.* — 5) *Vollzahl.* — 6) *Fülle, Menge; hoher Grad* (von Zorn u. s. w.) 310,13. Vâsav. 43,1. — 7) Pańkat. I,35 schlechte Lesart für संचार; vgl. Spr. 7188.

संभारत्व n. Nom. abstr. zu संभार 2) Çat. Br. 2,1,1,1.

संभारयजुस् n. Pl. = संभार 3) Âpast. Çr. 10,3,5. 8,4. 10. 11,2. 31,10. Sâj. zu Taitt. Âr. 10,8,1.

°संभारिन् Adj. *voll von.*

संभार्य 1) Adj. a) *aus verschiedenen Bestandtheilen zusammenzutragen, — zusammenzusetzen.* — b) *zuzurüsten,* so v. a. *durch Uebung tüchtig zu machen.* Compar. संभार्यतर. — 2) m. *ein best.* Ahina.

संभाव scheinbar R. 5,51,10, da hier राजसं भावम् zu trennen ist; vgl. Comm. zu R. ed. Bomb. 5,55,16.

संभावन 1) Adj. *eine hohe Meinung habend von* (im Comp. vorangehend). — 2) f. आ und n. (ganz ausnahmsweise) a) *das Versammeln.* — b) *das Herbeischaffen.* — c) *das Zusammenkommen mit, Antreffen Jmds* (Gen.) 291,15 (n.). — d) *Ehrenerweisung, Achtungsbezeugung.* — e) *Hochachtung, eine hohe Meinung von* (Loc.). — f) *Voraussetzung, Supposition.* Acc. mit भज् *vorausgesetzt werden;* संभावनोज्झित *nicht vorausgesetzt, in Zweifel gezogen.* Auch als *eine best. rhetorische Figur* Comm. zu Vâsav. 239.

संभावनीय 1) Adj. a) *wohin man sich zu begeben gedenkt.* — b) *zu ehren, ehrenwerth* Comm. zu Bhâg. P. 5,5,26. — c) *vorauszusetzen, anzuneh-*

men, wahrscheinlich. — 2) n. impers. यदि °यं ते so v. a. *wenn du dich dahin zu begeben gedenkst.*

संभावयितर् Nom. ag. *Ehre erweisend.*

संभावयितव्य Adj. 1) *zu ehren.* — 2) *vorauszusetzen, anzunehmen, wahrscheinlich.*

संभावित 1) Adj. s. u. 1. भू mit सम् Caus. — 2) n. *Vermuthung, Annahme* 308,3.

संभावितव्य Adj. = संभावयितव्य 1). v. l. संभावनीय.

संभाविन् Adj. 1) *treu zu Jmd haltend.* — 2) *zusagend, anstehend* MBh. 3,70,25.

संभाव्य 1) Adj. *a) zu ehren, gut zu behandeln.* — *b)* etwa *ehrenvoll erwähnt werdend.* — *c) anzusehen, zu halten für* (Nomin.). — *d) vorauszusetzen, zu erwarten, wahrscheinlich; angenommen werdend von* (im Comp. vorangehend). — *e) passend, idoneus.* — *f) im Stande seiend zu* (Loc. eines Nom. act.). Wohl fehlerhaft. — 2) m. N. pr. eines Sohnes des Manu Raivata VP.² 3,11. — Vgl. असंभाव्य.

संभाष 1) m. *Unterredung,* — *mit* (Gen., Instr., Instr. mit सह oder im Comp. vorangehend) Gṛhjâs. 2,89. VP. 3,18,49. 62. — 2) f. आ *a)* dass. — *b) eine eingegangene Verpflichtung* (Conj.).

संभाषण n. *Unterredung, Unterhaltung,* — *mit* (Gen., Instr. oder im Comp. vorangehend). °निपुण Adj. Daçak. 32,1.

संभाषणीय Adj. *mit dem sich Jmd* (Instr.) *unterreden muss.*

संभाषित n. *Unterhaltung,* — *über* (im Comp. vorangehend) Pańkat. 112,23.

संभाषिन् Adj. *sich unterhaltend, sich in ein Gespräch einlassend.*

संभाष्य Adj. 1) *mit dem sich Jmd* (Gen.) *unterhalten darf.* — 2) *anzureden.* Vgl. असंभाष्य.

°संभिन्नता f. *das Verbundensein mit* Sarvad. 2,14.

संभिन्नबुद्धि Adj. *dessen Einsicht unterbrochen ist, nicht klar denkend* Pat. zu P. 1,4,24, Vârtt. 1.

संभिन्नमर्याद und संभिन्नवृत्त Adj. s. u. 1. भिद् mit सम्.

संभु 1) Adj. *hervorgegangen —, verfertigt aus* (im Comp. vorangehend). — 2) *ein best. Metrum.*

संभूत 1) Adj. s. u. 1. भू mit सम्. — 2) m. N. pr. *a)* eines Sohnes des Trasadasju. — *b)* *eines Richters.

संभूतत्व n. *das Gerathensein in* (Loc.). पञ्चसु भूतेषु नि-गम् (निगच्छति st. नियच्छति zu lesen) *in die fünf Elemente gerathen,* so v. a. *sterben* MBh. 14, 17,22.

संभूतविजय m. = संभूतिविजय Hem. Par. 6,3.

संभूति 1) f. *a) Entstehung.* Am Ende eines adj. Comp. *stammend von.* — *b) Wachsthum, Erstarkung.* — *c) Machtäusserung.* — *d)* N. pr. α) einer Tochter Daksha's. — β) der Gattin Ǵajadratha's. — 2) m. N. pr. *a)* eines Sohnes des Duhsaha. — *b)* eines Bruders des Trasadasju. — *c)* * eines Richters.

संभूतिविजय m. N. pr. eines Çrutakevalin Hem. Par. 8,82. Vgl. संभूतविजय.

*संभूयस् gaṇa बाह्वादि.

*संभूयस्य्, °स्यति *sich vermehren.*

संभृत 1) Adj. s. u. 1. भर् mit सम्. — 2) n. *Zusammensetzung, Zubereitung.*

संभृतक्रतु Adj. *in dem alle Einsicht vereinigt ist* RV.

संभृतश्री Adj. *Lieblichkeiten in sich vereinigend, prachtvoll.*

संभृतसंभार Adj. *der alle Zurüstung gemacht hat.*

संभृताङ्ग Adj. 1) *feist an allen Gliedern.* — 2) am Ende eines Comp. *dessen Glieder überzogen, bedeckt sind mit.*

संभृताश्व (fünfsilbig) Adj. *feiste, wohlgenährte Rosse habend.*

संभृति f. *Zurüstung, Vorbereitung.* Pl. Âpast. Çr. 5,26,5.

संभृत्य Adj. *zusammenzutragen, zuzurüsten.*

संभृत्वन् Adj. *zusammenbringend, anhäufend.*

संभेद m. 1) *das Stechen.* — 2) *das Sichablösen.* — 3) *Trennung Verbündeter, das Entzweien.* — 4) *Art, Species.* — 5) *das Sichmischen, Ineinanderfliessen* (auch von Flüssen). — 6) *Vereinigung, Verbindung, Gemisch.* — 7) *Berührung mit* (im Comp. vorangehend).

संभेदन n. *das Durchbrechen.*

संभेदवत् Adj. *zusammengetroffen —, zusammengestossen mit* (सार्धम्).

संभेद्य Adj. 1) *zu durchbohren, zu durchstechen.* — 2) *zu verbinden* in असंभेद्य.

संभोक्तर् Nom. ag. *Geniesser.*

1. संभोग m. *Umwindung* in भुज°.

2. संभोग m. (adj. Comp. f. आ) 1) *Genuss —, an* (im Comp. vorangehend). — 2) *Liebesgenuss, Befriedigung der Zärtlichkeit, — des Liebesgenusses mit* (im Comp. vorangehend). — 3) *Dauer.* — 4) *= हर्ष. — 5) *= शुण्डा. — 6) *= जिनशासन. — 7) *= केलिनागर. — 8) *N. pr. eines Mannes.

*संभोगकाय m. *der Körper des Genusses,* Bez. eines der drei Körper eines Buddha.

संभोगयक्षिणी f. N. pr. einer Joginî. °यत्तणी gedr.

संभोगवत् Adj. wohl *Genüsse habend, ein genussreiches Leben führend.*

संभोगवेश्मन् n. *das Schlafgemach einer Geliebten.*

संभोगिन् 1) Adj. *a) mit einander* oder *gegenseitig sich geniessend.* — *b)* am Ende eines Comp. *im Genuss —, im Besitz von Etwas seiend.* — 2) * m. = केलिनागर. — Vgl. अस्त्री°.

संभोग्य Adj. *zu geniessen, genossen —, benutzt werdend.* Nom. abstr. °ता f.

संभोज m. *Nahrung.*

संभोजक m. *Koch* oder *Aufwärter beim Essen.*

संभोजन 1) n. *a) gemeinschaftliches Essen, ein gemeinsames Mahl.* — *b) Nahrungsmittel.* — 2) f. ई *ein gemeinsames Mahl.*

संभोजनीय Adj. *zu speisen.*

संभोज्य Adj. 1) *mit dem man zusammen speisen darf* in अ°. — 2) *genossen werdend, geniessbar.* — 3) *zu speisen.*

संभ्रम 1) m. (adj. Comp. f. आ) *a) Verwirrung, Aufregung, — in Folge von* (im Comp. vorangehend); *eine aus einer heftigen Gemüthsbewegung hervorgehende Hast, grosser Eifer.* Acc. mit कर् *in Aufregung gerathen, grossen Eifer an den Tag legen bei* (Dat.). — *b) die gegen Jmd an den Tag gelegte Rücksicht, rücksichtsvolles Benehmen.* — *c) Irrthum, Wahn.* Am Ende eines adj. Comp. *den Irrthum —, den Schein erweckend von.* — *d) Anmuth, Schönheit.* — *e)* *= सूत्र. Fehlerhaft, vgl. Zach. Beitr. 14. 15. — *f)* N. pr. einer Schaar Çiva's. — 2) Adj. *aufgeregt* (Augen).

संभ्रान्ति f. = संभ्रम 1) *a).*

संमत 1) Adj. s. u. मन् mit सम्. — 2) m. N. pr. *a)* eines Sohnes des Manu Sâvarṇa. — *b)* Pl. einer Schule der Buddhisten. — 3) f. आ *a)* Titel einer grammatischen Schrift über Verbalwurzeln Mâdhavîjadhât. nach Aufrecht. — *b)* N. pr. einer Tochter Marutta's. — 4) n. *Meinung, Ansicht.* Loc. und Instr. *nach dem Dafürhalten von* (Gen.).

1. संमति f. 1) *Meinung, Ansicht.* — 2) *Einigung.* — 3) *Einwilligung, Zustimmung.* Instr. *mit Einwilligung von* (Gen.). — 4) *das Ehren, Ehrenerweisung.* — 5) * *Wunsch.* — 6) *= आत्मज्ञान. — 7) N. pr. eines Flusses VP. 2,4,43.

2. संमति 1) * Adj. *derselben Meinung seiend, übereinstimmend.* — 2) m. N. pr. eines Sohnes des Harsha VP.² 4,190.

*संमतिमन् m. Nom. abstr. von 2. संमति.

*संमतीय m. Pl. *eine best. buddhistische Schule.*

संमद् f. als Erklärung von समर्द्.

संमद m. 1) *Freude, — über* (im Comp. vorangehend) Çiç. 15,111 (77). 18,39. Ind. St. 14,384. — 2) N. pr. *a)* eines Ṛshi. — *b)* eines mythischen

Fisches.

संमदनय Adj. (f. ई) *voller Freude.*

संमदवन्त् Adj. *Mitbrunst* — und zugleich *Freude empfindend* Bâlar. 140,18.

संमदिन् Adj. *erfreuend* Bhâm. V. 2,160. = गर्वभाज् Schol.

संमनस् Adj. *einig.*

*संमनिमन् m. *Einigkeit.*

संमन्तव्य Adj. *hoch anzuschlagen.*

संमन्तणीय Adj. *zu begrüssen.*

*संमय m. Nom. act.

संमयन n. *das Eingraben* (des Opferpfostens).

संमर्द m. 1) *Druck.* — 2) *Anprall.* — 3) *Gestampf.* — 4) **das Zerreiben* (wohlriechender Stoffe). — 5) *das Zusammentreffen mit* (im Comp. vorangehend) Kâd. 179,6. 7 (305,10). — 6) *feindlicher Zusammenstoss, Kampf,* — *mit* (im Comp. vorangehend).

संमर्दन 1) m. N. pr. *a)* eines Sohnes des Vasudeva. — *b)* eines Fürsten der Vidjâdhara. — 2) n. *das Reiben, Frottiren* Ind. St. 15,398.

संमर्दितास् Gen. Infin. zu मर्द् mit सम् TS. 6,6,4,6.

संमर्दिन् Adj. *drückend, pressend* Bhaṭṭ. 5,93.

संमर्शन n. *das Bestreichen.*

संमर्शिन् Adj. *urtheilsfähig.*

संमर्ष m. *Ertragung.*

संमस्त्न n. etwa *gemeinsame Lust* (neben मक्स्).
Pl. Âçv. Çr. 3,1,14. Vaitân. 18,6.

संमा f. 1) *Gleichmaass, Gleichzahl.* — 2) *ein best. Metrum.*

1. *संमातर् Nom. ag. *der da misst* u. s. w. Pat. zu P. 4,1,115.

2. संमातर् und संमातर् (AV. 13,1,10) Adj. *von derselben Mutter stammend* Maitr. S. 2,3,4 (52,1).

*संमातुर schlechte v. l. für सांमातुर.

*संमाद m. = संमद 2) *b*).

संमान m. (ungenau auch n.) *das Ehren, Ehrenbezeugung, Ehren* (Pl.). Häufig fälschlich सन्मान geschrieben.

संमानकार (सन्मान° geschr.) Adj. *Ehre machend, zur Ehre gereichend* ṚV. Prât. 16,36.

संमानन n. und °ना f. *das Ehren.*

संमाननीय Adj. *zu ehren.*

संमानिन् Adj. *Ehre besitzend, auf Ehre haltend.*

संमान्य Adj. *in Ehren stehend,* — *bei* (Gen.).

संमार्ग m. 1) *das Wischen, Reinigung.* — 2) *Wisch, Grasbüschel* (mit welchem das Brennholz umwunden wird) Vaitân. 1,9. 2,13. 4,10.

संमार्जक 1) Adj. *a) kehrend, reinigend, Kehrer.* — *b)* = *बहुधान्यार्जक. — 2) *m. *Besen.*

संमार्जन 1) n. *a) das Abreiben, Wischen, Kehren, Reinigen* Pankad. 11. — *b) Wisch; Spitzen und Wurzeln des* Darbha-*Grases, vom Besen* (वेद) *abgeschnitten, welche zum Reinigen der Löffel u. s. w. dienen.* — *c) an Schüsseln u. s. w. haftende Reste, die abgewischt werden.* — 2) f. संमार्जनी *Wisch, Besen* (insbes. aus zähen Gräsern und Stengeln) Kâd. 28,4 (49,1). Çiç. 18,8. Pankad. 11. 12.

संमार्ष्टि f. *Reinigung.*

संमित 1) Adj. s. u. 3. मा mit सम्. — 2) m. N. pr. *a)* eines mythischen Wesens. — *b)* eines Sohnes des Vasishṭha VP.² 3,7. — 3) n. *Entfernung.* हस्तत्रयसंमिते *in einer Entfernung von drei* Hasta Varâh. Bṛh. S. 54,75.

संमितत्व n. in der Rhetorik *durchgängiger Parallelismus.*

संमिति f. *Gleichstellung.*

संमिमर्दिषु Adj. *zu zerdrücken* —, *zu zermalmen im Begriff seiend* MBh. 8,22,5.

संमिमानयिषु Adj. *Jmd* (Acc.) *zu ehren beabsichtigend.*

संमिश्र Adj. (f. श्रा) *gemischt, vermischt, gemischt* —, *im Verein* —, *sich berührend* —, *behaftet* —, *versehen mit* (Instr. oder im Comp. vorangehend).

संमिश्रण n. *das Hineinmischen,* — *mengen.*

संमिश्ल Adj. (f. श्रा) *sich verbindend, sich mischend, im Verein mit* (Instr. oder Loc.).

संमीलन n. 1) *das Schliessen* (der Augen). — 2) *Einstellung der Thätigkeit.* — 3) *vollständige Verfinsterung.*

*संमीलितद्रुम m. *eine roth blühende* Punarnavâ Râgan. 5,119.

संमील्य n. Name eines Sâman.

संमुख 1) Adj. (f. ई, seltener श्रा) *a) das Gesicht zuwendend, zugewandt, zugekehrt* überh.; die Ergänzung im Gen. oder im Comp. vorangehend. — *b) zeitlich zugewandt,* so v. a. *im Beginn von* — (im Comp. vorangehend) *stehend* Hariv. 2,101,47. — *c) zugeneigt,* — *Jmd* (Gen.), auch vom Schicksal. — *d) geneigt zu* (im Comp. vorangehend). — *e) bedacht auf* (Loc. oder im Comp. vorangehend). — *f) sammt dem Munde* Âpast. Çr. 15,20,6. — 2) Acc. संमुखम् *a) entgegen* (kommen u. s. w.). श्रात्मनः *zu sich heran.* — *b) in's Gesicht* (schauen). — *c) gegenüber, vor Jmds Augen, in Gegenwart von* (Gen.). — 3) Loc. *a) gegenüber, davor, in Gegenwart von.* Mit स्था so v. a. *Jmd* (Gen.) *in's Gesicht sehen.* — *b) entgegen.* Mit भू *sich Jmd* (Gen.) *entgegen setzen.* — *c) im Beginn von* (im Comp. vorangehend). — 4) संमुख° *entgegen, gegenüber* (Çiç. 11,58), *in's Gesicht.*

संमुखय्, °यति *richten* (einen Pfeil) *gegen* (Loc.) Bhâm. V. 1,82.

*संमुखिन् m. *Spiegel.*

1. संमुखी Adj. s. u. संमुख.

2. संमुखी Adv. 1) mit कर् *gegenüberstellen,* so v. a. *zur Zielscheibe machen.* — 2) mit भू *sich gegenüber* —, *sich entgegen stellen* Bâlar. 93,5.

संमुखीन Adj. (f. श्रा) 1) *zugekehrt, zugewandt, gegenüberstehend* Harshaḱ. 182,4. Ind. St. 15,388. Bhaṭṭ. 22,16. — 2) *zugeneigt.*

संमुखीनत्व n. 1) *das Zugekehrtsein.* — 2) *Gegenwart.*

संमुद् (Conj. von Whitney) f. *Freude* AV. 8,1,15. Vgl. स्वाडुसंमुद्.

संमूढ 1) Adj. s. u. 1. मुह् mit सम्. — 2) f. श्रा *eine Art Räthsel* Verz. d. Oxf. H. 204,*a*,29.

संमूढता f. und संमूढत्व n. *der Zustand, da man kein klares Bewusstsein hat.*

संमूढपिडका f. Bez. *gewisser Eruptionen am männlichen Gliede.*

संमूत्रण n. *das Bepissen.*

संमूर्छ m. *das Wuchern* (von Pflanzen).

संमूर्छन n. 1) *das Sichballen, Sichverdichten, Sichanhäufen* Comm. zu Njâjas. 3,2,17. — 2) * *Verlust der Besinnung.*

संमेघ m. *die wolkige Jahreszeit* Tâṇḍja-Br. 5,9,9.

संमेत m. N. pr. eines Berges. Vgl. समेत, संमेद.

संमेद m. desgl. °शिखरमाहात्म्य n. Titel eines Werkes Bühler, Rep. No. 684.

संमेलन n. *das Zusammenkommen* (Comm. zu Vâsav. 140), *Vereinigung, Vermischung.*

संमोद m. 1) * *Freude.* — 2) *Wohlgeruch* MBh. 2, 65,38, v. l.

संमोदन 1) Adj. (f. ई) *freundlich, entgegenkommend.* कथा Text zu Lot. de la b. l. 139. Divjâvad. 70,10. 156,19. — 2) n. *Wohlgeruch.*

संमोदिक m. *Einer, mit dem man freundlich umgeht, Kamerad* Text zu Lot. de la b. l. 210.

संमोह 1) m. *a) Verlust der Besinnung, Mangel an klarem Bewusstsein, das Irresein, Trübung* —, *Verblendung des Geistes.* Auch mit Hinzufügung von मनसः, मनः°, बुद्धि°, मति°, चित्त°. — *b)* * *Kampf.* — *c)* in der Astrol. *eine best. Conjunction der Planeten.* — 2) f. संमोहा *ein best. Metrum.*

संमोहक Adj. *irre führend, verwirrend, bethörend.*

संमोहन 1) Adj. (f. ई) dass. — 2) m. *einer der fünf Pfeile des Liebesgottes.* — 3) f. ई *ein best. Blendwerk* (माया). — 4) n. *a) das Irreführen, Verwirren, Bethören.* — *b) ein best. mythisches Geschoss.*

संमोहनतन्त्र n. Titel eines Tantra.

संमोहमौलिन् Adj. *die Verblendung des Geistes zum Diadem habend* Maitrjup. 6,28.

सम्यँक् Adv. s. u. सम्यँञ्च्.

सम्यक्कर्मान्त m. *richtige Beschäftigung* Lalit. 38,1. 2.

सम्यक्चारित्र n. *richtiger Lebenswandel.*

सम्यक्ता f. *Richtigkeit, richtiges Verfahren.*

सम्यक्त्व n. 1) dass. — 2) *Vollkommenheit.*

सम्यक्त्वकौमुदी f., सम्यक्त्वप्रकाश m. (Bühler, Rep. No. 777) und सम्यक्त्वाध्यायन (°ध्ययन oder °ध्यापन zu lesen) Titel von Werken.

सम्यक्पाठ m. *richtige Aussprache.*

सम्यक्पालन n. *richtiges, gehöriges Schützen* 292,5.

सम्यक्प्रयोग m. *richtige Anwendung.* Instr. und Abl. *durch Anwendung richtiger Mittel* MBh. 2,15,12. Kumâras. 1,22. Kâraka 91,6.

सम्यक्प्रवृत्ति f. *richtige Function* (der Sinne).

सम्यक्श्रद्धान n. *richtiger Glaube* (bei den Gaina).

सम्यक्संकल्प m. *richtiger Wille* Lalit. 37,20.

*सम्यक्सत्त्व n. Titel eines Commentars.

*सम्यक्सत्य m. N. pr. eines Mannes.

सम्यक्समाधि m. *richtige Meditation* (buddh.) Lalit. 38,5 (सम्यक्समा° zu lesen).

सम्यक्संबुद्ध Adj. *zur vollkommenen Erkenntniss gelangt* (Buddha) Kâraṇḍ. 14,13. 15,13.

सम्यक्संबुद्धि f. (Kâraṇḍ. 18,17), °संबोध m. und °संबोधि f. (Vagrakkh. 24,2. Kâraṇḍ. 18,18. 21,15. 75,7) *vollkommene Erkenntniss* (Buddha's).

सम्यक्स्थिति f. *das Zusammenbleiben.*

सम्यक्स्मृति f. *vollkommenes Gedächtniss* Lalit. 38,4.

सम्यगवबोध m. *richtiges Verständniss.*

सम्यगाजीव m. *richtiger Lebensunterhalt* Lalit. 38,2.

सम्यग्गत Adj. *einen richtigen Lebenswandel führend* Divjâvad. 399,3.

सम्यग्गुण m. *wahrer Vorzug, wahre Tugend.*

सम्यग्ज्ञान n. *richtige Einsicht, wahre Erkenntniss* Çaṁk. zu Bâdar. 2,1,11. Nom. abstr. °त्व n. ebend.

सम्यग्दग्ध n. *richtiges Brennen* (in der Chirurgie) Suçr. 1,36,21.

1. सम्यग्दर्शन n. *richtige Einsicht.* Bei den Gaina *die wahre Theorie, der wahre Glaube.*

2. सम्यग्दर्शन Adj. (f. आ) *die richtige Einsicht habend.*

सम्यग्दर्शिन् Adj. dass. Çaṁk. zu Bâdar. 2,3,48. Vgl. अ°.

सम्यग्दृश् Adj. dass.

1. सम्यग्दृष्टि f. *die richtige Einsicht, der wahre Glaube* Lalit. 37,19.

2. सम्यग्दृष्टि Adj. *den wahren Glauben habend* Hem. Par. 1,455. Divjâvad. 302,9. Nom. abstr. °त्व n.

सम्यग्बोध m. *richtiges Verständniss.*

सम्यग्योग m. *ein wahrer* Joga.

सम्यग्वर्णप्रयोग m. *richtiger Gebrauch der Laute, richtige Aussprache.*

सम्यग्वाच् f. *richtige Sprache* Lalit. 37,21.

सम्यग्वान्त Adj. *der gehörig vomirt hat* (von einem Blutegel, *der das eingesogene Blut vollständig von sich gegeben hat*) 218,5. 6.

सम्यग्व्यायाम m. *richtige Anstrengung* Lalit. 38,3.

सम्यग्विजयिन् Adj. *vollständig —, durchaus siegreich* 45,25.

सम्यङ्मति f. *richtige Meinung* Çaṁk. zu Bâdar. 2,1,11.

सम्यँञ्च् 1) Adj. (schwach समीँच्, f. समीँची und समीँची [AV. 7,22,2]) a) *zusammen —, auf einen Punct gerichtet; vereint, gemeinsam, universus, all.* Acc. mit धा *zuwenden.* — b) *gegen einander gewandt, einander zugekehrt, adversus.* — c) *in einer Linie liegend.* — d) *richtig, wahr.* — 2) f. समीँची a) * *Lob, Preis.* — b) * *Gazellenweibchen.* — c) N. pr. α) einer Genie. — β) einer Apsaras. — 3) सम्यँक् Adv. a) *nach einem Punct, zusammen, zumal* 56,5. 83,25. — b) *in einer Linie* (Gegensatz *schräge*). — c) *richtig, recht, genau, auf die gehörige Weise, wahrhaft.* Auch prädicativ statt des Adj. — d) *vollständig, durchaus.* Mit einer Negation *durchaus nicht.*

सम्राँज् (Nomin. सम्राँट्) 1) m. a) *Beherrscher des Alls, oberster Regent;* so heissen Varuṇa, die Âditja, Indra und Manu (VP. 1,12,59. 72). — b) *Oberherr, Oberkönig, unumschränkter Herrscher* (über Menschen). — c) N. pr. eines Sohnes oder Grosssohnes der Kâmjâ und eines Sohnes des Kitraratha. — d) *ein best. Metrum.* — e) *ein best.* Ekâha Vaitân. 40,3. — 2) f. N. pr. einer Tochter Prijavrata's VP. 2,1,5.

सम्राज्ञी f. *Oberherrin.*

सम्राडासन्दी f. *der Stuhl für den* Pravargja-Gharma Âpast. Çr. 15,8,15. 12,2.

सम्राड्दुघा f. *die Kuh, welche die Milch für den* Pravargja *liefert.*

*सय्, सयते (गतौ).

1. सय anzunehmen für सयवँ.

2. सय Adj. *nebst* य.

सयक्ष्मन् Adj. *die Auszehrung habend* MBh. 3,135,30.

सयज्ञपात्र Adj. *nebst Opfergeräth* Hemâdri 1,170,2.

सयति Adj. *mit Cäsur.*

सयत्न Adj. *bemüht, bestrebt, sich angelegen sein lassend* (mit Infin.). अधिक° *ein heftiges Verlangen spürend nach* (Acc.).

सयवँ n. *Verbindung, Befestigung.*

सयन 1) m. N. pr. eines der Söhne Viçvâmitra's. v. l. सैयन. — 2) n. *das Binden.*

सयन्तृक Adj. *nebst Wagenlenker* Kâtj. Çr. 15,6,27.

1. सयव Adj. *mit Gerste vereint.*

2. सयव Adj. *ein* य *oder* व *enthaltend.*

सयावक Adj. *mit Lackfarbe bestrichen.*

सयाँवन् Adj. (f. सयाँवरी) *mitfahrend, mitgehend,* — *mit* (Instr.), *begleitend.*

सयुत्वँ n. *das Verbundensein.*

सयुँग्वन् Adj. 1) *verbunden mit Jmd; m. Begleiter.* — 2) etwa *mit einem Zweigespann versehen.*

सयुँज् 1) Adj. *verbunden, vereint; m. Begleiter, Gefährte.* — 2) f. Bez. *gewisser Backsteine.*

सयूँथ्य Adj. *in derselben Heerde laufend.*

1. सयोग 1) Adj. *im Besitz des* Joga *seiend.* — 2) n. bei den Gaina *die letzte unter den 14 Stufen, die zur Erlösung führen.*

2. सयोग (metrisch) m. = संयोग *Vereinigung.*

सयोँनि 1) Adj. a) *gemeinschaftlichen Schooss,* d. i. g. *Ursprung habend,* — *mit* (Instr.). — b) *sammt dem Schooss,* — *der Heimat,* — *dem Ort* u. s. w., *damit verbunden.* — c) *mit einer vulva versehen, weiblichen Geschlechts* AK. 3,6,1,2. — 2) *m. a) Bein. Indra's. — b) *proximity to a wife.* — c) *a pair of nippers for cutting betel-nut.*

सयोनिता f. und सयोनित्वँ (Gop. Br. 2,2,10) n. *Gleichheit des Ursprungs,* — *der Heimat* u. s. w.

सयौवन Adj. (f. आ) *jugendlich* Ṛt. 1,7.

सर्, सँरति, सिँसर्ति; auch Med. 1) *rasch laufen, gleiten, fliessen, zerrinnen; wehen* (vom Winde). साँजम् *wettlaufen,* आजिम् dass. so v. a. *sich anstrengen.* Mit उच्चकैस् so v. a. *aufschnellen* (von einem Bogen) Çiç. 20,10. — 2) *sich entfernen, entlaufen, entfliehen* 77,11. — 3) *nachjagen, verfolgen;* mit Acc. — 4) *sich begeben zu* (Acc.), *wohin* (तत्र), *losgehen auf* (Acc.). — 5) *hinübersetzen über* (Acc.) 56,29. — 6) Med. *das Fruchtwasser entlassen.* — 7) सृत a) *laufend.* — b) mit बहिस् *herausgetreten.* — 8) सूर्त *betreten* P. 8,2,61. RV. 10,82,4. TS. 4,6,2,2. Vgl. असूर्त. — Caus. सारयति 1) *laufen machen.* — 2) *in Bewegung setzen.* — 3) *entfernen,* — *von* (Abl.). — 4) *aufstellen.* द्यूतम् so v. a. *die Figuren auf dem Schachbrett aufstellen* Pańkad. — 5) *sichtbar machen, erscheinen lassen* Viddh. 14,8.

— 6) *ernähren*, mit Gen. Hem. Par. 8,383. — 7) Med. *sich fahren lassen, fahren* (zu Wagen). — 8) Pass. *per anum entlassen*, mit Acc. Ḱaraka 6,18. — सर्यते s. u. सर्य्. — Desid. सिसीर्षति *laufen wollen*. वाजम् *wettlaufen wollen*. — Intens. सरीसर्ति 1) *hin- und her schreiten* Spr. 7719. — 2) *heftig gehen* (vom Winde) Spr. 7625. — Mit अच्छ *hinrinnen zu* (Loc.). — Mit अति in अतिसर्, अतिसार und अतीसार. — Caus. 1) अतिसारयामास MBh. 3,665 fehlerhaft für अभि°. — 2) Pass. *Durchfall haben* Suçr. 1,118, 16. mit पुरीषम् Acc. dass. Ḱaraka 6,10. 18. — Mit अनु 1) *zufliessen, zulaufen* RV. 5,53,2. 9,6,4. — 2) *entlang gehen, nachlaufen, nachgehen, verfolgen*; mit Acc. — 3) *seinen Lauf —, seinen Gang richten nach* (Acc.). — 4) *gelangen zu* (Acc.). — 5) *sich richten nach*. अनुसृत्य mit Acc. so v. a. *gemäss*. — 6) *nachlaufen*, so v. a. *sich einlassen auf* (Acc.). — 7) *gelangen zu*, so v. a. *in Erfahrung bringen*; mit Acc. — 8) अनुसृत a) mit act. Bed. α) *folgend, nachgehend*; mit Acc. — β) *in ähnlicher Weise sich verhaltend*. — γ) *gelangt in* (Acc.). — δ) *hervorgegangen aus* (Abl.). — b) mit pass. Bed. α) *gefolgt, verfolgt* (ein Weg, eine Spur 299,23), *begleitet, — von* (Instr. oder im Comp. vorangehend). — β) *durchlaufen, durchschritten*. — γ) *behaftet mit* (Abl.). — Caus. 1) *folgen heissen, nach sich ziehen*. — 2) *verfolgen*. — 3) *einer Sache nachgehen*. — 4) *nach* (einer Cur) *Jmd nähren mit* (Instr.) Ḱaraka 7,12. — Mit अत्यनु Caus. *zu sehr verfolgen*. — Mit अभ्यनु *in Erfahrung bringen*. — Mit व्यनु *durchlaufen, durchstreifen, durchdringen*. — Mit अप 1) *herabgleiten von* (Abl.). Mit पश्चात् *zurückrollen* (von einem Wagen). — 2) *sich entfernen, sich wegbegeben, — von* (Abl.), *zurücktreten, weichen*. अपसृत *sich entfernt habend, davongeschlichen, losgekommen von* (Abl.) 127,27. 128,13. — 3) *verstreichen, verfliessen* (von einem Tage) Kâd. 2,142,4 (173,12). — 4) *von einer früheren Aussage abgehen, Etwas aussagen was mit einer früheren Aussage nicht übereinstimmt*. — 5) सोऽपसृत्य MBh. 12,4475. Hariv. 3652 fehlerhaft für सोप° d. i. स उप°. — Caus. *fortschaffen, entfernen, ablegen* Spr. 7678. — Mit व्यप *auseinandergehen, sich von einander entfernen; sich entfernen, weichen*. — Mit अपि *fliessen auf* (Acc.). — Mit अभि *herbeilaufen —, fliessen zu* (Acc.); *hinzutreten, sich Jmd nähern, losgehen auf* (auch in feindlicher Absicht), *sich begeben zu* oder *nach*; insbes. *zum Geliebten* (auch *zur Geliebten*) *gehen, in seine* (*ihre*) *Wohnung sich begeben*; mit Acc. Kâd. 64,24 (122,4). अभिसृत 1) *gekommen, gegangen zu* (Acc.), *losgegangen auf* (im Comp. vorangehend). — 2) *gerichtet nach* (im Comp. vorangehend). — 3) *besucht von Jmd* (Instr.). — Caus. 1) *zuführen*. — 2) *angreifen lassen, zum Angriff führen* MBh. 3,16,7. — 3) Med. *zu sich bestellen* (eine Geliebte). — 4) *besuchen, heimsuchen* Çiç. 11,21. — Mit अत्यभि, °सृत *Jmd* (Acc.) *zu nahe gekommen*. — Mit अव in अवसर्. — Caus. *wegbewegen*. — Mit अभ्यव *sich entfernen von* (Abl.) *nach* (Acc.) MBh. 7,186,23. — Mit समव *vom Himmel zur Erde herabsteigen* (von einem Ǵina) Hem. Par. 1,29. 255. 424. °सृत 1,35. 2,41. — Mit आ *herbeilaufen, — kommen; losgehen auf* (Acc.), so v. a. *angreifen* Çiç. 19,15. आसृत Partic. — Caus. 1) *an Etwas* (Acc.) *gehen*. — 2) आसारित ein best. musikalischer Kunstausdruck. — Mit अत्या *zuerst herbeilaufen*. — Mit अपा (metrisch für अप) *umgehen, vorbeigehen bei* (Abl.). — Mit प्रत्या in *प्रत्यासर fgg. — Mit व्या *durchlaufen*. — Mit उद् 1) *sich davonmachen*. Mit मध्येन *glücklich hindurchgehen durch* (Acc.). — 2) *in die Höhe springen*. v. l. स्रु mit उद्. — 3) *sich ausstrecken* (von der Hand) Bâlar. 75,4. — 4) उत्सृत *hoch*. v. l. उच्छ्रित. — Caus. 1) *wegtreiben, auseinander treiben, verscheuchen, fortschaffen*. — 2) *abwerfen, fortwerfen*. — 3) *beseitigen* (eine Behauptung Nârada [a.] 1,2,42), *für nicht vorhanden —, für abgethan erklären*. — 4) *bei Seite —, fahren lassen, aufgeben*. — 5) *Jmd entlassen*. — 6) *hinaustreten lassen*, so v. a. *hinführen zu* (Acc.). — 7) *herausfordern* (zum Kampf). — 8) *ausstreuen*. — Mit अनूद् in अनूत्सारम् Nachtr. 5. — Mit प्रोद् *sich davonmachen, weichen* Ḱandak. 79,8. — Caus. 1) *wegtreiben, auseinander treiben, verscheuchen*. — 2) *anbieten*. — Mit प्रत्युद् in प्रत्युत्सार. — Mit समुद् Caus. 1) *fortschicken, entlassen*. — 2) *verscheuchen, auseinander treiben* Kâd. 15,9 (23,8). Harshak. 176,8. — Mit उप 1) *angehen* (um Hülfe, Rath u. s. w.), *herantreten, sich nähern* (auch einem Manne um der Liebe zu pflegen); mit Acc. — 2) *sich machen an* (Acc.). — 3) उपसृत a) *genaht, gekommen*; die Ergänzung im Acc. oder im Comp. vorangehend). उपसृतवत् dass. — b) *angegangen, befragt*. — c) *behaftet mit* (im Comp. vorangehend). — Mit अभ्युप *herantreten, sich nähern* Hem. Par. 2,341. — Mit प्रत्युप *zurückkehren nach* oder *in* (Acc.). — Mit समुप *herantreten, sich nähern*. — Mit नि, निसृत (metrisch für निःसृत) 1) *fortgegangen, verschwunden*. — 2) *herausgetreten*, so v. a. *aus der Scheide gezogen* (Schwert) Vikramâṅkak. 15,3. — Mit विनि, °सृत Mârk. P. 56,21 fehlerhaft für विनिःसृत. — Mit निस् 1) *herausfliessen* (निःसरमाण in der Prosa 39,26), *— gehen, — kommen, hervorkommen, — treten, hinausgehen, zum Vorschein kommen*; das Woraus im Abl., das Wohin im Acc. Auch mit Hinzufügung von बहिस्. — 2) निःसृत *herausgegangen* u. s. w., *— aus* oder *von* (Abl. [Gṛhjâs. 2,7] oder im Comp. vorangehend); *heraustretend* (Augen), *prolapsus* (*vulva*). Vgl. बाह्वनिःसृत Nachtr. 6. — Caus. 1) *hinaustreiben, — jagen, — lassen, entfernen, — aus* (Abl.). Auch mit Hinzufügung von बहिस्. — 2) *beschliessen, beendigen*. — Mit अभिनिस् 1) *hervorströmen*. — 2) अभिनिःसृत *hinaustretend zu* (Acc.), *heraustretend —, hervorkommend aus* (Abl.); *hergekommen* (यतस् *von wo*). — Mit समभिनिस्, °निःसृत *herausgetreten —, hervorgekommen aus* (Abl.). — Mit विनिस् 1) *heraustreten, — kommen, hervorkommen, — gehen, — aus* (Abl.). — 2) विनिःसृत a) *herausgetreten* u. s. w., *— aus* (im Comp. vorangehend) 52,5. Çiç. 17,14. — b) *davongekommen*. — Mit अनुविनिस्, °निःसृत *der Reihe nach herausgekommen aus* (Abl.). — Mit परा *herbei* (*an die Seite*) *eilen*. — Mit उपपरा *dazu hinkriechen* (von Ameisen). — Mit परि 1) *herumfliessen, umfliessen, umlaufen, umschreiten*; mit Acc. — 2) *hier und da —, allerwärts fliessen, umherlaufen, umhergehen*. — 3) परिसृत a) *durchstreift habend*, mit Acc. — b) *nach allen Richtungen gehend, — verbreitet*. — Mit प्र 1) *hervorgehen, — kommen, ausfahren, ausströmen, strömen, sich ausbreiten, hervortreten, — brechen, ausbrechen* (von einer Krankheit), *austreten* (von den humores), *zum Vorschein kommen, — aus* (Abl.). — 2) *sich in Bewegung setzen, sich aufmachen, — nach* (Acc.), *losgehen auf* (Acc.). — 3) *verfliessen, verstreichen*. — 4) *in Gang kommen, beginnen*. Pass. dass. — 5) *zur Geltung kommen, sich geltend machen, Statt haben*. — 6) *ausstrecken, vorstrecken* (die Hände). — 7) *versprechen, zusagen*. — 8) प्रसृत a) *hervorgeströmt, — gegangen, — gebrochen, — eingebrochen* (Finsterniss), *ausgetreten, — aus* (Abl. oder im Comp. vorangehend); von Tönen so v. a. *erklingend*. — b) *ausgebreitet, sich weithin erstreckend, sich erstreckend auf* (Loc.). — c) *gang und gäbe, von gewöhnlicher Art*. — d) *mächtig, intensiv*. — e) *aufgebrochen, ausgegangen*. — f) *davongelaufen, entflohen*. — g) *ausgestreckt*. — h) *hingegeben, huldigend, obliegend* (die Ergänzung im Comp. vorangehend) Vaḱrakkh. 43,7. Text zu Lot. de la b. l.

280. Gâtakam. 7. — i) fehlerhaft für प्रश्रित anspruchlos, bescheiden; wohlgezogen, fromm (von Thieren). — Caus. 1) ausbreiten, ausstrecken Gaut. 9,13. Gobh. 3,6,7. — 2) Waaren ausbreiten, so v. a. zum Verkauf ausstellen. — 3) ausbreiten, so v. a. weit aufreissen, — öffnen. — 4) verbreiten. — 5) betreiben Kâd. 99,6 (176,13). — 6) Pass. den Wandel eines Halbvocals in einen Vocal erfahren. — Intens. (प्रे सर्स्राति, प्रसंस्राणा) sich ausbreiten, sich erstrecken, dauern. — Mit अतिप्र, °सृत 1) hervorgebrochen in starkem Maasse. — 2) sehr hingegeben. लोभे MBh. 5,93,62. — Intens. (स्रेति प्रे सर्स्रे, सर्सृते) überholen; überdauern RV. 6,18,7. — Mit अनुप्र Caus. Med. sich verbreiten über (Acc.). — Intens. (°सस्राणा) sich entlang bewegen, mit Acc. — Mit अभिप्र, °सृत hingegeben, huldigend, obliegend (die Ergänzung im Comp. vorangehend). — Caus. 1) sich hinstrecken zu (Acc.). Nur °सार्य. — 2) Med. (°सारयीत) seine Füsse (Acc.) ausstrecken gegen (प्रति oder blosser Acc.) Âpast. Çr. 1,6,3. — Mit उपप्र Intens. (°सस्रे) sich hinbewegen zu (Acc.). — Mit प्रतिप्र Caus. entgegenstrecken Maitr. S. 1,8,2 (116,14). — Mit विप्र sich weiter ausbreiten. Partic. विप्रसृत. — Mit संप्र Caus. 1) Act. Med. seine Beine ausstrecken. — 2) ausbreiten (Maitr. S. 4,6,9 [92,18]. Hemâdri 1,704,15), auseinanderziehen (Âpast. Çr. 16,18). — Mit प्रति 1) losstürzen —, losgehen auf (Acc.). — 2) heimkehren, nach Hause gehen. — 3) auf Etwas zurückkommen in प्रतीसारम्. — 4) in der Runde gehen, d. h. von einem Weg und Ort zum andern (nicht bloss auf der Hauptstrasse). — 5) प्रतिसृत begegnet, zurückgedrängt. — Caus. 1) rückläufig machen. — 2) wieder an seinen Platz bringen. — 3) heimgehen lassen, so v. a. verscheuchen. — 4) überfahren, rings betupfen (mit einem Stoff, Instr.). — 5) von einander trennen (die beiden Flügel einer Thür) Text zu Lot. de la b. l. 152. — 6) Pass. per anum von sich geben, mit Acc. Suçr. 2,438,17 (wenn nicht etwa वाय्यतिसार्यते zu lesen ist). — Mit विप्रति in °सार und *विप्रतीसार. — Caus. विप्रतिसारित wohl weit auseinander stehend (Lippen) Text zu Lot. de la b. l. 213. — Mit वि 1) durchlaufen, durchdringen. — 2) sich ausbreiten. — 3) Med. mit तन्वम् sich aufthun, so v. a. sich hingeben. — 4) sich trennen von (Instr.); in verschiedenen Richtungen —, auseinander gehen. — 5) hervorkommen, — aus (Abl. oder °तस्). — 6) losstürzen auf (Acc.). — 7) विसृत a) ausgespannt, ausgestreckt, ausgebreitet. — b) auseinander gegangen. — c) entsandt. — d) entfallen. — e) hervorgegangen —, hervorgehend —, herauskommend aus (im Comp. vorangehend); hervorgetreten, — springend (Augen). — Caus. aussenden. — Mit अनुवि 1) sich verbreiten über (Acc.). — 2) अनुविसृत zerlaufen Âpast. Çr. 10,23,2. — Mit प्रवि, °सृत 1) hervorströmend. — 2) ausgebreitet. — 3) davongelaufen, entlaufen. — 4) heftig, intensiv. — Mit सम् 1) zusammenfliessen mit (Instr.). — 2) umhergehen, wandeln. — 3) aus einem Leben in's andere wandern und die damit verbundenen Leiden empfinden. — 4) sich verbreiten in (Acc.). — 5) hervorkommen. — 6) संसृत in °मध्यम zur Erklärung von सिंलिकमध्यम. — Caus. 1) aus einem Leben in's andere zu wandern veranlassen. — 2) hineinbringen —, hineinführen in (Loc.). — 3) aufschieben. — Mit अनुसम् Caus. Jmd (Acc.) nachgehen lassen, so v. a. Jmd vorangehen. — Mit अभिसम् 1) in Menge hinzueilen in अभिसंसारम्. — 2) losstürzen auf (Acc.). — 3) अभिसंसृत herbeigekommen. — Mit उपसम् herantreten zu Jmd (Acc.).

1. सर 1) Adj. (*f. सरा) a) flüssig. — b) laxativ Râgan. 13,16. 22. — c) *salzig. — d) am Ende eines Comp. (f. ई) laufend, rinnend, gehend. — 2) m. a) *Gang. — b) Schnur. — c) in der Prosodie ein kurzer Vocal. — 3) f. सरा a) *das Umherwandern Gal. — b) Bach. — c) *Wasserfall. — d) *Paederia foetida Râgan. 5,34. — 4) *f. सरी Wasserfall. Vgl. सरि. — 5) n. = सरस् Teich. In सरोदपान und सरोपात्त kann eine unregelmässige Contraction angenommen werden.

2. सर m. 1) = शर Rohr, Saccharum Sara. — 2) *= शर Pfeil. — 3) *= शर Rahm.

*सरःकाक m. Gans.

सरःप्रिय m. ein best. Wasservogel. v. l. सुरप्रिय.

सरक 1) *Adj. etwa hinundher gehend. — 2) m. n. a) Napf, Becher (insbes. für gebrannte Getränke). सलिल° mit Wasser 217,30. — b) gebranntes Getränk, Arak, Branntwein Râgan. 14,137. — c) der Genuss von Arak u. s. w. Çiç. 10,20. — d) *Karawane. — 3) *f. सरिका a) eine best. Pflanze, = हिङ्गुपत्त्री. — b) Perlenschnur Zach. Beitr. 75. — 4) n. a) *Perle, Juwel. — b) *See, Teich. — c) *= गगन oder गमन. — d) N. pr. eines Tîrtha.

सरक्त Adj. blutend.

सरक्तगौर Adj. hellroth. Vielleicht स र° zu trennen.

सरघ m. oder f. Biene.

सरघा f. 1) dass. Çiç. 15,23. — 2) *Pongamia glabra. — 3) N. pr. der Gattin Bindumant's.

1. सरङ्ग 1) Adj. a) farbig, gefärbt Z. d. d. m. G. 14,569,16. — b) nasal gefärbt. — 2) ein best. Metrum.

2. *सरङ्ग m. 1) ein best. Vogel. — 2) eine Antilopenart. Vgl. सारङ्ग.

सरङ्गक ein best. Metrum.

1. सरज 1) Adj. staubig, schmutzig. — 2) m. Pl. N. pr. eines Volkes.

2. *सरज n. = शरज Butter.

सरडात् von unbekannter Bed.

*सरजस् Adj. 1) mit Blüthenstaub versehen. — 2) f. die Menses habend.

सरजस 1) Adj. a) stäubend, staubig. — b) mit Blüthenstaub versehen. — 2) *°सम् Adv. sammt dem Staube, so v. a. bis auf die Neige, bis auf den letzten Rest.

सरजस्क Adj. (f. आ) mit Blüthenstaub versehen und zugleich die Menses habend Bhâm. V. 1,116.

सरट् 1) m. oder f. Biene. Vielleicht सरड् anzunehmen. Nach Sâj. Eidechse (vgl. सरट). — 2) *m. a) Wind. — b) Wolke.

सरट m. 1) Eidechse, Chamäleon Râgan. 19,61. °पतनशास्ति f. Titel Burnell, T. — b) *Wind.

सरटक m. N. pr. eines Bharaṭaka.

*सरडु m. = सरट 1).

1. सरण 1) Adj. laufend Gop. Br. 1,2,7. — 2) m. a) ein best. Baum. — b) *N. pr. eines Fürsten. — 3) *f. आ und ई Paederia foetida. — 4) *f. आ eine Convolvulus-Art. — 5) n. a) das Laufen, rasche Bewegung. आजेः Wettlauf. — b) das sich von der Stelle Bewegen. — c) das Nachlaufen, Folgen 77,10. — d) *Eisenrost. — e) Pankat. 173,17 fehlerhaft für शरण.

2. सरण Adj. mit Kämpfen verbunden Lalit. 259,8.

सरणजीविन् Adj. vom Laufen lebend.

सरणदेव m. N. pr. eines Grammatikers.

सरणारणिकम् Adv. sehnsüchtig Çukas. 2,57. Richtig wohl सरणारणाकम्.

सरणि f. 1) Weg, Pfad (auch in übertragener Bed.) 299,23. Bâlar. 96,14. Auch °णी. — 2) *Reihe.

सरणी s. u. सरण und सरणि.

*सरण्ड m. Vogel. Vgl. *शरण्ड.

सरण्य्, सरण्यति eilen.

सरण्यु 1) Adj. eilig, behend. — 2) *m. a) Wind. — b) Wolke. — c) Wasser. — d) Frühling. — e) Feuer. — 2) f. °ऊ N. pr. einer Tochter Tvashṭar's, Mutter der Zwillinge Jama und Jamî und der Açvin.

*सरत् m. = सूत्र.

*सरत्नि m. f. eine kurze Elle (vom Ellbogen bis zum Ende der geballten Hand) Râgan. 18,55.

सरत्व n. Nom. abstr. zu 1. सर laxativ.

सरथ Adj. (f. आ) *sammt Wagen* MBh. 8,78,67.

2. सरथम् Adv. *auf einem Wagen zusammen mit* (Instr.), überh. *zusammen mit*.

सरथिन् Adj. *auf demselben Wagen fahrend*.

सरदण्डा f. schlechte Schreibart für शर°.

सरन्ध्र Adj. 1) *mit einer Höhlung —, mit einer Oeffnung versehen* Ragh. 13,10. — 2) *mit einer Schleife* (zum Durchziehen) *versehen*.

सरन्ध्रक Adj. = सरन्ध्र 1) Bhâvapr. 1,171,15.

*सरपत्त्रिका f. *ein Blüthenblatt der Wasserrose*.

सरपस् n. etwa *fliessendes Wasser*.

सरभ m. N. pr. eines Affen. Richtig शरभ.

सरभक m. *ein best. dem Getraide schädliches Thier*. Vgl. शरभ.

सरभस Adj. *ungestüm, leidenschaftlich* Bâlar. 92,4. Kathâs. 17,171. 101,335. Çiç. 11,23. Bhâg. P. 3,30,20. °म् und सरभस° Adv. *mit Ungestüm, in aller Hast, plötzlich, stracks* Mṛkkh. 67,24. Spr. 1513. Bâlar. 108,2. Kathâs. 9,90. Vâsav. 85,1. Bhâg. P. 5,26,27.

सरमा f. 1) Indra's oder *der Götter Hündin*, welche den Versteck der geraubten Heerde aufspürt. Sie gilt für die Mutter der reissenden Thiere. — b) **Hündin* überh. — 3) N. pr. a) einer Râkshasî. — b) einer Tochter des Gandharva-Fürsten Çailûsha. — c) einer Gattin Kaçjapa's.

सरमात्मज m. *ein Kind der Saramâ, so v. a. Hund*.

सरमापुत्र (Subhâshitâv. 1021) und सरमासुत (ebend. 602) m. dass.

सरय्, सरयते *in's Fliessen kommen* R̥V. 4,17,2.

सरयु 1) *m. *Wind*. — 2) f. N. pr. eines Flusses. Später gewöhnlich सरयू Râǵan. 14,28.

सरलूक zur Erklärung von सललूक.

सरल 1) Adj. (f. आ) a) *gerade, so v. a. nicht krumm*. — b) *gerade, so v. a. ausgestreckt* Spr. 7715. — c) *richtig, correct*. — d) *ehrlich, schlicht* Ind. St. 15,292. Vâsav. 137,1. सरले Voc. Mahâvîrak. 120,14. — e) *wirklich* (*nicht scheinbar*) Bâlar. 141,9. — f) * = विगीत. — 2) m. a) *Pinus longifolia*. — b) * *Feuer*. — c) *ein Buddha. — d) * *Pavo bicalcaratus*. — 3) f. आ a) *Pinus longifolia* Râǵan. 12,39. Bhâvapr. 1,185. — b) * *Ipomoea Turpethum*. — c) *N. pr. eines Flusses. — 4) n. a) *das Harz der Pinus longifolia* Bhâvapr. 1,142. — b) * *eine best. hohe Zahl* (buddh.).

सरलता f. *Schlichtheit, Einfachheit* und zugleich *Rechtschaffenheit* Prasannar. 7,9.

सरलत्व n. Nom. abstr. zu सरल 1) a).

*सरलद्रव m. *das Harz der Pinus longifolia*.

सरलय्, °यति *gerade machen* Damajantik. 2. सरलित Vikramâñkak. 15,85.

सरलस्यन्द m. und *सरलाङ्ग m. (Râǵan. 12,158) = सरलद्रव.

सरलभाष्य n. Titel eines Werkes.

सरलाय्, °यते *leicht von Statten gehen*.

सरली Adv. mit कर् *gerade machen*.

सरलीकरण n. *das Gerademachen*.

सरव 1) m. N. pr. a) eines Mannes. Pl. *sein Geschlecht*. — b) °पर्वत eines *Berges*. — 2) *n. *eine best. hohe Zahl* (buddh.).

सरशन Adj. *sammt dem Gurt* Âpast. Çr. 7,11,3.

सरश्मि Adj. *strahlend*.

सरस् n. 1) *Trog, Becken, Eimer*. — 2) *Wasserbecken, Teich, See*. — 3) * *Wasser*. — 4) * *Rede*.

1. सरस n. = सरस् 2) in *जल°, देव° und *मण्डूक°.

2. सरस 1) Adj. (f. आ) a) *Saft enthaltend, saftig, kräftig*. — b) *feucht* Çiç. 6,24. 10,54. 16,18. Bhâm. V. 1,98. Ind. St. 14,380. — c) *frisch, neu*. — d) *schmackhaft*. — e) *mit Reizen versehen, reizend, geschmackvoll* Spr. 7632. — f) *von Verlangen ergriffen, von Liebe —, von Lust erfüllt* Bhâm. V. 1,98. सरसम् Adv. *mit Lust, mit Wonne*. — 2) *f. सरसा = सरला *Ipomoea Turpethum*. — सरसेन Râǵat. 4,247 fehlerhaft für स रसेन.

सरसता f. Nom. abstr. zu 2. सरस 1) a).

सरसत्व n. Nom. abstr. zu 2. सरस 1) a) und c).

*सरसंप्रत (!) m. *Asteracantha longifolia*.

सरसराय्, °यते *sich stets hinundher bewegen* Kârand. 30,13.

सरसवाणी f. N. pr. der Gattin Maṇḍanamiçra's.

सरसशब्दसरणि f. Titel eines Werkes Burnell, T.

*सरसिक m. = सरसीक *der indische Kranich*.

सरसिज 1) Adj. *in Teichen lebend*. — 2) n. (adj. Comp. f. आ) *Lotusblüthe* Çiç. 11,56.

सरसिजजन्मन् m. Bein. Brahman's Çiç. 17,54.

सरसिजमुखी Adj. *eine Lotusantlitzige* Dhûrtan. 38.

सरसिजाक्षी f. *eine Lotusäugige* Daçak. 32,15.

सरसिरुह n. *Lotusblüthe*.

सरसिरुहसूनु m. Bein. Brahman's Bhâm. V. 2,123.

1. सरसी f. 1) *Pfuhl, Teich* (angeblich *ein grosser Teich*) Veṇîs. 87,14. Çiç. 5,31. 8,52. 10,58. 14,69. — 2) *ein best. Metrum*.

2. सरसी Adv. mit कर् *erquicken* Prasannar. 31,18.

*सरसीक m. *der indische Kranich*.

सरसीज n. *Lotusblüthe*. °लोचन, °जाक्ष und °जेक्षणा Adj. *lotusäugig*.

सरसीरुह् n. *Lotusblüthe* Prasannar. 93,7.

सरसीरुह n. dass. °रुहाक्ष und °रुहेक्षणा Adj. *lotusäugig*.

सरसीरुहबन्धु m. *die Sonne* Vikramâñkak. 11,2.

सरस्य Adj. *zu stehenden Wassern —, zu Teichen gehörig*.

सरस्वतिकृत Adj. *durch* Sarasvatî *gemacht*.

सरस्वतिवत् Adj. *von* Sarasvatî *begleitet*.

सरस्वतीकण्ठाभरण 1) n. a) *der Halsschmuck der* Sarasvatî. — b) Titel eines dem Bhoǵadeva zugeschriebenen Werkes. — 2) m. a) *ein best. Tact* S. S. S. 214. — b) N. pr. eines Autors.

सरस्वतीकुटुम्ब m. N. pr. eines Dichters.

सरस्वतीकुटुम्बदुहितर् f. N. pr. einer Dichterin.

सरस्वतीकृत Adj. *von* Sarasvatî *verfasst*. Vgl. सरस्वतिकृत.

सरस्वतीतन्त्र n. Titel zweier Werke.

सरस्वतीतीर्थ n. N. pr. eines Tîrtha.

सरस्वतीदशश्लोकी f. (Opp. Cat. 1) und सरस्वतीद्वादशनामस्तोत्र n. (Burnell, T.) Titel.

सरस्वतीपत्तन n. N. pr. einer *Stadt* Ind. St. 14,361.

सरस्वतीपूजन n. (Bühler, Rep. No. 689), °पूजाविधान n. (Burnell, T.) und सरस्वतीप्रक्रिया f. Titel.

सरस्वतीबालवाणी f. Bez. *eines best. Dialects*.

सरस्वतीरहस्य n. und °रहस्योपनिषद् f. (Opp. Cat. 1) Titel einer Upanishad.

सरस्वतीवत् Adj. *von der* Sarasvatî *begleitet*.

सरस्वतीविनशन n. *der Ort, wo der Fluss* Sarasvatî *verschwindet*.

सरस्वतीविलास m. Titel eines Werkes Opp. Cat. 1.

सरस्वतीव्रत n. *eine best. Begehung*.

सरस्वतीसूक्त n., सरस्वतीसूत्र n., सरस्वतीस्तव m. und सरस्वतीस्तोत्र n. (Burnell, T.) Titel.

सरस्वत् 1) Adj. a) *reich an Wasserbehältern, Teichen u. s. w.; mit ihnen in Berührung gekommen*. — b) *Geschmack —, Gefallen findend an* (Loc.). — 2) m. a) Name eines zu den Göttern des oberen Gebietes gezählten *Beherrschers der himmlischen Wasser, der durch Regen und Bäche Fruchtbarkeit schenkt*. — b) Name eines der Genie Sarasvatî entsprechenden Genius Vaitân. — c) *Meer* Çiç. 19,10. — d) * *Fluss*. — e) N. pr. eines Flusses, = सरस्वती. — 2) f. °ती a) *eine an Wasserbecken reiche Gegend*. — b) Bez. verschiedener Flüsse: α) *wahrscheinlich des Indus und seiner Genie*. — β) eines kleinen heilig geachteten Flusses, der mit der Dṛshadvatî die Grenzen von Brahmâvarta bildet, im Sande verläuft, schliesslich aber, nach der Vorstellung der Inder, unter der Erde fortfliessend, sich mit der Gaṅgâ und Jamunâ vereinigt. — γ) verschiedener anderer Flüsse. — δ) jedes der Sarasvatî an Heiligkeit gleichkommenden Flusses. Deren werden drei und sieben angenommen. — c) *Fluss überh. — d) Bez. einer der drei Göttinnen in den Âprî-Liedern. — e) die Genie der Stimme und Rede. Zwischen ihr und der Çrî (Lakshmî) besteht ein Hass, da Reichthum und Beredsamkeit (Gelehrsamkeit) selten Hand in Hand gehen. Wird mit Durgâ identificirt, erscheint als Gattin Vishṇu's und Manu's und als Tochter Daksha's. — f) Rede überh. — g) die Gabe der Rede, Beredsamkeit. — h) eine vom Himmel kommende Rede, Orakelstimme. — i) Lehre. — k) *Kuh. — l) *eine Perle von Weib. — m) *Bez. verschiedener Pflanzen: Cardiospermum Halicacabum (Râǵan. 3,71), Aegle Marmelos und Ruta graveolens (Râǵan. 5,61). — n) Bez. eines zweijährigen Mädchens, welches bei der Durgâ-Feier diese Göttin darstellt. — o) Name eines der zehn auf Schüler Çaṁkarâkârja's zurückgeführten Bettelorden, dessen Mitglieder das Wort सरस्वती ihrem Namen beifügen. — p) abgekürzter Titel einer Grammatik. — q) N. pr. derGattinnen Dadhîka's, Çaṁkarâkârja's und Maṇḍanamiçra's und anderer Frauen Paṅkad. 8.

*सरह्न m. N. pr. eines Mannes.

सरहस्य Adj. nebst den Mysterien, d. i. den Upanishad M. 2,140. 165.

सराग Adj. 1) gefärbt, so v. a. nicht ganz rein Kâd. 2,37,6 (68,11). — 2) geröthet. — 3) reizend, lieblich. °म् Adv. — 4) von Leidenschaft —, von Liebe erfüllt. °म् Adv. leidenschaftlich Hemâdri 1,554,2.

सरागता f. das Geröthetsein.

सरागत्व n. das von Leidenschaften Beherrschtsein Hem. Par. 1,434.

सराजक und सराजन् Adj. sammt dem Fürsten,

सँराति Adj. gleich günstig, einmüthig.

*सरात्रि Adj. = समानरात्रि.

सरारि f. in कमि°.

सराव m. 1) ein best. giftiges Insect. — 2) schlechte Schreibart für शराव.

सराहु Adj. von Râhu erfasst, verfinstert (Sonne oder Mond) Bhâg. P. 3,17,8.

*सरि f. Wasserfall.

सरिक Adj. in *अग्रे°. सरिका f. s. u. सरक.

*सरिण्य Med. j. 111 fehlerhaft für सरण्य.

सँरित् f. 1) Bach, Fluss. सरितां वरा der beste der Flüsse, d. i. die Gaṅgâ; सरितां पतिः und स° नाथः der Herr oder Gatte der Flüsse, so v. a. das Meer. Als *Zahl ist सरितां पतिः = वार्धि. — 2) ein Metrum von 72 Silben. — 3) *= सूत्र. — 4) Bein. der Durgâ.

*सरित्कफ m. os Sepiae Bhâvapr. 6,117.

सरित्पति m. der Herr oder Gatte der Flüsse, das Meer Râǵan. 14,7. Çiç. 17,40.

*सरित्वत् m. das Meer.

सरित्सुत m. Metron. Bhîshma's Çiç. 15,19.

सरिदधिपति m. = सरित्पति Çukas. 1,23.

सरिदाश्रित s. अर्णव°.

सरिद्भय (wohl n.) Flussufer Varâh. Jogaj. 7,7.

सरिद्द्वीप m. N. pr. eines Sohnes des Garuḍa MBh. 5,101,11. v. l. परिद्वीप.

सरिद्वर्तर m. das Meer als Bez. der Zahl vier.

सरिद्वरा f. 1) der beste der Flüsse. — 2) *Bez. der Gaṅgâ.

सँरिन् Adj. etwa zu Hülfe eilend.

*सरिन्नाथ m. = सरित्पति.

*सरिन्मुख n. die Quelle eines Flusses.

*सरिमन् m. Wind.

सरिरँ n. 1) das Wogende; Wassermasse, Fluth. — 2) *= बकुल.

*सरिल n. = सलिल Wasser.

*सरिषप m. = सर्षप Senf, Senfkorn.

सरिस्त्वँ Adj. zerlaufend.

सरीढम् Adv. mit Geringachtung Kâçikh. 76,49.

सँरीमन् Zug (des Windes). Nur Loc. सँरीमणि.

सरीसृप् (metrisch) m. = सरीसृप ein kriechendes Thier.

सरीसृपँ 1) Adj. schleichend, kriechend. — 2) m. n. (dieses in der älteren Sprache) ein kriechendes Thier. Am Ende eines adj. Comp. f. आ. — 3) *m. Bein. Vishṇu's.

सँरु 1) *Adj. = सूक्ष्म. — 2) m. a) = शँरु Geschoss. — b) *= त्सरु.

सरुच् Adj. von hohem Glanze, — Ansehen Çiç. 19,71.

सरुज् Adj. 1) denselben Schmerz empfindend. — 2) leidend, krank Hâsj. 30.

सरुज Adj. 1) mit Schmerz verbunden, schmerzhaft Karaka 6,4. — 2) leidend, krank.

सरुजत्व n. das Unwohlsein.

सरुजसिद्धाचार्य m. N. pr. eines Lehrers.

*सरुद्दव (!) n. Lotusblüthe.

सरुधिर Adj. blutig. °म् Adv. Suçr. 1,239,8.

सरुधिरमूत्र Adj. blutigen Urin habend. Nom. abstr. °ता f. Suçr. 1,262,4.

सरुष् Adj. erzürnt Çiç. 16,2. Bhâm. V. 2,164.

सँरूप 1) Adj. (f. आ) a) gleichartig, gleichförmig, gleich (die Ergänzung im Gen. oder im Comp. vorangehend); gleichlautend 249,1. — b) gestaltet, verkörpert 101,22. — c) mit schöner Gestalt —, mit schönem Aussehen begabt, schön. — 2) m. ein best. mythisches Wesen. नभोरूपसरूपौ Suparṇ. 23,5. — 3) f. सरूपा N. pr. der Gattin Bhûta's und Mutter unzähliger Rudra.

सरूपकृत् Adj. gleiche Farbe bewirkend.

सरूपकरण Adj. (f. ई) dass.

सरूपता f. Gleichförmigkeit, Gleichheit. Die Ergänzung im Comp. vorangehend.

सरूपय्, °यति gleich machen in der Form, einen getreuen Abdruck bilden.

सरूपवत्सा f. eine Kuh mit einem Kalbe von gleicher Farbe.

सरूपोपमा f. v. l. für समानोपमा.

सँरेतस् Adj. mit dem Samen versehen.

सरेफ Adj. von र begleitet.

सरोग Adj. krank. Nom. abstr. °ता f. Kränklichkeit.

सरोज 1) Adj. in Teichen vorkommend. — 2) n. a) Lotusblüthe. Nom. abstr. °ता f. Naish. 6,26. — b) ein Fuss mit sechs Moren.

*सरोजन्मन् n. Lotusblüthe.

सरोजदृश् f. eine Lotusäugige Bhâm. V. 2,44.

सरोजनयना f. dass. Bhâm. V. 2,63.

सरोजनेत्र Adj. lotusäugig Spr. 7647.

सरोजराग m. Rubin Hemâdri 1,348,22. Vgl. पद्मराग.

सरोजिन् 1) *m. a) Bein. Brahman's. — b) N. pr. eines Buddha. — 2) f. °जिनी a) eine Menge von Lotusblüthen, Lotuspflanze, — gruppe, — teich Kâd. 2,35,11 (41,11. 12). Vâsav. 175,1. — b) ungenau für सरोज Lotusblüthe Bhâm. V. 1,98.

सरोजाय्, °यति einer Lotusblüthe gleichen.

*सरोत्सव m. der indische Kranich.

सरोदक n. das Wasser eines Teiches (सरस्) Comm. zu Çiç. 8,57.

सरोदपान n. Pl. Teiche (सरस्) und Brunnen MBh. 14,44,14.

सरोपान्त n. die Nähe eines Teiches (सरस्). Loc. Paṅkat. 131,15.

सरोबिन्दु m. Bez. eines best. Gesanges.

सरोम Adj. behaart Varâh. Bṛh. S. 70,21.

सरोमाञ्च Adj. (f. आ) emporgerichtete Härchen habend Kathâs. 100,9. °म् Adv. Prab. 58,7.

*सरोरुह्र n. Lotusblüthe.

सरोरुह 1) n. (adj. Comp. f. आ) dass. 297,3. — 2) m. N. pr. eines Dichters Z. d. d. m. G. 36,557.

सरोरुहदृश् f. eine Lotusäugige Bhâm. V. 2,164.

*सरोरुहवत्र m. N. pr. eines Mannes.

सरोरुहाक्षी f. eine Lotusäugige.

*सरोरुहासन m. Bein. Brahman's.

सरोरुहिणी f. *eine Menge von Lotusblüthen, Lotuspflanze, — gruppe, — teich* 311,16.

सरोवर (*m.) n. *ein prächtiger Teich, — See* 112,23.

सरोष Adj. (f. श्रा) *erzürnt, zornig, erbost* Çiç. 11, 37. 18,45. °म् Adv. Chr. 301,17. 305,8.

सरोषसंभ्रम Adj. *erzürnt und in grosser Aufregung* Çiç. 19,37.

सरोषस्मितम् Adv. *zornig lächelnd* 313,29.

सर्क Ind. St. 3,267 vielleicht fehlerhaft. *m. = वायु, मनस् und प्रजापति.

सर्क्त Adj. (f. श्रा) *mit dem Sternbild verbunden.*

सर्ग m. (adj. Comp. f. श्रा) 1) *Schuss.* — 2) *Strahl von Flüssigem, Guss.* Acc. mit कर् so v. a. *hinstrecken* (Feinde). — 3) *Zug, Stoss* (des Windes). — 4) *das Entlassen, Ausgiessen.* — 5) *das Loslassen des Rennpferdes* u. s. w.; *Rennen.* — 6) *eine aus dem Stall gelassene Heerde; ein ausziehender Haufe, Schwarm, grosse Schaar.* — 7) *Schöpfung* (n. MBh. 12,310,25); *die primäre Schöpfung.* श्रा सर्गात् *vom Beginn der Schöpfung,* so v. a. *vom Anfang der Welt;* Loc. *in der geschaffenen Welt, in der Welt.* — 8) *Geschöpf.* दैव *ein göttliches G., ein Gott.* — 9) *Ursprung.* श्रात्म° *der eigene Ursprung.* — 10) *das Erzeugen.* प्रजा° *von Nachkommenschaft.* — 11) *das Erzeugte, Kind.* — 12) *das angeborene Wesen, Natur.* — 13) *Beschluss, fester Vorsatz, — Wille.* — 14) **Einwilligung.* — 15) *= मोह. — 16) etwa *Kriegsgeräth.* — 17) *Kapitel in einem epischen Gedichte* (aber nicht im MBh.). — 18) = विसर्ग *der am Ende von Wörtern erscheinende Hauch.* — 19) N. pr. des Sohnes eines Rudra Mârk. P. 52,11. VP.² 1,117. — सर्गेषु लोकेषु Kathop. 6,4 wohl fehlerhaft für स्वर्गेषु लो°.

सर्गक am Ende eines adj. Comp. so v. a. *hervorbringend.*

सर्गकर्तर् Nom. ag. *Schöpfer.* Nom. abstr. °कर्तृत्व n.

सर्गकृत् m. dass.

सर्गतक्त Adj. *im Schuss dahinfahrend.*

सर्गप्रतक्त Adj. *hinschiessend, rennend.*

सर्गबन्ध m. *eine Composition in* Sarga (*Kapiteln*), *ein episches Kunstgedicht.*

सर्ग्य Adj. in *पाणिसर्ग्य.

सर्च Adj. *von einer* Ṛk *begleitet* Gobh. 3,9,6.

1. सर्ज्, सर्जति *knarren.* — Mit उद् dass. — Mit श्रभ्युद् *knarren hin zu,* so v. a. *zum Schaden von* (Acc.).

2. *सर्ज्, सर्जति *erwerben.*

3. सर्ज्, सृजति, °ते; सृष्ट Partic. 1) (aus der Hand u. s. w.) *entlassen, schnellen, schleudern, — auf* (Dat. oder Acc.) Çiç. 19,11. सृष्ट *geschleudert.* — 2) *ausgehen lassen, auswerfen* (z. B. die Messschnur), *ausgiessen, entsenden* (Regen, Ströme, die Stimme, Boten u. s. w.), *richten* (das Auge). — 3) *rennen lassen* (Rosse u. s. w.), *nach* oder *auf* (Acc.); Med. *zulaufen, zueilen auf* (Acc.), *s'élancer.* — 4) *loslassen, befreien.* — 5) *öffnen* (eine Thür). — 6) Med. *ausgehen lassen, veröffentlichen.* — 7) *fahren lassen, aufgeben.* सर्जत्ति fehlerhaft für सृजत्ति. — 8) *Fäden ausziehen und drehen, spinnen; flechten, winden* (einen Kranz, Strick) Vasishtha 5,7. *सृष्यते *für sich spinnen zu einem frommen Zweck.* — 9) *aus sich entlassen,* so v. a. *erschaffen, erzeugen, hervorbringen;* in der älteren Sprache nur Med. सृष्टे *erschaffen.* — 10) *schaffen,* so v. a. *herbeischaffen, verschaffen; zukommenlassen, verleihen.* — 11) *anwenden, gebrauchen.* — 12) *hängen —, befestigen an* (Loc.). श्रसृजत् vielleicht nur fehlerhaft für श्रसजत्. — 13) सृद्यत्ति MBh. 13,7747 fehlerhaft für स्पृद्यत्ति. — 14) सृष्ट *a) verbunden mit* (im Comp. vorangehend MBh. 13,104,70), *voll —, erfüllt von, bedeckt mit* (Instr.). — *b) erfüllt von* (Instr.), so v. a. *nur denkend an.* — *c) fest entschlossen zu* (Loc. oder Dat.) Gaut. 22,11. — *d)* *= भूषित. — *e)* *= भूरि Çâçvata 479. — *f)* Âpast. 2,17,4 und Mârk. P. 18,52 wohl fehlerhaft. मृष्ट zu vermuthen Káraka 6,12. 8,1. — Desid. सिसृत्तति 1) *zu schleudern beabsichtigen.* — 2) Med. (älter) und Act. *zu schaffen beabsichtigen* Çiç. 17,54. — Mit श्रति 1) *fortschleudern.* Nur श्रतिसृष्ट *fortgeschleudert.* — 2) Med. *über Etwas* (Acc.) *hin, — vorbei gleiten* Ṛv. 9, 107,25. — 3) *hinüberschaffen.* — 4) *vorübergehen lassen, loslassen.* — 5) *beurlauben, erlauben.* श्रतिसृष्ट *Erlaubniss habend* AV. 15,12,4. 7. 8. 11. — 6) *Jmd von Etwas befreien, entbinden;* mit doppeltem Acc. — 7) *aufgeben, fahren lassen.* — 8) *zukommenlassen, verleihen, gewähren, schenken.* — 9) Med. *darüber —, als etwas Höheres erschaffen.* — Caus. Med. (श्रतिसर्जयते) *sich Erlaubniss* (*Urlaub*) *erbitten bei* (Acc.). — Mit श्रभ्यति *schleudern gegen* (Acc.). — Mit समति *Jmd entlassen, beurlauben.* — Mit श्रनु 1) *aus der Hand —, loslassen.* — 2) *entlassen, ausgiessen, strömen lassen.* — 3) *überlassen, schenken.* — 4) *hinterher —, nach einander schaffen.* — 5) *schaffen nach* (Acc.). — 6) *weglassen* Tândja-Br. 5,7,5. — 7) Pass. *in's Leben treten nach* (Acc.) TS. 7,1,1,4. 5. Hier ist श्रनु mit dem Acc. zu verbinden, daher श्रॅन्वॅसृष्यत्त. — 8) श्रनुसृष्टॅ und श्रॅनुसृष्ट *a) nach —, später geboren.* — *b)* etwa *entlassen, ausgeschossen* oder *überlassen, geschenkt* Maitr. S. 2,5,5 (53,10. 15). 4, 2,14. (38,14). Gop. Br. 2,1,16. — Mit श्रभ्यनु *in Erfahrung bringen* Hariv. 1,27,29. v. l. श्रनुसृत्य st. श्रनुमृष्य. — Mit श्रप, °सृष्ट *sich zurückgezogen habend von* (Abl.). — Mit व्यप 1) *schleudern.* — 2) *abwerfen* (ein Gewand). — Mit श्रपि *darauf werfen, werfen auf* (Loc.), *hinzufügen, beimengen zu* (Loc.) Maitr. S. 4,2,7 (28,15) nach der besseren Lesart. — Mit प्रत्यपि *darauf werfen* Âpast. Ça. 7,15,3. 19,7. Comm. zu 11,20,3. — Mit श्रभि 1) *schleudern auf* (Acc.). Hierher श्रभिं स्राः AV. 11, 2,19. — 2) *ausgiessen für* (Acc.), *zum Zweck von* (Acc.), *in oder auf* (Acc.). — 3) *loslassen zum Lauf* u. s. w. श्रभिंसृष्ट *hineilend zu* (Acc.). — 4) *Jmd gewähren lassen, Erlaubniss geben.* श्रभिसृष्ट *dem man die E. zu Etwas gegeben hat.* — 5) *entlassen, von sich geben.* श्रभिसृष्ट (von einer Rede). — 6) *überlassen, hingeben, gewähren, verleihen; zusagen.* श्रभिसृष्ट *verliehen, zugesagt.* — 7) *anheim —, in die Gewalt geben.* श्रभिसृष्ट *Jmdm* oder *Etwas* (Dat. oder im Comp. vorangehend) *in die Gewalt gegeben* (Gâtakam. 5), — *zu* (Dat.). — 8) *losgehen auf, anfallen;* mit Acc. — Mit श्रव 1) *schleudern, abschiessen.* श्रॅवसृष्ट *geschleudert, abgeschossen* Vaitân. — 2) *aus sich entlassen, fliessen lassen* (Regen, Thränen, Samen). — 3) *hineinwerfen —, hineinthun in* (Loc.). — 4) *hinausstossen, — drängen.* श्रवसृष्ट *hinausgedrängt* (aus dem Mutterleibe), *herabgeträufelt —, herabgefallen von* (im Comp. vorangehend). — 5) *loslassen, frei geben.* — 6) *aufgeben, fahren lassen.* प्राणान् so v. a. *seinen Geist aufgeben.* — 7) *hingeben, überliefern, schenken, gewähren.* — 8) *entsenden, entlassen, entbinden;* Med. so v. a. *abdanken.* — 9) *ablösen,* so v. a. *nachlassen, vergeben.* — 10) *hervorbringen, erzeugen, bilden.* — 11) *hängen —, befestigen an* (Loc.). Man könnte श्रवासजत् st. श्रवासृजत् vermuthen. — Caus. श्रवसर्जित nach dem Comm. *verlassen —, im Stich gelassen habend.* — Mit श्रत्यव *loslassen, die Freiheit geben;* mit Acc. — Mit श्रन्वव *entlassen nach — hin;* mit Acc. — Mit श्रभ्यव 1) *entlassen —, entsenden nach* (Acc.). — 2) *hinschleudern.* — 3) *loslassen, schiessen lassen* (die Zügel). — Mit उपाव 1) *losschiessen.* — 2) *gehen lassen zu* (Dat.), *zulassen.* — 3) *befördern zu, übergeben an* (Acc.). — 4) उपावसृष्ट als Bez. der Milch *der Kuh zu der Zeit, wo das Kalb zugelassen wird.* — Mit न्यव *aus sich entlassen* (den Samen) *in* (Loc.). — Mit प्रत्यव 1) *schleudern auf* (Loc.). — 2) *wieder überlassen.* — Mit व्यव 1) *schleudern auf* (Gen.). —

2) *niedersetzen.* — 3) *entlassen, wegschicken.* — 4) *vertheilen, spenden.* — 5) *hängen —, befestigen an* (Loc.). Vielleicht ist व्यवासजत st. व्यवासृजत zu lesen. — Mit समव 1) *schleudern auf* (Loc.). — 2) *loslassen, seinem Schicksal überlassen.* — 3) *weglassen.* — 4) *Jmd* (Loc.) *aufbürden.* Vielleicht समवासजत् st. समवासृजत् zu lesen. — Mit आ 1) *herschiessen.* — 2) *giessen auf* oder *in* (Loc.), *begiessen.* — 3) *einschenken.* — 4) *zulassen zu* (Dat.). आ सृजानः *zugelassen* (zur Begattung, von einem Hengste). — 5) *verzieren mit* (Instr.). — 6) *herbeischaffen.* — Mit अध्या *herlenken auf* (Loc.). — Mit उपा *zulassen,* mit Dat. — Mit समा 1) *anhängen, befestigen an* (Loc.). Einmal hat die v. l. समासजत् st. समासृजत्. — 2) *Jmd* (Loc.) *übergeben.* Einmal hat die v. l. समासज्य st. समासृज्य. — Mit उद् 1) *schleudern.* — 2) *ausgiessen.* — 3) *aus sich entlassen, ausstossen, von sich geben, vergiessen* (Thränen), *ertönen lassen* Âpast. 1,26,11 (उत्सृजमानो zu lesen). — 4) *Etwas abwerfen, fortwerfen, ablegen, fahren lassen* (aus der Hand); *absetzen —, niederlegen —, hinwerfen —, aussetzen in* oder *auf* (Loc.). — 5) *aussetzen* (beim Spiel u. s. w.). — 6) *ausstrecken, ausbreiten.* — 7) *herauslassen* (z. B aus dem Stalle), *freilassen* (insbes. zum Opfer bestimmte Thiere), *freigeben* Vaitân. 21,26. 36,20. 37,19. ज्वरोत्सृष्ट *vom Fieber befreit,* उत्सृष्टलोमन् Adj. *den Haaren freien Lauf lassend,* so v. a. *sie wachsen lassend* Gaut. 16,3. — 8) *öffnen.* — 9) *Jmd entsenden, entlassen, verabschieden.* Mit न *nicht entlassen aus* (Abl.), so v. a. *festhalten in.* Pass. *entlassen —, entbunden werden von.* — 10) *Jmd verlassen, im Stich lassen, verstossen.* उत्सृष्ट Gaut. 17,17. — 11) einen Kranken *aufgeben.* — 12) *Jmd übergehen, verschmähen, nicht beachten.* — 13) *Etwas verlassen, aufgeben, fahren lassen, entsagen;* mit Acc. Gaut. 18,20. उत्सृष्टजीविता Adj. Kâd. 263,20 (428,11). — 14) *Etwas nicht beachten.* — 15) *weglassen, fortlassen, auslassen, übergehen* Sâj. zu Ṛv. 3,35,1. 6. — 16) *als unbrauchbar bei Seite liegen lassen, für unnütz erachten.* — 17) *hinter sich lassen, übertreffen.* — 18) *aussetzen* (Vaitân. 8,3. 32,35), *aufhören, feiern.* — 19) *ausgehen lassen* (ein Feuer). उत्सृष्टाग्नि Adj. Gaut. 15,16. — 20) *Etwas austreiben, vertreiben.* — 21) *herausgeben, übergeben, überlassen, spenden.* — 22) eine Tochter *zur Ehe geben* Gaut. 28,18. — 23) *hervorbringen, schaffen.* — Desid. 1) *frei lassen wollen.* — 2) *zu verlassen —, aufzugeben gedenken.* — Mit अनूद् *entlassen zu — hin;* mit Acc. — Mit अभ्युद् *schleudern auf* (Loc.). — Desid. *aufzugeben —, fahren zu lassen im Begriff sein.* — Mit पर्युद् *aufgeben, verlassen.* — Mit व्युद् 1) *aus der Hand geben* in अव्युत्सृजन्त् Nachtr. 5. — 2) *aufgeben, verlassen* Âpast. Çr. 12,25,2 5. — Mit समुद् 1) *schleudern.* — 2) *aus sich entlassen, von sich geben, ausstossen* (einen Fluch 53,17), *ertönen lassen.* — 3) *Etwas abwerfen, fortwerfen, ablegen, fahren lassen; niederlegen —, hinwerfen in* (Loc.). — 4) *freilassen, freigeben.* — 5) *Jmd verlassen, im Stich lassen, aussetzen* (47,6). — 6) *mit —, gleichfalls entsagen* Kâd. 263,20 (428,12). Ueberh. *Etwas verlassen, aufgeben.* — 7) *Jmd* (Dat.) *Etwas überlassen, verabfolgen, geben* Hemâdri 1,667,15. — Mit उप 1) *schleudern.* उपसृष्ट *geschleudert.* — 2) *darauf giessen, strömen lassen.* — 3) *begiessen mit* (Instr.) Ḱaraka 7,1. — 4) *aussenden, — zu* (Acc.). उपसृष्ट *gesandt.* — 5) *hinlenken, befördern —, hinbringen zu* (Acc. oder Dat.). — 6) *zulassen* das Kalb zur Mutter oder umgekehrt. — 7) *anfügen, hinzusetzen.* — 8) *vermehren.* — 9) *behaften —, heimsuchen mit* (Instr.), *plagen, hart mitnehmen.* उपसृष्ट *behaftet —, heimgesucht mit, geplagt* — (216,22. 24. 26), *besessen von* (Instr. oder im Comp. vorangehend). Mit Abl. so v. a. *sich abplagend mit.* — 10) *in Contact kommen mit* (Acc.). — 11) *hervorbringen, bewirken.* — 12) *zu Nichte machen.* उपसृष्ट *zu Nichte gemacht, — geworden.* — 13) उपसृष्ट *a)* etwa *sich vordrängend* MBh. 1,136,18. — *b)* Bez. der Milch *zu der Zeit, wo das Kalb zugelassen wird.* — *c)* देवतास् so v. a. *mit ihren Eponymien versehen.* — *d) mit einer Präposition* (उपसर्ग) *versehen* 223,17. स्वराद्युपसृष्ट *mit einer vocalisch anlautenden Pr. versehen.* — *e)* von Râhu *heimgesucht, verfinstert* (die Sonne). — Caus. *aussenden, entsenden.* — Mit निरुप, °सृष्ट *unbeschädigt.* — Mit समुप Med. *vermengen —, vermischen mit* (Instr.) Ḱaraka 7,12. — Mit नि, निसृष्ट 1) *geschleudert, — auf* oder *gegen* (Loc. oder im Comp. vorangehend). — 2) *gerichtet* (der Blick). — 3) *freigelassen, — gegeben.* — 4) *entlassen, verabschiedet.* — 5) *ermächtigt.* वनाय *in den Wald zu ziehen.* — 6) *angelegt* (Feuer). — 7) *Jmd* (Loc.) *anvertraut.* — 8) *übergeben, verliehen.* निसृष्टवन्त् *gewährt habend* (einen Wunsch, Acc.). — 9) *verfertigt, gemacht.* — 10) * = मध्यस्थ. — Mit प्रतिनि in *प्रतिनिसर्ग. — Mit संनि, °सृष्ट *Jmd* (Dat.) *anvertraut.* — Mit निस् 1) *hinausgiessen, — schütten, ausfliessen lassen.* — 2) *entlassen, befreien, — von* (Abl.). — 3) *trennen.* — 4) *wegschaffen.* — Mit अभिनिस् *ausschütten gegen* (Acc.). — Mit प्रतिनिस् *Jmd* (Dat.) *hingeben.* — Mit विनिस्, विनिःसृष्ट *geschleudert.* — Mit परा *spenden.* — Mit परि, परिसृष्ट *umgossen, umfangen.* Vielleicht परिश्लिष्ट zu lesen. — परिसृज्य Çâk. (Ch.) 78,8 fehlerhaft für परिमृज्य. — Caus. *vermeiden.* v. l. स विसर्जयेत् st. परिसर्जयेत्. — Mit प्र 1) *laufen lassen, entlassen, — hin zu* (Acc.), *senden zu* (Acc.), *freien Lauf gewähren* (z. B. dem Zorn, mit Acc.). प्रसृष्ट *dem man freien Lauf gelassen hat* (Ḱaraka 8,1), *ungezügelt.* — 2) Pass. *sich von Hause entfernen* Gobh. 1,5,21. — 3) *aufgeben, fahren lassen, entsagen.* प्रसृष्ट *dem man entsagt hat* Hariv. 2,26,34. 67,34. — 4) *ausstreuen, säen.* — 5) *anbinden —. Händel anfangen mit* (Loc.). v. l. besser प्रसजति st. प्रसृजति. — 6) प्रसृष्ट R. 5,37,5 vielleicht fehlerhaft für प्रमृष्ट *abgewischt.* — Desid. *entsenden wollen.* — Mit अनुप्र *hintreiben nach* Ṛv. 6,63,7. — Mit परिप्र Med. oder Pass. *übergiessen in* (Loc.) Ṛv. 9,67,15. — Mit प्रतिप्र 1) *dagegen schleudern, — ausstossen* (einen Fluch). — 2) *heimsenden.* — 3) *प्रतिसृष्ट (v. l. in H. an. 4,63 प्रतिशिष्ट; vgl. Zach. Beitr. 90) *a) gesandt.* — *b) verschmäht.* — Mit वि 1) *abschnellen, schiessen, schleudern* (auch einen Fluch). — *gegen* (Loc., Dat. oder Acc. mit प्रति), *fortschleudern.* — 2) *richten* den Blick *auf* (Loc.). — 3) *Etwas strömen lassen, aus sich entlassen, entsenden, vergiessen* (Thränen), *ausspeien* (विसृष्ट 101,24), Laute u. s. w. *von sich geben, ausstossen, ertönen lassen* (Âpast. 2,12,13); Med. *seinen Leib entleeren.* — 4) *Jmd loslassen, freigeben, entbinden von* (Abl.); Med. *sich losmachen von* (Abl.). — 5) *Jmd fortschicken, fortjagen, abweisen* (Hem. Par. 1,325. 458), *entlassen.* — 6) *Jmd aussenden, entsenden* (insbes. Boten). विसृष्टवन्त् 115,8. — 7) *Jmd im Stich lassen, verlassen, verstossen.* विसृष्ट so v. a. *ermangelnd* (mit Instr.). — 8) *Jmd übergehen.* — 9) *Etwas loslassen, aus der Hand lassen, ablegen, von sich werfen, fortwerfen.* — 10) *Etwas verlassen, aufgeben, entsagen;* in der älteren Sprache Med. Vaitân. 23,15. — 11) *öffnen.* मुष्टौ विसृष्टौ Vaitân. 11,26. — 12) Med. *ausstrecken, ausbreiten.* — 13) *verbreiten.* — 14) *beseitigen.* — 15) *Jmd Etwas erlassen.* — 16) *übergeben, überlassen* (Maitr. S. 3,9,1), *verleihen, geben, spenden, gewähren* (einen Wunsch). — 17) *schaffen, hervorbringen, gründen* (ein Dorf). Neben सर्ज् so v. a. *im Einzelnen schaffen.* — Caus. 1) *abschnellen, schleudern.* — 2) *richten* den Blick *auf* (Loc.). — 3) *aus sich entlassen, ausstossen* (einen Ton). — 4) *Jmd loslassen, freigeben.* — 5) *Jmd entlassen.* — 6) *Jmd fortschicken, verbannen,*

— *in* (Dat.). — 7) *entsenden* (Boten). — 8) *Jmd im Stich lassen, verstossen, aussetzen* (वने). — 9) *Jmd verschonen* 76,29. — 10) *Etwas aus der Hand legen, ablegen, fahren lassen.* — 11) *auflegen, auftragen.* — 12) *Etwas wegschaffen.* — 13) *Etwas verlassen, aufgeben, entsagen, meiden.* — 14) *Etwas verbreiten, aussprengen.* — 15) *gewähren, übergeben, herausgeben, fortgeben.* — 16) *schaffen, hervorbringen.* — Mit अनुवि 1) *nach der gegebenen Richtung schiessen.* — 2) *senden entlang* (Acc.). — Mit अभिवि 1) *schiessen nach* (Acc.). — 2) Med. *Jmd* (Abl.) *entziehen und in sich aufnehmen.* — Mit उद्वि *Jmd verlassen.* — Mit प्रतिवि *schiessen gegen* (Acc.). — Mit संवि *Jmd entlassen.* — Mit सम् 1) *treffen —, heimsuchen mit* (Instr.). Hierher सँ स्राः AV. 11,2,26. — 2) *zusammenbringen, vereinigen, — mit* (Instr.); Med. und Pass. *sich verbinden* (Vaitân.), — *mit* (Instr. oder Instr. mit सह Daçak. 44,10), *in Berührung kommen mit* (Instr.); auch so v. a. *coire.* — 3) *verbinden mit* (Instr.), so v. a. *begaben, theilhaft machen.* समस्राट् Maitr. S. 4,2,3 (24,12). — 4) Med. *Etwas mit Andern theilen* Maitr. S. 4,5,9 (77,1). — 5) *mischen, mengen, — mit* (Instr. Âpast. 2,4,23. Ḱaraka 6,18). युधः so v. a. *pugnam conserere.* Med. Pass. *untereinander gerathen, sich verwirren* Âpast. 1,10,19. Ausnahmsweise auch Act. — 6) *schaffen.* — 7) संसृष्ट *a) gesammelt.* — *b) mit andern zusammen geboren, von einem Wurf* (Thiere) VS. 24,16. — *c) verbunden, in Verbindung stehend;* insbes. von Brüdern, *die ihr Vermögen zusammengelegt haben.* Am Ende eines Comp. *verbunden —, behaftet mit* Ḱaraka 6,26. Auch so v. a. *Jmd gehörig.* — *d) verbunden,* so v. a. *in friedlichem Verhältniss stehend mit* (Instr.). पूर्वसंसृष्ट *früher in naher Beziehung gestanden.* — *e) gemischt, vermengt, — mit* (Instr. oder im Comp. vorangehend); *beigemischt.* — *f) gemischt,* so v. a. *von verschiedener Art, mehrfaltig; nicht von einer Art, — Qualität* (Ḱaraka 3,8), *sowohl gut als schlecht.* — *g) vollzogen, verübt* (Beischlaf). — *h)* verwechselt mit संमृष्ट. MBh. 12,194,41 संसृष्टान् wohl fehlerhaft für संस्रष्टा. — Caus. 1) *an sich heranziehen, für sich gewinnen* Baudh. 2,4,3. — 2) *Jmd versehen mit* (Instr.), so v. a. *Jmd Etwas zukommen lassen* Ḱaraka 6,18. — Desid. *an der Schöpfung Theil zu nehmen wünschen.* — Mit अनुसम्, अनुसंसृष्ट *verbunden mit* (Instr.). — Mit उपसम् 1) *sich verbinden mit* (Acc.) Ḱarara 2,1. — 2) उपसंसृष्ट *a) verbunden —, vermischt mit* (im Comp. vorangehend) Ḱaraka 6,30. — *b) getroffen von* (einem Fluche, im Comp. vorangehend). — *c) bewirkt, hervorgebracht.* — Mit परिसम्, परिसंसृष्ट *von allen Seiten getroffen, — beschienen.* — Mit प्रतिसम् 1) *mischen —, vermengen mit* (Instr.). प्रतिसंसृष्ट *gemischt —, vermengt mit* (Instr.). — 2) प्रतिसंसृष्टभक्त Adj. etwa so v. a. *Diät haltend.*

सर्ज m. 1) *Dreher* in रज्जुसर्ज. — 2) *Vatica robusta.* — 3) *das Harz des Vatica robusta.* — 4) **Terminalia tomentosa.*

*सर्जक m. 1) *Terminalia tomentosa.* — 2) *Vatica robusta.*

*सर्जगन्धा f. *die Ichneumonpflanze.*

सर्जन 1) n. *a) das Uebergeben, Abtreten* MBh. 1,2,119. — *b) das Schaffen, Schöpfung.* — *c) *Hintertreffen, Nachzug.* — 2) f. ई *eine der drei Falten des Afters* (*die ausstossende*).

सर्जनामन् n. *das Harz der Vatica robusta.*

*सर्जनिर्यासक m. (Râǵan. 12,118) und *सर्जमणि m. dass.

सर्जरस m. 1) dass. Râǵan. 9,80. Bhâvapr. 1,187. द्रुमैः सर्जरसानाम् = सर्जैः. — 2) *ein best. Baum.* v. l. — 3) **ein best. musikalisches Instrument.*

सर्जवृक्ष m. *Vatica robusta* Hemâdri 1,650,2.

*सर्जि f., सर्जिका f., *सर्जिकाक्षार m. (Mat. med. 88), *सर्जिक्षार m., *सर्जी f. und सर्जीक्षार m. *Natrum.*

*सर्जु 1) m. *Kaufmann.* — 2) f. *Blitz.*

*सर्जू m. 1) *Kaufmann.* — 2) = अभिसार und द्वार.

*सर्ज्य m. *das Harz der Vatica robusta.*

सर्णीक n. Bez. *des Wassers* TS. 4,4,6,2.

सर्तर् Nom. ag. *Läufer* (das Ross).

सर्तवे Dat. Infin. zu सर् RV. 1,32,12. 116,15.

सर्तवै desgl. RV. 1,55,6. 57,6. 3,32,6. 5,29,2.

सर्दिगृदि m. ein obscönes Scherzwort, etwa *Schlitz* oder *Scheide.*

सर्प्, सर्पति (metrisch auch Med.) 1) *schleichen, schliefen, gleiten, kriechen, schlüpfen in* (Acc.); überh. *von leiser und vorsichtiger Fortbewegung* (auch von Unbelebtem, z. B. 80,12). सर्पत auch so v. a. *begebt euch fort, ziehet ab.* सर्पत् als n. *das Kriechende.* यथाहिः सप्सर्पन् Ait. Âr. 409,18. fg. सृप्त (!) *herausgeschlüpft aus* (Abl.), *hineingeschlüpft in* (Loc.). — 2) im Ritual *geräuschlos und in gebückter Stellung, gegenseitig sich anfassend, wegschleichen* (namentlich aus dem Sadas nach dem Bahishpavamâna). — Caus. सर्पयति, Simplex nicht zu belegen. — Desid. सिसृप्सति, Simplex nicht zu belegen. — Intens. सरीसृप्यते *hinundher schleichen* Ait. Âr. 78,10. Partic. सरीसृपत्ती *kriechend, schleichend.* — Mit अति *hingleiten, hinkriechen über* oder *an, sich hinausstehlen über;* mit Acc. Auch von Flüssigem. — Mit व्यति *hinundher fliegen* (von Pfeilen). — Mit अधि *hinübergleiten über* (Acc.). — Mit समधि dass. — Mit अनु 1) *nachschleichen, nachgehen;* mit Acc. — 2) *entlang kriechen.* — 3) *sich nähern, herantreten an* (Acc.). — Mit समनु *herantreten, sich nähern.* — Mit अप 1) *sich fortbegeben, zurücktreten, weichen.* — 2) *beschleichen,* so v. a. *belauschen, ausforschen.* — Caus. in अपसर्प्य Nachtr. 6. — Mit प्रत्यप Caus. *zum Zurückweichen zwingen.* — Mit व्यप *sich fortbegeben, sich entfernen, sich auf und davon machen.* — Mit अभि *schleichend —, leise u. s. w. sich nahen;* mit Acc. — Mit अव 1) *hinuntergleiten* (von der zum Untergang sich neigenden Sonne), *zurückweichen* (vom Meere) MBh. 13,155,26. काले ऽवसर्पति so v. a. अवसर्पिण्याम्. — 2) *beschleichen.* — 3) *allmählich überziehen.* — Caus. *zurückzuweichen veranlassen.* — Mit अन्वव *nachschleichen, nachfolgen.* — Mit उपाव *herbeischleichen.* — Mit पर्यव dass. — Mit प्रत्यव dass. — Mit व्यव *sich einschleichen in* (Acc.). — Mit आ *herbeischleichen.* — Mit उदा in अबुद्रोदासर्पणी. — Mit उपोदा *hervorkriechen aus* (einer Höhle) 21,12. उपोदासृप्त *ausgekrochen.* — Mit समा, समासृप्त *der sich verkrochen hat* Maitr. S. 3,9,5 (121,14). — Mit उद् 1) *hervorkriechen, sich erheben —, sich aufrichten von* (Abl.), *sich erheben auf* oder *über* (Acc.). करो मुखमुत्ससर्प *die Hand erhob sich zum Munde* Kâd. 215,21 (358,6). उत्सृप्य *aufwärts gleitend* (mit der Hand) Gobh. 2,10,29. — 2) *sich erheben,* so v. a. *höher werden.* — 3) *in die Höhe gelangen, eine hohe Stellung erlangen.* — 4) *sich überheben.* — 5) *hervorgehen, entstehen aus* (Abl.) oder *in* (Loc.). — 6) *sich langsam fortbewegen.* — 7) उत्सृप्त *heraufgekommen, aufgegangen* (von der Sonne). — Caus. *aufsteigen lassen.* — Desid. *sich zu erheben wünschen, — in* (Acc.). — Mit प्रोद् *aus den Fugen kommen.* — Mit व्युद् *sich herausbewegen.* — Mit समुद् 1) *sich erheben bis — hin,* mit Acc. — 2) *einbrechen, beginnen* (von der Finsterniss). — Mit उप 1) *hinschleichen zu, sich verkriechen in* (Acc.). — 2) *beschleichen, sich sachte heranmachen.* — 3) *Jmd belauschen, ausforschen.* — 4) *herantreten, sich nähern, sich hinbegeben zu* (Acc., Gen. [der Person] oder तत्र), *nach einer bestimmten Richtung hin gehen.* — 5) *sich einem Weibe* (Acc.) *geschlechtlich nähern.* — 6) *sich bewegen, ziehen* (von Wolken), *langsam herankom-*

men (von Unbelebtem). — 7) *gerathen in*. प्रलयम् so v. a. *zu Grunde gehen*. — 8) *an Etwas gehen, beginnen*; mit Infin. उपसृप्त *woran Jmd* (im Comp. vorangehend) *gegangen ist*. — Caus. 1) *kommen lassen zu* (Loc.). कर्मणीदृशे मतिम् Kâd. 203,3 (339,13). — 2) = उद्ध् 4). Vielleicht fehlerhaft. — Mit समुप *herantreten zu* (Acc.), *sich nähern* Bâlar. 207,15. — Mit विनि Âçv. Çr. 6,12,2 (in der gedr. Ausg.) fehlerhaft für विनिस्. — Mit निस् 1) *hinausschleichen*. — 2) *ausziehen, sich in Bewegung setzen*. — Mit अभिनिस् *sich hinbewegen zu* (Acc.). — Mit विनिस् *hinausschleichen*. — Mit परि 1) *umschleichen, sich umherbewegen um* (Acc.), *umherkriechen auf* (Acc.), *umherstreichen*. — 2) *in Jmds Nähe sich aufhalten, Jmd aufsuchen*. — Vgl. अक्रमिपरिसृप्त Nachtr. 2. — Caus. परिसर्पित *etwa worauf Ungeziefer herumgekrochen ist* Karaka 1,26. — Mit प्र 1) *hin —, hineinschleichen, — in* (Acc.), *beschleichen, schliefen in* (Acc.). — 2) *sich in Bewegung setzen, sich hinbewegen, — zu* (Acc.) Vaitân. — 3) *hervorbrechen, hervorströmen* Çiç. 12,29. 19,77. — 4) *anbrechen* (von der Finsterniss). — 5) *sich verbreiten*. प्रसृप्त *verbreitet*. — 6) *zu Werke gehen, verfahren*. — 7) *in einer best. Weise fortfahren*. — 8) *fortfahren*, so v. a. *von Statten gehen*. — Caus. प्रसर्पित *hinschleichend*. — Mit अनुप्र *herzu —, nachschleichen*. अनुप्रसृप्त *nachschleichend*, mit Acc. — Mit अभिप्र 1) *herbeischleichen*. — 2) अभिप्रसृप्त *sich hinbegeben habend zu* (Acc.) Vaitân. — Mit प्रतिप्र *wieder herbeischleichen*. — Mit विप्र *hinundher schleichen, sich hinundher bewegen*. — Mit संप्र *hin —, hineinschleichen*. — Mit प्रति 1) *zurückschleichen*. — 2) *hineinschlüpfen* MBh. 5,110, 6. — Mit वि 1) *umherschleichen, einherschleichen, einhergehen, sich hinbewegen* (auch von Unbelebtem), — *zu* (Dat. Vaitân.). पन्थाम् *den Weg entlang*. — 2) *auseinandergehen, sich zerstreuen*. — 3) *sich ausbreiten, sich verbreiten* (Çiç. 11,34), — *über* (Acc.). — 4) *verbreiten, ausbreiten*. — Caus. *verbreiten, ausbreiten*. — Mit अनुवि *sich ausbreiten* Bhâvapr. 2,164. — Mit सम् 1) *sich hin —, hineinschleichen in* (Acc.). — 2) *zusammen gehen*. — 3) *einherziehen, sich bewegen*. — 4) *zu Jmd* (Acc.) *herantreten*. — 5) *sich entfernen von* (Abl.) Âpast. 1,6,32. — Mit अनुसम् *nachschleichen*. — Mit उपसम् *sich hinschleichen zu* (Acc.). — Mit विसम् in तिर्यग्विसंसर्पिन्.

सर्प 1) Adj. (f. ई) *schleichend, kriechend* Gaut. 8, 2. Vgl. पीठसर्प und वृत्तसर्प. — 2) m. *a*) *Schlange, Natter*. Am Ende eines adj. Comp. f. आ. — *b*) Bez. best. *übermenschlicher Wesen* (neben Gandharva und ähnlichen Geschlechtern) *auf Erden, in der Luft, im Himmel und in der Unterwelt*. सर्पाणामयनम् *eine best. Jahresfeier*. — *c*) *eine best. Constellation, wenn nämlich nur die drei ungünstigen Planeten in den drei* Kendra *stehen*. — *d*) * *Mesua Roxburghii*. — *e*) N. pr. α) eines der 11 Rudra. — β) eines Râkshasa VP.² 2,285. 288. 292. 293. — 2) f. सर्पी *Schlangenweibchen*. — 3) n. Name eines Sâman; vgl. सर्पसामन्.

सर्पऋषि m. *Schlangen-Ṛshi*.

*सर्पकङ्कालिका f. und *°कङ्काली f. *eine best. gegen Schlangengift angewandte Pflanze*.

सर्पकोटर n. *Schlangenhöhle* Pañkat. 53,4.

सर्पगति f. *Schlangengang, Schlangenwindung* (bei Kämpfern).

सर्पगन्धा f. *die Ichneumonpflanze* Râgan. 7,93. Mat. med. 317.

*सर्पघातिनी f. *eine best. Pflanze*.

*सर्पच्छत्त्र und °छत्त्रक n. *Pilz*.

सर्पण n. 1) *das Schleichen, Sichhinbewegen, langsame Fortbewegung*. — 2) im Ritual *das Leisegehen u. s. w.* Vaitân.

*सर्पतनु f. *ein Solanum* (बृहती) Râgan. 4,26.

सर्पता f. Nom. abstr. von सर्प *Schlange*.

*सर्पतृण m. angeblich = नकुल.

सर्पत्व n. Nom. abstr. von सर्प *Schlange* 262,7.

*सर्पदंष्ट्र 1) m. *Croton polyandrum* oder *Tiglium*. — 2) f. आ *Tragia involucrata*.

*सर्पदंष्ट्रिका f. *Odina pinnata* Râgan. 9,32.

*सर्पदण्डा f. *eine Art Pfeffer* Râgan. 6,17.

*सर्पदण्डी f. *eine best. Pflanze*, = गोरक्षी Râgan. 5,95.

*सर्पदन्ती f. *Tiaridium indicum* Râgan. 5,85.

*सर्पदमनी f. *eine best. Pflanze*, = वन्ध्याकर्कोटकी Râgan. 3,56.

सर्पदष्ट n. *Schlangenbiss*.

सर्पदेवजन m. Pl. *die* Sarpa *und* Devagana.

सर्पदेवजनविद्या f. Khând. Up. 7,1,2. 4.

सर्पदेवी f. N. pr. eines Tîrtha.

सर्पद्विष् m. *Pfau* Subhâshitâv. 1779.

सर्पनामन् 1) n. Pl. Bez. *bestimmter Sprüche*. — 2) *f. °नामा *eine best. Pflanze*.

सर्पनिर्मोचन n. *eine abgestreifte Schlangenhaut* Karaka 393,5 (so zu verbessern).

*सर्पनेत्रा f. *eine Ichneumonpflanze* (*Knolle*).

सर्पपति m. *Schlangenfürst*.

सर्पपुंगव m. N. pr. eines Schlangendämons VP.² 2,293.

सर्पपुण्यजन m. Pl. *die* Sarpa *und* Punjagana Gop. Br. 1,3,12. Vaitân.

*सर्पपुष्पी f. *Tiaridium indicum* Râgan. 5,85.

सर्पफण m. *die sogenannte Haube einer Schlange*.

*सर्पफणज m. *ein best. Edelstein, der in der Haube einer Schlange vorkommen soll*.

सर्पबन्ध m. *Schlangenfessel*, so v. a. *List, ein hinterlistiges Mittel*.

सर्पबल n. Titel eines Pariçishṭa *zum* Sâmaveda.

सर्पबलि m. und °कर्मन् n. *eine den* Sarpa *dargebrachte Spende*.

*सर्पभुज् m. 1) *Pfau*. — 2) *eine Schlangenart*.

*सर्पमाला f. *eine best. Pflanze*.

सर्पमालिन् m. N. pr. eines Ṛshi. v. l. सर्पिर्मालिन्.

सर्पयाग m. *Schlangenopfer*.

सर्पराज m. *Schlangenkönig* Gobh. 3,7,13.

सर्पराज्ञी f. 1) *Schlangenkönigin*. — 2) Pl. (resp. Du.) Bez. *der Verse* Ṛv. 10,189 (resp. TS. 1,5,4) Âpast. Çr. 5,11,6. 12,1. 13,8. 15,6. 16,2. 27,9. 14, 21,13.

*सर्पलता f. *Piper Betle*.

*सर्पवल्ली f. desgl.

सर्पविद् Adj. *schlangenkundig*.

सर्पविद्या f. und सर्पवेद *Schlangenkunde*.

सर्पशिरस् m. *eine best. Stellung der Hand* Bharata im Comm. zu Deçîn. 8,72.

सर्पशीर्ष 1) Adj. *einen schlangenähnlichen Kopf habend* Vasishṭha 14,42. — 2) m. *eine best. Stellung der Hand*. — 3) n. *ein best. Backstein*.

सर्पशीर्षिन् und °शीर्षिन् m. *ein best. Fisch* (*schlangenköpfig*) Âpast. 1,17,39 nebst v. l.

सर्पसत्त्र n. 1) *Schlangenopfer* (von Ganamegaja vollzogen). — 2) wohl so v. a. सर्पाणामयनम्; s. u. सर्प 2) *b*).

*सर्पसत्त्रिन् m. Bein. Ganamegaja's.

*सर्पसहा f. *eine best. Pflanze*.

सर्पसामन् n. Name verschiedener Sâman Ârsh. Br.

सर्पसुगन्धा f. *eine best. Pflanze*.

*सर्पहन् m. *Ichneumon*.

*सर्पहृदयचन्दन m. *eine Art Sandel*.

सर्पाक्ष 1) * m. *a*) *die Beere von Elaeocarpus Ganitrus*. — *b*) *Ophiorrhiza Mungos* Mat. med. 317. — 2) f. ई *eine best. Pflanze*. Nach Râgan. 7,95 = गन्धनाकुली, nach Bhâvapr. 1,220 = गण्डाली, nach 2,100 = नागफणी.

*सर्पाख्य m. 1) *Mesua Roxburghii*. — 2) *ein best. Knollengewächs*.

सर्पाङ्गाभिहत n. *Geschwulst an einer Stelle, die von einer Schlange gestreift worden ist*.

*सर्पाङ्गी f. 1) *eine Art Pfeffer* Râgan. 6,17. — 2)

= नाकुली Bhâvapr. 1,174. — 3) *eine andere Pflanze*, = सर्पघातिनी.

*सर्पादनी f. *die Ichneumonpflanze* Râgan. 7,94.

सर्पात्त m. N. pr. eines der Söhne Garuḍa's.

सर्पापकारिन् m. N. pr. eines Räubers Ind. St. 14,159. Weber vermuthet सर्वा°.

सर्पाभ Adj. *schlangenähnlich* (Fische) Râgan. 7, 55. 57.

*सर्पाराति m. Bein. Garuḍa's.

सर्पारि m. 1) *Pfau* Subhâshitâv. 1754. — 2) **Ichneumon*. — 3) Bein. Garuḍa's. °केतन m. Bein. Kṛshṇa's.

सर्पावास 1) m. a) *Schlangenlager*. — b) *Ameisenhaufe*. — 2) *n. *Sandel*.

*सर्पाशन m. *Pfau*.

सर्पास्य m. N. pr. eines Râkshasa.

सर्पाहुति f. Bez. *des Abschnittes* TS. 5,5,10.

सर्पि 1) m. N. pr. eines Mannes. — 2) n. metrisch für सर्पिस् *Schmalz* Varâh. Jogaj. 7,12.

सर्पिका f. 1) *eine kleine Schlange* in *तोय°. — 2) N. pr. eines Flusses.

सर्पित n. *ein wirklicher Schlangenbiss*.

सर्पिन् 1) Adj. am Ende eines Comp. *schleichend, sich langsam hinbewegend*. शीतानिल° *wo ein kühler Wind einherstreicht* (Weg). — 2) *f. °णी a) *Schlangenweibchen*. — b) *ein best. Strauch* Râgan. 5,126. — c) Pañkat. 210,12 fehlerhaft für सर्पवाणी *Schlangenstimme*.

सर्पिरन्न Adj. *Schmalz essend*.

सर्पिरब्धि m. *Schmalzmeer*.

सर्पिरासुति Adj. *Schmalztrank schlürfend*.

सर्पिरिला f. N. pr. der Gattin eines Rudra.

सर्पिर्ग्रीव Adj. (f. ई) *schmalznackig*.

सर्पिर्मण्ड m. *der Schaum auf heisser Butter*.

सर्पिर्मालिन् m. N. pr. eines Ṛshi MBh. 2,4,10. v. l. सर्पमालिन्.

सर्पिर्मेहिन् Adj. *schmalzähnlichen Urin habend*.

*सर्पिष्क am Ende eines adj. Comp. von सर्पिस्.

*सर्पिष्काम्य्, °म्यति *Schmalz mögen* P. 8,3,39, Sch.

*सर्पिष्कुण्डिका f. *Schmalztopf*.

*सर्पिष्टम n. Superl. von सर्पिस्.

*सर्पिष्टर n. Compar. von सर्पिस्.

*सर्पिष्टा f. und सर्पिष्ट्व n. Nom. abstr. zu सर्पिस्.

सर्पिष्मत् (Accent!) und सर्पिष्वत् Adj. *mit Schmalz versehen, mit Schmalz bereitet*.

सर्पिस् n. 1) *zerlassene Butter, Schmalz in flüssigem oder festem Zustande*. Auch Pl. — 2) **Wasser*.

सर्पिःसमुद्र m. *das Schmalzmeer*.

*सर्पिस्सात् Adv. von सर्पिस्.

1. सर्पी f. s. u. सर्प.

2. सर्पी Adv. mit भू *zu einer Schlange werden*.

*सर्पीष्ट n. = सर्पेष्ट. Wohl fehlerhaft.

सर्पेतरजन m. Pl. *die* Sarpa *und* Itaragana Gop. Br. 1,3,12. Âpast. Çr. 6,12,4. Vaitân.

सर्पेश्वर m. *Schlangenfürst*. °तीर्थ n. N. pr. eines Tîrtha.

*सर्पेष्ट n. *Sandel*.

*सर्पौषधि N. pr. eines buddh. Klosters.

*सर्ब्, सर्बति (गतौ).

*सर्भ्, सर्भति und सृभति (हिंसायाम्).

सर्म m. *das Fliessen*.

सर्व 1) Adj. (f. आ) a) *ganz, all, jeder*; m. Sg. *Jedermann*, Pl. *Alle*; n. Sg. *Alles*. Bisweilen verstärkt durch विश्व und निखिल. गवां सर्वम् *Alles, was von den Kühen kommt*; सर्वे ऽपि *alle insgesammt* (vgl. den Gebrauch von अपि nach Zahlwörtern); सर्वेष्वेव चतुर्ष्वपि so v. a. das einfache चतुर्ष्वपि. Mit einer Negation *nicht jeder, nicht Alles* und auch *kein, Nichts*. सर्वः को ऽपि *Jedermann, wer es auch sei*, 118,24. — b) *allerlei, allerhand, von welcher Art es auch sei*. — c) in Verbindung mit einem Adj. *ganz, in allen seinen Theilen, überall* und auch *aller*—. — 2) m. a) Bein. α) Kṛshṇa's. — β) Çiva's. — b) N. pr. α) eines Muni. — β) Pl. eines Volkes.

सर्वंसह 1) Adj. *Alles geduldig ertragend*. — 2) f. आ a) *die Erde* Ind. Antiq. 9,185. — b) *eine best.* Çruti S. S. S. 24.

सर्वंवह Adj. *Alles mit sich führend*.

सर्वक Adj. (*f. सर्विका) = सर्व 1) a).

*सर्वकभार्य Adj. = सर्विका भार्या यस्य.

सर्वकर्तर् Nom. ag. *der Hervorbringer von Allem* Kap. 3,56. Bein. *Brahman's. Nom. abstr. °कर्तृत्व n.

1. सर्वकर्मन् n. Pl. *Werke aller Art*. °कर्मसह Adj. *Werken aller Art gewachsen*, °कर्मकारिन् Adj. *W. a. A. vollbringend*.

2. सर्वकर्मन् 1) Adj. *alle Werke in sich enthaltend*. — 2) m. N. pr. eines Sohnes des Kalmâshapâda.

सर्वकर्मीण Adj. *sich mit Allem beschäftigend, alles Mögliche treibend*, — *verstehend* Bhaṭṭ. 4,25.

सर्वकाञ्चन Adj. *ganz von Gold*.

1. सर्वकाम m. Pl. *alle möglichen Wünsche, alles Gewünschte*.

2. सर्वकाम 1) Adj. a) *Alles wünschend*. — b) *alle Wünsche erfüllend*. — c) *alles Gewünschte besitzend*. — 2) m. N. pr. a) eines Sohnes des Ṛtuparṇa 107,10. — b) *eines Arhant.

सर्वकामगम Adj. *sich hinbewegend, wohin man auch wünschen mag*, MBh. 13,7,13. 107,21.

सर्वकामदुघ Adj. (f. आ) *alles Gewünschte melkend*, — *gewährend* MBh. 13,62,63. Bhâg. P. 4,19,7.

सर्वकामदुह् Adj. dass.

सर्वकाममय Adj. *voller Wünsche*.

*सर्वकामसमृद्ध m. s. सार्व°.

सर्वकामिक Adj. 1) *alle Wünsche erfüllend*. — 2) *aller Wünsche theilhaftig*.

सर्वकामिन् Adj. 1) *alle Wünsche erfüllend*. — 2) *ganz nach Wunsch verfahrend*. — 3) *aller Wünsche theilhaftig*.

*सर्वकाम्य्, °काम्यति *Alles wünschen*.

सर्वकाम्य Adj. *von Allen geliebt*. Auch fehlerhaft für 2. सर्वकाम 1) b).

*सर्वकारक Adj.

सर्वकारण n. *die Ursache von Allem*. °कारण n. (fälschlich auch m.) *die Ursache der Ursache von Allem*.

सर्वकारिन् Adj. *der Alles zu vollbringen im Stande ist*.

सर्वकाल° (Bhâg. P. 3,23,14) und °म् Adv. *zu jeder Zeit, stets* Comm. zu Âpast. Çr. 6,31,13. 8,15, 3. zu Vâsav. 221. Auch °काले. सर्वकालमित्र n. *ein Freund zu allen Zeiten* Mṛkkh. 7,1. °विचारिन् *stets unentschlossen* Karaka 53,13.

सर्वकाषम् Absol. mit कष् *völlig aufreiben*.

सर्वकृच्छ्र Adj. *allerlei Noth habend*.

सर्वकृत् Adj. *Alles hervorbringend* Hariv. 2,88,13.

*सर्वकृष्ण Adj. *ganz schwarz*.

*सर्वकेश m. N. pr. einer Oertlichkeit.

सर्वकेशक Adj. *vollständiges Haupthaar habend*.

*सर्वकेशिन् m. *Schauspieler* (*allerlei Haartracht habend*) Pat. zu P. 2,1,69, Vârtt. 5.

सर्वकेसर m. *Mimusops Elengi* Citat im Comm. zu Kir. 5,11.

सर्वक्रतु m. Pl. *Opfer irgend einer, jeglicher Art*. Nom. abstr. °ता f. Vgl. असर्वक्रतु.

सर्वक्रतुमय Adj. *alle Opfer in sich enthaltend*.

सर्वक्षय m. *Weltuntergang* Kâd. 2,74,8 (90,11).

*सर्वक्षार m. *eine Art Alkali* Râgan. 6,260.

सर्वक्षित् Adj. *in Allem wohnend*.

सर्वग 1) Adj. *überall befindlich, allgegenwärtig, überall verbreitet*. Nom. abstr. °त्व n. — 2) m. a) **die Weltseele*. — b) *Bein. α) Brahman's. — β) Çiva's. — c) N. pr. eines Sohnes α) des Bhîmasena. — β) des Paurṇamâsa. — γ) des Manu Dharmasâvarṇika VP. 3,2,31. — 3) *f. आ *Fennich*. — 4) *n. *Wasser*.

1. सर्वगण m. *der ganze Haufe*.

2. सर्वगण und सर्वगण 1) Adj. *die Schaar vollzählig habend, eine volle Schaar bildend*. — 2) *n.

salzhaltiger Boden Râǵan. 6,106. v. l. सार्व°.

सर्वगत 1) Adj. = सर्वग 284,33. Çiç. 16,50. पप्रच्छानामयं चापि तयोः सर्वगतम् so v. a. und er fragte, ob sie vollkommen gesund seien; यच्च किं चित्सर्वगतं भूमौ Alles, was sich auf Erden befindet. Nom. abstr. °त्व n. — 2) m. N. pr. eines Sohnes des Bhîmasena.

सर्वगति f. die Zuflucht Aller.

1. सर्वगन्ध m. Pl. Wohlgerüche aller Art Hemâdri 1,434,22.

2. सर्वगन्ध 1) Adj. alle Gerüche enthaltend. — 2) m. n. eine best. Mischung verschiedener wohlriechender Stoffe Bhâvapr. 3,106. Hemâdri 2,a,44,4. 7. — 3) f. आ ein best. wohlriechender Stoff.

सर्वगन्धमय Adj. (f. ई) alle Wohlgerüche in sich enthaltend Hemâdri 1,434,21.

सर्वगन्धवह Adj. Gerüche aller Art bringend (der Wind) M. 1,76.

सर्वगन्धिक Adj. aus allen Wohlgerüchen bestehend.

सर्वगम्भीर Adj. der allertiefste Text zu Lot. de la b. l. 176.

सर्वगवी f. Pl. alle Kühe Comm. zu Âpast. Çr. 9,1,23.

सर्वगायत्र Adj. ganz aus Gâjatrî bestehend.

सर्वगिल Adj. Alles verschlingend; m. N. pr. eines Ministers Kampaka 422.

सर्वगु Adj. sammt allen Rindern.

सर्वगुण Adj. auf alle untergeordneten Theile sich erstreckend, durchaus gültig.

सर्वगुणविशुद्धिगर्भ m. N. pr. eines Bodhisattva.

*सर्वगुणसंचयगत m. ein best. Samâdhi (buddh.).

सर्वगुणालंकारव्यूह m. ein best. Samâdhi (buddh.) Saddh. P.

सर्वगुणिन् Adj. alle Vorzüge besitzend.

सर्वगुरु Adj. aus lauter Längen bestehend.

सर्वगुह्यमय Adj. alle Mysterien in sich enthaltend.

सर्वगृह्य Adj. sammt allen Hausgenossen.

*सर्वग्रन्थि m. und *°क n. die Wurzel vom langen Pfeffer Râǵan. 6,23.

सर्वग्रह m. das auf einmal zu sich Nehmen (von Speisen), — Verschlucken Karaka 258,1.

सर्वग्रहरूपिन् Adj. etwa den Charakter aller Planeten habend (Kṛshṇa).

सर्वग्रास Adj. Alles verschlingend.

सर्वग्रासम् Absol. mit ग्रस् so v. a. mit Haut und Haar verschlingen.

सर्वंकष 1) Adj. (f. आ) a) den ganzen Menschen aufreibend, überaus hart, — grausam Bâlar. 141, 15. 137,16. 171,8. Harshak. 222,21 (524,2). Mahâvîrak. 17,13. Bhâm. V. 4,2. Z. d. d. m. G. 36,530. Râǵat. 8,1615. Subhâshitâv. 641. — b) überall hindringend Bhaṭṭ. 6,103. 19,28. — 2) f. आ Titel von Mallinâtha's Commentar zum Çiçupâlavadha.

*सर्वचक्रा f. N. pr. einer Tantra-Gottheit (buddh.).

सर्वचण्डाल m. N. pr. eines Mâraputra.

सर्वचरु m. N. pr. eines Mannes.

*सर्वचर्मीण Adj. ganz aus Leder gemacht.

सर्वच्छन्दक Adj. Alles gewinnend, — für sich einnehmend. Nach Nilak. alle Wünsche erfüllend.

सर्वज Adj. (f. आ) 1) wo auch immer entstanden Âpast. Çr. 13,18,9. — 2) aus allen drei humores entstanden, daran krank.

सर्वजन m. Jedermann 176,7. 181,24.

सर्वजनता f. dass.

सर्वजनप्रिय 1) Adj. Jedermann lieb. — 2) *f. आ eine best. Heilpflanze, = वृद्धि.

सर्वजनीन Adj. 1) *Jedermann heilsam. — 2) gegen Jedermann gerichtet, J. betreffend. — 3) Jedermann eigen Sâj. zu RV. 1,113,16. Nom. abstr. °त्व n.

*सर्वजनीय Adj. = सर्वेषां जनाय हितः.

सर्वजन्मन् Adj. von aller Art.

सर्वजय 1) m. vollständiger Sieg. — 2) f. आ a) *Canna indica Mat. med. 317. — b) eine best. Begehung der Frauen.

सर्वजागत Adj. ganz aus Ǵagatî bestehend Çat. Br. 11,5,2,9.

सर्वजित् 1) Adj. a) Alle besiegend. — b) alle (drei) Humores besiegend Karaka 6,24. — 2) m. a) der Tod Karaka 2,2. — b) ein best. Ekâha Vaitân. — c) das 21ste Jahr im 60jährigen Jupitercyclus. — d) N. pr. eines Mannes.

सर्वजीव m. die Seele von Allem.

सर्वजीवमय Adj. die Seele von Allem seiend.

सर्वजीविन् Adj. dessen Ahnen (d. i. Vater, Grossvater und Urgrossvater) sämmtlich leben.

सर्वज्ञ 1) Adj. (f. आ) allwissend (von Göttern und Menschen gesagt, insbes. von Ministern und Philosophen). — 2) m. a) *ein Buddha. — b) *ein Arhant bei den Ǵaina. — c) Bein. Çiva's. — d) N. pr. und Bein. verschiedener Männer. °भट्ट Ind. St. 15,401. — 3) f. आ a) Bein. der Durgâ. — b) N. pr. einer Joginî (Fee) Hemâdri 2,a,96,17. 18.

सर्वज्ञता f. (41,15) und °ज्ञत्व n. (259,1) Allwissenheit.

*सर्वज्ञदेव m. N. pr. eines Gelehrten.

सर्वज्ञनारायण m. N. pr. eines Gelehrten.

सर्वज्ञपुत्र m. Bein. Siddhasena's Ind. St. 15,279.

सर्वज्ञमित्र m. N. pr. verschiedener Personen.

सर्वज्ञंमन्य Adj. sich für allwissend haltend. Nom. abstr. °ता f.

सर्वज्ञरामेश्वरभट्टारक m. N. pr. eines Autors.

सर्वज्ञवासुदेव m. N. pr. eines Dichters.

सर्वज्ञविष्णु m. N. pr. eines Philosophen.

सर्वज्ञश्रीनारायण m. N. pr. eines Autors.

सर्वज्ञातर् Nom. ag. allwissend. Nom. abstr. °तृत्व n. Allwissenheit.

सर्वज्ञात्मगिरि m. und सर्वज्ञात्ममुनि m. N. pr. eines Autors.

सर्वज्ञान 1) *m. N. pr. eines Gottes (buddh.). — 2) n. Titel eines Tantra.

सर्वज्ञानमय Adj. alles Wissen in sich enthaltend.

सर्वज्ञानोत्तम n. Titel eines Tantra.

सर्वज्ञानोत्तरवृत्ति f. Titel eines Werkes Burnell, T.

सर्वज्यानि f. vollständiger Verlust der Habe, vollkommener Ruin Âpast. Çr. 9,8,2. Saṁhitopan. 7,5.

सर्वज्योतिषसंग्रह m. Titel eines Werkes.

सर्वज्योतिस् m. ein best. Ekâha.

सर्वज्वर m. Fieber aller Art oder ein aus den sämmtlichen humores entstandenes Fieber. °हर (Mat. med. 97) und ज्वरापहर Adj. ein solches vertreibend.

सर्वत Adj. (f. आ) etwa allseitig Maitr. S. 1,6,3 (90,2).

सर्वतःपाणिपाद Adj. überall Hände und Füsse habend Vishnus. 97,4.

सर्वतथागतव्यवलोकन m. ein best. Samâdhi Kâraṇḍ. 77,16.

सर्वतनु und °तनू Adj. an Leib oder Person vollständig.

1. सर्वतत्त्व n. Pl. alle Doctrinen Hemâdri 1, 824, 13. 14.

2. *सर्वतत्त्व Adj. = सर्वं तत्त्वमधीते वेद वा.

सर्वतत्त्वमय Adj. etwa alle Doctrinen enthaltend Hemâdri 1,824,14.

सर्वतन्त्रसिद्धान्त m. ein Dogma, welches alle Doctrinen (Systeme) anerkennen, Karaka 3,8. Njâjas. 1,28.

सर्वतपोमय Adj. alle Kasteiungen in sich enthaltend.

सर्वतमोनुद् Adj. alle Finsterniss verscheuchend (die Sonne) MBh. 3,307,17.

*सर्वतर Compar. von सर्व.

सर्वतश्चक्षुस् Adj. seine Augen überall habend.

*सर्वतःशुभा f. Fennich.

सर्वतःश्रुतिमत् Adj. überall Ohren habend.

सर्वतस् Adv. 1) von allen Seiten, nach allen Seiten hin, allenthalben, allerwärts, überall. — 2) *ringsum, mit Acc. 227,3. 5. — 3) vollständig, vollkommen, ganz und gar. — 4) = सर्वस्मात् oder

सर्वेभ्यस् *von jedem, von Jedermann, vor J. u. s. w.*

सर्वतःसर्वेन्द्रियशक्ति Adj. *bei dem sämmtliche Organe allerwärts wirken* Vishnus. 97,4.

सर्वता f. *Ganzheit, Gesammtheit* Njâjam. 10,2,5.

सर्वताति f. 1) *Gesammtheit*. Loc. °ताता *in Gesammtheit, insgemein, alle zusammen; überhaupt, durchaus.* — 2) *Vollzähligkeit, Vollständigkeit, unversehrter Zustand.*

*सर्वतापन m. *der Liebesgott.*

*सर्वतिक्ता f. *Solanum indicum* Râǵan. 4,135.

सर्वतीक्ष्ण Adj. *ganz scharf.*

सर्वतीर्थ 1) n. Pl. *alle heiligen Badeplätze.* — 2) N. pr. eines Dorfes.

सर्वतीर्थमय Adj. (f. ई und metrisch आ) *alle heiligen Badeplätze in sich enthaltend* Hemâdri 1, 83,13.

सर्वतीर्थात्मक Adj. dass.

सर्वतेजस् m. N. pr. eines Sohnes des Vjushṭa.

सर्वतेजोमय Adj. (f. ई) *allen Glanz in sich vereinigend.*

सर्वतोऽक्षिशिरोमुख Adj. *überall Augen, Kopf und Mund habend* Vishnus. 97,4.

सर्वतोगामिन् Adj. *überall hindringend.*

सर्वतोदिक्क Adj. *überallhin gerichtet, allseitig* Comm. zu Gaim. 1,1,13. °म् Adv.

सर्वतोदिशम् Adv. *nach allen Richtungen hin, von a. R. her.*

सर्वतोधुर Adj. *überall voranstehend* Baudh. 1, 10,18,7.

सर्वतोभद्र 1) Adj. *durchweg erfreulich, — lieblich u. s. w.* — 2) m. a) **Azadirachta indica* Râǵan. 9,7. — b) **Bambusrohr.* — c) *ein best. Parfum.* — d) *eine best. Tempelform.* — e) *eine künstliche Strophe, in der jede* Pâda-*Hälfte, umgekehrt gelesen, die andere Hälfte darstellt,* Çiç. 19,41. n. Kâvjapr. 253,3. — f) *eine Art Räthsel.* — g) **Vishnu's Wagen.* — h) N. pr. eines Berges. — 3) f. आ a) *Gmelina arborea* Bhâvapr. 3,51. — b) **eine Art Dioscorea.* — c) **Schauspielerin.* — 4) n. a) *ein Gebäude mit durchlaufenden Gallerien ringsumher.* — b) *ein best. Diagramm.* — c) *eine best. Art zu sitzen.* — d) N. pr. eines Göttergartens.

सर्वतोभद्रक 1) Adj. mit छेद m. *ein Schnitt bei fistula in ano, durch welchen der After in vier Lappen getheilt wird.* — 2) m. *eine best. Tempelform.* — 3) *f. °द्रिका *Gmelina arborea* Râǵan. 9,35.

सर्वतोभद्रचक्र n. 1) *ein best. Diagramm.* — 2) Titel Opp. Cat. 1. °व्याख्यान n. desgl.

सर्वतोभद्रदेवतास्थापनप्रयोग m. und °भद्रप्रयोग m. Titel Burnell, T.

सर्वतोभाव m. *das Ringsumsein.*

सर्वतोमार्गम् Adv. *nach allen Richtungen.*

सर्वतोमुख 1) Adj. (f. ई) a) *nach allen Seiten das Gesicht habend, überallhin gekehrt.* — b) *allseitig, vollkommen, vollständig.* — 2) m. a) *eine best. Truppenaufstellung.* — b) **die Seele.* — c) *Bein. α) Brahman's. — β) Çiva's. — d) **ein Brahmane.* — e) **der Himmel.* — 3) n. a) *Wasser.* — b) **der Luftraum.*

सर्वतोविलास m. Titel eines Commentars Burnell, T.

सर्वतोवृत्त Adj. *allgegenwärtig.*

सर्वत्याग m. 1) *vollständige Entsagung* Mahâvîrak. 24,9. — 2) *Verlust — Einbusse von Allem* Karaka 61,3.

सर्वत्र Adv. 1) *überall, stets, in allen Fällen, jederzeit.* Verstärkt सर्वत्रापि, सर्वत्र सर्वदा, सर्वथा सर्वत्र सर्वदा. Mit einer Negation *in keinem Falle.* — 2) = सर्वस्मिन्; mit einer Negation *für Nichts u. s. w.*

सर्वत्रग 1) Adj. (f. आ) *überall hindringend, allgegenwärtig.* — 2) m. N. pr. eines Sohnes a) eines Manu Hariv. 1,7,72. — b) des Bhîmasena.

सर्वत्रगत Adj. *auf Alles sich erstreckend, allgemein, vollkommen.*

सर्वत्रगामिन् 1) Adj. *in Alles dringend* Lalit. 361,10. — 2) *m. *Wind.*

सर्वत्रसत्त्व n. *Allgegenwart.*

सर्वत्रापि Adj. (f. eben so) *überallhin reichend.*

सर्वत्रैष्टुभ Adj. *ganz aus* Trishṭubh *bestehend* Çat. Br. 11,5,2,9.

सर्वत्व n. *Ganzheit, Gesammtheit, Vollständigkeit.*

सर्वथा Adv. 1) *in allen Fällen, jedenfalls, durchaus.* Verstärkt सर्वथापि, सर्वथा सर्वत्र सर्वदा; mit einer Negation *in keinem Falle, durchaus nicht.* — 2) *auf jegliche Weise, auf welche Weise es auch sei, wie immer auch* 59,21. — 3) *vollständig, im höchsten Maasse, ganz und gar.*

सर्वथाविषय Adj. *in beliebiger Weise sich äussernd, — erscheinend.*

सर्वद Adj. (f. आ) *Alles verleihend* Ind. St. 15,288.

सर्वदण्डधर Adj. *Jedermann strafend* (Çiva).

सर्वदमन 1) Adj. *Alles* oder *Alle bändigend.* — 2) m. a) Bein. Bharata's, des Sohnes der Çakuntalâ. — b) N. pr. eines Asura.

*सर्वदराज्ञ m. N. pr. eines Fürsten.

सर्वदर्शन Adj. *allschauend.*

सर्वदर्शनसंग्रह m. Titel eines Werkes.

सर्वदर्शिन् 1) Adj. *allsehend.* — 2) *m. a) *ein* Buddha. — b) *ein* Arhant *bei den* Gaina.

सर्वदा Adv. *allezeit, stets.* Verstärkt सर्वत्र सर्वदा, सर्वथा सर्वदा सर्वत्र; mit einer Negation *niemals.*

सर्वदातर् Nom. ag. *Allgeber.* Nom. abstr. °तृत्व n. Sâj. zu Ṛv. 9,1,3.

सर्वदास m. N. pr. eines Dichters.

सर्वदाह m. *vollständiges Verbrennen* Âpast. Çr. 9,15,8.

सर्वदिङ्मुखम् Adv. *nach allen Weltgegenden hin* Çatr. 1,18.

*सर्वदुःखक्षय m. *das Verschwinden aller Leiden* als Umschreibung von मोक्ष *die letzte Erlösung.*

सर्वदुष्टान्तकृत् Adj. *alle Bösewichter vernichtend.*

सर्वदृश् 1) Adj. *allsehend.* — 2) f. Pl. *alle Augen,* so v. a. *alle Sinnesorgane.*

सर्वदेवतामय Adj. (f. ई) *alle Gottheiten in sich enthaltend.*

सर्वदेवत्य Adj. *alle Götter darstellend, — bedeutend, sämmtlichen Göttern zugeeignet.*

सर्वदेवमय Adj. (f. ई) *alle Götter in sich enthaltend, — repräsentirend.*

*सर्वदेवमुख m. (!) Bein. Agni's.

सर्वदेवहुताशन Adj. *das für alle Götter bestimmte Opfer verzehrend;* m. Bein. Agni's R. 1, 38,17.

सर्वदेवात्मक und °देवात्मन् Adj. *die Natur aller Götter habend, alle Götter in sich enthaltend.*

सर्वदेवीमयी Adj. f. *alle Göttinnen in sich enthaltend, — repräsentirend* Hemâdri 1,434,6.

सर्वदेवेश m. *Herr aller Götter* (Çiva).

सर्वदेशवृत्तान्तसंग्रह m. Titel eines Werkes.

सर्वदेशीय Adj. *aus jeglichem Lande stammend.*

सर्वदेश्य Adj. *an jeglicher Stelle stehend.*

सर्वदैवत्य Adj. *alle Götter darstellend, — repräsentirend* Çaṁk. zu Bṛh. Âr. Up. S. 59.

सर्वदैवसत्त्व n. *das zu aller Zeit Sein.*

सर्वद्रष्टर् Nom. ag. *Allschauer, allsehend.*

*सर्वद्र्यञ्च् Adj. *zu Allen hingerichtet.*

सर्वद्वारिक Adj. *einem kriegerischen Zuge nach allen Weltgegenden günstig* Ind. St. 14,356.

*सर्वधनिन् Adj. *im Besitz aller Güter* Pat. zu P. 2,1,69, Vârtt. 5.

*सर्वधन्विन् (Conj.) m. *der Liebesgott.*

सर्वधर 1) m. N. pr. eines Lexicographen. — 2) n. Titel eines Werkes.

सर्वधर्मन् m. N. pr. eines Fürsten VP. 3,2,31.

*सर्वधर्मपदप्रभेद m. *ein best.* Samâdhi (buddh.).

सर्वधर्मप्रकाश m. Titel eines Werkes.

सर्वधर्मप्रवेशन m. *ein best.* Samâdhi Kâraṇḍ. 77,11.

*सर्वधर्मप्रवेशमुद्रा f. *ein best.* Samâdhi (buddh.).

सर्वधर्ममय Adj. *alle Gesetze in sich enthaltend.*

*सर्वधर्ममुद्रा f. *ein best.* Samâdhi (buddh.).

सर्वधर्मविद् Adj. *alle Gesetze kennend* M. 8,63. Chr. 211,7.

*सर्वधर्मसमता f. und *°धर्मसमवशरणसागरमुद्रा f. Namen von Samâdhi (buddh.).

*सर्वधर्मोत्तरघोष m. N. pr. eines Bodhisattva.

सर्वधा Adj. *all-labend.*

सर्वधामन् n. *die Wohnstätte —, Heimat von Allem.*

सर्वधारिन् m. *das 22ste Jahr im 60jährigen Jupitercyclus.*

*सर्वधुरावह Adj. als Erklärung von सर्वधुरीण.

*सर्वधुरीण Adj. *zu jedem Anspann tauglich.*

सर्वनर m. *Jedermann* 268,28.

1. सर्वनामन् n. *Pronomen* Âpast. 1,14,23.

2. सर्वनामन् Adj. *alle Namen habend.*

सर्वनामस्थान n. *eine Casusendung, vor welcher der Stamm in starker Form erscheint.*

सर्वनाश m. 1) *vollständiger Mangel.* — 2) *Untergang von Allem, vollständiger Ruin, Verlust von Allem.* Acc. mit कर् *Alles zu Grunde gehen lassen.*

सर्वनिक्षेप f. *eine best. Zählmethode.* Vgl. सर्वनिक्षेपता.

सर्वनिधन m. *ein best.* Ekâha.

सर्वनियन्तृ Nom. ag. *Allbändiger.* Nom. abstr. °तृत्व n. 259,1.

सर्वनियोजक Adj. *Alle antreibend, — anweisend* (Vishṇu).

सर्वनिलय Adj. *überall seine Wohnstätte habend.*

सर्वनिवरणविष्कम्भिन् m. N. pr. eines Bodhisattva. सर्वणीवरण° fehlerhaft Kâraṇḍ. 1,15. 8,12. fgg.

सर्वंदद m. N. pr. eines Mannes.

*सर्वंदम und *°दमन m. Bein. Bharata's, Sohnes der Çakuntalâ.

सर्वपट्टमय Adj. *aus Zeugen aller Art verfertigt* Vâsav. 172,6.

सर्वपति m. *Herr von Allem.*

*सर्वपत्त्रीण Adj. *den ganzen Wagen einnehmend.*

सर्वपथीन Adj. (f. आ) 1) *den ganzen Weg einnehmend* Çiç. 12,57. — 2) *sich überall verbreitend, überall berühmt* Comm. zu Çiç. 10,8. Nom. abstr. °ता f. Hemâdri 1,150,4.

सर्वपद् Adj. (stark °पाद्) *allfüssig.*

सर्वपद n. Pl. oder am Anfange eines Comp. *Wörter aller Art.*

सर्वपद्धति f. Titel eines Werkes.

*सर्वपरिफुल्ल Adj. *ganz aufgeblüht.*

सर्वपरुस् Adj. *alle Gelenke habend.*

सर्वपरोऽक्ष Adj. (f. आ) *sich der Wahrnehmung Aller entziehend* Saṁhitopan. 6,3.

1. सर्वपशु m. 1) *ein ganzes Vieh* als N. pr. eines *Dummkopfes.* — 2) Pl. *alle Thieropfer.*

2. सर्वपशु Adj. *für alles Vieh* (d. i. *Thieropfer*) *geeignet, ganz aus Thieropfer bestehend.*

*सर्वपा f. N pr. der Gattin Bali's.

*सर्वपाञ्चालक Adj. *ganz aus* Pañkâla *bestehend* u. s. w.

*सर्वपात्रीण Adj. *die ganze Schüssel füllend.*

सर्वपाद m. N. pr. eines Mannes.

सर्वपारशव Adj. *ganz von Eisen.*

सर्वपार्षद n. *ein von allen grammatischen Schulen anerkanntes Lehrbuch.* Nom. abstr. °त्व n. Sarvad. 145,22.

सर्वपालक Adj. Subst. *Allhüter, Allbeschützer.*

सर्वपुण्य Adj. *vollkommen —, in allen seinen Theilen schön.*

सर्वपुण्यसमुच्चय m. *ein best.* Samâdhi (buddh.) Saddh. P.

सर्वपुरक्षेत्रमाहात्म्य n. Titel eines Werkes.

सर्वपुरुष und °पूरुष Adj. *alle Männer habend* u. s. w.

सर्वपूत Adj. *durchweg rein.*

सर्वपूरक Adj. *Alles erfüllend.*

*सर्वपूर्णत्व n. *Vollständigkeit, Vollauf.*

सर्वपूर्तिकरस्तव m. Titel Opp. Cat. 1.

1. सर्वपूर्व Adj. *der allererste* Pat. zu P. 6,2,36, Vârtt. 2.

2. सर्वपूर्व Adj. *dem ein beliebiger* (Laut) *vorangeht.*

सर्वपृथ्वीमय Adj. *die ganze Erde in sich enthaltend* Hemâdri 2,a,122,12.

सर्वपृष्ठ 1) Adj. (f. आ) *mit allen* (*sechs*) Pṛshṭha *versehen;* vgl. पृष्ठ 4). — 2) f. आ *ein best. Opfer* Baudh. 1,2,14.

सर्वपृष्ठस्तोत्रप्रयोग m. und °पृष्ठाप्तोर्यामप्रयोग m. Titel Burnell, T.

सर्वप्रकार 1) Adj. *in allen Formen bestehend* Sarvad. 52,21. — 2) °म् Adv. *auf jegliche Weise, in jeglicher Beziehung* Mârk. P. 62,31.

सर्वप्रत्यक्ष Adj. (f. आ) *Allen vor Augen liegend* Saṁhitopan. 6,4.

सर्वप्रत्ययमाला f. Titel eines Werkes Opp. Cat. 1.

सर्वप्रथमम् Adv. *vor Allen, zu allererst* Lalit. 523,14 (कस्मायक्ष्चे zu lesen). 524,2 (तस्मायक्ष्चे zu lesen). 525,17. 18.

सर्वप्रद Adj. (f. आ) *Alles verleihend.*

सर्वप्रभु m. *Allherr.*

सर्वप्रयत्न m. *jegliche Anstrengung.* Instr. so v. a. *mit Anspannung aller Kräfte, alles Ernstes* Hemâdri 2,a,71,17. Vgl. सर्वयत्न.

सर्वप्राण, Instr. so v. a. *aus Leibeskräften.*

सर्वप्राप्ति f. *das Erreichen von Allem* Kap. 5,104.

सर्वप्रायश्चित्त 1) Adj. (f. ई) *Alles gut machend.* — 2) n. *a) eine Sühne für Alles* Gaut. — *b) eine best. Spende in dem* Âhavanîja Âpast. Çr. 3,11,1. 9,1, 11. 12,7. 16,6. 20,10.

सर्वप्रायश्चित्तलक्षण n. Titel Burnell, T.

सर्वप्रायश्चित्ति f. *vollständige Gutmachung* 21,8.

सर्वप्रायश्चित्तीय Adj. von सर्वप्रायश्चित्त 2) *b*) Vaitân.

सर्वफलत्यागचतुर्दशी f. *ein best. 14ter Tag.* °व्रत n. *eine best. Begehung.*

सर्वबल n. *eine best. hohe Zahl* (buddh.).

सर्वबाहु m. *eine best. Art zu kämpfen.*

सर्वबाह्य Adj. *der alleräusserste.*

सर्वबीज n. *der Same von Allem.*

*सर्वबीजिन् Adj. *allen Samen enthaltend* Pat. zu P. 2,1,69, Vârtt. 5.

सर्वबुद्धक्षेत्रसंदर्शन m. *ein best.* Samâdhi Kâraṇḍ. 17,11 (तत्र st. क्षेत्र fehlerhaft).

*सर्वबुद्धविषयावतार m. Titel eines buddh. Sûtra.

सर्वबुद्धसंदर्शन m. *eine best. buddh. Welt.*

सर्वभक्ष 1) Adj. (f. आ) *a) Alles* (ohne Auswahl) *essend, — verzehrend.* Nom. abstr. °त्व n. Baudh. 2, 4,5. — *b) was ganz aufgezehrt wird* Âpast. Çr. 8, 16,12. 12,28,10. — 2) *f. आ *Ziege.*

सर्वभक्षिन् und सर्वभक्ष्य (fehlerhaft) Adj. = सर्वभक्ष 1) *a*).

सर्वभट्ट m. N. pr. eines Autors.

सर्वभयंकर Adj. *Alle in Schrecken jagend.*

सर्वभवारणि f. *das Reibholz* (so v. a. *Grund, Ursache*) *aller Wohlfahrt.*

सर्वभवोत्तारण m. *ein best.* Samâdhi Kâraṇḍ. 77,15.

सर्वभाव m. (adj. Comp. f. आ) 1) *das ganze Herz, die ganze Seele; so v. a. volle Befriedigung* Bâlar. 210,7. Instr. Sg. (Bhag. 15,19), Pl. (Pañkar. 4,2,20) und सर्वभाव° *von ganzem Herzen, mit ganzer Seele.* — 2) Pl. *alle Dinge, Alles* Maitrjup. 6,25. M. 6,80.

सर्वभावन Adj. *Alles werden lassend, — hervorbringend.*

सर्वभावाधिष्ठातृ Nom. ag. *das Oberhaupt aller Wesen.* Nom. abstr. °तृत्व n.

*सर्वभास Adj.

सर्वभुज् Adj. = सर्वभक्ष 1) *a*).

सर्वभूत 1) Adj. °भूत *überall seiend* VP. 5,20,38. 38,69. 6,8,18. Mârk. P. 101,14. — 2) n. Pl. oder am Anfange eines Comp. *alle Wesen* Taitt. Âr. 10,67,2. Chr. 46,28. 57,25. 76,10. 84,5. 88,6. Mit einer Negation *kein Wesen.*

सर्वभूतगुहाशय Adj. *im Herzen aller Wesen wohnend* Çvetâçv. Up. 3,11.

सर्वभूतदमन 1) Adj. *alle Wesen bändigend* Taitt. Âr. 10,44. — 2) f. सर्वदमनी *eine Form der* Durgâ Hemâdri 2,*a*,86,11. 12.

सर्वभूतपितामह m. Bein. Brahman's.

सर्वभूतमय Adj. (f. ई) *alle Wesen in sich enthaltend, — repräsentirend.*

सर्वभूतरुतग्रहणी f. *eine Art Schrift* (*die Laute aller Wesen umfassend*).

सर्वभूतात्मक Adj. *alle Wesen in sich schliessend.*

सर्वभूतात्मन् m. *die Seele aller Wesen.*

सर्वभूतात्मभूत Adj. *die Seele aller Wesen seiend.*

सर्वभूताधिपति m. *der Oberherr aller Wesen* (Vishṇu).

सर्वभूतान्तक Adj. *alle Wesen vernichtend.*

सर्वभूतान्तरात्मन् m. *die Seele aller Wesen.*

1.*सर्वभूमि f. *die ganze Erde.*

2. सर्वभूमि Adj. *dem die ganze Erde gehört.*

सर्वभोगीण Adj. *Allen zum Genuss* (*Vortheil*) *dienend* Bhatt.

सर्वभोग्य Adj. dass.

सर्वभौम fehlerhaft für सार्वभौम.

सर्वमङ्गल 1) Adj. *jegliches Glück bringend* Pañkar. 1,10,71. — 2) f. आ *a*) Bein. der Durgâ. Auch auf Lakshmî übertragen. — *b*) Titel verschiedener Werke Opp. Cat. 1. — 3) n. Pl. *Alles was Glück bringt.*

सर्वमण्डलसाधनी f. Titel eines Werkes.

सर्वमनोरम Adj. (f. आ) *Jedermann erfreuend* 84,12.

सर्वमन्त्रोपयुक्तपरिभाषा f. Titel eines Werkes Burnell, T.

सर्वमय Adj. (f. ई) *Alles in sich enthaltend.*

*सर्वमलापगत m. *ein best.* Samâdhi (buddh.).

सर्वमहत् Adj. 1) *der allergrösste.* Compar. °महत्तर *grösser als alle übrigen* Spr. 3043. — 2) **durchweg gross.*

सर्वमांसाद Adj. *Fleisch jeglicher Art essend* M. 5,15.

*सर्वमागधक Adj. *ganz aus* Magadha *bestehend* u. s. w.

सर्वमातर् f. *Allmutter.* Du. *zu* रोदसी MBh. 5,76,8.

सर्वमात्रा f. *ein best. Metrum.*

सर्वमान्यचम्पू f. Titel eines Werkes.

सर्वमाय m. N. pr. eines Râkshasa Mahâvîrak. 9,2.

सर्वमारमण्डलविध्वंसनकरी f. *ein best. Strahl* (buddh.).

सर्वमित्र m. 1) *Jedermanns Freund.* — 2) N. pr. eines Mannes.

सर्वमुख Adj. *überallhin gerichtet.* Nom. abstr. °त्व n. Çaṁk. zu Bṛh. Âr. Up. S. 20.

सर्वमूर्ति Adj. *allgestaltet* VP. 6,4,40.

सर्वमूर्धन्य m. N. pr. eines Autors mystischer Gebete bei den Çâkta.

*सर्वमूल्य n. *Otterköpfchen.*

*सर्वमूषक m. *die* (*Alles hinwegraffende*) *Zeit.*

सर्वमृत्यु m. *allgemeiner Tod.*

सर्वमेध m. 1) *Alldarbringung, ein zehntägiges* Soma-*Opfer* Vaitân. — 2) *jedes Opfer.* — 3) Titel einer Upanishad.

सर्वमेध्य Adj. *durchweg rein.* Nom. abstr. °त्व n. Vasishtha 28,6.

सर्वंभरि Adj. *Alles erhaltend, — ernährend.*

सर्वयज्ञ m. 1) *jedes Opfer* (*ohne* Soma *nach dem* Comm.). — 2) Pl. *alle Opfer.*

सर्वयत्न n. *jegliche Anstrengung.* Instr. so v. a. *mit Anspannung aller Kräfte, alles Ernstes* 185, 18. Vgl. सर्वप्रयत्न.

सर्वयत्नवत् Adj. *sich jegliche Mühe gebend.*

सर्वयन्त्रिन् Adj. *mit allem Geräthe versehen.*

सर्वयमक n. *lautliche Uebereinstimmung aller vier Stollen.* Beispiel Bhatt. 10,19.

सर्वयोनि f. *die Quelle von Allem.* Nom. abstr. °त्व n.

सर्वरक्षण Adj. *vor Allem behütend.*

सर्वरत्न 1) m. N. pr. eines Mannes. — 2) f. आ eine best. Çruti S. S. S. 24.

*सर्वरत्नक m. *einer der 9 Schätze bei den* Gaina *und die demselben vorstehende Gottheit.*

सर्वरत्नमय Adj. 1) *aus allen Juwelen gebildet.* — 2) *aus lauter Juwelen zusammengesetzt, ganz mit Juwelen besetzt.*

सर्वरथा Adv. *mit dem ganzen Wagengefolge.*

1. सर्वरस m. 1) Pl. oder am Anfange eines Comp. *Flüssigkeiten —, Säfte aller Art.* — 2) *jeglicher Geschmack.* — 3) Pl. *wohlschmeckende Sachen aller Art.* — 4) **salziger Geschmack.* — 5) **das Harz der* Vatica robusta Bhâvapr. 1,187 *neben dem richtigen* सर्जरस.

2. सर्वरस Adj. 1) *alle Säfte enthaltend.* — 2) **klug, gelehrt.*

सर्वराज् m. *Allkönig.*

सर्वराजेन्द्र 1) m. *das Oberhaupt aller Fürsten* als Bez. *eines best. göttlichen Wesens.* — 2) f. आ *eine best. Fingerstellung* Kâraṇḍ. 74,18.

सर्वरात्र (*m.) *die ganze Nacht.* Acc. und सर्वरात्र° *die ganze Nacht über* Çiç. 11,18. Vâsav. 255,8.

*सर्वरास m. 1) *das Harz der* Vatica robusta H. an. 4,434. Vgl. सर्वरस. — 2) *ein best. musikalisches Instrument* ebend.

सर्वरुतकौशल्य *ein best.* Samâdhi (buddh.).

सर्वरुतसंग्रहणीलिपि (!) f. *eine best. Art zu schreiben.*

सर्वरूप (AV. 9,7,25. 26) und सर्वरूप Adj. (f. आ) 1) *alle Farben habend.* — 2) *alle Gestalten —, alle Formen habend, — annehmend.* Nom. abstr. °ता f. Comm. zu Gaim. 4,4,10. — 3) *von allen Arten.*

सर्वरूपसंदर्शन m. *ein best.* Samâdhi (buddh.) Saddh. P. 243.

सर्वरूपिन् Adj. = सर्वरूप 2).

सर्वरोग° *Krankheiten aller Art.*

सर्वरोहित Adj. *ganz roth.*

*सर्वर्तु m. *Jahr.*

सर्वर्तुक Adj. *jeglicher Jahreszeit entsprechend, in j. J. vorhanden* Hemâdri 1,434,10. Pañkad.

सर्वर्तुकवन n. N. pr. eines *Waldes.*

*सर्वर्तुपरिवर्त m. *Jahr.*

सर्वलक्षण° *alle günstigen Zeichen.*

सर्वलक्षणतात्पर्य n. Titel eines Werkes Opp. Cat. 1.

सर्वलघु Adj. *aus lauter Kürzen bestehend.*

*सर्वला f. *Spiess, Wurfspiess.*

सर्वलिङ्ग Adj. *alle Geschlechter habend, adjectivisch gebraucht.* Nom. abstr. °ता f.

सर्वलिङ्गप्रदातर् Nom. ag. *mildthätig gegen Angehörige jeglichen Glaubens* MBh. 12,61,12.

सर्वलिङ्गसंन्यासनिर्णय m. und °लिङ्गसाधनी f. Titel von Werken.

*सर्वलिङ्गिन् m. *Ketzer oder Sectirer.*

सर्वली f. *Spiess, Wurfspiess.*

सर्वलुण्टाक m. fingirtes Nom. pr. eines *diebischen* Beamten Kampaka 421. fg.

सर्वलोक m. 1) Sg. *a*) *die ganze Welt.* — *b*) *das ganze Volk.* — *c*) *Jedermann.* — 2) Pl. oder am Anfange eines Comp. *a*) *alle Wesen.* — *b*) *alle Welt, Jedermann.*

सर्वलोकगुरु m. Bein. Vishṇu's Bhâg. P. 4,19,3.

सर्वलोकधातुव्यवलोकन m. *ein best.* Samâdhi Kâraṇḍ. 51,16.

सर्वलोकधातूपद्रवोद्वेगप्रत्युत्तीर्ण m. N. pr. eines Buddha.

सर्वलोकपितामह m. Bein. Brahman's.

सर्वलोकप्रजापति m. Bein. Çiva's.

सर्वलोकभयास्तम्भितत्वविध्वंसनकर m. N. pr. eines Buddha. v. l. °भयाजितच्छम्भितत्व° Saddh. P.

सर्वलोकभृत् Adj. *die ganze Welt erhaltend* (Çiva).

सर्वलोकमय Adj. (f. ई) *die ganze Welt in sich enthaltend* Hemâdri 1,454,19.

सर्वलोकमहेश्वर m. Bein. 1) Çiva's R. 1,37,13. — 2) Kṛshṇa's Bhag. 5,29.

सर्वलोकान्तरात्मन् m. *die Seele der ganzen Welt.*

सर्वलोकिन् Adj. *die ganze Welt in sich enthaltend.*

सर्वलोकेश m. Bein. Kṛshṇa's.

सर्वलोकेश्वर m. Bein. 1) Brahman's. — 2) Kṛshṇa's.

सर्वलोह 1) Adj. *ganz roth* Paiṭhînasi bei Kull. zu M. 3,272. — 2) *m. *ein eiserner Pfeil.* — 3) n. am Anfange eines Comp. *Metalle aller Art.*

सर्वलोहमय Adj. (f. ई) *ganz von Eisen* Pańkat. 122,10.

सर्वलोहित Adj. *ganz roth.*

*सर्वलौह m. *ein eiserner Pfeil.*

सर्ववनि Adj. *Alles erwerbend, — besitzend* Mahâçânti 1,1,7.

सर्ववर्णा Adj. (f. आ) *allfarbig* Taitt. Âr. 10,34 (S. 914).

*सर्ववर्णिका f. *Gmelina arborea.* v. l. सर्ववर्तिक.

सर्ववर्णिन् Adj. etwa *von allerlei Art* MBh. 14,88,27.

*सर्ववर्तिका f. v. l. für सर्ववर्णिका.

सर्ववर्मन् m. N. pr. eines Grammatikers.

*सर्ववल्लभा f. *Hure.*

सर्ववागीश्वरेश्वर m. Bein. Vishṇu's Pańkar. 4,3,53.

सर्ववाङ्निधन m. *ein best.* Ekâha.

सर्ववाङ्मय Adj. (f. ई) *alle Reden in sich enthaltend, ganz aus Reden bestehend.*

सर्ववादिन् Adj. als Beiw. Çiva's.

सर्ववारम् Adv. *alle auf einmal, alle zugleich* Pańkat. ed. orn. 58,15.

सर्ववार्षिकपर्वन् n. Pl. *alle Knotenpuncte im Jahre* Bhâg. P. 11,11,37.

सर्ववासक Adj. *vollständig gekleidet* MBh. 13,14,162.

सर्वविक्रयिन् Adj. *Alles* (auch Verbotenes) *verkaufend.*

*सर्वविक्षेपता f. *eine best. Zählmethode.* Vgl. सर्वनिक्षेपा.

1. सर्वविज्ञान n. *eine Erkenntniss von Allem* Sarvad. 52,4. fgg.

2. सर्वविज्ञान Adj. *Alles kennend.* Nom. abstr. °ता f. Comm. zu R. ed. Bomb. 4,54,2. v. l. °ज्ञानिता.

सर्वविज्ञानिन् Adj. dass. Nom. abstr. °निता f.

सर्ववित्त्व n. *Allwissenheit.*

सर्वविद् Adj. *allwissend, Alles kennend* Kap. 3,56. Spr. 7805.

सर्वविद्य Adj. *alle Wissenschaft besitzend, allwissend.*

सर्वविद्या f. 1) *die ganze Wissenschaft.* — 2) *jegliche Wissenschaft.* Pl. *alle Wissenschaften* Taitt. Âr. 10,47.

सर्वविद्यामय Adj. (f. ई) *alles Wissen in sich enthaltend.*

सर्वविद्याविनोदभट्टाचार्य m. N. pr. eines Autors.

सर्वविनाश m. *vollständiges Zugrundegehen* Gaut. 12,26.

सर्वविन्द m. *ein best. mythisches Wesen* Gaut.

सर्वविश्रम्भिन् Adj. *Allen vertrauend* Karaka 53,12.

सर्वविश्व n. *die ganze Welt.*

सर्वविषय Adj. *auf Alles sich beziehend, in beliebiger Weise sich äussernd, allgemein* Verz. d. Oxf. H. 232,*a*,11.

सर्ववीर Adj. (f. आ) *aus allen Männern bestehend, vollzählig; von allen Männern begleitet, alle Mannen führend; auf alle M. sich erstreckend.*

सर्ववीरजित् Adj. *alle Helden besiegend.*

सर्ववीर्य Adj. (f. आ) *mit allen Kräften ausgestattet* Çat. Br. 7,4,2,39.

सर्ववृद्ध Adj. (f. आ) *ganz nach der Quantität der Vocale hergesagt* Saṁhitopan. 10,6.

सर्ववेग m. N. pr. eines Fürsten VP.[2] 3,27.

सर्ववेत्तृ Nom. ag. *Allwisser, allwissend.* Nom. abstr. °वेत्तृत्व n.

*सर्ववेद Adj. *mit allen* Veda *vertraut.*

सर्ववेदत्रिरात्र m. *ein best.* Ahîna.

सर्ववेदमय Adj. (f. ई) *alle* Veda *in sich enthaltend* Bhâg. P. 3,9,43.

सर्ववेदस् Adj. 1) *vollständigen Besitz habend.* — 2) * *der nach einem Opfer alle seine Habe den Priestern schenkt.*

सर्ववेदस 1) Adj. *a) wobei die ganze Habe verschenkt wird* (ein Opfer). Auch Subst. m. (sc. क्रतु) Maitr. S. 4,3,6 (45,10). Âpast. Çr. 10,26,5. 12,8,13. 13,23,14. — *b) der nach einem Opfer alle seine Habe den Priestern verschenkt.* — 2) n. *die ganze Habe.* सर्ववेदसदक्षिण Adj. (f. आ) *wobei die ganze Habe als Lohn gegeben wird* Lâṭj. 8,2,27. Âpast. Çr. 14,23,1.

सर्ववेदसिन् Adj. *der seine ganze Habe hingiebt.*

सर्ववेदात्मन् m. schlechte Lesart für सर्वदेवात्मन्.

सर्ववेदितृ Nom. ag. *Allwisser, allwissend* MBh. 13,16,30.

सर्ववेदिन् Adj. 1) *allwissend* Çiç. 14,62. — 2) *alle* Veda *kennend* Hariv. 11059.

*सर्ववेषिन् m. *Schauspieler.* Fehlerhaft °वेशिन् geschrieben.

सर्ववैनाशिक Adj. *an eine vollständige Vernichtung glaubend;* m. *ein Buddhist.*

सर्वव्यापद् f. *vollständiges Misslingen* 21,3.

सर्वव्यापिन् Adj. *Alles durchdringend, über Alles verbreitet.*

1. सर्वव्रत n. *Allgelübde.*

2. सर्वव्रत Adj. *allgelobend.*

सर्वव्रतोद्यापनप्रयोग m. Titel Burnell, T.

सर्वशक्ति f. 1) *die ganze Kraft.* Instr. so v. a. *nach allen Kräften* 68,33. — 2) *das Vermögen das Ganze zu vollbringen* Gaim. 6,3,1.

सर्वशब्दग Adj. *allerlei Laute von sich gebend* MBh. 6,71,41. 103,24.

सर्वशरीर n. *der Leib von Allem.* Nom. abstr. °ता f. Sarvad. 52,21.

सर्वशरीरात्मन् Adj. *die Seele alles dessen, was einen Leib hat.*

सर्वशस् Adv. 1) *in allen seinen Theilen, vollständig, ganz und gar, durch und durch, vollkommen; im Ganzen, als Ganzes; insgesammt* (bezogen auf ein Collectivum im Sg. oder auf einen Pl., wobei diese in beliebigem Casus oder am Anfange eines Comp. stehen können). — 2) *auf jede Weise.* — 3) *auf irgend eine Weise.* — 4) *allgemein, stets, überall.*

सर्वशस्त्रिन् Adj. *mit allen möglichen Waffen versehen* MBh. 6,3349.

सर्वशाकुन n. *vollständige Augurallehre.*

सर्वशान्ति f. 1) *Allberuhigung.* — 2) Titel Opp. Cat. 1.

*सर्वशान्तिकृत् m. Bein. Bharata's, Sohnes der Çakuntalâ. Vgl. सर्वदमन.

सर्वशास Adj. *Alles beherrschend.*

सर्वशास्त्रमय Adj. *alle Lehrbücher in sich enthaltend.*

सर्वशिष्य Adj. *sich von Jedermann belehren lassend.* Nom. abstr. °ता f. Kshem. 2,23.

सर्वशीघ्र Adj. *der allerschnellste.*

सर्वशुक्ला Adj. (f. आ) *ganz licht, — weiss.*

सर्वशुद्धवाल Adj. *ganz weissgeschwänzt* Maitr. S. 3,13,4.

सर्वशुभंकर Adj. *Allen Glück bringend* MBh. 13,17,45.

सर्वशून्य Adj (f. आ) 1) *vollkommen leer.* — 2) *Alles für Nichts haltend.*

सर्वशून्यता f. 1) *vollkommene Leere* Comm. zu Kap. (ed. Allah. 1852) 1,159. — 2) *die Theorie, dass Alles ein Nichts sei, Nihilismus.*

सर्वशून्यत्व n. = सर्वशून्यता 2). °वादिन् m. *ein Bekenner dieser Theorie, Nihilist* Çaṅk. zu Bâdar. 2,2,18.

सर्वशूर m. N. pr. eines Bodhisattva Kâraṇḍ. 1,16.

सर्वशैक्यायस Adj. (f. ई) etwa *ganz damascirt* MBh. 3,271,4. 6,54,24.

सर्वश्रेष्ठ Adj. *der allerbeste* Mârk. P. 16,18. Superl. °तम dass. MBh. 2,11,62.

सर्वश्वेत 1) Adj. *a) ganz weiss* Suparṇ. 6,2. — *b) der allerweisseste.* — 2) f. आ *a) ein best. giftiges Insect.* — *b) ein best. mythisches Kraut* Kâraṇḍ. 53,14. 58,6.

सर्वसंश्लिष्ट Adj. *in Allem enthalten* MBh. 13,147,7. Pañkar. 4,3,23.

*__सर्वसंसर्गलवण__ n. *salzhaltiger Boden* Râǵan. 6,106. v. l. सार्व°.

सर्वसंस्थ 1) Adj. *a) allgegenwärtig.* — *b) Allen den Tod bringend.* — 2) f. आ Pl. *alle* Soma-Saṁsthâ Âpast. Çr. 14,22,1.

सर्वसंस्थान Adj. *von jeglicher Gestalt* Varâh. Bṛh. S. 80,8.

सर्वसंहार m. 1) *Alles vernichtend;* m. Bez. *der Zeit.* — 2) *die Vernichtung von Allem, allgemeine V.* Hariv. 13906.

सर्वसंहारिन् Adj. *Alles vernichtend* Kathâs. 12,178. 30,56.

सर्वसगुण Adj. *in Allem mit Vorzügen versehen* Kathâs. 34,162.

*__सर्वसंगत__ m. *in 60 Tagen reifender Reis.*

सर्वसङ्गा f. N. pr. eines Flusses.

सर्वसंग्रह m. Titel eines Werkes Opp. Cat. 1.

सर्वसंज्ञा f. *eine best. hohe Zahl* (buddh.). — H. 829 vielleicht fehlerhaft.

सर्वसत्त्वत्रातर् m. N. pr. eines mythischen Wesens Saddh. P.

सर्वसत्त्वपापजहन m. ein best. Samâdhi (buddh.).

सर्वसत्त्वप्रियदर्शन m. N. pr. eines Buddha, eines Bodhisattva und einer anderen Person.

सर्वसत्त्वौजोहारी f. N. pr. einer Rakshasî. v. l. सर्वसत्त्वौ°.

सर्वसत्य Adj. *der wahrhafteste.*

*__सर्वसंनहन__ n. *eine vollständige Kriegszurüstung.*

*__सर्वसंनाह__ m. *das vollständige Gerüstetsein zu Etwas, das mit Eifer an Etwas Gehen.*

सर्वसमता f. *das Gleichgesinntsein gegen Alles.*

सर्वसमर्पणस्तोत्र n. Titel eines Stotra Opp. Cat. 1.

सर्वसमास m. *vollständige Verbindung, alle zusammen* Kâtj. Çr. 12,6,15.

सर्वसमाहर Adj. *Alles vernichtend* R. 7,104,2.

सर्वसमृद्ध Adj. *ganz wohlbestellt, — in Ordnung.*

सर्वसंपत्ति f. 1) *das Gelingen von Allem* R. 2,25,19. Hemâdri 2,a,71,13. — 2) *ein Vollauf von Allem* Kathâs. 35,29.

सर्वसंपद् f. *vollständige Uebereinstimmung* Çat. Br. 6,7,2,28.

सर्वसंपन्न Adj. *mit Allem ausgestattet.*

सर्वसंपन्नसस्य Adj. (f. आ) *überall gut mit Getraide bestanden.*

सर्वसंपात m. *jeglicher Rest* Hariv. 12304.

सर्वसंभव m. *die Quelle von Allem.*

सर्वसंमतशिक्षा f. Titel einer Çikshâ Opp. Cat. 1.

सर्वसर m. *best. Geschwüre im Munde* Bhâvapr. 5,89.

1.*__सर्वसस्य__° *Getraide aller Art.*

2.*__सर्वसस्य__ Adj. (f. आ) *mit Getraide aller Art bestanden.*

सर्वसस्यवन्त् Adj. dass. Hemâdri 1,575,20.

सर्वसह 1) Adj. (f. आ) *Alles geduldig ertragend.* — 2) *m. *Bdellium.* — 3) f. आ N. pr. einer mythischen Kuh.

सर्वसाक्षिन् m. *der Augenzeuge von Allem.*

सर्वसाद् Adj. nach Nîlak. *in dem Alles aufgeht.*

सर्वसाधन Adj. *Alles zu Wege bringend.*

सर्वसाधारण Adj. (f. आ und ई) *Allen gemein.* °प्रयोग m. Titel eines Werkes.

सर्वसाधु Adv. *ganz —, sehr gut* (als Ausruf).

सर्वसामान्य Adj. (f. आ) *Allen gemein.*

सर्वसांप्रत n. *Allgegenwart* Çatr. 5,2.

सर्वसाम्य n. *Gleichheit in allen Stücken* Âçv. Çr. 12,8,17.

सर्वसार n. *das Beste von Allem.* Auch Superl. °तम.

सर्वसारङ्ग m. N. pr. eines Schlangendämons.

सर्वसारसंग्रहणी f. *eine best. Schriftart.*

सर्वसारोपनिषद् f. Titel einer Upanishad.

सर्वसाह Adj. *Alles ertragend, Allem widerstehend.*

सर्वसिद्धा f. *die 4te, 9te und 14te lunare Nacht.*

सर्वसिद्धान्त m. (Opp. Cat. 1) und °संग्रह m. Titel von Werken.

सर्वसिद्धार्थ Adj. *der sein Ziel vollkommen erreicht hat, der Alles hat was er wünscht.*

1. **सर्वसिद्धि** f. *das Folgen —, Bewiesensein von Allem* Kap. 1,88.

2.*__सर्वसिद्धि__ m. *Aegle Marmelos.*

सर्वसुखकृत् Adj. *Allen Freude bereitend* Spr. 2700.

*__सर्वसुखदुःखनिरभिनन्दिन्__ m. *ein best.* Samâdhi (buddh.).

सर्वसुखाय्, °यते *jegliches Wohlbehagen —, jegliche Lust empfinden* Hemâdri 2,a,71,16.

सर्वसुरभि n. Sg. *alle wohlriechenden Stoffe.*

सर्वसुलभ Adj. *für Jedermann leicht zu haben* Sarvad. 90,16.

सर्वसूक्ष्म Adj. *der allerfeinste.*

सर्वसूत्र Adj. *aus Fäden von allen Farben verfertigt* Maitr. S. 1,6,4 (92,21. 93,1). Vgl. सार्वसूत्र.

सर्वसेन 1) Adj. *die ganze Heerschaar führend.* — 2) m. N. pr. eines Sohnes des Brahmadatta. — 3) *N. pr. einer Oertlichkeit.

सर्वसेनाधिनाथ m. *Oberfeldherr* Viddh. 97,9.

सर्वसेनापति m. dass. MBh. 5,157,13.

*__सर्वसौवर्ण__ Adj. *ganz von Gold.*

सर्वस्तोम 1) Adj. (f. आ) *mit allen* (sechs) Stoma *versehen.* — 2) m. *ein best.* Ekâha Vaitân.

सर्वस्थानगवात m. N. pr. eines Jaksha.

सर्वस्मृत् Adj. wohl fehlerhaft für सर्वस्पृत् *Alles davontragend, — verschaffend.*

सर्वस्व 1) n. (adj. Comp. f. आ) *a) die ganze Habe.* — *b)* am Ende eines Comp. *Gesammtheit, das Ganze.* — 2) f. आ = 1) *a).*

सर्वस्वफलिन् Adj. *mit aller Habe und mit allen Früchten* Spr. 1146.

सर्वस्वरलक्षण n. Titel eines Werkes Opp. Cat. 1.

सर्वस्वरहस्य n. desgl. Kumârasv. zu Pratâpar. 375,3.

सर्वस्वरित Adj. *nur mit dem* Svarita *versehen.*

सर्वस्वर्णमय Adj. (f. ई) *ganz von Gold.*

°**सर्वस्वाय्**, °यते *für die ganze* (*einzige*) *Habe ansehen* Kaṇḍidâsa zu Kâvjapr. nach Aufrecht.

सर्वस्वार m. *ein best.* Ekâha Lâṭj. 6,3,9. 8,8,1. Njâjam. 10,2,27.

सर्वस्विन् m. *eine best. Mischlingskaste: der Sohn eines Barbiers und eines Hirtenmädchens.*

सर्वहत्या f. *ein Mord irgend einer Art.*

सर्वहर 1) Adj. *a) Alles für sich nehmend.* — *b) das ganze Vermögen erbend* Vishṇus. 18,28. — *c) Alles vernichtend* Bhag. 10,34 (der Tod). — 2) m. Bein. Jama's.

सर्वहरण n. *das Einziehen —, Wegnehmen der ganzen Habe.*

सर्वहरि m. *Bez. des Liedes* Ṛv. 10,96.

सर्वहर्षकर Adj. *Alle erfreuend.*

सर्वहायस् Adj. *volle Behendigkeit —, volle Kraft besitzend.*

सर्वहार m. *Einziehung —, Wegnahme der ganzen Habe.*

सर्वहारम् Absol. *mit Einziehung der ganzen Habe.*

सर्वहारिन् m. N. pr. eines bösen Geistes.

सर्वहास्य Adj. *über den Jedermann lacht* Spr. 3592.

सर्वहित 1) Adj. *Allen wohlthuend.* — 2) m. Bein.

Çâkjamuni's. — 3) *n. *Pfeffer.*

सर्वहुत् Adj. *was vollständig —, wobei Alles geopfert wird.* सर्वहुन्ति Acc. Pl. n. Ait. Br. 7,2,3.

सर्वहुत Adj. *ganz geopfert.*

सर्वहुति f. *ein Opfer, bei dem alles Material geopfert wird.*

सर्वहृद् n. *das ganze Herz.* Instr. °हृदा *mit ganzem Herzen.*

सर्वहेममय Adj. *ganz von Gold* Hemâdri 1,644,5.

सर्वहोम m. *eine best. Spende, bei der alles Material geopfert wird,* Hemâdri 1,195,8. 22. 197,1. 2. Vgl. घ°.

*सर्वाकारप्रभाकर m. *ein best.* Samâdhi (buddh.).

*सर्वाकारवरोपेत m. desgl.

सर्वाकार° und सर्वाकारम् Adv. *auf jede Weise, in allen Formen* 317,24. Mahâvîrak. 41,16.

सर्वाक्ष Adj. etwa *überall seine Augen habend.*

सर्वागमोपनिषद् f. Titel einer Upanishad.

सर्वाग्नेय Adj. *nur* Agni *zugeeignet.*

सर्वाङ्क m. N. pr. eines Autors oder Titel eines Werkes.

1. सर्वाङ्ग n. (adj. Comp. f. ई) 1) *der ganze Körper* Vâsav. 298,1. — 2) Pl. *alle Glieder.* — 3) Pl. *alle* Vedâṅga.

2. सर्वाङ्ग Adj. (f. ई) 1) *an Gliedern vollständig.* — 2) *vollständig.* — 3) सर्वाङ्गम् Adv. *nach allen Seiten hin, ganz genau.*

सर्वाङ्गसुन्दर 1) m. *eine best. Mixtur* Mat. med. 92. Auch °रस m. — 2) f. ई Titel eines Commentars.

सर्वाङ्गीण Adj. (f. आ) *den ganzen Körper bedeckend, — erfüllend, über d. g. K. verbreitet* Bâlar. 120,4. Kâd. 2,10,11 (11,6). Ind. St. 15,294. 297.

सर्वाङ्गीन fehlerhaft.

सर्वाचार्य m. *der Lehrer von Allen* Venîs. 43,18.

सर्वाजीव Adj. *Allen Lebensunterhalt gewährend.*

सर्वाञ्च् Adj. *allerwärts zugekehrt* Çâṅkh. Gṛhj. 3,8.

सर्वाणी f. Bein. der Durgâ. Vgl. शर्वाणी.

सर्वातिथि Adj. *Jedermann gastlich aufnehmend* Gaut. 3,30. MBh. 13,73,13.

सर्वातिथ्य n. N. pr. eines Sees Çukas. 1,73.

सर्वातिशायिन् Adj. *Alles übertreffend* Mahâvîrak. 95,15.

सर्वातिसारिन् Adj. *an einem durch alle drei humores erzeugten Durchfall leidend.*

1. सर्वात्मक *die ganze Seele.* Instr. *mit ganzer Seele, von ganzem Herzen.*

2. सर्वात्मक 1) Adj. *a) Alles in sich enthaltend.* Nom. abstr. °त्व n. — *b) in Allem enthalten.* — *c)* so v. a. सर्वदोषात्मक *von sämmtlichen* Dosha *ausgehend* Bhâvapr. 6,45. Vgl. 2. दोष 1) *h).* — 2) m. *eine best. Form des* Aptorjâma Comm. zu Âpast. Çr. 14,1,1.

सर्वात्मत्व n. Nom. abstr. von सर्वात्मन् *die Weltseele.*

सर्वात्मदृश् Adj. *überall sich selbst sehend.*

1. सर्वात्मन् m. 1) *die ganze Person.* Instr. *mit der ganzen P., mit ganzer Seele, auf das Angelegentlichste* Spr. 7853. — 2) *die Seele von Allem, die Weltseele.* — 3) *das ganze Wesen.* Instr. so v. a. *vollständig, ganz und gar* Çaṁk. zu Bâdar. 2,2,12. Kâd. 157,6 (275,2). Comm. zu Njâjam. 2,1,10. — 4) *ein* Gina.

2. सर्वात्मन् und सर्वात्मन् Adj. *vollständig an Person, — Wesen, — Leiblichkeit.*

सर्वात्मभूति f. *das Heil der ganzen Person.*

1. सर्वादि m. *der Anfang —, der Erste von Allem.*

2. सर्वादि Adj. *beliebig anfangend.*

सर्वाद्य Adj. (f. आ) *der allererste, zuerst dagewesen.*

सर्वाधार m. *der Behälter von Allem.*

सर्वाधिक Adj. *vorzüglicher als Alles* Bhâm. V. 2,165.

सर्वाधिकार m. *das Kapitel über* 1) *Allerlei.* — 2) *das für Alle Geltende* Comm. zu Âpast. Çr. 7,28,4.

सर्वाधिकारिन् Adj. *Allem vorstehend, über Alles zu sagen habend.*

सर्वाधिपत्य n. *die Oberherrschaft über Alles.*

सर्वाध्यक्ष m. *der Oberaufseher über Alles.*

सर्वानन्द m. 1) N. pr. eines Mannes. — 2) Titel eines Werkes.

सर्वानवद्यकारिणी f. Titel eines Werkes.

सर्वानवद्याङ्ग Adj. (f. ई) *mit vollkommen untadelhaftem Körper.*

*सर्वानुकारिणी f. *Desmodium gangeticum.*

सर्वानुक्रम m., °क्रमणिका f. und °क्रमणी f. *vollständiges Inhaltsverzeichniss* (insbes. zum Veda).

सर्वानुदात्त Adj. *ganz tonlos.* Nom. abstr. °त्व n. Sâj. zu ṚV. 1,13,1.

सर्वानुनासिक Adj. *näselnd* Mâṇḍ. Çikshâ 13,2.

सर्वानुभू Adj. *Alles wahrnehmend.*

सर्वानुभूति 1) f. *Convolvulus Turpethum* Karaka 7,7. — 2) *m. N. pr. zweier Arhant bei den Gaina.

सर्वानुष्टुभ Adj. *ganz aus* Anushṭubh *bestehend* Çat. Br. 11,5,2,9.

सर्वानुस्यूत Adj. *mit Allem verwebt* Bhâg. P. 3, 27,11. Nom. abstr. °त्व n.

सर्वान्त m. *das Ende von Allem.* Loc. *ganz am Ende von* (Gen.) Divjâvad. 222,10.

सर्वान्तक und सर्वान्तकृत् Adj. *Allem ein Ende machend.*

सर्वान्तर् und सर्वान्तरस्थ Adj. *in Allem befindlich.*

सर्वान्तरात्मन् und सर्वान्तर्यामिन् m. *die Weltseele.*

*सर्वान्नभक्षक Adj. *jegliche Speise geniessend, keine Speise verschmähend.*

सर्वान्नभूति m. *ein best. Genius* Çâṅkh. Gṛhj. 2, 14,13. Die Lesart steht nicht sicher.

*सर्वान्नभोजिन् Adj. = सर्वान्नभक्षक.

सर्वान्निन् Adj. dass. Âpast. 1,18,33.

*सर्वान्नीन Adj. dass.

सर्वान्य Adj. *ganz verschieden* P. 8,1,51.

सर्वापरत्व n. *das jenseits Gelegensein von Allem,* so v. a. *die letzte Erlösung.*

सर्वापित्व Adj. *auf alle einzelnen bezüglich* Comm. zu Âpast. Çr. 1,2,2.

सर्वाप्ति f. *Erreichung von Allem.*

सर्वाभयप्रद Adj. *Allen Sicherheit gewährend* (Vishṇu) Vishṇus. 1,55.

सर्वाभरणवत् Adj. *mit jeglichem Schmuck versehen* Hemâdri 2,*a*,104,6.

सर्वाभाव m. 1) *das Fehlen Jedermanns, das Nichtdasein irgend Jemandes* Âpast. 2,14,5. — 2) *absolutes Nichtsein.*

सर्वाभिभू m. N. pr. eines Buddha Divjâvad. 222,16. fgg.

सर्वाभिशङ्किन् Adj. *Allen misstrauend* Karaka 53,12.

सर्वाभिसंधक und *°संधिन् Adj. *Jedermann täuschend.*

सर्वाभिसार m. *Gesammtangriff.*

सर्वाभ्यन्तर Adj. *der allerinnerste.*

सर्वाम्भोनिधि m. *das Meer* MBh. 3,169,6.

सर्वायस Adj. (f. ई) *ganz von Eisen* MBh. 3,160,71.

सर्वायु Adj. *alles Leben habend, — gebend* u. s. w. Nom. abstr. सर्वायुत्व n.

सर्वायुष und सर्वायुस् n. *das ganze Leben.*

सर्वारण्यक Adj. *von Allem, was der Wald bietet, lebend* Baudh. 3,3,3. 4.

सर्वारम्भ m. *die ganze Kraftanstrengung beim Beginn eines Werkes.* Instr. *mit aller Kraftanstrengung* (an Etwas gehen) Spr. 4261.

1. सर्वार्थ 1) m. Pl. oder am Anfange eines Comp. *alle Dinge, Dinge aller Art.* — 2) °म् Adv. *des Ganzen wegen* Gaim. 3,6,1. 15.

2. सर्वार्थ 1) Adj. *a) zu Allem dienlich, für Alles anwendbar.* Nom. abstr. °त्व n. Gaim. 6,8,17. — *b) auf Alles achtend.* Nom. abstr. °ता f. so v. a. *Zerstreutheit* (Gegensatz एकाग्रता). — 2) m. *der 29ste* Muhûrta.

सर्वार्थकर्तर् Nom. ag. *Schöpfer aller Dinge.*

सर्वार्थचिन्तक Adj. *sich um alle Dinge kümmernd;*

m. ein oberster Beamter.

सर्वार्थचिन्तामणि m. Titel verschiedener Werke Bühler, Rep. No. 551. Burnell, T. Opp. Cat. 1.

सर्वार्थनामन् m. N. pr. eines Bodhisattva.

सर्वार्थसाधक Adj. (f. °धिका) *Alles zu Stande bringend, zu allen Dingen gut.* °स्तोत्र n. Burnell, T.

सर्वार्थसाधन Adj. dass. oder n. *ein Mittel Alles zu Stande zu bringen.*

सर्वार्थसिद्ध 1) Adj. *der sein Ziel vollkommen erreicht hat, der Alles hat was er wünscht.* — 2) m. a) Bein. Çâkjamuni's. — b) N. pr. eines Fürsten.

1. सर्वार्थसिद्धि f. 1) *das Gelingen aller Sachen* Kathâs. 2,63. — 2) Titel eines Werkes Opp. Cat. 1.

2. *सर्वार्थसिद्धि m. Pl. *eine Klasse von Göttern bei den* Gaina.

सर्वार्थानुसाधिन् Adj. *Alles zu Stande bringend* (Durgâ).

सर्वार्हण Adj. *Alles verdienend, auf Alles Ansprüche habend.*

सर्वालोककर m. *ein best.* Samâdhi Kâraṇḍ. 83,11.

सर्वावत् Adj. (f. सर्वावती) 1) *Alles enthaltend.* — 2) *ganz, vollständig* Lalit. 96,8. 174,7. 251,9. 523,13. 525,14. Kâraṇḍ. 99,8. Saddh. P. Kap. 6. Divjâvad. 294,21. 298,21.

सर्वावसर 1) *m. *Mitternacht.* — 2) Adv. °म् *bei jeder Gelegenheit* LA. 2,1.

सर्वावसु m. *ein best. Sonnenstrahl.*

सर्वावस्थम् Adv. *in allen Stellungen,* so v. a. *von allen Seiten* (betrachten).

सर्वावास und °वासिन् Adj. *überall seine Wohnstätte habend.*

सर्वाविद्ध Adj. (f. आ) *ganz ohne Beobachtung der Quantität der Vocale hergesagt* Saṃhitopan. 10,5.

सर्वाशिन् Adj. *Alles* (auch *Verbotenes*) *geniessend.*

सर्वाश्चर्यमय Adj. (f. ई) *alle Wunder in sich enthaltend, aus lauter Wundern bestehend* Bhag. 11,11.

सर्वाश्य n. *das Essen von Allem.*

सर्वाश्रमिन् Adj. *in jedem beliebigen Lebensstadium sich befindend.*

सर्वाश्रय Adj. (f. आ) *Allen anhaftend, — gemein* Jâǵń. 3,143.

सर्वासंभव m. *das nicht überall Möglichsein* Kap. 1,4. 116.

सर्वास्तित्ववादिन् = सर्वास्तिवादिन् Çaṅk. zu Bâdar. 2,2,18.

सर्वास्तिवाद m. *die Theorie, dass Alles real sei.*

सर्वास्तिवादिन् Adj. Subst. *ein Anhänger der Theorie* सर्वास्तिवाद.

*सर्वास्त्रमहाज्वाला f. N. pr. einer der 16 Vidjâdevî bei den Gaina.

1. सर्वास्य n. *der ganze Mund.*

2. सर्वास्य Adj. *im ganzen Munde erfolgend.*

सर्वाहंमानिन् Adj. *Alles für das Ich haltend.*

सर्वाह्ण m. *der ganze Tag.* Acc. Maitr. S. 1,8,9 (129,4. 5). *den ganzen Tag* Âpast. 1,5,24.

सर्वाह्णिक Adj. *täglich.* °क्लिक fehlerhaft.

सर्वीय Adj. *Allen gehörig, — gut* u. s. w.

सर्वेल Adj. *mit allen* इला (इडा) *verbunden* Çâṅkh. Çr. 15,10,3.

सर्वेश 1) m. *der Herr von Allem.* — 2) f. आ *die Herrin von Allem.*

सर्वेश्वर m. 1) *der Herr von Allem* 261,3. Nom. abstr. °त्व n. 259,1. — 2) *eine best. Mixtur.* — 3) N. pr. a) eines buddhistischen Heiligen. — b) eines Lehrers. — c) eines Dichters, mit dem Beiw. तीरभुक्तीय Z. d. d. m. G. 36,557.

सर्वेष्ट Adj. (f. आ) *alle Wünsche erfüllend.*

सर्वैश्वर्य n. *die Herrschaft* 1) *Jedermanns* Kap. 5, 9. — 2) *über Alles.*

सर्वोच्छित्ति f. (Kap. 5,78) und सर्वोच्छेदन n. *vollständige Vernichtung.*

सर्वोत्कर्ष m. *der Vorrang über Alles* Kap. 1,5.

सर्वोत्तम Adj. *der allervorzüglichste, — beste* Spr. 7747. °स्तोत्र n. Titel eines Stotra.

सर्वोत्तरत्वाभिधान n. Titel eines Werkes.

सर्वोदात्त Adj. *überall den Acut habend.*

सर्वोद्युक्त Adj. *mit allem Eifer an Etwas gehend, nach Möglichkeit sich anstrengend.*

सर्वोपकारिणी f. Titel zweier Commentare.

सर्वोपध Adj. *jeden beliebigen Vocal vor sich habend.*

सर्वोपनिषत्सार Titel einer Upanishad. °प्रश्नोत्तर n. Titel eines Werkes.

सर्वोपनिषद् f. Titel einer Upanishad. °दर्थानुभूतिप्रकाश m. Titel eines Commentars dazu.

सर्वोपरम m. *das Aufhören —, zur Ruhe Gelangen von Allem.* Nom. abstr. °त्व n. 259,15.

सर्वोपायकौशल्यप्रवेशन m. *ein best.* Samâdhi Kâraṇḍ. 77,10 (°कोशल्य° gedr.).

*सर्वौघ m. 1) *ein vollständiges Heer im Anzuge.* — 2) = गुरुभेद oder गुरुवेग.

सर्वौषध 1) Adj. *aus allerlei Kräutern bestehend.* — 2) n. a) *alle Kräuter.* — b) * *eine best. Mischung riechender Stoffe* Râǵan. 22,56.

1. सर्वौषधि 1) f. Sg. und Pl. *alle (allerlei) Kräuter* Gobh. 3,2,35. 4,11. Vishnus. 90,3. — 2) f. ई Pl. Bez. *von zehn verschiedenen Kräutern* Hemâdri 2,49,13.

2. सर्वौषधि m. *eine best. Gruppe von zehn Kräutern.*

सर्वौषधिगण m. desgl.

सर्वौषधिनिष्यन्दा f. *eine best. Schriftart.*

सर्षप 1) m. a) *Senf, Senfkorn* (auch °कण m.). °तैल n. (Râǵan. 15,106) und °स्नेह m. (Vâsav. 71, 1) *Senföl.* — b) *ein Senfkorn als Gewicht* (sehr verschieden bestimmt). — 2) f. ई a) * *ein best. Kraut* H. an. 3,6; vgl. Zach. Beitr. 85. — b) *ein best. Ausschlag* Ḱaraka 108,4. — c) * *eine Bachstelzenart.*

सर्षपक 1) m. *eine Schlangenart.* — 2) f. °पिका a) *ein best. giftiges Insect.* — b) *ein best. Ausschlag.*

सर्षपशाक n. *ein best. vorzügliches Gemüse* Ḱaraka 148,20.

सर्षपाय्, °यते *klein wie ein Senfkorn erscheinen.*

सर्षपारुण m. *ein best. den Kindern feindlicher Dämon.*

सर्षपिक m. *ein best. giftiges Insect.* — सर्षपिका f. s. u. सर्षपक.

सर्षिका f. *ein best. Metrum.*

सर्ष्टिक Adj. (f. आ) *mit Speeren* (ऋष्टि) *versehen* MBh. 3,15,7, v. l.

*सल्, सलति (गतौ).

*सल 1) m. *Hund.* — 2) n. = सलिल *Wasser.*

सलक्षण Adj. *dieselben Merkmale habend, gleichartig, gleich* 250,30.

सलक्ष्मन् Adj. dass.

सलवक m. N. pr. eines Mannes.

सलज्ज Adj. (f. आ) *verschämt, Schamgefühl besitzend; verlegen* 299,4. °म् Adv. Nom. abstr. °त्व n. Ḱampaka 445.

सलज्जित Adj. (f. आ) dass. Paṅkar. 1,14,106.

सलज्जितस्नेहकरुणम् Adv. *verlegen, liebevoll und mitleidig* Uttarar. 117,1 (158,7).

*सलद und *सलन्द (Kâç.), f. ई gaṇa गौरादि.

सलल्लूक *etwa müssiges Umherschweifen.*

सलवण 1) Adj. *nebst Salz* Varâh. Jogaj. 7,5. — 2) *n. *Zinn* (!).

सलवि in अपसलवि und प्रसलवि.

सलावृकी f. *Wolf, Wölfin* oder *ein anderes Raubthier* TS. 6,2,4,4. Maitr. S. 3,8,3 (96,2). Âpast. 1, 11,33. Vgl. सालावृकी.

सलिग Adj. als Beiw. des Meeres Maitr. S. 1, 7,1 (110,3). Kap. S. 8,2. सलीग v. l.

सलिङ्ग Adj. (f. आ) *dasselbe Kennzeichen* (d. i. *Kennwort*) *habend.* Am Ende eines adj. Comp. so v. a. *gerichtet an.*

सलिल 1) Adj. (f. आ) *wogend, fluthend, fliessend, unstät* Maitr. S. 1,7,1 (110,3). — 2) f. सलिला im Sâṃkhja *die Befriedigung dessen, der die* बुद्धि *dem* परमात्मन् *gleichsetzt.* — 3) n. a) *das Flüssige, Schwankende; Fluth, Wogen.* — b) Sg. und Pl.

Wasser. Acc. mit कर् oder दा *einem Verstorbenen* (Gen.) *die Wasserspende darbringen*. Am Ende eines adj. Comp. f. आ. — c) *Wasser, so v. a. Regen*. — d) *das Wasser der Augen, Thränen*. — e) *eine best. hohe Zahl*. — f) *ein angebliches Metrum*.

सलिलकर्मन् n. *die einem Verstorbenen dargebrachte Spende*.

सलिलकुक्कुट m. *ein best. Wasservogel*.

*सलिलकुन्तल m. *Blyxa octandra*.

सलिलक्रिया f. = सलिलकर्मन्.

सलिलचर m. *Wasserthier*.

सलिलचरकेतन m. *der Liebesgott* Daçak. (1925) 130,1.

सलिलज 1) Adj. *was im Wasser entsteht, — lebt*; Subst. *ein solches Wesen*. — 2) m. *Muschel*. — 3) *n. *Lotusblüthe*.

*सलिलजन्मन् *Lotus*.

सलिलत्व n. Nom. abstr. zu सलिल *Wasser*.

सलिलद m. 1) *Wasserreicher* (ein best. Amt). — 2) *Wolke*.

सलिलदायिन् Adj. *Regen bringend*.

सलिलधर m. *Wolke*.

सलिलनिधि m. 1) *das Meer* Çiç. 16,82. — 2) *ein best. Metrum*.

सलिलपति m. Bein. Varuṇa's.

सलिलपवनाशिन् Adj. *nur Wasser oder Luft geniessend*.

*सलिलप्रिय m. *Schwein*.

सलिलभय n. *Wassergefahr, Ueberschwemmung* Varâh. Bṛh. S. 3,37.

सलिलभर m. *Wassermasse, Teich* Spr. 7743. v. l. Bhâm. V. 2,147.

सलिलमय Adj. *aus Wasser bestehend*.

सलिलमुच् m. *Wolke* Bâlar. 172,18.

सलिलयोनि m. Bein. Brahman's.

सलिलराज m. Bein. Varuṇa's.

सलिलराशि m. *das Meer* Çiç. 11,45.

सलिलवत् Adj. *mit Wasser versehen*.

सलिलवात Adj. TS. 4,4,12,3 nach dem Comm.

सलिलाप्व्येन वायुविशिषेणानुगृहीतः.

सलिलसरक *ein Napf mit Wasser* 217,30. 218,6.

सलिलस्तम्भिन् Adj. *das Wasser hemmend, — festbannend* Veṇîs. 87,13.

सलिलस्थलचर m. *ein im Wasser und auf dem Festlande lebendes Thier, Amphibie*.

सलिलाकर m. 1) *Wassermenge*. — 2) *das Meer*.

सलिलाञ्जलि m. *zwei Handvoll Wasser als Todtenspende*.

सलिलाधिप m. Bein. Varuṇa's.

सलिलार्णव m. *das Meer*. °शायक Adj. (Vishṇu) Vishṇus. 1,52.

सलिलालय m. dass.

सलिलावती f. N. pr. einer Oertlichkeit VP.[2] 2,165.

सलिलाशन Adj. *nur Wasser geniessend*.

सलिलाशय m. *Wasserbehälter, Teich, See* 220,5.

सलिलाहार Adj. *nur von Wasser sich nährend*.

सलिलेचर Adj. *im Wasser lebend*.

सलिलेन्द्र m. Bein. Varuṇa's. °पुर n. *seine Stadt*.

*सलिलेन्धन m. *das am Südpol gedachte Höllenfeuer*.

सलिलेश m. Bein. Varuṇa's.

सलिलेशय Adj. *im Wasser liegend* (auch als Kasteiung).

सलिलोच्चय Adj. (f. आ) *wasserreich* MBh. 3,88,9.

सलिलोद्भव 1) Adj. *aus dem Wasser hervorgegangen*. — 2) m. *Muschel*. — 3) n. *Lotusblüthe*.

सलिलोपजीविन् Adj. *vom Wasser seinen Lebensunterhalt habend* (Fischer u. s. w.).

सलिलौकस् Adj. *im Wasser lebend*.

सलिलौदन m. n. *im Wasser gekochter Reisbrei*.

सलिग Adj. s. u. सलिग.

सलील Adj. (f. आ) 1) *spielend, so v. a. sich nicht weiter anstrengend*. °म् Adv. mit und ohne इव *mit der grössten Leichtigkeit*. — 2) *höhnisch*. °म् Adv. — 3) *coquet*. °म् Adv.

सलीलगजगामिन् m. N. pr. eines Buddha.

सलून m. *ein best. Wurm* oder *Parasit*.

सलैक m. N. pr. eines Âditja.

सलेप Adj. *mit fettigen Stoffen* Kâts. Çr. 7,5,17.

सलेस् in अपसलैस्.

सलोक Adj. 1) *denselben Weltraum bewohnend wie* (Gen. oder Instr.). — 2) *sammt den Leuten, — Bewohnern*.

सलोकता f. Nom. abstr. zu सलोक 1). Mit Gen. (Gaut.), Instr. oder im Comp. vorangehend.

सलोक्य Adj. = सलोक 1), mit Gen.

सलोभ Adj. *habgierig* Kathâs. 121,101.

सलोमधि m. N. pr. eines Fürsten. Man könnte auch स लो° trennen.

सलोमत्व n. Nom. abstr. zu सलोमन्.

सलोमन् Adj. *nach demselben Strich laufend, congruent*.

सलोहित Adj. (f. आ) 1) **gleiches Blut habend*. — 2) *blutroth gefärbt* MBh. 3,155,5.

सल्य und सल्यक in विसल्य und विसल्यक.

सल्लकी f. s. u. शल्लक.

सल्लकीय s. शल्लकीय.

सल्लतपातीर्थ n. N. pr. eines Tîrtha.

सल्लक्ष्य n. *das rechte, richtige Ziel*.

सल्लट m. भट्ट° N. pr. eines Dichters Schönberg, Kshem. 8.

सल्लाप m. häufiger Fehler für संलाप, z. B. Prab. 18,16.

सल्लोक m. Pl. *gute Menschen*.

सल्व m. Pl. N. pr. eines Volkes. Vgl. शल्व.

सल्ह m. N. pr. eines Mannes. Auch सह्न geschrieben.

सल्हणा m. desgl. Auch सह्नणा geschrieben.

1. सव 1) m. *Kelterung, Pressung des* Soma. — b) **offspring, progeny*. — c) **der Mond*. — 2) *n. a) *the juice or honey of flowers*. — b) *sprinkling the juice of the acid Asclepias*.

2. सव 1) Nom. ag. *der Heissende, Anreger, der Befehlende*. — b) *die Sonne*. — c) *Antrieb, Anregung, Geheiss, Befehl*. — 4) *Belebung* (die von Savitar *ausgehende Wirkung*). — 5) in den Brâhmaṇa *gewisse Opferhandlungen, mit welchen die Weihung* (अभिषेक) *zu einer best. Thätigkeit oder Würde verbunden ist: Einweihung, Einsetzung, Bestellung, Inauguration*. — 6) Bez. *gewisser Darbringungen*. — 7) *Opfer* überh. — 8) *Jahr* in बकु°.

सवंशा f. *eine best. Pflanze*.

सवकाण्ड n. Titel des 5ten Buches im Çat. Br.

*सवचन Adj. = समानवचन.

सवत्य Adj. = सवात्य Maitr. S. 4,3,8 (47,19).

सवत्स Adj. (f. आ) 1) *mit dem Kalbe*. — 2) f. *trächtig* (Kuh) Hemâdri 1,478,4.

सवय m. N. pr. eines Mannes.

1. सवन n. 1) *Kelterung des* Soma (nach dem Ritual dreimal am Tage). — 2) *der gekelterte Saft* und *dessen Libation: Soma-Fest, Festgelage; Opfer* überh. Çiç. 14,16. — 3) पुंसः सवनम् = पुंसवन. — 4) Pl. *die drei Tageszeiten: Morgen, Mittag und Abend* Gaut. 19,15. 22,6. — 5) *Zeit* überh. — 6) *eine zu den drei Tageszeiten erfolgende Abwaschung*.

2. सवन n. *das Antreiben, Heissen, in Bewegung Bringen*.

3. सवन m. 1) *Feuer*. — 2) **der Mond*. — 3) *eine best. Hölle* VP. 2,6,2. — 4) N. pr. eines Sohnes a) des Bhṛgu. — b) des Vasishṭha. — c) des Manu Svâjambhuva. — d) des Prijavrata.

4. सवन Adj. (f. आ) *nebst Wäldern*.

सवनकर्मन् n. *Libation*.

सवनकृत् Adj. *eine Libation veranstaltend* Çat. Br. 3,2,2,40.

सवनगत Adj. *der sich zu einer Libation anschickt* Âpast. 1,24,6.

सवनपङ्क्ति Adj. *von fünf Libationen begleitet* Ait.

Br. 2,24,4.

सवनभाग् Adj. *an den Libationen Theil nehmend.*

सवनमुख n. *Beginn der Libation* Lâṭj. 1,9,4.

सवनमुखीय Adj. (f. श्रा) *zum Beginn der Libation gehörig.*

सवनविध Adj. *einer Libation gleich zu achten.*

सवनशस् Adv. *an den einzelnen Libationen.*

सवनसंस्था f. *Ende der Libation* Lâṭj. 2,6,13.

सवनसमीषुत्ती f. *eine best.* Vishṭuti Lâṭj. 6,2,22.

सवनानुकल्पम् Adv. *den drei Tageszeiten entsprechend, wie die drei T.* Âpast. 1,25,10.

सवनिक in तृतीय° Nachtr. 5.

सवनीय Adj. 1) *zur* Soma-*Libation gehörig, dabei üblich* u. s. w. m. *ein solches Thier* Gaim. 3, 8,42. °होम m. Vaitân. 22,21. — 2) *zu einem Opfer Zutritt habend, an einem Opfer Theil zu nehmen berechtigt* Baudh. 2,1,36.

सवनीयपात्र n. Soma-*Schale* Âpast. Çr. 12,3,2.

सवन्त् Adj. 1. स *enthaltend.*

सवपति m. *Herr der* Sava-*Cerimonie* Maitr. S. 4,3,7 (46,11).

सवयस् 1) Adj. *von gleicher Kraft, gleichalterig* Maitr. S. 3,12,14. — 2) m. *Altersgenosse, Freund; f. Freundin.*

सवयस und सवयस्क (Kâçikh. 32,55) Adj. *gleichalterig.*

*सवर n. = शिव und सलिल.

सवरूथ Adj. *nebst der* वरूथ *genannten Schutzvorrichtung am Wagen* MBh. 5,155,3. 6,106,22.

सवरूथिन् Adj. dass. Hariv. 2021.

सवर्गीय Adj. *zu derselben Consonantengruppe* (Gutturale u. s. w.) *gehörig.*

सवर्ण 1) Adj. (f. श्रा) *a) gleichfarbig* (Çiç. 12,69), *von gleichem Aussehen, gleichartig, gleich* (Chr. 250, 32), — *mit* (Gen. oder im Comp. vorangehend). — *b) von gleicher Kaste. — c) homogen* (von Lauten), — *mit* (im Comp. vorangehend). — 2) m. *der Sohn eines Brahmanen von einer* Kshatrijâ Gaut. 4, 16. — 3) f. सवर्णा *a) eine Frau von gleicher Kaste* Gaut. 28,40. Âpast. 2,13,1. 27,11. — *b)* N. pr. α) *der Gattin des Sonnengottes. — β) einer Tochter des Meergottes und Gattin des Prâkinabarhis.

सवर्णत्व n. 1) *Gleichfarbigkeit, — mit* (Instr.). — 2) *das denselben Nenner Haben* Ârjabh. 2,27.

सवर्णन n. *das auf denselben Nenner Bringen* Lîlâv. 9,2 u. s. w.

सवर्णय्, °यति *auf den gleichen Nenner bringen* Lîlâv. 9,9 fgg. Utpala zu Varâh. Brh. 7,1.

सवर्णवर्ण n. *die gleiche Farbe.*

°सवर्णाभ Adj. *von gleicher Farbe mit.*

सवर्णीकरण n. = सवर्णन Comm. zu Ârjabh. 2,27.

सवर्य Adj. *mit trefflichen Eigenschaften ausgestattet* (nach dem Comm.).

सवलता f. *eine zur Pressung von Saft geeignete Pflanze* Sâj. zu Ṛv. 8,29,1.

सवल्ग Adj. *mit einem Zaume —, mit einem Zügel versehen* Çiç. 12,6.

सवविध Adj. = सवनविध.

सवस् in सत्यसवस्.

*सवह्वा f. = सरला *eine Convolvulus-Art.*

सवाकछल Adj. *lügnerisch* Kathâs. 39,215.

सवाचस् Adj. *gleiche Rede führend.*

सवातृ Adj. nach dem Comm. *dasselbe Kalb habend.*

सवात्य und सवात्य Adj. nach dem Comm. *von einer Mutter stammend.*

*सवार्तिक Adj. (ein Sûtra) *nebst den* Vârttika *studirend.*

सवासस् Adj. *bekleidet, mit den Kleidern.*

सवासिन् Adj. *zusammen wohnend.*

सवास्पक Adj. Suçr. 2,61,17 fehlerhaft.

सविंश 1) Adj. (f. श्रा) *nebst einem Zwanzigstel.* — 2) m. *ein best.* Stoma.

सविकल्प Adj. 1) *Verschiedenheit —, Mannichfaltigkeit zulassend, damit behaftet, differenzirt.* — 2) *sammt dem Zwischen-Kalpa.*

सविकल्पक Adj. = सविकल्प 1) 284, 22. 24. 286,13.

सविकार Adj. 1) *sammt seinen Umwandlungen, — Derivaten.* — 2) *sammt seinen Erzeugnissen, — Producten* Gaut. 7,11. — 3) *verliebt.* — 4) *eine Veränderung erleidend, der Zersetzung unterliegend* (Speise) Ind. St. 15,419.

सविकाश Adj. (f. श्रा) *glänzend, leuchtend* Kathâs. 10,89.

सविक्रम Adj. *kräftig, energisch* Çiç. 17,36.

सविक्रोशम् Adv. *um Hülfe rufend* MBh. 14,66,13.

सविक्लवम् Adv. *kleinmüthig* Mâlav. 67,15 (79,6).

सविग्रह Adj. *verkörpert* Râgat. 5,27.

सविचार Adj. (f. श्रा) *von Erwägung begleitet, wobei E. noch nicht ausgeschlossen ist* Lalit. 439,4.

सविचिकित्सितम् Adv. *Zweifel an den Tag legend* Mahâvîrak. 112,14.

सविज्ञान Adj. *mit richtiger Erkenntniss ausgestattet.* Nom. abstr. सविज्ञानत्व n.

सविडालम्भ (!) n. Bhar. Nâṭjaç. *als Bez. eines best. Scherzes.*

1. सवितृ Nom. ag. 1) *Antreiber, Beweger, Beleber.* — 2) Name eines Gottes, der sowohl dem mittleren Gebiet als auch dem Himmel zugerechnet wird. Später *der Sonnengott.* Auch unter den 12 Âditja aufgeführt. — 3) *die Sonne.* — 4) **Calotropis gigantea* Râgan. 10,27.

2. सवितृ, °तरति *als Sonne erscheinen.*

सवितर्क Adj. (f. श्रा) *von Nachdenken begleitet, wobei N. noch nicht ausgeschlossen ist* Lalit. 439,4. °म् Adv. *nachdenkend* Chr. 326,20.

सवितवे Dat. Infin. zu 3. सू AV. 6,17,1. fgg.

सवितृतनय m. Patron. *des Planeten Saturn.*

*सवितृदत्त m. ein Mannsname.

*सवितृदेवत und *°दैवत n. *das unter dem Sonnengott stehende Mondhaus* Hasta.

सवितृपुत्र m. *der Sohn* Savitar's.

सवितृप्रसूत Adj. (f. श्रा) *von* Savitar *geheissen, — angetrieben* TS. 5,1,5,3. Ait. Br. 1,7,12. Çat. Br. 5,1,1,4. Lâṭj. 5,11,4. Nom. abstr. सवितृप्रसूतता f.

*सवितृल m. Hypokoristikon von सवितृदत्त.

सवितृसुत m. Patron. *des Planeten Saturn.*

सवितृसुतदिन n. *Sonnabend.*

सवित्त Adj. *nebst der Habe* Lâṭj. 9,1,14.

*सवित्र n. (करणे von सू).

*सवित्रिय Adj. von 1. सवितृ.

सवित्री f. 1) *Mutter.* — 2) *Bewirkerin, Hervorbringerin.* — 3) N. pr. einer Gottheit. Wohl fehlerhaft für सावित्री.

सविद्ध Adj. in einer etymologischen Spielerei, angeblich = सवितृरूप und विद्धम्.

सविद्य Adj. 1) **denselben Studien obliegend.* — 2) *gelehrt.*

सविद्युत् Adj. *mit Blitzen versehen* (Wolken) 76,17.

सविद्युत n. *Donnerwetter.*

सविध 1) Adj. *von derselben Art.* — 2) n. *Nähe* Çiç. 14,69. Ind. St. 14,383. 388. — 3) °म् Adv. *vorschriftmässig.*

सविधी Adv. 1) कर् *in die Nähe —, herbeibringen* Bâlar. 61,2. — 2) mit भू *in die Nähe kommen, nahe sein* Bâlar. 38,6.

सविनय Adj. *wohlgezogen, bescheiden, anspruchlos.* °म् Adv. 308,15.

सविभक्तिक Adj. *mit einer Casusendung versehen.*

सविभास m. *eine best. Sonne.* Richtig विभास.

सविमर्श Adj. (f. श्रा) *erwägend, überlegend* R. 6, 99,37. Kathâs. 39,40. 45,293. °म् Adv. R. 6,99,20. Çâk. 58,4. सविमर्ष fehlerhaft.

सविलक्षम् Adv. *beschämt, verlegen* Pañkat. 209,13.

सविलक्षस्मितम् Adv. *mit verlegenem Lächeln* Mṛkkh. 90,17. Pañkat. 19,16.

सविलम्बम् Adv. *zögernd, länger als nöthig* Râ-

Çat. 4,572.

सविलास Adj. *sich gefallsüchtig gebarend, mit gefallsüchtigem Gebaren verbunden* Varâh. Bṛh. 4,2. Çiç. 9,26. 13,66. Sâh. D. 181. Bhâg. P. 9,24,64.

सविवध Adj. *das Gleichgewicht haltend.* Nom. abstr. °त्वं n. TS. 7,3,5,2.

सविवेक Adj. *der Urtheilskraft besitzt, klug* Kathâs. 15,62.

सविशङ्क Adj. (f. आ) *von Besorgniss erfüllt* R. 2,26,6. Vgl. अतिसविशङ्कम् Nachtr. 6.

सविशेष 1) Adj. *a) Besonderheiten —, specifische Eigenschaften besitzend. — b) ausserordentlich, absonderlich, ungewöhnlich. — c) Unterschiede machend, die Leute nach Verdienst schätzend.* — 2) °म् und सविशेष° Adv. *a) mit allen Einzelnheiten, ganz genau* Mahâvîrać. 112,14. — *b) in ganz besonderer Weise, über die Maassen, in hohem Grade, vorzüglich.* सविशेषतरम् *in noch höherem Maasse, noch mehr* und auch = सविशेषम्. — 3) m. *die Zahl, welche das Verhältniss der Diagonale eines Quadrats zu einer Seite desselben ausdrückt,* Çulbas. 1,62. 3,67. 149.

सविशेषक Adj. *nebst der Besonderheit.*

सविशेषण Adj. *mit näheren Bestimmungen, — Attributen.*

सविशेषणरूपक n. *eine aus lauter Attributen bestehende Metapher.*

सविश्रम्भ Adj. (f. आ) *vertraulich* (Gespräch), *vertraut* (Freundin) Kathâs. 13,13. 45,243.

सविश्वासम् Adv. *vertrauensvoll* Comm. zu Vâsav. 240.

सविष 1) Adj. (f. आ) *mit Gift versehen, giftig* (217,4); *vergiftet.* — 2) *m. *eine best. Hölle.*

सविषाण Adj. *nebst den Hauzähnen* (eines Elephanten) MBh. 3,271,21. R. 3,7,7.

सविषाद Adj. (f. आ) *bestürzt* Pańkat. 129,13. °म् Adv. 107,19. Çâk. 66,1. 67,20. Vikr. 30,12. Prab. 64,6. Chr. 293,23.

सविषाशिन् Adj. *eine Schlange mit giftigen Zähnen* Râǵat. 8,131 (सविषाशिष: zu lesen).

सविष्टर Adj. *nebst Büscheln von Gras zum Sitzen* Hemâdri 1,170,2.

सविसंकुलम् Adv. *mit grosser Ruhe* Viddh. 73,12.

सविस्तर 1) Adj. (आ) *ausführlich* Pańkad. °म् Adv. *ganz ausführlich, genau* Kathâs. 49,177. Pańkat. 114,20. — 2) *mit den dazu* (zum Veda) *gehörigen Schriften* Hariv. 9491. Bhâg. P. 3,3,2.

सविस्मय Adj. (f. आ) *erstaunt, überrascht* Çiç. 12,17. °म् Adv. Chr. 294,19. 298,21.

सवीमन् n. *Geheiss, Antrieb, Leitung.* Nur Loc.

सवीर Adj. *mit den Zugehörigen.*

सवीर्य Adj. 1) *gleiche Kraft habend mit* (Instr.). — 2) *mit Kraft begabt.* Nom. abstr. सवीर्यत्व n.

सवीवध Adj. *das Gleichgewicht habend.* Nom. abstr. °ता f. und °त्व n.

सवृत् in einer Formel.

सवृतयज्ञ m. *ein zu gleicher Zeit dargebrachtes Opfer* (?) Gop. Br. 2,2,24.

सवृतसोम Adj. *gleichzeitig ein* Soma-*Opfer darbringend* Gop. Br. 2,2,13. Vaitân.

सवृत्त Adj. Nir. 5,4.

सवृत्तिक Adj. *in Bewegung seiend, wirkend.* Nom. abstr. °ता f. Sarvad. im Pandit 9,216,*a*.

सवृद्धिक Adj. *nebst Zinsen* Bṛhaspati in Vîramitrodaja.

सवृध् Adj. 1) *zusammen fröhlich.* — 2) *Wachsthum habend.*

सवृषण Adj. *nebst —, mit Testikeln* Gaut. 23,10. Âpast. 1,25,1. 2,26,10. Chr. 88,23.

सवृष्टिक Adj. *von Regen begleitet.*

सवेग Adj. 1) *von gleicher Geschwindigkeit wie* (im Comp. vorangehend). — 2) *heftig, stark* (Blasen) Çiç. 13,106 (72). °म् Adv. *ungestüm.*

*सवेणी Adj. f. = समानवेणी.

सवेणुवीणम् Adv. *in Begleitung von Pfeifen und Lauten* Varâh. Bṛh. S. 19,18.

सवेताल Adj. *mit einem* Vetâla *versehen* (ein Leichnam) 111,27. 31.

सवेदनम् Adv. *mit Aeusserung des Schmerzes* Dhûrtas. 16,4.

सवेदस् Adj. *gemeinsamen —, gleichen Besitz habend.*

सवेदिक Adj. *nebst Bank* MBh. 8,90,84.

सवेपथु Adj. *von Zittern begleitet, zitternd* MBh. 1,137,1. Suçr. 1,263,16. Kumâras. 4,17. Kathâs. 25,90.

सवेपितम् Adv. *mit Zittern* Spr. 1637.

*सवेश Adj. *benachbart.*

सवेशीय n. in Verbindung mit मरुताम् Name eines Sâman Ârsh. Br.

सवैक्लव्यम् Adv. *verwirrt, kleinmüthig.*

सवैदिक MBh. 8,4712 fehlerhaft für सवेदिक.

सवैर Adj. *feindlich gesinnt* Çiç. 15,2.

सवैराग्यम् Adv. *mit einem Ausdruck des Ueberdrusses, — der Gleichgültigkeit* Pańkat. 66,20. Dhûrtas. 15,10.

सवैलक्ष्य Adj. (f. आ) *beschämt, verlegen.* °म् Adv. 307,30.

सवैलक्ष्यस्मितम् Adv. *mit verlegenem Lächeln* 308,3.

1. सव्य 1) Adj. (f. आ) *a) link.* सव्यम्, सव्येन, सव्यौ, सव्ये und सव्य° *links.* — *b) recht* (Gegens. von *link*). सव्यम्, सव्येन (auch *südlich*) und सव्य° *rechts.* — *c) *widrig.* — *d)* = दृत्त Ǵaim. 4,1,37. Comm. zu 36. v. l. शंम्य. — 2) m. *a) der linke Arm, die linke Hand. — b) der linke Fuss.* — *c)* Bez. *einer der zehn Weisen, auf welche eine Eklipse erfolgen kann.* — *d)* *Bein. Vishṇu's. — 3) n. *die über die linke Schulter getragene heilige Schnur.* Acc. mit कर् *die heilige Schnur über die linke Schulter legen.*

2. सव्य m. N. pr. eines Schützlings des Indra und eines Liedverfassers.

सव्यचारिन् Adj. = सव्यसाचिन् 1), wie die v. l. hat.

सव्यजन Adj. *nebst Fächer, so v. a. nebst Befächelung* Suçr. 2,149,6.

सव्यजानु n. *eine best. Art zu kämpfen* Hariv. 3,124,18.

सव्यञ्जन Adj. *nebst Consonanten, mit einem Consonanten verbunden.*

सव्यतस् Adv. 1) *links* (*auf der unrechten, üblen Seite*). Mit कर् *zu Jmds* (Acc.) *Linken sich stellen.* — 2) *rechts.*

सव्यथ Adj. (f. आ) *sich dem Schmerz hingebend, bekümmert* 127,27. 160,16. Çiç. 9,83.

सव्यपत्रप Adj. (f. आ) *schüchtern, verlegen* R. 2,92,16. Spr. 1019 (सव्य° st. स्वव्य° zu lesen).

°सव्यपेत Adj. (f. आ) *erfordernd, voraussetzend* Uttar. 108,3 (146,7). Kathâs. 107,127.

सव्यबाहु m. *eine best. Art zu kämpfen* Hariv. 3,124,19.

सव्यभिचरण Adj. = सव्यभिचार 1) Káraka 3,8.

सव्यभिचार 1) Adj. *möglicher Weise falsch, nicht absolut zutreffend.* — 2) m. *a) Unsicherheit, Unbestimmtheit, Zweifel.* — *b)* Titel eines Werkes Opp. Cat. 1. Auch °क्रोड m., °निरुक्ति f. und °सामान्यनिरुक्ति f. ebend.

सव्यष्ठर Nom. ag. = सव्यष्ठा. सव्यष्ठसारथी Du.

सव्यष्ठा m. *der links stehende Kämpfer auf dem Streitwagen.*

सव्यसाचिन् 1) Adj. (auch) *mit der linken Hand vertraut, mit beiden Händen geschickt* Maitr. S. 4,2,14 (38,12). — 2) m. *a)* Bein. Arǵuna's. — *b)* **Terminalia Arunja* Râǵan. 9,122.

सव्याज Adj. *falsch, lügnerisch* 319,3. °म् Adv. *verstellter Weise* Çâk. 18,21. Vikr. 12,18.

सव्याधर Adj. *der linke zu unterst* Lâṭj. 1,11,22.

सव्याधि Adj. *krank.*

सव्यानत n. *eine best. Art zu kämpfen* Hariv. 3,124,20.

सव्यौपयकृण Adj. *was links weggelegt —, — zur Ruhe gebracht wird* Maitr. S. 3,2,10 (31,14).

सव्यापार Adj. (f. आ) *beschäftigt* Megh. 85.

सव्याप्रष्टि m. *das auf der Wildbahn links laufende Pferd.*

सव्यायुग्य m. *das linke Jochpferd.*

सव्यावृत् Adj. *nach links sich umwendend* Âpast. Çr. 10,9,19.

सव्यावृत्त Adj. *nach links gedreht.*

सव्याशून्य Adj. *von der Linken nicht losgelassen.*

सव्याहृति und °क (f. आ) Adj. *nebst den Ausrufen* भूस्, भुवस् und स्वस्. सव्याहृतिस्थ Hariv. 7432 fehlerhaft.

सव्याहृतिप्रणवक Adj. *nebst den Ausrufen* भूस्, भुवस्, स्वस् *und* ओम्.

सव्येतर 1) Adj. *recht* (Gegensatz *link*). — 2) n. *eine best. Art zu kämpfen.*

सव्येतरतस् Adv. *links und rechts.*

सव्येष्ठ und *सव्येष्ठर m. = सव्यष्ठर. Nach den Lexicographen *Wagenlenker.* सव्येष्ठसारथी Du. nach dem Comm. *die links und rechts stehenden Wagenlenker.*

सव्योन्नत n. *eine best. Art zu kämpfen.*

सव्रण Adj. 1) *wund.* — 2) *schadhaft, mit einem Fehler behaftet.* — 3) mit शुक्र n. *eine best. Krankheit des Schwarzen im Auge.*

सव्रत Adj. (f. आ) 1) *sich ineinander fügend, harmonisch, zusammenpassend.* — 2) *durch eine Regel u. s. w. gebunden.*

°सव्रतिन् Adj. *gleich verfahrend, gleiche Gewohnheit u. s. w. habend mit.*

सव्रीड Adj. *verlegen, beschämt.* °म् Adv.

सशकल Adj. *nebst Schuppen* (ein Fisch) Ind. St. 13,327.

सशङ्क Adj. (f. आ) 1) *besorgt, ängstlich, schüchtern* MBh. 4,837 (v. l. साशङ्क). Kathâs. 32,66. Çiç. 1,58. °म् Adv. Spr. 7252, v. l. — 2) *Verdacht hegend* Kathâs. 38,143. 45,246.

सशत्रु Adj. *Feinde habend* Spr. 784.

सशब्द Adj. (f. आ) *mit Geräusch —, mit Lärm verbunden, G. oder L. machend, von G. oder L. widerhallend.* °म् Adv. *mit Geräusch, laut* Gobh. 1,2,18. Çiç. 20,21.

सशयन Adj. (f. ई) *zusammenstehend, benachbart.*

सशर Adj. *mit einem Pfeile versehen, sammt dem Pfeile* (94,12).

सशरासन Adj. *nebst Bogen* Varâh. Jogaj. 6,26.

सशरिन् Adj. *mit einem Pfeile versehen* MBh. 7, 111,51.

सशरीर Adj. (f. आ) 1) *sammt dem Körper* (Âpast. 2,24,15), *leibhaftig.* — 2) *mit dem Gebein.* — 3) सशरीरां त्रिर्मूर्धन्यभिषिञ्चेत् so v. a. *er giesse ihr dreimal auf den Kopf, so dass der ganze Leib nass wird,* Gobh. 2,1,10.

सशर्कर 1) Adj. (f. आ) *nebst Sand* Varâh. Bṛh. S. 54,15. — 2) *mit Sandzucker* Suçr. 2,149,5.

सशल्क Adj. *mit Rinde versehen* Gaut.

सशल्य 1) Adj. (f. आ) *eine Pfeilspitze im Körper habend* (95,3), *durch einen Stachel* (in übertragener Bed.) *gepeinigt, verwundet; mit Stacheln —, mit Leiden aller Art verbunden* Hem. Par. 1,348. — 2) *m. *Bär* Râgan. 19,7.

1. सशस्त्र Adj. (f. आ) *einen Anruf habend* Mârk. P. 50,93.

2. सशस्त्र Adj. *bewaffnet* Veṇîs. 37,2.

सशस्त्रमरुत्वतीय m. *der zweite Bechervoll bei der Mittagsspende* Mahîdh. zu VS. 33,27.

सशस्य 1) Adj. fehlerhaft für ससस्य Hariv. 3576. — 2) *f. आ *Tiaridium indicum.*

सशाद्वल Adj. (f. आ) *mit Gras bedeckt* Vishṇus. 99,17.

सशिरःकम्पम् Adv. *den Kopf schüttelnd* Mṛkkh. 65,12. Verz. d. Oxf. H. 142,a,6 v. u.

सशिरस् Adj. *sammt dem Kopfe* Âpast. 1,32,7.

सशिरस्क Adj. (f. आ) dass. Gobh. 2,1,17. Âpast. Çr. 8,8,15. 13,21,1.

सशिरावमज्जन n. *das Untertauchen mit dem Kopfe* Citat im Comm. zu Âpast. Çr. 8,8,15. 13,21,1.

सशीर्षन् Adj. *einen Kopf habend.*

सशुक्र Adj. *sammt der Klarheit, — dem Klaren.* Nom. abstr. सशुक्रत्व n.

सशुच् Adj. *betrübt* Spr. 937.

सशूक 1) Adj. (f. आ) *mit Grannen behaftet* Âpast. Çr. 1,19,1. Paddh. im Comm. zu Kâtj. Çr. 192,9. — 2) m. = आस्तिक Nârada 2,1,328.

सशूलम् Adv. *mit Leibschneiden* Suçr. 2,430,18.

सशृङ्गार Adj. *geputzt, ausstaffirt* Kathâs. 64,131. Pańkat. ed. orn. 49,21.

सशेष Adj. *einen Rest enthaltend, nicht vollständig geleert, unvollständig, noch nicht beendigt* Kâd. 2,37,12 (44,3). Nom. abstr. °त्व n. *das noch nicht Erschöpftsein, das noch nicht zu Ende gehen Sollen.*

सशेषान्न Adj. so v. a. *seine ganze Portion aufessend, einen guten Appetit habend.*

सशोक Adj. (f. आ) *bekümmert, traurig, betrübt.* °म् Adv., °ता f. Nom. abstr.

सश्च्, सश्चति (3te Pl.), auch Med. (सश्चत 3te Pl.) 1) *nachfolgen, befolgen* ṚV. 1,101,3. 2,22,1—3. — 2) *Jmd* (Acc.) *gehören* ṚV. 7,90,3. — 3) *Jmd* (Acc.) *ergeben sein* ṚV. 1,64,12. 3,16,2. 7,26,4. — 4) *Jmd* (Dat.) *zu Willen sein* ṚV. 8,51,7 (Vâlakh. 3,7). सश्चते Dat. Partic. 2,16,4. — 5) Partic. सश्चत् *Verfolger, Feind* ṚV. 1,42,7. 3,9,4. 7,97,4. — Vgl. 1. सच्. — Mit अनु *Jmd* (Acc.) *hold sein* ṚV. 7,18,25.

*सश्मश्रु 1) Adj. (f. eben so) *einen Bart habend* H. 531. — 2) f. *Mannweib.*

सश्यान n. Gop. Br. 2,5,7. Vaitân. 30,16 (Lesart der Hdschrr.) fehlerhaft für संशान.

सश्यापर्ण Adj. *mit den Çjâparṇa's vor sich gehend* Ait. Br. 7,34,8.

सश्रद्ध Adj. (f. आ) *offenherzig* 114,10.

°सश्री Adj. *gleich, ähnlich* Kâçikh. 58,26.

सश्रीक Adj. (f. आ) 1) *prächtig, schön.* Nom. abstr. °ता f. und °त्व n. (292,12 im Prâkrit) *Pracht, Schönheit.* — 2) *im Wohlstand befindlich, Alles vollauf habend* Comm. zu Çiç. 16,78.

सश्लाघम् Adv. *mit Selbstbewusstsein, mit wichtiger Miene* Vikr. 52,7. Prab. 27,18. 48,14. Kandak. 8,1. 27,16.

सश्लेष Adj. *zweideutig, doppelsinnig.* Nom. abstr. °त्व n.

सश्वास Adj. *von Athemzügen begleitet* 181,12.

सषोडशिक Adj. *mit dem 16theiligen* Stoma *verbunden.*

*सष्क (!) gaṇa सिध्मादि. Davon Adj. *सष्कल.

सष्टुभ् f. *ein best. Metrum* TS. 4,3,12,2.

सस्, सस्ति, ससस्ति 1) *schlummern.* — 2) *unthätig —, träge —, faul sein.* — Mit वि, विससत्त् (?) Pańkar. 4,3,203.

सस 1) m. oder n. *Kraut, Gras; Saatfeld.* — 2) m. N. pr. eines Âtreja. — 3) *Adj. *schlafend.*

ससंरम्भ 1) Adj. *aufgebracht, zornig* Kathâs. 72, 2. — 2) Adv. °म् *a) aufgebracht* Prab. 112,16. — *b) in grosser Hast, so v. a. in aller Kürze* Sarvad. 37, 6.

ससंवाद Adj. (f. आ) *übereinstimmend* Kathâs. 34, 152. °म् Adv. 122,91.

ससंविद् Adj. *mit dem man sich verabredet hat* Kathâs. 57,109.

ससंशय Adj. (f. आ) 1) *im Zweifel seiend, zweifelnd.* — 2) *dem Zweifel unterliegend, zweifelhaft.*

*ससखि Adv. *einem Freunde gleich* L. K. 973.

ससखीका Adj. f. *im Verein mit den Freundinnen* Kathâs. 20,112. 66,178. 119,125.

ससंकट Adj. *mit schweren Passagen, schwer zu passiren* (Weg) LA. 87,9.

ससंकेत Adj. *mit dem man Etwas verabredet hat, in ein Geheimniss eingeweiht* 127,14.

ससङ्ग Adj. *anhaftend, anhängend.* Nom. abstr. °त्व n. *das Haften an Etwas, Berührung, Contact.*

*ससंग्रह Adj. *der daneben auch den Saṁgraha studirt* Pat. zu P. 4,2,60.

ससचिव Adj. *nebst Minister* 64,19.

ससंज्ञ Adj. *volles Bewusstsein habend, bei Besinnung seiend.*

ससट Adj. *recht haarig, — struppig* Varâh. Bṛh. S. 62,1.

ससत्त्रिन् und सँसत्त्रिन् m. *Festgenosse.*

ससत्त्व Adj. (f. आ) 1) *muthig.* — 2) *von Thieren besetzt.* — 3) f. *schwanger.*

सँसत्य Adj. *von wahrer Rede begleitet* Maitr.S. 3, 4,7 (54,8. 10).

ससद्भाव Adj. *von Zuneigung begleitet* Kâd. 2,7,1.

ससंततिक Adj. *nebst Nachkommenschaft* Kull. zu M. 3,15.

ससंतान Adj. dass. M. 3,15.

ससंदेह Adj. (f. आ) *an Etwas zweifelnd* Kathâs. 12,161.

ससंध Adj. (f. आ) R. Gorr. 2,105,18 fehlerhaft für ससंध्य.

ससंध्य Adj. (f. आ) *mit der Morgenröthe sich berührend* R. 2,96,19.

ससंनाम Adj. *sich demüthig verneigend* Nalod. 1,3.

ससप्तक Adj. *eine Heptade enthaltend* Weber, Gjot. 106.

ससप्तद्वीप Adj. (f. आ) *nebst den sieben Inseln* Nṛs. Tâp. Up. in der Bibl. ind. 11.

ससप्रैष Adj. Verz. d. Oxf. H. 56,a,8 fehlerhaft für ससंप्रैष.

ससभ्य Adj. *nebst Beisitzern, — Richtern* 210,24.

ससमिद्गण Adj. *nebst einem Haufen Brennholz* R. 2,56,30.

ससंपद् Adj. *im Wohlstand befindlich, Alles vollauf habend* Çiç. 16,78.

ससंपातिन् Adj. *nebst dem* Râkshasa Sampâtin (= Sampâti) R. 6,108,8.

ससंप्रैष Adj. *nebst den Aufforderungen an die fungirenden Priester* Verz. d. Oxf. H. 56,a,8 (सप्रैष fehlerhaft).

ससंभारयजुष्क Adj. *mit den* Sambhârajagus Âpast. Çr. 14,13,8.

ससंभ्रम (f. आ) *aufgeregt, eine heftige Gemüthsbewegung —, einen grossen Eifer an den Tag legend, sich überstürzend.* °म् Adv.

ससर्प Adj. (f. आ) *eine Schlange bergend* Uttamak. 322.

ससर्परी f. etwa *Kriegstrompete.* Nach Bṛhadd. = वाच्.

ससस्य Adj. (f. आ) *mit Getraide bestanden* Hariv. 2,10,28.

ससहाय Adj. *mit einem Genossen, nicht allein stehend* Ind. St. 13,472.

ससाक्षिक Adj. *vor Zeugen geschehend.* °म् Adv. *vor Zeugen* Jâgn. 2,63.

ससागर Adj. (f. आ) *nebst den Meeren* 329,2. Ind. St. 9,76.

ससात्यक Adj. *nebst* Sâtjaka Hariv. 7460.

ससादि Adj. *nebst Reitern* MBh. 8,75,7. 89,66.

ससाधन n. Adj. 1) *Mittel habend* MBh. 5,46,16. — 2) *nebst Streitmitteln, — Streitmacht* Kâm. Nîtis. 4,77.

ससाधनोपवर्गनिरूपण n. Titel eines Stabaka in einem Werke.

ससाध्वस Adj. *bestürzt, erschrocken* Çiç. 7,52. °म् Adv. Chr. 304,1.

ससांधतीक Adj. *nebst der* Arundhatî 218,20.

ससार Adj. 1) *fest, stark, widerstandsfähig* Kumâras. 5,19. Nom. abstr. °ता f. Çiç. 19,15. — 2) *nebst saurem Rahm* Suçr. 2,441,8.

ससारथि Adj. *nebst Wagenlenker* Kauç. 15.

ससार्थ Adj. *mit einer Karavane* Kathâs. 57,72.

ससावर्ण Adj. *nebst der* Saṁhitâ Sâvarṇikâ Verz. d. Oxf. H. 56,a,9.

ससित Adj. *mit Zucker* Suçr. 2,149,5.

ससितोपल Adj. *mit Zucker* Pańkar. 3,13,6.

ससितोत्पलमालिन् Adj. *mit weissen Lotusblüthen bekränzt* 218,13.

ससीत Adj. *nebst* Sîtâ R. 2,46,27.

ससीमक Adj. *nebst der Mark* Pat. zu P. 1,1,7, Vârtt. 8.

*ससीमन् Adj. *angrenzend, benachbart.*

ससुगन्ध Adj. *wohlriechend* Varâh. Bṛh. S. 60,10.

ससुगन्धिगात्र Adj. *von parfümirten Männern begleitet* Vishṇus. 99,19.

ससुत Adj. (f. आ) *nebst Söhnen, — Kindern* 55,16.

ससुदर्शन Adj. *mit* Vishṇu's *Discus versehen* Hemâdri 1,333,17.

ससुन्दरीक Adj. *nebst Gattin* Ind. St. 15,392.

ससुपर्ण Adj. *nebst dem* Suparṇa *genannten Abschnitte vedischer Lieder* Ind. St. 3,276.

ससुब्रह्मण्य Adj. *mit dem* Subrahmaṇja Comm. zu Âpast. Çr. 12,23,13.

1. ससुर Adj. *nebst den Göttern* Çiç. 16,12.

2. ससुर Adj. 1) *nebst Branntwein* ebend. — 2) *betrunken.*

ससुवर्ण Adj. *nebst Gold* Vishṇus. 90,3.

ससुहृद् Adj. *Freunde habend* Spr. 784.

ससुहृन्मित्रबान्धव Adj. *nebst Freunden, Genossen und Angehörigen* Pańkar. 4,3,203.

ससूक (?) Adj. Hem. Par. 7,42.

ससूत Adj. *nebst Wagenlenker* MBh. 8,75,6. 7. 78,67.

सँसूति Maitr. S. 2,7,12 (92,14) v. l. für सँकृति in TBr.

सँसूनु Adj. AV. 5,27,1 falsche Lesart.

ससैन्य Adj. *nebst einem Heere* R. 6,79,8.

सँसोम Adj. *mit* Soma Çat. Br. 11,7,2,8. Nom. abstr. ससोमत्व n. Tâṇḍja-Br. 8,4,1.

ससोमपीथ Adj. *gleicherweise mit* (Instr.) *am* Soma-*Trank betheiligt.*

ससौरभ Adj. *wohlriechend* Çiç. 16,20.

ससौराष्ट्र Adj. *nebst den* Saurâshṭra Kathâs. 120,76.

सस्तुतशस्त्र Adj. *mit* Stotra *und* Çastra *verbunden* Âpast. Çr. 14,2,11.

सस्त्रीक Adj. 1) *sammt der Gattin* Âpast. Çr. 7, 21,6. 27,16. — 2) *beweibt, verheirathet.*

सस्थण्डिलक Adj. *nebst den Opferplätzen* Pat. zu P. 1,1,7, Vârtt. 8.

सस्थाणुजङ्गम Adj. (f. आ) *mit dem Unbeweglichen und Beweglichen* MBh. 1,34,5. 173,39.

सस्थान Adj. 1) *dieselbe Stellung einnehmend wie* (Gen.) Ârsh. Br. 3,8. 9. — 2) *an derselben Stelle des Mundes hervorgebracht wie* — (Gen. oder im Comp. vorangehend).

सँस्थावन् Adj. *was sich zusammen befindet.*

सस्थास्नुचारिन् Adj. *mit Unbeweglichem und Beweglichem.* Dieses ist herzustellen für संस्थास्नुचारिन् und संस्थानचारिन्.

सँस्थूण Adj. *sammt dem Pfeiler* Çat. Br. 14,5,2, 1. सस्थूणाच्छिन्न *sammt dem Stumpfe abgehauen* Kâm. Nîtis. 19,9.

सँस्नि Adj. 1) *verschaffend, schenkend, spendend.* Superl. °तम. — 2) *gewinnend, erwerbend;* auch so v. a. *Räuber.* — 3) *angeblich = संस्नात.

सस्नेह Adj. (f. आ) 1) *ölhaltig, fettig.* — 2) *Jmd* (Gen.) *in Liebe zugethan, liebevoll* Kathâs. 39,40. °म् Adv. Çiç. 15,129 (95).

सस्नेहबहुमान Adj. *von Liebe und Hochachtung begleitet* Kathâs. 18,214.

सस्पिँञ्जर Adj. = शष्पिँञ्जर TS. 4,5,2,1.

सस्पृह Adj. (f. आ) 1) *verlangend, begehrend* (290, 2), — *nach* (Loc.), *zu* (Infin.), *ein Verlangen ausdrückend* Kâd. 2,7,2. °म् Adv. Chr. 297,5. Çiç. 14, 43. — 2) *neidisch.* °म् Adv.

सस्फुर Adj. *zuckend,* so v. a. *lebend* Bhaṭṭ. 15,100.

सस्फुलिङ्ग Adj. *Funken sprühend* Nârada 2,1, 289. MBh. 2,23,12. 13,14,259. R. 3,34,6.

सस्मय Adj. (f. आ) *von Selbstgefühl erfüllt, hochmüthig* Çiç. 19,17.

सस्मित Adj. (f. श्रा) *von Lächeln begleitet, lächelnd.* °म् und सस्मित° Adv. 298,31. Çiç. 20,52.

सस्मेरम् Adv. *lächelnd* Hâsj. 22,14.

1. सस्यँ n. (adj. Comp. f. श्रा) Sg. und Pl. *Saat auf dem Felde, Feldfrucht;* auch *Frucht* überh. Karaka 1,27. 6,1. 20. शस्य fehlerhaft.

2. सस्य 1) m. *ein best. edles Mineral.* — 2) *n. *a)* = गुण. — *b)* = शस्त्र. — Richtig wohl शस्य.

सस्यक 1) *Adj. *in seiner Art vollkommen, woran Nichts auszusetzen ist* Kâç. zu P. 5,2,68. — 2) m. *a) ein best. Edelstein.* v. l. शस्यक. — *b)* **Schwert.* — 3) n. *ein best. edles Mineral.* — Richtig wohl शस्यक.

सस्यक्षेत्र n. *Saatfeld* 152,27.

सस्यँद् Adj. *fliessend* oder f. *fliessender Strom.*

सस्यपाल m. *Feldhüter.*

*सस्यमञ्जरी f. *Aehre.*

*सस्यमारिन् m. *Ratte* Râgan. 19,58.

सस्यमालिन् Adj. *saatumkränzt, mit Kornfrüchten reich besetzt* 85,19.

सस्यरक्षक m. *Feldhüter* 153,2.

सस्यरक्षा f. *Hütung der Felder* Vivâdak. 66.

सस्यवत् Adj. *reichlich mit Feldfrüchten bestanden.*

सस्यवेद m. *die Lehre vom Ackerbau* Hemâdri 1, 514,6. 7.

सस्यशालिन् Adj. *reich an Saatfeldern* R. 3,22, 5. 5,80,31. Hemâdri 1,288,1.

*सस्यशीर्षक n. *Aehre.*

*सस्यशूक n. *Granne des Getraides.*

*सस्यसंवर und *°संवरण m. *Vatica robusta.*

सस्यहन् 1) Adj. *die Saat auf dem Felde vernichtend.* — 2) m. N. pr. eines bösen Dämons.

सस्यहन्तर् m. = सस्यहन् 2).

सस्याकरवत् Adj. wohl *reichlich mit Feldfrüchten bestanden.*

सस्याद् Adj. *Getreide fressend* AV. Paipp. 7,1,3,3.

सस्यानन्द m. Titel eines Werkes Opp. Cat. 1.

सस्यावाप m. *das Säen der Feldfrüchte* 214,3.

सस्रँ Adj. (f. श्रीँ) *fliessend.*

सस्रज् Adj. *bekränzt* Çâṅkh. Çr. 12,16,2.

सस्रि Adj. *gleitend, laufend.*

सस्रुँत् Adj. *fluthend, fliessend.*

सस्रोतस् Adj. *dass.*

सस्वन Adj. (f. श्रा) *laut, laut tönend* MBh. 1,19, 26. °म् Adv.

सस्वँर् 1) Adv. *unvermerkt, im Stillen, heimlich.* — 2) *ohne,* mit Abl.

सस्वर Adj. 1) *gleichlautend mit* (im Comp. vorangehend). — 2) *einen gleichen Ton habend mit* (Instr.). — 3) *laut.* °म् Adv. 108. — 4) *den Ton habend, betont.*

सस्वँर्ता Adv. = सस्वँर्.

सस्वाहाकार Adj. (f. श्रा) *von dem Zuruf* स्वाहा *begleitet* 25,2. Âpast. Çr. 14,15,3.

सस्वेद 1) Adj. (f. श्रा) *schwitzend* MBh. 4,16,5. Kathâs. 111,4. Râgat. 5,343. — 2) *f. श्रा *eine befleckte Jungfrau.*

1. सह्, सँहते (in der klassischen Sprache meist nur metrisch), °ति; der Wurzelvocal und die Reduplicationssilbe im Veda häufig gedehnt. Partic. साढँ (nur vedisch) und सोढ; Absol. सोढ्वा Comm. zu Âpast. Çr. 12,24,10. 1) *bewältigen, gewinnen* (Schlachten). Ohne Object *siegreich sein.* साह्वँस् und सासह्वँस् *bewältigend, siegreich.* — 2) *Jmd* (Acc.) *Gewalt anthun.* — 3) *Etwas bewältigen,* so v. a. *Meister werden über Etwas, zurückhalten, hemmen.* — 4) *vermögen;* — *zu* (Infin. oder Nom. act. im Loc.). सँहत् vom Reichthum so v. a. *viel vermögend, wodurch Vieles erlangt werden kann.* — 5) *Etwas ertragen, tragen,* so v. a. *aushalten, überwinden, einer Widerwärtigkeit widerstehen,* — *nicht unterliegen.* — 6) *Etwas ertragen, leiden,* insbes. *geduldig ertragen, sich gefallen lassen, ruhig ansehen,* — *anhören,* — *hinnehmen, über sich ergehen lassen.* Mit न *nicht gönnen.* — 7) *Jmd ertragen, leiden.* — 8) *Jmd* (Gen.) *Alles nachsehen, nicht ungehalten sein über Jmd.* — 9) *Jmd verschonen.* — 10) *Etwas dulden,* so v. a. *anerkennen wollen.* — 11) eine Zeit *ertragen,* so v. a. *sich gedulden.* कालक्षेपम् *sich einige Zeit gedulden.* — Caus. साहयति (मर्षणे). Simplex nicht zu belegen. — Desid. सीँक्षते (Partic. सीँक्षत्) *bewältigen wollen.* — Desid. vom Caus. सिसाहयिषति. Simplex nicht zu belegen. — Intens. in सासहिँ (Padap. ससहिँ). — Mit श्रभि 1) *überwältigen, unter sich bringen.* — 2) *mit Gewalt schänden, nothzüchtigen.* — 3) *Etwas ertragen, nachsehen, verzeihen.* — Mit उद् 1) *tragen, ausdauern, aushalten* Vaitân. 20,21. — 2) *vermögen, im Stande sein* (sowohl physisch als auch moralisch); *sich bewogen fühlen, wollen;* die Ergänzung ein Infin. (Divjâvad. 93,13. 17. 125,19. 293,26), ein Acc. (स्वार्थम् so v. a. *seine Sache zu betreiben vermögen*),°श्रर्थम् (सेकार्थम् *zu begiessen*), Acc. mit प्रति (Çiç. 14,83), Loc. oder Dat. Mit न und Infin. so v. a. *sich nicht entschliessen können zu* Divjâvad. 502,2. — Caus. *Jmd bestärken, aufmuntern, zu Etwas* (Loc.) *anstacheln, antreiben* 204,32 (उत्साहयेत् Conj. für उत्सादयेत्). — Desid. vom Caus. *Jmd zu bestärken —, aufzumuntern —, anzustacheln bestrebt sein* Bhatt. — Mit श्रभ्युद् 1) *Jmd* (Acc.) *zu bewältigen —, Jmd zu widerstehen vermögen.* — 2) *vermögen, im Stande sein;* mit Infin. — 3) *sich zu Etwas* (Dat.) *stark hingezogen fühlen, hinneigen zu* Bâlar. 24,18. — Mit प्रोद् *voller Muth sich anschicken,* mit Infin. Bhatt. — Caus. *bestärken, aufmuntern, auffordern, anstacheln, reizen* 204,20 (प्रोत्साह्य Conj. für प्रोत्साद्य). 223,33. प्रोत्साहति (!) = प्रोत्साहयति; प्रोत्साहयन्तम् MBh. 6,97,33 fehlerhaft für प्रोत्सादयन्तम्. — Mit समुद् *vermögen, im Stande sein;* mit Infin. — Caus. *bestärken, aufmuntern, anstacheln.* समुत्साह्य MBh. 14,2352 fehlerhaft für समुत्साद्य. — Mit नि, *निषहते. Vgl. नीषँह्. — *Caus. Aor. न्यसीषहत्. — Mit निस् *bewältigen.* — Mit परि (°षहते) *ertragen, aushalten, widerstehen* Bhatt. — *Caus. Aor. पर्यसीषहत्. — Mit प्र 1) *besiegen, siegen.* — 2) *fertig werden —, es aufnehmen können mit* (Acc.). — 3) *Gewalt haben über Jmd, Jmd Etwas anhaben können;* mit Acc. der Person. — 4) *Meister werden über Etwas, zurückhalten, hemmen.* — 5) *vermögen,* mit Infin. — 6) *Etwas ertragen, aushalten,* einer Widerwärtigkeit *widerstehen,* — *nicht unterliegen.* — 7) *zu tragen —, zu leiden haben.* प्रसहयामि vielleicht fehlerhaft für प्रसहयामि. — 8) प्रसह्य Absol. *a) mit Anwendung von Gewalt,* — *von Kraft, gewaltsam* Gaut. 4,12. — *b) in hohem Grade, gar sehr.* — *c) ohne irgend eine Rücksicht zu nehmen, ohne Weiteres, ohne sich lange zu bedenken.* — *d) mit Nothwendigkeit, jedenfalls, durchaus.* Mit einer Negation *durchaus nicht.* — Mit श्रभिप्र *vermögen,* mit Infin. — Mit संप्र 1) *Meister werden über Etwas, zurückhalten, hemmen.* — 2) *Etwas ertragen, aushalten, überwinden.* — 3) संप्रसह्य Absol. *jedenfalls, durchaus.* — Mit प्रति *widerstehen, fertig werden mit* (Acc.). — Mit वि (विषहते) 1) *überwältigen, in der Gewalt haben, es mit Jmd aufnehmen können, fertig werden mit Jmd, Jmd Etwas anhaben können;* mit Acc. — 2) *vermögen,* mit Infin. Çiç. 14, 29. 17,10. — 3) *Etwas ertragen, aushalten, überwinden,* einer Widerwärtigkeit *widerstehen,* — *nicht unterliegen.* विसोढ (so zu lesen) Kathâs. 46, 121. — 4) *Etwas ertragen, leiden.* — 5) *geduldig ertragen, sich Etwas gefallen lassen.* न जीवितुं त्वां विषहे *ich kann es nicht leiden, dass du lebst.* — विषह्यति Mahâvîrak. 59,10 wohl fehlerhaft für भिषज्यति; vgl. Bâlar. 76,8. — *Caus. Aor. व्यसीषहत्. — Intens. in विषासहिँ. — Mit सम् 1) *es mit Jmd aufnehmen können, mit Jmd fertig wer-*

den; mit Acc. — 2) *Etwas aushalten, überwinden,* einer Widerwärtigkeit *widerstehen, — nicht unterliegen;* mit Acc.

2. °सह् (stark °साह्) Adj. *bewältigend, tragend, aushaltend, mächtig einer Sache.*

3.*सह्, सह्यति (चक्यर्थे = तृप्तौ und शक्तौ).

1. सहँ 1) Adv. *gemeinsam, zusammen, zugleich* (auch so v. a. *und*). Mit ग्रह् und आ-दा *mitnehmen;* mit दा *mitgeben;* सह कृत्वा so v. a. *in Begleitung von* (Acc.); सह गच्छन्ति गच्छन्तम् *sie folgen ihm nach, wenn er geht.* — 2) Präp. *mit, sammt, nebst, zugleich mit;* mit Instr. (Abl. Spr. 1488. Saddh. P. 272). Wird bisweilen auch da hinzugefügt, wo die *Gemeinschaft* schon durch सम् ausgedrückt ist. Eigenthümlich, unserem Sprachgefühl nicht entsprechend, erscheint diese Präposition bei विश्वास *Vertrauen zu* (141,27), अनुरागवन्त् *verliebt in* (156, 18), वियोग *Trennung von* (MBh. 3,65,34. Çiç. 12, 63. Pańkat. 30,22) u. s. w. Hier und da abgeschwächt für den einfachen Instr. wie das deutsche *mit.* — 3) am Anfange eines Comp. in Verbindung *a*) mit einem Nomen verbale, die *Gemeinsamkeit* einer Thätigkeit u. s. w. ausdrückend. — *b*) mit dem *Begleitenden, Dabeiseienden,* ein adj. Comp. bildend. Zum Ueberfluss wird bisweilen an ein solches Comp. noch das Suffix वन्त् gefügt. — *c*) *mit einem Zeitbegriff, das *Zusammenfallen* mit demselben bezeichnend und ein adv. Comp. bildend. — 4) am Ende eines Comp. वैनतेय° *mit* Vainateja.

2. सहँ 1) Adj. (f. आ) *a*) *gewaltig.* — *b*) am Ende eines Comp. *überwindend.* — *c*) *einer Sache widerstehend, ertragend, aushaltend, nicht unterliegend, einer Sache gewachsen, trotzend;* mit Gen. oder im Comp. nachfolgend (das gewöhnlichere). — *d*) *vermögend, im Stande seiend;* mit Infin. oder am Ende eines Comp. nach einem Nom. act. — 2) m. *a*) *ein best. Wintermonat* Káraka 8,6. — *b*) *ein best.* Agni (neben andern Monatsnamen). — *c*) *eine best. Pflanze.* — *d*) N. pr. eines Sohnes α) eines Manu. — β) des Prâṇa von der Ûrgasvatî. — γ) des Dhṛtarâshṭra. — δ) des Kṛshṇa. — 3) f. सहा *a*) *die Erde.* In Verbindung mit लोकधातु bei den Buddhisten *die von den Menschen bewohnte Welt* Kâraṇḍ. 88,10. — *b*) Bez. *verschiedener Pflanzen.* Nach den Lexicographen *Aloe perfoliata,* = दण्डोत्पला, पीतदण्डोत्पला, रास्ना, शुक्लकिण्टी, सर्पकङ्काली, स्वर्णाली und तगरपुष्प. — *c*) * *Unguis odoratus.* — 4) *n. *a*) = बल. — *b*) *eine Art Salz.*

3. सह *m. *Gefährte,* f. आ *Gefährtin.*

सहर्षभ Adj. (f. आ) *sammt dem Stier.*

सहंसवालव्यजन Adj. (f. आ) *mit Schwänen als Fliegenwedeln* 162,30.

सहक Adj. *ertragend, aushaltend.*

सहँकण्ठक Adj. (f. °ण्ठिका) *sammt der Luftröhre.*

सहकर्तर् Nom. ag. *Gehülfe.*

1. सहकार 1) m. *a*) *Mitwirkung, Beistand.* — *b*) *eine überaus wohlriechende Mango-Art* Spr. 7791. Çiç. 10,3. Vâsav. 131,1. 232,5. 263,3. 265,3. — 2) n. *a*) *Mangoblüthe.* — *b*) *Mangosaft.*

2. सहकार Adj. *mit dem Laute* ह *versehen.*

सहकारता f. Nom. abstr. von 1. सहकार 1) *b*).

सहकारभञ्जिका f. *das Brechen von Mangoblüthen,* Bez. *eines best. Spiels.*

सहकारमञ्जरी f. ein Frauenname Vâsav. 232,5.

सहकारिता f. und °कारित्व n. Nom. abstr. zu सहकारिन्.

सहकारिन् Adj. *eintretend;* m. *ein eintretender Factor, Hülfsmittel, Gehülfe* Spr. 7791.

सहकारिभाव m. = सहकारिता.

°सहकृत Adj. *begleitet von.*

सहकृत्वन् Adj. (f. °त्वरी) *mitwirkend, helfend;* mit Gen.

सहक्रम्य Adj. *im* Krama 11) *anzuschliessen.*

सहखट्वासन n. *das Zusammensitzen auf derselben Bettstelle.*

सहगमन n. *das Mitgehen* (mit dem verstorbenen Gatten), *Wittwenverbrennung.*

सहगु Adj. *nebst Rindern* AV. Paipp. 3,2,5,4.

सहगुड Adj. *mit Zucker versehen* Varâh. Brh. S. 105,8.

सहँगोप Adj. (f. आ) *sammt dem Hirten.*

सहचन्द्रललाम Adj. *nebst dem Mondgeschmückten,* d. i. *nebst* Çiva Bhâg. P. 3,16,9.

सहचर 1) Adj. *a*) *zusammengehend, mitgehend, begleitend.* — *b*) *zusammengehörig.* — *c*) *ähnlich, gleich* Subhâshitâv. 3,7. — 2) m. *a*) *Begleiter, Gefährte* Prasannar. 32,8. 111,19. Çiç. 7,47. — *b*) *Barleria prionitis* (पीत) und *cristata* (नील) Káraka 6,24. — *c*) * = प्रतिबन्धक. — 3) f. ई *a*) *Gefährtin, Geliebte, Gattin* Vâsav. 264,3. — *b*) = *2) *b*).

सहचरण 1) Adj. = सहचर 1) *b*). — 2) n. *das Verbundensein* Njâjas. 2,2,64.

सहचरभिन्न m. (Kâvjapr. 7,9), °ता f. und °त्व n. *Verschiedenheit des Zusammengehenden, — des Zusammengestellten,* ein best. Fehler in der Rhetorik. Beispiel Spr. 6569.

सहचरित Adj. *zusammengehend, zusammenfallend, zusammengehörig, gleichartig* Paribh. 103. Nom. abstr. °त्व n.

सहचरीधर्म m. *Beischlaf* Hariv. 1216.

सहचारँ m. 1) *das Zusammengehen.* — 2) *das Zusammenfallen.* Nom. abstr. सहचारत्व n.

सहचारित्व n. *Zusammengehörigkeit, Untrennbarkeit.*

सहचारिन् 1) Adj. *a*) *zusammengehend, — lebend, gesellig lebend* (Vögel). — *b*) *zusammengehörig, wesentlich gehörend zu* (im Comp. vorangehend), *constant* H. 325. — 2) m. *Begleiter, Gefährte* MBh. 3, 11,19. — 3) f. °णी *Gefährtin.*

सहचैत्यवन्त् Adj. *nebst den Heiligthümern* R. 5, 50,21.

सहँच्छन्दस् Adj. *sammt den Metra.*

सहजँ 1) Adj. (f. आ) *a*) *gleichzeitig geboren, — entstanden mit* (Gen.). — *b*) *angeboren, ererbt, von der Geburt —, von Anfang an daseiend.* देश m. so v. a. *Heimat.* Am Anfange eines Comp. so v. a. *von Geburt, von Natur, von Hause aus.* — *c*) *natürlich, naturgemäss.* — *d*) *seine ursprüngliche Beschaffenheit bewahrend, sich nicht weiter verändernd.* — 2) m. N. pr. verschiedener Männer. — 3) f. सहजा N. pr. verschiedener Frauen. — 4) n. *a*) *das dritte astrologische Haus.* Angeblich auch m. — *b*) *eine Erlösung bei Lebzeiten.*

सहजग्धि f. als Erklärung von सँग्धि.

सहजन्मन् Adj. *von der Geburt an daseiend, ererbt* (Diener).

सहजन्य 1) m. N. pr. eines Jaksha. — 2) f. आँ N. pr. einer Apsaras.

सहजपाल m. N. pr. verschiedener Männer.

*सहजललित m. N. pr. eines Mannes.

सहजविलास m. desgl.

सहजसिद्धि f. Titel eines Werkes.

सहजाँ Adj. *gleichzeitig entstanden.*

सहजात Adj. 1) *gleichen Alters, Altersgenosse.* — 2) *angeboren.*

सहजाधिनाथ m. N. pr. eines Fürsten.

सहजानन्द m. N. pr. eines Mannes.

सहँजानि Adj. *mit dem Weibe.*

सहँजानुष Adj. *sammt der Brut.*

सहजाष्टक n. Titel Burnell, T.

सहजित् Adj. *sofort siegreich,* Beiw. von Fürsten.

सहजीविन् Adj. *zusammenlebend.*

सहजेन्द्र m. N. pr. eines Mannes.

सहजोषण Adj. als Erklärung von सजोषस्.

*सहण्डुक n. *ein best. Fleischgericht.*

°सहता f. 1) *das Ertragen von.* — 2) *das Vermögen, im Stande Sein zu.*

1. सहत्व n. *Gemeinsamkeit.*

2. °सहत्व n. *das Ertragen, Zulassen.*

सहत्वकर्मन् n. *eine gemeinsam zu vollbringende Handlung* Âpast. 2,11,17.

सहदण्ड Adj. *nebst Heer* 109,18.

*सहदान n. *gemeinsame Darbringung* (an mehrere Götter).

सहदानु Adj. *sammt dem oder den* Dânu.

सहदार Adj. *nebst Gattin* MBh. 1,206,26.

सहदीक्षिन् Adj. Pl. *zusammen die Weihen nehmend* Tâṇḍja-Br. 10,3,6.

सहदेव 1) Adj. *nebst den Göttern.* — 2) m. N. pr. verschiedener Männer, unter andern des jüngsten der Pâṇḍava. — 3) f. सहदेवा *a)* Bez. *verschiedener Pflanzen.* Nach den Lexicographen *Sida cordifolia, Echites frutescens,* = दण्डोत्पला, पीतदण्डोत्पला und सहा. — *b)* N. pr. einer Tochter Devaka's und Gattin Vasudeva's. — 4) f. सहदेवी Bez. *verschiedener Pflanzen.* Nach den Lexicographen *Sida cordifolia* und *rhombifolia* (Râgan. 4,100. Bhâvapr. 1,208. 3,119), = सर्पाक्षी und पीतदण्डोत्पला.

सहदेवज entweder Adj. *nebst* Devaǵa oder m. Bein. Kṛçâçva's.

सहदेवत Adj. (f. आ) *nebst den Gottheiten* AV. 12,4,23.

सहदेवशास्त्र n. Titel eines Werkes.

सहदेवि m. Râgat. 8,2172 fehlerhaft für साहदेवि.

सहधर्म m. *eine Pflicht, die man mit einem Andern theilt.*

सहधर्मचर Adj. (f. ई) *die Pflichten in Gemeinschaft erfüllend;* f. *eine Gattin, die mit dem Gatten die Pflichten in Gemeinschaft erfüllt.*

सहधर्मचरण n. *das Erfüllen der Pflichten in Gemeinschaft* (mit dem Gatten).

सहधर्मचारिन् Adj. *die Pflichten in Gemeinschaft erfüllend, — mit* (Gen.), f. *eine solche Gattin* Gaut.

सहधर्मन् Adj. *nebst den Pflichten* u. s. w.

*सहधर्मिणी f. *Gattin.*

सहधान्य Adj. *mit Lebensmitteln versehen.*

सहध्यै Dat. Infin. zu 1. सह् RV. 6,1,1. 7,31,12.

सहन 1) Adj. (f. आ) *a) bewältigend, gewaltig* in einer Etymologie. — *b)* **Alles ertragend, sich gefallen lassend, geduldig.* — 2) *m. = संज्ञायाम्. — 3) n. *geduldiges Ertragen.* — Vgl. असहन.

सहनन Adj. *nebst Schlägel* (zur Trommel) Çâñkh. Çr. 17,4,1. fgg.

*सहनर्तन n. *gemeinsamer Tanz.*

सहनिर्वाप m. *gemeinsame Darbringung.*

सहनीय Adj. *geduldig zu ertragen, zu verzeihen, nachzusehen.*

सहनौ Adj. *nebst dem Schiffe* Bhâg. P. 8,24,37.

सहन्तम Adj. *am meisten bewältigend, der gewaltigste.*

सहन्त्य, सहन्तिय Adj. *bewältigend, gewaltig.* Vgl. साहन्त्य.

सहपति m. Beiw. Brahman's als *Herrn der von den Menschen bewohnten Welt.* — सहपत्या VS. 37,20 fehlerhaft für सह पत्या.

सहपत्नि Adj. *nebst der Gattin* R. 7,8,22.

सहपत्नी Adj. f. *nebst dem Gatten.*

सहपत्नीक Adj. *nebst der Gattin* Âpast. Çr. 7,21,6. 27,16.

*सहपांसुकिल m. *ein Freund aus der Knabenzeit, da man zusammen mit Sand spielte.*

सहपांसुक्रीडन n. *gemeinsames Spielen mit Sand* (in der Knabenzeit).

सहपांसुक्रीडित Adj. *mit dem man* (in der Kinderzeit) *gemeinsam mit Sand gespielt hat* Kâd. 2,113,24 (140,11).

सहपाठ m. *das zusammen Erwähntwerden.*

सहपान n. und *°क n. *gemeinsames Trinken, Zechgelage.*

सहपिण्डक्रिया f. *gemeinsame Darbringung des Mehlklosses beim Manenopfer.*

सहपीति f. zur Erklärung von सपीति.

सहपुत्र Adj. (f. आ) *nebst Sohne, — Söhnen, — Kindern* P. 6,3,83, Sch. MBh. 1,74,11.

सहपुरुष und सहपूरुष Adj. *sammt den Männern.*

*सहपूर्वाह्णम् Adv. *mit dem Beginn des Vormittags* P. 6,3,81, Sch. Vop. 6,61.

सहप्रकृति und सहप्राकृति (besser) f. *eine Vorschrift über Gleichzeitigkeit, — Zusammengehörigkeit* Kâtj. Çr. 25,3,26 nebst v. l.

सहप्रम Adj. *sammt dem Maasse.*

सहप्रयायिन् Adj. *mitreisend.*

सहप्रयोग m. *gleichzeitige Anwendung.*

सहप्रवाद Adj. *nebst den davon abgeleiteten Formen, — Casus.*

सहप्रस्थायिन् Adj. *mitreisend.*

सहबान्धव Adj. *nebst den Angehörigen* R. 2,33,16.

सहभक्त Adj. *zusammen geniessend* Maitr. S. 1,3,36 (42,9). TS. 3,1,9,2.

सहभस्मन् Adj. *sammt der Asche* Ait. Br. 7,5,8.

सहभाव m. 1) *Gemeinsamkeit.* — 2) *das Verbundensein in unzertrennlicher Weise, Zusammengehörigkeit* Çaṁk. zu Bâdar. 3,3,65.

सहभावनिक Adj. *nebst der* Bhâvanikâ Kathâs. 10,116.

सहभाविन् Adj. *mit einander verbunden, — zusammenhängend, zusammenhängend mit* (im Comp. vorangehend).

सहभुज् Adj. *zusammen essend mit* (im Comp. vorangehend).

सहभू 1) Adj. *a) zusammen erscheinend mit* (im Comp. vorangehend) Comm. zu Âpast. Çr. 6,15,7. — *b) von Natur eigen, angeboren, natürlich* 290,5. Kâd. 223,19 (368,11). 2,105,16 (130,6). — 2) Subst. rhet. so v. a. *Zwillingsbruder von, Gegenstück zu* (Gen.) Kâd. 226,19 (372,11).

सहभूत Adj. *vereinigt, verbunden.*

सहभूति f. AV. 4,31,6 v. l. für अभिभूति des RV.

सहभूमि Adj. *nebst Grundbesitz* Çâñkh. Çr. 16,5,23.

सहभोजन n. 1) *das Zusammenessen, Gemeinsamkeit eines Mahles, — mit Jmd* (im Comp. vorangehend Gaut.). — 2) *gemeinschaftlicher Genuss einer Sache* (Gen.).

सहभोजिन् m. *Tischgenosse.*

सहम (arabisch سهم) n. in der Astrologie *das künftige Schicksal.*

सहमनस् Adj. *verständig.*

सहमरण n. *gemeinsames Sterben* (mit dem Gatten), *Wittwenverbrennung.*

सहमर्मास्थिसंघात Adj. *nebst allen Gelenken und dem ganzen Knochengerüste* R. 3,35,91.

*सहमातृक Adj. *nebst der Mutter.*

सहमाद m. als Erklärung von सधमाद Sâj. zu RV. 3,35,4.

सहमान 1) Partic. von 1. सह्. — 2) f. आ *a) eine best. Pflanze.* — *b) die nach Süden gerichtete Seite des Gehäuses der Weltseele.*

सहमारीच Adj. *nebst* Mârîka R. 1,1,50.

सहमित्र m. N. pr. eines Mannes Hem. Par. 3,150.

सहमुख Adj. *sammt dem Munde* Comm. zu Âpast. Çr. 15,20,6.

सहमूर und सहमूल Adj. *sammt der Wurzel.* सहमूर RV. 10,87,19 könnte übrigens auch so v. a. सहमूरदेव sein; vgl. Vers 2. 14.

सहमृता Adj. f. *mit* (dem Gatten freiwillig) *gestorben, — in den Tod gegangen* (durch Besteigung des Scheiterhaufens).

सहय Adj. *nebst Pferden* MBh. 8,75,6. 7.

सहयज्ञ Adj. (f. आ) *nebst den Opferhandlungen* Bhag. 3,10.

सहयशस् Adj. *schön, herrlich.*

सहयात Adj. Kathâs. 124,194 fehlerhaft für सहजात.

सहयायिन् Adj. Subst. *mitgehend, Reisegefährte.*

सहयुज् Adj. *mit angespannt.*

सहयुधन् Adj. (*f. eben so) *kämpfend mit* (Instr.) Çiç. 17,34.

सहयोषित् Adj. *nebst Frau* R. 4,44,105.

सहयौगंधरायण Adj. *mit* Jaugamdharâjaṇa Kathâs. 33,193.

सहर m. N. pr. eines Dânava Hariv. 3,71,4. v. l. संहर.

सहरक्ष und सहरक्षस् m. Bein. des Agni der Asura.

*सहरसा f. *Phaseolus trilobus.*

सहराजक Adj. *sammt dem Fürsten.*

*सहरि 1) m. *a) Stier.* — *b) die Sonne.* — 2) Adv. *gleich* Hari (Vishṇu).

सहर्ष Adj. (f. आ) *erfreut, froh.* °म् Adv. 292,8. 14. 294,1. 296,31. 298,23. 300,24. — Hier und da fehlerhaft für संहर्ष m.

सहर्षभ Adj. (f. आ) *sammt dem Stiere.*

सहर्षमृगयुग्रामनिनादमय Adj. *erschallend vom Geschrei des erfreuten Jägervolkes* Kathâs. 27,151.

सहर्षवैराग्यम् Adv. *erfreut und zugleich mit dem Ausdruck des Ueberdrusses, — der Gleichgültigkeit* Dhûrtas. 11,4.

सहर्षसाध्वसम् Adv. *erfreut und zugleich erschrocken* Mâlatim. (ed. Bomb.) 131,3.

सहर्षाकूतम् Adv. *erfreut und nachdrucksvoll* Mâlatim. (ed. Bomb.) 134,4.

सहर्षित Adj. (f. आ) *erfreut* MBh. 4,847.

सहलक्ष्मण Adj. *nebst* Lakshmaṇa R. 2,32,27. 46,27.

सहलनीय m. etwa *Genosse beim Pflügen, Markgenosse.*

सहलोकधातु m. f. *die von den Menschen bewohnte Welt, die Erde.*

सहवत्स Adj. (f. आ) *sammt dem Kalbe* Âpast. Çr. 4,10,7.

सहवसति f. *gemeinsamer Aufenthalt.*

सहवसु Adj. *sammt der Habe.* Nach Sâj. m. N. pr. eines Asura.

सहवह् Adj. Pl. (stark °वाह्) *gemeinsam ziehend* (Rosse).

सहवाच्य Adj. *zusammen zu sprechen.*

सहवाद m. *Disputation.*

सहवार्ष्णेयजीवल Adj. *nebst* Vârshṇeja und Ǵîvala MBh. 3,67,8.

सहवार्ष्णेयबाहुक Adj. *nebst* Vârshṇeja und Bâhuka MBh. 3,73,17.

सहवास m. *das Zusammenwohnen.*

सहवासिक Adj. *einen gemeinsamen Wohnsitz habend, am selben Orte lebend.*

सहवासिन् Adj. *zusammen wohnend;* m. *Hausgenosse oder Nachbar* Spr. 1750 = Çiç. 8,29.

सहवाहन Adj. *nebst Gespann, — Wagen* u. s. w. MBh. 3,54,26.

सहविवक्षा f. *die Absicht Etwas zusammen —, mit einem Male auszusprechen.*

सहवीर Adj. *sammt Männern.*

*सहवीर्य n. *frische Butter.*

सहवृद्धिक्षयभाव Adj. *an der Zu- und Abnahme* (des Mondes) *theilnehmend* Spr. 3752.

सहवैशिक्य Adj. *nebst den* Vaiçikja Mârk. P. 57,47.

सहव्रत 1) Adj. (f. आ) *gemeinsame Gelübde habend.* — 2) f. आ *a) eine Gattin, die alle Pflichten mit dem Gatten theilt.* — *b) religiöse Genossenschaft, Gemeinde, Secte* Lalit. 295,10. 306,5. 527,7.

सहशय in *दिग्ध°.

सहशय्या f. *das Zusammenliegen.*

सहशय्यासनाशन Adj. *zusammen schlafend, sitzend und essend.*

सहशिष्ट Adj. *zusammen vorgeschrieben.* Nom. abstr. °त्व n. Comm. zu Âpast. Çr. 5,27,7.

सहशेय्य n. *das Zusammenliegen.*

सहस् 1) Adj. *gewaltig, siegreich.* Superl. °तम. — 2) m. *ein best. Wintermonat.* — 3) n. *a) Gewalt, Macht; Sieg.* Adverbial werden gebraucht α) Instr. Sg. (*mit Ungestüm*) *plötzlich, unerwartet, sofort, in demselben Augenblick, ohne zu zögern;* oft mit dem Nebenbegriff der *Uebereilung, Unüberlegtheit.* Mit einem Instr. *zugleich mit.* — β) Instr. Pl. *nachdrücklich, kräftig.* — *b)* * *Licht.* — *c)* * *Wasser.* — *d)* Name verschiedener Sâman Ârsh. Br.

सहस Adj. (f. आ) *lachend* Çiç. 6,57.

सहसंवाद m. *Unterredung.*

सहसंवास m. *das Zusammenwohnen.*

सहसंवेग Adj. *heftig erregt.*

सहसंसर्ग m. *fleischliche Berührung mit* (Instr.).

सहसंजातवृद्ध Adj. *zu gleicher Zeit geboren und aufgewachsen mit Jmd* MBh. 12,139,19.

सहसंभला Adj. f. *sammt dem Freier.*

सहसंभव Adj. *gleichzeitig entstanden.* In Verbindung mit जन्मना *angeboren.*

*सहसादृष्ट m. *Adoptivsohn.*

सहसान 1) Adj. *waltend, gewaltig.* — 2) *m. *a) Opfer.* — *b) Pfau.*

*सहसानु 1) Adj. *geduldig.* — 2) m. *a) Opfer.* — *b) Pfau.*

सहसामन् Adj. (f. °साम्नी) *von Gesang begleitet, in Gesang sich bewegend.*

सहसावन् Adj. *gewaltig, übermächtig, siegreich* RV.

सहसिद्ध Adj. *angeboren.* Nom. abstr. °त्व n.

सहसिन् Adj. *gewaltig, mächtig* RV.

सहसुरललनाललामयूथपति Adj. *nebst den Führern der Schaar derjenigen, die den Schmuck der Götterfrauen bilden,* Bhâg. P. 5,16,16.

सहसूक्तवाक Adj. *von heiligen Sprüchen begleitet.*

सहसेविन् Adj. *mit Jmd verkehrend.*

सहसोढ्र m. N. pr. eines Mannes.

सहसोम Adj. *sammt* Soma-*Tränken.*

सहसौमित्रि Adj. *nebst* Saumitri (Lakshmaṇa) R. 1,2,36. 33,22.

सहस्कृत् Adj. *Gewalt gebend.*

सहस्कृत Adj. *gesteigert, angespornt, angefeuert.*

सहस्त Adj. 1) *Hände habend.* — 2) **der seine Hände zu gebrauchen versteht* (insbes. in Bezug auf Waffen).

सहस्ततालम् Adv. *unter Händegeklatsch* Hariv. 8389. Mṛkkh. 13,6. Dhûrtas. 5,13.

सहस्तोम Adj. *sammt den* Stoma.

सहस्थ Adj. *der bei Etwas dabei ist* oder *war, anwesend;* m. *Gefährte.*

सहस्थान n. zur Erklärung von सधस्थ und सदन.

सहस्थित Adj. = सहस्थ.

सहस्थिति f. *das Zusammenweilen in* (im Comp. vorangehend) Naish. 5,11.

सहस्फ्य Adj. *mit Holzspahn* Âpast. Çr. 2,13,1.

सहस्य, सहस्यिय 1) Adj. *gewaltig.* — 2) m. *der zweite Wintermonat.*

सहस्र 1) m. (selten) und n. *Tausend,* überh. Bez. *einer grossen Menge, eines grossen Gutes;* insbes. *ein Tausend Rinder, —* Paṇa. Das Gezählte steht im Gen. Pl. oder Sg., in gleichem Casus (Pl. und Sg.), in dem von der Construction geforderten Casus, während das Zahlwort in der erstarrten Form सहस्रम् erscheint, am Anfange oder am Ende eines Comp. In einem adj. Comp. steht das Zahlwort regelmässig nach (f. आ). — 2) m. abgekürzt für सहस्रदक्षिणः क्रतुः Âpast. Çr. 10,26,5. 13,23,14. — 3) *f. सहस्रा *eine best. Pflanze,* = अम्बष्ठा. — 4) f. ई in गोसहस्री.

1. सहस्रक n. *Tausend.* Am Ende eines Comp. (f. °स्रिका) *Tausend — betragend, — ausmachend, — habend.*

2. सहस्रक Adj. *tausendköpfig.*

सहस्रकंधररामायण n. Titel eines Kâvja Opp. Cat. 1.

सहस्रकर m. *die Sonne.*

सहस्रकरपन्नेत्र Adj. *tausend Hände, Füsse und Augen habend.*

सहस्रकलशाभिषेकप्रयोग m. Titel Burnell, T.

सहस्रकला f. ein Frauenname UTTAMAK. 237. fg.

सहस्रकवच m. N. pr. einer mythischen Person Ind. St. 14,141.

सहस्रकाण्ड 1) Adj. *aus tausend Stücken (Absätzen) bestehend* AV. 2,7,3. 19,32,3. — 2) *f. सहस्रकाण्डा *weiss blühendes* Dûrvâ-*Gras*.

सहस्रकिरण m. 1) *die Sonne*. — 2) N. pr. eines Mannes. — 3) f. ई Titel eines Werkes OPP. Cat. 1.

सहस्रकिरणावलि f. Titel eines Werkes OPP. Cat. 1.

सहस्रकुणप Adj. (f. आ) *tausend Leichname habend*.

सहस्रकृत्वस् Adv. *tausendmal* GAUT.

सहस्रकेतु Adj. *tausendgestaltig*.

सहस्रगु 1) Adj. a) *tausend Kühe besitzend* GAUT. — b) *tausendstrahlig*. — c) *tausendäugig*. — 2) m. a) *die Sonne* VARÂH. JOGAJ. 6,4. — b) Bein. Indra's.

सहस्रगुण Adj. *tausendfach, vertausendfacht*. Nom. abstr. °ता f.

सहस्रगुणित Adj. *vertausendfacht* MBH. 3,83,159.

सहस्रघातिन् Adj. *Tausend tödtend*; n. *eine best. Maschine* UTPALA zu VARÂH. BRH. 14,1.

सहस्रघ्नि Adj. *tausend tödtend*. v. l. °घ्नी.

सहस्रचक्षस् und सहस्रचक्षु (AV.) Adj. *tausendäugig*.

सहस्रचक्षुस् 1) Adj. dass. — 2) m. Bein. Indra's.

सहस्रचण्डीविधि m. Titel BURNELL, T.

सहस्रचरण Adj. *tausendfüssig* (Vishṇu).

सहस्रचित्य m. N. pr. eines Fürsten.

सहस्रचेतस् Adj. *von tausendfachem Aussehen*.

सहस्रजलधार m. N. pr. eines Berges HARIV. 12405.

सहस्रजित् 1) Adj. *Tausend besiegend, — gewinnend*. — 2) m. a) *Bein. Vishṇu's. — b) N. pr. α) eines Fürsten. — β) eines Sohnes des Jadu. — γ) eines Sohnes des Kṛshṇa.

सहस्रज्योतिस् m. N. pr. eines Sohnes des Subhrâg.

सहस्रणी m. *Führer von Tausend* oder *Tausenden*.

सहस्रणीति Adj. *tausend Mittel und Wege habend*.

सहस्रणीथ Adj. *tausend Schliche, Durchschlüpfe* oder *Auswege habend*.

सहस्रतम Adj. (f. ई) *der tausendste*.

सहस्रतय n. *ein Tausend*.

सहस्रद 1) Adj. *tausend* (Kühe) *schenkend*. — 2) m. N. pr. eines Sohnes des Jadu.

सहस्रदंष्ट्र 1) Adj. *tausendzähnig*. — 2) m. *eine Art Wels*.

*सहस्रदंष्ट्रिन् m. = सहस्रदंष्ट्र 2).

सहस्रदक्षिण Adj. *wobei tausend* (Kühe) *als Opferlohn geschenkt werden, tausend* (Kühe) *enthaltend, — schenkend* (ÇÂṄKH. ÇR. 12,15,3). Subst. *eine best. Feier* VAITÂN. 34,21.

सहस्रदल Adj. *tausend Blüthenblätter habend*.

सहस्रदा Adj. *tausend gebend*. Superl. °तम.

सहस्रदातु Adj. *tausendfach*.

सहस्रदान Adj. (f. आ) *tausend Gaben verleihend* RV. 3,30,7.

सहस्रदावन् Adj. *tausend schenkend*.

सहस्रदीधिति m. *die Sonne* KÂD. 53,8 (97,9). NÂGÂN. 37,3 (75,4). PRIJ. 11,13.

सहस्रदृश् 1) Adj. *tausendäugig*. — 2) m. Bein. Indra's.

*सहस्रदोस् 1) Adj. *tausendarmig*. — 2) m. Bein. des Kârtavîrja Arǵuna.

सहस्रद्वार Adj. *tausendthorig*.

सहस्रद्वार Adj. (f. आ) dass. MBH. 1,89,16.

सहस्रधा Adv. *tausendfach, in tausend Theile, tausendweise*.

सहस्रधामन् 1) Adj. *von tausendfacher Macht* AV. 4,18,4. TBR. 2,8,1,5. — 2) m. *die Sonne* MUDRÂR. 63,17 (103,10).

सहस्रधायस् Adj. *tausend ernährend, — erhaltend* TAITT. ÂR. 1,21,3. 24,4.

1. सहस्रधार Adj. (f. आ) *tausend Ströme entlassend*.

2.*सहस्रधार 1) Adj. *tausend Schneiden habend*. — 2) m. Vishṇu's *Discus*.

सहस्रधारा f. *ein aus tausend Oeffnungen eines Gefässes hervordringender Wasserstrahl*.

सहस्रधी 1) Adj. *tausendfachen Verstand habend*. — 2) m. N. pr. eines Fisches.

सहस्रधौत Adj. *tausendfach gereinigt* KARAKA 4, 8. Vgl. शतधौत.

सहस्रनयन 1) *tausendäugig*. — 2) m. Bein. Indra's.

1. सहस्रनामन् n. Pl. oder am Anfange eines Comp. *die tausend Namen* (eines Gottes, insbes. Vishṇu's) OPP. Cat. 1.

2. सहस्रनामन् Adj. (f. °नाम्नी) *tausendnamig, tausend Namen enthaltend*.

सहस्रनामभाष्य n. (OPP. Cat. 1), °नामविवरण n. (Verz. d. B. H. No. 421), °नामस्तोत्र n. (ebend. No. 420) und °नामार्थश्लोकसहस्रावलि f. (OPP. Cat. 1) Titel.

सहस्रनिर्णिज् Adj. *tausendfach geschmückt*.

सहस्रनेत्र 1) Adj. *tausendäugig*. — 2) m. (adj. Comp. f. आ) Bein. Indra's VÂSAV. 130,3. 244,3.

सहस्रनेत्राननपादबाहु Adj. *tausend Augen, Gesichter, Füsse und Arme habend*.

सहस्रपति m. *das Haupt von tausend* (Dörfern).

सहस्रपत्त्र 1) m. N. pr. eines Berges. — 2) n. *Lotusblüthe*.

सहस्रपद् (stark °पाद्) 1) Adj. a) *tausendfüssig*. — b) *tausend Säulen habend* MBH. 5,143,30. — 2) m. N. pr. eines Ṛshi.

सहस्रपरम Adj. (f. आ) *unter Tausend der vorzüglichste* TAITT. ÂR. 10,1,7.

सहस्रपर्ण 1) Adj. (f. ई) a) *tausendfach befiedert*. — b) *tausendblätterig*. — 2) f. ई vielleicht *eine best. Pflanze*.

*सहस्रपर्वा f. *weisses* Dûrvâ-*Gras* RÂGAN. 8,112.

सहस्रपाक्य Adj. als Bez. eines best. Oeles (स्नेह) KARAKA 3,6. Vgl. शतपाक्य.

सहस्रपाजस् Adj. *tausendfach schimmernd*.

सहस्रपाथस् Adj. *an tausend Orten erscheinend* RV. 7,1,14.

*सहस्रपाद m. 1) *die Sonne*. — 2) *eine Art Eule*. — 3) Bein. Vishṇu's.

सहस्रपादाक्षिशिरऊरुबाहु Adj. *tausend Füsse, Augen, Köpfe, Schenkel und Arme habend* Ind. St. 15,364.

सहस्रपाश Adj. (f. आ) *tausend Fesseln bildend* MANTRABR. 2,2,5.

सहस्रपूरण Adj. nach dem Comm. *der tausendste und tausend erhaltend* ÇIÇ. 19,51.

सहस्रपृष्ठ Adj. *tausendflächig*.

1. सहस्रपोष m. und °पोषा f. (KAUÇ. 24) *tausendfältiges Gedeihen, tausendfaches Wohlergehen* RV. 2,32,5. AV. 6,141,3. VS. 4,26. TS. 3,3,8,3. °पोषकाम Adj.

2. सहस्रपोष Adj. *tausendfach gedeihend* ÂPAST. ÇR. 6,17,6.

सहस्रपोषिन् Adj. dass.

(सहस्रपोष्य) सहस्रपोषिअ n. = 1. सहस्रपोष.

सहस्रप्रकार Adj. (f. आ) *tausendfältig* KAUÇ. 106.

सहस्रप्रधन Adj. *mit tausend Kampfpreisen*.

सहस्रप्राण (Conj.) Adj. *tausend Leben habend*.

सहस्रबल m. N. pr. eines Fürsten.

सहस्रबाह्वीय n. mit इन्द्रस्य Name eines Sâman ÂRSH. BR.

सहस्रबाहु 1) Adj. *tausendarmig* MANTRABR. 2,4, 7. Subst. VAITÂN. 37,26 Bez. *des mit diesem Worte beginnenden Liedes* AV. 19,6. — 2) m. a) Bein. Arǵuna's. — b) N. pr. eines Wesens im Gefolge Skanda's. — 3) m. oder f. N. pr. RV. 8, 45,26.

सहस्रबुद्धि 1) Adj. *tausendfachen Verstand habend*. — 2) m. N. pr. eines Fisches.

सहस्रभक्त n. *ein best. Fest, an dem Tausende gespeist wurden*.

सहस्रभर Adj. *Tausend erbeutend*.

सहस्रभर्णस् Adj. etwa *tausendfältig*.

सहस्रभागवती f. N. pr. einer Gottheit.

सहस्रभानु Adj. *tausendstrahlig* Çiç. 1,27.

सहस्रभाव m. *das Tausendwerden*.

*सहस्रभिद् m. *Moschus* Bhâvapr. 1,183.

सहस्रभुज 1) Adj. (f. आ) *tausendarmig*. — 2) m. N. pr. eines Gandharva Kâraṇḍ. 2,18.

सहस्रभुजजिह्वाक्ष Adj. *tausend Arme, Zungen und Augen habend* MBh. 13,14,260.

सहस्रभुजध्यानराम (!) m. Titel Burnell, T. 200.b. Im Index °भुजरामध्यान n.

सहस्रभृष्टि Adj. *tausendzackig*.

सहस्रभेदशस् Adv. *in tausend Weisen, tausendfach* Hemâdri 1,521,8.

सहस्रमङ्गल N. pr. einer Oertlichkeit.

सहस्रमन्यु Adj. *tausendfachen Muth habend*.

सहस्रमीळ्ह Adj. *tausend Kämpfe bietend*.

सहस्रमुख Adj. *tausend Aus- oder Eingänge habend* Pañkat. 107,2.

सहस्रमुष्क Adj. *tausend Hoden habend*.

सहस्रमूति Adj. *tausendfach helfend*.

सहस्रमूर्ति Adj. *in tausend Formen erscheinend* Ind. St. 15,364.

सहस्रमूर्धन् Adj. *tausendköpfig*.

सहस्रमूर्धश्रवणाक्षिनासिक Adj. *tausend Köpfe, Ohren, Augen und Nasen habend*.

सहस्रमूल 1) Adj. *tausend Wurzeln habend*. — 2) *f. सहस्रमूली *Anthericum tuberosum* Râǵan. 5,136.

सहस्रंभर Adj. *tausend bringend*.

सहस्रंभरि Adj. *tausend ernährend* Ind. St. 15,390.

सहस्रयज्ञ m. 1) *ein Tausendopfer* Maitr. S. 1,4,3 (49,9). — 2) N. pr. eines Mannes.

सहस्रयज्ञतीर्थ n. N. pr. eines Tîrtha.

सहस्रयाजिन् und °याजिन् Adj. *der ein Opfer veranstaltet, bei welchem tausend* (Rinder) *als Lohn gegeben werden*.

सहस्रयामन् Adj. *tausend Bahnen habend*.

सहस्रयोग m. und °चिकित्सा f. Titel von Werken Opp. Cat. 1.

सहस्रयोजन n. *eine Entfernung von tausend* Joǵana VS. 16,54 = Maitr. S. 2,9,9 (128,8. fgg.).

सहस्ररश्मि 1) Adj. *tausendstrahlig*. — 2) m. *die Sonne*.

सहस्ररश्मितनय m. Patron. *des Planeten Saturn*.

सहस्ररेतस् Adj. *tausendsamig*.

सहस्रलिङ्गी f. *ein Tausend* Liñga (*Phallus*).

सहस्रलोचन 1) Adj. *tausendäugig*. — 2) m. Bein. Indra's.

सहस्रवक्त्र Adj. *tausendmündig*.

*सहस्रवदन 1) Adj. dass. — 2) m. Bein. Vishṇu's.

सहस्रवत्त् Adj. 1) *tausendfach*. — 2) *das Wort* सहस्र *enthaltend*.

सहस्रवर्चस् Adj. *von tausendfacher Wirkungskraft*.

सहस्रवर्तनिन् n. Name eines Sâman Shaḍv. Br. 1,4.

सहस्रवर्त्मन् Adj. *tausendpfadig* Çiç. 12,11.

सहस्रवल्शि und सहस्रवल्श Adj. *tausendzweigig* Maitr. S. 1,1,2 (2,1). 2,14 (23,9); vgl. v. l.

सहस्रवाच Adj. *tausend Sprüche* (*Worte* nach Bühler) *enthaltend* Gaut.

सहस्रवाच् m. N. pr. eines Sohnes des Dhṛtarâshṭra.

सहस्रवाज Adj. *tausendfachen Muth* u. s. w. *habend*.

सहस्रवीर Adj. *für tausend Männer ausreichend*.

सहस्रवीर्य 1) Adj. (f. आ) *tausend Kräfte habend*. — 2) f. सहस्रवीर्या *eine best. Pflanze* Karaka 1,4. Nach den Lexicographen *weiss oder blau blühendes* Dûrvâ-*Gras* und = महाशतावरी Râǵan. 8,112. 4,122.

सहस्रवृत् Adj. *Tausende einschliessend, — bergend* Taitt. Âr. 1,10,1. Nach dem Comm. वृत् = त्रियमाण, प्राध्यमान.

*सहस्रवेध n. *ein bes. präparirter saurer Reisschleim* Râǵan. 15,89.

*सहस्रवेधिन् 1) m. a) *Sauerampfer* Bhâvapr. 1,182. — b) *Moschus*. — 2) *Asa foetida* Bhâvapr. 1,167.

सहस्रशक्ति Adj. *der tausend zu geben vermag* MBh. 14,90,96.

सहस्रशतदक्षिण Adj. *wobei hunderttausend* (Rinder) *als Opferlohn gegeben werden*.

सहस्रशल *eine Entfernung von tausend* Çala.

सहस्रशस् Adv. *tausendweise* (auf einen Nomin., Acc. oder Instr. bezogen).

सहस्रशाख Adj. *tausend Zweige* (eigentlich und übertragen) *habend*.

सहस्रशिखर 1) Adj. *tausend Gipfel habend*. — 2) m. Bein. des Gebirges Vindhja.

सहस्रशिरस् Adj. *tausendköpfig* Bhâg. P. 3,26,25.

सहस्रशिरस Adj. dass.

सहस्रशिरसोदर Adj. *tausend Köpfe und Bäuche habend* MBh. 13,14,260.

सहस्रशीर्ष 1) Adj. *tausendköpfig* Taitt. Âr. 10,11,1. — 2) f. आ *ein best. Spruch*. Nach Mit. 3,104,b,11 *die Hymne* ṚV. 10,90.

सहस्रशीर्षन् Adj. *tausendköpfig*.

सहस्रशृङ्ग Adj. *tausendhörnig* AV. 13,1,12.

सहस्रशोकस् Adj. *tausend Flammen sprühend*.

सहस्रश्रुति m. N. pr. eines Berges.

सहस्रसंवत्सर n. *eine tausendjährige Feier* Gaim. 6,7,31.

सहस्रसंख्य Adj. *tausend an Zahl* MBh. 1,75,7.

सहस्रसनि 1) Adj. *tausend gewinnend, — verschaffend*. — 2) f. *Tausend-Gabe* Çat. Br. 2,3,4,15.

सहस्रसम Adj. *tausendjährig* (Feier) Bhâg. P. 1,1,4.

सहस्रसंमित Adj. *nach tausend messend*.

सहस्रसा Adj. *tausend gewinnend, — verschaffend, — spendend*. Superl. °तम.

सहस्रसाव m. *tausendfältige* Soma-*Kelterung*.

सहस्रसाव्य n. *ein best.* Ajana.

सहस्रसीत Adj. *mit tausend Furchen*.

सहस्रस्तरि Adj. *tausend nichtträchtige Kühe habend* ṚV. 10,69,7.

सहस्रस्तुक Adj. (f. आ) *tausendzöpfig*.

सहस्रस्तुति f. N. pr. eines Flusses.

सहस्रस्तोत्रिय Adj. *aus tausend* Stotrija *bestehend* Çâñkh. Çr. 16,22,1.

सहस्रस्थूण Adj. *von tausend Pfeilern getragen* ṚV. 2,41,5. 5,62,6.

सहस्रस्रोत und °स् m. N. pr. eines Berges.

सहस्रहन् Adj. *tausend erschlagend*.

*सहस्रहर्याश्व (!) m. Indra's *Wagen*.

सहस्रहस्त Adj. *tausendhändig* AV.

सहस्रांशु 1) Adj. *tausendstrahlig*. — 2) m. *die Sonne*.

सहस्रांशुज m. Patron. *des Planeten Saturn*.

सहस्राक्ष 1) Adj. *tausendäugig*. — 2) m. a) Bein. Indra's. — b) so v. a. *klarer Himmel*. — c) Bez. *eines best. Spruches* Baudh. 4,7,5. — d) N. pr. α) des Indra im 9ten Manvantara. — β) einer Oertlichkeit. Könnte auch n. sein. — 3) f. सहस्राक्षी N. pr. einer Göttin.

सहस्राक्षजित् m. N. pr. eines Sohnes des Râvaṇa.

सहस्राक्षधनुष्मत् Adj. *mit einem Regenbogen versehen*.

सहस्राक्षर Adj. (f. आ) *tausendsilbig*.

सहस्राक्षेश्वर m. Name eines Liñga Kâçikh. 69,88.

सहस्राढ्य m. N. pr. eines Berges.

*सहस्राङ्क (!) m. *die Sonne*.

सहस्राजित् m. N. pr. eines Sohnes des Bhagamâna.

सहस्रातृण Adj. *mit tausend Löchern versehen* Kauç. 83.

सहस्रात्मन् Adj. *tausend Naturen habend*.

सहस्राधिपति m. 1) *der Anführer von tausend Mann*. — 2) *das Haupt von tausend Dörfern*.

सहस्राननशीर्षवत् Adj. *tausend Gesichter und Köpfe habend* Bhâg. P. 2,5,35.

सहस्रानीक m. N. pr. eines Fürsten.

सहस्रापोषं m. = 1. सहस्रपोषं AV. 6,79,3. 7,48,2.

सहस्राप्सस् Adj. nach Sâj. *tausendgestaltig.*

सहस्रामघ Adj. *tausend Schätze oder Spenden habend.*

सहस्रायु Adj. *tausend Jahre lebend.*

सहस्रायुतीय n. Du. mit इन्द्रस्य Name zweier Sâman Ârsh. Br.

सहस्रायुध 1) Adj. *tausend Waffen habend.* — 2) m. N. pr. eines Mannes.

सहस्रायुधीय्, °यति *aussehen, als wenn man tausend Waffen hätte,* Kâvjapr. 272,2.

सहस्रायुष्ट्व n. Nom. abstr. von सहस्रायुस् 1).

सहस्रायुस् 1) Adj. *tausend Jahre lebend.* — 2) m. N. pr. eines Mannes.

सहस्रार 1) Adj. *tausendspeichig.* — 2) m. n. *eine für eine umgestülpte Lotusblüthe geltende Stelle auf dem Kopfe.*

*सहस्रारत m. Pl. *eine best. Götterordnung bei den* Gaina.

सहस्रार्घ und सहस्रार्घ Adj. *tausend aufwiegend* Ṛv. 10,17,9. AV. 8,8,7. 18,1,43. 19,33,1.

सहस्रार्चिस् 1) Adj. *tausendstrahlig.* — 2) m. *die Sonne.*

सहस्रार्ह Adj. *tausend* (Kühe) *werth* Çat. Br. 13,4,2,1. 2.

सहस्रावर्तकतीर्थ n. N. pr. eines Tîrtha.

सहस्रावर्ता f. N. pr. einer buddh. Göttin.

सहस्राश्व m. N. pr. eines Fürsten.

सहस्राश्वीन n. *eine Entfernung von tausend Tagereisen für ein Pferd.*

सहस्रास्य m. Bein. der Schlange Ananta (*tausendmäulig*) Kâçikh. 23,78.

सहस्राह *tausend Tage.*

सहस्राह्न्य n. *tausend Tagereisen.*

सहस्रिक 1) n. *Tausend.* Wohl fehlerhaft für सहस्रक. — 2) Adj. (f. ई) am Ende eines Comp. nach वर्ष und अब्द *tausend Jahre während.*

सहस्रिन् Adj. 1) *tausend zählend, tausendfältig.* — 2) *tausend verschaffend, tausendfach gewinnend.* — 3) *tausenderlei enthaltend.* — 4) *tausend besitzend.* Am Ende eines Comp. *tausend — besitzend, — habend.* — 5) *tausend* (Paṇa als Strafe) *zahlend.*

सहस्रिय Adj. 1) *tausendfach.* — 2) *tausendfach gebend.*

सहस्रीय Adj. *tausendfach gebend* Maitr. S. 2,12,... v. l. सहस्रिय. Vgl. वर्षसहस्रीय Nachtr. 6.

सहस्रेक्षण Adj. *tausendäugig;* m. Bein. Indra's Ind. St. 15,296.

सहस्रोति Adj. *tausendfach helfend* Ṛv. 9,62,14.

सहस्रोर्वङ्घ्रिबाह्वक्ष Adj. *tausend Schenkel, Füsse, Arme und Augen habend* Bhâg. P. 2,5,35.

सहस्वत् 1) Adj. *a) gewaltig, übermächtig, siegreich.* सहस्वत् Adv. *mächtig.* — 2) *das Wort* सहस् *enthaltend.* — 2) m. N. pr. eines Fürsten. — 3) f. °स्वती vielleicht *eine best. Pflanze.*

सहहुत Adj. *nebst der Opferspende* Kauç. 19.

सहाचर m. = सहचर *eine gelb blühende Barleria* Dhanv. 1,109. Karaka 6,26.

सहाज्य Adj. (f. आ) *nebst Schmalz* Kâtj. Çr. 2,5,22. 5,3,5.

सहादरम् (Conj.) Adv. *ehrerbietig.*

सहाध्ययन n. *Gemeinsamkeit der Studien.*

सहाध्यायिन् Adj. Subst. *mitstudirend, Studiengenosse* (Gaut. 14,20. Vishṇu im Vivâdak. 151,6); *Fachgenosse.*

सहानुगमन n. = सहमरण. °विवेक m. Titel eines Werkes.

सहापत्य Adj. *nebst Nachkommenschaft* Âpast. 1,5,2. 21,8.

सहापवाद Adj. *Widersprüche enthaltend.*

सहामात्य Adj. *nebst dem Rathgeber, — den Rathgebern* P. 6,3,83. Sch. R. 1,9,2.

सहांपति 1) m. *a)* Bein. Brahman's bei den Buddhisten. — *b)* N. pr. α) eines Bodhisattva Kâraṇḍ. 2,6. — β) eines Schlangendämons Kâraṇḍ. 2,18. — 2) f. N. pr. einer Kiṁnara-Jungfrau Kâraṇḍ. 6,7.

सहाय m. (adj. Comp. f. आ) 1) *Gefährte, Genosse, Kamerad, Gehülfe, — bei* (Loc. oder im Comp. vorangehend), *auf dem Wege nach* (im Comp. vorangehend). Am Ende eines adj. Comp. (f. आ) — *zum Gefährten habend, begleitet von, unterstützt durch.* — 2) * *Anas Casarca* Râgan. 19,98.

सहायक am Ende eines adj. Comp. = सहाय 1).

सहायकृत् m. = सहाय Kâçikh. 19,79. 25,19.

सहायकृत्य n. *Beistand, Hülfe.*

सहायतन Adj. *nebst der Feuerstätte* Âçv. Gṛhj. 4,6,2.

सहायता f. 1) * *eine Menge von Gefährten* u. s. w. — 2) *Genossenschaft, Theilnahme, Beistand, Hülfe* Çiç. 19,28.

सहायत्व n. = सहायता 2).

सहायन n. *das Zusammengehen, — sein, Gesellschaft.*

सहायवत् Adj. *einen Gefährten* u. s. w. *habend, — an* (Instr.). Am Ende eines Comp. *in Begleitung von, nebst, ausgerüstet —, versehen mit, begünstigt von.*

सहायिन् m. = सहाय Kâçikh. 35,35. 36. In der Regel f. °नी *Gefährtin.*

*सहायी Adv. mit भू *zum Gefährten werden.*

*सहायीभाव m. *das zum Gefährten Werden.*

*सहार m. 1) = सहकार *eine Mango-Art.* — 2) *Vernichtung der Welt.* Richtig संहार.

सहारम्भ Adj. *gemeinsam beginnend* Gop. Br. 2,1,12.

*सहारोग्य (?) Adj. *gesund.*

सहार्जुन Adj. *nebst* Arguna MBh. 4,24,18.

सहार्थ m. *das mitgehende Ding, Begleitung* Kâvjapr. 10,26. Nom. abstr. °त्व n. etwa *Zusammenwirkung* Karaka 7,12. Könnte auch Fehler sein für सहार्थत्व.

सहार्थी Adv. mit भू *mitgehen, begleiten.* Davon Nom. act. *सहार्थीभाव m. Pat. zu P. 1,4,24, Vârtt. 3.

सहार्द Adj. (f. आ) *Zuneigung empfindend, — verrathend* Mârk. P. 76,7. Çiç. 9,69.

सहार्ध Adj. *nebst einem halben.*

सहालाप m. *Unterredung, Gespräch, — mit* (im Comp. vorangehend).

सहालिन् m. N. pr. eines Mannes.

सहावन् Adj. *bewältigend, gewaltig, vermögend.*

सहावत् und सहावत् Adj. dass.

सहावम् Adv. *mit verliebten Gebärden* Bhaṭṭ. 3,43.

सहावस्थित Adj. *zusammen seiend.* Nom. abstr. °ता f. Sarvad. 142,16.

सहाश्राय m. N. pr. eines Fürsten VP.² 3,321.

सहास Adj. (f. आ) *von Lachen begleitet, lachend* 218,13. Çiç. 10,12. Mârk. P. 84,11. °म् Adv. Chr. 170,9. Çiç. 12,42.

सहासन n. *das Zusammensitzen.*

सहासरभस° Adv. *unter Lachen leidenschaftlich* Spr. 1378.

सहासहाकारम् Adv. *mit einem unter Lachen ausgestossenem* Ha Çiç. 12,32.

सहास्या f. *das Zusammensitzen, — weilen, — mit* (Instr.) Karaka 267,4. Suçr. 1,31,6. VP. 3,18,44.

सहित 1) Adj. (f. आ) *a)* = संहित *anhaftend, anklebend.* — *b) dicht dabei stehend.* °सहितम् *in der Nähe von.* — *c) verbunden, vereinigt* (Du. *beide vereinigt, — zusammen;* Pl. *im Verein, alle;* auch durch सर्व verstärkt), *verbunden —, versehen —, im Verein mit, nebst* — (Instr. oder im Comp. vorangehend). योत्स्यामि सहितस्त्वया so v. a. *ich werde mit dir kämpfen.* सहितम् Adv. *zusammen* MBh.

3,154,21. — d) in der Astr. *in Conjunction stehend mit* (Instr. oder im Comp. vorangehend). — 2) f. आ N. pr. eines Flusses VP.² 2,148.

°सहितत्व n. *das Verbundensein mit.*

*सहितर् Nom. ag. von 1. सह्. Vgl. सोढर्.

सहितव्य Adj. *zu ertragen, zu erdulden.*

सहितस्थित Adj. *zusammenstehend.*

*सहिताङ्गुलि Adj. *verwachsene Finger habend.*

*सहितोरु Adj. (f. °रू) *anschliessende Schenkel habend.*

*सहित्र n. von 1. सह् (करणे).

सहिम Adj. *nebst Schnee* (oder *Eis*), *mit Schnee versehen* Rágat. 1,42. Kathâs. 73,159.

सहिरण्य Adj. *nebst Gold, mit Gold versehen* u. s. w.

सहिरण्यपात्र Adj. *nebst einer goldenen Schüssel.*

सहिष्ठ Adj. *gewaltigst* RV.

सहिष्णु 1) Adj. *ertragend, aushaltend, ruhig hinnehmend;* die Ergänzung im Acc., Gen. oder im Comp. vorangehend. Ohne Ergänzung *Alles geduldig ertragend, sich Alles gefallen lassend, nachsichtig.* Nom. abstr. °ता f. und °त्व n. — 2) m. N. pr. verschiedener Ṛshi.

सहीयंस् Adj. *gewaltiger, sehr mächtig, überlegen.*

सहील m. N. pr. eines Mannes.

सहुरि 1) Adj. *gewaltig, überlegen, siegreich.* — 2) *m. *die Sonne.* — 3) *f. *die Erde.*

सहूति f. *gemeinsame Anrufung.*

सहृद् Adj. *mit dem Spruch* हृदा हृत् *begleitet* Kâçikh. 61,95.

सहृदय Adj. (f. आ) 1) *sammt dem Herzen.* — 2) *herzlich.* — 3) *ein warmes Herz für Jmd* oder *Etwas habend, gefühlvoll, Sinn für's Schöne habend* Spr. 7820.

सहृदयलीला f. Titel eines Werkes Bühler, Rep. No. 263.

सहृल्लेख Adj. 1) *mit einem Herzensscrupel behaftet, vom Zweifel heimgesucht.* — 2) *verdächtig, Verdacht erregend.* — Vgl. सकृल्लेख.

सहृष्टकम् Adv. *mit Haarsträuben* Vratarâga 7,a nach Aufrecht.

सहेतिकरण und सहेतिकार Adj. *mit* इति *versehen.*

सहेतु Adj. *mit einem Grunde versehen, begründet.*

सहेतुक Adj. 1) *nebst dem Grunde.* — 2) *einen Grund habend, begründet.*

सहेन्द्र Adj. *nebst* Indra MBh. 3,165,13.

सहेमक Adj. *nebst den Goldstücken* Kathâs. 93,51.

सहेल 1) Adj. *sorglos verfahrend, sich nicht lange bedenkend* Çiç. 12,72. °म् und सहेल° Adv. *ohne sich irgend einen Zwang anzuthun, ohne Weiteres* Kathâs. 6,110. 55,40. Pr. P. 53. — 2) m. N. pr. eines Mannes.

सहेलक m. N. pr. = सहेल 2).

सहैकस्थान n. *das Alleinstehen mit Jmd.*

सहोक्ति f. 1) *das Zusammensprechen, Sprechen zu gleicher Zeit.* — 2) in der Rhetorik *ein Gleichniss in Form der Vergesellschaftung* Vâmana 4,3, 28. Kâvjapr. 10,26. Beispiel Spr. 2308.

सहोजा Adj. *durch Gewalt erzeugt, kraftgeboren.*

सहोजित् Adj. *durch Kraft siegend* AV. 17,1,1. fgg. 19,13,5.

सहोटज m. *Laubhütte.*

सहोढ Adj. (f. आ) 1) *das geraubte Gut bei sich habend* Vasishṭha 19,39. Vgl. होढ. — 2) f. *zu gleicher Zeit verheirathet.* — 3) *mit in die Ehe gebracht, d. i. von einem andern Vater erzeugt, aber erst nach Schliessung der Ehe geboren,* Gaut. Baudh. 2,3,25. Vishṇus. 15,15. Vasishṭha 17,27. Nârada 2,13,17. °ज m. dass.

सहोत्थ 1) Adj. *angeboren.* — 2) m. *das dritte astrologische Haus* (nach dem Comm. ursprünglich *ein leiblicher Bruder*).

सहोत्थायिन् Adj. Subst. *zusammen aufstehend, sich mit empörend, Mitverschworener von* (Gen. oder im Comp. vorangehend) Mudrâr. 69,9. 71,13. 90,7 (114,9. 118,10. 145,5. 6).

सहोत्पत्ति f. *gleichzeitige Entstehung.*

सहोदक Adj. = समानोदक.

सहोदकुम्भ Adj. *nebst dem Wasserkruge* Gobh. 2,1,12.

सहोदय Adj. (f. आ) *sammt dem folgenden Worte.*

सहोदर Adj. (f. आ und ई) *demselben Mutterleibe entsprossen, leiblich;* m. *ein leiblicher Bruder,* f. *eine leibliche Schwester.* Mit Gen. oder am Ende eines Comp. in übertragener Bed. so v. a. *auf ein Haar gleichend, ganz gleich kommend* Vikramâñkak. 3,29. 5,43. Bâlar. 124,7. Comm. zu Mṛkkh. 33,17. — °म् Adv. Pañkar. 1,2,10 fehlerhaft für सहादरम्.

सहोदा Adj. *Macht verleihend.*

सहोदैर्घतमस n. Du. Name zweier Sâman Ârsh. Br.

सहोपध Adj. *nebst dem vorangehenden Laute.*

सहोपपतिवेश्मन् Adj. *mit dem Buhlen seiner Frau zusammen wohnend* Jâgñ. 1,164. Vishṇus. 51,16.

सहोपलम्भ m. *gleichzeitige Wahrnehmung.*

सहोभरि Adj. *Kraft nährend.*

*सहोर Adj. = साधु.

सहोरयिष्ठीय n. Du. Name zweier Sâman Ârsh. Br.

*सहोरु Adj. (f. °रू).

सहोवन् Adj. *gewaltig, übermächtig* AV. 7,85,1.

सहोवृध् Adj. *der Macht froh.*

सहोषित Adj. *der mit Jmd zusammen gewohnt hat.*

सहोह्वा Adv. *ein best.* Sâman Lâṭj. 3,7,10.

सहोजस् Adj. *mit Gewalt begabt.*

सहौत्र Adj. *nebst den Functionen des* Hotar Çâñkh. Çr. 14,1,2.

सह्म MBh. 2,1029 fehlerhaft für सुह्म.

सह्य 1) Adj. *zu ertragen, auszuhalten, dem man zu widerstehen vermag.* Vgl. असह्य. — 2) m. N. pr. a) eines Berges und des angrenzenden Gebietes Çiç. 18,1. — b) eines Sohnes des Vivasvant. v. l. मह्य. — 3) n. a) *Hülfe, Beistand.* v. l. meist साह्य. — b) **Gesundheit.* — Pañkat. II,200 fehlerhaft für सज्ज.

सह्यंस् Adj. = सहीयंस्.

सह्यकर्मन् n. *Hülfe, Beistand.*

सह्यता f. Nom. abstr. zu सह्य 1) Kâd. 204,13 (341,7).

सह्यात्मजा f. Bein. des Flusses Kâverî.

सह्याद्रिखण्ड Titel Burnell, T. Opp. Cat. 1.

सह्यु Adj. *gewaltig.*

सह्ल und सह्लण s. सल्ह und सल्हण.

सह्लादम् Adv. *erheitert, erfreut* Prab. 116,13.

सह्वन् Adj. *gewaltig.*

1. सा s. u. 1. सन्.

2. °सा Adj. *gewinnend, erwerbend, verschaffend, schenkend* u. s. w.

3. सा, स्यति (अन्तकर्मणि, नाशे). Simplex nicht zu belegen. *सित = अवसित *beendigt* Çâçvata 774. AK. 3,2,48. H. an. 2,206. Med. t. 70. Vgl. 1. सि. साधि MBh. 7,5128 fehlerhaft für शाधि. — Caus. साययति; zu belegen mit अव°, अध्यव und व्यव. — *Intens. सेषीयते. — Mit अभि 1) *fesseln.* — 2) *zu Grunde richten* TBr. 2,4,1,4. अभिष्यक् Pâr. Gṛhj. 3,1,3. — Mit अव 1) *abspannen* (die Zugthiere), *losbinden, befreien.* — 2) *einkehren, Halt machen, sich begeben in* (Jmds Schutz, mit Acc. Kâṭh. 29,8). — 3) *heimkehren.* — 4) *sich aufhalten, verweilen, sich* irgendwo *aufstellen.* — 5) *aufhören, eine Arbeit einstellen.* — 6) *absetzen, schliessen, beendigen* Vaitân. — 7) *zu Ende gehen.* — 8) *sich entscheiden für* (Loc.), *bestimmen,* namentlich *einen Ort, Opfer-* oder *Wohnplatz.* — 9) *bestehen auf* (Acc.). Nur Pass. अवसीयते. — 10) *Etwas entscheiden* (als Richter) Bhaṭṭ. — 11) *Gewissheit erlangen über* (Acc.). Nur Pass. — 12) *gelangen zu, erreichen* (ei-

nen Wunsch). — 13) अवसित *a) der abgespannt hat.* — *b) Halt gemacht —, sich niedergelassen habend, gelagert, an einem Orte verweilend, wohnhaft.* — *c) auf den Platz gebracht.* — *d) abgesetzt, geschlossen, abgeschlossen, beendigt.* मावसित mit म *endigend.* — *e) in Pause stehend.* — *f) aufgegangen in* (Loc.). — *g) von Etwas abgelassen —, Etwas aufgegeben habend;* die Ergänzung im Abl. oder im Comp. vorangehend. — *h) festgesetzt, bestimmt.* — *i) worüber man Gewissheit erlangt hat.* — *k) entschlossen zu Etwas* (Loc.). — *l) *aufgehäuft* (Korn). — *m) *gegangen;* vgl. Zach. Beitr. 21. — Caus. 1) *anhalten —, Platz* oder *Aufstellung nehmen lassen.* — 2) *Gewissheit erlangen lassen über sich, sich deutlich offenbaren.* — Mit अध्यव (°सेत् Potent.; °अस्यत, °सायीत und °सीयीत [MBh. 12,214,9] Med.; °स्य neben °स्याय Absol.) 1) *aufhören, absetzen, schliessen.* — 2) *sich entscheiden für* (Acc.), *bestimmen* den *Ort* von *Etwas, auswählen; wählen überh.* — 3) *sich zur That entschliessen, einen bestimmten Willen an den Tag legen, beschliessen, wagen, unternehmen;* die Ergänzung im Acc., Loc. oder Infin. — 4) *voraussetzen, für wahrscheinlich halten, halten für* (Acc.); *als entschieden annehmen, sicher erkennen* Çaṁk. zu Bâdar. 2,2,28 (S. 569, Z. 11). 43. — 5) *fälschlich voraussetzen.* — 6) Pass. (einmal auch Act.) *sich mit Gewissheit ergeben.* — 7) *nachsinnen.* — 8) अध्यवसित *a) beendigt.* — *b) beschlossen, unternommen.* n. impers. im Prâkrit 298,13. 325,20. — *c) für gewiss erkannt, zur Gewissheit erhoben.* Auch n. impers. — Bhâg. P. 1, 19,17 ist अध्यवसायपुक्तः zu schreiben. — Caus. अध्यवसायित *fest beschlossen* 144,27. — Mit अन्वव 1) *sich halten —, sich anschliessen an* (Acc.) Âpast. Çr. 9,9,8. Auch Med. — 2) *sich hinbegeben zu* (Acc.) Âpast. Çr. 8,22,6. — 3) *streben nach, begehren, Verlangen tragen nach* (Acc.). — 4) अन्ववसित in अनन्ववसित Nachtr. 6. — Mit उदव *aufbrechen* (namentlich vom Ort des Opfers), *sich aufmachen, den Schluss machen* (Âpast. 2,7,7); *sich anderswohin* (Loc.) *begeben.* — Mit अभ्युदव *den Schluss machen mit* (Acc.). — Mit उपाव *sich niederlassen bei* (Acc.). उपावसित *ansässig geworden in der Nähe von* (Acc.). — Mit निरव, °सित *aus der Gemeinschaft verstossen.* Vgl. अ°. — Caus. *abfertigen,* so v. a. *ausstatten mit* (Instr.), *befriedigen.* — Mit पर्यव 1) *das Endresultat sein, seinen Abschluss finden —, schliesslich aufgehen in, hinauslaufen auf* (Loc. oder Acc. mit प्रति). — 2) पर्यवसित *a) entfernter (nicht ganz nahe) wohnend.* — *b) übergesiedelt in* (Acc.). — *c) vollkommen abgeschlossen, — zu Ende geführt, zum Abschluss gekommen, zu Ende gegangen* (Tag 311,6). एतावति *darauf und auf nichts Anderes hinauslaufend* Çaṁk. zu Bâdar. 3,4,51. — *d) endgültig, definitiv.* — *e) vollkommen vertraut mit* (Loc.). — Mit प्राव *den Wohnsitz nehmen unter* (Acc.). — Mit प्रत्यव 1) *zurückkommen, heimkehren, — in* (Loc.) Çat. Br. — 2) प्रत्यवसित *a) zur alten (schlechten) Lebensweise zurückgekehrt, rückfällig* MBh. 13,23,67 (= आरूढपतित Nilak.; vgl. Baudh. 2,4,24). Nârada (a.) 2,1,185 nach dem Comm. *der den Stand des religiösen Bettlers wieder aufgegeben hat.* — *b) gegessen.* — Mit व्यव (°सामि und °सत्ति [mit der v. l. °स्यत्ति] Praes.; °सेयम्, °सेत् Potent.; °स्यते = °स्यति und °सीयते; °स्य Absol.) 1) *getrennt wohnen* Çat. Br. 13,2,4,4. — 2) *sich trennen, in Zwist gerathen.* — 3) *trennen, einen Absatz machen.* — 4) *sich entschliessen, sich entscheiden, vorhaben, unternehmen, entschlossen —, Willens sein;* die Ergänzung im Acc., Dat., Loc. °अर्थम् oder Infin. (Megh. 22). °सीयते impers. Çiç. 1,30. — 5) *eine entschiedene Meinung gewinnen* oder *haben, sich überzeugen, überzeugt sein, erkennen, eine richtige Vorstellung gewinnen* oder *haben, — von* oder *über* (Acc. Çiç. 14,24); *halten für,* mit doppeltem Acc. — 6) *Betrachtungen bei sich anstellen, hinundher überlegen.* — 7) व्यवसित *a) zu Ende gegangen* (Tag). — *b) beschlossen, unternommen;* auch n. impers. (die Ergänzung im Dat. oder Infin.). — *c) einen festen Entschluss gefasst habend, entschlossen, den festen Willen habend;* die Ergänzung im Loc., Dat. oder Infin. — *d) wovon man sich überzeugt hat, erkannt.* — *e) zu einer Ueberzeugung gelangt.* सम्यक् *das Richtige getroffen habend;* mit Acc. *für das Wahre erkannt habend und dafür lebend.* — *f) * = प्रतारित.* — Caus. *entschlossen —, unternehmend machen, Jmd Willens machen —, veranlassen zu* (Infin.). — Mit अनुव्यव *dahinterkommen, erkennen.* — Mit संव्यव in संव्यवस्य. — Mit समव 1) *sich für denselben Ort* oder *dieselbe Zeit entscheiden; sich an demselben Orte niederlassen* Âpast. 1,29,8 (समवसाय zu lesen). — 2) *sich entscheiden für* (Acc.), so v. a. *für richtig anerkennen.* — 3) *erreichen, gelangen zu* (Acc.). — Mit *नि, निष्यति. न्यषात्, निषित. — Mit *परिणि, °ष्यति. — Mit *प्रणि, °ष्यति. — Mit *परि, °ष्यति, °षित. — Mit प्र, प्रसित 1) *huldigend, hingegeben, obliegend, besorgt um* (Loc. oder *Instr.). — 2) *anhaltend, beständig* Bhatt. — Mit वि 1) *auflösen, ablösen, entfesseln; abzäumen, auszäumen.* — 2) *frei geben, strömen —, laufen lassen.* — 3) *öffnen.* — 4) *abspannen,* so v. a. *weich —, milde machen.* — 5) विषित *a)* Partic. mit pass. Bed. zu 1) 2) und 3). — *b) abgezäumt* von der Sonne *im verlöschenden Momente unmittelbar vor dem Untergange* Lâṭy. 3,1, 13. — Mit सम् *zusammenbinden,* so v. a. *fest machen* AV. 3,19,2. 5.

4. सा Pron. f. s. u. 1. स.

5. *सा f. s. u. 5. *स.

सांयमन Adj. *zur Selbstbeherrschung in Beziehung stehend.*

सांयमनि m. Patron. Çala's.

*सांयाति gaṇa काश्यादि.

*सांयातिक Adj. (f. आ und ई) von सांयाति.

सांयात्रिक m. *ein zu Schiffe Reisender, Seefahrer* Hariv. 2,3,15. Gâtakam. 14. Uttamaċ. 27. 55. 144.

सांयुग Adj. (f. ई) *proeliaris.* कु f. so v. a. *Schlachtfeld* Çiç. 19,17.

सांयुगीन Adj. *kriegerisch, tapfer in der Schlacht.*

सांयुज्य Râgat. 3,279 fehlerhaft für सायुज्य.

*सांयोगिक Adj. = संयोगाय प्रभवति.

सांयोगिक Adj. *in Verbindung stehend.*

*सांरह्य n. Nom. abstr. von संरक्त.

सांराविण n. *allgemeines Geschrei* u. s. w. Naish. 19,29.

सांवत्सर 1) Adj. (f. ई) *jährig* Vâsav. 144,3. भृति f. *Jahreslohn.* — 2) m. *ein Kalenderkundiger, Astrolog* Vâsav. 144,3.

सांवत्सरक 1) *Adj. *jährig, nach einem Jahre zahlbar.* — 2) m. *Astrolog* in अ°.

*सांवत्सररथ m. *die Sonne.*

सांवत्सरिक 1) Adj. *jährig, jährlich, ein Jahr oder Jahre lang dauernd, das ganze Jahr hindurchgehend, nach einem Jahre zahlbar, zu einem Jahr-Opfer gehörig.* — 2) m. *Astrolog.*

सांवत्सरीय Adj. (f. आ) सिद्धी *eine best. Personification.*

सांवरण und सांवरणि m. Patron. eines Manu.

सांवर्ग n. mit इन्द्रस्य Name eines Sâman Ârsh. Br. 1,6.

सांवर्गजित und सांवर्ग्यजित (fehlerhaft Lâṭy. 4, 7,15) Patron. von संवर्गजित्. Auch Pl.

सांवर्त 1) Adj. *von* Saṁvarta *verfasst.* °स्मृति f. Opp. Cat. 1. — 2) n. Name verschiedener Sâman Ârsh. Br.

सांवर्तक Adj. *beim Untergang der Welt erscheinend.*

*सांवह्वित्र Adj. von संवह्वितर्.

*सांवादिक m. *ein Dialektiker.*

*सांवाद्य n. Nom. abstr. von संवादिन्.

सांवाशिन n. *das Zusammenblöken* (der Kühe und Kälber).

*सांवासिक Adj. = संवासाय प्रभवति.

सांवास्यक n. *das Zusammenwohnen, — leben.*

*सांवाह्विक Adj. (f. आ und ई).

सांवित्तिक Adj. *auf einer* (blossen) *Empfindung beruhend, subjectiv.*

1. सांविद्य n. *Einverständniss.*

2. सांविद्य n. *Besitz* AV. 12,4,4, v. l. für संविद्य.

सांवृत्ति f. Âpast. 2,6,13 fehlerhaft für संवृत्ति.

सांवृत्तिक Adj. fehlerhaft für सांवित्तिक.

*सांवेशनिक Adj. = संवेशनाय प्रभवति.

*सांवेश्य n. Nom. abstr. von संवेशिन्.

*सांवेषिक Adj. = संवेषाय प्रभवति.

सांवेश्य n. *das Sichzusammenfinden, Vereinigung* Vaitân. 36,27.

सांव्यवहारिक Adj. (f. ई) *im Verkehr üblich, allgemein verständlich.*

सांशंसिक Adj. *zusammen recitirt werdend* Gop. Br. 2,4,16. Vaitân.

सांशयिक Adj. (f. ई) 1) *zweifelhaft,* so v. a. *worüber ein Zweifel obwaltet, unsicher* Bhadrab. 4, 132. Nom. abstr. °त्व n. — 2) *zweifelnd, skeptisch.*

1.*सांशित्य m. Patron. von संशित.

2. सांशित्य Absol. s. u. 2. शा mit सम्.

सांस MBh. 6,64 fehlerhaft für मांस.

*सांसर्गविद्य Adj. = संसर्गविद्यामधीते वेद वा.

सांसर्गिक Adj. (f. ई) *durch Berührung —, durch Verkehr entstehend, — sich bildend.*

सांसारिक Adj. *mit dem Kreislauf des Lebens —, mit dem weltlichen Dasein in Verbindung stehend, darauf beruhend* u. s. w. Ind. St. 15,440. *noch im Kr. d. L. sich befindend* Kâraṇḍ. 60,18.

सांसिद्धिक Adj. (f. ई) *ursprünglich, naturgemäss, natürlich* (auch so v. a. *dessen Ursprung nicht nachzuweisen ist*) MBh. 3,32,59, v. l.

सांसिद्ध्य n. *das Erreichthaben des höchsten Zieles.*

सांसृष्टिक Adj. *in unmittelbarer Verbindung stehend, alsbald erfolgend, unmittelbar.*

°सांस्कारिक Adj. *zum Leichenbegängniss von —, gehörig, — erforderlich.*

*सांस्थानिक Adj. = संस्थाने व्यवहरति.

सांस्पर्शक n. *Berührung.* Pl. Mân. Gṛhj. 1, 1. Kâṭh. Gṛhj. 1.

*सांस्फीयक Adj. von संस्फीय.

*सांस्राविण n. = वृन्दस्य वृन्दं व्याप्य सम्यक्स्रावः.

सांहत्य n. *Vereinigung, Verbindung* Kap. 5,129.

सांहातिक n. in der Nativitätslehre *das 16te Mondhaus nach dem Mondhause, in welchem der Mond bei der Geburt eines Kindes stand.*

सांहार MBh. 3,3540 fehlerhaft für संहार.

सांहित Adj. (f. ई) *der* Saṃhitâ *eigen, auf ihr beruhend* u. s. w. सांहितोपनिषद्भाष्य n. Opp. Cat. 1.

सांहितिक 1) Adj. dass. Sâj. zu ṚV. 8,4,14. — 2) m. *Verfasser einer astrologischen* Saṃhitâ.

*साक n. = 4. शाक 1) *essbares Kraut, Gemüse.*

साकंयुज् Adj. *verbunden.*

साकंवृत् Adj. *mit einander rollend* (Räder).

साकंवृध् Adj. *zusammen gross werdend.*

साकंजा Adj. *zugleich geboren.*

साकम् Adv. 1) *mit einander, auf einmal, zugleich, gleichzeitig.* — 2) *in Gemeinschaft mit, nebst;* mit Instr.

साकमश्व 1) m. N. pr. eines Mannes Ârsh. Br. 1,7. — 2) n. Name eines Sâman Ârsh. Br. 1,[illegible]3. Nom. abstr. °त्व n.

साकमुक्षन् Adj. *zugleich träufelnd, — spritzend.*

साकमेध m. 1) Pl. Bez. *des dritten* Parvan *der* Kâturmâsja. — 2) *ein best. dreitägiges* Soma-*Opfer.*

साकम्प Adj. *zitternd* Varâh. Jogaj. 8,9.

साकंप्रस्थाय m. erklärt im Comm. zu Njâjam. 2,3,11.

साकंप्रस्थायीय (Âpast. Çr. 3,16,11. 17,3. Comm. zu Njâjam. 2,3,11) und °प्रस्थाय्य (Vaitân. Gaim. 3, 5,13) m. *eine best. Ceremonie.* साकंप्रस्थाय्ययज्ञ m. Vaitân.

*साकरुण्ड fehlerhaft für साकुरुण्ड.

*साकर्णकायन und *साकर्णक Adj. von सकर्णक.

*साकलायन Adj. von सकल.

साकलि und °का f. N. pr. einer Frau Divjâvad. 515,14. fg. 517,1. 12. 24.

साकल्पक Adj. Kathâs. 117, 89 fehlerhaft für साकल्यक.

साकल्य n. *Ganzheit, Vollständigkeit, Totalität.* पश्य साकल्यमात्मनः (v. l. साफल्यमा°) *sieh, wie Alles in einer Person vereinigt ist.* Instr. *vollständig, ganz* Comm. zu Njâjam. 9,4,10. *°वचन n. *vollständiges Durchlesen.*

साकल्यक Adj. *krank, unwohl.*

साकाङ्क्ष Adj. 1) *ein Verlangen habend, — empfindend.* °म् Adv. *mit Begehren, verlangend* 304,7. — 2) *eine Ergänzung verlangend, in Correlation stehend* Gaim. 3,1,20. Kâvjapr. 7,9. Nom. abstr. °ता f. und °त्व n.

साकाप्रातायन (!) m. Patron. Nur Pl.

साकार Adj. (f. आ) 1) *Form —, Gestalt habend, leibhaftig.* Nom. abstr. °ता f. — 2) *eine schöne Form habend, von schönem Aeussern.* °म् Adv. *schön, anmuthig.*

साकारज्ञानवाद m. *die Theorie, dass die Anschauungen aus Bildern bestehen, die aber unabhängig sind von der Aussenwelt.*

साकारसिद्धि f. Titel eines Werkes.

साकाश Adj. *mit dem Herschein* Âçv. Gṛhj. 3,9,1.

*साकुरुण्ड m. *eine best. Pflanze.*

साकुल Adj. *verwirrt* Kathâs. 78,94.

साकूत 1) Adj. (f. आ) *bedeutsam* Naish. 6,71. — 2) °म् Adv. *a) bedeutsam, in einer bestimmten Absicht, nachdrucksvoll* 113,3. — *b) aufmerksam, genau.* — 3) n. etwa *das erstrebte Ziel* Prasannar. 40, 9.

साकेत 1) n. Bez. *der Stadt* Ajodhjâ Divjâvad. 211,12. Auch wohl N. pr. anderer Städte Ind. St. 5,154. — 2) m. Pl. *die Bewohner von* Ajodhjâ.

*साकेतक Adj. von साकेत.

*साकेतन n. = साकेत 1).

साकेतु m. oder f. = साकेत 1) VP². 4,218.

साकोटक Pañkar. 1,6,16 fehlerhaft für शाखोटक.

*साक्तव *ein aus Gerste bereitetes Getränk.*

*साक्तुक 1) Adj. = सक्तुनि साधुः, सक्तवे प्रभवति. — 2) m. = सक्तुक *ein best. vegetabilisches Gift.*

*साक्तुसैन्धव Adj. = सक्तुसिन्धुषु भवः.

*साक्ष्, साक्षते (= व्याप्नोति) als Erklärung von प्रसाक्षते (von 1. सह्).

साक्ष Adj. *mit Gespann versehen* (सीर) Kauç. 37,6.

साक्षत 1) Adj. *mit unenthülsten Körnern gefüllt* Ragh. 2,21. — 2) °म् Adv. *ohne zu verletzen* (küssen) Dhûrtas. 1,2.

साक्षर Adj. (f. आ) 1) *mit Buchstaben versehen, Buchstaben enthaltend* 245,2. Spr. 7655. — 2) *beredt* Spr. 7655. Nom. abstr. °ता f. *Beredsamkeit.*

साक्षात् Adv. 1) *mit Augen, mit eigenen Augen.* — 2) (*vor Augen*) *offenbar, in Wirklichkeit, geradezu, recht eigentlich* Çaṃk. zu Bâdar. 2,3,50. Bâlar. 84,10. — 3) *in Wirklichkeit,* so v. a. *in eigener Person, leibhaftig.* — 4) *unmittelbar, direct.* — 5) mit भू *in eigener Person erscheinen.* — 6) mit कर् *sich vor Augen führen, zu Gesicht bekommen, schauen, sich vergegenwärtigen.*

साक्षात्कर Adj. *vor Augen führend, zur Anschauung bringend.*

साक्षात्करण n. 1) *das Schauen.* — 2) *die unmittelbare Ursache* Comm. zu Kap. 2,40.

साक्षात्कर्तर् Nom. ag. *der* (Alles) *schaut.*

साक्षात्कार m. 1) *das zu Gesicht Bekommen Schauen, Wahrnehmung, das Sichvergegenwärti-*

gen. Nom. abstr. °ता f. — 2) *das Gewahrwerden, Erfahren, so v. a. Lohn für* (Gen.).

°साक्षात्कारवन्त् Adj. *eine Anschauung von — besitzend.*

साक्षात्कारिन् Adj. *schauend.*

साक्षात्कृति f. = साक्षात्कार 1).

साक्षात्क्रिया f. 1) dass. — 2) so v. a. *Realisirung* Lalit. 36,17.

साक्षात्पुरुषोत्तमवाक्य n. Titel eines Werkes.

साक्षि (metrisch) m. = साक्षिन् *Zeuge.* Vgl. लोक° und समस्त°.

साक्षिक am Ende eines adj. Comp. (f. आ) von साक्षिन् *Zeuge.* °म् Adv. Vgl. अग्नि° (auch Nachtr. 6) und अ°.

साक्षिता f. und साक्षित्व n. *das Zuschauer —, Zeugesein* (auch vor Gericht).

साक्षिन् 1) m. f. n. (Sarvopan. 395) *Zuschauer, Zeuge* (auch vor Gericht), — *bei* oder *von* (Gen., Loc. oder im Comp. vorangehend) Gaut. — 2) m. *a)* in der Philosophie *das den Objecten unabhängig gegenüberstehende Subject.* — *b)* N. pr. eines Mannes. Auch Pl.

साक्षिप्तम् Adv. *zerstreuten Geistes.*

साक्षिभूत Adj. *Zeuge seiend.*

साक्षिमन्त् Adj. *einen Zeugen habend, vor Zeugen geschehend.*

साक्षिमात्री Adv. mit कर् *Jmd zum blossen Zuschauer machen* Hem. Par. 1,422.

साक्षी Adv. 1) mit कर् *zum Zeugen anrufen.* — 2) mit भू *zum Zeugen werden.*

साक्षीक m. N. pr. eines Mannes.

साक्षेप Adj. 1) *eine Einwendung —, eine Einschränkung enthaltend.* — 2) *schmähend, beleidigend, verhöhnend* 181,7. °म् Adv. Spr. 5798.

साक्ष्य 1) Adj. *sichtbar für* (im Comp. vorangehend). — 2) n. *das Zeugesein, Zeugniss, Aussage vor Gericht.*

*साखि m. Pl. N. pr. eines Volkes. Vgl. शाखि.

*साखिदत्तेय Adj. von सखिदत्त.

*साखेय Adj. von सखि.

साख्य, साखिश्र्य 1) n. *a) Vereinigung von Genossen, Partei.* — *b) Freundschaft.* Wohl nur fehlerhaft für सख्य. — 2) Adj. *den Freund betreffend, zu ihm in Beziehung stehend* Kâtj. Çr. 25,14,19.

सागम Adj. *wozu man auf rechtmässige Weise gelangt ist, rechtmässig* Vishnus. 5,185.

सागमक Adj. *mit einem Augment* (gramm.) *versehen.*

सागर 1) m. *a) das Meer.* Nach der Legende das von den Söhnen Sagara's ausgehöhlte Becken, welches Bhagîratha mit dem Wasser der Gangâ füllte. सागरस्य फेनः *Os sepiae.* Am Ende eines adj. Comp. f. आ. — *b) das Meer* am Ende eines Comp. als Bild *der unübersehbaren Ausdehnung, der Unerschöpflichkeit, Unergründlichkeit* und *Gefährlichkeit.* सैन्य° Çiç. 13,27. — *c)* Bez. *der Zahl vier.* — *d) eine best. hohe Zahl,* = 10 Padma. — *e)* **eine Gazellenart.* — *f)* Titel eines Werkes. — *g)* Pl. *die Söhne* Sagara's 106,21. — *h)* N. pr. α) eines Schlangendämons Kâraṇḍ. 68,5. — β) verschiedener Personen Hem. Par. 1,472. — γ) einer Oertlichkeit. — 2) Adj. (f. ई) *marinus.* — 3) *n. N. pr. einer Stadt.

सागरक 1) m. Pl. *Meeresanwohner* als N. pr. eines Volkes. — 2) f. °रिका ein Frauenname.

सागरकुक्षि f. N. pr. einer Nâga-Jungfrau Kâraṇḍ. 4,8.

सागरग 1) Adj. (f. आ) *sich in's Meer ergiessend.* — 2) f. आ *ein solcher Fluss.*

सागरगमा f. = सागरग 2).

सागरगम्भीर 1) m. *ein best.* Samâdhi Kâraṇḍ. 93,10. — 2) f. आ N. pr. einer Nâga-Jungfrau Kâraṇḍ. 4,10.

सागरगामिन् 1) Adj. = सागरगम 1). — 2) *f. °नी *kleine Kardamomen* Râgan. 6,88.

सागरगासुत m. Metron. Bhîshma's.

सागरंगम Adj. (f. आ) = सागरग 1).

सागरचन्द्र m. N. pr. eines Autors Gaṇar. 106,16. 113,4. 144,6. 304,9.

सागरत्व n. Nom. abstr. von सागर *Meer.*

सागरदत्त m. N. pr. 1) eines Fürsten der Gandharva. — 2) verschiedener Männer Hem. Par. 1,396. 2,77.

सागरदेव m. N. pr. einer mythischen Person Ind. St. 14,140.

सागरनन्दिन् m. N. pr. eines Dichters.

*सागरनेमी f. *die Erde.*

*सागरपरिपृच्छा f. Titel eines Werkes.

सागरपर्यन्त Adj. (f. आ) *meerumgrenzt* (die Erde).

*सागरपाल m. N. pr. eines Schlangendämons.

सागरपुर n. N. pr. einer *Stadt.*

सागरबुद्धिधार्यभिज्ञागुप्त m. N. pr. eines Buddha Saddh. P. 207.

*सागरमति m. N. pr. 1) eines Bodhisattva Kâraṇḍ. 1,18. fg. — 2) eines Fürsten der Nâga Kâraṇḍ. 2,14. — 3) eines Mannes.

*सागरमुद्रा f. *ein best.* Samâdhi (buddh.).

सागरमेखल 1) Adj. (f. आ) *meerumgürtet.* Vgl. सप्त°. — 2) *f. आ *die Erde.*

*सागरमेघ m. N. pr. eines Mannes.

सागरलिपि f. *eine best. Art zu schreiben.*

सागरवरधर m. so v. a. *Ocean* Lalit. 10,16.

सागरवरधरबुद्धिविक्रीडिताभिज्ञ m. N. pr. Ânanda's als Buddha.

सागरवर्मन् m. N. pr. eines Fürsten.

सागरवासिन् Adj. *am Meere wohnend, Meeresanwohner.*

सागरवीर m. N. pr. eines Mannes.

सागरव्यूहगर्भ m. N. pr. eines Bodhisattva.

सागरशय Adj. *im Meere ruhend, schlafend;* m. Bein. Vishṇu's Çiç. 13,40.

सागरशुक्ति f. *Meermuschel* 186,15.

सागरसूनु m. Patron. *des Mondes.*

सागरानूपक Adj. = सागरवासिन्.

1. सागरान्त m. *Meeresküste.*

2. सागरान्त Adj. (f. आ) *bis an's Meer reichend, meerumgrenzt* (die Erde) R. 1,5,1. 2,12,32. Ind. St. 15,426.

सागरान्तर्गत Adj. *im Meere befindlich, — lebend.*

सागराम्बर 1) Adj. (f. आ) *meerumkleidet.* — 2) f. आ *die Erde* Ind. St. 15,371.

सागराम्बुरशन (Adj. °रसन gedr.) Adj. (f. आ) *meerumgürtet* Varâh. Jogaj. 4,14.

सागरालय 1) Adj. *im Meere hausend.* — 2) *m. Bein. Varuṇa's.

सागरावर्त m. *Meeresbucht.*

सागरिक Adj. (f. ई) in चातुः°. — सागरिका f. s. u. सागरक.

सागरिकामय Adj. *aus lauter* Sâgarikâ *bestehend* 314,10 (im Prâkrit).

सागरेश्वरतीर्थ n. N. pr. eines Tîrtha.

*सागरोत्थ n. *Seesalz.*

सागरोदक n. *Seewasser,* wohl N. pr. eines Tîrtha.

सागरोद्गार m. *Fluth* (Gegensatz *Ebbe*) R. 7,32,10. 19.

सागरोपम *eine best. hohe Zahl* (bei den Ǵaina).

सागस् Adj. *eines Vergehens schuldig.*

सागुण्य n. *Vorzüglichkeit* AV. Pariç. 70,12.

साग्नि 1) Adj. *a) mit dem Feuer.* — *b) ein Feuer unterhaltend* Ǵaim. 6,6,30. — *c)* **auf Feuer deutend* P. 6,3,80, Sch. — 2) *Adv. *bis zu dem Abschnitt vom Feuer.*

साग्निचित्य Adj. *mit Schichtung des Feueraltars verbunden* Ind. St. 13,290.

साग्निधूम Adj. *von Feuer und Rauch begleitet* Hariv. 12551.

साग्र Adj. (f. आ) 1) *mit der Spitze.* — 2) = समग्र *ganz, voll, woran Nichts fehlt* MBh. 12,153,54. *Auch mit einem Ueberschuss und mehr* Ârjabh. 2,33.

साग्रह Adj. *auf Etwas bestehend, hartnäckig.*

०म् Adv. Hem. Par. 1,319.

*सांकथिक Adj. = संकथायां साधुः.

सांकथ्य n. *Unterhaltung* Karaka 6,12. Kâraṇḍ. 15,8. 50,15. 53,17. 19. 56,1. Vgl. धर्म०.

सांकरिक Adj. *aus einer Vermischung der Kasten hervorgegangen, in einer unebenbürtigen Ehe erzeugt.*

सांकर्य n. 1) *Vermischung, Vermengung* Bhâvapr. 1,130. — 2) *Verworrenheit* Njâjam. 2,1,26. Comm. zu 9,2,23.

सांकर्यखण्डन n. und सांकर्यवाद m. Titel von Werken.

*सांकल Adj. von संकल.

सांकल्पिक Adj. (f. ई) *auf einer Willensbestimmung —, auf der Phantasie beruhend, daraus hervorgegangen* Çaṃk. zu Bâdar. 3,2,5. fgg.

सांकाशिन n. *allgemeines Sichtbarsein* Âpast. Çr. 11,7,10. 9,10. 10,14. Instr. so v. a. *geradezu*.

सांकाश्य N. pr. 1) m. eines Mannes. — 2) f. (श्रा) n. einer Stadt 231,24. 25. Divjâvad. 150,22. 401,21.

*सांकाश्यक Adj. (f. ०श्यिका) *aus* Sâmkâçja *stammend, dort wohnend.*

*सांकुचि m. *ein best. Wasserthier* Bhâvapr. 2,5. Auch *०ची f. Vgl. शङ्कुचि.

*सांकुचित Adj. *aus* Saṃkukita *stammend.*

*सांकूटिन n. *allgemeines* — (?).

सांकृत 1) Adj. *dem* Saṃkṛti *eigen, von ihm stammend.* — 2) f. ई f. zu सांकृत्य.

सांकृति m. Patron. von Saṃkṛti Âpast. Çr. 5, 10,11. Auch Pl.

सांकृतीपुत्र m. N. pr. eines Lehrers.

सांकृत्य m. Patron. von संकृति. Auch Pl.

सांकृत्यायन 1) m. Patron. von सांकृत्य. — 2) f. ई N. pr. einer Pravrâgikâ.

सांकेतिक Adj. *auf Verabredung beruhend, verabredet, unter einander abgemacht.*

सांकेत्य n. *Uebereinkommen, Verabredung,* insbes. *mit einem Geliebten.*

सांक्रन्दनि m. Indra's *Sohn*, Patron. des Affen Vâlin Mahâvirak. 89,5.

सांक्रामिक Adj. *auf Andere übergehend.*

सांक्षेपिक Adj. *in Kürze ausgedrückt, kurz gefasst.*

सांख्य 1) Adj. *den grammatischen Numerus betreffend.* — 2) m. a) *ein Mann, der das pro und contra genau erwägt* (Karaka 1,13) und *ein Anhänger der aufzählenden philosophischen Methode,* d. i. *der* Sâmkhja-*Lehre.* — b) N. pr. eines Mannes MBh. 13,150,45. — 3) n. *die auf der genauen Erwägung des pro und contra beruhende Lehre* oder *die aufzählende philosophische Methode,* d. i. *die auf* Kapila *zurückgeführte* Sâmkhja-*Lehre.*

सांख्यकारिका f., ०भाष्य n., सांख्यकौमुदी f., सांख्यक्रमदीपिका f., सांख्यचन्द्रिका f. (Bühler, Rep. No. 375), सांख्यतत्त्वकौमुदी f., ०व्याख्या f. (Burnell, T.), ०तत्त्वप्रदीप (Pandit IX), ०तत्त्वविभाकर m., ०तत्त्वविलास m. und सांख्यतरंग m. Titel von Werken.

सांख्यपुरुष m. *die Weltseele im* Sâmkhja Çiç. 14,19.

सांख्यप्रवचन n., ०भाष्य n. und सांख्यमत n. (Opp. Cat. 1) Titel von Werken.

सांख्यमय Adj. (f. ई) *aus der* Sâmkhja-*Lehre bestehend.*

सांख्ययोग 1) m. *ein Anhänger des* Sâmkhja *und des* Joga als N. pr. eines Ṛshi. Nach der v. l. N. pr. zweier Ṛshi. — 2) m. *der sogenannte theistische* Sâmkhjajoga Çaṃk. zu Bâdar. 2,2,37. — 3) n. *das* Sâmkhja *und der* Joga.

सांख्ययोगदीपिका f. Titel eines Werkes Opp. Cat. 1.

सांख्ययोगवत् Adj. *mit dem* Sâmkhja *und* Joga *vertraut.*

सांख्ययोगवादिन् m. *ein Anhänger des theistischen* Sâmkhjajoga Çaṃk. zu Bâdar. 2,2,38.

सांख्यवृत्ति f., ०वृत्तिप्रकाश m., ०वृत्तिसार, सांख्यसप्तति f. (Opp. Cat. 1), सांख्यसार, ०सारविवेक m., सांख्यसिद्धान्त m., सांख्यसूत्र n., ०सूत्रप्रदीपिका f., ०सूत्रविवरण n., ०सूत्रवृत्ति f. und ०सूत्रवृत्तिसार Titel von Werken.

सांख्याचार्य m. Bein. Vishṇu's Vishṇus. 98,86.

सांख्यायन m. 1) N. pr. eines Lehrers. — 2) Pl. *seine Schule.* — Vgl. शाङ्खायन.

सांख्यायनगृह्य n., सांख्यायनतन्त्र n. (Opp. Cat. 1), सांख्यायनब्राह्मण n. und सांख्यायनसूत्र n. Titel von Werken.

सांख्यार्थतत्त्वप्रदीपिका f., सांख्यार्थसंख्यायिक und सांख्यालंकार m. Titel von Werken.

साङ्ग und सांङ्ग Adj. 1) *mit seinen Gliedern.* — 2) *mit einem Körper versehen.* — 3) *mit allen seinen Theilen, — Anhängen* (insbes. *den zum* Veda *gehörigen*) 72,20. — 4) *vollständig.* — 5) *beendigt, abgeschlossen.*

साङ्गग्लानि Adv. *mit erschöpften Gliedern, mit erschöpftem Körper* Spr. 1637.

सांगतिक m. *ein alter Bekannter* Vasishṭha 8,8. M. 3,103 = Vishṇus. 67,35.

सांगत्य m. *das Zusammenkommen —, Verkehr mit* (सह).

*सांगम m. = संगम.

सांगमन m. Patron. des Agni anaçnant (in der सभा).

सांगमिद्धु Adj. als Bez. einer Art von Sand.

साङ्गरव m. N. pr. MBh. 1,2046 fehlerhaft für शाङ्गरव.

साङ्गलक्षण n. v. l. für छागलक्षण.

साङ्गुष्ठ 1) Adj. *sammt dem Daumen.* — 2) *f. श्रा *Abrus precatorius.*

साङ्गोपाङ्ग Adj. *nebst den* Aṅga *und* Upâṅga (die Veda) MBh. 3,64,17.

साङ्गोपाङ्गोपनिषद् Adj. *nebst den* Aṅga, Upâṅga *und den* Upanishad (der Dhanurveda) R. 1, 55,16.

सांग्रहणी Adj. (f. ई) *auf Besitzergreifung bezüglich.*

*सांग्रहसूत्रिक m. = संग्रहसूत्रमधीते वेद वा.

*सांग्रहिक Adj. = संग्रहे साधुः und संग्रहमधीते वेद वा.

*सांग्राम Adj. von संग्राम. — MBh. 3,15867 fehlerhaft für संग्राम.

सांग्रामजित्य n. *Sieg im Kampfe.*

सांग्रामिक Adj. (f. ई) *auf Kampf bezüglich.* रथ m. *Kriegswagen,* मृत्यु m. *Tod in der Schlacht,* वित्त n. *Kriegsbeute* Gaut. Nom. abstr. ०त्व n.

सांग्राहिक Adj. *hemmend, stopfend* Karaka 1,2. 6,10. 8,10. Einmal सांग्राहक. Vgl. सांग्रहिक.

*सांघटिक Adj. = संघटमधीते वेद वा.

*सांघट्टिक Adj. = संघट्टमधीते वेद वा.

*सांघाटिका f. 1) *Paar.* — 2) *Kupplerin.* — 3) *Trapa bispinosa.*

*सांघात Adj. = संघाते दीयते oder — कार्यम्.

सांघातिक 1) Adj. *zu einer Gruppe gehörig.* — 2) n. in der Astrologie *das 16te Mondhaus nach dem* Ganmaksha Varâh. Jogaj. 9,1. 10. 16.

सांघात्य n. = संहात्य, संघात्य.

सांघिक Adj. (f. ई) *zur Mönchsgemeinde in Beziehung stehend, kirchlich* Kâraṇḍ. 97,1. fgg.

०साच् s. 2. ०सच्.

साचर्य Adj. *vereint* Çat. Br. 3,4,4,7. Vgl. पृष्टि० (Nachtr. 6) und रात्रि०.

साचार Adj. *wohlgesittet.*

1. साचि Adv. *quer, schräg, seitwärts, von der Seite her.* साचिस्मित n. Bhâm. V. 2,79.

2. साचि Adj. *begleitend.* Vgl. हंससाचि.

साचिन् in सव्य०.

*साचिव्याटिका f. *eine weiss blühende* Punarnavâ.

साचिव्य n. *das Amt eines Begleiters, Hülfe, Beistand;* insbes. *das Amt eines fürstlichen Beistandes, Ministeramt.*

साचिव्याक्षेप m. in der Rhetorik *eine Erklärung, dass man mit Etwas nicht einverstanden sei, obgleich man dieses zu begünstigen scheint.* Beispiel Spr. 2078.

साची Adv. mit कर् *zur Seite wenden.* °कृत *seitwärts gewandt;* °कृतम् Adv. *seitwärts* (blicken).

साचीगुण N. pr. einer Oertlichkeit.

साचीन Adj. *etwa von der Seite herankommend* Pat. zu P. 1,1,58, Vârtt. 1.

*साचीविद् Adv. = क्षिप्रम्.

*साचीसूत्र f. *frenulum praeputii* Gal.

°साचेय Adj. *gehörig —, passend zu.*

साच्य, साचिव्य Adj. *dem man beispringen —, den man werth haben muss.*

साज Adj. *nebst dem Mondhaus* Pûrvabhadrapadâ.

साजात्य n. 1) *Geschlechtsgemeinschaft mit* (Gen.) Maitr. S. 1,8,7 (125,7. 8). — 2) *Gleichartigkeit.*

साज्य Adj. *mit Schmalz verbunden* Kâtj. Çr. 1,10,6.

सांचारिक Adj. *beweglich.*

°सांचारिता f. Mahâvîraḱ. 112,11 fehlerhaft für °संचारिता.

साञ्ज m. N. pr. eines Autors.

साञ्जन 1) Adj. *mit Schlacken —, mit Unreinem behaftet, nicht ganz lauter.* — 2) *m. = अञ्जन *Eidechse.*

साञ्जलि Adj. *die beiden Hände hohl aneinander legend.*

सांजीवीपुत्र m. N. pr. eines Lehrers.

*सांज्ञायनि m. Metron. von संज्ञा.

*साटप्, °यति (प्रकाशने).

साटोप Adj. 1) *kollernd, dumpf rollend* (Wolken) Pańkat. 93,8. °म् Adv. Çiç. 3,74. — 2) *stolz, hochmüthig* Vâsav. 180,1. °म् Adv. Mṛḱḱh. 96,20. 138,13. 146,2. Chr. 300,33. Mâlatîm. (ed. Bomb.) 133,2. Hit. 58,15.

साट्टहासम् Adv. *mit lautem Lachen* Mârk. P. 82,31.

साट्टाल *Palast* Bhadrab. 1,30, v. l. für साद्दाल.

साठल m. N. pr.

*साड Adj. *mit einem Stachel* oder *einer Spitze versehen.*

साडखान m. N. pr. eines *Chans.*

*साडि m. Patron. von सड und साड.

साढ Partic. von 1. सह्.

साढर् Nom. ag. *Ueberwinder.*

साढ्यै Dat. Infin. zu 1. सह् Maitr. 1,6,3 (89,12).

*साढ्वा Absol. von 1. सह्.

साण्ड Adj. *mit Hoden, unverschnitten* Maitr. S. 3,7,7 (85,10). 4,2,7. Tâṇḍja-Br. 16,13,9. 18,9,20. Kâtj. Çr. 15,1,15. Lâtj. 8,3,9. Âçv. Çr. 9,4,20. Âpast. Çr. 5,10,10. 9,19,15. 10,25,14. Comm. zu Njâjam. 9,1,22.

*सात् 1) eine Sautra-Wurzel. — 2) n. = ब्रह्मन्.

सात 1) Adj. s. u. 1. सन्. — 2) m. N. pr. eines Jaksha. — 3) *n. = शात = सुख.

सातत्य n. *Beständigkeit, Ununterbrochenheit.* Instr. *beständig, dauernd, ununterbrochen* 244,1. 2.

सातला f. = सप्तला Bhâvapr. 1,201. Karaka 6,18.

सातवाह und °वाहन (Ind. St. 15,299. Harshaḱ. 219,13) m. N. pr. eines Fürsten. Dem chinesischen So-to-p'o-ho entspricht nach Kern सातवाह, nicht सद्वह, wie St. Julien annimmt.

सातसइका f. N. pr. eines Gebiets.

सातहन् Adj. *Erworbenes vernichtend, Gewinn vereitelnd.*

1. साति 1) f. *Gewinnung, Erwerb, Besitz; das Beutemachen, Gewinnen des Preises.* — b) **Gabe.* — 2) m. N. pr. eines Lehrers.

2. *साति f. 1) *Beschluss, Ende.* — 2) *heftiger Schmerz.*

3. साति *ein best. Metrum.*

सातिरात्र Adj. *nebst dem* Atirâtra Vaitân.

सातिरिक्त Adj. *mit einem Ueberschuss, und mehr* Divjâvad. 27,12.

सातिरेक Adj. 1) dass. Divjâvad. 27,7. — 2) *übermässig, überaus heftig.*

*सातिलक m. fehlerhaft für सातीलक.

सातिशय Adj. *vorzüglicher, besser, vorzüglich, ausgezeichnet.*

*सातिसार Adj. *an Durchfall leidend.*

सातीकाश Adj. *mit dem Ueberschein* Âçv. Gṛhj. 3,9,1.

*सातीन und *सातीलक m. *eine Erbsenart.*

सातु m. *etwa receptaculum.*

सातोबार्हत Adj. *zu* सतोबृहती.

सात्कार्य n. *Wirkung.*

सात्त्र und सात्त्रिक Adj. *zu einer Feier gehörig* u. s. w.

सात्त्व Adj. *zur Qualität* सत्त्व *in Beziehung stehend* u. s. w.

*सात्त्वकि m. Patron. von सत्त्वक.

सात्त्विक 1) Adj. (f. ई) a) *charaktervoll, muthig* (von Personen). In der Anrede Ind. St. 15,274. 339. 348. — b) *zur Qualität* सत्त्व *in Beziehung stehend, von ihr vorzugsweise beherrscht* u. s. w. — c) in der Rhetorik und Dramatik so v. a. *äusserlich in entsprechender Weise hervortretend* Çiç. 13,66. Hem. Par. 2,428. — 2) *m. Bein. Brahman's. — 3) *f. ई Bein. der Durgâ.

सात्त्विकब्रह्मविद्याविलास m. Titel eines Werkes Opp. Cat. 1.

सात्पुडा f. N. pr. eines Gebirges VP.² 2,128. 144. 150.

सात्म Adj. *nebst der eigenen Person.*

सात्मक Adj. *mit Bewusstsein verbunden.*

सात्मता f. *Wesensgemeinschaft, Wesenseinheit,* — *mit* (Gen., Instr. oder im Comp. vorangehend).

सात्मत्व n. *Beseeltheit* Kap. S. 32,7.

सात्मन् Adj. 1) *beseelt.* — 2) *nebst der Seele.*

सात्मार्पण Adj. *mit der Hingabe der eigenen Person —, mit Selbstverläugnung verbunden* Kâd. 2,7,2 (1).

सात्मी Adv. 1) mit कर् *sich an Etwas* (Acc.) *gewöhnen.* — 2) mit भू *zur Gewohnheit —, zur zweiten Natur* (auch so v. a. *zuträglich*) *werden* Gâtakam. 1. 7. 15.

सात्मीभाव m. *das zur Gewohnheit Werden, Zuträglichkeit* Karaka 389,2 (सात्म्यी° geschr.).

सात्म्य 1) Adj. *was einer Person passt, zuträglich, gesund für.* — 2) m. a) *das Zuträglich —, Gesundsein für.* — b) *gewohnte Lebensweise, Angewöhnung.* °तम् Adv. *in Folge von Gewöhnung.* Am Ende eines adj. Comp. *gewöhnt an.* — c) *Wesensgemeinschaft, Wesenseinheit,* — *mit* (Instr. oder Gen.).

सात्य 1) Adj. *dessen Natur die Wahrheit ist.* — 2) n. Name eines Sâman Ârsh. Br.

सात्यक m. Patron. = सात्यकि.

*सात्यकामि m. Patron. von सत्यकाम.

सात्यकायन m. Patron. Nur Pl.

सात्यकि m. Patron. des Jujudhâna Çiç. 16,16.

सात्यकिन् (metrisch) m. = सात्यकि.

*सात्यंकामि m. fehlerhaft für सात्यकामि.

*सात्यंकार्य m. Patron. von सत्यंकार.

सात्यदूत Adj. *den zuverlässigen Boten gehörig; so heissen grosse Opferspenden an* Sarasvatî *und andere Götter.* Auch wohl fehlerhaft für सत्यदूत.

सात्यमुग्र m. Pl. *die Schule des* Sâtjamugri AV. Pariç. 49,3.

सात्यमुग्रि 1) m. Patron. von सत्यमुग्र. — 2) *f. ई f. zu 1).

सात्यमुग्र्य 1) m. Pl. = सात्यमुग्र. — 2) *f. आ = सात्यमुग्रि 2).

सात्यमुनि m. Patron. Vielleicht fehlerhaft für सात्यमुग्रि.

सात्ययज्ञ m. N. pr. eines Lehrers.

सात्ययज्ञि m. Patron. des Somaçushma.

सात्यरथि m. Patron. von सत्यरथ.

*सात्यवत und *सात्यवतेय m. Metron. Vjâsa's.

सात्यहव्य m. N. pr. eines Vâsishṭha Gop. Br. 2,2,10.

सात्राजितै Patron. 1) m. des Çatânîka. — 2) f.

ई der Satjabhâmâ.

सात्रासाहे m. 1) Bez. einer best. Schlange. — 2) Patron. des Çoṇa. — 3) *N. pr. einer Oertlichkeit.

*सात्रासाहक Adj. von सात्रासाह 3).

सात्वत 1) Adj. (f. ई) a) den Satvant oder Sâtvata eigen, den Sâtvata (Kṛshṇa) betreffend u. s. w. वृत्ति f. Bez. eines best. Stils, Charakters, genre im Drama. — b) *das Wort सत्वत् enthaltend. — 2) m. a) ein Fürst der Satvant, Bez. Kṛshṇa's und Anderer. — b) Pl. Bez. eines Volksstammes (zu dem auch Kṛshṇa gehört) Çiç. 16,14 (= यादव Comm.). — c) ein Anhänger Kṛshṇa's. — d) eine best. Mischlingskaste, die Nachkommenschaft eines ausgestossenen Vaiçja. — e) N. pr. eines Sohnes des Âju und des Aṃçu. — 3) f. ई eine Fürstin der Satvant.

सात्वतसंहिता f. Titel eines Werkes Burnell, T. Opp. Cat. 1.

सात्वतीय m. ein Anhänger Sâtvata's, d. i. Kṛshṇa's.

सात्वन्त् m. Pl. (nur im Gen.) N. pr. eines Volksstammes Hariv. 1,36,31. Çiç. 19,42 (= यदु Comm.).

सादे m. 1) das Sitzen auf dem Rosse, das Reiten. — 2) das Einsinken (eines Rades). — 3) Ermattung, Erschlaffung, Nachlass Çiç. 7,66. 10,30. 15,116 (82). — 4) Schwund, Verlust. °साद्द vernichtend Çiç. 19,27. — 5) Verzweiflung, Kleinmuth. — Auch fehlerhaft für साह्‍ und साङ्ग.

सादद्योनि Adj. seine Stätte besitzend.

सौदन 1) Adj. ermatten —, erschlaffen machend Çiç. 19,78. — 2) m. ein Spruch, unter dessen Recitation Etwas hingesetzt wird, Âpast. Çr. 12,13,10. 11. 18,10. 27,8. 28,4. 29,4. 8. 13,8,2. 12. 13,5. — 3) *f. सादनी eine best. Pflanze, = कटुकी Râgan. 6,133. — 4) n. a) das Hinsetzen, Hinstellen Njâjam. 10,1,22. — b) das Einsinken (eines Wagens). — c) = सदन Sitz, Ort, Behausung Âpast. 2,13,7. — d) Schüssel.

सादनस्पृश् Adj. die Heimat berührend, so v. a. in die Wohnung gebracht.

(सादन्य) सादनिअ Adj. häuslich.

सादमय Adj. aus Verzweiflung hervorgegangen.

सादयितव्य Adj. zu Grunde zu richten, zu vernichten.

सादर Adj. (f. आ) alle Rücksichten beobachtend, grosse Theilnahme an den Tag legend, die gehörige Aufmerksamkeit Jmd oder einer Sache schenkend, die gehörige Achtung bezeigend, andachtsvoll, ganz bedacht auf (im Comp. vorangehend). °म् Adv.

सादरपूर्वकम् Adj. = सादरम्.

सादस Adj. im Sadas befindlich.

*सादसत Adj. die Worte सत् und असत् enthaltend.

सादाशिव Adj. (f. ई) dem Sadâçiva (Çiva) eigen Kâçikh. 28,84.

1. सादि m. 1) = सादिन् Reiter. — 2) * Wagenlenker. — 3) * Kämpfer. — 4) * Wind. — 5) * = अवसन्न.

2. सादि Adj. einen Anfang habend Kap. 5,15. Nom. abstr. °त्व n. 19.

सादिन् Adj. 1) reitend (*fahrend); m. Reiter, — zu im Comp. vorangehend). — 2) zu Schanden machend.

सादीनव Adj. mit Qualen behaftet Lalit. 259,8.

सादृश 1) Adj. = सदृश Divjâvad. 620,19. — 2) f. ई = सादृश्य Çiç. 17,67.

*सादृशीय Adj. von सदृश.

सादृश्य n. Aehnlichkeit, Gleichheit, — mit (im Comp. vorangehend) Âpast. 2,29,14. Çiç. 19,11.

सादृश्ये MBh. 5,1747 fehlerhaft für संदृशे.

सादृश्यवाद m. Titel eines Werkes Opp. Cat. 1.

सादृट्य MBh. 6,3900 fehlerhaft für सौदर्य.

साद्गुण्य n. Vorzüglichkeit Karaka 256,5 (3,8 v. l. साद्गुणा. Comm. zu Kâtj. Çr. 80,13.

साद्दाल Palast Bhadrabh. 1,30. v. l. साद्दाल.

साद्भुत Adj. erstaunt, verwundert.

साद्य Adj. zum Reiten tauglich; m. Reitpferd.

साद्यःक्र und साद्यस्क्र Adj. mit Soma, der am selben Tage gekauft ist, begangen; m. Bez. bestimmter (fünf oder sechs) Ekâha.

साद्यस्क Adj. 1) alsbald erfolgend. — 2) fehlerhaft für साद्यस्क्र.

साद्यस्क्रप्रयोग m. Titel Burnell, T. Richtig साद्यस्क°.

साद्यस्क्र s. साद्यःक्र.

*साद्योत Adj. von सद्योत.

1. साध्, सा॑धति, °ते, *साध्यति, *साध्नोति 1) gerade aus zum Ziele kommen, seinen Zweck erreichen; zu Stande kommen. — 2) gerade lenken, schlichten, in Ordnung bringen; zum Ziele führen, zu Stande bringen. — 3) sich fügen, gehorchen. — Caus. सा॑धयति, साधयते (metrisch) 1) gerade —, eben machen, schlichten. — 2) richtig leiten, zum Ziel bringen. — 3) zur Ordnung bringen, Jmd sich dienstbar machen, in seine Gewalt bringen, für sich zu gewinnen suchen. — 4) eine Gottheit, einen Geist sich dienstbar machen, citiren Ind. St. 15, 277. — 5) einen Schuldner zur Bezahlung zwingen. — 6) Geld, eine Schuld eintreiben Jolly, Schuld. 321. — 7) zurechtbringen, gutmachen (Âpast. 2,5,15), heilen Karaka 6,5. — 8) ausführen, fertig machen, zu Stande —, zu Wege bringen, zubereiten (auch Speisen). वाक्यम् Jmds (Gen.) Worte ausführen. नैष्कर्म्यम् so v. a. sich der Unthätigkeit hingeben, मरुन्म् so v. a. sich des Trinkens enthalten, मन्त्रम् einen Spruch hersagen, beten. — 9) zu Wege bringen, so v. a. verschaffen, herbeischaffen, zu Theil werden lassen. — 10) Etwas für sich zu Wege bringen, erlangen, gewinnen, theilhaftig werden. Ohne Object zu seinem Ziele gelangen, seines Wunsches theilhaftig werden. — 11) ausmitteln, durch Berechnung finden. — 12) darthun, beweisen. — 13) machen zu, reddere; mit doppeltem Acc. — 14) hineinbringen —, hineinschaffen in (Loc.). — 15) aufbrechen, sich auf den Weg machen. — Desid. vom Caus. सिषाधयिषति und सिसा° zu beweisen beabsichtigen. — Mit अनु in अनुसाधिन्. — Mit उप Caus. 1) in seine Gewalt bringen. — 2) zubereiten (auch Speisen) Karaka 1,2. — Mit परि Caus. 1) sich dienstbar machen, in seine Gewalt bringen, bezwingen. — 2) Geld eintreiben. — 3) zubereiten (Speisen). — Mit प्र Caus. 1) zurechtbringen, gehorsam machen, in seine Gewalt bringen Hariv. 2,19,72. Veṇis. 7. Kâd. 131,10 (231, 15). — 2) Etwas in Ordnung bringen, zurechtmachen. मन्त्रम् einen Zauberspruch. — 3) schmücken, putzen Veṇis. 7. Vâsav. 237,1. — 4) zu Stande bringen, vollbringen, ausführen Ṛv. 6,49,8. — 5) erwerben, gewinnen. — 6) ausmitteln, durch Berechnung finden. — 7) beweisen. — Mit संप्र Caus. in संप्रसाध्य. Karaka 6,18 ist wohl संप्रसादयेत् st. संप्रसाधयेत् zu lesen. — Mit सम् Caus. 1) bezwingen, in seine Gewalt bekommen. — 2) ausrichten, vollbringen MBh. 7,184,28. मरुन्म् so v. a. sich des Trinkens enthalten 13,142,44. — 3) Speisen zubereiten. — 4) verschaffen. — 5) erlangen, erhalten. Ohne Object das Gewünschte erlangen, sein Ziel erreichen. — 6) Geld eintreiben. — 7) einen Gast entlassen, ihm das Geleit geben Âpast. 2,7,9. — 8) befördern zu (Dat.).

2. साध् Adj. in यज्ञसा॑ध्.

सा॑ध m. Ausführung.

साधक 1) Adj. Subst. (f. साधिका, hier und da fälschlich साधका) a) Etwas (Gen. oder im Comp. vorangehend) zu Wege bringend, bewirkend; eine Wirkung hervorbringend, wirksam; Subst. Verrichter, Gehülfe Spr. 7730. Superl. °तम (Kap. 1, 87) der wirksamste. Nom. abstr. °तमत्व n. — b) einrichtend, heilend. — c) Nutzen bringend, zweckentsprechend, zweckmässig. — d) Verehrer (einer Gottheit). — e) Zauberkraft besitzend; Subst. Zauberer (der eine Gottheit u. s. w. citirt) Ind. St. 15.

397. Nom. abstr. °त्व n. *Zauberei* Daçak. 24,7. — *f*) Bez. eines im Herzen wohnenden Feuers, *welches die Willensbestimmungen giebt*. — *g*) *beweisend*. Nom. abstr. °त्व n. — 2) *f. साधिका *tiefer Schlaf*. — 3) (wohl n.) = साधन *Beweis* Kap. 6,48.

साधकवर्ति f. *Zauberdocht*.

साँधद्दिष्टि Adj. *wirksame Opfer — oder Gebete habend*.

साँधन 1) Adj. (f. ई und आ) *a*) *richtig leitend, zum Ziel führend*. — *b*) *zu Wege bringend, hervorbringend, bewirkend*. Ohne Object *wirkend, vermögend*. — *c*) *obliegend*. — *d*) *verschaffend*. — *e*) *herbeirufend, citirend* (einen Geist). — *f*) *bezeichnend, ausdrückend*. — 2) m. N. pr. eines Liedverfassers. — 3) f. साधना *Zauberei* Ind. St. 14,314. Vgl. मन्त्र°. — 4) n. (adj. Comp. f. आ) *a*) *das in seine Gewalt Bringen, Bewältigen, Besiegen*. — *b*) *das sich zu Willen Machen, Citiren* (einer Gottheit, eines Geistes, eines Zaubers). — *c*) *das Ausführen, zu Wege Bringen, Vollführen, Bereiten*. — *d*) *das Heilen, Heilung*. — *e*) *das Herbeischaffen*. — *f*) *das Erlangen, Gewinnen*. — *g*) *das Eintreiben* (einer Schuld). — *h*) *Berechnung, Ausmittelung durch Berechnung*. — *i*) *das Darthun, Beweisen* 284,4. 6. — *k*) *Mittel, Werkzeug, Erforderniss, Requisit*, — *zu* (Gen. oder im Comp. vorangehend). — *l*) *ein Mittel eine Gottheit u. s. w. zu citiren*. — *m*) *Streitmittel, Streitkräfte*. Sg. und Pl. Harshak. 165,23. 194. 19. — *n*) *Kampf* Çiç. 19,46. — *o*) *Correctionsmittel*, euphemistisch für *Prügel, Knüppel*. — *p*) *Genussmittel, Bequemlichkeiten*. — *q*) *Beweismittel, Beweis* 215, 21. — *r*) *Zeugungsglied*. Auch vulva Sâh. D. 237,9. — *s*) *Erfolg, Ergebniss*. — *t*) in der Grammatik α) *Nominalbegriff* (im Gegensatz zur *Thätigkeit*), insbes. als *Subject* oder *Instrumental*. — β) = विकरण *ein zwischen Wurzel und Personalendung tretendes stammbildendes Suffix*.

साधनक am Ende eines adj. Comp. von साधन *Mittel*.

साधनक्रिया f. *die Thätigkeit des Ausführens* u. s. w.

साधनतम Adj. *beweisbar* 214,22.

साधनता f. *das Mittel Sein zu* (im Comp. vorangehend). Vgl. बक्क°.

साधनत्व n. 1) *Wirksamkeit*. — 2) *das Mittel Sein zu* (Gen., Acc. mit प्रति oder im Comp. vorangehend). — 3) *das Beweis-Sein*.

साधनदीपिका f. Titel eines Werkes Bühler, Rep. No. 498.

साधनपञ्चक n. Titel eines Gedichts.

साधनभाग in मक्ता°.

साधनमालातन्त्र n. Titel eines Werkes.

साधनवत् Adj. *mit Beweismitteln versehen*.

साधनसागर m. Titel eines Werkes.

साधनाध्यक्ष m. *der Oberaufseher über die Streitkräfte* Pañkat. ed. Bomb. 3,59,1.

1. साधनी Adj. f. s. u. साँधन.

2. साधनी Adv. mit भू *zum Mittel werden, als Mittel dienen*.

साधनीय Adj. 1) *auszuführen, zu Wege zu bringen, zu bilden* (von Worten). — 2) *zu erlangen*. — 3) *zu beweisen*. Nom. abstr. °त्व n.

*साधन्त m. *Bettler*.

*साधमित्रिक Adj. (f. आ und ई) von सधमित्र.

साधय्, °यति 1) Caus. von 1. साध्. — 2) * Denomin. von साधु.

साधयितर् Nom. ag. *der Etwas fertig bringt*. f. °त्री Çâñkh. Br. 4,14.

साधयितव्य Adj. *auszuführen, zu Wege zu bringen*.

साधर्मिक m. *Glaubensgenosse* Hem. Par. 2,40. 3,79.

साधर्म्य n. *Gleichartigkeit, Uebereinstimmung*, — *mit* (Gen. oder im Comp. vorangehend).

साधर्म्यसम m. im Njâja *ein best. Scheineinwand* Njâjas. 5,1,1. 2.

*साधव n. Nom. abstr. von साधु.

साँधसे Dat. Infin. *zur Regelung*.

साँधान Adj. *nebst dem Behälter* Çat. Br. 14,5,2,1.

साधार Adj. *eine Stütze habend*. Vgl. नि:° und बक्क° Nachtr. 6.

साँधारण 1) Adj. (f. ई und आ) *a*) *gemeinsam zugehörig, gemeinschaftlich, gemeinsam, gemein mit* (Gen., Dat., Instr., Instr. mit सह [Varâh. Jogaj. 9, 3] oder im Comp. vorangehend), *Allen gemein* (स्त्री). — *b*) *gleich*, — *mit* (Instr. oder im Comp. vorangehend), *sich gleich verhaltend*. — *c*) *an zwei entgegengesetzten Eigenschaften Theil habend, die Mitte haltend, gemässigt, weder zu trocken noch zu feucht, weder zu fest noch zu locker, nicht zu kühl und nicht zu heiss*. — 2) m. *das 44ste Jahr im 60jährigen Jupitercyclus*. — 3) *f. ई *Schlüssel*. — 4) n. *a*) *Gemeingut*. — *b*) *gemeinsame Sache, Bündniss mit* (im Comp. vorangehend).

साधारणक्रोड m. und साधारणग्रन्थ m. Titel Opp. Cat. 1.

साधारणता f. Nom. abstr. zu साधारण 1) *a*). Acc. mit नी *zum Gemeingut machen*.

साधारणत्व n. *Allgemeinheit* (Comm. zu Njâjam. 10,1,1) und Nom. abstr. zu साधारण 1) *c*).

साधारणासाधरणानुपसंहारिविरोधग्रन्थ m. und °विरोधिन् n. Titel eines Werkes Opp. Cat. 1.

1. साधारणी Adj. f. s. u. साधारण.

2. साधारणी Adv. 1) mit कर *a*) *zum Gemeingut machen, theilen mit* (सह) *Jmd* Kâd. 262,22 (427, 8. 9). — *b*) *gleich machen mit* (im Comp. vorangehend). — 2) mit भू *gleich werden*.

साधारण्य n. 1) *Allgemeinheit, Gemeinsamkeit* Gaim. 3,5,6. °ण्यैा Instr. *gemeinsam, alle mit einander*. — 2) *Gleichheit, Analogie*.

साधारित Adj. *unterstützt* Kampaka 496.

साधिक Adj. (f. आ) *mit einem Ueberschuss versehen, und Etwas darüber* Gobh. 3,7,6. LA. 55,1. Divjâvad. 44.

साधिक्षेप Adj. *spöttisch, höhnisch* (Rede) MBh. 1,223,36.

साधिदैवत Adj. *mit einer Schutzgottheit versehen* Çâk. 7,10, v. l.

साधिभूताधिदैव Adj. *nebst dem* Adhibhûta *und dem* Adhidaiva Bhag. 7,30.

°साधिन् Adj. *zu Wege bringend*.

*साधिमन् m. Nom. abstr. von साधु.

साँधिमान Adj. *nebst dem Ueberschuss* Çat. Br. 10,2,3,11.

साधियज्ञ Adj. *nebst dem höchsten Opfer* Bhag. 7,30.

साधिवास Adj. *wohlriechend*.

साँधिष्ठ Adj. 1) *der gewandteste*. — 2) *am meisten fördernd*. — 3) *der richtigste*; n. *das Allerrichtigste*.

साधीयंस् 1) Adj. *a*) *richtiger*. — *b*) *angenehmer*. — *c*) *überaus fest*. — 2) साधीयस् Adv. *a*) *beschleunigter, eifriger*. — *b*) *in höherem Grade*, — *Maasse, über die Maassen* Âpast. 1,31,21 (nach der richtigen Lesart). Çiç. 8,44. 18,63.

साधुँ 1) Adj. (f. साधुँी) *a*) *gerade zum Ziel führend, richtig, richtig treffend*. — *b*) *schlicht, geschlichtet*, so v. a. *nicht verworren* (Fäden). — *c*) *sich fügend, willfährig, gefällig, gehorsam*. — *d*) *gewogen*. — *e*) *zum Ziel kommend*, so v. a. *wirksam*. — *f*) *fertig, bereit*. — *g*) *geordnet, sicher, friedlich*. — *h*) *gut, vortrefflich, schön, gut für Etwas* (*Loc.) oder *gegen Jmd* (Loc., Gen., *Dat., *Acc. mit प्रति, अनु, अभि oder परि, oder im Comp. vorangehend). Compar. साधुतर, Superl. साधुतम. — *i*) *richtig*. — *k*) *gut, edel* von Menschen. — 2) m. *a*) *Biedermann, Ehrenmann, ein vortrefflicher Mann*. — *b*) *ein Heiliger*, ein Arhant *bei den* Gaina. — *c*) *ein in die Zukunft sehender Mann*. — *d*) **Wucherer*. — *e*) *Juwelier*. — 3) f. साधी *a*) *ein braves, treues Weib*. °स्त्री dass. Spr. 6997. —

b) eine Heilige. — c) *eine dem Ingwer ähnliche Wurzel. — 4) n. a) das Gerade, Ehrliche, Rechte, Gute, etwas Gutes, ein gutes Wort. Mit अस् so v. a. Jmd (Dat.) wohlergehen Âpast. 2,6,2. Acc. mit मन् für etwas Gutes halten, gutheissen, billigen. Ausnahmsweise in dieser Verbindung auch als Adj. (also साधुम् mit einem Masc.) behandelt. — b) Güte, Milde, Wohlwollen. — 5) Adv. साधु a) geradeaus, regelmässig, richtig. — b) gut, wohl, recht, gehörig, angenehm. Mit वर्त् gut verfahren gegen (Loc.); mit कर् (साधु RV. 8,32,10) richtig —, fertig —, gut machen; mit आस् sich wohlbefinden. Als Ausruf (auch wiederholt) gut! schön! bravo! — c) gut, so v. a. sehr, in hohem Grade (auch einen Tadel verstärkend) Spr. 7852. — d) gut, so v. a. abgemacht, genug; mit Instr. — e) wohlan, in Verbindung mit einem Imperat. oder einer ersten Person Praes. — f) wohl, sicherlich.

साधुकर्मन् Adj. der Alles gut —, richtig macht.

साधुकार m. der Ausruf साधु, Beifallsruf. °रं दा Beifall bezeugen Kâdamb. 62,1. 89,9.

साधुकारिन् Adj. richtig —, gut verfahrend (Gaut. 11,2). geschickt.

साधुकृत् Adj. dass.

साधुकृत° Adj. richtig —, gut vollbracht.

साधुकृत्य 1) n. a) Gutmachung, Vergeltung. — b) Vortheil. — 2) f. आ richtiges Verfahren, gute Handlungsweise.

साधुचरण Adj. rechtschaffen Lâṭj. 1,1,7.

साधुचरित्र n. Titel eines Werkes.

साधुजन m. ein guter Mann, Ehrenmann.

साधुजात Adj. schön.

साधुता f. 1) richtige Beschaffenheit (Âpast. 2,6,2), Richtigkeit (einer grammatischen Form). — 2) Biederkeit, Ehrenhaftigkeit.

साधुत्व n. 1) das Richtigsein, Richtigkeit. — 2) Vorzüglichkeit, Vortrefflichkeit. — 3) das Gutsein gegen Jmd, Güte Spr. 7654. — 4) Biederkeit, Ehrenhaftigkeit.

साधुदत्त m. ein Mannsname Kampaka 22.

साधुदर्शिन् Adj. gut sehend Sâj. zu Taitt. Âr. 3,15,2. Vgl. अ°.

*साधुदायिन् Adj.

साधुदेविन् Adj. mit Erfolg —, glücklich spielend MBh. 5,30,28.

*साधुदेवी f. Schwiegermutter.

साधुध्वनि m. Beifallsruf Kâd. 2,9.

साधुनिग्रह Adj. (f. आ) mit einem bequemen Handgriff Suçr. 2,353,10.

*साधुपुत्र m. N. pr. eines Mannes.

*साधुपुष्प n. die Blüthe von Hibiscus mutabilis.

साधुप्रतिक्रमणसूत्र n. Titel eines Werkes Bühler, Rep. No. 778.

साधुभाव m. Gutmüthigkeit.

साधुमती f. 1) eine der zehn Bodhisattva-Stufen J. R. A. S. 8,4. — 2) *N. pr. einer buddh. Tantra-Gottheit.

साधुमात्रा f. das richtige Maass. Instr. in gehörigem Maasse, nicht zu viel und nicht zu wenig.

साधुया Adv. 1) gerades Wegs, zum Ziele zu. — 2) schlicht. — 3) richtig, zurecht, in Ordnung, gut.

साधुरत्नसूरि m. N. pr. eines Autors.

साधुवत् Adj. richtig.

साधुवन्दन n. Titel eines Werkes.

साधुवाद m. 1) der Ausruf साधु, Beifallsruf, Beifallsbezeugung Çiç. 18,55. Acc. mit दा Beifall bezeugen. — 2) der Name eines Ehrenmannes, ein guter Ruf. — 3) ein richtiger Ausspruch.

साधुवादिन् Adj. 1) richtig —, gerecht redend Gaut. 11,2. — 2) Beifall rufend. — 3) MBh. 7,7786 fehlerhaft für °वाहिन्.

साधुवाहिन् Adj. gut ziehend (den Wagen) MBh. 7,173,12. Hemâdri 1,482,5.

*साधुवृक्ष m. 1) Nauclea Cadamba. — 2) Crataeva Roxburghii.

साधुवृत्त 1) Adj. a) schön rund. — b) einen guten Lebenswandel führend, wohlgesittet Gaut. 5,34. — 2) n. das Verfahren eines Ehrenmannes.

साधुवृत्तता f. Nom. abstr. zu साधुवृत्त 1) b).

साधुवृत्ति Adj. = साधुवृत्त 1) a) b).

साधुवृत्तिता f. = साधुवृत्तता.

साधुवेष Adj. in anständiger Tracht Karaka 49,23.

साधुशब्द m. der Ausruf साधु, Beifallsruf.

साधुशील Adj. einen guten Charakter habend. Nom. abstr. °त्व n.

साधुस्थान n. der richtige Standpunct, — Weg Âpast. 1,22,6.

साधुसंस्कृत Adj. gut zugerichtet Çat. Br. 1,1,4,10.

1. साधुसमाचार m. der Wandel Rechtschaffener als Titel eines Werkes.

2. साधुसमाचार Adj. rechtschaffen Spr. 7398. Pañkat. 24,19. 20. 41,17.

1. साध्य, साधित्र 1) Adj. a) sich dienstbar zu machen, für sich zu gewinnen, in seine Gewalt zu bringen, zu bemeistern, gefügig. — b) *herbeizucitiren, herbeizuzaubern. — c) in Ordnung zu bringen, gut zu machen, zu behandeln (ein Kranker 217,29), zu heilen (eine Krankheit 218,12. Karaka 6,5). — d) zu vervollkommnen; auch so v. a. zu bilden, bildungsfähig Sitzungsberichte der phil.-hist. Kl. der Wiener Ak. 106,483. — e) auszuführen, zu vollführen, zu Wege zu bringen, zu erreichen (als Ziel), zu Wege gebracht werdend, geschehend 221, 14. 222,9. — f) zuzubereiten, zu kochen Karaka 6, 1. 5. — g) was noch in Erfüllung gehen soll. — h) auszumitteln, zu erschliessen, durch Berechnung zu finden. — i) darzuthun, zu beweisen, zu erweisen 212,27. 213,5. 214,12. 25. — 2) m. a) Pl. eine best. Götterklasse (etwa die zu Gewinnenden oder noch zu Findenden, Unbekannten). — b) *der Liebesgott. — c) der 21 astr. Joga. — d) N. pr. eines Ṛshi. — 3) f. साध्या N. pr. einer Tochter Daksha's und Mutter der Sâdhja. — 4) n. a) *Silber. — b) Name eines Sâman Ârsh. Br.

2. साध्य Adj. zu den Sâdhja in Beziehung stehend. गण m. so v. a. 1. साध्य 2) a).

साध्यता f. s. अ°.

साध्यत्व n. 1) Heilbarkeit. — 2) die Möglichkeit vervollkommnet zu werden. — 3) Ausführbarkeit. — Vgl. अ°.

साध्यप्रमाणसंख्यावत् Adj. die Anzahl der zu erweisenden Sachen und der Beweise enthaltend 214,26.

साध्यवत् Adj. das zu Beweisende enthaltend 214,21.

साध्यवसाना und °सानिका (Kâvjapr. 2,11) f. eine best. elliptische Redefigur, bei der sich das Gemeinte von selbst ergiebt.

साध्यवसाय Adj. elliptisch.

साध्यसम m. eine petitio principii. Nom. abstr. °त्व n. Njâjas. 3,2,66.

साध्या Adv. = साधुया.

साध्याम Adj. (f. आ) mit einem Zusatz versehen Lâṭj. 6,3,20.

साध्र n. Name verschiedener Sâman Ârsh. Br.

साध्वपासनविधि m. Titel eines Werkes.

(साध्वर्य) साधुअर्य Adj. (f. आ) treu anhänglich.

साध्वस n. (adj. Comp. f. आ) 1) Bestürzung, Angst, Furcht, — vor (Gen. oder im Comp. vorangehend). — 2) in der Dramatik Bez. eines der 7 Theile in der Bhâṇikâ: eine falsche Nachricht (panischer Schreck).

साध्वसाधु 1) Adj. gut oder schlecht. Nom. abstr. साध्वसाधुत्व n. Varâh. Bṛh. S. 69,5. — 2) m. Pl. Gute und Böse Spr. 6996. — 3) n. Du. Gutes und Schlechtes Çat. Br. 14,7,2,27. R. 2,67,31.

1. साध्वाचार m. der Wandel guter Menschen oder guter Wandel.

2. साध्वाचार Adj. einen guten Wandel führend, sich

redlich benehmend.

साधीक in स°.

सांग m. N. pr. eines Rshi Maitr. S. 2,7,20 (104,17).

सानत्कुमार Adj. *zu* Sanatkumâra *in Beziehung stehend.*

सानत्सुजात Adj. Sanatsugâta *betreffend.*

सानन्द 1) Adj. (f. आ) *froh, — über* (im Comp. vorangehend), *erfreut* (Hem. Par. 1,299), *voller Freude.* °म् und सानन्द° Adv. 157,12. 300,15. Vâsav. 221,4. — 2) m. *a)* **ein best. Baum* Râgan. 9, 70. — *b)* N. pr. eines Knaben im Gefolge der Râdhâ. — 3) f. आ *eine Form der* Lakshmî.

सानन्दगद्गदपदम् Adv. *vor Freude stammelnd* Gît. 10,1.

सानन्दगोविन्द Titel Burnell, T.

सानन्दनी f. N. pr. eines Flusses.

सानन्दाश्रु n. *Freudenthränen.*

सानन्दूर N. pr. eines Tîrtha.

सानल (स + आ°) Adj. *nebst dem Mondhause* Krttikâ Varâh. Brh. S. 15,28.

सानसि 1) Adj. *a) Gewinn bringend, erwerbend.* — *b) Beute machend, siegreich.* — 2) *m. oder f. *Gold.*

सानाथ्य n. *Beistand, Hülfe.*

*सानिका f. *Pfeife, Flöte.*

°सानिन् Adj. *gewinnend, verschaffend* in Etymologien.

सानिबाप (?) Pańkad. 27.

सानु m. n. *Oberfläche, Rücken.* In der späteren Sprache nur *Rücken eines Berges.* Nach den Lexicographen auch = वन, मार्ग, वात्या, कोविद (बुध), पल्लव und अर्क.

सानुर्क Adj. *beutegierig.*

सानुकम्प Adj. (f. आ) *mitleidig, Mitleid empfindend mit* (Loc.). °म् Adv. *mitleidsvoll.*

सानुकूल Adj. = अनुकूल *gewogen, günstig* Spr. 7518, v. l.

सानुकूल्य n. *Beistand, Hülfeleistung.*

सानुक्रोश Adj. (f. आ) *mitleidig, mitleidsvoll* Kâd. 2,7,8 (2). °म् Adv. Daçak. 48,12. 13. Nom. abstr. °ता f. *Mitleid.*

सानुग Adj. *nebst Gefolge* R. 3,55,24. Chr. 112,29.

सानुचर Adj. (f. ई) dass. Káraka 6,3.

*सानुज 1) m. *Xanthoxylon alatum* Bhâvapr. 1, 169. — 2) n. *die Blüthe von Hibiscus mutabilis.*

सानुतर्षम् Adv. *durch Durst* Çiç. 10,2.

सानुताप Adj. (f. आ) *Reue empfindend.*

सानुनय Adj. (f. आ) *freundlich, Freundlichkeit verrathend* R. 4,31,5. °म् Adv.

सानुनासिक Adj. *nasal* (Vop. 2,28), *näselnd* (Sänger S. S. S. 118,4).

सानुनासिकवाक्य Adj. *näselnd.* Nom. abstr. °त्व n. Suçr. 1,260,15. 16.

सानुनासिक्य 1) Adj. *nasal.* — 2) n. *Nasalität.*

सानुनास्यम् Adv. *nasal, näselnd.*

सानुप्रस्थ m. N. pr. eines Affen.

सानुप्रास Adj. (f. आ) *mit Alliterationen versehen.*

सानुबन्ध Adj. (f. आ) *ununterbrochen, fortwährend.* — 2) *Folgen habend, mit F. verknüpft* 163, 29. R. 5,81,4. — 3) *sammt dem was daran hängt, — was dazu gehört.*

सानुबन्धक Adj. *mit einem stummen Laute* oder *einer solchen Silbe versehen.*

सानुमत् 1) Adj. *mit einem Bergrücken versehen.* — 2) m. *Berg* Çiç. 9,5. — 3) f. °मती N. pr. einer Apsaras.

सानुमान Adj. *an Folgerungen gebunden.*

सानुयात्र Adj. *nebst Gefolge* R. 1,17,13. 6,33,2.

सानुराग Adj. (f. आ) *Zuneigung —, Liebe empfindend, verliebt, — in* (Loc.); *Zuneigung —, Liebe verrathend* Kâd. 2,7,1 (6,20).

सानुरुह् Adj. *auf einem Bergrücken wachsend, — gelegen.*

सानुवक्रग Adj. *nebst dem* अनुवक्र *genannten Laufe* (eines Planeten).

सानुवषट्कार Adj. *vom Rufe* vashaṭ *begleitet* Âpast. Çr. 12,23,9.

सानुशय Adj. 1) *Reue empfindend.* — 2) *empfindlich, ärgerlich.* °म् Adv. Bâlar. 14,21. — 3) *behaftet mit dem in der anderen Welt nicht verbrauchten Reste der Folgen der Werke, der die Seele wieder zur Erde führt,* Çaṁk. zu Bâdar. 3,1, 8 (S. 752, Z. 3).

सानुषक् Adv. wohl missverständlich für स आनुषक् als ein Wort betont. Nach Sâj. Subst = सानुषङ्ग.

सानुषङ्ग m. *ununterbrochene Reihenfolge* Sâj. zu RV. 1,176,5.

सानुष्टि m. Patron. Nur Pl.

सानुसार Adj. (f. आ) etwa *mit dem was sich daran knüpft* Hariv. 3,21,24. Nîlak.: अनुसाराः (sic) सहायाश्चमसाधयदिय: (wohl चमसाद्यटर्वादय:) तत्सहिता:.

सानुस्वरित Adj. etwa *nachklingend* Hariv. 11873. Nach Nîlak. सानु शिखर उपनिषदिति यावत्। स्वरितं स्वर्गातं.

सानुस्वार Adj. *mit einem* Anusvâra *versehen.* वाच: सानुस्वारक्रिया: (?) Hariv. 11882 (v. l. सानुसारा: क्रिया:).

सानूकाश Adj. *nebst dem Nachschein* Âçv. Grhj. 3,9,1.

सानूप Adj. *mit wasserreichem, feuchtem Erdreich versehen.*

*सानेयिका und *सानेयी f. *Pfeife, Flöte.*

*सान्त n. *Freude.*

सान्तक Adj. (f. आ) *nebst* Jama.

सांततिक Adj. *Nachkommenschaft verleihend.*

सांतपन Adj. 1) *wärmend, warm,* Bein. der Marut Âpast. Çr. 8,9,5. — 2) *zur Sonne in Beziehung stehend.* — 3) *den* Marut sâṁtapana *geweiht* Âpast. Çr. 8,9,9. — 4) in Verbindung mit कृच्छ्र (und m. n. mit Ergänzung dieses Wortes) *eine best. Kasteiung* Baudh. 4,5,11. 13.

सांतपनायन m. Patron. Nur Pl.

सांतपनीय Adj. *auf die* Marut sâṁtapana *bezüglich.* f. आ (sc. इष्टि) Gaim. 5,1,30.

सान्तर Adj. (f. आ) 1) *durch einen Zwischenraum getrennt.* — 2) *verschieden.* — 3) *mit etwas Anderem vermischt* (?). — 4) *mit einer Klausel versehen.*

सान्तरप्लुत n. *eine best. Art zu springen.*

सान्तराय Adj. *durch eine dazwischenliegende Zeit getrennt von* (Abl.). Nom. abstr. °ता f.

सान्तराल Adj. *nebst den Zwischenkasten* M. 2,18.

सान्तर्दीप Adj. (f. आ) *mit einer darin stehenden Lampe* 217,1.

सान्तर्देश Adj. *sammt den Zwischengegenden.*

सान्तर्निदाघज्वरम् Adv. *mit Fieberglut im Innern* Spr. 1637.

सान्तर्हास Adj. *innerlich lachend* Kathâs. 17,85. °म् Adv. Megh. 108.

सान्त:स्थ Adj. *mit einem Halbvocal versehen.*

सांतान Adj. *von dem* Saṁtâna *genannten Baume genommen u. s. w.*

सांतानिक 1) Adj. (f. ई) *a) Nachkommenschaft wünschend* Hemâdri 1,567,6. — *b) vom* Saṁtâna *genannten Baume genommen u. s. w.* — 2) m. Pl. Bez. *bestimmter Welten* MBh. 15,26,33.

*सांतापिक Adj. *zu erhitzen vermögend.*

सान्त्व् (nur सान्त्वमान einmal) = सान्त्वय्.

सान्त्व n. Sg. und Pl. *gute —, beschwichtigende Worte* (das zuerst empfohlene Mittel um einen Widerspänstigen zu gewinnen). सान्त्वतस् und सान्त्वया (Bhâg. P. einmal) *mit freundlichen Worten.* An einer Stelle vielleicht auch Adj.

सान्त्वन n. (auch Pl.) und °ना f. *das Beschwichtigen durch gute Worte, das Anwenden guter Worte;* das Obj. im Gen. oder im Comp. vorangehend.

सान्त्वनीय Adj. *zur Beschwichtigung dienend, beschwichtigend* (Worte) Kâraka 4,8 (385,5).

सान्त्वपूर्व Adj. *beschwichtigend, besänftigend* (Rede). °म् Adv.

सान्त्वय्, °यति, °यते *Jmd beschwichtigen, beruhigen, besänftigen, durch gute Worte —, durch freundliche Behandlung gewinnen, freundliche Worte an Jmd richten;* mit Acc. Âpast. 2,6,14. 7, 8. — Mit अभि, उप und परि dass.

सान्त्वयितर् Nom. ag. *der da gute Worte giebt, freundlich verfährt.*

सान्त्ववाद m. Sg. und Pl. *freundliche Worte* Spr. 2696. 7763.

सान्दिल्य m. Patron. fehlerhaft für शाण्डिल्य.

सांदीपनि m. N. pr. des Lehrers von Kṛshṇa und Balarâma, dessen Sohn nach dem Tode von Kṛshṇa wieder belebt wurde, Kâd. 197,10 (331,4).

सांदृष्टिक Adj. 1) **unmittelbar —, alsbald erfolgend.* Angeblich n. (sc. फल). — 2) *evident, unläugbar, vollkommen sicher* Einschiebung nach Varâh. Bṛh. S. 106,6.

सान्द्र 1) Adj. (f. आ) *a) dickflüssig, zäh. — b) dick, dicht* überh. Am Anfange eines Comp. auch Adv. Compar. °तर (Çiç. 7,43), Superl. °तम. — *c) stark, heftig, intensiv.* Am Anfange eines Comp. auch Adv. Compar. सान्द्रतरम् und सान्द्रतर° (Çiç. 5,57) Adv. — *d) dicht besetzt mit, dicht erfüllt — voll von* (Instr. oder im Comp. vorangehend). — *e) weich, zart* Açvav. 7,11 (Boden einer Reitbahn). Vâsav. 250,3 (Laut). — 2) *n. *Wald.*

सान्द्रता f. 1) *Dichtigkeit* Çiç. 14,28. — 2) *Heftigkeit, hoher Grad.*

सान्द्रत्वक्क Adj. *mit einer dicken Decke versehen* Çiç. 18,6.

सान्द्रपद n. *ein best. Metrum.*

*सान्द्रपुष्प m. *Terminalia Bellerica.*

सान्द्रप्रसादमेह m. *eine best. Harnruhr* Kâraka 2,4.

सान्द्रमणि m. N. pr. eines Mannes.

सान्द्रमूत्र Adj. *dessen Harn zäh ist* Kâraka 409, 2 (so zu verbessern).

सान्द्रमेह m. *eine best. Harnruhr* Kâraka 1,19.

सान्द्रमेहिन् Adj. *an* सान्द्रमेह *leidend* Kâraka 2,4.

सान्द्रशालिक m. Kampaka 4 vielleicht fehlerhaft für सार्द्र° *ein Händler mit Flüssigkeiten.*

*सांद्राविण n. *allgemeines Zusammenlaufen.*

सान्द्री Adv. 1) mit कर् *a) dick —, dicht machen. — b) verstärken, steigern* Vâsav. 286,3. — 2) mit भू *sich verdicken* Kâraka 6,2.

सांध 1) Adj. *am Berührungspunct gelegen.* — 2) *m. Patron.

सान्धकार Adj. *finster.*

*सांधिक m. *Brannntweinbrenner.*

सांधिविग्रहिक m. *der über Frieden* (*Bündnisse*) *und Krieg entscheidende erste Minister.*

*सांधिवेल 1) Adj. von संधिवेला. — 2) f. ई *Hibiscus rosa sinensis.*

सांध्य Adj. 1) *aus der Vereinigung —, aus der Verschmelzung hervorgegangen.* — 2) *zur Abenddämmerung in Beziehung stehend, abendlich* 117,21.

*सांध्यकुसुमा f. *Hibiscus rosa sinensis.*

सांध्यभोजन n. *Abendessen* Bhâvapr. 2,159.

सान्न Adj. (f. आ) *nebst Speise* Vishṇus. 74,5. 6. 90,13.

सांनत n. Name zweier Sâman Ârsh. Br.

सांनत्य Adj. *auf das Sichneigen bezüglich.*

सांनहनिक Adj. = सांनाहिक 1) Çiç. 15,106 (72).

सांनाय्य n. *eine aus süsser und saurer Milch gemischte Spende* Gaim. 5,4,25. 6,5,7. 21. Çiç. 11,41. Nom. abstr. सांनाय्यत्व n. Maitr. S. 1,10,5 (146,4).

सांनाय्यवत् Adv. Kâtj. Çr. 4,4,6.

सांनाय्यकुम्भी f. *der Topf für das* Sâmnâjja Âpast. Çr. 1,6,13. 2,11,9.

सांनाय्यपात्र n. *die Schale für das* Sâmnâjja Âpast. Çr. 1,11,4. 12,1.

सांनाय्यभाजन Adj. (f. आ) *in Beziehung zum* Sâmnâjja *stehend* Çat. Br. 2,4,4,20.

सांनाय्योखा f. f. *die Pfanne für das* Sâmnâjja.

सांनाहिक Adj. 1) *zum Sichrüsten in Beziehung stehend, dazu das Zeichen gebend.* — 2) *der eine Rüstung zu tragen vermag, waffenfähig.*

सांनाह्निक Adj. = सांनाहिक 2).

सांनिध्य n. (adj. Comp. f. आ) *das in der Nähe Sein, Anwesenheit, das Gegenwärtigsein.* Acc. mit कर् *anwesend —, gegenwärtig sein, Jmd* (Gen.) *sich zeigen;* mit dem Caus. von कर् *herbeikommen lassen, berufen.* °पते तन् so v. a. *an die Stelle von* (Gen.) *treten.*

सांनिध्यता f. *Gegenwärtigkeit.*

सांनिपातिक Adj. 1) *in Eins zusammentreffend, in unmittelbarer Verbindung stehend.* — 2) *aus dem Zusammentreten der humores entspringend.* कर्मन् n. *die Behandlung einer auf diese Weise entstandenen Krankheit.*

सांनिपातिन् Adj. = संनि° *zusammenfallend, — treffend.* Nom. abstr. °तित्व n.

सांनिपात्य Adj. = संनि° *zu vereinigen, zusammenzubringen.*

*सांनिवेशिक Adj. = संनिवेशं समवैति.

सान्न्यासिक 1) Adj. *den ursprünglichen, richtigen Wortlaut bildend* Pat. zu P. 3,2,107, Vârtt. 2 und zu 6,1,8, Vârtt. 3. — 2) *m. *ein Brahmane im vierten Lebensstadium.*

*सान्मातुर m. *der Sohn einer tugendhaften Mutter* H. 546.

सान्यपुत्र m. N. pr. eines Lehrers.

सान्यासिक Adj. v. l. für सान्न्या° 1).

सान्वय Adj. 1) *nebst Nachkommenschaft, nebst seinem Geschlecht.* — 2) *zur selben Familie gehörig, verwandt, in einer näheren Beziehung zu Jmd stehend.* — 3) *bedeutungsvoll* Daçak. 31,7. — 4) = सकार्य oder कारणसहित Bhâg. P.

सान्वारम्भणीय Adj. *mit der* Anvârambhaṇîjâ *versehen* Âpast. Çr. 5,24,9.

°साप् Adj. s. 2. सप्.

सापत्न Adj. 1) *von einem Nebenbuhler* oder *einer Nebenbuhlerin kommend.* — 2) *auf Nebenbuhlerschaft —, auf angeborener Feindschaft beruhend.* — 3) *von einer Nebenfrau stammend.* भ्रातर् m. *ein Stiefbruder von Seiten der Mutter;* m. dass.

सापत्नक n. 1) *Nebenbuhlerschaft unter den Frauen desselben Mannes.* — 2) *Rivalität* (Bâlar. 107,2). — 3) *Feindseligkeit, Feindschaft.*

सापत्नेय Adj. (f. ई) = सापत्न 3).

सापत्न्य 1) Adj. (f. आ) *a)* = सापत्न 2). — *b)* = सापत्न 3). — 2) *m. *Nebenbuhler, Feind.* — 3) n. *a) das Verhältniss von Stiefgeschwistern.* — *b) Nebenbuhlerschaft unter den Frauen desselben Mannes.*

सापत्न्यक n. *Rivalität* Bâlar. 31,10.

1. सापत्य Adj. (f. आ) 1) *Kinder habend.* — 2) *nebst Kindern.*

2. *सापत्य m. angeblich = सापत्न = सपत्न्याः पुत्रः Pat. zu P. 6,3,35, Vârtt. 11.

सापत्रप Adj. (f. आ) *beschämt, verlegen* Çiç. 5,3. Dh. V. 7,15.

सापद्ध Adj. *in Noth —, im Unglück befindlich.*

सापदेशम् Adv. *unter irgend einem Vorwande* Daçak. 62,10.

सापमान Adj. *von Verachtung begleitet* Spr. 2053, v. l.

सापर Adj. (f. आ) *nebst Westen* Varâh. Bṛh. S. 3,4.

सापराध Adj. (f. आ) 1) *schuldig, der sich Etwas hat zu Schulden kommen lassen.* — 2) *fehlerhaft, falsch* Utpala zu Varâh. Bṛh. 2,21.

सापरान्त Adj. *nebst dem Lande* Aparânta Kathâs. 120,76.

सापवादक Adj. *einer Ausnahme unterworfen.*

सापह्नव Adj. (f. आ) 1) *sich verstellend* MBh. 6, 65,22. — 2) *versteckt, verhüllt.*

सापाय Adj. (f. आ) 1) *der mit Widerwärtigkeiten*

zu kämpfen hat. — 2) *Gefahr bringend, gefährlich.*

सापाश्रय n. *ein Haus mit einer offenen Gallerie auf der Hinterseite.*

सापिण्ड n. = सापिण्ड्य.

*सापिण्डि m. wohl Patron. von सपिण्ड. °भक्त Adj. *von solchen bewohnt.*

सापिण्ड्य n. *das Verhältniss des* Sapiṇḍa. °दीपिका f. und °मीमांसा f. Titel von Werken.

सापेक्ष Adj. 1) *Rücksicht nehmend, — auf* (Loc. oder Acc. mit प्रति). — 2) *Etwas erfordernd, erheischend, voraussetzend,* so v. a. *abhängig von* (im Comp. vorangehend). Nom. abstr. °ता f. und °त्व n.

1. सा॑प्त und साप्त॑ n. *Siebenzahl,*

2. साप्त॑ m. wohl N. pr. Vâlakh. 7,5. Nach Grassmann *Siebengespann.*

3. सा॑प्त n. vielleicht *Wettrennen* oder *Rennpreis.*

साप्ततत्त्व m. Pl. *eine best. Secte* Harshaḱ. 204,7.

*साप्ततिक Adj. *siebzig werth* u. s. w.

साप्तदश्य n. *Siebzehnzahl* Njâjam. 3,7,27. Comm. zu Âpast. Çr. 6,31,2.

साप्तपद Adj. *auf sieben Schritten beruhend* (Freundschaft), so v. a. *aufrichtig, wahr.*

साप्तपदीन 1) Adj. dass. Bâlar. 13,9. Dh. V. 35,2. — 2) n. *Freundschaft.*

साप्तपुरुष und साप्तपौरुष (f. ई) Adj. *auf sieben Generationen sich erstreckend.*

साप्तमिक Adj. 1) *zum siebenten Tag gehörig.* — 2) *zum siebenten Casus gehörig.* — 3) *im siebenten* (Adhjâja von Pâṇini's Sûtra) *gelehrt.*

सा॑प्तरथवाहनि m. Patron.

साप्तरात्रिक Adj. (f. ई) *siebentägig.*

*साप्तलायन m. Patron. von सप्तल.

*साप्तलेय Adj. von सप्तल.

*साप्ति m. Patron. von सप्तन्.

(साप्य) सापिश्रै॑ m. Patron. v. l. साट्यै॑.

साप्राट्य n. *Gleichartigkeit.*

साफल्य n. *das von Nutzen Sein, Gewinnbringen.*

साबर्णिक (?) Nom. pr. Râǵat. 8,2278.

साबाध Adj. *leidend, unwohl, krank.*

*साब्दी f. *eine Weintraubenart.*

*साब्रह्मचार Adj. und n. Nom. abstr. von सब्रह्मचारिन्.

*साभापत Adj. von सभापति.

साभाव्य n. *Gleichartigkeit* Bâdar. 3,1,22.

*साभासंनयन Adj. von सभासंनयन Pat. zu P. 1,1,73, Vârtt. 2.

साभिकाम Adj. (f. आ) *in Liebe zugethan.*

साभिचरणिक Adj. *wofür dieselben Vorschriften über Behexen gültig sind* Âpast. Çr. 12,13,6.

साभिज्ञान° und °ज्ञानम् Adv. *nebst Erkennungszeichen* Megh. 110. Kathâs. 26,102. साभिज्ञानयुत Adj. dass. Pańkad. 18.

साभिताप Adj. *Schmerz empfindend.*

साभिनयम् Adv. *pantomimisch.*

साभिनिवेश Adj. *mit einem Drange zu —, mit einer grossen Vorliebe für Etwas verbunden* Sâh. D. 24,22.

साभिप्राय Adj. 1) *ein bestimmtes Ziel vor Augen habend, wissend woran man ist, mit sich eins.* — 2) *eine bestimmte Absicht verrathend* (Worte).

साभिमान Adj. (f. आ) 1) *voller Selbstgefühl, stolz, — auf* (Loc.). °आलाप m. Kâd. 2,6,19. °म् Adv. — 2) *von Selbstgefühl begleitet, S. erweckend* MBh. 12,180,10. — 3) *eigennützig* (eine Handlungsweise) Spr. 835.

साभिलाष Adj. (f. आ) *ein Verlangen empfindend* (insbes. nach dem andern Geschlecht 124,5), — *nach* (Loc., Acc. mit प्रति oder im Comp. vorangehend).

साभिसर Adj. *nebst Gefährten* Harshaḱ. (B.) 326,9. Çiç. 20,8.

साभ्यर्थन Adj. *mit Bitten verbunden* Kâd. 2,6,19.

साभ्यसूय Adj. *missgünstig, neidisch, — auf* (Loc.) Ragh. 7,2. Çiç. 8,50. °म् Adv. 11,12.

साभ्यास Adj. *reduplicirt.*

साभ्र Adj. *bewölkt* Megh. 87.

साभ्रङ्किका f. *ein best. Metrum.*

साभ्रमती und साभ्रवती (Ind. St. 15,252; gegen letztere Form spricht der heutige Name Sabermattee) f. N. pr. eines Flusses.

साभ्रि Adj. *nebst Hacke* Kâtj. Çr. 16,2,27.

1. साम n. *Gleichheit.*

2. साम am Ende eines Comp. = 2. सामन्.

3. साम Adj. in der Med. *unverdaut,* d. h. *unfertig in Zubereitung* (ein fehlerhafter Zustand der Humores) Karaka 80,20. Bhâvapr. 1,31,15. 3,11,17. 12,6.

सामक 1) Adj. = सामाधीते वेद वा. Zu belegen nur in der Verbindung सामिका (v. l. सामिधा) संहिता. — 2) *m. *ein zum Zuspitzen der Spindel gebrauchter Schleifstein.* — 3) n. *die ursprüngliche Schuld* Vishnus. 6,40.

सामकलम् Adv. *in beschwichtigendem Tone.*

सामकारिन् Adj. Sâman *machend.*

सामक्ष्य (Conj.) n. *das Voraugensein.*

सामगै॑ und °गौ॑ Adj. Subst. Sâman-*Sänger.* *f. °गी *die Frau eines S.-Sängers.*

सामगण m. *die Gesammtheit der* Sâman.

सामगपूर्वापर Titel eines Werkes Opp. Cat. 1.

*सामगर्भ m. Bein. Vishṇu's.

सामगान 1) Adj. Subst. m. Sâman-*Sänger.* — 2) n. *das Singen eines* Sâman Vaitân. 30,16. *°प्रिय m. Bein. Çiva's.

सामगाय m. Sâman-*Gesang.*

सामगायिन् Adj. *das* Sâman *singend* Saṁsk. K. 118, b, 1.

सामगिर् Adj. *freundliche Worte redend.*

सामगीत n. Sâman-*Gesang.* Auch vom *Gesumme* der Bienen.

सामग्री f. *Gesammtheit, Vollständigkeit des Zubehörs, — der Factoren, alles Erforderliche zu* (Gen. oder im Comp. vorangehend). का ते सा° so v. a. *was stehen dir für Mittel zu Gebote?* °वाद m. und °विचार m. Titel von Werken.

सामग्र्य n. dass.

सामचोदना f. *Aufforderung zum Recitiren der* Sâman Âpast. Çr. 14,20,1.

सामज 1) Adj. *im* Sâmaveda *vorkommend.* — 2) m. *Elephant* Çiç. 18,33.36.

सामजात m. *Elephant* Çiç. 18,33.

सामजातक n. Titel eines buddh. Sûtra Weber, Lit. 319.

सामञ्जस्य n. *Richtigkeit.* Vgl. अ°.

सामतन्त्र n. Titel eines Werkes. °भाष्य n. und °संग्रह m. Opp. Cat. 1.

सामतै॑स् Adv. *von Seiten der* Sâman (*Gesänge*) 21,2. Âpast. Çr. 9,16,4. 14,32,7.

सा॑मतेजस् Adj. Sâman-*Glanz habend.*

सामत्वं॑ n. Nom. abstr. von 2. सा॑मन् *Gesang.*

सामदर्पण n. (!) Ind. St. 3,276.

1. सा॑मन् n. *Erwerb, Besitz; Reichthum, Ueberfluss.*

2. सा॑मन् n. 1) *gesungenes Lied, Gesang;* technisch *die zu singendem Vortrage eingerichteten vedischen Verse.* Auch *profaner Gesang, Gesumme* (der Bienen) und auch wohl *Melodie.* — 2) angeblich so v. a. *die Fähigkeit Laute hervorzubringen.*

3. सा॑मन् m. (nur im TBr.) n. *gute, beschwichtigende Worte, Milde, freundliches Entgegenkommen* (zur *Gewinnung eines Gegners*). Instr. Sg. Pl. (ausnahmsweise) und साम° *in Güte, durch freundliches Entgegenkommen, in freundlicher Weise.*

सामनै॑ 1) Adj. (f. औ॑) a) *reich, Ueberfluss habend.* — b) *ruhig, stetig.* — 2) *f. ई *Koppel.*

सामनसी f. *ein Vers, der das Wort* समनस् *enthält,* Âpast. Çr. 5,20,4.

सामनिधनै॑ n. *der Schlusssatz eines* Sâman Çat. Br. 8,6,2,19.

सामन्त 1) Adj. *auf allen Seiten befindlich* u. s. w. — 2) m. a) *Nachbar.* — b) *Vasall.* — c) *Minister* — 3) n. *Umgebung, Nachbarschaft.*

सामन्तक n. *Nachbarschaft, Umkreis.* Zu belegen

सामन्तकेन *im Umkreise* Kâraṇḍ. 74,11.

सामन्तपाल m. N. pr. eines Fürsten Kampaka 6.

सामन्तेय m. N. pr. eines Mannes. v. l. मानतेय.

1. सामन्य Adj. in अ°.

2. सामन्य, सामनिंत्र Adj. *zu singen geschickt.*

सामन्वन्त् Adj. *mit einem* Sâman *verbunden* TS. 2,5,8,1.

सामपवित्र n. Bez. von SV. I,2,2,3,5 Âpast.

सामपुष्पि m. Patron.

सामपूर्व Adj. *freundlich* (Worte). °म् Adv.

सामप्रगाथ m. Bez. *gewisser von der drei* Hotraka *zu sprechender Verse* Vaitân.

सामप्रधान Adj. *überaus mild, — freundlich.*

सामब्राह्मण n. Titel eines Brâhmaṇa Opp. Cat. 1.

सामभृत् Adj. *Lieder bringend.*

साममय Adj. *aus* Sâman *bestehend.*

*सामय्, °यति (सान्त्वप्रयोगे).

सामय Adj. *mit Krankheit verbunden* Çaṁk. zu Bâdar. 1,2,15. Bhâmatî 177,3.

सामयाचारिक Adj. *auf einen den Satzungen entsprechenden Wandel bezüglich* u. s. w. Gaut. 8,11. Âpast. Comm. zu Âpast. Çr. 14,30,1. °सूत्र n. Titel eines Sûtra.

सामयिक Adj. 1) *auf Uebereinkommen beruhend, conventionell* 211,9. Comm. zu Njâjam. 2,1,55. Nom. abstr. °त्व n. Njâjam. 2,1,54. — 2) *mit Andern übereinstimmend, Gesinnungsgenosse.* — 3) *der Zeit entsprechend, rechtzeitig* in अ°. — 4) fehlerhaft für सामाजिक.

*सामयुगीन Adj. von समयुग.

सामयोनि 1) Adj. *aus den* Sâman *hervorgegangen.* — 2) m. *a) Elephant.* — *b)* *Bein. Brahman's.

सामर Adj. *sammt den Unsterblichen* (Göttern).

सामराग m. *eine musikalische Weise der* Sâman.

सामराज 1) m. N. pr. *a)* eines *Fürsten.* — *b)* eines Autors. — 2) n. Name verschiedener Sâman Ârsh. Br.

सामराजन् m. Name eines Sâman.

सामराधिप Adj. *nebst dem Fürsten der Götter,* d. i. Indra.

*सामरेय Adj. von समर.

सामर्घ्य n. *Wohlfeilheit.*

सामर्थ्य n. (adj. Comp. f. आ) 1) *Angemessenheit, das Geeignetsein;* auch so v. a. *Angemessenes.* °र्थ्यात् und °र्थ्यतस् *der Sachlage gemäss, wie es sich von selbst versteht;* °र्थ्ययोगात् *je nach den Umständen.* — 2) *Berechtigung, das Haben einer hinreichenden Veranlassung zu* (Loc. oder im Comp. vorangehend). — 3) *Gleichberechtigung.* — 4) *das dem Sinne nach Verbundensein, Zusammengehörigkeit dem Sinne nach.* — 5) *das Vermögen, Kraft, Fähigkeit, Wirksamkeit;* die Ergänzung im Infin., Dat., Loc. oder im Comp. vorangehend. Pl. Sâj. zu RV. 1,165,7. Acc. Sg. mit कर् *sein Möglichstes thun,* mit भज् so v. a. *sich zusammennehmen;* Abl. am Ende eines Comp. so v. a. *vermöge, in Folge von, gemäss;* °सामर्थ्ययोगात् dass. Çiç. 18,65. — 6) *die wirkende Kraft eines Wortes,* so v. a. *seine Bedeutung, — Function.* — 7) fehlerhaft für सामर्घ्य und सामर्ष.

सामर्थ्यवन्त् Adj. *Etwas vermögend, mächtig.*

सामर्ष Adj. (f. आ) *ungehalten, empört, entrüstet, aufgebracht, — über* (प्रति). °म् Adv. °ता f. Nom. abstr.

सामर्षण m. Pl. N. pr. eines Brahmanen-Geschlechts VP.[2] 4,28. v. l. अघमर्षण.

सामलक्षण n. Titel eines Werkes Weber, Lit. 91.

*सामलायन, *सामलेय und *सामल्य Adj. von समल.

सामवन्त् 1) Adj. *mit einem* Sâman *verbunden* Comm. zu TS. 2,5,8,1. — 2) m. N. pr. eines Mannes.

सामवर्ण्य n. *Gleichfarbigkeit.*

सामवश Adj. *zur Ausgleichung des Metrums dienend, dadurch veranlasst.*

सामवाद m. Pl. *gute Worte* Spr. 7010 = Çiç. 2,55.

सामवायिक 1) Adj. *mit etwas Anderem zusammenhängend, inhärent.* — 2) m. *a) Minister* Çiç. 2,113. — *b) Theilnehmer an einer Versammlung, Zuschauer.* v. l. सामाजिक.

सामविद् Adj. *den* Sâmaveda *kennend* Vaitân. Çiç. 14,21.

सामविधान n. 1) *Bestimmungen über den Gebrauch der* Sâman. Darüber handelt Agni-P. 260. — 2) Titel eines Werkes. Vollständig °ब्राह्मण n.

सामविप्र Adj. *des heiligen Gesangs kundig.*

सामवेद m. *der* Veda *der heiligen Gesänge.*

सामवेदच्छला f. Titel eines Werkes.

सामवेदरहस्य n. desgl.

सामवेदराज् m. Bein. Vishṇu's.

सामवेदसार m. desgl.

सामवेदार्थप्रकाश m. Titel eines Werkes.

सामवेदिक Adj. = सामवैदिक.

सामवेदीय Adj. *zum* Sâmaveda *in Beziehung stehend.*

सामवैदिक Adj. dass.

सामशब्द m. *der Klang eines gesungenen* Sâman Gaut. 16,21. Âpast. Çâñkh. Gṛhj. 4,7.

सामशिरस् Adj. *die* Sâman *zum Haupte habend.*

सामश्रवस् m. N. pr. eines Mannes.

सामश्रवस m. Patron. von सामश्रवस्.

सामश्राद्ध n. und °तत्त्व n. Titel eines Abschnittes im Smṛtitattva.

सामसंहिता f. *eine Redaction der* Sâman.

सामसंख्या f. Titel eines Pariçishṭa zum Sâmaveda.

सामसरस् und °सरस n. Du. Name zweier Sâman Ârsh. Br.

सामसाध्य Adj. *durch gute Worte zu Wege zu bringen* Spr. 7011.

सामसावित्री f. *eine best.* Sâvitrî.

सामसिद्ध Adj. *durch gute Worte zu Wege gebracht* Spr. 7012. 7018.

सामसुरस n. Du. v. l. für सामसरस्.

सामसूक्त n. Bez. *bestimmter Hymnen* Vaitân.

*सामस्त n. wohl *die Lehre von der Composition* Pat. zu P. 4,2,104, Vârtt. 12.

सामस्तम्बि m. Patron.

*सामस्तिक Adj. von सामस्त Pat. zu P. 4,2,104, Vârtt. 12.

सामस्त्य n. *Gesammtheit* Comm. zu Çâñkh. Çr. 15,3,23.

*सामस्थ्य n. *das Sichbefinden in guten, glücklichen Verhältnissen.*

सामाङ्ग n. *Theil eines* Sâman.

*सामाचारिक Adj. von समाचार.

सामाचारी f. *die herkömmliche Art und Weise, richtiges Benehmen* Hem. Par. 1,465.

सामाजिक m. *Theilnehmer an einer Versammlung, Zuschauer.*

सामातान m. = सामप्रगाथ.

सामात्य Adj. 1) *nebst den Angehörigen.* — 2) *nebst den Ministern.*

सामात्साम्य n. *Aufeinanderfolge gleicher Ausgänge und Anhänge.*

*सामानग्रामिक Adj. *aus demselben Dorfe.*

*सामानदेशिक Adj. *aus demselben Lande.*

सामानाधिकरण्य n. *grammatische Congruenz, das Stehen in demselben Casus, Coordinirtsein, Sichbeziehen auf dasselbe Subject.*

सामानिक Adj. *gleichen Ranges, — mit* (Gen. oder im Comp. vorangehend) Hem. Par. 1,268. 389. 467. Pârçvan. 3,100. 116. Pañkad. 18.

सामान्त m. *das Ende eines* Sâman Lâṭj. 6,9,1. 7,11,21. 13,8.

सामान्तरुक्थ्य m. *ein* Ukthja *innerhalb eines* Sâman Çâñkh. Çr. 11,2,12. 14,61,8.

सामान्य 1) Adj. (f. आ) *a) gleich, nicht verschieden, ähnlich.* °तम Çâñkh. Çr. 3,20,9. Gṛhj. 2,15. — *b) mehreren oder allen gemeinsam, gemein mit* (Instr., Instr. mit सह oder im Comp. vorangehend). — *c) das Gemeinsame,* so v. a. *tertium comparationis.* — *d) allgemein, so v. a. nicht nach den Unterarten* u. s. w. *unterschieden, Allgemeines betreffend.* Loc. so v. a. *in der allgemeinen Grammatik.* — *e) von gemeinem, gewöhnlichem Schlage, durch nichts Besonderes ausgezeichnet, wie jeder andere.* Compar. °तर. — 2) n. *a) Gleichheit, Uebereinstimmung.* °तस् *in gleicher Weise, nach der Analogie.* °पूर्वम् Adv. dass. Kâtj. Çr. 1,5,10. — *b) Gleichgewicht, ebenmässiger —, normaler Zustand.* — *c) Allgemeinheit, Grundbegriff.* °न्येन, °न्यात्, °न्यतस् und सामान्य° *im Allgemeinen, ohne in's Einzelne zu gehen.* कालसामान्ये *wenn die Zeit nicht weiter unterschieden wird.* — *d) Gleichheit* als *eine best. rhetorische Figur* Kâvjapr. 10,48. — 3) सामान्यम् Adv. *a)* am Ende eines Comp. *nach Art von, wie.* — *b) gemeinschaftlich.*

सामान्यघट m. Titel eines Werkes.

सामान्यच्छल n. eines der drei Vâkkhala, *wobei man die Worte des Gegners absichtlich zu sehr generalisirt* Njâjas. 1,1,52. 54. Karaka 3,8.

सामान्यतोदृष्ट n. (sc. अनुमान) *das aus dem gewöhnlichen Vorkommen einer Erscheinung auf ihre Allgemeingültigkeit Schliessen* Njâjas. 1,1,5.

सामान्यत्व n. Nom. abstr. zu सामान्य 2) *c).*

सामान्यनिरुक्ति f. *Erklärung des Begriffs* सामान्य. Auch als Titel eines Werkes Opp. Cat. 1. °क्रोड m., °टीका f., °पत्त्र n., °व्याख्या f. ebend. °निरुक्त्यभिनवव्याख्या f.

सामान्यभावग्रन्थ m. und °भावव्यवस्थापन n. Titel von Werken Opp. Cat. 1.

सामान्यलक्षणाव्यभिचार m. (Opp. Cat. 1), °लक्षणाग्रन्थ m., °लक्षणारहस्य n. und °लक्षणी f. (Opp. Cat. 1) Titel.

सामान्यवचन 1) Adj. *a) das Gemeinsame ausdrückend,* so v. a. *tertium comparationis.* — *b) das Allgemeine —, einen weiteren Begriff ausdrückend.* — 2) n. *das Hauptwort im Gegensatz zu seinem Attribut* Sâj. zu Ṛv. 1,13,1.

सामान्यवन्त् Adj. *Allgemeinheit habend, allgemein.* Nom. abstr. °वत्त्व n.

सामान्यविहितद्रव्यविचार m. Titel Burnell, T.

सामान्यशब्द m. und °क m. *ein Wort von allgemeiner Bedeutung.*

सामान्यसूत्र n. Titel eines Werkes Opp. Cat. 1.

सामान्याधिकरण्य n. fehlerhaft für सामानाधिकरण्य.

सामान्याभावग्रन्थ m., °भावटिप्पनी f. und °भावरहस्य n. Titel.

सामायक fehlerhaft für सामायिक Hem. Jos.

सामायिक n. *Gleichmuth* Hem. Par. 8,82. 11,34. 35.

सामासिक 1) Adj. (f. ई) *a) kurz gefasst, in Kürze dargelegt.* — *b) zu einem Compositum gehörig.* — *c)* सामासिका (!) पङ्क्तिः. — 2) m. oder n. *ein zusammengesetztes Wort.*

सामि Adv. 1) *vor der Zeit, zu früh, ehe Etwas zu Ende ist.* — 2) *unvollständig, nur zum Theil, nur halb.* Häufig in Comp. mit einem Partic. auf त (सामिकृत) *halb beendigt* Çiç. 13,31.

सामिक 1) Adj. von सामन् *Gesang.* — 2) *m. *Baum* (!).

सामिचित Adj. *halb geschichtet.*

सामित Adj. *aus Weizenmehl gemacht, mit W. bestreut* oder *gemengt.*

सामित्यँ und सामितिग्रँ Adj. *zum Rath* u. s. w. *gehörig.*

सामिधेनँ 1) Adj. *auf Brennholz und Anzünden bezüglich.* — 2) f. ईँ *a) ein Vers von dieser Bestimmung* Çiç. 11,41. — *b) Brennholz* Hem. Par. 3,14.

सामिधेनीक am Ende eines adj. Comp. = सामिधेन 2) *a).*

*सामिधेन्य Adj. = सामिधेन.

सामिन् m. Bez. *eines unter einer best. Constellation geborenen Wundermenschen.* v. l. साविन्.

सामिष Adj. (f. आ) 1) *mit Fleisch —, mit einer Beute versehen.* — 2) *nebst Fleisch.* — 3) सामिषा (v. l. सामिका) संहिता (?).

सामिसंस्थित Adj. *halb beendigt* Çat. Br. 9,5,1,28.

*सामीची f. = वन्दना.

सामीप्य 1) Adj. *benachbart;* m. *Nachbar.* — 2) n. *Nähe* (örtlich und zeitlich) 243,30.

सामीरण Adj. *zum Winde in Beziehung stehend* Bâlar. 265,16.

*सामीर्य Adj. von समीर.

सामुत्कर्षिक Adj. (f. ई) *der allervorzüglichste* Saddh. P. 39. Divjâvad. 617,2. 4.

सामुदयिक (metrisch) n. = समुदायिक Varâh. Jogaj. 9,10. 17.

सामुदानिक = भैत Çilâṅka.

सामुदायिक n. in der Astrologie *das 18te Mondhaus nach dem Mondhause, in welchem der Mond bei der Geburt eines Kindes stand.*

सामुद्ग 1) m. *ein schalenförmiges Gelenk wie Schulter, Hüftgelenk.* — 2) n. *die Arzenei, welche, vor dem Essen und nach demselben eingenommen, die Speise von beiden Seiten umschliesst.* Karaka 6,30.

1. सामुद्र 1) Adj. *a) zum Meere gehörend, daher stammend, daselbst wohnend, — befindlich* u. s. w. — *b) Bez. eines Regenwassers von einer bestimmten Beschaffenheit, das im Monat* Âçvajuǵa *fällt.* — 2) m. *a) Seefahrer.* — *b) eine Mückenart.* — *c)* Pl. *Meeranwohner* als N. pr. eines Volkes. — *d)* Patron. eines Ḱitrasena. — 3) f. ई *eine Tochter des Meergottes.* — 4) n. *a) Seesalz* Karaka 3,8. — *b) *os Sepiae.* — *c)* अग्रे: सामुद्रे Namen zweier Sâman Ârsh. Br.

2. सामुद्र n. *ein bedeutsames Mal am Körper.* °विद् Adj. so v. a. *sich auf Chiromantie verstehend.*

1. सामुद्रक 1) *Adj. *maritimus.* — 2) f. °द्रिका *eine Blutegelart* 21?,5. 8. — 3) n. *a) Salz.* — *b)* N. pr. eines Tirtha.

2. सामुद्रक 1) m. *Chiromant* Ind. St. 15,428. — 2) *n. *Chiromantie.* Vgl. सामुद्रिक.

सामुद्रनिष्कुट m. Pl. *Meeranwohner* oder N. pr. eines Volkes.

*सामुद्रस्थलक Adj. von समुद्रस्थल.

सामुद्रि m. Patron. von समुद्र Hem. Par. 2,339.

1. सामुद्रिक Adj. *das Meer befahrend;* m. *Seefahrer.*

2. सामुद्रिक 1) m. *Chiromant.* — 2) n. *Chiromantie.* Als Titel eines Werkes Burnell, T. °शास्त्र (auch Ind. St. 15,425. fg.) n. Opp. Cat. 1,6687. सामुद्रिक n. 5215. °का (!) f. 6274. °काकाण्ठाभरण n. 1348. °कालक्षण n. 2482.

सामुद्रिकज्ञानविधिज्ञ Adj. *der Chiromantie kundig* Lalit. 334,21.

सामुद्रिकाचार्य m. Bein. Kâçinâtha's.

सामूल्ह्क Adj. *mit* समूल्हृच्छन्दस् *versehen.*

सामूहिक Adj. *zu einem Trupp vereinigt, in Schaaren aufgestellt.* — 2) m. *a) ein Collectiva bildendes Suffix.* — *b) der über Collectiva handelnde Abschnitt.*

सामृत Adj. *mit Nektar versehen.*

सामृद्य n. *das gut von Statten Gehen.*

सामेश्वरमाहात्म्य n. Titel eines Werkes Bühler, Rep. No. 99.

सामोढ Adj. *mit dem* Sâman-*Accent versehen.*

सामोद Adj. *froh, heiter.*

*सामोद्भव m. *Elephant.*

साम्न Adj. (f. ई) *zu den* Sâman *(Gesängen) in Beziehung stehend.*

°सांपद Adj. *zur Ausrüstung —, zur Ausführung gehörend, Requisit von.*

सांपन्निक Adj. *üppig lebend* Karaka 3,3. 6,1.

सांपराय 1) Adj. *durch die Noth geboten* Varâh. Jogaj. 5,2. — 2) m. *a) der Uebergang aus dieser Welt in die jenseitige.* — *b) Noth, Bedrängniss.* आयुधानाम् *bewirkt durch Waffen.* — *c) Kampf* Çiç. 18,8. — *d)* etwa so v. a. *Retter in der Noth.*

सांपरायण m. als Patron. des Todes so v. a. *der*

Hinüberführer in eine andere Welt.

सांपरायिक 1) Adj. (f. ई und आ) *a) auf den Uebergang aus dieser Welt in die jenseitige —, auf das Jenseits bezüglich.* फल n. *Lohn im Jenseits.* Acc. mit कर् *sich auf den Tod bereiten* und *die Todtenceremonie für Jmd* (Gen.) *verrichten.* — *b) zur Zeit der Noth heilsam, aus der Noth helfend.* — *c) zum Kampf in Beziehung stehend, denselben betreffend.* समय m. *die Stunde des Kampfes,* रथ m. *Kriegswagen.* — *d) zum Kampf bereit.* — 2) *n. *Kampf, Schlacht.*

सांपातिक Adj. von संपात 8).

सांपादिक Adj. *zum Zustandebringen erforderlich* Çaṁk. zu Bâdar. 3,3,2. 41. 44.

साम्पाक m. N. pr. eines Dichters Z. d. d. m. G. 36,557.

*सांपेषिक Adj. = संपेषाय प्रभवति.

सांप्रत 1) Adj. *a) zutreffend, richtig* Vâsav. 2'6. — *b) jetzig, gegenwärtig.* °म् Adv. *jetzt, gegenwärtig.* — 2) n. *a) Gegenwart.* — *b) ein augenblickliches Geschäft* Hem. Par. 13,116. 188.

सांप्रतिक Adj. (f. ई) 1) *zutreffend, richtig.* — 2) *jetzig, gegenwärtig* Kâraka 4,1. Comm. zu Çiç. 11,2.

*सांप्रदानिक Adj. von संप्रदान.

सांप्रदायिक Adj. 1) *auf Ueberlieferung beruhend, traditionell* Baudh. 2,3,43. Gaim. 1,2,8. — 2) *auf die Ueberlieferung sich berufend, derselben folgend.*

सांप्रयोगिक Adj. *zur Anwendung —, zum Gebrauch in Beziehung stehend.*

*सांप्रश्निक Adj. = संप्रश्नं नित्यमर्हति.

*सांप्रियक Adj. *etwa von Leuten, die sich unter einander lieben, bewohnt.*

*साम्ब्, साम्बयति (संबन्धने).

साम्ब 1) Adj. *nebst der* Ambâ (Durgâ) Kâçikh. 69,56. Paribhâshenduçekhara Anf. — 2) m. N. pr. *a)* eines Lehrers. — *b)* eines Sohnes des Kṛshṇa von der Gâmbavatî, der in den Purâṇa zum Sonnencult und den Maga in Beziehung gesetzt wird, Hemâdri 1,533,13 = 2,a,22,3. — 3) n. *a)* Titel eines Purâṇa Hemâdri 1,533,14 = 2,a,22,4. — *b)* N. pr. = साम्बपुर.

सांबन्धिक n. 1) *Verwandtschaft durch Heirath.* — 2) *eine Unterhaltung, wie sie sich für Verwandte durch Heirath ziemt.*

साम्बपञ्चाशिका und °विवरण n. Titel von Werken Bühler, Rep. No. 499. fg.

साम्बपुर n. und °पुरी f. *die von* Sâmba (dem Sohne Kṛshṇa's) *gegründete Stadt.*

साम्बपुराण n., साम्बप्रद्युम्नप्रबन्ध m. (Bühler, Rep. No. 779) und साम्बमुक्तावलीस्तोत्र n. Titel Burnell, T.

साम्बर्य m. Patron. Nur Pl. Richtig wohl सांवर्य.

साम्बवती f. N. pr. einer Hetäre.

साम्बशिव m. N. pr. eines Gelehrten.

साम्बाजिप्रतापराज m. N. pr. eines Autors Burnell, T.

साम्बादित्य m. *eine Form der Sonne.*

*साम्बि m. Patron. von साम्ब.

साम्बुवासर Adj. *nebst —* (?) Kathâs. 70,59.

साम्बेश्वर m. Name *eines von* Sâmbavatî *errichteten Heiligthums.*

*सांभर n. *Salz aus* Sambhara Râgan. 6,100.

साम्भल Adj. *aus* Sambhala *stammend* (Pferd) Açvav. 6,16.

सांभवी f. *Wahrscheinlichkeit.*

साम्भस् Adj. *mit Wasser versehen.*

*सांभाष्य n. *Unterredung.*

*सांभूयि m. Patron. von संभूयंस्.

*सांमत्य n. *Uebereinstimmung.*

सांमर्द m. Patron. eines Matsja.

सांमनस्य n. *Sinnesgleichheit.*

*सांमातुर und *सांमात्र m. Patron. von 1. *संमातर् Pat. zu P. 4,1,115.

*सांमार्जिन n. Nom. abstr.

*सांमितिकायनि m. Patron.

सांमुखी f. *eine bis zum Abend sich erstreckende* Tithi.

सांमुख्य n. 1) *das Zugewandtsein zu —, das Sichwenden an Jmd* (im Comp. vorangehend). — 2) *Zugeneigtheit zu Jmd.* — 3) *das Bedachtsein auf* (im Comp. vorangehend).

सांमेघ्य n. *die wolkige Jahreszeit.*

*सांमोदनिक Adj. = संमोदनाय प्रभवति.

साम्य 1) n. *a) Gleichheit, Aehnlichkeit, Uebereinstimmung, — mit* (Instr., Instr. mit सह, Gen. [Çiç. 10,55. 18,38], Loc. oder im Comp. vorangehend). परमं साम्यमुपैति so v. a. *wird vollkommen eins mit dem Höchsten, geht ganz in ihm auf.* — *b) das Gleichstehen in Bezug auf Rang, Stellung, Macht u. s. w.* — *c) Homogeneität von Lauten.* — *d) Gleichgewicht, ebenmässiger —, normaler Zustand.* Acc. mit नी *zur Ruhe bringen, beschwichtigen.* — *e) Tempo* MBh. 2,4,38. — *f) Gleichheit der Gemüthsstimmung, Gleichmuth, — gegen* (Loc. oder Acc. mit प्रति). — *g) Gerechtigkeit.* Acc. mit कर् *Jmd* (Loc.) *Gerechtigkeit widerfahren lassen.* — *h) eine best. rhetorische Figur.* — 2) Adj. *a) das gewöhnliche Maass habend, die Mitte haltend, normal.* — *b) sich gleich bleibend, gegen Alle gleich.*

सांम्यत्त wohl fehlerhaft für सामद्य n. Vgl. सामेद्य.

साम्यग्राह m. *Tactschläger.*

साम्यता f. *Gleichheit, — mit* (Gen. oder im Comp. vorangehend).

साम्यावस्था f. *Gleichheitsverhältniss, Gleichgewicht, ein normaler Zustand* Kap. 1,61.

साम्यावस्थान n. dass. Çaṁk. zu Bâdar. 2,2,2.

साम्युत्थान n. *Abbruch* (einer heiligen Handlung) *vor der Beendigung* Gaim. 6,5,25. Comm. zu Âpast. Çr. 14,33,9.

साम्येत्त und साम्येद्य Tâṇḍja-Br. 12,13,26. 21,2,9. Âpast. Çr. 10,20,16 wohl fehlerhaft für सामद्य n. Vgl. साम्यत्त.

1. साम्राज्य, साम्राजिन्न 1) n. *Allherrschaft, Oberherrlichkeit, — über* (Gen., Loc. oder im Comp. vorangehend) 138,10. — 2) Adj. zu 1).

2. (साम्राज्य) साम्राजिन् m. *Inhaber der obersten Herrschaft* RV. 8,25,17. Nach gaṇa कुर्वादि *der Sohn eines unumschränkten Herrschers.*

साम्राज्यलक्ष्मी f. *die kaiserliche Würde, — Stellung.* Personificirt Ind. St. 14,108.

साम्राज्यलक्ष्मीपीठिका f. und °लक्ष्मीपूजा f. Titel Burnell, T.

साम्राज्यसिद्धिदा f. N. pr. der Familiengottheit der Uddâlaka.

*साम्राणिकर्दम m. *Zibeth.*

*साम्राणिज n. *ein best. Fruchtbaum.*

1. सायँ n. 1) *Einkehr.* — 2) *Abend* (angeblich auch m.). सायम् Adv. *Abends,* सायं सायम् *jeden Abend,* *सायतरे *am späten Abend* Pat. zu P. 4,3,23, Vârtt. 1. Personificirt ist der *Abend* ein Sohn Pushpârṇa's von der Doshâ oder Dhâtar's von der Kuhû.

2. *साय m. = सायक *Pfeil.*

सायंयावन् Adj. *Abends fahrend, — kommend.*

सायंसंध्या f. *Abenddämmerung, Abendandacht.* °प्रयोग m. Burnell, T.

सायंसंध्यादेवता f. = सरस्वती.

सायंसूर्य m. *Abendsonne.*

सायंसूर्योढ Adj. *von der Abendsonne gebracht* (Gast).

सायंहोम m. *Abendopfer* Comm. zu Âçv. Çr. 3,11,1.

सायक 1) Adj. *zum Schleudern bestimmt.* — 2) m. n. (RV.) *Wurfgeschoss, Pfeil.* — 3) m. *a)* Bez. *der Zahl fünf* (wegen der 5 *Pfeile* des Liebesgottes). — *b) Schwert* R. 3,57,31. — *c) Himmelsbreite* Gan. Bhagrahaj. 9. — *d)* **Saccharum Sara* Râgan. 8,83. — *e)* N. pr. eines Mannes. — 4) *f. सायिका *a) Dolch.* — *b)* = क्रमस्थिति; richtig शायिका.

सायकपुङ्ख 1) m. = पुङ्ख 1). — 2) *f. आ *eine best. Pflanze.*

सायकप्रणुत्त Adj. *durch Geschosse vertrieben.*

सायकमय Adj. *aus Pfeilen bestehend.*

°सायकाय्, °यते *die Pfeile des — darstellen* Daçak. 25,3.

सायकायन m. Patron. von सायक. Auch Pl.

सायकायनिन् m. Pl. *die Schule des* Sâjakâjana Weber, Lit. 105.

सायंकाल m. *Abendzeit, Abend.*

सायंकालिक Adj. *abendlich* Comm. zu Vâsav. 96.

सायंकालीन Adj. *dass.*

सायंगृह Adj. = यत्रसायंगृह.

सायंगोष्ठ Adj. *Abends in die Hürde getrieben.*

सायण m. N. pr. 1) des bekannten Commentators vedischer, philosopischer und grammatischer Werke. Auch सायणमाधव und सायणाचार्य genannt. — 2) eines anderen Autors Burnell, T. 142,*a*.

सायणमाधव m. s. u. सायण 1).

सायणमाधवीय Adj. *von* Sâjaṇamâdhava *verfasst.*

सायणीय n. *ein Werk* Sâjaṇa's.

सायतन Adj. *sammt Stätte u. s. w.*

सायन Adj. 1) *in* Ajana-*Form vor sich gehend* Çâṅkh. Çr. 1,4,12. — 2) *mit dem Worte* अयन *verbunden.* — 3) *nebst der Praecession* (astron.).

सायत्तन Adj. (f. ई) *zum Abend in Beziehung stehend, abendlich, vespertinus* 297,2. Vâsav. 95,5. 216,1. 2. 221,4.

सायंदुग्ध Adj. *Abends gemolken.*

सायंदोह m. *Abendmelkung, Abendmilch* Âpast. Çr. 1,11,3. 3,16,13. 4,14,1. 8,1,16. 2,5. 5,30. 9,1,30. 11,21,7. °वत् Adv. 1,14,7. 8.

सायम् s. u. 1. साय 2).

सायमादि Adj. *Abends beginnend* Comm. zu Kâtj. Çr. 4,15,1.

सायमाश m. *Abendessen* Âpast. Çr. 4,3,7. Karaka 6,18. °प्रातराशौ Loc. Gobh. 1,3,16.

सायमाहुति f. *Abendopfer* Gobh. 1,9,14.

सायमौपासनप्रयोग m. Titel Burnell, T.

सायंपोष m. *Abendnahrung.*

सायंप्रातर् Adv. *Abends und Morgens* 38,5. Auch getrennt सायं प्रातश्च.

सायंप्रातराशिन् Adj. (nur) *Abends und Morgens essend.*

सायंप्रातराहुति f. Du. *Abend- und Morgenspende* Kâtj. 10,19,3.

सायंप्रातर्दोह m. Du. *Abend- und Morgenmelkung* Kâtj. Çr. 25,5,2.

सायंप्रातर्मय Adj. *aus Abend und Morgen bestehend* Kâçikh. 62,90.

सायंप्रातर्होम m. Du. *Abend- und Morgenopfer* Gobh. 1,9,13.

सायंभव m. *das Abendwerden.*

सायंभोजन n. *Abendessen.*

सायंमन्त्र m. *der am Abend zu verwendende* Mantra (Taitt. Âr. 4,10,4) Baudhâjana im Comm. zu Âpast. Çr. 15,12,7.

सायवस m. Patron. Çat. Br.

सायसी f. in *दल°.

सायारम्भ Adj. *Abends beginnend.*

सायाशन n. *Abendessen.*

सायास Adj. *mit Mühen —, mit Beschwerden verbunden.*

सायाह्न n. *Abend.* Nur Loc. °ह्नि (Bhâm. V. 2, 155) und *°ह्ने.

सायाह्न m. *dass.*

*सायिन् m. *Reiter.* Richtig सादिन्.

सायुज्य n. *Gemeinschaft, Vereinigung; die nach dem Tode erlangte Gemeinschaft mit* einer Gottheit (Gen., Loc., Instr. [139,8] oder im Comp. vorangehend [139,20]. Gaut.).

सायुज्यता f. dass. Hemâdri 1,424,22. 429,22.

सायुज्यत्व n. dass.

सायुज्यमुक्ति f. *die in der Gemeinschaft mit einem Gotte bestehende Erlösung.*

सायुध Adj. (f. आ) *mit Waffen versehen* MBh. 3, 15,9. 93,29. 8,89,66. 13,53,30.

सायोज्य n. = सायुज्य. प्राणैस् so v. a. *das am Leben Bleiben.*

सायोद्भिदुर Adj. *Abends aufblühend* Râǵan. 10,90.

(साप्य) साप्यिश्र m. Patron. Ṛv. 6,20,6. v. l. साप्य.

1. सार 1) Adj. am Ende eines Comp. *verscheuchend, zu Nichte machend* Bâlar. 51,8. — 2) m. *a) Lauf, Gang.* — *b) Ausstreckung* (eines Gliedes). Hierher vielleicht Karaka 8,6.

2. सार 1) m. n. (adj. Comp. f. आ) *a) die inneren, festen Bestandtheile eines Körpers.* Bei Früchten so v. a. *Kerngehäuse.* — *b) Festigkeit, Härte; Stärke, Kraft.* Als relativer Begriff auch so v. a. *Schwäche.* — *c) Werth.* सारतस् *dem Werthe nach,* विभवसारेण so v. a. *nach den Vermögensumständen* Hemâdri 1,747,15. 760,19. — *d) Vermögen, Besitz, Reichthum.* सारतस् *nach den Vermögensumständen.* — *e) Kern,* so v. a. *Hauptsache, Quintessenz, das Beste, Werthvollste, etwas Werthvolles.* सारात्सारम् *das Allerbeste.* Am Ende eines adj. Comp. *das Vorwaltende, Hauptsache.* — *f) ein dem Temperament eines Menschen zu Grunde liegender Hauptbestandtheil des Körpers* (deren 8 oder 7). — *g) Bestandtheil* überh. — *h) Nektar.* — *i) saurer Rahm* und **Butter* (Râǵan. 15,2). — *k) ein dickter als Räucherwerk verwandter Pflanzensaft, Harz.* — *l) Dünger.* — *m) Wasser* Vâsav. 105,2. Vgl. Zach. Beitr. 42. — *n) ein Fürst, der einem andern im Kriege zu Hülfe kommt, Bundesgenosse.* — *o)* bei den Maga Bez. *des Gürtels.* — *p)* in der Rhetorik *eine Art Klimax.* Beispiel Spr. 2347. 5776. — 2) *m. = मज्जन्, अस्थि, त्वचिसार, वज्रतार, वायु, रोग und पाशक. — 3) *f. सारा = कृष्णत्रिवृता und दूर्वा. — 4) f. सारी = *सारिका, पाशक (vgl. सारीक्रीडा) und *सप्तला. — 5) *n. = नवनीत, लोह und विपिन. — 6) Adj. (f. आ) *a) hart, fest, stark.* बल n. so v. a. *Kerntruppen.* — *b) kostbar, werthvoll.* — *c) der beste, vorzüglichste.* — *d) richtig.* — *e)* mit einem Instr. so v. a. *voller.* — *f)* = शार *bunt, scheckig* Kâd. 142,14 (शार 250,4).

3. सार Adj. *mit Speichen* Çulbas. 3,181. 214.

1. सारक 1) Adj. *laxativ.* — 2) *m. *Croton Jamalgota.*

2. °सारक Adj. *voll von.*

*सारकायण und *सारकेय Adj. von सरक.

सारकौमुदी f. Titel eines Werkes Opp. Cat. 1.

*सारक्य Adj. von सरक.

सारक्षेत्रमाहात्म्य n. und °सारोद्धार m. Titel von Werken Opp. Cat. 1.

*सारखदिर m. *ein der Acacia Catechu verwandter Baum.*

सारग Adj. *kräftig, stark* Çiç. 19,33.

*सारगन्ध m. *Sandel.*

सारगात्र Adj. *starken Körpers* MBh. 6,3316.

सारगीता f. Titel eines Werkes.

सारगुण m. *Haupttugend* Ind. St. 15,380.

सारग्रहमञ्जरी f. Titel eines Werkes.

सारग्राहिन् Adj. *ein Verständniss für etwas Vortreffliches habend* R. 3,72,1.

सारघ 1) Adj. *von der Biene kommend.* — 2) m. *Biene.* — 3) n. *Honig.*

सारङ्ग und सारङ्ग (Çat. Br.) 1) Adj. (f. सारङ्गी) *a) bunt, scheckig.* — *b) von der* Sâraṅga *genannten Antilope kommend.* — 2) m. *a)* Bez. *verschiedener Vögel: ein* Pratuda, Vishkira, *Cuculus melanoleucus,* **der indische Kuckuck* (कोकिल), **Pfau* und *= राजहंस. — *b) Biene.* — *c) eine Antilopenart.* Am Ende eines adj. Comp. f. आ. — *d) *Elephant.* — *e) ein best. Metrum.* — *f) ein best.* Râga S. S. S. 110. — *g) ein best. Tact* S. S. S. 234. — *h) *=* छत्त्र, चित्रमृग, वाद्यभेद, अंशुक, कामदेव, धनुस्, केश, स्वर्ण, आभरण, पद्म, शङ्ख, चन्दन, कर्पूर, पुष्प, मेघ, पृथिवी, रात्रि, दीप्ति und शिव. — *i)* N. pr. eines Mannes. — 3) f. सारङ्गी *a) das Weibchen eines best. Vogels.* Vgl. शारङ्गी. — *b) eine Art Geige.* — *c) ein best. Metrum.* — *d)* eine best. Râgiṇî S. S. S. 37.

सारङ्गदृश् (!) f. eine Gazellenäugige Bhâm. V. 2,74.

सारङ्गदेव m. N. pr. eines Fürsten.

सारङ्गरङ्गदा f. Titel eines Commentars.

सारङ्गलोचना f. eine Gazellenäugige.

सारङ्गहार f. eine Art Jogin.

सारङ्गाक्षी f. eine Gazellenäugige.

*सारङ्गिक m. ein den Sâraṅga genannten Antilopen nachstellender Jäger.

सारचतुर्विंशतिका f. (Bühler, Rep. No. 691), सारचन्द्रिका f. und सारचिन्तामणि m. Titel von Werken.

सारण 1) Adj. (f. ई) laxativ. — 2) m. a) *Durchfall. — b) *Paederia foetida. — c) *Spondias mangifera. — d) N. pr. α) eines Bruders des Kṛshṇa. — β) eines Ministers des Râvaṇa. — 3) f. आ a) das Ausstrecken. Nur am Ende eines adj. Comp., könnte also auch n. sein. — b) das Erklingenlassen eines Tones. Am Ende eines adj. Comp. f. आ. — c) eine best. mit dem Quecksilber vorgenommene Operation. — 4) f. ई s. u. सारणि. — 5) n. a) das Geleiten. कन्या° Daçak. 19,6. — b) *Buttermilch. — c) *ein best. Geruch.

सारणसुन्दर m. eine best. Mixtur.

सारणि f. 1) Bach, Kanal Hem. Par. 2,286. Auch °णी. शोणितसारणी Blutstrom Bâlar. 251,12. — 2) *°णी Paederia foetida.

सारणिक m. Reisender, ein herumziehender Kaufmann. v. l. शारणिक.

*सारणिकघ्न m. Räuber.

सारणिका (von सारणि Kanal) f. चिन्तामणिः सा° = तिथि° Titel eines Werkes.

सारणेश m. N. pr. eines Berges.

*सारण्ड m. = सर्पाण्ड Schlangenei.

सारण्यक Adj. 1) nebst Wald Pat. zu P. 1,1,7, Vârtt. 8. — 2) nebst den Âraṇjaka (n.) Ind. St. 3,276.

सारतण्डुल m. Reis in ganzen Körnern, leicht gebrüht.

सारतम Adj. der allerbeste. Nom. abstr. °त्व n.

सारतर 1) n. das Bessere, Vorzüglichere, etwas überaus Vorzügliches. सारात् das Allervorzüglichste. Nom. abstr. °त्व n. Divjâvad. 384,26. — 2) Adj. (f. आ) a) das bessere, vorzüglichere. — b) werthvoller, lieber Çiç. 4,45.

*सारतरु m. Musa sapientum.

सारता f. 1) Festigkeit. — 2) festes Vertrauen zu (Loc.). — 3) Werth, Gehalt. — 4) die höchste Stufe, das Non plus ultra Çiç. 19,88. — 5) das Hauptbestandtheilsein im Körper zur Bildung des Temperaments.

सारत्व n. 1) Festigkeit. — 2) das Hauptsache Sein.

सारथि m. Wagenlenker. Auch रथसारथि. Nom. abstr. सारथित्व n. नौसारथि Steuermann, Lotse Gâtakam. 14. — Lalit. 312,8 सारथि (v. l. सरसि) wohl fehlerhaft für सारस Ardea sibirica.

सारथिपुरि (sic) f. N. pr. einer Stadt Lalit. 528,5.6.

सारथ्य n. das Amt des Wagenlenkers.

सारदर्शिन् Adj. ein Auge für das Gute habend R. 5,84,7.

सारदा f. = शारदा.

सारदारु n. festes, hartes Holz. Pl. Hemâdri 1, 288,12.

सारदारुमय Adj. aus hartem Holz gemacht Hemâdri 1,288,3. 622,7.

सारदासुन्दरी f. Titel. Richtig सारसुन्दरी.

सारदीपिका f. Titel eines Werkes Opp. Cat. 1.

सारदीय (besser शा°) Adj. (f. आ) नाममाला f. Titel eines Werkes Bühler, Rep. No. 780.

सारद्रुम m. 1) ein Baum von festem Holze. — 2) *Acacia Catechu Râgan. 8,22.

सारधातृ Nom. ag. Bein. Çiva's.

सारधान्य n. Korn erster Qualität.

सारध्वजि m. Patron.

*सारपत्त्र Adj. etwa feste —, harte Blätter habend.

*सारपत्त्रक n. Nom. abstr. von सारपत्त्र.

सारपद m. ein best. zu den Scharrern gezählter Vogel.

सारपाक n. eine best. giftige Frucht.

*सारपादप m. ein best. Baum.

सारप्रकाशिका f. Titel eines Werkes Opp. Cat. 1.

सारप्रदीपिका f. desgl. Bühler, Rep. No. 328.

सारफल्गु Adj. stark oder schwach, gut oder schlecht MBh. 5,67,4.

सारफल्गुता f. und °फल्गुत्व n. der Werth oder Unwerth, die Güte oder Schlechtigkeit, die grosse oder geringe Bedeutung.

सारबोधिनी f. Titel eines Werkes.

सारभट Name des 4ten Muhûrta AV. Gjot. 1, 7. 2,4.

सारभट्टारक m. N. pr. eines Autors.

सारभाण्ड n. kostbare Waare.

सारभूत Adj. die Hauptsache seiend, der vorzüglichste, beste; n. die Hauptsache, das Beste.

सारभृत् Adj. das Beste nehmend, — aussuchend, sich darauf verstehend.

सारभोग m. Titel Burnell, T.

सारमञ्जरी f. Titel verschiedener Werke.

सारमय Adj. 1) voller Festigkeit, — Stärke, überaus fest. — 2) aus der Quintessenz —, aus dem besten Bestandtheil von (Gen.) gebildet.

सारमहत् Adj. überaus werthvoll, — kostbar.

*सारमिति m. angeblich der Veda. Beruht auf einem Missverständniss von H. 248.

*सारमूषिका f. eine best. Cucurbitacee.

सारमेय 1) m. a) Hund (Sohn der Saramâ) Spr. 7618. — b) N. pr. eines Sohnes des Çvaphalka. — 2) f. ई Hündin Hem. Par. 2,346.

सारमेयगणाधिप m. Bein. Kubera's.

सारमेयता f. Nom. abstr. von सारमेय Hund.

सारमेयमय Adj. in अश्वपादात° Nachtr. 2.

सारमेयादन n. eine best. Hölle, in der die Verbrecher von Jama's Hunden gefressen werden.

*सार्य्, °यति दौर्बल्ये.

सारयोध Adj. aus vorzüglichen Reitern bestehend MBh. 6,76,3.

साररूप Adj. der vorzüglichste, beste. Nom. abstr. °ता f. Hauptsächlichkeit; Instr. hauptsächlich, vorzugsweise.

सारलहरी f. Titel eines grammatischen Werkes.

*सारलोह n. eine Art Eisen Bhâvapr. 1,255.

सारल्य n. Geradheit, Schlichtheit, Ehrlichkeit.

*सारव Adj. vom Flusse Sarajû kommend.

सारवत्ता f. Festigkeit, Härte, Widerstandsfähigkeit Comm. zu Çiç. 19,15.

सारवत् 1) Adj. a) fest, stark, widerstandsfähig, — wie (im Comp. vorangehend); kräftig (Speise) Karaka 1,15. — b) werthvoll, kostbar. — c) Harz enthaltend. — 2) f. °वती a) ein best. Metrum. — b) *ein best. Samâdhi (buddh.).

सारवस्तु n. eine werthvolle Sache, ein Ding von Belang.

सारविद् Adj. den Werth eines Dinges kennend Spr. 7821.

सारशन fehlerhaft für सारसन.

सारशून्य Adj. alles Guten baar, ganz werthlos.

सारस् (metrisch) = सारस Ardea sibirica.

1. सारस 1) Adj. (f. ई) zu einem Teich gehörig u. s. w. — 2) m. a) Ardea sibirica (angeblich auch = हंस). Am Ende eines adj. Comp. f. आ 86,31. — b) *der Mond. — c) ein best. Tact S. S. S. 213. — d) N. pr. α) eines Sohnes des Garuḍa. — β) eines Sohnes des Jadu. — γ) eines Buckeligen. — 3) f. ई das Weibchen der Ardea sibirica. — 4) n. a) Lotusblüthe. — b) *= सारसन Gürtel.

2. *सारस Adj. schreiend, rufend. Anzunehmen für 2. सारस्य.

सारसंहिता f. Titel eines Werkes.

सारसंग्रह m. 1) kurze Zusammenstellung des Besten. — 2) Titel verschiedener Werke. °निघण्टु

m. Opp. Cat. 1.

सारसन n. 1) *Gürtel* Çiç. 3,10. — 2) * *eine Schärpe, die über die Brust weg auf dem Panzer getragen wird.* — 3) * *Brustharnisch.*

सारसमुच्चय m. Titel verschiedener Werke.

सारसाल 1) * *n. eine Art Rubin* Garbe zu Râǵan. 13,151. — 2) f. ई *eine Lotusäugige* Naish. 9,80.

*सारसायन Adj. von सरस und auch Subst. von unbekannter Bed. °भक्त *von solchen bewohnt.*

सारसारिन् Adj. *Läufe laufend* (Wind, Ross).

सारसिका f. *das Weibchen der Ardea sibirica* Çiç. 6,76.

सारसिद्धान्तकौमुदी f. Titel eines Werkes.

सारसिन्धु m. desgl. Burnell, T.

सारसुन्दरी f. Titel eines Commentars zum Amarakoça.

*सारसेय Adj. von सरस.

1. सारस्य n. *Feuchtigkeit, Wasserreichthum.*

2. सारस्य n. *Geschrei* u. s. w.

*सारस्यायन m. von unbekannter Bed. °भक्त *von solchen bewohnt.*

सारस्वत 1) Adj. (f. ई) a) *von der* Sarasvatî (*vom* Sarasvant), *dem Flusse* oder *der Göttin der Stimme und Rede, kommend, ihr gehörig, sie betreffend, an ihr vorgehend* u. s. w. °ती प्रक्रिया Titel einer Grammatik. — b) *zum* Ṛshi Sârasvata *in Beziehung stehend.* — 2) m. a) Pl. *die Anwohner der* Sarasvatî, N. pr. eines Volkes. °ता गणाः dass. Nach H. = काश्मीरास्. — b) Pl. Bez. *bestimmter Brahmanen.* — c) N. pr. eines Ṛshi, *Sohnes der* Sarasvatî (Harshak. 27,20); auch N. pr. eines Vjâsa VP. 3,3,13. — d) *der zwölfte* Kalpa oder *Tag* Brahman's Hemâdri 1, 536,2. — e) * *ein Stab aus* Bilva-*Holz.* — 3) f. °ती * *Cardiospermum Halicacabum.* — 4) n. a) *ein best.* Sattra Ǵaim. ,6,28. — b) *Beredsamkeit* Prasannar. 157,9. — c) Titel einer Grammatik.

सारस्वतकोश m. Titel eines *Wörterbuchs.*

सारस्वततन्त्र n. Titel eines Werkes.

सारस्वततीर्थ n. N. pr. eines Tîrtha.

सारस्वतपुर n. N. pr. einer *Stadt.*

सारस्वतप्रक्रिया f. Titel einer Grammatik.

सारस्वतप्रसादटीका f. Titel eines *Commentars* Opp. Cat. 1.

सारस्वतविलास m. Titel eines Werkes.

सारस्वतव्याकरण n. Titel einer *Grammatik* Burnell, T. Opp. Cat. 1.

सारस्वतसूत्र n. = सरस्वतीसूत्र.

सारस्वताभिधान n. Titel eines *Wörterbuchs.*

सारस्वतालंकार m. Titel eines Werkes.

सारस्वतीय Adj. (f. आ) *zum* Sarasvatîsûtra *in Beziehung stehend.*

सारस्वतीयशिल्पशास्त्र n. Titel eines Werkes Burnell, T.

सारस्वतीषधी Adv. mit भू *zu einer die Stimme —, den Gesang erweckenden Arzenei werden* Hem. Par. 2,25.

सारस्वत्य Adj. = सारस्वत 1) a).

सारागवस्त्र Adj. *farbige Kleider tragend* Taitt. Âr. 1,3,2.

साराध्य Titel eines Werkes Opp. Cat. 1.

साराजि m. *Hauptschlacht* Çiç. 19,33.

सारात्सारसुसंग्रह m. Titel eines Werkes.

सारादान n. *das Herausnehmen des Besten* Kap. 4,13.

सारापराध m. *ein grösseres oder geringeres Vergehen.* °तस् so v. a. *je nach der Grösse des Vergehens* 204,22.

सारामुख m. *eine Reisart.*

सारामृत n. Titel einer Grammatik.

साराम्भस् n. *ausgepresster Saft.*

सारायणीय m. Pl. *eine best. Schule* AV. Pariç. 49,3.

सारार्थिन् Adj. *der Gewinn aus Etwas zu ziehen wünscht* MBh. 4,30,13.

*साराल m. *die Sesampflanze.*

साराव Adj. *schreiend, rufend.*

सारावलि (Burnell, T. Opp. Cat. 1) und °ली f. Titel verschiedener Werke.

सारासार 1) n. a) *die Stärke und (oder) Schwäche, die relative Stärke.* — b) *die gute und (oder) schlechte Qualität, die relative Qualität.* — c) *das Gute und (oder) Schlechte.* — 2) Adj. *stark und (oder) schwach.*

सारासारता f. *die starke und (oder) schwache Seite.*

सारास्वादिनी f. Titel eines Werkes Opp. Cat. 1.

सारि 1) f. = शारि 1) a). — 2) m. = शारि 2) a) Pańkad. 13.

सारिक 1) m. a) *Predigerkrähe.* — b) N. pr. eines Muni. — 2) f. आ a) *Predigerkrähe.* Erscheint auch unter den Pratuda. — b) *eine Vertraute* Vâsav. 162,4. — c) wohl *Steg bei einem Saiteninstrument* S. S. S. 178. — d) * *die Laute der* Kandâla. — e) N. pr. einer Râkshasî.

सारिकामुख m. *ein best. giftiges Insect.*

*सारिकावण n. gaṇa क्रोडादि.

1. सारिन् 1) Adj. a) *eilend, sich bewegend.* — b) am Ende eines Comp. α) *nachgehend, folgend.* — β) *befolgend, sich richtend nach.* — 2) m. *aus verdicktem Safte gewonnenes Räucherwerk.* — 3) f. °रिणी a) *Bach, Kanal* Vikramâṅkak. 6,56 (nach der richtigen Lesart der Hdschr.). Hem. Par. 2,286, v. l. — b) * Bez. verschiedener Pflanzen: *die Baumwollenstaude, Alhagi Maurorum, eine Varietät von Dalbergia Sissoo, Paederia foetida* und *eine roth blühende* Punarnavâ Râǵan. 4,100. 9,135.

2. सारिन् (von 2. सार) in त्राण°.

सारिफल (Ind. St. 15,419) und *°क n. = शारि°.

सारिमेजय Adj. *nebst* Arimeǵaja.

सारिव 1) m. *eine best. Körnerfrucht.* — 2) f. आ Bez. *zweier Schlingsträucher: Hemidesmus indicus* und *Ichnocarpus frutescens* Karaka 6,24. —

सारिवाः Pańkat. II,102 fehlerhaft für सारसाः; vgl. Spr. 6246.

सारिष्ट Adj. 1) *nebst Seifenbäumen* Vâsav. 120,6. — 2) *Anzeichen des Todes habend* Suçr. 2,262,2. Vâsav. 120,6.

सारिष्ठ Adj. *der vorzüglichste, beste.* Nom. abstr. °त्व n.

सारिसृक्क (MBh. 1,230,9.232,3), °सृक्त und °सृक्व (77,18) m. N. pr. eines Sohnes des Mandapâla oder Çârṅgaka.

सारिस्थावाँ m. N. pr. eines *Chans.*

सारी f. s. u. 2. सार und vgl. पुष्कर° und *विर्°.

सारीक्रीडा f. *ein best. Spiel mit Figuren* Ind. St. 15,418.

सारु *ein best. Metrum.*

सारुन्धतीक Adj. *nebst der* Arundhatî Kumâras. 6,4.

सारूढ Adj. MBh. 6,3535 und Hariv. 2,42,4 fehlerhaft für स्वारूढ.

सारूप Kâm. Nitis. 4,54. 61 fehlerhaft für सानूप.

सारूपवत्स n. *Milch von einer Kuh, die ein Kalb von gleicher Farbe hat,* Vaitân.

सारूप्य 1) n. a) *gleiches Aussehen, Aehnlichkeit, Gleichartigkeit, Uebereinstimmung,* — *mit* (Gen.) Âpast. Ǵaim. 1,4,25. — b) in der Dramatik *ein auf Verwechselung zweier ähnlich aussehender Personen beruhendes heftiges Auftreten gegen einen Unschuldigen.* — 2) Adj. (f. आ) *passend, den Umständen angemessen, zeitgemäss* Lalit. 460,13. fg. 462, 8. 469,6. 472,16. Saddh. P. 91,6.

सारूप्यता f. = सारूप्य 1).

सारोद्धार m. Titel verschiedener Werke Zach. Beitr. 69.

सारोपा f. *eine Art Ellipse (eine Uebertragung enthaltend)* Kâvjapr. 2,11. Nom. abstr. °त्व n.

*सारोष्टिक m. *ein best. Gift.* Richtig सौराष्ट्रिक.

सारोह Adj. (f. आ) 1) *sich erhebend auf* (Loc.) R. 5,73,6. — 2) *nebst Reiter* R. 6,73,34.

सार्क Adj. *nebst der Sonne* Varâh. Jogaj. 4,27.

Kathâs. 18,122.

*सार्कण्डेय m. Patron. von सृकण्डु.

साँर्गड Adj. *verriegelt, gehemmt* Çat. Br. 14,9,4,22.

साँर्गल Adj. dass. ebend. in der Kâṇva-Rec.

सार्गाल Adj. (f. ई) *einem Schakal eigen* u. s. w.

*सार्गिक Adj. = सर्गाय प्रभवति.

सार्ङ्गी f. *ein best. Metrum.*

सार्चि Adj. *flammend, brennend* R. 4,10,20.

सार्चिमालिन् m. *ein best. über Waffen gesprochener Zauberspruch.*

सार्चिस् Adj. *flammend, brennend.*

*सार्ज m. *Natron.*

सार्जन (?) Pañkar. 3,14,53.

सार्जनाति m. Patron.

सार्ञ्जयँ m. Patron. von सृञ्जय.

सार्ति Adj. *an einem Defect leidend* Bhâvapr. 1, 72, 9.

सार्थ 1) Adj. (f. आ) *a) mit einem Auftrag versehen. — b) erfolgreich. — c) mit Reichthümern versehen, reich. — d) bedeutungsvoll.* — 2) m. *a) eine reisende Handelsgesellschaft, Karavane.* Auch Pl. — *b) Gesellschaft, Trupp, Schaar, Menge* überh. 41,32. 294,31. Çiç. 19,111. Vâsav. 134,3. सार्थेन *n Gesellschaft von* (Gen.) Kampaka 219. — Vgl. एकसार्थप्रयात.

सार्थक Adj. 1) *von Nutzen, Gewinn bringend.* — 2) *bedeutungsvoll, einen Sinn habend.* Nom. abstr. °ता f. (Kâçikh. 20,8) und °त्व n.

सार्थधर m. N. pr. eines *Karavanenführers.*

सार्थपति m. = सार्थवाह 1) Hem. Par. 2,315.

सार्थपाल m. *Führer einer Karavane.*

सार्थभृत् m. = सार्थवाह 1).

सार्थमण्डल n. *Karavane* MBh. 3,65,15.

सार्थय्, °यति *erfolgreich —, Gewinn bringend machen.*

सार्थवत्त् Adj. *einen bedeutungsvollen, zutreffenden Namen habend.*

सार्थवाह m. 1) *Führer einer Karavane, ein ansehnlicher Kaufmann, der einer Handelsgesellschaft vorsteht,* Hem. Par. 1,425. 2,314. Ind. St. 14,385. — 2) bei den Buddhisten N. pr. eines Sohnes des Versuchers (मारपुत्र).

सार्थवाहन m. = सार्थवाह 1).

सार्थसंचय Adj. *grosse Reichthümer besitzend.*

सार्थिक Adj. *mit einer Karavane reisend, Jmd* (Gen.) *auf einer Reise begleitend;* m. *Theilnehmer einer Handelsgesellschaft.*

सार्थी Acc. mit कर् *erfolgreich —, Gewinn bringend machen.*

सार्थेश m. = सार्थवाह 1) Hem. Par. 2,350.

सार्दागव m. Patron. N. pr. eines Lehrers.

सार्द्र Adj. = आर्द्र *angefeuchtet, feucht, nass.*

सार्ध 1) Adj. (f. आ) *nebst einem halben.* द्वे शते सार्धे *250,* सार्धं वर्षशतम् *150 Jahre,* त्रिंशतं सार्धा वर्षाणाम् $30^1/_2$ *Jahre,* °सप्तन् $7^1/_2$; *anderthalb Fächer einnehmend* neben अर्धपद *ein halbes Fach einnehmend.* — 2) सार्धम् *a) Adv. zusammen.* Mit आ-दा so v. a. *mitnehmen.* — *b) Präp. zugleich mit, mit;* mit Instr. (26,8) oder am Ende eines Comp. मार्के त्वां भ्रातृभिः सार्धं यद्ब्रवीमि *was ich zu dir und deinen Brüdern sage.*

सार्धवार्षिक Adj. *anderthalb Jahre während.*

सार्प 1) Adj. *zu den Schlangen* (*Schlangendämonen*) *in Beziehung stehend.* °भ n. = 2). — 2) (*f. ई) n. *das unter den Schlangen stehende Mondhaus* Açleshâ Varâh. Jogaj. 7,5. 9,7.

सार्पराज्ञ, प्रजापतेस्तिस्रः सार्पराज्ञाः (!) Name von Sâman Ârsh. Br.

सार्पराज्ञ 1) Adj. (f. ई) *von der Schlangenkönigin herrührend.* — 2) f. ई *a)* Pl. *die der* Sarparâgñî *zugeschriebenen Verse* Kâtj. Çr. 4,9,18. 25,13,32. Çâñkh. Çr. 10,13,26. — *b) Schlangenkönigin* als Verfasserin von ṚV. 10,189.

*सार्पविद्यिक Adj. *mit der Schlangenkunde vertraut.*

*सार्पाकव m. Patron. von सृपाकु.

*सार्पाकवायण m. Patron. von सार्पाकव.

सार्पिपाका Adj. f. in Verbindung mit पङ्क्ति.

*सार्पिष und *सार्पिष्क Adj. *mit zerlassener Butter zubereitet.*

*साप्यं m. = सार्प 2). Fehlerhaft.

सार्य Adj. *was man* (*in der Aussprache*) *fallen lassen kann* Mâṇḍ. Çikshâ 11,6.

सार्व 1) Adj. *Allen zum Wohl gereichend* Çiç. 14, 4. — 2) m. bei den Gaina *ein* Arhant Pârçvan. 2,26.

*सार्वसह n. *eine Art Salz.*

सार्वकर्मिक Adj. *zu allen Handlungen geeignet.* Vgl. सार्वकार्मिक.

सार्वकाम Adj. *für denjenigen bestimmt, der Alles wünscht,* Âpast. Çr. 14,14,13.

सार्वकामसमृद्ध m. *der 6te Tag im* Karmamâsa. Richtig wäre सर्व°.

सार्वकामिक Adj. (f. ई) *allen Wünschen dienend, — entsprechend, alle Wünsche gewährend.* f. आ verdächtig.

सार्वकाम्य n. *die Erfüllung aller Wünsche* Gaim. 4,3,25.

सार्वकार्मिक Adj. *von Heilmitteln so v. a. probat, — gegen* (Gen.) Karaka 6,23. Vgl. सार्वकर्मिक.

सार्वकाल Adj. *zu allen Zeiten stattfindend.*

सार्वकालिक Adj. (f. ई) *für alle Zeiten geltend, — ausreichend, ewig während* Âpast. Comm. zu Âpast. Çr. 5,26,3. 9,4,15. 10,3.

सार्वकाल्य n. *das zu jeder Zeit Geschehen* Gaṇar. 13,7.

*सार्वकेश्य Adj. *aus* Sarvakeça *stammend.*

सार्वक्रतुक Adj. *zu allen Opfern in Beziehung stehend.*

*सार्वगण n. *salzhaltiger Boden.*

सार्वगामिन् (!) Adj. nach dem Comm. *in die Weltseele eingehend* Âpast.

सार्वगुणिक Adj. *alle Eigenschaften besitzend.*

*सार्वचर्मीण Adj. *ganz aus Leder gemacht.*

*सार्वजनिक Adj. *Jedermann zuträglich.*

*सार्वजनीन Adj. *Jedermann gut.*

सार्वजन्य Adj. *Jedermann eigen, allgemein.*

सार्वज्ञ 1) Adj. (f. ई) *von einem Allwissenden kommend* Hem. Par. 1,77. — 2) n. *Allwissenheit* Ind. St. 15,285. Wohl fehlerhaft für सार्वज्ञ्य.

सार्वज्ञ्य n. *Allwissenheit.*

सार्वत्रिक Adj. 1) *von allen Seiten —, von beliebiger Seite kommend.* — 2) *überall stattfindend, allgemein gültig* (Bâlar. 42,1), *allgemein.* Nom. abstr. °त्व n. Çaṁk. zu Bâdar. 3,3,11.

सार्वधातुक Adj. *der ganzen Wurzel —, d. i. der erweiterten Verbalwurzel* (*dem Präsensstamm*) *zukommend, daran gefügt werdend.*

सार्वनामिक Adj. *zum Pronomen in Beziehung stehend.*

सार्वनाम्य n. *Allnamigkeit.*

सार्वभट्टभीमाचार्य m. N. pr. eines Autors.

सार्वभौतिक Adj. *alle Wesen betreffend.*

सार्वभौमँ 1) *a)* Adj. *über die ganze Erde verbreitet, — herrschend* 328,1. — *b)* im Joga *für alle Geisteszustände geltend* Vjâsa zu Jogas. 1,1. — 2) m. *a) Weltherrscher, Kaiser.* देवतासार्वभौम *ein Kaiser unter den Göttern.* — *b)* N. pr. α) eines Sohnes des Ahaṁjâti. — β) eines Sohnes des Vidûratha. — γ) verschiedener Autoren oder auch Beinamen derselben. — δ) des Weltelephanten im Norden, auf dem Kubera sitzt, Vâsav. 20,118. — 3) n. *die Herrschaft über die ganze Erde, Kaiserwürde.*

*सार्वभौमगृह n. *ein kaiserlicher Palast.*

सार्वभौमभवन n. dass.

सार्वभौमव्रत n. *eine best. Begehung.*

सार्वभौमिक Adj. *auf der ganzen Erde verbreitet* Kâçikh. 2,76.

सार्वमेधिक Adj. *zum* सर्वमेध *in Beziehung stehend* (सरस्).

सार्वयज्ञिक Adj. *Opfer aller Art betreffend.*

सार्वयौगिक Adj. *bei allerlei Krankheiten anwendbar* Káraka 6,27.

सार्वरात्रिक Adj. *die ganze Nacht während,* — *brennend* (प्रदीप) Matsjap. 217,20.

सार्वरूप्य n. *Allgestaltigkeit* Gaim. 4,4,10.

सार्वरोगिक (Káraka 3,8) und °रौगिक Adj. *Krankheiten aller Art betreffend, für allerlei Kr. gut.*

सार्वलौकिक Adj. (f. ई) 1) *in der ganzen Welt bekannt, allgemein verbreitet, allgemein, gewöhnlich.* — 2) *Jedermann gestattet.*

सार्ववर्णिक Adj. 1) *von jeglicher Art* Agni-P. 30,14. — 2) *allen Kasten gemein, auf alle K. sich erstreckend* Gaut. Âpast. 1,3,7. Âpast. Çr. 5,3,20.

सार्ववर्मिक Adj. *von* Sarvavarman *verfasst.*

*सार्वविद्य n. *alles Wissen.*

सार्वविभक्तिक Adj. *die Stelle aller Casus vertretend* Comm. zu R. ed. Bomb. 1,1,78.

सार्ववेदस 1) Adj. *der nach einem Opfer alle seine Habe den Priestern schenkt.* v. l. सर्व°. — 2) n. *die ganze Habe.* °दक्षिण Adj. (f. आ) *wobei d. g. H. als Opferlohn gereicht wird.*

*सार्ववैद्य n. *alle* Veda *insgesammt.*

सार्ववैदिक Adj. *aller* Veda *kundig.*

*सार्वसंसर्गलवण n. *salzhaltiger Boden.*

*सार्वसह n. = सार्वसह.

सार्वसूत्र Adj. *aus Fäden von allen Farben verfertigt* Âpast. Çr. 5,20,7. 13,6,1. Vgl. सर्वसूत्र.

सार्वसेन 1) m. *ein best.* Pańkarâtra. — 2) f. ई Patron. der Sunandâ, der Gattin Bharata's.

सार्वसेनयज्ञ m. vielleicht fehlerhaft für सार्वसेनि° Vaitân.

सार्वसेनि॑ m. 1) Patron. des Çaukeja. — 2) *Pl. N. pr. eines Kriegerstammes. Vgl. अग्रसार्वसेनि.

सार्वसेनियज्ञ m. *ein best. Opfer* Çâṅkh. Çr. 3,11,1. Comm. zu Âpast. Çr. 3,17,4.

*सार्वसेनीय m. *ein Fürst der* Sârvaseni.

*सार्वसैन्य Adj. *aus* Sarvasena *stammend.*

सार्वात्म्य n. *das die Seele von Allem Sein* Bhâmatî 142,12.

सार्वायुष Adj. *volle Lebenskraft habend.*

सार्षप Adj. *von Senf kommend.*

सार्ष्ट Adj. *von gleichem Range,* — *Werthe.*

सार्ष्टि 1) Adj. dass. — 2) m. Patron. — 3) f. = सार्ष्टिता.

सार्ष्टिता f. etwa *Gleichheit des Ranges* oder *Werthes,* — *mit* (im Comp. vorangehend).

साल 1) m. *a) Vatica robusta* 249,2. — *b) Einfriedigung, Wall* Ind. St. 14,385. — c) N. pr. eines Fürsten. — 2) f. आ *Haus* in निःसाले॑. — Vgl. auch 1. und 3. शाल.

सालक Adj. *mit Locken versehen* 249,2.

सालकि m. N. pr. eines Muni.

सालक्तक Adj. (f. आ) *mit Lack bemalt* 115,13. Spr. 7030. fg.

सालक्षण्य n. *Gleichheit in Merkmalen.*

सालग m. *ein best.* Râga S. S. S. 81.

सालगमूडक m. Pl. *Bez. bestimmter Tacte* S. S. S. 265.

सालगमूडनृत्य n. *ein best. Tanz* ebend.

सालग्राम m. schlechte Schreibart für शालग्राम.

सालङ्कटङ्कटा f. s. शाल°.

सालङ्कायन m. s. शाल°.

सालंकार Adj. (f. आ) *geschmückt.*

सालङ्ग und °नेरि m. *ein best. Tanz* S. S. S. 237.

*सालचन्द्र m. N. pr. eines Fürsten.

सालज्य n. N. pr. des Wohnorts Brahman's.

सालन m. s. शालन.

सालपर्णी f. s. शाल°.

सालपुष्प n. s. शाल°.

*सालबल (?) N. pr. eines Ortes.

°सालम्ब Adj. *wobei* — *als Stütze dient* Kathâs. 12,175.

सालम्बन Adj. *mit der* Âlambana *genannten Meditation verbunden.*

सालवन n. in भद्र°.

सालवाहन m. v. l. für सातवाहन und शाल° Ind. St. 15,299. 404.

सालस Adj. *matt, träge.*

*सालाकरी f. *ein im Kampfe besiegtes Weib.*

*सालातुरीय m. (H. 851) s. शाला°.

सालावृक॑ m. *Wolf* oder *ein anderes Raubthier aus dem Hundegeschlecht.* Nach den Lexicographen *Hund, Schakal, Affe.* Vgl. सलावृकी॑ und शालावृक.

सालावृकीय m. wohl fehlerhaft für °वृकेय.

सालावृकेय॑ m. *das Junge eines* Sâlâvṛka Maitr. S. 3,9,3.

*सालिका f. *Flöte.*

सालिङ्ग n. *das Haben derselben Kennzeichen* (*Kennworte*) Comm. zu Âpast. Çr. 1,6,8.

सालिवाहन m. v. l. für सातवाहन u. s. w. Ind. St. 15,404.

सालेन्द्रराज m. N. pr. eines Mannes.

*सालेयिका und *सालेयी f. *Flöte.*

सालोक्य n. *das Innehaben derselben Welt,* — *mit* (Gen., Instr. mit सह oder im Comp. vorangehend) Gaut. सालोक्यादिचतुष्टयं n. = सालोक्य, सार्ष्टिता, सामीप्य und सारूप्य.

सालोक्यता f. dass.

सालोहित m. *Blutsverwandter* Lalit. 500,16 (शा° gedr.). Divjâvad. 111,6.

साल्व, साल्वण *साल्विक und साल्वेय s. शाल्व u. s. w.

*साल्ह m. N. pr. eines Mannes.

साल्हणा Adj. *dem* Sâlhaṇi *gehörig.* Statt °णो बले könnte aber auch °णोर्बले gelesen werden.

साल्हणि m. Patron. von सल्हण.

साव॑ m. Soma-*Libation.*

सावइरिसोले N. pr. eines Districts.

1. सावक Adj. und f. °विका *ein Kind geboren habend* Vigñâneçvara zu Jâgn. 3,30 nach Aufrecht.

2. सावक Adj. (f. आ) *mit Blyxa octandra belegt.*

सावकाश Adj. (f. आ) *zur Anwendung kommend* Çaṁk. zu Bâdar. 2,1,1. Comm. zu Âpast. Çr. 9,1,16. Nom. abstr. °त्व n. zu 1,1,22.

सावग्रह Adj. 1) *beschränkt* Çaṁk. zu Bâdar. 4,4,17. — 2) *zerlegt werdend* (ein Compositum). — 3) *das Wasser zurückhaltend, nicht regnend* (Wolke).

सावचारण Adj. *nebst der Anwendung* 218,11.

सावज्ञ Adj. *Geringachtung an den Tag legend,* mit Loc. °म् Adv. *verächtlich* Çiç. 12,52.

सावद्य Adj. *mit einem Makel versehen, tadelhaft* M. 8,203, v. l. n. *etwas Tadelhaftes* Hem. Par. 1,443. 2,49.

सावधान Adj. (f. आ) *aufmerksam, auf Alles achtend, besorgt* Hem. Par. 2,63. Pańkad. 16. 20. Mit einem Infin. so v. a. *erpicht* Uttamak. 69. °म् Adv. *aufmerksam,* Nom. abstr. °ता f. *Aufmerksamkeit* Pańkat. 34,23. किमु सावधानम् Spr. 3767 fehlerhaft für किमुताव°.

सावधानय्, °यति *aufmerksam machen* Comm. zu Kâçikh. 15,1.

सावधानी Adv. mit भू *aufmerken, aufpassen* Ind. St. 15,428.

सावधारण Adj. 1) *von einer Beschränkung begleitet, mit einem Aber verbunden* Kâd. 2,7,2. — 2) *eine Beschränkung auf das Erwähnte mit Ausschluss alles Andern enthaltend.*

सावधि Adj. *begrenzt.*

सावन 1) Adj. *wonach die drei Libationen am Tage bestimmt werden, so v. a. der wahren Sonnenzeit entsprechend* (Tag, Monat, Jahr). — 2) *m. = यज्ञकर्मान्त, यजमान und प्रचेतस्. — 3) n. *die wahre Sonnenzeit.*

सावन्तमिश्र m. N. pr. eines Mannes.

सावमर्द Adj. *unangenehm berührend* oder *widersetzlich* (Rede).

सावमान Adj. *von einer Geringschätzung begleitet, eine G. enthaltend.*

सावयव Adj. *Theile habend, aus Theilen bestehend.* Nom. abstr. °त्व n. Çaṁk. zu Bâdar. 2,1,29.

सावयवी Adv. mit कर् *in Theile zerlegen.*

सावयसं m. Patron. des Ashâḍha.

1. सावर Adj. sammt der Nachgeburt.

2. सावर m. 1) Symplocos racemosa. Vgl. शाबर. — 2) *= पाप und अपराध.

सावरक 1) m. Symplocos racemosa. — 2) °रिका eine Blutegelart. Richtig शाबरिका.

सावरण Adj. 1) verschlossen Ragh. 16,7. — 2) verhüllt, versteckt, heimlich Ragh. 19,16.

सावरणमदाशिवपूजाविधि m. Titel eines Werkes Opp. Cat. 1.

सावरोह Adj. mit Wurzeltrieben —, mit Luftwurzeln versehen.

सावर्ण m. 1) N. pr. eines Ṛshi. — 2) Bein. eines Manu. Auch Pl. — 3) Bez. einer best. Saṁhitâ in स°. Vgl. सावर्णिका.

सावर्णक 1) m. Bein. eines Manu. — 2) f. °र्णिका Bez. einer best. Saṁhitâ.

*सावर्णलक्ष्य n. Haut, Fell.

सावर्णि m. 1) N. pr. eines Ṛshi. — 2) Bein. eines Manu.

सावर्णिक 1) Adj. (f. ई) a) zu derselben Kaste gehörig. — b) zu Manu Sâvarṇa oder Sâvarṇi in Beziehung stehend. — 2) m. N. pr. eines Dorfes (साबर्णिकाभिध gedr.).

सावर्ण्य, सावर्णिय 1) Adj. zu Manu Savarna oder Sâvarṇi in Beziehung stehend. — 2) m. Patron. von सवर्ण. — n. a) Gleichfarbigkeit Çiç. 3,47. Homogeneität (von Lauten).

सावलम्ब Adj. gestützt Ragh. 19,50.

सावलेप Adj. hochmüthig 250,10. Daçak. 56,4.

सावशेष 1) Adj. (f. आ) a) einen Rest habend, so v. a. unvollendet, unbeendigt Mṛkkh. 107,21. Çiç. 10,16. — b) übrig geblieben. — 2) n. Rest.

सावष्टम्भ 1) Adj. Selbstvertrauen zeigend, — verrathend, entschlossen Kâd. 2,7,1. Uttamak. 90. Comm. zu Vâsav. 180. °म् Adv. Chr. 298,17. — 2) n. ein Haus mit einer offenen Gallerie zur Seite.

सावस Adj. nebst Wegzehrung Çat. Br. 2,6,2,17.

सावहित Adj. aufmerksam, achtsam Uttamak. 112.

सावहेल Adj. Geringschätzung verrathend Kâd. 2,6,20. °म् Adv. geringschätzig, von oben herab, leichthin.

साविक्र Adj. auf die Kelterung des Soma bezüglich Vaitân. 23,20.

सावित्र 1) Adj. (f. ई) a) dem Savitar gehörig, — geweiht, von S. stammend. — b) Sâvitra —, d. i. Karṇa betreffend. — c) durch die Sâvitrî —, d. i. den Savitar-Vers bewirkt. — 2) m. a) ein best. Agni. — b) ein best. Bechervoll. — c) eine best. Spende. — d) der zehnte Tag Brahman's (कल्प). — e) *ein Brahmane. — f) *= गर्भ. — g) *die Sonne. — h) ein Sohn oder Nachkomme Savitar's, Bez. α) Karṇa's. — β) Kandraketu's. — γ) *Çiva's. — δ) eines Vasu. — ε) eines Marut. — ζ) eines Rudra. — i) N. pr. einer Spitze des Meru VP.[2] 1,120. — 3) f. ई a) ein Savitar-Vers, insbes. der bekannte तत्सवितुर्वरेण्यम् u. s. w. RV. 3,62,10. — b) die durch das Hersagen der Sâvitrî erfolgende feierliche Einführung in die Kaste, die zweite Geburt eines Mitgliedes der drei oberen Kasten Gaut. 1,12. Âpast. 1,1,23. — c) Titel einer Upanishad. — d) eine Form der Gâjatrî. — e) *Ringfinger. — f) eine Tochter Savitar's, Bez. α) der Sûrjâ. — β) der Gattin Brahman's und *Çiva's. — γ) einer Manifestation der Prakṛti. — g) N. pr. α) einer Tochter Açvapati's und Gattin Satjavant's. — β) der Gattin Dharma's, Kaçjapa's und verschiedener anderer Frauen. — γ) eines Flusses; Bez. der Jamunâ Bâlar. 188,18. Auch Beiw. der Sarasvatî. — 4) n. a) eine best. Spende. — b) das unter Savitar stehende Mondhaus Hasta. — c) Titel eines Pariçishṭa des Jagurveda. — d) Name verschiedener Sâman Ârsh. Br. — e) die durch das Hersagen der Sâvitrî erfolgende feierliche Einführung in die Kaste. — f) ein best. Muhûrta. — g) N. pr. eines Waldes.

सावित्रग्रहहोम m. eine best. Spende Vaitân.

सावित्रचयन n. das Schichten des Agni Sâvitra als Titel eines Werkes. °प्रयोग m. Burnell, T.

सावित्रचिति f. die Schichtung des Agni Sâvitra.

सावित्रवत् Adj. mit Savitar-Versen verbunden.

सावित्रादिकाठकचयन n. Titel Burnell, T.

सावित्रि (metrisch) f. = सावित्री der Savitar-Vers.

सावित्रिक 1) Adj. fehlerhaft für सात्त्विक. — 2) f. आ eine best. Çakti Hemâdri 1,197,20.

सावित्रीक in पतित°.

सावित्रीतीर्थ n. N. pr. eines Tîrtha.

सावित्रीपतित Adj. = पतितसावित्रीक M. 2,39. Jâġn. 1,38.

सावित्रीपरिभ्रष्ट Adj. dass. M. 10,20.

*सावित्रीपुत्र m. Pl. N. pr. eines Kriegerstammes.

*सावित्रीपुत्रीय m. ein Fürst der Sâvitrîputra.

सावित्रीव्रत und °क n. eine best. Begehung der Frauen am 14ten Tage in der dunkeln Hälfte des Ġjaishṭha.

*सावित्रीसूत्र n. = यज्ञोपवीत.

साविन् 1) Adj. Soma bereitend in मन्युषाविन्. — 2) m. ein best. Wundermensch. v. l. सामिन्. — 3) f. °विनी Fluss.

सावेगम् Adv. aufgeregt Mṛkkh. 168,22. Çâk. Ch. 156,1.

सावेतस m. Patron.

सावेदस und सावेधस fehlerhaft für सावेतस.

सावेरी f. eine best. Râgiṇî S. S. S. 37.

सावेश्य n. Nachbarschaft.

1. साव्य n. in सद्व्य°.

2. साव्य Adj. von Savja verfasst.

साशंसम् Adv. mit einem Ausdruck des Wunsches, der Erwartung, der frohen Hoffnung Vikr. 11,4. Mâlatim. 76,3 (ed. Bomb. 163,1). Kir. 5,23.

साशङ्क Adj. (f. आ) von Furcht, Besorgniss oder Misstrauen (gegen Loc.) ergriffen MBh. 4,13,13. Çiç. 20,46. °म् Adv. Chr. 313,3. Mahâvîrak. 112,17.

साशनानशने n. Du. was isst und was nicht isst, wohl so v. a. irdische und himmlische Wesen.

*साशयन्दक (!) m. Eidechse.

साशिक्य N. pr. eines Volkes oder Landes.

साशिर Adj. sammt Beimischung.

साशीति Adj. nebst achtzig, plus a. Jâġn. 1,365.

साशीर्क Adj. ein Bittgebet enthaltend TS. 1,6, 10,4. Richtig wäre साशीष्क; vgl. अनाशीर्क Nachtr. 3.

*साश्रूक m. = कम्बल.

साश्चर्य Adj. 1) erstaunt, verwundert, — über (im Comp. vorangehend) Kathâs. 60,148. 63,72. 66, 180. 78,42. 94. 86,156. °म् Adv. Chr. 157,21. 33. — 2) wunderbar.

साश्चर्यकौतुक Adj. erstaunt und neugierig.

साश्मवर्षिन् Adj. mit einem Steinregen verbunden Bhâg. P. 4,10,29.

साश्र Adj. schlechte Schreibart für सास्र Kâçikh. 66,39.

साश्रय Adj. einen Schutz habend.

साश्रु Adj. mit Thränen versehen, weinend 219, 18. Adv. unter Thränen Kathâs. 45,366.

*साश्रुधी f. Schwiegermutter.

साश्व 1) Adj. sammt einem Ross Âpast. Çr. 14, 26,1. — 2) m. N. pr. eines Fürsten.

साश्वमेध Adj. nebst dem Rossopfer Vaitân.

साषीराजन् m. Pl. Bez. bestimmter Fürsten Pańkad. 8.

साष्ट Adj. nebst acht, plus acht.

साष्टाङ्ग Adj. mit acht Körpertheilen vollzogen. प्रणाम m. eine solche, d. i. überaus ehrfurchtsvolle Verneigung. °म् Adv. mit प्र-नम् sich auf solche Weise verneigen.

साष्टाङ्गपातम् Adv. mit प्र-नम् so v. a. sich überaus ehrfurchtsvoll verneigen.

साष्टिक Adj. MBh. 3,642 fehlerhaft für सौष्टिक.

सासकर्णि m. Patron. Richtig शाशकर्णि.

सासन्दीक Adj. *nebst* Âsandî Kâtj. Çr. 16,6,16.

सासव Adj. *mit Liqueur gefüllt* Spr. 6854.

सासहि Adj. 1) *siegreich, überlegen, bewältigend* (mit Acc.). — 2) am Ende eines Comp. *zu tragen vermögend*.

सासार Adj. (f. आ) *regnerisch*.

सासिपाणि Adj. *ein Schwert in der Hand haltend* Çiç. 18,53.

सासिहस्त Adj. dass. R. 5,87,5.

सासु Adj. *lebend*.

सासूय Adj. (f. आ) *ungehalten, unwillig, — über oder gegen* (प्रति). °म् Adv. 82,2. 305,6.

सास्तरण Adj. (f. आ) *nebst Teppich* Lâtj. 8,11,21.

सास्थि Adj. *Knochen habend;* Subst. *ein solches Thier*.

*सास्थितामार्ध n. *Messing*.

सास्थिस्वानम् Adv. *mit einem Geknack der Knochen* Çiç. 18,51.

सास्ना f. *Wamme, Brustlappen*. °कृत्यै Maitr. S. 4,2,9 (31,18).

सास्नादिमत् Adj. *mit einer Wamme u. s. w. versehen*.

सास्नालाङ्गूलककुदखुरविषाणिन् Adj. *mit einer Wamme, einem Schweife, einem Höcker, mit Hufen und Hörnern versehen* Mahâbh. (K.) 1,1,11.

सास्नावत् Adj. *wammig*.

सास्र Adj. (f. आ) *mit Thränen versehen, weinend* MBh. 14,66,28. R. 2,37,10. °म् Adv. Chr. 298,14. Çukas. 2,44. Vgl. साश्रु.

सास्रव Adj. *mit* आस्रव (= कर्मबन्धहेतुः क्रियाहिंसादिः) *verbunden* Zach. Beitr. 84.

सास्वादन n. Bez. *der zweiten unter den vierzehn Stufen, die nach dem Glauben der Gaina zur Seligkeit führen*.

°साह् s. 2. सह्.

1. साह् Adj. *gewaltig*. Am Ende eines Comp. (साह und षाह्) *überwindend. widerstehend*.

2. °साह m. = شاه.

*साहकायन Adj. von सहक.

साहंकार Adj. *von Selbstbewusstsein erfüllt*. Nom. abstr. °ता f. Pańkad. 20.

साहंकृत Adj. dass. Ind. St. 15,412.

साहचर Adj. *an der Pflanze* सहचर *befindlich u. s. w.*

साहचर्य Adj. *das Zusammensein, — stehen, Verbundensein, — mit* (Instr. oder im Comp. vorangehend) 228,14. 237,6. Çiç. 15,24.

साहजिक 1) Adj. *angeboren, natürlich*. 44. Subhâshitaratnabh. Prak. 3, Sâmânjan. 216. Çând. Einl. S. K, Z. 8. Bhâvapr. 2,91,6. Comm. zu Kâçikh. 3,39. — 2) m. N. pr. eines Mannes.

साहजित् m. v. l. für साहञ्जि VP.² 4,54.

साहञ्ज m. N. pr. eines Fürsten.

साहञ्जनी f. N. pr. einer von Sâhańga erbauten Stadt.

साहञ्जि m. N. pr. = साहञ्ज.

*साहदेव m. Patron. von सहदेव.

*साहदेवक m. *ein Verehrer von* Sahadeva.

साहदेवि m. Patron. von सहदेव Râgat. 8,2067.

(साहदेव्य) साहदेविअ m. desgl.

साहन्त्य Adj. = संहन्त्य *bewältigend, gewaltig*.

*साह्य Adj. vom Caus. von 1. सह्.

साहस 1) Adj. *übereilt, unüberlegt*. — 2) m. Bez. Agni's beim Pâkajagńa. — 3) m. n. *Strafe*, insbes. *Geldstrafe*. — 4) n. (adj. Comp. f. आ) a) *Gewaltthat, Gewaltthätigkeit* Gaut. Âpast. Nârada 14,1. — b) *Ueberanstrengung*. — c) *Wagniss, eine verwegene* (in gutem und in schlechtem Sinne), *tollkühne, übereilte oder unbesonnene Handlung*. — d) *ehebrecherische Gesinnung, Ehebruch* Nârada 12,53. 62. — e) *= द्वेष.

साहसकरण n. *Gewaltthätigkeit* Daçak. 26,12.

साहसकारिन् Adj. *eine unbesonnene Handlung begehend* 315,32.

साहसलाञ्छन m. N. pr. eines Mannes Vikramâńkak. 9,145. 10,1. Vgl. साहसाङ्क.

साहसवत् Adj. *verwegen, tollkühn*.

साहसाङ्क m. N. pr. verschiedener Personen; eines Dichters Z. d. d. m. G. 36,557. = विक्रमादित्य Ind. St. 15,228. Pańkad. 54. °चरित n. Titel eines Werkes Burnell, T. Vgl. साहसलाञ्छन.

साहसाङ्कीय Adj. *zu* Sâhasâńka *in Beziehung stehend*.

साहसिक 1) Adj. (f. ई) *gewaltthätig verfahrend, der sich Gewaltthaten zu Schulden kommen lässt*. — b) *über seine Kräfte sich anstrengend*. — c) *verwegen* (in gutem und in schlechtem Sinne), *tollkühn, unbesonnen zu Werke gehend*. — 2) m. N. pr. eines Kochs.

साहसिकता f. *Verwegenheit, Tollkühnheit*.

साहसिक्य n. 1) *Gewaltthätigkeit*. — 2) *verwegenes, tollkühnes, unbesonnenes Verfahren* Naish. 3, 76. 6,68. Çiç. 18,43.

साहसिन् Adj. = साहसिक 1) a) und b).

साहस्र 1) Adj. (f. ई und आ) *tausend zählend, — fältig, aus t. bestehend, — habend, überaus zahlreich, milliarius*. — 2) m. Pl. Bez. *von vier* Ekâha, *bei denen 1000* (Kühe) *als Opferlohn geschenkt werden*. Kâtj. Çr. 22,2,6. Lâtj. 9,2,19. — 3) n. *ein Tausend*. Am Ende eines adj. Comp. f. आ.

साहस्रक 1) Adj. (f. °स्रिका) *tausend zählend, t. enthaltend*. — 2) n. a) *ein Tausend*. — b) N. pr. eines Tîrtha.

साहस्रवत् Adj. *tausend enthaltend*.

साहस्रवेधिन् m. = सहस्र° *Sauerampfer*.

साहस्रशस् Adv. *tausendweise*.

साहस्राग्य m. *ein best.* Ekâha Vaitân.

*साहस्रानीक m. N. pr. eines Fürsten. Vgl. सहस्रानीक.

साहस्रात्य m. *ein best.* Ekâha Vaitân.

साहस्रि m. wohl Patron.

साहस्रिक Adj. 1) *aus tausend bestehend* Hemâdri 1,337,9. — 2) *der tausendste* Ind. Antiq. 6,53.

साहानुसाहि m. N. pr. eines Fürsten Pańkad. 8.

साहाय n. Sarvad. 72,9 fehlerhaft für साहाय्य.

साहायक n. *Beistand, Hülfe*.

साहाय्य n. dass.

साहाय्यक n. dass. Daçak. 8,1.

साहाय्यकर Adj. *Jmd* (im Comp. vorangehend) *Beistand leistend* Daçak. 16,3.

साहाय्यदान n. *Hülfeleistung* Daçak. 42,13. 46,9.

साहि m. = 2. साह = شاه.

साहिती f. = साहित्य n. *Dichtkunst*.

साहित्य n. 1) *das Verbundensein, Zusammensein, Verbindung, — mit* (Instr. oder im Comp. vorangehend) Kap. 1,135. 5,29. Instr. *zusammen, vereint*. — 2) *das Zusammenstimmen, Uebereinstimmung*. — 3) *rhetorische Composition, Dichtkunst* Kaurap. (A.) 5.

साहित्यकण्ठोद्धार m. (Opp. Cat. 1), साहित्यकौमुदी f. (ebend.), साहित्यचिन्तामणि m. (ebend. und Burnell, T.), साहित्यचूडामणि m. (ebend.), साहित्यदर्पण m., साहित्यमीमांसा f., साहित्यरत्नमाला f. (Opp. Cat. 1), साहित्यरत्नाकर (ebend. und Burnell, T.), साहित्यसरणीव्याख्या f. (Opp. Cat. 1), साहित्यसर्वस्व n., साहित्यसार (Opp. Cat. 1) und साहित्यसूचि f. Titel von Werken.

साहित्यसुधा f. *der Nektar der Dichtkunst*. Auch Titel eines Commentars.

साहित्यसुधासमुद्र m. Titel eines Werkes.

साहिदेव m. N. pr. eines *Fürsten*.

साहिसुन्ना m. desgl.

साहुडियान oder साहुडीपाल (Burnell, T.) m. Bein. Çûlapâṇi's.

साहुल (?) m. N. pr. eines Mannes.

साह्न 1) Adj. *mit dem Tage oder mit einem Tage zusammenhängend, — abschliessend, tägig*. — 2) m. = एकाह TS. 6,2,5,1. Tâṇḍja-Br. 18,11,10. Âpast. Çr. 11,4,7.

साङ्कातिरात्र Adj. Du. *mit dem Tage beendet und über einen Tag hinausgehend.*

साङ्किक m. N. pr. eines Autors.

साह्य n. 1) Nom. abstr. zu 2. सह्, साह् in नृषाह्य, पृतनाषाह्य und पृतनासाह्य. — 2) *Beistand, Hülfe.* Acc. mit कर् oder दा *Beistand —, Hülfe leisten.* v. l. häufig सह्य. — 3) * = मेलन, सहितत्व.

साह्यकर Adj. *Beistand —, Hülfe leistend.*

साह्लाद Adj. *heiter, froh.* °म् Adv. Pañkat. 207,13.

°साह्व Adj. (f. आ) *benannt.*

साह्वन् in विश्व°.

साह्वय 1) Adj. am Ende eines Comp. *benannt.* — 2) *m. = समाह्वय *Thierkampf mit Wetten.*

साह्य m. N. pr. eines Dorfes.

1. सि, सिनाति (*सिनीते, *सिनोति, *सिनुते) *binden, umschlingen.* Vgl. 3. सा. Partic. 1) सित a) *gebunden.* — b) *verbunden mit, begleitet von* (Instr. oder im Comp. vorangehend). — 2) *सिन wohl so v. a. *stecken geblieben.* — Mit अति, अतिषित *unterbunden.* — Mit आ *herumschlingen.* — Mit उद् *fesseln, fangen.* Partic. उत्सित. — Mit प्र 1) *fesseln,* etwa so v. a. *unschädlich machen.* प्रसिष्येत् Pass. Rāģat. 7,1070. — 2) प्रसित = प्रसक्त a) *immer beschäftigt mit* (Instr. oder Loc.) 234,18. — b) *anhaltend, fortdauernd* Saddh. P. 187. — Vgl. 1. *प्रसिति.

2. सि *schleudern.* Davon सायक und 1. सेना. — Mit प्र, प्रसित *dahinschiessend.*

3. सि, सिनोति in असिन्व und असिन्वत्. Vgl. Pat. zu P. 8,2,44, Vārtt. 4.

4.*सि Indecl.

सिंह 1) m. a) *Löwe.* Wird mit dem Ātman identificirt. Am Ende eines adj. Comp. f. आ. — b) *der Löwe im Thierkreise.* — c) am Ende eines Comp. so v. a. *der Beste unter;* auch *Fürst —, Beherrscher von.* Diese Bedeutung auch am Anfange einiger Composita. — d) *eine best. Tempelform.* — e) *ein zum Aufbau eines Hauses besonders zugerichteter Platz.* — f) *eine roth blühende Moringa.* — g) *ein best. Tact* S. S. S. 213. — h) N. pr. α) eines Sohnes des Kṛshṇa. — β) eines Fürsten der Vidjādhara. — γ) verschiedener anderer Personen Divjāvad. 523,22. — 2) f. ई a) *Löwin.* Als Bez. der Uttaravedi, Nomin. सिंहीः TS. 1,2,12,2. 3.. — b) Bez. *verschiedener Pflanzen.* Nach den Lexicographen *Solanum Jacquini* und — *melongena, Gendarussa vulgaris, Hemionitis cordifolia* und *Phaseolus trilobus.* — c) **Ader* Rāģan. 18,74. — d)* = सिंहिका N. pr. der Mutter Rāhu's.

सिंहक 1) m. Hypokoristikon von सिंह (Divjāvad. 523,12. fgg.) und *सिंहाजिन. — 2) f. °हिका a) **Gendarussa vulgaris.* — b) *eine Form der* Dākshājaṇī. — c) N. pr. α) einer Tochter Daksha's (oder Kaçjapa's), Gattin Kaçjapa's (oder Viprakitti's) und Mutter vieler Asura, insbes. des Rāhu. — β) einer Rākshasī.

सिंहकर्ण 1) *(wohl m.) N. pr. einer Oertlichkeit. — 2) f. ई *eine best. Stellung der rechten Hand beim Abschiessen eines Pfeils* Çārṅg. Paddh. Dhanurv. 83. 86.

सिंहकर्मन् Adj. *Löwenthaten verrichtend* Viddh. 98,1.

सिंहकल्पा f. N. pr. einer (wohl fingirten) Stadt Divjāvad. 523,9. 12. 524,7. 8.

सिंहकेतु m. N. pr. eines Bodhisattva und eines andern Mannes.

*सिंहकेलि m. Bein. des Mañguçrī.

सिंहकेसर (°केशर ungenau) m. 1) **Mimusops Elengi.* — 2) *ein best. Backwerk* Çilāñka 1,410.

सिंहकेसरिन् (°केशरिन् ungenau) m. N. pr. eines Fürsten Divjāvad. 523,9. 526,4.

*सिंहकोश m. desgl.

सिंहगामिनी f. N. pr. einer Gandharva-Jungfrau Kāraṇḍ. 5,4. 5.

सिंहगिरि m. N. pr. eines Sthavira der Gaina Hem. Par. 12,12.

सिंहगिरीश्वर m. N. pr. eines Lehrers.

सिंहगुप्त m. N. pr. 1) eines Fürsten. — 2) des Vaters von Vāgbhaṭa.

सिंहग्रीव Adj. *löwennackig.*

सिंहघोष m. N. pr. 1) eines Buddha. — 2) verschiedener anderer Männer.

सिंहचन्द्र N. pr. 1) m. verschiedener Männer. — 2) f. आ eines Frauenzimmers.

सिंहचर्मन् n. *Löwenfell* Āpast. Çr. 20,19.

*सिंहजटि m. N. pr. eines Fürsten.

*सिंहतल m. *die beiden hohl aneinander gelegten Hände.*

सिंहता f. Nom. abstr. von सिंह *Löwe.*

*सिंहताल und *°तालाख्य m. = सिंहतल.

सिंहतुण्ड m. 1) *ein best. Fisch.* — 2) **Euphorbia ligularia* Bhāvapr. 1,202.

सिंहतुण्डक m. = सिंहतुण्ड 1).

सिंहत्व n. Nom. abstr. von सिंह *Löwe.*

सिंहदंष्ट्र 1) Adj. *löwenzähnig.* — 2) m. a) *eine Art von Pfeilen.* — b) N. pr. α) eines Asura. — β) eines Fürsten der Çabara.

सिंहदत्त m. N. pr. 1) eines Asura. — 2) eines Dichters.

सिंहदेव m. N. pr. eines *Fürsten.*

सिंहद्वार् f. und °द्वार n. *Palastthor.*

*सिंहद्वीप m. N. pr. einer *Insel.*

सिंहध्वज m. N. pr. eines Buddha.

सिंहध्वनि m. *Löwengebrüll,* so v. a. *ein herausforderndes Geschrei.*

सिंहनन्दन m. *ein best. Tact* S. S. S. 209.

सिंहनाद m. 1) *Löwengebrüll* Ind. St. 15,412. Pañkad. — 2) *Schlachtgeschrei, ein zum Kampf herausforderndes Geschrei, Ausruf des gesteigerten Selbstvertrauens, ein Wort, das man mit Selbstvertrauen ausspricht, und auf das man sich verlassen kann.* — 3) Bez. *des Vortrags der buddhistischen Lehre.* — 4) *ein best. Vogel.* — 5) *ein best. Metrum.* — 6) *ein best. Tact* S. S. S. 209. 231. — 7) N. pr. a) eines Asura. — b) eines Sohnes des Rāvaṇa Bālar. 208,14. fgg. — c) eines Çākja. — d) eines Fürsten von Malaja. — e) eines Feldherrn. — f) eines buddh. Heiligen.

*सिंहनादक 1) m. *Löwengebrüll.* — 2) f. °दिका *Alhagi Maurorum.*

*सिंहनादगुग्गुलु *eine best. Mixtur* Mat. med. 27. Bhāvapr. 4,227.

सिंहनादनादिन् m. N. pr. eines Bodhisattva.

*सिंहनादसाधन n. Titel eines Werkes.

सिंहनादिन् m. N. pr. eines Māraputra.

सिंहनृप m. N. pr. eines *Fürsten* Verz. d. Oxf. H. 280,b,14.

सिंहपराक्रम m. ein Personenname.

सिंहपरिपृच्छा f. Titel eines Werkes.

*सिंहपर्णिका f. *Phaseolus trilobus.*

*सिंहपुच्छिका f. *Hemionitis cordifolia.*

*सिंहपुच्छी f. dass. und *Glycine debilis.*

सिंहपुर n. N. pr. einer *Stadt.*

सिंहपुरक m. *ein Bewohner von* Siṃhapura.

*सिंहपुष्पी f. *Hemionitis cordifolia.*

सिंहप्रणाद m. *Schlachtgeschrei, ein zum Kampf herausforderndes Geschrei* R. 6,79,10.

सिंहप्रतीक Adj. *das Ansehen eines Löwen habend.*

सिंहप्रदीप m. Titel eines Werkes.

सिंहबल m. N. pr. eines Fürsten.

सिंहबलदत्त m. N. pr. eines Mannes Mudrār. 69,13. 14 (113,1).

सिंहभट m. N. pr. eines Asura.

*सिंहभद्र m. N. pr. eines Lehrers.

सिंहभूभृत् m. N. pr. eines *Fürsten* Rāģat. 8,2008.

सिंहमति m. N. pr. eines Māraputra.

सिंहमहीपति m. N. pr. eines *Fürsten* Rāģat. 8,2021. Burnell, T.

सिंहमाया f. *ein Trugbild in der Gestalt eines*

Löwen.

सिंहमुख 1) *Adj. ein Löwengesicht habend. — 2) m. N. pr. a) eines Wesens im Gefolge Çiva's. — b) *eines Gelehrten. — 3) *f. ई Glycine debilis und Gendarussa vulgaris.

*सिंहयाना f. Bein. der Pârvatî.

सिंहरथ 1) Adj. (f. आ) mit Löwen fahrend. — 2) m. N. pr. eines Mannes. — 3) f. आ Bein. der Durgâ.

सिंहरव m. 1) Löwengebrüll. — 2) Schlachtgeschrei, ein zum Kampf herausforderndes Geschrei.

*सिंहरश्मि (?) m. N. pr. eines Mannes.

सिंहराज् m. N. pr. eines Grammatikers.

सिंहराज m. N. pr. 1) eines Fürsten. — 2) eines Grammatikers.

सिंहरोत्तिसिका f. N. pr. eines Dorfes.

सिंहर्षभ m. ein edler Löwe.

सिंहल 1) m. a) Pl. die Bewohner von Ceylon 291, 15. Kâd. 99,4 (176,11). Sg. die Insel Ceylon. °राज m. Bhâvapr. 4,30. — b) N. pr. eines Mannes Divjâvad. 523. fgg. — 2) *f. आ die Insel Ceylon. — 3) *n. a) Zinn. — b) gelbes Messing. Richtig सिंहलक. — c) Zimmet oder Cassia-Rinde. Richtig सैंहल.

सिंहलक 1) Adj. zu Ceylon in Beziehung stehend, ceylonisch. द्वीप m. so v. a. Ceylon. — 2) *n. gelbes Messing Râgan. 13,28.

सिंहलद्वीप m. die Insel Ceylon Divjâvad. 528,12. Ind. St. 14,117. 118.

सिंहलम्ब m. N. pr. einer Oertlichkeit.

*सिंहलस्था f. eine Art Pfeffer.

*सिंहलास्थान m. ein der Weinpalme ähnlicher Baum.

सिंहलील m. 1) ein best. Tact S. S. S. 165. 207. — 2) quidam coeundi modus.

सिंहलोमन् n. Löwenhaar Çat. Br. 5,5,4,18. 12,7,2,8. 9,1,6.

सिंहवक्त्र 1) m. N. pr. eines Râkshasa. — 2) n. a) Löwengesicht. — b) *N. pr. einer Stadt. Conjectur für °वक्क.

*सिंहवत्स m. N. pr. eines Schlangendämons.

सिंहवर्मन् m. ein Personenname Ind. Antiq. 1876, S. 51.

सिंहवाह Adj. auf einem Löwen reitend.

*सिंहवाहन 1) Adj. dass. — 2) f. आ Bein. der Durgâ.

*सिंहवाहिन् 1) Adj. auf einem Löwen reitend. — 2) °नी Bein. der Durgâ.

सिंहविक्रम m. 1) *Pferd. — 2) ein best. Tact S. S. S. 207. — 3) Bein. Kandragupta's. — 4) N. pr. a) eines Fürsten der Vidjâdhara. — b) eines Diebes.

सिंहविक्रान्त 1) *m. Pferd. — 2) n. a) *Löwengang. — b) ein best. Metrum.

सिंहविक्रीडित 1) m. a) ein best. Tact S. S. S. 208. — b) ein best. Samâdhi (buddh.) Kâraṇḍ. 52, 3. 94,7. — 3) n. ein best. Metrum.

सिंहविजृम्भित m. ein best. Samâdhi (buddh.) Kâraṇḍ. 52,12. Vgl. सिंहविष्कम्भित.

*सिंहविन्ना f. Glycine debilis.

सिंहविष्कम्भित m. ein best. Samâdhi (buddh.) Kâraṇḍ. 94,6. Vielleicht nur fehlerhaft für सिंहविजृम्भित.

सिंहविष्टर wohl Thron.

सिंहव्याघ्र der Löwe und der Tiger, ein best. philosophischer terminus.

सिंहव्याघ्रटिप्पणी f., °व्याघ्ररहस्य n. und °व्याघ्रलक्षण n. (Opp. Cat. 1) Titel von Werken.

सिंहव्याघ्रामिषी Adv. mit कर् zur Beute des Löwen und Tigers machen Kathâs. 56,26.

सिंहव्याघ्रीय n. Titel eines Werkes Opp. Cat. 1.

सिंहश्री f. ein Frauenname.

*सिंहसंहनन Adj. von kräftigem und edlem Körperbau.

सिंहसाहि m. N. pr. eines Fürsten.

सिंहसेन m. N. pr. verschiedener Männer.

सिंहस्कन्ध Adj. löwenartige Schultern habend MBh. 3,141,10. R. 2,59,26. Varâh. Bṛh. S. 61,12.

सिंहस्वामिन् m. N. pr. eines dem Simharâga zu Ehren errichteten Heiligthums.

सिंहहनु 1) *Adj. Kinnbacken eines Löwen habend. — 2) m. N. pr. des Grossvaters von Çâkjamuni.

सिंहात m. N. pr. eines Fürsten.

सिंहाचल m. N. pr. eines Berges. °माहात्म्य n. Opp. Cat. 1.

सिंहाचार्य m. N. pr. eines Astronomen.

*सिंहाजिन m. ein Personenname.

सिंहाण n. 1) Rotz H. an. 3,230. — 2) *Eisenrost ebend. — 3) *Glasgefäss ebend.

सिंहाणक (*m.) Rotz Divjâvad. 342,15 (सिंहानक gedr.).

*सिंहानन m. Gendarussa vulgaris Bhâvapr. 4,102.

सिंहाय्, °यते sich wie ein Löwe gebärden.

सिंहावलोक m. ein best. Metrum.

सिंहावलोकन n. des Löwen Art und Weise zu blicken. °लोकनेन und °लोकनन्यायेन so dass man bald vorwärts, bald rückwärts blickt, d. i. bald weiter greift, bald auf etwas Abgemachtes wieder zurückkommt.

सिंहावलोकित n. dass. Gṛhjâs. 2,94.

1. सिंहासन n. 1) Löwensitz, so v. a. Thron. — 2) eine best. Art zu sitzen.

2. सिंहासन m. quidam coeundi modus.

सिंहासनत्रय n. ein best. astrol. Diagramm.

सिंहासनद्वात्रिंशति f., °शतिका f., °शत्कथा f., °शत्पुत्तलिकावार्त्ता f. (Ind. St. 15,185), °शत्पुत्रिकावार्त्ता f. und °द्वात्रिंशिका f. (Ind. St. 15,185) Titel eines Werkes.

सिंहास्त्र n. ein best. mythisches Geschoss Dh. V. 28,13.

सिंहास्य 1) m. a) ein best. Fisch. — b) Gendarussa vulgaris Bhâvapr. 1,203. 4,211. — c) *Bauhinia variegata. — d) eine best. Stellung der Hand. — 2) *f. आ Gendarussa vulgaris oder Adhatoda Vasika.

सिंहिका f. s. u. सिंहक.

सिंहिकातनय m. ein Sohn der Simhikâ, Metron. Râhu's. Pl. Bez. bestimmter Asura.

सिंहिकासूनु m. Metron. Râhu's.

सिंहिकेय m. fehlerhaft für सैंहिकेय.

सिंहिनी f. N. pr. einer buddh. Göttin.

*सिंहिय und *सिंहिल m. Hypokoristikon von सिंह.

1. सिंही f. s. u. सिंह.

2. सिंही Adv. 1) mit कर् in einen Löwen verwandeln. — 2) mit भू in einen Löwen verwandelt werden.

*सिंहीलता die Eierpflanze.

सिंहेन्द्र m. ein mächtiger Löwe.

सिंहोद्धता und सिंहोन्नता f. ein best. Metrum.

सिकता f. 1) Gries, Kies, Sand. Meist Pl., Sg. auch Sandkorn. Am Ende eines adj. Comp. f. आ. — 2) *Sandboden. — 3) Gries als Krankheit. — 4) Pl. Bez. eines Ṛshi-Geschlechts. — 5) Prab. 101,15 fehlerhaft für सिकतिल.

सिकतात्व n. Nom. abstr. zu सिकता Sand.

*सिकतामय Adj. griesig, sandig.

सिकतामेह m. eine best. Harnkrankheit: sandiger Niederschlag im Harn.

सिकतामेहिन् Adj. an सिकतामेह leidend.

सिकतावत् Adj. griesig, sandig.

सिकतावर्त्मन् eine best. Krankheit des Augenlides.

सिकतासिन्धु N. pr. einer Oertlichkeit.

सिकतिन (fehlerhaft) und सिकतिल Adj. kiesig, sandig Kâd. 225,24 (371,10). 240,7 (392,2).

सिकतोत्तर und सिकत्य Adj. dass.

सिक्त 1) Adj. Partic. von 1. सिच्. — 2) *f. आ = सिकता 1) Râgan. 13,139.

सिक्तता f. das Begossenwordensein.

सिक्ति f. das Giessen, Ausgiessen (auch des Samens).

सिकथ 1) m. n. (adj. Comp. f. आ) a) zerkochte Reiskörner nach Abguss des Wassers Bhâvapr. 3,

41. Am Ende eines adj. Comp. f. ग्रा. — *b*) *ein Mundvoll gekochten Reises, in eine Kugelform geknetet*, Spr. 7865. — 2) n. *a*) *Wachs*. — *b*) *vierzig Perlen im Gewicht von einem* Dharaṇa. — *c*) **Indigo*.

सिक्थक 1) am Ende eines adj. Comp. (f. °क्थिका) = सिक्थ 1) *a*). — 2) n. *a*) = सिक्थ 1) *b*). Am Ende eines adj. Comp. f. ग्रा Hemâdri 2,*a*,94,12. — *b*) *Wachs* Râǵan. 13,3. 75. — Vgl. *भक्त°.

*सिद्य m. *Krystall*.

सिगता f. = सिकता 1) Kap. S. 32,3. 6. 9.

*सिगृडी und *सियुडी f. *eine best. Pflanze*.

सिङ्गापिदि m. N. pr. eines Dichters.

सिङ्गभट्ट m. N. pr. eines Autors. °भट्टीय n. *das von ihm verfasste Werk*.

*सिङ्गण n. = शिङ्गण *Rotz*.

सिङ्गणदेव m. N. pr. eines Fürsten.

सिङ्घाण m. = शिङ्घाण *Rost*.

सिङ्घाणक 1) m. *Rotz*. — 2) f. °णिका dass. Âpast. 1,16,14, v. l.

*सिङ्घिणी f. = शि° *Nase*.

1. सिच्, सिञ्चति, °ते; सिक्त Partic. 1) *ausgiessen* (Flüssigkeit oder ein Gefäss), — *in oder auf* (Loc.), *einschenken* (eine Flüssigkeit); auch den Samen *ausgiessen*. — 2) *begiessen*, — *mit* (Instr.). Ganz ausnahmsweise Loc. st. Acc. — 3) *eintauchen, einweichen* Bhâvapr. 2,108. — 4) *Etwas* (Acc.) *giessen* (aus Erz u. s. w.), — *aus*; mit doppeltem Acc. Çat. Br. 12,7,2,3. — Caus. सेचयति *begiessen* 218, 1. Vâsav. 233,4. राजमार्गेषु चन्द्नोदकसेचितम् (impers.) so v. a. °मार्गाः °सेचिताः Hariv. 2,55,22. — Desid. in सिसिता. — Mit ग्रन्वति *darüber hingiessen*. — Mit व्यति, °षिक्त häufig fehlerhaft für °षक्त. — Mit ग्रधि Caus. ग्रधिषिञ्चयति *darauf giessen* Hemâdri 1,200,14. — Mit ग्रनु 1) *giessen in oder auf* (Loc.). — 2) *begiessen*. — Mit ग्रप *giessen auf*. — Mit ग्रभि 1) *begiessen, besprengen*; Med. und Pass. auch *sich baden*. ग्रभिषिक्त *gebadet* Âpast. 2,22,12. — 2) *begiessen* —, *besprengen* (mit Wasser) *zum Zeichen der Weihe, weihen*, — *zu* (Instr., Acc., Dat. oder Loc.), *zur Herrschaft über* (Loc.). Med. und Pass. auch *sich weihen, sich weihen lassen*. Pass. ausnahmsweise auch mit act. Bed. — 3) *hingiessen, sprengen*. — Caus., auch Med. 1) *begiessen*. — 2) *weihen*, — *zu* (Dat., Loc. oder Instr.), — *zur Herrschaft über* (Loc.). Med. mit und ohne ग्रात्मानम् *sich weihen lassen*. — *Desid. ग्रभिषिषिक्षति. — *Intens. ग्रभिसेसिच्यते. — Mit ग्रन्वभि Med. *sich von Jmd* (Acc.) *weihen lassen*. — Mit उपाभि Med. *sich auf Etwas hin* (Acc.) *weihen lassen* Maitr. S. 4,4,6 (57,11). — Mit समभि 1) *begiessen, benetzen*. — 2) *weihen*. — Mit ग्रव 1) *hingiessen auf* (Acc. oder Loc.), *ausgiessen*. — 2) *begiessen, besprengen*. — ग्रवसिक्त auch fehlerhaft für ग्रवसक्त. — Caus. 1) *begiessen, besprengen*. — 2) *Blut entziehen* 216,19. 217,1. Karaka 4,8. — Mit ग्रा 1) *eingiessen, einschenken, einfüllen*. Partic. ग्रासिक्त. — 2) *sich ergiessen* (von Flüssen) 10,12. — 3) *abgiessen, ausgiessen* 37,10. — 4) *aufgiessen* Karaka 6,2. — 5) *begiessen, besprengen*. — Caus. *eingiessen, zugiessen*. Med. *sich* (sibi) *aufgiessen lassen*. — Mit ग्रन्वा in ग्रन्वासेचन. — Mit ग्रभ्या *begiessen* Gobh. 1,4,12. — Mit ग्रवा *eingiessen in* (Loc.) Gobh. 4,1, 8. — Mit ग्रभिपर्या *eingiessen in* (Loc.). — Mit प्रत्या *wieder hineingiessen* Kauç. 9,3. 5. — Mit व्या *vertheilend giessen*. — Mit समा *zusammengiessen*, — *schütten*. ते मां समासिञ्चन्ति — क्षौद्रं मधिव मत्तिकाः so v. a. *die giessen* (sc. Weisheit) *in mich wie Bienen Honig* (in die Waben). समासिञ्चतु Jâǵn. 3,282 fehlerhaft für सं मा सिञ्चतु; vgl. AV. 7, 33,1. Taitt. Âr. 2,18,4. Baudh. 2,1,35. Gaut. 25,4. Vaitân. 29,21. — Mit ग्रभिसमा *zusammengiessen*, — *schütten*. — Mit उद् 1) *aufgiessen, auffüllen; überfüllen*. °उत्सिक्त *überfüllt mit*. — 2) Pass. *a*) *überlaufen* (von Flüssigkeiten beim Kochen). — *b*) *übermüthig werden* Kâd. 2,101,17 (125,3). — 3) उत्सिक्त *a*) *überlaufend*, so v. a. *überschwänglich*. Mit einem Instr. so v. a. *geschwängert mit* Spr. 7760. — *b*) *strotzend, gespannt*; vom Bogen wohl so v. a. *zu bersten im Begriff stehend*. — *c*) mit einem Instr. oder am Ende eines Comp. *überfliessend von*, so v. a. *berauscht durch, sich nicht zu halten wissend vor, übermüthig gemacht durch* Spr. 7760. Ohne Ergänzung *überkochend*, so v. a. *sich überhebend, übermüthig*. — *d*) *getrübt* (vom Geiste). — Mit ग्रभ्युद् und उपोद् = उद् 1). — Mit प्रोद्, प्रोत्सिक्त *sich stark überhebend, gar zu übermüthig*. — Mit व्युद् *nach verschiedenen Richtnngen hinsprengen* Âpast. Çr. 6,12,4. — Mit समुद्, समुत्सिक्त *überfliessend von, übermüthig gemacht durch* (im Comp. vorangehend). — Mit उप 1) *begiessen* Gobh. 1,4, 3. उपसिक्त *übergossen*. — 2) *aufgiessen*. — Mit नि (निषिञ्चति) 1) *nieder* —, *eingiessen, aufgiessen, träufeln*. Partic. निषिक्त. — 2) *begiessen*. Partic. निषिक्त. — 3) *eintauchen* Bhâvapr. 2,88. — निषिक्त auch fehlerhaft für निषक्त, z. B. Gâtakam. 3,12. — Caus. *begiessen, einweichen, netzen* Suçr. 1, 342,9. — Mit परिनि (°षिञ्चति) *übergiessen*, so v. a. *reichlich ausstatten, beschenken* MBh. 13,61, 24. — Mit संनि (°षिञ्चति) *eingiessen* MBh. 1,76, 63. — Mit निस् (निष्षिञ्चति) *ab* —, *weggiessen*. Partic. निःषिक्त *abgegossen*, so v. a. *abgeschüttelt, entfernt*. — Mit परा *weggiessen, wegschütten*: überh. *wegwerfen, beseitigen*. परासिक्त *bei Seite geschoben, unschädlich gemacht*. — Mit परि (°षिञ्चति) 1) *umgiessen* (in ein anderes Gefäss), *einschenken*. Partic. परिषिक्त. — 2) *umhergiessen, übergiessen, begiessen* Gobh. 1,4,6. 7. Spr. 7800. Partic. परिषिक्त Çiç. 70,75. — Caus. (परिषेचयति und परिषिञ्चयति) *benetzen, besprengen* 73,26. — *Desid. परिषिषिक्षति. — Mit ग्रनुपरि *herumgiessen* Maitr. S. 3,9,3 (118,4). — Mit प्र 1) *ausgiessen, vergiessen* Gobh. 1,3,12. Karaka 6,2. Pass. *ausfliessen, sich ergiessen*. प्रसिक्त *ausgegossen*. — 2) *begiessen*. Pass. *begossen werden*, so v. a. *erquickt werden*. — 3) *füllen* (ein Gefäss). — Caus. *eingiessen*. — Mit संप्र Pass. *sich ergiessen*. — Mit प्रति 1) °षिञ्चति *zugiessen, beimischen*. — 2) °सिञ्चति *eine Begiessung* —, *eine Bespritzung erwiedern*. — Mit वि (विषिञ्चति) *vergiessen* Âpast. Çr. 13,21,3. विषिक्त *ergossen* (Samen). — व्यषिच्यत MBh. 13,1952 fehlerhaft für व्यपिच्यत. — *Intens. विसेसिच्यते. — Mit ग्रनुवि (°षिञ्चति) *hingiessen auf* (Acc.) Âpast. Çr. 8,3,6. 8. — Mit सम् 1) *zusammengiessen*. — 2) *begiessen, besprengen* AV. 7,33,1 = Taitt. Âr. 2,18,4. संसिक्त *begossen, besprengt*. — 3) *giessen*, so v. a. *bilden*.

2. सिँच् f. 1) *Saum, Zipfel eines Gewandes* Âpast. — 2) Du. *die beiden Ränder*, so v. a. *Horizont*. — 3) Du. und Pl. *die äussersten Reihen* —, *Flügel einer Heeresaufstellung*.

3. सिच् f. ungenau für शिच् *Netz*.

सिचय m. *Gewand, Tuch* Kâd. 2,113,21 (140,8). Çukas. 2,54.

*सिञ्जि gaṇa यवादि.

*सिञ्जिमत् Adj. von सिञ्जि.

*सिञ्चता f. *langer Pfeffer*. v. l. *सिञ्चिता.

सिञ्चतिका f. *eine best. Pflanze* Karaka 6,3.

सिञ्चन n. *das Begiessen, Besprengen* Hemâdri 1, 650,5.

*सिञ्चिता f. s. सिञ्चता.

सिञ्ज् Schreibart der Bomb. Ausgg. st. शिञ्ज्.

सिञ्जा f. s. शिञ्जा.

*सिञ्जाग्रत्थ und *सिञ्जास्थ n. gaṇa राजदन्तादि. Auch शि° geschrieben.

सिञ्जित s. शिञ्जित.

*सिट्, सेटति (ग्रनादरे).

सिपटाकी f. s. शिपटाकी.

1.*सित Partic. s. u. 3. सा.

2. सितँ Partic. s. u. 1. सि.

3. सित 1) Adj. (f. आ) a) weiss, hellfarbig, hell, bleich; licht von einem Tage oder einem Monat, so v. a. ein Tag in der zunehmenden Zeit eines Monats, ein zunehmender Mond. Comp. °तर überaus weiss Çiç. 17,25. — b) rein, lauter (Handlung). — 2) n. a) die lichte Hälfte eines Monats. — b) der Planet Venus Varâh. Jogaj. 4,15. 20. — c) Zucker. — d) Saccharum Sara (Pfeil nach Wilson). — e) *Bauhinia candida. — f) N. pr. eines Wesens im Gefolge Skanda's. — 3) f. आ a) Zucker Hemâdri 1,415,12. — b) *Mondlicht. — c) *Branntwein. — d) Bez. verschiedener Pflanzen. Nach den Lexicographen eine Art Aparâgitâ, eine weisse Kaṇṭakârî, Vernonia anthelminthica, weisses Dûrvâ-Gras, Ficus heterophylla, Jasmin (Râgan. 10,82) und = विदारी (Râgan. 7,99). — e) *Tabaschir Râgan. 6,188. — f) Bein. der Gañgâ in सितासिता. — g) Bez. einer der 8 Devî bei den Buddhisten. — 4) *n. a) Silber Râgan. 13,15. — b) Sandel. — c) Rettig.

4. सित Partic. geschärft fehlerhaft für शित (s. u. 2. शा).

*सितक Adj. von सित.

*सितकटभी f. ein best. Baum Râgan. 9,152.

*सितकण्टा und *कण्टारिका f. eine weiss blühende Kaṇṭakârî.

*सितकण्ठ m. eine Hühnerart.

सितकमल n. eine weisse Lotusblüthe.

सितकमलमय Adj. aus weissen Lotusblüthen bestehend.

सितकर m. 1) der Mond Çiç. 11,16. — 2) *Kampfer Râgan. 12,62.

सितकरानन Adj. (f. आ) mondantlitzig Râgat. 3,416.

सितकर्णिका und *°कर्णी f. Gendarussa vulgaris.

*सितकाच m. Bergkrystall.

1.*सितकुञ्जर m. ein weisser Elephant.

2.*सितकुञ्जर 1) Adj. auf einem weissen Elephanten reitend. — 2) m. Bein. Indra's.

*सितकुम्भी f. eine weisse Bignonia.

सितकेश m. N. pr. eines Dânava (weisshaarig).

*सितक्षार n. eine Art Borax.

*सितक्षुद्रा f. eine weiss blühende Kaṇṭakârî.

सितखण्ड m. weisser Stückzucker Hemâdri 1,390, 8. Dhûrtan. 35. Vgl. सिताखण्ड.

*सितगुञ्जा f. ein weiss blühender Abrus precatorius.

*सितचिह्न m. ein best. Fisch.

*सितच्छत्त्र n. ein weisser Sonnenschirm.

*सितच्छत्त्रा f. Anethum Sowa.

सितच्छत्त्रित Adj. in einen weissen Sonnenschirm verwandelt, einen solchen darstellend.

*सितच्छद 1) Adj. weisse Flügel oder Blätter habend. — 2) m. Gans. — 3) f. आ weisses Dûrvâ-Gras.

*सितजा f. Zucker in Stücken.

सिततेजस् Adj. von weissem Lichte 101,31.

*सितदर्भ m. weisses Kuça-Gras Râgan. 8,92.

सितदीधिति m. der Mond Çiç. 9,43.

*सितदीप्य m. weisser Kümmel Râgan. 6,59.

*सितदूर्वा f. weisses Dûrvâ-Gras.

*सितद्रु m. eine best. Schlingpflanze.

सितद्रुम m. vielleicht eine Birkenart.

सितद्विज m. Gans Subhâshitâv. 1804.

*सितधातु m. weisse Kreide Râgan. 13,132.

1. सितपक्ष m. die lichte Hälfte eines Monats.

2.*सितपक्ष m. Gans.

सितपट m. N. pr. eines Autors (Conj.).

सितपद्म n. eine weisse Lotusblüthe.

*सितपाटलिका f. eine weisse Bignonia.

सितपीत Adj. weiss und gelb.

*सितपुङ्खा f. eine best. Pflanze.

सितपुण्डरीक n. eine weisse Lotusblüthe Spr. 7721.

सितपुष्प 1) *m. a) Tabernaemontana coronaria. — b) Saccharum spontaneum. — c) Acacia Sirissa. — d) = श्वेतरोहित Râgan. 8,15. — 2) f. आ eine best. Pflanze. Nach den Lexicographen Jasminum Sambac und Sida cordifolia. — 3) *f. ई = श्वेतापराजिता. — 4) *n. Cyperus rotundus.

सितपुष्पाय्, °यते dem Jasmin gleichen (von einem Lachen gesagt) Rudraṭâlaṁkârat. 132,b.

*सितपुष्पिक eine Art Aussatz.

सितप्रभ 1) Adj. (f. आ) weiss. — 2) *n. Silber Garbe zu Râgan. 13,52.

सितमणि n. Krystall.

सितमणिमय Adj. krystallen.

सितमनस् Adj. reines Herzens 104,13.

*सितमरिच n. weisser Senf.

सतिमारक und सितिमारक Karaka 6,24 vielleicht fehlerhaft für सितमारक.

*सितमाष m. Dolichos Catjang.

सितमेघ m. eine weisse Wolke.

सितयज्ञोपवीतिन् Adj. mit einer weissen heiligen Schnur behangen Hemâdri 1,464,17.

सितयामिनी f. eine helle Nacht, Mondschein Bhâm. V. 2,111.

सितरक्त Adj. (f. आ) weiss und roth.

*सितरञ्जन Adj. gelb.

*सितरश्मि m. der Mond.

सितरुचि 1) Adj. hellfarbig, weiss Çiç. 11,52. — 2) m. der Mond Subhâshitâv. 1986.

*सितलता f. eine best. Pflanze.

*सितलशुन Knoblauch Râgan. 7,49.

सितवर्मन् m. N. pr. eines Ministers Daçak. 2,16.

*सितवर्षाभू f. Boerhavia procumbens Râgan. 5,115.

*सितवल्लीज n. weisser Pfeffer Râgan. 6,34.

सितवारण m. ein weisser Elephant.

सितशर्करा f. weisser Sandzucker.

*सितशायका f. fehlerhaft für °सायका.

*सितशिंशपा f. eine best. Gemüsepflanze.

*सितशिम्बिक m. eine Weizenart.

*सितशिव n. Steinsalz.

*सितशूक m. Gerste.

*सितशूरण m. eine Art Arum.

सितसप्ति 1) *Adj. mit weissen Pferden fahrend. — 2) m. Bein. Arguna's.

सितसर्षप m. weisser Senf, ein weisses Senfkorn Râgan. 16,80.

*सितसायका f. eine best. Pflanze Râgan. 4,74.

*सितसार und *°क m. Achyranthes triandra. Vgl. सितमारक.

*सितसिंही f. eine weiss blühende Kaṇṭakârî.

सितसिद्धार्थ und °क m. weisser Senf (Senfkorn).

*सितसिन्धु f. Bein. der Gañgâ. Vgl. Spr. 2101.

*सितसिव n. v. l. für सितशिव.

*सितसूरण n. v. l. für सितशूरण.

सितहूण m. Pl. die weissen Hunnen.

सितांशु m. 1) der Mond. — 2) *Kampfer. °तैल n. Kampferöl.

*सिताखण्ड m. Zucker in Stücken. Vgl. सितखण्ड.

*सिताख्य 1) n. weisser Pfeffer. — 2) f. आ weisses Dûrvâ-Gras.

*सिताग्र n. Dorn. Richtig शिताग्र.

*सिताङ्क m. ein best. Fisch.

*सिताङ्ग m. 1) eine best. Pflanze Râgan. 8,15. — 2) Bein. Çiva's (Conj.). Vgl. असिताङ्ग.

*सिताजाजी f. weisser Kümmel Râgan. 6,60.

सितातपत्र n. ein weisser Sonnenschirm (ein Abzeichen der königlichen Würde) Ind. St. 15,400.

सितातपवारण n. dass. 100,2.

*सितात्रय n. drei Arten weissen Zuckers, = त्रिसिता Râgan. 22,11.

*सितादि m. Melasse Râgan. 14,96.

सितानन 1) *Adj. ein weisses Gesicht habend. — 1) m. a) *Bein. Garuḍa's. — b) N. pr. eines Wesens im Gefolge Çiva's.

*सितापाक m. geläuterter Zucker Bhâvapr. 2,26.

*सितापाङ्ग m. Pfau.

*सिताब्ज n. eine weisse Lotusblüthe.

सिताभ 1) m. a) vielleicht Zucker. — b) *Kampfer. — 2) *f. आ eine best. Staude.

*सिताभिकटभी f. eine best. Pflanze. v. l. सितालिकटभी.

सिताभ्र m. 1) eine weisse Wolke. — 2) Kampfer.

*सिताभ्रक m. Kampfer.

*सितामोघा f. eine weiss blühende Bignonia.

सिताम्बर 1) Adj. (f. आ) weiss gekleidet. — 2) *m. Bez. bestimmter Gaina-Mönche. Vgl. श्वेताम्बर.

*सिताम्बुज n. eine weisse Lotusblüthe.

*सिताम्भोज n. dass.

*सितार्कक m. eine weiss blühende Calotropis Râgan. 10,29.

*सितार्जक m. weisses Basilienkraut.

*सितालक 1) m. eine weisse Calotropis. Richtig सितालर्क. — 2) f. °लिका eine Muschelart, die Wendeltreppe.

सितालता f. weisses Dûrvâ-Gras Karaka 1,3.

*सितालर्क m. eine weisse Calotropis.

*सितालिकटभी f. eine Achyranthes.

*सितावर 1) m. eine best. Gemüsepflanze. Auch शितावर geschr. — 2) f. ई Vernonia anthelminthica Râgan. 4,63.

सिताश्व 1) *Adj. mit Schimmeln fahrend. — 2) m. a) Bein. Arguna's. — b) der Mond.

सितासित 1) Adj. a) weiss und schwarz. — b) gut und schlimm. — 2) m. a) Du. die Planeten Venus und Saturn. — b) *Bein. Baladeva's. — 3) f. आ Du. die Gangâ und Jamunâ in Prajâga Kâçîkh. 7,46. 54. 22,69. — 4) n. = प्रयाग 1) Kâçîkh. 22,79. 25,35.

सितासितरोग m. eine best. Krankheit des Auges.

सिताह्वय m. 1) der Planet Venus. — b) Name verschiedener Pflanzen, = श्वेतरोहित (Râgan. 8,15), श्वेतशिग्रु und eine weiss blühende Tulasî (Râgan. 10,155).

सिति Adj. schlechte Schreibart für शिति 1) *weiss. — 2) schwarz.

सितिमन् m. Weisse Spr. 7804.

सितिमारक s. सितमारक.

सितिवासस् m. Bein. Balarâma's Çiç. 1,6. Richtig शिति°.

सिती Adv. mit कर् weiss —, licht machen Naish. 8,79.

सितीवार eine best. Pflanze Kauç. 39,6. Vgl. शितिवार.

*सितेतु m. eine Art Zuckerrohr.

सितेतर 1) Adj. a) schwarz, dunkelfarbig, blau Çiç. 16,46. AK. 2,5,24. — b) weiss und schwarz. — 2) *m. a) Dolichos uniflorus Râgan. 16,64. — b) eine dunkle Reisart Râgan. 16,13.

*सितेतरगति m. Feuer.

सितेतरसरोज n. eine blaue Lotusblüthe.

*सितैरण्ड m. weisser Ricinus Râgan. 8,56.

सितोत्पल n. eine weisse Lotusblüthe.

सितोदक Kârand. 50,3 fehlerhaft für शीतोदक.

*सितोदर m. Bein. Kubera's.

*सितोद्भव n. weisser Sandel.

सितोपल 1) *m. a) Kreide. — b) Bergkrystall Râgan. 13,202. — 2) f. आ Zucker Spr. 7631. Metrisch auch सितोपल.

1. सिद्ध Adj. s. u. 1. सिध्.

2. सिद्ध 1) s. u. 2. सिध्. — 2) m. a) Seher, Wahrsager, Zauberer 327,31. — b) ein Vollendeter, Glückseliger, Bez. einer Klasse von Halbgöttern (wie Kapila, Vjâsa, Vasishtha, Viçvâmitra, Bharadvâga), denen übernatürliche Kräfte, insbes. das Fliegen durch den Luftraum, beigeschrieben werden. — c) bei den Gaina Bez. eines Gina. — d) Bez. der Zahl vierundzwanzig. — e) der 21ste astrol. Joga J. A. O. S. 6,236. — f) *eine Art Stechapfel. — g) * = गुड. — h) N. pr. α) Pl. eines Volkes. — β) eines Devagandharva. — γ) eines Râgarshi, eines Fürsten und anderer Personen. — 3) f. आ a) f. zu 2) b). — b) *eine best. Heilpflanze, = ऋद्धि. — c) N. pr. einer Joginî. — 4) n. a) Zaubermacht, übernatürliche Kraft. — b) *Kochsalz. — c) सिद्धं पुरम् ungenau für सिद्धपुरम् und सिद्धं नारायणतेत्रम् für नारायणस्य सिद्धतेत्रम्.

3.*सिद्ध n. H. an. 3,6 fehlerhaft für सिध्म; vgl. Zach. Beitr. 66. 85.

सिद्धक 1) m. ein best. Baum. Nach den Lexicographen Vitex Negundo und Vatica robusta Râgan. 4,153. 9,82. — 2) (wohl n.) ein best. Metrum.

सिद्धकज्जल n. Zauberkraft besitzender Lampenruss.

*सिद्धकल्प (!) m. eine best. Weltperiode (buddh.).

सिद्धकाम Adj. dessen Wünsche in Erfüllung gegangen sind.

सिद्धकामेश्वरी f. eine der fünf Formen der Kâmâkhjâ.

सिद्धकार्य Adj. der seinen Zweck erreicht hat.

सिद्धकेरल N. pr. einer Oertlichkeit.

सिद्धतेत्र n. ein von Siddha's bewohntes Gebiet, ein Land der Glückseligen. Auch N. pr. bestimmter heiliger Gebiete. °पर्वत m. ein daselbst gelegener Berg.

सिद्धखण्ड 1) *m. eine Art Zucker Râgan. 14,109. — 2) Titel eines Abschnitts im Rasaratnâkara.

*सिद्धगङ्गा f. Bein. der Mandâkinî. Vgl. R. 2,95,9.

*सिद्धगति f. gana देवपथादि.

सिद्धगुरु m. N. pr. eines Autors.

सिद्धग्रह m. ein best. Tobsucht erzeugender Dämon.

सिद्धजन° m. die Glückseligen.

*सिद्धजल n. saurer Reisschleim.

सिद्धतापस 1) m. ein mit übernatürlichem Wissen und Vermögen ausgestatteter Büsser. — 2) f. ई f. zu 1).

सिद्धत्व n. 1) richtiges Auskommen, das Sichergeben, Sichherausstellen in genügender Weise. — 2) das Bewiesensein. — 3) das Bekanntsein. — 4) Vollkommenheit, ein vollkommener Zustand. — 5) die Stellung eines Siddha, eines Glückseligen.

सिद्धदर्शन n. das Schauen der Glückseligen (Obj.).

*सिद्धदेव m. Bein. Çiva's.

सिद्धद्रव्य n. ein mit Zauberkraft versehener Gegenstand.

*सिद्धधातु n. Quecksilber.

सिद्धधामन् n. die Stätte der Glückseligen. Vgl. सिद्धतेत्र.

सिद्धनर m. Zauberer, Wahrsager Ind. St. 15,357.

सिद्धनागार्जुन 1) m. N. pr. eines Autors Ganar. 453,11. — 2) n. Titel eines Werkes über Zauberei Verz. d. B. H. 2,317,4.

सिद्धनागार्जुनतन्त्र n. (Opp. Cat. 1) und °र्जुनीय n. Titel von Werken.

सिद्धनाथ m. N. pr. eines Mannes.

*सिद्धपति m. Bein. Mudgaragomin's.

सिद्धपथ m. die Bahn der Glückseligen, so v. a. der Luftraum.

सिद्धपद n. N. pr. einer Oertlichkeit.

सिद्धपात्र m. N. pr. 1) eines Wesens im Gefolge Skanda's. — 2) eines Devaputra.

सिद्धपाद m. N. pr. eines Joga-Lehrers.

सिद्धपीठ m. die Stätte der Glückseligen.

सिद्धपुत्र n. der Sohn eines Glückseligen Hem. Par. 2,39. 40. 46. 59. 56.

सिद्धपुर n. die Stadt der Glückseligen, N. pr. einer irrthümlich in den äussersten Norden verlegten mythischen Stadt Ârjabh. 4,13. Auch °पुरी Sûrjas. 12,40.

सिद्धपुरुष m. Zauberer, Wahrsager Ind. St. 15,358.

*सिद्धपुष्प m. Nerium odorum.

*सिद्धप्रयोजन 1) m. weisser Senf Râgan. 16,80. — 2) f. आ Lepidium sativum, Kresse.

सिद्धप्राणेश्वर m. eine best. Mixtur Rasendrak. 82.

सिद्धबुद्ध m. N. pr. eines Lehrers.

सिद्धभूमि f. Zauberland.

सिद्धमत n. *die Ansicht der Glückseligen.*

सिद्धमनोरम m. *der zweite Tag im* Karmamâsa.

सिद्धमन्त्र m. 1) *Zauberspruch.* — 2) Titel eines Nighaṇṭu.

सिद्धमातृका f. 1) **Bez. eines best. Alphabets.* — 2) N. pr. einer Göttin.

सिद्धमानस Adj. *befriedigten Herzens.*

सिद्धमूलिकानिघण्टु m. Titel eines Werkes.

*सिद्धमोदक m. *aus Tabaschir bereiteter Zucker* Râǵan. 14,108.

सिद्धयात्रिक m. fehlerhaft für सिद्धि°.

सिद्धयामल n. Titel eines Tantra.

सिद्धयोग m. n. (!) *Zaubermittel.*

सिद्धयोगसंग्रह m. Titel eines Werkes.

सिद्धयोगिनी f. 1) *Zauberin, Fee, Hexe.* — 2) Bein. der Manasâ.

सिद्धयोगेश्वर 1) m. *eine best. Mixtur* Rasendraḱ. 77. — 2) n. Titel eines Tantra.

सिद्धयोषित् f. *eine Glückselige, ein weiblicher* Siddha Bhâg. P. 4,6,11.

सिद्धरङ्गकल्प m. Titel eines Werkes.

सिद्धरत्न Adj. *im Besitz eines Zauberjuwels seiend.*

1. सिद्धरस m. *Quecksilber* Naish. 9,42. Ind. St. 15,396.

2. सिद्धरस m. *der durch Quecksilber bei Lebzeiten ein* Siddha *wird, nicht mehr den Gesetzen der Materie unterworfen ist* Ḱaṇḍak. 79,5.

सिद्धरसदण्ड m. *eine Art Zauberstab* Paṅḱad.

सिद्धरसायन Adj. *der im Besitz eines Lebenselixirs ist.*

सिद्धराज m. N. pr. eines *Fürsten.* °वर्णन n. Titel eines Werkes Gaṇar. 235,9. 372,7.

सिद्धरुद्रेश्वरतीर्थ n. N. pr. eines Tîrtha.

सिद्धरूप n. *das Richtige* Kap. 1,98.

सिद्धल (wohl m.) N. pr. eines Dorfes.

सिद्धलक्ष Adj. *das Ziel treffend.*

सिद्धलक्ष्मी f. wohl *eine Form der* Lakshmî. °स्तोत्र n. Titel Burnell, T. °मत n.

सिद्धलोक m. *die Welt der Glückseligen.*

सिद्धवट 1) N. pr. einer Oertlichkeit. — 2) f. ई N. pr. einer Göttin.

सिद्धवत् Adv. *als ausgemacht, — erwiesen.* Mit कर् *für feststehend —, für ausgemacht —, für bewiesen halten* Sâj. in der Einl. zu Ṛv. 1,13.

सिद्धवन n. *der Hain der Glückseligen* als N. pr. einer Oertlichkeit.

सिद्धवर्ति f. *Zauberdocht.* v. l. सिद्धि°.

सिद्धवस्ति m. *ein stärkendes* (öliges u. s. w.) *Klystier.*

*सिद्धवस्तु *ein Syllabar.*

सिद्धवास m. *der Wohnsitz der Glückseligen* als N. pr. einer Oertlichkeit.

सिद्धविद्या f. 1) *die Lehre der Glückseligen.* — 2) *eine Form der* Mahâvidjâ.

सिद्धविद्यादीपिका f. Titel eines Werkes.

सिद्धवीर्य m. N. pr. eines Muni.

सिद्धशाबरतन्त्र n. Titel eines Werkes Opp. Cat. 1.

सिद्धसमाख्य Adj. Siddha *genannt.* Mit नेत्र n. so v. a. सिद्धनेत्र.

सिद्धसंबन्ध Adj. *dessen Verwandtschaft bekannt ist.*

सिद्धसरित् f. Bein. der Gaṅgâ Bâlar. 78,20.

*सिद्धसलिल n. *saurer Reisschleim.*

सिद्धसाधन 1) *m. *weisser Senf* Râǵan. 16,80. — 2) n. *a) das Beweisen von schon Bewiesenem* Kap. 5,60. — *b)* wohl *das Citiren eines* Siddha.

सिद्धसाधित Adj. als Beiw. eines Arztes, *der ohne eigene Studien die Kunst von einem Andern in der Praxis erlernt hat.*

सिद्धसाध्यक Adj. als Bez. *eines best. Zauberspruches.*

सिद्धसारस्वत (wohl n.) und °दीपिका f. Titel von Werken. Vgl. Ind. St. 15,337.

सिद्धसिद्ध Adj. *überaus wirksam* als Bez. *eines best. Zauberspruches.*

सिद्धसिद्धान्तपद्धति f. Titel eines Werkes.

*सिद्धसिन्धु f. Bein. der Gaṅgâ. Vgl. सितसिन्धु.

सिद्धसुसिद्ध Adj. *über die Maassen wirksam* als Bez. *eines best. Zauberspruches.*

सिद्धसेन m. 1) *Bein. Kârttikeja's. — 2) N. pr. eines Astronomen.

सिद्धसेनदिवाकर und °दिवाकृत् m. N. pr. eines Autors.

सिद्धसेनवाक्यकार m. desgl.

सिद्धसेनसूरि m. desgl. Ind. St. 15,282.

*सिद्धसेवित m. Bein. Baṭukabhairava's.

सिद्धसोपान n. Titel eines Werkes.

सिद्धस्थल n. und *सिद्धस्थान n. (Çâçvata 238) *ein Ort der Glückseligen.*

सिद्धक्षेमकुमार m. N. pr. eines Fürsten.

सिद्धहेमन् n. *gereinigtes Gold.*

सिद्धागम m. Titel eines Werkes.

सिद्धाङ्गना f. *eine Glückselige, ein weiblicher* Siddha Megh. 14. Kathâs. 28,190. Vâsav. 192,4.

सिद्धाचल m. *der Berg der Glückseligen*, N. pr. Ind. St. 15,392. °पूजा f. Titel eines Werkes.

सिद्धाज्ञ Adj. *dessen Befehle erfüllt werden.*

सिद्धाञ्जन n. *Zaubersalbe* Kâd. 254,22 (416,8).

सिद्धाञ्जनाय्, °यते *zu einer Zaubersalbe werden* Dh. V. 2,8.

1. सिद्धादेश m. *eines Wahrsagers Vorhersagung.*

2. सिद्धादेश m. *Wahrsager.*

सिद्धानन्द (?) m. N. pr. eines Autors Burnell, T.

सिद्धान्त 1) m. *a) das letzte Ziel, Vorhaben* in सम°. — *b) ein endgültiger, feststehender, begründeter Satz, eine solche Lehre* oder *Doctrin* Kap. 5, 60. — *c)* im System der Karmamîmâṃsâ *Conclusion und Refutation des erhobenen Einwandes* (das 4te Glied im Adhikaraṇa). — *d) ein astronomisches Lehrbuch.* — *e)* bei den Buddhisten und Ǵaina *eine best. Klasse von Werken.* — *f)* Titel eines best. Ǵaina-Werkes. — 2) n. bei den Tântrika *ein best. Ritual.*

सिद्धान्तकल्पतरु m., °कल्पलता f. (Opp. Cat. 1), °कल्पवल्ली f. (ebend.), सिद्धान्तकौमुदी f., सिद्धान्तगर्भ m., सिद्धान्तगीता f., सिद्धान्तग्रन्थ m. (Opp. Cat. 1), सिद्धान्तचन्द्रिका f., °खण्डन n. (Opp. Cat. 1), °चन्द्रोदय m., सिद्धान्तचिन्तामणि m., सिद्धान्तचूडामणि m., सिद्धान्ततत्त्व n., °प्रकाशिका f. (Burnell, T.), °बिन्दु m., °बिन्दुसंदीपन, °विवेक m., °सर्वस्व n., सिद्धान्तदीप (Burnell, T.) und °दीपिका f. (Opp. Cat. 1) Titel von Werken.

सिद्धान्तधर्मागम m. so v. a. *ein kanonisches Gesetz* Spr. 6765.

सिद्धान्तन्यायचन्द्रिका f. Titel eines Werkes Opp. Cat. 1.

सिद्धान्तपञ्चानन m. N. pr. eines Gelehrten.

सिद्धान्तपञ्जर n. (Opp. Cat. 1), सिद्धान्तपद्धति f., सिद्धान्तप्रकरण n. (Opp. Cat. 1), सिद्धान्तबिन्दु m., °व्याख्या f., सिद्धान्तभेदलवसंग्रह m., सिद्धान्तमञ्जरी f., सिद्धान्तमञ्जूषा f. (Opp. Cat. 1) und सिद्धान्तमुक्तावली f. Titel von Werken.

सिद्धान्तय्, °यति *feststellen, begründen, in's Klare bringen.* Partic. सिद्धान्तित.

सिद्धान्तरत्न n., °रत्नावलि f. (Opp. Cat. 1), °रत्नावली (Burnell, T.), सिद्धान्तरहस्य n., सिद्धान्तलक्षण n. (Opp. Cat. 1), °जागदीशी f., °लक्षणाक्रोड m., सिद्धान्तलक्षणी f. (Opp. Cat. 1), सिद्धान्तलघुभाष्यक, सिद्धान्तलेश m. und °संग्रह m. Titel von Werken.

सिद्धान्तवागीश m. N. pr. verschiedener Gelehrter.

सिद्धान्तविचारगाथा f. (Bühler, Rep. No. 781), सिद्धान्तवेला f., सिद्धान्तवैजयन्ती f. (Opp. Cat. 1), सिद्धान्तव्याख्या f. (ebend.), सिद्धान्तव्युत्पत्तिलक्षण n. (ebend.), सिद्धान्तशिक्षा f. (ebend.), सिद्धान्तशिखामणि m. (ebend.), सिद्धान्तशिरोमणि m., °प्रकाश m., सिद्धान्तशेखर m., सिद्धान्तसंहितासारसमुच्चय m., सिद्धान्तसंग्रह m., सिद्धान्तसंदर्भ m., सिद्धान्तसार n. (Burnell, T.), °दीपिका f. (Bühler, Rep. No. 692), °कौ-

स्तुभ, °सारावलि (Opp. Cat. 1), °सारावली f. (Burnell, T.), सिद्धान्तसार्वभौम, सिद्धान्तसिद्धाञ्जन n. (Burnell, T. Opp. Cat. 1), सिद्धान्तसुन्दर, सिद्धान्तसूक्ष्ममञ्जरी f. und सिद्धान्तस्वानुभूतिप्रकाशिका f. (Burnell, T.) Titel von Werken.

सिद्धान्तित s. u. सिद्धान्तय्.

*सिद्धान्तिन् m. = मीमांसक.

सिद्धान्तीय n. Titel eines Werkes Opp. Cat. 1.

*सिद्धान्न n. *zubereitete Speise* Zach. Beitr. 11. 84.

*सिद्धापगा f. Bein. der Gaṅgâ Râǵan. 14,16.

सिद्धाम्बा f. *eine Form der* Durgâ.

*सिद्धायिका f. N. pr. der Göttin, die die Befehle des 24sten Arhant's der gegenwärtigen Avasarpiṇî ausführt.

सिद्धारि m. *ein best. Zauberspruch.*

सिद्धार्थ 1) Adj. (f. आ) *a) der sein Ziel —, seinen Zweck erreicht hat* Spr. 7786. — *b) zum Ziele führend, wirksam.* — *c) dessen Absicht, Vorhaben bekannt ist.* — 2) *a) weisser Senf (Senfkorn)* Spr. 7786. — *b)* * *Ficus indica.* — *c) das 53ste Jahr im 60jährigen Jupitercyclus.* — *d)* der weltliche Name Çâkjamuni's. — *e)* N. pr. α) eines Dânava. — β) eines Wesens im Gefolge Skanda's. — γ) eines Versuchers (मारपुत्र). — δ) eines Fürsten. — ε) eines Rathgebers des Daçaratha und verschiedener anderer Personen. — 3) *f. आ N. pr. der Mutter des 4ten Arhant's der gegenwärtigen Avasarpiṇî. — 4) n. *ein Gebäude mit zwei Hallen, einer im Westen und einer im Süden.*

सिद्धार्थक 1) m. *a) weisser Senf (Senfkorn)* Hemâdri 1,434,17. Varâh. Jogaj. 7,1. Ausnahmsweise auch n. — *b)* N. pr. zweier Beamter. — 2) n. *eine best. Fettsalbe.*

सिद्धार्थचरित n. Titel eines Werkes Opp. Cat. 1.

सिद्धार्थमति m. N. pr. eines Bodhisattva.

सिद्धार्थमानिन् Adj. *seinen Zweck erreicht zu haben meinend* 137,17.

सिद्धार्थसंहिता f. Titel eines Werkes Hemâdri 1,176,5. 10.

सिद्धार्थिन् m. *das 53ste Jahr im 60jährigen Jupitercyclus.*

सिद्धाश्रम m. n. *die Einsiedelei der Glückseligen* als N. pr. einer best. *Einsiedelei.* Auch °पद n.

1. सिद्धासन n. *eine best. Art zu sitzen.*

2.*सिद्धासन m. Bein. Skanda's.

1. सिद्धि (von 1. सिध्) f. *Abwehr, Beseitigung* Jâǵñ. 1,270. Verz. d. B. H. No. 933. Vgl. सेध.

2. सिद्धि f. 1) *das Gelangen an's Ziel* (Loc.), *Treffen.* — 2) Sg. und Pl. *das Zustandekommen, Gerathen, Gelingen, glücklicher Erfolg* (einer Sache). तिस्रः सिद्धयः Çiç. 2.26 nach dem Comm. = प्रभुव°, मल्त्र° und उत्साह°. — 3) *glücklicher Ausgang einer Krankheit, Heilung,* — *durch* (im Comp. vorangehend). — 4) *das Gültigwerden.* — 5) *das Zutheilwerden.* — 6) *das in Ordnung Kommen* —, *Eingehen* ausstehender Gelder. — 7) *persönlicher Erfolg, Erreichung eines gewünschten Zieles; Glück.* — 8) * *Befreiung von allen Banden der Welt, Erlösung.* — 9) in der Philosophie *Vollkommenheit der Person und Machterlangung des Geistes über die Natur, in Folge derer man Wunder zu vollbringen in Stand gesetzt wird.* — 10) *Zaubermacht* überh. Häufig in Comp. mit dem Gegenstande, der die eigentliche Zauberkraft enthält. — 11) *Wirkungskraft, Leistungsfähigkeit; Kunstfertigkeit, kunstgemässes Verfahren* (eines Arztes) Káraka 8, 1. fgg. 10. — 12) *das Klarwerden, Verständlichwerden* (eines Wortes). — 13) *das Sichergeben* (durch Berechnung u. s. w.), *das sich als richtig Erweisen, das Folgen, Bewiesensein.* — 14) in der Rhetorik *das Hervorheben verschiedener, sonst nur getrennt erscheinender Vorzüge, an einer und derselben Person.* — 15) etwa *Kunstwerk.* — 16) * *eine best. Pflanze,* = वृद्धि. — 17) *eine best.* Çruti. — 18) *der 16te und 19te astrol.* Joga H. an. Med. Colebr. Misc. Ess. 2,362. fg. J. A. O. S. 6,236. 432. Vgl. श्रीसिद्धि. — 19) der *Erfolg* personificirt als ein göttliches Wesen, als * eine der sieben Mütter, als Durgâ und als eine Tochter Daksha's und Gattin Dharma's. — 20) N. pr. *a)* einer Freundin der Danu. — *b)* der Gattin Bhaga's und Mutter Mahiman's.

सिद्धिक am Ende eines adj. Comp. = 2. सिद्धि 9).

सिद्धिकर 1) Adj. (f. ई) *Gelingen —, Glück bringend.* — 2) f. ई N. pr. einer *Zauberin.*

सिद्धिकारक Adj. 1) *Jmd (Gen.) zum erwünschten Ziele führend* 60,16. — 2) *eine Wirkung ausübend, Etwas bewirkend.*

सिद्धिकारिन् Adj. *Etwas* (Gen.) *ausführend.*

सिद्धिक्षेत्र n. 1) *das Feld, auf dem Etwas recht gedeiht* (Harshak. 212,5), *das Gebiet des glücklichen Erfolges, — des Glückes.* — 2) N. pr. *a)* eines *heiligen Gebiets.* — *b)* eines Berges.

सिद्धिचामुण्डातीर्थ n. N. pr. eines Tîrtha.

सिद्धिज्ञान n. *sicheres Wissen.*

सिद्धित्रय n. Titel eines Werkes Opp. Cat. 1.

सिद्धिद 1) Adj. (f. आ) *Gelingen gebend, Glück bringend* Varâh. Jogaj. 8,1. — 2) m. *a) eine Form Çiva's.* — *b)* * *Putranjiva Roxburghii* Râǵan. 9,145.

सिद्धिदर्शिन् Adj. *den Erfolg voraussehend, zukunftskundig* Mâlav. 34,2 (38,20).

सिद्धिदात्री f. *eine Form der* Durgâ.

सिद्धिनृसिंह m. N. pr. eines Fürsten Ind. Antiq. 9,186. Auch °मल्ल m. 185. 188.

सिद्धिप्रद Adj. *Gelingen gebend, — versprechend* Káraka 8,10.

सिद्धिबीज n. etwa *der Same —, die Quelle der Zaubermacht.*

सिद्धिभूमि f. *das Land des glücklichen Erfolgs, der Glückseligkeit.*

सिद्धिभैरव n. und °तन्त्र n. Titel eines Tantra.

सिद्धिमन्त् Adj. 1) *Erfolg habend, glücklich von Statten gehend.* — 2) *mit Vollkommenheit versehen, ein vollkommener Mann.* — 3) *mit Zaubermacht versehen, Z. besitzend.*

सिद्धिमन्त्र m. *Zauberspruch.*

सिद्धिमन्वन्तर n. N. pr. einer Oertlichkeit.

सिद्धिमार्ग m. *der zum Zauberlande führende Weg.*

सिद्धियात्रिक m. *Glücksjäger.*

सिद्धियोग m. 1) *Anwendung von Zaubermacht, — Zaubermitteln.* — 2) *eine best. Constellation.*

सिद्धियोगिनी f. *eine Art Fee.*

सिद्धियोग्य Adj. *zum Gelingen erforderlich, — nöthig* Bhâvapr. 2,21. fg. (सिद्ध° gedr.).

सिद्धिरस m. *Quecksilber* Ind. St. 15,396. Richtig सिद्धरस.

सिद्धिरसदण्ड m. Pańkad. vielleicht nur fehlerhaft für सिद्धरस°.

सिद्धिराज्ञ m. N. pr. eines Berges.

*सिद्धिली f. *eine kleine Ameisenart.*

सिद्धिवर्ति f. *Zauberdocht.*

सिद्धिवाद m. nach Nîlak. = ज्ञानगोष्ठी.

सिद्धिविनायक m. *eine Form* Gaṇeça's. °व्रत n. *eine best. Begehung.*

सिद्धिसाधन n. *ein Mittel zur Glückseligkeit, — Vollkommenheit* oder — *Zaubermacht.*

सिद्धिसोपान n. Titel eines Werkes.

सिद्धिस्थान n. 1) *ein Ort der Glückseligkeit.* — 2) *diejenige Abtheilung eines medic. Lehrbuches, in der das kunstgemässe Verfahren besprochen wird,* Káraka 8,13. — 3) N. pr. einer Oertlichkeit.

सिद्धीश्वर 1) m. *Herr der Zaubermacht,* Bein. Çiva's. — 2) n. N. pr. eines dem Çiva geheiligten Gebietes.

सिद्धेच्छा f. *eine best. Art des Lebensunterhaltes* Baudh. 3,1,7. 2,16.

सिद्धेश m. *Herr der Glückseligen.*

सिद्धेश्वर 1) m. *a)* dass. — *b)* N. pr. α) eines Autors. — β) eines Berges. — 2) f. ई *Herrin der Glückseligen.*

सिद्धेश्वरतन्त्र n. Titel eines Tantra.

सिद्धेश्वरतीर्थ n. N. pr. verschiedener Tîrtha.

सिद्धैश्वर्य n. *Herrschaft über die Glückseligen.*

सिद्धोदक n. N. pr. eines Tîrtha.

सिद्धौघ Adj. als Bez. *einer Klasse von Autoren* (गुरु) *mystischer Gebete bei den* Tântrika.

सिद्धौषध n. *Panacee* Bhâm. V. 4,15.

*सिद्धौषधिक n. *eine Zusammenstellung von fünf bestimmten Heilmitteln.*

1. सिध्, सेधति (गतिकर्मन्, शास्त्रे माङ्गल्ये च) *scheuchen, treiben; vertreiben.* सिद्ध *verscheucht.* — 2) *loben* oder *strafen* Bhatt. — *Desid. vom Caus. सिषेधयिषति. — *Intens. सेषिध्यते. Vgl. अनु. — Mit अनु Intens. (अनुसेषिधत्) *der Bahn entlang treiben, herleiten.* — Mit अप 1) *wegtreiben, verjagen.* — 2) *abwehren, abhalten,* — *von* (Abl.). v. l. auch Med. — Mit अभि, °षिद्ध *hergetrieben.* — *Desid. vom Caus. अभिषिषेधयिषति. — Mit अव *abwehren* —, *abhalten von* (Abl.). v. l. अप. — Mit आ 1) *antreiben* Comm. zu Lâṭj. 8,6,8. — 2) आनिद्ध *verhaftet* 213,29. 30. 33. — Caus. आसेधयति 1) *verhaften lassen* 213,27. — 2) *anheften* Bâlar. 208,13. — Mit व्या 1) *Jmd abhalten, abwehren* Çiç. 12,43. — 2) व्यासिद्ध *verboten, untersagt.* — Mit उद् *bei Seite treiben.* — Mit समुद् in समुत्सेध. — Mit उप *abwehren* —, *abhalten von* (Abl.) MBh. 7,42,8. Richtig अप ed. Vardh. 7,41,8. — Mit नि 1) *vertreiben.* — 2) *Jmd abwehren, abhalten, abzubringen suchen von Etwas* (Abl.), *es Jmd* (Acc.) *verbieten.* निषिद्ध *abgewehrt, abgehalten, dem man Etwas untersagt hat.* निषिद्धवत् *abgewehrt habend.* — 3) *Etwas abwehren* Bhatt. — 4) *Etwas verwehren, verbieten, untersagen. sich gegen Etwas erklären, Einspruch erheben;* mit Acc. der Sache. निषिद्ध *verwehrt, verboten, untersagt, verboten zu* (Infin.). — 5) * *Etwas verwehren, nicht aufkommen lassen,* so v. a. *übertreffen* (सादृश्ये) 251,8. — Caus. निषेधयति 1) *Jmd wehren, Jmd zurückhalten* Pańkad. — 2) *Etwas verwehren, verbieten, untersagen, negiren.* — Mit निस् *verscheuchen.* — Mit परा in परासेध. — Mit *परि, °षेधति und °सेधति (dieses in der Bed. *umherschwirren*) Bhatt. — *Desid. vom Caus. परिषिषेधयिषति. — Mit प्र Act. Med. *vorwärts treiben.* — Mit प्रति (°षेधति) 1) *vertreiben.* — 2) *Jmd abwehren, abhalten, abzubringen suchen von Etwas* (Abl.), *es Jmd* (Acc.) *verbieten.* Metrisch auch Med. प्रतिषिद्ध *abgewehrt, abgehalten, dem man Etwas untersagt hat.* — 3) *Etwas zurückhalten, unterdrücken.* प्रतिषिद्ध *unterlassen.* — 4) *Etwas verwehren, untersagen, verneinen* Âpast. 1,8,20. प्रतिषिद्ध *verwehrt, untersagt, verboten, verneint* Gaut. 3,30. 5,2. 12,27. 19,2. 22,33. 25,7. 8. Âpast. 1,21,14. 26,7. *verneint,* so v. a. *mit einer Negation versehen.* प्रतिषिद्धवत् *Etwas verwehrt* —, *untersagt habend.* — Caus. (प्रतिषेधयति) 1) *abwehren, abhalten, abweisen.* — 2) *Etwas verwehren, untersagen, verbieten* (Âpast. 1,28,3), *negiren.* — Mit विप्रति, °षिद्ध 1) *verwehrt, untersagt* Âpast. 1,13, 20. 2,14,10. 21,15. — 2) *entgegengesetzt, widersprechend* Âpast. 2,8,12. °म् Adv. = विप्रतिषेधेन (अजो वृज् so v. a. *bei dem Conflicte dieser beiden siegt* वृज् *über* अज्), पूर्वविप्रतिषिद्धम् = °षेधेन (s. पूर्वविप्रतिषेध Nachtr. 5). — Mit संप्रति *Jmd abhalten.* — Mit *वि (°सेधति) *sich hinbegeben zu* (Acc.).

2. सिध्, सिध्यति (metrisch oder ungenau auch Med.) 1) *zum Ziele kommen, treffen;* mit Loc. — 2) *frommen, fruchten, Erfolg haben, gelingen, in Erfüllung gehen, zu Stande kommen.* — 3) *entstehen.* — 4) *gültig sein.* — 5) *Jmd* (Gen.) *zu Theil werden.* — 6) *in Ordnung kommen, geheilt werden.* — 7) *sich aus Etwas ergeben, folgen, sich als richtig erweisen, bewiesen sein.* — 8) *sich in Jmds* (Gen.) *Willen fügen, nachgeben.* — 9) *sein Ziel erreichen, Erfolg haben* (von Personen). — 10) *das höchste Ziel erreichen, vollkommen* —, *glückselig werden.* — 11) सिद्ध a) *getroffen* (das Ziel). — b) *erfolgt, gelungen, zu Stande gekommen, erreicht, vollbracht, in Erfüllung gegangen.* — c) *eingegangen* (von Geldern). — d) *verfertigt, zubereitet, fertig gemacht, gekocht* u. s. w. — e) *gültig* in असिद्ध. — f) *zu Theil geworden.* — g) *eigenthümlich, eigen.* — h) *unvergänglich, unveränderlich.* — i) *in Ordnung gekommen, geheilt.* — k) *aus Etwas sich ergebend,* — *folgend, feststehend, sich als richtig erweisend, erwiesen, bewiesen.* — l) *feststehend,* so v. a. *bekannt,* — *in* (im Comp. vorangehend). °तर *bekannter, berühmter.* — m) *wirksam, Zauberkraft besitzend, wunderkräftig* (von leblosen Gegenständen) Karaka 6, 1. 9. 12. °तम 1, 3. — n) *zu Willen seiend, zu Jmds* (Gen.) *Verfügung stehend* (insbes. von Geistern und andern Zaubermitteln). — o) *der sein Ziel erreicht hat.* — p) *der das höchste Ziel erreicht hat, zur Vollkommenheit gelangt, Meister geworden in Etwas* (Dat. oder im Comp. vorangehend). — q) *vollkommen geworden,* so v. a. *in den Besitz übernatürlicher Kräfte gelangt, den Naturgesetzen nicht mehr unterworfen.* — r) f. सिद्धा am Ende von Hetärennamen. — *Caus. सेधयति *Jmds Wissen an den Tag legen.* — Mit अनु 1) *in Erfüllung gehen* Kâraṇḍ. 60,2. 85,15. Med. (!) 48,8. — 2) °सिद्ध *allmählich zu Stande gekommen.* — Mit अभि (°सिध्यति) 1) *gelingen, zu Stande kommen.* — 2) *erlangen, erreichen, gewinnen.* — Mit उप, °सिद्ध *zubereitet, fertig* (Speise) Gobh. 1,9,4. *zubereitet mit* (im Comp. vorangehend) Karaka 6,10. fg. शब्दोपसिद्ध wohl so v. a. *durch Zureden schmackhaft gemacht* (von Ekel erregenden Speisen) 8. — Mit प्र 1) *gelingen, erfolgen, zu Stande kommen.* Auch Med. — 2) *sich ergeben, seine Erklärung finden.* — 3) प्रसिद्ध a) *zu Stande gekommen* in अप्रसिद्ध. — b) *in Ordnung gekommen,* — *gebracht, geordnet.* — c) *bekannt.* — Mit संप्र, °सिद्ध *zubereitet.* — Mit सम् 1) *gelingen, zu Stande kommen.* — 2) *das höchste Ziel erreichen, glückselig werden.* — 3) संसिद्ध a) *zu Stande gekommen, in Erfüllung gegangen.* — b) *zu Theil geworden, erreicht, erlangt.* — c) *zurechtgemacht, bereitet, zubereitet* (von Speisen), *gemacht.* — d) *hergestellt, geheilt.* — e) *bereit zu* (Dat.). — f) *fest entschlossen.* — g) *befriedigt, zufriedengestellt.* — h) *geschickt* —, *erfahren in* (Loc.). — i) *der das höchste Ziel erreicht hat, der Vollkommenheit erlangt hat, glückselig.*

1. सिध्म॑ Adj. *geradeaus* (*auf's Ziel*) *gehend.*

2. सिध्म॑ 1) Adj. (f. आ॑) *weiss getüpfelt,* nach Anderen *aussätzig.* — 2) m. n. *eine der 18 Arten des grossen Aussatzes.* Nach Wise *lepra vulgaris.*

सिध्मन् m. n. *eine Art des kleinen Aussatzes.*

सिध्मपुष्पिका f. dass.

सिध्मल॑ 1) Adj. *aussätzig.* — 2) *f. आ a) *eine Art Aussatz.* — b) *getrockneter und zerriebener Fisch.*

*सिध्मवत् Adj. *aussätzig.*

*सिध्य m. *das sechste Mondhaus,* = पुष्य, तिष्य. — सिध्यापस्मारयोः: MBh. 12,11268 fehlerhaft für सिध्माप°.

सिध्र॑ Adj. (f. आ॑) 1) *dem Ziele zueilend.* — 2) *zum Ziele kommend, erfolgreich, wirksam.*

सिध्रक m. *ein best. Baum.*

*सिध्रकावण n. N. pr. *eines der 4 Götter-Haine*

*सिध्रकावत् anzunehmen für सैध्रकावत.

सिन॑ 1) n. a) *Bedarf, Proviant, Vorrath.* Nach Nigh. = अन्न. — b) * *Körper.* — 2) *Adj. (f. ई॑) = सित *weiss.* — 3) *m. *Careya arborea.* — 4) f. ई = सिनीवाली 1).

सिनवत् Adj. *den Bedarf* oder *Vorrath bildend; genügend* oder *reichlich.*

*सिनीपति m. N. pr. *eines Kriegers* Hariv. 2,35, 46. v. l. शि°.

सिनीवाक m. N. pr. eines Mannes MBH. 2,4,14. v. l. सिली°.

सिनीवाली f. N. pr. 1) einer Göttin, welche fruchtbar macht und die Geburt erleichtert; *die Genie des ersten Neumondstages* und *dieser Tag selbst*. Erscheint später als eine Tochter des Aṅgiras, Gattin Dhâtar's, Mutter Darça's und unter den Namen der Durgâ. — 2) eines Flusses.

सिनीवालीकुह्वशान्ति f. *eine best. Ceremonie zur Abwendung böser Folgen des Geborenseins an den Tagen* Sinîvâlî *und* Kuhû.

*सिन्दुक m. und *°का f. = सिन्दुवार.

सिन्दुवार m. *Vitex Negundo* 312,1. n. *die Beere*.

*सिन्दुवारक m. dass. RÂGAN. 4,153. BHÂVAPR. 1,205.

सिन्दूर 1) m. *a)* *ein best. Baum*. — *b)* N. pr. — 2) *f. ई *a) eine rothe Frauenkleidung*. — *b) Grislea tomentosa*. — *c)* = सिन्दूरपुष्पी. — *d)* = रोचनी. — 3) n. *a) Mennig* 292,22. Spr. 7745. 7798. VÂSAV. 38,4. 165,4. 192,2. 247,2. — *b)* * = राजलेख, राजलेखितद्रव्य und रक्तशासन.

*सिन्दूरकारण n. *Blei*.

1. सिन्दूरतिलक m. (adj. Comp. f. आ) *ein mit Mennig aufgetragenes Stirnzeichen* PAÑKAD.

2.*सिन्दूरतिलक 1) Adj. *ein Zeichen von Mennig auf der Stirn habend*. — 2) m. *Elephant*. — 3) f. आ *Weib*.

*सिन्दूरपुष्पी f. *eine best. Pflanze*, vermuthlich *eine Lilie*.

सिन्दूरप्रकार m. Titel eines Werkes.

सिन्दूररस m. *ein best. Quecksilberpräparat* BHÂVAPR. 2,102.

सिन्दूरित Adj. *dem Mennig ähnlich gemacht* ÇIÇ. 12,75.

सिन्ध in कुसिन्ध.

सिन्धु 1) m. f. *a) Fluss, Strom*. — *b) der Indus*. *m. Wird auch auf andere Flüsse übertragen. — 2) m. *a) Fluth überh.* (auch am Himmel). — *b) Meerfluth, Meer*. In der Bed. *Meer Bez. der Zahl vier* GAṆIT. BHAGAN. 3. — *c) das Nass der Lippen*. — *d)* * *das Wasser, welches der Elephant aus seinem Rüssel spritzt*. — *e)* * *Brunstsaft des Elephanten*. — *f) das am Indus belegene Land* und *dessen Bewohner* (Pl.). — *g) ein Fürst dieses Landes* (?). — *h)* Bez. Vishṇu's. — *i)* * *eine Art Borax*. Richtig सिन्धुतीरसंभव. — *k) ein best.* Râga. — *l)* N. pr. α) eines Fürsten der Gandharva. — β) *eines Schlangendämons. — γ) verschiedener Männer.

सिन्धुक 1) Adj. *am Indus geboren, von daher stammend* u. s. w. — 2) m. *a) Vitex Negundo*. — *b)* N. pr. eines Fürsten VP.[2] 4,195.

सिन्धुकन्या f. Patron. der Lakshmî. Auch सीरोद°.

*सिन्धुकफ m. *os Sepiae*.

*सिन्धुकर n. *eine Art Borax*. Wohl fehlerhaft.

सिन्धुकारिका KARAKA 6,23 fehlerhaft für सिन्धुवारिका.

सिन्धुक्षित् m. N. pr. eines Râgarshi.

*सिन्धुखेल m. *das am Indus belegene Land*.

सिन्धुगज्ञ m. N. pr. *einer von einem* Sindhu *errichteten Schatzkammer*.

सिन्धुज 1) Adj. *am Indus geboren, daher stammend* (Pferde). — 2) *f. आ Patron. der Lakshmî. — 3) n. *Steinsalz*.

*सिन्धुजन्मन् 1) m. *der Mond*. — 2) n. *Steinsalz*.

सिन्धुडा f. *eine best.* Râgiṇî S. S. S. 55.

सिन्धुतस् Adv. *aus dem* Sindhu.

*सिन्धुतीरसंभव n. *eine Art Borax*.

सिन्धुदत्त m. N. pr. eines Mannes.

सिन्धुदेश m. *das Indus-Gebiet*.

सिन्धुद्वीप m. N. pr. verschiedener Männer.

सिन्धुनद m. 1) *der Indus*. Auch auf einen Fluss im Süden übertragen. — 2) N. pr. eines Landes.

*सिन्धुनन्दन m. *der Mond*.

सिन्धुनाथ m. *das Meer*.

सिन्धुपति m. 1) *Fluthbeherrscher* ṚV. — 2) *ein Fürst der* Sindhu-*Anwohner*.

सिन्धुपत्नी Adj. f. *den* Sindhu *zur Herrin habend*.

*सिन्धुपथ m. gaṇa देवपथादि.

*सिन्धुपर्णी f. *Gmelina arborea*.

*सिन्धुपारज Adj. *am Indus geboren, daher stammend* (Pferde).

सिन्धुपिब m. Bein. Agastja's NAISH. 4,58.

*सिन्धुपुत्र m. 1) *der Mond*. — 2) *Diospyros tomentosa*.

*सिन्धुपुष्प m. *Muschel*.

सिन्धुप्रसूत n. *Steinsalz*.

सिन्धुमथ्य Adj. *bei der Quirlung des Meeres entstanden*.

*सिन्धुमन्थज n. *Steinsalz*.

1. सिन्धुमातर् f. *Mutter der Ströme*.

2. सिन्धुमातर् Adj. *die Fluth zur Mutter habend*.

*सिन्धुमित्र m. N. pr. eines Mannes.

सिन्धुर m. 1) *Elephant* Ind. St. 15,432. ÇUKAS. 1, 61. — 2) Bez. *der Zahl acht* GAṆIT. BHAGAN. 3.

*सिन्धुरद्वेषिन् m. *Löwe*.

सिन्धुराज m. 1) *der Flüsse Fürst, das Meer*. — 2) *ein Fürst der* Sindhu-*Anwohner*. — 3) N. pr. eines Muni.

सिन्धुराज्ञी Adj. f. *die* Sindhu *zur Königin habend*.

सिन्धुराव m. PAÑKAR. 1,6,17 fehlerhaft für सिन्धुवार *Vitex Negundo*.

सिन्धुल m. N. pr. des Vaters von Bhoga Fürsten von Dhârâ.

*सिन्धुलवण n. *Steinsalz*.

*सिन्धुवक्त्र N. pr. *einer Oertlichkeit*.

सिन्धुवार m. 1) *Vitex Negundo* Mat. med. 217. — 2) *ein *Pferd aus dem Indus-Lande*. Vgl. सिन्धुपारज.

सिन्धुवारक m., °वारिका f. (KARAKA 6,23) und *°वारित m. *Vitex Negundo*.

सिन्धुवासिनी f. N. pr. der Familiengottheit der Mâuṭi.

सिन्धुवाहस् Adj. etwa *die Fluth durchfahrend* oder *zur See fahrend*. Nach SÂJ. = नदीनां प्रवाहयिता.

सिन्धुवीर्य m. N. pr. eines Fürsten der Madra.

*सिन्धुवृष m. Bein. Vishṇu's.

*सिन्धुवेषण n. *Gmelina arborea*.

*सिन्धुशयन m. Bein. Vishṇu's.

सिन्धुषामन् n. Name eines Sâman ÂRSH. BR.

सिन्धुषेण m. N. pr. eines Fürsten der *Indus-Anwohner*.

सिन्धुसंगम m. *Flussmündung, Gemünde*.

*सिन्धुसागर *das zwischen den Indusmündungen und dem Meere gelegene Land*.

सिन्धुसुत m. Patron. des Gâlaṁdhara.

सिन्धुसृत्य n. *das Fliessen in Strömen*.

सिन्धुसौवीर m. 1) Pl. N. pr. eines im Indus-Gebiet wohnenden Volkes Ind. Antiq. 7,259. Im Comp. auch Bez. des Landes. — 2) *ein Fürst dieses Volkes*.

सिन्धुसौवीरक m. Pl. = सिन्धुसौवीर 1).

सिन्धूत्तम n. N. pr. eines Tîrtha.

सिन्धूत्थ 1) *m. *der Mond*. — 2) n. *Steinsalz*.

सिन्धूद्भव n. und *सिन्धूपल n. *Steinsalz*.

*सिन्व, सिन्वति v. l. für पिन्व.

सिन्व und सिन्वत् s. अ°.

*सिपिल m. N. pr. eines Mannes.

सिपुना f. *eine best. Pflanze* KAUÇ. 8,15.

सिप्र 1) *m. *a) Schweiss*. Vgl. सिप्राय. — *b) der Mond*. — 2) f. आ *a)* *a *woman's zone*. — *b)* *a *female buffalo*. — *c)* N. pr. eines bei Uggajinî vorbeifliessenden Flusses. — 3) n. N. pr. eines Sees, aus dem die Siprâ entspringt.

सिप्राय्, °यते *kalten Schweiss entlassen* KARAKA 3,10.

सिपिन्ना f. N. pr. eines Dorfes.

*सिभ्, सेभति (हिंसार्थ).

*सिम् Indecl. gaṇa चादि.

1. सिम Adj. 1) *jeder, all.* — 2) * = श्रेष्ठ.

2. सिम m. = शिम. Nach Mahîdh. = सीमा, रेखा.

सिमसिमाय्, °यते *brodeln, brutzeln, prasseln* Kâd. 43,19 (79,3). Im Prâkrit Bâlar. 264,2.

1. सिमा Adv. etwa *allenthalben.*

2. सिमा f. Pl. *das aus den* Mahânâmnî-*Versen gebildete* Sâman Ârsh. Br. Ait. Br. 5,7,4. Nom. abstr. °त्व n. ebend.

सिमिसिमाय्, °यते *prickeln.* Vgl. शिमिशिमाय्.

सिम्ब 1) m. N. pr. eines Mannes. — 2) *f. श्रा s. u. शिम्ब.

सिम्बराज m. N. pr. eines Autors Burnell, T.

सिम्बितिका f. *eine best. Hülsenfrucht.*

*सिम्भ्, सिम्भति (हिंसार्थ).

सिम्भुक m. *ein best. mythischer Vogel.*

*सिर m. = शिर *die Wurzel von Piper longum.*

सिरा f. 1) *Rinnsal.* — 2) *eine der drei Gattungen von Gefässen des menschlichen Körpers, welche Flüssigkeiten führen, Ader.* — 3) *Wasserader.* — 4) *aderartig sich kreuzende Linien.* — 5) **ein Geschirr zum Wasserschöpfen.* — Vgl. सीरा.

सिराजाल n. *Adernetz* Karaka 102,17. °वत् Adj. *mit einem A. bezogen* 108,1.

*सिरापत्त्र m. 1) *Ficus religiosa.* — 2) *Phoenix paludosa.*

*सिरापर्ण m. *eine Betelart* Râgan. 11,265.

सिराप्रहर्ष m. = सिराहर्ष.

*सिराबीज n. gaṇa राजदन्तादि.

*सिरामूल n. *Nabel.*

सिरामोक्ष m. *Aderlass* Karaka 6,11.

सिराम्बु n. *die Flüssigkeit in den Gefässen des Körpers, Blut* u. s. w. Hem. Par. 1,343.

सिराल 1) Adj. (f. श्रा) *mit vielen* oder *starken Adern versehen.* सितसूत्र° so v. a. *dessen Adern durch weisse Fäden dargestellt sind* Hemâdri 1,402, 21 (शि° gedr.). — 2) m. Pl. N. pr. eines Volkes. — 3) *f. श्रा *eine best. Pflanze.* — 4) *n. *die Frucht von Averrhoa Carambola.*

*सिरालक m. *Vitis quadrangularis.*

सिरालु Adj. = सिराल 1). Wohl fehlerhaft.

*सिरावृत्त n. *Blei.*

सिरावेध m., °वेधन n. (Karaka 6,7), °व्यध m. und °व्यधन n. *Aderlass.*

सिराहर्ष m. *eine gesteigerte Form von* सिरोत्पात.

*सिरिध (Kâç.) und *सिरिन्ध gaṇa कुलालादि.

सिरी m. etwa *Weberschiff.*

सिरोत्पात m. *eine best. Krankheit des Weissen im Auge.*

*सिल्, सिलति (उञ्छे). Vgl. शिल्.

सिलक m. N. pr. v. l. für शिलक.

सिलाची f. *eine best. heilkräftige Pflanze.*

सिलाञ्जाला f. wohl *eine best. Pflanze.*

सिलिकमध्यम Adj. als Beiw. der Sonnenrosse.

सिलीवाक m. N. pr. eines Mannes. v. l. सिनी°.

*सिल्लकी f. = शल्लकी *Weihrauchbaum.*

सिल्लन m. N. pr. eines Mannes.

सिल्लराज m. desgl.

*सिल्ह m. *Olibanum.*

*सिल्हक 1) m. dass. Auch सिह्लक. — 2) f. ई *Weihrauchbaum, Liquidambar orientale* Mat. med. 166. Bhâvapr. 1,187.

सिल्हकमय Adj. *aus Olibanum gemacht* Hemâdri 1,435,9 (सिह्लकमय gedr.).

*सिल्हभूमिका f. *Weihrauchbaum.* सिह्ल° geschrieben.

*सिल्हसार n. *Olibanum.* सिह्ल° geschrieben.

सिव्, सीव्यति, °ते (vedisch) *nähen, annähen* Çiç. 18,29. स्यूत *genäht, angenäht* Hem. Par. 1,111. — Caus. सीवयति dass. Lalit. — *Desid. सुस्यूषति Mahâbh. 1,265,b. — Mit व्यति *zusammennähen* Naish. 4,69. — Mit अनु, °स्यूत *verwebt mit* (im Comp. vorangehend). — 2) *anhaltend (Lachen). — Mit अभि *umnähen mit* (Instr.). — Mit आ, आस्यूत *zusammengenäht aus* (Instr.). — Mit उद् *einnähen.* — Mit नि, निष्यूत *eingenäht,* so v. a. *gestickt.* — *Caus. Aor. न्यसीषिवत्. — Mit परि (°षीव्यति) *umnähen, umschlingen.* — *Caus. Aor. पर्यसीषिवत्. — Mit प्र *zunähen.* — Mit प्रति (°षीव्यति) *annähen* Âpast. Çr. 10,8,13. — Mit वि (°षीव्यति) *an verschiedenen Stellen annähen, durchnähen.* — Mit सम् 1) *zusammennähen.* — 2) संस्यूत a) *durchstochen.* — b) *zusammengenäht,* so v. a. *untrennbar verbunden.* — Vgl. असंस्यूत Nachtr. 1.

सिवत (?) m. Pl. N. pr. eines Volkes.

*सिवर m. *Elephant.*

*सिषंग्रामयिषु Adj. = सिसं°.

सिषाधयिषा f. *die Absicht zu beweisen.*

सिषाधयिषु Adj. 1) *Etwas* (Acc.) *zu Wege zu bringen beabsichtigend, Etwas im Auge habend* Baudh. 4,8,15. Ind. St. 15,276. — 2) *zu beweisen beabsichtigend.* — Auch सिसा° geschr.

सिषासतु Adj. *zu gewinnen begierig,* mit Gen.

सिषासनि Adj. dass.

सिषासु Adj. 1) *zu empfangen* oder *zu gewinnen begierig.* — 2) *zu geben bereit.*

सिषेवयिषु Adj. mit Acc. *zu verehren beabsichtigend.*

सिष्णासु Adj. *zu baden beabsichtigend* MBh. 8, 94,30.

सिष्णु Adj. *zu geben bereit* ṚV.

सिसंग्रामयिषु Adj. *zu kämpfen beabsichtigend* Bhaṭṭ.

*सिसनिस् Adj. vom Desid. von 1. सन्.

सिसाधयिषु Adj. = सिषा°.

सिसिक्षा f. *die Absicht zu begiessen* Çiç. 8,35.

सिसृक्षा f. *die Absicht zu schaffen;* das Object im Gen. oder im Comp. vorangehend.

सिसृक्षु Adj. mit Acc. 1) *auszustossen —, auszuschütten beabsichtigend.* — 2) *zu schaffen —, hervorzubringen beabsichtigend.*

सिस्नासु Adj. = सिष्णासु Kâd. 41,15 (75,2).

*सिहुण्ड m. *Euphorbia antiquorum.*

*सिह्ल m. s. सिल्ह.

*सिह्लक m., सिह्लकमय, *सिह्लभूमिका f. und *सिह्लसार n. s. सिल्हक, सिल्हकमय, सिल्हभूमिका und सिल्हसार.

1. *सी *eine gerade Linie ziehen, gerade richten;* vielleicht anzunehmen für सीता u. s. w.

2. सी f. in गृध्रसी.

*सीक्, सीकते = शीक्.

सीकर = शीकर hier und da auch in den Bomb. Ausgg.

सीक्ष् s. Desid. von 1. सह्.

सीखा f. N. pr. eines Dorfes.

सीचापू f. *ein best. Vogel.*

सीत् s. शीत्.

सीतवन n. N. pr. eines Wallfahrtsortes MBh. 3, 83,59. Auch सीतावन geschrieben.

सीता f. 1) *Furche.* सीताशिरस् n. Kauç. 20. — 2) personificirt als सीता सावित्री, als Indra's und Râma's Gattin (identificirt mit der Lakshmî) und als eine Form der Dâkshâjaṇî. — 3) Titel einer Upanishad. — 4) N. pr. a) eines Flusses. Nach den Lexicographen = व्योमगङ्गा, गङ्गाभेद und स्वर्गगङ्गा. — b) einer Dichterin.

सीताकल्याण Titel eines Kâvja Opp. Cat. 1.

सीताकुण्ड N. pr. *einer der* Sîtâ *geweihten und mit Wasser gefüllten kleinen Höhlung im Erdboden.*

सीतागोप्तर् Nom. ag. *Beschützer der Furche.*

सीताजानि m. Bein. Râma's Çukas. 1,24.

सीतातीर्थमाहात्म्य n. Titel Burnell, T.

सीताद्रव्य n. *Ackergeräthe.*

सीतानदी f. N. pr. eines *Flusses* Hem. Par. 1,393.

सीतानन्द m. Titel eines Schauspiels Burnell, T.

सीतापति m. Bein. Râma's.

1. सीतायज्ञ m. *ein der Furche geltendes Opfer* Pâr. Gṛhj. 2,13,7. 17,1. Gobh. 4,4,30.

2. सीतायज्ञ Adj. *der Furche opfernd.*

सीताराघवनाटक n. Titel eines *Schauspiels* Opp. Cat. 1.

सीतारामविहारकाव्य n. Titel eines Kâvja.

सीतारामानुजीय n. desgl. Opp. Cat. 1.

सीतारामस्तोत्र n. Titel eines Stotra Burnell, T.

सीतालोष्ट und ०लोष्ठ m. n. *ein aus einer Furche genommener Erdkloss* Gobh. 4,9,20.

सीतावन n. s. u. सीतवन.

सीतावल्लभ m. Bein. Râma's.

सीताविवाह m. (Burnell, T.), सीतासहस्रनामन् n. (ebend.), सीतास्तव m., सीतास्तुति f. (Opp. Cat. 1) und सीतास्वयंवर m. (ebend.) Titel.

*सीतीलक m. = सतीलक.

सीतोपनिषद् f. Titel einer Upanishad Opp. Cat. 1.

सीत्कार m. u. s. w. s. शीत्कार u. s. w.

*सीत्य 1) Adj. *gepflügt*. — 2) n. *Getraide*.

सीद् s. 1. सद्.

सीद in कुसीद.

सीदन्तीय n. Name verschiedener Sâman Ârsh. Br.

*सीद्य n. *Trägheit*.

सीधु m. (*f. n.) 1) *Branntwein aus dem Saft des Zuckerrohrs, Rum* Çiç. 10,11. Vgl. Mat. med. 266. — 2) uneigentlich so v. a. *Nektar*.

*सीधुगन्ध m. *Mimusops Elengi*.

*सीधुपुष्प 1) m. *a)* dass. — *b) Nauclea Cadamba* Râǵan. 9,101. — 2) f. ई *Grislea tomentosa*. v. l. स्वाडु° Râǵan. 6,217.

*सीधुरस m. *Mangifera indica*.

*सीधुसंज्ञ m. *Mimusops Elengi*.

*सीध n. *After*.

सीप m. *ein best. Opfergefäss*.

*सीपाल und *सीपालिका s. शी°

सीबला f. *eine best. auf dem* Himavant *wachsende Pflanze* TBr.

सीम् enklitische Partikel nach einem Pronomen oder einer Präposition, selten nach einem Verbum, mit kaum hervortretender Bedeutung, etwa wie — περ, — *cumque*.

सीम = सीमन्, सीमा *Grenze*. ग्रामसीमे Ind. Antiq. 1876, S. 51.

सीमक am Ende eines adj. Comp. von सीमन् *Grenze, Markung eines Dorfes*.

सीमन् 1) m. *Haarscheide, Scheitel*. — 2) f. n. *Grenze* (auch in übertragener Bed.) Bâlar. 276,20. — 3) f. *a) Markung eines Dorfes*. — *b) die äusserste Grenze, Höhepunct, das Non plus ultra* Ind. Antiq. 9,185. — *c) Hodensack*. — 4) **eine best. hohe Zahl* (buddh.).

सीमन्त m. (*n.) 1) *Scheitel*. Am Ende eines adj. Comp. f. आ Hem. Par. 2,69. — 2) so v. a. सीमन्तोन्नयन. — 3) *Scheidelinie am Körper*, deren vierzehn angenommen werden, und die den Fugen der Knochen entsprechen. — 4) *Grenze*. — 5) N. pr. *a)* eines Fürsten. — *b)* eines Dichters. — Hariv. 3812 fehlerhaft für 2. सीमान्त.

सीमन्तक 1) Adj. (f. ०न्तिका) *mit einem Scheitel versehen* (zum Zeichen der Schwangerschaft) Gṛhjâs. 1,109. — 2) *m. *a) Scheitel* Gal. — *b)* N. pr. eines Fürsten in einer der 7 Höllen der Ǵaina. — 3) *n. *a) Mennig* Râǵan. 13,51. — *b) eine Art Rubin* Garbe zu Râǵan. 13,151.

सीमन्तकरण n. = सीमन्तोन्नयन Gobh. 2,7,1.

सीमन्तदृश्वन् (wohl सीमान्त°) Adj. = पारदृश्वन् Harshaḱ. 155,11.

सीमन्तमणि m. = चूडामणि 1) Prasannar. 156,2.

सीमन्तय्, ०यति *scheiteln*, so v. a. *in einer geraden Linie durchschneiden* Kâd. 2,121,12 (149,6). Bâlar. 16,12. Çiç. 12,75. सीमन्तित 3,80.

सीमन्तवन्त् Adj. *gescheitelt, von einer geraden Linie durchschnitten*.

सीमन्तिन् 1) Adj. *gescheitelt* (Haare, eine Schwangere) Gṛhjâs. 1,109, v. l. — 2) f. ०नी *a) Weib*. — *b)* N. pr. eines Frauenzimmers.

सीमन्तोन्नयन n. *das Ziehen des Scheitels* (an einer Schwangeren) Gaut.

सीमंधरस्वामिन् m. N. pr. eines Ǵina Hem. Par. 9,95.

सीमलिङ्ग n. *Grenzzeichen*.

1\. सीमा f. (adj. Comp. f. आ) 1) *Scheitel* in सुसीम. — 2) *Grenze* Spr. 7783. — 3) *Markung eines Dorfes*.

2\. सीमा f. Pl. = 2. सिमा Comm. zu Çat. Br. 13, 3, 2, 2.

सीमाकृषाण Adj. *an der Grenze einer Mark pflügend*.

सीमागिरि m. *ein die Grenze bildender Berg*.

सीमातिक्रमणोत्सव m. *ein in der Ueberschreitung der Mark bestehendes Fest*.

सीमाधिप m. *Grenzwächter, Markgraf*.

1\. सीमान्त m. 1) *Grenze*. ०भूपाल m. *ein angrenzender Fürst* Ḱampaka 143 (सीमाल fehlerhaft). In übertragener Bed. so v. a. *Schranken*. — 2) *Markung eines Dorfes*.

2\. सीमान्त Adj. (f. आ) *durch eine Mark begrenzt* Hariv. 2,16,6.

सीमान्तर n. *Markung eines Dorfes*.

सीमान्तलेखा f. *die äusserste Grenze* Kâd. 135,16 (238,2). So v. a. *das Non plus ultra* 139,12 (245,2).

सीमापहारिन् Adj. *der Grenzzeichen fortnimmt*.

सीमापाल m. *Grenzwächter, Markgraf* Pańkat. ed. Bomb. 3,59,2.

सीमाल Ḱampaka 143 fehlerhaft für 1. सीमान्त.

सीमालिङ्ग n. *Grenzzeichen*.

सीमावाद m. *Grenzstreitigkeit* M. 8,253. Vikramâṅkaḱ. 8,84.

सीमाविवाद m. dass. 212,23.

सीमावृक्ष m. *ein als Grenzzeichen dienender Baum*. In übertragener Bed. so v. a. *Einer, nach dem sich alle Andern richten*.

सीमासंधि m. *ein Ort, an welchem zwei Marken zusammenstossen*.

सीमासेतु m. *Grenzdamm, — zeichen*.

सीमिक 1) *m. *a) ein best. Baum*. — *b) ein best. kleines Insect*. — *c) Ameisenhaufe*. — 2) f. आ *Ameise*.

*सीमीक m. fehlerhaft für सीमिक.

सीयक m. N. pr. eines Fürstengeschlechts Ind. Antiq. 6,51. 53.

सीर 1) m. n. (dieses in der älteren Sprache) *Pflug* Maitr. S. 2,11,4 (141,15). — 2) m. *a)* so v. a. *Pflugochs* Kauç. 39,30. — *b)* **die Sonne*. — *c)* **Calotropis gigantea*.

*सीरक m. *Delphinus gangeticus*.

सीरदेव m. N. pr. eines Grammatikers.

सीरध्वज m. 1) Bein. *a)* Ǵanaka's Bâlar. 11,12. — *b)* Balarâma's VP. 4,1,36. — 2) N. pr. eines Sohnes des Hrasvaroman.

सीरपति m. *Herr des Pflugs*.

*सीरपाणि m. Bein. Balarâma's.

सीरभृत् m. desgl.

सीरयोग m. *ein an den Pflug gespannter Stier* Kauç. 27.

सीरवाह Adj. *den Pflug ziehend*.

सीरवाहक m. *Pflüger*.

सीरा f. *Strom*. Vgl. सिरा.

सीरायुध m. Bein. Balarâma's Kâd. 225,23 (371. 8. 9). VP. 4,1,38.

सीरिन् 1) Adj. Subst. *pflügend, Pflüger*. — 2) m. Bein. Balarâma's Veṇîs. 171.

सीर्य in परिसीर्य.

सील n. = सीर *Pflug* Kap. S. 28,8.

*सीलन्ध m. *ein best. Fisch*. सीलन्ध Bhâvapr. 2,12.

*सीलमा f. nach Sâj. zu RV. 10,75,8 = सीराणि यदोषध्या रज्जुभूतया बध्यन्ते सा.

सीलमावती Adj. f. von unbekannter Bed.

सीलार m. N. pr. eines Fürstengeschlechts Ind. Antiq. 5,277. Vgl. शीलारवंश.

सील्हन m. v. l. für शिल्हन.

सीव् s. सिव्.

सीवक Nom. ag. *Näher*; f. ०विका *Näherin*.

सीवन n. 1) *das Nähen*. — 2) f. ई *a) frenulum praeputii* Ḱaraka 6,24. — *b) der unterhalb des*

Afters gelegene Theil beim Pferde Açvav. 2,28.

सीव्य Adj. zu nähen Kâraka 6,13.

सीस 1) n. Blei (Râǵan. 13,1. 24. Gaut.); Bleigewicht (des Webers). — 2) Adj. (f. आ) bleiern.

सीसक 1) m. n. Blei Râǵan. 13,24. — 2) *m. = ग्रूल.

*सीसज n. Mennig Garbe zu Râǵan. 13,51.

*सीसपत्त्र n. und *°क n Blei.

सीसर m. N. pr. eines gespenstischen Hundes.

सीह् in सुगन्धि°.

*सीहर gaṇa सख्यादि.

*सीहुण्ड m. Euphorbia antiquorum.

1. सु, सुनोति (auch Med.), सुन्वान und सुवान (स्वान zu sprechen und fast immer passivisch); *सुषुवाण ved. 240,3. 1) auspressen, keltern (den Soma). — 2) brauen (सुराम्) Bhatt. — 3) सुत ausgepresst, gekeltert. — Mit अधि auspressen, keltern. — Mit अभि (°षुणोति 1) kelternd verarbeiten, pressen, mit Steinen ausschlagen, mit Flüssigkeit ansetzen und ausdrücken. Partic. अभिषुत. — 2) bespritzen mit (Instr.) Bhatt. — *Caus. अभिषावयति. — Mit अत्यभि darüber hinaus keltern Âpast. Çr. 14,20,3. — Mit आ keltern u. s. w. — Mit उद् aufregen. Der Bedeutung nach eher zu 2. सु. — Mit *निस्, निःषुणोति. — Mit *परि, °षुणोति. — Mit प्र, प्रसुत 1) fortgesetzt gepresst. — 2) fortgesetzt gekeltert habend. — Caus. प्रसावयति fortgesetzt keltern lassen. — Mit वि zerkeltern, auspressen. — Mit सम् gleichzeitig (Soma) keltern Âpast. Çr. 14,19,1. Partic. संसुत. — Mit अभिसम् gleichzeitig keltern für (Acc.).

2. सु = 1. सू. Davon सौति (erst Çat. Br.) und सुह्वि (v. l. सूह्वि). Partic. सुत veranlasst, angetrieben Çat. Br. 9,3,4,5. 4,3,12. 13).

3. सु Adj. in दावसु.

4. सु = 2. सू. Nur प्रसवति (selten), प्रसौति (desgl.), सुत Sohn und सुषुति.

5. *सु, सवति (गतौ).

6. सु, सू Adv. wohl, gut; überhaupt verstärkend oder versichernd: gewiss, leichtlich, völlig u. s. w. wie wohl in älteren deutschen Liedern. Steht selbständig nie am Anfange eines Verses. Häufig am Anfange eines Comp. vor Adjectiven und Substantiven; in der späteren Sprache auch in Verbindung mit einem Absol.

सुऊति f. gute Hülfe.

सुंसमार m. = शिशुमार Pańkad. 24; vgl. N. 111.

सुंक m. = शुक Papagei AV. 1,22,4.

सुकक्ष m. N. pr. eines Âṅgirasa.

सुकङ्कवत् m. N. pr. eines Berges. वेकङ्क v. l.

*सुकटंकर Adj. zur Verfertigung von Matten wohl geeignet.

*सुकण्टका f. Aloe indica Râǵan. 5,47.

सुकण्ठ 1) Adj. (f. ई) eine schöne Stimme habend. — 2) m. N. pr. eines Sängers. — 3) f. ई a) *das Weibchen des indischen Kuckucks Râǵan. 19,111. — b) N. pr. einer Apsaras Bâlar. 89,9.

*सुकण्डु m. heftiges Jucken, Krätze.

सुकथा f. eine schöne Geschichte.

*सुकन्द m. die Wurzel von Scirpus Kysoor.

सुकन्दक m. 1) *Zwiebel. — 2) *eine Arum-Art. — 3) *Yamswurzel. — 4) Pl. N. pr. eines Volkes.

*सुकन्दन m. v. l. für सुकुन्दन.

*सुकन्दिन् m. Amorphophallus campanulatus.

*सुकन्यक Adj. eine hübsche Tochter habend.

सुकन्या f. N. pr. einer Tochter Çarjâta's (Çarjâti's) und Gattin Kjavana's Harshaḱ. 17,14 (°कन्यका gedr.).

*सुकन्याक m. = *सुकन्यक.

सुकपर्द Adj. (f. आ) schönes Haargewinde habend Maitr. S. 2,7,5 (80,9).

सुकपोल Adj. (f. आ) schönwangig. सुकपोलास्य Adj. ein Gesicht mit schönen Wangen habend.

सुकमल n. eine schöne Lotusblüthe.

सुकम्बल m. (adj. Comp. f. आ) eine schöne Wamme Hemâdri 1,436,19.

सुकर Adj. (f. आ) 1) leicht ausführbar, — für (Gen.), leicht zu (Infin.). — 2) *leicht zu behandeln, fügsam, fromm (Kuh). — 3) *mit Leichtigkeit Etwas ausführend. — zu Wege bringend.

सुकरतरक Adj. ganz leicht auszuführen.

सुकरत्व n. Nom. abstr. zu सुकर 1).

सुकरसंधि Adj. leicht zu vereinigen, — zusammenzufügen Spr. 4971, v. l.

सुकरीर Adj. (f. आ) Maitr. S. 2,7,5 (80,9) wohl fehlerhaft für सुकुरीर, wie VS. liest.

1. सुकर्ण m. ein hübsches Ohr.

2. सुकर्ण 1) *Adj. schönohrig. — 2) m. N. pr. eines Râkshasa. — 3) *f. आ und ई die Koloquinthen-Gurke Râǵan. 3,57. — 4) *f. ई Salvinia cucullata Râǵan. 3,54.

*सुकर्णक 1) m. ein best. Knollengewächs. — 2) f. °र्णिका Salvinia cucullata.

सुकर्णिक Adj. eine schöne Samenkapsel habend (Lotusblüthe) Hemâdri 1,628,17.

1. सुकर्मन् n. ein gutes Werk.

2. सुकर्मन् 1) Adj. a) kunstfertig, geschickt; m. Künstler. Nach den Lexicographen der Künstler der Götter. — b) tugendhaft. — 2) m. a) ein best. astrol. Joga. — b) N. pr. α) eines Fürsten. — β) eines Lehrers. — γ) Pl. einer Klasse von Göttern unter dem 12ten und 13ten Manu.

सुकल 1) *Adj. der von seinem Vermögen den richtigen Gebrauch macht, der da spendet und geniesst. — 2) m. N. pr. eines Mannes.

सुकलत्त्र n. eine gute Ehefrau 134,1.

सुकलित MBh. 7,1447 fehlerhaft für सुकलिल.

सुकलिल Adj. gut besetzt, vollzählig MBh. 7,32,75.

सुकल्प Adj. 1) leicht zu machen, — einzurichten. — 2) einer Sache vollkommen gewachsen, überaus geschickt. — 3) vollkommen gesund. Richtig सुकल्य.

सुकल्पित Adj. gut ausgerüstet MBh. 8,20,40.

सुकल्य s. u. सुकल्प 3).

सुकवि m. ein guter Dichter Spr. 7820. Nom. abstr. °ता f.

सुकष्ट Adj. sehr schlimm (eine Krankheit).

*सुकाण्ड m. und *सुकाण्डिका f. Momordica Charantia.

*सुकाण्डिन् m. Biene.

सुकान्त Adj. sehr hübsch (Jüngling) 126,27.

सुकान्ति m. N. pr. eines Mannes.

सुकामद Adj. (f. आ) Wünsche reichlich gewährend Hemâdri 1,270,10.

सुकामव्रत n. eine best. Begehung. v. l. काम्यव्रत.

*सुकामा f. Ficus heterophylla.

सुकाल und सुकालिन् m. Pl. eine best. Gruppe von Manen.

*सुकालुका f. fehlerhaft für सुवालुका.

सुकाशन Adj. schön scheinend, — schillernd.

*सुकाष्ठक n. Pinus Deodora oder eine andere Species.

*सुकाष्ठा f. wilder Pisang und = कटुी.

सुकिंशुक Adj. als Beiw. des Wagens der Sûrjâ nach den Erklärern = सुकाशन oder mit schönen Blüthen versehen.

1. सुकीर्ति f. würdiges Lob, würdiger Preis.

2. सुकीर्ति 1) Adj. a) wohl —, leicht zu preisen. — b) ruhmreich. — 2) m. 1) N. pr. des Liedverfassers von RV. 10,131. — b) Bez. dieses Liedes Vaitân.

सुकुन्ति f. N. pr. einer Gandharva-Jungfrau Kâraṇḍ. 4,20.

सुकुचा Adj. f. einen schönen Busen habend.

सुकुट्ट m. Pl. N. pr. eines Volkes MBh. 2,14,26.

सुकुट्य m. Pl. desgl.

सुकुण्डल m. N. pr. eines Sohnes des Dhṛtarâshṭra.

*सुकुन्दक m. Zwiebel.

*सुकुन्दन m. eine best. Pflanze, = बर्बर.

सुकुमल Pańkat. 159,25 fehlerhaft für सुकोमल.

सुकुमार 1) Adj. (f. ई) *zart*. Compar. °तर Vâsav. 264,4. m. *ein zarter Jüngling*. — 2) m. a) * *Zuckerrohr*. — b) * *Jonesia Asoca*. — c) * *wilder* Kampaka. — d) * *Panicum frumentaceum*. — e) * *schwarzer Senf*. — f) * = प्रियङ्गु. — g) N. pr. α) eines Schlangendämons. — β) verschiedener Fürsten. — γ) eines Varsha. — 3) * f. आ a) *Jasminum Sambac*. — b) *Jasminum grandiflorum*. — c) *Musa sapientum*. — d) *Hibiscus rosa sinensis*. — e) *Trigonella corniculata*. — 4) f. ई a) * *Jasminum Sambac* und *grandiflorum*. — b) N. pr. eines Flusses VP. 2,4,65.

सुकुमारक 1) Adj. *zart*; m. *ein zarter Jüngling*. — 2) m. a) * *Zuckerrohr*. — b) N. pr. eines Sohnes des Gâmbavant VP. 4,13,18. — 3) n. a) *ein best. Theil des Ohres*. — b) * *Zimmetblatt* Râǵan. 6,175.

सुकुमारता f. (Gâtakam. 9,59) und सुकुमारत्व n. *Zartheit*.

सुकुमारवन n. N. pr. eines *Waldes*.

*सुकुमारिक Adj. *eine hübsche Tochter habend*.

सुकुमाल Adj. = सुकुमार 1) Pańkad.

सुकुरीर Adj. (f. आ) *einen schönen Kopfschmuck habend*.

1. सुकुल n. *ein edles Geschlecht*. °ज Adj. und °जन्मन् n.

2. सुकुल Adj. (f. आ) *aus edlem Geschlechte stammend*. Nom. abstr. °ता f.

सुकुलीन Adj. dass.

सुकुसुमा f. N. pr. einer der Mütter im Gefolge Skanda's.

सुकूर्कुर m. N. pr. eines den Kindern nachstellenden Dämons.

सुकृत् Adj. 1) *Gutes thuend, — erweisend; rechtschaffen, gut, fromm*. Compar. सुकृत्तर, Superl. सुकृत्तम. *Die Guten, Frommen* in ausgezeichnetem Sinne sind *die hingeschiedenen Väter, welche im Jenseits in der Welt der Guten den Lohn ihrer Werke geniessen*. — 2) *geschickt*; m. *Künstler*.

1. सुकृत 1) n. *eine gute That, ein gutes Werk; Rechtschaffenheit, Tugend; Verdienst der guten Werke*. सुकृततम् Spr. 7732. — b) *eine gute That in Bezug auf Jmd, Wohlthat, Dienst, Gefallen*. — c) *die Welt der Tugend, der Himmel*. — 2) Adj. *richtig gemacht*.

2. सुकृत 1) Adj. (f. आ) *recht —, richtig gemacht, — ausgeführt, — zubereitet, wohlgethan; wohl gebildet, geschmückt, gut eingerichtet, schmuck* (MBh. 1,185,19. R. 2,15,34). लोके m. so v. a. सुकृतस्य लोकः; कर्मन् n. *ein gutes Werk*; सुकृतान्यपि कर्माणि राजभिः so v. a. *obgleich die Thaten, welche die Fürsten vollbrachten, gute Thaten* (waren); मति f. *ein richtig gefasster Beschluss*; अनर्थ m. *wieder gut gemacht*; मम तत्सुकृतं त्वया *damit hast du gut an mir gehandelt*; किमत्र सुकृतं भवेत् und किं कृते सुकृतं भवेत् so v. a. *was thäte man (hier) am besten?* सुकृतं ते ऽस्तु *mögest du es wieder gut machen*. — 2) m. N. pr. a) eines Praǵâpati VP.² 3,5. — b) eines Sohnes des Pṛthu. — 3) f. सुकृता N. pr. eines Flusses VP. 2,4,11.

3. सुकृत Adj. angeblich = स्वकृत.

1. सुकृतकर्मन् n. *ein gutes —, verdienstliches Werk*. *°कर्मकारिन् Adj. *gute Werke vollbringend*.

2. सुकृतकर्मन् Adj. *guten Werken obliegend, tugendhaft*.

सुकृतकृत् Adj. dass. M. 3,37.

सुकृतद्वादशी f. *ein best. zwölfter Tag*. °व्रत n. *eine best. Begehung*.

सुकृतभाज् Adj. *mit Verdienst verbunden, verdienstlich* Vâsav. 162,1.

सुकृतव्रत n. *eine best. Begehung*.

सुकृतात्मन् Adj. *dessen Geist schön gebildet, — geläutert ist*.

सुकृतार्थ Adj. *der sein Ziel vollkommen erreicht hat* Kathâs. 99,42 zu vermuthen für स्वकृ°.

सुकृताशा f. *die Hoffnung auf Belohnung der guten Werke* Âpast. 1,20,12.

1. सुकृति f. *eine gute*, d. i. *richtige Handlungsweise*.

2. सुकृति 1) Adj. *der Gutes thut, rechtschaffen, tugendhaft*. — 2) m. N. pr. a) eines Sohnes des Manu Svârokisha. — b) eines der 7 Ṛshi im 10ten Manvantara. — c) eines Sohnes des Pṛthu.

सुकृतित्व n. Nom. abstr. zu सुकृतिन् 1) a).

सुकृतिन् 1) Adj. a) *guten Werken obliegend, tugendhaft*. — b) *dem es wohlergeht, glücklich*. — c) *klug, gebildet*. — 2) m. N. pr. eines der 7 Ṛshi unter dem 10ten Manu.

*सुकृत्य्, सुकृत्यति Denomin. von सुकृत.

1. सुकृत्य n. 1) *ein gutes Werk, das man zu vollbringen hat, Pflicht*. — 2) *eine gute* oder *richtige Handlung*.

2. सुकृत्य 1) Adj. *seinen Pflichten obliegend*. — 2) *m. N. pr. eines Mannes.

सुकृत्यप्रकाश m. Titel eines Werkes.

सुकृत्या f. *Kunstfertigkeit* und *ein gutes, richtiges Thun, Tugend*.

सुकृत्वन् Adj. *geschickt* oder *rechtthuend*.

सुकृष्ट Adj. *wohlgepflügt* R. Gorr. 2,46,5. 109,22.

सुकृष्ण Adj. *überaus schwarz*.

सुकेत 1) Adj. *gute Absichten habend, wohlgesinnt*. — 2) m. N. pr. eines Âditja.

सुकेतन m. N. pr. eines Sohnes des Sunîtha.

सुकेतर m. *eine best. Personification* (mit der Sonne identificirt) Pâr. Gṛhj. 3,4,14. सुकेता f. nach Stenzler.

सुकेतु 1) Adj. (f. eben so) *sehr hell*. — 2) m. N. pr. a) eines Fürsten der Jaksha und Vaters der Tâḍakâ. — b) verschiedener Fürsten.

सुकेतुसुता f. Patron. der Tâḍakâ Bâlar. 35,19.

सुकेश 1) Adj. (f. ई und *आ) a) *schönes Haupthaar habend*. — b) * *etwa mit einer Art Andropogon stark bewachsen* Siddh. K. zu P. 4,1,54. — 2) m. N. pr. eines Râkshasa. — 3) f. ई N. pr. a) einer Apsaras. — b) einer Surâṅganâ Ind. St. 15,243. — c) einer Tochter Ketuvîrja's.

सुकेशन् m. N. pr. eines Mannes.

सुकेशान्त Adj. (f. आ) *schönes Haupthaar habend* Hemâdri 1,593,1 (सुकेशत्त gedr.).

सुकेशि m. N. pr. eines Râkshasa.

सुकेशिन् 1) m. desgl. — 2) *f. °नी *eine best. Pflanze*.

*सुकेशीभार्य Adj. *eine Schönhaarige zur Gattin habend*.

सुकेसर 1) *m. *Citrus medica*. — 2) n. Bez. *zweier Metra*. — °केशर fehlerhaft.

सुकोमल Adj. *sehr weich, — zart*.

*सुकोली f. *eine best. Knolle*.

*सुकोशक m. *Mangifera sylvatica*.

*सुकोशा f. *eine Luffa*.

सुकोसला f. N. pr. einer Stadt Pat. zu P. 4,3,66, Vârtt. 4.

*सुक्काष्ठ n. *auf dem Stamme dürr gewordenes Sandelholz* Râǵan. 12,10.13.

सुक्ति m. N. pr. eines Berges Mârk. P. 58,24. Richtig wohl शुक्ति.

सुक्रतु 1) Adj. *einsichtig, weise, klug, geschickt*. — 2) m. N. pr. verschiedener Fürsten.

सुक्रतूय्, °यते *seine Weisheit zeigen* RV.

सुक्रतूया f. *Einsicht, Erleuchtung*.

सुक्रय m. *ein ehrlicher Kauf* Hemâdri 1,447,23. 448,4.

सुक्रीडा f. N. pr. einer Apsaras Kâraṇḍ. 3,16.

सुक्रुद्ध Adj. *sehr aufgebracht*.

सुक्रूर Adj. *überaus grausig, — schrecklich* MBh. 10,8,137.

सुक्लेश Adj. *mit grossen Leiden verbunden*.

*सुक्वाण m. *schöner Klang*.

सुक्षत Adj. *sehr versehrt*.

सुक्षत्त्र 1) Adj. a) *wohl herrschend*. — b) *Macht verleihend*. — 2) m. N. pr. eines Sohnes des Niramitra.

सुक्षत्रिय m. ein guter Kshatrija.

सुक्षिप्त Adj. wohl untergebracht.

सुक्षिति f. gute Wohnung, sicherer Schutz, Sicherheit, Zuflucht.

सुक्षुब्ध Adj. sehr aufgeregt.

1. सुक्षेत्र n. eine schöne Flur, ein guter Acker.

2. सुक्षेत्र 1) Adj. (f. आ) a) eine schöne Flur —, einen schönen Wohnsitz darbietend. — b) mit schönen Aeckern versehen. — c) einem guten Mutterleibe entsprossen. — 2) m. N. pr. eines Sohnes des 10ten Manu. — 3) n. ein Haus mit drei Hallen, nach Süden, Westen und Norden.

सुक्षेत्रता f. Besitz eines guten Feldes.

सुक्षेत्रिया f. Begehren nach einem schönen Felde.

सुक्षेम n. gute Sicherheit im Lande, sehr friedliche Zeiten. °कृत् Adj.

*सुक्षेमन् n. Wasser.

सुक्षोभ्य Adj. (f. आ) leicht aufzuregen.

सुक्ष्म Adj. (f. आ) aus guter Erde bestehend nach dem Comm.

सुख 1) Adj. (f. सुखा) a) eine gute Radbüchse habend, so v. a. leicht laufend (Wagen). Superl. सुखतम. — b) angenehm, lind, behaglich. पालने so v. a. leicht zu hüten. Compar. सुखतर. Folgt im Comp. nach dem, was die angenehme Empfindung hat oder erzeugt. — c) = सुखिन् sich behaglich —, sich wohl fühlend. — 2) m. a) eine best. Truppenaufstellung. — b) *N. pr. eines Mannes. — 3) f. सुखा a) im Sâmkhja fromme Bemühung zum Zweck künftiger Seligkeit, Frömmigkeit. — b) eine best. Mûrkhanâ S. S. S. 31. — c) N. pr. der Stadt Varuṇa's VP.² 2,240. — 4) n. (adj. Comp. f. आ) a) Wohlbefinden, Wohlbehagen, Lust, angenehme Empfindung, Genuss, Freude, — an (Gen.). *Acc. mit कर् wohlthun, frommen. महता सुखेन mit grossem Wohlbehagen 137,5. — b) das personificirte Wohlbehagen ist ein Kind Dharma's von der Siddhi. — c) * der Himmel. — d) das vierte astrologische Haus. — 5) सुखम्, सुखेन, सुखात् (ganz ausnahmsweise) und सुख° Adv. behaglich, angenehm, mit Behagen, mit Lust, zum Behagen, ohne Mühe und Anstrengung, leicht. सुखम् mit einem Infin. leicht zu; कदलीसुखम् so leicht wie eine Kadalî; सुखम् — न पुनः so v. a. leichter — als. Compar. सुखतरम्.

*सुखंसुण m. Çiva's Waffe (खट्वाङ्ग).

सुखकर 1) Adj. (f. ई) a) Wohlbehagen —, Lust —, Freude bewirkend. — b) leicht zu vollbringen, — bewerkstelligen, — für (Gen.). — 2) f. ई N. pr. einer Surâṅganâ Ind. St. 15,232.

सुखकारिन् Adj. = सुखकर 1) Sâj. zu ṚV. 1,65,3. 8,29,5.

सुखकार्य Adj. scheinbar bei Sâj. zu ṚV. 1,165,4. Es ist सुखकर्यः zu lesen.

सुखकृत् Adj. = सुखकर 1).

सुखकौमुदी f. Titel einer Grammatik Opp. Cat. 1.

सुखक्रिया f. das Bewirken von Wohlbehagen u. s. w.

सुखगन्ध Adj. (f. आ) wohlriechend.

सुखगम und °गम्य (f. आ) Adj. leicht zu betreten, gangbar.

सुखग्राह्य Adj. (f. आ) 1) leicht zu packen, — erhaschen, — erreichen. — 2) leicht zu fassen, — begreifen.

सुखघात्य Adj. leicht zu tödten.

*सुखंकरी f. eine best. Pflanze, = जीवन्ती.

*सुखंघुण m. = सुखंसुण.

*सुखचर m. N. pr. eines Dorfes.

*सुखचार m. ein rasches Pferd.

सुखचित्त n. geistiges Wohlbehagen. °भाज् Adj. Káraka 6,1.

सुखच्छाय Adj. angenehmen Schatten gewährend.

सुखच्छेद्य Adj. leicht zu vernichten.

सुखजात 1) Adj. sich behaglich fühlend Bhaṭṭ. — 2) n. irgend etwas Angenehmes.

सुखतस् Adv. behaglich.

सुखता f. Behaglichkeit, Annehmlichkeit.

सुखत्व n. Nom. abstr. zu सुख Wohlbehagen, Lust.

सुखद 1) Adj. (f. आ) Wohlbehagen —, Lust —, Freude gewährend. Auch unter den 1000 Namen Vishṇu's. — 2) m. a) eine best. Klasse von Manen. — b) ein best. Tact. — 3) f. आ a) * Prosopis spicigera oder Mimosa Suma. — b) * eine Apsaras. — c) N. pr. einer der Mütter im Gefolge Skanda's. — 4) n. a) * Vishṇu's Stätte. — b) N. pr. eines Varsha in Plakshadvîpa VP. 2,4,5.

सुखदायक Adj. = सुखद 1).

सुखदुःखमय Adj. (f. ई) aus Freude und Leid bestehend, Fr. u. L. empfindend.

सुखदुःखिन् Adj. Freude und Leid empfindend.

सुखदृश्य Adj. gern gesehen, lieblich anzusehen.

*सुखदेव m. N. pr. eines Mannes.

सुखदोहा Adj. f. leicht zu melken Hemâdri 1,463,15.

*सुखदोह्या Adj. f. dass.

सुखधन m. N. pr. eines Kaufmanns.

सुखन n. Nom. act. von सुखय्.

सुखनाथ m. N. pr. einer in Mathurâ verehrten Gottheit.

सुखनिविष्ट Adj. behaglich —, bequem sitzend.

सुखनीय Adj. Wohlbehagen bewirkend Comm. zu Kâtj. Çr. 21,3,22.

सुखपर Adj. dem es hauptsächlich um Freuden zu thun ist, genusssüchtig.

सुखपेय Adj. behaglich —, ohne Mühe zu trinken.

सुखप्रकाश und °मुनि m. N. pr. von Autoren Burnell, T.

सुखप्रणाद Adj. angenehm klingend.

सुखप्रद Adj. Wohlbehagen —, Lust bewirkend.

सुखप्रबोधक Adj. (f. °धिका) leicht verständlich.

सुखप्रविचार Adj. leicht zugänglich Káraka 91,22.

सुखप्रवेप Adj. leicht erzitternd.

सुखप्रश्न m. eine Erkundigung nach Jmds Wohlbefinden. Acc. mit उदा — हर् oder दा sich nach Jmds W. erkundigen.

सुखप्रसव m. eine glückliche Niederkunft. °मन्त्र m.

सुखप्रसवन n. dass.

सुखप्रसुप्त Adj. behaglich —, süss schlafend.

सुखप्राप्तधन Adj. ohne Mühe zu Reichthümern gelangt.

सुखप्राप्य Adj. leicht zu erlangen, — gewinnen.

सुखप्रेक्ष्य Adj. leicht zu Gesicht zu bekommen MBh. 4,622.

सुखप्लव Adj. wo man behaglich baden kann. v. l. सुखाप्लव.

सुखबद्ध Adj. lieblich, reizend.

सुखबन्धन Adj. an der Lust —, an den Freuden der Welt hängend.

सुखबुद्धि f., सुखबोध m. und °बोधन n. leichtes Verständniss.

सुखबोधनदीपिका f. Titel eines Commentars.

सुखबोधरूप Adj. leicht verständlich, — erkennbar.

सुखबोधिका f. Titel eines Commentars Ind. St. 14,99.

सुखबोधिनी f. Titel einer Grammatik Opp. Cat. 1.

सुखभक्तिकाकार m. Bereiter von Leckerbissen, Zuckerbäcker u. s. w. Kampaka 2. 3.

*सुखभञ्ज m. eine Art Moringâ.

सुखभागिन् und सुखभाज् Adj. in glücklichen Verhältnissen lebend, glücklich.

सुखभुज् Adj. Freuden geniessend, glücklich.

*सुखभू Adj. als Erklärung von शंभू und मयोभू.

सुखभेद्य Adj. 1) leicht zerbrechlich. — 2) leicht zu trennen, zur Untreue geneigt.

सुखभोग्य Adj. leicht zu geniessen, worüber man ohne Weiteres verfügen kann.

*सुखभोजन n. eine wohlschmeckende Speise.

सुखमद Adj. angenehm berauschend.

सुखमय Adj. (f. ई, metrisch auch आ) voller Freuden, genussreich Vikramâṅkak. 14,40.

सुखमानिन् Adj. an Freuden glaubend, Fr. voraussetzend. दुःखे so v. a. Leiden für Fr. haltend.

सुखमालिका f. (?) Pañkat. 236,16.

*सुखमुख m. N. pr. eines Jaksha.

सुखमेधस् Adj. dem es wohlgeht Gaut. 11,29 (anders Bühler). MBh. 13,106,59.

*सुखमोदा f. Weihrauchbaum.

सुखय्, °यति Jmd Wohlbehagen bewirken, Jmd erquicken, erfreuen 304,3. सुखित Wohlbehagen empfindend, froh, glücklich, — über Kâraṇḍ. 13,3. °म् Adv.

सुखयितर् Nom. ag. Erfreuer, Beglücker.

*सुखयु Adj. als Erklärung von शंयु.

सुखयोगनिद्रा f. ein behaglicher, ruhiger Schlaf Kâm. Nitis. 15,44.

सुखरथ Adj. einen leicht laufenden Wagen habend.

सुखराज m. N. pr. verschiedener Männer.

सुखरात्रि f. und °का f. eine behagliche Nacht, eine durch Lampen erhellte Neumondsnacht.

सुखलक्ष्य Adj. leicht zu erkennen.

सुखलेखन n. Titel eines Werkes.

सुखल्लिका f. etwa ein üppiges Leben Lalit. 329,9.

सुखवत् Adv. einer Freude u. s. w. gleich. Mit मन् Etwas (Acc.) für eine Annehmlichkeit halten.

सुखवत्ता f. Annehmlichkeit, Behaglichkeit.

*सुखवर्चक n. und *सुखवर्चस् n. Natrum.

सुखवर्ता f. R. 1,30,17 fehlerhaft für सुखवत्ता.

सुखवर्त्मन् Adj. mit bequemen Pfaden versehen MBh. 8,44,20.

सुखवर्मन् m. N. pr. verschiedener Männer.

सुखवह Adj. bequem zu tragen.

1. सुखवास m. ein behaglicher Aufenthalt. Acc. mit वस् behaglich an einem Orte leben, mit दा gastfreundlich in seinem Hause beherbergen Hemâdri 1,154,3.

2. सुखवास Adj. der an einem Orte behaglich gelebt hat.

3. *सुखवास m. Wassermelone.

*सुखवासन m. schlechte Lesart für मुखवासन.

1. सुखविहार m. ein behagliches Leben Saddh. P. 13 in der Unterschr.

2. सुखविहार Adj. ergötzlich lebend, lebenslustig Karaka 356,23.

*सुखवी Med. v. 55 fehlerhaft für सुषवी.

सुखवीज्य Adj. leicht zu befächeln.

*सुखशयन n. behagliches Ruhen, — Schlafen.

सुखशया f. N. pr. einer Zauberin.

सुखशयित Adj. behaglich liegend, — schlafend auf (im Comp. vorangehend) Vâsav. 265,1.

सुखशय्या f. 1) ein behagliches, bequemes Lager. — 2) ein behagliches Ruhen, — Schlafen.

सुखशायिन् Adj. behaglich —, süss ruhend, — schlafend.

सुखशीत und सुखशीतल Adj. angenehm kühl.

सुखश्रव Adj. angenehm zu hören.

सुखश्रव्य Adj. dass. Nom. abstr. °ता f.

सुखसंयान n. ein behagliches Reisen, — Fortkommen R. 5,86,9. 10.

सुखसंत्राह्य Adj. leicht fortzubringen, — mit sich zu tragen Spr. 88.

सुखसंवृद्ध Adj. in Freuden, — im Glück aufgewachsen MBh. 7,46,8. R. ed. Bomb. 4,22,8.

सुखसंवेश und सुखसंसुप्त Adj. angenehm —, süss schlafend.

सुखससेव्य Adj. leicht zu erreichen Kâm. Nitis. 14,35.

सुखसंस्थ Adj. sich behaglich fühlend.

सुखसंस्पर्श Adj. (f. आ) angenehm bei der Berührung, — für das Gefühl, weich anzufühlen Lalit. 337,12.

सुखसंचार Adj. (f. आ) wo man sich mit Behagen ergeht, wohin man sich gern begiebt, einladend 86, 3. Hariv. 2,8,24. Nom. abstr. °ता f. und °त्व n.

सुखसंचारिन् Adj. Hariv. 3499 fehlerhaft für °संचार.

*सुखसंदुह्या und *°संदोह्या Adj. f. leicht zu melken.

सुखसंबन्धि (metrisch für °संबन्धिन्) Adj. froh, glücklich MBh. 7,143,20.

सुखसंबोध्य Adj. leicht aufzuklären, — zur Vernunft zu bringen.

सुखसलिल n. behagliches, d. i. lauwarmes Wasser.

सुखसागर N. pr. eines Dorfes.

सुखसाधन n. ein zur Annehmlichkeit, zum Glück verhelfendes Object Bhâm. V. 2,158.

सुखसाध्य Adj. 1) leicht in die Gewalt zu bringen, womit man leicht fertig wird. — 2) leicht zu heilen. — 3) leicht zu Wege zu bringen, — zu erlangen.

*सुखसुख, Instr. ganz gern.

सुखसुप्त Adj. angenehm —, süss schlafend MBh. 3,297,68.

सुखसुप्ति f. und *°का f. ein angenehmer, süsser Schlaf.

सुखसेचक m. N. pr. eines Schlangendämons. v. l. मुख°.

सुखसेव्य Adj. leicht zu besuchen, dem man sich leicht nahen kann. Nom. abstr. °त्व n.

सुखस्थ Adj. in angenehmen Verhältnissen sich befindend, sich wohl fühlend, glücklich.

सुखस्पर्श Adj. (f. आ) angenehm bei der Berührung, — für das Gefühl. °विहारता f. (Divjâvad. 19,16. Lot. de la b. l. 426) und °विहारिता f. (Kâraṇḍ. 18,8) so v. a. behagliches Leben, — Dasein.

सुखस्वाप m. ein angenehmer, süsser Schlaf.

सुखहस्त Adj. eine zarte, weiche Hand habend.

1. सुखा Adj. und Subst. f. s. u. सुख.

2. सुखा Adv. mit कर् Jmd erfreuen, beglücken R. ed. Bomb. 4,1,89.

सुखाकर m. N. pr. einer buddh. Welt Saddh. P.

सुखागत n. Willkommen.

सुखाजात Adj. als Beiw. Çiva's nach Nilak. = सुखरूपेण आजातः । वृत्तिविलये सति आविर्भूतः.

1. सुखाङ्गद Adj. schöne Spangen oder Ringe tragend.

2. सुखादि Adj. mit Glück u. s. w. anfangend, Glück und Anderes.

सुखादित Adj. wohl zerkaut.

*सुखाधार m. die Stätte der Freuden, der Himmel.

सुखानन्द m. N. pr. eines Autors mystischer Gebete bei den Çâkta.

सुखाप Adj. leicht zu erhalten, — gewinnen.

सुखाप्लव Adj. wo man sich behaglich baden kann. v. l. सुखप्लव.

सुखाभियोज्य Adj. leicht anzugreifen.

सुखाभ्युदयिक Adj. Freuden bringend.

सुखाम्बु n. laues Wasser.

सुखाय्, °यते 1) Wohlbehagen —, Lust empfinden Kâd. 2,25,5. 77,8 (95,5). — 2) angenehm sein Kâd. 10,10. Harshak. 161,6.

*सुखायत Adj. gut gezogen (Pferd).

सुखाराध्य Adj. leicht zu gewinnen (eine Gottheit).

सुखारोहण Adj. leicht zu ersteigen.

*सुखार्त्रिक n. Natron Râgan. 6,252. Vgl. स्वर्जिक.

सुखार्थ m. eine Sache des Wohlbehagens, — der Lust. Acc. (Gaṇit. 26,7. Kandragrah. 24,35) und Dat. der Annehmlichkeit —, der Bequemlichkeit wegen, zur Erleichterung.

सुखार्थिन् Adj. dem es um Wohlbehagen, um Freuden zu thun ist.

*सुखालुका f. fehlerhaft für सुवालुका.

सुखालोक Adj. (f. आ) leicht zu Gesicht zu bekommen Vikr. 109.

सुखावगम m. leichtes Verständniss.

सुखावगाह Adj. worin man leicht eindringen (eig. und übertr.) kann MBh. 1,2,396.

सुखावतीदेव (Conj.) m. Pl. eine best. Klasse von Autoren mystischer Gebete bei den Çâkta.

सुखावतीव्यूह m. Titel eines buddh. Werkes.

*सुखावतीश्वर m. N. pr. eines Buddha.

सुखावत् 1) Adj. = सुखवत्. वति f. eine best. Pille Karaka 6,24. — 2) f. °वती N. pr. a) einer buddhistischen Welt SADDH. P. KÂRAṆḌ. 13,22. 17,6. 47,4. 89,2. Ungenau सुखावति 95,23. — b) einer Gattin des **Sûrjaprabha**.

सुखावबोध m. *leichtes Verständniss.*

सुखावल m. N. pr. eines Sohnes des **Nṛkakshus**.

सुखावह Adj. (f. आ) *Wohlbehagen —, Freuden bringend* 84,5.

सुखावृत Adj. *erfüllt von Behagen, — Lust an* (Gen.).

1. सुखाश m. 1) **eine wohlschmeckende Speise.* — 2) *Cucumis sativus* VÂSAV. 134,1. 143,2.

2. *सुखाश m. Bein. **Varuṇa**'s.

*सुखाशक m. *Cucumis sativus.*

सुखाशय Adj. PAÑKAT. II,160 fehlerhaft; vgl. Spr. 3062.

1. सुखाशा f. *Erwartung von Freuden* VÂSAV. 134, 1. 143,2.

2. सुखाशा f. *eine Erwartung in weiter Ferne wie der Luftraum* VÂSAV. 143,2.

सुखाश्रय Adj. *mit Wohlbehagen verbunden, W. bewirkend.*

सुखासन n. *ein behaglicher, bequemer Sitz* Ind. St. 15,247.

सुखासिका f. *Wohlbefinden, Wohlbehagen* NAISH. 9,90. HEM. PAR. 1,114. Ind. Antiq. 4,276.

सुखासीन Adj. *behaglich —, bequem sitzend.*

सुखासुख n. Sg. *Leiden und Freuden.*

सुखित Adj. s. u. सुखय्.

सुखिता f. und सुखित्व n. *Wohlbehagen, das Gefühl der Lust.*

सुखिन् Adj. 1) *Wohlbehagen empfindend, sich wohl befindend, wohl gedeihend, froh, glücklich.* सुखिस्वभाव m. *ein frohes, glückliches Naturell.* — 2) *behaglich, Behagen bereitend.*

*सुखी Adj. VOP. 3,61.

सुखीनल m. N. pr. eines Sohnes des **Sukakshus**.

*सुखीललिता (?) f. N. pr. einer Jungfrau.

सुखीवल m. = सुखावल.

सुखुर Adj. (f. आ) *schöne Hufe habend* HEMÂDRI 1, 710,12.

सुखेतर n. Pl. *Freuden und Leiden.*

सुखेष्ठ Adj. *in Freuden lebend* (**Çiva**).

सुखेधित Adj. *in glücklichen Verhältnissen aufgewachsen, — gelebt habend.*

सुखोचित Adj. *an Behaglichkeit —, an Glück gewöhnt* MBH. 3,27,10. KARAKA 77,17. 196,10.

सुखोच्छेद्य Adj. 1) *leicht abzureissen.* — 2) *leicht auszurotten, — zu vernichten.*

*सुखोत्सव m. *Gatte.*

सुखोदक n. *laues Wasser.*

सुखोदय 1) Adj. (f. आ) *Wohlbehagen —, Lust im Gefolge habend, Freuden —, Glück verheissend.* — 2) m. N. pr. eines Sohnes des **Medhâtithi**. — 3) n. N. pr. des von 2) beherrschten **Varsha**.

सुखोदर्क Adj. (f. आ) = सुखोदय 1).

सुखोद्य Adj. *leicht auszusprechen.*

सुखोपगम्य Adj. *leicht zugänglich, — zu erreichen.*

सुखोपविष्ट Adj. *behaglich —, bequem sitzend.*

1. सुखोपाय m. *ein leichtes Mittel.* Instr. *mit Leichtigkeit, ohne Mühe.*

2. सुखोपाय Adj. (f. आ) *leicht zu erlangen.*

*सुखोर्जिक n. = सर्जिका *Natrum.*

सुखोषित 1) Adj. *der die Nacht* (auch mit Hinzufügung von रजनीम्) *gut zugebracht hat, einen behaglichen Aufenthalt gehabt habend* KARAKA 93,11. — HARIV. 4833 wohl fehlerhaft für सुखोचित. — 2) *f. आ *Sanseviera Roxburghiana* RÂGAN. 3,7.

सुखोष्ण Adj. *lauwarm* HEMÂDRI 1,144,5.

सुखोष्य Adj. *wo man sich behaglich aufhalten kann.*

*सुख्य्, सुख्यति = सुखय्.

1. सुग 1) Adj. (f. सुगा) a) *leicht gangbar, wegsam.* — b) *leicht zugänglich* HEMÂDRI 1,463,15 (eine Kuh). — c) *leicht zu erreichen.* — 2) n. a) *Wegsamkeit, guter Pfad; glücklicher —, leichter Fortgang.* — b) **faeces.*

2. सुग Adj. *schön singend.*

*सुगण künstliches Adj.

सुगण 1) *Adj. = उगण PAT. zu P. 6,1,9, Vârtt. 4. — 2) N. pr. a) m. eines **Râgaputra**. — b) f. आ *einer der Mütter im Gefolge* **Skanda**'s.

सुगणक m. *ein guter Astronom.*

सुगत 1) Adj. a) *einen guten Gang habend, gut laufend.* — b) *dem es gut ergangen ist, der es sich hat wohl gehen lassen.* — 2) m. a) *ein* **Buddha**. — b) *ein Buddhist, ein buddhistischer Lehrer* HARSHAK. 212,20.

सुगतचेतना f. N. pr. einer buddh. Nonne.

*सुगतमित्र m. N. pr. eines Mannes.

सुगतशासन n. *die buddhistische Lehre, der b. Glaube.*

सुगतायतन n. *ein buddh. Heiligthum, — Kloster.*

*सुगतालय m. dass. ÇÂÇVATA 543.

सुगतावदान n. Titel eines buddh. **Sûtra** J. R. A. S. 8,12.

1. सुगति f. 1) *Wohlfahrt, Wohlergehen, ein glückliches Los, Seligkeit* HEMÂDRI 1,407,12. HEM. PAR. 2,108. — 2) *sichere Zuflucht.*

2. सुगति 1) Adj. *einen guten Stand habend, eine günstige Stelle einnehmend* (ein Planet). — 2) m. N. pr. verschiedener Männer.

सुगत्व Adj. *leicht gangbar.*

1. सुगन्ध m. 1) *Wohlgeruch.* — 2) *ein wohlriechender Stoff, Parfum.*

2. सुगन्ध 1) Adj. (f. आ) *wohlriechend.* — 2) m. a) **Schwefel* RÂGAN. 13,71. — b) **Kichererbse.* — c) **Andropogon schoenanthus.* — d) **Majoran.* — e) **eine roth blühende Moringa.* — f) * = तुम्बुरु. — g) N. pr. eines Berges. — 3) f. आ Bez. *verschiedener Pflanzen.* — b) *eine Form der* **Dâkshâjaṇî** — c) N. pr. α) eines **Tîrtha** VISHṆUS. 85,20. — β) einer **Apsaras**. — γ) eines **Frauenzimmers**. — 4) f. ई N. pr. einer Dienerin **Vasudeva**'s. — 5) n. a) *Bez. *verschiedener Pflanzen.* — b) **Zibeth* RÂGAN. 12,73. — c) N. pr. eines **Tîrtha**.

सुगन्धक 1) m. a) *eine best. Körnerfrucht.* — b) *eine best. Gemüsepflanze.* — c) **Orangenbaum.* — d) **Momordica mixta.* — e) **roth blühendes Basilienkraut.* — f) **ein best. Knollengewächs,* = धरणीकन्द. — g) **Schwefel.* — 2) f. °न्धिका *eine best. Pflanze.* — 3) *n. *ein best. heilkräftiges Kraut.*

*सुगन्धतैलनिर्यास n. (!) *Zibeth.*

*सुगन्धपत्त्रा f. *eine best. Pflanze,* = जटा.

*सुगन्धभूतृण n. *ein best. wohlriechendes Gras.*

सुगन्धमुख m. N. pr. eines **Bodhisattva** KÂRAṆḌ. 14,16. 47,4.

*सुगन्धमूला f. 1) *Averrhoa acida.* — 2) *Hibiscus mutabilis.* — 3) = रास्ना.

सुगन्धय्, °यति *wohlriechend machen* ÇIÇ. 19,20.

सुगन्धयुक्ति f. *Bereitung* (*Mischung*) *von Wohlgerüchen*, eine der 64 Künste Comm. zu BHÂG. P. 10,45,36. Vgl. गन्धयुक्ति.

सुगन्धवनमाहात्म्य n. Titel BURNELL, T.

सुगन्धवत् Adj. *wohlriechend* MBH. 13,73,42.

सुगन्धाढ्य 1) Adj. *überaus wohlriechend.* — 2) *f. आ *Jasminum Sambac.*

सुगन्धादित्य m. N. pr. eines Mannes.

*सुगन्धामलक m. *eine best. Arzenei* RÂGAN. 22,58.

सुगन्धार m. als Bein. **Çiva**'s nach NILAK. = शोभनो गन्धारदेशोद्भवः.

सुगन्धि und सुगन्धि 1) Adj. *wohlriechend.* — 2) *m. a) *eine Mango-Art.* — b) *eine Cyperus-Art.* — c) *Ocimum pilosum.* — d) *die Wurzel von Scirpus Kysoor.* — 3) n. a) *Sandel.* — b) Bez. *verschiedener anderer wohlriechender* Stoffe und Pflanzen. Nach den Lexicographen = एलवालुक, कसेरु, गन्धतृण, धान्यक, पिप्पलीमूल und मुस्ता RÂGAN. 6, 27. 140. 21,16. BHÂVAPR. 1,194.

सुगन्धिक 1) Adj. *wohlriechend* VISHṆUS. 66,8. — 2) m. a) *eine best. Körnerfrucht* KARAKA 1,27. — b) *ostindischer Weihrauch. — c) * Schwefel. — d) * Löwe. — 3) * n. a) die weisse Wasserlilie. — b) die Wurzel von Andropogon muricatus. — c) die Wurzel von Costus speciosus oder arabicus. — d) ein best. heilkräftiges Kraut. = सुरपर्णा.

*सुगन्धिकुसुम 1) m. gelber Oleander. — 2) f. आ Trigonella corniculata.

सुगन्धिता f. das Wohlriechendsein, Wohlgeruch.

सुगन्धितेजन m. (Comm. zu Âpast. Çr. 7,6,1) n. ein best. wohlriechendes Gras.

*सुगन्धित्रिफला f. Muskatnuss, Betelnuss und Gewürznelke.

सुगन्धिन् 1) Adj. wohlriechend. — 2) *f. °नी a) Pandanus odoratissimus. — b) eine best. Pflanze mit wohlriechenden Blättern, = आरामशीतला.

*सुगन्धिमूल 1) n. Rettig. — 2) f. आ a) Gelbwurz. — b) = रास्ना.

*सुगन्धिमुस्तक n. eine Cyperus-Art Bhâvapr. 1,146.

*सुगन्धिमूत्रपतन m. Zibethkatze Râǵan. 19,46.

*सुगन्धिमूषिका f. Moschusratte.

सुगन्धिसोक m. N. pr. eines Mannes.

सुगन्धेश m. Name eines von Sugandhâ errichteten Heiligthums.

*सुगन्मन् Adj. Vop.

सुगभस्ति und सुगभस्ति Adj. geschickt mit dem Arme.

सुगम 1) Adj. (f. आ) a) leicht gangbar. — b) leicht zu finden, sich von selbst ergebend, selbstverständlich, leicht zu verstehen. — 2) m. N. pr. eines Dânava.

सुगमन Adj. (f. आ) 1) leicht zugänglich. — 2) gut von Statten gehend Sâj. zu RV. 1,165,8.

सुगम्भीर Adj. (f. आ) sehr tief.

सुगम्य Adj. (f. आ) leicht zu passiren.

*सुगर n. Zinnober Râǵan. 13,57.

सुगर्हित Adj. sehr tadelnswerth R. ed. Bomb. 3,20,15.

सुगला f. N. pr. eines Frauenzimmers.

1. सुगव m. ein kräftiger Stier.

2. सुगव Adj. schöne —, viele Rinder besitzend.

सुगवि m. N. pr. eines Sohnes des Prasuçruta.

सुगव्य und सुगविष्र n. Besitz guter —, vieler Rinder.

*सुगहन Adj. (f. आ) überaus dicht.

सुगाङ्ग N. pr. eines Palastes Mudrâr. 37,10 (65, 12). 64,7. 19 (104,11. 105,5).

सुगातु m. guter Fortgang, Wohlergehen.

सुगातुया f. Instr. (gleichlautend) aus Verlangen nach guten Wohnsitzen.

सुगात्र Adj. (f. ई) schöngliederig, einen schönen Körper habend. f. ई eine Schöne Vikramâṅkak. 10,20.

सुगात्रिया fehlerhaft für सुगातुया.

सुगाध Adj. wohl furtbar, durchwatbar.

सुगार्हपत्य m. ein guter Hausherr.

सुगीत n. ein schöner Gesang.

सुगीति f. ein best. Metrum.

सुगीथ m. N. pr. eines Rshi Bâlar. 88,18.

सुगु Adj. gute —, viele Rinder habend.

सुगुण Adj. (f. आ) tugendhaft Kaurap. (A.) 3. Spr. 2122, v. l.

सुगुणिन् Adj. grosse Vorzüge besitzend.

सुगुप्त 1) Adj. a) wohl bewacht, sehr in Acht genommen. — b) wohl versteckt. Compar. सुगुप्ततर. — 2) Adv. सुगुप्तम् a) sehr sorgfältig, — behutsam Spr. 5417. — b) ganz im Geheimen. — 2) *f. सुगुप्ता Mucuna pruritus.

सुगुप्तभाण्ड Adj. (f. आ) die Hausgeräthe gut in Acht nehmend Vishṇus. 99,21. Nom. abstr. °ता f. 25,6.

सुगुप्ति f. ein sehr heimliches Verfahren. Acc. mit आ-धा sehr heimlich zu Werke gehen Hit. IV,51.

सुगुप्ती Adv. mit कर् wohl verwahren.

सुगुरु Adj. sehr schwer.

सुगूढ Adj. gut versteckt, — verwahrt, — verborgen. °म् Adv. auch ganz im Geheimen.

सुगृद्ध Adj. (f. आ) heftig verlangend zu (Loc. eines Nom. act.) MBh. 7,78,19.

सुगृह 1) Adj. ein gutes Haus habend. — 2) *m. Sylvia sutoria (ein Singvogel). — 3) f. सुगृही ein best. zu den Pratuda gezählter Vogel.

सुगृहपति m. ein guter Hausherr.

सुगृहिन् Adj. ein gutes Haus habend, gut gebettet (ein Vogel).

सुगृहीत Adj. 1) fest gepackt, — gehalten Çiç. 20, 35. — 2) woran man sich festhält. — 3) gut erlernt, — geübt Çiç. 20,35. — 4) zum Heil in den Mund genommen, durch blosses Aussprechen schon Glück bringend. °नामन् und °नामधेय Adj. Mudrâr. 9,11 (26,8). 69,8 (114,8). Kâd. 39,1 (69,10). 2,79,1 (97,6). Harshak. 18,1. 187,23. 201,19.

सुगेवृध Adj. am guten Fortgang sich freuend.

सुगेहिनी f. eine liebe, gute Hausfrau Bâlar. 259,10.

*सुगो f. eine schöne Kuh.

1. सुगोपा m. ein guter Beschützer.

2. सुगोपा Adj. gut behütet. Superl. °तम.

सुगोप्य Adj. sehr geheim zu halten.

सुगौतम m. Bein. Çâkjamuni's.

सुगौरव Adj. sehr schwer Râǵan. 13,27.

(सुग्म्य) सुग्मिय Adj. 1) rüstig zuschreitend. — 2) zunehmend.

सुग्रथित Adj. gut geflochten, — geknüpft.

*सुग्रन्थि 1) m. ein best. Parfum, = चोरक. — 2) n. die Wurzel des langen Pfeffers.

सुग्रह Adj. 1) einen guten Griff (Griffstelle) habend. — 2) leicht zu erlangen, — haben. — 3) leicht zu verstehen, — einzusehen.

सुग्रहण n. ehrfurchtsvolles Anfassen (der Füsse).

सुग्राम m. N. pr. eines Dorfes in Magadha Hem. Par. 1,287.

सुग्रीव 1) m. (adj. Comp. f. आ) a) N. pr. α) eines Rosses des Krshna. — β) eines Affen, Bruders des Vâlin und Sohnes des Sonnengottes. — γ) eines göttlichen Wesens. — δ) *des Vaters des 9ten Arhant's der gegenwärtigen Avasarpiṇî. — b) * Bein. Çiva's und Indra's. — c) eine Art Pavillon Vâstuv. 832. — d) *a goose, a hero, a piece of water, the name of a mountain, a sort of weapon, the countenance of a friend, a serpent of Pâtâla. — 2) f. आ (Hariv. 3,68,18) und ई N. pr. einer Apsaras. — 4) f. ई N. pr. einer Tochter Daksha's, Gattin Kaçjapa's und Mutter der Pferde, Kamele und Esel.

*सुग्रीवाग्रज m. Bein. des Affen Vâlin.

*सुग्रीवेश m. Bein. Râma's.

सुग्रीष्म m. ein schöner Sommer Çâṅkh. Gṛhj. 4, 18. Pâr. Gṛhj. 3,2,12.

*सुग्ल Adj. v. l. सुम्न.

सुघट Adj. leicht zu Stande zu bringen. Nom. abstr. °त्व n.

सुघटित Adj. wohl zusammengefügt Spr. 402. Ind. St. 15,332.

सुघटितघटित Adj. dass. Spr. 79.

सुघट्टित Adj. gut festgestampft, — geebnet MBh. 14,85,12.

सुघन Adj. überaus dicht (Wald) Pañkat. 141,16 (सघन gedr.)

सुघरिकागृहक eine Art Sieb Çilâṅka 2,64.

सुघर्ष m. starkes Reiben Râǵan. 13,17.

सुघोर 1) Adj. (f. आ) sehr schaurig, — grausig; n. etwas sehr Schauriges. — 2) m. N. pr. eines Mannes VP.[2] 4,132.

सुघोष 1) Adj. a) einen lauten Ton von sich gebend, laut knasternd u. s. w. MBh. 9,24,63. — b) wohlklingend. — 2) m. a) die Muschel Nakula's. — b) eine best. Tempelform Hemâdri 2,58,a,11. — c) N. pr. α) eines Buddha. — β) eines Agrahâra.

सुघोषग्राम m. N. pr. eines Dorfes.

सुघोषघोष Adj. (f. आ) laut erschallend MBh. 12, 228,92.

सुघोषवत् Adj. einen schönen Klang habend.

सुघोषित Adj. laut verkündet MBh. 7,12,31.

सुघ्न m. leichtes Erschlagen.

सुचक्र 1) Adj. mit guten Rädern versehen. — 2) m. a) ein guter Wagen. — b) N. pr. α) eines Wesens im Gefolge Skanda's. — β) eines Sohnes des Vatsaprî.

सुचक्रोपस्कर Adj. schönräderig und gut ausgerüstet MBh. 2,61,4.

सुचक्षस् Adj. gut sehend, scharfsichtig.

सुचनु oder °स् N. pr. eines Flusses.

सुचनुस् 1) Adj. schönäugig (Çiva). — 2) *m. Ficus glomerata. — Vgl. auch सुचनु.

सुचतुर Adj. sehr gewandt, — geschickt. Nach Pat. zu P. 5,4,77 = सुदृष्टा चतुर्णाम्.

सुचन्दन m. ein schöner Sandelbaum R. ed. Bomb. 4,41,14.

सुचन्द्र m. 1) *ein best. Samâdhi (buddh.). — 2) N. pr. a) eines Devagandharva. — b) eines Sohnes der Simhikâ. — c) eines Sohnes des Hemakandra und Vaters des Dhûmrâçva. — d) verschiedener Fürsten. — e) *eines Bodhisattva. — f) einer Ficus indica.

सुचरा f. N. pr. einer Apsaras VP.² 2,82.

1. सुचरित 1) Adj. gut ausgeführt. — 2) n. Sg. und Pl. gutes Benehmen, guter Wandel, ein gutes Werk Gâtakam. 10,27.

2. सुचरित 1) Adj. (f. आ) einen guten Wandel führend, gesittet. — 2) m. N. pr. eines Mannes. — 3) *f. आ eine tugendhafte, treue Frau.

सुचरितचरित Adj. = 2. सुचरित 1) Mṛkkh. 127,17.

सुचरितव्रत Adj. der sein Gelübde gut erfüllt hat.

सुचरितार्थपद Adj. wobei Sinn und Worte gut gewählt sind (eine Rede).

*सुचरित्र Adj. (f. आ) = 2. सुचरित 1.

*सुचर्मन् 1) Adj. eine schöne Haut oder Rinde habend. — 2) m. Betula Bhojpatra.

सुचारा f. N. pr. einer Tochter Çvaphalka's. v. l. सुचीरा.

सुचारु 1) Adj. sehr lieblich, — schön. — 2) m. N. pr. eines Sohnes a) des Kṛshṇa. — b) des Vishvaksena. — c) des Pratiratha. — d) des Pratibâhu.

सुचारुता f. Schönheit.

सुचित्त Adj. (f. आ) wohlgesinnt MBh. 3,46,4.

सुचित्र 1) Adj. (f. आ) a) ausgezeichnet. — b) von der mannichfaltigsten Art Hariv. 2,28,10. — 2) m. N. pr. a) eines Schlangendämons. — b) eines Fürsten. — 3) *f. आ eine Gurkenart.

*सुचित्रक m. 1) Eisvogel. — 2) eine Schlangenart. — 3) N. pr. eines Asura.

*सुचित्रबीजा f. Embelia Ribes.

*सुचिन्तितचिन्तिन् Adj. ganz richtig denkend.

सुचिन्तितार्थ m. N. pr. eines Mâraputra.

सुचिन्त्य Adj. wohl denkbar Hariv. 15008.

सुचिर Adj. überaus lang (von der Zeit). Acc., Instr. (R. 5,13,64) und सुचिर° sehr lange; Abl. nach sehr langer Zeit.

*सुचिरायुस् m. ein Gott.

सुचिह्नित Adj. deutlich bezeichnet Vishṇus. 10,6.

सुचीरा f. N. pr. einer Tochter Çvaphalka's. सुचारा v. l.

*सुचीर्णधन m. N. pr. eines Fürsten der Kumbhâṇḍa.

*सुचुक्रिका f. Tamarindus indica.

*सुचुटी f. Zange.

सुचेतन (so die Hdschrr.) Adj. bemerkenswerth, ausgezeichnet.

सुचेतस् 1) Adj. a) verständig, einsichtsvoll. — b) wohlgesinnt. — 2) m. N. pr. eines Sohnes a) des Gṛtsamada. — b) des Praketas.

सुचेती Adv. mit कर् wohlgesinnt machen, für sich gewinnen, Jmds Vertrauen gewinnen.

सुचेतु m. Nur Instr. सुचेतुना mit huldvoller Aufmerksamkeit, gnädig.

सुचेतुन Adj. = सुचेतन.

सुचेल Adj. (f. आ) gut gekleidet Hariv. 7946.

*सुचेलक m. ein schönes Gewand.

सुचेष्टरूप m. N. pr. eines Buddha.

*सुच्छत्री f. N. pr. eines Flusses, = शतद्रु.

सुच्छद Adj. schöne Blätter habend.

सुच्छर्दिस् Adj. ein gutes Obdach bietend.

सुच्छाय 1) Adj. a) einen schönen Schatten gewährend. — b) stark glänzend (ein Topas) Râgan. 13,171. — c) prächtig, schön. — 2) f. आ N. pr. der Gattin Çlishṭi's.

सुजघन 1) Adj. a) schöne Hinterbacken habend Hariv. 3,69,15. Hemâdri 1,710,12. — b) einen schönen Schluss habend. — 2) n. eine best. Ceremonie Comm. zu TBr. 2,813,16.

सुजङ्घ Adj. (f. आ) schönbeinig Çrut. 21.

सुजत्रु Adj. ein schönes Schlüsselbein habend MBh. 5,151,23.

सुजन m. ein guter, wohlwollender Mensch. Auch auf ein Femin. bezogen. स्वभावसुजनो जनः ein von Natur gutmüthiger, wohlwollender Mensch. Oefters mit स्वजन verwechselt.

सुजनता f. Gutmüthigkeit, Leutseligkeit, Wohlwollen Kâd. 232,21 (381,17). Auch mit स्वजनता verwechselt.

सुजनत्व n. dass.

सुजनपरिवारा f. N. pr. einer Gandharva-Jungfrau Kâraṇḍ. 5,14.

सुजनपरिसेविता f. N. pr. einer Kiṁnara-Jungfrau Kâraṇḍ. 6,6.

सुजनंमन्य Adj. sich für einen guten Menschen haltend.

सुजनय् Bâlar. 130,20 fehlerhaft für स्वजनय्.

सुजनाकर m. N. pr. eines Mannes.

सुजनिमन् Adj. Edles zeugend, — schaffend.

सुजनु m. N. pr. eines Sohnes des Gahnu.

1. सुजन्मन् n. eine Glück bringende Geburt. सुजन्मादिव्रत n. eine best. Begehung.

2. सुजन्मन् Adj. = 1) = सुजनिमन्. — 2) von edler Herkunft oder dessen Geburt Segen bringt.

सुजम्भ und *सुजम्भन् Adj. mit gutem Gebiss versehen.

1. सुजय m. 1) ein grosser Sieg, — Triumph. — 2) *N. pr. eines Mannes (neben जय).

2. सुजय Adj. leicht zu besiegen.

सुजल 1) Adj. (f. आ) mit gutem Wasser versehen. — 2) *n. eine Lotusblüthe.

सुजल्प m. eine schöne Unterhaltung.

सुजात und सुजातं 1) Adj. a) wohl geboren, d. i. gut geartet, wohlgebildet, wohlgeformt, schön. — b) von guter Abkunft, edel, εὐγενής. — c) ächt, γνήσιος. — d) ächt, aufrichtig. — e) in Wirklichkeit geboren, nicht unnütz geboren. — 2) m. N. pr a) verschiedener Personen. — b) Pl. eines Volkes Hariv. 1895. — c) eines Stiers. — 3) f. सुजाता a) *Alaunschiefer Râgan. 13,63. — b) N. pr. verschiedener Frauen. — 4) n. ein schönes Geborensein, so v. a. ein Geb. unter einem glücklichen Gestirn.

सुजातक etwa Pracht, Schönheit Vâsav. 288,8.

सुजातता f. edle Art.

सुजातवक्त्र m. N. pr. eines Lehrers Ind. St. 15,154.

सुजामि Adj. reich an Geschwistern oder Verwandten.

सुजित n. ein leichter Sieg Maitr. S. 4,12,1 (179,9).

सुजितश्रम Adj. alle Anstrengungen gut überwindend, ihnen Trotz bietend, unermüdlich Kâm. Nîtis. 18,32.

सुजिह्व 1) Adj. schönzüngig, einen schönen Ruf —, eine schöne Stimme habend. — 2) *m. Feuer.

सुजीर्ण Adj. 1) ganz abgenutzt, — zerfallen. — 2) wohl verdaut.

सुजीर्णशतखण्डमय Adj. (f. ई) aus hundert ganz abgenutzten Fetzen bestehend Spr. 4583.

सुजीव n. impers. leicht zu leben für (Gen.).

*सुजीवन्ती f. Hoya viridiflora.

1. सुजीवित n. *ein schönes Leben.*

2. सुजीवित Adj. *glücklich lebend, das Leben geniessend* Kâd. 2,68,22 (83,12).

3. सुजीवित n. impers. ungenau für सुजीव (so im Pâli) *leicht zu leben für* (Instr.) Gâtakam. 16,2.

सुजुष्ट Adj. (f. ञा) *beliebt.*

सुजूर्णि Adj. (f. eben so) *glühend.*

सुज्ञक m. N. pr. eines Mannes.

सुज्ञि m. desgl.

सुज्ञ Adj. (f. ञा) *wohl kundig, mit einer Sache vertraut* Kumâras. 10,8. 57.

1. सुज्ञान n. 1) *leichtes Verständniss.* — 2) *gute Kenntnisse.* — 3) Name verschiedener Sâman Ârsh. Br.

2. सुज्ञान Adj. (*f. ञा) 1) *gute Kenntnisse habend* Siddh. K. zu P. 4,1,54. — 2) *leicht zu erkennen.*

सुज्ञानविंशति m. Titel eines Werkes Burnell, T.

सुज्येष्ठ m. N. pr. eines Sohnes des Agnimitra.

(सुज्यैष्ठ्य) सुज्यैष्ठियं Adj. *ein gutes Erstgeburtsrecht besitzend, — ausübend.*

सुज्योतिस् und सुज्योतिंस् Adj. *schön schimmernd.*

सुटङ्क Adj. *scharf, grell* (von einem unangenehmen Tone) Bâlar. 105,13.

*सुट्, सुटयति (ञनादरे, तीक्ष्ये).

सुडेशब्दनृत्य n. *eine Art Tanz* S.S.S. 262. Vgl. सूड.

सुडीनक n. *eine best. Flugart.*

°सुत् Adj. 1) *auspressend, kelternd.* — 2) * = स्तोतर्.

1. सुतं 1) Adj. s. u. 1. सु. — 2) m. Sg. und Pl. *der ausgepresste Saft des* Soma. — 3) m. n. Soma-*Opfer.*

2. सुतं Adj. s. u. 2. सु.

3. सुत 1) m. (adj. Comp. f. ञा) *a) Sohn.* Du. auch *Sohn und Tochter* Gâtakam. 9,54. — *b) *Fürst.* — *c) das 5te astrologische Haus* Varâh. Jogaj. 4,17. Auch °भाव m. — *d)* N. pr. eines Sohnes des 10ten Manu. — 2) f. ञा *a) Tochter.* Am Ende eines adj. Comp. f. ञा. — *b) *Alhagi Maurorum.*

सुतंरयिष्ठीय n. प्रजापतेः °ये Name zweier Sâman Ârsh. Br. Vgl. Ind. St. 3,225,*a.*

सुतकीर्ति f. *Erwähnung des fertigen* Soma.

*सुतंगम m. N. pr.

*सुतजीवक m. *Putranjiva Roxburghii.*

सुतंजय m. N. pr. eines Mannes.

सुतत्व n. Nom. abstr. von सुत *Sohn.* Instr. mit ग्रह् Jmd (Acc.) *an Sohnes Statt annehmen.*

सुतदा f. N. pr. eines göttlichen Wesens.

सुतनय Adj. *schöne Kinder habend.*

1. सुतनु Adj. *überaus schlank, — schmächtig.* Nom. abstr. °ता f. Dhûrtas. 5, 3, v. l.

2. सुतनु Adj. *schöngliederig, einen schönen Körper habend.* — 2) m. N. pr. *a)* eines Gandharva. — *b)* eines Sohnes des Ugrasena. — *c)* eines Affen. — 3) f. सुतनु *a) eine Schöne* Çiç. 6,59. 7,12, 9,44. 10,7. 38. 15,124 (90). Voc. सुतनु (von सुतनू) Spr. 7723. — *b)* N. pr. α) einer Tochter Âhuka's. — β) einer Beischläferin Vasudeva's. Auch सुतनू. — γ) einer Tochter Ugrasena's.

सुतनुज Adj. (f. ञा) *schöne Kinder habend.*

सुतन्तु 1) Adj. als Beiw. Vishnu's und Çiva's etwa *schöne Nachkommenschaft habend.* — 2) m. N. pr. eines Dânava.

सुतन्त्र Adj. *mit der Theorie gut vertraut* und *über gute Truppen verfügend* Varâh. Jogas. 5,6.

सुतन्त्रि Adj. *von schönem Saitenspiel begleitet* (Gesang).

सुतप m. Pl. N. pr. einer Gruppe von Göttern unter dem 8ten Manu.

सुतंपस् 1) Adj. *a) wärmend.* — *b) strengen Kasteiungen obliegend.* — 2) m. *a) *die Sonne.* — *b) *ein* Muni. — *c)* N. pr. α) Pl. einer Gruppe von Göttern unter dem 8ten Manu. — β) verschiedener Ṛshi unter verschiedenen Manu, verschiedener Söhne verschiedener Manu und mehrerer anderer Personen Ind. St. 14,138.

सुतपस्विन् Adj. *überaus fromm.*

सुतपा Adj. Soma *trinkend.*

*सुतपादिका oder *सुतपाडुका f. *eine Art Mimosa.*

सुतपावन् Adj. = सुतपा.

सुतपेय n. Soma-*Trank.*

सुतप्त 1) Adj. *a) sehr heiss* Spr. 6371. — *b) stark geglüht, durch Glühen gereinigt* (Gold) Vishnus. 99, 1. क्षेममये कोशे सुतप्ते so v. a. सुतप्तक्षेममये कोशे. — *c) dem stark zugesetzt worden ist* Hit. IV,51. — *d) gut gebüsst.* तपस् m. *eine gut ausgeführte Kasteiung.* — 2) *f. सुतप्ता *Mucuna pruritus.*

सुतमिस्रा f. *dichte Finsterniss.*

सुतंभर 1) Adj. *den* Soma *entführend, — an sich nehmend.* — 2) m. N. pr. eines Liedverfassers.

सुतर Adj. (f. ञा) 1) *leicht zu überschreiten.* — 2) *leicht zu erreichen* Karaka 297,6. — 3) *leicht hinzubringen* (Nacht). — Vgl. ञसुतर Nachtr. 3.

सुतरण Adj. *leicht zu überschreiten.*

सुतराम् Adj. *noch mehr, in noch höherem Grade; gar sehr, in hohem Grade.* Mit einer Negation (die bisweilen aus dem Vorhergehenden zu ergänzen ist) *noch viel weniger* und *nicht ganz gut.*

*सुतर्कारी f. *eine best. Cucurbitacee.*

*सुतर्दन m. *der indische Kuckuck.*

सुतर्पयत् Adj. *gehörig sättigend, — labend* Hariv. 15373.

सुतर्पित Adj. *gehörig gesättigt, — gelabt* MBh. 1,234,15. R. 1,53,5.

सुतर्मन् Adj. *gut übersetzend* (Schiff).

सुतल 1) *m. = घट्टालिकाबन्ध. — 2) (*m.) n. *eine best. Unterwelt.*

सुतल्प n. *ein schönes Lager.*

सुतवत्सल Adj. *zärtlich gegen die Kinder;* m. *ein zärtlicher Vater* Venîs. 38,16.

1. सुतवन्त् Adj. *das Wort* सुत *enthaltend.* f. °वती *ein solcher Vers.*

2. सुतवन्त् Adj. *reich an Söhnen.*

सुतवल्लभ Adj. Venîs. 65 schlechte Lesart für सुतवत्सल.

*सुतवस्करा f. *eine Mutter von sieben Söhnen.*

*सुतश्रेणी f. *Salvinia cucullata* Râgan. 4,138.

सुतष्ट Adj. *wohl ausgearbeitet, künstlich gemacht.*

सुतसुत m. *Enkel.*

सुतसोम 1) Adj. *a) der den* Soma *bereitet hat, — fertig hat, der eine Libation bringt.* — *b) wobei der* Soma *bereit ist.* — 2) m. N. pr. *a)* eines Sohnes des Bhîmasena. — *b)* eines Prinzen Gâtakam. 31. — 3) f. सुतसोमा N. pr. einer Gattin Kṛshṇa's. v. l. ञुतसोमा.

सुतसोमजातक n. = सुतसोमावदान Gâtakam. 31 in der Unterschr.

सुतसोमवन्त् Adj. Pl. *unter denen solche sind, die den* Soma *bereitet haben.*

सुतसोमावदान n. Titel einer buddh. *Legende.*

*सुतात्मज 1) m. *Enkel.* — 2) f. ञा *Enkelin.*

सुतान Adj. *wohlklingend.*

सुतापति m. *Tochtermann.*

सुताभाव m. Nom. abstr. zu सुता *Tochter.*

सुताम्र Adj. *dunkelroth.* सुताम्रोष्ठ Adj. MBh. 1, 155,32.

सुतार 1) Adj. (f. ञा) *a) sehr hell.* — *b) sehr laut.* — *c) mit einem schönen Augenstern versehen.* — 2) m. *a) ein best. Parfum.* — *b)* N. pr. eines Lehrers. — 3) f. ञा *a)* im Sâmkhja Bez. einer der 9 Arten von Tushṭi. — *b)* N. pr. α) einer Apsaras. — β) einer Tochter Çvaphalka's. — 4) f. (ञा) und n. im Sâmkhja Bez. einer der 8 Arten von Siddhi. — 5) *n. *eine Art Katzenauge* Garbe zu Râgan. 13,192.

*सुतारका f. N. pr. einer Gaina-Gottheit.

सुतार्णव m. Titel eines Werkes.

सुतार्थिन् Adj. *einen Sohn wünschend.*

सुताल m. *ein best. Tact.*

सुतावन्त् Adj. *der* Soma *bereitet hat.*

सुतासुतं n. Du. *Gekeltertes und Ungekeltertes*

Maitr. S. 3,11,9 (155,4).

सुतासुतिन् Adj. der Gekeltertes (Soma) und Ungekeltertes (Milch u. s. w.) hat.

1. सुति f. in सोमसुति.

2. सुति in कुरुसुति und पृत्सुति.

*सुतिक्त 1) Adj. sehr bitter. — 2) m. Oldenlandia herbacea Râǵan. 5,9. — 3) f. आ eine best. Cucurbitacee.

*सुतिक्तक m. Gentiana Chirayita und = पारिभद्र.

सुतिन् Adj. einen Sohn oder Söhne habend.

*सुतिन्तिडा und *सुतिन्तिडी f. Tamarindus indica.

1.*सुती Adj. (von सुतीय्).

2. सुती Adv. mit भू zum Sohne werden.

सुतीक्ष्ण 1) Adj. überaus scharf (eig. und übertr.). °म् Adv. in sehr hohem Grade, über die Maassen R. ed. Bomb. 4,24,6. — 2) m. a) *Moringa pterygosperma Râǵan. 7,30. — b) N. pr. eines Bruders des Agastja.

*सुतीक्ष्णक m. ein best. Baum.

सुतीय्, °यति Jmd (Acc.) wie einen Sohn behandeln.

1. सुतीर्थ n. 1) eine gute Strasse Maitr. S. 3,8,6 (103,4). — 2) ein sehr heiliger Badeplatz. — 3) ein Gegenstand hoher Verehrung. — 4) ein guter Lehrer Varâh. Jogaj. 4,40.

2. सुतीर्थ 1) Adj. (f. आ) a) gut zum Ziele führend. — b) leicht zugänglich (von Gewässern). Auch als Beiw. Çiva's MBh. 14,8,16. — 2) m. N. pr. eines Fürsten.

सुतीर्थक n. ein sehr heiliger Badeplatz oder N. pr.

सुतीर्थराज् m. N. pr. eines Berges.

सुतुक Adj. (f. आ) rasch laufend, flüchtig; überh. behend.

*सुतुकन Adj. als Erklärung von सुतुक.

सुतुङ्ग m. 1) der höchste Stand eines Planeten. — 2) *Cocosnussbaum. — 3) N. pr. einer Oertlichkeit. v. l. सतुङ्ग.

सुतुमुल Adj. (f. आ) sehr geräuschvoll, von grossem Lärm begleitet MBh. 4,22,59. ed. Calc. 6,2834.

*सुतुम् Adj. schön tönend.

सुतूलिका und सुतूली f. eine schöne Matratze.

*सुतृण n. 1) schönes Gras Kâç. zu P. 6,2,195. — 2) Bez. verschiedener Gräser Râǵan. 8,119.126.132.

सुतृप् Adj. in असुतृप्; vgl. jedoch Nachtr. 2. 3.

*सुतृक्ष (?) N. pr. eines Reichs.

सुतेकर Adj. beim Soma thätig oder — recitirend.

सुतेगृभ् Adj. in den Soma greifend (um zu schöpfen).

सुतेजन 1) Adj. schön geschärft, — gespitzt; m. ein solcher Pfeil MBh. 4,48,17. 50,25. 6,64,47. — 2) m. a) *Alhagi Maurorum. — b) N. pr. eines Kriegers.

सुतेजस् 1) Adj. a) schneidig. — b) schön glänzend. — 2) m. N. pr. a) eines Sohnes des Gṛtsamada. — b) *eines Arhant's der Ǵaina.

*सुतेजा f. Polanisia icosandra. Vielleicht ist सुतेजस् gemeint.

सुतेजित Adj. stark geschärft, sehr scharf (Pfeil).

सुतेमनस् m. N. pr. eines Lehrers.

सुतेरण Adj. beim Soma sich ergötzend.

*सुतैला f. eine best. Pflanze.

सुतोय 1) Adj. (f. आ) schönes Wasser habend. — 2) m. N. pr. eines Fürsten VP.² 3,334.

सुतोष Adj. leicht zufrieden zu stellen.

सुतोषण Adj. dass. Hariv. 7437.

सुत्य 1) Adj. in Verbindung mit अहन् n. (Âpast. Çr. 10,15,2. 4. 11,18,10) oder n. mit Ergänzung dieses Wortes Kelterungstag, Soma-Tag. Auch सुत्याह m. — 2) f. आ die feierliche Kelterung des Soma.

सुत्यज् Adj. leicht loslassend, — entfliehend.

सुत्यज Adj. (f. आ) leicht zu verlassen, — aufzugeben Kir. 2,17.

सुत्याकाल m. die Zeit der feierlichen Soma-Kelterung Comm. zu Njâjam. 8,1,9.

सुत्याकालीन Adj. zu dieser Zeit gehörig. Nom. abstr. °त्व n. Comm. zu Njâjam. 8,1,9.

सुत्यामास m. ein Monat mit täglicher Soma-Kelterung Lâṭj. 10,10,6.

सुत्रात Adj. wohlbeschützt.

सुत्रात्र Adj. 1) wohl schützend. — 2) wohl beschützt.

सुत्रामन् 1) Adj. (f. eben so) wohl beschützend. — 2) m. a) Bein. Indra's. — b) Fürst in धरित्री°. — c) Pl. eine best. Gruppe von Göttern unter dem 13ten Manu.

सुत्रावन् Adj. = सुत्रामन् 1) AV. 19,42,3.

सुत्वक्क Adj. eine schöne Haut habend.

सुत्वच् Adj. dass. Karaka 34,12. 18.

सुत्वन् 1) Adj. Soma kelternd. — 2) m. N. pr. eines Mannes.

सुत्सरु Adj. mit einem schönen Griff versehen (Schwert) MBh. 2,53,9.

सुद = 1. स्वद in संसुदे.

सुदंशित Adj. überaus dicht.

सुदंष्ट्र 1) Adj. schöne Spitzzähne habend MBh. 5,131,23. R. ed. Bomb. 4,26,4. — 2) m. N. pr. a) eines Râkshasa. — b) eines Sohnes des Kṛshṇa. — c) eines Sohnes des Çambara. — d) eines Adoptivsohnes des Asamañgas; vgl. jedoch VP.² 4,100. — 3) f. आ N. pr. einer Kiṁnara-Jungfrau Kâraṇḍ. 6,1.

सुदंसस् Adj. herrliche Thaten verrichtend.

सुदक्ष 1) Adj. (f. आ) sehr geschickt, — klug, — tüchtig MBh. 1,221,50 (hier kann aber auch परिचयाम् सु द° getrennt werden). — 2) *m. N. pr. eines Mannes.

1. सुदक्षिण 1) Adj. a) sehr geschickt. — b) überaus liebenswürdig, — zuvorkommend. — 2) m. N. pr. a) eines Fürsten der Kâmboǵa. — b) eines Sohnes des Pauṇḍraka. — 3) f. आ N. pr. der Gattin Dilîpa's 95,18.

2. सुदक्षिण Adj. eine treffliche Rechte habend.

*सुदग्धिका f. eine best. Pflanze.

*सुदण्ड m. eine Calamus-Art.

*सुदण्डिका f. eine best. Pflanze.

सुदत्त N. pr. 1) m. a) eines Sohnes des Çatadhanvan. v. l. सुदान्त. — b) eines reichen und freigebigen Mannes, bekannter unter dem Namen Anâthapiṇḍada. — c) eines Dorfes Uttamak. 39, N. 3. — 2) f. आ einer Gattin Kṛshṇa's.

सुदत्तग्राम m. = सुदत्त 1) c) Uttamak. 39.

सुदत्र Adj. gute Gaben gebend.

1. सुदन्त् m. ein schöner Zahn. Instr. Sg. so v. a. durch schöne Zähne.

2. सुदन्त् 1) Adj. (f. सुदती) schöne Zähne habend. — 2) f. सुदती N. pr. einer Surâñganâ Ind. St. 15,241.

सुदन्त 1) Adj. a) mit schönen Zähnen versehen. — b) MBh. 8,1763 fehlerhaft für सुदान्त. — 2) m. a) ein best. Samâdhi Kâraṇḍ. 93,8. Vielleicht fehlerhaft für सुदान्त. — b) *Schauspieler. — c) *N. pr. eines Mannes. — 3) f. आ N. pr. einer Apsaras VP.² 2,82. — 4) *f. ई N. pr. des Weibchens eines Weltelephanten.

*सुदम्भ Adj. leicht zu bewältigen als Erklärung von दभ्र.

सुदयित Adj. sehr geliebt, — am Herzen liegend.

सुदरिद्र Adj. sehr arm.

सुदर्पण Adj. mit einem schönen Spiegel versehen, schön spiegelnd Kathâs. 33,91.

*सुदर्भा f. eine Schilf-Art.

सुदर्श Adj. 1) leicht zu erblicken, sich Jmds (Gen.) Augen nicht entziehend. Compar. °तर, Nom. abstr. सुदर्शता f. Hemâdri 1,333,16. — 2) lieblich anzusehen, ein angenehmes Aussehen habend.

सुदर्शक m. ein best. Samâdhi Kâraṇḍ. 93,3.

सुदर्शन 1) Adj. (f. आ) a) leicht zu erblicken, — zu schauen für (Instr.). — b) lieblich anzusehen, ein angenehmes Aussehen habend, schön, prächtig Hemâdri 1,333,18. — 2) m. a) *Geier (gut sehend).

— b) **Fisch* BHÂVAPR. 2,4. — c) *eine best. Composition* S. S. S. 166. — d) N. pr. α) eines Sohnes des Feuergottes und der Sudarçanâ. — β) eines Vidjâdhara. — γ) eines Schlangendämons. — δ) Pl. einer Gruppe von Göttern. — ε) eines Buddha. — ζ) *eines buddh. Patriarchen. — η) *bei den Gaina eines der 9 weissen Bala. — ϑ) verschiedener Fürsten und anderer Personen. °सूरि BURNELL, T. — ι) eines Gambû-Baumes. — κ) eines Berges KÂRAND. 91,17. — λ) eines Dvîpa. — 3) m. n. Vishnu's *Discus (die Sonnenscheibe)* Çiç. 14,16. Auch सुदर्शनचक्र n. und सुदर्शनास्त्र n. — 4) f. ग्रा a) *eine Nacht in der lichten Hälfte eines Monats.* — b) **Befehl.* — c) **Cocculus tomentosus* BHÂVAPR. 1,223. — d) **eine Art Branntwein.* — e) N. pr. α) einer Tochter Durjodhana's von der Narmadâ. — β) einer Prinzessin. — γ) einer Gandharva-Jungfrau KÂRAND. 4,15. — δ) eines Lotusteiches. — ε) *der Stadt Indra's. — ζ) eines Gambû-Baumes. — 5) f. सुदर्शनी N. pr. der Stadt Indra's. °नगर n. DIVJÂVAD. 220,16. — 6) n. a) *ein best. aus vielen Species gemischtes Pulver* Mat. med. 201. BHÂVAPR. 3,29. — b) N. pr. α) *der Stadt Indra's. — β) eines Tîrtha.

सुदर्शनकवच n. (BURNELL, T.), सुदर्शनपञ्चरोपनिषद् f. (ebend.), सुदर्शनपाञ्चजन्यप्रतिष्ठा f. (OPP. Cat. 1), सुदर्शनभाष्य n. (ebend.), सुदर्शनमीमांसा f. (ebend.), सुदर्शनविजय m., सुदर्शनशतक n., °टीका f. und °व्याख्या f. (OPP. Cat. 1), सुदर्शनसंहिता f., सुदर्शनसंपात m. (OPP. Cat. 1), सुदर्शनायन्त्रविधि m. (ebend.), सुदर्शनराधनक्रम m. (ebend.) und सुदर्शनाष्टक n. (ebend.) Titel.

सुदर्शनीय Adj. *leicht zu schauen.*

सुदर्शिनी f. N. pr. eines Lotusteiches.

*सुदल 1) m. a) *Pterospermum suberifolium.* — b) *eine best. Schlingpflanze,* = क्षीरमोरट. — 2) f. ग्रा a) *Rosa glandulifera.* — b) *Glycine debilis.*

सुदशन Adj. (f. ग्रा) *schöne Zähne habend.*

सुदशार्हकुल Adj. *aus einem Geschlecht stammend, das zu einem schönen Lebensschicksal berechtigt,* und zugleich *aus dem edlen Geschlecht der* Daçârha *stammend* KATHÂS. 107,46.

सुदा Adj. *viel —, gern gebend.*

*सुदातर् Nom. ag. *reichlich spendend* SÂJ. zu RV. 8,78,4.

सुदातु Adj. *leicht theilbar.*

सुदान n. *eine schöne —, reichliche Spende.*

सुदानु Adj. (f. eben so) *reichlich träufelnd, strotzend, mit vollen Händen austheilend.*

सुदान्त 1) Adj. *wohl gezähmt* (Pferde) MBH. 8,38, 10. — 2) m. a) **ein* Pratjekabuddha. — b) *ein best.* Samâdhi, wenn KÂRAND. 93,8 so st. सुदन्त zu lesen ist. — c) N. pr. eines Sohnes des Çatadhanvan HARIV. 1,38,6.

सुदान्तसेन m. N. pr. eines Arztes.

सुदाम 1) m. N. pr. a) Pl. eines Volkes. — b) eines Hirten im Gefolge Krshna's. — 2) f. ग्रा N. pr. a) einer der Mütter im Gefolge Skanda's. — b) eines Flusses.

सुदामन् 1) Adj. *gern —, reichlich gebend* RV. — 2) m. a) **Wolke.* — b) **Meer.* — c) N. pr. α) eines Gandharva. — β) Pl. eines Volkes. — γ) eines Fürsten von Daçârna. — δ) eines Hirten im Gefolge Krshna's. — ε) eines armen Brahmanen, den Krshna reich machte. — ζ) eines Kranzwinders. — η) eines Fürsten KULL. zu M. 8,110. Richtig सुदास्. — ϑ) *des Elephanten Indra's. — ι) eines Berges. — κ) eines Flusses.

सुदामन 1) m. N. pr. eines Rathgebers des Ganaka. — 2) n. *eine best. mythische Waffe.*

सुदामिनी f. N. pr. der Gattin Çamika's.

1.*सुदाय m. *Hochzeitsgeschenk* Comm. zu HARSHAK. 325,10.

2. सुदाय Adj. *ein schönes Hochzeitsgeschenk gebend.*

1. सुदारु n. *gutes Holz.*

2.*सुदारु m. N. pr. eines Gebirges (*gutes Holz liefernd*).

सुदारुण Adj. (f. ग्रा) *sehr streng, — heftig, überaus schrecklich* MBH. 4,22,59. Chr. 166,19. n. *etwas Schreckliches;* auch wohl *eine best. mythische Waffe.*

*सुदारुमूल m. *Alhagi Maurorum.*

सुदावन् Adj. *gern —, reichlich gebend.*

सुदास् 1) Adj. Subst. *treu verehrend, ein treuer Verehrer.* Compar. °तर. Nach NIR. *freigebig.* — 2) m. N. pr. eines Fürsten der Trtsu.

सुदास m. N. pr. 1) Pl. eines Volkes. — 2) verschiedener Fürsten GÂTAKAM. 31.

सुदि Indecl. ungenau für शुदि.

सुदिति Adj. in einer Formel (mit Anklang an ग्रदिति) VAITÂN. 22,17. सुदीति TS. st. dessen.

सुदिन 1) Adj. (f. ग्रा) *hell, klar* (Tag, Morgen); übertragen *heiter, ungetrübt.* — 2) n. a) *klarer Himmel, serenum, ein klarer Tag.* — b) *ein guter, glücklicher Tag* Verz. d. B. H. 2,251, Z. 12. v. u. — c) *gute Zeit, der liebe Tag.* — d) N. pr. eines Tîrtha.

सुदिनता f. Nom. abstr. zu सुदिन *ein klarer Tag.*

सुदिनत्व n. *serenitas,* übertr. *Glückszeit.*

*सुदिनाय्, °यते *sich aufklären, heiter werden.*

*सुदिनाह n. *ein heiterer Tag.*

सुदिव् Adj. *schön leuchtend.*

सुदिव n. *ein schöner Tag.* Angeblich auch Adj. = शोभनं दिवास्य.

सुदिवस n. *ein schöner, heiterer Tag.*

सुदिवा Adv. *ein glücklicher Tag* KÂÇIKH. 1,47.

सुदिवातण्डि m. N. pr. eines Rshi.

सुदिह् Adj. *wohl geglättet, blank, scharf* (Zahne).

सुदीक्षा f. *schöne Weihe,* unter den Namen der Lakshmî VISHNUS. 99,5. = यज्ञाधिकारसिद्धि Comm.

1. सुदीति f. *schönes —, helles Flammen.*

2. सुदीति 1) Adj. *flammend, glänzend* TS. 4,4,1,2. In übertragener Bed. so v. a. *glanzreich, ausgezeichnet;* man könnte aber auch सुधीति vermuthen. — 2) m. N. pr. eines Mannes.

सुदीदिति Adj. = 2. सुदीति 1).

सुदीप्त Adj. *hell flammend* MUND. UP. 2,1,1.

सुदीर्घ 1) Adj. *sehr lang* (räumlich und zeitlich) — 2) *f. ग्रा *eine Gurkenart.*

*सुदीर्घघर्मा f. *eine best. Pflanze.*

*सुदीर्घफलका f. *eine Art Solanum.*

*सुदीर्घराजीवफला f. *eine Gurkenart.*

सुदुःख 1) Adj. (f. ग्रा) *sehr beschwerlich, überaus schwierig, — zu* (Infin.). °म् Adv. *unter Beschwerden, sehr unbehaglich, — schmerzvoll.* — 2) n. *ein grosses Leid.*

सुदुःखारोहण Adj. *sehr schwer zu besteigen* R. ed. Bomb. 3,73,32.

सुदुःखित Adj. *sehr betrübt, — unglücklich* 46, 22. 48,8. 66,12. 77,1. MBH. 5,176,23.

सुदुकूल Adj. *aus sehr feinem Zeug bereitet.*

सुदुघ 1) Adj. (f. ग्रा) *gut milchend* (Kuh), überh. *nährend, viel gewährend.* — 2) f. ग्रा *eine gute Milchkuh.*

सुदुराधर्ष Adj. (f. ग्रा) 1) *ganz unerträglich.* — 2) *dem sehr schwer beizukommen ist, unerreichbar* R. ed. Bomb. 4,13,20. 29.

सुदुरावर्त Adj. *sehr schwer von einer Meinung abzubringen* MBH. 12,19,23.

सुदुरासद Adj. *dem schwer beizukommen ist, unnahbar für* (Gen.).

सुदुरुक्ति f. *sehr harte Worte.*

सुदुर्गम Adj. *sehr schwer zugänglich, — zu passiren* MBH. 3,158,34. R. ed. Bomb. 4,43,25.

सुदुर्गम्य Adj. dass. R. 7,20,21.

सुदुर्जय 1) Adj. a) *sehr schwer zu besiegen, — zu bewältigen.* — b) *sehr schwer zu ersiegen, — zu erlangen.* — 2) m. a) *eine best. Truppenaufstellung.* — b) N. pr. α) eines Sohnes des Suvîra. — β) *eines Brahmanen. — 3) f. ग्रा *eine der zehn Bo-*

dhisattva-*Stufen* J. R. A. S. 8,4.

सुदुर्जर Adj. *sehr schwer zu verdauen* MBh. 7, 135,27.

सुदुर्ज्ञेय Adj. *sehr schwer zu erkennen, — kennen zu lernen.*

सुदुर्दर्श Adj. *sehr schwer zu sehen, — anzusehen, — anzublicken, für's Auge unerträglich* MBh. 10, 8,137.

सुदुर्दश Adj. dass.

सुदुर्निरीक्षण Adj. *sehr schwer anzuschauen* Bhâg. P. 10,59,7.

सुदुर्बल Adj. *überaus schwach.*

सुदुर्बुद्धि Adj. *sehr einfältig, — thöricht.*

सुदुर्भग Adj. (f. आ) *sehr unglücklich.*

सुदुर्भिद् Adj. *sehr schwer zu sprengen.*

सुदुर्मति Adj. *sehr thöricht* oder *— übelgesinnt.*

सुदुर्मनस् Adj. *sehr kleinmüthig, — betrübt* 94,13.

सुदुर्मर्ष Adj. (f. आ) *in hohem Grade unerträglich* Bhâg. P. 8,11,18.

सुदुर्लभ Adj. *sehr schwer zu erreichen, — erlangen, sehr schwer zu* (Infin.).

सुदुर्वच Adj. *sehr schwer zu beantworten* MBh. 14,17,1. 19,38. Káraka 5,5. 6,12 (11).

सुदुर्वचस् n. *ein überaus hartes Wort* Mârk. P. 8, 49.

सुदुर्वह Adj. *sehr schwer zu tragen* Hem. Par. 2,227.

सुदुर्विद् Adj. *sehr schwer zu kennen.*

सुदुर्वेद Adj. dass. R. 4,46,2.

सुदुश्चर Adj. 1) *sehr schwer zu betreten, ganz unzugänglich.* — 2) *sehr schwer auszuführen.*

सुदुश्चिकित्स Adj. *überaus schwer zu heilen* Bhâg. P. 4,30,38.

सुदुःश्रव Adj. *sehr unangenehm zu hören* Uttarar. 123,3 (166,2).

सुदुष्कर Adj. 1) *sehr schwer zu machen, — zu vollbringen.* — 2) MBh. 10,7,12 fehlerhaft für सुदुस्तर, wie ed. Vardh. liest.

सुदुष्कुल n. *ein sehr niedriges Geschlecht* R. 5, 21,10.

सुदुष्कृत n. *eine sehr grosse Uebelthat, — Sünde.*

सुदुष्ट Adj. *sehr schlimm, — böse* R. Gorr. 2,10,28.

सुदुष्पार Adj. *sehr schwer zu durchdringen, — zu erforschen* Vishnus. 1,51. Die Erklärung des Comm. ist verkehrt.

सुदुष्प्रसाध्य Adj. *mit dem sehr schwer fertig zu werden ist.*

सुदुष्प्राप Adj. *sehr schwer zu erreichen, — erlangen, sehr unzugänglich* R. ed. Bomb. 4,26,5. Vishnus. 1,51, v. l.

सुदुष्प्रेक्ष्य Adj. *sehr schwer zu sehen, — zu Gesicht zu bekommen.*

सुदुस्तर Adj. (f. आ) *sehr schwer zu überschreiten, — passiren, — überwinden* MBh. ed. Vardh. 10,7,12.

सुदुस्तार Adj. (f. आ) dass.

सुदुस्त्यज Adj. *sehr schwer aufzugeben, dem man sehr schwer entsagt.*

सुदुःसह Adj. *sehr schwer zu ertragen, ganz unüberwindlich.*

सुदुःस्पर्श Adj. *sehr unangenehm für das Gefühl.*

सुदुह् Adj. (f. आ) *sich willig melkend lassend.*

सुदूर 1) Adj. *sehr weit, — entfernt.* दूरात्सुदूरे so v. a. *in der allerweitesten Ferne.* — 2) °म् und सुदूर° Adv. *a) sehr weit* 319,33. — *b) in sehr hohem Grade, ganz und gar, sehr* R. ed. Bomb. 4,30, 12. Daçak. 52,16.

सुदृढ Adj. 1) *sehr fest* 183,31. Uttamak. 67. 68. Auch vom Gedächtniss. Nom. abstr. सुदृढता f. Prab. 13,17. — 2) *gut verschlossen.* — 3) *heftig, stark, intensiv.* सुदृढम् Adv. MBh. 6,59,61.

*सुदृढत्वचा f. *Gmelina arborea.*

सुदृढहर्म्यवत् Adj. *mit sehr festen Burgen versehen* Hemâdri 1,663,18.

सुदृप्त Adj. *sehr übermüthig* R. 5,14,6. Bhâg. P. 4, 26,13.

सुदृश् 1) Adj. (f. ved. सुदृशी) *a) scharfsichtig. — b) schön aussehend, ansehnlich. — c) schönäugig.* — 2) m. Pl. *eine best. Klasse von Göttern bei den Buddhisten.* — 3) f. *eine Schönäugige, Frau* überh. Spr. 7826. Çiç. 9,35. 46. 13,35. 48. 15,117 (83). Çukas. 1,32.

सुदृशीक Adj. *schön anzusehen, — aussehend.*

सुदृशीकरूप Adj. *schönfarbig.*

सुदृशीकसंदृश् Adj. *einen prächtigen Anblick gewährend.*

सुदृश्य Adj. 1) *leicht zu erblicken, sich den Augen nicht entziehend.* — 2) *schön anzusehen, hübsch.*

सुदृष्ट 1) Adj. (f. आ) *a) gehörig angesehen.* Acc. mit कर् *gehörig ansehen.* सुदृष्टः क्रियतां लोकः ruft man einem dem Tode Verfallenen zu. — *b) leicht zu sehen.* Compar. °तर Gâtakam. 12,16. — 2) m. Pl. N. pr. eines Volkes MBh. 6,9,51. सुदेष्ट v. l.

सुदृष्टि 1) Adj. *weit —, scharfsichtig* Bâlar. 259, 10. — 2) *m. *Geier.*

सुदेष्ठ m. Pl. N. pr. eines Volkes. v. l. सुदेष्ण.

1. सुदेव m. *ein rechter, wirklicher, guter Gott.*

2. सुदेव 1) Adj. *a) die rechten Götter habend, von einem guten Gotte behütet. — b) für die rechten Götter bestimmt.* — 2) m. N. pr. verschiedener Personen. — 3) f. सुदेवा N. pr. verschiedener Frauen.

सुदेवन n. *leidenschaftliches Würfelspiel.*

सुदेवि (metrisch) f. N. pr. der Gattin Nâbhi's.

*सुदेविका f. wohl N. pr.

(सुदेव्य) सुदेविअ n. *die Schaar der rechten, guten Götter.*

सुदेश m. *ein guter, passender Ort.*

सुदेष्ट m. Pl. N. pr. eines Volkes. सुदृष्ट v. l.

सुदेष्ण N. pr. 1) m. *a)* Pl. eines Volkes MBh. 6, 9,46. — *b)* eines Sohnes des Krshna. — *c)* eines Adoptivsohns des Asamañgas. v. l. सुदंष्ट्र. — 2) f. आ der Gemahlin des Fürsten *a)* Bali. — *b)* Virâta.

*सुदेष्णु f. N. pr. wohl = सुदेष्णा.

सुदेह m. *ein schöner Körper.*

सुदोग्ध्री Nom. ag. f. *viel Milch gebend* MBh. 1, 99,15.

सुदोघ Adj. (f. आ) *gut milchend*, so v. a. *— spendend.*

सुदोह् (Compar. °तर Maitr. S. 1,4,5) und सुदोहन (f. आ) Adj. *sich willig melken lassend.*

*सुद्ध्युपास्य Adj. = सुध्युपास्य *von klugen Leuten zu verehren* P. 1,1,58, Sch.

सुद्यु m. N. pr. eines Sohnes des Kârupâda.

सुद्योत्, Adj. *schön leuchtend.*

सुद्युम्न 1) Adj. (f. आ) *schön glänzend.* — 2) m. N. pr. *a)* eines Fürsten. — *b)* des Sohnes eines Manu. — *c)* eines Sohnes des Abhajada.

सुद्योत्मन् Adj. *schön glänzend.*

सुद्रविणस् Adj. *reich an Gut, treffliche Habe besitzend.*

*सुद्रष्टर् Nom. ag. *einen guten Einblick habend in* (Gen.) Pat. zu P. 5,4,77.

सुद्रु m. *starkes Holz, ein tüchtiger Balken.*

सुद्विज Adj. (f. आ) *mit schönen Zähnen versehen.*

सुधन 1) Adj. *sehr reich.* — 2) m. N. pr. verschiedener Männer Divjâvad. 441. fgg. (auch °कुमार).

सुधनुस् m. N. pr. eines Sohnes des Kuru und verschiedener anderer Männer.

सुधन्वन् 1) Adj. *einen guten Bogen führend.* — 2) m. *a)* *Bein. α) Vishnu's. — β) Tvashtar's oder Viçvakarman's. — *b) eine best. Mischlingskaste: der Sohn eines ausgestossenen Vaiçja.* — *c)* N. pr. verschiedener Personen Çiç. 17,8.

सुधन्वमाहात्म्य n. Titel Opp. Cat. 1.

सुधय्, °यति *erquicken.* v. l. स्वधय्.

*सुधर m. N. pr. eines Arhant der Buddhisten.

1. सुधर्म m. *das gute Recht, Gerechtigkeit.*

2. सुधर्म 1) *Adj. *Gerechtigkeit übend, wo Gerech-*

tigkeit geübt wird. — 2) m. N. pr. a) eines Mannes. — b) eines Mahâbrahman. — c) eines Fürsten der Kiṁnara. — d) eines Palastes Káurap. (A.) 16. — 3) f. आ a) die Versammlungshalle der Götter Vâsav. 244,1. Divjâvad. 220,7. Gâtakam. 6. — b) N. pr. der Gattin Mâtali's. — 4) *f. ई = 3) a).

सुधर्मन् 1) Adj. a) wohl stützend, — wahrend in einer Formel. — b) Gerechtigkeit übend. — 2) m. a) die Versammlungshalle der Götter Daçak. 7,19. — b) * = कुटुम्बिन्. — c) N. pr. α) eines zu den Viçve Devâs gezählten Wesens. — β) Pl. verschiedener Göttersippen unter verschiedenen Manu. — γ) verschiedener Fürsten. — δ) eines Gaṇâdhipa (Kevalin) der Gaina Vardhamânak. 1,41. Hem. Par. 2,41. 51. Auch सुधर्मस्वामिन् 43. fgg. 4,56.

सुधर्मिता f. umschreibende Bezeichnung eines Dinges durch Angabe seiner Merkmale Comm. zu Vâsav. 4.

सुधर्मिन् m. fehlerhaft für सुधमन् 2) a).

सुधर्मिष्ठ Adj. (f. आ) seinen Pflichten genau nachkommend.

1. सुधी f. Wohlbefinden, Behagen. Nach Sâj. der Himmel.

2. सुधा f. 1) der Trank der Götter, Nektar. — 2) Milch. Auch Pl. — 3) Kalk, stucco. — 4) *Backstein. — 5) *Wasser, Saft. — 6) *Honig. — 7) *Blitz. — 8) *die Erde Gal. — 9) Euphorbia antiquorum oder eine andere Species Káraka 7,10. — 10) *Sanseviera Roxburghiana. — 11) *Glycine debilis. — 12) *Myrobalane. — 13) ein best. Metrum. — 14) N. pr. der Gattin eines Rudra. — Vgl. Zach. Beitr.

सुधांशु m. 1) der Mond. — 2) *Kampfer. °तैल n. Kampferöl.

*सुधांशुभ n. und *सुधांशुरत्न n. Perle Râgan. 13, 153 nebst Note.

*सुधाकण्ठ m. der indische Kuckuck.

सुधाकर m. 1) die Fundgrube des Nektars Naish. 3,80. — 2) der Mond ebend. und Vikramâṅkak. 14, 23. — 3) Titel eines Commentars Opp. Cat. 1. — 4) N. pr. a) eines Verfassers von Gebeten bei den Tântrika. — b) eines Grammatikers.

सुधाकरता f. Nom. abstr. zu सुधाकर Mond Káurap. (A.) 5.

सुधाकार m. Tüncher.

सुधाकिर् Adj. Nektar träufelnd.

*सुधाङ्ग m. der Mond.

*सुधाजीविन् m. Tüncher.

सुधाटिप्पणी f. Titel eines Commentars Burnell, T.

सुधात Adj. gut gereinigt.

सुधातर् Nom. ag. ein guter Ordner u. s. w.

सुधातु Adj. 1) wohlgelegen. — 2) etwa wohlgegründet, so v. a. wohlhabend.

सुधातुदक्षिण Adj. etwa derjenige, bei welchem der Opferlohn die richtige Stätte findet, d. h. wohl angebracht ist. Nach dem Comm. der edles Metall als Opferlohn erhält.

सुधादीधिति m. der Mond Bâlar. 66,16.

सुधाद्रव्, °वति weiss wie Tünche erscheinen.

सुधाद्रव m. Tünche.

सुधाधवल Adj. (f. आ) 1) weiss getüncht Vâsav. 110,1. 216,4. — 2) weiss wie Kalk Kâd. 261,10 (425, 2). सुधाशशाङ्कधवल weiss wie Kalk oder der Mond Varâh. Bṛh. S. 28,15.

सुधाधवलित Adj. 1) = सुधाधवल 1) Hemâdri 1, 657,5. Weber, Kṛshṇaǵ. 278. Halâj. 2,139. Kull. zu M. 7,76. — 2) = सुधाधवल 2) J. A. O. S. 6,543,3.

सुधाधामन् m. der Mond Vṛshabh. 2.

*सुधाधार m. der Mond.

सुधाधारा f. Nektarstrom.

सुधाधौत Adj. weiss getüncht Kathâs. 11,31.

सुधानन्दसूरि m. N. pr. eines Mannes.

सुधानिधि m. 1) *der Mond. — 2) Titel verschiedener Werke.

सुधान्धस् m. ein Gott Pârçvan. 3,176.

*सुधापाणि m. Bein. Dhanvantari's.

सुधापूर m. Nektarstrom Pańkat. 46,16.

सुधाभित्ति f. eine weiss getünchte Wand.

सुधाभुज् m. ein Gott Kâçikh. 50,105. 115.

*सुधाभृति m. 1) der Mond. — 2) Opfer.

सुधाभोजिन् m. ein Gott Bâlar. 92,2.

सुधामन् m. N. pr. 1) verschiedener Ṛshi VP². 3,10. fgg. — 2) Pl. einer Klasse von Göttern unter dem 10ten Manu. — 3) eines Sohnes des Ghṛtaprshṭha Bhâg. P. 5,20,21. — 4) eines Berges.

सुधामय Adj. (f. ई) 1) aus Nektar bestehend, Nektar enthaltend. — 2) *getüncht.

*सुधामित्र m. N. pr. eines Mannes.

सुधामुखी f. N. pr. einer Apsaras.

सुधामृत n. Nektar 102,6. VP. 2,12,6. 13.

सुधामृतमय Adj. (f. ई) aus Nektar bestehend VP. 2,12,12.

*सुधामोदक m. Tabaschir.

सुधाय m. Wohlbefinden, Behagen. Vgl. jedoch Weber in Ind. St. 13,97.

*सुधायुक m. N. pr. eines Mannes. Pl. seine Nachkommen.

सुधायोनि m. Bein. des Mondes.

1. सुधार Adj. in schönem Strahl fliessend.

2. सुधार Adj. scharfschneidig, scharf gespitzt (Pfeil) MBh. 8,90,54.

सुधारश्मि m. der Mond Vṛshabh. 47.

1. सुधारस m. 1) Nektarsaft. — 2) Milch.

2. सुधारस Adj. wie Nektar schmeckend. Nom. abstr. °त्व n. Naish. 7,50.

सुधारसमय Adj. (f. ई) aus Nektar bestehend, N. enthaltend.

सुधारिन् Adj. etwa fest an Etwas haltend, die Gesetze beobachtend MBh. 13,102,37.

सुधावदात 1) Adj. (f. आ) a) weiss getüncht MBh. 5,47,4. R. 4,33,10. — b) weiss wie Kalk MBh. 13, 14,173. — 2) m. N. pr. eines Berges Divjâvad. 107,27.

सुधावत् m. 1) *N. pr. eines Mannes. — 2) Pl. Bez. bestimmter Manen MBh. 2,8,30. स्वधावत् v. l.

सुधावर्ति f. Augensalbe von Nektar Hem. Par. 1,135.

सुधावर्ष n. Nektarregen Kathâs. 44,21.

सुधावर्षिन् 1) Adj. Nektar regnend Hem. Par. 1, 135, v. l. — 2) *m. N. pr. eines Buddha.

सुधावास 1) m. Bein. des Mondes. — 2) *f. आ eine Gurkenart.

सुधाशुभ्र Adj. weiss getüncht Spr. 7106.

सुधासंग्रह m. Titel eines Werkes.

सुधासत्र m. ein best. kosmetisches Mittel.

1. सुधासार (2. सुधा + सार) m. Titel eines Commentars Burnell, T.

2. सुधासार (2. सुधा + आसार) m. Nektarregen Kathâs. 26,32. 38,125. 100,42.

सुधासित Adj. 1) weiss getüncht. — 2) weiss wie Kalk. Nom. abstr. °ता f.

सुधासिन्धु m. das Nektarmeer.

*सुधासू m. der Mond.

सुधासूक m. N. pr. eines Fürsten VP². 4,96.

सुधासूति m. 1) der Mond Kâd. 228,21 (376,4). — 2) *Opfer. — 3) *Lotusblüthe.

सुधासेक m. Besprengung mit Nektar Kathâs. 121,238.

सुधास्यन्दिन् Adj. Nektar träufelnd Viddhaç. 57,16.

*सुधास्रवा f. 1) Zäpfchen im Halse. Auch fehlerhaft सुधाश्रवा geschrieben. — 2) ein best. kleiner Strauch.

*सुधाहर, सुधाहर्तर् und *सुधाहृत् m. Bein. Garuḍa's.

*सुधाह्रद m. Nektarteich Kathâs. 26,69.

*सुधि Adj. n. zu 2. सुधी.

1. सुधित Adj. 1) wohlgeordnet, gut eingerichtet. — 2) wohl befestigt. — 3) bereit, aufgetragen. — 4) festgesetzt, bestimmt, beabsichtigt. — 5) gut auf-

genommen, wohlgepflegt, wohlgesättigst. — 6) *wohl gut gestimmt, zugethan.*

2. सुधित Adj. *nektarähnlich.*

*सुधिति m. f. = स्वधिति *Messer.*

1. सुधी f. *ein guter Verstand, Klugheit.*

2. सुधी 1) Adj. *a) von guten, frommen Gedanken erfüllt.* — *b) klug, verständig; m. ein kluger Mann.* — 2) m. Pl. *eine best. Gruppe von Göttern im 4ten* Manvantara.

3. सुधी Adv. mit कर् *in Nektar verwandeln* Naish. 1,99.

सुधीचन्द्रिका f. Titel eines Werkes Opp. Cat. 1.

सुधीन्द्रयति m. N. pr. eines Autors Burnell, T.

सुधीमयूख m. Titel eines Werkes Opp. Cat. 1.

सुधीर Adj. *sehr beherzt.*

*सुधीवन् Adj.

सुधीवाद m., सुधीविलोचन n. und °मार Titel von Werken Opp. Cat. 1.

सुधुर् und सुधुर Adj. *gut unter dem Joch* (des Streitwagens) *gehend; m. ein gutes Wagenpferd.*

*सुधूपक m. *das Harz der Pinus longifolia.*

*सुधूप्य und *सुधूम्य m. *ein best. Parfum* Rágan. 12,89.

सुधूम्रवर्णा f. *eine der 7 Zungen des Feuers* Gṛhjâs. 1,14.

सुधृत् m. N. pr. eines Sohnes des Mahâvîrja.

सुधृत Adj. *sehr anhaltend.*

सुधृति m. N. pr. verschiedener Fürsten.

सुधृष्टम Adj. *sehr muthig.*

सुधोदय m. Titel eines Werkes.

सुधोद्गार m. *eine Nektarfluth.* Davon Adj. °मय *darin bestehend* Naish. 7,32.

*सुधोद्भव 1) m. Bein. Dhanvantari's. — 2) f. आ *Terminalia Chebula.*

सुधौत Adj. *gut gereinigt, schön blank gemacht* MBh. 4,48,17.

1. सुनक्षत्र n. *ein gutes Sternbild.*

2. सुनक्षत्र 1) *Adj. *unter einem guten Sternbild geboren* u. s. w. — 2) m. N. pr. verschiedener Männer. — 3) f. आ *a) die zweite Nacht im* Karmamâsa. — *b)* N. pr. einer der Mütter im Gefolge Skanda's.

*सुनत् Adj. Pat. zu P. 6,4,40.

सुनत Adj. *sehr tief herabhängend* Pat. zu P. 2,1,1, Vârtt. 27 und zu P. 2,2,24, Vârtt. 1.

सुनति m. N. pr. eines Daitja. सुमति v. l.

सुनन्द 1) m. *a) ein Palast von bestimmter Form.* — *b)* N. pr. α) eines Devaputra. — β) verschiedener Männer. — 2) f. आ *a)* **Aristolochia indica.* — *b)* **Gallenstein des Rindes.* — *c)* **Weib.* — *d)* *Bein. der Umâ. — *e) eine best.* Tithi Garga im Comm. zu Varâh. Bṛh. S. 99,1. — *f)* N. pr. α) verschiedener Personen Hem. Par. 12,10. — β) eines Flusses. — 3) n. N. pr. einer von Tvashṭar verfertigten Keule.

सुनन्दन 1) m. N. pr. verschiedener Personen. — 2) *f. ई N. pr. eines Flusses. — 3) n. *der 12te* Muhûrta.

सुनन्दिनी f. 1) **eine best. Pflanze mit wohlriechenden Blättern.* — 2) *ein best. Metrum.*

सुनफा f. συναφή, *eine best. Constellation, wenn nämlich einer der Planeten* (mit Ausnahme der Sonne) *in der zweiten Stelle steht, während der Mond sich in der ersten befindet.*

1. सुनय m. *kluges Benehmen, Klugheit.*

2. सुनय 1) *Adj. *sich klug benehmend.* — 2) m. N. pr. *a)* Pl. eines Volkes. — *b)* verschiedener Personen.

*सुनयक 1) m. *ein guter Führer.* — 2) f. °यिका *eine gute Führerin.*

*सुनयकश्री m. N. pr. eines Mannes.

सुनयन 1) Adj. (f. आ) *schönäugig.* — 2) *m. *Antilope.* — 3) f. आ *eine Schönäugige* Rágan. 18,3.

सुनयशालिन् Adj. *klug, verständig* Mudrâr. 34,9 (59,7).

*सुनयश्री und *°मित्र m. N. pr. zweier Männer.

सुनस 1) Adj. *mit einer schönen Nase versehen.* — 2) f. आ N. pr. eines Flusses.

सुनह m. N. pr. eines Sohnes des Ǵahnu. सुनक v. l.

*सुनाकुत oder *सुनाकृत m. *Curcuma Zerumbet.*

*सुनाग m. N. pr. anzunehmen für सौनाग.

सुनाट्य n. *ein hübscher Tanz* Hariv. 8575.

सुनाथ Adj. *eine gute Zuflucht habend* AV.

सुनाद Adj. *schön klingend* S. S. S. 198,20.

*सुनादक m. *Muschel* Rágan. 13,122.

सुनाभ 1) Adj. *a) mit einer schönen Nabe versehen,* — *b) mit einem schönen Mitteltheil —, mit einer schönen Griffstelle versehen* (ein Bogen). — 2) m. *a) ein best. über Waffen gesprochener Zauberspruch.* — *b)* N. pr. α) eines Rathgebers des Varuṇa. — β) eines Sohnes des Dhṛtarâshṭra. — γ) eines Bruders des Vaǵranâbha. — δ) eines Berges. — 3) (wohl n.) *Rad, Discus.*

सुनाभक m. = सुनाभ 2) *a)*.

सुनाभि Adj. *mit einer guten Nabe versehen.*

सुनाभ्य Adj. dass. v. l. सुनाभ.

सुनामद्वादशी f. *ein best. zwölfter Tag.*

सुनामधेय Adj. *einen guten Namen führend* Hemâdri 1,583,14.

सुनामन् 1) Adj. dass. — 2) m. N. pr. *a)* eines Wesens im Gefolge Skanda's. — *b)* eines Daitja. v. l. सुमनस्. — *c)* verschiedener Männer. — 3) f. सुनाम्नी N. pr. einer Gattin Vasudeva's.

*सुनार m. 1) *Hundemilch.* — 2) *Schlangenei.* — 3) *Sperling.* — सुनारफणिकारी Ind. St. 8,165 fehlerhaft für पुना रेफनकारी.

*सुनाल n. *ein Andropogon* Rágan. 12,151. Bhâvapr. 1,193.

*सुनालक m. *Agati grandiflora.*

सुनास Adj. (f. आ) *eine schöne Nase habend.*

सुनासाक्षिभ्रुव Adj. *mit schöner Nase, schönen Augen und schönen Brauen versehen.*

सुनासीर m. spätere Schreibart für शुना°.

सुनिक m. N. pr. eines Ministers des Ripuńǵaja. शुनक v. l.

सुनिकृष्ट Adj. (f. आ) *sehr niedrig, — gemein.*

*सुनिखात Adj. *tief gegraben.*

सुनिखिलम् Adv. *vollständig.*

सुनिग्रह Adj. *leicht zu bändigen, — im Zaume zu halten* Çiç. 2,88.

सुनितम्बिनी Adj. f. καλλίπυγος.

सुनिद्र Adj. *gut schlafend.*

सुनिधि m. *eine gute Stätte.*

सुनिनद 1) Adj. *wohlklingend.* — 2) *geräuschvoll.* Nur °म् Adv. Pr. P. 110.

सुनिभृतम् Adv. *ganz im Geheimen.*

*सुनिमय Adj. etwa *leicht zu vertauschen.*

सुनियत् f. Hariv. 2,22,16 nach Nîlak. = शोभना विधा.

सुनियत Adj. 1) *fest zusammengelegt* R. ed. Bomb. 4,16,20. — 2) *der sich gut zügelt.* वाचा Instr. so v. a. *die Rede unterdrückend.*

सुनियन Adj. Hariv. 4139 fehlerhaft; vgl. सुनियत्.

सुनियुक्त Adj. *schön hergerichtet, — gebaut* R. ed. Bomb. 4,25,24. Vgl. सुनिर्युक्त.

सुनिरूह्य Adj. *leicht hinauszutreiben.*

सुनिरूढ Adj. *der nach einem Klystier gut purgirt hat* Karaka 8,1.

सुनिरूपित Adj. *gut untersucht, — erwogen.*

सुनिरूहण n. *ein gutes Ausleerungsmittel.*

सुनिर्गत Adj. (f. आ) *schön hervorgekommen aus* (Abl.) Mahâvîrak. 6,17.

सुनिर्घृण Adj. *überaus grausam* MBh. 10,8,137.

सुनिर्णिक्त Adj. 1) *vollkommen weggewaschen* (Sünde). — 2) *schön blank* Hemâdri 1,438,12.

सुनिर्भक्त Adj. *vollkommen ausgeschlossen, — von* (Abl.) Çat. Br. 1,9,2,35.

सुनिर्मथ m. *richtige Ausreibung* (des Feuers).

सुनिर्मल Adj. (f. आ) *überaus —, vollkommen*

rein 137,25. Mṛkkh. 91,5.

सुनिर्मित m. N. pr. eines Devaputra.

*सुनिर्यासा f. *Odina Wodier* Bhâvapr. 1,234. Madanav. 60,48.

सुनिर्युक्त Adj. *schön hergerichtet, — erbaut* Hariv. 4645. Vgl. सुनियुक्त.

सुनिर्लज्ज Adj. (f. ग्रा) *überaus unverschämt* R. ed. Bomb. 2,18,19.

सुनिर्विषा Adj. *an Allem verzagend* Mârk. P. 123,22. Bhâg. P. 8,7,7.

सुनिर्वृत Adj. (f. ग्रा) *ganz unbesorgt* 42,32.

सुनिर्वृत्त Adj. (f. ग्रा) fehlerhaft für सुनिर्वृत MBh. 1,775; vgl. Chr. 42,32.

सुनिविष्ट Adj. 1) *gut aufgestellt* (Wächter) R. 5, 49,14. — 2) *gut besetzt —, gut versehen mit* (Instr.) R. Gorr. 2,109,21. — 3) *hübsch verziert* R. ed. Bomb. 4,25,23.

सुनिशित Adj. *gut gewetzt, — geschärft.*

1. सुनिश्चय m. *ein fester Entschluss.*

2. सुनिश्चय Adj. (f. ग्रा) *vollkommene Gewissheit über Etwas habend.* °म् Adv. *ganz bestimmt, durchaus* Hariv. 7211.

सुनिश्चल Adj. *ganz unbeweglich.*

सुनिश्चित 1) Adj. *a) fest entschlossen. — b) fest beschlossen, — ausgemacht, — gestellt, — stehend* 213,1. °म् Adv. *ganz sicher.* — 2) *m. *ein* Buddha.

सुनिश्चितपुर n. N. pr. einer *Stadt.*

सुनिषण्ण und °क (*m.) n. *Marsilea quadrifolia* Bhâvapr. 4,77. Karaka 6,20.

सुनिष्कं Adj. *mit schönem Halsschmuck versehen.*

सुनिष्कृत n. *eine vorzügliche Sühne* Bhâg. P. 6,2,10.

सुनिष्टप्त Adj. 1) *stark erwärmt, ganz flüssig gemacht.* — 2) *ganz gar gemacht.*

सुनिष्ठित Adj. *sehr erfahren in* (Loc.). Auch defectiv für सुनिःष्ठित.

सुनिष्ठुर Adj. *sehr rauh, — hart.*

सुनिष्फल Adj. *ganz unnütz* R. ed. Bomb. 2,20,52.

सुनिःष्ठित Adj. *gut zubereitet, ganz vollendet, — fertig.*

सुनिस्त्रिंश m. *ein schönes Schwert.*

सुनिहित Adj. *wohl geborgen* Spr. 6137.

सुनीत 1) Adj. *a) gut geführt, — geleitet. — b) gut ausgeführt. — c) gut gebahnt.* — 2) m. N. pr. eines Fürsten. — 3) n. *gutes, — kluges Benehmen, Klugheit.*

1. सुनीति und सुनीतिं f. 1) *gute Führung, richtige Leitung.* — 2) *kluges Benehmen, Klugheit.*

2. सुनीति und सुनीतिं 1) Adj. *gut führend.* — 2) m. N. pr. eines Sohnes des Vidûratha. — 3) f. N. pr. der Mutter Dhruva's.

सुनीथं 1) Adj. *a) gute Leitung gewährend. — b) gute Führung geniessend. — c) *sich gut betragend.* — 2) m. *a) ein best. Spruch* MBh. 1,58,23. — *b) *ein Brahmane.* — c) Bein. Çiçupâla's. — d) N. pr. α) eines Dânava. — β) verschiedener Männer. — 3) f. सुनीथा N. pr. einer Tochter Mṛtju's.

सुनीथकन्या f. = सुनीथ 3).

*सुनील 1) m. *Granatbaum.* — 2) f. ग्रा *a) gemeiner Flachs. — b) ein best. Gras,* = चणिका Râǵan. 8,147. = नरडी 131. — *c) Clitoria ternatea.* — 3) n. *die Wurzel von Andropogon muricatus.*

*सुनीलक m. 1) *Eclipta prostrata.* — 2) *ein der Terminalia tomentosa ähnlicher Baum.* — 3) *Sapphir* Râǵan. 13,181.

सुनीहार Adj. *sehr nebelig* 86,5.

*सुनु Adj. n. zu 2. सुनी.

सुनू s. u. सुलू 2).

सुनृप m. *ein guter Fürst* Vâsav. 270,3.

सुनेतर् m. Bez. eines der 16 Ṛtvig. Sonst उन्नेतर्.

सुनेत्र 1) m. N. pr. *a)* eines Mârapûtra. — *b)* eines Sohnes des Vainateja, des 13ten Manu, des Dhṛtarâshṭra und des Suvrata. — *c)* eines Affen R. ed. Bomb. 4,33,11. — 2) f. ग्रा im Sâṁkhja *eine der* 9 Tushṭi.

*सुनेत्राधिपति m. N. pr. eines Schlangendämons.

सुनेपथ्य Adj. (f. ग्रा) *mit schönem Schauspielercostüm* Sâh. D. 332.

1. सुनौ f. *ein gutes Schiff.*

2. सुनौ Adj. *ein gutes Schiff habend.*

सुन्द m. 1) Bein. Vishṇu's. — 2) N. pr. *a)* eines Asura. — *b)* eines Affen.

सुन्दर 1) Adj. (f. ई, verdächtig ग्रा) *a) schön, hübsch.* Compar. °तर. — *b) gut, recht.* — *c) edel* (Geschlecht). — 2) m. *a) *Clerodendrum phlomoides.* — *b) ein Palast von bestimmter Form.* — *c) *der Liebesgott.* — *d)* N. pr. α) *eines Schlangendämons. — β) verschiedener Personen. — 3) f. ई *a) eine Schöne, Weib überh.* Auch *Weibchen* (eines Vogels). — *b) ein best. Baum* Vâsav. 261,1. Nach den Lexicographen *Solanum indicum* und *Gelbwurz.* — *c) ein best. Metrum.* — *d)* Titel eines Werkes Opp. Cat. 1. — *e)* N. pr. α) einer Gottheit, = त्रिपुरसुन्दरी. — β) einer Joginî (*Fee*). — γ) einer Apsaras Bâlar. 89,8. — δ) verschiedener Frauen. — 4) n. Titel des 5ten Buches im Râmâjaṇa und Adhjâtmarâmâjaṇa.

सुन्दरक N. pr. 1) m. eines Mannes. — 2) f. °रिका einer Frau.

सुन्दरकाण्ड n. 1) *ein schöner Stengel* Vâsav. 234, 4. — 2) Titel des 5ten Buchs im Râmâjaṇa ebend.

सुन्दरगुरुकाव्य n. Titel eines Kâvja Opp. Cat. 1.

सुन्दरज्ञामातृमुनि m. N. pr. eines Autors.

सुन्दरता f. *Schönheit.*

सुन्दरदेव m. N. pr. verschiedener Autoren.

सुन्दरनन्द m. N. pr. eines Mannes.

सुन्दरपाण्ड्यदेव m. N. pr. eines *Fürsten.*

सुन्दरपुर n. N. pr. einer *Stadt.* °माहात्म्य n.

सुन्दरबाहुस्तव m. Titel eines Stotra Opp. Cat. 1.

सुन्दरमिश्र m. N. pr. eines Autors Hall in der Einl. zu Daçar. 1.

सुन्दरमन्य Adj. *sich für schön haltend.*

सुन्दरराज m. N. pr. eines Autors Burnell, T.

सुन्दरलहरी f. Titel Burnell, T.

सुन्दरवंश m. Pl. N. pr. eines Volksstammes.

*सुन्दरवती f. N. pr. eines Flusses.

सुन्दरवर्ण m. N. pr. eines Devaputra.

सुन्दरवीरपाण्ड्य m. N. pr. eines Fürsten.

सुन्दरशुक्ल m. N. pr. eines Autors.

सुन्दरसेन m. N. pr. eines Prinzen.

*सुन्दरकाच m. N. pr. eines Fürsten.

सुन्दरानन्द m. N. pr. verschiedener Personen.

सुन्दरारण्य n. N. pr. eines *Waldes.* °माहात्म्य n.

सुन्दरिकातीर्थ n. und सुन्दरिकाह्रद m. N. pr. von Tîrtha.

सुन्दरीतापनी und °तापिनी f. Titel einer Upanishad.

सुन्दरीदेवी f. N. pr. einer *Fürstin.*

सुन्दरीभवन n. *ein Tempel der* Sundarî.

सुन्दरीमन्दिर n. *Gynaeceum* Daçak. 38,19.

सुन्दरीशक्तिदान n. Titel eines Werkes.

सुन्दरीस्वयंवर m. Titel eines Kâvja Opp. Cat. 1.

सुन्दरेश्वर m. *eine Form* Çiva's. °स्तोत्र n. Burnell, T.

सुन्दासुरवधू f. Bez. der Tâḍakâ Bâlar. 35,12.

सुन्न m. N. pr. eines Mannes.

सुन्यस्त Adj. (f. ग्रा) *schön hingestreckt, — liegend* R. 5,10,1. 14,23.

सुन्व Adj. in ग्रसुन्वं.

सुन्वत् 1) Adj. Partic. von 1. सु. — 2) m. *a) der ein* Soma-*Opfer darbringt* Çç. 14,52. — *b)* N. pr. eines Sohnes des Sumantu.

सुन्वानं 1) Adj. s. u. 1. सु. — 2) m. N. pr. = सुन्वत् 2) *b*).

सुपक्व 1) Adj. (f. ग्रा) *a) vollständig gar.* — *b) ganz reif* (eig. und übertr.). — 2) *m. *eine Mungo-Art.*

सुपत्तं Adj. *schön geflügelt.*

सुपक्ष्मन् Adj. *mit schönen Augenbrauen versehen.*

सुपङ्क *guter Lehm.*

सुपट्टक Adj. *mit schönem Gurt versehen* Hemâ-

DRI 1,591,13.

सुपठ Adj. (f. आ) *leicht zu lesen, gut lesbar* NAISH. 6,77.

*सुपतन Adj. *gut fliegend* als Erklärung von सुपर्ण.

सुपति m. *ein guter Gatte.*

1. सुपत्त्र n. *das Blatt der Laurus Cassia.*

2. सुपत्त्र 1) Adj. *a) schöne Flügel habend* ÇIÇ. 12,2. — *b) schön befiedert* (Pfeil) R. 6,36,75. — *c) mit einem schönen Vehikel versehen* ÇIÇ. 12,2. — *d)* * *schönblätterig.* — 2) m. *a) ein best. mythischer Vogel.* — *b)* * *Helianthus annuus.* — *c)* * *eine best. Grasart,* = पल्लिवाह. — 3) * f. आ *a) Asparagus racemosus.* — *b) Glycine debilis.* — *c) Prosopis spicigera.* — *d) Beta bengalensis* RÂGAN. 7,131. — *e) eine best. Schlingpflanze,* = रुद्रजटा. — 4) * f. ई *eine best. Pflanze,* = गङ्गापत्त्री.

*सुपत्त्रक 1) m. *Moringa pterygosperma.* — 2) f. सुपत्त्रिका *a) Glycine debilis.* — *b) eine roth färbende Oldenlandia.*

सुपत्त्रित Adj. *schön mit Federn besteckt* (Pfeil).

सुपत्त्रिन् Adj. dass. MBH. 1,118,6. R. 6,67,21.

सुपत्नी Adj. f. *einen guten Gatten* oder *Herrn habend.*

सुपथ् m. = सुपथ 1) *a).* Instr. सुपथा VS. 40,16. ÇAT. BR. 14,8,3,1.

सुपथ 1) m. n. (in der älteren Sprache) *a) guter Pfad, gangbare Strasse.* — *b) der Weg des Rechten.* — 2) m. N. pr. eines Mannes.

*सुपथिन्तर Compar.

सुपथ्य 1) n. *ein gangbarer Pfad.* — 2) * f. सुपथ्या *eine Spinatart.*

सुपद् (*stark सुपाद्) Adj. (f. सुपदी) *schön —, schnellfüssig.*

सुपद n. 1) *ein schönes Wort.* — 2) *das Wort* सु.

सुपद्म 1) m. Titel einer Grammatik. — 2) * f. आ vielleicht *Acorus Calamus.*

सुपद्मधातुपाठ m., सुपद्मपरिशिष्ट n. und सुपद्ममकरन्द m. Titel von Werken.

सुपन्था m. *ein guter Pfad* Spr. 7434.

सुपप्तनि f. *guter —, rascher Flug.*

सुपयस् Adj. *schönes Wasser habend* NÂGÂN. 79.

सुपयस्विन् Adj. *sehr milchreich* HEMÂDRI 1,466,15.

सुपयोधरा Adj. f. *ein schönes Euter habend* HEMÂDRI 1,710,12.

सुपरमतुरिता f. N. pr. einer buddh. Gottheit.

सुपराक्रम Adj. *überaus mächtig, — gewaltig.*

सुपराञ्च् Adj. (f. °राची) *schön hintereinander folgend* LÂTJ. 8,5,12.

*सुपरि gaṇa संकाशादि.

*सुपरिक m. Hypokoristikon von सुपरिदत्त u. s. w.

सुपरिज्ञात Adj. *gut erkannt* 311,33.

सुपरिणीत Adj. *gut ausgeführt* (कर्मन्) MBH. 3, 207,39.

*सुपरिदत्त m. ein Mannsname.

*सुपरिपूजित Adj. *hoch geehrt.*

सुपरिपूर्ण Adj. 1) * *ganz voll.* — 2) *ganz vollzählig* HEMÂDRI 1,456,2.

सुपरिभाष Adj. (f. आ) etwa *schöne allgemeine Bestimmungen —, schöne Nutzanwendungen enthaltend.*

सुपरिभूत Adj. *stark gedemüthigt, — erniedrigt* VAGRAKKH. 34,16.

*सुपरिय m. Hypokoristikon von सुपरिदत्त u. s. w.

सुपरिरक्षित Adj. *gut gehütet* R. 5,37,7.

*सुपरिल m. = सुपरिय.

सुपरिविष्ट Adj. *wohl zugerüstet.*

सुपरिव्राज् m. *ein anständiger Mönch.*

*सुपरिशुद्ध Adj. *sehr rein.*

सुपरिश्रान्त Adj. *sehr erschöpft, — ermüdet.*

सुपरिष्कृत Adj. (f. आ) 1) *gut zubereitet* MBH. 4, 13,7. — 2) *schön geschmückt* MBH. 4,37,14.

सुपरिस्रुत Adj. *gut durchgeseiht* SUÇR. 1,178,5.

सुपरिहर Adj. *leicht zu vermeiden* ÇAṄK. zu BÂDAR. 4,1,7.

सुपरीक्षण n. *genaue Prüfung, — Untersuchung.*

सुपरीक्षित Adj. *genau geprüft, — untersucht.*

सुपरुष Adj. *überaus rauh* (Wind).

सुपरुस् Adj. *mit schönen Knoten versehen* (Pfeil) ÇIÇ. 19,92.

1. सुपर्ण n. *ein schönes Blatt* R. ed. Bomb. 4,3,18.

2. सुपर्ण 1) Adj. (f. ई) *a) schön geflügelt.* — *b)* * *schöne Blätter habend.* — 2) m. *a) ein best. grosser Vogel, Raubvogel, Adler, Geier.* Bildlich von der *Sonne,* vom *Monde* (daher auch = सोम) und von *Wolken;* Du. von *Sonne* und *Mond.* — *b) ein best. mythischer Vogel,* der mit Garuḍa, dem Vehikel Vishṇu's identificirt wird, DIVJÂVAD. 125,28. — *c)* personificirt als Ṛshi, als Devagandharva und als Asura. — *d)* * *Ross.* — *e)* * *Strahl.* — *f) eine best. Truppenaufstellung.* — *g)* * *Cassia fistula.* — *h)* N. pr. α) eines Sohnes des Antariksha VP². 4,169. v. l. सुवर्ण. — β) eines Berges. — 3) m. n. *ein best. Abschnitt vedischer Verse* (103 an Zahl). — 4) f. सुपर्णा *a)* * *Lotuspflanze, Lotusteich.* — *b)* N. pr. α) der Mutter Garuḍa's oder des Prâgâpatja Âruṇi Suparṇeja. — β) eines Flusses VP². 2,154. — 5) f. ई *a) eine bestimmte Personification neben* Kadrû. Auch = गरुडी und Mutter Suparṇa's SUPARN. 8,1. 5. — *b) eine der sieben Zungen des Feuers.* — *c)* * *Nacht.* — *d)* * *eine best. Schlingpflanze,* = पलाशी. — *e)* * *ein best. Arzeneistoff,* = रेणुका.

*सुपर्णक 1) m. *a) Alstonia scholaris.* — *b) Cassia fistula.* — 2) f. °र्णिका *a) Glycine debilis.* — *b) Hoya viridiflora.* — *c) Vernonia anthelminthica* BHÂVAPR. 1,177. — *d) ein best. Arzeneistoff,* = रेणुका.

*सुपर्णकुमार m. Pl. *eine best. Klasse von Göttern bei den* Gaina.

सुपर्णकेतु m. Bein. Vishṇu-Kṛshṇa's ÇIÇ. 20,23.

सुपर्णचित् und °चित्य Adj. *als Vogel* Suparṇa *geschichtet.*

सुपर्णयातु m. *ein best. Dämon.*

सुपर्णराज m. Bein. Garuḍa's.

सुपर्णसद् Adj. *auf dem Vogel* Suparṇa *sitzend.*

सुपर्णसुवन Adj. *wo die Adler nisten.*

*सुपर्णाख्य m. *Mesua Roxburghii.*

सुपर्णाख्यान n. *die Erzählung vom* Suparṇa SUPARN. 1,5.

सुपर्णाध्याय m. Titel eines Werkes.

सुपर्णिन् m. *der Vogel* Garuḍa DIVJÂVAD. 344,6. 345,3.

*सुपर्णीतनय m. Metron. Garuḍa's.

सुपर्णेय m. angeblich Metron. von Suparṇâ. Vgl. सौपर्णेय.

सुपर्यवसित Adj. *glücklich zu Ende geführt.*

सुपर्यवसितार्थ Adj. *vollkommen vertraut mit Etwas.*

सुपर्याप्त Adj. 1) *recht geräumig.* — 2) *sehr reichlich* R. ed. Bomb. 4,28,30. — 3) *einer Sache* (Dat.) *vollkommen gewachsen* R. 6,36,21.

*सुपर्वाशीर्दत्त m. ein Mannsname.

सुपर्वण Adj. *hoch gefeiert.*

सुपर्वत m. N. pr. eines Sâdhja.

1. सुपर्वन् n. *ein guter Zeitabschnitt* KÂÇIKH. 60,119. 66,120.

2. सुपर्वन् 1) Adj. *a) mit schönen Gelenken* (KÂÇIKH. 37,82) oder *Fugen versehen* MBH. 7,26,53. VÂSAV. 234,4. — *b) mit schönen Abtheilungen oder Büchern versehen* (das Mahâbhârata) VÂSAV. 234,4. — *c) hochgefeiert, berühmt.* — 2) m. *a)* * *Rohr, Bambusrohr.* — *b)* * *Pfeil.* — *c)* * *Rauch.* — *d) ein Gott* KÂÇIKH. 8,67. 43,94. SUBHÂSHITAR. 15,18. — *e)* * = पर्वन्. — *f)* N. pr. α) eines zu den Viçve Devâs gezählten *Wesens.* — β) eines Sohnes des 10ten Manu. — γ) eines Sohnes des Antariksha. — δ) eines Lehrers Ind. St. 13,429. 435.

*सुपर्वा f. *weisses* Dûrvâ-*Gras.*

सुपलायित n. *ein Fliehen zu rechter Zeit.*

सुपलाश Adj. *schön belaubt.*

सुपवि॑ Adj. *mit guten Radschienen versehen.*

सुपवित्र n. *ein best. Metrum.*

सुपश्चात् Adv. *sehr spät am Abend* Baudh. 2,7,13.

*सुपाकक Adj. (f. °किका).

*सुपाकिनी f. *eine Art Curcuma.*

*सुपाक्य n. *eine Art Salz.*

*सुपाञ्चालक Adj.

सुपाटल m. N. pr. eines Affen R. ed. Bomb. 4, 33,11.

सुपाठक Adj *gut recitirend* Hemâdri 1,705,5.

सुपाणि॑ Adj. 1) *schönhändig.* — 2) *eine geschickte Hand habend.*

सुपाण्डर Adj. *schön weiss* R. 3,57,31.

सुपात्र 1) m. N. pr. eines Mannes. Richtig सुयात्र. — 2) n. a) *ein schönes Gefäss.* — b) *eine* (insbes. zum Empfang einer Gabe) *sehr würdige Person.*

सुपाद् Adj. *schönfüssig* MBh. 5,131,23.

*सुपान Adj. *bequem —, leicht zu trinken.*

सुपानान्न n. Sg. *schöne Getränke und Speisen.*

*सुपामन् m. N. pr. eines Mannes.

सुपार॑ 1) Adj. (f. आ॑) a) *leicht zu überschreiten.* — b) *leicht zu ertragen.* — c) *leicht vorübergehend.* — d) *glücklich hinüberbringend, zum Erfolg führend.* — 2) m. *eine best. Personification* Gaut. — 3) f. सुपारा *eine der 9* Tushṭi *im* Sâmkhja.

सुपार॑क्षत्र Adj. *der sein Gebiet leicht bemeistert.*

सुपारग m. N. pr. eines Schiffsführers Ǵâtakam. 14. n. N. pr. der von ihm bewohnten Stadt ebend.

सुपारण Adj. *leicht zu studiren.*

1. सुपार्श्व m. *eine schöne Seite, — Rippengegend.*

2. सुपार्श्व 1) Adj. (f. आ) *schöne Seiten —, Seitentheile habend.* — 2) m. a) * *Ficus infectoria.* — b) N. pr. α) eines Râkshasa. — β) eines mythischen Vogels, Sohnes des Sampâti. — γ) verschiedener Männer, insbes. Fürsten. — δ) *eines Arhant's der Ǵaina. — ε) eines Berges.

सुपार्श्वक m. 1) * *Ficus infectoria* Bhâvapr. 1,231. — 2) N. pr. a) eines Sohnes des Kitraka. — b) eines Sohnes des Çrutâju. — c) *eines Arhant's der Gaina.

°सुपालि Adj. *schön versehen mit, so v. a. sich auszeichnend durch* Hemâdri 1,445,18.

सुपाव॑ Adj. *gut sich läuternd* (Soma).

सुपाश Adj. etwa *eine schöne Schlinge führend.*

सुपाशा॑ f. *eine tüchtige Schlinge.*

*सुपिङ्गला f. 1) *Cardiospermum Halicacabum.* — 2) *eine andere Pflanze,* = जीवन्ती.

(सुपित्र्य) सुपित्रिय Adj. *das Väterliche wohl bewahrend* RV.

सुपिधान Adj. (f. आ) *gut verschlossen* MBh. 3, 308,7.

सुपिप्पल॑ Adj. (f. आ॑) *gute Beeren tragend* Maitr. S. 2,7,12 (92,2).

सुपिंश् Adj. etwa *schmuck.*

*सुपिष्ट m. N. pr. eines Mannes. Pl. *seine Nachkommen.*

*सुपिस् Adj. *gut gehend.*

सुपिहितवन्त् Adj. *gut verschlossen habend* (die Ohren, Acc.). f. °वती statt des Verbum fin. Spr. 7685.

*सुपीडन n. *starkes Drücken.*

सुपीत 1) m. *der fünfte* Muhûrta. — 2) *n. a) *gelbe Rübe, Daucus Carota.* — b) *gelber Sandel.*

सुपीन Adj *hübsch feist, — dick.*

*सुपीवन् Adj. dass.

सुपीव॑स् Adj. dass.

सुपु॑ und सुपू॑ Adj. *gut läuternd.*

*सुपुंसी Adj. f. *einen guten Mann habend.*

सुपुङ्ख Adj. *mit einem schönen* पुङ्ख *versehen;* s. पुङ्ख 1).

सुपुट 1) Adj. (f. आ) *mit schönen Nasenlöchern versehen* Varâh. Brh. S. 68,62. — 2) *m. *Bez. zweier Knollengewächse.*

सुपुण्य 1) Adj. *ganz vorzüglich, herrlich.* °गन्ध Adj. MBh. 13,102,35. — 2) n. *ein grosses moralisches* oder *religiöses Verdienst* Spr. 7759. °द Adj. Pañkar. 1,6,26.

1. सुपुत्र m. *ein guter Sohn.*

2. सुपुत्र॑ 1) Adj. (f. आ॑) *treffliche —, viele Kinder habend.* — 2) *n. *die Frucht der Flacourtia cataphracta.*

*सुपुत्रिका f. *eine roth färbende Oldenlandia.*

सुपुर n. *eine schöne Burg* Hariv. 2,93,1.

सुपुरुष m. *eine best. Personification* Gaut.

सुपुरुहूति Adj. *vielfach angerufen.*

सुपुरोधस् m. *ein vorzüglicher Hauspriester* J. A. O. S. 7,32,5.

*सुपुष्कर 1) m. *Kugelamaranth.* — 2) f. आ *Hibiscus mutabilis.*

सुपुष्कल Adj. *sehr reichlich, vielfach.*

सुपुष्ट Adj. *wohlgenährt.*

सुपुष्टि f. *gutes Gedeihen.*

1.*सुपुष्प n. 1) *Gewürznelke.* — 2) *die Menses der Frauen.*

2. सुपुष्प 1) Adj. *schöne Blüthen habend* Spr. 7805. — 2) m. a) * *Pterospermum suberifolium.* — b) * *Kugelamaranth* Râǵan. 10,130. — c) * = रक्तपुष्पक. — d) * = हरिद्रु Râǵan. 9,125. — e) N. pr. eines mythischen Fürsten Ind. Antiq. 9,178. — 3) * f. आ a) *Anis.* — b) wohl *Phlomis zeylanica.* — c) *Clitoria ternatea.* — d) = कोशातकी Râǵan. 7,169. — 4) * f. ई a) *Andropogon aciculatus.* — b) *Clitoria ternatea.* — c) *Anis.* — d) *Argyreia speciosa.* — e) *Phlomis zeylanica.* — f) *Musa sapientum.* — g) *eine weiss blühende* Aparâǵitâ Râǵan. 3,76. — 4) *n. a) *Curcuma longa.* — b) *Hibiscus mutabilis.* — c) *Tabernaemontana coronaria.* — d) = तूल.

*सुपुष्पक 1) m. *Acacia Sirissa.* — 2) f. सुपुष्पिका a) *Argyreia speciosa* oder *argentea.* — b) *Bignonia suaveolens.* — c) *Anethum Sowa* Râǵan. 4,11.

सुपुष्पित Adj. *mit schönen Blüthen versehen, — geschmückt.* Loc. so v. a. *an einem blumenreichen Orte* R. 5,16,55.

सुपुष्य m. N. pr. eines Buddha.

सुपू॑ Adj. s. u. सुपु॑.

सुपूजित Adj. 1) *hoch geehrt, in hohen Ehren stehend, — bei* (Instr.). — 2) *mit grosser Sorgfalt behandelt,* so v. a. *gut gereinigt.*

सुपू॑त Adj. *wohl geklärt.*

सुपूर 1) Adj. (f. आ) *leicht zu füllen.* — 2) *m. *Citrone (voller Kerne).*

*सुपूरक m. 1) *Citrone.* — 2) *Agati grandiflora.*

सुपू॑र्ण Adj. (f. आ) 1) *ganz voll.* — 2) *schön ausgefüllt,* so v. a. *reich geschmückt mit* (Instr.).

सुपूर्वम् Adv. *sehr früh am Morgen* Baudh. 2,7, 12 (सुपूर्वाम् die Hdschrr.).

सुपूर्वाह्णे Loc. *zeitig am Vormittag* Âpast. Çr. 11,4,1.

सुपृ॑क्त Adj. *speisereich.*

1. सुपेश m. *ein schönes Gewebe.*

2. सुपेश Adj. = सुपेशस्.

सुपेशल Adj. (f. आ) *überaus schön, — reizend, — lieblich* Bhâg. P. 10,88,35. 12,6,65.

सुपे॑शस् Adj. *reich an Schmuck, schön verziert; schön, zierlich.*

सुपोष Adj. *gedeihlich.*

सुप्त॑ 1) Adj. s. u. 1. स्वप्. — 2) n. *Schlaf.*

सुप्तक n. *Schlaf.* अलीक° und व्याज° im Acc. mit कर् *sich schlafend stellen.* Vgl. अर्ध°.

*सुप्तघातक Adj. *einen Schlafenden tödtend.*

सुप्तघ्न 1) *Adj. dass. — 2) m. N. pr. eines Râkshasa.

सुप्तच्युत Adj. *im Schlafe herabgefallen.*

सुप्तजन (*m.) *Mitternacht.* Nur °जने रात्रौ zu belegen.

*सुप्तज्ञान n. *Traum.*

सुप्तता f. und सुप्तत्व n. *das Eingeschlafensein —, Taubsein eines Körpertheils.*

सुप्तप्रबुद्ध Adj. *aus dem Schlafe erwacht.*

सुप्तप्रलपित n. *das Sprechen im Schlafe.* Nur Pl.

zu belegen Kâm. Nîtis. 11,65.

सुप्तमालिन् m. der 23ste Kalpa (Tag Brahman's).

सुप्तवाक्य n. *das im Schlafe Gesprochene.*

सुप्तविग्रह Adj. etwa *den Schlaf zum Leibe habend,* so v. a. *als Schlaf erscheinend* (Kṛshṇa).

*सुप्तविज्ञान n. = सुप्तज्ञान.

सुप्तविनिद्रक Adj. *aus dem Schlafe erwachend* Kathâs. 106,56.

सुप्तस्थित Adj. *im Schlafe befindlich, schlafend* 128,5. Kathâs. 52,204.

सुप्ताङ्ग Adj. *dem ein Körpertheil eingeschlafen —, taub geworden ist.* Nom. abstr. °ता f.

सुप्ति f. 1) *Schlaf,* insbes. *ein leiser.* — 2) *Schläfrigkeit.* — 3) *das Eingeschlafensein —, Taubheit eines Körpertheils.* — 4) * = विश्रम्भ wohl so v. a. *Sorglosigkeit.*

सुप्तिङन्तपरिभाषा f. und सुप्तिङन्तसागरसमुच्चय m. Titel grammatischer Werke Opp. Cat. 1.

सुप्तोत्थित Adj. *aus dem Schlafe erwacht* Ragh. 2, 24.

सुप्रकाश Adj. (f. आ) 1) *schön hell.* — 2) *schön sichtbar, deutlich zu sehen.*

सुप्रकीर्णेन्द्रिय Adj. *der seinen Samen reichlich vergossen hat, im Uebermaass den Weibern gehuldigt hat.*

1. सुप्रकेत Adj. 1) *sehr wahrnehmbar, auffallend, merklich, notabilis.* — 2) *aufmerksam.*

2. सुप्रकेत Adj. *wohl bedacht, — merkend.*

सुप्रक्षालित Adj. *gut gewaschen* 42,26. Karaka 92,17. Vishṇus. 21,1.

*सुप्रख्य m. N. pr. eines Mannes.

सुप्रगमन Adj. *wohl zugänglich.*

सुप्रगुप्त Adj. *wohl verborgen, sehr geheim.*

सुप्रचार Adj. 1) *in richtigen Bahnen wandelnd* (Planeten) Hariv. 2881. In übertragener Bed. 8300. — 2) *schön hervortretend, in aller Pracht erscheinend* MBh. 12,171,15.

सुप्रचेतस् Adj. *sehr verständig.*

सुप्रच्छन्न Adj. *wohl verborgen.*

सुप्रज Adj. (f. आ) = सुप्रजस्. Superl. °तम.

सुप्रजस् Adj. *gute Kinder habend, kinderreich.* Mit Instr. *einen guten Sohn an — habend.* Nom. abstr. सुप्रजस्त्व n.

सुप्रजात Adj. *reich an Nachkommenschaft.*

सुप्रजापति m. *ein guter* Pragâpati (Vishṇu) Vishṇus. 98,15.

सुप्रजावनि Adj. *Kinderreichthum gewährend, — verschaffend.*

सुप्रजावत् Adj. *reichlich mit Kindern verbunden.*

सुप्रजास्त्व n. *Kinderreichthum.*

सुप्रज्ञ Adj. (f. आ) *sehr verständig, — klug* (Person).

सुप्रज्ञान Adj. *leicht zu erkennen, — zu finden* Maitr. S. 4,7,3 (94,17).

1. सुप्रणीति f. *sichere Führung.*

2. सुप्रणीति Adj. 1) *richtig leitend, sicher führend.* — 2) *richtiger Führung folgend* RV. 10,15,11.

सुप्रतर Adj. (f. आ) *leicht zu passiren* (Fluss).

सुप्रतर्क m. *ein gutes Urtheil, richtiger Verstand.*

सुप्रतर्दन m. N. pr. eines Fürsten MBh. 4,56,9.

सुप्रतार Adj. (f. आ) *gut hinüberführend* (Schiff).

सुप्रतिकर Adj. *leicht zu vergelten.*

सुप्रतिगृहीत Adj. *wohl ergriffen.*

सुप्रतिचक्ष Adj. *schön anzusehen.*

सुप्रतिच्छन्नम् Adv. *ganz im Geheimen.*

*सुप्रतिच्छिन्न Adj. *gut vertheilt.*

सुप्रतिज्ञ m. N. pr. eines Dânava.

*सुप्रतिभा f. *Branntwein.*

सुप्रतिम m. N. pr. eines Fürsten.

सुप्रतिवर्मन् m. N. pr. eines Mannes.

सुप्रतिश्रय Adj. *ein gutes Obdach habend.*

सुप्रतिष्ठ 1) Adj. (f. आ) *a) fest stehend* Sâj. zu RV. 10,18,11. — *b) schöne Beine habend.* — 2) m. *a) eine best. Truppenaufstellung.* — *b)* Bez. *des zweiten Monats.* — *c)* * *ein best.* Samâdhi (buddh.). — 3) f. आ *a) sicherer Grund, feste Stellung.* — *b) ein best. Metrum.* — *c)* N. pr. einer der Mütter im Gefolge Skanda's.

सुप्रतिष्ठान Adj. *sicher —, fest stehend.*

सुप्रतिष्ठापित Adj. *schön aufgestellt* (ein Götterbild) Kathâs. 25,128.

सुप्रतिष्ठित 1) Adj. (f. आ) *a)* = सुप्रतिष्ठान MBh. 4,22,4. — *b) gehörig aufgerichtet.* — *c) ganz und gar enthalten in, — sich vorfindend bei* (Loc.) Spr. 1319, v. l. — *d) gut begründet* (Ruhm) 321,30 (im Prâkrit). — *e) dem es gut ergeht* R. Gorr. 2,101,6. — *f) ein schönes Gestell —,* d. i. *schöne Beine habend* MBh. 5,131,23. R. 5,18,25. — 2) m. *a)* **Ficus glomerata.* — *b) ein best.* Samâdhi Kâraṇḍ. 51,15. — *c)* N. pr. eines Devaputra. — 3) f. सुप्रतिष्ठिता N. pr. einer Apsaras VP². 2,82. — 4) n. N. pr. einer Stadt in Pratishṭhâna.

सुप्रतिष्ठितचरण m. *ein best.* Samâdhi Kâraṇḍ. 77, 9.

सुप्रतिष्ठितचारित्र m. N. pr. eines Bodhisattva.

सुप्रतिष्ठितासन m. *ein best.* Samâdhi Kâraṇḍ. 77,16.

सुप्रतीक 1) Adj. (f. आ) *a) wohl aussehend, ansehnlich, schön* Vâsav. 113,1. — *b) ehrlich.* — 2) m. *a)* Bein. α) Çiva's. — β) **des Liebesgottes.* — *b)* N. pr. α) eines Jaksha. — β) verschiedener Männer. — γ) eines mythischen Elephanten Vâsav. 113,1. *सुप्रतीकान्वय Adj. Gal. — 3) n. N. pr. eines Teiches Kâçîkh. 66,29.

*सुप्रतीकिनी f. *das Weibchen des Elephanten* Supratîka.

सुप्रतीकेश्वर n. Name eines Liñga Kâçîkh. 66,28.

सुप्रतीत 1) Adj. *wohlbekannt.* — 2) m. N. pr. eines Lehrers.

सुप्रतीप m. N. pr. eines Fürsten VP². 4,168.

सुप्रतुर Adj. (Nomin. °तूस्) *überaus siegreich.*

सुप्रतूर्ति Adj. dass.

सुप्रत्यञ्च् Adj. (f. °तीची) *schön rückwärts gewandt.*

*सुप्रत्यवसित Adj. etwa *glücklich in seine Heimath zurückgekehrt* Kâç. zu P. 6,2,195.

सुप्रत्यूढ (सुप्रत्यूल्ह) Adj. *gehörig zurückgeschoben* Çâñkh. Çr. 2,8,15.

सुप्रदद् Adj. *sehr freigebig.*

सुप्रदर्श Adj. (f. आ) *einen schönen Anblick gewährend.*

सुप्रदोहा Adj. f. *sich willig melken lassend.*

सुप्रधृष्य Adj. *dem man leicht Etwas anhaben kann, dem Angriff sehr ausgesetzt.*

सुप्रनृत्त n. *ein hübscher Tanz* R. ed. Bomb. 4, 28,26.

सुप्रपञ्चहीन Adj. *aller Mannichfaltigkeit baar.*

1. सुप्रपाण n. *eine gute Tränke.*

2. सुप्रपाण Adj. *wo sich gut trinken lässt.*

सुप्रबल Adj. *überaus stark. — mächtig* MBh. 8, 44,21.

सुप्रबुद्ध 1) * Adj. *schön erleuchtet* (ein Buddha). — 2) m. N. pr. eines Fürsten der Çâkja.

सुप्रभ 1) Adj. (f. आ) *wohl aussehend, schmuck, hübsch; vorzüglich.* — 2) m. N. pr. *a)* eines Dânava. — *b)* eines Devaputra. — *c)* *eines der 4 weissen Bala bei den Ǵaina. — *d)* verschiedener Fürsten VP. 2,4,29. — 3) f. आ *a)* **Vernonia anthelminthica.* — *b) eine der 7 Zungen des Feuers.* — *c)* N. pr. α) einer der Mütter im Gefolge Skanda's. — β) einer Surâñganâ Ind. St. 15. — γ) verschiedener Frauen. — δ) einer der 7 Sarasvatî. — 4) n. N. pr. eines von Suprabha beherrschten Varsha VP.² 2,194.

सुप्रभदेव m. N. pr. eines Mannes.

सुप्रभपुर n. N. pr. einer *Stadt.*

सुप्रभवदेव m. fehlerhaft für सुप्रभदेव.

सुप्रभात 1) Adj. (f. आ) *vom Morgenroth schön erhellt.* — 2) f. आ N. pr. eines Flusses. — 3) n. *a) ein schöner Morgenanbruch.* — *b) Morgengebet.*

सुप्रभाव m. *grosse Macht, Allmacht* R. ed. Bomb.

4,32,26.

सुप्रभेदप्रतिष्ठातन्त्र n. Titel eines Werkes Burnell, T.

*सुप्रमधु m. N. pr. eines Brahmanen.

*सुप्रमेय Adj. *leicht zu messen.*

सुप्रमाण Adj. *von grossem Umfange* Hemâdri 1,558,15.

सुप्रयस् Adj. *sich gütlich thuend.*

सुप्रपा Adj. *angenehm zu betreten.*

सुप्रयावन् Adj. *gut fahrend.*

सुप्रयुक्त Adj. 1) *gut geschleudert, — abgeschossen.* — 2) *richtig hergesagt.* — 3) *wohlangelegt* (Betrug).

सुप्रयोग 1) Adj. a) *gut geschleudert, — abgeschossen.* — b) *leicht aufzuführen* (नाटक). — 2) f. आ N. pr. eines Flusses.

*सुप्रलम्भ Adj. *leicht zu hintergehen.*

*सुप्रलाप m. *Beredsamkeit.*

सुप्रवाचन Adj. *preiswürdig, was man gern preist.*

सुप्रवादित Adj. *schön musicirend* Hariv. 11792.

*सुप्रवृक्ण (f. आ) *wohl zerlegt* als Erklärung von ऊर्द्र.

*सुप्रवृक्ति f. als Erklärung von सुवृक्ति.

सुप्रवृत्त Adj. 1) *gut in Ordnung, — functionirend* (Brunnen) MBh. 13,65,4. — 2) *gut verfahrend* Hariv. 5174.

सुप्रवृद्ध Adj. *ganz erwachsen* Hariv. 2,7,16.

सुप्रवेपित Adj. *heftig zitternd* R. ed. Bomb. 3,52,41.

सुप्रवेश Adj. (f. आ) *einen schönen Eingang habend.*

*सुप्रव्रजित Adj. *wohl umherwandernd.*

सुप्रशंसित Adj. *sehr gerühmt, — berühmt* Pańkar. 1,4,8. 2,26.

सुप्रशस्त Adj. 1) *sehr gelobt, vortrefflich.* — 2) *sehr bekannt, — berühmt.*

सुप्रश्न m. wohl = सुखप्रश्न *eine Erkundigung nach dem Wohlbefinden.*

सुप्रसन्न 1) Adj. (f. आ) a) *ganz klar* (Fluss, Wasser) R. 5,31,3. — b) *ganz heiter, — froh.* — c) *sehr gnädig, — hold.* — 2) *m. Bein. Kubera's.

*सुप्रसन्नक m. *Ocimum pilosum.*

*सुप्रसरा f. v. l. für सुप्रसारा.

*सुप्रसव m. *leichtes Gebären* Sâj. zu RV. 10,39,7.

सुप्रसाद 1) Adj. *leicht zu besänftigen, versöhnlich.* — 2) m. a) *Bein. Çiva's. — b) N. pr. α) eines Wesens im Gefolge Skanda's. — β) eines Asura. — 3) f. आ N. pr. einer der Mütter im Gefolge Skanda's.

सुप्रसादक Adj. = सुप्रसाद MBh. 12,39,1.

सुप्रसाधित Adj. *schön geschmückt* Kathâs. 95,67.

*सुप्रसारा f. *Paederia foetida.*

सुप्रसारित Adj. (f. आ) *weit ausgebreitet* R. 2,36,3.

सुप्रसिद्ध Adj. *wohlbekannt.*

सुप्रसिद्धपदमञ्जरी f. Titel eines Werkes Burnell, T. Opp. Cat. 1.

सुप्रसू Adj. f. *leicht —, gut gebärend, — werfend.*

सुप्रहार m. 1) *ein hübsch ausgeführter Schlag* Hariv. 12007. v. l. संप्रहार. — 2) N. pr. eines Fischers.

सुप्राकार m. *ein schöner Wall.*

सुप्राकृत Adj. (f. आ) *ganz gemein* (Person) MBh. 12,284,27.

सुप्राज्य Adj. *sehr reichlich* R. ed. Bomb. 3,8,13.

सुप्राञ्च् Adj. *hübsch vorwärts gewandt.*

सुप्रात 1) Adj. *eines ganz frühen oder schönen Morgens.* — 2) n. *ein schöner Morgen* Çiç. 11,67.

सुप्रातर् Adv. *so v. a. ein schöner Morgen.*

सुप्रातिवेश्मिक Adj. *einen guten Nachbar habend* Hem. Jog. 1,48 (°वेश्मक fehlerhaft).

सुप्राप Adj. *leicht zu erlangen, — zu haben.*

सुप्राप्य Adj. dass. in अ°.

सुप्रायण Adj. (f. ई) *gut —, angenehm zu beschreiten.* Superl. °तम.

सुप्रावर्ग Adj. *sich sehr hervorthuend.*

सुप्रावी Adj. *sehr aufmerksam. — dienstfertig, — eifrig.*

(सुप्राव्य) सुप्राविअ Adj. dass.

सुप्रिय 1) Adj. (f. आ) *sehr lieb, — angenehm.* — 2) m. a) *Pyrrhichius.* — b) N. pr. eines Gandharva. — 3) f. सुप्रिया N. pr. a) einer Apsaras. — b) eines Bauermädchens.

सुप्रियात्मन् Adj. *von sehr angenehmer Natur, sehr angenehm* (Wind).

सुप्रीत Adj. (f. आ) 1) *wohl zufrieden mit* (Loc.), *sehr erfreut* R. 2,31,28. Hemâdri 1,270,9. 13. — 2) *sehr lieb.*

*सुप्रीतिकर m. N. pr. eines Fürsten der Kiṁnara.

सुप्रीतियुक्त Adj. (f. आ) *ganz der Freude hingegeben* R. 5,11,20.

सुप्रेतु Adj. *gut gangbar.*

सुप्रोक्षित Adj. *gut besprengt* Vishnus. 73,25.

सुप्रौढा (Conj.) f. *eine mannbare Jungfrau.*

सुप्लन् m. N. pr. eines Mannes.

सुप्सरस् Adj. *gern schmausend, lecker.*

सुफल und सुफल 1) Adj. (f. सुफला und सुफला) a) *schönfruchtig, fruchtbar* AV. 3,17,8. — b) *mit einer schönen Klinge versehen.* — 2) *m. a) *Feronia elephantum.* — b) *Citrone.* — c) *Pterospermum acerifolium.* — d) *Granatbaum.* — e) *Zizyphus Jujuba.* — f) *Phaseolus Mungo.* — 3) *f. सुफला a) *Momordica mixta.* — b) *Gmelina arborea.* — c) *Weinstock mit röthlichen Trauben.* — d) *Koloquinthengurke* Râǵan. 3,57. — e) *Beninkasa cerifera.* — f) *Musa sapientum* Râǵan. 11,36.

सुफली Adv. mit कर् *von den Hülsen gut reinigen* Âpast. Çr. 1,21,1. Gobh. 4,2,11.

सुफाल und सुफाल m. *eine gute Pflugschar* AV. 3,17,5 = Maitr. S. 2,7,12 (92,1).

सुफुल्ल Adj. *schön blühend, mit schönen Blüthen versehen.*

1. *सुफेन m. *os Sepiae.*

2. सुफेन Adj. (f. आ) *schönschaumig.*

सुबद्ध Adj. (f. आ) 1) *fest gebunden.* — 2) *fest geballt* (Faust).

सुबन्तप्रक्रियासर्वस्व n. Titel eines grammatischen Werkes Opp. Cat. 1.

*सुबन्ध m. *Sesam.*

सुबन्धन n. *ein festes Band.* °विमोचन Adj. als Beiw. Çiva's.

सुबन्धु und सुबन्धु (AV. 14,1,17) 1) Adj. *nahe verbunden, verwandt.* — 2) m. a) *ein guter Freund.* — b) N. pr. verschiedener Männer Hem. Par. 8,446. 9,2.

सुबभ्रु Adj. *dunkelbraun.*

सुबर्हिस् Adj. *eine gute Opferstreu habend.*

सुबल 1) Adj. R. 2,63,31 fehlerhaft für सुबाल. — 2) m. N. pr. a) eines mythischen Vogels, Sohnes des Vainateja. — b) eines Sohnes des Manu Bhautja. — c) eines Fürsten der Gândhâra und anderer Personen Çiç. 15,38 (54).

सुबलवत् Adj. *sehr stark* Pr. P. 134.

सुबहु Adj. (f. सुबह्वी) *sehr viel, — zahlreich.* Adv. *vielfach, sehr oft.*

सुबहुधा Adv. *vielfach, sehr oft, häufig* Hemâdri 1,556,9.

सुबहुशस् Adv. dass.

सुबहुश्रुत Adj. *überaus gelehrt.*

सुबाल 1) Adj. *überaus unerfahren, — thöricht.* — 2) *m. *ein Gott (ein schöner Knabe?).* — 3) n. Titel einer Upanishad.

सुबालक m. N. pr. eines Autors.

सुबालग्राम m. N. pr. eines *Dorfes.*

सुबालिश Adj. (f. आ) *sehr kindisch, — dumm, — einfältig.*

सुबालोपनिषद् f. Titel einer Upanishad Burnell, T. Opp. Cat. 1.

सुबाहु 1) Adj. *schönarmig* MBh. 5,151,23. — 2) m. N. pr. a) eines Schlangendämons. — b) eines Wesens im Gefolge Skanda's. — c) eines Dânava. — d) eines Râkshasa. — e) eines Jaksha

VP.² 2,293. — f) verschiedener Männer, insbes. Fürsten; auch eines *Bodhisattva. — g) eines Affen. — 3) f. N. pr. einer Apsaras.

सुबाक्क m. N. pr. eines Jaksha VP.² 2,293.

सुबाक्कपरिपृच्छा f. Titel eines Werkes.

सुबाक्कयुक्त m. N. pr. eines Fürsten der Gandharva Kârand. 2,21.

सुबाक्कशत्रु m. Bein. Râma's.

1. सुबीज n guter Same.

2.*सुबीज 1) Adj. guten oder viel Samen habend. — 2) m. Mohn.

सुबीभत्स Adj. sehr ekelhaft, — widerlich, — scheusslich MBh. 1,2,72.

1. सुबुद्धि f. guter Verstand.

2. सुबुद्धि 1) Adj. verständig, klug Hemâdri 1,391,3. — 2) m. N. pr. a) eines Mâraputra. — b) verschiedener Männer Kampaka 121. Auch °राय. — c) einer Krähe.

सुबुद्धिचन्द्र m. N. pr. eines Mannes.

सुबुद्धिमत् Adj. sehr verständig, — klug Kathâs. 49,110.

सुबुध Adj. (f. आ) wachsam.

1. सुबोध m. richtiges Verständniss.

2. सुबोध 1) Adj. (f. आ) leicht zu erkennen, leicht verständlich. °म् Adv. auf leicht verständliche Weise. — 2) f. आ Titel verschiedener Werke, insbes. Commentare.

सुबोधनी f. Titel von Commentaren.

सुबोधिनी f. desgl. Burnell, T. Opp. Cat. 1.

सुब्रह्मणीय Adj. auf den Subrahmanja bezüglich u. s. w.

सुब्रह्मण्य 1) Adj. den Brahmanen sehr hold. — 2) m. einer der drei Gehülfen des Udgâtar. — 3) f. आ eine von diesem Priester zu sprechende Einladung zum Soma an die Götter 9,126 (Conj.). Auch Bez. des Priesters selbst. — 4) n. a) gute Brahmanenschaft. — b) = 3) Hariv. 13221. — c) N. pr. einer Oertlichkeit im Süden.

सुब्रह्मण्यसहस्रनामन् n. Titel Burnell, T.

सुब्रह्मण्याचार्य m. N. pr. eines Autors Burnell, T.

सुब्रह्मण्याष्टक n. Titel Burnell, T.

1. सुब्रह्मन् 1) m. a) ein guter Brahmane AV. 20, 128,7. — b) N. pr. eines Devaputra. — 2) n. ein gutes Brahman.

2. सुब्रह्मन् Adj. gute Gebete u. s. w. habend oder einen guten Brahman habend.

*सुब्रह्मबन्धूक Adj. Kâç. zu P. 6,2,173.

सुब्रह्मवासुदेव m. Krshna als Brahman.

सुब्राह्मण m. ein guter Brahmane Pat. zu P. 2, 2,18, Vârtt. 3. AV. 11,1,26.

सुभ् 1) सुभाति, सुम्भति etwa ersticken. Partic. सुब्ध Ind. St. 13,204. — 2) *सोभति und सुम्भति v. l. für शोभति und शुम्भति.

1. सुभ n. ein günstiges Gestirn Bhadrab. 1,45.

2. सुभ Adj. häufiger Fehler für शुभ.

सुभंसस् Adj. etwa mit einem schönen mons Veneris versehen TBr. 3,1,1,9.

सुभक्ति f. grosse Hingebung, — Liebe. °तम् Adv. Hemâdri 1,602,17.

सुभक्ष्य n. eine prächtige Speise.

सुभग 1) Adj. (f. आ) a) glücklich, im Wohlsein oder Genuss befindlich; geliebt, beliebt (insbes. beim Gatten); f. eine geliebte Frau. — b) beglückend, erfreuend; lieblich, liebenswürdig; reizend, schön (von Belebtem und Unbelebtem). Voc. सुभग und bes. सुभगे häufig in der Anrede. सुभगम् Adv. reizend und auch schön, so v. a. sehr, in hohem Grade. — c) ironisch Vâsav. 207,2 so v. a. ein sauberer Kerl, nach dem Comm. = शोभनपशु. — d) zart, fein, dünn Karaka 8,2. — e) am Ende eines Comp. sich wohl eignend zu Gâtakam. 22,93. — 2) m. a) Bein. Çiva's. — b) *Borax. — c) *Michelia Champaka Râgan. 10,88. — d) *Jonesia Asoka Râgan. 10, 55. — e) *rother Kugelamaranth Râgan. 10,133. — f) N. pr. eines Sohnes des Subala MBh. 7,157, 24. — 3) f. सुभगा a) Pl. im Loc. wohl so v. a. in Lust, in Fröhlichkeit. — b) Bez. eines fünfjährigen Mädchens, das bei der Feier der Durgâ diese Göttin darstellt. — c) *eine Art Musa. — d) *rother Amaranth. — e) *Glycine debilis. — f) *eine Art Dûrvâ-Gras. — g) *Cyperus rotundus. — h) *Gelbwurz. — i) *wilder Jasmin. — k) * = प्रियङ्गु. — l) *Moschus. — m) eine best. Râgiṇî S. S. S. 53. — n) N. pr. α) einer Tochter der Prâdhâ. — β) einer der Mütter im Gefolge Skanda's. — γ) *einer Fee. — 4) *n. Erdharz.

सुभगंकरण 1) Adj. (f. ई) glücklich machend, beglückend; bezaubernd. — 2) n. das Bezaubern, Fürsichgewinnen eines Weibes.

सुभगता f. Beliebtheit, Eheglück.

सुभगत्व n. Wohlsein, Glück; Beliebtheit, insbes. beim Gatten Spr. 7681.

सुभगमानिन् Adj. sich für beliebt haltend.

*सुभगंभविष्णु Adj. beliebt — oder reizend werdend.

सुभगंभावुक Adj. reizend werdend Dhûrtas. 1,20. Bhatt. 5,67.

सुभगंमन्य Adj. sich für glücklich haltend Daçak. 53,1. °भाव Nom. abstr.

सुभगय्, °यति verschönern, zieren.

सुभगाखेटभूमि Adj. schöne Jagdplätze habend. Nom. abstr. °त्व n. Kathâs. 15,120.

सुभगानन्द m. Titel eines Prahasana Burnell, T.

सुभगानन्दनाथ m. N. pr. eines Autors.

सुभगार्चारत्न n. (Bühler, Rep. No. 502) und सुभगोदय m. Titel von Werken.

*सुभङ्ग m. Cocosnussbaum.

सुभट 1) m. a) = भट Söldling, Soldat Kâd. 116, 22 (208,5). Harshak. 149,2. Vâsav. 294,1. — b) N. pr. verschiedener Männer. — 2) f. आ N. pr. einer Fürstin Vikramâñkak. 18,40.

सुभटवर्मन् m. N. pr. eines Fürsten.

सुभद्र 1) Adj. (f. आ) prächtig, herrlich. — 2) m. a) *Azadirachta indica. — b) Bein. α) Vishnu's. — β) wohl Sanatkumâra's. — c) N. pr. α) eines Sohnes des Vasudeva. — β) eines Sohnes des Krshna. — γ) eines Sohnes des Idhmagihva. — δ) des letzten von Çâkjamuni zum Buddhismus bekehrten Mannes. — ε) eines Gaina-Gelehrten Vardhamânak. 1,50. — ζ) eines Berges. — 3) f. सुभद्रा a) *Ichnocarpus frutescens. — b) *Curcuma Zedoaria. — c) *Prosopis spicigera. — d) *Gmelina arborea. — e) *eine Mimose, = घृतमण्डा. — f) * = श्यामालता. — g) eine best. Çruti S. S. S. 24. — h) eine Form der Durgâ Hemâdri 1,395,17. — i) N. pr. α) einer jüngeren Schwester Krshna's und Gattin Arguna's Vâsav. 122,4. — β) einer der Gattinnen Durgama's. — γ) einer Tochter des Asura Sumâja. — δ) einer Tochter Balin's. — ε) einer Enkelin Rukmin's. — ζ) einer mythischen Kuh. — 4) n. a) Wohlergehen, Heil. — b) N. pr. α) eines Katvara. — β) eines von 2) c) γ) beherrschten Varsha.

सुभद्रक 1) *m. a) Götterwagen. — b) Aegle Marmelos. — 2) f. सुभद्रिका a) Freudenmädchen. — — b) ein best. Metrum. — c) N. pr. einer jüngeren Schwester Krshna's. — 3) n. ein best. Metrum.

सुभद्रधनंजय Burnell, T. fehlerhaft für सुभद्रा°.

*सुभद्राणी f. Ficus heterophylla.

सुभद्राधनंजय (wohl n.) Titel eines Schauspiels Opp. Cat. 1.

सुभद्रापूर्वज m. Bein. Krshna's.

सुभद्राविजय Titel eines Schauspiels Opp. Cat. 1.

सुभद्राहरण n. der Raub der Subhadrâ Hariv. 8396. Als Titel eines Schauspiels (auch Kâvja nach Oppert) Hall in der Einl. zu Daçar. 30. Opp. Cat. 1.

*सुभद्रेश m. Bein. Arguna's.

सुभबोधार्यमालापद्धति f. Titel eines Werkes Bühler, Rep. No. 694.

सुभयंकर Adj. grosse Furcht erregend, grosse Ge-

fahr bringend.

सुभयानक Adj. *grosses Grausen erregend.*

सुभर Adj. (f. आ) 1) *massig, dicht; gedrungen, reichlich.* — 2) *leicht zu tragen, — zu handhaben.*

सुभव 1) Adj. VS. 7,3. Âpast. Çr. 13,16,8. Nach Mah. = उत्तमजन्मन्. — 2) m. N. pr. eines Fürsten MBh. 3,265,9.

सुभवस् Adj. v. l. für सुभव 1) TS. 6,4,5,5.

सुभव्य Adj. *sehr hübsch, — schön* Hemâdri 1, 603,10.

सुभसद् Adj. f. καλλίπυγος. Nur Compar. °सत्तरा.

सुभग 1) Adj. (f. गी) *vermöglich, reich.* — 2) f. सुभागा N. pr. einer Tochter Raudrâçva's VP.² 4,129.

सुभाग्य Adj. *vom Glück besonders begünstigt.* सो ऽहं सुभाग्यो बन्धूनाम् so v. a. *die Angehörigen können mich beneiden.*

सुभाजन n. *ein hübsches Gefäss* Suçr. 1,158,16.

*सुभाञ्जन m. = शोभाञ्जन *Moringa pterygosperma.*

सुभानु 1) Adj. *schön leuchtend.* — 2) m. *a) das 17te Jahr im 60jährigen Jupitercyclus.* — *b)* N. pr. eines Sohnes des Kṛshṇa.

सुभावित Adj. *gut eingeweicht.*

सुभावित्व n. *das Gutseinmüssen.*

सुभाषण m. N. pr. eines Sohnes des Jujudhân.

1. सुभाषित 1) Adj. (f. आ) *schön gesprochen.* वाच् f. so v. a. 2). — 2) n. *ein schönes Wort, ein schöner —, witziger Ausspruch, ein guter Rath* Bâlar. 43,8. Gâtakam. 17. Çiç. 16,43.

2. सुभाषित 1) Adj. (f. आ) *schöne Reden führend, beredt.* — 2) m. *ein* Buddha.

सुभाषितगवेषिन् m. N. pr. eines Fürsten.

सुभाषितनीवी f. Titel eines Kâvja Opp. Cat. 1.

सुभाषितमय Adj. *in schönen Aussprüchen bestehend.*

सुभाषितरत्नसंदोह m., सुभाषितरत्नाकर m., सुभाषितश्लोक m. (Burnell, T.), सुभाषितार्णव m. und सुभाषितावलि f. (ed. Peterson) Titel.

सुभाषिन् Adj. 1) *freundliche Worte redend.* — 2) *freundlich gesprochen.*

सुभास् Adj. *schön leuchtend.*

सुभास m. N. pr. 1) eines Dânava. — 2) eines Sohnes des Sudhanvan.

सुभास्वर 1) Adj. *schön glänzend, prächtig* R. 1, 73,34. — 2) m. Pl. *eine best. Gruppe von Manen* VP.² 3,339.

सुभिक्ष 1) Adj. (f. आ) *vollauf zu essen habend, mit Nahrungsmitteln reichlich versehen* (Personen [Âpast.] und Gegenden); *reichliche Lebensmittel verschaffend.* — 2) *f. आ *Grislea tomentosa.* — 3) n. *Ueberfluss an Lebensmitteln, gute Zeiten.* Auch schlechte Lesart für सुभद्य.

सुभिषज् Adj. *gut heilend.* Nur Superl. सुभिषक्तम.

सुभीत Adj. *eine grosse Scheu habend vor* (Gen.).

सुभीम 1) Adj. *überaus furchtbar* R. ed. Bomb. 4,40,35. fg. — 2) m. N. pr. eines der Deva Jagña-mush. — 3) f. आ N. pr. einer Gattin Kṛshṇa's.

*सुभीरक oder *सुभीरव m. *Butea frondosa.*

*सुभीरुक n. *Silber.*

*सुभुक्त Adj. *gut gegessen.*

सुभुज 1) Adj. *schöne Arme habend.* — 2) f. आ N. pr. einer Apsaras VP.² 2,82.

सुभू Adj. *von guter Art* oder *Natur; solid, kräftig, gewaltig.*

सुभूत 1) Adj. *wohlgerathen* (Speise) Âpast. — 2) f. सुभूता *die nach Norden gerichtete Seite des Gehäuses der Weltseele.* — 3) n. *Wohlsein, Wohlstand.*

सुभूतकृत् Âpast. Çr. 6,6,10.

1. सुभूति f. *Wohlsein, Wohlstand.*

2. सुभूति 1) wohl Adj. TS. — 2) m. N. pr. verschiedener Männer.

*सुभूतिक m. *Aegle Marmelos.*

सुभूतिचन्द्र m. und *सुभूतिपाल m. N. pr. zweier Männer.

सुभूम m. N. pr. eines Fürsten.

1. सुभूमि f. *ein guter Platz.*

2. सुभूमि m. N. pr. eines Sohnes des Ugrasena. v. l. स्वभूमि.

सुभूमिक n. und °का f. N. pr. einer Oertlichkeit an der Sarasvatî.

सुभूमिप m. N. pr. eines Sohnes des Ugrasena Hariv. 1,37,30. v. l. सुभूषण.

सुभूयंस् Adj. *weit mehr.*

सुभूषण 1) Adj. (f. आ) *schön geschmückt.* — 2) m. N. pr. eines Sohnes des Ugrasena. v. l. सुभूमिप. — 3) f. आ N. pr. einer Nâga-Jungfrau Kâraṇḍ. 4,5.

सुभूषणभूषिता f. N. pr. einer Kiṁnara-Jungfrau Kâraṇḍ. 6,5.

सुभृत Adj. 1) *wohl gehalten, — gepflegt, — gehütet.* — 2) *gut besoldet.* — 3) *schwer beladen* Kathâs. 103,184.

सुभृश Adj. *sehr heftig, — gross* (Verlangen) MBh. 13,10,52. °म् Adv. *gar sehr, in sehr hohem Grade* MBh. 6,59,58. 14,9,2.

सुभेषज n. 1) *ein gutes, — wirksames Mittel.* — 2) *Sammlung von Heilsprüchen, Bez. eines vedischen Werkes, vielleicht des* AV.

सुभोगा f. N. pr. einer Dikkumârî Pârçvan. 3,73.

सुभोगीन Adj. (f. आ) *zu Jmds Diensten stehend* Bhaṭṭ. 4,20.

सुभोग्य Adj. (f. आ) *leicht zu geniessen.*

सुभोज Adj. *gut essend.*

सुभोजन n. *gutes Essen.*

सुभोजस् Adj. 1) *freigebig.* — 2) *reichlich.*

सुभ्र Adj. MBh. 8,1765 fehlerhaft für शुभ्र.

सुभ्राज् und सुभ्राज m. N. pr. eines Sohnes des Devabhrâǵ.

*सुभ्रातर् m. *ein guter Bruder* P. 5,4,157, Sch.

1. सुभ्रु und सुभ्रू f. *schöne Brauen.*

2. सुभ्रु und सुभ्रू 1) Adj. (n. सुभ्रु) *schönbrauig;* f. *ein solches Mädchen.* — 2) f. सुभ्रू N. pr. einer der Mütter im Gefolge Skanda's.

सुभ्रुनासाक्षिकेशान्त und सुभ्रू° (MBh. 1,153,14) Adj. *dessen Brauen, Nase, Augen und Haupthaar schön sind.*

सुभ्वन् Adj. *wohl aussehend.*

सुम 1) *m. *a) der Mond.* — *b) Luftraum, Himmel.* — 2) n. *Blume* Bhadrab. 2,21. 70.

सुमख 1) Adj. *lustig, munter, freudig.* — 2) n. *Lust, Freudenfest.*

सुमखस्य्, nur सुमखस्यमान *festfeiernd, freudig.*

*सुमगध 1) m. Pl. *die glücklichen* Magadha. — 2) f. आ N. pr. einer Tochter Anâthapiṇḍika's. v. l. सुमागधा. — 3) *f. ई Titel eines buddh. Sûtra. — 4) °म् Adv.

सुमङ्गल 1) Adj. (f. सुमङ्गली und सुमङ्गला) *a) Glück bringend.* — *b) einen guten Wandel führend.* — 2) m. N. pr. eines Lehrers. — 3) f. सुमङ्गला *a)* **eine best. Arzeneipflanze.* — *b)* N. pr. α) einer der Mütter im Gefolge Skanda's. — β) einer Apsaras Kâçkh. 11,11. — γ) einer Frau. — δ) eines Flusses. — 4) *f. सुमङ्गली (संज्ञायाम्). — 5) n. *ein Glück bringender Gegenstand.*

सुमङ्गलनामन् Adj. *einen Glück bringenden Namen führend.*

सुमङ्गा f. N. pr. eines Flusses.

सुमज्जानि Adj. *sammt der Gattin.*

सुमणि 1) Adj. *mit Kleinodien geziert* Çâṅkh. Çr. 12,21,2. — 2) m. N. pr. eines Wesens im Gefolge Skanda's.

सुमण्डल m. N. pr. eines Fürsten.

सुमत् Adv. *zusammen, zugleich.* Mit Instr. *mit.* Nach Nigh. und Nir. = स्वयम्.

*सुमत m. N. pr. eines Mannes.

1. सुमति f. 1) *Wohlgesinntheit, Huld, Gnade, Gunsterweisung; Wohlwollen.* Acc. mit कर् *Jmd* (Acc.) *zu einem Gegenstand der Gunst machen.* — 2) *Andacht, Gebet.* — 3) *Wohlgefallen,* so v. a. *wohlthuende Empfindung.* — 4) *Neigung zu* (Gen.) RV. 8,31,7. — 5) *ein richtiger Sinn für Etwas* (Loc.).

2. सुमति 1) Adj. *a) klug, verständig* 178,20. — *b) vollkommen vertraut mit* (Gen.). — 2) m. N. pr. *a)* eines Daitja Hariv. 3,40,11. — *b)* verschiedener Ṛshi und anderer Männer. — 3) f. °ति und ती N. pr. *a)* einer Frau Sagara's 106,13. — *b)* einer Tochter Kratu's. — *c)* der Mutter Kalkin's. — *d)* *einer Fee.

सुमतित्सरु Adj. als Beiw. des Pfluges.

सुमतिबोध m. Titel eines Werkes Opp. Cat. 1.

सुमतिभद्र m. N. pr. eines Mannes.

सुमतिमेरुगणि m. N. pr. eines Lehrers.

सुमतिरत्नार्य m. desgl.

***सुमतिरेणु** m. N. pr. eines Schlangendämons.

***सुमतिशील** m. N. pr. eines Lehrers.

सुमतिसुत Adj. Suçr. 2,66,19 wohl fehlerhaft für समति° oder सुपरि°.

सुमतिस्वामिन् m. N. pr. eines Mannes B. A. J. 3,6,210,13. Ind. Antiq. 7,162.

1. सुमती f. s. u. 2. सुमति 3).

2. सुमती Adv. mit कर् *gut walzen, — festschlagen.*

सुमतीन्द्रजयघोषण n. Titel eines Werkes Burnell, T.

सुमतीन्द्रयति m. N. pr. eines Autors Burnell, T.

सुमतीवृध् Adj. *des Gebets sich freuend.*

सुमत्तर Adj. *träufelnd, vollsaftig.*

सुमद्रंशु Adj. etwa *sammt Zügel.*

***सुमदन** m. *Mangifera indica.*

***सुमदात्मजा** f. *eine* Apsaras.

सुमद्गण Adj. *sammt der Schaar, zusammengeschaart mit* (Instr.).

सुमद्रु Adj. *sammt Gespann.*

***सुमद्र** 1) m. Pl. *die glücklichen* Madra. — 2) °म् Adv.

सुमधुर 1) Adj. *a)* **überaus süss.* — *b) überaus lieblich, — zart* 216,21. °म् Adv. — *c) überaus lieblich singend.* — 2) *m. *eine Art Portulak.*

सुमध्य Adj. (f. आ) 1) *schön in der Mitte,* so v. a. *mit schönem Füllsel versehen.* — 2) *eine schöne Taille habend.*

1. सुमध्यम Adj. *sehr mittelmässig.*

2. सुमध्यम Adj. (f. आ) *eine schöne Taille habend;* f. *ein solches Weib.*

सुमन 1) * Adj. *lieblich, hübsch.* — 2) m. *a)* **Weizen.* — *b)* **Stechapfel.* — *c)* N. pr. α) eines mythischen Wesens. — β) einer der vier Bodhivṛksha-Gottheiten. — γ) *eines Schlangendämons. — 3) f. आ *a)* Bez. *verschiedener Pflanzen.* Nach den Lexicographen *Jasminum grandiflorum, Rosa glandulifera* oder *Chrysanthemum indicum.* — *b)* N. pr. verschiedener Frauen.

सुमनःपत्त्र n. *Muskatblüthe.*

***सुमनःपत्त्रिका** f. dass.

***सुमनःफल** 1) m. *Feronia elephantum.* — 2) n. *Muskatnuss.*

सुमनक m. oder n. *Blume.*

सुमनस् 1) Adj. *a) wohlgesinnt, günstig, hold.* — *b) wohlthuend, angenehm.* — *c) wohlgemuth, heiter, fröhlich, behaglich.* — *d) klug, verständig.* — 2) m. *a) ein Gott;* vgl. सुमनोकस, सुमनौकस. — *b)* Bez. *verschiedener Pflanzen.* Nach den Lexicographen *Guilandina Bonduc, Azadirachta indica, eine Art* Karaṅga, *Waizen.* — *c)* Pl. *eine best. Gruppe von Göttern unter dem 12ten* Manu. — *d)* N. pr. α) eines Dânava Hariv. 3,40,11. — β) verschiedener Männer. — 3) f. *a)* Pl. oder im Comp. *Blumen,* — *b)* **Jasminum grandiflorum.* — *c)* N. pr. verschiedener Frauen. — 4) n. *Blume.*

सुमनस्क 1) Adj. *wohlgemuth, heiter, fröhlich* Hemâdri 1,546,1. — 2) (wohl n.) N. pr. eines Lustgartens Divjâvad. 621,12.

सुमनस्य्, nur सुमनस्यमान 1) *günstig, hold.* — 2) *wohlgemuth, fröhlich, nach Herzenslust verfahrend.*

सुमनामुख Adj. (f. ई) *heiteren Antlitzes.*

***सुमनाय्**, °यते *wohlgemuth —, heiter werden.*

सुमनायन m. Patron. Richtig wohl सौम°.

सुमनास्य m. N. pr. eines Schlangendämons.

सुमनी Adv. 1) mit कर् *erfreuen* Bhaṭṭ. — 2) mit भू *froh werden* Bhaṭṭ. 2,54.

सुमनोकस n. *Götterbehausung, Götterwelt.* v. l. सुमनौकस.

सुमनोज्ञघोष m. N. pr. eines Buddha.

***सुमनोत्तरा** f. N. pr. eines Frauenzimmers und Titel der über sie handelnden Erzählung.

सुमनोऽभिराम Adj. (f. आ) *sehr das Herz erfreuend* R. 5,11,20.

सुमनोमत्तक m. N. pr. eines Mannes.

सुमनोमुख m. N. pr. eines Schlangendämons.

***सुमनोरजस्** n. *Blüthenstaub.*

सुमनोरम 1) Adj. *überaus reizend, — ansprechend* R. ed. Bomb. 4,37,28. 41,22. — 2) f. आ Titel eines Commentars Burnell, T.

सुमनोलता f. *eine blühende Schlingpflanze.*

सुमनोहर Adj. (f. आ) *überaus reizend, — lieblich.*

सुमनौकस n. = सुमनोकस Hariv. 2,72,66.

1. सुमन्तु m. *freundliche Gesinnung* oder *gütlicher Zuspruch.*

2. सुमन्तु 1) Adj. *leicht kenntlich, wohlbekannt.* — 2) m. N. pr. *a)* eines Lehrers. — *b)* eines Fürsten. — *c)* eines Sohnes des Gahnu.

सुमन्तुनामन् Adj. *einen wohlbekannten Namen führend.*

सुमन्तुसूत्र n. Titel eines Sûtra.

सुमन्त्र 1) Adj. *einen guten Rath habend, gute Pläne machend.* — 2) m. N. pr. verschiedener Männer.

सुमन्त्रक m. N. pr. eines älteren Bruders des Kalki.

सुमन्त्रित 1) Adj. *gut berathen, gut überdacht.* — 2) n. impers. *gut gerathschlagt.* — 3) n. *ein guter Rathschlag.* Acc. mit कर् *gut rathschlagen.*

सुमन्त्रिन् Adj. *einen guten Minister habend.* — Spr. 5606, v. l. fehlerhaft.

सुमन्दबुद्धि Adj. *von sehr geringem Verstande.*

सुमन्दभाज् Adj. *sehr unglücklich.*

सुमन्दा f. *eine best.* Çakti.

1. सुमन्मन् n. Pl. *gute Wünsche.*

2. सुमन्मन् Adj. *gute Andacht verrichtend, gute Wünsche aussprechend.*

सुमन्यु m. N. pr. 1) eines Devagandharva. — 2) eines freigebigen Mannes MBh. 13,137,22.

सुमर 1) n. impers. *leicht zu sterben* oder n. *ein leichter Tod.* — 2) *m. *Wind.*

सुमरीचिका f. *eine der 9 Arten von* Tushṭi *im* Sâṁkhja.

सुमर्दित Adj. *sehr hart mitgenommen* MBh. 7,9328.

सुमर्मग Adj. *stark in die Gelenke dringend, überaus grosse Schmerzen verursachend* (Pfeil) Spr. 3256.

सुमर्षण Adj. *leicht zu ertragen* Kir. 2,8.

सुमल्लका f. N. pr. einer Stadt Kampaka 398. fg.

सुमलिन Adj. *überaus schmutzig* MBh. 4,9,2.

सुमल्लिक m. Pl. N. pr. eines Volkes.

सुमहत् Adj. *sehr gross, valde magnus* (im Raum, in der Zeit, der Zahl, der Menge, dem Grade nach). Acc. m. auch सुमहत्तम् R. ed. Bomb. 4,36,2.

सुमहस् Adj. *herrlich* RV.

सुमहा° Adj. = सुमहत्. Auch Adv. *überaus, in hohem Grade.*

सुमहाकपि m. N. pr. eines Dämons.

सुमहातपस् Adj. *sehr strenge Askese übend, sehr fromm* 66,20.

सुमहातेजस् Adj. *überaus viel Glanz* oder *Würde besitzend* 63,29.

सुमहात्मन् Adj. *von sehr edler Natur, überaus hochherzig* 105,14.

सुमहात्यय Adj. *sehr grosse Leiden verursachend, überaus verderblich.*

सुमहादृढ Adj. *überaus fest* R. 5,72,15.

सुमहाप्राण Adj. *von überaus grosser Leibeskraft*

Bhâg. P. 6,11,6.

सुमहाबल Adj. (f. आ) *überaus mächtig, — wirksam.*

सुमहाबाहु Adj. *überaus lange Arme habend.*

सुमहाभाग Adj. *überaus ausgezeichnet, vortrefflichst* MBh. 3,42,16.

सुमहामनस् Adj. *überaus hohen Sinnes.*

सुमहारथ m. *ein sehr grosser Held.*

सुमहार्ह Adj. *überaus prächtig* Kathâs. 55,88.

सुमहावेग Adj. (f. आ) *überaus schnell sich bewegend* R. 6,80,24.

सुमहाव्रत Adj. *der sehr grosse Pflichten —, ein sehr grosses Gelübde übernommen hat* MBh. 1,209,12.

सुमहासत्त्व Adj. *von überaus edlem Wesen.*

सुमहौजस् Adj. *überaus kräftig, — mächtig* R. ed. Bomb. 4,58,34.

सुमहौषध n. *ein wunderthätiges Heilmittel* Spr. 2712.

सुमागध N. pr. 1) m. eines Mannes. — 2) f. आ einer Tochter des Anâthapiṇḍika Divjâvad. 402, 1. — 3) f. ई eines Flusses in Magadha. Vgl. सुमागन्धा.

*सुमागधक m. Pl. *die glücklichen* Mâgadhaka.

सुमागन्धा f. N. pr. eines Flusses Kâraṇḍ. 71,14. Vielleicht fehlerhaft für सुमागधी.

1.*सुमातर् f. *eine gute oder schöne Mutter.*

2. सुमातर् Adj. *eine schöne Mutter habend.*

3.*सुमातर् m. *ein guter Messer* (metitor).

सुमानिका f. Bez. *zweier Metra.*

सुमानिन् Adj. *selbstbewusst, stolz.* Nom. abstr. °निता f.

सुमाय 1) Adj. *guter Anschläge voll.* — 2) m. N. pr. a) eines Fürsten der Asura. — b) eines Vidjâdhara. — 3) f. सुमाया N. pr. einer Tochter Maja's.

सुमायक m. N. pr. eines Vidjâdhara.

सुमारुत n. *das gute Volk der Winde.*

सुमार्त्स्न Adj. *sehr fein.*

सुमाल m. Pl. N. pr. eines Volkes.

सुमालती f. *ein best. Metrum.*

सुमालि m. N. pr. 1) eines Râkshasa. — 2) eines Brahmanen. — 3) eines Affen.

सुमालिन् 1) m. = सुमालि 1) 2) 3). — 2) f. °नी N. pr. einer Gandharva-Jungfrau Kâraṇḍ. 4,17.

सुमाल्य m. N. pr. eines Sohnes des Nanda.

सुमाल्यक m. N. pr. eines Berges.

सुमावलि f. *Blumengewinde* in नीति°.

*सुमाष und *°क Adj. *mit guten Bohnen versehen.*

1. सुमित Adj. *gut gemessen.*

2. सुमित Adj. *fest gegründet.*

सुमिति f. *gute Befestigung.*

सुमित्र 1) Adj. (f. आ) *gut befreundet; ein guter Freund.* — 2) m. N. pr. a) eines Unholds. — b) verschiedener Männer, insbes. Fürsten. Auch Pl. — 3) f. सुमित्रा N. pr. a) einer Jakshiṇî. — b) einer Gattin Daçaratha's, Mutter Lakshmaṇa's und Çatrughna's, und anderer Frauen.

सुमित्रधस् Adj. *gute Freunde machend* VS. 4, 27 = Maitr. S. 3,7,8. Nach Mahîdh. = शोभनानि मित्राणि पुष्यति.

*सुमित्रभू m. N. pr. eines Fürsten.

(सुमित्र्य) सुमित्रिअ Adj. *wohlbefreundet.*

सुमीढ, सुमीळ्ह m. N. pr. eines Mannes.

सुमीन m. Pl. N. pr. eines Volkes.

सुमुक्त Adj. *gut geschleudert* MBh. 8,90,57. 14,76,7.

1. सुमुख n. 1) *ein schöner Mund.* — 2) *ein heiteres Gesicht.* Instr. so v. a. *wohlgemuth.*

2. सुमुख 1) Adj. (f. ई und *आ; in übertragener Bed. nur dieses) a) *schön von Gesicht* MBh. 5,151,23. — b) *ein heiteres Gesicht zeigend, guter Dinge, froh.* — c) am Ende eines Comp. *geneigt —, gewillt zu* Gâtakam. 9. 10. 12,1. 22. 23. Nom. abstr. °ता f. 22. — d) *günstig* (Wind), *hold; wohlwollend, freundlich gegen* (Gen. Kâraka 1,7). — e) **gelehrt.* — f) *mit einer schönen Spitze versehen* (Pfeil). — g) **mit einem schönen Eingang versehen.* — 2) m. a) Bez. *verschiedener Pflanzen.* Nach den Lexicographen *eine best. Gemüsepflanze, Ocimum basilicum pilosum* und *andere Species.* — b) *ein best. in Schaaren lebender Vogel.* — c) *Bein. Gaṇeça's. — d) N. pr. α) eines Sohnes des Garuḍa. — β) eines Schlangendämons. — γ) eines Asura Hariv. 3,47, 7. — δ) Pl. einer Klasse von Göttern (bei den Buddhisten). — ε) eines Fürsten der Kiṁnara Kâraṇḍ. 3,1. — ζ) eines Ṛshi. — η) eines Fürsten. — θ) eines Affen. — ι) eines Haṁsa Gâtakam. 22. — 3) f. आ v. l. für 2) b). — 4) f. ई a) **Spiegel.* — b) *ein best. Metrum.* — c) *eine best.* Mûrkhanâ S. S. S. 31. — d) N. pr. einer Apsaras. — 5) *n. a) *eine durch Fingernägel hervorgebrachte Verletzung von bestimmter Form.* — b) *eine Art Gebäude* Gal.

*सुमुखसू m. Bein. Garuḍa's.

1. सुमुखी Adj. und Subst. f. s. u. सुमुख.

2. सुमुखी Adv. mit कर् *mit einer schönen Spitze versehen.*

सुमुण्डीक m. N. pr. eines Asura.

सुमुदित Adj. *sich erfreuend an* (Instr.), so v. a. *besitzend* Hariv. 9931. Man könnte समुदित vermuthen.

सुमुषित Adj. *hübsch angeführt, — geprellt* Divjâvad. 33,3. 7.

*सुमुष्टि m. *Hoya viridiflora.*

*सुमुष्टिका f. dass. Bhâvapr. 1,289,4.

1. सुमुहूर्त *eine glückliche Stunde* Ind. St. 15,268. Uttamak. 199. Nur Loc. zu belegen.

2. सुमुहूर्त Adj. *zu einer glücklichen Stunde stattfindend.*

सुमूत्र्य m. verdächtige Lesart für मौर्य.

*सुमूल 1) m. *Moringa pterygosperma.* — 2) f. आ a) *Glycine debilis.* — b) *Hemionitis cordifolia.*

*सुमूलक n. *Möhre, Daucus Carota.*

सुमृग n. *gutes Wild,* so v. a. *gute Jagd.*

सुमृडीक, सुमृळीक 1) Adj. (f. आ) *erbarmungsvoll, mitleidig; gnädig.* — 2) m. N. pr. eines Mannes. — 3) n. *Erbarmen.*

सुमृत्यु m. *ein schöner —, leichter Tod.*

सुमृष्ट Adj. 1) *schön rein, — blank.* — 2) *überaus lecker, — wohlschmeckend.*

सुमेक Adj. (f. आ) 1) *wohlgegründet, fest.* — 2) *feststehend, unerschütterlich in Ordnung, Folge* u. s. w.

*सुमेखल m. *Saccharum Munja* Bhâvapr. 1,209,20.

सुमेघ m. N. pr. eines Berges.

1. सुमेध Adj. (f. आ) *saftig, kräftig.*

2. सुमेध Adj. wohl = सुमेधस्.

सुमेधस् 1) Adj. *eine gute —, richtige Einsicht habend, klug, verständig, weise* Kir. 2,8. Acc. सुमेधाम्. — 2) m. N. pr. a) Pl. einer Gruppe von Göttern unter dem 5ten Manu. — b) Pl. *bestimmter Manen* VP.[2] 3,164. — c) verschiedener Ṛshi. — 3) *n. *Cardiospermum Halicacabum.*

सुमेध्य Adj. *überaus rein* (in rituellem Sinne).

सुमेरु 1) m. a) N. pr. α) eines Berges, = मेरु (bei den Buddhisten aber von diesem unterschieden) Çiç. 20,54. Vâsav. 144,4. Divjâvad. 52,15. 216,5. 344,12 u. s. w. Pl. Vaǵrakkh. 42,2. — β) eines Vidjâdhara. — b) * Bein. Çiva's. — 2) *Adj. *best, excellent.*

सुमेरुजा f. N. pr. eines Flusses.

*सुमेरुवत्स m. N. pr. eines Schlangendämons.

सुम्न 1) Adj. *wohlwollend, hold.* — 2) m. a) *Wohlwollen, Gunst, Huld, Güte;* Pl. *Gunsterweisungen.* — b) (*Ausdruck der Zuneigung*) *Andacht, Gebet* u. s. w. — c) (*angenehme Empfindung*) *Frohsinn, Behagen; Befriedigung, Frieden.* — d) Name verschiedener Sâman Ârsh. Br.

सुम्नआपि Adj. *etwa in Gunst nahe.*

सुम्नय् und सुम्नाय्; nur Partic. सुम्नयत् und सुम्ना-

यन्त् 1) *wohlwollend, günstig.* — 2) *frohlockend.*

सुम्नया Instr. Adv. 1) *wohlwollend.* — 2) *andächtig, gläubig.*

सुम्नयि Voc. f. AV. wohl fehlerhaft.

सुम्नयु und सुम्नायु (Maitr. S. 1,3,1) Adj. 1) *günstig.* — 2) *andächtig, gläubig.*

सुम्नहू Adj. *Gunst herbeirufend.*

सुम्नाय् und सुम्नायु s. u. सुम्नय् und सुम्नयु.

सुम्नावरी Adj. f. *Gunst—, Befriedigung bringend.*

सुम्निन् Adj. *günstig, hold.*

सुम्न्य Adj. *Gunst verdienend* Maitr. S. 1,3,1 (29,3).

*सुम्पलुपठ m. *Curcuma Zerumbet.*

सुम्भ् s. u. सुभ्.

सुम्भ m. Pl. N. pr. eines Volkes. *Sg. eines Landes. Vgl. प्रसुम्भदेश.

सुम्मुनि m. N. pr. eines Fürsten.

*सुम्न Adj. Kâç. zu P. 3,1,136.

सुयज्ञ 1) Adj. *gut* (die Götter) *ehrend, — opfernd.* — 2) f. *ein gutes —, richtiges Opfer.*

सुयज्ञस् m. N. pr. eines Sohnes des Bhumanju.

1. सुयज्ञ m. *ein schönes Opfer.*

2. सुयज्ञ 1) Adj. *a) auf Opfer u. s. w. sich verstehend.* — *b) dessen Opfer wohl gelingen.* — 2) m. N. pr. verschiedener Männer. — 3) f. सुयज्ञा N. pr. der Gattin Mahâbhauma's.

सुयत Adj. 1) *wohl gezügelt.* — 2) *gut geknebelt.*

सुयतात्मवत्त् m. N. pr. eines Ṛshi.

सुयन्तर् Adj. *einen guten Lenker habend* MBh. 7,147,88.

सुयन्तु Adj. *gut lenkend* (Zügel).

सुयन्त्रित Adj. 1) *gut —, fest gebunden, — in Binden* oder *Schienen u. s. w. gelegt.* Nom. abstr. °त्व n. — 2) *der sich Zügel anlegt, sich ganz in der Gewalt hat.* — 3) MBh. 8,4246 (8,83,39) fehlerhaft für सुपचित, wie ed. Vardh. 8,83,29 liest.

सुयभ्या Adj. f. *bene futuenda* AV. 20,128,9.

सुयम 1) Adj. (f. आ) *a) dem Zügel folgend, lenksam.* — *b) leicht in Ordnung zu halten, — zu behandeln, geregelt.* — 2) m. Pl. *eine best. Gruppe von Göttern.*

सुयवस 1) Adj. Lesart des Padap. für सू°. — 2) *m. N. pr. eines Mannes. — 3) n. *eine gute Weide, die Zeit da die Weide gut ist.*

सुयवसाद् Adj. Lesart des Padap. für सू°.

सुयवसिन् Adj. Lesart des Padap. für सू°.

सुयवसु m. N. pr. eines Ṛshi Comm. zu Ârsh. Br. 1,402.

सुयवसोदक Adj. *mit guter Weide und gutem Wasser versehen* MBh. 3,247,7.

सुयवस्यु Adj. Lesart des Padap. für सू°.

सुयशस् 1) Adj. *hochberühmt.* Compar. °स्तर SV. I,1,1,4,9. — 2) m. N. pr. eines Sohnes des Açokavardhana. — 3) f. N. pr. *a)* einer Gemahlin Divodâsa's. — *b)** der Mutter des 14ten Arhant's der gegenwärtigen Avasarpiṇî.

सुयशस्कर Adj. *grossen Ruhm verleihend* Pañkar. 1,1,25.

सुयशा f. N. pr. einer Apsaras VP.² 2,82.

सुयष्टव्य m. N. pr. eines Sohnes des Manu Raivata.

सुयाति m. N. pr. eines Sohnes des Nahusha.

सुयाम 1) Adj. *gut bindend, — zügelnd.* — 2) m. N. pr. *a)* Pl. einer Klasse von Göttern. — *b)* eines Devaputra.

सुयामन् m. *eine best. Personification* AV.

सुयामुन m. 1) **Palast.* — 2) **eine best. Wolke.* — 3) *Bein. Vishṇu's. — 4) N. pr. *a)* *eines Fürsten, = वत्स. — *b)* eines Berges.

सुयोभ्र Adj. *madens in coitu.*

सुयुक्त Adj. 1) *sehr gesammelt, — aufmerksam* Âpast. — 2) *sehr passend, — angemessen* R. 2,60, 23. 82,28. 5,29,4. — 3) *sehr günstig* (मुहूर्त).

सुयुक्ति f. *ein gutes Argument.*

सुयुज् 1) Adj. *a) wohlgeschirrt, gut im Geschirr gehend.* — *b) wohlgesetzt.* — 2) Adv. *gut im Geschirr.*

सुयुद्ध n. 1) *ein rechter —, energischer Kampf.* — 2) *ein ehrlicher Kampf.*

सुयोजित Adj. *gut verbunden, von guter Mischung* (Speisen) R. Gorr. 1,9,37.

सुयोधन m. N. pr. 1) des ältesten Sohnes des Dhṛtarâshṭra. — 2) eines Sohnes des Kakutstha. — MBh. 6,3326 falsche Lesart.

सुय्य N. pr. 1) m. eines Mannes. — 2) f. आ der Pflegemutter von 1).

सुय्याकुण्डल N. pr. eines Dorfes.

सुय्यासेतु m. N. pr. eines *Dammes.*

*सुर्, सुरति (ऐश्वर्यदीप्त्योः), सुरयति (आतपे).

1. सुर 1) m. *a) ein Gott.* सुराणां कर्त्ता Bez. *eines best. Feuers,* eines Sohnes des Tapas. — *b) Götterbild, Idol* Vishṇus. 70,16. 99,14. — *c)* Bez. *der Zahl dreiunddreissig.* — *d)* **ein Gelehrter.* — *e)* **die Sonne.* — MBh. 13,4108 fehlerhaft für स्वर. — 2) f. ई *eine Göttin* Naish. 9,28. Hem. Par. 2,457.

2.*सुर n. s. u. सुरा.

3. सुर m. MBh. 13,102,37 angeblich = तुर.

सुरऋषि m. = सुरर्षि.

*सुरक Adj. als Beiw. einer Schlange = सुराप्रकार, सुरावर्ण.

सुरकरिन् m. *Götterelephant.* °करीन्द्रदर्पापहा Adj. f. als Beiw. der Gaṅgâ.

सुरकामिनी f. *eine* Apsaras. °जनास् *das Volk der* A.

*सुरकार m. *der Künstler der Götter,* d. i. Viçvakarman.

सुरकार्मुक n. *Regenbogen.*

सुरकार्य n. *eine Angelegenheit —, ein Auftrag der Götter.*

सुरकाष्ठ n. *Pinus Deodora oder eine andere Species.*

सुरकुल n. *Gotteshaus, Tempel.*

सुरकृत् m. N. pr. eines Sohnes des Viçvâmitra MBh. 13,4,57. v. l. सूरकृत्.

सुरकृत 1) Adj. *von den Göttern gemacht, — bewirkt.* — 2) *f. आ *Cocculus cordifolius* Râgan. 3,1.

सुरकेतु m. *der Götter —,* Indra's *Banner.*

सुरक्त Adj. (f. आ) 1) *schön roth.* — 2) *sehr lieblich, — reizend.*

*सुरक्तक 1) m. *Mangifera sylvatica.* — 2) n. *rother Ocker* Râgan. 13,61.

सुरक्ष m. N. pr. 1) eines Ṛshi. — 2) eines Berges.

सुरक्षित 1) Adj. *wohl behütet, — bewacht* 61,24. — 2) m. N. pr. eines Mannes.

सुरक्षिन् m. *ein guter —, zuverlässiger Hüter, — Wächter* Kathâs. 23,82.

*सुरखण्डनिका f. *eine Art Laute.*

सुरगज m. *Götterelephant.*

सुरगण m. 1) Sg. und Pl. *die Schaar der Götter.* — 2) N. pr. eines Dorfes.

*सुरगण्ड m. *eine Art Beule.*

सुरगति f. *das Loos als Gott geboren zu werden.*

सुरगायक m. *ein Sänger der Götter, ein* Gandharva Bhâg. P. 3,22,33.

सुरगिरि m. *der Götterberg,* d. i. der Meru Bâlar. 19,16.

सुरगुरु m. 1) *der Lehrer der Götter,* d. i. Bṛhaspati Ind. St. 14,364. — 2) *der Planet Jupiter.* °गुरोर्दिवसः *Donnerstag* Varâh. Jogaj. 4,24.

सुरगुरुदिवस m. *Donnerstag.*

सुरगृह n. *Gotteshaus, Tempel.*

*सुरग्रामणी f. Bein. Indra's.

सुरघु m. N. pr. eines Mannes.

सुरङ्ग 1) m. *Orangenbaum.* — 2) f. आ *a)* **eine best. Pflanze,* = कैवर्त्तिका. — *b)* = सुरुङ्गा, σύριγξ, *ein unterirdischer Gang, Mine, Bresche* H. 985. MBh. 1,148,12, Mudrâr. 42,12. 15. 46,21 (77,20). — 3) *f. ई *a) Leea hirta.* — *b) eine roth blühende Moringa.* — 4) *n. *Zinnober* Râgan. 13,57.

*सुरङ्गद m. *Caesalpinia Sappan* Râgan. 12,18.

*सुरङ्गयुज् m. *ein Dieb, der durch einen unterirdischen Gang in ein Haus dringt.*

*सुरङ्गिका f. *Sanseviera Roxburghiana.*

सुरचाप m. n. *Regenbogen* Kâd. 56,7 (103,9).

*सुरजःफल m. *Artocarpus integrifolia.*

सुरजन m. *das Göttervolk* Ind. St. 15,294.

*सुरजनी f. *Nacht.*

*सुरजस् Adj. gaṇa भृशादि.

सुरजा f. N. pr. einer Apsaras.

*सुरजाय्, °यते Denomin. von सुरजस्.

सुरज्येष्ठ m. Bein. Brahman's.

*सुरञ्जन m. *Betelnussbaum.*

सुरञ्जित Adj. *gut —, geschickt gefärbt* Kathâs. 4,184.

सुरडा f. *Ipomoea Turpethum* Karaka 7,7. Man könnte सरडा = सरला vermuthen.

सुरण 1) Adj. (f. आ) *fröhlich, munter.* — 2) f. सुरणा N. pr. eines Flusses VP.² 3,151. — 3) n. *Lust, Fröhlichkeit.*

सुरत 1) *Adj. a) *sich vergnügend, im Spiel begriffen.* — b) *mitleidig.* — 2) *m. N. pr. eines Bettlers. — 3) f. आ a) *Gattin* (nach Nilak.) Hariv. 7022. — b) N. pr. einer Apsaras. — 4) n. a) *grosse Freude.* — b) *Liebesgenuss, Beischlaf.* Am Ende eines adj. Comp. f. आ.

सुरतगह्वरा f. N. pr. einer Surâṅganâ Ind. St. 15,241.

*सुरतताली f. 1) *ein auf dem Kopfe getragener Kranz.* — 2) *Liebesbotin.*

सुरतप्रभा f. ein Frauenname.

सुरतप्रिय 1) Adj. *den Liebesgenuss mögend.* — 2) f. आ ein Frauenname.

*सुरतबन्ध m. *coeundi modus* Med. k. 21.

सुरतमञ्जरी f. N. pr. einer Tochter des Vidjâdhara Matañgadeva und Titel des nach ihr benannten 16ten Lambaka im Kathâs.

सुरतरंगिणी f. *der Götterfluss*, d. i. die Gañgâ.

सुरतरङ्गिन् Adj. (f. °णी) *am Liebesgenuss Vergnügen findend.*

सुरतरु m. *ein Götterbaum* Bhâm. V. 1,18. Auch so v. a. कल्पतरु.

सुरतसंभोग m. *Liebesgenuss, Beischlaf* Kathâs. 45,218. 334.

सुरता f. 1) *das Gottsein.* — 2) **die Götterschaar.*

सुरतानसिंह m. N. pr. eines Fürsten.

*सुरतुङ्ग m. *Elaeocarpus Ganitrus.*

*सुरतोषक m. *das Juwel* Kaustubha.

सुरत्न Adj. (f. आ) *viele Kleinode besitzend, — bringend, schätzereich.*

1. सुरथ m. *ein schöner Wagen.*

2. सुरथ 1) Adj. (f. आ) a) *einen guten Wagen besitzend, ein guter Wagenkämpfer.* — b) *einen guten Wagen oder Führer habend.* — c) *in guten Wagen bestehend.* — 2) m. N. pr. verschiedener Fürsten. — 3) f. सुरथा N. pr. a) einer Apsaras. — b) eines Flusses. — 4) n. N. pr. eines Varsha in Kuçadvîpa.

सुरथदेव m. N. pr. eines Boten.

सुरथाकार n. N. pr. eines Varsha.

सुरदारु n. *Pinus Deodora.*

सुरदारुमय Adj. *aus Pinus Deodora gemacht* Varâh. Jogaj. 6,11.

*सुरदीर्घिका f. *die* Gañgâ *der Götter* Râgan. 14,16.

सुरदुन्दुभि m. 1) *Göttertrommel* Ind. St. 14,385. — 2) **Basilienkraut.*

सुरदेवता f. *eine Göttin.*

सुरद्रु m. *ein Götterbaum.*

सुरद्रुम m. 1) *ein Götterbaum.* — 2) *der Götterbaum,* = कल्पवृक्ष Ind. St. 15,371. — 3) **Arundo bengalensis.*

सुरद्विप्, °पति *zu einem Götterelephanten werden* Subhâshitâv. 2612.

सुरद्विप m. *ein Götterelephant.*

सुरद्विष् m. *ein Feind der Götter, ein Dämon, ein* Asura, Daitja (Çiç. 14,72) oder Râkshasa. Auch Bez. Râhu's.

सुरधनुर्लेखाय् *einem Regenbogen gleichen.* °यित Adj. Subhâshitar. 23,25.

सुरधनुस् n. *Regenbogen* Varâh. Jogaj. 8,10.

सुरधामन् n. *Götterstätte.*

सुरधुनी f. Bein. der Gañgâ Ind. St. 15,295.

*सुरधूप m. *das Harz der Shorea robusta.*

सुरध्वज m. *der Götter —,* Indra's *Banner.*

सुरनदी f. *der Götterfluss,* Beiw. und Bein. der Gañgâ.

*सुरनन्दा f. N. pr. eines Flusses.

सुरनायक m. 1) Bein. Indra's. — 2) N. pr. eines Verfassers von Gebeten bei den Tântrika.

सुरनिम्नगा f. Bein. der Gañgâ.

*सुरनिर्गन्ध n. *das Blatt der Laurus Cassia.* Richtig सुरभिगन्ध.

सुरनिलय m. *der Götter Wohnstätte,* Bez. des Meru.

सुरन्धक und सुरन्ध N. pr. einer Oertlichkeit.

सुरपति m. *Götterherr,* Bein. 1) Indra's. — 2) Çiva's.

सुरपतिगुरु m. *der Planet Jupiter.*

सुरपतिचाप n. *Regenbogen.*

सुरपतित्व n. *Herrschaft über die Götter.*

सुरपतिधनुस् n. *Regenbogen* Bhâvapr. 4,49.

सुरपथ m. 1) *ein best. Theil des Luftraums* Kâd. 2,123,4 (151,4). — 2) wohl *die Milchstrasse* R. ed. Bomb. 2,80,14.

*सुरपर्ण 1) n. *ein best. heilkräftiges Kraut.* — 2) f. ई *eine best. Schlingpflanze.*

*सुरपर्णिका f. 1) *Rottleria tinctoria.* — 2) *Elaeocarpus Ganitrus.*

*सुरपर्वत m. *Götterberg,* Bez. des Meru.

सुरपांसुला f. *eine* Apsaras. °जन n. *das Volk der* A. Vikramâñkak. 5,68.

सुरपादप m. *ein Götterbaum* Çiç. 14,30.

सुरपाल m. N. pr. eines Autors.

*सुरपुंनाग m. *Elaeocarpus Ganitrus.*

सुरपुर n. und *°पुरी f. *die Stadt der Götter,* d. i. Amarâvatî.

सुरपुरोधस् m. Bez. Bṛhaspati's.

सुरपुष्प n. *Götterblume, eine himmlische Blume.* °वृष्टि f. Ind. St. 14,383.

सुरप्रतिष्ठा f. *die Aufstellung eines Götterbildes.*

सुरप्रवीर m. *ein best. Feuer* (Sohn des Tapas).

सुरप्रिय 1) *Adj. *den Göttern lieb.* — 2) m. a) *ein best. Vogel* Hariv. 3,39,61. v. l. सरःप्रिय. — b) **Agati grandiflora.* — c) **ein Elaeocarpus.* — d) *Bein. α) Indra's. — β) Bṛhaspati's. — e) N. pr. eines Berges. — 3) f. आ a) *eine Apsaras.* — b) **Jasminum grandiflorum.* — c) *= स्वर्णरम्भा.

सुरभय्, °यति *wohlriechend machen.* In übertragener Bed. so v. a. *berühmt machen.* Partic. सुरभित Çiç. 11,19. Vâsav. 95,5.

सुरभवन n. *Gotteshaus, Tempel* Hemâdri 1,240,14.

सुरभाव m. *die Würde eines Gottes.*

सुरभि 1) Adj. (f. eben so, in der späteren Sprache auch ई) a) *wohlriechend, duftig.* Compar. सुरभितर Gâtakam. 27 (गन्ध). — b) *lieblich, angenehm.* — c) *berühmt, in gutem Rufe stehend.* — d) *= श्रेष्ठ und धीर. — 2) m. a) Bez. *verschiedener wohlriechender Pflanzen und Stoffe.* Nach den Lexicographen *Michelia Champaka, Nauclea Cadamba, Mimusops Elengi, eine Art Jasmin* (मुद्गर), *wohlriechender Reis, wohlriechendes Gras, Prosopis spicigera* oder *Mimosa Suma,* = बर्बर, गन्धफल, *Muscatnuss, das Harz der Shorea robusta* und *eine Art Bdellium.* — b) *Frühling* Çiç. 6,2. — 3) f. सुरभि und सुरभी a) **Boswellia thurifera, Prosopis spicigera* oder *Mimosa Suma, Jasminum Sambac, Basilienkraut,* = मुरा. पाची und रुद्रजटा. — b) **Branntwein.* v. l. मुरा; s. u. 3) a). — c) N. pr. einer mythischen Kuh, der Mutter des Rindes und der Rudra, einer Tochter Daksha's und Gattin Kaçjapa's. सुरभेः सुताः so v. a. *das Rindvieh.* — d) *Kuh* überh. Vâsav. 74,3. 259,3. — e) **die Erde.* — 4) n. a) *ein wohlriechender Stoff, Parfum.* — b) **Gold.* — c) **Schwefel.*

सुरभिकन्दर m. N. pr. eines Berges.

*सुरभिका f. *eine Art Musa.*

1. सुरभिगन्ध m. *Wohlgeruch.* महा॰.

2.*सुरभिगन्ध 1) Adj. *wohlriechend.* — 2) f. आ *Jasminum grandiflorum.* — 3) n. *das Blatt der Laurus Cassia.*

सुरभिगन्धि und ॰न् Adj. *wohlriechend* MBh. 13,36,5. R. ed. Bomb. 4,51,6. Chr. 248,29. Çiç. 11,21. Vâsav. 288,4.

सुरभिगन्धित Adj. *mit Wohlgerüchen erfüllt* R. ed. Bomb. 4,33,7.

सुरभिगन्धिन् Adj. s. ॰गन्धि.

सुरभिचूर्ण n. *Pulver aus Wohlgerüchen.*

सुरभिचूल m. N. pr. eines Dichters Peterson in der Einl. zu Subhâshitâv. 134.

सुरभित Adj. s. u. सुरभय्.

सुरभितनय m. 1) *Stier.* — 2) f. आ *Kuh.*

सुरभिता f. *das Wohlriechendsein, Wohlgeruch.*

*सुरभित्रिफला f. *Muskatnuss, Betelnuss* und *Gewürznelke* Râgan. 22,4.

*सुरभित्वच् f. *Kardamomen.*

सुरभिदत्ता f. N. pr. einer Apsaras.

*सुरभिदारु und *॰क (Bhâvapr. 1,185) m. *Pinus longifolia.*

सुरभिन् Adj. *mit Wohlgerüchen eingerieben, parfumirt; schönduftend.* Compar. सुरभित्तर.

*सुरभिपत्त्र 1) m. *Majoran.* — 2) f. आ *Eugenia Jambolana.*

सुरभिपुत्र m. *Stier.*

*सुरभिबाण m. Bein. *des Liebesgottes.*

सुरभिमत् Adj. 1) *mit Wohlgerüchen versehen, wohlriechend* Âpast. Çr. 9,11,17. — 2) *das Wort* सुरभि *enthaltend.* f. ॰मती *ein solcher Spruch* Baudh. 2,7,2.

सुरभिमारुत n. N. pr. eines Waldes.

सुरभिमास m. *Frühlingsmonat* Vâsav. 150,4. Kâd. 37,7 (106,2). 66,13 (124,11).

सुरभिवत्स m. N. pr. eines Vidjâdhara.

*सुरभिवल्कल n. *die Rinde von Laurus Cassia.*

सुरभिष्टम Adj. *duftendst, lieblichst.*

सुरभिसमय m. *Frühlingszeit.*

*सुरभिस्रवा f. *Weihrauchbaum.*

1. सुरभी Adj. und Subst. f. s. u. सुरभि.

2. सुरभी f. *Furcht vor den Göttern* Vâsav. 74,3.

3. सुरभी Adv. mit कर् *wohlriechend machen, mit Wohlgeruch erfüllen.* In übertragener Bed. so v. a. *allgemein verbreiten.*

*सुरभीगन्ध n. *das Blatt der Laurus Cassia.*

सुरभीगोत्र n. *das Geschlecht der* Surabhi, so v. a. *Rinder, Kühe.*

सुरभीपट्टन n. N. pr. einer *Stadt.*

*सुरभीरसा f. *Weihrauchbaum.*

सुरभीसुत m. Pl. *das Rindvieh.*

सुरभुवन n. Hemâdri 1,257,10 fehlerhaft für सुरभवन.

सुरभूय n. *Gottwerdung, die Stellung eines Gottes* Çiç. 19,73.

*सुरभूरुह् m. *Pinus Deodora.*

सुरभूषण n. *ein Perlenschmuck von 1008 Schnüren und 4* Hasta *lang.*

सुरभ्यास्य Adj. *einen wohlriechenden Mund habend.* Nom. abstr. ॰त्व n.

सुरमणीय Adj. *überaus ergötzlich, — anmuthig, — schön* R. ed. Bomb. 4,27,25.

*सुरमण्डलिका f. *eine Art Laute.*

सुरमण्य Adj. = सुरमणीय.

*सुरमन्त्रिन् m. *der Rathgeber der Götter, d. i.* Bṛhaspati Çâçvata 25.

सुरमन्दिर n. *Gotteshaus, Tempel.*

सुरमुनि m. *ein göttlicher* Muni. Pl. *Bez. des Siebengestirns* Çiç. 11,3.

*सुरमृत्तिका f. *Alaunschiefer* Râgan. 13,63.

*सुरमेदा f. *eine best. Heilpflanze.*

सुरमोहिनी f. N. pr. einer Surâṅganâ Ind. St. 15,230.

सुरम्य 1) Adj. = सुरमणीय 54,14. — 2) N. pr. einer Oertlichkeit.

*सुरयान n. *Götterwagen.*

सुरयुवति f. *eine* Apsaras.

सुरयोषित् f. dass. Vâsav. 297,2.

सुरराज m. Bein. Indra's.

सुरराज् m. dass.

सुरराजगुरु m. *der Planet Jupiter.*

सुरराजता f. Indra's *Würde, — Stellung* zu Spr. 3791.

सुरराजन् m. Bein. Indra's.

सुरराजमन्त्रिन् m. = सुरराजगुरु Utpala zu Varâh. Bṛh. 6,12.

सुरराजवृक्ष m. Indra's *Baum, Bez. des* Pârigâta.

सुरराजशरासन n. *Regenbogen* Vâsav. 235,1.

सुररिपु m. *ein Feind der Götter.*

सुरर्षभ m. Bein. 1) *Indra's. — 2) Çiva's.

सुरर्षि m. 1) *ein göttlicher —, unter den Göttern weilender* Ṛshi. — 2) Pl. *die Götter und* Ṛshi.

*सुरलता f. *eine best. Pflanze.*

*सुरला f. N. pr. eines Flusses.

*सुरलासिका f. *Flöte.* Vgl. स्वरलासिका.

सुरलोक m. *die Götterwelt, der Himmel.* ॰नाथ m. Pl. Ind. St. 14,363. ॰राज्य n. *die Herrschaft über die G.*

सुरलोकसुन्दरी f. *eine* Apsaras.

सुरल्लक *ein wollenes Tuch* Bhadrab. 3,82.

सुरवधू f. *eine* Apsaras.

सुरवन n. *Götterhain.*

सुरवर m. *der Vornehmste unter den Göttern,* Bein. Indra's.

सुरवरनगर n. Indra's *Stadt.*

सुरवरवनिता f. *eine* Apsaras.

सुरवर्चस् m. *ein best.* Agni (Sohn des Tapas).

सुरवर्त्मन् n. *der Luftraum* Hâsj. 2.

सुरवर्मन् m. N. pr. eines Fürsten Harshak. 187,16. v. l. सुस्थिरवर्मन्.

*सुरवल्लभा f. *weisses* Dûrvâ-*Gras.*

*सुरवल्ली f. *Basilienkraut.*

सुरवाहिनी f. *die himmlische* Gaṅgâ.

सुरवीथी f. *Bez. der Bahn der Mondhäuser.*

*सुरवेला f. N. pr. eines Flusses.

सुरवेश्मन् n. 1) *die Behausung der Götter, der Himmel.* — 2) *Gotteshaus, Tempel.*

*सुरवैरिन् m. *ein Feind der Götter, ein* Asura.

सुरशत्रु m. dass. Çiç. 17,27. ॰हन् Adj. Beiw. Çiva's.

सुरशत्रुगुरु m. *der Planet Venus* Varâh. Jogaj. 4,30.

सुरशाखिन् m. *Götterbaum*, so v. a. कल्पवृक्ष Naish. 5,133.

*सुरशिल्पिन् m. *der Werkmeister der Götter* AK. 3,4,18,111.

सुरश्मि 1) Adj. *schönstrahlig.* — 2) m. N. pr. *a)* eines Ṛshi. — *b)* eines Buddha.

सुरश्रेष्ठ 1) m. *der Beste unter den Göttern,* Beiw. und Bein. *a)* Vishṇu's. — *b)* Çiva's. — *c)* Indra's. — *d)* Dharma's. — *e)* Gaṇeça's. — 2) *f. आ *eine best. Pflanze.*

सुरस 1) Adj. (f. आ) *a) wasserreich* Bhâm. V. 2,109. — *b) wohlschmeckend* Vâsav. 287,1. — *c) reizend* Bhâm. V. 2,109. — 2) m. *a)* **Vitex Negundo.* — *b)* **Andropogon schoenanthus.* — *c)* **das Harz der Gossampinus Rumphii.* — *d)* N. pr. α) eines Schlangendämons. — β) eines Berges. — 3) m. f. (आ) (*n.) *Basilienkraut* Harshak. (B.) 478,2. — 4) f. आ *a)* **Bez. verschiedener Pflanzen: Anethum Panmori oder Dill, Vitex Negundo, eine Art Jasmin,* = रास्ना, पर्णाश, महाशतावरी, ब्राह्मी, कपित्थपर्णी und ग्रन्धाक. — *b) ein best. Metrum.* — *c) eine best.* Râgiṇî S. S. S. 113. — *d)* *Bein. der Durgâ. — *e)* N. pr. α) einer Tochter Daksha's, Gattin Kaçjapa's und Mutter der Schlangen Çukas. 1,53. — β) einer Apsaras. — γ) einer Tochter Raudrâçva's. — δ) eines Flusses. — 5) f. ई *eine best. Pflanze.* — 6) *n. *a) Harz. — b) wohlriechendes Gras. — c) Cassia-Rinde. — d) Myrrhe.*

सुरसख m. *der Götter Freund:* 1) Beiw. Indra's. — 2) Pl. Bez. der Gandharva Kir. 9,74.

सुरसदन n. *Gotteshaus, Tempel* Kâd. 56,19 (104,10).

सुरसद्मन् n. 1) *der Götter Sitz, Himmel* Çiç. 13, 50. — 2) *Gotteshaus, Tempel.*

*सुरसंभवा f. *Polanisia icosandra.*

सुरसरित् f. Bein. der Gaṅgâ Kâd. 56,15 (104,5).

सुरसरित्सुत m. Metron. Bhîshma's Çiç. 14, 78 (44).

*सुरसर्षपक m. *ein best. Baum* Râǵan. 9,187.

सुरससंग्रह m. Titel eines Werkes.

सुरसाग्रज n. wohl = सुरसाग्रणी.

*सुरसाग्रणी m. *weisses Basilienkraut.*

सुरसाच्छद m. wohl *das Blatt des Basilienkrautes.*

*सुरसाष्ट n. ein Collectivname für sechs (!) best. Pflanzen.

सुरसिन्धु f. Bein. der Gaṅgâ. = मन्दाकिनी (nach dem Comm.) Çiç. 16,46.

सुरसुत 1) m. *Göttersohn, Götterkind.* — 2) f. श्रा f. zu 1).

सुरसुन्दर 1) m. *eine männliche Schönheit unter den Göttern.* — 2) f. ई *a) eine göttliche Schöne, eine* Apsaras. °जन m. Pl. Kir. 8,4. — *b)* * Bein. der Durgâ. — *c)* N. pr. α) *einer Fee. — β) eines Frauenzimmers.

सुरसेना f. 1) *das Heer der Götter.* °गणपति m. *der Anführer desselben.* — 2) N. pr. eines Frauenzimmers.

सुरस्कन्ध m. N. pr. eines Dämons. v. l. खरस्कन्ध.

सुरस्त्री f. *ein Götterweib, eine* Apsaras.

*सुरस्त्रीश m. Bein. Indra's.

सुरस्थान n. *Gotteshaus, Tempel.*

सुरस्रोतस्विनी f. Bein. der Gaṅgâ Bhâm. V. 4,13.

सुरहस् n. *ein ganz einsamer Ort.* सुरहस्स्थान Adj. *an einem solchen Orte gelegen.*

सुरा f. (*am Ende eines Comp. auch सुर n.) 1) *ein geistiges Getränk,* in alter Zeit *eine Art Bier,* später meist *Branntwein, Liqueur* Ind. St. 17,239, Anm. 1. Personificirt als Tochter Varuṇa's, die bei der Quirlung des Milchmeers zum Vorschein kam. — 2) **Wasser.* — 3) **ein Trinkgeschirr für berauschende Getränke.*

सुराकर m. 1) *Branntweinbrennerei* Baudh. 1,9, 3. — 2) **Cocosnusspalme.*

सुराकर्मन् n. *eine Ceremonie mit* Surâ.

सुराकार m. *Branntweinbrenner.*

सुरागार n. und *सुरागृह n. (Çâçvata 404) *Schenke.*

सुराग्रकर्ष m. *ein Bechervoll* Surâ.

सुराग्र्य n. *Nektar* R. ed. Bomb. 3,47,46.

सुराङ्गना f. *ein Götterweib, eine* Apsaras.

*सुराचार्य m. *der Lehrer der Götter,* d. i. Bṛhaspati.

*सुराजक m. = भृङ्गराज.

1. सुराजन् m. *ein guter Fürst* Çiç. 14,14. Vâsav. 189,3.

2. सुराजन् 1) Adj. *einen guten Fürsten habend.* — 2) *f. °ज्ञी N. pr. eines Dorfes.

सुराजसंभव n. *die Möglichkeit ein Fürst zu sein* Çiç. 12,52.

सुराजि m. N. pr. eines Mannes.

सुराजीव m. *der Lebensunterhalt —, die Lebensbedingung der Götter* als Beiw. Vishṇu's.

सुराजीविन् m. *Branntweinbrenner* oder *Schenkwirth.*

सुराज्ञी f. s. u. 2. सुराजन्.

सुराणायनीय m. Pl. *eine best. Schule.*

सुराति Adj. *schöne Gaben bringend.*

सुरादृति m. *Branntweinschlauch.*

सुराद्रि m. *der Götterberg,* d. i. Meru Çiç. 17,33.

सुराधम m. *der Niedrigste —, Schlechteste unter den Göttern.*

सुराधर m. N. pr. eines Asura.

सुराधस् 1) Adj. *a) Wohlthaten —, Gefälligkeiten erweisend, freigebig. — b) Gaben empfangend, wohlhabend.* — 2) m. N. pr. eines Mannes Ârsh. Br.

सुराधान Adj. (f. ई) Surâ *enthaltend.*

सुराधिप m. Bein. Indra's.

सुराधीश m. *ein Fürst der Götter,* insbes. Bein. Indra's.

सुराध्यक्ष m. Beiw. 1) Brahman's. — 2) Kṛshṇa's. — 3) Çiva's.

सुराध्वज m. *die Fahne —, das Aushängeschild eines Schenkwirths.*

सुरानक m. *eine Trommel der Götter.*

सुरानन्द N. pr. 1) m. eines Lehrers. — 2) f. श्रा einer Surâṅganâ Ind. St. 15,250.

सुराप Adj. (f. श्रा und ई) *Branntwein trinkend,* — *trinker,* — *trinkerin* Gaut. Âpast.

सुरापगा f. Bein. der Gaṅgâ.

1. सुरापाण und °पान (Gaut. 24,10. Âpast.) n. *Branntweingenuss.*

2. सुरापाण und °पान 1) Adj. *Branntwein trinkend.* — 2) *m. Pl. Bein. der Prâkja.

सुरापान s. u. 1. und 2. सुरापाण.

सुरापिन् (!) Adj. Surâ *trinkend* Bhaṭṭ. 9,96.

*सुरापीत Adj. *der* Surâ *getrunken hat* P. 6,2, 170, Sch.

1. सुरापीथ m. = 1. सुरापाण.

2. सुरापीथ Adj. = 2. सुरापाण 1).

सुराबलि Adj. *eine* Surâ-*Darbringung empfangend.*

सुराबीज n. *die zum Ansatz eines Bieres dienende Masse,* auch *Hefe* Bhâvapr. 2,82. 5,118. Karad. zu Suçr. 1,163,13.

सुराब्धि m. *Branntweinmeer.*

*सुराभाग m. = सुरामण्ड.

सुराम m. Surâ-*Krankheit* (2. श्राम), d. i. *krankhafter Rausch* oder *Folgen desselben.*

*सुरामण्ड m. *die schmackhafte obere Schicht vom Branntwein.*

सुरामद m. Surâ-*Rausch.*

सुरामन् Adj. *ergötzend.*

सुरामय Adj. *aus* Surâ *bestehend.*

सुरामात्र m. N. pr. eines Schlangendämons.

सुरामेह m. *eine best. Harnruhr.*

सुरामेहिन् Adj. *an dieser Harnruhr leidend.*

सुरायुध n. *ein Geschoss der Götter.*

सुरारणि f. *die Mutter der Götter,* Bein. der Aditi VP. 5,30,24. Vgl. सुरावनि.

सुरारि m. 1) *Götterfeind, ein* Asura (auch Râkshasa) Çiç. 13,12. — 2) N. pr. *a)* eines Krankheitsdämons. — *b)* eines Fürsten.

सुरारिघ्न m. *ein best. Krankheitsdämon.*

सुरारिहन्तर m. Bein. Vishṇu's.

सुरार्दन m. *ein Peiniger der Götter, ein* Asura.

*सुरार्ह n. 1) *gelber Sandel.* — 2) *Gold.*

*सुरार्हक m. *eine best. wohlriechende Pflanze.*

सुराल m. N. pr. eines Lehrers.

1. सुरालय m. 1) *Götterwohnung* (Vâsav. 121,2), *der Himmel.* — 2) *Bein. des Sumeru. — 3) *Gotteshaus, Tempel.* — 4) * *Wind* (?).

2. सुरालय m. *Schenke* Vâsav. 121,2.

सुराव m. N. pr. eines Rosses.

सुरावनि f. *der Erdboden —,* so v. a. *die Mutter der Götter,* Bein. der Aditi. Vgl. übrigens Hariv. 7022 und सुरारणि.

सुरावत् Adj. *mit* Surâ *versehen.*

सुरावली f. Titel eines Werkes.

*सुरावारि n. *Branntwein.*

सुरावास m. N. pr. eines *Tempels.*

*सुरावत m. *die Sonne.*

सुराशौण्ड Adj. *von Branntwein übermüthig.*

सुराशोधन n. Titel eines Werkes Bühler, Rep. No. 503.

सुराश्रय m. *die Stätte der Götter,* Bein. des Meru.

सुराष्ट्र 1) Adj. (f. श्रा) *gute Herrschaft habend* u. s. w. — 2) m. N. pr. *a)* Pl. eines Volkes, Sg. des von diesem bewohnten Landes (eines Theiles des heutigen Guzerat). — b) eines Rathgebers des Daçaratha. — 3) f. सुराष्ट्रा N. pr. einer Stadt.

सुराष्ट्रज 1) Adj. (f. आ) *aus Surâshṭra stammend.* — 2) * m. a) *eine best. schwarze Bohne.* — b) *ein best. Gift.* — 3) f. आ *Alaunschiefer* Râǵan. 13,63. — 4) * n. dass.

सुराष्ट्रोद्भवा f. *Alaunschiefer.*

*सुरासमुद्र m. *das Branntweinmeer.*

सुरासव m. n. *ein durch Maischen unreifer Fruchtkörner gewonnenes Bier* oder *Branntwein.* n. soll auch Surâ *und* Âsava bedeuten.

सुरासुर m. Pl. *Götter und* Asura. Auch Sg. (wohl n.).

सुरासुरगुरु m. Bein. 1) Çiva's. — 2) Kaçjapa's.

सुरासुरमय Adj. *durch die Götter und* Asura *bewirkt.*

सुरासुराचार्य m. N. pr. eines *Lehrers.*

सुरासोम m. 1) Du. Surâ *und* Soma. सुरासोमविक्रयिन् Adj. Kâtj. Çr. 19,1,18. — 2) Soma *in Gestalt von* Surâ.

सुरास्पद n. *Heiligthum eines Gottes, Tempel.*

सुराहुति f. Surâ-*Spende.*

*सुराह्व 1) m. a) *Pinus Deodora* Bhâvapr. 3,98. — b) = मरुवक Râǵan. 10,156. — c) = करिहु. — 2) f. आ *eine best. Schlingpflanze.*

*सुराह्वय 1) m. *Majoran.* — 2) n. *Pinus Deodora.*

*सुरि Adj. n. zu सुरै.

सुरिशात् oder °शाद् u. s. w. Adj. Çâṅkh. Br. 2,8. Wohl fehlerhaft.

सुरिस in *इन्द्र°.

सुरीक m. N. pr. eines Dichters.

*सुरीय Adj. von सुरा Pat. zu P. 5,1,1, Vârtt. 4.

सुरुक्म Adj. (f. आ) *schön geschmückt.*

सुरुङ्ग 1) * m. *Moringa pterygosperma.* — 2) f. आ σύριγξ, *ein unterirdischer Gang* (Divjâvad. 574,29. 575,18), *Mine, Bresche* Çâçvata 388. v. l. सुरङ्गा.

*सुरुङ्गाहि m. *ein Dieb, der durch einen unterirdischen Gang* u. s. w. *in ein Haus dringt.*

1. सुरुच् f. *Glanz, Helle.*

2. सुरुच् 1) Adj. *strahlend, hell.* — 2) m. N. pr. eines Sohnes des Garuḍa.

1. सुरुचि f. *Wohlgefallen, grosses Behagen an* (Loc.).

2. सुरुचि 1) m. N. pr. a) eines Fürsten der Gandharva. — b) eines Jaksha. — 2) f. N. pr. einer Gattin Dhruva's.

सुरुचिर Adj. (f. आ) *überaus strahlend,* — *hell* — *prächtig,* — *schön.*

*सुरुन्दला f. N. pr. eines Flusses.

सुरुण्ड m. Pl. N. pr. einer Dynastie. Vgl. गुरुण्ड und मुरुण्ड.

सुरूप 1) Adj. (f. आ) a) *wohl aussehend, schön.* — b) **gelehrt.* — 2) m. N. pr. a) eines Asura. — b) Pl. einer Klasse von Göttern unter Manu Tâmasa. — 3) f. सुरूपा a) **Glycine debilis.* — b) **Clerodendrum siphonanthus.* — c) **Jasminum Sambac.* — d) **Bignonia suaveolens.* — e) N. pr. α) einer Apsaras. — β) der Tochter eines Schlangendämons. — γ) einer mythischen Kuh. — 4) n. a) **Maulbeerbaum.* — b) Name zweier Sâman Ârsh. Br.

सुरूपक Adj. (f. °पिका) = सुरूप 1) Agni-P. 42,21.

सुरूपकृत्नु Adj. *Schönes bildend.*

सुरूपता f. *schönes Aussehen, Schönheit.*

सुरूपवर्षवर्ण Adj. *schön regenbogenfarbig* TS.

सुरूहक m. *ein eselfarbiges Pferd* Açvav. 3,110. Vgl. سُرْخ.

सुरेक्णस् Adj. *sehr reich.*

सुरेख 1) Adj. (f. आ) *schöne Linien bildend, schön umrissen* 133,25. Prasannar. 57,6. — 2) f. आ ein Frauenname Vâsav. 224,1. Pr. P. 33,2. fgg.

सुरेखा f. *eine hübsche Linie,* — *Spur.*

सुरेज्य 1) m. a) *der Lehrer der Götter,* d. i. Bṛhaspati. Auch Bez. *des Planeten Jupiter.* — 2) * f. आ a) *Basilienkraut.* — b) *eine andere Pflanze,* = ब्राह्मी.

सुरेणु 1) * m. = त्रसरेणु 1). — 2) f. N. pr. a) einer Tochter Tvashṭar's. — b) eines Flusses, einer der 7 Sarasvatî.

*सुरेणुपुष्पध्वज m. N. pr. eines Fürsten der Kiṁnara.

सुरेतर m. *ein* Asura.

सुरेतस् Adj. *samenreich, zeugungskräftig.*

सुरेतोधस् oder °धा Adj. *gute Zeugungskraft gebend.*

सुरेन्द्र 1) m. a) *ein Götterfürst, ein oberster Gott;* insbes. Bein. Indra's. — b) N. pr. α) eines Fürsten. — β) eines Lehrers. — c) **eine best. Knolle* (*Arum*). — 2) f. आ N. pr. einer Kiṁnara-Jungfrau Kâraṇḍ. 6,20.

*सुरेन्द्रक m. = सुरेन्द्र 1) c).

सुरेन्द्रकन्द m. desgl.

सुरेन्द्रगोप m. *Coccinelle.*

सुरेन्द्रचाप n. *Regenbogen.*

*सुरेन्द्रजित् m. Bein. Garuḍa's.

सुरेन्द्रता f. *die Würde eines obersten Gottes, die Herrschaft über die Götter,* Indra's *Würde* Gâtakam. 12.

सुरेन्द्रपूज्य m. Bein. Bṛhaspati's, *der Planet Jupiter* Utpala zu Varâh. Bṛh. 2,3.

सुरेन्द्रमाला f. N. pr. einer Kiṁnara-Jungfrau Kâraṇḍ. 6,20.

सुरेन्द्रलुप्त = इन्द्रलुप्त *krankhaftes Ausfallen der Haare* Ḱaraka 1,3.

सुरेन्द्रलोक m. Indra's *Welt.*

सुरेन्द्रवती f. N. pr. einer Fürstin.

सुरेश 1) m. a) *ein Götterfürst, ein oberster Gott.* Auch Bez. eines best. *Gottes,* eines best. Agni (Sohnes des Tapas MBh. 3,220,13), Indra's (MBh. 13,14,229), Vishṇu-Kṛshṇa's und Çiva's. — b) N. pr. einer Oertlichkeit. — 2) f. ई Bein. der Durgâ.

सुरेशलोक m. Indra's *Welt.*

सुरेश्वर 1) m. a) *ein Götterfürst, ein oberster Gott.* Auch Bez. Brahman's, Çiva's und Indra's. — b) N. pr. α) eines Rudra. — β) verschiedener Männer Auch °पण्डित und सुरेश्वराचार्य. — 2) f. ई Bein. a) der Durgâ Râǵat. 8,507 (सुरे° gedr.). — b) der Lakshmî. — c) der Râdhâ. — d) **der himmlischen* Gaṅgâ.

सुरेश्वरधनुस् n. *Regenbogen.*

सुरेश्वरप्रभ m. N. pr. eines Fürsten.

सुरेश्वरवार्त्तिक n. Titel eines Werkes Opp. Cat. 1.

सुरेश्वरीक्षेत्र n. N. pr. *eines der* Durgâ *geheiligten Gebiets.*

*सुरेष्ट 1) m. a) *Elaeocarpus Ganitrus.* — b) *Vatica robusta.* — c) *Agati grandiflora.* — d) = वसुक. — 2) f. आ *eine best. Pflanze,* = ब्राह्मी.

*सुरेष्टक n. *das Harz der Vatica robusta.*

*सुरै Adj. *wohlhabend, reich.*

सुरोचन 1) * Adj. als Erklärung von सुरुक्म. — 2) m. N. pr. eines Sohnes des Jaǵńabâhu. — 3) f. आ N. pr. einer der Mütter im Gefolge Skanda's. — 4) n. N. pr. des von 2) beherrschten Varsha.

सुरोचिस् m. N. pr. eines Sohnes des Vasishṭha.

1. सुरोत्तम 1) m. *ein oberster Gott, Götterfürst.* Auch Bein. Vishṇu-Kṛshṇa's und * des Sonnengottes. — 2) f. आ N. pr. einer Apsaras VP.[2] 2,82.

2. सुरोत्तम (wohl n.) *die oberste Schicht von* Surâ Gobh. 2,1,10. Nach dem Schol. *vorzüglichstes Wasser.*

सुरोत्तमाचार्य m. N. pr. eines *Lehrers.*

*सुरोत्तर n. *Sandel.*

सुरोद 1) Adj. = सुरोदक 1) MBh. 6,12,2. VP. 2,4,34. — 2) n. = सुरोदक 2).

सुरोदक 1) Adj. (f. आ) *statt Wasser* Surâ *habend.* — 2) m. *ein solches Meer* VP. 2,4,35.

सुरोध m. N. pr. eines Sohnes des Tamsu. v. l.

सुरोपयाम m. Surâ-*Gefäss* Maitr. S. 1,11,6 (167,14). 7 (169,10).

सुरोमन् m. N. pr. eines Schlangendämons.

सुरोष Adj. *sehr erzürnt* 88,1.

सुरोह् m. N. pr. eines Fürsten.

*सुरोहिका f. N. pr. eines Frauenzimmers.

सुरोहिणी Adj. f. *schön roth* Âpast. Çr. 6,3,8.

*सुरोहितिका f. N. pr. eines Frauenzimmers.

सुरौकस् n. *Gotteshaus, Tempel.*

*सुर्य Adj. von सुरा, = सुरीय Pat. zu P. 5,1,1, Vârtt. 4.

सुल् mit प्र *hineinstossen.* Nur प्रे सुलामि mit der v. l. प्रे तिलामि.

*सुल gaṇa बलादि.

सुलक्कन m. N. pr. eines Mannes.

सुलक्ष Adj. (f. आ) *gute Zeichen habend* Gop. Br. 2,3,5.

सुलक्षण 1) Adj. (f. आ) *mit Glück verheissenden Zeichen versehen.* Nom. abstr. °त्व n. — 2) f. आ N. pr. a) einer Gattin Kṛshṇa's. — b) *einer Freundin der Umâ. — c) verschiedener anderer Frauen Viddh. 50,9.

सुलक्षित Adj. *gut —, genau untersucht.*

सुलक्ष्मसंपराय m. bei den Ǵaina.

सुलतान m. *Sultan.*

सुलग्न 1) Adj. *sich festhaltend an* (Loc.) Ǵâtakam. 24,11. 25. *fest anhaftend* Harshać. 147,16. — 2) *ein von den Astrologen für günstig erkannter Augenblick* Kathâs. 31,70.

सुलङ्घित Adj. *den man richtig hat fasten lassen* Suçr. 2,407,17.

सुलभ 1) Adj. (f. आ) a) *leicht zu erlangen, — finden, — anzutreffen, — haben, — zugänglich.* — b) *häufig, wohlfeil.* — c) *passend, angemessen, entsprechend, eigen, am Platze seiend, von Nutzen* Spr. 7855. Gewöhnlich im Comp. mit der Ergänzung. — d) Vikr. 26 schlechte Lesart für सुभग. — 2) *m. N. pr. eines Mannes. — 3) f. आ a) **Basilienkraut.* — b) **Glycine debilis.* — c) **Jasminum Sambac.* — d) *= धूम्रपत्त्रा. — e) N. pr. α) einer Lehrerin. — β) einer Bettlerin.

सुलभत्व n. *häufiges Vorkommen, Häufigkeit, Wohlfeilheit.*

सुलभी Adv. mit भू *häufig —, gemein werden.*

सुलभीभाव m. *das Gemeinwerden.* Acc. mit भज् *gemein sein.*

सुलभेतर Adj. *nicht leicht zu haben.*

सुलभ्य Adj. *leicht zu erlangen* R. ed. Bomb. 4,24,20.

सुललाट Adj. (f. आ) *eine schöne Stirn habend.*

सुललित Adj. (f. आ) *überaus anmuthig, — lieblich, — schön.*

सुललितलतापल्लवमय Adj. (f. ई) *aus jungen Schossen schöner Lianen bestehend* Spr. 4368.

सुललितविस्तर m. *der schöne* Lalitavistara.

सुलवण Adj. (f. आ) *gut gesalzen.*

*सुलवत् Adj. von सुल.

सुलस m. N. pr. eines Mannes.

*सुलाभ Adj. = सुलभ.

सुलाभिका Adj. f. *leicht zu gewinnen, — entgegenkommend* RV.

*सुलाभिन् m. N. pr. eines Mannes.

सुलिखित Adj. *wohl verzeichnet.*

*सुलिन् Adj. von सुल.

सुलुलित Adj. 1) *sich lieblich hinundher bewegend* Suçr. 2,383,2. — 2) *stark mitgenommen* MBh. 8,51,18.

सुलू 1) *Adj. *gut schneidend.* — 2) *eine best. Stellung beim Tanze* S. S. S. 240. Einmal auch सुनू.

सुलेक m. N. pr. eines Âditja Âpast. Çr. 5,29,11.

सुलेख Adj. *mit Glück verheissenden Linien versehen* (Finger).

सुलोचन 1) Adj. (f. आ) *schönäugig.* — 2) m. a) **Gazelle* Râǵan. 19,44. — b) N. pr. α) eines Daitja Hariv. 3,71,5. — β) eines Sohnes des Dhṛtarâshṭra. — γ) eines Buddha. — δ) des Vaters einer Rukmiṇî. — 3) f. आ N. pr. a) einer Apsaras. — b) einer Jakshiṇî. — c) verschiedener Frauen.

सुलोम 1) Adj. (f. आ) *schöne Haare am Körper habend, aus schönen Haaren am K. bestehend.* — 2) *f. आ Bez. *zweier Pflanzen,* = ताम्रवल्ली und मांसरोहिणी.

सुलोमधि m. N. pr. eines Fürsten. v. l.

*सुलोमन् Adj. = सुलोम 1).

*सुलोमशा f. *Leea hirta.*

°सुलोल Adj. *sehr verlangend nach* Git. 5,11.

*सुलोहक m. n. *gelbes Messing.*

सुलोहित 1) Adj. *ganz roth.* — 2) f. आ *eine der sieben Zungen* Agni's Gṛhjâs. 1,14.

*सुलोहिन् m. N. pr. eines Mannes.

सुल्हण m. N. pr. eines Scholiasten.

सुल्हाविहार m. N. pr. eines *Klosters.*

सुल्हण m. N. pr. eines Dichters.

सुल्क्षी f. N. pr. einer Oertlichkeit.

सुवश m. N. pr. eines Sohnes des Vasudeva.

सुवंशघोष Adj. *einen schönen Flötenton habend.*

*सुवंशेतु m. *eine Art Zuckerrohr.*

1. सुवक्त्र n. *ein schöner Mund.*

2. सुवक्त्र 1) Adj. a) *einen schönen Mund habend* (Çiva). — b) *ein gutes Organ habend* Mâṇḍ. Çikshâ 1,6. 15,5. — 2) m. a) **eine best. Pflanze,* = सुमुख. — b) N. pr. α) eines Wesens im Gefolge Skanda's. — β) eines Sohnes des Dantavaktra.

*सुवक्षस् 1) Adj. *eine schöne Brust habend.* — 2) m. N. pr. eines Mannes.

सुवच 1) Adj. *leicht zu sagen* Comm. zu Njâjas. 1,1,13. — 2) f. आ N. pr. einer Gandharva-Jungfrau (*schön redend*) Kâraṇḍ. 5,18.

1. सुवचन n. *Beredsamkeit.*

2. *सुवचन 1) Adj. *schön redend.* — 2) f. ई N. pr. einer Göttin.

*सुवचस् Adj. *beredt.*

सुवचस्या f. *ein schöner Spruch.*

सुवज्र Adj. *mit einer guten Keule —, mit einem guten Donnerkeil versehen.*

सुवज्रिन् Adj. dass. Lâṭj. 7,10,12.

सुवत्सा f. N. pr. einer Dikkumârî Pârçvan. 3,73.

सुवदन 1) Adj. (f. आ) *ein schönes Gesicht habend.* — 2) *m. *eine best. Pflanze,* = सुमुख. — 3) f. आ a) *eine Schöne.* — b) *ein best. Metrum.* — c) ein Frauenname Veṇîs. 24,10.

सुवन 1) *m. a) *die Sonne.* — b) *der Mond.* — c) *Feuer.* — 2) n. in पुंसुवन und सुपर्णसुवन.

सुवपुस् f. N. pr. einer Apsaras VP.[2] 2,81.

*सुवयस् f. *Hermaphrodit.*

सुवर् Indecl. = 3. स्वर् Âpast.

सुवरत्र Adj. *mit guten Riemen versehen.*

सुवरूथ Adj. *mit einem guten Schutz versehen* (Wagen) R. 6,31,30.

सुवरूथिन् Adj. dass. R. 6,86,4.

सुवर्ग = स्वर्ग.

सुवर्गकाम Adj. = स्वर्गकाम TS. 2,3,4,1.

सुवर्गेय (TS. 4,1,4,1) und सुवर्ग्य Adj. = स्वर्ग्य.

सुवर्चक 1) m. a) *Natrum. — b) N. pr. eines Mannes. — 2) f. °र्चिका a) *Natrum.* — b) **eine best. Pflanze.* Vgl. सुवर्चिका.

सुवर्चना f. Mârk. P. 52,9 fehlerhaft für सुवर्चला 2) b) α).

सुवर्चल 1) *m. N. pr. einer Gegend. — 2) f. आ a) *Raute, Ruta graveolens* Vasishṭha 27,11 (mit dem Beisatz ब्राह्मी und *ein Decoct davon*). Nach Andern *Hanf, Polanisia icosandra;* nach Dârila zu Kauç. 36,12 = त्रिसंध्या. — b) N. pr. α) der Gattin des Sonnengottes, auch Çiva's in seiner Manifestation als Sonne. — β) der Mutter und der Gattin Pratîha's.

सुवर्चस् 1) Adj. *voll Lebenskraft, feurig, blühend.* — 2) m. N. pr. a) eines Sohnes des Garuḍa. — b) eines Wesens im Gefolge Skanda's. — c) eines Sohnes verschiedener Manu, des Dhṛtarâshṭra, des Khanînetra und anderer Personen.

सुवर्चस Adj. = सुवर्चस् 1) und *glänzend.*

सुवर्चसिन् 1) Adj. dass. (Çiva). — 2) *m. *Natrum*

oder *Alkali*.

सुवर्चस्क Adj. *schön glänzend* HARIV. 13930.

सुवर्ज्जन Adj. *im Himmel entstanden* (nach dem Comm.) TBR. 1,4,8,1. 2,6,3,4.

सुवर्जिका f. *eine best. Pflanze* ÇARAKA 6,17. Vgl. सुवर्चक 2) *b*).

सुवार्जित् Adj. = स्वर्जित् TS. 4,1,2,3.

सुवर्ण 1) Adj. (f. आ) *a*) *schönfarbig, schön aussehend*, insbes. *von schimmernder Farbe, goldig* HEMÂDRI 1,422,7. 9. — *b*) *golden*. — *c*) *zu einer guten Kaste gehörig*. — 2) m. *a*) **eine Art Bdellium*. — *b*) ** Stechapfel*. — *c*) *ein best. Metrum*. — *d*) N. pr. α) eines Devagandharva. — β) Pl. einer Klasse von Göttern unter dem 12ten Manu. — γ) eines Büssers. — δ) eines Rathgebers des Daçaratha und anderer Personen. — 3) m. n. (seltener) *a*) *ein best. Gewicht, ein* Karsha *Gold* HEMÂDRI 1,436,12. 572,14. fgg. — *b*) ** eine best. Knolle*, = सुवर्णालु. — *c*) ** eine Art Aloe*. — *d*) ** eine Art Opfer*. — 4) f. सुवर्णा *a*) ** Gelbwurz*. — *b*) ** Sida rhomboidea* oder *cordifolia*. — *c*) * = स्वर्णक्षीरी. — *d*) N. pr. einer Tochter Ikshvâku's. — 4) * f. सुवर्णा *Salvinia cucullata*. Richtig सुवर्णा. — 5) n. *a*) *Gold, Reichthum*. — *b*) ** Geld*. — *c*) ** eine Art Sandel*. — *d*) ** die Blüthe von Mesua Roxburghii*. — *e*) ** eine best. Gemüsepflanze*, = गौरसुवर्ण. — *f*) ** rother Ocker*. Vgl. सुवर्णगैरिक. — *g*) *richtige Aussprache der Laute*. — *h*) N. pr. α) eines Tîrtha. — β) einer Welt.

सुवर्णक 1) * m. *Cathartocarpus fistula*. — 2) am Ende eines adj. Comp. *ein* Karsha *Gold*. — 3) n. *a*) *Gold*. — *b*) ** gelbes Messing*. — *c*) ** Blei*. — 4) m. oder n. *eine best. Pflanze*. v. l. सुवर्णक्षीरी.

*सुवर्णकण oder *°गुग्गुलु m. *eine Art Bdellium*.

*सुवर्णकदली f. *eine Art Musa*.

सुवर्णकर्तृ m. *Goldschmied*.

सुवर्णकार m. dass. VÂSAV. 284,4.

सुवर्णकेतकी f. *eine best. Pflanze* oder *eine* Ketakî *von Gold*.

*सुवर्णकेश m. N. pr. eines Schlangendämons.

सुवर्णक्षीरी f. *eine best. Pflanze*.

सुवर्णगणित n. *Berechnung des Gewichts und des Gehalts von Gold*.

*सुवर्णगर्भ m. N. pr. eines Bodhisattva.

*सुवर्णगिरि m. N. pr. eines *Berges*.

*सुवर्णगैरिक n. *rother Ocker* RÂGAN. 13,61.

*सुवर्णगोत्र n. N. pr. eines Reiches.

*सुवर्णचक्रवर्तिन् m. *ein Fürst, der ein goldenes Rad in Bewegung setzt*.

सुवर्णचम्पक m. *goldgelb blühender* Kampaka.

सुवर्णचूड m. N. pr. eines Sohnes des Garuḍa.

सुवर्णचूल m. *ein best. Vogel*.

सुवर्णजीविक m. *eine best. Mischlingskaste*.

सुवर्णज्योतिस् Adj. *Goldglanz habend*.

सुवर्णताल m. *eine Weinpalme von Gold*.

सुवर्णद्वीप m. n. *Goldinsel*, wohl *Sumatra*.

सुवर्णधेनु f. *eine Kuh von Gold*. °दानविधि Verz. d. Oxf. H. 35,*a*,33.

*सुवर्णनकुली f. *eine best. Pflanze*.

सुवर्णनाभ 1) Adj. *mit goldener Mitte* (ein Gefäss) ÂPAST. 2,19,4. VISHṆUS. 90,1. — 2) m. N. pr. eines Autors.

सुवर्णनाभि m. oder f. *ein Nabel von Gold* VISHṆUS. 87,3.

सुवर्णपक्ष Adj. *goldgeflügelt*.

सुवर्णपत्त्र m. *ein best. Vogel*.

सुवर्णपद्म n. 1) *eine goldfarbige Lotusblüthe*. — 2) *eine Lotusblüthe von Gold*. °दान n. BURNELL, T.

सुवर्णपार्श्व N. pr. einer Oertlichkeit.

सुवर्णपालिका f. *eine Art Geschirr aus Gold*.

सुवर्णपुर n. N. pr. einer mythischen *Stadt*.

सुवर्णपुष्प 1) Adj. (f. आ) *Gold zu Blüthen habend*. — 2) m. *Kugelamaranth*. n. *die Blüthe*. — 3) f. आ und ई *eine best. Pflanze*.

सुवर्णपृष्ठ Adj. *von Aussen mit Gold belegt, vergoldet* MBH. 4,31,15.

सुवर्णप्रभास 1) m. *a*) *N. pr. eines Jaksha. — *b*) Titel eines buddh. Sûtra. — 2) f. आ N. pr. der Gattin des Schlangendämons Kâlika LALIT. 355,7.8.

सुवर्णप्रसर n. *die wohlriechende Rinde von Feronia elephantum*.

*सुवर्णफला f. *eine Art Musa*.

*सुवर्णबलज anzunehmen für सौवर्ण°.

सुवर्णबिन्दु 1) * m. Bein. Vishṇu's. — 2) N. pr. eines best. Heiligthums.

सुवर्णभुजेन्द्र m. N. pr. eines Fürsten.

सुवर्णभू f. *Goldland*, Bez. eines nach NO verlegten Landes.

सुवर्णभूमि f. = सुवर्णद्वीप GÂTAKAM. 14.

सुवर्णमय Adj. (f. ई) *aus Gold gemacht, — bestehend*.

*सुवर्णमाक्षिक n. etwa *Schwefelkies* BHÂVAPR. 1, 256,20.

सुवर्णमालिका f. N. pr. einer Göttin.

सुवर्णमाष m. und °क *ein best. Gewicht*, = 5 Kṛshṇala oder 12 Dhânjamâsha.

सुवर्णमुखरी f. N. pr. eines Flusses. °माहात्म्य n. BURNELL, T.

सुवर्णमेखला f. N. pr. einer Apsaras KÂRAṆḌ. 3,9.

सुवर्णमेदिनी f. *die Erde in Gold dargestellt*. °दान n. Verz. d. Oxf. H. 45,*a*,24.

*सुवर्णमोचा f. *eine Art Musa*.

*सुवर्णयूथिका und *°यूथी f. *eine Art Jasmin* RÂGAN. 10,98.

सुवर्णरजत 1) Adj. (f. आ) *von Gold und Silber* ÇAT. BR. 12,8,3,11. TBR. 1,5,10,1. — 2) n. Pl. *Gold und Silber* R. 2,32,14.

सुवर्णरत्नाकरच्छत्त्रकूट und °च्छत्त्रकेतु m. N. pr. eines zukünftigen Buddha.

*सुवर्णरम्भा f. *eine Art Musa*.

सुवर्णरूप्यक m. N. pr. einer Insel.

सुवर्णरूप्यमय Adj. *golden und silbern* KÂRAṆḌ. 7,10. 64,15.

सुवर्णरेख N. pr. 1) m. eines Autors. — 2) f. आ eines Flusses.

सुवर्णरेतस् Adj. *dessen Same Gold ist* (Çiva).

सुवर्णरेतस m. N. pr. eines Mannes. Pl. *seine Nachkommen*.

सुवर्णरोमन् m. 1) *Widder*. — 2) N. pr. eines Sohnes des Mahâroman.

*सुवर्णलता f. *Cardiospermum Halicacabum*.

सुवर्णलेखा f. *Goldstrich* (auf dem Probirstein) VÂSAV. 284,4. 5.

*सुवर्णवणिज् m. *Goldhändler* (*eine best. Mischlingskaste*).

सुवर्णवत्ता f. Nom. abstr. zu सुवर्णवत् 1).

सुवर्णवत् 1) Adj. *Gold enthaltend* und *mit einer richtigen Aussprache der Laute versehen*. — 2) f. °वती N. pr. *a*) verschiedener *Gold führender* Flüsse. — *b*) einer Stadt in Dakshiṇâpatha.

सुवर्णवर्ण 1) Adj. *goldfarbig* (Vishṇu). — 2) * f. आ *Gelbwurz*.

सुवर्णवर्ष m. N. pr. eines Fürsten B. A. J. 4,113. Ind. Antiq. 12,165.

सुवर्णविजय m. Titel eines Kâvja OPP. Cat. 1.

सुवर्णशिरस् Adj. *einen Kopf von Gold habend*.

सुवर्णशिलेश्वरतीर्थ n. N. pr. eines Tîrtha.

सुवर्णशेखर n. N. pr. einer Stadt VṚSHABH. 257,*b*,8.

सुवर्णष्ठीवि und °न् m. N. pr. eines Sohnes des Sṛngaja.

*सुवर्णस Adj. von सुवर्ण.

सुवर्णसानूर N. pr. einer Oertlichkeit.

सुवर्णसिद्ध m. *Goldzauberer*.

सुवर्णसूत्र n. *eine goldene Schnur, — Kette*.

सुवर्णस्थान n. N. pr. einer Oertlichkeit. °माहात्म्य n. BURNELL, T.

*सुवर्णाह्लि m. *ein best. Baum* ÇÂÇVATA 74. ZACH. Beitr. 89.

सुवर्णाकर्षणभैरवस्तोत्र n. Titel eines Stotra BURNELL, T.

सुवर्णाख्य 1) Adj. Suvarṇa genannt. — 2) *m. *Mesua Roxburghii.*

सुवर्णाभ m. 1) **Lapis lazuli.* — 2) N. pr. eines Sohnes des Çaṅkhapada.

*सुवर्णार m. *Bauhinia variegata* Râǵan. 10,24.

सुवर्णालंकारवत् Adj. *mit einem goldenen Schmuck versehen* Hemâdri 1,640,16.

*सुवर्णालु m. *eine best. Pflanze* Zach. Beitr. 87.

सुवर्णावभासा f. N. pr. einer Gandharva-Jungfrau Kâraṇḍ. 5,17.

*सुवर्णाह्वा f. *gelber Jasmin.*

सुवर्णिन् Adj. s. मणिरत्न° Nachtr. 7.

1. *सुवर्णी f. s. u. सुवर्ण.

2. सुवर्णी Adv. mit भू *zu Gold werden.*

*सुवर्णीय Adj. von सुवर्ण.

*सुवर्ण्य Adj. = सुवर्णमर्हति.

सुवर्तित Adj. 1) *gut gedreht, hübsch rund gemacht* R. Gorr. 1,9,37. — 2) *gut hergerichtet* MBh. 13,50,17.

*सुवर्तुल m. 1) *Wassermelone.* — 2) *Gardenia enneandra.*

1. सुवर्त्मन् n. *der richtige Weg.*

2. सुवर्त्मन् Adj. *einen richtigen Stand habend.*

*सुवर्धयितर् Nom. ag. als Erklärung von सुवृध्.

सुवर्धामन् Adj. *im Licht heimisch* TS 1,3,3,1.

1. सुवर्मन् n. *eine gute Rüstung.*

2. सुवर्मन् m. N. pr. eines Sohnes des Dhṛtarâshṭra und anderer Personen VP.² 4,96. 143.

सुवर्वत् Adj. = स्वर्वत्.

सुवर्विद् Adj. = स्वर्विद्.

1. सुवर्ष m. *ein guter Regen.*

2. सुवर्ष 1) Adj. (f. आ) *gut regnend.* — 2) *m. N. pr. eines Lehrers. Pl. *seine Schule.*

*सुवर्षक m. Pl. = 2. सुवर्ष 2).

*सुवल्ग Adj. *schön hüpfend* u. s. w.

*सुवल्लरी f. *eine best. Schlingpflanze.*

*सुवल्लि f. 1) *Vernonia anthelminthica.* Auch सुवल्ली. — 2) सुवल्ली *eine best. Pflanze,* = कटुकी.

*सुवल्लिका f. 1) *Vernonia anthelminthica.* — 2) *eine roth färbende Oldenlandia.*

*सुवल्लिज n. *Knolle.*

सुवश m. N. pr. eines Mannes VP². 4,100.

सुवश्य Adj. *leicht im Gehorsam zu halten* R. ed. Bomb. 4,24,20.

*सुवस् Adj. Vop. 3,156.

1. सुवसन Adj. (f. आ) 1) *schön gekleidet.* — 2) *schön kleidend.*

2. सुवसन n. 1) *eine gute Wohnstatt* ṚV. 6,51,4. — 2) N. pr. einer Oertlichkeit.

सुवसन्त m. 1) *ein guter Frühling.* — 2) *das *Fest des Liebesgottes am Vollmondstage im Monat Ḱaitra.*

सुवसन्तक m. = सुवसन्त 2).

*सुवसु (?) f. N. pr. einer Apsaras.

सुवस्ति Çatr. 14,233 vielleicht fehlerhaft für सुवस्त्र (सुवस्त्रा).

सुवस्तुसंपद् Adj. *reich an Glücksgütern* Daçak. 10, 3.

सुवस्त्र 1) Adj. (f. आ) *schön gekleidet* MBh. 13, 68,32. — 2) f. आ N. pr. eines Flusses VP² 2,149.

सुवह् (stark सुवाह्) Adj. *gut ziehend* (Stier) Hemâdri 1,483,5.

सुवह 1) *Adj. *a) gut ziehend, — fahrend.* — *b) leicht zu ziehen, — fahren.* — 2) m. *ein best. Wind.* — 3) *Bez. verschiedener Pflanzen.* Nach den Lexicographen *Vitex Negundo, Cissus pedata, Boswellia thurifera, Mimosa octandra, Ipomoea Turpethum, Curculigo orchioides,* = रास्ना, गन्धनाकुली, रुद्रजटा, हंसपदी und *Kardamomen.*

सुवह्नि Adj. *gutes Gespann habend.*

सुवह्मन् Adj. *gut fahrend, ein guter Fuhrmann.*

सुवाक Adj. *wohl redend, eine schöne Rede führend.*

सुवाग्मिन् Adj. *sehr beredt* R. 1,13,21.

सुवाच् 1) Adj. *wohl redend, eine schöne Rede führend.* — *b) erwähnenswerth.* — 2) m. N. pr. eines himmlischen Soma-Wächters Maitr. S. 1,2,5 (14, 11). 3,7,7 (84,16). 8,10 (109,10). v. l. स्वान. — *b)* eines Brahmanen. — *c)* eines Sohnes des Dhṛtarâshṭra.

सुवाचस् Adj. = सुवाच् 1) *a).*

सुवाजिन् Adj. *mit schönen Federn versehen* (Pfeil).

सुवाजिवापु Adj. m. N. pr. eines Autors.

*सुवाता (?) f. N. pr. einer Apsaras.

सुवात्र, वात्रं सुवात्रम् Name eines Sâman.

सुवादित्र m. Pl. *schöne Musik* Hariv. 7018.

सुवान्त Adj. (f. आ) *der gehörig vomirt hat* 218,8 (von einem Blutegel, *der alles Blut wieder von sich gegeben hat*).

सुवामा f. N. pr. eines Flusses.

सुवार्त्ता f. N. pr. einer Gattin Kṛshṇa's Hariv. 2,98,53.

सुवाल Adj. *mit schönen Schweifhaaren versehen* (Elephant) Varâh. Bṛh. S. 67,7.

सुवालधि Adj. (f. *eben so*) *einen schönen Schweif habend* (Kuh) MBh. 1,175,14.

सुवालधिखुर Adj. (f. आ) *mit schönem Schweife und schönen Hufen versehen* (Kuh) MBh. 1,99,15.

*सुवालुका f. *Hoya viridiflora.*

सुवास n. *ein best. Metrum.*

सुवासकुमार und °क m. N. pr. eines Sohnes des Kaçjapa.

सुवासन m. Pl. N. pr. einer Gruppe von Göttern unter dem 10ten Manu.

*सुवासरा f. *Kresse* Bhâvapr. 1,167.

सुवासस् Adj. 1) *schön gekleidet, schön geputzt* Hemâdri 1,590,20 (Pferd). — 2) *mit schönen Federn versehen* (Pfeil).

सुवासित Adj. *wohlriechend gemacht, wohlriechend.*

सुवासिनी f. *eine halb erwachsene, noch im Hause des Vaters weilende verheirathete oder unverheirathete Tochter* Gaut. VP. 3,11,68. Bâlar. 167,5. 191,9. Hem. Par. 2,151. Richtiger स्ववासिनी; vgl. auch सीवासिनी.

सुवास्तु f. N. pr. eines Flusses (*Suwad*). Auch Bez. *der Anwohner.*

सुवास्तुक m. N. pr. eines Fürsten.

सुवाह् 1) Adj. *leicht zu tragen, schöne Pferde habend* und *schönarmig* (vgl. बाहु) Vâsav. 146,2. — 2) m. *a) ein guter Beschäler* ebend. — *b)* N. pr. eines Wesens im Gefolge Skanda's.

सुवाह्न m. N. pr. eines Muni.

सुविक्रम 1) Adj. *a) einen schönen Gang habend.* — *b) überaus muthig, — energisch.* — 2) m. N. pr. eines Sohnes des Vatsapri.

सुविक्रान्त 1) Adj. *muthig.* — 2) n. *muthiges Auftreten.*

*सुविक्रान्तविक्रमणपरिपृच्छा f. Titel eines buddh. Werkes.

सुविक्रान्तविक्रमिन् (°क्रामिन् bei Kern) m. N. pr. eines Mannes Saddh. P.

सुविक्लव Adj. *überaus kleinmüthig, — unentschlossen* MBh. 13,148,36.

सुविगुण Adj. *aller Vorzüge ermangelnd, sehr schlecht* MBh. 4,50,7.

सुविग्रह 1) Adj. *einen schönen Körper habend, schön gebaut.* v. l. स्ववग्रह. — 2) m. ein Botenname.

सुविचक्षण Adj. *sehr einsichtig, — klug, — erfahren.*

सुविचार m. N. pr. verschiedener Männer Ind. St. 15,239.

सुविचारित Adj. *wohl erwogen* Spr. 7122.

सुविचित Adj. 1) *gut durchsucht* R. ed. Bomb. 3, 61,26. — 2) *wohl geprüft* Âpast. 2,11,3. Âpast. Çr. 12,8,14.

सुविज्ञान Adj. 1) *leicht unterscheidbar.* — 2) *ein richtiges Urtheil habend, die Menschen gut kennend* Spr. 4422.

सुविज्ञापक Adj. *leicht zu unterweisen* Lalit. 523,15. 524,5. 525,7.

सुविज्ञेय Adj. *leicht erkennbar.*

सुवित॑ 1) Adj. *a) gangbar. — b) glücklich fahrend.* — 2) n. *a) guter Fortgang, glückliche Fahrt. — b) Wohlergehen, angenehme Verhältnisse, Glück.* Auch Pl.

सुवितत Adj. *wohl ausgebreitet* (Netz).

सुवितल m. *eine Form* Vishṇu's.

1. सुवित्त॑ n. *eine reichliche Habe.*

2. सुवित्त Adj. *reich.*

सुवित्ति m. N. pr. eines göttlichen Wesens.

सुवित्रस्त Adj. *sehr erschrocken* R. ed. Bomb. 4,19,8.

1.*सुविद् m. *ein* Gina Gal.

2. सुविद् 1) Adj. *wohl verschaffend* in विश्वसुवि॑द्. — 2) *f. *ein vorzügliches Weib.*

*सुविद m. 1) *Haremswächter.* — 2) *Fürst, König.* — 3) *ein best. Baum,* = तिलक.

सुविदग्ध Adj. *sehr verschmitzt, — verschlagen.*

*सुविदत् m. *Fürst, König.* Ein erfundenes Wort.

सुविद॑त्र 1) Adj. *wohl Acht habend, wohlwollend, gnädig.* — 2) n. *a) Gunst, Wohlwollen. — b) * Habe, Gut. — c) * Hausgesinde, Familie.*

सुविदत्त्रि॑य Adj. = सुविद॑त्र 1).

सुविदर्भ m. Pl. N. pr. eines Volkes VP². 4,121.

*सुविदल्ल 1) n. *Gynaeceum.* — 2) f. आ *eine verheirathete Frau.* — Ein zur Erklärung von सौविदल्ल erfundenes Wort.

सु॑विदित Adj. *wohl bekannt, — erkannt.*

सुविदीर्ण n. etwa *ein ordentliches Gemetzel.*

सुविद्ध Adj. *richtig geschlagen* (Ader).

सुविद्या f. *gutes Wissen.*

सुविद्युत् m. N. pr. eines Asura.

सुविद्वंस् Adj. *wohl kundig.*

सुविध Adj. *von guter Art.*

1. सुविधान n. *gute Ordnung.* °तस् Adv. *in gehöriger Ordnung, wie es sich gebührt* Kâm. Nîtis. 13,76.

2.*सुविधान Adj. *gut vollbracht.*

सुविधि m. 1) *eine gute, angemessene Weise.* Instr. so v. a. *in angemessener Weise.* — 2) N. pr. eines Arhant bei den Gaina.

सुविनय Adj. *gut erzogen* Lalit. 524,14. 15.

सुविनष्ट Adj. *ganz geschwunden* (°संज्ञ Adj. R. ed. Bomb. 2,34,60), — *heruntergekommen, — abgemagert* (ebend. 4,30,44).

सुविनिर्मल Adj. *überaus rein, — lauter* (Gesinnung) Hariv. 15468.

सुविनिश्चय m. *eine ganz feste Entscheidung, ein ganz fester Entschluss* R. 5,81,18.

सुविनिश्चित Adj. *vollkommen von Etwas überzeugt* Saddh. P., Uebers. 193. Sitzungsberichte d. K. Pr. Ak. d. Ww. 1884, S. 81 (5 des Separatabdrucks).

सुविनीत 1) Adj. (f. आ) *a) wohlgezogen, gut dressirt* (Pferde) Gâtakam. 9. — *b) bescheiden, sittsam. — c) gut ausgeführt* MBh. 4,26,10. 13,37,18. — 2) *f. आ *eine wohlgezogene —, fügsame Frau.*

सुविनेय Adj. *leicht zu erziehen* Lalit. 523,15.

सुविन्यस्त Adj. *hübsch ausgebreitet* R. 5,13,37.

सुविपिन Adj. (f. आ) *sehr waldreich* MBh. 3, 282,39.

सुविपुल Adj. (f. आ) *sehr gross, — bedeutend, — viel* u. s. w. 86,25. MBh. 1,135,2. 3,61,6.

सु॑विप्र Adj. *wohl unterrichtet* (als Theolog).

सुविभक्त Adj. 1) *gut von einander geschieden* (Bhâg. P. 5,16,6), *richtig —, glatt getrennt* (Wunde oder Schnitt Suçr. 1,15,10. 12). — 2) *mit Linien regelmässig bezogen, gut eingetheilt* Hariv. 9288. R. 3,61,7. — 3) *gut vertheilt,* so v. a. *durchaus regelmässig, — proportionirt* Hemâdri 1,593,1.

सुविभक्तता f. *schöne Vertheilung, vollkommenes Ebenmaass* Suçr. 2,139,4.

सुविभात Adj. *schön an's Tageslicht gekommen, — klar geworden.*

सुविभीषण Adj. *in grosse Furcht versetzend.*

सुविभु m. N. pr. eines Sohnes des Vibhu.

सुविभूषित Adj. (f. आ) *schön geschmückt* Vishṇus. 99,21. Hariv. 4645. R. 2,39,18.

सुविमल Adj. (f. आ) *ganz rein, — klar* Suçr. 1, 188,3. Spr. 2468.

सुविमुच् f. *richtige Lösung* Kâtj. Çr. 2,2,23 = Âpast. Çr. 3,13,1.

सुविरक्त Adj. *von allen Leidenschaften vollkommen befreit* Bhâg. P. 3,28,12.

सुविरूढ Adj. 1) *gut ausgewachsen* Bhag. 15,3. — 2) *gut geritten* MBh. 7,87,19.

*सुविलय Adj. Pat. zu P. 6,1,50, Vârtt. 2.

सुविवक्तर् Nom. ag. *ein guter Interpret* Comm. in der Einl. zu Âpast. Çr. Çl. 5.

सुविविक्त Adj. 1) *ganz abgesondert, — einsam.* — 2) *gut entschieden, — beantwortet.*

सुविवृत्त॑ Adj. *leicht sich öffnend.*

सुविशद Adj. *sehr deutlich, — vernehmlich, — verständlich* Mârk. 48,22. Verz. d. Oxf. H. 161,b,35.

सुविशारद Adj. (f. आ) *sehr kundig, — erfahren* Bhâg. P. 11,7,26.

सुविशाल 1) Adj. *sehr umfangreich, — gross.* °शालाक्ष Adj. MBh. 5,151,28. — 2) m. N. pr. eines Asura. — 3) f. आ N. pr. einer der Mutter im Gefolge Skanda's.

सुविशिष्ट Adj. *ganz ausgezeichnet, — vorzüglich* Hemâdri 1,634,16.

सुविशुद्ध 1) Adj. *ganz rein, — lauter.* — 2) m. N. pr. einer buddh. Welt.

सुविशोधक Adj. *leicht zu bessern* (Schüler) Lalit. 523,15. 524,5. 525,7.

सुविश्रब्धम् Adv. *ganz getrost, ohne alle Sorgen* R. 6,86,16.

सुविश्वस्त Adj. *voller Vertrauen, ganz unbesorgt.*

सुविषण्ण Adj. *ganz bestürzt, — verzagt.*

सुविषाण Adj. *grosse Fangzähne habend* (Elephant) MBh. 12,117,2.

सुविष्टम्भिन् Adj. *wohl stützend* (Çiva).

सुविष्ठित Adj. *schön dastehend* R. 5,12,31.

*सुविष्णु m. N. pr. eines Mannes.

1. सुविस्तर m. 1) *grosse Ausdehnnng, grosser Umfang.* Acc. mit या so v. a. *sich füllen* (von einer Schatzkammer) 165,31. — 2) *grosse Ausführlichkeit.* Abl. *ganz ausführlich.*

2. सुविस्तर Adj. (f. आ) 1) *sehr umfänglich, — ausgedehnt, — gross.* — 2) *sehr ausführlich.* °म् Adv. — 3) *überaus intensiv, — mächtig, — stark, — innig.* °म् Adv. *auf das heftigste.*

सुविस्तीर्ण Adj. *weit ausgebreitet, sehr umfangreich, sehr gross* R. 1,45,7. Spr. 1489. Hit. 79,13. °म् Adv. *sehr ausführlich.*

सुविस्पष्ट Adj. *ganz offenbar, deutlich zu erkennen.*

सुविस्मय Adj. (f. आ) *sehr erstaunt, — überrascht* Kathâs. 43,174.

सुविस्मित Adj. 1) dass. — 2) *worüber man sehr erstaunt, sehr wunderbar* Bhâg. P. 5,18,4. Compar. °तर R. 3,35,32.

सुविहित Adj. 1) *gut vollbracht, — ausgeführt.* — 2) *wohl ausgestattet mit* (Instr.). Ohne Ergänzung *mit Allem reichlich versehen.*

सुविह्वल Adj. (f. आ) *sehr erschöpft, — mitgenommen, — verwirrt.*

सुवीथीपथ m. *ein best. Eingang in einem Palast* Harshak. 121,11 (335,7).

सुवी॑र 1) Adj. (f. आ) *a) männlich, heldenhaft, kriegerisch;* m. *Held. — b) männerreich, heldenreich, aus Männern bestehend, tüchtige Männer habend, Helden beherbergend.* — 2) m. *a) * Judendorn. — b) * ein best. Baum,* = एकवीर. — *c)* N. pr. *α)* Pl. eines Volkes; Sg. des von ihm bewohnten Landes. — *β)* verschiedener Fürsten. — 3) *n. *Schwefelantimon.*

सुवीरक 1) *m. *Helminthostachys laciniata.* —

2) n. *Schwefelantimon.*

*सुवीरज n. *Schwefelantimon* Râǵan. 13,87.

सुवीरता f. *das Gedeihen tüchtiger Männer.*

*सुवीराम्ल n. *saurer Reisschleim.*

1. सुवीर्य, सुवीरिय n. 1) *Mannhaftigkeit, Manneskraft, Heldenhaftigkeit;* Pl. *Heldenthaten.* — 2) *Reichthum an tüchtigen Männern, Vereinigung Tapferer, Heldenschaar.* — AV. 7,97,6 fehlerhaft für सुवीर.

2. सुवीर्य 1) Adj. *sehr wirksam.* — 2) *f. आ a) *eine best. Pflanze.* — b) *das Harz der Gardenia gummifera.* — 3) *n. *die Beere vom Judendorn.*

1. सुवृक्ति f. *treffliches Lob, schöner Preis, Hymnus.* Instr. सुवृक्ती am Ende einer Verszeile.

2. सुवृक्ति 1) Adj. *trefflich lobsingend.* — 2) etwa *Lob habend,* so v. a. *löblich, gepriesen.*

सुवृक्ष m. *ein schöner Baum.*

सुवृजन Adj. (f. आ) *in schönen Ortschaften lebend.*

सुवृत् Adj. *sich gut drehend,* d. h. *gut laufend,* εὔτροχος.

सुवृत्त 1) Adj. (f. आ) a) *schön rund.* — b) *von gutem Betragen, wohl gesittet* (insbes. von Frauen). — c) *in einem schönen Metrum verfasst.* — 2) *m. *Arum.* — 3) f. आ a) **eine Traubenart.* — b) * = शतपत्त्री. — c) *ein best. Metrum.* — d) N. pr. α) einer Apsaras. — β) einer Frau Daçak. 10,1. — 3) n. a) *Wohlergehen.* — b) *gutes Betragen, guter Lebenswandel.*

सुवृत्तता f. Nom. abstr. zu सुवृत्त 1) a) b).

सुवृत्ततिलक Titel eines Werkes Bühler, Rep. No. 270.

सुवृत्ति f. *eine gute Lebensweise, gutes Betragen.*

सुवृद्ध 1) Adj. *sehr alt* (Geschlecht) Spr. 4821. — 2) m. N. pr. des Weltelephanten des Südens Garga in J. R. A. S. 1871, S. 274.

सुवृध् Adj. *fröhlich, freudig.*

सुवृध Adj. *gut heranwachsend, gedeihlich.*

सुवृश्च Adj. Vop. 3,148.

सुवृषभ m. *ein guter Stier.*

*सुवृषलीक Adj. Kâç. zu P. 6,2,173.

सुवृष्ट n. *ein guter, tüchtiger Regen* R. 6,109,60.

सुवृष्टि f. dass. Gâtakam. 36,41. Bhadrab. 3,86.

सुवेग 1) Adj. *sehr rasch laufend, — sich bewegend, — fliegend* Hemâdri 1,591,8. — 2) f. आ a) **Cardiospermum Halicacabum.* — b) N. pr. eines Geierweibchens Bâlar. 52,14. fgg.

सुवेगित Adj. (f. आ) = सुवेग 1) MBh. 6,3677. v. l. सुवेगिन्.

सुवेगिन् Adj. dass. MBh. 6,83,39.

सुवेण N. pr. 1) m. eines Mannes. Am Ende eines adj. Comp. f. आ. — 2) f. आ eines Flusses Hariv. 3,44,43.

सुवेतस m. *eine schöne Rohrpflanze* MBh. 3,17286.

1. सुवेद Adj. *gute theologische Kenntnisse besitzend.*

2. सुवेद Adj. *leicht zu erwerben, — finden* Gop. Br. 1,1,1.

सुवेदन Adj. (f. आ) dass.

सुवेदस् m. N. pr. eines Ṛshi.

सुवेन Adj. (f. ई) *sehnsüchtig, verlangend.*

सुवेम Adj. (f. आ) etwa *an einem schönen Webstuhl sitzend.*

सुवेल 1) *Adj. = प्रणत und शान्त. — 2) m. N. pr. eines Berges. Nach H. = त्रिकूट.

सुवेश und सुवेशता fehlerhafte Schreibart für सुवेष und सुवेषता.

1. सुवेष m. *eine schöne Tracht, ein schöner Anzug.*

2. सुवेष 1) Adj. (f. आ) *schön gekleidet, — aufgeputzt.* — 2) m. a) **eine Art Zuckerrohr.* — b) *ein best.* Agni (ein Sohn des Tapas).

सुवेषता f. Nom. abstr. zu 2. सुवेष 1).

सुवेषवन्त् Adj. = 2. सुवेष 1).

सुव्यक्त 1) Adj. a) *überaus hell, — klar.* — b) *ganz deutlich, — zu sehen* (Hem. Par. 2,453. Viddh. 30, 3), *ganz vernehmlich.* — 3) °म् Adv. *ganz offenbar,* so v. a. *sicherlich, gewiss* 86,3. R. 5,13,64.

सुव्यवस्थित Adj. *ganz fest stehend* R. 5,14,60. 81,5.

सुव्यस्त Adj. *stark auseinandergeworfen, — zerstreut* (ein Heer).

सुव्याहृत n. *ein schöner Ausspruch* MBh. 5, 168,24.

सुव्युष्ट Adj. (f. आ) *schön hell geworden* (Nacht) MBh. 4,16,1.

सुव्यूढमुखा und सुव्यूढा f. N. pr. zweier Apsaras Kâraṇḍ. 3,17. 9.

सुव्रत 1) Adj. (f. आ) a) *recht gebietend, — herrschend.* — b) *gute Gewohnheiten habend, seine Pflichten gewissenhaft erfüllend.* Häufig Voc. — c) *gutmüthig, fromm* (von Thieren) Hemâdri 1,459, 11. 14. 16. Hem. Par. 1,11. — 2) m. N. pr. a) eines Wesens im Gefolge Skanda's. — b) eines Praǵâpati. — c) eines Sohnes des Manu Raukja. — d) verschiedener anderer Männer. — 3) f. सुव्रता a) **eine best. wohlriechende Pflanze* Bhâvapr. 1,191. 3,97. — b) N. pr. α) einer Apsaras. — β) einer Tochter Daksha's VP.² 3,24. — γ) *der Mutter eines Arhant's der Ǵaina.

सुशंस Adj. *Gutes anwünschend, Glück wünschend, segnend.*

सुशंसिन् Adj. *Gutes sprechend.*

सुशक Adj. (f. आ) *leicht ausführbar.* Mit Infin. *leicht zu* Njâjam. S. 3, Z. 23.

1. सुशकुन n. *gutes Vogelwild* AV. 19,8,3.

2. सुशकुन Adj. (f. आ) *boni augurii* Bâlar. 166,14.16.

*सुशक्त Adj. *wohl im Stande seiend, — fähig.*

1. सुशक्ति f. *leichte Möglichkeit, eine leichte Sache.*

2.*सुशक्ति 1) Adj. = सुशक्त. — 2) m. N. pr. eines Mannes.

सुशठ Adj. *überaus falsch, — hinterlistig* Subhâshitâv. 759, v. l.

सुशफगतिमुख Adj. *dessen Hufe, Gang und Maul hübsch sind* Varâh. Bṛh. S. 66,1.

सुशब्दता f. = सौशब्द्य.

*सुशम m. N. pr. eines Mannes.

सुशमि und सुशमी Instr. Adv. *fleissig, sorgfältig.*

*सुशयिका f. Pat.

सुशर Adj. *leicht zerreissend.*

सुशरण Adj. *gern oder guten Schutz —, Zuflucht gewährend.*

सुशरण्य Adj. dass.

सुशरीर Adj. *einen schönen Körper habend, wohlgebildet.*

1. सुशर्मन् n. *eine gute Zuflucht.*

2. सुशर्मन् 1) Adj. a) = सुशरण. — b) Vâsav. 35,1 nach dem Comm. = अतिसुख. — 2) m. N. pr. a) Pl. einer Klasse von Göttern unter dem 13ten Manu. Nach H. zehn an der Zahl. — b) eines Asura. — c) eines Sohnes eines Manu, eines Fürsten und verschiedener anderer Personen Vâsav. 33,1.

*सुशल्य m. *Mimosa Catechu.*

*सुशवी f. = सुषवी.

सुशस्त Adj. *gut recitirt.* Superl. °तम.

1. सुशस्ति f. *eine schöne Recitation, ein guter Spruch.* सुशस्ती als Instr. am Ende eines Stollens.

2. सुशस्ति Adj. *preiswürdig.*

*सुशाक 1) m. *Abelmoschus esculentus,* = चञ्चु und तण्डुलीय. — 2) n. *frischer Ingwer.*

*सुशाकक n. *frischer Ingwer.*

सुशान्त 1) Adj. a) *ganz beruhigt, gelöscht.* — b) *ganz ruhig* (Wasser). — 2) f. आ N. pr. der Gattin Çaçidhvaǵa's.

1. सुशान्ति f. *vollkommene Ruhe, vollkommener Friede.*

2. सुशान्ति m. N. pr. 1) des Indra unter dem dritten Manu. — 2) eines Sohnes a) des Aǵamîḍha. — b) des Çânti.

सुशारद m. N. pr. eines Lehrers.

सुशासित Adj. (f. आ) *wohlgezogen* (Frau).

सुशास्य Adj. *leicht im Zaume zu halten, — zu*

regiren MBh. 12,267,18.

सुशिक्कन् Adj. fehlerhaft Maitr. S. 2,7,4 (78, 12). v. l. in anderen Saṁhitâ.

सुशिक्षित Adj. 1) *gut erlernt.* — 2) *gut unterrichtet, — abgerichtet* MBh. 8,38,10.

सुशिख 1) Adj. *a)* * *einen schönen Haarbusch* u. s. w. *habend.* — *b) hell flammend.* — 2) *m. *Feuer.* — 3) *f. आ vielleicht *Celosia cristata.*

सुशिखासमूह m. *Haupthaar.*

सुशिथिली Adv. mit कर् *stark lockern, — vermindern.*

सुशिप्र und सुशिप्रि (RV. 2,33,5. 3,30,3) Adj. *schönwangig,* auch wohl *schöne Kinnbergen habend.*

*सुशिम्बिका f. *eine best. Pflanze.*

सुशिरस् Adj. *ein schönes Haupt habend.*

सुशिल्पि Adj. (f. ई) *schön geziert, bunt.*

सुशिश्वि Adj. *schön heranwachsend.*

सुशिष्टि f. *gute Hülfe.*

सुशीघ्र° und °म् Adv. *sehr rasch.* °ग Adj. R. 1, 67,26.

सुशीत 1) Adj. *ganz abgekühlt, — kalt, recht kühl.* — 2) *m. *Ficus infectoria.* — 3) *f. आ *eine best. Blume,* = शतपत्री. — 4) *n. *gelber Sandel.*

सुशीतल 1) Adj. *schön —, recht kühl.* — 2) n. *a) Kälte* Spr. 1366. — *b)* * *weisser Sandel.* — *c)* * *ein best. wohlriechendes Gras.*

सुशीम Adj. 1) *worauf sich gut liegen* oder *sitzen lässt.* — 2) fehlerhaft für सुषीम und सुसीम.

सुशीमकाम Adj. (f. आ) 1) von unbekannter Bed. Kauç. 77. — 2) *sehr verliebt.*

1. सुशील n. *eine gute Gemüthsart.*

2. सुशील 1) Adj. *von guter Gemüthsart.* Spr. 7140 mit einer unbekannten Nebenbedeutung; vgl. सुशीलवत्. Nom. abstr. °ता f. Kâd. 2,55,4 (65,15). — 2) m. N. pr. verschiedener Personen. — 3) f. आ N. pr. *a)* einer Gattin Kṛshṇa's. — *b)* eines Wesens im Gefolge der Râdhâ. — *c)* *der Gattin Jama's. — *d)* einer Tochter Harisvâmin's.

सुशीलगुणवत् Adj. *von guter Gemüthsart und andere gute Eigenschaften besitzend* zu Spr. 2542.

सुशीलता f. Nom. abstr. zu 2. सुशील 1) Vet. (U.) 104.

सुशीलत्व n. desgl. Hemâdri 1,288,18. Kampaka 429.

सुशीलवत् Adj. = 2. सुशील 1) mit unbekannter Nebenbedeutung Mṛkkh. 174,7; vgl. Spr. 7140.

सुशीलान्तक m. N. pr. eines Polizeiministers Kautukar.

सुशीलिन् Adj. = 2. सुशील 1).

*सुशीविका f. *Yamswurzel.*

सुशुक्कन् und सुशुक्कनि Adj. *schön strahlend.*

सुशुद्ध Adj. *ganz rein, — lauter* Vishṇus. 99,18. Hemâdri 1,430,16.

सुशुभ Adj. 1) *sehr schmuck, — hübsch.* — 2) *viel Glück bringend, — verheissend.* — 3) *überaus gut, — edel* (Handlung).

सुशूलिनीदण्डक Titel Burnell, T.

सुशृङ्ग Adj. (f. ई) *schön gehörnt* Hemâdri 1,710,12.

सुशृत Adj. *gut gekocht.*

सुशेरु m. nach dem Comm. *Sand* oder *Gries von einer best. Art.*

सुशेव Adj. (f. आ) *sehr hold, zugethan, zärtlich; sehr lieb; sehr beglückend.*

सुशेवस् Adj. dass.

(सुशेव्य) सुशेविअ Adj. *zärtlich geliebt.*

सुशोक Adj. *schön strahlend.*

सुशोण Adj. *dunkelroth.*

*सुशोफ Adj. (f. आ) *stark geschwollen* Siddh. K. zu P. 4,1,51.

सुशोभन 1) Adj. (f. आ) *sehr schmuck, — schön, prächtig, ganz vorzüglich* MBh. 4,15,8. Hemâdri 1,170,3. 558,15.

सुशोभमान Adj. *sich gar schön ausnehmend* Mârk. P. 24,43.

सुशोभित Adj. *schön glänzend* Nârada 2,1,345 (S. 175). *schön geschmückt mit* (im Comp. vorangehend) Pańkar. 1,6,16.

सुशोषित Adj. *gut getrocknet.*

सुश्चन्द्र Adj. *schön schimmernd.*

सुश्रप Adj. *leicht gar zu kochen.* Compar. °तर.

सुश्रम m. N. pr. eines Sohnes des Dharma. v. l. सुश्रम.

सुश्रव 1) Adj. *hörenswerth.* — 2) f. आ N. pr. der Gattin Gajatsena's.

सुश्रवस् 1) Adj. *a) sehr berühmt.* — *b) gut —, gern hörend, erhörend.* Superl. सुश्रवस्तम. — 2) m. N. pr. *a)* eines Pragâpati. — *b)* eines Schlangendämons. — *c)* verschiedener Männer.

सुश्रवस्या f. *Bereitwilligkeit zum Erhören.*

सुश्रवोमत्त m. *ein best. Spruch* Saṁsk. K. 149,*b*, 6; vgl. 150,*a*,6.

सुश्रात Adj. *schön gekocht.*

सुश्रान्त Adj. *sehr ermüdet.*

सुश्री Adj. *prächtig, prunkend; reich.*

सुश्रीक 1) Adj. (f. आ) *prächtig, schön, hübsch.* — 2) *f. आ *der Weihrauchbaum.*

सुश्रुक् s. u. सुश्रुत् 1).

सुश्रुण Adj. *gute Erhörung findend.*

सुश्रुत् 1) Adj. *gut hörend.* Nomin. सुश्रुक् TBr. — 2) *m. N. pr. eines Mannes.

सुश्रुत 1) Adj. *a) berühmt.* — *b) gut —, richtig gehört* Naish. 4,116. — *c) gern —, mit Vergnügen gehört.* — 2) m. N. pr. *a)* eines berühmten medicinischen Autors, angeblich eines Sohnes des Viçvâmitra, Bâlar. 75,11. — *b)* eines Sohnes de Subhâsa. — *c)* eines Sohnes des Padmodbhava — 3) (wohl n.) Titel von Karaka's medic. Lehrbuche Naish. 4,116.

सुश्रुति f. *ein gutes Gehör.*

सुश्रम m. N. pr. eines Sohnes des Dharma. v. l. सुश्रम.

सुश्रोणा f. N. pr. eines Flusses Hariv. 3,44,45.

सुश्रोणि 1) Adj. (f. ई) καλλίπυγος. — 2) f. (ई) N. pr. einer Göttin.

सुश्रोतु Adj. *gern erhörend.*

सुश्लक्ष्ण Adj. (f. आ) *überaus schlüpfrig, — glatt, — weich, — zart.*

सुश्लिष्ट Adj. 1) *sehr fest aneinander geschlossen, — verbunden, sehr fest.* Acc. mit कर् *fest abschliessen.* चतुश्चरण° so v. a. *bei dem die vier Füsse ganz eingezogen sind* (Schildkröte). — 2) *sehr bündig, — überzeugend* (हेतु) Gâtakam. 23.

सुश्लिष्टगुण Adj. *mit festgeknüpftem Bande.* Nom. abstr. °ता f. Mâlatîm. 18,4.

1. सुश्लिष्टसंधि m. Pl. *sehr feste Gelenke* Varâh. Bṛh. 68,38.

2. सुश्लिष्टसंधि Adj. *sehr feste Gelenke habend.* Nom. abstr. °ता f. Varâh. Bṛh. S. 68,100.

सुश्लेष Adj. *mit schöner Umarmung —, mit schöner Verschmelzung der Worte* oder *mit der* श्लेष *genannten rhetorischen Figur verbunden* Vâsav. 184,5.

सुश्लोक Adj. (f. आ) 1) *wohl tönend, — redend* u. s. w. TBr. 1,7,10,6. — 2) *von gutem Rufe, berühmt.*

सुश्लोक्य 1) Adj. *sehr ruhmwürdig* Bhâg. P. 3,12, 31. 6,18,16. 10,89,21. — 2) n. *eine wohltönende Rede* oder *Ruhm* Pâr. Gṛhj. 2,1,16.

*सुश्व Adj. *dem ein schöner Morgen bevorsteht.*

सुषंसद् Adj. *eine gute Gesellschaft habend, — liebend.* Auch सुसंसद्.

सुषखि Adj. *gut befreundet, ein guter Freund.*

सुषण und सुषणन Adj. *leicht zu erwerben.*

सुषद् Adj. (f. आ) 1) *wo es sich bequem sitzt, — wohnt.* — 2) *leicht zu reiten.*

*सुषद्मन् m. N. pr. eines Mannes.

सुषंधि m. N. pr. eines Sohnes 1) des Mândhâtar. — 2) des Prasuçruta. — Auch सुसंधि geschrieben.

1. सुषम 1) Adj. *a) prächtig, schön.* — *b) leicht verständlich.* — *c)* * = सम. Vgl. सुसम. — 2) f. आ *a) Pracht, Schönheit* Spr. 7820. Naish. 2,27. 5,46. Bhâm.

V. 2,11. — b) *eine best. Pflanze.* — c) *ein best. Metrum.* — d) bei den Gaina Bez. *zweier Speichen im Zeitenrade: der 2ten in einer* Avasarpiṇî und *der 5ten in einer* Utsarpiṇî. Vgl. Ârjabh. 3,7. °काल m. Hem. Par. 1,10. — e) N. pr. einer Surâṅganâ Ind. St. 15,370. — 3) *f. ई gaṇa गौरादि.

2. सुषम n. *ein gutes Jahr.*

*सुषमदुःषमा f. bei den Gaina Bez. *zweier Speichen im Zeitenrade: der 5ten in einer* Avasarpiṇî *und der 4ten in einer* Utsarpiṇî.

सुषमिद्ध Adj. = सुसमिद्ध.

1. सुषमिध् f. *gutes Brennholz.*

2. सुषमिध् Adj. *gute Brände habend.* Auch सुसमिध्.

सुषवी f. Bez. *verschiedener Pflanzen.* Nach den Lexicographen *Momordica Charantia* oder *eine andere Species* und *zwei Arten von Kümmel* Mat. med. 173. Râgan. 7,220. Bhâvapr. 1,166. 5,120.

सुषव्य Adj. *eine gute Linke habend.*

सुषह Adj. *leicht zu überwältigen, — zu erbeuten.*

1. सुषा Adj. *leicht erwerbend, — verschaffend.*

2. सुषा f. *schwarzer Kümmel* oder *Fenchel.*

सुषाढ Adj. als Beiw. von Çiva neben अषाढ.

1. सुषामन् n. *ein schöner Gesang.*

2. सुषामन् m. N. pr. eines Mannes. Auch सुसामन्.

3. सुषामन् Adj. (f. सुषाम्णी) *friedfertig* Bhatt.

सुषारथि m. *ein trefflicher Wagenlenker.*

सुषाह् (Padap. सुषह्) Adj. = सुषह.

सुषि m. *Höhlung eines Rohres* Comm. zu Âpast. Çr. 7,26,11.

सुषिक्त Adj. *gut begossen, — besprengt.*

सुषित Adj. = सुसित.

सुषिनन्दि m. N. pr. eines Fürsten VP. 4,24,17.

सुषिर 1) Adj. (f. आ) *hohl* Âpast. — 2) *m. a) *Rohr, Bambusrohr.* — b) *Feuer.* Angeblich auch n. (!). — c) *Maus.* — 3) *f. सुषिरा a) *eine best. wohlriechende Rinde* Bhâvapr. 1,195. — b) *Fluss.* Beruht auf einer Verwechselung von नटी mit नदी. — 4) n. a) *Höhlung, Loch* Spr. 7640. Angeblich n. in der Bed. von विवर, m. in der von गर्त. — b) *ein Blasinstrument* S. S. S. 177. — c) * *der Luftraum.* — d) * *Gewürznelke.*

सुषिरता f. und सुषिरत्व n. *das Hohlsein.*

सुषिरवन्त् Adj. *hohl* Comm. zu Âpast. Çr. 9,20,1.

सुषिरविवर *Höhlung, Höhle* (von Schlangen) Z. d. d. m. G. 27,21.

सुषिरिन् Adj. *Höhlungen habend, hohl* Hem. Par. 2,195.

सुषिलीका f. *ein best. Vogel.* Vgl. Maitr. S. 3, 14,17.

1. सुषीम (wohl n.) etwa *Glück, Heil* Suparn. 31,2.

2. *सुषीम 1) Adj. a) *kalt.* — b) *lieblich, hübsch.* — 2) m. a) *eine Schlangenart.* — b) *der Mondstein* (चन्द्रकान्त).

सुषुत् Adj. *gut kelternd.* Superl. सुषुत्तम Maitr. S. 1,3,3 (30,14).

सुषुत Adj. *gut gekeltert, — zubereitet.*

सुषुति f. *eine gute Geburt* oder *Zeugung.*

सुषुप्त 1) Adj. *tief schlafend.* — 2) n. *tiefer Schlaf.*

सुषुप्ति f. *tiefer Schlaf* 259,15. 272,13. 285,17. 288,16.

सुषुप्सा f. *das Verlangen zu schlafen, Schläfrigkeit* Naish. 1,74.

सुषुप्सु Adj. *zu schlafen verlangend, schläfrig.*

सुषुमन्त् Adj. etwa *treibend, stürmisch.* Nach Sâj. = सोमवन्त् oder शोभनप्रसव.

सुषुम्णा und सुषुम्न (RV.) 1) Adj. (f. आ) *sehr gnädig, huldvoll.* — 2) m. *ein best. Sonnenstrahl.* — 3) f. सुषुम्णा und सुसुम्ना *die Kopfader, Carotis.* सुषुम्णाविवर n. Ind. St. 15,383.

1. सुषू Adj. entweder *gut gekeltert, — zubereitet* oder *sehr erregend, — treibend.* Superl. °तम.

2. सुषू Adj. f. *leicht —, gut gebärend.*

सुषूत Adj. *wohl gezeugt.*

*सुषूति f. P. 8,3,88.

सुषूमा Adj. f. *leicht —, gut gebärend.*

सुषूय्, °यते *gern haben, mögen.* Auch सुसूय्.

सुषेक und सुषेचन Adj. *gut fliessend, — laufend* (Brunnen).

सुषेण 1) Adj. *ein gutes Wurfgeschoss habend.* — 2) *m. a) * *Carissa Carandas* Râgan. 11,214. — b) * *Calamus Rotang.* — c) N. pr. α) eines Gandharva. — β) eines Jaksha VP². 2,285. — γ) eines Schlangendämons. — δ) eines Vidjâdhara. — ε) eines Affen. — ζ) eines Sohnes des 2ten Manu. — η) eines Sohnes des Kṛshṇa. — ϑ) verschiedener anderer Männer, insbes. Fürsten. — 3) f. सुषेणा N. pr. einer Prinzessin. — 4) *f. सुषेणी *Ipomoea Turpethum.*

सुषेणकविराज m. N. pr. eines Grammatikers.

*सुषेणिका f. *eine best. Pflanze.*

*सुषेध Adj. gaṇa सुषामादि.

सुषोम 1) m. f. (आ) *ein best.* Soma-*Gefäss.* — 2) f. आ N. pr. eines Flusses.

सुष्कन्त m. N. pr. eines Sohnes des Dharmanetra Hariv. 1,32,8. सुष्मन्त v. l.

सुष्टरीमन् Adj. *eine gute Streu bildend.*

1. सुष्टु Adj. *hoch gelobt.*

2. सुष्टु Adv. fehlerhaft für सुष्ठु.

सुष्टुत Adj. 1) *wohl —, hoch gepriesen.* — 2) *richtig ausgesprochen.* — Vgl. सुस्तुत.

सुष्टुति f. *schöner Preis, hohes Lob.*

सुष्टुभ् 1) Adj. etwa *einen gellen Schrei ausstossend, gellend.* — 2) vielleicht f. so v. a. *geller Ruf.*

सुष्ठान Adj. (f. आ) *fest stehend.*

सुष्ठामन् Adj. *ein festes Gestell habend.*

सुष्ठित Adj. schlechte Schreibart für सुस्थित.

सुष्ठु Adv. *gut, schön, wie es sich gehört; gar sehr.* सुष्ठु खलु *ganz gewiss* Gâtakam. 31. सुष्ठुतरम् *noch mehr, in noch höherem Grade* 28. 31. सुष्ठुद्वार Adj. als Erklärung von सुर्व Sâj. zu RV. 3,35,4.

सुष्ठुवह् (stark °वाह्) Adj. *gut fahrend.*

*सुष्म n. v. l. für शुल्ब *Schnur, Strang.*

सुष्मन्त m. N. pr. eines Sohnes des Dharmanetra. v. l. सुष्कन्त.

सुष्य् (nur सुष्यन्त und सुष्यन्ती) etwa *laufen, rinnen.*

सुष्वि Adj. Soma *kelternd, — darbringend.* Compar. °तर.

सुसंयत Adj. 1) *gut im Zaume gehalten, — gezügelt, — gelenkt.* — 2) *der sich gut im Zaume hält, — beherrscht* 57,26. Hemâdri 1,603,4.

सुसंयत्त Adj. (f. आ) *sehr auf seiner Hut seiend, auf Alles bedacht* Hariv. 15389. Besser v. l. सुसंपन्न.

सुसंयुक्त Adj. 1) Pl. a) *innig mit einander verbunden.* — b) *in richtigem Zahlenverhältniss zu einander stehend.* — 2) *reichlich ausgestattet mit* (Instr.).

सुसंयुत Adj. 1) *gut zusammengefügt, — gezimmert* R. Gorr. 2,97,17. v. l. सुसंकृत. — 2) *wohl verbunden mit* (im Comp. vorangehend).

सुसंरब्ध 1) Adj. (f. आ) a) *sich fest haltend.* — b) *sehr aufgebracht, — erzürnt* 54,6. — 2) n. *heftiger Zorn* R. ed. Bomb. 4,16,2.

सुसंरम्भ m. *heftiger Zorn* Comm. zu R. ed. Bomb. 4,16,2.

सुसंविग्न Adj. *sehr aufgeregt, — bestürzt* MBh. 14,6,10. R. 7,80,5.

सुसंवीत Adj. 1) *gut gekleidet.* — 2) *gut geharnischt.* — 3) *reichlich versehen mit* (im Comp. vorangehend).

सुसंवृत Adj. 1) *gut verhüllt, vollkommen gekleidet, ganz —, schön eingehüllt in* (Instr. oder im Comp. vorangehend) Hemâdri 1,456,3. — 2) *schön umgürtet mit* (Instr.). — 3) *reichlich umgeben —, begleitet von, reichlich versehen mit* (Instr.) R. ed. Bomb. 4,24,28. — 4) *wohl versteckt, — verborgen* (MBh. 15,5,22), *unerkannt, sehr geheim gehalten.* — 5) *sehr auf seiner Hut seiend.* — 6) MBh. 7,68,10 (auch in den anderen Ausgg.) wohl fehlerhaft für सुसंभृत.

सुसंवृति Adj. *wohl verborgen* Çiç. 16,23 nach der richtigen Lesart.

सुसंवृत्त Adj. 1) *in aller Ordnung entstanden —, — hervorgegangen aus* (Abl.) Hariv. 5243. — 2) *in gehöriger Ordnung entstanden, — eingetreten* Bhâg. P. 10,87,10. — 3) MBh. 15,191 fehlerhaft für सुसंवृत.

सुसंवृत्ति Adj. Çiç. 16,23 fehlerhaft für सुसंवृति.

सुसंवृद्ध Adj. *wohlgediehen, dem es gut geht.*

सुसंशास् Adj. *freundlich zurechtweisend* AV.

सुसंशित Adj. 1) *gut geschärft, sehr scharf* MBh. 5,180,22. — 2) *von scharfem Verstande* MBh. 12, 296,38.

सुसंश्रित Adj. MBh. 12,10898 fehlerhaft für सुसंशित 2).

सुसंश्लिष्ट Adj. *wohl gefügt* (Rede) R. 3,48,3.

सुसंसद् Adj. s. u. सुषंसद्.

सुसंसृत Adj. Hemâdri 1,270,19 fehlerhaft für सुसंवृत.

सुसंसृष्ट Adj. MBh. 13,5876. 6460 (13,141,71) fehlerhaft für सुसंमृष्ट.

सुसंस्कृत 1) Adj. *a) gut ausgearbeitet, geschmückt. — b) gut zugerichtet, — bereitet. — c) gut in Ordnung gehalten. — d) gut sanskritisch.* — 2) (wohl m.) *ein richtig zugerichteter Spruch.*

सुसंस्कृतोपस्कर Adj. (f. आ) *die Geräthe hübsch in Ordnung haltend* Spr. 6756. Nom. abstr. °ता f. Vishnus. 25,4.

सुसंस्था f. Acc. mit कर् *in gehöriger Weise eine Verpflichtung eingehen* R. ed. Bomb. 4,35,21.

सुसंस्थान Adj. *schön geformt* Varâh. Bṛh. S. 82,3.

सुसंस्थित 1) Adj. dass. — 2) m. N. pr. eines Mannes Saddh. P. (Uebers. von Kern) 4.

सुसंहत Adj. (f. आ) 1) *schön —, fest verbunden, — geschlossen, dicht aneinander stossend* R. ed. Bomb. 4, 66, 13. Subhâshitâv. 1537. Kâm. Nîtis. 9, 77 (= Hit. IV, 51). Çiç. 17, 59. — 2) *überaus fest, — compact, gedrungen* (Körper Kâraka 314, 20) R. 2,89,12. R. Gorr. 2,39,29. 5,2,18. Varâh. Bṛh. S. S. 3, Z. 11. Acc. mit कर् *ganz fest schliessen* Mṛkkh. 55,22.

सुसंहति Adj. = सुसंहत 1) 2) Çiç. 19,49.

सुसंहृष्ट Adj. *hoch erfreut* R. Gorr. 2,14,8.

सुसक्तु m. Pl. *schöne Grütze* Varâh. Jogaj. 7,19.

*सुसक्थ und *सुसक्थि Adj. *schöne Schenkel habend.*

सुसखि m. (Nomin. सुसखा) *ein guter Freund* Çiç. 14,52.

सुसंकट 1) Adj. *a) dicht —, fest geschlossen* MBh. 4,13,24. — *b) schwierig, schwer zu beantworten* MBh. 12,301,84. — 2) n. *eine grosse Schwierigkeit, eine schwierige Sache, — Aufgabe* Bhâg. P. 10,88,16.

सुसंकाश Adj. (f. आ) *von schönem Aussehen.*

सुसंकुल m. N. pr. eines Flusses.

सुसंक्रुद्ध Adj. *sehr erzürnt.*

सुसङ्ग Adj. *woran das Herz sehr hängt* MBh. 8, 91,54.

सुसंगता f. ein Frauenname 297,22. fgg.

सुसंगम m. *ein schönes Zusammensein, ein schöner Vereinigungsort* Spr. 7714. Bhâg. P. 10,60,53.

सुसंगुप्त Adj. *wohl gehütet, — verwahrt, — versteckt* MBh. 3,187,32. 5,30,34.

सुसंगृहीत Adj. 1) *gut im Zaume gehalten, — gelenkt, — regiert* (राष्ट्र). — 2) *gut aufgenommen* (eine Person).

सुसंग्रह m. *ein schönes Compendium* Hariv. 11573. — MBh. 7,3862 fehlerhaft für ससंग्रह.

1\. सुसचिव m. *ein guter Gehülfe, — Minister* Mudrâr. 21,7.

2\. सुसचिव Adj. *einen guten Gehülfen —, einen g. Minister habend* Kâm. Nîtis. 4,12.

सुसज्जी Adv. mit कर् *in gute Bereitschaft setzen* Hit. 84,9. 130,1.

सुसंचित Adj. 1) *sorgfältig gesammelt.* °म् Adv. mit सम्-चि *sorgfältig sammeln.* — 2) *reichlich ausgestattet mit* Hemâdri 1,544,6.

सुसत्कृत Adj. 1) *schön zurechtgemacht, — geschmückt.* — 2) *sehr gastfreundlich aufgenommen, hoch geehrt.* — 3) *dem die letzte Ehre in gehöriger Weise erwiesen worden ist.*

सुसत्त्र n. *ein wohl ausgestattetes Verpflegungshaus, — Hospiz.*

सुसत्त्व Adj. *von grosser Entschlossenheit, überaus beherzt.*

सुसत्य 1) Adj. AV. 20,135,4. — 2) f. सुसत्या N. pr. einer Gattin Ǵanaka's.

सुसदृश Adj. (f. ई) *überaus ähnlich* 327,1. Veṇîs. 184. Nâgân. 79. 80.

*सुसनि Adj. *freigebig.*

सुसनितर् Nom. ag. *ein freigebiger Spender* ṚV.

सुसनिता f. *Freigebigkeit.*

सुसंतुष्ट Adj. *sehr befriedigt* R. 1,53,5.

सुसंतोष Adj. *leicht zu befriedigen.*

सुसंत्रस्त Adj. *sehr erschrocken.*

सुसंदीप्त Adj. *schön flammend* Pańkat. III, 167.

सुसंदृश् Adj. *schön anzuschauen.*

सुसंध Adj. *seinem Versprechen getreu, sein Wort haltend.*

सुसंधि m. s. u. सुषंधि.

सुसन्न Adj. (f. आ) *vollständig zu Ende seiend, zu Schanden geworden* Mṛkkh. 149,3.

सुसंनत Adj. *wohlgezielt.*

सुसंनद्ध Adj. *gut gegürtet, — gerüstet* Hariv. 6402.

सुसंनिपातित Adj. *gut geschleudert* R. 5,42,8.

सुसभाजित Adj. *dem eine grosse Ehre, Aufmerksamkeit erwiesen worden ist* Bhâg. P. 10,38,43.

सुसभेय Adj. *im Rath und in der Gesellschaft gewandt.*

सुसम Adj. (f. आ) 1) *ganz eben, — glatt.* — 2) *ganz ebenmässig, — proportionirt* Vishnus. 1,26. — 3) *besser als mittelmässig.*

सुसमाकृत Adj. (f. आ) *wohl versehen mit* (Instr.) R. ed. Bomb. 4,58,21.

सुसमाप्त Adj. in अ°.

सुसमाश्रित Adj. *gut postirt, einen günstigen Standpunct einnehmend* R. ed. Bomb. 4,59,12.

सुसमासीन Adj. *behaglich sitzend* MBh. 12,353,9.

सुसमाहित Adj. (f. आ) 1) *wohl beladen* (Wagen). — 2) *gut in Ordnung gebracht, geputzt, geschmückt* 87,11. R. 5,17,1. — 3) *seine ganze Aufmerksamkeit auf einen Punct richtend, vollkommen gesammelt* 91,13. Spr. 4095. Bhâg. P. 3,28,12.

सुसमिद्ध Adj. *wohl entflammt.* सुसमिद्धहोम m. = सुसमिद्धे (sc. अग्नौ) होमः Kâtj. Çr. 25,14,9.

सुसमिध् Adj. = 2. सुषमिध्.

सुसमी Adv. mit कर् *schön gleich machen, — ebnen* MBh. 3,145,24. Gaṇit. Tripr. 8.

सुसमीप Adj. *in ganz kurzer Zeit —, sehr bald erfolgend* Varâh. Bṛh. S. 78,15.

सुसमुब्ध Adj. *fest geknebelt.*

सुसमृद्ध Adj. 1) *ganz vollkommen.* — 2) *sehr reichlich, in sehr grosser Menge vorhanden.* — 3) *mit Allem wohl ausgestattet* (R. ed. Bomb. 4,26,10); *sehr reich, — wohlhabend.*

सुसमृद्धार्थ Adj. (f. आ) *mit Allem reich ausgestattet* R. 5,10,1.

सुसमृद्धि f. *grosser Reichthum* Spr. 6305.

सुसंपद् f. *ein Vollauf, grosses Wohlergehen, grosse Wohl* Pl. Pańkad.

सुसंपन्न Adj. (f. आ) *mit Allem wohl ausgestattet* MBh. 8,38,17. Hariv. 3,103,3.

सुसंपिष्ट Adj. *ganz zertrümmert.*

सुसंपूर्ण Adj. *reichlich angefüllt —, — versehen mit* (im Comp. vorangehend) R. 2,36,2.

सुसंप्रज्ञ Adj. *ganz klares Bewusstsein habend* Lalit. 218,2.

सुसंप्रतप्त Adj. *gehörig gepeinigt, — mitgenommen* Kâm. Nîtis. 9,77.

सुसंप्रस्थित m. N. pr. eines Mannes.

सुसंप्रहृष्ट Adj. *hoch erfreut* R. ed. Bomb. 354,30.

सुसंप्रीत Adj. *sehr erfreut.*

सुसंबद्ध Adj. *fest verbunden.*

सुसंभव m. N. pr. eines Fürsten.

सुसंभाव्य m. N. pr. eines Sohnes des Manu Raivata VP². 3,11. v. l. संभाव्य.

सुसंभृत् f. *richtiges Zusammenfassen* TS. 1,1,2,2. TBr. 3,7,4,9.

सुसंभृत Adj. *gut zusammengetragen, wobei die nöthigen Vorbereitungen gut getroffen sind* MBh. 7,68,10 zu vermuthen für सुसंवृत.

सुसंभृति f. *gehöriges Zusammenbringen der erforderlichen Dinge* Naish. 8,22.

सुसंभ्रम m. *heftige Aufregung und die daraus hervorgehende Hast* Spr. 2144.

सुसंभ्रान्त Adj. (f. आ) *ganz verwirrt* (50,29), *unsicher* (Gang R. 6,23,16).

सुसंमत Adj. *hoch in Ehren stehend.*

सुसंमृष्ट Adj. *gut geputzt* MBh. 13,123,19.

1. सुसरण n. *leichtes Fortkommen.*

2. सुसरण Adj. *leicht zugänglich* (Çiva).

सुसरल Adj. *ganz gerade.*

सुसर्व Adj. *ganz vollständig.*

सुसर्तु f. N. pr. eines Flusses.

सुसलिल Adj. (f. आ) *gutes Wasser habend.*

सुसर्व AV. 3,20,6 Druckfehler für सुह्व.

*सुसर्वी f. = सुपर्वी.

सुसस्य Adj. (f. आ) *gut in Aehren schiessend, gut mit Korn bestanden* Hariv. 4016.

1. सुसह Indecl. *gutes Zusammensein.*

2. सुसह Adj. *leicht zu ertragen* oder *Alles leicht ertragend* (Çiva). = सौम्य Nilak.

सुसहाय Adj. *einen guten Gefährten* oder *Gehülfen habend.*

सुसहायवत् Adj. dass. Suçr. 1,30,3. Kâm. Nitis. 17,41. Kathâs. 103,227.

सुसाधन Adj. *leicht zu beweisen.* Nom. abstr. °त्व n.

सुसाधित Adj. (f. आ) 1) *gut in Ordnung gehalten, — erzogen.* — 2) *gut bereitet* (Speisen).

सुसाधु Adj. *vollkommen richtig* Karaka 115,20 (सुसाध्वपि कृतम् zu lesen).

सुसाध्य Adj. (f. आ) *leicht in Ordnung zu halten, — zu lenken, gefügig.*

सुसान्त्वित Adj. (f. आ) *gehörig besänftigt, dem viele gute Worte gegeben worden sind* MBh. 2,64,11.

सुसान्त्व्यमान Adj. (f. आ) *gehörig besänftigt werdend, dem viele gute Worte gegeben werden* MBh. 3,4,21.

1. सुसामन् n. *sehr gute Worte* Spr. 864, v. l.

2. सुसामन् m. N. pr. eines Mannes. Vgl. 2. सुषामन्.

सुसायं n. *ein guter Abend.* सुसायम् Adv. *am frühen Abend.*

सुसायक (?) Weber, Râmat. Up. 356, Çl. 20.

1. *सुसार m. *rother* Khadira.

2. सुसार MBh. 7,672 fehlerhaft für ससार.

सुसारथि Adj. *einen guten Wagenlenker habend* Çiç. 12,8.

*सुसारवत् n. *Krystall.*

सुसार्थवाह m. N. pr. eines Mannes.

सुसावित्र n. *gutes Wirken des* Savitar.

*सुसिकता f. *Zucker.*

°सुसिक्त Adj. angeblich in der Bed. unterschieden von सुषिक्त.

सुसिंच् Adj. Maitr. S. 2,6,11 (70,13). Vgl. die Parallelstellen VS. 20,19. TS. 1,8,14,2 und AV. 12,2,41.

सुसित Adj. *sehr weiss, schneeweiss.*

सुसिद्ध Adj. 1) *gar gekocht, fertig.* — 2) *sehr wirksam, eine grosse Zauberkraft besitzend.*

सुसिद्धार्थ Adj. *der sein Ziel vollkommen erreicht hat.*

सुसीम 1) Adj. (f. आ) a) *schön gescheitelt* (Weib). सुसीमम् bisweilen fehlerhaft für सुसीमे Voc. f. — b) *schön begrenzt* R. Gorr. 2,35,48. — 2) m. N. pr. eines Sohnes des Bindusâra Divjâvad. 369,14. fgg. — 3) *f. आ N. pr. der Mutter eines Arhant's der Gaina.

सुसीमन् m. N. pr. eines Dorfes Hem. Par. 2,356.

सुसुख Adj. (f. आ) 1) *sehr angenehm, — behaglich.* सुसुखम् und सुसुख° Adv. — 2) *sich sehr behaglich fühlend.*

सुसुखदृश्य Adj. *was man sehr gern sieht.*

सुसुखिन् n. Adj. = सुसुख 2).

सुसुखोदय Adj. *grosses Wohlbehagen im Gefolge habend, — bewirkend.*

सुसुगन्ध und °गन्धि Adj. *überaus wohlriechend.*

सुसुतम Adj. als Erklärung von सुषूतम.

सुसुन्दर Adj. *überaus hübsch.*

सुसुभिक्ष n. *ein sehr grosser Ueberfluss an Lebensmitteln, überaus gute Zeiten* R. 6,109,3.

*सुसुरप्रिया f. *Jasmin.*

सुसूक्ष्म 1) Adj. (f. आ) a) *überaus fein* (Pat. zu P. 2,2,24, Vârtt. 1), *— klein, — unbedeutend.* — b) *überaus fein* (Verstand). — c) *sehr schwer zu fassen, — zu ergründen.* सुसूक्ष्मार्थ Adj. *dessen Sinn sehr schwer zu ergründen ist.* — 2) m. *Atom* Comm. zu Vishnus. 1,57.

*सुसूक्ष्मपत्त्रा f. *eine Art Valeriana.*

सुसूक्ष्मेश m. *Herr der Atome* (Vishnu) Vishnus. 1,57.

सुसूत्र Adj. wohl doppelsinnig Verz. d. Oxf. H. 120,b,3.

सुसूयु s. u. सुषूयु.

सुसेन hier und da fälschlich für सुषेण.

सुसेवित Adj. *wohl bedient.*

सुसेव्य Adj. *wohl einzuschlagen* (Weg).

सुसैन्धवी f. *eine schöne Stute aus dem Indus-Lande.*

सुसौभग n. *eheliches Glück.*

*सुस्कन्दन m. *eine best. wohlriechende Pflanze.*

सुस्कन्ध Adj. *einen schönen Stamm habend.*

*सुस्कन्धमार m. N. pr. eines der *Versucher* bei den Buddhisten.

*सुस्तना und *सुस्तनी f. Adj. f. *schöne Brüste habend.*

सुस्तम्भ m. *ein guter Pfeiler.*

सुस्तुत m. N. pr. eines Sohnes des Supârçva VP². 3,334. Vgl. सुष्टुत.

सुस्त्री f. *ein braves —, treues Weib.*

सुस्थ Adj. (f. आ) *dem es wohlgeht, gesund, sich behaglich fühlend, wohl auf, guter Dinge.* Vom Monde wohl so v. a. voll. Compar. °तर. Die v. l. häufig स्वस्थ.

*सुस्थण्डिल n. *ein schöner Platz* Kâç. zu P. 6,2,195.

सुस्थता f. *ein Gefühl des Wohlbehagens, Gesundheit.*

सुस्थय्, °यति *Jmd zum Wohlbehagen bringen, gesund machen* Bhatt.

सुस्थल m. Pl. N. pr. eines Volkes.

सुस्थान n. 1) *ein guter —, schöner Ort.* — 2) *ein best. musikalischer Terminus.*

*सुस्थाल m. Pl. N. pr. eines Volkes.

सुस्थावती f. *ein best.* Râga *von 6 Tönen* S.S.S. 93.

सुस्थित 1) Adj. (f. आ) a) *eine feste Stellung einnehmend, fest beharrend, unerschütterlich* R. ed. Bomb. 4,18,8. यथोदिते वर्त्मनि MBh. 13,102,37. — b) *fest, unverwüstlich* (Herz) R. ed. Bomb. 4,20,10. — c) *auf dem richtigen Wege befindlich, unschuldig.* — d) *dem es wohl geht, sich behaglich fühlend, guter Dinge.* — e) *etwa so v. a. naiv.* Voc. f. im Prâkrit 300,3. — 2) m. N. pr. verschiedener Gaina-Lehrer Hem. Par. 1,289. 8,297. — 3) n. *ein Haus, das nach allen Seiten eine Gallerie hat.*

सुस्थितत्व n. Nom. abstr. zu सुस्थित 1) d) Çiç. 18,31.

सुस्थितंमन्य Adj. *sich behaglich fühlend.*

सुस्थिति f. 1) *ein schöner Standort.* — 2) *Wohlergehen* Bhadrab. 3,86.

सुस्थिर 1) Adj. (f. आ) *fest stehend, von langem Bestand, sehr dauerhaft, — beharrlich* 55,30. — 2) f. आ *eine best. Ader.*

सुस्थिरंमन्य Adj. *auf festen Füssen zu stehen meinend.*

सुस्थिरयौवन Adj. (f. आ) *von beständiger Jugend, immer jung bleibend* PAṄKAR. 1,10,26. 89.

सुस्थिरवर्मन् m. N. pr. eines Sohnes des Sthiravarman HARSHAK. (K.) 460,5. v. l. सुरवर्मन्.

सुस्थुषस् in einem best. Falle zu sprechen für तस्थुषस् TÂṆḌJA-BR. 7,7,16.

सुस्थेय n. impers. *leicht zu stehen.*

*सुस्ना m. *Lathyrus sativus.*

सुस्नात Adj. *der durch ein Bad ganz rein geworden ist* HEM. PAR. 2,459. fg.

सुस्निग्ध Adj. (f. आ) 1) *schön glatt, — weich.* — 2) *sehr zugethan.*

सुस्नुष Adj. (f. आ) *eine gute Schwiegertochter habend* RV.

सुस्पर्श Adj. *angenehm bei der Berührung, sehr weich, — zart.*

सुस्पष्ट *ganz ersichtlich, — deutlich, — offenbar* KATHÂS. 18,133. 81,61. RÂGAT. 6,315. °म् Adv.

सुस्फीत Adj. *in sehr gedeihlichem Zustande befindlich, sehr blühend* MBH. 8,38,17. KÂÇ. zu P. 6,2,195.

सुस्फुट Adj. *ganz deutlich* Ind. St. 14,108.

*सुस्मित Adj. (f. आ) *anmuthig lachend.*

सुस्मूर्षा f. *der Wunsch sich einer Sache zu erinnern* Comm. zu NJÂJAS. 3,2,29.

सुस्रग्धर Adj. *ein schönes Gewinde tragend* BHÂG. P. 8,15,8.

सुस्रंस Adj. dass.

सुस्रंस Adj. *leicht abfallend.*

सुस्रोणि Adj. (f. ई) HEMÂDRI 1,449,15 fehlerhaft für सुश्रोणि.

सुस्रोतस् 1) *Adj. *schön strömend.* — 2) m. *N. pr. eines Mannes PAT. zu P. 6,1,113. — 3) m. oder f. N. pr. eines Flusses. सुश्रोणा v. l.

सुस्वध m. Pl. Bez. *bestimmter Manen.*

सुस्वधा f. *Wohlergehen* VP. 3,15,44.

सुस्वनम् Adv. *laut.*

सुस्वप्न m. *ein schöner Traum* PAṄKAR. 1,4,41. HEM. PAR. 1,213.

सुस्वभाव Adj. (f. आ) *ein gutes Naturell habend* MBH. 13,146,35.

1. सुस्वर m. *ein richtiger Ton, — Accent.*

2. सुस्वर 1) (f. आ) a) *eine schöne Stimme habend.* — b) *wohlklingend* HEMÂDRI 1,728,14. °म् Adv. Chr. 215,20. — c) *laut.* °म् Adv. — 2) m. a) * *Muschel.* — b) N. pr. eines Sohnes des Garuḍa.

सुस्वरु Adj. nach SÂJ. = शोभनगमन oder शोभनस्तुतिक.

1. सुस्वागत n. *ein herzlicher Willkommen.* °तं ते ऽस्तु so v. a. *sei herzlich willkommen* MBH. 1,76,21. R. GORR. 1,76,26.

2. सुस्वागत Adj. (f. आ) *von einem Willkommen begleitet* R. 5,27,35. Vielleicht सस्वागत zu lesen.

सुस्वाद Adj. (f. आ) *wohlschmeckend* UTTAMAK. 183.

सुस्वादु Adj. *überaus wohlschmeckend* 173,10.

*सुस्वाप m. *tiefer Schlaf.*

सुस्वामिन् m. *ein guter Gebieter, — Anführer* Spr. 2617.

सुस्विन्न Adj. *gut gedämpft, — gesotten* HARIV. 8440. VARÂH. JOGAJ. 7,21.

*सुस्वेद Adj. (f. आ) *stark schwitzend* SIDDH. K. zu P. 4,1,54.

सुस्सल m. N. pr. eines Mannes.

*सुह्, सुह्यति (चक्यर्थे, शक्तौ, तृप्ति).

सुहत Adj. 1) *gründlich zerschlagen, — erschlagen.* — 2) *wohl getödtet,* so v. a. *nicht auf frevelhafte Weise get.* GÂTAKAM. 23,24. 41. 47.

सुहन Adj. *leicht zu schlagen, — erschlagen.*

सुहनु 1) Adj. *schöne Kinnladen habend* MBH. 5,151,23. R. GORR. 2,62,16. — 2) m. N. pr. eines Asura.

सुहन्तु Adj. = सुहन.

सुहय m. in महासुहय.

सुहर m. N. pr. eines Asura. v. l. अहर.

*सुहल und *सुहलि Adj. *einen schönen Pflug habend.*

सुहव 1) Adj. (f. आ) a) *der sich leicht rufen lässt, gern hört.* — b) *schön anrufend.* — 2) n. *gelungene —, günstige Anrufung.*

सुहविस् 1) Adj. *eine gute Opfergabe bereit habend.* — 2) m. N. pr. verschiedener Männer.

सुहवीतुनामन् Adj. *dessen Name (d. h. Person) sich leicht rufen lässt.*

1. सुहव्य Adj. (f. आ) *zur Anrufung geeignet.*

2. सुहव्य Adj. *dessen Opfer gelingt,*

सुहस्त 1) Adj. (f. आ) a) *schönhändig.* — b) *geschickt mit der Hand.* — 2) m. N. pr. a) eines Soma-Wächters. — b) eines Sohnes des Dhṛtarâshtra.

सुहस्तिन् m. N. pr. eines Gaina-Lehrers HEM. PAR. 10,36. 11,1. सुहस्तिसूरि Ind. St. 15,291.

सुहस्त्य, सुहस्तिघ्न 1) Adj. *geschickt mit der Hand.* — 2) m. N. pr. eines Ṛshi.

सुहार्द्द Adj. 1) *ein gutes Innere —, d. h. einen guten Magen u. s. w. habend.* — 2) *gutherzig; vertraut, befreundet* MAITR. S. 4,2,5.

सुहास Adj. (f. आ) *anmuthig lachend.*

सुहासिन् Adj. *anmuthig lachend —,* so v. a. — *prangend mit.*

*सुहिंस् Adj. *Jmd ein grosses Leid zufügend.*

सुहित 1) Adj. (f. आ) a) *sehr passend, sehr angenehm für* (Dat.). — b) *sehr heilsam, — erspriesslich.* — c) *vollkommen befriedigt, ganz satt, voll* AV. 11,10,4. ÂPAST. ÇR. 8,11,10. — 2) *f. सुहिता *eine der Zungen des Feuers.* — 3) n. *Sättigung, Fülle.*

सुहिरण्य Adj. *schönen Goldschmuck tragend, — besitzend.*

सुहिरण्यव Adj. dass.

सुहुत 1) Adj. (f. आ) a) *richtig geopfert.* — b) *dem richtig geopfert worden ist.* — 2) n. *ein richtiges Opfer.* सुहुतकृत् und सुहुतहुत् Adj.

सुहुताद् Adj. *ein richtiges Opfer verzehrend.*

सुहू 1) Adj. *gut —, schön rufend.* — 2) m. N. pr. eines Sohnes des Ugrasena.

सुहूति Adj. AV. 7,4,1 v. l. für स्वभूति der VS.

सुहृज्जन m. Sg. *Freund* und *Freunde;* Pl. *Freunde* 185,16.

सुहृत्ता f. (MBH. 8,42,50) und सुहृत्त्व n. *Freundschaft.*

सुहृद् 1) m. a) *Freund,* auch *ein politischer Freund, Alliirter* (auch von Planeten). सुहृदो जनाः *befreundete Männer.* सुहृन्मित्र n. Sg. *Freunde und Bundesgenossen.* Superl. सुहृत्तम. — b) *das 4te astrologische Haus.* — 2) f. *Freundin* GOBH. 2,10, 43. Auch सुहृन्नारी. — 3) am Ende eines Comp. Adj. a) *Etwas gern thuend, — zu thun pflegend* BÂLAR. 73,11. — b) *überaus ähnlich* BÂLAR. 84,6. PRASANNAR. 5,3.

सुहृद् entweder m. = सुहृद् *Freund* oder Adj. = सुहृदय *gutherzig,*

सुहृदय Adj. *gutherzig.* Superl. °तम. Auch fehlerhaft für सहृदय.

सुहेमन्त m. *ein guter Winter.*

सुहोतर und सुहोतृ m. 1) *ein guter Opferer.* — 2) m. N. pr. verschiedener Männer.

सुहोत्र m. 1) Pl. Bez. *der Verehrer einer best. Form des Feuers.* — 2) N. pr. a) eines Daitja. — b) verschiedener Männer. — c) eines Affen.

सुह्म m. N. pr. 1) Pl. eines Volkes. — 2) des angeblichen Urahnen dieses Volkes.

सुह्मक am Ende eines adj. Comp. = सुह्म 1).

*सुह्मनगर n. *die Stadt der Suhma.*

सुह्वान Adj. (f. आ) als Erklärung von सुहव.

1. सू, सु, सुवति (in den BRÂHMAṆA Med.), *सवति, सौति (erst in ÇAT. BR.); Partic. सूत und सुत. 1) (*in Bewegung setzen*) *veranlassen, zum Vorschein bringen, in Thätigkeit setzen.* — 2) *bescheren,*

schicken (von Savitar's Wirkung). — 3) aufstellen, bestimmen, weihen für Etwas; Med. sich weihen u. s. w. lassen. सुषुवाणा in der Weihe begriffen, geweiht. — 4) Ermächtigung geben zu Etwas, gestatten; Jmd (Acc.) ermächtigen. — 5) schleudern BHATT. — Intens. सोषवीति heftig erregen u. s. w. (von Savitar gesagt) ṚV. 3,52,7. — Mit अनु nach Andern antreiben u. s. w. अनुष्व TAITT. ÂR. 2,6,1 fehlerhaft; vgl. AV. 6,121,4. 117,3. — Mit अप wegschicken, vertreiben. — Mit अभि (°षुवति) 1) weihen für (Acc.). — 2) begaben mit (Instr.). — *Desid. अभिसुसूषति. — Mit आ 1) schleudern auf (Dat.). — 2) zutheilen, zusenden, schicken (von Savitar). — 3) herbeischaffen, herbeicitiren. — Mit उद् aufwärts gehen heissen. — Mit नि, निषुत hineingegeben, hineingeworfen in (Loc.). — Mit निस् fortscheuchen, fortgehen heissen. — Mit परा wegscheuchen, fortschaffen. — Mit परि° (षौति) 1) zusammenraffen ÂPAST. ÇR. 1,3,6. — 2) परिषूत geheissen, herausgetrieben (Gras). — Mit प्र 1) in Bewegung bringen, erregen, zur Thätigkeit rufen (von Savitar gesagt). — 2) heissen, veranlassen. — 3) Jmd Etwas verstatten, überlassen, zur Verfügung stellen. — 4) schleudern Comm. zu BHATT. — 5) प्रसूत a) entsandt (Pfeil). — b) angetrieben, gesandt, geheissen GAUT. 11,13. 14. 18,5. — c) dem es verstattet ist. — Mit अधिप्र wegschicken von (Abl.). — Mit अभिप्र 1) hintreiben zu (Acc.). — 2) अभिप्रसूत veranlasst, geheissen. — Mit प्रतिप्र (°सुवते) wieder erstatten Comm. zu ÂPAST. ÇR. 10,4,13. 15,12, 12. °सूत wieder erstattet. — Mit *वि, °षुवति.

2. सू in 1. सुषू und असुसू.

3. सू, सूते, सूयते, °सवति, °सौति: 1) zeugen, gebären; auch erzeugen in uneig. Bed. — 2) सूत geboren —, gekalbt —, Junge geworfen habend. — Mit अभि gebären, zur Welt bringen BÂLAR. 40,2. — Mit प्र 1) gebären, erzeugen, Nachkommenschaft erhalten; Früchte tragen (von Bäumen); auch erzeugen in uneig. Bed. प्रसुनुयात् VAGRAKKH. 24,14. 15. 25,3. — 2) geboren werden, entspringen, entstehen überh. Gewöhnlich प्रसूयते (metrisch auch Act.), ausnahmsweise प्रसूते (JAVANEÇVARA bei UTPALA zu VARÂH. BṚH. 4,16). — 3) प्रसूत (प्रसूता) a) geboren habend, niedergekommen (hier und da statt des Verbi finiti); die Ergänzung im Acc. प्रसूतमात्रा Adj. f. eben niedergekommen. — b) geboren, erzeugt, entsprungen, — aus, von (Abl., Gen. oder im Comp. vorangehend), in (Loc. oder im Comp. vorangehend). — Mit अनुप्र, °सूत darauf entstanden. — Mit अभिप्र, °सूत erzeugt, geboren. — Mit संप्र 1) erzeugen. — 2) °सूयति (metrisch) geboren werden. — 3) संप्रसूत erzeugt, geboren, — aus, von (Abl. oder Loc.), in (Loc.). — संप्रसूयते MBH. 13, 5850 fehlerhaft für संप्रणायते. — Mit वि gebären. — Mit सम् gebären, erzeugen (in uneig. Bed.).

4. सू m. f. Erzeuger, Vater, Gebärerin, Mutter. Am Ende eines Comp. auch erzeugend, so v. a. hervorbringend. गुणा° GÂTAKAM. 29,55.

5. सू = सिव् in einigen Ableitungen.

6. सू Adv. s. 6. सु.

सूक m. 1) *Wind. — 2) *Pfeil. — 3) *Lotusblüthe. — 1) 2) 3) fehlerhaft für सृक: vgl. ZACH. Beitr. 79. — 4) N. pr. eines Sohnes des Hrada HARIV. 1,3,103. v. l. मूक.

सूकर 1) m. a) Schwein, Eber. दंष्ट्रा सूकरस्य wohl eine best. Pflanze. Am Ende eines adj. Comp. f. आ. — b) *eine Hirschart. — c) *ein best. Fisch RÂGAN. 17,55. — d) *Töpfer. — e) eine best. Hölle VP. 2, 6,1. 9. — 2) f. सूकरी a) Sau. — b) ein best. Vogel. — c) *Batatas edulis. — d) *Mimosa pudica. — e) N. pr. einer Gottheit. — Vgl. शूकर.

सूकरक 1) m. eine Reisart. — 2) f. °रिका ein best. Vogel. — 3) n. = सूकरनयन. — Vgl. कालसूकरिका.

*सूकरकन्द m. Batatas edulis.

सूकरक्षेत्र n. N. pr. eines heiligen Gebietes.

सूकरगृह n. Schweinestall PAÑKAD.

सूकरता f. Nom. abstr. von सूकर Schwein, Eber.

सूकरदंष्ट्र und °क m. eine gewisse schmerzhafte Entzündung und Röthung der Haut, mit Fieber verbunden.

सूकरनयन n. Bez. eines Loches von best. Form in Zimmerholz.

*सूकरपदी f. gaṇa कुम्भपद्यादि.

*सूकरपादिका f. eine dem Carpopogon pruriens ähnliche Pflanze.

सूकरपादी f. eine best. Pflanze.

सूकरप्रेयसी f. Bez. der Sau und der Erde (die Vishṇu als Eber aus den Wassern zog).

सूकरमुख n. eine best. Hölle.

*सूकरसद्मन् m. N. pr. eines Mannes.

*सूकराक्रान्ता f. Yamswurzel.

सूकराक्षिता f. eine Deformität des Auges, welche durch eine Operation entstehen kann.

सूकरास्या f. N. pr. einer buddh. Gottheit.

सूकरिक eine best. Pflanze.

सूकरिकावदान n. Titel einer Legende.

*सूकरेष्ट m. die Wurzel von Scirpus Kysoor RÂGAN. 8,145.

1. सूक्त 1) Adj. wohl —, schön gesprochen, — recitirt. — 2) n. a) eine schöne Recitation. — b) ein guter Spruch, ein schönes —, gutes Wort. Auch सूक्ता. — c) in der technischen Sprache der Hauptbestandtheil des Çastra; bei den Commentatoren das vedische Lied; Hymne, — an (im Comp. vorangehend).

2. सूक्त 1) Adj. schön redend MATSJA-P. 215,40. — 2) *f. आ die Predigerkrähe.

सूक्तचारिन् Adj. ein gutes Wort befolgend R. ed. Bomb. 3,62,19.

सूक्तपञ्चक n. Titel eines Kâvja OPP. Cat. 1.

सूक्तभाज् Adj. ein Lied besitzend, so v. a. in einem Liede angerufen.

सूक्तमुखीय Adj. (f. आ) am Eingange eines Sûkta stehend ÂÇV. ÇR. 9,5,2.

सूक्तवाक m. das Aussprechen eines Spruches oder Liedes, Recitation ÂPAST. ÇR. 3,6,5. 6. 14,7. 4,12,4. 6. 7,27,6. 8,3,4. 7,8. 12,5. 16,18. 21,1. GAIM. 3,2,11.

सूक्तवाक्य n. ein guter —, schöner Spruch, ein gutes Wort.

सूक्तवाच् (ṚV.) und सूक्तवाच् Adj. einen Spruch sprechend u. s. w.

सूक्तानुक्रमणी f. das Verzeichniss der Sûkta.

सूक्ति f. ein schöner Ausspruch, ein schönes Wort.

सूक्तिक m. eine Art Cymbel S. S. S. 198.

सूक्तिमालिका f. Titel eines Werkes BURNELL, T.

सूक्तिमुक्ता f. Pl. Perlen von schönen Aussprüchen Spr. 7645.

सूक्तिमुक्तावलि und °ली f. Titel eines Werkes OPP. Cat. 1. BURNELL, T.

सूक्तिरत्न n. Pl. Perlen von schönen Aussprüchen Ind. St. 14,48.

सूक्तिरत्नाकर m. eine Fundgrube für Perlen von schönen Aussprüchen. Auch Titel eines Werkes.

सूक्तिसहस्र n. und सूक्तिसाधुवमालिका f. (OPPERT, Cat. 1) Titel von Werken.

सूक्तोक्ति f. = सूक्तवाक.

सूक्तोच्य Adj. im Sûkta zu sprechen.

सूक्ष्म 1) Adj. (f. आ) a) fein, schmal, dünn, klein, kurz, gering, unbedeutend; fein, kaum hörbar von Tönen. अर्थ m. das Kleinste, Unbedeutendste. Compar. °तर. Superl. °तम. — b) fein vom Verstande und seiner Thätigkeit. — c) fein, so v. a. genau, präcis. Adv. °म् genau (hinsehen). — d) fein, so v. a. aller Wahrnehmung sich entziehend, unfassbar, nur der Idee nach vorhanden, atomartig. Compar. °तर, Superl. °तम. — 2) m. a) eine best. rhetorische Figur. — b) bei den mystischen Çaiva eine best. Klasse von Erlösten HEMÂDRI 1,611,8. —

c) mystische Bez. *des Lautes* ई. Am Ende eines adj. Comp. f. आ. — d) N. pr. eines Dânava. — 3) m. n. a) *Atom, Urstoff; ein unfassbares Ding.* *m. — b) *= अध्यात्मन्. — c) *= कृतक, कैतव, कतक. — 4) f. आ a) **Sand* Râǵan. 13,139. — b) **kleine Kardamomen.* — c) **Bez. zweier Pflanzen*, = यूथिका und करुणी. — d) *eine best.* Çakti Hemâdri 1,198,5. — 5) n. *Zahnhöhle, Zahnbehälter* Vishnus. 96,57.

*सूक्ष्मकृशफला f. *ein best. Baum.*

*सूक्ष्मघण्टिका f. *die kleine* Ghaṇṭikâ.

सूक्ष्मचक्र n. *ein best. Diagramm.*

सूक्ष्मजातक n. Titel eines Werkes.

सूक्ष्मटिक्क m. N. pr. eines Mannes.

*सूक्ष्मतण्डुल 1) m. *Mohn.* — 2) f. आ *langer Pfeffer.*

सूक्ष्मता f. Nom. abstr. zu सूक्ष्म 1) d).

सूक्ष्मतुण्ड m. *ein best. beissendes Insect.*

सूक्ष्मत्व n. = सूक्ष्मता 266,11.

सूक्ष्मदर्शिता f. *Scharfsichtigkeit* (des Geistes).

सूक्ष्मदर्शिन् Adj. *scharfsichtig* (Geist).

*सूक्ष्मदल 1) m. *Senf.* — 2) f. आ *Alhagi Maurorum.*

*सूक्ष्मदारु n. *eine dünne Planke, Brett.*

सूक्ष्मदृष्टि f. *ein scharfer Blick.*

*सूक्ष्मनाभ m. Bein. Vishṇu's.

*सूक्ष्मपत्र 1) m. *eine Art Fenchel* oder *Anis, rother Reis, eine Art Zuckerrohr, Ocimum pilosum* und Bez. *verschiedener anderer Pflanzen.* — 2) f. आ *Asparagus racemosus* und *Argyreia speciosa* oder *argentea.* — 3) f. ई *eine Art Valeriana.* — 4) n. *Koriander.*

*सूक्ष्मपत्रक 1) m. *Ocimum pilosum.* — 2) f. °त्रिका *Anethum Sowa, Asparagus racemosus, eine Art Raute, Alhagi Maurorum, Narde* und = क्षुद्रोपादकी.

*सूक्ष्मपर्णी f. *Hoya viridiflora, Argyreia speciosa* und = शणपुष्पी.

*सूक्ष्मपर्णी f. *eine Art Basilienkraut.*

सूक्ष्मपाद Adj. *feine —, kleine Füsse habend.* Nom. abstr. °त्व n. 135,11.

*सूक्ष्मपिप्पली f. *wilder Pfeffer.*

*सूक्ष्मपुष्पी f. *eine best. Pflanze,* = यवतिक्ता.

*सूक्ष्मफल 1) m. *Cordia Myxa.* — 2) f. आ = भूम्यामलकी.

*सूक्ष्मबदरी f. *eine Art Judendorn.*

*सूक्ष्मबीज m. *Mohn.*

सूक्ष्मभूत n. *ein feines Element* 263,13. Sarvad. 149,4.

*सूक्ष्ममक्षिका f. *Mücke.*

सूक्ष्ममति Adj. *von feinem Verstande* Spr. 7796.

सूक्ष्ममतिमत् Adj. dass. Spr. 7826.

*सूक्ष्ममूला f. *Sesbania aegyptiaca.*

सूक्ष्मलोभक n. Bez. *der 10ten unter den 14 Stufen, die nach dem Glauben der* Ǵaina *zur Erlösung führen.*

*सूक्ष्मवल्ली f. *eine roth färbende Oldenlandia, Momordica Charantia* und = ताम्रवल्ली.

सूक्ष्मवालुक Adj. *mit feinem Sande versehen* R. 1,2,7.

सूक्ष्मशरीर n. *ein feiner —, vorbildlicher Körper* 260,15. 263,15. 17. 265,32. 266,1. 11. 267,5. 269,3. 274,16.

*सूक्ष्मशर्करा f. *Sand* Râǵan. 13,139.

*सूक्ष्मशाक m. *Acacia arabica.*

*सूक्ष्मशाख m. *eine Acacienart.*

*सूक्ष्मशालि m. *eine Reisart.*

सूक्ष्मशिरस्क Adj. *kleinköpfig* als Spitzname eines Buddhisten.

*सूक्ष्मषट्चरण m. *eine in den Augenwimpern lebende Laus.*

*सूक्ष्मस्फोट m. *eine Art Aussatz,* = विचर्चिका Gal.

सूक्ष्माक्ष Adj. *scharfsichtig* (Geist). Nom. abstr. °ता f. Vielleicht richtig सूक्ष्मेक्षिन् und °क्षिता.

सूक्ष्मेक्षिका f. *Scharfsichtigkeit.* Vielleicht सूक्ष्मेक्षिता zu lesen.

सूक्ष्मैला f. *kleine Kardamomen* (auch die *Pflanze*).

सूक्ष्म्य Varâh. Bṛh. S. 8,16 wohl nur fehlerhaft für सूक्ष्म.

सूखर m. Pl. *eine best. Çiva'itische Secte.*

सूच् s. सूचय्.

सूच 1) Adj. (f. आ) am Ende eines Comp. *andeutend* Ǵâtakam. 28,18. — 2) *m. = दर्भाङ्कुर. — 3) *f. आ = दृष्टि, व्यधन und अभिनय Zach. Beitr. 14. 15. Çâçvata 197.

सूचक 1) Adj. (f. सूचिका) a) *Etwas andeutend, verrathend, zu wissen thuend, bezeichnend, bedeutend;* die Ergänzung im Gen. oder im Comp. vorangehend 251,9. Ǵâtakam. 19. 25. 28. Mit Acc. *hinweisend auf* (die Lesart steht nicht fest). — b) *angeberisch, verrätherisch* (वाक्य). — 2) m. a) *Angeber, delator* Vasishṭha 14,3. — b) **Schauspieldirector.* — c) **Hund.* — d) **Katze.* — e) **Krähe.* — f) *Nadel;* vgl. सूचि. — g) **eine Reisart.* — h) **Geländer, Brustwehr.* Vgl. सूचि 10). — i) *= बुद्ध, सिद्ध und पिशाच.

सूचन 1) Adj. (f. ई) *verkündend* in शुभसूचनी. — 2) f. (आ) n. (Ǵâtakam. 28,45) *Andeutung, das Zuwissenthun.* — 3) *f. आ = अभिनय, दृष्टि (दर्शन) und व्यधन; vgl. Zach. Beitr. 14. 15 und Çâçvata 197. 739. — 4) *f. ई *kurze Inhaltsangabe.* — 5) n. *körperliche Anstrengung* Karaka 1,18.

सूचनीय Adj. *anzudeuten.*

सूचय्, °यति *andeuten, verrathen, ankündigen, kenntlich machen.* In der Bühnensprache *Etwas andeuten, darstellen, dem Zuschauer zu verstehen geben.* सूचित *angedeutet, verrathen, kenntlich gemacht, — durch* (Instr. oder im Comp. vorangehend). सूचितवान् statt des Verbi finiti. — *Intens. सोसूच्यते. — Mit अभि, आ (Prasannar. 67,7), उप, प्र und सम् = Simplex.

सूचयितव्य Adj. *ausfindig zu machen.*

सूचि und सूची f. 1) *Nadel;* auch *eine chirurgische* und *Magnetnadel.* सूचिना (!) R. 2,75,16. — 2) *Nadel,* so v. a. *ein spitzer Gegenstand* überh., *Stachel* u. s. w. Kâd. 252,14 (413,3). — 3) *eine best. Heeresaufstellung.* — 4) **ein kleiner Thürriegel.* — 5) *the triangle formed by the produced flanks of the tetragon; the section of a cone or pyramid.* — 6) *corrected diameter of the earth.* — 7) **Gesticulation, eine Art Tanz.* — 8) **quidam coeundi modus.* — 9) *Inhaltsverzeichniss.* °पत्र n. häufig in indischen Ausgaben. — 10) *Geländer* Divjâvad. 221,8. Vgl. सूचक 2) h). — 11) *= दृष्टि. — 12) N. pr.

सूचिक 1) m. *Schneider.* — 2) f. आ a) **Nadel.* — b) **Elephantenrüssel.* — c) **Pandanus odoratissimus.* — d) N. pr. Nach einem Lexicographen N. pr. einer Apsaras.

*सूचिकाधर m. *Elephant.*

सूचिकाभरण m. *eine best. Mixtur* Mat. med. 278. Rasendrak. 91,3.

*सूचिकामुख m. *Muschel.*

सूचिकुलाय्, °यते *wie lauter Nadeln erscheinen.*

*सूचिगृहक n. *Nadelbüchse.*

1. सूचित Adj. s. u. सूचय्.

2. सूचित Adj. *sehr geeignet, — passend.*

सूचिता f. Nom. abstr. zu सूचि *Nadel.*

सूचिन् m. *Angeber, delator.* Nach H. ç. = दुष्टसाक्षिन्.

*सूचिपत्रक oder *°पत्रिक m. *Marsilea quadrifolia.*

*सूचिपुष्प m. *Pandanus odoratissimus.*

सूचिभेद्य und सूचीभेद्य Adj. *so dicht, dass man eine Nadel durchstechen könnte* (Finsterniss) Megh. 37. Hit. 98,22.

*सूचिमल्लिका f. *Jasminum Sambac.*

*सूचिरदन m. *Viverra ichneumon* Râǵan. 19,52. Vgl. सूचित्रदन.

*सूचिरोमन् m. *Schwein, Eber.*

*सूचिवदन m. 1) *Viverra ichneumon.* Richtig सूचिरदन. — 2) *Mücke.*

*सूचिवक्त्र m. Bein. Garuḍa's.

*सूचिशालि m. *eine Reisart.*

सूचिशिखा f. *Nadelspitze* Naish. 6,67.

*सूचिसूत्र n. *ein Faden zum Nähen.*

सूचो f. s. u. सूचि.

सूचीक m. *ein stechendes Insect.*

सूचीकापिश Adj. als Bez. *einer Art von verbotenen Pfeilen.*

सूचीकर्मन् n. *das Nähen*, eine der 64 Künste.

सूचीखात *a pyramid or cone.*

सूचीतुण्ड m. *Mücke* Bâlar. 106,11.

*सूचीदल m. *Marsilia quadrifolia.*

*सूचीपङ्क्ति (?) Verz. d. Cambr. H. 77.

सूचीपत्र 1) m. *eine Art Zuckerrohr.* — 2) *f. आ *eine Grasart.*

सूचीपत्रक m. = सूचीपत्र 1).

*सूचीपटी f. gaṇa कुम्भपद्यादि.

*सूचीपद्म *eine best. Truppenaufstellung.*

सूचीपाश m. *Nadelöhr.*

*सूचीपुष्प m. *Pandanus odoratissimus.*

सूचीप्रोत Adj. *eingefädelt* Comm. zu Âpast. Çr. 11,8,5.

सूचीभेद m. auf verschiedene, sehr kunstliche Weisen gedeutet Vâsav. 20,2.

सूचीभेद्य Adj. s. u. सूचिभेद्य.

1. सूचीमुख n. 1) *Nadelspitze.* Auch °मुखाग्र n. — 2) *eine best. Hölle.*

2. सूचीमुख 1) Adj. (f. ई) *a) einen Mund (Schnabel* u. s. w.) *so spitz wie eine Nadel habend.* — *b) spitz wie eine Nadel, wie eine Nadel spitz zulaufend; zu eng* (vulva). — 2) m. *a)* **eine Art* Kuça-*Gras.* — *b) Mücke* oder *ein anderes stechendes Insect.* — *c) Vogel* oder *ein best. Vogel* oder N. pr. eines Vogels. — *d) eine best. Stellung der Hand.* — 3) n. *a)* **Diamant.* — *b) eine Art Pfeil* oder *eine andere spitze Waffe.*

*सूचीरोमन् m. *Schwein, Eber.*

सूचीवक्त्र 1) Adj. (f. आ) *spitz wie eine Nadel; zu eng* (vulva). — 2) m. N. pr. *a)* eines Wesens im Gefolge Skanda's. — *b)* eines Asura.

सूचिवानकर्मन् n. Pl. *die Kunst des Nähens und Webens.*

*सूचीसूत्र n. *ein Faden zum Nähen.*

सूच्चैस् Adv. *sehr laut* Âpast. Çr. 12,15,8.

सूच्छ्रित Adj. *schön aufgerichtet.*

1. सूच्यग्र n. *Nadelspitze.* °भेद्यं भूमितलम् und सूच्यग्र allein *so viel Land als eine Nadelspitze durchsticht.*

2. *सूच्यग्र 1) Adj. *spitz wie eine Nadel.* — 2) m. *Dorn.*

*सूच्यग्रस्थूलक m. *Saccharum cylindricum.*

सूच्यास्य 1) Adj. *ein nadelspitzes Maul habend* Râgat. 8,134. — 2) m. *a)* **Ratze.* — *b) Mücke* Râgat. 8,134. — *c) eine best. Stellung der Hand* oder *der Hände.*

*सूच्याह्व m. *eine best. Gemüsepflanze.*

सूड (?) S. S. S. 139,2. fgg. Vgl. सुडशब्दनृत्य.

1. सूत Partic. von 1. सू.

2. सूत 1) Partic. von 3. सू. — 2) m. *Quecksilber* Râgan. 13,110. — 3) f. सूता *Tochter* fehlerhaft für सुता.

3. सूत m. 1) *Wagenlenker, Stallmeister.* Ein Fürstendiener, der in den älteren Schriften häufig neben ग्रामणी genannt wird; im Epos auch *eine Art Herold eines Fürsten.* Der Herold κατ' ἐξοχήν ist Lomaharshaṇa. Im System ist der Sûta der Sohn eines Kshatrija von einer Brahmanin (Gaut.) oder der Sohn eines Brahmanen (Çûdra Çâçvata 276) von einer Kshatrijâ. — 2) **Zimmermann, Wagner.* — 3) N. pr. eines Sohnes des Viçvâmitra.

4. सूत Mârk. P. 35,35 fehlerhaft für मृत; Pańkat. 176,3 wohl für सुत.

1. सूतक 1) n. *a) Geburt; das Kalben* Gaut. — *b) die durch die Geburt eines Kindes bewirkte Unreinheit der Eltern* (vollständiger सूतकाशौच n. VP. 3, 11,97); *Verunreinigung* überh. — *c) Hemmniss.* — 2) m. n. *Quecksilber.* — 3) *f. सूतका = 4). — 4) सूतिका *Wöchnerin.* Auch *von Kühen, die vor Kurzem gekalbt haben.*

2. सूतक m. N. pr. eines Mannes.

सूतकभोजन n. *Geburtsschmaus* Çâṅkh. Gṛhj. 6,1.

*सूतकागृह n. *Wochenstube.*

सूतकाग्नि m. *das Feuer für die Ceremonie nach der Geburt eines Kindes* Âpast. Çr. 9,3,22. Vgl. सूतिकाग्नि.

सूतकान्न n. und सूतकान्नाद्य n. *die durch die Geburt eines Kindes* (im Hause) *verunreinigte Speise.*

सूतकिन् Adj. *durch die Geburt eines Kindes verunreinigt* Saṁsk. K. 201,*a*,7. 8.

सूतगीता f. Titel Burnell, T. Opp. Cat. 1.

सूतज m. 1) *der Sohn eines Wagenlenkers.* — 2) Bein. Karṇa's, *Adoptivsohns des* Sûta Adhiratha.

*सूततनय m. Bein. Karṇa's.

सूतता f. und सूतत्व n. Nom. abstr. zu 3. सूत 1).

*सूतदुहितर् f. = सूतपुत्री.

सूतनन्दन m. Bein. des Ugraçravas.

सूतनिर्यातक Mârk. P. 35,35 fehlerhaft für मृत°.

सूतपुत्र 1) m. *a) Sohn eines Wagenlenkers*, so v. a. *Wagenlenker.* — *b)* Bez. α) Karṇa's. — β) Kîkaka's (Sg. und Pl.). — 2) *f. ई = सूतदुहितर्.

*सूतपुत्रक m. Bez. Karṇa's.

सूतमुख Adj. (f. आ) *den Sûta zum Haupt habend* Maitr. S. 4,3,8 (48,3. 4).

*सूतराज् m. *Quecksilber* Râgan. 13,108.

सूतवशा f. *eine Kuh, die nach dem ersten Kalben nicht mehr trächtig wird*, Maitr. S. 2,5,4 (52,7). AV. 12,4,44. 47.

सूतवे Dat. Infin. zu 3. सू ṚV. 10,184,3. AV. 1, 11,2. 5,25,10. fgg.

सूतवै desgl. AV. 1,11,1.

सूतसंहिता f., °तात्पर्यदीपिका f. und °व्याख्या f. (Opp. Cat. 1) Titel.

सूतसव m. *ein best.* Ekâha.

1. *सूति f. = स्यूति.

2. सूति f. *die Kelterung des* Soma *oder der Ort, wo er gekeltert wird.*

3. सूति 1) f. *a) Geburt, Entstehung.* Am Ende eines adj. Comp. Mahâvîrak. 6,20. — *b) Niederkunft.* — *c) das Fruchttragen eines Ackers.* — *d) Geburtsstätte, Ursache der Entstehung, Entstehungsart* Çukas. 2,59. — *e) Nachkommenschaft.* — 2) m. N. pr. eines Sohnes des Viçvâmitra. v. l. भूति.

*सूतिक gaṇa पुरोहितादि. — सूतिका f. s. u. 1. सूतक.

सूतिकागार n., सूतिकागृह n. und सूतिकागेह n. *Wochenstube.*

सूतिकाग्नि m. *ein für die Wöchnerin angezündetes Feuer* Çâṅkh. Gṛhj. 1,25. Vgl. सूतकाग्नि.

*सूतिकाभवन n. und सूतिकावास m. *Wochenstube.*

सूतिकाषष्ठी f. *der sechste Tag einer Wöchnerin*, personificirt als Göttin.

सूतिकोत्थान n. *eine Feier am Ende des Wochenbettes* (nach dem 10ten Tage) Vâgbh. 478,7.

सूतिगृह n. *Wochenstube.*

सूतिमती Adj. f. *Kinder gebärend.*

सूतिमारुत m. *Geburtswehe, als ein besonderer Wind* gedacht.

सूतिमास् und °मास m. *der Monat der Niederkunft, der letzte Monat der Schwangerschaft.*

सूतिरोग m. *Kindbettfieber* Hem. Par. 1,119.

सूतिवात m. = सूतिमारुत.

सूतीगृह n. *Wochenstube.*

सूतीवृत्ति f. Titel eines Commentars.

सूतु f. *Schwangerschaft, Tracht.*

सूत्कार m. *der Laut* sût Z. d. d. m. G. 32,735. Çiç. 12,10. Kathâs. 101,140. Vom *Schnaufen der Pferde* Kâd. 88,8 (v. l. फूत् und फुत्). Vgl. श्रूत्कार.

सूत्कीर्ण Adj. *schön schraffirt* R. 2,15,34.

सूत्कृत n. = सूत्कार Çiç. 12,24.

*सूत्त Adj. = सुदत्त.

सूत्यान Adj. *sich gehörig anstrengend, sehr*

thätig.

*सूत्थित m. N. pr. eines Mannes. Vgl. *सौत्थिति.

*सूत्पर n. *das Brennen geistiger Getränke.*

सूत्पलावती f. N. pr. eines Flusses.

सूत्य 1) n. = सुत्य. — 2) f. आ a) = सुत्या. — b) *f. zu 3. सूत.

सूत्र (*m.) n. 1) *Garn, Faden, Schnur.* — 2) *Messschnur.* सूत्रपातं कर् oder चर् *abmessen, gegen einander halten.* — 3) *die von den drei oberen Kasten über die Schulter getragene Schnur.* — 4) *Gürtel.* — 5) *Faser.* — 6) *Linie.* — 7) *Riss, Plan.* — 8) *das Durchlaufende, Alles Zusammenhaltende, — Regelnde.* — 9) *kurzgefasste Regel, Lehrsatz; ein in solchen Regeln abgefasstes Lehrbuch.* Bez. vieler Schriften, namentlich ritualen und grammatischen Inhalts. Bei den Buddhisten, Pâçupata u. s. w. so v. a. *Textbuch* (im Gegensatz zu den erklärenden und erörternden Werken). Bei den Ǵaina bildet Sûtra einen Theil des Dṛshṭivâda.

सूत्रक 1) n. = सूत्र 1) Pat. zu P. 1,1,1, Vârtt. 8. — 2) f. सूत्रिका *Nudel.*

*सूत्रकण्ठ m. 1) *ein Brahmane.* — 2) *Taube.* — 3) *Bachstelze.*

सूत्रकरण n. *das Verfassen eines* Sûtra Comm. zu Âpast. Çr. 15,12,5.

सूत्रकर्तर् m. *Verfasser eines* Sûtra, — *eines Lehrbuchs.*

सूत्रकर्मन् n. *Baukunst.* °कर्मकृत् m. *Baumeister.*

सूत्रकार m. 1) *Spinner* in पट्ट°. — 2) *Zimmermann.* — 3) *Verfasser eines* Sûtra, — *eines Lehrbuchs.*

सूत्रकृत् m. = सूत्रकार 3).

सूत्रकृताङ्गवृत्ति f. Titel eines Werkes Bühler, Rep. No. 783.

*सूत्रकोण und *°क m. *eine Art Trommel.*

*सूत्रकोश m. *ein Knäuel Garn.*

सूत्रक्रीडा f. *Fadenspiel* (unter den 64 Künsten).

*सूत्रगण्डिका f. *ein best. Werkzeug des Webers.*

सूत्रग्रन्थ m. *Lehrbuch.*

*सूत्रग्रह् Adj. = यः सूत्रं गृह्णाति धारयति च.

*सूत्रग्राह् Adj. = यः सूत्रं गृह्णाति न तु धारयति.

सूत्रजाल n. *Garnnetz.*

सूत्रण n. *kurze Darlegung des ganzen Sachverhalts* als Erklärung von सूत्रस्थान.

सूत्रतन्तु m. *Faden* Hâr. 166 (vgl. Deçin. 1,93). n. Hariv. 7805; vgl. jedoch die andere Ausg. 2,79,20.

*सूत्रतर्कुटी f. *Spindel.*

सूत्रदरिद्र Adj. *fadenarm,* so v. a. *abgetragen, durchsichtig.* Nom. abstr. °ता f.

सूत्रदीपिका f. Titel eines Werkes.

सूत्रधर 1) Adj. am Ende eines Comp. *eine — Schnur tragend.* — 2) *m. a) *Kenner der* Sûtra. — b) = सूत्रधार.

सूत्रधार 1) m. a) *Zimmermann, Baumeister, Architect.* — b) *Schauspieldirector.* Ursprünglich wohl *der die Fäden der Gliederpuppe hält;* vgl. सूत्रप्रोत. — c) *Bein. Indra's. — 2) m. f. (ई) am Ende eines Comp. so v. a. *Dirigent, die Hauptperson* bei Bâlar. 244,5.

सूत्रधृक् m. = सूत्रधार 1) a) (in विश्व°) und b).

*सूत्रनड m. N. pr. eines Mannes.

सूत्रपत्त्रकर् Adj. *woraus sich Fäden und dünne Blätter machen lassen* Râǵan. 13,23.

सूत्रपत्त्रिन् Adj. dass. Râǵan. 13,31.

*सूत्रपदी Adj. f. *fadenfeine Füsse habend.*

सूत्रपाद m. Titel eines Werkes Opp. Cat. 1.

सूत्रपिटक m. n. *der Korb —,* d. i. *die Sammlung der buddhistischen* Sûtra.

*सूत्रपुष्प m. *die Baumwollenstaude.*

सूत्रप्रकाशिका f. Titel eines Werkes Opp. Cat. 1.

सूत्रप्रोत Adj. (f. आ) *in Fäden steckend* (Gliederpuppe) MBh. 5,32,13. 39,1.

सूत्रभाष्य n. und °व्याख्या f. Titel Opp. Cat. 1.

*सूत्रभिद् m. *Schneider.*

सूत्रभृत् m. *Schauspieldirector.*

*सूत्रमध्यभू m. *das Harz der Shorea robusta.*

सूत्रमन्त्रप्रकाशक Titel eines Werkes.

सूत्रमय Adj. (f. ई) *aus Fäden bestehend* Hemâdri 1,425,15.

सूत्रय्, °यति (वेष्टने, विमोचने, अवमोचने, ग्रन्थे), °यते (= सूत्रं करोति); सूत्रित Partic. 1) *aneinanderreihen, zusammenfügen* Hemâdri 1,406,20. — 2) *veranstalten, bewirken, hervorbringen* Bâlar. 138,14. Râǵat. 8,2408. — 3) *Etwas in die Form eines* Sûtra *bringen, als* Sûtra *darstellen, in einem* Sûtra *lehren, verfassen ein* Sûtra *über* (Acc.). — *Intens. सोसूत्र्यते. — Mit आ *bewerkstelligen, ausführen, componere, machen* Bâlar. 45,17. 265,16. Vikramâṅkaḱ. 18,23. — Mit समा dass. Prasannar. 129, 15. — Mit वि 1) *vertreiben, verscheuchen, beseitigen* Vâsav. 288,8. Bâlar. 260,16. Vikramâṅkaḱ. 13, 40. 15,72. — 2) *in Verwirrung bringen* Râǵat. 4, 446. 7,1372.

सूत्रयन्त्र n. 1) *Garnnetz.* — 2) * *Weberstuhl.*

सूत्रयितव्य Adj. *in die Form eines* Sûtra *zu bringen, als* Sûtra *darzustellen* Çaṅk. zu Bâdar. 1,1,1 (S. 31, Z. 4).

सूत्रराज m. *ein* Sûtra *ersten Ranges* Kâraṇḍ. 13,13.

*सूत्रला f. *Spindel.*

*सूत्रवाप m. *das Weben.*

सूत्रविक्रयिन् m. *Garnhändler.*

*सूत्रवीणा f. *eine Art Laute.*

सूत्रवृत्ति f. Titel eines Werkes Opp. Cat. 1.

*सूत्रवेष्टन n. *Weberschiff.*

*सूत्रशाख n. *Körper* Gal.

*सूत्रसमुच्चय m. Titel eines Werkes.

सूत्रस्थान n. heisst in medic. Werken *der erste allgemeine Theil über Arzt, Krankheit, Heilmittel, Speisen u. s. w.*

सूत्रात्मन् m. *Fadenseele,* Bez. *des durch das Gesammtding bedingten Intellects, weil er durch Alles sich hindurchzieht,* 266,6. 27.

सूत्रान्त m. (gebildet nach वेदान्त, सिद्धान्त) Bez. *eines buddhistischen* Sûtra *oder der darin enthaltenen Lehren* Saddh. P. Vaǵraččh. 22,10. 34,14. Divjâvad. 274,14.

सूत्रान्तक Adj. *mit den buddhistischen* Sûtra *vertraut* Divjâvad. 397,8.

सूत्रामन् m. = सुत्रामन् Bein. Indra's.

सूत्रार्थ m. Titel eines Werkes Opp. Cat. 1.

सूत्रालंकार m. desgl. °टीका f., °भाष्य n.

*सूत्राली f. *Halsband.*

सूत्रिक in *सौत्रिक°.

सूत्रित s. u. सूत्रय्.

सूत्रितत्व n. *das in einem* Sûtra *Gesagtsein* Sâj. in der Einl. zu RV. 1,165 und 4,41.

सूत्रिन् 1) Adj. *mit Schnüren versehen.* — 2) m. a) *Schauspieldirector.* — b) * *Krähe.*

1. सूत्री f. wohl *Geburtsglied.*

2. सूत्री Adv. mit कर् *zu Fäden verspinnen* Comm. zu Âpast. Çr. 10,26,12.

°सूत्रीय Adj. *die* Sûtra *über — betreffend.*

सूत्रोपन्यास m. Titel eines Werkes Opp. Cat. 1, 5225.

1. सूद्, *सूदते (क्षरणे, तरणे, निवासे d. i. निरासे). Zu belegen nur in reduplicirten Formen (सुषूदति, सुषूदस् u. s. w.) *richtig leiten, im Gang erhalten.* — Caus. सूदयति 1) dass. — 2) *zurecht bringen, einrichten.* — 3) *zurecht —, fertig machen, zu Stande bringen.* — 4) *gut unterbringen.* — 5) in der späteren Sprache *zur Ordnung bringen,* so v. a. *den Garaus machen, tödten, vernichten* (Lebendes, aber auch Unbelebtes). — 6) *drücken, quetschen* Çiç. 15, 23. — Mit अभि Caus. = सूद् Caus. 5). — Mit नि Caus. (निषूदयति besser als निसू°) dass. शूलायाम् so v. a. *pfählen.* — Mit विनि und संनि Caus. dass. — Mit प्र Caus. = सूद् Caus. 3) und 5).

2. सूद् Adj. in हव्यसूद्.

सूद 1) m. a) *Wasserbehälter, Brunnen.* — b)

Schlamm eines vertrockneten Pfuhls. — c) *etwa heisse Quelle* Râǵat. 1,157.167. — d) *eine Art Brühe.* — e) *Koch* 107,15. — f) * = सापराध्य, अपराध, पाप und लोध्र. Fehlerhaft, vgl. Zach. Beitr. 14. — 2) *f. सूदी gaṇa गौरादि.

°सूदक Adj. *den Garaus machend* u. s. w.

सूदकर्मन् n. *Kochkunst.*

सूदता f. und सूदत्व n. Nom. abstr. zu सूद *Koch.*

सूददोहस् Adj. *wie Brunnen Milch strömen lassend.*

सूदन 1) Adj. (f. आ und ई) a) *richtig führend; zurecht bringend.* आपो विश्वस्य सूदनीः AV. Paipp. 6,1,3,9. — b) *den Garaus machend, vernichtend;* gewöhnlich im Comp. mit seinem Objecte. — 2) n. *das Garausmachen, Vernichten.*

सूदयित्नु Adj. *quellend* oder *zurecht bringend.*

*सूदर Adj. *einen schönen Bauch habend.*

सूदवत् Adj. *Reste von Flüssigkeiten enthaltend* Maitr. S. 4,5,6(71,18). Âpast. Çr. 12,23,11. 13,10,5.

सूदशाला f. *Küche.*

सूदशास्त्र n. *Kochlehre, Kochbuch.*

सूदाध्यक्ष m. *Oberkoch.*

सूदावत्स m. N. pr. eines Mannes Ind. St. 14,119 u. s. w.

सूदि oder सूदिन् Adj. etwa *quellend, überlaufend.* Vgl. सूदवत्.

*सूदितर् Nom. ag. von 1. सूद्.

सूद्गातर् m. *ein guter* Udgâtar.

सूद्य Adj. (f. आ) *einem Pfuhl angehörig.*

सून (verschiedenen Ursprungs) 1) *Adj. *erzeugt, geboren.* — 2) m. *Sohn.* Richtig सुत. — 3) f. आ a) **Tochter.* — b) *ein geflochtener Korb, eine geflochtene Schüssel* u. s. w. — c) *Schlachtbank, Schlachthaus, Schlächterei.* सूनायामपि so v. a. *sogar wenn einem das Wasser an der Kehle steht, sogar im äussersten Nothfalle.* — d) *das Tödten eines lebenden Wesens.* — e) *das was den Tod eines lebenden Wesens bewirken kann.* — f) **Zäpfchen im Halse.* — 4) n. a) *Blüthe* Çiç. 3,17. 11,46. 19,64. — b) **Frucht.*

सूनर Adj. (f. ई) 1) *froh, freudig, wonnig.* — 2) *froh,* so v. a. *erfreulich* Maitr. S. 4,2,5 (26,14). — सूनरी ṚV. 10,115,7 fälschlich für सूनृता.

सूनशर m. *der Liebesgott* Naish. 4,102.

सूनाक (?) Weber, Ǵjot. 78.

सूनाचक्रध्वजवत् m. Pl. *Schlächter, Oelmüller* und *ein Brenner* oder *Verkäufer von Spirituosen.*

सूनिक und सूनिन् m. *Metzger, Fleischverkäufer.*

सूनु 1) m. a) **die Sonne.* — b) **Antreiber, Anreger.* — c) *Kelterer des* Soma. — d) *Sohn.* Collectiv *Nachkommenschaft.* — e) *ein jüngerer Bruder* Kir. 1,24. — f) N. pr. verschiedener Ṛshi. — 2) f. *Tochter* in einer Etymologie.

सूनुता f. *Sohnschaft* Çiç. 14,82.

सूनुमत् Adj. *Söhne habend.*

सूनृत 1) Adj. (f. आ) a) *fröhlich, wonnig.* — b) *freundlich* (Ǵâtakam. 22,76), — *wahr* (von Reden). — 2) f. आ a) *Freude, Wonne; Frohlocken, Jubel, Jubellied.* Instr. Pl. so v. a. *freudig.* — b) *Freundlichkeit, freundliche* (wahre) *Worte.* — c) *Wahrheit* (Gegensatz अनृत). — d) personificirt, insbes. als Gattin oder Tochter Dharma's und als *Apsaras. — 3) n. a) = 2) a). — b) bei den Ǵaina eine der fünf Tugenden, welche zum richtigen Lebenswandel gehören: *freundliche Aufrichtigkeit.*

सूनृतावत् Adj. *froh, wonnig, jubelnd.*

सूनृतावरी Adj. f. dass. ṚV.

सून्नीय Adj. *gut auszuschöpfen.*

*सून्मद und *सून्माद Adj. schlechte v. l. für सोन्माद.

सूप 1) m. a) *Brühe, Suppe, dünnes Mus,* namentlich *aus geschrotenen Hülsenfrüchten mit Zuthat von Wurzeln und Salz bereitet.* — b) **Koch.* — c) * = भाण्ड und शायक (d. i. सायक). — 2) *f. सूपी gaṇa गौरादि.

सूपकर्तर्, सूपकार (Kap. 3,16) und सूपकृत् m. *Bereiter von Brühen, Koch.*

*सूपगन्धि Adj. *nur mit ganz wenig Brühe versehen.*

सूपचर Adj. 1) *leicht zugänglich, gefällig.* — 2) *leicht zu haben.* Superl. सूपचरतम Âpast. Çr. 6,31,13. — 3) *leicht zu behandeln,* — *zu curiren* Suçr. 1,83,12. Richtig wohl सूपचार.

सूपचरण Adj. (f. आ) *leicht zu begehen.*

सूपचार Adj. *leicht zu behandeln,* — *zufrieden zu stellen.* Vgl. u. सूपचर 3).

*सूपत् Indecl.

सूपतीर्थ Adj. (f. आ) *mit einem guten Steg zum Wasser versehen* Káraka 1,14.

सूपतीर्थ्य Adj. (f. आ) dass. Lalit. 311,17.

सूपदंश m. *schönes Gewürz, schöne Zukost.*

सूपद्वार Adj. *mit schönen Aussenthoren versehen.*

*सूपधूपन n. *Asa foetida.*

*सूपपर्णी f. *Phaseolus trilobus.*

*सूपप्रति Adv. *Nichts als Brühe* Pat. zu P. 2,1,9.

सूपयुक्त Adj. *gut angewendet,* — *gebraucht* Ǵâtakam. 5.

सूपवञ्चन Adj. (f. आ) *zu dem man leicht* —, *gern hinwankt.*

सूपविष्ट Adj. *bequem sitzend.*

*सूपश्रेष्ठ m. *Phaseolus Mungo.*

सूपसंसृष्ट Adj. *mit Brühe vermischt* Âpast.

सूपसंस्कृत Adj. *gut zubereitet.*

सूपसदन Adj. *bei dem es sich gut sitzt.*

सूपसर्पण Adj. (f. आ) *zu dem man sich leicht* —, *gern begiebt.*

सूपसिद्ध Adj. (सु + उ°) *schmackhaft gemacht* Káraka 6,8.

सूपस्कर Adj. *mit schöner Ausrüstung versehen* (Wagen).

सूपस्था Adj. *einen guten Schooss bildend* TS. 1,2,2,3. Çâñkh. Çr. 6,1,17.

सूपस्थान Adj. *dem man sich gern naht.*

*सूपाङ्ग n. *Asa foetida.*

सूपाय m. *ein sicher zum Ziele führendes Mittel.*

सूपायन Adj. (f. आ) *leicht zugänglich.*

सूपावसान Adj. (f. आ) *gute Rast darbietend.*

सूपावृत् Adj. *sich gern herwendend* Maitr. S. 1,1,13 (8,6). Âpast. Çr. 2,13,3.

*सूपिक *Brühe.*

*सूपीय Adj. = सूप्य.

*सूपेशाणा m. P. 6,2,64, Sch. स्तूपशाणा Kâç.

सूपोदनषष्ठीपूजा (d. i. सूपौदन°) f. Titel Burnell, T.

सूप्य 1) Adj. *zu Brühen* —, *zu Suppen geeignet.* — 2) n. *Suppenspeise.*

सूभर्व Adj. *wohlgenährt.*

*सूम m. 1) *Milch.* — 2) *Wasser.* — 3) *der Luftraum.* — Vgl. सुषूमा.

सूमय Adj. *von guter Arbeit,* Nach Nir. = सुसुख.

सूय n. *Kelterung des* Soma MBh. 5,141,47. Vgl. राजसूय.

सूयवस 1) Adj. (f. आ) *weidereich.* — 2) n. *eine gute Weide.*

सूयवसाद् Adj. *auf guter Weide gehend.*

सूयवसिन् Adj. *gute Weide habend.*

सूयवस्यु Adj. *nach guter Weide verlangend.*

सूर् = 3. स्वर् *Sonne; Himmel.* Davon nur सूरा (सूरो ṚV. 6,49,3 = सूरा उ), सूरः ṚV. 4,3,8 (सूर आ 8,61 [72],17 ist सूरस् आ, nicht सूरे आ wie Padap. annimmt) und सूरस् Gen. ṚV. häufig.

सूर (verschiedenen Ursprungs) m. 1) *Antreiber.* — 2) *der aus der Presse rinnende* Soma. — 3) *die Sonne.* — 4) = सूरि *ein Gelehrter.* — 5) N. pr. a) eines Verfassers von Gebeten bei den Tântrika. — b) *des Vaters vom Ǵaina-Arhant Kuntha.

*सूरकन्द m. *Amorphophallus campanulatus.*

सूरकृत् m. N. pr. eines Sohnes des Viçvâmitra. v. l. सुरकृत्.

सूरचक्षस् Adj. *hell wie die Sonne.*

सूरण m. = शूरण *Amorphophallus campanula-*

tus Hem. Par. 1,64.

सूरत 1) Adj. *a) mitleidig.* Hierher oder zu *b)* Saddh. P. 2,49. — *b)* = उपशान्त. — 2) *f. आ *eine fromme Kuh.*

सूरतकल्पतरु m. Titel eines Commentars.

सूरतसिंह m. N. pr. eines Fürsten.

सूरथ (?) m. N. pr. eines Autors Burnell,T.

सूरभट्ट m. N. pr. eines Mannes.

*सूरमस m. Pl. N. pr. eines Volkes.

सूरवत् Adj. *das Wort* सूर *enthaltend.*

सूरवर्मन् m. N. pr. eines Dichters. Vgl. शूरवर्मन्.

*सूरसूत m. *der Wagenlenker der Sonne, die Morgenröthe.*

सूरसेन m. Pl. N. pr. eines Volkes. Richtig शूरसेन.

सूराचार्य m. N. pr. eines Autors Gaṇar. 103,17.

सूरि (verschiedenen Ursprungs) m. 1) *Veranstalter, Auftraggeber, derjenige, welcher Priester* u. s. w. *zu einer ihm zugute kommenden heiligen Handlung veranlasst und derselben beiwohnt,* so v. a. das spätere यजमान *Herr des Opfers* (gewöhnlich ein Reicher oder Vornehmer). — 2) *Herr, Gebieter* überh., *Anführer* (auch von Göttern). f. etwa *Herrin.* — 3) *ein Weiser, grosser Gelehrter, Meister im Fache.* — 4) *der Weise unter den Göttern,* d. i. Bṛhaspati, *der Planet Jupiter.* — 5) *Kelterer —, Opferer des* Soma. — 6) *eine best. Gemüsepflanze.* — 7) *Bahn* nach Sâj. — 8) * = यादव und सूर्य.

*सूरिन् m. = सूरि 3).

सूरी f. 1) etwa f. zu सूरि 2). — 2) *f. zu सूरि 3). — 3) *Bein. der Kuntî (als Gattin des Sonnengottes). — 4) **Sinapis ramosa.*

सूर्क्ष्, सूर्क्षति und सूर्क्ष्य्, सूर्क्ष्यति *sich kümmern, — um* (Acc. oder Gen.) Maitr. S. 4,2,5 (27,15). Gop. Br. 2,2,10. 3,9. Âpast. Çr. 5,3,21. 6,14,13. 14, 13,12. सूर्क्ष्यति wohl richtiger.

*सूर्क्षण n. = अनादर (vielmehr आदर).

सूर्क्ष्य् s. सूर्क्ष्.

सूर्क्ष्य 1) Adj. *worum man sich kümmern —, worauf man Rücksicht nehmen muss.* — 2) *m. *Phaseolus radiatus.*

सूर्जन m. N. pr. eines Fürsten.

सूर्त Partic. s. u. सर् und vgl. असूर्त.

सूर्प schlechte Schreibart für शूर्प.

सूर्पणाय्य s. u. शूर्पणाय.

सूर्पाक्ष m. N. pr. eines Râkshasa. Wohl fehlerhaft für शूर्पाक्ष oder सूर्याक्ष.

सूर्पारक s. शूर्पारक. Als v. l. Divjâvad. 24. fgg. 42. fgg.

सूर्मि und सूर्मी f. 1) *Röhre* (zur Wasserleitung). — 2) *ein röhrenartiges Gefäss als Leuchter dienend.* — 3) *eine hohe metallene Säule,* durch deren Glühendmachung Verbrecher, insbes. Ehebrecher, zum Tode befördert werden, Gaut.

सूर्म्य 1) Adj. *in Röhren —, in Kanälen befindlich.* v. l. सूर्व्य. — 2) f. सूर्म्या N. pr. der Gattin Anuhrâda's.

सूर्य, सूरिय 1) m. *a) die Sonne, der Sonnengott.* Loc. *im Sonnenschein, in der Sonnengluth.* Auch Pl.; am Ende eines adj. Comp. f. आ. Wird auch auf Çiva übertragen. — *b) ein* Âditja und Bez. eines best. Âditja. — *c)* Bez. *der Zahl zwölf* Hemâdri 1,137,4. — *d)* **Calotropis gigantea.* — *e)* N. pr. α) eines Dânava. — β) *eines Sohnes des Bali. — γ) verschiedener Männer. — 2) f. सूर्या, सूरिया *die Sonne weiblich personificirt.* — *b) das* Sûrja-*Lied* ṚV. 10,85. = वाच् Nigh. — *c) eine Neuvermählte.* — *d)* **Koloquinthengurke.* — 3) Adj. *solar;* richtiger सौर्य.

सूर्यक 1) Adj. *sonnenähnlich* Hariv. 3,92,21, v. l. — 2) m. N. pr. verschiedener Männer.

सूर्यकर m. *Sonnenstrahl.*

सूर्यकवच n. Titel Opp. Cat. 1.

सूर्यकान्त m. 1) *eine Art Adular* Râǵan. 13,7. 205. °मणि m. Varâh. Jogaj. 6,4. — 2) *eine best. Blume.* = आदित्यपर्णी Karaka 430,7. — 3) N. pr. eines Berges.

*सूर्यकान्ति f. *eine best. Blume.*

*सूर्यकाल m. *Tag* (im Gegensatz zur *Nacht*).

सूर्यकालानल n. *ein best. Diagramm.*

सूर्यकेतु 1) Adj. *die Sonne zum Feldzeichen habend* oder *sonnenhell.* — 2) m. N. pr. eines Fürsten.

सूर्यक्रान्त m. *ein best. Tact.*

सूर्यक्षय m. *die Behausung der Sonne.*

सूर्यगङ्गातीर्थ n. N. pr. eines Tîrtha.

सूर्यगर्भ m. 1) N. pr. *a)* eines Bodhisattva Kâraṇḍ. 1,7. — *b)* eines Mannes. — 2) *Titel eines buddh. Sûtra.

*सूर्यगुप्त (?) m. N. pr. eines Mannes.

सूर्यग्रह m. und °ग्रहण n. *Sonnenfinsterniss.*

सूर्यचक्षुस् m. N. pr. eines Râkshasa.

सूर्यचन्द्र m. N. pr. eines Mannes.

सूर्यज Patron. 1) m. *a) des Planeten Saturn.* — *b)* *des Affen Sugrîva. — 2) *f. आ der Jamunâ.

सूर्यज्योतिस् Adj. *das Licht der Sonne habend* Vaitân.

सूर्यतनय Patron. 1) m. *a)* Manu's. — *b) des Planeten Saturn.* — 2) *f. आ der Jamunâ.

सूर्यतपस् m. N. pr. eines Muni.

सूर्यतापिनी f. Titel einer Upanishad Opp. Cat. 1.

सूर्यतीर्थ n. N. pr. eines Tîrtha.

1. सूर्यतेजस् n. *Sonnenschein* 154,5.

2. सूर्यतेजस् Adj. *die Kraft —, den Glanz der Sonne habend.*

(सूर्यत्वच्) सूरियत्वच् Adj. *eine Haut —, einen Ueberzug so glänzend wie die Sonne habend.*

सूर्यत्वचस् Adj. dass.

सूर्यदत्त m. N. pr. verschiedener Männer.

सूर्यदास m. desgl.

सूर्यदेव m. *der Sonnengott.*

सूर्यदेवत्य Adj. *die Sonne zur Gottheit habend* Maitr. S. 3,7,10 (90,13).

सूर्यद्वादशार्या f. Pl. Titel Burnell,T.

सूर्यध्वज m. N. pr. eines Mannes.

सूर्यध्वजपताकिन् Adj. *die Sonne auf der Standarte und der Fahne habend* (Çiva).

सूर्यनक्षत्र n. 1) *ein sonniges,* d. i. *strahlendes Gestirn.* — 2) *das Mondhaus, in welchem die Sonne sich zu einer gegebenen Zeit befindet.*

सूर्यनक्षत्रयोग m. *die Conjunction der Sonne mit einem Mondhause.*

सूर्यनन्दन m. *der Planet Saturn.*

सूर्यनाडि f. Titel eines Werkes Opp. Cat. 1.

सूर्यनाभ m. N. pr. eines Dânava.

सूर्यनारायण m. N. pr. eines Mannes. °कवि Burnell,T.

सूर्यनेत्र m. N. pr. eines Sohnes des Garuḍa.

सूर्यपञ्चाङ्गस्तोत्र n. Titel eines Stotra Burnell,T.

सूर्यपण्डित m. N. pr. eines *Gelehrten.*

सूर्यपति m. *der Sonnengott.*

*सूर्यपत्त्र m. *Calotropis gigantea.*

सूर्यपत्नी Adj. f. *die Sonne zum Gatten habend.*

सूर्यपर्णी f. *eine best. Pflanze* Karaka 6,2 (सूर्य° gedr.). *Phaseolus trilobus* Râǵan. 3,22. Bhâvapr. 1,200,10. *Glycine debilis* 15.

सूर्यपर्वन् n. *der Moment des Eintritts der Sonne in ein neues Zeichen.*

सूर्यपाद m. *Sonnenstrahl.*

सूर्यपुत्र Patron. 1) m. *a)* der Açvin. — *b) des Planeten Saturn.* — *c)* Jama's. — *d)* *Varuṇa's. — 2) f. ई *a)* der Jamunâ Bâlar. 177,18. — *b)* * *des Blitzes.*

सूर्यपुर n. N. pr. einer *Stadt.*

सूर्यपुराण n. Titel eines Purâṇa.

सूर्यप्रज्ञाविधि m. (Burnell,T.), सूर्यप्रकाश m. und सूर्यप्रज्ञप्ति f. Titel.

सूर्यप्रतिष्ठा f. *die Aufstellung eines Bildes der Sonne.* °माहात्म्य n.

*सूर्यप्रदीप m. *ein best.* Samâdhi (buddh.).

सूर्यप्रभ 1) Adj. *den Glanz der Sonne habend.* —

2) m. *a) ein best.* Samâdhi Kâraṇḍ. 51,11. — *b)* N. pr. α) des Palastes der Lakshmaṇâ (einer Gattin Kṛshṇa's). — β) *eines Schlangendämons. — γ) *eines Bodhisattva. — δ) verschiedener Fürsten, unter anderen eines, nach welchem der 8te Lambaka im Kathâs. benannt worden ist. Nom. abstr. °ता f.

*सूर्यप्रभातेजस् m. *ein best.* Samâdhi (buddh.).

सूर्यप्रभीय Adj. *zum Fürsten* Sûrjaprabha *gehörig, — sich haltend.*

सूर्यप्रशिष्य m. Bein. Ġanaka's Bâlar. 17,13. Vgl. सूर्यशिष्य.

सूर्यबिम्ब m. oder n. 1) *die Sonnenscheibe.* — 2) N. pr. eines geheiligten Ortes.

सूर्यभक्त 1) m. *a) ein Verehrer der Sonne.* — *b)* * *Pentapetes phoenicea.* — 2) *f. म्रा *eine best. Pflanze.*

*सूर्यभक्तक m. *Pentapetes phoenicea.*

सूर्यभट्ट m. N. pr. eines Autors. °भट्टीय n. Titel seines Werkes Opp. Cat. 1.

*सूर्यभागा f. N. pr. eines Flusses.

सूर्यभानु m. N. pr. 1) eines Jaksha. — 2) eines Fürsten.

सूर्यभास् m. N. pr. eines Mannes.

सूर्यभ्राज् Adj. *strahlend wie die Sonne.*

*सूर्यमणि m. = सूर्यकान्त 1) und 2). *Hibiscus phoeniceus* Mat. med. 319.

सूर्यमण्डल 1) m. N. pr. eines Gandharva. — 2) n. *die Sonnenscheibe.*

सूर्यमती f. N. pr. einer Fürstin.

सूर्यमल्ल m. N. pr. eines Fürsten Ind. Antiq. 9,188.

सूर्यमाल Adj. *sonnenbekränzt* (Çiva).

सूर्यमास m. *Sonnenmonat.*

सूर्यपश्य Adj. in म्र°.

सूर्यरथ m. *der Sonnenwagen.*

1. सूर्यरश्मि m. *Sonnenstrahl.*

2. सूर्यरश्मि, सूरिम्ररश्मि Adj. *sonnenstrahlig.*

सूर्यराज्य n. *der Sonne Herrschaft.*

सूर्यरुच् f. *Sonnenlicht* Çiç. 20,37.

सूर्यर्क्ष n. *das Mondhaus, in welchem die Sonne sich zu einer gegebenen Zeit befindet.*

सूर्यर्च् f. *eine Hymne an die Sonne.*

*सूर्यलता f. 1) *Polanisia icosandra.* — 2) *Calotropis gigantea.*

सूर्यलोक m. *die Welt der Sonne.*

सूर्यलोचना f. N. pr. einer Gandharva-Jungfrau Kâraṇḍ. 5,16.

सूर्यवंश m. *das auf den Sonnengott zurückgehende Fürstengeschlecht.*

सूर्यवंश्य Adj. *zu diesem Geschlecht gehörig.*

सूर्यवक्त्र m. *eine Art Mixtur.*

सूर्यवन n. N. pr. *eines dem Sonnengott geweihten Waldes.*

सूर्यवत् 1) Adj. *sonnig.* — 2) m. N. pr. eines Berges R. ed. Bomb. 4,41,31. — 3) f. सूर्यवती N. pr. einer Fürstin.

सूर्यवर m. *eine best. Mixtur.*

सूर्यवरलोचन m. *ein best.* Samâdhi Kâraṇḍ. 93,23. Vgl. दिवाकरवरलोचन.

सूर्यवर्चस् 1) Adj. *herrlich —, leuchtend wie die Sonne.* — 2) m. N. pr. *a)* eines Devagandharva. — *b)* eines Ṛshi Ârsh. Br.

सूर्यवर्ण Adj. (f. म्रा) *sonnenfarbig* AV.

सूर्यवर्मन् m. N. pr. 1) eines Fürsten. — 2) eines Dâmara.

सूर्यवल्ली f. *Gynandropsis pentaphylla.*

सूर्यवार m. *Sonntag.*

सूर्यविकासिन् Adj. *mit dem Erscheinen der Sonne aufblühend.*

सूर्यविघ्न Adj. *Zerstörer der Sonne* als Beiw. Vishṇu's.

सूर्यवेश्मन् n. *die Behausung der Sonne.*

सूर्यव्रत n. 1) *eine best. Begehung.* — 2) *ein best. Diagramm.*

सूर्यव्रतकथा f. (Burnell, T.), सूर्यशतक n. und सूर्यशान्ति f. (Burnell, T.) Titel.

सूर्यशिष्य m. Bein. Jâǵnavalkja's Bâlar. 52,18. °शिष्यान्तेवासिन् m. Bein. Ġanaka's 79,13. Vgl. सूर्यप्रशिष्य.

*सूर्यशोभा f. *eine best. Blume.*

(सूर्यश्वित्) सूरिम्रश्वित् Adj. v. l. für (सूर्यश्वित्) सूरिम्रश्वित्.

सूर्यश्री m. N. pr. eines zu den Viçve Devâs gezählten Wesens.

(सूर्यश्वित्) सूरिम्रश्वित् Adj. *sonnenhell.*

सूर्यसंक्रम m. und °संक्रान्ति f. *der Eintritt der Sonne in ein neues Zeichen.*

*सूर्यसंज्ञ 1) m. *eine Art Rubin* Garbe zu Râǵan. 13,151. — 2) n. *Safran.*

*सूर्यसदृश m. Bein. Lîlâvaǵra's.

सूर्यसतति f. (Opp. Cat. 1) und सूर्यसप्तताया f. Pl. (Burnell, T.) Titel.

सूर्यसम Adj. *sonnengleich* Ind. St. 15,442.

सूर्यसामन् n. Name verschiedener Sâman Ârsh. Br.

*सूर्यसारथि m. *der Wagenlenker der Sonne, die Morgenröthe.*

सूर्यसावर्णि m. Bein. eines Manu. Davon Adj. °क *ihm gehörig, unter ihm stehend.*

सूर्यसावित्र m. N. pr. eines zu den Viçve Devâs gezählten Wesens.

सूर्यसिद्धान्त m. Titel eines dem *Sonnengotte zugeschriebenen astronomischen Lehrbuchs.* Commentare dazu: °टीका f., प्रकाश m., °प्रदीपिका f. (Opp. Cat. 1), °भाष्य n. (Burnell, T.), °मञ्जरी f., °रहस्य n., °वासनाभाष्य n., °व्याख्या f. und °व्याख्यान n.

सूर्यसुत m. 1) *der Planet Saturn.* — 2) Patron. des Affen Sugrîva.

सूर्यसूत m. *der Wagenlenker der Sonne.*

सूर्यसूरि m. N. pr. eines Astronomen.

सूर्यसेन m. N. pr. verschiedener Männer.

सूर्यस्तुत् m. *ein best.* Ekâha Vaitân.

सूर्यस्तुति f. und सूर्यस्तोत्र n. *Preis der Sonne.* Auch als Titel.

सूर्यांशु m. *Sonnenstrahl* Vâmana 44,1. Bhâvapr. 1,21.

सूर्याकर m. N. pr. 1) Pl. eines Volkes. — 2) eines Mannes.

सूर्याक्ष 1) Adj. *sonnenäugig.* — 2) m. N. pr. *a)* eines Fürsten. — *b)* eines Affen.

सूर्याग्नी Nomin. Du. m. Sûrja *und* Agni.

सूर्याचन्द्रमसा und °मसौ Nomin. Du. m. *Sonne und Mond* AV. 6,128,3. 11,3,34. Auch als Dânava bezeichnet; vgl. Hariv. 190.

*सूर्याणी f. *die Gattin des Sonnengottes.*

सूर्यातप m. *Sonnengluth* 185,11.

सूर्यात्मज m. *der Planet Saturn.*

सूर्यादिग्रहप्रीत्यर्थदान n. (Burnell, T.) und सूर्यादिपञ्चायतनप्रतिष्ठापद्धति f. Titel.

सूर्याद्रि m. N. pr. eines *Berges.*

सूर्यानन m. N. pr. eines Mannes.

सूर्यापीड m. N. pr. eines Sohnes des Pârikshita oder Parikshit (VP.[2] 4,163).

सूर्याभिनिम्रुक्त Adj. *derjenige, welchen die untergehende Sonne schlafend findet,* TBr. 3,2,8,11.

सूर्याभिनिम्रुप्त Adj. dass. Gobh. 3,3,34.

सूर्याभ्युदित Adj. *derjenige, welchen die aufgehende Sonne schlafend findet,* TBr. 3,2,8,11. Gobh. 3,3,34. Gaut. 23,21.

सूर्यामासा und सूरिम्रमासा Nomin. Du. m. *Sonne und Mond* AV. 3,29,5.

सूर्यार्घ्य n. *eine Ehrengabe an die Sonne.* °पद्धति f. Titel eines Werkes.

सूर्यावर्त 1) m. *a)* Bez. *zweier Pflanzen.* Nach den Lexicographen *Scindapsus officinalis* und *Sonnenblume.* Nach Mat. med. 319 *Cleome pentaphylla.* — *b) ein Kopfschmerz, der mit dem Sonnenlauf zu- und abnimmt,* Suçr. 2,376,5. 380,8. — *c) ein best.* Samâdhi (buddh.) Saddh. P. — *d)* N. pr. eines Wasserbassins. — 2) * f. आ *Polanisia icosandra.*

*सूर्यावर्तरस m. *ein best. Präparat aus Kupfer* Mat. med. 65.

सूर्यावलोकनप्रयोग m. Titel Burnell, T.

(सूर्यावसु) सूरिआवसु Adj. *die Sûrjâ als Gut besitzend* RV.

सूर्याविद् Adj. *das Sûrjâ-Lied* (RV. 10,85) *kennend.*

*सूर्याश्मन् m. = सूर्यकान्त 1).

*सूर्याश्व m. *Sonnenross.*

सूर्याष्टक n. und सूर्याष्टोत्तरशतनामन् n. Pl. Titel Burnell, T.

सूर्यासूक्त n. *das Sûrjâ-Lied* RV. 10,85.

सूर्यास्त m. *Sonnenuntergang* Pańkat. III,187.

सूर्यास्तंगमन n. dass.

सूर्यास्तमय m. dass.

सूर्यास्तमयवत् Adj. mit काल m. *die Zeit des Sonnenuntergangs.*

*सूर्याह्व 1) m. *Calotropis gigantea.* — 2) n. *Kupfer.*

सूर्येन्दुसंगम m. *Conjunction des Mondes mit der Sonne, Neumondsnacht.*

सूर्योढ Adj. *von der* (untergehenden) *Sonne herbeigeführt.* अतिथि m. *ein Gast, der zur Zeit des Sonnenuntergangs eintrifft,* Âpast. Çr. 5,25,5.

सूर्योदय m. *Sonnenaufgang.*

सूर्योदयगिरि m. *der Berg, hinter dem die Sonne aufgehen soll.*

सूर्योदयन n. *Sonnenaufgang.*

सूर्योदयनिबन्ध m., सूर्योदयवर्णन n. (Burnell, T.) und सूर्योदयसंकल्पनाटक n. Titel von Werken.

सूर्योदयास्त m. Du. *Sonnenauf- und -untergang.* °काल m. Du. *die Zeiten dieser Vorgänge.*

सूर्योद्यान n. N. pr. — सूर्यवन.

सूर्योपनिषद् f. Titel einer Upanishad Opp. Cat. 1.

सूर्व्य Adj. *in schönen Becken befindlich* u. s. w.

सूलीक s. शूलीक.

सुवरी Adj. f. in बकुर्सुवरी.

*सूष्, सूषति (प्रसवे). v. l. शूष्.

सूषणा f. *Geburtsglied oder Gebärerin* AV.

सूषस् Adj. *dem eine schöne Morgenröthe beschieden ist* AV. 16,4,2.

सूषा f. wohl *eine Gebärende.* Die Stelle ist verdorben.

*सृक् onomatop. in Verbindung mit कर्.

सृक m. 1) *Wurfspiess, Geschoss.* — 2) * *Wind.* — 3) * *Lotusblüthe.* — Vgl. Zach. Beitr. 79.

*सृकण्डु 1) m. N. pr. eines Mannes. — 2) f. = कण्डु *Jucken, Krätze.*

सृकवत् Adj. = सृकावत् Maitr. S. 2,9,9, v. l.

सृकायिन् Adj. *ein Geschoss tragend* Kâth. 17,12.

*सृकाल m. = सृगाल *Schakal.*

सृकावत् Adj. *ein Geschoss tragend* TS. 4,5,11,2. Kâth. 17,16. Kap. S. 27,6.

सृकाविन् Adj. dass.

सृकाहस्त Adj. *ein Geschoss in der Hand haltend.*

*सृक्क n., सृक्कणी f., सृक्कन् n. und सृक्कि n. = सृक्व u. s. w.

सृक्व 1) (* n.) *Mundwinkel.* — 2) m. N. pr. eines Mannes.

सृक्वणी f. *Mundwinkel.*

सृंक्वन् m. n., सृक्वि n. und सृक्विणी f. dass.

*सृग m. *Wurfspiess.*

सृगवत् Adj. = सृकावत् Maitr. S. 2,9,9 (129,3).

सृगायिन् Adj. = सृकायिन् Maitr. S. 2,9,3 (123, 5); vgl. v. l.

सृगाल 1) m. *a) Schakal* Gaut. 15,291. — *b) ein best. Baum* (nach Nilak.). — *c)* N. pr. α) eines Vâsudeva, Beherrschers von Karavîrapura. — β) * eines Daitja. — 2) f. सृगाली *a) Schakalweibchen* Ind. St. 15,291. — *b)* * *panischer Schreck, allgemeine Flucht.* — *c)* * *Asteracantha longifolia.* — *d)* * = विदारी (wohl *Batatas paniculata;* vgl. सृगालिका). — Gewöhnlich शृगाल geschrieben, die Bomb. Ausgg. schwanken.

*सृगालकण्टक m. *ein best. Strauch.* Nach Mat. med. 318 *Argemone mexicana.*

*सृगालकोलि m. *eine Art Judendorn.* Nach Mat. med. 318 *Zizyphus Oenoplia.*

*सृगालगर्त N. pr. einer Oertlichkeit.

*सृगालगर्तीय Adj. von सृगालगर्त.

*सृगालघण्टी f. *Asteracantha longifolia.*

*सृगालजम्बू f. 1) *Wassermelone.* — 2) *Brustbeere.*

सृगालवदन m. N. pr. eines Asura Hariv. 3,71,11.

सृगालवाटी f. N. pr. einer Oertlichkeit. सृगाल soll *ein best. Baum* sein.

सृगालवाटीय Adj. *in Sṛgâlavâṭî wohnend.*

सृगालविन्ना und *सृगालवृन्ता f. *Hemionitis cordifolia.*

सृगालास्थिमय Adj. *aus Schakalknochen gemacht.*

सृगालिका f. 1) *Schakalweibchen.* Angeblich auch *Fuchs.* — 2) * *panischer Schrech, allgemeine Flucht.* = डमर Zach. Beitr. 67. — 3) * *Batatas paniculata.* — 4) N. pr. eines Frauenzimmers.

सृगालिनी f. *Schakalweibchen.*

सृगावत् Adj Maitr. S. 2,9,9 v. l. für सृगवत्.

सृङ्का f. etwa *Weg.*

°सृज् Adj. 1) *entlassend, schleudernd, entsendend, von sich gebend.* — 2) *erschaffend, zeugend, hervorbringend.* Ausnahmsweise das Obj. im Gen. — 3) Spr. 4338 fehlerhaft für स्रुत्.

सृजति m. Bez. *der Wurzel* 3. सर्ज् *schaffen* Çiç. 14,66.

सृजनकर्मन् n. *Kindererzeugung* Saṁsk. K. 220, *b*,3. प्रजा° dass. 220,*a*,5.

सृजन n. Verz. d. Oxf. H. 48,*a*,6 fehlerhaft für सर्जन *das Schaffen, Hervorbringen.*

सृजय 1) m. *ein best. Vogel* (nach Mahidh.). — 2) f. आ nach den Erklärern = नीलमक्षिका, मुक्तासर्प oder नीलमक्षिष.

सृजवान m. N. pr. eines Sohnes des Djutimant.

*सृजिकाक्षार m. v. l. für सर्जिकाक्षार.

सृज्य Adj. *zu schaffen, hervorzubringen.*

सृञ्जय N. pr. 1) m. verschiedener Männer; Pl. eines Geschlechts oder Stammes. — 2) f. सृञ्जयी zweier Gattinnen des Bhagamâna Hariv. 1,37,3. v. l. सृञ्जरी.

सृञ्जरी f. s. u. सृञ्जय 2).

सृणि 1) m. (* f.) *ein Haken zum Antreiben des Elephanten* Harshak. 9,6. Vikramâṅkak. 11,22. — 2) * m. *a) der Mond.* — *b) Feind.* — 3) f. सृणी und सृणी *Sichel.*

*सृणिक 1) m. = सृणि 1). — 2) f. आ *Speichel.*

*सृणीका f. *Speichel.*

सृणीराज m. N. pr. eines Mannes Ind. St. 14,131.

(सृण्य) सृणिअ Adj. *mit einer Sichel versehen.* Vgl. अत्सृण्य Nachtr. 6.

°सृत् Adj. *rasch laufend* u. s. w.

1. सृत 1) Adj. s. u. सर्. — 2) n. (adj. Comp. f. आ) *a) Gang* in भुजगशिशु°. — *b) das Davonlaufen, Fliehen.*

2. सृत Adj. Hariv. 8447 fehlerhaft für श्रुत.

सृतजव Adj. *dessen Behendigkeit, Schnellkraft abhanden gekommen ist.*

सृतंजय m. N. pr. eines Sohnes des Karmaǵit.

सृति f. 1) *Weg.* खसृत्या so v. a. *durch den Luftraum.* — 2) *Gang, Wanderung;* insbes. *der Seele nach dem Tode.* — 3) *das Gehen an Etwas,* so v. a. *Ersche[illegible] Hervorbringen.*

सृत्य n. *das Laufen, Fliessen* in सिन्धुसृत्य.

सृत्वन् 1) Adj. (f. सृत्वरी) *eilend, behend.* — 2) * m. = प्रजापति, विसर्प und बुद्धि. — 3) * f. सृत्वरी *Mutter.*

*सृत्वर Adj. = सृत्वन् 1).

*सृदर m. *Schlange.*

सृदाकु m. 1) * *Feuer.* — 2) * *Waldbrand.* — 3) * *der Donnerkeil.* — 4) * *Wind.* — 5) * *eine Eidechsenart.* — 6) * *Fluss.* Angeblich f. — 7) N. pr. eines Mannes Maitr. S. 2,13,21, v. l. für सृदागु.

सृदागु m. N. pr. eines Mannes Maitr. S. 2,13,21 (167,6).

सृंध् AV. 2,6,5 schlechte Schreibart für स्रिध्.

सृप m. 1) *der Mond (?). — 2) N. pr. eines Asura. Vgl. सृम.

*सृपाकु m. N. pr. eines Mannes.

*सृपाट 1) m. ohne Angabe einer Bed. — 2) f. ई = रक्तधारा und परिमाणभेद. — Vgl. असृपाट, असृक्पात.

*सृपाटिका f. Schnabel.

सृप्त (!) 1) Adj. s. u. सर्प्. — 2) *n. der Ort, wo Jmd geschlichen ist, 238,19.

सृप्र 1) Adj. schlüpfrig, fettig; glatt. — 2) *m. der Mond.

सृप्रकरस्न Adj. glatte Arme habend.

सृप्रदानु Adj. fettig thauend, Fett träufelnd.

*सृप्रप्रकारिन् Adj. als Erklärung von तृपलप्रभर्मन्.

सृप्रभोजस् Adj. fette Speisen habend.

सृप्रबन्धुर Adj. einen glatten —, blanken Sitz oder Kasten habend.

सृबिन्द m. N. pr. eines von Indra erschlagenen Dämons.

सृम m. N. pr. eines Asura Maitr. S. 4,2,9 (31,3). Vgl. सृप und सृमर.

सृमर m. 1) ein nicht näher zu bestimmendes Thier, das an feuchten Orten lebt, Gâtakam. 26. Nach Kakrad. = महासूकर. — 2) N. pr. eines Asura Hariv. 1,41,90. Vgl. सृमल, सृम und सृप.

सृमल m. N. pr. eines Asura Hariv. 3,71,11. Vgl. सृमर 3).

सृष्ट Adj. s. u. 3. सर्ज्.

सृष्टमारुत m. Winde abtreibend.

सृष्टमूत्रपुरीष und सृष्टविण्मूत्र Adj. Ausleerung befördernd.

सृष्टि 1) f. a) das Entlassen, Vonsichgeben 80,32. — b) Schöpfung (abstr. und concr.), Hervorbringung. आ सृष्टेः so v. a. vom Anfang der Welt an; यां यामुपयामि सृष्टिम् so v. a. als was ich auch wieder geboren werde; सृष्टिं कुरु so v. a. zeuge Kinder. — c) angeborenes Wesen, Natur. — d) das Spenden, Vertheilung von Gaben. — e) ein bestimmter Backstein Âpast. Çr. 17,2. — f) *Gmelina arborea. — g) * = निर्गुणा. — 2) m. N. pr. eines Sohnes des Ugrasena. — 3) AK. 3,4,9,41 fehlerhaft für सृष्ट.

सृष्टिकृत् Adj. schöpfend. देव m. als Bez. Brahman's.

सृष्टिखण्ड n. Titel des 1sten Abschnittes im Padmapurâṇa.

*सृष्टिदा f. eine best. Knolle, = ऋद्धि.

सृष्टिधर m. N. pr. eines Autors.

सृष्टिपत्तन n. eine best. Zauberkraft.

*सृष्टिप्रदा f. ein best. Strauch, = पुत्रदा.

सृष्टिमत् Adj. die Schöpfung besorgend.

सृष्टिसंहिता f. Titel Opp. Cat. 1.

सृष्ट्यन्तर n. ein zwischen den 4 (von Brahman) geschaffenen (Kasten) liegender Abkömmling, ein Mischling. °ज von einem Mischling erzeugt oder geboren Gaut. 4,24.

1. से 2te Person Sg. Med. von 1. अस्.

2.*से f. ein Name der Gattin Kâma's.

*सेक्, सेकते (गत्यर्थ).

सेक m. 1) Guss, Erguss (z. B. des Samens). गण्डूषसेकासव m. so v. a. in Gurgelwasser gegossener (rother) Rum 294,28. — 2) Begiessung, Besprengung, — mit oder aus (im Comp. vorangehend). — 3) in der Heilkunde so v. a. Tropf- oder Spritzbad, Waschung. — 4) Pl. N. pr. eines Volkes.

सेकंधर m. N. pr. اسكندر; °पुरी f.

*सेकपात्र n. und *सेकभाजन n. ein Geschirr zum Ausschöpfen des Wassers.

सेकिम 1) Adj. a) begossen mit (im Comp. vorangehend) Ind. St. 15,292. — b) *etwa gegossen (Schwert). — 2) *n. Rettig.

सेक्तर् Nom. ag. 1) Ausgiesser, der da ausgiesst. — 2) Beschäler, Hengst Comm. zu Âpast. Çr. 15,1,6. — 3) *Gatte. — Vgl. रेतःसेक्तर्.

सेक्तव्य Adj. zu begiessen.

*सेक्त्र n. ein Gefäss zum Ausschöpfen oder Begiessen.

सेगव m. Pl. Krebsbrut MBh. 6,119,66. Vgl. स्यगवि.

सेङ्गर m. N. pr. eines Geschlechts.

*°सेच Adj. = सेचक 1) Mahâbh. 1,159,b. 160,a.

*सेचक 1) Adj. ausgiessend, begiessend. — 2) m. Wolke.

सेचन 1) Adj. ausgiessend, ausspritzend in विष°. — 2) *f. ई gaṇa गौरादि. — 3) n. a) das Ausgiessen, Ergiessung. — b) das Begiessen, Besprengen, — mit (im Comp. vorangehend). — c) = सेक 3). — d) das Giessen (von Metallen) Sâj. zu Ait. Br. 4,1,1. — e) *ein Geschirr zum Ausgiessen von Wasser.

सेचनक n. = सेक 3).

सेचनघट m. Giesskanne.

*सेचालिन् gaṇa सुवास्त्वादि in der Kâç. सेवालिन् v. l.

सेच्य Adj. zu begiessen, zu besprengen Karaka 6,30 zu vermuthen für सेव्य.

सेट ein best. Hohlmaass und Gewicht.

*सेटु m. Wassermelone.

सेठ m. aus श्रेष्ठ, aber gleich श्रेष्ठिन् Ind. St. 15,398.

*सेतकी f. gaṇa नद्यादि.

सेतर् Nom. ag. Fesseler, fesselnd.

सेतव्य Adj. zu binden.

सेतिकर्तव्यताक Adj. sammt den Obliegenheiten.

सेतिका f. 1) ein best. Hohlmaass und Gewicht, = कुडव = 1/4 Prastha Hemâdri 1,120,8. 404,15. 405,2. 2,a,57,20. 21. Hem. Par. 7,99. — 2) * = अयोध्या.

सेतु 1) Adj. bindend, fesselnd; m. Fesseler. — 2) m. a) Band, Fessel. — b) Damm, Brücke. Am Ende eines Comp. die zu — führende Brücke in übertragener Bed. Gâtakam. 19,4. — c) die Adamsbrücke oder Bez. einer der Inseln dieser Gruppe. — d) Grenzzeichen. — e) Damm in übertragener Bed. so v. a. Schranken. — f) eine Brücke zum Verständniss des Textes (vgl. Eselsbrücke), Commentar Burnell, T. — g) Bez. bestimmter heiliger Silben, die vor einer mystischen Formel ausgesprochen werden. — h) *Crataeva Roxburghii. — i) N. pr. eines Sohnes des Druhju und Bruders des Babhru oder eines Sohnes des Babhru.

*सेतुक m. Crataeva Roxburghii.

सेतुकर m. Errichter von Dämmen, Brückenbauer.

सेतुकर्मन् n. Erbauung einer Brücke.

सेतुकाव्य n. und सेतुखण्ड Titel Opp. Cat. 1.

सेतुप्रद m. Bein. Kṛshṇa's.

सेतुप्रबन्ध m. Titel eines Werkes Burnell, T.

सेतुबन्ध m. 1) Errichtung eines Dammes, — einer Brücke. — 2) Damm, Brücke Vâsav. 61,1. — 3) die Adamsbrücke. — 4) Titel eines Gedichts in Prâkrit.

सेतुबन्धन n. 1) Errichtung eines Dammes, — einer Brücke. — 2) Damm, Brücke. — 3) Damm in übertragener Bed.

सेतुभेत्तर् Nom. ag. Durchstecher eines Dammes.

सेतुभेद m. Durchbruch eines Dammes.

*सेतुभेदिन् m. Croton polyandrum oder — Tiglium.

सेतुमङ्गलतत्त्व n., सेतुमाहात्म्य n. (Burnell, T. Opp. Cat. 1) und सेतुयात्राविधि m. (Burnell, T.) Titel.

*सेतुवृक्ष m. Crataeva Roxburghii.

सेतुशैल m. ein die Grenze bildender Berg.

सेतुषामन् n. mit स्वर्ग्य Name eines Sâman Ârsh. Br.

सेतुसरणि f. und सेतुस्नानविधि m. (Burnell, T.) Titel.

*सेत्र n. Fessel.

सेदि f. Entkräftung, Verkommenheit.

सेडुक m. N. pr. eines Fürsten.

सेध 1) Adj. (f. आ) treibend, scheuchend in गोषेधा. — 2) m. = निषेध Verbot in विधिषेध. — सेधा s. bes.

*सेधन n. (अधिकरणे) Kâç. zu P. 3,1,116.

सेधा f. *Igel oder Stachelschwein.*

1. सेन Adj. *einen Gebieter* (इन) *habend, von einem Andern abhängig* Vâsav. 204,1.

2.*सेन (?) n. *Leib, Körper.*

3. सेन am Anfange und am Ende einiger Compp. = सेना. Auch Hypokoristikon für भीमसेन Ind. St. 17,57, N. 3.

सेनक m. N. pr. 1) eines Grammatikers. — 2) eines Sohnes des Çambara Hariv. 2,104,45.

सेनकुल n. *die Familie der* Sena, d. i. *der Fürsten, deren Namen auf* सेन *ausgehen.*

सेनजित् 1) Adj. *Heere besiegend.* — 2) m. N. pr. *a)* eines Jaksha und Râkshasa VP.² 2,285. 288. — *b)* eines Sohnes des Kṛshṇa und verschiedener anderer Personen. — 3) f. N. pr. einer Apsaras.

सेनट m. N. pr. eines Mannes.

सेनस्कन्ध m. N. pr. eines Sohnes des Çambara.

सेनहन् m. desgl. v. l. सेनाहन्.

सेना (wohl von verschiedener Herkunft) f. 1) *Wurfgeschoss, Wurfspiess.* — 2) Bez. von Indra's *Gattin, indem sein Geschoss als seine Braut gedacht wird,* Vaitân. — 3) *Schlachtreihe, geordnete Heerschaar.* *Am Ende eines Comp. auch सेन n. — 4) **eine kleine Heeresabtheilung, bestehend aus 3 Elephanten, 3 Wagen, 9 Reitern und 15 Fussoldaten.* — 5) *Heer,* so v. a. *eine geordnete Menge* Bâlar. 16,11. — 6) am Ende von Personennamen, insbes. von Hetärennamen. — 7) N. pr. *a)* einer Hetäre, abgekürzt für कुबेरसेना Hem. Par. 2,288. — *b)* *der Mutter Çambhava's, eines Arhant der Gaina.

सेनाकक्ष m. *die Flanke eines Heeres* und zugleich *ein Heer als dürres Gestrüpp.*

सेनाकर्मन् n. *Führung eines Heeres.*

सेनागोप m. *Hüter des Heeres* (ein best. Amt) MBh. 8,8,22. Vgl. सेनाभिगोप्तर्.

सेनाग्नि m. Agni *des Heeres.*

सेनाग्र n. *Spitze des Heeres.* °ग Adj. und °गामिन् (R. 5,41,2) *an der Spitze des Heeres gehend;* m. *Heerführer.*

सेनाङ्ग n. 1) *Alles was einen Bestandtheil des Heeres bildet, — zu einem Heere gehört.* — 2) *Heeresabtheilung.* °पति m.

सेनाचर m. *Krieger, Soldat.*

सेनाजीव und सेनाजीविन् m. dass.

सेनाजु Adj. *pfeilgeschwind.*

सेनाधिनाथ m. 1) *Heerführer* in सर्व°. — 2) N. pr. eines Mannes.

सेनाधिप, सेनाधिपति (Gâtakam. 22) und सेनाध्यक्ष m. *Heerführer.*

*सेनानिभोगीन Adj. Pat. zu P. 5,1,9, Vârtt. 3.

सेनानी m. 1) *Schaarenführer, Herzog, Feldherr.* सेनानीग्रामण्यौ VS. 15,15 = Maitr. S. 2,8,10. — 2) Bein. Skanda's, *des Heerführers der Götter.* — 3) N. pr. *a)* eines Rudra. — *b)* eines Sohnes des Dhṛtarâshṭra. — *c)* eines Sohnes des Çambara.

सेनापति m. 1) *Heerführer.* — 2) Bein. Skanda's Text zu Lot. de la b. l. 258. — 3) N. pr. eines Sohnes des Dhṛtarâshṭra.

सेनापतित्व n. Nom. abstr. zu सेनापति 1).

सेनापतिपति m. *Oberfeldherr.*

सेनापत्य n. *Feldherrnamt.* Richtiger सैना°.

सेनापुर n. N. pr. einer *Stadt.*

सेनाप्रणेतर् m. *Heerführer* MBh. 5,8,5. 151,5. 157,13. 15,5,39.

सेनाबिन्दु m. N. pr. eines Fürsten.

सेनाभिगोप्तर् m. *Hüter des Heeres* (ein best. Amt). Vgl. सेनागोप.

सेनामुख n. 1) *Spitze des Heeres.* — 2) **eine kleine Heeresabtheilung, bestehend aus 3* (oder *9*) *Elephanten, 3* (oder *9*) *Wagen, 9* (oder *27*) *Reitern und 15* (oder *45*) *Fussoldaten.* — 3) **ein zu einem Stadtthor führender verdeckter Gang.*

सेनामुखी f. N. pr. einer Göttin.

सेनायोग m. *das Rüsten eines Heeres* MBh. 2, 74,15. 12,100,9.

*सेनारक्ष m. Pl. *Feldwache.*

सेनावास m. *Lager, castra.*

सेनावाह m. *Heerführer.*

सेनाव्यूह m. *Aufstellung eines Heeres, Schlachtordnung.*

सेनाहन् m. N. pr. eines Sohnes des Çambara Hariv. 2,104,44. v. l. सेनहन्.

सेनि f. in तीर्थ°.

सेनीय in युक्त°; s. u. युक्तसेन.

सेन्द्र Adj. *mit* Indra *verbunden, sammt* Indra Âçv. Gṛhj. 3,9,1. R. 1,38,23. Nom. abstr. सेन्द्रता f. und सेन्द्रत्व n.

सेन्द्रक m. Pl. N. pr. eines Geschlechts Ind. Antiq. 6,32.

सेन्द्रगण Adj. *sammt* Indra's *Schaaren.*

सेन्द्रचाप Adj. *mit einem Regenbogen* MBh. 3, 231,32. Megh. 64.

सेन्द्रधृति Adj. (?) Vâsav. 296,4.

सेन्द्रिय Adj. 1) *mit Vermögen —, mit männlichem Vermögen u. s. w. ausgestattet.* — 2) *sammt den Sinnesorganen.*

सेन्द्रियत्व n. Nom. abstr. zu सेन्द्रिय 1) Maitr. S. 2,4,2 (39,8). 6 (43,18).

सैन्य, सैनिय 1) Adj. *durch Speerwurf veranlasst.* — 2) m. *Speerwerfer, Kriegsmann.*

*सेपुर n. N. pr. eines Dorfes der Bâhîka.

सेमन्ती f. *Rosa glandulifera.*

सेय n. in शतसेय.

सेयन m. N. pr. eines Sohnes des Viçvâmitra MBh. 13,4,58. v. l. सयन.

सेर Adj. zur Erklärung von सैर.

*सेराह m. *ein milchweisses Pferd, Schimmel.*

*सेरु Adj. *bindend, fesselnd.*

सेर्ष्य Adj. (f. आ) *neidisch, eifersüchtig, — auf* (im Comp. vorangehend). °म् Adv.

*सेल्, सेलति v. l. für शेल्.

सेल 1) *eine best. Waffe* Kâd. (ed. Bomb.) 356,2. Vgl. सेल्ल. — 2) **eine best. hohe Zahl* (buddh.).

सेलग m. *Räuber, Wegelagerer.*

सेलु 1) m. = शेलु *Cordia Myxa.* — 2) **eine best. hohe Zahl* (buddh.).

सेल्यपुर n. N. pr. einer *Stadt.*

सेल्ल *eine best. Waffe* Pańkad. Vgl. सेल 1).

*सेल्हार N. pr. eines Geschlechts.

सेव्, सेवते (metrisch auch Act.) 1) mit Loc. *sich aufhalten bei.* — 2) mit Acc. *a) sich aufhalten —, verweilen bei, besuchen, bewohnen, zum Aufenthaltsort erwählen, sich begeben zu* oder *auf.* सेव्यमान (Ort, Platz) *den man inne hat.* सेवित *besucht, bewohnt, eingenommen* (ein Ort). — *b) bei Jmd verweilen,* so v. a. *Jmd Dienste leisten, aufwarten, seine Achtung —, seine Unterthänigkeit* u. s. w. *bezeigen, es mit Jmd halten; pflegen* (ein Kind): *Jmd bedenken mit* (Instr.). Auch von Unbelebtem, das aber belebt gedacht wird. — *c) der Liebe pflegen,* (von beiden Geschlechtern). — *d) anblasen, anwehen* (vom Winde, der gleichsam als *dienstbarer* Geist gedacht wird). — *e) sich einer Sache hingeben, obliegen, pflegen, üben, fröhnen, geniessen, gebrauchen, häufig gebrauchen.* — *f) sich befinden an, angetroffen werden bei* (von Unbelebtem). °सेवित so v. a. *versehen mit.* — Caus. सेवयति 1) *Jmd dienen, seine Achtung bezeigen;* mit Acc. — 2) *pflegen, hegen* (Pflanzen). — Desid. vom Caus. in सिसेवयिषु. — Mit अति *zu häufig geniessen.* — Mit व्यति Pass. *reichlich versehen sein mit* (Instr.) MBh. 7,163,18. — Mit अनु = Simpl. 2) *a)* und *b)*. — Mit अभि in अभिसेवन. — Mit आ = Simpl. 2) *a) b) c)* und *e)*. In Verbindung mit दुष्प्रवादम् so v. a. *sich aussetzen,* mit अध्यायम् so v. a. *lesen.* — Mit प्रत्या zur Erklärung vom Caus. von जुष् mit प्रति. — Mit समा = Simpl. 2) *e)*. — Mit उप =

Simpl. 2) *a*) *b*) *c*) *d*) *e*) und *f*). सर्गं मूत्रपुरीषयोः so v. a. *seine Nothdurft verrichten.* Auch so v. a. *ausbeuten.* — Mit अभ्युप *verehren.* — Mit समुप *sich einer Sache* (Acc.) *hingeben.* — Mit नि (निषेवते) 1) mit Loc. *a*) *wohnen bleiben.* — *b*) *Umgang haben mit.* — 2) mit Acc. *a*) = Simpl. 2) *a*). मार्गम् *einen Weg einschlagen.* निषेवित *bewohnt, besucht, besetzt.* — *b*) = Simpl. 2) *b*). निषेवित *dem man sich genähert hat.* — *c*) = Simpl. 2) *c*). — *d*) = Simpl. 2) *d*). — *e*) = Simpl. 2) *e*). द्वावनर्थौ *zwei Uebel geniessen,* so v. a. *zu tragen haben.* न चाति ते (मृगाः) निषेव्यन्ते so v. a. *aber man übertreibt nicht die Jagd auf sie.* — *f*) = Simpl. 2) *f*). निषेवित so v. a. *befindlich, gelegen, fliessend* (in einer best. Gegend). — निषेवितम् Kâm. Nîtis. 18,42 wohl fehlerhaft für निषेविणाम्. — Caus. *sich begeben —, fahren in* (eine Hölle). — Mit उपनि *sich einer Sache* (Acc.) *hingeben, nachgehen, fröhnen.* — Mit परिनि etwa *vollauf haben.* v. l. °षेव्येत st. °षेवेत. — Mit संनि *besuchen, bewohnen.* Nur संनिषेवित. — Mit परि (nach den Grammatikern °षेवते, man findet aber auch in guten Ausgg. °सेवते) 1) *besuchen, aufsuchen.* — 2) *Jmd mit Auszeichnung behandeln, ehren.* — 3) *einer Sache* (Acc.) *nachgehen; häufig —, gern geniessen.* — Mit प्रति (°सेवते) als Erklärung von जुष् mit प्रति Sâj. zu Ṛv. 3,33,8. — Mit *वि, °षेवते. — Mit सम् 1) *zusammensein mit* zur Erklärung von सच्. — 2) = Simpl. 2) *a*) *b*) (auch so v. a. *begrüssen*), *c*) *d*) *e*) und *f*).

*सेव 1) Nom. ag. — 2) n. = सेवि *Apfel* Bhâvapr. 1,248.

1. *सेवक m. *Sack.*

2. सेवक Nom. ag. 1) am Ende eines Comp. *bewohnend.* — 2) *Diener, Dienstmann.* — 3) *ehrend, Verehrer.* Gewöhnlich in Comp. mit seinem Obj. — 4) am Ende eines Comp. *einer Sache obliegend, pflegend, gebrauchend* (Bhar. Nâṭjaç. 34,108).

*सेवकालु m. *eine best. Pflanze.*

*सेवती f. *Rosa glandulifera.*

1. सेवन 1) n. *das Nähen* Comm. zu Âpast. Çr. 11,8,1. — 2) f. ई *a*) **Nähnadel.* — *b*) *Naht, Verbindungsstelle am menschlichen Leibe* (fünf am Kopf, je eine an Zunge und penis oder Hodensack).

2. सेवन n. 1) *das Aufsuchen, Besuchen, Hingehen zu* (im Comp. vorangehend). — 2) *das Bedienen, Aufwarten, Dienst.* — 3) *das Ehren, Verehrung.* Auch f. आ. — 4) *geschlechtlicher Verkehr mit* (im Comp. vorangehend). — 5) *das Obliegen, Ausüben, Fröhnen; Gebrauch, häufiger Genuss* Spr. 7667. 7768.

सेवनिन् m. *Pflüger* (nach Nilak.).

सेवनीय Adj. 1) *aufzusuchen.* — 2) *zu ehren, dem zu huldigen ist.*

सेवन्तिकापरिणय m. Titel eines Schauspiels Opp. Cat. 1.

सेवा f. 1) *Besuch.* — 2) *Dienst, Dienstverrichtung bei* (Loc., Gen. [Spr. 7717] oder im Comp. vorangehend). Acc. mit कर् *Dienste verrichten bei* (Gen.). — 3) *Verehrung, unterwürfiges —, rücksichtsvolles Benehmen, — gegen* (Gen. oder im Comp. vorangehend). — 4) *geschlechtlicher Verkehr mit* (im Comp. vorangehend). — 5) *das Obliegen, Sichhingeben, Ausübung; Gebrauch, Genuss* (insbes. *häufiger*).

सेवाकौमुदी f. Titel eines Werkes.

सेवाजन m. *Diener, Dienstmann.*

सेवाञ्जलि m. *der im Zusammenlegen der Handflächen bestehende Gruss eines Dieners.*

सेवाधर्म m. *Dienerpflicht, Dieneramt.*

सेवाफल n., °स्तोत्र n., °स्तोत्रविवृति f. und °फलोक्तिविवृति f. Titel.

°सेवाभृत् Adj. *Ehre erzeigend, ehrend.*

*सेवालिन् gaṇa सुवास्त्वादि. v. l. सेचालिन्.

*सेवावृत्ति f. *ein Lebensunterhalt durch Dienst.*

*सेवासी Adv. mit कर्.

*सेवि n. *Apfel.*

*सेविका f. *eine Art Nudeln aus Weizenmehl, in Milch und Zucker gekocht.* °मोदक m. Bhâvapr. 2,16.25.

सेवित 1) Adj. s. u. सेव्. — 2) *n. *Brustbeere.*

सेवितर् Nom. ag. 1) *Diener.* — 2) am Ende eines Comp. *a*) *der da ehrt, Verehrer.* — *b*) *der da obliegt —, sich hingiebt einer Sache.*

1. सेवितव्य Adj. *zu nähen.*

2. सेवितव्य Adj. 1) *zu besuchen, als Wohnstätte zu erwählen.* — 2) *dem man obliegen muss, auszuüben, zu pflegen.*

°सेविता f. *das Dienen.*

°सेवित्व n. 1) *das Aufsuchen, Sichhinbegeben zu.* — 2) *das Ehren, ehrfurchtsvolles Benehmen gegen.*

°सेविन् Adj. 1) *aufsuchend, bewohnend, sich aufhaltend in.* — 2) *dienend, Diener.* — 3) *ehrend, verehrend, ehrfurchtsvoll sich benehmend; sich zu Jmd haltend.* — 4) *geschlechtlich beiwohnend.* — 5) *einer Sache obliegend, übend; gebrauchend, geniessend.*

सेव्य 1) Adj. *a*) *zu besuchen, besuchenswerth für* (Gen.), *einen passenden Aufenthaltsort gebend; einzuschlagen* (ein Weg); *dem man nahe kommen darf.* — *b*) *würdig, dass Jmd* (Gen.) *ihm diene, dem man dienen muss oder kann;* m. *Herr* (Gegensatz *Diener*). — *c*) *zu ehren, — verehren, mit Ehrerbietung zu behandeln.* — *d*) *mit dem oder der man der Liebe pflegen soll* oder *darf.* — *e*) *dem man sich hingeben —, obliegen soll oder darf, zu gebrauchen, — geniessen.* पुराण n. so v. a. *zu studiren.* — *f*) fehlerhaft für सेच्य. — 2) *m. *a*) *Ficus religiosa.* — *b*) *Barringtonia acutangula.* — 3) *f. आ *Schmarotzerpflanze.* — 4) n. *a*) *die Wurzel von Andropogon muricatus.* — *b*) **Wasser.*

सेव्यता f. Nom. abstr. zu सेव्य 1) *c*) und *e*).

सेव्यत्व n. Nom. abstr. zu सेव्य 1) *b*) und *c*).

सेश्वर Adj. *einen Gott habend.* °सांख्य n. *die theistische* Sâṁkhja-*Lehre.*

सेषु Adj. *mit einem Pfeil versehen.*

सेषुक Adj. (f. आ) dass.

सेषुधन्वन् Adj. *nebst Pfeil und Bogen* Çâṅkh. Çr. 14,72,3.

सेष्टि Adj. *mit einem Opfer versehen* Âpast. Çr. 5,24,9. Hiraṇjakeçin im Comm. zu 5,25,1.

सेष्टिक Adj. dass. Comm. zu Âpast. Çr. 5,22,10. 23,4.

सेहु m. 1) *ein best. trockener Stoff.* — 2) *ein best. Organ im Leibe.*

सेहुण्ड m. (Kâçîkh. 1,28) und *f. आ *Euphorbia ligularia* Mat. med. 233. Bhâvapr. 1,284.

सैंह Adj. (f. ई) *leoninus.*

*सैंहकरोण Adj. Pat. zu P. 1,1,72, Vârtt. 14.

*सैंहकर्ण Adj. *aus* Siṁhakarṇa *stammend.*

*सैंहकायन Adj. von सिंहक.

सैंहल 1) Adj. *zu Ceylon in Beziehung stehend, ceylonesisch.* तट m. *die Küste von C.* — 2) *f. ई *eine Art Pfeffer.* — 3) *n. *Laurus Cassia.*

सैंहाद्रिक m. Pl. N. pr. einer Völkerschaft.

*सैंहिक m. = सैंहिकेय 2).

सैंहिकेय 1) Adj. *von der* Siṁhikâ *stammend.* — 2) m. *ein Kind der* Siṁhikâ (auch Pl.). Insbes. Bez. Râhu's Çiç. 2,35. 18,59.

सैक Adj. *nebst —, plus eins* Jjấṅ. 1,14. Varâh. Bṛh, S. 76,3.

सैकतँ 1) Adj. (f. ई) *sandig, aus Sand bestehend, — gemacht.* — 2) m. Pl. Bez. eines Ṛshi-Geschlechts. — 3) n. (adj. Comp. f. आ) *Sandboden; Sandbank, angeschwemmter Sand am Ufer eines Flusses* Çiç. 8,9. Vâsav. 96,4. 193,1. Daçak. 85,9.

*सैकतिक 1) Adj. = भ्रान्तिजीविन्, संदेहजीविन्. — 2) m. = क्षपणक (vgl. Zach. Beitr. 90) und संन्यस्त. — 3) n. = मातृयात्रा und मङ्गलसूत्र (°क).

सैकतिन् Adj. *mit Sandbänken oder sandigem Ufer versehen.*

*सैकतेष्ट n. frischer Ingwer.

सैकद्विसप्तक Adj. (f. °प्तिका) nebst eins, zwei und sieben Weber, Ǵyot. 93.

*सैकयत m. gaṇa कौड्यादि. °विध Adj. von solchen bewohnt.

*सैकयत्या f. zu सैकयत.

सैकावलि Adj. (f. ई) mit einem aus einer einzigen Perlenschnur bestehenden Schmuck versehen 218,13.

सैक्त Adj. mit Begiessung zusammenhängend, davon abhängig.

सैत्तव Adj. gezuckert.

*सैचालिन Adj. von सेचालिन् gaṇa सुवास्त्वादि in der Kâç. v. l. सैवालिन.

*सैत m. N. pr. eines fürstlichen Geschlechts.

*सैतकेय Adj. von सेतकी.

सैतव 1) Adj. aus einem Damm —, aus einer Brücke bestehend. — 2) m. N. pr. eines Lehrers.

*सैतवाहिनी f. N. pr. eines Flusses, = बाहुदा.

सैद्धान्तिक m. Fachgelehrter Ind. St. 15,295.

सैध्रक Adj. aus dem Holze des Sidhraka gemacht.

*सैध्रकायन Adj. Kâç. zu P. 4,2,72.

*सैध्रिक n. = सारवृक्षविशेष Sâj. zu Sâmav. Br. 3,6,9.

सैध्रिकमय Adj. (f. ई) von सैध्रिक. Vgl. सैध्रक.

*सैनक्र n. von सेना.

सैनानीक Adj. was zur Vorhut gehört.

सैनान्य n. Feldherrnschaft MBh. 8,10,32.

सैनापत्य n. dass.

सैनिक 1) Adj. zu einem Heere gehörig. — 2) m. (adj. Comp. f. आ) a) Soldat; Pl. Truppen. — b) = *सेनारक्ष, सैन्यरक्ष. — c) N. pr. eines Sohnes des Çambara.

सैन्दूर Adj. mit Mennig gefärbt.

सैन्दूरी Adv. mit कर् mit Mennig färben 292,23.

सैन्धव 1) Adj. (f. ई) a) zum Meere in Beziehung stehend, daselbst befindlich, daher stammend, daselbst wohnend. — b) zum Indus gehörig, vom Indus und Indusland kommend u. s. w. — 2) m. a) Pl. die Anwohner des Indus. — b) ein Fürst der Anwohner des Indus. — c) ein Pferd aus dem Induslande. — d) N. pr. α) eines Lehrers. — β) Pl. einer auf Saindhavâjana zurückgehenden Schule. — 3) m. n. Steinsalz (das sich im Induslande in grossen Lagern findet). Auch so v. a. etwas Salziges. — 4) f. सैन्धवी eine best. Râgiṇî S. S. S. 37. — 5) n. ein von Musik begleiteter Gesang in Prâkrit eines von seiner Geliebten im Stich gelassenen Liebhabers.

सैन्धवक Adj. zu den Anwohnern des Indus in Beziehung stehend. नृप m., राजन् m. ein Fürst der Anw. des I.

सैन्धवखिल्य m. ein Salzklumpen 34,22.

सैन्धवघन m. dass.

सैन्धवायन m. N. pr. eines Ṛshi. Pl. sein Geschlecht.

*सैन्धवायनि m. Patron. von सैन्धव.

सैन्धवारण्य n. N. pr. eines Waldes.

*सैन्धी f. Branntwein aus Palmsaft.

सैन्धुक्षित n. Name verschiedener Sâman Ârsh. Br.

*सैन्धुमित्रिक Adj. (f. आ und ई) von सिन्धुमित्र.

*सैन्धुवक्त्रक Adj. von सिन्धुवक्त्र.

सैन्य 1) Adj. von einem Heere kommend. वध m. Çâṅkh. Gṛhj. 3,9. — 2) m. a) Soldat; Pl. Truppen. — b) Heer. — 3) n. (adj. Comp. f. आ) a) Heer. — b) Lager, castra.

सैन्यकक्ष m. = सेनाकक्ष.

सैन्यक्षोभ m. Meuterei unter den Truppen.

सैन्यनायक m. Heerführer.

सैन्यनियोक्त्रिका f. als Erklärung von चक्रग्रहणी Nîlak. zu MBh. 3,15,6.

सैन्यपति und सैन्यपाल m. Heerführer.

*सैन्यपृष्ठ n. und *°भाग m. der Nachtrab eines Heeres.

सैन्यमय Adj. (f. ई) aus Truppen bestehend.

सैन्यवास m. Heerlager Daçak. 19,6.

सैन्यशिरस् n. Spitze eines Heeres Prab. 85,19.

सैन्यहन्तर् m. N. pr. eines Sohnes des Çambara.

*सैपुरिक Adj. (f. आ und ई) von सेपुर.

*सैमन्तिक n. Mennig.

सैर 1) Adj. (f. ई) zum Pflug gehörig Âpast. — 2) n. a) eine Art Branntwein. — b) *= सीराणां (= प्रतिसीराणां) समूहः, eine zur Erklärung von सैरन्ध्री erfundene Bedeutung.

*सैरकायण Adj. von सीरक.

सैरन्ध्र 1) m. Kammerdiener; f. ई Kammerzofe. Im System eine best. Mischlingskaste. — 2) f. ई Bein. der Draupadî, die am Hofe des Fürsten Virâṭa als Kammerzofe diente.

सैरन्ध्रिका f. Kammerzofe Dhûrtan. 58.

सैरावत् Adj. nach Sâj. mit Proviant versehen. Vgl. 22,14.

सैरि m. 1) *der Monat Kârttika. — 2) Pl. N. pr. eines Volkes.

*सैरिक 1) Adj. von सीर. — 2) m. Himmel. — Vgl. शैरिक.

सैरिध्र, सैरित्य oder सैरिध्य m. Pl. N. pr. eines Volkes.

*सैरिध्रक Adj. von सिरिध्र gaṇa कुलालादि in der Kâç.

सैरिन्ध oder सैरिन्ध्य m. Pl. N. pr. eines Volkes.

सैरिन्ध्र 1) m. f. (ई) häufige v. l. für सैरन्ध्र. — 2) m. Pl. N. pr. eines Volkes.

*सैरिन्ध्रक Adj. von सिरिन्ध्र und सैरिन्ध्र. v. l. सैरिध्रक.

सैरिभ 1) m. a) Büffel Harshaḱ. 477,9. Bâlar. 251,10. Hem. Par. 2,318. — b) * Himmel. — 2) *f. ई Büffelkuh.

सैरिष्ठ m. Pl. N. pr. eines Volkes.

सैरीय, *°क, *सैरेय und °क m. Barleria cristata. n. सैरेयक n. die Blüthe.

(सैर्य) सैरिभ्र m. eine best. Pflanze und ein best. Insect.

सैलग m. Raubgeselle.

सैलि m. Pl. N. pr. eines Volkes.

*सैवालिन Adj. von सेवालिन्. v. l. सैचालिन.

*सैस und सैसक Adj. bleiern, von Blei Hemâdri 1, 216,4.

*सैसिकत m. Pl. N. pr. eines Volkes. v. l. सैसिरिध्र.

सैसिरिध्र m. Pl. v. l. für सैसिकत MBh. 6,9,57.

*सैह्रेय Adj. von सोह्र.

1.*सो f. (Nomin. सोस्) ein Name der Pârvatî.

2. सो = सा उ 31,16.

सोक्थ (Tâṇḍja-Br. 21,7,1. 9,1. 11,1. Çâṅkh. Çr. 8,3,5) und सोक्थक Adj. mit Uktha.

सोक्थ्य Adj. mit Ukthja.

सोख Adj. nebst Ukhâ Çat. Br. 2,5,2,11.

*सोच्छ्रय Adj. hoch.

सोच्छ्वास 1) Adj. a) den Athem ausstossend. — b) Spielraum habend (ein loser Verband). — 2) °म् Adv. aufathmend (nach einem Schrecken).

सोच्छ्वासत्व n. Nom. abstr. zu सोच्छ्वास.

*सोटा Pat. zu P. 3,1,27.

*सोटाय्, °यते ebend.

सोढल m. N. pr. des Vaters von Çârṅgadeva.

सोढ 1) Adj. s. u. 1. सह्. — 2) *n. in अवि°.

सोढर् Nom. ag. mit Gen. 1) der Jmd oder einer Sache zu widerstehen vermag. — 2) Etwas geduldig ertragend Bâlar. 26,2.

सोढव्य 1) Adj. a) zu ertragen. — b) ruhig hinzunehmen, nachzusehen, zu verzeihen. — 2) n. imper. Jmd (Gen.) nachzusehen.

*सोढामित्र m. N. pr. eines Mannes. Vgl. सौढामित्रि.

*सोढाय्, °यते Denomin. von सोढ.

*सोढिन् Adj. der Etwas ertragen hat.

सोतर् und सोतर् Nom. ag. Kelterer des Soma, Presser.

सोतरि Loc. Infin. beim Pressen Ṛv. 10,76,2. 100,9.

सौतवे Dat. Infin. *zum Pressen* RV. 1,28,1.

सौतु m. *Soma-Kelterung, Libation.*

सोत्क Adj. (f. आ) *voller Sehnsucht, — Verlangen.* सोत्क° Adv.

सोत्कण्ठ 1) Adj. (f. आ) *voller Sehnsucht, sich sehnend nach* (प्रति), *wehmüthig, — gestimmt über* (im Comp. vorangehend). °म् Adv. 319,7. — 2) *ein best. Spiel* Ind. St. 15,419.

सोत्कम्प Adj. *mit Zittern verbunden* Megh. II.

सोत्कर्ष Adj. *vorzüglich, ausgezeichnet.*

सोत्कृष्टहसितस्वर Adj. *von lautem Lachen begleitet* R. ed. Bomb. 4,43,52 (°स्वरः zu lesen).

सोत्तर Adj. *mit einer Wette verbunden* Nār. 1,5.

सोत्तरपण Adj. dass. Nār. 1,6.

सोत्पीड Adj. *einen Strom aus sich entlassend* R. 4,15,23 (wohl पर्वतः für सर्वतः zu lesen; vgl. ed. Bomb. 16,22).

सोत्प्रास Adj. *höhnisch, spöttisch* Kād. 2,7,1. °म् Adv. Chr. 309,2. Angeblich = चटु, चाटु.

सोत्प्रेक्षम् Adv. *gleichgültig, als wenn man einer Sache keine Beachtung schenkte* Veṇīs. 22,9.

(सोत्व) सौतुत्र Adj. *zu keltern.*

सोत्सङ्ग Adj. *vertieft* Bhāvapr. 6,40.

सोत्सव Adj. 1) *mit einem Fest verbunden.* दिन n. so v. a. *Festtag* 127,1. — 2) *ein Fest feiernd,* so v. a. *hoch erfreut* Kathās. 51,180. 115,132.

सोत्साह Adj. 1) *voller Willenskraft, — Entschlossenheit, — Muth.* घनास् so v. a. *drohende Wolken.* °म् Adv. *mit Energie, mit Nachdruck.* — 2) *hoch erfreut* LA. 18,8. °म् Adv. Spr. 3957, v. l.

सोत्साहता f. *an den Tag gelegte Willenskraft, — guter Muth.*

सोत्सुक Adj. (f. आ) *voller Sehnsucht, — Verlangen, — nach* (Loc., Acc. mit प्रति oder im Comp. vorangehend).

सोत्सेक Adj. *sich überhebend, hochmüthig* 249,4.

सोत्सेध 1) Adj. *hoch* 93,2. — 2) °म् Adv. *in einem Ruck.*

सौदक Adj. (f. आ) 1) *mit Wasser versehen, W. enthaltend* Vishṇus. 73,23. — 2) = समानोदक.

सोदधिल Adj. *aus vier* (उदधि) *Kürzen* (ल) *bestehend.*

सोदपूर्वम् Adv. *mit vorangehender Wasserbegiessung* Hemādri 1,812,16.

सोदय Adj. *nebst Zinsen* Vishṇus. 5,127.

सोदयन Adj. *nebst* Udajana.

सोदर Adj. (f. ई) *demselben Mutterleibe entsprossen.* भ्रातर् m. *ein leiblicher Bruder.* m. dass. (Hem. Par. 2,257) und *Bruder* überh.; f. *eine leibliche Schwester.* In übertragener Bed. so v. a. *gleichsam ein Bruder, der nächste Verwandte.* नर्मैकसोदरं हि नवं वयः *das jugendliche Alter hat ja nur einen Bruder, den Scherz,* so v. a. *denkt nur an Scherz.*

सोदरीय Adj. und Subst. = सोदर.

सोदर्क 1) Adj. a) etwa *mit einem Thurme —, mit einer Warte versehen.* — 2) *mit demselben Refrain versehen* Āpast. Çr. 15,18,4 (anders Comm.). — 2) n. *Schlussrefrain.*

सोदर्य Adj. (f. आ) und Subst. = सोदर Gaut. Āpast. अवज्ञासोदर्यं दारिद्यम् so v. a. *Armuth und Verachtung sind Geschwister, gehen Hand in Hand.*

सोदर्यवत् Adj. *nebst Bruder.*

सोद्धरण Adj. *mit Näschereien versehen, die man nach Hause bringt.*

सोद्धार Adj. *nebst einem ausgeschiedenen, ausgewählten Theile* Kull. zu M. 9,120. 121.

सोद्धारत्रिभागिन् Adj. *ein Erbtheil nebst einem ausgeschiedenen, ausgewählten Theile erhaltend* Kull. zu M. 9,121.

सोद्बाष्पम् Adv. *unter Thränen* Kathās. 123,331.

सोद्यम Adj. *gerüstet, kampfbereit.*

सोद्योग Adj. *strebsam.* प्राणप्रयाण° so v. a. *das Leben stark bedrohend* (Krankheit).

सोद्वेग Adj. (f. आ) *unruhig, aufgeregt.* °म् Adv. 290,30. 315,12. 318,13.

सोध m. Pl. N. pr. eines Volkes. v. l. गोध.

*सोनह m. *Lauch, Knoblauch.*

सोनिदेवी f. N. pr. einer Frau.

सोन्माद Adj. (f. आ) *geistesverwirrt, toll.*

सोपकरण Adj. *nebst dem Geräthe* Kātj. Çr. 25,14,1.

सोपकार Adj. *wovon man den Niessbrauch hat* (Pfand).

सोपकारक Adj. *dem ein Dienst erwiesen worden ist.*

सोपक्रम Adj. *wozu man Etwas thut, — anwendet.*

सोपग्रहम् Adv. *freundlich thuend, schmeichelnd* Kād. 169,15 (290,15). 176,8 (301,11). 247,14 (493,15).

सोपचय Adj. *mit Vortheil verbunden, Gewinn bringend.*

सोपचार Adj. (f. आ) 1) *nebst Verhaltungsregeln* MBh. 3,41,26. — 2) *höflich.* °म् Adv. *unter Höflichkeitsbezeugungen, höflich* Çiç. 10,2 (*mit Bitten* Comm.). — 3) etwa *geschmückt, verziert* Hemādri 1,469,3.

सोपद्रव Adj. (f. आ) *mit Widerwärtigkeiten —, mit Uebeln —, mit Gefahren verbunden* Spr. 699. 6284.

सोपध Adj. 1) *betrügerisch, unehrlich* (von Personen und Handlungen). °म् Adv. Hemādri 1,18,20. 19,8. — 2) *nebst dem vorangehenden Laute.*

सोपधान Adj. (f. आ) *nebst Kissen, — Polster* Kātj. Çr. 21,4,30. Kauç. 64.

सोपधि Adv. *auf eine hinterlistige Weise* Kir. 1,45.

सोपधिशेष Adj. *bei dem noch ein Rest eines störenden Momentes vorhanden ist, bei dem das Ungehörige noch nicht verschwunden ist* Burnouf, Intr. 591. Saddh. P. 138. Vgl. निरुपधिशेष.

सोपन्यास Adj. *begründet* (Rede) Hariv. 4541.

सोपपत्तिक Adj. *begründet, richtig* Nāgān. 75,10 (37,18). Sāh. D. 317,4. Nīlak. zu Hariv. 4541.

सोपपद Adj. *mit einem begleitenden Worte versehen* Comm. zu Çāṅkh. Çr. 7,25,11.

*सोपप्लव Adj. *verfinstert* (Sonne, Mond).

सौपबर्हण Adj. (f. आ) *nebst Kissen, — Polster* Çat. Br. 13,8,4,10.

सोपम Adj. (f. आ) 1) *ein Gleichniss enthaltend, Aehnliches betreffend.* — 2) *eben so verfahrend gegen* (Loc.) *wie gegen* (Instr.).

सोपर Adj. *nebst dem unteren Theil des Opferpfostens* Kātj. Çr. 6,3,5.

सोपरोधम् Adv. *rücksichtsvoll* Kathās. 81,18.

सोपवास Adj. (f. आ) *der da fastet oder gefastet hat* Hemādri 1,385,3. 421,19.

सोपसर्ग Adj. (f. आ) 1) *auf Widerwärtigkeiten —, auf Hindernisse stossend* R. 5,18,13. — 2) *unangenehm berührend* (Rede) R. 3,44,11. — 3) *mit einer Präposition versehen* 236,31.

सोपस्वेद Adj. *angefeuchtet* 52,4.

सोपह्व Adj. *nebst Einladung* Comm. zu Kātj. Çr. 4,4,22.

सोपहास Adj. *spöttisch, spottend* Sāh. D. 112,8. °म् Adv.

सोपांशुयाज Adj. *nebst leise dargebrachtem Opfer* Çāṅkh. Çr. 3,9,3.

सोपाक m. *eine best. Mischlingskaste: der Sohn eines* Kāṇḍāla *von einer* Pulkasī.

सोपाख्य Adj. *mit Qualification versehen, von dem sich Etwas aussagen lässt.*

सोपादान Adj. *mit Materialien versehen.*

सोपाधि Adv. *bedingungsweise.*

सोपाधिक Adj. *eine weitere Bedingung einschliessend, limitirt.*

सोपाध्यायगण Adj. *nebst der Schaar der Lehrer* R. 1,39,25.

सोपान n. *Treppe, Leiter, — zu* (Gen. oder im Comp. vorangehend). °कूप m. *ein Brunnen mit einer Treppe.* Auch °पङ्क्ति f., °पथ m., °पद्धति f., °परंपरा f. und सोपानाली f. Am Ende eines adj. Comp. (f. आ) Nom. abstr. °त्व n.

सोपानक n. dass. °परंपरा Uttamak. 81.

सोपानत्क Adj. beschuht Gaut. Gobh. 1,2,24.

सोपानमाला f. Wendeltreppe Gâtakam. 13.

सोपानह् (Nomin. °नत्) Adj. beschuht Âpast.

सोपाय Adj. von उपाय 3) begleitet Lâtj. 1,6,28.

सोपारकपत्तन N. pr. einer Stadt Pañkad.

सोपालम्भ Adj. einen Tadel enthaltend Kâd. 2, 7,2. °म् Adv.

सोपाश्रय Adj. einen Anschluss habend. °निषदन n. und सोपाश्रय n. (Comm. zu Jogas. 2,46) Bez. einer best. Art zu sitzen bei den Jogin.

*सोभ n. = गन्धर्वनगर. Vgl. सौभ.

सोभरि m. N. pr. 1) eines Liedverfassers. Auch सोभरी. — 2) eines Sohnes des Kitragupta.

सोभरीयु Adj. den Sobhari aufsuchend.

सोभ्य und सोभ्यं eine best. Personification Maitr. S. 2,9,6 (125,5). TS. 4,5,6,1. Gaut.

1. सोम 1) m. a) ausgepresster Saft, Soma; die Soma-Pflanze (erhält das Beiwort राजन्). — b) ein Soma-Opfer Ait. Âr. 220,5. — c) ein Kelterungstag Âçv. Çr. 3,1,15. — a) der Mond, der Mondgott. Erhält als Beiwort राजन्, erscheint unter den 8 Vasu, wird mit Vishṇu, Çiva, *Jama und *Kubera identificirt und gilt als Verfasser eines Gesetzbuchs. — e) = सोमवार Montag Ind. Antiq. 6, 203. — f) *Kampfer. — g) *Wind. — h) *Wasser. — i) *Nektar. — k) N. pr. α) verschiedener Männer. = सोमचन्द्र, सोमेन्दु Hem. Par. 1,240. — β) *eines Affen. — γ) *eines Berges. — 2) f. सोमा a) *die Soma-Pflanze. — b) N. pr. α) einer Apsaras. — β) eines Flusses. — 3) *f. सोमी gaṇa गौरादि. — 4) *n. a) Reisschleim. — b) Himmel. — 5) Adj. zu Soma in Beziehung stehend Kâth. 13,2. Wohl fehlerhaft für सौम.

2. सोम Adj. angeblich nebst Umâ Ind. St. 2,140.

सोमक 1) m. a) N. pr. eines Ṛshi, eines Fürsten (Vâsav. 274,1), eines Sohnes des Kṛshṇa und anderer Männer. — b) Pl. die Nachkommen des Fürsten Somaka. — c) N. pr. eines Volkes oder Landes. — d) ein Fürst dieses Volkes oder Landes und ein dort Gebürtiger. — 2) f. °मिका N. pr. einer Predigerkrähe.

सोमकत्व n. Nom. abstr. zu सोमक 1) b).

सोमकन्या f. eine Tochter Soma's.

सोमकरणी f. ein best. Vers Âpast. Çr. 12,7,10.16.

सोमकर्मन् n. die Soma-Bereitung.

सोमकलश m. Soma-Topf.

सोमकल्प m. Bez. des 21sten Kalpa (Weltperiode).

सोमकवि m. N. pr. eines Dichters.

सोमकान्त m. N. pr. eines Fürsten.

सोमकाम Adj. nach Soma begierig.

सोमकारिका f. Titel Burnell, T.

सोमकीर्ति m. N. pr. eines Sohnes des Dhṛtarâshṭra.

सोमकुल्या f. N. pr. eines Flusses.

सोमकेश्वर m. ein Fürst der Somaka.

सोमक्रतवीय n. Name eines Sâman Ârsh. Br. v. l. सौम°.

*सोमक्रतु m. Soma-Opfer.

सोमक्रयण 1) Adj. (f. ई) als Kaufpreis für die Soma-Pflanze dienend Âpast. Çr. 10,26,15. — 2) f. ई eine solche Kuh Maitr. S. 3,7,7 (84,8). Âpast. Çr. 10,22,2. 7. 8. 23,6. 7. 27,5. — 3) n. das Kaufen des Soma.

*सोमक्षीरी f. die Soma-Pflanze Bhâvapr. 1,219.

सोमखड्क m. Pl. Bez. best. Çiva'itischer Mönche in Nepâl Ind. Antiq. 9,174.

*सोमगर्भ m. Bein. Vishṇu's.

सोमगिरि m. N. pr. 1) eines Berges. — 2) eines Lehrers.

सोमगृहपति Adj. den Soma zum Gṛhapati 4) habend Maitr. S. 1,9,4 (133,3).

सोमगोपा f. Soma-Hüter.

सोमग्रहं m. 1) ein Becher Soma Âpast. Çr. 12, 2,3. 7,10. — 2) Mondfinsterniss.

सोमग्रहण 1) Adj. (f. ई) Soma in sich fassend, — enthaltend Citat im Comm. zu Âpast. Çr. 12,1, 2. — 2) n. Mondfinsterniss.

सोमघृत n. eine best. Heilsalbe.

सोमचक्षस् Adj. wie Soma aussehend.

सोमचन्द्र m. N. pr. eines Mannes, = सोमेन्दु Hem. Par. 1,125. 144. °चन्द्रर्षि 240.

सोमचमस m. Soma-Becher, ein Becher mit S. Vaitân.

सोमच्युत Adj. von Soma bewegt TS. 6,6,1,3. Maitr. S. 4,8,2 (108,13).

सोमज 1) m. Patron. des Planeten Merkur Kâçjapa in J. R. A. S. 1870, S. 475. — 2) *n. Milch.

*सोमजम्भन् (P. 5,4,125) und °जम्भा (! Gop. Br. 1,5,24. fg.) N. pr. eines Mannes.

सोमजा Adj. Soma-geboren.

सोमजामि Adj. mit Soma verwandt.

सोमजुष्ट Adj. an Soma sich freuend.

सोमतीर्थ n. N. pr. eines Wallfahrtsortes.

सोमतेजस् Adj. Soma's Glanz (Kraft) habend AV. 10,5,32.

सोमत्व n. Nom. abstr. zu सोम Mond Comm. zu TBr. 2,654,4.

सोमदत्तं m. N. pr. eines Mannes Maitr. S. 3,2,7 (27,6).

सोमदत्त N. pr. 1) m. verschiedener Fürsten, Brahmanen und auch eines Kaufmanns. — 2) f. आ einer Frau.

सोमदत्ति m. Patron. MBh. 1,526 fehlerhaft für सौम°.

*सोमदर्शन m. N. pr. eines Schlangendämons.

सोमदा f. N. pr. 1) einer Gandharvî. — 2) einer Brahmanin.

सोमदेव 1) m. a) der Mondgott. — b) N. pr. verschiedener Männer Vikramâñkak. 6,27. 39. °भट्ट eines Autors. — 2) f. ई N. pr. einer Gattin des Kâmapâla.

सोमदेवत und सोमदेवत्य Adj. Soma zur Gottheit habend.

सोमदैवत्य Adj. dass. नक्षत्र n. das Mondhaus Mṛgaçiras.

सोमधान Adj. Soma enthaltend, — fassend.

*सोमधारा f. die Milchstrasse.

सोमधेय m. Pl. N. pr. eines Volkes.

सोमन् m. 1) Kelterer, Bereiter des Soma. — 2) *der Mond. — 3) *ein zum Opfer erforderlicher Gegenstand.

सोमनन्दिन् m. N. pr. eines Wesens im Gefolge Çiva's Citat im ÇKDr. u. नन्दिन्.

सोमनन्दीश्वर, n. N. pr. eines Liñga.

सोमनाथ N. pr. 1) m. verschiedener Gelehrter. Auch °भट्ट. — 2) n. eines berühmten Heiligthums (Liñga) in Guzerat Vikramâñkak. 18,97.

सोमनाथतीर्थ n. N. pr. eines Tîrtha.

सोमनाथदीक्षित m. N. pr. eines Autors Opp. Cat. 1,3248. °दीक्षितीय n. Titel seines Werkes 3593.

सोमनाथपट्टन n. N. pr. einer Stadt.

सोमनाथप्रशस्ति f. Titel eines Werkes.

सोमनाथभाष्य n. Titel eines Werkes Opp. Cat. 1.

सोमनाथरस m. ein best. Eisenpräparat Mat. med. 54.

सोमनाथीय n. Titel eines Werkes Opp. Cat. 1.

सोमनेत्र Adj. Soma zum Führer habend.

सोमपं 1) (f. आ) Soma trinkend, zum Soma-Trank zugelassen. — 2) m. a) etwa Opferpriester R. Gorr. 2,109,59. — b) N. pr. α) eines zu den Viçve Devâs gezählten Wesens. — β) eines Wesens im Gefolge Skanda's. — γ) eines Asura. — δ) Pl. eines Ṛshi-Geschlechts. — ε) Pl. einer Gruppe von Manen. — ζ) Pl. eines Volkes.

सोमपञ्चक n. und °प्रयोग m. Titel Opp. Cat. 1.

सोमपति m. Herr 1) des Soma. — 2) des Mondes.

*सोमपत्त्र n. Saccharum cylindricum.

सोमपत्नी f. Gattin des Soma.

सोमपद् N. pr. 1) m. Pl. bestimmter Welten. —

2) n. eines Tîrtha.

सोमपरिबाध् Adj. den Soma beseitigend, Soma-Verächter. Eher zu lesen सोम परिबाधो.

सोमपरिश्रयण n. das Tuch, mit welchem der Soma zusammengebunden wird, Âpast. Çr. 13,22,3.

सोमपर्ण n. Soma-Blatt TBr. 1,2,1,6.

सोमपर्याणहन n. = सोमपरिश्रयण.

सोमपर्वन् n. etwa Soma-Festzeit.

सोमपा 1) Adj. = सोमप 1). Superl. °तम. — 2) *m. ein Brahmane.

सोमपात्र n. Soma-Gefäss Âpast. Çr. 11,13,8. 12,27,9.

1. सोमपान n. das Trinken von Soma Gaut. 19,13.

2. सोमपान Adj. Soma-Trinker.

सोमपायिन् Adj. dass. AV. Çiç. 14,10.

सोमपाल m. 1) Soma-Wächter Suparn. 22,4. 26,5. — 2) N. pr. verschiedener Männer.

सोमपावन् Adj. Soma-Trinker.

सोमपित्सरु Adj. als Beiw. des Pfluges Maitr. S. 2,7,12 (91,17).

सोमपीडा f. N. pr. einer Fürstin Daçak. (1925) 100,17.

सोमपीति f. Soma-Trunk. ṚV. 10,86,2 zu verstehen सोमं पीतये mit Abfall des Nasals.

सोमपीतिन् Adj. = सोमपीथिन्.

सोमपीथ 1) m. Soma-Trunk. — 2) Adj. Soma trinkend.

सोमपीथिन् Adj. am Soma-Trunk Theil habend.

1. सोमपुत्र 1) m. a) ein Sohn des Soma. — b) der Planet Mercur. — 2) f. ई eine Tochter Soma's.

2. सोमपुत्र Adj. (f. आ) Soma zum Sohne habend AV.

सोमपुर 1) n. Soma's Stadt. Angeblich auch ein früherer Name von Pâṭaliputra Ind. St. 14,112. — 2) *f. (ई) und n. N. pr. eines buddh. Tempels.

सोमपुरुष m. Diener des Soma.

सोमपुरोगव Adj. den Soma zum Führer habend.

सोमपृष्ठ Adj. (f. आ) Soma auf dem Rücken tragend. Nach Sâj. dem die vom Soma begleiteten Pṛshṭhja-Stotra geweiht sind.

सोमपेय n. Soma-Trunk.

सोमप्रतीक Adj. Soma an der Spitze habend.

सोमप्रथम Adj. den Soma vorantragend Âpast. Çr. 11,17,3.

सोमप्रभ 1) Adj. (f. आ) den Glanz des Mondes habend Vâsav. 236,4. — 2) m. ein Mannsname. — 3) f. आ ein Frauenname Vâsav. 236,4.

सोमप्रयोग m. Titel Burnell, T. Opp. Cat. 1.

सोमप्रवाक m. der Herold des Soma-Opfers.

*सोमबन्धु m. eine bei Nacht sich öffnende Lotusblüthe.

सोमभक्त m. Genuss des Soma. °जप m. ein dabei murmelnd gesprochenes Gebet Âçv. Çr. 5,6,22.

सोमभव m. N. pr. eines Mannes.

सोमभू m. 1) ein Sohn Soma's, d. i. Somakandra's Hem. Par. 1,196. — 2) *bei den Gaina N. pr. des 4ten schwarzen Vâsudeva.

सोमभूपाल m. N. pr. eines Fürsten.

सोमभूभुज् m. desgl. Maṇimâlâ 1,120, §. 120 nach Garbe.

सोमभृत् Adj. Soma bringend.

सोमभोजन m. N. pr. eines Sohnes des Garuḍa.

सोमगव m. Soma-Opfer Hariv. 1,44,7.

सोममद stark °माद्) Adj. von Soma trunken.

सोममद m. Soma-Rausch.

*सोममय Adj. (f. ई) aus Soma bereitet, — bestehend.

*सोममित्र m. ein Mannsname.

सोममैत्रावरुण Titel Opp. Cat. 1.

सोमयज्ञ m. Soma-Opfer.

सोमयशस् m. N. pr. eines Fürsten.

सोमयाग m. Soma-Opfer.

सोमयाजिन् Adj. Soma opfernd, der ein Soma-Opfer dargebracht hat Kâtj. Çr. 4,2,45. Âpast. Çr. 6,15,13. 11,20,12. Ind. Antiq. 6,77.

सोमयाज्या f. die zum Soma-Becher gesprochene Jâgjâ.

सोमयोग m. Soma-Verbindung.

*सोमयोनि n. weisser Sandel.

सोमरक्ष 1) Adj. den Soma bewahrend, Soma-Wächter. — 2) m. N. pr. eines Mannes.

सोमरक्षि Adj. = सोमरक्ष 1) Maitr. S. 3,7,7 (84,17).

सोमरभस् Adj. durch Soma wüthend. Nur Compar. °स्तर.

सोमरश्मि m. N. pr. eines Gandharva (nach dem Comm.) Daçak. 43,17.

सोमराग m. ein best. Râga S. S. S. 82.

सोमराज m. Soma der Fürst, der Mond.

सोमराजक m. Pl. N. pr. eines Geschlechts. °कि v. l.

सोमराजन् 1) Adj. (f. °ज्ञी) den Soma zum Fürsten habend. — 2) m. N. pr. eines Muni.

सोमराजसुत m. der Planet Mercur.

*सोमराजिन् m. = सोमराजी 2).

सोमराजी f. 1) Mondstreifen. — 2) Vernonia anthelminthica. — 3) ein best. Metrum.

सोमराज्य 1) n. die Herrschaft Soma's. — 2) m. fehlerhaft für सैमराज्य.

सोमरात m. N. pr. eines Mannes.

सोमराष्ट्र n. N. pr. einer Oertlichkeit.

1. सोमरूप n. eine Form des Soma Vaitân.

2. सोमरूप Adj. Soma-gestaltig. Nom. abstr. °ता f.

सोमरोग m. eine Art Harnruhr, welche zur Schwindsucht führt.

सोमर्षि m. N. pr. eines Ṛshi, = सोमचन्द्र Hem. Par. 1,242.

*सोमलता f. 1) Ruta graveolens. — 2) = सोमवल्ली Bhâvapr. 1,219.

*सोमलतिका f. Cocculus cordifolius.

सोमलदेवी f. N. pr. einer Fürstin.

सोमलिप्त Adj. mit Soma beschmiert. n. Bez. aller Soma-Utensilien Kâtj. Çr. 10,8,12. 9,5. Âpast. Çr. 13,19,6. 20,12. Vaitân. 23,22.

सोमलोक m. die Welt des Mondgottes.

1. सोमवंश m. das auf den Mondgott zurückgeführte Königsgeschlecht.

2. *सोमवंश Adj. = °वंशीय. m. Bez. Judhishṭhira's.

सोमवंशीय und °वंश्य Adj. zum Mondgeschlecht gehörig.

सोमवतीतीर्थ n. N. pr. eines Tîrtha.

सोमवत् Adj. 1) Soma enthaltend. — 2) von Soma begleitet u. s. w. — 3) unter dem Monde stehend. दिश् f. so v. a. Norden.

सोमवर्चस् 1) Adj. Soma-herrlich. — 2) m. N. pr. a) eines zu den Viçve Devâs gezählten Wesens. — b) eines Gandharva.

सोमवल्क m. und °ल्का f. Bez. verschiedener Pflanzen. Nach den Lexicographen m. Acacia arabica, eine Art Karañga und = कट्फल Râgan. 9,19. Bhâvapr. 1,206. Dhanv. 1,5.

*सोमवल्लरी f. Ruta graveolens.

*सोमवल्लिका f. 1) dass. — 2) Vernonia anthelminthica.

सोमवल्ली f. Bez. verschiedener Pflanzen. Nach den Lexicographen die Soma-Pflanze, Cocculus cordifolius und tomentosus, Vernonia anthelminthica und = पातालगरुडी Bhâvapr. 1,178. 219. 221. 223. Dhanv. 1,1.

सोमवहन n. der Wagen, auf dem der Soma gefahren wird, Lâṭj. 1,2,17. 5,5,8. 14.

सोमवामिन् Adj. den Soma vomirend Âpast. Çr. 14,30,7. 19,2. Vaitân.

सोमवायव्य m. Pl. N. pr. eines Ṛshi-Geschlechts MBh. 12,166,24. So auch ed. Vardh.

सोमवार m. Montag Ind. Antiq. 6,203. °व्रत n., °व्रताचरणक्रम m., °वारामावास्यापूजापद्धति f. und °वारामावास्याव्रतकालनिर्णय m. Titel Burnell, T.

सोमवासर m. oder n. Montag.

सोमवाह m. N. pr. eines Mannes. Pl. sein Geschlecht.

सोमविक्रयिन् Adj. Soma verkaufend, Soma-Verkäufer Maitr. S. 3,7,7 (84,12). Gaut. 15,18. Â-

PAST. Çr. 10,20,13. fgg. 25,1.2.5. 26,10.14.15. 27,6.

सोमविध Adj. *in die Kategorien des* Soma *gehörig*, Soma-*artig* Âpast. Çr. 7,28,1. Comm. zu 7,8,4. 22,3.

सोमवीथी f. *Mondbahn.*

सोमवीर्य Adj. Soma-*ähnliche Kraft habend* Suçr. 2,173,1.

सोमवृत्त m. Bez. *verschiedener Pflanzen.* Nach den Lexicographen *Acacia arabica* und = कट्फल.

सोमवृद्ध Adj. *durch* Soma *aufgeheitert* RV.

सोमवृद्धिवर्धन n. = चान्द्रायण 2) Vasishtha 21,33.

सोमवेश (wohl °वेष) m. N. pr. eines Muni.

सोमवेष्टन Adj. *den* Soma *umhüllend* Comm. zu Âpast. Çr. 13,1,5.

सोमव्रत n. 1) *eine best. Begehung.* — 2) Name verschiedener Sâman Ârsh. Br.

*सोमशकला f. *eine Gurkenart.* Richtig सोमशफला.

सोमशतक n. Titel eines Werkes Bühler, Rep. No. 784.

सोमशम्भ m. fehlerhaft für °शंभु.

सोमशंभु m. N. pr. eines Autors.

सोमशर्मन् m. N. pr. verschiedener Männer Bhâdrab. 1,66. 70. Pañkad.

सोमशित Adj. *durch* Soma *geschärft.*

सोमशुष्म und **सोमशुष्मन्** m. N. pr. eines Mannes.

सोमशूर m. desgl.

सोमशेखराख्यनिबन्ध m. Titel eines Werkes.

सोमश्रवस् m. N. pr. verschiedener Männer.

सोमश्री f. N. pr. einer Frau Bhadrab. 1,40.

सोमश्रेष्ठ Adj. *den* Soma *zum Ersten habend.*

सोमश्रौत n. Titel eines Werkes Opp. Cat. 1.

सोमसंस्था f. *eine Grundform des* Soma-*Opfers* Gaut. 8,20.

सोमसखि Adj. Soma *zum Genossen habend.*

*सोमसंज्ञ n. *Kampfer.*

सोमसत्सरु Adj. als Beiw. *des Pfluges.* v. l. सोमपित्सरु und सुमतित्सरु.

सोमसद् m. Pl. Bez. *der Manen der* Sâdhja.

सोमसरण Adj. (f. ई) *zu* Soma *führend* (Weg) Tâṇḍja-Br. 1,1,4. Âpast. Çr. 10,1,5.

सोमसलिल n. Soma-*Wasser.*

सोमसव m. *eine best. Opferhandlung.*

सोमसवन Adj. *woraus* Soma *gekeltert wird.*

सोमसामन् n. Name verschiedener Sâman Ârsh. Br. Lâṭj. 3,4,34.

*सोमसार m. *Acacia arabica.*

सोमसिद्धान्त m. 1) Titel verschiedener astr. Werke Burnell, T. Opp. Cat. 1. — 2) Personification eines Çiva'itischen Siddhânta. — 3) *N. pr. eines Buddha.

*सोमसिन्धु m. Bein. Vishṇu's.

सोमसुत् Adj. Soma *kelternd* Bâlar. 32,23.

सोमसुत 1) m. *ein Sohn* oder *Nachkomme des Mondgottes;* insbes. Bez. Budha's. — 2) *f. आ Bein. des Flusses Narmadâ Râgan. 14,18.

सोमसुति f. und **सोमसुत्या** f. Soma-*Kelterung.*

सोमसुत्वन् Adj. Soma *kelternd.*

सोमसुन्दर m. N. pr. eines Autors.

सोमसूक्त n. *eine an* Soma *gerichtete Hymne.*

सोमसूद्मन् m. N. pr. eines Ṛshi. v. l. सोमशुष्म.

सोमसूत्र n. Bez. *eines Abzugsgrabens an einem* Liṅga.

सोमसूत्रपञ्चविधान n. Titel eines Werkes.

सोमसेन m. N. pr. 1) eines Sohnes des Çambara. — 2) eines Fürsten von Kampakapura und Somapura (Ind. St. 14,112).

सोमस्वामिन् m. N. pr. eines Mannes.

सोमहार Adj. Soma *raubend* Suparṇ. 19,1. 21,4.

सोमहारिन् Adj. dass. MBh. 1,33,3.

सोमहुति m. N. pr. eines Ṛshi. Richtig सोमाहुति.

सोमहोत्र n. (Opp. Cat. 1) und °प्रयोग m. (Burnell, T.) Titel.

सोमांशक m. *ein Theil des Mondes.*

सोमांशु m. 1) Soma-*Stengel, — Schoss.* — 2) *Mondstrahl.* — 3) *ein Glied des* Soma-*Opfers.*

सोमाकर m. N. pr. eines Scholiasten.

*सोमाख्य n. *eine rothe Lotusblüthe.*

सोमाङ्ग n. *ein Glied des* Soma-*Opfers.*

सोमाण्डपिष्टे Titel Opp. Cat. 1.

सोमातिपवित Adj. *durch* Soma *purgirt* Âpast. Çr. 19,2.

सोमातिपूत Adj. dass. Vaitân.

सोमातिरिक्त n. Pl. Soma-*Ueberbleibsel* Çat. Br. 4,5,10,8.

सोमात्मक Adj. (f. °त्मिका) *die Natur des Mondes habend.*

सोमाद् Adj. Soma *essend.*

सोमाधार m. Pl. Bez. *bestimmter Manen.*

सोमाधि m. N. pr. v. l. für सोमापि.

सोमानन्द m. N. pr. eines Mannes. Auch °नाथ und °न्दाचार्य.

सोमापहृत Adj. *dem* Soma *entwendet worden ist* Çat. Br. 4,5,10,6.

सोमापि m. N. pr. eines Sohnes des Sahadeva.

सोमापूषन् m. Du. Soma *und* Pûshan RV. 2,40,2.

सोमापौष्ण Adj. *dem* Soma *und* Pûshan *gehörig.*

सोमाभा f. = चन्द्रावली.

सोमाभिषिक्त Adj. *mit* Soma *besprengt, — geweiht* Çat. Br. 9,4,4,8.

सोमाम्बुप m. Du. *der* Soma- *und der Wassertrinker*, Bez. zweier göttlicher Wesen.

सोमारुद्र 1) m. Du. Soma *und* Rudra RV. 6,74,1. fgg. TS. 2,2,10,5. — 2) n. *eine Hymne an* Soma *und* Rudra.

सोमारौद्र 1) Adj. *dem* Soma *und* Rudra *gehörig.* — 2) n. *die Hymne* RV. 6,74.

सोमार्चिस् m. N. pr. eines Götterpalastes.

सोमार्थिन् Adj. Soma *begehrend* MBh. 1,34,21.

सोमार्धधारिन् m. Bein. Çiva's (*einen Halbmond tragend*).

सोमार्धाय *dem Halbmonde gleichen.* °यित Adj. Subhâshitar. 23,25.

सोमार्य m. N. pr. eines Brahmanen Ind. Antiq. 12,244.

सोमार्ह Adj. *Ansprüche auf* Soma *habend.*

*सोमाल Adj. *weich, zart.*

*सोमालक 1) m. *Topas* Garbe zu Râgan. 13,169. — 2) f. °लिका *ein best. Gericht* Madan. 117,84. Hârîta 92,13.

सोमावती Adj. f. Soma *enthaltend.*

सोमावर्त m. N. pr. einer Oertlichkeit VP^2. 2,144.

सोमाश्रम m. N. pr. eines Wallfahrtsortes.

सोमाश्रयायण n. desgl.

सोमाष्टमी f. *ein best. 8ter Tag.*

सोमासन्दी f. *ein Schemel für den* Soma.

सोमाह m. *Montag.*

सोमाहरण n. *das Herbeibringen des* Soma. °हरणीय Suparṇ. 5,2.

सोमाहार m. Soma-*Bringer* Âpast. Çr. 14,24,11.

सोमाहुत Adj. *mit* Soma *beopfert.*

1. **सोमाहुति** f. Soma-*Opfer* Çat. Br. 5,5,4,21. Âpast. Çr. 12,3,12. 20,21.

2. **सोमाहुति** m. N. pr. eines Liedverfassers.

*सोमाह्वा f. *die* Soma-*Pflanze.*

सोमिन् 1) Adj. a) Soma *bereit habend.* — b) Soma-*begeistert.* — 2) *f. सोमिनी (संज्ञायाम्).

सोमिल m. N. pr. 1) eines Dichters. Auch सौमिल. — 2) eines Asura.

सोमिलक m. N. pr. eines Webers.

1.*सोमी f. s. u. सोम.

2. **सोमी** Adv. mit कर् *in* Soma *verwandeln* Comm. zu TS. 2,202,2.

सोमीय in अग्नीषोमीय u. s. w.

सोमेज्या f. Soma-*Opfer* Âpast. Çr. 1,14,10.

सोमेन्दु m. N. pr. eines Mannes, = सोमचन्द्र Hem. Par. 1,111. 120.

सोमेन्द्र Adj. *dem* Soma *und* Indra *gehörig* Âpast. Çr. 14,30,7.

सोमेश्वर m. N. pr. 1) eines göttlichen Wesens

Ind. St. 14,112. — 2) eines Webers ebend. 14,117. — 3) eines Autors Weber, Lit. °भट्ट Burnell, T. — *4) eines Kâlukja Vikramâñkak. 4,97.

सोमेन्द्र Adj. *dem* Soma *und* Indra *gehörig* TS. 5,6,23,1. Richtig wäre सौमेन्द्र.

सोमोत्पत्ति f. 1) *die Entstehung des* Soma (*der Pflanze und des Mondes*). — 2) Titel eines Werkes Opp. Cat. 1. Auch °परिशिष्ट.

सोमोद्गीत n. Name eines Sâman Tândja-Br. 6, 6,18.

सोमोद्भव 1) m. Bein. Krshṇa's (*der Erzeuger des Mondes*). — 2) f. आ Bein. des Flusses Narmadâ.

सोमोपनह्न n. *ein Tuch zum Einbinden des abgemessenen* Soma Âpast. Çr. 13,22,3.

सोमोष्णीष n. Soma-*Binde* Âpast. Çr. 13,1,5. 22,3.

सोम्य, सोमिय Adj. 1) *der sich mit dem* Soma *zu thun macht*, Soma-*Opferer*. — 2) *aus* Soma *bestehend*, S. *enthaltend* u. s. w. — 3) Soma *liebend, durch* S. *begeistert*. — 4) *mit* Soma *verbunden, ihm angehörig* u. s. w. — 5) ungenaue Schreibart für सौम्य.

सोम्यता f. Nom. abstr. ungenau für सौम्यता.

*सोराष्ट्रिक n. *ein best. Gift*. Richtig सौ°.

सोर्मि Adj. 1) *Wellen habend*, — *schlagend, reich an Wellen* Çiç. 5,4. Vâsav. 296,2. — 2) *rasch dahinfliegend* (Pferde) ebend.

*सोर्मिक (Conj. für सौ°) Adj. = सोर्मि 1).

*सोलङ्क m. N. pr. eines Geschlechts.

सोल्लास Adj. *erfreut, froh, munter*. °म् Adv. Bâlar. 120,11. Hâsj. 20,22.

सोल्लुण्ठ Adj. *ironisch, sarkastisch*. °म् Adv. Bâlar. 25,16. 48,12.

*सोल्लुण्ठन Adj. dass.

सोल्लेखम् Adv. *anschaulich darstellend, unzweideutig* Viddh. 28,20.

सोल्लेखरेख Adj. (f. आ) *deutlich dargestellt, unzweideutig* Bâlar. 93,15.

सोवाक *Borax* Pañkad.

सोशीर Adj. (f. आ) *reich an Wurzeln von Andropogon muricatus* Hemâdri 1,53,3. Scheint nicht zu passen.

सोष Adj. *mit salziger Erde vermischt*.

सोष्ट्रिक Adj. (f. आ) *nebst irdenen Geschirren* (*von bestimmter Form*) MBh. 3,15,7.

सोष्णीष 1) Adj. *mit einer Kopfbinde versehen*. — 2) n. *ein Haus mit einer Gallerie an der Vorderseite*.

सोष्मता f. 1) *Hitze, Wärme* Çiç. 16,47. — 2) *Aspiration*.

सोष्मन् Adj. 1) *heiss, warm*. — 2) *aspirirt*; m. *eine Aspirata*.

सोष्मवत् Adj. = सोष्मन् 2).

सोष्मस्नानगृह n. *eine Stube mit warmen Bädern, Badstube*.

सोष्यन्ती f. *eine Gebärende*. °कर्मन् n. *eine auf sie bezügliche Handlung*, °सवन n. *ein best.* Saṁskâra Kâth. Grhjas. 24. °होम m. *ein Opfer für eine Gebärende*.

सोह्लिञ्ज m. N. pr. eines Sohnes des Kunti.

सोह्लग्राम m. N. pr. eines *Dorfes*.

सोह्लाइच m. N. pr. eines Diebes.

सौकन्य 1) Adj. Sukanjâ *betreffend*. — 2) n. *eine solche Erzählung*.

सौकर 1) Adj. (f. ई) a) *aprinus*. — b) *zu* Vishṇu *als Eber in Beziehung stehend*. — 2) n. N. pr. eines Wallfahrtsortes, an dem Vishṇu als *Eber* verehrt wird.

सौकरक n. = सौकर 2).

*सौकरसद्म Adj. von सूकरसद्मन्.

सौकरायण m. N. pr. eines Lehrers.

सौकरिक 1) m. *Eberjäger, Schlächter* —, *Verkäufer von Schweinefleisch* Divjâvad. 505,4. Saddh. P. 168. — 2) N. pr. einer Oertlichkeit.

*सौकरीय Adj. von सुकर und सूकर.

1. सौकर्य n. *leichte Ausführbarkeit, Erleichterung*. Dat. *zur Erleichterung, der grösseren Bequemlichkeit wegen* Comm. zu Ârjabh. 3,59. Instr. *am Leichtesten* Çañk. zu Bâdar. 4,1,11.

2. सौकर्य n. Nom. abstr. zu सूकर *Eber*.

सौकार्य n. häufiger Fehler für 1. सौकर्य.

*सौकुमारक n. Nom. abstr. von सुकुमार.

सौकुमार्य 1) n. (adj. Comp. f. आ) *Zartheit, Sanftheit* Gâtakam. 13,12. — 2) Adj. = सुकुमार.

सौकृति m. Patron. Nur Pl.

सौकृत्य n. *das Wohlthun, Guthandeln*.

*सौकृत्यायन m. Patron. von सुकृत्य.

सौक्ति m. Patron.

सौक्तिक Adj. von सूक्त *Hymne*.

सौक्ष्म n. häufiger Fehler für सौक्ष्म्य.

सौक्ष्मक m. *ein kleines Insect* oder dgl.

सौक्ष्म्य n. *Feinheit, Zartheit* (auch in übertragener Bed.) Comm. zu Çiç. 14,66. 19,103.

सौक्ष्म्यत्व n. dass.

*सौख m. Patron. von सुख.

*सौखयानिक m. *ein Barde, der* (*einem Fürsten*) *einen glücklichen Marsch wünscht*.

*सौखरात्रिक Adj. *der sich erkundigt, ob die Nacht angenehm gewesen sei*.

सौखवती f. fehlerhaft für सुखावती.

*सौखशय्यिक m. = सौखशायिक.

सौखशायनिक Adj. *der sich erkundigt, ob der Schlaf angenehm gewesen sei*.

सौखशायिक Adj. dass. m. Bez. *eines best. Fürstendieners*.

*सौखसुप्तिक m. dass.

सौखिक Adj. *auf Wohlbehagen* u. s. w. *bedacht*. Angeblich auch = सुखेन जीवति.

*सौखीय Adj. von सुख.

सौख्य n. (adj. Comp. f. आ) *Wohlbefinden* (so v. a. *Genesung* Spr. 7623), *Wohlbehagen, Lust, angenehme Empfindung, Genuss, Freude* Vâsav. 228, 2. Auch Pl. Hem. Par. 2,443. °द Adj. Chr. 251,10. °दायिन् Adj. Râgan. 13,155.

*सौख्यदायक m. *Phaseolus Mungo*.

सौख्यशायिक m. MBh. 14,70,7 wohl nur fehlerhaft für सौखशायिक. Nilak. सौख्यशायनिक.

सौगत 1) Adj. (f. ई) *buddhistisch*. — 2) m. *ein Buddhist*.

*सौगतिक m. *a Bauddha mendicant; the mendicant Brahman; an atheist, an unbeliever; doubt, unbelief, scepticism*.

सौगन्ध 1) m. *eine best. Mischlingskaste* (*Händler mit Wohlgerüchen*). — 2) *n. *ein best. wohlriechendes Gras*.

*सौगन्धक n. *eine blaue Wasserrose*.

सौगन्धिक 1) Adj. *wohlriechend*. — 2) m. a) *ein *Händler mit Wohlgerüchen*. — b) *ein Schwächling, der durch den Geruch der Geschlechtstheile zur Begattung gereizt werden muss*. — c) *ein best. Eingeweidewurm*. — d) *Schwefel* Râgan. 13,70. Angeblich auch n. — e) N. pr. eines Berges. — 3) n. a) *eine weisse* (auch *blaue*) *Wasserlilie* Vâsav. 288,4. Gâtakam. 22. — b) *eine Art Ocimum*. — c) **ein best. wohlriechendes Gras*. — d) *eine best. Salbe* Tândja-Br. 24,13,4. — e) *Rubin* Râgan. 13, 147. 151. Hemâdri 1,341,3. 6. 608,7. — f) N. pr. eines Waldes.

सौगन्धिकवन n. 1) *ein Wald* —, d. i. *eine dichte Gruppe von Wasserlilien*. — 2) N. pr. eines Wallfahrtsortes.

सौगन्धिकवत् s. पद्म° und हेम°.

सौगन्धिकाविवरण (!) n. Titel eines Kâvja Opp. Cat. 1.

सौगन्धिकाहरण n. 1) *das Herbeiholen von weissen Wasserlilien*. — 2) Titel eines Schauspiels Opp. Cat. 1.

सौगन्ध्य n. *das Wohlriechendsein, Wohlgeruch* Çiç. 8,48.

*सौचक्य n. Nom. abstr. von सूचक.

*सौचि m. = सौचिक.

सौचिक m. *Schneider.* Im System der Sohn eines Çaundika von einer Kaivarta-Frau.

*सौचिक्य n. Nom. abstr. von सूचिक.

सौचित्ति m. Patron. des Satjadhṛti.

सौचीक m. *ein best.* Agni Sâj. in der Einl. zu RV. 10,51.

सौजन्य n. *Gutmüthigkeit, Leutseligkeit, Wohlwollen* Çiç. 19,13. Vâsav. 150,4.

सौजन्यवत्त Adj. *leutselig, wohlwollend.*

सौजस्क Adj. *kraftvoll, von Kraft zeugend* Gâtakam. 8,63. 33,6.

सौजात m. Patron. von सुजात.

सौजामि m. N. pr. eines Mannes.

सौडल m. desgl.

*सौडामित्रि m. Patron. von सौडामित्र.

*सौत Adj. von सूत.

*सौतंगमि Adj. (f. ई) von सुतंगम.

*सौतंगमीय Adj. von सौतंगमि.

सौति m. Patron. von सूत = लोमहर्षण.

*सौतिक्य n. Nom. abstr. von सूतिक.

1. सौत्य Adj. *aus Kelterungstagen bestehend, der Kelterung des* Soma *gewidmet.* अहन् n. *ein Kelterungstag.*

2. सौत्य 1) Adj. *zum Wagenlenker in Beziehung stehend.* कर्मन् n. = 2). — 2) n. *das Amt eines Wagenlenkers.*

सौत्र 1) Adj. (f. ई) *a) aus Fäden bestehend, — gemacht* Gaut. — *b) einem oder dem grammatischen* Sûtra *eigen.* धातु m. *eine Verbalwurzel, die nur in einem* Sûtra (einer Etymologie wegen) *erwähnt wird.* — 2) *m. *ein Brahmane.*

*सौत्रनाडि m. Patron. von सूत्रनाड.

सौत्रान्तिक m. *ein Anhänger des* Sûtrânta. Pl. *eine best. buddhistische Schule.*

सौत्रामण 1) Adj. (f. ई) *dem* Indra *gehörig.* दिश् f. so v. a. *Osten* Viddh. 78,13. — 2) m. *ein best.* Ekâha. — 3) f. ई *eine best. Ceremonie, bei der* Indra Sutrâman *Verehrung empfängt (die sechste oder siebente der* Havirjagńasaṁsthâ) Gaut. Gaim. 3,5,14. सौत्रामणीप्रयोग m. Burnell, T. Nom. abstr. सौत्रामणीत्वे Çat. Br. 12,7,1,14.

सौत्रामणि m. 1) = सौत्रामण 3) Hemâdri 1,602,4. TBr. Comm. 2,652,8. — 2) Titel eines Werkes Opp. Cat. 1.

सौत्रामणिक Adj. *bei der* Sautrâmaṇî *befindlich.*

सौत्रामणीय Adj. *über die* Sautrâmaṇî *handelnd* Ind. St. 13,125.

सौत्रामधनुस् n. *Regenbogen* Vâsav. 288,8.

सौत्रि m. etwa *Weber* Kampaka 4. Vielleicht fehlerhaft für सौत्रिक.

सौत्रिक 1) m. *Weber.* — 2) n. *Gewebe.*

*सौत्वन m. Patron. von सुत्वन्.

सौत्सुक्य Adj. (f. आ) *voller Erwartung, — Ungeduld* Pańkat. 185,20.

*सौदत्त Adj. von सुदत्त.

*सौदत्तेय m. Patron. von सुदत्त.

*सौदत्त Adj. von सुदत्त.

सौदत्ति m. Patron. von सुदत्त. Auch Pl.

*सौदत्तेय m. desgl.

सौदर्य 1) Adj. *geschwisterlich.* — 2) n. *geschwisterliches Verhältniss.* — Auch fehlerhaft für सोदर्य.

*सौदर्शन m. N. pr. eines Dorfes der Bâhîka.

*सौदर्शनिक Adj. (f. आ und ई) von सौदर्शन.

सौदामनी f. 1) *Blitz.* Häufig die Verbindung विद्युत्सौदामनी यथा am Ende eines Halbverses. Nach den Lexicographen auch *eine Art von Blitz.* — 2) Titel eines Commentars. — 3) N. pr. *a)* einer Tochter Kaçjapa's von der Vinatâ VP². 2,73. — *b)* einer Jakshiṇî. — *c)* einer Tochter des Gandharva Hâhâ. — *d)* einer Apsaras Bâlar. 89,8. 92,8. 93,9. 94,12. 96,3 u. s. w. Ueberall सौदामिनी geschr. — *e)* verschiedener Frauen. — *f)* *einer Oertlichkeit.

सौदामिनी f. häufige, aber schlechte Schreibart für सौदामनी. In der Bed. *Blitz* z. B. Çiç. 17,69.

सौदामिनीय (richtig सौदामनीय) Adj. (f. आ) *dem Blitz eigen, blitzartig* Bhâm. V. 2,11.

*सौदामेय m. Patron. von सुदामन्.

*सौदाम्नी f. *Blitz.*

सौदायिक Adj. *als Hochzeitsgeschenk erhalten (Habe einer Frau)* Hemâdri 1,45,20. 22.

सौदास m. Patron., insbes. des Kalmâshapâda Kâd. 2,110,4 (135,15). Gâtakam. 31. Auch Pl.

सौदासि m. desgl.

सौदेव m. Patron. des Divodâsa.

*सौदेविक Adj. von सुदेविका.

सौद्युम्नि m. Patron. von सुद्युम्न.

सौध 1) Adj. *a) mit stucco versehen.* Nach dem Comm. *palastähnlich.* — *b) von der Euphorbia antiquorum kommend.* — 2) *m. *Kalkspath* Râgan. 13,134. — 3) (*m.) n. *ein mit stucco überzogenes Haus, das Haus eines vornehmen Herrn, Palast* Çiç. 3,43. 12,62. 13,31. Vâsav. 188,2. 283,1. — 4) *n. *Silber* Râgan. 14,15.

सौधकर m. *ein Arbeiter in stucco.*

सौधन्य Adj. von Sudhana *herrührend.*

सौधन्वन m. *ein Sohn des* Sudhanvan. Pl. als Beiw. der Ṛbhu Gaim. 6,1,50.

सौधर्म m. bei den Gaina *ein best. Göttersitz* Hem. Par. 1,349. 433.

*सौधर्मज m. Pl. bei den Gaina *eine best. Klasse von Göttern.*

सौधर्मेन्द्र m. N. pr. eines Gaina-Heiligen.

सौधर्म्य n. *Rechtlichkeit.*

सौधाकर 1) Adj. *lunaris* Naish. 6,7. — 2) Titel eines Werkes Opp. Cat. 1.

सौधाङ्गण n. *der Hofraum eines Palastes* Vâsav. 253,4.

*सौधातकि m. Patron. von सुधातर्. Vgl. सौधोतकि.

*सौधातक्या f. zu सौधातकि.

*सौधामित्रिक Adj. (f. आ und ई) von सुधामित्र.

*सौधार m. *one of the fourteen parts of a drama.*

*सौधाल m. *a temple of Çiva, or in the form of* Îçâna.

सौधालय m. = सौध 3).

*सौधावतान gaṇa काश्यादि in der Kâç.

*सौधावतानिक Adj. (f. आ und ई) von सौधावतान ebend.

*सौधावति m. Patron. von सुधावत्त.

सौधृतेय m. Patron. von सुधृति.

सौधोतकि m. Patron. wohl fehlerhaft für सौधातकि.

सौन 1) Adj. in Verbindung mit मांस n. *frisch geschlachtetes Fleisch.* — 2) m. *Schlächter.* — 3) n. *frisch geschlachtetes Fleisch.*

सौनन्द N. pr. 1) n. *einer mythischen Keule.* — 2) f. आ *der Gattin des* Vatsaprî.

*सौनन्दिन् m. Bein. Baladeva's *(die Keule* Sunanda *tragend).*

*सौनव्य m. Patron. von सूनु.

*सौनव्यायनी f. zu सौनव्य.

सौनहोत्रि m. Patron. ungenau für शौन°.

सौनाग m. Pl. *die Schule des* Sunâga Ganar. 68,8.

*सौनामि m. Patron. von सुनामन्.

सौनिक m. 1) *Schlächter.* — 2) *Jäger* Bhâm. V. 1,112.

*सौनेत्र Adj. von सुनेत्र.

सौन्दर्य n. 1) *Schönheit, Anmuth, Pracht* Spr. 7686. Vâsav. 151,2. 223,1. 233,7. — 2) *edles Benehmen, Edelmuth.*

सौन्दर्यलहरी f. (Opp. Cat. 1), °व्याख्या f. und °स्तोत्र n. Titel.

*सौप Adj. *über die Casusendungen handelnd.*

सौपथि m. Patron. von सुपथ.

*सौपन्थ्य Adj. von सुपन्था.

सौपर्ण und सौपर्ण (so Suparn. neben सौपर्ण) 1) Adj. (f. ई) *dem Falken u. s. w. gehörig, — ähnlich, von ihm kommend, ihn betreffend, über ihn handelnd* u. s. w. — 2) *f. सौपर्णी *eine best. Schlingpflanze.* — 3) n. *a)* *Smaragd Râgan. 13,164. —

b) *trockener Ingwer. — c) das Suparṇa-Lied. — d) Name verschiedener Sâman Ârsh. Br.

सौपर्णकेतव Adj. dem Vishṇu gehörig Bâlar. 43,15.

सौपर्णव्रत n. eine best. asketische Begehung.

सौपर्णीकाद्रव Adj. von Suparṇî und Kadrû handelnd.

*सौपर्णेय 1) m. Metron. von सुपर्णा oder सुपर्णी. insbes. Bez. Garuḍa's. — 2) f. ई f. zu 1).

सौपर्ण्य 1) Adj. = सौपर्ण 1). — 2) n. die Natur des Falken u. s. w.

सौपर्ण्यवत् Adj. Falkennatur besitzend.

*सौपर्य Adj. von सुपरि.

*सौपर्व Adj. von सुपर्वन्.

सौपस्तम्बि m. Patron.

सौपाक m. eine best. Mischlingskaste MBh. 13, 48,26. 27.

सौपातव m. Patron. Nur Pl.

*सौपामायनि m. Patron. von सुपामन्.

*सौपिक Adj. mit Brühe übergossen.

*सौपिङ्गल Adj. von सुपिङ्गल.

*सौपिष्ट und सौपिष्टि m. Patron. von सुपिष्ट.

सौपुष्पि m. Patron. von सुपुष्प.

*सौपूत Adj. von सुपूत.

सौप्तिक 1) Adj. während des Schlafes erfolgend. — 2) n. ein Ueberfall während des Schlafes, ein nächtlicher Ue., — auf (Gen.). °कं पर्व und °कपर्वन् n. heisst das 10te Buch im MBh.

*सौप्रख्य m. Patron. von सुप्रख्य.

*सौप्रख्यीय Adj. von सौप्रख्य.

सौप्रजास्त्व n. Besitz guter —, zahlreicher Nachkommen.

सौबल 1) m. Patron., insbes. Çakuni's. — 2) f. ई eine Tochter Subala's; Patron. der Gâudhârî 74,2. — 3) Adj. dem Saubala —, d. i. Çakuni gehörig.

सौबलेय 1) m. = सौबल 1). — 2) f. ई = सौबल 2) 73,16.

सौबल्य m. Pl. N. pr. eines Volkes. v. l. सौशल्य.

सौभ 1) m. N. pr. einer mythischen, in der Luft schwebenden Stadt, die von einem Fürsten der Çâlva (Hariçkandra) beherrscht wird. — 2) m. Bez. des Beherrschers dieser Stadt.

सौभग 1) Adj. vom Baume Subhaga kommend Kâraka 1,27. — 2) m. N. pr. eines Sohnes des Bṛhakkhloka. — 3) n. a) Glück, Wohlfahrt, Genuss; Pl. Glücksgüter, Genüsse. — b) Lieblichkeit, Schönheit, Anmuth. Am Ende eines adj. Comp. f. आ.

सौभगत्व n. = सौभग 1) a).

सौभद्र 1) *Adj. Subhadrâ betreffend. — 2) m. Metron. Abhimanju's. — 3) n. N. pr. eines Tîrtha.

*सौभद्रेय m. 1) = सौभद्र 2). — 2) Terminalia bellerica.

सौभर 1) Adj. (f. सौभरी) dem Sobhari gehörig. — 2) m. Patron. von सोभरि. — 3) n. Name verschiedener Sâman Ârsh. Br. Gaim. 2,2,28.

सौभरायण m. Patron. von सौभर.

सौभरि m. N. pr. eines Ṛshi.

सौभव m. N. pr. eines Grammatikers.

सौभागिनेय m. der Sohn einer in glücklicher Ehe lebenden Mutter Bhaṭṭ. 4,35.

सौभाग्य 1) n. a) Wohlfahrt, Glück; insbes. das Beliebtsein bei den Menschen, Popularität, eheliches Glück. — b) das Reizendsein, Schönheit (von Personen und Sachen) Gâtakam. 23,62. — c) Titel einer Upanishad. — d) Mennig Râgan. 13,52. — e) *Borax Bhâvapr. 1,182. — f) *eine best. Pflanze. — g) ein best. astrol. Joga. — 2) Adj. Wohlfahrt u. s. w. verschaffend.

सौभाग्यकवच n. (Burnell, T.), सौभाग्यकाण्ड n. und सौभाग्यगौरीव्रतविधि m. (Burnell, T.) Titel.

सौभाग्यघण्टा f. eine Art Glocke Kâd. 56,3 (103,5).

सौभाग्यचिन्तामणि m. Titel Opp. Cat. 1.

*सौभाग्यतृतीया f. der dritte Tag in der lichten Hälfte des Bhâdra.

सौभाग्यमञ्जरी f. N. pr. einer Surâṅganâ Ind. St. 15,222.

सौभाग्यरत्नाकर m. (Burnell, T. Opp. Cat. 1) und सौभाग्यलक्ष्म्युपनिषद् f. (Opp. Cat. 1) Titel von Werken.

सौभाग्यवत्त्व Adj. mit Schönheit ausgestattet Sâj. zu Ṛv. 3,33,3. Vgl. वृष°.

सौभाग्यवर्धनी f. Titel Burnell, T.

सौभाग्यव्रत n. eine best. Begehung.

सौभाग्यशयनव्रत n. desgl.

सौभाग्यसुन्दरीतीर्थ n. N. pr. eines Tîrtha.

सौभाग्याष्टक n. Bez. von acht Stoffen, die Wohlfahrt u. s. w. bewirken sollen, Matsja-P. 59,8. 29. Vgl. Hemâdri 1,a,48,20. fgg.

सौभाग्याष्टकतृतीयाव्रत n. eine best. Begehung. Statt dessen auch (wohl fehlerhaft) सौभाग्याष्टकव्रततृतीयाव्रत.

सौभाञ्जन m. = शोभाञ्जन Moringa pterygosperma MBh. 13,91,39. Comm. zu Harshak. 478,2.

सौभामिनिक Adj. रत्न n. ein best. Edelstein Divjâvad. 116,18.

*सौभिक m. Zauberer, Gaukler. Vgl. शौभिक.

सौभित्त Adj. Sicherheit und Ueberfluss von Lebensmitteln bringend.

सौभित्त्य n. = सुभित्त Ueberfluss an Lebensmitteln, gute Zeiten Bhadrab. 3,86. Âçvav. 43,1. 7.

*सौभूत Adj. von सुभूत.

सौभेय m. ein Bewohner von Saubha.

सौभेषज Adj. aus den Subheshaga bestehend.

सौभ्रव n. Name zweier Sâman Ârsh. Br.

सौभ्रात्र n. ein gutes brüderliches Verhältniss.

सौम Adj. zu Soma in Beziehung stehend. शास्त्र n. VP². 5,379.

सौमकि m. Patron. von सोमक.

सौमक्रतव n. Name eines Sâman Ârsh. Br.

सौमक्रतवीय n. v. l. für सोम° Ârsh. Br. 1,512.

*सौमङ्गल Adj. von सुमङ्गल.

सौमङ्गल्य n. 1) Wohlfahrt, Wohlergehen Sâj. zu Ṛv. 1,113,12. — 2) ein glückbringender Gegenstand, Amulet u. s. w.

*सौमतायन m. Patron. von सुमत.

*सौमतायनक Adj. von सौमतायन.

सौमदत्ति m. Patron. von सोमदत्त.

सौमदायन m. Patron. Nur Pl.

सौमन 1) n. eine best. mythische Waffe. — 2) m. oder °ना f. Blüthe.

सौमनस 1) Adj. (f. ई) von Blumen kommend, aus Bl. bestehend Çiç. 6,12. Pârçvan. 6,78. — 2) m. a) das Wohlgemuthsein, frohe Stimmung. — b) der 8te Tag im Karmamâsa. — c) N. pr. α) des Weltelephanten im Westen. — β) eines Berges. — 3) f. सौमनसा a) *Muskatblüthe. — b) N. pr. eines Flusses. — 4) f. सौमनसी die 5te Nacht im Karmamâsa. — 5) n. a) Wohlgesinntheit, Wohlwollen, Gunst. — b) das Wohlgemuthsein, frohe Stimmung. — c) *Muskatnuss. — d) N. pr. eines Berggipfels.

सौमनसायन 1) *m. Patron. von सुमनस्. — 2) f. ई Muskatblüthe. सौमनसायिनी Kâraka 4,1. 7,4.

सौमनस्य 1) Adj. Frohsinn —, gute Laune verschaffend. — 2) m. N. pr. eines Sohnes des Jagñabâhu. — 3) n. (adj. Comp. f. आ) a) Frohsinn, gute Laune Çiç. 7,28. — b) richtiges Verständniss. — c) Blumenstrauss. — d) N. pr. des von 2) beherrschten Varsha.

सौमनस्यवत् Adj. froh, guter Laune.

*सौमनस्यायनी f. eine Knospe von Jasminum grandiflorum.

*सौमनायन m. s. u. सुमनायन.

*सौमनोत्तरिक Adj. die Geschichte der Sumanottarâ kennend.

सौमन्त Adj. von Sumantu gelehrt.

सौमनित्रण (Conj.) n. das Versehensein mit einem

guten Minister.

सौमपौष 1) Adj. *dem* Soma *und* Pûshan *gehörig, — geweiht* Tâṇḍja-Br. 23,16,14. — 2) n. Name eines Sâman. — Vgl. सौमापौष्ण.

सौमपौषिन् m. N. pr. eines Ṛshi.

*सौममित्रिक Adj. (f. आ und ई) gaṇa काश्यादि.

सौमराज्य m. Patron. von सौमराजक.

सौमशुष्मायण (Conj.) m. Patron.

सौमाग्न Adj. (f. ई) *an* Soma *und* Agni *gerichtet* Maitr. S. 2,1,4 (6,3).

*सौमात्र m. Patron. und Metron. von सुमात्र.

सौमाप m. Patron. von सोमाप.

सौमापौष्ण 1) Adj. *dem* Soma *und* Pûshan *gehörig* Maitr. S. 2,1,4 (6,5). — 2) n. Name eines Sâman Ârsh. Br.

सौमायन m. Patron. Budha's.

*सौमायनक Adj. von सौमायन.

सौमारौद्र Adj. *dem* Soma *und* Rudra *gehörig* Maitr. S. 2,1,5. m. mit Ergänzung von चरु Çat. Br. 5,3,2,1.

सौमिक 1) Adj. (f. ई) *zum* Soma —, *zum* Soma-*Opfer gehörig* Âpast. Çr. 8,7,12. 8,13. 11,19,5. 12,3,8. Gaim. 4,2,20. — 2) *f. ई *die feierliche Kelterung des* Soma Gal.

सौमित्र 1) m. Metron. des Lakshmaṇa. — 2) n. a) *Freundschaft.* — b) Name verschiedener Sâman Ârsh. Br.

सौमित्रि m. 1) Metron. Lakshmaṇa's, Du. Lakshmaṇa's und Çatrughna's. — 2) N. pr. eines Lehrers.

*सौमित्रीय Adj. von सौमित्रि.

सौमिल m. N. pr. eines Dichters. Auch सौमिल्ल geschrieben.

*सौमिलिक *ein best. Stoff* (buddh.).

सौमिल्ल m. s. u. सौमिल.

*सौमित्र (!) m. Patron. Nur Pl.

सौमाश्रि (!) m. desgl.

सौमी 1) Adj. s. u. सौम्य. — 2) f. *Mondschein.*

सौमुक्तिवाद (!) m. Titel eines Njâja-Werkes.

सौमुख्य n. 1) *Frohsinn, Heiterkeit* Gâtakam. 26. *Freude an* (im Comp. vorangehend) 32. — 2) am Ende eines Comp. *Geneigtheit zu* Gâtakam. 27.30.31. Auch fehlerhaft सौमुख geschr.

सौमुचि m. Patron. Nur Pl.

सौमेध n. Name verschiedener Sâman Ârsh. Br.

*सौमेधिक m. = सिद्ध.

सौमेन्द्र Adj. *dem* Soma *und* Indra *gehörig* Maitr. S. 2,1,4 (6,7). — Vgl. सोमेन्द्र.

सौमेरव 1) Adj. (f. ई) *dem* Sumeru *gehörig.* — 2) *n. a) *die Umgegend des* Sumeru. — b) *Gold.*

सौमेरुक n. *Gold.* Richtig सौमेरव.

सौम्य und सौम्य (AV. 19,45,8) 1) Adj. (f. सौमी und später सौम्या; सौमिआ Ṛv. 8,59,4) a) *dem* Soma *gehörig, ihm geweiht, von ihm handelnd, damit verbunden, dessen Eigenschaften habend.* — b) *kühl wässerig* (Gegensatz आग्नेय *heiss trocken*). — c) *nördlich.* दिश् f. *Norden.* सौम्येन *nördlich,* सौम्यैशान्योस्. — d) (*wie der Mond*) *durch ein mildes Wesen wohlthuend auf die Sinne oder das Gemüth einwirkend, ansprechend.* Wie मृदु Bez. *der Mondhäuser* Mṛgaçiras, Kitrâ, Anurâdhâ *und* Revatî. — e) सौम्य in der Anrede so v. a. *mein Lieber, mein Theurer* (auch höher Stehende so angeredet). — f) *Glück bringend, — verheissend, faustus.* — 2) m. a) Pl. *die Leute des* Soma. — b) Pl. *eine Klasse von Manen.* — c) Patron. Budha's, auch *des Planeten Mercur.* — d) *Anhänger, Verehrer.* — e) *ein *Brahmane.* — f) *die linke Hand* Hemâdri 2,a,100,3. 5. 8. — g) **Ficus glomerata.* h) *der Monat* Mârgaçîrsha Hemâdri 1,64,18. 19. — i) *das 43ste Jahr im 60jährigen Jupitercyclus.* — 3) m. n. a) *eine best. Busse.* — b) N. pr. eines Dvîpa. — 4) m. oder n. a) *das Jahr* Mṛgaçiras, *das zweite Jahr im 12jährigen Umlauf des Jupiters.* — b) *das 7te* Juga. — 5) f. सौम्या a) **Abrus precatorius, Glycine debilis, eine der* Somavallî *nächst verwandte Pflanze, Ruta graveolens, Curcuma Zedoaria, Jasminum Sambac, eine Art Süssholz* und = महाज्योतिष्मती. — b) **Perle* Râgan. 13,152. — c) *das Mondhaus* Mṛgaçiras. — d) *Bez. *von fünf im Haupte des* Mṛgaçiras *stehenden Sternen.* — e) *ein best.* Ârjâ-*Metrum.* — f) N. pr. einer Gottheit. — 6) n. a) Nom. abstr. von सोम AV. 19,45,8. — b) *das unter dem Monde stehende Mondhaus* Mṛgaçiras. Hariv. 7915 nach Nîlak. *Mittwoch* (!). — c) **das linke Auge.* — d) **die Mitte der Hand.* — e) *der 14te* Muhûrta. — b) **Silber.*

*सौम्यगन्धा oder *°गन्धी f. *eine best. Blume.*

सौम्यगिरि m. N. pr. eines *Berges.*

सौम्यगोल m. *die nördliche Hemisphäre.*

सौम्यजामातृ m. N. pr. eines Mannes.

सौम्यता f. Nom. abstr. zu सौम्य 1) b) und d).

सौम्यत्व n. *Milde.*

सौम्यदर्शन 1) Adj. *einen wohlthätigen Eindruck auf die Augen machend.* — 2) f. आ N. pr. einer Fürstin.

सौम्यधातु m. *der* Soma-*artige Grundstoff,* so v. a. *Phlegma* (कफ) Râgan. 21,5.

सौम्यमुख Adj. (f. आ) *ein ansprechendes Gesicht habend* Spr. 7643.

सौम्यरूप Adj. *milde, — gegen* (Gen.) 104,22.

सौम्यश्री Adj. *von ansprechender Anmuth* Pr. P. 122.

सौम्याकृति Adj. *von ansprechendem Aeussern* 134,17.

*सौयज्ञक Adj. von सुयज्ञ.

सौयवस n. 1) *eine grasreiche Zeit.* — 2) (angeblich von सुयवसु) Name verschiedener Sâman Ârsh. Br.

सौयवसि m. Patron.

सौयामि m. desgl.

सौयामुन m. desgl. Nur Pl.

1. सौर Adj. *aus Bier oder Branntwein bestehend* u. s. w.

2. सौर 1) Adj. (f. ई) *zur Sonne —, zum Sonnengott in Beziehung stehend, ihm gehörend, daher kommend* u. s. w., *solaris.* धर्मास् Hemâdri 2,a,20,2. — 2) m. a) *ein Verehrer —, Anbeter der Sonne.* — b) *der Sohn der Sonne, der Planet Saturn.* — c) Bez. *des 20sten* Kalpa (*Weltperiode*). — d) **Koriander.* — e) **Zanthoxylon alatum* Râgan. 11,187. — 3) f. ई a) Patron. der Tapatî, der Mutter Kuru's. — b) *Kuh* Hemâdri 1,466,12. 14. Also = सौरभेयी. — c) **Polanisia icosandra.* — 4) n. a) *eine Sammlung von Gebeten an die Sonne.* — b) *Sonnenmaass.* — c) **das rechte Auge* Gal. — d) = बृहत्सौरम् Name eines Sâman Ârsh. Br. — e) Titel eines Werkes.

सौरक n. N. pr. einer von Surendra gegründeten Stadt.

*सौरज m. *Koriander.* v. l. सौरभ.

सौरटी f. *eine best.* Râgiṇî S. S. S. 37. 50. सौराटी (wohl richtiger) 50. 110.

*सौरण Adj. von सूरण = सूरण *Amorphophallus campanulatus.*

सौरत 1) Adj. *zum Liebesgenuss in Beziehung stehend* Çiç. 10,68. — 2) n. *Liebesgenuss.*

सौरतीर्थ n. N. pr. eines Tîrtha.

°सौरत्य n. *Wohlgefallen —, Behagen an* Gâtakam. 8. Statt dessen fehlerhaft सौरभ्य Lalit. 29,9.16. 217,21. Divjâvad. 39,12. 40,6.

सौरथ und सौरथेय m. MBh. 3,197,28. 25 angeblich Metron. von सुरथा. Wohl fehlerhaft für सौरभ und सौरभेय *Stier.* *सौरथी f. Patron. von सुरथ.

*सौरधी f. *ein best. Saiteninstrument.*

सौरनक्त n. *eine best. Begehung.*

सौरपक्षगणित n. Titel Burnell, T.

सौरपत (!) und °पात (!) m. *ein Verehrer der Sonne.*

सौरपर Titel eines Werkes Opp. Cat. 1.

सौरपात m. s. u. सौरपत.

सौरपि (!) m. Patron. Nur Pl.

सौरभ 1) Adj. a) *wohlriechend.* — b) *von der* Surabhi *stammend* (Stiere). v. l. सौरस. — 2) m. a) *Koriander.* Zu belegen nur in der Verbindung mit बीज. — b) **eine Art von* वेसवार. — 3) f. ई *Kuh.* — 4) n. (adj. Comp. f. आ) a) *das Wohlriechendsein, Wohlgeruch* 232,21. Çiç. 6,14. 10,24. Spr. 7680. 7760. zu 1584. — b) **Saffran.* — c) **Myrrhe.* v. l. स्तैभक. — d) Name eines Sâman. — e) Titel eines Commentars. Könnte auch m. sein.

सौरभक n. *ein best. Metrum.*

सौरभेय 1) m. *Stier;* Pl. *das Rindvieh, eine Rindviehheerde.* Auch personificirt als Lehrer. — 2) f. सौरभेयी a) *Kuh.* — b) N. pr. einer Apsaras. — 3) (wohl n.) Titel eines Werkes.

*सौरभेयक m. *Stier.*

सौरभ्य 1) *m. Bein. Kubera's. — 2) n. a) *das Wohlriechendsein, Wohlgeruch* Spr. 7811. Uebertragen so v. a. *das überallhin Verbreitetsein.* — b) fehlerhaft für सौरत्य. — c) * = मनोज्ञत्व, गुणगौरव, चारु und तापिन्.

*सौरभ्यद n. *ein best. Parfum* Gal.

*सौरमस m. *ein Fürst der* Sûramasa.

सौरस 1) Adj. *von der Pflanze* सुरसा *kommend* Karaka 6,24. — 2) m. a) **gesalzene Fleischbrühe.* — b) *eine best. Made, welche das Haar zerstört.* — c) Metron. von सुरसा Hariv. 3,12,63. — d) N. pr. eines von Surendra erbauten Tempels.

सौरसंहिता f. Titel Burnell, T. Opp. Cat. 1.

सौरसिद्धान्त m. desgl.

सौरसेन m. Pl. N. pr. eines Volkes, = शूरसेन.

*सौरसेय 1) Adj. von सरस. — 2) m. Metron. Skanda's.

सौरसैन्धव Adj. *der* Gaṅgâ *eigen* u. s. w. Çiç. 13,27.

सौरस्य n. als Erklärung von सौशाम्य (!) Nilak. zu MBh. 14,53,15.

सौराकि m. Patron. des Vipûgána Maitr. S. 3,1,3 (3,20). 4,6,2 (79,18).

सौराज्य n. *gute Herrschaft, gutes Regiment.*

सौराज्यवन्त् Adj. *einer guten Herrschaft sich erfreuend.*

सौराटी f. s. u. सौरटी.

सौराव m. *gesalzene Fleischbrühe.*

सौराष्ट्र 1) Adj. *von* Surâshṭra *kommend* (Perle). — 2) m. a) Pl. *die Bewohner von* Surâshṭra. — b) **das Harz der Boswellia thurifera.* — 3) f. ई *Alaunschiefer* Mat. med. 96. Râǵan. 13,63. — 4) n. a) **Messing.* — b) *ein best. Metrum.*

सौराष्ट्रक 1) Adj. (f. °ष्ट्रिका) = सौराष्ट्र 1). — 2) m. Pl. = सौराष्ट्र 2) a). — 3) *n. *Messing oder eine Mischung von Kupfer, Messing, Zinn, Blei und Eisen.*

सौराष्ट्रिक 1) Adj. = सौराष्ट्र 1). — 2) m. Pl. = सौराष्ट्र 2) a). — 3) *m. n. *ein best. Gift* Bhâvapr. 1,270. — 4) *n. *Weissmessing.*

सौराष्ट्रेय Adj. = सौराष्ट्र 1).

सौरि m. 1) *Sohn der Sonne, der Planet Saturn.* — 2) Pl. N. pr. einer Völkerschaft im Dekkhan. — 3) Patron. eines Mannes. — 4) **Terminalia tomentosa.* v. l. शौरि. — 5) **Polanisia icosandra.* Richtig सौरी.

1. सौरिक Adj. *zu Branntwein in Beziehung stehend* (Schulden) Vasishtha 16,31.

2. *सौरिक m. = स्वर्ग.

सौरिन्ध 1) m. Pl. N. pr. eines Volkes. — 2) f. ई *eine daher stammende Frau.*

*सौरिरत्न n. *Sapphir* Râǵan. 13,181.

सौरीय 1) *Adj. von सूर्य. — 2) m. *ein best. Baum, dessen Harz giftig ist.*

*सौरेय und *°क m. *eine Barleria* Mat. med. 317.

*सौरोह्निक m. Metron. von सुरोह्निका.

*सौरोह्नितिक m. Metron. von सुरोह्नितिका.

सौर्य 1) Adj. (f. सौर्यी und सौर्या) a) *der Sonne gehörig, darauf bezüglich* u. s. w., *solaris.* — b) *von सूर. — 2) m. *Sohn der Sonne.* — 3) *n. N. pr. a) zweier Kuppen des Himâlaja. — b) einer Stadt. Vgl. शौर्य.

सौर्यचान्द्रमस Adj. (f. ई) *der Sonne und dem Monde geweiht.*

सौर्यपृष्ठ n. Name eines Sâman Vaitân.

सौर्यप्रभ Adj. *dem* Sûrjaprabha *gehörig.*

सौर्यभगवन्त् m. N. pr. eines Grammatikers.

सौर्यमारुतक Adj. *bei Sonnenschein und Wind vor sich gehend* Karaka 6,1. Vgl. वातातपक.

सौर्ययाम Adj. *der Sonne und dem* Jama *gehörig.*

सौर्यवर्चस m. Patron. von सूर्यवर्चस्.

सौर्यवारुण Adj. *der Sonne und* Varuṇa *gehörig* Maitr. S. 2,3,3 (30,4).

सौर्यवैश्वानर Adj. (f. ई) *der Sonne und dem* Vaiçvânara *gewidmet.*

*सौर्यायणि m. Patron. von सौर्य.

सौर्यायणिन् m. N. pr. eines Mannes.

*सौर्यिन् m. Bein. des Himâlaja.

*सौर्योदयिक Adj. von सूर्योदय *Sonnenaufgang.*

सौर्वल Suçr. 1,376,7 Druckfehler für सौवर्चल.

सौलक्षण्य n. *der Besitz Glück verheissender Zeichen.*

*सौलभ und *सौलभायन (Conj.) Adj. von Sulabha *verfasst.*

सौलभ्य n. *das leicht zu finden Sein.*

*सौलाभ Adj. von सौलाभ्य.

*सौलाभ्य m. Patron. von सुलाभिन्.

*सौलोह्न Adj. von सौलोह्न्य.

*सौलोह्न्य m. Patron. von सुलोह्निन्.

सौव 1) Adj. *himmlisch.* — 2) *n. *Verordnung, Befehl.*

*सौवनसेय m. Patron. von सुवनस्.

*सौवग्रामिक Adj. von स्वग्राम.

सौवर Adj. *im Tone bestehend, über den Ton handelnd.*

सौवर्चनस m. Patron.

सौवर्चल 1) (*m.) n. *ein künstliches Salz, das durch Kochung von Soda mit den Früchten der Emblica officinalis erzeugt wird, Sochal Salt* Karaka 8,9. n. Angeblich auch *Natron.* — 2) f. आ N. pr. der Gattin Rudra's Hemâdri 1,799,2.

*सौवर्चलीय Adj. von सुवर्चल.

सौवर्ण 1) Adj. (f. ई und आ) a) *golden.* — b) **das Wort* सुवर्ण *enthaltend.* — 2) m. a) *ein* Karsha *Gold.* — b) **ein goldener Ohrring.* — 3) n. *Gold.*

*सौवर्णकायन Adj. von सुवर्णक.

सौवर्णनाभ m. Pl. *die Schule des* Suvarṇanâbha.

सौवर्णपर्ण Adj. *goldene Flügel habend* Suparn. 1,2.

*सौवर्णबलज und *°बालज Adj. von सुवर्णबलज.

सौवर्णरेतस m. Patron. von सुवर्णरेतस.

सौवर्णिक 1) am Ende eines adj. Comp. nach einem Zahlwort *so und so viel* Suvarṇa *schwer oder werth* Hemâdri 1,456,12. 462,14. — 2) m. *Goldarbeiter* (daneben aber auch सुवर्णकार!) Kampaka 2. — 3) f. °आ *ein best. giftiges Insect.*

सौवर्ण्य 1) n. a) *schöne —, frische Farbe* Conj. für सावर्ण्य Gâtakam. 8,47. — b) *das Goldensein.* — c) *richtige Aussprache der Laute.* — 2) Adj. Suçr. 2,353,7 fehlerhaft für सौवर्ण.

*सौवश्व 1) m. Patron. von स्वश्व. °भार्य Adj. *der eine* Sauvaçvî *zur Frau hat.* — 2) f. ई f. zu 1).

*सौवश्वि m. Patron. von स्वश्व.

(सौवश्व्य) सौवश्विय्य n. *Wettrennen.*

*सौवस्तिक m. *Hauspriester eines Fürsten.*

*सौवात Adj. von स्वाति.

*सौवाद्धमृदव n. *Süsse und Milde.*

*सौवाध्यायिक Adj. von स्वाध्याय.

सौवासिनी f. = सुवासिनी Âçv. Grhj. 2,14.

*सौवास्तव Adj. (f. ई) von सुवास्तु.

*सौविद m. *Haremswärter.*

सौविदल्ल m. (adj. Comp. f. आ) dass. Çiç. 5,17. Bâlar. 19,20. 107,17. Nom. abstr. °त्व n.

सौविदल्लक m. dass. Als Hypokoristikon Har-

SHAK. 132,9.

सौविष्टकृत् Adj. = °कृत ÂÇV. GṚHJ. 2,3,4.

सौविष्टकृत Adj. (f. ई) *für den* Agni Svishṭakṛt *bestimmt, von ihm handelnd* u. s. w. VAITÂN.

सौविष्टि (Conj.) m. Patron. Nur Pl. zu belegen.

सौवीर 1) m. *a)* Pl. N. pr. eines Volkes. — *b) ein Fürst dieses Volkes.* — 2) f. आ und ई *eine best.* Mûrkhanâ S. S. S. 30. 31. — 3) f. ई *eine Fürstin der* Sauvîra. — 4) n. *a) saurer Gersten-, Reis- oder Weizenschleim* Mat. med. 12. — *b) die Frucht vom Judendorn.* — *c)* * *Schwefelantimon* RÂGAN. 13,87.

सौवीरक 1) m. *a)* = सौवीर 1) *a) b).* — *b)* * *Zizyphus Jujuba.* — 2) *f. °रिका dass. — 3) n. = सौवीर 4) *a).*

*सौवीरपाण m. Pl. Bez. der Bâlhîka.

*सौवीरभक्त Adj. *von* Sauvîra *bewohnt.*

*सौवीरसार n. *reines Antimon* RÂGAN. 13,98.

सौवीराञ्जन n. *eine Salbe von Schwefelantimon* Mat. med. 73.

*सौवीराम्ल n. = सौवीर 4) *a).*

*सौवीरायण m. etwa *ein Abkömmling der* Sauvîra. °भक्त Adj. *von solchen bewohnt.*

*सौवीर्य 1) m. *ein Fürst der* Sauvîra. — 2) f. आ f. zu 1).

सौव्रत्य n. *Treue, Gehorsam.*

सौशब्द्य n. *richtige Bildung grammatischer Formen.*

*सौशमि m. Patron. von सुशम. °कन्था n. = सौशमीनां कन्था.

*सौशर्मक Adj. von सुशमन्.

*सौशर्मण Adj. *von* Suçarman *verkündet.*

*सौशर्मि m. Patron. von सुशर्मन्.

सौशल्य m. Pl. N. pr. eines Volkes MBH. 6,9,40. v. l. सौबल्य.

सौशाम्य n. *Friede, Versöhnung.*

सौशिल्य n. PAÑKAR. 1,14,108 fehlerhaft für सौशील्य.

सौशील्य n. *Güte des Charakters, eine gute Gemüthsart.*

सौश्रव m. Patron.

1. सौश्रवस 1) Adj. *einen guten Ruf habend.* — 2) m. Patron. Auch Pl. — 3) n. *a) das Tönen des Preises, — Lobes.* — *b)* Name zweier Sâman ÂRSH. BR.

2. सौश्रवस n. *Wettlauf*, überh. *Wettkampf.*

सौश्रिय n. *hohes Glück* SAMSK. K. 19,*b*,11.

सौश्रुत 1) Adj. *von* Suçruta *verfasst.* — 2) m. Patron. Auch Pl.

सौश्रोमतेय m. Patron. ÇAT. BR. 6,2,1,37.

सौषद्मन m. Patron. von सुषद्मन्.

सौषाम n. Name eines Sâman ÂRSH. BR.

सौषिर 1) m. *eine best. scorbutähnliche Krankheit* (eig. *Hohlheit*, sc. der Zähne). — 2) n. collect. *Blaseinstrumente* S. S. S. 199 (शौ° gedr.).

सौषिर्य n. *Hohlheit, das Porössein* KARAKA 6,18.

सौषुप्त n. Bez. *des 10ten Buches im* MBH., = सौप्तिकं पर्व NILAK. zu MBH. 1,2,325. 396.

सौषुम्ण m. *ein best. Sonnenstrahl* 102,2.

सौष्टव n. fehlerhaft für सौष्ठव.

सौष्ठव n. (adj. Comp. f. आ) 1) *Tüchtigkeit, Vortrefflichkeit, Vorzüglichkeit, Frische* GÂTAKAM. 22,87. 23. 26,1. 28. 31,37. Auch Pl. — 2) *eine best. Stellung des Körpers* (häufig neben लाघव) ÇIÇ. 18,11. 20,20. Beim Tanze S. S. S. 241. — 3) * *a part of a drama.*

सौष्मिकि m. Patron. Nur Pl. zu belegen.

*सौसाम m. Patron. von सुसामन्.

*सौसायन gaṇa अरीहणादि.

*सौसायनक Adj. von सौसायन.

*सौसुक N. pr. einer Oertlichkeit PAT. zu P. 4,2, 141, Vârtt. 1.

*सौसुकीय Adj. von सौसुक ebend.

सौसुम्न m. schlechte Schreibart für सौषुम्ण.

सौसुराद m. *ein best. Wurm* KARAKA 1,19.

*सौस्त्र n. Nom. abstr. von सुस्त्री.

सौस्थित्य n. *günstiger Stand* (eines Planeten), *günstige Lage* (einer Person).

*सौस्थ्य (Conj.) n. *Wohlbefinden.*

*सौस्नातिक Adj. *sich nach dem guten Erfolg eines Bades erkundigend.*

सौस्वर्य n. *Wohlklang.*

सौस्सल Adj. *dem* Sussala *gehörig.*

सौहविष n. Name verschiedener Sâman ÂRSH. BR.

सौहार्द n. (adj. Comp. f. आ) *Zuneigung, Freundschaft, — zu* oder *mit* (Loc. oder Gen.). Acc. mit कर् *Freundschaft schliessen mit* (Gen.).

सौहार्द्य n. dass.

सौहार्य Ind. St. 3,276 wohl fehlerhaft.

सौहित्य n. 1) *das Sattsein, Sättigung, Befriedigung* ÇIÇ. 5,62. — 2) *Liebenswürdigkeit, Freundlichkeit.*

सौहृद 1) Adj. *vom Freunde kommend.* — 2) m. *a) Freund.* — *b)* Pl. N. pr. eines Volkes. — 3) n. (adj. Comp. f. आ) *a) Zuneigung, Freundschaft, — zu* oder *mit* (Loc. oder im Comp. vorangehend). Acc. mit कर् *Freundschaft schliessen mit* (सह). — *b)* am Ende eines Comp. *das Freundsein von —, Liebe zu Etwas* GÂTAKAM. 23,63.

सौहृदय्य n. *Zuneigung, Freundschaft* ÇÂK. in Sitzungsberichte der Wiener Ak. 106,638,11.

सौहृद्य n. dass. Acc. mit कर् *Freundschaft schliessen mit* (सह).

सौहोत्र und सौहोत्रि m. Patron. von सुहोत्र.

सौह्म m. *ein Fürst der* Suhma HARSHAK. 168,3.

*सौह्मनागर Adj. von सुह्मनगर.

सौह्य Ind. St. 3,276 wohl fehlerhaft.

स्कद्, स्कन्द्, स्कन्दति (गतिशोषणयोः) 1) Act. Med. (metrisch) *schnellen, springen, spritzen* (intrans.); *erschüttert —, herausgeschleudert werden, hinausfallen*; insbes. von Tropfen und vom Samen. Uebertragen so v. a. *zu Nichte werden.* — 2) Med. *eine Samenergiessung haben* VP. 2,6,27. — 3) *bespringen* (zur Begattung). — 4) स्कन्न *a) herausgespritzt, verschüttet* u. s. w.; auch mit Ergänzung von रेतस् *Samen.* — *b) dem es fehlgeschlagen ist.* — *c)* in स्कन्नस्कन्धाग्रभाग HARSHAK. (ed. K.) 481,4 nach dem Comm. = शुष्क, लम्बमान (wohl dieses) oder उन्नत. — 5) *Med. v. l. für स्कुन्द्. — Caus. स्कन्दयति 1) *verschütten, vergiessen.* — 2) *überspringen*, so v. a. *versäumen, unterlassen.* — 3) etwa *hüpfen lassen* bei der Erklärung von स्कन्द. — 4) *gerinnen machen, verdichten.* Metrisch auch Med. — Intens. कॅनिष्कन् (*चनोस्कद्यते, *चनीस्कन्दीति) *hüpfen* (von Fröschen). — Mit अति (अतिस्क° und अतिष्क°) 1) *bespringen, insilire.* — 2) *überspringen.* — 3) *heraus —, hinabfallen.* — Mit अधि (अधिस्क° und अधिष्क°) *bespringen* (zur Begattung) MAITR. S. 2,5,6 (54,18). अॅधिष्कन्ना (!) *besprungen.* — Mit अनु in *अनुस्कन्दम्. — Mit अभि (अभिस्क°) 1) *herbeispringen* in अभिस्कॅन्दम्. — 2) *besteigen.* — Mit प्रत्यभि in प्रत्यभिस्कन्दन. — Mit अव 1) *herabspringen, herabspritzen* (intrans.). अवस्कन्न vom Samen. — 2) *herbeispringen.* — 3) *Jmd* (Acc.) *überfallen, anfallen.* °अवस्कन्न *überwältigt* (von einem Gefühle). — Mit अभ्यव 1) *hinab —, hinaus —, hineinspringen.* — 2) *auf Jmd* (Acc.) *stossen.* — Mit पर्यव in पर्यवस्कन्द. — Mit प्रत्यव in प्रत्यवस्कन्दन. — Mit समव *angreifen, sich bemächtigen;* mit Acc. KARAKA 8,9. Vgl. समवस्कन्द. — Caus. *Jmd* (Acc.) *überfallen.* — Mit आ 1) *hüpfen.* — 2) *sich hängen an* (Acc.). — 3) *treten auf* (Acc.) KIR. 2,20. — 4) *Jmd oder einen Ort* (Acc.) *überfallen, anfallen* HARSHAK. 8,4. — Caus. °आस्कन्दित *heimgesucht von, behaftet mit.* — Mit समा 1) *Jmd* (Acc.) *überfallen anfallen.* — 2) समास्कन्न *a) angefügt an* (Loc.). — *b) bestreut.* — Mit *उद् (उत्कन्द) *davonspringen.* — Mit उप (उपस्कॅन्द्य) *herbeispringen* MAITR. S. 2,4,1 (38,4). — Mit परि (परिस्क° und परिष्क°) 1) *um-*

herhüpfen. — 2) परिस्कन्न und *परिष्कण्ण vergossen (Samen). — Intens. (पैरि चनिष्कदत्) umherhüpfen. — Mit प्र (Absol. प्रस्कैद्य und प्रस्कैन्द्य) 1) hervor —, hinaus —, herab — (auf, mit Acc. Gâtakam. 27,22), hinunter — (Gâtakam. 27), aufspringen; hervorspritzen, hinausfallen (von Tropfen, Thränen, Samen u. s. w.) Gaut. — 2) hineinspringen, sich verfangen in (Acc.). — 3) überfallen, anfallen, angreifen. — 4) प्रस्कन्न a) verschüttet, verspritzt. — b) verloren gegangen, zu Nichte geworden. — c) überfallen —, angegriffen habend; mit Acc. — Caus. 1) in Fluss bringen. — 2) hinschütten, hingiessen (eine Speise als Opfergabe). — Mit अभिप्र hineinspringen in (Acc.). — Caus. hineinsprengen Maitr. S. 4,6,4 (84,13). 9 (92,14). — Mit वि in विष्कन्तर् und अविस्कन्तर् Nachtr. 6. — Mit सम् abtröpfeln, abspringen.

स्कन्द 1) m. a) Hüpfer, Springer in तृणस्कन्द. b) das Verschüttet —, Verspritztwerden. Vgl. अस्कन्द und घाणास्कन्द. — c) das Zunichtewerden. — d) *Quecksilber (als Same Çiva's) Râgan. 13,110. — e) der Ueberfaller personificirt als Heerführer der Götter und als Haupt der Krankheitsdämonen, welche Kinder befallen. Er gilt als der ewig jung bleibende Sohn Çiva's (auch eines Rudra) oder Agni's, der von den Kṛttikâ auferzogen wurde. Maitr. S. 2,9,1 (119,12). — f) *Körper. — g) *Fürst. — h) *Gelehrter. — i) *Flussufer. — k) N. pr. eines Mannes. Pl. seine Nachkommen. — 2) n. ungenau für स्कान्द, sc. पुराण.

स्कन्दक (wohl n.) ein best. Metrum Sâh. D. 561. Vgl. स्कन्धक.

स्कन्दग्राम m. N. pr. eines Dorfes.

स्कन्दकवच n. Titel eines Kavaka Burnell, T.

स्कन्दगुप्त m. N. pr. 1) eines Fürsten. — 2) eines Elephantenaufsehers Harshak. 164,2. fgg.

स्कन्दगुरु m. Skanda's Vater, Bein. Çiva's.

स्कन्दग्रह m. der Dämon Skanda überh. und ein best. Krankheitsdämon.

स्कन्दजननी f. Skanda's Mutter, d. i. Pârvatî.

स्कन्दजित् m. Bein. Vishṇu's.

स्कन्दता f. und स्कन्दत्व n. (Çaṁk. zu Bâdar. 3,3,32) Nom. abstr. zu स्कन्द 1) e).

स्कन्दन n. 1) das Verschüttet —, Verspritztwerden, Erguss Vaitân. 12,8. रेतस: Vigñâneçvara zu Jâgñ. 3,278 nach Aufrecht. Vgl. रेत:°. — 2) das Missrathen. — 3) das Stopfen des Blutes. — 4) *Entleerung des Unterleibes.

स्कन्दपुत्र m. ein Sohn Skanda's, hochtrabende Bez. eines Diebes.

स्कन्दपुर n. N. pr. einer Stadt.

स्कन्दपुराण n. Titel eines Purâṇa.

स्कन्दपुराणीय Adj. zum Skandapurâṇa gehörig.

स्कन्दभट m. N. pr. verschiedener Männer Ind. Antiq. 4, 73. 7,73. 75. 8,303.

स्कन्दभट्ट m. N. pr. eines Mannes.

स्कन्दमातर् f. Skanda's Mutter, d. i. Durgâ.

स्कन्दयाग m. Titel eines Pariçishṭa zum AV.

स्कन्दराज m. der König Skanda MBh. 12,327,17.

स्कन्दवर्मन् m. N. pr. verschiedener Fürsten Ind. Antiq. 5,51. 135.

स्कन्दविशाख m. 1) Du. Skanda und Viçâkha gana दधिपयआदि und Pat. zu P. 8,1,15, Vârtt. 1. — 2) Bein. Çiva's MBh. 13,14,315. v. l. स्कन्ध°.

स्कन्दषष्ठी f. der 6te Tag in der lichten Hälfte des Kârttika. °व्रत n. eine best. Begehung Burnell, T.

स्कन्दसहस्रनामन् n. und स्कन्दस्तोत्र n. Titel Burnell, T.

स्कन्दस्वामिन् m. N. pr. eines Scholiasten.

*स्कन्दांशक m. Quecksilber Râgan. 13,110.

*स्कन्दाग्नि m. Trik. 1,1,68 fehlerhaft für स्कन्धाग्नि.

स्कन्दापस्मार m. ein best. Krankheitsdämon.

स्कन्दापस्मारिन् Adj. von diesem Krankheitsdämon befallen.

स्कन्दार्य m. N. pr. zweier Brahmanen Ind. Antiq. 12,245.

स्कन्दिन् Adj. 1) am Ende eines Comp. fliessen —, hervorströmen lassend, ergiessend Bâlar. 10,2. — 2) gerinnend in अस्कन्दिन्.

स्कन्दिलाचार्य m. N. pr. eines Lehrers.

स्कन्देश्वरतीर्थ n. N. pr. eines Tîrtha.

स्कन्दोपनिषद् f. Titel einer Upanishad Burnell, T.

स्कन्द्य Adj. * = स्कन्द इव. Vgl. अगर्तस्कन्द्य Nachtr. 2.

स्कन्ध्, चस्कन्धे Hariv. 1958 fehlerhaft für चस्कन्दे. — *Caus. स्कन्धयति (समाहृतौ).

स्कन्ध 1) m. (adj. Comp. f. आ) a) Sg. und Pl. Schulter (an Menschen und Thieren, sogar an Blutegeln). — b) der Theil des Baumstammes, an den sich die Aeste ansetzen, Baumstamm überh. — c) Abtheilung, Theil Çiç. 18,14. — d) Strich, Region, Bahn (der Winde, deren sieben). — e) Abtheilung eines Lehrbuchs, — einer Doctrin. — f) Menge, Masse (Bâlar. 191,23. Gâtakam. 6), die ganze Menge, Gesammtheit, Complex. — g) bei den Gaina Körper im weitesten Sinne. — h) ein best. Ârjâ-Metrum. Vgl. स्कन्दक und स्कन्धक. — i) *bildliche Bez. eines Fürsten. — k) * = संपराय, भद्रादि, a heron; an engagement, an agreement; a wise old man; a learned man, a teacher; match or equality in the humps of a pair of draught oxen. — l) N. pr. α) eines Schlangendämons MBh. 1,57,19. — β) eines Dichters. — m) häufig fehlerhaft für स्कन्द. — 2) *f. स्कन्धा a) Zweig. — b) eine kriechende Pflanze.

स्कन्धक n. ein best. Ârjâ-Metrum. Vgl. स्कन्दक.

*स्कन्धचाप m. Schulterjoch.

स्कन्धज Adj. aus dem Stamme hervorschiessend.

*स्कन्धतरु m. Cocosnussbaum.

स्कन्धदेश m. 1) Schultergegend, Schulter. — 2) die Gegend des Stammes.

स्कन्धपाद m. N. pr. eines Berges.

स्कन्धपीठ n. Schulterblatt Kâd. 31,16 (55,7). 234,10 (415,13).

*स्कन्धप्रदेश m. Schultergegend, Schulter.

*स्कन्धफल m. 1) Cocosnussbaum. — 2) Ficus glomerata. — 3) Aegle Marmelos.

*स्कन्धबन्धना f. Anethum Panmorium.

स्कन्धमणि m. ein best. Amulet, = असितस्कन्ध (Nachtr. 7) Dârila zu Kauç.

स्कन्धमय Adj. in बुद्धि°.

*स्कन्धमल्लक m. Reiher.

स्कन्धराज m. MBh. 12,12327 fehlerhaft für स्कन्दराज.

*स्कन्धरुह m. Ficus indica.

स्कन्धवन्त् Adj. einen Stamm —, einen starken Stamm — oder viele Stämme habend.

*स्कन्धवाह und *°क m. ein zum Tragen von Lasten abgerichteter Stier.

°स्कन्धवाह्य Adj. (f. आ) auf der Schulter von — getragen werdend Hariv. 3385.

स्कन्धविशाख m. MBh. 13,907 fehlerhaft für स्कन्द°.

स्कन्धशाखा f. 1) Pl. Stamm und Aeste. — 2) *Ast.

स्कन्धशिरस् n. Schulterblatt.

*स्कन्धशृङ्ग m. Büffel.

स्कैन्धस् n. 1) *Schulter. — 2) Verästung, Krone eines Baumes.

स्कन्धस्तम्भि (!) m. N. pr. eines Fürsten VP². 4,200.

स्कन्धस्वाति (!) m. desgl. VP². 4,200. 201.

स्कन्धस्वामिन् m. fehlerhaft für स्कन्द°.

स्कन्धात m. N. pr. eines Wesens im Gefolge Skanda's.

*स्कन्धाग्नि m. ein Feuer vom Stammholz, d. i. von dickem Holze.

*स्कन्धानल m. = स्कन्धाग्नि.

स्कन्धावार m. 1) *das königliche Hauptquartier im Felde.* — 2) **Heer.*

*स्कन्धिक m. = स्कन्धवाह.

स्कन्धिन् 1) Adj. *mit einem (starken) Stamme versehen.* — 2) *m. *Baum.*

*स्कन्धिल m. N. pr. eines Mannes.

स्कन्धेमुख Adj. *das Gesicht* oder *den Mund auf den Schultern habend.*

स्कन्धेग्रीव Adj. (f. ई und fehlerhaft आ) *Bez. einer best. Form der* Bṛhatî.

स्कन्धोपनेय n. *ein best. Friedensbund.*

स्कन्ध्य Adj. (f. आ) *zur Schulter gehörig* u. s. w. Angeblich = स्कन्ध इव.

स्कन्न s. u. स्कद्, स्कन्द्.

स्कन्नत्व n. *das Sichstopfen —, Dickwerden des Blutes.*

स्कन्नभाग Adj. *dessen Antheil verschüttet —, verloren ist* Maitr. S. 3,6,10 (74,3). Kâṭh. 23,7.

स्कभ्, स्कम्भ् (स्कभ्नाति, स्कभ्नोति, *स्कम्भते, चस्कभान) 1) *befestigen, stützen, stemmen.* — 2) etwa *feststampfen* VS. 9,13. TS. 1,7,8,1. — Caus. स्कभित *befestigt* u. s. w. VS. 8,59. — Mit अप in अपस्कम्भ. — Mit आ *feststellen in* oder *bei* (Loc.). — Mit उप *durch Stützen aufrecht halten.* — Mit नि in निष्कम्भ (fehlerhaft). — Mit प्रति 1) *sich entgegenstemmen.* — 2) *sich stützen auf* (Acc.) Maitr. S. 4,5,9 (77,3). — Mit वि 1) *befestigen.* — 2) *figere* (ein Geschoss). — 3) *sich losmachen, entfliehen* Bhaṭṭ. — Caus. विष्कभित und विष्कम्भित 1) *befestigt.* — 2) *bespickt —, reichlich versehen mit* (im Comp. vorangehend) Lalit. 45,18. — 3) *zurückgedrängt, abgewiesen.*

स्कभन n. Vâsav. 99,2 nach dem Comm. = शब्द.

स्कभाय्, °यति 1) *befestigen, stützen.* — 2) *hemmen, Einhalt thun;* mit Acc. — Mit *अभि, अभिस्कभायत् P. 3,1,84, Vârtt. Schol. Vgl. jedoch Kielhorn's Ausg., wo statt dessen मह्यौ अस्कभायत् gelesen wird. — Mit वि *befestigen.*

स्कभित्वी Absol. zu स्कभ् RV. 10,65,7.

स्कभीयंस् Adj. *kräftig stützend.*

स्कम्भ् s. स्कभ्.

स्कम्भ m. 1) *Stütze, Strebepfeiler.* — 2) *N. pr. eines Mannes.

स्कम्भदेष्ण Adj. *dessen Gabe feststeht.*

स्कम्भन n. *Stütze, Pfeiler.*

स्कम्भनि (TS. 1,1,6,1) und °नी (Nomin. °नीम् VS. 1,19) dass.

स्कम्भसर्जन n. und °सर्जनी f. *Spreize an einem Pfeiler.*

स्कम्भिणय (!) m. N. pr. eines Mannes. Vielleicht स्काम्भायन्य zu lesen.

स्कर् s. 1. कर् mit उप, परि und सम्.

स्कवन n. *das Stochern* in दन्त°. Vgl. स्कु.

स्कान्द 1) Adj. a) *vom Gotte* Skanda *herrührend* u. s. w. — b) *von* Skandsvâmin *herrührend.* — 2) m. MBh. 13,2013 fehlerhaft für स्कन्द. — 3) n. = स्कन्दपुराण.

स्कान्दपुराण n. und °समुच्चय m. Titel Opp. Cat. 1.

स्कान्दप्रभासखण्ड n. desgl.

*स्कान्दविशाख Adj. von स्कन्दविशाख.

स्कान्दवैशाखमाहात्म्य n., स्कान्दशंकरसंहिता f. und स्कान्दसूतसंहिता f. Titel von Werken Opp. Cat. 1.

*स्कान्दायन m. Pl. Pl. zum Sg. स्कान्दायन्य.

*स्कान्दायन्य m. Patron. von स्कन्द.

स्कान्दोपनिषद् f. = स्कन्दो° Opp. Cat. 1.

*स्कान्धिन् m. Pl. *die Schule des* Skandha.

*स्काम्भायन m. Pl. Pl. zum Sg. स्काम्भायन्य.

*स्काम्भायन्य m. Patron. von स्कम्भ.

स्कु, स्कुनोति, *स्कुनाति (आवरणे, आप्लवने, अप्रहरणे, उद्धृतौ), (दन्तान्) स्कुत्वा (so st. स्कुप्त्वा zu lesen) Âpast. Çr. 1,31,24. स्कौति; 1) *stören, stöbern, stochern, — in* (Acc.). Vgl. दन्तस्कवन. स्कूयमान (अग्नि) Maitr. S. 2,1,11 (12,19). — 2) *bedecken, überschütten* Bhaṭṭ. — Intens. चोष्कूयते *zusammenscharren, an sich heranziehen.* — Mit अव in अवस्कव. — Mit आ 1) *durch Stochern zerkleinern* Çat. Br. 1,2,1,5. — 2) *Einschnitte machen* (in den Ohren von Thieren) AV. 12,4,6. — Mit नि, vgl. निष्कावम्, welches *zerfetzend* bedeutet und richtiger निःष्कावम् geschrieben würde. — Mit प्रति *in Erwiederung bedecken, — überschütten* Bhaṭṭ. Vgl. अप्रतिष्कुत.

स्कुन्द्, *स्कुन्दते (आप्रवणे, आप्लवने). — Mit प्र in प्रस्कुन्द.

*स्कुभ्, स्कुभ्नाति (रोधने, स्तम्भे, धारणे). Hierher zieht der Comm. स्कुन्त्वा (!) Âpast. 1,31,24, das er durch विलिख्य erklärt. Zu lesen ist स्कुत्वा. — Mit वि, विस्कुभ्नाति, विस्कुभ्नोति Vop. 16,1.

स्कृत् Adj. in कोश°.

स्कृधोयु Adj. in अस्कृधोयु.

*स्कोनगर n. N. pr. eines Dorfes der Bâhîka.

*स्कौनगरिक Adj. von स्कोनगर.

*स्खद्, स्खदते (स्खदने, विदारे). — Caus. स्खदयति und स्खादयति mit अप, अव und परि.

*स्खदन n. = विद्रावण, विदार, स्थैर्य, पातन, क्लेशोत्पादन, हिंसा.

*स्खदा f. gaṇa गवादि.

*स्खद्य Adj. von स्खदा.

स्खल्, स्खलति (ganz ausnahmsweise, insbes. metrisch auch Med.) 1) *straucheln und dadurch in's Schwanken gerathen, taumeln, stolpern, stecken —, hängen bleiben, stocken* (von der Rede). तस्याज्ञा वज्रिणो वज्रमिव नास्खलि केन चित् so v. a. *stiess auf keinen Widerstand* Hem. Par. 1,28. — 2) *straucheln,* so v. a. *irren, fehlgehen, fehlgreifen.* — 3) **sammeln.* — 4) स्खलित a) *strauchelnd, stolpernd, taumelnd, unsicher* (Gang), *schwankend.* — b) *stockend, stecken —, hängen geblieben, aufgehalten, gehemmt, unterbrochen, gestört, stockend* (von Worten und Reden). — c) *träufelnd, herabfliessend* Mâlatîm. (ed. Bomb.) 284,5. — d) *stutzend.* — e) *woran Etwas fehlt, mangelhaft, zu wenig.* — f) *fehl gegangen, sich irrend in* (Loc.). लेख्ये so v. a. *Nichts darin leistend, Pfuscher.* — 5) स्खलितवत् *fehlgegangen, gewichen von* (°तस्) 170,4. — Caus. स्खलयति und *स्खालयति 1) *stocken machen.* — 2) *Jmd zurückhalten, abwehren* (von einem Thürsteher gesagt). — Mit अप in अपस्खल. — Mit परि *taumeln.* — Mit प्र 1) *straucheln, taumeln, stolpern.* — 2) प्रस्खलित a) *strauchelnd, taumelnd.* — b) *fehl gegangen* (in übertragener Bed.). — Mit प्रति, °स्खलित *abgewehrt* Çiç. 17,21. — Mit वि 1) *straucheln, stolpern* Çiç. 15,91 (57). — 2) विस्खलित a) *stockend* (Worte). — b) *fehl gegangen, sich geirrt habend in* (im Comp. vorangehend), *einen Fehltritt begangen habend* Gâtakam. 26,29. — Mit सम् in संस्खलित.

स्खल 1) m. a) *das Straucheln.* — b) = खल 1) a) zur Erklärung von अपस्खल Sâj. zu Çat. Br. 1,7,3,26. — 2) fehlerhaft für स्थल.

स्खलन n. 1) *das Straucheln, Schwanken, unsicherer Gang, das Stocken* (einer Rede). — 2) *Verschiebung* (eines Gewandes). — 3) *das Anstossen, Darankommen, Daranrühren* Çiç. 7,26. — 4) *Ergiessung* (des Samens). — 5) *das Hereinfallen in* (im Comp. vorangehend). — 6) *das Kommen um* (Abl.) in Nachtr. 6. — 7) *das Fehlgehen, Sichirren in* (im Comp. vorangehend).

स्खलित 1) Adj. s. u. स्खल्. — 2) n. a) *das Straucheln, Taumeln, Stolpern.* पद° Pl. 306,12. — b) *das Fehlgehen, Versehen, Missgriff, — in* (Loc. oder im Comp. vorangehend). — c) *Einbusse, Verlust* 315,7. — d) **Betrug, List, Kriegslist.*

*स्खुड्, स्खुडति (संवरणे).

*स्तक्, स्तकति (प्रतीघाते).

स्तन्, स्तनति *donnern, dröhnen; brüllen, brausen* RV. AV. *unarticulirte Laute ausstossen* Vâsav. 228,1. — Caus. स्तनयति dass. und *knattern* (vom Feuer). स्तनयति *es donnert* (Âpast.), स्तनित

donnernd MBh. 6,67 (v. l. besser Donner). — Mit अभि donnern. — Caus. dass. — Intens. (तंस्तनीहि) brüllen, dröhnen. — Mit निस् (oft scheinbar नि) losdonnern, aufbrüllen; laut stöhnen. — Mit *अभिनिस् erdröhnen. — Mit परिनिस् (scheinbar परिनि) laut stöhnen R. ed. Bomb. 4,24,11. — Mit विनिस् (scheinbar विनि) dass. — Mit प्र Caus. hervordonnern. — Mit वि laut stöhnen, — tönen Gâtakam. 6,19 Conj.

स्तन m. (*n.; adj. Comp. f. आ und ई) 1) die weibliche Brust, Zitze (bei Menschen und Thieren); auch Brustwarze des Mannes. — 2) ein zitzenähnlicher Zapfen an einem Gefäss.

स्तनकलश m. 1) die topfähnliche weibliche Brust Vâsav. 189,1. — 2) N. pr. eines Barden Mudrâr. 83,9 (137,21). °कलस gedr.

स्तनकुण्ड n. Sg. und Pl. N. pr. eines Tîrtha.

स्तनकुम्भ m. = स्तनकलश 1) Vâsav. 214,1.

स्तनकेशवती Adj. Brüste und langes Haar habend Ind. St. 13,493.

स्तनकोटि f. Brustwarze Ragh. 8,36.

स्तनकोरक eine knospenähnliche Brust Gît. 12,14.

स्तनग्रह m. das Nehmen der Brust (durch das Kind).

स्तनचूचुक n. Brustwarze.

स्तनतट m. n. die gewölbte weibliche Brust 179,21.

स्तनथ m. und स्तनथु m. Gebrüll (des Löwen).

स्तनदात्री Nom. ag. f. die Brust reichend, säugend.

स्तनद्वेषिन् Adj. die Brust verschmähend.

स्तनन n. 1) der hohle Ton des trockenen Hustens. — 2) * Donner, Laut überh. und = कुन्थन, कुन्थित.

*स्तनंधम Adj. Vop. 26,54.

स्तनंधय Adj. (f. ई und *आ) an der Brust saugend, Säugling Hem. Par. 2,232. Comm. zu Âpast. Çr. 15,1,6. m. so v. a. Kalb Çiç. 12,40. स्तनंधयस्ते पुत्रान् Mantrabr. 1,1,11 wohl nur fehlerhaft für स्तनंधयास्ते.

स्तनप Adj. (f. आ) an der Brust saugend, Säugling Gâtakam. 29,15.

स्तनपतन n. das Schlaffwerden der Brüste Spr. 1103.

°स्तनपातर् Nom. ag. an der Brust von — saugend.

स्तनपान n. das Saugen an der Mutterbrust Gâtakam. 29,12.14. Comm. zu Âpast. Çr. 5,7,1. गो° an den Zitzen einer Kuh.

स्तनपायिक 1) m. Pl. v. l. für स्तनपोषिक. — 2) *f. आ ein Mädchen, das noch an der Brust saugt.

स्तनपायिन् Adj. = स्तनप.

स्तनपोषिक m. Pl. N. pr. eines Volkes MBh. 6, 9,68. v. l. °योषिक u. s. w.

स्तनबाल m. Pl. desgl.

स्तनभर m. ein starker Busen 293,12.

स्तनभव m. quidam coeundi modus.

स्तनमण्डल n. 1) die gewölbte weibliche Brust. — 2) areola papillae Karaka 353,16.

स्तनमध्य n. der Raum zwischen den Brüsten.

*स्तनमुख m. (!) n. (Râgan. 18,40) Brustwarze.

स्तनमूल n. der untere Theil der weiblichen Brust.

स्तनयद्म Adj. mit Donner herstürmend.

स्तनयित्नु m. 1) Sg. und Pl. Donner. Pl. personificirt als Kinder Vidjota's (des Blitzes). — 2) Gewitterwolke. — 3) * Wolke überh. — 4) * Blitz. — 5) * Krankheit. — 6) * Tod.

स्तनयित्नुमन्त् (MBh. 6,19,36) und स्तनयित्नुवत्त् (fehlerhaft) Adj. von Donner begleitet.

स्तनयित्नुसनि Adj. Donner bringend TS. 4,4,6, 2. Maitr. S. 2,8,13.

स्तनयोधिक (VP². 2,187) und स्तनयाषक m. Pl. N. pr. eines Volkes. v. l. °योषिक u. s. w.

स्तनरोग m. eine Krankheit der weiblichen Brust.

स्तनरोहित m. n. ein best. Theil der weiblichen Brust

स्तनवती Adj. f. mit Zitzen versehen Tândja-Br. 20,1,5.

*स्तनवृन्त n. Brustwarze Çâçvata 513.

स्तनवेपथु n. das Wogen des Busens.

*स्तनशिखा f. Brustwarze.

स्तनस्यु Adj. die Brust suchend, Säugling.

स्तनांशुक n. Busentuch Vikr. 80.

*स्तनाग्र n. Brustwarze.

स्तनान्तर n. 1) der Raum zwischen den Brüsten, die Mitte der Brust (bei Frauen und Männern). — 2) * a mark on the breast indicative of future widowhood.

स्तनाभुज् (Padap. स्तनभुज्) Adj. die Brust (das Euter) geniessend.

स्तनाभोग m. ein voller Busen.

स्तनावरण n. Busentuch Çâk. 70. Nom. abstr. °ता f. Mâlav. 73.

स्तनित 1) Adj. (verdächtig) s. u. स्तन्. — 2) n. (adj. Comp. f. आ) a) Donner MBh. 6,2,33. R. 6, 11,27. — b) lautes Gestön. — c) der Laut einer schwingenden Bogensehne. — d) * Händegeklatsch.

*स्तनितकुमार m. Pl. bei den Gaina eine best. Klasse von Göttern.

स्तनिन् Adj. eine Brust —, ein Euter habend Maitr. S. 4,1,14. Von einem Pferde mit einer gewissen Missbildung Açvav. 3,151.

*स्तनुतर TS. Prât.

*स्तनून m. = तनून Wind.

स्तनोत्तरीय n. Busentuch.

स्तनोपपीडम् Absol. die Brüste drückend Sâh. D. 283,4.

स्तन्य 1) Adj. in der Mutterbrust befindlich Sâj. zu RV. 1,113,2. — 2) m. (ganz ausnahmsweise) n. die in der weiblichen Brust enthaltene Milch.

स्तन्यत्याग m. das Aufgeben der Muttermilch, das Abgewöhntwerden von der Brust. °मात्रक Adj. mit वयस् n. das Lebensalter unmittelbar darnach.

स्तन्यद Adj. auf die Muttermilch günstig wirkend Bhâvapr. 1,209.

स्तन्यदान n. das Reichen der Muttermilch, — der Brust Hem. Par. 2,235.

स्तन्यप Adj. Muttermilch trinkend, Säugling.

स्तन्यपान n. das Trinken der Muttermilch, Säuglingsalter.

स्तन्यरोग m. Krankheit des Kindes durch schlechte Milch der Mutter Bhâvapr. 2,113. fg.

स्तन्यावतरण n. das Fortschiessen der Milch Milchversetzung Suçr. 2,401,3. 413,4.

स्तबक m. (*n.; adj. Comp. f. आ) 1) Büschel, (insbes. Blüthenbüschel). कृत्तिकातारा° Kâd. 158,8 (276,10). किरण° 56,7 (103,9). — 2) Bez. der Abschnitte in Werken, welche im Titel लता, लतिका, मञ्जरी, पारिजात und dgl. enthalten. — 3) Schwanzfeder (eines Pfaues). — 4) Quaste, Troddel.

*स्तबककन्द m. eine best. Knolle Râgan. 7.120

*स्तबकफल m. ein best. Fruchtbaum.

स्तबकय्, °यति mit Blüthenbüscheln versehen Harshak. 8,7. Kâd. 2,136,2 (166,13). स्तबकित Vâsav. 96,3. 218,2. तारामुक्ता° Harshak. (ed. K.) 436,8.

स्तब्ध Adj. s. u. स्तभ्.

स्तब्धकर्ण m. N. pr. 1) einer Gazelle. — 2) eines Löwen.

स्तब्धगात्र Adj. die Glieder steif haltend Açvav. 7,34.

स्तब्धता f. 1) Steifheit (des Gliedes). — 2) Aufgeblasenheit, ein anspruchvolles Wesen.

स्तब्धत्व n. 1) Steifheit (des Nabels). 2) Aufgeblasenheit, ein anspruchvolles Wesen.

स्तब्धपाद Adj. lahme Beine habend. Nom. abstr. °ता f.

स्तब्धपूर्णकोष्ठ Adj. dessen Unterleib aufgetrieben und voll ist. Nom. abstr. °ता f. Suçr. 1,79,14.

स्तब्धमेढ्र Adj. dessen Glied steif ist. Nom. abstr. °ता f.

स्तब्धरोमकूप Adj. bei dem die Poren verstopft sind. Nom. abstr. °ता f. Suçr. 1,49,11.

*स्तब्धरोमन् m. *Schwein, Wildschwein* Râgan. 19,30.

स्तब्धसक्थि Adj. *lahme Schenkel habend.* Nom. abstr. °ता f.

*स्तब्धसंभार (!) m. *ein* Râkshasa.

स्तब्धी Adv. 1) mit कर् *steif machen.* — 2) mit भू *a) unbeweglich werden.* — *b) gelähmt —, gehemmt werden.*

स्तब्धीभाव m. 1) *Unbeweglichkeit.* — 2) *Lähmung, Hemmung.*

स्तभ्, स्तम्भ् (स्तभ्नाति, स्तभ्नोति, *स्तम्भते; auch Med.) 1) *feststellen, stützen* (namentlich den Himmel). — 2) *stützen,* so v. a. *in der Höhe anstossen an, reichen bis* (Acc.). — 3) *anhalten, hemmen, festbannen.* — 4) Med. *a) sich stützen, sich lehnen an* (Loc.) Harshak. 94,4. — *b) unbeweglich —, steif werden.* स्तभमान *sich steifend, — in die Brust werfend* Ait. Âr. 96,16. — *c) erstarren, zu einem festen Körper werden.* — 5) स्तभितं *festgestellt, gestützt.* — 6) स्तब्ध *a) anstossend an, reichend bis* (Loc.). — *b) steif, starr, gelähmt, unbeweglich.* °वपुस् Adj. Hem. Par. 2,179. स्तब्धम् Adv. *unbeweglich.* — *c) erstarrt, zu einem festen Körper geworden* (Wasser). — *d) aufgeblasen, anspruchvoll.* — *e) angeblich saumselig.* — Caus. स्तम्भयति (Partic. स्तम्भित) 1) *befestigen* (auch in übertragener Bed.), *stützen, vor einem Fall bewahren, aufrichten.* — 2) *steif —, unbeweglich machen, lähmen.* — 3) *erstarren machen, in einen festen Körper verwandeln.* — 4) *vollstopfen.* °स्तम्भित *vollgestopft mit* Lalit. 55,5. — 5) *anhalten, hemmen, festbannen* (durch Zauber). — 6) *hemmen,* so v. a. *unterdrücken.* — 7) दिव्यक्रियाम् so v. a. *ein Gottesurtheil durch Zauber glücklich bestehen.* — Mit अनु, °ष्टब्ध *aufgerichtet* in einer Etymologie. — Mit अप in अपस्तम्भ. — Mit *अभि, °ष्टभ्नाति, °ष्टभ्नोति. — Mit अव (व), अवष्ट° 1) *festmachen* Vaitân. — 2) *stützen, aufrecht erhalten.* — 3) *sich stützen auf.* Absol. *sich stützend auf* auch so v. a. *mit Hülfe von* und *wegen.* — 4) *versperren, einschliessen* 320,28. — 5) *ergreifen, packen,* insbes. *gefangen nehmen.* — 6) अवष्टब्ध *a) fest stehend.* — *b) gestützt auf* (Acc.), *angelehnt* Ait. Âr. 468,2 v. u. — *c) worauf* oder *auf wen man sich stützt* R. ed. Bomb. 4,15, 13. — *d) ergriffen, gepackt, gefangen genommen.* — *gehalten* 216,14. — *e) vor Jmd stehend, nahe bevorstehend.* — *f) steif, starr.* — *Caus. Aor. अवातस्तम्भत्. — Mit पर्यव *umzingeln.* पर्यवष्टब्ध *umzingelt.* — Mit समव 1) *aufrichten* (in übertragener Bed.). — 2) *sich stützen auf.* Absol. समवष्टभ्य auch so v. a. *mit Hülfe von.* — Mit उद् (उत्त°) 1) *in der Höhe befestigen, aufrichten, aufstellen.* उत्तभित und उत्तब्ध *aufgerichtet* u. s. w. — 2) उत्तब्धवान् statt des Verbi fin. so v. a. *machte hochmüthig.* — Caus. 1) *aufheben, in die Höhe heben* Hariv. 2,9,15. Vâsav. 119,4. 120,1. — 2) *erregen, reizen.* — 3) *in die Höhe bringen,* so v. a. *zu Ehren bringen.* — Mit प्रत्युद् *stützen, spreizen.* — Mit उप *aufrichten* (Vaitân.), *unterstützen, obenhalten.* उपस्तब्ध 1) *gestützt, aufrecht erhalten.* — 2) *reichlich versehen mit* (im Comp. vorangehend) Text zu Lot. de la b. l. 206. — Caus. 1) *aufrichten, unterstützen.* — 2) उपस्तम्भित *a) aufgetrieben* (Unterleib). — *b) steif, starr* (durch Kälte). — Mit समुप in समुपष्टम्भ und °स्तम्भ. — Caus. *aufrichten, aufrecht halten* Gâtakam. 13. — Mit नि in *अनिस्तब्ध. — Mit परा *zurückhalten.* — Mit *परि, परिष्टभ्नाति, °ष्टभ्नोति. — Caus. Aor. पर्यतस्तम्भत्. — Mit प्र, प्रस्तब्ध *fest, steif, starr* Suçr. 2,533,10 v. l. für उद्धस्त. — Mit प्रति (प्रतिष्ट°) 1) *entgegenstemmen;* Med. *sich entgegenstemmen.* — 2) प्रतिस्तब्ध *a) gestützt* (auf einen Stab) Ait. Âr. 468,1 v. u. — *b) wogegen gestemmt wird.* — *c) gehemmt* in *अ°. — *d) verstopft.* — Mit वि (विष्ट°) 1) *feststellen.* — 2) *befestigen, kräftigen, aufrichten* in übertragener Bed. — 3) *feststellen,* so v. a. *sicher stellen, über allen Zweifel erheben.* विष्टभ्भिता. — 4) *steif machen.* — 5) *erstarren machen.* — 6) *anhalten, zum Stehen bringen.* — 7) *hemmen, unterdrücken.* — 8) *stemmen, andrücken.* — 9) *sich stemmen —, sich lehnen an* (Acc.). — 10) *steif machen,* so v. a. *durch und durch erfüllen, hineinfahren in* (Acc.). — 11) von Speisen *sich stopfen, im Magen sitzen bleiben* (statt verdaut zu werden). — 12) विष्टभित *festgestellt.* — 13) विष्टब्ध *a) festgestellt, fest verbunden.* — *b) steif, starr.* — *c) angehalten, zurückgehalten, gehemmt.* — *d) gestemmt, gestützt.* — *e) vollgestopft.* — *f) stockend, im Magen unverdaut liegen bleibend.* विष्टब्धाजीर्ण n. *eine Art von Indigestion, Stockung, Verstopfung.* — Caus. 1) *anhalten, zum Stehen bringen, aufhalten, abhalten.* — 2) *durch und durch erfüllen.* — 3) *durch Verstopfung bewirken.* — Mit अनुवि in अनुविष्टम्भ. — Mit सम् 1) *befestigen.* — 2) *kräftigen, aufrichten, ermuntern.* — 3) Med. *fest werden.* संस्तभ्य *sich fassend, sich zusammennehmend.* Ausnahmsweise auch Act. संस्तम्भ *fasse dich* R. ed. Bomb. 4,1,115. — 4) *fest machen,* so v. a. *erstarren machen* (Wasser). — 5) *anhalten, hemmen, festbannen,* insbes. durch Zaubermittel. — 6) *unterdrücken* (einen Schmerz, Thränen). — 7) संस्तब्ध *starr, unbeweglich.* — Caus. 1) *kräftigen, stärken, ermuntern.* — 2) *Muth fassen* MBh. 7,49,35. — 3) *fest —, starr machen* (Wasser). — 4) *anhalten, hemmen, festbannen.* — 5) *lähmen* Damajantik. 1. — 6) *hemmen, unterdrücken* (Schmerz, Thränen u. s. w.). — Mit अभिसम् 1) *festmachen.* — 2) *kräftigen, aufrichten.* — Mit परिसम् *kräftigen, stärken, ermuntern.* — Mit प्रतिसम् Caus. dass.

*स्तभ m. *Ziegenbock.*

स्तभाय्, °यति 1) *feststellen, stützen.* — 2) *anhalten, hemmen, festbannen.* — Mit उप 1) *aufrichten, unterstützen, obenhalten.* — 2) *in die Höhe treiben gegen* (Acc.). — 3) *fest —, eng anschliessen an* (Loc.). — Mit वि *feststellen.*

स्तभूय्, स्तभूयत् und स्तभूयमान *sich stemmend, sich spreizend, nicht vom Platz gehend.*

*स्तम्, स्तमति (अवैक्लव्ये, अवैकल्ये, वैक्लव्ये).

स्तम्ब 1) m. *a) Busch, Büschel,* namentlich *Grasbüschel; Schopf.* — *b) *der Pfosten, an den ein Elephant gebunden wird* (aus dem missverstandenen स्तम्बेरम geschlossen). — *c) *Berg.* — *d)* N. pr. verschiedener Männer. — *e)* fehlerhaft für स्तम्भ. — 2) *n. *a post, a pillar in general; stupidity, insensibility* (richtig स्तम्भ m.).

स्तम्बक m. = स्तम्ब 1) *a).*

स्तम्बकरि 1) Adj. *Büschel bildend* Harshak. (ed. K.) 426,10. Nom. abstr. °ता f. — 2) * m. *Reis* oder *Getraide* überh.

*स्तम्बघन m. *ein Werkzeug zum Hauen des Grases* u. s. w.

*स्तम्बघात m. *das Hauen von Gras* u. s. w.

स्तम्बघ्न 1) Adj. *Grasbüschel zertretend* Bhatt. 7,63. — 2) *m. = स्तम्बघन.

स्तम्बज Adj. etwa *schopfig, buschig.*

*स्तम्बपुर f. N. pr. = तामलिप्त.

स्तम्बमित्र m. N. pr. eines Sohnes der Garitâ. Vgl. स्तम्भमित्र.

स्तम्बयजुस् n. *Spruch über den Grasbüschel* (beim Wegschleudern desselben), daher auch *der Büschel und die Handlung selbst* Âpast. Çr. 2,1,3. 4. 4,5, 2. 8,5,12. 11,3,1. Vaitân.

स्तम्बवती f. N. pr. eines Frauenzimmers.

स्तम्बशस् Adv. *büschelweise.*

*स्तम्बहनन n. und *°हननी f. = स्तम्बघन.

स्तम्बिन् Adj. *buschig.* ऋषभ Maitr. S. 4,2,14 (38,6).

स्तम्बेरम m. 1) *Elephant* Bâlar. 140,17. — 2) Bez. *der Zahl acht* Lalla im Comm. zu Ârjabh. 54,3 v. u.

स्तम्बेरमासुर m. N. pr. eines Asura, = गजासुर Bâlar. 42,7.

स्तम्प् s. स्तभ्.

स्तम्भ m. (adj. Comp. f. आ) 1) *Pfosten, Pfeiler, Säule.* Uneigentlich von *Armen* und *schlanken Baumstämmen.* — 2) *Befestigung, Kräftigung, Unterstützung.* — 3) *Steifheit, Unbeweglichkeit, Lähmung* (momentane vor Schreck u. s. w. oder anhaltende) Naish. 6,52. — 4) *Erstarrung, Festwerdung* (des Wassers). — 5) *Hemmung, Bannung* (durch Zaubermittel); *Bannspruch.* — 6) *Hemmung, Unterdrückung.* — 7) *Vollstopfung, Anfüllung.* — 8) *Aufgeblasenheit, anspruchvolles Wesen.* — 9) *Bez. *eines best.* Adhjâja Pat. zu P. 5,2,60, Vârtt. 1. — 10) N. pr. verschiedener Männer. — 11) verwechselt mit स्तम्ब.

स्तम्भक 1) Adj. *a) hemmend, bannend.* — *b) stopfend.* — 2) m. N. pr. eines Wesens im Gefolge Çiva's. — 3) f. ई N. pr. einer buddh. Gottheit.

स्तम्भकर *Adj. etwa *hemmend.* — 2) *m. *a fence, a railing etc.*

*स्तम्भकिन् m. *ein best. mit Leder bezogenes musikalisches Instrument.*

स्तम्भता f. *Lähmung.*

स्तम्भतीर्थ n. N. pr. einer Oertlichkeit Pañkad. °नगर n. und °बिन्दर.

स्तम्भन 1) Adj. (f. ई) *a) steif —, unbeweglich machend, lähmend* Hem. Par. 2,182. Spr. 7633. — *b) hemmend, zurückhaltend.* — *c) stopfend.* — 2) *m. *einer der fünf Pfeile des Liebesgottes.* — 3) f. ई *a)* etwa *Hemmschuh.* — *b) ein best. Zauber* Divjâvad. 536,27. — 4) n. *a) das Befestigen, Kräftigen.* — *b) das Starrwerden.* — *c) das Starr —, Unbeweglichmachen, Lähmen* Bâlar. 59,15. Vâsav. 66,2. Vgl. रम्भा°. — *d) das Anhalten, Hemmen, Festbannen* 105,24. — *e) ein Mittel α) fest —, steif zu machen* Hemâdri 1,549,5.6. — *β) zu stopfen.*

°स्तम्भनक Adj. (f. °निका) = स्तम्भन *starr —, zu einem festen Körper machend* (Wasser) Hem. Par. 8,262.

स्तम्भनीय 1) Adj. *a) mit Stopfmitteln zu behandeln* Káraka 1,22. — *b) zu hemmen* in अ°. — 2) etwa *Hemmschuh.*

स्तम्भमित्र m. N. pr. = स्तम्बमित्र und eines Lehrers (VP. 6,8,43).

स्तम्भवती f. N. pr. einer Stadt Ind. St. 15,255.

स्तम्भित Adj. s. स्तभ् Caus. °त्व n. N. abstr. *stupor* Lalit. 59,14. 533,14.

स्तम्भिन् 1) Adj. *a) mit Pfosten versehen* Pr. P. 109. — *b) hemmend, festbannend.* — *c) aufgeblasen, anspruchvoll.* — 2) f. °नी Bez. einer der fünf Dhâraṇâ: *die hemmende, die der Erde.*

स्तम्भी Adv. mit भू *zu einem Pfosten werden.*

*स्तम्भीय Adj. als Bez. eines best. Adhjâja Pat. zu P. 5,2,60, Vârtt. 1.

1. स्तर् (स्तृणोति, स्तृणीते, स्तृणोति, स्तृणुते, स्तरति episch, स्तरते, स्तिरे) 1) *streuen, hinstreuen, ausstreuen,* namentlich die Opferstreu. In dieser Bed. in der älteren Sprache स्तृणोति, स्तृणीते. — 2) *bestreuen, bedecken.* — 3) (स्तृणोति, स्तृणुते) *hinwerfen, niederwerfen* (einen Feind). — 4) स्तीर्ण *a) gestreut, hingestreut.* — *b)* बङ्कशः स्तीर्णे (त्रते) R. 1,21,5 fehlerhaft für बङ्कशस्तीर्णे. — 5) स्तृत *a) bestreut.* — *b) hingeworfen, niedergeworfen.* — Caus. (अतस्तरत्) *bestreuen, bedecken.* — Desid. तुस्तूर्षते *niederwerfen wollen* Âpast. Çr. 6,6,4 (erklärt durch तिस्तीर्षते). — Mit अनु *mit den Gliedern eines geopferten Thieres die Glieder eines Leichnams bei einem Todtenopfer belegen* R. ed. Bomb. 3,68,32. Vgl. अनुस्तरण, अनुस्तरणी. — Mit अभि *überstreuen, überziehen, überdecken.* — Mit अव 1) *streuen.* — 2) *bestreuen, bedecken.* — 3) *erfüllen, sich ausbreiten über* (Acc.). — 4) अवस्तीर्ण *bestreut, bedeckt.* — Mit समव *bestreuen, bedecken, überziehen.* समवस्तीर्ण und समवस्तृत *bedeckt, überzogen, erfüllt.* — Mit आ 1) *hinstreuen, ausbreiten, auseinanderlegen.* — 2) *bestreuen, bedecken, bestreichen* Gṛhjâs. 1,115 (114). Çiç. 19,120. 20,67. — 3) आस्तीर्ण *a) hingestreut, ausgebreitet.* — *b) bestreut, bedeckt.* — 4) आस्तृत *a) hingestreut, ausgebreitet.* — *b) bestreut, bedeckt, belegt.* — *c) ausgebreitet,* so v. a. *ausgedehnt, breit.* — Caus. आस्तारयति 1) *ausbreiten* Gobh. 3,9,12. 4,2,23. — 2) *bestreuen.* — *Intens. आतेस्तीर्यते. — Mit उपा *ausbreiten.* — Mit प्रा, प्रास्तृत *bestreut, bedeckt.* — Mit प्रत्या in *प्रत्यास्तार. — Mit समा *bestreuen, überschütten, belegen* Gâtakam. 31. — Mit उप 1) *Jmd* (Dat.) *Etwas überdecken.* — 2) *umlegen, bedecken, umkleiden mit* (Instr.). उपस्तीर्ण *belegt, bedeckt.* — 3) *hinstreuen, hinlegen als Decke* u. s. w., *ausbreiten, unterbreiten.* — 4) im Ritual das Opferschmalz (आज्यस्य, आज्यभागान्, ähnlich अपाम्; auch mit Ergänzung von आज्यस्य) *aufgiessen, so dass es einen Ueberzug bildet,* Gṛhjâs. 1,112 (111). 115 (114), v. l. उपस्तीर्ण *übergossen.* — Mit नि *niederwerfen.* — Mit निस्, निःस्तृत *abgebröckelt von* (Abl.) Gṛhjâs. (ed. Bl.) 2,7. v. l. निःसृत. — Mit परि 1) *rings bestreuen, umlegen, bedecken.* — 2) *herumlegen, ausbreiten.* — 3) परिस्तीर्ण und परिस्तृत *rings bestreut, umlegt.* — Mit संपरि *umstreuen* Âpast. Çr. 14,20,8. — Mit प्र 1) *hinstreuen, ausbreiten.* — 2) गिरस् *Worte ausstreuen,* so v. a. *sprechen* — 3) *sich auseinanderlegen, sich ausbreiten.* — 4) प्रस्तीर्ण *a) hingestreut, ausgebreitet.* — *b) flach.* — Mit अनुप्र *hinstreuen.* — Mit अभिप्र *ausstreuen.* — Mit उपप्र Med. *sich hinstrecken auf* (अच्छ). — Mit वि 1) *ausstreuen, ausbreiten* (die Flügel), *verbreiten* (Ruhm); Pass. *sich entfalten* Prasannar. 13,11. — 2) वचनम् so v. a. *Worte wechseln, sich unterreden mit* (Instr.) MBh. 3,133,22. — 3) *sich weitläufig auslassen über* (Acc.). — 4) विस्तीर्ण *a) bestreut, besetzt mit.* — *b) ausgebreitet, entfaltet.* — *c) weit ausgebreitet, breit, umfangreich, ausführlich, zahlreich, gross; weithin erschallend.* — 5) विस्तृत *a) überzogen —, bedeckt —, versehen mit.* — *b) ausgebreitet, ausgestreckt* (Çiç. 13,10), *weit geöffnet.* — *c) entfaltet.* — *d) breit, umfangreich, weithin schallend.* °म् Adv. *ausführlich.* — वितस्तरुः Gâtakam. 6,19 fehlerhaft für वितस्तनुः — Caus. विस्तारयति 1) *ausbreiten, verbreiten.* — 2) Waaren *ausbreiten* (zum Verkauf), so v. a. *feilbieten* Daçak. 1,6. — 3) *entfalten* Spr. 7738. — 4) *sich ausführlich auslassen über* (Acc.). विस्तार्य so v. a. *ausführlich* (reden). — Mit अतिवि, °स्तीर्ण *überaus umfangreich, — intensiv.* — Mit अनुवि, °स्तृत *breit, umfangreich.* — Mit आवि (!) *ausbreiten* Hemâdri 1,703,10. — Mit प्रवि *ausbreiten, hinlegen* Hemâdri 1,628,17. — Mit सम् 1) (*nebeneinander*) *hinstreuen, ausbreiten.* — 2) *bestreuen, bedecken.* — 3) *ausbreiten,* so v. a. *einebnen.* — 4) संस्तीर्ण *a) hingestreut.* — *b) bestreut, bedeckt, belegt.* — 5) संस्तृत *bestreut.* — Mit अभिसम्, अभिसंस्तीर्ण *bestreut —, bedeckt mit* (Instr.). — Mit परिसम् *an verschiedenen Orten anlegen* (Feuer).

2. स्तर् (im Veda nur स्तृभिस्) 1) *Stern.* स्तृणास् als Nomin. Pl. (!). स्तृणाम्. — 2) *Blässe* (am Rind).

स्तर m. *stratum, Schicht* Lîlâv. 88. Colebr. Alg. 100. Vgl. स्वस्तर.

स्तरण 1) n. *a) das Ausbreiten, Hinstreuen.* — *b) das Bekleiden der Wand* (nach dem Comm.). — 2) f. ई Bez. *des Spruches* स्त्री घा यैं अग्निम् (TBr. 2,4,5,7) Âpast. Çr. 11,10,17.

*स्तरिमन् m. *Lager, Bett.*

1. स्तरी f. (Nomin. °स्) 1) *die Unfruchtbare, Nichtträchtige,* namentlich *Kuh,* Stärke 7,18. रात्रि so v. a. *eine unfruchtbare Nacht.* — 2) RV. 1,122,2 ist स्तरीस् wohl = स्तरी für स्त्री. — 3) *Rauch.*

2. स्तरी Adv. mit कर् *unfruchtbar —, nutzlos machen.*

स्तरीतवे Dat. Infin. zu 1. स्तर् AV. 2,27,3. 4.

स्तरीमन् m. 1) *Ausstreuung.* Nur Loc. Sg. — 2) **Lager, Bett.*

स्तरु m. *Feind* Pâr. Gṛhj. 3,14,12. 13.

*स्तर्ल्, स्तर्लति (गतौ).

स्तर्तवे Dat. Infin. zu 1. स्तर् Ait. Br. 2,1,3.

स्तर्य Adj. *niederzustrecken.*

स्तर्ह्, स्तृंहति *Schaden machen.*

1. स्तव m. *Lob, Verherrlichung, Loblied.* स्तवगिरम् öfters st. स्तवमिमम्, auch MBh. 6,68,1.

2. स्तव *ein best. Stoff* Divjâvad. 26,27.

1.*स्तवक m. = स्तुति.

2. स्तवक und स्तवकय् schlechte Schreibart für स्तबक, स्तबकय्.

स्तवकर्णिन् m. Bein. Bhavatrâta's Divjâvad. 26,29. fgg.

स्तवचिन्तामणि m. Titel eines Werkes Bühler, Rep. No. 505.

स्तवथ m. *Lob.*

*स्तवदण्डक Titel eines Werkes. Auch *श्रीवज्रडाक°.

स्तवध्यै Dat. Infin. zu 1. स्तु Ṛv. 7,37,1. 8.

स्तवन n. *das Loben, Lob, Verherrlichung.* Pl. *Lobgesänge.*

*स्तवनीय Adj. *zu loben, lobenswerth.*

स्तवन्त् Adj. (nur Nomin. स्तवान्) *donnernd.*

स्तवन्यै Adj. = स्तवनीय Suparṇ. 23,1.

स्तवमाला f. Titel eines Werkes.

स्तवरक 1) m. n. (nach dem Comm.) *eine Art Zeug* Harshać. (Bomb.) 315,9. 436,8. — 2) *m. *a fence, a railing, etc.* Vgl. स्तम्भकार.

स्तवराज m. *ein Fürst unter den Lobliedern, Hauptloblied.* भारत° Râgat. 8,106.

स्तवामृतलहरी f. Titel eines Werkes.

स्तवार्ह m. N. pr. eines Pratjekabuddha Divjâvad. 73,17.

स्तवावलि f. Titel eines Werkes.

स्तवितर् Nom. ag. *Lobsänger* Maitr. S. 4,14,7.

*स्तवेय्य m. = इन्द्र.

स्तव्य Adj. *zu loben, zu verherrlichen, des Lobes u. s. w. werth.*

स्ता, स्तायति (वेष्टने). Nur स्तायत् *verstohlen.*

*स्ताघ *seicht* Zach. Beitr. 67. 84.

स्तामन् m. etwa *Weg.* Roth vermuthet स्नामन्.

स्तामु Adj. etwa *brüllend, donnernd.* Nach Nigh. = स्तोतर्.

*स्ताम्भायन्य m. Patron. von स्तम्भ.

*स्ताम्भिन् m. Pl. *die Schule des* Stambha.

स्तायु m. *Dieb.*

स्ताव 1) m. *Lob, Verherrlichung.* — 2) f. आ N. pr. einer angeblichen Apsaras.

स्तावक Adj. *lobend, verherrlichend, anpreisend* Njâjam. 1,2,7; m. *Lobredner, Lobsänger.* Nom. abstr. °त्व n. Comm. zu Njâjam. 1,4,37.

*स्ताव्य Adj. *zu loben.*

स्तिर् m. Pl. *Abhängige, Gesinde, Clientel* u. s. w. Nur स्तीनिन्.

स्तिघ्, स्तिघ्नोति, स्तिघ्नुते (आस्कन्दने). — Mit अति *übersteigen* in अतिष्टिघम् Nachtr. 1. — Desid. (अतितिष्टिघिषन्) *übersteigen wollen* Maitr. S. 1,6,3 (89,9). — Mit प्र *emporkommen* Maitr. S. 2,1,12 (13,18).

*स्तिप्, स्तेपते (क्षरणार्थ).

स्तिपा Adj. *die Hörigen u. s. w. schützend.*

स्तिभि m. 1) *Rispe, Büschel.* — 2) **Meer.*

स्तिभिगवन्त् Adj. *mit Fruchtbüscheln versehen* Âpast. Çr. 5,5,10. = फलवन्त् Comm.

स्तिभिनी f. = स्तिभि Âpast. Çr. 12,24,5. Comm. zu Njâjam. 3,5,21.

स्तिम्, *स्तिम्यति (आर्द्रीभावे). Nur स्तिमित 1) *schwerfällig, träge; unthätig, still, unbeweglich.* °म् Adv. — 2) *feucht, nass* Naish. 9,19. = स्निग्ध Comm.

स्तिमित 1) Adj. s. u. स्तिम्. — 2) n. *Stille, Unbeweglichkeit.*

स्तिमितता f. (Kâd. 31,20=56,2) und स्तिमितत्व n. *Stille, Unbeweglichkeit.*

स्तिमितय्, °यति *unbeweglich machen.*

स्तिया f. *träges —, stehendes Wasser.*

*स्तीम्, स्तीम्यति = स्तिम्. स्तीमित *nass* Deçîn. 1,37.

स्तीम Adj. (f. आ) *träge, schleichend.*

स्तीर्ण 1) Adj. s. u. 1. स्तर्. — 2) m. N. pr. einer Gruppe von Kobolden im Gefolge Çiva's.

स्तीर्णबर्हिस् Adj. *dessen Opferstreu gebreitet ist.*

*स्तीर्वि m. = अध्वर्यु, नभस्, रुधिर, तृणजाति, पयस् und शत्रु.

1. स्तु (स्तौति, स्तवीति, स्तवते, स्तवमान, स्तवान und स्तवान; Pass. स्तूयते) *loben, preisen, lobsingen, lobend aussprechen.* Im Ritual vom *Vortrage des* Sâman-*Sängers* (mit Loc. des Textes, aus welchem das Sâman *gebildet ist*). स्तुत *gelobt* u. s. w., *als Lob hergesagt;* स्तुतवन्त् *gepriesen* (!) Hariv. 6299. — Caus. 1) स्तवयति *loben, preisen.* — 2) स्तावयते *loben lassen.* — Desid. तुष्टूषति *zu loben —, zu preisen beabsichtigen* Ṛgvidhâna 1,1,5. — * Intens. तोष्टूयते. — Mit अति (°ष्टौति) *mehr (über die Zahl) besingen.* — Mit अनु (°ष्टौति) *beloben, laudibus persequi.* — Mit अभि (°ष्टौति) *Lob richten an* (Acc.), *preisen.* Im Ritual speciell vom Hotar. अभिष्टुत *gepriesen* und so v. a. *geweiht.* — Mit समभि *loben, preisen.* — Mit आ in आस्तावे. — Mit उप *preisen, besingen.* Im Ritual vom Hotar. उपस्तुत *gepriesen.* — Mit *नि, °ष्टौति. निष्टवन् MBh. 12,3606 fehlerhaft für निष्टनन्. — Mit परि (°ष्टौति) *loben, preisen.* परिस्तुवन्त् fehlerhaft. परिष्टुत *besungen.* — Mit प्र 1) *preisen.* Im Ritual vom *Gesang* überh. wie auch von dem des Prastotar. — 2) *zur Sprache bringen, zu reden kommen auf* Vâsav. 168,4. — 3) überh. *an Etwas gehen, sich an Etwas machen* 322,17. — 4) *voranschicken, an die Spitze stellen.* — 5) प्रस्तुत a) *gepriesen.* — b) *zur Sprache gebracht, in Rede stehend, worum es sich handelt.* — c) *woran man gegangen ist, begonnen.* — d) mit einem Infin. *der sich an Etwas gemacht hat* Râgat. 8,66. — e) J. A. O. S. 7,11, Çl. 43 fehlerhaft für प्रसुत. — Caus. प्रस्तावयति *zur Sprache bringen, anregen.* — Mit अभिप्र im Ritual *mit einem* Stoma *besingen.* — Mit संप्र, °स्तुत 1) = प्रस्तुत b) c) Gâtakam. 23,10. — 2) mit Infin. *der sich an Etwas gemacht hat.* — Mit प्रति in प्रतिष्टुति und प्रतिष्टोतर्. — Mit वि (°ष्टौति) *Loblieder singen.* विष्टुत *vielfach besungen.* — Mit सम् 1) *besingen zusammen mit* (Instr.), *alle zusammen besingen.* — 2) *preisen, verherrlichen, beloben* überh. Ṛgvidhâna 1,1,6. — 3) संस्तुत a) *zusammen besungen, — gepriesen.* — b) *gepriesen, verherrlicht, gelobt* überh. — c) *zu einem* Stotra *zusammengerechnet,* überh. *zusammengezählt, zusammengenommen.* — d) *auf gleicher Stufe stehend mit, geltend für* (Instr. oder im Comp. vorangehend) Âpast. 1,1,27. 2,5. 3,43. — e) *vertraut, bekannt* (von Personen und Sachen). — Mit अभिसम् *preisen, verherrlichen, beloben.* अभिसंस्तुत *gepriesen* u. s. w. — Mit परिसम् dass.

2. स्तु Adj. in 1. सुष्टु.

3. स्तु *tröpfeln, conglobari* in 1. स्तुक, स्तुका und स्तोक. *स्तुत (v. l. स्नुत) *tröpfelnd.*

4. स्तु = स्तुका in पृथुष्टु.

1. स्तुक m. (ganz ausnahmsweise) und स्तुका f. 1) *Zotte, Flaus, Flocke von Wolle* oder *Haaren,* namentlich *die krausen Stirnhaare des Stiers; Zopf.* — 2) *f. आ = जघन.

2. स्तुक = तोक *Kind, Junge eines Thieres* Taitt. Âr. 3,11,12.

स्तुकासर्गम् Absol. *wie ein Zopf geflochten.*

स्तुकाविन् Adj. *zottig.*

स्तुकी f. v. l. für सृकी. Nach dem Comm. = स्तोकघृतधारा.

*स्तुच्, स्तोचते (प्रसादे).

स्तुँत् 1) Adj. am Ende eines Comp. *lobend, preisend.* — 2) f. *Lob, Lobgesang.*

1. स्तुत॑ 1) Adj. s. u. 1. स्तु. — 2) n. *a) Lob.* — *b)* = स्तोत्र॑ 2) TS. 3,2,2,1. 3.

2.*स्तुत Adj. s. u. 3. स्तु.

स्तुतशस्त्र॑ n. Du. Stotra *und* Çastra TS. 3,2,2,3. 7,3,12,1. Âpast. Çr. 14,8,3. Gaim. 2,1,13. Pl. Çat. Br. 10,3,5,2. Ait. Br. 2,38,19. 3,39,4. Khând. Up. 3,17,3.

स्तुतशस्त्रवत् Adj. *mit* Stotra *und* Çastra *verbunden* Âpast. Çr. 14,18,3.

स्तुत॑स्तोम Adj. *dessen Lob gesungen ist.*

स्तुतस्वामिक्षेत्र n. N. pr. *eines heiligen Gebietes.*

स्तुति॑ f. 1) *Lob, Lobgesang, Verherrlichung, Lobeserhebung, Hervorhebung der guten Eigenschaften* (einer Person oder einer Sache). स्तुतये न तत्ते *das gereicht dir nicht zum Lobe.* Instr. स्तुतिना (v. l. स्तुतिभिः) Hariv. 6298. — 2) Bez. *a)* der Durgâ. — *b)* Vishṇu's. — 3) N. pr. der Gattin Pratihartar's.

स्तुतिकुसुमाञ्जलि f. Titel eines Werkes Bühler, Rep. No. 206.

स्तुतिगीतक n. *Lobgesang.* वैष्णव *auf* Vishṇu.

स्तुतिपाठक m. *Lobsänger.*

स्तुतिब्राह्मण Titel eines Werkes oder N. pr. eines Mannes.

स्तुतिमत् Adj. *Lobgesänge besitzend, — kennend.*

स्तुतिमन्त्र m. *Loblied* Varâh. Jogaj. 6,11.

स्तुतिवचस् n. *Lob* Çiç. 14,3.

*स्तुतिव्रत m. *Lobsänger.*

स्तुतिशस्त्र (MBh. 2,11,35) und °शास्त्र (MBh. 2,452. ed. Vardh. 2,11,32) n. Pl. wohl fehlerhaft für स्तुतशस्त्र.

स्तुतिशील Adj. *sich auf Lobgesänge verstehend* R. 2,65,2. v. l. श्रुतिशील.

स्तुतिसूक्तिमाला f. Titel eines Werkes Burnell, T.

स्तुत्य 1) Adj. *zu loben, zu preisen, lobenswerth* Çiç. 14,60. Nom. abstr. °त्व n. Sâj. in der Einl. zu RV. 4,42. — 2) *f. आ *a) eine best. wohlriechende Rinde* Râgan. 12,163. — *b) Alaunschiefer* Râgan. 13,63.

स्तुत्यव्रत m. N. pr. eines Sohnes des Hiranjaretas und des von ihm beherrschten Varsha.

*स्तुनक m. *Bock.*

स्तुप॑ m. *Schopf.*

1. स्तुभ् (स्तोभति [निष्कोषणे], *स्तोभते [स्तम्भे], °स्तुभानै, *स्तुभ्नाति [रोधने, निष्कोषणे], *स्तुभ्नोति, स्तुब्ध) *einen Laut ausstossen, juchzen, trällern* und dgl.; gewöhnlich von *dem Einfügen verschiedener Singinterjectionen in das* Sâman. — Caus. स्तोभयति *jauchzen.* स्तोभित *bejauchzt.* — Mit अनु (°ष्टोभति) *nachträllern.* — Mit अभि (°ष्टोभति) *hinzuträllern.* — Mit व्यत्र *durch dergleichen Laute sondern.* — Mit आ *zujauchzen* Ait. Âr. 435,1. — Mit नि (निस्) *einkerben.* नि[ः]ष्टुब्ध *eingekerbt* Âpast. Çr. 15,5,10. Comm. zu 7,3,1. — Mit परि (°ष्टोभति) *umjauchzen* u. s. w. परिष्टुब्धैड Shadv. Br. 3,10. — Mit प्र *durch einen Zuruf antreiben* Ait. Âr. 435,6. — Caus. 1) *Jmd* (Acc.) *zujauchzen.* — 2) *durch Rufe verhöhnen, — verspotten.* — Mit प्रति (°ष्टोभति) *mit einem Schrei antworten, entgegenjauchzen* u. s. w.; mit Acc. — Mit *वि (°ष्टोभते). — Mit सम् in संस्तुभ्.

2. स्तुँभ् 1) Adj. in वृषस्तुँभ्. = स्तोतर् Nigh. — 2) f. *jauchzender Ruf.*

स्तुभ m. 1) *ein best.* Agni. — 2) * *Bock.*

स्तुँभ्वन् Adj. *jauchzend*

स्तुम्प् s. u. *तुम्प् mit प्र.

स्तुव *ein best. Theil am Kopfe des Pferdes* Açvav. 15,18.

*स्तुवेय und *स्तुषेय्य Adj. fehlerhaft für स्तुषेय्य.

(स्तुषेय्य) स्तुषेँयिष्र Adj. *zu loben.*

स्तू s. घृतस्तूँ und *आयतस्तू.

स्तूणाकर्ण fehlerhaft für स्थूणाकर्ण.

*स्तूप्, स्तूप्यति und स्तूपयति (समुच्छ्राये).

स्तूप॑ m. 1) *Schopf,* sowohl *der Haarbusch* als *der obere Theil des Kopfes.* — 2) *der Hauptbalken* (eines Hauses) Âpast. Gṛhjas. 19,7. — 3) bei den Buddhisten und Gaina *Tope, ein* (ursprünglich) *kuppelförmiges Grabdenkmal mit Reliquien.* स्तूपभेदक m. Kârand. 94,23. स्तूपबिम्ब n. 13,11. 36,19. स्तूपमण्डल n. Râgat. 1,102. — 4) *Haufen* Hemâdri 1,335, 5. 6. — 5) * = कूल.

*स्तूपेशाण m. Kâç. zu P. 6,2,64. v. l. सूपेशाण.

स्तृण in भूस्तृण.

स्तृणीषणि in उपस्तृणीषणि.

स्तृँति f. 1) *Streuung, Bestreuung, Bedeckung.* — 2) *Niederstreckung.*

स्तृत्य Adj. *niederzustrecken.*

स्तेगँ m. von unbekannter Bed. Nach dem Comm. = रश्मिसंघात्यादित्यः und *ein best. Insect.* Vgl. तेगँ.

स्तेनँ m. 1) *Dieb, Räuber.* — 2) *ein best. Parfum,* = चोर Utpala zu Varâh. Bṛh. S. 78,1.

स्तेयँ n. 1) *Diebstahl, Raub.* Das Object im Gen. oder im Comp. vorangehend. — 2) *Gestohlenes.*

स्तेयकृत् Adj. *Diebstahl begehend.* Das Object im Comp. vorangehend.

*स्तेयफल m. *ein best. Fruchtbaum.*

स्तेयिन् m. 1) *Dieb, Räuber.* In Comp. mit dem Object. — 2) * *Maus.* — 3) * *Goldschmied.*

*स्तेयिफल und *स्तेयी° m. = स्तेयफल Râgan. 11,217.

*स्तैन n. = स्तैन्य 1).

स्तैन्य 1) n. *Diebstahl, Raub.* In Comp. mit dem Object. — 2) *m. *Dieb, Räuber.*

स्तैमित्य n. *Lahmheit, Bewegungslosigkeit* (Kâraka 6,3), *Unthätigkeit.*

*स्तैर्णि m. Patron. von स्तीर्ण.

स्तो in घृतस्तो.

स्तोकँ 1) m. *a) Tropfen.* — *b)* * *der Vogel* Kâtaka. — 2) Adj. (f. स्तोका) *ganz wenig, unbedeutend, von kurzer Dauer.* n. *ein Weniges.* स्तोकम् und स्तोक° (Pr. P. 29) Adv. *ein wenig* (बहुतरम् — स्तोकम् *mehr — als*); *allmählich.* स्तोकेन न *nicht im Geringsten* Çiç. 5,56. *स्तोकेन und स्तोकात् in Comp. mit einem Partic. auf त so v. a. *kaum, mit genauer Noth; eben, vor Kurzem* Pârçvan. 3,38.

स्तोकक m. 1) Bez. *des* Kâtaka, *des um einen Regentropfen bittenden Vogels* Naish. 5,127. — 2) * *ein best. Gift,* = वत्सनाभ.

स्तोकतमस् Adj. *ein wenig finster* Pr. P. 22.

स्तोकता f. Nom. abstr. zu स्तोक 2). जल° (so richtig) Uttamak. 29.

स्तोकत्व n. desgl. Kampaka 296.

स्तोकशस् Adv. *tropfenweise, zu einem Bischen.*

स्तोकीय und स्तोक्य Adj. (f. आ) *auf Tropfen bezüglich,* so heissen sowohl die Schmalzspenden (आहुति) als Sprüche und Verse (VS. 22,6. TS. 7,1,12,1. RV. 1,75. 3,21), *welche bei fallenden Tropfen angewandt werden.*

स्तोतँर् Nom. ag. *Lobsänger, Anbeter; Gläubiger, Anhänger.* Auch als Beiw. Vishṇu's.

स्तोतँवै Dat. Infin. zu 1. स्तु RV. 8,4,17. 72,5.

स्तोतव्य Adj. *zu loben, zu preisen.*

स्तोत्रँ n. 1) *Lobgesang, Preis.* In Comp. mit dem Object. इमं स्तोत्रम् Hariv. 15022 fehlerhaft. स्तोत्रविधान (so zu lesen) n. Kârand. 12,1. 90,10. 14. — 2) im Ritual *die in singender Recitation vorgetragenen, mit den* Çastra *correspondirenden Abschnitte.*

स्तोत्रकारिन् Adj. *der das* Stotra *recitirt* Gaim. 3,5,25.

स्तोत्रभाष्य n. Titel eines Werkes Opp. Cat. 1.

स्तोत्रय्, °यति *durch einen Lobgesang verherrlichen.*

स्तोत्ररत्न n. Titel eines Werkes Opp. Cat. 1.

स्तोत्रवत् Adj. *von* Stotra *begleitet.*

स्तोत्रव्याख्या f. Titel eines Werkes Opp. Cat. 1.

स्तोत्रसमीषत्ती f. *eine best.* Vishṭuti Lâṭj. 6,2,22.

स्तोत्रावलि f. Titel eines Werkes Bühler, Rep. No. 507.

स्तोत्रिँय und स्तोत्रीय 1) Adj. *zu einem* Stotra

gehörig, ihm eigen. स्तोत्रीयतम Saṁhitop. 29,4 (= अतीव प्रश्नतरम् Sâj.). — 2) m. *der erste Theil des* Bahishpavamâna. — 3) f. आ *ein* Stotra-*Vers* Âpast. Çr. 12,17,15. 13,3,1.

स्तोभ m. 1) *die in den Text des* Sâman-*Vortrags eingeschalteten Singinterjectionen, Träller* u. s. w.; *Geträll* überh. Nom. abstr. °त्व n. Comm. zu Njâjam. 9,2,18. — 2) *Starrkrampf* Damajantik. 1. — 3) * = हेलन.

स्तोभच्छला f. Titel eines Abschnittes in der Sâmavedakkhalâ.

स्तोभन Adj. (f. ई) etwa *einen* Stobha *bildend.*

स्तोभनसंहार m. wohl nur fehlerhaft für स्तोभानुसंहार.

स्तोभपद n. Titel eines Tractats über den Stobha.

स्तोभप्रकृति f. Titel eines zum SV. gehörigen Abschnitts.

स्तोभवत् Adj. *mit* Stobha *versehen.*

स्तोभानुसंहार m. Titel eines Pariçishṭa zum SV.

स्तोम m. 1) *Lobgesang, Lobgedicht, Preis.* — 2) im Ritual *die Grundformen der singenden Recitation,* deren gewöhnlich sieben gezählt werden nach der Verszahl (9. 15. 17. 21. 27. 33. 34). Daneben bestehen zahlreiche andere. In diesen Formen setzt sich das Stotra zusammen. Nach Einigen bewegt sich der Stoma in den fünf Theilen: प्रस्ताव, उद्गीथ, प्रतिहार, उपद्रव und निधन. — 3) elliptisch für Stoma-*Tag.* — 4) Pl. Bez. *gewisser Backsteine.* — 5) *Menge.* — 6) * *das Vermiethen einer Wohnung* Comm. zu Âpast. Çr. 1,18, 20. — Nach einem Lexicographen n. *the head; wealth; grain, corn; a stick or staff bound with iron;* Adj. *crooked, bent.*

*स्तोमक्षार m. *Seife* (nach Nigh. Pr.) Râǵan. 6,260.

स्तोमचिति f. *das Schichten der* Stoma *genannten Backsteine.*

स्तोमतष्ट Adj. *zu einem Loblied gestaltet, gedichtet.* R̥V. 10,15,9 ist vielleicht स्तोमतष्टाः zu lesen.

स्तोमत्रयस्त्रिंश Adj. (f. आ) TS. 4,4,12,4.

स्तोमपुरोगव Adj. *den Lobgesang zum Führer habend* Maitr. S. 1,6,4 (92,2).

स्तोमपृष्ठ Adj. (f. आ) nach dem Comm. Stoma *und* Pr̥shṭha *habend* oder = स्तोमैः साध्यस्तोत्रः.

स्तोमभाग 1) Adj. (f. आ) *dessen Antheil der* Stoma *ist* Ait. Br. 2,18,6. — 2) m. Pl. *a) gewisse zum* Soma-*Opfer gehörige Sprüche, neunundneunzig an der Zahl* (TS. 4,4,1. fgg. VS. 15,6. fgg.), *welche beim Legen der fünften Schicht Backsteine dienen,* Âpast. Çr. 14,8,2. — *b)* Bez. *der hierbei gelegten Backsteine.* — 3) f. आ *die betreffenden Backsteine* Âpast. Çr. 17,2.

स्तोमभागिक Adj. (f. ई) *zu den* Stomabhâga-*Sprüchen gehörig.*

स्तोममय Adj. *aus* Stoma *bestehend.*

*स्तोमय्, °यति *loben, preisen.*

स्तोमवर्धन Adj. *Loblieder steigernd* oder *sich an Lobliedern erfreuend.*

स्तोमवाहस् Adj. 1) *Lob darbringend.* — 2) *dargebrachtes Lob empfangend.*

स्तोमायन n. Bez. *gewisser Opferthiere.*

°स्तोमीय Adj. *auf einen* Stoma *bezüglich.*

स्तोम्य, स्तोमिय Adj. 1) *eines Lobgesanges würdig.* — 2) *auf einen* Stoma *bezüglich* u. s. w.

स्तौति m. Bez. *der Wurzel* 1. स्तु Çiç. 14,66.

स्तौन Adj. etwa *schwerfällig.* Nach Sâj. = स्तेन.

*स्तौपिक n. = बुद्धद्रव्य.

स्तौभ Adj. (f. ई) *trällernd, juchzend.*

स्तौभिक Adj. *in* Stobha *sich bewegend.*

स्तौला Adj. f. oder Subst. von unbekannter Bed. Nach Sâj. = स्थूल.

स्त्या, स्त्यायति (शब्दसंघातयोः, शब्दसंघाते, अपत्रपणाकर्मन्, संहननकर्मन्), °ते *sich verdichten, intensiver werden* Mahâvirak. 14,21. स्त्यान 1) *geronnen.* — 2) *erstarrt* (Herz). — 3) * = स्निग्ध. — Mit नि oder निस् (निष्ट्या°) *sich verdichtend ansetzen, sich bilden, concrescere.* — Mit *प्र, प्रस्तीत und प्रस्तीम. — Mit सम्, संस्त्यान *geronnen, festgeworden.*

स्त्यान 1) Adj. s. u. स्त्या. — 2) n. *a)* * *das Gerinnen, Verdichtung.* — *b) Intensität.* — *c) Apathie.* — *d)* * *Echo.*

स्त्यायन n. *Verdichtung, Anhäufung.*

*स्त्येन m. 1) = स्तेन *Dieb, Räuber.* — 2) = अमृत

*स्त्यैन m. *Dieb, Räuber.*

स्त्राट (!) Pańkad.

1. स्त्रि (?) = स्तृ *Stern.*

2. स्त्रि = स्त्री in °व्यञ्जन Âpast. Çr. 8,6,1 wohl fehlerhaft.

*स्त्रितरा f. = स्त्रीतरा.

*स्त्रियंमन्य Adj. *für ein Weib geltend.*

स्त्री f. (Nomin. ebenso, Acc. स्त्रीम् = स्त्रियम् auch Çiç. 11,52) 1) *Weib, ein weibliches Individuum, Gattin.* — 2) *Weibchen der Thiere.* — 3) in der Gramm. *ein Femininum, das weibliche Geschlecht.* — 4) *ein best. Metrum.*

स्त्रीक am Ende eines adj. Comp. von स्त्री.

स्त्रीकटि oder °कटी f. *die weibliche Hüfte* 245,3.

*स्त्रीकरण n. *coitus.*

स्त्रीकर्मन् n. Pl. Bez. *des zweiten Theils im vierten* Adhjâja *des* Kauçika.

स्त्रीकाम Adj. 1) *nach Weibern lüstern.* स्त्रीकामतम Âpast. 2,14,13. — 2) *weibliche Nachkommenschaft wünschend.*

स्त्रीकार्य n. *Beschäftigung mit Frauen, das Hüten derselben* u. s. w.

*स्त्रीकितव m. *Weiberverführer* Ind. St. 13,472.

स्त्रीकुमार (*n. Sg.) und m. Pl. (Ind. St. 14,289) *Weiber und Kinder.*

स्त्रीकृत 1) Adj. (f. आ) *von Weibern gemacht.* — 2) n. *coitus* Gaut.

*स्त्रीकोश m. *Dolch.*

स्त्रीक्षीर n. *Frauenmilch.*

स्त्रीक्षेत्र n. *ein weibliches* —, d. i. *gerades* (2tes. 4tes u. s. w.) *Zodiakalbild* oder *astrologisches Haus.*

स्त्रीग Adj. in अन्य°.

स्त्रीगमन n. *das Besuchen der Weiber, geschlechtlicher Verkehr mit ihnen* Âpast. 1,21,8. Comm. zu Âpast. Çr. 10,15,14.

स्त्रीगमनीय Adj. in गुरु°.

*स्त्रीगवी f. *Kuh.*

स्त्रीग्रह m. *ein weiblicher Planet,* d. i. *von gerader Zahl* (2ter u. s. w.).

स्त्रीग्राहिन् Adj. *die Frau* (*Wittwe*) —, d. i. *die Vormundschaft über sie übernehmend* Jolly, Schuld. 309.

स्त्रीघातक Adj. *ein Weib* —, *seine Frau mordend.*

*स्त्रीघोष m. *Tagesanbruch.*

स्त्रीघ्न Adj. = स्त्रीघातक.

स्त्रीचञ्चल Adj. *Weibern nachlaufend.*

*स्त्रीचित्तहारिन् 1) Adj. *der Weiber Herz hinreissend.* — 2) m. *Moringa pterygosperma.*

*स्त्रीचिह्न n. *vulva.*

*स्त्रीचौर m. *Weiberentführer,* — *verführer.*

स्त्रीजन m. 1) *das Weibervolk.* — 2) *ein Femininum* (gramm.).

स्त्रीजननी Adj. f. *Mädchen zur Welt bringend* 193,12.

स्त्रीजन्मन् n. *die Geburt eines Mädchens.*

स्त्रीजातक n. *die Nativität eines Mädchens.*

स्त्रीजित Adj. *in der Gewalt eines Weibes stehend, von ihm beherrscht* Jâǵń. 1,163. Hariv. 7308.

*स्त्रीतरा f. Compar. zu स्त्री.

स्त्रीतानुकरोग m. *eine best. Frauenkrankheit.*

स्त्रीत्व n. 1) *das Weibsein, Weibheit.* — 2) *genus femininum.*

स्त्रीदेवत Adj. (f. आ) *an eine weibliche Gottheit gerichtet.*

*स्त्रीदेहार्ध m. Bein. Çiva's (*dessen eine Kör-*

perhälfte ein Weib ist).

स्त्रीद्विष् und °द्वेषिन् Adj. *Weiber hassend, Weiberfeind.*

स्त्रीधन n. 1) *das persönliche Vermögen der Frau* Gaut. 28,24. °निर्णय m. Burnell, T. — 2) *Weib und Vermögen.*

स्त्रीधर्म 1) *Frauenrecht, die für Frauen geltenden gesetzlichen Bestimmungen.* — 2) *coitus* Hariv. 4853. Chr. 108,2. — 3) **Menstruation.*

स्त्रीधर्मपद्धति f. Titel eines Werkes Burnell, T.

स्त्रीधर्मिणी Adj. f. *die Menstruation habend.*

*स्त्रीधव m. *Mann.*

*स्त्रीधूर्त m. *Weiberverführer* Ind. St. 13,472.

स्त्रीधूर्तक n. Sg. *Weiber und Schelme* MBh. 5, 39,74.

*स्त्रीध्वज m. *Elephant.*

स्त्रीनामन् Adj. *einen Frauennamen führend.*

स्त्रीनिर्जित Adj. = स्त्रीजित.

स्त्रीन्द्रिय n. *die weiblichen Geschlechtstheile* Divjâvad. 473,28. 474,7. 4.

*स्त्रीपर Adj. *den Weibern nachlaufend.*

स्त्रीपर्वतदेश m. N. pr. einer *Oertlichkeit.*

स्त्रीपर्वन् n. Titel des 11ten Buches im MBh.

स्त्रीपिशाची f. *der Kobold Weib* Prab. 15,12.

स्त्रीपुंयोग m. *das Zusammentreffen von Mann und Weib* Gaut. 6,6.

स्त्रीपुंस m. 1) Du. *a) Mann und Weib.* Am Ende eines adj. Comp. f. °आ. — *b) Femininum und Masculinum* (gramm.). — 2) *Mann und Weib zugleich.*

स्त्रीपुंसलिङ्गिन् Adj. *die Merkmale eines Mannes und eines Weibes habend* Káraka 4,2.

स्त्रीपुंधर्म m. *die für Männer und Frauen geltenden gesetzlichen Bestimmungen* 212,25.

स्त्रीपुमंस् m. 1) Du. *Mann und Weib.* — 2) *Mann und Weib zugleich.*

स्त्रीपुर n. *Gynaeceum.*

स्त्रीपुरुष n. Sg. *Mann und Weib* Hemâdri 2,a, 125,18.

स्त्रीपुष्प n. *Menstrualblut.*

स्त्रीपूरुष n. Sg. = स्त्रीपुरुष Ind. St. 15,330.

स्त्रीपूर्व Adj. 1) *früher Weib gewesen* MBh. 5,172, 19. 6,98,36. — 2) = स्त्रीजित MBh. 13,23,22.

स्त्रीपूर्वक Adj. = स्त्रीपूर्व 1) MBh. 5,172,20. 192,66.

स्त्रीपूर्विक Adj. MBh. 5,7553 fehlerhaft für स्त्रीपूर्वक.

स्त्रीपूर्विन् Adj. = स्त्रीपूर्व 1).

स्त्रीप्रज्ञा Adj. f. *den einem Weibe zukommenden Verstand habend.*

स्त्रीप्रत्यय m. *ein Feminina bildendes Suffix* 238, 6. °प्रकरण n. Opp. Cat. 1.

स्त्रीप्रधान Adj. *dem das Weib über Alles geht, ganz in der Gewalt des Weibes stehend.*

*स्त्रीप्रमाण Adj. *dem ein Weib eine Autorität ist* L. K. 1041.

स्त्रीप्रसू Adj. f. *Mädchen gebärend.*

स्त्रीप्राय Adj. *zum grössten Theil weiblich* Âpast. 2,16,8 (अपत्यं zu lesen).

*स्त्रीप्रिय 1) Adj. *den Weibern lieb.* — 2) m. *Mangifera indica.*

*स्त्रीबन्ध m. *coitus.*

स्त्रीभग m. *vulva* Nir. 3,16.

स्त्रीभव m. = स्त्रीत्व 1).

स्त्रीभाग Adj. *Weibern nachgehend.*

स्त्रीभाव m. *das Weibwerden.* Acc. mit लम्भ् Caus. und उप-नी so v. a. *entjungfern.*

स्त्रीमध्य n. *Frauengesellschaft* Káraka 240,21.

स्त्रीमत्त Adj. *beweibt* Bhatt.

स्त्रीमन्त्र m. *eine weibliche* —, d. i. *mit* स्वाहा *endigende Zauberformel.*

स्त्रीमय Adj. (f. ई) *femineus* Vâsav. 274,1. *weibisch* Çaṁk. zu Bâdar. 2,3,30.

स्त्रीमानिन् m. N. pr. eines Sohnes des Manu Bhautja.

स्त्रीमाया f. *Weiberlist* Lalit. 412,13. 15.

*स्त्रीमुखप m., *°मुखमधु n., *°मुखमधुदोहद m. und *°दोहल m. *Mimusops Elengi.*

*स्त्रीमन्य Adj. = स्त्रियंमन्य.

स्त्रीय्, °यति *nach einem Weibe verlangen.*

स्त्रीयन्त्र n. *die Kunstpuppe Weib* Spr. 1038.

*स्त्रीरजस् n. *Menstruation.*

*स्त्रीरञ्जन n. *Betelpfeffer.*

स्त्रीरत्न n. *eine Perle von Weib.* Auch Bez. der Lakshmî.

स्त्रीरत्नकूटा f. N. pr. einer Tochter Raudrâçva's Hariv. 1662. Nach der Lesart der anderen Ausg. 1,31,10 m. in der Bed. *eine Prachtperle von Weib.*

स्त्रीरहस्काम Adj. *der mit Weibern allein zu sein sucht* Káraka 357,7.

स्त्रीराज्य (°राज fehlerhaft) n. *das Reich der Amazonen* (im hohen Norden). Vgl. वनिताराज्य.

स्त्रीराशि m. *ein weibliches* —, d. i. *gerades* (2*tes*, 4*tes* u. s. w.) *Zodiakalbild* oder *astrologisches Haus.*

स्त्रीरूप Adj. *Frauengestalt habend* Maitr. S. 2, 5,5 (54,5).

स्त्रीरोग m. *Frauenkrankheit.*

स्त्रीलक्षण n. Sg. *die Merkmale* —, *Eigenthümlichkeiten eines Weibes.* °विद् Adj. Gâtakam. 13.

1. स्त्रीलिङ्ग n. 1) *die weiblichen Geschlechtstheile.* — 2) *das weibliche Geschlecht* (gramm.) 234,28.

2. स्त्रीलिङ्ग Adj. 1) *die Merkmale eines Weibes habend.* — 2) *weiblich* (gramm.). Nom. abstr. °त्व n. Ind. St. 13,390.

स्त्रीलोक m. Pl. N. pr. einer Gegend. Vgl. स्त्रीराज्य.

स्त्रीलोल Adj. *lüstern nach Weibern.*

स्त्रीलौल्य Adj. dass. Bhar. Nâṭjaç. 34,92.

स्त्रीवध m. *ein an einem Weibe verübter Mord.*

स्त्रीवश und °वश्य Adj. *von Weibern oder einem Weibe beherrscht.*

स्त्रीवासस् n. nach dem Comm. Âpast. 2,1,20 *ein zum Beischlaf geeignetes Gewand.*

स्त्रीवाह्य m. Pl. N. pr. eines Volkes.

स्त्रीविजित Adj. = स्त्रीजित.

स्त्रीवित्त n. *von einer Frau kommendes Vermögen.*

स्त्रीविवाह m. *die eheliche Verbindung mit einem Weibe* M. 3,20.

1. स्त्रीविषय m. *coitus* 108,5.

2. स्त्रीविषय Adj. *ein Femininum tantum* Çânt. 1,5. 2,2. 20.

स्त्रीवेषधारक (H. 329) und °धारिन् (Ind. St. 13, 493) Adj. *in weiblichem Anzuge.*

स्त्रीव्यञ्जन n. Pl. *die das Weib unterscheidenden körperlichen Merkmale (Brüste u. s. w.)* Âpast. Ça. 8,6,1.

स्त्रीव्रण m. *vulva* Kâvjapr. 190,5.

*स्त्रीशौण्ड Adj. *auf Weiber versessen* Ind. St. 13,472.

स्त्रीषंसाद m. *Weibergesellschaft.*

*स्त्रीषख m. *Weiberfreund.*

स्त्रीषू Adj. f. *weibliche Junge gebärend* Maitr. S. 4,6,3 (82,14).

स्त्रीषूय n. = स्त्रैषूय Çâṅkh. Gṛhj. 1,19.

स्त्रीसख Adj. *von einem Weibe begleitet* Ind. St. 15,355.

स्त्रीसङ्ग m. *Verkehr mit Weibern* Spr. 7218.

स्त्रीसंग्रहण n. *das Unzuchttreiben mit einem Weibe* 211,31. 212,24.

स्त्रीसंज्ञ Adj. *einen Namen mit weiblicher Endung führend* Varâh. Bṛh. S. 86,38. Statt विज्ञः स्त्रीसंज्ञः Hariv. 7350 liest die andere Ausg. 2,71, 15 विश्वस्त्रीसंज्ञः, welches durch कृत्स्नभोगसंज्ञः erklärt wird.

*स्त्रीसभ n. *Weibergesellschaft.*

स्त्रीसंबन्ध m. *die eheliche Verbindung mit einem Weibe* M. 3,6. Râgat. 6,366.

स्त्रीसंभोग m. *der Beischlaf mit einem Weibe* 108,6.

स्त्रीसत्त्वरूपिन् Adj. *das Aussehen eines Weibes habend* MBh. 5,192,66. v. l. स्त्रीस्वरूपिन्.

स्त्रीसुख n. *die Lust am Weibe*, auch so v. a.

Beischlaf.

स्त्रीसेवा f. *Frauenhuldigung, geschlechtlicher Verkehr mit Frauen.*

1. स्त्रीस्वभाव m. *die Natur des Weibes* R. 1,28,11. 2,72,46. 3,51,5. 5,23,28.

2.* स्त्रीस्वभाव m. *Eunuch.*

स्त्रीस्वत्रपिन् Adj. = स्त्रीमत्रपिन्.

स्त्रीहत्या f. *ein an einem Weibe verübter Mord* PAŃKAT. 216,17.

स्त्रीहुत n. *ein von einem Weibe dargebrachtes Opfer.*

स्त्रैण 1) Adj. (f. ई) *a) muliebris. — b) den Weibern ergeben, in ihrer Gewalt stehend.* — 2) n. *a) das Weibervolk, die Weiber, Weiberschaar* HARSHAḰ. 211,20. — *b) das Weibsein, Weibheit, weibliche Natur.*

स्त्रैण्य n. wohl *das den Weibern Ergebensein, das in ihrer Gewalt Stehen* Citat im Comm. zu ÂPAST. ÇR. 5,1,1.

स्त्रैषूय n. *Geburt eines Mädchens.*

स्त्रैराज्यक m. Pl. *die Bewohner von* Strîrâǵja.

*स्त्र्यगार n. *Gynaeceum* GAL.

स्त्र्यध्यक्ष m. *ein Aufseher über die fürstlichen Weiber.*

*स्त्र्यनुज Adj. *nach einem weiblichen Kinde geboren,* d. i. *auf eine Schwester folgend.*

°स्त्र्यभिगमन n. *das Beiwohnen dem Weibe von —* GAUT. 12,2.

स्त्र्याजीव m. *ein durch Weiber* (*Prostitution der Frau* u. s. w.) *gewonnener Unterhalt.*

°स्थ, °ष्ठ Adj. (f. आ) 1) *stehend, sitzend, wohnend, befindlich, sich* irgendwo *zeigend.* — 2) in einem best. Alter, Lage, Verhältniss, Zustand *sich befindend.* — 3) *bei Etwas seiend, beschäftigt mit, obliegend, ergeben.*

स्थकर wohl = स्थगर.

स्थग्, *स्थगति (संवरणे). — Caus. स्थगयति 1) *verhüllen, verbergen* 311,24. ÇIÇ. 11,34. 20,22. VÂSAV. 157,5. 297,1. — 2) *verschwinden machen.* — 3) स्थगित *a) verhüllt, verborgen* ÇIÇ. 17,30. — *b) verschlossen* (Thür) HARSHAḰ. 140,5. 6. — *c) gehemmt, unterbrochen.*

*स्थग Adj. *verschlagen, verschmitzt, betrügerisch.*

स्थगन n. *das Verhüllen, Verbergen.*

स्थगयितव्य Adj. *zu verhüllen, zu verbergen* PAŃKAT. ed. Bomb. 1,43,7.

स्थगर n. *ein best. wohlriechender Stoff* GOBH. 4,2,29. ÂPAST. GṚHJ. 18,11.

स्थगिका f. 1) *ein best. Verband, wie er an Fingern und penis angelegt wird: Däumling.* — 2) *Betelbüchse* HEMÂDRI 1,645,5.

*स्थगी f. *Betelbüchse.*

स्थगु m. *Buckel* HARIV. 2,27,33. 34. v. l. स्थुडु.

स्थुडु m. dass. v. l. स्थगु.

स्थण्डिल 1) n. *ein unbebauter, freier Platz, Erdboden, Stelle, Platz* überh. GOBH. 1,5,13. 4,8,14 (= लोष्टपात्र Comm.). GṚHJÂS. 2,11. स्थण्डिले केवले so v. a. *auf dem blossen Erdboden.* Am Ende eines adj. Comp. °क. — 2) m. N. pr. eines Ṛshi.

स्थण्डिलशय्या f. *das Liegen —, Schlafen auf dem blossen Erdboden.*

स्थण्डिलशायिका f. dass. DIVJÂVAD. 339,23.

स्थण्डिलशायिन् Adj. *auf dem blossen Erdboden liegend, — schlafend.*

स्थण्डिलसंवेशन n. = स्थण्डिलशय्या.

*स्थण्डिलसितक m. = वेदि.

स्थण्डिलेयु m. N. pr. eines Sohnes des Raudrâçva.

स्थण्डिलेशय 1) Adj. = स्थण्डिलशायिन्. — 2) m. N. pr. eines Ṛshi.

स्थण्डिल्य ḰHÂND. UP. 5,2,8 fehlerhaft für स्थण्डिल.

स्थपणी f. v. l. für स्थपनी.

स्थपति m. 1) *Statthalter, Oberbeamter, Oberbeamter eines Bezirks, Oberhaupt.* Vgl. निषादस्थपति Nachtr. 4. स्थपतिसव m. TÂṆḌJA-BR. 17,11,6. — 2) *Baumeister* HEMÂDRI 1,671,13. — 3) **Veranstalter eines Opfers an* Bṛhaspati. — 4) **Kämmerer, Aufseher eines fürstlichen Gynaeceums.* — 5) *Bein. *a)* Bṛhaspati's. — *b)* Kubera's.

स्थपनी f. *die Stelle zwischen den Brauen.*

स्थपुट 1) Adj. (f. आ) *höckerig, holperig, uneben* (Weg) HARSHAḰ. 178,4. — 2) m. *Höcker* ḰANḌAK. 72,9. = विषमोन्नतप्रदेश DEÇIN. 1,126.

स्थपुटय्, °यति *höckerig machen, aufwühlen* ḰANḌAK. 19,5. *durch Aufstreuen erhöhen* ÂRJAV. 79,9. *स्थपुटित Partic.

स्थपुटी Adv. mit कर् *höckerig machen,* so v. a. *durch Aufschütten —, Aufstreuen erhöhen* HEM. PAR. 2,69.

स्थर् Nom. ag. = स्थ in सव्यष्ठर् und *सव्येष्ठर्.

*स्थल्, स्थलति (स्थाने, स्थितौ).

स्थल 1) m. *a) Abschnitt, Kapitel.* — *b)* N. pr. eines Sohnes des Bala. — 2) f. स्थला *Erdaufschüttung.* — 3) f. स्थली *a) Anhöhe, hochgelegene Ebene* ÇIÇ. 13,34. VÂSAV. 184,2. Auch von *gewölbten* Körpertheilen. — *b) Erdboden, Fussboden.* — *c) Platz, Ort, Stelle.* — 4) n. *a) Erhebung, Anhöhe* (HEM. PAR. 1,153. 155. GÂTAKAM. 14,5. 30), *trockenes Land* (im Gegensatz zur *feuchten Niederung*), *Land* (im Gegensatz zum *Wasser*), *Festland.* Auch von *gewölbten* Körpertheilen. — *b) Erdboden* (137,5), *Fussboden.* — *c) Platz, Ort, Stelle.* — *d) Fall.* तथाविधस्थले *in einem solchen Falle.*

*स्थलकन्द m. *eine best. Pflanze.*

स्थलकमल n. *die Blüthe von Hibiscus mutabilis.*

स्थलकमलिनी f. *Hibiscus mutabilis.*

स्थलकाली f. N. pr. eines Wesens im Gefolge der Durgâ.

*स्थलकुमुद n. *Nerium odorum.*

स्थलग und स्थलचर Adj. *auf dem Festlande lebend.*

स्थलज 1) Adj. *a) auf dem Festlande —, auf trockenem Boden wachsend, — lebend.* — *b) für Landtransport geltend* (Steuer). — 2) *f. आ *Süssholz.*

स्थलतर n. *ein höher gelegener Platz.*

स्थलता f. Nom. abstr. zu स्थल *Festland.*

स्थलनलिनी f. *Hibiscus mutabilis* KÂD. 2,17,2 (19,12). Am Ende eines adj. Comp. °क.

स्थलनीरज n. *die Blüthe von Hibiscus mutabilis.*

स्थलपत्तन n. *eine auf dem Festlande liegende Stadt* (Gegensatz जलपत्तन) ÇILÂÑKA 1,379.

स्थलपथ m. 1) *Landweg, — strasse* (im Gegensatz zu *Wasserweg*) KALPAS. 108, N. 89. — 2) *Handel zu Lande.*

स्थलपथी Adv. mit कर् *in eine Landstrasse —, in Festland verwandeln* VIKRAMÂÑKAḰ. 14,62.

स्थलपद्म 1) *m. *Arum indicum.* — 2) n. *die Blüthe von Hibiscus mutabilis.*

*स्थलपद्मिनी f. *Hibiscus mutabilis.*

*स्थलपिण्डा f. *eine Dattelart.*

*स्थलमञ्जरी f. *Achyranthes aspera.*

*स्थलरुहा f. *Hibiscus mutabilis.*

स्थलवर्त्मन् n. *Landweg.*

स्थलवर्मन् m. N. pr. eines Fürsten HARSHAḰ. 187,16.

स्थलविहंग und °विहंगम m. *Landvogel.*

*स्थलशृङ्गाट und *°क m. *Tribulus lanuginosus* oder *eine ähnliche Pflanze* Mat. med. 125.

*स्थलसीमन् m. = स्थण्डिल m. (!).

स्थलस्थ Adj. *auf trockenem Lande stehend.*

स्थलाय्, °यते *zum Festland werden* NAISH. 1,69.

स्थलारविन्द n. *die Blüthe von Hibiscus mutabilis.*

स्थलारूढ Adj. *auf den Boden herabgestiegen* (*nicht zu Wagen seiend*) M. 7,91.

1. स्थली f. s. u. स्थल.

2. स्थली Adv. mit भू *zu Festland werden* Comm. zu NAISH. 1,69. स्थलीभूत *hoch gelegen* HARIV. 3706 ist स्थली f. + भूत.

स्थलीदेवता f. *die Gottheit des Ortes.*

स्थलीय्, °यति *für Festland halten.*

स्थलीय Adj. von स्थल *Fall* in उद्देश्यविधेयत्वो-घस्थलीयविचार.

स्थलीशायिन् Adj. *auf dem blossen Erdboden liegend, — schlafend* 183,4.

स्थलेजात 1) Adj. (f. आ) *auf dem Festlande —, auf trockenem Lande gewachsen (wachsend).* पद्मि-नी so v. a. *Hibiscus mutabilis.* — 2) *n. *Süssholz.*

स्थलेयु m. N. pr. eines Sohnes des Raudrâçva.

*स्थलेरुहा f. Bez. *zweier Pflanzen,* = दृग्धा und गृहकुमारी Râǵan. 3,45.

*स्थलेशय m. *eine best. Amphibie, die zur Nacht an's Land kommt.*

स्थलोत्पलिनी f. *Hibiscus mutabilis* Kâd. 100, 13 (179,7).

स्थलौकस् m. *ein auf dem Festlande lebendes Thier.*

*स्थवि 1) Adj. = ब्रह्म (!). — 2) m. a) *Weber.* — b) = स्वर्.

स्थविमन् m. und स्थविमत् Adj. n. (Âpast. Çr. 7, 11,9. 24,6. 7) *das dicke Theil, die Breite.* स्थविम-तस् *an der breiten Seite* Maitr. S. 3,10,4 (135,3. 4). TS. 6,4,1,1.

स्थविर 1) Adj. (f. आ und ई, in der späteren Sprache nur आ) a) *breit, dick, derb, massig, dicht, gewaltig.* — b) *alt, bejahrt; angesehen, gravis.* स्थविरे काले oder भावे (Vasishtha 5,3. Baudh. 2,3, 45) *im Alter.* Bei den Buddhisten Bez. *der ältesten, ehrwürdigsten* Bhikshu, die dem Çâkjamuni am nächsten stehen. m. Pl. (auch आर्य°) Bez. *einer best. buddh. Schule* Târan. u. s. w. — c) *= अचल. Richtig स्थावर. — 2) *m. Bein. Brahman's. — 3) *f. स्थविरा *eine best. Pflanze* Râǵan. 5,20. — 4) *n. *Erdharz.*

स्थविरगाथा f. Pl. *eine best. Abtheilung der buddh. Schriften* Divjâvad. 35,1.

*स्थविरदारु n. *eine best. Holzart* Bhâvapr. 3,59.

स्थविरद्युति Adj. *die Würde eines Alten habend* MBh. 1,50,8.

स्थविरायुस् Adj. *ein hohes Alter erreichend.*

स्थविष्ठ Adj. *der dickste, gröbste, dichteste.*

स्थवीयस् Adj. *dicker, gröber, dichter, gewaltiger* Çiç. 17,21.

स्थशस् Adv. *je nach der Stelle.*

स्था, तिष्ठति, °ते (metrisch auch = Act.), स्थीयते Pass. 1) *stehen, — auf, in* oder *an* (Loc.), *dastehen, vor Einem stehen, stillstehen, stehen bleiben, Halt machen, zum Stehen kommen* (fliessendes Wasser 39,20). जानुभ्याम् *sich auf die Kniee stellen,* अग्रे oder अग्रतस् (40,1) *sich vor Jmd* (Gen.) *stellen, Jmd vor Augen treten,* संदर्शने *sich so stellen, dass man von Jmd* (Gen.) *gesehen wird.* — 2) *stehen —, sich stellen auf, besteigen;* mit Acc. — 3) *vor dem Feinde stehen, Jmd* (Gen. oder Gen. mit पुरस्) *Stand halten* Varâh. Jogaj. 4,12. — 4) *treu ausharren, zur Seite stehen, Jmd* (Loc.) *treu bleiben.* — 5) Med. *bei Etwas* (Loc.) *verharren, nicht abgehen von.* — 6) Med. (metrisch auch Act.) *Jmd stillhalten zu Etwas, sich fügen in, dienen zu;* mit einfachem oder doppeltem Dat. — 7) *bestehen* (Gegensatz *vergehen, zu Grunde gehen*), *am Leben sein.* — 8) *bleiben, verweilen* (in dieser Bed. auch Pass. im Bhâg. P.), *warten; zögern, sich bedenken.* मासं स्थित्वा so v. a. *nach einem Monat,* चिरमपि स्थित्वा *über kurz oder lang* (324,12), स्थित्वा *allein nach einiger Zeit.* — 9) *bei Etwas bleiben,* einer Handlung *dauernd obliegen,* in einem Zustande oder Verhältnisse *verharren;* die Ergänzung ein Nomen (कन्या *Mädchen —, unverheirathet bleiben* 121,16), insbes. ein Partic. (beim Impers. steht statt des Nomin. der Instr.), ein Absol. oder ein Instr. — 10) *dasein, vorhanden sein, — in* oder *bei* (Loc.). — 11) *sich befinden, sich verhalten, sein, — in, auf* oder *bei, obliegen;* mit Loc. समम् *sich gleich verhalten gegen* (Loc.), तूष्णीम् *sich still verhalten,* अन्यथा *sich anders verhalten,* सुखम् *sich wohl —, sich glücklich fühlen.* — 12) *sich bei Jmd befinden, bei Jmd angetroffen werden, zu Jmds Verfügung stehen, Jmd gehören, esse alicujus;* mit Loc., Dat. (Çukas. 1,2) oder Gen. — 13) *geheftet —, gerichtet sein auf* (Loc.) 113,8. — 14) *ruhen —, beruhen auf, gegründet —, beschlossen sein in* (Loc.). मयि स्थित्वा so v. a. *sich auf mich verlassend* Bhatt. — 15) *erstehen aus* (Abl. oder Gen.). — 16) *abstehen von Etwas* (123,16), *sich eines Bessern besinnen.* — 17) *dahingestellt —, unberücksichtigt —, unbeachtet —, unerörtert bleiben, nicht von Belang sein.* Nur Imperat. (323,3 im Prâkrit) und Potent. (Kâd. 2,116,3 = 143,2). — 18) तस्थिवंस् a) *stehend, — auf* (Loc.), *was steht, sich nicht bewegt.* — b) *sich befindend in, im Besitz seiend von;* mit Loc. पितुः शासने so v. a. *dem Vater gehorchend, ihm folgend.* — c) *beschäftigt mit, obliegend;* mit Loc. — d) *verharrend in* (Instr.). — e) *der inne gehalten hat.* Nomin. so v. a. *er schwieg.* — f) *ausharrend, beharrlich.* — g) *bereit zu* (Dat.). — 19) स्थित a) *stehend, stehen geblieben* (Gegensatz *gehend, sitzend, liegend*). परस्परं स्थितौ *sich feindlich gegenüber stehend.* — b) *stehend,* so v. a. *Stand haltend, nicht weichend.* — c) *an einem Orte* (Loc., Adv. oder im Comp. vorangehend) *verweilend, — befindlich* (von Belebtem und Unbelebtem). अनित्यम् *nicht beständig —, nur kurze Zeit verweilend.* Mit पुरस् so v. a. *bevorstehend.* — d) *in einer Lage —,* in einem Verhältniss —, in einem Zustande *sich befindend;* die Ergänzung im Loc., Instr. (मुक्ताकारतया 186, 14), Abl., im Comp. vorangehend, ein in demselben Casus stehendes Nomen, ein Absol. oder ein Adv. — e) *begriffen in, beschäftigt mit, sich befleissigend, bedacht auf, obliegend, hingegeben;* die Ergänzung im Loc. oder im Comp. vorangehend. — f) *verbleibend in,* so v. a. *sich richtend nach, nachkommend, befolgend;* die Ergänzung im Loc. — g) *im Amte stehend.* — h) *zu Jmd* (Loc.) *stehend, es mit Jmd haltend.* — i) *dauernd, fest bestehend, keinen Wandel erfahrend.* — k) *feststehend,* so v. a. *nicht verrathen werdend* (ein Plan). — l) *feststehend,* so v. a. *allgemein angenommen, geltend.* — m) *feststehend,* so v. a. *beschlossen.* — n) *fest überzeugt.* — o) *fest entschlossen, — zu* (Infin. oder Loc. eines Nom. act.), *bereit zu* (Dat.). — p) *dastehend, daseiend, vorhanden, anwesend, gegenwärtig, gekommen* (von einem Zeitpuncte), *bereit stehend, sich befindend bei* (Loc.). स्थितो ऽस्मि: *da stehe ich, da bin ich.* — q) *Jmd* (Gen.) *gehörend.* — r) *gerichtet auf* (Loc. oder im Comp. vorangehend). — s) *stehend bei,* so v. a. *beruhend auf, abhängig von* (Loc.). — t) *zu Etwas* (Dat.) *dienend, — führend.* — u) *übrig geblieben.* — v) *der von Etwas abgestanden ist, — abgelassen hat* Pañkâd. — w) *nicht von* इति *begleitet* (im Padapâtha); überh. *allein —, gesondert stehend.* स्थिते पदे so v. a. *im* Padapâtha. — 20) स्थितवत् *sich befindend* Spr. 7714 (इह). Çiç. 14,17 (श्रेयसि). — Caus. स्थापयति, °ते (metrisch) 1) *stillstehen machen, anhalten, festhalten, nicht fortlassen;* बद्ध्वा *Jmd gefangen halten,* स्वीकृत्य *ganz für sich gewinnen.* — 2) *hemmen, unterdrücken.* — 3) *wegstellen, bei Seite stellen, — legen, zurücklegen, aufbewahren, verwahren* Kampaka 411. 415. स्थापयित्वा so v. a. *mit Ausnahme von* Divjâvad. 270,4. — 4) *stellen, hinstellen, aufstellen* (Wachen), *setzen —, legen —, thun auf* oder *in* (Loc.), *einquartiren in* (Loc.). हृदि so v. a. *seinem Herzen einprägen.* — 5) *Jmd einsetzen* in eine Würde, in ein Amt (Loc., ausnahmsweise Instr. Uttamak. 319). रक्षार्थम् *zum Hüten, als Hüter.* — 6) *Jmd versetzen —, führen —, bringen in* oder *auf* (Loc., seltener Acc. 327,25). नये so v. a. *in einen*

Plan einweihen, इत्येवं स्थापयेन्मनः so v. a. er richte den Geist darauf, vergegenwärtige sich dieses. — 7) Jmd (Loc., auch हस्ते 328,7) übergeben. — 8) errichten, erbauen. — 9) Bestand geben, befestigen, dauerhaft machen, begründen. — 10) Jmd auf eigene Füsse stellen, unterstützen Hemâdri 1,690,9. — 11) feststellen, festsetzen, bestimmen. — 12) eine Bestimmung in Betreff Jmds (Acc.) treffen. — 13) einführen, in Gebrauch bringen. — 14) eine Behauptung —, eine Thesis aufstellen. — 15) setzen im Gegensatz zu negiren. — 16) machen zu, mit doppeltem Acc. धात्रीम् so v. a. als Amme anstellen (114,11), रक्षितम्, सुरक्षितम् Etwas gut verwahren, — hüten, छन्नम्, प्रच्छन्नम् Etwas verstecken, सज्जम् Jmd bereit sein lassen, परिशेषम् übrig lassen. — Desid. तिष्ठासति verharren wollen in (Instr.). — *Intens. तेष्ठीयते. — Mit अति 1) hervorragen (eig.). — 2) sich erheben über, Meister sein; mit Acc. — Mit व्यति, °ष्ठास् MBh. 13,5785. fg. fehlerhaft für व्यधिष्ठास्. — Mit अधि 1) stehen —, sich stellen —, sich setzen auf, besteigen; mit Loc. oder Acc. मामाधिष्ठाय so v. a. auf mir sitzend. — 2) stehen überh. — 3) seinen Aufenthalt haben in, bewohnen, sich befinden —, stecken in (Loc. AV., sonst Acc.). — 4) sich (siegreich) erheben, bemeistern, höher stehen als, den Vorzug haben über (Acc.). — 5) als Führer vorangehen, anführen, lenken, regieren; mit Acc., ausnahmsweise mit Gen. — 6) vorstehen, beherrschen, verwalten. — 7) besitzen, in den Besitz gelangen von (Acc.). — 8) sich gründen auf (Loc.). — 9) Gebrauch machen von, anwenden, an den Tag legen. अधिष्ठाय so v. a. mit Anwendung von, mittelst. — 10) अधिष्ठित und धिष्ठित a) mit act. Bed. α) stehend. — β) steckend, stecken geblieben. — γ) sich befindend —, wohnend —, seinen Sitz habend auf oder in (Loc. oder Acc.). — δ) über Andern —, obenan stehend, den Vorrang habend. — ε) vorstehend (einem Amte u. s. w.), vorgesetzt; die Ergänzung im Loc. oder im Comp. vorangehend. — ζ) beruhend auf (Loc.). — η) mit einem Absol. verharrend in einer Lage u. s. w. प्रेक्ष्य erblickend dastehen, so v. a. betrachten, चक्रमुद्यम्य mit erhobenem Discus dastehen. — b) mit pass. Bed. α) bewohnt von, besetzt von oder mit (Instr. oder im Comp. vorangehend) 111,25. 116,12 (umstanden). 211,2. 4 (वणिग्भिः सदः). — β) besetzt, so v. a. vertheidigt. — γ) in Besitz genommen —, erfüllt —, ergriffen —, voll von (Instr. oder im Comp. vorangehend). राजप्रसाद° so v. a. in voller Gunst beim Fürsten stehend. — δ) verwaltet, versehen (ein Amt, Geschäft), dem Jmd (Instr. oder im Comp. vorangehend) vorsteht. — ε) geleitet, geführt, angeführt (eig. und übertr.); so v. a. gehütet (ein Ross) 106,25. — Caus. stellen auf Etwas (Acc.) betreten lassen. — Mit समधि 1) leiten, lenken. — 2) verwalten, versehen. — 3) einer Sache obliegen. — 4) °ष्ठित a) stehend auf oder in (Acc.). — b) obenan stehend. — c) erfüllend, durchdringend; mit Acc. Káraka 6,26. — d) geritten. — Mit अनु 1) nach Jmd stehen bleiben, d. i. wenn Jmd stehen bleibt, gleichfalls stehen bleiben; mit Loc. oder Acc. — 2) Jmd (Acc.) nachgehen, folgen. — 3) folgen, so v. a. gehorchen; mit Acc. — 4) befolgen, sich richten nach, nachahmen; mit Acc. — 5) sich stellen zu, sich anschliessen, sich beigesellen, im Gefolge —, hülfreich zur Seite stehen; mit Acc. Med. in TS. (6,5,1,2) und Çat. Br. — 6) einer Sache nachgehen, — sich hingeben, — obliegen, Etwas betreiben, ausrichten, ausführen, begehen (z. B. eine Nachlässigkeit); mit Acc. द्वाराणि so v. a. Thore eröffnen, दण्डम् so v. a. Strafe verhängen, विण्मूत्रम् so v. a. sich entleeren, उपायम् ein Mittel ausfindig machen. — 7) verbleiben. — 8) sich setzen auf (Acc.). — 9) beherrschen, regieren. — 10) अनुतिष्ठन्ति Khând. Up. 3,19,3 fehlerhaft für अनूत्तिष्ठन्ति. — 11) अनुष्ठित a) mit act. Bed. α) befolgend, sich richtend nach, nachahmend; mit Acc. — β) obliegend, mit Acc. R. ed. Bomb. 1,7,12. — b) mit pass. Bed. α) begleitet, unterstützt. — β) dem man obgelegen hat, betrieben, geübt, ausgerichtet, ausgeführt. — γ) (ärztlich) behandelt Káraka 1,10. — δ) begonnen, angefangen. — Desid. obzuliegen wünschen, mit Acc. Comm. zu R. ed. Bomb. 3,9,27. — Mit समनु, °ष्ठित verbunden, ausgerüstet mit (Instr.). — Mit अन्तर् Jmd (Acc.) den Weg vertreten, aufhalten. — Mit अप sich fern halten, abtrünnig werden. — Mit अपि Jmd (Acc.) in den Weg treten. अपिष्ठितं (!). — Mit अभि 1) treten —, den Fuss setzen auf (Acc.). — 2) sich erheben über oder auf (Acc.). — 3) treten gegen, zu Etwas hin; mit Acc. — 4) stehen bleiben. — 5) sich aufhalten, sich befinden. — 6) widerstehen, bemeistern; mit Acc. Vaitân. 6,1. — 7) sich rüsten zu (Dat.). — 8) अभिष्ठित unter die Füsse getreten, worauf man getreten ist, — steht. — Mit समभि besteigen MBh. 8,20,41. — Mit अव Med., seltener Act. 1) sich fernhalten, sich entfernen. — 2) hinabsteigen, — reichen, sich hinab —, sich hineinbegeben in (Acc.) Âpast. 2,22,16. — 3) dastehen, sich hinstellen; stillstehen, Halt machen Âpast. 1,25,11. — 4) bleiben, verbleiben, — in (Loc.); in einer best. Thätigkeit oder Zustande verharren (die Ergänzung ein Adj. im Nomin., ein Absol. oder ein Instr.). — 5) bestehen. — 6) sich befinden, sich aufhalten, dasein, vorhanden sein. — 7) Jmd (Dat.) anheimfallen. — 8) getrennt sein von, entbehren; mit Abl. — 9) eingehen in (Loc.). — 10) gelangen zu (Acc.). — 11) Etwas festsetzen, bestimmen (die Lesarten schwanken). तदावस्थातुमर्हसि so v. a. darauf musst du bestehen R. ed. Bomb. 4,18,57. — 12) अवस्थित und वस्थित a) dastehend, seinen Stand habend, postirt, befindlich, enthalten in (Loc. oder im Comp. vorangehend). दीर्घकालम् lange Zeit gelegen habend. — b) verbleibend, verharrend in einer best. Thätigkeit oder Zustande; die Ergänzung ein Partic. im Nomin., ein Instr. (शूलाग्रेण so v. a. erscheinend als) oder Adv. (Çiç. 16,16). — c) verbleibend in (Loc.), so v. a. befolgend. — d) begriffen in, obliegend, bedacht auf; die Ergänzung im Loc. oder im Comp. vorangehend. — e) Jmd (Dat.) obliegend. — f) bereit zu (Dat.). — g) feststehend, beständig, keinem Wandel unterworfen, — in Bezug auf (Abl.). — h) fest beschlossen. — i) standhaft, zuverlässig. — k) eine feste Stellung einnehmend. — l) gelungen. — m) beschaffen, sich verhaltend. एवमवस्थित unter diesen Verhältnissen. — n) mit Acc. α) stehend bei oder zu. — β) hingegeben, sich hingebend. — Caus. 1) auseinanderhalten, trennen. — 2) stehen machen, anhalten MBh. 7,193,29. — 3) stehen —, nicht weitergehen —, zurücklassen, nicht mit sich nehmen. — 4) hinstellen —, hinlegen —, thun in oder auf (Loc.) 114,7. 122,11. — 5) eingehen lassen in (Loc.). — 6) einsetzen, errichten. — 7) festmachen, Festigkeit verleihen; mit Acc. — 8) ermuntern, trösten. — 9) begründen (eine Behauptung). — Mit अन्वव Act. nach Jmd herabsteigen. — Mit अभ्यव, °स्थित widerstehend, mit Acc. — Mit पर्यव Med. 1) sich befestigen, sich kräftigen. — 2) erfüllen, durchdringen. — 3) पर्यवस्थित a) sich hingestellt habend, stehend, postirt 299,33. — b) enthalten in (Loc.). — c) begriffen in, obliegend, hingegeben; mit Loc. — d) Jmd (Loc.) hingegeben, an Jmd hängend R. 2,31,14. — e) wohlgemuth, guter Dinge. — Caus. ermuntern. — Mit प्रत्यव Med. 1) wiederkehren, sich wieder einstellen (mit müssigem पुनर्). — 2) Jmd (Acc.) widerstehen, Widerstand leisten Gâtakam. 25. — 3) dagegen aufstehen, einwenden, eine Einwendung machen. — 4) wiedererlangen Bhatt. — 5) प्रत्यवस्थित a) Jmd gegenüber ste-

hend R. ed. Bomb. 3,74,10. — b) *in einem best. Zustande* (Instr.) *sich befindend.* — Caus. *in die ursprüngliche Lage bringen.* आत्मानम् so v. a. *wieder zu sich kommen.* — Mit व्यव Med. 1) *sich trennen —, sich abtheilen von* (Abl.); *je anders sich verhalten* Çaṁk. zu Bâdar. 3,3,55. Comm. zu Njâjam. 9,2,23. 25. — 2) *stehen bleiben, Halt machen, bleiben, verweilen.* — 3) *sich rüsten zu* (Dat.). — 4) *Stand halten,* so v. a. *logisch haltbar sein, sich bewähren.* — 5) *dastehen —, erscheinen als* (Nomin.). — 6) व्यवस्थित a) *geordnet stehend.* — b) *stehend, eine Stelle einnehmend, postirt, gelegen, stehend —, befindlich auf, bei* oder *in* (Loc. oder im Comp. vorangehend). — c) *auf Jmds Seite stehend, es mit Jmd* (im Comp. vorangehend) *haltend.* — d) *enthalten in* (Loc.). — e) von einem Worte so v. a. *in der Bedeutung von* (Loc.) *stehend —, gebraucht werdend.* — f) *gewartet —, verweilt habend.* — g) *beruhend auf, gebunden an, abhängig von;* die Ergänzung im Loc. oder im Comp. vorangehend. — h) *entschlossen zu* (Loc.). — i) *beharrend in, haltend an* (Loc. oder im Comp. vorangehend) Çiç. 14,15. — k) *sich kümmernd um* (Loc.). — l) *feststehend, festgesetzt, genau bestimmt, limitirt, ausschliesslich eigen.* विकल्प m., विभाषा f. u. s. w. *genau bestimmt für jeden einzelnen Fall.* Nom. abstr. °त्व n. Comm. zu Njâjam. 9,2,27. — m) *beständig, nicht wechselnd.* — n) *feststehend,* so v. a. *sicher bevorstehend.* — o) *daseiend, vorhanden, sich vorfindend.* — p) *dastehend —, erscheinend als;* die Ergänzung ein Nomin., Absol., Instr., im Comp. vorangehend (als Instr. zu denken) oder ein Adv. — Caus. 1) *hinstellen, placiren* Vâsav. 291,2. — 2) *richten auf* (Loc.) — 3) *einsetzen.* — 4) *zum Stehen bringen.* — 5) *aufhalten,* so v. a. *nicht zu Fall kommen lassen.* — 6) *herstellen, in den natürlichen Zustand wieder versetzen* Ǵâtakam. 13.14. — 7) *feststellen, bestimmen.* — 8) *als logisch haltbar darthun.* — Mit समव, °स्थित a) *stehend,* so v. a. *sich nicht rührend, unbeweglich* MBh. 6,55,8. — 2) *stehend,* so v. a. *seine Stelle habend.* Mit Acc. (R. ed. Bomb. 4,39,24) oder Gen. *vor Jmd stehend.* — 3) *gerüstet —, bereit zu* (Dat.). — 4) *bereit —, zu Gebote stehend.* — Caus. 1) *zum Stehen bringen, anhalten.* — 2) *befestigen.* — Mit आ 1) *stehen auf* (Loc.), *besteigen* (Acc. Çiç. 18,14). उपानहौ *in die Schuhe treten.* — 2) *sich einstellen, sich befinden, — bei* (Loc.). — 3) *sich begeben zu* oder *nach, betreten;* mit Acc. — 4) *sich festsetzen in* (Acc.). — 5) *befolgen, sich richten nach* (Acc.). — 6) *gelangen zu, theilhaftig werden;* mit Acc. — 7) *antreten, sich anschicken zu, sich machen an, greifen zu, einschlagen* (ein Verfahren), *sich hingeben, unternehmen, anwenden.* रूपम् *eine Gestalt annehmen* 107,14. आस्थाय *mittelst,* कां बुद्धिमास्थाय so v. a. *in welchem Gedanken? in welcher Voraussetzung?* — 8) Med. *beitreten,* so v. a. *anerkennen, für wahr halten.* — 9) *halten zu Jmd* (Loc.). — 10) *halten —, einen Werth legen auf* (Loc.). — 11) *stehen.* आतिष्ठत् wohl fehlerhaft für अतिष्ठत्. — 12) आँस्थित a) mit act. Bed. α) *stehend —, sitzend auf* (Acc.). — β) *sich aufhaltend —, sich befindend an* oder *bei* (Acc.). — γ) *betreten habend* (einen Weg). — δ) *eingegangen in* (Acc.). — ε) *gelangt zu* (Acc.). — ζ) *gerathen in* (Acc.). — η) *heimgesucht habend,* mit Acc. — ϑ) *der Etwas angetreten —, zu Etwas gegriffen —, an Etwas sich gemacht —, zu Etwas sich angeschickt hat;* die Ergänzung im Acc. oder im Comp. vorangehend. वपुस् *einen* (menschlichen) *Körper angenommen habend* Çiç. 14,62. — ι) *was* (schädigend) *zugestossen ist; schadhaft, krank.* — κ) *dastehend.* — λ) *sich befindend, lebend.* — μ) *anerkennend, als wahr annehmend.* — b) mit pass. Bed. α) *worauf man steht* oder *sitzt, eingenommen* (ein Platz), *betreten.* — β) *angetreten, wozu man gegriffen —, woran man sich gemacht hat.* आस्थितोदय Adj. so v. a. *aufgegangen* (Sonne) Çiç. 14,8. — γ) *geleitet auf* (Loc.). — Caus. Act. Med. 1) *betreten —, besteigen lassen.* — 2) *bleiben machen, festhalten.* — 3) *hinstellen* Vaitân. 13,13. — 4) *herbeischaffen.* — 5) *infigere, thun in* (Loc.). — 6) *Jmd einsetzen, beauftragen mit* (Dat.). — 7) *Jmd* (Gen.) *Etwas anthun.* — 8) *einen Durchfall* u. s. w. *bei Jmd* (Acc.) *stopfen* Suçr. 2,86,13. — 9) *einleiten, einführen.* — Vgl. आस्थापित Nachtr. 6. — Mit अन्वा *nach einander betreten, besteigen, erreichen.* — Mit अपा *sich entfernen nach* oder *in* (Acc.). — Mit उदा 1) *wieder erstehen.* — 2) उदास्थित s. bes. — Mit उपा 1) *sich begeben in* (Acc.). — 2) *geschlechtlichen Umgang pflegen mit* einem Manne (Acc.). — 3) *an Etwas gehen, obliegen;* mit Acc. — 4) उपाँस्थित a) *stehend auf* (Loc.). — b) *der sich an Etwas* (Acc.) *gemacht hat.* — Mit समुपा 1) *herantreten.* °स्थित *herangekommen, gekommen an* (einen Ort, Acc.). — 2) *an Etwas gehen, obliegen;* mit Acc. — Mit प्रा Praçnop. 2,4. 3,1. 5 fehlerhaft für प्र. — Mit प्रत्या *Stand halten* oder *helfen.* — Mit व्या Caus. *nach verschiedenen Seiten entsenden.* दिशस् *nach allen Himmelsgegenden.* — Mit अनुव्या dass. — Mit समा 1) *besteigen.* — 2) *sich begeben zu* (Acc.). — 3) *stehen bleiben, Halt machen.* — 4) *antreten, sich anschicken zu, sich machen an, greifen zu, anwenden.* रूपम् *eine Gestalt annehmen.* — 5) *ausführen.* — 6) समास्थित a) *stehend —, sitzend auf* (Acc., Loc. oder im Comp. vorangehend). — b) *verharrend in* (Loc.). — c) *der Etwas angetreten* (दासीभावम् 54,24) —, *zu Etwas gegriffen —, an Etwas sich gemacht —, zu Etwas sich angeschickt —, Etwas angewandt hat.* — Caus. 1) *Halt machen heissen.* — 2) *besorgen.* — Mit उद् (उत्थाय u. s. w.) 1) *aufstehen* (auch vom Schlafe und Tode), *sich erheben, aufspringen, sich aufmachen, aufgehen* (von Sonne und Mond), *sich erheben* (von Brüsten und Wellen), *aufziehen* (von Wolken), *hervorbrechen* (von Räubern). — 2) von einer Opferhandlung u. s. w. (Abl.) *aufstehen,* so v. a. *beendigen, schliessen.* — 3) *aufrecht stehen.* — 4) *wiedererwachen, wieder aus seiner Ruhe kommen* (von der zur Ruhe gelangten Seele). — 5) *sich erheben, aufsteigen, hervor —, zum Vorschein kommen, erscheinen* (namentlich von Licht und Glanz), *erschallen, erstehen, sich bilden, sich zeigen, ausschlagen, auswachsen* (von Pflanzen). — 6) *einkommen, eingehen* (von Geldern). — 7) Med. a) *sich zu einer That erheben, mit Energie an Etwas gehen, sich anschicken zu;* mit Dat. oder Loc. (Çiç. 14,17). — b) *an Macht zunehmen.* — 8) उत्थित a) *aufgestanden, aufgesprungen, sich erhoben habend* (eine Flut 28,3), *hoch angeschwollen* (das Meer). — b) *aufgestanden,* so v. a. *gesund geworden.* — c) *aufrecht stehend* (42,24), *aufgerichtet, hoch dastehend, emporragend aus* (im Comp. vorangehend). — d) *herausgewachsen, herausgekommen, — aus* (Abl. oder im Comp. vorangehend), *heraussteckend, aufgebrochen von, weggegangen aus* (Abl.). — e) *hervorgegangen, entstanden, — aus* (Abl. oder im Comp. vorangehend), *ausgebrochen* (Feuer 324,23), *zum Vorschein gekommen, sich zeigend* (74,24). Im Comp. bisweilen an der unrechten Stelle stehend (ईषत्पत्त्रोत्थित = ईषदुत्थितपत्त्र). — f) *eingekommen, eingegangen* (von Geldern u. s. w.). — g) *zu einer That bereit, mit Energie sich einer Sache hingebend;* die Ergänzung im Loc. oder Dat. — h) *hoch —, obenan stehend.* — Caus. 1) *aufstehen heissen, auf die Beine bringen, aufjagen.* — 2) *wecken* (70,1), *auferwecken* (vom Tode, mit appositionellem जीवन्तीम् 122,21). — 3) *aufstellen, aufrichten.* — 4) *aufheben* (von der Erde). — 5) *errichten,* so v. a. *erbauen.* — 6) *herausholen.* In der Math. *durch Substitution herausschaffen* Bîǵag. 62.

— 7) austreiben, entsenden. — 8) heraus- oder hinaufdrängen. — 9) erregen, hervorbringen. — 10) beleben, ermuntern, anstacheln, aufhetzen. — Desid. 1) aufstehen wollen. — 2) eine heilige Handlung abzubrechen gedenken Âpast. Çr. 14,23,3. 4. — Mit अध्युद् sich aufmachen von (Abl.). — Mit अनूद् 1) aufstehen nach, sich erheben hinter u. s. w.; mit Acc. Âpast. 1,6,7. — 2) अनूत्थित gefolgt von (Instr.). — Mit अभ्युद् 1) sich aufmachen gegen, kommen —, sich erheben zu; mit Acc. — 2) sich erheben um Jmd zu begrüssen, Jmd entgegen gehen; mit Acc. — 3) gehen —, sich machen an (Acc.). — 4) abstehen von (Abl.). — 5) अभ्युत्थित a) aufgestanden, der sich erhoben hat. — b) der sich erhoben hat um Jmd zu begrüssen, Jmd (Acc.) entgegen gehend. — c) aufgegangen (von Sonne und Mond) R. ed. Bomb. 4,66,21. — d) hoch stehend, sich auszeichnend durch (Instr.). — e) erschienen, sich zeigend. — f) gegangen an, sich anschickend zu (Acc.). Ohne Ergänzung auch gerüstet, bereit. — g) angefallen —, angegriffen von (Instr.). — Mit समभ्युद् aufgehen (von einem Gestirn). — Mit उपोद् 1) sich aufmachen zu (Acc.). — 2) vor Jmd aufstehen, entgegentreten, sich nähern Vaitân. — 3) उपोत्थित herbeigeschafft. — Mit पर्युद् 1) sich erheben von (Abl.). — 2) Jmd (Acc.) erscheinen. — Mit प्रोद् 1) aufspringen. — 2) aufstehen 48,33. — 3) प्रोत्थित hervorgebrochen (Blatt), hervorgegangen aus (im Comp. vorangehend). — Mit प्रत्युद् aufstehen vor (Acc.), entgegen gehen Âpast. 1,14,11. 17. 2,4,16. Chr. 42,28. प्रत्युत्थित 1) mit act. Bed., mit Acc. und Abl. des Sitzes, den man verlässt. — 2) mit pass. Bed. 240,20. — Caus. wieder zum Leben bringen, — erwecken. — Mit व्युद् 1) sich nach verschiedenen Seiten erheben. — 2) sich abwenden von (Abl.), aufgeben. — 3) von seiner Pflicht lassen, sich vergessen. — 4) व्युत्थित a) stark in den Meinungen aus einander gehend. — b) stark erregt. — c) pflichtvergessen. Auch mit Hinzufügung von धर्मात्. — Caus. 1) in Frage stellen, uneins sein über (Acc.). — 2) Jmd abspenstig machen. — 3) Jmd beseitigen, absetzen; Etwas beseitigen Çaṁk. zu Bâdar. 2,1,11. — 4) treulos verlassen. — Mit समुद् 1) zusammen aufstehen Ǵâtakam. 28. Ueberh. sich erheben, aufstehen (auch vom Schlafe), auferstehen. — 2) aufstehen nach einer Krankheit, sich erholen. — 3) sich erheben, aufziehen (von Wolken). — 4) herauskommen —, hervorgehen —, entspringen —, entstehen aus (Abl.), zum Vorschein kommen, sich zeigen. — 5) sich zur That erheben, an's Werk gehen, sich rüsten; die Ergänzung ein Loc. oder Infin. — 6) समुत्थित a) aufgestanden, sich erhoben habend. — b) hoch emporragend. — c) aufgezogen (Wolken), aufgestiegen (Staub). — d) herausgekommen —, hervorgegangen aus (Abl.), zum Vorschein gekommen, erschienen, gewachsen (Flügel). धनं दण्डसमुत्थितम् so v. a. Strafgelder. — e) der sich zu Etwas erhoben hat, gerüstet; die Ergänzung ein Loc. oder Infin. — f) der sich oben auf gehalten —, Allem widerstanden hat R. ed. Bomb. 3,68,21. — Caus. 1) Jmd aufstehen heissen, aufrichten, aufheben. — 2) auferwecken. — 3) Etwas erwecken, erregen Ǵâtakam. 26. — Mit उप Act. Med. 1) stehen bei, sich stellen neben (Loc. oder Acc.), — gegen (Acc.), bleiben bei Jmd (Acc.), in Jmds Gefolge sein, Jmd (Acc.) umstehen. — 2) sich nähern, sich zu Jmd (Acc.) oder an einen Ort (Loc. oder Acc.) begeben, — um zu (Infin.); ohne Object herankommen, sich einstellen. — 3) gelangen zu, theilhaftig werden. — 4) mit Acc. der Person sich bittend oder verehrend vor Jmd stellen, angehen, Jmd aufwarten, — zu Diensten sein, — seine Verehrung bezeigen (auch einem Gotte), — mit oder durch (Instr.), Jmd aufwarten mit, so v. a. beschenken mit (Instr.) Daçak. 61,17. — 5) unterstehen, sich einstellen bei oder in (Loc. oder Acc.); sich befinden, zur Hand sein, zur Verfügung stehen, Jmd zu Theil werden (mit Acc. oder Gen. der Person), anzutreffen sein. — 6) aufstehen gegen (Acc.). — 7) sich unterstellen, sich fügen in (Acc.). — 8) da sein, so v. a. zu ergänzen sein. — 9) sich rüsten, sich aufmachen, — zu (Dat.). — 10) stehen bleiben. Besser v. l. अव. — 11) Med. *sich vereinigen mit, so v. a. sich ergiessen in (Acc.). — 12) *Med. gehen —, führen nach (Acc.) von einem Wege. — 13) *Med. für sich gewinnen, zum Freunde machen. — 14) उपस्थित a) mit act. Bed. α) herangetreten, gekommen, — zu Jmd (Gen. oder Acc.), an einen Ort (Acc. oder Loc.), genaht, erschienen, — bei (auch so v. a. anwesend —, zugegen bei [Loc.]); gekommen, eingetroffen (von einer Zeit u. s. w.) Gobh. 3,10,19. Spr. 7615. — β) gekommen, so v. a. bevorstehend 313,8. — γ) zugefallen, zu Theil geworden, — Jmd (Gen. oder Acc.). — δ) bereit —, zur Verfügung stehend, — Jmd (Gen.). — ε) liegend auf (Acc.). — ζ) gerichtet auf (Loc. oder Acc.). — η) andringend (semen virile). — b) mit pass. Bed. α) aufgesucht. — β) dem von Jmd (Instr.) aufgewartet worden ist mit (Instr.). — γ) ausgestattet mit (Instr.). — Caus. 1) sich stellen heissen neben oder gegen (Acc.), hinstellen lassen (समीपे). — 2) zum Weibe liegen lassen. — 3) herbeiholen, herbeischaffen Âpast. 2,5,4. — 4) buddh. अभिमुखां (so überall zu lesen) स्मृतिम् so v. a. sich das Vergangene vergegenwärtigen Lalit. 362,8. Vaǵrakkh. 19,10. Kâraṇḍ. 85,8. — 5) in der Gramm. mit nachfolgendem इति versehen. — Mit अनूप Med. nach einander sich stellen zu, kommen zu, sich an die Seite stellen von; mit Acc. — Mit अभ्युप 1) Act. verehren. — 2) अभ्युपस्थित a) gekommen (eine Zeit). — b) gekommen über (von einem früher gesprochenem Worte), so v. a. sich bewahrheitet habend an (Acc.). — c) begleitet von, zusammen seiend mit (Instr.). — Caus. herbeiholen, herbeischaffen. — Mit पर्युप 1) Act. um Jmd herum sein, umstehen; mit Acc. — 2) Act. Jmd (Acc.) aufwarten mit (Instr.). आशीर्भिस् so v. a. Segenswünsche an Jmd richten. — 3) Med. sich anreihen. — 4) पर्युपस्थित a) Jmd (Acc.) umstehend. — b) gekommen, bevorstehend. — c) entfahren, entschlüpft (eine Rede). — d) einer Sache (Loc.) obliegend. — Caus. anreihen. — Mit प्रत्युप 1) Med. sich gegenüberstellen. — 2) Med. Jmd (Acc.) aufwarten. — 3) Act. bei Etwas (Loc.) verweilen, so v. a. seine Gedanken richten auf, Etwas für beachtungswerth halten Vaǵrakkh. 45,16. — 4) प्रत्युपस्थित a) herangetreten, gekommen, genaht, — Jmd (Acc.). — b) anwesend, beiwohnend; mit Loc. — c) losgegangen auf (Acc.), feindselig gegenüberstehend. — d) versammelt. — e) eingetreten, gekommen, auch so v. a. bevorstehend. स्मृति° in's Gedächtniss gekommen, eingefallen. — f) stehend —, sich befindend in (Loc.), erscheinend in (im Comp. vorangehend), vorliegend. — g) andringend (Urin). — Caus. hervorrufen, zur Erscheinung bringen Çaṁk. zu Bâdar. 2,2,2. 3,2,6. प्रत्युपस्थापितत्व n. zu 3,2,11. — Mit समुप Act. Med. 1) stehen bei, in Jmds Nähe sein (zum Dienste bereit). — 2) sich lehnen an (Acc.). — 3) hinzutreten zu Jmd (Acc.). — 4) Jmd (Acc.) zu Theil werden. — 5) समुपस्थित a) herangekommen, genaht, — Jmd (Acc.), gekommen an einen Ort (Acc.). तयोरग्रतः का चिन्नदी °ता so v. a. sie stiessen auf einen Fluss. — b) sitzend —, liegend auf (Loc.). — c) entstanden. — d) eingetreten, gekommen (von Leblosem), bevorstehend. — d) an der Zeit —, am Platze seiend zu Spr. 7586. — e) gekommen über Jmd, Jmd zugefallen, — zu Theil geworden; mit Acc. oder Gen. — f) gegangen an, so v. a. bereit zu (Dat. oder Loc.). — g) woran man gegangen ist, so v. a. *unternommen, beschlossen.* — Caus. *aufstellen.* — Mit नि, निष्ठित 1) *stehend* —, *befindlich an* oder *auf* (Loc.). — 2) *aus der Hand gefallen* Hem. Par. 1,83. — 3) *erfahren in* (Loc.). Könnte auch निःष्ठित sein. — 4) *bespuckt* gehört zu ष्ठिव्. — Vgl. auch u. निस्. — Caus. 1) *infigere in* (Loc.). — 2) *von sich geben* Hem. Par. 2,434 (न्यतिष्ठिपत्). — Mit परिनि 1) *sich völlig vertraut machen mit* (Loc.) Çaṅk. zu Bâdar. 3,3,32. — 2) °ष्ठित a) *befindlich in* (Loc.). — b) *überaus erfahren in* (Loc.). — Caus. *Jmd* (Gen.) *Etwas gründlich lehren.* — Mit निस् 1) *hervorwachsen, sich erheben,* — *aus* (Abl.) AV. 5,5,5. — 2) *Etwas zu Ende bringen* Khând. Up. 7,20. fg. — 3) *zu Stande bringen, bereiten.* — 4) निष्ठित (निःष्ठित) a) *hervorgewachsen.* — b) *fertig, vollendet* Çat. Br. 3,5,3,25. 6,1,25. Gobh. 1,3,16. — Caus. 1) *hinaustreiben auf* (Loc.). — 2) *herstellen, fertig machen.* — Mit परिनिस्, परिनिष्ठित (परिनिःष्ठित) *ganz fertig,* — *vollendet* Çaṅk. zu Bâdar. 1,1,3. 4. — Mit परि 1) *umstehen, im Wege stehen; hemmen, hindern.* — 2) *sich herandrängen* (von Vielen gesagt). — 3) *übrig* —, *am Leben bleiben.* — 4) परिस्थित *verharrend in* (Loc.). — 5) परिष्ठित mit pass. Bed. zu 1). — Caus. 1) *rings umstellen.* — 2) *in der Nähe hinstellen,* — *bleiben heissen.* — Mit प्र 1) Act. Med. (ausnahmsweise) *sich erheben, sich aufstellen, aufgestellt sein* (namentlich vor den Göttern, vor dem Altar u. s. w.), — *vor Jmd* (Acc.). — 2) Med. *auf sein,* so v. a. *im wachen Zustande sich befinden.* — 3) Med. (metrisch auch Act.) *aufbrechen, sich aufmachen, davongehen,* — *von* (Abl.), *sich begeben in, auf* oder *nach* (Acc., Acc. mit प्रति oder Loc.), — *um zu* (Dat. oder Infin.). आकाशे *sich begeben in* —, so v. a. *sich bewegen* —, *sich aufhalten in der Luft.* — 4) प्रस्थित a) *aufgestellt,* (als Opfer) *bereit stehend* 237,10. 11. — b) *sich erhebend, hervorstehend.* — c) *eingesetzt* (in ein Amt). — d) *aufgebrochen, der sich aufgemacht hat,* — *nach* (Acc., Acc. mit प्रति, Dat. oder Loc. [क्व]), — *um zu* (Dat.). दूर° *weithin gezogen,* विमार्ग° *der sich auf Abwege begeben hat,* नाकपृष्ठ° *gelangt bis* (Ruhm). पितृभ्यां प्रस्थिते impers. — 5) प्रस्थितवान् = प्रतस्थे *brach auf* 125,4. — Caus. 1) *wegstellen.* — 2) *Jmd* (z. B. Boten) *entsenden, fortschicken, heimschicken, entlassen, verbannen,* — *nach* (Acc. oder Acc. mit प्रति), — *um zu* (Dat. oder Loc.). — 3) *zum Laufen antreiben.* — Desid. Med. *aufbrechen* —, *sich aufmachen wollen* Çaṅk. zu Bâdar. 4,3,4. — Mit अतिप्र *sich erheben über* (Acc.), *einen Vorsprung haben.* — Mit अनुप्र *nach Jmd* (Acc.) *aufbrechen,* — *sich aufmachen.* — Caus. *nachsenden, folgen lassen.* — Mit अभिप्र 1) Act. (vedisch) Med. *sich aufmachen zu* oder *nach, ausgehen nach* oder *auf* (Acc. oder Acc. mit प्रति 39,15.), — *um zu* (Infin.), *sich hinziehen zu* (Acc., von Adern). — 2) Act. *den Vorrang gewinnen über* (Acc.). — 3) अभिप्रस्थित *aufgebrochen, der sich aufgemacht hat.* — Caus. *hinaustreiben* (die Kühe auf die Weide). — Mit प्रतिप्र in प्रतिप्रस्थातर्. — Mit विप्र Med. (Act. metrisch) 1) *nach verschiedenen Richtungen sich erheben, auseinandergehen, sich verbreiten.* — 2) *aufbrechen, sich aufmachen.* — 3) विप्रस्थित *aufgebrochen, der sich aufgemacht hat.* — Mit संप्र Med. 1) *gemeinsam* (vor den Altar) *sich stellen.* — 2) *aufbrechen, sich aufmachen, sich begeben zu* oder *nach* (Acc. oder Loc.). — 3) संप्रस्थित *aufgebrochen, der sich aufgemacht hat,* — *nach* oder *auf* (Acc.), *der sich begeben hat auf* oder *zu* (im Comp. vorangehend Vaǵrakkh. 21,19), *sich in Bewegung gesetzt habend* (Schiff). — Caus. *Jmd entsenden, entlassen.* — *nach* (Acc.). — Mit प्रति 1) *stehen, dastehen, bleiben.* — 2) *sich befinden unter* (Loc.), so v. a. *verkehren mit.* — 3) *stillstehen,* von untergehenden Gestirnen. — 4) *aufhören.* — 5) *gegründet sein* —, *beruhen auf* oder *in* (Loc. 36,17), *Bestand haben, festen Fuss haben, gedeihen.* — 6) *sich verlassen auf* (Loc.) Vaǵrakkh. 21,20. — 7) *Jmd* (Acc.) *widerstehen.* — 8) *sich verbreiten über* (Acc.). — 9) प्रतिष्ठित a) *stehend, seinen Platz eingenommen habend* (auf dem Wagen), *gelegen, seinen Sitz habend* —, *sich befindend in* oder *auf, enthalten in;* die Ergänzung im Loc. oder im Comp. vorangehend. — b) *gerichtet auf* (Loc.). — c) *verharrend in* (Loc.). — d) *stehend* in einem Amte (Loc.). — e) *stillstehend,* so v. a. *sein Ende erreichend.* — f) *feststehend, festen Fuss gefasst habend, seinen Halt habend an, beruhend auf* oder *in, wurzelnd in;* die Ergänzung im Loc. oder im Comp. vorangehend. उर्वरा *ein feststehendes* —, wohl so v. a. *ein seither schon angebautes Feld* Âpast. Çr. 9,15,21. Superl. प्रतिष्ठिततम Ind. St. 13,457. — g) *sich verlassend auf* (Loc. oder im Comp. vorangehend) Vaǵrakkh. 21,7. fgg. — h) *feststehend,* so v. a. *begründet, bewiesen.* — i) *festgesetzt* —, *geltend für* (Loc.). — k) *feststehend,* so v. a. *von Feinden nicht beunruhigt.* — l) *gedeihend an* (Instr.). — m) *erfahren in* (Loc.). — n) *übergegangen auf* (Acc.). — o) *unternommen.* Besser v. l. अनु. — Caus. 1) *hinstellen, hinsetzen* (Gobh. 1,3,12), *setzen auf* (Loc. Ind. St. 15,222. Vaǵrakkh. 19,16), *einbringen in* (Loc.), *aufstellen* (ein Götterbild 293,26 im Prâkrit). — 2) *hinführen* —, *bringen auf* (Loc.). — 3) *einsetzen in* (ein Amt, Loc.). — 4) *Jmd* (Dat. oder Loc.) *Etwas vorsetzen, darbringen, übergeben.* — 5) *Bestand geben, stützen,* — *auf* (Loc.). — 6) *entgegen halten.* — Mit अनुप्रति *bestehen* —, *festen Fuss fassen* —, *gedeihen nach* (Acc.). — Desid. *festen Fuss fassen* —, *gedeihen wollen nach* (Acc.) Gobh. 4,6,12. — Mit अभिप्रति *ruhen* —, *sich stützen auf* (Acc.) Gop. Br. 2,2,10. — Mit संप्रति 1) *sich wenden an* (Loc.). — 2) संप्रतिष्ठित a) *bestehend, vorhanden.* — b) *feststehend, begründet, seinen Halt findend in, beruhend auf* (Loc.) 76,22. — Caus. 1) *einsperren, einschliessen* (die Kühe). — 2) *concentriren in* (Loc.). — 3) *fest machen, Bestand geben.* — 4) *einführen, in Gang bringen.* — Mit वि Med. (ausnahmsweise auch Act.) 1) *auseinanderstehen, sich auseinander bewegen; sich verbreiten, sich zerstreuen in* oder *über* (Acc.). अधि तस्थिम Ṛv. 4,30,12. — 2) *sich trennen* —, *sich entfernen* —, *getrennt werden von* (Instr.). — 3) *stehen, dastehen* (Çiç. 13,47), *stehen hleiben* (Ǵâtakam. 4), *am Orte verbleiben, dabei stehen.* — 4) *Stand halten, nicht weichen.* — 5) *obliegen,* mit Loc. — 6) विष्ठित a) *auseinanderstehend, verbreitet, zerstreut.* — b) *stehend, was steht, stehend auf* (Loc. oder im Comp. vorangehend), *dastehend, befindlich in* (Loc.). — Caus. *ausbreiten.* — Mit अनुवि Med. (ausnahmsweise Act.) *sich verbreiten über.* अनु — विष्ठित, विष्ठित — अनु *verbreitet über* (Acc.). — Caus. *nach einander aufnehmen lassen.* — Mit अभिवि Med. *sich verbreiten bis zu* oder *über* (Acc.). — Mit उपवि Med. *da und dort sich befinden.* — Mit सम् Med. (metrisch und ungenau auch Act.) 1) *sich sammeln, bleiben bei* (Loc.). संतस्थाने *sich zusammenhaltend* (Himmel und Erde). — 2) *stille stehen, verweilen, bleiben an einem Orte.* — 3) *dastehen, sich befinden.* वाक्ये so v. a. *gehorchen.* — 4) *feindlich zusammentreffen.* — 5) im Ritual *zum Stillstand kommen,* so v. a. *abschliessen, fertig werden, vollen Bestand gewinnen.* — 6) *zu Stande kommen, gelingen.* — 7) *zu Ende* —, so v. a. *zu Grunde gehen, zu Schanden werden.* — 8) *sterben.* — 9) *werden zu, die Form annehmen von* (Nomin.). — 10) संस्थित a) *stehend* (Gegensatz *liegend, sitzend*). — b) *der Jmd gestanden hat* (im Kampfe). — c) *stehend,* so v. a. *seinen Platz habend auf* oder *in liegend* —, *sitzend* —, *gelegen* —, *befindlich auf, ruhend in* oder *auf* (उपरि, Loc. oder im Comp. vorangehend). — d) *verweilend, bleibend, gelegen.* चिर° *lange gelegen* (Speise), तथैव *in demselben Zustand verbleibend.* — e) *dauernd, nicht vergehend.* — f) *erscheinend, auftretend.* नवधा *neunfach,* मसीरूपेण *in der Form von Beinschwärze.* — g) *bevorstehend* Hariv. 2,70,48. — h) *in einer Lage, einem Verhältniss, einem Zustande* (Loc., Absol. oder im Comp. vorangehend) *sich befindend, obliegend.* — i) *beruhend auf* (Loc.). — k) *gerichtet auf* (im Comp. vorangehend). — l) *sich beziehend auf, betreffend;* die Ergänzung im Loc. oder im Comp. vorangehend). — m) *erfahren in, vertraut mit* (Loc.). — n) *aufgebrochen, der sich aufgemacht hat, — nach* (Dat. oder °अभिमुख°). — o) *abgeschlossen, beendet, fertig.* — p) *zu Nichte geworden.* — q) *gestorben.* — r) *gestaltet, die Form von* (im Comp. vorangehend) *habend.* — s) संस्थिता MBh. 6,93 fehlerhaft für संप्रति. — 11) सुखेन संस्थितवन्तौ (statt des Verb. fin.) *lebten glücklich zusammen.* — Caus. 1) *auf die Beine bringen, aufrichten* (gestürzte Pferde, — Fürsten). — 2) *ermuthigen, trösten* Bâlar. 184,14. Kâd. 2,52,20 (63,1). आत्मानम् so v. a. *sich fassen.* — 3) *herstellen, — auf* oder *an, bringen auf* oder *in* (Loc.). — 4) *hinzuthun —, hinzunehmen zu* (उपरि). — 5) *erbauen.* — 6) *aufspeichern* (Waaren). — 7) *Bestand geben, Dauer verleihen, erhalten, begründen.* — 8) *festsetzen, bestimmen.* — 9) *einführen, in Gang bringen.* — 10) *stocken machen.* — 11) *abschliessen, beendigen, fertig machen* (namentlich eine heilige Handlung). — 12) *abthun, tödten.* — 13) *Jmd die letzte Ehre erweisen,* so v. a. *verbrennen.* — Desid. vom Caus. संस्थापयिषति (!) *beendigen wollen* Çâñkh. Br. 25,10. — Mit अनुसम् 1) Act. *entlang gehen, verfolgen* (einen Weg, Acc.). — 2) Med. *darnach zum Abschluss kommen.* — 3) अनुसंस्थित a) *sich an Jmd* (Acc.) *schliessend.* — b) *nach Jmd* (Acc.) *gestorben.* — Caus. *ermuthigen.* — Mit अभिसम् 1) *sich Jmd* (Acc.) *anschliessen.* — 2) Med. *stillstehen bei, enden mit* (Acc.). — 3) अभिसंस्थित a) *dastehend.* पापबुद्ध्या so v. a. *Böses im Schilde führend.* — b) *besorgt um, bedacht auf* (°अर्थे). — c) *umgeben von* (Instr.) Hemâdri 1,378,2. — Caus. *stehen bleiben lassen —, enden lassen bei* (Acc.). — Mit उपसम्, उपसंस्थित *Halt gemacht habend, stehen geblieben.* — Mit परिसम्, परिसंस्थित Pl. *herumstehend.* Vgl. अपरिसंस्थित im letzten Nachtrage. — Mit प्रतिसम् in प्रतिसंस्थान. — Mit विसम् s. विसंस्थित.

2. स्थां Adj. (Nomin. m. n. स्थांस्) *stehend.* Häufig am Ende eines Comp. *stehend, sich befindend, bestehend* u. s. w.

*स्थाग m. 1) *Leichnam.* — 2) N. pr. eines Dämons im Gefolge Çiva's.

स्थागर Adj. *aus dem* स्थगर *genannten wohlriechenden Stoffe gemacht* Âpast. Çr. 14,15,2.

*स्थागल *ein best. wohlriechender Stoff.* Vgl. स्थगर.

*स्थागलिक Adj. (f. ई) *mit* Sthâgala *handelnd.*

स्थाञ्जिरावती Adj. f. Çâñkh. Gṛhj. 3,3. Ist verdorben.

स्थाणव Adj. *von Baumstämmen herrührend* Harshaḱ. 209,11 (499,4).

स्थाणवीय Adj. *dem* Çiva *gehörig.*

स्थाणु 1) Adj. *stehend,* d. i. *unbeweglich;* n. *das Unbewegliche.* — 2) m. (*n.) a) *Stumpf, Stock eines Baumes, Pflock; Pfosten* Âpast. Gṛhj. 5,25. Auch als Bild des *Unbeweglichen.* — b) **ein best. Geschoss.* — 3) m. a) *ein best. Theil des Pfluges.* — b) **ein best. wohlriechender Stoff.* — c) **a nest of white ants.* — d) Bein. Çiva's, der bei seinen Bussübungen wie ein *Baumstumpf* unbeweglich dasteht; anders im MBh. erklärt. — e) N. pr. α) eines der 11 Rudra. — β) eines Pragâpati. — γ) eines Râkshasa Tâṇḍja-Br. 15,5,20. — δ) eines Schlangendämons. — 4) n. *eine best. Art zu sitzen.*

*स्थाणुकर्णी f. *eine grosse Koloquinthenart.*

स्थाणुच्छेद Adj. *der die Stümpfe umhaut, — rodet* 191,2.

स्थाणुजाति scheinbar Hariv. 233, da hier वृक्षलतावल्लीस्तृणजातीश्च die richtige Lesart ist.

स्थाणुतीर्थ n. N. pr. eines Tîrtha.

स्थाणुदिश् f. Çiva's *Weltgegend, Nordost.*

स्थाणुभूत Adj. *unbeweglich wie ein Baumstumpf* 58,22. MBh. 5,186,20.

स्थाणुमती f. N. pr. eines Flusses.

स्थाणुरोग m. *eine best. Krankheit der Pferde* Açvav. 39,19.

स्थाणुवट N. pr. eines Tîrtha.

*स्थाण्डिल Adj. 1) *auf dem blossen Erdboden schlafend.* — 2) *von einem* Sthaṇḍila *erhoben* (Abgabe).

स्थाण्वाश्रममाहात्म्य n. Titel eines Werkes Bühler, Rep. No. 100.

स्थाण्वीश्वर N. pr. 1) m. eines Liñga des Çiva. — 2) n. einer Stadt Harshaḱ. 68,21. Vgl. स्थानेश्वर.

1. स्थातर् Nom. ag. *das Stehende, Unbewegliche.* Zu belegen nur स्थातुर् Nom. Acc. n. und Gen. Sg. (स्थातर् fehlerhaft) und स्थातॄन्. स्थाताम् könnte fehlerhaft für स्थात्राम् sein; nach Grassmann ist स्थात् Partic. Aor.

2. स्थातर् Nom. ag. *Lenker* (der Rosse, des Wagens). Auch so v. a. *Autorität.*

स्थातव्य n. impers. 1) *zu stehen, zu verweilen, zu bleiben* Kâd. 2,61,10 (74,7). — 2) *Stand zu halten, nicht zu weichen.* — 3) *zu verbleiben in* (Loc.), so v. a. *nicht zu weichen von.* — 4) *in einem best. Zustande* (Instr.) *zu verharren.*

स्थातुर् s. u. 1. स्थातर्.

स्थात्र n. *Standort, Stelle.* Nach Sâj. स्थात्रे Dat. von स्थातर्.

स्थान 1) n. (angeblich auch m.) a) *das Stehen.* — b) *das Bleiben, Verweilen, Aufenthalt.* चिरस्थान Daçak. 2,137,9. — c) *das Liegen einer Waare,* so v. a. *Aufbewahrung.* — d) *das Standhalten, Nichtweichen.* — e) *das Bestehen, Fortdauer.* — f) *status quo, weder Ab- noch Zunahme.* — g) *das Sichbefinden in* oder *auf* (Loc. oder im Comp. vorangehend). — h) *das Bestehen als* (Instr.). — i) *Zustand.* Am Ende eines adj. Comp. *sich in dem Zustande des — befindend.* — k) *vollkommene Ruhe.* — l) *Stellung des Körpers.* — m) *Stellung, Rang, Würde.* रिपुस्थानेषु वर्त् *die Stellung eines Feindes einnehmen.* — n) *Gestalt, Form, Aussehen.* — o) *Standort, Wohnstätte, Ort, Stelle, Platz.* देश, स्थान, संनिवेश 215,5.9. स्थाने स्थाने und स्थाने स्थानेषु *an verschiedenen Orten, hier und da.* — p) *Statt, Stelle.* Loc. *anstatt,* mit Gen. oder am Ende eines Comp. विलोचनस्थानगत *die Stelle der Augen vertretend.* Am Ende eines adj. Comp. *die Stelle von — vertretend* und *an dessen Stelle — tritt.* — q) *Stelle für* (Gen.), so v. a. *Behälter.* — r) *ein rechter, passender Ort.* Loc. *am rechten Orte* und verallgemeinert so v. a. *zu rechter Zeit, mit Recht.* — s) *Ort,* so v. a. *Gebiet eines Gottes.* — t) *ein fester Ort, Burg.* — u) *Ort —,* so v. a. *Organ eines Lautes.* — v) *Organ* überh. — w) *Lage —, Stufe der Stimme* (leiser oder lauter, höher oder tiefer). वीणा च्युता स्थानात् so v. a. *verstimmt.* — x) *ein eintretender* oder *eingetretener Fall.* नेदं स्थानं विद्यते so v. a. *dieser Fall tritt nicht ein* Vagrakkh. 34,8. — y) *das am Platz Sein, Gelegenheit —, Veranlassung zu* (Gen. oder im Comp. vorangehend). Loc. *bei dieser Gelegenheit —, gelegentlich, bei so bewandten Umständen* Ḱampaka 491. 500. — z) *der Gegenstand, der zu Etwas* (Gen. oder im Comp. vorangehend) *Veranlassung giebt* oder *geben kann* MBh. 12,58,21. विश्राम° von einer Person gesagt 319,12. मान्य° *ein achtungswerther Gegenstand.* — aa) *Abtheilung einer Disciplin.* — bb) *ein astrolo-*

gisches Haus, Unterabtheilung eines solchen Hauses. — *cc*) = कायोत्सर्ग Çilâṅka 2,97. — 2) m. N. pr. eines Fürsten der Gandharva.

स्थानक 1) m. N. pr. eines Mannes. — 2) n. *a*) *Stellung des Körpers* (beim Schiessen u. s. w.) Harshak. 37,6. — *b*) Bez. *einer best. Stellung.* — *c*) *Stellung, Rang, Würde.* — *d*) *Ort, Platz.* — *e*) * *Stadt.* — *f*) * *eine Vertiefung um die Wurzel eines Baumes, in welche das für den Baum bestimmte Wasser gegossen wird.* — *g*) Bez. *bestimmter Abtheilungen im* Kâṭhaka. — *h*) * *a bubble or a blad on spirits or wine.* Richtig स्थासक.

स्थानकस्थानक n. Pl. Loc. *an allen Orten, allerwärts.* Vgl. स्थानस्थान.

*स्थानचञ्चला f. *eine Art Ocimum.*

स्थानचतुर्विधश्लोक m. Titel eines Werkes Opp. Cat. 1.

स्थानचिन्तक m. *Quartiermeister.*

स्थानच्युत Adj. *um seinen Platz gekommen, von seinem Platz entfernt.*

स्थानता f. *das Behältersein von* (Gen.), so v. a. *das Ausgestattetsein mit* Naish. 5,102.

स्थानत्याग m. 1) *das Verlassen eines Wohnortes.* — 2) *Verlust des Ranges, — der Stellung* Varâh. Bṛh. S. 4,15.

°स्थानत्व n. in एक°; s. u. 2. एकस्थान.

स्थानदातर् Nom. ag. (f. °दात्री) *Jmd* (Gen.) *seinen Platz anweisend.*

*स्थानपत Adj. von स्थानपति.

स्थानपति m. *Herr des Ortes, Prior* (eines Klosters) Ind. Antiq. 6,200. 204. 207.

स्थानपात m. *das an die Stelle* (eines Andern) *Treten* Njâjam. 9,2,20.

स्थानपाल m. *Hüter eines Ortes, — einer Region* (des Windes); *Oberaufseher* Harshak. 173,9.

स्थानप्रच्युत Adj. = स्थानच्युत.

स्थानप्राप्ति f. *Erlangung einer Stellung, — Würde* Varâh. Bṛh. S. 104,5.

स्थानभङ्ग m. *Ruin —, Fall eines Ortes.*

स्थानभ्रंश m. *Verlust* 1) *seines Standortes.* — 2) *seiner Stellung.*

स्थानभ्रष्ट Adj. 1) *von seinem Platz entfernt.* — 2) *seiner Stellung verlustig gegangen.*

*स्थानमृग m. Bez. *grosser Fische, des Krebses, der Schildkröte, des Krokodils und des* Makara (weil sie angeblich *an demselben Platze bleiben*).

स्थानयोग m. Pl. *die respectiven Standorte* (von Waaren) oder *Mittel zur Aufbewahrung.*

स्थानयोगिन् Adj. = स्थानेयोग.

स्थानवत् Adj. *an der rechten Stelle seiend, gegründet* (Zweifel) Comm. zu Njâjas. 1,1,22 am Ende.

स्थानविद् Adj. *ortskundig.*

स्थानविभाग m. 1) *Vertheilung —, Anweisung der Plätze.* Ueber die Bed. des Wortes bei den Mathematikern s. Colebr. Alg. 6. 10.

स्थानवीरासन n. *eine best. Art des Sitzens* Saṁhitopan. 41,3.

स्थानस्थ Adj. 1) *auf seinem Platze stehend, sich nicht bewegend.* — 2) * *zu Hause sitzend.*

स्थानस्थान n. Pl. Loc. *an allen Orten, allerwärts.*

स्थानस्थित Adj. *an seinem Platze stehend.*

स्थानाङ्ग n. Titel eines heiligen Buches der Ǵaina.

स्थानाधिपति m. *Prior* (eines Klosters) Ind. Antiq. 6,205.

*स्थानाध्यक्ष m. *Gouverneur eines Platzes.*

स्थानापत्ति f. *das an die Stelle Treten.*

स्थानापन्न Adj. *an die Stelle getreten, substituirt* Comm. zu Âpast. Çr. 4,9,6.

स्थानाश्रय m. *der Platz, auf dem Etwas steht,* Suçr. 2,215,19. एक° *an demselben Orte sich befindend* Kathâs. 18,130.

स्थानासनविहारवत् Adj. *im Besitz der Wohnstätte, des Sitzes und des Erholungsplatzes seiend.*

स्थानासनिक Adj. *stehend oder sitzend* Âpast.

स्थानासेध m. *localer —, Personal-Arrest* 213,28.

स्थानास्थानज्ञानबल n. *die Macht des Wissens dessen, was sich schickt und was sich nicht schickt.*

स्थानिक 1) Adj. *an die Stelle von* (Gen. oder im Comp. vorangehend) *getreten.* — 2) * m. *Gouverneur eines Platzes.*

स्थानिन् Adj. 1) *eine hohe Stellung einnehmend.* — 2) *am Platz —, an der Reihe seiend, hingehörig.* — 3) *was ursprünglich dagestanden hat;* m. *das Primitive* im Gegensatz zu आदेश *Substitut.* — 4) *was ursprünglich dagestanden hat* oder *dastehen müsste, aber nicht dasteht,* so v. a. *zu ergänzen.*

स्थानिवत् Adj. *wie das Primitive.* °वदादेशः so v. a. *für das Substitut gelten dieselben Regeln wie für das Primitive.* Nom. abstr. °वत्त्व n. und °वद्भाव m.

स्थानिवत्सूत्रविचार m. Titel Burnell, T.

स्थानीय 1) Adj. am Ende eines Comp. (f. आ) *a*) *seinen Stand habend —, sich befindend in.* — *b*) *die Stelle von — vertretend, — einnehmend* Âpast. 2,27,2. Vaǵraččh. 28,16. — 2) * n. *Stadt.*

स्थानेपतित Adj. *an die Stelle* (eines Andern) *getreten.* Nom. abstr. °त्व n. Comm. zu Njâjam. 9,2,24.

स्थानेयोग Adj. (f. आ) *in der Beziehung von „anstatt" stehend.* षष्ठी so v. a. *der Genetiv bezeichnet dasjenige, an dessen Stelle Etwas tritt.*

स्थानेयोगिन् Adj. dass. Nom. abstr. °गित्व n.

स्थानेश्वर 1) m. *Gouverneur eines Ortes.* — 2) n. N. pr. einer Stadt und des Bereichs derselben (Thanesar). Richtig स्थाण्वीश्वर.

स्थापक m. 1) *Aufsteller eines Götterbildes* Hemâdri 1,671,13. — 2) *der ein Depositum macht* Vigñâneçvar. zu Jâǵñ. 2,65 nach Aufrecht. — 3) *Begründer.* — 4) Bez. *einer best. im Vorspiel eines Dramas auftretenden Person, die das Drama einleitet* (verschieden vom Sûtradhâra).

स्थापत्य 1) * m. = स्थपति *Haremswächter.* — 2) n. *a*) *das Amt des Oberhauptes eines Bezirks, — Statthalters.* — *b*) *Baukunst, Architectur.*

स्थापन 1) Adj. am Ende eines Comp. *a*) *Dauer verleihend, erhaltend.* — *b*) *feststellend, bestimmend.* — 2) f. आ *a*) *das Feststehenmachen, Haltgeben* (als eine Eigenschaft der Erde). — *b*) *das Aufspeichern, Aufbewahrung* Ḱampaka 9. — *c*) *eine feste Bestimmung, festgesetzte Ordnung.* — *d*) *Begründung,* insbes. *das dialectische Erweisen der Richtigkeit einer These.* — 3) * f. ई *Clypea hernandifolia* Râǵan. 6,121. — 4) n. *a*) *das Aufrichten, Aufstellen* (z. B. eines Götterbildes), *Stellen, Hinstellen, Legen auf* (im Comp. vorangehend). — *b*) *das Feststellen, Versetzen in eine unbewegliche Lage, Aufhängen in* (im Comp. vorangehend). — *c*) *das Befestigen, Dauerhaftmachen; Mittel zum Stillen* (z. B. des Blutes) Ḱaraka 1,4. — *d*) *Mittel zur Befestigung, Stärkungsmittel.* — *e*) *das Aufbewahren.* — *f*) *das Stellen Jmds auf eigene Füsse, Unterstützen* Hemâdri 1,690,7. — *g*) *das Begründen, das dialectische Beweisen der Richtigkeit einer These.* — *h*) *das Feststellen,* so v. a. *Bestimmen, Angeben.* — *i*) *das Statuiren.* — *k*) *ein best. Process, der mit Quecksilber unternommen wird.* — *l*) * = पुंसवन.

स्थापनच्युत Adj. *nicht mehr in Ordnung zu bringen, nicht mehr wiederherzustellen* Ḱaraka 6,30.

स्थापनिक Adj. (f. आ) *deponirt, zur Aufbewahrung gegeben* Asahâja und Vet. (U.) 162 zu 37,32.

स्थापनीय Adj. 1) *an einem Orte zu halten.* — 2) *sich anzulegen, zu halten* (eine Katze). — 3) *mit einem Stärkungsmittel zu behandeln.*

स्थापयितर् Nom. ag. *Befestiger, Begründer.*

स्थापयितव्य Adj. 1) *an einem Orte zu halten.* — 2) *fest —, in Zucht zu halten.*

स्थापितर् Nom. ag. *der da fest hält* Bhâg. P.

स्थापिन् m. vielleicht *Aufsteller eines Götterbildes.*

स्थाप्य 1) Adj. a) *aufzustellen, aufzurichten, hinzustellen auf* oder *in* (Loc.). — b) *festzuhalten, einzusperren.* — c) *einzusetzen in* (eine Würde, Loc.) R. ed. Bomb. 2,52,32. — d) *zu halten.* वेश्मनि so v. a. *als Hausvieh zu halten.* — e) *festzuhalten in, anzuhalten zu* (Loc.). — f) *zu versetzen in* (Acc.). — g) *im Zaum zu halten.* — 2) vielleicht *Götterbild.*

1. स्थामन् n. 1) *Standort* ṚV. 1,139,4. — 2) *Kraft, Macht* Bâlar. 122,22. Lalit. 177,16. 315,3. Saddh. P. 189.

2. स्थामन् n. *Gewieher.*

स्थामवन्त् Adj. *kräftig* (Lalit. 362,4), *die Kraft des* — (im Comp. vorangehend) *habend* Lalit. 364,11.

स्थाय m. *Behälter* in जल°.

स्थायम् Absol. *stehen bleibend.* Wiederholt Çukas. 1,19. Bhaṭṭ. 5,51.

*स्थायि f. Nom. act. zu 1. स्था Pat. zu P. 3,3,95, Vârtt. 1.

स्थायिक 1) Adj. (von स्थायिन्) a) *bestehend, dauernd* in आचन्द्र° Nachtr. 1. — b) *treu, zuverlässig* Bhar. Nâṭjaç. 34,52. — 2) *f. आ Nom. act. von 1. स्था Pat. zu P. 3,3,95, Vârtt. 1.

स्थायिता f. und स्थायित्व n. *Dauer.* Vgl. अस्थायित्व unter अस्थायिन्.

स्थायिन् Adj. 1) *stille stehend, verweilend, sich befindend in, an* oder *auf* (im Comp. vorangehend) Çukas. 1,19. — 2) *sich am Orte befindend, anwesend, am Orte wohnend.* — 3) *in einem Zustande* —, *in einer Lage* (im Comp. vorangehend) *befindlich.* — 4) *ständig, bleibend, dauernd, anhaltend.* स्वर् S. S. S. 34. 114. — 5) *ausharrend* Çiç. 2,87. — 6) *treu, zuverlässig* Bhar. Nâṭjaç. 34,15. 28. — 7) *die Form von* (im Comp. vorangehend) *habend.*

स्थायी Adv. mit भू *Bestand gewinnen, auf die Dauer haften.*

स्थायुक 1) Adj. (f. आ) a) *bleibend, verweilend an einem Orte* (Loc.). — b) *stockend* Tâṇḍja-Br. 7,7,16. — c) *ständig, dauernd.* — 2) *m. *Vorsteher eines Dorfes.*

स्थारश्मन् Adj. *feste Zügel habend.*

स्थाल 1) n. a) *Schale, Gefäss, Topf.* — b) *Zahnhöhle.* — 2) f. स्थाली a) (gewöhnlich *irdener*) *Topf, Kochtopf, Kessel.* — b) * *Bignonia suaveolens.*

स्थालक Pl. Bez. *bestimmter Knochen am Rücken* Visuṇus. 96,76. Kâraka 4,7. Nach Mit. n., nach dem Comm. zu Visuṇus. m.

*स्थालपथ Adj. *zu Lande eingeführt* (in Verbindung mit मधुक und मरिच).

*स्थालपथिक Adj. *zu Lande eingeführt, — reisend.*

स्थालिन् Adj. *einen Topf besitzend.* Zu belegen nur in कर°.

स्थालीग्रह m. *ein Bechervoll aus dem Kochtopf* Kâtj. Çr. 9,6,25.

*स्थालीद्रुम m. *Ficus Benjamina* oder *indica.*

*स्थालीपर्णी f. fehlerhaft für शालिपर्णी.

स्थालीपाक (AV. 20,134,3) und स्थालीपाक (Çat. Br.) 1) m. *Topfspeise, d. h. ein Gericht von Gerste oder Reis in Milch gekocht* (häufig als Opfergabe) Âpast. Çr. 1,8,1. 6,30,16. Gṛhjâs. 1,114. स्थालीपाकावृत् f. Çat. Br. 14,9,4,18. स्थालीपाकप्रयोग m. Burnell, T. — 2) Adj. = स्थालीपाकीय.

स्थालीपाकीय Adj. *zur Topfspeise gehörig.*

स्थालीपुरीष n. *die am Kessel hängenden Reste* Bhâg. P. 5,9,12.

स्थालीपुलाक m. *taubes Korn im Kochtopf* als sprüchwörtliche Redensart.

*स्थालीबिल n. *die Höhlung eines Kochtopfes.*

*स्थालीबिलीय und *°बील्य Adj. so v. a. *zum Kochen geeignet.*

*स्थालीवृक्ष m. = स्थालीद्रुम.

स्थावर 1) Adj. (f. आ) a) *stehend, am Orte verweilend, unbeweglich.* — b) *fest, beständig, keinem Wandel unterworfen, dauernd* Âpast. 1,19,6. Çiç. 18,15 (Ruhm). — c) *vegetabilisch, zur Pflanzenwelt gehörig.* °क्रयाणक *Holzwaaren* Kampaka 9. — d) *um liegende Güter sich handelnd* 215,4. 8. Vgl. 5) a). — 2) m. *Berg.* — 3) m. n. Sg. und Pl. *die Pflanzenwelt* 84,14. तिष्ठ त्वं स्थावर इव *steh unbeweglich wie ein Baum.* — 4) f. स्थावरा N. pr. einer buddh. Göttin. — 5) n. a) *unbewegliches Gut.* — b) * *Bogensehne.* — c) *Bestand.* v. l. स्थिरत्व.

स्थावरक m. N. pr. eines Dieners.

*स्थावरकल्प m. *eine best. Weltperiode* (buddh.).

*स्थावरगरल n. *ein best. vegetabilisches Gift* Râǵan. 6,225. Nach Molesw. *die Wurzel der Gloriosa superba.*

स्थावरता f. *der Zustand einer Pflanze.*

स्थावरतीर्थ n. N. pr. eines Tîrtha oder *ein T. mit stehendem Wasser.*

स्थावरत्व n. *Unbeweglichkeit.*

स्थावरराज m. Bez. des Himavant.

स्थावराकृति Adj. *das Aussehen eines Baumes habend.*

स्थाविर 1) Adj. a) *senilis.* — b) fehlerhaft für स्थविर. — 2) n. *vorgerücktes Alter.*

स्थाविर्य n. *vorgerücktes Alter.*

स्थासक 1) m. a) * *Blase auf Wasser* u. s. w. — b) *eine blasenförmige Verzierung am Geschirr der Pferde* Çiç. 18,5. — 2) (*m. n.) *eine mit Salbe u. s. w. aufgetragene Figur* Kâd. 64,3 (120,3). 99,3 (176,11). Prasannar. 141,2. 150,2. Im Prâkrit Chr. 296,4.

*स्थासु n. *bodily strength or capability.* Wohl verlesen für स्थाम (von स्थामन्).

स्थास्नु Adj. 1) *unbeweglich* MBh. 7,201,74. — 2) *dauernd, anhaltend* Harshak. 137,1. — 3) *ausharrend, geduldig* in अ° Nachtr. 3.

*स्थिक m. *Hinterbacke.*

स्थित 1) Adj. s. u. 1. स्था. — 2) n. a) *das Stillstehen, Stehenbleiben, Verweilen* 317,25 (उद्ध). — b) *Art und Weise des Stehens* Gâtakam. 17,20. — c) *das Verharren auf dem richtigen Wege.*

स्थितधी Adj. *festen Geistes.*

स्थितपाठ्य n. *in Prâkrit und in stehender Stellung gesprochene Worte eines von Liebe gequälten Weibes.*

स्थितप्रकरण n. fehlerhaft für स्थिति°.

स्थितप्रज्ञ Adj. *von fester Erkenntniss.*

*स्थितप्रेमन् Adj. *fest an Jmd hängend.*

स्थितबुद्धिदत्त m. N. pr. eines Buddha.

*स्थितमति m. N. pr. eines buddh. Lehrers Müller, Ren. 310.

स्थितलिङ्ग Adj. *ein stehendes Glied habend* MBh. 7,202,133.

स्थितवत् Adj. *eine Form von* 1. स्था *enthaltend.* f. °वती *ein solcher Vers.*

स्थितसंविद् Adj. *der Verabredung treu, sein Versprechen haltend* Kathâs. 16,96. 20,207. 32,10. 63,159.

स्थितसंकेत Adj. dass. Kathâs. 46,37.

स्थिति f. 1) *das Stehen, Stillstehen, Haltmachen.* — 2) *das Aufrechtstehen.* — 3) *das Bleiben* —, *Verweilen* —, *Sichbefinden an einem Orte* oder *bei Jmd* (Loc. oder im Comp. vorangehend), *Aufenthalt.* Acc. mit कर्, ग्रह्, भज् oder नि-धा *seinen Aufenthalt nehmen, seinen Wohnsitz aufschlagen.* — 4) *das Bleiben am Orte,* so v. a. *das Nichtherunterfallen.* — 5) *Niederlage, Aufbewahrung, Deponirung.* — 6) *Standort.* — 7) *Rang, Stellung, Würde.* — 8) *das Sichbefinden in einem Zustande,* — *in einem Verhältnisse.* Vgl. राज्य°. — 9) *das Obliegen, Hingegebensein, Bedachtsein auf* (Loc.). — 10) *das Feststehen, Unbeweglichkeit.* — 11) *Beharrlichkeit, Stetigkeit.* — 12) *Bestand, Fortbestand.* Auch Pl. — 13) *Dauer.* — 14) *Lebensdauer.* — 15) *das Bestehende,* so v. a. *die Welt.* — 16) *das Dasein, Vorkommen, Angetroffenwerden.* — 17) *Verfahren, Benehmen* Çiç. 17,19. — 18) *Zustand, Lage* (eines Menschen). — 19) *Bestimmung, Vor-*

schrift, Regel, Verordnung. — 20) *Brauch, Herkommen.* — 21) *Einrichtung, Institution.* — 22) *feste Ansicht, Ueberzeugung.* — 23) *das Bestehen* —, *Etwas Geben auf* (Loc.). — 24) *das Verbleiben auf dem Pfade des Gesetzes, — der Tugend.* — 25) *Grenze, Schranken* (Çiç. 12,36. 17,12), insbes. *die sittlichen.* — 26) *Form, Gestalt.* — 27) *die einfache Stellung eines Wortes ohne* इति. — 28) MBh. 12,6138 fehlerhaft für स्थल.

स्थितिता f. *Begründung, Stand.* Vgl. धर्म°.

स्थितिमत् Adj. 1) *fest stehend, nicht wankend.* — 2) *von Dauer.* — 3) *innerhalb der Schranken verbleibend* (das Meer). — 4) *die sittlichen Schranken beobachtend, tugendhaft.*

स्थितिवर्मन् m. N. pr. eines Fürsten Harshak. 460,5.

स्थितिस्थापक m. *Elasticität.*

स्थिन् Adj. in त्रिष्ठिन् und परमेष्ठिन्.

स्थिर्, स्थिरति *fest stehen.* Nur in einer Etymologie. **स्थिरित्वा** *sich umgedreht habend*(!) Comm. zu Harshak. 451,15.

स्थिर 1) Adj. (f. आ) a) *hart, verhärtet, fest, straff, nicht leicht zerreissend, widerstandsfähig.* — b) *fest, so v. a. unbeweglich.* स्थिरतर Çiç. 17,28. — c) *fest, nicht schwankend* (Schritt, Gang). — d) *fest, so v. a. keinem Wandel —, keinen Schwankungen unterworfen, dauerhaft, anhaltend, ausdauernd, bleibend.* मनः oder हृदयं स्थिरं कर् so v. a. *sein Herz stählen, Muth fassen.* — e) *fest, so v. a. sich nicht weiter verbreitend, geheim bleibend* (मन्त्र). — f) *fest* von Personen, *so v. a. standhaft, keinen Wandel der Gesinnung oder der Stimmung in sich aufkommen lassend, zuverlässig* 210,13. 211,11. — g) *gutes Muthes.* — h) *fest entschlossen zu* (Infin.). — i) *feststehend, so v. a. sicher, keinem Zweifel unterworfen.* — k) *mit Sicherheit anzutreffen.* — 2) m. a) * *Baum.* — b) * *Grislea tomentosa.* — c) * *Berg.* — d) * *Stier.* — e) * *ein Gott.* — f) * *der Planet Saturn.* — g) * Bein. α) Vishṇu's. — β) Kârttikeja's. — h) *ein best. über Waffen gesprochener Zauberspruch.* — i) *ein best. Metrum.* — k) * *die letzte Befreiung der Seele.* — l) N. pr. eines Wesens im Gefolge Skanda's. — 3) f. **स्थिरा** a) * *die Erde.* — b) *Desmodium gangeticum.* — c) * *Salmalia malabarica.* — d) * = काकोली. — e) Bez. *des Lautes* ञ. — 4) n. Sg. und Pl. *Widerstand.* Acc. mit अव-तन् Act. *Jmds* (Gen.) *Widerstand brechen* RV. 4,4,5. 8,19,20. 10,134,2. Med. *seinen Widerstand brechen, sich nachgiebig zeigen* 2,33,14. Mit आ-तन् Med. *Widerstand entgegensetzen* 10,120,4.

स्थिरक m. N. pr. eines Mannes.

स्थिरकर्मन् Adj. *ausdauernd in seinen Unternehmungen.*

***स्थिरगन्ध** 1) Adj. *nachhaltig riechend.* — 2) m. *Michelia Champaca.* — 3) f. आ a) *Bignonia suaveolens.* — b) *Pandanus odoratissimus* Râǵan. 10,69.

***स्थिरचक्र** m. Bein. Mañǵuçrî's.

स्थिरचित्त Adj. *festen Sinnes, standhaft* 95,9.

स्थिरचेतस् Adj. dass. Çiç. 15,37.

***स्थिरच्छद** m. *Betula Bhojpatra.*

***स्थिरच्छाय** m. *ein Baum, der beständigen Schatten giebt, Baum* überh.

***स्थिरजीवित** 1) Adj. *ein zähes Leben habend.* — 2) f. आ *Salmalia malabarica.*

स्थिरजीविन् 1) Adj. *ein zähes Leben habend.* — 2) m. N. pr. einer Krähe.

स्थिरता f. 1) *Härte.* — 2) *Bestand, Beständigkeit, Dauerhaftigkeit* Kap. 5,91. — 3) *Standhaftigkeit. Fassung.* Acc. mit उप-इ *sich fassen.*

स्थिरत्व n. 1) *Härte, Verhärtung.* — 2) *das Feststehen, Unbeweglichkeit.* — 3) *Bestand, Beständigkeit.*

***स्थिरदंष्ट्र** m. 1) *Schlange.* — 2) Vishṇu *als Eber.* — 3) *Laut;* fehlerhaft, vgl. Zach. Beitr. 15. 16.

स्थिरधन्वन् Adj. *einen festen Bogen führend.*

स्थिरधामन् Adj. *zu einem kräftigen Geschlecht gehörig.*

स्थिरधी Adj. *festen Sinnes, standhaft* Nâgân. 80.

***स्थिरपत्त्र** m. *Phoenix paludosa.*

स्थिरपद Adj. (f. आ) *fest wurzelnd* Mudrâr. 6,9 (19,2).

***स्थिरपालत्रिलत** m. N. pr. eines Mannes.

स्थिरपीत Adj. etwa *kräftigen Schutz geniessend.*

***स्थिरपुष्प** m. 1) *Michelia Champaka.* — 2) *Clerodendrum phlomoides.* — 3) *Mimusops Elengi.*

***स्थिरपुष्पिन्** m. *Clerodendrum phlomoides.*

स्थिरप्रतिज्ञ Adj. *sein Wort haltend* Çâk. 23,12, v. l. Nom. abstr. °त्व n. R. 2,106,32.

स्थिरप्रतिबन्ध Adj. *hartnäckigen Widerstand leistend* Çâk. 23,13.

***स्थिरप्रेमन्** Adj. *treu anhänglich.*

***स्थिरफला** f. *Beninkasa cerifera.*

स्थिरबुद्धि Adj. 1) *festen Sinnes, beständig, standhaft.* — 2) m. N. pr. eines Asura.

स्थिरबुद्धिक m. N. pr. eines Dânava.

1. **स्थिरमति** f. *fester Sinn, Standhaftigkeit.*

2. **स्थिरमति** 1) Adj. *festen Sinnes, standhaft* Bhag. 12,19. — 2) * m. N. pr. eines Bhikshu.

स्थिरमद 1) Adj. a) *nachhaltig berauschend.* — b) * *nachhaltig berauscht, — aufgeregt.* — 2) * m. *Pfau.*

स्थिरमनस् Adj. *festen Sinnes, standhaft* MBh. 3.38,13. Çiç. 15,127 (93).

स्थिरमाया f. *ein best. Zauber.*

स्थिरय्, °यति *befestigen, stärken* Çukas. 1,4. **हृदि** so v. a. *dem Herzen tief einprägen* Kaurap. (ed. Solf) 22.

***स्थिरयोनि** m. *ein Baum, der beständigen Schatten giebt.*

1. **स्थिरयौवन** n. *beständige Jugend.*

2. **स्थिरयौवन** 1) Adj. (f. आ) *von beständiger Jugend, immer jung bleibend.* — 2) * m. *ein* Vidjâdhara.

***स्थिररङ्गा** f. *die Indigopflanze.*

***स्थिररागा** f. *eine Art Curcuma.*

स्थिरलिङ्ग Adj. *ein steifes Glied (penis) habend* MBh. 13,162,11.

स्थिरवर्मन् m. N. pr. eines Mannes.

स्थिरवाच् Adj. *auf dessen Wort man sich verlassen kann.*

स्थिरवाजिन् Adj. *bei dem die Rosse stillstehen.*

स्थिरसंस्कार Adj. *durch und durch fein gebildet.* Nom. abstr. °ता f. Mârk. 139,14.

स्थिरसंगर Adj. *sein Wort haltend* MBh. 3.45,12.

स्थिरसत्त्व Adj. *von festem Charakter* R. 2,83,8.

***स्थिरसाधनक** m. *Vitex Negundo.*

***स्थिरसार** m. *Tectona grandis.*

स्थिरस्थायिन् Adj. *fest stehend.*

***स्थिराच्छिप** *Phoenix paludosa.*

स्थिराघात Adj. *fest (hart) zum Aufhacken* Gobh. 4,7,8.

***स्थिराङ्घ्रिप** m. = स्थिराच्छिप.

स्थिरात्मन् Adj. 1) *beständig, unwandelbar* VP. 1,4,9. — 2) *standhaft, entschlossen* Kâm. Nîtis. 9,67. Spr. 6813.

स्थिरानुराग Adj. *treu anhänglich.* Nom. abstr. °त्व n. Mudrâr. 72,14.

स्थिरानुरागिन् Adj. dass. Nom. abstr. °गित्व n. ebend. (neuere Ausg.) 121,3.

स्थिरापाय Adj. *stetigem Verfall unterliegend* Spr. 7231.

स्थिराय्, °यते *unbeweglich werden.*

स्थिरायति Adj. *lange dauernd, anhaltend* Kir. 1,23.

***स्थिरायुस्** 1) Adj. *lange lebend.* — 2) m. oder f. *Salmalia malabarica.*

स्थिरारम्भ Adj. *beim Begonnenen beharrend, Ausdauer habend* M. 7,209. Spr. 269. 3842.

स्थिरी Adv. 1) mit कर् *a) befestigen, fest stellen.* — *b) zum Stehen bringen.* — *c) befestigen,* so v.a. *Bestand —, Dauer verleihen.* — *d) bekräftigen, bestätigen.* — *e) stark machen, stählen* (das Herz). — *f) Jmd ermuthigen.* — 2) mit भू *a) steif —, hart —, fest werden.* — *b) Muth fassen, gutes Muths werden* Gâtakam. 24.

स्थिरीकर Adj. *fest machend.*

स्थिरीकरण 1) dass. Karaka 1,26. — 2) n. *a) das Härten.* — *b) das Festmachen, Fixiren.* — *c) Befestigung, das Verleihen von Bestand.* — *d) das Bekräftigen, Bestätigen.*

स्थिरीकर्तव्य Adj. *zu ermuthigen.*

स्थिरीकार m. *Befestigung* Çaṅk. zu Bâdar. 4,1,2.

स्थिरीभाव m. *das Steifwerden, Unbeweglichkeit.*

स्थिविँ m. etwa *Scheffel.*

स्थिविमन्त् Adj. *mit Scheffeln beladen.*

स्थु in *दुःष्ठु und सुष्ठु.

*स्थुड्, स्थुडति (संवरणे).

स्थुरिका f. *Kuhschnauze.* v. l. für छुरिका.

*स्थुरिन् m. = स्थौरिन्.

स्थुल n. *Zelt.*

स्थूण 1) m. N. pr. *a)* eines Sohnes des Viçvâmitra. — *b)* eines Jaksha. — 2) f. स्थूणा (*n.) *a) Pfosten, Pfeiler, Säule.* — *b)* * = सूर्मि 3). — *c)* wohl *Bein* in छिन्नस्थूण (Stier). — *d)* angeblich = रज्जु *Strick, Seil* Hemâdri 1,632,11. 13. — *e)* **eine best. Krankheit.* — 3) *f. ई *unbebautes Land* Durgâdâsa zu Vop. nach Aufrecht.

स्थूणकर्ण m. N. pr. eines Ṛshi MBh. 3,26,23.

स्थूणाकर्ण 1) Adj. (f. ई) als Beiw. von Kühen *mit besonders gekennzeichneten Ohren* Maitr. S. 4,2,9 (31,15). — 2) m. *a) eine best. Truppenaufstellung.* — *b)* N. pr. α) eines Jaksha. — β) eines Krankheitsdämons. — 3) m. n. *ein best. Geschoss* MBh. 3,245,17.

स्थूणागर्त m. *die Grube für einen Pfosten.*

स्थूणापक्ष m. *eine best. Truppenaufstellung.*

*स्थूणापदी Adj. f. *pfostenfüssig.*

*स्थूणाभार m. *Balkenlast.*

स्थूणावपूर्ण n. *Pfosten und Pflock* Çat. Br. 14, 3,1,22.

स्थूणाराज m. *Hauptpfosten* Âpast. Çr. 10,3,4.

स्थूणाविरोहण n. *das Ausschlagen* (*Ansetzen von Schossen*) *eines Pfostens.*

*स्थूणीय und स्थूण्य (Kâṭh. 26,3) Adj. von स्थूणा *Pfosten.*

स्थूणोपस्थूणक m. Du. N. pr. zweier Dörfer Divjâvad. 22,1.

*स्थूपक = *वङ्किचूड.

*स्थूम m. 1) *der Mond.* — 2) *heller Glanz.*

स्थूर 1) Adj. *dicht, dick, breit, wuchtig, gross.* — 2) m. *a)* Du. *Knöchel oder Hinterbacken;* Sg. *Unterschenkel* Açvav. 2,39 (स्थुर gedr.; vgl. jedoch स्थूरक). — *b)* **ein Kind der* Sthûrâ Pat. zu P. 6,1, 103, Vârtt. 1. — *c)* **Mensch.* — *d)* **Stier.* — 3) *f. स्थूरा ein Frauenname.

स्थूरक *Unterschenkel* Açvav. 3,59. 89. Vgl. स्थूर 2) *a).*

स्थूरगुदा f. TS. 5,7,12,1 nach dem Comm. = गुदकाण्डे स्थूलो भागः.

स्थूरयूप m. N. pr. eines Mannes. °वत् Adv.

स्थूरि 1) Adj. *einspännig.* — 2) n. *ein einspänniger Wagen.*

स्थूरिका f. M. 8,325 wird auf die verschiedenartigste Weise erklärt.

*स्थूरिन् m. = स्थौरिन्.

स्थूरीपृष्ठ m. *ein noch nicht eingerittenes Pferd* Çiç. 18,22.

स्थूल 1) Adj. (f. श्रा) *a) grob, dick, gross, feist, massiv.* Compar. स्थूलतर. — *b) grob* in übertragener Bed. (Vergehen u. s. w.). — *c) dumm.* — *d) grob,* so v.a. *nicht präcis, praeter propter bestimmt.* — *e)* in der Philosophie *grob,* so v. a. *materiell, für die Sinne wahrnehmbar.* — 2) *m. *a) Artocarpus integrifolia.* — *b)* N. pr. eines Wesens im Gefolge Çiva's. — 3) *m. n. gaṇa अर्धर्चादि. — 4) *f. स्थूला *a) Scindapsus officinalis.* — *b) Cucumis utilissimus.* — *c) grosse Kardamomen.* — 5) n. *a) der grobe, wahrnehmbare Körper.* — *b)* * = कूट. — दृढस्थल G. Gobh. 2,114,5 fehlerhaft für °स्थूण, स्थूलानिम्नानि 6,89,18 für स्थल°.

*स्थूलक 1) Adj. gaṇa ऋश्यादि. — 2) m. *Saccharum cylindricum.* Vgl. सूच्यग्र°.

*स्थूलकङ्गु m. *eine Getraide-Art*

*स्थूलकणा f. *eine Art Kümmel.*

*स्थूलकण्टक m. *eine Acacienart.*

*स्थूलकण्टकिका f. *Salmalia malabarica.*

*स्थूलकण्टा f. *die Eierpflanze.*

स्थूलकन्द 1) Adj. *grossknollig.* — 2) *m. *a) Schalotte.* — *b) Arum und eine Arum-Art.* — *c)* = हस्तिकन्द.

*स्थूलकन्दक m. *Arum.*

स्थूलकर्ण m. N. pr. eines Ṛshi. स्थूणाकर्ण v. l.

*स्थूलकाष्ठदह् (Nomin. °धक्) m. *ein Feuer von dickem Holze.*

*स्थूलकाष्ठाग्नि m. dass.

स्थूलकेश m. N. pr. eines Ṛshi.

*स्थूलखेड m. *Pfeil.*

*स्थूलंकरण Adj. (f. ई) *dick u. s. w. machend.*

*स्थूलचञ्चु (wohl f.) *eine best. Gemüsepflanze.*

*स्थूलचाप m. fehlerhaft für तूलचाप.

स्थूलचूड Adj. *mit starken Haarbüscheln versehen* (Kirâta).

स्थूलजङ्घा f. Bez. *einer der neun* Samidh.

स्थूलजिह्व m. N. pr. eines Bhûta.

*स्थूलजीरक m. *eine Art Kümmel.*

*स्थूलतण्डुल m. *grosser Reis.*

स्थूलता f. 1) *grosser Umfang.* — 2) *Dummheit.*

*स्थूलताल m. *Phoenix paludosa.*

स्थूलतोमरिन् Adj. *mit einem dicken Wurfspiess versehen* Hemâdri 2,a,100,12.

स्थूलत्व n. Nom. abstr. zu स्थूल 1) *e).*

*स्थूलत्वचा f. *Gmelina arborea.*

*स्थूलदण्ड m. *eine Rohrart.*

स्थूलदत्त m. N. pr. eines Mannes.

*स्थूलदर्भ m. *Saccharum Munja* Bhâvapr. 1,209.

*स्थूलदला f. *Aloe perfoliata.*

स्थूलदेहिन् Adj. *gross* (Gegens. ग्रल्प) Bhâvapr. 2,12.

*स्थूलनाल m. *eine Rohrart.*

*स्थूलनास m. *Eber.*

स्थूलनासिक m. dass. Çiç. 14,71.

*स्थूलनील m. *Falke* Râgan. 19,86.

*स्थूलपट m. *Baumwolle.*

*स्थूलपटाक m. *grober Stoff (Zeug).*

*स्थूलपाद m. *Elephant.*

*स्थूलपिण्ड m. N. pr. eines Mannes.

*स्थूलपुष्प 1) m. *eine best. Pflanze,* = बक. — 2) f. श्रा *a) eine auf Bergen wachsende* Aparâgitâ. — *b) Gomphrena globosa.* — 3) f. ई *eine best. Pflanze,* = यवतिक्ता. v. l. सूक्ष्मपुष्पी.

*स्थूलपलास n. gaṇa राजदन्तादि.

स्थूलपृषत Adj. (f. ई) 1) *aus grossen Tropfen bestehend.* — 2) *grob getüpfelt* Maitr. S. 3,13,3.

स्थूलप्रकरण n. Titel Opp. Cat. 1.

स्थूलप्रपञ्च m. *die grobe, materielle Welt* 260,11. 12. 270,5.

*स्थूलफल 1) m. *Salmalia malabarica.* — 2) f. श्रा *eine Crotolarien-Art.*

स्थूलबाहु 1) m. ein Personenname. — 2) *f. उ संज्ञायाम्.

स्थूलबुद्धि Adj. *dumm* Kâd. 222,2. 3 (366,12. 13).

स्थूलबुद्धिमन्त् Adj. dass. MBh. 12,305,16.

स्थूलभ Adj. = स्थूल 1) *a).*

स्थूलभद्र m. N. pr. eines Çrutakevalin Bhadrab. 2,88. 3,46. 4,4.

स्थूलभाव m. Nom. abstr. zu स्थूल 1) *e).*

स्थूलभुज m. N. pr. eines Vidjâdhara.

स्थूलभूत n. *ein grobes Element* 263,15. 267,6.

स्थूलमति Adj. *dumm*. Wird auch durch *klug* erklärt.

स्थूलमध्य Adj. (f. श्रा) *in der Mitte dick* 217,27.

स्थूलमय Adj. *aus den groben Elementen gebildet, körperlich in die Erscheinnng getreten* VP. 1,4,21.

*स्थूलमरिच n. = कक्कोल.

*स्थूलमुख Adj. *dickmäulig*.

*स्थूलमूल n. *eine Art Rettig*.

*स्थूलंभविष्णु und *°भावुक Adj. *Anlage zum Dickwerden u. s. w. habend*.

स्थूलरोम Adj. *dickhaarig* Spr. 7234.

*स्थूलय्, °यते (परिबृंहणे).

स्थूललक्ष Adj. 1) *freigebig*. Nom. abstr. °त्व n. Çiç. 19,99, v. l. nach Hultzsch. — 2) *nach einem grossen Ziele schiessend*. Nom. abstr. °त्व n. ebend.

स्थूललक्षिता f. *Freigebigkeit*.

स्थूललक्ष्य Adj. 1) = स्थूललक्ष 1) Jâgn. 1,308, v. l. Nom. abstr. °ता f. und °त्व n. (Çiç. 19,99). — 2) = स्थूललक्ष 2). Nom. abstr. °त्व n. Çiç. 19,99.

*स्थूलवर्त्मकृत् m. *Clerodendrum siphonanthus*.

*स्थूलवल्कल m. *roth blühender* Lodhra.

स्थूलवालुका f. N. pr. eines Flusses.

स्थूलविषय m. *ein grobes, materielles Object* 269,16.

*स्थूलवृत्तफल m. *eine Varietät des* Madana.

*स्थूलवैदेही f. *Scindapsus officinalis*.

*स्थूलशर m. *eine Rohrart*.

स्थूलशरीर n. *der grobe, materielle Körper* 266, 20. 268,5. 32. 269,3. 274,14.

स्थूलशल्क Adj. *breitschuppig* Râgan. 17,60.

*स्थूलशाकिनी f. *eine best. Gemüsepflanze*.

*स्थूलशाट m., °क m. und °शाटी f. (Comm. zu Âpast. Çr. 14,13,3) *grober Stoff* (*Zeug*).

*स्थूलशादि m. schlechte Lesart für °शाट.

*स्थूलशालि m. *grosser Reis*.

*स्थूलशिम्बी f. *eine Art Dolichos*.

स्थूलशिरस् 1) Adj. *dickköpfig*. — 2) m. N. pr. *a*) eines Rshi R. ed. Bomb. 3,71,3. Kâd. 90,8. 9 (162, 7. 8). — *b*) eines Râkshasa. — *c*) eines Jaksha.

*स्थूलशीर्षिका f. *eine Ameisenart mit dickem Kopfe*.

स्थूलश्रूरण m. *grosses Arum*. °सूरण gedr.

स्थूलशोफ Adj. *stark geschwollen*. Nom. abstr. °ता f. Suçr. 1,366,4.

*स्थूलषट्पद m. *eine Wespenart*.

*स्थूलसायक m. *eine Rohrart*.

स्थूलसिक्त n. N. pr. eines Tîrtha.

स्थूलसूक्ष्म Adj. *gross und klein* 103,6.

स्थूलसूक्ष्मप्रपञ्च m. *die grobe und die feine Welt* 259,17.

स्थूलसूक्ष्मशरीर n. *der grobe und der feine Körper* 260,15.

स्थूलसूरण m. s. °श्रूरण.

*स्थूलस्कन्ध m. *Artocarpus Locucha*.

स्थूलस्थूल Adj. (f. श्रा) *überaus dick, — feist* Z. d. d. m. G. 27,30.

स्थूलहस्त m. *Elephantenrüssel*.

*स्थूलांशा f. *eine Art Curcuma*.

स्थूलाकर्ण MBh. 3,14995 fehlerhaft für स्थूणाकर्ण.

स्थूलाक्ष 1) Adj. *grossäugig*. — 2) m. N. pr. *a*) eines Rshi. — *b*) eines Râkshasa. — 3) *f. श्रा = वेणुयष्टि L. K. 1042.

स्थूलाङ्ग 1) *gross* (*Fisch*) Râgan. 17,62. — 2) *m. *grosser Reis*.

स्थूलाचार्य m. N. pr. eines Mannes Bhadrab. 2, 88. 4,4.

*स्थूलान्त्र n. *Mastdarm*.

*स्थूलाम्र m. *eine grosse Mango-Art*.

स्थूलार्म m. N. pr. einer Oertlichkeit Tândja-Br. 25,10,18.

स्थूलाष्ठीव m. N. pr. eines Mannes.

स्थूलास्थूल Adj. *gross und nicht gross*. Compar. °तर 103,7.

*स्थूलास्य 1) Adj. *grossmäulig*. — 2) m. *Schlange*.

*स्थूलिन् m. *Kamel*.

स्थूलीकरण n. *das Bewirken von Erectionen*.

स्थूलेच्छ Adj. *unbescheidene Wünsche habend* Spr. 2839.

*स्थूलैरण्ड m. *eine Art Ricinus*.

*स्थूलैला f. *grosse Kardamomen*. Nach Mat. med. *Amomum subulatum*.

स्थूलोच्चय m. 1) **ein grosser Felsblock*. — 2) *der mittlere Gang eines Elephanten*. — 3) * *Ausschlag im Gesicht*. — 4) * *Höhlung in einem Elephantenzahn*. — 5) * *Unvollständigkeit* Çâçvata 263. — 6) * *Vollständigkeit*. — 7) * *Haufe, Masse*.

स्थेमन् m. 1) *Festigkeit*. स्थेमभाज् *fest, stark* Çiç. 18,33. — 2) *Stillstand, Ruhe*. — 3) *Bestand, Dauer*. Instr. स्थेम्ना so v. a. *beharrlich*.

स्थेय 1) Adj. (f. श्रा) *in einem Topfe aufgestellt* (*Wasser*). — 2) n. impers. *a*) *stehen zu bleiben*. — *b*) *zu stehen, Stand zu halten*. — *c*) *zu verweilen —, zu bleiben an einem Orte* (Loc.). — *d*) *zu verharren in, obzuliegen;* die Ergänzung im Loc. — *e*) *sich zu verhalten, sich zu benehmen;* die Ergänzung ein Instr. (wie das logische Subject), ein Absol. oder ein Adv. — 3) m. *a*) *Richter, Schiedsrichter* Râgat. 8,123. — *b*) * *Hauspriester*.

स्थेयस् Adj. 1) *ansehnlicher* (*Person*). — 2) *sehr beständig, — anhaltend*. — 3) *sehr standhaft, nicht wankend* Çiç. 2,77.

स्थेयी Adv. mit कर् *zum Schiedsrichter erwählen*.

*स्थेष्ठ Adj. Superl. zu स्थिर.

स्थैरकायण m. Patron. von स्थिरक.

स्थैरब्रह्मण m. wohl N. pr. eines Mannes Maitr. S. 4,6,6 (88,8).

स्थैर्य n. 1) *Festigkeit, Härte*. — 2) *das Feststehen, Unbeweglichkeit, festes Verbleiben* (in einer Stellung). — 3) *festes Gerichtetsein* (des Geistes) *auf einen Punct*. — 4) *Gemüthsruhe* Pańkad. — 5) *Bestand, Dauerhaftigkeit*. — 6) *Standhaftigkeit, Ausdauer*. — 7) *festes Hängen —, dauerndes Gefallen an* (Loc.).

स्थैर्यवत्त्व n. *festes Gerichtetsein* (des Geistes) *auf einen Punct*.

स्थैर्यवत् Adj. 1) *fest stehend*. — 2) *Stand haltend, nicht weichend* Sâj. zu RV. 8,29,3.

स्थैर्यविचारण n. Titel eines Werkes.

स्थोरा f. *Schiffsladung* Divjâvad. 5,22. 334,18.

*स्थोरिन् m. = स्थौरिन्.

*स्थौणाभारिक Adj. von स्थूणाभार.

*स्थौणिक Adj. *Pfeiler —, Balken schleppend*.

स्थौणेय n. = स्थौणेयक.

स्थौणेयक n. *eine best. wohlriechende Pflanze* Karaka 6,3. Angeblich auch *Carotte, Möhre*.

*स्थौर m. Pl. zum Sg. स्थौर्य 1).

*स्थौरिन् m. *Lastpferd, Lastochs*.

स्थौर्य 1) *m. Metron. von स्थूरा. — 2) n. Comm. zu TS. Prât. 24,5 fehlerhaft für तौल्य *Gleichheit*, wie die Bibl. ind. liest.

*स्थौलक Adj. von स्थूल.

स्थौलपिण्ड m. Patron. Auch Pl.

स्थौललक्ष्य n. *Freigebigkeit*.

*स्थौलशीर्ष Adj. von स्थूलशिरस्.

स्थौलाष्ठीवि m. N. pr. eines Grammatikers.

स्थौल्य n. 1) *Dicke, Dickleibigkeit*. — 2) *ausserordentliche Grösse, — Länge*. — 3) Comm. zu TS. Prât. 24,5 fehlerhaft für तौल्य; vgl. u. स्थौर्य 2).

स्न Adj. in नदीष्ण.

स्नॅपन 1) Adj. (f. ई) *zum Baden dienend*. — 2) n. *das Baden, Schwemmen* (eines Rosses u. s. w.), *das Sichbaden* Çiç. 5,57. 6,24. 8,66. 17,64.

1. स्ना, स्नॅाति, स्नायति, °ते (metrisch) 1) *sich baden, ein Reinigungsbad nehmen* (insbes. nach Abschluss der Lehrzeit, eines Gelübdes u. s. w.); auch mit dem Acc. श्रवभृथम्. — 2) *sich einschmieren mit* (Instr.). — 3) स्नातॅ *a*) *gebadet, gewaschen* (insbes. nach Abschluss der Lehrzeit, beim Eintritt in den Stand eines Haushalters), *reingewaschen von* (Abl.). पद्स्नात *mit gewaschenen Füssen;* स्नातानु-

लिप्त gebadet und gesalbt. स्नात auch n. impers. — b) der sich vertieft hat —, erfahren in (Loc. oder im Comp. vorangehend) Gaut. 26,24. — c) R. 2,65,8 schlechte Lesart für स्नान. — 4) स्नातवत् = स्नातः a) Çiç. 14,10. — Caus. स्नपयति und स्नापयति 1) baden, waschen, schwemmen. — 2) wegwaschen. — 3) eintunken in (Loc.). — Desid. in सिष्णासु. — Mit अप, अपस्नात der sich nach einer Todtenceremonie abgewaschen hat. — Mit अभि in अभिस्नात. — Mit अव, अवस्नात n. das Wasser, in dem sich Jmd gebadet, gewaschen hat. — Caus. अवस्नापयति abwaschen. — Mit आ in आस्नान. — Mit उद् 1) aus dem Wasser steigen, heraustreten —, sich herausmachen aus Etwas. — 2) उत्स्नात in einer Etymologie angeblich so v. a. aus der Gâjatrî herausgetreten (mit drei Silben). — Mit नि 1) sich vertiefen in (Loc.). — 2) निष्णात a) erfahren, kundig, — in (Loc. oder im Comp. vorangehend). — b) worüber man sich geeinigt hat. — 3) *निस्नात in nicht übertragener Bed. — Mit प्र in's Wasser treten (auch mit beigefügtem Acc.), sich auf's Wasser begeben Maitr. S. 4,6,5 (85,9). — Caus. प्रस्नपयति und प्रस्ना° sich baden in (Acc.). प्रस्नापित gebadet. — Mit *प्रति, °ष्णात in Verbindung mit सूत्र = शुद्ध, sonst °स्नात. — Mit वि in einer Etymologie. — Mit सम् in einer Etymologie. — Caus. संस्नपयति und संस्ना° baden, waschen.

2. °स्ना Adj. gebadet, getaucht.

3. स्ना, स्नायति umwinden, bekleiden.

4. स्ना f. Taitt. Âr. 1,11,6 angeblich = स्नायु.

*स्नाता f. und *°प्रस्थ m. gaṇa मालादि.

स्नातक Adj. Subst. der das Bad genommen hat, welches die Lehrzeit abschliesst; der in den Stand des Haushalters übergeht oder übergegangen ist Gaut. Âpast. Gobh. 3,5,21. 4,9,17. Nom. abstr. स्नातकत्व n. Agni-P. 32,4.

1. स्नातकव्रत n. die Verpflichtungen eines Snâtaka (meist auf Beobachtung eines grossen Decorums gerichtet). °लोप M. 11,203.

2. स्नातकव्रत Adj. den Verpflichtungen eines Snâtaka nachkommend.

स्नातकव्रतिन् Adj. dass.

स्नातर् Nom. ag. in अस्नातर्.

स्नातवस्य Adj. anzuziehen, nachdem man sich gebadet, gewaschen hat, Kâtj. Çr. 7,2,18.

स्नातव्य n. impers. sich zu baden.

स्नातव्रत Adj. = 2. स्नातकव्रत.

स्नातव्रतिन् in तीर्थ° Pañkar. 1,10,80 wohl fehlerhaft für °स्नानव्रतिन्.

स्नात्र n. Bad Pârçvan. 3,155. 169. 173.

स्नात्व Adj. zum Baden geschickt, — einladend.

*स्नात्वाकालक Adj. gaṇa मयूरव्यंसकादि.

*स्नात्वी ved. Absol. von 1. स्ना P. 7,1,49.

स्नान n. (adj. Comp. f. आ) 1) das Baden, Bad, Waschung Gobh. 3,1,20. — 2) das Wegwaschen, Entfernen. — 3) Mittel zum Waschen, wohlriechendes Wasser u. s. w. — 4) das Reinigungsbad nach Abschluss der Lehrzeit, das Eintreten in den Stand des Haushalters MBh. 14,49,6 nach Nilak.

स्नानकलश m. und स्नानकुम्भ m. Waschkrug.

स्नानगृह n. Badehaus, Badstube.

स्नानतीर्थ n. ein heiliger Badeplatz Spr. 1640.

*स्नानतृण n. Kuça-Gras.

स्नानदीपिका f. Titel eines Commentars.

स्नानद्रोणी f. Badewanne.

स्नानपद्धति f. Titel eines Werkes.

स्नानभू f. Badeplatz, Badstube Prij. 11,11.

स्नानभूमि f. dass. Kâraka 1,15.

स्नानवस्त्र n. und स्नानवासस् n. Badehemd.

स्नानविधि m. Bestimmungen über das Baden. Auch Titel eines Werkes Burnell, T. Opp. Cat. 1.

स्नानवेश्मन् n. Badehaus, Badstube.

स्नानशाटी und °शाठी (fehlerhaft) f. Badehose.

स्नानशाला f. Badehaus, Badstube.

स्नानशील Adj. sich zu baden pflegend Gaut. 9, 2. Chr. 140,8.

स्नानसूत्र n. und °पद्धति f. Titel.

स्नानाम्बु n. Wasser zum Baden, Waschwasser.

स्नानिन् Adj. sich badend, im Bade befindlich.

स्नानीय 1) Adj. zum Baden geeignet, zum Waschen u. s. w. dienend Pârçvan. 3,151. — 2) n. wohlriechendes Wasser u. s. w. Harshak. 98,7.

स्नानीयवस्त्र n. Badehemd.

स्नानोदक n. Wasser zum Baden, Waschwasser.

स्नानोपकरण n. Badegeräth.

स्नापक m. Bader.

स्नापन n. das Baden, Waschen Gaut. Hariv. 2, 50,38.

°स्नायिन् Adj. sich badend, — abwaschend. Nom. abstr. °स्नायिता f.

स्नायु 1) f. n. a) Band im menschlichen und thierischen Körper, Sehne; Ader. — b) Bogensehne. Auch स्नायुपाश m. und स्नायुबन्ध m. — 2) m. Ausschlag an den Extremitäten Bhâvapr. 6,46.

स्नायुक m. 1) ein best. parasitischer Wurm. — 2) = स्नायु 2) Bhâvapr. 6,46.

स्नायुजालवत् Adj. mit einem Netz von Sehnen —, mit hervortretenden Sehnen (Adern) überzogen Suçr. 1,87,16.

स्नायुमय Adj. (f. ई) aus Sehnen gemacht.

स्नायुमर्मन् n. Verbindungsstelle der Bänder.

स्नायुस्पन्द m. Pulsschlag Hem. Par. 2,226.

स्नाय्वर्मन् n. fleischige Anschwellung des Weissen im Auge.

*स्नाव m. = स्नावन् 1).

स्नावक in अस्नावक.

स्नावन् und स्नावन् n. 1) Band, Sehne Çat. Br. 10,1,4,4. — 2) Bogensehne.

स्नावन्ये Du. (Geschlecht nicht zu bestimmen) Bez. bestimmter Körpertheile des Rosses.

स्नावसंतत Adj. (f. आ) mit Sehnen überzogen.

स्नाविर in अस्नाविर Nachtr. 3.

स्निग्ध 1) Adj. s. u. 1. स्निह्. — 2) *m. a) Pinus longifolia. — b) rother Ricinus. — 3) *f. आ eine dem Ingwer ähnliche Wurzel. — 4)* n. a) Wachs Râgan. 13,76. — b) Zibeth Râgan. 12,72.

*स्निग्धकन्दा f. eine best. Pflanze, = कन्दली.

*स्निग्धतण्डुल m. eine Reisart.

स्निग्धता f. 1) Fettigkeit, Oeligkeit. — 2) Sanftheit. — 3) das Zugethansein.

स्निग्धत्व n. 1) das Hängen an (Loc.). — 2) Anhänglichkeit, das Zugethansein.

*स्निग्धदल m. eine Karañga-Art.

*स्निग्धदारु m. Pinus Deodora und longifolia.

*स्निग्धपत्त्र 1) m. eine Karañga-Art. — 2) m. f. आ a) Judendorn. — b) Beta bengalensis.

*स्निग्धपत्त्रक m. eine Grasart.

*स्निग्धपर्णी f. 1) Sanseviera Roxburghiana Râgan. 3,7. — 2) Gmelina arborea Râgan. 9,35.

*स्निग्धपिण्डीतक m. eine Varietät des Madana.

*स्निग्धफला f. eine best. Pflanze, = नाकुली.

स्निग्धभिन्नाञ्जन n. = स्निग्धाञ्जन Megh. 39.

स्निग्धमुद्ग m. eine Bohnenart 217,13.

स्निग्धराजि m. eine Schlangenart Suçr. 2,266,2.

स्निग्धशीतरूक्ष Adj. glitschig, kühl oder rauh. Nom. abstr. °त्व n. 216,19.

स्निग्धाञ्जन n. mit Oel angemachte Augensalbe Hariv. 3732. Çiç. 12,62.

*स्निट्, स्नेटयति (गतौ, स्नेहे).

1. स्निह् 1) स्निह्यति, °ते (metrisch) a) geschmeidig —, fett —, feucht werden. — b) sich heften auf (Loc.). — c) sich hingezogen fühlen, Zuneigung empfinden zu (Loc. oder Gen.). — 2) *स्नेहति (वधकर्मन्). — 3) स्निग्ध a) klebrig, geschmeidig, glitschig, glatt. — b) weich, sanft, milde (eig. und übertr.); °म् Adv. — c) Oel —, Fett enthaltend, ölig. Superl. °तम Spr. 7786. — d) mit fetten Stoffen —, mit f. Arzeneien behandelt. — e) hängend an (Loc.). — f) anhänglich, zugethan, befreundet. Superl. °तम Spr. 7786. — g) dicht (Schatten) Megh.

1. — Caus. स्नेहयति 1) *befetten, fett —, geschmeidig machen.* — 2) *geschmeidig —,* so v. a. *unterwürfig machen.* — Mit अभि, °स्निग्ध *zugethan, liebevoll* Gâtakam. 13. °म् Adv. 22. — Mit उप (°स्निह्यते in der Prosa) *geschmeidig —, feucht werden.* — Caus. *zugethan machen, für sich gewinnen.* — Mit प्र, °स्निग्ध 1) *überaus glitschig.* — 2) *überaus sanft, — zart.* — Mit सम् Caus. *mit Fett behandeln.*

2. स्निह् f. (Nomin. स्निक् und *स्निट्) *Feuchtigkeit* Taitt. Âr. 4,23.

स्निहिति f. dass. ebend.

स्नीहन् m. oder स्नीहा f. *Feuchtigkeit der Nase.*

स्नीहिति f. 1) *Feuchtigkeit* Taitt. Âr. 4,23. — 2) etwa *conglobatio, Rotte.* Nach Sâj. = वधकारिणी, सर्वस्य हिंसित्री.

1. स्नु, स्नौति, *स्नुते (स्वयमेव) *Flüssigkeit —,* insbes. *Muttermilch entlassen.* स्नुत *fliessend* (insbes. von der Mutterbrust) Kâd. 136,23 (v. l. स्रुत). — *Desid. vom Caus. सिस्नावयिषति und सु°. — Mit प्र *Flüssigkeit entlassen, triefen.* *Med. प्रस्नुते (स्वयमेव). प्रस्नुत *Muttermilch entlassend.* — *Desid. Fut. प्रसुस्नूषिष्यते. — Mit अवप्र, °स्नुत (oder °स्रुत) *beschissen* (von einem Vogel). — Mit *व्यतिप्र, °स्नाविता Fut.

2. स्नु Adj. in घृतस्नु.

3. स्नु (*m.) n. *Oberfläche, Fläche; Höhe.*

4. स्नु = स्नायु 1). Nur स्नुतम् Adv.

*स्नुकच्छ्र m. *Lipeocercis serrata.*

स्नुषा f. (adj. Comp. f. आ) 1) *Schnur, Schwiegertochter.* स्नुषावत् Adv. 192,6. श्वश्रूस्नुषे Spr. 7834. — 2) * = स्नुही.

स्नुषाग Adj. *der Schnur geschlechtlich beiwohnend* 192,8.

स्नुषात्व n. Nom. abstr. zu स्नुषा 1).

स्नुषाश्वशुरीया f. *eine Opferhandlung, welche die Gegner botmässig machen soll, wie die Schnur dem Schwäher unterthan ist.*

*स्नुस्, स्नुस्यति (अदने, अदर्शने, आदाने).

1.*स्नुह्, स्नुह्यति (उद्गिरणे).

2. स्नुह् f. (Nomin. स्नुक् und *स्नुट्) = स्नुही Karaka 1,25 (149,21). 7,10 (स्नु° gedr.).

स्नुहा und स्नुहि f. = स्नुही Harshak. 447,14 197,22).

स्नुही f. *Euphorbia antiquorum, Wolfsmilch.*

स्नूहन् m. *Feuchtigkeit der Nase* Âpast. Ça. 10,14,1.

स्नेय n. impers. *sich zu baden, — waschen.*

स्नेह m. (*n.; adj. Comp. f. आ) 1) *Klebrigkeit, Adhäsion.* — 2) *Glätte* (auch in übertragener Bed.), *sanfter Glanz.* — 3) *klebriger und geschmeidiger Stoff: Oel, Fett.* In der Medicin *Fettmittel,* angewandt als Trank, Salbe, Klystier u. s. w. — 4) *Anhänglichkeit, Zuneigung, das Hängen an, Liebe zu* (Loc., Gen. oder im Comp. vorangehend), *freundschaftliches Verhältniss mit* (सह). Auch Pl. In der Verbindung स्नेहं न लिप्सेत मित्रेभ्यो धनसंचयात् Spr. 6159 ist der Abl. zunächst von लिप्सेत abhängig. Am Ende eines adj. Comp. auch so v. a. *Etwas mögend.* — 5) Pl. Bez. der Vaiçja in Kuçadvîpa.

स्नेहक Adj. 1) *freundlich, liebevoll* Divjâvad. 38, 24. 31. — 2) *Zuneigung bewirkend, versöhnend;* mit Gen.

स्नेहकर्तर् Nom. ag. (f. °र्त्री) *Zuneigung —, Liebe an den Tag legend.*

स्नेहकुम्भ m. *ein Topf mit Oel, — Fett.*

*स्नेहकेसरिन् m. *Ricinusöl* Bhâvapr. 2,55.

स्नेहघट m. *ein Topf mit Oel, — Fett.*

स्नेहघ्नी f. *eine best. Pflanze* Karaka 6,13.

*स्नेहन् m. 1) *eine best. Krankheit.* — 2) *ein Anhänger, Freund.* — 3) *der Mond.*

स्नेहन 1) Adj. (f. ई) a) *klebrig —, fettig machend, die Eigenschaften eines Fettmittels besitzend und äussernd.* — b) *Zuneigung empfindend.* — 2) n. a) *das Fettsein, Fettigsein.* — 2) *das Klebrig —, Fettmachen; das Behandeln mit Fett* oder *fetthaltigen Stoffen.* — 3) *das Empfinden von Zuneigung* Sâj. zu Ṛv. 5,85,7.

स्नेहनीय Adj. *als Fettmittel dienend.*

स्नेहपात्र n. 1) **Oelgefäss, Oelschlauch.* — 2) *ein Gegenstand der Zuneigung, — der Liebe.*

स्नेहपीत Adj. *der einen Fetttrank zu sich genommen hat.*

*स्नेहप्रिय m. *Lampe.*

*स्नेहबीज m. *Buchanania latifolia.*

*स्नेहभू m. *Phlegma* (श्लेष्मन्).

स्नेहभूमि f. *eine der Liebe würdige Person* 155,2.

स्नेहमय Adj. (f. ई) 1) *voller Zuneigung, — Liebe.* — 2) *in Zuneigung bestehend, Liebe heissend* Harshak. 117,2.

स्नेहयितव्य Adj. *mit Fettmitteln zu behandeln.*

*स्नेहरङ्ग m. *Sesam.*

*स्नेहरसन n. *Mund* Gal.

*स्नेहरेकभू m. *der Mond.*

स्नेहल Adj. *voller Zuneigung, Jmd* (Loc.) *zugethan, liebevoll, zärtlich* Hem. Par. 1,292. 328 (मिथस्). 2,222. Nom. abstr. °ता f. Kâd. 2,29,14 (34, 12). 30,6 (35,7). 91,20 (113,3).

स्नेहलवण n. *eine best. Mixtur.*

स्नेहवन्त् 1) Adj. a) *ölig, fettig.* — b) *voller Zuneigung, — Liebe, zugethan, liebevoll, zärtlich* Karaṇḍ. 56,2. — 2) *f. °वती *eine dem Ingwer ähnliche Wurzel.*

स्नेहवर्ति f. *eine best. Krankheit der Pferde* Açvav. 43,6.

स्नेहवस्ति m. *ein öliges Klystier.*

*स्नेहविद्ध m. *Pinus Deodora.*

स्नेहशर्करा f. *eine best. Pflanze* oder *Mixtur* Karaka 6,13.

स्नेहसंस्कृत Adj. *mit Fett zubereitet.*

स्नेहसंज्वरवत् Adj. *von Liebesgluth erfüllt* Mâlatîm. 154,15.

*स्नेहाश m. *Lampe.*

*स्नेहाशय m. dass.

स्नेहिति f. = स्नीहिति 2).

स्नेहिन् 1) Adj. am Ende eines Comp. *gern habend, mögend, ein Freund von.* — 2) *m. *Maler.*

*स्नेहु m. *eine best. Krankheit.*

स्नेह्य Adj. *mit Fett zu behandeln.*

स्नैग्ध्य n. *Glätte, Geschmeidigkeit.*

स्नैहिक Adj. (f. ई) *fettig, ölig* Karaka 1,5.

स्पन्द्, स्पन्दते, °ति (ausnahmsweise) 1) *zucken* (auch von den *zuckenden Bewegungen* eines Kindes im Mutterleibe). स्पन्दित *zuckend.* — 2) *ausschlagen* (von Thieren). — 3) *sich von der Stelle bewegen.* — 4) *aufzucken,* so v. a. *in's Leben treten.* — 5) häufig mit स्यन्द् verwechselt. — Caus. स्पन्दयति, °ते (metrisch) 1) *zucken machen.* — 2) *von der Stelle bewegen.* — 3) स्पन्दित *in Bewegung gesetzt,* so v. a. *hervorgerufen.* — *Desid. पिस्पन्दिषते. — Intens. in पनिष्पद. — Mit आ *zucken.* — Mit उप Caus. v. l. für स्यन्द् Caus. mit उप. — Mit नि in 1. निष्पन्द. Auch verwechselt mit स्यन्द्. — Mit अभिनि MBh. 12,3881 fehlerhaft für °स्यन्द्. — Mit परि Act. (metrisch) *zusammenfahren.* — Mit प्र *zucken, zusammenfahren* MBh. 3,131,5. 7,198,51. — Mit वि 1) dass. — 2) *zappeln,* so v. a. *sich abmühen, sich bestreben* Gâtakam. 6, 11. 21,20. — 3) *sich offenbaren, zum Vorschein kommen* Gâtakam. 20. — Mit सम् *aufzucken,* so v. a. *in's Leben treten.*

स्पन्द m. 1) *das Zucken.* Vgl. स्नायु°. — 2) *Bewegung* überh. — 3) Titel eines Werkes. °कारिका f., °कारिकाविवरण n. (Bühler, Rep. No. 509), °कारिकाविवृति f. (ebend. 510), °निर्णय m., °निलय m., °प्रदीप m. (Bühler, Rep. No. 513), °प्रदीपिका f. (ebend. 512), °विवृति f., °शास्त्र n., °संदोह m. (Bühler, Rep. No. 517), °सर्वस्व n. (ebend. 514), °सूत्र n. und स्पन्दार्थसूत्रावली f. gleichfalls Titel.

स्पन्दनें 1) Adj. (f. ई) *ausschlagend.* Verbesserung für स्यन्द्नें. — 2) m. *a) ein best. Baum, Diospyros embryopteris* Râǵan. 11,78. RV. 3,53,19. Vgl. स्यन्दन. — *b)* fehlerhaft für स्यन्दन *Wagen* Hemâdri 1,543,12. — 3) n. *a) das Zucken* (auch von den *zuckenden Bewegungen* des Kindes im Mutterleibe). — *b) Bewegung* überh.

स्पन्दनिका f. R. ed. Bomb. 3,47,45 fehlerhaft für स्य°.

स्पन्दित 1) Adj. s. u. स्पन्द् Simpl. und Caus. — 2) n. *a) das Zucken.* Auch Pl. — *b)* चित्त° *das Zucken —, so v. a. die Thätigkeit des Geistes.*

स्पन्दिन् Adj. *zuckend.*

स्पन्दोलिका f. *das Sichschaukeln.* Vgl. स्य°.

स्पन्द्या f. *Schnur, Strick* Çulbas. 3,15. 72. 81. Am Ende eines adj. Comp. 1,56. 57.

1. स्पर्, स्पृणोति (प्रीतिपालनयोः, चलन = जीवन st. पालन). स्पृणुते; स्पृत Partic. 1) *losmachen, befreien, — von* (Abl.), *retten.* — 2) *an sich ziehen, für sich gewinnen.* — Caus. स्पारयति 1) *an sich ziehen, für sich gewinnen* TBr. 1,2,4,3. — 2) *befreien, retten* ebend. — Mit अप Med. 1) *losmachen —, befreien von* (Abl.). — 2) *abwendig machen, es Jmd entleiden.* — Mit अव *losmachen, befreien.* — Mit आ *an sich bringen.* — Mit निस् *befreien von* (Abl.). — Mit वि *auseinanderreissen, trennen.*

2.*स्पर्, स्पृणाति (हिंसायाम्).

स्पर् n. 1) Pl. Bez. *bestimmter* Sâman-*Tage* und *die betreffenden Sprüche und Opfer.* Nom. abstr. स्पारत्व TBr. 1,2,4,3. — 2) वायोः स्पारम् Name eines Sâman.

स्परण Adj. (f. ई) *rettend, befreiend.* f. vielleicht zugleich *eine best. Pflanze.*

स्परसे Dat. Infin. zu 1. स्पर्.

*स्परितर् Nom. ag. *Schmerzbereiter.*

*स्परिश m. = स्पर्श.

स्पर्ध्, स्पर्धते, स्पर्धति (metrisch) *sich den Vorrang streitig machen, wetteifern, — mit* (Instr., Instr. mit सह oder blosser Acc.), *wettlaufen; sich bewerben —, streiten um* (Loc.). स्पर्धित mit act. und pass. Bed. (*dem Jmd* [Instr.] *den Vorzug streitig gemacht hat*). — *Intens. अपास्पाम्. — Mit अधि *wetteifern —, streiten um* (Loc.). — Mit परि in °स्पर्धिन् und °स्पृध्. — Mit प्र *sich den Vorrang streitig machen, wetteifern mit* (Instr. oder Loc.), *in* (Loc.). प्रस्पर्धमान in Comp. mit der Ergänzung Ind. Antiq. 9,165. — Mit प्रति *wetteifern mit* (Instr.). — Mit वि *um den Vorrang streiten, wetteifern mit* (सह oder साधम्, oder mit blossem Instr. oder Acc.) Gâtakam. 2. — Mit सम् *um den Vorrang streiten.*

स्पर्धनीय Adj. *worum man sich bewirbt, erstrebenswerth.*

स्पर्धस् in विस्पर्धस्.

स्पर्धा f. 1) *Wettlauf, Streit um den Vorrang, Wettstreit um* (Instr.), *mit* (Instr., Instr. mit सह, Gen., Loc. [! zu Spr. 316] oder im Comp. vorangehend), *Wetteifer.* Instr. *im Wetteifer, um die Wette* Çiç. 19,117. — 2) *Verlangen nach* (im Comp. vorangehend).

स्पर्धाकर Adj. (f. ई) *wetteifernd mit* (im Comp. vorangehend) Dhûrtan. 41.

स्पर्धावत् Adj. dass. Bâlar. 74,19. Viddh. 43,3.

स्पर्धिन् Adj. *um den Vorrang streitend, wetteifernd, — mit* (im Comp. vorangehend).

स्पर्ध्य Adj. *begehrenswerth, kostbar.*

स्पर्ध्यास्तरणवत् Adj. *mit einem kostbaren Teppich belegt* MBh. 1,220,13. 2,39,2.

स्पर्श्, स्पृशति (metrisch auch Med.), स्पृष्ट Partic. 1) *berühren* (mit Acc.), *rühren an* (Loc.), *streicheln.* स्पृष्ट *berührt;* so heissen auch alle Consonanten mit Ausnahme der Halbvocale (diese sind ईषत्स्पृष्ट) und der Sibilanten nebst ह (diese sind नेमस्पृष्ट), also die *Mutae und Nasale,* vgl. स्पर्श. — 2) अपस्, उदकम्, जलम् u. s. w. *bestimmte Theile des Körpers mit Wasser in Berührnng bringen, eine Waschung vornehmen, sich den Mund spülen* u. s. w. Ausnahmsweise mit Instr. des Wassers und Acc. der *berührten* Theile. — 3) *Jmd unangenehm berühren, Jmd ein Leid anthun;* mit Acc. 133,6. — 4) *durch Berührung einen Eindruck empfangen, fühlen.* — 5) *berühren* in astr. Sinne. — 6) *berühren, so v. a. reichen —, dringen bis zu* (Loc. oder Acc.). कर्णम् *zu Ohren kommen,* गिरा *mit Worten erreichen, so v. a. zu schildern vermögen,* क्रियाम् *so v. a. sich zu einer That versteigen* Râǵat. 7,601. — 7) *erreichen, so v. a. gleichkommen;* mit Acc. — 8) *erreichen, so v. a. in unmittelbare Beziehung treten —, es zu thun haben mit* (Acc.). — 9) *Jmd berühren mit* (Instr.), *so v. a. versehen mit.* — 10) *Jmd* (Acc.) *treffen, zu Theil werden* (insbes. von Uebeln). स्पृष्ट *getroffen von, behaftet mit* (Instr. oder im Comp. vorangehend); auch *so v. a. besessen von, bezaubert durch.* — 11) *anrühren, so v. a. sich aneignen.* — 12) *erreichen, theilhaftig werden, an sich erfahren.* — 13) *zukommen lassen.* — 14) स्पृशेत् Comm. zu TS. Prât. 2,36 schlechte Lesart für स्पर्शयेत्, स्पृष्ट्वा R. Gorr. 2,123,17 fehlerhaft für पृष्ट्वा. — Caus. स्पर्शयति (metrisch auch Med.) 1) *berühren lassen* (mit doppeltem Acc.), *in unmittelbare Berührung bringen mit* (Loc. oder Instr.). — 2) *durch Berührung einen Eindruck empfangen, fühlen.* — 3) *Jmd* (Dat.) *Etwas zukommen lassen, schenken, hingeben.* — Mit अधि *oberflächlich berühren.* — Caus. *reichen lassen bis zu* (Acc.). — Mit अनु 1) *nachfolgend berühren, auf dem Fusse folgen.* — 2) *berühren mit* (Instr.), *so v. a. erfüllen mit.* — Mit अप MBh. 1,764 fehlerhaft (zu lesen अप उप°). Vgl. अनपस्पृश्. — Mit अभि 1) *berühren.* — 2) *treffen, heimsuchen.* — Mit आ *leicht berühren.* आस्पृष्ट Âpast. Çr. 12,25,9. — Mit उद् *hinaufreichen zu* (Acc.). — Mit उप 1) *berühren, hinreichen bis zu* (Acc.). — 2) *zärtlich berühren, liebkosen.* — 3) अपस्, जलम्, वारि u. s. w. und mit Auslassung dieser Wörter *Wasser berühren, so v. a. die Hand in ein Wassergefäss eintauchen* (als symbolische Handlung) oder *den Mund mit Wasser ausspülen* oder auch *eine Waschung vornehmen, sich baden* (mit Loc. des Badeortes). Auch mit Instr. des Wassers (auch mit Auslassung eines solchen Instr.) und Acc. der *berührten* Theile (auch mit Auslassung eines solchen Acc.) 42,26. 27. उपस्पृष्ट vom Wasser und auch von einer Person; auch n. impers. — 3) *anrühren, so v. a. sich aneignen.* — Mit पर्युप = उप 2) mit Acc. des Wassers. — Mit प्रत्युप *wieder eine Reinigung mit Wasser vornehmen* Gobh. 1,2,28. — Mit समुप 1) *berühren.* — 2) Wasser *berühren* (als Reinigungsmittel), mit Wasser (Instr.) *berühren, sich baden in* (Loc.). — Mit नि *schmeichelnd berühren.* — Mit परि 1) *vielfach berühren, streicheln.* — 2) *befolgen, ausüben.* आचारम् Hem. Par. 13,71. — 3) परिस्पृष्ट *ringsum behaftet mit* (Instr.). — Mit सम् 1) *berühren, in Berührung bringen mit* (Instr.) Âpast. 1, 15,17. Med. mit medialer Bed. oder metrisch. संस्पृष्ट *berührt, in Berührung gebracht mit* (Instr. [Chr. 107,4] oder im Comp. vorangehend), *verbunden mi[illegible]tr.), sich unmittelbar berührend, anstossend.* — 2) सलिलम्, अपस् u. s. w. und auch mit Ergänzung eines solchen Acc. *bestimmte Theile des Körpers mit Wasser berühren, eine Waschung vornehmen* u. s. w. — 3) *berühren* in astr. Sinne. — 4) *berühren, so v. a. reichen —, dringen bis* oder *zu* (Acc.); *erreichen* Gâtakam. 5,32. — 5) *berühren, so v. a. in unmittelbare Beziehung treten mit* (Acc.). — 6) *treffen, über Einen kommen, sich Jmds bemächtigen;* mit Acc. संस्पृष्ट *betroffen, heimgesucht von* (Instr.). — 7) *herausnehmen aus* (Abl.). — Caus. *in Berührung bringen.* — Mit अनुसम् Caus. *noch Etwas in Berührung bringen.* — Mit अभिसम् 1) *mit Wasser in Be-*

rührung kommen, sich baden. — 2) *treffen, über Einen kommen, sich Jmds bemächtigen;* mit Acc. — Mit परिसम् *vielfach berühren, streicheln.*

स्पर्श 1) Adj. am Ende eines Comp. *a) berührend* in अभूतलस्पर्श. — *b) rührend, dringend* iu मनःस्पर्श. — 2) m. (adj. Comp. f. आ) *a) Berührung.* — *b) Berührung* in astr. Sinne, insbes. *der Anfang einer Eklipse.* — *c) Berührung, Contact* in übertragener Bed. — *d) eine durch Berührung wahrgenommene Eigenschaft der Dinge, Gefühl.* स्पर्शतम् *für das Gefühl* (angenehm). वज्र° *das bei der Berührung des Donnerkeils empfundene Gefühl,* शिरःशूलस्पर्श *Gefühl von Kopfschmerz,* ईर्ष्यास्पर्श *Gefühl der Eifersucht.* — *e) ein angenehmes Gefühl.* — *f) *ein krankhaftes Gefühl, Krankheit.* — *g) Gefühlssinn.* — *h) *Gabe, Geschenk.* — *i) * quidam coeundi modus.* — *k) * Wind.* — *l)* in der Grammatik Bez. *der Mutae und Nasale.* — *m)* MBH. 1,5792. Çiç. 17,20 und sonst fehlerhaft für स्पश. — 3) f. आ *a) *ein untreues Weib.* — *b)* HARIV. 10243 von unbekannter Bed.

*स्पर्शक Adj. *berührend* u. s. w.

स्पर्शनम Adj. *berührbar* Çâk. 27.

°स्पर्शता f. s. u. अभूतलस्पर्श.

स्पर्शत्व n. Nom. abstr. zu स्पर्श 2) *d).*

स्पर्शद्वेष m. *Empfindlichkeit gegen Berührung.*

स्पर्शन 1) *m. *Wind.* — 2) n. *a) das Berühren, Berührung.* — *b) das Fühlen, Gefühl, Gefühlssinn.* — 3) **das Schenken, Spenden.*

स्पर्शनीय Adj. 1) *zu berühren.* — 2) *was gefühlt wird.*

स्पर्शनेन्द्रिय n. *Gefühlssinn.*

*स्पर्शमणि m. *der Stein der Weisen.*

*स्पर्शमणिप्रभव n. *Gold.*

स्पर्शयज्ञ m. *ein in der blossen Berührung der zu opfernden Dinge bestehendes Opfer.*

स्पर्शयितव्य Adj. *was gefühlt wird, fühlbar.*

स्पर्शयोगशास्त्र n. Titel eines Werkes.

स्पर्शरसिक Adj. *für Berührung Sinn habend,* so v. a. *sinnlich, lüstern, geil.*

स्पर्शरूपवत् Adj. *schön anzufühlen und von schönem Aussehen* MBH. 3,168,75.

*स्पर्शलज्जा f. *Mimosa pudica.*

स्पर्शवत् Adj. 1) *die durch Berührung wahrgenommene Eigenschaft besitzend, tastbar.* उष्ण° *heiss anzufühlen.* Nom. abstr. °वत्त्व n. Comm. zu NJÂJAS. 1,46. — 2) *angenehm anzufühlen* KÂD. 238, 17 (389,13). HARSHAK. 184,17.

स्पर्शशब्दवत् Adj. *tastbar und hörbar* BHÂG. P. 2,5,27.

*स्पर्शशुद्धा f. *Asparagus racemosus.*

*स्पर्शसंकोचिन् m. *Dioscorea globosa.*

स्पर्शसंचारिन् Adj. *durch Berührung übergehend, ansteckend* (Krankheit).

*स्पर्शस्पन्द und *°स्यन्द (fehlerhaft) m. *Frosch.*

स्पर्शहानि f. 1) *Gefühllosigkeit.* — 2) *rothe erbsenähnliche Pusteln.*

*स्पर्शाज्ञ Adj. *empfindungslos, taub, eingeschlafen* (ein Körpertheil). Nom. abstr. °ता f.

*स्पर्शानन्दा f. *eine* Apsaras.

स्पर्शाशन m. Pl. *eine best. Klasse von Göttern (von der blossen Berührung lebend).*

स्पर्शासह Adj. *empfindlich gegen Berührung.* Nom. abstr. °त्व n.

स्पर्शासहिष्णु Adj. dass. Nom. abstr. °ता f.

स्पर्शिक Adj. *tastbar, fühlbar.*

स्पर्शितर् Nom ag. *der da fühlt.*

°स्पर्शिन् Adj. 1) *berührend.* — 2) *berührend,* so v. a. *reichend bis.* — 3) *dringend in.*

स्पर्शेन्द्रिय n. *Gefühlssinn.*

स्पर्शोपल m. *der Stein der Weisen.*

*स्पर्ष्, स्पर्षते (स्नेहने).

*स्पर्ष्टर् Nom. ag. = स्प्रष्टर्.

स्पर्ह् s. स्पृहय्.

1. स्पश्, *स्पशति, *°ते (बाधनस्पर्शनयोः, auch ग्रन्थन st. स्पर्शन) *erblicken, gewahr werden, erschauen, schauen auf.* Vom Verbum fin. zu belegen पस्पशे RV. 1,22,19. 128,4. पस्पशानं 10,128,8. अस्पष्ट 1,10,2. Partic. स्पष्ट 1) *ersichtlich, deutlich, offenbar, klar vor Augen liegend.* Compar. °तर, Adv. स्पष्टम् 210,22. — 2) *gerade.* °म् Adv. *gerade heraus* (fragen), — *in's Gesicht* (schauen). — 3) bei den Mathematikern *genau, correct, wirklich.* — Caus. स्पाशयति (ÂPAST. ÇR. 9,10,12. 14,25,1) und स्पाशयते (ग्रहणसंश्लेषणयोः) *bemerklich machen, bezeichnen, zeigen; sich merken.* *स्पाशित = स्पष्ट. — Mit अनु *zeigen* (अनुपस्पशानं RV. 10,14,1. NIR. 10, 20. AV. 6,28,3). अनुस्पष्ट *bemerkt* RV. 10,160,4. — Mit प्रति Simpl. in प्रतिस्पश्, Caus. in प्रतिस्पाशन. — Mit वि, विस्पष्ट *mit Augen zu sehen, offenbar, klar, hell* (Nacht KÂD. 2,63,4 = 76,7), *deutlich, verständlich.* विस्पष्टम् und विस्पष्ट° Adv. — Caus. Med. *sich merken* TAITT. ÂR. 4,28,1 (वि गा zu trennen). — Mit सम्, संस्पष्ट *berühmt, bekannt.*

2. स्पश् m. *Späher, Aufseher, Wächter.*

स्पश m. (adj. Comp. f. आ) 1) dass. MBH. 1,146, 26. स्पशाध्यत m. *das Haupt der Späher.* Vgl. अपस्पश Nachtr. 3. — 2) **Kampf, Krieg.*

स्पष्ट s. u. 1. स्पश्.

स्पष्टता f. *das Offenbarsein, klar vor Augen Liegen* VISHNUS. 27,1.

स्पष्टय्, °यति 1) *klar —, deutlich machen.* — 2) *gerade machen* (einen Buckeligen).

स्पष्टाक्षर Adj. *deutlich gesprochen* 301,10.

स्पष्टाम्बुज्, °ब्जति *geradezu einer Wasserrose gleichen* Ind. Antiq. 11,15.

स्पष्टार्थ Adj. *dem Sinne nach deutlich, verständlich* 213,7. 215,16. Spr. 2906.

स्पष्टी Adv. mit कर् 1) *klar —, deutlich machen, erhellen* Ind. St. 14,368. SÂJ. zu RV. 1,65,2. 113, 10. — 2) bei den Mathematikern *corrigiren, rectificiren* (durch Berechnung).

स्पष्टीकरण n. und °कृति f. *das Corrigiren, Rectificiren.*

*स्पष्टेतर Adj. *undeutlich, unklar.*

*स्पान्दन Adj. *vom Baume* Spandana *herrührend, daraus gemacht.*

*स्पार्शन Adj. *durch das Gefühl wahrgenommen werdend, tastbar.*

स्पार्ह Adj. (f. ई) *begehrenswerth, reizend, appetitlich.*

स्पार्हराधस् Adj. *begehrenswerthe Geschenke habend.*

स्पार्हवीर Adj. (f. ई) *in trefflichen Männern bestehend* und auch vielleicht *treffliche Führer habend.*

स्पाश (!) m. PANKAT. ed. Bomb. 3,59,3 v. l. für स्पशाध्यत.

स्पाशन n. Nom. act. von 1. स्पश् Caus. in einer Etymologie.

स्पिन्न in उपस्पिन्न.

स्पूर्ध् (= स्पर्ध्), vom Simplex nur स्पूर्धसे *zur wetteifernden Bewerbung.* — Mit प्र (प्रे — स्पूर्धन्) *sich in Streit einlassen.*

स्पृक्का f. *eine best. Pflanze.* Nach den Lexicographen *Trigonella corniculata* und *Mimosa pudica.* = ब्राह्मी UTPALA zu VARÂH. BRH. S. 75,1.

स्पृत् 1) Adj. am Ende eines Comp. *a) sich befreiend von.* — *b) an sich ziehend, für sich gewinnend.* — 2) f. Pl. Bez. *bestimmter Backsteine.*

स्पृति f. so v. a. स्पृत् 1).

स्पृध् f. 1) *Kampf.* — 2) *Nebenbuhler, Gegner.* Im BHÂG. P. m. und Adj. am Ende eines Comp. *wetteifernd, — mit; Verlangen tragend nach.*

स्पृध्य s. मिथःस्पृध्य.

स्पृश् 1) Adj. am Ende eines Comp. (Nomin. स्पृक्) *a) berührend.* — *b) berührend,* so v. a. *reichend bis.* — *c) erreichend,* so v. a. *theilhaftig, an sich erfahrend, zeigend, verrathend* Spr. 7688. — 2) *f. = स्पृक्का UTPALA zu VARÂH. BRH. 75,1 (= ब्राह्मी).

स्पृश 1) Adj. am Ende eines Comp. *berührend, reichend bis.* — 2) m. *a) Berührung* in दुःस्पृश. — *b)* M. 8,116 fehlerhaft für स्पश, wie ed. Jolly hat. — 3) *f. आ *eine best. Pflanze,* = भुजंगघातिनी. — 4) *f. ई *Solanum Jacquini.*

स्पृशि Adj. nach Nilak. = विषयस्पृश्.

स्पृश्य 1) Adj. *a) zu berühren.* — *b) fühlbar, tastbar.* — *c) anzurühren, anzugreifen, für sich in Besitz zu nehmen.* — *d)* Rāgat. 4,75 vielleicht fehlerhaft für स्पृह्य *beneidenswerth.* — 2) f. आ Bez. *eines der Brennhölzer* (समिध्).

स्पृष्टक 1) n. *eine Art Umarmung* Naish. 6,35. — 2) f. स्पृष्टिका *Berührung.* अस्मच्छरीरस्पृष्टिकया (Mṛkkh. 55,21) und मत्पादस्पृष्टिकया (Mahāvirak. 70,1) als Ausdrücke der Betheuerung.

स्पृष्टता f. *das Berührtwerden* (bei der Aussprache der Mutae und Nasale) Comm. zu VS. Prāt. 1,72.

स्पृष्टपूर्व Adj. *früher empfunden* (स्पर्श *Gefühl*) MBh. 4,22,47.

स्पृष्टव्य Adj. fehlerhaft für स्प्रष्टव्य.

स्पृष्टास्पृष्टि Adv. *so dass man sich gegenseitig berührt.*

स्पृष्टि f. *Berührung.*

°स्पृष्टिन् Adj. *der — berührt hat* Gaut. 14,30.

स्पृह् in पुरुस्पृह् und निस्पृह्.

°स्पृहण n. *das Begehren nach.*

स्पृहणीय Adj. 1) *begehrenswerth, woran Jmd* (Gen.) *oder man Gefallen findet, reizend, an dem Jmd* (Gen. oder Instr.) *oder man seine Freude hat, zu dem man sich hingezogen fühlt.* Nom. abstr. °ता f. und °त्व n. — 2) *beneidenswerth, der beneidet wird von* (Gen.).

स्पृहय्, स्पृहयति, स्पृहयते (metrisch) 1) *eifern um, begehren nach Etwas oder Jmd* (Dat., Gen. oder Acc.). Auch ohne Ergänzung. — 2) *Neid empfinden, Jmd beneiden;* mit Dat., Gen. oder Acc. — Mit सम् *eifrig begehren nach* (Acc.).

स्पृहयद्वर्ण Adj. *in Aussehen —, in Farbe wetteifernd, d. h. wechselnd.*

स्पृहयाय्य, स्पृहयाय्यिय 1) Adj. *a) was man wetteifernd erstreben muss, begehrenswerth.* — *b)* *= स्पृहयालु. — 2) *m. = नक्षत्र.

स्पृहयालु Adj. *begehrend nach, seine Lust habend an* (Dat. oder Loc.), *begehrend zu* (Infin.). Ohne Ergänzung *einen Wunsch habend* (Comm. zu Āpast. Çr. 9,9,6), *begehrlich* oder *eifersüchtig, neidisch.*

*स्पृहयालुता f. *das Begehren nach.*

स्पृहयितर् Nom. ag. *Beneider,* mit Gen. Durga zu Nir. 12,14.

स्पृहा f. (adj. Comp. f. आ) 1) *das Verlangen, Begehren nach, Wohlgefallen an;* die Ergänzung im Dat., Gen., Loc. oder im Comp. vorangehend. Acc. mit कर् oder बन्ध् *verlangen —, begehren nach* (Loc. oder im Comp. vorangehend). — 2) *Neid.* Acc. mit कर् *Jmd* (Loc.) *beneiden.* कृतस्पृह *beneidet.* — 3) **eine best. Pflanze.* v. l. स्पृशा.

स्पृहावन्त् Adj. *verlangend —, begehrend nach, Wohlgefallen findend an* (Loc.).

*स्पृह्य 1) Adj. *begehrenswerth, beneidenswerth.* — 2) m. *Citronenbaum.*

स्प्रष्टर् Nom. ag. 1) *der da berührt, fühlt.* — 2) **Anfall, Krankheit.*

स्प्रष्टव्य Adj. 1) *zu berühren.* — 2) *fühlbar, tastbar* Vagrakkh. 21,9.

स्फङ्ग in नर्म° (fehlerhaft).

स्फट्, *स्फटति (विसरणे, शीर्णे). स्फटित *zerfetzt, gesprungen* Divjāvad. 83,22 (463,8 statt dessen स्फुटित). 304,7 (in einer verderbenen Stelle). — Caus. *स्फाटयति (हिंसायाम्). स्फाटित *gesprungen, gespalten; zerrissen* (Gewand).

*स्फट 1) m. f. (आ) *die sogenannte Haube der Schlange.* — 2) f. ई *Alaun* Rāgan. 13,4.119.

स्फटिक 1) m. *Bergkrystall* Rāgan. 13,7. 202. Kap. 6,28. Auch °मणि m., °शिला f. (im Prākrit 318,30) und *स्फटिकाश्मन् m. — 2) *f. आ *a) Alaun.* — *b) Kampfer.*

स्फटिकमय Adj. (f. ई) *krystallen* Kād. 94,11 (168, 8). Çiç. 11,53.

स्फटिकयशस् m. N. pr. eines Vidjādhara.

स्फटिकशिखरिन् m. Bein. des *Berges* Kailāsa Bālar. 93,18.

*स्फटिकाचल m. desgl.

*स्फटिकात्मन् m. fehlerhaft für स्फटिकाश्मन्; s. u. स्फटिक 1).

*स्फटिकाद्रिभिद् m. *Kampfer.*

*स्फटिकारि, *°का und *°री f. *Alaun.*

*स्फण्ट्, स्फण्टति (विसरणे), स्फण्टयति (परिहासे).

*स्फण्ड्, स्फण्डयति (परिहासे).

स्फर्, *स्फरति (स्फुरणे, स्फूर्तौ, चले). — Caus. स्फारयति 1) *weit öffnen.* कार्मुकम् *so v. a. den Bogen abschnellen lassen, — losschiessen.* स्फारित *weit geöffnet, aufgerissen* (Augen). — 2) *weithin erschallen lassen, — verbreiten* Kandak. 71,7. स्फारित *weithin verbreitet* (Glanz). — Mit निस् in नि[:]स्फार. — Caus. (die Zähne) *zeigen.* निष्फारितदंष्ट्र Kakrad. zu Suçr. — Mit परि Caus. (°स्फारयति) *verbreiten.* — Mit वि Caus. (विस्फारयति) 1) *weit öffnen.* चापम्, धनुस् u. s. w. *so v. a. den Bogen abschnellen lassen, — abschiessen* MBh. 4,58,28. 63,2. 6,48,95. 60,13. विस्फारित *weit geöffnet, aufgerissen* (Augen) Chr. 308,23. Rāgat. 8,3314 (प्रीतिवि° zu lesen). Vāsav. 67,4.237,3. *auseinandergerissen* MBh. 7,109,30. — 2) *verbreiten, so v. a. an den Tag legen.* विस्फारित (विक्रम) Çiç. 12,51. Gātakam. 30,25.

*स्फर und *स्फरक m. *Schild.* Nach Nöldeke, Sitzungsberichte d. K. Pr. Ak. d. Ww. 1883, S. 1109 aus dem persischen سپر.

*स्फरण n. = स्फुरण.

स्फल्, *स्फलति (चले, स्फूर्तौ). — Mit आ Caus. आस्फालयति 1) *anprallen lassen an, schlagen —, patschen auf* (Acc. Çiç. 18,9. 20,7), (eine Laute) *schlagen* (Kād. 99,7 = 177,1), *schleudern gegen* (Loc.). लाङ्गूलम् *so v. a. mit dem Schweife schlagen.* — 2) *zerreissen.* — Mit वि in *विस्फाल. — Mit सम् Caus. *patschen auf* oder *zerschellen.*

स्फा s. स्फाय्.

स्फाक in पीवःस्फाक.

*स्फाटक 1) m. *Wassertropfen.* — 2) f. ई *Alaun* Rāgan. 13,119. — 3) n. *Bergkrystall.*

स्फाटि in विस्र°.

स्फाटिक 1) Adj. (f. आ und ई) *krystallen* Çiç. 3, 43. Vāsav. 191,1. 193,2. 217,5. — 2) n. *a) Bergkrystall.* — *b) eine Sandelart.*

*स्फाटिकोपल m. und *स्फाटीक m. *Bergkrystall.*

स्फाणि in विस्र°.

स्फाति f. 1) *Fettmachung, Mastung; Aufzucht* (des Viehes). — 2) *das Gedeihen.*

स्फातिकरण n. Du. Name zweier Sāman Ārsh. Br.

स्फातिमन्त् Adj. *gedeihlich, feist.* Superl. °मत्तम.

स्फातिहारिन् Adj. *Fett entziehend* AV. Paipp. 2,18,5,2.

स्फान in गयस्फान.

स्फाय्, स्फायते *feist werden, zunehmen* überh. Harshak. 220,7. *so v. a. laut erschallen* 130,7. 174,11. Pass. स्फीयते *feist werden.* Part. *स्फात und स्फीत 1) *gequollen* (Körner) Bhāvapr. 2, 15. — 2) *in gedeihlichem Zustande befindlich, wohlhabend, reich, blühend* (Gegend, Land, Reich, Haus u. s. w.); *dem es wohlergeht; voll, regenschwanger* (Wolke), *dicht* (Rauch); *reichlich, im Ueberfluss vorhanden.* Mit Instr. oder am Ende eines Comp. *reichlich gesegnet mit, voll von.* — Caus. स्फावयति *mästen; verstärken, vermehren* überh. Bhatt. — Mit आ *wachsen, zunehmen* Bhatt. — Mit परि, °स्फीत *angeschwollen* Pārçvan. 3,154. — Mit वि *anschwellen* Saduktik. 4,35. विस्फीत *im Ueberfluss vorhanden* B. A. J. 7,558. — Mit सम्, संस्फीत *vollkommen, woran Nichts fehlt*

MAITR. S. 3,6,7 (69,17). Vgl. संस्फान, *संस्फायन und *संस्फीय.

स्फायत्कैरव, °वति einer aufblühenden Wasserrose gleichen Ind. Antiq. 11,15.

स्फायन Adj. in *गाय°

स्फार 1) Adj. (f. आ) ausgedehnt, weit, gross, heftig, stark u. s. w. HEM. PAR. 2,133. ÇIÇ. 19,26. Ind. St. 15,296. 327. 379. PAÑKAD. स्फार° Adv. VÂSAV. 103,6. — 2) m. Prall, Patsch. — 3) *m. n. Blase oder eine blasenähnliche Verzierung.

स्फारण n. = स्फरण, स्फुरण. Vgl. समन्तस्फारणामुखदर्शन.

स्फारी Adv. mit भू 1) sich weit öffnen KÂD. 81,22 (148,10). — 2) sich ausbreiten, sich vermehren.

स्फार्णि in विश्व°

*स्फाल m. = स्फोलन.

स्फालन n. das Draufschlagen, Draufpatschen VÂSAV. 218,3.

स्फावय् s. Caus. von स्फाय्.

स्फावयितर् Nom. ag. Mäster.

स्फिक्कस्राव m. eine best. Krankheit.

स्फिग्गी f. Hinterbacke, Hüfte.

*स्फिग्घातक m. ein best. Baum, = कट्फल.

स्फिच् und स्फिज् f. (Nomin. स्फिक्) Hinterbacke, Hüfte.

स्फिक्ष m. wohl nur fehlerhaft für स्फूर्ज in नर्म° Nachtr. 6.

*स्फिट्, स्फेटयति (स्नेहने, वृत्याम्, अनादरे, हिंसायाम्).

*स्फिट्ट्, स्फिट्टयति (हिंसायाम्).

स्फिर Adj. 1) feist. — 2) *reichlich, viel.

स्फीत s. u. स्फाय्.

स्फीतता f. (PAÑKAD.) und स्फीति f. ein gedeihlicher Zustand, das Wohlergehen, ein blühender Zustand.

स्फीती Adv. mit कर् vermehren, verstärken GÂTAKAM. 8.

स्फुजिध्वज m. N. pr. eines Astronomen.

स्फुट्, स्फोटति, स्फुटति, *°ते 1) platzen (mit einem Geräusch), aufspringen, reissen, sich spalten ÇIÇ. 17,15. — 2) aufspringen, so v. a. aufblühen. — 3) auseinanderstieben BHATT. — 4) knacken (von den Fingern), knistern (vom Feuer). — 5) hervorbrechen, plötzlich erscheinen. — 6) vergehen, sich legen (von einer Krankheit). — 7) स्फुटित a) geplatzt, gesprungen, aufgerissen (ÇIÇ. 17,14), rissig KARAKA 561,7. BHÂVAPR. 2,30. — b) aufgerissen, so v. a. weit geöffnet (Augen, Nasenlöcher). — c) aufgeblüht ÇIÇ. 8,14. — Caus. स्फोटयति (स्फुटय् s. bes.), स्फोटित Partic. 1) sprengen, spalten (ÇIÇ. 18,50), ausstechen (Augen). — 2) schütteln, rasch hinundher bewegen. — 3) wegschieben (einen Riegel). — 4) knistern. — Mit आ Caus. 1) spalten, zermalmen VP. 5,20,62. 63. — 2) schütteln, rasch hinundher bewegen. Ohne Ergänzung die Arme schütteln (nach den Erklärern mit der Hand auf den Arm schlagen) HEMÂDRI 1,507,10 als Ausdruck der Freude). — Mit परि aufspringen, bersten. — Mit प्र dass. — Caus. 1) spalten. — 2) die Arme schütteln. — Mit वि platzen, aufspringen. — Mit सम् in संस्फोट.

स्फुट 1) Adj. (f. आ) a) offen. — b) aufgeblüht. — c) offen vor Augen liegend, für die Sinne offen, offenbar, deutlich, verständlich, vernehmlich, klar. स्फुटम् und स्फुट° Adv., स्फुटतरम् desgl. ÇIÇ. 11,3. — d) bei den Mathematikern genau, correct, wirklich. — e) ausgedehnt, weit, umfangreich ÇIÇ. 20,50. — f) aussergewöhnlich, absonderlich. — g) erfüllt von (Instr. oder im Comp. vorangehend) Text zu Lot. de la b. l. 283. DIVJÂVAD. 245,4. 285,26. 532,13. LALIT. 332,13. so v. a. besessen von DIVJÂVAD. 201,21. — h) *weiss. — 2) *m. a) die sogenannte Haube der Schlangen. — b) N. pr. eines Mannes. — 3) f. आ = 2) a).

स्फुटतरातर Adj. (f. आ) überaus verständlich (Rede) ÇIÇ. 15,13. Vgl. स्फुटातर.

स्फुटता f. 1) Deutlichkeit, das Offenbarsein. Acc. mit गम् offenbar werden. — 2) bei den Mathematikern Genauigkeit, Correctheit, Wirklichkeit.

स्फुटत्व n. 1) das Offenstehen. — 2) = स्फुटता 1). — 3) = स्फुटता 2).

स्फुटन n. 1) das Platzen, Bersten. — 2) das Knacken (der Gelenke).

*स्फुटपाल m. = तुम्बुरु 2).

*स्फुटबन्धनी f. v. l. für स्फुटवल्कली.

स्फुटबुद्बुद, °दति geradezu einer Wasserblase gleichen Ind. Antiq. 11,15.

स्फुटय्, °यति deutlich —, offenbar machen.

*स्फुटरङ्गिणी f. Cardiospermum Halicacabum.

स्फुटवक्तर् Nom. ag. deutlich redend, gerade heraus sprechend Spr. 3786. 7655.

स्फुटवल्कली f. Cardiospermum Halicacabum Spr. 3716 (Conj.).

स्फुटशब्दम् Adv. vernehmlich, hörbar, laut ÇIÇ. 12,73.

स्फुटसिद्धान्त m. Titel eines astronomischen Lehrbuchs.

स्फुटातर Adj. deutlich, verständlich 301,7 (im Prâkrit). Vgl. स्फुटतरातर.

1. स्फुटार्थ m. der deutliche, offenbare Sinn.

2. स्फुटार्थ 1) Adj. deutlich, verständlich. Nom. abstr. °ता f. ÇIÇ. 12,9. — 2) m. Titel eines Commentars.

*स्फुटि und *स्फुटी f. 1) Blasen an den Füssen. — 2) eine best. Cucurbitacee.

स्फुटिका f. ein abgebrochenes Stückchen DAÇAK. 74,8.

1. *स्फुटी f. s. u. स्फुटि.

2. स्फुटी Adv. 1) mit कर् a) deutlich —, klar machen; an den Tag bringen KÂD. 2,105,17 (130,8). — 2) so v. a. verschärfen, schärfen (die Sinne) KARAKA 1,26. — 2) mit भू offenbar —, deutlich —, klar werden.

स्फुटीकरण n. 1) das Verdeutlichen, Klarmachen; an den Tag Bringen KÂD. 2,31,17 (37,6). — 2) bei den Mathematikern Correction.

स्फुटीभाव m. das deutlich Werden NAIGAM. S. 3, Z. 23.

*स्फुट्ट्, स्फुट्टयति (घनादरे).

*स्फुड्, स्फुडति (संवरणे).

*स्फुण्ट्, स्फुण्टति (विसरणे), स्फुण्टयति (परिहासे).

*स्फुण्ड्, स्फुण्डते (विकसने), स्फुण्डयति (परिहासे).

स्फुर्, स्फुरति (metrisch auch Med.) 1) schnellen (trans.). — 2) schnellen (intrans.), zucken, zittern, erzittern (HARSHAK. 101,22), zappeln; sich winden (auf dem Erdboden). — 3) blinken, funkeln. — 4) plötzlich erscheinen, hervorbrechen, zum Vorschein kommen, offenbar werden, sich regen GÂTAKAM. 21,23. — 5) glänzen, so v. a. Aufsehen erregen. — 6) स्फुरित a) zuckend, zitternd, zappelnd VÂSAV. 288,1. — b) blinkend, funkelnd; auch n. impers. — c) plötzlich erschienen, zum Vorschein gekommen ÇIÇ. 13,20. — Caus. 1) स्फोरयति a) auseinanderziehen, spannen (einen Bogen) BHATT. — b) vorbringen (ein Argument) GOVIND. zu ÇAṄK. zu BÂDAR. 3,4,16. — c) Jmd Glanz verleihen, Jmd über die Maassen preisen PAÑKAD. — 2) स्फुरयति erfüllen mit (Instr.) LALIT. — Mit अनु hinschnellen. — Mit अप wegschnellen, sich rasch entziehen. — Mit व्यप Med. zerreissen (intrans.). — Mit अव wegschleudern. — Mit *नि (निष्फु° und निस्फु°). — Mit निस् wegschleudern. Der Anlaut soll in ष् übergehen können. — Mit परि 1) zappeln, sich rasch hinundher bewegen. परिस्फुरित zuckend (vom Kinde im Mutterleibe). — 2) weithin blinken, — funkeln ÇIÇ. 13,60. GÂTAKAM. 25,4. — 3) erscheinen, hervorbrechen, zum Vorschein kommen. — Mit प्र 1) wegschnellen, wegstossen. — 2) schüttern, zucken, erzittern ÇIÇ. 11,11. 18,38. प्रस्फुरित zuckend, zitternd. — 3 blinken, funkeln HARIV. 3,60,12. ÇIÇ. 20,55. VÂSAV. 170,3. — 4) erscheinen, auftreten, zum Vorschein kommen, zu

Tage treten. प्रस्फुरित *zu Tage getreten.* — 5) *glänzen*, so v. a. *Aufsehen erregen.* — Mit प्रति *dagegen stossen, — treten* u. s. w. — Mit वि (der Anlaut kann ष werden) 1) *auseinanderschnellen.* — 2) *zucken, zittern, zappeln* (Gâtakam. 34,13), *sich rasch hinundher bewegen, sich winden.* विस्फुरित *zuckend, zitternd.* — 3) *blinken, funkeln.* विस्फुरित *blinkend.* — 4) *erscheinen, hervorbrechen, zum Vorschein kommen* Gâtakam. 21,34. — विस्फुर्य MBh. 6,1957 fehlerhaft für विस्फार्य, विस्फूर्य 3,15639 für विस्फूर्ज्य. — Mit सम् 1) Med. *zusammenstossen.* — 2) *funkeln.*

स्फुर 1) Adj. *zitternd, schwingend.* — 2) m. a) *das Zucken.* — b) * = स्फार *Schild* (*scutum*).

स्फुरण 1) Adj. *blinkend, funkelnd.* — 2) *f. आ = 3). — 3) n. a) *das Zucken.* — b) *das Blinken, Funkeln* Bâlar. 61,5. — c) *das Erscheinen, Zutagetreten, Offenbarwerden.*

स्फुरिका v. l. für छुरिका *Kuhschnauze.*

स्फुरित 1) Adj. s. u. स्फुर्. — 2) n. a) *das Zukken, Zittern, Zappeln.* — b) *das Blinken, Funkeln.* — c) *das Erscheinen, zum Vorschein Kommen.*

स्फुर्ज् s. स्फूर्ज्.

स्फुल्, स्फुलति (वधकर्मन्, संचलने, चलने, संचये, स्फूर्तौ). Vom Simplex zu belegen nur स्फुलित *erschienen, zu Tage getreten.* Nach *नि, *निस् und वि (*sich hinundher bewegen* Bhatt.) kann der Anlaut in ष übergehen. — प्रस्फुलित = प्रस्फुरित Gâtakam. 6.

*स्फुल n. *Zelt.*

*स्फुलन n. = स्फुरण.

*स्फुलमञ्जरी f. *Achyranthes aspera.*

स्फुलिङ्ग 1) m. (*f. आ und *n.) *Funke.* — 2) f. आ *Feuerbrand* Comm. zu Âpast. Çr. 11,20,10.

स्फुलिङ्गक m. *Funke.*

स्फुलिङ्गवन्त् Adj. *Funken sprühend* Çiç. 17,3.

स्फुलिङ्गाय्, °यते *Funken gleichen, wie Funken brennen.*

स्फुलिङ्गिनी f. *eine der sieben Zungen des Feuers* Gṛhjâs. 1,14.

*स्फूर्छ्, स्फूर्छति (विस्मृतौ, विस्तृतौ).

स्फूर्ज्, स्फूर्जति (स्फु° fehlerhaft) 1) *brummen, einen dumpfen Ton von sich geben, dröhnen.* स्फूर्जत्प्रकरणे रणे Gâtakam. 11. — 2) *hervorbrechen, zu Tage treten, zum Vorschein kommen.* — Caus. स्फूर्जयति *prasseln, knattern, knistern.* — Mit अभि *dröhnen, donnern.* — Mit अव 1) *brummen, grollen, in der Ferne donnern* Kâd. 2,74,3 (90,6). — 2) *schnauben, schnaufen* MBh. 6,21,15. — 3) *ertönen machen.* — Mit वि 1) *brummen.* — 2) *schnauben, schnaufen.* — 3) *hervorbrechen, zu Tage treten, zum Vorschein kommen, erscheinen.* — 4) विस्फूर्जित a) *ausgestreckt.* — b) *erschüttert, in Bewegung versetzt.* — Caus. *brummen lassen* (den Bogen).

स्फूर्ज m. 1) = स्फूर्जक. — 2) N. pr. eines Râkshasa.

स्फूर्जक m. *eine best. Pflanze* Karaka 3,8. Nach den Lexicographen und Erklärern *Diospyros embryopteris, Strychnos nux vomica, Majoran* oder *eine ähnliche Pflanze.*

स्फूर्जथु m. 1) *Donner* Mahâvîrak. 124,1. Pârçvan. 6,51. — 2) * *Amaranthus polygonoides.*

*स्फूर्जन m. = स्फूर्जक.

स्फूर्जावन्त् Adj. *von Donner begleitet* Bhatt. 7,10.

स्फूर्जि in विष्व°.

स्फूर्जित n. *Gedröhne* Mahâvîrak. 124,1.

स्फूर्ति f. 1) *das Zucken, Zittern.* गात्र° Bhâvapr. 2,172. — 2) *das Erscheinen, Zutagetreten, Offenbarwerden, Manifestation.* — 3) *das sich ein Ansehen Geben, Prahlen* Pañkad. — 4) *fehlerhaft für स्मृति.

*स्फूर्तिमन्त् m. = पाशुपत.

*स्फेमन् m. Nom. abstr. zu स्फिर.

*स्फेयंस् Compar. und *स्फेष्ठ Superl. zu स्फिर.

*स्फैज्ञायनि und *स्फैज्ञिक Adj. von स्फिज्.

*स्फैयकृत m. Patron. von स्फ्यकृत् oder °कृत (Kâç. zu P. 7,3,4).

स्फोट 1) m. a) *das Platzen, Aufspringen, Bersten.* — b) *Oeffnung, Aufschliessung* Çiç. 11,60. — c) *Ausbreitung* in कर°. — d) *Blass, Pustel.* — e) *Stückchen, Schnitzel.* — f) *Gekrach, Geknister, Gebrause.* — g) *das als ein und untheilbar gedachte schöpferische Wort.* Bei Patañgali und Anderen *der unvergängliche und unvernehmliche Bestandtheil der Laute und Wörter, der als der wahre Träger der Bedeutung gedacht wird,* Kap. 5,57. — 2) f. आ a) vielleicht *das Schütteln der Arme.* Es könnte übrigens auch आस्फोटा gemeint sein. — b) * *die sogenannte Haube der Schlangen.*

स्फोटक 1) m. *Blase, Pustel* Pat. zu P. 6,2,52, Vârtt. 6. Hem. Par. 1,48. — 2) f. °टिका a) dass. — b) * *ein best. Vogel.*

*स्फोटकर m. *Semecarpus Anacardium.*

स्फोटजीविका f. *ein Gewerbe, bei dem gesprengt u. s. w. wird.*

स्फोटन 1) Adj. *spaltend, zermalmend; lösend* (einen Zweifel). — 2) m. *der Spalter,* Bez. *des zwischen bestimmten Consonantengruppen hörbaren vocalischen Lautes.* — 3) *f. ई *Bohrer.* — 4) n. a) *das Spalten, Zerbrechen, Aufreissen, Aufstechen.* — b) *das Auseinanderrupfen.* — c) in der Grammatik *das Spalten bestimmter Consonantengruppen durch Einfügung eines vocalischen Lautes.* — d) *das Schütteln* (der Arme). — e) *das Knacken* (der Finger) Âpast. 2,20,13.

*स्फोटबीजक m. *Semecarpus Anacardium.*

स्फोटम् Absol. in लाज° und छत्त्रस्फोटम्.

*स्फोटलता f. *Gynandropsis pentaphylla.*

*स्फोटहेतुक m. *Semecarpus Anacardium.*

स्फोटायन m. N. pr. eines Grammatikes.

स्फोटित 1) Adj. s. u. स्फुट् Caus. — 2) n. *Geknister* Varâh. Bṛh. S. 33,23. Es könnte auch आस्फोटित gemeint sein.

*स्फोटिनी f. *Gurke.*

*स्फोरण n. = स्फार.

*स्फोलन n. = स्फाल.

*स्फौटायन m. Patron. von स्फुट.

स्फ्य m. 1) *Holzspahn* (messerförmig zugeschnitten, armeslang), zu verschiedenem Gebrauch beim Opfer dienend. — 2) *Stab, Spiere beim Schiff.* Auch *eine Art Ruder* R. ed. Bomb. 2,52,81. Nach dem Comm. n. und = अरित्र (dieses im Çat. Br. neben स्फ्य).

स्फ्यकृत् 1) Adj. *den* Sphja *verfertigend* Âpast. Çr. 4,5,5. — 2) *m. N. pr. eines Mannes.

*स्फ्यकृत m. wohl fehlerhaft für स्फ्यकृत् 2).

स्फ्यग्र Adj. fehlerhaft für स्फ्याग्र.

स्फ्यवर्तनि f. *eine vom* Sphja *gerissene Furche* Ait. Br. 8,5,4.

स्फ्याग्र Adj. *oben zugeschnitten wie ein* Sphja.

1. स्म, स्मा (ष्म, ष्मा) Partikel, deren ursprüngliche Bedeutung *je, immer* (R. ed. Bomb. 1,8,17; später auch *allerdings, gewiss, fürwahr*) zu sein scheint, die aber, namentlich in der späteren Zeit, nicht selten so verblasst ist, dass die Partikel als eine rein expletive (Âpast. 1,14,25) aufgefasst werden kann. Wenn, wie dieses mit Sicherheit schon in den Brâhmaṇa nachzuweisen ist (vgl. Delbrück, Syntaktische Forschungen 2,129. fgg.) ein Präsens mit स्म im Sinne der Vergangenheit steht, so lässt sich diese Erscheinung vielleicht am leichtesten mit der oben angenommenen Bedeutung der Partikel in Einklang bringen. Ein *immer, von jeher* mit einem Präsens ist ja ungefähr so v. a. *bis jetzt* und schliesslich einfach *früher, ehemals* mit einem Praeteritum.

2. स्म episch = स्मस् *wir sind.*

स्मत् Adv. *zusammen, zugleich, mit einander* (*sowohl — als auch*); *gleichzeitig.* Mit Instr. *mit, sammt.*

स्मत्पुरंधि Adj. *ausgerüstet mit guten Gedanken u. s. w.*

स्मद्भीशु Adj. *mit Zügeln versehen.*

स्मद्दिभ m. N. pr. eines Mannes.

स्मद्दिष्ट Adj. *mit einem Auftrag versehen.*

स्मदूध्नी Adj. f. *mit vollem Euter versehen.*

स्मद्दिष्टि Adj. *geschult, dressirt; eingeübt.*

स्मद्रातिषच् (stark °षाच्) Adj. *von Spendern begleitet.*

स्मन् m. von unbekannter Bedeutung Maitr. S. 4,8,7 (115,13).

स्मय m. (adj. Comp. f. आ) 1) *Staunen, Verwunderung.* — 2) *Selbstgefühl, Hochmuth, — in Bezug auf* (im Comp. vorangehend) Çiç. 16,18. Kir. 1,10. Personificirt als ein Sohn Dharma's von der Pushṭi. — स्मयम् MBh. 12,7589 und 8198 fehlerhaft für स्वयम्.

स्मयदान n. *eine hochmüthige, prahlerische Schenkung* Hemâdri 1,19,2. 10.

स्मयन n. *das Lächeln, Lachen.*

स्मयादिक Adj. *zumeist auf Hochmuth beruhend* MBh. 9,38,55.

स्मयिन् Adj. *lächelnd, lachend.* अक्त: °Çukas. 1,55.

स्मर्, स्मरति (metrisch und ungenau auch Med.), स्मर्यते Pass. 1) *sich erinnern, im Gedächtniss haben, in's Gedächtniss rufen, sich vergegenwärtigen, gedenken, mit Wehmuth sich erinnern;* mit Gen. oder Acc. Die vergangene Handlung, *deren man sich erinnert,* steht im (*Imperf.) oder Partic. praet. pass. mit यद् *dass,* oder im Fut. ohne यद् (*bei zwei Handlungen kann dieses auch dabei stehen). — 2) Pass. *überliefert werden.* Act. mit न *mit Stillschweigen übergehen.* — 3) *lehren, behaupten, statuiren* Gaut. — 4) Pass. *von Jmd* (Instr.) *erklärt werden für, gelten als* (Nomin. oder Loc.) Âpast. 2,4,24. Chr. 227,1. — 5) *hersagen, recitiren* Hemâdri 1,429,15. — 6) स्मृत *a) dessen man sich erinnert, an den oder woran man denkt.* किं स्मृतो ऽस्मि *weshalb hast du meiner gedacht?* so v. a. *weshalb hast du mich citirt?* — *b) überliefert, gelehrt.* — *c) erwähnt.* — *d) gelehrt,* so v. a. *vorgeschrieben.* न स्मृतम् so v. a. *nicht gestattet.* — *e) erklärt für, geltend als* (Nomin., Loc. oder Dat.). बीजादेव फलं स्मृतम् so v. a. *nur aus dem Samen, so heisst es, kommt die Frucht;* तदनु प्लवः स्मृतः *darauf folgt, so heisst es,* Plava. — *f) erklärt für* (Nomin. mit oder ohne इति), so v. a. *heissend.* — Caus. स्मारयति und स्मरयति (seltener; metrisch auch Med.) 1) *Jmd* (Acc.) *erinnern, gedenken lassen.* स्मारित *von einem Zeugen, der wiederholt an die zu bezeugende Sache erinnert wird,* Nârada (a.) 2, 1,150. — 2) *erinnern —, mahnen an Jmd* oder *Etwas* (Acc., ausnahmsweise Gen.). Pass. (स्मर्यते 241,14) *in's Gedächtniss gerufen werden.* स्मारित *in's Gedächtniss gerufen.* — 3) *Jmd erinnern an,* mit doppeltem Acc. oder mit Gen. der Person und Acc. der Sache (mit zu ergänzendem Acc. 108,6). Pass. *erinnert werden an* (Acc.), स्मारित *erinnert an* (Acc.). — Desid. सुस्मूर्षते (°ति fehlerhaft) *gedenken wollen,* mit Acc. — *Intens. सास्मर्यते. — Mit अनु 1) *sich erinnern, gedenken;* mit Acc. — 2) so v. a. *beichten.* — 3) अनुस्मृत *a)* n. impers. यदैव — अनुस्मृतं देवेन *als der Fürst sich dessen erinnerte, dass* (directe Rede mit इति). — *b) vorgeschrieben, gelehrt, geltend.* — Caus. °स्मरयति *erinnern an* (Acc.). अनुस्मारित *erinnert an* (Acc.) Bâlar. 61,16. — Mit प्रत्यनु *sich entsinnen, dass Jmd* oder *Etwas Jmd* oder *Etwas sei* (mit doppeltem Acc.). — Mit समनु *sich erinnern, gedenken;* mit Acc. Gâtakam. 3. — Mit अप 1) *das Bewusstsein verlieren.* — 2) अपस्मृत *a) der das Bewusstsein verloren hat.* — *b) vergessen.* — Mit उप *sich erinnern, gedenken;* mit Acc. — Mit नि, निस्मर Maitr. S. 4,5,7 (73,20) wohl fehlerhaft; vgl. VS. 6,36. — Mit विनि, °स्मृत *erwähnt.* — Mit प्र 1) *sich erinnern, gedenken;* mit Acc. — 2) *vergessen.* प्रस्मृत *vergessen* Naish. 5,121. — Mit प्रति *sich erinnern, gedenken;* mit Acc. — Caus. *Jmd an Etwas erinnern.* — Mit वि 1) *vergessen,* mit Acc. विस्मरति = विस्मर्यते (!) Comm. zu Ṛshimaṇḍalastotra 105. 128 nach Jacobi. — 2) विस्मृत *a) der Jmd* oder *Etwas* (Acc. oder im Comp. vorangehend) *vergessen hat.* Ohne Ergänzung *der Alles vergessen hat.* — *b) vergessen von* (Instr. oder Gen.). — 3) विस्मृतवत् = 2) *a).* — Caus. विस्मारयति 1) *Etwas* (Acc.) *in Vergessenheit bringen* Spr. 7629. विस्मारित *in Vergessenheit gebracht.* — 2) *Jmd Etwas vergessen machen,* mit doppeltem Acc. विस्मारित *der veranlasst worden ist Etwas* (Acc.) *zu vergessen.* — 3) विस्मार्यते Râgat. 5,318 fehlerhaft für विस्मर्यते (Pass. vom Simplex); vgl. Spr. 2802. — Mit सम् 1) *sich erinnern, gedenken;* mit Acc. (Gen. Bhatt.). — 2) संस्मृत *a) dessen man sich erinnert hat.* — *b) vorgeschrieben.* — *c) genannt, heissend.* — Caus. संस्मारयति und संस्मरयति 1) *Jmd* (Acc.) *erinnern, — an* (Acc.) 292,30. संस्मारित *erinnert, — an* (Acc.). — 2) *in's Gedächtniss rufen, — Jmdm* (Gen.). संस्मारित *in's Gedächtniss gerufen.* — Mit अनुसम् *sich erinnern, gedenken;* mit Acc. oder Gen. — Mit अभिसम् dass., mit Acc. — Mit प्रतिसम् dass., mit Acc.

स्मर 1) Adj. (f. आ) *sich erinnernd* in जाति°. — 2) m. (adj. Comp. f. आ) *a) Erinnerung, Gedächtniss.* — *b) Erinnerung,* so v. a. *Sehnsucht, Liebe.* — *c) Geschlechtsliebe.* — *d) der Liebesgott.* — *e) Erklärer des* Veda. — *f) das 7te astrol. Haus.*

स्मरकथा f. *Liebesgeplauder.*

स्मरकार Adj. (f. ई) *Liebe weckend.*

*स्मरकूपक m. und *°कूपिका f. *die weibliche Scham.*

*स्मरगुरु m. Bein. Vishṇu's.

*स्मरगृह n. *die weibliche Scham.*

स्मरचन्द्र m. *quidam coeundi modus.*

*स्मरछत्त्र n. *Klitoris* oder *Vulva.*

स्मरजीवनी f. N. pr. einer Surâṅganâ Ind. St. 15,232.

स्मरण n. 1) *das Sicherinnern, Gedenken* (das Object im Gen. oder im Comp. vorangehend). Als eine best. rhetorische Figur Kâvjapr. 10,46. — 2) *Gedächtniss.* — 3) *das Ueberliefern, Lehren* 209, 24. 210,17.

स्मरणपदवी f. *der Weg der Erinnerung.* °पदवीं गमितः *der Erinnerung anheimgegeben,* so v. a. *gestorben.*

*स्मरणापत्यतर्पक m. *Schildkröte.*

स्मरणीय Adj. *dessen man sich erinnern muss.* °यं स्मरं कर् so v. a. *an den Liebesgott erinnern;* °यां गतिं नी so v. a. *Jmd* (Acc.) *der Erinnerung anheimgeben,* so v. a. *zum Tode befördern* Daçak. 34,19.

स्मरता f. in जाति° (s. u. जातिस्मर).

स्मरतापमय Adj. *aus Liebesgluth bestehend.* गद m. so v. a. *Liebesfieber* Naish. 4,43.

स्मरत्व n. in जाति° (s. u. जातिस्मर).

स्मरदशा f. *Zustand —, Stadium der Geschlechtsliebe* (deren zehn angenommen werden).

स्मरदहन m. Bein. Çiva's (*Kâma's Verbrenner*).

स्मरदायिन् Adj. *Geschlechtsliebe weckend.*

स्मरदीपन 1) Adj. dass. — 2) m. N. pr. eines angeblichen Verfassers von Gebeten bei den Çâkta.

स्मरदीपिका f. Titel eines Werkes über *Erotik* Burnell, T. °व्याख्यान n. ebend.

*स्मरध्वज 1) m. *a) ein musikalisches Instrument* — *b) penis.* — 2) f. आ *eine mondhelle Nacht.* — 3) n. *vulva.*

*स्मरप्रिया f. Kâma's *Geliebte, d. i.* Rati.

*स्मरमन्दिर n. *die weibliche Scham.*

स्मरमय Adj. *aus Geschlechtsliebe hervorgegangen* Çiç. 6,61.

स्मरलेख m. *Liebesbrief* Bâlar. 292,21.

*स्मरलेखनी f. *die Predigerkrähe.*

*स्मरवती f. *ein verliebtes Weib.*

स्मरवधूयू, °यति *Kâma's Weibe gleichen.*

*स्मरवल्लभ m. Bein. Aniruddha's.

*स्मरवीथिका f. *Hetäre.*

*स्मरवृद्धि f. *eine best. Pflanze, deren Same für ein Aphrodisiacum gilt.*

*स्मरशत्रु n. Bein. Çiva's.

स्मरशरमय Adj. (f. ई) *reich an* Kâma's *Pfeilen* (*best. Blumen*) Çukas. 2,62.

स्मरशासन m. Bein. Çiva's.

स्मरशास्त्र n. *ein Lehrbuch der Erotik.*

स्मरसख m. Kâma's *Freund*, Bein. des Frühlings und Bez. **des Mondes.*

स्मरसह Adj. *Geschlechtsliebe zu entfachen vermögend* Çiç. 6,77.

स्मरसायकलक्ष्य n. *das Ziel der Pfeile des Liebesgottes.* Nom. abstr. °ता f. Kathâs. 4,31.

*स्मरस्तम्भ m. *penis.*

*स्मरस्मर्य m. *Esel.*

स्मरहर m. Bein. Çiva's Ind. St. 15,392.

*स्मरागार n. *die weibliche Scham.*

1.*स्मराङ्कुश m. *Fingernagel.*

2.*स्मराङ्कुश Adj. *geil.*

*स्माराधिवास m. *Jonesia Asoka* Râgan. 10,55.

*स्मराम्र m. *eine Art* Âmra.

स्मरारि m. Bein. Çiva's Kâd. 2,93,10 (114,18).

*स्मरासव m. *Lippennass.*

स्मरेषुधी Adv. mit कर् *zu* Kâma's *Köcher machen* Naish. 1,95.

स्मरोद्गीथ m. N. pr. eines Sohnes der Devakî Bhâg. P. 10,85,51.

स्मरोद्दीपन m. *ein best. Haaröl* (*Geschlechtsliebe anfachend*).

स्मर्तर् Nom. ag. 1) *der sich erinnert, gedenkt;* das Object im Gen. oder im Comp. vorangehend. — 2) *Ueberlieferer* Ind. St. 13,300.

स्मर्तव्य und स्मर्य Adj. *dessen man sich erinnern —, dessen man gedenken muss, dessen man sich erinnert.* स्मर्तव्य Gâtakam. 32,7 so v. a. *nur noch in der Erinnerung lebend.*

स्मर्हे 1. Pl. Med. von 1. अस् MBh. 13,1,13.

स्माय m. *das Lächeln.*

1. स्मार m. *Erinnerung* (Taitt. Âr. 10,63 = Ind. St. 2,98), — *an* (im Comp. vorangehend).

2. स्मार Adj. *dem Liebesgott gehörig* Naish. 7,26.

स्मारक Adj. *in's Gedächtniss rufend* Vâsav. 31, 3. Nom. abstr. °त्व n.

स्मारण 1) n. *das in's Gedächtniss Rufen.* — 2) n. f. (आ) *das Nachrechnen, Nachzählen, Controlliren.* — 3) *f. ई *eine best. Pflanze,* = ब्राह्मी.

स्मारम् Absol. *gedenkend, sich erinnernd an* (Acc.). Stets wiederholt Vop. 26,219. Spr. 1404. Uttamak. 311. Verz. d. Oxf. H. 161,2 v. u.

°स्मारिन् Adj. *sich erinnernd, gedenkend.*

स्मार्त Adj. 1) *das Gedächtniss —, die Besinnung betreffend.* — 2) *auf Tradition beruhend, altherkömmlich, in den Rechtsbüchern gelehrt, — verordnet.* — 3) *die Tradition kennend, ein Anhänger derselben.*

स्मार्तदीपिका f. (Burnell, T.), स्मार्तप्रदीपिका f. (Opp. Cat. 1), स्मार्तप्रायश्चित्त n. (Burnell, T.), °प्रायश्चित्तोद्धार m. (ebend.), स्मार्तव्यवस्थार्णव m., स्मार्तहोमपरिशिष्ट n. und स्मार्ताग्डपिण्डि (Opp. Cat. 1) Titel.

स्मार्तिक Adj. (f. ई) = स्मार्त 2).

*स्मार्य Adj. *dessen man sich erinnern soll, woran man zu denken hat.*

स्मि, स्मयते, सिष्मियाणाँ (metrisch auch Act.) 1) *lächeln, verschämt lächeln, erröthen;* in der späteren Sprache *lächeln.* — 2) *Hochmuth an den Tag legen.* — 3) स्मित *a) lächelnd.* — *b) aufgeblüht* 252,1. — Caus. स्मापयति; s. u. वि. °ते (अनादरे). — Desid. सिस्मयिषते; s. u. सम्. — Intens. सेष्मीयमाण in einer Etymologie. — Mit अभि *dazu lächeln.* — Mit अव *erröthend herabscheinen.* — Mit उद् *auflächeln,* insbes. *im Gefühl des Stolzes* Çiç. 13,63. — Mit अभ्युद् *anlächeln, lächeln.* Nur अभ्युत्स्मयन्त्. — Mit उप *anlächeln.* — Mit परि Caus. in परिस्मापन. — Mit प्र *in Lachen gerathen.* — Mit वि 1) *betroffen —, bestürzt werden, erstaunen über* (Instr., Loc. oder Abl.). — 2) *stolz sein auf, grossthun mit* (Instr.). — 3) विस्मित *a) betroffen, erstaunt.* — *b) worüber man erstaunt, wunderbar.* — *c) stolz, hochmüthig.* — Caus. विस्मापयति *in Staunen versetzen.* Angeblich auch Med. mit einer Nuance der Bed. — Mit अनुवि, °स्मित *erstaunt nach einem Andern* (Acc.). — Mit सम् *verschämt sein, erröthen.* — Desid. संसिस्मयिषते *verlachen wollen* Bhatt.

*स्मिट्, स्मेटयति (अनादरे, गतौ, स्नेहे).

स्मित 1) Adj. s. u. स्मि. — 2) n. (adj. Comp. f. आ) *das Lächeln, Lachen* Âpast. Auch Pl.

स्मितपूर्वाभिभाषिन् Adj. *lächelnd* (*freundlich*) *anredend* Kâd. 57,2. 3 (105,7). Nom. abstr. °षिता f. 185,14 (313,20).

*स्मील्, स्मीलति (निमेषणे).

स्मृत् in लोक° und मन्त्र°.

स्मृत 1) Adj. s. u. स्मर्. — 2) m. N. pr. eines Pragâpati VP.[2] 3,5. — 3) n. *Erinnerung* Âçv. Gṛhj. 3,9,1.

स्मृतमात्रागत Adj. *gekommen, sobald man seiner gedacht hat,* Kathâs. 18,347. 380.

स्मृति f. 1) *Erinnerung, — an* (Loc. oder im Comp. vorangehend), *Gedenken, Gedächtniss* (Taitt. Âr. 10,63). स्मृतिमपि न ते यान्ति so v. a. *ihrer wird nicht einmal gedacht.* Wird auch personificirt, namentlich als Tochter Daksha's und Gattin des Aṅgiras und als Tochter Dharma's von der Medhâ. — 2) *Verlangen,* v. l. स्पृहा. — 3) *eine als Autorität geltende Ueberlieferung* (mit Ausschluss der Çruti), *ein solches Werk, Gesetzbuch, ein Ausspruch in einem solchen Werke.* Als Bez. *der Zahl 18* Râgan. 9,76. 11,140. — 4) *ein best. Metrum.* — 5) Bez. *des Lautes* ग.

स्मृतिकरण्डिका f. Titel eines Werkes Ind. St. 15,155.

स्मृतिकारिन् Adj. *eine Erinnerung weckend.*

स्मृतिकालतरंग m., स्मृतिकौमुदी f., स्मृतिकौस्तुभ m. (Burnell, T.), स्मृतिगीता f. (Opp. Cat. 1), स्मृतिचन्द्र m., स्मृतिचन्द्रिका f. und स्मृतितत्त्व n. Titel.

स्मृतितत्त्व n. *Gesetzbuch.*

स्मृतिद Adj. *das Gedächtniss stärkend* Bhâvapr. 1,205.

स्मृतिदर्पण m. und स्मृतिदीपिका f. (Opp. Cat. 1) Titel.

स्मृतिपथ m. *der Weg der Erinnerung.* Acc. mit गा *der Erinnerung anheimfallen,* so v. a. *zu Nichte werden* Spr. 7025.

स्मृतिपरिच्छेद m. (Burnell, T.) und स्मृतिपरिभाषा f. (Opp. Cat. 1) Titel.

स्मृतिपाठक m. *Rechtsgelehrter.*

स्मृतिपाद m. und स्मृतिप्रामाण्यार्थवाद m. Titel Opp. Cat. 1.

स्मृतिभू m. *der Liebesgott* Çiç. 6,9.

स्मृतिभ्रंश m. *Verlust* 1) *des Gedächtnisses.* — 2) *der Besonnenheit* Káraka 4,1.

स्मृतिमञ्जरी f. Titel eines Werkes.

स्मृतिमन्त् Adj. 1) *Erinnerung —, seine volle Besinnung habend.* — 2) *ein gutes Gedächtniss habend.* — 3) *sich des früheren Lebens erinnernd.* — 4) *besonnen, bedächtig* Káraka 3,8. Gâtakam. 14. — 5) *wobei man Jmds gedenkt.* — 6) *gesetzkundig.*

स्मृतिमय Adj. (f. ई) *auf der* Smṛti *beruhend* Pr. P. 16.

स्मृतिमहार्णव m., स्मृतिमुक्ताफल n., स्मृतिमुक्तावली f. (in Roth's Besitz), स्मृतिरत्नमहोदधि m. (Opp. Cat. 1), स्मृतिरत्नाकर m., °रत्नावलि f. (Opp. Cat. 1) und °रत्नावली f. Titel.

स्मृतिलोप m. *Verlust der Erinnerung, Vergessenheit.*

स्मृतिवर्त्मन् n. *der Weg der Erinnerung.* Acc. mit इ so v. a. *in der Erinnerung bleiben* Çiç. 15, 77 (43).

*स्मृतिवर्धनी f. *eine best. Pflanze,* = ब्राह्मी.

स्मृतिविद् Adj. *gesetzkundig* Kautukas.

स्मृतिविभ्रम m. *Gedächtnissstörung.*

स्मृतिविषय m. *der Bereich der Erinnerung.* Nom. abstr. °ता f. °तां गमितः so v. a. *der Erinnerung anheimgegeben, gestorben* Spr. 5939, v. l.

स्मृतिशास्त्र n. *Gesetzbuch.*

स्मृतिशेष Adj. (f. आ) *wovon nur die Erinnerung übrig geblieben ist,* so v. a. *zu Grunde gegangen.*

स्मृतिसंस्काररहस्य n., °संस्कारवाद m., °संस्कारविचार m., स्मृतिसंग्रह m., °व्याख्या f. (Opp. Cat. 1), स्मृतिसमुच्चय m., स्मृतिसागर m., स्मृतिसार m., °सारसमुच्चय m., °सारसर्वस्व n. (Opp. Cat. 1), °सारावली f., स्मृतिसिन्धु (Burnell, T.) und स्मृतिसुधाकर m. Titel.

स्मृतिहरा und °हारिका f. N. pr. einer bösen Fee, einer Tochter Duḥsaha's.

स्मृतीन्द्रियसंवर्धन m. *ein best.* Samâdhi Kâraṇḍ. 52,14.

*स्मृतौ Adj. = उः शंभुः स्मृतो येन सः.

स्मृत्यर्थसागर m. und स्मृत्यर्थसार m. Titel.

स्मेर Adj. (f. आ) a) *lächelnd* (insbes. vom Antlitz und von den Augen) 310,17. *freundlich* Bâlar. 102,23. — 2) *aufgeblüht, blühend* Vâsav. 288, 8. — 3) am Ende eines Comp. *voll von* Harshaè. 60,1. — Vgl. अस्मेर und सस्मेरम् (woraus man auch auf ein Subst. schliessen könnte).

स्मेरता f. *das Lächeln.*

*स्मेरविष्किर m. *Pfau.*

1. स्यँ ved. Pronomalstamm der 3ten Person = सँ. Nur Nomin. स्यस्, स्यँ und स्या.

2. स्य n. = शूर्प 1) a).

*स्यगवि m. *ein junger Krebs.* Vgl. सेगव.

1. स्यद्, स्यन्द्, स्यँन्दते (auch Act.) 1) *fliessen, strömen; laufen, fahren, sich rasch hinbewegen* (von Fischen). स्यन्नँ *fliessend, laufend.* — 2) *eine Feuchtigkeit aus sich entlassen,* auch mit Acc. der Feuchtigkeit. — 3) *hervorgehen aus* (Abl.). — 4) häufig mit स्पन्द् verwechselt. — Caus. स्यन्दयति 1) = Simplex 1) in स्यन्दयँध्यै. — 2) * *fliessen lassen.* — 3) Âçv. Çr. 4,4,2 अस्यन्दयन् fehlerhaft für अस्प°. — *Desid. सिस्यत्सति und सिस्यन्दिषते. — Intens. s. u. अच्छ und सनिष्यँद. — Mit अच्छ *hinfliessen zu* (Acc.). — Intens. (सँनिष्यदत् Partic.). *hineilen zu* (Acc.). — Mit अति *fliessen über, durch* (Acc.). — Mit अनु *nach —, entlang laufen;* mit Acc. अनुस्य° soll von Unbelebtem, अनुष्य° von Belebtem gesagt werden. — Mit अभि 1) *hinlaufen, hinfliessen, — an* oder *nach* (Acc.). — 2) *Flüssigkeit entlassen, regnen* (von einer Wolke). — 3) *überfliessen.* — Mit समभि Caus. *hinfliessen machen zu* (Acc.). — Mit अव *herabfliessen von* (Abl.). — Mit अभ्यव *hinfahren zu.* — Mit आ *hinüberlaufen, hinlaufen —, hinfliessen zu* (Acc.) Nir. 1,9 (in einer Etymologie). — Mit उपा *herbeifahren zu* (Acc.). — Mit उप *hinfliessen zu* (Acc.) Bhâg. P. 5,16,20. — Mit नि 1) *herabfliessen, hinfliessen in* (Loc.). — 2) * *tröpfeln eine Flüssigkeit.* — Mit अभिनि *hinfliessen zu* (Acc.) MBh. 12,104,33. — Mit *निस्, निःष्य° und निःस्य°. — Mit परि in परिष्यन्दँ u. s. w. — Mit प्र 1) *fliessen, laufen.* — 2) *abfahren.* — 3) häufig fehlerhaft für स्पन्द् mit प्र. — Caus. *fliessen machen, in Fluss bringen.* — Mit परिप्र *herumfliessen, rings hervorströmen.* — Mit वि 1) *ausfliessen, überfliessen* (aus einem Topfe). विँष्यण्ण (विष्यण्ण gedr.) *übergeflossen.* — 2) *reichlich fliessen.* — 3) *zerfliessen, schmelzen* Karaka 6,19. — 4) *ausfliessen lassen.* — Caus. 1) *überfliessen lassen* in अविष्यन्दयत् Nachtr. 6. — 2) *ausgiessen.* — 3) *begiessen mit* (Instr.). — 4) *zerfliessen machen, auflösen.* — Mit अनुवि *überfliessen auf* (Acc.). — Mit अभिवि Caus. *begiessen* Baudh. im Comm. zu Âpast. Çr. 14,18,13. — Mit सम् *zusammenlaufen.* — Caus. *zusammenlaufen lassen* in असंस्यन्दयत् Nachtr. 6. — Mit अनुसम् Intens. *nachlaufen.*

2. स्यद् Adj. in रघुष्यँद् und क्रवनस्यँद्.

स्यँद m. 1) *das Fahren.* — 2) * *Geschwindigkeit.*

स्यँन्तर Nom. ag. *fahrend.*

स्यन्द् s. 1. स्यद्.

स्यन्द m. 1) *das Fliessen.* — 2) *Ausfluss, Saft* Çiç. 14,29. — 3) *Fluss* (verschiedener Art, Katarrh u. s. w.). — 4) *eine fliessende Augenkrankheit.* — 5) *triefender Schweiss.* — 6) * *der Mond.*

स्यन्दक 1) * m. *Diospyros embryopteris.* — 2) f. °न्दिका N. pr. eines Flusses.

स्यन्दनँ 1) Adj. (f. आ) a) *rasch laufend* (Wagen). — b) am Ende eines Comp. *träufelnd.* — c) *fliessen machend, auflösend.* — d) AV. 8,6,17 fehlerhaft für स्पन्दनँ. — 2) m. a) *Fahrzeug, Wagen, Kriegswagen.* Angeblich auch n. — b) *Dalbergia ougeinensis.* Vgl. स्पन्दन 2) a). — c) *ein best. über Waffen gesprochener Zauberspruch.* — d) * *Winde.* — e) *N. pr. des 23sten Arhant's der vergangenen Utsarpiṇî. — 3) *f. स्यन्दनी a) *Speichel.* — b) *Harnröhre.* — 4) n. a) *das Fliessen.* — b) *Circulation* (प्राणस्य). — c) * *Wasser.* — d) fehlerhaft für स्पन्दन Kâçikh. 36,4.

*स्यन्दनारोह m. *ein Kämpfer zu Wagen.*

स्यन्दनि m. a) * *Dalbergia ougeinensis.* — 2) N. pr. eines Mannes. Pl. *seine Nachkommen.*

स्यन्दनिका f. *Bach.*

स्यन्दमय Adj. in कान्तिसुधा° Nachtr. 6.

स्यन्दयँध्यै Dat. Infin. zu स्यन्द् Caus. RV. 4,22,7.

*स्यन्दिताश्व Adj. oder m. N. pr. (Kâç.).

स्यन्दिन् 1) Adj. a) *fliessend.* — b) *Feuchtigkeit entlassend,* insbes. von Kühen, *bei denen die Milch von selbst fliesst.* — c) am Ende eines Comp. *träufelnd* Spr. 7681. Daçak. 44,15. — 2) f. स्यन्दिनी a) *ein weibliches Thier mit fliessendem Euter* Gaut. — b) * *Speichel.*

स्यन्दोलिका f. *Schaukel* oder *das Schaukeln.* Vgl. स्प° (wohl richtiger).

स्यन्द्या f. Âpast. Çr. 11,4,15 fehlerhaft für स्पन्द्या.

स्यन्द्रँ Adj. 1) *fahrend, eilend.* — 2) *flüchtig, schnell vorübergehend.*

स्यन्नँ s. u. स्यद्.

स्यम्, *स्यँमति (गतौ) Nigh. *Lärm machen* Bhaṭṭ. — *Caus. स्यमयति (ध्वाने), स्यामयति und °ते (वितर्के). — *Intens. सेसिम्यते.

स्यमन n. in einer Etymologie.

स्यमन्तक m. Name eines von der Sonne dem Satrâgit geschenkten Juwels, das später in den Besitz von Kṛshṇa gelangte. °प्रबन्ध m. Titel Opp. Cat. 1.

स्यमन्तपञ्चक fehlerhaft für समन्त°.

*स्यमिक m. = स्यमीक.

*स्यमीक 1) m. a) *Ameisenhaufen.* — b) *Baum* oder *ein best. Baum.* — c) *Wolke.* — d) *Zeit.* — 2) f. आ *eine best. Pflanze,* = नीलिका.

स्यात् (3. Sg. Potent. von 1. अस्) *es könnte sein, vielleicht.* Die dialektische Skeptik der Gaina kennt folgende 7 Formeln der Skeptik: स्यादस्ति *vielleicht ist es,* स्यान्नास्ति *vielleicht ist es nicht,* स्यादस्ति च नास्ति च *vielleicht ist es und vielleicht auch nicht,* स्यादवक्तव्यः *vielleicht lässt es sich nicht in Worten ausdrücken,* स्यादस्ति चावक्तव्यः *vielleicht ist es, lässt sich aber nicht in Worten ausdrücken,* स्यान्नास्ति चावक्तव्यः *vielleicht ist es nicht und lässt sich auch nicht in Worten ausdrücken,* स्यान्नास्ति च नास्ति चावक्तव्यः *vielleicht ist es und auch nicht und lässt sich auch nicht in Worten ausdrücken.*

स्याद्वाद m. *die skeptische Theorie der Gaina.* °मञ्जरी f. Titel.

स्याद्वादवादिन् und *स्याद्वादिक (GAL.) m. *ein Anhänger dieser Theorie.*

स्याद्वादिन् m. dass. und *ein* Arhant *der* Gaina.

स्यामन्तोपाख्यान n. Titel BURNELL, T.

स्यामहे 1. Pl. Potent. Med. von 1. अस् HARIV. 7973.

स्यामूल n. *ein best. Kleidungsstück* ÂPAST. ÇR. 5,29,3. Richtig शामूल.

स्यालँ m. *der Frau Bruder, Schwager.* Häufig auch श्याल geschrieben.

स्यालक 1) m. dass. — 2) *f. °लिका *der Frau jüngere Schwester.*

*स्युत n. = आह्लाद.

*स्युम्न n. *happiness, delight.*

स्यूँ f. *Schnur, dünnes Band* u. s. w. Nach MAHÎDH. *Nadel.*

स्यूतँ 1) Adj. s. u. सिव्. — 2) *m. *Sack.*

*स्यूति f. 1) *das Nähen.* — 2) *Sack.* — 3) = संतति.

*स्यून m. 1) *Sack.* — 2) *Strahl.* — 3) *die Sonne.*

*स्यूम 1) m. n. *Strahl.* — 2) n. *Wasser.*

*स्यूमक n. = सुख.

स्यूमगभस्ति Adj. *dessen Deichsel aus Riemen besteht.*

स्यूमगृभ् Adj. *den Zügel* (mit den Zähnen) *fassend* (ein unlenksames Ross).

स्यूमन् n. 1) *Band, Riemen, Zügel.* — 2) *Naht* (am Schädel).

स्यूमन्यु Adj. *auf den Zügel begierig*, so v. a. *am Zeug zerrend, ungeduldig.*

स्यूमरश्मि m. N. pr. eines Mannes.

स्येदु m. etwa *Schleim.*

*स्योत m. *Sack.*

स्योनँ, सिवोनँ 1) Adj. (f. आ) *weich, lind, worauf es sich angenehm geht, — sitzt; mild, zart, freundlich.* — 2) *m. a) *Sack.* — b) *Lichtstrahl.* — c) *die Sonne.* — d) *happiness, pleasure.* — 3) n. a) *weicher Sitz, weiches Lager.* — b) *angenehme Lage.*

(स्योनकृत्) सिवोनकृत् Adj. *einen weichen Sitz* u. s. w. *bereitend.*

(स्योनशी) सिवोनशी Adj. *auf weichem Lager ruhend.*

*स्योकामि m. künstliches Patron.

स्योमरश्म n. Du. mit इन्द्रस्य Name zweier Sâman ÂRSH. BR.

स्रंस्, स्रस्, स्रंसते (Aor. und Perf. auch Act.) 1) *abfallen, herabfallen, sich ablösen, — von* (Abl.). — 2) *schlaff herabhängen.* — 3) *zerfallen, auseinanderfallen, in Stücke gehen.* — 4) *erschlaffen, schwinden, vergehen.* — 5) स्रस्त a) *abgefallen, herabgefallen, herausgefallen, — von* oder *aus* (Abl. oder im Comp. vorangehend) VÂSAV. 192,5. — b) *schlaff herabhängend, erschlafft.* — c) *eingefallen* (Augen). — Caus. स्रंसयति 1) *abfallen machen, ablösen.* — 2) *hängen lassen* (den Bauch). — 3) *vertreiben, verscheuchen.* — Intens. *सनीस्रस्यते und *सनीस्रंसीति. Vgl. सनिस्रस und *सनीस्रस. — Mit अति *überspringen.* — Mit अव *herabfallen.* अवस्रस्त *herabgefallen.* — Mit व्यव *auseinanderfallen.* — Mit आ, आस्रस्त *abgefallen.* — Mit उद्, उत्स्रस्त *losgegangen* (नीवी) KÂD. 2,142,8 (173,16). — Mit परि in परिस्रंसा. — Mit प्र *herausfallen, herausdringen* (vom Fötus). — Caus. *lösen* ÂPAST. ÇR. 14,22. — Mit वि 1) *auseinanderfallen, zusammenbrechen, sich ablösen* (auch vom *Brechen* der *Glieder*), *sich lösen, herabfallen* (von Haaren), — *auf* (Loc.). — 2) विस्रस्त a) *auseinandergefallen, aufgelöst* (Haare HEM. PAR. 2,325. 456), *herabgefallen, abgefallen.* — b) *erschlafft.* — Caus. 1) *zerfallen machen, auflösen* (Knoten u. s. w.). — 2) *lösen, losbinden.* — 3) *herabfallen lassen, abwerfen.* — 4) *lösen*, so v. a. *verrathen* (einen Plan). — 5) विस्रंसित = विस्रस्त *herausgefallen, — aus* (Abl.). — Mit अनुवि Caus. *lösen.*

स्रंस in अस्थिस्रंसँ und परुःस्रंसँ.

स्रंसन 1) Adj. *abführend, reinigend* BHÂVAPR. 1,153. — 2) n. a) *frühzeitiges Abgehen* (der Leibesfrucht) GAUT. — b) *das Lösen.* — c) *ein auflösendes Mittel, eine solche Kur, Abführungsmittel* u. s. w.

स्रंसिन् 1) Adj. a) *auseinanderfallend, herabfallend, sich lösend* ÇIÇ. 11,20. — b) *heraushängend.* — c) *fallen lassend, abortirend.* — 2) *m. *Careya arborea* oder *Salvadora persica* RÂGAN. 11,84.

*स्रंसिनीफल m. *Acacia Sirissa.*

*स्रक्, स्रकते (विश्वासे).

स्रक्तिँ f. *Zacke, Ecke* (namentlich der Vedi) ÇULBAS. 2,25. 72. 3,55. 73. 77. 112.

स्रक्त्यँ m. *eine best. Pflanze* (= तिलक DÂRILA) AV. 2,11,2. KAUÇ. 8,15.

स्रक्व m. oder n. *Mundwinkel*, wohl auch so v. a. *Mund, Rachen.*

स्रग्गणु m. *ein in Kranzform geschriebener Spruch.*

स्रग्दामन् n. *Blumenguirlande* MBH. 1,153,13. Chr. 293,9.

स्रग्धर 1) Adj. (f. आ) *einen Kranz tragend, bekränzt, — mit* (im Comp. vorangehend). सुरभि° *einen wohlriechenden Kranz tragend.* — 2) f. आ a) *ein best. Metrum.* — b) N. pr. einer buddh. Göttin.

*स्रग्वत् Adj. *bekränzt.*

स्रग्विन् 1) Adj. dass. — 2) f. स्रग्विणी a) Bez. *zweier Metra.* — b) N. pr. einer Göttin.

*स्रङ्क्, स्रङ्कते (गतौ).

स्रज् f. 1) Adj. (Nomin. °स्रट्) am Ende eines Comp. *drehend, windend.* — 2) f. (Nomin. स्रक्) a) *Gewinde, Kette von Metall, — Blumen* u. s. w., *Kranz;* auch *Ring* überh. लोकस्रजि *in der Kette der Welten*, so v. a. *unter den vielen Welten* NAISH. 6,81. — b) *ein best. Baum* KAUÇ. 8,15. — c) *ein best. Metrum.* — d) *eine best. Constellation, wenn nämlich die* Kendra *von drei günstigen Planeten* (mit Ausnahme des Mondes) *eingenommen sind.*

स्रज 1) am Ende eines Comp. *Kranz.* — 2) m. N. pr. eines zu den Viçve Devâs gezählten Wesens.

स्रजय्, °यति *Jmd* (Acc.) *bekränzen.*

स्रजस् am Ende eines adj. Comp. *Kranz.*

स्रजिन् in परिस्रजिन्.

स्रजिवत् Adv. = स्रग्वत् *wie bei einem Kranze.*

*स्रजिष्ठ Superl. und *स्रजीयस् Compar. zu स्रग्विन्.

*स्रज्वा f. = रज्जु, तन्तुपटसंघात und प्रजापति (!).

*स्रद्व f. *Farz.*

स्रभ् s. श्रम्भ्.

स्रभिष्ठ Adj. Superl. scheinbar zu सुरभि.

स्रम्भ् s. श्रम्भ्.

स्रव 1) m. a) am Ende eines Comp. *Ausfluss von;* am Ende eines adj. Comp. (f. आ) *strömen lassend, in Strömen ausgiessend.* — b) **Wasserfall.* — c) *Urin;* vgl. स्रवमी. — d) fehlerhaft für स्रुव und एव. — 2) *f. आ *eine best. Pflanze*, = स्रुवा, मधुस्रवा und मधु.

*स्रवक Adj. *fliessend* u. s. w.

स्रवण n. 1) *das Fliessen.* Auch Pl. Vgl. अस्र°. — 2) *zu frühzeitiges Abgehen der Leibesfrucht.* — 3) **Schweiss.* — 4) **Urin.*

स्रवँत् f. *Fluss.*

*स्रवत्तोया f. *ein best. Strauch*, = रुदन्ती RÂGAN. 5,58.

स्रवँथ m. *das Fliessen, Rinnen.*

*स्रवद्गर्भा Adj. f. *eine Fehlgeburt machend* (Kuh).

*स्रवद्रङ्ग m. *Markt.*

स्रवँन्ती f. 1) *fliessendes Wasser, Fluss* GAUT. VASISHTHA 22,12. — 2) **ein best. Kraut.* — 3) *= गुल्मस्थान. — चन्द्रवती H. an. 3,267 fehlerhaft für द्रवन्ती *laufend;* vgl. ZACH. Beitr.

स्रवमी (!) Adj. nach GARBE *krankhaften Harnfluss vermindernd* RÂGAN. 13,120.

°स्रवस n. *Ausfluss von.*

स्रवितवै Dat. Infin. zu स्रु RV.

स्रष्टर् Nom. ag. 1) *Entlasser, Entsender.* — 2) *der Etwas in Bewegung setzt, ausgehen lässt, Veranlasser, Urheber.* — 3) *Schöpfer, — der Welt.* Nach den Lexicographen Bez. Brahman's und Çiva's. — 4) **Arzt* RÂGAN. 20,47.

स्रष्टव्य Adj. *zu schaffen.*

स्रष्टार m. = स्रष्टर् *Schöpfer.* Nur in der Verbindung स्रष्टाराय नमः.

स्रष्टृत्व n. Nom. abstr. zu स्रष्टर् *Schöpfer* Çaṁk. zu Bâdar. 2,1,24.

1. स्रस् s. स्रंस्.

2. °स्रस् Adj. *fallend, — aus.*

स्रस्तता f. *schlaffes Herabhängen.*

स्रस्तर m. n. (adj. Comp. f. आ) *Streu, Lager zum Liegen* M. 2,204, v. l. Kâd. 237,13 (421,5). 2,3,21 (2,16). 10,24 (11,18). Prab. 48,17, v. l. Kâvjapr. S. 68, N. 101. VP.² 3,131. 150. 5,204. v. l. प्रस्तर.

स्रस्तापान Adj. *mit prolapsus ani behaftet* Suçr. 2,428,13.

*स्रस्ति f. *das Herabfallen* u. s. w.

स्रा, *स्रापति (पाके). Vgl. 1. श्रा. — Mit प्र Caus. प्रस्रापयति *verdauen* Çâñkh. Br. 2,2.

*स्राक् Adv. *eiligst, schnell.*

स्राक्त्य (स्राक्तिम्रँ) Adj. *aus der Pflanze* स्रक्त्य *gemacht.*

*स्राग्विण 1) m. Patron. — 2) n. etwa *ein allgemeines Bekränztsein.*

स्राण in अरुःस्राँण.

1. स्रामँ Adj. *lahm.*

2. स्राँम m. *Siechthum, Seuche* (auch der Thiere).

स्राम्य n. *Lahmheit.*

स्राव m. 1) *Fluss* (insbes. *krankhafter*), *Ausfluss, Abfluss.* Auch Pl. सलिल° Adj. *von dem Wasser abfliesst.* — 2) *Abgang.* गर्भस्य so v. a. *Fehlgeburt* Vijñâneçvara zu Jâjñ. 3,20 nach Aufrecht. Ohne गर्भस्य dass. (namentlich in den 4 ersten Monaten) ebend. Agni-P. 158,1.

स्रावक 1) Adj. am Ende eines Comp. *fliessen machend.* Nom. abstr. °त्व n. Comm. zu Âpast. Çr. 12,13,1. — 2) *n. *Pfeffer.*

स्रावण 1) Adj. *fliessen machend.* — 2) *f. ई *eine best. Knolle,* = ऋद्धि. — 3) n. *das Fliessenlassen.* रुधिरस्रावणं कर् *Jmds Blut vergiessen.*

स्रावयितव्य Adj. *in Fluss zu setzen* Maitr. S. 4,8,8 (117,1).

स्राविन् Adj. 1) *fliessend.* Compar. स्राविँतर. — 2) am Ende eines Comp. *fliessen lassend, träufelnd* Hemâdri 1,630,6. Sâj. zu Taitt. Âr. 6,7,1. — Vgl. गर्भ° (auch Nachtr. 6).

स्राव्य Adj. *in's Fliessen zu bringen.*

1. स्रिध्, स्रेँधति 1) *Etwas falsch machen, fehl gehen, irren.* — 2) *fehlschlagen.*

2. स्रिँध् f. *der Irrende, Sichverfehlende; der Verkehrte,* auch wohl *der Falschgläubige.*

*स्रिभ्, स्रेभति (हिंसार्थ).

स्रिँम m. Bez. *gewisser nächtlicher gespenstischer Wesen.*

*स्रिम्भ्, स्रिम्भति = स्रिभ्.

स्रिव्, स्रीव्यति (गतिशोषणयोः) 1) *missrathen.* गर्भाः स्रीव्येयुः Maitr. S. 4,6,9 (92,12). — 2) mit गर्भम् so v. a. *eine Fehlgeburt machen* Âpast. Çr. 13,9,11. — Caus. 1) स्रेवयति *fehlgehen machen* RV. 7,18,8. — 2) स्रीवयति (!) *missrathen machen, vereiteln.*

स्रीव् s. u. स्रिव् Caus.

स्रीवयस् und स्रीवि in अस्रीवँयस् und अस्रीविँ.

स्रीढन् m. *Schleim, Phlegma* Kâṭh. 34,12. Vgl. स्रेढ्, स्रेकु.

स्रु, स्रँवति (metrisch auch Med.; Aor. अँसुस्रोत्) 1) *fliessen, — aus* (Abl., ausnahmsweise Instr.), *strömen, in Fluss —, in Bewegung gerathen, ausfliessen.* अस्तोषीत् Çat. Br. 14,1,2,12 fehlerhaft für अस्रोषीत्. — 2) *fliessen,* so v. a. *Saft —, Milch —, Thränen* u. s. w. *entlassen, — ausströmen, — ausgiessen;* auch mit Acc. der Flüssigkeit. — 3) *fliessen,* so v. a. *rinnen, lecken.* — 4) *zerrinnen, missrathen.* — 5) *vergehen, verschwinden, zu Nichte werden.* — 6) *zur Unzeit abgehen* (von der Leibesfrucht). — 7) mit गर्भम् *eine Fehlgeburt machen* Âpast. Çr. 9,18,12. — 8) *fliessen aus* (Abl.), so v. a. *hervorgehen, seinen Ursprung nehmen.* — 9) *eingehen* (von Zinsen). — 10) स्रुत a) *fliessend, strömend, geflossen, — aus* (im Comp. vorangehend) Çiç. 20,3. — b) *ausgelaufen, leer geworden.* — c) *verronnen.* — Caus. स्रावयति 1) *in Fluss setzen, fliessen machen* Âpast. Çr. 12,13,1. गात्रादसृक् *Blut vergiessen.* — 2) *flüssig machen.* — *Desid. सुस्रूषति. — *Desid. vom Caus. सुस्रावयिषति und सिस्राव°. — Mit अति, अँतिस्रुत *übergelaufen.* — Caus. अतिस्रावित *zu sehr zum Fliessen gebracht* (durch Scarification). — Mit समति. °स्रुत (Conj.) *zerronnen, ganz flüssig geworden.* — Mit अधि *herabfliessen von* (Abl.). — Mit अभि *herströmen.* — Mit अव, अवस्रुत *herabgeflossen.* — Caus. *herabfliessen lassen.* — Mit अन्वव Caus. dass. Âpast. Çr. 11,10,4. — Mit व्यव *zerrinnen, missrathen* Maitr. S. 1,8,6 (123,16). — Caus. *zerrinnen lassen.* — Mit समव in समवस्रव fgg. — Mit आ 1) *fliessen.* — 2) *entspringen aus* (Abl., von einem Flusse). — 3) *hinzufliessen.* — 4) *leck —, schadhaft —, unbrauchbar werden.* — Caus. 1) *schröpfen.* — 2) *hinleiten —, hinführen zu* (Loc.). आस्रवयति fehlerhaft. — Mit उप *hinströmen zu* (Acc.). — Mit नि *herabfliessen in* निस्रव fg. Häufig ungenau für निस्. — Caus. *das Wasser abfliessen lassen von* (Acc.) *auf* (Loc.) Baudh. 2,12,11. — Mit विनि Caus. *abgiessen* Bhâvapr. 4,28. — Mit निस् 1) *zerfliessen, weg —, ausfliessen.* — 2) *hervorfliessen, entspringen, hervorgehen —, entstehen aus* (Abl.). — 3) *von Jmd* (Abl.) *schwinden, für Jmd verloren gehen* Âpast. 1,5,2. Nach dem Comm. = निःसारयति (!). — 4) निःस्रुत a) *abgeflossen.* — b) *verflossen* (Zeit) Râgan. 21,28. — Caus. 1) *abfliessen lassen, — nach* (Loc.). — 2) *von Jmd* (Abl.) *verschwinden machen* Comm. zu Âpast. 1,5,2. — Mit अनुपरा *leck werden* u. s. w. *nach.* — Mit परि 1) *ringsum —, herbeifliessen, abträufeln, reichlich fliessen, — aus* (Abl.). — 2) *fliessen machen.* — 3) *umherschwimmen.* — 4) *ablaufen, zerrinnen.* — 5) परिस्रुत a) *fliessend, strömend.* — b) *zerronnen, zerflossen.* — Vgl. सुपरिस्रुत. — Caus. *durchseihen.* — Mit अनुपरि *Jmd* (Acc.) *nachlaufen.* — Mit प्र 1) *hervorfliessen, ausströmen, — aus* (Abl.), *fliessen.* — 2) *fliessen,* so v. a. *Saft —, Flüssigkeit entlassen;* auch mit Acc. der Flüssigkeit. — 3) प्रस्रुत a) *hervorgeflossen, entströmt, — aus* (Abl.). — b) *Saft —, Feuchtigkeit entlassend;* auch mit Acc. der Feuchtigkeit. — c) *feucht.* — Caus. Med. *pissen.* — Mit अभिप्र *ausfliessen.* — Caus. Med. *pissen gegen* (Acc.). — Mit अवप्र, °स्रुत *bepisst, beschissen.* — Mit संप्र *hervorfliessen, — aus* (Abl.), *in Fluss kommen.* संप्रस्रुत *hervorgequollen.* — Caus. *zusammenlaufen lassen, zusammengiessen.* — Mit वि 1) *ausfliessen, hervorfliessen, — aus* (Abl.). — 2) *eine Feuchtigkeit* (Acc.) *entlassen.* — 3) *zerrinnen.* — Caus. 1) *ablaufen lassen.* — 2) *wegspülen.* — 3) *Jmd* (Gen. oder Acc.) *Blut entlassen.* — Mit सम् *zusammenfliessen, — laufen.* — Caus. *zusammenfliessen lassen.* — Mit अभिसम् *zusammenfliessen in* (Acc.).

स्रुक्क am Ende eines adj. Comp. (f. आ) von स्रुच्.

स्रुक्कारँ m. *der Laut* स्रुक्.

स्रुक्संमार्जन n. 1) *das Abputzen der Löffel* Kâtj. Çr. 8,6,31. — 2) *ein Wisch zum Abputzen der Löffel* TBr. 3,3,2,1. Âpast. Çr. 2,4,11.

स्रुक्स्रुव n. Sg. *die* Sruk *und der* Sruva Vaitân.

स्रुगादान m. *der Spruch, mit dem die* Sruk *ergriffen wird,* Âpast. Çr. 9,15,11.

स्रुग्दण्ड m. *der Stiel der* Sruk Vaitân.

*स्रुग्दारु n. *Flacourtia sapida* Karaka 6,17.

स्रुग्भाण्ड m. Sg. (! Hariv. 14118) und n. Sg. und Pl. *die* Sruk *und andere Opfergeräthe.*

स्रुग्भेद m. *das Zerbrechen der* Sruk Kâtj. Çr. 25,2,10.

*स्रुग्मत् wohl m. N. pr. Vgl. स्रौग्मत.

*स्रुग्वत् Adj. *mit einer* Sruk *versehen.*

स्रुग्व्यूहन n. *das gesonderte Aufstellen der verschiedenen* Sruk Kâtj. Çr. 5,9,27. 6,9,13. Vgl. Comm. zu 3,5,17.

स्रुघ्न 1) m. N. pr. einer Stadt im Norden von Hâstinapura. — 2) *f. ई *Natrum.*

*स्रुघ्निका f. *Natrum.*

स्रुच् f. (Nomin. स्रुक्) *ein grosser Opferlöffel* (nach der Vorschrift armslang mit handgrossem Kopf, der von der Rindenseite aus eingeschnitten und mit schnabelartigem Ausguss versehen ist). Es sind deren drei: जुहू, उपभृत् und ध्रुवा und in dieser Reihenfolge ist auch der Gebrauch von Sg., Du. und Pl. von denselben zu verstehen.

*स्रुचय्, °यति = स्रुग्वन्तमाचष्टे oder करोति.

*स्रुचायनि m. Patron.

*स्रुचिष्ठ Superl. und *स्रुचीयस् Compar. zu स्रुग्वत्.

*स्रुच्य्, °च्यति Denomin. von स्रुच्.

स्रुच्य Adj. *mit der* Sruk *vorgenommen* (आघार); auch m. mit Ergänzung von आघार Âpast. Çr. 2, 19,9. 4,9,3. 7,14,1. 8,8,3. 12,4.

°स्रुत् Adj. *fliessend von —, — aus sich entlassend.*

स्रुत 1) Adj. s. u. स्रु. — 2) *f. स्रुता *eine best. Pflanze,* = हिङ्गुपत्री. — 3) n. *Fluth.*

स्रुति f. 1) am Ende eines Comp. *Ausfluss, Erguss* Spr. 7732. Çiç. 8,66. 17,8. 19,64. — 2) *Weg, Strasse.* — 3) *ein um die* Vedi *geführter Strich.*

स्रुत्य Adj. *zur Strasse gehörig* u. s. w.

स्रुव 1) m. a) *ein kleiner Löffel* (einen Aratni lang, *mit welchem das Schmalz aus dem Topfe in den Opferlöffel übergeschöpft wird;* wird auch bei Spenden verwandt. — b) **Opfer.* — 3) *f. स्रुवा a) = 1) a). — b) *Sanseviera Roxburghiana.* — c) *Boswellia thurifera.*

*स्रुवकर्ण Adj. *das Zeichen eines Löffels am Ohre habend.*

*स्रुवतरु m. *Flacourtia sapida.*

स्रुवदण्ड m. *der Stiel des Löffels* Sruva.

*स्रुवद्रुम m. = स्रुवतरु Râǵan. 9,161.

स्रुवपूरम् Absol. *den Löffel füllend, mit vollem Löffel.*

स्रुवप्रग्रहण Adj. *mit einem Löffel Etwas herausnehmend,* so v. a. *von Allem sich Etwas zueignend* MBh. 5,35,48.

स्रुवहोम m. *eine mit dem* Sruva *dargebrachte Spende.*

*स्रुवावृक्ष m. *Flacourtia sapida.*

स्रुवाहुति f. *eine mit dem* Sruva *dargebrachte Spende.*

स्रुह् in विस्रुह्.

स्रू f. 1) etwa *die Bleikugel der Schleuder.* — 2) * = स्रुव 1) a). — 3) * = स्रव *Ausfluss.* — 4) **Wasserfall.*

*स्रेक्, स्रेकते (गतौ).

स्रेकपर्ण Adj. *dem Oleander gleichend* (nach dem Comm.).

स्रेमन् in घ्रस्रेमन्.

स्रेवुक (स्रेवुक) Adj. *missrathend* Maitr. S. 4,6, 9 (92,12).

स्रेह् oder स्रेक्ष् *der männliche Same* Gaut.; vgl. Preface IV und स्त्रीहन्.

स्रोत (*m. n.) am Ende eines adj. Comp. (f. आ) *Strömung, Strombett.*

स्रोतआपत्ति f. *das Gerathen in den* (zum Nirvâna führenden) *Strom* Vaǵrakkh. 25,10. Kârand. 42,15 (श्रोत° gedr.).

स्रोतआपन्न Adj. *in diesen Strom gerathen, der den 1sten Grad eines* Arhant *erreicht hat* Vaǵrakkh. 25,9.

*स्रोतईश und स्रोतःपति m. *das Meer.*

*स्रोतनदीभव n. *Antimon* Râǵan. 13,98.

स्रोतस् n. 1) *Strömung; Strombett; Strom, Fluss.* — 2) *Strom,* so v. a. *schnelle Bewegung.* — 3) *heftiger Andrang.* — 4) *Kanal im menschlichen und thierischen Leibe* Çiç. 18,49. — 5) *Ausgang, Oeffnung* an einem Topf oder Rohr. — 6) *Oeffnung am menschlichen und thierischen Leibe.* — 7) *Sinnesorgan.* — 8) etwa *Geschlechtsfolge.*

स्रोतस am Ende eines Comp. = स्रोतस्.

स्रोतस्ता f. Nom. abstr. zu स्रोतस्. Instr. so v. a. *allmählich* Çaṁk. zu Bâdar. 1,1,4.

स्रोतस्य, स्रोतसिय 1) Adj. *in Strömen fliessend.* — 2) *m. a) *Dieb.* — b) Bein. Çiva's.

*स्रोतस्वती *Fluss.*

स्रोतस्विनी f. dass. Râǵan. 14,10. Kâd. 2,70,12 (85,12). Vikramâṅkak. 14,71 (रुधिर°). Çiç. 18,72.

स्रोतापत्ति f. = स्रोतआपत्ति Kârand. 20,8 (श्रोत° gedr.).

*स्रोतोज n. *Schwefelantimon* Râǵan. 13,87.

*स्रोतोऽञ्जन n. und *स्रोतोद्भव n. *Antimon.*

स्रोतोरन्ध्र n. *Rüsselöffnung.*

स्रोतोवह् f. und °वहा f. *Fluss.*

स्रोत्या, स्रोतिस्या f. *fluthendes Wasser, Welle, Strom.*

स्रोगमत n. Name eines Sâman.

*स्रौघ्न Adj. (f. ई) *in* Srughna *geboren, sich dort aufhaltend, dorthin führend* u. s. w. *स्रौघ्नीभार्य, स्रौघ्नीपाशा, स्रौघ्नीमानिनी.

*स्रौघ्नीय्, °यते Denomin. von स्रौघ्नी.

स्रौच Adj. *mit der* Sruk *vorgenommen* Âpast. Çr. 4,9,4. 8,7,28. 11,3,6.

स्रौत n. Name eines Sâman. Vgl. श्रौत.

*स्रौतिक m. *Perlenmuschel* Râǵan. 13,128.

स्रौतोवह Adj. *fluvialis.*

स्रौव Adj. 1) *auf dem Opferlöffel —,* so v. a. *auf Opfern beruhend* Vishnus. 35,5. Statt dessen श्रौत Hariv. 6997. — 2) MBh. 5,3779 fehlerhaft für श्रौत.

*स्व, स्वति = स्व इवाचरति. Perf. स्वामास.

1. स्व, सुव 1) Adj. (f. स्वा, सुवा) *eigen, sein, dein, mein* u. s. w., meist mit Zurückbeziehung auf das nächste Subject. Beispiele von freier Zurückbeziehung: तेषां स्वं स्वमभिप्रायमुपलभ्य (स्वम् zu तेषाम्), भ्रातरं स्वपुरं प्रेषयामास (स्व zu भ्रातरम्), येन त्वां स्वाश्रयं प्रापयामि (स्व zu त्वाम्), भक्तविषये ऽहं प्रविश स्वोदरं प्रति (स्व zu अहम्), छाया स्वा दासवर्गः *die Schaar der Diener ist sein Schatten,* सीतास्वहस्त *die Hand der* Sîtâ. — 2) m. n. *die eigene Person, das Selbst, das Ich;* in den obliquen Casus als Pron. refl. verwendet, auch mit Zurückbeziehung auf Unbelebtes. स्वं च ब्रह्म च *ein Ich und* Brahman. न स्वं शिक्षयसि स्वयम् *dich selbst* Hem. Par. 1,382. स्वं निन्दन् *sich selbst tadelnd* Uttamak. 195. सैनिकाः स्वान्यवर्तन्त *die Krieger kümmerten sich* (nur) *um sich.* स्वप्रतिपन्नेषु कुर्यादनुग्रहम् *er erweise Gnade denen, die zu ihm seine Zuflucht genommen haben,* MBh. 3, 150,48. — 3) m. *ein Eigner, Angehöriger;* Pl. *die Eigenen, Seinigen, Freunde.* — 4) m. *ein Mann der eigenen Kaste,* f. *ein Weib der eig. K.* — 5) n. a) *das Eigene, Eigenthum, Besitz.* Auch Pl.; am Ende eines adj. Comp. f. आ. Angeblich auch m. — b) *das zweite astrologische Haus.* — c) **eine positive Zahl.*

2. स्व episch für स्वम् *wir beide sind.*

*स्वःकाम्य्, °म्यति *nach dem Himmel verlangen.*

स्वःपथ m. *der Weg zum Himmel,* so v. a. *das Sterben.*

स्वःपाल m. *Himmelshüter.*

स्वःपृष् Name verschiedener Sâman Ârsh. Br.

स्वक 1) Adj. (f. स्वका und स्विका Naish. 3,4) = स्व 1). स्वकं स्वकम् in distributivem Sinne Kârand. 32,14. 99,4. Auch स्वकस्वक 32,15. 49,8. 50, 21. 66,6. — 2) m. *ein Eigner, Angehöriger;* Pl. *die Eigenen, Seinigen, Freunde.* — 3) n. *das Eigene, Eigenthum.*

*स्वकम्पन m. *Wind* (*von selbst sich bewegend*).

स्वकम्बला f. N. pr. eines Flusses.

स्वकरण n. *das Sichzueignen* (eines Weibes), *Heirathen.*

स्वकर्मज Adj. *selbstverschuldet.*

स्वकर्मन् n. 1) *die eigene That.* — 2) *die eigene Beschäftigung, das eigene Gewerbe* 131,28. — 3) *die Beschäftigung —, Obliegenheit eines Mannes.*

स्वकामिन् Adj. *dem eigenen Wunsche nachgehend, Etwas selbst wünschend* Taitt. Âr. 4,31.

स्वकाल m. *die eigene Zeit.* Loc. *zu seiner Zeit* Gaim. 5,4,15.

स्वकीय 1) Adj. = स्व 1). — 2) m. Pl. *die Eigenen, Seinigen, Freunde.*

स्वकीयत्व n. *das der eigenen Person Angehören, — Gelten.*

स्वकीर्तिमय Adj. (f. ई) *aus dem eigenen Ruhme gebildet* Bhâg. P. 3,8,31.

1. स्वकुल n. *das eigene Geschlecht.*

2. स्वकुल Adj. *vom eigenen Geschlecht, seines Geschlechts.*

*स्वकुलक्षय m. *Fisch* (*sein eigenes Geschlecht vernichtend, — fressend*).

स्वकुल्य Adj. = 2. स्वकुल.

स्वकुशलमय Adj. (f. ई) *das eigene Wohlbefinden betreffend.*

स्वकृत् Adj. *das Seinige thuend, seinen Verpflichtungen nachkommend.*

स्वकृत 1) Adj. (f. स्वकृता) a) *selbstvollbracht, — ausgeführt, — erbaut, — verfasst, — geschaffen, — festgesetzt.* — b) *von selbst entstanden, natürlich* TS. 3,4,8,5. — 2) n. *eine selbstvollbrachte That.*

स्वकृतार्थ Adj. Kathâs. 99,42 wohl fehlerhaft für सु°; eine Hdschr. soll स कृतार्थम् haben.

स्वकेतु m. N. pr. eines Fürsten VP. 4,5,12.

स्वक्त Adj. *gut eingerieben* Káraka 89,16 (so zu verbessern). Comm. zu Âpast. Çr. 15,11,6.

1. स्वक्ष 1) Adj. *eine schöne Achse habend* Çiç. 12,2. — 2) m. *ein solcher Wagen.*

2. स्वक्ष 1) Adj. (f. ई) a) *mit vollkommenen Sinnesorganen* Çiç. 12,2. — b) *schönäugig.* — 2) m. Pl. N. pr. eines Volkes.

स्वक्षत्र Adj. *selbständig, frei.*

स्वग in अस्वग.

स्वगत 1) Adj. *an der eigenen Person befindlich, ihr gehörig, eigen* 282,11. — 2) °म् Adv. *für sich* (Etwas sagen, denken).

स्वगति f. *ein best. Metrum.* v. l. खगति.

स्वगा indecl. Opferformel, den Wunsch des Gedeihens ausdrückend. Mit कर् *diesen Ruf aussprechen.*

स्वगाकर्तर् Nom. ag. *der den Ruf* स्वगा *ausspricht.*

स्वगाकार m. *der Ruf* स्वगा Âpast. Çr. 14,17,1.

स्वगाकृत Adj. 1) *über den der Ruf* स्वगा *gesprochen worden ist.* — 2) *so v. a. abgemacht.*

स्वगाकृति f. *die Behandlung mit dem Ruf* स्वगा Maitr. S. 1,10,13 (153,12).

1. स्वगुण m. *der eigene Vorzug, die eigenen Vorzüge* Spr. 7266.

2. स्वगुण Adj. *seine Vorzüge habend, den Umständen entsprechend* Çiç. 16,42.

स्वगुप्ता f. *eine best. Pflanze.* Nach den Lexicographen *Mimosa pudica* und *Mucuna pruritus.*

स्वगूर्त Adj. (f. आ) 1) *frohlockend.* — 2) *pochend auf* (Gen.).

1. स्वगृह n. *das eigene Haus* Spr. 7267. fg. In astrol. Sinne Varâh. Jogaj. 4,56.

2.*स्वगृह m. *ein best. Vogel.*

*स्वगृहीत Adj. fehlerhaft für सुगृहीत.

स्वगोचर Adj. *sich unterthan.* Acc. mit कर् *Jmd* (Acc.) *sich u. machen.*

स्वगोप Adj. (f. आ) *sich selbst hütend.*

(स्वग्नि) सुअग्नि Adj. *der einen guten* Agni (*Feuer*) *hat.*

स्वग्रह m. *ein best. die Kinder befallender Dämon.*

स्वग्राम m. *das eigene Dorf* Spr. 7267. Vgl. *सौवग्रामिक.

*स्वङ्ग्, स्वङ्गते (गतौ).

स्वङ्ग, सुअङ्ग 1) Adj. *einen schönen Körper habend, schöngliederig.* — 2) m. R. Gorr. 2,30,11 fehlerhaft für स्वर्ग.

स्वङ्गारिन् Adj. *schöne Kohlen habend* (Feuer) Hemâdri 1,138,7 = 2,43,1.

(स्वङ्गुरि) सुअङ्गुरि Adj. (f. eben so) *schönfingerig, geschickte Finger habend.*

स्वचर Adj. *sich selbst bewegend, eine eigene Bewegung habend.*

स्वचेतस् n. *der eigene Gedanke.* Instr. so v. a. *nach eigener Phantasie, aus dem Kopfe* 308,3.

स्वच्छ 1) Adj. (f. आ) a) *schön klar, — durchsichtig, — hell, — hellfarbig.* — b) *klar, deutlich* (Rede). — c) *rein, lauter* in übertragener Bed. — d) **gesund, geheilt.* Aus स्वस्थ entstanden. — 2) *m. a) *Bergkrystall* Râgan. 13,202. — b) *Judendorn.* — 3) *f. आ *weisses* Dûrvâ-*Gras.* — 4) *n. a) *Perle* Râgan. 13,153. — b) *eine Legirung von Silber und Gold* Râgan. 13,137.

स्वच्छक Adj. *schön klar, — hell.*

*स्वच्छटी f. = अङ्गुलिसंदंश.

स्वच्छता f. und स्वच्छत्व n. f. 1) *vollkommene Klarheit, — Durchsichtigkeit.* — 2) *Lauterkeit des Herzens.*

*स्वच्छधातुक n. *eine Legirung von Silber und Gold* Râgan. 13,137.

1. स्वच्छन्द m. 1) *eigener —, freier Wille.* Instr., Abl., °तस् und स्वच्छन्द° *nach eigenem Gefallen, aus eigenem Antriebe, von selbst* (gewachsen). — 2) Titel eines Werkes.

2. स्वच्छन्द 1) Adj. (f. आ) a) *seinem eigenen Willen folgend, nach eigenem Gutdünken verfahrend* Vâsav. 246,2. — b) *vom eigenen Willen abhängig, unbeschränkt* ebend. — 2) °म् Adv. *nach eigenem Gefallen, aus eigenem Antriebe, nach Herzenslust* Hem. Par. 2,381. — 3) m. Bein. Skanda's AV. Pariç. 20,4.

स्वच्छन्दचर Adj. (f. आ) *sich frei bewegend, unabhängig.*

स्वच्छन्दचारिन् Adj. dass. zu Spr. 7170. Hem. Par. 2,321. f. °रिणी *ein emancipirtes Weib* Kâd. 221,15 (366,1).

स्वच्छन्दता f. *das Verfahren nach eigenem Gutdünken, ungezügeltes Gebaren* Kâd. 121,2 (216,1).

स्वच्छन्दनायक m. *ein best.* Rasa Rasendrak. 88.

स्वच्छन्दभैरव m. Titel eines Werkes.

स्वच्छन्दभैरवरस m. *ein best.* Rasa Rasendrak. 77. Mat. med. 63.

स्वच्छन्दमरण n. *das Sterben nach eigenem Belieben.*

स्वच्छन्दमृत्युक Adj. *den Tod in seiner Gewalt habend* MBh. 2,37,10.

स्वच्छन्दशास्त्रागम m., स्वच्छन्दसंग्रह m. und स्वच्छन्दोद्योत m. Titel von Werken.

*स्वच्छपत्त्र n. *Talk.*

स्वच्छभाव m. *Durchsichtigkeit* Viddh. 30,3.

*स्वच्छमणि m. *Bergkrystall* Râgan. 13,202.

*स्वच्छवालुक n. *ein best. Halbmetall.*

स्वज्, स्वञ्ज्, स्वजते (metrisch oder ungenau auch Act.) *umschlingen, umarmen.* Suçr. 2,93,4 तस्य स्वजाति fehlerhaft für फणी सजति. — Mit अभि, °ष्वजते dass. Çiç. 13,10. — Mit *नि, °ष्वजते. — Mit परि, °ष्वजते *umschlingen, umfangen, umarmen.* परिषक्त *umschlungen, umarmt,* überh. *umgeben von* (Instr. oder im Comp. vorangehend) Çaṁk. zu Bâdar. 3,1,1. — *Desid. परिषिष्वङ्क्षते. — Mit अभिपरि *umschlingen, umfangen.* — Mit संपरि dass. Gâtakam. 25.31. संपरिषक्त *umschlungen, umfangen.* — Mit वि, °ष्वजते *umschlingen, umfangen.* — Mit सम् und अभिसम् dass.

स्वज 1) Adj. (f. आ) *eigen, angehörig.* बुद्धि f. so v. a. *im eigenen Kopfe entstanden.* — 2) m. a) *Viper* Âpast. Çr. 15,19,8. Nach Sâj. *eine Schlange, die an beiden Enden Köpfe hat.* — b) **Sohn.* — c) **Schweiss.* — 3) *m. n. *Blut.* — 4) *f. स्वजा *Tochter.*

स्वजन m. (adj. Comp. f. आ) *ein Eigener, Ange-*

höriger, Verwandter. Sg. auch in collect. Bed. Häufig mit सुजन verwechselt.

स्वजनगन्धिन् Adj. *entfernt verwandt mit* (Gen.) Mudrâr. 69,12 (114,12).

स्वजनता f. Nom. abstr. zu स्वजन.

स्वजनय्, °यति *Jmd* (Acc.) *zum Angehörigen haben, so v. a. Jmd ähnlich sein.* Verbesserung für सुजनय्.

स्वजन्मन् Adj. *selbsterzeugt, leiblich.*

स्वजा Adj. *selbstgeboren* Âpast. Çr. 10,26,15. Vgl. auch u. स्वज.

स्वजात Adj. *selbsterzeugt, leiblich*; m. *ein selbsterzeugtes Kind.*

1. स्वजाति f. 1) *die eigene Art, — Beschaffenheit.* — 2) *das eigene Geschlecht, die eigene Kaste.*

2. स्वजाति Adj. *einer seines Gleichen.*

*स्वजातिद्विष् m. *Hund.*

स्वजातीय (Hariv. 2,20,11) und स्वजात्य Adj. = 2. स्वजाति.

स्वजित Adj. *selbsterobert.*

(स्वजेन्य) स्वजेनिम्न Adj. *natalis.*

(स्वञ्च्) सुग्रञ्च् Adj. *beweglich, gewandt.*

स्वञ्चन Adj. zur Erklärung von स्वञ्चस् und स्वर्क.

(स्वञ्चस्) सुग्रञ्चस् Adj. = स्वञ्च्.

*स्वज्ञ Med. g. 17 wohl nur fehlerhaft für सज्ञ.

*स्वठ्, स्वाठयति (गत्यसंस्कृतसंस्कृतेषु).

1. स्वतन्त्र n. 1) *Selbständigkeit, Freiheit, Unabhängigkeit.* — 2) *das eigene System, die eigene Schule.* — 3) *das eigene Heer.* — 4) *bei den Buddhisten *eine best. Lehre* (von der *Selbständigkeit*). — 5) Titel eines Tantra. Auch °तन्त्र n.

2. स्वतन्त्र 1) Adj. (f. ग्रा) *selbständig, frei, unabhängig, keine Schranken kennend.* पद n. *ein selbständiges Wort.* — 2) m. N. pr. eines Kakravâka.

स्वतन्त्रता f. 1) *Selbständigkeit, Freiheit, Unabhängigkeit.* — 2) *Originalität.*

स्वतन्त्रमुखमर्दन n. Titel eines Werkes Opp. Cat. 1.

स्वतन्त्रय् *in seine Gewalt bringen, sich zu Willen machen.* Nur °यां चक्रे.

स्वतन्त्रलेखन n. Titel eines Werkes.

स्वतन्त्रसार desgl.

*स्वतन्त्रिक m. *die Schule des* Svatantra. Richtig wohl स्वा°.

स्वतन्त्रिन् Adj. = 2. स्वतन्त्र 1). Nach Nîlak. = स्वशास्त्रानुसारिन्.

स्वतवस् und स्वतवस् Adj. *selbststark, seiner Stärke sich bewusst,* αὐτάρκης; Maitr. S. 1, 10, 6 (146,13). Auch so v. a. *muthig.*

स्वतस् Adv. 1) = स्वस्मात् Adj. und Subst. m. स्वतो ऽशात् *vom eigenen Theile.* तद्रत्तेरपचारं त्वं स्वतो वा परतो ऽपि वा so v. a. *hüte dich selbst und Andere vor einem Vergehen.* — 2) *aus sich* (*aus mir selbst, aus dir selbst* u. s. w.), *von sich aus, von selbst,* d. i. *ohne Hinzutreten eines Andern.* — 3) *von selbst,* so v. a. *naturgemäss.* — 4) *vom Eigenen, vom eigenen Vermögen.* — च स्वतः Pańkat. III,96 schlechte Lesart für शाश्वतः.

स्वतस्त्व n. *das Sichvonselbstergeben.*

स्वता f. *das der eigenen Person Angehören.* स्वतां पश्यति so v. a. *er glaubt, dass Alles ihm gehöre, — ihn betreffe;* राजस्वतामुपपद्यते *fällt dem Fürsten zu.* Vgl. ग्रात्तस्वता unter ग्रात्तस्व Nachtr. 6.

स्वतुल्य Adj. *sich gleich.*

स्वतृतीय Adj. (f. ग्रा) *wobei das Eigene das dritte ist.*

स्वतेजोरश्मिमालिन् Adj. *von einem Strahlenkranze eigenen Glanzes umgeben* R. 5,41,20.

*स्वत्र m. *ein blinder Mann.*

स्वत्व n. 1) *Besitzrecht auf* (Loc.) — 2) *das Fürsichselbstsein, Unabhängigkeit* Maitr. S. 1, 10, 6 (146,13).

स्वद् (सुग्रद्), स्वाद् 1) स्वदति a) *schmackhaft machen, gut zubereiten, würzen.* — b) *lieblich —, angenehm machen.* — c) ungenau für Med. α) *Jmd* (Dat.) *schmecken, angenehm —, zuträglich sein.* — β) *sich schmecken lassen, gern geniessen* RV. 8,5, 36. — 2) स्वदते a) *schmecken, schmackhaft sein, munden, — Jmd* (Dat. oder Gen.). — b) *schmecken,* so v. a. *eine angenehme Geschmacksempfindung haben, sich schmecken lassen, kosten von Etwas;* mit Acc. — c) *Gefallen finden an* (Loc.). — 3) स्वादति, °ते *geniessen.* Ueberall v. l. richtiger खाद्. — 4) स्वात्त a) *schmackhaft gemacht, gewürzt.* — b) *gekostet in* ग्रग्निष्वात्त. — Caus. 1) स्वदयति a) *schmackhaft —, geniessbar machen, zubereiten, würzen, kochen; mundgerecht machen.* स्वदित *schmackhaft bereitet.* — b) *Jmd geniessbar machen,* so v. a. *beruhigen, besänftigen* Maitr. S. 2, 1, 3 (4, 14). Med. RV. 9, 105, 1. Vgl. स्वधय्. — 2) स्वादयति *schmecken, kosten, geniessen* Çiç. 13,69. 14,50. — *Desid. vom Caus. सिस्वादयिषति. — Mit ग्रा (ग्रास्वदति) *essen, verzehren.* v. l. खादयति st. ग्रास्वदन्ति. — Caus. ग्रास्वादयति *sich wohlschmecken lassen, kosten, geniessen* überh. 287,7. Spr. 7746. Gâtakam. 9. — Mit समा Caus. °स्वादयति dass. Gâtakam. 17,13. — Mit प्रति Caus. (°खादयति) dass. — Mit सम् in संस्वदे.

*स्वदन n. *das Kosten, Geniessen.* Verz. d. Oxf. H. 320,a,8 fehlerhaft für स्वेदन.

स्वदयितर् Nom. ag. *schmackhaft machend.*

स्वदान n. *die Hingabe seiner Habe* Gaim. 6,7,1.

स्वदारगामिन् Adj. *seiner Frau beiwohnend* Çâṅkh. Gṛhj. 4,11.

स्वदावन् Adj. *etwa einen schönen Geschmack habend* RV.

स्वदिङ्मुखम् Adv. *zu seinem u. s. w. Orte* Sûrjas. 2,2.

स्वदृश् Adj. *die eigene Person —, die Seele schauend.*

स्वदृष्ट Adj. *selbstgesehen* Hariv. 2815. Die Bed. passt nicht, v. l. संदृष्ट.

स्वदेश m. 1) *seine Stelle.* — 2) *das eigene Land* (Spr. 7267. 7277), *der eigene Wohnort, Heimat* 112,30. 124,24. 126,31. — 3) Pl. *die Bewohner des eigenen Landes, die eigenen Unterthanen.*

स्वदेशस्मारिन् Adj. *Heimweh empfindend* Râǵat. 4,411.

स्वदोषज Adj. (f. ग्रा) *selbstverschuldet.*

स्वधय्, °यति *Jmd beruhigen, besänftigen.*

स्वधर्म m. 1) *das eigene, gute Recht.* Acc. mit लभ् *Gerechtigkeit erfahren.* — 2) *die eigene Pflicht, — Obliegenheit* Gaut. 11,10. 29. Chr. 57,20. Vâsav. 250,4.

स्वधर्मन् Adj. *seinem Brauch getreu bleibend* RV. 3,21,2.

स्वधर्मवर्तिन् Adj. *seinen Pflichten obliegend.* Nom. abstr. °र्तित्व n. MBh. 3,313,88.

1. स्वधा f. 1) *Gewohnheit, Sitte, Regel.* — 2) *gewohnter Ort, Heimat.* Du. *die beiden Heimstätten, Himmel und Erde.* — 3) *Behagen, Wohlbefinden, Vergnügen.* — 4) स्वधामनु, ग्रनु स्वधाम् und स्वधा ग्रनु *wie gewohnt, nach Behagen, nach Wunsch, ungestört.* — 5) स्वधया und स्वधाभिस् a) *in gewohnter Art.* — b) *mit Vergnügen, behaglich, gern.* — c) *aus eigenem Antrieb, freiwillig, frei* (umherstreichen), *von sich aus, von selbst, unmittelbar; ohne Anlass, muthwillig.*

2. स्वधा f. 1) *süsser Trank, Labetrank,* namentlich *der von den Manen genossene.* Im Ritual *eine gewöhnliche Schmalzspende,* oft nur *ein Rest des* Havis. — 2) der Ausdruck sinkt zum blossen Ausruf an die Manen (Dat. oder Gen.) herab, der an die Stelle der Gabe tritt oder diese in bestimmten Formeln begleitet. स्वधां कर् Svadhâ *zurufen.* — 3) personificirt als eine Tochter Daksha's und Gattin der oder bestimmter Manen (auch des Aṅgiras).

3. स्वधा f. = स्वधिति *Messer.*

स्वधाकर Adj. *den Manen* Svadhâ *zurufend.*

स्वधाकार m. *der Ruf* Svadhâ *für die Manen*

Âpast. 13,1. Âpast. Çr. 8,15,12.

स्वधाधिप m. *Herr des Labetrankes* als Beiw. Agni's.

स्वधानिनयन n. *das Hingiessen —, die Spende mit dem Zuruf* Svadhâ Gaut. 2,5. M. 2,172.

स्वधानिनयनीय Adj. *zu dieser Spende gehörig* Gobh. Çrâddh. 2,33. 35.

स्वधापति m. *Herr —, Eigenthümer des Labetrankes* ṚV.

स्वधाप्राण Adj. Svadhâ *athmend.*

*स्वधाप्रिय m. *schwarzer Sesam.*

स्वधाभुज् m. 1) Pl. *die Manen.* — 2) **ein Gott.*

स्वधाभोजिन् m. Pl. *die Manen.*

स्वधामन् m. N. pr. 1) eines Sohnes des Satjasahas und der Sûnṛtâ. — 2) Pl. einer Klasse von Göttern unter dem 3ten Manu.

स्वधामय Adj. *voller* Svadhâ (weibliche Brust).

स्वधामके (पत्नामके nachgebildet) ein Opferausruf Âpast. Çr. 8,15,11.

स्वधामृतमय Adj. *aus* Svadhâ *und Nektar bestehend* (श्राद्ध).

स्वधायिन् Adj. *dem die* Svadhâ *gehört* (von den Manen). v. l. स्वधाविन्.

स्वधावन् Adj. (f. °वरी) 1) = 1. स्वधावत्. — 2) etwa *die Heimstätte bildend, — enthaltend.*

1. स्वधावत् Adj. *an der Gewohnheit —, an der Sitte haltend, regelmässig, beständig, treu.*

2. स्वधावत् 1) Adj. a) *Labung enthaltend.* — b) *das Wort* 2. स्वधा *enthaltend.* — 2) m. Pl. *eine best. Klasse von Manen.* v. l. सुधावत्.

स्वधावरी Adj. f. s. u. स्वधावन्.

स्वधाविन् Adj. 1) *Labung enthaltend.* — 2) *dem die* Svadhâ *gehört* (von den Manen). v. l. स्वधायिन्.

*स्वधाशन m. Pl. *die Manen.*

स्वधिचरण Adj. (f. आ) *worauf es sich gut wandelt.*

स्वधित Adj. *gut, gesund.*

1. स्वधिति m. f. *Hackmesser, Beil, Messer überh.* ṚV. 5,7,8.

2. स्वधिति f. *ein best. grosser Baum mit hartem Holze.*

*स्वधितिहेतिक m. *ein mit einer Axt bewaffneter Krieger.*

स्वधितीवत् Adj. *aus dem Holze der* Svadhiti *bestehend.*

स्वधिष्ठान Adj. *mit einem guten Standplatz für die Krieger* (Wagen).

स्वधिष्ठित Adj. 1) *gern bewohnend —, inne habend;* mit Acc. — 2) *gut gelenkt* (Elephant).

स्वधीत 1) Adj. *wohlunterrichtet* Mâṇḍ. Çikshâ 1,6. — 2) n. *gut Erlerntes, gute Studien.*

स्वधीति Adj. *gut studirend.*

स्वधुर 1) Adj. *selbständig.* — 2) n. (Acc. स्वधूर !) Name eines Sâman.

स्वधृति f. *eigenes Stillstehen* TBr. 3,7,6,8.

स्वधेनव Adj. *von eigenen Kühen kommend.*

स्वध्यक्ष Adj. (f. आ) *wohl zu schauen.*

स्वध्यवसान Adj. (f. आ) *wo man sich gern einen Platz wählt.*

1. स्वध्वर m. *eine gute heilige Handlung.*

2. (स्वध्वर) सुअध्वर 1) Adj. *die heilige Handlung wohl verrichtend, derselben entsprechend.* — 2) n. *eine gute heilige Handlung.*

स्वध्वर्यु Adj. *einen guten* Adhvarju *habend.*

1. स्वन्, स्वनति (metrisch auch Med.) *tosen, dröhnen, rauschen, brüllen, schreien, summen, schallen überh.* 321,7. स्वनित **schallend;* vgl. auch स्वनित bes. — Caus. स्वनयति und *स्वानयति (अवतंसने) = Simpl. — Mit अधि *darüber hinbrausen* in der Form अधि ष्वणि (müsste unbetont sein). Nach Grassmann ist स्वनि Loc. von स्वन् *rauschend,* nach Aufrecht (Kuhn's Z. 27,611) fehlerhaft für ष्वणि von स्तन्. — Mit अनु *nach —, zurufen* in der Form अनु ष्वणि. Nach Grassmann und Lanman ist स्वनि n. *das Rauschen.* — Mit अव 1) *herunterschreien* oder — *rauschen.* — 2) *अवष्वणति a) *mit Geräusch verzehren.* — b) *beim Gegessenwerden ein Geräusch bewirken.* — Mit आ *erschallen.* *आस्वनित und *आस्वान्त von einer Muschel und vom मनस् gesagt. — Mit *नि *beim Essen ein Geräusch bewirken.* Mârk. P. 66,26. 128,14 ist देषत्राप्यानि सस्वनुः zu schreiben. Vgl. निस्वन fgg. — Mit निस् in निःस्वन. — Mit परि Intens. (परि सनिष्वणत्) *klingen.* — Mit प्र, प्रस्वनित *tosend.* — Mit प्रति *zurückschallen.* — Caus. प्रतिस्वनयति *zurückschallen machen.* — Mit वि 1) *heulen, schallen* überh. — 2) विष्वणति *mit Geräusch verzehren.*

2. स्वन् Adj. *rauschend* u. s. w. in तुविष्वन्. Vgl. auch u. 1. स्वन् mit अधि.

1. स्वन m. (adj. Comp. f. आ) 1) *Schall, das Brausen, Rauschen, Toben;* in der späteren Sprache von *Lauten* aller Art, unangenehmen und lieblichen, vom *Rollen* und *Krachen* des Donners, vom *Gerassel* des Wagens, von den *Tönen* musikalischer Instrumente, vom *Gemurmel* einer Menschenmenge, vom *Gebrüll* der Thiere, vom *Gesang* und *Gezwitscher* der Vögel. — 2) *ein best.* Agni.

2. स्वन m. *rauschende Wasser* VS. 30,16. TBr. 3,4,1,12.

स्वनचक्र m. *quidam coeundi modus.*

*स्वनडुह् Adj. *gute Stiere habend.*

स्वनद्रथ Adj. *dessen Wagen rasselt.*

स्वनय m. N. pr. eines Mannes.

स्वनवत् Adj. 1) *schallend, laut schallend.* °वत् Adv. *laut* (lachen). — 2) *hochgerühmt.*

स्वनवेक्षणीय Adj. *worauf man nie und nimmer hoffen darf* R. ed. Bomb. 4,24,13.

स्वनस् n. = 1. स्वन 1) in तुविष्वणस्.

स्वनाभक m. *ein best. über Waffen gesprochener Zauberspruch.*

स्वनाभ्य Adj. *aus seinem* (auf das Subject zu beziehen) *Nabel hervorgegangen* Bhâg. P. 3,1,26.

1. स्वनामन् n. *sein* u. s. w. *Name* Gaut. 6,5.

2. स्वनामन् Adj. *durch sich selbst einen Namen habend, — berühmt.*

स्वनि 1) = 1. स्वन 1) in तुविष्वणि und महिष्वणि; vgl. auch u. 1. स्वन् mit अनु. — 2) *m. *Feuer.*

स्वनिक in पाणि°.

स्वनित 1) Adj. s. u. 1. स्वन्. — 2) n. *das Rauschen, Tönen, Schall* Çiç. 13,91 (125). 17,20.

*स्वनिताह्वय m. *eine best. Pflanze,* = तण्डुलीय.

स्वनिष्ठ Adj. *an der eigenen Person sich befindend.* Nom. abstr. °त्व n.

(स्वनीक) सुअनीक Adj. *schön von Ansehen* ṚV.

स्वनुगुप्त Adj. *wohl versteckt.*

स्वनुजा Adj. f. *eine schöne jüngere Schwester habend* Âpast. Gṛhj. 3,11. Baudh. Gṛhj. Pariç.

स्वनुरक्त Adj. *Jmd* (Loc.) *treu zugethan.*

स्वनुष्ठित Adj. *gut ausgeführt, — erfüllt.*

*स्वनोत्साह m. = गण्डक.

स्वन्त Adj. 1) *ein gutes Ende habend, gut auslaufend.* — 2) *Glück bringend.* Vielleicht स्वन्तम् Adv. *zu guter Letzt.* — 3) *glücklich.* — Auch fehlerhaft für स्वान्त.

स्वन्न n. *gute Speise.*

1. स्वप्, स्वपिति (auch स्वप, स्वप्तु, स्वप्त, metrisch auch Med. सुप्यते Pass.) *schlafen, einschlafen.* वर्षशतम् so v. a. *den ewigen Schlaf schlafen,* *पञ्चालान् *bei den P. schlafen.* — 2) *sich niederlegen auf* (Loc.). — 3) *den ewigen Schlaf schlafen, todt daliegen.* — 4) सुषुप्वंस् und सुषुपाण (7,9) *schlafend.* — 5) सुप्त a) *eingeschlafen, schlafend.* — b) *der sich zum Schlafen niedergelegt hat.* — c) *eingeschlafen,* so v. a. *taub, empfindungslos.* — d) *schlafend* von Blumen, so v. a. *einen geschlossenen Kelch habend.* — e) *schlafend,* so v. a. *ruhend, unthätig, latent.* — Caus. स्वापयति und स्वपयति (metrisch) 1) *einschläfern.* असूषुपत् Hem. Par. 2,174. — 2) *zum ewigen Schlaf bringen, tödten.* — 3) *zur Ruhe*

bringen. — Desid. सुषुप्सति *schlafen wollen.* — *Intens. सोषुप्यते, सास्वपीति, सास्वप्ति, सोषुपोति, सोषोप्ति. — Mit अनु in अनुषुप्तम्. — Mit अव, अवसुप्त *schlafend.* — Mit *दुस् (der Anlaut geht in ष über) *schlecht schlafen, böse Träume haben.* — Mit नि 1) *einschlafen.* — 2) so v. a. *den Tod finden.* — Caus. 1) *einschläfern.* — 2) so v. a. *tödten.* — Mit *निस् (der Anlaut geht in ष über). — Mit प्र 1) *einschlafen, schlafen.* — 2) *sich schlafen legen.* — 3) प्रसुप्त a) *eingeschlafen, schlafend.* — b) *geschlafen habend* 155,1. — c) *sich zum Schlafen niedergelegt habend* Pañkat. 117,12. — d) *eingeschlafen,* so v. a. *taub, empfindungslos.* — e) *schlafend,* so v. a. *ruhend, unthätig, latent.* — Caus. (metrisch auch Med.) *einschläfern, schlafen machen.* — Mit अभिप्र, °सुप्त *eingeschlafen, schlafend; ruhend* R. ed. Bomb. 3,66,18 (ज्ञान). — Mit संप्र, °सुप्त 1) dass. 47,21. — 2) von Blumen so v. a. *die Kelche geschlossen habend.* — Mit प्रनि, °सुप्त *eingeschlafen, schlafend.* — Mit वि, विषुप्त *eingeschlummert* Âpast. Çr. 6,27,1. — Mit सम्, संसुप्त 1) *eingeschlafen, schlafend.* — 2) *sich gelegt habend, gewichen* (दर्प) Gâtakam. 9,13.

2. स्वप् Adj. *gutes Wasser habend.*

स्वपक्ष m. 1) *seine* (auf das Subject bezogen) *Flügel* Kathâs. 52,153. — 2) *die eigene Partei.* — 3) *ein Mann von der eigenen Partei, Einer von den Eigenen.* Auch Pl. — 4) *die eigene Ansicht,* — *Meinung,* — *Behauptung* Kathâs. 52,153. 60,222.

स्वपक्षीय Adj. *zur eigenen Partei gehörig* Sâmsk. K. 212,b,4.

स्वपञ्चक Adj. etwa *fünfmal mit sich selbst multiplicirt.*

स्वपण m. *der eigene Einsatz* Jâgn. 2,18.

1. स्वपति Adj. *der eigene* (*ihr* u. s. w.) *Herr.*

2. स्वपति Adj. *einen eigenen Gatten habend* AV. 8,6,16.

स्वपतित Adj. *von selbst gefallen,* — *abgefallen.*

स्वपतिधात्तिनती Adj. f. *in dem Wahn stehend, dass es ihr Gatte sei.*

स्वपती Adv. mit कर् *zu ihrem Gatten machen* Naish. 1,39.

1. (स्वपतय) सुअपतय 1) n. *ein gutes* —, *nützliches Werk.* — 2) Adj. *ein gutes Werk ausführend.*

2. (स्वपतय) सुअपतय 1) Adj. *mit guter Nachkommenschaft versehen.* — 2) f. आ *gute Nachkommenschaft.* Dat. °पत्यै RV. 1,54,11.

स्वपद n. 1) *der eigene* —, *sein* (auf das Subject bezogen) *Wohnort,* — *Stätte* 123,14. — 2) *die eigene* —, *seine* u. s. w. *Stellung,* — *Würde* Kathâs. 22,58.

स्वपन 1) Adj. *schläfrig.* — 2) n. a) *das Schlafen.* — b) *das Eingeschlafensein, Taubheit* (der Haut).

स्वपरप्रतारक Adj. *sich und Andere betrügend* Spr. 7285.

स्वपराद्ध Adj. *der sich stark an Jmd vergangen hat* Hariv. 7492.

स्वपराह्णे Loc. *spät am Nachmittag, gegen Abend* Âpast. Çr. 11,4,1.

1. (स्वपस्) सुअपस् 1) Adj. a) *Gutes wirkend, fleissig, kunstreich;* m. *Künstler.* — b) *sehr kunstreich gearbeitet.* Superl. °पस्तम. — 2) m. N. pr. eines Mannes.

2. (स्वपस्) सुअपस् Adj. AV. 3,3,1 fehlerhaft; vgl. RV. 6,11,4.

(स्वपस्य्) सुअपस्य्, °स्यते *gut arbeiten, thätig sein.*

स्वपस्य Adj. *thätig, fleissig.*

(स्वपस्या) सुअपस्या f. *Thätigkeit, Fleiss, Geschicklichkeit.* Nur Instr. (auch सुअपस्या).

(स्वपाक) सुअपाक Adj. = 1. स्वपस् 1) a) RV.

*स्वपिण्डा f. *eine best. Pflanze.* Richtig स्वलपिण्डा.

1. स्वपितर् Nom. ag. *der da schläft.*

2. स्वपितर् m. 1) *der eigene Vater.* — 2) Pl. *die eigenen Manen.*

(स्वपिवात) सुअपिवात Adj. *wohl verstehend,* — *denkend* RV. Nach den Erklärern *dessen Worte zuverlässig sind, dessen Befehle Niemand überschreiten darf.*

*स्वपिश् m. N. pr. eines Mannes.

स्वपुर n. 1) **die eigene Stadt.* — 2) N. pr. einer *Vorstadt von* Vagranagara.

स्वपुरस् Adv. *vor sich* (sehen).

स्वपू f. etwa *Besen.*

स्वपूर्ण Adj. *durch sich selbst vollkommen zufriedengestellt.*

*स्वपोषम् Absol. mit पुष् *an seiner Person gedeihen.*

स्वप्तव्य n. impers. *dormiendum.*

1. स्वप्न m. (adj. Comp. f. आ) 1) *Schlaf.* Einmal n. (!). — 2) *Schläfrigkeit.* — 3) *vieles Schlafen.* — 4) *Traum.* n. (!) R. ed. Bomb. 3,52,2. Acc. mit दर्श् oder पश् *ein Traumgesicht haben, träumen.*

2. स्वप्न nach Aufrecht Adj. = स्वप्नस् RV. 1,120, 12. 8,2,18.

*स्वप्नकृत् 1) Adj. *einschläfernd.* — 2) m. *Marsilea quadrifolia.*

स्वप्नगत Adj. *schlafend, träumend* R. 3,43,34.

स्वप्नगिरि m. N. pr. einer *Oertlichkeit* Ind. St. 14,126.

*स्वप्नगृह n. *Schlafgemach.*

स्वप्नचिन्तामणि m. Titel eines Werkes.

स्वप्नज् Adj. (Nomin. स्वप्नक्) *zum Schlafe geneigt, schläfrig.* Vgl. अस्वप्नज्.

स्वप्नज Adj. *geträumt* Megh. 88.

स्वप्नज्ञान n. *Erkenntniss in einem Traume.*

स्वप्नतन्द्रिता f. *Schläfrigkeit, Verschlafenheit* MBh. 12,285,28.

स्वप्नदर्शन n. *Traumgesicht* Venîs. 23,13.

स्वप्नदृश् Adj. (Nomin. °दृक्) *ein Traumgesicht habend, träumend.*

*स्वप्नदोष m. *Pollution.*

स्वप्ननंशन Adj. nach Aufrecht *Reichthümer erlangend.*

*स्वप्ननिकेतन n. *Schlafgemach.*

स्वप्ननिदर्शन n. *Traumgesicht.* मृग° MBh. 1,2,196.

स्वप्ननिदर्शनीय Adj. *über Traumgesichter handelnd* Suçr. 1,104,14.

स्वप्नपर्यन्तम् Adv. *bis zum Ende der Schlafenszeit* Âpast. 1,11,33. Eben so zu lesen 1,9,21.

स्वप्नप्रकरण n., स्वप्नफलाफल n. und स्वप्नफलाध्याय m. (Opp. Cat. 1) Titel.

स्वप्नभाज् Adj. *dem Schlafe fröhnend* 181,22.

स्वप्नमाणव und °क m. *Traumbube, Bez. eines best. Zaubers, der eintreffende Träume bewirkt.*

स्वप्नमुखा f. etwa *Traumerscheinung.*

स्वप्नया A[illegible] *im Traume.*

स्वप्नलब्ध Ad[illegible] *Traume erlangt,* — *erschienen* Megh. 94.

स्वप्नवत् Adv. *wie vom Schlafe, wie aus einem Traume* (erwacht) Bhâg. P. 7,14,4.

*स्वप्नविचारिन् Adj. *Träume deutend.*

स्वप्नविनश्वर Adj. (f. ई) *vergänglich wie ein Traum* Ind. St. 15,369.

स्वप्नविपर्यय m. *Verkehrung der Schlafenszeit* Bhâvapr. 4,22.

स्वप्नवृत्त Adj. *im Traum erfolgt, geträumt* Ragh. 12,76.

(स्वप्नस्) सुअप्नस् Adj. *reich.*

स्वप्नसंदर्शन n. *Traumgesicht, Traum.* Pl. Megh. 103.

1. स्वप्नस्थान n. *Schlafgemach.*

2. स्वप्नस्थान Adj. *im Zustande des Schlafes sich befindend, schlafend, träumend.*

स्वप्नाध्याय m. Titel. °विद् so v. a. *Traumdeuter* Çaṁk. zu Bâdar. 3,2,4.

स्वप्नान्त m. *der Zustand des Schlafes,* — *des Traumes* R. 5,27,10. Çaṁk. zu Bâdar. 2,1,6.

स्वप्नान्तर n. dass. Verz. d. Oxf. H. 145,a,14. Ind.

St. 14,371. *°गत Adj. *geträumt.*

स्वप्नान्तिक n. *Bewusstsein im Traume.*

स्वप्नाभिकरण n. *Einschläferungsmittel, Schlaftrunk* oder dgl.

स्वप्नाय्, °यते 1) *schlafen wollen, schläfrig sein* MBH. 7,184,20. KÂD. 2,4,18 (4). — 2) *einem Traume gleichen.* °यित *einem Tr. gleichend.*

स्वप्नालु Adj. *schläfrig.*

स्वप्नेदुःष्वप्न्य n. *ein böses Traumgesicht.*

स्वप्नेश्वर m. N. pr. eines Autors.

स्वप्न्य n. *Traumgesicht.*

स्वप्न्यया Adv. *im Traume.*

स्वप्रकाश 1) Adj. *durch sich selbst offenbar, — klar.* Nom. abstr. °त्व n. SÂH. D. 23,13. — 2) Titel eines Commentars.

स्वप्रकाशप्रदीपिका f. und स्वप्रकाशरहस्य n. Titel von Werken.

स्वप्रतिकर Adj. R. GORR. 2,120,9 fehlerhaft für सुप्रतिकर.

स्वप्रतिनिधि m. *ein Substitut der eigenen Person.* Nom. abstr. °त्व n. Instr. so v. a. *statt seiner, — ihrer* (auf's logische Subject bezogen) SÂJ. zu ṚV. 1,125,1.

स्वप्रधान Adj. *selbständig, unabhängig.* Nom. abstr. °ता f.

स्वप्रभुता f. *Eigenmächtigkeit.*

स्वप्रयोग m. Abl. so v. a. *mittelst der eigenen Person, ohne fremde Beihülfe* KATHÂS. 29,38.

स्वप्रसार m. *das Oeffnen des Mundes* VOP. 23,2.

*स्वबीज n. *die Seele.*

स्वब्दिन् Adj. etwa *lechzend.*

स्वब्राह्मण्या f. M. 9,126 fehlerhaft für सुब्राह्मण्या, wie JOLLY hat.

स्वभक्त Adj. in einer Formel ÂPAST. ÇR. 10,10,6 etwa *aus sich selbst die Nahrung ziehend.*

*स्वभद्रा f. *Gmelina arborea.* v. l. सुभद्रा.

स्वभवस् Adj. etwa *in dem Selbst befindlich.*

*स्वभाजन n. schlechte v. l. für सभाजन.

स्वभानु Adj. *selbstleuchtend.*

स्वभाव m. (adj. Comp. f. आ) 1) *Geburtsort* VISHNUS. 85,55. — 2) *die eigene Art des Seins, inhärentes Wesen, Natur.* Auch Pl. स्वभावात्, स्वभावतस्, स्वभावेन und स्वभाव° *durch sein eigenes Wesen, von Natur, von Haus aus, durch sich selbst, von selbst.* स्वभावमापत्स्यते so v. a. *er wird der Natur den Tribut bezahlen.*

स्वभावकृत Adj. *sich von selbst machend, natürlich.*

स्वभावकृपण m. N. pr. eines Brahmanen (*von Natur geizig*).

स्वभावज Adj. *von Natur eigen, natürlich, angeboren, — Jmd* (im Comp. vorangehend).

स्वभावजनित Adj. dass.

स्वभावता f. (GÂTAKAM. 25,23) und स्वभावत्व n. Nom. abstr. zu स्वभाव 2).

स्वभावप्रभव Adj. = स्वभावज.

स्वभावभाव m. *das angeborene Wesen* Spr. 3296.

स्वभावसिद्ध Adj. 1) *von Natur eigen* Spr. 5690. — 2) *selbstverständlich* KÂÇ. zu P. 1,2,53.

स्वभावार्थदीपिका f. Titel eines Commentars.

स्वभाविकी Verz. d. Oxf. H. 89,b,39 wohl fehlerhaft für स्वाभाविकी.

स्वभावोक्त Adj. *selbst —, von freien Stücken ausgesagt* 216,9.

स्वभावोक्ति f. *Schilderung, Beschreibung* KÂVJAPR. 10,25. Comm. zu VÂSAV. 103.

स्वभावोन्नतभाव Adj. *von Natur eine hohe Gesinnung habend.* Nom. abstr. °त्व n. HARIV. 6318.

स्वभाषित KATHÂS. 33,31 wohl fehlerhaft für सुभाषित.

स्वभिगूर्त Adj. *richtig von Zuruf begleitet.*

स्वभिनिविष्ट Adj. *ganz hingegeben* VARÂH. BṚH. S. 19,11 (अध्यतरम्).

स्वभिराम Adj. *überaus erfreulich, — angenehm* R. ed. Bomb. 4,27,46. 28,65.

(स्वभिष्टि) सुअभिष्टि Adj. 1) *hülfreich, günstig, förderlich.* — 2) *begünstigt, aufgemuntert.*

(स्वभिष्टिसुम्न) सुअभिष्टिसुम्न Adj. *hülfreiche Huld erzeigend.*

(स्वभीशु) सुअभीशु Adj. *schön aufgezäumt.*

स्वभू 1) Adj. *durch sich selbst seiend* ÂPAST. ÇR. 10,26,15. — 2) m. Bez. a) Brahman's ÇÂÇVATA 685. — b) *Vishṇu's ebend. — 3) f. *das eigene Land, Heimat.*

स्वभूत Adj. *Jmd* (Gen.) *eigen* SÂJ. zu ṚV. 1,165, 4. 10,39,1 und zu TAITT. ÂR. 3,15,2. 6,7,3.

1. स्वभूति f. *das eigene Wohl.* °त्यर्थम् so v. a. *aus Eigennutz* Ind. St. 13,406. 468.

2. स्वभूति Adj. *von selbst entstehend* VS.

(स्वभूत्योजस्) स्वभूतिओजस् Adj. *naturwüchsige Kraft habend.*

1. स्वभूमि f. 1) *das eigene Land, Heimat.* — 2) *der eigene —, so v. a. geeignete Platz.*

2. स्वभूमि m. N. pr. eines Sohnes des Ugrasena.

(स्वभ्यक्त) सुअभ्यक्त (so betont in den Hdschrr.) *wohl gesalbt.*

स्वभ्यग्र Adj. 1) *sehr nahe bevorstehend.* — 2) *sehr rasch* (nach dem Comm.).

स्वभ्यस्त Adj. *von selbst erschrocken.*

स्वभ्यस्त Adj. *gut geübt* GÂTAKAM. 11. 15. 21.

स्वमनीषा f. *eigenes Gutdünken* Comm. zu NJÂJAS. 1,55.

स्वमनीषिका f. dass. ÇAṄK. zu BÂDAR. 3,2,20.

स्वमत् in घृतस्व° Nachtr. 6.

स्वमांस n. *das eigene Fleisch, der eigene Leib* M. 5,52. Chr. 90,32.

स्वमात्र Instr. *aus sich selbst.*

*स्वमेक (!) m. n. *Jahr.* Wohl fehlerhaft für सुमेक Adj.

स्वयंवर 1) Adj. (f. आ) *selbst wählend.* कन्या *ein Mädchen, das den Gatten sich selbst wählt.* भर्तृस्वयंवरा dass. — 2) m. a) *Selbstwahl, freie Wahl.* Am Ende eines Comp. *in Folge freier Wahl, aus eigenem Antriebe, von freien Stücken.* — b) insbes. *die den Mädchen der Kriegerkaste gestattete freie Wahl des Gatten.* Vgl. सीता° (auch BÂLAR. 85,1).

स्वयंवरण n. *die freie Wahl eines Gatten* (Obj.) BÂLAR. 59,5.

स्वयंवरप्रभा f. N. pr. der Gattin des Daitja Trailokjamâlin.

स्वयंवरयित्री Nom. act. f. *ein Mädchen, das den Gatten sich selbst wählt,* PR. P. 8,20.

स्वयंवरवापी f. (?) PAÑKAD.

स्वयंवश Adj. *von sich selbst abhängig, frei.*

स्वयंवह 1) Adj. *von selbst sich bewegend.* — 2) *ein best. Instrument.*

स्वयंवाद m. *eine eigene Behauptung.*

स्वयंवान्त Adj. *was man selbst vomirt hat* HEM. PAR. 1,377.

स्वयंविक्रीत Adj. *selbstverkauft.*

स्वयंविलीन Adj. *von selbst geschmolzen* MAITR. S. 3,6,2 (61,20). Comm. zu TS. 2,109,6.

स्वयंविशीर्ण Adj. *von selbst abgefallen* KUMÂRAS. 5,28.

स्वयंवृत Adj. *selbsterwählt* SÂJ. zu ṚV. 8,29,8.

स्वयंवेदन n. *spontanes Bewusstsein.*

स्वयंव्यक्तस्थलस्तोत्र n. Titel eines Stotra OPP. Cat. 1.

स्वयंशीर्ण Adj. *von selbst abgefallen* GAUT. Comm. zu ÂPAST. ÇR. 15,5,20.

स्वयंश्रुत Adj. *von selbst gereift.*

स्वयंश्रेष्ठ Adj. *von Natur der schönste* u. s. w. (Çiva).

स्वयंसंयोग m. *eine eheliche Verbindung auf eigene Hand mit* (Instr.) GAUT. 4,10 (getrennt gedr.).

स्वयंसमृद्ध Adj. *an sich vollständig.*

स्वयंसंभृत Adj. (f. आ) *selbstzusammengetragen. — verfasst* ÇAT. BR. 13,4,2,8.

स्वयंसिद्ध Adj. *von selbst fertig dastehend.*

स्वयंस्रंस् Adj. *von selbst fallend.*

स्वयंध्वस्त Adj. *von selbst abgefallen.*

स्वयंकारकारी, °कारिका und °कारी f. N. pr. einer bösen Fee, einer Tochter Duḥsaha's.

स्वयंहोतर् m. *ein Opferer auf eigene Hand.*

स्वयंहोम m. *ein Opfer auf eigene Hand, ein einfaches —, nicht förmliches O.* Comm. zu Âpast. Çr. 6,7,2. 8,1,16.

स्वयंहोमिन् Adj. *ein* Svajaṁhoma *darbringend.*

स्वयंकर्तृक Adj. *selbst ausgeführt* Comm. zu Âpast. Çr. 14,14,4.

स्वयंकृत und स्वयंकृत (AV. 8,3,9) Adj. (f. आ) 1) *selbstgemacht, — bereitet, — bewirkt* (Çiç. 2,110), *— vollbracht, — verfasst, — verübt* (Chr. 162,1). विग्रह m. so v. a. *auf eigene Hand unternommen.* — 2) *adoptirt.*

स्वयंकृतिन् Adj. *der Etwas selbst thut, selbst Hand anlegt.*

स्वयंकृष्ट Adj. *selbstgepflügt* Parâçara 2,6 (S. 429).

स्वयंक्रान्त Adj. *selbstbestiegen* (Thron).

स्वयंखात Adj. *selbstgegraben* Gobh. 4,7,14.

स्वयंगुणपरित्याग m. *freiwilliges Aufgeben des Fadens* und zugleich *— der Tugend.*

स्वयंगुप्त 1) * Adj. *durch sich selbst geschützt.* — 2) f. आ *Mucuna pruritus* Karaka 6,1. 20.

स्वयंगुरुत्व n. *die eigene Schwere.*

स्वयंग्रह m. *das Ergreifen auf eigene Hand, gewaltsames Ergreifen.*

स्वयंग्रहण n. *gewaltsames Ergreifen, — Ansichreissen* Veṇîs. 45,2. Kâdamb. 32,15.

1\. स्वयंग्राह m. dass. 292,10 (im Prâkrit).

2\. स्वयंग्राह 1) Adj. (f. आ) *auf eigene Hand zugreifend* MBh. 3,190,36. — 2) *freiwillig erfolgend* Mṛkkh. 109,24. °ग्राह° Adv. *von freien Stücken* Kumâras. 3,7. — 3) °ग्राहम् und °ग्राह° Adv. *gewaltsam.*

स्वयंग्राह्य Adj. *wobei man eigenmächtig* oder *gewaltsam verfährt.*

स्वयंचिति f. *Schichtung auf eigene Hand.*

स्वयंज Adj. (f. आ) *von selbst entsprungen.*

स्वयंजात Adj. *von selbst zu Etwas geworden* Kâty. Çr. 15,3,42.

स्वयंज्योतिस् Adj. *von selbst leuchtend.*

स्वयंत Adj. *sich selbst lenkend.*

स्वयंत्यक्त Adj. *selbstverlassen, — aufgegeben* 165,28.

स्वयंदत्त Adj. *selbstgegeben,* Bez. *eines elternlosen oder von den Eltern verlassenen Kindes, das sich selbst als Sohn einem Andern anbietet,* Gaut.

स्वयंदान n. *das Hingeben* (einer Tochter) *auf eigene Hand.*

स्वयंदिन Adj. *von selbst abgerissen.*

स्वयंदृश् Adj. *von selbst offenbar.*

स्वयंदोहिन् Adj. *selbst melkend.*

स्वयंनत Adj. (f. आ) *von selbst gebogen* Çâṅkh. Çr. 17,3,11.

स्वयंनिर्दिष्ट Adj. *selbstbezeichnet.*

स्वयम् Indecl. *selbst, von selbst, aus eigenem Antriebe.* In der späteren Sprache ist es 1) als Nomin. zu fassen und auf das Subject oder Prädicat zu beziehen; 2) als Instr. zu fassen und auf das logische (ein Instr. oder hinzuzudenken) oder das grammatische Subject zu beziehen; 3) auf einen Gen., Loc. oder Acc. zu beziehen.

स्वयमगुरुत्व n. *eigene Leichtigkeit.*

स्वयमधिगत Adj. *selbsterworben.*

स्वयमनुष्ठान n. *eigenes Vollbringen.*

स्वयमपोदित n. impers. *dem* (Abl.) *man sich von selbst entzogen hat* 22,2.

स्वयमभिगूर्त Adj. *selbstbegrüsst* TS. 3,2,8,1. Nach dem Comm. = स्वयमेव सोमपार्श्वं गन्तुमुद्यतः.

स्वयमर्जित Adj. *selbsterworben, — verschafft, — gewonnen* Gaut. Jâǵn. 2,118.

स्वयमवदीर्ण n. *eine natürliche Erdspalte.*

स्वयमवपन्न Adj. (f. आ) *von selbst abgefallen.*

स्वयमागत Adj. *von selbst gekommen;* von einem Arzte so v. a. *zudringlich.*

स्वयमातृण्ण 1) Adj. (f. आ) *von selbst löcherig* Âpast. Çr. 16,23. — 2) f. आ Bez. *bestimmter Backsteine.*

स्वयमातृण्णवत्त Adj. *von selbst löcherig.*

स्वयमानीत Adj. *selbstherbeigebracht* Hem. Par. 1,124.

स्वयमासनढौकन n. *eigenhändiges Herbeischaffen eines Sitzes.*

स्वयमाहृत Adj. *selbstherbeigebracht* Hem. Par. 1,124.

स्वयमाहृत्यभोजिन् Adj. *geniessend was man selbst herbeigebracht hat* MBh. 3,2,13.

स्वयमिन्द्रियमोचन n. *Onanie* Gobh. 3,1,26.

स्वयमीश्वर m. *sein eigener Herr, ein unumschränkter Gebieter.*

स्वयमीहितलब्ध Adj. *durch eigene Anstrengung gewonnen.*

स्वयमुक्ति m. *ein Angeber, der unaufgefordert als Zeuge gegen Jmd in einem Rechtshandel auftritt,* Nâr. 2,1,157 (S. 93).

स्वयमुज्ज्वल Adj. *von selbst strahlend.*

स्वयमुदित Adj. *von selbst entstanden.*

स्वयमुद्गीर्ण Adj. *von selbst herausgesprungen* (ein Schwert aus der Scheide).

स्वयमुद्घाटित Adj. *von selbst geöffnet, — aufgegangen* (Thür).

स्वयमुद्यत Adj. (f. आ) *von selbst angeboten* 67,32.

स्वयमुपस्थित Adj. (f. आ) *von selbst genaht, — gekommen.*

स्वयमुपेत Adj. *von selbst herangetreten.*

स्वयंपतित Adj. *von selbst abgefallen* (Frucht).

स्वयंपाठ m. *der natürliche, ursprüngliche Text.*

स्वयंपाप Adj. etwa *sich selbst ein Leid zufügend.* = घातक Comm.

स्वयंप्रकाश 1) Adj. *von selbst offenbar, sich selbst offenbarend.* — 2) m. N. pr. eines Autors Burnell, T.

स्वयंप्रकाशतीर्थ m. N. pr. eines Gelehrten.

स्वयंप्रकाशमान Adj. *selbstleuchtend* 281,17. Nom. abstr. °त्व n. 282,3.

स्वयंप्रकाशमुनि (Burnell, T.), °प्रकाशयति, °प्रकाशयोगीन्द्र, °प्रकाशसरस्वती und °प्रकाशानन्दसरस्वती m. N. pr. von Gelehrten.

स्वयंप्रज्वलित Adj. *von selbst entzündet* Kauç. 46,22.

स्वयंप्रदीर्ण n. *eine natürliche Erdspalte.*

स्वयंप्रभ 1) Adj. (f. आ) *von selbst leuchtend.* — 2) * m. N. pr. eines künftigen Arhant der Ǵaina. — 3) f. आ N. pr. *a)* einer Apsaras. — *b)* einer Tochter Hemasâvarṇi's. — *c)* einer Tochter Maja's.

स्वयंप्रभु Adj. *durch sich selbst mächtig* R. 1,2, 26 (als Comp. zu fassen). Verz. d. Oxf. H. 11,*b*,18 v. u.

स्वयंप्रशीर्ण Adj. *von selbst abgefallen.*

स्वयंप्रस्तुत Adj. *selbstgepriesen.*

स्वयंभग्न Adj. (f. आ) *von selbst abgebrochen, — abgefallen.* पर्णाशव्यासु °भग्नासु ungenau für °भग्नपर्णाशव्यासु.

स्वयंभु 1) Adj. n. zu स्वयंभू 1). — 2) m. Bein. *a)* Brahman's. — *b)* Çiva's.

स्वयंभुचैत्य n. Name eines Tempels des Âdibuddha in Nepâl Ind. Antiq. 9,188.

स्वयंभु Adj. = स्वयंभू 1). — 2) * m. Bez. des 1sten Manu; richtig स्वायंभुव. — 3) * f. आ *eine best. Staude.*

स्वयंभू 1) Adj. (n. °भु) *a) durch sich selbst entstanden, — seiend, selbständig.* — *b)* zu Buddha *in Beziehung stehend.* — 2) m. *a)* Bez. α) Brahman's Çiç. 14,56. 82. — β) Buddha's. — γ) * eines Pratjekabuddha. — δ) Âdibuddha's. — ε) eines Arhant bei den Ǵaina. — ζ) des Liebesgottes. — *b)* * = अन्तरिक्ष. — *c)* * *die Zeit.* — *d)* * Bez. *zweier Pflanzen,* = माषपर्णी und लिङ्गिनी. — *e)* * N. pr. des 3ten schwarzen Vâsudeva bei den Gaina.

स्वयंभूक्षेत्रमाहात्म्य Burnell, T. 196,a. स्वायं° gedr.

स्वयंभूपुराण n. Titel eines buddh. Purâṇa.

स्वयंभूमातृकातन्त्र n. Titel eines Tantra.

स्वयंभूलिङ्ग n. = ज्योतिर्लिङ्ग.

*स्वयंभूलिङ्गसंभूता f. eine best. Pflanze, = लिङ्गिनी Râǵan. 3,33.

स्वयंभृत Adj. selbsterhalten, — ernährt.

स्वयंभोज m. N. pr. eines Sohnes 1) des Pratikshatra. — 2) des Çini.

स्वयंभ्रमि oder °न् Adj. von selbst rollend.

स्वयंमथित Adj. von selbst gebuttert.

स्वयंमूर्त Adj. von selbst geronnen.

स्वयंमृत Adj. von selbst gestorben.

स्वयंम्लान Adj. von selbst welk geworden Kauç. 32,13.

स्वयशस् Adj. durch sich selbst ansehnlich, — Eindruck machend, — imposant, — herrlich, selbständig. Compar. °शस्तर.

स्वयावन् Adj. von selbst — oder den eigenen Weg gehend.

स्वयु Adj. 1) sich selbst überlassen. — 2) frei schaltend.

स्वयुक्त Adj. durch sich selbst angespannt (das Gespann der Marut).

स्वयुक्ति f. 1) eigenes Gespann. — 2) स्वयुक्त्या und स्वयुक्तितस् natürlicher Weise, selbstverständlich.

स्वयुग्वन् m. ein Verbündeter.

स्वयुज् m. dass.

स्वयुति f. the line which joins the extremities of the perpendicular and diagonal Colebr. Alg. 298.

स्वयूथ्य m. ein Angehöriger MBh. 12,120,10.

1. स्वयोनि f. der Mutterleib, die eigene Geburtsstätte, der eigene Heimatsort; ein Mutterleib der eigenen Kaste. — MBh. 12,4297 fehlerhaft für श्वयोनि.

2. स्वयोनि 1) Adj. (f. auch ई) a) blutsverwandt. — b) aus sich selbst entstehend. — 2) n. कश्यपस्य Name eines Sâman Ârsh. Br. स्वयोनिनी Lâṭj. 4,6,15.

स्वयोनिगुणाकृत् Adj. ebenso wirkend wie das, woraus es bereitet ist, Bhâvapr. 2,55.

1. स्वर्, स्वरति (अर्चतिकर्मन्, शब्दोपतापयोः) 1) einen Laut von sich geben, erschallen, tönen. — 2) erschallen lassen. — 3) besingen. — Caus. 1) स्वरयति (आक्षेपे) mit dem Svarita-Ton sprechen. Pass. स्वर्यते den Svarita-Ton haben 227,14. Ist eigentlich Denomin. von स्वर. — 2) स्वरित a) erklingen gemacht. — b) betont, accentuirt. — c) mit dem Svarita-Ton versehen Vaitân. — d) hinzugefügt, beigemischt (vgl. स्वरितत्व 3). Beruht auf einem Missverständniss von आक्षेप im Dhâtupâṭha, welches in der Bed. 5) zu fassen ist. — * Desid. सिस्वरिषति und सुस्वूर्षति. — *Intens. सास्वर्यते. — Mit अति den Ton ausklingen lassen. — Mit अनु Caus. s. सानुस्वरित. — Mit समनु nachklingen. — Mit अभि 1) mit Tönen begrüssen, singend einfallen, einstimmen. Wird auch durch अभि-गम् erklärt. — 2) den Ton hinüberleiten. — Mit अव 1) ertönen ṚV. 8,69(58),9. — 2) austönen, die Stimme sinken lassen. — Mit उप einstimmen. मनसा in Gedanken mitsingen. — Mit नि in निंष्वर (= निर्गच्छ Comm.). v. l. निंष्पर. — Mit निस् wegsingen. — Mit परि in परिस्वार. — Mit प्र einen gezogenen Ton ausstossen. — Mit प्रति in प्रतिस्वर 1). — Mit सम् 1) zusammentönen, — stimmen. — 2) mitsingen (in demselben Tone). — 3) im Chor besingen, — anrufen. — 4) Med. संस्वरिषीष्ठाम् Bhaṭṭ. = उपतापय nach dem Comm. — Mit अभिसम् einstimmig besingen, — begrüssen, — einladen.

2. स्वर्, स्वरति leuchten, scheinen. — Caus. स्वरयति dass. — Mit प्रत्या in प्रत्यास्वर. — Mit प्रति in प्रतिस्वर 2).

3. स्वर्, सुंअर्, सुवर् (TS. TBr.) Indecl. im Sinne eines Nomin., Acc., Loc. (ṚV. Hemâdri 1,449,20), Abl. (Naish. 6,99) und Gen. 1) die Sonne. — 2) Sonnenlicht, Sonnenschein. — 3) Licht, Glanz. — 4) das Freie, der freie Raum. — 5) der lichte Raum oben, Himmel (auch als Sitz der Seligen und Götter, aber auch der Asura). स्वः प्रयातः so v. a. gestorben. — 6) in der Opferformel भूर्भुवःस्वः. Bei der Annahme von 14 Welten nimmt स्वर् die 3te Stelle unter den 7 aufsteigenden Welten ein. — 7) ein best. Ekâha. — 8) * Wasser.

स्वर und स्वर 1) m. (adj. Comp. f. आ) a) Schall, Ton. — b) Stimme. — c) Ton bei der Recitation u. s. w., unterschieden nach seiner Stärke oder nach Höhe und Tiefe in der Tonleiter. — d) Ton; so v. a. Accent. — e) ein musikalischer Ton, Note (deren sieben, auch sechs). अष्टम Naish. 12,106. — f) Bez. der Zahl sieben Ind. Antiq. 9,185. — g) Vocal. — h) durch die Nase entlassene Luft. — i) Bein. Vishṇu's Vishṇus. 98,46. — 2) f. स्वरा N. pr. der ersten Gemahlin Brahman's. — 3) n. a) = 1) e) Sâj. zu ṚV. 10,146,2. — b) Name verschiedener Sâman Ârsh. Br.

स्वरकर Adj. Stimme machend.

स्वरक्षय m. Verlust der Stimme.

स्वरनु f. N. pr. eines Flusses.

स्वरघ्न m. eine best. Krankheit der Kehle, vielleicht Croup.

(स्वरंकृत) सुअरंकृत Adj. wohl hergerichtet (यज्ञ).

स्वरचिन्ता f. Betrachtung über die Vocale als Titel.

स्वरच्छिद्र n. Tonloch einer Flöte S. S. S. 180.

(स्वरण) सुअरण Adj. hellklingend, gut bei Stimme. Nach den Erklärern = प्रकाशनवत् und शब्दयितर्.

स्वरतत्त्वचमत्कार m. (Burnell, T.), °तत्त्वोदय m. und स्वरतन्त्र n. Titel.

स्वरता f. Nom. abstr. zu स्वर 1) e). Vgl. u. नष्टहीनविकलविकृतस्वर.

स्वरतिक्रम m. das Uebersteigen des Himmels, so v. a. das Gelangen nach Vaikuṇṭha.

स्वरदोष Adj. in der Auguralkunde ungünstig von Seiten des Lautes, — der Stimme.

स्वरधीत m. Bein. des Meru Vâgbh. 1,24.

स्वरधीतसार m. Bein. Indra's ebend.

स्वरनाभि m. eine Art Flöte S. S. S. 195.

स्वरपञ्चाशत् f. und °शद्व्याख्या f. Titel Opp. Cat. 1.

*स्वरपत्तन n. die Stadt der musikalischen Töne, so v. a. der Sâmaveda.

स्वरपरिभाषा f. (Burnell, T.) und स्वरप्रस्तार m. (Opp. Cat. 1) Titel.

स्वरपुरंजय m. N. pr. eines Sohnes des Çesha VP². 4,212.

स्वरपृष्ठ Adj. das Svarasâman zum Pṛshṭha habend Lâṭj. 4,6,16. Çâṅkh. Çr. 11,12,10.

स्वरब्रह्मन् n. das in Laute gefasste Brahman, so v. a. die heilige Schrift.

स्वरभक्ति f. Vocaltheil, so heisst der einem r oder l vor folgendem Consonanten nachgeschlagene vocalische Klang.

स्वरभङ्ग m. 1) das Stottern. — 2) Heiserkeit.

*स्वरभङ्गिन् m. ein best. Vogel.

स्वरभूत Adj. vocalisch geworden, so v. a. dessen Halbvocal nebst nachfolgendem Vocal in u oder i übergegangen ist.

स्वरभेद m. 1) Heiserkeit. — 2) Verstellung der Stimme. Instr. mit verstellter Stimme. — 3) Verrath durch die Stimme. — 4) Verschiedenheit des Accentes. — 5) Verschiedenheit der musikalischen Töne.

स्वरभैरव m. Titel eines Werkes.

स्वरमध्यनृत्य n. ein best. Tanz S. S. S. 263. 265.

स्वरमञ्जरी f. Titel eines Werkes Opp. Cat. 1.

स्वरमण्डल m. (S. S. S. 185) und *°मण्डलिका f. eine Art Laute.

स्वरमल्लकाण्ड n. und स्वरमेलनकलानिधि m. Titel Opp. Cat. 1.

स्वरमात्रा f. *Tonstärke* Vaitân. 17,4.

स्वरयितव्य n. impers. *mit dem* Svarita *zu sprechen.*

स्वरयोग m. *Verbindung der Laute, so v. a. Stimme* Kâd. 81,18 (148,7).

स्वरयोनि m. oder f. *die dem* Svarasâman *zu Grunde liegende* Ṛk Çâṅkh. Çr. 11,12,7. 11.

स्वररत्नकोश m. und °रत्नभाण्ड n. Titel.

*स्वरलासिका f. *Pfeife, Flöte.*

स्वरवत्त् Adj. 1) *klingend, laut* Vaitân. 22,11. — 2) *eine wohlklingende Stimme habend.* — 3) *betont* Saṁhitopan. 7,1. — 4) *mit einem Vocal versehen* Saṁhitopan. 23,1.

स्वरविधि m. Titel Opp. Cat. 1,3088.

स्वरविभक्ति f. *Zertheilung eines Vocals* (beim Sâman-*Gesang*).

स्वरशस् Adv. *je nach den Accenten.*

स्वरशास्त्र n. *ein über Laute, Stimme u. s. w. handelndes Lehrbuch.*

स्वरशिक्षा f. Titel Opp. Cat. 1.

स्वरस् in घर्मस्वरस्.

1. स्वरस m. 1) *der eigene Saft, der aus irgend einem Stoff gewonnene Saft ohne andere Beimischung.* — 2) *eigene Neigung.* °तस् *aus Neigung, zum Vergnügen* Comm. zu Âpast. Çr. 15,20,8. — 3) *Gefühl für die Seinigen.* — 4) *das Hängen an der eigenen Person, Selbsterhaltungstrieb.* — 5) *Analogie.*

2. स्वरस 1) Adj. (f. आ) *gefallend, zusagend.* — 2) m. N. pr. eines Berges.

स्वरसंयोग m. 1) *Stimme.* — 2) *die fortlaufenden Töne* (eines *Gesanges*).

स्वरसंस्वारवत् Adj. *den Accenten nach richtig* Ragh. 15,76; vgl. jedoch स्वरसंस्कारौ Nir. 2,1.

स्वरसंक्रम m. und स्वरसंदर्भ m. *das Steigen und Fallen der Stimme, Modulation.*

स्वरसंदेहविवाद m. *ein best. Gesellschaftsspiel* Kâd. 224,20 (369,17).

स्वरसमुच्चय m. Titel eines Werkes Opp. Cat. 1.

स्वरसंपद् f. *Wohllaut der Stimme, eine wohlklingende Stimme.*

स्वरसंपन्न Adj. (f. आ) 1) *wohlklingend.* — 2) *mit einer wohlklingenden Stimme versehen.*

*स्वरसाद m. *Verlust der Stimme* Râgan. 20,18.

स्वरसामन् 1) m. Bez. *der drei Tage vor und nach dem* Vishuvant *des* Gavâmajana, *also die letzten des ersten und die ersten des zweiten Halbjahrs* Vaitân. — 2) n. Name eines Sâman.

स्वरसार, स्वरसिंह m., स्वरसिद्धान्तचन्द्रिका f. (Burnell, T. Opp. Cat. 1) und °सिद्धान्तमञ्जरी f. (Opp. Cat. 1) Titel.

स्वरसी Adv. mit कर् *zu Saft machen.*

स्वरसुबोधिनी f. und स्वरस्वरूप n. Titel Opp. Cat. 1.

स्वरहन् m. = स्वरघ्न.

स्वरांश m. 1) **ein halber oder ein viertel Ton.* — 2) *ein Siebentel.*

स्वराङ्क m. *eine Art Composition* S. S. S. 166.

स्वराङ्कुश m. Titel Burnell, T.

स्वराज् (Nomin. °राट्) 1) Adj. *selbst herrschend, unabhängig, sich selbst regierend, — lenkend.* — 2) m. *a) Selbstherr, ein unabhängiger Fürst.* — *b)* Bez. Brahman's, Vishṇu-Kṛshṇa's und eines Manu. — *c) ein best.* Ekâha Vaitân. — *d) ein best. Sonnenstrahl.* — 3) f. Bez. *verschiedener Metra.*

स्वराजन् Adj. Subst. (f. °राज्ञी) = स्वराज् 1) 2) *a*).

स्वराज्य, स्वराज्यिय n. 1) *eine unabhängige Herrschaft.* — 2) *das eigene Reich.* — 3) इन्द्रस्य स्वराज्यम् Name eines Sâman Ârsh. Br.

स्वरान्त Adj. 1) *vocalisch auslautend.* — 2) *den* Svarita *auf der letzten Silbe habend.*

*स्वरापगा f. Bein. der Gaṅgâ.

स्वरार्णव m. Titel eines Werkes.

*स्वरालु m. *eine best. aromatische Wurzel,* = वचा.

स्वरावधान n. (Opp. Cat. 1) und स्वराष्टक n. Titel.

1. स्वराष्ट्र n. *das eigene Reich* M. 7,111.

2. स्वराष्ट्र m. N. pr. 1) Pl. eines Volkes. — 2) eines Fürsten.

स्वराष्ट्रीय Adj. *zum eigenen Reich gehörig.* °जन m. Pl. *die Unterthanen* Kull. zu M. 7,111.

स्वरि Adj. *laut, lärmend.*

स्वरित 1) Adj. s. u. dem Caus. von स्वर्. — 2) m. n. *der sogenannte* Svarita-*Ton.*

स्वरितत्व n. 1) *das den* Svarita-*Ton Haben.* — 2) Nom. abstr. zu स्वरित 2). — 3) *das Hinzugefügtsein, Beigesetztsein* Naish. 9,42. Vgl. u. स्वर् Caus. 2) *d*).

स्वरितर् Nom. ag. *Laute erschallen lassend.*

स्वरितवत् Adj. *einen* Svarita *enthaltend.*

स्वरित्र, सुस्वरित्र Adj. (f. आ) *mit guten Rudern versehen.*

स्वरी s. u. स्वर्य.

स्वरीयस् (स्वरीयंस् Adj.) n. विश्वोत्स्वरीणि स्वरीयांसि Namen von Sâman Ârsh. Br.

स्वरु m. 1) *das von einem Stamm abgeschnittene lange Holzstück, starker Pfahl; Opferpfosten.* Im Ritual *Spahn des* Jûpa Gaim. 4,2,1 (S. 470). 4,5. — 2) **Donnerkeil.* — 3) **Pfeil.* — 4) **Opfer.* — 5) **Sonnenschein oder Sonnenstrahl.* — 6) **eine Art Scorpion.*

1. स्वरुचि f. *eigenes Gefallen, — Wille, — Lust* Çiç. 16,44. Instr. *nach eigenem Willen.*

2. स्वरुचि Adj. *dem eigenen Willen —, der eigenen Lust folgend, sich gehen lassend.*

*स्वरुस् m. *Donnerkeil.*

1. स्वरूप n. (adj. Comp. f. आ) 1) *die eigene Gestalt, — Form, die Form —, die Gestalt von* (Gen. oder im Comp. vorangehend) 43,24. °तस् *in seiner eigenen Gestalt.* शब्दस्य, शब्द° und स्वरूप allein *das Wort in seiner eigenen Form, das Wort selbst* (im Gegensatz zu seinen *Synonymen* und *Unterarten*) 231, 16. नाम्नाम् so v. a. *die Namen selbst.* — 2) *die eigene Beschaffenheit, Eigenthümlichkeit, Wesen, Natur, Charakter.* °तस् und स्वरूप° *von Natur, von Haus aus, in Wirklichkeit, von selbst, durch sich selbst* Kap. 5,33. 42. — 3) *Begebenheit, Ereigniss* Ind. St. 15,266 u. s. w. Kampaka 227. 236. 272. Uttamak. 292.

2. स्वरूप 1) Adj. *a*) * = बुध. — *b*) = मनोज्ञ. Richtig सुरूप. — *c*) fehlerhaft für सरूप. — 2) m. N. pr. *a*) eines Daitja. — *b*) eines Sohnes der Sunandâ. — *c*) eines Schulers des Kaitanja. — 3) m. oder n. N. pr. einer Oertlichkeit.

स्वरूपक 1) n. f. (°पिका) *Form, so v. a. Bildniss von* (Gen.) Hemâdri 1,806,18. 19. — 2) am Ende eines adj. Comp. = 1. स्वरूप 2).

स्वरूपता f. Nom. abstr. 1) zu 1. स्वरूप 1). Instr. so v. a. *buchstäblich.* — 2) zu 1. स्वरूप 2). — 3) Râgat. 3,489 fehlerhaft für सुरूपता.

स्वरूपत्व n. Nom. abstr. zu 1. स्वरूप 2).

स्वरूपनिरूपण n. und स्वरूपनिर्णय m. Titel.

°स्वरूपवत् Adj. *die Gestalt von — habend.*

स्वरूपसंबोधन n., °पञ्चविंशतिवृत्ति f. (Bühler, Rep. No. 697), स्वरूपानुसंधान n. (Burnell, T.) und °स्तोत्र n. Titel.

स्वरूपिन् Adj. 1) *seine eigene, d. i. natürliche Gestalt habend.* Am Ende eines Comp. *in der Gestalt von — erscheinend.* — 2) *mit einer Gestalt versehen, leibhaftig.*

स्वरूपोत्प्रेक्षा f. *eine Art Gleichniss* Kuvalaj. 29, a. fgg. (40, a. fgg.).

स्वरूपोपनिषद् f. Titel einer Upanishad.

*स्वरेणु m. N. pr. einer Gemahlin des Sonnengottes. Vgl. सुरेणु und सरण्यू.

स्वरोचस् Adj. *durch sich selbst leuchtend.* v. l. स्वरोचिस्.

स्वरोचि f. *eigener Strahl.* Pl. Mârk. P. 63,7.

स्वरोचिष Mârk. P. 61,4 fehlerhaft für स्वारो-

चिष.

1. स्वरोचिस् n. = *eigenes Licht.*

2. स्वरोचिस् 1) Adj. *durch sich selbst leuchtend.* — 2) m. N. pr. eines Sohnes des Gandharva Kali und der Apsaras Varûthinî.

स्वरोदय 1) Adj. *einen Vocal nach sich habend.* — 2) m. n. Titel Burnell, T. Opp. Cat. 1. °विवरण n.

स्वरोपघात m. *Heiserkeit* Hemâdri 1,727,18. 21.

स्वरोपघातिन् Adj. *an Heiserkeit leidend* Hemâdri 1,618,2. 726,21.

स्वरोपध Adj. *einen Vocal an vorletzter Stelle habend.*

स्वर्क, सुग्रर्क Adj. *schön singend.*

स्वर्ग, सुग्रर्ग, सुवर्ग (TS. TBr.) 1) Adj. *zum Licht —, zum Himmel gehend, — führend; im Himmelslicht befindlich, himmlisch.* In Verbindung mit लोक m. (auch Pl.) *Lichtwelt, Himmelsraum.* संतोषो वै स्वर्गतमः könnte auch *der schönste Himmel* bedeuten. — 2) m. *a) Himmel* meist als *Aufenthalt der Götter und Seligen; himmlische Freude.* स्वर्गं गा, ग्रा-स्था und ग्रा-पद् auch so v. a. *sterben.* Einmal n. — *b) ein best.* Ekâha. — *c)* N. pr. eines Sohnes des Rudra Bhîma VP. 1,8,12.

स्वर्गकाम Adj. *den Himmel wünschend.*

स्वर्गखण्ड n. Titel.

स्वर्गगति f. *der Gang in die Himmelswelt,* auch so v. a. *Tod* 46,23. 57,3.

स्वर्गगमन n. *das Eingehen in den Himmel,* so v. a. *Sterben.*

स्वर्गगामिन् Adj. *in den Himmel kommend.*

*स्वर्गङ्गा f. Bein. der Mandâkinî.

स्वर्गच्युत Adj. *vom Himmel herabgestiegen* Spr. 7315.

स्वर्गजित् Adj. *den Himmel gewinnend.* Superl. °जित्तम.

स्वर्गजीविन् Adj. *im Himmel lebend* Âpast.

स्वर्गत Adj. 1) *im Himmel sich befindend.* — 2) *gestorben* Çiç. 18,65.

स्वर्गतरंगिणी f. 1) *ein Himmelsstrom.* — 2) Bein. der Gaṅgâ Spr. 4982.

स्वर्गतरु m. *ein im Himmel wachsender Baum.*

स्वर्गति f. *der Eingang in den Himmel;* auch so v. a. *Tod.*

स्वर्गद्वार n. 1) *Himmelsthor* Âpast. — 2) N. pr. eines Tîrtha.

स्वर्गपति m. Bein. Indra's.

स्वर्गपथ m. *der Weg zum Himmel,* wohl Bez. *der Milchstrasse.*

स्वर्गपर्वन् n. Titel des 18ten *Buchs* im MBh.

स्वर्गपुरी f. *die Himmelsstadt,* d. i. Amarâvatî.

स्वर्गभर्तृ m. Bein. Indra's Çiç. 14,76.

स्वर्गमन n. *das Eingehen in den Himmel,* so v. a. *Sterben.*

स्वर्गमन्दाकिनी (Conj.) f. *die himmlische* Mandâkinî.

स्वर्गमार्ग m. 1) *der Weg zum Himmel.* — 2) wohl Bez. *der Milchstrasse.* — 3) N. pr. eines Tîrtha.

स्वर्गमार्गपद m. N. pr. eines Tîrtha Vishṇus. 85,41.

स्वर्गयाण 1) Adj. (f. ई) *zum Himmel gehend, — führend* Ait. Âr. 51,18. — 2) n. *der Weg zum Himmel.*

स्वर्गयोनि f. *Stätte des Himmels,* so v. a. *was zum Himmel führt.*

स्वर्गराज्य n. *die Herrschaft über den Himmel, Himmelreich.*

1. स्वर्गलोक m. *die Himmelswelt.* Auch Pl.

2. स्वर्गलोक Adj. *der Himmelswelt angehörig, dort weilend.*

*स्वर्गलोकेश m. *der Körper.*

*स्वर्गवधू f. *eine* Apsaras.

स्वर्गवत्त् Adj. *im Besitz des Himmels seiend.*

स्वर्गवास m. *Wohnort im Himmel.*

स्वर्गसद् m. *ein Bewohner des Himmels, ein Gott, ein Seliger.*

*स्वर्गसारिद्वरा f. Bein. der Gaṅgâ.

स्वर्गस्त्री f. *eine* Apsaras.

स्वर्गस्थ Adj. *im Himmel weilend,* so v. a. *gestorben.*

स्वर्गस्थित Adj. 1) *im Himmel weilend;* m. so v. a. *ein Gott, ein Seliger.* — 2) *gestorben.*

*स्वर्गह्वाय Adj.

स्वर्गापगा f. Bein. der Gaṅgâ.

स्वर्गामिन् Adj. *in den Himmel eingehend* oder *eingegangen,* so v. a. *sterbend* und *gestorben.*

स्वर्गाय्, °यते in भू°.

स्वर्गारोहण n. *das Ersteigen des Himmels, Himmelfahrt.* °पर्वन् n. Titel des 18ten *Buchs* im MBh.

स्वर्गारोहणिक Adj. *die Himmelfahrt betreffend.* पर्वन् n. so v. a. स्वर्गारोहणपर्वन् MBh. 1,2,78. 81.

स्वर्गार्गल m. oder n. *der Riegel am Himmelsthor.*

स्वर्गावास m. *Himmelsbehausung.*

*स्वर्गिगिरि m. Bein. des *Berges* Meru.

स्वर्गिन् Adj. 1) *des Himmels theilhaftig* Saṁhitopan. 41,4. m. *ein Gott, ein Seliger.* — 2) *heimgegangen, gestorben.*

*स्वर्गिगिरि m. = स्वर्गिगिरि.

*स्वर्गिवधू und *स्वर्गिस्त्री f. *eine* Apsaras.

स्वर्गीय Adj. *zum Himmel in Beziehung stehend, himmlisch.* काय n. so v. a. *Verbrennung eines Leichnams.*

स्वर्गोपग Adj. *in den Himmel kommend* Kâraṇḍ. 32,13.

स्वर्गौकस् m. *Himmelsbewohner, ein Gott, ein Seliger.*

स्वर्ग्य, सुवर्ग्य (TS.) Adj. (f. श्रा) 1) *zum Himmel führend, himmlisch; die Seligkeit verschaffend.* सेतुषामन् n. Name eines Sâman. स्वर्ग्यस्य लोकस्य गमनानि als Name eines Sâman fehlerhaft für स्वर्गस्य लो° ग°. — 2) *des Himmels theilhaftig.*

(स्वर्चतस्) सुग्रर्चतस् Adj. *aussehend wie Licht.*

स्वर्चन Adj. als Erklärung von स्वर्क.

(स्वर्चनस्) सुग्रर्चनस् Adj. *etwa angenehm wie das Himmelslicht oder dem Himmel gefällig.*

स्वर्चि, सुग्रर्चि Adj. *schön strahlend.*

स्वर्चिस् Adj. *schön flammend* Hemâdri 1,138,7 = 2,43,1.

स्वर्जि f. *Natrum.*

स्वर्जिक (Karaka 3,7) m., स्वर्जिका f. (Karaka 6,18), स्वर्जिकाक्षार m. und स्वर्जिक्षार m. dass.

स्वर्जित्, सुग्रर्जित् 1) Adj. *Licht —, die Sonne —, den Himmel gewinnend, — verschaffend.* — 2) m. *a) ein best. Opfer.* — *b)* N. pr. eines Mannes.

*स्वर्जिन् m. *Natrum.*

(स्वर्जेष) सुग्रर्जेष m. *Gewinnung von Licht* u. s. w.

स्वर्ज्योतिर्निधन 1) Adj. स्वर्ज्योतिस् *zum Schlusssatz habend* Çat. Br. 8,7,4,6. — 2) n. Name eines Sâman Ârsh. Br.

स्वर्ज्योतिस् 1) Adj. *im Himmelslicht glänzend.* — 2) n. Name zweier Sâman Ârsh. Br.

स्वर्ण 1) m. *ein best.* Agni. — 2) n. *a) Gold* Râǵan. 13,1. 8. °धुर्य n. Sg. *Gold und ein Lastthier.* — *b)* als Gewicht *ein* Karsha *Gold.* — *c) eine Art Röthel.* — *d) eine best. Pflanze.* Nach den Lexicographen *eine best. Gemüsepflanze* (गौरसुवर्ण), *Stechapfel* und *die Blüthe von Mesua Roxburghii.*

स्वर्णक 1) m. *ein best. Baum.* — 2) n. *Gold.*

*स्वर्णकण m. *eine Art Bdellium.*

स्वर्णकणिका f. Pl. *Goldstaub.*

*स्वर्णकाय m. Bein. Garuḍa's.

स्वर्णकार m. *Goldschmied.* Nom. abstr. °ता f.

स्वर्णकारक m. dass. Hem. Par. 2,446.

स्वर्णकूट (Conj. für °कूठ) N. pr. einer Oertlichkeit.

स्वर्णकृत् m. *Goldschmied* Hem. Par. 2,465.

स्वर्णकेतकी f. *Pandanus odoratissimus* Pańkad.

*स्वर्णक्षीरिणिका und °क्षीरी f. *eine best. Pflanze* Káraka 6,18. 7,7. Nach Mat. med. 319 *Cleome felina.*

स्वर्णखण्डाय्, °यते *zu einem Stücke Gold werden.*

स्वर्णगणपति m. *eine Form* Gaṇeça's.

स्वर्णगिरि m. N. pr. eines *Berges.*

स्वर्णगैरिक n. *eine Art Röthel.*

स्वर्णगौरीव्रत n. *eine Art Begehung* Burnell, T.

स्वर्णग्राम m. N. pr. eines *Dorfes.*

स्वर्णग्रीव N. pr. 1) m. eines Wesens im Gefolge Skanda's. — 2) f. आ eines Flusses.

स्वर्णघर्म m. Bez. *eines best.* Anuvâka.

स्वर्णचूड m. 1) *der blaue Holzhäher.* — 2) * *Hahn.* — 3) N. pr. eines Fürsten Harshak. 166,15.

*स्वर्णचूडक m. = स्वर्णचूड 1).

स्वर्णचूल m. wohl dass.

*स्वर्णज n. *Zinn.*

*स्वर्णजातिका und *°जाती f. *eine Art Jasmin* Bhâvapr. 1,226.

*स्वर्णजीवन्तिका und *°जीवा f. *Hoya viridiflora.*

स्वर्णजीरी (!) f. *eine best. Mixtur.*

स्वर्णद 1) Adj. *Gold spendend.* — 2) *f. आ und ई (dieses fehlerhaft) *Tragia involucrata.*

स्वर्णदामा f. N. pr. einer Göttin.

स्वर्णदी f. 1) Bein. *a)* der Gaṅgâ. — *b)* *der Mandâkinî. — 2) fehlerhaft für स्वर्णदा.

*स्वर्णदीधिति m. *Feuer.*

*स्वर्णदुग्धा und °दुग्धी f. *eine best. Pflanze,* = स्वर्णक्षीरी Karaka 7,7.

*स्वर्णद्रु m. *Cassia fistula.*

स्वर्णद्वीप m. n. *Goldinsel,* wohl *Sumatra.*

*स्वर्णधातु m. *rother Ocker* Râgan. 13,61.

स्वर्णनाभ m. 1) *Ammonit.* — 2) *ein best. über Waffen gesprochener Zauberspruch.*

*स्वर्णनिभ n. *eine Art Röthel.*

*स्वर्णपक्ष m. Bein. Garuḍa's.

*स्वर्णपद्मा f. *die himmlische* Gaṅgâ.

*स्वर्णपर्णी f. *Hoya viridiflora.*

*स्वर्णपाठक m. *Borax.*

*स्वर्णपारेवत n. *ein best. Fruchtbaum.*

स्वर्णपुङ्ख 1) Adj. *mit goldenem* Puṅkha (Pfeil) MBh. 8,28,4. — 2) m. *ein solcher Pfeil* Çiç. 18,55.

*स्वर्णपुष्प 1) m. *a) Cassia fistula.* — *b) Michelia Champaka.* — 2) f. आ *a) Methonica superba.* — *b) Pandanus odoratissimus.* — *c)* = सप्तला. — 3) f. ई *a) Cassia fistula.* — *b)* = स्वर्णली. — *c)* = सप्तला.

*स्वर्णपुष्पिका f. *Jasmin.*

स्वर्णप्रस्थ m. N. pr. eines Upadvîpa in Gambudvîpa.

*स्वर्णफला f. *eine Art Musa.*

स्वर्णबिन्दु m. 1) *Bein. Vishṇu's. — 2) N. pr. eines Tîrtha. Auch °तीर्थ n.

स्वर्णभाज् m. *eine best. Sonne.*

*स्वर्णभूमिका f. *Zimmet* oder *Cassiarinde.*

*स्वर्णभूषण 1) m. *Cassia fistula* Bhâvapr. 1,172. — 2) n. *eine Art Röthel.*

स्वर्णमय Adj. *golden* Ind. St. 15,374. 399. 436. 437. Vgl. सर्व°.

स्वर्णमन्ना f. N. pr. eines Flusses.

स्वर्णमाक्षिक n. *eine Art Schwefelkies* Mat. med. 36. Bhâvapr. 1,142. 2,93. fg.

*स्वर्णमातर् f. *eine best. Pflanze.*

स्वर्णमुखरीमाहात्म्य n. Titel Burnell, T.

स्वर्णमूल m. N. pr. eines Berges.

स्वर्णमूषिका f. *eine best. Pflanze* Karaka 8,10. Vielleicht स्वर्णयूथिका gemeint.

स्वर्णयूथी f. *gelber Jasmin* Mat. med. 319.

स्वर्णर् Adj., nur Voc. Sg. (ṚV. 1,70,5 nach Geldner) und Pl. स्वर्णरस् ṚV.

स्वर्णर, सुवर्णर 1) Adj. *licht, ätherisch.* — 2) m. *a) Lichtraum, Aether.* — *b) eine best. Sonne* Comm. zu Ait. Âr. 395, 7. — *c)* vielleicht N. pr. eines Mannes.

*स्वर्णरम्भा f. *eine best. Pflanze.*

स्वर्णरूपिन् Adj. *goldfarbig* Hemâdri 1,442,12.

स्वर्णरेखा f. 1) *Goldstrich* (auf dem Probirstein). — 2) N. pr. *a)* einer Vidjâdharî. — *b)* eines Flusses VP[2]. 2,154.

स्वर्णरेतस् Adj. *dessen Same Gold ist* (von der Sonne).

स्वर्णरोमन् m. N. pr. eines Fürsten.

*स्वर्णलता f. 1) *Cardiospermum Halicacabum.* — 2) *Hoya viridiflora.*

स्वर्णलाभ m. = स्वर्णनाभ 2).

*स्वर्णली f. *eine best. Pflanze.*

*स्वर्णवङ्ग m. *ein best. medic. Präparat aus Zinn* Mat. med. 70.

स्वर्णवज्र n. *eine Art Stahl.*

स्वर्णवणिज् m. *Goldhändler (eine best. Mischlingskaste).*

*स्वर्णवर्ण n. *gelber Ocker* Madanav. 52,27.

*स्वर्णवर्णभाज् f. *Terminalia Chebula.*

*स्वर्णवर्णा f. *Gelbwurz.*

*स्वर्णवर्णाभा f. *eine best. Pflanze.*

*स्वर्णवल्कल m. *Bignonia indica.*

*स्वर्णवल्ली f. *eine best. Pflanze* Bhâvapr. 1,208. Râgan. 7,185.

स्वर्णविद्या f. wohl *die Kunst Gold zu machen.*

स्वर्णशिख m. *ein best. Vogel,* = स्वर्णचूड.

स्वर्णशृङ्गिन् m. N. pr. eines Berges.

*स्वर्णशेफालिका f. *Cassia fistula* Bhâvapr. 1,172.

स्वर्णशैल m. N. pr. eines *Berges* Pańkad.

स्वर्णष्ठीविन् m. N. pr. = सुवर्ण° MBh. 12,29,149.

स्वर्णसंचया f. N. pr. einer Stadt Pańkad.

*स्वर्णसिन्दूर m. *ein best. metallisches Präparat* Mat. med. 36.

स्वर्णसू Adj. *Gold erzeugend* (Berg).

स्वर्णस्थ Adj. *in Gold gefasst.*

स्वर्णाकर m. *Goldmine.*

*स्वर्णाङ्ग m. *Cassia fistula* Bhâvapr. 1,172.

*स्वर्णारि n. 1) *Blei.* — 2) *Schwefel.*

*स्वर्णाह्वा f. *eine best. Pflanze.*

स्वर्णिधन n. स्वर् *als Schlusssatz* Tâṇḍja-Br. 11,10,14. fg. Lâṭj. 1,6,36.

स्वर्णीत Adj. *in den Himmel geführt.*

*स्वर्णुली f. v. l. für स्वर्णली.

स्वर्णेतर् Nom. ag. *Beförderer zum Himmel* (unter den Namen für राजन्).

*स्वर्त्, स्वर्तयति (गतौ).

(स्वर्थ) सुवर्थ Adj. (f. आ) *das richtige Ziel verfolgend.*

*स्वर्द्, स्वर्दते (आस्वादने, संचरणे, प्रीतिलिह्योः).

स्वर्द Adj. *den Himmel* स्वर् *verleihend* Hariv. 14116.

स्वर्दा Adj. *Himmelslicht verleihend* Âpast. Çr. 17,5.

(स्वर्दृश्) सुवर्दृश् Adj. (Nomin. °दृक्) *die Sonne —, das Licht schauend;* auch wohl *aussehend wie Licht* oder *die Sonne.*

स्वर्देव m. N. pr. eines Mannes.

स्वर्धिन् m. *ein guter Parteigenosse.*

स्वर्धुनी f. Bein. der Gaṅgâ.

स्वर्धेनु f. *die Himmelskuh,* = कामधेनु Spr. 7853.

स्वर्नगरी f. *die Himmelsstadt,* d. i. Amarâvatî. °कृता *zur H. gemacht.*

*स्वर्नदी f. = स्वर्णदी.

स्वर्नयन Adj. *zum Himmel führend.*

स्वर्पति, सुवर्पति m. 1) *Herr des Lichts.* — 2) Bein. Indra's Çiç. 14,74.

स्वर्भाणु m. = स्वर्भानु = Râhu Hem. Par. 1,314.

स्वर्भानव 1) *m. *Hyacinth* Râgan. 13,187. — 2) f. ई *eine Tochter des* Svarbhânu.

स्वर्भानवीय Adj. von स्वर्भानु zu Subhâshitâv. 1479.

स्वर्भानु, सुवर्भानु m. 1) Name eines die Sonne (und den Mond) verfinsternden Dämons, später = Râhu. — 2) N. pr. eines Sohnes *a)* des Kaçjapa VP. 1,21,12. — *b)* des Kṛshṇa.

स्वर्भानुसूदन m. Bein. der Sonne.

स्वर्मणि m. *die Sonne* Bâlar. 307,18.

(स्वर्मीळ्ह) सुवर्मीळ्ह 1) Adj. *wobei es den Kampf um Sonne* oder *Licht gilt.* — 2) n. *Kampf um Licht.*

स्वर्य, स्वरिय Adj. (f. आ, ved. स्वरी) 1) *lärmend, schallend, tosend, brüllend, schwirrend.* — 2) *der Stimme zuträglich* Karaka 6,8.

स्वर्पत्त् Adj. VS. 17,68 fehlerhaft für स्वर् पत्त्.

स्वर्यशस् n. *die Herrlichkeit des Himmels* Bhâg. P. 1,10,27.

स्वर्यस् n. विष्णोस्त्रीणि स्वर्यासि Namen von Sâman Ârsh. Br. v. l. स्वरीयस्.

स्वर्यात Adj. *in den Himmel eingegangen*, auch so v. a. *gestorben*.

स्वर्यातर् Nom. ag. *zum Himmel gehend*, so v. a. *sterbend* MBh. 5,129,32.

स्वर्याति MBh. 7,2991 fehlerhaft für शर्याति.

स्वर्यान n. *das Eingehen in den Himmel*, so v. a. *das Sterben*.

(स्वर्यु) सुवर्यु Adj. *nach Licht u. s. w. verlangend*.

स्वर्योषित् f. *eine* Apsaras Bâlar. 89,10.

स्वर्लीन N. pr. einer Oertlichkeit.

1. स्वर्लोक m. *die Himmelswelt* und *eine best. Himmelswelt;* auch Bez. des Berges Meru Daçak. 1,13.

2. स्वर्लोक Adj. *der Himmelswelt theilhaftig;* m. *ein Gott, ein Seliger*. Nom. abstr. °ता f.

स्वर्लोकशिखर m. Bein. des Berges Meru.

स्वर्वधू f. *ein himmlisches Weib, eine* Apsaras Hem. Par. 1,216. 2,308.

स्वर्वत्, सुवर्वत्, सुवर्वत् (TS.) Adj. 1) *licht, himmlisch*. — 2) *das Wort* स्वर् *enthaltend*. स्वर्वन्निधन Adj. Lâṭj. 7,7,25.

*स्वर्वापी f. Bein. der Gaṅgâ.

स्वर्वाहिनी f. desgl. Bâlar. 90,13.

स्वर्विद्, सुवर्विद्, सुवर्विद् (TS.) Adj. *Licht —, Sonne —, den Himmel verschaffend, — gewinnend, — besitzend, himmlisch*.

स्वर्विस् Adj. Hemâdri 1,138,7 fehlerhaft für स्वर्चिस्.

स्वर्वीथि f. N. pr. der Gattin Vatsara's.

स्वर्वेश्या f. *eine himmlische Buhldirne, eine* Apsaras.*

स्वर्वैद्य m. Du. *die beiden himmlischen Aerzte, die* Açvin.

(स्वर्षा) सुवर्षा Adj. = स्वर्विद्.

(स्वर्षाति) सुवर्षाति f. *Gewinnung des Lichts* u. s. w.

स्वर्हण n. *eine grosse Verehrung*.

स्वर्हत् Adj. *überaus ehrwürdig*. Superl. °र्हत्तम.

स्वलक्षण Adj. *seine besonderen specifischen Merkmale habend, mit nichts Anderem zu vergleichen, etwas für sich Besonderes*.

स्वलक्षित Adj. *durchaus nicht bemerkt, — wahrnehmbar* Bhâg. P. 2,5,20.

स्वलंकृत् (metrisch MBh. 1,221,50) und °कृत Adj. *schön geschmückt*.

स्वलदा f. N. pr. einer Tochter Raudrâçva's. v. l. खलाबला च st. स्वलदा चैव.

स्वलिखित n. *eine eigenhändige Quittung* Vishṇus. 6,26.

स्वलीन m. N. pr. eines Dânava.

स्वल्प Adj. (f. आ) *sehr klein, von geringem Umfange, sehr wenig, sehr kurz* (Zeit), *— gering, unbedeutend*. स्वल्पाङ्गुलि f. *der kleine Finger*. Instr. *in kurzer Zeit*. Compar. °तर *ganz unbedeutend*.

स्वल्पक Adj. (f. स्वल्पिका [so die Hdschrr.], सुअल्पिका) *sehr klein, — schmal, — wenig, — gering, — kurz* (Zeit).

*स्वल्पकेशिन् m. *eine best. Pflanze*.

*स्वल्पकेसरिन् m. *Bauhinia variegata* Bhâvapr. 1,204.

स्वल्पजातक n. Titel eines Werkes.

स्वल्पतन्त्र Adj. *aus kurzen Abschnitten bestehend, concise abgefasst*. Nom. abstr. °त्व n. Kathâs. 7,13.

स्वल्पतस् Adv. *ganz nach und nach, — allmählich*.

स्वल्पदृश् Adj. *sehr kurzsichtig* (in übertragener Bed.).

*स्वल्पद्रावक n. *ein best. durch Destillation gewonnenes mineralisches Präparat* Mat. med. 13.

*स्वल्पपत्त्रक m. *eine Art Bassia*.

*स्वल्पफला f. 1) *Andersonia Rohitaka*. — 2) *eine Art* Hapushâ oder Adj. f. *kleine Früchte habend*.

स्वल्पबल Adj. *überaus schwach* Hit. 27,18.

स्वल्पयात्रा f. Varâhamihira's *kleinere (kürzere)* Jâtrâ Utpala zu Varâh. Bṛh. 20,10.

स्वल्पवयस् Adj. *sehr jung* 133,29.

स्वल्पवित्तवत् Adj. *sehr wenig besitzend* Hemâdri 1,382,11.

*स्वल्पशरीर Adj. *einen kleinen Körper —, eine Zwerggestalt habend*.

स्वल्पशिलाय्, °यते *zu einem kleinen Felsen werden*.

स्वल्पातिविस्तर Adj. (f. आ) *sehr kurz und sehr ausführlich* Verz. d. Oxf. H. 63,*a*, No. 111.

स्वल्पी Adv. mit भू *gering werden, einschmelzen* (in übertragener Bed.).

स्वल्पीयंस् Adj. *sehr wenig* M. 11,8.

स्वल्पेच्छ Adj. *anspruchlos*. Nom. abstr. °ता f.

स्ववंशज Adj. *aus Jmds* (Gen.) *Geschlecht entsprossen* Hariv. 2,110,76.

स्ववंशिन् Adj. *zu Jmds* (Gen.) *Geschlecht gehörig* Hariv. 9669.

स्ववंश्य Adj. *zu seinem Geschlecht gehörig* MBh. 13,91,45. Râǵat. 3,331.

स्ववंस् s. स्ववस्.

स्ववक्लिन्न Adj. *gut erweicht, breiig* Karaka 1,16 (95,12).

स्ववग्रह Adj. *leicht zurückzuhalten, — im Zaume zu halten, — zu lenken*.

स्ववच्छन्न Adj. *wohl zugedeckt* Karaka 89,16.

स्ववत् Adv. *wie sein Eigenthum, als wenn es sein E. wäre* Gaut. 12,28.

स्ववत् Adj. *vermögend, wohlhabend* Gaim. 6,1,17. Nom. abstr. स्ववत्ता f. 16. Vgl. स्ववस्.

स्ववर्गीय Adj. *zu der eigenen Sippe* (Pańkat. 212,6) —, *zu der eigenen* (Consonanten-) *Gruppe gehörig*.

स्ववर्ग्य Adj. *zu der eigenen* (Consonanten-) *Gruppe gehörig* Âçv. Çr. 1,2,16.

1. स्ववश Adj. (f. आ) *frei über sich verfügend, selbständig, frei*. Nom. abstr. °ता f.

2. स्ववश Adj. *sich gar nicht in der Gewalt habend* Vâsav. 74,2.

स्ववशंकृत Adj. *in die Gewalt von* (Instr.) *gebracht* R. ed. Bomb. 2,11,22.

स्ववशिनी f. *ein best. Metrum*.

स्ववश्य Adj. *von selbst* (d. i. dem Subject des Satzes) *folgsam*.

(स्ववस् und स्ववंस्) सुअ° Adj. *guten Schutz habend, — gewährend, hülfreich*.

स्ववस् Adj. Schreibart des Padap. für स्वावस्.

स्ववार m. *der eigene Platz*. Acc. mit समा-स्था *seinen Platz einnehmen, sich an seinen Platz stellen* R. 2,80,5.

स्ववासिन् 1) n. जमदग्नेः स्ववासिनी Name zweier Sâman Ârsh. Br. — 2) f. °नी = सुवासिनी Çiçvata 476.

स्वविकत्थन Adj. *sich selbst lobend, prahlend*.

स्वविग्रह m. *der eigene Leib*. Acc. so v. a. *sich*.

स्वविच्छन्दस् Adj. = स्वच्छन्दस् + विच्छन्दस् Lâṭj. 6,1,2.

स्वविद्युत् Adj. *von selbst blitzend*.

स्वविधि m. Instr. 1) *auf seine (ihre) Weise*. — 2) *auf die gehörige Weise*.

स्वविधेय Adj. *was man selbst zu vollbringen hat* Naish. 3,100.

स्वविषय m. 1) *das eigene Land, Heimat*. कस्मिंश्चित्स्वविषये so v. a. *in einer Gegend —, an einem Orte seines Reiches* 39,5. — 2) *der eigene Bereich, — Wirkungskreis*.

स्ववोक्षित Adj. R. ed. Bomb. 4,31,5 fehlerhaft für स्ववेक्षित.

स्ववृक्ति f. *Aneignung*. Instr. Pl. so v. a. *ausschliesslich für uns*.

स्ववृज् Adj. *sich aneignend, für sich nehmend*.

स्ववृत्ति f. MBh. 1,8350 und R. ed. Bomb. 4,24,

7 fehlerhaft für स्ववृत्ति.

स्ववृत्ति f. 1) *die Einem eigene Lebensweise* R. ed. Bomb. 4,24,7. — 2) *der eigene Lebensunterhalt, die eigene Existenz.* Auch Pl. Instr. Sg. so v. a. *auf Kosten —, mit Hintansetzung des eigenen Lebens* MBh. 1,229,20. — 3) *Selbständigkeit, Unabhängigkeit.*

स्ववृष्टि Adj. *den Regen für sich behaltend.*

स्ववेत्त Adj. (f. आ) *wofür man gute Vorsorge getroffen hat* R. 5,75,1.

स्ववेक्षित Adj. *wohlerwogen* R. 4,31,5.

स्ववैरिता f. *feindseliges Benehmen gegen sich selbst.* निद्रापुषः °तां कर् so v. a. *sich selbst um's Leben bringen* Naish. 9,35.

स्वव्याज Adj. *ganz ehrlich* MBh. 13,32,36.

स्वश m. Pl. N. pr. eines Volkes. Richtig खश.

स्वशक्ति f. 1) *die eigene Macht, — Kraft* M. 9, 298. Instr. *nach Kräften* Spr. 7327. Ind. St. 15, 409. — 2) *die wirkende Kraft* (eines Gottes), *seine Energie* Bhâg. P. 3,8,12.

स्वशिरस् Hariv. 7429 fehlerhaft für स्वःशिरस्.

स्वशोचिस् Adj. *von selbst strahlend.*

स्वश्चन्द्र Adj. *von selbst schimmernd.*

स्वश्चूडामणि m. *das Diadem des Himmels.*

स्वश्लाघा f. *Selbstlob.* Vgl. अस्वश्लाघान्यनिन्द.

(स्वश्व) सुअश्व Adj. (f. आ) *gute Rosse habend, wohlberitten, wohlbespannt.*

(स्वश्वयु) सुअश्वयु Adj. *sich als Renner zu zeigen begierig.*

स्वश्विय, स्वश्व्य und सुअश्विय n. 1) *gute Rosszucht, Besitz trefflicher Rosse.* — 2) *Reitkunst, Fahrkunst.*

स्वःशिरस् Adj. *dessen Haupt der Himmel ist* Hariv. 2,72,40.

(स्वष्ट्र) सुअष्ट्र Adj. *mit gutem Stachel bewaffnet.*

स्वसंयुक्त Adj. *mit ihm selbst verbunden.*

1. स्वसंविद् f. *die Erkenntniss des eigenen —, d. i. wahren Wesens.*

2. स्वसंविद् Adj. *der sich nur selbst erkennt.*

स्वसंवृत Adj. *auf seiner Hut seiend.* Richtig wohl सुसंवृत.

स्वसंवेद्य Adj. *nur der eigenen Person verständlich* Çaṅk. zu Bâdar. S. 1133, Z. 1.

स्वसंहिता f. *das Verbundensein* (nur) *mit sich, so v. a. das Fürsichstehen, Alleinsein.*

स्वसत्ता f. *das in seinem Besitz —, zu seiner Verfügung Sein* Paddh. zu Kâty. Çr. 4,12 (398,12).

स्वसदृश Adj. (f. आ) *der eigenen Person ähnlich, — entsprechend.*

स्वसमान Adj. *dass.*

स्वसमुत्थ Adj. 1) *im Selbst entstehend, — entstanden.* — 2) *durch sich selbst entstanden, — seiend,* so v. a. *natürlich.*

स्वसंभव Adj. 1) *dem man seinen Ursprung verdankt* Bhâg. P. 3,9,26. — 2) *aus ihm selbst* (auf das Subject zu beziehen) *entstanden.*

स्वसंभूत Adj. *aus sich selbst entstanden.*

स्वसंमुख Adj. *zu sich selbst gekehrt.*

स्वसर् f. *Schwester.* Bildlich von *zusammengehörigen weiblich benannten Sachen.*

स्वसर n. 1) *Hürde, Stall.* — 2) *gewohnter Ort, Wohnplatz, Wohnung.* — 3) *Nistplatz der Vögel.* — 4) * *Tag.*

स्वसर्व n. *die ganze Habe.*

स्वसा (metrisch) f. = स्वसर्.

स्वसार n. = स्वसर RV. 1,178,2.

स्वसिच् Adj. *von selbst ausgiessend* TS. 1,8,14, 2. Vgl. सुसिच्.

स्वसित Adj. *ganz schwarz.*

स्वसिद्ध Adj. 1) *von selbst zu Stande gekommen, — kommend.* — 2) *von Natur eigen.*

स्वसृघ्न m. *Schwestermörder.*

स्वसृत् Adj. *den eigenen Weg gehend.*

स्वसृत्व n. *Schwesterschaft.*

स्वसेतु Adj. (f. eben so) *seinen eigenen Damm — oder seine eigene Brücke bildend.*

(स्वस्तक) सुअस्तक Adj. *ein gutes Heimwesen habend.*

स्वस्तमित (Conj.) n. *ein schöner Sonnenuntergang* AV. 19,8,3.

स्वस्तर m. *eine selbstbereitete Streu* (zum Sitzen oder Liegen) Âpast. Vgl. प्रस्तर, अस्तर und स्वास्तर.

स्वस्ति, सुअस्ति 1) f. (Instr. स्वस्ति und später स्वस्त्या) *Wohlsein, Glück, Gelingen.* स्वस्तिम् Hemâdri 1,323,21. 812,22. स्वस्तिभिस् so v. a. *glücklich.* Wird auch als Göttin (auch स्वस्तिदेवी) und als Kalâ personificirt. — 2) Adv. (ursprünglich Instr.) *wohl, glücklich* (Gâtakam. 27), *mit Erfolg;* so v. a. *schön Dank* Hemâdri 1,95,13. Mit Dat. so v. a. *vale, valete* Spr. 5828. Bâlar. 110,20. 160,3. Harshaḱ. 178,20. Gâtakam. 28,68. Am Anfange eines Briefes so v. a. *meinen Gruss zuvor.* — 3) hieraus entspringt ein scheinbar indeclinables Neutrum, das als Nomin. und Acc. gefasst werden kann, in der Bed. *Wohlergehen, Heil, Glück.*

स्वस्तिक 1) m. a) *eine Art Barde* (*Heil rufend*) R. ed. Bomb. 2,16,46. — b) *eine best. glückbringende Figur, überh. Kreuzform* Vâsav. 190,3. Auf einem Globus zur Bez. bestimmter Puncte oder Stellen; auch als Muster in einem Gewebe Viçvaneçvara zu Jâin. 2,180 (nach Aufrecht). — c) *eine Schüssel von best. Form.* — d) * *ein Glück bringender Gegenstand überh.* — e) *das Kreuzen der Hände auf der Brust* Çiç. 10,43. Vgl. हस्त°. — f) *Kreuzverband.* — g) *eine Art Gebäck mit vier Zipfeln.* — h) * *eine Art Knoblauch.* — i) * *Hahn.* — k) * *Wollüstling.* — l) N. pr. α) eines Schlangendämons. — β) eines Wesens im Gefolge Skanda's. — γ) eines Dânava. — δ) eines Dichters (Z. d. d. m. G. 36,557) und eines andern Mannes. — 2) m. n. a) *ein Gebäude in Kreuzform* Hemâdri 2, 59,8. — b) * *Marsilea quadrifolia.* — 3) n. *das Sitzen mit gekreuzten Beinen.*

*स्वस्तिककर्ण Adj. *mit der Figur* Svastika *am Ohr gezeichnet.*

स्वस्तिकयन्त्र n. *ein gebogenes, hakenförmiges chirurgisches Instrument.*

स्वस्तिकर m. N. pr. eines Mannes.

स्वस्तिकर्मन् n. *das Heilbringen, Wohlergehenlassen, Segnen, Lohnen.*

स्वस्तिकार m. 1) *ein Barde, der „Heil" ruft.* — 2) *das Heilbringen, Wohlergehenlassen.* — 3) *der Ausruf* स्वस्ति.

स्वस्तिकाहस्त m. Verz. d. Oxf. H. 202, b, 27 wohl nur fehlerhaft für स्वस्तिको हस्तः.

स्वस्तिकी Adv. mit कर् *kreuzen* (die Hände).

स्वस्तिकृत् Adj. *Glück bereitend, Heil bringend* (Çiva).

स्वस्तिगव्यूति Adj. *glückliche Fluren habend* Maitr. S. 2,7,2 (75,8).

(स्वस्तिगा) सुअस्तिगा Adj. *zum Glück führend.*

स्वस्तिता f. *der Zustand des Wohlseins.*

स्वस्तिद Adj. *Wohlsein gebend* (Çiva).

(स्वस्तिदा) सुअस्तिदा Adj. *dass.*

स्वस्तिदेवी f. *die Göttin* Svasti.

स्वस्तिपुर n. N. pr. eines Tîrtha.

स्वस्तिमन्त्, सुअस्तिमन्त् 1) Adj. a) *sich wohlbefindend, wohlbehalten, glücklich.* — b) *Glück bringend.* — c) *das Wort* स्वस्ति *enthaltend.* — 2) स्वस्तिमती f. N. pr. einer der Mütter im Gefolge Skanda's.

*स्वस्तिमुख 1) Adj. *das Wort „Heil" im Munde führend, Glück wünschend.* — 2) m. a) *ein Brahmane.* — b) *Brief* (*mit* स्वस्ति *beginnend*).

स्वस्तिवचन n. *das Aussprechen des* Svasti *über Etwas* MBh. 3,198,13.

(स्वस्तिवह्) सुअस्तिवह् (stark °वाह्) Adj. *glücklich führend* (Wagen).

स्वस्तिवाच् f. und °वाचक m. *Segensspruch,*

Glückwunsch.

स्वस्तिवाचन 1) n. *a) eine an Brahmanen gerichtete Aufforderung ihren Segenswunsch für Unternehmungen u. s. w. auszusprechen* und *die bei dieser Gelegenheit dafür gereichte Gabe* 294,9. 296, 28. 30 (überall im Prâkrit). — *b)* Titel eines Werkes. — 2) * Adj. = स्वस्तिवाचनं प्रयोजनमस्य.

स्वस्तिवाचनिक Adj. *der das* Svasti *über Etwas ausspricht* Mahâvîrak. 43,10. Prasannar. 70,9.

स्वस्तिवाचित Adj. *den man aufgefordert hat das* Svasti *über Etwas auszusprechen* MBh. 3,198,13.

1. स्वस्तिवाच्य 1) Adj. *aufzufordern den Segenswunsch für Unternehmungen u. s. w. auszusprechen.* — 2) n. = स्वस्तिवाचन 1) *a).*

2. स्वस्तिवाच्य Absol. *Jmd* (Acc.) *das* स्वस्ति *über Etwas aussprechen heissend.*

स्वस्तिवाद m. *das Aussprechen des* Svasti *über Etwas* Dh. V. 24,10.

(स्वस्तिवाहन) सुस्वस्तिवाहन Adj. *glücklich führend.*

*स्वस्ती Adv. mit अस् so v. a. स्वस्ति.

स्वस्त्य Adj. *glücklich.* स्वस्त्यं पन्थाम् Daçak. zu Kauç. 137,25.

स्वस्त्यत्तर n. so v. a. *Danksagung* Hemâdri 1,93,7.

स्वस्त्ययन 1) n. Sg. und Pl. (adj. Comp. f. आ) *a) glücklicher Fortgang, Glück, Gelingen* Gâtakam. 32. — *b) Glück —, Segenswunsch, — spruch* Gâtakam. 32,36. Acc. mit वच् Caus. *sich Glück wünschen, sich den Segen für Etwas erbitten.* — *c) ein Segen bringendes —, Glück verheissendes Mittel* Gâtakam. 8,7. 9. 19,15. — 2) Adj. (f. ई) *Glück bringend, — verheissend.* Superl. स्वस्त्ययनतम.

स्वस्त्यर्थचरित Adj. *der glücklich sein Ziel erreicht hat* Sâmav. Br. 2,4,6.

स्वस्त्यात्रेय m. 1) N. pr. *eines alten Weisen.* Pl. *sein Geschlecht.* — 2) *das von ihm verfasste Lied.* — 3) *Spiegel.*

स्वस्त्यास्तरण n. R. ed. Bomb. 2,81,11 wohl fehlerhaft für स्पर्ध्यास्तरण. Nach dem Comm. = स्वस्तिकाकारमण्डलवदास्तरणम्.

स्वस्थ Adj. (f. आ) 1) *in seinem natürlichen Zustande sich befindend, — verharrend, unverletzt, unbehelligt* (Gâtakam. 22,55), *wohl auf, gesund* (am Körper oder an der Seele), *guter Dinge.* Compar. °तर. — 2) *im eigenen Ich —, im Subject befindlich.* — Häufig v. l. सुस्थ.

स्वस्थचित्त Adj *bei gesundem Verstande, nicht verrückt* Gâtakam. 22,30.

स्वस्थता f. *das Wohlsein, Gesundsein, Wohlbehagen.*

स्वस्थवृत्त n. *Behandlung bei einer gesunden Person* Karaka 389,8.

1. स्वस्थान n. *der eigene Platz, — Ort, Heimat* 100,18. 132,2.

2. स्वस्थान Adj. *an seinem Orte befindlich.*

स्वस्थारिष्ट n. *Todesanzeichen an einem Gesunden* Açvav. 23,1.

स्वस्थी Adv. 1) mit कर् *in seinen natürlichen Zustand bringen* Pańkad. (Conj.). — 2) mit भू *in seinen natürlichen Zustand kommen,* so v. a. *nüchtern werden.*

स्वस्रीय 1) m. *Schwestersohn* 101,11. — 2) f. स्वस्रीया *Schwestertochter.*

स्वस्वकाल m. *die entsprechende Zeit für Jedes* Spr. 6471.

स्वस्वध m. Pl. Bez. *bestimmter Manen.*

स्वस्वप्राण m. Pl. *je sein Lebensathem, — Leben* Sâj. zu Ṛv. 10,18,4.

स्वस्वभाव m. *sein u. s. w. angeborenes Wesen* Mṛkkh. 168,16.

स्वस्वरुचि Adj. Pl. *jeder in seiner Weise glänzend* Ind. St. 15,292.

स्वस्वरूप n. *sein wahrer Charakter* 287,17. Hem. Jog. 4,45.

स्वस्वामिभाव m. *das Verhältniss von Besitz und Besitzer* Kap. 6,67.

स्वःसद् Adj. *im Himmel seinen Sitz habend;* m. *ein Gott* Naish. 5,123.

स्वःसरित् f. Bein. der Gaṅgâ.

स्वःसामन् n. Name eines Sâman.

स्वःसिन्धु f. Bein. der Gaṅgâ.

स्वःसुन्दरी (Bâlar. 72,15) und स्वःस्त्री f. *eine* Apsaras.

स्वःस्यन्दन m. *der himmlische —,* d. i. Indra's *Wagen.*

स्वःस्रवन्ती f. Bein. der Gaṅgâ.

स्वहतवासस् Adj. *in schöne ungewaschene (neue) Gewänder gekleidet* Hemâdri 1,722,11.

स्वहन्तर् Nom. ag. *Selbstmörder* Ind. St. 15,334.

स्वहरण n. *Wegnahme —, Einziehung des Vermögens* Gaut. 12,27.

स्वहस्त m. 1) *die eigene Hand* 140,14. 155,29. 157,8. 296,4. 318,6. सीता° Ragh. 14,19. Acc. mit दा *seine Hand zu Etwas* (Loc.) *bieten* Bâlar. 194, 6. — 2) *die eigene Handschrift, Selbstgeschriebenes* Vishṇus. 7,13.

स्वहस्तस्वस्तिकस्तनी Adj. f. *mit gekreuzten Händen die Brüste bedeckend* Kathâs. 108,69.

स्वहस्तिका f. *Haue, Hacke.*

स्वहस्तित Adj. *von seiner u. s. w. Hand gehalten, — gestützt* Naish. 6,33.

स्वहित 1) Adj. *a) der eigenen Person frommend.* — *b) der eigenen Person* (auf das Subject bezogen) *gewogen.* — 2) n. *das eigene Wohl* Çiç. 16,39.

स्वहोतर् m. *selbst* Hotar.

स्वक्ष m. N. pr. eines Sohnes des Vishṇu von der Dakshiṇâ.

1. स्वाकार m. *das eigene —, natürliche Wesen.*

2. स्वाकार Adj. *von anständiger Erscheinung* Harshak. 111,11.

स्वाकारकर m. *ein best.* Samâdhi Kâraṇḍ. 32,6.

स्वाकूति m. N. pr. eines zu den Gaja gezählten göttlichen Wesens.

स्वाकृति Adj. *von schönem Aussehen, schön. hübsch* (Person) 130,21.

(स्वाक्त) सुस्वाक्त n. *gute Salbung.*

*स्वाक्तपाद m. = मात्तपाद.

*स्वाक्तर n. *Autographon.*

स्वाख्यात Adj. *selbstverkündet.* Nom. abstr. °ता f.

स्वागत 1) Adj. *a) willkommen.* — *b) auf rechtlichem Wege eingegangen, — erworben* (Besitz). — 2) m. N. pr. *a)* eines Buddha. — *b)* eines Fürsten VP². 3,334. — *c)* eines Kaufmanns. — 3) f. आ *ein best. Metrum.* — 4) n. (adj. Comp. f. आ) *a) die Begrüssung „willkommen", Bewillkommnung.* स्वागतं ते ऽस्तु oder स्वागतं ते *ich rufe dir „willkommen" zu.* — *b) Wohlergehen, Gesundheit.* °प्रश्न m. *eine Erkundigung darnach.*

*स्वागतिक Adj. *der Jmd willkommen heisst.*

स्वागती Adv. mit कर् *zum Gruss „willkommen" machen.*

स्वागम m. *Bewillkommnung.*

स्वाग्रयण Adj. *einen guten* Âgrajaṇa (Graha) *bildend.*

स्वांकृत Adj. *sich zu eigen gemacht, ergriffen* TS. 1,4,2,1.

*स्वाङ्किक m. *Trommelschläger.*

स्वाङ्ग n. *ein Theil des eigenen Körpers, der eigene Körper,* d. i. *Körpertheil —, Körper in eigentlicher, nicht übertragener Bedeutung* P. 3,4,61. Spr. 7614.

स्वाङ्गशीत Adj. *an allen Theilen erkaltet* Bhâvapr. 2,87. 89. 3,89.

*स्वाङ्गि m. Patron. von स्वङ्ग.

स्वाचरण Adj. *von gutem Wandel* MBh. 15,10,11.

स्वाचान्त Adj. *der sich gut den Mund ausgespült hat* Vishṇus. 21,1. 16. 65,1. 73,2.

1. स्वाचार m. *guter Wandel, gute Sitten.* Auch Pl.

2. स्वाचार Adj. (f. आ) *wohlgesittet* Hemâdri 1,614,17.

स्वाचारवत् Adj. dass. Varâh. Jogaj. 9,14.

स्वाच्छन्द्य n. *Freiheit, Unabhängigkeit.* Abl. *freiwillig, aus eigenem Antriebe.*

स्वाजन्य n. *Angehörigkeit, Verwandtschaft* Hem. Par. 2,37.

स्वाजीव und स्वाजीव्य Adj. *guten Lebensunterhalt gewährend.*

स्वाज्ञा f. *sein* (auf das logische Subject bezogen) *Befehl.* Acc. mit ग्रह् *seine Befehle anerkennen, sich ihnen unterwerfen* Uttamak. 372.

स्वाञ्जलयक n. *das Zusammenlegen seiner Hände, so v. a. Bitten, gute Worte.*

*स्वाढ्यंकर Adj. *leicht reich zu machen.*

*स्वाढ्यंकरण Adj. *leicht reich machend.*

*स्वाढ्यंभव Adj. *leicht reich zu werden.*

(स्वातत) सुआतत Adj. 1) *wohl gespannt.* — 2) *wohl gezielt.*

स्वातन्त्र n. vielleicht nur fehlerhaft für स्वातन्त्र्य.

स्वातन्त्र्य n. *freier Wille, Selbständigkeit, Unabhängigkeit* Çiç. 5,48. Abl. (Kap. 3,12) und Instr. *eigenmächtig, aus freien Stücken, sponte, von einem Andern unabhängig, für sich.*

स्वाति 1) f. *das 13te* (oder *15te*) *Mondhaus.* Auch स्वाती und Pl. स्वात्यस्. — 2) *Adj. *unter dem Mondhaus* Svâti *geboren.* — 3) m. N. pr. eines Sohnes *a)* des Ûru von der Âgnejî. v. l. ख्याति. — *b)* des Meghasvâti VP². 4,200. — 4) *f. N. pr. einer Gemahlin des Sonnengottes. — 5) **Schwert.*

स्वातिकर्ण m. N. pr. eines Fürsten VP². 4,200.

स्वातिकारी f. N. pr. einer Genie des Ackerbaues.

स्वातिगिरि f. N. pr. einer Nâga-Jungfrau Kârand. 3,24.

स्वातिमुख 1) m. *a) ein best.* Samâdhi Kârand. 52,13. — *b)* N. pr. eines Kiṁnara-Fürsten Kârand. 3,2. — 2) f. आ N. pr. einer Nâga-Jungfrau Kârand. 3,21.

स्वातिषेण m. N. pr. eines Fürsten VP². 4,202.

स्वात्त 1) oxyt. s. u. स्वद्. — 2) Mârk. P. 657,5 v. u. fehlerhaft für स्वान्त.

स्वात्मता f. Nom. abstr. von स्वात्मन्.

स्वात्मन् m. *das eigene Selbst* (als Pron. reflex. fungirend), *sein eigenes Wesen.*

स्वात्मनिरूपण n., °प्रकरण n., स्वात्मपूजा f. (Burnell, T.), स्वात्मप्रयोगप्रदीपिका f. (Opp. Cat. 1) und स्वात्मयोगप्रदीप m. (Kumârasv. zu Pratâpar. 245,15) Titel.

स्वात्मवध m. *Selbstmord.*

स्वात्मसंवित्त्युपदेश m., स्वात्मसंविदुपदेश m. (Bühler, Rep. No. 430), स्वात्मानन्दप्रकरण n., स्वात्मानन्दस्तोत्र n. (Burnell, T.), स्वात्मानुबोध m. (ebend.) und स्वात्मानुरूपण n. (ebend.) Titel.

स्वात्माराम 1) Adj. *am eigenen Selbst Vergnügen findend, sich mit dem e. S. begnügend.* — 2) m. N. pr. eines Autors. Auch °योगिन् und °योगीन्द्र Burnell, T.

स्वात्मीभाव m. v. l. für आत्मीभाव.

स्वाद् s. u. स्वद्.

स्वाद m. 1) *Geschmack, Wohlgeschmack* Çiç. 10,7. 9. 18,76. — 2) *der Reiz* (eines Kunstwerks).

स्वादन 1) Adj. *schmackhaft zubereitend, Koch u. dgl.* — 2) n. *a) das Schmecken, Kosten* Çiç. 10,7. — *b) das Empfinden eines Kunstwerkes.*

स्वादनीय Adj. *wohlschmeckend.*

स्वादर Adj. *rücksichtsvoll.*

*स्वादव n. *Wohlgeschmack, Süsse.*

स्वादस् in प्रस्वादस्.

1. स्वादान n. *das Ansichnehmen dessen, was Einem zukommt,* M. 8,172.

2. स्वादान Adj. *leicht an sich zu nehmen* Maitr. S. 4,1,13 (19,5).

स्वादित्य 1) Adj. *dem die* Âditja *hold sind.* — 2) n. *Huld der* Âditja.

°स्वादिन् Adj. *kostend, geniessend.*

स्वादिमन् m. *Wohlgeschmack, Süsse.*

स्वादिष्ठ Adj. (f. आ) *süssest, lieblichst, angenehmst; süsser als* (Abl.).

स्वादीयंस् Adj. *süsser, wohlschmeckender, — als* (Abl.).

स्वादु 1) Adj. (f. स्वाद्वी) *wohlschmeckend, gut mundend, süss, süsser als* (Abl.) 165,8. Compar. स्वादुतर Vâsav. 288,1. Superl. स्वादुतम Sâj. zu RV. 9,1,1. In übertragener Bed. *lieblich, angenehm.* — 2) *m. *a) Melasse.* — *b) ein best. wohlriechender Stoff.* — *c) eine best. Pflanze,* = जीवक. — 3) *f. स्वादु und स्वाद्वी *Weintraube.* — 4) n. *a) Wohlgeschmack, Süsse.* — *b) Reiz.* — Maitrjup. 6,10 wohl fehlerhaft für स्वाद.

*स्वादुकण्ट m. *Asteracantha longifolia.*

*स्वादुकण्टक m. 1) dass. — 2) *Flacourtia sapida.*

*स्वादुकन्द 1) n. *eine Arum-Art.* — 2) *f. आ *Batatas paniculata.*

*स्वादुकन्दक m. *eine best. Gemüsepflanze.*

स्वादुकार m. *Koch* oder dgl. als *eine best. Mischlingskaste.*

*स्वादुका f. *Tiaridium indicum.*

स्वादुकाम Adj. *Wohlschmeckendes —, Süsses mögend.* Nom. abstr. °ता f.

स्वादुक्षद्मन् Adj. *wohlschmeckende Speisen vorlegend.*

*स्वादुखण्ड m. *trockener, in runde Stücke sich ballender Zucker.*

*स्वादुगन्ध 1) m. f. (आ) *eine roth blühende Moringa.* — 2) f. आ *Convolvulus paniculatus.*

स्वादुंकारम् Absol. *wohlschmeckend —, süss machend* Çiç. 18,77. Naish. 19,29.

स्वादुता f. *Wohlgeschmack, Süsse.*

*स्वादुतुण्डिका f. *Momordica monadelpha* Râgan. 7,185.

*स्वादुधन्वन् m. *der Liebesgott.*

*स्वादुपर्णी f. *eine best. Pflanze,* = दुग्धिका.

स्वादुपाक 1) Adj. *was sich süss —, angenehm kocht, d. i. verdaut.* Nom. abstr. °त्व n. — 2) *f. आ *Solanum indicum.*

स्वादुपाकिन् Adj. = स्वादुपाक 1).

*स्वादुपिण्डा f. *eine Dattelpalmenart.*

*स्वादुपुष्प 1) m. *eine best. Pflanze,* = कटभी. — 2) f. ई *Grislea tomentosa.*

*स्वादुफल 1) n. *Brustbeere.* — 2) f. आ *Judendorn.*

*स्वादुमज्जन् m. *eine auf Bergen wachsende* Pilu-*Art.*

स्वादुमन् m. *Süssigkeit* Maitr. S. 2,3,9 (37,4).

*स्वादुमांसी f. *eine best. Arzeneipflanze,* = काकोली.

*स्वादुमूल m. *Möhre, Daucus Carota.*

*स्वादुमृदु Adj. *süss und zart.* Vgl. सौवादुमृदव.

स्वादुरस 1) Adj. (f. आ) *süss —, angenehm schmeckend.* — 2) *f. आ *a) ein berauschendes Getränk.* — *b) Asparagus racemosus.* — *c) Weintraube.* — *d) die Wurzel von Spondias mangifera.* — *e)* = काकोली.

स्वादुराति Adj. *angenehme Gaben bringend.*

*स्वादुलता f. *Batatas paniculata.*

*स्वादुलुङ्गी f. *süsse Citrone.*

*स्वादुवारि m. *das Süsswassermeer.*

*स्वादुशुद्ध n. *Steinsalz.*

स्वादुषंसद् Adj. *um angenehme* (Gerichte) *versammelt.*

स्वादुष्किलीया f. Pl. *Bez. der Verse* RV. 6,47,1 fgg. Çâṅkh. Br. 16,8.

स्वादुसंमुद् Adj. *an Leckerem sich freuend.*

स्वादुस्वादु Adj. *überaus wohlschmeckend* Hem. Par. 1,111.

स्वादूद m. *das Meer mit süssem Wasser* R. ed. Bomb. 4,40,50.

स्वादूदक Adj. *süsses Wasser habend* (Meer).

1. स्वाद्मन् m. *Süssigkeit, Lieblichkeit.* Auch Pl.

2. स्वाद्मन् n. 1) *Wohlgeschmack.* — 2) *leckerer Bissen oder Trank.*

स्वाद्य Adj. 1) *was geschmeckt —, gekostet wird.* — 2) *schmackhaft* Bâlar. 298,8.

*स्वाद्वम्ल 1) Adj. *süsssauer.* — 2) m. *Granatbaum.*

स्वाधिष्ठान n. 1) *der eigene Sitz, die eigene Stätte.* — 2) *ein best. mystischer Kreis am Geschlechtsgliede.*

स्वाधी, सुआधी Adj. 1) *sinnend, achtsam, sorgsam.* — 2) *verlangend.*

स्वाधीन Adj. (f. आ) 1) *der nur von sich abhängt, frei, unabhängig.* — 2) *worüber* oder *über wen man selbst verfügen kann, in der Gewalt* oder *im Besitz der eigenen Person stehend.*

स्वाधीनता f. *Freiheit, Unabhängigkeit.*

स्वाधीनपतिका und स्वाधीनभर्तृका Adj. f. *den Gatten in ihrer Gewalt habend.*

स्वाधीयम् Adv. ÂPAST. fehlerhaft für साधीयस्.

स्वाध्याय्, °यति *Etwas* (Acc.) *hersagen, lesen, studiren* DIVJÂVAD. 464,18. 491,13. SADDH. P. 142. Mit Acc. der Person, der man Etwas hersagt, DIVJÂVAD. 339,22.

स्वाध्याय 1) m. a) *das Hersagen —, Repetiren für sich, Studium des* Veda; auch *lautes Hersagen.* — b) * *der* Veda. — 2) Adj. Superl. स्वाध्यायतम *studiosissimus* DIVJÂVAD. 246,27. Vielleicht °यितम zu lesen.

स्वाध्यायधृक् Adj. *den* Veda *studirend* ÂPAST.

स्वाध्यायन m. N. pr. eines Mannes. Pl. *sein Geschlecht.*

स्वाध्यायनिका f. *Aufgabe zum Studiren* DIVJÂVAD. 489,14. 491,10. fgg. °यिनिका 489,18, 492,10.

स्वाध्यायब्राह्मण n. Titel eines Brâhmaṇa.

स्वाध्यायवत्त् Adj. *dem* Veda-*Studium obliegend.*

स्वाध्यायिन् 1) Adj. dass. Vgl. नित्य°. — 2) *m. *ein in der Stadt handelnder Kaufmann, Krämer.*

स्वाध्यायिनिका f. s. स्वाध्यायनिका.

*स्वाधरिक Adj. von स्वधर.

1. स्वान॑ Adj. = सुवान॑ *angetrieben, eilig* RV. 5,10, 5. 9,10,1. सुवान॑ zu sprechen 1,104,1. स्वान॑ statt सुवान॑ zu sprechen 8,3,6. 6,38. 7,14. 9,10,4.

2. स्वान॑ m. 1) *Schall, Geräusch, Geklirr* u. s. w. — 2) N. pr. eines der 7 Soma-Wächter.

3. स्वान m. PAÑKAD. 16 fehlerhaft für श्वान = श्वन् *Hund.*

स्वानन्द m. *die Wonne über das eigene Selbst.*

स्वानन्दपूर्ण m. N. pr. eines Autors.

स्वानम Adj. (f. आ) *leicht heranzuziehen* (ein Weib).

*स्वानि Adj. von स्वन.

स्वानुभवादर्श m. Titel eines Werkes.

स्वानुभाव m. *Genuss an —, Sinn für Besitz.*

स्वानुभूतिप्रकाश m. und °विवृति f. Titel.

स्वानुरूप Adj. *dem eigenen Selbst entsprechend, — ähnlich.*

स्वानुल m. N. pr. eines Mannes Ind. St. 14,107.

स्वानुसार m. Instr. so v. a. *nach Maassgabe des Vermögens* HEMÂDRI 1,559,16.

स्वान्त 1) m. a) *das eigene Ende.* — b) *der eigene Tod* ÇIÇ. 16,5. — c) *das eigene Gebiet, — Reich.* — 2) n. a) (*das Gebiet des Ich*) *das Herz als Sitz der Gefühle* ÇIÇ. 16,5. PRASANNAR. 4,10. HEM. PAR. 1, 456. Am Ende eines adj. Comp. f. आ. — b) * *Höhle.* — Nach P. Partic. von स्वन्.

स्वान्तज m. *Geschlechtsliebe.*

स्वान्तवत्त् Adj. *ein Herz habend.*

स्वान्तस्थ Adj. *im Herzen befindlich.* Es könnte auch स्वान्तःस्थ *im eigenen Innern befindlich* gemeint sein.

स्वाप m. 1) *Schlaf.* — 2) *Traum.* — 3) *das Eingeschlafensein —, Taubheit der Glieder* u. s. w. — 4) * *Unwissenheit.* — RÂGAT. 4,195 wohl fehlerhaft.

*स्वापक Adj. *schlafen machend, einschläfernd.*

*स्वापकीय्, °यति = स्वापकमिच्छति. — Desid. सिस्वापकीयिषति.

स्वापतेय n. *eigener Besitz, Vermögen, Reichthum* RÂGAN. 13,144. HARSHAK. 76,14. 132,20 (zu verbessern nach der ed. Bomb.).

स्वापद m. Pl. N. pr. eines Volkes. Vielleicht श्वापद zu lesen.

स्वापन 1) Adj. *schlafen machend, einschläfernd* ÇIÇ. 20,32 (eine mystische Waffe). — 2) n. *ein Mittel zum Einschläfern.*

स्वापय् 1) Caus. von 1. स्वप्; s. daselbst. — 2) *Denomin. von स्व.

स्वापराध m. *ein Vergehen gegen die eigene Person* (auf das logische Subject bezogen) HARIV. 2, 73,37.

स्वापव्यसन n. *Schlafsucht* MAHÂVÎRAK. 54,3.

स्वापि॑, सुआपि॑ m. *ein guter Verwandter, Vertrauter.*

स्वापिक n. N. pr. einer Feste.

स्वापिमत्त् Adj. *das Wort* स्वापि *enthaltend.*

*स्वापिशि m. Patron. von स्वपिश्.

*स्वापिशीय Adj. von स्वापिशि.

स्वाप्त Adj. 1) *sehr reichlich.* — 2) *sehr geschickt, — zuverlässig.*

स्वाप्तवचन Adj. als Erklärung von स्वपिवात.

स्वाप्न Adj. *somnialis* Comm. zu SÂMKHJAPR. 6,52.

स्वाप्यय॑ m. *Einkehr in sich selbst* als Erklärung von स्वप्न *Schlaf.*

स्वाभाव m. *eigene Nichtexistenz.*

स्वाभाविक 1) Adj. (f. ई) a) *dem eigenen Wesen angehörig, — entsprungen, von Natur eigen, ursprünglich, natürlich, angeboren, inhärent.* कृष्ण°कम् *von Natur schwarz* ÂPAST. Nom. abstr. °त्व n. — b) Adj. zu 2). — 2) m. Pl. *eine best. buddhistische Schule.*

स्वाभाविकेतर Adj. (f. आ) *nicht von Natur eigen* u. s. w. SÂH. D. 11,6.

स्वाभाव्य 1) Adj. *dem eigenen Wesen entsprungen* (Vishṇu). — 2) n. *Eigenartigkeit, Natürlichkeit.*

स्वाभिचारिन् Adj. KATHÂS. 32,55 wohl fehlerhaft für व्यभिचारिन्; vgl. Spr. 3832.

स्वाभील Adj. *gar schrecklich.*

स्वाभीष्ट Adj. *von der eigenen Person* (auf das Subject sich beziehend) *geliebt.*

(स्वाभू) सुआभू Adj. 1) *richtig —, reichlich vorhanden, bereit.* — 2) *dienstfertig.*

स्वामिक am Ende eines adj. Comp. von स्वामिन् 1).

स्वामिकार्त्तिकानुप्रेक्षा f. Titel eines Werkes BÜHLER, Rep. No. 698.

स्वामिकुमार m. Bein. Skanda's.

स्वामिगिरिमाहात्म्य n. Titel BURNELL, T.

*स्वामिघातिन् m. Bein. Paraçurâma's.

*स्वामिजनक m. *der Vater des Gatten.*

स्वामिता f. und स्वामित्व n. *das Besitzer —, Gebieter —, Herrsein, — über* (Gen. oder im Comp. vorangehend) 327,26.

स्वामिन् 1) m. a) *Eigenthümer, Herr, Gebieter, — von* oder *über* (Gen., Loc. oder im Comp. vorangehend). Du. *der Hausherr und die Hausfrau* ÂPAST. 2,4,13. — b) *Gatte.* — c) Bein. α) Skanda's. — β) * Vishṇu's. — γ) *Çiva's. — δ) *Garuḍa's. — d) *Standbild eines Gottes,* insbes. Çiva's. Häufig am Ende eines Comp. — e) N. pr. verschiedener Männer. — 2) f. °नी *Herrin, Gebieterin* 117,15.

स्वामिनीस्तोत्र n. und स्वामिन्यष्टक n. Titel.

स्वामिभाव m. = स्वाम्य.

स्वामिवशीकरस्तोत्र n. Titel BURNELL, T.

स्वामिशास्त्रिन् m. N. pr. eines Autors BURNELL, T.

स्वामिशैलमाहात्म्य n. Titel BURNELL, T.

स्वामीय्, °यति *Jmd* (Acc.) *für den Herrn halten.*

स्वाम्नाय Adj. *richtig überliefert.*

स्वाम्य n. *Eigenthumsrecht, Herrschaft, dominium, Macht über Jmd.* Auch Pl.

*स्वाम्युपकारक m. *Pferd.*

*स्वाय्, °यते = स्व इवाचरति.

स्वायत्त Adj. *in der Gewalt der eigenen Person stehend, worüber man selbst verfügen kann.* Nom. abstr. °त्व n. zu Spr. 7169.

स्वायत्ती Adv. mit कर् *sich* (*sibi*) *unterwerfen,* mit Acc. UTTAMAK. 364.

स्वायंभुव 1) Adj. *a) zu dem durch sich selbst entstandenen Wesen —, zu* **Brahman** *in Beziehung stehend, ihm gehörig.* — *b) zu* **Manu Svâjambhuva** *in Beziehung stehend, von ihm herrührend* u. s. w. — 2) m. Patron. eines Manu, der **Marîki**, des **Marîki**, **Atri's** und **Nârada's**. — 3) *f. ई *Ruta graveolens.*

स्वायंभूतेत्रमाहात्म्य n. s. स्वयं°.

स्वायव m. Patron. von स्वायु.

(स्वायस) सुम्रायसँ Adj. *aus gutem Erz gemacht.*

स्वाँयु 1) Adj. *gute Leute (Unterthanen) habend* oder *den Leuten günstig.* — 2) *m. N. pr. eines Mannes Comm. zu Tâṇḍja-Br. 8,6,8.

(स्वायुज्) सुम्रायुँज् Adj. *sich gut in das Geschirr fügend.*

स्वायुधँ, सुम्रायुधँ Adj. *gut bewaffnet.*

स्वायुँस् n. *gute Lebenskraft, gutes Leben.*

स्वायोग m. *das Nichtenthaltensein in ihm selbst.*

1. स्वारँ m. 1) *Laut, Schall.* — 2) *Betonung, Accent.* — 3) *der* **Svarita**-*Accent.*

2. स्वार Adj. *mit dem* **Svarita** *versehen, ein Finale im* **Sâman**-*Gesang;* n. *ein so schliessendes* **Sâman**.

स्वारक्ष्य Adj. *leicht zu schützen, — vertheidigen.* Nach Nîlak. *wie ein Himmel zu schützen.*

स्वारब्ध und स्वारम्भक Adj. *selbstunternommen.*

स्वारसामिक Adj. von स्वरसामन्.

स्वारसिक Adj. *natürlich, naturgemäss, selbstverständlich* Sâṅsk. K. 31,*b*,6. Naish. 3,48.

स्वारस्य n. *Naturgemässheit, Selbstverständlichkeit* Comm. zu R. ed. Bomb. 1,2,15 und zu Âpast. Çr. 10,25,13.

1. स्वाराज् Adj. = स्वराज्.

2.*स्वाराज् m. *König des Himmels,* Bein. **Indra's**.

स्वाँराज्य 1) n. *selbständige Herrschaft, unbeschränktes Regiment.* Von den Commentatoren wie स्वँराज् auf verschiedene Weise gedeutet. इन्द्रस्य स्वाराज्यम् Name eines **Sâman**. — 2) Adj. *dieses verschaffend.*

स्वाराज्यसिद्धि f. Titel eines Werkes.

स्वाराधित Adj. *dem man grosse Verehrung bezeigt hat, — treu gedient hat* Spr. 6443.

स्वाराम Adj. *am eigenen Selbst sich erfreuend.*

*स्वारायण m. Patron. von स्वर.

स्वारुँह् Adj. (Nomin. °रुत् Kâṭh. von °रुध्) *aus der eigenen Wurzel wachsend, festgewurzelt.*

स्वारूढ Adj. 1) *schön reitend* Hariv. 3470. — 2) *schön geritten* MBh. 6,81,5.

स्वारूपा f. N. pr. einer Oertlichkeit.

स्वारोचिष 1) m. Patron. des zweiten **Manu**. — 2) Adj. *zu diesem* **Manu** *in Beziehung stehend.*

स्वारोचिस् m. = स्वारोचिष 1).

स्वार्जित Adj. *selbsterworben.*

1. स्वार्थ m. 1) *die eigene Sache, eine persönliche Angelegenheit, persönlicher Vortheil, das von Einem selbst verfolgte Ziel, Eigennutz* (Gâtakam. 31), *das der Sache selbst zu Grunde liegende Ziel.* स्वार्थेन चेन्द्रियं (सन्नैति) so v. a. *mit seinem Object.* Auch Pl. स्वार्थे und स्वार्थम् (120,18) *für sich, seiner selbst wegen.* — 2) *die eigene —, ursprüngliche Bedeutung* 278,26. 279,29. 280,3.

2. स्वार्थ Adj. (f. आ) 1) *der eigenen Person geltend, egoistisch.* Nom. abstr. °ता f. — 2) *einem best. Zweck entsprechend, zweckmässig* Káraka 8,2.

स्वार्थपर Adj. *ganz auf den persönlichen Vortheil bedacht* Çiç. 16,55.

स्वार्थप्रयत्न m. *ein egoistisches Beginnen* 316,2.

स्वार्थभाज् Adj. *seine eigene Sache betreibend* Hem. Par. 1,386.

स्वार्थसाधक Adj. 1) *seine eigene Sache fördernd.* — 2) *dem eigenen Zwecke dienend.*

स्वार्थसाधन n. *das Fördern der eigenen Sache.*

स्वार्थिक Adj. *die ursprüngliche Bedeutung bewahrend, — nicht ändernd, pleonastisch* Sâj. zu RV. 5,85,7. 10,15,9. Comm. zu Âpast. Çr. 1,15,1. 8,4,1.

स्वार्थिन् Adj. *auf seinen Vortheil bedacht, egoistisch* Ind. St. 15,294.

स्वार्थेत् Adj. *seiner Sache —, seinen Angelegenheiten nachgehend* TS. 6,2,4,1.

स्वार्द्र Adj. *sehr nass, — feucht* Spr. 1315, v. l.

स्वार्मोघ्न Kâṭh. 18,12 verdorben. Vielleicht °मौर्घ्न zu lesen.

स्वालक्षण Adj. *leicht wahrzunehmen, — zu erkennen.* Nach Nîlak. = स्वैरपि दुर्दर्शः.

स्वालक्षण्य n. *specifische Unterschiedenheit, Eigenthümlichkeit* Káraka 1,4.

स्वालक्ष्य Adj. *leicht wahrzunehmen, — zu erkennen.*

स्वावमानन n. und °ना f. *Selbstverachtung, Verzweiflung an sich selbst, Kleinmuth.*

स्वावश्य n. *Selbstbestimmung.*

(स्वावसु) सुम्रावसु Adj. *der seine Güter hütet.*

स्वाँवृज् Adj. *leicht anzueignen.*

स्वावृँत् Adj. *sich gern hinwendend* Maitr. S. 1, 1,13 (8,6). Âpast. Çr. 2,13,3.

स्वावेशँ, सुम्रावेशँ Adj. (f. आँ) *leicht zugänglich, möglich zu begehen.*

स्वाशित, सुँम्राशित Adj. *wohl gesättigt.*

स्वाशिर Adj. *gut gemischt.* स्वाशिरामर्कः Name eines **Sâman** Ârsh. Br.

स्वाशिषात्मन् Adj. *nur für die eigenen Wünsche Sinn habend.*

(स्वाशिस्) सुम्राशिँस् Adj. *schön lobpreisend.*

(स्वाशु) सुम्राशुँ Adj. *sehr schnell.*

स्वाश्रय Adj. *das Selbst —, das in Rede Stehende betreffend.*

स्वाश्रैष्ठ्य n. *Vorrang der eigenen Person* Çâṅkh. Br. 26,9.14.

(स्वास्) सुम्रास् Adj. *einen schönen —, scharfen Mund habend, schneidig* (Beil).

(स्वासद्) सुम्रासँद् Adj. *glücklich beisitzend.*

स्वासँद Adj. (f. आ) *zur Erklärung von* स्वासस्थँ 2).

स्वासन n. *ein schöner Sitz* Kâtj. Çr. 7,4,32. 12, 4,14.

स्वासस्थ, सुम्रासस्थँ Adj. (f. आँ) 1) *auf gutem Sitz sitzend* TS. 4,3,4,1. — 2) *einen guten Sitz darbietend.*

स्वासीन Adj. *bequem sitzend.*

*स्वासुक Adj. von स्वमर्.

स्वास्तर m. *eine schöne Streu.*

स्वास्तरण Adj. *mit einem schönen Polster versehen zu* Spr. 3994. Subhâshitâv. 2342.

स्वास्तीर्ण Adj. dass.

स्वास्थ्य n. *Wohlbefinden, Wohlbehagen* (des Körpers oder der Seele) Gâtakam. 27,25.

*स्वास्रीय m. Pl. = स्वास्रीयेयूनप्रकाशाः.

*स्वास्रीयि m. *ein Sohn des Schwestersohns.*

स्वाहत Adj. *selbstgeprägt.*

स्वाँहा, सुम्राँहा 1) Indecl. *glücklich, günstig;* als Zuruf *Heil! Segen!* (mit Dat. der Gottheit). Schliesst Anrufungen wie *Amen.* Mit कर् *den Ruf* स्वाँहा *aussprechen über* (Acc.). — 2) f. *a)* personificirt als Tochter **Daksha's** und Gattin **Agni's** (insbes. des **Abhimânin**). — *b)* *N. pr. einer buddhistischen Gottheit.

स्वाहाकरण n. = स्वाहाकृति.

स्वाहाकारँ m. (adj. Comp. f. आ) *der Wunsch und Zu* स्वाँहा, *Besprechung mit demselben.* Auch als sog. Gottheit eines **Prajâga**. °कारप्रदान Adj. *wobei das Wort* स्वाहा *hinzugefügt wird* Âpast. Gṛhj. 7,5.

स्वाहाकारम् Absol. *mit dem Ausruf* स्वाँहा *begleitend.*

स्वाहाकृत् Adj. *besprechend —, weihend mit* स्वाँहा, *Opferer.*

स्वाँहाकृत Adj. *durch* स्वाँहा *den Göttern geweiht, mit* स्वाँहा *dargebracht.*

स्वाँहाकृति und °ती f. *Besprechung —, Weihung mit* स्वाँहा. Auch als sog. Gottheit eines **Prajâga**.

स्वाद्वापति und *स्वाद्वाप्रिय m. Bein. Agni's.

*स्वाद्वाभुज् m. ein Gott.

स्वाद्वासुधाकर m. Titel Opp. Cat. 1.

स्वाद्वाकार Adj. leicht herbeizuschaffen.

स्वाद्वाकार्य Adj. der Besprechung —, der Weihung mit स्वाद्वा würdig, opferwürdig.

स्वाद्वावन n. N. pr. eines Waldes.

स्वाद्वावल्लभ m. Bein. Agni's.

*स्वाद्वाशन m. ein Gott.

स्वाद्वि m. N. pr. eines Sohnes des Vṛginîvant.

(स्वाद्वृत) सुद्वाकृत Adj. dem man wohl —, richtig geopfert hat.

स्वाद्वेय m. Metron. Skanda's.

स्वाह्न m. v. l. für स्वह्न.

स्वाह्नान Adj. leicht anzurufen als Erklärung von सुहव Sâj. zu ṚV. 10,39,11.

स्वाह्य Adj. dem das स्वाहा gehört.

स्विका s. u. स्वक.

स्वितं n. = सुवितं Wohlergehen, Glück.

1. स्विद्, स्वेदति, स्विद्यति, °ते (metrisch) schwitzen. अस्विदत् Aor. Çiç. 17,6. स्वेदत्ते sie schwitzen aus (intrans.) Ait. Âr. 78,10. सिष्विदानं schwitzend. स्विन्नं 1) in Schweiss gekommen oder gebracht, mit Schweissmitteln behandelt. — 2) gedämpft, gesotten. उदक° Gâtakam. 7. — Caus. स्वेदयति 1) schwitzen lassen, mit Schweiss treibenden Mitteln behandeln. — 2) bähen, erweichen Sâmav. Br. 2,5,4. — *Desid. vom Caus. सिस्वेदयिषति. — Mit आ, आसिष्विदान schwitzend (mit dem Acc. स्वेदम्). — Mit उद्, उत्स्विन्न ausgekocht Karaka 1,15. — Mit उप in उपस्वेद. — Caus. 1) schwitzen lassen, mit Schweissmitteln behandeln. — 2) dämpfen Karaka 6,1. — Mit परि Caus. = उप Caus. 1). — Mit प्र 1) in Schweiss gerathen. प्रसिषिदे MBh. 7,19,21. प्रस्विन्न schwitzend. — 2) feucht werden J. R. A. S. 7,119. — * Caus. प्रस्वेदित und °वत्. — Mit सम् Caus. schwitzen lassen, mit Schweissmitteln behandeln.

2.° स्विद् Adj. schwitzend Çiç. 6,61. 17,48.

3. स्विद् Indecl. wohl, wirklich; etwa, irgend, denn (in Fragen). Insbes. nach dem Fragepronomen क und seinen Derivaten; in dieser Verbindung auch verallgemeinernd (कः स्विद् wer immer, irgendwer; क्व स्विद् irgendwohin). Folgt auf अपि (Fragepartikel), उत (dieses auch nachfolgend) und आहो. In Doppelfragen किं नु — स्विद्, किं स्विद् — स्विद्, स्विद् — स्विद्, स्विद् — उताहो, नु — स्विद्, स्विद् — नु, स्विद् — उत, स्विद् — वा, स्विद् — किमु; स्विद् — किम् — नु किम्.

(स्विधम) सुइधमं Adj. (f. आं) aus gutem —, brennbarem Holze bestehend.

स्विन् Adj. in तूपस्विन्, शतस्विंन् und श्रोत्रस्विंन्. Könnte auch Suff. विन् sein, und das स् durch Anlehnung an मनस्विन्, यशस्विन् u. s. w. zu erklären sein.

(स्विषु) सुइषुं Adj. gute Pfeile habend.

1. स्विष्ट Adj. sehr geliebt (Person).

2. स्विंष्ट, सुंइष्ट 1) Adj. a) richtig geopfert, wohl dargebracht. — b) durch Opfer richtig verehrt, hochgeehrt überh. — 2) n. ein richtiges Opfer.

स्विष्टकृंत् Adj. 1) ein richtiges Opfer bringend; insbes. Bein. Agni's, als des die Opferhandlung glücklich abschliessenden Gottes. Superl. स्विष्टकृत्तम. °कृच्चतुर्थ Adj. (f. आ) diesen Agni als vierten habend Âpast. Gṛhj. 19,7. — 2) dem Svishṭakṛt gegeben, — gehörig u. s. w.

स्विष्टकृत Adj. dem Agni Svishṭakṛt geltend Gṛhjâs. 2,72. 76.

स्विष्टकृद्भाग m. der Antheil des Agni Svishṭakṛt.

स्विष्टकृद्भाजनं n. was den Agni Svishṭakṛt vertritt Çat. Br. 2,3,1,23.

1. स्विंष्टि, सुंइष्टि f. Gelingen des Opfers, ein gelungenes, richtiges Opfer Gâtakam. 10,8.

2. स्विष्टि Adj. richtig opfernd.

स्वीं Adv. 1) mit कर् Med. (älter und genauer) und Act. a) sich aneignen, in den Besitz von Etwas gelangen; mit Acc. — b) Jmd zu sich nehmen, sich erwählen, an sich heranziehen, in eine nahe Beziehung zu sich bringen. भार्यार्थे zur Gattin erwählen, स्नुषात्वेन zur Schnur erwählen. Auch so v. a. heirathen (ein Weib) 133,26. — c) Jmd für sich gewinnen, in seine Gewalt bekommen (das Herz u. s. w.). — d) Med. Etwas annehmen, zugestehen. — 2) mit dem Caus. von कर् Jmd veranlassen Etwas in Besitz zu nehmen, Jmd Etwas schenken; mit doppeltem Acc.

स्वीकरण n. 1) das Sichaneignen, Ansichbringen, Annehmen einer Sache, in den Besitz Gelangen von Etwas 224,11. — 2) das zur Ehe-Nehmen (eines Weibes). — 3) das Annehmen, Zugestehen.

स्वीकर्तर् Nom. ag. der Jmd gewinnt, gewinnen will.

स्वीकर्तव्य Adj. 1) aufzunehmen, heranzuziehen. — 2) anzunehmen, zuzugestehen.

स्वीकार m. 1) Aneignung, Inbesitznahme. — 2) Aufnahme (einer Person). — 3) Annahme, Zugeständniss.

स्वीकारमल्ल m. Raub Mahâvirak. 52,12.

स्वीकार्य Adj. 1) in dessen Besitz man gelangen muss. — 2) aufzunehmen, heranzuziehen. — 3) zu gewinnen, in seine Gewalt zu bekommen (eine Person). — 4) anzunehmen, zuzugestehen.

स्वीकृति f. Aneignung, Inbesitznahme Hem. Par. 1,95.

स्वीय 1) Adj. (f. आ) eigen. Nom. abstr. °त्व n. Angehörigkeit Comm. zu Âpast. Çr. 9,14,6. — 2) m. Pl. die Eigenen, Angehörigen. — 3) f. आ eine Frau, die man im wahren Sinne des Wortes „sein“ nennen kann.

स्वीयी Adv. mit कर् sich aneignen, in Besitz nehmen.

*स्वूर्क्, स्वूर्कति = स्फूर्क्.

स्वत्त n. ein günstiges Sternbild Hemâdri 1, 546,2. 3.

स्वत (सु + ऋत) als Erklärung von स्वंर्.

*स्वंतीक n. = उदक.

स्वृद्ध Adj. in sehr blühendem Zustande sich befindend, sehr gesegnet, — reich.

*स्वेक्, स्वेकते v. l. für सेक्.

स्वेंक m. als Erklärung von सुमेक.

स्वेच्छ° (Daçak. 32,7) und स्वेच्छम् Adv. nach eigenem Wunsche, — Belieben, nach Herzenslust, aus freiem Antriebe, willig.

स्वेच्छा f. eigener Wunsch, — Wille, freier Wille. स्वेच्छया, स्वेच्छातस् und स्वेच्छा° nach eigenem Wunsche, — Belieben, nach Herzenslust, aus freiem Antriebe.

स्वेच्छामय Adj. mit Willensfreiheit ausgestattet.

स्वेच्छामृत्यु 1) Adj. den Tod in seiner Gewalt habend. — 2) m. Bein. Bhîshma's.

स्वैतव्य n. impers. leicht zu gehen aus (Abl.).

स्वेंद 1) m. (adj. Comp. f. आ) a) Schweiss. Pl. Schweisstropfen. — b) in der Medicin Schweissmittel, Schweisskur. — c) *Gluth, Wärme. — 2) *Adj. schwitzend.

*स्वेदचूषक m. ein kühler Wind.

स्वेदज Adj. aus Schweiss —, aus feuchter Hitze entstanden (Ungeziefer aller Art). Subst. so v. a. Ungeziefer.

स्वेदजल n. (adj. Comp. f. आ) Schweiss. °कण m. (Çiç. 15,4) und °कणिका f. (Vâsav. 216,1) Schweisstropfen.

स्वेदन 1) Adj. a) zu Schweiss geneigt Karaka 6,18. — b) Schweiss treibend. — 2) *f. ई eine eiserne Pfanne. — 3) n. a) *das Schwitzen. — b) Erzeugung von Schweiss, Schweisskur. — c) eine best. mit dem Quecksilber vorgenommene Operation. — d) *Rotz Gal.

स्वेदनत्व n. Geneigtheit zu Schweiss.

*स्वेदनयन्त्र n. Dampfbad (für Metalle) Mat. med. 25.

*स्वेदनिका f. *eine eiserne Pfanne.*

स्वेदबिन्दु m. *Schweisstropfen* Vâsav. 213,1.

स्वेदमलोज्झित Adj. *frei von Schweiss und Schmutz.* °देह Adj. ist ein Ġina.

*स्वेदमातृ f. *Chylus* Râġan. 18,65.

स्वेदयु Adj. *schweissend* Maitr. S. 4,2,2 (182,2).

स्वेदलेश m. *Schweisstropfen* Çâk. 37.

स्वेदवारि n. *Schweiss* Çiç. 10,57.

स्वेदार्द्र Adj. *von Schweiss triefend.*

स्वेदाम्बु n. *Schweiss.*

स्वेदायन n. *Weg des Schweisses, Schweisspore.*

स्वेदिन् Adj. in अस्वेदिन् Nachtr. 6.

स्वेदुहव्य Adj. vielleicht *den Schweiss als Opfergabe darbringend,* d. h. *sich abmühend.*

स्वेदोद्गम m. *Schweissausbruch* 290,3. 304,15.

स्वेद्य Adj. *mit Schweissmitteln zu behandeln.*

स्वेष्ट Adj. *der eigenen Person lieb, Einem am Nächsten stehend.* °देवता f. und °दैवत n. 137,8.

(स्वैतु) स्वैतु Adj. *etwa den eigenen Gang gehend.*

स्वैदायन m. Patron. eines Çaunaka.

स्वैर 1) Adj. (f. आ) *a)* * = स्वच्छन्द (स्वतन्त्र). — *b)* (= मन्द) *langsam —, vorsichtig sich bewegend* Z. d. d. m. G. 39,308. — 2) स्वैरम् *a) aus eigenem Antriebe, nach eigenem Belieben* (Vasishtha 13, 44), *von selbst, ungehemmt, frei, ohne Weiteres, bequem, leicht* (Prasannar. 64,10), *ohne Bedenken, auf's Gerathewohl, gerade heraus* (sprechen, sagen). — *b) langsam, leise, vorsichtig, behutsam* Çâk. (P.) 27,3. Chr. 122,13. 132,23. 298, 23. Uttarar. 22,2 (30,2). 37,18 (55,18). Venis. 69, 8. Nâgân. 35,11 (50,9). — *c) unbesorgt.* — 3) स्वैरेण = 2) *a).* — 4) स्वैरेषु *in Fällen, wo man sich frei gehen lassen kann; bei gleichgültigen Sachen.* — 4) स्वैर° = 2) *a) c).*

स्वैरकथा f. *zwanglose Unterhaltung.*

स्वैरकम् Adv. *gerade heraus, unbefangen, ohne Umschweife.*

स्वैरगति Adj. *frei einhergehend.*

स्वैरचारिन् Adj. *sich frei bewegend,* auch so v. a. *nach freiem Willen verfahrend, seinem Willen fröhnend, frei.*

स्वैरता f. = स्वैरिता.

स्वैरथ m. N. pr. eines Sohnes des Ġjotishmant; n. des von ihm beherrschten Varsha VP. 2,4, 36. 37.

स्वैरवर्तिन् Adj. *sich frei benehmend, nach seinem Willen verfahrend.*

स्वैरविहारिन् Adj. *nach Lust sich ergehend* Jâġn. 1,328. Von einem Befehl so v. a. *auf keinen Widerstand stossend* Râġat. 4,339.

स्वैरवृत्त Adj. (f. आ) = स्वैरवर्तिन्.

1.*स्वैरवृत्ति f. *Freiheit, Ungebundenheit* (als Tadel).

2. स्वैरवृत्ति Adj. *sich frei benehmend, ungebunden* (als Tadel).

स्वैरस्थ Adj. *ruhig —, unbesorgt dastehend.*

स्वैराचार Adj. *zwanglosen Benehmens.*

स्वैरालाप m. *zwanglose Unterhaltung* Mudrâr. 83,14 (138,4).

स्वैरिकर्मन् n. Âpast. wohl fehlerhaft für स्वैरकर्मन् (so die v. l. einmal) *eine zum eigenen Vergnügen unternommene Handlung.*

*स्वैरिता f. *Freiheit, Ungebundenheit.*

स्वैरिन् 1) Adj. *a) frei, unabhängig.* — *b) in geschlechtlicher Beziehung sich frei benehmend,* insbes. vom Weibe 213,19. — 2 * f. °रिणी *Fledermaus* Râġan. 19,92.

*स्वैरिन्ध्री f. = सैरिन्ध्री.

स्वैषं m. *eigene —, freie Wahl.*

स्वोपावीर m. *ein ganz unbedeutender Mann* Çâñkh. Br. 1,1.

स्वोचित Adj. *dem Selbst angemessen, — entsprechend.*

(स्वोजस्) सुम्वौजस् Adj. *sehr kräftig.*

स्वोत्थ Adj. *im Selbst entstanden, angeboren.*

स्वोत्थित Adj. *im Selbst entstanden, selbstverschuldet.*

*स्वोदरपूरक Adj. *nur seinen Bauch füllend, nur an's Essen denkend.*

स्वोदरपूरण n. *das Füllen seines Bauches,* so v. a. *das Sichsattessen* Pañkad.

स्वोपज्ञ Adj. *selbsterdacht, selbstverfasst* Hem. Pr. Gr. in der Unterschr.

स्वोपज्ञधातुपाठविवरण n. Titel eines Werkes Bühler, Rep. No. 785.

स्वोपशं Adj. (f. आं) *mit schönen Flechten* oder *Locken* Maitr. S. 2,7,5 (80,9). v. l. स्वौपशं.

स्वोपार्जित Adj. *selbsterworben.*

*स्वोरस m. *Trester.*

स्वोजस् m. N. pr. eines Ministers Nâjam. Einl. 4.

स्वौपशं Adj. (f. आं) = स्वोपशं.

---

1. ह Indecl. das vorangehende Wort leicht hervorhebend. In der späteren Sprache häufig als blosses Flickwort verwendet, insbes. am Ende eines Verses.

2.°ह Adj. (f. आ) *tödtend, Tödter; vernichtend, zerstörend.*

3. °ह 1) Adj. am Ende eines Comp. *verlassend, meidend.* — 2) *f. हा *das Verlassen, Meiden.*

4.*ह 1) Adj. *mad, drunk.* — 2) m. = शिव, सलिल, शून्य, धारण, मङ्गल, गगन, नकुलीश, रक्त, नाक, पापकरण, चन्द्र, सकोपवारण, शुष्क, *dying; fear; knowledge; war, battle; horripilation; a horse; pride; a physician; cause, motive;* Bein. Vishṇu's. — 3) m. f. (हा) n. *laughter.* — 4) f. हा *coition; a lute.* — 5) n. *God, the supreme soul; pleasure, delight; calling, calling to; a weapon; the sparkling of gem; the sound of a lute.* — 6) Indecl. = अहम् (!).

हंस्, हंसति *zur Gans werden* Subhâshitâv. 2612.

हंसं 1) m. *a) Gans* (ein Zugvogel), *Gänserich;* auch wohl *Schwan* und *andere verwandte Wasservögel.* am Ende eines adj. Comp. f. आ. — *b)* *am Ende eines Comp. *der Beste unter.* — *c)* Bez. *der Sonne.* — *d) die* (*wie die Gans weisse und wandernde*) *Seele,* auch *die Weltseele.* Du. *die individuelle und die Weltseele.* Wird mit Nârâjaṇa, Vishṇu, Kṛshṇa, Virâġ, *Çiva und *Kâma identificirt. — *e) ein best. Wind im Körper.* — *f)* Bez. *einer Art von Asketen* Spr. 7681. — *g)* Bez. *eines unter bestimmten Constellationen geborenen Wundermenschen.* — *h)* Pl. Bez. *der Brahmanen* in Plakshadvîpa. — *i)* **ein genügsamer Fürst.* — *k)* * *Pferd.* — *l)* Bez. *eines vorzüglichen Zugochsen.* Angeblich auch *Büffel.* — *m)* * *Berg.* — *n) eine best. Tempelform.* — *o) ein best. Zauberspruch.* — *p)* * *Neid, Missgunst.* — *q)* Bez. *zweier Metra.* — *r) ein best. Tact* S. S. S. 213. — *s)* mystische Bez. *des Lautes* ह. — *t)* N. pr. α) eines Devagandharva. — β) eines Dânava. — γ) eines Sohnes des Brahman. — δ) eines Sohnes des Vasudeva. — ε) verschiedener anderer Personen. — ζ) eines Rosses des Mondgottes VP². 2, 299. — η) eines Berges. — 2) f. हंसी *a) eine weibliche Gans* 250,21. Çiç. 8,7. — *b)* Bez. *verschiedener Metra.* — *c)* N. pr. verschiedener Frauen.

हंसक 1) m. *Gänschen, eine arme Gans* und *Gans* überh. Çiç. 7,28. Kâd. 2,86,19 (106,20). — *b) ein best. Tact.* — *c)* N. pr. eines Sohnes des Brahmadatta. — 2) (*m. n.) *Fussring.* — 3) f. हंसिका *a) eine weibliche Gans.* — *b)* N. pr. einer mythischen Kuh.

*हंसकवती f. N. pr.

हंसकाकीय Adj. *die Gans und die Krähe betreffend* (Erzählung).

*हंसकान्ता f. *eine weibliche Gans.*

हंसकायन m. Pl. N. pr. eines Volkes.

*हंसकालीतनय m. *Büffel.*

हंसकीलक m. *quidam coeundi modus.* v. l. हंसनीलक.

हंसकूट m. 1) *der Buckel des indischen Ochsen. — 2) N. pr. eines Berges.

*हंसग m. Bein. Brahman's.

*हंसगद्गदा f. ein lieblich redendes Weib.

हंसगमना f. N. pr. einer Surâṅganâ Ind. St. 15,222. 444.

हंसगामिनी Adj. f. den Gang einer Gans habend, gravitätisch einherschreitend.

हंसगुह्य n. das Mysterium der Weltseele, Bez. eines best. Lobliedes.

हंसचिह्नदुकूलवत् Adj. in ein Gewand mit eingewebten Gänsefiguren gekleidet Ragh. 17,25.

हंसचूड m. N. pr. eines Jaksha.

हंसज m. N. pr. eines Wesens im Gefolge Skanda's.

हंसजिह्व m. N. pr. eines Mannes. Pl. sein Geschlecht.

हंसता f. Nom. abstr. von हंस Gans.

हंसतीर्थ n. N. pr. eines Tîrtha.

हंसतूल n. Gänseflaum.

हंसत्व n. Nom. abstr. von हंस Gans.

*हंसदाहन n. Agallochum.

हंसदूत m. n. Titel eines Gedichts Burnell, T.

हंसद्वीप m. n. N. pr. einer Insel.

हंसध्वज m. N. pr. eines Fürsten.

हंसनाद m. 1) ein best. Tact S. S. S. 209. — 2) N. pr. eines Vidjâdhara Bâlar. 89,12.

हंसनादिनी f. Bez. einer best. Art von Frauen.

हंसनादोपनिषद् f. Titel einer Upanishad.

हंसनाभ m. N. pr. eines Berges.

हंसनीलक m. v. l. für हंसकीलक.

हंसपत्त्र m. eine best. Stellung der Hand.

हंसपथ m. Pl. N. pr. eines Volkes MBh. 7,20,7. v. l. हंसपद.

1. हंसपद n. 1) Gänsefuss (als Marke) Nârada in Mit. zu Jâǵn. 2,108. — 2) ein best. Gewicht, = कर्ष.

2. हंसपद 1) m. Pl. N. pr. eines Volkes. — 2) f. आ eine Art Svarabhakti Mâṇḍ. Çikshâ 9,13.

हंसपदिका f. N. pr. der ersten Gemahlin Dushjanta's.

हंसपदी f. 1) eine best. Pflanze. Nach den Lexicographen eine Mimosenart und Cissus pedata. — 2) ein best. Metrum. — 3) N. pr. einer Apsaras VP². 2,83.

हंसपरमेश्वर m. Titel eines Werkes.

हंसपाद 1) *n. Zinnober. — 2) f. आ a) N. pr. einer Apsaras VP². 2,82. — b) schlechte Lesart für 2. हंसपद 2). — 3) f. ई a) eine Mimosenart. — b) *N. pr. einer Apsaras. Richtig हंसपदी.

*हंसपादिका f. eine Mimosenart.

हंसपाल m. N. pr. eines Fürsten.

*हंसपुर n. N. pr. einer Stadt.

हंसपोट्टली f. eine best. Mixtur Rasendrak. 95.

हंसप्रबोधा f. N. pr. einer Surâṅganâ Ind. St. 15,241.

*हंसबीज n. Gänseei.

हंसमण्डूरक n. eine best. Mixtur.

हंसमार्ग m. Pl. N. pr. eines Volkes.

हंसमाला f. 1) eine Reihe von (fliegenden) Gänsen. — 2) *eine Gansart mit dunkelgrauen Flügeln. — 3) ein best. Metrum.

*हंसमाषा f. Glycine debilis.

हंसमाहेश्वर Titel eines Werkes.

हंसमुख Adj. (f. ई) wie der Schnabel einer Gans geformt Kâtj. Çr. 1,3,37 Âpast. Çr. 1,15,12. Çulbas. 3,88.

हंसमौन n. Titel eines Werkes.

1. हंसयान n. eine Gans als Vehikel oder ein von Gänsen gezogener Wagen.

2. हंसयान Adj. (f. ई) auf einer Gans reitend.

हंसरथ 1) *Adj. Gänse zum Gespann habend. — 2) m. a) *Bein. Brahman's. — b) N. pr. eines Mannes.

हंसराज m. 1) ein grosser Gänserich 154,6. — 2) N. pr. eines Mannes.

हंसरामप्रश्न m. Titel einer Abhandlung über Augurien.

हंसरुत n. 1) Gänsegeschnatter. — 2) ein best. Metrum.

हंसरोमन् n. Gänseflaum Hem. Par. 3,89. Ind. St. 15,399.

हंसलील m. ein best. Tact S. S. S. 208.

*हंसलोमश n. grüner Eisenvitriol Râǵan. 13,78.

*हंसलोहक n. Glockengut.

हंसवक्त्र m. N. pr. eines Wesens im Gefolge Skanda's.

हंसवत् 1) Adj. das Wort हंस enthaltend. f. °वती ein solcher Vers Âpast. Çr. 16,10,12. — 2) f. °वती a) *Cissus pedata. — b) N. pr. α) der ersten Gemahlin Dushjanta's. — β) der Mörderin eines Vîrasena Harshak. 168,6. — γ) *einer Stadt und Landschaft, = Pegu.

हंसवाह् Adj. auf einer Gans reitend.

हंसवाहन m. Bein. Brahman's.

हंसविवेक n. Titel eines Werkes.

हंसवेग m. N. pr. eines Mannes Harshak. 181. fgg.

*हंससंघाराम m. N. pr. eines buddh. Tempels.

हंससंदेश m. Titel eines Kâvja.

हंससाचि m. ein best. Vogel.

*हंसाङ्घ्रि 1) m. Mennig. — 2) f. ई eine Mimosenart.

हंसाधिरूढ 1) Adj. auf einer Gans reitend. — 2) f. आ Bein. der Sarasvatî.

हंसानदी f. N. pr. eines Flusses Ind. Antiq. 8,242.

*हंसाभिख्य n. Silber.

हंसाय्, °यते eine Gans darstellen Prasannar. 141,10.

हंसारूढ Adj. auf einer Gans reitend, Beiw. Varuṇa's, *Brahman's und *der Sarasvatî.

हंसावती f. ein Frauenname.

हंसावली f. 1) eine Reihe von (fliegenden) Gänsen. — 2) ein Frauenname Ind. St. 14,123.

हंसास्य m. eine best. Stellung der Hand.

हंसाह्वया f. eine Mimosenart.

हंसिन् 1) Adj. etwa die Weltseele in sich enthaltend (Kṛshṇa). — 2) f. °नी ein best. Gang S. S. S. 253.

हंसिर m. eine Mausart. Vgl. हसिर.

*हंसीय Adj. von हंस.

हंसेश्वरतीर्थ n. N. pr. eines Tîrtha.

हंसोदक n. reines (wie die Gans) Herbstwasser Karaka 1,6 (41,7).

हंसोपनिषद् f. Titel einer Upanishad. °षद्दीपिका f. ein Commentar dazu.

हंहो Interj. des Anrufes Bâlar. 16,10. Gâtakam. 23, v. l. Hem. Par. 1,169.

हक्क 1) *m. das Herbeirufen eines Elephanten. — 2) f. आ Eule.

हक्काय्, °यति anrufen Pańkad.

हक्काप्रधाना f. als Erklärung von निष्ठुरभाषा Çilâṅka 2,164.

*हक्कार m. das Anrufen.

हक्काहक्क m. das Anrufen, Herausforderung Pańkad.

हचि in *सुन्दर°.

*हचिपुर n. N. pr. einer Stadt.

*हञ्जदेश m. N. pr. einer Oertlichkeit.

हञ्जात्र und हञ्जात्रि desgl.

हञ्जा f. in कर°.

*हञ्जि m. das Niesen.

हञ्जिका f. 1) Dienerin. Nom. abstr. °त्व n. Kâçikh. 51,3. — 2) Clerodendrum siphonanthus.

हञ्जे Indecl. als Anruf einer Dienerin u. s. w. im Drama 295,3. 307,7.

*हट्, हटति (दीप्तौ).

हट Suçr. 1,170,19 und Râǵat. 1,803 fehlerhaft für हठ.

हटक R. 1,14,25 fehlerhaft für हाटके.

*हटपर्णी n. fehlerhaft für हठपर्णी.

हट्ट 1) m. Markt Kampaka 381. n. (!) Uttamak. 231. °श्रेणि f. Pańkad. — 2) *f. ई Marktflecken.

हट्टक in *वसु°.

हट्टचन्द्र m. N. pr. eines Scholiasten.

*हट्टचौरक m. *Marktdieb.*

हट्टवाहिनी f. *eine Gosse auf dem Markte* Subhâshitâv. 834.

*हट्टविलासिनी f. *ein best. Parfum.* = हरिद्रा Bhâvapr. 1,177.

*हट्टाध्यक्ष m. *Marktaufseher.*

*हठ्, हठति (प्लुतिशङ्कुत्वयोः, बलात्कारे; auch शठत्व st. शङ्कुत्व).

हठ 1) m. *a) Gewalt.* हठेन, हठात् und हठ° *mit Gewalt, gewaltsam.* — *b) das Bestehen auf seinem Kopfe.* हठात् und हठ° (138,32) *mit Hartnäckigkeit, ohne sich durch Etwas beirren zu lassen.* — *c) absolute Nothwendigkeit* (als Ursache alles Seins und Wirkens). हठेन (Vâsav. 240,1), हठात् und हठ° *mit absoluter Nothwendigkeit, unumgänglich, durchaus.* — *d) eine gesteigerte mit grossen Selbstquälungen verbundene Form des* Joga. Auch °योग m. °योगिन् m. *der sich diesem* Joga *hingiebt,* °विद्या und °योगविद्या f. *die Lehre dieses* Joga. — *e) Pistia Stratiotes.* पार्णिग Çâçvata 615 fehlerhaft für पृश्निका. — 2) *f. ई = 1) *e*).

हठकर्मन् n. *Gewaltthat.* Instr. *mit Gewalt, gewaltsam* Ind. St. 15,277.

हठतत्त्वकौमुदी f. und हठदीपिका f. Titel.

*हठपर्णी f. *Blyxa octandra.*

हठप्रदीप m., हठप्रदीपिका f., हठयोगप्रदीपिका f. und हठरत्नावली f. Titel.

हठशर्मन् m. N. pr. eines Brahmanen.

हठसंकेतचन्द्रिका f. Titel.

हठात्कार m. = बलात्कार *Gewaltthätigkeit* Çiva-P. 32,35.

हठादेशिन् Adj. *Gewaltmaassregeln vorschreibend gegen* (Gen.) Mahâvîrać. 33,1.

*हठालु m. f. *Pistia Stratiotes.*

हठिका f. etwa *gewaltiger Lärm* Daçak. 3,4.

हठिन् Adj. *hartnäckig auf Etwas bestehend* Nîlak. zu MBh. 3,52,21.

हड Kâraṇḍ. 31,7 wohl nur fehlerhaft für हडि *Knebel.*

हडि m. 1) *Knebel* Text zu Lot. de la b. l. 262. Divjâvad. 365,4. 435,17. — 2) *eine best. verachtete Mischlingskaste.*

*हडिक m. = हडि 2).

*हड्डु n. *Knochen* Zach. Beitr. 36.

हड्डुचन्द्र m. = हट्टचन्द्र.

*हड्डज n. *Markt.*

हाडु, °क und *हड्डिप m. = हडि 2).

हण्ड in *कूलहण्ड.

हण्डक 1) m. in *कूल°. — 2) f. हण्डिका *Topf* Subhâshitâv. 2371. Kathârṇava (Verz. d. Oxf. H. 153), Kathâ 22, fol. 55, *a* (nach Aufrecht).

*हण्डिकासुत m. *ein kleiner Topf.*

हण्डे Indecl. *Anruf einer niedrigen Person im Drama.*

हत॑ s. u. 1. हन्.

हतक Adj. (f. हतिका) *geschlagen, getroffen* in दैव°. Am Ende eines Comp. in umgestellter Ordnung so v. a. *verwünscht, verflucht.* चाणक्य° *der verwünschte* Kâṇakja Mudrâr. 46,17 (77,17).

हतचेतस् Adj. *niedergeschlagenen Herzens* R. 2,47,1.

हतच्छाय Adj. *der Anmuth beraubt* 134,30.

हतजीवन n. und °जीवित n. *das verwünschte Leben* Daçak. 78,13. 14.

हतत्विड् und हतत्विष् Adj. *des Lichts —, des Glanzes beraubt* MBh. 9,62,4. 7,153,20. Chr. 96,20.

हतधी Adj. *der Einsicht beraubt* Bhâg. P. 3,9,7.

*हतपितृ Adj. *dessen Vater getödtet ist.*

हतपु॑त्र Adj. (f. आ) *dessen Sohn (Söhne) getödtet ist (sind)* R. ed. Bomb. 1,46,2.

हतबुद्धि Adj. *der Einsicht —, des Verstandes beraubt* Çiç. 15,19.

हत॑भ्रातृ Adj. *dessen Bruder getödtet ist.*

हतमति Adj. *verwünschten Sinnes, verrückt* Dhûrtan. 54.

हत॑मातृ Adj. *dessen Mutter getödtet ist.*

हतमानस Adj. *niedergeschlagenen Herzens* Spr. 4734.

हतमूर्ख m. *ein grosser Dummkopf.*

हतलक्षण Adj. *unglücklich* Mârk. P. 30,95.

हत॑वर्चस् Adj. *entwürdigt, entstellt, herabgekommen.*

1. हतविधि m. *das abscheuliche —, verwünschte Schicksal* Spr. 3367. 3701. 6193. Veṇîs. 56,4. Mahân. 552. Çiç. 11,64.

2. हतविधि Adj. (Conj.) *unglücklich* Spr. 3866.

हतवृत्त Adj. *mangelhaft in Bezug auf das Metrum* Kâvjapr. 7,5. Nom. abstr. °ता f. Sâh. D. 575.

हत॑वृष्णी Adj. f. *dessen Mann (Herr) getödtet ist.*

हतशेष s. u. शेष 2) *a*).

हतस्वर Adj. *stimmlos, heiser* Bhâvapr. 6,26.

हत॑स्वसृ Adj. *dessen Schwester getödtet ist.*

हतहृदय n. *das verwünschte Herz* 175,28.

हता॑घशंस Adj. *dessen Hasser vernichtet sind.*

हताधिमन्थ m. *Ophthalmie.*

हताश Adj. (f. आ) 1) *der Nichts mehr zu erwarten hat, an Allem verzweifelnd, verzweifelt* Ind. St. 14,387. — 2) *von dem nichts Gutes* oder *Kluges zu erwarten ist, böse, thöricht* (auch in scherzendem Tone). Im Prâkrit 293,18. 25. 309,20. 313,6.

हति f. 1) *Schlag, — mit* (im Comp. vorangehend). — 2) *Tödtung.* — 3) *Vernichtung, Zerstörung, Vertreibung.* — 4) *Schwund, das Mangeln, Nichtdasein* Kap. 5,117. — 5) *Multiplication.*

हतौजस् 1) Adj. *dessen Kraft gebrochen ist.* — 2) m. *eine Art Fieber.*

हत्नु॑ 1) Adj. *verderblich, tödtlich.* — 2) *m. *a) Krankheit.* — *b) Waffe.*

ह॑त्य n. (am Ende eines Comp.) und हत्या॑ f. *Tödtung.*

हत्वा॑य und हत्वी॑ Absol. zu 1. हन् RV.

ह॑थ 1) m. *Schlag, Wurf* u. s. w. — 2) *Adj. = विषम.

हथिणावग्गाम m. N. pr. eines *Dorfes.*

हद्, हदति, °ते *scheissen* Sarasvatîk. 1,22. Kathârṇava 27 (61,*b*). *हन्न *geschissen.* — Mit उप in उपहदन.

*हदन n. *das Scheissen.*

हद्द m. und *हद्दा f. (arab.) 1/30 *eines Zodiakalbildes, ein Grad.*

1. हन्, ह॑न्ति (ज॑हि Imperat., जहाहि [mit 2. हा verwechselt] R. ed. Bomb. 4,24,33), हनन्ति st. घ्नन्ति Saṁsk. K. 95,*a*,2. हन st. जहि 129,*a*,7. व्यपहनत् R. ed. Bomb. 3,51,18. हते (3. Sg. Med.), जि॑घ्नते, जि॑घ्नत् Partic. SV. 1) *schlagen* (mit Acc.), — *auf* (Loc.), *hämmern,* die Trommel —, einen Spielball —, eine Flüssigkeit *schlagen (klopfen).* — 2) *abschlagen, herunterschlagen.* — 3) *zurückschlagen, abwehren.* — 4) *treffen.* — 5) ein Geschoss *werfen auf* (Gen. oder Dat.). — 6) *niederschlagen, tödtlich treffen, tödten, erschlagen, erlegen.* — 7) *tödten,* so v. a. *mit dem Tode bestrafen, hinrichten lassen.* — 8) *verletzen* von einem Hunde gesagt, so v. a. *beissen.* — 9) in der Astronomie so v. a. *berühren.* — 10) *unangenehm berühren, verletzen, wehethun.* — 11) *zu Falle —, in's Verderben bringen, schädigen, zu Grunde richten, vernichten überh., zerstören.* — 12) *hindern, verhindern.* — 13) *an sich unterdrücken, aufgeben, fahren lassen* 60,13. — 14) हत॑ *a) geschlagen* (auch von einer Trommel). — *b) abgeschlagen* (Kopf), *ausgeschlagen* (Auge). — *c) aufgewirbelt, erregt* (Staub). — *d) getroffen, — von* (Instr. oder im Comp. vorangehend). — *e) getroffen von,* so v. a. *heimgesucht —, gequält —, mitgenommen von, zu kämpfen habend mit* (Instr. oder im Comp. vorangehend). — *f) getödtet, erschlagen.* — *g)* in der Astronomie so v. a. *berührt.* — *h)* f. so v. a. *fututa.* — *i) verletzt* (auch

in übertragener Bed.) 127,28. 59,22. — k) vernichtet, zu Grunde gerichtet, dahin (insbes. am Anfange eines adj. Comp.); verloren von Personen, so v. a. an Allem verzweifelnd. — l) so v. a. werthlos, von keinem Nutzen. — m) mangelhaft Sâh. D. 200,15. — n) nichtsnutzig, verwünscht Harshak. 157,18. *ब्राह्मणिहता (so!) eine nichtsnutzige Brahmanin. — o) betrogen, hintergangen 177,20. — p) gekommen um (Adv. auf तस्). दृष्टि° dem Anblick entzogen. — q) multiplicirt. — Caus. s. घातय्. — Desid. जिघांसति (metrisch auch Med.) treffen —, niederschlagen —, tödten —, vernichten wollen Daçak. 14,18. — Intens. (जङ्घन्ति, जङ्घनत्, जङ्घनन्त, जङ्घनानि, *जङ्घनीति, जङ्घन्यते [mit passiver Bed.], *जेघ्नीयते; Partic. जङ्घनत्, जङ्घ्नत् und घनिघ्नत्) 1) treten auf (Loc. oder Acc.). — 2) treffen, erschlagen. — 3) plagen, quälen. — 4) vernichten. — Mit अति 1) scheinbar Âpast. Çr. 6,14,12, da hier अति zum vorangehenden तद् gehört; vgl. Maitr. S. 1,8,6 (123,4. fgg.). — 2) अतिहत a) angesteckt —, befestigt an (Loc.). — b) zu Grunde gerichtet. — Desid. entkommen wollen. Vielleicht ist अत्यजिगांसत् statt अत्यजिघांसत् zu lesen. — Mit व्यति 1) zurückschlagen, einen Gegenschlag führen gegen Jmd (Acc.). — 2) sich wehren. — 3) *gemeinsam tödten. — 4) sich gegenseitig schlagen, feindlich einander gegenüberstehn. — Mit अनु nachher —, darauf tödten —, vernichten, हतमेवानुहन्यते so v. a. was zu Nichte wird war schon zu Nichte geworden. — Mit *अन्तर् etwa ausscheiden aus (Abl.). — Mit अप 1) wegschlagen, wegstossen; abtreiben, abwehren, verscheuchen, vertreiben. Häufig Med. (von sich abstossen u. s. w.) 21,10. 12. 21. — 2) ausschlagen, aushülsen (Korn). — 3) fehlerhaft für अभि Uttarar. 90,19. — 4) अपहत a) abgehauen (Kopf), ausgeschlagen (Auge). — b) weggeschlagen, abgetrieben, verscheucht, vertrieben 21,20. — c) ausgeschossen (als werthlos). — d) vereitelt. — e) Kathâs. 84,8 fehlerhaft für अपह्नुत. — Desid. in अपजिघांसु. — Intens. wegschlagen, verscheuchen SV. II,6,3,1,5. — Mit व्यप 1) abschlagen R. ed. Bomb. 3,51,18. — 2) wehren, verhindern. — Mit अपि hindern, vertreiben. — Mit अभि 1) treffen mit Schlag oder Wurf, schlagen auf (Acc. Spr. 7839. Çiç. 14, 73), einschlagen in (Acc.), hinstossen. — 2) erlegen. — 3) eine Trommel schlagen (291,24), eine Muschel ertönen lassen. — 4) Pass. befallen —, heimgesucht werden von (Instr.). — 5) अभिहत a) getroffen, geschlagen, gestossen. कोपमरुदभिहत Çiç. 15,84 (50). — b) angeschlagen (von einer Trommel und andern musikalischen Instrumenten). — c) zerschlagen, zerbrochen Çiç. 20,25. — d) angegriffen. — e) in der Astronomie so v. a. berührt. — f) sich stossend an (Loc.). — g) getroffen von, so v. a. heimgesucht von, behaftet mit (Instr. oder im Comp. vorangehend). — Caus. s. u. घातय्. — Desid. treffen —, niederschlagen wollen. — Mit समभि schlagen auf (Acc.), treffen R. ed. Bomb. 4,19,20. हृदि समभिहन्यमानः Gâtakam. 26. — Mit अव 1) herab —, niederschlagen, stürzen. — 2) von oben herab treffen. — 3) schlagen auf oder gegen (Acc.). Statt अवजघ्नतम् (= अवहन्यमानस्य Nîlak.) MBh. 4,45,30 liest ed. Vardh. 4,43,30 अवजघुषम्. Vgl. u. अभिनि 2). — 4) zurückschlagen, — stossen; verscheuchen, abwehren. — 5) ausschlagen, dreschen. — 6) अवहत a) niedergeschlagen. — b) gedroschen. — Caus. s. u. घातय्. — Intens. zurückschlagen. — Mit अध्यव dreschen auf (Loc.). — Mit अन्वव treffen. — Mit अभ्यव schlagen —, stossen auf (Dat.) Maitr. S. 1,10,16 (156,3). — Mit प्रत्यव zurückschlagen. — Mit आ 1) schlagen —, stossen auf (Loc. oder Acc.), treffen. Med. sich (sibi) schlagen auf (Acc.) und um sich schlagen. — 2) die Trommel schlagen, ein musikalisches Instrument ertönen lassen; auch aussprechen. — 3) angreifen, überfallen. — 4) Med. sich ein Leid anthun. — 5) befestigen. — 6) आहत्य Kathâs. 119,176 fehlerhaft für आहृत्य, एतान्याहन्ति Verz. d. Oxf. H. 25,a, N. 2 für एतान्यो हन्ति. — 7) आहत a) geschlagen, gehämmert, gestossen, getroffen. अनिलाहत vom Winde getroffen, — bewegt; ज्योतिष्कणाहत von Funken getroffen, so v. a. angebrannt. — b) angeschlagen (eine Trommel Çiç. 11,2), in Bewegung gesetzt, zum Tönen gebracht (ein musikalisches Instrument). — c) geschlagen, so v. a. geprägt oder gestempelt. — d) verwundet, angerissen (Baum). फालाहत vom Pfluge angerissen, so v. a. gepflügt. — e) aufgewirbelt (Staub) Çiç. 17,53. — f) befestigt. — g) getroffen, so v. a. zum Schaden berührt (in der Astronomie); überh. so v. a. heimgesucht, geschädigt. — h) überzogen —, bestreut mit (im Comp. vorangehend) Vâsav. 165,4. — i) zu Nichte gemacht, vereitelt. — k) multiplicirt. — l) getroffen heisst ein Visarga, wenn er mit einem vorangehenden अ zu ओ geworden ist. Vgl. उपहत. — m) *ungereimt. — n) कलाहत Kathâs. 49,102 fehlerhaft für कलादत. — Intens. schlagen auf. — Mit अपा zurückschlagen. — Mit अभ्या 1) treffen. वनस्य मूले so v. a. einen Schlag mit der Axt auf die Wurzel eines Baumes thun. Mit अन्योऽन्यम् auf einander stossen. — 2) अभ्याहत a) geschlagen, getroffen. — b) beschädigt (Auge). — c) getroffen, so v. a. unangenehm berührt, heimgesucht. तिमिराभ्याहता निशा so v. a. eine stockfinstere Nacht. — d) gehemmt, gehindert. — Mit उदा anschlagen, spielen (auf der Laute); mit Acc. der Weise. — Mit उपा schlagen auf. — Mit निरा, °घ्नन् Tândja-Br. 9,1,1 fehlerhaft für निरघ्नन्. — Mit प्रत्या 1) abwehren, sich einer Sache (Acc.) erwehren. — 2) प्रत्याहत a) abgewehrt, zurückgeschlagen. — b) von sich gewiesen, zurückgewiesen Gâtakam. 28. — Mit व्या 1) schlagen, losschlagen Vâsav. 143,2. — 2) treffen, so v. a. heimsuchen. — 3) hemmen, hindern. — 4) व्याहत a) gestossen, getroffen. — b) zurückgeschlagen. — c) zurückgewiesen, abgewiesen. — d) gehemmt, gehindert Çiç. 16,83. — e) im Widerspruch stehend. — f) MBh. 1,3687 fehlerhaft für व्याहृत. — Caus. s. u. घातय्. — Mit प्रतिव्या nur scheinbar MBh. 12,3724, da hier प्रतिगाहन्ति die richtige Lesart ist. — Mit समा 1) anschlagen, zusammenschlagen. — 2) treffen, schlagen auf oder an. — 3) erlegen. — 4) zusammenstossen mit (Instr.). v. l. besser समाजग्मुस् st. समाजघ्नुस्. — 5) anschlagen (eine Trommel). — 6) समाहत a) zusammengeschlagen. — b) zusammengefügt, verbunden. — c) geschlagen, getroffen. — d) angeschlagen (eine Trommel). — Mit उद् 1) hinauf —, hinaustreiben, — drängen, — heben, verdrängen. — 2) ausrotten. — 3) ausschlagen (einen Graben u. s. w.), aufwerfen, aufschütten Comm. zu Njâjam. 10,1,1. — 4) Med. sich erhängen. — 5) उद्धत्य Hariv. 4408 fehlerhaft für उद्धृत्य. — 6) उद्धत a) aufgewirbelt (Staub) Çiç. 15,113 (79). — b) erhöht, hervorragend über (Abl.), angeschwollen, hoch gehend (Wasser, Fluss 168,15. Çiç. 12,53), hoch in der Luft schwebend, auf —, in die Höhe gehoben. — c) ausgegraben. — d) angeschlagen (eine Laute). — e) zum Vorschein gekommen. — f) gehemmt, gehindert. — g) gesteigert, heftig, intensiv. — h) hochfahrend, stolz, übermüthig. — i) strotzend —, voll von (Instr. oder im Comp. vorangehend) Çiç. 17,58. — k) in Bewegung versetzt, erregt. Richtiger उद्धुत oder उद्धूत. — l) herausgezogen, herausgeholt aus (Abl.). Richtig v. l. उद्धृत. — Mit उपोद् in उपोद्घात. — Caus. s. u. घातय्. — Desid. zur Sprache bringen —, erläutern wollen. — Mit समुद्, समुद्धत 1) aufgewirbelt (Staub). — 2) hoch gehend, angeschwollen (Wasser), hoch auf — (im Comp. vorangehend) fliessend, aufgerichtet, aufgehoben. — 3) gesteigert, heftig, intensiv Gâtakam. 8, 63. — 4) hochfahrend, stolz, übermüthig. — 5) strozzend —, voll von (im Comp. vorangehend). — 6) in Bewegung versetzt, erregt. Richtiger wohl समुद्धत. — 7) herausgenommen, — aus (Abl.). Richtig समुद्धृत. — 8) herbeigeschossen, herbeigeflogen Nîlak. zu MBh. 12,342,114. Der Text समुद्धत, v. l. समुद्धूत. — Mit उप 1) schlagen —, stossen auf, berühren. — 2) von einem Vogel sich setzen auf (Acc.). — 3) von einer Katze so v. a. kratzen. — 4) anstecken, an die Spitze eines Stabes u. s. w. fassen, antupfen. — 5) einstecken, befestigen. — 6) störend treffen, hemmen; beeinträchtigen, beschädigen, zu Schanden machen. — 7) anstossen, stecken bleiben im Recitiren u. s. w., fehlen. — 8) उपहत a) berührt Âpast. 1,15,16. 16,21. 27. — b) belegt, bestreut. — c) erschlagen. — d) behaftet (mit einem Uebel), heimgesucht, hart mitgenommen, beschädigt, verdorben, besudelt, überwältigt —, hingerissen von. दैवेन vom Schicksal geplagt, — verfolgt; ohne दैवेन dass. — e) niedergeschlagen, entmuthigt. — f) verdorben, verführt. — g) bestritten in अनुपहत Nachtr. 6. — h) berührt heisst ein Visarga, wenn er mit einem vorangehenden अ zu आ geworden ist, Kâvjapr. 154,10. Vgl. आहत. — Mit समुप, °हत beschädigt, getrübt (Einsicht). — Mit नि 1) einschlagen, — 2) stossen in oder auf (Loc.), schleudern, — auf (Loc.). — 3) treffen (mit einem Geschosse); auch in übertragener Bed. (मनांसि). — 4) aufschlagen. पदैस् die Füsse, so v. a. stampfen. — 5) schlagen —, losschlagen auf (Acc.); herfallen über, sich vergreifen an (mit Loc. oder Gen.). — 6) anschlagen (die Trommel). — 7) anschlagen mit (Instr.) an (Acc.), so v. a. berühren. — 8) fällen, niederschlagen, erschlagen, tödten. Auch von Planeten im Planetenkampf. — 9) niederhauen, so v. a. mähen. — 10) überwältigen. — 11) züchtigen. — 12) heimsuchen. — 13) zerstören, zu Grunde richten, in's Verderben bringen, vernichten (TS. 3,1,1,3), vertreiben. — 14) heften an (Loc.). — 15) senken (die Flügel, Hände). — 16) mit gesenktem Tone —, d. i. mit dem Anudâtta sprechen. — 17) multipliciren. — 18) निहत a) geschleudert. — b) getroffen; auch in übertragener Bed. — c) niedergeschlagen. Auch von einem Planeten im Planetenkampf. — d) erschlagen, niedergemacht, geschlachtet, getödtet. — e) zerstört, zu Grunde gerichtet, vernichtet Spr. 7767. — f) niedergeschmettert, verloren (von Personen) 94,10. 22. — g) dahin seiend, so v. a. nicht mehr zu sehen (Weg). — h) mit dem Anudâtta gesprochen. — i) fehlerhaft für निहित, wie auch dieses fehlerhaft für निहत steht. — Caus. s. u. घातय्. — Intens. schleudern. — Mit अभिनि 1) anstecken, anspiessen. — 2) schlagen —, einhauen auf (Acc.). अभिनिघ्नत् Partic. mit passiver Bed. MBh. 4,45,30, v. l. Vgl. u. अव 3). — 3) die Trommel schlagen. — 4) sich schlagen —, sich ziehen nach (Acc.) Âpast. Çr. 9,20,10. — 5) अभिनिहत Bez. eines Svarita, der sonst अभिनिहित heisst. — Mit उपनि anstecken, bestecken Kâtj. Çr. 8,4,10. — Mit परिणि (auch परिनि) 1) umstecken. — 2) schlagen. — Mit प्रणि 1) zu Grunde richten, zu Nichte machen; mit Acc. oder Gen. — 2) stärker senken (die Hand). — 3) tiefer als Anudâtta sprechen. — 4) *प्रणिहत = द्विष्ट, प्रतिस्खलित und बद्ध. — Mit प्रतिनि einen Streich führen gegen (Acc.). प्रतिनिहत mit pass. Bed. — Mit विनि 1) schlagen. — 2) niederschlagen, auch in übertragener Bed. (मनांसि). — 3) erschlagen, erlegen, tödten Çiç. 16,14. 85. — 4) zerstören, zu Grunde richten, zu Nichte machen. — 5) विनिहत a) niedergeschlagen. — b) getroffen, berührt. — c) erschlagen, getödtet, geschlachtet. — d) zu Grunde gerichtet, zu Nichte gemacht. — e) von einem Befehl so v. a. nicht befolgt. — Mit संनि 1) losschlagen auf Jmd. — 2) erschlagen. — 3) संनिहत MBh. 1,8300 fehlerhaft für संनिहित. — Mit निस् 1) weg —, hinausschlagen, ausschlagen (Augen, Zähne). — 2) verjagen, wegschaffen, zu Nichte machen Âpast. 1,24,25. 28,18. 29,1. — 3) erschlagen. MBh. 8,849. Bhâg. P. 4,14,34. 6,9,18 hat die v. l. besser नि statt निस्. — 4) loswerfen auf (Gen.). — 5) vernichten. — 6) निर्हत्य Râgat. 5,432 wohl fehlerhaft für निहत्य. — Caus. s. u. घातय्. — Mit अतिनिस् übermässig auseinanderziehen (den Svarita). — Mit अधिनिस् vertilgen von (Abl.). — Mit परिनिस् austreiben. — Mit विनिस्, विनिर्हत vernichtet. — Mit परा 1) wegschleudern, umstürzen. — 2) abschlagen (den Kopf). — 3) betasten. — 4) पराहत a) ab —, weggeschlagen, vertrieben. — b) abgewandt. — c) im Widerspruch stehend. — d) abgeschlagen, so v. a. widerlegt Njâjam. 1,1,26. — Mit परि 1) umwinden. — 2) ersticken (das Feuer). — 3) Pass. a) einen Wandel erfahren. — b) sich legen, vergehen. — 4) statt परि बाधो जही मृधः RV. 8,45,10 ist परिबाधो zu vermuthen. — 5) परिहत fehlerhaft für परिहृत. — Mit अभिपरि rings umfassen, bewältigen. — Mit प्र 1) schlagen, losschlagen auf (Acc., angeblich auch Gen.). — 2) niederschlagen, tödten. — 3) प्रहत a) geschlagen, getroffen. — b) angeschlagen (Trommel u. s. w.). — c) zerhauen, zerschlagen. — d) angehauen oder abgehauen (Baum). — e) erschlagen. — f) * = शास्त्रविद्ध Gal. — Vgl. अप्रहत. — Mit अभिप्र 1) überwältigen. — 2) अभिप्रहत verwundet (Baum). — Mit *निप्र mit Gen. Vgl. निष्प्र. — Mit निष्प्र niederschlagen, tödten; mit Gen. Çiç. 14,82. — Mit विप्र, विप्रहत geschlagen (ein Heer), getroffen, mitgenommen. Vgl. अविप्रहत Nachtr. 2. — Mit प्रति schlagen gegen (Gen.), losfahren auf Jmd (Acc.). — 2) niederschlagen MBh. 12,230,9. — 3) zerschlagen, brechen. — 4) anspiessen. — 5) zurückschlagen, abwehren, sich wehren gegen, fernhalten, verscheuchen, hemmen, aufhalten, vereiteln. आज्ञाम् so v. a. sich um Jmds Befehle nicht kümmern Çiç. 16,80. — 6) Pass. mit Abl. fern gehalten werden von, verlustig gehen. — 7) Absol. प्रतिहत्य in entgegengesetzter Richtung. — 8) प्रतिहत a) wogegen Etwas schlägt. — b) anschlagend an (Loc. oder im Comp. vorangehend). — c) zurückgeschlagen, abgewehrt (105,8), zurückgewiesen, abgewiesen, gehemmt, aufgehalten, unterblieben. — d) in seiner Function gehemmt, von den Augen so v. a. geblendet, von den *Zähnen so v. a. stumpf (von Säuren). — e) feindselig in प्रतिहतधी. — f) *in seinen Erwartungen getäuscht. — g) schlechte Lesart für प्रहित. — Vgl. अप्रतिहत. — Caus. s. u. घातय्. — Mit संप्रति Pass. sich stossen. — Mit वि 1) zerschlagen, zerbrechen, zerstören. — 2) auseinandertreiben. — 3) auseinanderschlagen, so v. a. ausstrecken (ein Fell). — 4) abreissen. — 5) *lösen (Flechten). — 6) abschlagen, abwehren, sich wehren gegen. — 7) stören, hemmen, unterdrücken. — 8) vorenthalten. — 9) zu Nichte machen Çiç. 12,67. 14,8. 19,49. — 10) Pass. a) von keinem Nutzen sein. — b) sich quälen, sich Sorge machen, sich unnütz abmühen. — 11) häufig fehlerhaft für निहन्. — 12) विहत a) aufgerissen, aufgewühlt. — b) herausgeschlagen aus (Abl.). — c) getroffen, heimgesucht. — d) zurückgewiesen, abgewiesen (Person). — e) abgeschlagen, abgewehrt. — f) gestört, gehemmt. us. s. u. घातय्. — Desid. stören —, hemmen wollen. — Intens. (विजीजह्नि ?) Jmd (Acc.) ein Leid zufügen. — Mit अनुवि, °हन्ति MBh. 12,56,51 nach Kern fehlerhaft für अनुवहन्ति. — Mit आवि (!) hauen auf (Acc.). — Mit प्रवि, प्रविहत zurück —, in die Flucht geschlagen. — Mit प्रतिवि in प्रतिविघात. — Mit सम् 1) zuklappen, zusammenlegen, schliessen. — 2) zusammenballen; Pass. sich ballen, fest —, consistent werden. पृथिव्यादिभावेन zu Erde u. s. w. Çaṅk. zu Bâdar. 2,2,18. कृष्णायसस्येव च ते संहत्य हृदयं कृतम् so v. a. dein Herz ist gleichsam aus Eisen zusammengehämmert. — 3) zusammensetzen, — fügen. Pass. verbunden werden, sich verbinden. — 4) Med. aufeinanderstossen, zusammenstossen mit (Instr.) ṚV. 9,14,4. — 5) zerschlagen, zerbrechen. — 6) Absol. संहत्य (auch mit अन्योऽन्यम्) sich zusammen thuend, in Gemeinschaft, vereint, zusammen, im Verein mit (Instr.). — 7) संहत a) an —, auf einander gelegt, zusammengefügt, geschlossen, zusammenstossend, anschliessend, eng verbunden, — mit (Instr.), zusammenhängend, zusammenhaltend, einen Haufen bildend. — b) fest —, compact geworden, fest, hart, compact (73,12); von festem, compactem Gliederbau. — c) stark, intensiv. — d) als Bez. eines best. Geruchs und Tons intensiv oder zusammengesetzt. — Caus. in संघातन. — Mit अभिसम् 1) Absol. अभिसंहत्य sich zusammenthuend, in Gemeinschaft, vereint. — 2) अभिसंहत angegriffen, befeindet. — Mit प्रतिसम्, अन्योऽन्यप्रतिसंहतौ mit einander verbunden. प्रतिसंहत auch schlechte v.l. für प्रतिसंहृत. — Mit विसम्, विसंहत aus der festen Verbindung gebracht, gelockert.

2. °हन् Adj. (f. °घ्नी) schlagend, tödtend, Mörder, zu Grunde richtend, vernichtend, verscheuchend u. s. w.

हन 1) Adj. (f. ई) am Ende eines Comp. = 2. हन्. — 2) m. Nom. act. in सुहन. — 3) f. आ in दुर्हणा.

हनन 1) Adj. (f. ई) fällend, erschlagend, tödtend. — 2) wohl m. a) Schlägel zur Trommel. — b) ein best. Wurm J. A. O. S. 12,CLXXII. — 3) n. a) das Schlagen, Treffen. — b) das Abschlagen. — c) das Tödten, Vernichten Spr. 7804. — d) das Beseitigen, Aufheben. — e) das Multipliciren.

*हननीय्, °यति = हननमिच्छति. — Desid. जिहननीयिषति.

*हननीयक Adj. von हननीय्.

हनव्य Adj. (f. आ) von हनु Kinnbacke.

हनीयंस् Adj. mehr —, sehr treffend, — tödtend Maitr. S. 2,9,7 (126,4).

*हनील m. Pandanus odoratissimus.

हनु 1) (*m.) f. a) Kinnbacke. Auch हनू. — b) *Tod, Waffe, Donnerkeil, Krankheit, Unguis odoratus und ein anderer wohlriechender Stoff, Gelbwurz, = सूना und नृत्यारम्भ. — 2) n. Backe am Beschlag eines Speers u. s. w.

हनुका f. Kinnbacke.

हनुग्रह m. Kinnbackenkrampf, Maulsperre Karaka 8,9.

हनुभेद m. 1) das Aufreissen der Kinnbacken, ein geöffneter Rachen. — 2) Bez. einer best. Form des Endes einer Eklipse.

हनुमत्कवच n., °मत्कीर्तन n. (Opp. Cat. 1), °मत्पञ्चाङ्ग, °मत्प्रतिष्ठा f., °मत्सहस्रनामन् n., °मत्स्तोत्र n. und °मदष्टोत्तरशतनामन् n. Titel Burnell, T.

हनुमदीय (!) Adj. von Hanumant verfasst. n. als Titel Opp. Cat. 1.

हनुमद्विषमन्त्र m. (Opp. Cat. 1) und °मद्व्रतकल्प m. (Burnell, T.) Titel.

हनुमन् (metrisch) m. = हनुमत् 2) a).

हनुमत् 1) Adj. starke Kinnbacken habend. — 2) m. N. pr. a) eines göttlich verehrten Affen, eines Sohnes des Windgottes von der Añǵanâ, des treuen Bundesgenossen Râma's auf seinem Zuge nach Lañkâ zur Wiedererlangung der Sîtâ. Gilt als grosser Gelehrter. — b) verschiedener Männer.

हनुमत्तभट्ट m. N. pr. eines Autors. °भट्टीय n. Titel seines Werkes Opp. Cat. 1.

हनुमन्नाटक n., °दीपिका f. und हनुमन्निघण्टु m. (Burnell, T.) Titel.

हनुमोक्ष m. Lockerung der Kinnbacken.

*हनुल Adj. starke Kinnbaken habend.

हनुष्कम्भ m. = हनुग्रह Karaka 6,26.

हनुसंहति f. = हनुसंहनन Bhâvapr. 2,115.

हनुसंहनन n. eine Art Mundsperre Bhâvapr. 2,115. Suçr. 2,192,19.

हनुस्तम्भ m. = हनुग्रह.

हनूकम्प m. das Zittern der Kinnbacken.

हनूमत्कल्प m., °मत्कवच n., °मत्पद्धति f. und °मत्प्रबन्ध m. Titel.

हनूमत् m. = हनुमत् 2) a).

हनूमत्तेश्वर und °तीर्थ n. N. pr. eines Tîrtha.

हनूमन्नाटक n. Titel eines Drama.

*हनूष m. ein Rakshasa.

हन्त Interj. als Ausruf der Aufforderung zu einer That (wohlan, allons), zu einer Entgegennahme (da nimm, voilà) und zum Aufmerken. Später auch freier gebraucht, z. B. Bâlar. 60,15. हा हन्त, हन्त हन्त, हा हन्त हन्त (184,8), हन्त तर्हि. Könnte aus अहं ते entstanden sein.

हन्तकार m. der Ausruf हन्त VP. 3,11,62. so v. a. Gabe, Almosen Bâlar. 42,20 (= बलि Glosse). Unter den 4 Zitzen der Kuh auch als 16 Mundvoll Almosen gedeutet.

हन्तृ (mit Gen.) und हन्तृ (mit Acc.) Nom. ag. 1) der Jmd schlägt. — 2) der Jmd erschlägt, tödtet, vernichtet, Mörder. — 3) Etwas zu Grunde richtend, zerstörend, zu Nichte machend, vertreibend.

हन्तवे Dat. Infin. zu 1. हन् ṚV. Bhâg. P. 4,19,16. राजन्यहन्तवे 11,5,50.

हन्तवै desgl. ṚV.

हन्तव्य Adj. 1) zu tödten, mit dem Tode zu bestrafen, aus dem Wege zu räumen. यो ऽनुमोदति हन्तव्यम् (हन्यताम् v. l.) wer zustimmt, dass getödtet wird. — 2) zu verletzen (धर्म). — 3) zu widerlegen Hemâdri 1,529,5. — 4) Râǵat. 4,384 wohl fehlerhaft für हातव्य; vgl. Spr. 1856.

हन्ति f. Bez. des Verbums हन् Njâjam. 9,1,4.

हन्तु m. 1) Nom. act.; s. हन्तवे, हन्तवै, हन्तोस् und सुहन्तु. — 2) *Stier.

हन्तुकाम Adj. (f. आ) umzubringen beabsichtigend 117,23.

हन्तृत्व n. die Rolle des Tödters, — Vernichters.

हन्तोस् Abl. und Gen. Infin. zu 1. हन् ṚV. 3,30,10. TS. 3,1,1,3.

हन्त्रीमुख m. ein best. die Kinder verfolgender Dämon.

(हन्त्व) हन्तुअ Adj. zu schlagen, niederzumachen.

हन्मन् m. oder n. Schlag, Stoss, treffender Wurf.

हन्यमान 1) Adj. Partic. pass. von 1. हन्. — 2) m. Pl. N. pr. eines Volkes MBh. 6,9,69. v. l. हंसमार्ग.

हपुषा f. eine best. Pflanze (in zwei Arten).

हम् Interj. रोषभाषणे (रोषोक्तौ) und अनुनये; vgl. Zach. Beitr. 93. हं भो Divjâvad. 383,4. हं भोः 621,26. हम्भो Ǵâtakam. 28, v. l. Vgl. हंहो.

हम m. eine best. Personification Gaut.

हमीरपुर्य Adj. aus Hamîrapura (vgl. हम्मीर) stammend.

हम्ब 1) m. N. pr. eines Mannes. — 2) f. आ v. l. für हम्भा.

हम्बीरा f. in नट°. Vgl. हाम्बीरी.

हम्भा f. das Gebrüll der Kühe oder Kälber. Auch °रव m. und °शब्द m. (Ind. St. 15,411).

हम्भाय्, °यते brüllen (von einer Kuh).

*हम्म्, हम्मति (गतौ) bei den Surâshṭra.

हम्मीर m. N. pr. eines Fürsten von Çâkambharî, der im 14ten Jahrh. regierte. Vgl. हमीरपुर्य.

*हय्, हयति (गतौ, क्लमे, भक्तिशब्दयोः). — Intens. जाहयीति, जाहति u. s. w.

हय 1) m. a) Ross. Am Ende eines adj. Comp. f. आ. — b) der Schütze im Thierkreise. — c) Bez. der Zahl sieben (wegen der 7 Rosse des Sonnengottes). — d) ein Fuss von vier Moren. — e) *a man of particular class. — f) *Bos grunniens. — g) *Bein. Indra's. — h) N. pr. α) *eines der Rosse des Mondgottes. — β) eines Sohnes des Sahasrada und des Çatáǵit. Pl. das Geschlecht des Haja. — 2) f. हया und हयी a) Stute. — b) *Physalis flexuosa. — 3) Adj. antreibend in अश्वहय.

*हयकन्धरा und *°कन्धारिका f. eine best. Pflanze.

हयकर्मन् n. *Rossekunst.*

*हयकातरा und *°कातरिका f. *eine best. Pflanze.*

*हयगन्ध 1) n. *schwarzes Salz* Râǵan. 6,96. v. l. हयगन्ध. — 2) f. आ *Physalis flexuosa* und = अजमोदा. v. l. हयगन्धा.

हयगर्दभि m. Bein. Çiva's.

हयग्रीव 1) Adj. *die Mähne eines Pferdes habend.* — 2) m. *a) eine Form* Vishṇu's. — *b)* N. pr. α) eines für den Diebstahl des Veda von Vishṇu erschlagenen Asura. — β) eines Râkshasa. — γ) einer Tantra-Gottheit bei den Buddhisten. — δ) eines Râǵarshi, eines sündhaften Fürsten der Videha, eines Muni und verschiedener anderer Männer. — 3) f. आ Bein. der Durgâ.

हयग्रीवपञ्चरात्र n. und °ग्रीवपञ्जर n. (Burnell, T.) Titel.

*हयग्रीवरिपु m. Bein. Vishṇu's.

हयग्रीववध m. (Kâvjapr. 199,7), °ग्रीवस्तोत्र n. (Opp. Cat. 1) und °ग्रीवोपनिषद् f. (ebend.) Titel.

*हयघ्न m. *Nerium odorum.*

*हयंकष m. Bein. Mâtali's, Wagenlenkers des Indra.

हयचर्या f. *das freie Umherstreichen des zum Opfer bestimmten Rosses.*

*हयच्छटा f. *ein Trupp Pferde.*

हयज्ञ Adj. *mit der Rossekunst vertraut.* Nom. abstr. °ता f.

हयतत्त्व n. *Rossekunst.*

हयदानव m. *der* Dânava *in der Gestalt eines Rosses,* Beiw. Keçin's.

*हयद्विषत् m. *Büffel.*

*हयन 1) m. *Jahr.* Vgl. हायन. — 2) n. *eine Art Sänfte.* ड्यन v. l.

*हैयतात् als गतिकर्मन्.

हयप m. 1) *Rossewärter.* — 2) N. pr. eines Fürsten, = हयपति.

हयपति m. N. pr. eines Fürsten.

*हयपुच्छिका und *°पुच्छी f. *Glycine debilis* Râǵan. 3,18. Bhâvapr. 1,200.

*हयप्रिय 1) m. *Gerste.* — 2) f. आ *a) Physalis flexuosa.* — *b) Phoenix sylvestris.*

*हयमार und हयमारक m. *Nerium odorum.*

*हयमारण m. *Ficus religiosa.*

1. हयमुख n. 1) *Pferdegesicht.* — 2) *N. pr. eines Reiches.

2. हयमुख 1) Adj. *ein Pferdegesicht habend.* — 2) f. ई N. pr. einer Râkshasî.

हयमेध m. *Rossopfer* 106,25.

*हयलाला f. *Pferdespeichel* Zach. Beitr. 92.

हयलीलावती f. Titel eines Werkes.

*हयवाहन m. Bein. 1) Revanta's. — 2) Kubera's.

*हयवाहनशंकर oder *°संकर m. *Bauhinia variegata.*

हयविद्या f. *Rossekunst.*

*हयशाला f. *Pferdestall.*

हयशास्त्र n. und हयशिक्षा f. *Rossekunst.*

1. हयशिरस् n. *Pferdekopf.*

2. हयशिरस् 1) Adj. *einen Pferdekopf habend* (die Sonne). — 2) m. Vishṇu *in einer best. Manifestation.* — 3) f. N. pr. einer Tochter *a)* Puloman's. — *b)* Vaiçvânara's. — 4) n. *eine best. mythische Waffe.*

हयशिरा f. N. pr. einer Tochter Vaiçvânara's.

हयशिशु m. *Füllen.*

हयशीर्ष und °न् 1) Adj. *einen Pferdekopf habend.* — 2) m. Vishṇu *in einer best. Manifestation.*

हयशीर्षपञ्चरात्र (°रात्रि fehlerhaft) n. Titel.

*हयस्कन्ध m. *ein Trupp Pferde.*

हयाङ्ग m. *der Schütze im Thierkreise.*

*हयाध्यक्ष m. *Stallmeister.*

हयानना f. N. pr. einer Joginî (*Fee*) Hemâdri 2,a,97,8.

*हयानन्द m. *Phaseolus Mungo.*

हयारि m. *Nerium odorum.*

हयारोह m. *Reiter zu Pferde* Harshaḱ. 174,2.

हयालय m. *Pferdestall.*

*हयाशना f. *Boswellia thurifera.*

हयास्य und °क m. Vishṇu *in einer best. Manifestation (eine Pferdeschnauze habend).*

हयिन् m. *Reiter zu Pferde.*

हये Interj. *he! ei!* Gobh. 4,8,2.

*हयेष्ट m. *Gerste.*

हयोत्तम m. *ein vorzügliches —, edles Ross.*

हय्यंगव n. Bhâg. P. 10,9,6 wohl fehlerhaft für हैयंगव.

1. हर्, हरति, °ते (selten und meist metrisch), हर्मि (ṚV. 1,61,1), °जिहर्ति (nur Comm. zu Âpast. Çr. 7,9,5), हृत Partic. 1) *halten, tragen, auf* oder *in* (Instr.). — 2) *herbeischaffen, — bringen, holen.* — 3) *übergeben, vorsetzen, darbringen* (insbes. बलिम्), *schenken.* — 4) *weg —, hinüberschaffen, verbringen, fortführen, — in* (Acc.), *hintragen zu* (Gen.), *überbringen.* — 5) *wegnehmen, entreissen, gewaltsam —, unrechtmässiger Weise sich zueignen, rauben, gewaltsam fortführen, — mit sich ziehen, — fortziehen, entführen, fortlocken.* — 6) *abreissen, ablösen, abtrennen, abschiessen, abhauen, — lassen.* — 7) *ab —, wegwenden* (das Gesicht) 310,15. Çiç. 18,22. — 8) Act. Med. (dieses älter und genauer) *in Empfang nehmen* (eine Gabe), *in den Besitz von Etwas treten* (insbes. als Erbe), *rechtmässiger Weise sich aneignen, hernehmen —, sich Etwas holen —, mitnehmen von* (Abl.). करम् *Abgaben erheben.* — 9) *heimführen, heirathen* (ein Mädchen). — 10) *in seine Gewalt bekommen, überwältigen, Meister werden über, Jmd gewinnen, bestechen;* so v. a. *übertreffen* Bâlar. 138,21. — 11) *hinreissen,* so v. a. *ganz in Beschlag nehmen, von allem Andern abwenden, entzücken.* हृत 323,16. — 12) *abnehmen, wegnehmen benehmen, entfernen, verscheuchen, zu Nichte machen, hintertreiben.* — 13) *zurückziehen, zurück halten.* — 14) *hinziehen* (von einer Zeit oder einem Ort zum andern). कालम् *die Zeit hinziehen, Zeit gewinnen.* — 15) *dividiren.* — 16) mit हन् verwechselt. — Caus. 1) हरयति s. u. प्र. — 2) हारयति *a) tragen lassen durch Jmd* (Acc. oder Instr.). — *b) bringen —, verbringen lassen, — durch Jmd* (Instr.) Hariv. 2,57,33. — *c) entreissen — rauben lassen.* — *d) entreissen, sich zueignen.* — *e) sich entreissen lassen, einbüssen, verlieren* (insbes. im Spiel) Prasannar. 78,10. — 3) हारित *a) überbracht.* — *b) hergenommen, herbekommen* 119,1. — *c) was man hat rauben lassen.* — *d) geraubt, entführt.* — *e) was man sich hat entreissen lassen* (Çiç. 15,29), *verloren, eingebüsst* (insbes. im Spiel) Pańkad. — *f) verloren,* so v. a. *dahin.* — *g) um sein Ansehen gebracht, übertroffen, verdunkelt.* — *h) der Etwas* (Acc.) *eingebüsst, verloren hat.* — *i)* n. impers. हारितं कुवलयैः *die Wasserlilien haben das Spiel verloren, sind unterlegen* Bâlar. 34,12. — 4) हारितवन्त् = 3) *h).* — Desid. जिहीर्षति, °ते (metrisch) 1) *wegnehmen wollen, Verlangen tragen nach.* — 2) कालम् *Zeit gewinnen wollen.* — Intens. *जर्हरीति, *जरिहरीति, *जरीहरीति, *जर्हर्ति, *जरिहर्ति, जरीहर्ति (s. u. सम्). — Mit अति 1) *halten über.* — 2) *hinüberreichen —, geben über* (Acc.). — 3) *hinausreichen —, überstehen lassen.* — 4) अतिहृत *a) hinübergebracht.* — *b) hinzugefügt.* — Mit अभ्यति *über Etwas* (Acc.) *hinaus stehen lassen* Tâṇḍja-Br. 6,1,3. — Mit प्रत्यति Caus. *darreichen* Gobh. 4,3,30. v. l. प्रत्यभि. — Mit व्यति 1) *gegenseitig versetzen* Gobh. 1,3,5. Angeblich Med. — 2) °व्यतिहृत *ohne — seiend, — los.* — Mit अधि 1) *hinbewegen über.* — 2) *bringen, verschaffen.* — Mit अनु 1) *der Reihe nach vorsetzen* (Speisen). — 2) *nachahmen,* mit Acc. 294,32 (im Prâkrit). — 3) *gleichen, ähnlich sein;* mit Acc., auch Gen. der Person. — 4) *erreichen* (einen Zustand). — 5) Med. *nachschlagen, nach eines Andern Art einschlagen;* mit Acc. — Mit

अप 1) *wegbringen, wegführen, fortziehen* (37,5. Gâtakam. 31), *wegreissen, wegschaffen, abnehmen.* — 2) *abwenden.* — 3) *entwenden, gewaltsam* oder *unrechtmässiger Weise sich zueignen, entführen, rauben.* — 4) *abreissen, ablösen, abtrennen, abschiessen; fällen.* — 5) *fortreissen*, so v. a. *in seine Gewalt bekommen, überwältigen* (Gâtakam. 31), *ganz in Beschlag nehmen, von allem Andern abwenden* 297,7. Spr. 7845. Çiç. 12,44. — 6) *wegnehmen, benehmen, entfernen, verscheuchen, zu Nichte machen, vereiteln, unnütz machen.* — 7) *zurücknehmen.* — 8) *abziehen, subtrahiren.* भागम् so v. a. *dividiren.* — 9) fehlerhaft für उप-हर् und अप-हन्. — Caus. अपहारित *geraubt.* — Desid. *zu vereiteln beabsichtigen* Comm. zu Âpast. Çr. 14,31,8. — Mit व्यप 1) *abreissen, ablösen, abhauen.* — 2) *benehmen, zu Nichte machen.* — Mit अभि 1) *erheben* Karaka 376,1. — 2) *an sich ziehen* Gâtakam. 34. — 3) *überreichen, darbieten, darbringen.* — 4) अभित्रिहर्ति (?) Comm. zu Âpast. Çr. 7,9,5. — 5) अभिहृततर *etwas erhoben.* — Caus. 1) *hinbringen lassen, — durch* (Instr.). — 2) *sich anlegen* (einen Panzer). — 3) *angreifen* (einen Feind) MBh. 7,88, 3. — 4) अभिह्वार्यते Bṛh. Âr. Up. 4,1,6 fehlerhaft für अभिहर्यति (von हर्य्). — Mit प्रत्यभि Caus. *darreichen* Gobh. 4,3,30, v. l. — Mit अव 1) *abwärts bewegen, einziehen* (die Arme). — 2) *herunternehmen, abstellen, ablegen, aus der Hand thun.* — 3) *entreissen*, so v. a. *übertreffen* Bâlar. 138,16. — 4) *enthalten* P. 5,1,52. — 5) fehlerhaft für अपहृ; auch Râgat. 1,114 wohl verdorben. — Caus. *erlegen lassen* (Abgaben). — Mit अन्वव *senken* Âpast. Çr. 2,12,7. 13,11. 12,20,20. — Mit अभ्यव 1) *werfen* (in's Wasser, Acc.). — 2) *herbeischaffen.* — 3) *zu sich nehmen, geniessen.* — Caus. 1) *werfen lassen* (in's Wasser, Acc.) Lâṭj. 8,8, 3. — 2) *anlegen, umthun.* — 3) *angreifen* (einen Feind). — 4) *zu sich nehmen, geniessen* Saddh. P. 196. Gâtakam. 16. 34. — 5) *Etwas* (Acc.) *geniessen lassen, Jmd* (Acc.) *speisen.* — Mit उपाव 1) *herabholen, — bringen, — nehmen.* — 2) *abwärts bewegen.* — Mit अभ्युपाव 1) *herabbringen.* — 2) *herabbewegen* (die Arme). — Mit प्रत्यव 1) *schmälern, verkürzen* in प्रत्यवहर्तोस्. — 2) *von Jmd* (Abl.) *Etwas entnehmen*, so v. a. *lernen* Gaut. 11, 22. 25. — Caus. *aufheben, abbrechen, ein Ende machen;* mit Acc. — Mit व्यव 1) *versetzen, vertauschen.* — 2) *verkehren mit* (Instr. oder Loc.). — 3) *feindlich verkehren, miteinander kämpfen, kämpfen mit* (Instr. mit oder ohne सार्धम्). — 4) *handeln, zu Werke gehen, verfahren, — gegen* (Loc.). — 5) *seinen Beschäftigungen nachgehen, arbeiten* 215,19. — 6) *Handel treiben, handeln mit* (Loc., Instr. oder Gen.). Med. Âpast. 1,20,11. 16. — 7) **wetten —, spielen um* (Gen.) 236,21. — 8) **handhaben, gebrauchen, sich bedienen;* mit Acc. 236,25. — 9) *sich angelegen sein lassen, bedacht sein auf* (Acc.). — 10) *sich ergehen* MBh. 3,192,19. — 11) Pass. *genannt —, bezeichnet werden.* — Caus. 1) *Jmd handeln —, gewähren lassen.* — 2) *es zu thun haben —, sich abgeben mit* (Acc.). — 3) Pass. *genannt —, bezeichnet werden.* — Mit संव्यव *verkehren mit* (Instr.). — Mit समव in समवहारम्. — Mit आ 1) *herbeibringen, — schaffen, — schleppen, holen.* प्रतिवाक्यम् *Antwort bringen,* पुनर् *wiederbringen.* — 2) ein Geschoss *hervorholen*, so v. a. *abschiessen* Çiç. 20,32. — 3) *bringen*, so v. a. *verschaffen.* — 4) *herreichen* (die Hand). — 5) *vorsetzen, darbringen* (auch Tribut, Opfer u. s. w.), *geben, schenken.* — 6) *für sich holen, wegnehmen, mit sich nehmen, empfangen, erhalten, nehmen* überh. वक्त्रम् *in den Mund nehmen* Hariv. 3,8,67. आहृत *was man in die Hand genommen hat.* — 7) *davontragen, erwerben, habhaft werden, gewinnen.* — 8) *rauben, entführen.* — 9) *heimführen* (als Gattin). — 10) *empfangen* ein Kind *von einem Manne* (Abl.). — 11) *Jmd für sich gewinnen, bestechen.* — 12) *wegnehmen*, so v. a. *ablösen, abhauen.* — 13) *wegnehmen*, so v. a. *verscheuchen, zu Nichte machen.* — 14) *rauben*, so v. a. *übertreffen.* — 15) *sich anlegen, umthun.* — 16) *zu sich nehmen, geniessen* 60,12. — 17) *geniessen, schmecken*, so v. a. *kennen lernen.* — 18) *zurückziehen, abwenden von* (Abl.). — 19) *äussern, an den Tag legen* 57,29. — 20) *sprechen.* — 21) *nennen.* — 22) आह्हत Pańkat. 172,4 und Kâm. Nîtis. 7,57 (hier wohl für आह्रित) fehlerhaft. — Caus. 1) *herbeischaffen —, holen lassen.* — 2) *hintragen lassen nach* (Acc.). — 3) *Tribut bringen lassen*, so v. a. *erheben, — von* (mit doppeltem Acc.). — 4) *herbeischaffen, verschaffen.* — 5) *erlangen.* — 6) *zu sich nehmen, essen, als Nahrung verwenden* Gâtakam. 1. — 7) *äussern, an den Tag legen.* बाष्पम् so v. a. *Thränen vergiessen.* — Desid. 1) *verschaffen wollen.* — 2) *erlangen wollen.* Mit पुनर् *wieder e. w.* — Mit अत्या *über Etwas hinaus heranbringen* Âpast. Çr. 10,17,8 — Mit अध्या 1) *Jmdm* (Abl.) *Etwas entreissen* Maitr. S. 3,8,3 (95,11). — 2) *ergänzen, hinzudenken* (ein Wort). — Mit अन्वा *nachholen, ergänzen.* — Mit समन्वा *bedenken, überlegen* Lalit. 524,17. fg. Divjâvad. 84,7. 17. Med. Saddh. P. 249. — Mit व्यपा *Jmd* (Abl.) *entziehen.* — Mit अप्या *mit hinzunehmen.* — Mit अभ्या 1) *darbringen, darreichen.* — 2) *entführen, rauben.* — Mit उदा 1) *oben aufsetzen, — anbringen.* — 2) *herbeiholen* 36,25. Vgl. Âpast. Çr. 1,10,14. — 3) *ausheben, anführen, hersagen, aussprechen, citiren, aussagen, erzählen, sprechen* (वचस् Çiç. 16,1), — *zu* (mit doppeltem Acc.), — *von* (Acc.). — 4) *preisen.* — 5) *mit Namen nennen, bezeichnen als, nennen.* Pass. *genannt werden* Çiç. 15,29. उदाहृत *genannt* Chr. 274,11. — 6) bei den Grammatikern *als Beleg —, als Beispiel anführen.* — Mit अनूदा *danach herausnehmen* Âpast. Çr. 9,6,4. — Mit अभ्युदा 1) *herbeiholen* Âpast. Çr. 1,10,14 (vgl. Chr. 36,25). 15,1,8. Âpast. Gṛhj. 21,9. — 2) *dazu anführen.* — Mit उपोदा *dazu anführen* Ait. Âr. 370,1. 2. — Mit प्रत्युदा 1) *Jmd* (Acc.) *antworten.* — 2) bei den Grammatikern *ein Gegenbeispiel anführen.* — Mit समुदा 1) *sprechen, sagen.* — 2) समुदाहृत a) *angesprochen, angeredet.* — b) *ausgesprochen, gesprochen.* — c) *worüber gesprochen worden ist, erwähnt.* — d) *bezeichnet als, genannt.* तस्यां तु सर्वविद्यानामारम्भाः समुदाहृताः so v. a. *darauf beruhen, wie man sagt.* — e) *ausgesprochen*, so v. a. *festgesetzt.* — Mit उपा 1) *herbeiholen, — schaffen, für Jmd herbeiholen* 42, 5 (in der Prosa Med. उपाहरस्व neben उपाहरामि ebend. 3. 4). — 2) *darreichen, darbringen, anbieten.* — 3) *mit sich nehmen.* — 4) *Jmd in seine Gewalt bekommen, — gewinnen.* — 5) *vornehmen, unternehmen.* — 6) *vollbringen, zu Stande bringen.* — 7) *anwenden.* — 8) *zurückziehen, ablenken von* (Abl.). — 9) *ablösen, abhauen.* — 10) उपाहृत *emporgetrieben* (Wind in medic. Bed.). — Die augmentirten Formen fallen mit उप zusammen. — Mit अभ्युपा (oder अभ्युप) *darbringen.* — Mit प्रत्युपा *Etwas aufgeben, abstehen von Etwas* (ohne Object). — Mit समुपा 1) *herbeiholen, — schaffen.* — 2) *darbringen* (ein Opfer). — 3) *sich darbringen, — opfern.* — 4) *sich unterziehen, antreten.* दीक्षाम् 91,16. — Die augmentirten Formen fallen mit समुप zusammen. — Mit उपन्या *Jmd* (Dat.) *ein Geschenk darbringen* Gobh. 3,4,2. — Mit पर्या 1) *hinübergeben.* — 2) *umwenden, umdrehen, verkehren.* — Mit प्रतिपर्या *wieder umwenden.* — Mit प्रत्या 1) *an sich ziehen, zurückziehen* (Karaka 6,19); *zurückhalten*, insbes. die Sinne von der Sinnenwelt. — 2) *wieder an seine Stelle bringen, wieder holen, — aufnehmen, wiederbringen, — erlangen.* — 3) *wieder gutmachen.* — 4) *wieder aufnehmen*, so v. a. — *fortsetzen.* — 5) *hinterbringen, melden.* — 6) (Entlassenes, Geschaffenes) zurückziehen, zu Nichte machen. — 7) fehlerhaft für प्रव्या Kâraṇḍ. 58,9. — Mit व्या 1) aussprechen, sprechen, reden, zu reden anfangen (von einem Kinde), sagen, — zu (Acc.), aussagen, mittheilen, sich unterreden mit (सह). उदाहरणानि so v. a. Beispiele geben, प्रश्नान् so v. a. Fragen lösen, नामभिस् mit Namen nennen. — 2) beichten. — 3) thierische Laute ausstossen. — 4) sich vergnügen Bhâg. P. Gewöhnlich वि. — 5) ablösen, abhauen. v. l. वि. — 6) Mâlav. 9,8 schlechte v. l. für व्यव. — 6) व्याहृत a) gesprochen, gesagt, ausgesagt, mitgetheilt, — b) Laute von sich gegeben habend. — c) verzehrt, gefressen Ǵâtakam. 29,44. — Vgl. व्याहृत Nachtr. 6. — Desid. aussprechen —, sprechen wollen. — Mit अतिव्या sich eifrig unterhalten MBh. 1,227,26. — Mit अनुव्या 1) der Reihe nach aussprechen. — 2) schmähen, verwünschen, verfluchen (Shadv. Br. 1,4); Etwas als Fluch aussprechen. — Mit अपव्या ungeeignet sprechen, weltliche Rede führen. Vgl. अनपव्याहृत् Nachtr. 6. — Mit अभिव्या 1) aussprechen, hersagen Âpast. 1,12,5. 28,11. — 2) besprechen. — 3) verfluchen Âpast. Çr. 15,19,8. — 4) अभिव्याहृत a) angesprochen. — b) ausgesprochen, gesagt; n. das Gesagte. — Caus. 1) aussprechen —, hersagen lassen Gaut. 2,5. Âpast. Çr. 15,20,4. — 2) aussprechen. — Mit समभिव्या zusammen —, gleichzeitig aussprechen, — erwähnen Njâjam. 1,1,20. — Mit *अनुसमभिव्या. — Mit प्रव्या 1) sprechen MBh. ed. Vardh. 3,56,18 (die anderen Ausgg. प्रत्या). — 2) thierische Laute ausstossen. — 3) प्रव्याहृत a) sprechend. — b) vorhergesagt. — Caus. sprechen. — Mit समा 1) zusammentragen, — lesen, — raffen, herbeiholen überh. — 2) versammeln. v. l. समाहूय st. समाहृत्य. — 3) zusammenfassen, zu einer Einheit vereinigen. समाहृत्य zusammen, insgemein; पादान्समाहृत्य so v. a. sämmtliche Füsse. — 4) Etwas wieder an seinen Ort (Loc.) bringen. — 5) ansichziehen, zurückziehen. — 6) hinreissen, entzücken. — 7) ausziehen, ablegen. — 8) einziehen, so v. a. zu Nichte machen. — 9) ausführen, vollbringen (ein Opfer). — 10) समाहृत्य MBh. 6,4527 fehlerhaft für समाहृत्य. — 11) समाहृत a) zusammengetragen, — gelesen, herbeigeholt. — b) versammelt. — c) sämmtlich. — d) zu einer Einheit verbunden. — e) angezogen, gespannt (Bogensehne). — f) gesagt, mitgetheilt. — g) fehlerhaft für समाहृत Kathâs. 20,226. — Mit अनुसमा wieder zusammenfügen, — in Ordnung bringen Gop. Br. 2,3,13. — Mit अभिसमा zusammenscharren. Vgl. अभिसमाहारम् Nachtr. 6. — Mit उपसमा zusammenbringen. — Mit उद् 1) herausnehmen, — heben, — ziehen, — fangen, — holen (Ǵâtakam. 16,24), — reissen, schöpfen, — aus (Abl.). बिम्बादिवोद्धृतौ (उत्थितौ v. l. R. ed. Bomb. 1,4,11) wie zwei von einem Bilde abgenommene Abbilder; vgl. पद्मगर्भादिवोद्धृतं तवाननम् so v. a. dein Gesicht ist gleichsam aus einer Lotusblume geschnitzt Chr. 249,25. तत्रोद्धृतम् da hinein gethan P. 4,2,14. — 2) herausstrecken (die Hand, sc. aus dem Gewande) Hemâdri 1,107,6. fgg. — 3) nehmen von (Abl.). — 4) erheben (eine Abgabe) Ǵâtakam. 23,70. — 5) erwerben, in den Besitz von Etwas gelangen Vasishṭha 2,41. — 6) ablösen, abhauen (den Kopf). — 7) aussondern, trennen. — 8) auslesen, auswählen, zum Voraus geben; Med. für sich —. — 9) vorziehen, lieber haben. — 10) auslassen, ausnehmen. उद्धृत्य mit Ausnahme von. — 11) aus einer Gefahr ziehen, retten, befreien, — aus (Abl.) Ǵâtakam. 25. — 12) wegschaffen, entfernen, beseitigen Ǵâtakam. 29,48. Comm. zu Njâjas. 1,1,60. — 13) vernichten, zu Grunde richten, ausrotten Ǵâtakam. 25,27 (Med.). — 14) theilen, dividiren. — 15) abziehen, subtrahiren Çulbas. 1,59. 60. 3,85. 158. 201. — 16) aufheben, in die Höhe halten. — 17) tragen, — auf (Instr.). — 18) in die Höhe bringen, so v. a. beleben, anfachen, kräftigen, fördern. — 19) darbringen. — 20) nachweisen. — 21) verkünden. v. l. उच्चरत्यस् st. उद्धरत्यस्. — 22) *उद्धृत lecker, wohlschmeckend. — 23) उद्धृत्य Âpast. 2,25,12 fehlerhaft für उद्धृत्य. — Caus. 1) herausziehen lassen aus (°तस्). — 2) erretten, befreien, — aus (Abl.). उद्धारित Pañkat. ed. Bomb. 2,41,10. उद्धरित fehlerhaft ebend. 2,12,7 und ed. Koseg. 114,17. 141,10. — 3) für sich nehmen. — 4) aufheben, in die Höhe halten. — Desid. Jmd aus einer Noth befreien wollen Vasishṭha 14,13. — Mit अध्युद् herausschöpfen in (Loc.). — Mit अनूद् nachher —, hinterher ausheben (Feuer). — Mit अपोद् wegschaffen, entfernen Vasishṭha 14,26. Âpast. Çr. 6,28,4. Comm. zu 1,17,9. 8,2,4. 13,15,9. Çulbas. 3,153. — Mit अभ्युद् 1) dazu herausnehmen (namentlich Feuer zu einem andern, welches noch brennt), — herausschöpfen. — 2) herausziehen, — aus (Abl.) Hem. Par. 1,377 (Med. ohne Noth). Ǵâtakam. 24,4. 11. 26. — 3) herausnehmen, — holen, schöpfen (Wasser). — 4) aufheben (den Fuss). — 5) Jmd in die Höhe bringen, aus der Noth ziehen, zu Ehren bringen (Vasishṭha 15,18), Jmds Wohl —, eine Sache fördern. — 6) zusammenscharren. — 7) wiedererlangen. — Caus. aufheben. — Mit समभ्युद् 1) herausziehen Sarasvatîk. 1. — 2) Jmd in die Höhe bringen, aus der Noth ziehen, Jmds Wohl fördern. — Mit उपोद् noch dazu herausnehmen Vaitân. 5,18. — Mit प्रोद् 1) herausziehen, — aus (Abl.) Prasannar. 49,15. — 2) retten, befreien. — 3) aufheben (die Arme). — Mit प्रत्युद् 1) wieder herausziehen. — 2) retten, befreien, — aus (Abl.). — Mit व्युद् 1) vertheilend —, einzeln ausschöpfen, — herausnehmen, vertheilen Njâjam. 10,1,22. — 2) herausziehen, — aus (Abl.). — Mit समुद् 1) herausschöpfen. — 2) herausziehen, — holen, — nehmen, — aus (Abl.), ausziehen Spr. 7793. Çiç. 19,116. — 3) retten, befreien (insbes. Mehrere), — aus oder von (Abl.) Ǵâtakam. 27,13. 34,2. — 4) zum Voraus für sich nehmen. — 5) zu Grunde richten, zu Nichte machen. — 6) aufheben, in die Höhe halten. — 7) in die Höhe bringen, kräftigen, beleben. — 8) in Ordnung bringen, wieder herstellen MBh. 8,54,2. — 9) theilen, dividiren Bîǵag. 147. — Desid. in समुज्जिहीर्षु. — Mit उप 1) bringen, herbeiholen Âpast. 1,16,30. — 2) hinsetzen (Gefässe). — 3) darbringen (Ǵâtakam. 16. als Opfer 31), darreichen, vorsetzen (namentlich Speisen), zu kosten geben. — 4) schenken 114,13. — 5) heranziehen, ansichziehen zu Spr. 2009. उपहरेत् Karaka 86,24 zu lesen. — 6) Med. empfangen (Speisen); sich aufwarten lassen TBr. 1,7,3,6. — 7) zusammentragen. — 8) sammeln (ein geschlagenes Heer). — 9) anwenden. — 10) herbeiführen, bewirken, verursachen Ǵâtakam. 20,3. 22. 31,5. — 11) Jmd vernichten. — Caus. darreichen, vorsetzen (Speisen). — Desid. darbringen wollen. — Mit अभ्युप herbeischaffen, vorsetzen AV. Prâjaçk. 2,9. — Mit प्रत्युप in प्रत्युपहार. — Mit समुप 1) darreichen, anbieten Ǵâtakam. 6,27. 8. 29. — 2) zukommen lassen, erweisen (Ehren) Ǵâtakam. 4,1. — S. auch u. समुपा. — Mit नि hingeben als Geschenk oder Lohn. — Mit अभिनि bekommen, erhalten, theilhaftig werden Saddh. P. 217. — Mit निस् 1) heraus —, wegnehmen, hinaustragen, herausziehen, hinausschaffen, — aus (Abl.), abnehmen (eine Last), entziehen (Blut), durch eine Kur fortschaffen Karaka 6,18. निर्हृत gereinigt (Person) 19. von Körnern so v. a. mit dem Koth fortgeschafft, — abgegangen. — 2) entnehmen. — 3) ausführen (Waaren). — 4) Med. entfernen —, ausschliessen von (Abl.). — 5) Med. losmachen —, befreien von (Abl.). — 6) von sich abstreifen, sich befreien von, Etwas loswerden; mit Acc. Âpast. 1,

23,3. — 7) *vertauschen* —, *verwechseln mit* (Instr.). — 8) *fixiren* Çulbas. 1,35. — 9) *zu Nichte machen.* — 10) *bekommen, erhalten, theilhaftig werden* Saddh. P. 217. — Caus. *hinaustragen lassen* (einen Todten). — Desid. *abziehen wollen von* (Abl.) Çulbas. 1,51. Vgl. निर्जिहीर्षु. — Mit अभिनिस् 1) अभिनिर्हृत *hinausgetragen* (ein Todter) Âpast. 1,9,16. Divjâvad. 264, 16. — 2) *abzapfen, entziehen* (Blut) Karaka 6,12. — 3) *richten* (die Sinne) *auf* (Dat.) Lalit. 439,17. 440, 18. 441,15. — 4) *bekommen, erhalten, theilhaftig werden* Divjâvad. 48,15. 49,13. 542,19. — Mit उपनिस् *hinaustragen* Âpast. Çr. 11,21,3. 4. 15,6,13. — Mit विनिस् 1) *herausnehmen, — ziehen.* वृद्धिम् *Zinsen nehmen, — erheben* M. (ed. Jolly) 8,153. — 2) *wegschaffen, entfernen.* — Mit परा 1) *fort —, hinreissen.* — 2) पराहृत *bei Seite gebracht* Âpast. Çr. 9,6,4. — Mit प्रतिपरा *Jmdm* (Dat.) *hinüberreichen.* — Mit परि 1) *herumtragen, — geben, umhertragen* Lâṭj. 3,4,4. अंसेन Saddh. P. 138. — 2) *umkreisen, umfahren* Gobh. 3,10,22. — 3) *umschlingen* Gobh. 2,10, 37. — 4) *umschlingen.* — 5) Med. *sich* (sibi) *umlegen.* परिहृत *was man sich umgelegt hat, worin man gekleidet ist.* — 6) *bei Seite legen, aufbewahren für* (Dat.) Çat. Br. 1,7,4,6. 12. Citat im Comm. zu Njâjam. 10,2,5. — 7) *zurücklassen* Çiç. 10,11. — 8) *bewahren vor* (Abl.). — 9) *Jmd verschonen* 103,32. — 10) *umgehen, vermeiden, unterlassen* Çat. Br. 2,2,4,14. Gaut. 2,38. Gobh. 3,5,19. परिहृत्य so v. a. *mit Ausnahme von,* परिहृत्य पञ्च हस्तान् so v. a. *in einer Entfernung von 5* Hasta. — 11) *Jmd* (Gen.) *Etwas benehmen, ersparen* 328,2. Spr. 7751. — 12) *Jmd* oder *Etwas von sich fern halten, sich hüten vor, sich entziehen, entgehen;* mit Acc. 64, 27. 104,8. रागं परिहृत्य so v. a. *sine ira et studio.* Med. mit Abl. *sich fern halten von,* so v. a. *vernachlässigen* Âpast. 1,8,28. — 13) *als unhaltbar beseitigen, — abweisen.* — 14) in der Grammatik *doppelt setzen, wiederholen* (im Krama). — 15) *hüten, erziehen, pflegen* Lalit. 269,12 (परिहाव: zu lesen). 308, 3. — Desid. *Etwas fern von sich halten —, bemänteln wollen.* परिजिहीर्षित *ferngehalten, gescheut* Gop. Br. 1,3,19. — Mit अनुपरि in °हारम् Nachtr. 5. — Mit अभिपरि *umkreisen* Âpast. Çr. 8,5,12. 11,21,2. Baudh. 1,15,7. — Caus. Med. *um sich her bewegen.* — Mit विपरि *versetzen, verwechseln* Âpast. Çr. 8,15, 1. 9,16,9. Çâñkh. Gṛhj. 4,8. — Mit संपरि *Jmd umkehren lassen.* — Mit प्र 1) *darbringen.* — 2) *vorwärts bewegen, vorstrecken.* — 3) *hineinstecken.* — 4) *werfen, schleudern, — auf* (Loc.). दण्डः प्रहृतः *der Stock, mit welchem ein Schlag geführt wird.* — 5) *hinauswerfen.* — 6) speciell *in's Feuer werfen* Comm. zu Gaim. 4,2,11. — 7) *stossen, treffen, einen Schlag führen, losschlagen, einen Angriff machen, — auf* oder *gegen* (Acc., Loc., Dat. oder Gen.). Med. auch *sich schlagen, mit einander kämpfen.* प्रहृत *getroffen* u. s. w. प्रहृतम् n. impers. प्रहृते सति *wenn ein Schlag erfolgt.* — Caus. *Verlangen erregen, reizen.* Nur प्रॅ — हारयन्त Ṛ V. 4,37,2. — Desid. 1) *rauben wollen.* — 2) *werfen wollen.* — 3) *einen Schlag führen —, einen Angriff machen wollen.* — Mit अनुप्र 1) *hinterdrein in's Feuer werfen* Çâñkh. Gṛhj. 1,9. — 2) *hineinstecken.* — Vgl. अनुप्रहारम्. — Mit अभिप्र *losschlagen auf* (Acc.) Daçak. (1883) 163,15. — Mit प्रतिप्र in °हार. — Mit संप्र 1) *schleudern auf* (Dat. oder Loc.). — 2) *einen Schlag führen gegen, einen Angriff machen auf* (Acc. oder Loc.); Med. und metrisch Act. *auf einander losschlagen, mit einander kämpfen.* — Mit प्रति 1) *zurückwerfen, — drängen.* — 2) *stossen, tupfen auf.* — 3) *zurückhalten, zuhalten.* प्रतिहृत *zurückgehalten;* am Ende eines Comp. so v. a. *befestigt mit.* — 4) *zurückbringen.* — 5) *darbringen, übergeben; verschaffen.* — 6) Med. *zu sich nehmen, geniessen.* — 7) *als* Pratihartar *hemmend einfallen in die* Sâman-*Litanei* Lâṭj. 7,7,31. — Caus. *sich anmelden lassen bei* (Gen.) Gâtakam. 20. — Desid. *erwiedern —, vergelten wollen.* Vgl. प्रतिजिहीर्षु. — Mit वि 1) *auseinandernehmen, trennen, öffnen.* — 2) *austheilen.* — 3) *vertheilen,* insbes. Verse und Verstheile *zerlegen und versetzen.* — 4) *wechseln.* तलात्तलम् so v. a. *Etwas* (Acc.) *aus einer Hand in die andere gehen lassen.* — 5) *gesondert halten.* — 6) *eintheilen* (nach dem Maasse). — 7) *construiren* Çulbas. 3,255. — 8) *theilen, dividiren.* — 9) *ablösen, abhauen* MBh. 6,62,42. — 10) *entreissen, rauben.* — 11) *fortschaffen* 78,3. — 12) *herausziehen aus* (Abl.) MBh. 7,62,4. — 13) *zupfen, zausen.* — 14) *sich fortbewegen, gehen.* — 15) *durchstreichen, durchziehen* (लोकान्). — 16) die Zeit (Acc.) *sich vertreiben, zubringen.* — 17) *die Zeit verbringen, — mit* (Instr. Âpast. 1,25,10. Gaut. 22,6), insbes. *auf angenehme Weise, sich vergnügen, lustwandeln* Vagrakkh. 26,15. Hem. Par. 1,290. 301. 302. 310. 340. मृगयाम् so v. a. *sich dem Jagdvergnügen hingeben* R. Gorr. 2,36,6. Vgl. मृगयाविहार. Häufig von Buddha's *Aufenthalt an einem Orte.* — 18) *vergiessen* (Thränen). — Desid. in विजिहीर्षु. — Mit अभिवि *abtheilen.* — Mit परिवि in °हार. — Mit संप्रवि *durchstreichen* (दिशम्). — Mit संवि *sich vergnügen, spielen.* — Mit सम् 1) *zusammentragen, — lesen.* — 2) *zusammenlegen; — ziehen.* — 3) *zusammenwerfen, vermischen.* — 4) *zusammenballen.* — 5) *aufrecht halten, erhalten, behaupten* Gâtakam. 27. — 6) den Geist *concentriren auf* (Loc.). — 7) *wegraffen, rauben.* — 8) *herbeiholen.* — 9) *zurückziehen, einziehen* (eine gezückte Waffe, Truppen, einen Vorhang). Das Auge —, den Blick —, so v. a. *nicht mehr hinsehen;* रूपम् *eine angenommene Gestalt* —, so v. a. *wieder ablegen.* — 10) *ansichziehen.* — 11) *für sich nehmen.* — 12) *absorbiren, zu Nichte machen* (häufig im Gegensatz zu सर्ज् *entlassen, schaffen*) Çiç. 14,61. — 13) *hemmen, einstellen, unterdrücken* Çiç. 10,44. Gâtakam. 21. 22,39. ऊर्ध्वमश्रूणि Chr. 298,27. — Caus. *schneiden* (Haare, Nägel); Med. *sich* (sibi) *schneiden.* — Desid. *zusammentragen wollen.* — Intens. (संजरीहर्ति) *oft zu Nichte machen.* — Mit अनुसम् 1) *nachziehen* (ein Bein). — 2) *zusammenfassen.* — Mit अभिसम् *ansammeln, aufhäufen* Vagrakkh. 42,3. — Mit उपसम् 1) *zusammentragen, herbeiholen* Gâtakam. 6. 12. — 2) *zusammenziehen, ansichziehen.* आत्मानम् so v. a. *sich zusammennehmen.* — 3) *zusammenziehen,* so v. a. *annähern, in Berührung bringen.* संहृततर *in ganz nahe Berührung gebracht.* — 4) *kurz zusammenfassen, resumiren.* — 5) *als Beispiel herbeiholen* Lalit. 225,4. Text zu Lot. de la b. l. 173. — 6) *zurückziehen, einziehen* (eine gezückte Waffe u. s. w.). रूपम् so v. a. *eine angenommene Gestalt wieder ablegen.* — 7) *absorbiren, zu Nichte machen.* — 8) *hemmen, einstellen, unterdrücken.* अन्तरम् so v. a. *nicht aussprechen.* — 9) wohl *in sich enthalten.* — Desid. *zu Nichte machen wollen.* Vgl. उपसंजिहीर्षु Nachtr. 3. — Mit समुपसम्, समुपसंहृत *gehemmt, eingestellt.* — Mit प्रतिसम् 1) *zusammenziehen.* आत्मानम् *einschrumpfen, in sein gewöhnliches Bett zurücktreten* (vom Meere gesagt). — 2) *zurückhalten, zurückziehen, einziehen* 86,26. चक्षुस् so v. a. *nicht mehr hinsehen.* — 3) *abnehmen, ablegen* Âpast. 1,8, 7. — 4) *absorbiren, zu Nichte machen* Gâtakam. 23. — 5) *hemmen, einstellen, unterdrücken.* — 6) *sich zusammennehmen.* — Desid. in प्रतिसंजिहीर्षु.

2. हृ 1) हृणीते *grollen, böse sein Jmd* (Dat.). — 2) अहृणात् *machte sich* (sibi) *unterthan, überwältigte* (nach dem Comm.) wohl fehlerhaft. — Mit अभि *Groll hegen, eifersüchtig sein auf* (Acc.).

3. हृ, हूर्यति s. हूर्य्.

हर 1) Adj. am Ende eines Comp. (f. आ, seltener ई) *a) tragend.* — *b) treibend, führend.* — *c) hinbewegend, befördernd, — zu* (प्रति). — *d) ent-*

führend, raubend, entwendend. — e) *entziehend*, so v. a. *übertreffend.* — f) *entfernend, verscheuchend, vertreibend* (ein Uebel), *zu Nichte machend.* — g) *für sich nehmend, erhaltend.* — h) *hinreissend, entzückend.* — 2) m. a) *Divisor.* — b) *Hengst* (!). — c) * *Esel.* — d) *Feuer.* — e) *der Zerstörer* als Bein. Çiva's. — f) N. pr. α) eines der 11 Rudra. — β) eines Dânava. — γ) verschiedener Männer. — δ) eines Affen. — g) Râgat. 1,90 fehlerhaft für हार.

*हरक m. 1) *a rogue, a cheat.* — 2) *a person of reflection.* — 3) *Divisor.* — 4) *Division.* — 5) Bein. Çiva's.

हरकुमारठाकुर m. N. pr. eines Autors.

हरकेश m. schlechte v. l. für हरिकेश.

हरक्षेत्र n. N. pr. eines dem Çiva geheiligten *Gebietes.*

हरगोविन्दतर्कवागीश und °विन्दवाचस्पति m. N. pr. von Autoren.

हरचरितचिन्तामणि m. Titel Bühler, Rep. No. 212.

हरचापारोपण n. Titel eines Schauspiels.

*हरचूडामणि m. Çiva's *Diadem*, d. i. *der Mond.*

हरडिन् m. N. pr. eines Mannes.

हरण 1) Adj. (f. आ und ई) a) *führend, enthaltend.* — b) *entführend.* — c) *vertreibend, wegnehmend.* — 2) n. a) *das Bringen, Holen.* प्रवृत्ति° *das Einziehen von Nachrichten.* — b) *das Darbringen.* बलि° Gaut. 2,4. — c) *das Verbringen, Verlegen* Gaim. 4,2,10. — d) *das Entziehen* (Gaut. 12,2. 27), *Entwenden* (Gaut. 13,17), *Rauben, Entführen.* — e) *das Erhalten, Bekommen.* — f) *das Entfernen, zu Nichte Machen.* — g) *das Dividiren, Division.* — h) *Hochzeitsgeschenk* MBh. 1,221,44. — i) * *das einem Beschäler gereichte Futter.* — k) * *Arm.*

हरणभाग Adj. *berechtigt zu nehmen* (die Manen).

हरणाहारिक n., °का f. (MBh. 1,2,46) und हरणाहरण n. *das Herbeibringen der Hochzeitsgeschenke.*

*हरणीय Partic. fut. pass. von 1. हृ.

*हरतेजस् n. Çiva's *Same*, d. i. *Quecksilber* Râgan. 13,109.

हरदग्धमूर्ति Adj. *dessen Körper von* Çiva *verbrannt worden ist;* m. *der Liebesgott, die Geschlechtsliebe.*

हरदत्त m. N. pr. verschiedener Männer. Auch °मिश्र und °दत्ताचार्य.

हरदत्तचरित n., °दत्तीय n. und °दत्तीयमन्त्रप्रश्नभाष्य n. Titel von Werken Opp. Cat. 1.

हरदास m. N. pr. verschiedener Männer.

हरनर्तक n. *ein best. Metrum.*

हरनेत्र n. 1) Çiva's *Auge* 134,23. — 2) Bez. *der Zahl drei.*

हरपुर n. N. pr. einer *Stadt.*

हरप्रदीपिका f. Titel eines Werkes.

*हरप्रिय m. *Nerium odorum.*

हरबल m. N. pr. eines Mannes.

*हरबीज n. Çiva's *Same*, d. i. *Quecksilber.*

हरमुकुटमाहात्म्य n. Titel Bühler, Rep. No. 101.

हरमेखलिन् m. Bez. *einer Art von Gewerbtreibenden, die sich einer Saugröhre bedienen,* Gobhila. 11,53.

हरयाण m. N. pr. eines Mannes.

*हररूप m. Bein. Çiva's.

हरविलास m. 1) *eine Art Composition* S. S. S. 166. — 2) Titel eines Werkes.

हरशूर N. pr. einer Oertlichkeit Ind. St. 14,121.

हरशृङ्गारा f. *eine best.* Râgiṇî S. S. S. 37.

*हरशेखरा f. Bein. der Gangâ.

1. हरस् n. 1) *Griff, Schlag.* — 2) *Zug* (beim Trinken), *Schluck.* — 3) *Schluck*, so v. a. *Getränk.* — 4) *die packende, verzehrende Kraft des Feuers, Blitzes u. s. w.* — 5) überh. *energische Wirksamkeit, Schärfe, Feuer u. s. w.* — 6) अग्नेर्हरसी, तुरस्य हरसी und मृत्योर्हरः Namen von Sâman Ârsh. Br.

2. हरस् n. *Groll.*

हरसख m. Bein. Kubera's Daçak. (1925) 2,74,2.

हरसिंह m. N. pr. eines Fürsten.

हरसिद्धिप्रदा f. N. pr. einer Familiengottheit.

हरसूनु Çiva's *Sohn*, d. i. Skanda.

हरस्काम Adj. *energische Wirksamkeit wünschend.*

हरस्वत् 1) Adj. *packend.* — 2) * f. Pl. *Flüsse.*

हरस्वामिन् m. N. pr. eines Mannes.

हरस्विन् Adj. *energisch, scharf, feurig.*

हरहार m. Çiva's *Perlenschmuck*, Bez. des Schlangendämons Çesha Vâgbhaṭa in Alaṁkârat. 2,a.

*हरहूरा f. *Weintraube.*

*हराक्ष n. = रुद्राक्ष *die Beere von Elaeocarpus Ganitrus* Râgan. 11,189.

हराद्रि m. Çiva's *Berg*, d. i. der Kailâsa.

हरायतन n. *ein Tempel* Çiva's.

हरार्ध Çiva's *Hälfte.* Nom. abstr. °ता f. Çiç. 13,33.

*हरावती f. N. pr. eines Landes.

हरावास m. 1) Çiva's *Wohnstätte.* — 2) Bein. des Kailâsa Vâgbhaṭa in Alaṁkârat. 2,a.

हराशय 1) Adj. (f. आ) *scharf, feurig* Maitr. S. 1,2,7 (17,6). — 2) f. आ Bez. *der Worte* यौ ते अग्ने हराशया (तनूः) Maitr. S. 1,2,7 (17,6) Âpast. Çr. 11, 4,5. — Nach der Analogie von रजाशय (= रजःशय) gebildet, also = हरःशय.

हरास्पद n. Çiva's *Stätte*, d. i. *der* Kailâsa.

हराहर m. N. pr. eines Dânava MBh. 1,65,25. An anderen Stellen Du. हराहरौ Hara *und* Ahara.

1. हरि 1) Adj. *fahl, blassgelb, gelblich* (namentlich als Farbe des Rosses); *grünlich.* — 2) m. a) *Ross*, insbes. Indra's. — b) *Löwe.* — c) *der Löwe im Thierkreise.* — d) *Affe.* — e) * *Schakal.* — f) * *Papagei.* — g) * *Pfau; der indische Kuckuck* (!). — h) * *Gans.* — i) * *Frosch.* — k) * *Schlange.* — l) * *Phaseolus Mungo.* — m) *die Sonne.* — n) * *Lichtstrahl.* — o) * *der Mond.* — p) *Feuer.* — q) *Wind, der Gott des Windes.* — r) Bein. α) Indra's. — β) Vishṇu-Kṛshṇa's. — γ) * Jama's. — δ) Brahman's. — ε) * Çiva's. — ζ) * Çukra's. — η) * Suparṇa's. — s) *ein best. Metrum.* — t) elliptisch für हरिनेत्र *das Mondhaus* Çravaṇa. — u) * *eine best. hohe Zahl* (buddh.). — v) * Pl. = अपत्य. — w) N. pr. α) Pl. einer Klasse von Göttern unter Manu Tâmasa und = जयास् in einer früheren Geburt. — β) eines Sohnes des Garuḍa. — γ) eines Râkshasa. — δ) eines Dânava. — ε) verschiedener Männer. — ζ) eines Berges VP. 2,4,41. — η) * einer Welt. — 3) f. हरी N. pr. *der Urmutter der Affen.*

2. हरि Adj. *tragend* u. s. w. in *दृति° und *नाथ°.

1. *हरिक m. *ein gelbliches Ross.* — Vgl. अहरिक.

2. *हरिक m. 1) *Dieb.* — 2) *Würfelspieler.*

*हरिकर्ण m. N. pr.

हरिकारिका f. Bhartṛhari's Kârikâ Opp. Cat. 1.

हरिकालदेव m. N. pr. eines *Fürsten.*

हरिकालाव्रत (!) n. *eine best. Begehung.*

हरिकालीतृतीया f. *ein best. Tag.* °व्रत n.

हरिकीर्तन n. Titel eines Stotra Opp. Cat. 1.

हरिकुत्स m. N. pr. eines Mannes. Pl. *sein Geschlecht.*

हरिकृष्ण m. desgl. Auch °समुद्धार.

*हरिकेलीय m. Pl. N. pr. eines Volkes. = वङ्ग.

हरिकेश 1) Adj. *blondhaarig.* — 2) m. a) *ein best. Sonnenstrahl.* — b) N. pr. α) eines Jaksha. — β) eines Sohnes des Çjâmaka.

हरिक्किणाका Adj. f. *gelblich, grünlich.*

*हरिक्रान्ता f. *Clitoria ternatea.* — °क्रान्तः Trik. 2,8,11 fehlerhaft für हरिः क्रान्तः.

हरिक्षेत्र n. N. pr. eines *Gebietes.*

हरिगण m. 1) *eine Schaar von Rossen.* — 2) N. pr. verschiedener Männer.

*हरिगन्ध m. *gelber Sandel.*

हरिगिरि m. N. pr. eines *Berges.*

हरिगीता f. 1) Pl. *die von* Nârâjaṇa *dem* Nârada *mitgetheilte Lehre* MBh. 12,348,53. — 2) *ein best. Metrum.*

हरिगुणमणिदर्पण m. Titel eines Werkes Opp. Cat. 1.

*__हरिगृह__ n. N. pr. einer Stadt, = एकचक्र.

हरिगोपक m. *Coccinelle* Subhâshitâv. 1722. Vgl. इन्द्रगोपक.

हरिघोष m. N. pr. eines Mannes.

हरिचन्दन 1) (*m. n.) a) *einer der fünf Bäume in* Indra's *Himmel.* — b) *eine Art Sandelbaum.* — c) *gelber Sandel* Çiç. 8,51. Vâsav. 84,1. Wohl nur n. — 2) *n. a) *der Blüthenstaub — oder die Staubfäden einer Lotusblüthe.* — b) *Saffran.* — c) *Mondschein.* — d) *der Leib der* oder *des Geliebten.*

हरिचन्द्र m. N. pr. verschiedener Männer Z. d. d. m. G. 36,557 (eines Dichters). Pañkad.

हरिचाप Indra's *Bogen, d. i. Regenbogen.*

हरिज (ὁρίζων) n. 1) *Horizont.* — 2) *Längenparallaxe.*

हरिजात Adj. wohl = हरि *gelb* RV.

हरिजित्, **हरिजीव** und **हरिजीवनमिश्र** N. pr. verschiedener Männer.

हरिण 1) Adj. (f. हरिणी gehört zu हरित) *fahl, gelblich* (auch von der Farbe siecher Männer); *grünlich, grün.* — 2) m. a) *Gazelle,* wohl *Antilope cervicapra* Çiç. 6,9. 13,56. — b) *Ichneumon* Maitr. S. 3,9,3 (116,17). Vgl. *f)* γ). — c) **die Sonne.* — d) **Gans.* — e) *Bein. Vishṇu's und Çiva's. — *f)* N. pr. α) eines Schlangendämons. — β) eines Gaṇa Çiva's. — γ) eines Ichneumons MBh. 12,138,31. Vgl. 2) *b*). — 3) f. ई *Gazellenweibchen* Çiç. 12, 20. — b) **Rubia Munjista* Râgan. 6,192. — c) **gelber Jasmin* Râgan. 10,99. — d) *Bez. *einer best. Schönen.* — e) *eine Statue von Gold.* — *f)* Pl. Bez. *der Verse* AV. 18,2,11—18 Kauç. 80,3. 5. 82. 83. Vaitân. 37,24. — *g)* *ein best. Metrum.* — *h)* *eine best.* Svarabhakti. — *i)* N. pr. α) einer Apsaras. — β) *einer Jakshiṇî. — γ) der Mutter Hari's (Vishṇu's).

हरिणक m. Denomin. von हरिण *Gazelle* Kâd. 2,118,6 (145,12).

*__हरिणकलङ्क__ m. *der Mond.*

हरिणधामन् m. desgl.

हरिणनयना f. *eine Gazellenäugige* Daçak. (1925) 2,131,3.

*__हरिणनर्तक__ m. *ein* Kiṃnara.

हरिणपृणाका f. *ein weibliches Gazellen-Junges* Âpast. Çr. 9,14,14.

हरिणप्लुत n. und °प्लुता f. Bez. *zweier Metra.*

हरिणलक्षण m. *der Mond.*

हरिणलक्ष्मन् m. desgl. Bâlar. 143,9. Viddh. 66,17.

हरिणलाञ्छन m. desgl. Kâd. 67,9 (125,16). Dhûrtan.

हरिणलोचन Adj. (f. आ) *gazellenäugig;* f. *eine solche Schöne.*

*__हरिणहृदय__ Adj. *furchtsam* (*das Herz einer Gazelle habend*).

हरिणाक्रीडन n. (Hariv. 2,14,18) und **हरिणाक्रीडित** n. *ein best. Kinderspiel.*

हरिणाक्ष 1) Adj. (f. ई) *gazellenäugig;* f. *eine solche Schöne* Hemâdri 1,449,18. — 2) *m. *der Mond.* — 3) *f. ई *ein best. Parfum.*

हरिणाधिप m. = मृगाधिप *Löwe* Ind. St. 14,373.

हरिणाय, °यते *eine Gazelle darstellen.*

हरिणायतेक्षणा f. *eine Schöne mit langgezogenen Augen wie bei Gazellen* Vikramâñkak. 13,14.

हरिणारि m. *Löwe* Anarghar. 2,27.

हरिणाश्व m. 1) *Wind* Vâsav. 288,4. — 2) N. pr. eines Mannes.

हरिणी s. u. हरिण und हरित.

हरिणीदृश् f. *eine Gazellenäugige* Spr. 7631. 7745. Ind. St. 15,328.

हरिणीनयना f. dass. Spr. 7729.

हरिणीरूपाय्, °यते *einem Gazellenweibchen gleichen.*

हरिणेक्षणा Adj. (f. आ) *gazellenäugig;* f. *eine solche Schöne* Naish. 7,72. Prasannar. 137,17.

हरिणेश m. *Löwe* Harshak. 116,7.

हरिणेगमेषिन् (!) m. N. pr. eines Wesens im Gefolge Indra's. Vgl. नैगमेष.

हरित् 1) Adj. *falb, gelblich, grünlich.* — 2) m. a) *Sonnenross.* — b) *Smaragd.* — c) **Löwe.* — d) **die Sonne.* — e) *Bein. Vishṇu's. — *f)* **Phaseolus Mungo.* Richtig हरि. — 3) f. a) *eine falbe Stute.* — b) *Weltgegend.* — c) *Pl. *Flüsse.* — 4) *m. n. *Gras* oder *ein best. Gras,* Dûrvâ-*Gras.*

हरित 1) Adj. (f. हरिता, in der älteren Sprache हरिणी) *falb, gelblich* (von der Gesichtsfarbe eines Erschrockenen); *grünlich, grün* 304,23. — 2) m. a) **Phaseolus Mungo.* — b) **eine best. Grasart,* = मन्थानक Râgan. 8,135. — c) **Löwe.* — d) Pl. Bez. *bestimmter Sprüche.* Auch हरिता मन्त्राः. — e) N. pr. α) Pl. einer Gruppe von Göttern unter dem 12ten Manu. — β) verschiedener Männer. — γ) eines Ichneumons. — 3) f. हरिता a) Dûrvâ-*Gras* Çiç. 4,21 (am Ende eines adj. Comp. f. आ). * = नीलदूर्वा Râgan. 8,108. — b) **Gelbwurz.* — c) **grüne Traube* Râgan. 11,104. — d) **Sesbania aegyptiaca* Râgan. 4,133. — e) *eine best.* Svarabhakti. — 4) n. a) *gelblicher* oder *grünlicher Stoff* Çat. Br. 14,7,2,20. 2,12. — b) *Gold.* — c) *Grünes,* so v. a. *Gemüse* Vishṇus. 5,85 (nach dem Comm. *unreifes Getraide*). — d) **eine best. wohlriechende Pflanze,* = स्थौणेयक.

हरितक 1) Adj. *grünlich.* Als Bez. *der 6ten unbekannten Grösse* Colebr. Alg. 228. — 2) f. ई *Terminalia Chebula* Divjâvad. 628,9. — 3) n. a) *Gras* Çiç. 5,58. Deçin. 2,35. — b) *Gemüse* Karaka 1,8 (Geschlecht nicht zu bestimmen). — वङ्गक wird im Comm. zu Harshak. 478,1 durch हरितकविशेष erklärt.

हरितकपिश Adj. *gelbbraun* Megh. 21.

हरितकशाक n. *Moringa pterygospermum.*

*__हरितकात्य__ m. N. pr. eines Mannes Vârtt. 8 zu P. 4,1,73.

हरितगर्भ Adj. (f. आ) *einen Goldkeim in sich tragend* Âpast. Çr. 6,9,4.

हरितगोमय m. Pl. *frischer Kuhmist* Kauç. 19. Gobh. 4,8,18.

हरितचारिक Adj. (buddh.) von unbekannter Bed.

हरितच्छद 1) Adj. (f. आ) *grüne Blätter habend* 81,1. — 2) * m. *Baum, Pflanze.*

*__हरितजम्भन्__ Adj. P. 5,4,125.

हरितत्वमुक्तावलि und °ली f. Titel eines Commentars Burnell, T. Opp. Cat. 1.

हरितत्व n. Nom. abstr. zu हरित 1) Karaka 124,6.

हरितधान्य n. *grünes —, d. i. unreifes Korn* Gaut. 12,18.

हरितनेमिन् Adj. *gelbe (goldene) Radfelgen habend* (Çiva).

हरितपत्त्रमय Adj. (f. ई) *aus grünen Blättern gebildet* Çiç. 6,53.

*__हरितपत्रिका__ f. *eine best. Pflanze* Râgan. 10,168.

हरितभेषज n. *ein Mittel gegen Gelbsucht.*

*__हरितयज्ञ__ m. N. pr. eines Mannes.

हरितयव m. Pl. *Gerste, die noch grün ist,* Âpast. Çr. 6,31,7. 15,21,8.

*__हरितलता__ f. *eine best. Pflanze.*

*__हरितशाक__ m. *Moringa pterygospermum.*

*__हरितसेन__ m. N. pr. eines Fürsten.

हरितस्रज् Adj. 1) *gelbe (grüne) Gewinde tragend (bildend).* — 2) *mit einer goldenen Kette* oder *mit einem solchen Kranze geziert.*

हरिताय्, °यति und °यते *gelb* oder *grün werden* oder *erscheinen* Bhaṭṭ. 8,65. Med. Kâd. 179, 21 (306,4. 5). 231,3 (379,3).

हरिताल 1) *m. *eine Taubenart, Columba Hurriyala.* — 2) f. ई a) **Panicum Dactylon.* — b)

** Schwertklinge.* — *c) der 4te* (oder *3te*) *Tag in der lichten Hälfte des* Bhâdrapada. — *d) * eine best. Linie am Himmel.* — *e) * der Luftraum.* — 3) n. *Auripigment, Arsenicum flavum* Râǵan. 13,2. 65. Çiç. 4,21.

हरितालक 1) *m. vielleicht = हरिताल 1). — 2) f. °लिका *a)* * = हरिताल 2) *a)*. — *b)* vielleicht = हरिताल 2) *b)*. — *c)* = हरिताल 2) *c)*. — 3) * n. *Auripigment.*

हरितालमय Adj. (f. ई) *aus Auripigment gebildet.*

हरितालिकाव्रत n. *eine best. Begehung am dritten Tage der lichten Hälfte des* Bhâdrapada Vratarâǵa 75,a nach Aufrecht.

हरिताश्म n. 1) *Türkis* Râǵan. 13,217. Çiç. 13, 56. — 2) * *Kupfervitriol* Râǵan. 13,103.

हरिताश्मक n. *Türkis* Hemâdri 1,488,7 (vielleicht °कं zu lesen).

हरिताश्व 1) Adj. *falbe Rosse habend* (die Sonne). — 2) m. N. pr. eines Sohnes des Sudjumna.

हरिती Adv. mit कर् *grün färben* Çiç. 13,52.

हरितोपल m. *Smaragd.*

हरित्पति m. *der Regent einer Himmelsgegend* Naish. 8,55.

*हरित्पर्णा n. *Rettig.*

*हरित्मत् Adj. von हरित.

हरित्य Adj. *im Grünen befindlich* u. s. w.

हरित्वच् Adj. (vedisch) *gelbhäutig* Âpast. Çr. 5, 10,4. Sâj. zu RV. 3,3,5.

हरिवत्त Adj. *goldfarbig.*

हरिदत्त N. pr. 1) m. *a)* eines Dânava. — *b)* verschiedener Männer Z. d. d. m. G. 36,557 (eines Dichters). Kampaka 146. — 2) f. °त्ता einer Frau.

हरिदम्बर Adj. *ein gelbes* oder *grünes Gewand tragend.*

*हरिदर्भ m. *eine Art* Kuça-*Gras.* Richtig wohl हरिद्दर्भ.

हरिदश्व 1) *Adj. *falbe Rosse habend.* — 2) m. *die Sonne.*

हरिदास m. 1) *ein Diener —, Verehrer* Vishṇu's. — 2) N. pr. verschiedener Männer. Auch °तर्काचार्य, °भट्टाचार्य und °विजय.

हरिदिन n. *der dem* Vishṇu *geheiligte Tag, d. i. der 11te in einem Halbmonat.* °तिलक Titel Opp. Cat. 1.

हरिदिश् f. Indra's *Weltgegend, d. i. Osten.*

हरिदीक्षित m. N. pr. eines Lehrers.

*हरिदृश्वन् Adj. (f. °श्वरी) *wohl der* Vishṇu *geschaut hat.*

हरिदेव m. 1) * *das unter* Vishṇu *stehende Mondhaus* Çravaṇa. — 2) N. pr. eines Mannes.

*हरिद्दर्भ m. *eine Art* Kuça-*Gras.* Richtig wohl हरिद्र्भ.

हरिद्दन्तावल m. *ein Weltelephant* Bhâm. V. 1,54.

हरिद्र 1) m. *a) der gelbe Sandelbaum.* — *b)* N. pr. einer Gottheit. — 2) f. °द्रा *a) Curcuma longa, Gelbwurz, sog. gelber Ingwer.* °द्वय n. ist हरिद्रा und दारु° *Curcuma aromatica.* °दान n. Titel Burnell, T. — *b)* N. pr. eines Flusses.

हरिद्रक m. 1) = हरिद्र 1) *a)*. — 2) N. pr. eines Schlangendämons.

हरिद्रगणपति m. fehlerhaft für हरिद्रा°.

*हरिद्रघ्नी f. *Gelbwurz.*

*हरिद्रव m. *ein aus der Mesua Roxburghii bereitetes Pulver.*

हरिद्रागणपति und °गणेश m. *eine Form* Gaṇeça's.

*हरिद्राङ्ग = हरिताल 1) *a)*.

*हरिद्राभ 1) Adj. *gelb.* — 2) m. *a) Curcuma Zerumbet.* — *b) Terminalia tomentosa.*

हरिद्रामेह m. *gelbe Harnruhr.*

हरिद्रामेहिन् Adj. *mit der gelben Harnruhr behaftet.*

हरिद्राराग Adj. *dessen Zuneigung nicht länger haftet als die Farbe von Gelbwurz.*

*हरिद्रिक Adj. *mit Gelbwurz handelnd.*

2. हरिद्रु Adj. *im Gelben* (Soma) *laufend.* Richtiger wäre हरिद्रु.

2. हरिद्रु m. 1) *ein best. Baum.* Nach den Lexicographen *Chloroxylon Swietenia, eine Pinus-Art* und *Curcuma aromatica.* — 2) * *Baum.*

3. हरिद्रु m. N. pr. eines Schülers des Kalâpin.

*हरिद्रुक Adj. *mit Curcuma aromatica handelnd.*

*हरिद्रुमत् m. N. pr. eines Mannes.

हरिद्वार m. Vishṇu's *Thor*, N. pr. einer heiligen Stadt.

हरिधायस् Adj. *gelbliche Ströme* (*Tränke*) *habend, — gebend.*

हरिधूम्र Adj. *gelbbraun* Hariv. 12949.

हरिन् metrisch st. हरि *Affe.* Nur हरिणाम् R. ed. Bomb. 4,44,16.

हरिनदी f. N. pr. eines *Flusses.* °रम्य m. N. pr. eines Dorfes.

हरिनन्द m. N. pr. eines Schülers des Devânanda.

*हरिनन्दन und *°नन्दिन् m. N. pr.

हरिनाथ m. N. pr. verschiedener Männer. Auch °महोपाध्याय.

1. हरिनामन् n. Hari's (Vishṇu's) *Name.*

2.* हरिनामन् m. *Phaseolus Mungo.*

हरिनाममाला f. (Burnell, T.), °नामामृत n. und °नामोपनिषद् f. Titel.

हरिनायक m. N. pr. eines Autors.

हरिनारायण und °शर्मन् m. N. pr. verschiedener Männer.

हरिनारायणीय n. Titel eines Werkes Opp. Cat. 1.

1. हरिनेत्र n. 1) Hari's —, d. i. Vishṇu's *Auge.* — 2) * *eine weisse Lotusblüthe* Râǵan. 10,182.

2. हरिनेत्र 1) Adj. *gelbäugig.* — 2) *m. *Eule.*

हरिन्मणि m. *Smaragd* Râǵan. 13,164.

*हरिन्मुद्ग m. *im Herbst reifender Phaseolus Mungo* Râǵan. 16,39.

हरिपञ्चकव्रत n. *eine best. Begehung.*

हरिपञ्चायुधस्तोत्र n. Titel Burnell, T.

हरिपण्डित m. N. pr. eines Autors Opp. Cat. 1,221.

हरिपण्डितीय n. Haripaṇḍita's *Werk* ebend.

*हरिपर्ण n. *Rettig.*

हरिपर्वत m. N. pr. eines *Berges.*

हरिपा Adj. *den Gelben* (Soma) *trinkend.*

हरिपाल m. N. pr. eines Mannes Gaṇar. 3, N. 11.

हरिपिङ्ग Adj. *gelblich braun* MBh. 1,222,31.

हरिपिङ्गल Adj. dass. MBh. 13,160,14. R. Gorr. 1,60,12. 4,20,21. ed. Bomb. 7,23,4,32.

हरिपिण्डा f. N. pr. einer der Mütter im Gefolge Skanda's.

हरिपुर n. N. pr. einer *Stadt* VP². I, Pref. xxxiv.

हरिप्रबोध m. Titel eines Werkes.

हरिप्रभ Adj. *falbfarbig.* Nom. abstr. °त्व n. Kâraka 6,24.

हरिप्रसाद m. N. pr. eines Mannes.

हरिप्रिय 1) Adj. *a) die Falben liebend* oder *bei den Falben beliebt* RV. — *b)* * Vishṇu *oder* Kṛshṇa *lieb.* — 2) *m. *a) Nauclea Cadamba, Nerium odorum, eine gelb blühende Eclipta,* = बन्धूक und विल्वकन्द. — *b) Seemuschel* Râǵan. 13,123. — *c) a fool, a blockhead.* — *d) armour, mail.* — *e)* Bein. Çiva's. — 3) * f. °या *a)* Vishṇu's *Geliebte, d. i.* Lakshmî. — *b) Basilienkraut.* — *c) die Erde.* — *d) der 12te Tag eines Halbmonats.* — 4) * n. *a) die Wurzel von Andropogon muricatus.* — *b) rother und schwarzer Sandel.*

हरिबधु m. N. pr. eines Mannes.

हरिबल m. N. pr. eines Fürsten Kampaka 144.

*हरिबीज n. *Auripigment.*

हरिबङ्गपुर n. N. pr. einer *Stadt.*

हरिबोध m. *das Erwachen* Vishṇu's. °दिन n. *ein best. Festtag* Kathârṇava 10 (32,*a*).

*हरिभ *eine best. hohe Zahl* (buddh.). v. l. हरित्र.

हरिभक्त m. *ein Verehrer* Vishṇu's.

हरिभक्ति f. Vishṇu's *Verehrung.* °लतिकास्तव m. (Bühler, Rep. No. 431), °विलास m. und °सु-

°घोदय m. (Burnell, T. Opp. Cat. 1) Titel.

हरिभट m. N. pr. eines Autors.

हरिभट्ट m. N. pr. verschiedener *Gelehrter*.

हरिभद्र 1) m. N. pr. verschiedener Männer. Auch °सूरि. °सूरिकथा f. Bühler, Rep. No. 786. — 2) *n. *die wohlriechende Rinde von Feronia elephantum*.

हरिभास्कर m. N. pr. eines Gelehrten.

*हरिभुज् m. *Schlange (von Fröschen sich nährend)*.

हरिमणि m. *Smaragd* Bhaṭṭ. 13,42.

हरिमध्या 1) Adj. f. *mit gelblicher Taille* und zugleich *deren Taille an* Vishṇu *erinnert* Rāgat. 3,416. — 2) f. N. pr. einer Surāṅganā Ind. St. 15,232. 241.

हरिमन् m. *gelbe Farbe, Bleichheit, Gelbsucht*.

हरिमत् Adj. *mit Falben fahrend*, Beiw. und m. Bein. Indra's.

हरिमत्त m. N. pr. eines Liedverfassers.

हरिमन्थ m. 1) * *Premna spinosa*. — 2) *Kichererbse* Vratarāga 15,a nach Aufrecht. — 3) * N. pr. einer Gegend.

*हरिमन्थक m. *Kichererbse*.

हरिमन्थज 1) *m. dass. — 2) (*m.) n. *eine Varietät von Phaseolus Mungo*.

हरिमन्दिर n. 1) *ein Tempel* Vishṇu's. — 2) Vishṇu's *Welt*.

हरिमन्युसायक Adj. etwa *den Muth der Falben anstacheind*.

हरिमाहिमन् m. Titel eines Werkes.

हरिमित्र m. N. pr. eines Mannes.

हरिमिश्र m. desgl.

हरिमीडे (*ich preise* Hari) *ein best. Lobgesung* Opp. Cat. 1. °स्तोत्र n. Burnell, T.

हरिमेध Adj. als Beiwort Nārājaṇa's = हरिमेधस् 1).

हरिमेधस् 1) Adj. Beiw. und m. Bein. Vishṇu-Kṛshṇa's. — 2) m. N. pr. *a)* des Vaters von Hari (Vishṇu). — *b)* eines anderen Mannes.

हरिंभर Adj. *den falben* (Donnerkeil) *tragend*.

*हरिय m. *ein falbes Ross*.

हरियालिका und °याली f. ein Frauenname Pańkad.

हरियूपीया f. N. pr. einer Oertlichkeit.

हरियोग Adj. *mit Falben bespannt*.

हरियोजन n. *das Anschirren der Falben*.

हरियोनि Adj. *aus* Hari (Vishṇu) *hervorgegangen*.

हरिराज m. N. pr. eines *Fürsten*.

हरिराम m. N. pr. verschiedener Männer. Auch °चक्रवर्तिन्, °तर्कवागीश, °तर्कवागीशभट्टाचार्य, °तर्कालंकार, °तर्कालंकारभट्टाचार्य und °भट्टाचार्य.

हरिराय m. desgl.

*हरिरिपु m. *eine best. Pflanze*.

हरिरुद्र m. Hari *und* Rudra, d. i. Vishṇu *und* Çiva *in einer Person*.

हरिरोमन् Adj. *blonde Haare am Körper habend*.

हरिलीला f. Hari's *Spiel*. Titel eines Inhaltsverzeichnisses zum Bhāgavatapurāṇa. °विवरणसंग्रह m. und °विवेक m.

*हरिले (Vocativ) Anruf an einen Diener im Schauspiel.

हरिलोचन 1) *Adj. *gelbäugig*. — 2) m. *a)* * *Krebs*. — *b)* * *Eule*. — *c)* N. pr. eines Krankheitsdämons.

हरिलोमन् Adj. *falbhaarig* Karaka 6,24.

*हरिव *eine best. hohe Zahl* (buddh.). v. l. हरिभ.

हरिवंश 1) m. *a)* Hari's —, d. i. Vishṇu's (Kṛshṇa's) *Geschlecht*. — *b)* *das Affengeschlecht* R. ed. Bomb. 4,20,25. — *c)* N. pr. eines Dichters. — 2) m. n. (sc. पुराण) Titel des bekannten Anhanges zum Mahābhārata. Pl. Vāsav. 93,3.

हरिवंशकृष्णलीला f., °वंशचतुष्क n., °वंशन्याय m. (Opp. Cat. 1), °वंशपुराण n. (Bühler, Rep. No. 700) und °वंशसारचरित n. (Burnell, T.) Titel.

हरिवंश्य Adj. *zu* Hari's *Geschlecht gehörig*.

*हरिवन n. N. pr.

हरिवत् Adj. 1) *von den Falben begleitet*, — *gefahren*, *falbrossig*; m. Bein. Indra's. — 2) *mit dem gelben* (Soma) *verbunden* u. s. w. — 3) *das Wort* हरि *enthaltend*. f. °वती *ein solcher Vers*.

हरिवर 1) Adj. *der beste unter den Affen*. — 2) m. N. pr. eines Fürsten. — 3) n. N. pr. einer Stadt.

हरिवर्ण 1) m. N. pr. eines Mannes. — 2) n. Name eines Sāman. Richtig हारिवर्ण.

हरिवर्पस् Adj. *gelbliches —, grünliches Aussehen habend*.

हरिवर्मदेव m. N. pr. eines *Fürsten*.

हरिवर्मन् m. N. pr. verschiedener Männer B. A. J. 9,239. Ind. Antiq. 5,139. 6,30. 32.

हरिवर्ष N. pr. 1) n. eines von den Gebirgen Nishadha und Hemakūṭa eingeschlossenen Varsha. — 2) m. eines Beherrschers dieses Varsha.

हरिवल्लभ 1) m. N. pr. verschiedener Männer. Auch °राय. — 2) *f. आ *Basilienkraut* und = जया Rāgan. 10,124.

हरिवायुस्तुति f. Titel Opp. Cat. 1.

*हरिवालुक n. *die wohlriechende Rinde von Feronia elephantum* Rāgan. 4,126. Bhāvapr. 1,194.

हरिवास 1) Adj. wohl *ein gelbes Gewand tragend* (Vishṇu). — 2) *m. *Ficus religiosa*.

हरिवासर n. Vishṇu's *Tag*, Bez. *des 11ten und 12ten* (oder *des 1sten Viertels dieses Tages*) *in einer Monatshälfte*.

*हरिवासुक n. = हरिवालुक.

1.*हरिवाहन m. Vishṇu's *Vehikel*, Bein. Garuḍa's.

2. हरिवाहन Adj. *mit Falben fahrend*; m. Bein. Indra's und * der Sonne.

हरिवाहनदिश् f. Indra's *Weltgegend*, d. i. *Osten*.

हरिविजय m. 1) Nom. pr. B. A. J. 1,99. — 2) Titel Bühler, Rep. No. 217. Auch °काव्य n. ebend. No. 215.

हरिविलास (Burnell, T. Opp. Cat. 1) und °काव्य n. Titel.

हरिवृन्त m. *ein best. Baum*. Vgl. 2. हरिद्रु 1).

*हरिवृष (!) n. = हरिवर्ष 1).

हरिव्यास m. N. pr. eines Mannes. Auch °मिश्र und °मुनि.

हरिव्रत Adj. etwa *dessen Gebiet* —, d. h. *Alles was ihn umgiebt, gelb ist*.

*हरिण Adj. von हरि.

हरिशंकर N. pr. einer Oertlichkeit.

हरिशय 1) Adj. (f. आ) *in Gold ruhend*, — *befindlich*. — 2) f. आ Bez. *des Spruches* यो ते अग्ने हरिशया तनूः VS. 5,8.

हरिशयन n. Vishṇu's *Schlaf*.

*हरिशर m. Bein. Çiva's.

हरिशर्मन् (Ind. St. 14,104. 158), °शर्माय (Ind. Antiq. 12.244) und हरिशिख m. N. pr. verschiedener Personen.

हरिशिप्र Adj. *gelbe* (*goldene*) *Backenstücke am Helm habend*.

हरिश्चन्द्र 1) Adj. *gelb —, golden schimmernd*. — 2) m. N. pr. verschiedener Fürsten. Im Epos ist es ein Sohn Triçaṅku's, der für seine Frömmigkeit und Freigebigkeit mit seinen Unterthanen in den Himmel erhoben, aus diesem aber wegen seines Hochmuths wieder vertrieben wird und mit seiner Stadt im Luftraum schweben bleibt. — 3) N. pr. einer Oertlichkeit.

हरिश्चन्द्रपुर n. 1) * Hariçkandra's *in der Luft schwebende Stadt*. — 2) *Luftspiegelung, Fata Morgana*.

हरिश्चन्द्रयशश्चन्द्रचन्द्रिका f. und हरिश्चन्द्रोपाख्यान n. Titel Opp. Cat. 1. Burnell, T.

हरिश्मशारु Adj. *blondbärtig*.

हरिश्मश्रु 1) Adj. dass. MBh. 7,175,5. — 2) m. N. pr. eines Dānava.

हरिश्रम m. N. pr. eines Mannes.

हरिश्रावा f. N. pr. eines Flusses.

हरिश्री Adj. 1) *schön gelb, goldfarben.* — 2) Soma-*beglückt.*

हरिश्रीनिधन n. Name eines Sâman Ârsh. Br.

*हरिष m. = हर्ष *Freude.*

हरिध्रँच् (stark °ध्राँच्) Adj. *um den gelben* (Soma) *beschäftigt.*

हरिषेण m. N. pr. eines Sohnes des 10ten Manu VP. 3,2,27 und * eines Kakravartin in Bhârata.

हरिष्ठा Adj. *mit Falben fahrend.*

हरिस् MBh. 13,2119 fehlerhaft für हविस्.

*हरिसक्थ n. संज्ञायाम्.

हरिसंकीर्तन n. Titel Burnell, T.

हरिसिंह m. N. pr. eines Fürsten. श्रीहरिसिंहदेव desgl. Ind. Antiq. 9,184. 189.

हरिसिद्धि f. N. pr. einer Göttin Ind. St. 14,121. 139. Pañkad.

*हरिसुत m. = हरिषेण.

हरिसूक्त n. *eine best. Hymne.*

हरिसेन m. N. pr. eines Ministers des Samudragupta.

हरिसेवकमिश्र m. N. pr. eines Autors.

हरिसोम m. N. pr. eines Mannes.

हरिस्तव Adj. *dessen Falben gepriesen werden* Çâñkh. Br. 17,1.

हरिस्तुति f. Titel eines *Lobgesangs auf* Vishṇu.

हरिस्तोत्र n. desgl.

हरिस्वामिन् m. N. pr. verschiedener Männer.

हरिह SV. II,3,1,22,1 fehlerhaft; vgl. AV. 2,5,1.

हरिहडोवक m. N. pr. eines Mannes.

1. हरिहय m. *ein Ross* Indra's.

2. हरिहय Adj. *falbe Rosse habend*, Beiw. und m. Bein. Indra's.

हरिहयानुज m. Bein. Vishṇu-Kṛshṇa's.

हरिहर m. 1) Sg. Vishṇu *und* Çiva *in einer Person.* — 2) Du. oder im Comp. Vishṇu *und* Çiva. — 3) N. pr. verschiedener Männer. Auch °खान, °तर्कालंकारभट्टाचार्य, °दीक्षित, °देव, °पुरी, °भट्ट, °भट्टाचार्य, °महाराज, °मिश्र (Weber, Lit.), °सरस्वती, हरिहरानन्द und हरिहरार्य. — 4) N. pr. eines Flusses.

हरिहरतारतम्य n., हरिहरदीक्षितीय n. (vgl. u. हरिहर 3) und Opp. Cat. 1), हरिहरपद्धति f., हरिहरभाष्य n., हरिहरयोग m. (Burnell, T.), हरिहरविलास m. (Opp. Cat. 1) und हरिहरस्तोत्र n. (Burnell, T.) Titel.

हरिहरात्मक 1) Adj. Vishṇu's *und* Çiva's *Wesen umfassend, beide angehend.* — 2) *m. a) Çiva's *Stier.* — b) Bein. α) Garuḍa's. — β) Daksha's.

हरिहरिहरिवाहन m. N. pr. eines Lokeçvara bei den Buddhisten.

हरिहेति f. 1) Indra's *Waffe, so v. a. Regenbogen.* — 2) Vishṇu's *Waffe, so v. a. Discus, Rad.*

हरिहेतिमत् Adj. *mit einem Regenbogen geschmückt.*

हरिहेतिहूति m. *Anas Casarca (nach dem Rade benannt;* vgl. चक्रवाक).

हरीन्द्रशर्मन् m. N. pr. eines Mannes.

हरीतक m. (metrisch) f. (ई auch Bez. *der Frucht*) (*n.) *Terminalia Chebula* Bhâvapr. 1,158. Hariv. 3,39,72. Spr. 7741.

हरीश m. *Affenfürst.*

हरीशर्य Adj. (f. आ) = हरिशर्य 1).

*हरीषा f. *ein gemischtes Gericht aus Fleischstücken mit allerlei Körnern und Gewürzen in Butter und Wasser gekocht.*

*हरुणा *eine best. hohe Zahl* (buddh.).

हरेणु 1) m. a) *eine Erbsenart mit nicht ganz kugelförmiger Frucht* Káraka 1,27. — b) * *die Grenzen eines Dorfes bezeichnende Schlingpflanzen.* — c) * Bein. von Lañkâ. — 2) * f. a) *ein best. Arzeneistoff,* = रेणुका. — b) *ein treues Weib.* — c) *a deer of copper colour.*

हरेणुक m. und °का f. = हरेणु 1) a).

हरेश्वर m. Çiva *und* Vishṇu *in einer Person* Ind. Antiq. 6,140.

हरेषपुर n. N. pr. einer *Stadt* Ind. Antiq. 6,92. 7,302.

हरोद्भेद m. N. pr. eines Tîrtha Matsja-P. 22,25. Vgl. शिवोद्भेद.

हर्त (metrisch) = हर्तर् *Vernichter.*

हर्तर् Nom. ag. 1) *Träger* (Âpast.), *Bringer.* — 2) *Entrücker, Entzieher, Entführer, Dieb.* — 3) *Ablöser, Abhauer.* Nur हर्ता als Fut. — 4) *Erheber von Abgaben.* — 5) *Entferner, Verscheucher.* — 6) *Vernichter.*

*हर्तवे Dat. Infin. zu 1. हर् P. 3,4,9, Sch.

*हर्तवै desgl. P. 6,1,200, Sch.

हर्तव्य Adj. 1) *zu entrücken, zu entziehen, mit Gewalt zu nehmen, zu rauben.* — 2) *sich anzueignen, dem man sich hinzugeben hat.*

हर्तालिकाव्रतनिर्णय m. Titel Burnell, T.

*हर्मन् n. = जृम्भण.

*हर्मित Adj. = क्षिप्त und दग्ध.

*हर्मुट m. 1) *Schildkröte.* — 2) *die Sonne.*

हर्म्य, हर्मिर्य n. (adj. Comp. f. आ) *ein festes Gebäude: Burg, Schloss, Palast, Herrenhaus, Wohnhaus, Vorrathshaus; Gefängniss.*

हर्म्यतल n. und हर्म्यपृष्ठ n. *das flache Dach eines Schlosses, — Palastes.*

हर्म्यवत् in सुदृढ°.

हर्म्यवलभी f., हर्म्यस्थल n. und हर्म्याग्र n. = हर्म्यतल.

(हर्म्येष्ठा) हर्मिएष्ठा Adj. *im Hause befindlich, im Stall gehalten.*

हर्य्, हर्यति (कान्तिकर्मन्, गतिकर्मन्), °ते (selten) *gern wollen, haben wollen, begehren nach* (Acc.); *sich's wohl sein lassen, sich behaglich finden bei* (Loc.). हर्यन्त् und हर्यन्त् *Etwas gern —, mit Liebe thuend.* — * Intens. जाहर्यीति, जाहर्ति, जाहर्यति u. s. w. — Mit अभि 1) *lieben.* — 2) *herbeiwünschen.* — Mit आ Med. 1) *lieben.* — 2) etwa *gute Aufnahme finden.* — Mit प्रति 1) *gern haben wollen, — annehmen; herbeiwünschen, sich sehnen nach.* — 2) *verschmähen, zurückweisen.* — Mit वि *verschmähen, nicht wollen.*

हर्यक्ष 1) Adj. *gelbäugig.* — 2) m. a) *Löwe.* — b) *der Löwe im Thierkreise.* — c) *Affe.* — d) Bein. Kubera's. — e) N. pr. α) eines Krankheitsdämons. — β) eines Asura. — γ) eines Sohnes des Pṛthu.

हर्यक्षन् Adj. = हर्यक्ष 1).

हर्यङ्ग m. N. pr. eines Sohnes des Kampa.

हर्यत 1) Adj. *begehrenswerth, lieb; erwünscht.* — 2) m. a) * *Ross.* — b) * *ein zum Opfer bestimmtes Ross.* — c) angeblich N. pr. eines Liedverfassers.

हर्यवत m. N. pr. eines Sohnes des Kṛti. v. l. हर्यश्वत.

हर्यमर m. N. pr. eines Mannes Ind. St. 14,120.

हर्यवन m. N. pr. eines Sohnes des Kṛta.

1. हर्यश्व m. *ein falbes Ross* (Indra's).

2. हर्यश्व, हरिश्व 1) Adj. *mit falben Rossen fahrend.* — 2) m. a) Bein. Indra's. — b) N. pr. verschiedener Männer. Pl. Bez. *der Söhne* Daksha's.

हर्यश्वचाप *Regenbogen* (Indra's *Bogen*).

हर्यश्वत m. N. pr. eines Sohnes des Kṛti Hariv. 1,29,3. हर्यवत v. l.

(हर्यश्वप्रसूत) हरिश्वप्रसूत Adj. (f. आ) *vom Falbrossigen angewiesen.*

हर्यष्टक Titel Burnell, T. Opp. Cat. 1.

हर्या f. N. pr. der Mutter Hari's und der Hari (Pl.) VP. 3,1,39.

हर्यात m. Pl. N. pr. eines Volkes VP.[2] 4,58.

हर्यात्मन् m. Bein. eines Vjâsa.

हर्यानन्द m. N. pr. eines Schülers des Râmânanda.

हर्ष्, हर्षति (अलीके, आलीक्ये), °ते *freudig —, ungeduldig bereit sein zu* (Dat.), *sich freuen.* Nur im ṚV. und auch hier vom Act. nur हर्षन्त्. — 2) हृष्यति, °ते (metrisch oder ungenau) a) *starr werden, zu Berge stehen* von den Haaren des Körpers vor Freude oder Schreck. — *b) starre Haare am Körper bekommen, schaudern.* — *c) steif —, starr werden* überh. Von den Zähnen so v. a. *stumpf werden* Káraka 1,5. — *d) geil werden* Káraka 6,2. — *e) sich freuen.* — 3) हृष्ट *a) starrend, zu Berge stehend.* — *b) starre Haare habend, schaudernd.* — *c) starr, steif.* — *d)* von den Zähnen so v. a. *stumpf.* — *e) froh, guter Dinge, munter* (von Menschen und Thieren). — 4) हृषित *a) starrend, zu Berge stehend.* — *b) steif* von Blumen, so v. a. *nicht herabhängend, frisch.* — *c)* von den Zähnen so v. a. *stumpf.* — *d) froh, guter Dinge, munter.* — *e)* * = प्रयात und वर्मित. — Caus. हर्षयति (metrisch auch Med.) 1) *starren machen* (die Haare am Körper). — 2) *ungeduldig machen, freudig erregen, erfreuen.* — 3) *sich freuen.* — 4) हर्षित *a) zum Starren gebracht* (das Haar am Körper). — *b) erfreut.* — 5) हर्षितवत् *erfreut, sich freuend über* (Gen.). — Intens. (जर्हृषन्त, जर्हृषाण, जाहृषाणं ṚV. 1,101,2) 1) *ungeduldig —, heftig erregt sein.* — 2) *heftig erregen.* — Mit अनु (°हर्षते und °हृष्यति) *nach —, mit Jmd* (Acc.) *freudig erregt —, begeistert werden, sich freuen mit.* — Mit अभि Caus. *erfreuen* 72,23. — Mit समभि Caus. dass. — Mit अव Caus., °हर्षित *zum Schaudern gebracht.* — Mit आ (आहृष्यति) *schaudern.* — Mit व्या Caus. °हर्षयति Káraka 71,23 fehlerhaft für व्यावर्तयति. — Mit उद् (उद्धर्षते und उद्धृष्यति) 1) *ungeduldig erregt —, bereit sein.* — 2) vom Feuer so v. a. *lustig aufflackern.* — 3) *sich öffnen* von geschlossenen Knospen. — 4) उद्धृषित *schaudernd* (vor Kälte). — Caus. 1) *freudig erregen, ungeduldig machen, erfreuen.* — 2) *ermuthigen.* — Mit प्रोद्, प्रोद्धृषित *starrend* (von den Haaren am Körper), *schaudernd* Pańkat. ed. Bomb. 4,29,11. — Mit समुद् Caus. *freudig erregen.* — Mit नि (निहृष्यति) *zusammensinken* (von einer Flamme). — Mit परि 1) °हृष्ट *stumpf* (von Zähnen) Bhâvapr. 4,92. — 2) °हृष्ट und °हृषित *hoch erfreut.* — Caus. *hoch erfreuen.* — Mit प्र (प्रहृष्यति und °ते metrisch) 1) *sich der Freude hingeben, munter sein.* — 2) प्रहृष्ट *a) starrend, zu Berge stehend* (die Haare am Körper). — *b) erfreut, froh.* — Caus. 1) *stumpf machen* (die Zähne) Káraka 1,26. — 2) *aufmuntern, in eine freudige Stimmung versetzen, erfreuen.* — 3) प्रहर्षित *a) steif gemacht.* — *b) geil gemacht* Káraka 6,2. — *c) in eine freudige Stimmung versetzt, erfreut.* — Mit संप्र (°हृष्यति und °ते metrisch) 1) *sich der Freude hingeben.* — 2) संप्रहृष्ट *a) starrend, zu Berge stehend* (die Haare am Körper). — *b) erfreut, froh.* — Caus. *in eine freudige Stimmung versetzen, erfreuen.* — Mit प्रति (°हृष्यते metrisch) *in Erwartung auf Etwas Freude an den Tag legen.* — Caus. *ermuntern, erfreuen.* — Mit वि (°हृष्यति) *sich strauben, — steifen* ṚV. 10,86,7. — Mit सम् (संहृष्यति und °ते metrisch) 1) *schaudern.* — 2) *sich der Freude hingeben, sich freuen.* — 3) संहृष्ट *a) starrend, zu Berge stehend* (die Haare am Körper). — *b) dem die Haare zu Berge stehen.* — *c) erfreut, froh.* °वत् Adv. *froh.* — *d) munter lodernd* vom Feuer. — 4) संहृषित *starrend, zu Berge stehend* Gâtakam. 22. etwa *erstarrt vor Schreck* Hariv. 2,118,12. — Caus. 1) *in eine freudige Stimmung versetzen, erfreuen.* — 2) संहर्षित *starrend, zu Berge stehend* (die Haare am Körper). — Mit परिसम्, परिसंहृष्ट *hoch erfreut* R. ed. Bomb. 4,67,31. — Mit प्रतिसम् *sich wieder der Freude hingeben.* प्रतिसंहृष्ट *wieder erfreut, — froh.*

हर्ष 1) m. (adj. Comp. f. आ) *a) das Starren, zu Berge Stehen* (der Haare am Körper). — *b) geschlechtliche Erregung, Geilheit* Káraka 6,2. — *c) brennendes Verlangen* MBh. 1,188,7. — *d) freudige Erregung, Freude* Gaut. Âpast. हर्षात् *vor Freude* Chr. 51,25. 126,4. 137,10. Personificirt als Sohn Dharma's u. s. w. — *e)* N. pr. α) eines Asura. — β) eines Sohnes des Kṛshṇa und anderer Männer, unter diesen auch des angeblichen Verfassers von Ratnâvalî und Naishadhakarita Ind. Antiq. 8, 13. °मल्लनय 242. श्री° Vikramâṅkak. 18, 64. Auch °मिश्र und °सूरि. — 2) f. आ *eine best.* Çakti.

हर्षक 1) Adj. am Ende eines Comp. *a) stumpf machend* in *दन्त°. — *b) erfreuend.* — 2) m. N. pr. *a)* eines Sohnes des Kitragupta. — *b)* eines Fürsten. — *c)* eines Berges.

हर्षकर Adj. (f. ई) *Freude bereitend.*

हर्षकीर्ति m. N. pr. eines Scholiasten.

हर्षकीलक m. *quidam coeundi modus.*

हर्षकृत् m. N. pr. eines Mannes VP.[2] 4,72.

हर्षकौमुदी f. Titel eines Commentars Burnell, T.

हर्षगर्भ Adj. *freudvoll, freudig* Daçak. 56,14.

हर्षगुप्त m. N. pr. eines Mannes.

हर्षचरित n. Titel eines Werkes des Bâṇa Burnell, T. °संकेत m. Bühler, Rep. No. 222.

हर्षण 1) Adj. *a) starren —, schaudern machend* (die Haare am Körper). — *b) stumpf machend* (die Zähne). — *c) erregend.* — *d) erfreuend.* — 2) m. *a)* * *eine best. Augenkrankheit.* — *b)* * *ein best.* Çrâddha. — *c)* * = श्राद्धदेव. — *d) ein best. astrol.* Joga. °योग m. Ind. Antiq. 9,188. — *e)* N. pr. eines Mannes VP.[2] 4,125. — 3) n. *a) das Starren, zu Berge Stehen.* — *b) das Steifwerden.* — *c) das Stumpfwerden* (der Zähne). — *d) geschlechtliche Erregung.* — *e) das Ermuntern, Erfreuen; Freude.*

हर्षणता f. *freudige Erregung* Bâlar. 180,16.

हर्षणीय Adj. *erfreulich* Lalit. 59,10.

हर्षदान n. *eine in der Freude gereichte Gabe* Hemâdri 1,14,11.

हर्षदेव m. N. pr. = हर्ष 1) *e)* β) Vikramâṅkak. 18,59. 64. श्री° Chr. 290,16.

हर्षनाद m., हर्षनिस्वन m. (99,16) und हर्षनिःस्वन m. *Freudengeschrei.*

हर्षपुर 1) n. N. pr. einer *Stadt.* — 2) f. ई *ein best.* Râga S. S. S. 93.

हर्षभाज् Adj. *erfreut, froh* Pańkad.

हर्षमय Adj. *dessen Wesen Freude ist.*

हर्षमल्ल m. N. pr. eines Autors, = हर्षदेव.

हर्षमित्र m. N. pr. eines Fürsten.

*हर्षयित्नु 1) Adj. m. *Sohn.* — 2) m. n. *Gold.*

हर्षवत् 1) Adj. *voller Freude* Hem. Par. 2,112. °वत् Adv. *in der —, vor Freude* Hemâdri 1,14,10. — 2) f. °वती N. pr. *a)* einer Fürstin. — *b)* einer Stadt.

हर्षवर्धन m. 1) *eine best. Composition.* S. S. S. 166. — 2) N. pr. *a)* Pl. eines Volkes. — *b)* eines Fürsten Harshak. 104,13. श्री° Ind. Antiq. 6,76. fgg. 7,163.

हर्षवर्मन् m. N. pr. eines Fürsten.

हर्षसंपुट m. *quidam coeundi modus.*

*हर्षस्वन m. *Freudenruf.*

हर्षाश्रु n. *Freudenthränen* Daçak. 80,4.

हर्षित 1) Adj. s. u. हर्ष् Caus. — 2) n. *Freude* in स°.

हर्षिन् 1) Adj. *a)* etwa *steif werdend* in वीरुद्धर्षिन्. — *b) voller Freude, erfreut, sich freuend auf* (im Comp. vorangehend). — *b)* am Ende eines Comp. *in eine freudige Stimmung versetzend.* — 2) * f. हर्षिणी *eine best. Pflanze,* = विजया.

हर्षिका f. *ein best. Metrum.*

*हर्षुक Adj. *erfreuend.*

हर्षुमन्त् Adj. *aufregend.*

हर्षुल 1) Adj. *froh, lustig, guter Laune* (Hem. Par. 2,348), *jovial; erfreut.* — 2) * m. *a) Liebhaber.* — *b) Gazelle.*

हर्षेश्वरमाहात्म्य n. Titel Bühler, Rep. No. 102.

(हर्ष्या) हर्षिया Instr. f. *in ungeduldiger Erregung.*

*हल्, हलति (विलेखने). — हलय् s. bes.

हल 1) m. n. (adj. Comp. f. आ) *Pflug* (auch als *Waffe*) Spr. 7725. Hemâdri 1,291,12. fgg. (hier und da fehlerhaft दल). *Pflug als best. Feldmaass* Ind. Antiq. 1887, S. 209, N. 48. — 2) m. N. pr. *a)* Pl.

eines Volkes im Norden. — b) eines Autors. — 3) * f. ई *Methonica superba.* — 4) n. *eine best. zu den Âkritijoga gezählte Constellation.* — b) angeblich = वैरूप्य, प्रतिषेध und विवाद in Etymologien. — हला s. bes.

हलककुद् f. *Pflugbaum.*

*हलका f. gaṇa प्रेक्षादि.

*हलकिन् Adj. von हलका.

हलगोलक m. *ein best. Insect.*

*हलदण्ड m. *Deichsel eines Pfluges.*

*हलदी oder *हलद्दी f. *Gelbwurz.*

हलधर 1) Adj. Subst. *einen Pflug führend, Pflüger.* — 2) m. Bein. *des mit einem Pfluge bewaffneten* Baladeva, *älteren Bruders des* Kṛshṇa, Çiç. 4,68. — b) N. pr. verschiedener Männer Vikramâṅkak. 18,19. Burnell, T.

*हलबन्ध gaṇa खण्डिकादि.

*हलभूति 1) m. Bein. Çaṁkarâkârja's Gal. — 2) f. *Ackerbau.* — Richtig हलभृति.

हलभृत् m. = हलधर 1) a).

*हलभृति 1) f. *Ackerbau.* — 2) m. Bein. Upakarsha's (Çaṁkarâkârja's).

हलमार्ग m. *Furche* Hariv. 5774.

1. हलमुख n. *Pflugschar* R. 5,19,4. 7,17,37.

2. हलमुख 1) Adj. (f. ई) *ein Gesicht wie eine Pflugschar habend.* — 2) f. ई *ein best. Metrum.*

हलमुहूर्त n. Bez. *einer best. Stunde.*

*हलय्, °यति = हलिं गृह्णाति.

हलरद Adj. *pflugähnliche Zähne habend* Bhâm. V. 1,81.

*हलराज n. *Tabernaemontana coronaria.*

*हलवंश m. *Deichsel eines Pfluges.*

हलवार wohl *Pflugschar.*

हलहला Interj. *des Beifalls.* °शब्द m. *dieser Ausruf.*

1. हला Indecl. *Anruf an eine Freundin* (im Prâkrit) 297,28.

2.*हला f. 1) *die Erde.* — 2) *ein berauschendes Getränk.*

हलाभियोग m. *Anwendung des Pfluges,* so v. a. *Beginn des Pflügens* Gobh. 4,4,27.

हलायुध 1) Adj. *einen Pflug zur Waffe habend.* — 2) m. a) Bein. Baladeva's (vgl. हलधर). Auch auf Vishṇu-Kṛshṇa übertragen. — b) N. pr. verschiedener Männer Z. d. d. m. G. 36,557 (eines Dichters). Auch मिश्र.

हलायुधभाष्य n. und हलायुधस्तव m. Titel Opp. Cat. 1.

*हलाह m. *ein scheckiges Ross.*

हलाहल 1 m. n. *ein best. heftiges Gift.* — 2) *m. a) *eine Eidechsenart* H. an.; vgl. Zach. Beitr. 92. — b) *eine Schlangenart.* — c) N. pr. eines Buddha. — हलाहला R. Gorr. 2,13,27 fehlerhaft für हलहला.

हलि m. 1) *ein grosser Pflug* in शत°. — 2) *N. pr. a) Pl. eines Volkes. — b) eines Mannes.

हलिक m. 1) *Ackerbauer.* — 2) N. pr. eines Schlangendämons.

हलिद्दण m. nach dem Comm. *eine Löwenart.* Vgl. हलीद्दण.

हलिन् 1) m. a) *Ackerbauer* Vâsav. 282,1. — b) Bein. Baladeva's (vgl. u. हलधर). Auch mit Hinzufügung von राम. — c) N. pr. eines Ṛshi. 2) * f. °नी a) *eine Menge von Pflügen.* — b) *Methonica superba.*

*हलिङ्ग m. N. pr. eines Mannes.

*हलिप्रिय 1) m. *Nauclea Cadamba.* — 2) f. आ *ein berauschendes Getränk.*

*हलिभ *eine best. hohe Zahl* (buddh.).

हलिमा f. N. pr. einer der 7 Mütter Skanda's.

हलिरामशर्मन् m. N. pr. eines Autors.

हलीद्दण 1) m. *ein best. Thier.* Vgl. हलिद्दण. — 2) m. oder n. *ein best. Eingeweide.*

*हलीन m. 1) *Tectona grandis.* — 2) *Pandanus odoratissimus;* vgl. हनील.

हलीमक m. 1) *eine Form der Gelbsucht.* — 2) N. pr. eines Schlangendämons.

*हलीषा f. *Deichsel eines Pfluges.*

*हलोद्विपदिका f. Bez. *einer best. Abgabe.*

हलेषा f. *Deichsel eines Pfluges* Anupadas. 5,2.

*हल्य 1) Adj. *gepflügt.* — 2) m. *das Pflügen.* — 3) f. आ *eine Menge von Pflügen.* — 4) n. angeblich *Verunstaltung* in einer Etymologie.

*हल्ल m. N. pr. eines Fürsten.

*हल्लक n. *eine rothe Lotusblüthe.*

*हल्लन n. = प्रचलायित.

हल्लीश 1) m. *eine Art einactiger Schauspiele, in denen ein Mann mit sieben, acht oder zehn Frauen auftritt.* — 2) n. *ein Tanz von Frauen unter Anführung eines Mannes* Hariv. Adhj. 77 in der Unterschr.

*हल्लीशक, *हल्लीष, *हल्लीषक und हल्लीस (Hem. Par. 3,96) n. = हल्लीश 2).

हल्लीसक 1) *ein best. musikalisches Instrument* Hariv. 2,89,68. v. l. हल्लीषक. Nach Nilak. und H. = हल्लीश 2); vgl. das folgende Wort. — 2) n. = हल्लीश 2) Pañkad.

हल्लीसकाय् *den Tanz* हल्लीसक *aufführen.* °यित n. impers. und Nom. act. Kâçikh. 1,12.

हल्ल in विहल्लह.

1. हव m. *Opfer* Çiç. 19,54.

2. हव 1) Adj. *rufend.* — 2) m. n. (nur Pl.) *Ruf, Anrufung.* — 3) *m. *Anweisung, Befehl.*

*हवज्ञ m. *das Essen von Reis und saurer Milch aus einer messingenen Schüssel.*

1. हवन 1) *m. *Feuer.* — 2) f. ई a) *Opferlöffel.* — b) * *Höhlung im Erdboden zur Aufnahme eines Opfers.* — 3) n. a) *Opferung.* — b) *Opferlöffel* Vaitân.

2. हवन 1) m. N. pr. eines Rudra (*der Anrufer*). — 2) n. *Anrufung.*

हवनश्रुत् Adj. *Anrufung hörend, erhörend.*

हवनस्यद् Adj. *dem Ruf zueilend.*

*हवनायुस् m. *Feuer.*

हवनीय (m. nach dem Comm.!) *Opfergabe* Çiç. 14,31.

*हवल *eine best. hohe Zahl* (buddh.).

*हवव desgl.

हववत् Adj. *das Wort* 2. हव *enthaltend.*

हवस n. *Anrufung.*

*हवित्री f. = 1. हवन 2) b).

हविध m. N. pr. 1) eines Fürsten. — 2) eines Sohnes des Manu Svârokisha.

हविन् Adj. 1) *anrufend.* — 2) *Hülfe suchend.* Nach Sâj. *zu opfern geschickt.*

हविरद् und हविरद्द Adj. *Opferspeise geniessend.*

हविरद्य n. *Opfergenuss.*

हविरत्तरण n. *das Uebergehen einer Oblation.*

*हविरशन m. *Feuer.*

हविरातञ्चन n. *Lab zum* Havis Çat. Br. 11,1,4,1. 12,4,2,8. Kâtj. Çr. 25,4,38.

हविराहुति f. *Opferung von* Havis Gobh. 1,9,24. Âpast. Çr. 7,23,2.

हविरुच्छिष्ट n. *Opferrest.* हविरुच्छिष्टशेष m. Gobh. 3,8,12.

हविरुच्छिष्टभुज् Adj. *die Opferreste essend* Âpast. Çr. 8,11,8. Kâtj. Çr. 5,6,30.

हविरुच्छिष्टाश Adj. dass. Çat. Br. 2,5,3,16.

हविरुच्छिष्टाशन Adj. dass. Çâṅkh. Çr. 3,8,13.

*हविर्गन्धा f. *Prosopis spicigera.*

*हविर्गृह n. und *हविर्गेह n. *das für die Opfergaben bestimmte Gemach.*

हविर्दर्वी f. *Opferschaufel, — löffel.*

हविर्ज्योतिस् m. s. u. हविस् 2).

हविर्दा Adj. *Opfergabe bringend.*

हविर्दान n. *Darbringung einer Opfergabe, — an* (im Comp. vorangehend).

हविर्धान 1) m. N. pr. eines Mannes. — 2) f. हविर्धानी a) Bez. der mythischen Kuh Surabhi oder Kâmadhenu. — 3) n. a) *der Wagen, auf welchem die zur Pressung bestimmten* Soma-

Pflanzen geladen sind (in der Regel zwei). — b) die leichte Ueberdachung, unter welcher die Wagen aufgestellt werden. — c) Opferplatz. — d) die Erde als Niederlage des Opfers. — e) प्रजापतेः हविर्धाने Namen von Sâman Ârsh. Br.

हविर्धानिन् Adj. der einen Havirdhâna genannten Wagen besitzt.

हविर्धामन् m. N. pr. eines Sohnes des Antardhâman.

हविर्निर्वपण Adj. mit पात्र n. das Gefäss, in welches die Opfergaben hineingeschüttet werden, Âpast. Çr. 4,4,6.

हविर्भाग m. Antheil an der Opfergabe.

हविर्भाज् Adj. an der Opfergabe Theil habend.

हविर्भुज् 1) Adj. die Opfergabe verzehrend. — 2) m. a) Feuer, der Gott des Feuers Çiç. 14,26. Auch auf Çiva übertragen. — b) ein Gott. — c) Pl. Bez. der Manen der Kshatrija.

हविर्भू f. Opferplatz, personificirt als Tochter Kardama's und Gattin Pulastja's.

हविर्भूत Adj. zur Opfergabe geworden Çat. Br. 3,7,3,3.

हविर्मथि Adj. Opfer zerstörend —, verwirrend.

*हविर्मन्थ m. Premna spinosa.

हविर्यज्ञ m. Darbringung des Havis, so heisst eine Gattung von Opfern, ein einfaches Opfer Gop. Br. 2,2,17.

हविर्यज्ञकाण्ड n. Titel des 1sten (2ten) Buches im Çat. Br.

हविर्यज्ञविध Adj. Havirjagña-artig.

हविर्यज्ञसंस्था f. eine Grundform des Havirjagña Gaut. 8,19.

हविर्वर्ष m. N. pr. eines Sohnes des Agnîdhra und des von ihm beherrschten Varsha.

हविर्वह् (Nomin. °वाट्) Adj. das Opfer führend.

हविर्हुति f. Darbringung einer Opfergabe an (im Comp. vorangehend).

हविःशेष m. Opferrest. °भक्ष Adj. Kâtj. Çr. 8,7,24. 24,7,8.

हविःश्रवस् m. N. pr. eines Sohnes des Dhṛtarâshṭra.

हविष्करण n. das Bereiten des Havis.

हविष्कृत् 1) Adj. die Opfergaben zubereitend, das Havis herstellend. — 2) m. a) der Ausruf हविष्कृदेहि (VS. 1,15) Vaitân. — b) N. pr. eines Âṅgirasa.

हविष्कृत Adj. zu einer Opfergabe gemacht.

हविष्कृति f. Bereitung der Opfergabe.

हविष्टस् Adv. = Abl. von हविस्.

हविष्ट्व n. Nom. abstr. zu हविस् 1) a) Comm. zu Njâjam. 9,2,22.

हविष्ठ m. N. pr. eines Dânava.

1. हविष्पङ्क्ति f. eine Fünfzahl von Opfergaben.

2. हविष्पङ्क्ति Adj. aus einer Fünfzahl von Opfergaben bestehend.

हविष्पति m. Herr der Opferspende.

हविष्पन्द m. schlechte Lesart für हविष्यन्द.

हविष्पा Adj. das Havis trinkend.

हविष्पात्र n. ein Gefäss für das Havis.

हविष्पान्तीय Adj. mit हविष्पान्तम् (RV. 10,88,1) beginnend.

हविष्मन्त् 1) Adj. a) der das Havis bereit hat, opferbereit, ein Darbringender. — b) von Opfergaben begleitet, Havis enthaltend. — 2) m. N. pr. a) verschiedener Ṛshi. — b) Pl. bestimmter Manen, Söhne des Aṅgiras. — 3) f. हविष्मती a) Bez. der Wunderkuh Kâmadhenu. — b) N. pr. einer Tochter des Aṅgiras.

हविष्य 1) Adj. a) zur Opfergabe geeignet, — bestimmt, — bereit; namentlich Reis, Gerste und andere Körner. In dieser Bed. auch Subst. m. n. Nach den Lexicographen n. = हविस्, घृत u. s. w. — b) dem das Havis gebührt. — c) *Adj. von 2). — 2) *f. हविष्या P. 4,4,122.

हविष्यन्तीय Adj. fehlerhaft für हविष्पान्तीय.

हविष्यन्द m. N. pr. eines Sohnes des Viçvâmitra.

हविस् 1) n. a) Opfergabe, jeder Gegenstand, welcher als Gabe für die Götter ganz oder theilweise in das Feuer geworfen wird, gewöhnlich Fruchtkörner (geröstet, gekocht, als Mus oder in Kuchen gebacken), Soma, Milch in verschiedener Gestalt, Schmalz u. s. w. Neben आज्य so v. a. चरु Gobh. 1,8,27. Mit कर् (हविष्करोति u. s. w.) Havis bereiten, zu Havis machen. — b) Feuer. परमं हविः wird Agni 80,24 genannt. — 2) m. N. pr. eines Marutvant. Vielleicht ist aber हविर्ज्योतिस् als ein Name zu fassen.

हविस्यन्द m. v. l. für हविष्यन्द.

हविःसंस्था f. eine Grundform des Havis.

हवीतु in सुहवीतुनामन्. हवीतवे Dat. Infin. zu ह्वा RV. 8,101,4.

हवीन्ध्र (!) m. N. pr. eines Mannes VP.[2] 3,5.

हवीमन् m. oder n. Anrufung.

हवुषा f. = हपुषा.

हवै Interj.

1. हव्य n. das zu Opfernde, Opfergabe. In der späteren Literatur überaus häufig in Verbindung mit कव्य.

2. हव्य, हविअ 1) Adj. (f. आ) zu rufen, anzurufen, rufbar. हविअ AV. 3,3,4. — 2) m. N. pr. eines Sohnes a) des Manu Svâjambhuva. — b) des Atri.

हव्यकव्यवह् Adj. das Havja und Kavja empfangend (Gast) MBh. 12,244,8.

हव्यकव्याश Adj. das Havja und Kavja essend.

हव्यजुष्टि f. Gefallen am Opfer, wohlgefälliger Genuss des Opfers.

हव्यदाति 1) Adj. die Opfergaben besorgend. — 2) f. das Geben des Opfers, Opfergabe.

हव्यप m. N. pr. eines der 7 Ṛshi im 13ten Manvantara.

*हव्यपाक m. = चरु.

हव्यभुज् m. Feuer, der Gott des Feuers.

हव्यलेहिन् m. dass.

हव्यवह् (Nomin. °वाट्) 1) Adj. das Opfer (zu den Göttern) bringend. — 2) m. Feuer, der Gott des Feuers.

हव्यवह m. Feuer.

हव्यवाह् (°वाट् AV. 18,4,1) 1) Adj. = हव्यवह् 1). Auch als Beiw. des Açvattha, weil er die Araṇi liefert. — 2) m. Feuer, der Gott des Feuers.

हव्यवाहन (im RV. nur am Ende eines Stollens P. 3,2,66) 1) Adj. (f. ई) = हव्यवह् 1). — 2) m. a) Feuer, der Gott des Feuers. — b) Bez. des 9ten Kalpa (Weltperiode). — c) N. pr. zweier Ṛshi.

हव्यवाहिनी f. N. pr. der Familiengottheit im Geschlecht Kapila's.

हव्यशोधन Adj. die Opfergabe reinigend.

हव्यसूक्ति f. Opferspruch.

हव्यसूद्, °सूद (TS. 1,3,3,1) und °सूदन Adj. die Opfergabe bereitend, — liefernd.

हव्याद् Adj. Opfer essend.

हव्याद 1) Adj. dass. — 2) m. N. pr. eines Ṛshi.

हव्याश m. und *हव्याशन m. Feuer.

हव्याहुति f. Opferspende Spr. 5194.

1. हस् Interj. der Lustigkeit, des lauten Lachens. Auch als bedeutungslose Silbe in Sâman als Nidhana verwendet.

2. हस्, हसति (Med. metrisch) 1) lachen, auflachen (Gobh. 1,2,13), — über (Instr.). Auch mit Acc. seines eigenen Nom. act. — 2) mit Acc. über Jmd oder Etwas lachen, verlachen, verspotten; auch so v. a. übertreffen 251,4. Harshaḱ. 199,18. — 3) sich öffnen (von einer Knospe). — 4) prangen Ǵâtakam. 6,32. 17,5. Vgl. हसदिव (gleichsam lachend) विकसितैः कुमुदैः 22. — 5) हसित a) lachend, auflachend (Nomin. auch als Verbum fin.) Spr. 7738. — b) verlacht, verspottet Pańkad. Auch so v. a. übertroffen, in Schatten gestellt. — c) * aufgeblüht. — d) n. impers. हसितं तया so v. a. sie lachte auf, lachte

über प्रति) 308,22. — Caus. हासयति 1) *Jmd zum Lachen bringen.* — 2) *spotten über* (Acc.) zu Spr. 1324. — 3) हासित a) *lächerlich.* — b) *zum Lachen gebracht*, so v. a. *weiss gefärbt* (vgl. u. हास). — Desid. vgl. 2. जस्. — Intens. (जाहस्यमान) *anhaltend lachen.* — Mit अति in अतिहसित. — Mit *व्यति *über einander lachen.* — Mit अप *über Jmd* (Acc.) *lachen.* Vgl. अपहसित Nachtr. 6. — Caus. *verlachen, verspotten.* — Mit अभि in अभिहस्य (Nachtr. 3) und अभिहास. — Mit व्यभि in व्यभिहास. — Mit अव *verlachen, verspotten.* अवहसित *verlacht, verspottet.* Vgl. auch अवहसित Nachtr. 6. — Mit व्यव in व्यावहासी. — Mit समव in समवहास्य. — Mit उद् *auflachen*, vom Blitz so v. a. *zucken.* — Mit उप 1) *verlachen, verspotten* 315,2. उपहसित *verlacht, verspottet* 215,21. Çiç. 11,30. — 2) *lächeln.* — 3) euphemistisch *sich begatten mit* (Acc.). — Caus. *verlachen, verspotten* Hem. Par. 1,180. उपहासित Kathâs. 62,169 metrisch fehlerhaft für उपहसित. — Mit परि 1) *scherzen*, — *mit Jmd* (Acc.). — 2) *verlachen, verspotten.* — Mit प्र 1) *auflachen.* Auch mit dem Nom. act. हासम्. — 2) *lachen mit Jmd* (Acc.). — 3) *verlachen, verspotten.* — 4) *Etwas belachen.* — 5) प्रहसित a) *lachend.* Nomin. auch als Verbum fin. — b) *lachend*, so v. a. *helle, prächtige Farben zeigend* Gâtakam. 21. — Caus. *zum Lachen bringen.* — Mit अभिप्र *lächeln zu* (Acc.) Gâtakam. 31. — Mit समभिप्र *verlachen, verspotten* Gâtakam. 31. — Mit संप्र *auflachen.* — Caus. *Scherze treiben* Vasishtha 17,61. — Mit वि 1) *auflachen.* Bildlich: (नरः) विहसद्दिव फुल्लकुमुदवनैः Gâtakam. 19. — 2) *auslachen, verlachen, verspotten*; mit Acc. und ausnahmsweise Gen. — 3) विहसित a) *lachend.* — b) *ausgelacht, verlacht, verspottet.* — Mit संवि *auflachen, lachen.*

हस und हसँ m. (adj. Comp. f. आ) *laute Fröhlichkeit, Lachen* Naish. 6,71. Çiç. 6,57.

हसन 1) Adj. (f. आ) *lachend, scherzend mit* (Gen.). — 2) m. N. pr. eines Wesens im Gefolge Skanda's. — 3) f. आ *ermunternder Zuruf des Fuhrmanns an das Zugthier.* — 4) f. ई a) * *Kohlenpfanne*, — *becken.* — b) N. pr. eines fabelhaften Flusses, = हसन्ती Divjâvad. 451,1. — 5) n. *das Lachen*, angeblich *mit zitternden Lippen.*

*हसनीमणि m. *Feuer.*

हसनीय Adj. *zu verlachen, dem Gelächter Jmds* (Gen.) *ausgesetzt.*

हसन्तिका f. *Kohlenbecken* Vikramâṅkak. 16,48.

हसन्ती 1) Adj. f. Partic. von 2. हस्. — 2) f. a) * *Kohlenbecken.* — b) * *Jasminum Zambac.* — c) * *ein best. weiblicher Unhold.* — d) N. pr. eines Flusses, = हसनी Divjâvad. 451,5. 9.

*हसवज्र m. N. pr. eines Mannes.

हसामुदँ Adj. *fröhlich lachend.*

*हसिका f. *Gelächter; Spassmacherei.*

हसित 1) Adj. s. u. 2. हस्. — 2) n. *das Lachen, Gelächter* Taitt. Âr. 1,11,5. Gaut.

हसिर m. *eine Mausart.*

*हसुराज m. N. pr. eines Mannes.

हस्कर्तृ Nom. ag. *Aufmunterer.*

हस्कार m. *das Lachen des Himmels*, so v. a. *Wetterleuchten.*

हस्कृति f. *laute Fröhlichkeit, Lachen.*

हस्त 1) m. (adj. Comp. f. आ) a) *Hand.* तस्य हस्ते लोकद्वयं स्थितम् so v. a. *die zwei Welten sind ihm so sicher, als wenn er sie in der Hand hätte.* हस्ते कर् *in die Hand nehmen* (nicht componirt), auch so v. a. *in seine Gewalt bringen* (Harshak. 123,17) und *heirathen* (componirt) ein Mädchen Bhatt. 5,16. शत्रुहस्तं गम् so v. a. *in die Gewalt des Feindes gerathen* R. 7,30,32. Vgl. Kâd. 2,100,24 (124,1). Am Ende eines adj. Comp. nach einem Subst. — *in der Hand haltend*, — *an der Hand führend.* — b) *Elephantenrüssel.* Am Ende eines adj. Comp. — *im Rüssel haltend.* — c) *die Hand als Längenmaass*, ungefähr *18 Zoll* Hemâdri 1,188, 15. fgg. 190,1. Âçvav. 3,183. — d) *Handstellung.* — e) *Handschrift.* — f) *das 11te* (*13te*) *Mondhaus* Vâsav. 235,2. — g) * *ein best. Baum.* — h) *Anapaest.* — i) am Ende eines Comp. nach Wörtern in der Bed. von *Haar* so v. a. *Fülle, Menge.* — k) N. pr. α) eines Soma-Wächters. — β) eines Sohnes des Vasudeva und einer anderen Person. — 2) f. हस्ता a) *Hand.* — b) *das Mondhaus* हस्त. — 3) * n. *Blasebalg.* — 4) * Adj. *unter dem Mondhaus* Hasta *geboren.*

हस्तक 1) m. (adj. Comp. f. °हस्तिका) a) *Hand* Pañkad. 19,5. Am Ende eines adj. Comp. — *in der Hand haltend.* — b) *die Hand als Stütze.* — c) *Handfigur.* — d) *Hand als Längenmaass.* — e) *Handstellung.* — f) *Handvoll.* कुश° Kâraka 1,15. — g) *Bratspiess* Harshak. (ed. Bomb.) 445,3. v. l. हस्तिक. — 2) f. हस्तिका *ein best. Saiteninstrument* S. S. S. 185.

हस्तकवप्र N. pr. einer Oertlichkeit Ind. Antiq. 5,204. 6,10. 12.

हस्तकार्य Adj. *mit der Hand zu verrichten.*

*हस्तकित Adj. von हस्तक.

हस्तकृत Adj. (f. आ) *mit der Hand gemacht.*

हस्तग Adj. (f. आ) *in der Hand befindlich, in Jmds* (im Comp. vorangehend) *Hand sich vorfindend* 119,6. Uebertragen so v. a. *was man besitzt, was* oder *wen man sein nennen kann, was Einem gewiss ist.*

हस्तगत Adj. dass. 328,27 (im Prâkrit). पर° *in andern Händen seiend.*

हस्तगामिन् Adj. dass.

हस्तगिरि m. N. pr. eines *Berges.* °माहात्म्य n.

हस्तगृह्य Absol. *an der Hand fassend.*

हस्तग्रह m. 1) *das Ergreifen der Hand.* — 2) *Vermählung.* — 3) *das Handanlegen, Sichbefassen mit Etwas* Pr. P. 93.

हस्तग्राभ Adj. *der die Hand des Mädchens ergreift* oder *ergriffen hat*, d. h. *sich vermählt* oder *vermählt hat.*

हस्तग्राह Adj. 1) *der Einen bei der Hand fasst*, so v. a. *in unmittelbarer Nähe befindlich.* — 2) = हस्तग्राभ und als Subst. *Gatte.*

हस्तग्राहक Adj. *der die Leute bei der Hand fasst*, so v. a. *zudringlich.*

*हस्तग्राहम् Absol. mit ग्रह् *Jmd bei der Hand fassen.*

हस्तघ्न m. *Handschutz* (gegen den Anprall der Bogensehne).

हस्तचाप MBh. 5,706 fehlerhaft für हस्तवाप.

हस्तच्युत Adj. *von der Hand bewegt*, — *geschwungen.*

हस्तच्युति f. *rasche Bewegung der Hände* Maitr. S. 2,7,12 (92,13).

*हस्ततोडि m. *eine best. Pflanze* Râgan. 7,116.

हस्ततलगत Adj. *in der Hand befindlich, den man sozusagen schon in der Hand hat* Mudrâr. 87,6 (141,19).

हस्तताल *Händegeklatsch* in सहस्ततालम्.

हस्ततुला f. *die blosse Hand als Wage* Spr. 6653.

हस्तत्र m. oder n. *Handschutz.*

हस्तदक्षिण Adj. *rechter Hand gelegen* (Weg), auch so v. a. *recht, richtig.*

हस्तदीप m. *Handlaterne.*

हस्तधात्री f. Titel eines Werkes.

हस्तधारण 1) * n. *das bei der Hand Halten*, so v. a. *unter die Arme Greifen, Stützen, Helfen.* — 2) f. आ a) dass. — b) *das Ergreifen der Hand*, so v. a. *Heirathen* (von Seiten des Mannes).

हस्तपाद n. Sg. *Hände und Füsse.*

*हस्तपुच्छ n. *die Hand unterhalb des Handgelenkes.*

*हस्तपृष्ठ n. *der Rücken der Hand.*

°हस्तप्रद Adj. *die Hand reichend*, so v. a. *unter-*

stützend, helfend.

हस्तप्राप्त Adj. = हस्तग.

हस्तप्राप्य Adj. mit der Hand zu erlangen, — zu greifen.

*हस्तबन्ध m. = हस्तेबन्ध.

*हस्तबिम्ब n. das Einsalben des Körpers mit wohlriechenden Stoffen.

हस्तभ्रष्ट Adj. der Hand entwischt, entlaufen 110,2.

हस्तमुक्तावलि f. Titel eines Werkes.

हस्तयत Adj. von der Hand geschwungen.

हस्तयोग m. Anwendung —, Uebung der Hand.

हस्तरत्नावली f. Titel eines Werkes.

हस्तलाघव n. 1) Geschicklichkeit der Hände (unter den 64 Künsten). — 2) eine thätliche Beleidigung MBh. 12,68,31.

हस्तलेख m. Handzeichnung Naish. 7,72.

हस्तलेखी f. mit कर् zeichnen ebend.

हस्तवत् Adj. 1) Hände habend. — 2) eine geschickte Hand habend.

हस्तवर्तम् Adv. mit dem Caus. von वर्त् mit der Hand drehen, — zerkneten Bhaṭṭ. 15,37.

हस्तवर्तिन् m. N. pr. eines Prinzen Daçak. 77,15.

हस्तवाप m. Aussaat mit der Hand, so v. a. das Ausstreuen —, Abschiessen von Pfeilen mit einem Male MBh. 5,23,22.

हस्तवाम Adj. linker Hand gelegen (Weg), auch so v. a. falsch MBh. 12,181,5 (हस्तावाप in allen Ausgg.). Vgl. हस्तदक्षिण.

*हस्तवारण n. = हस्तधारण 1).

हस्तविन्यास m. Handstellung.

हस्तवेष्य n. Handarbeit Tâṇḍja-Br. 6,6,13. Im Comm. °वेष्यात् und व्यापारात् zu lesen.

हस्तसंज्ञा f. ein Zeichen mit der Hand Gâtakam. 28. 30.

हस्तसिद्धि f. Erwerb durch Handarbeit.

हस्तसूत्र und *°क (H. an. 3,498. Med. j. 97) n. eine vor der Hochzeit dem Mädchen um das Handgelenk geschlungene Schnur.

हस्तस्थ Adj. in der Hand befindlich, was man in seiner Hand hat 115,4.

हस्तस्वस्तिक m. (adj. Comp. f. आ) das Kreuzen der Hände Mâlatîm. 73,16 (ed. Bomb. 154,1). Bâlar. 75,16.

हस्तहार्य Adj. handgreiflich Bâlar. 241,1.

हस्तहोम m. ein Opfer mit der Hand.

हस्ताक्षर Adj. handschriftlich.

हस्ताग्नि m. N. pr. eines Mannes. Pl. sein Geschlecht.

हस्ताग्र n. 1) Spitze der Hand, Finger. °लग्न so v. a. mit Jmd (Gen.) verheirathet Pañkat. 119, 6. — 2) Spitze des Rüssels Çiç. 18,49.

हस्ताङ्गुलि und °ली f. Finger der Hand.

हस्तादान 1) Adj. mit der Hand fassend Comm. zu Âpast. Çr. 10,30,6. — 2) n. das Fassen mit der Hand P. 3,3,40.

हस्ताभरण 1) n. Handschmuck. — 2) m. eine Schlangenart.

हस्तामलक 1) n. a) eine Myrobalane auf der Hand als Bild von etwas ganz klar vor Augen Liegendem. — b) Titel eines von 2) verfassten Werkes. — 2) m. N. pr. eines Autors.

हस्तामलकटीका f., हस्तामलकभाष्य n., हस्तामलकवेदान्तप्रकरण n. und हस्तामलकस्तोत्र n. (Burnell, T.) Titel.

हस्तारूढ Adj. auf der Hand liegend, so v. a. klar vor Augen liegend Hariv. 12181.

हस्तालम्ब m. Handstütze, so v. a. Rettungsanker Kathâs. 67,106.

हस्तालम्बन n. dass. Spr. 2382.

हस्तालिङ्गन (Hariv. 2,53,22) und °क n. Umarmung.

हस्तावनेजन n. Waschwasser für die Hände.

हस्तावलम्ब m. (adj. Comp. f. आ) Stütze der Hand 291,21. Vikr. 11,1. In übertragener Bed. so v. a. Rettungsanker.

हस्तावलम्बन n. dass. Hem. Par. 2,33.

हस्तावाप m. 1) Handschutz (gegen das Anprallen der Bogensehne). — 2) MBh. 12,23,22 fehlerhaft für हस्तवाम.

हस्तावापिन् Adj. mit einem Handschutz versehen MBh. 4,55,54. Gâtakam. 26.

हस्ताहस्ति Adv. im Handgemenge.

हस्ताहस्तिका f. Handgemenge Anarghar. 42.

हस्तिक 1) entweder m. Elephant oder n. eine Menge von Elephanten MBh. 9,49,10. Nach Siddh. K. zu P. 5,3,99 m. ein nachgebildeter Elephant. Als Spielzeug Gâtakam. 9,70. — 2) m. Bratspiess Harshak. 179,4. Richtiger हस्तक.

हस्तिकान्त m. ein best. giftiges Insect.

*हस्तिकक्ष्य m. 1) Tiger. — 2) Löwe.

*हस्तिकच्छ m. N. pr. eines Schlangendämons.

*हस्तिकन्द m. ein best. Knollengewächs.

*हस्तिकरञ्ज und *°क m. Galedupa piscidia.

हस्तिकर्ण m. 1) Bez. verschiedener Pflanzen. Nach den Lexicographen Ricinus communis, rother Ricinus, Butea frondosa und Arum macrorrhizum. — 2) N. pr. a) * eines Wesens im Gefolge Çiva's. — b) eines Râkshasa. — c) * eines Schlangendämons. — d) einer Oertlichkeit.

*हस्तिकर्णक und *°कर्णदल m. eine Art Butea.

हस्तिकर्णपलाश m. Butea frondosa Mat. med. 299.

हस्तिकर्णिक n. eine best. Art zu sitzen bei den Jogin.

*हस्तिकर्षू gaṇa काश्यादि.

हस्तिकाश्यप m. N. pr. eines Mannes.

हस्तिकुम्भ m. N. pr. einer Felsenhöhle.

*हस्तिकोलि m. oder f. eine Art Judendorn.

*हस्तिकोशातकी f. eine best. grosse Cucurbitacee.

हस्तिगर्ता f. N. pr. einer Vertiefung in der Erde.

हस्तिगवाश्व n. Sg. Elephanten, Kühe und Pferde MBh. 1,80,11.

हस्तिगिरि m. N. pr. eines Berges. °चम्पू f. und °माहात्म्य n. Titel Opp. Cat. 1. Burnell, T.

हस्तिगौरीव्रतोद्यापनविधि m. Titel Burnell, T.

हस्तिघट m. Titel des 7ten Buches im Çat. Br.

*हस्तिघात Adj. Elephanten tödtend.

*हस्तिघोषा und *हस्तिघोषातकी f. eine best. grosse Cucurbitacee Râǵan. 7,171.

*हस्तिघ्न Adj. Elephanten zu tödten vermögend.

*हस्तिचर्म ved. Elephantenhaut.

हस्तिचारिन् 1) m. Kornak Çiç. 18,26. — 2) * f. °रिणी Galedupa piscidia.

हस्तिज्ञानप्रकाश m. Titel eines Werkes Sitzungsberichte der phil.-hist. Kl. der Wiener Ak. 106,489.

हस्तिजागरिक m. Elephantenwärter Comm. zu Harshak. 443,12.

हस्तिजिह्वा f. eine best. Ader.

हस्तिजीविन् m. Kornak.

हस्तिदन्त 1) m. Elephantenzahn. — 2) (* m.) f. (ई) und (* n.) Rettig. — 3) f. ई Tiaridium indicum Karaka 1,1.

*हस्तिदन्तक m. n. Rettig.

*हस्तिदन्तफला f. Cucumis utilissimus.

हस्तिदन्तवस्त्रमय Adj. aus Elfenbein oder Zeug verfertigt Hemâdri 1,657,7.

*हस्तिदाय m. N. pr. eines Mannes.

हस्तिन् 1) Adj. a) mit Händen versehen, geschickt mit der Hand hantirend. RV. 5,64,7 vermuthet Grassmann हस्तेभिः st. हस्तिभिः. — b) in Verbindung mit मृग m. das Thier mit der Hand, d. i. Rüssel, älteste Bez. des Elephanten. Vgl. दत्तहस्तिन्. — c) mit einem Elephanten versehen, auf einem E. sitzend. — 2) m. a) Elephant. * Am Ende eines Comp. als Bez. des Besten in seiner Art. — b) * eine best. Pflanze, = अजमोदा. — c) N. pr. verschiedener Männer, unter anderen des angeblichen Gründers von हस्तिनापुर. — 3) f. हस्तिनी a) Elephantenkuh Çiç. 18,61. — b) * eine Art He-

liotropium und *ein best. Parfum* (= हृद्विलासिनी). — c) in der Erotik Bez. *einer Gattung von Frauen* Ind. St. 15,327.

हस्तिनख m. *eine Art Schutzwehr an einem Stadtthor.*

हस्तिनाग m. *ein fürstlicher Elephant* Divjâvad. 74,2. 286,25. 334,15.

हस्तिनापुर n. N. pr. einer *Stadt*.

*हस्तिनायक m. N. pr. eines Mannes.

*हस्तिनासा f. *Elephantenrüssel.*

हस्तिनिषदन n. *eine best. Art zu sitzen* Comm. zu Jogas. 2,46.

*हस्तिनीपुर n. = हस्तिनापुर.

हस्तिप m. *Elephantenwärter, Kornak.*

हस्तिपक m. 1) dass. — 2) Bein. Montha's Subhâshitâv. Einl. 94.

*हस्तिपत्त्र m. *ein best. Knollengewächs.*

1. हस्तिपद m. *die Fussspur eines Elephanten.*

2. हस्तिपद m. N. pr. eines Schlangendämons (*elephantenfüssig*).

*हस्तिपर्णिका und *हस्तिपर्णिनी f. *Luffa foetida oder eine andere Species.*

*हस्तिपर्णी f. Bez. *zweier Pflanzen*, = कर्कटी und मोरट.

*हस्तिपाद Adj. *elephantenfüssig.*

हस्तिपाल m. 1) *Elephantenwärter, Kornak.* — 2) N. pr. eines Fürsten.

हस्तिपालक m. = हस्तिपाल 1).

हस्तिपिण्ड m. N. pr. eines Schlangendämons.

हस्तिपिप्पली f. *Scindapsus officinalis* Karaka 6,10.

हस्तिपृष्ठक n. N. pr. eines Dorfes.

हस्तिबन्ध m. *der Ort, an welchem Elephanten gefangen werden*, Vâsav. 269,5.

हस्तिभद्र m. N. pr. eines Schlangendämons.

*हस्तिमद m. *der Brunstsaft eines Elephanten.*

*हस्तिमत् Adj. *mit Elephanten versehen.*

हस्तिमल्ल m. 1) Indra's *Elephant* Çiç. 4,13. — 2) *Bein. Gaṇeça's. — 3) * *a heap of ashes.* — 4) * *a shower of dust.* — 5) * *frost, cold.*

हस्तिमाया f. Bez. *eines best. Zaubers.*

हस्तिमुख m. 1) * Bein. Gaṇeça's Gal. — 2) N. pr. eines Râkshasa.

*हस्तिमृडिका f. संज्ञायाम्.

हस्तिमेह m. *eine Art Harnruhr* Karaka 1,19. 2,4. Rasar. 495.

हस्तिमेहिन् Adj. *an dieser Harnruhr leidend* Karaka 2,4.

हस्तियशस n. *die Pracht eines Elephanten.*

हस्तिरथ n. Sg. *Elephanten und Wagen* MBh. 13,64,16.

हस्तिराज m. 1) *ein mächtiger Elephant* Çiç. 18,45. — 2) *der Anführer einer Elephantenheerde* 153,10.

*हस्तिरोधक m. *Symplocos racemosa.*

*हस्तिरोहणक m. *Galedupa piscidia.*

*हस्तिलोध्रक m. *Symplocos racemosa.*

हस्तिवक्त्र m. Bein. Gaṇeça's Daçak. 84,3.

हस्तिवर्चस n. *die Kraft eines Elephanten.*

हस्तिवर्मन् m. N. pr. eines Fürsten.

हस्तिवानर Adj. *wobei Elephanten und Affen betheiligt sind (waren).*

*हस्तिवाह m. *ein Haken zum Antreiben des Elephanten.*

*हस्तिविषाणी f. *Musa sapientum.*

हस्तिवैद्यक n. *Heilkunde des Elephanten.* °कार m. *der Verfasser eines solchen Werkes.*

हस्तिशाला f. 1) *Elephantenstall.* — 2) N. pr. einer Oertlichkeit. Könnte auch °शाल sein.

हस्तिशिक्षक m. *Abrichter von Elephanten* MBh. 8,38,16.

हस्तिशिक्षा f. *die Kunst mit Elephanten umzugehen, Dressur des E.* Kâd. 84,15 (152,14). Auch Pl.

*हस्तिशिरस् m. N. pr. eines Mannes.

*हस्तिशुण्डा f. *Heliotropium indicum* Mat. med. 299.

*हस्तिशुण्डी f. 1) dass. — 2) *Koloquinthengurke.*

हस्तिश्यामाक m. *eine Hirsenart.*

हस्तिसूत्र n. *ein über Elephanten handelndes* Sûtra.

हस्तिसेन m. N. pr. eines Fürsten.

हस्तिसोमा f. N. pr. eines Flusses.

हस्तीन in अन्तर्हस्तीन.

*हस्तेकरण n. *das Heirathen* (von Seiten des Mannes).

हस्तेगृह्य Adj. *an der Hand fassend* Kauç. 76.

*हस्तेबन्ध m. = हस्तबन्ध.

हस्तोदक n. *in der Hand gehaltenes Wasser.*

हस्त्य Adj. (f. आ) 1) *an der Hand befindlich.* — 2) *was man unter der Hand hat, mit d. H. bearbeitet.* — 3) *was die Hand fasst* Comm. zu Âpast. Çr. 3,9,9.

हस्त्यश्व n. Sg. *Elephanten und Pferde* R. 6,73,3. Varâh. Bṛh. S. 48,87.

हस्त्यश्वारोहबन्धक (so zu lesen) m. Pl. *Reiter zu Elephant und zu Ross und deren Knechte* R. 2,91,58.

हस्त्याजीव m. *Elephantenführer, Kornak.*

हस्त्यारोह m. *Reiter auf einem Elephanten, Elephantenlenker* Çiç. 18,9.

हस्त्यालुक n. *ein best. grosses Knollengewächs.*

हस्त्यृषभ Adj. *nebst einem elephantenähnlichen Stiere.* सहस्र n. sc. *Kühe.*

हस्र॑ Adj. (f. आ॑) 1) *lachend.* — 2) * *thöricht, dumm.*

हस्सनशाह m. *Schah Hassan.*

*हहल n. *ein best. Gift*, = हलाहल.

हहव *eine best. Hölle.* Vgl. हाहव.

1. हहा Interj. *wehe!* हहा धिक् 326,2.

2. हहा (metrisch) m. = हाहा N. pr. eines Gandharva.

हहाहा Interj. *wehe!*

*हहे Interj.

1. हा, जि॑हीते 1) *aufspringen, wegspringen vor, weichen;* mit Dat. — 2) *losspringen auf* (Acc.). — 3) *fliegen.* Nur जिहान von einem Pfeile. — 4) *sich hinbegeben zu* (Acc.) Nalod. — 5) *in einen Zustand* (Acc.) *gerathen* Çiç. 17,57. — Mit अति 1) *überspringen.* अ॑तिहान *übersprungen.* — 2) *stürzen von* (Abl.) *auf* (Acc.). — 3) *sich hervorthun.* — 4) *übertreten* (ein Gebot). — 5) *übergehen.* — Mit अनु 1) *nacheilen, erhaschen, einfangen.* — 2) *Jmd folgen, sich anschliessen, sich fügen;* mit Acc. — Mit अप *enteilen, sich davon machen.* — Mit अभि *erwischen.* — Mit उद् 1) *auffahren, sich aufrichten, sich erheben* (Naish. 7,37), *über Etwas* (Acc.) *hinaus.* — 2) *sich öffnen* (von Thüren). — 3) *hinausfahren, entweichen.* — 4) *in die Höhe richten.* — Mit अत्युद् *sich erheben über* (Acc.). — Mit अनूद् *sich aufmachen nach* (Acc.). — Mit अभ्युद् *mit Jmd* (Acc.) *sich erheben.* — Mit प्रोद् *hinauffahren, —schlagen* (von der Flamme). — Mit प्रत्युद् *auffahren zu* (Acc.). — Mit समुद् *sich erheben, so v. a. zum Vorschein kommen, erschallen* Prasannar. 133,5. — Mit उप *hinabfahren —, herabsteigen auf* (Acc.). — Mit नि *hinunterfahren, sich ducken.* — Desid. (°जिहीषते) *sich ducken wollen.* — Mit निस् und अनुनिस् *herausfahren, emporsteigen.* — Mit परा *ausweichen in* (Acc.). lit प्र 1) *davon —, wegfahren.* — 2) *losspringen.* — Mit अतिप्र *hinüberreichen.* — Mit अभिप्र *hinauffahren.* — Mit वि *auseinanderweichen, sich aufthun, klaffen.* — Caus. (°हापयति) *öffnen, klaffen machen.* — Mit सम् 1) *sich aufrichten, sich aufraffen, aufstehen.* Partic. सं॑हान. — 2) *sich umherbewegen* Bhâg. P. — 3) *theilhaftig werden* Nalod. — Mit परिसम् *auffahren aus* (Abl.). — Mit प्रतिसम् *vor Jmd aufstehen.*

2. हा 1) ज॑हाति (metrisch °जहति 3. Pl., °जहेत् und auch Med.) a) *verlassen, im Stich lassen, dahintenlassen.* शरीरम् u. s. w., प्राणान् (असून्), गा-

वितम् so v. a. sterben. — b) entlassen, emittere. — c) * bewirken, dass man Etwas (Acc.) entlässt. — d) von sich entfernen, — wegbringen, wegstossen. — e) aus der Hand fahren lassen. — f) liegen lassen. — g) ablegen, abthun. — h) Etwas fahren lassen, aufgeben, entsagen, vermeiden, sich fernhalten von. — i) Etwas aufgeben, so v. a. nicht beachten, verletzen, hintansetzen. हित्वा mit Hintansetzung —, mit Uebergehung von; abgesehen —, mit Ausnahme von. — k) nicht anwenden, nicht gebrauchen. — l) verlieren, um Etwas oder Jmd kommen, einbüssen. — m) Etwas los werden, sich befreien von, entgehen. — n) überlassen. — 2) हीयते und हीयते (Çat. Br.) a) dahintengelassen werden, zurückbleiben, — hinter (Abl.), nicht hingelangen zu (Abl.), nicht zum Ziele kommen; ereilt —, eingeholt werden von (Instr.). — b) kommen um, verlustig gehen; mit Abl., °तस् oder Instr. — c) den Kürzeren ziehen, zu kurz kommen, unterliegen, zu Schaden kommen. Beim Gottesurtheil mit der Wage so v. a. weniger wiegen. हीयमान so v. a. der Schwächere. — d) abnehmen, geringer werden, hinschwinden, verloren gehen, vergehen, zu Ende gehen, zu Schanden —, zu Nichte werden. — e) aufgegeben —, vermieden werden. — f) abgezogen —, subtrahirt werden. — g) sich ablösen von (°तस्), ausfallen (von Haaren). — 3) हात aufgegeben, fahren gelassen. — 4) हातवन्त् gekommen um (Acc.). — 5) हीन a) verlassen. — b) * abgekommen von (Abl.) 221,15. — c) herabgekommen, in eine schlimme Lage gerathen. — d) zurückbleibend hinter Anderen, zurückgesetzt, untergeordnet, niedriger stehend, — als (Abl.), nachstehend (dem Range oder der Bildung nach); überh. unter dem normalen Maasse u. s. w. zurückbleibend, klein, gering, schwach, wenig, schlecht u. s. w.; schwächer, geringer —, kleiner als (Abl.). हीनतर schlechter. — e) unterlegen, unterliegend (im Process) 214,16. — f) unvollständig, mangelhaft, — in Bezug auf (°तस्), ungenügend, fehlend, mangelnd, unterblieben. हीनस्वर Adj. so v. a. lautlos. हीन° Adv. ungenügend, nicht ganz. — g) ermangelnd, ohne — seiend, beraubt —, frei von (Instr., Abl., Loc., Acc. oder im Comp. vorangehend). शक्तिहीनतर R. ed. Bomb. 3,30,2. — 6) जहितं verstossen, verlassen Âpast. Çr. 9,16,7. — Caus. हापयति, °ते (metrisch) 1) versäumen, vernachlässigen. न हापयिष्यते विधातुमुत्तरम् es wird nicht versäumt werden eine Antwort zu geben Çiç. 16,33. — 2) es fehlen lassen an (Acc.). — 3) fahren lassen, aufgeben (die Lebensgeister). प्रतिज्ञाम् eine Thesis fallen lassen Ǵâtakam. 23,27. — 4) einbüssen, verlieren. — 5) हापित a) beschädigt, mitgenommen. — b) gebracht um (Instr.). — Desid. जिहासति 1) verlassen —, aufgeben wollen Hem. Par. 2,26. — 2) verschmähen wollen. — 3) entgehen wollen, mit Acc. — * Intens. जेहीयते, जहाति (!), जहेति (!). — Mit अप 1) verlassen. Nur अपहातुम् (Çiç. 14,64) und अपहाय. — 2) Med. aus der Hand geben Âpast. 2,19,9. 10 (mit der v. l. अपजहीत zu lesen). — 3) अपहाय a) entfernt haltend Âpast. Çr. 15,2,11. — b) meidend. — c) ablegend. — d) sich befreiend von (Abl.). — e) nicht beachtend, mit Hintansetzung von (Acc.) Çiç. 15,21. 16,44. 69. — f) abgesehen von (Acc.). — g) mit Uebergehung —, mit Ausnahme von (Acc.). — 4) Pass. Med. a) zurückbleiben, so v. a. das Ziel nicht erreichen. — b) abnehmen, geringer werden. तेजश्च न ते तेनापहीयते und dein Machtglanz wird durch ihn nicht geringer, so v. a. dein M. kann sich mit dem seinigen messen R. ed. Bomb. 4,66,6. — Mit व्यप verlassen, aufgeben (nur °हाय) Hariv. 1,17,17. — Mit अपि, अपिहीन (?) Maitr. S. 4,2,11 (34,18). — Mit अव 1) verlassen, zurücklassen. — 2) aufgeben, fahren lassen. — 3) Pass. a) zurückbleiben. — b) nicht zum Ziele kommen. — c) im Stich gelassen werden von (Abl.). — 4) bei Seite gelassen —, so v. a. übertroffen worden von (Instr.). — Caus. zurückbleiben machen, dahintenbleiben lassen. — Mit व्यव (nur °हाय) verlassen, aufgeben. — Mit समव (nur °हाय) verlassen, meiden. — Mit आ scheinbar Râǵat. 4,654, da काङ्क्षितापगमा जहुः die richtige Lesart ist. — Mit अपा (metrisch für अप), °हाय 1) Jmd verlassend. — 2) mit Hintansetzung von. — 3) mit Ausnahme von. — Mit समुद् scheinbar MBh. 8,2611, da hier समुज्जहुः die richtige Lesart ist. — Mit उप Pass. abnehmen, sich verringern. — Mit नि 1) Pass. a) den Kürzeren ziehen, unterliegen. — b) kommen um (Instr.) Ǵâtakam. 21,30. — 2) निहीन niedrigen Standes, gemeiner Herkunft, gemein MBh. 5,133,27. 134,1. °तर geringer, schlechter Âpast. 2,5,5. — Mit निस् in अनिर्हीणार्च Nachtr. 3. — Mit परि 1) Jmd verlassen. — 2) Etwas aufgeben. — 3) Etwas unterlassen. — 4) Etwas nicht beachten. — 5) ungenau für Pass. a) eine Einbusse erleiden, Schaden nehmen, zu Schanden werden. — b) kommen um, verlustig gehen; mit Abl. — 6) Pass. a) gemieden —, unterlassen werden. — b) unterbleiben, ausbleiben, mangeln, fehlen. — c) schwinden, sich legen, nachlassen, aufhören, sein Ende erreichen. — d) den Kürzeren ziehen, unterliegen, Schlimmes erfahren. — e) besiegt werden von (Instr.), Jmd nachstehen. — f) ablassen —, abstehen von, untreu werden; mit Abl. — g) kommen um (Abl.). — h) Nichts wissen von (Abl.). — 7) परिहीण (häufig °हीन geschrieben) a) unterblieben, fehlend, geschwunden. — b) sich enthaltend, es fehlen lassend an (°तस्). — c) ermangelnd, ohne — seiend (die Ergänzung im Abl., Instr. oder im Comp. vorangehend). — Caus. 1) veranlassen zu verlassen, — aufzugeben Naish. 6,105. — 2) unterbrechen, nicht zu Ende führen. — 3) Jmd um Etwas (Instr.) bringen. — 4) परिहाप्य mit Ausnahme von (Acc.) Âpast. 1,13,9. 17,15. 25,11. 30,14. 2,10,6. 14,1. 15,5. Âpast. Çr. 12,4,5. 8. — Mit प्र 1) verlassen. — 2) Etwas fahren lassen, aufgeben, entsagen, verletzen (धर्मम् 60,13), nicht halten (ein Versprechen). — 3) entlassen, schleudern. — 4) ungenau für Pass. weichen, schwinden. — 5) Pass. a) aufgegeben werden —, weichen von Jmd (Instr.). — b) unterbleiben, versäumt werden. — c) schwinden, zu Nichte werden. — d) den Kürzeren ziehen, unterliegen (im Wettkampfe). — 6) प्रहीण a) verlassen, so v. a. allein stehend, keine Angehörigen habend Vasishtha 16,19. — b) verlassen, so v. a. liegen geblieben. — c) abgelegt, abgetragen (Kleid) Gaut. 3,19. — d) nicht zu Stande kommend mit Etwas (Instr.). — e) geschwunden 256,31. Ǵâtakam. 22. — f) am Ende eines Comp. ermangelnd, ohne — seiend. — 7) प्रजहितं s. bes. — Mit विप्र 1) verlassen, aufgeben, entsagen. — 2) विप्रहीण (gewöhnlich °हीन) a) ausgeschlossen von (Abl.). — b) geschwunden, dahin seiend. — c) ermangelnd, ohne — seiend; die Ergänzung im Instr. — Mit संप्र verlassen R. ed. Bomb. 4,22,16. — Mit प्रति 1) verlassen, so v. a. unbeachtet lassen. — 2) Pass. den Kürzeren ziehen, hinter Jmd (Abl.) zurückbleiben (im Wettfluge). — Mit वि 1) zurücklassen, verlassen (Gaut.), im Stich lassen. शरीरम् u. s. w., प्राणान्, असून् so v. a. sterben. — 2) Etwas fahren lassen, aufgeben, entsagen. — 3) Etwas loswerden, verlieren, kommen um, sich befreien von; mit Acc. — 4) liegen lassen. — 5) ablegen, abthun. — 6) verschmähen. — 7) abstehen von (Abl.). — 8) eine Thätigkeit einstellen. — 9) विहाय mit Acc. a) hinter sich lassend, so v. a. in einer Entfernung von. — b) ohne zu beachten, mit Hintansetzung —, mit Umgehung von zu Spr. 1225. — c) trotz. — d) mit Ausnahme von. — e) bei Seite lassend, so v. a. mehr als. — 10) Pass. a) zurückbleiben. — b) Jmd (Abl.) nachstehen. — c) eine Einbusse erleiden, verloren gehen.

— 11) विहीन niedrig stehend, gemein. °वर्णा Gaut. 23,14. — b) mangelnd, fehlend. — c) ermangelnd, ohne — seiend, beraubt —, getrennt —, frei von (Instr., Abl. oder im Comp. vorangehend). — Caus. s. विहापित Nachtr. 6. — Desid. Jmd verlassen wollen Hem. Par. 1,441. — Mit प्रवि 1) Jmd verlassen. — 2) Etwas fahren lassen, aufgeben. — 3) प्रविहाय mit Hintansetzung —, mit Uebergehung von. — Mit प्रतिवि Etwas fahren lassen, aufgeben. — Mit सम् 1) zusammen verlassen Âpast. Gṛhj. 19,11. — 2) aufgeben, entsagen. — Desid. verlassen wollen Káraka 424,19 (कासं वा संजिहासताम् zu lesen).

3. हा Interj. des Schmerzes, des Staunens und des Behagens. Vor und nach einem Voc.; mit folgendem Acc. wehe über! 227,7. हा हा, हा धिक्, हा हन्त हन्त, हा कष्टम्, हा धिक्कष्टम्, हा हा धिक्, हा हा कष्टम्, हाकष्टशब्द m. Kâd. 2,122,1 (149,18).

हाइकार m. der Ausruf हाइ in der Sâman-Litanei Lâṭj. 6,12,12.

हाउकार m. der Ausruf हाउ in der Sâman-Litanei Lâṭj. 6,10,9.

हाउयवादारसृत् und हाउक्कवेयासामन् n. Namen von Sâman.

हांस Adj. anserinus Káraka 6,2.

*हांसकायन Adj. und m. Patron. von हंसक.

हाकलि ein best. Metrum.

हाकार m. der Ausruf हा Çiç. 12,22.

हाकिनी f. eine best. Unholdin Tantrasâra 73,a. Çâktânandat. 4 nach Aufrecht. Vgl. डाकिनी, शाकिनी.

*हाङ्गर m. ein best. Wasserthier, angeblich Haifisch.

हाड्यखान m. N. pr. eines Chans.

हाट in कर°.

हाटक 1) m. Pl. N. pr. eines Volkes; Sg. des von ihm bewohnten Landes. — 2) n. Gold Râǵan. 13, 8. Çiç. 9,75. 13,63. — 3) Adj. (f. ई) golden Varâh. Jogaj. 6,16. — 4) m. ein best. Zaubertrank. — 5) f. ई N. pr. eines Flusses in der Unterwelt Çiva-P. 18,12.

हाटकमय Adj. (f. ई) golden Harshaḱ. 171,16.

हाटकाङ्ग Adj. dass. Alaṁkâraçekhara 18,a,1 nach Aufrecht.

हाटकेश und °केशान m. eine Form Çiva's.

हाटकेश्वर m. 1) desgl. °माहात्म्य n. Burnell, T. (हात° gedr.). — 2) ein best. Zauberspruch.

हाडि m. N. pr. eines Mannes.

हाडिका f. ein irdenes Gefäss, Topf Kathârṇava 22 (55,a). Vgl. हण्डिका.

हाडियाम m. N. pr. eines Dorfes.

हातकेश्वरमाहात्म्य n. Burnell, T. fehlerhaft für हाट°.

हातव्य Adj. 1) hinter sich zu lassen, so v. a. einzuholen, zu ereilen. — 2) zu verlassen. — 3) fahren zu lassen, aufzugeben.

*हात्र n. = भरण, मरण, प्रमथन, रालस.

1. °हान Partic. von 1. हा.

2. हान n. 1) das Verlassen Gaut. — 2) das Fehlenlassen, Aufgeben Kap. 1,133. 3,45. 4,28. — 3) das Ermangeln, Nichtbesitzen Kap. 1,75. 108. — 4) das Aufhören Kap. 1,57.

हानव्य Adj. im Kinnbacken befindlich.

हानि f. (häufig हानितस् statt des Abl.) 1) das Fahrenlassen, Aufgeben. — 2) das Ablegen, Abthun. — 3) Unzulänglichkeit, Abmangel, Deficit (zu einer best. Zahl u. s. w.). — 4) das Kommen um (Abl.) Gaut. — 5) Abnahme, Verminderung. — 6) Verlust, Schaden, Einbusse. — 7) Ruin. — 8) bei den Juristen das Verlieren, Unterliegen im Process. — 9) das Aufhören, Unterbleiben, Schwinden.

हानिकर Adj. 1) Schaden —, Nachtheil bringend. — 2) verschwinden machend Çiç. 6,63.

हानिकृत् Adj. Schaden —, Nachtheil —, Verderben bringend.

°हानु m. Zahn. v. l. हालु.

*हानुक Adj. = घातुक.

*हाल n. = मरण.

हापन n. das Vermindern.

*हापुत्री f. ein best. Vogel.

*हापिका f. das Gähnen.

हामियाम m. N. pr. eines Dorfes.

हाम्फ (?) Pańkad.

हाम्वीरी f. eine best. Râgiṇî S. S. S. 54. Vgl. नटहम्वीरा.

°हायक Adj. fahren lassend, aufgebend.

हायति m. N. pr. eines Mannes.

हायनँ 1) m. n. (adj. Comp. f. ई und *आ) Jahr. — 2) m. a) eine Art rothen Reises. Pl. solche Reiskörner Maitr. S. 2,6,6 (67,8). — b) *Strahl, Flamme. — 3) f. ई Jahr. — 4) Adj. auf das Jahr bezüglich, jährig, jährlich.

हायनक m. = हायन 2) a) Káraka 2,4.

हायनरत्न n., हायनसिन्धु, हायनसुन्दर und हायनोत्तम Titel von Werken.

हायस् in त्रै° und सँव°.

हायि ein Ausruf der Sâman-Sänger. °कार m. der Ausruf हायि. हायीशब्द Comm. zu Njâjam. 9, 2,17.

हार्, हारति einer Perlenschnur gleichen.

1. हार 1) Adj. (f. ई) a) am Ende eines Comp. α) tragend. — β) herbeischaffend. — γ) forttragend. — δ) entwendend. — ε) für sich nehmend, erhebend (Abgaben). — b) hinreissend, entzückend. — 2) m. a) Divisor. — b) eine prosodisch lange Silbe. — c) Perlenschnur, — schmuck. Am Ende eines adj. Comp. f. आ. — d) ein Perlenschmuck von 108 (*64) Schnüren. — e) Nom. act. α) Raub. — β) Wegnahme, Entfernung. — γ) Division in भिन्नभाग°. — δ) *Kampf. — 3) *f. आ Nom. act. — 4) f. ई a) *Perle. — b) ein best. Metrum.

2. हार Adj. auf Hari (Vishṇu) bezüglich, ihn betreffend.

हारक 1) Adj. (f. °रिका) am Ende eines Comp. a) tragend. — b) herbeischaffend. — c) forttragend. — d) entwendend, raubend Hemâdri 1,479,11. — e) auf sich nehmend. — f) hinreissend, entzückend. — 2) m. a) Dieb, Räuber; vgl. 1) d). — b) *Spieler. — c) Divisor. — d) Perlenschnur. — e) *Trophis aspera. — f) Prosa. — g) *eine Art Kenntniss. — 3) f. °रिका ein best. Metrum.

हारण 1) Adj. Hem. Jogaç. 2,43 fehlerhaft für हारिण. — 2) *f. आ Nom. act. von 1. हर् Caus.

*हारफल und °क n. eine Perlenschnur von fünf Schnüren.

हारभूषिक m. Pl. N. pr. eines Volkes.

हारम् Absol. vernichtend. Wiederholt.

हारमुक्ता f. Pl. die Perlen eines Perlenschmucks Vâsav. 183,3. 285,3.

हारयष्टि f. (adj. Comp. f. इ und ई) Perlenschnur Çiç. 7,17. 8,51. 10,87. 13,8.

हारलता f. 1) dass. Vâsav. 57,5. — 2) Titel eines Werkes. — 3) ein Frauenname.

*हारव m. N. pr. eines Höllenbewohners.

*हारहारा f. eine Traubenart.

हारहूण m. Pl. N. pr. eines Volkes.

*हारहूर 1) n. ein best. berauschendes Getränk. — 2) f. आ Weintraube Râǵan. 11,104. Bhâvapr. 3, 95. 4,144.

*हारहूरिका f. Weintraube.

हारहोर m. Bez. des Fürsten eines best. Volkes.

हाराहार Adj. R. ed. Bomb. nach 2,95 eingeschobenes Kap. Çl. 39. 45 fehlerhaft für धारा°.

हारापय्, °यति Caus. von 1. हर् verlieren (im Spiel) Pańkad. 13,1.

हाराय्, °यते zu einem Perlenschmuck werden Pârçvan. 6,56.

हारायण n. Name verschiedener Sâman Ârsh. Br.

हारावली f. 1) Perlenschnur Spr. 7739. Am Ende eines adj. Comp. °लि. — 2) Titel eines Wörterbuchs. °लि Opp. Cat. 1.

*हारि 1) m. = हार in ग्रङ्ग°. — 2) f. a) *Karavane.* — b) *Verlust im Spiel.*

हारिक 1) *Adj. = हारिन्. — 2) m. Pl. N. pr. eines Volkes.

हारिकण्ठ 1) Adj. *eine reizende Kehle* (*Stimme*) — oder *eine Perlenschnur um den Hals habend* Vâsav. 149,4. — 2) * m. *der indische Kuckuck.*

हारिकर्णि m. Patron. von हरिकर्ण.

हारिकर्णीपुत्र m. N. pr. eines Lehrers.

*हारिकेयी f. Patron. Pat. zu P. 4,1,15, Vârtt. 1.

हारिण Adj. *von der* हरिण *genannten Gazelle kommend* Âpast. 1,3,3. — Hem. Jogaç. 4,32 fehlerhaft für हरिण.

*हारिणिक Adj. हरिण *genannte Gazellen jagend.*

हारिणाश्वा f. *eine best.* Mûrkhanâ S. S. S. 31.

हारित 1) Adj. s. u. Caus. von 1. हर्. — 2) m. a) *eine Taubenart.* — b) Patron. von हरित, erscheint auch unter den Söhnen Viçvâmitra's. Pl. *sein Geschlecht.* — 3) f. ग्रा *eine best.* Svarabhakti. v. l. हरिता. — 4) f. ई Patron. °पुत्र Ind. Antiq. 7,37. Pl. 6,25. 30. fg. 7,161. 163. deren 500 Lalit. 247,7. Vgl. हारीती u. हारीत.

*हारितक n. = हरितक *Gemüse.*

*हारितकात m. Pl. *die Nachkommen der* Haritakâtja.

हारितयज्ञ Adj. *zu* Haritajagńa *in Beziehung stehend.*

*हारितायन m. Patron. von हरित.

हारिताश्व m. N. pr. eines Mannes.

हारिद्र 1) Adj. *mit Gelbwurz gefärbt, gelb überh.* Gaut. Âpast. हारिद्रोदन Varâh. Jogaj. 6,17. — 2) m. a) **Nauclea Cadamba.* — b) *ein best. vegetabilisches Gift* Mat. med. 97. Bhâvapr. 1,270. Rasendrak. 42,11. 21. — c) **ein best. Fieber* Bhâvapr. 3,79. *beim Büffel* Gal.

हारिद्रक 1) Adj. *gelb.* — 2) m. a) * *ein best. Baum.* — b) N. pr. eines Schlangendämons.

हारिद्रत्व n. *Gelbheit.*

हारिद्रमेह m. *eine Art Harnruhr* Karaka 2,4. 8,4.

हारिद्रमेहिन् Adj. *an dieser Harnruhr leidend* Karaka 2,4.

हारिद्रव und हारिद्रव (AV. 1,22,4) 1) m. a) *ein best. gelber Vogel.* — b) Pl. *die Schule des* Haridru. — 2) m. n. *das Werk der* Hâridrava.

हारिद्रविक n. *ein Werk der* Hâridravin.

*हारिद्रविन् m. Pl. *die Schule des* Haridru.

हारिद्रवीय m. Pl. desgl. Ârjav. 44,21. Hemâdri 1,319,21.

हारिद्रवेय m. Pl. desgl.

हारिद्रुमत m. Patron. von हरिद्रुमन्त्.

1. हारिन् Adj. 1) *tragend.* — 2) *bringend, überbringend.* — 3) *mit sich fortreissend* (Wasser Gâtakam. 26,30); *entwendend, stehlend, raubend.* — 4) *benehmend, entfernend, zu Nichte machend.* — 5) *sich aneignend, für sich nehmend, erhebend* (Abgaben). — 6) *raubend*, so v. a. *übertreffend* Prasannar. 54,6. — 7) *die Sinne —, das Herz hinreissend, entzückend, prächtig.* In Comp. mit dem, *was hingerissen* — oder mit dem, *wodurch man hingerissen wird.* Nom. abstr. हारित्व n. Daçak. 13, 4. — Spielereien mit dem Worte Vâsav. 214,1. 2.

2. हारिन् Adj. *mit einer Perlenschnur —, mit einem Perlenschmuck versehen.*

हारिन्द्रक Cit. beim Schol. zu H. 1311 fehlerhaft für हारिद्रक 2) b).

हारियोजन Adj. (f. ई Lâṭj. 2,11,10) *das Anschirren der Falben begleitend, — bewirkend;* m. *ein best.* Somagraha Âpast. Çr. 13,17,1. Gaim. 3,5, 28. हारियोजनकोम m. Vaitân.

हारिवर्ण n. Name verschiedener Sâman Ârsh. Br.

हारिवाल m. N. pr. einer Gottheit.

*हारिषेणि und *°षेण्य m. Patron. von हरिषेण.

*हारिस *eine best. hohe Zahl* (buddh.).

हारीत 1) m. a) *eine Taubenart, Columba Hariola.* Am Ende eines adj. Comp. f. ग्रा. — b) N. pr. α) verschiedener Männer (eines Gesetzgebers, Arztes, Grammatikers u. s. w.). Pl. Hârita's *Geschlecht.* — β) Pl. eines Volkes. — 3) f. ई N. pr. einer buddhistischen Göttin; nach Saddh. P. 240 eine Râkshasî. °पुत्र m. Pl. Ind. Antiq. 6,73. 7, 15. Vgl. हारिती u. हारित.

हारीतक m. = हारीत 1) a) (Râgan. 19,11) und b) α) (VP. 4,17,17).

हारीतधर्मशास्त्र n. Titel Burnell, T.

हारीतबन्ध m. *ein best. Metrum.*

हारीतस्मृति f. Titel Burnell, T. Opp. Cat. 1.

हारीति m. Patron. von हारीत. Auch Pl.

हारुक Adj. (f. ग्रा) mit Acc. *wegnehmend, verzehrend.*

*हार्त्र n. Nom. abstr. von हर्तर्.

*हार्त्र्य m. Patron. von हर्तर्.

हार्द्व = हृद्व in दुर्हार्द्व und सुहार्द्व.

हार्द 1) Adj. *im Herzen befindlich* Suparn. 17,1. — 2) n. (adj. Comp. f. ग्रा) a) *Zuneigung, Liebe,* — *zu* (Loc. oder im Comp. vorangehend) Kir. 1,33. Gâtakam. 14. 17,2. 27,15. Auch Pl. — b) *Absicht, Vorhaben.*

हार्दवत्त् Adj. *Zuneigung empfindend zu* (Loc.).

हार्दविद्या f. Titel eines Werkes.

हार्दि 1) m. a) *Herz.* — b) *Zufriedenheit, ein Gefühl des Behagens.* — 2) n. *Herz*, überh. *das Innere des Menschen.*

हार्दिका f. in यम°.

हार्दिक्य 1) m. Patron. des Kṛtavarman. — 2) n. *Freundschaft.*

हार्दिन् Adj. *Zuneigung empfindend zu* (Loc.).

हार्दिवन् Adj. 1) *beherzt* oder *herzlich.* — 2) *herzstärkend.*

हार्दन Adj. *herzstärkend.*

हार्म्य n. v. l. für हर्म्य.

हार्य 1) Adj. a) *zu tragen.* — b) *fortzutragen.* — c) *wegzunehmen, zu rauben, was man sich aneignen kann.* — d) *zu benehmen* in ग्र°. — e) *gewinnbar, bestechbar* Vâsav. 210,1. — f) *aufzuführen* (ein Schaustück). — g) *zu dividiren.* — h) *hinreissend, reizend.* — 2) *m. *Terminalia Bellerica* Râgan. 11,238.

*हार्यश्व m. Patron. von हर्यश्व.

हार्योजन v. l. für हारियोजन Maitr. S. 1,3,30.

*हार्ष्टिय m. wohl Metron. von हृष्टि.

हाल 1) m. a) * = हल *Pflug.* — b) Bez. *der Scharrer unter den Vögeln* Kakrad. zu Suçr. — c) Bein. α) * Balarâma's. — β) Sâtavâhana's. °भृङ्ग m. — d) N. pr. eines Fürsten, Sohnes des Arishṭakarman. — 2) f. ग्रा *Branntwein* Râgan. 14,141. Auch Pl. Nach Vâmana 5,1,13 ein देशभाषापद. — 3) *f. ई *der Frau jüngere Schwester.*

*हालक m. *ein Pferd von bestimmter Farbe* (पीतहरितच्छाय).

*हालबन्ध n. Collect. von हलबन्ध.

हालसप्तशतक n. Titel eines von Weber herausgegebenen Prâkrit-Werkes Burnell, T.

हालहल (Gâtakam. 31, 67) und *हालहाल n. = हालाहल *ein best. Gift.*

हालास्य N. pr. einer dem Çiva geheiligten Oertlichkeit. °खण्ड (Opp. Cat. 1), °माहात्म्य n. (ebend. und Burnell, T.) und हालास्याष्टक n. (Burnell, T.) Titel.

*हालाक m. *ein scheckiges Pferd.*

हालाहल 1) *m. a) *eine best. Giftpflanze* (ihre Früchte gleichen den Zitzen einer Kuh) Mat. med. 98. Bhâvapr. 1,270. — b) *eine Eidechsenart.* — c) *eine Art Spinne* Râgan. 19,65. — 2) m. (selten) und n. *ein best. starkes Gift, das aus den Knollen des* Hâlâhala *bereitet wird.* Nach R. und Bhâg. P. *das bei der Quirlung des Oceans gewonnene Gift.* — 3) *f. ग्रा *eine kleine Mausart.* — 4) *f. ई *Branntwein.*

*हालाहलधर m. *Schlange.*

हालिक 1) *Adj. *zum Pfluge gehörig.* — 2) m. a) *Pflüger.* — b) als Erklärung von गोविकर्त *Schlächter.*

हैलिङ्गव m. Patron. von हलिङ्ग.

*हालिनी f. *eine Eidechsenart.*

*हालु m. *Zahn.*

हालेय m. Patron. von हलि und N. pr. eines Sohnes des Anishṭakarman.

हाव m. *Herbeiruf*, Bez. *verschiedener Lockkünste verliebter Weiber.* Mârk. P. 33,15 wohl fehlerhaft für हार.

हावक m. *der Veranstalter eines Opfers* Ind. St. 15,129.

हावनी f. N. pr. einer Tochter des Ṛshi Ṛgu.

हावनीय Adj. *opfern zu lassen* Baudh. 4,8,10.

हाविन् in एक° Nachtr. 6.

*हाविधान Adj. *das Wort* हविर्धान *enthaltend.*

हाविर्धानि m. Patron. von हविर्धान.

हाविर्यज्ञिक und हाविर्यज्ञिय Adj. *zum* हविर्यज्ञ *bestimmt* u. s. w.

हाविष्कृत n. und हाविष्मत n. Namen verschiedener Sâman Ârsh. Br.

हाइवु Interj. *Ausruf der Freude* in einem Sâman.

हास्, हासते *wettlaufen*, — *mit* (Instr.). — Caus. हासयति *wettlaufen lassen.*

हास 1) m. (adj. Comp. f. आ) a) *das Lachen, Gelächter, laute Heiterkeit.* Häufig Pl. — b) *das Verlachen, Verspotten Jmds* (Gen.). — c) *worüber man lacht, Scherz, Spass.* आख्यान° *eine komische Geschichte.* — d) *das hellweisse Aussehen* eines Dinges wird als ein *Lachen* (wobei die *weissen Zähne* zum Vorschein kommen) desselben angesehen Gâtakam. 14,14. Auch Pl. — e) *Hochmuth* (vgl. स्मय) Bhâg. P. 2,7,25. — 2) *f. आ Bein. der Durgâ.

हासक 1) m. *Spassmacher* Subhâshitâv. 2974. — 2) *f. °सिका *das Lachen, Gelächter.*

हासकर Adj. *zum Lachen bringend* Çiç. 5,7. 15,33.

हासन Adj. 1) *zum Lachen bringend, komisch.* — 2) am Ende eines Comp. *zum Aufblühen bringend* Gâtakam. 6,37.

हासभूत Adj. *das Lachen von* (Gen.) *darstellend* Gâtakam. 32,5.

*हासवती f. N. pr. einer Tantra-Gottheit (buddh.).

*हासस् m. *der Mond.*

हासिन् 1) Adj. a) *lachend*, — *über* (im Comp. vorangehend). — b) am Ende eines Comp. *lachend mit*, so v. a. *hell* —, *weiss erscheinend* —, *einen hellen Schein zeigend durch* Vikramâṅkaḱ. 16,49. überh. *prangend von, geschmückt mit.* — 2) f. °हिनी N. pr. einer Apsaras.

हास्त Adj. *mit den Händen gebildet.* मुकुल n. so v. a. अञ्जलि.

*हास्तायन Adj. von हस्त.

हास्तिक 1) Adj. *aus Elephanten bestehend.* — 2) n. *eine Menge von Elephanten* Harshaḱ. 172,14. Pârçvan. 4,171. 173. Pl. Çiç. 5,30. Angeblich auch *eine Menge von Elephantenkühen.*

*हास्तिकर्षूक Adj. (f. आ und ई) von हस्तिकर्षू.

हास्तिदन्त Adj. *elfenbeinern.*

हास्तिदापि m. fehlerhaft für °दायि.

हास्तिदायि m. Patron. von हस्तिदाय.

हास्तिन 1) Adj. a) *dem Elephanten gehörig.* — b) *eines Elephanten Höhe (Tiefe) habend* (Wasser). — 2) *n. = हास्तिनपुर.

हास्तिनपुर n. N. pr. einer Stadt, = हस्तिनापुर. Nom. abstr. °त्व n.

*हास्तिनायन Adj. und m. Patron. von हस्तिन्.

*हास्तिपद 1) m. N. pr. eines Mannes. — 2) Adj. davon.

*हास्तिशीर्षि m. Patron. von हस्तिशिरस्.

*हास्तिशीर्ष्या f. desgl.

हास्य 1) Adj. *über den oder worüber Jmd* (Loc. oder im Comp. vorangehend) *lacht, lächerlich, komisch.* Compar. °तर. — 2) n. (adj. Comp. f. आ) a) *das Lachen, Gelächter.* हास्यमेति so v. a. हास्यतामेति *wird zum Gelächter* Varâh. Jogaj. 5,6. — b) *Spass; eine komische Handlung*, — *Streich, etwas Komisches.* हास्यार्थम् *zum Spass.*

हास्यकर, °कार und °कृत् Adj. *Lachen bewirkend.*

हास्यता f. und हास्यत्व n. *das Lächerlichsein.*

हास्यपदवी f. *der Weg zum Lachen.* °वीं या so v. a. *zum Gelächter werden.*

हास्यभाव m. 1) *das Lächerlichsein.* — 2) = हास्य *Spass.* Nur Pl.

हास्यरत्नाकर m. Titel eines Schauspiels Hall in der Einl. zu Daçar. 30.

हास्यरसवन्त् Adj. *komisch* Bâlar. 94,2.

हास्यार्णव m. Titel eines Lustspiels.

हास्यास्पद n. *ein Gegenstand des Gelächters.* Nom. abstr. °त्व n.

हाहव m. *eine best. Hölle* Kâraṇḍ. 66,16. Vgl. हहव.

*हाहस् m. = 2. हाहा.

1. हाहा Interj. s. u. 3. हा.

2. हाहा m. N. pr. eines Gandharva.

हाहाक m. = 2. हाहा VP². 2,286.

हाहाकार m. *der Ausruf* हा हा. Zum Antreiben des Pferdes Çiç. 18,5. °कृत = हाहाकृत.

हाहाकृत und हाहाभूत Adj. हा हा *ausrufend.*

हाहारव 1) m. *der Ausruf* हा हा Venîs. 73,18. Kathâs. 56,127. — 2) f. आ N. pr. einer Joginî (*Fee*) Hemâdri 2,a,96,4. 5.

1. हि, हिनोति (गतौ वृद्धौ; Med. हिन्वे u. s. w.) 1) Act. Med. *in Bewegung setzen, antreiben, anfeuern, reizen.* Hierher wohl auch हैयत्त् Partic. Med. *sich in Bewegung setzen, angefeuert werden* u. s. w., *sich beeifern, sich beeilen.* — 2) *veranlassen zu* (Dat.). — 3) *fördern, unterstützen, verhelfen zu* (Dat.). — 4) *her* —, *hinbefördern, herbeischaffen.* — 5) *schleudern.* हिन्वानो वाचम् *die Stimme hinauslassend*, — *entsendend.* — 6) = 2. हा Bhâg. P. a) *verlassen, aufgeben.* — b) *Etwas loswerden, sich befreien von.* — 7) हित a) *getrieben, gespornt, im Lauf befindlich.* — b) *angewiesen, aufgefordert.* — *Caus. Aor. अजीहयत्. — *Desid. जिघीषति. — *Intens. जेघीयते. — Mit अप *abwerfen, sich befreien von* (Acc.) Bhâg. P. — Mit अपि *herausfordern zu* (Loc.) RV. 10,71,5. — Mit आ Med. *herbeischaffen.* — Mit परि (परिहिणोमि) *hinbefördern, verbringen.* — Mit प्र (प्रहिणोति) 1) *antreiben, anregen.* — 2) *auffordern, anweisen.* — 3) *schleudern*, — *auf* (Dat. oder Loc.), den Blick *richten auf* (Acc.) Kâd. 31,24 (56,5). — 4) *absenden* (Boten), *entsenden, entlassen, wegschicken, vertreiben, verjagen, absenden* u. s. w. *zu Jmd* (Dat., Gen., Acc. mit प्रति, Gen. mit अन्तिकम् oder पार्श्वम्), *nach* oder *an einen Ort* (Acc. oder Acc. mit प्रति), *um zu* (Dat. oder Infin.). — 5) *herbei* —, *hinschaffen zu, liefern, Jmd* (Dat.) *Etwas zustellen, zukommen lassen.* — 6) Med. *dahinfahren.* — 7) = 2. हा mit प्र *verlassen, im Stich lassen* Bhâg. P. — 8) प्रजिघ्यति und प्रजिघ्यतु Ait. Br. 8,28 wohl fehlerhaft für प्रजिगाति und प्रजिगातु. — 9) प्रहित a) *angetrieben, angefeuert.* — b) *geschleudert*, — *auf* (Loc.). — c) *geschleudert*, so v. a. *rasch vorgestreckt* (Arm). — d) *geworfen, gerichtet*, — *auf* (im Comp. vorangehend) vom Auge, Blick, Geist. — e) *eingestossen, eingegraben* (Fingernagel). — f) *hingeschafft, zugestellt, zugesandt* (Sachen). — g) *ausgesandt*, — *zu* (Gen. mit पार्श्व), *gegen* (Dat.), *zu Etwas* (Dat.), *fortgeschickt, fortgejagt*, — *in* oder *nach* (Dat.). — h) *hingeschickt zu* (Loc.), so v. a. *mit der Sorge um* — *beauftragt.* — 10) प्रहितवान् = प्रजिघाय *sandte aus.* — *Caus. Aor. प्राजीहयत्. — *Desid. vom Caus. प्रजिघाययिषति (प्रजिघापयिषति fehlerhaft).

— Mit अनुप्र, °हित *nachgesandt.* — Mit अभिप्र, अभिप्रहित *hergeschickt.* — Mit उपप्र *hinsenden zu Jmd* (Acc. oder Dat.). — Mit प्रतिप्र *zurücksenden, — jagen.* — Mit संप्र 1) *schleudern.* °हित *geschleudert.* — 2) *absenden.* संप्रहितवान् R. ed. Bomb. 4,32,12. — Mit सम् 1) *absenden.* — 2) *zusammenbringen, — setzen, verfertigen, zuwege —, zurecht bringen.*

2. हि Indecl. (nie am Anfange eines Satzes; das Verbum fin. dabei orthotonirt) 1) begründend und bestätigend: *denn, ja, nämlich.* Häufig nach Demonstrativen, Relativen und Interrogativen. In VS. Prât. bezeichnet es den Schluss eines Abschnitts. — 2) aufmunternd beim Imperativ oder Potentialis *doch.* Ebenso पश्यामो हि *wir wollen doch sehen.* — 3) *allerdings, jawohl, in der That.* हि — तु oder हि — पुनर् (Bâlar. 296,4) *wohl — aber.* — 4) häufig blosser Versfüller, insbes. zwischen zwei Vocalen zur Entfernung des Hiatus oder zur Gewinnung einer Länge. Erscheint in einem und demselben Satze sogar doppelt.

1. हिंस्, हिनस्ति (हिंसन्ति und हिंसन्ति), हिंस्ते (episch und metrisch हिंसि st. हिनस्सि, हिंसामि st. हिनस्मि, हिंसति st. हिनस्ति; हिंससे, हिंसते und हिंसेत); हिंसित Partic. *Jmd verletzen* (auch *tödtlich,* sogar *schlachten*), *Jmd ein Leid anthun; Etwas schädigen, stören, zu Nichte machen.* — Caus. हिंसयति dass. — Desid. जिहिंसिषति *verletzen u. s. w. wollen.* — Mit *व्यति Act. *sich gegenseitig ein Leid anthun.* — Mit अव in अनवहिंसित Nachtr. 5. — Mit आ *Jmd ein Leid zufügen;* Med. *sich befehden.* — Mit उप = Simplex. — Mit नि in *निहिंसन. — Mit प्रति in *प्रतिहिंसा und प्रतिहिंसित (Nachtr. 6). — Mit वि = Simplex. — Caus. desgl.

2. हिंस् Adj. *ein Leid zufügend* in *सुहिंस्.

हिंस 1) Adj. *verletzend, schädigend.* — 2) f. हिंसा a) *Leidzufügung am Leibe oder Gut, Schädigung.* Am Ende eines Comp. in der Regel nach dem *Geschädigten,* aber auch nach dem *Schädiger.* Personificirt als Gattin Adharma's und als Tochter Lobha's von der Nishkṛti. — b) * *Asteracantha longifolia.*

हिंसक 1) Adj. *Anderen Leid zufügend, schädigend.* — 2) * m. = शत्रु, हिंस्रपशु und अथर्वविद्ब्राह्मण.

हिंसन n. *das Leidzufügen, Verletzen, Schädigen.*

हिंसनीय Adj. *dem Leid angethan werden darf.* Auch so v. a. *zu schlachten.*

*हिंसाकर्मन् n. *eine auf Jmds Schädigung gerichtete Zauberhandlung.*

*हिंसारु m. *Tiger.*

*हिंसालुक m. *ein bissiger —, boshafter Hund.*

हिंसावाद m. Titel eines Werkes.

हिंसित 1) Adj. s. u. 1. हिंस्. — 2) n. *Zufügung eines Leids.*

हिंसितव्य Adj. *dem ein Leid zugefügt werden darf* AV. 5,18,6.

हिंसितोस् Gen. Infin. zu 1. हिंस् TBr. 1,1,8,4. Ait. Br. 1,30,11.

*हिंसीर 1) Adj. *boshaft.* — 2) m. *Tiger.*

हिंस्य Adj. *dem man ein Leid anthun kann.*

हिंस्र 1) Adj. (f. आ) *Leid anthuend, verletzend, wehthuend, schädigend, boshaft.* Am Ende eines Comp. *streng verfahrend mit.* — 2) m. a) *ein Mann der Andere verletzt, der ein grausames Handwerk treibt.* — b) *Raubthier.* — c) * Bein. α) Çiva's. — β) Bhîmasena's. — d) N. pr. eines *grausamen* Brahmanen. — 3) f. आ *eine best. Pflanze.* Nach den Lexicographen *Nardostachys Jatamansi, Coix barbata,* = काकादनी und एलावली. — b) * *Fett, Adeps.* — c) * *Ader* (नाडी). — 4) n. *Grausamkeit.*

*हिंस्रक m. *Raubthier.*

हिंस्रजन्तु und हिंस्रपशु m. dass.

हिक n. प्रजापतेः Name eines Sâman Ârsh. Br.

हिक्क्, हिक्कति, °ते *schluchzen, singultire.* — Caus. 1) हिक्कयति *Schluchzen bewirken.* — 2) * Med. हिंसायाम्.

*हिक्कल (?) *der Stock der buddhistischen Religiosen.*

हिक्का f. *Schluchzer, singultus.*

हिक्काश्वासिन् Adj. = श्वासहिक्किन् Karaka 6,19.

हिक्किका f. 1) = हिक्का. — 2) *das Röcheln.*

हिक्कित n. *das Schluchzen, singultus.*

हिक्किन् Adj. *mit dem Schluchzen behaftet.* Vgl. श्वास°.

हिक्वा f. fehlerhaft für हिक्का.

हिङ् Interj. mit कर् *einen gurrenden Laut ausstossen* (wie die Kuh gegen das Kalb); im Ritual *vom Ausstossen von* हिङ् *und ähnlichen wiehernden Lauten.* हिङ्कृण्वती Adj. f. *den Laut* हिङ् *hören lassend,* हिङ्कृत Adj. *vom Ausruf* हिङ् *begleitet* Lâṭj. 1,12,9. अभिहिङ्कर् *angurren, zuwiehern;* mit Acc. Vaitân.

हिङ्कर्तर् Nom. ag. *der den Laut* हिङ् *ausstösst.*

हिङ्कार m. 1) *der Laut* हिङ्. — 2) * *Tiger.*

हिङ्ग m. Pl. N. pr. eines Volkes. — Hariv. 8443 fehlerhaft für हिङ्गु.

हिङ्गु 1) m. *Ferula asa foetida* Mat. med. 175. — 2) n. *das aus den Wurzeln der Ferula asa foetida gewonnene Harz, Teufelsdreck* Pañkad.

हिङ्गुक m. = हिङ्गु 1).

*हिङ्गुनाडिका f. *das Harz der Gardenia gummifera.* Vgl. नाडीहिङ्गु.

*हिङ्गुनिर्यास m. 1) *Asa foetida.* — 2) *Azadirachta indica.*

*हिङ्गुपत्त्र 1) m. *Terminalia Catappa.* — 2) f. ई = हिङ्गुपर्णी.

*हिङ्गुपत्त्री f. *Gardenia gummifera.*

हिङ्गुरात m. N. pr. eines Mannes Mudrâr. 30,10. 11 (53,2).

हिङ्गुल 1) (*m.) n. *Zinnober* Râgan. 13,2. 57. — 2) f. आ N. pr. a) der Familiengottheit der Dadhiparṇa. — b) einer Oertlichkeit. — 3) * f. ई *Solanum Melongena* oder *eine andere Species* Bhâvapr. 1,198.

हिङ्गुलक 1) (wohl n.) *Zinnober.* — 2) * f. °लिका *Solanum Jacquini.*

हिङ्गुलाजा f. N. pr. einer Göttin.

*हिङ्गुलि m. *Zinnober.*

*हिङ्गुलु m. und °क dass.

*हिङ्गुशिराटिका (fehlerhaft) und °शिवाटिका f. *eine best. Pflanze,* = वंशपत्त्री Bhâvapr. 1,219. Karaka 6,15. 18.

हिङ्गूल 1) m. *eine best. Pflanze.* — 2) * n. *die essbare Wurzel von Amorphophallus campanulatus.*

हिङ्गोलाष्टक n. Titel Burnell, T.

*हिज्ज m. = हिज्जल.

हिज्जल m. *Barringtonia acutangula.*

हिज्जीर m. 1) *ein Ignorant* B. A. J. 8,296. — 2) *Fusskette eines Elephanten* Kâd. 2,69,22 (84,18). Harshak. 432,3.

*हिट्, हेटति (आक्रोशे).

हिड् s. हीड्.

हिडिम्ब N. pr. 1) m. eines von Bhîmasena erschlagenen Râkshasa. *°जित्, °द्विष् (Dh. V. 14,2), *°निषूदन und *°भिद् m. Beinn. Bhîmasena's. — 2) f. आ der Schwester Hiḍimba's, mit der Bhîmasena den Ghaṭotkaka zeugte. *°पति und *°रमण m. Bein. Hanumant's.

हिण्ड्, हिण्डते (गत्यनादरयोः). Zu belegen जिहिण्डे (angeblich = अभिबभूव) Mallikâmâruta 99 nach Aufrecht. — Mit आ im Prâkrit *umherstreichen, umherlaufen* Mṛkkh. 13,10. 38,22. Çâk. 20,4. 23,21. Mudrâr. 15,7. — Mit अन्वा *durchstreichen* Lalit. 18,3. Divjâvad. 68,23. — Mit परि *umherfliegen.*

*हिण्डक m. = नाडीतरंग. Vgl. *रत°.

*हिण्डन n. = यान, भ्रमण, क्रीडा, रत, लेखन.

*हिण्डिक m. *Astrolog.*

*हिण्डिर m. = हिण्डीर.

*हिण्डी f. Bein. der Durgâ. °प्रियतम (हिण्डि° wohl fehlerhaft) m. Bein. Çiva's.

हिण्डीर 1) m. a) *os Sepiae.* — b) **Solanum Melongena.* — c) * = रुचक und पुरुष. — 2) * n. *Granatapfel.*

हिण्डुक m. als Bein. Çiva's.

1. हित (von 1. धा) 1) Adj. (f. आ) a) *gesetzt, gelegt, gestellt, eingebracht in* (Loc.); *gelegen, liegend, enthalten, befindlich in* (Loc.). रथे so v. a. *angespannt.* — b) *ausgesetzt* (ein Preis). — c) *angestellt* (ein Wettlauf). — d) *zurechtgemacht.* — e) *geordnet, zugetheilt.* — f) *gerechnet zu* (Loc.). — g) *beigelegt* (Name). — h) Jmd (Dat. oder Gen.) *bestimmt, gehörig.* — i) *genehm, gelegen, passend, recht, zuträglich, erspriesslich, frommend,* — Jmd (Dat., Gen., Loc. oder im Comp. vorangehend). — k) *gewogen, günstig.* — l) *wohlgesinnt, es gut mit Andern meinend.* — 2) f. आ a) Pl. Bez. *bestimmter Adern.* — b) *Damm.* — 3) n. a) *ein ausgesetzter Preis.* — b) Sg. und Pl. *Erspriessliches, Alles was frommt, Frommen, Wohl.* — c) *ein guter, erspriesslicher Rath.*

2. हित s. u. 1. हि.

*हितक m. *Kind.*

हितकर Adj. *wohlthuend, nützend, Jmds* (Gen.) *Wohl befördernd, frommend.*

हितकाम Adj. *das Wohl Anderer wünschend, wohlwollend.*

हितकाम्या f. *der Wunsch Jmd* (Gen.) *wohlzuthun, — zu nützen* Gâtakam. 17,30. Nur Instr.

हितकारक Adj. = हितकर.

हितकारिन् Adj. desgl. Âpast. Nom. abstr. °रिता f. (Venis. 90,18) und °रित्व n.

हितकृत् Adj. desgl.

*हितनामन् m. N. pr. eines Mannes.

हितपथ्य Adj. (f. आ) *zuträglich und heilsam* und zugleich = हिता (= प्राप्ता) पथ्या (= हरीतकी) येन Vâsav. 248,2.

*हितप्रणी m. *Späher.*

हितप्रयस् Adj. *der die Opferspeise aufgestellt hat* und *für den die O. a. worden ist,* so v. a. *dessen oder dem der Tisch gedeckt ist.*

1. हितबुद्धि f. *eine gute Absicht.* Instr. *in guter A.*

2. हितबुद्धि Adj. *wohlgesinnt.*

हितमित्र Adj. *gute Freunde habend.*

हितवचन n. *ein guter Rath.*

हितवस्तु Adj. *Nutzen —, Vortheil bringend.*

हितवादिन् Adj. *guten Rath ertheilend* Gâtakam. 12,25.

हितहरिवंश m. N. pr. eines Autors.

हितहित m. N. pr. eines Mannes.

हिताधायिन् Adj. = हितकर. Nom. abstr. °यिता f.

हितानुबन्धिन् Adj. *gute Folgen habend.*

हिताभङ्ग m. *Durchbruch eines Dammes* 205,13.

हिताय्, °यते *zum Heil gereichen, frommen* Vâsav. 226,1.

हितार्थ m. Acc. und Dat. *zum Heil, zum Frommen* 71,22. 90,22. Spr. 7397.

हितार्थिन् Adj. *dem es um sein* oder *Jmds Wohl zu thun ist* 61,10.

हितावन्त् Adj. *der sein Gut versteckt hat.*

*हितावली f. *ein best. Heilmittel.*

*हिताशंसा f. *Segenswunsch.*

हिताश्व m. N. pr. eines Mannes VP². 3,265.

हिताहित 1) Adj. *zuträglich und (oder) unzuträglich, Nutzen oder Schaden bringend.* — 2) f. आ Pl. Bez. *bestimmter Adern* Jâgñ. 3,108. — 3) n. Sg. *Nutzen und (oder) Schaden* 104,1.

हिताहितीय Adj. *über das Zuträgliche und Unzuträgliche handelnd.*

हिति f. in अस्मेहिति und देवहिति.

हितैषिन् Adj. *Gutes beabsichtigend, auf das Wohl Anderer bedacht.* Nom. abstr. °षिता f. Gâtakam. 4,12.

हितोक्ति f. *ein guter Rath.*

हितोपदेश m. 1) *eine Unterweisung in dem was frommt, nützliche Unterweisung, guter Rath.* — 2) Titel verschiedener Werke.

हितोपदेष्टर् Nom. ag. *unterweisend in dem was frommt.*

हित्वन Adj. *eilend, rasch* RV. 9,97,45.

हित्वाय Absol. zu 2. हा RV. 10,14,8.

हित्वी desgl. RV. 2,38,6. 6,59,6. 9,69,9. 10,99,5.

हिध्मा f. fehlerhaft für हिक्का.

हिन Indecl. = हि *denn.*

हिन्ताल m. *Phoenix paludosa* Vâsav. 262,1. 268,4. Gâtakam. 26. Pañkad.

हिन्दु m. *ein Hindu.*

हिन्दुस्थान m. *Hindustan.*

हिन्दोल 1) m. (*f. आ) *Schaukel.* — 2) m. *ein best.* Râga S. S. S. 54. — 3) f. ई *eine best.* Râgiṇî S. S. S. 37.

हिन्दोलक (*m.) *Schaukel* Pañkad.

हिन्दोलय्, °यति *schaukeln.* हिन्दोल्यमान Pañkad.

हिन्व्, हिन्वति (प्रीणनार्थः). Ist = 1. हि und auch daraus weitergebildet; zu belegen हिन्वतु RV. 1,27,1. हिन्व 10,156,2. TS. 3,2,5,3. Kâty. Çr. 9,12,4. हिन्वति Çat. Br. 3,5,1,35. 14,1,2,19.

हिन्व m. etwa *Treiber* (als Vater Indra's). Nach Sâj. = प्रीणयितर्.

हिन्विधेनामन् (so zu verbinden) Adj. neben वाचस्पति Maitr. S. 1,9,1 (131,8). हृद्विधेनामन् Kâth. und Çâñkh. Çr. 10,14,5. विधेनामन् Taitt. Âr. 3,1,2.

हिबुक n. ὑπόγειον, *das 4te astrol. Haus.*

1. हिम् Interj. wechselt mit हिङ्.

2. हिम् *Kälte, Frost.* Nur Instr. हिमा (RV. 10,37,10. 68,10), der aber auch auf हिम zurückgeführt werden kann.

हिम 1) m. a) *Kälte, Kühlung.* — b) *Winter.* — c) **Sandelbaum.* — d) **der Mond.* Vgl. हिमकर u. s. w. — e) **Kampfer.* — 2) f. हिमा *die kalte Zeit, Winter.* Nur in der Verbindung mit शत *hundert.* — 3) * f. हिमा angeblich *Nacht.* — 4) * f. हिमा a) *Kardamomen.* — b) *Cyperus rotundus* und *eine andere Species.* — c) *Trigonella corniculata.* — d) *ein best. Arzeneistoff,* = रेणुका. — e) * Bein. der Durgâ. — 5) n. a) *Schnee,* seltener *Eis.* — b) *Sandel.* — c) **das Holz von Cerasus Puddum.* — d) * *Zinn* Râgan. 13,21. — e) * *Perle* Râgan. 13,153. — f) * *frische Butter.* — g) N. pr. eines Varsha VP. 2,1,19. 27. — 6) Adj. (f. आ) *kalt, kühl* Gâtakam. 19,22. 43.

हिमऋतु m. *Winter* Çiç. 6,61.

हिमक 1) m. a) * *Flacourtia sapida.* — b) N. pr. eines Mannes. — 2) * f. °मिका *Reif.*

हिमकणिन् Adj. *von Schneeflocken begleitet.*

हिमकर m. 1) *der Mond* Vâsav. 4,1. 186,2. — 2) * *Kampfer.*

हिमकरतनय m. Patron. *des Planeten Mercur.*

हिमकषाय m. *ein best. kühler Trank.*

हिमकिरण m. *der Mond* Dhûrtan. 62.

1. हिमकूट n. *Schneekuppe.*

2. *हिमकूट m. *Winter.*

हिमक्ष्माधर m. *das Schneegebirge, der* Himâlaja.

हिमखण्ड n. *Hagelkorn* Mârk. P. 12,13. 18.

हिमगिरि m. *das Schneegebirge, der* Himâlaja.

हिमगिरिसुता f. Patron. der Pârvatî.

हिमगिरिसुताकान्त m. Bein. Çiva's.

हिमगु m. *der Mond.*

हिमगृह und °क n. *ein Gemach mit Kühlung verschaffenden Einrichtungen* Kâd. 241,11 (393,13). 243,22 (397,8). 258,1 (421,17). 2,3,21 (2,16).

हिमघ्न Adj. *den Schnee abhaltend.*

*हिमज 1) m. *der Berg* Mainâka. — 2) f. आ a) *eine best. Pflanze,* = क्षीरिणी. — b) *aus Javanâla gewonnener Zucker.* — c) Bein. α) der Pârvatî. — β) der Çakî.

हिमज्योतिस् Adj. *kaltstrahlig* (der Mond).

*हिमकटि oder *°काष्ट f. *Nebel.*

*हिमतल N. pr. eines Reichs. Richtig हेमताल.

*हिमतैल n. *Kampferoel.*

हिमत्विष् und हिमदीधिति m. *der Mond.*

*हिमदुग्धा f. *eine best. Pflanze,* = क्षीरिणी.

*हिमदुर्दिन n. *Schneetag.*

हिमद्युति m. *der Mond.*

*हिमद्रुम m. *Melia Bukayun.*

हिमधर् 1) Adj. *Schnee* (auf seinem Haupte) *tragend* (der Himâlaja). — 2) m. *der* Himâlaja.

*हिमधातु m. *der* Himâlaja.

हिमधामन् m. *der Mond* Çiç. 4,20. 9,53. Bâlar. 78,15.

हिमनिर्झरविप्रुषमत् Adj. *von Tropfen eisig kalter Wasserfälle begleitet* Bhâg. P. 4,25,18.

हिमपात m. *Schneefall.*

*हिमप्रस्थ m. *der* Himâlaja.

हिमभानु m. *der Mond* Kautukar. 101.

*हिमभृत् m. *der* Himâlaja.

हिममयूख m. *der Mond.*

हिममित्र m. N. pr. eines Mannes.

*हिमयुक्त m. *eine Art Kampfer* Gal.

हिमरश्मि m. *der Mond* Çiç. 9.68.

हिमरश्मिज m. Patron. *des Planeten Mercur.*

हिमराज m. N. pr. eines *Fürsten.*

हिमरुचि m. *der Mond* Çiç. 11,14. Prasannar. 33,4.

हिमर्तु m. *Winter.*

*हिमवत (°म्) am Ende eines adv. Comp. = हिमवन्त्.

हिमवत्खण्ड n. Titel eines Abschnittes im Skandapurâna.

हिमवत्पुर् n. *die Stadt auf dem* Himâlaja.

*हिमवत्सुत Bein. 1) m. des Berges Mainâka. — 2) f. ग्रा der Gaṅgâ.

हिमवन्त् 1) Adj. *a) kalt, eisig, schneereich.* — *b) sich der Kälte aussetzend, Kälte ruhig ertragend* Baudh. 3,3,19. — 2) m. *a) Schneeberg, Eisberg.* — *b) der best. Eisberg im Norden, der* Himâlaja. — c) *Bein. des Kailâsa. — 3) *f. हिमवती *Hoya viridiflora.*

हिमवन्मेखला f. *die Kette des* Himâlaja Uttamak. 93.

*हिमवल n. *Perle* Garbe zu Râǵan. 13,153.

हिमवारि n. *kaltes Wasser.*

*हिमवालुक m. und *°का f. *Kampfer.*

हिमवृष्टि f. *Schneefall.*

*हिमशर्करा f. *aus* Javanâla *gewonnener Zucker.*

हिमशिखरिन् m. *der* Himâlaja Vikramâñkak. 18,85.

हिमशुभ्र Adj. *schneeweiss* Çiç. 1,7.

हिमशैल m. *der* Himâlaja.

हिमशैलज 1) Adj. *auf dem* Himâlaja *gewachsen.* — 2) *f. ग्रा Patron. der Pârvatî.

हिमशैलसुता f. Patron. der Pârvatî.

*हिमश्रथ m. und *°श्रथन n. *das Schmelzen des Schnees.*

*हिमसंहति f. *tiefer Schnee.*

हिमसंघात (fehlerhaft) und °संघात m. dass.

हिमसुत् m. *der Mond* Kâd. 54,17 (100,10).

हिमस्रुति f. *Schneefall* Ragh. 16,44.

*हिमह्वासक m. *Phoenix paludosa.*

हिमांशु und °मालिन् m. *der Mond.*

*हिमांशुभिख्य n. *Silber.*

*हिमाग m. *der* Himâlaja.

हिमागम m. *Eintritt von Kälte, Anfang des Winters.*

*हिमाङ्क m. *Kampfer* Gal.

हिमाचल (Çiç. 13,27) und हिमाचलेन्द्र m. *der* Himâlaja.

हिमात्यय m. *das Ende der kalten Jahreszeit* R. 1,11,21.

हिमाद्रि m. *der* Himâlaja.

*हिमाद्रिजा f. *eine best. Pflanze,* = क्षीरिणी.

हिमाद्रितनया f. Patron. der Pârvatî. °पति m. Bein. Çiva's.

हिमाद्रीय् *den* Himâlaja *darstellen.* °यित n. impers.

हिमानद्ध Adj. *von Kälte gebunden,* so v. a. *gefroren.*

हिमानी f. 1) *viel —, tiefer Schnee.* — 2) **aus* Javanâla *gewonnener Zucker.*

हिमान्त m. *das Ende der kalten Jahreszeit.*

हिमापह m. *der Vertreiber von Kälte, Feuer,* Agni MBh. 12,227,118.

*हिमाब्ज n. *eine blaue Lotusblüthe.*

*हिमाभ m. *Kampfer.*

हिमाम्भस् n. *kaltes Wasser.*

*हिमाराति m. 1) *die Sonne.* — 2) *Feuer.*

हिमारि m. *Feuer* Bhatt. 13,16. 49.

*हिमाल m. *der* Himâlaja.

हिमालय्, °यति *dem* Himâlaja *gleichen.*

हिमालय 1) m. *a) das Gebirge* Himâlaja Spr. 7794. — *b) *weiss blühender* Khadira. — 2) *f. ग्रा *Flacourtia cataphracta.*

हिमालयसुता f. Patron. der Pârvatî.

*हिमावती f. *eine best. Pflanze.*

हिमाविल Adj. (f. ग्रा) *mit Schnee bedeckt* Hem. Par. 1,353.

*हिमाश्रया f. *Hoya viridiflora.*

हिमाहति f. *Schneefall.*

हिमाह्व 1) *m. *Kampfer.* — 2) n. N. pr. eines Varsha in Ǵambudvîpa.

हिमाह्वय 1) *m. *Kampfer.* — 2) n. = हिमाह्व 2).

हिमित Adj. *in Schnee —, in Eis verwandelt* Naish. 1,99.

हिमी Adv. mit कर् *in Eis verwandeln* Çiç. 6,55.

हिमेलु Adj. wohl = हिमेलु Maitr. S. 4,2,14 (37,17).

*हिमेलु Adj. *frostig, keine Kälte vertragend.*

*हिमोत्तरा f. *eine Traubenart.*

हिमोत्तरीय Adj. *Schnee als Ueberwurf habend* Ǵâtakam. 30,23.

*हिमोत्पन्ना f. *aus* Javanâla *gewonnener Zucker.*

हिमोदक und हिमोदकि (!) m. N. pr. eines Mannes.

*हिमोद्भवा f. 1) *Curcuma Zedoaria.* — 2) *eine andere Pflanze,* = क्षीरिणी.

हिमोपचार m. *Erquickung mit kühlenden Mitteln* Vikramâñkak. 13,7.

हिमोस्र m. *der Mond.*

हिम्न m. = हेम्न *der Planet Mercur.*

हिम्पतिवर्मन् oder हिम्मतिवर्मन् m. N. pr. eines Mannes.

हिम्मक m. desgl.

हिम्मातिवर्मन् m. s. हिम्पतिवर्मन्.

*हिम्य Adj. *schneeig, mit Schnee bedeckt.*

(हिम्या) हिमिया Adv. *bei Kälte.*

हिर् 1) m. *Band, Streifen.* Nach dem Comm. = मेखला. — 2) f. हिरा *a) Ader.* — *b) *Gmelina arborea.*

*हिरकुत् Adv. Demin. von हिरुक्.

*हिरङ्कु m. Bein. Râhu's.

*हिरण n. 1) *Gold.* — 2) *der männliche Same.* — 3) *Otterköpfchen.*

हिरण्पिन् Adj. *goldreich, goldgeschmückt.*

हिरण्मय 1) Adj. (f. ई) *golden, goldfarbig* 72,27. 78,30. — 2) m. n. N. pr. eines Varsha. — 3) m. *a)* *Bein. Brahman's. — *b)* N. pr. α) eines Rshi. — β) eines Sohnes des Âgnîdhra und Beherrschers des gleichnamigen Varsha.

हिरण्य 1) n. (adj. Comp. f. ग्रा Hemâdri 1,472, 12) *a) Gold, überh. edles Metall; später auch so v. a. Geld.* — *b) ein goldenes Geräthe; Goldschmuck;* Pl. *Goldsachen.* — *c) Goldstück* (auch als *Münze dienend*), in den Brâhmana gewöhnlich in Verbindung mit सुवर्ण zur Unterscheidung von anderen Metallen. — *d)* **Otterköpfchen.* — *e)* **der männliche Same.* — *f)* **Unvergänglichkeit.* — 2) Adj. *golden.* — 3) m. *a)* **eine Art Bdellium.* — *b)* N. pr. α) eines Daitja. — β) eines Sohnes des Agnîdhra. — γ) eines Fürsten von Kâçmîra. — 4) *f. हिरण्या Bez. *einer der sieben Zungen des*

Feuers. — 5) n. N. pr. des von 3) *b*) β) beherrschten **Varsha**.

हिरण्यक m. 1) * *Goldgier.* — 2) N. pr. eines Mäusekönigs.

हिरण्यकत्त und °कर्त्य (Taitt. Âr. 6,5,2) Adj. *mit einem Goldgurt versehen.*

हिरण्यकर्ण Adj. *Gold im Ohre tragend.*

हिरण्यकर्तर् Nom. ag. *Goldarbeiter.*

हिरण्यकवच Adj. *einen goldenen Panzer habend* (**Çiva**).

1\. हिरण्यकशिपु m. *Goldteppich, ein goldverzierter Sitz.*

2\. हिरण्यकशिपु 1) Adj. *einen goldenen Teppich habend.* — 2) m. N. pr. eines von **Vishṇu** (in seiner Erscheinung als **Narasiṃha**) erschlagenen **Daitja**.

हिरण्यकशिपुच्छेदिन् und * °कशिपुदारण m. Bein. **Vishṇu's**.

हिरण्यकामधेनु f. *eine die* **Kâmadhenu** *darstellende Figur von Gold.* °दान n. und °दानप्रयोग m. Titel Burnell, T.

हिरण्यकार m. *Goldarbeiter.*

हिरण्यकुक्षि Adj. *goldbauchig.*

हिरण्यकुब्ज m. N. pr. eines Mannes Ind. St. 14,123.

हिरण्यकुल m. N. pr. eines Fürsten.

हिरण्यकृत् Adj. *Gold machend (zum Vorschein bringend)* von **Agni**.

हिरण्यकृतचूड Adj. *dessen Haarbüschel von Gold ist* (**Çiva**).

हिरण्यकृष्णल n. *ein Stückchen Gold* Kâṭh. 11,4. Anupadas. 9,6.

हिरण्यकेश 1) Adj. (f. ई) *goldhaarig, — mähnig.* — 2) m. *a*) *Bein. **Vishṇu's**. — *b*) Pl. *eine best. Schule.* — 3) f. हिरण्यकेशी = 2) *b*).

हिरण्यकेशिन् m. N. pr. eines Verfassers von **Gṛhjasûtra**. °केशिसूत्र n. und °सूत्रव्याख्यान n. Burnell, T.

(हिरण्यकेश्य) हिरण्यकेशिन्न Adj. *goldmähnig.*

*हिरण्यकोश beruht auf einer falschen Auffassung von H. 1045.

हिरण्यखादि Adj. *goldene Spangen tragend.*

हिरण्यगदा f. *eine goldene Keule.* °दान n. Burnell, T.

हिरण्यगर्भ 1) m. *a*) *Goldschooss, ein Fötus von Gold.* हिरण्यगर्भदान n. und °दानप्रयोग m. Burnell, T. — *b*) Bez. *einer best. kosmogonischen Potenz,* namentlich *der persönliche* **Brahman**. Auch auf **Çiva** und **Kapila** übertragen. Im **Vedânta** Bez. *des durch das Gesammtding bedingten Intellects* 266,6. — *c*) N. pr. α) verschiedener Männer, unter andern eines **Vedânta**-Lehrers. — β) eines Flamingo. — 3) f. हिरण्यगर्भा N. pr. eines Flusses. — 4) (wohl n.) Name eines **Liñga**. — 5) Adj. 1) *b*) *betreffend.*

हिरण्यगर्भवती f. *ein das Wort* हिरण्यगर्भ *enthaltender Spruch* Çat. Br. 6,2,3,5.

हिरण्यगुप्त m. N. pr. verschiedener Männer.

हिरण्यचक्र Adj. *goldene Räder habend.*

हिरण्यज Adj. *goldentsprungen, goldig.*

हिरण्यजित् Adj. *Gold erbeutend, — gewinnend.*

हिरण्यजिह्व Adj. *goldzüngig.*

1\. हिरण्यज्योतिस् n. *Goldglanz.*

2\. हिरण्यज्योतिस् Adj. *goldglänzend.*

हिरण्यतुष m. Lâṭj. 8,11,25 nach dem Comm. = हिरण्यशकल.

हिरण्यतेजस् n. *Goldglanz.*

हिरण्यत्वच् Adj. *einen goldenen Ueberzug* (oder *Decke*) *habend.*

हिरण्यत्वचस् Adj. *Goldfell —,* oder *eine goldene Schabrake habend.*

हिरण्यद 1) *Gold schenkend.* — 2) * m. *das Meer.* — 3) f. आ *a*) * *die Erde.* — *b*) N. pr. eines Flusses.

हिरण्यदंष्ट्र Adj. *goldene Schneidezähne habend.*

हिरण्यदक्षिण Adj. *wobei Gold als Lohn gereicht wird* Kâtj. Çr. 15,9,5.

हिरण्यदत्त m. N. pr. verschiedener Männer.

हिरण्यदन्त् 1) Adj. *goldzähnig.* — 2) m. N. pr. eines **Baida**.

हिरण्यदा Adj. *Gold schenkend* ṚV. 2,35,10. 10, 107,2.

हिरण्यदान n. *das Schenken von Gold* Burnell, T.

*हिरण्यदू Adj. *um Gold oder Geld spielend.*

हिरण्यद्रापि Adj. *einen goldenen Umwurf tragend.*

हिरण्यधनुस् m. N. pr. eines Fürsten.

हिरण्यनाभ 1) m. *a*) * Bein. **Vishṇu's**. — *b*) N. pr. verschiedener Männer. — *c*) Bein. des Berges **Mainâka**. — 2) n. *ein Gebäude mit drei Hallen, nämlich nach Osten, Westen und Süden.*

हिरण्यनिकाषम् Absol. *Gold hineinreibend* Âçv. Gṛhj. 1,15,1.

हिरण्यनिधि m. *Goldschatz* Khând. Up. 8,3,2.

हिरण्यनिर्णिज् Adj. *goldgeschmückt.*

हिरण्यनेमि Adj. *goldene Felgen habend* ṚV.

हिरण्यपक्ष Adj. *goldene Flügel habend.*

हिरण्यपति m. *Goldherr.*

हिरण्यपर्ण Adj. 1) *goldgeflügelt.* — 2) *goldblätterig.*

*हिरण्यपर्वत m. N. pr. eines *Berges.*

हिरण्यपाणि 1) Adj. *a*) *goldhändig.* — *b*) *goldhufig.* — 2) m. N. pr. verschiedener Männer.

हिरण्यपात्र n. *Goldgefäss, eine goldene Schüssel* 107,16.

हिरण्यपावं Adj. nach Sâj. = हिरण्येन पुनन्.

हिरण्यपिण्ड m. *Goldklumpen.*

हिरण्यपुर n. N. pr. 1) einer in der Luft schwebenden oder jenseits des Meeres gelegenen *Stadt* der **Asura**. — 2) einer *Stadt* in **Kâçmîra**.

हिरण्यपुरुष m. *eine männliche Figur aus Gold* Vaitân.

हिरण्यपुष्प m. N. pr. eines Mannes.

हिरण्यपुष्पी f. *eine best. Pflanze.*

हिरण्यपेशस् Adj. *goldgeschmückt.*

हिरण्यप्रउग Adj. *mit einem goldenen Deichselkopf versehen*

हिरण्यबन्धन Adj. (f. आ) *goldene Bänder* (*Tauwerk*) *führend.*

हिरण्यबाहु 1) Adj. *goldarmig.* — 2) m. *a*) Bein. des Flusses **Çoṇa** Harshak. 11,16. v. l. °वाह. — *b*) N. pr. α) eines Schlangendämons. — β) eines Mannes.

हिरण्यबिन्दु m. N. pr. eines Berges und eines **Tîrtha**. Auch °बिन्दोस्तीर्थम्.

हिरण्मय Adj. (f. ई) *aus Gold gemacht.*

हिरण्यमालिन् Adj. = 2. हिरण्यस्रज् Cit. im Comm. zu Kâtj. Çr. 1,7,22. 14,1,23.

हिरण्यमूर्धन् Adj. (f. °मूर्ध्नी) *goldköpfig.*

हिरण्यय Adj. (f. ई) *golden, goldreich.* हिरण्यया Instr. f. ṚV. 8,1,32 (67,2 m. Du.).

हिरण्ययष्टि f. *ein goldener Baum* Âpast. Çr. 6,7,1.

हिरण्यया f. *Lust nach Gold.* Nur im gleichlautenden Instr.

हिरण्ययु Adj. *Gold begehrend.*

हिरण्ययोनि Adj. *einen goldenen Schooss habend* Âpast. Çr. 5,10,3. 12,2.

1\. हिरण्यरथ m. *ein Wagen voll Gold* und — *von Gold.*

2\. हिरण्यरथ 1) Adj. *mit einem goldenen Wagen fahrend.* — 2) m. N. pr. eines Fürsten VP². 4,124.

हिरण्यरशन Adj. *einen goldenen Gürtel habend* Bhâg. P. ed. Bomb. 4,7,20. °रसन Burn.

हिरण्यरूप Adj. *wie Gold aussehend, goldähnlich.*

हिरण्यरेतस् 1) * Adj. *dessen Same Gold ist.* — 2) m. *a*) *Feuer.* — *b*) * *die Sonne;* vgl. *d*), α). — *c*) * Bein. **Çiva's**. — *d*) N. pr. α) eines der 12 **Âditja**. — β) verschiedener Männer.

हिरण्यरेतस m. N. pr. eines Mannes. Pl. *sein Geschlecht.*

हिरण्यरोमन् m. 1) Bein. **Bhîshmaka's**. — 2)

N. pr. *a*) eines Sohnes des Parǵanja. — *b*) verschiedener Ṛshi.

हिरण्यलोमन् m. N. pr. eines Ṛshi im 5ten Manvantara.

हिरण्यवत्र * m. *das einem Gotte* (*einem Tempel*) *gehörige Gut.* Vgl. Gaṇar. 426. अ° (Nachtr. 7) und सुहिरण्यवत्र.

हिरण्यवत्तस् Adj. *goldbrüstig, Gold in sich bergend* (die Erde).

हिरण्यवत्त् 1) Adj. *a*) *Gold besitzend.* — *b*) *aus Gold bestehend.* — *c*) *von Gold begleitet, damit verbunden u. s. w.* — 2) f. हिरण्यवती *a*) Name der Stadt Uǵǵajinî im dritten Zeitalter. — *b*) N. pr. α) eines Flusses. — β) verschiedener Frauen. — 3) n. *Besitz an Gold.*

हिरण्यवन्धुर Adj. *einen goldenen Sitz* oder dgl. *habend.*

हिरण्यवर्ण 1) Adj. (f. आ) *a*) *goldfarben, goldähnlich.* — *b*) *das Wort* हिरण्यवर्ण *enthaltend.* f. आ *ein solcher Spruch* (TS. 5,6,1,1) Baudh. 2,7,2. — 2) *f. हिरण्यवर्णा *Fluss.*

हिरण्यवर्णीय Adj. *mit* हिरण्यवर्णा *beginnend.*

हिरण्यवर्तनि Adj. *eine goldene Bahn habend, goldspurig.*

हिरण्यवर्मन् m. N. pr. eines Fürsten.

हिरण्यवर्ष m. N. pr. eines Mannes.

हिरण्यवाशी Adj. *ein goldenes Messer* (oder *Beil*) *führend.*

हिरण्यवाशीमत् Adj. dass. Nur Superl. °मत्तम RV.

हिरण्यवाह m. Bein. des Flusses Çoṇa Harshaḱ. 45,1. Vgl. °बाहु.

हिरण्यविद् Adj. *Gold verschaffend* oder — *besitzend.*

हिरण्यविमित n. *ein goldener Palast* 30,23.

हिरण्यवी Adj. *mit Gold bedeckt.*

हिरण्यवीर्य Adj. *dessen Same Gold ist* (Feuer).

हिरण्यवृषभ m. *ein kleiner Stier von Gold.* °दान n. und °दानप्रयोग m. Burnell, T.

हिरण्यशकल m. *ein Stückchen Gold.*

हिरण्यशल्क m. v. l. für हिरण्यशल्क TS. 5,2,9,3.

हिरण्यशम्य Adj. *mit goldenen Zapfen versehen.*

हिरण्यशरीर Adj. *einen goldenen Leib habend.*

हिरण्यशल्क m. *ein Schnitzel Gold.*

हिरण्यशिप्र Adj. *einen goldenen Helm* (oder *Visir*) *habend.*

हिरण्यशीर्षन् Adj. (f. °ष्णी) *goldköpfig.*

हिरण्यशृङ्ग 1) Adj. *goldhörnig.* — 2) m. N. pr. eines Berges.

हिरण्यश्मश्रु Adj. *goldbärtig* Ḱhând. Up. 1,6,6.

हिरण्यष्ठीव m. N. pr. eines Berges.

हिरण्यष्ठीविन् Adj. *Gold speiend* (Vogel) MBh. 2,62,13.

हिरण्यसंकाश Adj. *wie Gold erscheinend, goldig* Çat. Br. 6,1,2,5.

हिरण्यसंदृश् Adj. dass.

हिरण्यसरस् n. N. pr. eines Tîrtha.

हिरण्यस्तुति f. *eine best. Hymne.*

हिरण्यस्तूप m. N. pr. eines Mannes.

हिरण्यस्थाल n. *eine goldene Schale* Lâṭj. 8,11,24.

1. हिरण्यस्रज् f. *Goldkranz, — reif, — kette* und dgl.

2. हिरण्यस्रज् Adj. *mit einem Goldkranz —, mit einer Goldkette u. s. w. versehen* Vaitân.

हिरण्यहस्त 1) Adj. *goldhändig.* — 2) m. N. pr. eines Mannes.

हिरण्यहेमन् n. *Gold.*

हिरण्याक्ष 1) Adj. *goldäugig.* — 2) m. N. pr. *a*) eines von Vishṇu in seiner Erscheinung als Eber erschlagenen Daitja. — *b*) eines Ṛshi und verschiedener anderer Männer. Pl. *ihr Geschlecht.* — *c*) einer Oertlichkeit.

हिरण्याक्षरिपु und हिरण्याक्षहर m. Bein. Vishṇu's.

हिरण्याङ्ग m. N. pr. eines Ṛshi. Pl. *sein Geschlecht.*

हिरण्याब्ज n. *eine goldene Lotusblüthe.*

हिरण्याभीशु Adj. *mit goldenen Zügeln* oder *Riemen versehen.*

हिरण्याश्व m. *ein Pferdchen aus Gold.* °दान n. Burnell, T.

हिरण्याश्वरथ m. *ein Pferdchen und Wägelchen aus Gold.*

*हिरण्यिन् 1) Adj. *goldreich.* — 2) f. °नी *Goldgrube, eine goldreiche Gegend.*

हिरण्येशय Adj. *in Gold ruhend.*

हिरण्येष्टका f. *ein Backstein aus Gold* Âpast. Çr. 17,4. 7. 9.

हिरण्वत् N. pr. 1) m. eines Sohnes des Âgnîdhra. — 2) f. °वती verschiedener Flüsse.

हिरम्य n. ein zur Erklärung von हिरण्य erfundenes Wort Çat. Br. 7,4,1,16.

हिराधर m. N. pr. eines Mannes.

हिरि Adj. = हरि in den folgenden Wörtern.

हिरिशिप्र Adj. *gelb —, goldwangig; einen goldenen Helm* (oder *Visir*) *tragend.*

हिरिश्मश्रु Adj. *goldbärtig.*

हिरीमत् Adj. etwa *die Falben habend.*

हिरीमश्र Adj. nach Sâj. *blondbärtig.*

हिरुक m. N. pr. eines Mannes Divjâvad. 545,5. 556,8. 570,26.

हिरुक् 1) Adv. *weg, fort, aus dem Gesicht von* (Abl.). हिरुक्कर्मणा मोत्तः so v. a. *die Erlösung tritt ein, sobald die Werke aufhören.* — 2) *besonders, apart* Çaṁk. zu Bâdar. 1,4,1 (339,5).

*हिरुक (°म) am Ende eines adv. Comp. (!).

*हिल्, हिलति (भावकरणे, हावकरणे).

*हिल N. pr. eines Berges und einer Stadt.

*हिलमोचि, *°मोचिका und *°मोची f. *Enhydra Hingcha.*

हिल्ल m. 1) **ein best. Wasservogel.* — 2) N. pr. eines Mannes.

हिल्लाज m. N. pr. eines Astronomen. °तात्रक n. und °दीपिका f. Titel.

*हिल्लोलय्, °यति *sich schaukeln.*

हिवुक = हिबुक.

*हिक्क्, हिक्कयते = हिक्क्.

हिक्का f. fehlerhaft für हिक्का.

ही Interj. *des Staunens, Entsetzens, Scherzes, Lachens* und *Behagens* Spr. 868 (wo ही न zu lesen ist; vgl. Gaṇar. S. 7, Z. 10). Çiç. 11,64 (ही st. हि zu lesen, wie schon das Metrum zeigt; vgl. auch Gaṇar. S. 7, Z. 10). Bâlar. 202,4. Hem. Par. 1,350. 409. Ǵâtakam. 31,44. Auch wiederholt Chr. 300,7 (im Prâkrit).

हीक m. N. pr. eines Piçâḱa. Ein zur Erklärung von बाह्लीक erfundenes Wort.

हीड्, हीडति, °ते 1) Act. *ärgern, kränken.* Nur जिहीड, जिहीळ und अहिडत् (mit Kürze!) Gop. Br. 1,2,21. — 2) Med. *ärgerlich —, gram —, erzürnt sein.* Nur जिहीडे, जिहीळे, जिहीडिरे, जिहीळानं, हीडितं und हीळितं *aufgebracht.* Vgl. हेड् und हेळ्. — Caus. (nur अजीहिडत्) *ausrupfen.* — Mit नि Med. AV. (Hdschrr.) 20,127,2.

होडु, होळु m. *Zupfer,* so v. a. *Mahner.*

हीन 1) Adj. s. u. 2. हा. — 2) *f. हीना *das Weibchen einer Maus.* Richtig दीना. — 3) n. *Mangel, das Fehlen.* वेलाहीने so v. a. *zu ungelegener Zeit.*

°हीनक Adj. *ermangelnd.*

हीनकर्मन् Adj. *niedrigen Beschäftigungen obliegend* oder *die* (vorgeschriebenen) *Handlungen unterlassend* Gaut. 18,25. M. 11,16.

हीनकुष्ठ n. wohl = तुद्रकुष्ठ *kleiner Aussatz.*

हीनक्रम m. *abnehmende Folge* (eines Verfahrens).

हीनज Adj. *von einem Niedrigen erzeugt;* m. *ein Mann niedrigen Standes.*

हीनतस् Adv. 1) = हीनात्, हीनेन *von einem Niedrigen.* — 2) *von geringerem Werth* Vasishṭha 2,37. — Auch fehlerhaft für हीनितस्.

हीनता f. 1) *das Fehlen, Nichtdasein* Varâh. Jo-

GAJ. 8,4. — 2) *das Ermangeln, Nichtbesitzen, Armsein an* (Instr. oder im Comp. vorangehend). — 3) *Kraftlosigkeit* BHÂVAPR. 2,109.

हीनत्व n. 1) *das Nachstehen, Niedrigerstehen.* — 2) *das Ermangeln, Nichtbesitzen, Armsein an* (im Comp. vorangehend).

हीनदग्ध Adj. *zu wenig geätzt.*

हीनदीनानुकम्पक Adj. *der Niedrigen und Traurigen sich erbarmend* KÂRAND. 45,2. 55,13.

हीनपक्ष Adj. (f. आ) *ohne Protection* 213,17.

हीनप्रतिज्ञ Adj. *wortbrüchig* HARIV. 8122.

*हीनबाहु m. N. pr. eines Wesens im Gefolge Çiva's.

हीनयान n. *das kleinere Fahrzeug* (Gegensatz महायान), Bez. der älteren Phase des Buddhismus.

हीनरात्र Adj. (f. आ) *kürzere Nächte habend* GAUT. 2,17. 21,9.

हीनरोमन् Adj. *unbehaart.*

हीनवर्ग Adj. *zu einer niedrigen Kaste gehörig* GÂTAKAM. 23,7.

हीनवादिन् Adj. *in einem Streite* (*Processe*) *unterliegend.*

हीनवीर्य Adj. *kraftlos.* Nom. abstr. °त्व n. BHÂVAPR. 2,109.

हीनवृत्त Adj. *schlechten Wandels.*

*हीनसख्य n. *Freundschaft mit Menschen niederen Schlages.*

हीनसेवा f. *Dienst bei Niedrigen* Spr. 7402.

हीनाङ्ग 1) Adj. (f. आ und ई) a) *dem ein Glied fehlt.* — b) *unvollständig in seinen Theilen.* — 2) *f. ई *eine Art Ameise.*

हीनातिरिक्ताङ्ग Adj. (f. ई) *ein Glied zu wenig oder zu viel habend.*

हीनाधिक Adj. *zu wenig oder zu viel.* Nom. abstr. °ता f. (250,14) und °त्व n. (Comm. zu KÂVJÂD. 2,51).

हीनाधिकाङ्ग Adj. (f. ई) *ein Glied zu wenig oder zu viel habend.*

हीनार्थ Adj. *um seinen Vortheil —, zu kurz gekommen.*

हीनित Adj. 1) *um das Seinige gebracht.* — 2) *am Ende eines Comp. ermangelnd, getrennt von.* — 3) **subtrahirt.*

हीनोपमा f. *ein Vergleich mit Geringerem* (*zu Geringem*).

*हीताल m. = हिन्ताल.

हीर 1) (*m. n.) *Diamant.* n. RÂGAN. 13,174. — 2) m. a) **Schlange.* — b) **Löwe.* — c) **Perlenschnur.* — d) *ein best. Metrum.* Könnte auch n. sein. — e) **Bein. Çiva's.* — f) N. pr. des Vaters von Harsha. — 3) f. आ a) **eine Art Ameise oder Schabe.* — b) **Gmelina arborea.* — c) * Bein. der Lakshmî. — d) N. pr. einer Frau.

हीरक 1) (*m. n.) *Diamant.* — 2) *ein best. Metrum.*

हीरकार्य m. N. pr. eines Mannes BHADRAB. 4,174.

हीरभट्ट m. desgl.

*हीरराज H. an. 4,39 fehlerhaft für हीरशर; vgl. ZACH. Beitr. 90.

*हीराङ्ग n. Indra's *Donnerkeil.*

*हीलक n. *der männliche Same.*

हीलना f. *Verletzung, Schädigung* ÇILÂÑKA 1,271.

*हीलुक n. *Rum.*

हीष् *eine Gesangsinterjection* NJÂJAM. 2,2,32.

हीषोस्वर n. Name eines Sâman.

हीहीकार m. *der Ausruf der Freude* ही ही.

1. हु, जुहोति, जुहुते *in's Feuer giessen, — werfen*, d. i. *Etwas* (Acc. oder Gen.) *Jmdm* (Dat. oder Acc.) *mit Etwas* (Instr.), — *in* (Loc.) *opfern*; auch von Dingen, die nicht gerade im Feuer dargebracht werden; *sprengen auf* (Loc.). हुतै *geopfert* und *dem geopfert worden ist.* RV. 6,50,15 vielleicht fehlerhaft für हूतै. — Caus. हावयति *opfern lassen* (das Object der Opferer, das Geopferte oder derjenige, welchem geopfert wird) GOBH. 1,3,13. ÂPAST. 1,25,12. — Desid. जुहूषति *opfern wollen.* जुहुक्षेत् (!) GOBH. 1,8,3. — Intens. जोहवीति (अनुहवीत् metrisch für अ-जो°) *häufig opfern, opfern* überh. — Mit अधि *opfern auf* oder *über* (Loc.). — Mit अप, °हुत MUIR, ST. 1,44 fehlerhaft für अपहृत. — Mit अभि *das Opfer giessen auf* oder *an, opfern an* oder *für* (einen Gott), *beopfern; begiessen, beschütten* überh. VAITÂN. 6,8 (अभिहुत्वा!). 7,10. 16,16. 23,22. अभिहुत *begossen* (mit Opfer), *beopfert, geopfert; begossen, beschüttet* überh. — Mit अव *vergiessen.* — Mit आ *opfern Jmdm* (Dat.), *in* (Loc.), *Jmd* (Acc.) *mit Opfer begiessen.* आर्हुह्वान *geopfert* und *beopfert.* आहुत *geopfert, beopfert*; auch so v. a. *in's Feuer gelegt* (Leichnam). — Mit उद्द in उद्दव. — Mit अभ्युद्, अभ्युद्धुत RAGH. ed. Calc. 1,54 durch सम्यगहुत erklärt, gehört zu धु. — Mit उप *hinzuopfern* BAUDH. im Comm. zu ÂPAST. ÇR. 5,29,11. VAITÂN. 3,15. — Mit निस् *zu Ende opfern* in अनिर्हुत Nachtr. 6. — Mit प्र (*fortwährend, in einer Folge*) *opfern, als Opfer hingeben.* Partic. प्रहुत. — Caus. *aus—, hingiessen* ÂPAST. ÇR. 15,11,1. — Mit प्रति *zum Ersatz opfern, das Opfer ergänzen* MAITR. S. 3,8,6 (103,3). GOP. BR. 2,2,10. Citat im Comm. zu ÂPAST. ÇR. 5,17,6. 13,25,9. — Mit सम् *zusammen opfern.*

2. हु = ह्व, ह्वा. Mit अभि, °हुत *angerufen.* — Mit आ, आहुत *angerufen; aufgefordert, eingeladen.* — Mit समा, °हुत *zusammengerufen.*

3. हु Interj. हुं हु मुच; हुं हु हुं हु हु हु हूं हु हु हुं हूम् zu Spr. 7480.

हुंहुंकार m. *der Ausruf* हुं हुम्.

हुक्कार m. *der* (von einer Trommel herrührende) *Laut* हुक्.

हुगलि, °ली, हुगुलि und °ली f. N. pr. einer Stadt in Bengalen.

हुग्ग m. N. pr. eines Lexicographen ZACH. ÇÂÇVATA XIV.

हुंकार 1) m. *der Laut* हुम् (drohend und Abscheu verrathend), auch vom *Gebrüll* der Elephanten und Kühe, vom *Gesumme* des *Bogens* (PAÑKAD.). — 2) f. आ N. pr. einer Joginî (*Hexe*) HEMÂDRI 2,a,95,17. 19. — 3) f. ई desgl. Auch N. pr. eines anderen Wesens PAÑKAD.

हुंकारतीर्थ n. N. pr. eines Tîrtha.

हुंकृत 1) Adj. s. u. हुम्. — 2) n. *Ausruf des Zorns* und *Gebrüll* (einer Kuh, des Donners).

हुंकृति f. = हुंकार 1) ÇIÇ. 6,62. 12,41. Vgl. भेदधिक्कारान्यत्कार°.

हुञ्जिका f. *ein best.* Râga S. S. S.

*हुड्, हुडति (संघाते, मज्जे), होडति (गतौ).

हुड 1) m. *Widder.* — 2) *ein best. Kriegsgeräth.* Am Ende eines adj. Comp. f. आ.

*हुडरोमाश्रयफला f. *ein best. Strauch* RÂGAN. 4,205.

हुडु m. *Widder.*

हुडुक् onomatop. °कार m. bei den ekstatischen Pâçupata *eine Art von Schnalzen.* Vgl. हुडुत् und हुडुम् S. S. S. 177. 183.

हुडुक्क 1) *m. a) *ein best. musikalisches Instrument.* — b) *der Vogel* Dâtjûha *in der Brunstzeit.* — c) *ein zum Verschluss eines Thores dienender Balken.* — 2) f. आ *eine Art Trommel* S. S. S. 177. 183.

हुडुत् = हुडुक्. हुडुत्कार KÂÇIKH. 74,60. 85,8. Vgl. हुडुंकृत 84,9.

*हुडुम्ब m. = धष्टचिपिट.

*हुण्ड्, हुण्डति, हुण्डते (संघाते, वरणे, करणे).

हुण्ड 1) m. a) *Widder* KÂÇIKH. 3,49. — b) **Tiger.* — c) **Hausschwein.* — d) **Dummkopf.* — e) **ein* Râkshasa. — f) *etwa Aehre* Ind. St. 15,219. — g) Pl. N. pr. eines Volkes. v. l. पौण्ड्र. — 2) *f. आ *das Knistern* (des Feuers) Comm. zu KÂÇIKH. 3,49.

हुण्डन 1) m. N. pr. eines Wesens im Gefolge Çiva's KÂÇIKH. 66,31. Vgl. *विहुण्डन. — 2) n. *etwa das Unthätig —, Gefühlloswerden.*

हुण्डनेश m. Bein. Çiva's KÂÇIKH. 66,32.

हुण्डिका f. *Verschreibung, Anweisung* LOKAPR.

2, Anf. (दीनार°, धान्य°, सेव्य°, क्रियाकार°).

°हुत् Adj. in अग्निहोत्रहुत्, अग्निहुत्, सर्वहुत् und सुहुतहुत् (u. सुहुत).

हुत 1) Adj. s. u. 1. हु. — 2) n. *das Geopferte, Opfer.*

हुतभक्त m. Bez. Agni's Kâraka 6,3.

हुतभाग Adj. *am Opfer betheiligt, — berechtigt.*

हुतभुग्ध्वज m. *Rauch.*

हुतभुज् m. 1) *Feuer, der Gott des Feuers.* °भुग्दिश् f. *Südost* Varâh. Jogaj. 6,6. *°भुक्प्रिया f. *Agni's Gattin.* — 2) *Plumbago ceylanica.* — 3) *ein best. Stern,* β *Tauri.*

हुतभोक्तर् Nom. ag. *Feuer, der Gott des Feuers* R. 6,32,20.

हुतभोजन Adj. *das Opfer zur Speise habend* oder m. *Feuer.*

हुतवह m. *Feuer, der Gott des Feuers.* Am Ende eines adj. Comp. f. आ 325,30.

हुतशिष्टाशन Adj. *die Opferreste verzehrend, davon lebend* MBh. 7,66,1.

हुतशेष m. *Opferrest.*

हुतहव्यवह m. N. pr. eines Sohnes des Dhara.

हुतांश m. *ein Theil der Opfergabe.*

हुताद् Adj. *vom Geopferten geniessend.*

हुताश m. 1) *Feuer, der Gott des Feuers.* — 2) Bez. *der Zahl drei* Ganit. Kakshâdh. 7. — 3) *Plumbago ceylanica.*

हुताशन 1) m. *Feuer, der Gott des Feuers.* — 2) f. आ N. pr. *einer* Joginî (*Hexe*) Hemâdri 2,a,93,11. 13.

हुताशनमय Adj. (f. ई) *aus Feuer bestehend, die Natur des Feuers habend.*

हुताशनवत् Adj. *mit Feuer versehen.*

हुताशनाय्, °यते *zu Feuer werden, wie F. erscheinen* Kâd. 248,13 (406,2).

1. हुताशवृत्ति f. *ein Lebensunterhalt durch Feuer, d. i. wobei Feuer nöthig ist.*

2. हुताशवृत्ति Adj. *vom Feuer lebend* (Schmied u. s. w.).

हुताशवेश m. N. pr. = अग्निवेश.

हुताशशाला f. *der Ort, wo das heilige Feuer aufbewahrt wird.*

हुताशसुत m. Pl. Bez. *bestimmter* Ketu.

हुताशिन् Adj. *nur von Opfern sich nährend.*

हुताहुत (!) Adj. *geopfert und (oder) nicht geopfert* TBr. 3,7,8,3. Âpast. Çr. 14,30,2.

हुति f. *Opfer* in सर्व° und हविर्हुति.

हुतोच्छिष्ट Adj. *vom Opfer übriggeblieben* Çat. Br. 4,2,2,31. हुतोच्छिष्टभक्त Adj. Kâtj. Çr. 19,1,13.

हुत्मत् in विहुत्मत्.

हुन् = 1. हु *opfern.* Nur हुनेत् Pañkar. 3,14,3. 28. 44. 46. 53. 60. 62. 71. 72. 79. 13,74. Hemâdri 1, 325,10.

हुम् Interj. Lâtj. 7,11,7. हुं ज्ञातम् Uttamak. 303. Mit कर् (in Comp. damit) 1) *brummen.* — 2) *Jmd* (Acc.) *barsch anfahren.* — 3) *einen Laut des Ekels ausstossen über.* — 4) हुंकृत a) *blökend.* — b) *barsch angefahren* MBh. 12,118,1. — Mit कर् Caus. *seinen Zorn auslassen* MBh. 13,14,154. — Mit कर् und अनु (अनुहुंकुरुते) *ein Gebrüll beantworten.*

हुम्भा f. = हम्भा. °रव m.

हुम्मा Interj. in einem Sâman.

हुरश्चित् Adj. etwa *im Verborgenen lauernd.* Nach Nigh. m. = स्तेन.

हुरस् Adv. *verborgen, heimlich.*

हुरुक् Adv. *abseits, auf Abwegen.*

*हुल्, होलति (गतौ हिंसासंवरणयोः). हुलेत् Verz. d. Oxf. H. 94,b,32. 42 fehlerhaft für हुनेत् (s. हुन्).

हुल m. *ein best. Kriegsgeräth.*

*हुलमातृका f. *ein langer Dolch.*

*हुलहुली f. Bez. *eines best. mit dem Munde hervorgebrachten Tones.* Vgl. हूरलोल.

*हुलायका f. *eine best. Waffe.*

हुलुहुलु Interj. *der Freude.*

हुल्ल n. *eine Art Tanz* S. S. S. 259.

हुल्लुर m. N. pr. eines Fürsten der Nâga Kârand. 2,11.

हुवध्यै Dat. Infin. zu ह्वा RV. 1,122,4. 5. 5,41, 3. 43,8. 45,4.

हुवन्य्, °न्यति *rufen, schreien* RV.

हुवा Interj.

हुविष्क m. N. pr. eines Fürsten M. Müller, Ren. 293.

हुष्क m. N. pr. desgl. °पुर n. N. pr. der von ihm gegründeten Stadt.

हुहुव *eine best. Hölle* Divjâvad. 67,23. Vgl. हहव.

हुहु und हुहू (Çâñkh. Çr. 4,10,1) m. N. pr. eines Gandharva.

हुहुव = हुहव Divjâvad. 67,23.

हूहू s. हुहु.

1. हू *rufen* s. ह्वा.

2. °हू Adj. *rufend.*

3. हू Interj. हू हू vom *Geheul* des *Schakals.*

हूंहूंकारागार und हूंहूंकारप्रिय Adj. als Beiww. Çiva's.

हूंकार m. = हुंकार, wie die v. l. häufig hat.

हूंकृति f. vom *Laute beim Schnarchen* und vom *Gesumme* der *Bienen.*

*हूड्, हूडति (गतौ).

हूण m. Pl. N. pr. eines Volkes (*die Hunnen*) und eines Geschlechts; Sg. *ein Fürst der* Hûṇa.

हूत 1) Adj. s. u. ह्वा. — 2) n. *das Rufen* P. 8,2,84.

हूतवत् Adj. *eine Form von* हू (= ह्वा) *enthaltend.*

हूति f. 1) *Ruf, Anruf.* — 2) *Benennung, Name* Çiç. 9,15.

हून m. Pl. schlechte v. l. für हूण.

हून् Interj. Vgl. हुम् (wie die v. l. oft hat) und u. हु.

हूम्फ (?) Pañkad.

हूय n. in देवहूय und पितृहूय.

*हूरलोल *das zum Einschläfern eines Kindes angewendete Summen* Comm. zu Vâsav. 168. Vgl. हुलहुली.

*हूरव m. *Schakal.*

हूरहूण m. Pl. N. pr. eines Volkes.

हूरा f. in *हर° und *कार°.

हूर्छ्, हूर्छति *schief gehen, gleiten, schwanken, fallen* (Maitr. S. 1,10,7); mit Abl. *von Etwas abfallen.* — Caus. हूर्छयति *zu Fall bringen, abkommen lassen von* (Abl.). — Mit अनु *nach Jmd* (Acc.) *zu Fall kommen* Maitr. S. 1,10,7. — Mit वि 1) *watscheln* (von einem Fetten). — 2) *schwanken, fehltreten.*

*हूर्छन n. Nom. act. von हूर्छ्.

*हूलुण्ट m. N. pr. eines Schlangendämons.

हूष्कपुर n. schlechte Lesart für हुष्क° (s. u. हुष्क).

1. हूहू Interj. s. u. 3. हू.

2. हूहू m. N. pr. eines Gandharva. Vgl. हुहु, wie häufig des Metrums wegen gelesen werden muss.

हृच्छय 1) Adj. *im Herzen ruhend, — Jmds* (Gen. oder im Comp. vorangehend). मुनिः पुराणः so v. a. *das Gewissen,* साधु° so v. a. *die Gedanken Guter beschäftigend.* — 2) m. a) *Geschlechtsliebe, der Liebesgott.* — b) *Wunsch, Verlangen.* — c) MBh. 6, 4246 schlechte Lesart für अनुशय.

हृच्छूल m. n. *Herzweh,* vielleicht *Herzkrampf.*

हृच्छोक m. *Herzenskummer* AV. Paipp. 3,6,3,4.

हृच्छोष m. *Trockenheit des Innern.*

हृज्ज Adj. *im Herzen entstanden, — befindlich.*

हृणाय्, Partic. हृणायन्त् *grollend.*

हृणायु in दुर्हृणायु.

*हृणिया f. = *हृणीया.

हृणीय्, हृणीयते 1) *grollen.* — 2) **sich schämen;* vgl. ह्रिणीय्.

*हृणीया f. = अर्तन, ऋतीया, घृणा.

हृत् 1) Adj. am Ende eines Comp. a) *bringend.* — b) *raubend, stehlend,* — c) *benehmend, vertrei-*

bend. — 2) m. *Divisor.*

हृतसार Adj. *des Besten beraubt, wovon der Rahm abgenommen ist* R. 2,33,18. R. Gorr. 2,36,12.

हृति f. 1) *Wegnahme, Raub.* — 2) * *Vernichtung.* — 3) in der Astr. *Bruchstück, Theil* als Bez. *einer best. Linie eines best. Dreiecks auf der Himmelskugel.*

हृत्कमल n. in शिरा°.

हृत्कम्प m. *Herzklopfen.*

हृत्तस् Adv. *von Herzen.*

हृत्ताप m. *Seelenschmerz.*

हृत्पङ्कज n. *das als Lotusblüthe gedachte Herz.*

हृत्पति m. *der Herr der Herzen.*

हृत्पद्म n. = हृत्पङ्कज 138,5.

हृत्पीडन n. und हृत्पीडा f. *Herzdrücken.*

हृत्पुण्डरीक n. und हृत्पुष्कर n. = हृत्पङ्कज.

हृत्प्रतिष्ठ Adj. *im Herzen —, im Innern wohnend.*

*हृत्प्रिय Adj. *dem Herzen lieb.*

हृत्स्तम्भ m. *Unthätigkeit des Herzens.*

हृत्स्फोट m. *das Bersten des Herzens, ein gebrochenes Herz* Kathâs. 33,72. 53,152. 70,72. 73,291. 78.74. 86,162. Prab. 90,11, v. l.

हृत्स्फोटम् Absol. *an gebrochenem Herzen* (sterben) Prab. 90,11.

(हृत्स्वस्) हृत्सुघ्रँस् Adj. *in's Herz treffend.*

हृद् n. 1) *Herz* (auch *Herzgegend*), namentlich als *Sitz der Empfindungen*, überh. *geistigen Vermögens und geistiger Vorgänge.* — 2) *Herz*, so v. a. *das Innere des Körpers* überh., *Brust* und *Magen* insbes.

हृद = हृद् in सुहृद. हृदः MBh. 12,4662 fehlerhaft für ह्रदः.

हृदंसनि Adj. *Herz gebend*, so v. a. — *stärkend, Muth machend.*

हृदम्भोज n. = हृत्पङ्कज 119,12.

1. हृदय n. (adj. Comp. f. आ) 1) n. a) *Herz* (auch *Herzgegend*), eig. und auch als *Sitz geistiger Vorgänge.* हृदये कर् *sich zu Herzen nehmen* Gâtakam. 25,17. — b) *Herz*, so v. a. *das Innere des Körpers.* — c) *Mitte, Centrum* überh. — d) *das Innere —, der Kern einer Sache*, so v. a. *das Beste, Liebste, Geheimste* u. s. w. — e) प्रजापतेर्हृदयम् Name eines Sâman. Auch हृदय allein Kâth. 21,5. Vgl. प्रजापति°. — 2) m. a) *ein best. Sonntag* Bhavishjap. 140,b. — b) * scheinbar N. pr. eines Wesens im Gefolge Çiva's Vâdi beim Schol. zu H. 210. Es ist हृदयोद्धर्तत zu lesen. — 3) f. हृदया N. pr. einer Stute. v. l. ज्ञातहृदया st. विख्याता हृदया.

2. हृदय Adj. nach dem Comm. *in's Herz dringend* (घ्रग).

हृदयकम्पन Adj. *herzerschütternd* 70,17.

हृदयक्षोभ m. *Herzerschütterung, Herzenskummer* Venîs. 24,14.

हृदयक्लम m. *Abspannung —, Schlaffheit des Herzens.*

हृदयगत Adj. *im Herzen wohnend* 105,4.

हृदयग्रन्थि m. *Herzensknoten*, so v. a. *Alles was das Herz bewegt und beschwert* 287,26.

हृदयग्रह m. *Herzkrampf* Karaka 2,18.

हृदयग्राह m. *die Entgegennahme des Geheimnisses von* (Gen.).

हृदयग्राहक Adj. *das Herz ergreifend*, so v. a. *überzeugend* Gâtakam. 21. 27. 28.

हृदयग्राहिन् Adj. *das Herz mit sich fortreissend, — entzückend.*

हृदयंगम Adj. (f. आ) 1) *zum Herzen dringend* (Âpast.), *dem H. zusagend.* Nom. abstr. °ता f. — 2) *aus dem Herzen kommend, der innersten Ueberzeugung entsprechend.*

हृदयचोर m. *Herzensdieb* Harshak. 114,3.

हृदयच्छिद् Adj. *das Herz durchbohrend.*

हृदयज 1) Adj. *zum Innern gehörig, dem I. entsprechend.* — 2) m. *Sohn.*

हृदयज्ञ Adj. 1) *das Herz kennend*, so v. a. *dem Herzen zusagend.* — 2) *das Geheimniss von* (im Comp. vorangehend) *kennend.* Nom. abstr. °त्व n.

हृदयज्वर m. *Herzenskummer* Venîs. 72,6.

हृदयदत्त m. N. pr. eines Juristen.

हृदयदाहिन् Adj. *das Herz versengend.*

हृदयदीप m., °क m. und °दीपकनिघण्टु m. (Burnell, T.) Titel eines Wörterbuchs.

हृदयदूत m. Titel eines Gedichts.

हृदयदेश m. *Herzgegend* Çâṅkh. Gṛhj. 3,8. Âçv. Gṛhj. 1,13,7. 20,10. 21,7. Gobh. 2,10,30. Âpast. Gṛhj. 8,10.

हृदयद्रव m. = हृद्द्रव Karaka 6,23.

हृदयनारायण m. N. pr. eines *Fürsten.*

हृदयपीडा f. = हृत्पीडा.

हृदयपुण्डरीक n. = हृत्पङ्कज.

हृदयपुरुष m. *der Pulsschlag des Herzens* Comm. zu Gobh. 2,10,30.

हृदयप्रबोध m. Titel Burnell, T.

हृदयप्रमाथिन् Adj. *herzerschütternd* Mâlav. 37.

हृदयप्रिय Adj. (f. आ) *dem Herzen lieb, geliebt* (147,2), *herzerquickend* (Speise).

हृदयरज्जु f. *the semidiameter of a circle in contact with the angles* Colebr. Alg. 299.

हृदयरामदेव m. N. pr. eines *Fürsten.*

*हृदयरोग m. *Herzkrankheit.*

*हृदयलेख m. verschieden von हृल्लेख.

हृदयलेह्य Adj. *woran sich das Herz erlabt* Pa. P. 10,18.

*हृदयवत् Adj. von 1. हृदय.

हृदयवल्लभ m. *Herzensgeliebter* 301,23.

हृदयविरोध m. *Herzbeklemmung* Karaka 6,23.

हृदयवृत्ति f. *Herzensstimmung.*

हृदयव्यथा f. *Seelenschmerz.*

हृदयव्याधि m. *eine Krankheit des Herzens, — der Seele.*

हृदयशूल m. *ein Spiess, an welchem das Herz des Opferthiers gebraten wird;* elliptisch *die Handlung des Bratens* Âpast. Çr. 7,8,3. 23,10. 27,15. 11,20,15. Vaitân. 10,22. °शूलान्त m. *der Schluss dieses Vorganges*, Adj. *damit schliessend.*

हृदयशैथिल्य n. *Niedergeschlagenheit, Kleinmuth* Bhâg. P. 5,7,11.

*हृदयशोक m. *Herzenskummer.*

हृदयश्रिष Adj. *herzumklammernd.*

हृदयसंगम m. *Vereinigung der Herzen.* °सर्गेप्सु Adj. Âpast. Gṛhj. 9,4.

हृदयसंधि m. *Verbindungsstelle am Herzen.* °पीडा f.

हृदयसंमित Adj. *in der Höhe des Herzens, — der Brust* Âçv. Çr. 1,1,23.

हृदयसाहि m. N. pr. eines *Fürsten* (شاه).

हृदयस्थ Adj. 1) *im Herzen ruhend.* — 2) *im Innern des Körpers befindlich.*

*हृदयस्थान n. *Herzgegend.*

हृदयस्थायिन् Adj. = हृदयस्थ 2) Karaka 241,2.

हृदयस्पृश् Adj. *das Herz (die Herzgegend) berührend.*

हृदयहारिन् Adj. *das Herz hinreissend, — entzückend.*

हृदयाकाश m. *Herzhöhlung.*

*हृदयात्मन् m. *Reiher.*

हृदयानुग Adj. (f. आ) *dem Herzen willfahrend.*

हृदयाभरण m. N. pr. eines Mannes.

हृदयामय m. *Krankheit des Herzens, — des Innern.*

हृदयाम्बुज n. = हृत्पङ्कज Ind. St. 14,382.

*हृदयार्णवरस m. *eine best. Mixtur* Mat. med. 66.

*हृदयालु Adj. von 1. हृदय.

हृदयावर्जक Adj. *Jmds* (Gen.) *Herz gewinnend.*

हृदयाविध् Adj. 1) *herzdurchbohrend.* — 2) *im Herzen wund.*

*हृदयाविन् und *हृदयिक Adj. von 1. हृदय.

*हृदयिलु Adj. Vop. 26,166.

*हृदयिन् Adj. von 1. हृदय.

हृदयेश 1) m. a) *Herr des Herzens*, so v. a. *Geliebter, Gatte* Çiç. 10,63. — b) N. pr. eines Fürsten. — 2) *f. आ *Geliebte, Gattin.*

हृदयेशय Adj. *im Herzen ruhend.*

हृदयेश्वर m. 1) *Herr des Herzens,* so v. a. *Geliebter, Gatte.* — 2) N. pr. eines Fürsten.

हृदयोद्वर्तन m. N. pr. eines Dämons.

हृदयोद्वेष्टन n. *Beengung des Herzens.*

हृदयोन्मादिनी f. *eine best.* Çruti S. S. S. 24.

हृदयोपकर्तिन् Adj. *an einer best. Herzkrankheit leidend* Karaka 3,1.

हृदयोपलेप m. *eine best. Herzkrankheit* Karaka 1,20.

हृदयोपसरण n. desgl. Karaka 1,13.

हृदयौपश m. *ein best. Fleischtheil am Herzen.* Du. nach dem Comm. *Herz und Herzbeutel.*

1. हृदय्य, हृदयिग्र Adj. (f. आ) *im Herzen befindlich;* auch so v. a. *lieb.*

2. हृदय्य Adj. VS. 16,44 fehlerhaft für हृदय्य.

हृदामय m. *Herzleiden.*

*हृदयावर्त m. *Haarwirbel auf der Brust eines Pferdes.*

हृदिक m. N. pr. des Vaters von Kṛtavarman.

*हृदिनी f. = ह्रदिनी *Fluss.*

हृदिशय Adj. *im Herzen steckend.*

हृदिस्थ Adj. *im Herzen befindlich;* auch so v. a. *lieb.*

हृदिस्पृश् und °स्पृश Adj. *das Herz rührend, ergreifend, entzückend.*

हृदीक m. N. pr. = हृदिक.

हृदुत्क्लेद und हृदुत्क्लेश m. *Uebelkeit, Würgen.*

हृद्दघ्न Adj. (f. आ) *bis zum Herzen (zur Herzgegend) reichend.*

हृद्गत Adj. *im Herzen befindlich, am H. liegend, dem H. zusagend;* auch so v. a. *wohlschmeckend.*

*हृद्गद m. *Herzleiden.*

हृद्गम Adj. *in's Herz dringend* Sâmsk. K. 121,a,2.

*हृद्गोल m. N. pr. eines Berges.

*हृद्गोलीय m. Pl. *die Anwohner des* Hṛdgola.

*हृद्ग्रन्थ m. = हृद्व्रण Râgan. 20,24.

हृद्ग्रह m. *Herzkrampf.*

हृद्घटन (vielleicht हृद्घट्टन) n. *eine best. Krankheit* Karaka 1,17.

हृद्दाह m. etwa *Sodbrennen.*

हृद्द्योत m. *inneres Gebrechen.*

हृद्द्योतन Adj. *das Herz brechend.*

हृद्द्योतभेषज n. *ein Heilmittel gegen innere Krankheiten.*

हृद्द्रव m. *schneller Herzschlag* Karaka 6,16. 21.

हृद्द्वार n. *der Eingang zum Herzen.*

*हृद्धात्री f. *ein best. Heilmittel.* Richtig बृहद्धात्री.

*हृद्धित Adj. *dem Magen zuträglich.*

हृद्बल Adj. *herzüberwältigend,* d. h. *in's Herz treffend.*

हृद्भेद n. und °तन्त्र n. Titel eines Tantra.

हृद्य, हृदिय 1) Adj. (f. आ) *a) im Herzen —, im Innern befindlich, innerst. — b) dem Innern —, dem Magen zusagend; mundend. — c) an's Herz gewachsen, innig geliebt.* Superl. °तम. — *d) dem Herzen zusagend,* so v. a. *angenehm, lieblich, reizend, hübsch, freundlich* Gâtakam. 7. Compar. हृद्यतर. — 2) *n. *a) weisser Kümmel. — b) die aromatische Rinde von Laurus Cassia.*

हृद्यगन्ध 1) Adj. *angenehm riechend.* — 2) *m. *Aegle Marmelos.* — 3) *f. आ *Jasminum grandiflorum.* — 4) *n. *a) eine Art Kümmel. — b) schwarzes Salz.*

*हृद्यगन्धक n. *eine Art Salz,* = सौवर्चल.

*हृद्यगन्धि n. *eine Art Kümmel.*

हृद्यता f. Nom. abstr. zu हृद्य 1) *b*) *d*) (Gâtakam. 31, 57).

हृद्योत, हृद्योतन und हृद्योतभेषज schlechte Schreibart für हृद्द्योत u. s. w.

हृद्रुज् f. 1) **eine best. Krankheit.* — 2) *Herzeleid, Seelenschmerz* Bhâg. P. 4,6,47.

1. हृद्रोग m. 1) *ein inneres Leiden.* — 2) *eine best. Krankheit* (Wise vermuthet *angina pectoris*). — 3) *Herzeleid.*

2. हृद्रोग (aus ὑδροχόος) m. *der Wassermann im Thierkreise.*

हृद्रोगप्रतिकार m. Titel Burnell, T.

*हृद्रोगवैरिन् m. *Terminalia Arunja.*

हृद्रोगिन् Adj. *an der* हृद्रोग *genannten Krankheit leidend.*

हृद्वक्त्रावर्तिन् Adj. *einen Haarwirbel auf der Brust und am Kopfe habend* (Pferd) H. 1236.

हृद्वर्तिन् Adj. *im Herzen weilend* Ind. St. 14,380.

*हृद्वण्टक m. *Bauch.*

हृद्विदाह m. = हृद्दाह Karaka 6,23.

हृद्विधेनामन् s. u. हिन्विधेनामन्.

हृद्व्यथा f. *Herzklopfen.*

*हृद्व्रण m. = हृद्ग्रन्थ Râgan. 20,24.

हृन्मन्त्र m. *ein best. Spruch.*

हृन्मोह m. etwa *Herzbeengung.*

हृल्लकालोल m. N. pr. eines Râkshasa Ind. St. 14, 111. 114. 129.

हृल्लास m., °क m. und °सिका f. *Hüpfen des Herzens,* d. i. *Herzklopfen, Herzstösse* Karaka 6,3. Nach H. हृल्लास = हिक्का.

हृल्लेख m. 1) *Herzensscrupel, Zweifel* Gâtakam. 23. — 2) *ein best.* शक्तिबीज Hemâdri 1,231,17 (हृ° gedr.).

हृल्लेप m. *eine best. Herzkrankheit* Karaka 8,6. Vgl. हृदयोपलेप.

हृल्लोचन n. *das Herz als Auge.*

हृषीक n. *Sinnesorgan.*

हृषीकनाथ m. Bein. Vishṇu-Kṛshṇa's.

हृषीकाश्रम m. N. pr. eines Mannes.

हृषीकेश m. 1) Bein. Vishṇu-Kṛshṇa's. Nom. abstr. °त्व n. — 2) Bez. *des zehnten Monats.* — 3) N. pr. eines Tîrtha. — 4) *Herr —, Gebieter der Sinne.*

हृषीकेश्वर m. Bein. Vishṇu-Kṛshṇa's.

हृषीवत् Adj. *freudig erregt, lustig.*

हृष्टतुष्ट Adj. *froh und zufrieden.* परम° Kâraṇḍ. 39,17.

हृष्टरोमन् 1) Adj. *dessen Haare am Körper zu Berge stehen.* — 2) m. N. pr. eines Asura.

हृष्टसंकल्प Adj. *frohen Herzens* MBh. 3,76,50.

हृष्टि f. 1) *Freude.* — 2) * = मान m.

हृष्टियोनि m. *eine Art Schwächling,* = ईर्ष्यक.

हृष्यका f. *eine best.* Mûrkhanâ S. S. S. 31.

हृष्यजिह्व n. *eine Art des Aussatzes.* Richtig ऋश्यजिह्व.

1. हे Interj. *des Anrufs, he!* Gewöhnlich vor einem Voc. oder diesen vertretend.

2. हे 1ste Sg. Praes. Med. von 1. अस्.

हेक् Interj.

*हेक्का f. = हिक्का *das Schlucken, singultus.*

*हेट्, हेटति v. l. für हेठ्.

हेठ्, *हेठति und *°ते (विबाधायाम्), *हेठ्णाति (भूतप्रादुर्भावे, भूति°, भूतिपत्योरुत्पत्तौ). — Mit वि Caus. विहेठयति *schädigen, verletzen* Lalit. 524, 3. 13. 15. 17. 525,5. 10. Vgl. विहेठ fgg.

*हेठ m. = बाधा und विहेठ.

हेड्, हेडति (वेष्टने), हेडते (अनादरे), हेळते (क्रुध्यतिकर्मन्). Zu belegen अहेडमान so v. a. *eine Sache ernst nehmend* (R. 2,68,22) und अहेळत्, अहेळमान und अहेळयत्.

हेड, हेळ m. *Aerger, Unmuth, Zorn.*

*हेडज m. dass.

हेडन, हेळन in देवहे°.

हेडस्, हेळस् n. *Aerger, Unmuth, Zorn.*

हेडावुक (Mit. zu Jâgn. 2,30) und *°वुक्क m. *Rosshändler.*

हेडिशत्र m. N. pr. eines Mannes.

*हेठ्, हेठ्णाति (भूतप्रादुर्भावे, भूति°, भूतिपत्योरुत्पत्तौ).

हेतर् und हेतर् Nom. ag. *Treiber.*

हेति 1) m. (nur in der späteren Sprache) und f. *a) Geschoss, Waffe* überh. Çiç. 9,15. 18,12. — *b)* Agni's *Waffe,* so v. a. *Flamme* Çiç. 14,25. 20,60.

— c) * *Sonnenstrahl*. — d) *Schuss*, so v. a. *pfeilschnelle Bewegung, Anprall* (der Sehne). — e) *Werkzeug*. — f) * *ein junger Schoss*. — 2) m. N. pr. a) eines Râkshasa. — b) eines Asura.

हेतिक am Ende eines adj. Comp. = हेति 1) a).

हेतिता f. Nom. abstr. zu हेति 1) a).

हेतिमन्त् Adj. *mit einem Geschoss versehen*.

हेतिमन्त्र m. Bez. *eines best. Spruches*.

हेतु m. 1) *wer oder was Etwas veranlasst*, — *bewirkt, Veranlassung, Ursache*, — von (Gen., Dat., Loc. oder im Comp. vorangehend). न शराः स्तम्भहेतवः so v. a. *die Pfeile sind nicht dazu da um den* (Köcher) *vollzustopfen*. हेतोस् (Abl., Gen.), हेतुना, हेतवे, हेतौ und * हेतुम् *einer Ursache wegen, in Veranlassung von Etwas, um* — *Willen, wegen*; die Ergänzung im Gen. oder im Comp. vorangehend. Angeblich sagt man auch को हेतुर्वसति in der Bed. von *weshalb*. Am Ende eines adj. Comp. — *zur Ursache habend, bewirkt durch*—; *angetrieben* —, *angelockt durch*—. — 2) *Grund, Argument, Beweis*. In der Logik auch Bez. *des 2ten Theils im Syllogismus*. — 3) *Mittel*. Instr. am Ende eines Comp. so v. a. *vermittelst, durch*. — 4) *Preis, pretium*. — 5) *Bedingung* 160,23. — 6) *Art und Weise*. — 7) bei den Grammatikern *der Agens des causativen Verbums*. — 8) bei den Buddhisten *Grundursache, Hauptursache* im Gegensatz zu प्रत्यय *eine hinzukommende Ursache*. — 9) bei den Pâçupata *das was das Gebundensein der Seele bewirkt, die Natur, die Sinnenwelt*. — 10) im Drama *eine kurze Rede, welche die zur Erreichung eines Zieles erforderlichen Bedingungen angiebt*.

हेतुक 1) Adj. am Ende eines Comp. (f. ई) a) *verursachend, bewirkend*. — b) *bewirkt* —, *bedingt durch* Hem. Par. 2,227. — c) *bestimmt für*. — 2) m. N. pr. a) * eines *Wesens im Gefolge* Çiva's. — — b) * eines Buddha. — c) eines *Dichters*. — M. 12,111 fehlerhaft für हैतुक, Hit. 55,5 für हेतु.

हेतुता f. 1) *das Ursachesein*. — 2) *das Sein eines Beweggrundes*.

हेतुत्व n. Nom. abstr. zu हेतु 1) 2) 7) (226,22) und 8).

हेतुदुष्ट Adj. *Gründen nicht zugänglich, unlogisch* (Person) MBh. 13,134,17.

हेतुदृष्टि f. *Skepticismus* Lalit. 36,11.

हेतुमन्त् Adj. 1) *eine Ursache habend, verursacht, bewirkt*. — 2) *mit Gründen* —, *Argumenten* —, *Beweisen versehen, wohlbegründet* Gâtakam. 17. — 3) *zugänglich für Argumente, auf Vernunftgründe hörend*.

हेतुमात्रता f. *das Sein eines blossen Vorwandes*.

हेतुमात्रमय Adj. *nur als Vorwand dienend*.

हेतुरूपक n. *eine begründete Metapher*. Beispiel Spr. 2105.

हेतुवचन n. *eine von Argumenten begleitete Rede*.

हेतुवाद m. *eine Unterredung* —, *Disputation über das Warum*.

हेतुवादिक und °वादिन् Adj. *der über das Warum streitet, Skeptiker*.

हेतुविद्या f. *Logik, Dialektik*. Auch * °शास्त्र n.

हेतुशास्त्र n. dass.

हेतुशून्य Adj. *grundlos, unbegründet*.

हेतुहिल n. *eine best. hohe Zahl* (buddh.).

हेतू Adv. mit कर् *zur Ursache machen, als U. annehmen*.

हेतूत्प्रेक्षा f. *ein begründetes Gleichniss* Kuvalaj. 29,a. fgg.

हेतूपमा f. dass.

(हेत्व) हैतुव Adj. *anzutreiben*.

हेत्वन्तर n. *ein anderer Beweis als der erforderliche* (unter den 22 निग्रहस्थान) Karaka 3,8.

हेत्वपदेश m. *Angabe des Grundes*.

हेत्वाक्षेप m. in der Rhetorik *eine Erklärung, dass man mit Etwas nicht einverstanden sei trotz der beigebrachten Begründung*. Beispiel Spr. 3494.

हेत्वाभास m. *Scheingrund, Scheinbeweis*.

हेत्विन्द्रिय n. *eine best. hohe Zahl* (buddh.).

हेम 1) m. a) *ein best. Gewicht* (*Goldwerth*). — b) * *ein dunkelfarbiges Pferd*. — c) * Bein. Buddha's. — d) N. pr. eines Sohnes des Ruçadratha und auch = हेमचन्द्र. — 2) f. आ a) * *Hoya viridiflora*. — b) * *ein schönes Weib*. — c) N. pr. α) einer Apsaras. — β) eines Flusses. — 3) * n. *Gold*.

हेमक 1) n. a) *Gold*. — b) *Goldstück*. — c) N. pr. eines Waldes. — 2) m. N. pr. eines Daitja (?) VP.² 2,211.

1. हेमकक्ष m. *ein goldener Leibgurt* Vâsav. 295,6.

2. हेमकक्ष Adj. (f. आ) 1) *mit einer goldenen Ringmauer umgeben*. — 2) = हेमकक्ष्य MBh. 2,61,15.

हेमकक्ष्य Adj. *mit einem goldenen Leibgurt versehen*.

हेमकपठ N. pr.

* हेमकन्दल m. *Koralle*.

हेमकमल n. *eine Lotusblüthe von Gold*.

हेमकम्पन m. N. pr. eines Mannes MBh. 7, 156,122.

हेमकर् Adj. *Gold machend* (Çiva).

हेमकर्तर् Nom. ag. *Goldschmied*.

हेमकलश *eine goldene Dachkuppel* Ind. Antiq. 9,185.

हेमकान्ति 1) Adj. *wie Gold glänzend*. — 2) * f. *Curcuma aromatica* oder *eine andere Species*.

हेमकार m. *Goldschmied*.

हेमकारक 1) m. dass. — 2) * f. °रिका *eine best. Pflanze* Zach. Beitr. 48.

1. हेमकिञ्जल्क *goldene Lotusstaubfäden* R. 1,54,21.

2. * हेमकिञ्जल्क n. *die Blüthe von Mesua Roxburghii*.

हेमकिरीटमालिन् Adj. *mit einem goldenen Diadem bekränzt* MBh. 1,197,39.

हेमकुड्य, °कुण्ड्य oder °कूट्य N. pr. einer Oertlichkeit.

हेमकूट m. N. pr. 1) eines Berges im Norden des Himâlaja. — 2) eines Affen.

हेमकूटक m. = हेमकूट 1) Hemâdri 1,374,10.

हेमकूट्य s. u. हेमकुड्य.

* हेमकेतकी f. *Pandanus odoratissimus*.

* हेमकेलि m. Bein. Agni's.

* हेमकेश m. Bein. Çiva's.

हेमक्षीरी f. *eine best. Pflanze* Bhâvapr. 1,175. 2,117.

* हेमगन्धिनी f. *ein best. Arzeneistoff*, = रेणुका.

हेमगर्भ Adj. *Gold in seinem Innern bergend* Hemâdri 1,226,6 (कुण्ड).

हेमगिरि m. 1) Bein. des Berges Meru. — 2) N. pr. eines anderen *Berges*.

हेमगुह m. N. pr. eines Schlangendämons.

हेमगौर 1) Adj. *goldgelb*. — 2) * m. *ein best. Baum*, = किङ्किरात.

* हेमघ्नी f. *Gelbwurz*.

हेमचन्द्र 1) Adj. *mit einem goldenen Monde verziert* (Wagen) R. 3,28,30. — 2) m. N. pr. a) eines Fürsten, Sohnes des Viçâla. — b) eines berühmten Gaina-Gelehrten.

हेमचन्द्रीय n. Titel eines Werkes Burnell, T. Opp. Cat. 1.

हेमचूर्ण n. *Goldstaub*.

हेमचूलिन् Adj. *mit einem goldenen Aufsatz versehen* Hariv. 4440.

हेमजट m. Pl. Bez. gewisser Kirâta.

हेमजालालंकृत m. N. pr. eines Bodhisattva.

* हेमज्वाल m. Bein. Agni's.

* हेमतार n. *eine Art Vitriol*.

हेमतारक m. Pl. N. pr. eines Volkes.

हेमताल N. pr. einer Oertlichkeit. Vgl. हिमतल.

हेमतिलकसूरि m. N. pr. eines Mannes.

हेमदत्ता f. N. pr. einer Apsaras.

हेमदीनार m. *Gold-Denar*.

हेमदुग्ध 1) m. *Ficus glomerata*. — 2) * f. आ und ई *eine best. Pflanze*, = स्वर्णक्षीरी.

* हेमदुग्धक und * °दुग्धिन् m. *Ficus glomerata*.

हेमधन्वन् m. N. pr. eines Sohnes des 11ten

Manu.

हेमधर्म oder °न् m. N. pr. eines Mannes.

*हेमधान्य n. *Sesamkörner*. v. l. हैम°.

हेमधान्यक m. *ein best. Gewicht*, = 1/2 Mâshaka.

1. हेमन् n. 1) *Antrieb* RV. 9,97,1. Nach Sâj. *Gold*. — 2) * *Wasser*.

2. हेमन् n. 1) *Gold* Râgan. 13,8. — 2) Pl. *Goldschmuck*. — 3) *Goldstück*. — 4) *Mesua Roxburghii* Râgan. 6,178. Bhâvapr. 4,123. Karaka 1,3.

3. हेमन् = हेमन्त *Winter*. Nur Loc. हेमन्.

4.*हेमन् m. = हेम्न *der Planet Mercur*.

*हेमन Adj. von 2. हेमन्.

हेमनाभि m. *Goldnabe*.

हेमनेत्र m. N. pr. eines Jaksha.

हेमन्त 1) m. *Winter*. हेमन्तशिशिरौ *Winter und Frühling*. — 2) *f. ई.

हेमन्तजग्ध Adj. *vom Winter verschlungen*, so v. a. *im Winter verborgen*, — *verkrochen*.

*हेमन्तनाथ m. *Feronia elephantum*.

हेमन्तप्रत्यवरोहण n. *das Wiederherabsteigen im Winter*, Bez. einer best. Ceremonie Âpast. Gṛhj. 19,8.

हेमपर्वत m. 1) *ein* (künstlicher) *Berg von Gold* (im Kleinen). — 2) Bein. des Meru.

हेमपिङ्गल Adj. *goldgelb*.

हेमपुङ्खक m. N. pr. eines Mannes.

हेमपुष्कर n. *eine Lotusblüthe von Gold*.

*हेमपुष्प 1) m. a) *Michelia Champaka*. — b) *Jonesia Asoka*. — c) *Mesua Roxburghii*. — d) *Cassia fistula* Râgan. 9,45. — 2) f. ई a) *Rubia Munjista*. — b) *Hoya viridiflora*. — c) *Curculigo orchioides*. — d) *Koloquinthengurke*. — e) = कण्टकारी und स्वर्णाली. — 3) n. a) *die Blüthe der Michelia Champaka, der Jonesia Asoka* (angeblich auch *der Baum selbst*) und *der chinesischen Rose*.

*हेमपुष्पक 1) m. a) *Michelia Champaka*. — b) *Symplocos racemosa*. — 2) f. °ष्पिका a) *gelber Jasmin*. — b) *Linum usitatissimum*.

हेमपृष्ठ Adj. *von Aussen mit Gold belegt, vergoldet* Hariv. 6846.

*हेमप्रतिमा f. *ein Bild von Gold* 247,13.

हेमप्रभ N. pr. 1) m. a) eines Vidjâdhara. — b) eines Fürsten der Papageien. — 2) f. आ einer Vidjâdharî.

*हेमफला f. *eine Art Musa*.

हेमभद्रिक Adj. (f. आ) *ein goldenes Amulet tragend* MBh. 2,61,8.

हेममय Adj. (f. ई) *von Gold, golden*.

हेममरीचिमत् Adj. *mit goldenen Strahlen versehen* MBh. 6,1899.

*हेममाक्षिक n. *Schwefelkies* Râgan. 13,83.

*हेममाला f. N. pr. der Gattin Jama's.

हेममालिका f. *eine goldene Halskette* Gâtakam. 38,18.

हेममालिन् Adj. *mit einem goldenen Kranz geschmückt* MBh. 2,61,15. 3,280,18. 7,23,52. 12,29,66.

हेमयज्ञोपवीतवत् Adj. *mit einer goldenen Opferschnur behängt* Hariv. 3048.

*हेमयूथिका f. *gelber Jasmin*.

हेमरत्नमय Adj. (f. ई) *aus Gold und Juwelen bestehend*.

हेमरत्नवत् Adj. *Gold und Juwelen enthaltend, daraus bestehend*.

*हेमरागिणी f. *Gelbwurz*.

हेमराज m. N. pr. eines Fürsten.

*हेमरेणु m. = त्रसरेणु 1).

*हेमल m. 1) *Goldschmied*. — 2) *Probirstein*. — 3) *eine Art Eidechse*.

हेमलता f. 1) *eine Liane von Gold* oder *eine best. Liane* (*Hoya viridiflora* nach Râgan.). — 2) N. pr. einer Fürstin.

हेमलम्ब und °क m. *das 31ste Jahr im 60jährigen Jupitercyclus*.

हेमवत् Adv. *wie Gold* Ind. St. 15,354.

*हेमवत n. schlechte v. l. für हैमवत *Perle* Râgan. 13,153.

हेमवत् 1) Adj. *mit Gold geschmückt*. — 2) *f. °वती fehlerhaft für हैमवती.

*हेमवर्चस् m. N. pr. eines Mannes.

हेमवर्ण 1) Adj. *goldfarbig* R. 1,54,52. — 2) m. N. pr. a) eines Sohnes des Garuḍa. — b) eines Buddha.

*हेमवल n. *Perle*.

*हेमवल्ली f. *Hoya viridiflora*.

हेमविभ्रमसूत्र n. Titel eines Werkes Bühler, Rep. No. 787. Vgl. हैम°.

हेमविषाणिन् Adj. *vergoldete Hörner habend* MBh. 2,53,20.

हेमव्याकरण n. Hemakandra's *Grammatik*.

*हेमशङ्ख m. Bein. Vishṇu's.

*हेमशिका (!) und *हेमशिखा f. *eine best. Pflanze*, = स्वर्णक्षीरी.

*हेमशीत n. dass.

1. हेमशृङ्ग n. *ein goldenes Horn* 324,30.

2. हेमशृङ्ग m. N. pr. eines Berges.

हेमशृङ्गिन् Adj. *vergoldete Hauzähne* — und zugleich *goldene Berggipfel habend* MBh. 1,198,16.

हेमशैल m. N. pr. eines Berges VP. 2,4,41.

हेमसभानाथमाहात्म्य n. Titel Burnell, T.

*हेमसार n. *eine Art Vitriol*.

हेमसावर्णि m. N. pr. eines Mannes.

हेमसिंह m. *ein Thron von Gold*.

हेमसूत्र n. *Goldfaden* (als Schmuck).

हेमसूरि m. N. pr. eines Gelehrten, = हेमचन्द्र.

हेमाङ्क Adj. *mit Gold verziert* Mudrâr. 63,12. v. l. हेमाङ्ग.

1. हेमाङ्ग n. Râgat. 1,110 fehlerhaft für हेमाण्ड.

2. हेमाङ्ग 1) Adj. (f. ई) *dessen Glieder* (*Theile*) *aus Gold bestehen* Mudrâr. 37,10 (v. l. हेमाङ्क). Bhâm. V. 2,172. — 2) m. a) *Michelia Champaka*. — b) **Löwe*. — c) Bein. α) des Meru. — β) *Brahman's. — γ) Vishṇu's. — d) *Garuḍa's. — 3) *f. आ (!) *eine best. Pflanze*, = स्वर्णक्षीरी.

हेमाङ्गद m. N. pr. 1) eines Gandharva. — 2) eines Fürsten der Kaliñga. — 3) eines Sohnes des Vasudeva.

हेमाचल m. 1) *ein* (künstlicher) *Berg aus Gold* (im Kleinen). — 2) Bein. des Meru.

हेमाण्ड n. *das goldene Weltei*.

*हेमात्र *eine best. hohe Zahl* (buddh.).

हेमाद्रि m. 1) Bein. des Meru. — 2) N. pr. eines Autors.

*हेमाद्रिका f. *eine best. Pflanze*, = स्वर्णक्षीरी.

हेमाद्रिकाननमाहात्म्य n., हेमाद्रिकालनिरूपण n. und °कालनिर्णय m. Titel Opp. Cat. 1. Burnell, T.

*हेमाद्रिजरण m. = हेमाद्रिका.

हेमाद्रिटीका f. (Burnell, T.), हेमाद्रिदानखण्ड n. (Opp. Cat. 1), हेमाद्रिप्रायश्चित्त n. (ebend.), °काण्ड n. (ebend.), हेमाद्रिव्रतविधि m., हेमाद्रिशान्ति f., हेमाद्रिसूत्रस्थान n. (Opp. Cat. 1) und हेमाद्रीय n. (ebend.) Titel.

हेमाभ 1) Adj. *wie Gold aussehend*. — 2) f. आ N. pr. des Palastes der Rukmiṇî.

हेमाम्बु n. *flüssiges Gold* Vṛshabh. 29.

हेमाम्बुज und हेमाम्भोज n. *eine Lotusblüthe von Gold*.

हेमालंकार m. *Goldschmuck* 292,17.

हेमालंकारिन् Adj. *mit einem Goldschmuck versehen* Hemâdri 1,178,9.

*हेमाह्व 1) m. *Michelia Champaka*. — 2) f. आ a) *Hoya viridiflora*. — b) = स्वर्णक्षीरी.

हेमेश्वरमाहात्म्य n. Titel.

हेम्न (aus Ἑρμῆς) m. und हेम्ना f. (!) *der Planet Mercur*.

(हेम्यावत्) हेमियावत् Adj. nach Sâj. *goldgeschmückt* oder *Goldes werth*. Vielleicht fehlerhaft für हर्म्यावत् *im Haus* —, *im Stall gehalten, wohl gepflegt*.

हेय Adj. (f. आ) 1) *zu verlassen* (ein Lehrer) Gaut. — 2) *zu lassen, aufzugeben, zu meiden, zu* verwerfen, verwerflich. Nom. abstr. °त्व n. — 3) abzuziehen (von einer Zahl).

*हेर n. 1) eine Art Diadem. — 2) Gelbwurz. — 3) dämonischer Zauber.

*हेरक m. 1) Späher. — 2) N. pr. eines bösen Dämons im Gefolge Çiva's.

हेरम्ब m. 1) Bein. Gaṇeça's. — 2) Büffel. — 3) *ein auf seinen Heldenmuth pochender Mann. — 4) *N. pr. eines Buddha.

हेरम्बक m. Pl. N. pr. eines Volkes.

हेरम्बसेन m. N. pr. eines Autors.

*हेरम्बजननी f. Bein. der Durgā.

*हेरम्बवन m. N. pr. einer Oertlichkeit.

हेरम्भ m. Kathās. 53,158. fg. fehlerhaft für हेरम्ब 1).

*हेरिक m. Späher.

हेरुक 1) m. a) Bein. Gaṇeça's. — b) N. pr. α) eines göttlichen Wesens (angeblich im Gefolge Çiva's. — β) * eines Buddha. — γ) verschiedener Personen. — 2) f. का eine best. Pflanze Antjesuṭik. und AV. Paddh. zu Kauç. 82,26.

हेल्, हेलते leichtsinnig — sorglos verfahren. — Caus. हेलयति verhöhnen, verspotten. — Mit अव verhöhnen, verspotten Monatsberichte d. Kön. Pr. Ak. d. Ww. 1880, S. 37. 38. Vgl. अवहेलित verspottet, so v. a. übertroffen Ind. St. 15,378. अवहेल fg. — Mit वि Caus. विहेलयते ärgern, kränken.

*हेलच्छी f. Enhydra Hingcha.

हेलन n. Verhöhnung, Verspottung, an den Tag gelegte Geringschätzung.

हेलनीय Adj. zu verhöhnen, zu verspotten.

हेलराज m. N. pr. eines Autors. °राजीय n. Titel seines Werkes Burnell, T. Richtig हेला°.

हेला f. (adj. Comp. f. घा) 1) ein best. ungebundenes Gebahren eines verliebten Weibes. — 2) Leichtsinn, Sorglosigkeit. हेलया, हेलाभिस् und हेला° leichtsinniger Weise, mit Leichtigkeit, ohne sich irgend einen Zwang anzuthun, ohne Weiteres, mir nichts dir nichts Du. V. 9,9. Çiç. 11,47. 18,14. तृणहेलया mit Leichtigkeit, als wenn man es mit einem Strohhalm zu thun hätte. — 3) * = प्रस्ताव. — 4) * Mondschein.

हेलाचक्र n. pr. eines Mannes.

हेलाराज m. N. pr. eines Autors. Vgl. हेलराज.

हेलावत् Adj. etwa sich gehen lassend, sorglos.

*हेलायुक m. Rosshändler. Vgl. हेडायुक.

हेलि 1) m. (aus ἥλιος) die Sonne. — 2) f. a) = हेला. — b) Umarmung.

हेलिक m. die Sonne.

हेलितव्य n. impers. leichtsinnig zu verfahren.

हेलु und हेलुग्राम m. N. pr. eines Dorfes.

*हेलुग und *हेलुप eine best. hohe Zahl (buddh.).

हेलुव्र m. N. pr. einer buddhistischen Gottheit.

*हेलुर eine best. hohe Zahl (buddh.).

हेवाक m. eigenthümliche Lust, — Art und Weise, Caprice, Grille Ārjav. 183,4. Comm. zu Harshak. 501,6. Z. d. d. m. G. 41,485. Vikramānkak. 15,101. स° Adj. 9,17.

हेवाकम् Adj. capriciös, grillenhaft, launenhaft, Absonderlichkeiten zeigend.

हेवाकिन् Adj. versessen auf, einer Sache ganz hingegeben, nur denkend an Z. d. d. m. G. 41,485. fg. Nom. abstr. °किता f. Uttamak. 146.

हेष्, हेषति und हेषते wiehern. — Mit अभि und प्रति anwiehern.

हेषयालु Adj. zu brüllen verlangend, gern brüllend.

हेषस् n. Verwundung, Wunde. Nach Sāy. = शब्दकारिणी हेति:.

हेषस्वत् Adj. verwundet. Nach Sāy. = शब्दयुक्.

हेषा f. Gewieher.

हेषाय्, °यते wiehern.

*हेषिन् m. Pferd.

हेषित n. Sg. und Pl. Gewieher Çiç. 12,15.

*है Interj. (संबोधने, हर्षे).

है Interj. he!

*हैंसायन Adj. von हिंसक.

हैडुल Adj. 1) zinnoberfarbig Naish. 7,70. — 2) aus Hiṅgulā stammend u. s. w.

हैडिम्ब m. MBh. 7,4123. 6822 fehlerhaft für हैडिम्ब.

हैडिम्ब 1) Adj. über Hiḍimba handelnd. — 2) m. Patron. Ghaṭotkaka's.

हैडिम्बि m. Patron. = हैडिम्ब 2) MBh. 7,109, 27. 156,94.

*हैतनाम und °नामन् (Maitr. S. 3,4,6) m. Patron. von हितनामन्.

हैतुक Adj. (f. ई) 1) am Ende eines Comp. bewirkt durch, abhängig von. — 2) nach dem Grunde fragend, skeptisch; m. Skeptiker Hemādri 1,38,5. 8. f. ई Kāçikh. 4,26.

हैदरशाह m. N. pr. = حیدر شاه.

1. हैम 1) Adj. a) von Schnee oder Eis herrührend. — b) mit Schnee bedeckt. — c) vom Himālaja kommend, zum H. in Beziehung stehend. — 2) m. N. pr. eines Berges.

2. हैम Adj. von Hema —, d. i. Hemakandra verfasst; n. das von ihm verfasste Wörterbuch.

3. हैम 1) Adj. (f. ई) von Gold, golden. — 2) *m. Gentiana Cherayta. — 3) *f. घा gelber Jasmin. —

4) *f. ई a) dass. — b) Pandanus odoratissimus.

हैमकूट m. Pl. die Bewohner des Hemakūṭa.

हैमगिरिक m. Pl. die Bewohner des Hemagiri.

हैमचन्द्र m. Patron. von हेमचन्द्र.

हैमचर्चि n. Patron. Verz. d. B. H. 39,21. Vielleicht fehlerhaft für हैमवर्चि.

1. हैमन 1) Adj. (f. ई) winterlich Çiç. 6,55. 77. — 2) *m. ein best. Wintermonat. — 3) *m. n. Winter.

2. हैमन Adj. golden Bhāvapr. 2,32. v. l. हैम (so die Ausg.).

हैमल Adj. (f. ई) winterlich.

हैमातिक Adj. 1) dass. Āpast. Çr. 20,23. Kāraka 1,6. — 2) * = हेमतमधीते वेद् वा.

हैमप्राकृतनुपिंका f. Titel eines Werkes Bühler, Rep. No. 788.

*हैमल m. n. Winter. Richtig हैमन.

हैमवत 1) Adj. (f. ई) vom Himavant kommend, dort gelegen, — wachsend u. s. w. — 2) m. a) *ein best. vegetabilisches Gift. — b) Pl. die Bewohner des Himavant. — c) Pl. eine best. buddhistische Schule. — 3) f. हैमवती eine weissblühende Vakā. Nach den Lexicographen auch Terminalia Chebula, Linum usitatissimum, Hoya viridiflora, eine gelbe Weintraubenart, = तारिणी, स्वर्णक्षीरी und रेणुका (ein best. Arzneistoff). — b) Patron. α) der Gaṅgā Bālan. 189,2. — β) der Umā, der Gattin Çiva's. — γ) der Gattin Kauçika's. — δ) einer Gattin Samhatāçva's. — 4) n. a) Perle Rāgan. 13,153. — b) N. pr. eines Varsha.

हैमवतिक m. Pl. die Bewohner des Himavant.

हैमवत् (!) m. der 8te Monat.

हैमवर्चि (Conj.) m. Patron.

हैमविधिसूत्र n. हैम° Verz. d. B. H. 2,254.

हैमशैल m. N. pr. eines Berges VP². 2,196. v. l. हेम°.

हैमसौगन्धिकवत् Adj. mit goldenen Lotusblüthen versehen MBh. 2,88. v. l. पद्मसौ°.

हैमहा Interj. Kātj. Çr. 13,3,20. Lātj. 4,3,10. Çāṅkh. Çr. 7,14,14. Āpast. Çr. 21,20.

हैमाचल m. = हेमाचल der Himālaja.

हैमिनी f. N. pr. eines Frauenzimmers.

1. हैमी f. Adj. und Subst. f. s. u. 3. हैम.

2. हैमी Adv. mit भू golden —, zu Gold werden.

हैयंगव (Conj.) n. = हैयंगवीन.

हैयंगवीन n. Butter von Rahm des vorangehenden Tages, d. i. frische Butter. Auch Pl.

हैरण्य Adj. (f. घा) 1) goldig, golden. — 2) Gold führend (Fluss). — 3) Gold spendend.

हैरण्यक 1) m. a) Goldschmied. — b) *ein Oberaufseher über das Gold. — 2) n. N. pr. eines Varsha.

हैरण्यगर्भ 1) Adj. *dem* Hiranjagarbha *eigen* u. s. w. — 2) m. *a*) Patron. Manu's und Vasishṭha's. — *b*) *ein Verehrer des* Hiranjagarbha.

हैरण्यनाभ m. Patron. von हिरण्यनाभ.

*हैरण्यबाहव m. Patron. von हिरण्यबाहु.

हैरण्यवासस् Adj. *mit goldenen Federn geschmückt* (Pfeil).

हैरण्यस्तूप 1) Adj. (f. ई) *von* Hiranjastûpa *verfasst.* — 2) m. Patron. des Arkant.

हैरण्यस्तूपीय Adj. = हैरण्यस्तूप 1).

हैरण्यिक 1) *Adj. (f. आ und ई) von हिरण्य. — 2) m. *Goldschmied* Divjâvad. 501,3.

हैरण्वती f. N. pr. eines Flusses.

हैरम्ब 1) Adj. *zu* Heramba (Ganeça) *in Beziehung stehend.* — 2) m. *ein Verehrer des* Heramba.

हैरिक m. 1) *Späher.* Harshaé. (ed. Bomb.) 96,1 nach dem Comm. *ein Aufseher über die Goldschmiede.* — 2) * *Dieb* (Verwechselung von चार und चौर).

हैलिहिल in *मकर°.

हैहय m. 1) Pl. N. pr. eines Volkes 105,23. 106,6. — 2) *ein Fürst der* Haihaja, insbes. Bez. von Arǵuna Kârtavirja.

*हैहेय m. Bein. von Arǵuna Kârtavirja.

हो Interj. *des Anrufes.* होशब्देन कोपीशब्देन च निष्पन्नः स्तोभः Comm. zu Njâjam. 9,2,17. Auch हो होयि und *हो हो.

होइड n. Name eines Sâmans Kâṭh. 34,6.

होठा f. v. l. für होढा.

*होड्, होडते (अनादरे, गतौ).

*होड 1) m. *a*) *Boot.* — *b*) am Ende von Personennamen bestimmter Kâjastha und Brahmanen. — 2) f. आ gaṇa अजादि. होढा Kâç.

*होडर (!) Nom. ag. *Räuber, Wegelagerer.*

*होडिमन् m. Nom. abstr. von होड.

*होढ, होढते = होढ (!) इवाचरति.

होढ m. oder n. und होढा f. *gestohlenes Gut* 205,5. 6. 212,13. 14.

*होढाय्, °यते = होढ (!) इवाचरति.

होतर् Nom. ag. 1) *Priester, der Hauptpriester,* neben welchem in der frühesten Zeit nur der Adhvarju thätig ist. Im ausgebildeten Ritual Bez. *des ersten unter den vier Hauptpriestern, seines Gehülfen* und *des nächsten Gehülfen des* Brahman; im weitesten Sinne auch Bez. *der vier Hauptpriester mit ihren sämmtlichen Gehülfen.* — 2) *Opferer* überh., mit Gen. oder im Comp. vorangehend. In dieser Bed. auch f. होत्री und n. होतृ.

होतर्यक्ष m. *der* Praisha होतर्यक्ष Çâñkh. Çr. 7,1,5.

होतव्य 1) Adj. (f. आ) *a*) *zu opfern* Hemâdri 1,596,12. — *b*) *dem zu opfern ist* TS. 3,4,4,1. — 2) n. impers. *zu opfern* Maitr. S. 1,5,13. 6,10. Âpast.

होताध्वर्यू m. Du. = होत्रध्वर्यू Kâtj. Çr. 15,6,4. Vgl. P. 6,3,25.

होतायक्ष m. *der* Praisha होता यक्षत् Çâñkh. Çr. 7,1,5. 8,4.

*होतुरन्तेवासिन् m. *der Schüler eines* Hotar.

होतृक m. = होत्रक *Gehülfe des* Hotar.

होतृकपृष्ठ n. *das* Prshtha *des* Hotrka.

होतृकर्मन् n. *das Werk des* Hotar.

होतृकसामन् n. *ein* Sâman *des* Hotrka.

होतृचमस m. *die Schüssel des oder der* Hotar Âpast. Çr. 12,5,2. 6,1. 2. 7,2. 9,1,8. 12,3. 13,1,2. 21,14. 25,4. 9. 13,1,3.

होतृचमसीय Adj. von होतृचमस Âpast. Çr. 12,10,11.

होतृजप m. *die murmelnde Recitation des* Hotar (gemeint ist die Formel Âçv. Çr. 5,9,1).

होतृत्व n. *das Amt des* Hotar.

होतृप्रवर m. *Wahl des* Hotar Âpast. Çr. 4,9,6. Als Titel Opp. Cat. 1.

होतृमन्त् Adj. *mit einem* Hotar *versehen.*

होतृवर्य, °वूर्य und °वूर्य्य Hotar-*Wahl.*

होतृवेद m. *der* Veda —, d. i. *das Ritual des* Hotar.

होतृषदन n. *der Sitz des* Hotar Âpast. Çr. 2,11,10. 3,13,5.

होतृषामन् n. Name von Sâman Lâṭj. 3,4,7. 6,2,14. 18. 8,5,24.

होतृसंस्थाजप m. Titel.

*होतोस् Abl. Infin. zu 1. हु P. 3,4,16, Sch.

होत्र n. 1) *Opfer* (*die Handlung* und *die Gabe*). — 2) *das Opfern, das Geschäft des* Hotar. —

होत्रा s. bes.

होत्रक m. 1) *Gehülfe des* Hotar, *im weiteren Sinne* Bez. *sämmtlicher Hauptpriester* Âpast. Çr. 10,2,11. 3,1. 12,20,1. 23,4. 25,21. 13,6,6. — 2) N. pr. eines Sohnes des Kaṅkana.

होत्रग m. MBh. 2,1240 (2,33,36 in den anderen Ausgg.) = होत्रक 1).

होत्रप्रयोगवृत्ति f. Titel eines Werkes.

होत्रवह् Adj. (stark °वाह्) *Opfer führend.*

होत्रवाहन m. N. pr. verschiedener Männer.

1. होत्रा f. *Priesteramt,* insbes. *die Function des* Hotraka; übertr. *die Personen dieser Priester selbst.*

2. होत्रा f. *Anrufung.* होत्राभिस् auch so v. a. *durch gute Worte.* Auch personificirt.

होत्राचमस m. *die Schüssel der* Hotraka.

होत्राविद् Adj. *die Anrufung kennend.*

होत्राशंसिन् m. Bez. *der Gehülfen des* Hotar, *ein* Hotraka Âpast. Çr. 10,1,14. 3,1.

होत्रिन् Adj. in अग्नि°.

होत्रीय n. *das Amt des Priesters.* Nach Sâj. *die Schüssel des* Hotar.

होत्रीय Adj. *dem* Hotar *oder den* Hotraka *gehörig* u. s. w. m. mit Ergänzung von धिष्ण्य Âpast. Çr. 7,26,9. 11,7,10. 14,4. 5. 12,18,6. 20,3. n. angeblich = हविर्गेह.

होत्व Adj. *zu opfern, opferbar* Maitr. S. 1,9,3 (132,19).

होम m. *das Giessen —, Schütten in's Feuer, Spende; Opfer.*

होमक m. = होत्रक 1).

होमकर्मन् n. *Opferhandlung* Hemâdri 1,195,1.

होमकाल m. *Opferzeit.* °कालातिक्रमप्रायश्चित्तप्रयोग m. Titel Burnell, T.

*होमकुण्ड n. *die für die Aufnahme des Opferfeuers bestimmte Vertiefung im Erdboden.*

होमतुरंग m. *ein zum Opfer bestimmtes Ross.*

होमदर्पणविधि m. Titel Burnell, T.

होमदर्वी f. *Opferlöffel* Sud. zu Âpast. Grhj. 7,4.

होमदुह् Adj. *die zum Opfer bestimmte Milch hergebend* (Kuh).

होमद्रव्य n. *das Material zu einem Opfer* Comm. zu Kâtj. Çr. 415,2. °परिमाणपरिशिष्ट n. Titel Verz. d. Oxf. H. 383,b.

होमद्वयप्रयोग m. und °द्वयसमासप्रयोग m. Titel Burnell, T.

*होमधान्य n. *Sesamkörner.*

*होमधूम m. *Opferrauch.*

होमधेनु f. *eine Kuh, deren Milch zu Opfern bestimmt ist.*

1. होमन् n. *Opfer, Spende.*

2. होमन् n. *das Rufen.*

होमपद्धति f. und होमप्रायश्चित्त n. Titel Burnell, T.

*होमभस्मन् n. *Opferasche.*

होमभाण्ड n. *Opfergeräthe.*

होमय्, °यति 1) *Opfer darbringen, Jmdm* (Acc.) *oder Etwas opfern* Hemâdri 1,193,9. 198,9. Vigñ. zu Jâǵñ. 2,102. fg. — 2) *opfern lassen.*

होमलोपप्रायश्चित्तप्रयोग m. Titel Burnell, T.

होमवन्त् Adj. *Opfer vollbringend.*

होमविधान n. Titel eines Werkes.

होमवेला f. *Opferzeit.*

होमस्वरोत्तर n. Titel eines Werkes.

होमाग्नि m. *Opferfeuer.*

होमानल m. dass. Daçak. 90,4.

होमार्जुनी f. = होमधेनु Bâlar. 99,8. Anarghar. 4,54.

*होमि m. 1) Feuer. — 2) Opferschmalz. — 3) Wasser.

होमिन् 1) Adj. am Ende eines Comp. opfernd. — 2) *f. °नी संज्ञायाम्.

होमीय Adj. was zum Opfer —, zur Spende gehört, dazu bestimmt ist.

होम्य Adj. dass. n. angeblich = घृत.

होयि und होयी (Comm. zu Njâjam. 9,2,17) Interj.

होरशास्त्र n. und होरसेतु m. Titel Burnell, T. Wohl nur fehlerhaft für होरा°.

होरा (aus ὥρα) f. 1) Stunde, der 24ste Theil eines Ahorâtra. — 2) die Hälfte eines Zodiakalzeichens. — 3) Horoskop. °विद् Utpala zu Varâh. Bṛh. 7,1. होराप, होराधिप, होराधिपति, होरास्वामिन् und होरेश Herr des Horoskops (ein Planet). — 4) Horoskopie.

होरामकरन्द m. und °मकरन्दोदाहरण n. Titel.

होराशास्त्र n. Horoskopie. Als Titel Opp. Cat. 1. °सुधानिधि m. desgl.

होरासार Titel Opp. Cat. 1.

होरासेतु m. s. होरसेतु.

होरिलमिश्र m. N. pr. eines Mannes.

होरिलसिंह m. desgl.

होल N. pr. 1) m. eines Mannes. — 2) f. आ einer Stadt.

*होलक m. halbreife Hülsenfrucht über leichtem Feuer geröstet Bhâvapr. 2,30.

होलड N. pr. einer Oertlichkeit.

होलरा f. desgl.

होलसिंह m. N. pr. eines Mannes.

होलाक 1) m., vollständig °स्वेद eine besondere Art des Schwitzens über heisser Asche von Kuhdünger. — 2) f. आ ein best. Frühlingsfest Comm. zu Njâjam. 1,3,13. 17. 26. zu Gaim. 1,3,15.

होलिका f. = होलाक 2) und augleich N. pr. einer dabei verehrten Râkshasî. °पूजा f. und °प्रयोग m. Titel Burnell, T.

होलिनिर्णय m. Titel eines Werkes Burnell, T.

होशनिकर्णाटकवाङ्केश्वर m. N. pr. eines Scholiasten Burnell, T.

होषिन् in पञ्च°.

होसङ्गकृष्ण m. N. pr. eines Autors Burnell, T.

*होहो und *हो Interj. (हूतौ, संबोधने).

*हौड्, हौडति (गतौ, अनादरे).

*हौड n. Nom. abstr. von हौड.

*हौणिक्या f. Patron.

हौणिडन m. Bez. gewisser Versetzungen (विह्वार) von Versen u. s. w. in der Liturgie.

हौतभुज 1) Adj. Agni gehörig, unter ihm stehend. — 2) n. das Mondhaus Kṛttikâ.

हौताशन Adj. = हौतभुज 1). लोक m. Hemâdri 1,503,2. कोण m. so v. a. Südost.

हौताशनि m. Patron. 1) Skanda's R. 6,49,16. — 2) des Affen Nîla R. 6,30,25.

हौतृक 1) *Adj. vom Hotar kommend. — 2) n. das Amt des Hotar.

*हौल Adj. = यजमान.

हौत्र 1) Adj. was den Hotar angeht. — 2) n. die Function —, Rolle des Hotar. Als Titel Opp. Cat. 1. °प्रयोग m. desgl. Burnell, T.

हौत्रक n. Titel eines Pariçishṭa zum weissen Jagus.

हौत्रकल्पद्रुम n. und हौत्रसूत्र n. Titel.

हौत्रिक 1) Adj. in den Kreis des Hotar (des Ṛgveda) gehörig. — 2) n. Ind. St. 1,81 wohl nur fehlerhaft für हौत्रक.

हौमाय Adj. = होमीय Saṁsk. K. 18,b,7.

हौम्य Adj. zum Opfer —, zur Spende gehörig (Stoffe). n. angeblich = घृत.

*हौम्यधान्य n. Sesamkörner.

हौम्यप्रायश्चित्तविवेचन n. Titel Burnell, T.

हौव्य m. Pl. eine best. Schule des Jagurveda AV. Pariç. 49.

ह्नवाय्य in अह्नवाय्य॑.

ह्नु, ह्नुते (mit Präpositionen auch Act.) 1) * sich verstecken vor (Dat.). — 2) vertreiben Bhaṭṭ. — Mit अप Med. 1) sich Etwas verbitten, ablehnen. — 2) von sich abweisen, so v. a. in Abrede stellen, läugnen. — 3) verschweigen, verhehlen, — vor (Dat.). — 4) verhüllen Çiç. 12,23. Vâsav. 179,2. — 5) Jmd (Dat.) Genugthuung leisten, sich entschuldigen. — Mit अपि Act. ablehnen. — Mit नि Med. (ausnahmsweise Act.) 1) Jmd (Dat.) Busse leisten für Etwas (Acc.), Etwas abbitten. Im Ritual eine symbolische Handlung der Abbitte, indem die Ṛtviǵ auf den Prastara die Hände legen und dazu den Spruch VS. 5,7 sprechen, Vaitân. 13,24. 15,2. — 2) ablehnen, weigern. — 3) in Abrede stellen, läugnen. — 4) verschweigen, verhehlen. — 5) verbergen, verhüllen, verstecken 302,20. 21 (im Prâkrit). Çiç. 12,15. Bâlar. 16,6. — 6) निह्नुत a) verschwiegen, verhohlen, verheimlicht. — b) versteckt, verhüllt (312,4); anders dargestellt, für etwas Anderes ausgegeben 301,30. — Mit अतिनि hartnäckig läugnen. Nur °ह्नुत्य. — Mit अपनि Med. in Abrede stellen. — Mit अभिनि in °ह्नव. — Mit विनि 1) in Abrede stellen, läugnen MBh. 13,111,124 (विनिह्नोति zu lesen). — 2) विनिह्नुत versteckt. — Mit परि. परि॑ह्नुत etwa verläugnet, abgeläugnet. — Mit *वि Med.

*ह्मल्, ह्मलति (चलने, गतौ). — Caus. ह्मलयति und ह्मालयति. — Mit अप Caus. °ह्मलयति. — Mit वि Caus. °ह्मलयति.

*ह्मल und *ह्माल gaṇa ज्वलादि.

ह्यःकृत Adj. gestern gethan, — geschehen. °वत् Adv. Hem. Par. 1,250.

ह्यस्, ह्यि॑स् Adv. gestern 240,27. fgg.

ह्यस्तन 1) Adj. (f. ई) gestrig. — 2) f. ई die Personalendungen des Imperfects.

*ह्यस्त्य Adj. gestrig.

*ह्योगोदोह m. Kuhmelkung vom vorangehenden Tage; Milch, die den Tag zuvor gemolken ist.

*ह्रग्, ह्रगति (संवरणे).

*ह्रणिया oder *ह्रणीया f. = हृणीया.

1. ह्राद m. (adj. Comp. f. आ) 1) Getön. — 2) *Strahl. — 3) N. pr. eines Sohnes des Hrâda. Auch = ह्राद.

2. ह्रद॑ 1) m. (einmal n.; adj. Comp. f. आ) Teich, See; Wassermenge überh., auch das Meer. गाङ्ग Adj. so v. a. das Wasser der Gaṅgâ. — 2) * f. ह्रदा Weihrauchbaum. — 3) * f. ह्रदी gaṇa गौरादि.

*ह्रदक Adj. = ह्रदे कुशलः.

*ह्रदग्रह m. Delphinus gangeticus.

ह्रद्य॑ und *ह्रदव्य Adj. im Teich befindlich.

ह्रदिन् 1) Adj. wasserreich (Fluss). — 2) f. °नी Fluss.

ह्रदे॑चक्षुस् Adj. im Teich sich spiegelnd.

ह्रदोदर m. N. pr. eines Daitja.

ह्र॑द्य Adj. (f. आ) im Teich befindlich.

*ह्रप्, ह्रापयति (व्यक्तायां oder अव्यक्तायां वाचि).

ह्रय und ह्रयाण in अ॑ह्रय und अ॑ह्रयाण.

ह्रस्, ह्रसति (शब्दे), °ते 1) abnehmen, sich mindern, weniger u. s. w. werden. — 2) herabkommen von (Abl.). — 3) ह्रसित weniger geworden, gekürzt. — Caus. ह्रासयति weniger werden lassen, mindern Gobh. 2,3,6. Comm. zu Âpast. Çr. 6,7,8. — Mit अप in अपह्रास. — Mit निस् kurz werden. निर्ह्रसित verkürzt (ein Vocal), gemindert in Bezug auf (im Comp. vorangehend). — Mit प्र in प्रह्रास. — Mit प्रति abnehmen, sich mindern Âpast. Çr. 2,12,5. Çulbas. 2,60.

*ह्रसिमन् m. Nom. abstr. zu ह्रस्व.

ह्र॑सिष्ठ Adj. der kürzeste, kleinste.

ह्र॑सीयंस् Adj. 1) minder, kürzer, kleiner. — 2) kürzer (Vocal).

ह्रस्व 1) Adj. (f. आ) a) minder, kurz, klein, — von Wuchs, niedrig (Durchgang), unbedeutend, schwach (Stimme), um — (Abl.) weniger. — b) in der Grammatik kurz von Vocalen; m. ein kurzer Vocal. — 2) f. आ a) * Phaseolus trilobus. — b) * =

नागबला. — c) * = भूमिजम्बू Râǵan. 11,30. — d) Name eines Sâman Ârsh. Br. — 3) * n. a) *eine best. Gemüsepflanze.* — b) *gelblicher Eisenvitriol* Râǵan. 13,80.

ह्रस्वक Adj. *sehr klein* 64,23.

ह्रस्वकर्ण m. N. pr. eines Râkshasa.

ह्रस्वकर्षण n. *ein best.* Svara Saṁhitopan. 17,5.

*ह्रस्वकुश und *ह्रस्वगर्भ m. *Kuça-Gras.*

*ह्रस्वगवेधुका f. *Uraria lagopodioides.*

*ह्रस्वजम्बू f. *eine Ǵambû-Art mit kleiner schwarzer Frucht.*

ह्रस्वजात्य Adj. *von kleiner Art.*

*ह्रस्वतण्डुल m. *eine Art Reis.*

ह्रस्वता f. *Kleinheit* (von Natur).

ह्रस्वत्व n. *Kürze* 236,18 (eines Vocals).

*ह्रस्वदर्भ m. angeblich = ह्रस्वकुश.

*ह्रस्वदा f. *Weihrauchbaum.* v. l. ह्रदा.

*ह्रस्वपत्त्रक 1) m. *eine Bassia-Art.* — 2) f. °त्त्रिका *der kleine Pippala-Baum.*

*ह्रस्वपर्ण und *ह्रस्वपल्लव m. *Ficus infectoria.*

*ह्रस्वफल 1) m. *Dattelpalme.* — 2) f. आ *eine best. Pflanze,* = भूमिजम्बू.

ह्रस्वबाहु 1) Adj. (f. eben so) *kurzarmig* Mârk. P. 69,30. — 2) m. N. pr., unter welchem Nala bei Ṛtuparṇa in Dienst tritt.

ह्रस्वबाहुक Adj. *kurzarmig.*

*ह्रस्वमूल m. *eine Art Zuckerrohr.*

ह्रस्वमूलक m. vielleicht dass.

ह्रस्वरोमन् m. N. pr. eines Fürsten der Videha.

ह्रस्वशिगुक m. *eine Art Moringa.*

*ह्रस्वाग्नि m. *Calotropis gigantea.*

ह्रस्वाङ्ग 1) Adj. *klein von Gestalt.* — 2) * m. *eine best. Pflanze,* = जीवक.

*ह्रस्वैरण्ड m. *rother Ricinus* Râǵan. 8,59.

1. ह्राद्, ह्रादते *tönen u. s. w.* — Caus. ह्रादयति *ertönen lassen* Âpast. Gṛhj. 18,1. — Mit अनु in अनुह्राद. — Mit नि in निह्राद und निह्रादित (Nachtr. 6). — Caus. निह्रादयति *ertönen lassen, schlagen* (die Trommel) Maitr. S. 1,11,6 (168,7). — Mit निस् Caus. dass. — Mit प्र in प्रह्राद. — Mit सम् *klappernd aufeinander treffen.* — Caus. 1) *zusammenschlagen, dass es einen Ton giebt,* Âpast. Çr. 18,4. — 2) *laut ertönen.*

2. ह्राद् = ह्लाद्. — Caus. ह्रादयामि (ह्ला° ?) *erquicken.*

ह्राद m. 1) *Getön* (auch vom *Donner*). In der Orthoëpie so v. a. *Geräusch.* — 2) N. pr. a) eines Schlangendämons. — b) eines Sohnes des Hiraṇjakaçipu.

*ह्रादक Adj. = ह्रादे कुशलः.

1. ह्रादिन् 1) Adj. *lärmend, schreiend, überaus laut, laut tönend* Çiç. 19,95. — 2) f. °नी a) *Blitz* Harshak. 27,15. — b) * *Indra's Donnerkeil.*

2. ह्रादिन् 1) Adj. = ह्लादिन् *wasserreich.* — 2) f. °नी a) * *Fluss.* — b) * *Weihrauchbaum.* — c) N. pr. eines Flusses.

ह्रादुनि und ह्रादुनी f. *Schlossen, Hagel.*

ह्रादुनिहत Adj. *von Hagel getroffen* Maitr. S. 3,6,10 (74,2). Âpast. Çr. 10,19,1.

ह्रादुनीवृत् Adj. *in Hagel sich hüllend.*

ह्राम् Interj.

ह्रास m. 1) *das Kürzerwerden, Minderung, Abnahme.* — 2) * *Laut, Getön.* Richtig wohl ह्राद.

ह्रासन n. *das Kürzermachen* (Pl. Gṛhjâs. 2,38), *Mindern.*

ह्रासनीय Adj. *zu mindern.*

ह्रासान्वेषणवत् Adj. *mit Abnahme und Suchen verbunden* Sâh. D. 335.

*ह्रास्य n. Nom. abstr. von ह्रस्व.

ह्रिणीय्, °यते *sich Jmds* (Instr.) *schämen* Naish. 1,133. Mit न *sich nicht schämen vor* (Abl.), so v. a. *den Vergleich ertragen können mit* Bhaṭṭ. 2,38.

*ह्रिणीया f. = घृणीया.

*ह्रित 1) Adj. = लज्जित, विभक्त und नीत. — 2) n. = अंश. — Richtig ह्रीत und हृत.

*ह्रिति f. = हृति.

*ह्रिबेर n. = ह्रीबेर.

1. ह्री, जिह्रेति *sich Jmds* (Gen.) oder *einer Sache wegen* (Abl.) *schämen* Hem. Par. 1,101. ह्रीत und ह्रीण (Naish. 3,67) *beschämt, verlegen.* — Caus. ह्रेपयति *beschämen, verlegen machen* (in übertragener Bed. so v. a. *übertreffen*) Kâd. 240,8 (392,3). Çiç. 18,23. Vâsav. 77,1. — Intens. जेह्रीयते *sich sehr schämen.* — Mit सम्, संह्रीण *beschämt.*

2. ह्री f. *Scham, Schamhaftigkeit, Verlegenheit.* Auch personificirt.

ह्रीक 1) am Ende eines adj. Comp. = 2. ह्री. — 2) * f. आ = 2. ह्री.

*ह्रीकु 1) Adj. *verschämt.* — 2) m. a) *Katze.* — b) = जतुक. — c) = त्रपु.

*ह्रीच्छ्, ह्रीच्छति (लज्जायाम्).

*ह्रीजित Adj. *schamhaft, verlegen.*

ह्रीण und ह्रीत s. u. 1. ह्री.

ह्रीतमुख und °मुखिन् Adj. *schamroth, verlegen, schüchtern, verzagt.*

ह्रीति f. *Scham, Schamhaftigkeit.*

ह्रीदेव m. N. pr. einer buddhistischen Gottheit.

ह्रीधारिन् Adj. *schamhaft* Pańkad.

ह्रीनिषेव 1) Adj. *sich der Scham befleissigend, schamhaft, bescheiden.* — 2) m. N. pr. eines Fürsten.

ह्रीनिषेवक Adj. = ह्रीनिषेव MBh. 4,28,15.

ह्रीनिषेविन् Adj. dass. MBh. 12,167,17. R. 3,22,30.

ह्रीबल Adj. *dessen Macht die Schamhaftigkeit ist, über alle Maassen schamhaft* Ǵâtakam. 12.

ह्रीम् Interj.

ह्रीमत्त्व n. *Schamhaftigkeit, Verschämtheit.*

ह्रीमत् 1) Adj. *verlegen* (auch als vorübergehender Zustand), *schamhaft, verschämt* Âpast. Chr. 290,3. Çiç. 8,42. 14,2. — 2) m. N. pr. eines zu den Viçve Devâs gezählten Wesens.

ह्रीवेर n., *ह्रीवेल n. und *°क n. *eine Art Andropogon.* Nach Mat. med. 123 *Pavonia odorata.*

ह्रु, हृणाति. Vom Simplex nur ह्रुत *krumm* (*krank* nach dem Comm.). — Mit अभि in अभिह्रुत् und अभिह्रुति. — Mit व्या in व्याह्रुति. — Mit परि in परिह्रुत्. — Mit वि 1) *zu Fall bringen* oder *schief —, fehlgehen machen.* — 2) विह्रुत *gebogen, geknickt.*

*ह्रुड्, ह्रोडते (गतौ).

ह्रुडु m. v. l. für ह्रूडु.

ह्रुत् f. *Anlass zum Fehlgehen* oder *Fallen, Stein des Anstosses* und dgl. oder *Falle* AV. 6,51,1.

*ह्रूड्, ह्रूडते (गतौ).

ह्रूडु m. als Bez. des तकान् von unbekannter Bed.

ह्रूम् Interj.

*ह्रेप्, ह्रेपते (गत्याम्). — ह्रेपय् s. u. Caus. von 1. ह्री.

ह्रेपण n. *Scham, Verlegenheit.*

ह्रेष्, ह्रेषति und °ते *wiehern.* — Caus. ह्रेषयति *zum Wiehern bringen.*

ह्रेषा f. *Gewieher* Çiç. 18,3. Vâsav. 291,2.

ह्रेषिन् Adj. *wiehernd.*

ह्रेषित n. *Gewieher.*

ह्रेषुक m. *eine Art Schaufel.*

ह्रोड m. in व्याह्रोड.

*ह्रौड्, ह्रौडति (गत्याम्).

ह्रौम् Interj.

*ह्लग्, ह्लगते (संवरणे).

*ह्लन्न Partic. zu ह्लाद्.

*ह्लप्, ह्लापयति (व्यक्तायां oder अव्यक्तायां वाचि).

*ह्लस्, ह्लसति (शब्दे).

1. ह्लाद्, ह्लादते (सुखे) *sich abkühlen, — erfrischen, — erquicken.* Partic. *ह्लन्न. — Caus. ह्लादयति, °ते *erfrischen, erquicken* Taitt. Âr. 1,3,4. — Mit आ Caus. dass. — Mit प्र *sich erfrischen, — erquicken.* Partic. *प्रह्लन्न *erfrischt, erquickt.* — Caus. *abkühlen, erfrischen, erquicken* Ǵâtakam. 7,1. — Mit सम् in संह्लादिन्.

2. ह्लाद्, *ह्लादते (अव्यक्ते शब्दे). Vgl. 2. ह्राद, अनुह्राद und प्रह्राद.

1. ह्लाद m. *Erfrischung* (Ǵâtakam. 15), *Erquickung, Erheiterung.*

2. ह्लाद m. = 1. ह्राद N. pr. eines Sohnes des Hiraṇjakaçipu.

ह्लादक Adj. (f. °दिका) 1) *kühlend, erfrischend* ṚV. — 2) * = ह्लादे कुशलः.

ह्लादन 1) Adj. *erfrischend, erquickend* MBh. 13,17,144. — 2) n. *Erfrischung, Erquickung* 248,16.

ह्लादनीय Adj. *zur Erfrischung —, zur Erquikkung geeignet.*

ह्लादिकावती Adj. f. *kühlungsreich* ṚV.

1. ह्लादिन् 1) Adj. *erfrischend, erquickend* Gâtakam. 23. 28. Nom. abstr. °दित्व n. Prij. 40,13. — 2) f. °नी *a)* * *der Weihrauchbaum.* — *b) eine best.* Çakti. — *c)* mystische Bez. *des Lautes* ट्. — *d)* N. pr. eines Flusses.

2. ह्लादिन् 1) Adj. *überaus laut.* — 2) * f. °नी *a) Blitz.* — *b)* Indra's *Donnerkeil.*

ह्लादुक Adj. (f. आ) *kühl, frisch.*

ह्लादुकावती Adj. f. *kühlungsreich.*

* ह्लादुनि f. als Erläuterung von ह्रादुनि.

ह्लीक 1) Adj. *verschämt.* — 2) * f. ह्लीका *Scham.*

* ह्लीकु m. = जतु, त्रपु und लाक्षादि. Vgl. ह्रीकु.

* ह्लेषा f. = ह्रेषा *Gewieher.*

ह्वर्, * ह्वरति (गतिकर्मन्, कौटिल्ये), °ह्वरते, * ह्वृणाति (हूर्छने), ह्वृत und * ह्वरित Partic. 1) * *von der geraden Richtung abbiegen, schief gehen, krumme Wege machen.* Aor. in मा नः सोमो ह्वरितः (wohl ह्वारितः wie sonst zu lesen) ved. Cit. in der Kâç. zu 7,2,33. Partic. ह्रुर्णा vermuthet Roth Maitr. S. 3,9,2 (114,13); vgl. Theil 4, S. 311 oben. — 2) *sich beugen, umfallen.* — 3) * *niederbeugen.* — Caus. जिह्वरतम्, जुहुरस्, जुहुरन्त, जुहुराणं 1) *krumm gehen machen,* so v. a. *in die Irre führen, täuschen.* — 2) Med. *auf Abwege gerathen, irre gehen.* — Mit अभि in अभिह्वार्. — Mit अव in अनवह्वर. — Mit आ *irre führen,* überh. *zu Fall —, in Noth bringen.* — Mit उप Med. *Irrwege —, Umwege machen.* — Mit समुप in °ह्वर. — Mit परि in परिह्वृति, परिह्वृति und अपरिह्वृत. — Mit प्र in प्रह्व. — Mit प्रति in प्रतिह्वार्. — Mit वि *straucheln, fallen.* विह्वरित ved. Kâç. zu P. 7,2,33. — Caus. *umstürzen* (trans.). — Mit सम् Caus. संह्वारित *gekrümmt, eingebogen.*

ह्वर Adj. in धरुणह्वर.

ह्वरक m. Pl. *eine best. Schule.*

ह्वरस् n. 1) Pl. *die Bögen, Bügel, eine Vorrichtung an der* Soma-*Seihe,* etwa *die in den Rahmen befestigten rund gebogenen und durchlöcherten Ruthen.* — 2) *Krümme,* so v. a. *Ränke.* — 3) vielleicht so v. a. *Falle.*

ह्वल्, ह्वलति (metrisch auch Med.) *krumm —, schief gehen, auf Abwege gerathen; straucheln, wanken, fallen; das Ziel verfehlen, irren, verunglücken, misslingen, versagen.* — Caus. ह्वलयति und * ह्वालयति *erschüttern.* — Mit परि in परिह्वालम्. — Mit प्र *zu schwanken anfangen.* — Mit वि *taumeln, schwanken* Mantrabr. 1,7,15. MBh. ed. Vardh. 3,30,39. विह्वलित *taumelnd, schwankend.* — Mit परिवि *heftig taumeln, — schwanken* R. ed. Bomb. 4,24,29. — Mit संवि *taumeln, schwanken.*

ह्वल 1) Adj. *staucheInd, taumelnd* Pâr. Gṛhj. 3,7,3. — 2) f. आ *das Irren, Verfehlen, Verunglücken.*

ह्वलन Adj. *straucheInd, taumelnd* Pâr. Gṛhj. 3,7,3.

1. ह्वा (ह्वे), ह्वयते, ह्वैम, ह्वनन्ते, हुवेम, हुवे und ह्वे, जुहूमसि, ह्वयति und °ते (nur diese in der späteren Sprache); *rufen, anrufen, herbeirufen, hinrufen zu Jmd* (Acc.). नाम्ना *beim Namen rufen,* so v. a. *nennen;* शयने so v. a. *auffordern das Lager zu besteigen,* युद्धे *zum Kampfe herausfordern.* हूतें *gerufen, geladen.* — Caus. ह्वाययति * *Jmd* (Acc.) *durch Jmd* (Instr.) *herausfordern lassen.* Simplex nicht zu belegen. — Desid. जुहूषति. Simplex nicht zu belegen. — * Desid. vom Caus. जुह्वाययिषति. — Intens. (जोह्वीति, जोहुवत्, अजोहवुस्, जोहुवत् Partic., जोहुवान, * जोहूते) *rufen* u. s. w. — Mit अति *herüberrufen.* — Mit अनु *wiederum rufen, nachrufen, zurückrufen.* Partic. अनुहूत. — Intens. dass. — Mit अभि *herbeirufen.* — Mit प्राभि *anrufen.* — Mit अव *herabrufen, herrufen.* — Mit आ 1) *anrufen, herbeirufen, auffordern* (auch so v. a. *zum Beischlaf*), *vorladen* (auch *vor Gericht*), *einladen.* आहूत *angerufen* u. s. w. — 2) *anrufen* in liturgischem Sinne von *der Aufforderung, welche der* Hotar *durch den* Âhâva *oder das* Âhvâna *an den* Adhvarju *richtet.* — 3) Med. (metrisch auch Act.) *herausfordern* (zum Kampf, Wettstreit, Hazardspiel). आहूत *herausgefordert.* — 4) *ausrufen, hersagen* Çiç. 20,59. — Caus. 1) *herbeirufen lassen.* — 2) *herausfordern lassen.* — Desid. *herbeirufen wollen.* — Intens. *herbeirufen.* — Mit अत्या *herüber rufen* Maitr. S. 4,2,6 (27,13). — Mit अन्वा *wieder herbeirufen.* — Mit अभ्या 1) *den Anruf* (आहाव) *richten an* (Acc.). — 2) *herausfordern,* so v. a. *anfallen.* — Mit उपा Med. 1) *herbeirufen, auffordern* Vaitân. 20,9. — 2) *herausfordern.* — 3) *herbeischaffen.* — Mit पर्या Med. *den* Âhâva *vor und nach aussprechen.* — Mit प्रत्या Med. *auf einen Ruf —,* insbes. *den* Âhâva, *antworten.* — Mit व्या Med. *durch den eingeschobenen* Âhâva *trennen.* — Mit समा 1) *zusammenrufen, versammeln.* समाहूत Partic. — 2) *herbeirufen.* समाहूत Partic. — 3) *herausfordern* (zum Kampf, zum Hazardspiel). समाहूत Partic. — Mit उद् *herausrufen, hervorlocken.* — Mit उप Med. (ausnahmsweise später auch Act.) 1) *herbeirufen, einladen, berufen zu* (Acc., Dat. oder Loc.) 29,15. fgg. — 2) *anrufen, aufrufen.* — 3) *ermunternd zurufen, einstimmen, beloben.* — 4) उपहूत *a) herbeigerufen* u. s. w. — *b) wozu geladen ist.* — Desid. *herbeirufen* u. s. w. *wollen.* — Mit पर्युप Med. *herbeirufen.* — Mit प्रत्युप Med. dass. — Mit समुप 1) *zusammenrufen, — einladen* Vaitân. 8,15. समुपहूत Partic. — 2) *herausfordern* (zum Kampf). — Mit नि Med. *herab —, herein —, herbeirufen.* — Mit निस् *abrufen.* — Mit परि *zusammenrufen.* Nur °हूत. — Mit प्र *anrufen.* — प्रह्वयति ist auch Denomin. von प्रह्व. — Mit प्रतिप्र *herbeirufen zu* (Acc.). — Mit प्रति *anrufen.* — Mit वि Med. 1) *dahin und dorthin —, wetteifernd zu sich rufen.* — 2) *sich streiten um Etwas.* — 3) *abrufen.* — Mit सम् Med. 1) *zusammenrufen.* — 2) *berichten, erzählen* Bhaṭṭ.

2. ह्वा f. *Name, Benennung* in गिरि°.

ह्वातर् Nom. ag. zur Erklärung von होतर्.

ह्वातव्य Adj. *zu rufen.*

ह्वान n. *das Herbeirufen* MBh. 3,99,6. R. ed. Bomb. 4,12,15. An beiden Stellen ist wohl der Abfall eines आ nach ओ anzunehmen.

ह्वाय in * स्वर्गह्वाय.

* ह्वायक Adj. *rufend* u. s. w.

* ह्वायकीय्, °यति = ह्वायकमिच्छति. — Desid. जिह्वायकीयिषति.

ह्वार m. *Schlange (sinuosus).*

(ह्वार्य) ह्वारिअ Adj. *colubrinus* oder *geschmeidig, sich durchwindend.* m. angeblich *Ross* und *Schlange.*

ह्वाल m. *das Fehlen, Versagen.* Nach dem Comm. *das Sterben.*

General-Index zu den sechs Nachträgen

und

letzte Nachträge.

(Eine arabische Ziffer bezeichnet den Band, in welchem das nachgetragene Wort steht, eine voranstehende römische, dass das Wort auch in dem und dem Haupttheile des Werkes sich befindet.)

2. अ und अंश I. 1.
अंशयाह्विन् 3.
अंशसवर्णन und अंशस्वर 1.
अंशित 3.
अंशु I. 1.
अंशुकपल्लव 3.
अंशुधारय 1.
अंशुमद्भेदसंग्रह 2.
अंशूदक und अंसदघ्न 1.
अंसपीठ, अंसोच्चल und अंहस्पत्य 3.
अंहोमुच् I. 1.
अंहोलिङ्ग Adj. *das Wort* अंहस् *als Charakteristicum habend*, Bez. einer Reihe von Sprüchen Kauç. 32, 27. 52, 14. Ath. Par. 34, 31. Ath. Anukr.
1. अक I. 5.
अकण्ठ I. 1.
अकत 1.
अकत्थन I. 1.
अकद्वद 5.
अकपाल 4.
अकपिल 1.
अकपिलच्छवि 2.
अकम्प 6.
अकम्पित I. 1.
अकम्प्य 1.
अकम्प्र 2.
2. अकरण I. 6.
अकराल 1.
अ॑कर्ण 1) lies *nicht defect an den Ohren*. Auch Âpast. Çr. 10,22,3.
अकर्णगृहीत 4.
अकर्णधार 2.
अकर्णप्रावृत 1. 6.
अकर्णीय Adj. *was man nicht hören mag* MBh. 8,39,7.
अकर्त 2.
अकर्तर् auch *der einem keinen Dienst erwiesen hat* R. ed. Bomb. 4, 43,7.
अकर्तृक Adj. *keinen Schöpfer habend* Aniruddha zu Sâṁkhjas. 6,65.
अकर्दम 2.
अकर्मकरण 6.
अकर्मकाल m. *eine Zeit, in der keine Ceremonie zu vollziehen ist*, Sud. zu Âpast. Gṛhj. 8,5.
अकर्मकृत् I. 2.
अकर्मण्यता f. *Unthätigkeit* Bhoǵa zu Jogas. 1,30. Aniruddha zu Sâṁkhjas. 6,19.
अकर्मण्यत्व 2.
अकर्मप्राप्ति 4.
अकर्मवन्त्, अकर्मश्रान्त u. अकर्मिन् 2.
अकलि 5.
अकलित 1.
अकलितात्मन् 3.
अकलिप्रसर 4.
अकलुष 2.
अकलुषात्मन् Adj. *lauteren Herzens* R. ed. Bomb. 4,1,115.
अकल्ककलिल 5.
अकल्प I. 2.
अकल्मष I. 5.
अ॑कल्माष I. 1.
अकल्य I. 1. 2.
अ॑कल्याण I. 3. अकल्याणमित्र n. *ein Freund, der nur Unheil bringt*, Ǵâtakam. 17.
अ॑कव, lies *lückenlos*.
अकवि I. 6.
अकशाप und अकस्यवि॑द् 1.
अकाकु 5.
अकाञ्चन 1.
अकातर 2.
अकापुरुषव्रत 3.
अका॑मयमान 1.
अकामयान 3.
अकामत्रिक्रिय 5.
अकामसंज्ञपन 4.
अकामात्मन् 6.
अकामिन् 2.
अकाम्य 1.
1. अकारण I. 1.
अकारणाक und अकारादिनिघण्टु 2.
अकार्पण्य I. 1. 2.
अकार्यक्षम 4.
अकार्श्य 6.
अकालक्षेपम्, अकालज्ञ, अकालनियम und अकालसंयमम् 2.
अकावक्कु॑, अकिंचिज्ज्ञ und अकिंचिद् 1.
अकिंचिन्मय 3.
अकिलिन 2.
अकिल्बिष॑ I. 3.
अकीर्तनीय 2.
अकुञ्चित 5.
अकुटिल 2.
अकुण्ठधिष्ण्य 1.
अकुण्ठमण्डल 6.
अकुण्ठित 1.
अकुण्डलिन् 2.
अकुतस् I. 2.
अकुतोमृत्यु, अकुत्सयन्त् und अकुथित 2.
अकुपान 6.
अकुपित 2.
अकुप्य I. 2. 3.
अकुम्भ m. *etwas in seiner Art Einziges* Ǵâtakam. 17,5. 28.
अकुल I. 2.
अकुलक 2. 3.
अकुलज 2.
अकुलीन I. 2.
अकुष्ठिपृषत् 1.
अकुह und अकूज 2.
अकूजन 1. Adj. *nicht knarrend* (Achse) MBh. 8,37,27. 68,25.
अकूटक und अकूर्मपृषत् 2.
अकृच्छ्रलङ्घ्य 5.
अकृच्छ्रिन् 2.
अकृत I. 1.
अकृतक 2. Ǵâtakam. 18. 20. 26.
अकृतकृत्य 1.
अकृतप्रज्ञ, °क u. अकृतप्रथमयज्ञ 4.
अकृतलक्षण und अकृतविद्य 2.
अकृतव्यूह und अ॑कृतश्मशान 1.
अकृतश्रम und अकृतसंज्ञ 2.
अकृतागस् 6.
अकृताग्र und अकृत्स्नविद् 2.
अकृप 1.
अकृपण I. 2.
अकृमिपरिसृप्त 2.
अकृशलक्ष्मी 2.
अकृशानेककण्टक Adj. *von den vielen kleinen Gräten befreit* R. ed. Bomb. 3,73,15. = अकृशा अनेके च कण्टका यस्य विद्यन्ते Comm.
अकृष्ट I. 1.
अकृष्टरोह्विन् 3.
अकृष्य 1.
अकॢप्त und अकेतन 2.
अकोप I. 2.
अकोपन 1.
अकोपयन्त्, अकोपिता, अकोश und अ॑कोषधावन 2.
अकौटिल्य 1.
अकौशल I. 1. Ǵâtakam. 9,59.
अकौसीद्य n. *Fleiss* Ǵâtakam. 1.
अक्का I. 1.
अक्ति 5.
अक्रतुसंयुक्त Adj. *nicht mit einer bestimmten Absicht verbunden* Âpast. Çr. 10,14,3.
1. अक्रम I. 2.
2. अक्रम I. 1.
अक्रमशस् 1.
अक्रमोढा 3.
अ॑क्रिमि 1.

अक्रिय und अक्रियक 2.
अक्रियाक 5.
अक्रोपाश् 3.
अक्रीत, अक्रुद्ध und अक्रुध्यत् 1.
अक्रूर I. 1.
अक्रूरकार 4.
अक्रूरपरिवार 1.
1. अक्रोध und 2. अक्रोध I. 1.
अक्रोशत् 3.
अक्लिष्ट I. 1.
अक्लेद्य I. 5.
अक्लेश I. 1. 4.
2. अक्ष I. 5.
3. अक्ष I. 1.
अक्षकितव I. 2.
अक्षकूट 3.
अक्षग्लह 2.
अक्षत I. 6. Auch *eine best. Krankheit* Dârila zu Kauç. 32,9. Nach Zimmer ist auch AV. 7,76,4 अक्षतस्य zu lesen.
अक्षतधाना 5.
अक्षतसक्तु 3.
अक्षतामर्ष 1.
अक्षतोदक 3.
अक्षत्रिय und अक्षदाय 1.
अक्षदेवनपणी 4.
अक्षदेवितृ 3.
अक्षदेविन् I. 3.
अक्षद्वार 1.
अक्षधर्म 3.
अक्षधूर्त I. 3.
अक्षपराजय und अक्षपरि I. 6.
अक्षपातन 3.
अक्षभार 1.
अक्षम I. 2 (Gâtakam. 19,6).
अक्षमता 2.
अक्षमद 4.
अक्षमा I. 3.
अक्षमालामय 1.
अक्षमावत् 3.
अक्षमिन् 2.
अक्षय I. 1. 2.
अक्षयवट 1.
अक्षय्य I. 1.
अक्षर I. 1. 5.
अक्षरकार und अक्षरच्युतक 2.
अक्षरन्यास I. 3.
अक्षरशर्मन् I. 1.
अक्षरशिक्षा 1.

अक्षरसघातु n. *eine best. Singweise* Lâtj. 7,9,8.
अक्षरान्तर 2.
अक्षरेस्था 1.
अक्षर्य I. 1.
अक्षवती I. 6.
अक्षवाप 2.
अक्षवृत्त 3.
अक्षशब्द 4.
अक्षशिक्षा 3.
अक्षशील und अक्षसङ्गिन् 1.
अक्षसूत्र I. 1.
अक्षसूत्रक 1.
अक्षसूत्रवलयिन् 2.
अक्षहृदय 6.
अक्षा f. *ein best. Spruch* Çâṅkh. Çr. 18,4,1. 5,1.
अक्षाक्ष 1.
अक्षार 3.
अक्षारमद्यमांसाद 2.
अक्षारलवण und अक्षारलवणाशिन् I. 2.
अक्षालित 2.
अक्षावली 1.
अक्षिकूट I. 3.
अक्षिच्छिद्र 3.
अक्षिण्वत् 2.
अक्षित्, अक्षिदुःख und अक्षिनिकाणम् 1.
अक्षिपथ 3.
अक्षिबन्ध 1.
अक्षिरुज् 3.
अक्षिरोगवत् und अक्षिलती 1.
अक्षीणबुद्धि 3.
अक्षीब I. 1.
अक्षीराक्षारलवण 2.
अक्षु I. 1.
अक्षुण्णता, अक्षुद्रपरिचारिन् und अक्षुद्रपरिवार 3.
अक्षेत्रज्ञ I. 1.
अक्षेत्रतर I. 3.
अक्षेम und अक्षोधुक 1.
अक्षोभ्य I. 1.
अक्षौहिणी I. 3. MBh. 1,2,22 in der Bed. *ein vollständiges Heer.*
अक्ष्णयाकृत 1.
अक्ष्युपनिषद् 2.
अखञ्ज 5.
अखण्डमण्डल 4.
अखण्डार्थनिरूपण 2.

अखण्डिताज्ञ 1.
अखण्डोपाधि m. *eine mit Worten nicht zu erklärende Eigenschaft* Njâjak. Sâṁkhjapr. 67,3 v. u.
अखण्ड्यमान 2.
अखर्व I. 1.
अखर्वन् 1.
अखात I. 5.
अखादत् I. 4.
अखिन्न 3.
अखिललोकनाथ 5.
अखिलेश्वर 4.
अगणयत् und अगणितप्रतियात 1.
अगण्य I. 5.
अगतश्री und अगतार्थ 2.
अगति I. 1. अगत्या Instr. *ohne Ausweg, nothgedrungen* Gâtakam. 7,26. 23,11.
अगदवेद 1.
अगदंकार I. 1. Auch Daçak. 34,15.
अगदित 2.
अगन्ध I. 3.
अगन्धसेविन् 1.
अगन्धि oder °न् 3.
अगम्य I. 2.
अगम्यगा 1.
अगम्यरूप 3.
अगर्तस्कन्द्य 2.
अगर्भ und अगस्ति I. 1.
अगस्तिकुसुम 5.
अगस्ती und °य I. 5.
अगस्त्यगृहपतिक 3.
अगस्त्यनिघण्टु 2.
अगस्त्यवट 3.
अगस्त्यशास्त Adj. *von Agastja beherrscht.* °शास्ता दिक् *Süden* MBh. 1,192,9.
अगस्त्यसंपात 2.
अगस्त्याश्रम 1.
अगाध I. 1.
अगाधबुद्धि 2.
अगार I. 1.
अगारदाहिन् auch MBh. 7,73,41.
अगारस्थूण m. *der Hauptbalken eines Hauses* Âpast. Gṛhj. 19,7.
अगार्दभरथिक und अगालित 2.
अगिरिभिद् 4.
अगुञ्जिन् 1.
2. अगुण und अगुणवत् I. 2.
अगुणशील 2.

अगुणिन् I. 2.
अगुण्यता 5.
अगुरु I. 1.
अगुरुक 1.
अगुरुगवी 2.
अगुरुतल्प 1.
अगुरुसार I. 6.
अगृध्नु 2.
अगृह, अगृहपति, °क u. अगृहीत 1.
अगृह्णत् 2.
अगृह्य I. 2.
अगृह्यमाणकारण I. 1.
अगो 1.
अगोअर्घ 2.
अगोचर I. 2.
अगोत्रचरण und 1. 2. अगोप 1.
1. 2. अगोपाल 2.
अगोरस 1.
अगोरुध, lies *der die Heerde nicht einsperrt, — für sich behält.*
अगोष्पद 2.
अगोपवन 1.
अग्नाविष्णु I. 1.
अग्नि I. 5.
अग्निक I. 1.
अग्निकण I. 3.
अग्निखदा 2.
अग्निगोदान Adj. *bei dessen Bartscheerung* Agni *die Gottheit ist* Âpast. Gṛhj. 16,13.
अग्निघट 2.
अग्निचयन I. 2.
अग्निज I. 1.
अग्निजननविधि 2.
अग्निजिह्व I. 5.
अग्निज्येष्ठ 3.
अग्निज्वाल 1.
अग्नितनू und अग्नितुण्ड 3.
अग्निदग्ध I. 2.
अग्निदेव 1.
अग्निदैवत I. 6.
अग्निनेत्र und अग्निन्यक्त 3.
अग्निपक्व 2.
अग्निपतन 3.
अग्निपद I. 2.
अग्निपिण्ड 3.
अग्निपुत्र m. Patron. Skanda's AV. Pariç. 20,6.
अग्निपूजा 1.
अग्निपूत 5.

अग्निप्रणयन I. 3.

अग्निप्रस्कन्दन n. MBh. 1,84,26 nach Nīlak. = श्रौतस्मार्ताग्न्यग्निसाध्यकर्मत्याग.

अग्निभय und अग्निमदन 4.

अग्निमय, अग्निमुख, अग्निरत्न und अग्निद्वीप I. 1.

अग्निवर्चस् I. 5.

अग्निवेताल I. 1.

अग्निशकटी 5.

अग्निशक्ति 6.

अग्निशिख I. 1.

अग्निशौचवस्त्र 2.

अग्निष्टुत् und अग्निष्टोम I. 1.

अग्निष्टोमयागविधि 2.

अग्निष्ठ I. 1. 2.

अग्निसंचय 3.

अग्निसात्त्विक I. 6.

अग्निस्पर्श und अग्निहुत 1.

1. अग्निहोत्र I. 1.

2. अग्निहोत्र I. m. Du. Çāṅkh. Çr. 14, 3,15 nach dem Comm. = अग्निहोत्रसंज्ञकौ द्वौ हविर्यज्ञसोमौ.

अग्निहोत्रप्रायण 4.

अग्निहोत्रप्रायश्चित्त 2.

अग्निहोत्रिन् I. 1.

अग्निह्वर 1.

अग्नीविवरण I. 1.

अग्नेयानी 3.

अग्र्यगार I. 1.

अग्र्यर्चिस् 1.

अग्र्यवभृथ 4. 6.

अग्र्याधेय und अग्र्युत्पात I. 1.

अग्र्युपसमिन्धन 4.

अग्र्युपस्थान I. 4.

अग्र I. 1. 5. 6.

अग्रगणना 1.

अग्रगह्वर 5.

अग्रग्रासिका 1.

2. अग्रणी 3.

अग्रतलसंचार 1.

अग्रतःस्थ 3.

अग्रतोरथ 5.

अग्रदातर् 2.

अग्रभाग I. 5.

अग्रभुज् I. 6.

अग्रभूमि I. 3.

अग्रभोगिन् 2.

अग्रभोजन 1.

अग्रभोज्य 4.

अग्रयान I. 3.

अग्रवक्त्र 5.

अग्रशिख und अग्रसंख्या 6.

अग्रसारा und अग्रसूची 1.

अग्रस्त 2.

अग्रहर I. 5. 6.

अग्रहण I. 1. 2.

अग्रहोम 1.

अग्राग्र 6.

अग्रात्त 1.

अग्राम्यकन्द und अग्राम्यत्व 2.

अग्राह 3.

अग्रिमवती 1.

अग्रेगू I. 2.

अग्रेदिधिषु 2.

अग्रेदधिस् 1.

अग्रेसर und अग्रेसरी I. 3.

अग्र्यमहिषी 4.

अग्लासु und अघ I. 1.

अघटित I. 2.

अघदीपिका 2.

अघन I. 1.

अघपञ्चविवेचन und °पञ्चषष्टि 2.

अघभेद 1.

अघमर्षण I. 3.

अघर्म 3.

अघविवेचन 2.

अघशंस I. 3.

अघशंसिन् I. 5.

अघषट्क, अघसंशयतिमिरादित्यसूत्र und अघसंग्रह 2.

अघातुक I. 1.

अघासक 2.

अघूर्ण 3.

अघोणिन् 2.

अघोरकल्प I. 1.

अघोरघोरतर 3.

अघ्न्यावी 1.

अङ्क I. 5. 6.

अङ्कता 1.

अङ्कनशास्त्र 2.

अङ्कपाश 1.

अङ्काप् 4.

अङ्कावङ्कि 5.

अङ्कुर्, अङ्कुरति *schiessen, aufschiessen* Pārv. 595,1. 603,10. Hierher gehört das u. अङ्कुरय् stehende अङ्कुरित.

अङ्कुरय् I. 5.

अङ्कुरारोपण n. *das Pflanzen eines Schösslings, eine Hochzeitsceremonie* Har. zu Âpast. Gṛhj. 2,15.

अङ्कुरार्पण n. *eine best. Hochzeitsceremonie* Har. zu Âpast. Gṛhj. 2, 14. °विधि Nachtr. 1.

अङ्कुश I. 1. 5.

अङ्कुशखेटिन् I. 1.

अङ्कुशधर Adj. *einen Haken zum Antreiben des Elephanten tragend* MBh. 5,133,17.

अङ्कुशेश्वर 5.

अङ्कूरय् *spriessen lassen* Pārv. 591,31.

3. अङ्ग I. 3.

अङ्गकषाय und अङ्गकमललक्षण 2.

अङ्गक्रिया 1.

अङ्गघटना 2.

अङ्गज I. 1. 5.

अङ्गतम् 3.

अङ्गत्वनिरुक्ति 2.

अङ्गदिन्न m. N. pr. eines Fürsten Gâtakam. 29.

अङ्गप्रग्रह 4.

अङ्गभङ्ग I. 3. Wohl *Gliederbruch* Subhâshitâv. 604.

अङ्गभूत 5.

अङ्गभेद I. 4.

अङ्गमर्द I. 2.

अङ्गरात्र 2.

अङ्गलतिका 4.

अङ्गलेपा f. N. pr. einer Stadt R. ed. Bomb. 4,42,14.

अङ्गलोमन् 5.

अङ्गवादा 1.

अङ्गवाहक 5.

अङ्गविक्षेप und अङ्गशुश्रूषक I. 1.

अङ्गसमाख्यायम् 6.

अङ्गारक I. 3.

अङ्गारकालिका 1.

अङ्गारका (!) f. N. pr. einer Râkshasî R. ed. Bomb. 4,41,26.

अङ्गारकृत् 2.

अङ्गारधानिका I. 3.

अङ्गारधूमवत् und अङ्गारनाडि 2.

अङ्गारवाहिका und अङ्गारसात् 5.

अङ्गारावक्षपण 2.

अङ्गारित I. 2.

अङ्गारीय I. 3.

अङ्गारेश्वर 5.

अङ्गिराधामन् 1.

अङ्गुलाग्नि 5.

अङ्गुलिप्राशन n. *das Kosten mit dem Finger* Har. zu Âpast. Gṛhj. 2,11.

अङ्गुलिमात्र 1.

अङ्गुलिवेष्टक und °वेष्टन 2.

अङ्गुलीफणाहस्तक 4.

अङ्गुलीभङ्ग 5.

अङ्गुलीविक्षेपम् Absol. *die Finger hinundher bewegend* Gâtakam. 31.

अङ्गुल्य 6.

अङ्गुष्ठक 1.

अङ्गुष्ठविभेदिक 6.

अङ्घ्रि I. 1.

अङ्घ्रिपात 3.

अङ्घ्र्यवनेजन I. 3.

अच् mit उद् I. 2. — Mit समुद् I. 4. 5. — Mit नि I. 3. 4. — Caus. 3. — Mit प्रति I. 4.

अचकित 1.

अचक्रवर्ति, अचक्रवृत्त, अचक्षण, अचक्षुष्य, अचङ्क्रमणशील u. अचञ्चल 2.

अचण्ड, अचण्डमरीचि u. अचन्दन 1.

अचन्द्रसूर्य Adj. *wohin weder Mond noch Sonne dringen* R. ed. Bomb. 4, 50,18.

अचन्द्रार्कग्रह 4.

अचयन 1.

अचर I. 2.

अचरण I. 1.

अचरम I. 3.

अचरमवयस् 2.

अचरित und अचरिष्यत् 5.

अचर्वयत् 2.

अचल I. 1.

अचलदत्त 1.

अचलपुर I. 2.

अचलेन्द्र und अचलेश्वर 1.

अचाक्षिक 2.

अचाक्षुष I. 2.

अचातुर्मास्य, अचापल u. अचापल्य 1.

अचिकित्सनीय 3.

2. अचित् I. 1.

अचित्तपाजस् und अचित्तमनस् I. 1.

अचिन्तनीय 1. Auch *woran man nicht denken darf* R. ed. Bomb. 4, 24,13.

अचित्य I. 1.

अचिन्त्यत्व 3.

अचिर I. 2.

अचिररुचि 2.

अचिररोचिस् I. 5.
अचिरांशु und अचिराभा I. 1.
अचिरोढा I. 5.
अचेतन I. 1.
अचेतित und अचैत्रभानव 1.
अचोत. अचोद्य, अचौद्य u. अचार 2.
अच्छटाशब्द m. (DIVJÂVAD. 555,21) und अच्छटासंघात m. (ebend. 142,11) *Fingerschnalz.*
अच्छत्वक 1.
अच्छदिर्दर्श 2.
अच्छद्मन् 1.
अच्छन्द 2. 3.
अच्छन्दस्क 1.
अच्छन्दस्कृत 2.
अच्छभल्ल I. 1. Auch VIKRAMÂÑKAK. 13,23.
अच्छमण्डक 5.
अच्छम्बट्कारम् I. 2.
अच्छर्दनीय 2.
अच्छायोपग, अच्छिद्र und अच्छिद्रत्व 1.
अच्छिद्रदर्शन 2.
अच्छिद्रपत्त्र 3.
अच्छिद्रयामन् I. 5.
अच्छिद्राश्वमेध 2.
अच्छिन्न I. 1.
अच्छिन्नपत्त्र I. 5.
अच्छिन्नपयस् 3.
अच्छुता und अच्छूरी 2.
अच्छेत्य 3.
अच्छेर 1.
अच्युत I. 1. 2.
अच्युतकृष्णदीक्षित und अच्युतक्षि-ति 2.
अच्युतप्रच 4.
अच्युतप्रेत 6.
अच्युतरायाभ्युदय 2.
अच्युतलोक 1.
अच्युतशतक 2.
अच्युतार्चन 3.
अच्युति 1.
अज् mit अभि I. 6.
अजक्रन्द 1.
अजतारि I. 1.
अजगन् 2
अजगति 3.
अजगात्र I. 1. 4.
अजग्धपाप्मन् 2.
अजद्रुम 1.

अजङ्गाल 2.
अजज्ञिवंस् Adj. *nicht bemerkt habend* R. ed. Bomb. 2,14,45.
अजठर 2.
अजडप्रमातृसिद्धि 1.
3. अजन 3.
अजननि I. 5.
अजनन्यादृशील, अजनायोग und अजनाशन् 1.
अजन्मन् 2. 4.
अजन्मनाश 3.
अजन्य I. 2. 5.
अजबन्धु 1.
अजमथन 4.
अजमीढ I. Als Bein. Judhishṭhira's MBH. 1,191,20.
अजरक 1.
अजरस् I. 2.
अजराजारिस्तु 5.
अजरामर 2.
अजरामरी Adv. mit कर् *Jmd* (Acc.) *ewige Jugend und Unsterblichkeit verleihen* SUBHÂSHITÂV. 3509.
अजल्पन्त् und अजवृष 2.
अजागलस्तन I. °न्यायेन SÂH. D. 342,18.
अजातगुण 1.
अजातरजस् 5.
अजातशत्रु I. 1) Nom. abstr. °ता f. MBH. 7,12,12.
अजातारि I. 3.
अजाति 2.
अजापाल I. 1.
अजायमान 2.
अजावि I. 3.
1. अजाश्व I. 5.
अजिगीष und अजिज्ञास्य 2.
अजितदेवाचार्य 3.
अजितमनस् 2. 4.
अजितेन्द्रियमिश्र 3.
अजिनरत्न 1.
अजिनवासस् 3.
अजिर I. 6.
अजिह्म I. 1.
अजिह्मचारिन् und अजिह्मशठ 2.
अजिह्व I. 2.
अजीतपुनर्वण्य I. 3.
अजीर्ण I. 1.
अजीर्णामृतमञ्जरी 2.
अजीर्णि 1.

अजीर्यत् 2.
अजीवनि I. 5 (steht hier an falscher Stelle).
अजुगुप्स und अजुगुप्सित 2.
अजू 3.
अजोष I. 5.
अज्ञात I. Auch *unerkannt*, *unerwartet* R. ed. Bomb. 4,56,8.
अज्ञातृ 1.
अज्ञातलिप्सम् 5.
अज्ञेयत्व 2.
अज्यानि I. 3.
अज्यायंस् 1.
अञ्ज् mit परिवि 3. — Mit प्रवि 4.
अञ्जन I. 3.
अञ्जनक I. 4.
अञ्जनपर्वन् m. N. pr. eines Râkshasa MBH. 7,156,81. 83 u. s. w.
अञ्जनाभ I. 1.
अञ्जनिक 1.
अञ्जलिपुट 3.
अञ्जलिप्रग्रह 4.
अञ्जलिवैभत्र 2.
अञ्जोगति Adj. *geradeaus fliegend* (Pfeil) MBH. 7,156,170. 161,6. 8, 12.34.
अट् I. 6.
अटट *eine best. Hölle* DIVJÂVAD. 67,23.
अटन I. 1.
अटाट्या I. 5.
अट्टपाल 3.
2. अट्टहास I. 1.
अणाह्निलपाटक 5.
(अणि) अणी I. = शूलाग्र NILAK. zu MBH. 1,108,8.
अणिक 1. 2. 6.
अणिकाद्यम् 2. Richtig अनि°.
अणिमतस् 1.
अणु I. 1.
अणुज्योतिस् 1.
अणुप्रियङ्गु 4.
अणुवादिन् 2.
अणू 2.
अणूक in कृष्णाणूक und देवताणूक BAUDH. GṚHJ. 2,2 bei HAR. zu ÂPAST. GṚHJ. 15,9 fehlerhaft für अनूक.
अणूकाण्ड 4.
अण्ठ I. 5.
अण्ड I. 1. Auch *ein best. Theil eines* Stûpa DIVJÂVAD. 244,10.
अण्डत्तर 1.
अण्डभेदन 3.
अण्डात, अण्डारक und अण्डिका 1.
अण्वाद्योतित 2.
अत् mit अनु 4.
अतच्छब्द und अतच्छ्रुति 1.
अतज्जातीय und अतज्ज्ञ 2.
अतथाकारण 4.
अतद् und अतदर्ह 2.
अतदर्हमाण Adj. (f. आ) *dieses nicht verdienend* MBH. 2,67,54.
अतदात्मन् 2.
अतद्धित und अतद्भाव 1.
अतद्रूप 1. 2.
अतद्विद् 1.
अतद्वीर्यविद्वंस् 5.
अतनुबल 1.
अतन्तुमत् 2.
अतन्त्र I. 1.
अतन्द्रित 1.
अतन्द्रा und अतप्ततपस् 2.
अतमोविष्ट 1.
अतमिस्र und अतर 2.
अतरपण्य *kein Lohn für eine Fracht zu Wasser* DIVJÂVAD. 4,12. 501,24.
अतरित्र und अतरुच्छाय 2.
अतरुण 1.
अतर्कणीय Adj. *auf den man es nicht abgesehen haben kann* oder *darf*, so v. a. *sicher vor* (Gen.) ǴÂTAKAM. 9,1.
अतर्कावचर 1.
अतर्कित I. Auch *auf den man es nicht abgesehen hat*, so v. a. *sicher vor* (Instr.) ǴÂTAKAM. 6,1.
अतर्षुल 2.
1. अतस् I. 3.
अतस्कर Adj. *frei von Räubern* AV. 12,1,47.
अतस्थान und अताच्छील्य 1.
अताह्निक, अतात्पर्यविद् und अतात्त्व 2.
अतापभृत् 1.
अतार्य 2.
अतिकाठिन 1.
अतिकपिल 3.
अतिकरुण 6.
अतिकल 3.

अतिकष्ट I. Auch *überaus schlimm, sehr arg* GÂTAKAM. 24.

अतिकातर und अतिकान्ति 1.

अतिकार्यकर, अतिकार्श्य und अतिकोटक 2.

अतिकुञ्चित Adj. *sehr kraus* PAÑKÂÇIKÂ (ed. SOLF) 44.

अतिकुटिल, अतिकुणप und अतिकुतूहल 2.

अतिकृच्छ्र I. 2.

अतिक्रमण I. 3.

अतिक्रमे 2.

अतिक्रान्तभावनीय 1. 3.

अतिक्रान्तातिक्रान्त Adj. *über Alles hinweggekommen* DIVJÂVAD. 47,16.

अतिक्रुद्ध und अतिक्रुध् 2.

अतिक्रूरमृड, अतिक्षिप्र, अतिक्षुत्परीत und अतिखादिन् 3.

अतिगरीयंस् 1.

अतिगर्जिन्, अतिगर्ध und अतिगार्ध्य 2.

अतिगुरु I. 3.

अतिगूढ 2.

अतिग्राह्यपात्र 4.

अतिघन 1. Auch *sehr dick* DAÇAK. 2,11.

अतिघस्मर 2.

अतिचण्डिका 1.

अतिचतुर I. 3.

अतिचपल 2.

अतिचार I. 1.

अतिचिक्कण, अतिचित्रम्, अतिचिरस्य und °चिरात् 2.

अतिच्छत्रक I. 2.

अतिच्छेद्य 2.

अतिजटाधर 1.

अतिजठर, अतिजड, अतिजरठ, अतिजरत्, अतिजवन, अतिजितकाशिन् (1. 6) und अतिज्वलन 2.

अतितर्पण 5.

अतितर्ष 2.

अतिताप 6.

अतितितिक्षमाण 2.

अतितिक्ता und अतितिग्म 2.

अतितीव्र 1. 2.

अतितुङ्ग 3.

अतितुष्ट 5.

अतितुन्दिल, अतितूर्णम् und अतितृट्परीत 3.

अतितृप्त 1.

अतिथिव्रतिन् 6.

अतिथी 1.

अतिदग्ध 1. 2.

अतिदर्पित 2.

अतिदशरथम् 6.

अतिदहनात्मक 3.

अतिदारु 1. 6.

अतिदिलीपम् 6.

अतिदीप्ति, so zu lesen st. अपिदीप्ति.

अतिदुःख und अतिदुर्गम 3.

अतिदुर्जन 2.

अतिदुर्नय 1.

अतिदुर्व्यस्त Adj. *sehr schwankend in seinen Ueberzeugungen* GÂTAKAM. 10.

अतिदुर्बल 1. 1.

अतिदुर्बलता, अतिदुर्मनस् und अतिदुर्ललित 3.

अतिदुर्विषह 2.

अतिदुर्विषह्य 3.

अतिदुष्ट 1. 3.

अतिदुःसह 1.

अतिदूर 1. 3.

अतिदूरवर्तिन् 3.

अतिदूषित 1.

अतिदोषम् 2.

अतिदोषल und अतिद्रुतम् 3.

अतिद्वय 2.

अतिधनिन् 3.

अतिधर्म, अतिधवल und अतिधूम 1.

अतिनदीष्ण 3.

अतिननामिन् und अतिनमामि 1. 3.

अतिनयन 5.

अतिनर्मन् 3.

अतिनिभृतम् und अतिनिरोध 1.

अतिनिर्घृण 2.

अतिनिर्मथन 1. 3.

अतिनिर्मल 1.

अतिनिर्लिप्त 5.

अतिनिर्वर्तिन् 3.

अतिनिर्विण्ण 2.

अतिनिर्वृत 1.

अतिनिषेवितर् 2.

अतिनील und अतिनेद 1.

अतिपक्षिन्, अतिपवित्र, अतिपाण्डुकम्बल, अतिपान u. अतिपापिन् 3.

अतिपावन 1.

अतिपिङ्ग 2.

अतिपिशुन 4.

अतिपीडित 1. 3.

अतिपूर 3.

अतिपेलव 4.

अतिपौरुष 1.

अतिप्रणय 1. 5.

अतिप्रतिलोम 1.

अतिप्रत्यासङ्ग 3.

अतिप्रथित 1.

अतिप्रपञ्च 4.

अतिप्रभावती 1.

अतिप्रमाण 1. 1.

अतिप्रमाथिन् 4.

अतिप्रमाद 1.

अतिप्रलाप 3.

अतिप्रलोभित und अतिप्रविलम्बित 5.

अतिप्रविष्ट 2. 5.

अतिप्रवृत्त 5.

अतिप्रवृद्ध 1. 4.

अतिप्रवेश 4.

अतिप्रशान्त 6.

अतिप्रिय 1. 4.

अतिप्रीत 2.

अतिप्रेषण, अतिप्रेषितर् und अतिप्रैष 5.

अतिबन्धुर 4.

अतिबल 1. 1. 4.

अतिबलात्कृत und अतिबलीयंस् 4.

अतिबहु 1. 1.

अतिबीभत्सित 4.

अतिभक्ति 1.

अतिभय 1. 5.

अतिभयंकरम् 4.

अतिभयानक 1.

अतिभर 3. 6.

अतिभरित 3.

अतिभवानीवल्लभम् 6.

अतिभारवत् 1.

अतिभारिक 3.

अतिभीत 1.

अतिभूमि 1. 6. अतिभूमिमारोप्यते PÂRV. 582,16. अतिभूमिं गमितः 586,20. अतिभूमिग KATHÂS. 28,84.

अतिभृत् und अतिभोगिन् 3.

अतिमञ्जुल 1.

अतिमतिमत् 1. Auch R. ed. Bomb. 4,29,29.

अतिमद 1.

अतिमनोरथ Adj. *alle Wünsche übersteigend* GÂTAKAM. 22,83.

अतिमन्यु Adj. *sehr wüthend* MBH. 8,22,10.

अतिमर्शन् 4.

अतिमहत् I. 1.

अतिमहारौद्र und अतिमहासत्त्व 4.

अतिमहिमन् 1.

अतिमात्र I. f. आ R. ed. Bomb. 2,12,112.

अतिमानुषस्तव 2.

अतिमाल 1.

अतिमुक्ति 1. 3.

अतिमूर्ख 1. 4.

अतिमृदु Adj. *überaus zart* PAÑKÂÇIKÂ (ed. SOLF) 24.

अतिमृदुल 4.

अतिमेचकित 2.

अतिम्लानि 1.

अतियाचित 4.

अतियात्रा 1. Auch *Ueberfahrtsgeld* DIVJÂVAD. 92,27.

अतिरजस्वल und अतिरथित 5.

अतिरति f. *grosse Freude an* (Loc.) KATHÂS. 27,25.

अतिरभस 3.

अतिरमणीय 1. 1.

अतिरय 1.

1. अतिरस 1. 5.

अतिरसिक u. अतिरस्कृतसंभाष 3.

अतिराग 1.

अतिरिरंसा 5.

अतिरुष् 1. 4.

अतिरुष्ट 5.

अतिरूढ 1. 2.

अतिरेच und अतिरोकं 1.

अतिरोचमान 5.

अतिरोदन 1. 5.

अतिरोप 3.

अतिरोषण 2.

अतिरोह 1.

अतिल 1. 1.

अतिलवणसात्म्य 6.

अतिलालवत् 5.

अतिलोभनीय Adj. *wonach man grosses Verlangen hat, überaus reizend.* Nom. abstr. °ता f. GÂTAKAM. 26.

अतिलोलुप und अतिलौल्यवत् 5.

अतिवक्र 1. 1.

अतिवत्सल und अतिवर 3.

अतिवरीयंस् 5.

अतिवल्लभ 1. 5.

अतिवात्सल्य 3.

अतिवाम 1.

अतिवाहन 3.

अतिविक्रम 2.

अतिविक्लाव, अतिविगर्ह्य und अतिविग्राहिन् 3.

अतिविघट्टित 2.

अतिविघ्न 3.

अतिवितथ 2.

अतिवितथवाच्, अतिवितीर्ण und अतिविद्धम् 1.

अतिविध्ये 6.

अतिविपर्यय 2.

अतिविपिन und अतिविप्रकर्ष 3.

अतिविप्रधर्ष m. *das Anthun eines grossen Leides* R. ed. Bomb. 4,24,6.

अतिविभिन्न 4.

अतिविभीषण 3.

अतिविमनस् 3.

अतिविमल 1.

अतिविराजिन्, अतिविरूप und अतिविलम्ब 3.

अतिविलम्बितम् 3.

अतिविशाल Adj. *überaus umfangreich* Pañkâçikâ (ed. Solf) 14.

अतिविश्रम्भ 1.

अतिविश्व I. 1.

अतिविष Adj. *überaus giftig* Gâtakam. 32,31.

अतिविषम I. 3.

अतिविषा 1. 2.

अतिविष्ठित Adj. etwa *fest stehend, sich nicht von der Stelle bewegend* R. ed. Bomb. 4,18,38.

अतिविसंष्ठुल 3.

अतिविस्तर I. 3.

अतिविस्मय 3.

अतिविस्मित 6.

अतिविस्रब्ध 3.

अतिविह्वल 2.

अतिवीर I. 3.

अतिवीर्य 1.

अतिवीर्यवत् 3.

अतिवृद्ध I. 1.

अतिवृष्य, अतिवेगवत्, अतिवेदना und अतिवेपथुमत् 6.

अतिवैचक्षण्य 1.

अतिवैशस und अतिवैषम्य 6.

अतिवैशद्य 1.

अतिव्यथित 6.

अतिव्यपहार und अतिव्यवहार 1.

अतिव्यवाय 4.

अतिव्यवायिन्, अतिव्यसन, अतिव्यसनिन् und अतिव्यस्त 6.

अतिव्याकुल, अतिव्याहृत und अतिव्युत्पन्न 3.

अतिशंसन 1.

अतिशक्त 6.

अतिशक्ति Adj. *überaus mächtig* Pârv. 389,5.

अतिशक्तिभाज् 4.

अतिशङ्का f. *übermässige Besorgniss* Pârv. 387,1.

अतिशङ्कितव्य und अतिशठ 6.

अतिशय m. auch = विशेष *Art.* शास्त्राति° Gâtakam. 4.

अतिशयवत् I. 1.

अतिशयितत्व, अतिशस्त्रकोप, अतिशात und अतिशाद्वल 6.

अतिशिष्ट 1.

अतिशीघ्र I. 1.

अतिशीत I. 6.

अतिशुभ्र und अतिशृत 1.

अतिशोभन I. 2.

अतिशोभाकर und अतिशोषिन् 6.

अतिश्रम I. 6.

अतिश्रान्त 3.

अतिश्रि Adj. *die* Çrî *übertreffend* Festgr. 19.

अतिश्री f. *grosse Pracht* R. ed. Bomb. 4,1,45.

अतिश्लक्ष्ण 1. 1. 3.

अतिश्लाघ्य 3.

अतिश्लिष्ट 6.

अतिश्वास 1.

अतिष्कद्वन् und अतिष्कंदस् I. 6.

अतिष्ठिघम् 1. Richtiger *übersteigen.*

अतिसंरम्भ, अतिसंराग, अतिसंशब्द und अतिसंश्लिष्ट 6.

अतिसंसिद्धि 1.

अतिसंहर्ष 2.

अतिसंहृष्ट 1.

अतिसंकट, अतिसंकल्प, अतिसंकुल, अतिसंक्षोभण, अतिसंगोपनीय und अतिसत्कृत 6.

अतिसत्वरम् 1.

अतिसदय 4.

अतिसदृश 6.

अतिसंतत 2.

अतिसंधारण 3.

अतिसमर्थ 6.

अतिसमुत्कृष्ट 2.

अतिसंप्रीति 1.

अतिसंभोग 6.

अतिसंभ्रम I. 6.

अतिसरस्वती 3.

अतिसरूप 1.

अतिसर्ग I. 1.

अतिसविशङ्कम् 6.

अतिसस्पृह 3.

अतिसान्द्र 6.

अतिसार auch *Vergehen* in सातिसार.

अतिसार्थक, अतिसाहसिक, अतिसिताङ्गविहंग, अतिसुगन्धि oder °न् und अतिसुगम 6.

अतिसुन्दर 1.

अतिसुभग und अतिसुवृत्त 6.

अतिसुहित 3.

अतिसृष्टप्रतिबद्ध 1.

अतिसौजन्य 3.

अतिस्थगित 6.

अतिस्थौल्य 2.

अतिस्निग्ध 6.

अतिस्नेह m. *allzugrosse Liebe* und zugleich *eine hinreichende Menge Oel* R. ed. Bomb. 4,1,116.

अतिस्पर्धिन् 6.

अतिस्फुट 3.

अतिस्रवण 4.

अतिस्वन् 1.

अतिस्विन्न 6.

अतिहर्ष 1. Auch MBh. 7,180,6.

अतिहर्षुल 6.

अतिहसित 1. 6.

अतिहार 1.

अतिहारिन् und अतिहार्द 6.

अतिहास I. 1. 3.

अतिहास्य 6.

अतिहिमम् und अतिहृष्ट 1.

अतिहेलन 6.

अतीचार 2. 5.

अतीरेकं 1. 3.

अतीर्ण 3.

अतीव्र, अतुङ्ग und अतुच्छ 2.

अतुन्दिल 5.

अतुर्मूर्छ 4.

अतुलसुन्दर 3.

अतुल्य I. 1.

अतुषारकर 3.

अतूपर 4.

अतृप्ति und अतृप्तिकृत् 2.

अतृष्यमाण Adj. *nicht gierig* Gâtakam. 7.

अतैलपूर 3.

अतोय 2.

अतोय 1.

अत्त्वाय Absol. von 1. अद् Maitr. S. 1,8,3 (121,20). Man könnte सदत्त्वाय statt यदत्त्वाय vermuthen.

अत्य I. 1.

अत्यन्तर 3.

अत्यग्निष्टोमक und अत्यणु 1.

अत्यतिमात्रम् 2.

अत्यधिक 3.

अत्यनूर्जित Adj. *ganz und gar entmuthigend* (die Armuth) Gâtakam. 12,4.

अत्यन्त I. 2.

अत्यन्तशम् 6.

अत्यन्तभेद m. *absolute Identität* Aniruddha zu Sâṁkhjas. 1,118.

अत्यन्तिक 1. 5 (dieser Nachtrag zu streichen).

अत्यब्ज 1.

अत्यय I. 2.

अत्ययदेशना f. *Schuldbekenntniss* Gâtakam. 21.

अत्ययीभाव m. *das mit Tode Abgehen* MBh. 8,35,26.

अत्यल्प I. 3.

अत्यल्पबुद्धि und अत्यसदृश 1.

अत्यसह्य Adj. *dem man nicht zu widerstehen vermag, unlenkbar* R. ed. Bomb. 2,15,46.

अत्यसित 2.

अत्याकुलित 1.

याग 2.

अत्याग्रह 5.

अत्याचार 1.

अत्याढ्य 2.

अत्यानन्द 1. 5.

अत्यापन्न 3.

अत्यायु 1.

अत्यारूढ 2.

अत्यारोह, अत्यार्ति, अत्यावेग und अत्याशित 1.

अत्यासङ्ग 2.

अत्यासन्नता 1.

अत्यासादयितव्य Adj. *zu durch-*

schreiten, zu betreten R. ed. Bomb. 4,42,22.

अत्युच्च, अत्युत्क, अत्युत्तम und अत्युदार 1.

अत्युन्नति 1. 1.

अत्युन्माद und अत्युपसंहृत 6.

अत्युपसेवना f. *übertriebene Ehrerbietung* Gâtakam. 23,16.

अत्युष्णता 1.

अत्यूर्ध्वस्वल 3.

अत्यूर्जितम् 6.

अत्येतवै und अत्यौत्सुक्य 1.

1. अत्र 1. 3.

अत्रपु 2.

अत्रपुस् 1. 2.

अत्रस्त 2.

अत्रस्नु auch Ragh. 14,47.

अत्राण 2.

अत्रासक 1.

अत्रिगोत्रा 3.

अत्रिज und अत्रिनेत्रप्रजात 1.

अत्रिवर्ष 2.

अत्वारित 3.

अथ 1. 2.

अथर्वणाचन्द्रकालितन्त्र, अथर्वणाशिखा, अथर्वणशीर्षोपनिषद् und अथर्वणोपनिषद् 2.

अथर्वमय 3.

1. अद् Caus. 1. 3.

अदक्षिणीय 1. 1.

अदग्ध 1.

अदण्ड und अदण्डन 2.

अदण्डवासिक 1.

अदत्तादान 1. *Diebstahl* Divjâvad. 302,7.

अदत्तादायिक m. *Dieb* Divjâvad. 301,23. 418,28.

अददत् 1. 3.

अदद्रिवंस् 3.

अदनी 6.

अदनीय 4.

अदब्धधीति und अदब्धनीति 1. 5.

अदभ्र 1. 2.

अदम्भिन् und अदरणीय 2.

अदरिद्र 1. 2.

अदर्श und 1. अदर्शन 1. 1.

अदर्शनपथ 1. °पथे व्यवस्थापय् *Jmd den Anblick verwehren* (als Zeichen der Ungnade) Divjâvad. 370,28. 371,1.

°दर्शिन् Adj. *nicht gesehen* —, *nicht kennen gelernt habend* Gâtakam. 21,35.

अदमीय 1. Auch Naish. 22,14.

अदानीय 5.

अदान्यै, lies *kein Geschenk verdienend.*

अदाभ्य 1. 3.

अदाभ्यत्व 1. 1.

अदाम्भिक und अदाम्भील 1.

अदास 1. 5.

अदासी 6.

अदासीक 1.

अदास्यत् 3.

अदाकुक 1. 1.

अदितिकुण्डलाहरणनाटक 1.

अदित्सत् 1. 3.

अदित्सा und अदिवा 2.

अदिवाशिन् und अदिवास्वापिन् 1.

अदीक्षितवाद 4.

अदीन 1. 1.

अदीनग 3.

अदीप्तिमत् 2.

अदीर्घबोध und अदीव्यत् 3.

अदुःख 1. 2.

अदुःखार्ह 3.

अदुःखिन् 1.

अदुन्वत् 5.

अदुर्वृत्त 3.

अदुःस्पृष्ट 1.

अदूर 1. 1.

अदूरबान्धव, अदूरे° u. अदूषक 3.

अदूष्य 3. 5.

अदृग्गोचर 3.

अदृढ 2.

अदृढभक्तिक, अदृश्यता und अदृश्यत्व 1.

अदृष्टकर्मन् 3.

अदृष्टचर 2.

अदृष्टरजस् 1. 5.

अदृष्टि 1. 1.

अदृष्टोद्भूति f. *das Entstehen der unsichtbaren Kraft der Werke* Sâṁkhjas. 6,65.

अदेवजुष्ट 3.

अदेवदेव und अदेवमातृक 1.

अदेशकालज्ञ 2.

अदेशज्ञ 3.

अदेशिक 2. 3.

अदेश्य 1. 3.

अदेहबन्ध und अदेहभेद 4.

अदैतेय, अदैशिक und अदोगधर 3.

1. अदोष 1. 5.

2. अदोष 1. 1.

अदोषज्ञ 3.

अदोषता 1. 1.

अदोपिस् 3.

अद्भुतकर 1.

अद्भुतदर्पण 2.

अद्भुतनृसिंह 6.

अद्भुताकार 3.

अद्भुताय् 1.

अद्भुतोत्पातप्रायश्चित्त n. *eine Sühne bei wunderbaren und Unglück verheissenden Erscheinungen* Har. zu Âpast. Gṛhj. 23,8.

अद्यपत्न 3.

अद्याग्रेण Instr. *von jetzt an* Divjâvad. 7,19. 72,2.

अद्युत् 1. 5.

अद्योतक 1.

अद्रव 1. 1.

अद्रव्यार्थ und °क 1.

अद्रिजातु 1. 1.

अद्रिपति und अद्रुताली 1.

अद्रेश्य 3.

अद्रोघ und अद्रोघम् 1. 3.

अद्व 4.

अद्वयवाद 1.

अद्वादशाह m. *keine zwölf Tage* Çâṅkh. Çr. 14,22,21.

अद्वितीय 1. 3.

अद्विवर्ष 1.

अद्विषत् 3.

अद्वीप 2.

अद्वेष्टर् 3.

अद्वैत, °दीपिकासारविवेक, °निर्णय, °पञ्चपदी, °पञ्चरत्न, °परिभाषा, °बहिष्कार, °बोध, °मङ्गल, °मुद्गर, °रत्नकोश, °रहस्य, °विद्याविजय, °विद्याविलास, °व्याख्या u. °संग्रह 2.

अद्वैतिन् m. Pl. Bez. *der Anhänger* Çaṁkara's Aniruddha zu Sâṁkhjas. 1,21.

अद्वैध und अद्वैध्य 3.

अधंष 4.

अधःकर 1. 1.

अधःकाय 5.

अधःकुम्भ 4.

अधःखात 3.

अधःपात्र 1.

अधःपुष्पिका f. *eine best. Pflanze* Sud. zu Âpast. Gṛhj. 14,14.

अधनवत्, अधमर्णता und अधरत्व 1.

अधरय् 1. 4.

अधररुचक 3.

अधरलक्ष्मन् 2.

अधरसपत्न 1. 1.

अधरात् 1. 3.

अधराम्बर 3.

अधरिम Adj. *der niedrigste* Divjâvad. 99,14. Vgl. उपरिम im Pâli.

अधरोष्ठरुचक 5.

अधर्म 1. 1.

अधर्मचरण 5.

अधर्मचर्या 1.

अधर्मवल्कल und अधर्मभाज् 6.

अधर्मभीरु 3.

अधर्मशरण und अधर्मिष्ठ umzustellen.

अधर्मशालिन् und अधर्मसंगर 3.

अधर्मिष्ठ und अधर्मशरण umzustellen.

अधर्मोत्तरता 1.

अधर्षणीय und अधर्षित 3.

अधश्चर 6.

अधश्चिकुर 3.

अधन् 1. 1.

अधस्ताल्लक्ष्मन् 2.

अधस्पद 1. 5.

अधःसंवेशिन् 6.

अधातु, अधातुमत्, अधारयमाण und अधारा 3.

अधाराग्रक 5.

अधार्यमाण 3.

अधार्ष्ट्य 2.

अधासनशायिन् 1.

1. अधि 1. 1.

अधिकण्ठम् 1.

अधिकंधरम् 3.

अधिकमासफल 1.

अधिकरण, °चिन्तामणि, °शास्त्र, °सारावलि und अधिकर्ण 2.

अधिकर्णम् 1.

अधिकल्पिन् 1. Vielleicht *Oberschiedsmann.*

अधिकाधि 1.

अधिकाधिक 1. 5.

अधिकारवत् 1.

अधिकारसंप्रदाय 2.

अधिकारिता und °रित्व 1.

अधिकृति und अधिकेतनम् 5.

अधिकोपम 6.

अधिक्षिति und अधिगणपति 1.

अधिगुण 1. 1. Auch *überaus verdienstlich* R. ed. Bomb. 4,41,49.

अधिगोपम् und अधिजङ्घम् 1.

अधिजरायु und अधिजिगांसु 2.

अधितल्पम् 1.

अधिदीधिति 3.

अधिदैवत 1. 1.

अधिदैवत्य 1. 1. (°दैवत in 1. Fehler).

अधिज्या 1.

अधिनागम् und अधिनिशम् 5.

अधिनिष्क्रमणोत्सव 2.

अधिपति 1. Auf ein n. bezogen als n. TS. 3,4,5,1.

अधिपतिवती 1. 1.

अधिपश्य 2.

अधिपाणि Adv. *auf —, in der Hand* Kir. 9,43.

अधिभू 1. 3.

अधिभुक्त 5.

अधिमोक्तव्य 3.

अधिरजनि 1.

अधिरुक्ममन्दिरगवाक्षम् 5.

°अधिरुह् 1. 5.

अधिरूढ 5.

अधिरूढक 1.

अधिरूढाकर्ण 1. 1.

अधिरूढि 1.

अधिरोपण 1. 2. 5.

अधिरोह 1. 3.

अधिरोहण und अधिरोहिणी 1. 5.

अधिरोहिन् 1.

अधिलङ्घम् 3.

अधिलवङ्गम् 3.

अधिलीलागृहभित्ति 1.

अधिवक्षस् 5.

अधिवचन 1. 3.

अधिवर्तन 2.

अधिवार्द 1. 1.

अधिवासनक und अधिवासनीय 1.

अधिवासिन् 1. 1.

अधिविवाहम् 1.

अधिवीर 5.

अधिवेद्या 1. 6.

अधिवेलम् 6.

°अधिव्यतिक्रम m. *das Hinüberschreiten über* Âpast. Gṛhj. 6,4.

अधिव्रत 4.

अधिश्रय 6.

अधिश्रि Adj. *prächtig, schön, hübsch* Festgr. 12,25.

अधिश्रेष्ठ 5.

अधिषादम् 4.

अधिष्ठ 1.

अधिष्ठान 1. 5. 6.

अधिष्ठिति 1.

अधिस्त्रि 1. 1.

अधीतपूर्व 1.

अधीतरस und अधीनग 3.

अधीमांस 1.

अधीरम् 1. 1.

अधीलोधकर्णी 2. 4.

अधीलोहकर्णी 6.

अधीशितर् 1. 5.

अधीश्वर 1. 1.

अधीष्ट 1.

अधुर् 3.

अधूत und अधून्वत् 1.

अधृति 1. 1.

अधृष्य 1. 3. 5.

अधोगामिन्, अधोगुडा und अधोनाभि 1.

अधोनीवी 3.

अधोपहास 1. 3.

अधोबाण 1.

अधोविलाभृत 6.

अधोमुख 1. 1.

अधोमुखमुख 4.

अधोवर्चस् 1. 5.

अधोयाम 1.

अधोवासस् 5.

अधोहस्त 1.

अधौत 1. 3.

अध्यग्नि 1. 6.

अध्यण्डा 1. Kauç. 35,4.

अध्यधम् 5.

अध्ययनमात्रवत् 1.

अध्ययनसंप्रदान 1. 6.

अध्यर्चिकाचार 1.

अध्यर्धगुण Adj. *ein halbmal stärker u. s. w. als* (Abl.) MBh. 7,23,33.

अध्यवसितता 6.

अध्याकाशम् 5.

अध्याक्रमण n. *das Hinüberschreiten* Gâtakam. 27,23.

अध्याचार 1.

अध्यात्मोपनिषद् 2.

°अध्यापिन् 5.

अध्याय 1. 1) am Ende eines Comp. Har. zu Âpast. Gṛhj. 12,1.

अध्यायित् Nom. ag. als Umschreibung von उपाध्याय Dârila zu Kauç. 10,7.

अध्यारोहण 3.

अध्यावसितव्य Adj. *zu bewohnen* Gâtakam. 19.

अध्याशय 1. Am Ende eines Comp. *Neigung zu, Sinn für.* Nom. abstr. °त्व n. Gâtakam. 28,5.

अध्यास 1. 5.

अध्यासन 1. 1.

अध्युद्धि 2.

अध्युपेक्षा f. *Vernachlässigung, Gleichgültigkeit, Sorglosigkeit* Gâtakam. 23,68.

अध्युरस् 5.

अध्यूध्नी und 1. अध्येय 1. 1.

2. अध्येय und अध्रियमाण 1.

अध्वगच्छत् m. = अध्वग *Reisender* Gâtakam. 6,27.

अध्वगति und अध्वदर्शिन् 2.

अध्वन् 1. 3. 5.

अध्वरकल्प 4.

अध्वरगुरु 3.

अध्वरत्व, अध्वरम und अध्वरमय 1. 1.

अध्वरश्रौत 2.

अध्वर्तव्य und अध्वलोष्ट 3.

अध्वशील und अध्वसह 1.

अध्वस्त 3.

अध्वापन्न 1.

अनकाममार 1. Deutlicher *vor unerwünschtem Tode schützend.* Auch Gobh. 4,6,1.

अनक्षाशिन् und अनदन्न 1.

अनक्षत्रगण 3.

अनक्षसङ्गम् 1. 1. Auch TS. 6,3,2,3.

अनक्षिगत 1.

अनक्ष्णया 3.

अनग्न 1. 3.

अनग्नक 5.

अनग्नंभावुक 1. 2.

1. अनग्नि 1. 3.

अनग्निसातिक 1.

अनग्न्युष्ट 3.

2. अनङ्ग 1. 1.

अनङ्गजया 1.

अनङ्गतरंगिणी 3.

अनङ्गता 1.

अनङ्गतिलक 2.

अनङ्गद्विष्, अनङ्गध्वजा u. अनङ्गन 1.

अनङ्गलतिका 5.

अनङ्गलेखा 1. 5.

अनङ्गवती 5.

अनङ्गशेखर 1. 2.

अनङ्गहीन 1. Âpast. Çr. 10,1,1.

अनङ्गीकरण 1.

अनङ्गीकुर्वत् 3.

अनङ्गीकृत 1. 1.

अनडुत्क 1. 2.

अनडुदर्ह Adj. *den Werth eines Stiers habend* Âpast. Çr. 13,25,6.

अनडुद्यज्ञ 3.

अनडुह् 1. 3. 5.

अनणु und अनत 1. 1.

अनतिगौरव 6.

अनतित्रस्नु und अनतिदर्शन 1.

अनतिदृश्न 3.

अनतिदेश 1.

अनतिनेद 1. 1.

अनतिपात 1.

अततिपातयत् 3.

अनतिपाद und अनतिपीडम् 1.

अनतिप्रणीत 5.

अनतिप्रयोजन 1.

अनतिप्रौढ und अनतिभङ्गुर 2.

अनतिरेच 1.

अनतिलक्षित und अनतिलुलित 5.

अनतिलोलम् 3.

अनतिवलित 1.

अनतिवादिन् 1. 1.

अनतिव्यक्त und अनतिस्कन्दत् 6.

अनतीचार 2.

1. अनत्यय 1. 1.

अनत्यार्द्र 2.

अनदनीय 4.

अनधर 1.

अनधिकारिन् Adj. *nicht befähigt* Aniruddha zu Sâmkhjas. 5,125. *nicht berechtigt zu* (Loc.). Nom. abstr. °रित्व n. Ragh. 15,51.

अनधिमूर्च्छित und अनधिश्रय 6.

अनधीतपूर्व und अनधीतवत् 1.

अनधीतिन् 5.

अनधीयान 1.

अनधीष्ट Adj. *nicht freundlich angegangen um, Unterweisung* Divjâvad. 329,21. fgg.

अनध्यवसित Adj. *unschlüssig, unentschlossen, stutzig* Ǵâtakam. 25.
अनध्याय I. 1.
अनध्यायक, अनध्यासन und अननियोगपूर्व 1.
अननुकम्पनीय 3.
अननुकूल 2.
अ॑ननुख्याति I. 1.
अननुगम 2.
अननुचर 5.
अननुज्ञात 1. 2.
अननुतापिन् und अननुध्यायत् 3.
अननुयाजँ und अननुयोग I. 1. अननुयोगक्षम Adj. *keine Kritik bestehen könnend* Ǵâtakam. 23.
अननुवषट्कार 5.
अननुवाक्य 6.
अननुशस्त 1.
अननुष्ठातर् 3.
अननुष्ठान und अननुसंधान I. 3.
अननुसर्ग 2.
अननुसृत 6.
अननूत्थान 3.
अननृत 6.
अनन्त I. 1. 5.
अनन्तकाय I. 1.
अनन्तकीर्ति 2.
अनन्तगुण 3.
अनन्तच्छन्दिन् 2.
अनन्तधूप und अनन्तधन्वा 1.
अनन्तर I. 1. 4. m. *der nächst jüngere Bruder nach* (Abl.) MBh. 7,40,36.
अनन्तराय I. 5.
अनन्तर्गर्भक, °गर्भिन्, अ॑नन्तर्हिति und अनन्तवात 1.
अनन्तविजय 6.
अनन्तव्रतकल्प und °व्रतविधि 2.
अनन्तसीर 1.
अनन्तानुबन्धक 4.
अनन्तार्यदशक 2.
अनन्तिकस्थ 5.
अनन्तोपनिषद् 2.
अनन्त्य I. 1.
अनन्नश्रद्धाजनन 5.
2. अनन्यँ und अनन्यगति I. 1.
अनन्यगामिन् 5.
अनन्यगुरु 3, lies (f. °गुर्वी) *allerhöchst.*
अनन्यचेतन Adj. = अनन्यचित्त R. ed. Bomb. 3,75,29.

अनन्यज I. 5. 2) auch Daçak. (1883) 146,5.
अनन्यज्ञानि 2.
अनन्यथावादिन् 3.
अनन्यथावृत्ति 1.
अनन्यदेवत 3.
अनन्यनाथ 2.
अनन्यनारीकमनीय 1.
अनन्यनारीसामान्य u. अनन्यपर 6.
अनन्यपूर्विका 3.
अनन्यप्रतिक्रिय 4.
अनन्यप्रतिम 1.
अनन्यभाज्, अनन्यभाव und अनन्यभेद्य 4.
अनन्यरूप Adj. *nicht verschieden von* (Gen.) R. ed. Bomb. 4,24,38.
अनन्यवाच्य 5.
अनन्यविश्रम und अनन्यव्यापार 1.
अनन्यशरण 2.
अनन्यशासन 1.
अनन्याधीन und अनन्यापत्य 2.
अ॑नन्वग्भाव und अ॑नन्ववजय I. 1.
अनन्ववसित 6.
अ॑नन्ववाय 1.
अनन्वित I. 1. 5.
अनन्विष्यत् 1.
अनन्वीक्षमाण 2.
अनपक्रामुकँ I. 1.
अनपग I. 3.
अनपचायितर् Nom. ag. *nicht ehrend* Çâṅkh. Br. 1,1.
अ॑नपचाय्यमान 2.
अनपच्छादयमान und अनपजय्य 1.
अनपदेष्ट्यँ 4.
अनपयास् 1.
अनपरोँध्य 2.
अनपवृत्त 5.
अ॑नपव्यन्त् und अ॑नपव्ययत् I. 3.
अनपव्याहरत् u. अनपव्याहार 6.
अनपशब्दम् 5.
अ॑नपस्पृश् I. 3.
अनपहृत 2.
अनपहनन 1.
अनपाकृष्ट 2.
अनपिधान und अनपिमत्त 1.
अनपितोम und अनपितोमपीथ 6.
अनपुंसक 1.
अनपूपाकृति 2.
अ॑नपेक्षमाण I. 1.
अनभिख्यातदोष 2.

अनभिगमन 3.
अनभिगीत und अनभिघ्नत् 1.
अनभिजल्पित 2.
अनभिजात I. 2.
अनभिज्ञात 1. 3.
अनभिज्ञान 3.
अनभिद्रुग्ध Adj. *nicht feindlich gesinnt* Ǵâtakam. 25.
अनभिधावत् 3.
अनभिधून्वत् 2.
अ॑नभिधृष्णुवत् 1.
अनभिध्वंसयत् 5.
अनभिनन्दत् 1.
अनभिनिर्वृत्त und अनभिनिविष्ट 5.
अनभिपन्न 3.
अनभिपरिह्वरत् 6.
अनभिप्राप्नुवत् 2.
अनभिप्रीत 4.
अनभिप्रेत 2.
अनभिभव 1.
अनभिभाषमाण 6.
अनभिभूत 4.
अनभिमान 3.
अ॑नभिमानुक I. 2.
अनभिमुख 1.
अ॑नभिमृत 4.
अनभियुक्त 1. 4.
अनभिरति 3. Auch Ǵâtakam. 32.
अनभिरूप I. 1.
अनभिलक्षित 1.
अनभिलप्य 3.
अनभिशङ्क und अनभिशङ्कित 2.
अनभिसंहित I. 3.
अनभिसंधित 6.
अनभिसंधिपूर्व 1.
अनभिसंबद्ध 4.
अनभिसंबुद्ध Adj. *noch nicht zur vollkommenen Einsicht gelangt* Ǵâtakam. 23.
अनभिसर Adj. *keinen Gefährten habend* Daçak. (1883) 127,10.
अनभिस्निग्ध 6.
अ॑नभ्यवचारुक und अनभ्यसूया 1.
अनभ्यावृत्तम् 3.
अनभ्याहतम् 1.
अनभ्युदित 5.
अनम I. 6.
अनमस्कार und अनमितपूर्व 3.
अनरित्र 2.
अनर्क 1.

अनर्गल I. 1.
1. अनर्घ I. Auch *ein gar zu hoher Preis* Ǵâtakam. 7,27.
अनर्चिस् 1.
अनर्थना 3.
अनर्थमय 1.
अनर्थावेक्ष Adj. *keine Rücksicht auf weltlichen Vortheil nehmend* Âpast. Gṛhj. 21,2.
अनर्धार्धविभागभाज् 1.
अनर्मँन् und अनर्महासिन् 3.
अनर्वँण I. 5.
अनर्ह I. 3.
अनल् 5.
2. अनल I. 1.
1. 2. अनलता 1.
अनलसख 3.
अनलीप् und अनल्पजल्प 4.
अनल्पत्व 3.
अनवकर्णित 1.
अनवकाशिक Adj. als Bez. *bestimmter Einsiedler* R. ed. Bomb. 3,6,3.
अनवकाशिन् 4.
अ॑नवकृत I. 4.
अनवकेशिन् 5.
अ॑नवक्राम 1.
अनवक्रामम् 2.
अनवगीत Adj. *nicht zum Ueberdruss geworden* Ǵâtakam. 1. 9,37.
अनवगुण्ठितशिरस् 3.
2. अनवग्रह 1.
अनवज्ञान 3.
अनवतप्तकायक Adj. (f. °यिका) *den See* Anavatapta *beseelend.* देवता: so v. a. *die Gottheiten des Sees A.* Divjâvad. 153,7. fgg.
अनवत्त Adj. *wovon Nichts abgetheilt worden ist* Çâṅkh. Gṛhj. 2,14.
अनवद्रनीयँ und अनवद्रानीँय (so zu betonen in Maitr. S.) I. 5.
1. अनवधान I. 3.
2. अनवधान I. 5.
अनवधानक 1.
अनवधि und अनवन I. 1.
अनवपतित 3.
अनवपाद 1.
अनवबुद्ध und अनवमृष्य 5.
अनवयव 4.
अनवरोध 6.

अनवरोपित Adj. *noch nicht gepflanzt* Divjâvad. 124,27. 263,10.

अनवर्ण und अनवर्ति 1.

अनवर्तिनुखिन् 3.

अनवलम्ब und अनवलम्बित 1.

अनवलिप्त 3.

अनवलोकन 6.

अनवलोकयत् 3.

अनवविद्ध 6.

अनववृष्ट 2.

अनवशप्त 1.

अनवसान Adj. (f. आ) *ohne Pause* Sud. zu Âpast. Gṛhj. 13,16. °म् Adv. zu 11,10.

अनवसित 1. 6.

1. अनवस्थान 1. 3.

2. अनवस्थान 1. 2.

अनवस्थित 1. 6.

अनवस्नाता Adj. f. *sich noch nicht gebadet habend* (sc. nach der Menstruation), *noch nicht die Regeln habend* Âpast. Gṛhj. 14,11.

अनवोक्षित 3.

अनवारे 4.

अनवेक्षक 1. Mit Gen. *sich nicht kümmernd um* R. ed. Bomb. 4,29,5.

अनवेक्षणीय in स्वनवेक्षणीय.

अनवेक्षिन् Adj. *rücksichtslos*. Nom. abstr. °क्षिता f. Gâtakam. 30,11.

अनवेत und अनवेष्ट 1.

अनशन 1. 3.

अनशनायुक 1.

अनश्नुवान 2.

अनश्लील, अनष्ट, अनष्टद्रव्य, अनसूयिन् und अनस्तंगत 1.

अनस्ति 3.

अनस्थक 1. 1.

अनस्थि 1. 2.

अनस्थिवत् und अनस्थिमत् 1.

अनस्यूत 6.

अनस्विन् 1.

अनहंकृति 1. 1.

अनहंबुद्धि 1.

अनाकार und अनाकर्णन 3.

अनाकलन 6.

अनाकस्मिक 2.

अनाकाङ्क्ष und अनाकाशीकरण 1.

अनाकुल 1. 2.

अनाकृतस्नागता 2.

अनाकृष्ट 1. 1.

अनाक्रन्द, अनाक्रम, अनाक्रमण und अनाक्रम्य 1.

अनाक्रोशक 2.

अनाक्रोश्य 1.

अनाक्षारित 2.

अनागत 1. 3.

अनागति 1.

अनागम 1. 1. 3.

अनागमन 1.

अनागामिन् und °मिक 1. 3.

अनाग्रयण und अनाङ्ग 1.

अनाचरत् und अनाचरित 2.

2. अनाचार 1. 2.

अनाचार्य, अनाचार्यसंबन्ध und अनाच्छादित 1.

अनाच्छृण्ण 2.

अनाजीव्य 3.

अनाढ्यभोजन 1. अनाढ्य 3.

अनातुर, अनात्मज्ञ und °ता 1. 3.

अनात्मता f. *Unverstand* Pârv. 389,33. v. l. अनात्मज्ञता.

अनात्मनीन 3.

अनात्मपरस 1.

अनात्मवेदिन् 3.

अनात्म्य 1. 1.

अनात्यय 1.

अनाथ 1. 3.

अनाथकुटी, अनाथसभा u. अनाथी 1.

अनादर्शक und अनादर्शना 2.

अनादान 1.

अनादि 1. 1.

अनादित Adj. *von keinem Geräusch erfüllt, tonlos* R. ed. Bomb. 4,43,35.

अनादित्य 2.

अनादिनिधन 1. 3.

अनादिबोधायन 2.

अनादिमध्यनिधन und अनादिमध्यपर्यन्त 3.

अनादिमध्यान्त 1.

अनादिशत् 3.

अनादिष्टदेवत 3.

अनादिष्टवृत्त 4.

अनादीनव 3.

1. अनादेश 1. 3.

अनादेशन 1.

अनाध्यक्ष und °त्व 1. 3.

अनाधार und अनानम्य 1.

अनान्तरायिक Adj. *unmittelbar* Sud. zu Âpast. Gṛhj. 2,9.

अनापत्ति und °क Adj. *frei von Schuld* Divjâvad. 330,1. 303,2.

अनापन्नान 3.

अनापृष्ट und अनापृष्टकथ 4.

अनाप्तृ 1.

अनाप्नुवत् 2.

अनाप्रीत auch *noch nicht vom Wasser berührt* Âpast. 1,17,9. Âpast. Gṛhj. 14,14.

अनाप्लवमान 2.

अनाबाध 1. 1.

अनाभव 2.

अनाभास 1.

अनाभु 3.

अनाभोग 1.

अनामगन्धित und अनामयत्व 2.

अनामन्त्र्य 3.

अनामर्षमाण 4.

अनामा 1. 1.

अनामिष 1. 3. Auch *ohne Fleisch* R. ed. Bomb. 4,39,10.

अनामुक्त 4.

अनामृष्ट 1.

अनाम्नातमन्त्र 4.

अनाय 3.

अनायत 1. 4.

अनायतिक्षम 2.

अनायस्य 1.

अनायासित, अनायस्त, अनायास und अनायासात् 4.

अनारब्ध 1.

अनारभ्यविगर्हा f. *ein allgemein ausgesprochener Tadel* Gâtakam. 26,26.

अनारुह्य 6.

अनारोक 3.

अनारोप्य 1.

अनारोहक Adj. *ohne Reiter* Gâtakam. 23.

अनार्द्रकरमुख und अनार्द्रपाद 3.

अनार्भव 3.

अनार्यव 1. Richtig अनार्जव.

अनाल 3.

अनालक्ष्य 1.

अनालम्ब 1. 1.

अनालम्बनता 1.

अनालम्बम् 3.

अनालम्भुक 1. 2.

अनालस्य 1. 1.

अनालीढ 3.

अनालीर्ण 4.

अनालोक 1.

अनालोचित und अनावर्तयत् 3.

अनावश्यकत्व 1.

अनाविग्न 3.

अनाविद्ध 1. 6.

अनाविष्कुर्वत् und अनाविःस्रगनुलेप 1.

अनावृत 1. 1. 3. *uneingeschränkt, frei* MBh. 1,122,4. 14. 3,46,42. 307,15. Gâtakam. 22.

अनाश 1. 3.

अनाशङ्कि 3.

अनाश्रमधर्मिन् 1.

अनाश्रमिन् 1. 3.

अनाश्रव 1. 1.

अनाश्वास m. *kein Vertrauen* Aniruddha zu Sâṁkhjas. 1,50.

अनाश्वासिक Adj. *unzuverlässig* Gâtakam. 32. Divjâvad. 207,23.

अनासनयोगविहित 3.

अनासवाद्य 1.

अनासादयत् 6.

अनासाद्यमान Adj. *nicht findend* R. ed. Bomb. 3,61,12.

अनासादित 2.

अनासित 1.

अनास्थ 6.

अनास्तारित Adj. = अनास्तीर्ण Gâtakam. 31.

अनास्तृत 6.

अनास्थ Adj. *gleichgültig* Kathâs. 28,40.

अनास्थित, अनास्माक, अनास्वाद्य und अनाह्नस्य 1.

अनाहार्य 1. 3.

अनाहुत 1. 2.

अनिकामतस् 3.

अनिकृति 2.

अनिक्षिप्तधुर (°धूर) 1. 2.

अनिङ्गन 1. 1.

अनिङ्ग्य 1. 2.

अनिङ्ग्यशिला 2.

अनिचय 1. 3.

अनिचित 1.

अनिच्छ 1. (f. आ). Auch *unwillig* Subhâshitâv. 70.

अनिच्छु 3.

अनिड und अनितिपर 1.

अनिदाघदीधिति 3.

अनिदान 3.

अनिधन 1.
अनिपद्यमान 1. 3.
अनिपात्य 3.
अनिबद्ध 1. 1.
अनिभृत 1. *stark bewegt* (जल) Gâtakam. 14. *stark, intensiv* (गन्ध) 15,11.
अनिमन्त्रित 2.
1. अनिमित्त 1. 1. Auch Kathâs. 32, 42. 47. 48. 52. 58.
अनिमिष् 3.
अनिमिष 1. 3.
अनिमिषित 3.
अनिमिषितता 4.
अनिर्मीलितलोचन Adj. *mit nicht geschlossenen —, mit geöffneten Augen* R. ed. Bomb. 4,52,28.
2. अनिमेष 1. 1.
अनियतपदार्थवादिन् Adj. *keine fest bestimmte Anzahl von Kategorien annehmend* Aniruddha zu Sâṁkhjas. 1,45. 56.
अनियन्त्रणम् und अनियन्त्रणा 3.
अनियन्त्रित 4.
अनियमित 1.
अनियुक्त, अनिराकरण und अनिराकरिष्णु 1. 1.
अनिराकृतिन् 1.
अनिरालक 3.
अनिरुक्त 1. 1.
अनिरुद्ध 1. 3. 6.
अनिरुद्धक, अनिरुद्धभट्ट und अनिरुद्धमय 1.
अनिरुद्धसंहिता 2.
अनिरूपित, अनिर्णीति u. अनिर्दय 3.
अनिर्दाह und अनिर्दाहक 1.
अनिर्दिष्ट und अनिर्देश 1. 3.
अनिर्भिन्न 1. 2.
अनिर्भुग्न, अनिर्भेद, अनिर्मार्ग, अनिर्मुक्त und अनिर्युक्त 1.
अनिर्लोडित 5.
अनिर्वचन 3.
अनिर्वचनीयवाद 2.
अनिर्वार्य Adj. *unbeschreiblich* Gâtakam. 22 (अनिव° die Hdschrr.).
अनिर्विण्ण 2.
अनिर्विधित्स 3.
अनिर्विष्ट 5.
अनिर्वृत 1.
अनिर्वृत्तकर 3.
अनिर्वेदित 1. Anders Cappeller in Festgr. 21.
अनिर्ह्राणार्च 3.
अनिर्हृत 6.
अनिलगुल्मिन्, अनिलसंभव und अनिलात्मज 5.
अनिवर्तिन् 1. 2.
अनिविद्ध 6.
अनिविष्ट 5.
अनिवृत्त 1. 1.
अनिवृत्तयोधिन् 3.
अनिवेशक 3.
अनिवेश्यमान 6.
अनिशान्त 3.
अनिश्चर Adj. *nicht wankend, fest, entschlossen* Divjâvad. 130,1.
अनिश्चायक 3.
अनिश्चित 1. 1.
अनिश्चेय 5.
अनिःशस्त 1. 5.
अनिषिद्ध 6.
अनिषु 2.
अनिषुधन्व 3.
अनिष्कधृक् 2.
अनिष्कामित 3.
अनिष्कासिन् 2.
अनिष्कृत 1. 1.
अनिष्टसोम 1.
अनिष्टसव m. Hillebrandt's Conj. Çâñkh. Çr. 14,73,3.
अनि(:)ष्टब्ध 2.
अनि(:)ष्टिताश Adj. *die Hoffnung nicht aufgebend* R. ed. Bomb. 3,60,36.
अनिसृष्ट 1.
अनिस्तिष्ठत् 3.
अनिःसरत् 5.
अनीक 1. 2.
अनीकत्व 1.
अनीकर्शम् 3.
अनीकिनी 1. 2. MBh. 1,2,22.
अनीक्षक Adj. *nicht sehend, blind* Divjâvad. 415,27.
अनीक्षा 1.
अनीतिशास्त्रज्ञ 3.
अनीदृगात्मन् 3.
अनीदृगाशय 3.
अनीदृश् 1.
अनीदृश 5.
अनीप्सनीय Adj. *was man nicht wünschen darf* R. ed. Bomb. 4,24,13.
अनीरशन 3.
अनील 1. Adj. *weiss* Gâtakam. 14,16.
अनीह 1. 1.
अनीहमान 1.
अनुकम्पक 1. 5.
अनुकम्पित 1.
अनुकम्प्य 1. m. so v. a. *Angehöriger, Verwandter, Freund* Âpast. Gṛhj. 13,13.
अनुकर्षण 1. 1.
अनुकार 1. 1. 5.
अनुकारानुकारिन् und अनुकूलकारिन् 1.
अनुकूलोक्त 4.
अनुक्त 1. 5.
अनुक्ति und अनुक्रोशिन् 1.
अनुक्षपम् 3.
अनुखड्गम् 1.
अनुगन्तव्य 1. 2.
अनुगमनविधान und अनुगर्जित 2.
अनुगापन 5.
अनुगायस् 2.
अनुगीत 1. 2.
अनुगुण 1. Am Ende eines Comp. *zuträglich, förderlich* Gâtakam. 2,1. 26,42.
अनुगुणित 1. 2.
अनुगोदम् 2.
अनुग्रहण auch *das Ueben, Uebung* MBh. 1,132,24.
अनुग्रहित 2.
अनुग्रहीतर् 1.
अनुग्रहीतव्य Adj. *dem eine Gunst zu erweisen ist* Gâtakam. 23,24.
अनुचरित 2.
अनुच्च 1. 1.
अनुचित्त 2.
अनुच्छास्त्रवर्तिन् und अनुच्छित्ति 1.
अनुच्छिन्दत् 2.
अनुच्छ्वसमान, अनुच्छ्वास und अनुच्छ्यमान 1.
अनुजीविमात् 3.
अनुज्ञापन 1. 4.
अनुज्ञाप्य 2.
अनुज्येष्ठम् 1. 1.
अनुतर्ष 1. 5. In der Bed. 2) Gâtakam. 7.
अनुतर्षुल 1. 2.
अनुतापक 1.
अनुतापिन् 3.
अनुतीर्थम् 6.
अनुतोदन, अनुतोदवन्त् und अनुत्कीर्ण 1.
अनुत्क्रामुक Adj. *Jmdn (Abl.) nicht davongehend* Çâñkh. Br. 2,4.
अनुत्खात 1.
अनुत्त 1. 4.
अनुत्तर 1. 1. 2. 3.
अनुत्तराग und अनुत्तरप्रकाशपञ्चाशिका 1.
अनुत्तरवेदिक 3.
अनुत्थित 1.
अनुत्पूत 3.
अनुत्सर्पण n. *das nicht zum Vorschein Kommen, sich nicht Einstellen* Gâtakam. 2.
अनुत्साहित 3.
अनुत्साह 3.
अनुत्साहिन् 1.
°अनुत्सुक Adj. *nicht verlangend nach* Gâtakam. 7.
अनुत्सूत्रपदन्यास 5.
अनुत्सृष्ट und अनुदक 1. 1.
अनुदक्या 5.
अनुदय 1. 1.
अनुदयभाज् 4.
अनुदर्शन 6.
अनुदात्ततर 1. 5.
अनुदायिन् Adj. *nicht aufsteigend.* °यि Adv. von einer Recitation Çâñkh. Br. 13,4.
अनुदिशम् 6.
अनुदेशक 1.
अनुदैवतम् 6.
अनुद्धत 1. 2.
अनुद्भव 1.
अनुद्राविन 4.
अनुद्वासिन् und अनुद्विग्न 1.
अनुद्रवण 4.
अनुद्रिक्त 1.
अनुद्वार 2.
अनुध्यायिन् und अनुनायक 1.
अनुनिनीषा 2.
अनुनीति 5.
अनुन्मत्त 1.
अनुन्माद 1. 1.
अनुन्मुक्त, अनुपकरणीय, अनुपकुर्वाण, अनुपक्रमणीय, °क्रम्य, °क्राम्य अनुपगम und अनुपगृहीत 1.
अनुपघ्नन्त् 1. 3.

अनुपचरित Adj. *nicht übertragen* Mahâdeva zu Sâmkhjas. 1,99.

अनुपचित und अनुपज्वलित 2.

अनुपदस्त und अनुपदस्यत् 3.

अनुपदेश und अनुपदेष्टव्य 1.

अनुपधि I. 1. 3.

अनुपध्मात 2.

अनुपनत 4.

अनुपनम्र 1.

अनुपनाह 5.

अनुपनीत und अनुपन्यास 1.

अनुपपत्ति I. 1.

अनुपपत्तिमत् 1.

अनुपपन्न I. 1.

अनुपभुज्यमान 4.

अनुपमतत् und अनुपमज्जत् 4.

अनुपमसंस्कारिग्रन्थ 2.

अनुपयात् 4.

अनुपयोग und अनुपराग 1.

अनुपरिक्रामम् I. 2.

अनुपरिचारम् 2.

अनुपरिहारम् 5.

अनुपरोधिन् Adj. *nicht beeinträchtigend* Gâtakam. 31,91.

अनुपर्वत, अनुपलक्ष्य und अनुपलक्ष्यमाण 1.

अनुपलब्धिवाद 2.

अनुपलब्धिसम I. 1.

अनुपलीढ 5.

अनुपविंशत् 2.

अनुपविष्ट, अनुपवीत, अनुपशय und अनुपश्रुति 1.

अनुपसर्ग I. 1.

अनुपस्कृत 1.

अनुपस्थिताग्नि 3.

अनुपहत I. 6.

अनुपह्वयमान I. 1.

अनुपाकृष्ट Adj. *unbescholten* Gâtakam. 12.

अनुपात auch *das Versinken, Ertrinken* Subhâshitâv. 2914.

अनुपातव्य Adj. R. ed. Bomb. 4,61,4 fehlerhaft für अनुपातव्य.

अनुपात्यय 1.

अनुपादे *hinter Jmds Fusse, dahinter* MBh. 8,11,9.

अनुपादेश und अनुपाध्याय 1.

अनुपाय I. 1.

अनुपायिन् 1.

अनुपारत 5.

अनुपालभ्य 1.

अनुपाश्रय Adj. *haltlos*. Nom. abstr. °त्व n. Gâtakam. 23.

अनुपासितवृद्ध 6.

अनुपिण्डम् 2.

अनुपूरण n. *das Nachfüllen* Aniruddha zu Sâmkhjas. 1,132.

अनुपूर्व I. 3) अनुपूर्वेण *allmählich, nach und nach* Divjâvad. 5,10. Gâtakam. 9.

अनुपृष्ठ 4.

अनुपेक्षण 1.

अनुपेत I. 1.

अनुपेयमाना 4.

अनुप्रकम्पन 6.

अनुप्रदान I. 1.

अनुप्रव्रजन n. *das Aufgeben des häuslichen Lebens um das asketische zu beginnen nach dem Vorgange eines Andern* Gâtakam. 20,30.

अनुप्रष्टर् Nom. ag. *der sich nach Allem erkundigt, wissbegierig* MBh. 2,5,40.

अनुप्रसर्पक und अनुप्रसृप्तिन् 4.

अनुप्रिय 2.

अनुबन्ध I. 5.

अनुबन्धिका 1.

अनुबन्ध्य und अनुबिम्ब I. 1.

अनुबिम्बन 5.

अनुबिम्बित 1.

अनुबोध I. 4.

अनुभव I. 3.

अनुभवम् 3.

अनुभवसूत्र 2.

अनुभाव I. 4.

अनुभाविन् I. 2.

अनुभाषित 4.

अनुभ्रष्टेनास् 2.

अनुमतवस्त्र 4.

अनुमति I. 3.

अनुमन्तर् I. 1.

अनुमातर् Nom. ag. *der Schlüsse —, Folgerungen zieht* Bhâmatî 1343,6.

1. अनुमान I. n. (ungenau) R. ed. Bomb. 4,52,13. Nach dem Comm. = 2. अनुमान.

2. अनुमान I. 2. °कारन, °खण्ड, °निरूपण, °प्रकाशिका, °प्रवेश, °मणि und °वाद 2.

अनुमार्ग I. °मार्गागत Adj. *unterwegs begegnet* Gâtakam. 23.

अनुमार्जन I. 2.

अनुमान° 1.

अनुमित 4.

अनुमिति I. 2. °मानसत्वविचार und °रहस्य 2.

अनुमेय I. 4. 5.

अनुमोदिन् Adj. *Jmds* (Gen.) *Wohlgefallen erregend* Gâtakam. 1,28.

अनुयाज I. 2.

अनुयाजवत् und अनुयायिन् I. 1.

अनुयियासु 2.

अनुयोगिन् und °गिता 6. Nach Garbe ist अनुयोगिन् in der Njâja-Phil. *die Stätte, an der ein* Abhâva *constatirt wird*. Sonst bezeichnet das Wort *dasjenige, welches unterschieden wird*; vgl. Vignânabhikshu zu Sâmkhjas. 1,61.

अनुयोज्य I. 1.

अनुरक्षितव्य Adj. *zu behüten, zu bewahren vor* (Abl.) Gâtakam. 23.

अनुरणन I. 1.

अनुरसित 5.

अनुराग I. 2.

अनुरोधवर्ती 1.

अनुरोह I. 1.

अनुलापिन् und अनुलेपण 2.

अनुलोमप्रतिलोम m. N. pr. 1) eines mythischen Meeres Divjâvad. 103,3. fgg. — 2) eines mythischen Berges Divjâvad. 103,13. fgg.

अनुलोमय् auch so v. a. *günstig gestalten* MBh. 8,10,15.

अनुल्बण I. 1.

अनुल्लङ्घनीय 1.

अनुवत्सरीण und अनुवत्सरीय 3.

अनुवनम् I. 3. 6.

अनुवनान्तम् 6.

अनुवप्रम् 3.

अनुवर्णयितव्य 5.

अनुवसु 3.

अनुवां 1.

अनुवाक्य I. 1.

अनुवादिन् und अनुविधायिन् I. 6.

अनुविलेपन und अनुविष्णु 1.

अनुवृत् und अनुवृत्ति I. 1.

अनुव्याध 3.

°अनुव्यापिन् Adj. *sich verbreitend über, erfüllend* Gâtakam. 11.

अनुव्याहृत 6.

अनुव्रजन I. 1.

अनुव्रज्य 5.

अनुशंसन 1.

अनुशयवत् 5.

अनुशयिन् I. 1.

अनुशंस 1.

अनुशासिन् I. 5.

अनुशिक्षा f. *das Nachlernen, Nachstreben* Gâtakam. 20,8.

अनुशिष्टि 5. *Belehrung* Gâtakam. 31.

अनुशोक s. शोकानुशोक weiter unten.

अनुश्रोतव्य, अनुषक्ति, अनुषर und अनुष्टुप्कारम् 5.

अनुष्टुप्छन्दस् 1.

अनुष्टुब्गायत्रीकारम् 5.

अनुष्टुभ् I. 2.

अनुष्ठान I. 1.

अनुष्ठायज्ञयज्ञीय u. °यज्ञायज्ञीय I. 3.

अनुष्ठिति 5.

अनुष्णाशीत I. Nom. abstr. °त्व n. Dîpikâ 13 zu Tarkas.

अनुष्पदे 5.

अनुष्यन्दे I. 6.

अनुसंचर 2.

अनुसंतति I. 1. 5.

अनुसंधानीय 5.

अनुसरण I. 3.

अनुसर्ग I. 2.

°अनुसर्तर् Nom. ag. *der Reihe nach besuchend* MBh. 8,44,44.

अनुसानु 6.

अनुसृतवत्सा 5.

अनुसृष्टि eher Nomen appell.

अनुस्तनित 1.

अनुस्रोतसम् Adv. = अनुस्रोतस् Âpast. Gṛhj. 14,14.

अनूद्धरण I. 3.

अनूचान I. 4.

अनूच्यमानत्व 5.

अनूढ I. 5.

अनूढता 1.

अनूत्थान 3.

अनूत्सर्ग 1.

अनूद्देश I. 1.

अनूद्वासिन् 1.

अनूनगरिमन् 3.

अनूपरेखा, अनूपवती, अनूर्जित (*elend, humilis* Gâtakam. 9,43), अ-

नूर्धकर्मन्, अनूर्धक्रिया und अनूर्धभु 1.

अनूर्धभावुक 3.

अनूषर I. 1.

1. 2. अनूह् 1.

1. अनूह्य I. 1.

2. अनूह्य 1.

अनृग्वेदविनीत Adj. *im Ṛgveda nicht bewandert* R. ed. Bomb. 4,3,28.

अनृचम् I. 1.

अनृतु I. 3.

अनृणी 1.

अनृणीकरण 5.

अनृत I. 3.

अनृतकथ 2.

अनृतकारक und °कारिन् 6.

अनृतपर्ण I. 1. 4.

अनृतवादिन् und °दिता I. 5.

अनृतसंहित 6.

अनृतसंगर 1.

अनृतसर्वस्व 3.

अनृतु I. 1.

अनृषभ 1.

अनेक I. 5.

अनेकधृत् 1.

अनेकवार्षिक Adj. *viele Jahre alt* R. ed. Bomb. 3,68,21.

अनेकशतभौम 2.

अनेकशतसाहस्र, अनेकसंख्य und अनेकाश° 3.

अनेकाग्र 1.

अनेकात्मवादिन् Adj. *eine Pluralität von Seelen annehmend* Aniruddha zu Sâṁkhjas. 1,154.

अनेकान्त I. 1. 2.

अनेकार्थकैरवकौमुदी u. अनेडन्त् 1.

अनेय 3.

अनेलमूक 5.

अनेत्र 3.

अनेष 1.

अनैतिह्य 3.

अनैन्दव 1.

अनैभृत्य 3. *Mangel an Bescheidenheit* Gâtakam. 28.

अनैरंमद 1.

अनैर्भृत्य 3.

अनैश्चारिक und अनैषध 1.

अनैष्टिक 6.

अनोकशायिन् 1.

अनोजस्क Adj. *kraftlos, schwach* Gâtakam. 30,3.

अनौचिती 1.

अनौद्धत्य I. 3.

अनौपम, अनौपम्य, अनौपयिक und अनौपाधिक (*nicht durch die Verbindung mit einem anderen Dinge veranlasst, essentiell* Mahâdeva zu Sâṁkhjas. 6,48) 1.

अनौरस 3.

अनौशीर 1.

2. अनौषध 5.

अन्त I. 2. 3. 5. 1) अन्तादन्तं परिक्रम्य so v. a. *hin und her* MBh. 1,131,53.

अन्तःकोटरपुष्पी I. 1.

अन्तःक्रौर्य 6.

°अन्तःपातिन् 4.

अन्तःपार्श्व 3.

अन्तःपरचारिका 2.

अन्तःपुराधिपत्य 5.

अन्तःपरावचर m. = अन्तःपुरचर Gâtakam. 28. 31.

अन्तःपरिवास 2.

अन्तःपूय 3.

अन्तःप्रीति 6.

अन्तकपुर 2.

अन्तकरण I. 1.

अन्तकानन 2.

अन्तकारिन् und अन्तगत I. 3.

अन्ततस् I. *selbst, sogar* Divjâvad. 142,11. 191,3. सर्वमन्ततः so v. a. समन्ततः R. ed. Bomb. 4,49,2.

अन्तदीपक 1.

अन्तनामन् 1. 5.

अन्तप्लुत 1.

2. अन्तम I. 6.

अन्तरकोश 3.

अन्तरक्रीडा 1.

अन्तरतम् I. 2.

अन्तरदृश् Adj. so v. a. *den Mittelweg einschlagend* R. ed. Bomb. 4,22,23.

अन्तरन्तःस्थ I. Âpast. Gṛhj. 15,9.

अन्तरपतित und अन्तरय 2.

अन्तरा, अन्तरात्मक und अन्तरात्मन् I. 1.

अन्तरात्रि f. *Todesnacht* Gâtakam. 24,5.

अन्तरान्तरतस् 1.

अन्तरान्तरात् Abl. Adv. *hier und dort* Divjâvad. 155,26.

अन्तरावेदि und °वेदी I. 5. 6.

अन्तराशृङ्ग्य 3.

अन्तरिक्ष I. 1.

अन्तरिक्षदा und अन्तरिक्षयोनी 3.

अन्तरीति, अन्तरीप u. अन्तरोप I. 1.

अन्तरेष 4.

°अन्तर्गण 1.

अन्तर्गति 3.

अन्तर्गेह 5.

अन्तर्गोष्ठ und अन्तर्जन 3.

अन्तर्जलेशय 2. 6.

अन्तर्ज्ञाता 1.

अन्तर्ज्ञान I. 1.

अन्तर्ज्ञानुकर 1.

अन्तर्ज्योतिस् I. 3.

अन्तर्दिग्ध 3.

अन्तर्धन I. 3.

अन्तर्धेय 3.

अन्तर्धान्त 4.

अन्तर्नाव्य 3.

अन्तर्भाव I. 1.

अन्तर्भावप्रकाशिका u. °भाववाद 2.

अन्तर्भाव्य und अन्तर्भेद 3.

अन्तर्मनस् I. MBh. 7,179,47.

अन्तर्मन्दिर 1.

अन्तर्मास I. 5.

अन्तर्मुख I. 1. 3. 4.

अन्तर्मुखता I. *das nach innen Gekehrtsein* Comm. zu Jogas. 1,2.

अन्तर्यामीय 1.

अन्तर्लीन 5.

अन्तर्लोम I. 1.

अन्तर्वर्तिन् I. Adj. f. *schwanger* Divjâvad. 234,17. Vgl. अन्तर्वत्नी.

अन्तर्वान्त 4.

अन्तर्वावत् und अन्तर्वावत् I. 5.

अन्तर्वास I. 3.

अन्तशस् 3. Divjâvad. 161,24.

अन्तःशान्ति 4.

अन्तःश्वास 1.

अन्तःसद्म 6.

अन्तःसामिक 1.

अन्तःसुषिरिन् 2.

अन्तःस्मेर 4.

अन्तिक 1. अन्तिकात् mit einem Compar. *in Vergleich zu* (Gen.), (*schöner*) *als* Divjâvad. 117,24. 28.

अन्तितर 2.

अन्त्यपद् I. 1.

अन्त्याघ 5.

अन्त्रकूजन 1. 2.

अन्त्रवृद्धिमत् und अन्त्रापीडप्रकर्षिन् 1.

अन्त्रावरण 5.

अन्दू I. 5.

अन्दोलय् I. 6.

अन्ध I. 4.

अन्धक I. 5.

अन्धकार I. 6.

अन्धकारिन् 4.

अन्धकाल 2.

अन्धकरण I. 1.

अन्धतामिस्र I. 3. 5.

अन्धंभविष्णु I. 2. 5.

अन्धव्यूह 2.

अन्धस्वन्त् 1.

अन्धीकरण Adj. *blind machend* Gâtakam. 21,24.

अन्नचिकित्सा 2.

अन्नद्रव्यशूल 1.

अन्नपत्य I. 1.

अन्नपर्यायम् 1.

अन्नपानविधि 2.

अन्नप्राशनक 1.

अन्नभुज् I. 4.

अन्नभटीय 2.

अन्नरस I. 3.

अन्नविकार I. 5.

अन्नविकृति und अन्नविद्वेष 5.

अन्नसनि Adj. *als Umschreibung von* पितृषणि Ait. Br. 1,13,13.

अन्नसंदेह 6.

अन्नहार 1.

अन्नावृध I. 5.

अन्नाशन 1.

अन्निका 2.

अन्नीय 4.

1. अन्य I. 2.

अन्यतरतोऽतिरात्र 1.

अन्यतरान्यतर 3.

अन्यतम् = अन्यस्य R. ed. Bomb. 1,19,2.

अन्यतीर्थिक Adj. *einer anderen Secte angehörig, andersgläubig* Gâtakam. 23.

अन्यतःपार्श्व Adj. (f. ई) *eine andere Seite zeigend* Kauç. 39,16.

अन्यत्र I. 3.

अन्यत्रकरण 1.

अन्यथाकरण und अन्यथाभवन 5.

अन्यथाशालिक 6.

अन्यपर und °त्व 1.

अन्यपूर्वा I. 6.

अन्यबन्धु 6.

अन्यभाविन् und अन्यमातृक 4.

अन्ययज्ञ 6.

अन्यराष्ट्रीय und अन्यलोकमय 5.

अन्यवर्ण und °त्व I. 5.

अन्यशृङ्ग 2.

अन्यादृश I. 2.

अन्यापदेश 2. 5.

अन्याय und °वृत्ति I. 2.

अन्यायतम् 3.

अन्यायधन्यचरित und अन्यायपक्षक 2.

अन्यायिन् 5.

अन्यूनातिरिक्ताङ्ग und अन्येद्युस् 3.

अन्योक्ति I. 5.

अन्योक्तिमुक्तावली und अन्योक्तिशतक 5.

अन्योदर्य I. 5.

अन्योऽन्यकृत्य 2.

अन्योऽन्यजननवृत्ति f. Aniruddha zu Sâṁkhjas. 1,128.

अन्योऽन्यमिथुन 4. °भाव m. Aniruddha zu Sâṁkhjas. 1,140. °वृत्ति f. ders. zu 1,128.

अन्योऽन्यापातितत्यागिन् 3.

अन्योऽन्याभिभववृत्ति f. Aniruddha zu Sâṁkhjas. 1,128.

अन्योऽन्याश्रय I. 1. °वृत्ति f. Sâṁkhjatattvakaumudî zu Kârikâ 12.

अन्वन्तरम् 1.

अन्वग्ज्येष्ठ und अन्वयम् 2.

अन्वाहिरवति 5.

अन्वत्रस्त 2.

अन्ववपातोम् 3.

अन्वष्टका I. 6.

अन्वष्टक्य I. 5.

अन्वाकर्णायम् 2. Richtig wäre अन्वकर्णायम्.

अन्वारम्भणीयदेवता 1.

अन्वारोहण I. 5.

अन्विच्छा 2.

अन्वेतवै 1.

अन्वेषिषिषु 5.

अन्वेष्टव्य auch zu verfolgen Subhâshitâv. 2654.

अपकरुण 2.

अपकर्तन 3.

अपकर्षणीय 2.

अपकर्षसम I. 1. 5.

अपकल्मष I. 1.

अपकषाय 3.

अपकारक 1.

अपकृत् 3.

अपकृत्य I. 3.

अपक्रान्त 1.

अपक्रान्ति I. 1.

अपक्रामम् 5.

अपक्षपात 1.

अपक्षपातिन् 5.

अपक्षय I. °भाजो वै पितरः Çâṅkh. Br. 5,6.

अपक्षाण n. das Abseitsbrennen (Weiterlaufen) des Feuers Comm. zu Âpast. Çr. 9,1,17.

अपक्तिगणसंघात 2.

अपक्तिगणसंपात I. 2.

अपगतकालक Adj. frei von schwarzen Flecken Divjâvad. 617,8.

अपगतरश्मिवत् 2.

अपगूर्ति f. Herausforderung, Drohung Maitr. S. 4,6,8 (90,15).

अपगृह्य 1.

अपघकृण in सर्व्यापघकृण.

1. अपघन I. 1. 4.

अपङ्क, अपचन und अपचमान 3.

अपचमानक 6.

अपचायक Adj. ehrend Divjâvad. 293,26.

अपचायितर् s. अनप° oben.

अपचायिन् I. 1.

अपचिकीर्षु 5.

अपचित् 1. Vgl. J. A. O. S. 13, ccxvii. fgg.

अपचित 2.

अपचिति I. 3. Verehrung auch Âpast. Gṛhj. 13,2.

अपचेतस् 2.

अपतंसन 5.

अपतनीय 1.

अपतन्त्र 2.

अपतल्प 1.

अपतन्द्रम् Adv. unermüdet Pâdâravindaçat. 5.

अपतर्म् I. 1.

अपतान m. Starrkrampf Divjâvad. 171,4.

अपत्तन n. etwa so v. a. so zu sagen keine Stadt Divjâdad. 276,14. 16. 277,13. fgg.

अपत्यद् 1.

अपत्यदुःखैकमय und अपत्यस्नेहकृपामय 2.

अपत्रपिष्णु I. 1.

2. अपथ I. 3.

अपथकल्पना I. 4.

अपथदायिन् und अपथहर 3.

अपदर्प 1.

अपदश I. 3.

अपदान्त und अपदान्तस्थ 1.

अपद्विव्ह 4.

अपदिष्ट 1.

अपदोह्य 4.

अपध्मान 1.

अपध्यान I. 3.

2. अपनय I. Auch schlechtes Benehmen,, — Betragen Gâtakam. 4,9.

अपनयन 6.

अपनिद्र I. 1. geöffnet Dharmaç. 4,1.

अपनिहत्त् 1.

अपनुति 3.

अपनुत्ति 1.

अपनुनुत्सु 3.

अपनेय I. 1.

अपनोदक 2.

अपनोदन I. n. Kauç. 42,22 Bez. der Verse AV. 1,26,1. fgg.

°अपनोदिन् Adj. verscheuchend, vertreibend Gâtakam. 26.

अपपयस् 3.

अपपात्र I. 5.

अपपिवस् 3.

अपभस्मन् 6.

अपभाषण I. 1.

अपभाषितवै 4.

अपमत्सर Adj. unbeneidet Gâtakam. 22,5.

अपमद् und °अपमानक 2.

अपमार्जनक 1.

अपमृदु 3. 6.

अपमृष्टि f. Abwischung. दुरिताप° AV. Anukr. 7,65.

अपयाप्य 5. Soll Druckfehler für अपयाप्य sein; vgl. Z. d. d. m. G. 39,707.

अपयातव्य n. eine Möglichkeit zu entkommen. °नय m. ein Kniff zu entk. Gâtakam. 31,19.

अपयोधरत्व und अपयोधरवारण 5.

अपरकर्मन् 2.

अपरकाय 1.

अपरकार्य I. 3.

अपरक्रिया und अपरचानराट् 2.

अपरदीक्षिन् 3.

अपररात्रि und अपरवल्लभ 5.

अपरविधि und अपरसूत्र 2.

अपराह्ण 3.

अपरागत 1. 2.

अपराङ्मुख I. 3.

अपराजय m. das Nichtunterliegen. मनमः so v. a. das nicht den Muth Sinkenlassen R. ed. Bomb. 4,49,6.

अपराजित I. 1. 5.

अपराजितगण m. Name eines Gaṇa von Kriegshymnen Kauç. 14,7, N. Ath. Par. 34,13. AV. Anukr. 1,1,3.

अपरातम 3.

अपरादित्य und अपराद्दुर 1.

अपराद्धेषु I. 1.

अपराधवत् Adj. das Ziel verfehlend Karaka 38,14 (नापराधवान्भवति zu lesen).

अपराधीन und °ता I. 6.

अपरान्त I. 3.

अपरापात und अपराबाध 1.

अपराभव 6.

अपरामृष्ट 4.

अपरायण 2.

अपरार्ध्य 3.

अपरावत्य 4.

अपरावपिष्ट und अपरावर्तिन् 3.

अपरावाप 1.

अपरावृत्तभागधेय 4.

अपरावृत्ति und अपरिकर्मितमति 3.

अपरिक्षीण Adj. nicht erschöpft, — verbraucht Gâtakam. 8.

अपरिक्षीणशक्ति 1.

अपरिगम्य 4.

अपरिगृहीत 1.

1. अपरिग्रह I. 3.

2. अपरिग्रह I. 1. 3.

अपरिचलित 2.

अपरिच्छेदकर्तर् 3.

अपरिच्छेद्य 1.

अपरिच्युत 2.

अपरिजीर्ण 1.

अपरिज्ञान und अपरिज्ञेय 3.

अपरिणाम m. Unveränderlichkeit Aniruddha zu Sâṁkhjas. 6,59.

अपरिणामिन् 2. 3 (Aniruddha zu

Sâṁkhjas. 1,14. 97. 6,54).

अपरिणायक 3.

अपरितर्कित 2.

अपरिताप 3.

अपरितुष्ट 2.

अपरितुष्यत् 3.

अपरितोष 1. 3.

अपरित्यक्त und अपरित्यागिन् 3.

अपरित्याज्य 1. 3.

अपरिनिर्मित und अपरिनिर्वाण 1.

अपरिनिष्ठित 6.

अपरिनिष्पत्ति 3.

अपरिभावित 4.

अपरिभवनीय und अपरिभाषण 3.

अपरिभाषित 4.

अपरिभाव्य 3.

अपरिभुक्त 4

अपरिभूताज्ञ 1.

अपरिभ्रश्यमान 4.

अपरिमाण 1. 3.

अपरिमितकृत्वस् 1.

अपरिमितदक्षिण und अपरिमोष 4.

अपरिरक्षण, अपरिरक्षत् (auch R. ed. Bomb. 4,25,10) und अपरिलुप्त 3.

अपरिवर्गम् 1. 2.

अपरिवृत 1. 5.

अपरिवेष्टित 6.

अपरिव्यक्त 3.

अपरिव्राजिमन् 5.

अपरिश्रम 3.

अपरिश्रान्त und अपरिश्रित 1.

अपरिषिञ्चत् 2.

अपरिषक्त 5.

अपरिसंस्थित Adj. *nirgends stehen bleibend* R. ed. Bomb. 3,60,37.

अपरिहाण und अपरिहारवत् 3.

अपरिहृत 1. 1.

अपरिहीणकालम् (so zu lesen) 6.

अपरिहीयमाण 1.

अपरीक्षित 1. 1.

अपरीत्त 1.

अपरीत्य 4.

अपरुष 1. 4.

अपरेद्युस् 1. 1.

अपरेषुकामशमी (so zu lesen) 1.

अपरोक्षानुभूति u. अपरोक्षानुश्रुति 2.

अपरोधुक 1. 1.

अपरोध्य 2.

अपरोपतापिन् 1.

2. अपर्तु und अपर्यन्त 1. 3.

अपर्याण 5.

अपर्यासित 3.

अपर्युदस्त Adj. *nicht ausgeschlossen* Mahâdeva zu Sâṁkhjas. 5,124.

अपर्येषित und अपर्येष्ट 1.

अपर्वत 2.

अपर्वतीय 3.

अपर्वन् 1. 6.

अपर्वभङ्गनिपुण 1. 1.

अपर्हाण 4. 5.

1. अपलक्षण n. *ein ungünstiges Zeichen* Ǵâtakam. 13.

2. अपलक्षण Adj. *ungünstige Zeichen an sich habend* Ǵâtakam. 13.

अपलक्ष्मण 3.

अपलपन und अपलपनीय 1.

अपलापन 3.

अपलायिन् 1.

अपवाता f. wohl *eine Kuh, die ihr Kalb nicht mehr gern hat*, Kauç. 31,6.

अपवाद् 1. 5.

अपवित्र und अपविद्धक 3.

अपविद्धि 1.

अपविद्या 5.

अपवृत्तभाव m. *Abneigung* Ǵâtakam. 21,3.

अपव्यवस्थ 1.

अपव्याहार und अपशकुन 2.

अपशब्दनिराकरण 1.

अपशब्दित Adj. *gegen die Grammatik gesprochen* R. ed. Bomb. 4,3,29.

अपशालीन 1.

अपशील 5.

अपश्रुता und अपश्चात्तापिन् 3.

अपश्यत् 1. 3.

अपश्रम 1.

अपसदस् n. findet Mahâdeva in Sâṁkhjas. 6,34. Er erklärt: कुतर्कयुक्तमपसदो दुष्टा सभा। तत्रात्मज्ञानं न युक्तम्।

अपसर्प्य 6.

अपसारण 1. 3.

अपसुब्रह्मण्य 5.

अपस्कन्द 1.

अपस्पश 3. 5.

1. अपस्पृश् und अपस्फुर 1. 3.

अपस्वर 1.

अपह्नर 4.

अपहरण 1. Etwa *das Fernhalten aller Widerwärtigkeiten* Ǵâtakam. 14.

अपहसित 6.

अपहस्तक 1.

अपहारक auch so v. a. *mehr Gewicht —, grössere Geltung habend* Vivâdaratnâkara 37,7.

अपहार्य 1.

अपह्नुत् und अपहेलन 2.

अपक्व 1. 1.

अपक्वन 4.

अपह्वर und अपांसुल 3.

अपाकर्तोस् 1. 1.

अपाकृति 1. 3.

अपाकेस्थ 1. 5.

अपाङ्ग m. auch so v. a. *Kennzeichen* MBh. 1,89,23.

अपाच्य 1. 5.

अपाञ्चाल्य n. *Vernichtung der* Pańkâla *oder — der Fürsten der* P. MBh. 8,82,10.

अपाटित 1.

अपाठ m. *kein Studium, Vacanz* Divjâvad. 487,13.

अपाणि 1. 2.

अपाणिग्रहण 2.

अपात्री Adv. mit भू *für Etwas* (Gen.) *ungeeignet werden* Ǵâtakam. 28.

अपाथेय 3.

अपादादिभाज् 4.

अपादान 1. 4.

अपाद्य 1. Kauç. 42,22. 82,5 Bez. *der Verse* AV. 4,33,1. fgg.

अपानदघ्न 4.

अपानीय 2.

अपानुनुत्सु 5.

अपापक 1.

अपापद्ग und अपापद 2.

अपापदर्शिन् 4.

अपापरोगिन् 1.

अपापाय 2.

अपामंभविष्णु 1. 1.

अपामार्गी f. *ein Holzscheit von Achyranthes aspera* Kauç. 46,49.

अपामार्जन 2.

अपामित्य 1.

अपायसंवर्तनीय 3.

2. अपार 1. 4. Auch *dem schwer beizukommen ist* R. ed. Bomb. 4,28,59.

अपारणीय und अपारमिता 3.

अपारयत् 1. 3.

अपारायणीय 3. 5.

अपारिज्ञात 2.

अपार्थय 1.

अपार्थी 5.

अपालि 2.

अपावरण 4.

अपावृत् 1. 5.

अपास und अपासु 1.

अपि 1. 3. *vielleicht* Ǵâtakam. 22. 23. 28,36. 31,68. 32,34. अप्येव dass. Divjâvad. 2,12. 5,5. 71,20. अपि — अपि *sowohl — als auch* 57,18.

अपिङ्गाक्ष 1.

अपिच्छिल 3.

अपिधान 1. Gît. 3,15 nach einem Comm. Adj. *ohne Hülle.*

अपिनह्यार्तै 3.

अपिन्वमान und अपिपासित 1.

अपिप्पलाद 3.

अपिशंसस् 1. 1.

अपिशाच Adj. *von* Piçâka *befreit* R. ed. Bomb. 3,64,65.

अपिशुन 2.

अपिसोम 6.

अपिसोमपीथ Adj. *Antheil am* Soma-*Trunk habend* Çâṅkh. Br. 4,4. Vgl. अनपिसोमपीथ.

अपिहिति 1. 1.

अपीडन Adj. (f. ई) *nicht peinigend, — peinlich* Ǵâtakam. 31,33.

अपीडयत् 1. 2.

अपीडा 1. 3.

अपुण्यकृत् 3.

अपुण्यशील 1.

अपुत्र्यपशव्य 2.

अपुनराभाव 1. 2.

अपुनर्निवर्तिन् 3.

अपुनर्निवृत्ति 5.

अपुनर्भव 1. 1.

अपुनर्मार 3.

अपुनर्मृत 4.

अपुरस्कृत 1.

अपुरुष m. *Unmensch, ein grausamer Knecht* (Jama's) Ǵâtakam. 29,30.

अपुरुषापराध 3.

अपुरुषार्थ 1. 3.

अपुरोगव 1. 5.

अपुष्कल 1. 1. 2.

अपुष्पित Adj. *nicht mit Blüthen versehen* R. ed. Bomb. 4,60,12.

अपूतभृत् 1.

अपूप I. 3.

अपूर 3.

अपूरण I. 3.

अपूर्ण I. 6.

अपूर्य 3.

1. अपूर्व I. 1. अपूर्वेण so v. a. *vor Allem* Divjâvad. 36,8.

अपूर्वमणि 2.

अपूर्विन् auch *noch unverheirathet* R. ed. Bomb. 3,18,4.

अपृथग्धर्मचरण 1.

अपृथग्भूत 2.

अपृथात्मज I. 4.

अपृष्ट 1.

अपेतभी 4.

अपेय I. 5.

अपेलव 3.

अपोनप्त्रीय I. 1.

अपोर्णावन 4.

अपोह् auch *das Wegwerfen* Daça Karm. zu Kauç. 75,15.

अपौरव 4.

अपौरुषेय I. 1. 4.

अपौर्णमास 1.

अपौष्कल्य 4.

अप्तुमन्त् I. 1.

अप्नःस्थ, lies *Aufseher, Verwalter.* ṚV. 6,67,3 ist अपसेव in अपस (d. i. अपसः) इव zu zerlegen.

अप्यकवि 2.

अप्रकम्प्य 4.

अप्रकर्ष 3.

अप्रकाण्ड I. 4.

अप्रकाशित 1.

अप्रकाशिन् 4.

अप्रकृतिस्थ 1.

अप्रताल, अप्रख्याति und अप्रख्याल 4.

अप्रगल्भता 3.

अप्रगाध Adj. *bodenlos, überaus tief* Divjâvad. 596,13.

अप्रगीत 2.

अप्रगुण I. 4.

अप्रग्रह 4.

अप्रघ्नती 6.

अप्रचरणीय 2.

अप्रचार 4.

अप्रचेतित 2.

अप्रचोदित 1.

अप्रच्छादयन्त् 2.

अप्रच्छादित 3.

अप्रच्छाय Adj. *schattenlos* Gâtakam. 30.

अप्रजनिष्णु I. 1.

अप्रजायन्त् 3.

अप्रज्ञात I. 1.

अप्रज्ञान 1.

अप्रज्ञायमान 6.

अप्रणत 5.

अप्रणय 4.

अप्रणयिन् 3.

अप्रणामिन् 1.

अप्रणोद्य I. 4.

अप्रतप्त 2.

अप्रतापिन् 4.

अप्रति I. 5.

अप्रतिकर्मक्रिया 3.

अप्रतिकर्ष, अप्रतिकाल्य, अप्रतिकाङ्क्षिन् und अप्रतिकारसेविन् 4.

अप्रतिकार्य 3.

अप्रतिकुर्वन्त् Adj. *keinen Gegendienst leistend* R. ed. Bomb. 4,33,47.

अप्रतिकूलकृत्, अप्रतिकूलयन्त् und अप्रतिकूलवाद 4.

अप्रतिक्रिय Adj. *wogegen es keine Abhülfe giebt* Gâtakam. 32.

अप्रतिक्रियमाण 1. 6.

अप्रतिक्रुध्यन्त् 3.

अप्रतिक्रूर 4.

अप्रतिक्रोशन्त् Adj. *nicht anschreiend* Gâtakam. 12.

अप्रतिगत्त 4.

अप्रतिगत 3.

अप्रतिगृह्णीत und अप्रतिग्राहिन् 1.

अप्रतिघात I. 4.

अप्रतिजग्ध, अप्रतिजल्पन्त् und अप्रतितर्कित 2.

अप्रतिद्रुह् 3.

अप्रतिनन्दन्त् 1.

अप्रतिनन्दित 3.

अप्रतिनोद I. 1. 3.

अप्रतिपत्ति I. 1.

*अप्रतिपुद्गल m. *ein* Buddha Mahâvj. 1.

अप्रतिपूजित 3.

1. 2. अप्रतिबन्ध I. 1. 2. अप्रतिबन्ध *von einer Erbschaft im Gegensatz* सप्रतिबन्ध Mit. 2,44,b.

अप्रतिबोधन 4.

अप्रतिबोधवन्त् 2.

अप्रतिभट 1.

अप्रतिभा I. 6.

अप्रतिभान und अप्रतिभेद 4.

अप्रतिमल्ल 3.

अप्रतिरथ I. 1.

अप्रतिरूढ 1.

अप्रतिरोधन 4.

अप्रतिलीना 3.

अप्रतिलोमयन्त् 1.

अप्रतिवर्तन 4.

अप्रतिवाणि Adj. *unbehelligt, ungehemmt* Mahâvj. 245,1241. Divjâvad. 654,27.

अप्रतिवारित 5.

अप्रतिविधान 1.

अप्रतिविद्ध 2.

अप्रतिविन्दमान 5.

*अप्रतिविरत Adj. *sich nicht enthaltend* (böser Handlungen) Mahâvj. 245,893.

अप्रतिशङ्कमान 2.

*अप्रतिशरण Adj. *unverbrüchlich* Mahâvj. 63.

अप्रतिशासन 4.

अप्रतिशुष्काग्र 3.

अप्रतिश्रब्ध Adj. *nicht aufhörend, — zu Ende gebracht* Divjâvad. 133,19.

अप्रतिश्रय 4.

अप्रतिषिक्त und अप्रतिषेक्य I. 1. 3.

अप्रतिषेधित 6.

अप्रतिष्ठ 1.

अप्रतिष्ठायुक I. 1.

अप्रतिष्ठित I. 3.

अप्रतिसंहृत 4.

अप्रतिसंक्रम 2.

अप्रतिसंख्या f. *Unüberlegtheit, Unbesonnenheit* Gâtakam. 21,11.

*अप्रतिसम Adj. *unvergleichlich* Mahâvj. 19. 128.

अप्रतिसर 4.

अप्रतिसाध्य 3.

अप्रतिहत 1. 6.

अप्रतीकार्य 3.

अप्रतीत 3. Adj. auch Âpast. Gṛhj. 18,12.

अप्रतीघ Adj. = अप्रतिघ Vâju-P. 1,5,23.

अप्रतीघात I. 2.

अप्रतीघातिन् 4.

अप्रतीहारम् 2.

अप्रत्त I. 1.

अप्रत्तदेवत, °दैवत, अप्रत्तसैाविष्टकृत und अप्रत्ताप्रक्तताद 4.

अप्रत्यत्त I. 4.

अप्रत्यभिमृष्ट, अप्रत्याख्यानक und अप्रत्याहरन्त् 4.

अप्रत्युत्थायिक I. 2.

अप्रत्युत्थायिन् 4.

अप्रत्युत्थायुक I. 2.

*अप्रत्युदावर्त्य Adj. *unverbrüchlich* Mahâvj. 278.

अप्रत्यूह् 4.

अप्रत्रास und अप्रथमयज्ञ 1.

अप्रददि und अप्रदायिन् 3.

अप्रदुष्ट 1.

अप्रधान I. 1.

*अप्रपञ्च Adj. wohl *unerklärlich, unerklärt* Mahâvj. 144.

अप्रपश्यन्त् und अप्रपाण 3.

अप्रपीडन 6.

अप्रपूजित 1.

अप्रबुद्ध 4.

अप्रभिन्न 3.

अप्रभूत 5.

अप्रमत्त I. 4.

अप्रमत्तवन्त् und अप्रमद 4.

अप्रमा I. 4.

अप्रमाण I. 3. *das Sichvergegenwärtigen, stetes Denken an* Mahâvj. 30. 69. Gâtakam. 7,39. 32.

अप्रमोष m. *Nichtentziehung, das Nichtverlustiggehen* Gâtakam. 1,12.

अप्रयच्छन्त् I. 3.

अप्रयान्त् 4.

अप्रयुक्त I. 1. 4.

अप्रयुज्यमान 4.

अप्रयोग I. 1. 4.

अप्रयोगिन् 5.

अप्रयोज्य 4.

अप्रलय° 1.

अप्रवण 4.

अप्रवदन्त् 3.

अप्रविलापित 4.

अप्रविष्ट 5.

अप्रवृत्त 2. 3.

अप्रवृत्ति I. 3. 4. *das Fehlen einer Nachricht* auch R. ed. Bomb. 4,53,15.

अप्रवेदित 1.

अप्रव्रय und अप्रशंस्य 4.

अप्रशम m. *Wuth, das Toben, Auf-*

regung Gâtakam. 14,29.

अप्रसन्न I. 1.

अप्रसहिष्णु 3.

अप्रस्तव und अप्रस्फुट 4

अ॑प्रस्रंस 1.

अप्रहृत I. 6.

अ॑प्रहावरी I. 1.

अप्राकृत I. 1. 3.

अ॑प्राण 1.

अप्राप्त I. 2.

अप्राप्तकाय Adj. etwa *schmächtig, schwächlich geblieben* Divjâvad. 334, 2. 571,11.

अप्राप्तप्रकाशकत्व n. *das Offenbarmachen dessen, was nicht erreicht worden ist*, Sâṁkhjas. 5,104.

अप्राप्तरजस्का 5.

अप्राप्तवत् 1.

अप्राप्तविभाषा 5.

अप्राप्तव्यवहार 3. 5.

अप्राप्तषोडश 6.

अप्राप्ति und अप्रायश्चित्त I. 1.

अ॑प्रायु I. 5.

अप्रार्थनीया 2.

अप्राविश्य 5.

अप्रासुक 2.

अप्रास्ताविक 1.

अप्रियकृत् 3.

अप्रियंकर 1.

अप्रीत 2.

अप्रीतिकृत् 1.

अप्रीतमनस् Adj. *missvergnügt* Gâtakam. 9,15.

अप्रेद्यमाण 5.

अप्लवग Adj. (f. आ) *nicht in Sprüngen sich fortbewegend* R. ed. Bomb. 4,25,44.

अप्लोष 1.

अप्वा I. 5. अप्वो देवी Ind. St. 17, 381. fg.

अप्शुष्क Adj. R. ed. Bomb. 2,72, 20 v. l. st. शुष्काप.

अप्सरस = अप्सरस् in अप्सरसालय R. ed. Bomb. 4,46,15.

अप्सराय् und अप्सव्य I. 1.

अ॑प्सस् I. 2.

अप्सा॑, lies *Wasser gewinnend*, so v. a. *siegreich* überh.

अप्सानीय 4.

अ॑प्सु 3.

अप्सुचर 5. *im Wasser sich aufhaltend* Çâṅkh. Br. 20,1.

अप्सुम॑न्त् I. 4.

अप्सुष॑दस् 1.

अफलवन्त् 3.

अफलीकृत 2. 3.

अफूत्कार्य 4.

अफेनिल 3.

अ॑बद्ध I. 1. 2.

अबन्धुदायाद 4.

अबन्धुर 4. 5.

अबलाग्नि 5.

अबलिमन् 2.

अबलिष्ठ 1..

अबलीयस्त्व, अबहिर्भाव, अबहिर्वासस्, अबहिष्कृत (an der entsprechenden Stelle ed. Bomb. 3,74,19 *nicht uneingeweiht, wohl vertraut mit* [Loc.]), अबहिस् u. अबहुपत्नीक 4.

अबहुपाद 1.

अबहुभाषिन् 4.

अबहुमान Adj. *keine Achtung bezeugend vor* (Loc.) Gâtakam. 33,16.

अबहुव्यक्तिनिष्ठ 3.

अबह्वतर 4.

अबाधमान 1.

अबाधा 4.

अबान्धव I. 4.

अबालेय 4.

अबिभ्रत् 1. 2.

अबिलवन्त् 6.

1. अबीज I. 2. 3.

अ॑बीभत्सा 4.

अबुद्ध I. 4.

अबुद्धधर्म und अबुद्धिज 3.

अबृंहित 4.

2. अबोध I. 4.

अब्ज I. 1.

अब्जक, अब्जनाभक und अब्जभू 1.

अब्जयोनि I. 1.

अब्दभू und अब्दसहस्रिक 6.

अब्दुर्ग 2.

अब्धिमथन 5.

अब्भोगिन 4.

*अब्रजस् n. *ein überaus kleines Theilchen* Mahâvj. 251.

अब्रह्मचर्य I. 2.

अ॑ब्रह्मवर्चसिन् 1.

अब्रह्मविद् 2.

1. अ॑ब्राह्मण I. 1.

अब्राह्मण्य I. * *Mangel an Achtung vor Brahmanen* Mahâvj. 127.

अब्लिङ्ग I. 3.

अभक्षणीय 1.

अभक्ष्यभक्ष्यप्रकरण 2.

अभग 2) streiche Gobh. 1,3,17 und vgl. क्षतभङ्ग.

अभङ्गश्लेष I. 4.

1. अ॑भय I. 1. 2.

अभयगिरिवासिन् I. Mahâvj. 275.

अभयंकृ॑त् I. 3.

अभयडिण्डिम I. 2.

अभयनन्दिन् 3.

अभयप्रदानसार, अभर्तृक und अभवदीय 1.

अभवनि 5.

अभव्य I. 4.

अभव्यशेखर 3.

अभस्मीकरण 1.

अभाग॑ I. 1.

अभागहारिन् 3.

अभाजन I. Nom. abstr. °त्व n. Gâtakam. 23,7.

अभानुपतन Adj. *wohin die Sonne nicht kommt* R. 4,55,3.

अभार 4.

अभार्यापितृक 3.

अभावक 4.

अभावग्रन्थव्याख्या 1.

अभावना und अभावयन्त् 4.

अभावविकल्प m. *eine Alternative für den Fall, dass Etwas nicht da ist*, Har. zu Âpast. Gṛhj. 13,16.

अभावित 3.

अभास्कर Adj. *sonnenlos* R. ed. Bomb. 4,40,68. 42,51. 43,59.

2. अभि Adj. *furchtlos* MBh. 1,221,67.

अभिक I. 1.

अभिकर्णाकूपम् 1.

अभिकक्षम् 5.

अभिकू॑पम् 2.

अभिक्रान्त I. 1.

अभि॑क्रान्ति und अभिक्रा॑मम् I. 5.

अभिक्रुद्ध 4.

अभिक्षेप m. *eine best. Art die Keule zu handhaben* Nîlak. zu MBh. 1,68,12.

अभिगमनीय Adj. *zu besuchen, besuchenswerth* Gâtakam. 23.

अभिगर्जित 2.

अभिगामिन् I. 3.

अभिग्रह I. 2.

अभिग्रहीत॑र् I. 1.

अभिग्रास s. यथाभिग्रासम्.

अभिघात I. 1.

अभिचार॑ I. 3.

अभिचारिन् I. Am Ende eines Comp. bisweilen fehlerhaft für अतिचारिन्.

अभिचैद्यम् 5.

अभिच्छाया 4.

अभिजन I. 3.

अभि॑जनितोस् I. 1. 4.

अभिजात I. 2. 6. Am Ende eines Comp. *ausgezeichnet durch* Gâtakam. 22,86. 94.

अभिज्ञ् 5.

अभिज्ञात 1.

अभिज्वलन und अभिडीन 2.

अभितर॑म् I. 1.

अभितष्टीय n. Çâṅkh. Çr. 12,6,1. 13,24,18 Bez. *der Hymne* Ṛv. 3,38.

अभिताडन 5.

अभित्ति I. 2.

अभित्वमान 2.

अभिद् 4.

अभिद्रुतम् 5.

अभिदोषम् und अभिदोह्न 2.

अभिदोह्य und अभि॑द्यु 3.

अभिद्रवण 1.

अभिधर्म I. 4. °ज्ञानप्रस्थान, °धर्मस्कन्धपाद, °प्रकरणशासन, °प्रकाशसाधन, °विज्ञानकायपाद und °विभाषा 4.

अभिधर्षयितव्य 1.

अभिध्यालु Adj. *habsüchtig, gierig* Divjâvad. 301,24.

अभिनति 2.

*अभिनमन n. *ehrfurchtsvolles Verbeugen* Mahâvj. 97.

अभिनमिता 2.

अभिनयदर्पण 2.

अभिनयन 6.

अभिनवकावेरीमाहात्म्य 2.

अभिनामधेय n. *Beiname* R. ed. Bomb. 4,66,24.

अभिनामिन् 1.

अभिनिगदन n. *das zu Jmd Sprechen* Kauç. 71,13.

अभिनिनर्तम् 2.

अभिनिम्रोक 4.

अभिनिर्हार m. wohl *Anweisung* Gâtakam. 23,20.

अभिनिविष्टक 3.

अभिनिवेशिन् 1. *sich befleissigend* Gâtakam. 13.

अभिनिष्पन्नत्व und अभिन्नकाल 4.

अभिन्ननिमित्तोपादान, °समर्थन und अभिन्नपरिवार 2.

अभिन्नात्मन् 4.

अभिपताक Adj. *mit zugewandter Fahne* MBh. 8,11,9.

अभिपत्ति 1. *Erreichung, Erlangung* Gâtakam. 25,8. *Besitz* 20,16.

°अभिपत्तिमन्त् Adj. *im Besitz von — seiend* Gâtakam. 28,17.

अभिपर्यावर्त 1. Auch TS. 2,4,12,3.

अभिपात 1. R. ed. Bomb. 3,63,8 nach dem Comm. = शरीरस्याभिपातः *Zusammensturz, Tod.*

अभिपारग m. N. pr. eines Mannes Gâtakam. 13.

अभिपालक m. = अभिपाल R. ed. Bomb. 3,38,9.

अभिपिङ्गल, अभिपीत und °त्व 3.

अभिपूर्य 1.

अभिपूर्व 1. 1.

अभिपृष्ठे 3.

अभिप्रतारण m. N. pr. eines Mannes Talavakâra-Br.

अभिप्रतिगर 6.

अभिप्रव्रजन n. *das Vorwärtsschreiten* Âpast. Çr. 8,7,17.

अभिप्रसारिन् Adj. *hinzukommend, zuströmend* Gâtakam. 32.

अभिप्रियतमम् 1.

अभिप्रेषण n. *das Aussenden* (von Boten) Daçak. (1883) 137,16.

अभिप्लव 1. 2.

अभिप्लुत 4.

अभिभङ्ग 3.

अभिभर्त्सन n. *das Bedrohen* Karaka 406,13. v. l. अवभ°.

अभिभावुक 1.

अभिभाषित 4.

अभिभूति 1. 1.

अभिमङ्गल 1.

अभिमत 4.

अभिमनाय् *etwa zu sich kommen, sich beruhigen* Daçak. (1883) 111,2. 119,12.

अभिमन्त् 1.

अभिमन्थ 1. 5.

अभिमन्युक 1.

अभिमर 1. 5.

अभिमर्दन n. *das Aufreiben, Zunichtemachen* MBh. 8,35,26.

अभिमर्श 1. *Erwägung, in Betracht Ziehung* Gâtakam. 18,2.

अभिमर्शिन् 1. MBh. 13,23,61.

अभिमा, अभिमातिषह् und अभिमान (*Wahn* Gâtakam. 18,15) 1. 1.

अभिमानशालिन् 3.

अभिमार्गण f. *Nach-, Aufspürung* Gâtakam. 10,20.

अभिमुखी 1. 2.

अभिमुखीकृति 5.

अभिमृशे und अभिमेथन 1.

अभिया 3.

अभियान 1. 5.

अभियुक्त 1.

अभियोगिन् 1. 6.

अभियोग्य Adj. *worauf grosser Fleiss gewendet werden muss, — gewendet wird* Subhâshitâv. 153.

अभिरक्ष्य 5.

अभिराधन 1. *Adj. *beifällig aufnehmend* Mahâvj. 145.

अभिराध्य Adj. *zu gewinnen* Gâtakam. 20.

अभिरामता 3.

अभिरामीय 2.

अभिरूढता 1.

अभिरोद्धृ 1. 1.

अभिरोधन 5.

अभिलक्षण 1.

*अभिलपनता f. wohl *Geschwätzigkeit* Mahâvj. 138.

अभिलषण n. *das Begehren —, Verlangen nach* (Gen.) R. ed. Bomb. 3,9,5.

अभिलषणीय 1. *begehrenswerth* Gâtakam. 28. *reizend, lieblich* 21.

अभिलषितार्थचिन्तामणि 2.

अभिलेखित, अभिलेश und अभिवननीय 3.

अभिवन्द्य 1.

अभिवयस् 1. 1.

अभिवर्त 4.

अभिवाञ्छित 1.

अभिवातम् 1. 4.

1. अभिवास und °वासस् 1. 1.

अभिवासिन् 5.

अभिविलेप 2.

अभिविज्ञेय Adj. *erkennbar, sichtbar* R. ed. Bomb. 4,43,55.

अभिविवास 6.

अभिव्यक्ति 1.

अभिव्याकरणीय 4.

अभिव्याहार 1. 6. *Anrede* Gâtakam. 25. 26.

अभिव्याहृत्य 4.

अभिव्युष्टि 6.

अभिशत्रु 5.

अभिशस्तिकृत् 3.

अभिशास्तृ 1.

अभिशोचि 5.

अभिश्रद्धा 3.

अभिश्राव 1. 3.

अभिषङ्ग 1. 5.

अभिषच्, अभिषव u. अभिषवण 1. 1.

अभिषिञ्चन n. = अभिषेचन (so Schol.) 2) R. ed. Bomb. 2,107,9.

*अभिषेचनी f. *eine best.* Dhâraṇî Mahâvj. 23.

अभिषेणय् 3.

अभिष्वङ्गिन् 1. 1.

अभिसंवादिन् 5.

अभिसंकल्प 6.

*अभिसंलेपिकम् Adv. Mahâvj. 245. 1069.

अभिसंघर्ष 5.

अभिसमय 1. * = निर्वाण Mahâvj. 93.

अभिसमाहारम् 6.

*अभिसमिताविन् Adj. *klar—, gründlich erkennend* Mahâvj. 142.

अभिसमूहन 4.

अभिसर 1. 5.

अभिसिद्धि und अभिसिसारयिषु 1.

अभिस्तरण n. *das Bestreuen* Comm. zu TBr. 3,483,9.

2. अभिह्व 5.

अभिह्वन 1.

अभिहस्य 3.

अभिहार 2) MBh. 13,60,4. Nach Nilak. = तिरस्कार. *Opfer, Darbringung* Gâtakam. 30.

अभिहिंसन n. *das Anthun eines Leides* R. ed. Bomb. 3,9,9.

अभिह्वातवै und अभिह्वाम 1. 1.

2. अभीक 1. 3. 6.

अभीग 3.

अभीतचारिन् 4.

अभीतिस्तव 2.

अभीरुक 4.

अभीरुणा 1. 4.

अभीशुमन्त् 1. 6.

अभीषह् 1. 5.

अभीष्टि 1.

अभीसार 2.

अभुङ्क्त und अभुतंगत्वत् 4.

अभुजिष्य 1. 4.

अभूत (*nicht wirklich bestehend* Gâtakam. 20) und अभूमि 1. 1.

अभूमिद 2.

अभूमिष्ठ 4.

अभूरि 1.

अभ्रातक 4.

अभेत्तृ 1. 4.

अभेदव्यापादन 2.

अभेदज्ञ 3.

अभेद्य 1. 4.

*अभेद्यपरिवार m. *ein undurchdringlicher Kreis von Umstehenden* Mahâvj. 244.

*अभेद्यरत्नचूड m. N. pr. eines Garuḍa Mahâvj. 172.

अभेद्याशय 5.

अभैषज्य n. *etwas Ungesundes* Divjâvad. 497,21.

अभोक्तृ und अभोक्तित 1.

अभोज्य 1. 4.

अभ्यग्र 1. 2. 6.

अभ्यधिकाधिक 1.

अभ्यनुमोदन n. *das Gutheissen* Gâtakam. 8.

अभ्यमित्रीण 1. Daçak. (1883) 171,2.

अभ्यर्ध 3.

अभ्यवकर्षण 1. 1.

अभ्यवचारुक 1.

अभ्यवहार 1. n. *Speise* R. ed. Bomb. 4,50,35. 51,5. 19. 59,15.

अभ्यवहारिन् 1. 5.

°अभ्यवायिन् 1.

अभ्यवेत्य Adj. *zum Bad zu betreten* Âpast. Çr. 8,7,21.

अभ्याकारम् 1. 6.

अभ्यागार 1. 3.

अभ्याघारम् 2.

अभ्याचर 3.

अभ्यातान 1. Bez. *des ersten Theils*

des Âgjatantra Kauç. 137,1—38.

अभ्यादाव्यं 1.

अभ्यादाह्य 2.

अभ्यापादम् 3.

अभ्याम्नाय 5.

अभ्यासुक 2.

अभ्यारोहक I. 1.

अभ्याश्रावण 1.

अभ्यासङ्ग I. 1. 3.

अभ्युत्थान I. 4.

अभ्युत्थिति 1.

*अभ्युत्साह m. *Eifer, Anstrengung* Mahâvj. 98.

अभ्युद्गता I. 1.

अभ्युद्गति 1.

अभ्युद्धरण 2.

अभ्युद्धार m. *Rettung* Divjâvad. 192,6.

अभ्युन्मोदनीय 4.

अभ्युपगम I. 2.

अभ्युपदेश m. *Unterweisung, Belehrung* Moham. 17.

अभ्युपपत्ति f. *Glaubensbekenntniss* Divjâvad. 547,25. 549,5.

अभ्युपपादन 1.

अभ्युपाय I. 1. 3.

अभ्युपेतोस् 1.

अभ्युष्ट v. l. für अत्युष्ट (M. 3,236) Hemâdri 3,*a*,1017,6. 1019,1. 1022,12.

अभ्रंशिन् und अभ्रंश्यमान 4.

अभ्रग und अभ्रगिरि 1.

अभ्रभ्रम 4.

अभ्रमय 5.

अभ्रमुप्रिय I. 2.

अभ्रमूपति m. Indra's *Elephant* Vikramâṅkak. 13,63.

अभ्रवाटिक und अभ्रातृ I. 3.

अभ्रान्त Adj. *dem Irrthum nicht ausgesetzt* Aniruddha zu Sâṁkhjas. 1,89.

अभ्राय् I. 4.

अमङ्गलिक 4.

अमण्डक I. 4.

अमण्डन, अमण्डत् und अमणिव 4.

1. अमति I. 5.

अमतिपूर्वक 4.

2. अमत्र I. 5.

अमत्सर I. 1.

अमत्सरिन् I. 4.

अमदन und अमद्यमद्यप (°माद्यप zu lesen) 4.

अमध्यंदिनमाचि 5.

*अमनसिकार m. *Nichtbeachtung* Mahâvj. 68. 70.

अमनस्विन् 2.

अमनाक् 1.

अमनीभाव I. 1.

अमनुष्यनिषेवित 2.

अमनोरम 5.

अमन्तृ I. 1.

2. अमन्त्र I. 4.

अमन्त्रवत् 4.

अमन्त्रवर्जम् 3.

अमन्दहृदय 1.

अमम्रि oder अमम्री f. *eine best. Pflanze* Kauç. 53,3. 11. 54,16.

अमर I. 5.

अमरकोशपञ्जिका, °कोशपदपारिजात und °कोशबृहद्वृत्ति 2.

अमरगिरि 1.

अमरद्रुम 5.

अमरधुनी u. अमरनाथमाहात्म्य 1.

अमरपर्वत I. 1.

अमरपुर 1.

अमरमाला I. 3.

अमरराज I. 2.

अमरवधू 1.

अमरविवेक 5.

अमरशेष 2.

अमरस्त्री 1.

अमरुक und अमरुपरिच्छित्ति 2.

अमरेश्वरकल्प, अमरेश्वरमाहात्म्य und अमरेश्वरयात्रा 1.

अमर्त्यता 3.

अमलपत्त्रविहंगम 6.

अमलपतत्रिन् 5.

अमस्वरी 1.

अमहायज्ञयाजिन् 4.

1. अमा I. 5.

2. अमांस I. 1.

अमांसाशन 3.

*अमातृज्ञ Adj. *undankbar gegen die Mütter* Mahâvj. 127.

अमात्रा und अमात्सर्य 4.

अमानव I. 3.

1. अमानुष I. m. *Unhold* Gâtakam. 25,11.

अमानुष्य 4.

अमान्त 1.

अमाप्य 3. Mahâvj. 247. 249.

*अमायाविन् Adj. *nicht hinterlistig* Mahâvj. 126.

अमायु 3.

अमाष I. 1. 3.

अमिति I. 1.

अमित्रकर्षिन् und अमिथुन 1.

अमिलत् 3.

अमिश्रण 4.

अमिश्रित 3.

अमी I. 1.

अमीमांसक Adj. *Nichts beanstandend, unkritisch* Gâtakam. 9.

अमीमांसित und अमीलितदृश् 4.

अमुक्त I. 1. 3.

अमुक्तहस्तता 3.

अमुच्यमान und अमुत्रार्थ 1.

अमुदित Adj. *nicht froh, traurig* R. ed. Bomb. 4,43,53.

अमुरु I. 4.

अमुषित 3.

अमूर्त I. 4.

*अमूलक n. *eine unbegründete Anklage* Mahâvj. 258. अमूलकाभ्याख्यान n. *dass.* 261.

अमूलनलतत्व, अमूल्य (Vikramâṅkak. 8,8) und अमृगय 4.

अमृत I. 1. 2. m. *N. pr. eines Schlangendämons Mahâvj. 168.

अमृतकवल 5.

अमृतचित् 1.

अमृततरंगिणी I. 2.

अमृततुरंग (°तरंग) 6.

अमृतदत्त m. N. pr. eines Dichters Festgr. 94.

अमृतद्युति I. 1.

अमृतनिर्गम 5.

अमृतपलाश 2.

अमृतप्राश 1.

अमृतबिन्दु und अमृतबिन्दुस्कन्दोपनिषद् 2.

अमृतभुज् I. 3.

अमृतरस I. 5.

अमृतवर्षिन् I. 1.

अमृतापिधान 1. 3.

अमृतासङ्ग I. 1.

अमृतोपस्तरण 1. 3.

अमृत्पात्रप I. 1.

अमृत्युशङ्कित 1.

अमृदित und अमृदुमयूख 4.

अमृन्मय I. 1.

अमृष्यत् 4.

अमेनि 1. Vgl. Geldner in Festgr. 32.

अमैत्री und अमोक्षणीय 4.

अमोघ I. 1.

अमोघदृश् 3.

अमोघबल 6.

अमोघी Adv. mit कर् *fruchtbringend machen* Festgr. 18.

अमोतक 3.

अमोतकपुत्रक und अमोतपुत्रक 3. 5.

अम्पास् 3.

अम्नस् I. 5. Auch Âpast. Çr. 6,6,5.

अम्ब 3.

अम्बर I. 10) Daçak. 29,11.

अम्बरपुष्प 3.

अम्बरीष I. 2.

अम्बास्तव 2.

अम्बिका I. 1.

अम्बिकासुत I. 6.

अम्बुकुक्कुटिका 1.

अम्बुजन्मन् I. 1.

अम्बुजात, अम्बुजासन und अम्बुजिनी 1.

अम्बुजीविन् 3.

अम्बुदागम 1.

अम्बुधिकामिनी 4.

अम्बुनाथ 3.

अम्बुपद्धति und अम्बुमय 5.

अम्बुरुह 6.

अम्बुरुहाक्ष Adj. *lotusäugig* Takam. 13,17.

अम्भःश्यामाक I. 1.

अम्भस् I. 6.

अम्भस्तम 3.

अम्भोज I. 5.

अम्भोजबन्धु 1.

अम्भोजवदना 3.

अम्लान I. 1.

अम्लानि 3.

अम्लायिन् 4.

अम्ली 3.

अयःकीलक 3.

अयजुर्वेदधारिन् Adj. *den Jagurveda nicht im Gedächtniss habend* R. ed. Bomb. 4,3,28.

अयज्वन् I. 1.

अयज्ञवाहिन् 4.

अयज्ञीय 2.

अयज्ञोपवीतिन् 3.

अयत्न 1.

अयथा 5.

अयथाबलम् 3.

अयथावृत्त Adj. *sich ungebührlich betragend* Daçak. (1883) 163,15.

अयनक 3.

अयनचयनादिगणित (vielleicht अयनचलना°) 2.

अयनांश I. 3.

अयक्ष्म I. 4.

अयक्ष्मण 4.

अयमदेवत्य 1.

अयमसू 4.

अयवन 5.

अयवस् 3.

अयशोध्वज m. *Zeichen der Schande* Gâtakam. 26,31.

अयःशफ 2.

*अयःशल्मलीवन n. *eine best. Hölle* Mahâvj. 215.

अयःशृङ्ग 4.

अयसे 1.

अयस्कील 1. Unklar ist die Bedeutung Divjâvad. 455,27. f. आ N. pr. eines Flusses 106,25.

अयस्तप्त Adj. *am Spiesse gebraten* R. ed. Bomb. 3,73,15.

अयस्पात्री 5.

अयाचक I. 6.

अयाचमान 3.

अयाचितृ 2.

अयाचितव्रत und अयाच्य 1.

अयात 3.

अयात्रा I. An der entsprechenden Stelle R. ed. Bomb. 4,28,60 *Unmöglichkeit zu reisen, — fortzukommen.*

अयात्रिक (I.) und अयात्रीय 5.

अयादव 4.

अयाम I. 3.

अयाशय I. 1.

अयुक्त I. 3.

अयुक्तियुक्त I. 4.

अयुक्छद I. 6.

अयुक्पर्णा, अयुगलपर्णा, अयुगसप्ति und अयुगार्चिस् 5.

अयुग्मच्छद I. 3.

अयुजाक्षर Adj. *ungeradsilbig* Âpast. Gṛhj. 15,11.

2. अयुत I. n. 1) *Bez. *verschiedener hoher Zahlen* Mahâvj. 246. 248. fgg.

अयुद्धमाति 3.

अयुद्धमनस् 1.

अयुध्यत् 3.

अयुपित I. 1.

अयूथिक 2.

अयूप 3. 4.

अयूपक 4.

अये I. Ausruf *der Erinnerung* Gâtakam. 6.

1. अयोग und अयोगिन् I. 1.

अयोगुड I. MBh. 5,155,6. 7,178,23. * n. *eine best Hölle* Mahâvj. 215.

अयोगृह n. Titel eines Gâtaka Gâtakam. 32 in der Unterschr.

अयोग्य I. 3.

अयोग्यरूप Adj. *ziemlich ungeeignet, — ungeschickt* Gâtakam. 12.

अयोध्यामाहात्म्य 2.

2. अयोनि I. 3.

अयोनिजन्मन् 3.

अयोनित्व 6.

अयोनिसंभव 5.

अयोमिश्र 1.

अयोरजस् und °स्क I. 1.

अयोरजोमय 1.

अयोविकार 5.

अयोऽशन 2.

अयौगिक 5.

अर् Caus. I. 1.

अरक्षक 1.

अरक्षस् I. 4.

अरक्षस्य 1.

अरक्ष्य 5.

अरज 2.

अरजनीकृत 6.

अरजस् I. 3.

अरजस्क I. 2.

अरजोवित्ता 5.

*अरजोविरजोनययुक्त m. *ein best.* Samâdhi Mahâvj. 21.

अरज्यत् 5.

अरञ्जक 1.

अरञ्जित 5.

अरडा 2.

*अरणसमवसरण m. und *अरणसरणसर्वसमवसरण m. Bez. *zweier* Samâdhi Mahâvj. 21.

अरणविहारिन् 3. 4.

1. अरणि I. 2. 3. *Mutter* auch MBh. 1,134,35. *Mutterleib* 135,17.

अरण्यचारिन् und अरथिन् 5.

अरत्नोस् 4.

अरन्ध्र 1.

अरमणीय 5.

अरममाण I. 3.

अरम्य 5.

अरर I. 3.

अररे I. 5.

*अरवाड m. N. pr. eines Schlangendämons Mahâvj. 167.

अरविन्दनाभि 5.

अरविन्दोत्पलवत् Adj. *mit den* Aravinda *und* Utpala *genannten Blüthen versehen* R. ed. Bomb. 3, 75,21.

अरशन 1.

अरश्मिवत् 5.

अरसायितृ I. 1.

अरहित 2.

अरागद्वेषिन् 3.

अरागिता 1.

अराजदैविक und अराजलक्ष्मन् 3.

अराज्य 5.

अराड 4.

अराडीतर 5.

अरातिनुद् und अराम 3.

अरिक्त I. 2. 5.

अरिक्तकर्णा 3.

अरिता 5.

1. अरित्र I. 5.

अरिधायस् I. 6.

अरिप्र I. 5.

अरिमित्रमित्र 4.

अरिष्ट I. 5.

अरिष्टक Adj. *mit der Krankheit* अरिष्टरोग *behaftet* Kauç. 28,13.

अरिष्टरोग und अरिष्टामय 5.

अरीण 1.

अरीतिमत् 6.

अरुग्ण und अरुग्न I. 3.

अरुचिर 5.

अरुच्य 6.

अरुज् I. 2.

अरुजत् R. ed. Bomb. 4,67,9 fehlerhaft für आरुजत्.

अरुण I. Adj. *rauh, grob* (Speise) Gâtakam. 3,4. Nach einem Instr. oder am Ende eines Comp. *voller, stark versetzt mit* 9,51. 30,36. 31,10.

अरुणत्व 1.

अरुणदती f. *ein Mädchen mit röthlichen Zähnen* Sud. zu Âpast. Gṛhj. 3,11.

अरुणपिशङ्ग 3. Auch Âpast. Çr. 14,3,3.

अरुणपुष्प I. 3.

अरुणप्सु I. 5.

अरुणाधिकरणमञ्जरी und अरुणामोदिनी 2.

अरुणैत 1.

अरुद्ध 5.

°अरुष्क I. 1.

अरु I. Adv. mit कर् Daçak. (1883) 168,7, v. l.

अरूत I. 1.

अरूढ und अरूढमूल 2.

*अरूपब्रह्मधातु (v. l. अरूप्य°) m. oder f. N. pr. einer ätherischen Region Mahâvj. 155.

अरूपविशेष 2.

*अरूप्यब्रह्मधातु s. अरूप°

अरेडत् 5.

अरेप 6.

अरोगित्व 5.

अरोचक I. 5.

अरोचिन् I. 1.

अरोचुक 2.

अरोध्य 5.

अरोम 2.

अरोमश I. 1.

अरोष und अरोषण 2.

अर्क 5.

अर्ककर 1.

अर्कदुग्ध 5.

अर्कनेत्र 1.

अर्कमय 2.

अर्कवत् I. 1.

अर्कस्तुभ् 4.

अर्कात्मज 3.

अर्काकृति 4.

अर्कोपल I. 1.

अर्गलपाशक und अर्गलाय् 2.

अर्चत्र्य (अर्चत्रिअ) I. 5.

अर्चनानवनीत 2.

अर्चा I. 2. 3.

अर्चाविभव 2.

अर्चिर्माल्य m. Pl. Bez. *einer Gruppe von Affen* R. ed. Bomb. 4, 42, 4.

अर्चिष्मन्त् I. m. auch N. pr. eines Affen R. ed. Bomb. 4,42,3.

अर्क् mit अव I. 5. — Mit आ I. 5. — Mit उप I. 3. — Mit निस् I. 6.

1. अर्ज् mit निस् 3.

अर्जक I. 5.

अर्जितव्य 1.

°अर्जिन् 6.

अर्जुनक n. = अर्जुन *Pfau* R. ed. Bomb. 3,75,12.

अर्जुनार्चापारिजात I. 1.

अर्णवभव I. 3.

अर्ति 5.

अर्थ I. 3. अर्थं चर् *Jmds Sache fördern, für Jmds Nutzen arbeiten* Ǵâtakam. 21.

अर्थकर्तर् 1.

1. अर्थकाम I. 5.

अर्थकाम्य् 5.

अर्थकारण I. 1.

अर्थकारिन् 1.

अर्थकार्श्य 2.

अर्थकिल्बिषिन् 1.

अर्थक्रियाकारिन् Adj. *zu einem best. Zwecke wirkend.* Nom. abstr. °रित्व n. Sarvad. 9,11. fgg. Aniruddha zu Sâṁkhjas. 1,34. 40.

अर्थगति I. *Bedeutung, Sinn, Begriff* Saddh. P. 75.

अर्थग्राहिन् 1.

अर्थचर्या (*das Befördern der Sache eines Andern* [im Comp. vorangehend] Ǵâtakam. 13,23. 15. परार्थ° 17) und अर्थतृष् 2.

अर्थदान I. 1.

अर्थदीपिका 2.

अर्थनाशक und अर्थनिवेदन 3.

अर्थपञ्चक 2.

अर्थपदवी 3.

अर्थपर 1.

अर्थपरिग्रह I. 3.

अर्थपाठ m. *die vom Sinn verlangte —*, d. i. *zu conjicirende Lesart* Sud. zu Âpast. Gṛhj. 5,23. 6,11. 9,1. 11, 12. 12,9.

अर्थपारुष्य 2.

अर्थप्राध Adj. *an ein Geschäft gehend, auf dem Wege zu irgend einer Unternehmung sich befindend* Âpast. Gṛhj. 9,2.

अर्थबहुल und अर्थमत्त 1.

अर्थमनस् 2.

अर्थमय 4.

अर्थमातृ 5.

अर्थय् mit अभि I. 1. — Mit प्र I. 3. 4. 5. — Mit सम् I. 4.

अर्थयितर् 1.

अर्थरचन oder °ना 5.

अर्थराशि 1.

अर्थलाघव 3.

अर्थलुब्ध 1.

अर्थलोप I. 5.

अर्थलोल 1.

अर्थविशारद 5.

अर्थशास्त्रक 1.

अर्थसंसिद्धि 5.

अर्थसंहत oder °संहित 3.

अर्थसम 5.

अर्थसमाहर्तर् 6.

अर्थहर 3.

अर्थागम I. 5.

अर्थापय् I. 1. Das Wort bedeutet nach Aufrecht eher *Etwas hoch anschlagen, viel Wesens aus Etwas machen;* vgl. auch Anarghar. 3,59.

अर्थाभिपत्ति f. *das sich aus den Thatsachen Ergeben* MBh. 8,7,24.

अर्थार्थिन् I. 3.

अर्थालंकार I. 1.

अर्थेगा und अर्थेप्सु 5.

अर्थोत्सर्ग 1.

अर्थ्य I. 1) *d*) *sich auf Etwas verstehend, Sachkenner* R. ed. Bomb. 3, 43,34.

°अर्दिन् 1.

अर्ध् I. 1. — Desid. ईर्त्सति *Gelingen wünschen* Âpast. Çr. 6,29,9. — Mit वि I. 1. 4.

अर्धक I. 1.

अर्धकपाटसंधिक 1.

अर्धकर्ण I. 1. 3.

अर्धकार्षिक 2.

अर्धकुण्डलकर्षिन् 2.

अर्धखिल 3.

अर्धचन्द्र I. 1.

अर्धचन्द्रधर 1.

अर्धद्रोणिक und °द्रौणिक I. 5.

अर्धद्विचतुरश्रक 2.

अर्धनागरी 1.

अर्धनाराच 3.

अर्धनारीश्वरस्तोत्र 1.

अर्धनिष्पन्न 3. 4.

अर्धनिःसृत Adj. *halb herausgekrochen* R. ed. Bomb. 4,67,47 (°निसृत gegen das Metrum gedr.).

अर्धपञ्चदश (richtiger als °न्) 3.

अर्धपतित 1.

अर्धपट I. 1.

अर्धपरासु 5.

अर्धपाद I. 1. Auch *ein Einsatzstück in einer Wand, das zur Ausfüllung einer geheimen Oeffnung dient,* Daçak. (1883) 109,1. 8.

अर्धपुलायित 5.

अर्धप्रदक्षिण 4.

अर्धप्रसृता 1.

अर्धप्रहारिका I. 4.

अर्धफालक 5.

अर्धभग्न 2.

अर्धभागिक, °भागिन् u. अर्धभुक्त 4.

अर्धभेदक 3.

अर्धमण्डित 2.

अर्धमारित und अर्धमासूर 5.

अर्धमीलित 4.

अर्धमुकुली 5.

अर्धमुण्ड und अर्धमुण्डित 4.

अर्धरात्र 2.

अर्धर्चशस् I. 6.

अर्धर्चशस्य (nicht °अर्धा°) 1.

अर्धलक्ष्य und अर्धलाङ्गलक 5.

अर्धवर्त्मन् 1.

अर्धवर्शा 3.

अर्धविदल 5.

अर्धवैशस 6.

अर्धशंभु 1.

अर्धशराव 5.

अर्धशाणी 1.

अर्धशिरस् 3.

अर्धषष्ठ 1.

अर्धसंलीन 5.

अर्धसदृश 6.

अर्धसप्तम 1.

अर्धसमय 6.

अर्धसमस्या und अर्धस्थ 1.

अर्धस्थितप्राण Adj. *nur halb lebend* R. ed. Bomb. 4,24,19.

अर्धहर 3.

अर्धाद्य 2. Lies 13,20,4.

अर्धार्चशस्य (lies अर्धर्च°) und अर्धावभेद 1.

अर्धासि m. *Halbschwert*, wohl so v. a. *Dolch* MBh. 7,187,15. Nach Nīlak. *ein Schwert mit nur einer Schneide.*

अर्धिक I. 3. Auch M. (Jolly) 4,253.

*अर्धुष्ट Adj. = अध्युष्ट Mahâvj. 230.

अर्धोच्छिष्ट 6.

अर्धोपभुक्त 4.

*अर्पणा f. *Richtung der Gedanken, Entschluss* Mahâvj. 245,1021.

अर्बुद I. 3.

अर्भकौकस् 1.

1. अर्य I. 5.

अर्यपत्नी I. 2.

अर्यमगृहपति 4.

अर्यमन् I. 3. *die Sonne* auch MBh. 7,1,21. Vikramâṅkaḱ. 15,16.

अर्यमनन्दन 1.

1. अर्वन् I. 5.

अर्वाक्कालीन 5.

अर्शसिन् und °अर्हक 1.

अर्हणीय Adj. auch *zur Verehrung dienend* (Wasser) Âpast. Gṛhj. 13,7.

अर्हद्दत्त 5.

*अर्हट्टीचक्र n. *eitler Wortschwall* oder *Blendwerk* Mahâvj. 139.

अर्हद्वसन n. *das Kleid des Digambara, Luft* Ǵâtakam. 11.

अर्हन्तिका 2.

1. अलक्षण I. 3. *eine Definition, die auf Etwas* (Gen.) *nicht passt,* Aniruddha in der Einl. zu Sâṁkhjas. 1,92.

2. अलक्षण I. 5.

अलक्षणक Adj. *undefinirbar, unvergleichlich* Divjâvad. 348,24. 385,8.

अलक्षणसंपद् 3.

अलक्षण्य und अलक्ष्यमाण 5.

अलक्षित I. 5.

अलक्ष्मन् 2. 5.

2. अलक्ष्मी I. 5.

अलघीयंस् 3.

अलघु I. 1. 5.

अलघुभव 5.

अलंकर्मीण und अलंकार I. 2.

अलंकारतिलक m. Titel eines Werkes Festgr. 92.

अलंकारनिकष und °कारमयूख 2.

अलंकाररत्नाकर 1.

अलंकाररहस्य und °कारराघव 2.

अलंकारिक, अलंकारिन् (am Ende eines Comp. *schmückend* Ind. Antiq. 1887, S. 64, V. 7) und अलंकारोदा-

हरण 1.

अलंकृतिशास्त्र 3.

अलङ्घनीय I. 1.

अलङ्घनीयता und अलङ्घनीयत्व 5.

अलङ्घयत् 2.

अलज्ज I. 1.

अलज्जाकर 3.

अलतिका 4.

अलंतराम् 3.

अलंधन 5.

अलब्धगाध Adj. *noch nicht den Boden erreicht habend* Ǵâtakam. 22,82.

अलब्धनिद्राक्षण 5.

अलब्धपद 3.

अलब्धव्य und अलभमान 5.

अलभ्य I. 5.

अलमर्क 5.

अलमर्थवचन् 1.

अलमार्य 6.

अलमेलमङ्गास्तोत्र 2.

अलंपुर, अलंबुध und अलंभविष्णु 5.

अलवण I. *geschmacklos* Ǵâtakam. 3,4.

अलसय्, °यति *erschlaffen* (trans.) Subhâshitâv. 1262.

अलसोला I. Kauç. 31,15.

अलाक्ष 1. अलाका f. *eine best. Pflanze* Kauç. 31,28.

अलाघव 5.

अलातचक्र n. *ein im Kreise geschwungener Feuerbrand* R. 3,29,4. 6,73,29. Vikram. 140. °वत् Adv. MBh. 8,81,40. R. 4,5,25. so v. a. *reines Blendwerk, leerer Schein* Mahâvj. 139.

अलालस 5.

अलिक I. 2. *m. N. pr. eines Schlangendämons Mahâvj. 167.

2. अलिङ्ग I. 5.

अलिङ्गसंख्य 1.

अलिङ्गिन् 5.

अलिन्दक I. 5.

*अलिप्त Adj. *unbefleckt* Mahâvj. 19.

अलिमक, अलिम्पक und अलिम्बक I. 5.

अलिवन्द 2.

अलीक I. 1.

अलीकनली, अलीकवादशील, अलीढ und अलीन 1.

अलुब्ध und अलुभित 5.

अलून I. 5.

अलेख्य, 1. अलेप, 2. अलेप und अलोकव्रत 5.

अलोक्यता I. 3.

अलोपवत् 5.

अलोभवत् 2.

अलोमश 5.

अलोष्टक und अलोष्ठक 3.

अलोह I. 3.

अलौल्य 4.

अल्पकाय 2.

अल्पकालिक 3.

अल्पकृच्छ्र und अल्पजीविन् 2.

अल्पतपस् 1.

अल्पदर्शिन् 2.

अल्पनिचय, अल्पनिदान und अल्पपरिकर 3.

अल्पपरिच्छेद Adj. Divjâvad. 87,20 fehlerhaft für °परिच्छद *unbegütert, arm.*

अल्पप्रचार 1.

अल्पफल 3.

अल्परायस् 2.

अल्पवत् 1.

अल्पविज्ञान 3.

अल्पवित्तवत्, अल्पवीर्य und अल्पश्रुत (*unwissend* Mahâvj. 127) 1.

अल्पस्वमत् 6.

अल्पातङ्क 2.

अल्पात्यय Adj. *eine geringe Schuld bildend, leicht zu verzeihen* Ǵâtakam. 18,10.

अल्पाबाध und अल्पाभाव 2.

अल्पेशाख्य I. *unbedeutend* Divjâvad. 243,2.

अल्पोत्सुक Adj. *gleichgültig* Divjâvad. 41,23. 57,4. 86,12. 159,23.

अव् I. अवित R. ed. Bomb. 4,60,20 nach dem Comm. = ज्ञात. — Mit अभि I. 5.

अवक 1.

अवकर m. auch *eine best. Pflanze* Kauç. 28,2.

अवकर्णप्रावृत 5. 6.

अवकलन 3. 6.

*अवकल्पना f. *das für möglich Halten* Mahâvj. 245.

अवकुण्ठन I. 2.

अवकुत्सित 2.

अवकूलन 6.

अवकेशिन् I. 1. 2. 5.

अवक्रोटक, अवक्रग und अवक्रचेतस् 5.

अवक्राम 1.

अवक्षायस् I. 4.

अवखाद I. 5.

*अवग n. *eine bestimmte hohe Zahl* Mahâvj. 246. fg.

अवगणना 5.

अवगतरश्मिवत् 2.

अवगध I. 2.

अवगतोस् 2.

अवगमन n. Kauç. 16,27 = अनुराग *Ergebenheit* nach Dârila.

अवगाह I. 1.

अवगीत 2. Adj. s. u. 3. गा mit अव.

अवग्राह I. 5.

अवघोषणा f. *Ausrufung, öffentliche Bekanntmachung* Ǵâtakam. 2.

अवघ 2. 5.

अवघ्रापण 2.

1. अवचन I. 6.

अवचर I. 4.

अवचरक Adj. *Botendienste thuend,* m. *Bote, Kundschafter* Divjâvad. 32,25. 127,26.

अवचिचीषा 5.

अवचितपूर्व 3.

अवचीरत्रिचीरक (?) Divjâvad. 83,21.

अवच्छेदकतत्त्वनिरुक्ति, °च्छेदकतानिरुक्ति, °च्छेदकतामाला, °च्छेदकतालेश, °च्छेदकतावाद, °च्छेदकतासार und अवजयन 2.

अवज्वलन I. 2.

अवज्वाल m. *heisser Aufguss* Dârila zu Kauç. 27,33. 32,10.

अवज्ञक 5.

अवज्ञानता 4.

अवञ्चित 5.

अवटङ्क 2.

अवटुज 5.

अवडीन 2.

अवण्ड 3. 5.

अवतंस und अवतंसन I. 1.

अवतंसय् und अवतर 1.

अवतारण I. 5.

अवतारणिका 5.

अवतारप्रेक्षिन् 1.

अवत्सा 5.

अवदातवसन Adj. *weiss gekleidet, so v. a. zum Laienstande gehörig* Divjâvad. 160,2.

अवदानीय I. 3.

अवदोल I. 5.

अवद्रङ्ग I. *Handgeld* Divjâvad. 33,2. 3.

अवद्रव्य 5.

अवधान auch *das Einsetzen, Befestigen.* ज्याव° *einer Bogensehne* MBh. 8,90,100.

अवधानवत्, °अवधिक u. अवधी 1.

अवधूत und °क I. 2.

अवधूलय् und अवधेय 1.

अवन I. 2.

अवनता 3.

*अवनद्ध m. *Ausstopfung* Mahâvj. 261,90.

अवनाटनासिक 1.

अवनाम 5.

अवनि I. 6.

अवनिपातम् und अवनिभृत् 1.

अवनिरुह 5.

अवनीभुज् und अवनीभृत् 1.

अवनेक्तृ 3.

अवन्तिसुकुमाल 2.

अवन्तिसेना 5.

अवन्तीकुमार, अवन्तीपुरी und अवन्तीसुकुमाल 1.

अवन्द्य I. 1.

अवन्ध्यप्रसाद 4.

अवपदस् und अवपन 1.

अवपाकिन् 6.

अवपुस् Adj. *gestaltlos, körperlos* MBh. 7,202,105.

अवपूरण 1.

अवप्लुत 4.

अवबोधनीय I. 2.

अवभर्त्सन n. *drohendes Anfahren, das Bedrohen* Ǵâtakam. 27. Karaka 406,13, v. l. für अभिभ°.

अवभूति I. 5.

अवभृथ und अवम I. 1.

अवमार्जन I. 3.

*अवमूर्ध m. N. pr. einer mythischen Welt Mahâvj. 154.

अवमूर्धक Adj. *mit dem Kopfe nach unten* Divjâvad. 9,22. 505,16.

अवमृग्य 5.

अवमोहन 2.

अवम्य 6.

अवयवक्रोड, अवयवग्रन्थ, अवयवटिप्पणी und अवयवशिरोमणि 2.

अवयुति 4.

अवयें 1.

अवर I. 3. 6. *m. n. *eine best. hohe Zahl* Mahâvj. 246. fg.

*अवरगोदानीय Mahâvj. 154 fehlerhaft für अपर°.

*अवरचामर m. N. pr. eines Dvîpa Mahâvj. 154.

अवरतस् I. 2.

अवरभागीय Adj. *von niedriger Art* und zugleich *eine niedrige Wiedergeburt nach sich ziehend* Mahâvj. 109. Divjâvad. 533,24.

अवरुणगृहीत 1.

अवरुणग्राह 5.

अवरुणम् 4.

अवरूढ्व 5.

अवरुधक 5 fehlerhaft für अवरोधक.

अवरुधम् und अवरुन्धम् 4.

अवरोधक I. 5. 2) f. °धिका Pl. *die Frauen im Harem* Çiç. 12,20.

2. अवरोधन I. 3.

अवरोधरक्षा f. *Haremswärterin* Dharmaçarmâbhj. 17,57.

°अवरोधिन् I. 1.

अवरोपण I. 3.

अवर्णि und °शिक्षा 2.

अवर्तिन् 5.

अवर्धमान I. 4.

अवर्षतर्क्य, Loc. *wenn kein Regen zu erwarten ist*, so v. a. *bei heitrem Himmel* Âpast. Gṛhj. 23,8. v. l. °तर्के wohl besser.

अवर्षिन् 1.

अवर्षिष्यत् 2.

अवर्ष्टोस् 4.

अवर्ष्य I. 1.

अवलगन 2.

अवलम्बक I. 1.

अवलम्बनक und अवलम्ब्य 1.

अवलित 5.

अवलीढ I. 5.

अवलुप्त 5.

अवलुप्ति 1.

अवलेखन 2) zu streichen; vgl. अवाव°.

अवलेपवत् 5.

अवलोकनक Adj. *eine schöne Aussicht gewährend* in der verdorbenen Stelle Divjâvad. 221,29.

अवलोकितलक्ष्मी 2.

अवलोप I. 5.

अवलोपन, अवल्गु und अवल्गुकारिन् 5.

अववर्तिन् I. 5.

अववाद I. 6.

अववादक m. *Prediger, Lehrer* Divjâvad. 48,26. 349,6. 385,8.

अवशर्धयितर् 3.

अवश्य 5.

अवश्यभागीयक Adj. *nothwendig, unvermeidlich* Divjâvad. 347,1.

अवश्ययातव्यता 4.

अवश्येन्द्रिय und अवष्टब्धत्व 6.

अवष्टम्भ I. 5.

*अवष्टम्भनता f. *das Sichstützen auf* (Loc.) Mahâvj. 192 (दण्डे ऽव° zu lesen).

अवसक्थिका I. 3.

अवसंडीन 2.

अवसथ I. 1.

अवसथिन् 1.

अवसभ I. 2.

अवसर I. 5.

अवसर्पिन् I. 1.

अवसाद auch *eine gedrückte, kummervolle Lage* R. ed. Bomb. 4,55,11. **Tadel, Demüthigung* Mahâvj. 132.

अवसादना f. *Herabsetzung, Erniedrigung, Demüthigung* Gâtakam. 31. Divjâvad. 490,5.

1. अवसान I. 3. 6.

अवसानपति 5.

*अवसारणा f. *Rehabilitation eines Mönchs* Mahâvj. 281.

अवसितार्थ I. 1.

अवसे 1.

अवस्कन्द I. MBh. 10,3,27.

अवस्कन्दन I. 5.

अवस्कन्दिन् I. 6.

अवस्कार m. = अवस्कर 3) Sâj. zu Ait. Br. 3,26,3. Vielleicht nur fehlerhaft.

अवस्तुपतित 3.

अवस्त्रद und अवस्त्री 5.

अवास्थितिचापल I. 4.

अवस्नान 5.

अवस्फूर्ज 1.

अवस्युवात 5.

अवस्रंसन 3.

अवस्वदत्त् und अवस्वन्य 1.

अवस्वापनिका und °स्वापिनी 2.

अवहनन I. 1.

अवहृत 5.

अवहसित 6.

अवहार und अवहारक I. 5.

अवहितत्व 1.

अवाङ्क 5.

अवाक्शिरस्क 6.

अवाग्दुष्ट 5.

अवाग्र I. 2. 5.

अवाङ्ग्र auch Âpast. Gṛhj. 11,16.

अवाचाल I. 1.

अवाचंयम 5.

अवाचीनबिल 1.

अवाच्य I. 5.

अवाच्यवचनयुद्ध 1.

अवाज् I. 5.

1. अवात I. 3.

अवात्सल्य 3.

अवान्त 5.

अवान्तर I. 4.

अवान्तरदीक्षा 3.

अवान्तरप्रकृति 4.

अवाप्त, अवामन und अवारक 1.

अवारित 5.

अवारितद्वार und अवारितम् 1.

अवार्त्त 5.

अवार्यमाण Adj. *nicht zurückgehalten, ungehindert* R. ed. Bomb. 4,33,18.

अवालम्ब 5.

अवालेय I. 4.

अवास्तव 5.

अविक I. 6.

अविकच 5.

अविकत्थन I. 6.

अविकत्थिन् 5.

अविकम्पित 1.

अविकल I. f. आ Kathâs. 28,192.

अविकल्पक 5.

अविकल्पित 2.

अविकाङ्क्ष 5.

अविकार I. 5. *m. *ein best. Samâdhi* Mahâvj. 21.

अविकारवत् 4.

अविकारिन् I. 5.

अविकार्य 3.

अविकासभाव und अविकुण्ठ 5.

अविकूणित 2.

अविकृत I. 2.

अविकृति I. 4.

अविकोपित 5.

अविकृष्ट I. 1.

अविकोपित Adj. *ungestört, unbehelligt* Divjâvad. 61,22. 76,27. 475,26. = प्रकृतिस्थ Mahâvj. 281,125 (zu verbessern).

2. अविक्रम, अविक्रमण und अविक्रय्य 5.

अविक्लिन्नात 3.

अविक्लिष्ट Adj. *deutlich, verständlich* R. ed. Bomb. 4,19,10, v. l.

अविक्षित und अविक्षोभ 1.

अविखण्डन n. *das Nichtverletzen, unverbrüchliches Halten* Gâtakam. 29,57.

अविखण्डित 2.

अविगणित Adj. *nicht in Betracht gezogen, nicht richtig erwogen* Gâtakam. 27,25. 23.

अविगलित 2.

अविगान I. 3.

2. अविग्रह, 2. अविघात und अविघ्नतस् 5.

अविचक्षण und अविचल I. 5.

अविचलत् 1.

2. अविचार und अविचार्य I. 5.

अविचेष्टत् 2.

अविच्युत 1.

अविज्ञानक 5.

*अविज्ञप्ति f. *das Nichtzuerkennengeben, Nichtäusserung* (einer Regung) Mahâvj. 101.

अविज्ञातप्रायश्चित्त 6.

अवितथ I. 1. 5.

अवितथवाच् 6.

अवितरण 5.

अवितर्क I. 5.

अवितर्कयत् 1.

अवितर्कित 2.

अवितान 5.

अवितृप्त 2. 3.

अवितृप्तक, अवितृष् und °तृष 5.

अवित्रस्त 2.

अविद्ध 5.

अविदाहिन् 1.
अँविदित I. 2.
अविदूषक 5.
अँविद्रोह I. 1.
अविद्धकर्ण I. 6.
अविद्यक 6.
अविद्विष् 2.
अविधिज्ञ 1.
अविधिपूर्वकम् 3.
अविधुर I. 5.
अविधूत 3.
अविधेय I. 1. 5. अविधेयत्व n. *das nicht in der Gewalt Stehen von* (Gen.), *Nichtunterliegen* Daçak. (1883) 161,4.
अविध्य, 2. अविनय u. अविनश्वर 5.
अविनाश I. 5.
अविनिपातित 2.
अविनियोग 5.
अविनियत् 1.
*अविनिवर्तनीय m. *ein best.* Samâdhi Mahâvj. 24.
अविन्दत् 5.
अविन्यस्त Adj. *unbetreten* Gâtakam. 23.
अविपक्क I. 2. 5.
अविपश्यत् 3.
*अविपरिणामवर्तिन् Adj. *nicht der Veränderung* oder *Umwandlung unterworfen* Mahâvj. 245,881.
अविपर्यास 5.
अवि   क्रन् und अविपाटन 6.
*अविप्रपञ्च Adj. etwa *unerklärlich* Mahâvj. 144.
अविप्रमोह 5.
अविप्रहृत 2.
अविबर्ह 5.
अविबुध I. 5.
अविब्रुवत् 4.
अविभागविद् 5.
अविभागिन् I. 5.
अविभाव्य 2.
अविभिन्न 4.
अविभिन्नकालम् 1.
अविभ्रंश Adj. (f. आ) *worauf man nicht fällt, — strauchelt* R. ed. Bomb. 3,73,11.
अविभ्रष्ट und अविभ्रान्त 4.
अविमनस् (I) und °नस्क Adj. *nicht entmuthigt, gutes Muths* Gâtakam. 9.
अविमर्शितव्य 6.

अविमलप्रभ und अविमानना 5.
अविमित 4.
अविमुक्तेश्वर m. Bein. Çiva's Daçak. (1883) 93,8.
अविमुक्तोपनिषद् 2.
अविमुखम् 5.
अविमुच्यमान 1.
अविमृष्टविधेयांश und °भाव 5.
अविमोत 1.
*अविरजस् n. *ein best. kleines Theilchen* Mahâvj. 251.
अविरत I. 5.
अविरलित 5.
अविरहित I. 5.
अविराग 2.
अविरागिन् 5.
अविराज् f. *ein anderes Metrum als* Virâǵ Ait. Br. 3,22,10.
अविराट्संपन्न 6.
अविरामम् 5.
अविरुद्ध I. 5.
अविरूढ Adj. *nicht fest wurzelnd, schwank* Gâtakam. 10,12.
अविरेचनीय 1.
अविरोच्य 6.
अविरोध I. 5.
अविरोधन und अविरोधवत् 5.
अविरोधित 1.
अविरोधिन् I. 5.
अविलक्षण und अविलक्षित 5.
अविलम्बित I. 5.
अविलीन, अविलेपनिन्, अविलेपिन् und अविलोलुप 5.
अविवक्षित I. 5.
अविवर Adj. *keine Oeffnung habend, keine Lücke zeigend* R. ed. Bomb. 3,28,7.
*अविवर्त m. *ein best.* Samâdhi Mahâvj. 21.
अविवादिन् und अविवाह I. 5.
अविवेकम् 3.
अविशङ्कित I. 6.
अविशङ्किन् I. 5.
अविशारद 5. 6.
अविशाल 5.
अविशोधन 3.
अविश्रब्ध auch R. ed. Bomb. 4,32,10.
अविश्रम I. 1.
अविश्रमत् und अविश्राणित 6.

अविश्रान्त I. 3.
अविश्लिष्ट Adj. *übereinstimmend* R. ed. Bomb. 4,19,10.
अविश्वसनीय I. 5.
अविश्वस्त I. 6.
अविश्वास्य und अविषमय 5.
अविषह्य I. 5. m. N. pr. eines Mannes Gâtakam. 5.
अविषादिता f. = अविषादित्व Gâtakam. 5.
अविषुवत्क und अविष्यन्दयत् 6.
अविसंवाद I. 5.
अविसंवादित 5.
अविसृष्ट I. 5.
अविस्कन्तृ und अविस्तृत 6.
अविस्मय m. *Abwesenheit alles Stolzes, Demuth* Gâtakam. 7,6.
अविस्मित I. 5 (अनि° Druckfehler).
अविस्मृत 1.
अविस्मृति 5.
अविस्रस्त 6.
अविहिंसत् 5.
अविहेठित 6.
अविह्वल I. 5.
अवी I. 2.
अवीक्षित I. 1.
°अवीक्षिन् 1.
अवीचिसंशोषण 2.
अवीतक 5.
अवीरस्थ 6.
अवीरहत्य 3.
अँवीर्यवत् 1.
अवृथार्थ 5.
अवृध I. 3.
अवृष्ट 5.
अवृष्टिकाम 3.
अवेक्षण I. 1.
अवेदनीय 1.
अवेद्यान und अवेदित 5.
अवैकृत 6.
अवैदिक 1.
अवैदेशी 6.
अँवैभीदक 4.
अवैर n. Instr. *ohne feindlich aufzutreten* Gâtakam. 21.
अवैरिन् 6.
*अवैवर्तचक्र n. Titel eines Werkes Mahâvj. 651.
अवैशारद्य 6.

अवैषम्य und अव्यक्त I. 6.
अव्यक्तमय 6.
1. अव्यङ्ग I. 1.
अव्यतिरिक्त 5.
अव्यतिषङ्गम् 2.
अव्यतिहरत् und अव्यतिहार 6.
अव्यथ I. 6.
अव्यथिन् I. 5.
अव्यथिष्यै I. 1. 2.
अव्यन्त 2.
*अव्यन्तीकृत Adj. *nicht entfernt, — entlassen* Mahâvj. 245,637.
अव्यभिचरित 2.
3. अव्यय I. 3.
अव्ययवृत्ति 1.
अव्यवधायक 5.
अव्यवस्थ und अव्यवस्थान 6.
अव्यवस्थितचित्त 1.
2. अव्यवहार und अव्यवहितता 3.
अँव्यवानम् 1.
अव्याख्येय 4.
अव्यात्त und अव्याधिज्ञ 1.
अव्यापक Adj. 1) *nicht umfassend* (eine Definition) Aniruddha zu Sâṁkhjas. 1,89. fgg. — 2) *nicht allgegenwärtig* Aniruddha zu Sâṁkhjas. 1,138.
अव्यापकविषयताशून्यत्वपत्त 2.
अव्यापन्न I. 4. *Niemand verletzend, harmlos* Divjâvad. 105,18. 302,9.
*अव्याबाध Adj. *unbehindert, durch Nichts beeinträchtigt* Mahâvj. 69.
अँव्यायुक 1.
अव्यालचेष्टित, अव्यावर्तनीय und अव्याहरत् 6.
अव्याहृत I. 6.
अव्युत्क्रान्त 1.
अव्युत्पत्तिमत् 6.
अव्युत्सृजत् 5.
अँव्युप्तकेश 1. 5.
अँव्युप्तवह 5.
अँव्युष्टि und अव्यूह I. 3.
अव्रण I. 1. 2.
अव्रात्य I. 3.
1. अश् I. 6.
2. अश् mit संप्र, अशकलीकरण und अशकुनी 1.
अशक्त I. Nom. abstr. °त्व n. MBh. 5,163,4.
अशक्तभर्तृका 3.
अशक्तिमत् 1.

अशक्यसमुच्छेद 6.

अशङ्कम् 1.

अशठधी 6.

अशतवर्ष 1.

अ॑शन् I. 5.

2. अ॑शन I. 3.

अशनि I. etwa *Hagelkorn* Kauç. 38,8.

अशनीश 1.

अशनैस् 5.

अशयान 1.

अशय्य Adj. *kein Lager habend;* m. Bez. *bestimmter Einsiedler* R. ed. Bomb. 2,6,3.

अशरण्य I. 1. 5.

अ॑शरमय 4.

अशर्कर Adj. (f. आ) *ohne Gries, — Steinchen* R. ed. Bomb. 3,73,11.

अशस्तस्मृतिहेतु, अशस्तार्थ und अशस्तार्थान्तर 6.

3.* अशस्त्र n. Instr. *ohne Anwendung von Waffen* Mahâvj. 182.

अशस्त्रवध 6.

अशस्त्रवध्य Adj. *durch keine Waffe zu tödten.* Nom. abstr. °ता f. R. ed. Bomb. 4,66,27.

अशा 3. 4.

अशाखाग्र 3.

अ॑शान्त I. 1.

अशान्तिकृत् und अशास्त्रविद्वंस् 2.

अशास्य und अशिक्षित I. 5.

अशितव्य॑ I. 1.

अशित्र I. 5.

अ॑शिथिर 1.

अशिथिलत्व 6.

अशिमिद्वि॑ष् 5 zu streichen.

अशिरस् I. 5.

अशिरःस्नान, अशिरोग्रीव, अशिल und अशिल्पजीविन् 1.

अशिशिररश्मि und अशिश्विदु 3.

अशिष्टागतमार्ग und अशिष्यत्व 6.

2. अशीत I. °म् Adv. *heiss* (aufseufzen) R. ed. Bomb. 3,61,28.

अशीतकर, अशीतमरीचि und अशीतरुच् I. 5.

अशीति॑ I. 1.

अशीतिकापर und अशीतिपञ्चक (vgl. MBh. 7,192,64. 193,43) 2.

अशीतिसाहस्र 3.

अशीत्यन्तर, °त्व und अशीर्णाग्र 1.

अशुचिवर्णा 6.

अशुद्ध I. 5.

अशुद्धप्रकृति 6.

अशुध्यमान 5.

अशुभ I. 5.

अशुभचिन्तक 1.

*अशुभभावना f. *fromme Betrachtungen über das Unerfreuliche des Lebens* Mahâvj. 52 in der Unterschr.

अशुभलक्षण Adj. (f. आ) *mit ungünstigen Merkmalen* Har. zu Âpast. Gṛhj. 3,11.

अशुभात्मक 6.

अशून्यार्थ 1.

अशृण्य 6.

अशो॑षस् I. 3.

अशैक्ष I. * Auch *ein best.* Nirvâṇa Mahâvj. 95.

अशैथिल्य 6.

अशैवल Adj. (f. आ) *ohne Blyxa octandra* R. ed. Bomb. 3,73,11.

अशोक I. 6.

अशोकवर्णा 1.

अशोकश्री 2.

अशोकाढ्य 1.

अशोकी 2.

अशोच्य und °ता I. 6.

अशोफयुत 3.

अशौल्क्य 6.

अशौच I. 6.

अशौचक 1. 6.

अशौ॑चन् 6.

अश्मगर्भमय Adj. *smaragden* Dharmaçarmâbhj. 5,47.

अश्मजतु 1.

अश्मयोक्त (?) *eine best. Pflanze* Kauç. 8,15.

अश्मवर्षवन्त् Adj. *Steine regnend* R. ed. Bomb. 3,22,24.

अश्मशानचि॑त् I. 6.

*अश्रद्ध n. *Unglaube* Mahâvj. 104.

अश्राद्ध I. 5.

*अश्रामण्य n. *Mangel an Ehrfurcht vor* Çramaṇa Mahâvj. 127.

अश्राव्यत्व 1.

अ॑श्रि I. 3.

अश्रोवी॑ 3.

अश्रुत I. 1.

अश्रुति I. 6.

अश्रुतिविरोधिन् und अश्रुतीपथ 6.

अश्रुनेत्र 3.

अश्रुपात I. 2) vgl. Açvav. 2,8.15,13.

अश्रुमय 1.

अश्रुलेश und अश्रुवदन 5.

अश्रूयमाण 1.

अश्रोतृ॑ I. 1.

अश्रोत्रिय I. 5.

अश्लक्ष्ण Adj. (f. आ) *keine zarte Haut habend* Har. zu Âpast. Gṛhj. 3,11.

अश्लिष्ट 6.

अश्लेषा॑ I. 5.

अश्वक I. *Rösslein* (als Kinderspielzeug) Ǵâtakam. 9,70. * N. pr. eines Mönchs, = अश्वजित् Mahâvj. 281.

*अश्वकाय m. *Cavallerie* Mahâvj. 183.

अश्वकुणप॑ 2.

अश्वक्रान्त und अश्वक्रीत 1.

अश्वगोष्ठ 2.

अश्वतीर्थक 1.

अश्वत्थ I. 1.

अश्वत्थशाखा॑ f. *ein Ast der Ficus religiosa* Maitr. S. 2,6,6 (66,15).

*अश्वदाय Adj. *ein Pferd zu schenken im Sinne habend* Kâç. zu P. 3,3,12.

अश्वपद्ग 1.

अश्वपर्शु॑ (Accent!) m. *Pferderippe* Maitr. S. 4,1,2 (2,14).

अश्वपादातसारमेयमय 2.

अश्वपूर्णा 3.

2. अ॑श्वपृष्ठ I. 3.

अश्वपोषक 4.

अश्वप्रथम 3.

अश्वप्रपदन und °पदनीय, so zu lesen st. °पतन und °पतनीय.

अश्वमेध॑वन्त् I. 1.

अश्वलक्षण 2.

अ॑श्ववन्त् I. 1.

1. अश्ववार I. 1.

अश्ववाह्याली 5.

अश्ववृन्दिन् 3.

अश्वशफबुध्न 4.

अश्वशीर्ष 1.

अश्वस॑नि I. 3.

अश्वस्त 6.

अश्वस्तोमी॑य I. 3.

अश्वहन 1.

अश्वहावि॑स् I. 1.

अश्वानन und अश्वानृत 3.

अश्वामुख 1.

अश्वावन्त् I. 1.

अश्वीय I. 2.

अश्वोरस 5.

अषडक्षीण I. 6.

अष्टक I. 2.

अष्टकाश्राद्ध n. *das* Ashṭakâ-*Manenopfer* Sud. zu Âpast. Gṛhj. 22,2.

अष्टकिक (!) und अष्टकिन् 5.

अष्टकोण I. 1.

अष्टक्या f. Ashṭakâ-*Kuh* Kauç. 19,28.

अष्टगव, अष्टपद्ग und अष्टपद् I. 2.

अष्टपदमूलिका, अष्टब्रह्मविवेक u. अष्टभुजाष्टक 2.

*अष्टमकभूमि f. *eine der zum heiligen Wandel führenden Stufen* Mahâvj. 130.

अष्टमङ्गल्य und अष्टमहामन्त्र 2.

अष्टमहासिद्धिमय 1.

अष्टमासिक 4.

अष्टरत्नि 5.

अष्टलोह 1.

अष्टवंशवन्त् 2.

अष्टवार्षिक und अष्टशती 1.

अष्टश्लोकी 2.

अष्टसहस्रक 6.

अष्टस्तना॑ I. 1.

अष्टस्थानपरीक्षा 2.

1. अष्टाङ्ग I. Auch so v. a. *alle Vollkommenheiten* Divjâvad. 127,19. 398,28.

अष्टाङ्गनिघण्टु 2.

अष्टाङ्गप्रणिपात 1.

अष्टाङ्गहृदयदीपिका, °हृदयसंहिता und °हृदयसंग्रह 2.

अष्टाचत्वारिंशक I. 1.

अष्टादंष्ट्र I. 2.

अष्टादशता 1.

अष्टादशपुराणसार und अष्टादशर्च॑ 2.

अष्टादशवक्त्र 1.

अष्टादशवक्रिका f. N. pr. eines mythischen Flusses Divjâvad. 106,29. 107,1.

अष्टादशवाद, °दशस्मृति, °स्मृतिसार und °दशार्थवाद 2.

अष्टादिश्, अष्टानिधन, अष्टा॑प्रुष् und अष्टामृड 1.

अष्टावधानिन् Adj. *der seine Aufmerksamkeit auf acht Dinge zugleich richten kann* Saddhântakandrodaja in Tarkak. Notes S. 34.

अष्टावक्र 5.

अष्टाविंशिन् 6.

अष्टाशीतिसहस्र 3.

अष्टास्तना 1.

अष्टिक 2.

अष्टोत्तरशतनामदिव्यदेशनिरूपण, °देशस्थलमाहात्म्य, °स्थलश्लोक und °शतोपनिषद् 2.

अष्ठील 1.

1. अस् 8) 1. 5.

2. अस् mit व्यति 1. 4. — Mit अधि 1. 3. — Mit अन्वधि 3. — Mit आ 1. 4. — Mit उद् 1. 1. — Mit उप 1. 4. — Mit अधिनि 2. — Mit उपनि 1. °न्यस्त unterrichtet in (Loc.) Divjâvad. 3,18. — Mit प्रणि 4. — Mit प्रतिनिस् 3. — Mit परि Caus. 4. — Mit विपरि 1. 5. — Mit अभिसम् 1. — Mit प्रतिसम् 4.

3. अस् 1.

अस 1. 3.

असंगच्छत् 3.

असंयत 1. 2.

असंवत्त 4. 5.

असंयत् 1. 5.

असंयमितालकिन् Adj. mit unaufgebundenen Locken Daçak. (1883) 60,19. v. l. असंस्कृतालकिन्.

असंयत्न 1. 5.

असंयोगोपध 1.

असंरक्त 3.

असंरूढ Adj. noch nicht vernarbt Gâtakam. 19.

असंरोध 1. 6.

असंलालित und असंलुलित 5.

असंवत्सरदीक्षित Adj. noch kein Jahr geweiht Çâñkh. Çr. 16,20,11.

असंवत्सरभृत 1. 3. असंवत्सरभृतोख्य Adj. Çâñkh. Çr. 16,20,10.

असंवर 1.

असंवर्तमान 1. 5.

असंवल und असंवास 6.

असंविज्ञान und असंविहित 3.

असंवीत 6.

असंव्यवहितम् 3.

असंशारुक 2.

असंशिञ्जयत् 6.

असंशुद्ध 1.

असंश्रान्त 6.

असंसक्त 1. 3. 6.

असंसर्गिन् und असंसृष्टिन् 6.

असंस्कार 1. 1.

असंस्कार्य 6.

असंस्कृतप्रभावित 3.

असंस्तव und असंस्थान 1. 6.

असंस्थित 1. 3) °तं हविः AV. 6,50,2 ist eine nicht mit dem संस्थितहोम versehene Spende; vgl. Kauç. 6,3.

असंस्थिति 2.

असंस्पृष्ट und असंस्यन्दयत् 6.

असंस्यूत 1.

असंहति 6.

असंहत्यकारिन् Adj. isolirt —, für sich allein wirkend. Nom. abstr. °रित्व n. Sâmkhjapr. 1,75.

असंहाव्यन् 6.

असंहार्य 1. 1.

असंहृत 6.

असकाशे 3.

असकृदावर्तिन् 6.

असकौ 1. Çiç. 7,53 = Sâh. D. 49, ult. fg.

असक्त 1. 1.

2. असंकर 6.

असंकल्पनीय 2.

असंकीर्ण 1. 6.

असंकुचित und असंकृत 2.

असंक्रान्त 1.

असंख्य 1. 1.

असंख्यक 1.

असंख्यशस् 6.

असंख्येय 1. 3.

1. असङ्ग 1. Instr. so v. a. unaufhaltsam R. ed. Bomb. 4,14,18. °म् Adv. unverzüglich Gâtakam. 10,27.

असंगत 1. 2.

असंगृहीतत्व n. das nicht im Zaume Gehaltenwerden MBh. 7,188,4.

असंग्रह 6. Auch das Nichtgewinnen von Anhang Karaka 59,3.

असंग्रामेण 3.

असंग्राह्य 1.

असज्जन्त् 3.

असज्जित 6.

असंचय 1. 3.

असंचलत् 2.

असंचेतयमान 1.

असंज्ञात 2.

असंज्ञा 1. 3.

असंज्ञान 2.

असंज्ञिकसत्त्व n. = असंज्ञिसत्त्व Divjâvad. 505,23.

असंज्ञिन् 3.

असत्कृत 1. 6.

असत्क्रिया f. schlechte Behandlung, beleidigendes Betragen Gâtakam. 23,7. 33,13. 19.

1. असत्त्व 1. 3.

1. असत्पथ 1. 4.

असत्प्रतिग्रह u. असत्प्रतिपादिन् 6.

असत्प्रिय Adj. dem es an Freunden gebricht R. ed. Bomb. 4,43,53.

असत्यवचन 5.

असत्यवाद 1.

असत्वरम् 2.

असत्संपर्क 6.

असदृश 1. 2.

असद्वृत्ति 6.

असद्धर्म 1. 2.

असध्रीचीन 6.

असनाभि 2.

*असनिदर्शन Adj. etwa undefinirbar Mahâvj. 101.

1. असत् 1. असत् mit कर् schlecht empfangen Gâtakam. 22,70. schlecht behandeln 23.

असंतर्दन, असंतृप्त, असंदेश und असंदेहम् 6.

असंनयत् 3.

असंनिविष्ट 5.

असंन्युप्त 3.

असपत्नेष्टका 1.

असपिण्ड 1. 3.

असपूर्व 6.

असब्रह्मचारिन् 1.

असभ्यस्मृतिहेतु, असभ्यार्थ und असभ्यार्थान्तर 6.

असमता 1.

असमन्वाहार m. Gedankenlosigkeit Divjâvad. 190,29.

असमबलता f. keine gleiche Mächtigkeit Çâñkh. Br. 26,9.

*असमयविमुक्त Adj. Bez. eines Çrâvaka in einem best. Stadium der geistigen und sittlichen Entwickelung Mahâvj. 46.

असमर 1. 2.

असमर्पण 1.

असमवधान n. das Nichtzusammentreffen an einem Orte, Nichtbegegnung Gâtakam. 7.

असमवहितम् 1. 3.

असमशर 1.

असमशील 4.

असमसम 1. *m. ein best. Samâdhi Mahâvj. 21.

असमहाव्रत 3.

असमाधान 5.

असमान 1. 1.

असमायुत 3.

असमावृत्त 5.

असमावेश 1.

असमाशुग 1.

असमिध्यमान Adj. sich nicht entzündend Maitr. S. 1,6,5 (95,6).

असमीक्षित 1.

असमुदाचार m. ungehöriges Betragen Gâtakam. 19.

असंपत्ति 1. 2.

असंपरिग्रह Adj. nicht angenommen, zurückgewiesen Gâtakam. 9,78.

असंप्रकीर्ण 1.

*असंप्रख्यान n. vielleicht Mangel an Einsicht Mahâvj. 127. 133.

*असंप्रजन्य n. Mangel an klarem Bewusstsein, — Besonnenheit Mahâvj. 104.

असंप्रज्ञात Adj. bewusstlos Comm. zu Jogas. 1,17. fg. °योगिन् m. ein Jogin im Zustande der Bewusstlosigkeit Aniruddha zu Sâmkhjas. 6,50. °समाधि m. bis zur Bewusstlosigkeit gesteigerte Versenkung Comm. zu Jogas. 1,18. °ज्ञातावस्था f. Zustand der Bewusstlosigkeit Aniruddha zu Sâmkhjas. 6,50.

*असंप्रज्ञान n. Nichterkenntniss Mahâvj. 245,488.

असंप्रदत्त 1. 5.

असंप्रमाण 1.

असंप्रमोष 1. *m. ein best. Samâdhi Mahâvj. 21.

असंप्रयुञ्जत् 4.

असंप्रेषित 2.

असम्बल 6.

1. असंभव 1. das Nichtbeiwohnen, so v. a. Impotenz Âpast. Grhj. 23,3.

असंभवपत्त्र 2.

असंभाव्य 1. 5.

असंभिन्दत् 1. 2.

असंभूत Adj. *nicht vorhanden, — da seiend, fingirt* R. ed. Bomb. 4,32,4.

असंभृत 1.

असंधम 1. 6.

*असंमताववाद m. *unautorisirtes Predigen* Mahâvj. 261.

असंसृष्ट 1. 4.

असंमोष 1. °धर्मन् Adj. Divjâvad. 49,10. fgg.

असरूप 1.

असर्गबन्ध 6.

असर्वगोचर 2.

असर्वज्ञ und असर्वविषय 6.

असव्य 1. 6.

असह् 1. 5.

असहचरित 1.

असहन 1. 5.

असहत् 1. 6.

असहमान 1.

असहस 6.

असहाय 1. 5.

असहृदय 4.

असह्य 1. *unrettbar verloren* Divjâvad. 229,17. 502,14.

असाकमेध und असाक्षिन् 3.

असाधक 1. 6.

2. असाधन 1. 5.

असाधारणग्रन्थ 2.

असाधु 1. 4.

असाध्य 1. 6.

असाध्यमानत्व 5.

असांनाय्यक Adj. = असांनाय्य Comm. zu Kâtj. Çr. 302,1. 2. 5.

असापत्न्य 1.

असामवेदविद्वंस् Adj. *den* Sâmaveda *nicht kennend* R. ed. Bomb. 4,3,28.

असामान्य 1. 5.

असायक 6.

असारूप्य 1.

असार्वत्रिक 1. 1. 6.

असार्वभौम 3.

असाहसिक 1. 5.

असिक्त 6.

असिचर्या 2.

असिजल n. *vom Schwerte träufelndes Blut* Dharmaçarmâbhj. 2,7.

असितजानु 3.

असितपुच्छक 1.

असितवर्त्मन् 1.

असितस्कन्ध m. *ein best. Amulet* Kauç. 40,17.

असितान्त 3.

असितालकाण्ड (?) Kauç. 35,28.

असिधर 2.

*असिधार m. *eine best. Hölle* Mahâvj. 215.

असिधारा 1. zu °व्रत vgl. Stenzler in Z. d. d. m. G. 40,523. fgg. Zu berücksichtigen ist aber auch असिधारावलेहन Subhâshitâv. 3225. Vgl. auch Weber in Monatsberichte der Berl. Ak. 1869, S. 40.

असिपुत्रिका 1. 1. 6.

असिमार्ग m. Pl. *die verschiedenen Arten das Schwert zu handhaben* MBh. 7,87,5.

असियष्टि 3.

असिसूना f. *Schlächterei* Divjâvad. 10,25. 15,27.

असीम 1.

असुखद 6.

असुखाय्, °यते *Unlust —, Missbehagen empfinden, kein Gefallen finden* Gâtakam. 18,29.

असुतर 3.

असुतृप् 1. 2. 3.

असुदर्शन 1.

असुप्रतार Adj. *nicht leicht zu passiren* Gâtakam. 24,18.

असुबोध 5.

असुरत्न und असुरद्रुह् 3.

असुरयोनि 4.

असुरलोक 1. Maitr. S. 1,11,9 (170,19).

असुरविश 5.

असुरसंवेदन 2.

असुरार्दन 6.

असुरेन्द्र 1. 2.

असुषिर 3.

असूत 1. 1.

असूय् 1. 1. 5. — Mit अभि 1. 5. अभ्यसूय Absol. R. 2,8,1. अभ्यसूयितुम् 4,15,22.

असूयिन् 1.

असूर्यंपश्य, असूर्मु und असूर्सू 1. 5.

असृक्पङ्कपेषम् 5.

असृक्पात 1. 3.

असृजत् 4.

असृण्य und असृष्ट 6.

असेचनक 1. °दर्शन Adj. *lieblich anzuschauen* Divjâvad. 23,13. 226,27.

असेवन n. und °ना f. *Mangel an Rücksichtnahme, Vernachlässigung* Gâtakam. 23,16.

असेवा 5.

असेव्य 1. 4. *dem man sich nicht hingeben darf* Gâtakam. 23.

असोढृ 5.

असोमप 1. Maitr. S. 1,4,6 (54,4).

असौ 1. 3.

असौनामन् 1. 5.

असौयज्ञ 1. Genauer *die Formel* „N. N. यज्ञ“.

असौष्ठव 5.

अस्कन्दमान 6.

अस्कन्ध 3.

अस्खल 2.

अस्खलन 6.

अस्खलत् 5.

*अस्तमिताववाद m. *das Predigen nach Sonnenuntergang* Mahâvj. 261.

2. अस्तम्भ 1. 2.

अस्तर्य 1. 1.

अस्तव्य 6.

2. अस्ता 1. 5.

अस्ताभिलाषिन् 1.

अस्तिनास्तित्व f. *das Sein oder Nichtsein* Kâtj. in Vivâdaratnâkara 201.

अस्तृणत् 2.

अस्तृत 1. 3.

अस्तेयता 1.

अस्तोत्रिय m. *kein* Stotrija Çâñkh. Çr. 7,26,1 (vgl. Nachtr.).

अस्तोम 1.

अस्तोमभाग् Adj. *am* Stoma *nicht theilhabend* Maitr. S. 4,7,1 (94,10).

अस्त्र 1. 1) mit und ohne इषु auch so v. a. *das Schleudern von Pfeilen, die Kunst zu schiessen* MBh. 1,132,16. 21. 34. 64. 134,24.

अस्त्रवतातिमत् 6.

अस्त्रखादिर 1. 5.

अस्त्रोक 5. 6.

अस्त्रोपनिषद् 3.

1. अस्थान 1. *Unmöglichkeit* Divjâvad. 174,1.

अस्थास्नु 3.

अस्थिकुम्भ 6.

अस्थिचित् 1. 5.

अस्थिचक्राह्लित 1. 2.

अस्थित 1. 6.

*अस्थिभेद m. *Knochenbruch* Mahâvj. 284.

अस्थिभेदन 4.

अस्थिर 1. 3. 5. °बोध m. *kein beständiges Erkennen* (buddhistische Definition des Âtman) Aniruddha zu Sâmkhjas. 1,33.

अस्थिसंचयन n. *das Sammeln der Gebeine des verbrannten Leichnams, eine Todtenceremonie* Comm. zu Âpast. Gṛhj. 3,11.

*अस्था Adv. mit कर् *mit Eifer betrieben* Mahâvj. 99. Richtig आस्था.

अस्थुषस् 1.

अस्थूरि 1. 3.

अस्नान und अस्नायिन् 1.

अस्नाविर 3.

अस्पन्दन 1. 2.

अस्पष्ट 1. 6.

अस्पष्टमैथुना 3.

अस्पृह् 1. 1.

अस्फाटित 6.

अस्फुट 1. 5.

अस्फुटित 1. 1.

अस्फुरत् 1.

अस्फा 4.

1. अस्मे 1. 3.

अस्मद्दात्र 5.

अस्मद्देवत्य 1.

अस्मर्यमाण 6.

अस्मादृश Adj. *einer von unseres Gleichen* Çâñkh. Br. 2,7.

अस्मिमान m. *Selbstsucht* Divjâvad. 210,5. 314,21.

अस्मृतद्रुह् und अस्मृतध्रु 1. 3.

अस्मृतनामिक 6.

1. अस्न 1. 2.

अस्नप 1. 3.

अस्नन्त 6.

अस्नावी 1.

अस्त्वे 1. Maitr. S. 4,5,6 (72,21).

अस्वधर्म 1.

अस्वरूप 2.

अस्वर्ग und अस्वर्य 6.

अस्वाङ्गपूर्वपद 1.

अस्वाङ्ग 4.

अस्वाध्यायपर 2.

अस्वामिक I. 2.

अस्वाम्य 3.

अस्वाम्यनुमतेन Instr. *ohne Erlaubniss des Eigenthümers* Kâtj. in Vivâdaratnâkara 223.

अस्वार्थ 5.

अस्विन्न I. 6.

अस्वेदिन् 6.

अहक्रम् I. 5.

अहंघात 5.

अहंतुष् 3.

अहन् I. अह्नो ऽमन्यत (statt अहरमन्यत) R. ed. Bomb. 4,35,7.

1. अहत्व I. 1.

अहमर्थ m. *das Ich* Jogavâs. in Sâmkhjapr. 51,11.

अहमिन्द्र m. N. pr. eines göttlichen Wesens Dharmaçarmâbh. 4, 84. 5,88.

अहंपदार्थ m. *das Ich* Mahâdeva zu Sâmkhjas. 1,138.

अहंमति und अहरादि 5.

अहर्दल 2.

अहर्पति I. 1.

अहल I. 3.

अहल्यासंक्रन्दन 2.

अहश्शर 1.

अहस्ताभरणोपेत 6.

अहस्त्रियाम 2.

अहःसंस्थ्य 4.

अहापयत् 6.

अहार्य I. 5. m. *Berg* Dharmaçarmâbh. 7,44.

अहाहा m. N. pr. eines Gandharva Çâñkh. Çr. 4,10,1. Vgl. हाहा.

अहिंसक I. Nom. abstr. °ता f. Gâtakam. 31,82. °त्व n. 84.

अहिकञ्चुक 3.

अहित I. 3. 5.

अहितैषिन् Adj. *übelwollend* Gâtakam. 21,23.

अहिदत्त 5.

अहिद्विष् I. 2) *b*) Çiç. 1,41.

अहीन = 1. अहीन Maitr. S. 3, 8,2 (94,13. 14).

अहिनिर्त्वयनी und अहिपति 5.

अहिफेन I. 5.

अहिमदीधिति 6.

अहिमयूख 5.

अहिमरुचि 3.

अहिमरोचिस् 5.

अहिरण्यव Adj. *keinen Goldschmuck besitzend, — tragend* Çâñkh. Çr. 12,21,1.

अहिर्बुध्न्यस् I. 1. 5.

अहिर्बुध्न्यसंहिता 2.

अहिशुष्मसत्वन् und अहुती I. 5.

अह्नोडमान 6.

1. अहीन I. 2.

2. अहीन I. 5.

अहीनार्थम् Adv. *so dass Jmd nicht zu kurz kommt, zum Frommen* R. ed. Bomb. 2,22,9.

अहीरमणी 5.

अहृष्ट 1.

अहेडमान 6.

अहेतुक I. 1.

अहेतुवाद m. *die Theorie der* Kârvâka Gâtakam. 23.

अहेतुवादिन् m. *ein Anhänger dieser Theorie* ebend.

अहेलि und अहेलिन् 1.

अहो I. धिगहो बत Gâtakam. 24,29.

अहोतव्य und अहोमक 1.

अहोलाभकर 6.

अह्नवाय्य I. 5.

अह्रस्त 1.

अह्रीक I. Adj. *schamlos* Gâtakam. 16,2.

अह्रीतमुख 5.

1. आ I. 5.

*आकम्प्य m. *ein best.* Samâdhi Mahâvj. 24.

आकम्प्र 5.

आकरिन् I. m. *Edelstein, Perle* Kir. 5,7. Dharm. 10,42. Vgl. आकरज.

आकर्णतट°, आकर्णदेशान्तम् und °आकर्णिन् 1.

आकर्णी 6.

आकर्ष I. Kauç. 36,9 nach Dârila *Kohlenzange.*

आकर्षकारिका I. 2.

आकर्षफलक 1.

आकर्षिन् I. 1.

आकलन I. 5. 6.

आकलुष Adj. *etwas trübe, — schmutzig* Gâtakam. 23,13.

आकल्पसार 1.

आकच्छ I. 1.

आकष und आकारकर 2.

*आकारानपकार m. *ein best.* Samâdhi Mahâvj. 21.

*आकाराभिनिर्हार m. desgl. ebend.

आकारोल्लेखिन् Adj. *die Form eines Dinges wiedergebend* Sâmkhjas. 1,89.

आकालिक I. **rechtzeitig* Mahâvj. 63.

आकालिकातीरम् 2.

*आकाशगर्भ m. 1) N. pr. eines Bodhisattva (vgl. °गर्भि) Mahâvj. 23. — 2) Titel eines Werkes ebend. 65.

आकाशप्लवा 2.

आकाशफेन *eine best. Pflanze* Antjeshtik. und Âth. Paddh. zu Kauç. 82,26.

आकाशभैरव und °कल्प 2.

आकाशमणि m. *die Sonne* Dharmaçarmâbh. 10,41.

आकाशरक्षिता 2.

*आकाशस्फरण m. *ein best.* Samâdhi Mahâvj. 21.

आकाशाधिकरणवाद 2.

*आकाशासङ्गविमुक्तिनिरुपलेप m. *ein best.* Samâdhi Mahâvj. 21.

आकिंचन्यायतन 2. Mahâvj. 68. 70. 119.

आकीटम् 1.

आकुमारम् I. 1.

आकृतिलोष्ट I. 5.

आकृष्ट I. (?) Kauç. 36,8.

आकृष्टिमन् 2.

*आकृष्टिमन्त् Adj. *gescheidt, klug* Mahâvj. 143.

आकृष्य 2.

आके I. 3.

आकेवलिक 3.

आकैटभारि 1.

*आकोटन n. *das Glätten* Mahâvj. 280.

आकोटना 5.

आकोपवन्त् 3.

आकोश° Adv. *bis zur Samenkapsel* (der Lotusblüthe) R. ed. Bomb. 4,13,7.

आकोष्णम् 1.

आक्लव 2.

आक्रन्दन I. *das Hülferufen* Gâtakam. 21,12.

आक्रन्दनिन् Adj. *von Wehklagen begleitet* Vikramâñkak. 10,12.

आक्रन्दित 2. °शब्द m. *Hülferuf* Gâtakam. 26. 30.

आक्रन्दिन् I. *wehklagend* Dharmaçarmâbh. 4,77.

आक्रीडगिरि 2.

आक्रीडशैल m. = आक्रीडपर्वत Dharmaçarmâbh. 1,74.

आक्रुष्ट 2.

आक्रोशनवन्त् 6.

आक्रोशयितर् 3.

आक्षपाक 4.

आक्षपटलिक I. **Archivar, Kanzler* Mahâvj. 186.

आक्षिप्त 4.

आक्षेपण I. 3.

आक्षेप्तर् I. 2.

आख्यत् I. Vgl. Aufrecht zu Ait. Br. 4,17,6. 7.

आख्वेडित 2.

आखण्डल I. 5.

आखण्डलककुभ् 5.

आखण्डलसूनु 3.

आखर I. 3.

आखात I. 5.

आखिद 1.

आखु I. 5.

आखुराज 5.

आखुहन् 6.

आखेदन 4.

आख्या I. 1. 3.

आख्यातशिरोमणि 2.

आख्यातिक I. 3.

आख्यापक I. 6

आगति I. 1.

आगन्तुक I. 3.

आगमन I. 5.

आगमनगमना u. आगमप्रामाण्य 2.

आगमशष्कुली f. *ein best. dem Ankömmling gereichtes Backwerk* Kauç. 23,8.

आगमसारसंग्रह 2.

आगम्य 5.

आगरव und आगर्भम् 1.

आगस्ती und °य I. 5.

आगस्विन् 5.

आगार I. *m. *eine best. hohe Zahl* Mahâvj. 247. अगार m. 246.

आगारिक m. = गृहस्थ *Hausherr*

Divjâvad. 275,17.

आगोरण 6.

आग्निवारुणी I. 1.

आग्निष्टोमीय 3.

आग्निहोत्रिक 4.

आग्नीन्द्र 3.

आग्नेय I. 2. Auch *feuergefährlich, leicht entzündbar* MBh. 1,146,14.

आग्न्याधेयिक I. 2.

आग्रयण I. 4.

आग्रयणदेवता 1.

आग्रयणीय m. Pl. *die zum Erstlingsopfer bestimmten Früchte* Çâṅkh. Br. 4,14.

आग्रहारिक I. 5.

2. आग्रायण I. 4.

आग्रायणसूत्र 2.

आघट्टना 3.

आघर्घरम् 1.

आघर्ष und आघाटन 5.

आघातक 4.

आघोष I. 3. 5.

आघोषिणी 2.

आङ्गिरस I. 5. m. *ein best. Geräthe zu Zauberhandlungen* Kauç. 47,2.

आङ्गिरसकल्प m. s. I. A. O. S. 11,376.

आङ्गिरसपवित्र 4.

आङ्गुल 6.

आचतुरम् I. 3.

आचन्द्रतारकम् I. 1.

आचन्द्रम् und आचन्द्रार्कक्षितिसमकालम् 2.

आचन्द्रार्कग्रह 4.

आचपराच I. 5.

आचमनक und आचमनीयक I. 1.

आचाम 3. Vgl. Weber in Ind. St. 16,306, N.

आचारकाण्ड 2.

आचारकालकूट 1.

आचारदर्शन, आचारदाय, आचारनवनीत und आचारप्रशंसा 2.

आचार्य I. 4.

आचार्यक I. Auch MBh. 5,148,15. Adj. *Lehrer* — Gâtakam. 1. 23.

आचार्यकरण 3.

आचार्यचम्पू 2.

आचार्यदेव 3.

आचार्यप्रपत्ति, आचार्यप्रार्थना, आचार्यमङ्गल und आचार्यमहिमन् 2.

*आचार्यमुष्टि *die Faust des Lehrers*, so v. a. *Zwang* Mahâvj. 245,123.

आचार्यशिक्षा und आचार्यसप्तति 2.

आचार्याणी (fehlerhaft) und आचार्यानी I. 3.

आचार्यी 3.

आचित्र Adj. (f. आ) *bunt verziert* R. ed. Bomb. 4,25,22. Statt आचित des Metrums wegen gewählt.

आच्छादक I. 3.

आच्छेदनी 2.

आच्छोटनिका 3.

आच्युतदन्ति und आच्युतन्ति I. 5.

आजकरोण, °रीण und आजातशात्रव I. 5.

आजानु 3.

आजिपति I. 5.

आजिभूमि 5.

आजिशिरस् I. 3.

आजिशोभिन् 2.

आजीव I. 5.

आजीविक I. Divjâvad. 393, 20. 427,7.

आजीविन् I. m. *Geschäftsmann* Divjâvad. 28,12.

*आज्ञापनीय Adj. wohl *zum Befehlen geeignet* Mahâvj. 20,27.

आज्ञाविधायिन् 5.

*आज्ञेय Adj. *zu erkennen* Mahâvj. 20.

आज्यग्रह I. 3.

आज्यधन्वन् 3.

आज्यधानी I. Maitr. S. 4,1,11 (14, 17). 14 (19,14).

आज्यभुज् I. 5.

आज्यस्थाली (auch Âpast. Gṛhj. 1, 22) I. 3.

आञ्चायस् 2.

आञ्जनीकारी I. 5.

आञ्जनेय I. 3.

आञ्जनेयपुराण und आञ्जनेयस्तव 2.

आञ्छिगवि 5.

आटदूषक I. MBh. 7,23,74.

*आटवकपत m. Bez. *eines best.* Jaksha Mahâvj. 169.

आटिक 4.

आटीलक 5.

आडम्बरित 1.

आडी 3.

आडालन n. *das Mischen* Comm. zu Kâtj. Çr. 518,14.

आढक I. 3.

आढारिका oder ढारिका f. *Tausendfuss* Âpast. Gṛhj. 23,3.

आढ्यचर 2.

आढ्यपदि I. 5.

आढ्यराज 5.

आणापय् und आणत्तय् I. 5.

*आणिप्रत्याणीनिर्हारयोग ? Mahâvj. 245,460.

आण्डकोश I. 2.

आण्डपिल्ले 2.

आण्डपीत 5.

आण्डवत् und आण्डीर I. 5.

आतपनिवारण 1.

आतपवारण I. 1.

*आतप्तकारिन् Adj. *eifrig zu Werke gehend* Mahâvj. 98.

आतर्पण I. 5.

आतस् 2.

आता, आताम् und आतायिन् (Mahâvj. 98 fehlerhaft für आतापिन्) I. 5.

आतिच्छन्दस I. 1.

आतिजगत 1.

आतितांसु 5.

आतिथेय I. Nom. abstr. °त्व n. Gâtakam. 8,26.

आतियात्रिक 1. 2.

आतिशयिक 1. *ausserordentlich, eigenthümlich* Gâtakam. 26.

आतिष्ठद्गु 2.

आतिसारिक 1.

आर्ती 5.

आतृप्ति 4.

आत्तरेतस् 3.

आत्तस्व 6.

आत्मकाम I. *nach Erlösung strebend* Gâtakam. 18. 19,28. 21.

आत्मघोष I. 5.

आत्मज्ञानोपदेश 2.

1. आत्मतल्प I. 2.

आत्मत्राणपरिग्रह 3.

आत्मबलातिसिद्धिवाद 2.

आत्मदेवता 1.

आत्मन् I. 5.

आत्मनिवेदन u. आत्मपरित्याग 5.

आत्मप्रकाशिकाविवरण 2.

आत्मप्रभ 5.

आत्मप्रिया 2.

आत्मप्रीति und आत्मबन्धु 5.

आत्मभय 4.

आत्मभवायन 2.

आत्मभू I. 4.

आत्ममय I. 5.

आत्ममान 4.

आत्मम्भरि I. 5.

आत्मयाजिन् I. 3.

आत्मयोनि I. 1.

आत्मरूप, आत्मवश्य, आत्मविकत्थन und आत्मवित्ता 5.

आत्मविद्याविलास 2.

आत्मश्लाघन (°ना) und °श्लाघा 6.

आत्मश्लाघाकर 5.

आत्मसंस्थ I. 6.

आत्मसंस्था 6.

आत्मसम I. 3.

आत्मस्नेहमय Adj. *in Selbstliebe —, in Selbstsucht bestehend* Gâtakam. 1,20.

आत्महितायन 2.

आत्मार्पण 2. 6.

आत्मार्पणस्तुति 2.

आत्मालम्भ 5.

आत्मीयज्ञात्य 2.

आत्मीयदेश 3

आत्मोत्कर्ष I. *Adj. *an Selbstüberhebung leidend* Mahâvj. 127.

आत्मोल्लास 2.

आत्ययिक I. Pl. als Subst. MBh. 7, 1,46.

आत्रेयशिक्षा und आत्रेयसंहिता 2.

आदधीचि und आदरिन् 1.

आदर्श I. 1.

*आदर्शमुख m. N. pr. eines Schlangendämons Mahâvj. 167.

आदर्शवीक्षण n. *das in den Spiegel Sehen* Âpast. Gṛhj. 12,11.

आदशकण्ठबन्धम् 1.

आदादिक 5.

आदाय 1.

1. आदि I. आदिम् mit आ-दा Med. *den Anfang machen* J.A.O.S. 11, cxlvii. fg.

आदिकर्मिक Adj. *etwas* (Böses) *beginnend* (ohne es auszuführen) Mahâvj. 19. 281. Divjâvad. 544,20.

आदिकुण्डनीय und आदिकेशवस्थलमाहात्म्य 2.

आदिचक्रिन् 1.

आदिता 5.

2. आदित्य I. 1.

आदित्यकीलक m. *eine best. Him-*

melserscheinung Sud. zu Âpast. Gṛhj. 23,9.

आदित्यज्योतिस् 2.

आदित्यवर्ण I. 1.

आदित्यदर्शन 3.

आदित्यधामन् 1.

आदित्यस्तोत्र 2.

आदित्यारम्भण 5.

आदित्सा 2.

आदिदीप 1.

आदिनवदर्श I. Wohl m. als Bez. eines best. Aufsichtsmannes beim Spiel.

आदिभरतप्रस्तार 2.

आदिमध्यान्त 6.

आदिवराह I. 2.

आदिविमानजीर्णोद्धार 2.

आदृतत्व 5.

आदेय I. annehmlich. Compar. °तर. Davon Nom. abstr. °त्व n. Gâtakam. 18,4.

आदेवयानम् 3.

आदेश I. 3.

*आदेशनाप्रातिहार्य n. Bez. einer der Wunderkräfte eines Buddha Mahâvj. 16.

आदेहदाहम् 1.

आद्यकारणता f. das erste Ursache Sein Sâmkhjas. 6,37.

आद्यकोल 5.

आद्यद्वार 3.

आद्यन्त I. 6.

आद्यन्तस्वापिक

आद्याङ्गधारिन् 5.

आद्योपादानता f. das erste Ursache Sein Aniruddha zu Sâmkhjas. 6,32.

आद्वादशवर्षभाविन् 1.

आद्वारिन् 4.

आधर्षिक I. Gâtakam. 31,50.

आधवन I. 4.

आधाकर्मन् 2.

आधातृ I. 6.

आधान I. 2.

आधानपद्धति und °प्रयोग 2.

आधारक I. 1.

*आधारणमुद्र m. ein best. Samâdhi Mahâvj. 21.

आधारिन् 6.

आधार्घ्य 2.

आधिकारिक I. 1.

आधित्सु 3.

आधीतयजुस् und °यजुष्ट्व I. 1.

आधीमुख्य 6.

आध्यात्मिकी 1.

आनन I. 1.

आनन्त्य (*°कर्मन् n. Mahâvj. 122. °मार्ग m. 34) und आनन्त्य I. 3.

आनन्द I. 1. f. ई Freude Divjâvad. 37,24.

आनन्दकाव्य 1.

आनन्दगिरीय, आनन्दताण्डवचर्णन, आनन्दतारतम्यखण्डन, आनन्दतिलक und आनन्दतीर्थीय 2.

आनन्दपुर 3.

आनन्दप्रभा 1.

आनन्दराघव, आनन्दवर्धीय, आनन्दविलास, आनन्दसागरस्तव und आनन्दसारतारतम्यखण्डन 2.

आनमम् 3.

आनर्त I. 3.

आनर्तक I. 1.

आनर्तसत्कृत 6.

आनालिप Çâṅkh. Br. 30,7, fehlerhaft für अना°.

*आनापानस्मृति f. eine best. Uebung des Geistes Mahâvj. 53.

आनाभि I. 3.

आनाह I. 2) Divjâvad. 346,12.

आनिमिल 2.

आनिशम् 4.

आनीलनिषधायत und आनीलनिषधायाम 1.

आनुकूलिक I. 5.

आनुग्राहिक 2.

आनुज्ञावर I. 2. 6.

आनुपूर्व I. वर्णानुपूर्वेण (v.l. °पूर्व्येण) nach der Reihenfolge der Kasten Âpast. Gṛhj. 16,4.

आनुपूर्वी I. 4.

आनुबन्धिक Adj. fortdauernd, fortwirkend (कर्मन्) Karaka 64,13.

आनुमता f. Bez. eines best. Verses (AV. 7,20,6?) Kauç. 23,4.

आनुयात्रिक 2.

आनुषक् I. 6.

आनृतिक Adj. verlogen MBh. 8,40,24. Vgl. अनृतिक.

आनृशंस I. 5.

आनृहत 3.

आनेतव्य I. 3.

आनेय I. 5.

आन्तर I. 1.

आन्तरायिक 3.

आन्ध्र I. 3.

आन्दोल I. 1.

आन्दोलिका 5.

आन्वीक्षिकी I. 6.

आप् mit अनु Desid. 3. — Mit अव Caus. 1. — Mit पर्यव 3. — Mit वि I. 6. — Mit सम् I. 3.

आपगेय 6.

आपतत्त्व 1. 2.

आपत्तिसम 1.

आपत्सहाय 6.

आपदेवीय 2.

आपरुष Adj. ziemlich struppig Gâtakam. 17.

आपर्वभङ्गनिपुण I. 1.

आपालि 5.

2. आपस् I. 3.

आपस्तम्ब, °गृह्य, °धर्म, °पूर्वप्रयोग, °प्रयोग, °श्रौत, °सामान्यसूत्रभाष्य, °सूत्र, °स्मृति, आपस्तम्बापरसूत्र, आपस्तम्भ und आपस्तम्भीय 2.

आपाकस्थ und आपाकेस्थ I. 3.

आपातलग्न 6.

आपातिक 3.

आपादतलमस्तकम् Adv. von den Fussohlen bis zum Scheitel Sâmkhjapr. 67,5 v. u.

आपादन I. 1.

आपादिन् 1.

आपार्ष्णि 5.

आपाष्टि m. Patron. Maitr. S. 3,4,6 (51,20).

2. आपि 5.

आपिन् 4.

आपिशलिशिक्षा 2.

आपीठाक्षम् 1.

आपीड I. 1. Vgl. सापीड.

आपीडक = आपीड 2) Divjâvad. 215,25.

°आपीडिन् Adj. mit einem Kopfputz von — verziert MBh. 7,87,17.

आपुष्कजिवम् 1.

आपृच्छ्य I. 1.

आपोद 3.

आपोलुप und आप्तकृत् 2.

आप्तचक्रन्दम्, आप्तमीमांसालंकृति, °मीमांसाविवृति, °मीमांसावृत्ति und आप्तर 1.

आप्तवाक्य I. Tarkas. 49.

आप्तवाद (Aniruddha zu Sâmkhjas. 1,26), आप्तविभक्तिक u. आप्तस्तोम 1.

आप्ति I. Zuverlässigkeit Sâmkhjapr. 74,4 v. u.

आप्तोर्यामहोत्र 2.

आप्यानवन्त् und आप्यायिन् I. 1.

आप्येय und आप्येयत्व 2.

आप्रवण 6.

आप्लुत I. 2.

आप्सर 1.

आबन्धुर 4.

आब्रवती f. N. pr. einer Stadt R. ed. Bomb. 4,41,10.

आब्रह्मभुवनान्तिकम् 1.

आब्रह्मसभम् 4.

आब्रह्माण्ड° und आभरणी 1.

आभारद्वाज (!) m. N. pr. eines Mannes Maitr. S. 3,10,4 (135,8).

आभास I. = हेत्वाभास Aniruddha zu Sâmkhjas. 1,101.

आभिचारिक I. 1) f. ई Kir. 3,56.

आभिज्ञानिक 1.

आभिमानिक Adj. auf dem Subjectivirungswahn beruhend Aniruddha zu Sâmkhjas. 2,1.

आभियोगिक 2.

आभिरामिक 1.

आभिशस्त्य 6.

आभिशस्य I. 2. 6.

आभीर I. 2.

आभील I. 5.

आभीषण n. Waffe Kâtj. in Vivâdar. 276.

आभोग I. 1. 2. 3.

आभोगिन् I. gekrümmt und auch von grossem Umfange Subhâshitâv. 1219.

आभोग्य 5.

आभ्र 1.

आम् I. 2.

3. आम und आमकोशिन् 2.

आमलक्षम् 1.

आमन्त्रणा f. Anrede Gâtakam. 23.

आमपिशित n. rohes Fleisch Çâṅkh. Gṛhj. 6,1.

आमपेय 1. 2.

आमभृष्ट 4.

आमश्राद्ध I. ist ein Çr. mit ungekochten Speisen Çrâddhamajûkha nach Aufrecht.

आमिक्षापयस्य 3.

आमित्र auch *dem Feinde gehörig* MBh. 8,12,40.

आमित्रशोचनि m. Patron. Maitr. S. 4,2,2 (23,6).

*आमिषकिंचित्क Adj. *mit irgend einem selbstsüchtigen Zweck verbunden* Mahâvj. 261,26.

आमुक्त 2.

आमुख I. 6.

आमूर्धान्तम् 4.

आमूलम् I. 4.

आमृणालम् 1.

आमेखलम् I. 1.

आमेष्टक und °का I. 3.

आमोदित 4.

आमोदिन् auch *freudig, froh* Pârv. 592,4.

आम्नायक्रियार्थत्वादिसूत्रविचार u. आम्नायषट्क 2.

आम्बुद 1.

*आम्रतीर्थ m. N. pr. eines Schlangenfürsten Mahâvj. 167.

आम्रवाटक oder °वाटिक 3.

आम्लोचन्ती 5.

आयत I. 4.

आयतपक्ष्मल 3.

आयतसमलम्ब 5.

आयति I. 2.

आयत्ती 4.

आयथापूर्व्य 2.

आयस I. 3.

आयस्त 1) Adj. s. u. यस् mit आ. — 2) n. *energisches Auftreten* R. ed. Bomb. 4,16,9.

आयचन n. *Bitte* (an die Götter) Divjâvad. 1,10.

आयाचित 4.

आयान I. 5.

आयामतस् Adv. *in die Länge, der L. nach* Âpast. Gṛhj. 1,19.

आयामता f. *Höhe* Ind. Antiq. 1887, S. 64, V. 7.

आयास I. 3.

आयासन I. 1.

आयासित, आयुःपति und °पत्नी 4.

आयुकृत् 2.

आयुत्र् 3.

आयुत I. 4.

आयुधिक I. 6.

आयुधिन् I. 3.

आयुधीयक 6.

आयुर्दा I. 3.

आयुर्वेदिन् I. 1.

आयुष्पति und °पत्नी s. आयुः°.

आयुष्य I. 1.

आयुष्यगण m. *ein* Gaṇa *Lebenskraft verleihender Sprüche* Bloomfield zu Kauç. 34,11.

आयुष्यक्षेम 3.

1. आयोजन I. 2) Pl. Kauç. 23,17 *das Ritual beim Anschirren des Pfluges.*

4. आर 6.

आरक्त Adj. fehlerhaft für आरक्ष्य Mahâvj. 12. Divjâdad. 98,8.

आरग्वधमय Adj. (f. ई) *von der Cathartocarpus fistula* Âpast. Gṛhj. 18,7.

आरटित 2.

आरण्यकभट्टभास्कर, आरण्यकभाष्य, आरण्यकोपनिषद्, आरण्यभाष्य, आरण्यमहाप्रस्थानिका, आरण्यशिक्षा und आरण्योपनिषद् 2.

आरत 1.

*आरम्बणक n. etwa *Geländer* Mahâvj. 226.

*आरम्बणाच्छेदन m. *ein best.* Samâdhi Mahâvj. 21.

आरम्भ I. 5. °कृत् Adj. *der zuerst anfängt* Bṛhasp. in Vivâdar. 374.

आरम्भयज्ञ und आरसित 5.

आरा I. 6.

आरागय् 3.

2. आराग्र und आराडुपकारिन् I. 5.

आराधनक्रम 2.

आरामाधिपति 4.

आराल I. Sûrjaç. 37.

आराव I. *n. *eine best. hohe Zahl* Mahâvj. 247.

आरास 6.

*आरि f. *eine* Khadira-*Art* Râǵan. 8,30.

आरिष्ट v. l. für मार्द्वीक Viǵñ. zu Jâǵñ. 3,253. fg.

आरुणशिखा 2.

आरुत 5.

आरुपित I. 5.

आरूढ I. 2.

आरूढज्ञातक 2.

आरूढपतित 6.

*आरूप्य n. *das Missgestaltetsein, Hässlichkeit* Mahâvj. 19,109.

आरोग्य I. 1.

आरोग्यय् (auch Divjâvad. 129,5. 259,11. 273,12) und आरोग्यवन्त् 1.

आरोग्यापय् Caus. zu आरोग्यय् Divjâvad. 128,25.

आरोधन I. 3.

आरोपयितर् Nom. ag. *der sich Etwas* (Acc.) *aufsetzt* R. ed. Bomb. 3,73,22.

आरोह I. *Wuchs, Höhe einer Gestalt* Mahâvj. 134. Ǵâtakam. 22,48.

आरोहण I. 5.

आर्क I. m. *ein best. Amulet* Kauç. 40,16.

आर्क्षायण I. 2.

आर्णव 1.

आर्तनाद I. Mudrâr. 81,2.

आर्तपर्ण 3.

आर्तरव und आर्तस्वन 1.

आर्तायन 6.

आर्तायनि m. Bein. Çalja's MBh. 9,7,27. 11,33.

आर्तिकर 5.

आर्त्व्य I. 3.

आर्थत् 1.

आर्द्र I. 3.

आर्द्रता 1.

आर्द्रपवि I. 6.

आर्द्रीभाव 2.

आर्धिक I. besser beglaubigt अर्धिक.

आर्यखण्ड n. = भारतवर्ष Dharmaçarmâbh. 1,43.

आर्यदासी 2.

आर्यपुत्रीय 1.

आर्यबुद्धि 2.

*आर्यब्रह्मविशेषचित्तपरिपृच्छा f. Titel eines Werkes Mahâvj. 65.

आर्यमति 6.

आर्यवज्र m. N. pr. eines Grammatikers Festgr. 52.

आर्यवन्त् 2.

*आर्यस्थविर (so zu lesen) m. Pl. *eine best. buddhistische Secte* Mahâvj. 275.

आर्यस्थविरीयक Adj. dazu Ǵâtakam. 16 (°स्थावरीयक die Hdschrr.).

आर्याद्विशती, आर्यापञ्चाशत् und आर्यास्वर्गारोहणपर्वन् 2.

आर्ष I. 3.

आर्षेयब्राह्मण 6.

आर्षोढा 5.

आर्हत I. 1.

आल I. Kauç. 25,18 nach Dârila *eine Krankheit des Weizens.*

आलक्षित 1) Adj. s. u. लक्षय् mit आ. — 2) n. N. pr. eines Waldes R. ed. Bomb. 4,42,14.

आलंकारिक 1.

आलपित 5.

*आलप्तक Adj. *gesprächig, leutselig* Mahâvj. 135.

आलम्बनप्रत्ययध्यानशास्त्रव्याख्या 5.

आलम्बम् 3.

आलम्भम् 1.

आलवन्दारस्तोत्र 2.

आलस्यवन्त् 5.

आलाप I. 2.

आलापक 2.

आलाल und °मेहिन् 5.

आलिङ्गना 1.

आलेखनि 3.

आलेश 4.

आलोकक 1.

आलोककर I. *m. *ein best.* Samâdhi Mahâvj. 21.

आलोकवन्त् I. 5.

*आलोकसुवेगध्वज m. N. pr. eines Schlangendämons Mahâvj. 174.

आलोकाचल 1.

आलोप I. Divjâvad. 290,23. 481,9.

आलोलिका 5.

आवक oder °का 2.

आवत्सरम् 4.

आवन्तक I. *m. Pl. *eine best. buddhistische Secte* Mahâvj. 275.

आवरीतर् I. *Umhüller, Bedecker* Kir. 18,40.

आवर्जनकर Adj. (f. ई) *für sich gewinnend, imponirend* Divjâvad. 133,9. 192,8. 313,15.

आवर्णी und °शिक्षा 2.

आवर्तक I. 5.

आवर्तम् 5.

2. आवर्तिन् I. 6.

आवलेखन 5.

आवश्यक I. 2.

आवश्यकसूत्र und आवश्यिकी 2.

आवसथवासिन् 5.

आवसथी Adv. mit कर् *zum Wohnsitz machen* Gâtakam. 27,31.

आवसथीय 3.

आवाप I. 5.

आवान्देव्यम् 1.

आवारि I. Divjâvad. 256,15. °री 29,7. 256,27.

आवारिधि 3.

आवासिक Adj. *seinen Wohnsitz habend in* (Loc.) Gâtakam. 19,21.

आवाहन auch *das Herbeiführenlassen* Âpast. Grhj. 20,13.

आविक I. 4.

आविर्भूतत्व 5.

आविर्भूय 1.

आविर्मण्डल Adj. *mit sichtbar gewordenem Runde* (Bogen) Kir. 14,65.

आविशम् I. 1.

आविष्पृष्ठ I. 3.

आविस I. 3.

आवि:सूर्ये Loc. *bei Sonnenschein* Maitr. S. 4,5,1 (63,2).

आवृतत्व 5. Auch *das Erfüllt —, Verhülltsein* MBh. 7,18,3.

आवेशिक I. 5.

आव्य I. 1) zu streichen, da आव्यम् TS. 2,2,6,3 zu आवी gehört.

आव्रस्क I. m. *Riss, Stelle, von der man Etwas abgehauen hat*, Kauç. 44, 36. °ज Adj. *auf einer solchen Stelle gewachsen, — entstanden* 16,28.

आव्रस्क्य 2.

°आशंस 1.

आशङ्कनीय I. 6.

आशङ्क 6.

आशाटवी f. *ein grosser Wald* Divjâvad. 7,5.

आशातना 2. 3.

आशातिक, आशापति und आशापल्ली 1.

आशापालि I. 1.

आशापालीय I. n. nach Kauç. 38,11 und Schol. *das Lied* AV. 1,31.

आशापुर 1.

आशामुख 4.

आशाश 6.

आशास्ति 3.

आशिखम् I. 1.

आशी:पद 4.

आशीन 3.

आशीवस 1.

आशीपद 4.

आशीर्मित्त Adj. = आशीर्वित्त Maitr. S. 4,7,1 (94,7).

आशीर्वचनमाला 2.

आशीविष I. f. आ N. pr. eines mythischen Flusses Divjâvad. 451,6. 456,19.

आशीविषनदी f. N. pr. von 7 mythischen *Flüssen* ebend. 107,23.

आशीविषपर्वत m. N. pr. von 7 mythischen *Bergen* ebend.

*आशुगन्ध m. N. pr. eines Bodhisattva Mahâvj. 23.

आशुगी und आशूर 1.

आशोकेय I. 5.

आशौच, °काण्ड, °चन्द्रिका, °दीपिका, °विधि und °शतक 2.

आश्य n. impers. *zu essen von* (Gen.) TS. 2,5,1,4. 6,1,11,6.

आश्याम 1.

आश्रमदेवसंकरिन् 6.

आश्रमवासपर्वन् und आश्रमवाद 2.

1. आश्रव I. 1.

2. आश्रव I. *eine unreine Neigung* Mahâvj. 109. 129. 253. °क्षय m. 7. 14.

आश्रवणम् 1.

आश्रुमय (!), °पति Maitr. S. 3,10, 3 (133,14).

आश्वतर 6.

आश्विय I. 6.

आश्वदालिक 6.

आश्वपदिक 3.

आश्वमेधिक I. 3.

आश्वलायन, °दीपिका, °धर्म, °पूर्वप्रयोग, °प्रायश्चित्त, °श्रौत, °श्रौतसूत्र, °सूत्र, °स्थालीपाक u. °स्मृति 2.

*आश्वासक m. = आश्वास 4) Mahâvj. 66.

आश्वासनी 2.

2. आश्विन I. 5.

आश्विनेय und आष्टादंष्ट्र I. 1.

2. आस् I. 1. Mit अवस्थानम् *sich niederlassen an einem Orte* R. ed. Bomb. 4,54,16 (आसिष्यसि). — Mit अनु I. 1.

आसक्तभाव und आसक्तिवाद 2.

आसङ्ग I. 3.

*आसंज्ञिक n. *das Unbewusste, Unbewusstheit* Mahâvj. 104.

आसनपट्ट und आसनपुट 3.

आसनाध्याय 2.

आसन्द I. 1) Festgr. 14,20.

आसन्न I. 6.

आसन्नकालिक 2.

आसन्नयोधिन् Adj. *beim Kampfe in der Nähe angewandt* (Pfeil) MBh. 8,53,19.

आसपाण्डु und आसमाप्ति 6.

आसमुद्रक्षितीशम् 1.

आसार I. *Speisezimmer* Kauç. 23,5. 24,15.

आसादना f. *Angriff, feindliches Auftreten* Gâtakam. 29.

आसीनन्याय Adj. *wobei die sitzende Stellung als Regel dient* Çâṅkh. Çr. 1,1,15.

आसीनप्रचलायित und आसुत I. 4.

आसुरकाण्ड 2.

आसेचनक I. Pârv. 588,7.

आसेचनवत् 2.

आस्कन्दन I. *das Auftreten* Kir. 13,18.

आस्कन्दम् 2.

आस्थापन n. auch *das Betretenlassen* Âpast. Grhj. 5,9.

आस्थापित I. 6.

आस्थित 6.

आस्थी Adv. s. oben अस्थी.

आस्पदी I. 5.

*आस्फरणकसमाधि m. *ein best. Grad des* Samâdhi Mahâvj. 67.

आस्फाल I. 1.

आस्फालित n. *Contusion* Hârîta-Saṁh. 389,15.

आस्फुर 6.

आस्फोटन I. 3.

आस्यदघ्न I. 2.

आस्यमैथुनिक Adj. *den Mund als vulva benutzend* MBh. 7,73,43.

आस्यवैरस्य 6.

आस्यसंमित 4.

आस्राव I. bedeutet im AV. nach Bloomfield *Diarrhoe*; vgl. Procc. J. A. O. S. 1886, May, S. xxxii.

*आस्वादनीय Adj. *lieblich, angenehm* Mahâvj. 19.

आस्वापन n. *Schlafmittel* Divjâvad. 526,23. 25.

आह् I. Gâtakam. 31.

आहत्यवचन und आहननप्रकार 4.

आहरण I. n. etwa *das Benutzen aller günstigen Verhältnisse* oder *das Verladen* Gâtakam. 14.

आहरणीय 6.

आहर्तोस् 3.

आहलम् 4.

1. आहव I. Daçak. 31,12.

आहवनीयतम् 3.

आहवशोभिन् 2.

आहस 5.

आहारक I. *m. etwa *Verlader* Mahâvj. 186,181.

आहार्यपुरीष 6.

आहित I. 3.

आहिताग्निब्राह्मण und आहिताग्निविधान 2.

आहुतिभाग 4. 6.

आहुतिमन्त् 5.

आहुवध्यै I. 3.

आहृत्य 1.

आहेय I. 1) Kir. 11,23.

आह्निकभास्कर 2.

*आह्रीक्य n. *Unverschämtheit* Mahâvj. 104.

आह्लादयितर् 2.

आह्व I. Kauç. 16,14. m. = पलाश nach Dârila.

आह्वातर् 5.

3. इ mit अधि Caus. I. 1. — Mit प्राधि I. 1. प्राधीत auch *der sich an das Studium gemacht hat* R. ed. Bomb. 4,28,10. — Mit अनु auch *treffen* (von Pfeilen). अन्वेतार Fut. MBh. 8,39,14. — Mit समुद् 2. — Mit पत्या 2. — Mit उद् I. 1. — Mit उपोप *nahe herantreten zu* (Acc.) R. ed. Bomb. 4,28,39. — Mit उपनि I. 6. — Mit अतिपरि 2. 6. — Mit अभिपला 1. — Mit उपसंप्र *zu Jmd* (Acc.) *herankommen* R. ed. Bomb. 3,62,8. — Mit प्रति I. 3. 4. — Mit वि I. 5.

इकटी oder इक्कटी 5.

1. इक्षुकाण्ड I. 1.

इक्षुदण्डमय, इक्षुमय, इक्षुयष्टि und °मय 1.

इक्षुरससमुद्र m. *das Syrupmeer* Aniruddha zu Sâṁkhjas. 6,52.

इङ्गाल 5.

इङ्गितमरण 2.

इङ्गुदि f. metrisch st. इङ्गुदी R. ed. Bomb. 2,104,8. 12. 14.

इङ्गुरत्न und इङ्गुशिता 2.

*इच्छन्तिक Adj. *Begierden fühlend oder zu fühlen anfangend* Mahâvj. 110.

इच्छासदृश 3.

इडार्व 1.

इडेन्यक्रतु 3.

इण्ड्व I. दर्भेण्ड्व *Tragkranz von* Darbha-*Gras* Âpast. Gṛhj. 4,8. = दारुमयं निगडम् 23,7 nach dem Comm. Vgl. कुशेण्ड्व Pâr. Gṛhj. 3,7,3.

इतस् I. 5.

इतान्त 5.

1. इति I. 6. Vgl. auch Z. d. d. m. G. 41,516. fgg. Knauer in Festgr. 62. fgg.

इति — इति so v. a. *man heisse (sei) — oder —* Gâtakam. 20.

2. इति I. *Gang* Vishṇus. 99,2, wenn °सदास्थितेते „*die du stets den Gang einschlugst* (आस्थित) *zu*" gelesen wird.

इतिकर्तव्यताक Adj. *zu Jmds Obliegenheit gehörig* Sud. zu Âpast. Gṛhj. 19,2.

इतिक्रम, इतिप्रभृति, इतिहाससमुच्चयसंग्रह, इतिहासोत्तम u. इतिहेति 2.

इत्थंगत Adj. *in solcher Lage sich befindend* Gâtakam. 21,15. 22,26. 31.

इत्थम् I. 6.

इत्वर I. 2. Adj. *armselig, elend, gering* Mahâvj. 134. Divjâvad. 317,8.

इदंयुगीन und इदमीय 1.

इदंफल 2.

इदंमधुर 4.

1. इध् Caus. 2.

इध्मन् m. *Brennholz* MBh. 13,2,58.

इध्मपरिवासन 3.

इध्मबर्हिस् 2.

इध्मव्रश्चन 1.

इध्माबर्हिस् I. 2. इध्माबर्हिस् n. Sg. Maitr. S. 4,8,1 (107,5). getrennt gedr. 4,1,3 (4,8).

इन्दिन्दिर I. 5.

इन्दिरा I. 4.

इन्दिरापरिणय 2.

इन्दीवरदृश् 4.

इन्दीवराक्ष I. 3.

इन्दुक, °का I. 1.

इन्दुकान्त I. 3.

इन्दुगौर und इन्दुता 1.

इन्दुदल 5.

इन्दुमणी Adv. mit भू *zum Mondstein werden* Dharmaçarmâbhj. 17,9.

इन्दुमणिय *den Mondstein darstellen* ebend. 2,79.

इन्दुरत्नेश्वरप्रसाद 2.

इन्दुवक्त्रा und इन्दुवर्ण 3.

इन्द्र I. *m. *eine best. hohe Zahl* Mahâvj. 249.

इन्द्रकर्मन् I. 5.

इन्द्रकील I. *Schwelle* oder *Barriere* Divjâvad. 250,20. 365,1. 544,6.

इन्द्रकेतु I. **ein best.* Samâdhi Mahâvj. 21,26.

इन्द्रगृह I. 1.

इन्द्रजय 1.

इन्द्रजाल I. 3.

इन्द्रदैवत्य 1.

इन्द्रधृति 6.

इन्द्रनीलक I. 1.

इन्द्रनीलमणिमय 1.

इन्द्रपट 2.

इन्द्रपाश 1. Nach Pischel (Philologische Abhandlungen, Berlin 1888, S. 73) इन्द्रः पाशेन zu lesen.

इन्द्रपुच्छ 2.

इन्द्रपुरुष 1.

इन्द्रप्रयाण 3.

इन्द्रप्रस्थमाहात्म्य 1.

इन्द्रमघश्री und इन्द्रमति 2.

इन्द्रमहाकामुक I. 6.

इन्द्रयाजिन् 3.

इन्द्रराज 2.

इन्द्रवज्र I. 1) Maitr. S. 2,1,9 (11,3).

इन्द्रवर्ण und इन्द्रवीरुध् 3.

इन्द्रश्री 2.

इन्द्रसव I. 1.

इन्द्रसुत I. 5.

इन्द्राणीगौरीपूजा f. *Verehrung der* Indrâṇî *und* Gaurî, *eine best. Hochzeitsceremonie* Sud. zu Âpast. Gṛhj. 2,15.

इन्द्राणीमह m. *Feier der* Indrâṇî, *eine best. Hochzeitsceremonie* Sud. zu Âpast. Gṛhj. 2,15.

इन्द्रावसिक्त 6.

इन्द्राशन I. 1.

इन्द्रियपरिमोचन 2.

इन्द्रियभावना f. *geistige Uebung* Gâtakam. 1,12.

इन्द्रियसेवन 6.

इन्द्रोत्थापन 5.

इन्धन I. 2) Nom. abstr. °ता f. Kandak. 31,10. Gâtakam. 28,59.

इन्धन्वन्त् I. 1.

इम् 1.

इम I. 3.

इयत् mit अव 5.

इयत Adj. = इयत्त Divjâvad. 112,16.

इरण्य 3.

इरस्य् I. 3. — Mit अभि I. 6.

इरिणालोष्ट 3.

इलावृत I. °वर्ष m. Aniruddha zu Sâṁkhjas. 6,52.

इलासुता 4.

इल्वासुर 5.

इव am Anfange eines Stollens auch Kathâs. 1,20. Journ. As. VIII S. T. 7,192. इव नाम *zum Schein, quasi* Gâtakam. 4. 7. 10. 13.

1. इष् mit समनु I. *durchsuchen.* समन्वेषितुम् R. ed. Bomb. 3,67,7. — Mit उप 2. — Mit अतिप्र 5.

3. इष् mit passivisch aufzufassendem Infinitiv: समुद्रं नेतुमिच्छामि भवद्भिः *ich wünsche von Euch an's Meer geführt zu werden* R. ed. Bomb. 4,58,33. 56,21. Zu 4) *e*) β) gehört प्रतिकूलितुमिच्छामि न हि वाक्यमिदं त्वया 3,24,13.

4. इष् I. 3.

इषवत्त् 3.

इषाधार s. ईषाधर.

इषीकाञ्जि 5.

इषुधन्व, °धन्वन् und °धन्विन् 3.

इषुधि I. 4.

इषुनिबन्धन und इषुपात 3.

इषुमुख, इषुवर्ष und इषुविक्षेप 1.

इषुहस्त 3.

इषूगृह (metrisch) Adj. *Pfeile verbergend* Kauç. 49,7.

इष्टकामय 1.

इष्टतम् 6.

इष्टत्व 1.

इष्टनि I. 5.

इष्टापूर्त I. Vgl. Windisch in Festgr. 115. fgg.

इष्टिनिर्णय 2.

इष्टिमय 3.

इष्टिविध und इष्टिविषय 2.

इष्टु I. Vgl. अनिष्टुसव oben.

इष्ट्वीनम् 3.

इष्वस्त्र vgl. oben u. अस्त्र.

इषाशनी m. N. pr. eines Mannes Maitr. S. 4,2,2 (23,6).

इह्मनस् 2.

इहेह 1.

इहैकमातर्, lies *gleichzeitig eine Mutter habend, d. i. zu gleicher Zeit geboren.*

1. ई I. 1.

3. ई I. 2.

ईक्ष् I. Pass. *videri, scheinen* Gâtakam. 28,40. ईक्षित so v. a. *gutgeheissen* 31,88. — Mit समभि *anblikken, ansehen* ebend. 3. — Mit निरभ्यव 2. — Mit अध्युप *nicht beachten vernachlässigen* Divjâvad. 25,6. 127,11. 185,23. 571,11. — Mit प्रत्युप 4. — Mit समुप auch *beobachten* Mṛkkh. 59,2. — Mit उपपरि I. *untersuchen, erwägen* Divjâvad. 5,13. 212,9. 230,19.

ईक्षक I. 3.

ईक्षति 1.

ईक्षारण्यमाहात्म्य 2.

ईक्षितर् I. *Zuschauer* MBh. 7,25,46.

ईंकार und ईंकृत 1.

ईङ्ख् mit अभिप्र *erzittern, schimmern* Dharmaçarmâbhj. 4,19.

ईड्य 2.

ईदृगवस्थ 3.

ईदृशभूत 1.

ईयत्त् 3.

ईर् mit अभ्युद् Caus. 3) *entgegen sprengen* Çiç. 1,18. — Mit वि I. 4. — Mit सम् Caus. I. 6.

ईरपाद und ईर्य I. 2.

ईलय् 4. 6.

ईशाक्ष und ईशगोचर 1.

ईशत्व I. 1.

ईशाचल 4.

ईशाधर s. ईषा°.

ईशानदिश् 1.

ईशानकृत Adj. Kauç. 36,15 nach Dârila = स्वयंकृत.

ईशावास्यखण्डन 2.

ईश्वर 1. 2. *die Sonne* Journ. Asiat. 8,7,205[1]). * = बोधिसत्त्व Mahâvj. 23.

ईश्वरकारणिक m. *Deist* Gâtakam. 23.

ईश्वरकारणिन् und ईश्वरकारिन् 1.

ईश्वरदीक्षित 2.

ईश्वरशतक 1.

ईश्वरसुखवाद 2.

ईषत्कार्य auch *leicht zu bewerkstelligen* R. ed. Bomb. 4,54,13.

ईषत्प्रलय 1. 4.

ईषत्संज्ञ 6.

ईषत्स्विन्न 3.

*ईषाधर m. N. pr. eines mythischen Berges Mahâvj. 194 (ईशाधर und ईषाधार). °रा f. Divjâvad. 217,14.

ईषीका 1. 3.

ईक्षावत् 6.

उक्थ 1. 5.

उक्थभाज् und उक्थार्थ 2.

उक्थशोष 1.

उक्थप्रत्युक्तिका 3.

उक्थभृत् Adj. *zu Sprüchen berechtigt* Maitr. S. 4,7,1 (94,10).

1. उक्ष् mit प्रति 1.

उक्षतर 1.

उक्षवश 1. 3.

उक्षाण m. = उक्षन् *Stier* R. ed. Bomb. 2,32,39.

उखाच्छिद् 1. Vgl. Windisch in Festgr. 115.

उखर्वल 1. 3.

उग्रकर्मन् (m. N. pr. eines Fürsten MBh. 8,5,42), उग्रगन्धि oder °न् und उग्रघोष 3.

उग्रदण्ड 1. 1.

उग्रपाति 6.

उग्रमय 2.

उग्ररुष् und उग्ररूप 3.

उग्ररूपिन् und उग्रवंशकार 1.

उग्रवीर्य 1. 3.

उग्रवेग 3.

उच् mit अभि 1. 1. — Mit सम् 1. 6.

उचितकारिन् 3.

उचितोपायसंग्रह 2.

उच्चकैस् 1. 3. *stark, sehr* Kir. 4,5. 14,20. Dharmaçarmâbhj. 9,66. 71.

उच्चक्षुस् 1. 2.

उच्चक्षू 1. Mit कर् *bewirken, dass Jmd* (Acc.) *hinaufsieht*, Daçak. (1883) 168,8.

उच्चगोपुर 3.

उच्चतरता 1.

उच्चनासिक 1. 1.

उच्चय 1. 5. In der Bed. 4) auch Kir. 8,15. 51.

उच्चल 1. 1.

उच्चपक 5.

उच्चाटनीय 1.

उच्चारप्रस्रावस्थान 2.

उच्चिचीषा 5. Auch Dharmaçarmâbhj. 12,41.

उच्चित्रण 2.

उच्चूली 2.

उच्चैःप्रमोदम् 4.

उच्चैरभिजन 3.

उच्चैरुपांशुता f. *leises und lautes Ertönen* Çâñkh. Çr. 13,1,3.

उच्चैर्गति und उच्चैर्न्याय 3.

उच्चैर्मान, उच्चैर्वाद u. उच्चैर्विस्मय 1.

उच्चैस् 1. 3.

उच्चैस्तन Adj. *hoch* Dharmaçarmâbhj. 3,22. 9,80.

उच्चैःस्वर 6.

उच्चोदर्कि und °र्की 2.

*उच्छङ्ग n. *eine best. hohe Zahl* Mahâvj. 248. Vgl. उत्सङ्ग.

उच्छलन 6.

उच्छिक्नक 5.

उच्छिरस्क Adj. = उच्छिरस् Gâtakam. 20,20.

उच्छुष्म 1. 3. f. आ *eine best. Pflanze* Kauç. 40,14.

उच्छेदन Adj. (f. ई) *ausrottend, vertilgend* Gâtakam. 17,19.

उच्छेदवाद m. *die Theorie, dass mit dem Tode Alles aufhört*, Gâtakam. 23. °वादिन् m. *ein Anhänger dieser Theorie* ebend.

उच्छोषक 4.

उच्छ्रपकर्मन् n. *ein überschüssiges Werk* (neben विधिकर्मन् und अविधिकर्मन्) Ath. Paddh. zu Kauç. 1,1.

उच्छ्वसन 1.

उच्छ्वास 1. 1. Auch *Zug beim Trinken*. एकोच्छ्वासात् *mit einem Zuge* (austrinken) MBh. 1,128,71.

*उज्जग्घिका f. *das Auflachen* Mahâvj. 263. Richtig wäre उज्जग्घनिका.

उज्जाहिस्तनस्व 1. 2.

उज्जिगमिषा 5.

उज्जिहीर्षा f. *das Verlangen aus einer Gefahr zu ziehen* MBh. 8,67,4.

उज्जिहीर्षु 2.

उज्जेष 1. m. *Sieg* AV. 4,17,1.

उज्ज्वल 1. 2.

उज्ज्वलन n. *das Aufflammen* (bildlich) Sâmkhjapr. 72,12. 14.

उज्ज्वली 1.

उञ्छ् mit निस् und उञ्छधर्मन् 3.

उञ्छभुज् 5.

उट्टङ्कित 2.

उडगल्ल und उडिल्ल 4.

उडुदशापाल 2.

उडुप 1. Vgl. रथोडुप weiter unten.

उड्डाह und उणादिनिघण्टु 2.

उत्क 1. 1.

2. उत्क und °ता 1.

उत्कचकुमुदगणवत् 2.

उत्कण्ठितचित्ता 5.

उत्कथ् 3. Auch Dharmaçarm. 3,4.

उत्कर्ष m. auch *das weit auseinander Thun*. प्रचल्य चरणोत्कर्षैः R. ed. Bomb. 3,56,29. *das Herausziehen* (des Pfeiles aus dem Köcher) Kir. 16,20.

उत्कर्षण n. auch *das Hervorragen, Obenanstehen* R. ed. Bomb. 4,24,30.

उत्कर्षल 3.

उत्कर्षवत् 1.

*उत्कारिक Mahâvj. 245,1210.

°उत्कारिन् Adj. *ausgrabend, einritzend* Vikramâñkak. 7,71.

उत्काश 1. an der angeführten Stelle wohl उत्काशम् Adv. *auswärts*.

उत्कीलय्, °यति *öffnen* (einen Brief) Daçak. (1883) 174,12. *zur Stadt* (Acc.) *hinausgehen* Divjâvad. 528,9. Vgl. इन्द्रकील.

उत्कुटिल 1.

उत्कुटुक 1. *°स्थ *kauernd* Mahâvj. 281,75.

*उत्कुटुकिका f. Instr. *kauernd* Mahâvj. 263,25 (उत्कु° gedr.).

उत्कूजित 2.

उत्कूलनिकूल 1. 3.

उत्कूलय्, °यति *über das Ufer treten lassen* Pârv. 610,14.

*उत्काष्टिका Mahâvj. 263,18. 84.

उत्केतन n. *eine erhobene Standarte* Dharmaçarmâbhj. 9,78.

उत्कोचिन् 2.

उत्कोप und उत्कोरक (Dharmaçarmâbhj. 1,17) 5.

उत्कोशय् 3.

उत्क्रष्टृ 4.

उत्क्रामुक s. अनु° oben.

उत्क्रुष्ट 2.

उत्क्षेप 1. 3.

उत्क्षेपणीय Adj. mit कर्मन् und *n. mit Ergänzung von कर्मन् *eine Handlung, die eine zeitliche Ausschliessung eines Mönchs aus der Gemeinde nach sich zieht*, Divjâvad. 329,10. Mahâvj. 265.

उत्खनन n. *das Herausreissen* Kathâs. 28,39.

उत्खानम् 1.

उत्तंसय्, समुत्तंसित = उत्तंसित Dharmaçarmâbhj. 4,39.

उत्तनूरुह Adj. *mit aufgerichteten Härchen* Gâtakam. 30,25.

उत्तब्धि 1.

उत्तम 1. 6.

उत्तमगाय 2.

उत्तमचरित्र 5.

उत्तमता 1.

*उत्तमद्युति Adj. *überaus glanzvoll* Mahâvj. 22.

उत्तमपदिन् 2.

उत्तमश्लोकचन्द्रिका 2.

उत्तम्भन 1. *das Stützen, Fördern* Aniruddha zu Sâmkhjas. 1,95.

उत्तम्भनी f. *der beim Aufstemmen* (des Wagens) *zu sprechende Vers* Âpast. Gṛhj. 5,19.

°उत्तम्भम् Absol. *in die Höhe hebend* Dharmaçarmâbhj. 8,23.

उत्तरक्रम m. *Erwiederung, Refutation* Gâtakam. 23.

उत्तरगार्ग्य und उत्तरचम्पू 2.

उत्तरतल्प 1. Vgl. Anm. zu Kauç. 5,5.

उत्तरधारय 1.

उत्तरपञ्चाल 3.

उत्तरपरिच्छेद 2.

उत्तरपर्वक 3.

उत्तरप्रायश्चित्त 2.

*उत्तरमनुष्यधर्मप्रलाप m. *das Vorgeben übermenschliche Kräfte zu be-*

sitzen Mahâvj. 237.

*उत्तरमनुष्यधर्मारोचन n. *die einem noch nicht geweihten Mönche gemachte Mittheilung, dass man übermenschliche Kräfte besitze,* Mahâvj. 261.

*उत्तरमल्लिन् m. Pl. N. pr. eines mythischen Landes Mahâvj. 154.

उत्तरराघवीय, उत्तररामायण und उत्तरलक्ष्मन् 2.

उत्तरली I. 1.

उत्तरवती 1.

उत्तरवेदिमत् 3.

उत्तरश्री und उत्तरसंहिता 2.

उत्तरसालिन् 3.

उत्तरसारस्वादिनी 2.

उत्तरांस I. 3.

उत्तराङ्ग I. 1.

उत्तराथर्वण 2.

उत्तरापरशिरस् 3.

उत्तरायण I. Lies *Wintersolstitium.*

उत्तरार्धपश्चार्ध 3.

उत्तरार्धपूर्वार्ध I. 3. Auch Âpast. Gṛhj. 2,6. 7,12.

उत्तराशापति I. 1.

उत्तराश्रोणि 3.

*उत्तरिध्वजाग्रमणि m. und उत्तरिपरमाणुरजःप्रवेश m. Bez. *zweier Zählmethoden* Mahâvj. 248.

उत्तरोत्तरभाव 3.

उत्तरोत्तरवक्तृ 2.

उत्तर्जनीक Adj. *drohend* Vikramâñkak. 1,48.

उत्तर्य 2.

उत्तानित 3.

उत्तानी I. Mit कर् auch **erklären* Mahâvj. 138.

उत्तापन 1.

1. उत्तार I. 2.

उत्ताल I. 4.

उत्तिङ्ग 2.

उत्तीरम् Adv. *auf dem Ufer* Kir. 7,34.

उत्तुङ्गित und उत्तुङ्गी 3.

उत्तेजक Adj. *anfeuernd.* Nom. abstr. °ता Sâñkhjapr. 79,7.

उत्तेजना 3.

उत्त्रासन 2.

उत्त्रिपद् 6.

उत्थपत्त्र Adj. Maitr. S. 3,3,8 (40,16. 17).

उत्थापन und °पिनी I. 6.

उत्थापनीय I. 1.

उत्थापितोत्प्रेक्षा 1.

उत्थापिनी s. u. उत्थापन 6.

उत्थायिन् I. 6.

उत्पक्ष I. 3.

उत्पतिष्णु I. *im Begriff stehend herauszufliegen* Dharmaçarm. 14,16.

उत्पत्त्र Adj. *schon belaubt* Ǵâtakam. 22,8.

उत्पर्याणित 2.

उत्पल्लव 3.

उत्पवन I. 2) Çat. Br. 1,3,1,12 vielleicht = उदान nach Eggeling.

उत्पश्य I. 5.

उत्पाट I. 2.

उत्पाण्डूत्पाण्डुक Adj. *ganz bleich geworden* Divjâvad. 334,1. 463,8.

उत्पातिक 2.

उत्पातिन् 1.

उत्पालिका f. *Damm, Deich* Dharmaçarmâbhj. 1,47.

उत्पिञ्जलक 3.

उत्पुंसन 5.

उत्पुंसय् I. 5. उत्पुंसित Subhâshitâv. 883 in der gedr. Ausg.

उत्पुलुषा 2. Metrisch und grammatisch richtig wäre उत्पुप्लुषा.

उत्पृष्टि Adj. *mit hervorstehenden Rippen* Maitr. S. 4,2,14 (38,9).

उत्प्रेक्षाक्षेप 3.

उत्प्लव und उत्फुल्लतनूरुहो 1.

उत्सङ्ग I. 2) *m. Mahâvj. 249.

उत्सङ्गित 5. *im Schooss gehalten* Dharmaçarmâbhj. 10,35. 14,75.

उत्सद Adj. *hervorragend, vorzüglich;* m. *Hervorragung, Vorzug* Mahâvj. 17. 18,29. Divjâvad. 620,13. 621,1. 646,16.

*उत्सदन n. *das Einreiben* Mahâvj. 245,379. Richtig wäre उत्सादन; vgl. उच्छादन.

उत्सदनधर्मक Adj. *zum Wegräumen bestimmt* (ein Mahl) Divjâvad. 307,23. 27. Richtig wäre उत्सादन°.

उत्सर्गम् 6.

उत्सव I. 1.

उत्सह्वना (lies उत्साह्वना) f. *Aufmunterung* Divjâvad. 490,5.

उत्सादनीय I. 6.

°उत्सारिन् 5.

उत्सुक I. 5.

उत्सूत्र 2. 5.

उत्सृज्य 1. 5.

उत्सृष्टलोमन् 5.

उत्सेकिन् I. 6.

उत्सेचन und उत्स्राविन् 5.

उत्स्रोतस् und उत्स्वेदन 2.

उदककमण्डलु 1.

उदककृच्छ्र 3.

उदककृत्य 2.

उदकगाह्व I. 5.

उदकपात्र 1.

उदकपूर्व I. 1.

उदकपेय n. *Wassertrunk* Çâñkh. Br. 12,6.

उदकमणि 1.

उदकरक्तिका f. *eine best. Pflanze* Kauç. 30,16.

उदकशान्ति 2.

उदकांस्य 3.

उदकोत्सेचन 5.

उदक्कूल und उदक्तूल 2.

उदकप्रस्रवण 4.

उदकप्रस्रवणान्वित 3.

उदक्य I. = उदश्यामाक Kauç. 22,10.

उदक्शिरस् 3.

उदक्समास 4.

उदगपवर्ग und उदगाह्व I. 3.

उदग्र I. **hoch erfreut* Mahâvj. 145.

उदग्वंश 3.

उदङ्गोप 4.

उदङ्क I. 3.

उदञ्च I. ist Kauç. 56,13 Bein des Dämons Çûlvâṇa.

उदचन 4.

उदञ्च् I. 3.

उदञ्चि 4.

उदधान I. 2) Âpast. Gṛhj. 17,9. उदधानायतन n. *der Platz für die Wasserbehälter* 17,8.

उदधिनेमि 3.

उदपुर 4.

उदपुरी 1.

उदयन I. 4.

उदयव्ययिन् 4.

उदयिन् I. 6.

उदरताडम् 2.

उदरभेदिन् 1.

उदरंभर I. 6.

उदरस्थ I. 2.

उदरस्थित 3.

उदवज्र I. Kauç. 38,2.

उदशराव I. Maitr. S. 4,2,3 (24,8).

उदश्वित् I. 4.

उदसन auch *das Lösen* (von Stricken) Âpast. Çr. 14,7,5.

उदस्र 1.

उदाज I. Lies *Auswahl, das Praecipuum* (aus erbeutetem Vieh) und vgl. noch Maitr. S. 4,3,1 (40,16). 2 (41,15). 6,8 (91,17). Festgr. 25.

उदानभृत् f. Bez. *bestimmter Backsteine* Çat. Br. 8,1,3,6. 7.

उदापु 6.

उदायिन् I. 2.

उदायुवन 3.

1. उदार I. Adj. *recht gross* Ǵâtakam. 28.

उदारचरित्र und उदारचित्त 1.

उदारचेतस् 3.

उदास I. 3.

उदासितृ 3.

उदास्थित I. 3.

उदाहरणी 3.

उदिङ्गन 2.

उदित I. 3.

उदिताधान 3.

उदितानुदित 2.

उदित्वर I. 1.

उदीचीनपाद 3.

उदुब्रह्मीय n. Bez. *des Liedes* ṚV. 7,23 Çâñkh. Br. 29,6. Çr. 18,19,20. 20,6.

उदुम्बर auch so v. a. *ein Zahnstocher aus* Udumbara*holz* Âpast. Gṛhj. 12,6.

उदुम्बरपर्णी I. 4.

उदूर्मि 3.

उदेतोस् I. 1. 2.

उद्गमदोष 2.

उद्गमनीय I. 1.

उद्गान 3.

उद्गार I. 6. *Aeusserung, Expectoration* Ǵâtakam. 3,8.

*उद्गुण्ठिका f. Instr. *mit verschleiertem Gesicht* Mahâvj. 263,17. Richtig wäre अवगु°.

*उद्गुरण und *उद्गूरण n. *das Dro-*

hen mit der Hand Mahâvj. 261,53.

उद्धूरयितर् 3.

उद्धूर्ण, उद्धूलन und उद्धारण 2.

उद्धर्तितव्य 3.

उद्धाद्धिपिका (उद्धाद्धपिका?) und उद्धोविका 5.

उद्भटक Adj. *klug* Divjâvad. 26,14. उद्भट्टक (I) 58,20. 100,6.

उद्भाट I. R.ed.Bomb. 3,75,20 nach dem Comm. = समूह.

उद्भातिका f. in वासोद्भा° *Nachtquartier* Divjâvad. 173,20.

उद्भुष्ट und उद्भृष्ट 2.

उद्दर्प 3.

उद्दान I. 6.

उद्देह m. *Ameisenhaufen* AV. Paipp. 9,2,4,7.

उद्योत I. 2.

उद्योतकर I. 5.

उद्धति I. 6.

उद्धर्तवै 6. Auch Çâñkh. Br. 4,14.

उद्धव I. 3. 6. *Aufgeblasenheit, Ueberhebung, Hochmuth* Gâtakam. 10,18. 11,3. दर्पोद्धव (21,10. 22,96. 30,3) und अवलेपोद्धव (33,4) dass.

उद्धसन I. 5.

उद्धुर I. 4) Dharmaçarmâbhj. 5,59.

उद्धूत I. 3.

उद्धूतत्व n. *das Aufwirbeln* (von Staub) MBh. 7,187,32.

*उद्धृतकठिन n. Mahâvj. 281,204 = Pâli कठिनोद्धार, कठिनोब्भार.

उद्धार्क्स् und उद्बुद्बुद 3.

उद्भवकोशक 2.

उद्भावन I. 1. 2. Adj. *hervorrufend, erregend* Gâtakam. 31,3. n. *rühmliches Hervorheben* 3.

उद्भिन्न I. metrisch Vâju-P. 1,3,20.

उद्भिद् I. 3) a) *m. Mahâvj. 195.

उद्भुज Adj. (f. आ) *mit erhobenen Händen* Dharmaçarmâbhj. 12,42.

उद्भूतत्व 4.

उद्भूततद्रूपकारणतावाद 2.

उद्भूतस्पर्शवत्त्व 4.

उद्मन् 1.

उद्यतह्लान 3.

उद्यमम् 4.

उद्यापनविधान und उद्यापनिका 2.

उद्याव I. 3.

*उद्यानिकागमन n. etwa *das Hinrennen zu einem Auflauf* Mahâvj. 261. Vgl. jedoch Pâli उय्योधिक.

उद्योजक m. *Anreger* Karaka 71,16 (so zu verbessern).

उद्रङ्ग I. 5.

उद्रश्मि 5.

उद्रायण m. N. pr. eines Schülers des Buddha Mahâvj. 47. Divjâvad. 567,20.

उद्रेक 5.

उद्वदितोस् 2.

उद्वपनी 4.

उद्वह् I. 1.

उद्वापन 4.

उद्वासनीय 6.

उद्वास्य I. 5.

उद्विजितव्य 5.

उद्वेचम् 6.

उद्वेपिन् Adj. *zitternd* R.ed.Bomb. 3,74,23.

उद्वेल्लन n. *das Rollen* Dharmaçarmâbhj. 6,28.

1. उद्वेष्टन I. 5.

उन्नति I. 1.

उन्मज्जक 6. Auch R. ed. Bomb. 3,6,2.

उन्मत्तराघव 2.

उन्मत्तवेष I. m. *die Tracht eines Tollen* MBh. 14,6,22.

उन्मत्तीकरण 1.

उन्मथन I. Adj. *hart mitnehmend, quälend* Kir. 8,34.

उन्मदिष्णु I. 1.

उन्मादक I. Adj. (f. °दिका) *berauschend* Dharmaçarmâbhj. 4,72.

उन्मादचिकित्सापटल 2.

उन्मादिन् I. *berauschend* Dharmaçarmâbhj. 4,65.

उन्मार्जन I. n. *das Wegwischen, Abstreifen, Entfernen* Daçak. (1883) 161,17.

उन्मिश्र 3.

उन्मिषित 4.

उन्मीनकेतन 2.

उन्मुक्ति und उन्मुक्ता (zu streichen) 1.

उन्मुख I. Adj. auch *willig, zu Etwas geneigt* Gâtakam. 27,18.

उन्मूर्धन् 5.

उन्मोक्ती f. *Befreiung* Maitr. S. 3,9,7 (126,1).

उन्मोचनीय 4.

उपकरण, उपकरणीय und उपकर्णम् I. 5.

उपकर्तव्य n. impers. *Jmd* (Gen.) *ein Dienst zu erweisen* R. ed. Bomb. 4,18,29.

उपकर्षम् 1.

उपकल्पिन् 6.

उपकात्तम् 3.

उपकाश 2. Vgl. श्वित्रोपकाश und श्वेतोपकाश.

उपकुरङ्ग 3.

उपकृतिमत् 5.

उपकेह् 4.

उपक्रम I. 5.

उपक्षेप I. 1.

°उपगन्धिन् Adj. *wohlriechend durch* R. ed. Bomb. 4,30,30.

उपगिर् I. 4.

1. उपग्रह् I. 1) *Ergreifung, Erhaschung* Gâtakam. 10.

उपग्रहण I. *das Ergreifen, Erhaschen* Gâtakam. 10.

उपग्रामम् 3.

उपघ्रायम् 4.

उपचरक 3.

उपचरितव्य I. 6.

*°उपचायक Adj. *ehrend* Mahâvj. 126.

उपचार I. *die Zugänge* (zu einer Stadt) Gâtakam. 9.

उपचित्र I. 5.

उपच्यत्रै 2.

उपजनम् Adv. *vor Menschen, in Gegenwart von Andern* Kir. 4,1. Dharmaçarmâbhj. 13,39.

उपजिज्ञास्य und उपजिह्विका I. 2.

उपजीक I. (eher °का f.) nach Bloomfield *Ameise*.

उपजीवित n. R. ed. Bomb. 3,37,21. Es ist wohl तत्र जीवितम् zu vermuthen.

उपजीवितर् 3. 6.

उपज्ञा I. 6.

उपज्वलन Adj. *zum Anzünden dienend* Âpast. Çr. 14,24,5.

उपतापन Adj. *quälend, bedrängend* Kir. 12,2.

उपतप्त् I. 2.

उपतुला 2.

उपदास 6.

उपदिदिक्षु 2.

उपदेशकर्णिका I. 2.

उपदेशरत्नमाला u. उपदेशरसायन 1.

उपदेशविवरण, उपदेशसहस्रकृतुव्याख्या und उपदेशसूत्र 2.

उपद्रष्ट्रिका 1.

*उपद्रातर् Nom. ag. *der Jmd anführt, Angreifer* Mahâvj. 146.

उपधान I. 5. *das Herbeischaffen, Verschaffen* Gâtakam. 3,21. *Fassung* (eines Juwels) Âpast. Gṛhj. 12,8.

उपधानलिङ्ग Adj. *das Stichwort „auflegen“ enthaltend.* f. आ *Bez. des Verses* ṚV. 10,145,6 Âpast. Gṛhj. 9,6.

उपधि I. 3.

उपधिवार und °वारिक m. *Aufwärter* (in einem Kloster) Divjâvad. 54,17. 50,27. 237,16. 542,21.

उपधेनु 3.

उपनदि Adv. *am Fluss* Kir. 7,21. Dharmaçarmâbhj. 13,16.

उपनप्तर् 6.

उपनागरक 3.

उपनाभि Adv. *am Nabel* Kir. 9,65.

उपनाम 4.

°उपनायिकम् Adv. *mit Herbeiziehung von — als beweisendem Beispiel* Gâtakam. 2.

उपनायिन् 5. 6.

उपनाह् I. 5.

उपनिग्राहम् 2.

*उपनिध्यातव्य Adj. *zu überdenken* Mahâvj. 245,1052.

उपनिनीषु 5.

उपनिबन्ध 3.

उपनिवर्तम् 5.

उपनिशा = उपनिषद्; vgl. Pâṇini[2] S. 479.

उपनिषद् I. 3. Vgl. Pâṇini[2] S. 479.

उपनीतिराग 3.

उपनीवि I. Kir. 8,24.

उपनेय I. *als Anwendung —, als belehrendes Beispiel zu gebrauchen* Gâtakam. 12. 18. 22. 23. 26. 27.

उपन्यास I. 2.

उपपत्ति auch *Entstehung, Geburt* Çiç. 1,69.

*उपपद्यपरिनिर्वायिन् m. *erst nach*

einer *Wiedergeburt das* Parinirvâṇa *erlangend* Mahâvj. 46.

उपपयोधि Adv. *am Meere* Kir. 9,7.

उपपरीक्षक Adj. *prüfend, erwägend* Divjâvad. 212,9.

*उपपरीक्षितव्य Adj. *zu untersuchen* Mahâvj. 245,1047.

उपपायन 3.

उपप्रसन्नर्षि 5.

उपप्रातर् 1.

उपप्लुत 4.

उपबिलम् I. 2. *bis an den Rand* Âpast. Çr. 1,16,5.

उपभोगदेह m. *der geniessende Körper* Sâṁkhjas. 5,124.

उपमध्यमा 2. Die angegebene Bed. stets in Verbindung mit अङ्गुलि. Vgl. noch Âpast. Çr. 3,19,7. Âpast. Gṛhj. 4,5.

उपमन्थन n. *das Hinaufquirlen* Kauç. 40,8.

उपमर्दितत्व 4.

उपमातर् I. 1.

उँपमाति I. 3.

उपमुख, Instr. Çâṅkh. Çr. 17,3,13 = मुखसमीपेन nach dem Comm.

उपयम und उपयमन I. 2.

उपयुक्तात्मत्व 1.

उपयोग I. 2.

उपर I. 3.

उपरक्त 5.

उपरमम् Absol. *inne haltend* R. ed. Bomb. 3,7,22.

उपरागवत् 5.

उपरितन I. 3.

उपरिदश 4.

*उपरिम Adj. *der obere* Mahâvj. 15.

उँपरिमर्त्य I. 5.

उपरिशय 4.

उपरिष्टात्काल 2.

उपरिष्टात्स्वाहाकार 3.

उपरिष्टादासेचनवत् 4.

उपरिष्टादुदर्क 3.

उपरिष्टाद्दीक्ष 5.

उपरिष्टाद्धोमभाज् 3.

उँपरिष्टाल्लक्ष्मन् 1 (steht hier an falscher Stelle). 2.

उपरिस्पृश् I. 3.

उपरुदित, उपरुद्ध und उपरोधम् 5.

उपलक्षितवैशिष्ट्यज्ञान 2.

उपलक्ष्मी 3.

उपलय m. *Schlupfwinkel* Gâtakam. 18,20.

उपवक्तृ I. 2) Maitr. S. 1,9,4 (133,4).

उपवत्स्यद्भक्त 1.

उपवनम् 5.

उपवपन 3.

उपवर्णनीय 5.

उँपवक्षस् 3.

उपवासक I. 1.

उपविन्ध्याद्रि 2.

उपवी I. Adj. TS. 1,3,7,1 nach dem Comm. = उपाकर्तुं वेति गच्छति. Vgl. उपावी.

उपवीणय् I. füge *mit Lautenspiel feiern* und Pârv. 606,7 hinzu.

उपवीतित्व n. Nom. abstr. zu उपवीतिन् Âçv. Gṛhj. 4,7,13.

उपवेदि Adv. *beim Altar* Kir. 10,12.

उपव्याख्यान I. genauer *eine ergänzende Erklärung.*

उपशय I. 3. Zu 2) *d)* vgl. Âpast. Çr. 14,5,8. 6,12. 7,1.

उपशिक्षण n. *das Anstellen, in Dienst Nehmen* Comm. zu Âpast. Çr. 14,15,1.

उपशुष्क 3. Auch Âpast. Çr. 9,20,7.

उपशोष m. *das Vertrocknen, Verdorren* R. ed. Bomb. 4,18,53.

उपश्लोकय् I. 6.

उपश्लोकयितव्य 5.

उपश्वस् I. 3.

उपसंश्लिष्टत्व 6.

उपसंहार I. = प्राशन Dârila zu Kauç. 22,15.

उपसंहारविजय 2.

उपसंहृतत्व 6.

उपसखि Adv. *bei der Freundin* Kir. 9,66.

उपसंक्रम m. *Behandlung* (in medic. Sinne) Divjâvad. 264,11.

उपसंनिक्षिप् 3.

उपसमाधान auch *das Zulegen* (von Brennholz zum Feuer, अग्नेः) Âpast. Gṛhj. 4,10 u. s. w.

उपसंपदा 2.

उपसर्गय् 3.

उपसर्जन I. 3.

उपसर्जनी 4.

उपसागरम् 5.

उपसीम Adv. *am Rande* Kir. 4,2.

उपसेक 4.

उपस्कारम् und उपस्कीर्ण 1.

उपस्तम्भन I. 6.

उपस्थान I. 4.

उपस्थापना 4.

उपस्थायुक 2.

उपस्थावन् 4.

उपस्थित I. 5. 3) *b)* auch *das* इति *selbst.*

उपस्थूणक s. स्थूणोपस्थूणक.

उपहारमय Adj. (f. ई) vielleicht *aus Weihgeschenken bestehend* Gâtakam. 22,12.

उपांशुघातक m. *Meuchelmörder* Bṛhaspati in Vivâdar. 371.

उपांशुपातन 4.

उपांशुसवन I. 4.

उपाकरण I. 5.

उपाकर्तव्य 1.

उपागम I. 1) Kir. 4,35. Dharmaçarmâbhj. 4,51.

उपाङ्गिरःस्मृति 2.

उपात्तसार 6.

उपात्ति 1.

उपादानत्वसमर्थन 2.

उपादायरूप n. *Elementarform* Mahâvj. 101,10.

उपाधिमण्डन, उपाधिवाद und उपानस्यक 2.

1. उपार्त्तं I. 3.

उपायकौशल्य n. 1) *Geschicklichkeit in der Wahl der Mittel* Saddh. P. — 2) *Titel eines Werkes Mahâvj. 65,20.

उपायान 3.

उपारोह m. *das Auftauchen, Wiederhervorkommen* Comm. zu Jogas. 1,11.

उपार्ध I. 6.

उपालिप्सु 6.

उपावी I. Maitr. S. 1,2,15 (24,8). उपावि (so auch v. l. an der ebengenannten Stelle) 3,9,6 (123,14). Vgl. उपवी.

उपावृत् I. 6.

उपासकाध्ययन 1.

उपासनासिद्ध Adj. *durch Cult in den Besitz übernatürlicher Kräfte gelangt* Mahâdeva zu Sâṁkhjas. 1,95.

उपासनासिद्धि f. *Erlangung übernatürlicher Kräfte durch Cult* Mahâdeva zu Sâṁkhjas. 1,25.

उपासासिद्ध Adj. = उपासनासिद्ध Sâṁkhjas. 1,95.

उपासिनाविन् 3.

उपाहित I. 3.

उपेन्द्र I. Deren 32 nach Divjâvad. 222,8.

उपेप्सा I. 1.

उपोति 2.

उपोत्तर und उपोत्तम 3.

उपोलव I. nach Dârila *eine best. Pflanze.*

उपोषण I. 6.

उपोषधोषित Adj. *die Fasten beobachtend* Divjâvad. 116,22. 121,19.

उप्तकेश 3.

उभ् I. 4. °उम्भित *voller* — Subhâshitâv. 181.

उभयकालिक 3.

उभयकोटिविनिर्मुक्त Adj. *nicht unter eine Alternative fallend* Aniruddha zu Sâṁkhjas. 1,133.

उभयकोटिस्पृश् Adj. *zu beiden Seiten einer Alternative in Beziehung tretend* Aniruddha zu Sâṁkhjas. 6,19.

उभयग्रासराहूदय und उभयचिह्न 2.

उभयतःक्ष्णु 4.

उभयतःपत्न I. 3.

उभयतःफल 5.

उभयतःशिक्य und उभयतोधार 3.

*उभयतोभागविमुक्त Adj. Bez. eines Çrâvaka *auf einer best. Stufe seiner Entwickelung* Mahâvj. 46.

उभयतोमोद, उभयतोवाह्न und उभयतोवीवध 5.

उभयवैश्वानर Adj. *beiderseits* Vaiçvânara *habend* Maitr. S. 4,6,6 (87,6).

उभयादत् I. 1.

उभयदेह m. *Doppelkörper* (d. i. कर्मदेह und उपभोगदेह) Sâṁkhjas. 5,124.

उभयवर्तनिन् 5.

उभयशिरस्क 6.

उभयस्पृश् Adj. = उभयकोटिस्पृश् Aniruddha zu Sâṁkhjas. 2,33.

उभयाबाङ्क I. 3.

*उभयासिद्ध Adj. *weder* स्वतः सिद्ध *noch* परतः सिद्धः Mahâvj. 199,91.

उमेश्वर 2.

*उयमानवधन s. ऊयमान°.

उरगाशन 1. 3.

उरंधा 6.

उररी 1. 1.

उरःशिरस् n. Sg. *Brust und Kopf* Kauç. 47,45.

उरस् 1. उरसा प्रत्युद्गम् *kühn entgegengehen* Gâtakam. 13,32.

उरःस्थ Adj. *aus der Brust kommend* (वाक्य) R. ed. Bomb. 4,3,31.

उरुकर्ण 1. 2.

2. उरुधार 3.

उरुदैप्स 4.

उरुव्यञ्च und उरुव्रज 1. 6.

उरोग्रीव 2.

उरोज 1. 4. Dharmaç. 4,69. 14,81.

उरोविदारम् 1.

उर्वीधर 3.

उर्वीरुह् 3. Wird Çiç. 1,7 auch als m. *Baum* erklärt.

उल 1. *eine best. Gemüsepflanze* Kauç. 25,18.

उलप्यं 1. 1.

उलूपीय 2.

*उलुक m. N. pr. eines Schlangendämons Mahâvj. 167,53. Vgl. उलूक, उल्लुक.

उल्लोक s. u. लोक und vgl. Aufrecht in Z. d. d. m. G. 42,152.

उल्कपात, उल्कापात u. उल्लुक 3.

*उल्लाङ्घिका f. *Sprung* Mahâvj. 263, 24.

उल्लाप्य 3.

उल्लालन 6.

उल्लम 3.

उल्लापिक 1. 3.

उल्लाविन 2.

*उल्लुक m. = उलुक Mahâvj. 167,53.

उल्लोच 1. 5.

उल्लोपम् 3.

उल्लोल 1. Adj. *lieblich* Dharmaçarmâbhj. 1,59.

*उशनस्तारका f. *der Abend- und Morgenstern* Mahâvj. 71,6.

उषापरिणय 2.

उष्मग 1. 6. Auch MBh. 7,20,16.

उष्मगन n. *Begeisterung* Divjâvad. 80,1. Vgl. ऊष्मगत.

उष्णप 1. MBh. 12,36,9.

उष्णभास् und उष्णमहस् 3.

उष्णिक्ककुभौ Nomin. f. Du. = उष्णिक्ककुभौ Maitr. S. 2,1,4 (42,5).

उष्णीषकुण्डल 2.

उष्णीषभाजन 4.

उष्णीषविजय, °धारणी und उष्णीषविजया 3.

*उष्णीषशिरस्क Adj. *einen Auswuchs auf dem Kopfe habend.* Nom. abstr. °ता f. Mahâvj. 17.

उष्मित 4.

उह्कार und उह्यमानक 3.

ऊखल 3.

ऊठ 1. 3.

ऊठ्वा 3.

ऊतिनेना 1.

ऊनद्विवार्षिक 2.

*ऊनवाद m. *unehrerbietige Reden* Mahâvj. 261.

*ऊनविंशतिवर्षोपसंपादन n. *das Weihen eines Mönchs vor seinem 20sten Jahre* Mahâvj. 261.

ऊनषोडशवर्ष 6.

ऊनी 1. 1.

ऊनेन्दुपूर्णिमा 3.

*ऊयमानवर्धन (उयमान° geschr.) n. *das Webenlassen eines Gewandes in grösserem Umfange* (*als der Geber beabsichtigte*) Mahâvj. 260.

ऊर 3.

ऊरी 1. 2.

ऊरुक 1.

ऊरुचिह्न 3.

ऊरुभङ्ग 3.

ऊर्जात्य 4.

ऊर्जय 1. 1.

ऊर्जस्पति 3.

ऊर्जाहुति 1. f. *eine saftige —, nahrende Opfergabe* Maitr. S. 1, 10, 9 (149,6).

ऊर्णाम्बर 4.

*ऊर्णापारिकर्मण (!) m. *das Waschenlassen u. s. w. von Wolle durch nichtverwandte Frauen* Mahâvj. 260.

ऊर्णामृदु 1.

ऊर्णाम्रदस् 2.

*ऊर्ध्वरोम Adj. *mit emporgerichteten Härchen* Mahâvj. 17.

ऊर्ध्वमुख 3.

ऊर्ध्वज्योतिस् 1.

ऊर्ध्वज्वलन 3.

ऊर्ध्वकम्प 2.

ऊर्ध्वपुण्ड्रधारण und °पुण्ड्रवचन 2.

ऊर्ध्वभागकृत् 3.

*ऊर्ध्वभागीय Adj. *zu Höherem —, zur Wiedergeburt in höherer Stellung führend* Mahâvj. 109.

ऊर्ध्वभासिन् 4.

ऊर्ध्वमूल 1.

ऊर्ध्वभावुक 3.

ऊर्ध्वयासिन् Adj. als Bez. *bestimmter Einsiedler* R. ed. Bomb. 3,6,4.

ऊर्ध्ववास्य 4.

ऊर्ध्वशकल, ऊर्ध्वशल्क und ऊर्ध्वशाख 2.

ऊर्ध्वशुषी f. (sc. समिध्) *oben trocken gewordenes Holz* Kauç. 48,38.

ऊर्ध्वशुष्क 3.

ऊर्ध्वसद् 4.

ऊर्ध्वसानु 1. 4.

2. ऊर्ध्वस्रोतस् 1. *Adj. als Bez. *eines* Çrâvaka *in einem best. Stadium der Entwickelung* Mahâvj. 46.

ऊर्ध्वस्तक 1.

ऊर्वस्थि 2.

ऊली f. *Zwiebel* Kâturvimçatimata in Prâjaçkittamajûkha nach Aufrecht.

ऊवध्यगोहं 1. 2.

ऊष्मगत (उ° geschr.) n. *Begeisterung* Divjâvad. 166,15. 240,20. 271,12. 469,12. *Adj. *begeistert* Mahâvj. 35. Vgl. उष्मगत.

ऊष्मभक्तम् Absol. mit भक्त् *heiss essen* Kauç. 67,27.

ऊष्माय 1. 1.

1. ऊह् mit व्यप 1. 5. — Mit विनिस् 5. — Mit अभिपरि 4. — Mit प्र 1. 3. — Mit अनुप्र 2. — Mit निर्वि 1. 3. 5. — Mit प्रतिवि 1. 1.

1. ऊह 1. 2.

*ऊहना (उहना geschr.) f. = ऊहा Mahâvj. 245,1060.

*ऊहापोहसमर्थ Adj. *fähig* (das *Erforderliche*) *hinzuzufügen oder abzuziehen* Mahâvj. 245,1061.

ऊहिन् 3.

1. ऋत 1. 4.

ऋक्षकर्णी 1.

ऋक्षबिल n. N. pr. einer *Höhle* R. ed. Bomb. 4,50,8.

ऋक्षवर्ण Adj. *bärenfarbig* (Pferd) MBh. 9,11,41.

ऋग्गुत्तम 1.

ऋग्यजुःसामादिमय 3.

ऋग्वेदपद, °वेदप्रकृतिपद, °वेदप्रमाण, °वेदप्रयोग, °वेदप्रातिशाख्य, °वेदब्राह्मण, °वेदविधान, °वेदशिवमन्त्र und °वेदारण्यक 2.

ऋचक 1. Verz. d. B. H. 2,98.

ऋजुकर्म 6.

ऋजुविवरण und ऋजुवृत्ति 2.

ऋञ्जति 3.

ऋण 1. 3.

ऋणधर m. *Erbe* Divjâvad. 254,11.

ऋणविमोचनशान्ति 2.

ऋणहर m. *Erbe* Divjâvad. 498,21. °कारक m. dass. 87,17.

ऋत 1. 3.

ऋतव्य 1. 2.

ऋतश्री und ऋतसधस्थ 2.

ऋतुगमन 3. Auch Âpast. Gṛhj. 9,1.

ऋतुदेवत 3.

ऋतुपात्र 1. 3.

ऋतुमुखीय 6.

ऋतुव्यावृत्ति 3.

ऋतुसमावेशन n. *das Beiwohnen in den 14 Tagen nach der Menstruation* Âpast. Gṛhj. 8,13.

ऋतुसमाकार 2.

ऋते 1. 3.

ऋतेभङ्ग Adj. (f. आ) *ohne Trennung, — Zerlegung* Gobh. 1,3,17 Conj. von Roth.

ऋतेरक्ष 6.

ऋच्छ 1. 2. 6.

ऋन् 4.

ऋत्व्य 1. 2.

ऋद्ध 1. 3.

ऋद्धिमत् 1. 6.

ऋद्ध्यभिसंस्कार m. *ein durch Zaubermacht hervorgebrachtes Trugbild* Gâtakam. 23.

ऋश्वीनपक्ष 3.

ऋह्लासक 2.

ऋषभ 1. f. आ *ein Mädchen, welches in einer best. Beziehung Aehnlichkeit mit einem Stiere hat,* Âpast. Gṛhj.

3,11. Vgl. JÂDAVAPRAKÂÇA's VAIGAJANTI, BHÛMIKÂNDA, BRÂHMANÂDHJÂJA 51: वृषभा वृषलत्तणा. Soll auch in BAUDH. GRHJ. (in dessen unechtem Theil) vorkommen nach WINTERNITZ.

ऋषभचर्मं und ऋषभदत्त 2.

ऋषभनाथचरित्र 1.

ऋषि I. 4.

ऋषिकल्प 4.

ऋषिदेश und ऋषिमण्डल 1.

ऋषिमण्डलप्रकरण 2.

ऋषिवाद 6.

ऋष्टिक I. am Ende eines adj. Comp. = ऋष्टि 1) MBH. 5,155,13.

1. ए I. 1.

एककर I. 3.

एककरपाद 3.

एककर्ण 1.

एककर्मन् 2.

2. एककार्य I. 3.

एकक्रिय 3.

एकगर्भ 4.

एकग्रह 2.

एकच्छायाप्रविष्ट Adj. *solidarisch haftbar* KÂTJÂJANA in VIVÂDAR. 52.

एकज्यावर्गविकल 2.

*एकज्वाली Adv. mit भू *ganz in Glut gerathen* MAHÂVJ. 223,178.

एकतत्त्व 3.

एकतेजन I. 2.

एकतोमुख 2. 4.

एकत्य Adj. Pl. *nonnulli* MAHÂVJ. 119. DIVJÂVAD. 327,16. 18. 618,9.

एकत्वसिद्धिवाद und एकदमन 2.

एकदालिन् 3.

एकदुग्ध 4.

एकदेशिन् I. 3.

एकदेह, एकदोहन und एकद्वार 3.

एकद्वर्च 2.

एकद्यन्तरच्यन्तराशिन् 3.

एकधन I. 3.

एकधारक I. 1.

*एकध्यम् Adv. *zusammen* MAHÂVJ. 245. एकध्ये dass. DIVJÂVAD. 35,24. 40,22. Richtig ऐक°.

एकनाथार्यभागवत 2.

एकनाराशंस 5.

एकनिभ, एकनिर्माण, एकनिष्ठ und एकन्याय 3.

2. एकपति 5.

एकपदम् 6.

एकपर्वन् 3.

एकपशुक I. 3.

एकपाक 3.

एकपातिन् I. 3.

एकपात्र und एकपार्श्वावदारित 4.

एकपुत्र 3.

एकपुष्कर 2.

एकपुष्कल, एकप्रमाण u. एकप्रैष 3.

एकबेरप्रतिष्ठाविधि 2.

एकभाग und एकभूमीश्वर 4.

एकभयंस् 5. Auch ÂÇV. ÇR. 5,14,20.

एकमाला 2.

एकमास, एकमूर्ति und एकयज्ञ 4.

एकयोग m. *eheliche Verbindung* MBH. 12,320,59.

एकरथ 3.

एकरश्मि 2.

एकलोक Adj. *eine Welt besitzend* MAITR. S. 1,10,18 (158,1).

एकवर 3.

2. एकवर्ण I. 1.

एकवर्तनिन् und एकवसन 5.

एकवारम् I. 3.

एकविंशतिच्छर्दि und एकविंशतिदक्षिण 4.

एकविंशतिधामन् Adj. (f. °धाम्नी) *21 Weisen habend* MAITR. S. 4,7,6 (101,9).

एकविंशवर्तनि 5.

एकविद्य Adj. *mit einer Wissenschaft vertraut* RUDRAṬA, ÇṚÑGÂRAT. 1,41.

*एकवीचिक Adj. als Bez. eines Çrâvaka *in einem best. Stadium der Entwickelung* MAHÂVJ. 46.

एकवृतीय 6.

एकवर्ष I. 2.

1. 2. एकवेद 6.

एकवेश्मन् I. 6.

एकव्यूह 3. * m. *ein best.* Samâdhi MAHÂVJ. 21.

एकव्यूहविभाग 2.

एकव्रत I. 4.

एकशङ्ख 3.

एकशय्यासन n. *das Zusammensitzen auf einem Bette* BṚHASPATI in VIVÂDAR. 380.

एकशय्यासनाशन 3.

एकशरीरिन् Adj. *alleinstehend, keine Angehörigen habend* DAÇAK. (1883) 136,8.

एकशाख I. 3.

एकशास्त्रवाद 2.

एकशिल I. 3.

एकशीर्षा 2.

एकशीलसमाचार 6.

एकशूल 2. 3.

एकशृङ्ग 3.

एकशेष I. 6.

एकश्लोकीव्याख्या 2.

एकसमुत्थ und एकसंबन्धिन् 6.

एकसर 2.

एकसर्ग I. 5.

एकसामि 2.

एकसूक्त I. 2.

एकस्तन 6.

एकस्थालीसक्षाय 5.

एकस्विष्टकृत् 6.

एकहविस् 2.

एकहाविन् 6.

एकहेलम् Adv. = °हेलया DHARMAÇARMÂBH. 4,36.

ऐकहोतर 3.

*एकाकार m. *ein best.* Samâdhi MAHÂVJ. 21.

एकाकृति 3.

एकाक्षर I. 2.

एकाक्षिपिङ्गलिन् 3.

एकाग्र I. Am Ende eines Comp. *ganz erfüllt von* GÂTAKAM. 3.

एकातपत्र 3.

एकात्मपक्ष m. *der* Vedânta ANIRUDDHA zu SÂṀKHJAS. 1,150. 151. 155. 157.

एकात्मवादिन् m. *ein Bekenner des* Vedânta ANIRUDDHA zu SÂṀKHJAS. 1,29.

ऐकादशच्छदि und एकादशद्वार 3.

एकादशप्रयोग, °दशभाषाव्याख्या, एकादशर्च und एकादशव्यूह 2.

एकादशाङ्गवेदिन् und एकादशाङ्गिन् 5.

एकादशात्मक Adj. *auf elferlei Weisen sich manifestirend* R. ed. Bomb. 4,43,56.

एकादशिनि° = °नी KÂTJ. ÇR. 19,4,6.

एकादशीमाहात्म्य und °दशीव्रतकल्प 2.

1. एकान्त I. 5.

एकान्ती Adv. mit कर् *feststellen, ausmachen, entscheiden* DIVJÂVAD. 572,1.

एकाभिभाव 2.

एकायनीभाव 3.

एकार्कमणि m. *ein best. Amulet*, = घार्क (s. oben) DÂRILA zu KAUÇ.

एकार्षेय 3.

*एकावचारक Adj. MAHÂVJ. 245, 1027.

एकाशीतिचक्रोद्धार 1.

एकाष्टकादीक्षिन् 3.

*एकासनिक Adj. *beim Essen auf einer Stelle bleibend* MAHÂVJ. 49.

एकीभावस्तोत्र 1.

एकीय I. *einzig in seiner Art* GÂTAKAM. 22,19.

एकेन्द्रियसंज्ञा f. *Bez. des dritten Stadiums im* Vairâgja SÂṀKHJATATTVAKAUMUDÎ zu KÂRIKÂ 23. ANIRUDDHA zu SÂṀKHJAS. 2,1.

एकैकत्र, एकैकवत् und एकोतिभाव (एकोतीभाव MAHÂVJ. 67. 85 [v. l. एकोति°]; vgl. Proceedings of the As. Soc. of Bengal 1887, S. 167. fgg. 223. fg. 249 und एकोति) 2.

एकोनपञ्चाशद्धा 3.

एकोनविंशतिमुख 2.

एकोल्मुक 3.

एटक m. = एडक 1) *a)* KAUÇ. 41,6.

एड I. 2. * m. N. pr. eines Schlangenfürsten MAHÂVJ. 167.

*एडमेड m. desgl. ebend.

*एडवर्ण und *एडवर्ण m. desgl. ebend.

*एडालिपुष्प n. *eine best. Blume* ebend. 240. Vgl. एडिकाली.

एणाक I. 2.

एणातिलक I. 5.

एणाविलोचना 4.

एणाङ्क auch *das Zeichen Antilope* Ind. Antiq. 1887, S. 64, N. 6.

एतत्काल und एतत्तृतीय 2.

एतत्प्रभृति 5.

एतद्योनि 3.

एतद्विद् Adj. *dieses kennend* ÂPAST. GṚHJ. 9,11.

एध् I. 3.

एरक I. 2. एरका auch *eine Matte*

aus Erakâ-Gras Âpast. Gṛhj. 12,3.

एरण्ड I. f. आ eine best. Zauberformel Divjâvad. 103,3.

एवंयुक्त 4. 6.

एवंलक्षण 3.

एवंवर्ण 2.

एवंवादिन् 3.

एवंविदुस् 2.

एवंविक्लिन्न Adj. so zubereitet Âpast. Gṛhj. 12,6. 14,15.

एवंवृत्तसमाचार 6.

एवंशील und एवंशीलसमाचार 2.

*एवंसंज्ञिन् Adj. eine solche Vorstellung habend Mahâvj. 15.

एवंसुखदुःखप्रतिवेदिन् 2.

एवंकृत 4.

एवंक्रमक 3.

एवंगोत्र, एवंचिरस्थितिक, एवंजाति und एवंदर्शिन् 2.

एवंदेवत 3.

एवम् I. 3.

*एवमायुष्पर्यन्त Adj. von solcher Lebensdauer Mahâvj. 15.

एवमायुष्प्रमाण 2.

एवंपरिणाम und एवंप्रत्यय 4.

*एवंप्रमुख Adj. solches an der Spitze habend Mahâvj. 244.

एवंप्रवाद 4.

*एवंभागीय Adj. von solcher Art Mahâvj. 104.

एवाष m. ein best. kleines Thier Maitr. S. 4,8,1 (107,16). Vgl. वैवाष und यवाष.

एष् mit अधि 3.

1. एष्टर्, एष्ट्री I. 4.

एहिभिक्षुका f. der einladende Ruf „komm o Mönch“ Divjâvad. 48,19.

1. ऐ I. 1.

ऐकमत्य 5.

ऐकमुख्य 3.

ऐकान्तिक I. völlig ausgemacht, absolut sicher Gâtakam. 22,27.

ऐकैकश्य I. 3.

ऐतन्त्र्य 3.

*ऐच्छान्तिक Adj. Mahâvj. 110. Vielleicht fehlerhaft für ऐच्छान्तिक.

ऐडादध, ऐडादधीय und ऐतरेयारण्यक 2.

ऐनस I. 6.

ऐन्द्रियायतन 2.

ऐरण्ड I. 5.

ऐरावतक I. 1.

ऐरावत् 3.

ऐरेय I. 3.

ऐर्यापथिकी 2.

ऐवमर्थ्य und ऐशि 3.

ऐश्वरकारणिक 5.

ऐषावीर I. vgl. स्त्रैषावीर.

*ऐहिपश्यिक Adj. zur Selbstüberzeugung auffordernd Mahâvj. 63.

ऐहलौकिक (fehlerhaft) 2.

ओगण्ड I. 2.

ओघ I. der vierfache Strom der weltlichen Neigungen Divjâvad. 95, 13. *ओघोत्तीर्ण Adj. diesem entronnen Mahâvj. 19.

ओघी und ओघोपकरण 5.

ओंकारचतुर्थ Adj. (f. आ) die Silbe ओम् als Viertes habend Âpast. Gṛhj. 8,10. 15,4.

ओंकारवाद 2.

ओज I. 2) a) Divjâvad. 105,7.

ओजस्कार Adj. Kraft u. s. w. bewirkend Maitr. S. 4,7,3 (96,11).

*ओजाप्रत्याहारिणी f. N. pr. einer Tantra-Gottheit Mahâvj. 197. Richtig wohl ओजप्र° oder ओजःप्र°.

ओडिगल्ल 4.

ओतु I. 2) Subhâshitâv. 683.

ओदनपचन I. Maitr. S. 1,10,17 (157,16).

ओदनपिण्ड m. Reiskloss Âpast. Gṛhj. 19,7. 20,7.

ओदनप्रति 6.

ओदनभोजिका 3.

ओद्मन् I. auch Nass, Feuchtigkeit, Regen Çâṅkh. Br. 4,14.

ओषधिवनस्पतिमत् 6.

ओषधिक्षेम und ओषधीवल्लभ 5.

ओषधीश I. Dharmaçarmâbhj. 16,11.

ओषधीश्वर m. der Mond Dharmaçarmâbhj. 5,65.

ओष्ठरुचक und ओष्ठरुचिर 5.

औत्तक I. 5.

औच्चैःश्रवस und औत्तम I. 3.

औत्कल 5.

औत्तरपत्त्र 2.

औत्तरपादिक I. 6.

औदरिकशरीर 3.

औदर्चिष 5.

औदार Adj. gross, deutlich wahrnehmbar Divjâvad. 207,5.

औदारिक I. Adj. grob materiell. Nom. abstr. °ता f. Mahâvj. 85.

औडुम्बरि° = °री Kâtj. Çr. 8, 6,23.

औद्गात्रप्रयोग 2.

औद्दालकि I. 3.

औद्देशिक I. 2.

औद्धत्य I. ausgelassene Heiterkeit, Muthwille Gâtakam. 28.

औद्धत्र 2. 1) 8,14,5 und 2) 6 zu lesen). 3.

औद्धवनय 2.

औद्भिद I. 3.

औनीत m. eine Krankheit am penis des Pferdes Açvav. 51,4.

औन्निद्र्य 3.

औपकारिक Adj. (f. ई) wohlthätig, nützlich, förderlich Daçak. (1883) 160,14.

औपकार्य I. n. auch eine vorbereitende Handlung, Nebenhandlung Âpast. Gṛhj. 21,11.

औपचायिक 6. * = औपचारिक Mahâvj. 245,684.

औपधिक I. Adj. *wohl bedingt Mahâvj. 93. n. das Nachdenken Divjâvad. 542,17. fg.

*औपनायिक Adj. Mahâvj. 63. Vgl. Pâli ओपनयिक.

औपमन्यविन् 3.

औपयिक I. = उपाय Kir. 2,35.

औपवाह्य (als Beiw. eines Elephanten Gâtakam. 9) und औपवेशि I. 3.

औपासनमल्ल 2.

औपेन्द्र 5.

औमापत 2.

औरभ्रिक I. Schlächter von Schafen Mahâvj. 186. Kâraṇḍavj. 94,22.

औलुण्ड्य I. 5.

औलूखल I. 4.

औषधप्रयोग 2.

औष्ट्रक I. 5.

औष्ठान 3.

औष्ण n. Hitze Çaṁkara zum Vedânta 93,16.

औसत्र 3.

1. क mit चिद् und चन II. Bemerkenswerth ist die Verbindung न ते कच्छिद्दशरथस्त्वं च तस्य न कश्चन so v. a. du und Daçaratha haben Nichts mit einander zu thun R. 2,108,10.

कंस II. 5.

कंसकृष् 3.

ककुच eine best. Frucht Kauç. 48, 32. v. l. ककुच.

ककुद्मत् II. 3.

ककुद्मिकन्या 3.

ककुभ II. 3.

ककुम्भवत् 3.

ककुम्मुख 5.

कक्कल und कक्काल II. 2.

कक्किण्ड 5.

कक्कुच s. oben ककुच.

कक्काल s. u. कक्कल.

कालिमालिकोपनिषद् 2.

कक्षीवत् II. 6.

2. कक्ष्य II. 5.

कक्ष्यमाला 2.

कङ्क II. 6.

कङ्कण II. 3. Wassertropfen Dharmaçarmâbhj. 8,26. 13,63.

कङ्कपाधर 3.

कङ्कपृष्ठिन् und °पृष्ठी II. 2.

कङ्कमय 2.

कङ्कवाजित 5.

कङ्केलक II. Dharmaçarm. 8,23.

कच II. 6.

कचग्रह m. das Packen bei den Haaren MBh. 5,155,5.

कचङ्गल II. f. आ N. pr. einer Stadt Gâtakam. 19,21.

कचवर, कचार, कचोलक und कच्छपारावत 5.

कञ्चुकोपानहिन् 2.

कट् II. 6.

2. कट् 2.

कट II. 5.

कटत्कटिति 2.

कटदान 6.

कटप्र 2.

कटाक्षपात 3.

कटाक्षय्, °यति mit einem Seitenblick ansehen (uneig.) Pârv. 589,32.

कटाग्नि II. 6.

कटाभ 2.

कटाहक II. Pfanne Divjâvad. 404,28.

कटिदान 6.

कटिप्रोथ II. Nîlak. zu MBh. 3,40,38.

कटिल्ल II. 2.

कटिस्थ 5.

कटीकतरुण und कटीतरुण II. 2.

कटुकभाषिन् 3.

कटुकविटप und कटुकवल्ली II. 6.

कटुङ्कता II. 3.

कटुतिक्त II. 2.

कटुतुम्बिनी und °तुम्बी II. 6.

कटुशृङ्गाट und °शृङ्गाल II. 3.

कठशाठ II. 2. 6.

कठिन II. n. * *ein in einem Tage verfertigtes Kleid, das einem Mönch geschenkt wird,* Mahâvj. 266. कठिनास्तरण n. und कठिनास्तारक ebend.

कठिनतारकनाथ m. *Vollmond* Rudrata, Çṛñgârat. 2,109. Vgl. कठोरताराधिपति.

कठिनी II. 6.

कडङ्गर II. *eine best. Waffe* MBh. 7,25,58.

*कडित्तल = कडितुल Mahâvj. 238.

कडेवर n. = कलेवर 1) Mahâvj. 189. Divjâvad. 39,11.

कणमूटक und °मूडक 2.

कणाटीर II. 5.

कणादन्यायभूषण 2.

कणिक II. 6.

कणिक्किक 5.

कण्टकिन् 3.

कण्टकिद्रुम m. *ein Baum mit Dornen* Spr. 1736.

कण्ठग auch *zur Kehle herauskommend* R. ed. Bomb. 4,3,31.

कण्ठतटिनी 2.

कण्ठत्राण *Nackenschutz* MBh. 7,127,19.

*कण्ठनालिका f. *Luftröhre, Kehle* Mahâvj. 189.

कण्ठप्रणाली 4.

कण्ठभूषण, कण्ठमणि und कण्ठसूत्र II. 2.

कण्ठ्य II. *selbstverständlich* Ind. St. 16,313. 317.

कण्डीरपुष्पा 2.

कण्डु II. 5. *Krätze* Mahâvj. 261. 272.

कण्डुल (II) und कण्डूल 5.

कण्डेलगच्छ II. 2.

कतरथा 4.

कतिथ II. 6.

कतिशस् II. 3.

कथंकर 3.

कथंकथा 5. Divjâvad. 84,9.

1. कथा II. 6.

कथाक्रम II. *Disputation* Gâtakam. 23.

कथाप्रबन्ध 4.

2. कथाप्रसङ्ग II. 5.

कथाप्रस्ताव und कथाबन्ध 4.

कथासंधि 6.

कथासार 2.

कथित II. 6.

कदधग 5.

कदम्ब II. 6. *weisser Senf* Gâtakam. 15.

कदम्बमुकुलन्याय m. Mahâdeva zu Sâṁkhjas. 5,103.

*कदाचित्कव n. Mahâvj. 245,159 fehlerhaft für कादा°.

कदाशय 5.

कदोशितर् 3.

कन् II. 6.

कनककुशल 2.

कनककत्रानकी 6.

कनकदण्ड 4.

कनकदत्त und °दत्त II. 6.

कनकधारक, कनकनन्दिन् und कनकपत्तन 3.

कनकयष्टिमत् 6.

कनकलेखा u. कनकवल्लीपरिणय 2.

कनकशृङ्गमय 6.

कनकश्री 2.

कनकसेन II. 2.

कनकाम्बुज 5.

कनकासन und कनिष्ठतंस् 4.

कनिष्ठप्रथम 3.

कनीयःस्तन II. 4.

कन्थारिका 2.

कन्दु 6.

1. कन्द II. 6. N. pr. eines Fürsten Festgr. 17.

कन्दर II. 4.

कन्दरोदरकुटवत् Adj. *Höhlen in seinem Innern und Kuppen habend* (विन्ध्य) R. ed. Bomb. 4,60,7.

कन्दुकलीला 5.

कन्दुकाबिन्दुका f. N. pr. eines Flusses Festgr. 16.

कन्दुकावती und कन्दुकोत्सव 2.

कन्य II. 2.

कन्यागार und कन्यागृह 2.

कन्यादर्शम्, कन्यादूषयितर् und °दूषिन् 3.

कन्यामाधव 2.

कपटशतमय 6.

कपर्दिस्वामिन् II. 2.

कपालविमोचन 3.

कपालशकल 6.

कपिकेतु 5.

कपिञ्जल II. 1) *a)* °न्यायेन (Sâj. zu RV. 3,56,5. Sud. zu Âpast. Gṛhj. 10,2.3. Kull. zu M. 8,105) *nach Art der* Kapiñgala und कपिञ्जलाधिकरणन्यायेन (Shadguruç. in Vedârthad. 72,10) *nach Art des Kap.-Abschnittes* (in der Pûrvamîmâṁsâ) bedeuten so v. a. *da schon drei eine Mehrzahl bilden.* Im Opferritual heisst es nämlich: अश्वमेधे वसन्ताय कपिञ्जलानालभेत. Da das Tödten von lebenden Wesen soviel als möglich vermieden werden soll, hier aber eine Mehrzahl von Haselhühnern zu opfern vorgeschrieben wird, so wird, um beiden Vorschriften gerecht zu werden, *drei* (das Minimum der Mehrzahl) als Norm angesetzt. Vgl. VS. 24,20. Gaim. 11,1,38. Njâjam. 11,1,9. Diese Erklärung des Njâja verdanke ich Macdonald, der wiederum auf Cowell verweist.

कपिञ्जलसंहिता 2.

कपिलक II. 3.

कपिलधूसर 3.

कपिललाट m. *Arm* (बाहु) Kauç. 45,4.

कपिवर्न II. Maitr. S. 1,4,5(53,14).

कपिशीर्षक = कपिशीर्ष Vikramâñkak. 9,105.

कपीनृप 5.

कप्य् II. 4.

कपोलमूल 4.

कफगुल्म 2.

कमण्डलु II. 3.

कमन II. 6.

3. कमल II. 2.

कमलगर्भ II. Vgl. u. गर्भ 2).

कमलनयन II. 6.

कमलवल्ली, कमलाकर्णी, कमलाचलमाहात्म्य u. कमलिनीकलहंस 2.

कमलाय् 6.

कमेर 5.

कम्प् mit समा *erzittern* Gâtakam. 32,16. — Mit उद् Caus. II. *abwenden* (das Auge) 13,4.

कम्बलकारक 3.

*कम्बलदाय Adj. *ein wollenes Tuch u. s. w. zu schenken im Sinne habend* Kâç. zu P. 3,3,12.

कम्बलधावक 3.

कम्बलिन् II. 2.

कम्बा 5.

कम्र II. 2.

कयाधु II. 6.

कयाशुभीय II. Maitr. S. 2,1,8(10,8).

1. कर् mit प्रत्यप II. 2. — Mit अन्वव II. 5. — Mit अभ्या 3. — Mit पर्या II. 5. — Mit उद् II. 2. — Mit वि II. 5. Desid. 5. — Mit प्रवि 3. — Mit सम् II. 6. — Mit अभिसम्, °संस्कृत *bereitet, vorbereitet* Gâtakam. 26,19.

3. कर् mit अभिप्र 6. — Mit अवसम्, °अवसंकीर्ण *überschüttet mit, voll von* R. ed. Bomb. 4,8,15.

कर II. m. als Erklärung von प्रवर्त Har. zu Âpast. Gṛhj. 12,9.

करक II. 2.

करगृहीति 2.

करङ्काय् 3.

2. करण II. n. *Sehne, Band, Muskel* Kir. 18,8.11.

करणनल 6.

करणीय II. 2.

करणेश्वर 5.

करण्डकनिवापक 3.

करतलताल 2.

करताल II. 2.

करदायक 6.

करदिति und करन्यास 3.

करपत्त्रक, f. °त्त्रिका II. *Säge* Divjâvad. 31,4.

करपुटाञ्जलि und करपुटी 3.

करभीय 5.

करमरी II. 6.

करम्भ II. 3. Hier steht das Wort fälschlich nach करिकुम्भ.

कररूपद 3.

करविन्दीय 2.

कराग्र II. 3.

कराल m. *Fingerspitze* R. ed. Bomb. 3,46,22.

करालाय 3.

करिकुम्भ 3.

करिमकर II. im Prâkrit Vikr. 117.

करीर II. 3.

2. करीर 6.

करीष II. 6.

करुण II. 3.

करुणावेदितर् und करुणावेदिता 6.

करुणाकन्दली 2.

करेन्दुक II. 3.

करोटपाणि m. Pl. *Bez. bestimmter Götter* Divjâvad. 218,8. 319,24.

करोटिका 3.

कर्क II. 3) lies f. ई.

कर्कटशृङ्ग II. 2.

कर्कन्धुका und कर्कारिके 3.

*कर्करु und *महा° *eine best. Blume* Mahâvj. 240. कर्करवः und महा° wohl Pl.

कर्कोटप्रवादा f. Pl. *Bez. der Verse* AV. 4,38,5. fgg. Kauç. 21,11; vgl. 66,13.

1. कर्ण II. 7) *eine best. Pflanze* Antjeshtik. und AV. Paddh. zu Kauç. 82,26.

2. कर्ण II. *stutzohrig oder sonst defect an den Ohren* Maitr. S. 4,2,9 (32,1). Âpast. Çr. 9,14,14. Comm. zu Çat. Br. 3,3,1,16.

कर्णच्छिद्रक und कर्णताल II. 2.

कर्णदघ्न 3.

कर्णदारिन् 5.

कर्णनिर्वाक 3.

कर्णपाली und °पासी 5.

कर्णपुत्र 2.

कर्णभङ्ग 4.

कर्णमोटिका f. = °मोटी Dharmaçarmâbhj. 5,43.

कर्णरसायन, कर्णरसायनी und कर्णलालिका 5.

कर्णवंश II. 3.

कर्णवेदिन् 6.

कर्णानुजन्म 5.

कर्णाट II. 2.

कर्णाय् 6.

कर्णिकाय् *die Samenkapsel einer Lotusblume darstellen, ihr gleichen.* कर्णिकायित Pârv. 605,29.

कर्तिका 2.

कर्दन II. 2.

कर्पटक s. कर्वटक weiter unten.

कर्पूरक II. 2.

कर्पूरप्रकरकथा u. कर्पूरवर्तिका 2.

कर्बर II. 1) f. आ Dârila zu Kauç. 11,15.

कर्मकण्टक 6.

कर्मकरोल 3.

कर्मकोश 2.

कर्मजन्य Adj. *aus Werken hervorgehend.* Nom. abstr. °ता f. 253,27.

कर्मजित Adj. *durch Werke erworben* Khând. Up. 8,1,6.

कर्मतम 3.

कर्मदण्ड 2.

*कर्मदान n. Mahâvj. 281,160.

*कर्मदायाद m. *Erbe seiner Werke, die Folgen seiner Werke zu tragen habend* Mahâvj. 121.

कर्मदायादवत्त und कर्मदुष्ट 3.

कर्मदेह m. *der werkthätige Körper* Kap. 5,124.

कर्मन् auch so v.a. *Abbildung, Bild.* पत्त्रि°, द्रुम° R. ed. Bomb. 4,25,22. 24.

कर्मपातक 3.

कर्मफलहेतु 6.

कर्मबन्ध 4.

कर्मबाह्य II. 2. 4.

कर्मयोग II. 4.

*कर्मवाचना f. *der Antrag —, der Beschluss in einer Versammlung des Kapitels der Mönche* Mahâvj. 266.

कर्मविपाकमहार्णव und °विपाकमाधवीय 2.

*कर्मविभङ्ग m. Titel eines Werkes Mahâvj. 65,47.

कर्मव्यतिहार m. *Gegenseitigkeit einer Handlung* P. 1,3,14. 3,3,43. 5,4,127. 7,3,6.

कर्मसंध 6.

कर्मस्थान II. Divjâvad. 58,23. 100,10. 212,10.

*कर्मस्वक Adj. *die Folgen seiner eigenen Werke zu tragen habend* Mahâvj. 121.

कर्माङ्ग्राह 6.

कर्मात्मव्याख्या 2.

कर्मावदान n. *Grossthat* Gâtakam. 6.

*कर्मावरणप्रतिप्रस्रब्धि f. Titel eines Werkes Mahâvj. 65,58.

कर्वटक II. *Flecken, Dorf* Divjâvad. 87,13. 498,17 (कर्पटक gedr.). 584,22. 27.

कर्ष् mit अव Simpl. (°कर्षीयात्) = Caus. Maitr. S. 3,6,9 (73,8).

कर्शनीय II. *verkommen zu lassen, schlecht zu behandeln* Gâtakam. 25,28.

1. कर्ष् (so zu lesen statt कब्) mit उद् II. 4. — Mit अपोद् in mit उपोद् zu verbessern. — Mit समुद् II. *herausziehen, hervorziehen* Gâtakam. 23. — Mit विप्रति *misshandeln* ebend. 21,14. — Mit सम् II. 2. 3.

कर्षि 2.

कर्षूवारिणवत् 6.

2. कल् II. 4. 5. — Mit अनु, °कलित *wahrgenommen* Dharmaçarmâbhj. 13,64. — Mit समा *prüfen, untersuchen* Pârv. 579,23.

3. कल् mit प्रति *hetzen, verfolgen* R. ed. Bomb. 4,46,3.

कल II. 2) *a*) R. ed. Bomb. 4,30,9.

कलङ्ककाला II. 2.

कलङ्कश 3.

कलत्र II. 3. 3) Kir. 8,9. 17. 29.

कलन्दकनिवाप m. N. pr. einer Oertlichkeit Mahâvj. 193. Divjâvad. 262,8. 298,25. 364,19 (कलि° gedr.). 506,8.

कलमगोपवधू und कलमीय् 6.

कलविङ्क II. 5) mit einem * zu versehen.

कलशपोत 2.

कलशोदधि 3.

कलह II. 3.

कलहकण्टक 2.

कलहकारिन् 3.

कलहप्रिय II. 3.

कलाकेलि II. 2.

कलाद II. 6.

कलानिधि II. 2.

कलाप m. oder f. *Büschel.* यव° Çâṅkh. Çr. 14.40,9. गोधूम° 41,8.

*कलाम n. Mahâvj. 233 fehlerhaft für कलम m. *Schreibrohr.*

कलामुहूर्तादिमय 3.

कलावतीकामरूप 2.

1. कलि II. 5.

कलिका II. 2.

कलिन्दजा 4.

कलिराज 2.

कलिवत्सल 3.

कलिविडम्बन 2.

कलुषय् II. कलुषित Mudrâr. 60,4 (97,7).

कलुषी II. 3.

कलेवरपुष् 4.

कल्की 6.

कल्प् mit अव II. अवक्लृप्ततम *am Besten entsprechend* Maitr. S. 1,8,6 (124,7). — Mit प्रवि Caus. *beabsichtigen, vornehmen* Gâtakam. 23,38. — Mit सम् II. 3.

कल्प II. 2. 3.

कल्पक II. 2.

कल्पचूर्णि 2.

कल्पतरु II. 5.

कल्पतरुपरिमल 2.

कल्पदूष्य II. Divjâvad. 215,29. 221,19. °वृक्ष 215,27. 221,18.

कल्पन, f. आ II. *Ausrüstung überh.* Gâtakam. 11.

कल्पनाथ m. Bein. Indra's Dharmaçarmâbhj. 7,65.

कल्पनापोढ Adj. *frei von aller Fiction, klar vor Augen liegend* Aniruddha zu Sâṁkhjas. 1,89.

कल्पपादप II. 3.

कल्पपाल II. 2.

कल्पवासिन् 5.

कल्पवृक्ष II. 5.

कल्पव्रत n. *eine best. Begehung des* Brahmakârin AV. Paddh. zu Kauç. 57.

कल्पशाल 6.

कल्पसुन्दरी 5.

कल्पाधिप m. = कल्पनाथ Dharmaçarmâbhj. 7,67.

कल्पान्तवाच्य und कल्पौषधसेवादिप्रकार 2.

कल्माषदम्य m. N. pr. eines Fleckens Divjâvad. 515,12. 516,2. fgg.

कल्मापाभिष्व II. wohl fehlerhaft für कल्माषाभिषव.

कल्याण II. 5.

कल्याणकर 3.

कल्याणघृत, कल्याणपूर्णिमाहात्म्य, कल्याणलक्षण, कल्याणसौग-

न्धिका, °निबन्धन, कल्याणीपरिपाय und कल्हाट 2.

कल्वोटक oder कल्होटक 3.

कवचधर II. 5.

कवचय 5.

कवचहर II. 5.

*कवाचिका f. *eine best. Waffe* Mahâvj. 238.

कवाचित II. 6.

कवड II. = कवल *Bissen* Divjâvad. 290,23. 298,5. 470,22.

*कवडिंकाराहार m. *die durch Schlucken (auf natürlichem Wege) aufgenommene Nahrung* Mahâvj. 118.

कवलीकार 4.

कवष II. 3.

कवि II. m. *Wasservogel* Dharmaçarmâbhj. 5,70. Die richtige Form für *Eule* ist काँवि.

कविकण्ठपाश 2.

कविकण्ठाभरण 6.

कविकर्णपाश, कविदीपिकानिघण्टु, कविरहस्य, कविसंजीविनी, कविसंवादिनिघण्टु und कविस्मृति 2.

कव्य II. 4.

कव्यैना II. 3.

कव्यहव्यभुज् 6.

कश II. 2.

*कशम्बकजात Adj. *besudelt, unrein* Mahâvj. 278. Vgl. Pâli कसम्बु.

कश्यपोत्तरसंहिता 2.

कष् mit नि II. *kratzen, reiben* Kâraka 421,8.

कषायय् 5.

कष्टकष्ट Adj. (f. आ) *gar schlimm, — böse* Subhâshitâv. 3338.

1. कस् II. 5. — Mit निस् Caus. II. 3.

कह्व 2.

कांस II. 5.

कांसिका f. *ein best. musikalisches Instrument* Divjâvad. 329,23.

कांस्यनील II. 2.

काकतालीय II. Vgl. Peterson zu Subhâshitâv. 401.

काकतुण्ड II. 6.

काकनील II. 5.

काकपेय II. 2.

काकमृगगोचरित 4.

काकुंद II. 3.

काङ्क् II. काङ्क्षित *im Zweifel seiend* Divjâvad. 69,18.

काङ्कुट 5.

काच II. 6.

काचकाच्य ? Sabdajalîlâ 1,7.

*काचपटल n. *eine best. Augenkrankheit* Mahâvj. 284,68.

काचिघ II. 5.

काज II. 2.

काजल II. *Salbe(?)* Daçak. und AV. Paddh. zu Kauç. 34,6. Vgl. कज्जल.

काञ्चवं 3.

काञ्चनक und काञ्चनप्रभ II. 2.

काञ्चनमालिन् u. काञ्चनशालिन् 6.

काणाय् 2.

काणाद II. m. *ein Anhänger des* Kaṇâda Çaṅkar. zum Vedânta 91,5.

काणादसंग्रह, काणभट्ट u. °भट्टीय 2.

काण्ड II. 3. 1) m) α) *Fülle, Menge* Vikramâṅkak. 6, 8. — 2) f. ई = काण्ड *Stück* Kauç. 23,15.

काण्डकार 6.

*काण्डरिक Adj. Mahâvj. 271,28.

काण्डलवण 5.

काण्डवस्त्र 3.

काण्डीर II. 3.

काण्डेर 2.

काण्वोपनिषद्, कात्यायनगृह्य und कात्यायनोपनिषद् 2.

कादली 4.

काद्रवेय II. 2) MBh. 8,56,103.

काननहोत्र 2.

काननीय् 4.

1. कान्त II. 2. 5.

कान्ताय् II. 6.

कान्तारमण्डूक 3.

कान्तारवासिनी II. 6.

कान्तालीय, °खण्डन und °खण्डनमण्डन 2.

कान्तिमधुमय 6.

कान्तीकरण 3.

कान्वशिर 2.

कापेय II 3. Bedeutet *bei den* Kapi *üblich;* vgl. Âpast. Çr. 14,7,19. fg.

कापोत II. 6.

काबन्ध्य 3.

कामकलासूत्र 2.

कामद II. m. so v. a. *gnädiger Herr* Gâtakam. 13,29.

कामदोग्ध्री 2.

कामधातु II. *die Welt, in der die sinnlichen Neigungen herrschen,* Gâtakam. 29.

कामपाल II. 3.

कामपुष् Adj. *Wünsche erfüllend* Dharmaçarmâbhj. 17,35.

*काममिथ्याचार m. *verkehrter Wandel in Betreff sinnlicher Neigungen, das Fröhnen verbotenen sinnlichen N.* Mahâvj. 92.

कामदूर्पिन् II. 3.

कामवर्ष 3.

कामवृत्त, Nom. abstr. °त्व n. R. ed. Bomb. 4,1,123.

कामसंदोह 6.

कामसमृद्ध 2.

कामाक्षीस्तव u. कामाक्षिकाष्टक 2.

काम्पीलवासिन् II. das * zu streichen.

काम्यपाड्या 3.

काम्यश्राद्ध 6.

काम्येष्टि II. 3.

1. काय II. 6.

*कायकलिसंप्रमथन m. *ein best.* Samâdhi Mahâvj. 21,116.

कायचित्ता 2.

कायनिबन्धन n. = योगपट्ट Kâraka 361,18. Vgl. कायबन्धन.

कायव्यूह m. *die übernatürliche Kraft mehrere Körper gleichzeitig anzunehmen* Sâṅkhjapr. 100,13. Aniruddha zu Sâṅkhjas. 5,129.

कायशिरोग्रीव 3.

कायसंस्थिति, कायस्थिति und कायोढज 5.

2. कार II. Divjâvad. 133,17. 166,26. 289,6. 329,20.

1. कारक II. 6.

कारकवादार्थ und कारककार्यान्वय 2.

1. कारण II. 3) a) कारणे *mit Grund, mit Recht* Gâtakam. 31,92.

*कारणकारक m. Mahâvj. 186, 167 wohl fehlerhaft für कारणाकारक *Marterer, Henker.*

कारंधमिन् II. 5.

कारपत्त्रिक 6.

कारयितर् II. 2.

*कारवालिक m. (*fürstlicher*) *Schwertträger* Mahâvj. 186,59.

कारा II. 5.

*काराकार m. *ein best.* Samâdhi Mahâvj. 21,53.

काराद्वीप m. N. pr. einer *Insel* Gâtakam. 7.

काराह्वात्रिया f. Pl. Çâṅkh. Çr. 9, 20,12. Bez. *der Verse* ṚV. 1,120,1. fgg.

*कारापक = कारयितर् Mahâvj. 207.

कारिका, °दर्पण, °रत्न, °वल्लि und °व्याख्या 2.

*कारित्र n. = चेष्टित Mahâvj. 243. 344. Vgl. चारित्र.

3. कारिन् 6.

कारुण्यधेनु f. *eine mitleidvolle Kuh* (von Buddha gesagt) Divjâvad. 96,14. 123,6.

कारुण्यमय 6.

कारोतर II. n. Comm. zu Kâtj. Çr. 19,2,7.

कार्पट II. f. ई Z. d. d. m. G. 41,493.

कार्तवीर्यार्जुन, °कवच und °दीपाराधनविधि 2.

कार्तस्वरमय 5.

*कार्त्तिकात्ययिक n. *das Vergehen eines Mönchs, wenn er ein Extrakleid länger aufbewahrt als bis zum* Kârttika-*Vollmond.* Mahâvj. 260,30.

कार्पासिक II. 6.

कार्मनामिक 4.

*कार्मारक n. *Schmiedearbeit.*

कार्मुक II. 2.

कार्मुत 2.

2. कार्य 4.

कार्यकारिन् 5.

कार्यत्तन 4.

कार्यतस् 3.

कार्वटिक m. *Dorfältester* Divjâvad. 445,23. 446,5. 20.

कार्य II. Divjâvad. 463,8.

कार्षि II. 2.

2. काल II. S. 55, Sp. 3, Z. 3 lies 14 st. 41. कालेन कालम् *von Zeit zu Zeit* Divjâvad. 10,27.

1. कालक II. 2. 3.

कालकर्णी II. 1) *das personificirte Missgeschick* Divjâvad. 40,19. fg. कालकर्णि° 40,16. fgg.

कालकाचार्य 2.

कालकालेषु, Loc. Pl. *zu jeder Zeit, stets* R. ed. Bomb. 3,10,5.

कालकूट und कालचक्र II. 2.
कालजिह्व II. 5.
कालदीपिका und कालनिर्णयशिक्षा 2.
कालनिर्माणयोधिन् 3.
कालनेमिपुराण 2.
कालपक्क und कालपरिपाक II. 3.
कालपर्ययधर्मन् 3.
कालपृष्ट (°ष्ठ die anderen Ausgg.) m. N. pr. eines Schlangendämons MBh. 8,34,29.
कालप्रकाशिका 2.
कालबन्धन 3.
कालमही f. = कालमसी N. pr. eines Flusses Hariv. 12828. R. ed. Bomb. 4,40,22.
कालयापना 4.
कालयुत Adj. *zeitgemäss* R. ed. Bomb. 3,63,18.
कालयोग II. 4.
कालवञ्चन 5.
1. कालवाल II. 2.
कालविधानपद्धति 2.
कालविन् 6.
कालशेय II. 2.
कालसप्ततिका f. Titel eines Werkes Festgr. 55.
कालसमापादनीय 4.
कालसार II. 2.
कालसिंह 2.
कालहरिण m. *die Gazelle Zeit* Rudraṭa, Çṛṅgârat. 1,43.
कालहानि 6.
*कालातिक्रान्त n. = कालातिक्रमण Mahâvj. 281,5.
कालातिवाहन 5.
कालाधिपर und कालामृत 2.
1. कालिक II. 3.
कालिकुलामृत, कालित, कालिदासचन्द्रिका und °दासपञ्चाशत् 2.
कालिय II. 3. 6.
कालिशंकर 2.
कालीचर्या 4.
कालीय 3.
कालोरग 3.
काल्प्य Adj. *auf Ritual bezüglich* Kauç. 141,36.
*कावाचिका f. Mahâvj. 238, v. l.
कावेरीमाहात्म्य u. काव्यकामदुघा 2.
काव्यजीवन II. 5.
काव्यदर्पण, काव्यदीपिका, काव्यपञ्चक und काव्यप्रकाशिका 2.
काव्यबन्ध 4.
काव्यमय Adj. *aus einem Gedicht bestehend* Rudraṭa, Çṛṅgârat. 1,2.
काव्यलक्षण, काव्यसंग्रह, काव्यादर्शिका und काव्यालंकारकामधेनु 2.
काश् mit निस् Caus. II. 2.3. — Mit सम् Caus. auch *genau betrachten lassen, zeigen* Âpast. Gṛhjas. 6,6.
काशी, °कारिका, °दासप्रहसन und °धर्मसभा 2.
काशीश्वर 1) m. *a) Gebieter von Benares.* — *b)* N. pr. eines Grammatikers. — 2) f. ई wohl Titel einer von Kâçîçvara verfassten Grammatik.
काश्मल्य 3.
काश्यप, °संहिता und °सूत्र 2.
काश्यपेय II. 3) das * zu streichen.
काष II. 5.
काष्ठवाहक und काष्ठशालिक 5.
*काष्ठहारक m. *Holzträger* Mahâvj. 186,106.
काष्ठालुक und °लता II. 5.
1. कास II. 6.
काहल II. 5.
किंविस्तार 3.
किंस्त्य II. 5.
किंहेतु 3.
किकिर oder °टा 5.
*किंकरणीयता f. = किंकर्तव्यता Mahâvj. 245.
किंचिद् 3.
किंचिन्मात्र 2.
किटिभक m. *ein best. Thier* (weder *Wanze*, noch *Laus*) Divjâvad. 450,17 = 456,6.
किट्, das * vor लीढ् zu streichen.
किणी Adv. mit कर् *schwielig machen* Subhâshitâv. 3217.
*कित्तमाम् und *कित्तराम् Adv. P. 5,4,11.
किंदरा 5.
किंद्रव्य 3.
किंधेनु f. *eine gemeine, gewöhnliche Kuh* Ind. Antiq. 1887, S. 65, V. 10.
किंनर II. 2) Kathâs. 37,64.
किंनरिका f. = किंनरा 2) Kathâs. 37,71.
किंनिबन्धन 3.
किमध्यक 6.
किमायत 3.
किमाहारविहारिन् 5.
किंपवित्र 3.
किंप्रत्यय 4.
किरि II. 2.
किरिकाण und किरिह 2.
किर्मिर 3.
किरीटवत्स m. N. pr. eines Mannes Gâtakam. 13.
2. किल II. 6.
*किलाट und *किलाल Mahâvj. 230,9 wohl = किलाट oder कीलाल 1).
किलासित्र 4.
किलिकिल II. f. आ auch *Gejubel, Gejauchze* Mahâvj. 138,41. Divjâvad. 459,16.
*किलिकिलायित n. dass. Mahâvj. 138,28, v. l. (besser).
किलिन 2.
किशोर II. 5.
किशोरक II. 2. 5.
किशोराजीय 2.
किष्कुरु m. (?) Kauç. 38,3.
कीकसक 2.
कीचक II. m. auch *ein best. Vogel* R. ed. Bomb. 3,75,12.
कीचकवेणुवेत्रवत् 6.
कीटता f. Nom. abstr. zu कीट 1) *a)* MBh. 13,118,3. 17. 19. 119,1.
कीरग्राम m. N. pr. einer Stadt Festgr. 10. 16.
कीर्तन II. n. *Denkmal, Monument* Gâtakam. 31,66.
कीर्तनीय Adj. *zu erwähnen, zu nennen; zu preisen.*
कीर्तन्य Adj. *erwähnenswerth, erzählenswerth.*
कीर्ति II. 5.
कीर्तिराय 2.
कीर्तिशेष II. 5.
कील II. 2.
कीलालोध्री II. 3.
कीश II. 2) *c)* mit einem * zu versehen.
कुकर्मपञ्चानन 3.
कुक्कुटाराम II. Auch Name eines Klosters Divjâvad. 434,5. Vgl. कुर्कुटाराम.
कुकुस m. Pl. Dâbila zu Kauç. 42,20. = कुक्कुस 2.
कुक्कुह m. *ein best. Wasservogel* Dharmaçarmâbhj. 8,25.
कुल II ग्रध्रकुल Gâtakam. 26,20.
कुक्षिमती Adj. f. *hochschwanger* Divjâvad. 264,10.
*कुगण Adj. = कुगणिन् Mahâvj. 245,206.
कुगुरु m. *ein schlechter Guru* Festgr. 58.
कुच् mit व्या II. 6. — Mit सम् II. *vor Etwas* (Abl.) *zurückschrecken* Gâtakam. 4.
कुचपट्टिका 3.
कुचस्थली f. *die weibliche Brust* Dharmaçarmâbhj. 12,9.
कुचेलवृत्त und कुचेलोपाख्यान 2.
कुञ्जरी und कुञ्जवत् 3.
4. कुट् = कुट्. *Mit आ Caus. आकोटयति *klopfen* (ein gewaschenes Kleid) Mahâvj. 281,60. Vgl. कोटनक.
कुटकपठ 5.
कुटिका f. = कुटि *Hütte* (elliptisch auch als Bez. *eines best. Vergehens*) Mahâvj. 258. Divjâvad. 442,22. 538,20.
*कुटिमह m. = कुटीमह Mahâvj. 229.
कुटिल II. 3.
कुटीरी 5.
कुटुकुञ्चक Adj. etwa *knickerig, knausrig* Divjâvad. 8,3. 302,3.
कुटुम्बपरिग्रह und कुट्ट् mit नि 3.
कुट्टाक II. 5.
कुड्मल II. m. auch *ein best. Theil des Pfeils* MBh. 8,34,19.
कुड्यास्थ Adj. *hinter einer Wand befindlich* Aniruddha zu Sâṁkhjas. 1,108.
1. कुणप (*m. *eine best. Hölle* Mahâvj. 215) und 2. कुणठ् II. 6.
कुण्ठरव 2.
कुण्ठाश्ममालामय 4.
कुण्ड II. *Adj. *krüppelicht, lahm* Mahâvj. 245,957. 271,120.
कुण्डमाण्डहोमविधि 2.
कुण्डल und °क II. *Strick* Gâtakam. 5.
कुण्डाशिन् II. 2.
कुण्डिकोपनिषद् u. कुण्डार्यीय 2.

कुतपसौश्रुत II. 3.

कुतप्रहार 6.

कुतर्कखण्डन 2.

कुतस्तन 5. Dharmaçarmâbh. 4,63.

कुतीर्थिक und कुतूहलवृत्ति 2.

कुतूहलशाला f. *Vergnügungssaal* Mahâvj. 226,66. Divjâvad. 143,13.

कुतूहलिता 3. Auch Pârv. 579,18.

*कुत्सनीय Adj. *tadelnswerth* Mahâvj. 132.

कुत्सय् II. Med. Ǵâtakam. 23,24. — Mit वि = Simpl. 23.

कुथहार, °हारि oder °हारी 6.

कुदेवेन्द्र m. *ein schlechter Götterfürst* (Indra), Bez. Nahusha's MBh. 13,99,25.

कुद्दीचोशफ m. *eine best. Pflanze* Kauç. 50,22.

कुनप und कुनयन 3.

कुन्त II. 1) MBh. 7,148,45.

कुन्तलिका II. 2.

कुन्ताकुन्ति 5.

कुन्दपुत्र 2.

1. कुप् mit उद् Caus. und कुपठित 3.

कुपन्थन् 2.

कुबेर und कुबेरदत्त II. 2.

कुबेरसेन 2.

कुबेरी f. N. pr. einer Oertlichkeit Festgr. 57.

कुब्जक II. 2. Nach 1) das * zu streichen.

कुब्जि 2.

कुब्जोत्तरा f. N. pr. einer Nonne Ǵâtakam. 19,35. Divjâvad. 533,5. 539,16. fgg.

कुभ्रँ II. 4.

कुमतिसागर 3.

कुमारज्ञाति 2.

कुमारजीव II. 5.

कुमारधारा II. 3.

कुमारपितृमेष 4.

कुमारभुक्ति 3.

कुमारराज 5.

कुमारवत् 6.

कुमुद II. 6.

कुमुदसखी f. *die Freundin der bei Nacht sich öffnenden* Kumuda, Beiw. des Mondscheins Ǵâtakam. 21,27.

कुमुदाय् 6.

कुमृत्यु 5.

कुम्भकृत्, कुम्भग्रीव und कुम्भघोणमाहात्म्य 2.

कुम्भीधान्यक und कुम्भीपाक 3.

कुम्भेष्टका II. Maitr. S. 3,4,9 (57,10).

कुम्य 4.

कुयव und कुयवाच् II. 5.

कुरङ्ग II. 3.

कुरङ्गदृश् f. *eine Gazellenäugige* Rudrata, Çṛṅgârat. 1,34.

कुरङ्गमद 4.

कुरण्ट II. R. ed. Bomb. 4,1,80.

कुरहस्य 5.

कुरार und कुरुकापुरीमाहात्म्य 2.

*कुरुकुचि Adj. Mahâvj. 127, 50 wohl = मायाविन्.

कुरुक्षेत्र II. 2) zu streichen, da M. 7,193 कौरुक्षेत्रान् die richtige Lesart ist.

कुरुता II. 5.

कुरुपिशङ्गिल II. 3.

कुरुम्बिका ist mit einem * zu versehen.

कुर्कुटाराम m. = कुक्कुटा° Divjâvad. 375,7. 381,12. 384,28.

कुलग्र 5.

कुलंकल II. * = स्रोतआपन्न Mahâvj. 46.

कुलतत्त्वनिरूपण 2.

*कुलदूषक Adj. *die Familie schändend* Mahâvj. 258.

कुलपालक II. 3.

कुलपालिन् Adj. *die Ehre des Geschlechts bewahrend* R. ed. Bomb. 3,63,17.

कुलबालिका II. 5.

कुलभावन und कुलमृगदृश् 4.

कुलराजधानी 5.

कुलवृद्ध II. f. °वृद्धा Pârv. 606,15.

कुलायन n. Vivâdaratnâkara 181, 14 angeblich = कुलीनस्य अयनम् oder आनयनम् 182,10.

कुलिक II. 2. 5.

कुलिशपाणि und कुलुण्ठक 5.

कुलोद्भव II. Ǵâtakam. 28.

कुलोपक m. *Hausfreund, ein guter Bekannter* Divjâvad. 307,2.

कुलोपकरणशाला f. *Rathhaus* Divjâvad. 126,23.

कुल्माषपिण्डी f. *ein best. Gericht* Ǵâtakam. 3,4. 5. 12.

कुल्मि II. 2.

कुवल्लकभट्टीय u. कुवलयामोदिनी 2.

कुवलयाय 6.

कुवैकटिक II. 5.

कुशचीरिन् 2.

कुशण्डिका II. 6.

कुशपवित्र 3.

कुशप्रसू 4.

कुशभार m. *eine Tracht* Kuça-*Gras* Çâṅkh. Çr. 17,6,6.

कुशमालिन् m. N. pr. eines Oceans Ǵâtakam. 14,19.

कुशलवोपाख्यान 2.

कुशलानामय 6.

कुशलेतर und कुशवर्तक 3.

कुशीलव II. 3.

कुशूल schlechte Schreibart für कुसूल.

कुशेशलोचना 4.

कुष् mit अनु II. 2.

कुष्ठक II. 6.

कुष्ठगल 3.

कुसुमकार्मुक II. 6.

कुसुमकेतु 5.

कुसुमनगर 3.

कुसुमबाणविलास u. कुसुममाला 2.

कुसुममास m. *Blüthen-, Frühlingsmonat* Ǵâtakam. 31.

कुसुमय् II. 6.

कुसुमलक्ष्मन् 6.

कुसुमलावी und कुसुमशरासन 5.

कुसूलधान्यक 3.

कुहकाराव 2.

कुहना II. 4. *Heuchelei* Ǵâtakam. 28,31.

कुहर II. 5.

कुहारिन् 2.

1. कुहू II. 1) Maitr. S. 4,3,5 (44,9).

1. कू mit उद् 5.

कूचिमारसंहिता 2.

1. कूट II. 5.

कूटदेविन् Adj. *falsch spielend*, m. *Falschspieler* Bṛhaspati in Vivâdar. 307.

कूटव्यवहारिन् 3.

कूटाक्षदेविन् Adj. *mit falschen Würfeln spielend* Nârada 2,16,6.

कूटाक्षोपधिदेविन् 3.

*कूटागारधारणी f. Titel eines Werkes Mahâvj. 65,64.

कूटागारशाला f. N. pr. einer Oertlichkeit in Vaiçâlî Divjâvad. 136, 7. 200,21.

कूटाघटित und कूटि 2.

2. कूड् II. 2. — Mit नि 2.

कूण् mit नि und वि II. 2.

कूणिक 2.

कूणितेक्षण 6.

कूदी II. nach Dârila zu Kauç. 47,30 = बदरी. Vgl. Roth in Festgr. 98. fg.

कूप II. 1) c) °दण्ड m. *Mast* Daçak. (1883) 1,2.

कूपादिजलस्थानलक्षण 2.

कूपव 4. 5.

कूरेशविजय 2.

*कूर्परक = कूर्पर *Ellbogen* Mahâvj. 189,44.

कूर्पास II. *eine best. Pflanze* Kâd. (1883) 71,4.

कूर्मपुत्रकथा, °पुत्रकेवलिचरित्र, कूर्ममाहात्म्य und कूर्माकृतिमुद्रालक्षणग्रन्थ 2.

कूलक II. m. N. pr. eines mythischen Berges Divjâvad. 455,28.

कूष्माण्डदीक्षानुक्रमणिका 2.

कृच्छ्रद्वितीय Adj. *ein Gefährte in der Noth* Karaka 53,9.

कृच्छ्रव्यवाय 6.

कृच्छ्रसाध्य, कृणुष्वपाजवती und °पांजीया 3.

कृतक्षण II. Am Ende eines Comp. *bereit zu, sich machend an* Ǵâtakam. 31,58. *beschäftigt mit, erfüllt von* ebend.

कृतचिह्न und कृतज्ञशील 2.

कृतधार und कृतनामक 3.

कृतपद II. auch *sich anschickend* mit Infin. Subhâshitâv. 70.

कृतप्रयोजन 4.

कृतबुद्धि II. 2.

कृतमङ्गल, कृतमनोरथ, कृतमूल, कृतमूल्य, कृतमौन und कृतयत्नण 4.

कृतयाम Adj. *dessen Function zu Ende ist* Kauç. 76,6. Vgl. यातयाम.

कृतयुगाय 4.

कृतलक्षण II. 5.

कृतलवण 3.

कृतवाप 5.

कृतसंपुट 6.

कृतस्मय Adj. *Bewunderung erregend* Gâtakam. 1,28.

कृतात्ताय् 6.

कृतावसक्थिक II. 3.

कृताविन् Adj. *geübt, erfahren,* — *in* (Loc.) Mahâvj. 217,24. Divjâvad. 100,13. 263,19. 496,6. 533,12. *कृताविभूमि (so zu lesen) f. Bez. einer der 7 Stufen des Çrâvaka Mahâvj. 50.

कृताश्रय Adj. *zu dem man seine Zuflucht genommen hat* Gâtakam. 23,21.

1. कृति II. f. *Gebäude, Bauwerk* Gâtakam. 381,19. etwa *Verstellung, Affectation* 360,23. m. auch N. pr. eines Gandharva Taitt. Âr. 1,9,3.

कृतोद्वाह 6.

कृत्तिका II. 1) कृत्तिकास्तस्य नक्षत्रमसेरग्निश्च दैवतम् MBh. 12,166,82.

कृत्तिकापुत्र m. Metron. Skanda's AV. Pariç. 20,6.

कृत्तिकामाहात्म्य 2.

कृत्य II. 5.

कृत्रिमता 3.

कृत्रिममाणिक्यमय u. कृत्स्नवीत 4.

*°कृत्स्नायतन n. *eine best. mystische Uebung* (den Geist zu concentriren u. s. w.), deren 10 Mahâvj. 72.

कृदन्ततत्त्वबोधिनी 2.

कृप II. 3.

कृपाणपुत्री f. *Dolch* Dharmaçarmâbhj. 12,35.

कृपाणयष्टि f. *Schwertklinge* ebend. 14,9.

कृसु f. *Heerd* Âpast. Gṛhj. 23,9.

कृमितन्तुजाल 2.

कृमिश II. N. pr. eines Jaksha Divjâvad. 434,18. fgg.

कृमिसेन II. zu streichen.

कृमुक II. nach Leumann eher so zu betonen; vgl. क्रमुक.

कृश II. 5.

कृशालुक Adj. *abgemagert, schwächlich* Divjâvad. 571,11.

°कृष् 3.

कृषितन्त्र 5.

कृषिभागिन् und कृषिरत stehen fälschlich nach कृषिसंग्रह.

कृषीवल् m. *Ackerbauer* Dharmaçarmâbhj. 11,35.

कृष्टमती und कृष्टसमी 5.

कृष्णकर्ण II. 3. 4.

कृष्णकेश II. 3.

कृष्णचरित und कृष्णचूर्णिका 2.

कृष्णच्छवि II. Vgl. कृष्णसारच्छवि Vikr. 120.

कृष्णजीरक II. n. Nîlak. zu MBh. 13,91,40.

कृष्णताम्र II. 2.

कृष्णतूष 2.

कृष्णदश 3.

कृष्णनामाष्टोत्तर 2.

2. कृष्णपक्ष II. ist mit einem * zu versehen.

कृष्णपाण्डितीय 2.

कृष्णपदी II. 2.

कृष्णपवि II. 6.

कृष्णबन्धु II. ist Bein. Mâra's Mahâvj. 245,978.

कृष्णयामल und कृष्णललाम 2.

कृष्णलोह II. 3.

कृष्णवाल II. 2.

कृष्णविजय, कृष्णविलास und कृष्णव्रतमाहात्म्य 2.

कृष्णशकुनि m. *Rabe, Krähe* TS. 3,2,6,2.

कृष्णशफ 2.

कृष्णशबल 4.

कृष्णशीर्षन् Adj. *schwarzköpfig* Maitr. S. 4,7,8 (103,7).

कृष्णसारङ्ग und कृष्णसारथि II. 6.

कृष्णसून II. das * zu streichen.

कृष्णस्तुति 2.

कृष्णाक्ष 5.

कृष्णाजाजी f. *Nigella indica* MBh. 13,91,40.

कृष्णाजिना f. N. pr. einer Frau Gâtakam. 9.

कृष्णात्रेय II. MBh. 12,210,21.

कृष्णानदीमाहात्म्य, कृष्णार्चन und कृष्णार्जुनीय 2.

कृष्णालु 3.

कृष्णावतारचरित, कृष्णाष्टक, कृष्णाष्टमीव्रत und कृष्णोदत्त 2.

कृप्यकार 3.

केतन II. 4.

केतनक 6.

केतयितर् 5.

केतर् m. *eine best. Personification* (als Agni erklärt) Pâr. Gṛhj. 3,4,14.

केता f. nach Stenzler.

केतुमाल II. m. auch N. pr. eines Bären.

केदारभट्टीय und केदारेश्वरव्रत 2.

केनिप II. 3.

केरल II. n. Sg. *das Land der* Kerala.

केरलचिन्तामणि 2.

केरलिका 5.

केरलीयद्वादशभाव und केरलोत्पत्ति 2.

केरा f. *eine best. Pflanze* Kauç. 38,6.

केलिकमल, केलिकृत्, केलिचपक und केलिपल्वल 3.

केवल II. 2. °ज्ञान und °ज्ञानिन् 2.

केवलात्मन् II. m. *das reine Selbst* Mahâdeva zu Sâṁkhjas. 1,95.

केवलान्वयिकेवलव्यतिरेकयन्थ u. केवलान्वयिन् 2.

केवलिन् II. 2.

केशबन्ध II. 4.

केशवश्रोत्रिन् 6.

केशवसेना f. N. pr. einer Hetäre Kuṭṭanîmata 38.

केशवाप 3.

केशश्मश्रु II. auch n. Pl.

केशहस्त II. das * zu streichen.

केशान्ती f. *eine best. Pflanze* Kauç. 38,9.

केशान्तकरण 5.

केशिन् II. 4.

कैसरपाश Adj. (f. आ) *mit Strängen von Haar* Maitr. S. 2,6,5 (66,13).

केसरिका II. 2.

कैञ्जल्क Adj. *aus Lotusstaubfäden bestehend* Gâtakam. 17,12.

कैटभ II. n. *eine best. Wissenschaft* Divjâvad. 619,22.

कैटस 4.

कैतवापह्नुति 5.

कैदारिक II. 5.

कैयट, °प्रदीप, °भाष्यप्रदीपिका u. °टीय 2.

*कैरणाक II. so zu lesen st. *कैरणिक.

कैरवकोरकीय 2.

*कैराटक m. 1. *ein best. vegetabilisches Gift.*

कैरातक II. 2.

कैलास् 6.

कैवर्त II. 2) *b*) mit einem * zu versehen.

*कैवर्तिमुस्तक = कैवर्तमुस्तक.

कैवल्यदर्शिन् Adj. *das Selbst in seiner Reinheit erkennend* Aniruddha zu Sâṁkhjas. 5,59.

कोकनद्य 4.

कोकिलक II. 1) *b*) β), an der angeführten Stelle कोकिल.

कोचव *eine Decke aus feinem Ziegenhaar* Mahâvj. 232,21. Divjâvad. 40,11. 530,16. 533,9.

*कोचवक n. dass. Mahâvj. 273,34.

*कोटनक in गण्डो°. Vgl. 4. कुट्.

*कोटम्बक m. *eine Art Zeug* Mahâvj. 280,5.

कोटवी II. 3.

कोटिद्वय n. *Alternative* Aniruddha zu Sâṁkhjas. 1,133.

कोटिनियुतशतसहस्रतम 3.

कोटिविरह 2.

कोटिशततम und कोटिशतसहस्रतम 3.

कोट्टपुर 5.

कोट्य 2.

कोण II. 5.

कोणक und कोणदन्मन् 3.

कोपन II. m. N. pr. eines Asura.

कोमल II. Adj. *gleichfarbig* Kir. 4,36. 5,38. Dharmaçarm. 5,63. 12,30.

कोमलक II. Adj. = कोमल R. ed. Bomb. 3,73,38.

कोल II. 1) *b*) Divjâvad. 56,9. 11.

कोलता 5.

कोश II. 2. m. auch *eine Form des Verbandes.* MBh. 1,180,7 nach Nîlak. so v. a. *Leibesfrucht.* संपूर्णकोशा *hoch schwanger.*

कोशक्षय m. *Verlust des Schatzes* MBh. 12,320,44.

कोशदास 2.

कोशर्पायिन् 3.

कोशाध्यक्ष II. 2) mit einem * zu versehen.

कोशीधान्य 3.

कोष्ठागारिक II. *Aufseher über eine Vorrathskammer* Divjâvad. 295,24.

कोष्ठाङ्ग n. *ein Theil der Eingeweide* (deren 15) Karaka 371,1.

कोष्ठी 6.

कौष्ठेतु 2.

कौन्तेय II. 1) Çaṁkara zum Vedânta 144,7. 147,12.

कौन्न II. 3.

कौण्डपायिन् II. °नामयनम् Çâṅkh. Çr. 13,24,1. Çaṁk. zu Bâdar. 3,3,40.

कौण्डोवृष II. lies कुण्डीविष st. °वृष.

कौतुक, °रहस्य und °सर्वस्व 3.

कौतूहलजात Adj. *neugierig geworden* Gâtakam. 14.

कौद्दाल 6.

कौधुम m. Pl. Divjâvad. 632, 23 fehlerhaft für कौथुम 2), wie ebend. 25 geschrieben wird.

कौनाल 5.

कौन्ते 6.

कौमार, कौमारतीय (wohl कौमारभृतीय), कौमारव्याकरण, कौमुदीप्रकाश und कौमुदीव्याख्या 2.

कौरवपाण्डवीय 3.

कौरव्यायणी II. 1) das * zu streichen.

कौरुक्षेत्र m. Pl. *die Bewohner von* Kurukshetra M. 7,193 nach der richtigen Lesart.

कौर्प 5.

कौल II. *m. *Floss, Nachen* Mahâvj. 243,112. Vgl. कोल.

कौलकावर्ती 4.

कौलटिनेय und कौलटेर II. 4.

कौलपत्य II. lies n. st. m.

कौल्य II. vor Adj. ist ein * zu setzen.

कौशिकपुराण 2.

कौशेय II. *n. *das Vergehen eines Mönchs, wenn er sich eine Bettdecke halb aus Seide machen lässt,* Mahâvj. 260,14.

कौश्रेयं II. Maitr. S. 3,2,7 (27,6).

कौषीतकिरहस्य n. Titel Çaṁk. zu Bâdar. 3,3,26.

कौसुम II. n. *Blumenmenge* Dharmaçarm. 5,64.

कौस्तुभभूषण u. कौहलीयशिक्षा 2.

क्रत् II. क्रँत्तमाण zu betonen.

क्रतुकरण 5.

क्रन्द् mit अव Caus. II. 5.

क्रम् Intens. II. चङ्क्रम्येत (so zu lesen) Maitr. S. 3,3,4 (36,14). — Mit प्रत्यति 5. — Mit अप II. °क्रान्त *der sich von Etwas losgemacht hat, Etwas aufgegeben hat* Mahâvj. 130,37. — Mit प्रत्युद् *zutreten auf* Çâṅkh. Br. 23,4, v. l. — Mit समुद् II. 3. — Mit परि Caus. 4. — Mit प्रति II. 3. *zutreten auf* (Acc.) Çâṅkh. Br. 23,4. *°क्रान्त = अपक्रान्त oben Mahâvj. 130,17. — Mit प्रतिसम् II. 2.

क्रम II. क्रमं याच् *um Aufschub* (einer Execution) *bitten* Divjâvad. 377,10.

क्रमवृद्धि II. steht falschlich nach क्रमराज्य.

क्रमव्यत्यय m. *verkehrte Ordnung* Subhâshitâv. 42.

क्रमोढा 3.

क्रयाणक II. 3.

क्रय्य II. *werth gekauft zu werden* Gâtakam. 31,31. Nom. abstr. °ता f. 17,19.

क्राणौ und क्राणौय II. 6. Vgl. Pischel, Vedische Studien 67. fgg.

क्रान्ति II. 2.

क्रामण II. auch so v. a. *Einwirkung* R. ed. Bomb. 4,30,37. = संबन्ध Comm.

क्रामिक 3.

क्रिकण 4.

क्रियाकैरवचन्द्रिका 2.

क्रियागुप्तक 3.

क्रियागोपन, क्रियादीप, क्रियानिघण्टु und क्रियाप्रदीप 2.

*क्रियाविशाल n. Titel eines Pûrva der Gaina.

1. क्री mit अधि *kaufen von* (Abl.) Kauç. 33,7. — Mit परि II. 4.

क्रीड् mit परि II. 2. — Mit सम् II. 2) vgl. संक्रीडित.

क्रीडाकपित्थ 3.

क्रीडाताल II. lies 3) *e*).

क्रीडापरिच्छद 3.

क्रीडारसमय 5.

क्रीडारुद्राय् 4.

क्रीतं (so zu betonen) II. 6.

क्रुँध्मि und क्रुध्मिँन् II. 5.

क्रुश् mit प्रा *aufschreien* R. ed. Bomb. 3,61,2. — Mit परि II. 3. — Mit प्रति in अप्रतिक्रोशत्.

क्रूरप्रकृतिक 2.

क्रूराल II. das * zu streichen.

क्रोञ्च्, क्रोञ्चति *barrire* Divjâvad. 251,2.

क्रोञ्चकुमारिका (क्रौ°?) f. Pl. *eine Art von Unholdinnen* Divjâvad. 230,10. 503,8.

क्रोडपत्र II. 2.

क्रोडमल्ल m. = °क Divjâvad. 85,20. °क 86,4. 171,16.

क्रोधशत्रु 6.

क्रोष्टर् II. f. auch **das Weibchen des Schakals.*

क्रौञ्च II. 6.

क्रौञ्चघातिन् m. Bein. Skanda's Vâju-P. 1,41,42.

क्रौञ्चारण 6.

क्लिद् II. auch Med. क्लिद्यते. — Mit आ Caus. आक्लेदित *von Mitleid bewegt* Gâtakam. 30. — Mit समा Caus. °क्लेदित dass. Gâtakam. 9.

क्लिश् Caus. II. auch Med.

क्लीत II. auch *ein best. Parfum* Sud. zu Âpast. Gṛhj. 12,7.

क्लीतका 6.

क्लीतकिका ist mit einem * zu versehen.

क्लीब II. 2.

क्लोदिन् 5.

*क्लोमक m. = क्लोमन् Mahâvj. 189,90.

क्वण् mit प्र II. 3.

क्षण II. Dharmaçarm. 12,5. 6. 11. 14,79.

क्षण II. 2. S. 120, Sp. 1, Z. 2 lies क्षणे क्षणे.

क्षणक्षपा f. *Vollmondsnacht* Dharmaçarm. 4,41.

क्षणदाकृत् 5.

क्षणदाधिनाथ m. *der Mond* Dharmaçarm. 4,41.

क्षणद्युति II. Kir. 8,2.

क्षणप्रकाशा II. Kir. 16,43.

क्षणरजनी f. *Vollmondsnacht* Dharmaçarm. 16,10.

क्षणिकपक्ष m. = क्षणिकवाद Aniruddha zu Sâṁkhjas. 1,46.

क्षणिकराङ्कसिद्धान्त 2.

क्षतजपात 3.

क्षतिमत् 6.

क्षत्रवृद्धि II. 4.

1. क्षत्रिय II. 5.

क्षत्रियजपविधान 2.

क्षत्रियान्तकर 3.

1. क्षन् II. 2) क्षणुतें zu betonen.

2. क्षन् II. lies घस् st. 1. क्षन्.

क्षपक 2. 4.

क्षपकश्रेणि 4.

क्षपान्ध्य II. Suçr. 2,340,13.

1. क्षम् II. 3. *möglich sein* Gâtakam. 14. *passend —, gehörig sein* 22,25. *Jmd* (Gen.) *gut dünken* Divjâvad. 70,18. — Mit अनु *dulden, sich gefallen lassen* Gâtakam. 25,18.

क्षमापण (so zu lesen) 4.

क्षमाभृत् II. 6.

क्षमाश्रमण 2.

क्षमितव्य II. auch *nachzusehen, zu verzeihen* R. ed. Bomb. 4,36,11.

क्षमी 5.

क्षयपक्ष II. 3.

क्षययुक्त und क्षययुक्ति 3.

क्षय्य II. P. 6,1,81.

क्षर् Caus. II. 6.

2. क्षल् mit प्र II. 3.

1. क्षा mit अप II. lies *abseits brennen* und vgl. Âpast. Çr. 9,1,17. — Mit संप्र Caus. *vollends verbrennen* Âpast. Çr. 6,28,8.

क्षात्राण m. N. pr. eines Dämons Kauç. 56,13.

क्षान्तिवर्णवादिन् Adj. *das Lob der Geduld predigend* Gâtakam. 28.

क्षान्तिवादिन् Adj. dass. Gâtakam. 28,2.

क्षापवित्र 6.

क्षाम II. 3) = दौर्बल्य, das wohl eine andere Bed. hat.

क्षामाङ्ग 4.

क्षार II. 5.

क्षारकीट 3.

क्षारदग्ध 2.

क्षारपत्त्रक II. 2.

3. क्षि II. 2) auch क्षीयँते AV.

क्षितिका f. *ein best. Theil eines Saiteninstruments* Kauç. 32,12.

क्षितिक्षमावत् Adj. *geduldig wie die Erde* R. ed. Bomb. 4,24,25. 31.

क्षितिक्षित् II. 3.

क्षितिपुरुहूत 3.

क्षितिप्रतिष्ठ 2.

क्षितिशचीपति und क्षितिशतक्रतु 6.

1. क्षिप् Caus. auch *verbringen, vertreiben* (die Zeit). — Mit आ II. 5. — Mit अतिवि *überaus stark spannen* (einen Bogen) MBh. 7,175,18. — Mit अभिवि 2. Med. Âpast. Gṛhj. 23,8. — Mit प्रवि 4.

क्षिप्रसुवन n. *eine Ceremonie, welche leichte Geburt bewirken soll*, Âpast. Gṛhj. 14,13.

क्षिप्रहोम 3.

क्षीणाधि 2.

क्षीणास्रव Adj. *dessen Leidenschaften geschwunden sind* Mahâvj. 48. Divjâvad. 542,21. Ǵâtakam. 3,17.

क्षीरमृत्स्न und क्षीरलेह्य 5.

क्षीरिन् II. 3.

क्षीरोद 6.

क्षीरोदक 5.

1. क्षु Desid. 6. — Desid. vom Caus. II. 6.

क्षुत्क्षाम 6.

क्षुतस् Adv. *vor —, durch Hunger* MBh. 12,141,71.

क्षुत्संबाध 6.

क्षुद् II. auch क्षुणत्ति.

क्षुद्रधमनी 3.

क्षुद्रानुक्षुद्र Adj. *minoris et minimi momenti* Divjâvad. 465,4. fgg.

क्षुल्लक II. 5.

क्षुल्लकवैश्वदेव II. 3. 5.

क्षेत्रकर II. 2.

क्षेत्रज्ञ II. Adj. *sich um Land handelnd* (विवाद) Nârada 165,1.

क्षेत्रनिर्माणविधि 2.

क्षेत्रप II. 2.

क्षेत्रभाग 4.

क्षेत्रसाधस् II. Vgl. Pischel, Vedische Studien 93.

क्षेत्रानुक्रमणी 2.

क्षेत्रिय II. 1) *b)* nach Dârila zu Kauç. 26,43 *angeerbt*.

क्षेपणिक 5.

क्षेमक II. 2.

क्षेमणीय (!) Adj. Compar. °तर *behaglicher, von besserer Gesundheit* Divjâvad. 110,2.

क्षेमावती f. N. pr. einer Stadt Divjâvad. 242,4. Vgl. क्षेमवती.

क्षैत्र II. so zu betonen.

क्षैत्रपत्य n. II. auch *das Opfer an* Kshetrapati, *den Herrn des Feldes* Âpast. Gṛhj. 19,13. 20,18.

क्षोणी II. vgl. Geldner in Bezzenb. Beiträgen 11,327. fgg.

क्षोभ II. 2.

क्षौणीधर 2.

क्षौणीनाथ 3.

क्षौमदशा 5.

क्ष्मापवित्र 6.

1. क्ष्विड् mit प्र Caus. 4.

क्ष्वेड II. 3.

3. क्ष्वेडित 5.

खक्खट II. Divjâvad. 518,2.

खञ्ज II. 3.

*खञ्जाह्व m. *Bachstelze* Mahâvj. 213,140.

खटका f. *Faust* Divjâvad. 372,18.

खटु dass. ebend. 173,10.

खटुङ्क (vgl. Mahâvj. 127,9. Nom. abstr. °ता *Niederträchtigkeit* Ǵâtakam. 1,36) und खटुङ्ग 3.

खट्वा II. 4) Viǵń. zu Jâǵń. 3,290. fg.

खडीन oder °परिडीनक 2.

खड्गपट्टिशिन् und खड्गपात 3.

खड्गलक्षण 2.

खड्गवारि 3.

खड्गविषाण m. *Rhinoceros* Divjâvad. 294,15. 582,8.

खड्गाखड्गि 5.

खण्डक II. 2) *a)* Divjâvad. 31,5.

खण्डत्रय 2.

खण्डपरशु 3.

*खण्डफुल्ल Adj. *zerrüttet, délabré* Mahâvj. 281,225.

खण्डमोदक II. 6.

खण्डरत्न 2. 5.

खण्डस्फुट Adj. = खण्डफुल्ल Divjâvad. 22,11.

खाण्डिक II. 2. 6.

खण्डिन् II. 4.

खदन II. n. *das Festsein* Dhâtup. 1,960.

खदा II. 5.

खदिरक II. 1) Divjâvad. 217,10. 450,12.

*खदूरक m. N. pr. eines Mannes.

खन्य II. 4.

*खन्यवादिन् m. *Mineralog* Mahâvj. 186,83.

*खम्भारपति (?) m. Mahâvj. 186,33.

खरांशु II. 3.

खरतुरगीय 2.

खरपत्त्रोडुम्बर m. *ein best. Baum* Sud. zu Âpast. Gṛhj. 14,3.

खरप्राण 5.

खरस्कन्ध II. 6.

*खरुखरा f. = खुरखुरा Mahâvj. 192.

खर्जूर (so zu betonen) II. 3.

खर्प (v. l. खर्पर) *Hirnschale, Kopf* (verächtlich) Divjâvad. 324,11. Vgl. कर्पर.

खर्वी und खलता II. 5.

खलापि 6. Zu streichen.

खली mit कर् II. °कृत्य *auf Etwas* (Acc.) *keine Rücksicht nehmend, trotz* Ǵâtakam. 28,30.

खलीन II. m. MBh. 7,202,75.

खलु II. 5.

*खलुपश्चाद्भक्तिक Adj. *dem es verboten ist* (खलु) *ein zweites Mahl zu sich zu nehmen* Mahâvj. 49.

खलेकपोतन्याय und °कपोतिका 5.

खल्ल II. 5.

खल्लाटक (nicht खल्लातक) Divjâvad. 372,17. fgg.

खल्वका f. wohl = खल्व 1) Kauç. 82,18. Vielleicht ist खल्वक m. gemeint.

खल्वङ्ग 5.

खवत् II. fehlerhaft für स्ववत्; vgl. Pat. zu P. 4,2,72.

खश häufige Schreibart für खस. °भाष्य n. Subhâshitâv. 3175.

खष 3.

खस II. häufig खश geschrieben.

खस्त्र 6.

*खाणु (aus स्थाणु) m. *Baumstumpf* Mahâvj. 245,564.

खातक II. 2) Dharmaçarm. 1,62.

खातपूर्व n. MBh. 13,61,25 nach Nilak. = अनावृष्टौ कूपादिकं निष्पादितैर्धान्यैर्जीवितं धनम्.

खात्र II. 5.

खादनीय II. n. *kaubares Essen* Divjâvad. 85,19. 25. 262,22.

*खाद्यकचारक m. Bez. *eines best. Dieners im Kloster* Mahâvj. 274,4.

खानम् 2.

खिङ्ग II. 6.

खिल II. 3.

खिल्लित und खुडुल 5.

खुम्भिक्क *Stiefel* Kuṭṭanîmata 64.

खुरमालिन् m. N. pr. eines Oceans Ǵâtakam. 14,13.

खुस्त Adj. *abgeschabt* Divjâvad. 173,3. *kahl* 426,28.

खुस्तक Adj. (f. °स्तिका) *abgeschabt* ebend. 329,1. fgg.

खेटन II. 5.

खेड्ड und °ताल 5.

खेलगति 6.

खोटक m. *Topf* Divjâvad. 29,14.

खोडक m. = खोडकशीर्षक ebend. 220,21 (षोडक gedr.).

खोल II. 5.

ख्या mit अन्तर् II. 5. — Mit समा Caus. 3. — Mit प्रतिसम् II. **überlegen* Mahâvj. 9.

गॅल्ह्न् TBr. 2,7,7,6 wohl nur fehlerhaft für गॅल्ह्न्.

गगनगञ्ज II. *Titel eines Werkes Mahâvj. 65,11.

गगनगिरिमुनीन्द्रचरित 2.

गगनपरिधान 3.

गगनलिह् 5.

गगनवल्लभ 2.

गगनाङ्गणा und गङ्ग 5.

गङ्गारामभट्ट, °भट्टीय u. गङ्गास्तव 2.

गङ्गेष्टिका 5.

गच्छनिर्गत, गच्छवासिन्, गच्छान्तर्गत und गणनिमीलन 3.

गणपति II. 6.

गणपूर्व 3.

गणभद्र, गणरेव, गणलक्षण, गणवैद्य und °शास्त्र 2.

गणसिंह II. 2.

गणसूत्रवाद und °सूत्रार्थवाद 2.

गणस्कन्ध II. streiche das * und lies N. pr. eines Dânava st. *Cassia* u. s. w.

गणावर्तलक्षण 2.

गणास्थित Adj. Bez. *einer Art von Pfeilen, die in einem ehrlichen Kampfe nicht gebraucht werden dürfen*, MBh. 7,189,12.

गणाह्व II. 2) R. ed. Bomb. 4,14,8.

गणेन्द्रमोक्ष 2.

*गञ्जपति m. etwa *Schatzmeister* Mahâvj. 186,32.

गञ्जाकिनी II. 2.

गञ्जुलिका 3.

गड II. 5.

*गडिक II. gaṇa सुतंगमादि.

गडुल II. 6.

गडेर (II.) und °क Gaṇap. 34.

गडुक II. Subhâshitâv. 1104.

गणक II. 3) b) R. ed. Bomb. 2, 100,50.

*गणकमहामात्र m. *Finanzminister* Mahâvj. 186,24.

गणकानन्द und गणचतुर्थीचन्द्रदर्शनकथा 2.

गणत्रिका II. Die richtige Form ist गणित्रिका.

गणधरसार्धशतक n. Titel eines Werkes Ind. St. 16. 17. Festgr. 55.

गणनापति II. Wohl = गणकमहामात्र Mahâvj. 186,23.

गणनापत्त्रिका 3.

गणनिघण्टु, गणपतिपुराण, °पतिविधान und गणफलविवेक 2.

गणरात्र II. 5.

गणाधिपति m. 1) Bein. Çiva's. — 2) *der Gott Gaṇeça.*

गणिकाल 5.

गणित, °चन्द्रिका, °भास्कर, °संग्रह und गणितामृत 2.

गणित्र n. *ein best. astrologisches Instrument* Divjâvad. 263,9.

गणित्रिका II. Ist richtig und bedeutet *Rosenkranz* wie गणित्री nach Kern im Kavi. Der Elaeocarpus, aus dessen Fruchtsteinen die Rosenkränze bestehen, ist wohl nach diesem Worte *Ganitrus* benannt worden.

गणिन् II. 4.

गणिस्थराज 5.

गणेश्वरदीक्षित und °तीय 2.

गण्ड II. = खण्ड *Abschnitt* Divjâvad. 638,2. *Stück* 155,13. *Stamm* 100, 16. 210,21. Also Kathâs. 94,66 wohl auch richtig.

गण्डक II. 1) a) Kâd. (1883) 20,2. m. N. pr. eines Mannes Divjâvad. 155,13. f. गण्डिका *Stück* 31,27. Vgl. oben गण्ड.

गण्डबेरुण्डनृसिंहमल्ल 2.

*गण्डलवण II. vgl. गडलवण.

गण्डलेखा 5.

गण्डि II. f. *eine Art Gong um Signale zu geben u. s. w.* Divjâvad. 335,13. 336,1. 333,9. *गण्डी Mahâvj. 279.

*गण्डीकोटनक n. *der Klöpfel eines solchen Gong* Mahâvj. 279. Vgl. गण्डिकाकोटिता Divjâvad. 335,13.

गण्डोपल II. 3.

गत II. n. गतं गम् *gehen mit Jmd*, so v. a. *sich mit Jmd* (Instr.) *abgeben* R. ed. Bomb. 4,22,22.

गतत्रप Adj. *schamlos* Rudraṭa, Çṛṅgârat. 1,38.

गतपूर्व 3.

गतमनस्क 4.

गतलक्ष्मीक 5.

गतलज्ज 2.

गतस्वार्थ 5.

गताध्वन् II. 6.

गति II. *Verständniss* Mahâvj. 142. गतिं गतः *zum Verstädniss gelangt, verstehend* ebend. und 30,62. उपायकौशल्यगतिं गतः Saddh. P. 122. Vgl. 1) s).

गत्वर II. 5. *zu gehen sich anschickend.* Nom. abstr. °त्व n. Dharmaçarm. 14,65.

1. गद् mit नि II. निगदित *berühmt in, — wegen* (Loc.) R. ed. Bomb. 4,5,3. = प्रेरित (sc. पित्रा) Comm. — Mit परि II. 4.

गदा II. 2.

गदाधरीय, गद्यटीका, गद्यभाष्य und गद्यव्याख्या 2.

गन्धक II. 3.

गन्धकारक II. 4.

गन्धकारी 2.

गन्धन II. 5.

गन्धपान 4.

गन्धपाषाणवत् Adj. *Schwefel enthaltend* Daçak. (1883) 128,5. Nach dem Comm. = मनःशिलादिधातुपाषाणमय.

गन्धप्रवादा 6.

गन्धमांसी 4.

गन्धमृग II. 4. Auch Vikramâṅkaḱ. 1,17.

गन्धराज II. 2.

गन्धर्व II. Vgl. Pischel, Vedische Studien 77. fgg.

गन्धर्वकन्या II. hier und in allen folgenden Compositis ist Gandharva 1) a) α) zu lesen.

गन्धर्वप्रत्युपस्थिता Adj. f. *schwanger geworden* Divjâvad. 1,15. 440, 13. Vgl. Pischel, Ved. St. 77. fgg.

गन्धर्वलोक 2.

गन्धवत्त, f. °वती II. *N. pr. einer Tantra-Gottheit Mahâvj. 197,90.

गन्धसिन्धुर m. = गन्धद्विप Dharmaçarm. 5,59.

गन्धस्रग्दामवत् 3.

गन्धहस्तिन् II. 5. N. pr. eines *Elephanten* Gâtakam. 9. *eines Bodhisattva Mahâvj. 23,60 (°हस्ती zu lesen).

गन्धिक II. 4) किञ्चिन्गन्धगन्धिक (v. l. °गन्धिक) Pat. zu P. 2,4,10.

गन्धोदक 3.

गम् mit अभि Caus. II. 5. — Mit आ II. आगम्य Absol. so v. a. *für, behufs;* mit Acc. Divjâvad. 95,10. mit Gen. 405,10. — Mit अभ्युद् II. 3. — Mit निस् Caus. II. 5. — Mit उपनिस् *hinausgehen zu* (Acc.) Gâtakam. 31.

गमनवत् 5.

गमागमिक 2.

गमिक Adj. *auf Reisen befindlich, wandernd* Mahâvj. 270,34. Divjâvad. 50,27.

गमिष्ठ II. 5.

गम्भीर II. 3.

*गम्भीरघोषस्वरनादित m. N. pr. eines Bodhisattva Mahâvj. 23,42.

1. गर् II. गीर्णा RV. 10,88,2. — Mit अभिप्रति II. 6.

2. गर् mit अपि *hinunterschlucken* Âpast. Çr. 3,19,7. — Mit उद् II. उद्गीर्ण *abgeworfen* (अश्वपृष्ठात्) Gâtakam. 25,2. — Mit प्रोद् 4. प्रोद्गीर्ण *aus sich entlassen, ausgegossen* Divjâvad. 589,1. — Mit विनि 4.

3. गर् mit उद् II. 5.

6. गर् 2.

गरगिर II. Maitr. S. 3,6,7 (69,12).

गरिष्ठ II. m. N. pr. eines Asura und eines Mannes.

गरुडकेतु 5.

गरुडदण्डक, गरुडनामाष्टोत्तरशत, गरुडपञ्चाशत् und गरुडश्रीरङ्गमाहात्म्य 2.

गर्गत्रिरात्र II. 2.

गर्जि II. f. Rudraṭa, Çṛṅgârat. 1, 146, wo गर्जिगर्णिता die richtige Lesart ist.

गर्तमित् II. 4.

गर्तेष्ठा II. 6.

गर्त्य II. 3.

गर्द und गर्दभ II. Vgl. Pischel, Vedische Studien 82. fg.

गर्भ II. 2. 3. 5.

गर्भचिकित्सा 2.

गर्भनिर्हरण 3.

गर्भपुरीमाहात्म्य 2.

गर्भपुरोडाश 5.

गर्भप्रावरण n. *Schafhaut, Amnion* Sud. zu Âpast. Gṛhj. 14,15.

गर्भमृत् Adj. *im Mutterleibe absterbend* Maitr. S. 4,8,8 (117,3).

गर्भरूपक und गर्भवेदिनी 3.

गर्भसंस्कार m. *Weihe des Fötus, eine best. Ceremonie* Har. zu Âpast. Gṛhj. 14,1.

गर्भसंस्रवण, गर्भसंकरित und गर्भसंस्रव 6.

गर्भस्राविन् II. 6.

गर्भागार II. 1) und 2) sind mit einem * zu versehen.

गर्भावेष्टन n. *Schafhaut, Amnion* Har. zu Âpast. Gṛhj. 14,15.

गर्मुत् und गर्मुद् II. 5.

गर्व II. *etwa *Bannung, Exorcismus, Verfluchung* Mahâvj. 197,29.

गर्वित II. n. *Hochmuth, Stolz* R. ed. Bomb. 4,16,9.

1. गल् mit विनिस् 3.

गलग्रन्थि m. *Halsschlinge* Dharmaçarm. 4,49.

गलग्राहिन् Adj. *am Halse packend*, so v. a. *übertreffend* Pâdâravindaçataka 2.

गलरन्ध्र 5.

गलुन्त 3.

गल्दा II. Vgl. Pischel, Vedische Studien 83. fg.

गल्लर्क = गल्वर्क R. ed. Bomb. 3, 43,29.

गव II. 3.

गवदिक 6.

गवालम्भ m. *das Schlachten eines Rindes* (beim Empfang von Gästen), so v. a. आतिथ्य Sud. zu Âpast. Gṛhj. 7,23.

गवास्थि Adj. Bez. *einer Art von Pfeilen, die in einem ehrlichen Kampfe nicht gebraucht werden dürfen,* MBh. 7,189,12.

गवीनी II. so zu lesen st. गविनी.

गह्वनेष्ठ und गैह्य 2.

1. गा II. जगायात् RV. 10,28,1. — Mit अधि Caus. II. 5. — Mit अव II. *verstehen, wissen* Kir. 12,34. — Mit प्र II. 2) lies 27,10. fgg. — Mit वि II. *dazwischen treten, trennen;* mit Acc. Çâṅkh. Br. 13,9.

3. गा II. 5. — Mit अव II. °गीत *abgeschwächt* (शोक) Gâtakam. 2. *zum Ueberdruss geworden* 10,1.

गाङ्गाच्य 3.

गाजर *Mohrrübe* im Brahmap. nach Aufrecht.

गाढवर्चस्त्व 5.

*गाण्डाली steht fälschlich nach गाणेश.

गात्र II. 3.

गात्रयुत 3.

गात्रशय्य Adj. als Bez. *bestimmter Einsiedler* R. ed. Bomb. 3,6,3.

गात्रावर 6.

गात्रिकाग्रन्थि 5.

गाथानाराशंसी 4.

*गाधिभू m. Patron. Viçvâmitra's.

गानीय und गोदोहसंनेजन 2.

गान्धर्वविद्या 5.

*गाम्भीर Adj. von गम्भीर.

गायत्री, °कल्प, °कवच, °तत्त्वदर्पण und °तात्पर्य 2.

गायत्रीयामन् 3.

गायत्रीहृदय und गारुडोपनिषद् 2.

गार्ग II. 3) f. गार्गी zu accentuiren.

गार्दभ II. so zu betonen.

*गार्ध n. Mahâvj. 110,36 fehlerhaft für गार्ध्य.

गार्धपृष्ट oder °प्रष्ट 3.

गावय 3. कुणप n. Parâçarasaṁhitâ 11 nach Aufrecht.

गाह् mit परि 4. — Mit प्र II. 4. — Mit सम् II. Festgr. 13,35.

3. गिर् 2. Auch Çiç. 4,59.

गिरिक II. 3. m. N. pr. = चण्डगिरिक Divjâvad. 374,14.

गिरिचारिन् Adj. = गिरिचर.

गिरिनदिका 3.

गिरिराज m. = गिरिराज् R. ed. Bomb. 4,43,4.

गिरिरूप 5.

गिरिशय II. 3.

गिरिसुत 2.

गिरी 3.

गीता, °गूढार्थदीपिका, °तात्पर्य, °तात्पर्यचन्द्रिका, °तात्पर्यबोधिका, °प्रतिपद, °र्थसंग्रह, °र्थसंग्रहरत्न, °विवृति, °समङ्गलाचारपद्धति und °सार 2.

*गीर्वत् Adj. von 2. गिर्.

गीर्वाणश्लोक 2.

गुंकार 3.

गुङ्गुम *Gesumme* Subhâshitâv. 606. Vgl. घुङ्घुम.

गुच्छार्क 5.

गुञ्ज, f. गुञ्जा II. auch *Trommel.*

गुञ्जित n. *Gesumme* (der Biene), *Gesang* (des Kokila).

गुटिकास्त्र 5.

गुडजिह्विकान्याय II. 6.

गुडल II. 3.

गुण II. Bez. *der Zahl drei;* vgl. 1) *n*). *Macht* Gâtakam. 17,23. °गुणात् so v. a. *in Folge von, vermöge* 24.25.

गुणगणवत्, गुणप्रकीर्तन und गुणतत्त्व 4.

गुणतस् II. 3.

गुणपाठ 2.

गुणय् mit अनु II. *fördern* Kir. 13,44.

गुणरत्नमय 5.

गुणव्रत II. lies *Nebengelübde, Nebenpflicht.*

गुणशब्द II. *das Schwirren einer Bogensehne* Divjâvad. 223,3.

गुणसुन्दर 2.

*गुणास्तु n. und *°स्तू f. *Baumwolle* Râgan. 4,191 nebst v. l.

गुणाढ्य = सत्त्व Ragh. 3,27. Vgl. गुण 1) *n*).

गुणाढ्य II. 1) R. 1,7,6.

गुणान्वित II. auch = गुणान्वय Çvetâçv. Up. 6,4.

गुण्ड् mit परि, गुण्डुभट्ट u. °भट्टीय 2.

°गुणाय II. 1) Bijdr. tot de L. T. en Volk. 1883,128.

1. गुप् mit नि *verbergen* Kir. 6,38. 13,19. — Mit वि Desid. II. *Jmd* (Acc.) *tadeln* Gâtakam. 23,23. *sich tadelnd äussern* 26.

गुप्तधन 3.

गुप्ती 3.

गुफ् II. vor गुफित ist das * zu streichen.

गुफा oder गुम्फा f. Pârasîprakâça 293.

गुमगुमायित 5.

गुम्फनिका f. *Wortgewinde, ein literärisches Product* Subhâsh. 139.

गुर् mit आ II. आगूर्ण *unter Drohungen aufgehoben* (परमृध) Gâtakam. 9,40.

गुरु (Adj. MBh. 13,1,21 nach Nîlak. *schuldbeladen*) II. °चन्द्रिका, °ज्ञानवासिष्ठ, °तरंगिणी, °दीपिका, °नाडि, und °भावप्रकाशिका 2.

गुरुवर्तक 5.

गुरुवर्तिन् und °र्तित्व II. 5.

गुरुवार 3.

गुरुविधिविजय, गुरूपसत्तिविजय und गुर्वर्थदीपिका 2.

*गुल्फजाह II. lies n. st. m.

गुल्मतरपण्य n. *Werft- und Fährgeld* Divjâvad. 92,27.

1. गुह् II. Z. 6 lies *जुघुक्षति. — Mit नि auch *sich verstecken, — verbergen.* निगूह्हितुम् R. ed. Bomb. 3,62,4.

गुह्यपतिविद्या 5.

गुह्यरुज् 3.

गूढगुल्फ Adj. *dessen Fussknöchel nicht zu sehen sind.* Nom. abstr. °त्व n. Sud. zu Âpast. Gṛhj. 3,18.

गूढमन्त्र Adj. *Pläne geheim haltend* Rudraṭa, Çṛṅgârat. 1,39.

गूढवर्चस् II. 5.

गूढागूढत्व n. = गूढागूढता.

गूढोदक 3.

गूद्दु und गूर्द II. 6.

गूह् 2.

गृञ्जनक II. 1) MBh. 13,91,39. Nach Nîlak. n. und = गृञ्जन 2).

*गृद्धि f. *Gier* Mahâvj. 110,35.

गृद्धित्व und गृद्धिन् II. richtig, vgl. Pâli गिद्धिन्.

गृध्रजापिन् 5.

गृध्रद्वार 6.

गृभ् am Ende eines Comp. auch Adj.

गृष्टिका II. 2) Suçr. 2,63,4.

गृह II. n. *häusliches Leben, Familienleben* Gâtakam. 19.

गृहक n. *Häuschen, Hütte* R. ed. Bomb. 3,42,23.

गृहकुमारी 6.

गृहगुप्त 2.

गृहचारक *Leben und Treiben eines Haushalters* Gâtakam. 18,20.

गृहदाह ist nach गृहदासिका zu setzen.

गृहदेवता II. 4.

गृहनिर्वाह 3.

गृहपतिवदन n. *eine best. Litanei* Çâṅkh. Çr. 10,20,1. Abgekürzt गृहपति m. dass. 2.

गृहपात 3.

गृहपीठिका 2.

गृहपूजा f. *Verehrung des Hauses, eine best. Hochzeitsceremonie* Sud. zu Âpast. Gṛhj. 2,15.

गृहमेधा f. = गार्हस्थ्य Dharmaçarmâbhj. 3,73.

गृह्ये II. 2.

गृहस्थ II. 3.

गृहाय् und गृहावग्रहणी 5.

गृहीतादिक 3.

गृहीतपृष्ठ 6.

गृहीतवसतीवरीक 4.

2. गृह्य II. 5.

गृह्यपीठिका, गृह्यप्रश्न, गृह्यरत्न, गृह्याण्डपिल्ली und गृह्यायनप्रयोग 2.

गेह II. *Familienleben* Gâtakam. 18,19. 20,35.

*गेहानुप्रवेशनीय Pat. zu P. 5,1,111.

*गेहावस्कन्दम् st. गेहानुस्कन्दम् Kâç.

गैरिक II. 2. Vgl. Ind. St. 16,381. 17,32.

गैरिकाख्य II. 3.

1. गो II. 4.

गोअग्र II. Vgl. Pischel, Vedische Studien 31.

गोकुणिक 3.

गोग्रह m. *Rinderraub* MBh. 6, 98,11.

गोचर II. 2. 6. 1) auch Kir. 4,10. *Futterplatz* (für Vögel) Gâtakam. 22. *= ईर्यापथ Mahâvj. 243,976.

*गोचरपरिग्रह n. Titel eines Werkes MAHÂVJ. 65,51.

गोचरभाषामुहूर्तविधि 2.

°गोचरिक Adj. in Berührung —, im Verkehr stehend mit DIVJÂVAD. 307,21.

गोठिका s. u. गोलक weiter unten.

गोत्रिक II. 2.

गोत्रिन् und °त्रिल 3.

गोद II. 2.

गोदानव्रत n. das Gelübde beim Bartscheeren ÂPAST. GRHJ. 16,14.

गोदापरिणाय und गोदास्तुति 2.

गोधनगिरि 5.

गोनिहार 3.

गोप II. 5.

गोपतिचाप II. KIR. 8,1.

गोपद्मव्रत 2.

गोपय् mit उप verdecken DHARMAÇARMÂBHJ. 13,28. — Mit वि 5.

गोपाचल 5.

गोपायक m. Beschützer KIR. 18,18.

गोपालगिरि 5.

गोपालरत्नाकर u. °पालविंशति 2.

गोपिटक wohl = गोपुट DIVJÂVAD. 70,28.

गोपितर् Nom. ag. Hüter GÂTAKAM. 10,34.

गोपीचन्दनमाहात्म्य, गोपीनाथीय und °परिभाषा 2.

गोप्तृमल्ल 3.

*गोप्रपदनीय PAT. zu P. 5,1,111.

गोफणा und °फणिका f. eine concave Bandage für Kniee, Nase u. s. w. Auch °बन्ध m.

गोमतल्लिका II. 5.

गोमय II. 2) °कार्षी DIVJÂVAD. 306,23. 369,7.

गोमिन्द = गोविन्द BÜHLER in Ind. Antiq. VALLABHI-Gr. No. XVI.

गोमुण्ड 5.

गोमृगकाकचर्या 4.

गोमेदसंनिभ II. 3.

गोरास्य 5.

गोरुत II. DAÇAK. (1883) 119,15.

गोलक II. 5. 2) f. गोठिका Tausendfuss SUD. zu ÂPAST. GRHJ. 23,3.

गोलभ m. N. pr. eines Gandharva R. ed. Bomb. 4,22,28. fg.

गोवर्धन II. 5.

गोविन्दगीता 2.

गोविन्दपाल 5.

गोविन्दराजीय, °विन्दविरुदावलि und गोविद्यशास्त्र 2.

*गोशालीपुत्र (गोशली° gedr.) m. = गोशालि MAHÂVJ. 179.

गोशास्त्र 2.

गोष्ठि II. 3.

गोष्ठश्व II. P. 5,4,77. SUBHÂSHITÂV. 463 (°श्वः zu lesen).

गोष्ठीपुरीमाहात्म्य 2.

गोष्ठोडुम्बर m. ein best. Baum SUD. zu ÂPAST. GRHJ. 14,3.

गोष्पदपूरम् und °प्रम् 3.

गोसहस्रिन् 6.

गौच्य 2. 3.

गौडब्रह्मानन्द und °नन्दीय 2.

गौतमी II. 5.

गौतमधर्म, गौतमप्रश्न, गौतममाहात्म्य, गौतमशिला, गौतमसंहिता, गौतमसूत्र und गौतमस्मृति 2.

गौधूमी II. 4.

गौभिल 3.

गौर II. 4) c) Ind. Antiq. 15,37, a, 18.

गौरावस्कन्दिन् II. 6.

गौरिलेय 3.

गौरी, °कान्तीय und °पञ्चाङ्ग 2.

गौर्जर II. 5.

गौलालीय und गौलीफल 2.

गौल्मिक II. *m. vielleicht ein bei einer Werft beschäftigter Mann MAHÂVJ. 186,133.

1. ग्रथ् Caus. ग्रथयते = Simpl. MBH. 4,9,19. ग्रन्थयते ed. Calc. 4,262. — Mit उद्, उद्गृणात्ति (!) AV. 10,7,43.

ग्रन्थावृत्ति 5.

*ग्रन्थिमोचक m. Beutelschneider MAHÂVJ. 223,286.

ग्रभ् II. 2. 4. — Mit अनु II. Jmd zu Etwas (Loc.) anhalten, in Etwas befestigen GÂTAKAM. 23. — Mit उपोद् II. 2) genauer zu sich hin aufrichten. — Mit निस् abtrennen MAITR. S. 4,6,9 (92,16). 7,1 (93,9). — Mit अनुपरि 3. — Mit अभिपरि 3. — Mit प्रति II. auffassen. अन्यथा verkehrt auf. GÂTAKAM. 23,55. — Mit वि Caus. II. Jmd zu verleiten — zu verführen suchen DIVJÂVAD. 419,19. 557,28. 571,22. GÂTAKAM. 23.

ग्रहगोचरफल u. ग्रहचेष्टाविधान 2.

ग्रहणी II. f. ई auch Strang, Seil KAUÇ. 29,2.

ग्रहपाक II. 5.

ग्रहपाकक्रियाक्रम 2.

ग्रहव II. 2.

ग्रहमर्द 2.

ग्रहवर्ष II. lies m. st. n.

ग्रहविचार 2.

ग्रहान्तरुकव्य m. ein best. Ekâha ÂÇV. ÇR. 9,6,2. ÇÂÑKH. ÇR. 11,2,14.

ग्रहार्चनप्रोक्षण, ग्रहार्चनविधि und ग्रहाष्टक 2.

ग्राहि II. 3.

*ग्राहिक Adj. etwa bissig MAHÂVJ. 127,8.

ग्राहिलो II. 5.

ग्राम und ग्रामकण्टक II. 3.

ग्रामकूट II. 2.

ग्रामघातक 3.

ग्रामघातिन् II. 5.

ग्रामणिभोगीन 4.

ग्रामपालक 3.

ग्रामरक्षक und ग्रामलेखक 5.

ग्रामसद् 3.

ग्रामसिंह II. das * zu streichen.

ग्रामेय II. f. ई DHARMAÇARM. 16,70.

ग्रामेयक II. 5.

ग्राम्य II. KAUÇ. 27,32 nach DÂRILA = ग्राम्यो व्याधिर्मिथुनसंयोगात्. Verbessere (ग्रामिश्रे).

ग्राम्यमृग II. 5.

ग्रावणीय 2.

ग्रावरोहक 5.

ग्रासपात्री Adv. mit कर् Etwas zum Verschlucken geeignet halten, als guten Bissen verschlucken SUBHÂSHITÂV. 996.

ग्राह II. 3.

ग्राहयितव्य 5.

ग्राहिन् II. Adj. mit zu ergänzendem Object Etwas tragend, in der Hand haltend R. ed. Bomb. 3,51,17.

ग्राह्यरूप 5.

ग्रीवबद्ध Adj. am Halse gebunden TS. 3,3,8,3.

ग्रीष्म II. 1) b) *ग्रीष्माणां पश्चिमे मासे MAHÂVJ. 253,43.

ग्रुमुष्टि II. ÂPAST. GRHJ. 20,11.

*ग्रेध m. Gier, Begierde MAHÂVJ. 243,1145. Vgl. Pâli गेध.

*ग्लयम्लय (!) m. MAHÂVJ. 243,1166.

ग्लहन 3.

ग्लानता f. das Verwelken R. ed. Bomb. 3,73,23. Wohl fehlerhaft für म्लानता.

ग्लानप्रत्ययभैषज्य n. ein best. Arzeneimittel MAHÂVJ. 239. DIVJÂVAD. 143,6.

ग्लुन्य 4.

घङ्घशाला 5.

घट् mit प्रवि 3. — Caus. 3.

घट II. 5.

घटिकाचलमाहात्म्य 2.

घट्ट् II. घट्टित = घटित geschlossen DIVJÂVAD. 29,7. 12. — Mit व्या 3. — Mit समा Caus. anschlagen, anstossen DAÇAK. (1883) 125,2.

घट्ट II. 5.

घण्ट II. घण्टी als Name der Durgâ MBH. 4,6,10.

घण्टाकर्णी 5.

घन II. 1) c) घनम् oft RUDRATA, ÇRÑGÂRAT. 2,76.

घनमुद्ग 3.

घनास्थिकय II. 3.

घनोदय II. das * zu streichen.

घनघमारव 3.

1. घर् mit अभ्या 2.

घरिणी f. = गृहिणी DIVJÂVAD. 46,22. °स्तूप 47,25.

घर्मतोय 5.

घर्मदीधिति II. lies m. st. n.

घर्मभानु und घर्मवारि 5.

घर्मस्वरस् II. lies wie ein heisser Kessel brausend, — brodelnd.

घर्मोच्छिष्ट und घर्मि 3.

घस् II. अघत् ÇÂÑKH. ÇR. 6,1,5. — Desid. II. *जिघत्सित (so zu lesen) hungrig MAHÂVJ. 243,922.

घाट, f. आ II. Topf KARAKA 102,13.

घाटलिका 4.

घातक II. 4.

घातिल 3.

घुङ्कुम Gesumme SUBHÂSHITÂV. 606, v. l. 930. Vgl. गुङ्कुम.

घुट् mit व्या II. 5.

1. घुष् mit आ II. 5. — Mit उद् II. 3.

घृणावत्त 6.

घृणि (so Glosse) II. und घृणीकृत् f.

Ausschlag in der Nase des Pferdes Açvav. 38,1.

घृतकुम्भ॑ II. so zu betonen.

घृतत्व 2.

घृतधारा II. 3.

घृत॑भाजन (so zu betonen) und घृतमधुमय 4.

घृतमिश्व 3.

घृतयाड्या 4.

घृतलेखिनी 5.

घृतसमुद्र m. *das Buttermeer* Aniruddha zu Sâṁkhjas. 6,52.

घृतानुषिक्त॑ 6.

घृताङ्कर्ति॑ 3.

*घोटकमृग m. *ein best. Thier* Mahâvj. 213,29. Vgl. गौडकमृग.

घोटपालक 3.

घोरसंस्पर्श 6.

घोराशय 3.

घोल II. 1) lies n. st. m.

घोषिल II. m. N. pr. eines Mannes Divjâvad. 529,6. 531,19. 541,19. fgg. 575,30. fgg.

घ्रा mit प्रति 4.

1. च II. Z. 12. fgg. Vgl. Z. d. d. m. G. 41,516. fgg. Knauer in Festgr. 62. fgg.

चकटि Adj. *schlecht, von geringer Art* Divjâvad. 496,9. 26.

चकारसमर्थन 2.

चकोरदृश् 6.

चकोरनयना f. = चकोरदृश् Rudraṭa, Çṛñgârat. 2,69.

चक्कलक 6.

चक्रक, चक्रिका f. II. auch *der Ring an einem Sonnenschirm* Subhâshitâv. 3075.

चक्रडुन्डुभ्य 3.

चक्रन्याम 2.

चक्रपथ m. *ein Weg für Räder, ein zum Fahren geeigneter Weg* MBh. 7,187,20.

चक्रपाल II. 6.

चक्रबन्ध II. 4.

चक्रभ्रम II. 3.

चक्रमौलिन् 4.

चक्रयोधिन् 5.

चक्रवत् II. 6.

चक्र॑वृत्त 4.

चक्रिक II. am Ende, lies चक्रक.

चक्रिन् II. 5.

चक्रीवत् II. 2.

चक्ष् mit परि II. 3. — Mit अभिप्र II. lies *sich umsehen nach* (Acc.). — Mit वि Act. *verkünden, erklären* Gâtakam. 23,3.

चतुरपेत 3.

चतुष्प्रीति 4.

चतुष्मत् II. *f. °ष्मती N. pr. einer Tantra-Gottheit Mahâvj. 197,92.

चतूराग 5.

चञ्चल II. 2) b) mit einem * zu versehen. — 3) a) Spr. 4242.

चञ्चु II. 3.

चटचट् 5.

चटितक n. *eine zerbrochene, schadhafte Stelle* Divjâvad. 22,24.

चटितस्फुटितक n. *eine zerbrochene und geborstene Stelle* Divjâvad. 23,6.

चटुलय् 4.

चटुलित 6.

चण्डभास्कर 2.

चण्डात्तिक 3.

चण्डालसमवृत्तिमत् 4.

चण्डिका, °कीलक (so zu lesen), °गल und °सप्तति 2.

चण्डीपति 3.

चत् II. Z. 2 lies चत्तै॑. Vgl. Ind. St. 17,283.

चतुरर्थ 3.

चतुरवत्त॑ und चतुरवत्तिन् II. 4.

चतुरवराध्य 5.

चतुरशीतिसाहस्र 3.

चतुरस्र II. 1) b) *regelrecht, richtig* Rudraṭa, Çṛñgârat. 1,2.

चतुरष्टक 3.

चतुर्गृहीतिन् 4.

चतुर्थि° Âpast. Gṛhj. 9,1 wohl fehlerhaft für चतुर्थी. Vgl. Z. d. d. m. G. 41,671.

*चतुर्दत् Adj. *vier Zähne habend* Kâç. zu P. 5,4,141.

चतुर्दशतत्त्वार्थसारसंग्रह, °दृशलक्षणी, °क्रोड und °जगदीशीय 2.

चतु॑र्दशाक्षर (so zu betonen) II.

चतुर्दशीस्तोत्र und °दृशोपनिषद् 2.

चतुर्द्वार II. 3.

चतुर्द्वारमुख 2.

चतुर्निधन 3.

चतु॑र्बिल II. 4.

चतुर्भूमिक und चतुर्भूयंस् 4.

चतुर्मततात्पर्यसंग्रह 2.

चतुर्मुखतीर्थ n. N. pr. eines Tîrtha.

चतुर्मुष्टि 3.

चतुर्युक्त 4.

चतुर्योगिनीसंपुट 6.

चतुर्वक्त्र II. 5.

चतुर्वर्गसंग्रह 6.

चतुर्विंशतिकृत्वस् 2.

चतुर्विंशतिगर्व॑ 3.

चतु॑र्विंशतिविक्रम Adj. (f. आ) *24 Schritte messend.*

चतुर्विंशतिसाहस्र 3.

चतु॑र्विंशत्यक्षर Adj. (f. आ) *24silbig.*

चतुर्विंशत्यक्ष॑ II. so zu betonen.

चतुर्विंशिक II. 5.

चतुर्वेदतत्त्वार्थसंग्रह, °वेदतात्पर्य, °संग्रह und °सारसंग्रह 2.

चतुश्चक्र II. 3. m. auch *eine best. Himmelserscheinung* MBh. 7,199,19.

चतुःश्लोकी 2.

चतुष्क II. 5.

चतुष्किष्कु II. Adj. (f. eben so) MBh. 5,51,28. 7,134,10.

*चतुष्कुम्भिका f.? Mahâvj. 281,111.

चतुष्पथ II. Adj. *wobei auf vierfache Weise verfahren wird* (गदापद्ध) MBh. 1,68,12.

चतुष्पथकृताशय 2.

चतुष्पथसद् 3.

2. चतुष्पद II. 3.

चतुष्पदिका II. *Adj. f. (गाथा) Mahâvj. 244,86.

चतुष्पुट und चतुष्प्रस्थानिक 4.

चतुस्त्रिद्विभागी Adv. mit कर् *in vier, drei und zwei Theile theilen* Vishṇus. 18,7.

चतुस्त्रिद्व्येकभाग 4.

चतुः॑सीत 6.

चतुःसूत्रीभाष्यप्रकाश 2.

चत्वर II. 3.

चत्वारिंशत् II. als Acc. R. ed. Bomb. 4,63,5.

चत्वारिंशन्मान 3.

चन् II. चनति (हिंसार्थ) Dhâtup. 1,840.

चन्दिर II. 4.

चन्दिल 5.

चन्द्रक II. 6.

चन्द्रकला II. 2.

चन्द्रकान्तीय 2.

चन्द्रकीर्ति II. 5.

चन्द्रगुप्ति 5.

चन्द्रचित्र m. Pl. N. pr. eines Volkes R. ed. Bomb. 4,42,6.

चन्द्रचूडीय, चन्द्रनाडि, चन्द्रनारायणभट्टीय und चन्द्रनारायणीय 2.

चन्द्रपुत्र m. Patron. *des Planeten Mercur.*

चन्द्रसामन् 3.

चन्द्रसूर्याक्ष 6.

चन्द्रस्थलनगर 5.

चन्द्रा॑ग्र II. Vgl. Pischel, Vedische Studien 51. fg.

चन्द्रातप II. 1) Daçak. (1883) 111,4.

चन्द्रादिगुप्ति 5.

चन्द्राश्म und °न् (Dharmaçarmâbhj. 1,8) 3.

चन्द्रिकाखण्डन, चन्द्रिकाजनमेजय und चन्द्रिकातुल्य 2.

चन्द्रिकाय्, °यते *Mondschein darstellen* Prâṇâbharaṇa 48 nach Aufrecht.

चन्नभट्टीय und °निग्रहविवरण 2.

चै॑प्य n. *ein best. Opfergeräth.*

*चफट्टक m. N. pr. eines Mannes Comm. zu Gaṇar. 173.

चमकभाष्य und चमत्कृति 2.

चमसा॑धर्यु II. Maitr. S. 3,9,3 (116,26). 4,4,7 (58,11).

चमूह und चम्पकलता 3.

चम्पकश्रेष्ठिकथानक n. Titel einer *Erzählung* Sitzungsberichte d. K. Pr. Ak. d. W. 1883, S. 605.

चयन, °कारिका, °पुराणभाष्य, °प्रयोग und °मन्त्रपद 2.

चयनमूल Adj. *dessen Wurzel mit Lehm belegt ist* Sud. zu Âpast. Gṛhj. 9,3; vgl. Bühler in Z. d. d. m. G. 37,102.

चयनानन्दपिच्छे 2.

चर् mit सह *gehen mit,* so v. a. *übereinstimmen mit, ähnlich sein* Bâlar. 130,19. — Mit अन्वभ्यव 5. — Mit उप II. *°उपचरित *angenehm berührt —, sich angezogen fühlend durch* Mahâvj. 10,29. — Mit परि II. °चीर्ण *fein bedient* Divjâvad. 421,20. — Caus. = Simpl. mit परि 2) Mahâvj. 245,943. Divjâvad. 1,6. — Mit अनुपरि 2.

चरकसंदेश 2.

चरणाक 5.

चरणत्र *Fussbekleidung* Kuṭṭanîmata 64.

चरणप्रसार 4.

चरणबोधिन् m. = चरणायुध *Hahn* R. ed. Bomb. 4,38,31.

चरणालग्न 3.

चरम, °म् II. *nach Jmd* (°तस्) Kir. 8,54.

चरमभविक II. Lies *der zum letzten Mal auf Erden lebt.* Auch Divjâvad. 1,17. 174,1. 177,20. 264,2.

चरमवयस् 6.

चरमश्लोकचन्द्रिका, °श्लोकटिप्पणी und चरविक्रमचरित 2.

चराचरगुरु 3.

चरितगुण Adj. = चरितार्थ. Nom. abstr. °त्व n. Kir. 7,2.

चरितपूर्व 3.

चरित्र II. 2.

चर्च् Caus. II. 5.

चर्चकमाला f. *Rosenkranz* Kuṭṭanîmata 66.

चर्मचटी 2.

चर्मणा 6.

चर्मपुट II. 5.

चर्मम्न II. Adj. *lederweich* ṚV. 8, 5,38.

चर्मार II. 5.

चर्यापाद 2.

चर्वण II. 6.

चलान्तर, °सूत्र und चलितराम 2.

चलितस्थान Adj. *den Standort wechselnd* R. ed. Bomb. 4,1,14.

चलितेन्द्रिय 3.

चषक II. 5.

चषाल II. 4.

चषालमुख m. *ein best.* Ekâha Çâṅkh. Çr. 14,73,3.

चाक्रवाक 5.

चाक्षुष Adj. II. *zu Jmds* (Gen.) *Gesicht gekommen* R. ed. Bomb. 3, 69,44.

चाक्षुषीयनीतिशास्त्र, चाटुश्लोक, चाणाक्यसूत्र und चाणूरमर्दन 2.

*चातुर्द्वीपक Adj. *vier Welttheile umfassend* Mahâvj. 154,1.

चातुर्धाकारणिक 2.

चातुर्मासिक II. 2.

चातुर्मास्यत्व, चातुर्मास्यविधान, °मास्यपद्धतिविधि und °मास्यक्षेत्र 2.

चातुर्विंशक 5.

चातुर्वैद्य und °वैद्य (II) 6.

चातुर्होतृक II. 3.

चातुर्होत्रीयब्राह्मण 4.

चातुष्पथ 3.

चातुष्प्राश्य u. चातुष्प्राशिक II. 4.

चातुःस्वर्य II. Sud. zu Âpast. Gṛhj. 4,17.

चान्द्र II. 3.

चान्द्रक II. 2) Viǵn. zu Jâǵn. 3, 290. fg. nach Leumann.

चाप II. als *best. Längenmaass* Daçak. (1883) 168,5.

चापयष्टि II. 3.

चापवेद 3.

*चापोदर Adj. (f. ई) *einen gewölbten Bauch habend* Mahâvj. 223,133 (°द- नी gedr.).

चामर II. *m. und अवर° m. *ein best. Theil der Welt* Mahâvj. 154.

चामरज्जु 5.

चामीकरीय 3.

चामुण्ड und चार II. 5.

चारदृश् 5.

चारपाल m. *ein geheimer Agent* Divjâvad. 565,19.

चारिटी 2.

चारिताध्य II. 3.

चारुगुच्छा und चारुचर्य 2.

चारुचर्याशतक 6.

*चारुमत्त m. wohl = चारुमत् 1) Mahâvj. 180,10.

चारुत्व 6.

चारुरूप II. 2.

चारेक्षण II. 3.

चार्य II. 4.

चालक II. 5.

1. चि Desid. II. 3. — Mit प्रत्यभि 2. — Mit समभ्युद्द 3.

चिकर्तिषु II. 3.

चिकश II. die richtige Lesart ist चिक्कस.

चिकित्सनीय Adj. *heilbar* Ǵâtakam. 17,1.

चिकित्सा II. °तत्त्व, °दीपिका und °सारसंग्रह 2.

चिकिन II. 5.

चिकीर्षुक 6.

चिक्कस II. Kauç. 21,14.

चिखल्लि 6.

चिच्छित्सु Adj. mit Acc. *abzuhauen beabsichtigend.*

चिञ्चणी II. 6.

चिटिचिटाय्, °यते = चटचटाय् Divjâvad. 606,1.

चिति auch *eine best. Pflanze* oder *Stoff* Kauç. 8,16.

चित्तचैतसिक m. Pl. *Gedanken* Divjâvad. 352,15.

चित्तचौर 5.

चित्तधारणा n. *Concentration der Aufmerksamkeit* Aniruddha und Mahâdeva zu Sâṁkhjas. 3,32.

चित्तधारा 3.

चित्तनाथ 5.

चित्तभेद und चित्तविक्षेप 3.

चित्ताकर्षिन् 6.

चित्याग्नि und चित्ययूप 5.

चित्र II. 1) e) *bewegt, hinundher hüpfend* Ǵâtakam. 15,10. 16,4. 22. — *berühmt* Âpast. Gṛhj. 13,20.

चित्रक II. 3.

चित्रकार II. 1) lies *Maler*. Die angegebene Bed. hat चित्रकर.

चित्रपट II. 2.

चित्रपद्धति 2.

चित्रभारत 6.

चित्रय् mit सम् *bunt machen* Dharmaçarm. 6,34.

चित्ररत्नपट und चित्ररत्नाकर 2.

चित्रापूर्णमास und चित्रासङ्ग 3.

चित्रिय Adj. auch *als Grenzzeichen dienend* Âpast. Gṛhj. 9,3.

चित्री mit कर् II. *hochschätzen, ehren* Saddh. P. 13. Richtig wohl चित्ती.

चित्रीकार II. Lies *Hochschätzung, Verehrung*; vgl. Mahâvj. 97,6. 245, 1155. Richtig wohl चित्ती°.

चिदम्बर, °नटन und °माहात्म्य 2.

चिदवसान Adj. *mit dem Geiste* (d. i. *mit der Erkenntniss des Geistes*) *endend* Sâṁkhjas. 1,104.

चिदेकरस Adj. *nur am Geiste Gefallen findend* Sâṁkhjapr. 97,15.

चिद्धर्मन् Adj. *den Geist als Attribut habend* Sâṁkhjas. 1,146.

चिन्त्, विचिन्तमान R. ed. Bomb. 2, 83,26 fehlerhaft für विचिन्तयान.

चिन्तक II. 1) auch selbständig Divjâvad. 212,9. *Aufseher* 451,20.

चिन्तामणि, °प्रत्यक्ष, °व्याप्तिवाद °शब्दखण्ड und चिन्मयदीक्षाविधि 2.

चिबुक II. 3. चिबुका f. *ein best. Amulet* Dârila zu Kauç. 19,22. fg.

चिरकालिक Adj. *langwierig* Bṛhaspati in Vivâdar. 19.

चिरपर्ण 6.

चिरप्रसूता 5.

चिराय् mit अति *sehr lange ausbleiben* Divjâvad. 175,20.

चिरस्थितिक II. **dauerhaft* Mahâvj. 244,90. 255,10.

चिरिबिल्व II. R. ed. Bomb. 4,1,78.

चिरोषित 5.

चीन II. 2) c) Daçak. 29,11.

चीवरवत् und चीविवाच् 3.

चुञ्चु II. 3. In der Bed. 2) b) v. l. चूचु M. 10,48.

चुट् mit आ 5.

चुद् mit प्रति Caus. II. *zurückfordern* Ǵâtakam. 29,20.

चुबुकदघ्न II. 6.

चुबुकप्रतिष्ठित 4.

1. चुम्ब् mit अभि und आ 5. — Mit परि Desid. 4.

चुम्बकमणि 3.

चुलुकी II. 4.

चुलुम्प् mit उद् 3. *ausschöpfen* Dharmaçarm. 8,27 (उच्चुलुम्पां च° zu lesen).

चुल्ल II. 5.

चुश्चुषा II. 2.

चूचु s. oben u. चुञ्चु.

चूचुक II. 3.

चूड II. Adj. *klein, geringfügig, gering* Mahâvj. 47,25. Divjâvad. 488, 27. 493,12.

चूडा, °चन्द्रविजय, °मणिनाटक und °मणिमीमांसा 2.

चूर्णक II. m. R. ed. Bomb. 4,1,80 nach dem Comm. = शाल्मलीविशेष.

1. चूर्णि II. 5.

चूलक II. 2) c) *Zinne, Dach* Dharmaçarm. 1,83.

चूलकर्मन् n. = चूडाकर्मन् Vikramâṅkak. 3,9.

चूल्क oder चूल्की 4.

चूष् mit निस् Caus. 5.

चेङ्ग 6.

*चेतःपर्यायज्ञान n. *Kenntniss des sen, was im Geiste Anderer vorgeht*, Mahâvj. 14.

चेतनाय्, °यते *geistig erscheinen, geistige Natur annehmen* Sâmkhjapr. 72,11 (चेतनायमानता). Mahâdeva zu Sâmkhjas. 1,99.

चैतिष्ठ II. 5.

चेतोह्र 4.

चेदि II. so zu betonen. Die Aera der Kedi beginnt 248 n. Chr. nach Kielhorn in Nachrichten d. K. G. d. W. zu Göttingen, 1888, No. 3.

चेष्ट (?) = चेष्टा Çâñkh. Br. 17, 9.

चैक्कस Adj. von चिक्कस Kauç. 48, 41 vermuthet.

*चैनलक n. Pl. *Gelder oder Werthsachen zum Einkaufen oder Eintauschen* Mahâvj. 260,10.

*चैत्रटाटक m. Mahâvj. 186,65 wohl fehlerhaft für वेत्र°.

चैत्रभानव II. so zu lesen st. चैत्रभावन.

चैत्रीपत्त 3.

चैत्रेय II. 6.

चोडक = चोलक *Jacke, Wamms* Divjâvad. 415,6.

चोदन, f. °ना II. *Verweis, Rüge* Divjâvad. 4,4.

चोरपञ्चाशत् 2.

चोलक II. 6.

चोलचरित 2.

चोलपट्टक 3.

चोलप्रताजीय 2.

चोलपल्लव 3.

चौर II. 5.

चौर्यसुरत 5.

च्यवन II. 3) c) °धर्मन् Adj. Divjâvad. 57,18. 193,22. fgg.

*च्यावन n. II. Mahâvj. 148,12 fehlerhaft für च्यवन.

1. च्यु mit अभि *herabfallen* Dharmaçarm. 7,63.

*च्युतिसंक्रम m. *der Uebergang in eine andere Geburt* Mahâvj. 148,13.

*च्युत्युपपत्ति° *das Verschwinden aus einer Welt und das Geborenwerden in einer andern* Mahâvj. 7.

छगलाक्षी II. 1) ist zu belegen.

छगलिका f. *Ziege* Divjâvad. 235,22.

*छण्डिकावारिक m. *ein best. Klosterdiener* Mahâvj. 274,20.

छण्डोकल्प (nicht छन्दो°) 2.

छत्रोपानह् ist zu belegen.

1. छद् mit प्रतिसम्, °प्रतिसंछन्न *bedeckt mit* R. ed. Bomb. 4,1,21.

2. °छद्, so zu verbessern.

3. छद् (छन्द्) mit अभ्युद् 6. — Mit उप II. 1) Gâtakam. 7. — Mit वि II. Lies *Etwas abhalten wollen, abrathen, warnen* und vgl. Divjâvad. 10, 6. 11, 24. 383, 6. 590, 24. Mahâvj. 245,125.

छद् II. 5.

छर्दिर्दर्श 4. 6.

छर्दिष्मन्त् und छर्दिःसमित 4.

छन्द II. 2. *m. N. pr. eines Mönchs Mahâvj. 282.

छन्दःप्रतिष्ठान Adj. *auf den Metra beruhend* Maitr. S. 3,6,5 (65,18).

*छन्ददायक Adj. *seine Zustimmung gebend* Mahâvj. 281,207.

*छन्दपरिशुद्धि f. *wohlüberlegte Willensäusserung* Mahâvj. 265, 19.

*छन्दप्रत्युद्धार m. *Zurückziehung seiner Stimme, Aufhebung eines Beschlusses* Mahâvj. 261,57.

*छन्दवासिन् Adj. *nach Belieben seine Wohnung wählend* Mahâvj. 281,248.

छन्दःश्लोक, छन्दोगान und छन्दोदर्पण 2.

छन्दोभङ्गवत् 6.

छन्दोभाग 4.

छन्दोम्बुधि, छन्दोरत्नकलायुध n. छन्दोविवेक 2.

छमण्डल 5.

छर्द् Caus. II. *vonsichwerfen, abstreifen* Divjâvad. 275,8.

छलन II. 3.

छलपात m. *das Ausgleiten* Dharmaçarm. 6, 23. Vgl. छलेन पातः 1,27.

छवि II. 4.

छागरोममय 5.

छाय, °या II. 4.

छायापत्ति f. *das Auffallen des Abbildes* (des Geistes auf das Innenorgan) Sâmkhjatattvak. zu Kârikâ 5. Aniruddha zu Sâmkhjas. 1,99. 143. 2,5. 8.

छायापथ II. 3.

छायापुरुषावबोधन 2.

1. छिद् II. 6. Auch *lösen, entscheiden* (einen Zweifel) MBh. 1,71,17. — Mit विप्र 4.

छिद्रकर्ण Adj. (f. ई) *mit durchlöcherten Ohren* Maitr. S. 4,2,9 (32,1).

छिन्नकर्ण II. *dem die Ohren abgeschnitten sind* Aniruddha zu Sâmkhjas. 2,23.

*छिन्नप्लोतिक Adj. *offen vor Einem liegend* Mahâvj. 63,27.

छिन्नभक्त Adj. *der Nichts mehr zu essen hat* Divjâvad. 461,12.

छिन्नमस्तकी und छुर् Caus. 5.

छुर् Caus. II. *weg —, fortwerfen* Mahâvj. 263,72. Divjâvad. 82,23. छुरित = छिन्न Prijad. 10,2. — Mit आ II. आच्छुरित = छुरित (im Haupttheil, Gâtakam. 14,8. *abgesetzt, niedergelegt* 7.

छुरिकालक्षण 2.

छोटन 5.

छोलङ्ग II. 6.

जगत् II. 4.

जगतीमध्य 4.

जगत्कारणकारण u. जगत्परायण 3.

जगत्सूत्रधाराय, जगदानन्द, जगदीशीय, जगद्वल्लभ, जगन्नाथतर्कपञ्चानन, °नाथमाहात्म्य und °नाथीय 2.

जगर्ध II. 3.

जघनतस् II. Maitr. S. 2,5,3 (50,10. fg.). जघा° fehlerhaft 3,10,3 (133,17).

जग्ध (!) Adj. *verletzt* Divjâvad. 599,13.

जङ्गल II. 2) Dharmaçarm. 11,16.

जङ्घाविहार m. *Spaziergang* Divjâvad. 471,8.

जटादर्पण und °मूल 2.

जटापुर n. N. pr. *einer Stadt* R. ed. Bomb. 4,42,13.

जटामणि und °शिला 2.

*जटामह m. *ein best. Fest* Mahâvj. 229.

जटावल्ली II. 2.

जटासिद्धान्तचन्द्रिका 2.

जटिलय् II. 4.

जटिशिलामाहात्म्य 2.

जठरज्वलन 4.

जतुधामन् 3.

जन् II. 2. जज्ञिवान् *lebte auf, wurde wieder lebendig* MBh. 8,33,31. — Mit अव, °जात = अपजात *missrathen* Divjâvad. 2,13. — Mit प्रत्या II. 3. — Mit निस् 3. 5. — Mit प्र II. 4. — Mit परिवि 4.

1. जन II. m. so v. a. *fremdes Volk, — Land* Âpast. Çr. 9,11,4.

जनक II. 3) a) Divjâvad. 235,23.

जनकाय m. *Menschenmenge, Volkshaufen* Mahâvj. 244,136. Gâtakam. 20.

जनचन्द्र 5.

जननाथ 3.

*जनपदकल्याणी n. Titel einer Erzählung Mahâvj. 245,1222.

जनपदघातक 3.

जनरञ्जन 5.

जनातिग 3.

जनाधिप 6.

जनिदिवस 3.

जनान्त II. 2) *eine bewohnte Gegend* Gâtakam. 8,10. 19,22. 21,10. 24,35. 30. Vgl. दूरेजनान्तनिलय.

जनिमन्त् II. 3.

जनिविद् m. *Weiberkenner* als Beiw. Soma's Âpast. Grhj. 5,2.

जनुस् II. der Nomin. जनुस् ist wohl auf जनू zurückzuführen.

जन्तुगृह Divjâvad. 118,1 fehlerhaft für यन्त्रगृह.

जन्दुरक wohl *eine Art Stoff* Divjâvad. 19, 22.

जन्मगृह und जन्मचिन्तामणि umzustellen.

जन्मचित्रक m. N. pr. eines Schlangendämons Divjâvad. 435,11. 436, 19. fgg.

जन्मतपोविद्याचारवर्णाश्रमवत्त् 5.

जन्मन् II. 4.

जन्मपत्रिका 3.

जन्मपरिग्रह m. Acc. mit कर् so v. a. *geboren werden* Gâtakam. 19.

जन्मबन्ध und जन्मभूमी 4.

जन्मवर्षादिफल 2.

जन्य II. 5.

जन्ययात्रा 5. 6.

जन्यवृत्ति f. *Kampf* Daçak. (1883) 172,17.

जम्बू II. 5.

जम्बूस्वामि 5.

जम्भ II. 1) b) lies „etwa *Kinnbakkenkrampf*." m. *das Einbeissen* Dharmaçarm. 11,16.

*जम्भम् Absol. Kâç. zu P. 7,1,61.

जम्भसुत 3.

जम्भाराति m. Bein. Indra's Dharmaçarm. 5,89.

*जम्भि Mahâvj. 189,25 wohl nur fehlerhaft für जम्भ.

जयचन्द्र und जयच्चन्द्र m. N. pr. eines Mannes Bühler in Festgr. 18.

जयन्त II. 6.

जयन्ती, °निर्णय und °व्रतकल्प 2.

जयपूर्व 4.

जयबाङ्क 5.

जयरथ II. 5.

जयरामीय 2.

जयवन्त् 5.

जयावह II. 6.

जरायुज II. AV. 1,12,1 nach Bloomfield (Procc. A. O. S. May 1886, S. xxxiii) *dem* (Wolken-) *Schooss entsprungen* (vom Blitz).

जरिष्णु 5.

जर्जर II. 3.

जर्तिलयवागू 4.

जलकपि und जलकान्त II.

जलकान्ताश्मन् 5.

जलकुम्भिका 6.

जलचन्द्र 5.

जलदकाल 6.

जलधिकन्यका u. जलधिनन्दिनी 4.

जलधेनु und जलपत्त्रचर 3.

जलपत्र II. m. N. pr. eines Berges Divjâvad. 450,10. 455,28.

जलपूर्ण 4.

जलप्राय II. Kâd. (1883) 290,9.

जलमातङ्ग 3.

जलमानुष II. 3.

जलरुहेक्षणा 4.

जलरेखा II. 5.

जलवायस II. 3.

2. जलवास II. 5.

जलशायिन् II. 6.

जलसंनिवेश 6.

जलामत्र 5.

जलोदनपञ्चक 2.

जल्पाकय्, °यति *geschwätzig machen* Pâdâravindaç. 1.

जल्हु, so zu betonen.

*जवनप्रज्ञ Adj. *schnell begreifend* Mahâvj. 48,29.

जवित 3.

जसुरि II. 3.

जह II. 1) *am Ende eines Comp. so v. a. *frei von* Mahâvj. 20,31.

जहा und जहाक II. Vgl. Pischel, Vedische Studien 63.

जाग्रत्प्रपञ्च m. *die Welt, wie sie einem Wachenden erscheint,* Sâṁkhjapr. 61,1.

जाङ्गलीक, जाङ्गुलिक u. जाड्यायन 5.

*जाडायन m. Patron. von जड.

जाड्यवत् 4.

जातक, °किरणावलि, °पारिजात, °फलविचार, °मुक्ताफल, °रत्न, °विषय, °सरणी, °सारसंग्रह, °कादिप्रयोग, °कालंकार, °कालंकारचिन्तामणि, °कावलिदीपिका und °कावलिप्रदीपिका 2.

जातपुत्र 3.

जातबुद्धि 4.

जातमृत 3.

जातवासक II. lies *Wochenstube*.

जातविद्या II. 3. Vgl. Pischel, Vedische Studien 95.

जातवेदस् II. 4. Vgl. Pischel, ebend. 94. fg.

जातिखण्डन und जातिचन्द्रिका 2.

जात्यन्तरीयक Adj. *zu einer anderen (folgenden) Geburt gehörig* Gâtakam. 29,14.

जात्यपकारिन् 3.

जात्यरत्नमय und जात्यश्व 5.

*जानन n. *Ursprung, Geburtsstätte* Mahâvj. 101,12.

जान्वक्न 4.

जान्वस्थि 2.

जामि II. Vgl. Pischel, Vedische Studien 35.

जामिवत् II. 3.

जाम्बवतीविजय II. 6.

जाम्बवतीहरण 3.

जायान्य II. Vgl. Bloomfield in J. A. O. S. 13, ccxiv. fgg.

जायापतिक n. *Mann und Weib, Ehepaar* Divjâvad. 259,7.

जारजन्मन् 4.

जारूथ्य II. 5.

जालावनद्ध Adj. *mit einer Schwimmhaut versehen* Triglotte 3,28. Divjâvad. 36,21.

जालिन् m. N. pr. eines Mannes Gâtakam. 9.

जालीमांस (?) Subhâshitâv. 611.

*जाव m. ? Mahâvj. 104,82.

*जावित n. ? Mahâvj. 217,27.

1. जि, जिगिवंस् TS. 1,7,8,4. — Caus. II. 3. Z. 2 ist „Med." zu streichen. — Mit अप II. 4. — Mit अभिनिस् II. *erobern* Mahâvj. 182,7.

जिघृत्नु II. 5.

जिज्ञासु Adj. mit Acc. *kennen zu lernen wünschend, untersuchend, nachforschend, prüfend.*

*जिज्ञास्थि Gaṇap. 194,32 und सिञ्जास्थ n. 33 nach Leumann fehlerhaft für मिञ्जास्थि oder °स्थ *Knochenmark*. Im Prâkrit ist मिञ्जा = मज्जन्.

जिन II. 6.

जिनकल्पिक 3.

जिनपुत्र II. * = बोधिसत्त्व Mahâvj. 22,5.

जिनाङ्कुर und जिनाधार nicht N. pr., sondern = बोधिसत्त्व Mahâvj. 22,5. 6.

जिहीरिषु 6.

जिह्मकारिन् Adj. *hinterlistig zu Werke gehend* R. ed. Bomb. 4,27,36.

*जिह्वानिश्चारक° Adv. *mit Ausstreckung der Zunge* Mahâvj. 263,58.

*जिह्वास्फोटकम् Adv. *mit der Zunge schnalzend* Mahâvj. 263,63.

*जीर्वि m. 1) *Axt.* — 2) *Karren.* — 3) *Körper.* — 4) *Thier.*

जीव् mit अधि Caus. *beleben* Dharmaçarm. 15,1. — Mit अभि *glücklicher im Leben sich befinden als* (Abl.) R. ed. Bomb. 3,34,19.

जीव II. 6.

जीवक II. 2) g) Divjâvad. 270,12. 506,2. fgg.

जीवघात्या zu streichen und dagegen zu setzen °घात्य Adj. Kauç. 7,24. 18,5. Nach Dârila = जीवघातार्ह und जीवहत.

जीवचूर्ण n. *Pulver von Lebendigem.* °चूर्णानि कारयित्वा *lebendig zu Pulver zerstossen lassend* Âpast. Gṛhj. 23,3.

जीवंजीव II. 1) Kâd. (1883) 316,12.

जीवतण्डुल II. 2. 6.

जीवदत्त II. 131,12.

जीवद्भर्तृका und जीवद्वत्सा 5.

जीवद्विभाग m. *Theilung bei Lebzeiten* (des Vaters) Bṛhaspati in Vivâdar. 465.

जीवनाश m. *ein Mittelding zwischen Leben und Tod* R. 2,92,24.

जीवन्त II. 3. 2) c) AV. 19,39,3. — 3) f. ई a) AV.

जीवन्तिशूला Adj. f. Acc. mit कर् Caus. (eine Frau) *lebendig spiessen lassen* Divjâvad. 417,8.

जीवपुत्र II. 6.

जीवमेषक 5.

जीवविषाण II. Âpast. Gṛhj. 23,6.

जीवातु II. 3.

जीवान्तर्हित Adj. Çâñkh. Çr. 4,4,8 nach dem Comm. = जीवतान्तर्हितः = पितामहादिः पित्रादौ जीवति.

जीवितेश II. 5.

जीविन् Adj. auch *belebend, wieder lebendig machend* MBh. 8,33,30.

जीवी f. *eine best. Pflanze* Kauç. 31,28.

जुक und जुगुप्सनीय 5.

जुगुप्सु Adj. *einen Abscheu —, Widerwillen habend.* Vgl. अ°.

जुगुप्स्य und जुङ्गित 5.

जुम्बका f. Bez. einer Gâjatrî Hârîta im Comm. zu VS. 25,9 und Hemâdri 3,a,903,4.

जुषाणवत् und जूतिमत् 3.

जूर 6.

जेमन II. 5.

जैव II. 3.

जैवातृक II. 4.

जैष्णव II. Adj. (f. ई) *dem Arguna gehörig* Kir. 15,36.

जोटिङ्ग, जोटिन् und जोटीङ्ग 4.

जोमा f. *eine Art Brühe* Divjâvad. 497,19.

जोष्ट्र und जोष्ट्री II. 3.

ज्ञप्ति II. *Antrag (in einer Versammlung), °कर्मन् n. dass. °द्वितीय n. *der in der folgenden Versammlung genehmigt wird*, °चतुर्थ n. *der in der* drittnächsten g. w. Mahâvj. 266,1. fgg. °चतुर्थकर्मन् n. dass. 270,51. Ueberall fehlerhaft ज्ञाप्ति.

1. ज्ञा mit अधि *begreifen*, *verstehen* R. ed. Bomb. 3,31,38. — Mit अनु Desid. II. 2. — Mit प्र Caus. II. 3. 3) lies *zurechtmachen*. So auch Mahâvj. 226,109 (प्रज्ञप्त zu lesen). 244, 20. — Desid. 5.

ज्ञातकुलीन Adj. *zu einer bekannten Familie gehörig* Çat. Br. 4,3,4,19.

ज्ञातसर्वस्व 3.

ज्ञातिपुत्र II. Ist der Name des Richters der Gaina-Secte Divjâvad. 143,12.

ज्ञातेय 5. *Verwandtschaft* Gâtakam. 27,16.

ज्ञान II. 1) *a)* die Buddhisten nehmen *10 höhere Erkenntnisse* an Mahâvj. 57.

ज्ञानकेतु II. *m. *ein best.* Samâdhi Mahâvj. 21,54.

ज्ञानकौतूहल n. *Wissbegierde* Gâtakam. 1.

ज्ञानदर्शन II. n. *eine höhere Erkenntniss* Mahâvj. 9,16. 81,10. Divjâvad. 121,21.

ज्ञानपूर्वकृत 3.

*ज्ञानवती f. N. einer buddh. Dhâraṇî Mahâvj. 25,2.

ज्ञानवृद्ध 5.

ज्ञानाग्नि 3.

*ज्ञानानुपरिवर्तिन् Adj. *der höheren Erkenntniss folgend* Mahâvj. 9,14.

ज्ञाप्ति II. Vgl. oben ज्ञप्ति.

1. ज्या mit सम् 5.

2. ज्यौ II. 2) Instr. (gleichlautend) *mit Ueberlast, lästig* SV. I,4,1,2,5.

ज्याग 4.

ज्यायु 5.

ज्युत् II. 3. 5.

ज्येय II. 4.

ज्येष्ठ II. 6.

ज्येष्ठघ्नी 5.

ज्येष्ठप्रथम 3.

ज्येष्ठबन्धु 4.

ज्येष्ठलक्ष्म n. *das vorzüglichste Kennzeichen* Maitr. S. 4,2,9 (32,5).

ज्येष्ठस्वामिन् 5.

ज्येष्ठसामन् II. 6.

ज्योक्ति und ज्यौगपरुद्ध 5.

ज्योत् 5. Vgl. Subhâshitâv. 2410. fg. und Peterson zu dieser Stelle.

ज्योतयमामकं II. vgl. Roth in Festgr. 97.

*ज्योतिर्ज्योतिष्परायण Adj. Mahâvj. 147,4.

ज्योतिर्भाग 4.

ज्योतिष्पथ 3.

*ज्योतिष्प्रभरत्न (°प्रभा° gedr.) n. *ein best. Edelstein* Mahâvj. 235,21.

*ज्योतिष्मति (!) m. N. pr. eines Bodhisattva Mahâvj. 23,54.

*ज्योतिस्तमःपरायण Adj. Mahâvj. 147,3.

ज्योतीरस II. 6. *m. N. pr. eines Schlangendämons Mahâvj. 168,55. Vgl. ज्योतीरथ 2) *b)*.

ज्योत्स्नावापी 5.

ज्वलन II. 5.

*ज्वलनोल्क m. *ein best.* Samâdhi Mahâvj. 21,34.

ज्वलित II. 3.

ज्वालं II. m. *heisser Aufguss* Maitr. S. 4,1,9 (11,20). 8,4 (106,10). Kauç. 27,33. 28,2. 29,8. 30,8. 32,10.

झकट 5.

झंकृति, झट् mit निस् und झणझणत्कारिन् 3.

झर II. 3.

झलञ्झला f. *das Ohrenbewegen der Elephanten* Dharmaçarm. 6,35. Richtig wohl झलज्झला.

झल्लीका und झांकारिन् 3.

टङ्कक II. = टङ्क 1) *a)* Dharmaçarm. 10,42.

टङ्कन II. *Borax* Kâd. (1883) 122,5.

टणत्कार 3.

टल् Caus. und टापरग्राम 5.

टाल II. 3.

ठेक्कृत 3.

*डुम्भा f. *eine best. Waffe* Mahâvj. 238,32.

डाल und डिक्करिका 4.

डिम्भ II. 3.

डौलर II. 3.

ढक्का und ढक्कान II. 3.

ढारिका oder आढारिका f. *Tausendfuss* Âpast. Gṛhj. 23,3.

ढुण्डिन 6.

ण II. 6.

2. त III. 3.

तंस् mit अप 5.

तक् II. 1) lies तक्कं.

तक und तक्कात III. 5.

1. तन् mit अति 5. — Mit आ III. *behauen* Gâtakam. 29,25. — Mit निस् III. *heraushauen* ebend. — Mit परि *behauen* Daçak. (1883) 11,2.

तच्छन्दस्व 3.

तज्ज्ञ 6.

तट III. 6.

तटभू und तटाय् 5.

तडाघात III. fehlerhaft für तटा° (Kumâras. 2,50).

तडिल्लेखाय्, °यते *zum Blitzstrahl werden* Pâdâravindaç. 15.

तण्डुलिकाश्रम 3.

ततस्त्य III. 3.

ततोनिदान 3.

ततोबृहतीक 4.

तत्कुलीन Adj. *zu dessen Familie gehörig* MBh. 5,178,75.

*तत्तगणिका f. *Hure* Mahâvj. 281,260.

तत्तुल्य 6.

तत्त्वार्थकौमुदी f. Titel eines Werkes.

तत्पूर्व III. Nom. abstr. °ता f. Kir. 9,75. तत्पूर्वम् Adv. *so Etwas zum ersten Mal* 7,11. 8,26.

तत्पृष्ठ 5.

तत्प्रथम III. °म् Adv. = तत्पूर्वम् Kir. 8,30. 16,27. °तम् Adv. dass. Divjâvad. 44,28. 47,6. 157,1. 188,24. 461,22. 463,13. 496,24. 531,5. °तरम् Adv. *vor Allem* 314,15. 458,3.

तत्रभव 5.

तत्रवासिन् 6.

तत्साधुकारिन् Adj. *dieses zu Stande bringend*.

तत्सिन und तत्स्थान 6.

*तथाकारिन् Adj. *so thuend* Mahâvj. 126,59.

*तथागतचित्यगुह्यनिर्देश m., *तथागतज्ञानमुद्रासमाधि m., *तथागतमहाकरुणानिर्देश m. und *तथागतोत्पत्तिसंभवनिर्देश m. Titel buddh. Sûtra Mahâvj. 65,30. 62. 26. 53.

तथाता III. 3.

तथावादिन् 3.

तथाविधान und तथ्यवचन 5.

तदन्न III. 4.

*तदन्य Adj. *davon verschieden* Mahâvj. 199,6. 7.

तदन्वय 3.

तदवधि 4.

तदा III. 3.

तदादि 3. Dharmaçarm. 2,7. 7,66.

तदिदासीय m. Bez. *der Hymne* ṚV. 10,120 Çâṅkh. Çr. 11,2,6.

तदुरी f. = ताडुरी AV. 4,15,15.

तद्देवत 3.

तद्देवताक 5.

तद्देश्य, तद्दैवत, तद्दैवत्य und तद्धर्म्य 3.

तद्बकुलविकारिन् Adj. = तद्बकु Divjâvad. 225,28.

तद्भाव III. 4.

तद्वसति 5.

तद्विध III. *geeignet* Gâtakam. 34.

1. तन् mit समा III. °तत *ganz ausgestreckt* Gâtakam. 27,23. — Mit प्र III. 4. — Mit प्रवि III. *sich weit verbreiten über* (Acc.) Gâtakam. 10,26.

तन III. Adj. (f. ई) *scheinbar* AV. 7,73,5; तनाय AV. Paipp.

तनितर 5.

तनु III. 4. Adj. वाच् ṚV. 8,76,12. गिर् 1,18.

तनुज III. *Körperhaar* Gâtakam. 30,24.

तनुजन्मन् und तनुत्रिन् 5.

तनुरुह III. 6. Lies Çiç. 6,45.

तनूकर्तृ 5.

तनूकृत III. 3.

तन्त्रायिन् 3.

तन्तुकरण n. *das Spinnen* Sud. zu Âpast. Gṛhj. 8,12.

तन्तुक्रिया f. *das Geschäft des Spinnens* Har. zu Âpast. Gṛhj. 10,10.

तन्तुमन्त् III. 4.

तन्त्रपति III. 5.

तन्त्रावाप *doppelsinnig* Çiç. 2,88.

तन्त्र्य 5.

तन्द्राय् zu streichen, da Çâṅkh. Çr. 15,19 (191,6) तन्द्रयते gelesen wird.

तन्निमित्त und तन्मात्रक 3.

तन्मुखिकया Instr. Adv. *for this reason* (?) Divjâvad. 330,2.

तन्मूलव 4.

तन्यतुं III. 6.

1. तप् mit अभि Caus. III. 3.

3. तप् vgl. तप 1) *d*).

तपःपराध Adj. (f. आ) *wobei* तपस् *das Schlussglied bildet* Maitr. S. 3, 4,9 (57,3).

तपन, f. °नी III. *Kochtopf* Bodhâjana im Comm. zu TS. 1,67,1.

तपनद्युति III. 3.

तपनाश्मन् m. = सूर्यकान्त Dharmaçarm. 16,37.

तपत्नी f. N. pr. eines Flusses Divjâvad. 451,4. 8. 456,22. 26. Abwechselnd mit तपनी.

तपर III. 3.

तपस्य und तपःसुत III. 6.

तपोयज्ञ 3.

तमोव्रत und तमःप्रच्छादक 4.

तमनी 5.

तमस् III. 8) Kir. 3,32.

तमसावन n. N. pr. eines *Waldes* Divjâvad. 399,11.

तमस्काण्ड n. *dichtes Dunkel* Çiç. 1,38.

*तमस्तमःपरायण Adj. Mahâvj. 147.

तमाखु 5.

तमीश्वर m. *der Mond* Dharmaçarm. 10,15.

*तमोज्योतिष्परायण Adj. Mahâvj. 147.

तमोभाग 4.

तमोमणि III. 5.

1. तर् mit अव III. 5. — Mit समव 5. — Mit उद्द् Caus. III. 5. — Mit व्युद्द् Caus. 3. — Mit प्रतिनिस् *vollbringen, ausführen* Divjâvad. 102, 14. — Mit प्र III. *vermögen, können;* mit Infin. Gâtakam. 27,14.

तरन्त III. 1) lies 12,6 st. 6,12.

तरणितनया 4.

तरण्ड III. 5.

तरत्तार Adj. *mit durchdringenden (durchbohrenden) Augensternen* Rudrata, Çṛñgârat. 1,59.

तरत्सम III. 5.

तरपण्य III. *der Lohn für Beförderung einer Waare zu Wasser* Divjâvad. 92,27.

तरवारि III. 5.

तरसारिक 3.

तरितव्य III. 3.

तरी III. 4.

तरूखण्ड III. Kâd. (1883) 122,12.

2. तरूतर् III. 3.

तर्क् III. Auch *es auf Jmd abgesehen haben* MBh. 5,48,88. Kâraka 1,29. — Mit परि III. *bedrohen* Gâtakam. 15. Mit अन्यथा *verkehrt beurtheilen* 20, 35. — Mit प्र III. *voraussetzen* Gâtakam. 9. *zu Etwas* (Dat.) *bestimmen* 10,22. — Mit *अनुवि *nachdenken über* (Acc.) Mahâvj. 243,281.

तर्ज् mit निस् Caus. *hart anfahren* Subhâshitâv. 1579.

*तर्जनाय n. (sc. कर्मन्) *Drohung, Verweis* Mahâvj. 265,4.

तर्द् mit सम् und तर्पयितवै 6.

तर्दम् Absol. in शततर्दम्.

तल III. 2) *e*) hierher wohl MBh. 8,22,8.

तलक III. 5.

तलबद्ध steht falschlich nach तलमीन; auch ist * zu streichen.

*तलवर्ग m. *ein best. Amt* oder *Beruf* 186,54.

तलवारण III. Kir. 14,29.

तलसारिक und तलारक्ष 5.

तलासि 6.

तलिन III. 2) Dharmaçarm. 5,78. 7,59.

तल्प III. 5.

तल्पत्र 6.

तल्लोक 5.

तवस्वन्त् III. 3.

तष्टि 3.

तसरिका f. *Gewebe* Divjâvad. 83,24.

ताजद्भङ्ग AV. 8,8,3. Kauç. 16,14 nach Dârila = एरण्ड. Die Betonung wäre demnach fehlerhaft.

ताटस्थ्य III. 2) Bhoga zu Jogas. 1, 33. Sâmkhjapr. 92,6.

*ताटावचर m. Mahâvj. 218,16 fehlerhaft für ताडावचर.

ताडक III. = तालक *Thürschloss* Divjâvad. 577,21. 27.

ताण्डविका f. *Tanzlehrerin* Naish. 22,71.

तात III. mit dem Beiwort यवीयंस् so v. a. *Stiefvater* (*der zweite Gatte der Mutter*) R. ed. Bomb. 4,55,14. Eine *Tochter* mit तात angeredet Gâtakam. 20.

*तादायनि, so zu lesen st. तादयनि.

तान III. 5.

तानव III. 3.

तान्ति 4.

तापक III. 3.

तापिन् III. 3. 4. 2) fehlerhaft für तायिन्.

ताप्य III. n. *Reue* Divjâvad. 230,10.

तामरसेक्षणा 4.

तामसवन III. vgl. तमसावन.

ताम्बूलिकसर्प 5.

ताम्रसागर, lies *Meeres* st. *Mannes.*

ताम्राद III. m. N. pr. einer Schlange Divjâvad. 106,1. fgg.

ताम्राटवी f. N. pr. eines *Waldes* Divjâvad. 102,29. 105,29. 106,12.

तायिन् 5. Als Bez. Buddha's (auch Mahâvj. 1,15) wohl nur fehlerhaft für त्रायिन्.

तारक III. 1) *a*) ज्ञान n. Jogas. 3, 54. Bhoga zu 3,33.

तारकरिपु 3.

तारकित, * zu streichen. Auch Kâd. (1883) 234,22.

तारल्य auch *Unruhe* Haeb. Chr. 510,1.

तारापस्फटिका f. *eine best. dem* Çamkara *zugeschriebene Hymne* Tantras. nach Leumann.

तारिक III. 3.

तार्क् *eine Art Amulet* Kauç. 48,24.

तार्तीयसवनिक III. 6.

तार्ष्टाघ III. 1) = सर्षप Dârila zu Kauç. 25,23. 27.

तालधारक 6.

तालभङ्ग 4.

तालभट m. N. pr. eines *Kriegers.*

*तालभृत् m. Bein. Balarâma's.

2. तालिन् 6.

तालु, so zu accentuiren.

तावतिथ Adj. *der sovielte* P. 5,2, 53. 77.

*तावतक Adj. = तावतिक.

तावद्विध Adj. *derartig, von solch ungewöhnlicher Art* Gâtakam. 29,19.

तिग्मतेज Adj. = °तेजस् R. ed. Bomb. 3,69,36.

तिग्मद्युति 5.

तिज् mit समुद् Caus. *anfeuern, beseelen* Divjâvad. 80,19.

तित्त्विणीका f. wohl nur fehlerhaft für तित्तिलीका u. s. w. Sud. zu Âpast. Gṛhj. 6,5.

*तिन्दुकि, so zu lesen st. *तिन्दुकी.

तिमितिमिंगल Divjâvad. 502,21 wohl nur fehlerhaft für °मिंगिल.

*तिमिरापगत m. *ein best.* Samâdhi Mahâvj. 21,73.

तिरःप्रातिवेश्य m. *ein naher Nachbar* Divjâvad. 234,24.

तिरस्कार III. m. *Panzer* Kir. 17,49.

तिरस्कृत 3.

तिरस्कृतप्रातिवेश्य m. *ein naher Nachbar* Divjâvad. 235,19.

तिरस्पर 3.

तिरोऽह्निन्, so zu betonen.

तिरोह्नित्व und तिर्यक्पातिन् 5.

तिर्यगनूक und तिर्यगपच्छेद 4.

तिर्यगपाङ्ग 3.

तिर्यगाकृति m. *ein Wesen in Thiergestalt, Thier* Gâtakam. 6,4.

तिर्यग्ग्रीवम् 4.

तिल nur AV. 18,4,32, sonst तिल.

तिलक III. 5.

तिलकट, lies m. st. n.

तिलकावल Adj. *mit vielen Malen versehen* Çâñkh. Çr. 16,18,18. Vgl. P. 6,3,118.

*तिलकोचयक n. *eine Art Pfeil* Mahâvj. 238,29.

तिलधेनु und तिलधेनुका 3.

तिलमाष und तिलोत्तमीय 4.

तिष्यरक्षिता III. Lies „zweiten" st. „ersten". Divjâvad. 397,21. fgg.

तिस्रस्कारम् 5.

तीक्ष्ण III. 5. Rudrata, Çṛñgârat. 1,165 schlechte Lesart für हीन.

तीक्ष्णलवण und तीक्ष्णवक्त्र 5.

तीर्थनावा 4.

तीम्, Caus. तीमयति *befeuchten, benetzen* Divjâvad. 285,25.

तीयिका f. N. pr. einer Oertlichkeit Divjâvad. 76,11. 465,12. °मह m. *ein best. Fest* 80,9. 469,18.

तीरभुक्तीय 5.

तीर्णप्रतिज्ञ 4.

तीर्थ III. 3. 5.

*तीर्थिकावक्रान्तक Adj. *der zu einer hetrodoxen Secte übergetreten ist* Mahâvj. 271,4.

तीर्थोद्धारप्रकीर्णक Titel eines Werkes Festgr. 55. fgg.

तुङ्गनाथ m. = भृगुतुङ्ग Nilak. zu MBh. 1,215,2.

3. तुज् III. 5.

*तुणाव m. *eine Art Trommel* Mahâvj. 218,8. Vgl. Pâli तिणाव.

तुण्डिचेल III. Divjâvad. 221,19.

1. तुद् Intens. III. Die passive Bedeutung verdächtig; eher ist Kauç. 107 ते तु तुद्यते zu lesen. — Mit उद् III. *durch Schläge hervorrufen* Gâtakam. 13,15.

तुन्दपरिमार्ज III. 3.

तुन्दिलीकरण 4.

तुन्यु m. *ein best. Baum* Kauç. 8,15.

तुम्बक III. 1) Dharmaçarm. 15,42.

तुरगवाड्याली 5.

तुलक m. *Rathgeber eines Fürsten* (?) Divjâvad. 212,9.

तुलन, f. °ना III. * = तुलन 1) *b*) Mahâvj. 245.

तुलाकोटि III. 5.

तुलाधान 6.

तुलाधार III. 3.

तुलाभृत् 5.

तुल्य III. तुल्यम् Adv. *gleichzeitig* Dharmaçarm. 17,14.

तुल्यक्रम Adj. *gleichen Schritt haltend* Gâtakam. 20,8.

तुल्यगरिमन् 3.

तुल्यगुण III. *gleich kräftig, von derselben Intensität* Gâtakam. 22,22.

तुल्यनक्तंदिन und तुल्यशिख 3.

तुल्यार्थ III. 3.

तुषारघरट्टिका und तुषारविष् 5.

तुषारमूर्ति und तुषोपवपन 3.

तुहि onomatop. vom Laut des indischen Kuckucks (gedeutet als त्वं हि) Subhâshitâv. 1688.

तुहिनांशुतिलभृत् und तुहिनय् 5.

तृणि III. 1) f. R. ed. Bomb. 3,8,19.

तूपर III. 4.

तूबरक MBh. 8,69,73 nach Nilak. = वङ्कभोजन.

तूर्यन्ती f. *eine best. Pflanze* Âpast. Gṛhj. 14,14.

तूल auch so v. a. *Flaum.* हंस° Pârv. 597,14.

तूलक III. 2) *b*) Kumâras. 1, 32. Dharmaçarm. 5,5. Vikramâñkač. 9,16.

तूलदाह्म् 3.

*तूलपटिका f. = °पटी Mahâvj. 232,34.

तूलपिचु III. Divjâvad. 210, 14. 388,14.

*तूष्णींविप्रक्रमण n. *stilles Davonschleichen (aus einer Versammlung) ohne seine Stimme abzugeben* Mahâvj. 261,81.

तूष्णींसार 6.

तूष्णींदण्ड 3.

तूष्णीम् III. = तूष्णीं बभूव Divjâvad. 80,20.

*तृणकुञ्चक n. *eine Art Mineral oder Edelstein* Mahâvj. 235,30.

तृणपञ्चमूल III. 3.

तृणपूल und °क 3. °पूली dass. Kâd. (1883) 233,17.

तृणमणि III. zieht einen trockenen Grashalm an Subhâshitâv. 896.

तृणशल्य 5.

*तृणस्तारक m. *das Ueberdecken mit Gras, so v. a. das der Vergessenheit Uebergeben* Mahâvj. 264,6.

तृणौघ 4.

तृष्टावरूत्री Nomin. Du. Nom. pr. zweier Priester der Asura Maitr. S. 4,8,1 (106,8). Vgl. v. l.

तेज = तेजस् in तिग्म° oben.

तेजन III. 5.

तेजस्क 5.

तेजोवत् Adj. auch *kräftig, energisch* R. ed. Bomb. 4,50,12. °वती f. III. **ein best. Samâdhi* Mahâvj. 21,44.

तेजोवैदग्ध्यशीलवत् 6.

तैत्तिरीयक III. 5.

तैत्तिर Adj. *vom Rebhuhn kommend* Âpast. Gṛhj. 16,2.

तैलपेषम् 3.

तौच्चप्रतित 4.

तोमरग्रह III. 2) Divjâvad. 80,25. 100,11.

तोयपात 3.

तौरुष्किक Adj. *türkisch* Kuṭṭanîmata 64.

तौर्य III. Adj. *von einem musikalischen Instrument kommend* (ध्वनि) Dharmaçarm. 6,25.

तौल्य III. 6.

त्यद्वय 5.

त्रटत्कार 3.

त्रयःशतशतार्ध III. 6.

त्रयस्त्रिंशद्वर्तनि 5.

त्रयोविंशतिदारु 3.

त्रस् mit उद् III. 3.

°त्रायिन् 3. *Als Bein. Buddha's Triglotte 1,13. Vgl. तायिन्.

त्रास III. 3.

त्रिंशद्भाग 4.

त्रिंशन्मान 3.

त्रिःपिब 5.

त्रिक, f. °का III. * = त्रिक 5) *b*) Mahâvj. 189,75.

*त्रिकाण्डक Mahâvj. 245,313.

त्रिकोटित Adj. *dreimal angeschlagen* (Divjâvad. 115, 27. 117, 4) und °कोटितव्य *dr. anzuschlagen* (ebend. 114,22) fehlerhaft für त्रिः को°.

त्रिगण III. 3.

त्रिगुणपरिवार n. *Dreizack* Kir. 18,45.

त्रित्रय Adj. (f. आ) *der dreizehnte* Dharmaçarm. 6,13.

त्रिणत III. 6.

त्रिणववर्तनि 5.

त्रिणेमि 3.

त्रिदमथवस्तुकुशल m. Bez. Buddha's Divjâvad. 124,13. 264,28.

*त्रिदोषापह m. desgl. Mahâvj. 1,72.

त्रिद्वार und त्रिनालि 3.

त्रिनेत्रोद्भव 6.

त्रिनेमि und त्रिपञ्चक 3.

त्रिपद्, f. °पदी III. *a*) lies *Fessel des Elephanten* und streiche das * (wegen Ragh. 4,48). Dharm. 11,51.

त्रिपरिवर्तम् Adv. III. Lies °वर्त Adj. und vgl. Mahâvj. 64,1. Divjâvad. 393,23. 495,16.

त्रिपरुस्, त्रिपर्व, °न् und त्रिपल 3.

त्रिपादविग्रह 5.

त्रिपिट Adj. *die drei* Piṭaka *kennend* Divjâvad. 216,10. 505,2.

त्रिपिटक III. Adj. dass. Divjâvad. 54,15.

*त्रिपुरविध्वंसक m. Bein. Çiva's Mahâvj. 163,8.

त्रिपुराणक und °पुराणीय 3.

त्रिपुरान्तकृत् III. 3.

त्रिपुरुषी 4.

*त्रिप्रातिहार्यसंपन्न m. Bez. Buddha's Mahâvj. 1,73.

त्रिबाहु III. 3.

त्रिभाग III. 4.

त्रिभुवनमाणिक्यचरित 3.

*त्रिमण्डलपरिशुद्ध Adj. *an den drei runden Stellen rein* Mahâvj. 129,2.

त्रिमल 4.

त्रिमात्र Adj. (f. आ) auch so v. a. *drei an der Zahl, drei* MBh. 7,87,14.

त्रिमूढ 4.

*त्रियधन् n. Mahâvj. 253,104 fehlerhaft für त्र्यध्वन् *die drei Zeiten.*

त्रियुक्त und त्रियूप 4.

त्रिरात्रीण 6.

त्रिवन्धुर III. 5.

त्रिवलि III. 4.

त्रिवाचिक 5.

त्रिवितस्त III. 3.

त्रिविधदमथवस्तुकुशल m. Bez. Buddha's Divjâvad. 95,14.

त्रिविष्टिधातु III. 3.

त्रिवृत्प्राय 4.

त्रिवेणि III. 6.

त्रिव्यास 6.

त्रिव्रत 4.

त्रिशङ्कु III. m. N. pr. eines mythischen Berges Divjâvad. 106,17. 24. f. N. pr. eines mythischen Flusses 103,1. 106,20. m. Pl. Bez. best. कण्टक (*Dornen*) 106,18.

त्रिशङ्कुका f. N. pr. eines Flusses, = त्रिशङ्कु Divjâvad. 106,24.

त्रिशतषष्टिपर्वन् 3.

त्रिशल्य Adj. *mit drei Spitzen versehen* (Pfeil) MBh. 7,202,82.

त्रिःश्येत III. 3.

त्रिःश्रेणि 6.

त्रिषंधि III. 1) Kauç. 16,24.

त्रिष्टावरूत्री Maitr. S. 4,8,1, v. l. (106,8).

त्रिःप्रमृष्टत्व, त्रिसत्य u. त्रिसप्तक °6.

*त्रिस्कन्धपथदेशिक m. Bez. Buddha's Mahâvj. 1,75.

त्रिःसप्त Adj. Pl. *dreimal sieben,*

einundzwanzig Âpast. Gṛhj. 9,5.

त्रिःसमृद्ध 6.

त्रिहलिकाग्राम und °हलिकाग्रम III. 3.

त्रोरात्रीण 4.

त्रेणी III. Âpast. Gṛhj. 14,3. 16,6.

त्रेधाभाव und त्रेधासंनद्ध 4.

त्रैदृशक v. l. für त्रैदृशिक (M. 2,58) Hemâdri 3,a,991,13.

त्रैपक्षिक Adj. *drei Monatshälften während* u. s. w. Prâjaçkittamajûkha nach Aufrecht.

त्रैमासी f. *ein Zeitraum von drei Monaten* Divjâvad. 283,6.

त्रैलोक्यसुन्दरी 3.

त्र्यनीक III. 3. 6.

त्र्यब्दपूर्व 3.

त्र्यरत्नि Adj. *drei Armlängen lang* Kauç. 45,1.

त्र्यर्थ 3.

त्र्यवरार्ध्यम् III. Âpast. Gṛhj. 21,9.

त्र्यार्षेय und त्र्युद्धि III. 3.

त्वकम् III. 5.

त्वगस्थिभूत Adj. *Haut und Knochen seiend, zu H. und Kn. abgemagert* MBh. 13,29,6.

त्वदानीम् (!) Maitr. S. 4,2,2 (23,12). Vgl. इदानीम् und तदानीम्.

त्वरितविक्रम 5.

त्वष्टावरूत्री v. l. für तृष्टावरूत्री und त्रिष्टा°.

1. त्विष् und त्वैषोरथि III. 5.

थुत्थुकारक III. Lies °म् Adv. und vgl. Mahâvj. 263,56.

1. दंश् mit अभि *beissen* Gâtakam. 32,30. — Mit वि III. *sich einkneifen in* (Acc.) Gâtakam. 26,21.

दंष्ट्राकरालवत् Adj. *hervorstehende Zähne habend* R. ed. Bomb. 4,22,29.

दकराक्षस m. *ein Wasser-Râkshasa* Divjâvad. 105,3. fgg.

दक्षक 4.

दक्षज्ञा III. 5.

दक्षत् 5.

दक्षिणा f. °णा III. Acc. mit आ — दिश् *Dank sagen* Divjâvad. 85,29. — Mit आ — दिश् Caus. *sich Dank (Lohn) verdienen* 2,16. 10,21.

दक्षिणाजान्वक्त, wohl °जान्वक्न zu lesen; vgl. जान्वक्न.

दक्षिणातउपचार 4.

दक्षिणातःसद् Adj. = दक्षिणासद् Maitr. S. 1,4,6 (54,7).

दक्षिणातोन्याय Adj. *wobei die Richtung nach Süden die Regel ist* Çâṅkh. Çr. 2,11,1. 4,6,1.

दक्षिणादेशन n. *Danksagung* Divjâvad. 239,2. °ना f. dass. 179,20.

दक्षिणापञ्चाल und दक्षिणापूर्वक 3.

दक्षिणापूर्वायत 4.

दक्षिणागवी und दक्षिणाक्षिनयन 5.

दक्षिणापराभिमुख 3.

दक्षिणापवर्ग III. Âpast. Gṛhj. 21,9.

दक्षिणाप्रत्यक्प्रवण Adj. *nach Südwesten geneigt* Âpast. Gṛhj. 17,1.

दक्षिणाप्रहरण Adj. *was nach rechts geschwungen wird* Maitr. S. 3,2,10 (31,15).

दक्षिणाप्राग्र 6. Âpast. Gṛhj. 1,15. Nach den Commentatoren *mit den Spitzen theils nach Süden theils nach Osten gerichtet.*

दक्षिणायन III. 2) b) füge *Sommersolstitium* hinzu.

दक्षिणार्धपूर्वार्ध III. Âpast. Gṛhj. 2,6.

दक्षिणावर्त III. 1) m. *eine solche Muschel* Divjâvad. 116,6.

दक्षिणीय III. *des Lohnes würdig.* Nom. abstr. °ता f. Gâtakam. 10,22.

दक्षिणोत्तर III. 5.

दक्षिणोपक्रम 3.

दघ् mit प्रति 6. Man könnte übrigens auch प्रतिदभ्नुपात् vermuthen.

दण्डकमण्डलु m. *eine Art Wassertopf* Divjâvad. 14,26. 16,27. 246,18. 473,5.

दण्डकलितवत् 4.

दण्डधर III. m. *Thürsteher* Dharmaçarm. 2,76.

दण्डनियोग 3.

दण्डप्रक्षित 4.

*दण्डभास m. *eine best. Lichterscheinung* Mahâvj. 198,15.

दण्डमुख्य 4.

दण्डवत् 3.

दण्डस्थान n. *Heeresabtheilung* Divjâvad. 531,11.

दत्तार्क m. Titel eines Werkes Festgr. 43.

*दत्त्वादान n. *das Zurücknehmen von etwas schon Gegebenem* Mahâvj. 260,29.

ददाति 3.

दधिगण 5.

दधिग्रहपात्र 4.

दधिपृषातक 3.

दधिसमुद्र m. *das Meer von saurer Milch* Aniruddha zu Sâṅkhjas. 6,52.

दनुकबन्ध 3.

दन्त III. 1) e) Dharmaçarm. 7,32.

दन्तपत्रिका f. *Ohrschmuck aus Elfenbein* Çiç. 1,60. *Kamm* Nîlak. zu MBh. 1,3,157.

दन्तपालि III. 5.

दन्तप्रवेष्ट und दन्तवेष्टन 5.

दन्तस्कवन III. 6.

दन्तोलूखल n. *Zahnhöhle, alveolus* Karaka 370,8.

दन्धन und दन्धन III. 3.

1. दभ् mit उप 5. — Mit प्रति s. oben u. दघ्.

दमघोषज 3.

दमघोषसुत 5.

दमशरीरिन् 6.

दरीभृत् m. *Berg* Kir. 18,2.

दरीमत् Adj. *höhlenreich* R. ed. Bomb. 4,40,35.

दर्दर III. m. etwa *Schlucht* R. ed. Bomb. 4,43,27.

दर्दराम्र und दर्पक III. 5.

दर्पण् 6.

1. दर्भ् mit वि Caus. etwa *aufwühlen* (नदीम्) Dharmaçarm. 18,23.

दर्भगुरुमुष्टि s. u. गुरुमुष्टि.

दर्भण 4.

दर्भपवित्र und दर्भपूल 3.

दर्विभृत् 5.

दर्व्युदायुवन 3.

दर्श् mit परि III. *untersuchen* Gâtakam. 23. 27. शास्त्रपरिदृष्ट = शास्त्रदृष्ट 12. — Mit प्र Caus. III. 1) *Jmd Etwas zeigen*, mit doppeltem Acc. R. ed. Bomb. 3,55,11. — Mit अभिप्र Caus. *hinzeigen auf* (Acc.) Gâtakam. 23.

दल III. 6.

दलकोश III. Kâd. (1883) 69,15 (142,5).

दलवीटक n. *eine Art Ohrschmuck* Kuttanîmata 65.

दलशस्, lies Adv. st. Adj.

दलाधीश्वर 5.

दवर und °क 5.

दशनालि, दशपद und दशपद्य 3.

दशपल III. 3.

दशपूली 3.

दशबद्ध und दशबन्धक 4.

दशबलबलिन् Adj. *die zehn Kräfte besitzend* (Buddha) Divjâvad. 95,16. 124,18.

दशयोजनी 6.

दशरथललितव्रत und °ललिताव्रत III. 5.

दशलक्षण, दशवर्ग (Adj. *eine Gruppe von zehn bildend* Divjâvad. 18,7), दशवर्षिन् und दशवार 5.

दशशतार 6.

दशापरिपाक und दशाब्दाख्य 3.

दशार्धता 6.

दशावत् 5.

दष्टव्य° n. *das Beissen* (mordendi u. s. w.) Gâtakam. 32,30.

दहनसारथि m. *Wind* Daçak. (1883) 145,3.

दह्या 6.

1. दा mit आ III. 5. — Mit उपा III. अनुपादाय Absol. *sich nicht an die Welt klammernd* Divjâvad. 653,4. — Mit व्या auch *hineinthun —, hineinwerfen in* (Loc.) °दाय Kauç. 48,40. — Mit निर्व्या = व्या Gâtakam. 34. — Mit समा III. (ein Gelübde u. s. w.) *auf sich nehmen und halten* Mahâvj. 84,25. Divjâvad. 302,19. Caus. *zum Guten rathen, ermahnen* Mahâvj. 245. Divjâvad. 31,28. 57,17. 59,5. 80,18. — Mit परि, परीदाय Âpast. Gṛhj. 10,12 fehlerhaft für परि°

2. दा III. 5.

3. दा III. 3. — Mit परि III. परीत *begrenzt* Divjâvad. 204,14. 17. *kurz* 498,12. 504,12.

दात III. n. = दात्य 1) Gâtakam. 29,56.

दाक्षिणेय 6.

दाक्षिण्य III. Adj. etwa *kräftig, wacker* Gâtakam. 32.

दाण्डाजिनिक III. Nom. abstr. °ता f. Gâtakam. 28,37.

दात्राकर्ण Adj. (f. ई) *sichelförmige*

Ohren habend MAITR. S. 4,2,9 (32,3).

दात्रेयँ III. Pl. MAITR. S. 4,1,3 (3,4).

दाद III. 5.

दादद 5.

3. दानँ III. 5.

*दानमय Adj. *in Wohlthätigkeit bestehend* MAHÂVJ. 93,2.

दानवशो 5.

दानशाला III. GÂTAKAM. 2. 10.

दानाप्नस् III. 4.

दान्तक Adj. *elfenbeinern* R. ed. Bomb. 3,55,8. 10.

दान्तदेव, दान्तभद्र und दान्तसेन 5.

दामोदरदेव und दामोरदेव III. 3.

'दामोदरीय III. 3.

1. दारक III. 1) mit Gen. R. ed. Bomb. 4,54,15.

दाररक्षितक 5.

दारसंबन्ध 6.

दारिल m. N. pr. eines Commentators des Kauçikasûtra.

3. दारु III. 6.

दार्भ्यूष (?) KAUÇ. 32,8. 35,28.

दार्विक्रामिक III. 6.

दार्वोच 6.

दार्शी f. Pl. KAUÇ. 24,18 vielleicht Bez. *der Verse* AV. 7,81,1—6.

दावदहनज्वालाकलापाय् III. 4.

2. दाँश् III. 5.

3. दाश् 5. — Mit आ 5.

दासक III. m. N. pr. eines Sohnes des Balasena DIVJÂVAD. 3,11. 4,22. 5,17. fgg.

दासाक 5.

दासेर III. 3) DHARMAÇARM. 16,55.

दाह्र III. 5.

दिगम्बर III. 3.

दिग्धविद्ध auch AV. PAIPP. 9,2,3,6.

दिग्वस्त्र und दिग्वासस् III. 3.

*दिग्विलोकित m. *ein best.* Samâdhi MAHÂVJ. 21,19.

दिग्व्यापिन् 3.

दिङ्नाद 5.

दिङ्मात्र III. 6.

दिण्डिक und दिन् 5.

दिनपालिका 3.

दिनमुख, lies n. st. m.

दिनराज 4.

दिनवार 5.

दिनादि und दिवाकीर्ति III. 5.

दिवानिशम् 3.

दिवाभीत III. 5.

दिवाविहार m. *Ruhe während der Hitze des Tages* DIVJÂVAD. 201,2.

दिवाशय्या 6.

दिवौकस III. N. pr. eines Jaksha DIVJÂVAD. 211,5. 214,5. fgg.

दिव्यता III. 5.

दिव्यवर्षसहस्रक 6.

1. दिश् mit अन्वा III. *Jmd (Acc.) befehlen* GÂTAKAM. 20. *Befehl geben* 22. — Mit समा III. 3. — Mit उद् auch *abweisen* R. ed. Bomb. 3,46,35. — Mit सम् III. *Abschied nehmen von* (Acc.) DIVJÂVAD. 446,25.

2. दिश् III. 1) दिशो दिग्भ्यः *in allen Richtungen* DIVJÂVAD. 163,24.

दिशोदाह m. = दिग्दाह DIVJÂVAD. 203,9. 206,4.

1. दिह् mit सम् Caus. auch *täuschend ähnlich darstellen* KÂD. 25,24 (45,4).

दीक्ष्, Caus. दीक्षित III. Am Ende eines Comp. *sich einer Sache gewidmet habend* GÂTAKAM. 22,67. — Mit अनु 4.

दीक्षितदण्डँ m. *der Stab eines Geweihten* TS. 6,1,4,1.

दीक्षितयाज्ञिक 4.

दीत्य 5.

1. दीदि und दीधि III. 3. दीधि mit आ 2) lies *vorsetzen* st. *versehen*.

दीन III. 2) in einer Vigajanagara-Inschr. nach HULTZSCH (अन्वर्थां वसुमत्यासीद्यस्मिन्दानपरे मतिः। दीना इति च नामाप्तुक्रान्ता दधाति नापरे ॥).

दीप् mit प्र III. 4.

दीप III. m. N. pr. eines Fürsten DIVJÂVAD. 246,9. fgg.

दीपावती f. N. pr. einer Stadt DIVJÂVAD. 246,9. fgg.

दीर्घ III. 6.

दीर्घकेश III. 5.

दीर्घय्, °यति *lange machen, zögern, Etwas auf die lange Bank schieben* R. ed. Bomb. 2,100,19.

दीर्घलताद्रुम und दीर्घवेणु 5.

*दीर्घानुपरिवर्तिन् Adj. *lange nachwirkend* MAHÂVJ. 109,79.

दीर्घिका III. 3.

1. दु, आदुन्वस्त्र und विदुन्वस्त्र MBH. 1,78,11. — Mit संपरि, °दूयमान *sich verzehrend, — abhärmend* R. ed. Bomb. 4,24,2.

दुःखवसति 5.

दुःखशोकवत् 6.

दुःखस्पर्श[म्] III. 3.

दुःखानर्ह 3.

दुःखासिका 5. Auch SUBHÂSHITÂV. 156. KÂD. (1883) 297,6.

*दुःखिलता f. ? MAHÂVJ. 85,16.

दुग्धमुख 5.

दुग्धसमुद्र III. ANIRUDDHA zu SÂMKHJAS. 6,52.

दुरःप्रभृति 3.

दुरधीश्वर 4.

दुरध्यय 5.

दुरनुनेय Adj. *schwer zu gewinnen, — auf andere Gedanken zu bringen*. Nom. abstr. °ता f. GÂTAKAM. 28.

दुरनुवर्त्य Adj. *schwer zu befolgen* GÂTAKAM. 27.

दुरन्वय Adj. (f. आ) auch *schwer zu ergründen* R. ed. Bomb. 3,66,18.

दुरभि 4.

दुरभिसंभव Adj. MAHÂVJ. 245,804. *schwer auszuführen, schwierig* GÂTAKAM. 12. *mit Schwierigkeiten verbunden* oder *schwer zu bewohnen* 21.

दुरवगाह Adj. *schwer zu betreten, unzugänglich* GÂTAKAM. 8.

दुराक्राम Adj. metrisch st. दुराक्रम R. ed. Bomb. 1,21,17. 4,10,21.

दुराधि und दुरानेय 5.

दुरावार auch *schwer abzuwehren* R. ed. Bomb. 3,64,64.

दुराशंसिन् 3.

दुरासद III. 1) GÂTAKAM. 28. Nom. abstr. °त्व n. ebend.

दुरितार्णव 3.

दुरीत und °ता 5.

दुरुदाहर III. 3.

दुरुपसद Adj. *schwer zugänglich* KIR. 7,9.

दुर्गासावित्रि 6.

दुर्गाह्लाद und दुर्गाह्व III. 3.

दुर्दोहा 6.

दुर्ध्यान und दुर्नामिका 5.

दुर्निवेद्य Adj. *schwer zu melden*. Nom. abstr. °त्व n. GÂTAKAM. 9,81.

दुर्नीति f. *unkluges Benehmen, schlechte Politik* GÂTAKAM. 9,19.

दुर्न्यस्त s. oben न्यस्त°. *übel angebracht* DIVJÂVAD. 27,25.

दुर्भर्त III. 5.

दुर्भर III. 3) *Nom. abstr. °ता f. MAHÂVJ. 127,32.

दुर्मङ्कु 4. Bed. *unverschämt, frech, ungehorsam*. Vgl. MAHÂVJ. 127,62. 255,4.

दुर्मर्याद III. 4.

दुर्मर्षण Adj. auch *schwer zu ertragen* R. ed. Bomb. 4,15,5.

दुर्योग III. 4.

दुर्लिखित 5.

दुर्वच 4.

दुर्वराह III. ÂPAST. ÇR. 9,10,15 nach dem Comm. *zahmer Eber*.

दुर्वृष्टि III. GÂTAKAM. 10.

दुर्व्यवहृति 3.

दुश्चत्तस् III. 6.

दुःश्लिष्ट 3.

2. दुष् mit अप Caus. 4.

दुष्कुहक Adj. *ungläubig* DIVJÂVAD. 7,29. 9,24. 335,20.

*दुष्ठुलप्रतिच्छादन n. *das Verheimlichen eines argen Vergehens* MAHÂVJ. 261,54 (दुष्ठुला° gedr.).

*दुष्ठुलारोचन n. *das Verrathen eines argen Vergehens an eine nicht geweihte Person* MAHÂVJ. 261,6.

दुष्परिमृष्ट 4.

*दुष्पोष Adj. *schwer zu ernähren*. Nom. abstr. °ता f. MAHÂVJ. 127,31.

दुष्प्रक्रिया 4.

दुष्प्रद Adj. nach dem Comm. = दुःखप्रद R. ed. Bomb. 2,106,29.

दुष्प्रभञ्जन 3.

दुष्प्रमय III. 4.

दुष्प्लव III. 5.

घमाप्राभृत n. Titel eines Werkes Festgr. 55. 58.

1. दुह्, अदुग्ध MAITR. S. 3,3,4 (36,9). 4,2,1 (21,14). Vgl. zu P. 7,1,8. 41.

2. दूणाँश III. 5.

दूत III. 3.

दूतमुख und दूतवत् 3.

दूरचर III. *sich fern haltend von* (Abl.) GÂTAKAM. 23,59.

दूरर 6.

दूरय III. *entfernen* KUMÂRAS. 8,31.

*दूरवेध m. *das Treffen in die Ferne*

Mahâvj. 217,19.

दूरसूर्य lies *über dem.*

दूराद्धि 3.

दूरापणिक Adj. *entfernte Märkte besuchend* Dharmaçarm. 1,74.

दूरेहेति III. 3.

दूषय् mit उद् 3. — Mit प्र III. चित्तम् *sich ärgern* Divjâvad. 197,25. 286,5.

2. दूष्य III. 5. 1) *b*) Divjâvad. 297,23. 614,17.

दृक्कर्ण und दृकश्रुति III. 6.

दृयुध् 6.

दृढहनुरा und दृढप्रहारिन् (1) Nom. abstr. °रिता f. Divjâvad. 58,27. 100,13. 442,8) III. 3.

2. दृढमुष्टि III. 4.

दृढिका f. *eine Art Schmuck* Sabhâvilâsa 2,5.

दृढेनुरा 3.

दृति III. 1) °कर्माणि Kauç. 38,12.

दृशीकु III. 1) zu streichen, die Stelle gehört zu 2).

°दृश्वरी 4.

दृषत् III. 5.

दृष्टचर III. so v. a. *nicht ganz unbekannt* Gâtakam. 26,16.

दृष्टधर्म III. *Adj. *der den* Dharma *erschaut hat* Mahâvj. 48,44. m. *diese Welt, dieses zeitliche Leben, das Jetzt* 48,38. 85,6. Divjâvad. 207,25. Gâtakam. 1.

*दृष्टधार्मिक Adj. *zu dieser Welt gehörig* Mahâvj. 255,8.

दृष्टपर्विन् 5.

दृष्टहानि f. *disparagement of sense-evidence* (so Hall) Sâmkhjas. 3,74.

दृष्टान्तवत् Adj. *beweisende Beispiele —, — Vergleichungen enthaltend* Gâtakam. 28.

दृष्टि III. *eine philosophische* oder *religiöse Ansicht, Theorie, Weltanschauung* Gâtakam. 23.

°दृष्टिक 3.

दृष्टिगत n. = दृष्टि oben Gâtakam. 23. Divjâvad. 164,19.

दृष्टिपश्यन् 3.

दृष्टिविक्षेप III. 5.

1. देव III. 3.

देवक III. 5. 4) *a*) देविकाहवींषि auch Çâñkh. Çr. 9,28,1.

*देवकुलिक m. etwa *Tempelhüter* Mahâvj. 186,78.

देवगव und देवचित्त 4.

देवतामय III. 6.

देवतेज्या 5.

देवत्य III. 5.

देवनन्दिन् III. 3. Vgl. Festgr. 53.

देवनाम 6.

देवनिकाय III. 6.

देवनिश्रयणी, °निश्रेणी u. s. w. 6.

देवपात्र III. Maitr. S. 4,5,5 (70,11).

देवपुरोहित III. 3.

देवप्रभ 5.

देवभाष्यस्नानविधिपद्धति 6.

देवमधु 4.

देवमनुष्य und °ष्यं III. Maitr. S. 1,8,6 (123,15). 9,5 (135,12). 3,8,4 (98,11). 4,2,1 (22,4. 6). 7 (28,3). 13 (37,3. 5).

देवयशस् und देवयशसिन् 3.

देवयानीय 5.

1. देवयोनि III. 4.

देवलक्ष्म III. 5.

देवसखि m. N. pr. *eines Berges* R. ed. Bomb 4,43,17.

देवसत्य III. 6.

देवसेना III. 2) f. Pl. *die Schaaren des* Deva oder Îçâna Âpast. Gṛhj. 20,5.

देवहेडन III. 2) lies Bez. *des* Anuvâka AV. 6,114—124.

देविकाहविस् s. oben u. देवक.

देवी Adv. und देवेष्या 5.

देशकण्टक m. *eine Plage des Landes* Gâtakam. 10.

देशकपटु m. *Pilz* Kauç. 48,10 nach Dârila. Vgl. पटु 3).

देशभङ्ग 4.

देशोपदेश 6.

देश्य III. 3.

देह III. *m. N. pr. eines Landes Mahâvj. 154,3.

देहपात 3.

देहबन्ध und देहभेद 4.

देहंभरवार्त्तिक 5.

देहली III. Âpast. Gṛhj. 6,9. v. l. देहिनी fehlerhaft.

दैत्यनिषूदन III. Bein. Indra's Gâtakam. 7,86.

दैप III. 5.

दैवत III. 3) m. R. ed. Bomb. 2,11,16.

दैवविधि 5.

दैवश्राद्ध 6.

दैवसक 5.

दैविक III. 5.

दैवेज्य 3.

दैवोदासि III. Maitr. S. 3,3,7 (40,6).

दैशिक III. 5.

दैष्टिक III. 3.

दोलायुद्ध und दोलारूढ 5.

2. दोष III. 1) *c*) दोषं कर् mit Acc. der Person *Jmd Etwas* (Loc.) *als Schuld anrechnen* R. ed. Bomb. 4,18,48.

दोषगुणिन्, दोषनिर्घात und दोषभाज् 3.

दोषभेदीय 4.

दौर्गन्ध n. fehlerhaft für दौर्गन्ध्य Divjâvad. 57,21. 193,21.

दौर्वचस्य III. * *Unverbesserlichkeit* Mahâvj. 258,13.

दौर्वर्णिक n. *ein böses Merkmal* Divjâvad. 411,14.

दौःशासन 3.

*दौ[ः]ष्ठुल्य n. *schlechtes Betragen* Mahâvj. 109,20.

द्युतन m. *ein Gott* Kandiç. 35.

1. द्युत् mit अभि Caus. III. * Med. *beleuchten, verdeutlichen* Mahâvj. 109. — Mit अव Caus. III. *beleuchten* Âpast. Gṛhj. 1,22. अवद्युत्य schlechte Lesart.

2. द्युत् III. *Strahl* Dharmaçarm. 1,16. 12,40

द्युदन्तिन् m. *Himmelselephant* Dharmaçarm. 7,8.

द्युधामन् m. *ein Gott* Kandiç. 65.

द्युपुरंधि 3.

द्युमर्याद Adj. *den Himmel zur Grenze habend.* Nom. abstr. °त्व n. Çaṁkara zum Vedânta 143,3.

द्युमर्यादवत् Adj. dass. Nom. abstr. °त्व n. Çaṁkara zum Vedânta 143,6.

द्युम्न III. 3.

द्युरत्न 5.

द्यूतकिंकरी 3.

द्यूतभूमि 4.

द्यूतमण्डल III. 4. Vgl. Pischel in Philologische Abhandlungen, Berlin 1888, S. 74. fgg.

द्योता f. Âpast. Gṛhj. 3,11. Baudh. Gṛhj. Pariç. Von den Commentatoren durch *eine Schielende, Rothäugige* oder *Rothhaarige* erklärt. Vgl. Vaiǵajanti, Bhûmik., Brâhmanâdhj. 31.

द्राघिमन् III. 4. Auch *fester Verschlag* (*gegen Verfolger*) Viǵñ. zu Jâǵñ. 3,227. fg.

द्रमिड 3.

द्रव III. 2) *b*) Gâtakam. 28. 32,2.

द्रवत् III. 6.

द्रवमय 6.

द्रविणेश्वर auch Bein. Kubera's Spr. 7049.

द्रवेतर Adj. *nicht flüssig, hart* Kir. 17,60.

1. द्रव्य III. 5.

द्रव्यजात III. *allerlei Gegenstände* Mâlatîm. (ed. Bomb.) 230,3.

द्रव्यप्रकल्पन 6.

द्रव्यमात्रा 4.

1. द्रा mit अभिप्र 5.

2. द्रा mit नि III. 5. — Mit विनि 5.

1. द्राणि, so zu betonen.

1. द्रु mit न्या *hinlaufen* Maitr. S. 4,6,4 (83,16).

4. द्रु III. 5.

द्रुमवासिन् m. *Baumbewohner, Affe* R. ed. Bomb. 4,39,35.

द्रुम्भूली f. etwa *Rohr, Halm* Maitr. S. 3,8,3 (95,5). Vgl. द्वाल्भूषी.

1. द्रू III. 1) द्रुणाति Maitr. S. 3,7,3 (78,3). So auch v. l. zu 2,4,2 (40,2).

द्रोणमुख III. 1) hierher wohl Divjâvad. 620,12. 20.

द्वंद्व III. Loc. so v. a. *unter vier Augen* R. 7,103,11.

द्वंद्वप्रहार 6.

*द्वयद्वयसमापत्ति f. *Copulation* Mahâvj. 281,265.

द्वादशपञ्जरिकास्तोत्र 3. Richtig °मञ्जरिका°.

द्वादशपुष्कर 3.

द्वादशमञ्जरिकास्तोत्र n. Titel eines Stotra.

द्वादशयोग (unter द्वादशा°), द्वादशवत्सरी und द्वादशवर्ग 5.

द्वादशवर्गीया f. Pl. Bez. *einer Gruppe von zwölf Nonnen* (*zur Zeit Bud-*

dha's) Divjâvad. 493,12. 495,18.

द्वादशवर्षिक 3.

द्वादशशतदक्षिण 4.

द्वादशायोगे 5. Çâṅkh. Çr. 3,18,10.

द्वारकोष्ठक m. *Zinne eines Stadtthors* Divjâvad. 17,12. 300,8. fgg. 535,11. fgg.

द्वारपिधान ist m. Çat. Br. 11,1,1,1.

द्वारस्थूणा 6.

द्वार्वाकु 6. Auch Âpast. Çr. 11,8,5.

द्वार्मोह n. ? Maitr. S. 3,3,4 (36,21. 37,1).

द्विकालम् und द्विकोण 4.

द्विचक्र m. auch *eine best. Himmelserscheinung* MBh. 7,199,19.

द्विजव III. 3.

द्वितीयक III. 5.

द्वित्रिस् Adv. *zwei- oder dreimal* Gâtakam. 21.

द्विदल III. 3.

द्विदेवत्यपात्र, द्विधाकारम् und द्विधाभावम् (steht an falscher Stelle) 4.

द्विधूर्वह so zu lesen III.

द्विनिष्ठ, द्विपरार्धिक u. द्विपल 3.

2. द्विपात्र 3. 4.

द्विपात्रिक und °पात्रीण 3.

द्विपितर् Adj. *zwei Ahnen habend* Âpast. Çr. 1,9,7.

द्विपेश्वर m. = द्विपेन्द्र Mâlatîm. (ed. Bomb.) 284,6.

द्विप्रतिहार 4.

द्विभाग III. 4. * m. *eine best. Sünde: das Nichtbeachten des Verhältnisses verschiedenfarbiger Wollen bei einer Bettdecke* Mahâvj. 260,16 (द्विभग gedr.).

द्विभाद्र 3.

द्विमूर्धन् III. 3.

द्वियज्ञ 3.

द्विरात्र III. vgl. Festgr. 99.

द्विर्नग्न 3.

द्विवृत्ताय 5.

द्विव्याम und द्विव्यायाम 6.

द्विव्रत 4.

द्विशतम्, द्विशाणिक, द्विशिव, द्विशिरस्क und द्विसमीन 6.

द्विसक्थि 4.

द्विःसम 6.

द्वीपवत् III. 3) a) Dharmaç. 1,31.

द्वीपिन् III. 2) *Tiger* 153,7.

द्वीपेश 3.

द्वैधाकारम् 5.

द्वैधाक्रिया 3.

द्वैपायवन III. 4.

द्वैतवादिन् III. Aniruddha zu Sâṁkhjas. 1,21.

द्वैधंकारम् 4.

द्व्यणुकीय 6.

द्व्यनीक 4.

द्व्याचित, °चितिक, °चितीन, द्व्याढक, द्व्याढकिक, द्व्याढकीन und द्व्याषेय 3.

धंतत् 5.

धनगुप्त III. m. N. pr. eines Mannes Divjâvad. 351,22.

धनदाय, °पते Kubera *gleichkommen* Gâtakam. 5.

धनमूल्य n. *Geldkapital*. Nom. abstr. °ता Gâtakam. 12,18.

धनव 5.

धनवर्मन् m. N. pr. eines Mannes Kuṭṭanîm. 35.

धनविपर्यय 5.

धनसंमत m. N. pr. eines Fürsten Divjâvad. 62,11. fgg.

धनहारक Adj. *Geld bei sich führend* Divjâvad. 5,12.

धनाय् III. 3. Mit dem Acc. धनम् Kir. 13,56.

धनुर्मार्ग m. Pl. *die verschiedenen Arten den Bogen zu handhaben* MBh. 7,87,5.

*धनुष्कलापक m. (!) *Bogen und Köcher* Mahâvj. 217,33.

*धनुष्केतकी f. *eine best. Blume* Mahâvj. 240,34.

धनेश III. 2) Nom. abstr. °त्व n. Gâtakam. 8,51.

धनैषिन Adj. *Geld verlangend* Gâtakam. 9,72.

धन्ध III. *stumpf* (in intellectueller Bez.) Mahâvj. 38. Divjâvad. 488,27 (धन्व gedr.).

धन्व् III. 4.

धन्व III. Vgl. auch oben धन्ध.

धन्वन III. 3.

धन्वार्त्नि f. *Bogenende* Maitr. S. 4,5,9 (77,3. 7). Vgl. 3. आर्त्नि.

धंपद्वत् III. 6.

1 धर् mit उप III. 3. Caus. III. *verstehen* Gâtakam. 20. — Mit संप्र III. 3.

धर III. 2) a) Kir. 15,12. Dharmaçarm. 7,25. 10,15.

धरण III. 3.

धरणिज III. m. *Baum* Daçak. (1883) 141,3.

धरणिदास 5.

धराधरेन्द्र 3.

धरित्रीधर m. *Berg* Kir. 16,55. Dharmaçarm. 9,67.

धरित्रीभुज् m. *Fürst* Bhoǵa am Schluss des Comm. zu Jogas.

धरिममेय Adj. *was gewogen wird, nach Gewicht verkauft wird* M. 8,321.

धर्म 5.

धर्म III. 11) *Bogen* Dharmaç. 17,66.

2. धर्मकाय und धर्मचक्षुस् III. 3.

धर्मता III. Gâtakam. 14,16. Instr. am Ende eines Comp. so v. a. *vermittelst, vermöge* Divjâvad. 180,24. 281,31.

धर्मद्रुह् und धर्मद्रोण 3.

*धर्मधातुनियत m. *ein best.* Samâdhi Mahâvj. 9.

धर्मधारय Adj. *das Gesetz aufrecht erhaltend* Maitr. S. 3,8,9 (108,4).

धर्मध्वजवत् Adj. = धर्मध्वज 1) b) MBh. 7,195,4.

धर्मपाश (so zu lesen in 3) III. 3.

धर्मपुत्रक, धर्मप्रेत und धर्मभ्रृ 4.

धर्मय् 5.

धर्मयज्ञ m. *Tugendopfer, ein gerechtes Opfer* (nicht blutig) Gâtakam. 10.

धर्मयशस् 5.

*धर्मराजपुत्र (so zu lesen) m. *ein wahrer, geistiger Sohn* Buddha's Mahâvj. 48,16.

धर्मवाणिज्यक und धर्मवाह 5.

धर्मविज्ञ 3.

धर्मविरोधवत् 5.

धर्मशरीर III. *Tugendkörper, die Gesammtheit der Tugenden Jmds* Gâtakam. 22,66.

धर्मशाटप्रतिच्छन्न Adj. *mit dem Gewande der guten Sitte bekleidet*, so v. a. *nackt* Divjâvad. 165,17.

धर्मश्रवण n. *das Anhören einer Predigt* Gâtakam. 9. 24. 25. 27.

धर्मसंज्ञ Adj. *Pflichtgefühl habend*. Nom. abstr. °त्व n. Gâtakam. 21.

धर्मसत्यव्रतेयु 6.

धर्मसागर m. N. pr. eines Autors Festgr. 55. fgg.

*धर्मार्थिक Adj. *nach* Dharma *strebend, fromm* Mahâvj. 126,1.

धर्मिग्राहकमान n. *ein Beweismittel, welches ein Object in der bestimmten Eigenschaft erkennen lässt*, Sâṁkhjapr. 59,3.

*धर्मोद्गत m. *ein best.* Samâdhi Mahâvj. 21,63.

धर्षण III. n. * *Bezwingung* Mahâvj. 244,134.

धवल III. 5. 2) c) Dharmaçarm. 2,25.

2. धवलपत्त und °विहंगम III. 5. 6.

धवलपुराणसमुच्चय fehlerhaft für सकलपुराण°.

धवलस्मृति f. Titel eines Werkes.

1. धा mit अभि III. 5. — Mit अन्वव III. Âpast. Çr. 8,11,16. Gṛhj. 17,5. — Mit समा III. 6. * Pass. *in eine andachtsvolle Stimmung gerathen* Mahâvj. 81,5. — Mit अभ्युप III. 5. — Mit अनुनि, अनुनिहिता: *nacheinander geordnet* Maitr. S. 4,6,7 (89, 9). — Mit विनि III. 6. — Mit संपि *schliessen* Divjâvad. 232,19. — Mit प्र III. * चित्तम् (dieses wohl zu ergänzen) den Geist *auf Etwas richten* Mahâvj. 39,4. — Mit वि III. 3. — Mit सम् III. 6. — Mit अभिसम् III. 5.

धातकीखण्ड III. Dharmaçarm. 4,3.

धानुर्वेद III. 6.

धान्यकटक 5.

धान्यजीविन् Adj. *von Körnern lebend; m. ein solcher Vogel* R. ed. Bomb. 4,58,24.

धान्यपल 3.

धान्यमिश्र III. 4.

धान्यराज III. 4. 5.

1. धामन् III. 6.

धामवत् 3.

धाय III. nach Dârila *Bündel*.

धायिन (?) Kauç. 34,10.

1. धार् III. 5.

2. धार् III. 2. c) Dharmaçarm. 7,46.

धारालोपक 5.

धारापथ III. रथनेमि° so v. a. *Radspur* Dharmaçarm. 7,48.

धारासलिल n. = धाराजल Dhar-

Maçarm. 2,19. कृपाण° 18,24.

धार्मिक III. *m. = बोधिसत्त्व Mahâvj. 22,16.

1. धाव् mit अभिप्रति *zulaufen auf* (Acc.) Maitr. S. 4,6,4 (84,17). — Mit अभिवि *hindurchlaufen* zwischen (अन्तरेण) von einem Wege Âpast. Çr. 10,20,11. — Mit सम् III. eine Existenz (Acc.) *durchlaufen* Divjâvad. 534,6.

2. धाव् Caus. III. **waschen lassen* Mahâvj. 281,58.

2. धावन III. n. **das Waschenlassen eines Gewandes von einer nicht verwandten Nonne* Mahâvj. 260,6.

धिग्वाद m. *Tadelwort, Tadel* Gâtakam. 11,13. 13,31. 22,28. 24,31.

1. धिष्ण्य III. 5) a) *Haus* Kuttanîm. 9.

धीता 5.

धीमन्त् III. *m. = बोधिसत्त्व Mahâvj. 22,3.

धीरी Adv. mit कर् *ermuthigen* Gâtakam. 14.

धुतगुण m. = धूत° Sadd. P. 75.

धुन्धुमत्त्व und धुमधुमाय् 3.

धुरानिक्षेपण Adj. als Beiw. eines Kaitja der Malla Divjâvad. 201,5.

धुर्य III. 3.

1. धू mit अव III. °धूत *verschmäht* Gâtakam. 13. — Mit आ III. **abschütteln* (Sünden und dgl.) Mahâvj. 126,73. — Mit समुद् III. 4.

धूङ्क्ष्णा 6.

धूतगुण m. *eine best. asketische Lebensregel* Mahâvj. 245. Divjâvad. 61,28. 62,3. 393,23. Vgl. Mahâvj. 49.

धूपय् mit अनु III. 6.

धूमनेत्र III. m. N. pr. eines Berges Divjâvad. 107,6. fgg.

धूमय् mit अभि 5.

धूमरक्त und धूमरी 5.

धूमल III. 5 (hier fälschlich धूमील).

धूमाय् mit सम् *rauchen* Divjâvad. 107,7.

धूम्र III. 3. In der Bed. 4) MBh. 1,63,49. Pl. N. pr. eines Ṛshi-Geschlechts R. ed. Bomb. 3,35,31.

धूम्रक III. 3.

धूर्त III. m. als Bein. Skanda's AV. Pariç. 20,4.

धूर्तलवण 5.

धूर्ति III. 3.

धूर्युञ्ज m. nach Nilak. *Wagen* MBh. 7,57,7.

धूलिगुच्छ 5.

धूलीकदम्ब und धृतश्री III. 3.

धृतराष्ट्र III. m. N. pr. eines Gänsekönigs Gâtakam. 22.

धृष्टता 3.

धेन III. 2) lies धैना st. धैना.

1. ध्या mit अभि III. 3. — Mit नि III. *sehen, betrachten* Kir. 4,26, v. l. 10,46. 57. 14,38. *einsehen, ergründen* Mahâvj. 243,1055. — *Caus. निध्यापयति wohl *überreden, zu überreden suchen* 243,1059.

ध्यानिन् III. 3.

ध्यानागार *Andachtsgemach* Gâtakam. 7.

ध्यामल Adj. *dunkelfarbig, schwarz, unrein* Dharmaçarm. 2,70. 3,67.

ध्यामली Adv. mit कर् *schmutzig machen, verunreinigen* ebend. 5,39.

ध्यामीकरण III. **das Verzehren, Verbrennen* Mahâvj. 243.

ध्रुव III. 6.

ध्वनवद्, ध्वनिलाला u. ध्वनिलोला 5.

ध्वन्य III. 5.

ध्वन्याचार्य III. = आनन्दवर्धन und Verfasser des ध्वन्यालोक. Vgl. Pischel in Z. d. d. m. G. 39,315.

ध्वस्मन्वत् III. 5.

ध्वाङ्क्ष III. 4.

ध्वान्तवत, ध्वान्तवतायनि und ध्वान्तदायनि 5.

2. न III. auch *nein*.

नकुलक III. m. vielleicht *eine Art Geldbeutel* Divjâvad. 124,2.

नकुलाढ्या und नकुलाध्या III. 3.

नक्तंभोजिन् 4.

नक्षत्र III. 5.

नक्षत्रदेवत 5.

नक्षत्रशवस् III. 4.

नक्षत्रोपजीविन् m. *Astrolog* Vigñ. zu Jâgñ. 3,289. fg.

नखावपूत Adj. *mit den Nägeln gereinigt*. Subst. Pl. *Bez. bestimmter Körner* Maitr. S. 2,6,5 (66,5). 4,3,8 (47,12).

नगरदेवत n. *die Gottheit einer Stadt* Mṛkkh. 11,18.

नगरमण्डना und नगाश्मन् 5.

नग्नचर्या f. *das Gelübde des Nacktgehens* Divjâvad. 339,23.

नट् III. 5. — Mit वि 5.

नडनेरि III. 4.

नत्यूह m. R. ed. Bomb. 2,56,9. 103,43 (नत्युह gegen das Metrum) angeblich = दात्यूह.

नद् mit नि Caus. III. *schmähen* Divjâvad. 540,19. — Mit अभिवि 5. Caus. अभिविनादित *ertönend von* (Instr.) R. ed. Bomb. 4,30,59.

नर्द III. 3.

नदस्य्, °स्यते *brüllen* Divjâvad. 269,3.

नदीमार्ग 4.

नदीमीस und नदेश 5.

नन्द् mit अभि Caus. 5. — Mit समभि III. *mit grossem Wohlgefallen aufnehmen* Gâtakam. 22. 26. — Mit समा 4.

नन्द, f. नन्दी III. = नन्दि *Freude* Divjâvad. 37,24 fgg. Mahâvj. 244,121.

नन्दकुमार 4.

नन्दनभट्टाचार्य 5.

नन्दिता 6.

नन्दिमित्र 5.

नन्दोपनन्द m. N. pr. eines Schlangendämons Mahâvj. 167,51. Voc. als Ausruf so v. a. *o weh* Divjâvad. 307,1. 329,9.

नपुंसक III. 5.

नभःसद् III. 3.

नभोऽङ्गण 5.

नभोरूप III. 6.

नम् mit अभि Caus. (°नामयति) *hinneigen, zuwenden* (चित्तम्) Gâtakam. 22. — Mit निस् Caus. (°ना° und °न°) *ausstrecken* Divjâvad. 7,6. 71,4. — Mit विपरि Caus. III. 5. — Mit अभिप्र III. °प्रणत *hingebogen nach der Seite von* (Acc.) Gâtakam. 27. — Mit समभिप्र *sich tief verneigen vor* (Acc.) Gâtakam. 24. 30. — Mit सम् Caus. III. *unterwerfen* Divjâvad. 446,1. 451,20.

नमक Adj. *das Wort* नमस् *enthaltend* Z. d. d. m. G. 41,486. fg.

नमुचि III. 3.

नय III. 5.

नयचन्द्रसूरि m. N. pr. des Autors von Hammîramahâkâvja.

नयदत्त m. N. pr. eines Mannes Kuttanîm. 36.

नयनप्रीति und नयनबुद्बुद 4.

नयनवारि III. 5.

नयनाम्बु 3.

नयनायुध? Vikramâṅkak. 9,52.

नयवर्त्मन् n. *Politik* Kir. 1,6.

नयक्रोन 3.

नर् III. 4.

नरकपात 3.

*नरकवर्त्मन् n. *vulva*; s. u. संबाध 1) c).

नरपशु III. *ein Mensch als Schlachtopfer* Gâtakam. 10,17.

नरमन्य III. Rudraṭa, Çṛṅgârat. 1,124.

नरवीर 3.

नरव्याघ्र m. Pl. N. pr. eines mythischen Volkes R. ed. Bomb. 4,20,28.

नरी Adv. 5.

नर्त् mit अभिप्र *tanzen* Kir. 4,17.

नर्मद III. 3. 3) b) γ) N. pr. einer Hetäre Kuttanîm. 35.

नर्मसाचिव्य III. Çiç. 1,59.

नर्मस्फिञ्ज 6.

नर्माली 5.

नलमालिन् m. N. pr. eines Oceans Gâtakam. 14,21.

नलेध्म 4.

1. नव III. m. *ein jüngerer Mönch* Mahâvj. 270,31. Divjâvad. 349,26. n. *neues Getreide* Kauç. 38,10.

1. नवक III. m. *ein jüngerer Mönch* Mahâvj. 270,29. Divjâvad. 404,14.

नवकर्मिक m. *Aufseher bei einem Neubau* Mahâvj. 270,22. Gâtakam. 19,21.

नवतन्त्र 6.

नवपरिणाया 3.

नवप्रसूता 5.

नवयोग 4.

नवलक्षण und नववर्ग 5.

नववितृष्ण 6.

नवश्राद्ध III. im Çrâddhamajûkha nach Aufrecht folgendermaassen definirt: प्रथमेऽह्नि तृतीयेऽह्नि पञ्चमे सप्तमे तथा। नवमैकादशे चैव तन्नवश्राद्धमुच्यते॥

नवस्वस्तर m. *eine Streu von frischem Grase* Âpast. Gṛhj. 19,9.

नवालाबु 3.

नवावसान n. *eine neue Wohnung* Maitr. S. 1,4,10 (58,4).

नवावसितै 3.

नवौचित्यविचारचर्चा 6.

1. नश् Caus. III. **ausstossen aus der Gemeinde*. Vgl. नाशितसंग्रह. Im Aor. *abkommen von* (Abl.). मा धर्म्यान्निनशः पथः MBh. 3,32,15 = R. Gorr. 1,24,9. — Mit प्र III. मार्गप्रनष्ट *vom Wege abgekommen* Ǵâtakam. 6. — Mit विप्र III. °नष्ट *der sich verirrt hat* Ǵâtakam. 6,24.

नष्टकार्यार्थ Adj. *bei dem das Interesse für das zu Thuende erloschen ist* R. ed. Bomb. 4,1,120.

1. नह् mit पर्यव III. °नद्ध *überdeckt, überzogen* Divjâvad. 120,3. 125,2.

2. नह् nach Aufrecht zu streichen, da नद्यस् auf नप् (vgl. नपात्, नप्तर्, नप्ति, नप्ती) *Abkömmling* zurückzuführen ist wie अद्यस् auf अप्.

नागतमनी 5.

नागबलि m. *Streuopfer an die* Nâga, *eine best. Hochzeitsceremonie* Comm. zu Âpast. Gṛhj. 2,15.

नागवृत्त III. R. ed. Bomb. 4,1,78. 83.

नागशर्मन् 5.

नागाङ्गना III. 5.

नागाञ्चना 5.

नाटकीय III. 3.

नाडी III. 5.

नातिकृच्छ्र 6.

नातिजल्पक 3.

नातिह्रस्व 4.

नातिपटु 5.

नातिप्रसमीदत् 6.

नातिमुदावत् 4.

नातिरोचिणी, नातिलघुविपुल, नातिलम्पट, नातिलोमश, नातिविलम्बिन्, नातिवृत्त und नातिवृद्ध 5.

नातिशोभित 6.

नातिश्लिष्ट Adj. *nicht sehr fest* Çâk. (Pisch.) 64,13.

नातिसमञ्जस 6.

नातिसान्द्र 4.

नाथ् mit उप III. Kâd. (1883) 46,21. v. l. उपयाचितवती st. उपनाथितवती.

नानाकरण n. *Unterschied* Divjâvad. 222,20.

नानागति m. *Wind* Kir. 16,44.

नौनाग्नेय n. Maitr. S. 1,7,2 (112,8).

नानात्मपक्ष m. *die Annahme, dass es viele Seelen gebe*, Aniruddha zu Sâṁkhjas. 1,150. 155. 157. 159.

नानात्मवादिन् m. *ein Anhänger dieser Theorie* Sâṁkhjas. 1,29. 156.

नानादेवत 5.

नौनाधिष्ण्य Adj. Pl. *verschiedene Erdaufwürfe habend* Çat. Br. 12,3,5,2.

नौनाधी III. Vgl. Pischel, Vedische Studien 110.

नानानर्घमहारत्नमय 4.

नानाप्रकार 3.

नानाबुद्धिरुच् 5.

नानाब्रह्मसामत्व und नानामन्त्रौघसिद्धिमत् 4.

नानायोग 6.

नानारत्नाकरवत् 5.

नानारस Adj. *verschiedene Grundtöne habend* (Schauspiel) Mâlav. 4.

नानाविश्यै 4.

*नानासंवासिक Adj. *an verschiedenen Orten wohnend, zu einer anderen Parochie gehörend* Mahâvj. 271,2.

नान्दी III. 5. 6

नान्दीभाजन 5.

*नापितभाण्ड n. *Rasirgeräthe* Mahâvj. 273,99.

नापितशालिका 6.

नाभि III. 4.

नाभिदघ्नपाद् 4.

नामन् III. 5. नाम *quasi, bloss dem Scheine nach* Ǵâtakam. 23. *dennoch, nichtsdestoweniger* 30.

नामपूर्व Adj. *ein Nomen als ersten Bestandtheil habend* Âpast. Gṛhj. 15,9.

नामान्तर n. Pl. *einen Namen ausdrückende Silben, Namensaufschrift* Vikram. 78,13.

नामाङ्कित 6.

नामादेशम् III. Âpast. Gṛhj. 20,14.

1. नाम्त्रै III. Maitr. S. 2,6,6 (67,9).

नायक III. 3.

नाराचदुर्दिन 6.

नारायण III. m. Pl. neben गोपालाः MBh. 7,18,31. 19,7.

नारिकेली III. Viǵñ. zu Jâǵñ. 3,289. fg.

नारीपुर 3.

नारीय् 5.

नार्य III. 5.

नाल III. 4.

नालक, f. °लिका III. *eine metallene Platte, auf der die Stunden angeschlagen werden*, Ǵâtakam. 13,15.

नालीक III. 5.

नालीजङ्घ m. ein Personenname Daçak. (1883) 165,1. 167,14.

1. नाव्य III. m. *Schiffer* Âpast. Gṛhj. 6,2.

*नाशनीय n. (sc. कर्मन्) *Ausstossung aus der Gemeinde* Mahâvj. 265,9.

*नाशितसंग्रह m. *Verkehr mit einem Ausgestossenen* Mahâvj. 261,61.

नासापुट III. 3.

नासापुटमर्यादा und नासाभङ्ग 4.

नासिका III. 2) Dharmaçarm. 17,99.

नासीर III. 5.

निकर्षण = निकषण 2) MBh. 12,327,46.

निकाष 3. *das Reiben, Zerreiben* Kir. 7,6. 13,3.

*निकुब्जन n. *das Umwerfen* (eines Gefässes) Mahâvj. 281,52.

निकूजितव्य n. *das Stöhnen* Ǵâtakam. 29,43.

°निकृन्तिन् 5.

निक्वण III. Kir. 6,2.

निक्वाण III. 5.

निक्षत्रिय Adj. *wo die Krieger unterliegen* Dharmaçarm. 17,35.

निक्षिप्तवाद 5.

निगड und 1. निगद III. 5.

*निगर्हणीय n. (sc. कर्मन्) *Tadel, Rüge* Mahâvj. 265,5. Richtig वि°.

निचयिन् Adj. *massenhaft* Kir. 10,29.

निच्छुरण 6.

निजाम 5.

निगुर् III. 6.

निटल III. 5.

*नितीरण n. etwa *Entscheidung* Mahâvj. 245,1064.

*नित्यज्वर m. *ununterbrochenes Fieber* Mahâvj. 284,52.

नित्यश्राद्ध 6.

नित्यश्री 4.

नित्यस्थ 3.

निदर्शन III. Am Ende eines adj. Comp. **Aussehen* Mahâvj. 71,3. fgg.

निदाघधामन् 3.

निदाघवार्षिक 5.

निदान III. 5. *Veranlassung* Divjâvad. 123,16. 198,1. 654,21. Mahâvj. 281,10.

निदिद्रासु 5.

निधना f. Pl. Bez. *bestimmter Sprüche* Kauç. 80,30. 41.

निधातर् III. 5.

निधान III. 1) d) Nom. abstr. °ता f. Ǵâtakam. 2,50.

निधि III. die Bed. *verborgenes Gut, Schatz* ist ausgefallen.

निधिगुह्यकाधिप 3.

निधिभृत् m. Bein. Kubera's Dharmaçarm. 10,57.

निधीश्वर III. ebend. 11,1.

*निध्यप्ति f. etwa *Nachdenken, philosophische Betrachtung* Mahâvj. 245,1053.

नियक 1) **Adj. klug, weise* Mahâvj. 98,7 (निगक gedr.). 245,617 (?). — 2) m. *Haupt, Häuptling* Divjâvad. 447,26. 451,20.

निपान III. *Zufluchtsort* Ǵâtakam. 9. 9,91. 18. 19,9. Vielleicht नियान zu lesen.

निपानी Adv. mit कर् *zum Zufluchtsort machen* Ǵâtakam. 24,4. Vielleicht नियानी zu lesen.

निपुण III. *fein, zart, zärtlich* Ǵâtakam. 4,10.

निभृत III. 4.

निभृती 4.

निमन्त्र्य III. 4.

निमार्जन n. *das Abwischen* Har. zu Âpast. Gṛhj. 2,11.

निमित्तावेक्षिन् Adj. *sich nach dem Anlass richtend* Âpast. Gṛhj. 1,11.

निमुष्टि *ein best. Maass* Kauç. 85,2.

निम्न III. Am Ende eines Comp. *geneigt* —, *hinneigend zu* Comm. zu Jogas. 4,25. Mahâvj. 30,3 (सर्वज्ञता° zu lesen).

निम्नगापति und निम्नगासुत 5.

नियाम III. *m. *Bestimmung* Mahâvj. 245,99.

निरतीचार 5.

निरनुयोज्य III. Gâtakam. 23.

निरन्तर III. 4.

निरभिसंधान n. *Absichtslosigkeit* Aniruddha zu Sâṁkhjas. 2,45.

निरवद्योषत्व (?) n. Dârila zu Kauç. 7,16.

निरश्वपुरुष 3.

निराक्रन्द III. 1) a) *keine Hülfe findend bei* (Loc.) Gâtakam. 12,3. — b) Gâtakam. 21.

निरान्न ist = उदान्न (s. oben).

निरायतत्व n. *geringe Länge* Kir. 8,17.

निरायास III. *gern geschehend* Divjâvad. 395,26.

निराश III. 4.

निरास्रव Adj. *frei von sündigen Neigungen* Divjâvad. 181,8. 425,18.

निराश्रव gedr.

निरुक्त III. 5.

निरुद्धप्रकाश und °प्रकाश III. 3.

निरुपस्थायक Adj. *ohne Aufwärter, — Begleiter* Divjâvad. 391,25.

निरुपधिक Adj. *ohne* Upadhi (Upâdhi) Aniruddha zu Sâṁkhjas. 5,79.

निरुपादान III. *kein Verlangen nach dem weltlichen Dasein habend* Divjâvad. 210,4. 314,20.

निरूष्प III. 5.

निरूष्मक Adj. *ohne Wärme, nicht mehr warm* Gâtakam. 8,23.

निर्ऋणिन् 5.

निर्ऋतिपाश m. *Fessel der* Nirṛti TS. 5,2,4,3.

निरेनस् 5.

निरोकार Adj. MBh. 13,23,7 nach Nilak. = अननुज्ञात oder मूढ.

निरोद्धर् 4. *Hemmer, Unterdrücker* Dharmaçarm. 10,4.

निरोधक III. 5.

निरोष्ठ्य 5. 6.

*निर्ग्रहस्थान n. Mahâvj. 200,18 fehlerhaft für निग्रह°.

निर्जलमीनाय् 4.

निर्जाड्य Adj. *frei von Kälte* Pâdâravindaç. 30.

निर्झर III. 5.

निर्णिक्ति 3.

निर्णिज् III. 5.

निर्दय Z. 2, lies °त्व st. °त्न.

निर्दर III. 2) m. R. ed. Bomb. 3,67,5. = विदीर्णपाषाण Comm.

निर्दश III. Nom. abstr. °ता f. Âpast. Gṛhj. 15,7.

निर्देश्य III. *dienstbereit, zu Diensten stehend* Divjâvad. 302,26.

निर्धवन 6.

निर्नर III. 5.

निर्नाभि III. 5.

निर्निद्रय und निर्बर्ह 5.

निर्बन्धिन् III. Nom. abstr. °न्धिता f. Gâtakam. 13.

निर्भर्त्सन III. 5.

निर्भस्मित 5.

निर्मथ्य Adj. *auch herauszupressen* (aus Kräutern ein Saft) R. ed. Bomb. 4,66,33.

निर्मल III. m. Bein. Skanda's AV. Pariç. 20,4.

निर्मात 4.

निर्मितम् 6.

निर्मिमित्सा (!) f. *der Wunsch zu schaffen* Comm. zu Jogas. 4,4.

निर्मूषक 4.

निर्यामक III. 5.

निर्योगक्षेम 4.

*निर्लोप m. *Plünderung, Beute* Mahâvj. 223,290. निर्लोपापहारक (so zu lesen) 287.

1. निर्वचन III. n. MBh. 1,109,23 nach Nilak. = प्रशंसा.

निर्वण III. *eine Gegend ohne Wald* Mahâvj. 245,40.

निर्वरूथम् 4.

निर्वस्कं s. निर्व्रस्कं.

निर्विकार III. 5.

°निर्विघट्टम् Adv. *ungehemmt durch* Gâtakam. 13,39.

°निर्विरोध Adj. (f. आ) *nicht im Widerspruch stehend mit* Gâtakam. 22,70.

निर्विशेषता 4.

निर्वीर् III. 4.

निर्वीरता f. Nom. abstr. zu निर्वीर 1) Maitr. S. 2,1,8 (10,4).

निर्वृत्तमृगपालिन् 4.

निर्वेध m. *Durchdringung, Ergründung* Divjâvad. 50,8. *°भागीय Adj. *darauf bezüglich* Mahâvj. 55.

निर्वैलक्ष्य 4.

निर्व्यञ्जक 3.

निर्व्यपत्रप Adj. *keine Scham kennend* Gâtakam. 30,11.

निर्व्यवस्थ Adj. *nicht an seinem Orte verbleibend, sich hinundher bewegend* Daçak. (1883) 125,8.

निर्व्रस्कं III. Subst. Conj. zu Maitr. S. 3,8,4 (98,20).

निर्ह्रादन, °निलायिन्, °यिता und निलोपम 5.

निवर्तितपूर्व 3.

निवापोदक n. *Wasserspende für einen Verstorbenen* Mṛkkh. 160,20.

निवार III. = नीवार 1) Maitr. S. 1,11,7 (169,1).

निवासरचना f. *Bauwerk* Mṛkkh. 52,4.

निवासाचार्य III. 5.

निवृत्तसंतापीय 5.

निशाकर auch N. pr. eines Ṛshi R. ed. Bomb. 4,60,8. 9. 13. 63,4. 10.

निशाचर III. 5.

निशारुरु III. 6.

निशानपट्ट m. *Schleifstein* Dharmaçarm. 14,47.

1. निशान्त III. *Harem* Dharmaçarm. 5,35.

निश्चक्रिक Adj. *ohne Ränke, ehrlich* Subhâshitâv. 317.

निश्चयकृत् 6.

निश्चयिन् III. 5.

*निश्चिकीर्षा f. *etwa der Wunsch zu vervollkommnen, — zu vermehren* Mahâvj. 127,15.

निश्चितार्थ Adj. *der sich eine feste Meinung gebildet hat in Betreff von* (Loc.), *richtig Jmd oder Etwas beurtheilend* R. ed. Bomb. 4,44,1. 9. °तर् ebend.

निश्चेय 5.

*निश्रय m. = आश्रय *Zuflucht, Requisit u. s. w.* Mahâvj. 30,15. 101,13. *Aufenthaltsort* 226,131. die vier निश्रया: *eines buddh. Mönchs* 266,11. fgg. °दायक 270,18.

निःशाख Adj. *astlos*. Nom. abstr. °ता f. Kâd. (1883) 121,23.

निःश्रेणिका III. *Leiter* Dharmaçarm. 6,50.

निषद्दे 6.

निषद्या III. 5. *das Sitzen* Mahâvj. 261,31.

निषाद III. *Vogler, Jäger* Gâtakam. 22.

निषादस्थपति 4.

निषेकविवर und निषेकस्वर 3.

निषेधयितर् Nom. ag. *Abwehrer, Verhinderer*. f. °त्री Dharmaç. 7,66.

निष्कर III. 5.

निष्कर्ण 6.

निष्कर्षण III. **gewaltsames Entfernen eines Mönchs aus dem Kloster durch einen anderen Mönch* Mahâvj. 261,18.

*निष्काङ्क्ष Adj. *frei von Zweifel* Mahâvj. 19,14 (wohl °ङ्क्षाने zu lesen).

निष्कार्य Adj. *zwecklos, werthlos* Kâpiç. 3.

निष्कालक III. 5.

निष्कासय् III. 4. 6.

निष्कुटक 5.

निष्कैवल्य III. *von einem Kampfe so v. a. einzig in seiner Art* MBh. 8, 30,36. निश्चितं कैवल्यं मरणं यस्मिन् Nilak.

निष्कोश 3.

निष्कोषण 6.

निष्टर्क्य III. Âpast. Gṛhj. 15,4.

निष्ट्य III. 3) = स्वाति Âpast. Gṛhj. 3,3. 4.

निष्ठाप्रश्न Adj. *unschlüssig* (मनस्) Mâlatim. (ed. Bomb.) 56,1.

निष्पतयालु 5.

निष्पयोद Adj. *wolkenlos* R. ed. Bomb. 4,43,35.

निष्परुष Adj. *sanft* (Musik) Divjâvad. 3,24.

निष्पादक III. Adj. (f. °दिका) *Etwas* (Gen.) *zur vollen Erscheinung bringend* Gâtakam. 1.

निष्पादन III. Kâd. (1883) 140,20 (276,13).

निष्पिष्टक und निष्पीडना 5.

निष्पुत्री 4.

निष्पूतिगन्धिक Adj. *nicht stinkend* Divjâvad. 120,2.

निष्प्रणयता f. *Mangel an Zutraulichkeit* GÂTAKAM. 8. *Ungeneigtheit, das Nichtmögen* 13.

निष्प्रणयत्व n. *Mangel an Zutrauen* °मौन n. *zurückhaltendes Schweigen* GÂTAKAM. 13,18.

निष्प्रतिभ III. Acc. mit कर् so v. a. *zum Schweigen bringen* GÂTAKAM. 23.

निष्प्रभित 5.

निष्प्रमन्द (?) KAUÇ. 36,15.

निष्प्रवाणि III. 5.

निष्प्रीतिक Adj. *nicht mit Freude verbunden* MAHÂVJ. 67,3. LALIT. 147,12.

निष्फल III. 5.

निःष्यन्दन n. = निस्यन्द, निष्यन्द 2) a) SÂJ. zu ṚV. 8,65,2.

निस्समीता 6.

निस्तारयितर् Nom. sg. *glücklich hinüberbringend, errettend* GÂTAKAM. 30,22.

निस्तुल Adj. (f. आ) *unvergleichlich* DHARMAÇARM. 2,76. 8,4. 9,26. *rund* R. ed. Bomb. 4,43,42. In letzterer Bed. richtig निस्तल.

निस्तृष्ण Adj. *frei von Begierden* DIVJÂVAD. 210,4.

निस्त्रिगुण्य 6.

निस्त्वकपत्त्र Adj. *von der Haut und den Flossen befreit* R. ed. Bomb. 3,73,15.

निःसंक्षोभ Adj. *unerschüttert* GÂTAKAM. 21.

निःसङ्ग III. 1) a) °म् Adv. KIR. 7,2.

*निःसरणीय Adj. *zum Befreien von Etwas geeignet* MAHÂVJ. 82,1.

*निःसरधारा f. = उदकधारा MAHÂVJ. 193,25.

निःसहाय und निःसाधार 6.

निःसाधस III. Nom. abstr. °ता f. GÂTAKAM. 8.

निःसुग्रीव 6.

निह्रादवत् Adj. *lärmend* KIR. 14,27.

निह्रादित 6.

1. नी III. 3. — Mit समनु = अनु 3) GÂTAKAM. 28. — Mit व्यव 5. — Mit समव 5. — Mit समुदा *zusammenbringen, sammeln* DIVJÂVAD. 242,10. *zu Stande bringen, vollbringen* GÂTAKAM. 2. — Mit उप III. 5. *als Beispiel anführen* GÂTAKAM. 28. — Mit पि = अपि *einschütten* ÂPAST. GṚHJ. 14,11. — Mit प्र III. प्रणीत *ausgezeichnet, köstlich, vorzüglich* DIVJÂVAD. 30,15. GÂTAKAM. 4. MAHÂVJ. 245, 1262. — Mit अतिप्र III. 6. — Mit अभिप्र III. 5. — Mit अभिवि III. *durch Unterricht bekehren* GÂTAKAM. 31,42.

नील् mit प्र 6. Auch ÂPAST. ÇR. 9, 19,4.

नीत III. n. = नवनीत ÂPAST. ÇR. 14,24,4.

नीतितत्त्व 5.

नीरचर 4.

नीरजस्तम Adj. *frei von Leidenschaft und Finsterniss* R. 4,44,41.

नीरजस्तमस्क Adj. dass. ANIRUDDHA zu SÂṂKHJAS. 6,59.

नीरदिन् 5.

नीरन्ध्र III. 5.

नीरराशि, नीराढ्य, नीरुच् und नीलकुण्ड 5.

नीलकृत्स्न n. *eine der 10* Kṛtsna *genannten mystischen Uebungen* MAHÂVJ. 72. DIVJÂVAD. 180,17. 19.

नीलपीत Adj. *dunkelgrün als Beiw.* von शाद्वल R. ed. Bomb. 4,1,18.

नीलाण्डज 5.

नीलाद m. N. pr. eines Jaksha DIVJÂVAD. 113,11. 122,23.

नीलाश्मन् III. 5.

नीलोद III. m. N. pr. eines Berges und eines Oceans DIVJÂVAD. 102,28. 104,20. fgg.

नीलोत्पल III. 5.

नीवी III. 5. *Kapital* DAÇAK. 57,5.

नीवृत् III. DHARMAÇARM. 16,71.

नीव्र III. 2) DHARMAÇARM. 4,83.

नीहार III. 5.

नीहारगिरि m. = नीहाराद्रि DHARMAÇARM. 9,73.

नीहाराद्रि m. Bein. des Himâlaja PÂDÂRAVINDAÇ. 28.

2. नु III. 5.

नुड् mit वि 6.

नुतमित्र III. 5.

1. नुद् mit प्रतिवि *vertreiben, verscheuchen* DIVJÂVAD. 491,21 (v. l. तुद्). — Caus. dass. GÂTAKAM. 32,49.

नृकार m. = पुरुषकार 1) SUBHÂSHITÂV. 3116.

नृकुलदेवा 5.

नृण्यार्थ 4.

नृता 6.

नृपमन्दिर und नृपाह्य III. 4.

नृपज्ञा 4.

नृषद्वर III. Besser निषद्वर ÇÂÑKH. ÇR.

नेजन auch *Waschplatz* MBH. 7, 187,13.

नेत्र III. 5. 1) m. mit einem Gen. R. ed. Bomb. 3,66,10.

नेत्रपत्त्र 4.

नेत्रपेय 5.

नेत्रवारि n. *Thränen* RUDRAṬA, ÇṚÑGÂRAT. 2,52.

नेत्रसंवेजन 6.

1. नेद् mit अति III. 6. — Mit प्र 6. Zu lesen 11, CXLVII.

नैमिषिष्ट und नैमिषिष्टता 4.

नैगम III. 5.

नैघण्टुक III. 6.

नैचिक III. 5.

नैज्ञामपाल्ह 5.

नैतल 3.

नैद 5.

नैपुण III. Am Ende eines Comp. = निपुण *geschickt* GÂTAKAM. 29,18.

नैमित्तक m. *Zeichendeuter, Astrolog* DIVJÂVAD. 168,19. 234,30.

नैमित्तिक III. 2) MAHÂVJ. 186,23. Nom. abstr. °त्व n. 127,54.

नैमित्तिकश्राद्ध 6.

नैयायिक III. 5.

नैयग्रोध III. ÂPAST. GṚHJ. 11,16.

नैरयिक III. DIVJÂVAD. 163,19.

नैर्ग्रन्थ्य und नैर्झर 5.

नैर्माणिक Adj. *durch Zaubermacht hervorgebracht* DIVJÂVAD. 186,26.

*नैर्वेधिक Adj. °प्रज्ञ Adj. *von durchdringendem, scharfem Verstande* MAHÂVJ. 48,32.

नैलकण्ठि m. Patron. von नीलकण्ठ KUNDÂRKA am Schluss nach AUFRECHT.

*नैवशैक्षाशैक्ष m. *weder ein* Çaiksha *noch ein* Açaiksha, d. i. *ein unbekehrter Mensch* MAHÂVJ. 95,10.

नैवासिक III. *wohnend* MAHÂVJ. 270,32. DIVJÂVAD. 390,4.

नैशित्य 5.

नैषाद III. *Vogler, Jäger* GÂTAKAM. 22.

नैष्क्रम्य n. *Gleichgültigkeit gegen* (Loc.) MAHÂVJ. 245,41. 353. 1146. *Gleichgültigkeit gegen die Freuden der Welt, Weltentsagung* GÂTAKAM. 1.

नैष्पेषिक III. Vgl. Pâli निप्पेसिक. *Nom. abstr. °त्व n. MAHÂVJ. 127,55.

नैसर्गिक III. 2) MAHÂVJ. 260,1. DIVJÂVAD. 19,27. Richtig नैःस°.

नैस्त्रिंशिक III. DAÇAK. 19,13.

°नैःसङ्ग्य n. *Gleichgültigkeit gegen* GÂTAKAM. 1,34.

नैःसर्गिक Adj. richtige Form für नैसर्गिक 2) MAHÂVJ. 281,109. DIVJÂVAD. 21,21.

नैःस्रिक und नोपलक्षित 5.

नौक्रम m. *Schiffbrücke* DIVJÂVAD. 55,17.

नौचक्रीवत् 4.

नौतान 5.

नौतार्य III. MBH. 12,329,39.

नौनेतर् m. *Steuermann* SUD. zu ÂPAST. GṚHJ. 6,2.

नौपुर Adj. von नूपुर 1) RUDRAṬA, ÇṚÑGÂRAT. 1,71.

नौमण्डे 4.

नौयान III. 4.

नौसंक्रम m. *Ueberfahrt zu Schiffe* DIVJÂVAD. 386,10. *Schiffbrücke* 55,24.

न्यक्त III. 5.

न्यग्रोधक, f. °धिका III. N. pr. eines Hains bei Kapilavastu DIVJÂVAD. 67,1. fgg.

न्यग्रोधपरिमण्डल III. 1) MAHÂVJ. 17,20. LALIT. 120,22. Lot. de la b. l. 570.

न्यङ्ग III. 6.

न्यञ्चनैषिन् Adj. *einen Schlupfwinkel suchend* MAITR. S. 4,6,9 (92,15).

न्यस्त und न्यस्तवाद 5.

*न्याम m. = नियाम, नियम MAHÂVJ. 245,100. fg.

न्यायतत्त्व III. *ein philosophisches Lehrbuch* MBH. 12,210,22.

न्यायप्रसूनाञ्जलि 4.

न्यायवादिन् III. m. *ein Anhänger der richtigen Theorie* GÂTAKAM. 23,57.

न्यग्रोध 6.

1. प IV. 4.

*पंसक Adj. *schmähend* Mahâvj. 127,4. Richtig पांसक.

*पंसन n. Mahâvj. 132,4 fehlerhaft für पांसन.

पक्वँ und पक्वकँ IV. 5.

पक्वगात्र Adj. *hinfälligen Leibes* Divjâvad. 82,11.

पक्ष auch *Flosse beim Fisch*; s. oben निस्त्वकपक्ष.

पक्षकृत् 5.

पक्षगम IV. m. *Vogel* R. ed. Bomb. 4,42,16.

पक्षपुच्छँ, पक्षपुच्छँवत् u. पक्षभुक्ति 4.

पक्षँबृहत् (!) Maitr. S. 3,2,4 (21,2).

पक्षसंमित 4.

पक्षाध्याय m. *Casuistik, Logik* Divjâvad. 630,25.

पक्षि IV. पक्षिम् R. ed. Bomb. 3,14,2.

*पक्षु m. N. pr. eines Schlangendämons Mahâvj. 167,80. Richtig wohl वक्षु.

पक्ष्मसंपात 6.

पङ्कज IV. Adj. *lotusäugig* Gâtakam. 2,10.

पङ्कजनयना 4.

पङ्कजात IV. = पङ्कज 1) und = पापसमूह Dharmaçarm. 3,51.

पङ्कपेषम् 5.

पङ्कय् IV. *trüben* Kir. 11,19.

पङ्केरुहाक्षी 4.

पङ्क्तिकर *eine best. Grasart* Sud. zu Âpast. Gṛhj. 12,3.

पङ्क्तिशस् 5.

पङ्गु IV. 5.

पङ्गुवासर 5.

1. पच्, Pass. IV. auch *gequält werden* überh. Divjâvad. 422,19.

पचनागार *Küche* Sud. zu Âpast. Gṛhj. 23,9.

पचनाग्नि m. *Kochfeuer* Har. zu Âpast. Gṛhj. 5,16.

पचनिका IV. f. आ der gedr. Text.

पचमानक 6.

पज्रँ IV. Vgl. Pischel, Ved. Studien 90.

पञ्चक IV. m. Pl. *die fünf ersten Jünger* Buddha's Gâtakam. 8.

पञ्चकल्प IV. nach Bloomfield *der die fünf zum AV. gehörigen Kalpa studirt.*

पञ्चकूर्च 5.

पञ्चगण्डक Adj. etwa *fünftheilig* Divjâvad. 180,22. 281,29.

पञ्चगतिसमतिक्रान्त Adj. *über die fünf Zustände hinaus* (Buddha) Divjâvad. 95,18. 265,1.

पञ्चगुण auch *mit* (den als bekannt vorausgesetzten) *fünf Vorzügen versehen* (Streitwagen) MBh. 7, 112,48.

पञ्चगृहीतिन् 4.

पञ्चचूडक, पञ्चदशवर्तनि und पञ्चपरिषद् 5.

पञ्चपर्वन् IV. m. *ein Stock mit fünf Knoten* Kauç. 26,9.

पञ्चबद्ध 4.

पञ्चबन्ध IV. 4.

पञ्चमहाकल्प 4.

पँञ्चयाम IV. 4.

पञ्चयोजनी 6.

पञ्चरसा f. *Myrobalanenbaum* Karaka 431,8.

1. पञ्चरात्र IV. lies m. und vgl. R. 2, 62,17.

2. पञ्चरात्र IV. 2) *a*) ist wohl m.

पाञ्चरात्रिक und 1. पञ्चवर्ग IV. 5.

*पञ्चवार्षिकमह m. *ein best. Fest* Mahâvj. 229,5.

पञ्चवलि 4.

पञ्चवार्षिक IV. wohl = पञ्चवार्षिकमह Divjâvad. 242,11. 398,24. 403, 7. 419,15. 429,15.

*पञ्चविंशतिसाहस्रिका f. Titel einer Pragńâpâramitâ Mahâvj. 65,2.

पञ्चसार 4.

पञ्चार्षेय Adj. *fünf* Ṛshi *in seinem Stammbaum habend* Har. zu Âpast. Gṛhj. 16,6.

पञ्चावर्त्तँ fgg. IV. 4.

पञ्चोपचारक 5.

पञ्जरक IV. 2) zu streichen, da मञ्जरिका die richtige Form ist.

पट् IV. 6. — Mit परि Caus. *zerreissen, zerkratzen* Divjâvad. 417,6. — Mit वि 5.

पटमय IV. 5.

पटलिका f. *Menge* Pâdâravindaç. 6.

पटवास IV. 5.

*पटवासिनी f. *eine Art Weib* Mahâvj. 281,249.

पटवेश्मन् (auch Dharmaçarm. 9,78) IV. 5.

पटिमन् IV. Rudraṭa, Çṛṅgârat. 2,24.

पटुता 6. Nom. abstr. zu पटु 1) *e*) Rudraṭa, Çṛṅgârat. 2,48.

पटू Adv. mit कर् *schärfen, steigern* Gâtakam. 29,13.

पणसुन्दरी 5.

2. पणाय् IV. so zu lesen st. 3. पणाय्.

*पणितक n. *Wette* Mahâvj. 281,215.

पँण्डक IV. 4.

पण्डितश्रीवर 5.

पण्यविक्रय m. *Handel* Karaka 454,24.

पण्यवीथी IV. 5.

पण्यहोम m. *Waarenopfer* Har. zu Âpast. Gṛhj. 2,10; vgl. Âpast. Gṛhj. 23,5.

1. पत् mit अति IV. °पत्य Absol. mit Acc. so v. a. *sich nicht kümmernd um* Gâtakam. 2,26. 28,13. — Mit समा IV. °पतित *unerwartet zum Vorschein gekommen, — sich eingestellt habend* Gâtakam. 26. — Mit अभ्युद् Caus. 5. — Mit अभिनि *herabfallen auf* (Acc.) Âpast. Gṛhj. 23,8. — Caus. *fallenlassen, schleudern* (Worte) Gâtakam. 21,18. — Mit अभिसम् 5.

पतंग IV. f. आ N. pr. eines mythischen Flusses Divjâvad. 451, 3. 456,19.

पतत्त्र IV. 2) Kir. 6,1. 16,47.

पताक IV. 6.

पताकिन् IV. 1) °नी नौः wohl *mit einem Segel versehen* MBh. 1,141,5.

पतिंवरा IV. 1) Subst. Dharmaçarm. 17,2. 11.

पतीयस् IV. lies *fliegend*.

पत्ती metrisch statt पत्ति *Fussgänger, Fussknecht* R. ed. Bomb. 4, 25,23.

पत्तोदश 4.

पत्तोर्णा 5.

पत्त्रकर्तरी f. *eine Scheere zum Blattschneiden* Kuṭṭanîm. 74.

पत्त्रच्छटा f. = पत्त्रभङ्ग Naish. 22,30.

पत्त्रच्छेद m. *das Schneiden von Blättern* (eine Belustigung) Kuṭṭanîm. 74.

पत्त्रच्छेद्य IV. 5.

पत्त्रपति 5.

पत्त्रभङ्गि IV. Dharmaçarm. 5,51.

पत्त्रवाह IV. 5.

पत्त्रिक IV. Am Ende eines adj. Comp. wohl von पत्त्रिन् *Vogel* Rudraṭa, Çṛṅgârat. 3,26.

पथक IV. 5.

पथसुन्दर 5.

पथिकाय् *den Wanderer —, den Reisenden spielen.* °यित n. impers. Subhâshitâv. 1215.

1. पद् mit अति IV. 4. — Caus. IV. 4. — Mit अभ्यव *Jmd* (Acc.) *zu Hülfe kommen* R. ed. Bomb. 3,59,18. अभ्यवपन्न mit act. Bed. 67,17. 68,22. — Mit प्रत्या IV. 4. — Mit अभ्युप IV. °पन्न am Ende eines Comp. *versehen mit, im Besitz von* Gâtakam. 8. — Mit व्युप Act. *heimkehren* Divjâvad. 41,27. *sich widersetzen* 243, 22. व्युत्पन्न *sich widersetzend* 447, 23. — Mit नि IV. *°पन्न *liegend* Mahâvj. 263,79. — Mit परिनिस्, °निष्पन्न *vollkommen ausgebildet* Gâtakam. 1. — Mit अनुप्रति Caus. Med. *allmählich hinführen zu* (Acc.) Gâtakam. 24,33. — Mit विप्रति IV. 5. Med. *eine Sünde begehen, sündigen* Divjâvad. 293,20. — Mit सम् IV. 6.

पद IV. 11) Dharmaçarm. 1,8. 4, 36. 11,16. 13,25. 62. 15,3.

पदक IV. 6. 1) Divjâvad. 620,19.

पदघातम् 6.

पदता und पदविराम IV. 5.

पदवेदिन् m. *Sprachgelehrter* Kuṭṭanîm. 12.

पदाभिहोम und पदालिक IV. 5.

पद्धति IV. *Zeichen —, Beweis von* Gâtakam. 8,58. 32,15.

पद्मक IV. m. *ein best. Baum* R. ed. Bomb. 4,1,79.

पद्मकोशी 5.

पद्मगर्भ IV. 6.

पद्मधर IV. 5.

पद्मनेत्र IV. *m. N. pr. eines Buddha Mahâvj. 2,14.

पद्मव्याकोश 4.

*पद्मव्यूहा f. *eine best.* Dhâraṇî

Mahâvj. 25,7.

पद्मसौगन्धिक IV. n. Pl. *die Padma und Saugandhika genannten Lotusblumen* R. ed. Bomb. 3,75,20. 21. 4,1,104.

पद्माचल m. N. pr. eines *Berges* R. ed. Bomb. 4,37,4.

पद्माय 6.

पद्मिनीवल्लभ IV. Vikramâṅkak. 8, 61.

पद्मकादम्बरी 6.

पद्मामृततरंगिणीसोपान 5.

पन्थलिका IV. Divjâvad. 335,1. 485,19. 27.

पन्नेजन und पयश्चाकृत्ति 4.

पयःप्रतिबिम्ब n. *eine Luftspiegelung, bei der man Wasser zu sehen wähnt,* Subhâshitâv. 431.

पयस्विन् IV. 4.

पयःस्फाति s. गयस्फाति.

पयोहृत् 3.

पयोमानुषी f. *Wassernixe* Subhâshitâv. 864.

पयोमुख IV. lies *Milch.*

1. पर् IV. 4. — Mit व्या 4.

2. पर् mit अव Caus. 5. — Mit वि 4.

पर IV. 5) परम् *gut, so soll es sein* (als Antwort) Divjâvad. 293,16. 294, 24. 295,27.

परतन्त्रदृष्टि Adj. *der die Abhängigkeit des Willens annimmt, die Freiheit d. W. leugnend* Gâtakam. 23,57.

परपुरप्रवेश m. *eine best. übernatürliche Kraft* Aniruddha zu Sâṁkhjas. 5,129.

परप्रयोजन 4.

परप्रवादिन् m. *ein feindlicher Disputant* Divjâvad. 203,12.

परभाव und परभूमिष्ठ 4.

परमकाण्ड und परमप्रभ 5.

परमोक्ष m. *definitive Erlösung* Sâṁkhjapr. 107,17.

परमार्द्धिक 5.

परमार्त्ति 3.

परमार्त Adj. *höchst niedergeschlagen.* °वत् Adv. 95,7.

*परमार्थसंवृतिसत्यनिर्देश m. Titel eines buddh. Werkes Mahâvj. 65, 43. Vgl. परमार्थनिर्वृति°.

*परमार्य m. = बोधिसत्त्व Mahâvj. 22,16.

परमैश्वर्य IV. 5.

*परंपरभोजन n. *das von einem Mahle zum andern Gehen* Mahâvj. 261,35.

पररूप IV. 5.

परवर्ग 5.

परशुपलाश m. *die Klinge einer Axt* Kauç. 47,25.

परशुफाण्ट *ein durch eine erhitzte Axt erwärmtes Infusum* Kauç. 36,27.

पराक्रान्त 1) Adj. s. u. क्रम् mit परा. — 2) n. *Machtentwickelung, ardor animi* Gâtakam. 1,35.

परागमन, परागाप् und परागिन् 5.

परागवदन und °शालिन् 4.

पराङ्ग IV. 5. Lies n. st. म् und füge zu der im Nachtr. angegebenen Bed. P. 2,1,2 hinzu.

परापातम् 3.

पराभव IV. *Verderben* Gâtakam. 13.

पराभाव IV. *m. = पराभव *Erniedrigung, Verachtung* Mahâvj. 132,12.

परामर्शन auch *das Anfassen* Dârila zu Kauç. 17,14.

परार्थचर Adj. *das Wohl Anderer befördernd* Gâtakam. Einl. 4.

परार्थचर्या f. *das auf das Wohl Anderer Bedachtsein* Gâtakam. 17,2.

परासिसिषु Adj. mit Acc. *zu verscheuchen wünschend* Kir. 12,35.

परिकथा IV. Divjâvad. 225, 26. 235,25.

परिकर IV. 5.

परिकर्कश Adj. *sehr hart, — barsch* Gâtakam. 31.

परिकातर Adj. *gar feig* Gâtakam. 31,90.

परिकासन n. *häufiges Husten* Âpast. Gṛhj. 9,2.

परिकिरण n. *das Umherstreuen* Dârila zu Kauç. 26,10.

परितति 5.

परिखण्ड s. परिषण्डा.

परिगम्य 4.

परिगृद्ध Adj. *sehr gierig* Divjâvad. 331,10.

परिगृह्या IV. Kauç. 17,2 nach Dârila = परिगृह्यवेदि.

*परिग्रेध (!) m. *Gier, Begierde* Mahâvj. 111,10.

परिघट्टन IV. 5.

परिचारित n. *Belustigung* Divjâvad. 114,25. 115,15.

परिचारिन् IV. 3) f. °रिणी *Dienerin* R. ed. Bomb. 3,73,26. 74,29.

परिच्छिन्नत्व 4.

परिजन IV. Nom. abstr. °ता f. Kir. 10,9.

*परिजेतर् Nom. ag. *Sieger* Mahâvj. 126,62.

परिणय IV. 4.

परिणामन n. 1) *das zur vollen Entwickelung Bringen, kräftiges Fördern* Gâtakam. 8. — 2) **das Verwenden von Sachen* (die für die Gesammtheit bestimmt sind) *zu eigenem Nutzen* Mahâvj. 260,33. 89,4.

परिणामिनित्य Adj. *ewig, aber sich beständig verändernd* Aniruddha und Mahâdeva zu Sâṁkhjas. 6,13.

परितिक्त IV. Adj. *überaus bitter* Gâtakam. 8,13.

परिदश Adj. (f. श्रा) Pl. *volle zehn* Gâtakam. 16,16.

परिदुर्बल IV. Nom. abstr. °त्व n. Gâtakam. 16.

परिधानी 5.

परिधास्ये 4.

परिनाभि 5.

परिनिर्वायिन् Adj. *vollkommen erlöschend* (als Individuum) Mahâvj. 46. Divjâvad. 533,25. Vgl. oben उपपद्य°.

परिनिष्ठापनीय 6.

परिपचन n. Karaka 92,12 nach dem Comm. = तैलपाचनिका.

°परिपठन 6.

परिपाण्डिमन् und परिपिङ्गी 5.

परिपिण्डी Adv. mit कर् *in Kugelgestalt bringen* Divjâvad. 516,7.

परिपुङ्खित 4.

*परिपूरि *Erfüllung* Mahâvj. 244, 71. Richtig Pâli पारिपूरी.

परिपृच्छनिका f. *Frage* Divjâvad. 489,14.

परिप्राप्य Adj. *zu vollführen, zu verrichten* Divjâvad. 410,6.

परिप्लुत IV. 4.

परिफुल्ल 5.

परिभक्त IV. 6.

परिभाषक Adj. *tadelnd* Divjâvad. 38,10.

परिभावित und परिभावितत्व 4.

परिभावुक 5.

परिभाषितत्व 4.

परिभोग्य (!) n. *Gebrauch* Divjâvad. 275,21.

परिमर्श IV. *Berührung* Dharmaçarm. 13,4.

परिमितत्व 4.

परिरम्भिन् IV. 5.

*परिवञ्चन n. oder °ना f. *das Betrügen* Mahâvj. 10,28.

परिवर्तक IV. 6.

परिवर्तित, परिवलन und परिवस्त्रा 5.

परिवापी f. *eine best. Spende* Çâṅkh. Ça. 15,1,26.

परिवार IV. 6.

परिवित्त IV. 4.

परिविविदिषु 5.

परिवृत 4.

परिवृत् 5.

परिवृत्ति IV. 5. *Ausgang, Ende* Kir. 9,2. 74. 76.

परिवेदित 5.

परिवेष IV. 5.

परिवेष्य 4.

परिव्याकुली Adv. mit कर् *ganz in Unordnung bringen* Gâtakam. 19.

परिव्यय IV. *Aufwand, Kosten* Gâtakam. 20,26.

परिव्राज्मिन् IV. 5.

परिशङ्का f. *Vermuthung, Hoffnung Etwas anzutreffen* R. ed. Bomb. 4,50,11. *Misstrauen, Argwohn* Gâtakam. 23.

परिशस्त 6.

परिशिथिल Adj. *sehr locker, — schlaff* Gâtakam. 9.

परिशील 4.

परिषण्डा f. wohl *Umgegend* Divjâvad. 344, 12. Statt dessen परिखण्ड 212,8.

°परिष्वङ्गिन् Adj. *unterliegend* Aniruddha zu Sâṁkhjas. 3,6.

परिसमोहन (!) n. = परिसमूहन Daça K. zu Kauç. 57,22.

परिस्खलित 6.

परिस्करणीय und °ता IV. 5.

परिह्रायम् Absol. Maitr. S. 4,5,8 (76,4). Roth vermuthet परिह्रारम्, wie 4,6,1 (78,21) gelesen wird.

परिह्रारस् 4.

परीवाप IV. 5.

परीषह 5.

परीष्ट auch Âpast. Çr. 9,12,11.

परुश्शंस् IV. Maitr. S. 4,1,2 (2, 13. 14).

परुषं und परोऽङ्कु IV. 5.

परोऽक्तबन्धु Adj. mit undeutlicher Beziehung Maitr. S. 4,8,4 (116,24).

परोऽक्तबुद्धि Adj. für etwas fern Liegendes ansehend, gleichgültig Ǵâtakam. 22,68.

पराङ्क्कु IV. 5.

परोपसर्पण 4.

पर्ज्ञ IV. 6.

पर्त्वा 4. प्रीत्वा zu vermuthen.

पर्द्व IV. 5.

पर्यनुबन्ध 4.

2. पर्यन्त und पर्यात्तम् (richtig पर्यन्तम्) IV. 6.

पर्यन्ती Adv. mit कर् zu Ende bringen, beendigen Divjâvad. 97,19. 236,18.

पर्यवदापयितर् Nom. ag. Erheller, Beleuchter Divjâvad. 202,13.

पर्यवसान IV. Fehlerhaft für पर्यवस्थान Divjâvad. 185,29. 186,9. fgg.

पर्यवस्थान IV. eine den Menschen beherrschende Leidenschaft Mahâvj. 109,57. Divjâvad. 185,27. Vgl. पर्यवसान oben.

पर्यादान n. 1) Verbrauch, Erschöpfung, Ende. Acc. mit गम् zu Ende gehen Mahâvj. 130,33. Divjâvad. 4, 3. 10,29. 55,2. 100,25. — 2) *etwa Angriff, feindliche Behandlung Mahâvj. 109,31.

पर्यात्तम् s. oben u. 2. पर्यन्त.

पर्यान्मथ 4.

पर्युत्थान IV. Eher das Besessensein Mahâvj. 109,53.

पर्युदसन n. das Ausschliessen Comm. zu Jogas. 1,18. 51.

पर्युपासना f. Verehrung Divjâvad. 147,1. 149,19.

पर्युपास्य Adj. = सेव्य Ǵâtakam. 23,12.

पर्युषण IV. 5.

पर्युषणाविचारबृहद्वचूर्णि f. Titel eines Werkes Festgr. 55.

पर्युषितव्य IV. 5.

पर्येष्टि IV. weltliches Streben Ǵâtakam. 18,3.

पर्वतक IV. 4.

पर्वतेराधस् und पर्वदक्षिणा 5.

पर्वमित्र 4.

पर्षत्क am Ende eines adj. Comp. = परिषद् 2) a) Ǵâtakam. 23. 27.

पलाव IV. 5.

पलाश IV. Blatt, so v. a. Klinge; vgl. oben परशु°.

*पलिगोध m. Verbot, Verhinderung Mahâvj. 245,122. Vgl. परिगोध und पलिबोध in den Açoka-Inschriften.

पलित IV. 3) b) Daçak. (1883) 37,10.

पलितंकरण IV. 5.

पलितवन्त् 5.

पलोश und पलोल 4.

पल्य IV. 2) Dharmaçarm. 5,81.

पल्ययन IV. 2) Vikramâṅkak. 6,48.

पल्वली Adv. mit भू zu einem Pfuhl werden Ǵâtakam. 15.

पवनपञ्चाशिका 6.

पवमानसख 5.

पवि IV. 6.

पवित्रेष्टि 5.

पव्या IV. 6.

1. पशु IV. 2) °पशूनि R. ed. Bomb. 4,35,13.

पशुदावन् Adj. = पशुदा Kauç. 72,18.

पशुपालन n. Viehzucht Ǵâtakam. 23,66.

पशुवत् IV. lies Adv. st. Adj.

पशुव्रत IV. die Aufgabe als Schlachtopfer zu dienen Ǵâtakam. 31,46.

पश्चाच्चर IV. Maitr. S. 4,3,6 (44,18).

पश्चार्ध Adj. (f. श्रा) Maitr. S. 3,9, 8 (127,5).

पश्चात् IV. 6.

पश्चात्पुरोडाश Adj. mit nachfolgendem Puroḍâça Maitr. S. 4,3,6 (45,7).

पश्चाश्लोक 4.

पश्चिमदर्शन n. Acc. mit दर्श् Jmd (Acc.) noch zum letzten Male sehen R. ed. Bomb. 2,64,26.

पश्चिमद्वार 4.

पश्चिमाचल 5.

पष्ठवाह् und पस्पश IV. 5.

1. पा mit उप Caus. auch Âpast. Çr. 9,18,11. — Mit निस् Z. 2, lies निष्पीत. — Caus. 5.

*पांसक s. oben पंसक.

पांसन IV. *n. Schmähung Mahâvj. 132,4 zu vermuthen für पंसन.

पांसुक्रीडन 5.

पांसुलेखन 6.

पांसुविकर्षण und पांसुसंचार 5.

1. पाक IV. 1) a) Âpast. Gṛhj. 20,15.

पाकयज्ञिक IV. 6.

पाक्कल IV. 5.

पाज्ञिपत्निन् 5.

पाञ्चनख IV. n. (sc. मांस) Fleisch von fünfkralligen Thieren Viǵñ. zu Jâǵñ. 290. fg.

पाटलकीट 5.

पाटलचक्षुस् Adj. mit dem Staar behaftet Aniruddha zu Sâṁkhjas. 2,23.

पाटलीपुत्र 4.

पाटलोपल IV, 5.

पाटल्य n. Röthe Pâdâravindaç. 46.

पाटविक und पाटीर IV. 5.

पाठान्तरय् und पाडलीपुर 5.

पाणिगृहीता IV. 5.

पाणिग्राहम् und पाणिग्राहवन्त् 5.

पाणिघातम् 6.

पाणिपुट 5.

*पाण्डरवासिन् IV. *f. °नी N. pr. einer buddh. Tantra-Gottheit Mahâvj. 197,45.

पाण्डु IV. 5.

पाण्डुकम्बलशिला f. Bez. eines Theils des himmlischen Paradieses Divjâvad. 104,3. 4. 105,10.

पाण्डुकम्बलिन् IV. Ǵâtakam. 11.

पाण्डुपत्त्र IV. 5.

पाण्डुरक Adj. (f. °रिका) weisslich Divjâvad. 352,19.

पाण्डुरय् 5.

पाण्ड्वार्ति und पाण्ड्वार्त्ति IV. 4.

पाण्युपघातम् 6.

पात IV. 5. 9) Knoten überh. nach Jacobi.

पातनिका f. Angemessenheit, das Zutreffen Bhâmatî 64,2.

पातभेद 5 unter पात.

*पाती (eig. Pâli) f. = पात्री Mahâvj. 197,115.

पातुक und पात्नीवत (in der zuletzt angegebenen Bed. auch Âpast. Çr. 14,7,12) IV. 5.

*पात्रधारण n. das Behalten einer überschüssigen Bettelschale länger als es erlaubt ist Mahâvj. 260,25.

*पात्रपरीष्टि f. vorzeitige Bemühung um eine neue Bettelschale Mahâvj. 260,26.

*पात्रावलेहकम् Adv. die Schale ableckend Mahâvj. 263,65.

पाद und पादक IV. 5.

पादचारिन् IV. Adj. wandelnd, sich fortbewegend Ǵâtakam. 26. 33.

पादलग्न IV. 5.

पादवेष्टनिक IV. *f. °का Mahâvj. 273,22.

*पादाधिष्ठान n. Fussschemel Mahâvj. 273,103.

पादावनाम 5.

पादूलक m. Besen Sud. zu Âpast. Gṛhj. 17,1.

पादोपजीविन् Adj. von Jmds (Gen.) Gnade lebend Divjâvad. 537,4.

*पानीयवारिक m. der für Trinkwasser sorgende Klosterbruder Mahâvj. 274,15.

पापमय Adj. aus Bösem bestehend, vom Uebel seiend Ǵâtakam. 17,12.

पापयक्ष्मगृहीत Adj. von der Schwindsucht ergriffen TS. 2,3,5,3.

पापसम IV. 6.

पापसमाचार, पापारम्भक und पापारम्भवन्त् 6.

पाप्मन् IV. Teufel, Dämon Ǵâtakam. 28. 31,7.

पायलिसंघ und पारंपरी 5.

1. पार IV. n. eine Art Tushṭi Aniruddha und Mahâdeva zu Sâṁkhjas. 3,43.

*पारजन्मिक Adj. zu einer folgenden Geburt gehörig Mahâvj. 148,6.

पारपार IV. n. eine Art Tushṭi Aniruddha und Mahâdeva zu Sâṁkhjas. 3,43.

पारमि = परमता Divjâvad. 637,5.

पारापत IV. Kâd. (1883) 63,6. v. l. पारावत.

पारावारजलाय् zu *Meerwasser werden* Dharmaçarm. 2,79.

पारिलेय (Conj. für परि°) m. N. pr. eines Elephanten Gâtakam. 19,36.

पारिवेद्य n. = पारिवित्त्य Vign. zu Jâgn. 3,265. fg.

पारिषद्, पारिषदाम् st. पारिषदानाम् R. ed. Bomb. 3,25,12.

पारिषद्य IV. m. *eine zu der königlichen* Parishad *gehörige Person* Divjâvad. 291,27.

पारोग IV. 1) Dharmaçarm. 1,12.

पारुषिक Adj. *grob, roh* Divjâvad. 301,24.

पारुष्यक N. pr. eines Götterhains Divjâvad. 194,2. 10. 195,9. Vgl. पारुष्य 2) *c*).

5. पार्थ und पार्थीन 5.

पार्वणश्राद्ध, पार्श्वसंहित und पार्श्विक 6.

पार्ष्णियन्तर् m. *der Lenker eines Seitenpferdes* MBh. 7,196,12.

पालन IV. 6.

पालाशकर्मन् n. *eine best. Ceremonie* Sud. zu Âpast. Gṛhj. 11,26.

2. पालि IV. 1) पाली hierher vielleicht Âpast. Gṛhj. 3,11. Nach dem Comm. f. zu 1. पाल.

पालीप 4.

पावन IV. 5. Adj. nach Nilak. *von Wind* (पवन) *lebend* MBh. 13,14,124.

पाशाय्, °यते *zum Seile werden* Pâdâravindaç. 19.

पाशो IV. 5.

पिङ्गलवत्सजीव m. N. pr. eines Mannes Divjâvad. 370,14. fgg.

पिङ्गाणक 5.

पिङ्गेश IV. 5.

पिचुलिका und पिचित 5.

पिच्छोला IV. 5.

पिञ्जुलिका 5.

पिटक IV. *Bläschen, kleine Anschwellung* (auf der Haut) Gâtakam. 31.

पिठरिका f. *Kochtopf* Divjâvad. 496,14.

पिण्डक IV. * *Bissen, magerer B.* Mahâvj. 262,2.

पिण्डतनुक IV. 6.

पिण्डपात्रनिर्हारक m. *ein best. Klosterdiener* Divjâvad. 239, 5.

*पिण्डवेणु m. *eine Bambusart* Mahâvj. 196,22.

पिण्डाद्य IV. 5.

पिण्डिपाल IV. Statt dessen भिण्डिपाल Mahâvj. 238,33. Richtig भिन्दिपाल.

पितापुत्रौ IV. Pl. *der Vater und seine Söhne* Maitr. S. 4,2,12 (35,8.9).

पितुँ IV. so zu accentuiren.

पितृदेवत, पितृवित्त und पितृव्यक IV. 5.

पित्तोपसृष्ट 5.

पित्र्य IV. 4.

°पिधायिन् Adj. *verhüllend, verdeckend* Dharmaçarm. 11,39.

पिनाकसेन m. Bein. Skanda's AV. Pariç. 20,4.

पिनाकिन् IV. 4.

पिपतिषत् IV. 2) Kir. 7,17.

पिपीलिकोत्किरण IV. Statt dessen *पिपीलिकोत्सरण n. *das Hinaufkriechen der Ameisen* Mahâvj. 199,80.

पिपृत् 5.

पिप्ल IV. 4.

पिशङ्ग IV. 5.

पिशङ्गय्, °यति *röthlich färben* Kir. 16,40. 47.

पिशाचक IV. 3) lies f. °चिका. *a*) Subhâshitâv. 3339.

*पिशाचदीपिका f. *Irrlicht* Festgr. 97.

पिशाचग्रह m. *ein best. Kinderdämon* Sud. zu Âpast. Gṛhj. 18,1.

पिशाचोडुम्बर m. *ein best. Baum* Har. zu Âpast. Gṛhj. 14,3.

पिशितप्ररोह 4.

पिशितत्रमासय 5.

पिशील IV. 4.

पिशोली 6.

पिशुन IV. 5.

पिष् mit वि auch *anstossen, stupsen* Âpast. Çr. 9,5,3.

पिष्टपेषण n. *das Mahlen von schon Gemahlenem*, so v. a. *das unnütze Wiederholen von etwas schon Gethanem.* °न्याय Sud. zu Âpast. Gṛhj. 14,9.

2. पिष्टी 4. Vgl. weiter unten पृष्टी.

पीठाय्, °यते *zum Schemel werden* Pâdâravindaç. 6.

पीड् mit समा Caus. *hart bedrükken, peinigen, mit Weh erfüllen* Gâtakam. 14. 15. 17. — Mit उद् Caus. IV. 5. — Mit नि, °निपीडित auch so v. a. *vielfach besucht* von R. ed. Bomb. 3,15,13. — Mit अभिनिस् Caus. *noch stärker ausdrücken* Gâtakam. 27.

पीतशेष 5.

पीनांस 1) m. *fleischige Schulter* MBh. 13,93,63. — 2) Adj. *mit fleischigen Schultern* MBh. 13,86,19.

पीपामावत् IV. so zu lesen und nach पिपामालु zu setzen.

पीयूषधामन् m. *der Mond* Dharmaçarm. 17,9.

पीयूषमयूख m. dass. ebend. 2,22. 12,16.

*पीलुपति m. *Elephantenaufseher* Mahâvj. 186,31.

पुँरूप 4.

पुंसवत् 5.

पुंसी f. *eine Kuh, die ein männliches Kalb hat*, Kauç. 35,8.

पुंसू Adj. f. *nur männliche Kinder gebärend* Âpast. Gṛhj. 6,11 (पुंस्वो ज्ञी° zu lesen).

पुङ्खय् mit परि 5.

पुटकानुवासन n. *ein trichterförmiges Klystier* Dârila zu Kauç. 25,12.

पुटकिनी und पुटभेदन IV. 5.

पुणाक 5.

पुण्डकल m. N. pr. eines Berges Divjâvad. 21,25. Richtig पुण्ड्र°.

पुण्डरीक IV. 4.

पुण्डरीकमुख Adj. *lotusantlitzig* Mâlatîm. (ed. Bomb.) 332,6.

पुण्डरीकिनी 4.

पुण्डरीकेक्षण 5. 6.

पुण्डवर्धन n. Divjâvad. 21,25 fehlerhaft für पुण्ड्र°.

पुण्यपापेक्षितर् Nom. ag. *Zeuge des Guten und Bösen* M. 8,91.

2. पुण्यफल IV. 6.

पुण्यवर्धन IV. 5.

पुण्याग्नि m. *the public fire kept burning in the city square for all and sundry* Peterson zu Subhâshitâv. 1857.

पुण्याह्न IV. Âpast. Gṛhj. 1,2 nach dem Comm. *eine glückliche Tageszeit.*

पुण्याहस्वन 6.

पुण्यो 5.

पुत्रभाण्ड IV. 4.

पुत्रभूय und पुत्ररोदम् 5.

पुत्रसह्लक und °सहस्रिन् 6.

पुनराहारम् Absol. *immer wieder herbeibringend* Âpast. Gṛhj. 1,22.

पुनरुपलब्धि f. *Wiedererlangung* Vikram. 73,4.

पुनर्निर्वृत्ति f. *Wiedergeburt* Tâṇḍja-Br. 1,5,18.

पुँनर्णव und पुँनर्नव IV. 5.

पुनर्निग्रन्थ्यम् IV. 4.

पुनर्बाल IV. Lies Adj. statt 1).

पुनर्मत 4.

पुनर्विवाह 5.

पुनश्चर Adj. *rückläufig* AV. Paipp. 1,12,2,2.

पुनस्तराम् 5.

पुनःसंभव IV. 6.

पुनाराज्ञाभिषेक 6.

पुर IV. 4. पुरी f. auch *das Allerheiligste eines Tempels* Festgr. 12,29. 13,37.

पुरभिद् IV. Kaṇḍiç. 16.

पुरवर n. *Hauptstadt, königliche Residenz* Gâtakam. 2.9.13.26.27.32.

पुरश्चक्रम् 4.

पुरश्चर्या f. *Verehrung* Pâdâravindaç. 40.

पुरस् IV. 2) *c*) *im Vergleich zu* (Gen.) Vikramâṅkak. 1,98. 2,9. 8,46.

पुरस्तात् IV. 2) *c*) *im Vergleich zu* (Gen.) Vikramâṅkak. 9,143.

पुरस्तात्पुरोडाश Adj. *mit einem vorangehenden* Puroḍâça Maitr. S. 4,3,6 (45,7).

पुरस्तादुक्क 4.

पुरःस्थ Adj. *vor Augen stehend, deutlich wahrnehmbar* Mâlatîm. (ed. Bomb.) 55,3.

पुरा IV. Mit Praes. so v. a. *es könnte geschehen dass* Gâtakam. 28.

पुराणदृष्ट 5.

*पुराणद्वितीया f. *die ehemalige Gattin* Mahâvj. 281,62 (पूराण° gedr.).

पुँरीषसंहित 6.

पुरुनिःषिध् und °षिधन् IV. 6.

पुरुष, und °क IV. 5.

पुरुषक्षीरँ n. *Menschenmilch* Maitr. S. 1,6,4 (93,3).

पुरुषवर्ध IV. 5.

1. पुरुषान्तर auch *Mittelsperson* R. ed. Bomb. 4,32,16.

पुरुषाकृतिँ f. *eine an Menschen gerichtete Anrufung* TS. 2,2,3,5.

पुरोजव m. *Vorgänger, Begleiter, Diener* Divjâvad. 211,6. 214,5. Am Ende eines adj. Comp. *begleitet von, versehen mit* 214,19. 379,26.

पुरोडाश IV. 6. Nom. abstr. °ता f.

पुरोडाशतां नी so v. a. *opfern, verbrennen* Pârv. 591,12. 594,10.

पुरोभक्तका (!) f. *Frühmahl* Divjâvad. 307,2. fgg.

पुरोभाग IV. Adj. (f. आ) wohl *vor Jmd stehend* R. ed. Bomb. 4,20,4. Nach dem Comm. = कृतापराध (!).

पुल IV. 5.

पुलक IV. 6.

पुलकेशिन्, पुलायित, पुलिकेशिन् und पुष्करविष्टर 5.

1. पुष् mit अभि *verstärken* Kir. 17,1.

पुष्करसादँ IV. Lies TS. 5,5,14,1.

पुष्टिकर्मन् IV. m. *ein auf das* Pushtikarman *bezüglicher Spruch* Kauç. 24,15.

पुष्प IV. m. wohl = पुष्पसूत्र Divjâvad. 632,15. 651,9.

पुष्पकेतु IV. 4.

पुष्पचूल 4.

पुष्पभद्र IV. 4.

पुष्पमाला IV. 6.

पुष्पमालिन् Adj. *einen Blumenkranz tragend* Gâtakam. 19,23.

पुष्पयमक 4.

पुष्पराग und °राज IV. Richtig पुष्य°; vgl. Pischel zu Rujjaka, Sahrd. S. 102. fg.

पुँष्पवन्त् IV. 4.

पुष्पविशिख und पुष्पश्रीदासी 5.

पुष्पस्रज् f. *Blumenkranz* Rudrata, Çṛṅgârat. 1,136.

पुष्पालित und पुष्पालोदक häufig in der Paddh. zu Kauç. nach Bloomfield.

पुष्पाय् 5.

पुष्प्य् mit वि, तेन विपुष्पितम् *er lächelte* Divjâvad. 585,10.26. वैपु° (!) 17,6.

पुष्यराग und °राज s. oben u. पुष्प°.

1. पू Desid. IV (hier पुपूषति zu lesen). 5. — Mit अव in नखावपूत.

पूक्षित IV. n. N. pr. einer Oertlichkeit Divjâvad. 509,16. 514,21. Auch °क n. 511,7.

पूत् IV. Mit कर् *jammern* Dharmaçarm. 10,50. 12,6.

पूतर IV. 5.

1. पूँति IV. 5.

पूतिरज्जुँ IV. AV. 8,8,2. Kauç. 16,10 nach Dârila *ein verfaulter Strick.*

पूतिशफरी f. *eine best. Pflanze* Kauç. 27,32.

पूत्कृत n. *Klagelaute* Dharmaçarm. 11,33. 44.

पूयभुज् Adj. *sich von Eiter nährend* M. 12,72.

*पूरणाद्वितीया s. पुराणा°.

पूरोटि 5.

पूर्ण auch *ein best. Baum* R. ed. Bomb. 4,1,77. Vgl. पूर्णक 1) a).

पूर्णचात्र 5.

पूर्णदर्व IV. Zeile 2 zu streichen, da पूर्णदर्व्यम् Çâṅkh. Çr. 3,15,14 Acc. von °दर्वी *ein voller Löffel* ist.

पूर्णबन्धुर 4.

पूर्णमुक्त Adj. *von einem vollständig gespannten Bogen abgeschossen* (Pfeil) R. ed. Bomb. 3,51,8.

पूर्णरथ und पूर्णलक्ष्मीक 5.

पूर्णविंशतिवर्ष Adj. *volle 20 Jahre alt* M. 2,212.

पूर्णामृतांशु m. *Vollmond* 116,17.

पूर्द्वार IV. R. ed. Gorr. 2,26,5 (पुर्द्वार gedr.).

पूर्वकर्मकृतवादिन् m. *ein Anhänger der Lehre, dass nur die früheren Handlungen alle jetzigen bestimmen*, Gâtakam. 23.

पूर्वकारिन् auch *der Einem früher einen Dienst erwiesen hat* R. ed. Bomb. 4,43,7.

पूर्वंगम Adj. *vorangehend*, so v. a. *eifrig dienend* Divjâvad. 333,17. *Am Ende eines Comp. *begleitet von, versehen mit* Mahâvj. 9,13.

पूर्वनिवास m. *eine frühere Existenz* Divjâvad. 619,10.

पूर्वप्रेत IV. 1) lies *fortgeflogen.*

पूर्वभव 5.

पूर्वभक्तिका f. *Frühmahl* Divjâvad. 30,18. fgg.

पूर्वयोग, पूर्वविदेह und पूर्वविप्रतिषेध 5.

पूर्वान्त IV. * *Vorderende, Anfang* Mahâvj. 253,88.

पूर्वापक्रम 5.

पूर्वापसृतँ 6.

पृत्तँ, पृत्तँप्रयज् und पृत्तँयाम IV. Vgl. Pischel, Ved. Studien 95. fgg.

पृतनाज m. Çâṅkh. Çr. 14,44,1 nach dem Comm. = शूर.

पृतनाजय m. *Sieg über die Heere* Pâr. Gṛhj. 1,5,9.

पृथक्स्थिति f. *das Getrenntsein* Vikram. 102.

पृथग्देवत und पृथग्समय 5.

*पृथिवीकृत्स्न n. *eine der 10* Krtsna *genannten mystischen Uebungen* Mahâvj. 72,5.

पृथु IV. m. ein Vasu MBh. 1,99, 11. 27.

पृथुदत्त 4.

पृश्निमन्थ m. *eine Art Rührtrank* Kauç. 11,15.

पृश्निवाल und पृश्निशफ 4.

पृषत् IV. 6.

1. पृष्ट IV. n. *das Fragen, die Frage* Âpast. Gṛhj. 11,2. P. 3,2,120. 8,2,93.

3. पृष्ठ auch Dârila zu Kauç. 16,29.

पृष्ठसाचर्य 6.

पृष्ठताप 5.

पृष्ठतोभावम् 4.

पृष्ठतोमुख Adj. *mit dem Gesicht rückwärts gewandt* Divjâvad. 333,15.

*पृष्ठी Adv. mit भू *niedergedrückt —, niedergeschlagen werden* Mahâvj. 130,44. Richtig पिष्टी. Vgl. विपष्ठी.

2. पृष्ठ्य IV. 5.

पेकि 5.

पेटाक IV. vgl. Dârila zu Kauç. 18,2.

पेटाल und °क 6.

*पेयालम् Adv. *nochmals, zu wiederholen* Mahâvj. 225,40.

पेरु IV. Vgl. Pischel, Ved. Studien 81. fgg.

पेलुवास 4.

पैँश IV. 4.

1. पैँषो IV. 6.

पैतुद्रव 4.

पैन्य 5.

*पैलोत्तिक n. Mahâvj. 281,242. Vgl. Pâli पिलोतिका.

पैशुनिक Adj. *verleumderisch* Divjâvad. 301,23.

पोञ्छ्, पोञ्छते *reinigen* Divjâvad. 491,7. fgg. Richtig प्रोञ्छति von उञ्छ्.

पोट IV. 5.

पोताय् IV. *selbständig* Rudrata, Çṛṅgârat. 1,4.

पोत्ति oder पोत्ती f. *Lappen, Fetzen* Divjâvad. 256,26. Conj. für योत्ति, योत्ती, यात्ती.

*पोप्फल n. prâkritisch für पूगफल Mahâvj. 231,33.

*पोष IV. prâkritisch für पुरुष Mahâvj. 207,5.

पोषध IV. so v. a. *Sabbath* Gâtakam. 3. 6. 9. पोषधोत्सव m. *Sabbathfeier* 6,6.

पौंस्य IV. vgl. Aufrecht in Festgr. 2.

पौणाकि 5.

पौण्डरीक IV. 1) f. ई R. ed. Bomb. 4,28,23.

पौण्ड्र IV. 6.

पौद्गलिक 4.

पौनर्वाचनिक Adj. *pleonastisch* Har. zu Âpast. Gṛhj. 12,6.

पौरव IV. 3) a) Bharata, Nâṭjaç. 28,32.

पौरोडाशिय Adj. von पौरोडाश Har. zu Âpast. Gṛhj. 7,8.

पौर्वपदिक IV. 6.

पौलोमीपति 4.

प्ला (nicht प्रा) f. *Haarflechte* Subhâshitâv. 97. Vgl. श्रास 3).

प्या mit धन्वा 5.

प्रकर्षिन् IV. *ganz vorzüglich, vortrefflichst* Gâtakam. 3.

प्रकृतत्व n. *das Beleidigtsein* Gâtakam. 23.

प्रकृतिलय m. Bez. *bestimmter* Jogin Jogas. 1,19. Comm. zu 1,17.

प्रक्रामणी f. *eine Art Zauber* DivJÂVAD. 636,27.

प्रक्काथ m. *das Sieden* GÂTAKAM. 29,40.

प्रज्ञाम IV. lies 9,15,20.

प्रज्ञालयितर् Nom. ag. *Wäscher* (der Füsse des Gastes) ÂPAST. GRUH. 13,6.

*प्रक्ष्वेडन n. *das Brummen* u. s. w. MAHÂVJ. 138,25.

प्रक्ष्वेडित n. *Gesumme* GÂTAKAM. 8.

प्रखर IV. 4.

प्रखादे IV. 5.

प्रग्रह IV. Adj. (f. श्रा) in Verbindung mit सभा R. ed. Bomb. 2,82,2 etwa *Empfangshalle.*

प्रघण und प्रघाण IV. 5.

प्रचण्डपाण्डव IV. lies eines Schauspiels.

प्रचलाय्, °यति *im Schlafe mit dem Kopfe nicken* GÂTAKAM. 33.

प्रचिति f. = त्रिचिति 2) KUTTANIM. 10.

प्रचेय Adj. etwa *sich ausbreitend, nach allen Seiten verbreitet* GÂTAKAM. 22.

प्रछिन्न्याकर्ण Adj. (f. ई) *dessen Ohr gespalten werden soll* MAITR. S. 4,2,9 (32,2). Vgl. P. 6,3,115.

प्रच्छेद IV. *musical division, bar* (?) DIVJÂVAD. 597,19.

प्रच्छ IV. MÂLAV. 40 (ed. BOLL.) पृच्छते व fehlerhaft für पृच्छतेव (mit माधवेन zu verbinden).

प्रजङ्गा IV. GÂTAKAM. 9.

प्रजापति IV. 2) lies *Frau, Matrone, Dame* und vgl. DIVJÂVAD. 2,2. 98,21.

प्रजापतिक IV. 4.

प्रजापतिचिति 4.

प्रजीर्पातमुख 4.

प्रजासृज् IV. wird ÇIÇ. 1,28 als *Schöpfer, Vater* oder *König* erklärt.

प्रज्ञप्ति IV. *das Bereitmachen.* आसन° DIVJÂVAD. 306,23.

प्रज्ञाचन्द्र 5.

प्रज्ञापनोपाङ्ग n. Titel eines Werkes Festgr. 55. Ind. St. 16,392.

प्रज्ञापारमिता IV. Auch allgemeiner Titel eines nordbuddhistischen Sûtra, wovon verschiedene Redactionen bestehen, MAHÂVJ. 65.

प्रणतात्मवन्त् Adj. *gebeugten Körpers, sich verbeugend* R. ed. Bomb. 4,46,2.

प्रणम्र Adj. *verneigt* PÂDÂRAVINDAÇ. 49.

प्रणम्री Adv. mit भू *sich verneigen* PÂDÂRAVINDAÇ. 5.

प्रणय IV. *das Vorbringen, Anführen* (eines Grundes) GÂTAKAM. 23,27.

प्रणयमय Adj. *voller Zutraulichkeit* GÂTAKAM. 20,38.

प्रणाद IV. 3) DIVJÂVAD. 57,9. fgg.

*प्रणीतविज्ञापन n. *das Angehen um leckere Speisen* MAHÂVJ. 261,44.

प्रणेत्र und प्रतट 5.

प्रतनू Adv. mit कर् *sehr verringern, — schwächen* GÂTAKAM. 14,1.

प्रतापराज m. N. pr. eines *Fürsten* DHARMAÇARM. 16,75. 17,1.

प्रतिकञ्चुक IV. 4.

प्रतिकण्ठकया (wohl °कपिठकया) Instr. Adv. = प्रतिकण्ठम् DIVJÂVAD. 244,8.

प्रतिकाण्डम् 6.

प्रतिकाय IV. 1) KIR. 14,17. — 3) KIR. 13,28.

प्रतिगु Adv. *gegen eine Kuh* M. (JOLLY) 4,52.

प्रतिग्रह IV. 5.

प्रतिग्रामसमीपम् Adv. *bei jedem Dorfe* DHARMAÇARM. 1,48.

प्रतिघ IV. * *Gegensatz* MAHÂVJ. 68.70.71. * *Feindschaft, Abneigung, Groll* 104,24.

*°प्रतिचारिन् Adj. *übend, befolgend* MAHÂVJ. 48,49.

*प्रतिच्छन्दकल्याण Adj. *zuvorkommend, liebenswürdig* MAHÂVJ. 126,18.

प्रतिजनम् 5.

प्रतिजाप m. *das Entgegenmurmeln* KAUÇ. 36,25.

*प्रतिताडितव्य n. impers. *entgegen zu schlagen* MAHÂVJ. 269,5.

प्रतिदन्तिन् m. = प्रतिगज KIR. 6, 14. DHARMAÇARM. 4,33.

प्रतिदन्त्यनीकम् Adv. *gegen das Elephantenheer* KIR. 16,14.

प्रतिदेह्नु IV. 4.

*प्रतिदेशनीय Adj. *zu berichten* MAHÂVJ. 256. 262.

प्रतिद्वंद्वय, °यति *wetteifern wollen* DIVJÂVAD. 403,18.

प्रतिद्वंद्विन् IV. *entgegengesetzt* ÇAṂKARA zu VEDÂNTA 142,12. *feindlich* KIR. 16,29. m. *Feind* 17,18.

प्रतिद्विप m. = प्रतिगज KIR. 17, 45. DHARMAÇARM. 10,19.

प्रतिनयन° Adv. *in's Auge* MÂLATIM. (ed. Bomb.) 50,2.

प्रतिनिनद IV. KIR. 7,22.

प्रतिनिवेश 6.

प्रतिनिष्क्रय m. *Vergeltung* DHARMAÇARM. 4,12.

*प्रतिनि(:)सृज्य Adj. *aufzugeben, fahren zu lassen* MAHÂVJ. 130,1.

प्रतिपचनम् 4.

प्रतिपण्य n. *die beim Tauschhandel dagegen gebotene Waare* DIVJÂVAD. 173,5. 271,27. 564,2.

प्रतिपद् IV. *Sinn* (für Etwas) GÂTAKAM. 17. *(*der zu wandelnde*) Pfad* MAHÂVJ. 7,6. 8,4. 58. 64.

प्रतिपन्मय Adj. *folgsam, willig, gehorsam* GÂTAKAM. 17,32.

प्रतिपलम् 4.

प्रतिपादुक 5.

प्रतिपुर f. *Gegenburg* MAITR. S. 3,8,1 (92,3).

प्रतिप्रयाणकम् Adv. *mit jeder Tagereise* KÂD. (1883) 118,21.

*प्रतिप्रश्रब्धि (°स्रब्धि) f. *Einstellung, Beseitigung* MAHÂVJ. 65,58.

प्रतिप्राश् (m. *Gegner* in einer Rechtssache) und प्रतिप्राशित IV. 6.

प्रतिप्रिय Adj. *angenehm, zusagend;* mit Gen. ÂPAST. ÇR. 10,6,8.

प्रतिफलीकरणम् 4.

2\. प्रतिबल IV. 2) zu streichen, da DAÇAK. 42,15 zu 1. प्रतिबल gehört.

प्रतिबिम्ब् 6.

प्रतिभिन्नक Adj. *ununterschieden* (?) DIVJÂVAD. 280,16.

प्रतिभोग M. 8,307 v. l. für 1. प्रतिभाग 2).

*प्रतिमन्त्रयितव्य n. impers. *zu erwiedern* MAHÂVJ. 138,22.

प्रतिमल्लानस und प्रतिमल्लाव्याहृति 4.

प्रतिमहिष m. *ein feindlicher Büffel* KÂNDIÇ. 8.

प्रतिमानयितव्य 4.

प्रतिमासंप्रोतण und °तणम् IV. 6.

प्रतिमार्ग IV. Loc. *in einander begegnender Richtung* DIVJÂVAD. 164, 27. 165,16.

प्रतिमोक 5.

2\. प्रतिपत्त IV. *auf der Hut seiend* GÂTAKAM. 31.

प्रतियुवम्, प्रतियूपम्, प्रतिरसित und प्रतिरिपु 5.

*प्रतिरोषितव्य n. impers. *entgegen zu zürnen* MAHÂVJ. 269,3.

प्रतिवक्तर् Nom. ag. *Antwort gebend auf* (Gen.), *interpretirend* (das Gesetz) BAUDH. 1,1,9.

प्रतिवनिता und प्रतिवर्गम् 5.

प्रतिवहन IV. * *das Zurückschlagen, Abwehren* MAHÂVJ. 245.

2\. प्रतिवाणि IV. * *Opposition* MAHÂVJ. 223,164 (°वानि gedr.).

प्रतिवारित 5.

प्रतिवासरिक Adj. *täglich* HEMÂDRI 3,*a*,1058,14.

प्रतिवासिन् IV. MBH. 15,5,15.

प्रतिवृत्तान्तम् 4.

प्रतिवेश्म 5.

प्रतिशयित 6.

प्रतिशरण IV. n. *Vertrauen auf* (im Comp. vorangehend) DIVJÂVAD. 427,22. °भूत *vertrauensvoll hingegangen zu* (Acc.) 176,26. Vgl. प्रतिसरण.

प्रतिशरासन 6.

प्रतिशिल्प n. *ein Gegen-Çilpa* ÇÂÑKH. ÇR. 12,7,4.

प्रतिशिष्यका f. ? DIVJÂVAD. 153,14.

प्रतिश्रम m. *Mühe* DIVJÂVAD. 108,26.

प्रतिश्रवण und प्रतिश्रुत IV. 6.

प्रतिषेवण 4.

प्रतिष्ठ IV. Am Ende eines Comp. *endend mit, führend zu* GÂTAKAM. 6,12.

प्रतिष्ठासु, प्रतिसंलीन, प्रतिसंस्कारण und प्रतिसंस्कारम् 5.

*प्रतिसंस्तर n. (!) *freundlicher Empfang* MAHÂVJ. 140,16.

*प्रतिसंहरणीय n. (sc. कर्मन्) *eine best. Strafe* MAHÂVJ. 265,7.

प्रतिसंक्राम m. = प्रतिसंक्रम 2) Comm. zu Jogas. 2,20.

प्रतिसंख्यान IV. *ruhige Auffassung der Sachlage* Ǵâtakam. 21. 28, 57. 33. 34.

प्रतिसमासम् 4.

प्रतिसंमोदन n. *Begrüssung.* °कथा f. *Anrede zur B.* Ǵâtakam. 21. 23.

प्रतिसरबन्ध m. *eine best. Hochzeitsceremonie* Sud. zu Âpast. Gṛhj. 2,15.

प्रतिसामर्थ्य n. *das je nach den Umständen Angemessensein* R. ed. Bomb. 4,36,17.

प्रतिसूर्यम् Adv. *gegen die Sonne* M. (Jolly) 4,52.

प्रतिसोमोदकद्विजम् Adv. *gegen den Mond, gegen Wasser und gegen einen Brahmanen* ebend.

प्रतिस्कन्धम् 6.

प्रतिस्रोत Adj. (f. आ) मन्दाकिनीं प्रतिस्रोतामनुव्रज so v. a. प्रतिस्रोतोऽनुव्रज R. ed. Bomb. 3,5,36.

प्रतिस्वाहाकारम् Adv. *bei jedem* Svâhâ-*Ruf* Âpast. Gṛhj. 15,6.

प्रतिहनन n. *das Verhindern, Unterdrücken* Comm. zu Jogas. 1,12.

प्रतिहिंसित 6.

प्रतीना IV. 6.

प्रतीर IV. 2) Kir. 8,9. Dharmaçarm. 16,83. Ǵâtakam. 7.

प्रतोदयष्टि f. = प्रतोद Divjâvad. 7,4. 76,22. 463,10. 465,21.

प्रत्तदैवत 4.

प्रत्यंश IV. 4. 5. *Antheil, Portion* Ǵâtakam. 19. Divjâvad. 132,29. 380,25.

प्रत्यंसम् 5.

प्रत्यक्चेतना f. *das auf's Innere gerichtete Denken* Jogas. 1,29.

प्रत्यक्षधर्मन् 5.

प्रत्यक्षपर Adj. *auf das Sichtbare den grössten Werth legend* Karaka 61,20.

प्रत्यक्षबन्धु Adj. *mit offenbarer Beziehung* Maitr. S. 4,8,8 (116,23).

प्रत्यक्षभूत IV. lies *erschienen.*

प्रत्यक्षावगम Adj. *unmittelbar verständlich* Bhag. 9,2.

प्रत्यक्षिन् IV. Ǵâtakam. 22.

प्रत्यगम् Adv. *auf jedem Berge* Dharmaçarm. 14,6.

प्रत्यनुप्रास 5.

प्रत्यनूकान्तम् 4.

*प्रत्यन्तजनपद n. *Grenzland* (an barbarische Stämme anstossend) Mahâvj. 120,6. 187,19.

प्रत्यन्तिम Adj. = प्रत्यन्तिक Divjâvad. 21,17. 426,25.

प्रत्यन्धकार Adj. *Schatten verbreitend* Ǵâtakam. 27.

प्रत्यपाय Daçak. (1883) 163,13 fehlerhaft für प्रत्यवाय, wie die v. l. hat.

प्रत्यय IV. *Berühmtheit* P. 8,2,58.

प्रत्यरण्य° Adv. *bei —, in einem Walde* Ǵâtakam. 8.

प्रत्यवमर्श IV. *Besinnung* Ǵâtakam. 21.

*प्रत्यवेक्षणा f. = प्रत्यवेक्षण n. Mahâvj. 5,4.

प्रत्याकलित IV. 5.

*प्रत्याक्रोष्टव्य n. impers. *entgegen zu schmähen* Mahâvj. 269,2.

प्रत्याख्यान IV. 4.

प्रत्यात्मविनियत Adj. *individuell* Karaka 395,5.

प्रत्यादेश IV. *Anerbieten* Ǵâtakam. 13.

प्रत्याय्य Adj. *zu beruhigen, zu trösten* Subhâshitâv. 42.

प्रत्यारव m. *Widerhall* Dharmaçarm. 10,50.

प्रत्यार्द्र Adj. *frisch.* Compar. °तर Ǵâtakam. 7.

प्रत्यार्द्री mit कर् IV. *verwischen* Kir. 7,15.

प्रत्यालयम् Adv. *in jedem Hause* Dharmaçarm. 14,31.

प्रत्यासन्न IV. 6.

प्रत्यास्तरण n. = प्रत्यास्तार Divjâvad. 19,20.

प्रत्यास्वादक m. vielleicht *Vorkoster* Damajantîk. 250.

प्रत्याहृति auch Kauç. 48,40.

प्रत्युक्तत्व 5.

*प्रत्युद्धार m. *Entgegenbringung.* छन्द° so v. a. *an den Tag gelegter guter Wille* Mahâvj. 261,57.

*प्रत्युद्यान n. *das dem Feinde Entgegengehen* Mahâvj. 181,2.

प्रत्युपवेशन 6.

प्रत्युरस IV. 5. 2) auch Kir. 16,9.

प्रत्येक IV. * n. *eine best. Sünde* Mahâvj. 260,11.

प्रत्येकनरक m. *eine best. Hölle* Divjâvad. 335,25. 336,27.

प्रत्येकरूप scheinbar Maitr. S. 3, 3,9 (42,6), da nach Delbrück प्रत्येकरूपा: zu betonen ist (*in Bezug auf die Milch gleichfarbig*).

प्रत्येनस् IV. An der angeführten Stelle nach Delbrück *verpflichtet.*

1. प्रथ् mit अति Med. *sehr berühmt werden* Ǵâtakam. 28,42.

प्रथमप्लुत 4.

प्रथमभक्षण 6.

*प्रदण्डवत् Adj. *strenge Strafen verhängend* Parâçara 1,61 (S. 389).

प्रदर IV. 4) *eine Art von Pfeilen* MBh. 8,76,16.

प्रदात्रिका 4.

प्रदास m. ? Divjâvad. 104,43.

प्रदित्सा f. *Bereitwilligkeit zu geben* Ǵâtakam. 5,21.

प्रदेहन n. *das Beschmieren* Kauç. 31,25.

°प्रधर्षिन् Adj. = प्रधर्षण 1) Dharmaçarm. 12,25.

प्रधानमल्लिन् 4.

प्रधानवासस् n. *Prachtkleid* Mṛkkh. 88,8.

प्रध्वान m. *ein starker Ton* Dharmaçarm. 16,68.

प्रनष्टाधिगत Adj. *verloren und wiedergefunden* M. 8,33.

प्रपञ्चत्व (= मरण) n. Lesart Aniruddha's in Sâmkhjas. 3,21.

*प्रपाटिका f. *junger Schoss* Mahâvj. 19,83.

प्रपाण IV. 2) Açvav. 2,6. 3,30. Herzustellen für प्रयाण MBh. 3,71,16.

प्रपीति f. *das Trinken* Dârila zu Kauç. 19,3.

प्रबन्धन n. *Fesselung* Kir. 16,36.

प्रबलनता f. *das Verstärken* Pâdâravindaç. 31.

प्रबलविरसा f. *Abnahme* Divjâvad. 587,17.

प्रबाधना f. *das Plagen, Quälerei* Ǵâtakam. 33.

प्रभव IV. 2) a) n. R. ed. Bomb. 4, 48,15.

प्रभाचन्द्र m. N. pr. eines Grammatikers Festgr. 53.

प्रभावन IV. 6. R. ed. Bomb. 4,17, 8 nach dem Comm. so v. a. प्रकाशक.

प्रभाषण IV. lies n. st. m.

प्रभास्वर IV. f. आ *eine best. mythische Pflanze* Divjâvad. 113,27. fgg.

प्रभूतता 5.

°प्रभेदक IV. lies (f. °दिका).

प्रमत्तरज्जु f. (?) Kauç. 38,26.

प्रमथिन् 6.

1. प्रमातर् auch Bez. *eines best. Beamten* Festgr. 16,37.

प्रमादिन् IV. 1) Nom. abstr. °दिता f. Ǵâtakam. 9,22.

प्रमित IV. 4.

प्रमेतोस् 4.

प्रमोत्तक IV. *N. pr. eines Schlangendämons Mahâvj. 167,49.

प्रमोदम् und प्रम्लानी 4.

प्रयतितव्य IV. *zu streben nach* (Loc.) Ǵâtakam. 10.

प्रयाण IV. 4. Bed. 4) zu streichen, da MBh. 3,71,16 (ein eingeschobener Çloka) प्रपाणे zu lesen ist.

प्रयाम IV. *Tragweite* Ǵâtakam. 15, 9. 34. *Fortgang* 26,19. 28,1.

प्रयास IV. m. *hoher Grad* Ǵâtakam. 4,11.

प्रयोक्तव्य IV. 4.

प्रयोक्त n. *Joch* Divjâvad. 463,9.

प्रैयोगि m. Maitr. S. 3, 1, 9 (12, 11) fehlerhaft für प्रै°, Patron. von प्रयोग.

प्रलब्धर् und प्रलम्पन 5.

प्रलम्भन IV. *dasjenige, womit man Jmd foppt,* Ǵâtakam. 28,54.

प्रलीनेन्द्रिय 5.

प्रवण IV. Adj. am Ende eines Comp. * *sich neigend zu,* so v. a. *nicht mehr weit entfernt von* Mahâvj. 30,4 (सर्वज्ञता° zu lesen). *aufgelegt —,* so v. a. *im Stande zu* Ǵâtakam. 32,28.

प्रवणय्, °यति *zugeneigt werden* Dharmaçarm. 16,80. *zurecht machen* 8,8. *befördern, bewirken* 11,56.

प्रवर्द् IV. vgl. Roth in Festgr. 99.

2. प्रवपण IV. 5.

प्रवर्तन IV. 1) *in's Rollen bringend* Divjâvad. 394,24.

प्रवर्तमानता und **प्रवाचे** 5.

प्रवाद् IV. 6.

***प्रवारितार्थातिसेवा** f. *das in der Annahme von freundlichen Anerbietungen bestehende Vergehen* Mahâvj. 261,78.

प्रवाल IV. Adj. = पल्लवयुक्त und प्रकृष्टकेशयुक्त Dharmaçarm. 12,8.

प्रवालक 5.

***प्रवासनीय** n. (sc. कर्मन्) *die Strafe der Verbannung* Mahâvj. 265,6.

प्रवाह IV. 5. *ununterbrochene Anwendung* Çaṁkara zu Vedânta 122,12.

प्रवाहित IV. 6.

प्रविकर्ष m. *das Anziehen* (der Bogensehne) Kir. 13,16.

प्रविकर्षण n. *das Ziehen, Schleppen* Ǵâtakam. 29,23.

प्रविघटन 6.

प्रविचारमार्ग m. Pl. *Volten* (beim Fechten) Kir. 17,56.

***प्रविजह्य** Adj. *aufzugeben, fahren zu lassen* Mahâvj. 130,60.

प्रविदलन und **प्रविद्ध** 6.

प्रविलम्बित 5.

प्रविलय IV. *Untergang* Kaṇḍiç. 90.

प्रविसर्पिन् Adj. *sich langsam ausbreitend* Ǵâtakam. 15.

प्रविहार m. *Vorwärtsbewegung* Pârv. 593,16.

प्रवृत्त IV. 5.

प्रवृत्तसंप्रहार und **प्रवृत्ताशिन्** 6.

प्रवेध IV. *ein best. Längenmaass* Divjâvad. 56,17. 59,16.

प्रव्याहरण n. *das Hervorbringen einer Rede* Divjâvad. 250,27.

प्रवेपित n. *das Zittern* Kir. 8,43.

प्रवेष्ट und **प्रवेष्टर्** IV. 5.

प्रशंसनीय 4.

प्रशक्य Adj. *sein Möglichstes thuend* Daça K. zu Kauç. 55,18.

***प्रशठ** Adj. *sehr falsch, — boshaft.* Nom. abstr. °ता f. Mahâvj. 109,19.

प्रशस्ति 5. Vgl. Bühler in Wiener Z. f. d. K. d. M. 2,86. fgg.

***प्रशान्तविनिश्चयप्रातिहार्यनिर्देश** m. Titel eines Sûtra Mahâvj. 65,52.

2. **प्रश्न** IV. nach Dârila zu Kauç. 26,3 *Turban.*

प्रश्नथ IV. Daçak. (1883) 132,15.

प्रष्टव्य IV. *zu befragen nach* (प्रति) R. ed. Bomb. 4,42,49.

प्रसङ्गानुसङ्गेन Instr. Adv. *beiläufig* Aniruddha zu Sâṁkhjas. 5,130.

प्रसज्यप्रतिषेध IV. 6.

प्रसज्ञपयितव्य 6.

3. **प्रसव** IV. 7) n. R. ed. Bomb. 4,30,47.

प्रसादभाज् Adj. *in Gunst stehend* Aniruddha zu Sâṁkhjas. 2,4.

प्रसूतिका IV. lies (213,17).

प्रसृतिंपच IV. 5. Vgl. Viddhaçâl. 48,6.

प्रसृवर 4.

प्रस्कन्दन IV. *Sprung* Ǵâtakam. 27. Vgl. oben अग्नि°.

प्रस्कन्दिन् IV. *herausfordernd, frech* Ǵâtakam. 16,2.

प्रस्तावान्तरगत Adj. *anderweitig beschäftigt* Ǵâtakam. 28.

प्रस्थान IV. * *Ausgangspunct, Grund* in ज्ञान° Titel eines Werkes Mahâvj. 65,95.

प्रस्थावत् IV. vgl. Roth in Festgr. 99.

प्रस्नवन 6.

प्रस्रव IV. n. *Wasserfall* R. ed. Bomb. 3,35,25.

***प्रस्रावकरण** n. *Harnröhre* Mahâvj. 281,27.

प्रहणन IV. प्रहणनं कामशास्त्रप्रसिद्धं जघनद्वयताडनम् Kâvjaprakâçanidarçana 140,*a* nach Pischel.

प्रहत 6.

प्रहसित n. auch *das Erscheinen in hellen, prächtigen Farben* Ǵâtakam. 31.

प्रहसितनेत्र m. N. pr. eines Buddha.

3. **प्रहाण** IV. Çâṅkh. Çr. 5,16,4.

प्रहार IV. *Halsband* Dharmaçarm. 10,7.

प्रहास IV. *Farbenglanz* (einer Blume) Ǵâtakam. 9,47. 28,6.

प्रहासिन् IV. Adj. *hellglänzend* Ǵâtakam. 6,20.

प्रहितात्मन् Adj. *entschlossen, eifrig* Divjâvad. 37,10.

प्रहेणवक *eine Art Backwerk* Divjâvad. 13,26. 258,19. Vgl. प्रहेणक.

प्रहेतव्य 5.

प्रागग्र IV. Nom. abstr. °ता f. Çâṅkh. Çr. 4,6,8.

प्रागुदगग्र Adj. Âpast. Gṛhj. 1,13 nach dem Comm. *mit den Spitzen theils nach Osten theils nach Norden gerichtet.*

प्राग्जन्मक IV. 4.

प्रागलज्ज, **प्रागवंशिक** und **प्रागवाटकुल** 5.

प्राङ्मुख IV. 4.

प्राङ्मुखाञ्चन 5.

प्राचीनकर्ण IV. 4.

प्राचीनप्रतीचितस् und **प्राचीनमात्रावासस्** 5.

प्राजापती f. Kauç. 21,23 Bez. *des Verses* AV. 5,2,7.

प्राजापत्य IV. 3) f. आ *der an* Pra-ǵâpati *gerichtete Vers* TS. 1,8,14,2 Âpast. Gṛhj. 2,7.

प्राजापत्यव्रत n. *eine best. Begehung* Sud. zu Âpast. Gṛhj. 8,12.

1. **प्राण** IV. 6.

प्राणभाज् 5.

प्राणाचार्य IV. *der Wächter über Leben und Gesundheit* (eines Fürsten) Vâgbh. 41,3.

प्राणिन् und **प्राणेश्वर** IV. 6.

प्रातरशन n. *Frühmal* Maitr. S. 3,6,6 (67,3).

प्रातर्मल्ल 6.

प्रातिकूलिक IV. 5.

प्रातिपत्त 5.

प्रातिपथिक IV. m. *ein Wanderer, dem man begegnet,* Divjâvad. 242,21.

*°**प्रातिलम्भिक** Adj. *zu empfangen bestimmt, entgegensehend* Mahâvj. 245,573.

प्रातिसीम Adj. *benachbart* Divjâvad. 346,13.

प्राथमकल्पिक IV. 1) *a*) auch v. l. M. 9,166.

प्रानून 6.

प्रान्त IV. Adj. *an der Grenze gelegen, fern* Mahâvj. 149,2. Divjâvad. 188,15. 312,9. 344,10.

प्रापयितर् 5.

प्राप्तक्रम Adj. *passend, schicklich, rathsam* Ǵâtakam. 23,12.

प्राप्तप्रकाशक Adj. *erleuchtet* Aniruddha zu Sâṁkhjas. 5,104.

प्राप्तमनोरथ 4.

प्राप्यरूप Adj. *ziemlich leicht zu erreichen* Ǵâtakam. 28,13.

प्राभाकर IV. Adj. (f. ई) *von* Prabhâkara (N. pr. eines Mannes) *kommend* Dharmaçarm. 10,52.

प्रायश्चित्ति auch *eine best. Pflanze* Kauç. 8,16.

प्रायश्चित्तिक IV. * *eine Sühne erfordernd* Mahâvj. 281,107.

प्रायोगि s. oben प्रयोगि.

प्रार्थ IV. lies Adj. *zum Aufbruch bereit, reisefertig.*

प्रालेयवर्ष 6.

प्रात्रिस् Adv. Divjâvad. 210,23 vielleicht nur ein verlesenes प्राविस्.

प्रावृत IV. 6.

प्रावृषिज IV. 5.

प्रावेश्य 5.

प्राश् IV. 6. Bed. *eine* (aufgestellte) *Behauptung in einem Streitfalle.*

प्रासादिका 5.

***प्रासादिवारिक** m. *ein best. Klosterbeamter* Mahâvj. 274,16.

प्रासाद्य 4.

प्राहरिक IV. m. *Wächter* Dharmaçarm. 1,63.

***प्राह्वनीय** Adj. *würdig als Gast empfangen zu werden* Mahâvj. 97,20.

प्रियतनय Adj. *den Sohn liebend* Ǵâtakam. 32,16.

2. **प्रियवचन** IV. 5.

प्रियवद्य 5.

प्रियसाहस 6.

प्रियसेन m. N. pr. eines Mannes Divjâvad. 98,17. 99,23. 100,15. fgg.

प्रियाख्यानदान n. *Geschenk für eine freudige Nachricht* Ǵâtakam. 10,21. 32,2.

प्रियाख्यायिन् Adj. *eine freudige Nachricht bringend* Divjâvad. 386,17. 529,8.

प्रियाजन 5.

प्रियाय् IV. 5.

1. **प्री** mit **परि** *Caus. *höchlich erfreuen* Mahâvj. 85,11.

प्रोणयितर् 5.

प्रीतमानस Adj. = प्रीतमनस् MBH. 3,304,17.

प्रीतिसंयोग 6.

प्रेक्षण IV. Z. 2, lies *Zuschauen*.

प्रेक्षाकारिन् IV. KIR. 18,28.

प्रेतगति f. Acc. mit गम् so v. a. *sterben* MBH. 1,76,46.

प्रेवरी IV. in der verdorbenen Stelle MAITR. S. 4,1,1 (2,6).

प्रेयस्विन् 5.

प्रेषमेधँ IV. MAITR. S. 1,8,7 (125,1).

प्रेषकृत् IV. KAUÇ. 26,4 nach DÂRILA *Befehle ertheilend*.

प्रोद्धार m. *das Emporhalten, Tragen* DHARMAÇARM. 1,20.

प्रोद्वीचि Adj. *Wogen schlagend, wogend* DAMAJANTÎK. 167.

प्रोल्लासिन् Adj. *erglänzend, leuchtend, prangend* DHARMAÇARM. 3,74.

प्रोल्लोल (so zu lesen) Adj. *sich hin- und her bewegend* DAMAJANTÎK. 170.

प्रोषध und प्रोष्ठिल 5.

प्लक्षोडुम्बर m. *ein best. Baum* KAUÇ. 20,22.

प्लाविन् IV. 5.

प्ली mit वि 6.

प्लु mit समति IV. 4. — Mit समा Caus. *überschwemmen* R. ed. Bomb. 4,67,12. — Mit अनुपरि Caus. *übergiessen* ÂPAST. ÇR. 1,24,5.

प्लोति f. in कर्म° *der Zusammenhang der Werke* DIVJÂVAD. 87,8. 150, 24. 241,26.

प्लोष्टर् Nom. ag. *Verbrenner* KAṆḌIÇ. 60.

फङ्गा und फरक 5.

1. फल् IV. फलित *zurückstrahlend* DHARMAÇARM. 9,12.

फल IV. 1) *p*) KAUÇ. 28,3.

फलकिन् IV. f. °नी *plank, Diele* (?) DIVJÂVAD. 240,3.

फलमूलवत् 4.

फलाग्रशाखिन् 6.

फलाय् IV. फैलायेताम् MAITR. S. 4,8,1 (107,15) fehlerhafte Lesart für फैला°.

°फालिक Adj. *den Lohn von — geniessend* MBH. 12,320,4.

फाण्ट्य् Denomin. von फाण्ट DÂRILA zu KAUÇ. 25,18.

फालकृष्ट IV. 2) MAITR. 4,3,2 (41,16).

फालचमस f. *ein best. Theil der Pflugschar* KAUÇ. 35,4.

फाल्गुनीपक्ष IV. 4.

फुट्टक n. und °वस्त्र n. *ein best. Zeug von geringem Werth* DIVJÂVAD. 29,7. fgg.

फुडुत् Interj. Comm. zu KÂÇIKH. 85,8.

फुल्लपद्मोत्पलवत् Adj. *mit blühenden* Padma *und* Utpala *versehen* R. ed. Bomb. 4,1,3.

फुल्ल् IV. *पुल्लित Adj. *aufgeblüht* MAHÂVJ. 241,17. — Mit उद् *aufblühen* DAMAJANTÎK. 138.

फेला f. DIVJÂVAD. 563,24 wohl fehlerhaft für पेला = पेटा *Kästchen*.

बक IV. 5.

बकुलमालिनीपरिणय, बकुलाभरणचाटु, बकुलारण्यमाहात्म्य, बटरक, बटुचरित्रनाटक und बडिश 5.

बद्कसान 4.

बदर IV. 6.

बदरद्वीप m. N. pr. einer Oertlichkeit DIVJÂVAD. 102,11. fgg.

बदरसक्तुँ m. Pl. *Grütze von Brustbeeren* MAITR. S. 2,3,9 (37,3).

बँड्डृ 5.

बध und बन्दित्व 4.

बन्दीकृत Adj. *zu einem Buddhisten bekehrt* DAMAJANTÎK. 85. बन्द = *Buddhist* nach dem Comm.

बन्दीगृहीत Adj. *geraubt* KÂD. (1883) 32,8. 9.

बन्ध् IV. बन्ध 2te Imper. R. ed. Bomb. 3,56,21. — Mit आ Med. *sich erhängen* R. ed. Bomb. 3,45,36. — Mit विनि IV. *fesseln* GÂTAKAM. 31. — Caus. dass. 17,17.

बन्ध IV. 5.

*बन्धि m. N. pr. eines Asura MAHÂVJ. 171,4.

बन्धुदायाद 4.

2. बन्धुर IV. 5.

बन्धुरीय, बप्प, °क u. बप्पनील 5.

बब्बुल und बब्बूल 6.

बभ्रुकेश Adj. (f. ई) *rothbraune Haare habend* SUD. zu ÂPAST. GṚHJ. 3,11.

बभ्रुलोमन् IV. °म्नी MAITR. S. 3,7,4 (78,12).

बरासी IV. 5.

बरिशी und बरीवर्द 5.

बर्बुर IV. 6.

बर्हिश्चक्र m. *Pfauenfeder*, n. *Pfauengefieder* RUDRAṬA, ÇṚṄGÂRAT. 3,6 nebst v. l.

बलक 5.

बलकाय m. *Heeresmacht, Armee* DIVJÂVAD. 63,6. 315,15.

बलकृत Adj. *mit Gewalt verübt, gewaltsam* M. 8,168.

बलक्ष IV. 6.

*बलविपुलकेतुमति m. N. pr. eines Asura MAHÂVJ. 171,9.

*बलव्यूह m. *ein best.* Samâdhi ebend. 21,15.

बलशालिन् IV. 6.

बलारि 5.

बलास IV. 2) fehlerhaft für अलास. — 3) *der phlegmatische Humor*.

बलाहक IV. m. N. pr. eines Befehlshabers KÂD. (1883) 77,7. 78,11. 82,2 u. s. w.

बलिद्वेषिन् 5.

बलिभोज m. *Krähe* R. ed. Bomb. 4,58,25.

बलिश, °शि, °शी, बलिक्, बलीवाक und बलूक 5.

बँष्किक IV. 5.

बष्ट und बस्त्य 5.

बहलित Adj. *dicht —, stark geworden* KAṆḌIÇ. 20.

बहिर्द्रुम 5.

बहिर्मनस्क Adj. *aus dem Sinne* DIVJÂVAD. 631,18.

बहिर्मुख IV. 1) *b*) mit Loc. DIVJÂVAD. 1,18.

बहिर्मुखी IV. 4.

बहिर्यूति 4.

बहिर्योग IV. 5.

बहिष्क्रतु 6.

बहिष्पवमानास्ताव 4.

बहिःसदस्, °सदसम् und बहिःस्तोमभार्गम् 6.

*बहुकारणीय Adj. *vielgeschäftig* MAHÂVJ. 127,26.

*बहुकृत्य Adj. dass. ebend. 127,25.

बहुदर्शिन् 5.

बहुनिःसृत 6.

बहुमति f. *Hochschätzung* KIR. 7, 15. 10,9.

बहुँमर्या MAITR. S. 3,9,3 (134,2). 4,8,2 (109,4). Richtig die Hdschrr. बहुमर्या; vgl. मर्याम् weiter unten.

2. बहुमूल्य IV. Nom. abstr. °ता f. BṚHASPATI in VIVÂDAR. 310.

बहुमौल्य und बहुयाद्य 4.

बहुरत्नाय und बहुरूपिन् 5.

बहुली IV. °कृत *fleissig geübt, — gepflegt* MAHÂVJ. 121,15. PRAB. 28,4.

बहुलीकार m. *eifrige Uebung, — Pflege* LALIT. 443,11.

बहुवक्तव्य 5.

बहुवर्षसहस्रक, °सहस्रिन् und बहुव्यापिन् 6.

बहुसंख्याक 5.

बहुसाधार 6.

बहुसाहस्र IV. 6.

बाड् IV. बाडित *versunken* DIVJÂVAD. 505,10. Vgl. ब्रुड्.

बाणरेखा 5.

बाणपर्णो 6. Richtig बाणपर्णी.

बाणेय 5.

1. बाध् Desid. IV. 5. — Mit व्या Caus. Med. *Jmd* (Acc.) *eine grosse Pein verursachen* DIVJÂVAD. 105,12.

बाधयितर् 5.

°बाधिन् Adj. *beeinträchtigend, hinderlich* GÂTAKAM. 6,4.

बान्धवधुरा 6.

बार्ध (बा°), बार्बर und °क 5.

*बालजातीय Adj. *dumm* MAHÂVJ. 245.

बालतनय IV. 5.

बालनेत्र 6.

बालमरण und बालवत्सा 5.

बालाकाय् 6.

बालाह (बा°) und °क IV. 6.

बाष्कालिका 6.

बाष्पोत्पीड IV. 5.

बास्तिक 5.

बाह्लीक (*m. wohl = उपशम MAHÂVJ. 245,1261) und बाहुक IV. 6.

बाहुनिःसृत 6.

*बाहुप्रचालकम् Adv. *mit den Armen fechtend* MAHÂVJ. 263,28.

बाहुबन्धन m. *Schulterblatt* R. ed. Bomb. 3,70,18.

बाहुबलिन् IV. 5.

बाहुविमर्द 5.

बाहुल्य IV. Instr. so v. a. *in der Regel* Gâtakam. 18.

बाहुव्यायाम IV. MBh. 7,152,20.

बाहुसहस्रिन् u. बाहुस्वस्तिक 6.

बाह्याशकल 4.

बाह्याद्य, बाह्लीश्वर, बिन्दुप्रतिष्ठानमय, बिन्दुरात्रि und बिन्दुल 5.

बिबिबाभवत् Partic. *knisternd* Maitr. S. 1,6,5 (95,6).

बिम्बक IV. (*runde*) *Form* Divjâvad. 172,10. 525,16.

*बिम्बर m. n. *eine best. hohe Zahl* Mahâvj. 247,8. 248,4. 249,18.

बिम्बोपधान n. *Kissen* Mahâvj. 273,40. Divjâvad. 40,10. 550,16.

बिल IV. 5.

बिलयोनि Adj. *von* Ukkaiḥçravas *abstammend* Kumâras. 6,39.

बिलायन 5.

बिलासिन् m. *Schlange* Kuttanîmata 18.

बिल्ल IV. 5.

बिल्व IV. *n. *ein kleiner Teich, Lache* Mahâvj. 195,12. Vgl. बिल्ल.

बिल्ववनमाहात्म्य 5.

बिल्वान्तर 6.

बिल्वारण्यमाहात्म्य; बिल्वाष्टक, बिसशीलूक und बिसोर्णा 5.

*बुद्धकायवर्णपरिनिष्पत्त्यभिनिर्हारा f. *eine best.* Dhâraṇî Mahâvj. 25,12.

बुद्धनेत्रवरलोचन u. °नेत्रसमाधि 5.

*बुद्धालंकाराधिष्ठिता f. *eine best.* Dhâraṇî Mahâvj. 25,10.

बुद्धियोगमय 4.

बुद्धिल 5.

बुद्बुद IV. 5.

1. बुध् mit प्र Caus. *erwecken, anfachen* Pârv. 592,5. — Mit वि Caus. IV. *an den Tag legen, bezeugen* Gâtakam. 31,69.

बुभूषु IV. 4. 3) *zu sein —, zu werden wünschend* auch Çiç. 1,49.

बुवम् 6.

बुसञ्जनी f. *beetle* (?) Divjâvad. 12,25. 13,17.

*बृंहयितर् Nom. ag. *Vermehrer* Mahâvj. 126,84.

बृहन्ता IV. 6. Çâṅkh. Çr. 11,12,1 sind यता° und तता° Composita.

बृहतीसहस्र 6.

बृहत्कुशण्डिका f. Bez. *eines Theils des* Âgjatantra AV. Paddh. zu Kauç. 137,1—38; vgl. die Note zu Kauç. 5,5.

बृहत्तल्पपति 5.

*बृहद्दार m. N. pr. eines Asura Mahâvj. 171,8.

बृहदुत्तरतापिनी IV. so zu lesen.

*बृहद्धात्री f. *ein best. Heilmittel* Râǵan. 6,248.

बृहल्ललितहोम 5.

बैजवापि IV. 4.

बैदायन, बैदि und बैलीनरि 6.

बोधचित्तविवरण 5.

बोधि IV. m. N. pr. eines Mannes (Buddha's in einer früheren Geburt) Gâtakam. 23.

बोधिचित्तविवरण und °चित्तोत्पादनशास्त्र 5.

*बोधिपत्तनिर्देश m. Titel eines buddh. Werkes Mahâvj. 65,57.

बोधिसत्त्वचर्या 5.

*बोध्यङ्गवती f. *ein best.* Samâdhi Mahâvj. 21,81.

बोल्लक Adj. बहु° *sehr geschwätzig* Divjâvad. 338,13. 20.

ब्रध्नलोक IV. 6.

ब्रह्मगवी IV. Du. Bez. *zweier Gruppen von Sprüchen* Kauç. 48,13.

ब्रह्मचारिवासिन् 5.

ब्रह्मदेय IV. n. *Schenkung an einen Brahmanen* Divjâvad. 620,14. 621,2.

2. ब्रह्मन् IV. *ein Bewohner von* Brahman's *Himmel* Gâtakam. 29. *ein best.* Kalpa *bei den* Gaina Dharmaçarm. 21,67.

ब्रह्मप्रभ m. N. pr. eines Mannes Divjâvad. 476,26. fgg.

ब्रह्ममाल m. Pl. N. pr. eines Waldes R. ed. Bomb. 4,40,22.

ब्रह्मयूप 6.

ब्रह्मरसासव und ब्रह्मलौकिक 5.

ब्रह्मसंसद् IV. 6.

ब्रह्मसरस् n. = ब्रह्मसदन 2) MBh. 15,33,14.

ब्रह्मसभा IV. f. N. pr. eines Lotusteiches Divjâvad. 442,28. fgg.

ब्रह्मावती f. N. pr. einer Frau Divjâvad. 60,24. eines Lotusteiches 514,11.

ब्रह्मास्य auch Brahman's (des Gottes) *Mund* MBh. 12,318,90.

ब्रह्मेशवैष्णव 6.

ब्रह्मोज्झ IV. 1) Nom. abstr. °त्व n. Viǵn. zu Jâǵn. 3,29.30.

ब्रह्मोत्तर IV. m. *ein best.* Kalpa *bei den* Gaina Dharmaçarm. 21,67. n. N. pr. einer Stadt Divjâvad. 602,4.

ब्रह्मौदन m. *das für den Brahman bestimmte Mus* TS. 3,4,8,7.

ब्राह्म IV. Adj. *einem Bewohner von* Brahman's *Welt gehörig* Gâtakam. 30,21.

ब्राह्मणाद Adj. *Brahmanen verzehrend* (Râkshasa) MBh. 7,176,3.

ब्राह्मणायन Kauç. 33,19 nach Dârila *ein Brahmane, dessen Vater oder dessen älterer Bruder oder ein anderer älterer Verwandter am Leben ist.* Also nach Pâṇini's Terminologie der Juvan im Verhältniss zum Vṛddha (ब्राह्मण).

ब्रुडुङ्का 5.

भक्तकृत्य n. *Mahlzeit.* कृत° *gespeist habend* Divjâvad. 39,20. 185,22. Gâtakam. 21.

भक्ताग्र *Refectorium* Divjâvad. 335,24.

भक्ताभिसार IV. *Verabreichung von Speise* Divjâvad. 43,22. 65,2. 81,16. 97,3. 286,26.

भक्तिज्ञ IV. Nom. abstr. °ता f. Gâtakam. 20,22.

भक्तिमत्क Adj. = भक्तिमत् 1) Divjâvad. 433,11.

भक्तोद्यावापृथिवी und °पृथिव्य 5.

भक्तोत्तरिका f. *köstliche Bewirthung* Divjâvad. 284,21. 285,15. fgg.

भक्तंकार IV. lies Adj. *Essen gewährend.*

भगवृत्ति 5.

भगीन 5.

भग्नच्छन्दस् 6.

भग्ननेत्र IV. 4.

भग्नयति 5.

भङ्ग IV. 2) t) zu AV. 8,8,3 vgl. oben तानङ्ग.

भङ्ग्य IV. 4.

भज् mit वि IV. *gründlich verstehen* Divjâvad. 494,26.

भटबलाग्र m. *ein vorzüglicher Krieger, Held* Divjâvad. 77,26. n. *Kriegsmacht, Heer* 218,14.

भट्टसर्वज्ञ 6.

भण्ड् mit वि Caus. *verziehen* (das Gesicht) Divjâvad. 263,14. fg. 575,24.

भण्डन IV. Vgl. भाण्डन.

भण्डिमन् 5.

भण्डीर IV. m. R. ed. Bomb. 3,75,24 nach dem Comm. *Ficus indica.* Vgl. 1) c).

भद्दालिन् m. N. pr. eines Mannes Divjâvad. 56,25. fgg.

भद्र IV. 5. n. *ein best. Theil des Hauses* Damajantik. 258.

भद्रकल्पिक IV. Lies Adj. *im* Bhadrakalpa *lebend* und vgl. Mahâvj. 30,80. Divjâvad. 440,18. 447,4.

भद्रंकर IV. 3) Divjâvad. 123,16. Pl. N. pr. eines Landes 125,11. fgg.

भद्रदाम् 5.

भद्रबाहु IV. 5.

भद्रबाहुचरित्र 5.

भद्रभुज IV. 5.

भद्रमुख IV. Vgl. Bühler in Wiener Zeitschr. f. d. K. d. M. 2,131.

भद्रशिला f. N. pr. einer Stadt Divjâvad. 315,5. fgg.

2. भद्रा mit कृ IV. Daçak. (1883) 169,20.

भद्राकरण IV. 5.

भद्रावती IV. Kauç. 39,9.

भन्द् 5.

भम्भराली IV. 5.

भयशङ्कित 6.

भयाय् 5.

1. भर् mit प्र, प्रभृत IV. *stark, gross* (बलेप) Gâtakam. 9,5. — Mit प्रति IV. *den Unterhalt vergelten* Divjâvad. 2,13.

भरद्वाजप्रवस्क n. Kauç. 47,12 Bez. *der Hymne* AV. 2,12.

भरु IV. 5) Festgr. 15,24.

भर्तृचिन्ता Adj. f. *an den Gatten denkend* 125,24.

भर्तृभट 5.

भल् mit निस् Caus. IV. 5.

भलापय् 5.

भल्ल m. auch *ein best. Theil des*

Pfeils MBH. 8,34,18.

भल्लि f. = भल्ली Pfeil DHARMAÇARM. 11,12.

भवनन्दन 5.

*भवसंक्रान्ति f. Titel eines buddh. Sûtra MAHÂVJ. 65,54.

भवारि m. Bein. Çiva's DAMAJANTIK. 97.

भवितव्य n. impers. MAITR. S. 3, 6,2 (61,16).

भवोद्भव m. Bein. Çiva's KIR. 11,80.

भषित n. Gebell GÂTAKAM. 23,8.

भसल IV. Festgr. 12,29.

भसद् IV. भसत्तस् vom Hintern aus ÂPAST. ÇR. 10,9,3.

भसित IV. 2) PÂRV. 599,21. 602,6.

भस्म und भस्मित (KUṬṬANIMATA 201) 5.

भाग auch n. in भूमि°.

भागधान n. Schatzkammer KAUÇ. 38,15.

भागपाठ m. das Citiren eines Verses mit dem Pratîka (Gegensatz सकलपाठ) DÂRILA zu KAUÇ. 6,10.

भागानुभाग 5.

भागिन् IV. berechtigt ÇAṂKARA zu VEDÂNTA 144,5.

भागिनेय IV. ein Jüngerer so angeredet DIVJÂVAD. 304,24. 500,7.

°भागीय Adj. gehörend zu MAHÂVJ. 109,73. fg. 281,200. DIVJÂVAD. 50,7.8.

भाग्यवैषम्य 6.

भांकारिन् Adj. dumpf tönend DAMAJANTIK. 156.

भाजनचारिक s. °वारिक.

भाजनवारिक m. Gefässbewahrer MAHÂVJ. 274,14. DIVJÂVAD. 45,20 (v. l. °चारिक).

भाञ्जी IV. 5.

भाण्डक IV. 2) a) GÂTAKAM. 23. DIVJÂVAD. 521,25.

भाण्डन n. Zank, Zwist DIVJÂVAD. 164,25. Richtig भण्डन.

भाण्डिक IV. unter nichtswürdigen Leuten genannt bei VIGṆ. zu JÂGṆ. 3,289. fg. Wecker eines Fürsten (verschieden von बन्दिन्) ebend.

भाण्ड्य, भातकूट und भानुतनया 5.

भान्द als falsche Lesart für स्कान्द zu streichen.

भारक IV. 5.

भारिन् IV. 5. 6.

भार्गव IV. m. MBH. 1,190,47. 191,1. 192,1 nach NILAK. Töpfer. Nach VAIÇ. auch Astrolog; vgl. Comm. zu DAÇAK. (1883) 137,9.

भार्गवाय 6.

भालनयन m. Bein. Çiva's PÂRV. 591,2 (बाल° gedr.).

भाललोचन IV. PÂRV. 594,7.

*भावनामय IV. in stetigem Denken bestehend, daraus hervorgegangen MAHÂVJ. 75,3. 93,4.

*भावभट m. N. pr. MAHÂVJ. 177,7 fehlerhaft für वाग्भट.

भावयतिन् und °यती 5.

भावाव IV. 5.

भाविन् IV. 1) b) Nom. abstr. °विता f. DAÇAK. (1883) 164,22.

1. भाष् mit वि auch reden, sprechen R. ed. Bomb. 4,3,28.

2. भास् mit निस् erscheinen KIR. 7,36. — Mit प्रति Caus. zeigen, offenbaren Comm. zu JOGAS. 1,8.

भिक्षाबिडाल 5.

भिक्षुराक्षस m. ein Râkhasa in Mönchsgestalt, ein Teufel von Mönch GÂTAKAM. 23,60.

भिक्षुकुल ein best. Flächenmaass Festgr. 17.

*भिण्डिपाल MAHÂVJ. 238,33 fehlerhaft für भिन्दि°.

1. भिद् mit अन्तर् IV. 5. — Mit अव IV. °भिन्न verwundet GÂTAKAM. 24,23. — Mit उपप्र IV. Vgl. PISCHEL, Vedische Studien 72.

2. भिद् IV. 5.

भिदाभृत् 6.

भिदेलिम 5.

भिन्दु IV. 1) b) lies eine Blase auf Flüssigkeiten.

भिन्नकी 5.

*भिन्नक्लेश Adj. in dem die buddh. Kleça vernichtet sind MAHÂVJ. 19, 69. Nom. abstr. °त्व n. 270,40.

भिन्नरुचि 5.

भिरु und °क m. N. pr. eines Mannes DIVJÂVAD. 545,5. 556,8. 564,9.

भिरुकच्छ n. N. pr. einer Stadt DIVJÂVAD. 576,25.

भिल्ल IV. 6.

भिषक्क 5.

1. भी IV. भीतम् impers. (log. Subj. दृशा) RUDRAṬA, ÇṚṄGÂRAT. 1,146.

भीमपूर्वज 5.

भीमसाहि 6.

भीर IV. 6.

भीष्मकात्मजा 5.

भुक्तशेष IV. 5.

3. भुज् mit उप Desid. 5.

भुजग 2) f. ई IV. N. pr. eines Flusses DHARMAÇARM. 4,25.

भुजगारि m. Pfau HARAVIGAJA 2,58.

भुजबलिन् IV. 5.

भुजयोक्त्र 4.

भुजशिखर IV. KÂD. (1883) 77,3.

भुवद्वत् und 2. भू (Lage, Zustand KIR. 9,71. = दशा Comm.) IV. 5.

1. भू mit समभि, °भूत ganz überwältigt, — gebrochen GÂTAKAM. 10,27. — Mit उद् Caus. IV. betrachten, beachten ebend. 26. — Mit समुद् Caus. aufkommen lassen, erhöhen (den Ruhm) GÂTAKAM. 5,32. 23.

भूतग्राम IV. *allerhand Gewächse MAHÂVJ. 261,13.

भूतजननी 6.

भूततन्मात्र n. ein feines Element ANIRUDDHA zu SÂṂKHJAS. 3,4.

भूतता 5.

भूतधर Adj. an das Vergangene zurückdenkend. Comm.: भूतिः (!) प्राणिभिर्धियत्ते (!) ते भूतधराः प्राणिभिरुपजीव्या इत्यर्थः. R. ed. Bomb. 4, 43,52. Vgl. GORR. 4,45,129.

भूतसूक्ष्म n. = भूततन्मात्र ANIRUDDHA zu SÂṂKHJAS. 3,1. MAHÂDEVA zu 3,3. 14. fgg.

भूतिबलि m. N. pr. eines Grammatikers Festgr. 53.

भूतोपसृष्ट 6.

भूदार IV. 5.

2. भूमन् IV. f. ÇÂṄKH. BR. 7,9.

भूमिगर्भ und भूमिगोचर 5.

भूमिभाग auch n. R. ed. Bomb. 3, 55,11.

भूमिरुह und भूमिवर्धन IV. 5.

*भूयप्रच्छन्दिक (so zu lesen) Adj. grosse Neigung — oder Lust habend MAHÂVJ. 110,21.

*भूयस्काम Adj. in hohem Maasse wünschend. °ता f. ebend. 110,18.

भूयस्त्व IV. *°स्त्वेन (so zu lesen) zum grössten Theil ebend. 30,79.

भूयिष्ठता 5.

*भूयोभाव m. Zunahme, Gedeihen, Fortbestand MAHÂVJ. 39,4. 255,7.

*भूयोरुचि Adj. grossen Gefallen findend. Nom. abstr. °ता f. MAHÂVJ. 110,22 (°रूचिता gedr.).

भूरि IV. 4.

भूरिक IV. DIVJÂVAD. 263,1. fgg.

भूर्भुव auch MBH. 7,202,9.

भवरो 6.

भृगु IV. RV. 4,16,20. 10,39,14 vielleicht Wagner.

भृङ्गक m. auch N. pr. eines Mannes Festgr. 16,37.

भृङ्गरोल IV. 5.

भृतिकर्मकर m. Lohnarbeiter SUD. zu ÂPAST. GṚHJ. 23,7.

भृतिका f. Löhnung, Lohn DIVJÂVAD. 303,30.

भृशस्विद् 6.

भेदनीय IV. 5.

भैक्षाकुल (!) n. ein Haus, in dem Almosen gereicht werden, DIVJÂVAD. 263,2.

*भैक्षुक IV. lies m. (sc. आश्रम) das 4te Lebensstadium, das des Bettlers MAHÂVJ. 150,4.

भैमसेन m. Patron. MAITR. S. 4,6,6 (88,8).

भैरवप्राडुर्भावनाटक 5.

2. भोग IV. 5.

भोगंकरा 6.

भोगनाथ IV. lies Brotherr, Ernährer.

भोगमालिनी 6.

भोगलाभ IV. 2) lies der durch Benutzung eines Pfandes erzielte Gewinn und vgl. BṚHASPATI in VIVÂDAR. 9. 13.

भोगवती IV. 6.

भोगावास und भोगिक IV. 5.

भोगिपुरी f. die Stadt der Nâga DHARMAÇARM. 1,62.

भोजन IV. Adj. (f. ई) auch gefrässig R. ed. Bomb. 4,41,26.

भोजनीय IV. insbes. *eine Speise, die man nicht zu kauen braucht*, Divjâvad. 297,10. fgg.

1. भोज्य IV. 6.

भोस्कार m. *die Art und Weise der Anrede* Divjâvad. 485,7.

भौम IV. Kauç. 38,12 Bez. *des Liedes* AV. 12,1.

भौवायन IV. 5.

1. भ्रंश् mit अप *stürzen*. अपभ्रश्य Daçak. (1883) 165,7. Med. (°भ्रंशन्त) *etwa verfehlen, um Etwas kommen* Maitr. S. 4,6,4 (83,6).

भ्रम् mit अनु *nachlaufen, nachgehen* Gâtakam. 31. 32,8.

भ्रमरकेतु, भ्रमराय् (auch Gâtakam. 28,9) und भ्रस्ता 5.

भ्रातृव्यदेवत्य IV. 5.

भ्रातृव्यापनुत्ति f. *Verscheuchung des Gegners* TS. 6,3,8,4. 6,4,4.

भ्रातृव्याभिभूति f. *Abwendung des Gegners* TS. 2,6,1,5. 5,6,2,1.

भ्रूकुंस IV. Dharmaçarm. 16,4.

*भ्रूकुटिक am Ende eines adj. Comp. = भ्रूकुटि Mahâvj. 126,56.

भ्रूण IV. zu diesem und den folgenden Compp. vgl. Bühler in Wiener Zeitschr. f. d. K. d. M. 2,182. fgg.

2. म V. 5.

मकरमुख 5.

मकरिका V. 6.

मकुट V. Divjâvad. 411,12.

मकुटबन्धन n. N. pr. eines Heiligthums Divjâvad. 201,6. 15.

मखनाथन V. lies *Vernichtung*.

मङ्कु V. °भूत *beschämt, aus dem Felde geschlagen* Mahâvj. 245,717. Fälschlich मद्गु° Divjâvad. 633. 24. 635,7.

मङ्ग V. 5.

मङ्गलकलश m. *ein festlicher Topf* Gitag. 12,18.

मङ्गलगृह V. *Freudentempel* Mâlatim. (ed. Bomb.) 165,2.

मङ्गलेच्छा 6.

मङ्गल्यनामन् 5.

मङ्गल्याह्वा V. 5.

मङ्गुल 6.

मज्मन् V. so zu lesen st. मज्मन्.

मञ्चिपत्त्र V. 5.

मञ्जरय् 5.

मञ्जरित V. Damajantik. 203. 255. Kuttanimata 6.

मञ्जुली Adv. mit कर् *reizend —, lieblich machen* Dharmaçarm. 9,75.

*मञ्जुश्रीबुद्धक्षेत्रगुणव्यूह m. Titel eines buddh. Werkes Mahâvj. 65,66.

*मञ्जुश्रीविहार m. desgl. ebend. 65,44.

मटूषिका, मडूषिका oder मण्डूषिका f. Âpast. Grhj. 3,11. Baudh. Grhj. Pariç. auf verschiedene Weise erklärt. Vgl. मधूषिका = स्वल्पदेहका Vaigajanti, Bhûmik., Brâhmanâdh. 51.

मठर V. m. *der Vorsteher eines Matha* Peterson zu Subhâshitâv. 2767.

मडूषिका s. oben u. मटूषिका.

मडुक V. 5.

मणिगर्भ m. N. pr. eines Parkes Divjâvad. 315,23.

मणिचीर und मणिद्वीप 5.

मणिनन्द 6.

मणिरत्नसुवर्णिन् Adj. *Edelsteine und Gold enthaltend* R. ed. Bomb. 3,43,32.

मणिवर्मन् V. n. *ein Talisman von Edelsteinen* Divjâvad. 546,14. fgg.

मण्डक V. Açvav. 39,6 wohl nur fehlerhaft für मण्डूक.

मण्डपिका V. Damajantik. 196. *Zollhaus* Bühler in Festgr. 19.

मण्डल V. 5.

मण्डलक V. m. *Kreis* Divjâvad. 345,22. 333,18.

मण्डलव und मण्डलबन्ध 5.

*मण्डलमाड (so zu lesen) m. *Pavillon* Mahâvj. 226,43. °वाट Divjâvad. 288,15. मण्डवाट 268,15.

मण्डलय्. °यति *wirbeln* Kir. 16,44.

मण्डलासन 5.

मण्डीलक m. *eine Art Gebäck* Divjâvad. 258,9. fgg.

मण्डुक V. 5.

मण्डूक und °की V. f. *Sohle des Pferdehufs* Açvav. 39,6. 11.

मण्डूषिका s. oben u. मटूषिका.

मतङ्गसरस m. N. pr. eines Sees R. ed. Bomb. 3,75,14.

मतज्ञ Adj. *Jmds* (Gen.) *Absichten kennend* Rudrata, Çrngârat. 1,27.

मतिसचिव m. *Theilnehmer an Berathungen* Gâtakam. 10.

मतिसागर 5.

मत्कुण V. 6.

1. मथ् mit प्रोद् *stark zusetzen, bezwingen* Divjâvad. 599,2. — Mit परि V. *reiben* (Holz zur Feuererzeugung) Gâtakam. 21,26.

4. मद् mit निस् Caus. (निर्मादयति) *abwaschen* Mahâvj. 263,75. Divjâvad. 53,18. 185,21. 343,1.

मदन V. 2) a) Dharmaçarm. 11,55.

मदनशलाका V. 5.

मदपटु V. Z. 2, lies singend.

मदाम्बु und मदाम्भस् 5.

मदालस V. 5.

मदोदक 5.

मद्गुक m. = मद्गु 1) R. ed. Bomb. 3,56,20.

मद्गुभूत s. oben u. मङ्कु.

मद्यमय Adj. *in berauschenden Getränken bestehend* Gâtakam. 8,6.

मद्वत्, lies Adv.

मधु V. 5.

मधुकोश 1) n. *Honigwabe* Comm. zu Âpast. Çr. 6,31,5.

मधुक्रोड *Krapfen mit süsser Fülle* Karaka 189,23.

मधुजालन्य, lies *Honigwabe*.

मधुच्छत्त्र V. 5. *Bienenstock* Dharmaçarm. 14,22.

मधुतरु 5.

मधुतृण V. 5.

मधुनिकृन् 6.

मधुरिपु V. 6.

मधुवार V. 5. m. Sg. Kir. 9,53. 57. Dharmaçarm. 15,10. 19.

मधूच्छिष्ट, lies *Wachs* statt *Honig*.

मधूत्थ n. auch *Meth* Vign. zu Jâgn. 3,253. fg.

मधूदश्वित und मधूदाय 5.

मध्यगत V. 6.

मध्यम (n. *Mittelmässigkeit, Defect* Rudrata, Çrngârat. 3,65) und मध्यमपर्ण V. 5.

मध्यमस्वर Adj. *mit mittlerem Tone —, nicht zu hoch und nicht zu gesenkt gesprochen* R. ed. Bomb. 4,3,31.

मध्यमेष्ठ Adj. = °ष्ठा Maitr. S. 3, 3,10 (44,4).

मध्यमेष्ठेय 5.

मध्यविवेकिन् Adj. *von mittlerer Unterscheidungskraft* Aniruddha zu Sâmkhjas. 3,79. Mahâdeva zu 3,78. fg.

मध्याधिदेवन n. *der mittlere Theil des Spielplatzes* Maitr. S. 1,6,11 (204,1).

मध्येवाधि, मध्येश्मशानम् und मध्येपृच् 5.

मन् mit अनु V. 6. Caus. V. *nachgeben, Rücksicht nehmen* Gâtakam. 22,53. — Mit समनु Caus. dass. 22. 22,73. — Mit संप्रोद्, संप्रोमाय Âpast. Çr. 8,16,6 ohne Zweifel fehlerhaft. Vielleicht संप्रोन्नाप्य zu lesen. Hiranj. Çr. nach Hillebrandt st. dessen संग्रिध्य. — Mit प्रति Caus. V. *wieder ehren, Jmd* (Acc.) *vergelten mit* (Instr.) Gâtakam. 10,8.

मनन V. 5.

मननवत् 5.

मननीय V. 5.

मनःशूक n. *Scrupel, Sorge* Divjâvad. 257,12.

मनस् V. 6.

मनसिजवसती 5.

मनस्कारविधि m. *Andachtsübung* Gâtakam. 21.

*मनःसंचेतनाहार m. *eine der vier Arten von Nahrung* (in materiellem und geistigem Sinne) Mahâvj. 118.

मनःसमृद्धि 6.

मनःसुख V. 6.

*म..नेष्ठका (!) f. *der kleine Finger* Mahâvj. 189,53.

मनुष (?) Maitr. S. 1,6,5 (93,13). 4,2,1 (21,11).

मनुष्यधर्मन् m. so v. a. *Menschenkind* Gâtakam. 20,18.

मनुष्यनामन् und °नामन् 6.

मनुष्ययान n. *Sänfte, Palankin* MBh. 7,186,4.

मनुष्यशृङ्ग n. *Menschenhorn*, so v. a. *Unding* Aniruddha zu Sâmkhjas. 5,52.

मनुष्यहारिन् m. *Menschenräuber* Brhaspati in Vivâdar. 317.

*मनोजल्प m. *Phantasiebild, Einbildung* Mahâvj. 169,34.

मनोतव f. °वा V. *eine best. Zau-*

berkraft Divjâvad. 53,22.

मनोत V. 5.

मनोराग m. *Leidenschaft* Mâlatîm. (ed. Bomb.) 81,6.

मनोहृत् 6.

2. मल्लवर्णा und मल्लवशी 5.

मन्थशील V. Vikramâñkak. 11,40.

मन्दप्राणविचेष्टित V. 6.

मन्दबल 6.

मन्दयितर् und मन्दविभ्रंश 5.

मन्दविवेक Adj. *von geringer Unterscheidungskraft* Aniruddha zu Sâñkhjas. 3,80.

मन्दविवेकिन् Adj. dass. derselbe und Mahâdeva zu Sâñkhjas. 3,79.

मन्दान्त und मन्दिमन् V. 5.

मन्दुरक n. *eine Art Matratze* Mahâvj. 280,25. Divjâvad. 19,23.

मन्मथवन्त् Adj. *verliebt* R. ed. Bomb. 4,28,13.

मन्यु V. 6) Damajantîk. 66.

ममत्तर 6.

मयका 5.

मयूरक, f. °रिका V. *Pfauhenne* Damajantîk. 101.

मयूरात 5.

*मयूराङ्की f. *ein best. Edelstein* Mahâvj. 235,27.

1. मर् mit अभि, °मृत V. *umstorben, d.i. vor dessen Augen die Verwandten der Reihe nach hinsterben, in dessen Familie eine Reihe von Todesfällen vorgekommen ist*, Âpast. Gṛhj. 23,10. Eben so Âpast. Çr. 9,12,4.

मराल V. 5.

मरुजुष् und मरुताङ्क 5.

मरुद्वीपवती f. Bein. der Gaṅgâ Dharmaçarm. 1,31.

मरुमण्डल 5.

*मरुमरीचिका f. *Luftspiegelung* Mahâvj. 139,7.

मर्कडिका f. *Spinne* Comm. zu Damajantîk. 176. Vgl. मर्कटक 1) *b*).

मर्ग Âpast. Gṛhj. 20,12 fehlerhaft für मार्ग.

1. मर्ज् mit संपरि *ab —, wegwischen* Divjâvad. 293,8. 296,23.

मर्त्यो 5.

मर्द् V. मृद्नीयात् mit intrans. Bed. Subhâshitâv. 55.

मर्मघातिन् Adj. *edle Körpertheile verwundend* Bṛhaspati in Vivâdar. 373.

मर्यादाबन्ध m. *das in den Schranken Halten* Divjâvad. 29,26.

मर्यास् als Partikel = एव Pischel, Studien 61. fgg. Maitr. S. 3,9,3 (134, 2). 4,8,2 (109,4) nach der richtigen Lesart बर्कुर्मर्या.

मलना 6.

मलयरुह् 5.

मलिम्लुच् V. 6.

मलिह्वँ Adj. = मल्ह्वँ Maitr. S. 4, 4,9 (60,20).

मल्ल V. 1) *e*) Divjâvad. 171,27.

मल्लक V. m. *Gefäss* Divjâvad. 171, 18. fgg.

मल्लकूट und मल्लारिष्टा 5.

मल्लिकान्त V. 6.

2. मसी 5.

1. मह् V. 2) nach Hillebrandt महर्.

महत्तमपद Adj. *eine hohe Stellung einnehmend* Divjâvad. 247,4.

महदाशा V. 5.

महद्गत Adj. *gross, ansehnlich* Divjâvad. 227,4.

महन्त् V. 6.

महर्ये V. 5.

महर्द्धिक V. **hehr, herrlich* Mahâvj. 15,17 (एवं महर्द्धिका zu lesen).

महर्द्धिमन्त् Adj. auch *sehr kostbar* MBh. 7,127,17.

महल्ल V. *ein Aelterer* Divjâvad. 329,1. fgg.

महल्लक V. m. **ein best. Vergehen, wenn nämlich ein Mönch ohne gehörige Erlaubniss ein grosses Kloster für sich baut*, Mahâvj. 258,7.

महविश्व 6.

महस्वँसर und महान्नपणाक 5.

महाग्राम m. Pl. N. pr. eines Volkes R. ed. Bomb. 4,40,23.

महाचन्द्र m. N. pr. eines Mannes Divjâvad. 318,18. fgg.

महाजत्रु 6.

महाजर्प 5.

महादेवाहत Adj. *von* Mahâdeva *getroffen* Maitr. S. 3,6,10 (74,1).

2. महानद V. 6.

महानुशंसक Adj. *von grossem Nutzen seiend* Divjâvad. 200,14.

महानूप 6.

महापन्थक V. Divjâvad. 485,3. fgg.

महापृथिवी f. *die grosse Erde*. Nom. abstr. °त्व n. Sâñkhjapr. 87,2.

महाप्रणाद V. Divjâvad. 56,17. fgg.

महाप्रबन्ध und महाप्रेत 5.

2. महाबोधि V. 2) Gâtakam. 23.

2. महाभाग्य 5.

*महाभूमिक Adj. ? Mahâvj. 109,35.

महायागिक m. Pl. *eine best. Schule des* Sâmaveda Divjâvad. 632,24.26.

महाराष्ट्रवरिष्ठभाषामय 5.

महारुणा m. N. pr. eines Berges R. ed. Bomb. 4,37,7.

महारोहि m. *eine grosse Gazellenart* R. ed. Bomb. 3,68,32.

महार्यसिद्धान्त und महाललाट 5.

महावातसमूह 6.

महाविराव 5.

महाव्रतिक V. Richtiger wohl माहा°, wie mehrere Hdschrr. des Çâñkh. Çr. lesen.

महौक्षोहि V. TS. 1,8,10,1.

महाशल्कलिन्, महाशान्ती und महाश्रोत्रिय 6.

महाश्वेत V. 5.

महानभा 6.

महासम m. Pl. *eine best. Schule des* Sâmaveda Divjâvad. 632,23.26.

महासुभित 6.

*महास्मृत्युपस्थान n. Titel eines buddh. Sûtra Mahâvj. 65,77.

महास्वप्न m. *der grosse Traum* Sâñkhjapr. 108,11.

महाहतमन्द Adj. *in grosser Noth erfolgt* Divjâvad. 443,16 (°तपमन्द geschr.).

महाह्रव V. 6.

महिला V. 1) Kuṭṭanîm. 179. 182.

महिषी, so zu accentuiren,

महिषासुरमर्दिनी V. lies Durgâ.

महिषित Adj. *in einen Büffel verwandelt* Kaṇḍiç. 52. 67. 74. 101.

महीतलविसर्पिन् 5.

महेशाख्य V. *grossartig, ansehnlich*. Compar. °तर (चैत्य) Divjâvad. 243,8. fgg.

महेषुधि auch MBh. 1,225,22. 32.

महोद्यम V. m. *ein best.* Kalpa *bei den* Gaina Dharmaçarm. 21,37.

1. मा mit Präs. *damit nicht* R. Gorr. 1,65,21. पुरा मा mit Präs. so v. a. *sonst, undernfalls* 3,68,44. मा गन्तुमर्हसि st. न ग° metrisch 2,116,5.

3. मा V. 5. — Mit आ 5. — Mit प्र Desid. *sich über Etwas* (Acc.) *eine richtige Vorstellung zu bilden wünschen* Bhâmatî 616,9. — Mit सम् V. 5.

मांसोदन V. Âpast. Gṛhj. 22,5.

माङ्गलिक्य V. 5.

माठर V. m. *der Vorsteher eines* Maṭha Peterson zu Subhâshitâv. 2767.

माण्डव्य V. m. Pl. *eine best. Schule der* Bahvṛka Divjâvad. 632,18. fgg.

मातङ्गवेदि oder °दी 6.

मातर् V. 8) Z. 2, lies *Manen*.

माति V. **ein best. Körpertheil* Mahâvj. 189,71.

मातुल V. 1) *a*) ein Aelterer so angeredet Divjâvad. 500,4.

मातुलिङ्ग V. m. R. ed. Bomb. 4,1,77.

मातृका V. 5.

मातृकुल 5.

मातृग्राम V. **Frauenzimmer* überh. Mahâvj. 261,69.

मातृदास und मातृविष्णु 5.

मात्राधिक Adj. *ein wenig mehr als* (Abl.) Dharmaçarm. 1,11.

मात्रिक V. 5.

मादृक V. 6.

माधूक V. n. *eine Art Meth* Vign. zu Jâgn. 3,253. fg.

मानस्तोकीय 6.

*मानाप्य n. *zeitliche* (*sechstägige*) *Degradation eines Mönchs* Mahâvj. 265,14. मूल° *wie diese ursprünglich verhängt wurde* 15. मूलापकर्म° *gemildert* 16.

मानास 5.

मानिता f. *Stolz* Kir. 14,13. 15,21.

माया V. 6.

मायाबलवन्त् Adj. *über die Macht eines Zaubers verfügend* R. 7,29,26.

2. मार्ग V. 1) f. ई. मार्गी तनुः *die Gestalt einer Gazelle* R. ed. Bomb. 3, 59,26.

मायाविधिज्ञ Adj. *in Zauberkünsten erfahren* Divjâvad. 32,37.

*मायूरव्रतिन् m. *Anhänger einer*

best. Secte MAHÂVJ. 178,24.

मार्ग V. 1) a) MAITR. S. 2,2,10 (23,9).

*मार्गदेशक m. Wegweiser MAHÂVJ. 19,92. 138,2. 223.

*मार्गपरिणायक m. dass. ebend. 19,89.

मार्गशोभा f. Reinhaltung eines Weges DIVJÂVAD. 513,9.

*मार्गोध्यायिन् m. Wegweiser MAHÂVJ. 19,93.

मार्जन oder °ना V. 6.

मार्दलिक 5.

मालवभद्र 6.

मालाधार m. = मालाधर 2) a) DIVJÂVAD. 218,8. fgg.

मालुकाच्छद 5.

मालुधान V. 5.

माष V. 2) auch ohne अकृष्टाः R. ed. Bomb. 3,35,15. 30.

माषप्रति 6.

माषोण V. 5.

मासिश्राद्ध V. ÂPAST. GṚHJ. 21,1. 22,12.

मासोपवासिन् Adj. einen Monat hindurch fastend MBH. 12,303,18.

माहानद V. 6.

माहाव्रतिक s. oben महा°.

माहिष V. 5.

माहेन्द्र V. m. ein best. Kalpa bei den Gaina DHARMAÇARM. 21,37.

1. मि mit परि V. rings einschlagen ÂPAST. ÇR. 11,7,7. — Mit सम्, संमित fertig gebaut ÂPAST. GṚHJ. 17,6.

मिञ्ज् mit *उद्, उन्मिञ्जित n. das nach oben Verziehen MAHÂVJ. 133. 244. — Mit *नि, °मिञ्जित n. das nach unten V. ebend. — Mit सम् zusammen —, einziehen (den Arm) DIVJÂVAD. 473,6.

मिञ्जा vgl. oben u. ब्रिञ्जास्थि.

1. मित V. 5.

मित्र V. 2) f. मित्रा ÂPAST. GṚHJ. 3, 11 nach dem Comm. viele Freunde habend oder Freundin.

मित्रद्रुह् V. MAITR. S. 4,3,4 (43,12).

मित्रमहस् V. so zu accentuiren.

मित्रमुख Adj. wie ein Freund (bloss) redend (nicht in Wirklichkeit ein Freund seiend) MBH. 8,39,11.

मिथःकृत्य 5.

मिथःसमय m. gegenseitiges Uebereinkommen ÇÂK. 63,3. Statt dessen °समवाय ed. PISCH. 101,2.

मिथुनयोनि Adj. aus Paarung hervorgegangen MAITR. S. 1,10,7 (147,17).

मिथ्याप्रत्यय m. und मिथ्याभिमान m. falsche Auffassung, Wahn ANIRUDDHA zu SÂṂKHJAS. 6,59.

मिथ्यालिङ्गधर 5.

मिथ्याविकल्प m. falscher Verdacht GÂTAKAM. 9.

मिथ्याव्याहारविहारिन् 5.

मिन्दा V. 5.

मिमन्थिषु V. KIR. 12,14.

मीढुंस् V. 3) f. मीढुषी Bein. der Devî, Gattin des Îçâna, ÂPAST. GṚHJ. 20,2.

मीनमत्स्य 5.

मीनारि m. Fischer GÂTAKAM. 6,26.

मीमांसितव्य Adj. zu prüfen, zu erwägen GÂTAKAM. 8.

मील् mit आ Caus. V. 5.

मुकुटताडितक n. Titel eines Schauspiels des Bâṇa Comm. zu DAMAJANTÎK. 227.

मुकुराय्, °यते zum Spiegel werden DHARMAÇARM. 17,25.

मुकुलिका 5.

मुक्ताभरण Adj. mit einem Schmuck von Perlen versehen und zugleich des Schmuckes baar. Nom. abstr. °ता f. SUBHÂSHITÂV. 1527.

मुक्तिका auch eine best. Pflanze ANTJESHṬIK. und AV. PADDH. zu KAUÇ. 82,26.

मुख V. der blosse Schein von Etwas. भ्रातृ° Adj. R. 4,9,11. = भ्रातृद्रूपिन् 12,8. Am Ende eines adj. Comp. ähnlich, zu vergleichen mit GÂTAKAM. 6,9. — 1) a) निषेधमुखेन in negativer Weise ANIRUDDHA zu SÂṂKHJAS. 3,22.

मुखघण्टिका 5.

मुखच्छद Gesichts —, Augenbinde KIR. 17,45.

मुखतुण्डक Mund DIVJÂVAD. 387,7.

*मुखपुष्पक n. eine Art Schmuck MAHÂVJ. 237,50.

*मुखपोञ्छन (d. i. °प्रोञ्छन) n. Mundwisch MAHÂVJ. 273,13 (°पोच्छन gedr.).

मुखप्रेत V. 6.

*मुखफुल्लक n. eine Art Schmuck MAHÂVJ. 237,49.

मुखर, f. °रा V. desgl. ebend. 239,15.

मुखवर्ण 5.

मुखत्रासन V. 6.

मुखवैरस्य und मुखसंदंश 6.

मुखादान Adj. mit dem Munde fassend MAITR. S. 4,5,7 (73,7).

मुखेन्दुबिम्ब 5.

मुखोत्कीर्ण V. 5.

मुग्धदीप 5.

1. मुच् V. 12) Jmd (Gen.) entwischen GÂTAKAM. 20. 21,11. 22. — Mit प्र auch sich losmachen von (Gen.), entgehen R. ed. Bomb. 3,66,11. प्रमुक्त frei von (Abl.) MAHÂJV. 19,47. — Mit वि, °मुक्त Jmd (Gen.) entkommen GÂTAKAM. 21. 23. — Mit प्रतिसम्, °संमुक्त erlöst, von einem peinlichen Zustande befreit R. ed. Bomb. 4,59,5.

मुचिलिन्द m. eine best. Pflanze R. ed. Bomb. 4,1,81, v. l.

मुञ्जज्याबल्बजामय Adj. (f. ई) aus Saccharum Munjia, aus einer Bogensehne und aus Eleusine indica gemacht VISHṆUS. 27,18 (°मय्यो zu lesen).

मुट V. Bündel DIVJÂVAD. 501,28. Vgl. मोट.

मुट्ट m. von unbekannter Bed. SUBHÂSHITÂV. 2352.

मुण्डक V. Adj. = मुण्ड 1) a) DIVJÂVAD. 13,15.

मुण्डन V. 5.

मुण्डनेश 6.

*मुण्डशयनासनवारिक m. ein best. Klosterbeamter MAHÂVJ. 274,19.

मुत्सरी 6.

1. मुद् mit सम् einträchtig sein DIVJÂVAD. 28,27. — Caus. erfreuen R. ed. Bomb. 4,1,86. — Mit प्रतिसम् Acc. Jmd freundlich begrüssen GÂTAKAM. 31. DIVJÂVAD. 117,1. 439,15. 455,8.

2. मुद् V. 5.

मुदित n. eine best. Siddhi ANIRUDDHA und MAHÂDEVA zu SÂṂKHJAS. 3,44.

मुद्दय् mit उद् entstehen lassen DHARMAÇ. 7,67. 8,38. 12,38. 17,82.

मुनि V. 1) b) Nom. abstr. °ता f. KIR. 6,19. 12,28.

मुनिगाथा f. Pl. Titel eines buddh. heiligen Textes DIVJÂVAD. 20,24. 35, 1. Auch in einer Açoka-Inschr.

*मुरुचिका f. ? MAHÂVJ. 273,47.

*मुषितस्मृतिता f. Schwund des Gedächtnisses, Vergesslichkeit MAHÂVJ. 9,3. 104,55.

मुष्टिघातम् 5.

*मुसुन्तिका f. ? MAHÂVJ. 245,667.

मुहूर्तभुवनोन्मार्तण्ड 5.

मूकित Adj. verstummt DAMAJANTÎK. 262.

मूट V. DIVJÂVAD. 524,16. मूठ fehlerhaft 332,5. Vgl. मोट.

मूठ V. Vgl. oben u. मूट.

मूर्छ् mit अधि 6. — Mit वि, °मूर्च्छित V. betäubt, ganz hin DIVJÂVAD. 454,30.

मूर्धगत n. N. pr. eines Weltherrschers MAHÂVJ. 180,6. DIVJÂVAD. 210 19. fgg.

मूर्धसंछित्ति 6.

मूर्धागत n. ein best. Zustand der Extase DIVJÂVAD. 79,28.

*मूलपरिवास m. der ursprüngliche Termin der परिवास genannten Strafe MAHÂVJ. 265,12.

*मूलापकर्षपरिवास m. die eben genannte Strafe verkürzt ebend. 265,13.

मूलिक V. 5.

मूषिकाहैरण्यिक m. Spitzname eines Mannes DIVJÂVAD. 501,3. fgg.

मृगकेतन 5.

मृगचक्र n. eine best. Kunst DIVJÂVAD. 630,20.

मृगतीर्थ V. Z. 2, lies des Savana.

मृगशफ m. Hirschhuf MAITR. S. 3, 1,4 (5,11). 2,5 (23,2).

मृगारमातर् f. Bein. einer Frau DIVJÂVAD. 77,27. 466,24.

मृगारुव्रत (nicht मृगार°) n. eine best. Begehung des Brahmakârin AV. PADD. zu KAUÇ. 57.

मृग्य V. zu suchen, so v. a. selten

GÂTAKAM. 13,42.

मृरीची f. ein kleines Stück KAUÇ. 47,46.

मृणाल V. 6.

मृतभाव 6.

मृदिनकुलिक Adj. mit द्राव N. pr. eines Waldes DIVJÂVAD. 274,15.

मृदुमध्य Adj. (f. आ) als Bez. einer best. क्षान्ति DIVJÂVAD. 271,13.

मेघ m. auch N. pr. eines Berges R. ed. Bomb. 4,42,35.

1. मेघपुष्प, मेचकित und मेठ V. 5.

मेण्ढ्य und मेदपाट 5.

मेधयु॑ V. Vgl. PISCHEL, Vedische Studien 103.

मेधाविक V. Adj. verständig, klug GÂTAKAM. 12.

मेधी V. ein best. Theil eines Stûpa DIVJÂVAD. 244,9.

मेनि॑ V. vgl. GELDNER in Festgr. 31. fgg.

मेरक V. 1) DIVJÂVAD. 19,22.

मेरुकन्दम्बक 5.

मेलन्दुक V. MAHÂVJ. 273,18.

मैत्रबल m. N. pr. eines Mannes GÂTAKAM. 8. मैत्रीबल in der Unterschr.

मैत्राय्, °यति wohlwollend gesinnt sein DIVJÂVAD. 105,17.

मैत्रावरुणचमसीय und मैत्रीपारमिता 5.

मैत्रीबल V. Vgl. oben u. मैत्रबल.

*मैथुनाभाषण n. eine auf Beischlaf anspielende Unterhaltung MAHÂVJ. 258,3.

मैलव्रत (!) n. eine best. Begehung des Brahmakârin AV. PADDH. zu KAUÇ. 57.

मोक्षण V. 5.

मोक्षवार्त्तिक 5.

मोघहासिन् 6.

मोघाय् 5.

मोट = मुट, मूट Bündel DIVJÂVAD. 5,8.

मोटपल्ली 5.

मोटमान V. n. eine best. Siddhi ANIR. und MAHÂD. zu SÂÑKHJAS. 3,44.

मोर 5.

मौक्तिकमय Adj. (f. ई) aus Perlen bestehend RUDRAṬA, ÇṚÑGÂRAT. 3,6.

मौक्तिकसर m. Perlenschnur DAMAJANTÎK. 187.

मौञ्ज V. 3) auch Gürtel überh. VISHNUS. 27,18. 28,40. मौञ्जि° metrisch 37.

मौद्गलीय, so zu lesen st. मौद्गल्यीय; vgl. P. 6,4,151.

*मौद्रिक m. Verfertiger von मुद्रा MAHÂVJ. 186,40.

मौनीन्द्र Adj. von मुनीन्द्र DIVJÂVAD. 490,14. 16.

मौल V. m. Pl. Eingeborene, die später ausgewandert sind, BṚHASPATI in VIVÂDAR. 213.

मौलि V. 2) c) KIR. 12, 42. 17, 8. DAMAJANTÎK. 174.

म्रक्ष wohl Gefühl DIVJÂVAD. 622,12.

म्लानत्व n. das Verwelktsein R. ed. Bomb. 3,74,27.

म्लानिमन् 5.

य V. यत्खलु ज्ञानीयाः so v. a. beliebe zu erfahren, mit deiner Erlaubniss DIVJÂVAD. 111,25. 156,8. यन्नु mit der 1sten Potent. lass mich, ich möchte LALIT. 109,15 (यन्वहमस्य zu lesen). DIVJÂVAD. 283, 5. यद्वा तद्वा gleichviel was, das erste beste 499, 17. 548,11.

2. यक्ष V. 6.

यक्षबलि m. ein Streuopfer an die Jaksha, eine best. Hochzeitsceremonie Comm. zu ÂPAST. GṚHJ. 2,15.

यजमान V. 2) यै॑जमानलोक (!) MAITR. S. 1,4,5 (53,5).

यजमानायतन॑ n. der Standort des Opferers MAITR. S. 3,3,2 (33,16).

यै॑जुरुत्तम Adj. mit Jagus endend MAITR. S. 3,1,1 (2,1).

यज्ञतनू॑ V. 5.

यज्ञ॑ता f. Nom. abstr. zu यज्ञ Opfer MAITR. S. 1,10,15 (155,4). 17 (157,16).

यज्ञ॑दुग्ध Adj. vom Opfer ausgemelkt TS. 1,7,1,1.

यज्ञपुरुषासंमित (!) Adj. MAITR. S. 3,1,2 (3,3). 7 (9,8).

यज्ञनेनि॑ V. vgl. GELDNER in Festgr. 32. fg.

यज्ञविभ्रंश 6.

यज्ञविभ्रष्ट V. 6.

यत् Caus. vgl. ROTH in Z. d. d. m. G. 41,676. — Mit अन्वा V. sich bei Etwas betheiligen ÇÂÑKH. BR. 23,5.

यतरत्र॑ Adv. an welchem der beiden Orte MAITR. S. 4,2,6 (27,17).

यत्किंचनकारिता f. Uebereilung GÂTAKAM. 20.

*यत्किंचिच्चारक m. ein Diener für Allerlei MAHÂVJ. 274,6.

यत्सत्यम् s. u. सत्य.

यथर्षि V. Adv. je nach der Zahl der Ṛshi ÂPAST. GṚHJ. 16,6.

यथा V. यथापि तद्द wie zu erwarten, natürlich DIVJÂVAD. 213,24. 462, 3. यथापि dass. 84,10. यथापि नाम gleichwie 501,8. MAHÂVJ. 225,71.

यथाकुलम् Adv. je nach der Familie SUD. zu ÂPAST. GṚHJ. 2,15.

यथाजनपदम् Adv. je nach dem Lande SUD. zu ÂPAST. GṚHJ. 2,15.

यथादोषम् 6.

यथाधिकार° V. je nach dem Amte, je nach der Stellung GÂTAKAM. 10.

यथानाम V. 6.

यथापुंसम् Adv. je nach dem Manne SUD. zu ÂPAST. GṚHJ. 2,15.

यथापौराण Adj. wie früher seiend, in dem früheren Zustande GÂTAKAM 8.

यथाप्रतिज्ञम् Adv. dem Versprechen gemäss MBH. 3,304,1.

यथाप्रस्तावम् Adv. bei erster schicklicher Gelegenheit GÂTAKAM. 26. 32.

यथाप्राश 5.

यथाभिनिविष्ट Adj. wozu sich Jeder bekannt hat GÂTAKAM. 23.

*यथाभूतदर्शिन् Adj. die Sachen so ansehend, wie sie sind, MAHÂVJ. 81,7.

यथाशोभम्, यथासंकल्पम् und यथासूत्रम् 6.

यथास्त्रि Adv. je nach der Frau SUD. zu ÂPAST. GṚHJ. 2,15.

यथैकदिवसम् Adv. als wenn es nur ein Tag wäre (gewesen wäre) MBH. 1,72,9.

यथोच्छ्रितम् V. so zu lesen.

यथोढम् Adv. in der Reihenfolge, wie sie herbeigeführt wurden, ÂPAST. GṚHJ. 20,4.

यथोपचारम् Adv. wie es die Höflichkeit erfordert GÂTAKAM. 20.

यथोपपादिन् Adj. der erste beste KAUÇ. 138,2.

यद् V. यच्च — यच्च sowohl — als auch DIVJÂVAD. 77,7.

यदशनीय n. alles Essbare ÂPAST. 2,3,12. ÂPAST. GṚHJ. 19,2.

यदि V. यदि नाम mit Potent. ob wohl je GÂTAKAM. 23,5.

यदीय Adj. wem gehörig, cujus (rel.).

यदृच्छ 6.

यदृच्छाभिज्ञ 5.

यद्भूयसा Instr. Adv. grösstentheils DIVJÂVAD. 30,12. 80,4. 419,18.

*यद्भूयस्कारिन् Adj. Etwas dem grössten Theile nach verrichtend MAHÂVJ. 84,3.

यन्तुर् V. 6.

यन्तु 6.

यन्त्रगृह V. Folterkammer DIVJÂVAD. 380,15. ज्ञतु° fehlerhaft 418,1.

यन्त्रदृढ Adj. fest verriegelt (Thür) MṚKKH. 48,5.

यन्त्रपत्त्र n. Titel eines Werkes Festgr. 55.

यम् mit उपनि befestigen (?) GÂTAKAM. 11. — Mit परिनि genau bestimmen (eine Zeit) VIVÂDARATNÂKARA 93, 1. — Mit प्रतिनि, °यत V. vielleicht fest stehend, unveränderlich GÂTAKAM. 21. — Mit अभिसम् V. Med. fester anziehen (den Gürtel) 9.

यमकशालवन n. N. pr. einer Oertlichkeit DIVJÂVAD. 208,25. fgg.

यमल, f. °ली V. ein best. Kleidungsstück oder ein Paar Kleidungsstücke DIVJÂVAD. 276,11.

यमलक V. * Zwilling MAHÂVJ. 188,33.

यमलोक॑ V. MAITR. S. 2,5,11 (63,12).

यमव्रत auch eine best. Begehung des Brahmakârin AV. PADDH. zu KAUÇ. 57.

यमित्री 6.

यवशस्य (°सस्य?) eine Getreideart DIVJÂVAD. 230,20.

*यवागूचारक m. der für die Reisbrühe sorgende Klosterbruder MAHÂVJ. 274, 3.

1. यव्य, यव्या॑ und यष्टिमधुक V. 6.

1. या Caus. unterhalten, aufziehen DIVJÂVAD. 499,1. sich wohl befinden 93, 6. 150,16. 196,18. 471,4. — Mit व्यु-

ती V. °यात = व्यतिक्रम्य गत: R. ed. Bomb. 3,69,4. — Mit अभि V. *fahren über* (Acc.) Âpast. Gṛhj. 5,24. — Mit आ Caus. *erziehen* Divjâvad. 499,9. — Mit परि V. *den Umlauf vollbringen* Ǵâtakam. 10,29. — Mit प्र V. *zu Werke gehen, verfahren* 20,33. — Mit अभिप्र V. *aufbrechen —, eine Reise antreten von* (Abl.) 24. *von einer Stelle zu einer anderen sich schwingen* 27,10.

*यागमय Adj. *in Opfern bestehend* Mahâvj. 140,12.

यातक 5.

यादवप्रकाश 6.

यानयात्रा f. *Seereise* Divjâvad. 503,19 (°पात्र am Ende eines adj. Comp. gedr.).

*यानी Adv. mit कर् *sich Etwas geläufig machen* Mahâvj. 126,69.

यापनीय Adj. Compar. °तर *besser* Divjâvad. 110,2.

याप्ययान V. Dharmaçarm. 20,28.

यामश्रुत und यामहू V. Vgl. Pischel, Vedische Studien 98.

यामिनीप्रियतम V. so zu lesen st. °प्रितम.

यामिनीविरहिन् Adj. *in der Nacht getrennt.* विहग m. = चक्रवाक Kir. 9,13. 30.

यामिनीश m. *der Mond* Dharmaçarm. 2,79. 7,2.

यावत्प्रिय Adj. *in welchem Maasse lieb* Maitr. S. 1,6,3 (90,10).

यावत्संपातम् 6.

यावदृत्य Adj. *lebenslänglich* MBh. 8,40,24.

यावद्देहभाविन् Adj. *so lange während wie der Körper* Aniruddha zu Sâṁkhjas. 5,66. 6,54.

यावत् V. यावच्च — यावच्च — अन्तरात् *zwischen — und —* Divjâvad. 93,24. 386,10. यावत् mit Dat. *bis zu, bis auf* 2,24. 523,15.

युक्तिकृत Adj. *erworben* (Gegens. सहज) Karaka 63,9.

युगचर्मन् n. *ein Leder (Kissen) am Joch* MBh. 8,34,29.

युगधुर् f. *Jochzapfen* Âpast. Çr. 3,8,4.

युगप्रधानस्वरूप n. und °प्रधानपट्टावलीसूत्र n. Titel eines Werkes Festgr. 54.

युग्मद्युजौ (!) Adj. Du. *paarig und unpaarig* Maitr. S. 3,4,2 (46,12).

1. युज् mit अत्युप *zu sehr gebrauchen* Karaka 256,19. — Mit निस्, निर्युक्त R. ed. Bomb. 3,69,39 wohl fehlerhaft für निर्मुक्त *frei gekommen von* (Instr.), so v. a. *mit Aufopferung von.* — Mit प्र V. 16) Med. mit Loc. der Person Ǵâtakam. 29,17. — Mit अतिप्र V. *zu sehr gebrauchen* Karaka 256,11. — Mit *विसंप्र, °युक्त *frei von* (Instr.) Mahâvj. 19,48. — Mit प्रतिसम V. °प्रतिसंयुक्त *in Verbindung stehend mit, Bezug habend auf* Ǵâtakam. 12. 21. 28. Mahâvj. 109,65.

युद्धक्ष्मा f. *Kampfplatz* Kâṇḍiç. 85.

युद्धयोग्य und युद्धव्यतिक्रम 6.

युद्धसार V. Adj. in Verbindung mit वाक्य so v. a. *von Kampflust strozzend, kriegerisch, herausfordernd* MBh. 7,156,13.

1. युध् V. Act. *schlagen* (von Wellen) Maitr. S. 4,4,1 (50,3). Vgl. Pat. zu P. 3,1,85.

युवन् V. 1) auch von Thieren. भल्लूक° *ein junger Bär* Mâlatim. (ed. Bomb.) 304,1.

युवराज und °दिवाकर V. 5.

यूथबन्ध m. *Rudel* R. ed. Bomb. 3,11,4.

योक्तव्य V. so zu accentuiren.

योगर्द्धिरूपवत् 6.

2. योगाचार V. = योगिन् Mahâvj. 83,1.

योगोद्वहन n. *Unterstützung* (mit Nahrung und Kleidern) Divjâvad. 87,24. 172,28. 312,19. 498,27.

योनितस् Adv. *aus dem Stalle* Maitr. S. 4,2,11 (34,18).

योनिसंकट 6.

र V. 6.

रंहि V. Vgl. Pischel, Vedische Studien 106.

रक्तकमलिनी und रक्तपद्ममय 5.

रक्तमण्डलता V. 5.

रक्तान्त V. 2) *a*) Nom. abstr. °ता f. Dharmaçarm. 4,30.

रक्ताशय V. 5.

1. रक्ष् mit समनु *in Acht nehmen, hüten* Divjâvad. 104,13. 105,18.

रक्षाप्रतिसर m. oder °रा f. *Schutzamulet* MBh. 3,309,4.

रक्षिजन m. *Polizei* Ǵâtakam. 10,20.

रक्षोघ्न V. 2) *a*) lies Bez. des Anuvâka AV. 8,3. 4.

रग् mit आ Caus. (vgl. आरागय in Nachtrag 3) *befriedigen, zufriedenstellen* Divjâvad. 131,5. 133,20. 192,16. 233,20. *theilhaftig werden, bekommen* 173,4. 29. 236,10. *vollziehen, vollbringen* 302,20.

रङ्गा f. N. pr. eines Flusses Divjâvad. 451,1. fgg. 456,19.

रङ्गावलि f. *eine Reihe von Tribünen* Dharmaçarm. 16,85. 17,2.

रच् mit प्रवि *verfertigen* Kâṇḍiç. 96.

रञ्ज् Caus. V. 6.

रजनिकृत् m. *der Mond* Kâṇḍiç. 10.

रजस्तुर् V. Vgl. Pischel, Vedische Studien 123.

रज्जुकरण V. Kauç. 13,11.

रज्जुक्रिया f. *Seilerarbeit, Seilerei* Sch. zu Âpast. Gṛhj. 8,12.

रज्जुधान n. *die Stelle am Halse eines Hausthieres, an der das Bindseil befestigt wird*, Kauç. 44,23.

रज्जुवर्तन n. *das Drehen von Stricken* Ǵâtakam. 8.

1. रञ्ज् V. 5.

रणक्ष्मा f. *Kampfplatz* Kâṇḍiç. 99.

रणाबल 5.

रणशीर्ष 6.

रतिबन्धु 5.

*रतिरागा f. N. pr. einer Tantra-Gottheit Mahâvj. 197,56.

रत्नकर्णिका f. *Ohrring mit Juwelen* Divjâvad. 481,25.

रत्नरत्न 5.

रत्नाकर V. 5.

रत्नादिनन्दिन् 5.

रत्नाय्, °यते *Juwelen —, Perlen gleichen* Ǵâtakam. 15,14.

रथक V. m. *Wägelchen* Ǵâtakam. 9,70.

रथतुर् V. Vgl. Pischel, Vedische Studien 123. fg.

रथधुर्य V. Nom. abstr. °ता f. Ǵâtakam. 9.

रथयातक 5.

रथवत् 6.

रथवाहन V. vgl. Roth in Festgr. 95. fgg.

रथशक्ति auch MBh. 7,175,28. 9,10,38. 12,4,18.

रथस्पष्ट, so zu lesen st. रस°.

रथाग्र V. n. *Vordertheil eines Wagens* MBh. 8,89,65.

रथाग्रतस् Adv. *vorn am Wagen* MBh. 8,86,23.

रथाङ्ग V. 1) *b*) Maitr. S. 3,6,9 (73,13).

रथोडुप *Wagenkasten, capsus* MBh. 7,146,34.

रध्र und °तुर् V. Vgl. Pischel, Vedische Studien 124. fgg.

1. रन् mit *प्र, प्ररणित *erschallend* Mahâvj. 151. — Mit *संप्र, °रणित dass. ebend.

रभ्, आरभ्य Absol. auch so v. a. *in Bezug auf, über* Ǵâtakam. 26,27.

रम् mit प्रतिवि *abstehen —, ablassen von* (Abl.) Divjâvad. 11,23. 302,8. 585,18.

रमण (und रमणक n. N. pr. einer Stadt Divjâvad. 399,5. 24. 603,6) und रमा V. 6.

रमणीय V. 1) *lieblich.* Nom. abstr. vom Compar. °तरत्व n. Ǵâtakam. Einl. 2.

रयिधारणपिण्ड m. *Erdkloss* Kauç. 28,3.

रविज auch Patron. Jama's Subhâshitâv. 3179.

*रवित n. *Uebereilung* Mahâvj. 9,2.

रशनसंमित V. 5.

1. रशना V. *Strahl* Çâṅkh. Br. 7,4.

रसभेदिन् 6.

*रसरसाग्रता f. (Mahâvj. 17,10) und रसरसाग्रवत् Adj. (Lalit. 120, 19. fg.). Vgl. Lotus de la b. l. 566. fg.

रसवत् V. 5.

रसहरण V. 6.

रहोमानिन् Adj. *sich verborgen wähnend* Ǵâtakam. 12,14.

1. राज् mit प्र *Jmd* (Acc.) *prangend erscheinen* RV. 8,6,26.

1. राजन् V. 5. 1) *a*) α) R. ed. Bomb. 1,14,6.

1. राजपुत्र V. 1) *a*) Nom. abstr. °ता

f. MBh. 13,118,12. 17.

राजमार्गी Adv. mit कर *zu einer Hauptstrasse machen* Gâtakam. 1.

राजलक्षण V. lies n. st. m.

राजहंसाय् 6.

राजाधीन V. lies m. st. n.

राजाववाद m. *eine Predigt für den Fürsten* Gâtakam. 10. 27.

*राजाववादक n. Titel eines buddh. Werkes Mahâvj. 65,105.

राज्ञिन् V. 6.

राज्ञीमती und °परित्याग 5.

राता Adj. f. Âpast. Gṛhj. 3,11 auf verschiedene Weise gedeutet. = विकारिणी Vaiǵajantî, Bhûmik., Brâhmanâdhj. 32 nach Winternitz.

राति V. m. *Angehöriger, Freund* Âpast. Gṛhj. 12,14.

रात्रिचार m. = रात्रिचर्या 1) Rudrata, Çṛñgârat. 2,38.

रात्रिंदिवस *Tag und Nacht* Divjâvad. 124,20.

रात्रीभव 5.

1. राध् mit आ Caus. V. *befolgen, vollführen* Gâtakam. 18,5. — Mit सम् Caus. V. *Wohlgefallen —, Beifall bezeugen, zujauchzen* 15. 22. 23. 25. 25,22. 31. — Mit अभिसम् Caus. dass. 2. 5. 15. 33.

राधा f. *eine Art Schuss* Pr. P. 32. Vgl. राध 2) *d*).

राधेय m. Metron. Bhîshma's.

राभसिकता f. *Ungestüm* Kâd. (1883) 331,6.

रामकायणि (°न gedr.) m. Patron. Maitr. S. 4,2,10 (33,14).

रामणीयक n. *Lieblichkeit, Schönheit* R. ed. Bomb. 3,15,5.

राशी f. metrisch für राशि R. ed. Bomb. 1,53,12.

राष्ट्रभृत् V. 2) *a*) Bez. *der Sprüche* TS. 3,4,7 Âpast. Gṛhj. 2,7.

राहुशत्रु m. *der Mond* R. 2,114,3.

1. रि, रिणा V. *bekümmert, traurig* Dharmaçarm. 8,8. — Mit नि V. Vgl. Geldner, Vedische Studien 117.

रिच् V. *रिञ्चति Mahâvj. 130,6.

रिरिधि 6.

रिपव् 5.

रिपुकाल m. *der Todesgott für die Feinde* Gâtakam. 10,6.

रिभ् V. 5. 6.

रिश् mit वि V. विरिष्ट gehört eher zu रिष्.

रिशादस् V. 6.

रिष् mit वि, °रिष्यति *sich verletzen* Kauç. 59,28. 72,30.

रीति V. 3) शकृद्रीति Âpast. Gṛhj. 9,3.

1. रु mit आ V. *mit Geschrei u. s. w. erfüllen* Gâtakam. 21,7.

3. रु mit वि, °रुत etwa *zerschlagen* ebend. 29,38.

रुष् 5. — Mit अधि und प्रति 5.

*रुक्मिणीहरण n. *der Raub der R.*, Titel einer Erzählung Mahâvj. 245.

1. रुज् mit अभि V. *versehren, verletzen* Gâtakam. 10,29. 22,72. 23,6.

1. रुद् V. *रुण्ण *thränend* Mahâvj. 245. — Mit अभि V. °रुदित *jammernd* Gâtakam. 20.

रुद्रती V. N. pr. eines Flusses Divjâvad. 451,4. 8. 456,19 (रुद्रती gedr.).

रुद्र und रुद्रवर्तनि V. Vgl. Pischel, Vedische Studien 53. fgg. रुद्र 3) *a*) Damajantîk. 84.

रुद्रावास 5.

रुद्री Adv. mit भू *zu* Rudra *werden* Haraviǵaja 1,35.

2. रुध् V. 5. — Mit समुप V. *ganz einnehmen, — bewältigen, — überwältigen* Gâtakam. 9. 26. — Mit प्रतिवि *aufstehen, sich empören* Divjâvad. 445,24.

रुधिरमय 5.

रुमण m. N. pr. eines Affen R. ed. Bomb. 4,39,27.

रुमा V. 5.

1. रुह् mit आ, आरूढ V. *ausgerissen, ausgezogen* (!) Divjâvad. 84,10. — Mit व्युप Caus. °रोपित *versetzt* (Baum) Karaka 368,4. — Mit वि, °रूढ V. *ausgewachsen*, so v. a. *entwickelt* Gâtakam. 31.

रूक्षक Adj. (f. °क्षिका) = रूक्ष 1). Von einer Speise Divjâvad. 87,1. 89,3.

रूक्षय् V. *verunglimpfen, beleidigen, erbittern.* रूक्षितत्व n. Gâtakam. 23,7.

रूक्षस्वरम् Adv. *mit rauher, unheimlicher Stimme* Mṛkkh. 143,13.

रूप V. 5.

रूपय् V. 2) Kir. 8,26.

रूपावत m. N. pr. eines Prinzen Divjâvad. 474,6. fgg. °वी f. N. pr. einer Frau 471,5. fgg.

रूपिण m. N. pr. eines Sohnes des Aǵamîdha MBh. 1,94,32. 34.

रूपिन् V. 2) zu streichen.

रेतोऽवसिक्त 6.

रेभिन् V. 6.

*रेवतीग्रह m. *ein best. Krankheitsdämon* Mahâvj. 212,12.

रैणुकेय V. 5.

रोमविभेद m. = रोमहर्ष Kir. 9,46.

रोमसंवेजन 6.

रोमसूची f. *Stachel des Stachelschweins, Haarnadel* Har. zu Âpast. Gṛhj. 14,3.

रोषक Adj. *zornig, zornige Worte ausstossend* Divjâvad. 38,9.

रौहितरूप्य n. *die rothe Farbe* Maitr. S. 3,7,4 (79,5).

रौद्रचित्त Adj. *von roner Gesinnung* Divjâvad. 471,11.

रौद्रान 5.

लकार V. 5 (Subhâshitâv. 2401 der gedr. Ausg.).

लक्षणसंनिवेश 6.

लक्षणय V. m. *Zeichendeuter* Divjâvad. 474,27.

लक्षभूत V. Am Ende eines Comp. *ausgesetzt, unterworfen* Gâtakam. 18,17.

लक्षय् mit अभि, °लक्षित auch *erprobt* R. ed. Bomb. 4,41,1. *ausgezeichnet* Gâtakam. 7. 18. 28,42. Nom. abstr. °त्व n. 7. — Mit समभि, °लक्षित *ganz ausgezeichnet* 3,15. — Mit आ *erzielen, erreichen* 20.

लक्ष्मणाकुण्डक V. so zu lesen.

लक्ष्मणादित्य 6.

लक्ष्मणय V. 1) *a*) Âpast. Gṛhj. 6,5.

लक्ष्मीनारायण V. 5.

लघुसमुदीरण und °त्व 6.

लघूत्थानता V. *körperliche Rüstigkeit* Mahâvj. 244. Divjâvad. 156,19.

लङ्ग् V. — Mit प्रति *lahmen* Açvav. 32,3. 4. — Vgl. लिङ्गित.

लङ्ग m. *Lahmheit* Açvav. 32,19. 20.

लङ्गिन् Adj. *lahm* Açvav. 32,10.

लङ्घ् mit प्रति Caus. V. 5. — Mit प्रोद् Caus. = उद् 1) Dharmaç. 16,67. *übertreten, zuwiderhandeln* Divjâvad. 396,24.

लड् V. 6. लडित *sich hinundher bewegend* Gâtakam. 32,32. Haraviǵaja 1,54. — Mit उप Caus. (°लाडयति) = लल् mit उप Divjâvad. 114, 26. 503,9.

लडहचन्द्र 5.

लड्डु V. 5.

लताय् 6.

1. लप् mit उप Caus. *aufheitern* Gâtakam. 19,18.

*लपना f. etwa *Geklatsch* Mahâvj. 127,53.

लब्धसंस्कार (Divjâvad. 282,11) und °संभार (ebend. 54,2) Adj. *zusammengebracht, zu Stande gekommen.*

लब्धातिशय Adj. *in den Besitz übernatürlicher Kräfte gelangt* Sâmkhjas. 1,91. 4,24. Aniruddha zu 1,95.

लभ् mit प्रति V. *प्रतिलब्ध so v. a. *theilhaftig geworden* Mahâvj. 30,6. 33. 245,575.

लम्पाक V. 1) Damajantîk. 119.

लर्द्, लर्दयति *aufladen* Divjâvad. 5,22. 334,19.

ललितांक 5.

लवङ्ग, f. ई V. ein Frauenname Damajantîk. 247.

लस् mit उद् V. 6.

लस्पूजनि° = °नी Kâtj. Çr. 8,4,21.

लाञ्छि *eine best. Pflanze* Dharmaçarm. 3,30.

लाञ्छनाय्, °यते *zum Kennzeichen werden* Damajantîk. 178.

*लाडिक m. *Knabe* Mahâvj. 191,4.

लान्तव m. *ein best.* Kalpa *bei den* Gaina Dharmaçarm. 21,68. 74.

लाम्पट्य n. *Begierde* Damajantîk. 168.

लावण्यवती V. 6.

लिख् mit परि V. Kauç. 26,43 und sonst nach Dârila *zerreiben.*

लिङ्गिका und लिङ्गित n. *Lahmheit* Açvav. 32,34. 11. 15. Wohl nur fehlerhaft für लङ्गित.

लिप् mit प्रति 6.

लिपिक m. *Schreiber* Divjâvad.

293,3.

1. लिह् mit नि 5.

लुञ्च् mit प्र Med. *sich ablösen, ausgehen* (von Haaren) Karaka 400,23.

1. लुठ् V. 3) = 1) *a)* Dharmaç. 1,54.

लुण्ठ् mit उद् *plündern* Damajantik. 168.

1. लुप् mit उद् V. * *aufnehen* (in die Gemeinde) Mahâvj. 268,12.

लुल् mit व्या 6. — Mit परि Caus. *hinundherbewegen* Kir. 8,33. — Mit वि, विलोलत् *sich hinundher bewegend* Damajantik. 220.

लूह् V. 1) Divjâvad. 13,27. 81,26. 425,18. 427,14.

लेखक V. n. *Schreiben, geschriebene Botschaft* Subhâshitâv. 608.

लेण्डिका f. = लेण्ड. Pl. Dârila zu Kauç. 48,32.

लेशशस् Adv. *in Stücke* (schneiden) R. ed. Bomb. 3,56,25.

*लैशिक n. *das Vergehen eines Mönchs, wenn er, einen falschen Schein benutzend, seinen Mitbruder eines argen Versehens zeiht,* Mahâvj. 258,9.

लोक् mit अव Caus. V. *Jmd zum Abschied grüssen* Divjâvad. 4,26. 128,2. 281,17. 331,18. 439,22. 446,18. 511,10. 524,12. — Mit व्यव Caus. *ringsum beschauen, besichtigen* Divjâvad. 437,5. — Mit *समुद् Caus. *hinblicken auf* Mahâvj. 245. — Mit प्रति, °लोकित R. ed. Bomb. 4,61,13 wohl fehlerhaft für प्रविलोकित.

लोककाम्या f. *Menschenliebe* MBh. 3,307,14.

लोकपक्ति V. *weltlicher Lohn* Gâtakam. 10,35.

लोकपरोक्ष Adj. *vor der Welt verborgen* MBh. 1,74,122.

लोकसंवृत्ति f. *ein richtiges Benehmen in der Welt* Divjâvad. 547,26.

लोकसारङ्ग 6.

लोकाधिपत्येय n. *ein der öffentlichen Meinung angepasstes Betragen* Gâtakam. 12.

लोलन V. n. *das sich hinundher Bewegen* Dharmaçarm. 7,63. Damajantik. 167.

लोष्टाय् 6.

लोहकर्ण V. 6.

लोहचारक m. *eine best. Hölle* M. (Jolly) 4,90.

लोहदारक V. richtiger लोहचारक.

लोहमारक v. l. für लोहचारक.

लोहलेख्य Adj. *durch Eisen ritzbar* Mahâdeva zu Sâmkhjas. 5,27.

*लोहितकृत्स्न n. *eine der 10* Kṛtsna *genannten mystischen Uebungen* Mahâvj. 72,3.

लोहितगात्र m. Bein. Skanda's AV. Pariç. 20,4.

लौहितसारङ्ग V. so zu betonen.

लोहिताय V. Act. Çâṅkh. Br. 7,4.

लोहिताश्व m. *Feuer* Kir. 16,54.

1. व V. Scheinbar Mâlav. (ed. Boll.) 40, da hier पृच्छतीव zu verbinden ist.

लौकान V. Divjâvad. 632,23.

लौहितीक V. m. *Bergkrystall* Haravigaja 1,25.

वंशक VI. 6.

वंशघटिका f. *ein best. Kinderspiel* Divjâvad. 475,19.

वंशस्तूप m. *der obere Balken eines Hauses* (der das Dach trägt) Sud. zu Âpast. Gṛhj. 17,5.

वंशोद्भेद und वक्तृव 6.

वङ्क VI. m. N. pr. eines Berges Gâtakam. 9.

वङ्गेरिका f. *Körbchen* Daçak. (1883) 66,16. Vgl. die v. l. zu 70,17 bei Bühler.

1. वच् mit परिप्र VI. 6. — Mit वि *Caus. *murren, klagen, ungehalten sein* Mahâvj. 132,16. Statt dessen विपाचयति 281,158.

वज्र m. auch N. pr. eines Berges R. ed. Bomb. 4,42,25.

वज्रधृक् Adj. *den Donnerkeil tragend* MBh. 13,40,29.

वज्रपाताय् 6.

वज्रमुष्टि VI. 6.

वञ्च् Caus. VI. 6. — Mit वि 6.

वत्समित्रा 6.

वत्सप VI. m. Pl. R. ed. Bomb. 2,52,101 = वत्सदेशाः nach dem Comm.

वधक VI. *zu tödten beabsichtigend* Gâtakam. 25.

वधत्म Adj. *den Tod verdienend* MBh. 7,198,48.

वधूधन n. *das Separatvermögen einer Frau* Har. zu Âpast. Gṛhj. 7,1.

वधूवासस् n. *Brauthemd* Âpast. Gṛhj. 9,11.

*वध्यघातक m. *Henker, Scharfrichter* Mahâvj. 186,166.

वन् VI. Vgl. Geldner, Vedische Studien 144.

वनजायत Adj. (f. आ) *lang und einer blauen Lotusblüthe gleichend* Subhâshitâv. 1222.

वनन VI. n. *Zuneigung* Kauç. 41,18.

वनप्रिय VI. 1) *a)* Pârv. 591,30.

वनसद् VI. m. *Waldbewohner* Kir. 15,10.

वनाश Adj. *von Wasser lebend* (nach Nilak.) MBh. 13,14,124.

वनिताय्, °यते *einem Weibe gleichen, sich wie ein Weib benehmen* Rudraṭa, Çṛṅgârat. 3,23. 82.

वनीपक m. = वनीयक Gâtakam. 18. Divjâvad. 414,18. वनीपक 83,19. Vgl. Pâli वनिब्बक.

वनेसद् m. *Waldbewohner* Kir. 14,30.

*वन्योपोद्की (so zu lesen st. °पादकी) Rigan. 7,138.

1. वप् mit प्र VI. Âpast. Gṛhj. 10,6.

वपुष्मत्ता f. *Schönheit* Divjâvad. 44,22.

2. वसर् VI, 2) Dharmaçarm. 9,1. 28.

वप्र VI. 1) *f)* Dharmaçarm. 16,71.

वप्रावनी f. *bebautes Land* Dharmaçarm. 5,37.

1. वम् mit उद् VI. mit intransit. Bed. = उद्-सर्प् Kir. 9,27.

1. वर् mit परि VI. °वृत R. ed. Bomb. 3,71,34 fehlerhaft für परिवृत्त.

2. वर् mit अव *erwählen, vorziehen* MBh. 8,28,24. — Mit प्र Caus. VI. 2) *beschenken, bedenken mit* (Instr.) Divjâvad. 116,17. 283,5. — Mit संप्र Caus. (°वारयति) *bedienen* (mit Speisen) 285,5. fgg. 310,22.

3. वर VI. Am Ende eines Comp. auch so v. a. *fürstlich.* तुरग° Gâtakam. 25. रथ° 26. 32. शयनीय° 28.

वरघण्ट m. Bein. Skanda's AV. Pariç. 20,4.

वरदत्त VI. Adj. = दत्ततर R. 7,36,26.

वरर 6.

वरलब्ध VI. Adj. = लब्धतर R. 7,5,1. 10,38. 11,1.

2. वराङ्ग VI. 1) in वराङ्गरूपोपेत AK. 3,1,12 ist वराङ्ग wohl *Elephant.* — 2) *a)* Divjâvad. 527,27. *°बल n. Mahâvj. 252,4.

*वराङ्गरूपिन् m. so v. a. *ein grosser Held* Mahâvj. 182,3.

वरार्घ्य Âpast. Gṛhj. 21,9 fehlerhaft für अवरार्घ्य.

वरुड VI. f. ई Vign. zu Jâgn. 3,265. fg.

वरूथक 6.

वर्चःस्थान VI. Kâtjâjana in Vivâdar. 219.

*वर्चोमार्ग m. *After* Mahâvj. 281.

वर्त् mit प्र auch *Jmd in's Verderben bringen* Çâṅkh. Br 5,6.

वर्णाय् mit वि VI. Vgl. वित्रर्णाय् weiter unten. — Mit सम् VI. 2) *anpreisen* Gâtakam. 10. — Mit अनुसम् *billigen, beistimmen* Divjâvad. 196,8. 263,10.

वर्त् mit अति VI. 1) *e)* अतिवृत्त *übertroffen, in Schatten gestellt* MBh. 1,83,28. — Mit अन्तर् Caus. *zugesellen* Mâlatim. (ed. Bomb.) 324,7. — Mit उद् Caus. VI. 6, Divjâvad. 12,21. 36,6. — Mit परि, °वृत्त (so zu lesen) *der durchwandert hat,* mit Acc. R. 3,71,34. — Mit संपरि Caus. VI. *ringen* (die Hände) Divjâvad. 263,18. — Mit प्रतिसंनि *zurückkehren* R. ed. Bomb. 4,28,32.

वर्त und v. l. वर्ति VI. = मूत्रबिल Dârila zu Kauç. 25,16.

वर्तन VI. 4) *l)* अलक्तक° so v. a. *das Bestreichen —, Färben mit Lack* Kir. 10,42.

वर्तना f. = वर्तन 4) *a)* Haravigaja 2,25.

वर्ति VI. = गैरिकादिगुलिका und मार्ग ebend. 12,30.

*वर्तुलि *eine Bohnenart* Mahâvj. 228. Vgl. वर्तुल 2).

वर्द्रालिका f. Divjâvad. 500,20 fehlerhaft für वार्द्र°.

वर्मय् VI. 6. — Mit सम् 6.

वर्वूर् VI. 6.

वर्षकारी Adj. f. Âpast. Gṛhj. 3,11. Baudh. Gṛhj. Pariç. verschiedentlich erklärt. = सवत्याणिपादा Vaiǵajanti, Bhûmik., Brâhmaṇâdhj. 52 nach Winternitz.

वर्षसहस्रीय VI. 6.

वर्षसहस्रक, °सहस्रिक, °सहस्रिन् und °सहस्रीय 6.

वर्षाकार m. N. pr. eines Brahmaṇen Divjâvad. 545,8.

वर्षोपनायिका f. *Eintritt in die Regenzeit* (wo die Mönche nicht mehr im Lande umherwandern dürfen) Mahâvj. 266. Divjâvad. 18,10. 489,10.

वल् mit वि VI. विवलित = विनिःसृत Haraviǵaja 7,31.

वलना VI. = वलन 1) *a*) ebend. 2,31.

वलभीनिवेश m. *Söllergemach* Dharmaçarm. 1,76.

°वलयितर् Nom. ag. *rings umfassend* ebend. 1,86.

*वलितक m. *ein best. Schmuck* Mahâvj. 237,32.

वलीक VI. 2) *a*) Kauç. 24,12.

वल्कल VI. m. Pl. *eine best. Schule der* Bahvṛka Divjâvad. 632,18. fg. Vgl. बाष्कल.

*वल्गना f. ? Mahâvj. 245,1151.

वल्गुनाद 6.

वल्गुलिका VI. 2) Damajantîk. 173.

वल्लक m. *ein best. Seeungeheuer* Divjâvad. 105,27.

वल्लभक m. desgl. ebend. 108,4.

वल्लरी VI. *ein best. musikalisches Instrument* ebend. 315,12.

वल्लिकी f. desgl. ebend. 108,4.

1. वशा VI. 6.

वशीकरण VI. °मन्त्र m. Ǵâtakam. 12,2.

वशेन्द्रिय Adj. *der seine Sinne in der Gewalt hat.* Nom. abstr. °त्व n. R. ed. Bomb. 3,9,8.

2. वस् mit वि VI. Aor. व्यवात् Maitr. S. 3,4,9 (57,5). Vgl. AV. 8,1,21. — Mit अभिवि VI. 6.

5. वस् VI. Aor. अवाक्सम् (so alle Hdschrr. nach Aufrecht) Ait. Br. 1, 28,16 im Wortspiel mit वाक् st. अवात्सम् (so Haug). 2) mit Acc. des Weibes MBh. 13,4,10. — Mit वि VI. 6.

वसतिं VI. Vgl. Pischel, Vedische Studien 49.

वसतीवरि° = °री Kâtj. Çr. 8,9, 7. 9,3,21. 12,4,2. 13,4,28. 14,1,13.

वसन्तशाखिन् m. *der Mangobaum* Dharmaçarm. 12,45.

वसुधाविलासिन् m. *Fürst, König* Çrîkaṇṭhač. 3,18.

*वस्तुकृत Adj. etwa *geübt, gepflegt* Mahâvj. 126.

वस्तुस्थिति f. Instr. so v. a. *in Wirklichkeit* Aniruddha zu Sâṅkhjas. 1, 7.

वस्त्य VI. 6.

वस्त्रविद्या Divjâvad. 630,22 fehlerhaft für वास्तु°.

1. वह् Caus. VI. *treiben, betreiben* (ein Geschäft) Divjâvad. 14,20. — Mit अभि VI. *tragen, so v. a. haben* Kir. 16,39. — Mit समुद् Caus. *in die Höhe heben* R. ed. Bomb. 4,28,39. — Mit प्रति VI. *entgegenhandeln* (einem Befehl, Acc.) Divjâvad. 178,11.

वह्नि m. auch N. pr. eines Affen R. ed. Bomb. 4,39,37.

वह्निगर्भ m. *ein best.* Gaṇa Çiva's Haraviǵaja 10,11.

वह्निचय m. *Herd* Kâtjâjana in Vivâdaratn. 219.

वह्निस्थान n. dass. ders. ebend. 220.

वह्नीयू, °यते *zu Feuer werden* Damajantîk. 161.

5. वा Caus. वापयते *weben lassen* Divjâvad. 231,8. fgg.

वांकपूत Adj. *durch die Rede geläutert* Maitr. S. 4,5,5 (70,16).

वाक्यधृक् Adj. *einen Auftrag von* Ind (Gen.) *habend* R. 7,103,5.

वाक्सार 6.

वाचालना, so zu lesen st. वाचनला.

वाजं VI. Vgl. Pischel, Vedische Studien 45. fgg.

वाजिन् VI. 6.

वाजिनीवत् VI. Vgl. Pischel, Vedische Studien 9. fgg.

वाजिभूमि f. *Gestüte* Kir. 13,35.

वाटि *ein eingehegter Platz* in पशु° Kâtjâjana in Vivâdaratn. 241.

वातात्मज VI. 6.

वातिक VI. 6. In der Bed. 2) *a*) auch MBh. 7,160,45.

वातूलीभ्रम m. *Wirbelwind* Damajantîk. 182.

वात्सबन्धविद् Adj. Maitr. S. 3, 6,4 (64,18. 19). Vgl. वात्सबन्ध°.

वाद VI. 6.

°वादद 6.

वादनमारुत zu streichen.

वादिन् VI. n. *Disputant* als *Bez. Buddha's Mahâvj. 1,71. *वादिसिंह m. desgl. 39.

वानरध्वज m. Bein. Arǵuna's MBh. 8,56,91.

*वान्ती Adv. mit कर् *ausspeien*, so v. a. *aufgeben, entsagen* Mahâvj. 130.

*वान्तीभाव m. *das Aufgegebensein* ebend.

वान्य 6.

वापन VI. शरीर° (?) Daçak. (1883) 161,8.

वामदेवरथ्यं m. Vâmadeva's *Wagen* Maitr. S. 2,1,11 (13,3).

वामनक, °निका VI. *Zwergin* Damajantîk. 246.

वामशील VI. f. आ *spröde* Mâlatîm. (ed. Bomb.) 274,7.

वामारम्भ Adj. *widerspänstig* ebend. 146,6.

वायनक्रिया f. *Weberarbeit, das Weben* Har. zu Âpast. Gṛhj. 10,10.

*वायुकृत्स्न n. *eine der zehn* Kṛtsna *genannten mystischen Uebungen* Mahâvj. 72.

वात्यधिक Adj. *gichtbrüchig* Divjâvad. 540,25 (वाय्वा° gedr.).

1. वारणं VI. Vgl. Pischel, Vedische Studien 100. fgg.

वाररामा f. *Hetäre* Kuṭṭanîm. 20.

1. वारि VI. 2) vgl. Dârila zu Kauç. 19, 12. 29,4.

2. वारि VI. 1) वारी *das Seil, mit dem Elephanten angebunden werden*, Dharmaçarm. 7,61.

वारिगर्भ m. *Wolke* Haraviǵaja 8,43.

*वारित्र n. *Observanz dessen, was verboten ist*, Mahâvj. 84,23.

वारिन् am Ende eines adj. Comp. von वारि *Wasser* R. ed. Bomb. 4, 41,17.

वारिर 6.

वांर्यक Adj. mit Acc. *erwählend* Maitr. S. 4,2,1 (22,4).

वार्घटीयन्त्रचक्र n. *Schöpfrad* Dharmaçarm. 8,29.

वार्त्तावशेषित Adj. *von dem nur die Sage übrig geblieben ist*, so v. a. *längst untergegangen* Pârv. 390,5.

वार्दालिका f. *Regenwetter, Regentag* Divjâvad. 500,20 (वर्दा° gedr.).

वांर्यवृत VI. Maitr. S. 1,8,4 (120,15).

वार्ष्मण VI. Kauç. 23,7 vielleicht *ein in der Krone* (vom Blitz) *getroffener Baum*.

वालतुर्षं m. ? Maitr. S. 4.2, 14 (37,10).

वालाह und °क 6.

वालूका f. metrisch für वालुका *Sand* R. ed. Bomb. 3,73,12.

वाशा f. *eine best. Pflanze* Kauç. 8,16.

वासवग्राम m. N. pr. eines *Dorfes* Divjâvad. 1,3. °क m. 10,19.

वास्तुपश्य 6.

3. वाह् VI. *वाहित *entfernt, zu Nichte gemacht* Mahâvj. 19,70. 130, 8. Das Pâli spricht für बाह्.

वाहना und वाहावली 6.

1. वाहिक VI. m. *Ueberbringer* in लेख° Divjâvad. 258,13.

विकट VI. Adj. f. Âpast. Gṛhj. 3,11. Baudh. Gṛhj. Pariç. = विकटाङ्गा oder विस्तीर्णाङ्गा Comm. = विस्तीर्णाङ्गानु Vaiǵ., Bhûmik., Brâhmaṇâdhj. 47 nach Winternitz.

*विकटक Adj. *an einer best. Deformität leidend* Mahâvj. 271,53.

विकार VI. 6.

विकराल VI. 2) f. N. pr. einer Hetäre Kuṭṭanîm. 25. fg.

विकर्ण 6.

विकर्ष VI. 2) यज्ञ° Çâṅkh. Br. 4,1.

विकलङ्क VI. Nom. abstr. °ता f. Haraviǵaja 3,65.

*विकुर्वण n. *das Sichverwandeln.* °बल n. Mahâvj. 26.

विकुर्वित VI. n. Sg. Divjâvad.

269,7.

विकृति VI. = प्रलाप Comm. zu Haravigaja 7,28.

विक्रमादित्य Z. 3 lies 36 v.

विक्रोध Adj. *frei von Zorn* Âpast. Gṛhj. 23,2.

विक्लित्ति VI. *das Feuchtwerden* Vâgbh. 32,9.

*विक्षितक n. *ein Leichnam, der zerrissen wird,* Mahâvj. 32.

विक्षेप VI. m. nach Bühler *camp, cantonment* Ind. Antiq. 17,183. Hierher vielleicht *विक्षेपाधिपति Mahâvj. 186,18.

विक्षोभण VI. *heftige Bewegung* Mahâvj. 243,55.

*विखादितक n. *ein Leichnam, der von den Thieren gefressen wird,* ebend. 52.

विगर्हणीय Adj. *zu tadeln, tadelnswerth* Gâtakam. 23,50.

विगर्हा f. *Tadel* ebend. 23,52.

विघात VI. *das Fehlschlagen, Misslingen* ebend. 8. 9,9. 31,12. 17.

विचक्र VI. *ohne Discus* Kaṇḍiç. 21.

*विचतुष्करण n. *das Abgeneigtmachen* Mahâvj. 126.

*विचित्रभूषण m. N. pr. eines Kiṁnara ebend. 173,4.

*विचित्रमौलिश्रीचूड m. N. pr. eines Fürsten ebend. 172,7.

*विचित्रालंकारस्वर m. N. pr. eines Schlangendämons ebend. 174,8.

2. विच्छायय् VI. विच्छायित *erblasst* Damajantik. 263.

विच्छिन्नशरपातत्व n. *das Unterbrochensein —, Nichtvorhandensein der Pfeilschussweite, so v. a. allzugrosse Annäherung der Kämpfenden* MBh. 7,108,14.

विजयाङ्का f. N. pr. einer Dichterin Z. d. d. m. G. 41,493.

विजयार्ध m. N. pr. eines Berges Dharmaçarm. 1,42. 9,67.

विजिज्ञापयिषा f. *die Absicht zu lehren* Çaṁkara zu Vedânta 123,10.

विजिहीर्षा f. *der Wunsch spazieren zu gehen* Kir. 8,1.

*विजृम्भा f. *das Gähnen* Mahâvj. 189,131.

विज्ञप्ति VI. *das Zuerkennen, Geben* ebend. 101.

विज्ञातस्थाली f. wohl *ein gewöhnlicher, in bekannter Weise hergestellter Topf* Maitr. S. 4,6,4 (84,19).

*विज्ञानकृत्स्न n. *eine der zehn* Kṛtsna *genannten mystischen Uebungen* Mahâvj. 72.

*विज्ञानना (eher विज्ञानता) f. *das Verstehen, Begreifen* ebend. 245, 1156.

*विज्ञानाहार m. *geistige Nahrung* ebend. 118.

विज्ञापनीय VI. *geeignet zu unterrichten* ebend. 20.

विटपि metrisch für विटपिन् *Baum.* विटपीनाम् R. ed. Bomb. 3,42,22. विटपोन्माल्यधारिणः zu lesen 73,20.

विठूकर m. = विड्वराह Mit. zu Jâǵn. 3,290. fg.

*विठपन n. Mahâvj. 245,827 prâkritisch für विष्ठापन.

विडम्बक VI. m. *Spassmacher* Gâtakam. 19,31.

विडम्बकत्व n. Nom. abstr. zu विडम्बक 1) Haravigaja 4,4.

विणटक (विंटक) VI. nach Fritze fehlerhaft für विटङ्क (विंटक).

*वितण्डन n. *Krittelei* Mahâvj. 261,11.

वितथी mit कर् VI. *unwahr machen, so v. a. entfernen, verscheuchen* Dharmaçarm. 5,24.

वितमस्क VI. Nom. abstr. °ता f. *Klarheit des Geistes* Gâtakam. 31,31.

वितर्क VI. m. *Vorhaben* ebend. 6, 18. Pl. *Bez. der fünf Hauptsünden* Jogas. 2,33. fg. *bestimmter Jogin* 1, 19. Comm. zu 17.

वितान VI. 1) a) *leer von* Haravigaja 5,104.

वितानी mit भू VI. °भूत *niedergeschlagen, entmuthigt* Gâtakam. 13,28.

वितान VI. m. *falscher Tact* Damajantik. 144.

वितेकोटिका (!) f. *ein best. Kinderspiel* Divjâvad. 475,18.

वित्तरत्निन् m. *ein reicher Mann* MBh. 12,320,143.

वित्रस्तक Adj. *ein wenig erschrokken* R. ed. Bomb. 3,52,40.

विदंश VI. *das Beissen* Kir. 9,57.

*विदग्धक n. *ein Leichnam, der verbrannt wird,* Mahâvj. 32.

विदर्भ VI. m. *das Innere* Haravigaja 7,62.

विदाय VI. 6.

विद्रूरज VI. Haravigaja 5,81.

विदेहजा f. Bein. der Sîtâ R. ed. Bomb. 4,43,61.

विद्युन्माण्डलवत् Adj. *blitzbekränzt* (Wolke) R. ed. Bomb. 3,35,10.

विधान VI. 3) *l)* °पिण्ड Haravigaja 8,3.

विधारण VI. 6.

विधुमर 6.

विधेनामन् s. ह्लिन्विधेनामन्.

विनत VI. 3) f. Âpast. Gṛhj. 3,11. Baudh. Gṛhj. Pariç. *ein Mädchen mit krummen Gliedern oder eine bucklige* Comm.

विनतक VI. Divjâvad. 217,3. fgg.

विनय VI. क्रोध° *Zügelung des Zornes* Gâtakam. 31.

*विनयविभङ्ग m. Titel eines Werkes Mahâvj. 65.

विनाड 6.

विनाभाव m. *Trennung von* (°पार्श्वात्) R. ed. Bomb. 3,56,13.

विनावास m. *das Verweilen an einem Orte ohne die geliebte Person* R. ed. Bomb. 4,1,41.

विनिकषण und विनिकेत 6.

विनिद्राय्, °यते *aufwachen, sich öffnen* Damajantik. 79.

विनिपातन n. *das zur Fehlgeburt Bringen* Haravigaja 7,51.

*विनिबन्ध m. *das Hängen an Etwas* Mahâvj. 110,9.

विनिमीलन VI. *das Schliessen* (der Augen) Dharmaçarm. 12,10.

विनिमेषण n. = विनिमेष Kir. 12,25.

विनिरोध Adj. *unbeeinflusst, unthätig* Haravigaja 6,120.

विनिरोधिन् Adj. *hemmend* ebend. 10,15.

विनिर्मित्सु 6.

विनिवर्ति f. *das Aufhören* Divjâvad. 393,25.

विनिवेशन VI. *das Niedersetzen* Dharmaçarm. 13,3. *das Befestigen, Einprägen* Comm. zu Jogas. 1,28.

विनिश्वसित n. *Aushauch* Gâtakam. 22.

विनिष्क्रय m. *Vergeltung* Dharmaçarm. 4,46.

*विनीलक n. *ein blau gewordener Leichnam* Mahâvj. 52.

विनीवरण Adj. *frei von allen Hemmnissen des frommen Wandels* Mahâvj. 19. Divjâvad. 616,27. 617,2.

विनेय VI. 6.

विन्ध्यारि 6.

विप् mit प्रव Kauç. 58,1.

विपक्ष VI. Adj. *entgegenwirkend* Gâtakam. 26,19.

विपञ्चनक (v. l. °पञ्चमक) m. = विपञ्चिक Divjâvad. 548,22.

विपञ्चिक m. *Seher, Weissager* ebend. 319,14. 391,5. 475,5. Vgl. वै°.

विपत्कर Adj. (f. ई) *Unheil bringend* und f. N. pr. einer Göttin (तारा) Haravigaja 9,13.

*विपडुमक n. *ein von Würmern angefressener Leichnam* Mahâvj. 52.

विपद्म Adj. *der Lotusblüthe beraubt* Gâtakam. 2,29.

विपर्ण Adj. Har. zu Âpast. Gṛhj. 13,16 nach Winternitz fehlerhaft für द्विपर्ण *zweiblätterig.*

विपुर VI. Adj. *keinen Wohnort —, keine Stätte habend.* विपुरी Adv. mit भू *um seine Wohnstätte kommen.* °भाव m. Vâju-P. 1,4,39.

विपुलीभाव VI. °वं a. a. O. fehlerhaft für विपुरीभावात्; vgl. den vorangehenden Artikel.

विपूँज्ञन m. N. pr. eines Mannes Tr. S. 3,1,3 (3,20). 4,6,2 (79,18).

*विपूयक VI. n. *ein in Verwesung übergegangener Leichnam* Mahâvj. 52.

*विपृष्ठी Adv. mit भू *niedergeschlagen werden* Mahâvj. 245,865. Richtig विपिष्टी; vgl. पृष्ठी oben.

विप्रज्ञन VI. 2) fehlerhaft für विपूँज्ञन.

विप्रतिपत्ति VI. *Argwohn gegen* (Loc.) Gâtakam. 25,13. *feindselige Gesinnung und Behandlung* 11.

विप्रतिसारवत् Adj. *von Reue er-*

füllt ebend. 4,17.

विप्रत्यनीक VI. lies *feindlich.*

विप्रधर्ष s. अति°.

विप्रलोक m. *Vogelsteller* Damajantik. 34.

विप्रलोपिन् Adj. *raubend*, so v. a. *abpflückend* Gâtakam. 27.

*विप्रवादन n. ? Mahâvj. 281,229.

विप्रवास VI. **das Vergehen eines Mönchs, wenn er sein Gewand weggiebt*, ebend. 260.

विप्लव auch *Schändung des* Veda *durch unzeitiges Studium* Mit. zu Jâgń. 3,289. fg.

विप्लवाट्टहास m. *schadenfrohes Gelächter* Dharmaçarm. 16,15.

विप्लावन n. *das Tadeln, Heruntermachen* Mit. zu Jâgń. 3,289. fg.

विप्लुष् VI. 1) m. R. ed. Bomb. 4,11,49.

विभङ्गि f. = भङ्गि 6) Dharmaçarm. 12,58.

*विभजन n. *Sonderung, Unterscheidung* Mahâvj. 223.

विभास् f. *Glanz* Kir. 9,9

विभीषण VI. 6.

विभु VI. m. *Bez. Buddha's Mahâvj. 1.

*विभूत m. *eine best. hohe Zahl* ebend. 249.

विभूषा VI. 2) Kir. 9,44.

विभूषित 1) Adj. s. u. 2. भूष् mit वि. — 2) n. *Schmuck* R. ed. Bomb. 4,30,40.

विभ्रमवती f. *Mädchen* Haraviǵaja 11,41.

1. विमति VI. *Irrthum* Kaṇḍiç. 19.

विमध्यभाव m. *Mittelmässigkeit* Gâtakam. 23,11.

विमध्यम Adj. *mittelmässig* ebend. 19,28.

विमन (metrisch) Adj. = विमनस् 1) c) R. ed. Bomb. 4,30,40.

विमनाय् auch Pârv. 579,7.

विमन्थन n. *das Quirlen* R. ed. Bomb. 4,58,13.

विमर्शवत् Adj. *nachdenkend, im Zweifel seiend* Gâtakam. 13.

विमल VI. 3) *d*) β) lies *eine der zehn* Bodhisattva-*Stufen bei den Buddhisten* J. R. A. S. 8,4.

विमलकिरीटहारवत् Adj. *mit einem fleckenlosen Diadem und Perlenschmuck versehen* R. 7,15,41.

विमांसी Adv. mit कर् *des Fleisches berauben* Gâtakam. 29,26.

विमातव्य 6.

विमान VI. etwa *Hain* Gâtakam. 28,6. 9. 28. 29. 31, 4. Divjâvad. 399,18.

विमार्गण n. *das Aufsuchen* Kir. 14,9.

विमुद्र Adj. (f. आ) *aufgeschlossen, sich in reicher Fülle zeigend* Vikramâṅkać. 4,52.

विमृद्वत् Adj. (f. °द्वती) *dem* Indra Vimṛdh *gehörig* Çâṅkh. Br. 4,1.

वियत्पथ m. *der Luftraum* Dharmaçarm. 1,11.

वियुगल Adj. *nicht zusammenpassend* Damajantik. 147.

*विरजस्तेजःस्वर m. N. pr. eines Schlangendämons Mahâvj. 174.

विरसी mit भू VI. *den Reiz verlieren, zum Ekel werden* Gâtakam. 19,27.

विरही Adv. mit कर् *trennen von* (Instr.) R. ed. Bomb. 4,1,101.

विराज् VI. *m. Bez. Buddha's Mahâvj. 1.

विराध्य Adj. *zu verlieren, worum man kommen soll* Gâtakam. 20.

*विरूढि f. *das Emporkeimen* Mahâvj. 245.

विरेफस् Adj. = विरेपस् *tadellos* Haraviǵaja 5,103.

*विरोलित Adj. etwa *zerrüttelt, zerzaust* Mahâvj. 223,264. Vielleicht aus विलोलित entstanden.

विलपन n. auch = घृतादिमल Mit. zu Jâgń. 3,290. fg.

विलोमता f. *Haarlosigkeit* und zugleich *Verkehrtheit* Dharmaç. 2,40.

*विलोहितक n. *ein roth angelaufener Leichnam* Mahâvj. 52.

विवदे Infin. mit या *sich an das Streiten machen* Çâṅkh. Çr. 14,29,1 (vgl. Corrigg. und Wortindex). Die Lesart sehr unsicher.

विवरसद् Adj. *dazwischen befindlich* Kir. 13,23.

विवर्णता f. *Farblosigkeit* und zugleich *eine niedrige Lebensstellung* Dharmaçarm. 2,25.

विवर्णय्, °यति *der Farbe berauben* Gâtakam. 5,13. Vgl. वर्णय् mit वि.

विवर्णयितव्य Adj. *zu missbilligen* Divjâvad. 263,13.

*विवर्तकल्प m. *eine Periode der Welterneuerung* Mahâvj. 253.

विवर्तना f. = विवर्तन 2) *b*) Haraviǵaja 8,3. ? Mahâvj. 53.

विवाच् VI. Vgl. Pischel, Vedische Studien 34. fgg.

विवादपरिच्छेद m. Titel eines Werkes Festgr. 46.

विवाहस्थान n. *der Hochzeitsplatz* (vor dem Hause) Har. zu Âpast. Gṛhj. 3,5.

विवाहाग्नि m. *das Hochzeitsfeuer* Har. zu Âpast. Gṛhj. 6,10.

विवृत्ति VI. *das Auseinandergehen, Sichöffnen* Kir. 7,14. *Umdrehung* 12.

1. विश् mit प्र Caus. VI. श्रद्धे दारकं प्रवेशिता so v. a. *ich bin mit einem Knaben schwanger* Divjâvad. 541,28. — Mit मनस् *seine Gedanken richten auf* (Loc.) R. ed. Bomb. 3,68,38.

विशाखदत्त VI. Ueber sein Zeitalter s. Jacobi in Wiener Zeitschr. f. d. K. d. M. 2,212. fgg.

*विशात Adj. ? Mahâvj. 99.

विशारदिमन् VI. Haraviǵaja 10,15.

*विशुद्धस्वरनिर्घोषा f. *eine best.* Dhâraṇî Mahâvj. 25.

विशेषक VI. m. N. pr. eines Landes Damajantik. 21.

विशेषवादिन् m. *ein Anhänger des* Vaiçeshika-*Systems* Aniruddha zu Sâṅkhjas. 1,92.

विशोणित Adj. *blutlos* Gâtakam. 8,23.

विश्रम्भवत् Adj. *vertrauensvoll und ruhig, keine Unsicherheit empfindend* Gâtakam. 23,5.

विश्रम्भितव्य n. impers. *zu vertrauen Jmd* (Loc.) ebend. 25,12.

विश्रान्तिमत् Adj. *sich behaglich fühlend* Çrîkaṇṭhać. 2,13.

विश्रामण n. *das Ausruhenlassen* Dârila zu Kauç. 16,25.

विश्वंभरि f. *die Erde* Dharmaçarm. 18,22.

विश्वासमय Adj. (f. ई) *in gutem Vertrauen bestehend* Gâtakam. 22,69.

विषक्तत्व n. *das Beschäftigtsein mit* (Loc.) MBh. 7,188,8.

विषमक्रिय Adj. *einer ungleichen Kur unterliegend.* Nom. abstr. °त्व n.

विषमदृष्टि Adj. *schielend* Comm. zu Âpast. Gṛhj. 3,11.

विषमव्याप्तिक Adj. *ein Beispiel einseitiger ständiger Begleitung abgebend* Aniruddha und Mahâdeva zu Sâṅkhjas. 5,29.

विषहेति m. *Schlange* Haraviǵaja 5,103.

विषासहिव्रत n. *eine best. Begehung des* Brahmakârin AV. Paddh. zu Kauç. 57.

विषूचीनाग्र Adj. *mit den Spitzen nach allen Richtungen auseinandergehend* Âpast. Gṛhj. 17,9.

विष्कन्तर् und विष्कम्भे 6.

विष्कम्भण n. 1) * *Versperrung, Hinderniss* Mahâvj. 130. — 2) *ein Mittel zum Aufsperren* Gâtakam. 34. Divjâvad. 375,10. 18.

विष्कम्भपर्वत m. N. pr. eines mythischen *Berges* Aniruddha zu Sâṅkhjas. 6,52.

विष्टा f. *Schlinge* Divjâvad. 274,22.

विष्ठाकर्णी Adj. f. ? Maitr. S. 4,2,9 (32,4).

विष्वनुष्ठित und °स्थित VI. 6.

विष्वग्वृत्ति Adj. *überallhin sich verbreitend* Mâlatîm. (ed. Bomb.) 159,3.

*विसंयोग m. *das Sichlosmachen von den weltlichen Banden* Mahâvj. 116. 130.

विसंवादन VI. प्रतिज्ञा° *das Nichthalten eines Gelöbnisses* Gâtakam. 31.

विसंस्थुल VI. vgl. Zachariae in Bezzenb. Beitr. 11,320. fgg.

विसभाग Adj. *keinen Antheil habend.* Nom. abstr. °ता f. Haraviǵaja 6,57. fg.

विसर्ग VI. 6.

विसर्जन VI. **das Beantworten einer Frage* Mahâvj. 245,188.

विसर्जयितर् Nom. ag. *fahren lassend, aufgebend* Gâtakam. 23,63.

विसृष्ट n. = विसर्ग 16) Kâtantra 3,8,2.

विस्तरी Adv. mit कर् *verbreiten* Divjâvad. 379,10.

विस्तीर्णता VI. = विपुलता und औदार्य Haraviǵaja 9,4.

विस्पन्द VI. = चेष्टा *Bewegung u. s. w.* Gâtakam. 26,40.

विस्पन्दित n. *das Zappeln* Gâtakam. 13.

विस्पष्टता f. *Deutlichkeit, Verständlichkeit* Sâh. D. 199,18.

विस्फारण n. *das Ausbreiten* (der Flügel) Gâtakam. 34.

विस्फुरण VI. *das Zucken* (des Blitzes) Haraviǵaja 9,22.

विस्फुरित 1) Adj. s. u. स्फुर् mit वि. — 2) n. *das Zucken* (des Blitzes) Gâtakam. 22.

विस्फुलिङ्ग f. *Funken* Haraviǵaja 8,18.

विस्मापिन् Adj. = विस्मापन 1) Haraviǵaja 8,35 (zu verbessern).

विस्मृत 6.

विस्रंसिका VI. Sud. zu Âpast. Gṛhj. 8,10.

विस्रगन्धि VI. 1) Kâd. (1883) 34,1 (67,2).

विस्रव VI. *Erguss, ausfliessende Feuchtigkeit* Gâtakam. 24.

विहसित und विहापित 6.

*विहायसागामिन् Adj. *durch die Luft zu fliegen vermögend* Mahâvj. 126.

विहारभूमि VI. *Weide* Kir. 4,31.

विहुण्डन, विहेठ, विहेठक und विहेठन VI. 6.

विह्वारुक Adj. *strauchelnd, fallend* Maitr. S. 4,5,5 (71,5).

वीचितरंगन्याय m. *die Weise, wie sich die wellige Bewegung ausbreitet,* Mahâdeva zu Sâṁkhjas. 5,103.

वीणापणवतूणववत् Adj. *mit einer Laute, einer Trommel und einer Flöte versehen* R. 7,23,4,39.

*वीततृष्ण Adj. *frei von allen Begierden* Mahâvj. 126.

*वीतरागभूमि f. *eine der sieben Çrâvaka-Stufen* ebend. 50.

वीतार्चि oder °स् Adj. *nicht mehr flammend* Âpast. Çr. 2,19,11.

वीरजनन Adj. *Männer erzeugend* Maitr. S. 4,3,7 (45,20. fg.).

वीरस्थ Adj. *beim Manne bleibend* ebend. 4,3,6 (45,6).

वीराशंसन VI. 6.

वृत्ताधिरूढक VI. Haraviǵaja 5,33.

वृत्तस्वाध्यायवत् Adj. *einen guten Lebenswandel führend und dem Veda-Studium obliegend* Bṛhaspati in Vivâdaratn. 331.

वृथा VI. Vgl. Geldner, Vedische Studien 115. fgg.

वृथादान n. *ein unnützes Geschenk* M. 8,159. Jâǵṅ. 2,47.

वृद्धयुवती f. *ein altes Weib als Kupplerin* Divjâvad. 254,22. *Hebamme* 483,25.

वृद्धान्त VI. Mahâvj. 270. Divjâvad. 43,26. 85,21. 180,17. 306,17.

वृंश VI. m. *ein best. kleines Thier* Maitr. S. 4,8,1 (107,16). Die anderen Saṁhitâ वृष und पैत्राष.

वृषग m. Bein. Çiva's Kaṇḍiç. 73.

वृषभा vgl. oben u. ऋषभा.

वृषमोदिनी Adj. f. *den Gatten erfreuend* Maitr. S. 4,3,5 (44,17).

वृषिका Divjâvad. 40,10. 530,16 fehlerhaft für बृसिका.

वृष्टि VI. f. *eine best.* Tushṭi *im* Sâṁkhja Vâkaspatimiçra zu Kârikâ 50. Viǵñânabhikshu, Aniruddha und Mahâdeva zu Sâṁkhjas. 3,43.

वेणुवन VI. 2) Divjâvad. 143, 1. 262,7. 298,24.

वेत्र VI. n. *Tau* ebend 230,3.

*वेत्रदण्डिक (gedr. चैत्र°) m. *Stabträger, Thürsteher* Mahâvj. 186.

वेत्रनदी f. N. pr. eines *Flusses* Divjâvad. 451,1. fgg. 456,19. fgg.

वेत्रभृत् f. *Thürsteher* Dharmaçarm. 17,80.

वेदायन 6.

2. वेध auch *eine best. Krankheit des Pferdes* Açvav. 24,6. 13. °कोट 25,1.

वेलाविलासिनी f. *Hetäre* Damajantik. 28. 256.

वेश्य VI. 3, c, *Hurenwirthschaft* Divjâvad. 14,20.

वेसरी f. *Maulthierweibchen* ebend. 211.

वैकट्य = वैकृन्तक Gâtakam. 19,23.

वैकल्यता f. = वैकल्य 1) R. ed. Bomb. 4,60,18 (वैकल्पता gedr.).

वैणविक VI. Damajantik. 82.

वैतंसिकाय्, °यते *den Versucher machen* Gâtakam. 28,30.

वैतण्डिक VI. 3) Comm. zu Haraviǵaja 12,73.

वैतद्धोत्र 6.

वैतान्य n. *Niedergeschlagenheit, Verzagtheit* Gâtakam. 25. 31,20.

वैतुषिक 6.

वैदुषी f. *Geschicklichkeit* Çrikaṇṭhak. 3,43.

वैद्युद्धती zu lesen st. वैद्युद्रती.

वैधेयता f. = विधेयता *Abhängigkeit, das in der Gewalt Stehen von* (im Comp. vorangehend) Daçak. (1883) 162,8. 9.

वैन 1) Adj. (f. आ) *zu* Vena *in Beziehung stehend* Çâṅkh. Br. 16,3. — 2) m. Patron. Pṛthi's Sâj. zu ṚV. 1,112,15.

वैभावर Adj. *nächtlich* Haraviǵaja 1,27.

*वैभूतिक VI. *etwa allgemein, landläufig* Mahâvj. 245,1073.

वैमूढक 6.

वैयावृत्य VI. Divjâvad. 54,16. 347, 2. °कर Mahâvj. 270.

वैर n. auch *Mannbusse, Wehrgeld* Tâṇḍja-Br. 16,1,12 nach Roth in Z. d. d. m. G. 41,673. fgg.

वैरदेय VI. vgl. Roth in Z. d. d. m. G. 41,673. fg.

वैरम्भ 1) Adj. = °क Divjâvad. 105, 26. — 2) m. N. pr. eines Oceans ebend.

वैरम्भक Adj. in Verbindung mit वायु Pl. Bez. *bestimmter Winde* ebend. 90,24. 103,24.

वैरयातन VI. vgl. Roth in Z. d. d. m. G. 41,675. fg.

वैरशुद्धि. lies = वैरविशुद्धि st. dass.

वैराशंसन 6.

वैश्वानरीय n. Du. Kauç. 31, 5 Bez. der Sûkta AV. 6,35. fg.

वोक्काण VI. Sg. N. pr. einer Oertlichkeit Divjâvad. 580,5.

व्यक्तदर्शन Adj. *zur richtigen Erkenntniss gelangt* R. ed. Bomb. 4,18,61.

व्यक्ताय्, °यति *offenbaren* Dharmaçarm. 3,42. 8,43.

व्यक्तीकरण VI. *das zur Klarheit Bringen* Gâtakam. 12.

व्यञ्जन VI. * so v. a. *der Buchstabe* im Gegensatz zu अर्थ Mahâvj. 74.

व्यतिकर VI. *Verwechselung,* so v. a. *täuschende Aehnlichkeit* Gâtakam. 14,20. *Vorfall, Gelegenheit* Damajantik. 84. 111. 154. 193. 242. 245. 249. 261. 263.

व्यथ् mit अभि *aus der Fassung kommen* R. ed. Bomb. 3,69,27.

व्यथन VI. n. *das Quälen* Dharmaçarm. 4,41.

व्यध् mit उद् *hinaufschleudern, in die Höhe werfen* Âpast. Gṛhj. 19,7 (उद्विध्येत् zu lesen).

*व्यन्ती Adv. mit कर् *fern halten beseitigen* Mahâvj. 245. *°भाव m *das Beseitigtsein* 245,1259.

व्यपत्राप्य (!) n. *Schüchternheit* Divjâvad. 255,17.

व्यभिचारवत् VI. 6.

3. und 4. व्यय् mit * zu versehen.

*व्यर्पणा f. ? Mahâvj. 245,1022.

व्यलीक VI. *Verstoss gegen* (im Comp. vorangehend) Gâtakam. 9,10.

व्यवग्राहम् Absol. *gesondert, jeden besonders* Çâṅkh. Br. 3, 3. Çr. 18,9,6.

*व्यवचारयितव्य Adj. *etwa zu betrachten, zu erwägen* Mahâvj. 245,1051.

व्यवच्छिद् f. *Begrenzung* Haraviǵaja 6,28.

व्यवदान VI. Divjâvad. 616,23.

व्यवलोकन n. *das in Augenschein Nehmen* ebend. 435,22.

व्यवसर्ग VI. wohl * *Entsagung* Mahâvj. 140.

व्यवहारचिन्तामणि m. Titel eines Werkes Festgr. 46.

व्यवहारद्रष्टर् m. *Schlichter einer Rechtssache, Rechtsprecher* Sud. zu Âpast. Gṛhj. 23,2.

व्यवहारम् 6.

व्यवहारसार Titel Festgr. 46.

व्यवहृत् VI. *Wandel, Thun und Treiben* Haraviǵaja 6,13.

व्यवह्रियमाणत्व 6.

व्यष्टका VI. Âpast. Gṛhj. 21,10 nach dem Comm. *die dunkle Monatshälfte.*

व्यसनी Adv. mit कर् *als Laster ansehen, — stempeln* Ǵâtakam. 9,10.

*व्यास्तिका f. Instr. *mit gespreizten Beinen* oder *Armen* Mahâvj. 263,20 (नो व्य॰ zu lesen). *॰कृत Adj. *in solcher Stellung seiend* 86.

व्याकर्तर् VI. *Erklärer* Divjâvad. 620,19.

व्याकर्षण n. *das Anziehen, Anlocken* Kuttanîm. 48.

व्याकूत etwa *Schmerz* Damajantîk. 264.

व्याघ्रकेतु VI. MBh. 8,56,44.

*व्याघ्मातक n. *ein aufgeschwollener Leichnam* Mahâvj. 52.

व्यापन्नचित्त Adj. *böswillig* Divjâvad. 301,24.

व्यापात 6.

व्याबाध m. *Krankheit* Divjâvad. 424,24 (॰वाध gedr.).

व्याभाषण n. *Art und Weise zu reden* R. ed. Bomb. 4,2,24.

व्याभाषित n. dass. ebend. 27.

*व्यासक m. ? Mahâvj. 245,1132.

व्याहृत 6.

*व्युत्क्रान्तकसमापत्ति f. *ein best. Zustand der Concentration* Mahâvj. 68.

व्युदारम् 6.

व्युपपत्ति f. *Wiedergeburt* Divjâvad. 2,1.

व्रज् mit प्र Caus. VI. 2) प्रव्राजित Divjâvad. 236,27. — Mit अनुप्र VI. *nach einem Andern das häusliche Leben aufgeben um ein asketisches zu beginnen* Divjâvad. 61,17. Ǵâtakam. 19. 21.

व्रणभृत् 6.

व्रणयुक्त Adj. *verwundet.* Nom. abstr. ॰त्व n. R. ed. Bomb. 4,61,2.

व्रतसमायन (d. i. ॰समापन) n. Bez. *der Ceremonie* Samâvartana Daçak. nach Bloomfield.

1. व्रश्च्, Partic. वृश्चित Dârila zu Kauç. 47,28.

व्रीडित 1) Adj. s. u. व्रीड्. — 2) n. *Scham, Verlegenheit* Kir. 9,67.

व्ली mit व्यव *welk zusammenfallen* Maitr. S. 4,8,1 (108,5).

शंस् mit अव Kauç. 50,8.

शंसिवस् Adj. *verkündend* R. ed. Bomb. 2,19,35.

1. शक् VI. 5. न शकितं तेन impers. R. Gorr. 1,45,48.

शकधूम VI. Kauç. 8,17. 50,5 *ein Priester, der aus dem Dunst des Mistes wahrsagt.*

शकलिन् VI. Haraviǵaja 5,101.

शकलीकृति f. *Zerstückelung* ebend. 8,47.

शकस्थान VI. 6.

शक्रचाप VI. Subhâshitâv. 1802.

शङ्क् mit परि VI. ॰शङ्क्यते मयि *es wird von mir erwartet, man hält mich dessen für fähig* Ǵâtakam. 14,1.

शंकर auch Bein. Skanda's AV. Pariç. 20,6.

शंकरनृत्यरङ्गदेश m. *Leichenstätte* Daçak. (1883) 146,11.

शङ्कुधान n. *das Loch in einem Felle, durch welches ein Pflock gesteckt wird um es beim Ausbreiten zu befestigen,* Kauç. 26,16.

शङ्ख m. auch *ein best. Kinderdämon* Sud. zu Âpast. Gṛhj. 18,3.

शङ्खनाभी f. *eine Art Kraut* Divjâvad. 104,10.

*शङ्खशुक्तिका f. = शुक्तिका Mahâvj. 236.

*शङ्खस्वर ebend. 278 wohl verstümmelt für संकस्वर = संकसुक.

शङ्खिन् VI. 1) c) *von dem Kinderdämon* Çaṅkha *besessen* Âpast. Gṛhj. 18,3.

शठबुद्धि VI. Nom. abstr. ॰ता f. R. ed. Bomb. 4,3,2.

2. शतकोटि VI. 2) Dharmaçarm. 18,8.

शतचरणा f. *Tausendfuss* Comm. zu Âpast. Gṛhj. 23,3.

शतदान VI. vgl. Roth in Z. d. d. m. G. 41,672. fgg.

शतन n. = शातन *das Abschneiden* Divjâvad. 180,23. 281,30.

2. शतपत्त्र VI. 2) c) hierher vielleicht Ǵâtakam. 34.

शतपातिन् Adj. ? MBh. 2,51,25.

शतबल m. N. pr. eines Affen R. ed. Bomb. 4,43,1.

शतयज्वन् m. Bein. Indra's Kir. 6,29.

शतशल VI. Maitr. S. 2,4,1 (38,8).

शतशलाक VI. f. (!) आ *Sonnenschirm* Divjâvad. 573,20.

शतार VI. *ein best.* Kalpa *bei den* Ǵaina Dharmaçarm. 21,68.

शतेध्म VI. Maitr. S. 1,10,12 (152,3).

शप् mit अभि VI. *beschwören* (mit *einem Zauberspruch*) Ǵâtakam. 16,3.

शबरिका f. *ein* Çabara-*Weib* Damajantîk. 265.

शबरी Adv. mit भू *zu einem* Çabara *werden* Haraviǵaja 1,57.

शबलित VI. Rudraṭa, Çṛṅgârat. 1,159 ist wohl zu lesen ॰मण्डलेशवलित.

शब्दप्राक् und ॰प्राश् VI. 6.

1. शम् mit नि VI. *erlöschen* Dharmaçarm. 13,41.

शमयितृका f. *Beruhigerin* Maitr. S. 3,1,6 (8,11).

शम्पा VI. *Blitz* Haraviǵaja 9,23. *Blitz* und *Gürtel* 5,23.

शयनपालिका f. *Hüterin des (fürstlichen) Bettes* Ǵâtakam. 28.

*शयनासनवारिक m. *ein best. Klosterbeamter* Mahâvj. 274.

शय्याकाल m. *Schlafenszeit* Âpast. Gṛhj. 9,6.

शरच्चन्द्राय् 6.

शरत्कान्तिमय Adj. (f. ई) *von der Anmuth des Herbstes* Ǵâtakam. 30,30.

शराभा Adj. f. Âpast. Gṛhj. 3,11. Baudh. Gṛhj. Pariç. verschiedentlich gedeutet. सरभा = विशीर्णाङ्गी Vaiǵaj. Bhûmik. Brâhmaṇâdhj. 51 nach Winternitz.

शरारि m. auch N. pr. eines Affen R. ed. Bomb. 4,41,3.

शरावती VI. 3) zu streichen; vgl. Mahâvj. 193.

शरावाप VI. 6.

शरीरेषणा n. *das am Leibe Schadennehmen, Krankheit und Tod* Âpast. Gṛhj. 23,9.

शरीराकार m. = शरीराकृति Mâlatîm. (ed. Bomb.) 334,4.

शर्मवर्मगण m. *ein best.* Gaṇa *von Sprüchen im* AV. Ath. Pariç. 34,14. Ath. Paddhati u. s. w.

शर्मिन् VI. m. N. pr. eines Ṛshi MBh. 13,68,6. 24.

शर्या VI. Vgl. Pischel, Vedische Studien 106.

शल् mit उद्, उच्छलित *gehoben, begeistert* Kuttanîm. 168.

शलकटङ्कत m. Bein. Skanda's AV. Pariç. 20,4.

शलाकावृत्ति n. Bez. *einer best. Hungersnoth* Divjâvad. 131,21 fg. 132,3.4.

शलालु VI. = शलाटु 1) Âpast. Gṛhj. 14,3. 16,6.

शल्य VI. 1) a) auch *die Tülle der Pfeilspitze.*

शल्याय्, ॰यते *zu einem Dorn werden* Haraviǵaja 10,31.

शश VI. = लोध्रवृक्ष oder मृदुलोमक Kâd. (1883) 19,17.

*शशरजस् n. *ein best. Grössenmaass* Mahâvj. 251.

शस्त्रग्राहवत् Adj. *Waffen als Seeungeheuer habend* (नदी) R. 7,28,42.

1. शा mit आ, Z. 2 lies Loc. st. Instr.

शाकदीक्षा f. s. u. दीक्षा 2) und füge MBh. 13,7,16 hinzu.

शाकमृष *eine best. Pflanze* Kauç. 33,14. v. l. साक॰ und शाकवृष.

शाकल m. auch *ein best. Amulet* Kauç. 27,5.

शाकुनिकायिनी f. *Vogelhändlerin* Divjâvad. 530,6.

शाक्यवर्ध VI. n. N. pr. eines Tempels ebend. 391,1.

शाखा VI. *Jahr* Çrîkaṇṭhak. 1,42.

शाटक, f. ॰टिका VI. *Obergewand* Divjâvad. 83,22.

शाटी VI. dass. ebend. 463,8.

शाडव VI. = षाडव 2) Haraviǵaja 5,93.

शातलाभ Adj. *keine Zinsen mehr tragend* Bṛhaspati in Vivâdaratn. 47.

शान्तिवा f. N. pr. einer Gottheit Kauç. 39,9.

शाम्यप्राश m. *ein best. Opfer* Divjâvad. 634,7. 11.

शाम्यवाका f. *eine best. Pflanze* Kauç. 8,16.

शापयितव्य VI. 6.

शारदभूरुह् m. *Alstonia scholaris* Dharmaçarm. 11,51.

शार्ङ्गधनुस् m. Bein. Vishṇu's Damajantik. 138.

शालिवाहन, Z. 2 lies Vikramâditja.

शाश्वतिकता f. *das Ewigsein* Haraviǵaja 6,78.

1. शास् mit समनु VI. *zur Belehrung sagen* Ǵâtakam. 3.

2. शित् mit उप auch *in Dienst nehmen.*

शित्त m. N. pr. eines Fürsten der Gandharva R. ed. Bomb. 4,41,43.

शिखाधर VI. 1) Kir. 15,42.

शिखावस् VI. 2) *a*) Kir. 16,56.

शिखिकण m. *Funke* Haraviǵaja 2,4.

शिखितम m. *ein best.* Gaṇa Çiva's ebend. 7,44.

शिखिन m. desgl. ebend. 7,9.

शिखिभू m. Bein. Skanda's ebend. 7,44.

शिटा f. *Strick, Tau* Divjâvad. 274, 23. 281,2.. वेत्र° 113,16. fg.

शिरस्पद VI. 6.

शिरःस्नानीय n. Pl. *Alles was zur Reinigung und Parfumirung des Kopfes dient* Sud. zu Âpast. Gṛhj. 12,7.

शिरीषक m. auch = शिरीष 1) R. ed. Bomb. 4,27,10.

शिलाधर m. N. pr. des Kämmerers von Himavant Pârv. 604,7. fgg.

शिल्पस्थान n. *Kunstfertigkeit* Divjâvad. 58,23. 100,10. 212,10.

शिवताति VI. 2) *Heil, Rettung* Ǵâtakam. 32,24.

शीत VI. 6. शीता auch N. pr. einer Dichterin Festgr. 92. fgg.

शीतभीत Adj. *sich vor Kälte fürchtend* (eine grosse Sünde bei Brahmanen) MBh. 7,73,39.

शीतवन VI. 2) lies in Magadha und vgl. Divjâvad. 264,16. 23. 268, 8. fgg.

शीतस्पर्श, lies m. st. n.

शीतांशुभान् *ein* Nakshatra Kaṇdiç. 94.

शीभर Adj. (f. आ) = शीफर *reizend* Haraviǵaja 5,65. Ǵâtakam. 18. 22,82. 31,34.

शीर्षत्राण n. *Kopfschutz, Helm* MBh. 11,18,18.

*शीलमय Adj. *in einem reinen Charakter und Wandel bestehend* Mahâvj. 93.

शीलय् mit अनु VI. *sich mit Etwas bekannt machen* Damajantik. 110.182.

*शीलव्रत n. *zur Schau getragene Frömmigkeit* Mahâvj. 104.

शुक m. auch N. pr. eines Fürsten der Gandharva R. ed. Bomb. 4, 41,43.

शुक्र VI. m. *ein best.* Kalpa *bei den* Ǵaina Dharmaçarm. 21,68.

*शुक्रविसृष्टि f. *Onanie* Mahâvj. 258.

शुक्रोत्तर m. *ein best.* Kalpa *bei den* Ǵaina Çarmadharm. 21,68.

शुक्लद्रुम m. R. ed. Bomb. 3,75,23 nach dem Comm. *Symplocos racemosa.*

*शुक्लाविदर्शना f. *eine best. Stufe des* Çrâvaka Mahâvj. 50.

शुच्यदत् Adj. (f. ई) wohl = शुच्यत् Maitr. S. 3,7,4 (78,12).

शुद्धदन्त VI. *aus reinem Elfenbein bestehend* MBh. 2,51,16.

*शुद्धप्रतिभास m. und *शुद्धसार m. *ein best.* Samâdhi Mahâvj. 21.

शुन्ध्यु VI. 1) auch *rein —, unbelästigt von* (Gen.).

*शुभगर्भ m. N. pr. eines Bodhisattva Mahâvj. 23.

शुभदर्श Adj. = शुभदर्शन R. ed. Bomb. 3,73,30.

शुरुध् VI. Vgl. Pischel, Vedische Studien 32. fgg. 50. fgg.

शुशुमारगिरि m. N. pr. *einer Oertlichkeit.* °रीय und °रीयक m. *dort wohnend* Divjâvad. 178,23.

शून्यपक्ष m. = शून्यवाद Aniruddha zu Sâṁkhjas. 1,46.

*शूरंगम m. 1) *ein best.* Samâdhi Mahâvj. 21. 30. — 2) N. pr. eines Bodhisattva ebend. 23.

*शूरंगमसमाधिनिर्देश m. Titel eines Sûtra ebend. 65.

शूल VI. 3) f. आ *Hetäre* Kuṭṭanîm. 19.

शृङ्गारा f. N. pr. einer Frau Festgr. 18.

शेखराय्, °यते *zu einem Kranze werden* Damajantik. 178.

शेवाल VI. 1) Dharmaçarm. 1,27.

शैरीषक N. pr. einer Oertlichkeit Divjâvad. 399,18.

शैल, f. आ VI. N. pr. einer Nonne ebend. 552,18. fgg. 575,29.

शैलगाथा f. Pl. Titel einer *Lieder*-Sammlung ebend. 20,23.

शैवल VI. * m. N. pr. eines Schlangendämons Mahâvj. 167.

शोकागार *Boudoir* Divjâvad. 287, 13.

शोकानुशोक n. *Kummer auf Kummer, ununterbrochener Kummer* R. ed. Bomb. 3,63,3.

शोणाश्मन् VI. Vikramâñkak. 12,21.

शोणोपल VI. Dharmaçarm. 10,44.

शोष्यन्ती Âpast. Gṛhj. 14,14 auf verschiedene Weise erklärt. Richtig सोष्यन्ती.

श्या mit आ, आश्यान VI. 2) *b*) *ein wenig ausgetrocknet* Kir. 16,10.

श्यामाक VI. 2) *a*) Divjâvad. 575, 25. fgg.

श्यामार्य m. N. pr. eines Ǵaina-Patriarchen Festgr. 55.

श्यामावती f. ein Frauenname Divjâvad. 529,15. fgg. 575,25. fgg.

1. श्येनपात VI. m. *ein best. Kunststück der Gaukler* Daçak. (1883) 168,4.

श्रद्ध VI. 4) *glauben* Divjâvad. 16, 26. 337,15. fg.

श्रद्धादेय VI. n. *Vertrauen* ebend. 336,27. 337,3. 464,19. 571,6. 572,18. Auch श्रा° und श्रद्धदेय gedr.

*श्रद्धानुसारिन् Adj. Bez. eines Çrâvaka *in einem best. Stadium seiner Entwickelung* Mahâvj. 46.

श्रद्धापन n. *ein Mittel Vertrauen zu erwecken* Ǵâtakam. 1,28.

*श्रद्धाबलाधान n. Titel eines Werkes Mahâvj. 65.

*श्रद्धाविमुक्त Adj. Bez. eines Çrâvaka *in einem best. Stadium seiner Entwickelung* ebend. 46.

श्रद्धेयता f. *Glaubwürdigkeit* Ǵâtakam. 20,16. 22,5. 31,29.

1. श्रम् mit नि Caus. कानि चित्पदानि गृहाणिश्रामयति als Erklärung von प्रपादयति Dârila zu Kauç. 28,15.

श्रमण VI. m. * N. pr. eines Schlangendämons Mahâvj. 168.

श्रमणोद्देश m. = श्रामणेर Divjâvad. 160,6. °णोद्देशिका f. ebend.

श्रम्भ् (स्रम्भ्) mit प्र * Pass. *zur Ruhe kommen* Mahâvj. 81. * °स्रभ्य 53. °स्रब्ध 19,85. 81. Divjâvad. 48, 10. — Mit प्रतिप्र *aufhören machen* ebend. 494,22. 549,10. Pass. *aufhören, enden* 68,3. 138,10. 568,15. °स्रब्ध 265,23. *कर्मावरण° mit verstelltem Partic. Mahâvj. 30,40.

श्रवणमय Adj. *aus Ohren bestehend, Ohren seiend.* Nom. abstr. °ता f. Dharmaçarm. 14,83.

1. श्रा mit अधि VI. *kochen.* °श्राय Ǵâtakam. 7.

श्रामणेरक m. = श्रामणेर Divjâvad. 342,27. * f. °रिका Mahâvj. 270.

1. श्रि mit नि. * *Halt finden an* (Acc.) Mahâvj. 244,105 (°श्रीं निश्राय साम° zu lesen). *निश्रित = आश्रित 40. — Mit संनि, °श्रित *in Jmdes Schutz stehend, Jmd* (Gen.) *ergeben* Divjâvad. 94,11. 101,10. *sich befindend in* (Loc.) 230,23. — Mit निस्, निःश्रित्य *sich anlehnend an, sich stützend auf* (Acc.) Ǵâtakam. 27,23. *in der Nähe von* (Acc.) 27.

श्रिव् und श्रैवुक s. स्रिव् und स्रैवुक.

श्री f. VI. Vgl. Pischel, Vedische Studien 53. fgg.

श्रीद्रुम m. Kâd. (1883) 19,18; vgl. die Anmm.

1. श्रु VI. शुश्राव mit pass. Bed. R. 7,27,23. — Mit उप VI. *geloben* Ǵâtakam. 31.

1. श्रुत् VI. *Laut, Ton* Haraviǵaja 7,40.

*श्रुतमय Adj. (f. ई) *in Gelehrsamkeit bestehend* Mahâvj. 75.

श्रेष्ठिन् VI. *ein best. hoher Kriegsmann* Ǵâtakam. 20.

*श्रैण्य m. Bein. Bimbisâra's Mahâvj. 184.

श्रोणी VI. *Mitte* Dharmaç. 1,84.

श्लक्ष्णा VI. m. N. pr. eines Berges Divjâvad. 107,1. fgg. f. आ N. pr. eines Flusses 107,4. 6.

श्लाघा VI. *Gefallen an Etwas* Ǵâtakam. 10,18.

श्लाघिन् VI. = शालिन् 1) *b*) ebend. 10. 19,3. 22.

श्लिष् mit सम्, संश्लिष्ट Bez. *einer Art von Pfeilen, die in einem ehrlichen Kampfe nicht gebraucht werden dürfen*, MBh. 7,189,12.

श्लेष VI. 1) *a*) lies *das Haften*.

श्लेष्मातक VI. Mit. zu Jâǵń. 3, 290. fg.

श्वक m. *Wolf* Damajantîk. 231.

श्वग्रह VI. Âpast. Gṛhj. 18,1.

2. श्ववृत्ति auch so v. a. *Speichellecker* Mit. zu Jâǵń. 3,289. fg.

1. श्वस् mit अभिनि *seufzen* Ǵâtakam. 14.

श्वागणिक VI. Mit. zu Jâǵń. 3,289. fg.

श्वाविध m. = श्वाविध् R. ed. Bomb. 4,17,39. Es könnte übrigens श्वाविधः auch Pl. sein.

श्वित्रोपकाश VI. nach dem Comm. *weiss um die Augenwinkel*.

श्वेतवर्णा f. *Kreide* Divjâvad. 263,9.

श्वेतास्थि n. *eine best. Art von Hungersnoth* ebend. 131,21. 132,3.

श्वैत्रोपकाश Adj. (f. आ) = श्वित्रोपकाश Maitr. S. 3,7,4 (78,12).

षट्खण्ड Adj. *aus sechs Theilen bestehend* Dharmaçarm. 1,42.

षट्प्र VI. षट्प्राः प्रातिवेश्मिकाः सहृदया उच्यन्ते Abhinavagupta zu Dhvanjâloka 303,*a* nach Pischel.

*षडङ्गसमन्वागत Adj. *mit den sechs Haupterfordernissen versehen* Mahâvj. 19.

षडभिज्ञात Adj. *die sechs* Abhiǵńâ *besitzend* Divjâvad. 131,4.

षडरात्रि VI. MBh. 1,167,25.

षड्वर्गिक Adj. *einer Gruppe von Sechsen angehörend* Divjâvad. 329,19.

षड्वर्गीय Adj. dass. ebend. 306,28. 489,20.

*षड्वार्गिक Mahâvj. 281,55 wohl nur fehlerhaft für षड्वर्गिक.

*षड्वार्षिकमह m. *ein best. Fest* ebend. 229.

संयति f. *Askese* Kuṭṭanîm. 53.

संयमनिन् m. *Lenker* Divjâvad. 60,15.

संयोजन VII. *Alles was an die Welt bindet* ebend. 533,25. 553,24. Mahâvj. 109.

संरम्भवक्त्र Adj. *zornig* Haraviǵaja 9,13.

संरम्भिता f. *Erregung, Zorn* ebend. 9,12.

संराधन VII. *das Zujauchzen, Beifallbezeugung* Ǵâtakam. 31,35.

*संलत्तक Adj. *leutselig* Mahâvj. 135.

*संलेख m. *strenge Enthaltsamkeit* ebend. 245.

संवर्गण n. *das Ansichziehen, Gewinnen* (von Freunden) Daçak. (1883) 162,1.

संवर्णन VII. *das Preisen, Loben* Ǵâtakam. 17,9.

संवर्त VII. 1) *b*) *ein junges noch zusammengerolltes Blüthenblatt* Âpast. Gṛhj. 9,10.

*संवर्तकल्प m. *eine Periode des Weltunterganges* Mahâvj. 233.

*संवर्तनी f. *Weltuntergang*. तेजः° *durch Feuer* Mahâvj. 253,68. अप्° *durch Wasser* 69. वायु° *durch Wind* 70.

संवसथ VII. m. *Haus* Kâçikh. 30,52.

संवाद VII. 4) *Rechtshandel, Process* Âpast. Gṛhj. 22,19.

संवादिता f. *Aehnlichkeit* Haraviǵaja 1,21. 7,26. 12,77. 13,34.

संविज्ञान VII. n. durch अव्युत्पन्नं प्रातिपदिकम् erklärt Mahâbh. 3,436, Z. 11. fg. 24.

संविधित्सु Adj. *zu thun —, zu machen bestrebt* Haraviǵaja 9,31.

संविभागी Adv. mit कर् *gleich theilen* Damajantîk. 263.

संवेजनीय Adj. *geeignet das Gemüth heftig aufzuregen* Ǵâtakam. 19.

संवेशन VII. n. *das Eingehen in* Çaṁkara zu Vedânta 139,7. 12.

संश्रावण Hemâdri 3,*a*,974,5 fehlerhaft für संस्रावण.

संसीदन n. *das Sinken* Divjâvad. 229,23.

संसेवन VII. *das Aufsuchen, Umgehen mit Jmd* (Gen.) Ǵâtakam. 23,63.

संस्कारवत् VII. **einen Eindruck empfangend* Mahâvj. 208.

संस्कृतमय Adj. *aus Sanskrit bestehend* Kâçikh. 20,103.

*संस्तुतक Adj. *leutselig* Mahâvj. 135.

संस्थ VII. 1) *f*) Kâçikh. 30,12.

संस्नान n. *gehöriges Baden* Kâçikh. 26,117.

संस्नेह, so zu lesen st. संस्वेद.

संस्फोट VII. 2) Haraviǵaja 11,37.

संस्रावण VII. n. Hemâdri 3,*a*,974,5 nach dem Comm. *das Ausspeien*. संश्रावण gedr.

संहननवत् Adj. *kräftig gebaut* Ǵâtakam. 25.

सकलपाठ m. *das Citiren des ganzen Spruches* Comm. zu Kâtj. Çr. 25,7,38. Dârila zu Kauç.

सकलय्, °यति *ergänzen, vervollständigen* Haraviǵaja 5,115.

सकाष्ठम् VII. Dharmaçarm. 7,3.

सकायिका (v. l. सं°) f. *ein best. Kinderspiel* Divjâvad. 475,19.

सकृदभिषुत Adj. *einmal gepresst* TS. 6,6,10,1.

सक्तुप्रस्थेश्वर n. N. pr. eines Liṅga Kâçikh. 65,15.

सक्वण Adj. *klingend* Dharmaçarm. 15,79.

सखड्ग Adj. *ein Schwert tragend* Mṛkkh. 112,20.

सखण्ड Adj. im Gegensatz zu अखण्ड Njâjak. u. उपाधि.

2. *सखिल Adj. *freundlich* Mahâvj. 20.

सग्रह VII. *vom Dämon ergriffen, verfinstert* (Mond) R. 7,44,15.

सघृण VII. *zartfühlend* Ǵâtakam. 31,78. *Scrupel empfindend* 11,18.

*संकथ्य = सां° Mahâvj. 245.

संकायिका s. सकायिका.

संक्रमणका f. *Gallerie* Divjâvad. 220,22. 221,19.

संक्रामणी f. *eine Art Zauber* ebend. 636,27.

संक्रीडित n. *Gerassel* Kir. 16,8.

सङ्ग VII. N. pr. eines Mannes Maitr. S. 3,1,9 (12,11).

संगमेश n. N. pr. eines Liṅga Kâçikh. 61,6.

संगमेश्वर VII. 2) n. N. pr. eines Liṅga Kâçikh. 70,77.

संघ्राहक VII. Am Ende eines Comp. **an sich ziehend* Mahâvj. 29,7.

*संघभेद m. *Zwietrachtstiftung in der Bruderschaft* ebend. 258.

*संघभेदक Adj. *Zwietracht stiftend in der Bruderschaft* ebend. 271.

संघाट VII. etwa *Koffer, Kiste* Divjâvad. 14,25. 16,26.

*संघाटसूत्र n. Titel eines Sûtra Mahâvj. 65.

संघातपर्वत m. N. pr. zweier *Berge* in der Hölle, *die sich öffnen und wieder schliessen*, Ǵâtakam. 19,28.

सत्तप VII. m. Bez. *bestimmter Einsiedler* R. ed. Bomb. 3,6,4.

*संचरित्र n. *Kuppelei* Mahâvj. 258.

संचारण VII. *das Ueberbringen* (einer Botschaft) Ǵâtakam. 23.

संचारव्याधि m. *eine best.* (wohl *ansteckende*) *Krankheit* Mahâvj. 284.

संचोदना VII. = संचोदन Ǵâtakam. 20.

संछिदा f. *Vernichtung* Kâçikh. 68,79.

सज्ज् VII. 3) सज्जासे = सज्जायसि (von 2. सज्जाय्) R. ed. Bomb. 4,66,7. — Mit अभि, °षक्त VII. **grimmig* Mahâvj. 146. — Mit वि, °षक्त VII. Am Ende eines Comp. *zusammenhängend —, verbunden mit* Ǵâtakam. 10,33. — Mit सम् 1) *c*) lies संसक्तजानुः.

*संज्ञानना (eher संज्ञा°) f. *Bewusstsein* Mahâvj. 245,1157. Vgl. विज्ञानना.

सत्कायदृष्टि f. *die ketzerische Annahme, dass es eine Individualität gebe*, Mahâvj. 104. 208. Divjâvad. 46,25.

सत्कार्यसिद्धान्त m. = सत्कार्यवाद (s. u. सत्कार्य) Sâṁkhjapr. 84,6. 85,7.

सत्रागार VII. *Opferhalle* Ǵâtakam. 10.

सत्ववत्, so zu lesen st. सत्वत्.

सत्पथीन Adj. *auf dem rechten Wege wandelnd* Kâçikh. 58,167.

सत्य VII. 1) Z. 11. यत्सत्यम् auch R. ed. Bomb. 3,59,3.

सत्यवसु m. Bez. *einer Gruppe der* Viçve Devâs Saṁsk. K. 30,*b*,7.

सवच Adj. = सवक्र und सवच् Kâçikh. 33,79.

1. सद् mit अत्या Caus. auch *Jmd* (Acc.) *zu nahe kommen* R. ed. Bomb. 3,37,17. — Mit उद् Caus. VII. 3) Âpast. Gṛhj. 12,7. — Mit अनूप Caus. streiche das Wort Comm. — Mit अभिप्र VII. °सन्न *günstig gestimmt* Mahâvj. 235. Gâtakam. 3. — Mit समभिप्र Caus. *ganz günstig stimmen* Gâtakam. 5. 12. — Mit विप्र, °सन्न VII. **ganz klar, durchsichtig* Mahâvj. 243,887. — Mit सन् Caus. VII. *zu Boden strekken, niederwerfen* Gâtakam. 32,33.

सदत् Adj. *Zähne habend, seine Z. behaltend.* Nom. abstr. सदत्त्व n. Maitr. S. 1,8,5 (121,20) सदत्त्वाय zu vermuthen st. पैदत्त्वाय.

सदंपुष्पा nach Dârila = त्रिसंध्या.

सदम्भ VII. *heuchlerisch* und *mit gutem Wasser versehen* Kâçikh. 24,8.

सदय VII. 1) Nom. abstr. °त्व n. Gâtakam. 26.

सदस्य VII. *ein zum gelehrten Hofkreis Gehöriger* ebend. 23.

सदागम VII. in der Bed. 1) und zugleich *Wind* (सदा + गम) Dharmaçarm. 12,44.

सदाप Adj. *mit gutem Wasser versehen* Kâçikh. 5,18.

*सदाप्रस्रवणा Adj. f. wohl *stets die Menses habend* Mahâvj. 271.

सदामत्तक n. N. pr. einer Stadt Divjâvad. 601,27.

सदामुदित n. *eine best.* Siddhi Aniruddha und Mahâdeva zu Sâṁkhjas. 3,44.

सदेह Adj. *mit einem Körper versehen* Kâçikh. 10,107. 64,105.

सदोऽजिर n. *Vorhof* Kâçikh. 19, 41. 43,23.

सदोपवासिन् Adj. *stets fastend* MBh. 13,93,10.

सद्धी Adj. *weise* Kâçikh. 32,58.

सद्यःकृत्तोत Adj. *an einem und demselben Tage gesponnen und gewebt* Âpast. Gṛhj. 10,10.

सद्रव्य VII. *goldfarbig* (nach dem Comm.) R. 7,18,34.

सद्रूपत्व n. *Realität* Sâṁkhjapr. 61,10.

सत् VII. 6) b) सत्कृत्य *mit gehöriger Aufmerksamkeit, andachtsvoll* Gâtakam. 1. 2. 9. 11. 24. 25. 31,70. *sorgfältig, eifrig* 2. *°कारिन् Adj. Mahâvj. 98.

संतृद्य Adj. *durch Zapfen* oder *Riegel zu verbinden* Âpast. Çr. 11,13,2.

संदर्भवत् Adj. *ein kunstvolles Gefüge habend* Haravigaja 11,32.

संदष्टक Divjâvad. 426,10 fehlerhaft für सं°.

संधय् mit अनु auch *fügen, bestimmen.* भाविकर्मानुसंधयेत् (विधिः) Kâçikh. 13,95.

संधान VII. n. *das Wahrnehmen* Damajantik. 222.

संधिच्छेदन n. *Einbruch* Mṛkkh. 32,5.

संनिकाशय्, °यति *kund thun* Kir. 13,35.

संनिधानिन् Adj. etwa *Güter sammelnd* Divjâvad. 556,4.

*संनिधिकार m. *das für sich bei Seite Bringen* (von Speisen) Mahâvj. 245. 260 (zu verbessern).

°संनोदन Adj. *vertreibend* Kâçikh. 4,46.

सपत्नि f. = 1. सपत्नी R. ed. Bomb. 2,8,26.

सपर्षत्क Adj. *sammt dem Hofkreise* Gâtakam. 22.

सपुत्रज्ञातिबान्धव Adj. *nebst Söhnen, Angehörigen und Verwandten* Nârada in Vivâdaratn. 337.

सपृषत Adj. *von Regen begleitet* MBh. 7,196,1.

सपृष्ठी Adv. mit भू Divjâvad. 326, 9. Vgl. पृष्ठी.

*सप्तकृत्वपरम Adj. Bez. eines Çrâvaka in einem best. Stadium seiner Entwickelung Mahâvj. 46.

सप्तपत्त्र VII. m. *die Sonne* Haravigaja 5,53.

सप्तभूमि f. R. ed. Bomb. 4,12,3 nach dem Comm. = रसातल, wie Gorr. hat. Vgl. 4,12,9.

सप्तविंशतिशत n. Pl. *hundertundsiebenundzwanzig* Çâṅkh. Br. 11,7.

सप्तशत VII. 2) b) richtig nach Aufrecht सप्तशतीव्याख्या गुणवती.

सप्तसागर n. N. pr. eines Liṅga Kâçikh. 33,136.

सप्तहय m. *die Sonne* Kâçikh. 9,79.

सप्राश्च VII. 2) Kâçikh. 46,2. 49,76. 51,45.

*सप्रतिघ Adj. *einen Gegensatz habend* Mahâvj. 101.

सप्रतिभय Adj. *gefährlich, unsicher.* Nom. abstr. °ता f. Gâtakam. 22.

सफलता f. = सफलत्व Kâçikh. 46,11.

सफलीकरण n. *das Erfolgreichmachen* Kâçikh. 61,237.

सबन्ध Adj. *durch ein Pfand gesichert* (Darlehen) Vjâsa in Vivâdaratn. 7.

सब्रह्मक VII. **mit Einschluss der Welt* Brahman's Mahâvj. 245.

2. सभाग VII. **gemein, gemeinschaftlich* Mahâvj. 109. *übereinstimmend, entsprechend* Gâtakam. 23,58.

सभाज्य Adj. *zu ehren, zu preisen von* (Gen.) R. ed. Bomb. 4,8,4.

समक्रिय auch *einer gleichen Kur unterliegend.* Nom. abstr. °त्व n.

*समगन्ध Adj. *von gleichem Geruch* Mahâvj. 101.

समचित्त VII. *Nom. abstr. °ता f. ebend. 170.

समञ्जन VII. 1) lies *sich zusammenfügend.*

समतिक्रम VII. **vollständiges Hinwegkommen über Etwas* Mahâvj. 68. 70.

समधिष्ठान n. *das Verweilen, Residiren* Kâçikh. 62,46.

समन्तभद्र VII. Adj. *allseitig gut* Haravigaja 12,21.

समन्धकारी Adv. mit कर् *in Finsterniss hüllen,* so v. a. *unpassirbar machen* Kir. 14,39.

समन्वय VII. *übereinstimmende Bedeutung* Çaṁkara zu Vedânta 1,1,4.

*समन्वेषण n. *das Suchen* Mahâvj. 245.

समपटवास m. wohl = समगन्धक Rujjaka, Sahṛdajalîlâ 2,14.

समभ्यास m. *Uebung, Studium* Kâçikh. 32,122.

समरस Adj. *Gleiches empfindend.* Nom. abstr. °त्व n. Kâçikh. 41,126.

समरसीकरण n. *das Verursachen, dass man Gleiches empfindet,* Kâçikh. 30,76.

समर्चक Adj. *verehrend* Kâçikh. 86,95.

समर्चा f. *Verehrung* Kâçikh. 32,157. 70,14.

*समवसर्ग m. ? Mahâvj. 245.

°समवायिक Adj. *in Zusammenhang stehend mit* Saṁsk. K. 173,b,1.

समवायिन् VII. m. *Gefährte, Partner* Bṛhaspati in Vivâdaratn. 113.

समव्याप्तिक Adj. *ein Beispiel beiderseitiger ständiger Begleitung abgebend* Aniruddha und Mahâdeva zu Sâṁkhjas. 5,29.

समशन् VII. Lies *in gleiche Theile* (zertheilen).

समांशभागिन् Adj. *zu gleichen Theilen theilend* Bṛhaspati in Vivâdaratn. 480.

*समादानिक Adj. von समादान Mahâvj. 243,1071.

समाधि VII. *eine best. Haltung, Stellung* (des Halses) Kir. 16,21.

समानकर्तृत्व n. *Gleichheit der Subjecte* Sud. zu Âpast. Gṛhj. 13,16.

समानज्ञातित्वमय Adj. (f. ई) *auf Gleichheit des Geschlechts beruhend* Gâtakam. 27,16.

समानधिष्ण्य VII. Z. 2, lies 12,3,5,2.

समानपात्र Adj. *denselben Becher habend* Maitr. S. 4,7,1 (94,1).

समानाभिव्हार m. *Untermengung zwischen Gleichem* Sâṁkhjakâr. 7.

*समारक Adj. *mit Einschluss der Welt des* Mâra Mahâvj. 245.

समावर्तिन् Adj. *in das väterliche Haus zurückkehrend* Saṁsk. K. 29,b,6.

समावेशन n. 1) *das Hineintreten, in Besitz Nehmen* Saṁsk. K. 53,b, 11. — 2) *Beilager* Âpast. Gṛhj. 8, 10. 13.

समी mit कर् VII. *gleich machen,* so v. a. *vertilgen, zu Nichte machen* Gâtakam. 23,18. — Mit भू VII. *zu Nichte werden, vergehen* ebend. 23,

समीपसप्तमी f. *der Locativ in der Bedeutung „in der Nähe von“* Sud. zu Âpast. Gṛhj. 14,6.

समुच्च Adj. *hoch* Kâçikh. 37,65.

समुच्चार m. *das Aussprechen* Kâçikh. 61,195.

समुज्जिहीर्षु Adj. *heraufzuziehen —, heraufzuschaffen wünschend* Kir. 14,40.

समुत्कट Adj. *hoch, erhaben* Kâçikh. 62,109. Am Ende eines Comp. *reichlich versehen mit* Ǵâtakam. 17,6.

समुत्कम्पिन् Adj. *erzitternd* Ǵâtakam. 26,14.

समुत्क्षेप VII. Pl. MBh. 8,90,17.

*समुत्थापक Adj. *erweckend, erregend* Mahâvj. 207.

समुत्पतिषु Adj. = dem folg. Haraviǵaja 12,45.

समुत्पिपतिषु Adj. *sich erheben wollend* Kir. 6,15.

समुदानयन n. *das Herbeischaffen* Ǵâtakam. 10.

समुदानीतत्व n. *das Vollbrachtsein* Ǵâtakam. 1.

समुदानेतव्य Adj. *herbeizuschaffen* Divjâvad. 455,23. 25.

समुदित्वर Adj. *aufgehend* Kâçikh. 5,74. 20,79.

समुद्घात VII. * *Vernichtung, Vertilgung* Mahâvj. 82.

*समुद्रकलेवक Adj. *mit best. ungünstigen Zeichen versehen* ebend. 271,143. Wohl सा° zu lesen.

2. समुद्राल VII: f. ग्रा *die Erde* MBh. 7,198,55.

समुन्निद्र Ad . *weit geöffnet* (Auge) Dharmaçarm. 10,4.

समुपनयन n. *das Herbeiführen* Dharmaçarm. 6,53.

संपद् VII. *Gleichsetzung von Aehnlichem* Çaṁkara zu Vedânta 68,2.

संपरिवर्त m. = परिवर्त 5) Dharmaçarm. 15,56.

संपातक Adj. von संपात 7) Saṁsk. K. 75,b,2.

संपातायात Adj. *ohne ersichtlichen Zweck hineingerathen* Sâṁkhjapr. 89, 6 v. u. Aniruddha zu Sâṁkhjas. 1,12. 2,12.

संपुष्क Adj. Âpast. Gṛhj. 18,11 = ग्रतत *ungemahlen* Comm. Vielleicht fehlerhaft für संशुष्क.

*संप्रख्यान n. Mahâvj. 133.

संप्रज्ञन्य (!) n. *volles Bewusstsein* Divjâvad. 654,27. 655,3.

*संप्रज्ञान (!) dass. Mahâvj. 281.

संप्रज्ञातयोगिन् m. *ein* Jogin, *der sich noch im Zustande des Bewusstseins befindet*, Aniruddha zu Sâṅkhjas. 6,50.

संप्रज्ञातावस्था f. *dieser Zustand eines* Jogin ebend.

संप्रतिग्रह m. *gute Aufnahme, Vorliebe für Jmd* Ǵâtakam. 7.

संप्रतिभास m. *combinirende Vorstellung* Aniruddha zu Sâṁkhjas. 5,99.

*संप्रयुक्तक Adj. *mitwirkend* Mahâvj. 114.

संप्रवादन n. *das zu gleicher Zeit Ertönenlassen* Sud. zu Âpast. Gṛhj. 2,14.

संप्रहर्षण VII. n. * *das Aufmuntern* Mahâvj. 245. °णा f. dass. Ǵâtakam. 7.

संप्रान्त m. *völliges Ende* Kâçikh. 64,72.

संप्रियता f. *das Liebersein als* (Abl.) Kir. 17,4.

संबन्धिकत्व n. *das Zusammenhängen* Saṁsk. K. 27,b,10. 214,b,6.

संबाध VII. 1) c) Âçv. Gṛhj. 23,3.

संबीज n. *allgemeiner Same* Kâçikh. 44,26.

संभत्र (?) Dârila zu Kauç. 41,18.

संभिन्नप्रलाप m. *sinnloses Geschwätze* Mahâvj. 92. Divjâvad. 302, 8. °प्रलापिक Adj. *Unsinn redend* 301,24.

*संभिन्नव्यञ्जना f. *eine Art Hermaphrodit* Mahâvj. 271. *°न n. *diese Deformität* 284.

संभृति VII. *Menge* Haraviǵaja 2,62.

संमुख Adj. auch *passend, den Umständen angemessen* Lalit. 464, 6. 466,4.

*संमुखविनय m. etwa *ein Verweis unter vier Augen* Mahâvj. 264.

संमोदगन्ध m. *Wohlgeruch* Ǵâtakam. 21.

*संमोदनीय Adj. *freundlich* Mahâvj. 145.

*सम्यक्कर्मान्त m. *ein ordentlicher Beruf* Mahâvj. 44.

सम्यक्त्वमिथ्यात्वसर्वसंग्रसन m. *ein best.* Samâdhi Mahâvj. 21.

*सम्यगाज्ञा f. *richtiges Verständniss* ebend. 48.

सम्यग्वृत्ति f. *richtiges, tactvolles Benehmen* MBh. 3,303,21.

सयुज् VII. 1) Kâçikh. 13,83.

सर्, *सारित *fliessend* (Stimme) Mahâvj. 20. — Mit *ग्रति, नातिसरेत् ? ebend. 243,619. — Mit व्यति Caus. *wechseln* (die Rede) Divjâvad. 70,11. 75,23. 156,20. 619,2. — Mit ग्रभि Caus. VII. *überfliessen machen, erfüllen* Ǵâtakam. 15. 27,17. — Mit प्रत्यव, °सृत *wieder fortgegangen* Divjâvad. 235,27. — Mit ग्रभिप्र, °सृत VII. *herbeigeströmt* Ǵâtakam. 15. — Caus. *entgegenstrecken* ebend. 9. — Mit व्यत्यसम् *durchwandern* (verschiedene Existenzen) Divjâvad. 200,10.

1. सरॅ VII. 1) a) Aufrecht vermuthet VS. 22,2 सरॅघा रॅयन्ती.

सरज्ञस VII. 1) a) Nom. abstr. °ता f. Kir. 10,20.

सरालक VII. f. °लिका Ǵâtakam. 26.

सरित्सुरङ्गा f. *Wasserarm* Damajantik. 210.

सरित्सुत f. = सुरा Haraviǵaja 9,46.

सरूपिन् Adj. *gleichgestaltig* Kâçikh. 17,99. 44,36.

सर्गकालीन Adj. *zur Zeit der Schöpfung* Sâṁkhjapr. 106,12.

सर्ज् mit व्यव VII. 5) Ǵâtakam. 7, 9. — Mit प्रोद् *wegschleudern, wegschenken* Divjâvad. 387,7. — Mit प्रतिनि *aufgeben* Mahâvj. 130. Divjâvad. 275,8. Richtig प्रतिनिस्. — Mit प्रतिनिस् dass. ebend. 44,17. — Mit *प्रतिविनि fehlerhaft für प्रतिविनिस् und = प्रतिनिस् Mahâvj. 130. — Mit वि VII. (Fragen) *lösen, beantworten* Divjâvad. 162,20.

सर्प् mit उद् Caus. उत्सर्पित ? Divjâvad. 23,11. fgg.

सर्पवृश्चिकरोमवत् Adj. *dessen Haare Schlangen und Scorpione sind* R. 7,23,1,74.

सर्पाय्, °यते *einer Schlange gleichen* Rudraṭa, Çṛṅgârat. 2,85.

सर्पास्या f. N. pr. einer Joginî Kâçikh. 45,39.

सर्पिन् VII. 2) a) Kâçikh. 50,13. 26.

सर्व VII. सर्वेण सर्वम् Adv. *vollständig, ganz und gar* Divjâvad. 39,1. fgg. 144,1. 270,11. 302,22.

सर्वक्षितिपतित्व n. *Weltherrschaft* Ǵâtakam. 8,51.

सर्वज्ञ VII. 2) c) Kâçikh. 15,28. 23, 26. °सूनु m. Patron. Skanda's 59,2.

सर्वज्ञार्धशरीरिणी Bein. der Umâ 65,33.

सर्वज्ञज्ञानिन् Adj. *sich für allwissend haltend* Divjâvad. 145,23.

सर्वज्ञमानिन् Adj. dass. ebend. 143,10.

सर्वज्ञीय Adj. von सर्वज्ञ 1) Comm. zu Kaṇâda S. 357, Z. 15.

*सर्वतथागतधर्मवाङ्निष्प्रपञ्चज्ञानमुद्रा f. *eine best. Fingerstellung* Mahâvj. 197,77. *°गतप्रज्ञाज्ञान° desgl. 73. *°गतबन्धनज्ञान° desgl. 79. *°गतवज्राभिषेकज्ञान° desgl. 72. *°गतविश्वकर्मज्ञान° desgl. 76. *°गतसंतोषणी f. *eine best.* Tantra-*Gottheit* 83. *°गतसमाज्ञाधिष्ठानज्ञानमुद्रा f. *eine best. Fingerst.* 71. *°गतसुरतसुखा f. *eine best.* Tantra-*Gottheit* 80. *°गताकर्षणी desgl. 81. *°गतानुरागणाज्ञानमुद्रा f. *eine best. Fingerst.* 68. *°गतानुरागणी f. *eine best.* Tantra-*G.* 82. *°गताज्ञापरिपूरणज्ञानमुद्रा f. *eine best. Fingerst.* 70.

सर्वॅति m. N. pr. eines Mannes Maitr. S. 3,4,6 (51,20).

सर्वतीर्थेश्वर n. N. pr. eines Liṅga in Benares Kâçikh. 33,134.

सर्वतोधार Adj. *nach allen Richtungen eine Schneide habend* MBh. 8,17,5.

सर्वदेशीय auch *in allen Ländern befindlich* Kâçikh. 66,109.

*सर्वधर्मप्रवेशमुद्र m. (so zu lesen in VII) Mahâvj. 21,12. *°धर्ममुद्र m. (so zu lesen in VII) 7. *°धर्मसमताज्ञानमुद्रा f. *eine best. Fingerstellung* 197,

57. *°धर्मसमवसरणसागरमुद्र m. *ein best.* Samâdhi 21,22. *°धर्मातिक्रमण m. desgl. 83. *°धर्मप्रवृत्तिनिर्देश m. Titel eines Werkes 65,37. *°धर्मोद्गत m. *ein best.* Samâdhi 21,6.

सर्वपृष्ठ VII. 2) सर्वपृष्ठाक्त्वोंषि Çāñkh. Çr. 9,26,4.

सर्वभृत् Adj. *Alles erhaltend* Bhag. 13,14.

*सर्वमारमण्डलविध्वंसनज्ञानमुद्रा f. *eine best. Fingerstellung* Mahâvj. 197,78.

*सर्वरोधविरोधसंप्रशमन m. *ein best.* Samâdhi ebend. 21,101.

*सर्ववैदल्यसंग्रह m. Titel eines Werkes ebend. 65.

*सर्वव्यूहरतिस्वभावनयसंदर्शन m. N. pr. eines Gandharva-Fürsten ebend. 170.

सर्वसंग्रह VII. Adj. *im Besitz von Allem seiend* R. ed. Bomb. 1,6,1.

सर्वाभयंकर Adj. *Allen Sicherheit gewährend* R. ed. Bomb. 4,22,30.

सर्वाभिशङ्किन् VII. Nom. abstr. °ङ्कित्व n. MBh. 7,185,27.

सर्वामरत्व n. *absolute Unsterblichkeit* R. 7,30,9.

सलग्नक Adj. *durch einen Bürgen gesichert* (Darlehen) Vjâsa in Vivâdaratn. 7.

सलिलेश्वर m. Bein. Varuṇa's MBh. 3,308,12.

सल्लयं Çat. Br. 14,7,1,19 (auch Bṛh. Âr. Up.) ungewöhnliche Assimilation für संलय.

सवर VII. 1) m. = शबर 2) *a)* Dharmaçarm. 16,63.

सवास Adj. *mit Wohlgeruch erfüllt* Gâtakam. 22,15.

सवृत्त VII. Adj. (f. आ) *einen guten Wandel führend* R. ed. Bomb. 3,38,9.

सवृषण (f. आ) *mit zwei Früchten in Gestalt von Testikeln versehen* (so der Comm.) Âpast. Gṛhj. 14,10.

सव्योत्तान Adj. *die linke Hand mit der inneren Fläche nach oben haltend* Çāñkh. Çr. 5,8,5.

सशिखर Adj. *begipfelt* (Baum) R. ed. Bomb. 4,1,4.

सशिबिर Adj. *mit seinem Heerlager* Rudraṭa, Çṛñgârat. 2,26.

ससांनाय्यक Adj. *mit der Spende* Sâmnâjja Comm. zu Kâtj. Çr. 302,5.

ससार्थ Adj. (f. आ) auch *vollgeladen* (Schiff) R. ed. Bomb. 4,16,24.

1. सस्य auch so v. a. *Ernte.* श्यामाकसस्ये Çāñkh. Br. 4,12. व्रीहिसस्ये, यवसस्ये 14.

सहकरण n. *das Verrichten zu gleicher Zeit* Saṁsk. K. 54,*a*,1.

सहनिवासिता f. *das Zusammenwohnen mit* (Instr.) Mâlatîm. (ed. Bomb.) 332,4.

सहनृत्य n. *gemeinsamer Tanz* Gît. 1,43.

सहभूमि VII. Lies 16,15,20.

सहस्रपोषपुष्यं (!) Adj. Maitr. S. 1, 5,10 (79,5. 6).

सहस्ररुच् m. *die Sonne* Haravigaja 7,24.

सहस्रशल VII. Maitr. S. 2, 4, 1 (38,8).

सहस्रेध्म *tausend Scheite* Maitr. S. 1,10,12 (152,4).

सहाय VII. am Ende eines Comp. *gemein mit* Gâtakam. 22,80.

सहार्थनाश Adj. *gleichgültig gegen Vortheil und Verlust,* — *Glück und Unglück* Kir. 14,8.

सहिम auch *kalt* (Wind) R. ed. Bomb. 4,28,15.

सहौदन Adj. *mit Reis* Âpast. Gṛhj. 20,5.

*सांयमनिक Adj. = सांयमन Mahâvj. 281,217.

सांश Adj. *aus Theilen bestehend* Sâṁkhjapr. 106,2.

*साक्षात्कर्तव्य Adj. *zur Anschauung zu bringen* Mahâvj. 64.

*साखिल्य Adj. *Freundlichkeit* ebend. 243.

*सागरनागराजपरिपृच्छा f. Titel eines Werkes ebend. 65,32.

सागरापाङ्ग Adj. (f. ई) *vom Meere begrenzt* (die Erde) MBh. 1,73,29.

सागरायु, °यते *das Meer darstellen* Prâṇâbharaṇa 48 nach Aufrecht.

सांकारिका Adj. f. Âpast. Gṛhj. 3,11. Baudh. Gṛhj. Pariç. verschiedentlich gedeutet.

*सांकाशिका Adj. f. = पित्रादिगृहेष्वग्न्यादिदायिनी Vaiǵajanti, Bhûmik., Brâhmaṇâdhj. 52 nach Winternitz.

सांकाशिनं VII. Maitr. S. 3, 8, 9 (108,15).

साङ्गद Adj. *nebst* (dem Affen) Añgada R. ed. Bomb. 4,25,1.

साङ्गराग Adj. *gesalbt, geschminkt* R. ed. Bomb. 4,1,60.

सातागिरि m. N. pr. eines Jaksha Gâtakam. 19,35.

सातिसार Adj. *sündhaft, schuldig* Divjâvad. 330,1.

2. साधनी VII. Mit कर् *als Mittel zu* (Loc.) *verwenden* Gâtakam, 24,12.

साध्याहार Adj. *mit einer Ergänzung* Sud. zu Âpast. Gṛhj. 6,12.

सानत्कुमार VII. m. Pl. *eine best. Klasse von Göttern* Dharmaçarm. 8,6.

*सान्तरोत्तर n. *das Vergehen eines Mönchs, wenn er sich mehr als ein Unter- und Oberkleid schenken lässt,* Mahâvj. 260.

सांनिहित्य n. *nächste Nähe, das in nächster Nähe Befindliche* Saṁsk. K. 60,*a*,2.

सान्वय VII. *öffentlich* Kâtjâjana in Vivâdaratn. 287.

सापवादम् Adv. *vorwurfsvoll* Mâlatîm. (ed. Bomb.) 326,4.

सापीड Adj. *einen Wasserfall aus sich entlassend* R. ed. Bomb. 4,16, 22. Richtig wohl सोत्पीड.

साभयदक्षिणम् Adv. *mit Gewährung von Sicherheit* Gâtakam. 22,17.

साभिशङ्क Adj. *misstrauisch* Gâtakam. 31.

*साभिसंस्कारपरिनिर्वायिन् Adj. Bez. einer Art von Anâgâmin Mahâvj. 46.

सांमत्य n. *das Voraugensein* Maitr. S. 3,6,1 (60,9). Vgl. सामत्य, साम्यत्त.

सामधर्मार्थनीतिमत् Adj. *liebevoll, gerecht, nützlich und klug* (Rede) R. ed. Bomb. 4,29,8. Vgl. ससामधर्मार्थसमाहित 4,30,19.

सामयिक VII. *zeitweilig* Sâṁkhjapr. 81,1.

सामात्यक Adj. = सामात्य 2) R. ed. Bomb. 4,60,16.

सामिगन्धर्वं Maitr. S. 3,7,3 (77,14) und 8 (87,2). Nach den Hdschrr. ist सामिं ग° herzustellen. सामिं मुष् *vorwegstehlen.*

सामिधेनि° = °नी Kâtj. Çr. 5,8,33.

सामीची VII. * *Anständigkeit, Ordentlichkeit, Höflichkeit* Mahâvj. 48. 97. *°करणीय Adj. *ordentlich zu begrüssen* 97.

सामीचीन्य n. *Angemessenheit* Pâdâravindaç. 32.

सामोद्भव VII. Dharmaçarm. 10,30.

सायमशनं n. *Abendessen* Maitr. S. 3,6,6 (67,3).

सारक VII. m. N. pr. eines Mannes Divjâvad. 437,12. 15.

सारतर VII. 1) Z. 3 lies °ता f.

सार्तरव Adj. *kläglich jammernd* R. ed. Bomb. 4,18,51.

सार्थवाह VII. * = बोधिसत्त्व Mahâvj. 22.

सार्धविहारिन् Adj. *mit seinem Lehrer zusammenwohnend* (ein Mönch) Divjâvad. 18,17. 299,6. 489,16. *सार्ध° Mahâvj. 281.

सार्वसुरभि Adj. *von allen Wohlgerüchen duftend* Âpast. Gṛhj. 12,8. Man hätte सर्व° erwartet.

*सालोप Adj. *mit einem Bissen versehen* (Mund) Mahâvj. 263.

सात्त्व VII. Âpast. Gṛhj. 14,5.

*सावदानम् Adv. *ohne Unterbrechung* Mahâvj. 263.

*साहस्रचूडिक Adj. mit लोकधातु Bez. *einer best. Welt* ebend. 153.

सिंह m. auch *ein best. mythischer Vogel* R. ed. Bomb. 4,42,16. fg.

सिचवात m. *Wind vom Saume eines Kleides* Âpast. Gṛhj. 9,3.

1. सिच्, सिञ्चति zu betonen. — Mit नि VII. (einen Fehler) *Jmd* (Loc.) *anheften* Gâtakam. 23,32.

सिञ्जास्त्य und सिञ्जास्थ vielleicht fehlerhaft für सि°; vgl. oben u. शिञ्जास्थि.

सितत़ुरग m. Bein. Arǵuna's Kir. 10,35. 41.

सितवाजिन् m. desgl. Kir. 6,9.

सिद्धनन्दिन् m. N. pr. eines Grammatikers Festgr. 52.

सिलिसिलिक m. *Harz* Dârila zu Kauç. 18,36.

सीर VII. 2) c) Prâjaçkittamajûkha nach Aufrecht.

सुऊतिँ, so zu betonen.

सुखदुःखसुहृद् f. *ein Freund im Glück und Unglück* Mṛkkh. 55,10.

*सुखोपधान n. = उपकरण Mahâvj. 233.

सुगत VII. 2) a) Nom. abstr. °त्व n. Gâtakam. Einl. 2.

सुगुरु m. *ein guter* Guru Festgr. 58.

सुघोषक *ein best. musikalisches Instrument* Divjâvad. 315,11.

*सुदर्शनप्रीतिकर m. N. pr. eines Kiṁnara-Fürsten Mahâvj. 173.

सुदुराचार Adj. *überaus schlecht gesittet* Bhag. 9,30.

सुदुर्ग्रह Adj. *sehr schwer zu erfassen,* — *erkennen* Kir. 14,1.

सुदुर्धर्ष Adj. *dem man nicht in die Nähe kommen darf* MBh. 1,71,24.

सुधामयूख m. *der Mond* Haraviǵaja 10,3.

सुनन्दक m. *ein best.* Gaṇa Çiva's ebend. 7,22.

सुनर्द Adj. *munter brüllend* Parâçara 2,4 (S. 428).

*सुपरिणात Adj. *gut entwickelt, schön gebildet* Mahâvj. 18,71. 245,999.

*सुपर्यवदात Adj. *sehr blank,* — *rein* ebend. 30.

सुपोष VII. * *leicht zu unterhalten, so v. a. anspruchlos.* Nom. abstr. °ता ebend. 126.

2. सुप्त Adj. *schöne Haarflechten habend* Kâd. 41,14 (74,4). Vgl. Peterson zu Subhâshitâv. 97.

*सुप्रतिच्छन्न Adj. *vollständig vom Gewande bedeckt* Mahâvj. 263.

*सुप्रतिपन्न Adj. *einen guten, frommen Wandel führend* ebend. 48.

*सुप्रतिविद्ध Adj. *gut getroffen.* दृष्या so v. a. *durchschaut* ebend. 127. 142.

*सुप्रवेदित Adj. *gut verkündet* ebend. 63.

सुप्रव्रजित VII. Lies *gehörig Mönch geworden* ebend. 48.

सुभर VII. * = सुपोष. Davon Nom. abstr. °ता f. ebend. 126.

सुभावित VII. * *gut geübt* ebend. 69.

सुमनोमय Adj. *aus Blumen bestehend* und *fromm geartet* Çrikaṇṭhak. 3,31.

सुमूर्ति m. *ein best.* Gaṇa Çiva's Haraviǵaja 7,16.

सुमेक VII. vgl. Windisch in Festgr. 114. fg.

सुम्ने VII. 2) lies n. st. m.

सुरनिर्झरिणी f. *die himmlische* Gaṅgâ Haraviǵaja 1,11.

सुरपुर VII. so v. a. *Himmel.* Acc. mit उप-गम् *sterben* Gâtakam. 31.

सुरस्रवन्ती f. *die himmlische* Gaṅgâ Haraviǵaja 9,21.

सुरासमुद्र VII. Aniruddha zu Sâṁkhjas. 6,52.

सुरेणु VII. *m. N. pr. eines Fürsten der Urzeit Mahâvj. 180.

सुवर्णाक VII. Adj. *golden* Haraviǵaja 6,32.

सुविवर्तित Adj. *hübsch rund* Lalit. 121,2.

सुविवर्तं, lies सुविवृत्तं und vgl. Aufrecht in Festgr. 3.

*सुव्याख्यात Adj. *wohl erklärt* Mahâvj. 138.

सुव्रत, f. °ता VII. N. pr. einer Fürstin Dharmaçarm. 2,35.

*सुव्रतस्वर m. N. pr. eines Asura Mahâvj. 171.

सुशर्मचन्द्र m. N. pr. eines Fürsten Festgr. 16.

सुशर्मनगर n. und सुशर्मपुर n. N. pr. einer *Stadt* Festgr. 16.

*सुशुक्ल Adj. *sehr weiss* Mahâvj. 17.

*सुशोधित Adj. *schön gereinigt* ebend. 226.

*सुष्ठुता f. *Wohlergehen* ebend. 255.

सुसंवृत्त VII. *schön rund* Mahâvj. 17. Lalit. 120,20.

सुसमाप्त VII. * *gut vollendet* Mahâvj. 84. 126.

*सुसमारब्ध Adj. wohl *energisch im Unternehmen* Mahâvj. 30,42. 84. 126.

सुसिक्त VII. * *gut begossen* ebend. 226.

सुसीम, f. °मा VII. N. pr. einer Stadt Dharmaçarm. 4,13.

सूक्ष्मदृष्टि Adj. *scharfsichtig, von feinem Verstande* Kâçikh. 13,116.

सूच, f. आ VII. *Andeutung* Gâtakam. 23,8.

सूचीवानकर्मन्, so zu lesen st. सूचि°. Der Pl. befremdet.

सूत्कार VII. *der Rüssellaut des Elephanten* Dharmaçarm. 6,45.

सूत्र VII. *ein best. Baum* Divjâvad. 315,20.

सूत्रय् mit सम्, संसूत्रित *stimmend, passend* Dharmaçarm. 2,78.

सूत्रोत Adj. *auf eine Schnur aufgereiht* Âpast. Gṛhj. 12,8.

सूँद VII. Vgl. Pischel, Vedische Studien 72. fgg.

सूदया f. *eine best. Pflanze* Divjâvad. 455,23.

सूना VII. Z. 6 lies *Messer* st. *Wasser.*

*सूपसंपन्न Adj. *gehörig zum Mönch geweiht* Mahâvj. 48.

सूर्यन्ती f. v. l. für तूर्यन्ती Âpast. Gṛhj. 14,14.

सेवाविलासिनी f. *Dienerin* Damajantîk. 250.

सोपद्रव Adj. *bemittelt, vermögend* Bṛhaspati in Vivâdaratn. 64.

सोपधान Adj. auch *mit einer Einfassung versehen* (Edelstein) Âpast. Gṛhj. 12,8.

सोमविक्रयिन् VII. Maitr. S. ist °क्रयिन्त्सोमं zu lesen.

सोमायन n. *eine best. Kasteiung* Viǵn. zu Jâǵn. 3,265. fg. 289. fg. Vgl. चान्द्रायण.

सौधाय्, °यते *zu Nektar werden* Pâdâravindaç. 6.

सौनीतेय m. Metron. Dhruva's Kâçikh. 19,10. 51.

सौप्रतीक Adj. *von einem Elephanten.* कुणाप n. Parâçarasaṁhitâ 11 nach Aufrecht.

सौवास्तिक VII. n. = स्वस्त्ययन Mahâvj. 137.

सौविदल्लक VII. = सौविदल्ल Dharmaçarm. 9,23.

सौषुप्त auch Adj. (f. आ) in Verbindung mit दशा so v. a. *tiefer Schlaf* Kâçikh. 34,42.

स्कन्द् mit *अनुप्र *mit Gewalt sich eindrängen* Mahâvj. 261. 281.

स्कन्द Adj. *eine Samenergiessung habend* Çûlap. Prâjaçk. nach Aufrecht.

स्कन्धक VII. Âpast. 1,2,38. Âpast. Gṛhj. 11,16.

स्कन्धी Adv. mit कर् *über die Schulter hängen* Damajantîk. 148.

स्तनंध Adj. = स्तनंधय Brahmav. P. 2,36,66 nach Aufrecht.

स्तनवती VII. f. *Weib* Haraviǵaja 3,23. 36.

स्तबकाय्, °यते *zu einem Blüthenbüschel werden* ebend. 11,28.

स्तम्भक VII. m. * wohl *Säule* Mahâvj. 226, 91. f. °म्भिका *Stuhlbein* Damajantîk. 243.

1. स्तर् mit व्यव *darüber hinbreiten* Âpast. Gṛhj. 5,23. — Mit *प्रत्या, °स्तृत *ausgebreitet* Mahâvj. 223.

1. स्तव VII. स्तवानि विविधानि Matsja-P. 17,28 (37).

*स्तैयसंवासिक m. *Einer, der sich als angeblicher Mönch eingeschlichen hat,* Mahâvj. 271.

स्तोभ VII. = चेष्टाविघात Damajantîk. 42.

स्तोम VII. 6) genauer *Miethzins,* — *geld* Vivâdaratnâkara 168,2.fgg. Statt Âpast. Çr. ist Âpast. zu lesen.

स्थलचारिन् Adj. = °चर. Nom. abstr. °रिता f. Kâçikh. 79,20.

स्थलय्, °यति *zum Festland machen* Subhâshitâv. 2287.

स्थलवेतस m. *Calamus Rotang* Mallin. zu Megh. 14 nach Aufrecht.

स्थलेश्वर n. N. pr. einer Oertlichkeit Kâçikh. 69,83.

स्थविराय्, °यते *altern* (vor der Zeit) Bhâvapr. 46,*a* nach Aufrecht.

स्थविरावलीचरित n. Titel Festgr. 68.

स्था mit पर्यव, °स्थित VII. *böse* Divjâvad. 185,29. — Mit व्युद् VII. *glücklich heimkehren* ebend. 35,22.

स्थाणु VII. Adj. *fest* Kaṇḍiç. 101.

स्थानक VII. 2) a) Damajantîk. 200.

— 2) f) DHARMAÇARM. 18,21.

स्थायक VII. 2) JAMA in HEMÂDRI 3, 1,776.

*स्थूलभित्तिकता f. ? MAHÂVJ. 83.

1. स्नु mit परि *träufeln, mehren* KIR. 3, 7.

स्पर्श VII. Nach JACOBI im NJÂJA und VAIÇESHIKA nur *Temperatur*.

*स्पर्शविहार m. *ein angenehmes Dasein* MAHÂVJ. 253.

स्पष्टक VII. 2) शरीर° ANARGHJAR. (ed. Calc.) nach 3,2.

स्प्रष्टव्य VII. *n. *Gefühl* MAHÂVJ. 101. 106. fg.

स्फर् VII. *durchdringen, sich verbreiten über* (Acc.) ebend. 69 (स्फरित्वा zu lesen). — Mit परि Caus. VII. *ganz erfüllen* 85.

स्फरण VII. *Durchdringung* ebend. 243.

*स्फारित्र n. *ein best. Instrument* ebend. 233.

स्मरशाम्भु m. *der Liebesgott* HARAVIGAJA 5,107.

स्मरात्म् Adj. *von Liebe herrührend* RUDRAṬA, ÇṚNGÂRAT. 1,43.

स्मरारुष m. Bein. Çiva's KANDIÇ. 50.

स्मतिजात m. *der Liebesgott* DHARMAÇARM. 17,66.

*स्मृतिविनय m. etwa *ein Verweis, der darin besteht, dass man Jmd an seine Pflichten erinnert*, MAHÂVJ. 264.

स्मृत्यप्रमोष m. *nie fehlende Besonnenheit* GÂTAKAM. 1,12.

स्यपेटारिका f. *eine Art Kinderspiel* DIVJÂVAD. 475,19.

स्रस्तस्कन्ध Adj. *mit gesenkten Schultern*, so v. a. *verlegen dastehend* ebend. 633,25.

स्रा mit प्र, °स्रापयति schlechte Lesart für प्रस्रावयति

स्रु mit अव, °स्रुत VII. *mit sündlichen Lüsten behaftet* MAHÂVJ. 278. — Mit प्र Act. *als Koth entlassen* ÇÂÑKH. BR. 2,2 nach der besseren Lesart.

स्रुतजल Adj. *mit abgelaufenem Wasser, ausgetrocknet* MṚKKH. 26,2.

*स्रोतोऽनुगत m. *ein best. Samâdhi* MAHÂVJ. 21.

*स्वकार्थ m. *das eigene Interesse* ebend. 48. 126.

स्वचर्या f. *die eigene Natur* ÇRIKANTHAK. 2,3.

स्वधय् VII. statt स्वधयीमयः MAITR. S. 1,8,4 (120,19) ist nach DELBRÜCK स्वद्° zu lesen.

1. स्वप्नस्थान VII. *der Standort im Traume* ÇAT. BR. 14,7,1,9.

*स्वयंयान n. *Angriff, Offensive* MAHÂVJ. 181.

स्वर्दन्तिन् m. *Himmelselephant* DHARMAÇARM. 6,34.

स्वल्पस्मृति Adj. *gedächtnissschwach* MṚKKH. 20,8.

स्वस्वामिसंबन्ध m. *die zwischen Besitz und Besitzer bestehende Verbindung* ANIRUDDHA zu SÂMKHJAS. 6, 67. 69. fg. MAHÂDEVA zu 69.

स्वाख्यात Adj. *gut verkündet* MAHÂVJ. 63. DIVJÂVAD.

स्वाद्रुदक VII. °समुद्र m. ANIRUDDHA zu SÂMKHJAS. 6,52.

हंसक VII. 2) PÂDÂRAVINDAÇ. 27.

हंसतूलिका f. *Gänseflaum* DAMAJANTIK. 160.

हतस्त्रीक Adj. *der ein Weib getödtet hat* MṚKKH. 131,22.

हतोत्तर Adj. *die Antwort schuldig bleibend* VAKROKTIPANKÂÇIKÂ 27 nach AUFRECHT.

1. हन् mit *समव *aus dem Wege räumen, wegschaffen* MAHÂVJ. 126.

हन्तकार VII. m. *Almosen* ÇRIKANTHAK. 2,26.

1. हर् mit अनु VII. *nachtragen, hinterher tragen* ÂPAST. GṚHJ. 5,13. — Mit प्रत्युद् VII. 3) *etwas Geliehenes wieder zurückerstatten*. अप्रत्युद्धार्य Absol. MAHÂVJ. 261.

हर्य्, °यति *als Löwe auftreten* PRÂṆÂBHARAṆA 49 nach AUFRECHT.

हरितकरि m. *die Sonne* KANDIÇ. 8.

हरिन्मणिमय Adj. (f. ई) *smaragden* DHARMAÇARM. 3,27.

हरिसख m. Bein. der Gandharva KIR. 7,27.

हर्ष VII. m. *ein best. Schmuck MAHÂVJ. 237.

हल VII. n. *Knochen* und *Pflug* VAKROKTIPANKÂÇIKÂ 39 nach AUFRECHT.

हलक m. N. pr. eines Mannes DIVJÂVAD. 437, 12. 16. 442, 15. fgg. 453,8.

हविष्यभक्त Adj. *Reis oder andere Körner essend*. Nom. abstr. °ता f. ÇÂÑKH ÇR. 4,15,6.

हसकृत् Adj. *Lachen erregend* RUDRAṬA, ÇṚNGÂRAT. 1,1.

हसनी, हस्कर्तर् und हैस्कृत VII. Vgl. PISCHEL, Vedische Studien 1 1 1. fg.

हसन्तिका VII. ÇRIKANTHAK. 3,29.

*हस्तसंलग्निका f. Instr. *mit zusammengelegten Händen* MAHÂVJ. 263.

*हस्तसंधुनकम् Adv. *mit Schütteln der Hände* ebend.

*हस्तावलेहकम् Adv. *die Hände ableckend* ebend.

हस्तिकत्त und °कदय VII. *n. Titel eines Werkes ebend. 65.

2. हा mit विप्रति, °हीन *frei von* — (im Comp. vorangehend) DIVJÂVAD. 95,18. — Mit अभिवि *verlassen* KIR. 10,1.

3. हार (von हर्) Adj. *dem Çiva gehörend* DAMAJANTIK. 178.

1. हि mit अनुप्र VII. °हित *abgeschossen* KIR. 17,33.

हिङ्क्रिया (हिङ्क्रिया gedr.) f. *das Ausstossen des Lautes* हिङ् HARAVIGAJA 6,33.

हिमाय्, °यते *Schnee darstellen* PRÂṆÂBHARAṆA 48 nach AUFRECHT.

हिरुक VII. m. N. pr. = हिरु DIVJÂVAD. 575,25. fg.

हृदयस्थली f. *Brust* DHARMAÇARM. 17,76.

हेतुयुक्त Adj. *wohlbegründet* MBH. 3,301,14.

हेमचित्र n. N. pr. einer mythischen Stadt VÂJU-P. 1,41,62.

हेमाण्डक n. = हेमाण्ड DHARMAÇARM. 1,60. 7,11.

हेमाय्, °यते *zu Gold werden* HARAVIGAJA 5,96.

हेम्, हेम्रा VII. WEBER vermuthet हेम्, हेम्रा.

हेष und हैषस्वत्त VII. Vgl. PISCHEL, Vedische Studien 45. fgg.

1. ह्री VII. MAITR. S. 1,9,8 (139,17).

Schluss der Nachträge.

अंशप्रास m. *Aṃça's Wurf* MAITR. S. 1,6,12 (105,1).

अकर I. m. *ein steuerfreier Ort* DAMAJANTIK. 216.

अकल्प I. 2. *unverzagt* ebend. 183.

अकारणबन्धु m. *ein uneigennüziger Freund* MṚKKH. 173,6.

अकुशल I. Adj. f. ई MAITR. S. 1, 11,10 (172,3).

अकृतचूड Adj. *an dem die Ceremonie des Haarschneidens noch nicht vollzogen ist* M. 5,67.

अकृतवैर Adj. *unbeleidigt* MṚKKH. 163,12.

अक्त् I. अक्तणोति, अक्तणुयात् und अक्तिति in der Bed. *verschneiden* MAITR. S. 4,2,9 (32,8. fgg.).

2. अक्त I. 7. *Wagen* DHARMAÇARM. 3,35.

अक्ता 7. So zu lesen st. अक्ना.

अक्तितव्य Adj. *zu verschneiden* MAITR. S. 4,2,9 (32,10. 12).

अखण्डकल Adj. *voll* (Mond) MÂLATÎM. (ed. Bomb.) 84,2.

अगज I. Adj. *auf Bergen geboren* (Elephant) DAMAJANTIK. 228.

अगतासु Adj. *nicht gestorben* MAITR. S. 4,7,2 (95,5).

अगार 7. Vgl. u. आगार 7.

अग्निशिख I. 1. N. pr. eines Râkshasa KATHÂS. 39,84.

अङ्गता I. *Abhängigkeit von* — (im Comp. vorangehend) KIR. 11,34.

अङ्गुलिवेष्ट m. etwa *Handschuh* R. 6,44,20.

अच् I. *schmücken* DHARMAÇARM. 11, 7. — Mit उद् 7. उदञ्चत् *herauskom-*

mend ebend. 4,56.

अज॑लोमन् Adj. (f. °म्नी) *ziegenhaarig* MAITR. S. 4,2,14 (37,15).

अ॑जीमूतवर्षिन् Adj. *nicht aus einer* (vorübergehenden) *Gewitterwolke Regen entsendend* MAITR. S. 4, 8,8 (117,2).

अजीर्यता f. *Unzerstörbarkeit* KAṬHOP. 1,28.

अञ्चन I. *das Ansichziehen* DHARMAÇARM. 7,45. 12,47.50. 15,41. = निलेपया ÇRIKAṆṬHAḰ. 2,41.

अञ्जनक, f. °निका I. *Xanthochymus pictorius* DAMAJANTÎK. 157. 185.

अणि (u. अणी) I. 7. *Achsennagel* ebend. 127.

अणु I. 1. *Seele, Leben;* = आत्मन् HARAVIǴAJA 6,35. 63 u. s. w.

अतत्त्वार्थवत् Adj. *der Wahrheit nicht entsprechend* BHAG. 18,22.

अतिक्रान्ति f. = अतिक्रम 6) KIR. 14,23.

अतिजन॑ I. MAITR. S. 4,4,9 (60,9). 10 (62,10).

अतिप्रसन्न n. impers. *zu gnädig verfahren* MÂLATIM. (ed. Bomb.) 343,4.

अतिबलवत् Adj. *überaus mächtig* MBH. 1,74,79.

अतिबोधिसत्त्व Adj. *über einen* Bodbisattva *gehend* MÂLATIM. (ed. Bomb.) 362,9.

अतिभुक्त n. impers. *zu viel gegessen* MBH. 17,2,25.

अतिमाय Adj. *vom Blendwerk befreit* KIR. 18,30.

अतिरथ I. N. pr. eines Fürsten DHARMAÇARM. 4,76.

अतिरिक्ताङ्ग Adj. *ein Glied zu viel habend* M. 4,141.

अतुष्टिकर Adj. *Missvergnügen verursachend* M. 4,217.

अतैजस Adj. *nicht metallen* M. 6,53.

अथर्॑ी I. Vgl. PISCHEL, Vedische Studien 99. fgg.

1. अद् I. 3. Im Nachtrag ist अदपते zu streichen, da an der angef. St. nach DELBRÜCK ददन्न दपोत zu trennen ist.

अदंष्ट्रिन् Adj. *keine Hauzähne habend* M. 5,29.

अदत्तादायिन् m. *Dieb* M. 8,340.

अदर्प Adj. *ohne Stolz* MÂLATIM. (ed. Bomb.) 191,1.

अदानव m. *kein* Dânava, *ein Gott* MBH. 1,76,14.

अ॑दायाद् MAITR. S. 4,6,4 (85,2). Zu lesen स्त्र्यंदायादांथ oder स्त्र्यंदायाद्यंथ.

अदितिसुत m. *ein Gott* ḰANḌIÇ. 54.

अधःशाख Adj. *dessen Aeste nach unten hängen* BHAG. 15,1.

अधस्तान्नाभि॑ (wohl so zu betonen) Adv. *unterhalb des Nabels* MAITR. S. 3,2,6 (23,6).

अधिभूत I. n. *das höchste Wesen* BHAG. 7,30. 8,4.

अधिशिरोधरम् Adv. *auf den Hals* KIR. 18,6.

अधिस्यद Adj. *sehr schnell* KIR. 16,14.

अधुनातन I. f. ई KIR. 11,34.

अधोनाभि॑ Adv. *unterhalb des Nabels* MAITR. S. 3,2,1 (15,12).

अध्वर्युपात्र॑ n. *das Gefäss des* Adhvarju ebend. 4,6,2 (79,8).

अ॑नाक्षित Adj. *unverschnitten* ebend. 4,2,9 (32,8).

अनध्याय I. 1. *eine zum Studium ungeeignete Zeit* oder *ein solcher Ort* MBH. 13,93,117. fg. 94,25.

अनन्यजन्मन् m. *der Liebesgott* MÂLATIM. (ed. Bomb.) 56,5.

अनपत्तेय॑ Adj. (Superl. °तम) MAITR. S. 3,7,3 (77,17) fehlerhaft für अनपत्तेप्य॑ *nicht abzuweisen*.

अनमिन् Adj. *nicht krank* DAMAJANTÎK. 22.

अ॑नवत्त 7. MAITR. S. 4,8,1 (107,1).

अनहंकार m. *Bescheidenheit* BHAG. 13,8.

अनाक्रन्द 1. MBH. 1,172,9. 3,209, 18. An der ersten Stelle erklärt NILAK. den Loc. durch अत्रातरि काले.

अनाक्षिप s. oben u. अाना°.

अनाचीर्ण Adj. *bisher nicht unternommen* R. 6,43,17.

अ॑नाच्छिन्नस्तुक Adj. *mit nicht abgeschnittenen Stirnhaaren* MAITR. S. 3,8,5 (101,4).

अ॑नाहित Adj. *nicht angelegt* (Feuer) MAITR. S. 1,6,4 (92,7).

अनिपात m. *das Lebenbleiben* M. 8,185.

अनिमेष I. 2) *b*) DAMAJANTÎK. 28. HARAVIǴAJA 5,7.

अनिलाशन m. *Schlange* MBH. 12, 360,5. 361,16.

अनीचैस्तन Adj. *nicht niedrig* DHARMAÇARM. 4,19.

अनीलवाजिन् m. Bein. Arǵuna's KIR. 14,26. 42.

अनुकार I. 1. 5. *Tanz* HARAVIǴAJA 1,46. 2,46.

अनुनदि Adv. *längs des Flusses* DHARMAÇARM. 13,35.

अनुनिशीथम् Adv. *jede Nacht* KIR. 12,7.

अ॑नुपद्रष्टर् Nom. ag. *kein Zuschauer* MAITR. S. 4,6,9 (93,6).

अनुपेया Adj. f. *nicht zu heirathen* M. 11,172.

अनुवाक्य॑ m. MAITR. S. 1,5,13 (82, 9); vgl. damit अनोवाह्य ÂPAST. ÇR. 6,28,4.

अ॑नूपारिह् Adj. *kein Salz leckend* MAITR. S. 1,6,3 (91,3).

अनृतात्मक Adj. (f. °त्मिका) *von unwahrem Wesen* MÂLATIM. (ed. Bomb.) 147,2 v. u.

अनेकवर्ण Adj. *vielfarbig, bunt* BHAG. 11,24.

अन्तःप्रमोद m. *innere Freude* MÂLATIM. (ed. Bomb.) 323,4.

अन्तनेत्र *Saum des Gewandes* DAMAJANTÎK. 219.

अन्तराशृङ्ग॑म् I. MAITR. S. 3, 8, 5 (101,4).

अन्तरा॑क्ति ? ebend. 1,4,12 (61,17).

अन्तरुक्थ्य Adj. *einen* Ukthja-*Tag enthaltend* ÂÇV. ÇR. 9,6,1. Vgl. अह्नान्तरु°.

अन्तर्धा I. ÇIÇ. 8,12.

अन्तर्निवेशन n. *ein inneres Gemach* M. 7,62.

अन्तर्भिन्न Adj. *innerlich gespalten* MÂLATIM. (ed. Bomb.) 178,4.

अन्तर्मोद m. *innere Freude* ebend. 145,1.

अन्तसद् m. *Schüler* KIR. 6,34.

अन्दुक I. DHARMAÇARM. 17,87.

अन्धकान्तक m. Bein. Çiva's KIR. 12,33.

अन्नकर॑ण Adj. *Speise bereitend* MAITR. S. 1,6,11 (103,8).

अन्यजनता॑ f. *fremde Genossenschaft* MAITR. S. 3,8,10 (111,6).

अन्याय Adj. *zu andern Weibern gehend* DAMAJANTÎK. 124.

अन्वभ्यवचा॑रम् Adv. *hinterher andringend* MAITR. S. 1,10,20 (160,17).

अपकण्टक Adj. (f. आ) *frei von Gefahren* DHARMAÇARM. 6,26.

अपजय m. *Besiegung* KIR. 4,11.

अपतुरीय॑ Adj. *das letzte Viertel nicht enthaltend* MAITR. S. 4,5,8 (75,4).

अपदूषण Adj. *makellos* DHARMAÇARM. 13,52.

अपनिनीषा f. *der Wunsch zu vertreiben* ebend. 4,22.

अपनिषा॑द्धुक Adj. *sich abseits legend* MAITR. S. 4,2,14 (37,17).

अपप्रसर Adj. *gehemmt* DHARMAÇARM. 4,60.

अपरस Adj. *lustlos* DAMAJANTÎK. 262.

अ॑परित्त (!) Adj. *nicht übergeben* MAITR. S. 3,1,8 (11,2).

अपरु॑स् n. *eine andere Stelle als das Gelenk* ebend. 3,9,2 (114,16).

अपर्याप्ति f. *Unzulänglichkeit* MÂLATIM. (ed. Bomb.) 59,2.

अपर्वन् I. 7. Loc. *zur Unzeit* KIR. 17,29.

अपवर्ग I. *das Abschiessen* (eines Pfeils) KIR. 16,20.

अपविपद् Adj. *leidlos* DAMAJANTÎK. 172.

अपश्लीलायित n. *zierliches Ausdrücken* ebend. 248.

अपस्तन Adj. *der Mutterbrust entbehrend* MBH. 13,70,16.

अपिधान 7. Lies 5,13 st. 3,15.

अपूर्व I. 7. *so v. a. Neuling* KIR. 6,39.

अप्तु॑र् und अप्तू॑र्य I. Vgl. PISCHEL, Vedische Studien 122. fgg.

*अप्रत्युद्धार्य Adj. *unwiderbringlich* MAHÂVJ. 278.

अप्सुमन्त् I. 4. *stets Wasser habend* ḰHÂND. UP. 2,4,2.

2. अबल I. *beinahe zu Ende gegangen* (Tag) DHARMAÇARM. 13,57.

अब्दपर्यय m. *Jahreswechsel* M.

11,27.

अभर्तव्य Adj. *nicht zu tragen* Maitr. S. 3,6,7 (70,2).

अभागधेय I. *keinen Antheil erhaltend* ebend. 1,6,5 (93,14).

अभिकर्मन् n. *das Ausführen, zu Wege Bringen* Dharmaçarm. 5,56.

अभिघोषम् Adv. *zur Hirtenstation* Kir. 4,31.

अभितापिन् Adj. *heiss* Dharmaçarm. 6,43.

अभित्सार Adj. *abfangend* Maitr. S. 3,7,4 (79,15).

अभिनीति f. *Ueberredung* Kir. 13,36.

अभिपाण्डु Adj. *ganz bleich*. Nom. abstr. °ता f. Kir. 4,34. Dharmaçarm. 12,16.

अभिमर्दिन् Adj. *umarmend* und *bekämpfend* Ḱaṇḍiç. 77.

अभिमुखय्, °यति *Jmd* (Acc.) *sich geneigt machen* Kir. 12,19. *zuwenden* Damajantîk. 274.

अभिमुनि Adv. *vor den Augen des Muni* Kir. 10,45.

अभिरश्मिमालि Adv. *gegen die Sonne* Kir. 12,2.

अभिलम्भ m. *Erlangung* Damajantîk. 119.

अभिशङ्का I. *irrige Vermuthung, — Voraussetzung* Kir. 10,42.

अभिषव 7. *Weihe* Dharmaçarm. 7,13.

अभिषवण I. 1. *das Baden* Kir. 6,23.

अभ्रपिशाच I. Haraviǵaja 12,74.

अभ्रमुभाविनीश m. *Indra's Elephant* Dharmaçarm. 7,15.

अभ्रमुवल्लभ I. ebend. 7,6.

अमलान्वय Adj. (f. आ) *von reiner Herkunft* Mâlatim. (ed. Bomb.) 84,4.

अमातृज 7. Lies *Mutter*.

अमानयत् Adj. *nicht ehrend* MBh. 3,303,17.

अमापुत्र Adj. (f. आ) *nebst dem Sohne oder — der Tochter*. In Verbindung mit दृषद् *nebst dem kleinen Mühlstein* Kauç. 81,19.

अमिथ्या I. Mit कर् *wahr machen* MBh. 3,303,14.

अमृष्य Adj. *unerträglich* Rudraṭa, Çṛṅgârat. 2,97 nach Jacobi's Conjectur. Ebend. ist auch केन st. येन die richtige Lesart.

अम्बिका I. 2. N. pr. einer Apsaras MBh. 1,123,62.

अम्भोजनालाय् *eine Lotusblüthe darstellen* Dharmaçarm. 2,79.

3. अयोग Adj. *auf Eisen bezüglich* Damajantîk. 124.

अरक्त Adj. *ungefärbt* M. 10,87.

अरध I. Vgl. Pischel, Vedische Studien 125.

अरागद्वेषतस् Adv. *sine ira et studio* Bhag. 18,23.

2. अराजन्य m. *kein Râǵanja* Maitr. S. 1,5,8 (76,5).

3. अरि I. *Discus* Ḱaṇḍiç. 36. 83.

अर्चिचयिषु Adj. mit Acc. *verehren wollend* Kir. 13,65.

अर्थाधिनाथ m. Bein. Kubera's Ḱaṇḍiç. 36.

अर्धोरुक I. 1) Damajantîk. 242.

अलंकारभाण्ड n. *Schmuckkästchen* Mṛḱḱh. 49,11.

अलंभूष्णु I. Çrîkaṇṭhaḱ. 2,56.

अलून I. *ungeschoren* Maitr. S. 2,5,11 (62,12).

अल्पक्लेश Adj. *mit geringen Leiden verbunden* Mṛḱḱh. 7,18.

अल्पच्छद Adj. *dürftig bekleidet* Mṛḱḱh. 15,19.

अवकर्णन n. *das in den Wind Schlagen* Kâd. (1883) 108,3. 4.

अवजिति f. *Besiegung* Kir. 6,43.

अवतमस I. = अज्ञान Ḱaṇḍiç. 58.

अवताडन n. *das Hauen, Schlagen, Hieb* Mâlatim. (ed. Bomb.) 342,6.

अवत्सल Adj. (f. आ) *hart —, grausam gegen* (Loc.) ebend. 306,9.

अवधि I. *eine best. übernatürliche Erkenntniss bei den Ǵaina* Sarvad. 32,5. 10. Weber, Bhag. 2,208. Dharmaçarm. 5,33.

अवन I. 2. *behütend, beschützend* Dharmaçarm. 10,5.

अवपृष्ठी Adv. mit भू Divjâvad. 326,1. Vgl. पृष्ठी.

अवमोचन I. *das Anlegen, Anziehen* Damajantîk. 129.

अवसरपाठक m. *Barde, Lobsänger eines Fürsten* ebend. 226. 264.

अविचित Adj. *nicht geschichtet* Maitr. S. 2,1,6 (7,17).

अविचिन्तयत् Adj. *nicht bedenkend* MBh. 13,1,21.

अविभक्त I. 1) Maitr. S. 1,6,4 (91,18).

अशम m. *Unruhe* Bhag. 14,12.

2. अस् mit निस् I. 6) Kir. 10,52. 17,32. — *niedersetzen* (पदम्) 10,31. — Mit प्र, प्रास्त *vertrieben* Kir. 11,45. — Mit उत्प्र *höhnen, verspotten* Ḱaṇḍiç. 24.

असंयमितालकिन् 7. Lies Kâd. st. Daçak.

असंवसत् Adj. *nicht verkehrend mit* (Instr.) M. 4,246.

असिजिह्व m. N. pr. eines Asura Hariv. 13543.

असितरत्न n. *Sapphir* Kir. 16,38.

असृष्टान्न Adj. *wobei keine Speise vertheilt wird* Bhag. 17,13.

अस्ततन्द्र Adj. *nicht träge* Kir. 1,9.

अस्तनी Adj. f. *keine Brust —, kein Euter habend* Maitr. S. 4,1,14 (19,17).

अहिविद्विष् m. Bein. Indra's Kir. 4,27.

आकर्षिन् I. Adj. f. mit सिद्धि *die Zauberkraft anzuziehen* Mâlatim. (ed. Bomb.) 343,8.

आघूर्णन n. *Schwindel* Damajantîk. 43.

आञ्चित Adj. *versehen mit* Haraviǵaja 3,46. 5,66. 151.

आडम्बरित 1. *von Trommeltönen begleitet* Damajantîk. 53. 228.

आतप I. *Mondschein* Ḱaṇḍiç. 19. Daçak. (1883) 111,4. Haraviǵaja 8,2.

आत्मसंभावित Adj. *von sich selbst eingenommen* Bhag. 16,17.

1. आदि I. 7. Bez. *des 5ten Theils im 7theiligen* Sâman Ḱhând. Up. 2,8,1. 9,5. 10,2.

आप् mit प्र, प्राप्त I. *passend, schicklich, rathsam* Ǵâtakam. 22.

आपाटलिमन् m. *Röthe* Ḱaṇḍiç. 20.

आप्तकाम Adj. *der seinen Wunsch erlangt hat* Çat. Br. 14,7,2,21.

आप्तव्य I. Çat. Br. 14,7,2,21.

आप्लुति I. Haraviǵaja 3,36.

आनन्त I. ebend. 3,57. 4,35.

आम्नाययोनि m. Bein. Brahman's Ḱaṇḍiç. 46.

आरागय् 3. Vgl. रग् 7.

आर्द्रवासस् Adj. = आर्द्रवस्त्र M. 6,23.

आलजाल n. wohl *arger Betrug* Kâd. (1883) 288,9.

आलिङ्ग I. 2) Haraviǵaja 1,33.

आशङ्कित 1) Adj. s. u. शङ्क् mit आ. — 2) n. *Befürchtung. Unsicherheit* Ǵâtakam. 1,37.

आशुकवि m. *Improvisator* Damajantîk. 16.

आसारितक n. term. techn. in der Musik ebend. 218.

आह्वानन n. *das Herbeirufen* ebend. 142.

इभवत् Adj. *mit Elephanten versehen* ebend. 172.

इरा I. 6) Haraviǵaja 5,89.

2. इषुकृत् I. Vgl. Pischel, Vedische Studien 17. fg.

इहार्थिन् Adj. *die Güter dieser Welt wünschend* M. 2,37.

ईर् mit प्रति Caus. I. lies *aufsetzen*.

ईर I. Adj. *treibend, jagend* Damajantîk. 201.

ईश्वरभाव m. *Oberherrschaft* Bhag. 18,43.

उच्चित्र Adj. *mit erhabenen Verzierungen versehen* Mâlatim. (ed. Bomb.) 202,4.

उज्जृम्भ I. 2) Damajantîk. 84.

उज्ज्वला 2. N. pr. einer Tochter des Gandharva Hâhâ Kathâs. 43,350.

उडुपभृत् m. Bein. Çiva's Ḱaṇḍiç. 82.

उत्पक्व Adj. *geschwollen* Mâlatim. (ed. Bomb.) 175,1.

उत्पथय् *vom rechten Wege abbringen* Damajantîk. 276.

उत्पेष m. *das Zermalmen* Ḱaṇḍiç. 20.

उत्सारण I. *das Vertreiben* ebend. 19.

उद्दण्डय् etwa *aufmuntern, ermahnen* Damajantîk. 240.

उद्दाह m. *Brand, Hitze* Mâlatim. (ed. Bomb.) 86,10.

उद्धूति f. *das Schütteln, Schwin-*

gen ebend. 182,1.

उद्धूलन n. *das Abreiben, Salben* Damajantîk. 96. 157.

उन्मालक *das Belohnen* Çrîkanthak. 1,3.

उन्मेषिन् Adj. *auffahrend* Mâlatim. (ed. Bomb.) 202,2.

उपघ्न I. 2) Çiç. 8,53. Kandiç. 66.

उपपातकिन् Adj. *eines geringeren Vergehens schuldig* M. 11,107.

उपलप्रक्षिन् I. Vgl. Pischel, Vedische Studien 108. fgg.

उपस्कृति I. Çrîkanthak. 2,56.

उल्ललन 6. n. *das Sichbäumen* (eines Pferdes) Damajantîk. 241.

उल्लोल I. 2) ebend. 77. 159. Haravigaja 7,64.

उशद्घ् (°दह्) I. Vgl. Geldner, Vedische Studien 114. fg.

ऊर्णायु I. m. *Schaf, so v. a. Dummkopf* Samajamâtrkâ 4,20.

ऋचीसं I. Vgl. Pischel, Vedische Studien 43.

ऋज्वागत Adj. *en face* (in der Malerei) Damajantîk. 200.

ऋतोक्ति f. *das Aussagen der Wahrheit* M. 8,104.

एकसार am Ende eines adj. Comp. *dessen einziges Wesen — ist* Mâlatim. (ed. Bomb.) 127,6.

एतदुपनिषद् Adj. *zu dieser* Upanishad *sich bekennend* Khând. Up. 8,8,4.

एवंकर्मन् Adj. *der dieses gethan hat* M. 8,314.

कक्कोलिका f. ein Frauenname Damajantîk. 247.

कङ्कट II. m. N. pr. eines Dânava Kathâs. 47,12.

कण्टक II. term. techn. aus der Zeichenkunst Damajantîk. 200.

कन्दल II. am Ende eines Comp. *erfüllt von* ebend. 147.

कन्दलि *Spross* ebend. 274.

करणमार्ग m. term. techn. aus der Tanzkunst ebend. 125. 218.

करालय्, °यति *öffnen* ebend. 37.

कर्दमिल II. Adj. *schlüpfrig* ebend. 73.

कर्बूर II. = कर्बुर 1) Kâd. (1883) 116,6.

कलमूक II. ebend. 74,4.

1. कलापक II. 1) *d)* zu streichen.

कल्प् mit प्र Caus. II. Vgl. Z. d. d. m. G. 41,176. fgg.

कल्लोलय्, °यति *Wellen treiben* Damajantîk. 32. °लित Çrîkanthak. 2,33.

कव् II. कवति *dichten* Çrîkanthak. 2,35.

कवन्ध II. 3) *b)* Kâd. (1883) 22,1.

कवल्य Adj. *beissbar, zum Beissen geeignet* Damajantîk. 251.

कशिपु II. 2) ebend. 22.

2. कार् II. Vgl. Geldner, Vedische Studien 119. fgg.

कारधुनि II. Vgl. Pischel, Vedische Studien 59. fg.

कारिन् II. Vgl. Geldner, Vedische Studien 119. fgg.

कार्दमिक II. *schmutzig* Damajantîk. 33.

कालप्रणालिका f. *Wasseruhr* ebend. 227.

कालिङ्ग II. 3) *f)* ebend. 236.

काष्ठमुसुक m. *ein best. Vogel* Paddh. zu Kauç. 26,18.

किम्ब m. *ein best. Baum* Damajantîk. 53.

कीरि II. Vgl. Geldner, Vedische Studien 119.

कुक्कुट 7. Damajantîk. 174. 194. 210.

कुन्त II. 1) *a)* ebend. 67.

2. कुजन्मन् II. *Baum* ebend. 90.

कुट्ट् mit उद्, उत्कुट्टित *geschnitzt* ebend. 268.

कुतूहलित II. ebend. 254.

कुथ् II. कुथत् *stinkend* ebend. 170. — Mit परि, °कुथत् dass. ebend. 38.

कुन्दा f. ein Frauenname ebend. 247.

कुमारदेष्ण II. Eher *deren Gaben wie die der Knaben (Kinder) sind.* Wie Kinder in diesem Augenblicke Etwas verschenken und im andern dieses wieder zurücknehmen, so auch die Würfel.

कुलमित्र II. *Hausfreund* M. 4,253.

कुह्वरित II. 1) Damajantîk. 174. 194.

1. कू Intens. कोकूय् II. ebend. 210.

कृताय II. Çankara zu Khând. Up. 4,1,4.

कृत्तिका II. 7. *Fell* Damajantîk. 44. 85.

कृत्याकृत Adj. *bezaubert* M. 3,58.

कृषाण II. Damajantîk. 31.

केश II. 1) *f)* α) Kandiç. 23.

केसराय्, °यते *zu Haaren werden* Damajantîk. 75.

कोटरवन्त् Adj. *Höhlen habend* Mâlatim. (ed. Bomb.) 305,2.

कोटिकर्ण II. Wohl nur Bein. कोटी° Divjâvad. 3,8. fgg.

क्रमगत Adj. *Jmd* (Gen.) *in den Weg kommend* Mâlatim. (ed. Bomb.) 134,2.

क्रेङ्कारय्, °यति *den Laut* क्रेङ् *hervorbringen* (von einem Wasservogel) Damajantîk. 79. 94. 186.

क्षत्र्यर्षभ m. = क्षत्त्रियर्षभ R. 3,75,2.

क्षपात्यय m. *Ende der Nacht, Morgenanbruch* Mrkkh. 58,20.

1. क्षिप् II. क्षिप्त = गत Kandiç. 96.

क्षीणवृत्ति Adj. *dessen Mittel erschöpft sind* M. 8,341.

खर्वय् *zerstückeln, vernichten* Damajantîk. 276.

1. गर् mit अभ्युद् *lärmen* Kandiç. 84.

गूढागार *Gefängniss* Mrkkh. 98,9.

गोकण्टक II. 2) *a)* Divjâvad. 19,19.

गोपाल, f. ई II. N. pr. einer Apsaras MBh. 3,43,30.

गोपीतिलका f. *ein best. Vogel* Paddh. zu Kauç. 26,18. 20.

गोष्ठ II. N. pr. eines Dânava Kathâs. 47,12.

ग्रन्थि II. *Zipfel* (des Schnurrbartes) Damajantîk. 122.

ग्राहकत्व n. *Fassungskraft* Mâlatim. (ed. Bomb.) 69,6.

घर्घर II. 4) *b)* Damajantîk. 55.

घारिका f. *eine best. Speise* ebend. 98.

चकोर, f. °री II. ein Frauenname ebend. 247.

चङ्ग II. f. ई desgl. ebend.

चतुरौडुम्बर m. Sg. (!) *vier aus* Udumbara-*Holz bestehende Dinge* Çat. Br. 14,9,3,21.

चन्दन, f. °ना II. ein Frauenname Damajantîk. 247.

चन्द्र, f. चन्द्री II. desgl. ebend.

चन्द्रित Adj. *mit Monden versehen* ebend. 212.

चम्प, f. चम्पा II. ein Frauenname ebend. 247.

चरणनख m. *Nagel am Fuss* Kandiç. 11.

चर्कृषे 1ste und 3te Sg. Med. Vgl. Geldner, Vedische Studien 128. fgg.

चषकाय् *zum Becher werden* Damajantîk. 99.

*चित्तानुपरिवर्तिन् Adj. *den Gedanken folgend* Mahâvj. 109,85.

चित्र II. 7. m. N. pr. eines Schlangendämons MBh. 2,9,8.

चित्रविद्या f. *Zeichenkunst* Damajantîk. 200.

छलमय Adj. *verstellt* Kandiç. 22.

छिद्रानुसारिन् Adj. *nach Jmds* (Gen.) *Schwächen spähend* M. 7,103.

छुट् mit उद् Caus. उच्छोटित *getüncht* Damajantîk. 254.

जनमहिष m. *ein gewöhnlicher Stier* Kandiç. 79.

जनसंमर्द m. *Menschengedränge* Mâlatim. (ed. Bomb.) 354,9.

जम्बुक II. 1) *e)* Damajantîk. 34.

जम्भनिशुम्भन m. Bein. Indra's ebend. 221.

जागरितदेश m. *der Standort im wachen Zustande* Çat. Br. 14,7,1,16.

1. जाल II. *Spinngewebe* Damajantîk. 175.

जीवतण्डुल II. 2. 6. Bezeichnet als Adj., wie Delbrück richtig erkannt hat, ein Mus, in dem die einzelnen Körner nicht zerkocht, sondern gleichsam *lebendig, wie im ungekochten Zustande, geblieben sind.*

जीवत्तक II. 2) *b)* Damajantîk. 236.

ज्योत्कारित n. ebend. 109. Vgl.

ज्योत् 5. 7. Subhâshitâv. 2410. fg.

तण्डक III. n. *Schiff* Damajantîk. 215.

तत्कृत Adj. *dadurch hervorgebracht* M. 5,126.

तत्परायण Adj. *dem dieses über Alles geht* Bhag. 5,17.

तत्प्रधान Adj. von diesem u. s. w. abhängig M. 3,18.

तत्समक्षम् Adv. vor dessen Augen Mâlatim. (ed. Bomb.) 194,1.

तद्द्विगुण Adj. zweimal so viel M. 8,59.

तद्बुद्धि Adj. dessen Geist darauf gerichtet ist Bhag. 5,17.

तद्देश्य Adj. zu dessen Familie gehörig; m. dessen Anverwandter M. 7,202.

तद्वक्तृ Nom. ag. dieses sprechend M. 12,115.

तन्निष्ठ Adj. diesem sich ganz hingebend Bhag. 5,17.

तर्ण III. Thierjunges Damajantîk. 98.

ताण्डवय् tanzen lassen ebend. 36.

तिमिरौघ m. dichte Finsterniss Mṛkkh. 83,11.

तुरग III. Adj. schnell gehend Damajantîk. 32.

तुल्यप्रभाव Adj. von gleicher Macht MBh. 1,76,70.

तुल्यभाग्य Adj. gleiches Schicksal habend Mṛkkh. 98,18.

तुल्यशील Adj. von gleicher Art des Verfahrens. Nom. abstr. °ता f. ebend. 101,19.

तृणच्छेदिन् Adj. Gras abschneidend M. 4,71.

तेजोमात्रा f. Lichttheilchen Çat. Br. 14,7,2,1.

तेमन III. 1) c) Damajantîk. 251.

तैक्ष्ण्य III. Schnelligkeit Kâṇḍiç. 57.

तौर्य III. °त्रिक n. = °त्रय M. 7,47.

त्रिदिविन् m. ein Gott Kâṇḍiç. 87.

त्रिप्रकार Adj. dreifach M. 12,51.

त्र्यब्द Adj. drei Jahre während M. 11,128.

त्वाष्ट्रशत्रु m. Bein. Indra's Kâṇḍiç. 23.

दण्डपाशिक m. Polizeidiener Damajantîk. 239. fg. °पासिक gedr.

दण्डलेश m. eine kleine Geldstrafe M. 8,51.

दत्तोत्तर III. ein Urtheil fällend Mṛkkh. 137,24.

दन्तपाञ्चालिका f. eine Puppe aus Elfenbein Mâlatim. (ed. Bomb.) 330,1.

1. दर्भ् mit वि 7. विदर्भित vereinigt —, vermischt mit Damajantîk. 241.

दल III. 1) g) ebend. 260.

दशोत्तर Adj. der 11te MBh. 3,308,1.

दाम्भ Adj. betrügerisch Damajantîk. 83.

दायी Adv. mit कर् beschenken Mâlatim. (ed. Bomb.) 281,1.

दासजीवन Adj. wie ein Sclave lebend M. 10,32.

दिगीभ m. = दिगीश Kâṇḍiç. 100.

दिव्यदर्शन Adj. = दिव्यदर्शिन् MBh. 3,306,6.

दुःखजीविन् Adj. im Unglück lebend M. 11,9.

दुःखप्राय Adj. (f. आ) überreich an Leiden M. 12,77.

दुःखयोग m. das Anthun eines Leides M. 6,64.

दुःखहन् Adj. Leiden zu Nichte machend Bhag. 6,17.

दुर्धर्ष III. m. N. pr. eines Râkshasa R. 5,41,2. 24. fgg.

दुर्बलेन्द्रिय Adj. mit schwachen Sinnesorganen M. 3,79.

दुस्तटी f. ein gefährlicher Abhang Damajantîk. 267.

दूरय् III. 7. berauben Kâṇḍiç. 83.

देवदेवेश III. Bein. Indra's MBh. 3,310,14.

देवमानुषक s. u. मानुषक.

देवाद्यन्त Adj. mit einer an die Götter gerichteten Ceremonie beginnend und endigend M. 3,205.

1. द्रु, Caus. द्रवयति vertreiben Kâṇḍiç. 70.

द्रोणि f. = द्रोणी Thal Damajantîk. 87.

द्वार III. m. N. pr. eines Gandharva R. 4,41,61.

द्विजराज III. der Mond und Bein. Brahman's Çrîkaṇṭhak. 1,16.

धर्मकामार्थसंबन्ध m. so v. a. Eheschliessung MBh. 1,74,20.

धवल III. = स्वाम्यनुयायिन् und शुभ्र Haraviǵaja 10,3.

धातुचाप Adj. aus Erzen bestehend ebend. 2,30.

ध्वनन III. das Klingen überh. Çrîkaṇṭhak. 1,46.

नद्य Adj. Flüsse habend Haraviǵaja 5,30.

नयनवत् Adj. Augen habend Mâlatim. (ed. Bomb.) 97,1.

नरजाङ्गल n. Menschenfleisch ebend. 162,1.

नाविद्य Adj. unwissend MBh. 1,76,63.

नष्टचर्या f. das Versteckenspielen Damajantîk. 221.

नाक III. 1) a) n. Khând. Up. 2,10, 5. Von Çaṅkara sehr künstlich erklärt.

नाकु III. 1) Damajantîk. 83. 138.

नागरङ्ग III. Çrîkaṇṭhak. 3,5.

नादिंधम III. 5. 7. in पाञ्चजन्य° der die Muschel P. bläst, d. i. Vishṇu ebend. 1,31.

निकर्तु Schwert Haraviǵaja 8,41.

निकुट्टन n. das Behauen ebend. 3,39.

निगूहन III. Umarmung ebend. 3,55.

नितम्ब III. der Resonanzboden bei der Vîṇâ ebend. 1,9.

निदाघरुचि m. die Sonne ebend. 8,34.

निपिपतिषु Adj. im Begriff zu stürzen ebend. 2,6.

निम्नय्, °यति erniedrigen, so v. a. übertreffen Damajantîk. 116.

निर्घात III. m. N. pr. eines Dânava Kathâs. 47,12.

निर्नीरित Adj. abgetrocknet Damajantîk. 97.

निर्मलिमन Adj. rein Haraviǵaja 6,16.

निर्मूलन III. m. Entwurzeler Damajantîk. 198.

निवर III. Adj. vorzüglich Haraviǵaja 8,37. 46.

निश्वासाय् zum Athem werden Damajantîk. 80.

निषध III. 2) a) ebend. 150.

निष्ठ III. 2) h) ebend. 134.

निष्ठीविता f. das Ausspucken Haraviǵaja 10,13.

निष्प्रक्रम Adj. unbändig ebend. 7,56.

निस्तुष III. 2) Nom. abstr. °त्व n. = निर्दोषत्व Çrîkaṇṭhak. 2,7.

नीलगल m. Bein. Çiva's Haraviǵaja 6,63.

नीलवक्त्र m. N. pr. eines Gaṇa des Çiva ebend. 7,43.

पक्ष्मन् IV. 3) ebend. 5,85.

पङ्गूयित n. das Hinken Çrîkaṇṭhak. 2,57.

पञ्चास्त m. N. pr. eines Gaṇa des Çiva Haraviǵaja 7,25.

पटलिका 7. Kästchen, Körbchen Damajantîk. 246.

पाडालु eine Art Gemüse ebend. 236.

1. पत् mit व्यति über Etwas hinauskommen Haraviǵaja 6,30.

पताकाय्, °यते eine Fahne darstellen Damajantîk. 72.

पतंगाश्मन् m. = सूर्यकान्त Çrîkaṇṭhak. 4,36.

पत्त्रलता IV. term. techn. der Zeichenkunst Damajantîk. 200.

1. पर् mit प्र Caus. (°पूर्य) auffüllen Haraviǵaja 9,6. — Mit विपरि Caus. voll machen (die Mondscheibe) ebend. 8,40. — Mit वि Caus. füllen, so v. a. blasen in ein Horn ebend. 10,22.

परागम IV. Ankunft überh. Damajantîk. 30.

परिपाटलित Adj. ganz roth gefärbt Haraviǵaja 8,43.

परिपीवर Adj. sehr feist ebend. 6,6.

परिमर्ष m. Berührung ebend. 6,22. Richtig °मर्श.

परिरिप्सु Adj. zu umarmen wünschend ebend. 9,44.

परिवर्तन IV. n. das Beschützen Damajantîk. 64.

पर्ब् IV. gehen. पर्बत्त् ebend. 52.

पर्याणय् satteln ebend. 32. 166.

पशुजनन Adj. Vieh erzeugend Maitr. S. 4,3,7 (45,21).

पशुमत n. Irrlehre Haraviǵaja 6,102.

पाञ्जर Adj. zum Käfig gehörig Damajantîk. 60.

पापर्द्धिक m. Jäger ebend. 33. 44

1. पार IV. 7. पारी Stückchen ebend. 221. 243.

पाशवमत n. *Irrlehre* Haraviǵaja 6,101.

पिङ्गिमन् m. *Röthe* ebend. 9,34.

पिण्डीर IV. 2) *a)* ebend. 7,44.

पीठ IV. 1) *a)* f. पीठी ebend. 2, 64. Damajantîk. 197.

पुरा IV. 7. Mit Gen. *vor* Haraviǵaja 6,23.

पुरासुर m. N. pr. eines Asura ebend. 4,28.

पुरोवात IV. auch *der einem Gewitter vorangehende Wind* Khând. Up. 2,3,1.

पूलक IV. 2) f. °लिका *Büschel* Damajantîk. 141.

पृषत्क IV. *ein runder Flecken* Haraviǵaja 5,69.

प्रचपल Adj. *sehr beweglich* ebend. 3,31.

प्रजागरूक Adj. *ganz wach* Çrîkaṇṭhak. 4,46.

प्रजाप IV. Adj. *die Unterthanen beschützend* und *betend* Damajantîk. 133.

प्रतिच्छन्दक IV. so v. a. *bewandert in* ebend. 120.

प्रतिनायक IV. = प्रतिनिधि 3) Çrîkanthak. 3,44.

प्रतिपथ IV. m. *Rückweg* Haraviǵaja 1,40.

प्रतिमल्लता f. *Rivalität* ebend. 6,192.

प्रतिमिति f. *Spiegelbild* Çrîkaṇṭhak. 4,49.

1. प्रतिमुख IV. *Spiegelbild des Mundes* Haraviǵaja 1,2.

प्रतिरूपता f. *Aehnliehkeit* ebend. 2,30.

प्रतिवर्षण n. *das wieder Vonsichgeben* Çrîkaṇṭhak. 3,49.

2. प्रतिवाणि IV. Z. 2 ist अभिप्राय nach Zachariae zu streichen.

*प्रतिसंविन्निश्चयावतारा f. *eine best.* Dhâraṇî Mahâvj. 25,9.

प्रतिसमापन n. *das* (einem Feinde, Gen.) *Entgegentreten* R. 6,43,17.

प्रतीतिमत् Adj. *bekannt, erkannt* Haraviǵaja 6,32.

प्रभामय IV. m. *ein best.* Gaṇa Çiva's Haraviǵaja 9,1.

प्ररोहक Adj. *zum Wachsthum bringend, treibend* Damajantîk. 153.

प्रविकट Adj. *sehr gross* Haraviǵaja 8,37.

प्रविदित्सु Adj. *auszuüben wünschend* ebend. 6,6.

प्रविविक्तता f. *das Sichfernhalten von den Einflüssen der Welt* Ǵâtakam. 1,12.

प्रवेष्ट IV. 3) Haraviǵaja 12,11.

प्रसार IV. *Kaufbude* Damajantîk. 16.

प्रसूति IV. Haraviǵaja 10,13 fehlerhaft für प्रसिद्धि.

प्रसेवक IV. 2) *Beutelchen* in ताम्बूल° Damajantîk. 242.

प्रस्तावपाठक m. = वैतालिक Damajantîk. 210.

प्रस्थानक n. = प्रस्थान 1) ebend. 208.

प्रस्विक, f. आ IV. *der Resonanzkasten der* Viṇâ Comm. zu Haraviǵaja 1,9.

प्रस्फार Adj. *gespreizt* Damajantîk. 113.

प्रागीत्य n. *das Bekanntsein, Hervorragends in* ebend. 105.

प्रातिजनीन IV. *für Alle passend, populär* Haraviǵaja 12,20.

प्रातिहार्य IV. *das Amt des Thürstehers* Damajantîk. 139.

बकुलमेधी f. N. pr. eines Heiligthums Divjâvad. 47,26.

बन्धुमतीयक Adj. *zur Stadt* Bandhumatî (ebend. 141,19. 227,25. 282,23. fg.) *gehörig* ebend. 282,20.

बाणासनी Adv. mit कर् *zum Bogen machen* Haraviǵaja 4,28.

बाकुल IV. 2) *c)* nach Zachariae zu streichen, da राकुल gemeint ist.

बृहत्तत्त्वपति 5. = धर्माधिकारिन् Çrîkaṇṭhak. 3,51. Nom. abstr. °त्व n. 50.

ब्राह्मणास्व IV. So zu lesen st. बाह्म°.

ब्रुडन n. *das Murmeln* (eines Baches) Haraviǵaja 5,123.

भणितिमय Adj. *in Beredsamkeit bestehend* Çrîkaṇṭhak. 2,45.

भस्मसय् *einäschern* Haraviǵaja 9, 37. 10,45.

भीरु IV. f. *Frau* ebend. 7,51.

भूधर IV. *Berg* und *Fürst* ebend. 11,29.

भमी f. = भमि 1) ebend. 4,21.

मकरध्वज V. m. *Ocean* ebend. 8,15.

मङ्खाय् *wie ein Herold sich benehmen, preisen* Çrîkaṇṭhak. 1,56.

मणितुलाकोटि f. *ein Fussring aus Edelsteinen* Kaṇḍiç. 44.

मण्ड् mit वि Caus. *schmücken* Çrîkaṇṭhak. 1,23.

मण्डलीश oder °लेश (V.) m. *Herr der Ringe* und zugleich *Beherrscher eines Landes* Rudraṭa, Çṛṅgârat. 1, 159 nach der Lesart नूपुर°वलित.

मत्सरिन् V. m. *Feind* Haraviǵaja 9,10.

मदवारण m. *ein toller Elephant* Çrîkaṇṭhak. 3,52.

मधुपायिन् V. Haraviǵaja 3,68. 70.

मन्तु V. *Kummer* Çrîkaṇṭhak. 2,53.

1. मर्द् mit अनु V. *entlang abwischen* Divjâvad. 387,7.

मर्श् mit प्रवि V. °मृष्ट = स्पृष्ट Haraviǵaja 12,49.

मलन V. 2) ebend. 6,197. 7,17. 26. 59.

मलय् *reiben* ebend. 7,8. Vgl. मल्.

मह्वा V. Nomin. मह्वा३[:] Çat. Br. 14,7,2,23. Kaṭhop. 1,24. An der ersten Stelle liest eine gute Hdschr. मह्वा ध्रुवः, und so wird wohl auch an der anderen Stelle मह्वा भूमौ zu lesen sein.

मात्रासंसर्ग३ m. *das Verbundensein der Theile* Çat. Br. 14,7,3,15.

मायीय Adj. *von der* Mâjâ *herrührend* Haraviǵaja 12,67. fg.

2. मार्ग V. m. Pl. = वाद्यस्य ताडनभेदाः ebend. 2,19. Vgl. 2) *i)*.

मुखलाङ्गल V. ebend. 12,47.

मुहुर्भुज् V. ebend. 5,87.

मुष्टिग्रह m. *das Umklammern mit der Hand* ebend. 4,30. 9,56.

मृणालवल्ली f. *Lotusranke* ebend. 12,19. 36.

मेकल V. Bein. des Vindhja ebend. 3,48. 9,69.

मेघनील m. N. pr. eines Gaṇa des Çiva ebend. 7,7.

मेचकगल m. *Pfau* und Bein. Çiva's ebend. 2,53.

रत्नासूत्र n. *Tragband* ebend. 5,25.

रङ्कुक = रङ्कु 1) Çrîkaṇṭhak. 1,47.

रजनीभुजंग m. *der Mond* ebend. 1,23.

रत्नवत् V. 3) *a)* Haraviǵaja 11,43.

रसापुष m. *Biene* Çrîkaṇṭhak. 3,58.

रहस्तस् Adv. *aus der Einsamkeit* Haraviǵaja 5,54.

रात्रिंमन्य V. *sich für Nacht haltend* Çrîkaṇṭhak. 4,12.

रिक्ती mit कर् V. *leer machen* Haraviǵaja 2,4.

रीढा V. = अवज्ञा oder प्रहार ebend. 8,26. 13,33.

रुरुत्सा f. *der Wunsch zu hemmen* ebend. 9,55.

रेचक V. = भ्रमण ebend. 2,29. 39.

रेणुलक्ष्मन् m. *Wind* ebend. 8,11.

लघुक Adj. = लघु = 1) *n)* ebend. 10,39.

लत im Comp. metrisch für लता ebend. 11,22.

लम्ब, f. लम्बी V. *ein blühender Zweig* ebend. 5,87.

लय V. m. *Lust an Etwas* ebend. 2,53.

ललाटक V. 2) *a)* Çrîkaṇṭhak. 3,1. 42.

1. ली mit व्यप *verschwinden* Haraviǵaja 2,24. °लीन *vergangen* 6,140.

1. लुप् mit व्यव *abstreifen, ablegen* ebend. 6,97.

लुलायकेतु m. N. pr. eines Gaṇa des Çiva ebend. 7,21.

वज्रमुष्टि VI. 6. *eine harte Faust* oder *eine best. Waffe* ebend. 11,15. 33. 39. 42. N. pr. eines Gaṇa des Çiva 7,10.

वतंसित Adj. = अवतंसित ebend. 3,36.

वधाशङ्क n. (Bṛh. Âr. Up. 4,1,31; vgl. P. 6,2,21) und °ङ्की३ f. (Çat. Br. 14,6,10,3) *Besorgniss vor dem Tode.*

वध्यपट m. *Armensünderkleid, das rothe Gewand des Hinzurichtenden* Çrîkaṇṭhak. 3,26.

वरुणामेर्णी३ VI. Vgl. Geldner in Festgr. 31.

वरूथवती f. *Heer* Haraviǵaja 8, 34. 36. 11,17.

वर्णकदारु n. *Sandelholz* ebend. 9,73.

वर्त् mit **प्रोद्**, **प्रोद्वृत्त** *umgestürzt, gekentert* DHARMAÇARM. 14,10.

वसति VI. 7. **वसति** ÇAT. BR. 14,9,1,5.

वीर VI. f. **वीरा** als f. zu **वीर** 1) *a)* ÇAT. BR. 14,9,1,27.

व्रीहियव VI. ÇAT. BR. 14,9,3,22 ist wohl die Betonung **व्रीहियवा:** anzunehmen.

शरीरदेश m. *eine Gegend des Körpers, Körpertheil* ebend. 14,7,2,3.

शैलाभ VI. Adj. *bergähnlich, berghoch* MBH. 13,156,17. R. 6,46,30.

1. **श्रु** mit **प्रति** VI. *antworten* hinzuzufügen.

सूतग्रामणी m. Pl. *Stallmeister und Vorsteher von Gemeinden* ÇAT. BR. 3,4,1,7. 8. 13,2,2,18. 4,2,5. 5,2,7. 14,7,1,43. fg.